HARRAP'S

Standard

FRENCH AND ENGLISH DICTIONARY

PART TWO

HARRAP'S Standard FRENCH AND ENGLISH DICTIONARY

EDITED BY

J. E. MANSION

PART TWO

ENGLISH—FRENCH

WITH SUPPLEMENT (*1962*)

HARRAP LONDON

First published in Great Britain 1934
by George G. Harrap & Co. Ltd
182 High Holborn, London WC1V 7AX

Revised edition 1940

Reprinted: 1944; 1945

Reprinted with corrections 1948

Reprinted: 1949; 1953; 1955;
1956; 1958; 1960; 1961;
1963; 1965; 1966; 1968;
1970; 1971; 1973; 1975;
1977; (*twice*); 1979

ISBN 0 245 57661 4

Reproduced and printed by photolithography and bound in
Great Britain at The Pitman Press, Bath

PREFACE

THIS second Part of the "STANDARD FRENCH DICTIONARY" had been roughed out before the appearance of Part I in 1934, but needed further revision before it could be sent to press. We had hardly taken this revision in hand when two works of the first importance made their appearance: the new edition of Webster's Dictionary, and the Supplement to the Oxford English Dictionary. To take full advantage of the additional and 'up-to-date' material thus brought within our purview, many of the articles in our own work have been recast and expanded. We have also had to deal not only with our own accumulation of words and phrases recorded from day to day, but with a mass of gleanings and suggestions sent in to us by correspondents at home and abroad, too numerous to mention individually, but to all of whom we extend our grateful thanks.

Of this vast store of new words, new word-collocations, and new meanings attached to words, the chief difficulty has been to decide what to omit. The vocabulary of the English language is so extensive that in the first draft this second Part already exceeded Part I by nearly 40 per cent; in its final form it might well have run to twice the size of the first Part, had we not limited the entries to what seemed essential. We hope that our selection has been judicious and will prove serviceable. In the outcome this English-French Part is larger than the French-English Dictionary by over 50 per cent.

The general plan, the abbreviations used, and the manner in which words are divided into sections, remain as before, but the order of presentation of the words treated is to some extent different. In Part I hyphenated compound words appear strictly in their alphabetical order, the question of 'hyphen or no hyphen' being settled once for all by reference to the "Dictionnaire de l'Académie." But the 'prevailing chaos' in English with regard to hyphenation is a constant source of perplexity to the compiler of a dictionary, as it is to those who have occasion to consult it. We have been guided in the main by the Shorter Oxford English Dictionary, and the principle followed has been to indent hyphenated compounds under the head word, and to enter compounds spelt as one word in their alphabetical order. Thus *coach* is followed immediately by *coach-horse*, *coach-office*, *coach-work*, while *coachman*, *coachsmith*, come later and are not indented.

We have dealt with the verbal adjective and the verbal noun in *-ing* much more systematically than has been usual hitherto in bilingual dictionaries. It is due to the student to indicate in each case whether in French verbal derivatives in *-ment*, *-age*, *-ation*, are in current use, or whether the noun in *-ing* may be rendered in some other way. These forms in *-ing* are always indented after the verb to which they belong, as the brief article devoted to them should be read and understood in the light of the fuller treatment given to the verb.

Compound verbs such as *give away*, *give back*, *give in*, are for the most part treated as separate entities, and indented under the head verb. Their verbal noun in *-ing* follows immediately, with a double indentation. The verbal adjective and noun of the head verb come at the end, so that the order is as follows: *give, v.; give away, giving away; give back, giving back; give in, giving in; given, adj.; giving, adj.; giving, s.* The system of indentation will guide the eye to the form required.

Adverbs in *-ly* are dealt with in the same article as the adjective from which they derive, and therefore not always in their alphabetical place; e.g. *busily* should be looked for in the article *busy*, and not before *business*.

The gender of every French noun is shown by *m* or *f*, on its first occurrence in the article, unless the gender can be inferred from a concord. Thus in '*Complete food*, aliment complet,' '*complete ruin*, ruine complète,' it would be superfluous to give further indication of the gender of 'aliment' and 'ruine.'

M. M. Ferlin, who had been good enough to read more than half of Part I of the Dictionary in proof form, has once again given us his help, and read some 800 pages; in expressing our indebtedness to him we must also tender thanks to several other good friends who, though actively engaged in the teaching of English, found time to read and criticize the latter portion of our work, and especially to M. Robert David, M. O. Leroy, M. B. Epinat, M. A. Pruvot, and M. E. Thevenot.

May we repeat our request for corrections and suggestions from all those who have occasion to use this dictionary, in the hope that the response will be as generous and as fruitful as, I take this opportunity of gratefully recording, has been the case for the first part of our work.

J. E. M.

BIBLIOGRAPHY

THE works of reference enumerated hereunder are additional to those mentioned in Part I of the Dictionary. Most of them are recent publications.

Dictionnaire de l'Académie Française. Huitième Édition. *Hachette.*
The Shorter Oxford English Dictionary. *Clarendon Press.*
The Oxford English Dictionary. Supplement. *Clarendon Press.*
Webster's English Dictionary. Second Edition. *G. Bell & Sons, Ltd.*
Hutchinson's Technical and Scientific Encyclopaedia. *Hutchinson.*
Larousse de l'Industrie et des Arts et Métiers. *Larousse.*
A Dictionary of Modern American Usage. H. R. HORWILL. *Clarendon Press.*
Slang of To-day and Yesterday. ERIC PARTRIDGE. *Routledge.*
A Dictionary of American Slang. M. H. WESEEN. *George G. Harrap & Co. Ltd.*
The English Duden. *George G. Harrap & Co. Ltd.*
Duden Français. *George G. Harrap & Co. Ltd.*
A Dictionary of English Style. A. REUM. *Verlagsbuchhandlung J. J. Weber.*
A Grammar of the English Language. H. KURATH & G. O. CURME. *D. C. Heath & Co.*
Volume II. Parts of Speech. Accidence.
Volume III. Syntax.
A Handbook of Present-day English. E. KRUISINGA. Fourth Edition. Four Volumes. *Kemink en Zoon.* Utrecht.
Second Interim Report on English Collocations. *Department of Education.* Tokyo.
Syntaxe du Français moderne. GEORGES LE BIDOIS & ROBERT LE BIDOIS. *Picard.*
Syntaxe du Français contemporain. KR. SANDFELD. *Librairie E. Droz.*
Volume II. Les Propositions subordonnées.
Dictionnaire analogique. CH. MAQUET. *Larousse.*
Le Mot juste. J. G. ANDERSON. *J. M. Dent & Sons, Ltd.*
Le Vrai Ami du Traducteur. F. BOILLOT. *Les Presses Universitaires de France.*
L'Expression juste en Traduction. P. DAVIAULT. *A. Lévesque.* Montréal.
Dictionnaire des Termes de Marine. H. WHITCOMB & E. TIRET. Deux volumes. *Challamel Aîné.*
A Dictionary of Legal Terms and Citations. H. STURGESS & A. R. HEWITT. *Pitman.*
Dictionary of British Scientific Instruments. *Constable.*
Encyclopaedia of Aviation. C. B. BURGE. *Pitman.*
Broadcast Reception in Theory and Practice. J. L. PRITCHARD. *Chapman & Hall.*
Everyman's Wireless. C. L. BOLTZ. *George G. Harrap & Co. Ltd.*
Dictionnaire polyglotte de la Cinématographie. E. CAUDA. *Stab. Tip. "Leonardo da Vinci."*
A Dictionary of Paper and Paper-making Terms. E. J. LABARRE. *Swets & Zeitlinger.* Amsterdam.
Les Noms des Fleurs. GASTON BONNIER. *Delachaux & Niestlé.* Neuchatel.
Flowers of the Field. C. A. JOHNS and G. S. BOULGER. *S.P.C.K.*
La Mode et la Couture. J. DÖRIG. Paris. Chez l'Auteur.
Vocabulary of the Terms pertaining to Dressmaking and Millinery. *Marcel Marter.* Paris.

REPRESENTATION OF THE PRONUNCIATION

For the benefit of those users of the Dictionary to whom English is not the mother-tongue, the pronunciation has been indicated, *tant bien que mal*, by means of phonetic symbols. There is perhaps no language which in this respect offers greater difficulties than English. Words such as '*fire*' and '*iron*' defy any attempt at accurate transliteration, and the 'obscure' vowels of the unstressed syllables are equally elusive. The foreign student, however, is well-advised to articulate clearly, until the time has come when he feels thoroughly at home in our idiom, and in transliterating we have borne in mind the advice of the late Sir Walter Raleigh: "You must teach people a pronunciation harder and clearer than is needed for daily speech. Then let them soften the edges at will." (*Letters*, 1926.) Therefore the pronunciation indicated is that which might suitably be used in declamation and oratory. It will be found to conform, in the main, with that of the *Shorter Oxford English Dictionary*.

The following points call for special mention:

(i) Words such as *picture*, *departure*, are noted ['piktjə*r*], [di'pɑːrtjə*r*], and not ['piktʃə*r*], [di'pɑːrtʃə*r*] (which, to be logical, would seem to imply also [dʒuːk] for *duke*).

(ii) The unstressed 'obscure' vowels have not been levelled down to [ə]; obscure a and o are often noted [*a*] and [*o*], as *China* ['tʃain*a*], not ['tʃainə]; *acute* [*a*'kjuːt], not [ə'kjuːt]; *elocution* [el*o*'kjuʃən], not [elə'kjuʃən].

The implication is that in careful and deliberate speech [*a*] and [*o*] would approximate to [a] and [ɔ], rather than to [ə].

Where the normal pronunciation lies midway between [e] and [i], or between [ə] and [i], we have preferred not to narrow the sound to [i]; thus *effect* [e'fekt], not [i'fekt]; *business*, *illness* ['biznəs], ['ilnəs], not ['biznis], ['ilnis].

(iii) We have noted *bat*, *cat*, as [bat], [kat], and discarded the symbol [æ], which invariably misleads the foreign student, whether French, German, or Scandinavian, into pronouncing *bad* as [bed], *hat* as [het], and *man* as [men]. For the foreigner the pronunciation [a], which is standard in northern English, is both easier to acquire and safer in use.

(iv) When a word is spelt with an r, the r is reproduced in the phonetic notation; if it is not sounded, or is sounded only when carried on to a following vowel, it is italicized [*r*]. To omit the [*r*] is to ignore the fact that in many cases it has a certain 'colouring' value; *desert* ['dezə*r*t], *earl* [əː*r*l], *torn* [tɔː*r*n], are not faithfully noted as ['dezət], [əːl], [tɔːn].

(v) The group wh has been noted as [hw]; *what* [hwɔt], *whether* ['hweðə*r*], *which* ['hwitʃ], *why* [hwai]. It is open to the student to "soften the edges" and pronounce these *wot*, *weather*, *witch*, *Wye*, if he is advised that his speech will be improved thereby.

The notation adopted in this second part of the Dictionary is that of the *International Phonetic Association*, with the following modifications: as stated above, the symbol [æ] is replaced by [a]; [o] appears only in the group [ou] or in foreign words; 'obscure' a and o are represented by [*a*], [*o*]; 'mute' r is represented by [*r*].

Long vowels are indicated by the usual [ː], and the stress by an accent preceding the stressed syllable: *abbot* ['abɔt]; *abide* [*a*'baid]; *aberration* [abə'reiʃən].

In compounds indented under a head-word, the pronunciation is not shown unless there is any room for doubt, but the fall of the stress is indicated.

TABLE OF PHONETIC SYMBOLS

VOWELS

[iː]	bee, fever, sea, police	[ɔːə]	boar, four
[iːə]	beer, appear, real	[ɔi]	boil, toy, oyster, loyal
[i]	bit, added, physic	[ou]	low, soap, rope
[e]	bet, menace, leopard, said, bury	[oːu]	chose, clove, hose
[ei]	date, day, nail	[*o*]	obey, Pluto, plutocrat
[eːi]	gaze, rave	[u]	put, into, full, frugality
[ɛə]	bear, bare, there, heir, airy	[uː]	shoe, prove, too, frugal
[a]	bat, add	[uə]	poor, sure, tour, boorish
[ai]	aisle, height, life, fly, type	[ʌ]	cut, sun, son, some, cover, rough
[aːi]	exercise, chives	[ə*r*]	supper, martyrdom, sugar
[ɑː]	art, car, ask	[əː*r*]	burn, learn, herb, whirl, myrrh
[au]	fowl, house, bough	[ə]	rodent, guttural, treacherous
[*a*]	abet, sofa, Sophia	[y]	In foreign words as in Part I
[ɔ]	lot, was, what	[ø]	In foreign words as in Part I
[ɔː]	all, haul, short, saw	[œ]	In foreign words as in Part I

CONSONANTS

[p]	pat, tap	[ʃ]	sham, dish, issue, ocean, nation, machine
[b]	bat, tab	[tʃ]	chat, search, chisel, thatch, rich
[m]	mat, ram, prism	[ʒ]	pleasure, azure, vision
[f]	fat, laugh, ruff, rough, elephant	[dʒ]	rage, edge, verger, pigeon, jet, digit, spinach
[v]	vat, avail, rave	[k]	cat, ache, pique, kitten
[t]	tap, pat, patter, trap	[ks]	except, exercise, expect
[d]	dab, bad, build	[kʃ]	action, eviction
[n]	nab, ban, banner, pancake	[g]	go, ghost, guard, again, egg
[nj]	pinion, onion	[gz]	exist, exact
[s]	sat, scene, mouse, psychology	[h]	hat, cohere
[θ]	thatch, ether, faith, breath	[χ]	loch, pibroch
[z]	zinc, buzz, houses	[ŋ]	bang, sing, link, anchor
[dz]	adze, adds	[ŋg]	anger, finger, English
[ð]	that, the, mother, breathe	[r]	rat, arise, barring
[l]	lad, all, table, chisel	[*r*]	(Not sounded in southern English) furnish, varnish, born, finger; (sounded when final and carried on to the next word, as in) finger in the pie.
[lj]	bullion, pillion		

SEMI-CONSONANTS

[j]	yam, yet, beauty, pure, duration, picture	[w]	wall, well, await
[hj]	hew, hue, huge	[hw]	what, awhile

ABBREVIATIONS USED IN THE DICTIONARY

A:	*Archaism; ancient; in former use*	Sens vieilli; désuet
Abs.	*Absolutely, absolute use*	Emploi absolu
Ac:	*Acoustics*	Acoustique
acc.	*Accusative*	Accusatif
a., adj.	*Adjective*	Adjectif
Adm:	*Administration*	Administration
adv.	*Adverb*	Adverbe
adv.acc.	*Adverbial accusative*	Accusatif adverbial
Adv.phr.	*Adverbial phrase*	Locution adverbiale
Aer:	*Aeronautics*	Aéronautique
Agr:	*Agriculture*	Agriculture
Alch:	*Alchemy*	Alchimie
Alg:	*Algebra*	Algèbre
	Algae	Algues
Amph:	*Amphibia*	Amphibiens
Anat:	*Anatomy*	Anatomie
Ann:	*Annelida*	Annelés
Ant:	*Antiquity, -ies*	Antiquité
Anthr:	*Anthropology*	Anthropologie
Ap:	*Apiculture*	Apiculture
approx.	*Approximately*	Sens approché
Ar:	*Arithmetic*	Arithmétique
Arach:	*Arachnida*	Arachnides
Arb:	*Arboriculture*	Arboriculture; sylviculture
Arch:	*Architecture*	Architecture
Archeol:	*Archeology*	Archéologie
Arm:	*Armour*	Armures
	Art	Beaux-arts
Artil.	*Artillery*	Artillerie
Astr:	*Astronomy*	Astronomie
Astrol:	*Astrology*	Astrologie
attrib.	*Attributive*	Attributif
Aut:	*Automobilism*	Automobilisme
aux.	*Auxiliary*	Auxiliaire
Av:	*Aviation*	Aviation
B:	*Biblical; Bible*	Biblique; Bible
Bac:	*Bacteriology*	Bactériologie
Bak:	*Baking*	Boulangerie
Ball:	*Ballistics*	Balistique
Bank:	*Banking*	Opérations de banque
B.Hist:	*Bible History*	Histoire sainte
Bib:	*Bibliography*	Bibliographie
Bill:	*Billiards*	Jeu de billard
Bio-Ch:	*Bio-Chemistry*	Biochimie
Biol:	*Biology*	Biologie
Bleach:	*Bleaching*	Blanchiment
Bookb:	*Bookbinding*	Reliure
Book-k:	*Book-keeping*	Tenue des livres
Bootm:	*Bootmaking*	Cordonnerie
Bot:	*Botany*	Botanique
Box:	*Boxing*	Boxe
Breed:	*Breeding*	Élevage
Brew:	*Brewing*	Brasserie
Brickm:	*Brickmaking*	Briqueterie
card.a.	*Cardinal adjective*	Adjectif cardinal
	Cards	Jeux de cartes
Carp:	*Carpentry*	Charpenterie; menuiserie du bâtiment
Cav:	*Cavalry*	Cavalerie
Cer:	*Ceramics*	Céramique
Cf.	*Refer to*	Conferatur
Ch:	*Chemistry*	Chimie
Chr:	*Chronology*	Chronologie
Cin:	*Cinematography*	Cinématographie
Civ.E:	*Civil Engineering*	Génie civil
Cl:	*Classical*	Classique; antiquité grecque ou romaine
Clockm:	*Clock and watch making*	Horlogerie
Coel:	*Coelenterata*	Cœlentérés
cogn.acc.	*Cognate accusative*	Accusatif de qualification; objet interne
Coll.	*Collective*	Collectif
Com:	*Commerce*	Commerce
comb.fm	*Combining form*	Forme de combinaison
Comest:	*Comestibles*	Comestibles
comp.	*Comparative*	Comparatif
Conc:	*Concrete*	Concret
Conch:	*Conchology*	Conchyliologie
condit.	*Conditional*	Conditionnel
conj.	*Conjunction*	Conjonction
Conj. like	*Conjugated like*	Conjugué de même que
Const:	*Construction*	Bâtiment
Coop:	*Cooperage*	Tonnellerie
Corr:	*Correspondence*	Correspondance
Cost:	*Costume*	Costume
Cp.	*Compare*	Comparer
Cr:	*Cricket*	Cricket
Crust:	*Crustacea*	Crustacés
Cryst:	*Crystallography*	Cristallographie
Cu:	*Culinary; cuisine*	Cuisine
Cust:	*Customs*	Douanes
Cy:	*Cycles; cycling*	Cycles; cyclisme
Danc:	*Dancing*	Danse
dat.	*Dative*	Datif
def.	*Definite*	Défini
def.	*Defective*	Défectif
dem.	*Demonstrative*	Démonstratif
Dent:	*Dentistry*	Art dentaire
Dial:	*Dialectical*	Dialectal
Dipl:	*Diplomacy*	Diplomatie
Dist:	*Distilling*	Distillation
Dom.Ec:	*Domestic Economy*	Économie domestique
Draw:	*Drawing*	Dessin
Dressm:	*Dressmaking*	Couture et modes
Dy:	*Dyeing*	Teinture
Dyn:	*Dynamics*	Dynamique
E.	*East*	Est
E:	*Engineering*	Art de l'ingénieur; industries mécaniques
Ecc:	*Ecclesiastical*	Église et clergé
Echin:	*Echinodermata*	Échinodermes
e.g.	*For example*	Par exemple
El:	*Electricity; electrica*	Électricité; électrique
El.-Ch:	*Electro-Chemistry*	Électro-chimie
Eng.	*English; England*	Anglais; Angleterre
Engr:	*Engraving*	Gravure
Ent:	*Entomology*	Entomologie
epith.	*Epithet (adjective)*	(Adjectif) qualificatif
Equit:	*Equitation*	Équitation
esp.	*Especially*	Surtout
etc.	*Et cetera*	Et cætera
Eth:	*Ethics*	Morale
Ethn:	*Ethnology*	Ethnologie
excl.	*Exclamation; exclamative*	Exclamation; exclamatif
Exp:	*Explosives*	Explosifs
f.	*Feminine*	Féminin
F:	*Familiar*	Familier; style de la conversation; sens non technique (d'une expression technique)
Farr:	*Farriery*	Maréchalerie
Fb:	*Football*	Football
Fenc:	*Fencing*	Escrime
	Ferns	Fougères
Fin:	*Finance*	Finances
Fish:	*Fishing*	Pêche
For:	*Forestry*	Forêts
Fort:	*Fortification*	Fortification
Fr.	*French; France*	Français; France
fu.	*Future*	Futur
	Fuel	Combustibles
Fung:	*Fungi*	Champignons
Furn:	*Furniture*	Mobilier

Gasm:	*Gasmaking*	Industries du gaz
Geog:	*Geography*	Géographie
Geol:	*Geology*	Géologie
Geom:	*Geometry*	Géométrie
ger.	*Gerund*	Gérondif
Glassm:	*Glassmaking*	Verrerie
Gr.	*Greek*	Grec
Gr.Alph:	*Greek Alphabet*	Alphabet grec
Gr.Ant:	*Greek Antiquity*	Antiquité grecque
Gr.Civ:	*Greek Civilization*	Civilisation grecque
Gr.Hist:	*Greek History*	Histoire grecque
Gram:	*Grammar*	Grammaire
Gym:	*Gymnastics*	Gymnastique
Haird:	*Hairdressing*	Coiffure
Harn:	*Harness*	Sellerie; harnais
Hatm:	*Hatmaking*	Chapellerie
Hep:	*Hepaticae*	Hépatiques
Her:	*Heraldry*	Blason
Hist:	*History; historical*	Histoire; historique
Hor:	*Horology*	Horométrie
Hort:	*Horticulture*	Horticulture
Hum:	*Humorous*	Par facétie
Husb:	*Husbandry*	Économie rurale
Hyd:	*Hydraulics; hydrostatics*	Hydraulique; hydrostatique
Hyg:	*Hygiene*	Hygiène
i.	*Intransitive*	Intransitif
I.C.E:	*Internal Combustion Engines*	Moteurs à combustion interne
Ich:	*Ichthyology*	Ichtyologie
Ill:	*Illuminants*	Illuminants
imp.	*Imperative*	Impératif
impers.	*Impersonal*	Impersonnel
ind.	*Indicative*	Indicatif
Ind:	*Industry*	Industrie; arts industriels
indef.	*Indefinite*	Indéfini
ind.tr.	*Indirectly transitive*	Transitif avec régime indirect
inf.	*Infinitive*	Infinitif
in infl. style	*In inflated style*	Style emphatique
Ins:	*Insurance*	Assurance
int.	*Interjection*	Interjection
interr.	*Interrogative*	Interrogatif
inv.	*Invariable*	Invariable
Iron:	*Ironical(ly)*	Ironique(ment)
Jew.	*Jewish*	Juif; juive
Join:	*Joinery*	Menuiserie
Journ:	*Journalism*	Journalisme
Jur:	*Jurisprudence; law*	Droit; terme de palais
Lap:	*Lapidary Arts*	Arts lapidaires; taillerie
Laund:	*Laundering*	Blanchissage
Leath:	*Leatherwork*	Travail du cuir
Leg:	*Legislation*	Législation
Ling:	*Linguistics*	Linguistique
Lit:	*Literary use; literature; literary*	Forme littéraire; littérature; littéraire
Lith:	*Lithography*	Lithographie
Locksm:	*Locksmithery*	Serrurerie
Log:	*Logic*	Logique
Lt.	*Latin*	Latin
m.	*Masculine*	Masculin
Magn:	*Magnetism*	Magnétisme
Mapm:	*Mapmaking*	Cartographie
Mch:	*Machines*	Machines; machines à vapeur
Meas:	*Weights and Measures*	Poids et mesures
Mec:	*Mechanics*	Mécanique
Mec.E:	*Mechanical Engineering*	Industries mécaniques
Med:	*Medicine*	Médecine
Mediev:	*Medieval*	Moyen âge
Metall:	*Metallurgy*	Métallurgie
Metalw:	*Metalworking*	Travail des métaux
Metaph:	*Metaphysics*	Métaphysique
Meteor:	*Meteorology*	Météorologie
Mil:	*Military*	Militaire; art militaire
Mill:	*Milling*	Meunerie
Min:	*Mining and quarrying*	Exploitation des mines et carrières
Miner:	*Mineralogy*	Minéralogie
M.Ins:	*Maritime Insurance*	Assurance maritime
Moll:	*Molluscs*	Mollusques
Moss:	*Mosses*	Muscinées
Mth:	*Mathematics*	Mathématiques
Mus:	*Music*	Musique
Myr:	*Myriapoda*	Myriapodes
Myth:	*Myth and legend, mythology*	Mythes et légendes; mythologie
n.		Nous
N.	*North*	Nord
N.Arch:	*Naval Architecture*	Architecture navale
Nat.Hist:	*Natural History*	Histoire naturelle
Nau:	*Nautical*	Terme de marine
Nav:	*Navigation*	Navigation
	Navy	Marine militaire
Needlew:	*Needlework*	Travaux à l'aiguille; couture
neg.	*Negative*	Négatif
neut.	*Neuter*	Neutre
nom.	*Nominative*	Nominatif
Num:	*Numismatics*	Numismatique
num.a.	*Numeral adjective*	Adjectif numéral
Obst:	*Obstetrics*	Obstétrique
Oc:	*Oceanography*	Océanographie
occ.	*Occasionally*	Parfois; par occasion
Onomat:	*Onomatopoeia*	Onomatopée
Opt:	*Optics*	Optique
Orn:	*Ornithology*	Ornithologie
Ost:	*Ostreiculture*	Ostréiculture
p.	(i) *Participle;* (ii) *past*	(i) Participe; (ii) passé
P:	*Popular; slang*	Expression populaire; argot
Paint:	*Painting trade*	Peinture en bâtiment
Pal:	*Paleography*	Paléographie
Paleont:	*Paleontology*	Paléontologie
Paperm:	*Papermaking*	Fabrication du papier
Parl:	*Parliament*	Parlement
Path:	*Pathology*	Pathologie
p.d.	*Past descriptive; imperfect tense*	Passé descriptif; imparfait (de l'indicatif)
Pej:	*Pejorative*	Sens préjoratif
perf.	*Perfect*	Parfait
pers.	*Person; personal*	Personne; personnel
p.h.	*Past historic; past definite*	Passé historique; passé défini
Ph:	*Physics*	Physique
Pharm:	*Pharmacy*	Pharmacie
Phil:	*Philosophy*	Philosophie
Phot:	*Photography*	Photographie
Phot.Engr:	*Photo-Engraving; process work*	Procédés photomécaniques; photogravure
phr.	*Phrase*	Locution
Phren:	*Phrenology*	Phrénologie
Physiol:	*Physiology*	Physiologie
Pisc:	*Pisciculture*	Pisciculture
pl.	*Plural*	Pluriel
Plumb:	*Plumbing*	Plomberie
P.N:	*Public notices*	Affichage; avis au public
Poet:	*Poetical*	Style poétique
Pol:	*Politics*	Politique
Pol.Ec:	*Political Economy*	Économie politique
poss.	*Possessive*	Possessif
Post:	*Postal Service*	Postes et télégraphes
p.p.	*Past participle*	Participe passé
pr.	*Present*	Présent
pred.	*Predicate; predicative*	Attribut; attributif
pref.	*Prefix*	Préfixe
prep.	*Preposition*	Préposition
Prep.phr.	*Prepositional phrase*	Locution prépositive
Pr.n.	*Proper name*	Nom propre
Prof:	*Profession*	Profession
pron.	*Pronoun*	Pronom
Pros:	*Prosody*	Prosodie; métrique
Prot:	*Protozoa*	Protozoaires
Prov:	*Proverb*	Proverbe
pr.p.	*Present participle*	Participe présent
Psy:	*Psychology*	Psychologie
	Psychics	Métapsychisme

p.t.	*Past tense*	Temps passé
Publ:	*Publishing*	Édition
Pyr:	*Pyrotechnics*	Pyrotechnie
qch.		Quelque chose
qn		Quelqu'un
q.v.	*Which see*	Se reporter à ce mot
Rac:	*Racing*	Courses
Rad-A:	*Radio-activity*	Radio-activite
Rail:	*Railways*	Chemins de fer
R.C.Ch:	*Roman Catholic Church*	Église catholique
rel.	*Relative*	Relatif
Rel:	*Religion(s)*	Religion(s)
Rel.H:	*Religious History*	Histoire des religions
Rept:	*Reptilia*	Reptiles
Rh:	*Rhetoric*	Rhétorique
Rom.	*Roman*	Romain, romaine
Ropem:	*Ropemaking*	Corderie
Row:	*Rowing*	Aviron
S.	*South*	Sud
s., sb.	*Substantive*	Substantif; nom
Sch:	*Schools and universities*	Université; écoles
Scot:	*Scottish*	Écossais
Sculp:	*Sculpture*	Sculpture
Ser:	*Sericulture*	Sériciculture
sg.	*Singular*	Singulier
Sm.a:	*Small arms*	Armes portatives
s.o.	*Some one*	Quelqu'un
Soapm:	*Soapmaking*	Savonnerie
Soc.H:	*Social History*	Histoire sociale
Sp:	*Sport*	Sport
Spong:	*Sponges*	Spongiaires
St. Exch:	*Stock Exchange*	Terme de Bourse
sth.	*Something*	Quelque chose
Stonew:	*Stoneworking*	Taille de la pierre
sub.	*Subjunctive*	Subjonctif
suff.	*Suffix*	Suffixe
Sug-R:	*Sugar-Refining*	Raffinerie du sucre
sup.	*Superlative*	Superlatif
Surg:	*Surgery*	Chirurgie
Surv:	*Surveying*	Géodésie et levé de plans
Swim:	*Swimming*	Natation
Tail:	*Tailoring*	Vêtements d'hommes
Tan:	*Tanning*	Tannage des cuirs
Tchn:	*Technical*	Terme(s) technique(s); terme(s) de métier
Ten:	(i) *Tennis;* (ii) *lawn tennis*	(i) Paume; (ii) tennis

Tes:	*Teratology*	Tératologie
Tex:	*Textiles*	Industries textiles
Tg:	*Telegraphy*	Télégraphie
Th:	*Theatre*	Théâtre
Theol:	*Theology*	Théologie
thg	*Thing*	Chose; objet
Tls:	*Tools*	Outils
Toil:	*Toilet*	Toilette
Torp:	*Torpedoes*	Torpilles
Tp:	*Telephony*	Téléphonie
tr.	*Transitive*	Transitif
Tr:	*Trade*	Commerce
Tram:	*Tramways*	Tramways
Trans:	*Transport*	Transports
Trig:	*Trigonometry*	Trigonométrie
Turb:	*Turbines*	Turbines
	Turf	Turf
Turk.	*Turkish; Turkey*	Turc; Turquie
Typ:	*Typography*	Typographie
Typewr:	*Typewriting*	Écriture à la machine
U.S:	*United States*	États-Unis
usu.	*Usually*	D'ordinaire
v.	*Verb*	Verbe
v.		Vous
V:	*Vulgar*	Trivial; bas
Veh:	*Vehicles*	Véhicules
Ven:	*Venery*	Chasse
Vet:	*Veterinary science*	Art vétérinaire
v.i.	*Verb intransitive*	Verbe intransitif
v.ind.tr.	*Verb indirectly transitive*	Verbe transitif indirect
Vit:	*Viticulture*	Viticulture
Voc:	*Vocative*	Vocatif
v.pr.	*Verb pronominal*	Verbe pronominal
v.tr.	*Verb transitive*	Verbe transitif
W.	*West*	Ouest
W:	*Wireless*	Sans fil
Wine-m:	*Wine-making*	Fabrication des vins
W.Tel:	*Wireless Telephony and Telegraphy*	Téléphonie et télégraphie sans fil; T.S.F.
W.Tg:	*Wireless Telegraphy*	Télégraphie sans fil
W.Tp:	*Wireless Telephony*	Téléphonie sans fil
Wr:	*Wrestling*	Lutte
	X Rays	Rayons X
Y:	*Yachting*	Yachting
Z:	*Zoology*	Zoologie

The symbol = is used to indicate a correspondence between French and English institutions, where the terms thus brought together cannot be considered strictly as translations one of the other. Thus: *Procureur général* = Attorney General. *Procureur de la République* = Public Prosecutor, *U.S:* District Attorney.

STANDARD
FRENCH AND ENGLISH DICTIONARY

PART TWO
ENGLISH—FRENCH

A, a¹ [ei]. **1.** (*a*) (La lettre) A, a *m. It is spelt with two a's*, cela s'écrit avec deux a. *Tp:* **A for Andrew,** A comme Anatole. *F:* **Not to know A from B,** être absolument nul. *He knows the case* **from A to Z,** il connaît l'affaire à fond, d'un bout à l'autre. **A1** [ei'wʌn], (i) *Nau: A1 (at Lloyd's)*, de première cote (au Lloyd); (ii) *F:* de première classe, catégorie, ou qualité; de premier rang, de premier ordre. *F: He is A1*, il se porte à merveille. *An A1 dinner*, un chic dîner. **A1!** excellent! à la bonne heure! **A.B.** [ei'bi:] = *able-bodied seaman, q.v. under* SEAMAN 1. (*b*) (*In house numbering*) *Number* 51 A = numéro 51 bis. **2.** *Mus:* La *m. In A flat*, en la bémol. *To give the tuning A to the orchestra*, donner le la, le ton, à l'orchestre.

a², *before a word beginning with a vowel* **an** [*stressed* ei, an; *unstressed* ə, ən], *indef. art.* **1.** Un, une. (*a*) *A man*, un homme. *An old man*, un vieillard. *A history*, une histoire. *A historical novel*, un roman historique. *A, an, hotel*, un hôtel. *A unit*, une unité. *An M.P.* [ən em'pi:], un membre du Parlement. *A man and (a) woman*, un homme et une femme. *A wife and mother*, une épouse et mère. *Come and see me on a Monday*, venez me voir un lundi. (*b*) *Such a good man*, un si brave homme. *So hard a task*, une tâche si difficile. *Too high a price*, un prix trop élevé. *Half a pound*, une demi-livre. **2.** (*Def. art. in Fr.*) (*a*) *To have a big mouth*, avoir la bouche grande. *To have a good ear*, avoir l'oreille juste. *To have a sore throat*, avoir mal à la gorge. (*b*) *To have a taste, a contempt, for sth.*, avoir le goût, le dédain, de qch. *To set an example*, donner l'exemple. *To answer at a venture*, répondre au hasard. *The province has lost a quarter, a third, of its inhabitants*, la province a perdu le quart, le tiers, de ses habitants. *Two of the wounded have had to have a leg cut off*, il a fallu couper la jambe à deux des victimes. *He hasn't a penny*, il n'a pas le sou. *I have a right to live*, j'ai le droit de vivre. *A fine excuse indeed!* la belle excuse! (*c*) (*Generalizing use*) *A woman takes life too seriously*, les femmes prennent la vie trop au sérieux. *A dead calm often precedes great storms*, le calme plat précède souvent les grandes tempêtes. **3.** (*Distributive use*) (*a*) *Apples at fivepence a pound*, pommes à cinq pence la livre. *Five francs a head*, cinq francs par tête. *Three shies a penny*, trois coups pour un penny. *They were ten a side*, ils étaient dix de chaque côté. (*b*) (*Time*) *Three times a week, a month, a year*, trois fois par semaine, par mois, par an, *occ.* trois fois l'an. *Fifty miles an hour*, cinquante milles à l'heure. **4.** (*Partitive in Fr.*) *To have a flair for sth.*, avoir du flair pour qch. *I haven't a book*, je n'ai pas de livre. *The walk has given me an appetite*, la promenade m'a donné de l'appétit. **5.** (*a*) (= *A certain, a particular*) *I know a Doctor Smith*, je connais un certain docteur Smith. *To succeed in a measure*, réussir dans une certaine mesure. *In a sense, in a manner*, dans un certain sens, d'un certain point de vue. (*b*) (= *The same, with 'at,' 'of'*) *To eat two at a time*, en manger deux à la fois. *To come in two at a time*, entrer deux par deux. **All of an age,** tous du même âge. **To be of a size,** être de la même grandeur, de (la) même taille. **We are of a mind,** nous sommes du même avis. (*c*) (= *A single*) *They were killed* **to a man,** ils furent tués jusqu'au dernier. *He emptied the glass at a draught*, il vida le verre d'un seul coup. *I haven't understood a word*, je n'ai pas compris un seul mot. **6.** (*Omitted in Fr.*) (*a*) (*Before unqualified pred. nouns*) *He is an Englishman, a father*, il est Anglais; il est père. *He was a barrister*, il était avocat. (*But* C'était un avocat; c'est un Anglais de passage.) *He is an honest man*, il est honnête homme ('honnête homme' *being looked upon as one word*). (*b*) (*Before nouns in apposition*) *Caen, a large town in Normandy*, Caen, grande ville de Normandie. *He was made a colonel, a well-merited honour*, il fut nommé colonel, honneur qu'il méritait bien. (*c*) (*In titles*) *A New English Dictionary*, Nouveau Dictionnaire anglais. (*d*) (*In many verb-phrases*) *To put an end to sth.*, mettre fin à qch. *To have a right to sth.*, avoir droit à qch. *To have a care*, prendre garde. *To make a fortune*, faire fortune. (*e*) *What a man!* quel homme! *What a pity!* quel dommage! (*f*) *In a cab*, en fiacre. *As a rule*, en règle générale. *To live like a prince*, vivre en prince. *To go on a visit to s.o.*, aller en visite chez qn. *To sell sth. at a loss*, vendre qch. à perte. *Within a short time*, à bref délai. *Three and a half*, trois et demi.

a¹- [ə], *pref.* **1.** (*With gerunds*) *While the house is a-building*, pendant qu'on construit la maison. *To set sth. a-going*, mettre qch. en marche, en train. *To set the bells a-ringing*, mettre les cloches en branle. *We are going a-picknicking*, nous allons en pique-nique. **2.** (*With nouns*) *Eyes agleam*, yeux brillants. *Bells ajingle*, sonnettes en branle. *Ashore*, à terre. *Now-a-days*, de nos jours, aujourd'hui.

a²-, an- [a(n)], *pref.* A-, an-. *Aboulia*, aboulie. *Achromatic*, achromatique. *Amorphous*, amorphe. *Anastigmatic*, anastigmatique. *Anaphrodisiac*, anaphrodisiaque. *Astigmatic*, astigmatique. *Also occasional hybrids: Amorality*, amoralité.

-a [ə], *suff.* -e. (*a*) (*As fem. ending*) *Diana*, Diane. *Henrietta*, Henriette. *Julia*, Julie. (*b*) (*Geogr. names and scientific terms*) *Asia*, Asie. *Malta*, Malte. *Alga*, algue. *Campanula*, campanule. *Corolla*, corolle. *Formula*, formule. *Soda*, soude.

aardvark ['ɑːrdvɑrk], *s. Z:* Oryctérope *m* (du Cap).

aardwolf ['ɑːrdwulf], *s. Z:* Protèle *m.*

Aargau ['ɑːrgau]. *Pr.n. Geog:* L'Argovie *f.*

Aaron ['ɛərən]. *Pr.n.m.* **1.** *B.Hist:* Aaron. **2. Aaron's rod,** (i) *B:* la verge d'Aaron; (ii) *Bot:* molène commune, bouillon-blanc, cierge maudit; (iii) *Bot:* verge *f* d'or. *Bot:* **Aaron's beard,** mille-pertuis velu.

abaca ['abəka], *s. Bot:* Bananier *m* textile.

aback [ə'bak], *adv.* (*a*) *Nau:* (Voile) masquée, coiffée; (voile) sur le mât. (*Of ship*) **To be aback,** avoir le vent dessus. **To be caught aback, taken aback,** être pris devant, vent dessus; être masqué; faire chapelle. **All aback,** masqué partout. **To brace aback,** brasser à culer. (*b*) *F:* **To be taken aback,** être, rester, décontenancé, interdit, interloqué; se déconcerter. *He seemed to be (somewhat) taken a.*, il eut l'air (légèrement) surpris. *You seem taken a.*, ça l'air de vous surprendre. *To be very much taken a.*, penser tomber de son haut.

abacus, *pl.* **-ci** ['abəkəs, -sai], *s.* **1.** *Mth:* Boulier compteur *m*, abaque *m.* **2.** *Arch:* Abaque, tailloir *m* (de chapiteau). **3.** *Gold-Min: etc:* Augette *f*, sébile *f.*

Abaddon [ə'badn]. *Pr.n. B:* (*a*) L'Ange *m* de l'abîme. (*b*) L'abîme *m*; l'enfer *m.*

abaft [ə'bɑːft]. *Nau:* **1.** *adv.* Sur l'arrière; vers l'arrière. *Right a.*, droit arrière. (*Of wind*) **To draw, veer, abaft,** adonner. **2.** *prep.* **Abaft the mast,** sur l'arrière du mât; en arrière du mât. *A. the beam*, sur l'arrière du travers.

abalienate [ab'eiljəneit], *v.tr. Jur: A:* Aliéner (un bien).

abandon¹ [ə'bandən, abɑ̃'dɔ̃], *s.* (*a*) Abandon *m* (dans les allures, les paroles); expansion *f*, laisser-aller *m.* (*b*) Désinvolture *f*, entrain *m.*

abandon² [ə'bandən], *v.tr.* Abandonner; délaisser (sa famille, etc.); renoncer à (un plan). *Nau:* **To abandon ship,** abandonner, évacuer, le bâtiment. **To abandon a new-born infant** (*in a public place*), exposer un nouveau-né. *To a. all hope of success*, abandonner tout espoir de réussite. *To a. the attempt (in despair)*, y renoncer. *To a. oneself to despair*, s'abandonner, se livrer, se laisser aller, au désespoir. *Jur: To a. a prosecution, a mortgaged estate*, renoncer à des poursuites; délaisser un bien hypothéqué. *Ins: Nau: To a. the property covered by a policy*, faire délaissement aux assureurs des biens, de la cargaison, ou du navire sinistré.

abandoned, *a.* Dévergondé; dépravé. *You a. wretch!* misérable (que tu es)! *An a. woman*, une femme perdue (d'honneur).

abandoning, *s.* = ABANDONMENT 1.

abandonee [abandə'niː], *s. Jur: Ins:* Abandonnataire *mf.*

abandonment [ə'bandənmənt], *s.* **1.** (*a*) Abandon(nement) *m* (de qn, de qch.); cession *f* (de biens); délaissement *m* (de sa famille, *Jur:* de terre hypothéquée, *Nau: etc:* d'objets ou de navire assurés). *A. of a claim, of a request*, retrait *m* d'une réclamation, d'une demande. (*b*) **Self-abandonment,** abnégation *f*; renoncement *m* de soi-même. **2.** = ABANDON¹.

abase [ə'beis], *v.tr.* Abaisser, *F:* ravaler (qn); humilier, rabattre (qn). *To a. oneself*, s'abaisser, s'humilier, se dégrader. *To a. oneself so far as to . . .*, s'abaisser jusqu'à. . . .

abasement [ə'beismənt], *s.* Abaissement *m.* **1.** *F:* Ravalement *m*; humiliation *f.* **2.** Humilité *f.*

abash [ə'baʃ], *v.tr.* Confondre, interloquer, décontenancer, déconcerter, interdire. **To be abashed,** perdre contenance. *To be abashed at sth.*, être confus, interloqué, tout interdit, de qch. *Nothing can a. him*, *F:* rien ne le démonte; il ne se laisse pas démonter. *I* *felt very much abashed*, j'étais tout confus; je ne savais où me mettre.

abashment [a'baʃmənt], *s.* Confusion *f*, décontenancement *m*, embarras *m*.

abasia [a'beizia], *s. Med:* Abasie *f*.

abate [a'beit]. **1.** *v.tr.* (*a*) Diminuer (l'orgueil, le zèle, etc.); affaiblir (le courage); relâcher, ralentir (son activité); diminuer, faire cesser (la douleur, le bruit, etc.). *To a. one's pretensions*, réduire ses prétentions. (*b*) *To a. sth. of the price*, rabattre qch. sur le prix. (*c*) *Jur:* (i) Abolir, faire cesser, mettre fin à (un abus); arrêter (une action). (ii) (Faire) annuler, rendre nul et non avenu (un ordre judiciaire). **2.** *v.i.* (*a*) (*Of storm, zeal, courage*) Diminuer, faiblir, s'affaiblir; (*of storm, fear, pain*) se calmer, s'apaiser; se modérer; (*of flood*) baisser, diminuer; (*of epidemic*) s'enrayer. *The wind abated*, le vent mollit, tomba. (*b*) *Jur:* (*Of writ, appeal*) S'annuler; s'éteindre; (*of claim*) devenir caduc. (*c*) (*Of wage, rent, etc.*) Baisser, diminuer de valeur.

abating, *s.* = ABATEMENT I.

abatement [a'beitmənt], *s.* **1.** (*a*) Diminution *f*, affaiblissement *m*; apaisement *m* (de la tempête); relâchement *m* (du temps); abaissement *m* (des eaux). *Med:* (i) Décours *m*, rémission *f*, (ii) amortissement *m*, diminution (d'une fièvre). (*b*) Abolissement *m*, suppression *f* (d'un abus). **The Noise Abatement Commission**, la Commission pour la suppression, la réduction, du bruit. (*c*) *Her:* Brisure déshonorante. **2.** (*a*) *Adm:* Abattement *m* (sur le chiffre des revenus); défalcation *f* (sur l'impôt sur le revenu); dégrèvement *m*. *See also* BASIC I. (*b*) *Com:* Rabais *m*, réduction *f*, déduction *f*, remise *f* (sur le prix). **Without abatement**, sans déduction, sans remise. **3.** *Jur:* Réduction *f*; annulation *f* (d'un ordre judiciaire). **Plea in abatement**, demande *f* en nullité. **Action in abatement** (*by heirs*), action *f* en réduction.

abatis ['abətis], *s. Mil:* Abat(t)is *m*.

abb [ab], *s. Tex:* **1.** = WEFT. **2.** Déchets *mpl* de toison.

abbacy ['abəsi], *s.* **1.** Dignité abbatiale, dignité d'abbé ou d'abbesse. **2.** (*Term of office*) Abbatiat *m*. **3.** Droits abbatiaux, privilèges abbatiaux; juridiction abbatiale. **4.** Abbaye *f*, bénéfice *m*.

Abbas(s)ides (the) [ðia'basaidz]. *Pr.n.pl. Hist:* Les Abbassides *m*.

abbatial [a'beiʃjəl], *a.* Abbatial, -aux.

abbess ['abes], *s.* Abbesse *f*; supérieure *f* (de couvent); mère abbesse.

abbey ['abi], *s.* **1.** Abbaye *f*. *Attrib.* **Abbey-lands**, terres abbatiales. **The Abbey Theatre**, le Théâtre national d'Irlande (à Dublin). **2.** Église abbatiale.

abbot ['abət], *s.* Abbé *m* (d'un couvent, d'un monastère); (père) supérieur *m*. *See also* MISRULE[1], MITRED[2], UNREASON.

abbreviate[1] [a'briːviet], *a. Nat.Hist:* De peu d'extension; court.

abbreviate[2] [a'briːvieit], *v.tr.* Abréger (un mot, une visite). *Abbreviated edition*, édition abrégée, tronquée. *Ar: Abbreviated multiplication, division*, multiplication, division, abrégée.

abbreviation [abriːvi'eiʃ(ə)n], *s.* Abréviation *f*.

abbreviator [a'briːvieitər], *s. Ecc:* Abréviateur *m* (des lettres apostoliques).

ABC, abc [eibiː'siː]. **1.** ABC, abc *m*. *F:* **To be only at the ABC of a subject**, en être encore aux rudiments d'un sujet. *He doesn't know the ABC of his duties*, il ne sait encore rien de ses fonctions, de ses devoirs. *Rail:* **The ABC guide**, *s. F:* **the ABC**, l'indicateur alphabétique. **A.B.C. shop**, salle *f* pour le thé et pour repas légers de la 'Aerated Bread Company.' *A.B.C. girl*, serveuse *f* (d'un '*A.B.C. shop*'). *See also* EASY[1] I. 3, SIMPLE I. **2.** *s. Sch:* Abécédaire *m*.

Abdera [ab'diəra]. *Pr.n. A.Geog:* Abdère *f*.

Abderite ['abdərait], *s.* **1.** Abdéritain, -aine. **2.** *F: A:* Homme à esprit obtus; innocent.

abdicant ['abdikənt], *a. & s.* Abdicataire (*m*).

abdicate ['abdikeit], *v.tr.* **1.** Abdiquer (un trône); se démettre de, renoncer à (une charge); renoncer à (un droit). *Abdicating, abdicated, king*, roi abdicataire. *Abdicated throne*, trône qui a été abdiqué. **2.** *Abs.* Abdiquer; résigner le pouvoir.

abdication [abdi'keiʃ(ə)n], *s.* Abdication *f* (d'un trône); renonciation *f* (à un droit); démission *f* (d'une charge).

abdicator ['abdikeitər], *s.* Abdicataire *mf* (d'un trône); renonciateur, -trice (à un droit).

abdomen [ab'doumen, 'abdomen], *s.* Abdomen *m*, bas-ventre *m*. *Ent:* Abdomen.

abdominal [ab'dɔminəl], *a.* Abdominal, -aux. *Anat: A. wall*, paroi abdominale. *Med: A. belt*, ceinture abdominale, hypogastrique.

abdominous [ab'dɔminəs], *a.* Ventru, à gros ventre; pansu; corpulent.

abducent [ab'djusənt], *a. & s. Anat:* Abducteur *m*. **Abducent nerve**, nerf abducteur de l'œil.

abduct [ab'dʌkt], *v.tr.* **1.** *Jur:* (*a*) Enlever (qn). (*b*) Détourner (une mineure). **2.** *Physiol: Surg:* Opérer l'abduction (d'un organe, etc.); dévier (un organe).

abduction [ab'dʌkʃ(ə)n], *s.* **1.** *Jur:* (*a*) Enlèvement *m* (de qn). (*b*) Détournement *m* (de mineure). *A. by force, menace, or fraud*, rapt *m*. *A. by consent*, rapt par séduction. **2.** *Physiol: Surg:* Abduction *f*, déplacement *m*. **3.** *Surg:* Séparation *f*, solution *f* de continuité (des parties contiguës après fracture transversale); écartement *m* (des lèvres d'une plaie). **4.** *Log:* Syllogisme *m* dont la conclusion est entachée du doute qui s'attache à la mineure; abduction.

abductor [ab'dʌktər]. **1.** *s. Jur:* (*a*) Ravisseur *m*; auteur *m* de l'enlèvement. (*b*) Détourneur, -euse (de mineure). **2.** *a. & s. Anat:* **Abductor (muscle)**, (muscle) abducteur (*m*). *A. pollicis*, abducteur du pouce.

Abdul ['abdul], *s.m. P:* **1.** Turc. **2.** *Coll.* Les Turcs.

abeam [a'biːm], *adv. Nau:* Par le travers; en belle. **With the wind abeam**, sur la perpendiculaire du vent. **Right abeam**, droit par le travers. *We are a. of the lighthouse*, nous sommes par le travers du phare. *The lighthouse was a. of us*, le phare était par notre travers.

abecedarian [eibisi'dɛəriən]. **1.** *a.* (*a*) (Ordre *m*) alphabétique, abécédaire. (*b*) Ignorant. (*c*) (Connaissance *f*) rudimentaire. **2.** *s. U.S:* Commençant *m*.

abed [a'bed], *adv.* **1.** Au lit, couché. *To lie (late) a.*, dormir, faire, la grasse matinée. *See also* LIE-ABED. **2.** (*a*) Alité (par la maladie). (*b*) *A:* **To be brought abed, a-bed, of a child**, accoucher d'un enfant.

abele [a'biːl], *s. Bot:* Peuplier blanc; ypréau *m*.

abelian [a'biːljən], *a. Mth:* (*Of integrals, etc.*) Abélien.

aberdevine [abərdi'vain], *s. Orn:* Tarin *m*.

Aberdonian [abər'dounjən], *a. & s.* (Originaire, natif) d'Aberdeen.

abernethy [abər'neθi], *s.* Biscuit digestif (? recommandé par le médecin ainsi nommé).

aberrant [a'berənt], *a.* **1.** Égaré (du droit chemin); dévoyé. **2.** *Biol:* Aberrant; anormal, -aux.

aberration [abə'reiʃ(ə)n], *s.* **1.** (*a*) Aberration *f*, déviation *f* (de qn, d'un navire). (*b*) *The phenomena that seemed aberrations from nature were explained*, les phénomènes qui semblaient s'écarter de la nature furent expliqués. **2.** (*a*) Égarement *m* (des passions, etc.). **Mental aberration**, égarement d'esprit; aberration; confusion mentale; *Jur:* démence *f*. (*b*) Écart *m* (de conduite). **3.** *Astr: Mth: Opt:* Aberration. *See also* CHROMATIC I. **4.** *Biol:* Structure anormale; développement anormal; anomalie *f*.

abet [a'bet], *v.tr.* (**abetted**) **1. To abet s.o. in a crime**, encourager qn à un crime. *Jur:* **To aid and abet s.o.**, être le complice, le fauteur, de qn. **2.** Encourager (un vice, le crime); s'associer à (un crime), se faire, se rendre, complice (d'un crime); prêter assistance à (un trafic).

abetting[1], *a.* Complice, fauteur.

abetting[2], *s.* (**Aiding and**) **abetting**, complicité *f*.

abetment [a'betmənt], *s. A. in crime*, encouragement *m* au crime; complicité *f* dans le crime.

abettor [a'betər], *s. A. of a crime*, complice *mf*, fauteur, -trice, d'un crime. *A. of disorders*, fauteur de désordres. *His abettors in crime*, les fauteurs de ses crimes.

abeyance [a'be(i)əns], *s.* (*a*) Suspension *f* (d'une loi); vacation *f* (de droits); vacance *f* (d'un poste). **Work in abeyance**, travail en souffrance. *To leave a decree in a.*, suspendre un décret. *The matter is still in a.*, la question est toujours pendante, en suspens. *Law in a.*, loi inappliquée. *To fall into a.*, tomber en désuétude. (*b*) *Jur:* **Land in abeyance**, biens jacents. *Estate in a.*, succession vacante.

abhor [ab'hɔːr], *v.tr.* (**abhorred**) Abhorrer; avoir horreur de (qn, qch.); avoir (qn, qch.) en horreur. *To a. doing sth.*, détester faire qch.

abhorrence [ab'hɔrəns], *s.* Horreur *f* (*of*, de); extrême aversion *f* (*of*, pour, de). **To hold sth. in abhorrence**, avoir qch. en horreur. *To be held in a. by s.o.*, être en horreur, en abomination, à qn. *Sanctimoniousness is my a.*, la tartuferie est ma bête noire; j'ai horreur de la tartuferie.

abhorrent [ab'hɔrənt], *a.* **1.** (*Of pers., thg*) **To be abhorrent to s.o.**, être répugnant, en horreur, à qn; répugner à qn. **2.** (*Of thg*) **To be abhorrent to, from, sth.**, être contraire, opposé, à qch.; être incompatible avec qch. *Theory a. to reason*, théorie opposée à la raison, qui répugne à la raison. **3.** *A:* (*Of pers.*) **To be abhorrent of, from, sth.**, avoir horreur de qch.; être opposé à qch.; être ennemi de qch.

abidance [a'baidəns], *s.* **1.** *A:* Séjour *m* (*in*, dans). **2. Abidance by the truth, by the law**, respect *m* de la vérité; soumission *f* à la loi.

abide [a'baid], *v.* (*p.t.* **abided, abode** [a'boud]; *p.p.* **abided, abode**, *A:* **abidden** [a'bidn]) **1.** *v.i.* (*a*) *A. & Lit:* Rester, demeurer (*with s.o.*, avec qn). *To a. at, in, a place*, demeurer, séjourner, dans un lieu; habiter un lieu. (*b*) **To abide by a promise**, rester fidèle à, tenir, une promesse. *To a. by a resolve*, maintenir, s'arrêter à, une résolution. *To a. by a rule, a decision, a law*, se conformer à, s'incliner devant, se soumettre à, respecter, une règle, une décision, une loi. *To a. by the inevitable*, se soumettre au destin. *To a. by one's agreement*, tenir parole. *I shall a. by your decision*, je me soumets à votre décision; je m'en rapporte à vous. *To a. by one's own decision*, s'en tenir à, maintenir, sa décision. *We a. by the treaty*, nous nous en tenons à l'exécution du traité. *He will a. by his opinion*, il ne démordra pas de son opinion. *I a. by what I said*, je maintiens mon dire. (*c*) (*Of thg*) Durer, subsister, demeurer. **2.** *v.tr.* (*a*) **To abide the test**, subir l'épreuve. (*b*) Attendre. *I will a. the coming of my lord*, j'attendrai la venue de mon seigneur. *I a. my time*, j'attends l'occasion; je me réserve. **To abide the event**, attendre l'issue. (*c*) (*Neg. and interr.*) *I can't a. him*, je ne peux pas le sentir, le souffrir, le supporter. *He could not a. to look at it*, il ne pouvait pas en supporter la vue.

abiding[1], *a.* **1.** Permanent, durable, constant, immuable. **2.** *See* HOME-ABIDING, LAW-ABIDING.

abiding[2], *s.* **Abiding place**, lieu *m* de séjour; domicile *m*.

abider [a'baidər], *s. A: A. in a place*, habitant, -ante, d'un lieu.

abietineae [abie'tiniiː], *s.pl. Bot:* Abiétinées *f*.

Abigail ['abigeil]. **1.** *Pr.n.f. B.Hist:* Abigaïl. **2.** *s.* Suivante *f*, soubrette *f*. (Personnage de *The Scornful Lady*, de Beaumont et Fletcher.)

ability [a'biliti], *s.* **1.** (*a*) Capacité *f*, pouvoir *m* (*to do sth.*, de faire qch.). (*b*) *Jur:* Habilité *f* (à succéder, à tester, etc.); capacité légale (pour tester, etc.). (*c*) *Scot:* Puissance *f* physique; force *f*. **2.** Habileté, capacité, compétence *f*, intelligence *f*, talent *m*, aptitude *f*. **A man of ability, of abilities**, un homme capable. *Man of great a., of great abilities*, homme d'une grande capacité; homme très doué. **To do sth. to the best of one's ability**, faire qch. dans la mesure de ses moyens, de ses forces; faire qch. de son mieux.

3. *pl. Com:* Fonds *m* disponibles; ressources *f* (pour faire face à ses obligations).
-ability [ə'biliti], *s.suff.* -abilité *f. Curability*, curabilité. *Friability*, friabilité. *Navigability*, navigabilité.
abiogenesis [abio'dʒenesis], *s.* Abiogénèse *f*; génération spontanée.
abiosis [abi'ousis], *s. Biol:* Abiose *f.*
abiotic [abi'ɔtik], *a.* Abiotique.
abirritant [a'biritənt], **abirritative** [a'biriteitiv], *a. Med:* Calmant.
abject ['abdʒekt], *a.* **1.** Abject, déchu, misérable; pitoyable. *To live in a. poverty, F:* ramper dans la misère. **2.** *(a)* Bas, vil. *(b)* Servile (*to*, envers). **-ly**, *adv.* Abjectement. **1.** Misérablement. **2.** Bassement; avec servilité.
abjection [ab'dʒekʃ(ə)n], *s.* Abjection *f*, misère *f*, abaissement *m.*
abjectness ['abdʒektnəs], *s.* Abjection *f*; misère *f.*
abjuration [abdʒu'reiʃ(ə)n], *s.* Abjuration *f* (*of*, de); reniement *m* (de sa foi).
abjure [əb'dʒuər], *v.tr.* Abjurer (sa foi, ses erreurs); faire abjuration de (sa foi, etc.); renier (sa religion); renoncer (sous serment) à (ses droits). *To a. lying*, renoncer au mensonge. *Hist: To a. the realm*, s'engager sous serment à s'exiler (après avoir commis un crime).
abjurer [əb'dʒuərər], *s.* Renieur *m* (*of*, de).
ablation [əb'leiʃ(ə)n], *s. Geol: Surg:* Ablation *f* (d'un glacier, d'une tumeur).
ablatival [ablə'taivəl], *a. Gram:* Ablatif.
ablative ['ablətiv], *a. & s. Gram:* **Ablative (case)**, (cas) ablatif (*m*). *In the a. (case)*, à l'ablatif. *See also* ABSOLUTE 1.
ablaut ['aplaut], *s. Ling:* Apophonie *f*, alternance *f* (de la voyelle radicale du verbe).
ablaze [ə'bleːiz], *adv. & pred.a.* En feu, en flammes; enflammé, embrasé. *To be a.*, flamber. *A. with light, with colour*, resplendissant de lumière, de couleur. *A. with anger*, enflammé de colère. **To set coal ablaze**, embraser du charbon. *To set the house a.*, mettre le feu à la maison; faire flamber la maison. *To set Europe a.*, mettre l'Europe en feu, en flammes; incendier, embraser, l'Europe.
able ['eibl], *a.* **1.** *(a)* Capable, compétent, expert, habile. *A. workman*, bon ouvrier. *He is the ablest man I know*, c'est l'homme le plus capable que je connaisse. *A very a. man*, un homme de haute capacité. *Not very a.*, peu capable; pas très fort. *Jur:* **Able in body and mind**, sain de corps et d'esprit. *See also* SEAMAN 1. *(b)* **To be able to do sth.**, (i) savoir, être capable de, faire qch.; (ii) (*as infinitive to the vb.* CAN) pouvoir, être en mesure de, être à même de, être en état de, faire qch. *I shall not be a. to come to-day*, je ne pourrai pas venir aujourd'hui. *Better a. to do sth.*, plus capable, mieux à même, de faire qch. *I was a. to master my rising anger*, je sus maîtriser la colère qui montait en moi. *I do as I am a.*, j'agis selon mes moyens. *A. to pay*, en mesure de payer. *(c) It is expected that preventive measures* **will be able to be taken**, il est à prévoir que l'on pourra prendre des mesures préventives. *(d) Jur:* **Able to devise property, to inherit**, apte, habile, à léguer, à succéder. **2.** *A. piece of work*, œuvre de talent; travail bien fait. *Your a. assistance*, votre aide efficace. **-bly**, *adv.* Habilement; expertement; avec talent; avec maîtrise. *He a. supported our efforts*, il nous a prêté une aide efficace.
able-'bodied, *a.* Fort, robuste, vigoureux. *Mil:* (i) Valide; (ii) bon pour le service. *Nau:* **Able-bodied seaman** = *able seaman, q.v. under* SEAMAN 1.
able-'minded, *a.* Intelligent; de haute capacité intellectuelle.
-able [əbl], *a.suff.* **1.** (*In words taken from French*) *Agreeable*, agréable. **2.** (*Appended to vbs*) *(a)* -able. *Bearable*, supportable. *Curable*, guérissable. *Eatable*, mangeable. *Navigable*, navigable. *The house was not liveable in*, la maison n'était pas habitable. *(b)* -ible. *Conceivable*, conceptible. *Removable*, amovible. *Un-get-at-able*, inaccessible. **3.** (*Appended to nouns*) *(a)* -able. *Saleable*, vendable. *(b)* -ible. *Peaceable*, paisible. **-ably**, *adv.suff.* -ablement, -iblement. *Agreeably*, agréablement. *Bearably*, supportablement. *Peaceably*, paisiblement.
-ableness [əblnəs], *s.suff.* -abilité *f*, -ibilité *f. Companionableness*, sociabilité. *Un-get-at-ableness*, inaccessibilité.
ablet ['ablet], *s. Ich:* Ablette *f.*
abloom [ə'bluːm], *adv. & pred.a.* En fleur(s). *All nature is a. once more*, toute la nature est refleurie.
ablush [ə'blʌʃ], *adv. & pred.a. A. & Lit:* (En) rougissant.
ablution [əb'luːʃ(ə)n], *s.* Ablution *f. F:* **To perform one's ablutions**, faire ses ablutions. *Ecc: To perform the a. of the chalice*, ablutionner le calice.
ably ['eibli]. *See* ABLE.
abnegate ['abnegeit], *v.tr.* Renoncer à (une croyance, un privilège); faire abnégation de (sa volonté, ses droits, etc.). *To a. one's religion*, renoncer sa foi, à sa foi.
abnegation [abne'geiʃ(ə)n], *s.* **1.** Abnégation *f* (de soi, de ses intérêts); renoncement *m*, renonciation *f.* **2.** Désaveu *m*, reniement *m* (d'une doctrine, etc.).
abnegator ['abnegeitər], *s.* Renonciateur, -trice (*of*, de).
abnormal [ab'nɔːrməl], *a.* **1.** Anormal, -aux; qui échappe à la norme. **2.** *Pej:* Perverti. **-ally**, *adv.* Anormalement.
abnormalism [ab'nɔːrməlizm], **abnormality** [abnɔːr'maliti], *s.* **1.** Caractère anormal (de qch.); anomalie *f.* **2.** *(a)* Difformité *f.* *(b)* Bizarrerie *f.*
abnormity [ab'nɔːrmiti], *s.* **1.** = ABNORMALITY. **2.** *(a)* Monstruosité *f.* *(b)* Monstre *m.*
aboard [ə'bɔːrd]. **1.** *adv.* A bord. **To go aboard**, aller, monter, à bord; s'embarquer. *To have s.o. a.*, avoir qn à son bord. *Life a.*, la vie à bord. *To take goods a.*, embarquer des marchandises. *Nau:* **To haul the tacks aboard**, amurer; mettre les amures à bloc. **All aboard!** (i) *Nau:* embarquez! (ii) *Rail: U.S:* en voiture! **2.** *Nau:* *(a)* **To fall aboard (of) a ship, to run aboard a ship**, aborder un navire (par le travers); se heurter contre un navire; entrer en collision avec un navire. *(b) A:* **To lay the enemy aboard**, aborder l'ennemi. *(c)* **To keep the land aboard**, ranger la terre. **3.** *prep.* **Aboard (a) ship**, à bord d'un navire. *U.S: A. a train, a bus*, dans un train, dans un omnibus. *F: A. a camel*, à dos de chameau.
abode[1] [ə'boud], *s.* **1.** Demeure *f*, habitation *f*, résidence *f. In my a.*, chez moi. **2.** (Lieu *m* de) séjour *m.* **To take up one's abode in the country**, s'installer à la campagne. *The lower town, a. of the poorer classes*, la basse ville, séjour des classes pauvres. *Jur:* **Place of abode**, domicile *m.* **To make one's abode at . . .**, élire domicile à. . . ; prendre logement à . . . ; fixer sa résidence à. . . . **Of, with, no fixed abode**, sans domicile fixe. **3.** *A:* Séjour (dans un endroit).
abode[2]. *See* ABIDE.
abolish [ə'bɔliʃ], *v.tr.* Abolir, supprimer (un usage, un abus); abolir, éteindre (des droits); abroger (une loi).
abolishing, *s.* = ABOLISHMENT.
abolishment [ə'bɔliʃmənt], **abolition** [abo'liʃ(ə)n], *s.* Abolissement *m*, abolition *f*; suppression *f* (d'un abus); abrogation *f* (d'une loi).
abolitionism [abo'liʃənizm], *s. Hist:* Abolition(n)isme *m.*
abolitionist [abo'liʃənist], *s. & a. Hist:* Abolition(n)iste *mf*, antiesclavagiste *mf.*
abomasum [abo'meisəm], *s. Z:* Caillette *f*, abomasum *m* (d'un ruminant).
abominable [ə'bɔminəbl], *a.* Abominable; odieux; haïssable. **-ably**, *adv.* Abominablement; odieusement.
abominate[1] [ə'bɔminet], *a. A. & Lit:* *(a)* Exécrable. *(b)* Exécré.
abominate[2] [ə'bɔmineit], *v.tr.* Abominer, abhorrer, exécrer, détester; avoir (qch.) en abomination, en horreur. *To be abominated by s.o.*, être en abomination à qn. *To a. doing sth.*, détester faire qch.
abomination [abɔmi'neiʃ(ə)n], *s.* **1.** *(a)* Abomination *f* (*of*, de). **To be held in abomination by s.o., to be an abomination to s.o.**, être en abomination, en horreur, à qn. *(b) B: For all that do such things are an a. unto the Lord*, car quiconque fait ces choses-là est en abomination à l'Éternel. *F: It is an a. before the Lord to . . .*, c'est un sacrilège de. . . . **2.** *F: This coffee is an a.*, ce café est une abomination, est une horreur, est abominable.
abominator [ə'bɔmineitər], *s. To be an a. of sth.*, avoir qch. en abomination; détester, exécrer, qch.
aboriginal [abo'ridʒinəl]. **1.** *a.* *(a)* Primitif. *(b)* Indigène, autochtone, aborigène. **2.** *s.* Aborigène *m*, indigène *m.*
aborigines [abo'ridʒiniːz], *s.pl.* Aborigènes *m*, indigènes *m.*
abort [ə'bɔːrt], *v.i. Biol:* Avorter.
aborted, *a.* **1.** Avorté. **2.** Imparfait, rudimentaire.
aborting, *s.* Avortement *m.*
abortifacient [abɔrti'feiʃjənt], *a. & s. Obst:* Abortif (*m*).
abortion [ə'bɔːrʃ(ə)n], *s.* **1.** *(a)* (*Miscarriage*) Avortement *m*, *esp.* avortement provoqué. **To procure abortion**, faire avorter qn. **Procuring of abortion**, manœuvres abortives. *(b) Bot:* Contabescence *f* (du pollen); rachitis *m*, rachitisme *m* (de la graine). **2.** *F:* *(a)* (*Dwarfed creature*) Avorton *m*, monstre *m*; *P:* fausse couche. *(b)* Œuvre mal venue, manquée.
abortionist [ə'bɔːrʃənist], *s.* Médecin avorteur; *f.* avorteuse, *P:* faiseuse d'anges.
abortive [ə'bɔːrtiv]. **1.** *a. & s.* *(a) Biol: A:* Abortif (*m*). *(b) a. Bot:* Abortif, rudimentaire. *(c) a. Obst: A. treatment*, traitement abortif. *(d) Biol:* (Organe *m*) rudimentaire. **2.** *a. F:* (*Of plan, etc.*) Avorté, mort-né, manqué. (*Of plan*) **To prove abortive**, ne pas aboutir; n'aboutir à rien; échouer, avorter. *To render a plan a.*, faire avorter un projet. **Abortive effort**, *F:* coup d'épée dans l'eau; coup manqué. **-ly**, *adv.* **1.** (Naître) avant terme, prématurément. **2.** *F:* Sans succès; sans aboutir.
abortiveness [ə'bɔːrtivnəs], *s.* Insuccès *m*, non-réussite *f* (d'un projet).
aboulia [ə'buːlia], *s. Med:* Aboulie *f.*
aboulic [ə'buːlik], *a.* Aboulique.
abound [ə'baund], *v.i.* Abonder, affluer; être en abondance; foisonner. *To a. in fish*, abonder en poissons. *To a. with vermin*, abonder en vermine; être infesté de vermine; *F:* grouiller de vermine.
abounding[1], *a.* Abondant (*in, with*, en). *Country a. in corn*, pays riche en blés.
abounding[2], *s.* Abondance *f.*
about [ə'baut], *adv. & prep.* **1.** *(a)* Autour (de). *To gather a. the fire*, s'assembler autour du feu. *He looked a. him*, il regarda autour de lui. *See also* LOOK ABOUT. *The hills (round) a. the town*, les collines autour de la ville, à l'entour de la ville. *The folks a. us*, les gens auprès de nous, qui nous entourent. *She always has a cloud of young men a. her*, elle est toujours entourée d'une nuée de jeunes gens. *He took me a. the middle*, il me prit par le milieu du corps. *He went a long way a.*, il fit un long détour. *(b)* De côté et d'autre. *To stroll a.*, se promener de ci, de là; se promener de côté et d'autre. *There was nobody a.*, il n'y avait personne dans le voisinage; il n'y avait personne de visible. **To follow s.o. about**, suivre qn partout. *To flourish one's sword a.*, brandir son épée. *Don't leave those papers lying a.*, ne laissez pas traîner ces papiers. **About here**, par ici, dans ces parages. *To walk a. the streets*, marcher dans, par, les rues. *There's a good deal of influenza a. at present*, il y a beaucoup de grippe actuellement. **He is about again**, il est de nouveau sur pied. *See also* COME ABOUT, GET ABOUT, GO ABOUT. *(c) There was a look of kindness a. his face*, il y avait sur sa figure un air de bonté. *There is no vanity a. him*, la vanité n'est pas son fait. *There is something uncommon a. him*, il y a dans sa personne quelque chose de pas ordinaire. **There's something about a horse that . . .**, il y a chez le cheval un je ne sais quoi qui. . . . **I have no money about me**, je n'ai pas d'argent sur moi. *See also* EYE[1] 1. *(d) To do*

sth. **turn (and turn) about,** faire qch. à tour de rôle, tour à tour. *See also* TURN[1] 4. *We take duty week a.,* nous faisons la semaine à tour de rôle. *See also* DAY 1. **2.** **To turn sth. about,** retourner qch.; tourner qch. de l'autre côté. **To turn about,** faire demi-tour; faire volte-face; se retourner. *Mil:* **About turn! about face!** demi-tour! *See also* ABOUT-TURN, FACE ABOUT, RIGHT-ABOUT. *Nau:* **Ready about!** pare à virer! paré à virer! **About ship!** envoyez! *See also* GO ABOUT 1, PUT ABOUT 3, TACK[2] 2. **3.** Environ, presque. *There are a. thirty,* il y en a environ trente; il y en a une trentaine. *She is a. sixty,* elle a environ soixante ans; elle a dans les soixante ans. *It will cost you* **somewhere about a hundred francs,** ça vous coûtera dans les cent francs. *To possess a. a hundred pounds,* posséder autour de cent livres. *A. as big,* à peu près, presque, aussi grand. **That's about right,** c'est à peu près cela. *The work's a. done,* le travail est à peu près achevé. **He is much about the same,** il va à peu près de même. **It is about time,** (i) il est presque temps; (ii) *Iron:* il est grand temps! vous y avez mis le temps! *He came a. three o'clock,* il est venu vers trois heures, sur les trois heures. *A. midday, a. one o'clock,* sur les midi, sur les une heure. *It's a. three months since we had any news,* ça va faire dans les trois mois qu'on est sans nouvelles. **4.** Au sujet de. *To make inquiries a. sth.,* se renseigner sur, au sujet de, concernant, touchant, qch. *To quarrel a. nothing,* se quereller à propos de rien. **Much ado about nothing,** beaucoup de bruit pour rien. *There was a fight a. who should remain,* on se battit pour décider qui devait rester. **About that,** là-dessus, à ce sujet, à cet égard. **About what? what about?** à quel sujet? à quel propos? **What is it all about?** de quoi s'agit-il? *I know what it is all a.,* je sais de quoi il retourne. *I have come a. that,* je viens pour cela, à ce propos. *He has come a. the rent,* (i) il vient pour le loyer, pour toucher son terme; (ii) il vient à propos du loyer, du terme. *To speak a. sth.,* parler de qch. *See also* THINK ABOUT. *There is much a. love, a great deal is said a. love, in his essays,* il est fort question d'amour dans ses essais. *It was about her that the quarrel arose,* c'est elle qui est, qui fut, l'occasion de la dispute. *To be uneasy a. s.o.,* être inquiet à l'égard de qn, sur le compte de qn. *What I admire a. that man, a. him, a. that book, is . . .,* ce que j'admire chez cet homme, en lui, dans ce livre, c'est. . . . *F: What a. my bath?* et mon bain? *See also* WHAT II. 2. **How about a game of bridge?** si on faisait un bridge? **5.** (*a*) **To be about to do sth.,** être sur le point de, près de, faire qch.; être au moment de faire qch. *What were you a. to say?* qu'est-ce que vous alliez dire? *When (he was) a. to die,* quand il fut sur le point de mourir. *He is a. to start,* il est sur son départ. *Just as he was a. to leave,* quand il fut pour partir. (*b*) **To go about one's task,** faire sa besogne. *This is how I go a. it,* voici comment je m'y prends. *To know what one is a.,* savoir, connaître, son affaire. *I know what I am a.,* je sais ce que je fais. *What are you a.?* (i) que faites-vous? (ii) *F:* à quoi songez-vous? qu'est-ce que vous faites là? *Mind what you are a.!* faites attention! *You haven't been long a. it,* il ne vous a pas fallu longtemps (pour le faire). *See also* LONG[1] III. 1. *While you are a. it,* pendant que vous y êtes. **Be quick about it!** dépêchez-vous! *To send s.o. a. his business,* envoyer promener qn.

about-'face, about-'turn, *v.i.* Faire demi-tour.

a'bout-sledge, *s. Metalw:* Marteau *m* à (frapper) devant; marteau à deux mains.

above [a'bʌv], *adv. & prep.* **1.** Au-dessus (de). (*a*) *The water reached a. their knees,* l'eau leur montait jusqu'au-dessus des genoux. (*b*) *To hover a. the town,* planer au-dessus de la ville. *We live one a. the other,* nous demeurons l'un au-dessus de l'autre. *The tenants of the flat a.,* les locataires du dessus. *Underground passages arranged one a. the other,* souterrains disposés en saut de mouton. *To watch the clouds a.,* regarder les nuages au-dessus de soi, au ciel. **A voice from above,** une voix d'en haut. *View from a.,* vue plongeante. *In the heavens a.,* là-haut aux cieux. **The Powers above,** les puissances *f* célestes. (*c*) *A mountain rises a. the lake,* une montagne s'élève au-dessus du lac, domine le lac. *His voice was heard a. the din,* on entendait sa voix par-dessus le tumulte; sa voix dominait le fracas. *To fish a. the bridge,* pêcher en amont, au-dessus, du pont. *The Seine basin a. Paris,* le bassin de la Seine à l'amont de Paris. **Above lock,** en amont de l'écluse. *See also* ABOVE-GROUND, GROUND[2] 5, REACH[1] 2. (*d*) *He is a. me in rank,* il est d'un rang supérieur au mien; il est mon supérieur hiérarchique. **Above par,** au-dessus du pair. *Brought up a. his station,* élevé au-dessus de sa condition. *One must not be a. one's business,* il ne faut pas être trop grand seigneur pour s'occuper de son commerce. *You must show yourself a. prejudice,* il faut vous montrer supérieur aux préjugés. **To live above one's means,** vivre au delà de ses moyens; avoir un train de vie qui dépasse ses moyens. *Temperature a. normal,* température supérieure à la normale. *A. criticism,* hors de l'atteinte de la critique. *See also* LAW[1] 2. *A. my understanding,* au-dessus, au delà, de ma portée. *That is a. my comprehension,* cela dépasse mon entendement; cela me dépasse. **Above all . . .,** surtout . . ., sur toutes choses . . ., (surtout et) avant tout . . ., par-dessus tout . . ., au-dessus de toutes choses. . . . (*e*) *F:* **To be above oneself,** être un peu monté; déborder d'activité, de gaieté. *Turf: Horse that is a. itself,* cheval trop ardent. *P:* **To get above oneself,** s'en faire accroire; être très satisfait de sa petite personne. **2.** (*In book, document*) Ci-dessus. *See the paragraph a.,* voir le paragraphe ci-dessus. **As above,** comme ci-dessus. *The a. decree,* le décret précité. *The article referred to a.,* l'article susvisé. *The articles referred to a.,* les articles précédemment énumérés. *The a. circumstances,* les circonstances sus-énoncées. **3.** (*Of pers.*) *To be a. (all) suspicion, (all) meanness,* être au-dessus de tout soupçon, incapable de bassesse. *I am a. doing that,* je suis trop fier pour faire cela; je me respecte trop pour faire cela; je dédaigne de faire cela. *He is a. deception, a. telling a lie,* il ne saurait s'abaisser jusqu'à vous tromper, jusqu'à mentir. **4.** (*a*) *A. twenty,* plus de vingt. *See also* OVER I. 4. (*b*) *I can't go a. B flat,* je ne monte pas plus haut que si bémol. (*c*) *He can trace his descent a. four hundred years,* il fait remonter sa descendance au delà de quatre cents ans.

a'bove-board. 1. *adv. To play fair and a.-b.,* jouer cartes sur table; montrer son jeu; agir ouvertement, franchement, loyalement, au su de tous, sans rien cacher. **2.** *Pred.a.* Loyal; franc, franche. *Everything is a.-b.,* tout est franc et loyal. *All is open and a.-b. in this transaction,* il n'y a rien de caché, de louche, dans cette affaire. *His conduct was a.-b.,* sa conduite a été franche et ouverte.

a'bove-ground, *a.* Au-dessus de terre; superficiel. *A.-g. dynamite store,* dynamitière superficielle. *Min:* **Work above-ground,** travail *m* au jour. *A.-g. hands,* ouvriers *m* du jour.

a'bove-'mentioned, a'bove-'named, *a.* Susmentionné, sus-dénommé, susnommé, susdit; mentionné ci-dessus; précité.

a'bove-re'lated, *a.* Susrelaté.

abradant [a'breidənt], *s.* Abrasif *m*; poudre *f* à égriser, à roder.

abrade [a'breid]. **1.** *v.tr.* User (qch.) par le frottement, par abrasion; écorcher (la peau, etc.); éroder (un rocher, etc.); arracher (des particules). **Abrading wheel,** meule *f* à user, à roder. **2.** *v.i.* S'user par le frottement; s'éroder; (*of bearings*) gripper.

abrader [a'breidər], *s.* = ABRADANT.

Abraham ['eibrəham]. *Pr.n.m.* Abraham. *A:* **To sham Abraham,** faire le malade, l'épileptique. *See also* BALM 2, BOSOM 1.

abranchial [a'braŋkiəl], **abranchiate** [a'braŋkiet], *a. Z:* Dépourvu de branchies.

abrasion [a'breiʒ(ə)n], *s.* **1.** (Usure par le) frottement *m*; attrition *f*; frai *m* (des monnaies); usure *f. Mec.E:* Grippure *f* (d'un palier). **2.** *Med:* Écorchure *f*, éraflure *f*, excoriation *f* (de la peau); abrasion *f* (d'une muqueuse).

abrasive [a'breisiv], *a. & s.* Abrasif (*m*).

abreast [a'brest], *adv.* **1.** (*a*) (*Of carriages, horses, etc.*) De front; sur la même ligne. *Navy:* **Line abreast,** en ligne de front. *Mil: Units disposed a.,* unités accolées. **To come abreast of a car,** arriver à la hauteur d'une voiture. (*b*) (*Of pers.*) *To walk a.,* marcher côte à côte. **To march two abreast,** marcher par deux. **Four abreast,** par rangs de quatre. **To keep abreast of a science,** suivre les progrès d'une science. *To keep a. (of) the times,* marcher de pair avec son époque; se maintenir à la page. **To be abreast with, of, the times,** être de son temps; être dans le mouvement, dans le train; être à la hauteur des idées actuelles; *F:* être à la page. **2.** *Nau: To be a. of a ship, of a landmark,* être par le travers, à la hauteur, d'un navire, d'un amer. **3.** *a. El:* **Abreast connection,** couplage *m* en parallèle; accouplement *m* en quantité.

abridge [a'bridʒ], *v.tr.* **1.** Abréger (un ouvrage, une visite); raccourcir (un livre, un chapitre). **Abridged edition,** édition réduite. **Abridged version** (*of narrative, etc.*), accourci *m*, abrégé *m*, résumé *m* (d'un récit, etc.). *To give an abridged account of sth.,* raconter qch. en raccourci. *History course abridged from the larger work,* cours *m* d'histoire extrait du gros ouvrage. **2.** Diminuer, restreindre, retrancher (l'autorité, les droits, de qn). **3.** *A:* **To abridge s.o. of a right, of a power,** priver qn (partiellement ou complètement) d'un droit, d'un pouvoir.

abridging, *s.* = ABRIDG(E)MENT 1.

abridg(e)ment [a'bridʒmənt], *s.* **1.** (*a*) Raccourcissement *m* (d'un ouvrage, etc.). (*b*) Diminution *f* (d'autorité); restriction *f* (d'un droit). **2.** Abrégé *m*, précis *m*, résumé *m*, accourci *m*.

abridger [a'bridʒər], *s.* Abréviateur *m* d'un ouvrage.

abroach [a'broutʃ], *adv.* En perce. **To set a cask abroach,** mettre un fût en perce.

abroad [a'brɔːd], *adv.* **1.** (*a*) A l'étranger; en voyage. *To live a.,* vivre à l'étranger, hors de l'Angleterre. *Travel a.,* voyages à l'étranger. *He is just back from a.,* il revient de l'étranger. *Troops serving a.,* (i) troupes en service actif hors de la Grande-Bretagne, (ii) troupes en service aux colonies. *Our colleagues from a.,* nos collègues d'outre-mer. *Capital invested a.,* capitaux placés au dehors. *Customers who have come from a.,* les clients venus du dehors. *See also* HOME[1] I. 2. (*b*) (*Of pers.*) Sorti, (au) dehors. *He ventured a. only once a day,* il ne sortait qu'une fois par jour. **A lion at home, a mouse abroad,** rogue chez lui, timide dans le monde. **2.** Au loin; de tous côtés. *The scent was wafted a.,* le parfum se répandit au loin. *Scattered a.,* éparpillé de tous côtés. *The news got a.,* la nouvelle se répandit. *There is a rumour a. that . . .,* le bruit court que. . . . *There are evil reports a. about him,* de mauvais bruits courent sur son compte. *See also* NOISE[2], SPREAD[2] I. 2, TRUMPET[2] 2. **3.** **He is, his mind is, all abroad,** il est tout désorienté. *I am all a.,* j'y perds mon latin. *You are all a.,* vous n'y êtes pas du tout; vous divaguez; *P:* tu déraillles! *Row: The crew was all a.,* l'équipe avait perdu son ensemble; *P:* l'équipe cafouillait.

abrogate ['abrogeit], *v.tr.* Abroger (une loi).

abrogation [abro'geiʃ(ə)n], *s.* Abrogation *f.*

abrogative ['abrogativ], *a. Jur:* Abrogatif.

abrogator ['abrogeitər], *s.* Signataire *mf* de l'abrogation.

abroma [a'brouma], *s. Bot:* Abrome *m.*

abrotanum [a'brɔtanəm], *s. Bot:* Aurone *f.*

abrupt [a'brʌpt], *a.* **1.** (Départ, caractère, personne) brusque; (départ) brusqué, précipité; (attaque) brusquée; (ton) cassant; (style) heurté, décousu, saccadé, abrupt. *The evening came to an a. end,* la soirée s'acheva brusquement. **2.** *A. mountain,* montagne abrupte, escarpée, à pic. *A. coast,* côte *f* accore. *A. ascent,* montée ardue. **-ly,** *adv.* **1.** (*a*) Brusquement, tout à coup. (*b*) (Parler) avec brusquerie. **2.** *Path that rises a.,* sentier qui monte abruptement, à pic, en pente raide.

abruptness [a'brʌptnəs], *s.* **1.** (*a*) Brusquerie *f*, rudesse *f.* (*b*) Précipitation *f* (d'un départ). (*c*) Décousu *m* (du style). **2.** Escarpement *m* (d'une montagne); raideur *f* (d'un sentier).

Abruzzi (the) [ðia'brutsi]. *Pr.n.pl. Geog:* Les Abruzzes *f.*

Absalom ['absaləm]. *Pr.n.m.* Absalon.

abscess ['æbses], *s.* Abcès *m*; dépôt *m* (dans le poumon); foyer purulent. *To lance, drain, an a.*, ouvrir, percer, vider, un abcès.

abscessed ['æbsest], *a. A. gland, etc.*, glande *f*, etc., qui est le siège d'un abcès.

absciss(e), *pl.* **-es** ['æbsis, -iːz], **abscissa**, *pl.* **-ae, -as** [æb'sisə, -iː, -əz], *s. Mth:* Abscisse *f*. *See also* PLOT[2] I. 2.

abscission [æb'siʃən], *s. Surg:* Abscission *f*, excision *f*.

abscond [əb'skɔnd], *v.i.* (*a*) Se soustraire à la justice; s'enfuir, s'évader (*from*, de). (*b*) *F:* Décamper, déguerpir, filer; disparaître; *F:* prendre la clef des champs; lever le pied; mettre la clef sous le paillasson; faire un trou à la lune; s'éclipser.

absconding[1], *a.* En fuite.

absconding[2], *s.* Fuite *f*, évasion *f*, *F:* décampement *m*, disparition *f*.

absconder [əb'skɔndər], *s.* **1.** Fugitif, -ive, évadé(e). **2.** *Jur:* Contumace *m*, défaillant *m*.

absence ['æbs(ə)ns], *s.* **1.** Absence *f*, éloignement *m* (*from*, de). **To be conspicuous by one's absence,** briller par son absence. *Jur:* **Sentenced in his, her, absence,** condamné(e) par contumace. *See also* LEAVE[1] 2. **2.** *A. of taste, of frankness*, manque *m* de goût, de franchise. **In the absence of definite information,** faute de, à défaut de, renseignements précis. **3. Absence (of mind),** distraction *f*, préoccupation *f*. *He has fits of absence*, il est sujet à des distractions. **4.** *Sch:* (*At Eton*) Appel *m* des élèves.

absent[1] ['æbs(ə)nt], *a.* **1.** (*a*) Absent (*from*, de). **Absent with leave,** absent par congé. **Absent without leave,** absent sans permission; porté manquant; *Navy: etc:* en bordée. *Why were you a. from church?* pourquoi avez-vous manqué l'office? *s. The a. are always in the wrong*, les absents ont toujours tort. *Prov:* **Long absent, soon forgotten,** les absents sont vite oubliés; loin des yeux, loin du cœur. (*b*) Manquant. *In this animal the teeth are a.*, chez cet animal les dents sont absentes, manquent. **2.** *Occ.* = *absent-minded.* **-ly,** *adv.* Distraitement; d'un air distrait.

absent-'minded, *a.* Distrait, préoccupé. *To be a.-m.*, avoir, être sujet à, des absences (d'esprit). *F:* **Absent-minded beggar,** soldat *m*. (Titre d'un poème de Kipling.) **-ly,** *adv.* Distraitement; d'un air distrait; d'un ton préoccupé.

absent-'mindedness, *s.* Distraction *f*, préoccupation *f*.

absent[2] [æb'sent], *v.pr. To a. oneself*, s'absenter (*from*, de).

absentee [æbsən'tiː]. **1.** *s.* (*a*) Absent, -ente. (*b*) Manquant, -ante (à l'appel); *Mil:* (*of conscript or reservist*) insoumis *m*; *Navy: etc:* absent (illégalement). **2.** *a. & s. Hist:* **Absentee (landlord),** absentéiste *m*; propriétaire forain.

absenteeism [æbsən'tiːizm], *s.* **1.** Absence *f* de l'atelier; chômage *m* volontaire (d'ouvriers). **2.** *Hist:* Absentéisme *m* (de propriétaires).

absinth(e) ['æbsinθ], *s.* Absinthe *f*. *To take an a.*, *F:* boire une verte, un pernod.

absinthism ['æbsinθizm], *s.* Absinthisme *m*.

absit omen ['æbsit'oumen], *Lt.phr.* (*Said to s.o. who has sneezed*) (Que) Dieu vous bénisse!

absolute ['æbsol(j)uːt]. **1.** *a.* (*a*) Absolu. *A. ignorance*, ignorance absolue. *Case of a. necessity*, cas de nécessité absolue, de force majeure. *A. power*, pouvoir absolu, illimité. *A. monarchy*, monarchie absolue. *A. alcohol*, alcool absolu, anhydre. *A. veto*, veto formel. *Jur:* **Decree absolute,** décret irrévocable. *Gram:* **Ablative absolute,** ablatif absolu. *See also* SUPERLATIVE 2. *Ph:* **Absolute temperature,** température absolue. *A. zero*, zéro absolu. *A. scale* (*of temperature*), échelle *f* K(elvin). 288° *a. temperature* (*centigrade*), 288° K. *See also* LIABILITY 1, OWNER 1. (*b*) Autoritaire; (ton) absolu. *Don't be so a.*, ne soyez pas si autoritaire, si outrecuidant. **Sir Anthony Absolute,** type du gentilhomme autoritaire mais bon enfant. (Personnage de *The Rivals* de Sheridan.) (*c*) *F: An a. knave*, un franc coquin, un coquin achevé. *It's an a. scandal*, c'est un véritable scandale; ce n'est ni plus ni moins qu'un scandale. *They are in a. distress*, ils sont dans une véritable misère, dans une misère complète. **2.** *s. Phil:* **The absolute,** l'absolu *m*. **-ly,** *adv.* Absolument. *To reign a.*, régner absolument. *A. correct, a. true*, rigoureusement exact, on ne peut plus vrai. *You are a. right*, vous avez entièrement raison, tout à fait raison, cent fois raison. *It is a. forbidden to . . .*, il est formellement interdit de. . . . *We a. must . . .*, de toute force il nous faut . . ., il nous faut absolument. . . . *Jur:* **Absolutely void,** radicalement nul. *Gram: Verb used a.*, verbe employé absolument, dans un sens absolu.

absoluteness ['æbsol(j)utnəs], *s.* **1.** Pouvoir absolu. **2.** Caractère absolu (de qch.); réalité *f*.

absolution [æbso'l(j)uːʃ(ə)n], *s.* **1.** *Ecc:* (*a*) Absolution *f*. **The power of absolution,** le pouvoir de délier. (*b*) *A. of the dead* (*after Requiem mass*), absoute *f*. **2.** *A. & Lit:* Acquittement *m*; pardon *m*.

absolutism ['æbsol(j)utizm], *s.* **1.** *Pol:* Absolutisme *m*. **2.** = ABSOLUTENESS 2.

absolutory [əb'sɔljutəri], *a.* Absolutoire.

absolve [əb'zɔlv], *v.tr.* **1.** (*a*) Absoudre (*s.o. from a sin*, qn d'un péché). *He was absolved of all blame for . . .*, il fut reconnu qu'il n'était aucunement responsable de. . . . (*b*) Remettre (un péché). **2.** *To a. s.o. from an obligation, from a vow, etc.*, affranchir, dégager, délier, relever, dispenser, qn d'une obligation, d'un vœu, etc.

absolving, *s.* Dispensation *f* (*from*, de).

absolvitor [æb'sɔlvitər], *s. Jur:* (*In Scot.*) Acquittement *m*.

absorb [əb'sɔːrb], *v.tr.* **1.** (*a*) Absorber (un liquide, la chaleur, etc.). *F: Measures taken to a. the surplus wheat*, mesures prises pour résorber les excédents de blé. (*b*) *To a. a shock, a sound*, amortir un choc, un son. *Tyres that a. the bumps*, pneus qui boivent l'obstacle. **2.** (*a*) *His business absorbs him*, ses affaires l'absorbent. (*b*) *To become absorbed in sth.*, s'absorber dans qch. *Mind absorbed in meditation*, esprit absorbé dans le recueillement. *He is entirely absorbed in his business*, il est tout (entier) à son commerce. *To listen with absorbed interest*, écouter avec un intérêt profond.

absorbing, *a.* Absorbant.

absorbable [əb'sɔːrbəbl], *a. Ch: Ph:* Absorbable.

absorbedly [əb'sɔːrbidli], *adv.* D'un air absorbé. *To gaze at sth. a.*, s'absorber, être absorbé, dans la contemplation de qch.

absorbedness [əb'sɔːrbidnəs], *s.* = ABSORPTION 2.

absorbefacient [əbsɔːrbi'feiʃənt], *a. & s. Med:* Résorbant (*m*).

absorbent [əb'sɔːrbənt], *a. & s.* Absorbant (*m*). *A. of water*, avide d'eau. *Med:* **Absorbent cotton-wool,** coton *m* hydrophile.

absorber [əb'sɔːrbər], *s.* **1.** *Ch: Ph:* Absorbeur *m*. **2.** Amortisseur *m* (de son, d'oscillations, etc.). *See also* SHOCK-ABSORBER.

absorptiometer [æbsɔːrp'ʃɔmetər], *s. Ch:* Absorptiomètre *m*.

absorption [əb'sɔːrpʃ(ə)n], *s.* **1.** Absorption *f* (de chaleur, de gaz, etc.). *Ph:* **Absorption spectrum,** spectre *m* d'absorption. *Miner:* **Absorption figures** (*of certain minerals*), houppes *f*. *See also* LINE[2] 2. **2.** Absorbement *m* (de l'esprit). **3.** *A. of posts, offices, of sounds, of a shock*, amortissement *m* d'emplois, de sons, d'un coup.

absorptive [əb'sɔːrptiv], *a.* Absorptif; absorbant. *A. power*, force *f* d'absorption.

absorptiveness [əb'sɔːrptivnəs], *s.*, **absorptivity** [æbsɔːrp'tiviti], *s.* Absorptivité *f*.

absquatulate [æb'skwɔtjuleit], *v.i. F. & Hum:* Ficher le camp, décamper, se cavaler.

abstain [əbs'tein], *v.i.* **1.** S'abstenir (*from sth., from doing sth.*, de qch., de faire qch.). *R.C.Ch: To a. from meat*, faire maigre. **2.** *Abs.* S'abstenir de spiritueux; ne boire que de l'eau.

abstaining, *s.* = ABSTINENCE.

abstainer [əbs'teinər], *s.* Abstème *mf*; buveur, -euse, d'eau. **To be a total abstainer** (*from alcohol*), ne pas boire d'alcool; ne boire que de l'eau.

abstemious [æbs'tiːmiəs], *a.* (*a*) Sobre, tempérant, abstinent. (*b*) *An a. meal*, un repas frugal. **-ly,** *adv.* Sobrement; frugalement.

abstemiousness [æbs'tiːmiəsnəs], *s.* Sobriété *f*, tempérance *f*; abstinence *f*.

abstention [æbs'tenʃ(ə)n], *s.* **1.** Abstention *f*, abstinence *f* (*from*, de). **2.** *Pol:* Abstention (en matière électorale); abstentionnisme *m*.

abstentionist [æbs'tenʃənist], *s. Pol:* Abstentionniste *mf*.

abstergent [æbs'təːrdʒənt], *a. & s.* Abstergent (*m*). *Med:* Détersif (*m*).

abstersion [æbs'təːrʃ(ə)n], *s.* Abstersion *f*, détersion *f*.

abstersive [æbs'təːrsiv], *a. & s.* Abstersif (*m*). *Med:* Détersif (*m*).

abstinence ['æbstinəns], *s.* (*a*) Abstinence *f* (*from*, de). *Ecc:* **Day of abstinence,** jour *m* d'abstinence. (*b*) **Total abstinence,** abstinence complète de spiritueux et de boissons alcooliques.

abstinency ['æbstinənsi], *s.* Habitudes *fpl* de tempérance, de frugalité.

abstinent ['æbstinənt], *a.* Abstinent, tempérant, sobre.

abstract[1] ['æbstrækt]. **1.** *a.* Abstrait. (*a*) *A. number*, nombre abstrait; nombre nombrant. *A. mechanics*, mécanique rationnelle. *Gram:* **Abstract noun,** nom abstrait. (*b*) *F:* Abstrus. *Lost in a. speculations*, perdu dans des spéculations métaphysiques. **2.** *s.* **The abstract,** l'abstrait *m*. **To consider sth. in the abstract,** considérer qch. du point de vue abstrait. *To know sth. in the a.*, avoir une connaissance abstraite, théorique, de qch. *Justice in the a. is nothing*, la justice en soi n'est rien. **-ly,** *adv.* Abstraitement, d'une manière abstraite.

abstract[2] ['æbstrækt], *s.* Résumé *m*, abrégé *m*, sommaire *m*, précis *m*, extrait *m*, analyse *f*. *To make an a. of an account*, faire le relevé d'un compte; analyser un compte. *To make an a. of a document*, faire le dépouillement d'un document; résumer un document. *Jur:* **Abstract of title,** intitulé *m* (d'un acte, etc.).

abstract[3] [æbs'trækt], *v.tr.* **1.** (*a*) Soustraire, dérober, voler (*sth. from s.o.*, qch. à qn); détourner (de l'argent); distraire, soustraire (des documents); *F:* subtiliser (la montre, le mouchoir, de qn). *The letter had been abstracted from the bag*, la lettre avait été volée dans la sacoche. (*b*) Détourner (l'attention de qn). *To a. one's mind from sth.*, détacher son esprit de qch. **2.** (*a*) *To a. a quality, a conception*, faire abstraction d'une qualité, d'une conception. (*b*) *Ch: Ind:* Extraire (par distillation). **3.** Résumer, abréger, dépouiller (un livre); relever (un compte).

abstracted, *a.* Distrait; rêveur, -euse; (regard) concentré, perdu dans le vague; (air) pensif. **-ly,** *adv.* **1.** (*a*) *To consider an occurrence a. from the issue*, considérer un événement abstraction faite, en faisant abstraction, du résultat. (*b*) *To consider a problem a.*, considérer un problème par abstraction, abstraitement, dans l'abstrait. **2.** = ABSENT-MINDEDLY.

abstractedness [æbs'træktidnəs], *s.* Absence *f* (d'esprit); préoccupation *f*.

abstracter, -tor [æbs'træktər], *s.* **1.** Abstracteur *m*; détourneur, -euse (de documents, etc.). **2.** (*a*) Abréviateur *m* (d'un ouvrage). (*b*) *Adm: Approx.* = Rédacteur *m* (dans un Ministère).

abstraction [æbs'trækʃ(ə)n], *s.* **1.** (*a*) Soustraction *f* (d'argent, de papiers, etc.); distraction *f*, détournement *m*, vol *m*. *Jur:* **Abstraction of documents,** soustraction frauduleuse. (*b*) *A. of heat from a body*, perte *f* de chaleur d'un corps. (*c*) *Ch: Ind:* Extraction *f* (par distillation). **2.** (*a*) *Phil:* Abstraction *f*. (*b*) Idée abstraite. *To lose oneself in abstractions*, se perdre dans les abstractions; *F:* métaphysiquer. **3.** *A.* (*of mind*), distraction *f*, préoccupation *f*, absence *f* (d'esprit). *In a moment of a.*, dans un moment d'abstraction, d'inattention. *With an air of a.*, d'un air distrait; avec un regard vague.

abstruse [æbs'truːs], *a.* (Raisonnement, etc.) abstrus; (science) absconse; (ouvrage) touffu, obscur. **-ly,** *adv.* D'une manière abstruse, compliquée.

abstruseness [æbs'truːsnəs], *s.* Caractère abstrus (de qch.); complexité *f*.

absurd [ab'səːrd], *a.* Absurde; déraisonnable. *It is a. to suspect him,* il est absurde de le soupçonner. *It is a. for the Government to blame him,* il est absurde que le gouvernement s'en prenne à lui. *My dear fellow, you are a.,* mon cher, vous devenez fou, vous déraisonnez. *What an a. reason, question! F:* cette raison! cette question! **It's absurd!** *F:* c'est idiot! *The a. part of the matter is that . . .,* l'absurde *m* de l'affaire, c'est que. . . . **-ly,** *adv.* Absurdement.

absurdity [ab'səːrditi], *s.* Absurdité *f*; contre-bon-sens *m inv.* *To listen to absurdities,* écouter des absurdités. *The a. of such a situation,* l'absurde *m*, l'absurdité, d'une pareille situation; ce qu'une pareille situation offre d'absurde.

absurdness [ab'səːrdnəs], *s.* Absurdité *f.*

Abukir [abu'kiːər]. *Pr.n. Geog:* Aboukir.

abulia [a'buːlia], *s.*, **abulic** [a'buːlik], *a.* = ABOULIA, ABOULIC.

abundance [a'bʌndəns], *s.* **1.** (*a*) Abondance *f*, affluence *f*. *He has got a. of friends,* il a des amis en abondance; *F:* il a une flotte d'amis. *There are a. of people who . . .,* il y a quantité de gens, une multitude de gens, *F:* un tas de gens, qui. . . . **In abundance,** en abondance, *F:* à foison. (*b*) Épanchement *m*. *A. of heart,* l'abondance du cœur. **Out of the abundance of the heart the mouth speaketh,** c'est de la plénitude du cœur que la bouche parle. (*c*) **To live in abundance,** vivre dans l'abondance. **2.** *Cards:* (*At solo whist*) Demande *f* de neuf levées. *A. déclarée,* demande des treize levées.

abundant [a'bʌndənt], *a.* Abondant (*in*, en); fertile (en blé, etc.); copieux. *There is a. proof that . . .,* les preuves abondent que . . ., il a été amplement prouvé que. . . . *There is a. time,* il y a amplement le temps. *Ar:* **Abundant number,** nombre abondant. **-ly,** *adv.* Abondamment; en abondance; copieusement. *Garden in which everything yields a.,* jardin où tout donne à foison.

aburton [a'bəːrtn], *adv.* *Nau:* **Stowed aburton,** arrimé en breton, en travers.

abuse[1] [a'bjuːs], *s.* **1.** (*a*) Abus *m* (*of*, de). *Jur: A. of administrative authority,* abus d'autorité, de pouvoir. *A. of trust,* prévarication *f*. *See also* SELF-ABUSE. (*b*) *To remedy an a.,* redresser un abus. (*c*) Emploi abusif (d'un terme). (*d*) Dommage (infligé). *A. of the highway,* dommage, dégradations *fpl*, à la route. (*e*) *Jur:* Viol *m*. **2.** (*a*) Insultes *fpl*, injures *fpl*, *F:* sottises *fpl*, malhonnêtetés *fpl*. *To shower a. on s.o.,* accabler qn d'injures. (*b*) Dénigrement *m*, médisance *f*.

abuse[2] [a'bjuːz], *v.tr.* **1.** Abuser (de son autorité, de la confiance de qn, etc.); mésuser (de son pouvoir); faire abus de (qch.). *This permission was abused,* il a été fait abus de cette permission. **2.** (*a*) Maltraiter, houspiller (qn). (*b*) *Jur:* Violer (une femme). **3.** (*a*) Médire, dire du mal, de (qn); déblatérer contre (qn); dénigrer (qn). *At that time I was the best-abused man in the country,* à cette époque j'ai été plus que tout autre poursuivi par la vindicte publique. (*b*) Injurier; dire des injures, des sottises, à (qn). *To a. s.o. right and left,* injurier qn tant et plus; *F:* agonir qn de sottises. **4.** *A:* Abuser, tromper, duper. *To a. s.o.'s good faith,* surprendre la bonne foi de qn. (*Still so used in the passive*) *You have been abused,* on vous a trompé. *I am not to be abused by empty promises,* je ne me laisserai pas abuser par de vaines promesses.

abusing, *s.* = ABUSE[1] 1 (*a*).

abuser [a'bjuːzər], *s.* **1.** Séducteur *m* (de jeunes filles). **2.** Détracteur, -trice. **3.** *A:* Trompeur, -euse.

abusive [a'bjuːsiv], *a.* **1.** (Emploi) abusif (d'un mot). **2.** (Propos) injurieux, offensant; (homme) grossier, malhonnête, mal embouché. *To use a. language to s.o.,* injurier, invectiver, qn. **3.** *A:* Trompeur. **-ly,** *adv.* **1.** *To use a word a.,* employer un mot abusivement. **2.** (Parler) injurieusement, grossièrement.

abusiveness [a'bjuːsivnəs], *s.* Grossièreté *f*.

abut [a'bʌt], *v.i.* & *tr.* (**abutted, abutting**) **1.** *To a. sth.; to a. on, against, sth.,* aboutir, confiner, à un endroit; donner sur la rivière, etc. *Our fields a.,* nos champs sont limitrophes, se touchent, sont attenants. **2.** *Const: Civ.E: To a. on, against (a wall, etc.),* s'appuyer, buter, contre (une paroi); s'arc-bouter contre (un mur, etc.). **3.** *Carp:* (*a*) *v.i.* (S')abouter. (*b*) *v.tr.* Abouter (deux pièces).

abutting, *a.* **1.** Aboutissant, attenant (*on*, à). *Gardens a. on the river,* jardins aboutissants à la rivière. *Lands a. on an estate,* aboutissants *mpl*. *A. owner* = ABUTTER. **2.** *A. joint,* assemblage *m* en about. *A. surface,* surface *f* de contact.

abutilon [a'bjutilən], *s.* *Bot: Hort:* Abutilon *m*.

abutment [a'bʌtmənt], *s.* **1.** *Carp:* Aboutement *m*. **2.** *Arch: Civ.E:* (*a*) Arc-boutant *m* (d'une muraille); contre-fort *m*. (*b*) Butée *f*, culée *f* (d'un pont); pied-droit *m* (d'une voûte, d'une arcade). *Attrib.* **Abutment pier,** arc-boutant, pied-droit, pile culée. (*c*) Point *m* de poussée (d'une voûte, etc).

abutter [a'bʌtər], *s.* *Jur:* Propriétaire limitrophe, riverain; riverain *m*.

abuzz [a'bʌz], *adv.* & *pred.a.* *F:* Bourdonnant.

abysmal [a'bizməl], *a.* Sans fond; insondable; (ignorance) profonde. **-ally,** *adv.* *A. ignorant,* d'une ignorance profonde, crasse.

abyss [a'bis], *s.* **1.** Abîme *m*, gouffre *m*. **2.** *Her:* Abîme.

abyssal [a'bisəl], *a.* **1.** (*a*) *Oc:* Abyssal, abyssique. *A. fauna,* faune abyssale. *A. zone,* la zone abyssale (au-dessous de 300 brasses). (*b*) *Geol: A. rocks,* roches abyssales. **2.** = ABYSMAL.

Abyssinia [abi'sinja]. *Pr.n. Geog:* L'Éthiopie *f*; l'Abyssinie *f*.

Abyssinian [abi'sinjən]. **1.** *a.* & *s.* *Geog: Ethn:* Éthiopien, -ienne; abyssin, -ine; abyssinien, -ienne. *The A. empire,* l'empire *m* d'Éthiopie. **2.** *s.* *Ling:* L'abyssinien.

-ac [ak], *a. suff.* & *s. suff.* -aque. *Ammoniac,* ammoniaque. *Demoniac,* démoniaque. *Maniac,* maniaque. *Zodiac,* zodiaque.

acacia [a'keiʃa], *s.* **1.** *Bot:* (*a*) Acacia *m*. (*b*) **False acacia, acacia Robinia,** faux acacia, acacia blanc; robinier *m*. **Acacia Farnesiana,** cassie *f*. **2.** *Timber:* Caroube *m*, carouge *m*.

academic [aka'demik]. **1.** *a.* Académique. (*a*) *Phil:* Qui se rapporte à l'école platonicienne. (*b*) *A. discussion,* débat *m* académique; discussion abstraite, sans portée pratique. *A. principles,* principes d'école. (*c*) *Pej: A. style,* style compassé, guindé. (*d*) (Carrière, etc.) universitaire. (*e*) *Art:* (Peinture, etc.) académique. **2.** *s.* Académicien *m*, universitaire *m*. **3.** *s.pl.* (*a*) Arguments *m* stériles; arguties *f*. (*b*) *Occ.* = ACADEMICALS.

academical [aka'demik(ə)l]. **1.** *a.* Universitaire. *He had received an a. training,* il avait fait des études universitaires; il avait passé par l'université. *A. books,* livres *m* classiques. **2.** *s.pl.* **Academicals,** costume *m* académique; toge *f* et bonnet *m* universitaires. **-ally,** *adv.* Académiquement.

academician [akadə'miʃ(ə)n], *s.* Académicien *m*. *Esp.* **Royal Academician, R.A.,** membre de la '*Royal Academy*' (des Beaux-Arts).

academize [a'kadəmaiz], *v.tr.* *Art:* Académiser (une pose, etc.).

academy [a'kadəmi], *s.* **1.** *Gr.Phil:* L'Académie *f* (de Platon). **2.** (*a*) Académie *f*. **The Royal Academy (of Arts),** (i) l'Académie royale des Beaux-Arts; (ii) le Salon (de Londres). **Academy of music,** conservatoire *m*. *Fencing a.,* salle *f* d'escrime. (*b*) **Military Academy,** École militaire. **Naval Academy,** École navale. **3.** (*a*) *A:* (*High-sounding title of private school*) École (privée); pension *f*, pensionnat *m*. (*b*) (*In Scot.*) École secondaire; collège *m*. (*c*) *U.S:* Pensionnat. (*d*) *U.S:* **Military Academy,** pensionnat de garçons imité des écoles militaires. **4.** *Art:* **Academy (-figure),** académie (d'après le modèle nu). **Academy-board,** carton encollé (pour peinture à l'huile).

Acadia [a'keidia]. *Pr.n.* *A.Geog:* L'Acadie *f*; la Nouvelle-Écosse.

Acadian [a'keidiən], *a.* & *s.* *A.Geog:* Acadien, -ienne.

acaena [a'siːna], *s.* *Bot:* Acène *f*.

-acal [akl], *a.suff.* (*Used to distinguish the adj. ending in* **-ac** *from the sb. with same suff.*) (*a*) -aque. *Aphrodisiacal,* aphrodisiaque. *Demoniacal,* démoniaque. *Heliacal,* héliaque. (*b*) *Tchn:* -acal, -acale, -acaux. *Ch: Ammoniacal,* ammoniacal. *Med: Maniacal,* maniacal.

acanthoid [a'kanθɔid], *a.* *Bot:* Acanthoïde.

acanthus [a'kanθəs], *s.* **1.** *Bot:* Acanthe *f*. **2.** *Arch:* (Feuille *f* d')acanthe.

acarian [a'keərjən], *a.* Dû aux acarides.

acarid ['akarid], **acaridan** [a'karidən], *s.* Acaride *m*.

acaridae [a'karidiː], *s.pl.*, **acarina** [aka'raina], *s.pl.* Acarides *m*, acariens *m*, *F:* mites *f*.

Acarnania [akɑːr'neinja]. *Pr.n.* *A.Geog:* L'Acarnanie *f*.

Acarnanian [akɑːr'neinjən], *a.* & *s.* *A.Geog:* Acarnanien, -ienne.

acarpous [a'kɑːrpəs], *a.* *Bot:* Acarpe.

acarus, *pl.* **-ri** ['akarəs, -rai], *s.* *Arach:* Acare *m*.

acatalectic [akata'lektik]. *Pros:* **1.** *a.* Acatalectique. **2.** *s.* Acatalecte *m*.

acatalepsy [a'katəlepsi], *s.* *Phil:* Acatalepsie *f*.

acaudate [a'kɔːdeit], *a.* *Anat: Z:* Acaudé.

acaulous [a'kɔːləs], *a.* *Bot:* Acaule.

Accadian [a'keidjən], *a.* & *s.* *A.Civil: Ling:* Akkadien, -ienne.

accede [ak'siːd], *v.i.* **1.** *To a. to an office,* entrer en possession d'une charge. *To a. to the throne,* monter sur le trône. **2.** (*a*) *To a. to a treaty, to s.o.'s wishes,* accéder à un traité, aux désirs de qn; donner son adhésion à un traité; donner suite aux désirs de qn. *To a. to a request,* accueillir, faire droit à, une demande. (*b*) *To a. to a party,* adhérer, se joindre, à un parti.

accelerate [ak'seləreit]. **1.** *v.tr.* (*a*) Accélérer (la marche, le pouls, un travail); presser (un mouvement, un travail); précipiter (les événements); activer (un travail). *Abs.Aut:* Accélérer. (*b*) Hâter, précipiter (le départ, la mort, de qn). *To a. proceedings,* hâter une procédure. **2.** *v.i.* (*Of motion, etc*) S'accélérer.

accelerated, *a.* (Mouvement) accéléré.

accelerating[1], *a.* Accélérateur, -trice.

accelerating[2], *s.* = ACCELERATION.

acceleration [akselə'reiʃ(ə)n], *s.* Accélération *f*. *Negative a.,* accélération retardatrice, négative; retardation *f*. *Constant a.,* accélération uniforme. *Uniform a.,* vitesse uniformément accélérée. *Aut:* **Lightning acceleration,** accélération foudroyante; reprise foudroyante.

accelerative [ak'selərətiv], *a.* Accélérateur, -trice.

accelerator [ak'seləreitər]. **1.** *a.* & *s* Accélérateur, -trice. *Physiol:* **Accelerator nerves,** nerfs accélérateurs. **2.** *s.* *Aut: Clockm: Phot:* Accélérateur *m*. *Aut:* **Accelerator pedal,** pédale *f* d'accélération, de gaz. *To step on the a.,* donner un coup d'accélérateur. *To release the a.,* lâcher l'accélérateur.

accelerometer [akselə'rɔmetər], *s.* *Mec:* Accéléromètre *m*.

accent[1] ['aks(ə)nt], *s.* Accent *m*. **1.** (*a*) *To have a German a.,* avoir l'accent allemand. (*b*) *With a slight a. of anger,* d'un ton légèrement irrité. *He related,* **in broken accents,** *that . . .,* il raconta, d'une voix brisée, entrecoupée, que. . . . **2.** (*a*) *Pros:* Temps marqué. (*b*) *Mus:* (i) Temps fort; (ii) accent (mélodique). **Accent mark,** accent (de mode d'exécution, p.ex. >, <). **3.** (*a*) **Sentence accent,** accent oratoire. (*b*) *Grammatical accents,* accents grammaticaux. *Acute, grave, a.,* accent aigu, accent grave. **4.** *Art:* Accent (de lumière, etc.).

accent[2] [ak'sent], *v.tr.* **1.** Accentuer (une syllabe, une voyelle, etc.); appuyer sur (une syllabe, etc.). *He accented his speech with slaps on her shoulder,* il ponctuait de tapes sur l'épaule le discours qu'il lui tenait. **2.** *U.S:* = ACCENTUATE.

accentor [ak'sentər], *s.* *Orn:* Accenteur *m*.

accentuate [ak'sentjueit], *v.tr.* Accentuer, souligner, appuyer sur, faire ressortir, rehausser, mettre en relief (un détail, etc.); accuser (un contraste). *This measure accentuated the unemployment,* cette mesure accentua le chômage.

accentuated, *a.* Fortement marqué; accentué.

accentuation [aksentju'eiʃ(ə)n], *s.* Accentuation *f* (d'une voyelle, d'un détail, du chômage, etc.).

accept [ak'sept], *v.tr. & ind.tr.* **1.** Accepter (un cadeau, une offre); agréer (les salutations, les prières, de qn); admettre (les raisons, les excuses, de qn); agréer (un prétendant); donner son adhésion à (un traité). *To be graciously pleased to a. a present*, agréer un présent. *To a. the inevitable*, se soumettre au destin. *Pred. To a. s.o. as a companion*, accepter qn pour, comme, compagnon. *To be accepted*, être accepté; passer. **Contrary to accepted opinion**, à l'encontre des idées reçues; contrairement à l'opinion courante. *The accepted custom (as regards sth.)*, l'usage admis (à l'égard de qch.). *Doctrine which has become universally accepted*, doctrine devenue classique. *Com: To a. a bill*, accepter un effet. **To accept (delivery of) goods**, prendre des marchandises en recette. **2.** (*More formally*) *To a. of a gift*, daigner accepter un cadeau.

accepting, *s.* Acceptation *f*.

acceptability [akseptə'biliti], *s.*, **acceptableness** [ak'septəblnəs], *s.* Acceptabilité *f*.

acceptable [ak'septəbl], *a.* Acceptable, agréable; bienvenu. *Sacrifice acceptable to God*, sacrifice *m* agréable à Dieu. *Your letters are always a.*, vos lettres sont toujours les bienvenues. *Your cheque was most a.*, votre chèque est arrivé fort à propos. *His speech was more a. than those that had come before*, son discours était mieux venu que les précédents. **-ably**, *adv.* Acceptablement; d'une manière acceptable. *She plays very a.*, elle joue assez bien, très agréablement.

acceptance [ak'septəns], *s.* **1.** (*a*) Acceptation *f*; consentement *m* à recevoir (qch.); accueil *m* favorable (de qch.). *A. of a proposal*, agrément donné à une proposition. *To beg s.o.'s a. of sth.*, prier qn d'accepter qch. **To secure acceptance of sth.**, faire accepter qch. (*Of story, etc.*) **To find acceptance**, trouver créance. *That is not worthy of your a.*, cela ne mérite pas que vous l'acceptiez; cela ne mérite pas, n'est pas digne, de vous être offert. **This proposal met with general acceptance**, cette proposition a rallié tous les suffrages. *To win a. for one's opinion*, faire prévaloir son opinion. *Com:* **To present a bill for acceptance**, présenter une traite à l'acceptation. **Acceptance house**, banque *f* d'escompte d'effets étrangers. *Jur:* **Acceptance of a judgment**, acquiescement *m* à un jugement. (*b*) *Th:* Réception *f* (d'une pièce par le comité de lecture). (*c*) *Com: Ind:* Réception (d'un article commandé). **Acceptance test** *or* **trial**, essai *m* de réception, de recette. *A. firing test*, tir *m* de recette (d'un canon). (*d*) **Acceptance of persons**, partialité *f*. **Without acceptance of persons**, sans faire acception de personne. **2.** *Journ: He spoke with a.*, son discours fut bien accueilli. *She played a gavotte with great a.*, elle a joué une gavotte fort agréablement.

acceptation [aksep'teiʃ(ə)n], *s.* Acception *f*, signification *f* (d'un mot). **In the full acceptation of the word**, dans toute l'acception du mot.

accepter [ak'septər], *s.* Acceptant, -ante.

acceptive [ak'septiv], *a.* *A. of a doctrine*, prêt à accepter une doctrine.

acceptor [ak'septər], *s.* *Com:* Tiré *m*; accepteur *m* (d'une lettre de change). *A. for honour, a. supra protest*, intervenant *m*; avaliste *mf*; donneur *m* d'aval. *See also* HONOUR[1] 8.

access ['akses], *s.* **1.** (*a*) Accès *m*, abord *m*. **Difficult of access**, d'un accès difficile, d'un abord difficile, d'une approche difficile; difficile à approcher. **Easy of access**, abordable, accostable, facilement accessible. **Door that gives access to a room**, porte qui donne accès à, qui commande, une chambre. *A. to the door is by a flight of steps*, on accède à la porte par un escalier. *Manholes that give easy a. to the mains*, trous *m* d'homme qui facilitent la visite des canalisations. **To find, obtain, access to s.o.**, accéder jusqu'à qn; trouver accès auprès de qn. **To have access to s.o.**, avoir accès chez, auprès de, qn; avoir son entrée, ses entrées, chez qn; avoir le droit d'approcher (un prince, etc.). *Com: To have a. to the books of a company*, prendre communication des livres d'une société. (*b*) **The access and recess of the sea**, le flux et le reflux de la mer. **2.** *A. of fever, of rage*, accès de fièvre, de rage. *A. of joy*, saisissement *m* de joie. **3.** *Occ.* = ACCESSION 2.

accessary [ak'sesəri], *a. & s.* = ACCESSORY.

accessibility [aksesi'biliti], *s.* Accessibilité *f*; commodité *f* d'accès (*of*, de).

accessible [ak'sesibl], *a.* **1.** (Endroit, personne, etc.) accessible, abordable, approchable. *Knowledge a. to everyone*, connaissances *fpl* à la portée de tout le monde, accessibles à tous. *This collection is not a. to the public*, cette collection n'est pas ouverte au public, n'est pas visible. **2.** (*Of pers.*) (*a*) Accueillant. (*b*) *A. to pity*, accessible à la pitié. *He was a. to bribery*, il n'était pas incorruptible.

accessibleness [ak'sesiblnəs], *s.* = ACCESSIBILITY.

accession [ak'seʃ(ə)n], *s.* **1.** *A. of light, of air*, admission *f* de lumière, d'air. *Fin: A. of funds from abroad*, arrivage *m* de fonds de l'étranger. **2.** (*a*) Accroissement *m* (par addition). *A. to one's income*, augmentation *f*, accroissement *m*, de revenus; addition *f* à ses revenus. **Accession(s) book**, registre *m* des additions (à une bibliothèque). *A. number*, numéro *m* matricule. (*b*) Adhésion *f* (à un parti). *There have been many accessions to our party*, notre parti s'est augmenté de nombreuses recrues, de nombreux adhérents. (*c*) *A. to a treaty*, accession *f*, assentiment *m*, adhésion, à un traité. **3.** (*a*) *A. to manhood*, arrivée *f* à l'âge d'homme. (*b*) *A. to power*, accession au pouvoir. *A. to office*, entrée *f* en fonctions. *A. to the throne*, avènement *m* au trône. *A. to an estate*, entrée en possession, en jouissance, d'un patrimoine.

accessory [ak'sesəri]. **1.** *a.* Accessoire, subsidiaire (*to*, à). **2.** *s.* (*a*) Accessoire *m* (d'une machine, etc.); organe *m* accessoire ou auxiliaire; article *m* d'équipement. *Toilet accessories*, objets *m*, ustensiles *m*, de toilette. **The accessory is better than the principal**, la sauce vaut mieux que le poisson. (*b*) *pl.* Appareillage *m* (d'une usine, etc.); *Th:* accessoires *mpl* (d'une pièce). **3.** *s. & pred. a. A. to a crime*, complice *m*, fauteur *m*, d'un crime. *Jur:* **Accessory before the fact**, complice par instigation. **Accessory after the fact**, complice par assistance; complice après coup. *To be (an) a. to a crime*, tremper dans un crime. **-orily**, *adv.* Accessoirement, subsidiairement.

acciaccatura [atʃakka'tu:ra], *s.* *Mus:* Pincé étouffé.

accidence ['aksidəns], *s.* (*a*) *Gram:* Morphologie *f*, lexicologie *f*. (*b*) *F:* Rudiments *mpl*, éléments *mpl* (d'une science, etc.).

accident ['aksidənt], *s.* **1.** (*a*) Accident *m*. *Jur:* Cas fortuit. **By accident**, accidentellement. **By a (mere) accident**, par (pur) hasard. **Nothing was left to accident**, rien n'était laissé au hasard; on avait paré à toute éventualité. (*b*) *Serious a.*, accident grave. *Fatal a.*, accident mortel; fatalité *f*. *A. to the engines*, avarie *f* de machines. *Jur: A. to third parties*, accident causé aux tiers. *The victims of the a.*, les accidentés *m*. **To meet with, to have, an accident**, être, se trouver, victime d'un accident. *Motoring a.*, accident d'automobile. **Accident insurance**, assurance *f* contre les accidents. *Jur:* **Accidents at sea**, fortunes *fpl* de mer. *Prov:* **Accidents will happen**, tout le monde est faillible; on ne peut pas parer à tout; on ne saurait tout prévenir. *See also* CHAPTER 1. **2.** *A. of the ground*, accident, inégalité *f*, irrégularité *f*, du terrain. **3.** *Phil:* Accident.

accidental [aksi'dent(ə)l]. **1.** *a.* (*a*) Accidentel, fortuit. *A. meeting*, rencontre *f* de hasard. (*b*) Accessoire, subsidiaire; non-essentiel. *Art:* **Accidental light**, *s.* **accidental**, contre-jour *m*; reflet *m*. *Mus:* **Accidental sharp, flat**, dièse, bémol, accidentel. **2.** *s. Mus:* Accident *m*; signe accidentel. **-ally**, *adv.* Accidentellement. (*a*) Par hasard, fortuitement. (*b*) Par mégarde.

accipitral [ak'sipitr(ə)l], *a.* **1.** D'une rapacité d'épervier; (oiseau) rapace. **2.** Aux yeux d'aigle.

acclaim[1] [a'kleim], *v.tr.* (*a*) Acclamer; accueillir (qn) par des acclamations. (*b*) *Pred. Charlemagne was acclaimed emperor*, Charlemagne fut acclamé, proclamé, salué, empereur.

acclaim[2], *s.* *A. & Lit:* Acclamation *f*, acclamations.

acclaimer [a'kleimər], *s.* Acclamateur *m*.

acclamation [akla'meiʃ(ə)n], *s.* Acclamation *f*. **Carried by acclamation, with acclamation**, adopté par acclamation.

acclamatory [a'klamatəri], *a.* Acclamatif.

acclimatation [aklaima'teiʃ(ə)n], *s.* Acclimatement *m* (*to*, à).

acclimate [a'klaimet, 'aklimeit], *v.tr.* *U.S:* = ACCLIMATIZE.

acclimation [akli'meiʃən], *s.* *U.S:* = ACCLIMATIZATION.

acclimatizable [a'klaimataizəbl], *a.* Acclimatable.

acclimatization [aklaimatai'zeiʃ(ə)n], *s.* Acclimatation *f*, accoutumance *f* (*to*, à).

acclimatize [a'klaimata:iz], *v.tr.* Acclimater; naturaliser (une plante, etc.). **To get, become, acclimatized**, s'acclimater.

acclivity [a'kliviti], *s.* Montée *f*, côte *f*; rampe *f*; escarpement *m*.

acclivous [a'klaivəs], *a.* Escarpé; en pente.

accolade [ako'leid], *s.* Accolade *f* ((i) coup du plat de l'épée; (ii) trait de plume).

ac(c)ollé [a'kɔle], *a.* *Her:* Accolé.

accommodate [a'kɔmodeit], *v.tr.* **1.** (*a*) Accommoder, approprier, conformer (ses goûts à ceux d'un autre). *To a. oneself to circumstances*, s'accommoder, s'adapter, aux circonstances. (*b*) Ajuster, adapter (qch. à qch.). *Mec.E: To a. the differences in assembly*, rattraper les différences de montage. (*c*) Arranger (une querelle); concilier (des opinions, des personnes). **2. To accommodate s.o.** (i) Accommoder, servir, obliger, qn. *To a. a client*, rendre service à, obliger, un client. *To do sth. to a. s.o.*, faire qch. pour arranger qn. (ii) *To a. s.o. with sth.*, donner, fournir, qch. à qn; fournir qn de qch. *To a. s.o. with a loan*, faire un prêt à qn; prêter une somme à qn. **3.** Loger, recevoir (tant de personnes). *His car can a. six persons*, son auto peut tenir six personnes, on tient (à) six dans son auto. *How am I to a. my guests?* comment vais-je loger mes invités? *Twenty-five persons can be accommodated for tea*, la maison est en mesure de servir le thé à 25 personnes (par service).

accommodating[1], *a.* (*a*) Complaisant, obligeant, serviable, accommodant; peu difficile (*with regard to*, sur). *A. man (in business)*, homme coulant en affaires. (*b*) *Pej:* (*Of morals, religion, etc.*) Accommodant, commode. *A. morals*, morale *f* facile. *A. husband*, mari complaisant. **-ly**, *adv.* Complaisamment.

accommodating[2], *s.* = ACCOMMODATION 1.

accommodation [akɔmo'deiʃ(ə)n], *s.* **1.** (*a*) Ajustement *m*, adaptation *f* (*to*, à). *Physiol:* Accommodation *f* (de l'œil). (*b*) Accommodement *m*, arrangement *m*, ajustement *m* (d'une dispute). *To come to an a.*, arriver à un compromis; s'arranger (à l'amiable). **2.** (*In pers.*) Complaisance *f*, accommodement. *Through the friendly a. of Messrs X*, grâce à l'amabilité de MM. X. **3.** (*a*) Commodité *f*, facilités *fpl*. *It would be a great a. to me if you could do it*, cela me serait bien commode, cela m'arrangerait, si vous pouviez le faire. **For your accommodation**, pour votre commodité. *Com:* **Accommodation bill**, billet *m* de complaisance, *F:* cerf-volant *m*. *Nau:* **Accommodation ladder**, échelle *f* de poupe, de coupée; échelle de commandement. *Rail: U.S:* **Accommodation train**, train *m* omnibus; train mixte. *See also* ROAD[1] 1. (*b*) Logement *m*, installation matérielle. *Nau:* Emménagements *mpl*; aménagements *mpl*. *A. of a railway carriage*, contenance *f* d'un wagon. **Accommodation for man and beast**, (ici) on loge à pied et à cheval. *Good a. for man and beast*, bon logis à pied et à cheval. *We have not a. for so many people*, nous ne pouvons pas loger tant de gens. *Abundant a. for visitors*, nombreuses facilités de logement pour les voyageurs. *We have no sleeping a.*, nous n'avons pas de chambres. *A. for tea:* 25, nombre de personnes à qui peut être servi le thé: 25. *Adm:* **Assistance and accommodation**, secours *m* et refuge *m*. (*c*) Avance *f*, prêt *m* (d'argent).

accommodative [ə'kɔmədeitiv], *a.* = ACCOMMODATING[1].
accommodativeness [ə'kɔmədeitivnəs], *s.* Facilité *f*, complaisance *f* (en affaires, etc.).
accompaniment [ə'kʌmpənimənt], *s.* (*a*) Accompagnement *m*; accessoires *mpl.* (*b*) *Her:* Accompagnement (de l'écu). (*c*) *Mus:* Accompagnement (*on the piano*, au piano). **Accompaniment figure,** contre-chant *m.*
accompanist [ə'kʌmpənist], *s. Mus:* Accompagnateur, -trice.
accompany [ə'kʌmpəni], *v.tr.* Accompagner. **1.** *To be accompanied by s.o.*, être accompagné de (*occ.* par) qn. *The President was accompanied by his secretary, by a general*, le président était accompagné de son secrétaire; le président a été accompagné par un général. *Accompanied by numerous servants*, suivi, escorté, de nombreux domestiques. **2.** (*a*) *He accompanied these words with a cuff*, il accompagna ces mots d'une taloche. (*b*) *Fever accompanied by, with, delirium*, fièvre accompagnée de délire. **3.** *Mus: To a. s.o. on the piano*, accompagner qn au piano. *Accompanied by Miss X*, accompagné par Mlle X.
accompanying, *a.* (Symptôme, etc.) concomitant.
accomplice [ə'kɔmplis], *s.* Complice *mf*, coauteur *m*, *F:* acolyte *m*; compère *m* (d'un escamoteur, etc.). *His accomplices in crime*, les complices de ses crimes. *To be an a. in a crime*, tremper dans un crime.
accomplish [ə'kɔmpliʃ], *v.tr.* **1.** Accomplir, exécuter, achever, effectuer; venir à bout de (qch.); mener à bonne fin (une tâche); consommer (une œuvre, un crime); effectuer (un voyage, une traversée); réaliser (une prédiction). *To a. one's object*, atteindre son but. *He will never a. anything*, il ne fera jamais rien qui vaille. *We know what Mr X has accomplished*, on sait le bel effort réalisé par M. X. **2.** Parachever, parfaire (son éducation, etc.).
accomplished, *a.* **1.** Accompli, achevé. **Accomplished fact,** fait accompli. **2.** *She is an a. dancer*, c'est une danseuse accomplie; elle danse dans la perfection. *He is very a.*, il possède de nombreux talents.
accomplishing, *s.* = ACCOMPLISHMENT 1.
accomplishment [ə'kɔmpliʃmənt], *s.* **1.** (*a*) Accomplissement *m*, achèvement *m*, exécution *f*, consommation *f* (d'une tâche, d'un devoir); réalisation *f* (d'un projet). **Difficult of accomplishment,** d'un accomplissement difficile; difficile à réaliser. (*b*) Chose accomplie, réalisée. *When we realize the greatness of his a.*, quand on se rend compte de l'effort qu'il a réalisé. **2.** *Usu.pl.* Art(s) *m* d'agrément, talent(s) *m* (d'agrément). *She has many accomplishments*, elle est très accomplie; elle possède de nombreux talents. *His only a. was playing the flute*, il jouait de la flûte; c'était son seul talent.
accord[1] [ə'kɔːrd], *s.* **1.** (*a*) Accord *m*, consentement *m*. **With one accord,** d'un commun accord. **To be in accord, out of accord, with sth.,** être d'accord, en désaccord, avec qch. (*b*) *A. & Lit:* Pacte *m*; entente *f*. **2. To do sth. of one's own accord,** faire qch. de son plein gré, de son propre gré, de sa propre volonté, de son propre mouvement; faire qch. d'office, de soi-même, spontanément. *I came of my own a.*, je suis venu de moi-même. **3.** *Mus: Art: Poet:* Harmonie *f*, accord (de sons, de couleurs).
accord[2]. **1.** *v.i.* S'accorder, être d'accord, concorder (*with*, avec). *His conduct and his principles do not a. well together*, sa conduite et ses principes ne s'accordent pas, ne vont pas bien ensemble. *The result did not a. with our calculations*, le résultat a trompé nos calculs. **2.** *v.tr.* (*a*) Accorder, concéder, octroyer (*to*, à). (*b*) *Lit:* Accorder, mettre d'accord (des personnes, des faits).
according, *adv.* *Used only in:* **1.** *Conj.phr.* **According as,** selon que, suivant que, comme, + *ind.* *We see things differently a. as we are rich or poor*, on voit les choses différemment selon qu'on est riche ou pauvre. *You may either go or stay, a. as you decide*, vous pouvez (ou) partir ou rester, selon que vous déciderez, comme vous déciderez. **2.** *Prep.phr.* (*a*) **According to the orders,** selon, suivant, d'après, les ordres; conformément aux ordres. (*Catalogue*) *arrangement a. to authors*, classification *f* par noms d'auteurs. *A. to age, to height*, par rang d'âge, de taille. (*b*) **According to him,** d'après lui; à l'entendre; à l'en croire; à ce qu'il dit. **According to that,** d'après cela; à ce compte-là. *A: to what everyone says, a. to all accounts*, au dire de tout le monde. **The Gospel according to St Luke,** l'Évangile selon saint Luc. *A. to this author . . .*, d'après, au rapport de, cet auteur. . . . *We give each a. to our means*, nous donnons chacun selon nos moyens. *To esteem s.o. a. to his efforts*, estimer qn à proportion de, d'après, ses efforts. *See also* COCKER[3]. **-ly,** *adv.* **1.** (*a*) **To act accordingly,** agir en conséquence. *They soon saw what had happened and behaved a.*, ils se rendirent vite compte de ce qui était arrivé et ils se conduisirent à l'avenant. *He began to understand and his face changed a.*, il commençait à comprendre, et son expression changeait à mesure. *They would sit at table all evening, and drink a.*, ils restaient attablés toute la soirée, et buvaient d'autant. (*b*) **Accordingly as** = *according as.* **2.** (*Therefore*) *A. I wrote to him*, je lui ai donc écrit; aussi lui ai-je écrit; en conséquence je lui ai écrit.
accordance [ə'kɔːrdəns], *s.* **1.** Accord *m*, rapport *m*, conformité *f*. **In accordance with your instructions,** en conformité avec, en conformité de, conformément à, vos ordres; nous conformant à vos ordres; d'après vos ordres; suivant vos ordres. *In a. with the decision . . .*, aux termes de la décision. . . . *Statement in a. with truth*, affirmation *f* conforme à la vérité, d'accord avec la vérité, en harmonie avec la vérité. *Mil: In a. with plan*, conformément au plan. **2.** Octroi *m*, concession *f* (d'un privilège, etc.).
accordant [ə'kɔːrdənt], *a.* **1.** Concordant; d'accord. **2.** D'accord (*to, with*, avec); conforme (*to, with*, à); en harmonie (avec).
accordion [ə'kɔːrdiən], *s.* Accordéon *m.* *Dressm: etc:* **Accordion pleats,** plis *m* en accordéon. *A.-pleated*, (plié) en accordéon; en plis d'accordéon.
ac'cordion-player, *s.* Accordéoniste *mf*; joueur, -euse, d'accordéon.
accost[1] [ə'kɔst], *v.tr.* **1.** (*a*) Accoster, aborder (qn, un navire). *To be accosted by a stranger*, être abordé par un inconnu. (*b*) (*Of prostitute*) Racoler, raccrocher (qn). **2.** *A:* Être contigu à (qch.).
accosted, *a. Her:* Accosté, accoté.
accosting, *s. Jur:* Racolage *m*, raccrochage *m.*
accost[2], *s.* Abord *m*, abordée *f*.
accostable [ə'kɔstəbl], *a.* Abordable; (personne) à l'abord facile.
account[1] [ə'kaunt], *s.* **1.** (*Calculation*) **To cast an account,** faire un calcul. *To be quick at accounts*, être un calculateur rapide. **Money of account,** monnaie *f* de compte (p.ex. la guinée). **2.** (*a*) *Com: Fin:* Compte *m*, note *f*. *Let me have your a.*, envoyez-moi votre note, votre compte. **Detailed account,** compte spécifié. *Book-k:* **Accounts payable,** dettes passives. **Accounts receivable,** dettes actives. **Profit and Loss Account,** compte des profits et pertes. **Account current, current account,** compte courant. *To have a current a. with . . .*, être en compte courant avec. . . . *My bank a.*, mon compte en banque; mon dépôt en banque. *See also* DEPOSIT[1] 1, JOINT[3] 1. **Contra account,** compte d'autre part. **As per account rendered, to account rendered,** suivant compte remis; suivant relevé remis. **To settle an account,** régler une note, un compte. **The accounts** (*of a firm, of an administration*), la comptabilité. **To keep the accounts,** tenir les livres, les écritures, les comptes, la comptabilité. *To keep separate accounts*, faire bourse à part. *To keep a strict a. of the expenses*, tenir un compte rigoureux des dépenses. *See also* STATEMENT. **In account with s.o.,** en compte avec qn. *To pay a sum* **on account,** payer une somme à bon compte, en acompte, à compte, à valoir; payer un acompte, un à valoir. *To give ten pounds on a.*, donner un acompte de dix livres. **On, for, account of s.o.,** pour le compte de qn, à valoir sur qn. **To buy sth. on one's own account,** acheter qch. pour son (propre) compte. *St.Exch:* **The Account,** la liquidation (mensuelle). **Current account,** liquidation courante. **Next account,** liquidation prochaine. *Dealings for the a.*, négociations *f* à terme. *Securities dealt in for the a.*, valeurs *f* à terme. *See also* BOOK[1] 2. (*b*) Exposé *m*, état *m*, mémoire *m*, note. *A. of expenses*, état, note, de dépenses. *A. of one's transactions*, état, exposé, de ses opérations. *Jur: A. of liabilities and assets*, état des dettes actives et passives. (*c*) **To find one's account in . . .,** trouver son compte à. . . . **To turn, put, sth. to account,** tirer parti, avantage, de qch., faire valoir qch., mettre qch. à profit, profiter de qch., utiliser qch. *I turned it to a.*, j'y trouvai mon compte. *To turn sth. to full a.*, tirer un bon parti de qch. *To turn sth. to the best a.*, tirer tout le profit, tout le parti possible, de qch. *To invest one's money to good a.*, faire valoir son argent. *Capable of being turned to a.*, utilisable. *He can turn everything to a.*, il fait profit de tout; il fait flèche de tout bois. (*d*) **To call s.o. to account** (*for sth., for doing sth.*), demander une explication à qn; demander compte à qn (de qch.); prendre qn à partie (d'avoir fait qch.); *F:* mettre qn sur la sellette. **To bring s.o. to account,** faire payer ses méfaits à qn. **He has gone to his account,** il est mort; il a payé sa dette à la nature. **To give account of sth.,** rendre raison, compte, de qch. **To give a good account of oneself,** justifier de sa bonne conduite. *F: He gave quite a good a. of himself*, il s'est bien acquitté; il s'en est bien tiré. **3.** (*a*) (*Person, thing*) **of some account, of high account, of small account,** (personne *f*, chose *f*) qui compte, qui compte pour beaucoup, qui ne compte guère. *He is of very small a.*, il a peu d'influence. *Competitors of little a.*, des concurrents peu dangereux, peu sérieux. **Man of no account,** *U.S:* **no-account man,** homme de peu d'importance, qui ne compte pas. *Microbes that are of no a.*, microbes banaux. **To make much, little, account of sth.,** faire grand cas, peu de cas, de qch. **To be held in account,** *to be of some a.*, être (tenu) en grande estime. **To hold one's life of little account,** faire bon marché de sa vie; ne pas marchander sa vie; compter sa vie pour rien. **To take sth. into account,** *to take a. of sth.*, tenir compte de qch., avoir égard à qch., prendre note de qch. *Taking everything into a.*, tout calcul fait, tout bien calculé. *To take the circumstances into a.*, faire la part des circonstances. **To leave sth. out of account,** *to take no a. of sth.*, ne pas tenir compte de qch.; ne pas compter qch.; ne faire aucun cas de qch.; faire abstraction de qch.; négliger (une circonstance). *In this budget moneys owing to us are not taken into a.*, dans ce budget nos créances n'entrent pas en ligne de compte. (*b*) **On account of s.o.,** à cause de, par égard pour, qn. *I was nervous on his a.*, j'avais peur pour lui. *I did it on your a.*, c'est pour vous que je l'ai fait. **On account of sth.,** à cause de, pour cause de, en raison de, par suite de, en considération de, qch. *Absent on a. of ill health*, absent pour raison de santé. *Prosecuted on a. of . . .*, poursuivi sous le chef de. . . . **On every account,** sous tous les rapports. **On many accounts,** à divers titres. **On what account?** à propos de quoi? à quel propos? **On no account, not on any account,** dans aucun cas, sous aucun prétexte, en aucune manière, pour rien au monde. *I won't have it on any a.*, je m'y oppose absolument. (*c*) **To act on one's own account,** agir de sa propre initiative, de soi-même. *I did it entirely on my own a.*, je l'ai fait de mon propre chef. *Reading to be done by the pupils on their own a.*, lectures *fpl* à faire par les élèves en leur particulier; lectures personnelles. *She writes a great deal on her own a.*, elle écrit beaucoup de son côté. *We have been visiting the town, each on our own a.*, nous venons de visiter la ville, chacun de notre côté. **4.** Récit *m*, relation *f*, narration *f* (d'un fait); description *f* (d'une personne). **To give an account of sth.,** faire le récit, la relation, de qch. *To give an a. of the position of affairs*, faire un exposé de la situation. *To give an a. of oneself*, (i) rendre compte de ses faits et gestes; (ii) décliner ses titres et qualités. *To give the reader some a. of . . .*, renseigner le lecteur sur. . . . *To receive an a. of sth.*, recevoir un rapport sur qch. **By his own account . . .,** (i) d'après son propre dire . . ., d'après ses dires . . ., selon son dire . . .,

à ce qu'il dit . . .; (ii) à l'en croire. . . . *By his a. of it, the disaster is serious*, d'après le récit qu'il en fait, c'est un sérieux désastre. **By all accounts,** au dire de tout le monde. *That's quite a different a.*, voilà un tout autre son de cloche. *See also* ACCORDING 2.

ac'count-day, *s. St.Exch:* (Jour *m* de) liquidation *f*, (jour de) règlement *m*.

account², *v.tr. & ind.tr.* **1.** (*a*) *Pred. To a. s.o. (to be) wise, guilty*, tenir qn pour sage, coupable; regarder, considérer, qn comme sage, coupable. **To be accounted rich,** être regardé comme riche; passer pour riche. **To account oneself lucky,** s'estimer heureux. (*b*) *Lit: To be much, little, accounted of*, être beaucoup, peu, estimé. **2.** (*a*) **To account for (sth.),** rendre compte de, rendre raison de, justifier (de) (sa conduite); expliquer (une circonstance). *He has been called upon to a. for his conduct*, on lui a demandé raison de sa conduite. *To a. for a sum of money, for an expenditure*, rendre compte d'une somme; justifier une dépense. *There is still much to be accounted for*, il reste encore beaucoup de faits qui demandent une explication. (*b*) *I can't a. for it*, je n'y comprends rien, je ne me l'explique pas. *There is no accounting for it*, c'est inexplicable. **There is no accounting for tastes,** des goûts et des couleurs, on ne discute pas; les goûts diffèrent tellement; chacun son goût. (*c*) *F:* **To account for** (= *kill*) **s.o.,** faire son affaire à qn. *To have accounted for five brace of partridge*, avoir cinq couples de perdrix à son actif, au tableau.

accounting, *s.* = ACCOUNTANCY. **The accounting department,** la comptabilité.

accountability [əkauntə'biliti], *s.* Responsabilité *f*.

accountable [ə'kauntəbl], *a.* **1.** *To be a. to s.o. for sth.*, être responsable de qch. envers qn; être comptable à qn de qch. *To be a. for a sum of money*, être redevable d'une somme d'argent; avoir à rendre compte d'une somme d'argent. *He is not a. for his actions*, il est irresponsable. **2.** (*a*) *Event that is a. (for)*, événement qui est explicable. (*b*) *Adm: Jur:* **Accountable receipt,** reçu certifié; pièce *f* comptable.

accountableness [ə'kauntəblnəs], *s.* = ACCOUNTABILITY.

accountancy [ə'kauntənsi], *s.* **1.** Comptabilité *f*; profession *f* de comptable ou d'expert comptable. **2.** Tenue *f* des livres.

accountant [ə'kauntənt], *s.* **1.** *Jur:* Défendeur *m* (dans une action en reddition de comptes). **2.** (*a*) Agent *m* comptable; comptable *m*; teneur *m* de livres. *Chief a.*, chef *m* de (la) comptabilité; chef comptable. *Adm: Com:* **The accountant's department, accountant matters,** la comptabilité. (*b*) **Chartered accountant, C.A.,** = expert *m* comptable. (*c*) *Adm:* **The Accountant General** (*pl. Accountants General*), le Chef de la comptabilité.

accountantship [ə'kauntəntʃip], *s.* **1.** Place *f* de comptable. **2.** Poste *m* de Chef de la comptabilité.

accoutre [ə'ku:tər], *v.tr.* (*Used chiefly in p.p.*) (*a*) Accoutrer (un chevalier, etc.); caparaçonner (un destrier). (*b*) *Accoutred with pistols*, équipé de pistolets. (*c*) *Pej: Accoutred in tinselled rags*, affublé d'oripeaux. *See also* ILL-ACCOUTRED.

accoutrement(s) [ə'ku:tərmənt(s)], *s.(pl.)* (*a*) Harnachement *m*; caparaçon *m* (d'un destrier). (*b*) Équipement *m*, fourniment *m* (du soldat). (*c*) *Pej:* Oripeaux *mpl*.

ac'coutrement-maker, *s.* Fabricant *m* d'équipements militaires.

accredit [ə'kredit], *v.tr.* **1.** Accréditer (qn, qch.); mettre (qn, qch.) en crédit, en réputation. **2.** *To a. an ambassador to a government*, accréditer un ambassadeur auprès d'un gouvernement. **3.** (= CREDIT² 2) *To a. sth. to s.o., to a. s.o. with sth.*, mettre qch. sur le compte de qn. *He was accredited with having said . . .*, il était censé avoir dit. . . .

accredited, *a.* **1.** (*Of pers.*) Accrédité, autorisé. **2.** *A. opinions, beliefs*, opinions, croyances, reçues, orthodoxes, admises. *A. rumour*, bruit accrédité, auquel l'on attache croyance.

accrediting, *s.* Accréditation *f*.

accreditation [akredi'teiʃ(ə)n], *s.* Accréditation *f* (d'un ambassadeur).

accrescent [ə'kresənt], *a. Bot:* Accrescent.

accrete [ə'kri:t]. **1.** *v.i.* (*a*) S'accroître par addition ou par concrétion. (*b*) S'ajouter (*to*, à). *The lands that accreted to the Crown*, les terres dont s'enrichit la Couronne. *Geol: Jur:* **Accreted land,** accrue *f*. **2.** *v.tr. Lit: To a. followers to one's party*, s'attirer des partisans; enrôler des partisans.

accretion [ə'kri:ʃ(ə)n], *s.* **1.** (*a*) Accroissement *m* organique. (*b*) Accroissement par alluvion, par addition; addition *f* (*to*, à). (*c*) *Jur:* Accroissement, majoration *f* (d'héritage). **2.** (*a*) *Physiol:* Apposition *f*. (*b*) *Med:* Soudure *f* (des doigts, des orteils).

accretive [ə'kri:tiv], *a.* Qui s'accroît organiquement ou par addition. *A. process*, procédé *m* d'addition.

accrue [ə'kru:], *v.i.* **1.** (*a*) Provenir, dériver (*from*, de). (*b*) (*Of moneys, land, etc.*) *To a. to s.o.*, revenir à qn. *The advantages that a. to society from the liberty of the Press*, les avantages que la société retire de la liberté de la presse. **2.** (*Of interest*) Courir, s'accumuler. *Interest accrues from . . .*, les intérêts courent à partir de. . . .

accrued, *a. Fin:* (Intérêt) couru; (intérêts) (ac)cumulés.

accruing, *a. Fin:* (*a*) *Portion a. to each heir*, portion afférente à chaque héritier. (*b*) (Intérêts) à échoir.

accumulate [ə'kjumjuleit]. **1.** *v.tr.* Accumuler, amasser (une fortune, etc.); amonceler, entasser. *To a. electricity*, emmagasiner, accumuler, de l'électricité. **2.** *v.i.* S'accumuler, s'amonceler, s'entasser, s'amasser. *To allow one's dividends to a.*, laisser arrérager ses dividendes.

accumulating, *s.* = ACCUMULATION 1.

accumulation [əkjumju'leiʃ(ə)n], *s.* **1.** (*a*) Accumulation *f*, amoncellement *m*, entassement *m*. **Accumulation of heat, of electricity,** accumulation, emmagasinage *m*, de la chaleur, de l'électricité. *A. of money*, thésaurisation *f*. *A. of capital*, accroissement *m* du capital (auquel viennent s'ajouter les intérêts). (*b*) *Jur:* Cumul *m*. **2.** (*a*) Amas *m*, monceau *m*, tas *m*, accumulation. *An untidy a. of books, F:* une pêle-mêlée de livres. (*b*) *Med:* Dépôt *m* (de pus, etc.).

accumulative [ə'kjumjuleitiv], *a.* **1.** (*Of thg*) Qui s'accumule. **2.** (*Of pers.*) Qui aime à accumuler, à thésauriser; thésauriseur.

accumulator [ə'kjumjuleitər], *s.* **1.** (*Pers.*) Accumulateur, -trice (de richesses, etc.). **2.** (*a*) *Mec.E: Civ.E:* Accumulateur *m* (d'énergie). *Steam a.*, accumulateur de vapeur; accumulateur thermique. *Hydraulic a.*, accumulateur hydraulique. (*b*) *El:* (*Storage battery*) Accumulateur, *F:* accu *m*. *Pasted-plate a.*, accu(mulateur) à oxyde rapporté. *Ferro-nickel a.*, accu(mulateur) au fernickel. **Accumulator capacity indicator,** accumètre *m*.

accuracy ['akjurəsi], *s.* (*a*) Exactitude *f*; degré *m* de justesse; justesse *f*, précision *f*. *A. of* 0.5 *per cent.*, précision de 0.5 pour cent. *A. of a prediction*, justesse d'une prédiction. *A. of fire*, justesse, précision, du tir. *Mus: A. of intonation*, justesse de la voix. (*b*) Fidélité *f* (de mémoire, d'une citation); correction *f*, fidélité (d'un dessin).

accurate ['akjuret], *a.* (*a*) Exact, juste, précis. *A. scales*, balance *f* juste. *He is quick and a. at figures*, il calcule vite et correctement. **To be (strictly) accurate . . .,** à proprement parler . . ., pour être tout à fait exact. . . . *To take a. aim*, viser juste. *To have an a. eye*, avoir le coup d'œil sûr; *F:* avoir le compas dans l'œil. (*b*) (Mémoire, citation, traduction) fidèle; (dessin) correct, fidèle. *See also* FAIR² I. 4. **-ly,** *adv.* (*a*) Exactement, avec justesse, avec précision. *To define a. the meaning of . . .*, préciser le sens, la portée, de. . . . *To answer a.*, répondre avec précision. (*b*) *To translate a.*, traduire fidèlement. *To draw sth. a.*, dessiner qch. correctement.

accursed [ə'kə:rsid], *a. Lit:* **1.** Maudit. **2.** *F:* Maudit, exécrable, détestable.

accurst [ə'kə:rst], *a. Poet:* = ACCURSED 1.

accusable [ə'kju:zəbl], *a.* Accusable (*of*, de).

accusal [ə'kju:z(ə)l], *s.* = ACCUSING².

accusation [akju'zeiʃ(ə)n], *s.* **1.** Accusation *f*; *Jur:* incrimination *f*. **To bring an accusation against s.o.,** porter, proférer, une accusation contre qn. *See also* FALSE 2. **2.** *Jur:* (*Indictment*) Acte *m* d'accusation.

accusative [ə'kju:zətiv], *a. & s. Gram:* **Accusative (case),** (cas) accusatif *m*; régime direct. *Word in the a.*, mot à l'accusatif. **Cognate accusative,** accusatif de qualification; objet *m* interne.

accusatorial [əkju:zə'tɔ:riəl], *a. Jur:* Accusatoire.

accusatory [ə'kju:zətəri], *a.* (Langage, etc.) accusateur, -trice.

accuse [ə'kju:z], *v.tr.* Accuser (*s.o. of sth., of doing sth.*, qn de qch., de faire qch.); *Jur:* incriminer (qn). *To a. s.o. of cowardice*, taxer qn de lâcheté.

accused, *s. Jur:* **The accused,** le, la, prévenu(e) (*in all cases*); (i) l'inculpé(e) (d'un délit); (ii) l'accusé(e) (d'un crime); l'incriminé(e).

accusing¹, *a.* Accusateur, -trice. **-ly,** *adv.* D'une manière accusatrice. *He pointed a. at me*, il me désigna d'un doigt accusateur.

accusing², *s.* Accusation *f* (de qn).

accuser [ə'kju:zər], *s.* Accusateur, -trice.

accusive [ə'kjusiv], *a. U.S:* = ACCUSATORY.

accustom [ə'kʌstəm], *v.tr.* Accoutumer, habituer (*s.o. to sth., to do sth.*, qn à qch., à faire qch.); aguerrir (qn à, contre, la fatigue, etc.). *To a. oneself to sth.*, s'accoutumer, s'habituer, se faire, s'aguerrir, à qch. *To a. oneself to discipline*, se faire à la discipline.

accustomed, *a.* **1.** Accoutumé, habitué (*to*, à). **To be accustomed to . . .,** (i) avoir coutume de . . ., (ii) être accoutumé à. . . . *I am a. to rise early*, j'ai coutume de me lever de bonne heure; j'ai l'habitude de me lever de bonne heure. *Parisians are a. to seeing foreigners*, les Parisiens sont accoutumés à voir des étrangers. **To get accustomed to sth.,** s'accoutumer à qch.; se faire à qch. *To get a. to doing sth.*, s'accoutumer à faire qch.; prendre l'habitude de faire qch. *The cat soon got a. to us*, le chat ne fut pas long à s'apprivoiser. *You get a. to anything*, on se fait à tout. *A. to fatigue*, aguerri à la fatigue. *That is not what I am a. to*, (i) ce n'est pas dans mes habitudes, (ii) ce n'est pas à quoi je suis accoutumé. **2.** Habituel, coutumier, ordinaire; d'usage. *Once again he made* **the long-accustomed journey,** il refit encore une fois le voyage familier.

ace [eis], *s.* **1.** (*Of dice, dominoes, cards*) As *m*. *See also* DOUBLE-ACE. **2.** *Av:* (*Of pers.*) As *m*. **3.** *Ten:* Service *m* qui bat l'adversaire. **4.** *F:* **Within an ace of sth.,** à deux doigts de qch. *To be within an ace of death*, toucher la mort du doigt. *I was within an ace of + ger.*, j'ai bien failli, bien manqué + *inf*. *He was within an ace of being killed*, peu s'en fallut qu'il ne se tuât, qu'il ne se fît tuer; il s'en est fallu de rien qu'il (ne) fût tué.

'ace-point, *s.* (*Backgammon*) Première flèche (du jeu de jacquet).

-acea ['eisiə, 'eiʃiə], *pl.suff. Nat.Hist:* -acés *mpl*. *Crustacea*, crustacés. *Cetacea*, cétacés.

-aceae ['eisii:, 'eiʃii:], *pl.suff. Nat.Hist:* -acées *fpl*. *Rosaceae*, rosacées. *Violaceae*, violacées.

-acean ['eisiən, 'eiʃiən]. **1.** *s.suff.* (*Sing. of coll. pls in -acea*) -acé. *A crustacean*, un crustacé. *A cetacean*, un cétacé. **2.** *a.suff.* (= *aceous*) -acé, -acéen. *Crustacean*, crustacéen. *Cetacean*, cétacé.

Aceldama [ə'keldəma, -'sel-]. **1.** *Pr.n. B:* Le Champ du sang; Haceldama *m*. **2.** *s. F:* Champ de carnage.

-aceous ['eisiəs, 'eiʃiəs], *a.suff. Nat.Hist:* -acé, -acéen. *Cetaceous*, cétacé. *Crustaceous*, crustacéen. *Herbaceous*, herbacé. *Rosaceous*, rosacé. *Saponaceous*, saponacé.

acephala [ə'sefələ], *s.pl. Moll:* Acéphales *m*.

acephalan [ə'sefələn], *s. Moll:* Acéphale *m*.

acephalic [ase'falik], *a.* = ACEPHALOUS 1 (*a*).

acephalous [ə'sefələs], *a.* **1.** (*a*) *Moll:* Acéphale. (*b*) *Pros:* (Vers)

auquel manque la première syllabe. **2.** *F:* (État, assemblée) sans chef.
acerbate ['asərbeit], *v.tr.* = EXACERBATE.
acerbity [a'sə:rbiti], *s.* Acerbité *f*; aigreur *f* (de ton).
acerose ['asərous], **acerous** ['asərəs], *a. Bot:* (Feuille de pin) en forme d'aiguille.
acervate ['asərvet], *a. Bot:* Qui croît en grappes.
acescence [a'sesəns], **acescency** [a'sesənsi], *s.* Acescence *f*.
acescent [a'sesənt], *a.* Acescent.
Acestes [a'sesti:z]. *Pr.n.m. Lt.Lit:* Aceste.
acetabulum [ase'tabjuləm], *s. Archeol: Anat: Z:* Acétabule *m*; ventouse postérieure (de la sangsue). *Anat:* Cavité *f* cotyloïde (de l'os iliaque); cotyle *f*.
acetal ['asetəl], *s. Ch:* Acétal *m*.
acetaldehyde [ase'taldihaid], *s. Ch:* Acétaldéhyde *f*.
acetate ['aseteit], *s. Ch:* Acétate *m*. *Amyl a.*, acétate d'amyle. *Phot: A. toning bath*, bain *m* de virage à l'acétate de sodium. *Tex:* **Cellulose-acetate**, acétate de cellulose; acétocellulose *f*, acétylcellulose *f*; cellite *f*.
acetic [a'setik, a'si:tik], *a. Ch:* Acétique. *Glacial a. acid*, acide acétique concentré, cristallisable, glacial.
acetification [asetifi'keiʃ(ə)n], *s.* Acétification *f*.
acetify [a'setifai]. **1.** *v.tr.* Acétifier. **2.** *v.i.* S'acétifier; tourner au vinaigre.
acetimeter [ase'timetər], *s. Ind:* Acétimètre *m*; burette *f* acétimétrique.
acetone ['asetoun], *s. Ch:* Acétone *f*; éther *m* pyroacétique.
acetous ['asetəs], *a.* Acéteux.
acetylene [a'setili:n], *s. Ch:* Acétylène *m*. *Cy: etc: A. lamp*, lanterne *f* à acétylène. *A. blowpipe*, chalumeau *m* à acétylène. *See also* WELDING.
Achaea [a'ki:a], **Achaia** [a'kaia]. *Pr.n. A.Geog:* L'Achaïe *f*.
Achaean [a'ki:ən], **Achaian** [a'kaiən], *a. & s. A.Hist:* Achaïen, -ïenne; achéen, -éenne; achaïque. **The Achaean League**, la Ligue achéenne.
Achates [a'keiti:z]. *Pr.n.m. Rom.Lit:* Achate. *F:* **The fidus Achates of s.o.**, le fidèle Achate de qn.
ache[1] [eik], *s.* Mal *m*, douleur *f*. *Headache, toothache*, mal *m* de tête, mal de dents. *Heartache*, chagrin *m*; peine *f* de cœur. *I have a headache*, j'ai mal à la tête. *F:* **All aches and pains**, tout courbaturé, tout moulu. *See also* BACKACHE, BELLY-ACHE, EAR-ACHE, FACE-ACHE, HEADACHE, STOMACH-ACHE.
ache[2], *v.i.* **My head aches**, la tête me fait mal; j'ai mal à la tête. *It makes my head a.*, cela me donne le, un, mal de tête; cela me donne mal à la tête. *I am aching all over, in every limb*, je me sens des douleurs par tout le corps; je me sens moulu; je suis tout brisé; tous les membres me font mal. *Which tooth aches?* quelle est la dent qui vous fait mal? *The exercise has made my legs ache*, l'exercice m'a fatigué, courbaturé, les jambes. *It made my arms a.*, j'en avais les bras endoloris. **It makes my heart ache**, cela me fait mal au cœur; cela me serre le cœur; cela me fend le cœur. *My heart ached at the sight*, ce spectacle me fendait le cœur.
aching[1], *a.* Douloureux, endolori. *An a. tooth*, une dent malade. **Aching heart**, cœur dolent. *To do sth. with an a. heart*, faire qch. avec un arrachement de cœur. *See also* VOID[1] II.
aching[2], *s.* = ACHE[1].
Achelous [ake'louəs]. *Pr.n. A.Geog:* Achéloüs *m*.
achene [a'ki:n], **achenium** [a'ki:njəm], *s. Bot:* Akène *m*, achaine *m*.
Acheron ['akərən]. *Pr.n.* (*a*) *Myth:* L'Achéron *m*. (*b*) *Lit:* Les Enfers *m*.
Acheulean [a'ʃu:liən], *a. Paleont:* (L'homme, etc.) acheuléen.
à-cheval [aʃə'val], *attrib. Mil: To take up an à-c. position on a river, a railway*, achevaler un fleuve, une ligne de chemin de fer.
achievable [a'tʃi:vəbl], *a.* Faisable, exécutable.
achieve [a'tʃi:v], *v.tr.* **1.** (*a*) Accomplir (un exploit); exécuter, réaliser (une entreprise). (*b*) *A:* Achever, consommer (un ouvrage, un voyage, etc.). **2.** Acquérir (de l'honneur); parvenir (aux honneurs); se faire (une réputation). **3.** Atteindre (à), arriver à (un but). *To a. a result*, obtenir un résultat. **To achieve one's purpose, one's end**, parvenir, en venir, à ses fins. *To a. victory*, remporter la victoire. *He has achieved the impossible*, il est venu à bout d'une tâche qui semblait impossible. *To a. nothing but ridicule*, ne remporter que du ridicule. *He will never a. anything*, il n'arrivera jamais à rien. *With courage one can a. anything*, avec du courage on arrive à tout.
achieving, *s.* **1.** Accomplissement *m*, exécution *f*. **2.** Obtention *f* (d'un résultat).
achievement [a'tʃi:vmənt], *s.* **1.** Accomplissement *m*, réalisation *f*, exécution *f* (d'un projet, etc.). **2.** (*a*) Exploit *m*, (haut) fait. (*b*) *When we consider his a.*, lorsque nous considérons (i) son œuvre, (ii) l'effort qu'il a accompli. **3.** *Her:* Armoiries *fpl*.
achillea [aki'li:a], *s. Bot:* Achillée *f*.
Achilles [a'kili:z]. *Pr.n.m.* Achille *m*. **Achilles tendon, tendon of Achilles**, tendon *m* d'Achille; corde *f* d'Hippocrate. *F:* **Gaming is his heel of Achilles**, le jeu, c'est là son faible, c'est son talon d'Achille.
achromatic [akro'matik], *a.* **1.** *Opt:* Achromatique. **2.** *A. vision* = ACHROMATOPSY.
achromatin [a'kroumatin], *s. Biol:* Achromatine *f*.
achromatism [a'kroumatizm], *s. Opt:* Achromatisme *m*.
achromatization [akroumatai'zeiʃ(ə)n], *s.* Achromatisation *f*.
achromatize [a'kroumataiz], *v.tr.* Achromatiser (un objectif, etc.).
achromatopsy [a'kroumatəpsi], *s.* Achromatopsie *f*; *F:* daltonisme *m*.
achromatous [a'kroumatəs], **achromous** [a'kroumәs], *a.* Achrome.
achy ['eiki], *a. F:* **1.** *I feel rather a.*, je me sens des douleurs par tout le corps. **2.** *My throat is rather a.*, j'ai un peu mal à la gorge. *One of my teeth is rather a.*, j'ai une dent qui me fait un peu mal.
acicular [a'sikjulər], *a.* Aciculaire, en forme d'aiguille, aiguillé.
aciculate [a'sikjulet], **aciculated** [a'sikjuleitid], *a.* Aciculé.
aci(culi)form ['asifɔ:rm, a'sikjulifɔ:rm], *a.* Aci(culi)forme, aiguillé.
aciculum, *pl.* **-a** [a'sikjuləm, -a], *s. Z:* Acicule *m* (d'un annélide).
acid ['asid]. **1.** *a.* (*a*) Acide. *Slightly a. wine*, vin verdelet. **Acid drops**, bonbons acidulés, bonbons anglais. (*b*) Revêche, rechigné. *His face was as a. as ever*, son visage était aussi revêche que jamais; il avait un air renfrogné comme toujours. *F: A. answer*, réponse acide, aigre-douce. *To give an a. flavour to one's praise*, vinaigrer sa louange. *P:* **To come the acid**, la faire à la pose. *See also* TEST[1] 1 (*b*). **2.** *s.* Acide *m*. *See also* SALT[1] I. 2.
'acid-proof, 'acid-resisting, *a.* Qui résiste aux acides; résistant à l'acide; réfractaire, inattaquable, aux acides; (vernis) antiacide, inattaquable par les acides.
'acid-tester, *s.* Acidimètre *m*, acidomètre *m* (pour accus, etc.).
acidic [a'sidik], *a.* **Acidic rocks**, roches *f* acides.
acidiferous [asi'difərəs], *a.* Acidifère.
acidification [asidifi'keiʃ(ə)n], *s.* Acidification *f*.
acidifier [a'sidifaiər], *s.* Acidifiant *m*.
acidify [a'sidifai]. **1.** *v.tr.* Acidifier. *Pharm:* Aiguiser (un médicament). **2.** *v.i.* S'acidifier.
acidifying, *a.* Acidifiant.
acidimeter [asi'dimetər], *s.* Acidimètre *m*, acidomètre *m*; pèse-acide *m*, *pl.* pèse-acides.
acidity [a'siditi], *s.* **1.** Acidité *f*; verdeur *f* (des fruits, du vin). **2.** *F:* Aigreur *f*, verdeur (d'une réponse).
acidness ['asidnəs], *s.* = ACIDITY 2.
acidosis [asi'dousis], *s. Med:* Acidose *f*.
acidulate [a'sidjuleit], *v.tr.* Aciduler.
acidulated, *a* Acidulé. **Acidulated drops**, bonbons acidulés, bonbons anglais.
acidulent[1] [a'sidjulənt], **acidulous** [a'sidjuləs], *a.* Acidulé.
acidulent[2], *s.* Acidulant *m*.
acierage ['asiəredʒ], **acieration** [asiə'reiʃ(ə)n], *s. El: Metall:* Aciérage *m*, aciération *f*.
acierate ['asiəreit], *v.tr. Metall:* Aciérer (par cémentation).
aciform ['asifɔ:rm], *a. Nat.Hist:* Aciculiforme; aciforme.
aciniform [a'sinifɔ:rm], *a.* Aciniforme.
acinose ['asinous], **acinous** ['asinəs], *a. Anat: Bot:* Acineux. *Anat: A. glands*, glandes conglomérées, glandes en grappes.
acinus ['asinəs], *s. Anat: Bot:* Acine *m*, acinus *m*.
-acious ['eiʃəs], *a.suff.* (*a*) -ace. *Voracious*, vorace. *Salacious, A:* salace. (*b*) -acieux, -acieuse. *Fallacious*, fallacieux.
-acity ['asiti], *s.suff.* -acité *f*. *Capacity*, capacité. *Salacity*, salacité. *Vivacity*, vivacité. *Voracity*, voracité.
ack emma ['ak'ema], *adv.* **1.** *Mil. Tp. & P:* (= A.M.) Du matin. **2.** *P:* (= *Air mechanic*) Mécanicien *m* d'avion.
acknowledge [ak'nɔledʒ], *v.tr.* **1.** (*a*) Reconnaître, avouer (qch.); reconnaître (qn). *He acknowledges his debt, his mistake*, il reconnaît sa dette; il reconnaît, avoue, confesse, convient de, son erreur. *He acknowledged having organized the plot*, il reconnut avoir organisé le complot. *He refused to a. his son*, il refusa de reconnaître son fils. *Pred. To a. s.o. as one's chief, to be one's chief*, reconnaître qn pour chef. *He was acknowledged as king*, il fut reconnu pour roi. *To a. s.o. as one's brother*, avouer qn pour frère. *To a. sth. as a fact*, faire la constatation de qch. *To a. oneself beaten, to a. defeat*, s'avouer, se reconnaître, vaincu; *F:* rendre les armes. *His genius is acknowledged*, on lui reconnaît du génie. *Fenc:* **To acknowledge a hit**, accuser un coup; annoncer à haute voix un coup reçu. (*b*) Reconnaître, récompenser (un service). (*c*) Se montrer reconnaissant, exprimer sa reconnaissance (d'un service). **2.** Répondre à (une courtoisie, un salut, etc.). **To acknowledge (receipt of) a letter**, accuser réception d'une lettre. *I a. receipt of your letter*, je vous accuse réception de votre lettre. *Nau:* **To acknowledge a signal**, faire l'aperçu.
acknowledged, *a.* **1.** (Fait) reconnu, avéré, notoire. **2.** Qui fait autorité.
acknowledging, *s.* = ACKNOWLEDG(E)MENT 1.
acknowledger [ak'nɔledʒər], *s. The a. of the letter*, la personne qui a accusé réception de la lettre.
acknowledg(e)ment [ak'nɔledʒmənt], *s.* **1.** (*a*) Constatation *f*; reconnaissance *f* (d'un bienfait). *Com:* Reçu *m*, quittance *f* (d'un payement). **Acknowledgement of receipt**, accusé *m* de réception (d'une lettre, d'un colis). *Formal a.*, simple accusé de réception. *We have had no a. of our invitation*, on ne nous a pas même accusé réception de notre invitation. *Adm: A. of a complaint*, récépissé *m* d'une réclamation. *Jur:* **Acknowledgment of indebtedness** (*in writing*), reconnaissance. **To make an acknowledgement of sth.**, reconnaître qch. **In acknowledgement of this service**, pour témoigner ma, sa, reconnaissance de ce service; pour récompenser ce service. (*b*) Aveu *m* (d'une faute). *Jur:* **Acknowledgement by record**, aveu. **2.** **Acknowledgments**, remerciements *mpl*. *To bow one's acknowledgments to s.o.*, remercier qn d'une inclinaison de tête. **To lift one's hat in acknowledgement to s.o.**, remercier qn d'un salut, d'un coup de chapeau.
aclinic [a'klinik], *a.* (Ligne *f*) aclinique.
acme ['akmi], *s. Lit:* Plus haut point; comble *m*, summum *m* (de la perfection, du bonheur); sommet *m*, faîte *m* (de la gloire, des honneurs); apogée *m* (de la puissance); plus haut période (de la gloire, de l'éloquence). *To reach the a. of one's desires*, parvenir au comble de ses désirs. *To attain the a. of perfection*, arriver à la perfection même. *To be at the a. of one's glory*, être à l'apogée de la gloire.
acne ['akni], *s. Med:* Acné *f*. **Acne rosacea**, couperose *f*.
acnode ['aknoud], *s. Mth:* Point acnodal, point conjugué.

acock [ə'kɔk], *adv.* **With hat (set) acock,** le chapeau (rejeté) en arrière (d'un air de défi) ; le chapeau sur l'oreille.

a-cock-bill [ə'kɔkbil], *adv. Nau: A:* **Yards a-cock-bill,** vergues *f* en pantenne. **Anchor a-cock-bill,** ancre *f* en veille, en péneau.

acolyte ['akolait], *s.* **1.** *Ecc. & F:* Acolyte *m.* **2.** *Ecc:* Répondant *m* (à la messe).

aconite ['akonait], *s. Bot:* Aconit *m.*

aconitic [ako'nitik], *a. Ch:* Aconitique.

aconitin(e) [ə'kɔniti(:)n, -tain], *s. Ch:* Aconitine *f.*

acorn ['eikɔ:rn], *s.* **1.** *Bot:* Gland *m* (du chêne). **The acorn-crop,** la glandée. **The acorn-harvest,** la glandée. **To gather, get in, the acorns,** faire la glandée. **2.** *Nau:* Pomme *f* (de girouette).

'acorn-barnacle, 'acorn-shell, *s. Crust:* Balane *m*, gland *m* de mer, turban *m* rouge.

'acorn-bearing, *a.* Balanophore, glandifère.

'acorn-cup, *s. Bot:* Cupule *f.*

'acorn-eating, *a.* Balanophage.

'acorn-shaped, *a.* Glandiforme.

acorned ['eikɔ:rnd], *a. Her:* Glandé.

acotyledon [akɔti'li:dən], *s. Bot:* Acotylédone *f*, acotylédonée *f.*

acotyledonous [akɔti'li:dənəs], *a. Bot:* Acotylédone, acotylédoné.

acoumeter [ə'kaumetər], **acousimeter** [akau'simetər], *s. Med: etc:* Acoumètre *m.*

acoustic(al) [ə'kaustik(əl), -'ku-], *a.* Acoustique; sonore; phonique.

acoustician [akaus'tiʃ(ə)n, -ku-], *s.* Acousticien *m.*

acoustics [ə'kaustiks, -'ku-], *s.pl.* (*With sg. or pl. const.*) Acoustique *f. A. is the science of sound,* l'acoustique est la science des sons. *The a. of this hall are excellent,* cette salle a une bonne acoustique.

acquaint [ə'kweint], *v.tr.* **1. To acquaint s.o. with sth., of a fact,** informer, avertir, qn de qch.; faire savoir qch. à qn; faire part à qn de qch.; apprendre un fait à qn. *To a. s.o. with the facts (of the case),* mettre qn au courant (des faits); instruire qn des faits; mettre qn au fait (de la situation). *To a. s.o. with his duties,* mettre qn au courant de ses fonctions. *To a. oneself with the circumstances,* prendre connaissance des faits; se mettre au courant des faits; se mettre au fait des circonstances; se renseigner sur les faits. **2.** (*a*) **To be acquainted with s.o., sth.,** connaître qn; connaître, savoir, qch. *He was made acquainted with the plot,* on l'informa du complot. (*b*) **To become, make oneself, acquainted with s.o.,** faire, lier, connaissance avec qn. *To become better acquainted with s.o.,* faire plus ample connaissance avec qn. *To make two persons acquainted,* faire faire connaissance à deux personnes; mettre deux personnes en relation. *To be intimately acquainted with s.o.,* être très lié avec qn. *To become, make oneself, acquainted with sth.,* prendre connaissance (des faits); apprendre, s'initier à, étudier (une langue, une science). *To be acquainted with the facts of the case,* être au fait, au courant, de la question; avoir connaissance des faits en cause.

acquaintance [ə'kweintəns], *s.* **1.** Connaissance *f* (*with,* de). (*a*) *His a. with the classical tongues,* sa connaissance des langues classiques. (*b*) *Long a. with s.o.,* relations *f* de longue date avec qn. **To make s.o.'s acquaintance,** faire la connaissance de qn. **To make acquaintance,** faire connaissance. *To make a. with s.o.,* faire connaissance avec qn. *See also* STRIKE UP 2. **To claim acquaintance with s.o.,** (i) se vanter de connaître qn; (ii) rappeler à qn que l'on se connaît, que l'on s'est déjà vu. **To drop acquaintance with s.o.,** cesser de voir qn. *I have not the honour of his a.,* je n'ai pas l'honneur de le connaître. **He improves upon acquaintance,** il gagne à être connu. **Upon further acquaintance,** *I got to like him,* lorsque je le connus davantage, il me devint sympathique. *See also* BOWING[2], NODDING[2], SAKE 1. **2.** (*Pers.*) Personne *f* de connaissance; connaissance. *He is an a., nothing more,* c'est une connaissance, rien de plus. *The face of an old a.,* une figure de connaissance. **To have a wide circle of acquaintances, a wide acquaintance,** avoir un cercle de connaissances très étendu, des relations très étendues. *To enlarge one's circle of acquaintances,* étendre le cercle de ses relations.

acquaintanceship [ə'kweintənsʃip], *s.* **1.** Relations *fpl*, rapports *mpl.* **2.** *Coll.* Cercle *m* de connaissances, relations. **Wide acquaintanceship,** relations étendues.

acquest [ə'kwest], *s. Jur:* Acquêt *m.*

acquiesce [akwi'es], *v.i.* Acquiescer (*in a request,* à une demande); donner son assentiment (*in,* à). *To a. in a doctrine, in an arrangement,* accepter, se ranger à, une doctrine; accepter un arrangement. *The papal claims became more and more acquiesced in by the nation,* la nation se pliait de plus en plus aux exigences de la papauté.

acquiescing, *s.* = ACQUIESCENCE.

acquiescence [akwi'esns], *s.* **1.** Acquiescement *m* (*in,* à); assentiment *m*, consentement *m. He signified his a. by a nod,* il inclina la tête en signe d'assentiment. *He smiled a.,* il eut un sourire d'approbation. **2.** Soumission *f* (*in,* à).

acquiescent [akwi'esnt], *a.* Disposé à acquiescer; consentant.

acquirable [ə'kwaiərəbl], *a.* Qui peut s'acquérir, s'obtenir.

acquire [ə'kwaiər], *v.tr.* Acquérir (qch.); se rendre propriétaire de (qch.). *He acquired a handsome fortune,* il acquit une belle fortune. *To a. a habit,* prendre, contracter, une habitude. *To a. a taste for sth.,* prendre goût à qch. **Acquired taste,** goût acquis. *Whisky is an acquired taste,* le goût du whisky ne s'acquiert qu'avec l'habitude. *To a. a language,* apprendre une langue.

acquiring, *s.* = ACQUIREMENT 1.

acquirement [ə'kwaiərmənt], *s.* **1.** Acquisition *f* (*of,* de). **2.** (*a*) Talent (acquis). *Knowledge of a foreign language is no mean a.,* la connaissance d'une langue étrangère n'est pas peu de chose. (*b*) *pl.* Connaissances *fpl*, acquis *m. His acquirements were considerable,* il avait beaucoup d'acquis.

acquirer [ə'kwaiərər], *s.* (*a*) Acquéreur *m.* (*b*) *He was always a great a. of knowledge,* il a toujours aimé à s'instruire.

acquisition [akwi'ziʃ(ə)n], *s.* Acquisition *f* ((i) action d'acquérir, (ii) chose acquise). *Devoted to the a. of wealth,* âpre à s'enrichir; ne songeant qu'à s'enrichir. *Come and see my new acquisitions,* venez voir mes nouvelles acquisitions. *In less than a year Napoleon lost all his acquisitions,* en moins d'un an Napoléon perdit toutes ses conquêtes. *F: He is a great a. to our party,* c'est une recrue précieuse pour notre parti.

acquisitive [ə'kwizitiv], *a.* **1.** Thésauriseur, -euse. **2.** Apre au gain.

acquisitiveness [ə'kwizitivnəs], *s. Phrenology:* Acquisivité *f.*

acquit [ə'kwit], *v.tr.* **(acquitting, acquitted) 1.** *To a. a debt,* s'acquitter d'une dette, acquitter une dette; régler une dette. **2.** Acquitter (un accusé). **To acquit s.o. of sth.,** absoudre qn de qch. *To a. s.o. of a debt,* acquitter qn d'une dette. *To a. s.o. of a charge,* décharger qn d'une accusation. *He was acquitted on two of the charges,* il fut acquitté sur deux des chefs. **3.** (*a*) *To a. oneself of a duty, of a task,* s'acquitter d'un devoir, d'une tâche. (*b*) *To a. oneself well, ill,* se bien, mal, comporter; se bien, mal, acquitter. *He acquitted himself like a man,* il remplit virilement son devoir; il s'acquitta virilement de sa tâche.

acquitting, *s.* = ACQUITTAL.

acquittal [ə'kwit(ə)l], *s.* **1.** *Jur:* Acquittement *m* (d'un accusé, d'un débiteur); décharge *f* (d'un accusé); absolution *f* (d'un coupable). *For the a. of my conscience,* pour décharger ma conscience; par acquit de conscience. **2.** (*a*) Exécution *f*, accomplissement *m* (d'un devoir). (*b*) *Jur:* Acquittement (d'une dette).

acquittance [ə'kwitəns], *s.* **1.** (*a*) *Com: Jur:* Acquit *m*, acquittement *m* (d'une dette). (*b*) *A. Jur:* Quittance *f*; décharge *f.* **2.** *A:* = ACQUITTAL 1. *Prov:* **Forbearance is no acquittance,** il ne perdra rien pour attendre.

acrawl [ə'krɔ:l], *adv. & pred.a.* **1.** Rampant; en rampant. **2.** Grouillant (*with,* de).

acre[1] ['eikər], *s.* **1.** (*a*) *A:* Champ *m*, pré *m. Still so used in* **God's acre,** le champ de repos, le cimetière, *and in place-names:* **Long Acre** = Long champ. (*b*) *pl. Proud of his broad acres,* fier de ses terres, de ses arpents. **2.** *Meas:* Acre *f* (0.4 hectare); (*approx.* =) arpent *m*, demi-hectare *m. F: He owns acres of land,* il a du bien au soleil.

Acre[2]. *Pr.n. Geog:* Saint-Jean-d'Acre *m.*

acreage ['eikəredʒ], *s.* Superficie *f* (en mesures agraires).

-acred ['eikərd], *a.* **Large-, many-acred landlords,** grands propriétaires terriens.

Acres ['eikərz]. *Pr.n.* **Bob Acres,** type *m* du bravache. (Personnage de *The Rivals* de Sheridan.)

acrid ['akrid], *a.* **1.** (Goût *m*, fumée *f*) âcre. **2.** (Style) mordant; (critique *f*) acerbe; (humeur *f*) âcre. **-ly,** *adv.* Avec âcreté; avec acerbité.

acridity [ə'kriditi], *s.* Acreté *f. The a. of the smoke,* l'âcreté de la fumée.

acridness ['akridnəs], *s.* **1.** = ACRIDITY. **2.** Acreté *f*, acerbité *f* (d'une réponse, etc.).

acrimonious [akri'mounjəs], *a.* Acrimonieux, atrabilaire; (*of woman*) acariâtre. *The discussion became a.,* la discussion s'envenimait. **-ly,** *adv.* Avec acrimonie, acrimonieusement.

acrimony ['akriməni], **acrimoniousness** [akri'mounjəsnəs], *s.* Acrimonie *f*; amertume *f* (de caractère); aigreur *f* (de ton, de caractère).

acro- ['akro, ə'krɔ], *pref.* Acro-. *Acrocarpous* ['akro-], acrocarpe. *Acropolis* [ə'krɔ-], Acropole.

acrobat ['akrobat], *s.* Acrobate *mf.*

acrobatic [akro'batik]. **1.** *a.* Acrobatique. *A. feat,* acrobatie *f*, tour *m* d'acrobate, tour d'acrobatie. **2.** *s.pl.* **Acrobatics,** acrobatie *f. He performed acrobatics for our benefit,* il faisait de l'acrobatie à notre intention.

acrobatism ['akrobatizm], *s.* Acrobatisme *m*, acrobatie *f.*

acrocephalic [akrose'falik], **acrocephalous** [akro'sefələs], *a. Anthr:* Acrocéphale.

acromegaly [akro'megali], *s. Med:* Acromégalie *f*; mégalacrie *f.*

acromion [ə'kroumiən], *s. Anat:* **The acromion (process),** l'acromion *m.*

acronychal [ə'krɔnik(ə)l], *a. Astr:* Acronyque.

acropolis [ə'krɔpolis], *s.* Acropole *f.*

acrosome ['akrosoum], *s. Biol:* Acrosome *m*; bouton *m* céphalique.

acrospore ['akrospɔ:ər], *s. Bot:* Acrospore *f.*

across [ə'krɔs], *adv. & prep.* En croix; en travers (de). **1. With arms,** *Nau:* **with yards, across,** les bras, les vergues, en croix. *With arms folded a. his breast,* les bras croisés sur la poitrine. **2.** (*a*) **To walk across (a street),** traverser (une rue). *To run a. the street,* traverser la rue en courant. *To run a. the fields,* courir à travers (les) champs. **Pursuit across country,** poursuite à travers champs. *To swim a. a river,* traverser, passer, franchir, une rivière à la nage. *To go a. a bridge,* passer (sur) un pont; franchir un pont. **How, when, did you come across?** comment, quand, avez-vous fait la traversée? *We shall soon be a.,* (i) nous serons bientôt de l'autre côté; (ii) la traversée sera bientôt faite. **The idea came across my mind that . . .,** l'idée me traversa l'esprit, me passa par l'esprit, que. . . . *U.S: He didn't manage* **to put it across,** il n'a pas pu faire adopter sa proposition; il n'a pas pu faire passer ça. *See also* GET ACROSS. (*b*) **To lay sth. across (sth.),** mettre qch. en travers (de qch.). *To throw a bridge a. a river,* jeter un pont sur une rivière. *Line drawn a. the page,* ligne tirée en travers de la page. *The road lies a. the plain,* la route traverse la plaine. *The wind blew a. me,* j'avais le vent de côté. (*Of clouds*) **To blow across the wind,** chasser à contre. *Ten: Ball played a. the court,* balle croisée. (*c*) **To come, drop, across a person, a passage in a book,** rencontrer (par hasard) une personne, un passage dans un livre. *We ran a. each other,* nous nous sommes rencontrés;

nous nous sommes trouvés nez à nez. (*d*) *P:* **To put it across s.o.,** (i) rosser qn, régler son compte à qn; (ii) battre qn à plate couture; (iii) faire une rosserie à qn; (iv) balancer qn. **3.** (*a*) **The distance across,** (i) la distance en largeur, (ii) la longueur de la traversée. *The river is more than a mile a.,* le fleuve a plus d'un mille de large. *Tree that is six feet a.,* arbre *m* qui a six pieds de coupe. *Beam a foot a.,* poutre *f* d'un pied d'épaisseur. *He is wide a. the shoulders,* il est large d'épaules. (*b*) **He lives across the street,** il demeure de l'autre côté de la rue. *People talked to each other a. the table,* on se parlait d'un côté de la table à l'autre.

acrostic [a'krɔstik], *a. & s.* Acrostiche (*m*).

acroterium [akro'tiːəriəm], *s. Arch:* Acrotère *m.*

acrylic [a'krilik], *a. Ch:* (Acide) acrylique.

act[1] [akt], *s.* **1.** Acte *m.* (*a*) **Act of justice, of kindness,** acte de justice, de bonté. *Act of grace, of indemnity,* mesure de grâce, d'amnistie. (*b*) *Theol: Act of faith, of contrition,* acte de foi, de contrition. (*c*) **Act of Parliament,** loi *f,* décret *m. The Companies Act,* la loi sur les sociétés. (*d*) (*Instrument in writing*) **The Acts of the Apostles,** les Actes des Apôtres. *I deliver this as my act and deed,* signé de ma main; fait de ma main. *To take act of a confession,* prendre acte d'un aveu. **2.** Action *f.* **The act of walking,** l'action de marcher. *My first act was to open the window,* la première chose que je fis fut d'ouvrir la fenêtre. *An act of folly,* une folie. *A stupid act,* une action stupide, une bêtise. *As an act of courtesy I allowed him to . . .,* par politesse je lui permis de. . . . *It is the act of an ill-bred person,* c'est le fait d'un homme mal élevé. **To catch s.o. in the (very) act,** prendre qn sur le fait, en flagrant délit, *F:* la main dans le sac. **In the act of picking it up he fell,** il se baissait pour le ramasser lorsqu'il tomba. *He was in the act of firing,* **he was in act to fire,** il était sur le point de tirer. *Jur: M.Ins:* **Act of God,** (i) (cas *m* de) force majeure; (ii) cas fortuit; cause naturelle. **3.** *Th:* Acte (d'une pièce). *In the second act,* au second acte. **4.** *Sch:* **To keep the act, soutenir** sa thèse. *Keeping of the acts,* soutenance *f* de thèses.

act[2]. **1.** *v.tr.* (*a*) *A:* Accomplir (un acte). *To act enormities,* commettre des énormités. (*b*) (*With passive force*) *At the very moment when this piece of perfidy was acting,* au moment même où s'accomplissait cette perfidie. **2.** *v.tr.* (*a*) **To act a play, a character,** jouer, représenter, une pièce, un personnage. *To act a part,* remplir un rôle. *To act Hamlet,* jouer, faire, Hamlet. **To act the hero,** jouer, représenter, faire, le héros. *To act the ass, the fool, the goat, the idiot, etc.,* faire l'imbécile, *P:* faire le zigoto. *F: Pej:* **To act the part,** se carrer (dans un rôle). (*b*) **To act a part,** feindre; faire, jouer, la comédie. *To act fear,* feindre, simuler, la crainte. **He was only acting,** il ne faisait que feindre; il faisait semblant. (*c*) **To act the part of an honest man,** se conduire, agir, en honnête homme. *To act the part of a judge,* remplir, exercer, les fonctions de juge. **3.** *v.i.* Agir; prendre des mesures. (*a*) *It is time to act,* il est temps d'agir. *Now let us act,* maintenant agissons. *He is slow to act,* il est lent à agir. **He did not know how to act,** (i) il ne savait comment faire, comment se conduire; (ii) il ne savait quel parti prendre. *To act prudently,* agir prudemment. *Diplomats act with extreme punctiliousness towards one another,* les diplomates en usent entre eux avec une extrême délicatesse. *To act like a friend,* agir en ami, se conduire en ami, se comporter comme un ami. *I acted for the best,* j'ai fait pour le mieux. **To act for s.o.,** agir au nom de qn; représenter qn. **To act as secretary,** faire office, exercer les fonctions, de secrétaire. *His daughter acts as his secretary,* sa fille lui sert de secrétaire. *To act from a sense of duty,* agir par devoir. **To act upon advice,** agir d'après un conseil; suivre un conseil. *To act upon an order,* exécuter un ordre. **To act up to one's principles,** agir conformément à ses principes; mettre ses principes en pratique. (*b*) *The police declined to act,* la police refusa d'intervenir. **The pump is not acting well,** la pompe ne fonctionne, ne marche, pas bien. *The brake refuses to act,* le frein ne fonctionne pas. **Fuse that acts as a switch,** fusible qui fait l'office de commutateur. *The engine acts as a brake,* le moteur fait fonction de frein. (*c*) **To act (up)on the brain, the bowels,** agir, exercer une action, sur le cerveau, sur l'intestin. *Acted upon by gravity,* sollicité par la pesanteur. *Acid that acts on metals,* acide qui mord sur les métaux, qui entame les métaux. (*d*) *Th: Cin:* Jouer (bien, mal). *To act for the films,* faire du cinéma, *F:* du ciné. *To act in a film,* tourner dans un film.

act out, *v.tr. To act the play out,* jouer la pièce jusqu'au bout.

act over, *v.tr. Th:* Répéter (une pièce) d'un bout à l'autre.

acting[1], *a.* **1.** Remplissant les fonctions de . . .; (i) suppléant; (ii) intérimaire. **Acting manager,** (i) directeur gérant; (ii) directeur intérimaire; gérant *m* provisoire; vice-gérant *m. Lieutenant a. captain,* lieutenant faisant fonction de capitaine. *The a. President of the Council,* le Président du Conseil en exercice, en fonctions. **2.** *Th:* **Acting company,** troupe *f* de comédiens. **3.** *Mch:* **Single-acting, double-acting, machine,** machine à simple, à double, effet. *See also* DIRECT-ACTING, SELF-ACTING.

acting[2], *s.* **1.** Action *f.* **2.** (*a*) *Th:* Jeu *m* (d'un acteur); exécution *f,* production *f* (d'une pièce de théâtre). **Acting over** (*of a play*), répétition *f* (d'une pièce). **Acting play,** pièce destinée à la scène, qui peut se jouer. (*b*) Fait *m* de faire du théâtre, de jouer la comédie. *To go in for a.,* faire du théâtre. *At school we did a lot of a.,* à l'école nous avons monté pas mal de pièces, nous avons souvent joué des comédies. (*c*) *F:* **It is mere acting,** c'est de la comédie; il fait semblant; c'est une comédie qu'il nous joue.

'acting-'order, *s.* Délégation *f* (de pouvoirs).

Actaeon [ak'tiːən]. **1.** *Pr.n.m. Myth:* Actéon. **2.** *s. Moll:* Actéon.

actinal ['aktinəl], *a. Z:* Actinal, -aux.

actinia, -ias, -iae [ak'tinia, -iaz, -iiː], *s. Coel:* Actinie *f; F:* anémone *f* de mer.

actinic [ak'tinik], *a. Ph:* Actinique. **Actinic spectrum,** spectre *m* chimique. **Actinic rays,** rayons *m* chimiques. **Actinic balance,** bolomètre *m.*

actinism ['aktinizm], *s. Ph:* Actinisme *m.*

actinium [ak'tiniəm], *s. Ch:* Actinium *m.*

actinograph [ak'tinograf], *s. Phot:* Actinographe *m.*

actinology [akti'nɔlodʒi], *s.* **1.** *Z:* Actinologie *f.* **2.** *Ph:* Étude *f* de l'action chimique de la lumière.

actinometer [akti'nɔmetər], *s. Ph: Phot:* Actinomètre *m;* photomètre *m* de tirage, de pose. *Recording a.,* actinographe *m.*

actinomyces [aktino'maisiːz], *s. Fung:* Actinomycès *m,* actinomycète *m.*

actinomycosis [aktinomai'kousis], *s. Vet: Med:* Actinomycose *f.*

action[1] ['akʃ(ə)n], *s.* **1.** Action *f* (d'une personne, d'un remède, etc.). *The a. of water (on the banks of a stream, etc.),* le travail des eaux. **To take action,** agir; prendre des mesures. *To take a. concerning sth.,* prendre une initiative au sujet de qch. **I do not know what line of action to take,** je ne sais pas quelle ligne de conduite adopter, tenir. *See also* STRONG 2. **Man of action,** homme *m* de main, d'action. **Man slow to action,** homme lent à agir. **In my sphere of action,** dans ma sphère d'activité. **To suit the action to the word,** joindre le geste à la parole; ajouter l'action aux paroles; joindre l'exemple au précepte. *A. against typhus,* lutte *f* contre le typhus. **To put, set, sth. in action, to bring, call, sth. into action,** mettre qch. en action, en œuvre, en jeu, en branle, en mouvement; faire agir, faire marcher, faire jouer, faire fonctionner, qch.; actionner (une machine). *To put a plan into a.,* mettre un projet à exécution, à l'effet. *To put a maxim into a.,* mettre en pratique une maxime. **To come into action,** entrer en action, en jeu. **Machines in full action,** machines marchant à pleine allure; machines en pleine marche. *To bring the law into a.,* faire intervenir la loi. **Through the action of this law . . .,** par le jeu de cette loi. . . . **Out of action,** hors de service. **To put (sth.) out of action,** (i) débrayer, dégager (une machine, etc.); (ii) *I.C.E:* arrêter, couper (l'allumage, etc.); (iii) détraquer, mettre en panne (une machine, etc.). **To have an action on sth.,** avoir, exercer, une action sur qch.; agir sur qch. **2.** (*Deed*) Action, acte *m,* fait *m. Splendid a.,* action d'éclat; haut fait. *See also* IMPULSIVE 2. **3.** *Th:* Action (d'une pièce). *Unity of a.,* unité d'action. *Time of a.,* durée de l'action. **The scene of action is . . .,** la scène se passe à. . . . **4.** (*a*) Action, gestes *mpl* (d'un joueur); train *m,* allure *f,* action (d'un cheval). *Equit: High a.,* allure relevée. *Ten: To perfect one's a.,* perfectionner son jeu. (*b*) Mécanisme *m* (d'une montre, etc.); jeu *m* (d'une pompe, d'une serrure); mécanique *f* (d'un piano, d'un orgue). **5.** *Jur:* **Action at law,** action en justice; procès *m* (civil ou criminel). **Right of action,** droit *m* d'ester en jugement. *A. for libel,* procès, plainte *f,* en diffamation. *A. for payment,* action en paiement. *A. for an account,* action en reddition de compte. *A. in expropriation of real property,* poursuite *f* en expropriation d'immeubles. *The subject of the a.,* l'objet en litige. **To institute an action,** introduire une instance (en justice). **To bring an action against s.o.,** intenter une action, un procès, à, contre, qn; exercer des poursuites contre qn; porter, déposer, une plainte contre qn; (faire) appeler qn en justice; contraindre qn en justice. *To bring an a. against s.o. for infringement of patent,* assigner qn en contrefaçon. **To take action against s.o.,** (i) poursuivre, citer, attaquer, qn en justice; faire, diriger, engager, entamer, initier, commencer, des poursuites (judiciaires) contre qn; agir contre qn; (ii) *F:* prendre des mesures contre qn. *See also* DAMAGE[1] 3, FEIGNED. **6.** *Mil: Nau:* Action, combat *m,* engagement *m. Naval a.,* combat naval. *See also* CLEAR[2] I. 3. **To come into action,** engager l'action, le combat. **To go into action,** aller au feu; engager le combat; donner. *To break off the a.,* cesser le combat. *To renew the a.,* revenir au combat. *To send troops into a.,* faire donner des troupes. **Killed in action,** tué au feu, à l'ennemi. **Ready for action,** prêt au combat. **Out of action,** hors de combat; *F:* hors de cause. *Mil: Battery in a.,* batterie accrochée. *Artillery was in a.,* on tirait le canon.

action[2], *v.tr. To a. s.o. = to bring an action against s.o., q.v. under* ACTION[1] 5.

actionable ['akʃənəbl], *a. Jur:* (Mot, action) qui expose à des poursuites; actionnable; sujet(te) à procès ou à une action judiciaire.

actionless ['akʃənləs], *a. Ch: etc:* Inerte.

activate ['aktiveit], *v.tr.* **1.** Activer (la digestion, etc.). **2.** *Ph:* Rendre (un corps) radio-actif.

active ['aktiv], *a.* **1.** (*a*) Actif; agile, alerte. *A. man, life,* homme actif, allant, remuant; vie active. *To be still a.,* être encore allant, alerte, ingambe. *A. in the defence of his friends,* actif à défendre ses amis. *A. collaboration,* collaboration agissante, active. *A. volcano,* volcan actif, en activité. (*Of volcano*) **To become active,** entrer en activité. *Fin:* **These shares are very active,** ces valeurs sont très allantes. **There is an active demand for wool,** les laines sont très recherchées. *A. brain,* cerveau éveillé. *A. imagination,* imagination vive. (*b*) *Ph:* = RADIO-ACTIVE. **2.** *Gram:* **Verb in the active voice,** verbe *m* à l'actif, à la voix active. **3.** (*a*) *Mec: A. pressure,* pression effective. *El: A. cell,* élément (d'accu) chargé. *Cell no longer a.,* élément déchargé, *F:* à plat. *See also* ENERGY 2. (*b*) **To be an active party to sth., to take an active part in sth.,** prendre une part active, effective, à qch. *See also* PARTNER[1] 1. *These laws are a. in every realm of nature,* ces lois s'exercent dans tous les domaines de la nature. **4. Active list,** *Mil: Navy:* cadre actif; cadre d'activité, *Mil:* rôles *mpl* de l'armée active. (*Of official*) **To be in active employment,** *Mil:* **to be on the active list,** être en activité (de service); être en pied. *Mil:* **Active service,** (i) service actif; (ii) *F:* (= *field service*) service en campagne. *On a. service,* en campagne. *To see a. service for the first time,* faire sa première campagne. *To be called up for a. service,* être appelé sous les drapeaux. **-ly,** *adv.* Activement.

activism ['aktivizm], *s. Pol:* Activisme *m.*

activist ['aktivist], *s. Pol:* Activiste *mf.*

activistic [akti'vistik], *a. Pol:* Activiste.

activity [ak'tiviti], *s.* **1.** Activité *f.* **Man of activity,** homme actif. *The a. of a large town,* le mouvement d'une grande ville. **In full activity,** en pleine activité. **2.** *That does not come within my activities,* cela ne rentre pas dans mes fonctions; c'est en dehors de ma sphère d'action. *His numerous activities leave him little leisure,* ses nombreuses occupations lui laissent peu de loisirs.

acton ['aktɔn], *s. Archeol:* Hoqueton *m.*

actor ['aktər], *s.* (*a*) Acteur *m*; artiste *m* (dramatique); comédien *m. Tragic a.,* tragédien *m. Actors in a farce,* joueurs *m* d'une farce. **Film actor,** acteur de cinéma. **To be an actor,** faire du théâtre. *He is a film a.,* il fait du cinéma, *F:* du ciné. (*b*) *The chief a. in this event,* le principal acteur dans cet événement.

actress ['aktres], *s.* Actrice *f*; artiste *f* (dramatique); comédienne *f. Tragic a.,* tragédienne *f.* **Film actress,** actrice de cinéma. *She is a film a.,* elle fait du cinéma, *F:* du ciné.

actual ['aktjuəl], *a.* **1.** Réel, véritable. *It's an a. fact,* c'est un fait positif. *To take an a. case,* pour prendre un cas concret, *F:* pour concréter un cas. *To give the a. figures,* donner les chiffres mêmes. *A. numbers of an army,* effectif réel d'une armée. *A. possession,* possession *f* de fait. *The a. provisions of an act,* les dispositions expresses d'une loi. **In actual fact . . .,** pratiquement . . ., effectivement . . ., en fait. . . . *There is no a. recruiting of labour,* il n'y a pas, à proprement parler, de recrutement de main-d'œuvre. *Com:* **Actual cost,** prix *m* d'achat. *Med:* **Actual cautery,** cautère actuel. *Theol:* **Actual sin,** péché actuel. *See also* HORSE-POWER. **2.** (*Present*) Actuel, présent. *The a. position of affairs,* l'état de choses actuel. **-ally,** *adv.* **1.** (*a*) Réellement, véritablement, effectivement, positivement; à vrai dire; de fait. *Do you a. mean it?* êtes-vous réellement sérieux? *I do not a. love her,* je ne ressens pas d'amour pour elle, à proprement parler. (*b*) *I a. found the door open,* à mon grand étonnement je trouvai la porte ouverte. *He a. swore,* il alla (même) jusqu'à lâcher un juron. *He's a. getting married again!* voilà-t-il pas qu'il se remarie! **2.** Actuellement, à présent; à l'heure actuelle.

actuality [aktju'aliti], *s.* **1.** (*a*) Réalité *f.* (*b*) Actualité *f*; le temps présent. **2.** *pl.* **Actualities,** (i) conditions réelles; (ii) conditions actuelles.

actualize ['aktjuəlaiz], *v.tr.* **1.** Réaliser (une conception). **2.** Faire revivre (une scène).

actuarial [aktju'ɛəriəl], *a.* Actuariel. *Modern a. science,* la science actuarielle moderne. **-ally,** *adv.* Au, du, point de vue actuariel.

actuary ['aktjuəri], *s. Ins:* Actuaire *m.* **Actuaries' tables,** tables *f* de mortalité.

actuate ['aktjueit], *v.tr.* **1.** Mettre en action, mettre en mouvement, mener, commander, actionner (une machine). *The force that actuates the machine, the bullet,* la force qui anime la machine, la balle. **2.** Animer, pousser, faire agir (qn). *The motive which actuates me,* le mobile qui me fait agir. **Actuated by jealousy,** poussé, mû, inspiré, par la jalousie. *To be actuated by anger,* agir sous l'empire de la colère. *To be actuated by the best intentions towards s.o.,* être animé des meilleures intentions à l'égard de qn.

actuating, *a.* **1.** (Mécanisme) de commande, de manœuvre. **2.** (Motif) qui fait agir (qn).

actuation [aktju'eiʃ(ə)n], *s.* Mise *f* en action (d'une machine, etc.); commande *f*, manœuvre *f* (d'une machine).

acuity [a'kjuiti], *s.* Acuité *f* (d'une pointe, de l'esprit, de la douleur, etc.); acutesse *f. Visual a.,* acuité visuelle.

aculeata [akjuli'eita], *s.pl. Ent:* Aculées *f.*

aculeate [a'kjuliet], *a.* **1.** *Bot: Ent:* Aculé; porte-aiguillon *inv. Bot:* Épineux. **2.** (Mot) piquant.

aculeiform [a'kjuliifɔːrm], *a.* Aculéiforme.

acumen [a'kjuːmen], *s.* **1.** Pénétration *f*, finesse *f* (d'esprit), clairvoyance *f*, perspicacité *f.* **2.** *Bot:* Pointe *f.*

acuminate [a'kjuminet], *a. Nat.Hist:* Acuminé, acumineux; pointu, aléné.

acupuncture [akju'pʌŋktjər], *s. Surg:* Acuponcture *f.*

acutangular [akjut'aŋgjulər], *a. Geom:* Acutangulaire.

acute [a'kjut], *a.* **1.** (*a*) (Angle) aigu; (pointe) aiguë. (*b*) *Gram:* **Acute accent,** accent aigu. **2.** (*a*) (Son) aigu; (douleur) aiguë, intense; vive (douleur). *A. remorse,* remords cruels, poignants. (*Of anxiety, etc.*) *To become more a.,* s'aviver. (*b*) *A. stage of disease,* période aiguë d'une maladie. *To operate on s.o. in the a. stage* (*of appendicitis*), opérer qn à chaud. *The present a. crisis,* la crise qui sévit actuellement. **3.** (*a*) **Acute ear,** oreille fine, ouïe fine. *A. sight,* vue perçante. (*b*) (Esprit) fin, pénétrant, perspicace, vif, subtil, délié, aiguisé. *An a. observer,* un observateur pénétrant. *An a. business man,* un homme malin en affaires; un homme d'affaires avisé, perspicace. **-ly,** *adv.* **1.** Vivement; intensément. **2.** Avec une intelligence aiguisée; avec finesse; finement; avec perspicacité.

a'cute-angled, *a.* Acutangulé; à angle(s) aigu(s); (triangle *m*) acutangle.

acuteness [a'kjutnəs], *s.* **1.** Aiguïté *f* (d'un angle). **2.** (*a*) Acuité *f* (d'une douleur, d'un son); intensité *f* (d'une douleur, d'un remords). (*b*) Caractère aigu (d'une maladie, d'un accès). **3.** (*a*) Finesse *f* (d'ouïe); acuité (de la vision); vivacité *f* (d'un sentiment). (*b*) Pénétration *f*, perspicacité *f* (de l'esprit).

-acy [əsi], *s.suff.* -atie *f. Diplomacy,* diplomatie. *Primacy,* primatie. *Supremacy,* suprématie.

acyclic [a'siklik, -'sai-], *a. Ch: Opt: etc:* Acyclique.

ad [ad], *s. F:* = ADVERTISEMENT 2. *To put a few ads in the papers,* insérer quelques annonces dans les journaux.

-ad [ad], *s.suff.* -ade *f.* **1.** (*Collective numerals*) *Monad,* monade. *Myriad,* myriade. *Triad,* triade. **2.** (*a*) (*Fem. patronymics*) *Dryad,* dryade. *Naiad,* naïade. (*b*) (*Names of poems*) *Iliad,* Iliade. *Dunciad,* Dunciade. **3.** (*From French*) *Ballad,* ballade. *Salad,* salade.

ad absurdum [adab'səːrdəm]. *See* REDUCTIO AD ABSURDUM.

adage ['adedʒ], *s.* Adage *m*; maxime *f.*

adagio [a'daːdʒjo], *adv. & s.* Adagio (*m*).

Adam[1] ['adəm]. *Pr.n.m.* Adam. **Adam's apple,** pomme *f* d'Adam; nœud *m* de la gorge. *F:* **Adam's ale,** château *m* la Pompe; vin *m* de grenouilles, sirop *m* de grenouilles. **Adam's and Eve's togs,** le costume du père Adam. **Not to know s.o. from Adam,** ne connaître qn ni d'Ève ni d'Adam; ne connaître qn aucunement. **The old Adam,** le vieil Adam; le vieil homme. *To cast off the old A.,* dépouiller le vieil homme; quitter sa peau. *See also* OLD 3.

Adam[2]. *Pr.n.m. Hist. of Arch: The A. brothers,* les frères Adam (Robert † 1792, James † 1794). **The Adams style,** le style des frères Adam (en bâtiment et en meubles). *An Adams house,* une maison construite par les frères Adam.

adamant ['adəmənt], *s.* **1.** *A:* (*a*) Diamant *m.* (*b*) Aimant *m.* **2.** *F:* **Heart of adamant,** cœur *m* de bronze, de pierre. **Frame of adamant,** corps *m* d'acier. **He was adamant to all their prayers,** il se montra insensible à toutes leurs prières; il fut inflexible. *On this point he is a.,* sur ce point il est intransigeant, il ne transige pas. *See also* HARD I. 1.

adamantine [adə'mantain], *a.* Adamantin. *Miner:* **Adamantine spar,** diamant *m* spathique, corindon *m*, spath adamantin. *Lit: A. chains,* d'infrangibles chaînes. *A. ties,* des liens indissolubles. *A. fortitude,* courage indomptable. *A. State,* État invincible.

Adamic [a'damik], *a.* Adamique.

adapt [a'dapt], *v.tr.* Adapter, ajuster, approprier, accommoder (*sth. to sth.,* qch. à qch.); remanier (une œuvre). *To a.* (*two things*) *to each other,* coadapter (deux choses). *To a. a novel for the stage,* adapter un roman à la scène. **To adapt oneself to circumstances,** s'adapter, s'ajuster, s'accommoder, se conformer, se faire, aux circonstances; *F:* se mettre à l'unisson des circonstances. *To a. one's language to the circumstances,* approprier son langage aux circonstances. *We must a. ourselves to circumstances,* selon le vent la voile. *To a. oneself to one's audience,* se proportionner à ses auditeurs. *To a. oneself to the company, F:* se mettre au diapason de la compagnie. *He can't a. himself to his audience,* il ne sait pas se mettre à la portée de son auditoire. *The beech adapts itself to any soil,* le hêtre s'accommode de n'importe quel sol.

adapted, *a.* **1.** *A. to sth.,* approprié à, fait pour, qch. *A. for doing sth.,* propre à faire qch. *Well a. for a purpose,* bien adapté à un but; qui se prête à un but. *The book is a. for beginners,* le livre convient aux commençants. *A. to the needs of . . .,* correspondant aux besoins de. . . . **2.** **Play adapted from the French,** pièce adaptée du français. *Text a. from Cicero,* texte *m* d'après Cicéron.

adapting, *s.* = ADAPTATION.

adaptability [adaptə'biliti], *s.* Faculté *f* d'adaptation; souplesse *f. To show great a.,* s'arranger de tout, s'accommoder à toutes les circonstances.

adaptable [a'daptəbl], *a.* **1.** (*a*) Adaptable, ajustable, qui peut s'adapter (*to,* à). (*b*) Susceptible d'être utilisé (*for,* pour; *to an end,* dans un but). **2.** *A. person,* personne qui s'arrange de tout, qui s'accommode à toutes les circonstances. *He is very a.,* il sait s'adapter aux circonstances; il s'accommode partout, à toutes les circonstances; il s'arrange de tout. *A. disposition,* tempérament *m* commode. *A. mind,* esprit *m* souple.

adaptation [adap'teiʃ(ə)n], *s.* (*a*) Adaptation *f*, appropriation *f* (*of sth. to sth.,* de qch. à qch.). *A. of a room to office use,* transformation *f* d'une pièce en bureau. *A. for the stage,* adaptation à la scène. (*b*) *Biol:* Adaptation.

adapter [a'daptər], *s.* **1.** Auteur *m* d'une adaptation; remanieur *m.* **2.** Intermédiaire *m* de raccord. (*a*) *Ch:* Allonge *f* (d'alambic). *El:* Raccord *m* (de lampe). *Hose a.,* raccord de tuyau flexible. *I.C.E:* **Sparking-plug adapter,** culot *m* pour bougie. (*b*) *Phot:* Parquet *m* d'adaptation (de l'appareil). **Plate adapter,** (i) cadre *m* intermédiaire; (ii) châssis-adaptateur *m* de, à, plaques (pour appareil à pellicules). **Lens adapter,** bague *f* porte-objectif. (*c*) *Aut: Bumper a.,* montage *m* pour pare-choc.

adaptive [a'daptiv], *a.* Adaptif; souple.

adaptiveness [a'daptivnəs], *s.* **Economic adaptiveness,** souplesse *f* économique.

add [ad], *v.tr.* **1.** (*a*) Ajouter, joindre (*to,* à). *To add s.o. to a committee,* adjoindre qn à un comité. *If we add his evidence to that of the others . . .,* si nous joignons son témoignage à celui des autres. . . . *To add the interest to the capital,* ajouter l'intérêt au capital. *To add to a building,* faire une addition à un bâtiment. *To add a piece to one's garden,* agrandir son jardin. *An old house, added to from time to time,* une vieille maison, agrandie à des époques successives. *To add to s.o.'s difficulties,* ajouter aux embarras de qn. *This measure added to the unemployment,* cette mesure accentua le chômage. *This news adds to our joy,* cette nouvelle augmente, accroît, notre joie, ajoute à notre joie, redouble notre joie. *To add to s.o.'s beauty,* rehausser la beauté de qn. **Added to which . . .,** en outre de quoi . . .; ajoutez que. . . . *To give an added effect to the scene . . .,* pour rehausser l'effet de la scène . . .; pour corser la scène. . . . **To add to my work . . .,** par surcroît de besogne. . . . *To add to my distress . . .,* pour mettre le comble à mon malheur, à mon chagrin. . . . **To add sth. in,** ajouter, inclure, qch.; faire entrer qch. en ligne de compte. *Ar:* **To add a nought,** apposer un zéro. *Mus:* **Added lines,** lignes *f* supplémentaires. (*b*) (*Say besides*) Ajouter. *He added that . . .,* il ajouta que. . . . **2.** *Ar: To add* (*up, together*) *ten numbers,* additionner dix nombres; faire la somme, l'addition, de dix nombres. *To add six to eight,* additionner six avec huit, ajouter six à huit. *If we add these figures and the others together . . .,* si nous additionnons ces chiffres avec les autres. . . . **To add up a column of figures,** totaliser une colonne de chiffres. *Abs. To add correctly,* additionner correctement; faire des additions justes; calculer juste. (*Passive use*) *The assets add up to two millions,* l'actif se totalise par deux millions. *F: The figures don't add up,* les chiffres sont faux. *The account books won't add up,* je n'arrive pas à faire accorder les comptes, les registres. **3.** *Carp: Needlew: etc:* Rapporter (une pièce à une autre).

adding, *s.* Addition *f.*

'adding-machine, *s.* Additionneuse *f*; **totalisateur** *m*; machine *f* arithmétique.

addendum, *pl.* **-a** [a'dendəm, -a], *s.* **1.** (*a*) Addenda *m.* (*b*) Addition *f* (à un livre, etc.); supplément *m.* **2.** *Mec.E:* Saillie *f* au delà de la ligne d'engrènement (d'une roue dentée). **Addendum line** *or* **circle,** ligne *f* de couronne; cercle *m* de tête de dent.

adder[1] ['adər], *s.* **1.** (*Pers.*) Additionneur, -euse. **2.** Machine *f* à additionner; additionneuse *f.*

adder[2], *s.* **1.** Vipère *f* (fer-de-lance). *Young a.*, vipereau *m.* **Horned adder,** vipère cornue; céraste *m.* *See also* DEAF-ADDER, DEATH-ADDER, PUFF-ADDER. **2.** *Ent:* **Flying adder, adder-fly,** libellule *f*, demoiselle *f.*

'adder-spit, *s.* *Bot:* Fougère commune, arborescente; fougère à l'aigle.

adder's-'tongue, *s.* *Bot:* Ophioglosse *m* vulgaire, langue *f* de serpent, herbe *f* sans couture.

adderwort ['adərwəːrt], *s.* *Bot:* Bistorte *f.*

addible ['adibl], *a.* (Somme, etc.) additionnable (*to*, à).

addict[1] ['adikt], *s.* Personne adonnée à (l'opium, etc.); -mane *mf.* **A drug addict,** un(e) toxicomane. **Morphia addict,** morphinomane. **Cocaine addict,** cocaïnomane. *He is a drug a.*, il s'adonne aux stupéfiants. *See also* ETHER 1.

addict[2] [a'dikt], *v.tr.* **To addict oneself, to be addicted, to study, drink, etc.,** s'adonner, se livrer, être adonné, être livré, à l'étude, à la boisson, etc. *To become addicted to vice*, s'abandonner au vice. *Addicted to the Muses*, adonné aux Muses.

addiction [a'dikʃ(ə)n], **addictedness** [a'diktidnəs], *s.* (*a*) *A. to study, science, good, evil, etc.*, attachement *m* à l'étude, inclination *f* pour les sciences, penchant *m* au bien, au mal. (*b*) *Addiction to ether, to morphia*, éthéromanie *f*, morphinomanie *f.*

Addison's disease ['adisənzdi'ziːz], *s.* *Med:* Maladie *f* d'Addison; maladie bronzée.

addition [a'diʃ(ə)n], *s.* **1.** (*a*) Addition *f.* *A. to a law*, addition à une loi. *He has just had an a. to his family*, sa famille vient d'augmenter. *A welcome addition to my salary*, un heureux surcroît d'appointements; un heureux complément de mes appointements. *Additions to the staff*, adjonction *f* de personnel. **In addition,** en outre, en sus, de plus, par surcroît. *In a. to sth.*, en plus, en sus, de qch. *In a. to this question . . .*, en dehors de cette question. . . . *In a. to that sum he still owes me . . .*, outre cette somme il me redoit. . . . *In a. to these misfortunes*, pour surcroît de malheur; pour comble de malheur. *To pay sth. in a.*, payer un supplément. (*b*) *Const:* *A. to a building*, rajout *m* à un bâtiment. **2.** *Mth:* Addition. *To perform an a.*, effectuer une addition. *Simple a.*, addition de nombres de même espèce. *See also* COMPOUND[1] I.

additional [a'diʃənəl], *a.* Additionnel, supplémentaire. *A. postage*, surtaxe *f.* *Com:* *A. payment*, supplément *m.* (*Taxis, etc.*) *A. charges*, suppléments. *Adm:* *A. tax*, impôt additionnel; supplément d'imposition. *Mch:* *A. port*, lumière *f* auxiliaire. *A. reason*, nouvelle raison, raison de plus. *To put a. work on s.o.*, imposer à qn un surcroît de besogne. *Without a. remark*, sans faire d'autre observation. *To take a. care*, prendre encore plus de soin. **-ally,** *adv.* En outre (*to*, de); en sus; par addition; en supplément (*to*, de).

additive ['aditiv], *a.* Additif.

addle[1] [adl], *a.* **1.** (Œuf) pourri, gâté, couvi. **2.** *F:* (Cerveau) (i) vide, creux, (ii) trouble, brouillé. **Addle-brained, -headed, -pated,** *s.* **addle-brain, -head, -pate,** (homme) écervelé, qui a le cerveau vide, trouble; esprit brouillon.

addle[2]. **1.** *v.tr.* (*a*) Pourrir, gâter, rendre couvi (un œuf). (*b*) *F:* Troubler, brouiller (le cerveau, la tête); gâter (une affaire). **2.** *v.i.* (*Of egg*) Se pourrir, se gâter.

addled, *a.* = ADDLE[1].

addorsed [a'dɔːrst], *a.* *Her:* Adossé.

address[1] [a'dres], *s.* **1.** Adresse *f*, habileté *f*, dextérité *f*, savoir-faire *m.* **2.** Adresse (d'une personne, d'une lettre). *Jur:* **Address for service,** domicile élu. **What is your address?** où demeurez-vous? **Of no address,** sans domicile connu. *Business a.*, adresse du siège commercial. *Home, private, a.*, adresse privée, personnelle. *To live at a good a.*, demeurer à une adresse qui sonne bien; habiter dans un quartier chic. *This letter is to your a.*, cette lettre vous est adressée. *See also* CABLE-ADDRESS, NAME[1] I. **3.** (*a*) Abord *m.* *To be of pleasing a.*, avoir l'abord aimable, agréable. **A man of good address,** un homme à l'abord distingué. *Young man of good a.*, jeune homme qui se présente bien. *See also* PRESENCE 3. (*b*) **To pay one's addresses to a lady,** faire la cour à une femme; rechercher une femme en mariage. *To reject s.o.'s addresses*, repousser les avances de qn. **4.** (*a*) Adresse (de félicitations, de sympathie); requête *f*, supplique *f* (au roi). (*b*) Discours *m*, allocution *f*, conférence *f*, causerie *f*. **To deliver a short address,** faire, prononcer, une courte allocution. (*c*) *Pol:* Profession *f* de foi (d'un candidat). **5. Form of address,** titre *m* (à donner en s'adressant à qn). *Forms of a.*, titres de politesse.

ad'dress-book, *s.* Carnet *m* d'adresses, répertoire *m* d'adresses, carnet-répertoire *m.*

ad'dress-plate, *s* Plaque-adresse *f*, *pl.* plaques-adresse.

address[2], *v.tr.* **1.** (*a*) *To a. a letter to s.o.*, adresser une lettre à qn. **To address a ship to s.o.,** consigner un navire à qn. (*b*) **To address a letter,** mettre, écrire, l'adresse sur une lettre. **2.** (*a*) *To a. one's prayers to God*, adresser ses prières à Dieu. *To a. reproaches, criticisms, to s.o.*, adresser des reproches, des critiques, à qn. (*b*) **To address s.o.,** (i) aborder, accoster, qn; (ii) adresser la parole à qn. *Pred. He addressed me as 'Colonel,'* il m'a appelé "Colonel." *I am too young to be addressed as 'Mademoiselle,'* je suis trop jeune pour qu'on me donne du "mademoiselle." **To address oneself to s.o.,** (i) s'adresser à qn; (ii) apostropher qn. (*c*) **To address a crowd,** haranguer une foule. *He is to a. the meeting*, il doit prendre la parole à la réunion. *When he addresses the House*, quand il parle à la Chambre; (*in Fr.*) quand il monte à la tribune. *To a. s.o. at length*, tenir un long discours à qn. **3.** *Golf:* Viser (la balle). **4. To address oneself to a task,** se mettre en devoir d'accomplir une tâche; se mettre à une tâche; entreprendre une tâche. *Let us now a. ourselves to the business in hand*, venons-en maintenant à l'affaire qui nous occupe. *F:* *He addressed himself to the pie*, il attaqua le pâté.

addressing, *s.* *A. of letters*, (i) manière *f* d'écrire les adresses; (ii) confection *f* d'adresses. *See also* ENVELOPE 1. **Addressing-machine,** machine *f* à adresser.

addressee [adre'siː], *s.* Destinataire *mf*; receveur *m* (d'un télégramme, etc.).

addresser [a'dresər], *s.* **1.** (*a*) Pétitionnaire *m.* (*b*) *My a.*, la personne qui me parle, qui me parlait. **2.** Expéditeur, -trice (d'une lettre, etc.).

addressograph [a'dresograf], *s.* Machine *f* à adresser les circulaires, etc.

adduce [a'djus], *v.tr.* Alléguer, apporter (des raisons, des preuves, etc.); produire (un témoin); invoquer, citer (une autorité). **To adduce proof,** fournir la preuve; alléguer, apporter, une preuve.

adducent [a'djus(ə)nt], *a.* *Anat:* (Muscle) adducteur.

adducible [a'djusibl], *a.* (Exemple, etc.) qui peut être allégué, apporté.

adduct [a'dʌkt], *v.tr.* *Physiol:* Déterminer l'adduction (d'un muscle, etc.).

adduction [a'dʌkʃ(ə)n], *s.* **1.** Allégation *f* (d'une raison); citation *f*, invocation *f* (d'une autorité). **2.** *Physiol:* Adduction *f.*

adductor [a'dʌktər], *s.* *Anat:* Adducteur *m.*

-ade ['eid, ed], *s.suff.* -ade *f.* (*Chiefly borrowings from French*) *Ambuscade*, embuscade. *Brigade*, brigade. *'Comrade*, camarade. *Crusade*, croisade. *Lemonade*, limonade. *Masquerade*, mascarade. *Orangeade*, orangeade.

Adela ['adela]. **1.** *Pr.n.f.* Adèle. **2.** *s.* *Ent:* Adèle *f.*

Adelaide ['adeleːid]. *Pr.n.f.* Adélaïde.

Adelphi [a'delfi]. *Pr.n.pl.* **1.** *Lt.Lit:* **The Adelphi,** les Adelphes *m* (de Térence). **2.** Quartier de Londres en terrasse sur la Tamise, construit sur les plans des frères Adam. **3.** Théâtre du même quartier, au XIXe siècle voué à la représentation des mélodrames.

Adelphian [a'delfiən], *a.* & *s.* *Rel.H:* Messalien, -ienne.

ademption [a'demʃ(ə)n], *s.* *Jur:* Ademption *f* (d'un legs) (le légateur ayant déjà fait au bénéficiaire une donation pour les mêmes raisons).

adenitis [ade'naitis], *s.* *Med:* Adénite *f.*

adenocarcinoma ['adenokɑːrsi'nouma], *s.* *Med:* Adéno-cancer *m*; adéno-carcinome *m.*

adenofibroma ['adenofai'brouma], *s* *Med:* Adéno-fibrome *m.*

adenoid ['adenɔid], *a.* *Anat:* Adénoïde. *Med:* *A. growths*, *s.* *F:* **adenoids,** adénomes *m* naso-pharyngiens; végétations *f* adénoïdes.

adenoma [ade'nouma], *s.* *Med:* Adénome *m.*

adenosarcoma ['adenosɑːr'kouma], *s.* *Med:* Adéno-sarcome *m.*

adept. 1. *a.* [a'dept]. *To be a. in sth., at doing sth.*, être expert, habile, à qch., à faire qch.; être versé dans (une science); connaître qch. à fond. **2.** *s.* ['adept]. Adepte *mf*; initié(e); expert *m* (*in*, en). *He is no great a. in that art*, il n'est pas grand clerc dans cet art.

adequacy ['adikwəsi], *s.* Suffisance *f* (d'une récompense, etc.); justesse *f* (d'une expression); congruité *f* (d'une théorie).

adequate ['adikwet], *a.* **1.** (*a*) Suffisant (*to*, à); congru. *A. supply of provisions*, quantité suffisante de vivres. *A. reward*, juste récompense; récompense adéquate, suffisante. *A. help*, aide *f* efficace. *Room of a. size*, salle *f* d'une grandeur raisonnable. *A. idea of . . .*, idée juste, exacte, de . . .; *Phil:* idée adéquate de. . . . (*b*) Proportionné (*to*, à). *Remuneration a. to the work performed*, rémunération proportionnée, correspondant, au travail accompli. **2.** *A. judge*, juge compétent. **3.** *My pen is not a. to describe the scene*, ma plume est impuissante à décrire la scène. *I can find no one a. to the task*, je ne trouve personne qui soit à la hauteur de la tâche. **-ly,** *adv.* Suffisamment, congrûment, convenablement, en juste proportion. *To reward s.o. a.*, récompenser dignement qn.

adequateness ['adikwetnəs], *s.* = ADEQUACY.

ad eundem [adi'ʌndem], *Lt.adv.phr.* *Sch:* *Admitted a. e.*, admis à prendre le même grade (dans une autre université).

adfected [ad'fektid], *a.* *Mth:* **Adfected equation,** équation affectée.

adhere [ad'hiːər], *v.i.* **1.** (*Of thg*) Adhérer, se coller. (*Of clay, cigarette*) *To a. to the tongue, to the lips*, happer à la langue, aux lèvres. *The scab adheres to the wound*, la croûte tient à la plaie. **2.** (*Of pers.*) (*a*) **To adhere to a proposal, to a party,** adhérer, donner son adhésion, à une proposition, à un parti; s'attacher à un parti. (*b*) **To adhere to one's decision,** persister dans sa décision; s'en tenir à, maintenir, sa décision. *I a. to my statement*, je maintiens mon dire. *To a. to a promise*, observer une promesse. *To a. strictly to a clause*, se montrer irréductible sur un article.

adhering[1], *a.* = ADHERENT 1.

adhering[2], *s.* Adhésion *f*, attachement *m.*

adherence [ad'hiːərəns], *s.* **1.** (*Of thg*) Adhérence *f*, adhésion *f* (*to*, à); happement *m* (à la langue). **2.** (*Of pers.*) (*a*) Attachement *m*, fidélité *f* (à un parti). (*b*) Accession *f*, adhésion (à un parti).

adherent [ad'hiːərənt]. **1.** *a.* (*a*) Adhérent (*to*, à); collé, attaché (*to*, à). (*b*) *Nat.Hist:* Connexe (*to*, avec); adhérent. **2.** *s.* Adhérent *m*; partisan *m.* *To win adherents*, faire secte. *Idea that is gaining adherents*, idée *f* qui fait école.

adhesion [ad'hiːʒ(ə)n], *s.* **1.** Adhésion *f* (*to*, à); accession *f* (à un parti); approbation *f* (d'un projet). *To give, signify, one's a. to a plan*, donner son adhésion à un projet. **2.** *Mec:* *Med:* *Surg:* Adhérence *f.* *Ground a., road a.*, adhérence au sol (des roues, etc.).

adhesive [əd'hiːsiv], *a.* **1.** Adhésif, collant; agglutinant, agglutinateur; tenace. *A. stamp*, timbre adhésif, mobile. *A. envelope*, enveloppe gommée. **2.** Adhérent. *Mec: A. capacity*, pouvoir adhérent. *Ph:* **Adhesive attraction,** attraction *f* moléculaire. *See also* PLASTER[1] I.

adhesiveness [əd'hiːsivnəs], *s.* **1.** Adhérence *f*, adhésion *f*; force *f* d'adhésion; tendance *f* à se coller, à s'attacher. **2.** *Phren:* Adhésivité *f*.

adiabatic [adiə'batik], *a. Ph:* Adiabatique.

adiantum [adi'antəm], *s. Bot:* Adiante *m*, capillaire *m*; *F:* cheveux *mpl* de Vénus.

adiaphoria [adiə'fɔːriə], **adiaphory** [adi'afəri], *s. Ch:* Neutralité *f*.

adieu [ə'djuː]. **1.** *int.* Adieu! **2.** *s.* **To bid s.o. adieu,** dire adieu *m*, faire ses adieux, à qn. *To make, take, one's adieu(s)*, faire ses adieux.

ad infinitum [adinfi'naitəm], *Lt.adv.phr.* A l'infini, *F:* à n'en plus finir.

ad interim [ad'intərim], *Lt.adv.phr. Jur:* Par intérim. **Judgment ad interim,** sentence *f* provisoire. *Ad i. copyright*, protection *f* intérimaire d'un ouvrage. *Duties ad i.*, intérimat *m*.

adipocere ['adiposiːər], *s. Ch:* Adipocire *f*.

adipose ['adipous]. **1.** *a.* Adipeux. **2.** *s.* Graisse animale.

adiposis [adi'pousis], *s. Med:* Adipose *f*.

adiposity [adi'pɔsiti], *s.* Adiposité *f*.

adit ['adit], *s.* **1.** *Min:* (*a*) Galerie *f* (d'accès) à flanc de coteau. (*b*) Galerie d'écoulement. **2.** Accès *m* d'un lieu. *To have free a.*, avoir libre accès.

adjacency [ə'dʒeis(ə)nsi], *s.* **1.** Contiguïté *f* (*to a place*, à un lieu); confinité *f* (de deux pays). **2.** (*a*) *A. of a place*, proximité *f*, voisinage immédiat, d'un lieu. (*b*) *A. of two angles*, adjacence *f* de deux angles.

adjacent [ə'dʒeis(ə)nt], *a.* (Angle, terrain) adjacent; (terrain) contigu, attenant (*to*, à); avoisinant; (pays) limitrophe (*to*, de). *A. rooms*, chambres contiguës. *A. parts of an estate*, tenants *m* et aboutissants *m*. *To be a. to sth.*, être contigu à qch.; avoisiner qch. *Jur:* **Adjacent owner,** riverain *m*.

adjectival [adʒek'taiv(ə)l], *a. Gram:* Adjectif. *A. clause*, proposition adjective. **-ally,** *adv.* Adjectivement.

adjective[1] ['adʒektiv]. **1.** *a.* (*a*) (Mot) adjectif. (*b*) (Couleur) adjective. (*c*) *Jur:* **Law adjective,** procédure *f*; code *m* de procédure. **2.** *s. Gram:* Adjectif *m*.

adjective[2], *v.tr. F:* Adjectiver (qn); lancer des injures à (qn).

adjoin [ə'dʒɔin]. **1.** *v.tr.* (*a*) *A:* Adjoindre (*s.o. to s.o., sth. to sth.*, qn à qn, qch. à qch.). (*b*) Avoisiner (un lieu); être contigu à (qch.); toucher à, attenir à (qch.). *His house adjoins mine*, sa maison est tout contre la mienne. **2.** *v.i.* **The two houses adjoin,** les deux maisons sont contiguës, se touchent.

adjoining, *a.* (*a*) Contigu, -uë; avoisinant. *House with a. garden*, maison *f* avec jardin y attenant. *Garden a. mine*, jardin attenant au mien. *House a. ours*, maison contiguë à la nôtre, qui touche à la nôtre. *Meadow a. the river*, prairie attenante à la rivière, attenant la rivière. (*b*) *The a. room*, la pièce voisine.

adjourn [ə'dʒəːrn]. **1.** *v.tr. To a. sth. to, till, the next day, for a week, for a fortnight*, ajourner, différer, remettre, renvoyer, qch. au lendemain, à huitaine, à quinzaine. *Jur: To a. the case to the following Monday*, renvoyer la cause au lundi suivant. **2.** *v.i.* (*a*) (*Of meeting, etc.*) (i) S'ajourner (*until*, à); (ii) lever la séance; clore les débats. *To a. over the holidays*, suspendre les séances jusque passé les vacances. **The meeting adjourned at 3 o'clock,** la séance a été levée à 3 heures. (*b*) *F:* (*Of group of persons*) **To adjourn to a place,** se transporter dans un endroit. *To a. to the drawing-room*, passer au salon.

adjourning, *s.* = ADJOURNMENT.

adjournment [ə'dʒəːrnmənt], *s.* **1.** (*a*) Ajournement *m*, suspension *f* (d'une séance, etc.). (*b*) Renvoi *m*, remise *f* (d'une affaire, etc.). *A. for a week*, remise à huitaine. **2.** *After the a. to the drawing-room*, après qu'on fut passé au salon.

adjudge [ə'dʒʌdʒ], *v.tr.* **1.** Prononcer sur, juger, décider judiciairement (une querelle, une question de droit, etc.). **2.** *Pred.* **To adjudge s.o. (to be) guilty,** déclarer qn coupable. *See also* BANKRUPT[1] I. **3.** *A: To a. s.o. to a penalty, to suffer a penalty*, condamner qn à une peine, à souffrir une peine. **4.** (*a*) **To adjudge a prize to s.o.,** adjuger, décerner, une récompense à qn. (*b*) (*Of arbitrator*) Accorder (une réduction, etc.). **To adjudge damages,** adjuger, accorder, des dommages-intérêts.

adjudg(e)ment [ə'dʒʌdʒmənt], *s.* Jugement *m*, décision *f*.

adjudicate [ə'dʒuːdikeit], *v.tr. & i.* Juger, décider (une affaire); prononcer sur (une affaire); rendre un arrêt; rendre une sentence arbitrale; adjuger, décerner (un prix). *To a. a claim*, juger une réclamation. *Magistrates entitled to a.*, magistrats compétents. *Pred.* **To adjudicate s.o. (to be) bankrupt,** déclarer, mettre, qn en faillite. *To a. (up)on a question*, prononcer sur une question.

adjudication [ədʒuːdi'keiʃ(ə)n], *s.* Jugement *m*, décision *f*, arrêt *m*. *A. of bankruptcy*, jugement déclaratif de faillite. *A. of a bankrupt's debts*, répartition *f* des dettes d'un failli.

adjudicative [ə'dʒuːdikeitiv], *a. Jur:* (Acte, etc.) déclaratif, déclaratoire.

adjudicator [ə'dʒuːdikeitər], *s.* (*a*) Arbitre *m*; juge *m*. (*b*) (*In musical competitions, etc.*) Membre *m* du jury.

adjunct ['adʒʌŋkt], *s.* **1.** (*a*) (*Pers.*) Adjoint, -e (*to*, de); auxiliaire *mf*. *Attrib. U.S:* **Adjunct professor,** professeur adjoint. (*b*) (*Thg*) Accessoire *m* (*of*, de). **2.** *Gram:* Complément *m*, adjoint *m* (du verbe, etc.).

adjunction [ə'dʒʌŋkʃ(ə)n], *s.* Adjonction *f* (*of*, de; *to*, à).

adjunctive [ə'dʒʌŋktiv], *a.* Accessoire (*to*, à).

adjuration [adʒuə'reiʃ(ə)n], *s.* **1.** Adjuration *f*. **2.** *Jur:* Engagement *m* sous serment.

adjure [ə'dʒuər], *v.tr. To a. s.o. to do sth.*, adjurer, conjurer, supplier, qn de faire qch.

adjust [ə'dʒʌst], *v.tr.* **1.** Arranger (une affaire, une querelle); concilier, régler (un différend); vider (une querelle); arrêter ou redresser (un compte). *M.Ins: To a. an average*, répartir une avarie. **2.** (*a*) Ajuster (qch. à qch.). *To a. oneself to new conditions*, s'adapter aux conditions nouvelles. *Mec.E: etc: The valve adjusts itself to the ports*, le tiroir épouse la surface. (*b*) Régler, ajuster (une balance, les freins, une montre, un compas, etc.); caler (les balais d'une dynamo); monter (un appareil); agencer (les parties d'une machine); étalonner (un instrument); rectifier, centrer (un outil); tarer (une soupape); mettre (un microscope, un moteur) au point; égaliser (la pression, etc.). *Nau: To a. the compasses*, compenser, corriger, les compas. (*c*) Ajuster, arranger (son chapeau, ses vêtements, etc.). *To a. oneself*, s'ajuster; *esp.* se reboutonner. *Chess: To a. a piece*, adouber une pièce.

adjusting, *s.* Mise *f* au point; réglage *m*, tarage *m*; centrage *m*. **Adjusting screw,** vis *f* de réglage, de rappel, de serrage, de butée. **Adjusting nut,** écrou tendeur, de serrage. *Ind:* **Adjusting shop,** atelier *m* de mise au point.

adjustable [ə'dʒʌstəbl], *a.* (*a*) (Différend) susceptible d'accommodement. (*b*) *Mec.E: etc:* Ajustable, réglable. *Aut: A. front seats*, sièges *m* d'avant réglables. *A. brake-cable*, câble *m* de frein de longueur réglable. *See also* SPANNER I.

adjuster [ə'dʒʌstər], *s.* **1.** (*Pers.*) Ajusteur *m*; régleur *m*; metteur *m* au point. *Esp:* **Average adjuster,** répartiteur *m* d'avaries; dispacheur *m*. **2.** Appareil *m*, organe *m*, de réglage. *See also* CHAIN-ADJUSTER.

adjustment [ə'dʒʌstmənt], *s.* **1.** Ajustement *m* (d'un différend, etc.); arrangement *m* (d'une affaire); règlement *m* (d'un compte, etc.). *To bring about an a.*, amener un accommodement, une entente. *M.Ins:* **Average adjustment,** répartition *f* d'avaries; dispache *f*. **2.** Ajustement (d'une balance); rectification *f* (d'un outil, d'un instrument); réglage *m* (d'un mécanisme); tarage *m* (d'une soupape); mise *f* au point (d'un microscope, etc.). *Nau:* Compensation *f*, correction *f* (des compas). *El.E:* Calage *m* (des balais). *Rough a., coarse a.*, réglage approximatif. *Final a.*, mise au point. **Fine adjustment,** réglage de précision. *Mec.E: etc:* **Out of adjustment,** déréglé, décalé. *See also* INITIAL[1] I.

adjutage [ə'dʒuːtedʒ], *s. Hyd.E:* Ajutage *m*.

adjutancy ['adʒutənsi], *s. Mil:* Fonctions *fpl* de capitaine adjudant major.

adjutant ['adʒutənt], *s. Mil: Battalion, regimental, a.*, capitaine *m* adjudant major, *F:* le major. *The garrison a.*, le major de la garnison. **Adjutant general,** *approx.* = chef *m* d'état-major.

'adjutant(-bird, -crane, -stork), *s. Orn:* Adjudant *m*, marabout *m* (des Indes). **African adjutant,** marabout d'Afrique.

adjuvancy ['adʒuvənsi], *s. Lit:* Aide *f*, secours *m*.

adjuvant ['adʒuvənt]. **1.** *A:* (*Of pers.*) (*a*) *a.* Auxiliaire. (*b*) *s.* Auxiliaire *m*, adjuteur *m*, aide *m*. **2.** *a. & s. Med:* Adjuvant (*m*).

ad libitum, ad lib. [ad'libitəm, ad'lib], *Lt.adv.phr.* A volonté; (*of food*) à discrétion. *You may play the piano ad lib.*, vous pouvez jouer du piano tant que vous voudrez.

Admetus [ad'miːtəs]. *Pr.n.m. Gr.Lit:* Admète.

adminicle [əd'minikl], *s. Jur:* Adminicule *m*.

administer [əd'ministər]. **1.** *v.tr.* (*a*) Administrer, régir (un pays); administrer, gérer (des affaires, des biens); appliquer (les lois). **To administer justice,** dispenser, rendre, la justice. *The judges a. the laws*, les juges sont les organes de la loi. (*b*) *To a. the last sacraments, a remedy, to s.o.*, administrer les derniers sacrements, un médicament, à qn. **To administer an oath, the oath, to s.o.,** faire prêter serment à qn; assermenter qn. *F: To a. a drubbing to s.o.*, administrer, appliquer, flanquer, des coups de bâton à qn; administrer une rossée à qn. *To a. a rebuke to s.o.*, faire, adresser, une réprimande à qn. **2.** *v.i. A:* = MINISTER[2] I (*a*).

administrate [əd'ministreit], *v.tr. U.S:* = ADMINISTER I.

administration [ədminis'treiʃ(ə)n], *s.* **1.** (*a*) Administration *f*, gestion *f* (des affaires, d'une fortune, etc.); régie *f* (d'une succession, etc.). (*b*) *Jur:* Curatelle *f* (des biens d'un mineur). (*c*) *Jur:* **Letters of Administration,** Lettres *f* d'Administration (désignant un administrateur à la succession d'un défunt intestat). *To take out Letters of A.*, se faire nommer administrateur de la succession. *See also* ORDER[1] II. (*d*) Administration (de la justice, des sacrements, d'un remède). *After the a. of the oath . . .*, après que (le témoin, etc.) eut prêté serment . . .; après la prestation de serment. . . . **2.** *Coll. U.S:* L'Administration, le Gouvernement, le Ministère.

administrative [əd'ministreitiv], *a.* Administratif. *A. unit*, circonscription administrative. *A. details*, détails *m* d'ordre administratif. *Ind: A. expenses*, dépenses *f* de direction; frais *m* d'administration. **-ly,** *adv.* Administrativement.

administrator [əd'ministreitər], *s.* **1.** Administrateur *m*; gérant *m* (d'une entreprise); gestionnaire *m*. **2.** *Jur:* Curateur *m* (des biens d'un mineur, etc.); conseil judiciaire (d'un prodigue). *A. to child unborn*, curateur au ventre.

administratorship [əd'ministreitərʃip], *s.* Gestion *f*, gérance *f*, administration *f*. *Jur:* Curatelle *f* (des biens d'un mineur). *During his a.*, pendant, sous, son administration.

administratrix, -trices [əd'ministreitriks, -trisiːz], *s. f.* **1.** Administratrice; gestionnaire *f*. **2.** *Jur:* Curatrice (des biens d'un mineur, etc.).

admirable ['admirəbl], *a.* Admirable, excellent, parfait. *A. in quality*, admirable par la qualité. *See also* CRICHTON. **-ably,** *adv.* Admirablement. *He succeeded a.*, il a réussi à merveille. *A. suited to sth.*, éminemment propre à qch.

admiral ['admirəl], *s.* **1.** (*a*) Amiral *m*. *A. Nelson*, l'amiral Nelson. **Admiral of the Fleet,** amiral commandant en chef. *Chief a.*, grand amiral. **Admiral's bridge,** pont *m* de majorité, de l'amiral. **Admiral Superintendent** (*of dockyard*), major-général, commandant (d'arsenal). *See also* PORT-ADMIRAL, REAR-ADMIRAL, VICE-ADMIRAL.

Nau: F: **To broach, tap, the Admiral** (mettre l'amiral en perce; la dépouille mortelle d'un amiral aurait été rapportée en Angleterre dans un fût de rhum), faire un piquage de fût. (*b*) Commandant *m* en chef (d'une flotte marchande). (*c*) **Admiral(-ship),** vaisseau amiral. **2.** *Ent:* **Red Admiral,** vulcain *m*. **White Admiral,** petit sylvain.

'admiral-shell, *s. Conch:* Amiral *m*, amadis *m*.

admiralship ['admirəlʃip], *s.* Dignité *f*, rang *m*, d'amiral; amiralat *m*; *A:* amirauté *f*.

admiralty ['admirəlti], *s.* **1. The Admiralty,** l'Amirauté *f*, (*in France*) le Ministère de la Marine, *F:* la Marine. **The Board of Admiralty,** le Conseil de l'Amirauté, le Conseil supérieur de la Marine. **First Lord of the Admiralty,** = Ministre *m* de la Marine. **The Admiralty Divisions of the Naval Staff,** les bureaux *m* de l'état-major général. **Court of Admiralty,** Tribunal *m* maritime. *See also* BOND[1] 3. **High Court of Admiralty,** conseil *m* d'amirauté. **2.** *Poet:* Maîtrise *f* des mers.

admiration [admi'reiʃ(ə)n], *s.* (*a*) Admiration *f* (*of, for,* pour). **To fill s.o. with admiration,** remplir qn d'admiration, émerveiller qn. **To stand in admiration before s.o., to be lost in admiration of s.o.,** être en admiration devant qn. **To be struck with admiration,** être saisi d'admiration; tomber en admiration. **To cry out in admiration,** *F:* crier merveille. **He has succeeded to admiration,** il a réussi à merveille. **Note of admiration,** point admiratif; point d'exclamation. (*b*) *To be the a. of everyone,* être, faire, l'admiration de tous.

admire [əd'maiər], *v.tr.* **1.** Admirer. *To a. a woman,* (i) admirer une femme; (ii) être l'adorateur d'une femme; être épris d'une femme; soupirer pour une femme. *To a. oneself in a glass,* se mirer dans une glace. **2.** *F:* Exprimer son admiration de (qch.). *Don't forget to a. the baby,* n'oubliez pas de vous extasier devant le bébé. **3.** *U.S: P:* Désirer (faire qch.). *I'd a. to see . . .,* je voudrais bien voir. . . .

admiring, *a.* (Regard, ton, etc.) admiratif. **-ly,** *adv.* Avec admiration.

admirer [əd'maiərər], *s.* (*a*) Admirateur, -trice. (*b*) Adorateur *m*, soupirant *m* (d'une femme).

admissibility [ədmisi'biliti], *s.* Admissibilité *f* (d'une preuve, etc.). *Jur:* Recevabilité *f* (d'un pourvoi, d'un témoignage).

admissible [əd'misibl], *a.* (*a*) (Idée, projet) admissible. *Jur:* (Pourvoi) recevable. (*b*) *Mec.E: etc: A. play,* jeu permis, admis.

admission [əd'miʃ(ə)n], *s.* **1.** Admission *f*, accès *m* (à une école, à un emploi, etc.). *To gain a. to a society,* se faire recevoir dans une société; obtenir l'entrée d'une société. *To gain a. to s.o., to a place,* trouver accès auprès de qn; se faire admettre dans un endroit. **To have free admission to a theatre,** avoir son entrée libre à un théâtre. **Admission free,** entrée libre; accès gratuit. *A. to the stalls is 50 fr.,* le prix des fauteuils est de 50 fr. **2.** (*a*) Admission, acceptation *f* (d'un argument, d'une preuve). (*b*) *Jur:* Reconnaissance *f* (d'un fait allégué); confession *f* (d'un crime, etc.); aveu *m*. **To make full admissions (of guilt),** faire des aveux complets; avouer tout. **To make admissions,** faire des aveux; admettre certains faits. **By, on, his own admission,** de son propre aveu. **3.** *Mch: I.C.E:* Admission, adduction *f*, introduction *f*, entrée *f*, arrivée *f*, aspiration *f* (de la vapeur, des gaz, etc.); injection *f* (de l'eau). *Retarded, late, a.,* retard *m* à l'admission. **Admission pipe,** tuyau *m*, conduite *f*, d'amenée. **Admission valve,** soupape *f* d'admission. *I.C.E:* **Admission stroke,** course aspirante. *See also* PORT[2] 3.

admit [əd'mit], *v.* **(admitted; admitting) 1.** *v.tr.* (*a*) Admettre (qn à qch., dans un endroit); laisser entrer (qn); livrer passage à (qn). *I gave orders that he was not to be admitted,* je lui ai consigné ma porte. **Children, dogs, not admitted,** les enfants ne sont pas admis; il est défendu d'entrer avec des chiens. **'Admit bearer,'** laissez passer le porteur de la présente; "laissez passer." *The key admits to the garden,* la clé donne entrée au jardin. *To a. s.o. to one's friendship,* admettre qn dans son intimité. *To be admitted to the Academy,* entrer à l'Académie. (*b*) *The windows do not a. enough air,* les fenêtres ne laissent pas entrer assez d'air. (*c*) *The stable admits only four horses,* l'écurie n'a de place que pour quatre chevaux. *Harbour that admits large ships,* port qui reçoit de grands bâtiments. (*d*) Admettre (une vérité, des excuses); consentir (un fait); reconnaître (un principe, sa faute); convenir de (ses torts); concéder (qu'on a tort). *I a. receipt of your letter; I a. receiving your letter,* je reconnais avoir reçu votre lettre. **It must be admitted that . . .,** il faut reconnaître que + *ind. It is generally admitted that . . .,* on admet, on reconnaît, généralement que. . .; on s'accorde à reconnaître que. . . . *All the world admits that . . .,* il est certain, de l'aveu de tout le monde, que. . . . *I a. that you are right,* j'admets, je conviens, que vous avez raison. *Let us a. that you are right,* admettons, mettons, que vous ayez raison. *No one would a. having done it,* personne ne reconnaissait, n'avouait, l'avoir fait. *To a. one's guilt,* se reconnaître, s'avouer, coupable; faire des aveux; avouer. *I was wrong, I admit,* j'ai eu tort, j'en conviens, je n'en disconviens pas, je l'avoue. **Let it be admitted!** avouons-le! *I do not a. that it is so,* je me refuse à admettre cela. *I had to a. to myself that . . .,* j'ai dû m'avouer à moi-même que. . . . (*e*) *To a. a claim,* faire droit à, accueillir, une réclamation. **2.** *v.ind.tr. His conduct admits of no excuse, of no explanation,* sa conduite est sans excuse, est inexplicable. *It admits of no doubt,* cela ne permet pas de doute; cela ne souffre aucun doute. *The solution admits of doubt,* la solution est douteuse. *The passage admits of several interpretations,* le passage comporte plusieurs interprétations.

admitted, *a.* **1.** Admis. *A. custom,* usage admis. **2.** *A. truth,* vérité reconnue, avouée. *An a. thief,* un voleur reconnu pour tel; un voleur avéré. **-ly,** *adv. A. incorrect,* reconnu (pour, comme) incorrect. *The country is a. ill-governed,* le pays de l'aveu général est mal gouverné. *He is a. a socialist,* il est socialiste, et il ne s'en cache pas.

admittable [əd'mitəbl], *a.* Admissible (dans un endroit).

admittance [əd'mitəns], *s.* Permission *f* d'entrer; entrée *f* (*to,* dans); accès *m* (à un endroit, auprès de qn). **To give s.o. admittance,** laisser entrer qn; admettre qn. **To have admittance to s.o.,** avoir accès auprès de qn; avoir ses entrées chez qn. **To gain, get, admittance into a place,** parvenir à entrer dans un lieu. **To refuse s.o. admittance,** refuser de laisser entrer qn. *He was denied, refused, a.,* on ne voulut pas le laisser entrer. **No admittance (except on business),** entrée interdite; défense *f* d'entrer dans les chantiers; *Nau:* défense de monter à bord (sauf pour affaires).

admix [əd'miks]. **1.** *v.tr. To a. sth. with sth.,* mélanger qch. avec qch. **2.** *v.i.* (*Of substances*) Se mélanger.

admixture [əd'mikstjər], *s.* **1.** Mélange *m*; dosage *m*. **2.** *Pharm:* (Ad)mixtion *f*. *Water with an a. of alcohol,* eau additionnée d'alcool. *F: With a large a. of scorn,* avec une forte dose de mépris.

admonish [əd'mɔniʃ], *v.tr.* **1.** (*a*) Admonester, reprendre (qn); faire une remontrance, des remontrances, à (qn). (*b*) **To admonish s.o. to do sth.,** exhorter qn à faire qch. **2.** *A:* (*a*) *To a. s.o. of a danger,* avertir, prévenir, qn d'un danger. (*b*) *To a. s.o. of an obligation, of an occurrence,* rappeler à qn une obligation, instruire qn d'un événement.

admonishing, *s.* = ADMONISHMENT.

admonisher [əd'mɔniʃər], *s.* Admoniteur, -trice.

admonishment [əd'mɔniʃmənt], **admonition** [admo'niʃ(ə)n], *s.* **1.** Remontrance *f*, admonestation *f*, réprimande *f*, blâme *m*. *Ecc:* Admonition *f*, exhortation *f*. **2.** *Adm:* Avertissement *m*.

admonitor [əd'mɔnitər], *s.* = ADMONISHER.

admonitory [əd'mɔnitəri], *a.* (Lettre, etc.) (i) de remontrances, (ii) *A:* d'avertissement.

adnate ['adneit], *a. Nat.Hist:* Adné, adhérent, coadné.

ad nauseam [ad'nɔːziam], *Lt.adv.phr.* A satiété; jusqu'à la nausée.

ado [ə'duː], *s.* **1.** Agitation *f*, activité *f*, bruit *m*, embarras *m*, affairement *m*. **Without (any) more ado, without further ado,** sans plus de façons, de cérémonie, d'embarras; sans autre forme de procès. *She signed the contract without further ado,* elle signa le contrat sans plus (faire) de difficulté. *He made no more ado, but . . .,* il n'hésita plus, mais. . . . **To make much ado about nothing,** (i) faire beaucoup de bruit pour rien; faire bien du tapage pour peu de chose; (ii) faire un crime à qn d'une bagatelle. **2.** Difficulté *f*, peine *f*. *He had much ado to get through the work,* il eut du mal, de la peine, à venir à bout du travail.

adobe [ə'doubi, ə'doub], *s. Const:* Adobe *m* (brique ou maison).

adolescence [adoʊ'les(ə)ns], **adolescency** [adoʊ'les(ə)nsi], *s.* Adolescence *f*.

adolescent [adoʊ'les(ə)nt], *a. & s.* Adolescent, -ente.

Adolphus [ə'dɔlfəs]. *Pr.n.m.* Adolphe.

Adonis [ə'dounis]. **1.** (*a*) *Pr.n.m. Myth:* Adonis. (*b*) *s.m. F:* Adonis. *He is a regular A.,* c'est un véritable Antinoüs, un véritable Adonis. **2.** *s. Ent:* Adonis *m*. *Bot:* Adonis *f*.

adonize ['adonaːiz]. **1.** *v.i.* Faire l'Adonis. **2.** *v.pr. To a. oneself,* s'adoniser.

adopt [ə'dɔpt], *v.tr.* **1.** Adopter (un enfant). *Pred. To a. s.o. as son,* adopter qn pour fils. **2.** Adopter (une ligne de conduite); choisir, embrasser (une carrière). *The course to a.,* la marche à suivre. *To a. measures, a method,* instaurer des mesures, une méthode. *To a. a view, advice,* se rallier à une opinion; suivre un conseil. *The Council is sure to a. this proposal,* il n'est pas douteux que le Conseil fera sienne cette proposition. *To a. a patronizing tone,* prendre un ton protecteur.

adopted, *a.* (Enfant, mot) adopté. *A. son,* fils adoptif. **My adopted country,** mon pays d'adoption.

adoptable [ə'dɔptəbl], *a.* Adoptable.

adoptee [adɔp'tiː], *s. Jur:* Adopté, -ée.

adopter [ə'dɔptər], *s.* **1.** *Jur:* Adoptant, -ante (d'un enfant, etc.). **2.** *A. of an opinion,* personne *f* qui se range à une opinion.

adoption [ə'dɔpʃ(ə)n], *s.* **1.** Adoption *f* (d'un enfant, d'une coutume, d'un pays). **2.** Adoption (d'une loi); choix *m* (d'une carrière). *The a. of this opinion, of this theory, would involve . . .,* pour qui se rallierait à cette opinion, à cette théorie, cela entraînerait. . . .

adoptive [ə'dɔptiv], *a.* **1.** (Enfant, père) adoptif. **2.** (Langue) qui adopte facilement des termes étrangers.

adorable [ə'dɔːrəbl], *a.* Adorable. **-ably,** *adv.* Adorablement; à ravir.

adoration [ado'reiʃ(ə)n], *s.* Adoration *f*. *The a. of the Cross,* l'adoration de la Croix. **Act of Adoration,** acte d'adoration. *F: His a. for my cousin,* l'amour, le culte, qu'il portait à ma cousine.

adore [ə'dɔːr], *v.tr.* Adorer (qn, qch.); aimer (qn) à l'adoration. *F: I a. riding,* j'adore monter à cheval.

adorer [ə'dɔːrər], *s.* Adorateur, -trice. *Her adorers,* ses adorateurs; ses soupirants. *He has long been her a.,* voilà longtemps qu'il l'adore, qu'il est à ses genoux.

adorn [ə'dɔːrn], *v.tr.* Orner, parer, embellir (*with,* de). *He touched nothing that he did not a.,* il a embelli tout ce à quoi il a mis la main. *Writer who adorns his age,* écrivain *m* qui est l'ornement de son siècle. *The walls were adorned with . . .,* les murs *m* s'agrémentaient de . . ., s'enjolivaient de. . . . *To a. oneself,* se parer (*with,* de); se faire beau, se faire belle.

adorning[1], *a.* Embellissant, enjolivant.

adorning[2], *s.* = ADORNMENT 1.

adornment [ə'dɔːrnmənt], *s.* **1.** Ornementation *f*. **2.** Ornement *m*, parure *f*. *In all her adornments,* dans tous ses atours.

Adrastus [ə'drastəs]. *Pr.n.m.* Adraste.

adrenal [ə'driːnəl]. **1.** *a.* Surrénal. **2.** *s.pl.* **Adrenals,** capsules surrénales.

adrenalin [ə'driːnəlin], *s. Med:* Adrénaline *f*.

Adrian ['eidriən]. *Pr.n.m.* Adrien.

Adrianople [eidriə'noupl]. *Pr.n. Geog:* Andrinople. **Adrianople red,** rouge *m* d'Andrinople.

Adriatic [eidri'atik], *a.* *Geog:* **The Adriatic Sea,** *s.* **the Adriatic,** la mer Adriatique, l'Adriatique *f.* *The A. coast,* le littoral de l'Adriatique.

adrift [ə'drift], *adv.* *Nau:* A la dérive. (*Of ship*) **To run, go, adrift,** aller à la dérive; dériver. **To break adrift,** rompre ses amarres; partir en dérive. **To be adrift,** être en dérive, à l'abandon. *F:* **You are all adrift,** vous êtes loin du compte; vous divaguez! *I am all a.,* je ne m'y reconnais plus. **To turn a vessel adrift,** abandonner, laisser aller, un vaisseau à la dérive. *F:* **To turn s.o. adrift,** abandonner qn; renvoyer qn; mettre qn sur le pavé. *He was turned a. in the world,* il fut abandonné à ses propres ressources; il fut lâché dans le monde. **To cut a boat adrift,** couper l'amarre; laisser aller un bateau à la dérive. *F: To cut (oneself) adrift from s.o.,* rompre avec qn; se séparer de qn. *To cut a. from the rest (of the gang),* se tirer de la presse.

adroit [ə'drɔit], *a.* (Discours) adroit; (politique, personne) adroite, habile. **-ly,** *adv.* Adroitement, habilement.

adroitness [ə'drɔitnəs], *s.* Adresse *f*, dextérité *f*. *His a. in getting out of a difficulty,* son adresse à se tirer d'une difficulté.

adscititious [adsi'tiʃəs], *a.* Adventice; surajouté.

adscript ['adskript], *a.* *Ling:* **Iota adscript,** iota adscrit.

adsorb [ad'sɔːrb], *v.tr.* *Ph:* Adsorber.

adsorption [ad'sɔːrpʃ(ə)n], *s.* *Ph:* Adsorption *f*.

adulate ['adjuleit], *v.tr.* Aduler, flatter, flagorner; *F:* lécher les bottes à (qn).

adulation [adju'leiʃ(ə)n], *s.* Adulation *f*, flatterie *f*, flagornerie *f*.

adulator ['adjuleitər], *s.* Adulateur, -trice; louangeur, -euse.

adulatory ['adjulətəri], *a.* Adulateur, -trice; louangeur, -euse.

Adullam [ə'dʌləm]. *Pr.n.* *B:* Hadullam. **The cave of Adullam,** (i) la caverne d'Hadullam, (ii) *Pol: F:* = *the Adullamites.*

Adullamite [ə'dʌləmait], *s.* **1.** *B.Lit:* Hadullamite *mf*. **2.** *pl.* *Pol.Hist: F:* **The Adullamites,** les dissidents *m* du parti libéral (1866).

adult [ə'dʌlt], *a.* & *s.* **1.** Adulte (*mf*). **2.** **Adult baptism,** baptême *m* des adultes. **Adult school,** cours *m* d'adultes. *See also* FARE[1] 1.

adulterant [ə'dʌltərənt], *s.* Adultérant *m*.

adulterate[1] [ə'dʌltəret], *a.* *Lit:* **1.** (*Of substance*) Adultéré, falsifié, frelaté, sophistiqué. **2.** = ADULTEROUS.

adulterate[2] [ə'dʌltəreit], *v.tr.* Adultérer (une substance); altérer, falsifier (les monnaies); frelater, sophistiquer, frauder (du vin, du lait); altérer (de la nourriture); corrompre (une langue). *Adulterated milk,* lait additionné d'eau.; *F:* lait baptisé.

adulterating, *a.* Adultérant, altératif.

adulteration [ədʌltə'reiʃ(ə)n], *s.* Adultération *f* (des médicaments); altération *f*, falsification *f* (des monnaies); frelatage *m* (des boissons); sophistication *f*, altération *f* (des aliments); corruption *f* (de la langue, d'un texte).

adulterator [ə'dʌltəreitər], *s.* Falsificateur, -trice; sophistiqueur *m*, adultérateur *m*, frelateur *m* (d'aliments, etc.).

adulterer [ə'dʌltərər], *s.* Adultère *m* (violateur de la foi conjugale).

adulteress [ə'dʌltəres], *s.* Adultère *f* (violatrice de la foi conjugale).

adulterine [ə'dʌltərain], *a.* **1.** (Enfant) adultérin. **2.** Faux, frelaté; contrefait. **3.** *Eng.Hist:* (*Of castle, guild*) Illicite.

adulterous [ə'dʌltərəs], *a.* Adultère. **-ly,** *adv.* **1.** Par adultère. **2.** (Vivre) en état d'adultère.

adultery [ə'dʌltəri], *s.* Adultère *m* (violation *f* de la foi conjugale).

adumbrate [ə'dʌmbreit], *v.tr.* **1.** Ébaucher, esquisser (un plan, un système). **2.** Faire pressentir, laisser pressentir, laisser entrevoir (de nouvelles démarches). **3.** *Lit:* Jeter son ombre sur (qch.); voiler, obscurcir.

adumbration [adʌm'breiʃ(ə)n], *s.* **1.** Ébauche *f*, esquisse *f* (d'un plan, etc.). **2.** (*a*) Signes précurseurs (d'un événement). (*b*) Pressentiment *m*. **3.** *Lit:* Obscurcissement *m*.

adurol ['adjurɔl], *s.* *Ch: Phot:* Adurol *m*.

adust [ə'dʌst], *a.* **1.** Brûlé par le soleil; desséché, aduste. **2.** (*a*) *Med: A:* Aduste. (*b*) *Lit:* Atrabilaire, maussade.

ad valorem [advə'lɔːrem], *Lt.phr.* *Com: Ind:* **Ad valorem duty,** droit *m* sur la valeur; droit ad valorem; droit proportionnel. *To pay a duty ad v.,* payer un droit sur, d'après, la valeur des marchandises.

advance[1] [əd'vɑːns], *s.* **1.** (*a*) Marche *f* en avant, mouvement *m* en avant, approche *f*. *To arrest the a. of the locusts,* arrêter la marche des sauterelles. **To make an advance,** avancer. *A. towards sth.,* acheminement à, vers, qch. *Adm:* **Advance in seniority,** majoration *f* d'ancienneté. *Mil:* **Advance guard,** avant-garde *f*. **Advance party,** pointe *f* d'avant-garde. *F: A.-guard literature,* la littérature d'avant-garde. *Pol: etc:* **The advance party,** les éléments *m* d'avant-garde. (*b*) *Adv.phr.* **In advance,** (i) en avant, (ii) en avance. *We must look in a.,* il faut regarder en avant. *To be, get, in a. of s.o.,* avoir, prendre, de l'avance sur qn. *To arrive in a.,* arriver en avance. *To arrive in a. of the others,* arriver avant les autres, en avant des autres. *To go off in a. of the party,* partir en avance, en éclaireurs. *To act in a. of one's time,* devancer son époque. *To pay a sum in a.,* verser une provision, des provisions; avancer un paiement. *To pay in a.,* payer d'avance, par avance. *'All my thanks in a.,'* "tous mes remercîments par avance"; "avec mes remercîments anticipés." *To spend one's income in a.,* anticiper sur ses revenus. *Th: To book in a.,* louer à l'avance. **Advance payment,** paiement par anticipation. *Publ:* **Advance-copy,** exemplaire *m* précédant la mise en vente; exemplaire de lancement. **Advance-proofs, -sheets,** bonnes feuilles (de publicité). *For:* **Advance cutting,** coupe *f* préparatoire. (*c*) *I.C.E: A. of the ignition, of the spark,* avance *f* à l'allumage. *Automatic a.,* dispositif *m* automatique d'avance. *To cut down the spark a.,* réduire l'avance. **Advance diagram,** graphique *m* d'avance. **2.** Avancement *m*, progrès *m*, développement *m* (des sciences, etc.). *The a. of thought,* le cheminement, le progrès, de la pensée. **3.** **To make an advance, advances, the first advances, to s.o.,** faire une avance, des avances, les premières avances, à, auprès de, qn; faire les premières démarches de politesse ou de réconciliation. **To respond to s.o.'s advances,** répondre aux invites de qn. (*Of woman*) *To make advances to a man,* provoquer, *F:* aguicher, un homme; faire des coquetteries, des avances, à un homme. **4.** *Com: Fin:* (*a*) Avance (de fonds); à-bon-compte *m*. *To make an a. of a hundred pounds to s.o.,* faire à qn une avance de cent livres; avancer cent livres à qn. *Advances on securities,* prêts *m* sur titres. (*b*) Augmentation *f* (de prix); renchérissement *m*; hausse *f*. *The general a. in prices,* la hausse, l'élévation, générale des prix. *There is an a. on wheat,* il y a hausse sur les blés. **To be on the advance,** être en hausse.

advance[2]. I. *v.tr.* **1.** (*a*) Avancer (le pied, *Chess:* un pion, etc.). (*b*) Avancer (l'heure d'un payement, etc.). *I.C.E:* **To advance the spark,** mettre de l'avance à l'allumage. *To a. the spark fully,* mettre toute l'avance. (*c*) Avancer (une idée, une opinion); présenter, mettre en avant (une opinion, une observation); risquer (une observation, une objection); alléguer (un prétexte). **2.** (*a*) Faire progresser, faire avancer (les sciences, etc.); faire avancer (des troupes jusqu'à la nouvelle ligne); reculer (une frontière). (*b*) Élever, porter, faire avancer (qn à un grade supérieur). *She was anxious to a. her daughter,* elle désirait vivement pousser sa fille. *Incident likely to a. my interests,* incident *m* favorable à mes intérêts. **3.** Augmenter, hausser (le prix de qch.). **4.** *To a. s.o. money,* avancer de l'argent à qn. *I will a. him £100 on your note of hand,* je lui avancerai cent livres sur un billet de vous, si vous me signez un billet. *The farmers were advanced money for the purchase of cattle,* on avança de l'argent aux fermiers, on fit aux fermiers une avance d'argent, pour leur permettre d'acheter du bétail. *Sums advanced,* avances *f*; mises *f* hors.

II. **advance,** *v.i.* **1.** S'avancer (*towards,* vers); (*of troops*) se porter en avant. *He advanced on me (threateningly),* il vint sur moi. *The season is advancing,* la saison s'avance. *To a. to victory,* marcher à la victoire. *To a. two steps, two paces,* faire deux pas en avant. **2.** (*a*) Avancer (en âge, dans ses études). *Biol: etc:* Évoluer. *The work, civilization, is advancing,* l'ouvrage, la civilisation, avance, fait des progrès. *The flood is advancing,* l'inondation fait des progrès. *See also* YEAR. (*b*) (*Of officers, etc.*) Recevoir de l'avancement; monter (en grade). **3.** *Fin:* (*Of shares, etc.*) Augmenter de prix, hausser, monter. *Prices are advancing,* les prix sont à la hausse.

advanced, *a.* **1.** (*a*) (Poste) avancé; (études, opinions) avancées. *An a. Liberal,* un Libéral avancé, un Ultra-libéral. *More a. natives,* indigènes *m* plus évolués. *Mil:* **Advanced guard,** avant-garde *f*. *See also* SENTRY 1. *Fort:* **Advanced work,** ouvrage avancé. **To be very advanced, to hold very advanced ideas,** avoir des idées très avancées. (*b*) *I'm taking a. mathematics,* je vais suivre le cours de mathématiques supérieures. *The sections in small type are for a. students,* les sections en petits caractères s'adressent aux étudiants déjà avancés. **2.** *The night is a.,* il est tard dans la nuit. *The season is a.,* c'est la fin de saison. **3.** *The a. cost of living,* l'augmentation *f* du coût de la vie.

advancement [əd'vɑːnsmənt], *s.* **1.** Avancement *m* (d'une personne, des sciences); progrès *m* (des sciences). *To work for the a. of backward races,* travailler au progrès des races arriérées. **2.** *Jur:* Avance *f* d'hoirie (à un enfant). **3.** *Water-melons in a good state of a.,* pastèques bien avancées.

advantage[1] [əd'vɑːntedʒ], *s.* **1.** Avantage *m*. **To have the advantage of, over, s.o., to gain the advantage over s.o.,** avoir, remporter, l'avantage sur qn; l'emporter sur qn; avoir le dessus; *F:* tenir la corde. **To take s.o. at advantage,** prendre qn au dépourvu. *You have the a. of me, sir,* à qui ai-je l'honneur de parler, monsieur? **To have the advantage of, in, numbers,** avoir l'avantage du nombre. *This article offers the a. of cheapness,* cet article se recommande par son bon marché. *To enjoy many advantages over others,* être fort avantagé par rapport aux autres. *To retain the a.,* garder l'avantage. *I gained little a. from it,* j'en ai eu, j'en ai remporté, peu de profit. *He knows where his a. lies,* il sait où se trouve son intérêt. *To find it an a. to have done sth.,* se trouver bien d'avoir fait qch. *This would tend to their a.,* cela leur serait avantageux; ce serait à leur avantage. *You will find it an a. to act as they do,* vous aurez avantage à faire comme eux. *You might with a. apply to . . .,* vous pourriez utilement vous adresser à. . . . **To take advantage of sth.,** profiter, abuser, de qch.; tirer avantage, profit, de qch. *To take a. of s.o.,* abuser de la crédulité, de la bonne volonté, de la niaiserie, de qn; exploiter qn; *F:* refaire qn. *To take a. of a mistake,* prendre avantage de la faute d'un adversaire. *To take the fullest a. of a success,* exploiter un succès. *He took a. of the fact that everyone was asleep to slip away,* il profita de ce que tout le monde dormait encore pour s'esquiver. **To turn sth. to advantage,** tirer parti de qch.; mettre qch. à profit; faire tourner qch. à son avantage, *F:* faire son miel, son beurre, de qch. *To make a mistake to one's own a.,* se tromper à son profit. (*Of event*) **To turn out to s.o.'s advantage,** tourner à l'avantage de qn; profiter à qn. **To show off sth. to advantage,** faire valoir qch. *To show sth. to its best a.,* donner toute sa valeur à qch. **To show to (great) advantage,** faire (très) bonne figure; faire bien. *To lay out one's money to a.,* faire fructifier son argent. **To sell sth. to (good) advantage,** vendre qch. à son avantage, avantageusement. **To sell sth. to the best advantage,** vendre qch. le plus avantageusement possible. *To execute an order to the best a.,* exécuter un ordre au mieux. *To dress to the best a.,* s'habiller à son avantage *Ten:* **Advantage in, advantage server,** avantage dedans, au servant. **Advantage out, advantage striker,** avantage dehors, au relanceur. **2.** *Mec:* Multiplication *f* (d'un levier). *Mechanical a.,* bras *m* de levier.

advantage[2], *v.tr.* Avantager, favoriser (qn, qch.); procurer des avantages à (qn). *Lit: What shall it a. you to . . .?* quel profit trouverez-vous à. . . .?

advantageous [advən'teidʒəs], *a.* Avantageux (*to*, pour); profitable, utile. **-ly,** *adv.* Avantageusement; utilement.

advent ['advent], *s.* **1.** *Ecc:* (*a*) Avent *m.* **Advent Sunday,** le premier dimanche de l'Avent. *During a.*, pendant l'Avent. *See also* O[2] 1. (*b*) **The second Advent,** le second Avènement. **2.** Arrivée *f* (d'une chose importante); venue *f*, apparition *f*, avènement *m* (d'un personnage). *The a. of the Normans*, l'arrivée (en Angleterre) des Normands; l'apparition des Normands. *The a. of a new art*, l'avènement d'un art nouveau. *Since the a. of the motor car*, depuis l'avènement de l'automobile.

Adventist ['adventist], *s.* *Rel.H:* Adventiste *mf.* **Seventh-day Adventist,** adventiste du septième jour.

adventitious [adven'tiʃəs], *a.* **1.** Adventice. (*a*) (Fait *m*) accessoire. (*b*) Accidentel, fortuit. *A. find*, trouvaille accidentelle, découverte fortuite. *Jur:* **Adventitious property,** biens adventifs. **2.** *Bot:* (*a*) *A. weed*, plante *f* adventice (chiendent, ivraie, etc.). (*b*) *A. organ*, organe adventif. *A. roots are produced by layering*, on obtient des racines adventives par marcottage. **-ly,** *adv.* D'une manière adventice. (*a*) Accessoirement. (*b*) Accidentellement, fortuitement.

adventure[1] [əd'ventjər], *s.* **1.** Aventure *f.* (*a*) Entreprise hasardeuse. *Life of a.*, vie *f* d'aventure, vie aventureuse. *Fleet Street is the Street of A.*, Fleet Street est la rue où tout peut arriver, où il faut s'attendre à tout. (*b*) Événement *m* (qui arrive à qn). *F:* *After many adventures . . .*, après bien des péripéties. . . . *He told us all his adventures*, il nous a raconté toutes ses aventures. **2.** (*a*) Spéculation hasardée. (*b*) *Com:* *A:* Pacotille *f* (embarquée par un marin ou un passager).

adventure[2]. **1.** *v.tr.* Aventurer, hasarder, risquer (sa fortune, sa vie, etc.). *To a. an opinion*, risquer, avancer, une opinion. **2.** *v.i. & pr.* (*a*) *To a. (oneself) in(to) a place, (up)on an undertaking*, s'aventurer, se hasarder, dans un endroit, dans une entreprise. (*b*) *A:* *To a. to do sth.*, se hasarder à faire qch.

adventurer [əd'ventjərər], *s.* (*In all senses*) Aventurier *m*; homme *m* d'aventures. *Pej:* Chevalier *m* d'industrie; intrigant; rastaquouère *m*, *F:* rasta *m*; aigrefin, -ine; marquis *m* de Carabas.

adventuresome [əd'ventjərsəm], *a.* Aventureux; téméraire; *F:* (homme *m*) au cerveau brûlé.

adventuresomeness [əd'ventjərsəmnəs], *s.* Témérité *f*; goût *m* des aventures; esprit *m* d'aventure.

adventuress [əd'ventjəres], *s.f.* *Pej:* Aventurière; intrigante.

adventurous [əd'ventjərəs], *a.* Aventureux; audacieux. *A. man*, homme *m* d'aventures; homme entreprenant. **-ly,** *adv.* Aventureusement.

adventurousness [əd'ventjərəsnəs], *s.* Hardiesse *f*, audace *f*; esprit *m* d'aventures.

adverb ['advəːrb], *s.* *Gram:* Adverbe *m.*

adverbial [əd'vəːrbiəl], *a.* *Gram:* Adverbial. **Adverbial phrase,** locution adverbiale, circonstancielle. **-ally,** *adv.* Adverbialement.

adversary ['advərsəri], *s.* Adversaire *m.* **The Adversary,** Satan *m.*

adversative [əd'vəːrsətiv], *a.* *Gram:* Adversatif. **-ly,** *adv.* Adversativement.

adverse ['advəːrs], *a.* **1.** Adverse. (*a*) Contraire, opposé (*to*, à). *A. wind*, vent *m* contraire. *To be a. to a policy*, être opposé à une politique. *Jur:* *The a. party*, la partie adverse. (*b*) Ennemi (*to*, de); hostile (*to*, à, envers). *A. fortune*, fortune *f* adverse. (*c*) Défavorable. *A. days*, jours *m* d'adversité. *A. to health*, contraire à la santé. *A. budget*, budget *m* déficitaire. **2.** *The a. slope*, la pente opposée. *The a. hills*, les collines en face. *The a. page*, la page ci-contre. **-ly,** *adv.* (*a*) *To act a. to s.o.*, agir (tout) au contraire de qn; prendre le contre-pied de ce que fait qn. (*b*) *To influence s.o. a.*, exercer une influence défavorable sur qn. *To act a. to s.o.'s interests*, agir contre les intérêts de qn.

adversity [əd'vəːrsiti], *s.* Adversité *f.* *Companions in a.*, compagnons *m* d'infortune. *After many adversities*, après bien des adversités, bien des traverses.

advert [əd'vəːrt], *v.i.* *Lit:* *To a. to sth.*, faire allusion à qch.; parler de qch.; citer qch. *I shall now a. to another matter*, je vais maintenant vous entretenir d'autre chose.

advertence [əd'vəːrtəns], *s.* *Lit:* **1.** Attention *f* (*to*, à). *It is right that a. should be had to this fact*, il est bon de tenir compte de ce fait, de prendre garde à ce fait. **2.** = ADVERTENCY.

advertency [əd'vəːrtənsi], *s.* Attention (habituelle). *Want of a.*, inadvertence *f.*

advertise ['advərtaiz], *v.tr. & i.* **1.** *A:* Avertir, informer (*s.o. of sth.*, qn de qch.). **2.** (*a*) (i) (Faire) annoncer, faire savoir, faire connaître (un événement dans les journaux); (ii) afficher (une vente, etc.). *To a. in a paper*, (faire) insérer une annonce dans un journal. *To a. for sth.*, chercher qch. par la voie des annonces, par voie d'annonce; demander qch. dans les journaux. *House advertised for sale*, maison *f* dont la mise en vente est (i) annoncée, (ii) affichée. (*b*) Faire de la réclame, de la publicité, de la propagande, pour (un produit). *Abs.* Faire de la réclame, de la publicité. *To a. widely to launch sth. on the market*, faire appel à la grande publicité pour lancer un article. *To a. oneself or one's work*, se faire valoir; *F:* faire du fla-fla. *F:* *You needn't a. the fact*, vous n'avez pas besoin de le crier sur les toits, d'annoncer ça à coups de grosse caisse.

advertising, *s.* Publicité *f*, réclame *f*; annonces *fpl.* **Advertising medium,** organe *m* de publicité. **Advertising agency,** bureau *m*, agence *f*, de publicité. **Advertising agent,** entrepreneur *m* de publicité; annoncier *m*. **Advertising manager,** chef *m* de la publicité. **Advertising sheet,** feuille *f* d'annonces. **Advertising space,** emplacement réservé à la publicité. **Advertising pillar,** poteau-affiches *m*, *pl.* poteaux-affiches. *See also* LIGHT[1] 2.

advertisement [əd'vəːrtizmənt], *s.* **1.** Publicité *f.* *Demonstration with a view to a.*, manifestation entreprise dans un but publicitaire. *See also* SELF-ADVERTISEMENT. **2.** (*a*) (*In newspaper*) Annonce *f.* **Advertisement manager,** annoncier *m.* (*b*) (*On a wall, etc.*) Affiche *f.* *See also* HOARDING[2]. (*c*) (Puffing) **advertisement,** réclame *f.* **3.** *A:* *A. to the reader*, avis *m*, avertissement *m*, au lecteur; préface *f.*

advertiser ['advərtaizər], *s.* **1.** (*a*) Auteur *m* d'une annonce. (*b*) Faiseur *m* de réclame. **2.** *A:* Journal *m* d'annonces; feuille *f* d'annonces.

advice [əd'vais], *s.* (*The pl. is rare, except in* 3) **1.** Conseil(s) *m* (*pl*), avis *m.* **Piece of advice,** conseil. **To give s.o. a sound piece of advice,** donner un bon conseil, un bon avis, *P:* un bon tuyau, à qn. **To ask for advice,** demander des conseils. **To take advice from s.o.; to ask, seek, s.o.'s advice,** prendre conseil de qn; prendre l'avis de qn; demander conseil à qn. *To take s.o.'s a.*, suivre le conseil de qn; **se conformer** à l'avis de qn; écouter les avis de qn; en croire qn. **To act on s.o.'s advice,** agir selon, sur, le conseil de qn. **To take medical, legal, advice,** consulter un médecin, un homme de loi. *Doctor, barrister, who gives a.*, médecin, avocat, qui consulte. *You ought to take a.*, vous devriez consulter. *He will take nobody's a.*, il n'en fait qu'à sa tête. *At, by, on, under, s.o.'s a.*, sur l'avis, le conseil, de qn; suivant les conseils de qn. *Different advices have been tendered to the Government*, on a offert au Gouvernement différents conseils. **2.** Avis. *Com:* **Advice-note, letter of advice,** lettre *f*, note *f*, d'avis. **As per advice,** suivant avis. **3.** *pl.* Nouvelles *f*, avis. *We have advices from abroad*, nous avons reçu des informations, des avis, de l'étranger.

ad'vice-boat, *s.* *Navy:* Aviso *m*, mouche *f* (d'escadre).

advisability [ədvaizə'biliti], *s.* = ADVISABLENESS.

advisable [əd'vaizəbl], *a.* **1.** (Démarche) recommandable, conseillable, à conseiller, judicieuse. *It would be a. to lock up these papers*, il serait prudent d'enfermer ces papiers. *It would be more a. to see him again*, il serait préférable de le revoir. **2.** Opportun, à propos; convenable (*for*, pour). *It might be a. to . . .*, peut-être conviendrait-il de . . .; peut-être serait-il opportun de . . .; il y aurait peut-être lieu de. . . . **As shall be deemed advisable,** ainsi qu'on le jugera utile, ainsi qu'il appartiendra. *He deemed it a. to retire*, il crut devoir se retirer; il crut, il jugea, à propos de se retirer. *If you deem it a.*, si bon vous semble. *If you think it a. to wait*, si vous jugez bon d'attendre.

advisableness [əd'vaizəblnəs], *s.* Opportunité *f*, convenance *f.* *A. of doing sth.*, utilité *f* qu'il y aurait à faire qch.

advise [əd'vaiz]. I. *v.tr.* **1.** (*a*) *To a. s.o.*, conseiller qn. *To a. s.o. to do sth.*, conseiller à qn de faire qch.; engager qn à faire qch. *I am advised to wait*, on me conseille d'attendre. *I strongly a. you to . . .*, je vous recommande (instamment) de. . . . *What do you a. me to do?* que me conseillez-vous? **Be advised by me,** suivez mes conseils; croyez-m'en. (*b*) *To a. sth.*, recommander qch. (à qn); conseiller une ligne de conduite (à qn). (*c*) **To advise s.o. against sth., against doing sth.,** déconseiller qch. à qn; déconseiller à qn de faire qch.; mettre qn en garde contre qch. **2.** **To advise s.o. on a question,** renseigner qn sur une question. *To a. on a question*, servir de conseil pour une question. **3.** (*a*) **To advise s.o. of sth.,** avertir, prévenir, instruire, qn de qch.; faire part à qn de qch.; mettre qn au courant de qch.; porter qch. à la connaissance de qn. *To a. s.o. that . . .*, avertir, prévenir, qn que. . . . **To keep s.o. advised of sth.,** tenir qn au courant de qch. (*b*) *Com:* *To a. a draft*, aviser d'une traite, donner avis d'une traite.

II. **advise,** *v.i.* **1.** **To advise with s.o.,** (i) consulter qn; demander conseil à qn; (ii) se consulter avec qn. *See also* PILLOW. **2.** *A:* **The King will advise,** le roi avisera.

advised, *a.* **1.** (Acte) réfléchi, délibéré. **2.** (*a*) Judicieux. *Esp.* **Well-, ill-advised action,** action judicieuse, peu judicieuse. (*b*) *See* ILL-ADVISED, WELL-ADVISED.

advisedly [əd'vaizidli], *adv.* **1.** De propos délibéré; à dessein. **2.** En connaissance de cause, après mûre considération. *See also* ILL-ADVISEDLY.

advisedness [əd'vaizidnəs], *s.* **1.** Caractère judicieux (d'une action). **2.** Opportunité *f* (d'une action).

adviser [əd'vaizər], *s.* Conseiller, -ère. **Legal adviser,** conseiller juridique; avocat *m* conseil. **Spiritual adviser,** directeur *m* de conscience. *He is literary a. to a firm of publishers*, il est conseiller littéraire d'une maison d'édition.

advisory [əd'vaizəri], *a.* (Conseil) consultatif; (voix) consultative.

advocacy ['advokəsi], *s.* **1.** Profession *f* ou fonction *f* d'avocat. **2.** *A. of a cause*, plaidoyer *m* en faveur d'une cause; appui donné à une cause. **To speak in advocacy of sth., of s.o.,** prononcer un plaidoyer en faveur de qch., de qn; appuyer (une cause); se faire l'avocat d'une cause.

advocate[1] ['advoket], *s.* **1.** *Jur:* (*In Scot.*) Avocat *m.* **The Faculty of Advocates,** le Barreau écossais. **The Advocates' Library,** la Bibliothèque du barreau et Bibliothèque nationale d'Écosse (à Édimbourg). **The Lord Advocate** = le Procureur général (en Écosse). **2.** Avocat; défenseur *m* (d'une cause, d'une doctrine, etc.). *The advocates of free trade*, ceux qui préconisent le libre échange; les partisans du libre-échange. *To become the a. of a cause*, se faire l'apôtre d'une cause. *He is a good a.*, il plaide bien. *Ecc. & F:* **Devil's advocate,** avocat du diable. **3.** *Mil:* **Judge advocate** (*before a court-martial*), rapporteur *m* (d'un conseil de guerre). **Judge advocate general,** président *m* (du conseil de guerre).

advocate[2] ['advokeit], *v.tr.* Plaider en faveur de (qch.); soutenir, appuyer (une cause); préconiser (l'emploi de qch.).

advowee [advau'iː], *s.* *Ecc:* Collateur *m* (d'un bénéfice).

advowson [əd'vauzən], *s.* *Ecc:* Droit *m* de présentation (à un bénéfice ecclésiastique); collation *f* (d'un bénéfice); patronage *m.*

adynamia [adi'neimiə], *s.* *Med:* Adynamie *f.*

adynamic [adi'namik], *a.* *Med:* *Ph:* Adynamique.

adytum, *pl.* **-a** ['aditəm, -ə], *s.* (*a*) *Gr.Ant:* Adytum *m.* (*b*) *F:* Sanctuaire *m*, sanctum sanctorum *m.*

adze[1] [adz], *s.* *Tls:* (*a*) (H)erminette *f.* *Cooper's a.*, cochoir *m*, doloire *f*, aisceau *m*, aissette *f*, hachotte *f*, tille *f.* *See also* ROUNDING-ADZE. (*b*) *A. of an ice-axe*, sape *f* d'un piolet.

adze[2], *v.tr.* Entailler (le bois) à l'herminette; doler; aplanir (une poutre, etc.).

-ae [iː], *pl.suff.* (*Lat. pl. retained in scientific terms, etc., or varying with* -as *and yielding to the latter in popularized words*) (*a*) -es. *Actiniae*, actinies *f.* *Heraclidae*, Héraclides *m.* *Larvae*, larves *f.* *Striae*, stries *f.* (*b*) -és *mpl.* *Falconidae*, falconidés. *Felidae*, félidés. (*c*) *Bot:* -ées *fpl.* *Gramineae*, graminées.

Aeacus ['iːakəs]. *Pr.n.m. Gr.Myth:* Éaque.

aedile ['iːdail], *s.* *Rom.Ant:* Édile *m.*

aedileship ['iːdailʃip], *s.* Édilité *f.*

Aegean [iː'dʒiːən], *a.* *Geog:* **The Aegean sea,** la mer Égée.

aeger ['iːdʒər], *s.* *F:* = AEGROTAT.

Aegeria [iː'dʒiːərja]. *Pr.n.f. Rom.Myth:* Égérie.

Aegeus ['iːdʒjuːs]. *Pr.n.m. Gr.Myth:* Égée.

Aegina [iː'dʒaina]. *Pr.n.* *A.Geog:* Égine *f.*

Aeginetan [iːdʒi'niːtən], *a.* & *s.* *A.Geog:* Éginète (*mf*). *Art:* **The Aeginetan Marbles,** les Marbres *m* d'Égine.

aegis ['iːdʒis], *s.* *Gr.Myth:* Égide *f.* *F:* **Under the aegis of . . .,** sous l'égide de. . . .

Aegisthus [iː'dʒisθəs]. *Pr.n.m. Gr.Lit:* Égisthe.

aegopodium [iːgo'poudjəm], *s.* *Bot:* Égopode *m* des goutteux; petite angélique, podagraire *f.*

Aegos-potami [iːgɔs'pɔtamai]. *Pr.n.* *A.Geog:* *Hist:* Ægos-Potamos.

aegrotat [iː'groutat], *s.* *Sch:* Certificat *m* d'indisposition (délivré par le médecin).

Aelian ['iːliən]. *Pr.n.m. Gr.Lit:* Élien.

Aeneas [iː'niːəs]. *Pr.n.m. Lt.Lit:* Énée.

Aeneid ['iːniid], *s.* **The Aeneid,** l'Énéide *f.*

Aeolia [i'oulia]. *Pr.n.* *A.Geog:* L'Éolie *f.*

Aeolian [i'ouliən], *a.* *A.Geog:* Éolien. *Mus:* **Aeolian mode,** mode éolien. **Aeolian harp,** harpe éolienne.

aeolic [i'ɔlik], *a.* & *s.* *Ling:* Éolien, éolique.

aeolipile, -pyle ['iːɔlipail], *s.* *Ph:* Éolipyle *m.*

Aeolis ['iːɔlis]. *Pr.n.* *A.Geog:* L'Éolie *f.*

aeolotropic ['iːɔlotrɔpik], *a.* *Ph:* Anisotropique.

Aeolus ['iːoləs]. *Pr.n.m. Gr.Myth:* Éole.

aeon ['iːən], *s.* Durée *f* (de l'univers); éon *m.* *F:* **During aeons upon aeons,** pendant des siècles; pendant des éternités.

aerate ['ɛəreit], *v.tr.* **1.** (*a*) Aérer. (*b*) *Physiol:* Artérialiser (le sang). **2.** Gazéifier (de l'eau, une eau minérale); champagniser (le vin).

aerated, *a.* **1.** **Well-aerated room,** salle bien aérée. **2.** (*a*) (Pain) aéré. (*b*) (Eau) gazeuse; (vin) gazéifié, champagnisé.

aeration [ɛə'reiʃ(ə)n], *s.* (*a*) Aération *f* (du sol, du blé, etc.). (*b*) *Physiol:* Artérialisation *f* (du sang).

aerator ['ɛəreitər], *s.* Gazéificateur *m* (d'eau potable, etc.).

aerial ['ɛəriəl]. **1.** *a.* Aérien. *A. root*, racine aérienne. *A. railway*, voie ferrée aérienne. *See also* FERRY[1] 3, FLEET[1] 2, TORPEDO[1] 2. **2.** *s.* *W.Tel:* Antenne *f*; conducteur aérien. **Aerial wire,** brin *m*, fil *m*, d'antenne. *Sending a., transmitting a.*, antenne d'émission. *Receiving a.*, antenne réceptrice. *Twin* (*-wire*) *a.*, antenne à deux fils, à deux brins, bifilaire. *Frame a., loop a.*, antenne en cadre; cadre *m* de réception. *Cage a.*, antenne en cage. *Av:* *Trailing a.*, antenne pendante. *See also* BALANCING[1] 2, DIRECTIONAL 1, MULTI-WIRE.

aerie, aery ['ɛəri, 'iːəri], *s.* = EYRIE, EYRY.

aeriform ['ɛərifɔːrm], *a.* Aériforme, gazeux.

aerify ['ɛərifai], *v.tr.* Aérifier, aériser.

aero- ['ɛəro], *comb.fm.* Aéro-. *Aerolite*, aérolithe *m.* *Aeronautics*, aéronautique *f.* *Aeroplane*, aéroplane *m.* *Aerostation*, aérostation *f.*

aero ['ɛəro], *a.* *A. engine, motor*, moteur *m* d'aviation; moteur d'avion. **Aero Sports Club,** Aéro Club.

aerobatics [ɛəro'batiks], *s.pl.* *Av:* Acrobaties (aériennes).

aerobe ['ɛəroub], *s.* *Biol:* Aérobie *f.*

aerobian [ɛə'roubiən], **aerobic** [ɛə'roubik], *a.* *Biol:* (Organisme *m*) aérobie.

aerobomb ['ɛərobɔm], *s.* Bombe aérienne, d'avion.

aerobus ['ɛərobʌs], *s.* *Av:* *F:* Aérobus *m.*

aerocyst ['ɛərosist], *s.* *Algae:* Aérocyste *f.*

aerodrome ['ɛərodroum], *s.* Aérodrome *m.*

aerodynamic [ɛərodai'namik, -di-], *a.* *Aut:* *etc:* (= STREAM-LINED) Aérodynamique.

aerodynamics [ɛərodai'namiks, -di-], *s.pl.* (*Usu. with sg. const.*) Aérodynamique *f.*

aero-engine ['ɛəroendʒin], *s.* Aéromoteur *m.*

aerofoil ['ɛərofɔil], *s.* *Av:* Plan *m* à profil d'aile; voilure *f*; surface portante, sustentatrice.

aerogram ['ɛərogram], *s.* **1.** Radiogramme *m*; *F:* sans-fil *m.* **2.** Télégramme délivré par avion.

aerograph ['ɛərograf], *s.* **1.** *Meteor:* (*Instrument*) Aérographe *m.* **2.** Aérographe; pinceau vaporisateur (de peinture); pistolet *m.*

aerographer [ɛə'rɔgrəfər], *s.* *Meteor:* (*Pers.*) Aérographe *m.*

aerography [ɛə'rɔgrəfi], *s.* Aérographie *f.*

aerohydroplane ['ɛərohaidroplein], *s.* (Aéro)hydroplane *m.*

aerolite ['ɛərolait], **aerolith** ['ɛəroliθ], *s.* Aérolithe *m.*

aerology [ɛə'rɔlodʒi], *s.* Aérologie *f.*

aerometer [ɛə'rɔmetər], *s.* Aéromètre *m.*

aeronaut ['ɛəronɔːt], *s.* Aéronaute *m.*

aeronautic(al) [ɛəro'nɔːtik(l)], *a.* Aéronautique.

aeronautics [ɛəro'nɔːtiks], *s.pl.* (*Usu. with sg.const.*) (*a*) Aéronautique *f*, aérostation *f.* (*b*) Navigation aérienne.

aerophagia [ɛəro'feidʒia], *s.* *Med:* Aérophagie *f.*

aerophobia [ɛəro'foubia], *s.* Aérophobie *f.*

aerophotography [ɛərofo'tɔgrafi], *s.* Photographie aérienne.

aeroplane ['ɛəroplein], *s.* Aéroplane *m*; avion *m.* *Heavy transport a.*, avion gros porteur. *Light a.*, avionnette *f.* *Light a. with low-powered engine*, moto-aviette *f.* *Battle a.*, avion, appareil *m*, de combat. *Scouting a.*, appareil, avion, de chasse, de reconnaissance. *Training a.*, avion-école *m*, *pl.* avions-école. *Commercial a.*, avion de transport.

aeroscope ['ɛərɔskoup], *s.* *Bac:* *Meteor:* Aéroscope *m.*

aeroscopy [ɛə'rɔskopi], *s.* Aéroscopie *f.*

aerosite ['ɛərosait], *s.* *Miner:* Pyrargyrite *f.*

aerostatics [ɛəro'statiks], *s.pl.* (*Usu. with sg.const.*) Aérostatique *f.*

aerostation [ɛəro'steiʃ(ə)n], *s.* Aérostation *f.*

aerotherapeutics [ɛəroθerə'pjuːtiks], *s.pl.* (*Usu. with sg.const.*) Aérothérapie *f.*

aeroyacht ['ɛərojɔt], *s.* Aéro-yacht *m.*

aeruginous [ɛə'ruːdʒinəs], *a.* Érugineux.

Aeschines ['iːskiniːz]. *Pr.n.m.* Eschine.

Aeschylus ['iːskiləs]. *Pr.n.m.* Eschyle.

Aesculapian [iːskju'leipiən], *a.* D'Esculape; médicinal.

Aesculapius [iːskju'leipiəs]. *Pr.n.m.* *Myth:* Esculape. **Aesculapius's staff,** caducée *m.*

Aesop ['iːsɔp]. *Pr.n.m. Gr.Lit:* Ésope.

Aesopian [iː'soupiən], **Aesopic** [iː'sɔpik], *a.* (Apologue, etc.) ésopique.

aesthesiometer [iːsθiːzi'ɔmetər], *s.* *Physiol:* Esthésiomètre *m.*

aesthete ['iːsθiːt], *s.* Esthète *mf.*

aesthetic(al) [iːs'θetik(l)], *a.* **1.** Esthétique. **2.** *F:* (*a*) De bon goût. (*b*) *Pej:* Prétentieux; qui affiche des prétentions d'art. **-ally,** *adv.* Esthétiquement.

aesthetics [iːs'θetiks], *s.pl.* (*Usu. with sg.const.*) Esthétique *f.*

aestival [iːs'taivəl], *a.* *Bot:* *etc:* Estival, -aux.

aestivate ['iːstiveit], *v.i.* *Z:* (*Of animal*) Passer en léthargie les trois mois les plus chauds de l'année.

aestivation [iːsti'veiʃ(ə)n], *s.* **1.** *Bot:* Estivation *f*, préfloraison *f.* **2.** *Z:* Estivation.

aether ['iːθər], *s.* = ETHER.

aethrioscope ['iːθrioskoup], *s.* *Meteor:* Éthrioscope *m.*

aetiological [iːtio'lɔdʒikl], *a.* Étiologique.

aetiology [iːti'ɔlodʒi], *s.* Étiologie *f.*

Aetius ['iːtiəs]. *Pr.n.m.* *Hist:* Aétius.

Aetolia [iː'toulia]. *Pr.n.* *A.Geog:* Étolie *f.*

Aetolian [iː'touliən], *a.* & *s.* *A.Geog:* Étolien, -ienne.

afar [a'fɑːr], *adv.* *Chiefly Lit:* **From afar,** de loin. **Afar off,** au loin; éloigné.

affability [afə'biliti], *s.* Affabilité *f* (*towards*, envers, avec); aménité *f*, courtoisie *f*, gracieuseté *f.*

affable ['afəbl], *a.* Affable, courtois, gracieux (*to, with*, envers, avec). **-ably,** *adv.* Avec courtoisie, avec affabilité, avec aménité.

affableness ['afəblnəs], *s.* = AFFABILITY.

affair [a'fɛər], *s.* Affaire *f.* **That is my affair,** ça, c'est mon affaire. **(Love-)affair,** affaire de cœur; amourette *f*, aventure *f*; intrigue galante. *A. of honour*, affaire d'honneur; duel *m.* *His affairs are in confusion*, ses affaires sont en désordre. *The affairs of this world*, les choses *f* de ce monde. *F:* *The building is no grand a., is a poor a.*, le bâtiment n'est pas grand'chose, n'est rien. **In the present state of affairs,** du train dont vont les choses. *See also* PRETTY 1.

affect[1] [a'fekt], *v.tr.* **1.** (*a*) Affecter (une forme). *These plants a. strange shapes*, ces plantes affectent des formes étranges. (*b*) Affecter (une manière, une vertu, etc.). *To a. to do sth., to be sth.*, affecter de faire qch., d'être qch. *To a. big words*, affecter les grands mots. *He affects liberality*, il fait parade de générosité. *He affected the free-thinker*, il posait au libre-penseur; il faisait l'esprit fort. *He affects the high-brow*, il se donne des airs d'intellectuel. (*c*) *To a. indifference, grief, piety*, simuler l'indifférence, la douleur, la piété. *He affects* (*a*) *complete indifference*, il affecte une indifférence complète. *To a. stupidity*, faire la bête. **2.** (*Of animals*) Fréquenter, hanter (une région).

affected[1], *a.* (*Of pers., manners*) (*a*) Affecté, maniéré, mignard, affété; (*of pers.*) minaudier, grimacier. *A. style*, style maniéré, (re)cherché, apprêté, mièvre; style qui sent l'étude. *A. courtesies*, simagrées de politesse; grimaceries *f.* (*b*) *A. indifference, a. interest*, indifférence simulée, intérêt simulé. *A. cheerfulness*, gaieté *f* d'emprunt. **-ly,** *adv.* Avec affectation.

affect[2], *v.tr.* **1.** (*a*) Atteindre, attaquer, toucher (qn); affecter (un organe, etc.); influer sur (qch.). *These restrictions a. woollens particularly*, ces restrictions atteignent particulièrement les lainages. *To be affected by a fall in prices*, être atteint par une baisse de prix. *Articles of food are not affected by this order*, les denrées alimentaires ne sont pas visées par ce décret. *The climate has affected his health*, le climat a altéré sa santé. **It affects me personally,** cela me touche, m'intéresse, personnellement. *To a. s.o.'s interests*, porter atteinte aux intérêts de qn. *It closely affects my interests*, cela touche de très près mes intérêts. *I fail to see how this affects you*, je ne vois pas en quoi cela vous intéresse. *Those most directly affected*, les premiers intéressés. *This gas affects the lungs*, ce gaz affecte les poumons. *The epidemic did not a. the rank-and-file*, l'épidémie n'a pas gagné les troupes. *This will a. business*, cela influera sur les affaires. (*b*) *Med:* Intéresser. *Bowel complaint that also affects the liver*, maladie intestinale qui intéresse le foie. **2.** Affecter, affliger, toucher (qn). *To be much affected by sth.*, être très affecté, affligé, de qch. *To be affected at the sight of sth.*, se laisser attendrir au spectacle de qch. **He is easily affected,** il s'affecte aisément. **Nothing affects him,** rien ne lui fait; rien ne le touche; il ne s'émeut de rien. **3.** (*a*) Toucher, concerner (qn, qch.). *His failure does not a. our firm*, sa faillite ne touche pas notre maison. *That does not a. the matter*, cela ne fait rien à l'affaire. *To a. the result*, influer sur le résultat. (*b*) *To a. events*, influer sur les événements. *Jur:* **Fact that affected the findings,** fait qui a exercé une influence sur les conclusions. **4.** *A:* *To be affected to a service*, être affecté à un service. **5.** *Jur:* Affecter (une terre, etc.).

affected[2], *a.* **1.** (*a*) *To be well, ill, a. towards s.o.*, être bien, mal, disposé pour qn. (*b*) *To be a. with a disease*, être atteint d'une maladie. *The lung is a.*, le poumon est atteint, attaqué, touché.

The lungs are becoming a., les poumons commencent à se prendre. *A. part (of the body)*, partie atteinte, intéressée, souffrante. (*c*) Ému, touché. *To be much a. by sth.*, ressentir vivement qch. *Too much a. to answer*, trop ému pour répondre. **2.** *Jur: A. estate*, domaine affecté (d'hypothèques).

affecting, *a.* (Spectacle, etc.) touchant, attendrissant. **-ly,** *adv.* D'une manière touchante, attendrissante.

affect², *s. Psy:* Phénomène affectif; émotion *f* ou désir *m*.

affectation [afek'teiʃ(ə)n], *s.* **1.** *A. of interest, of indifference, etc.* affectation *f*, simulation *f*, d'intérêt, d'indifférence, etc. **2.** Affectation; manque *m* de naturel; afféterie *f*, apprêt *m* (de langage); mignardise *f*, mièvrerie *f*; *F:* simagrées *fpl*. *Keep clear of all a.*, évitez le recherché. **3.** *Mil: A: A. to a service*, affectation à un service.

affectedness [ə'fektidnəs], *s.* Affectation *f*; manque *m* de naturel; apprêt *m* (de langage, etc.); afféterie *f*.

affection [ə'fekʃ(ə)n], *s.* **1.** Affection *f*; impression (ressentie par ou produite sur l'âme ou le corps). **2.** Affection, tendresse *f*; amitié *f*, attachement *m*. **To have an affection for s.o., to feel affection towards s.o.,** avoir, ressentir, de l'affection pour qn; affectionner qn. *To entertain a sincere a. for s.o.*, nourrir une sincère affection pour qn. *He is held in great a.*, on l'aime beaucoup; il est très aimé. **To gain, win, s.o.'s affection,** s'affectionner qn, se faire aimer de qn; gagner l'affection, le cœur, de qn. *To set one's affections on s.o.*, placer son affection sur qn. **3.** *Med:* Affection (de poitrine, de la peau, etc.). **Nervous affection,** affection nerveuse. **4.** *pl. Phil:* Attributs *m*, qualités *f* (des corps).

affectional [ə'fekʃənəl], *a.* **1.** Capable d'affection. **2.** = AFFECTIVE.

affectionate [ə'fekʃənet], *a.* Affectueux, aimant. *Your a. son . . .*, votre fils affectionné. . . . **-ly,** *adv.* Affectueusement, affectionnément. *To behave a. towards s.o.*, se montrer affectueux avec qn. **Yours affectionately . . .,** à vous de (tout) cœur . . ., bien affectueusement le vôtre. . . .

affectionateness [ə'fekʃənetnəs], *s.* Affectuosité *f*.

affective [ə'fektiv], *a. Psy:* Affectif.

afferent ['afərənt], *a. Physiol:* (Vaisseau) afférent.

affiance¹ [ə'faiəns], *s. A. & Poet:* **1.** Foi *f*, confiance *f* (*in*, en). **2.** Fiançailles *fpl*.

affiance², *v.tr. Lit:* Fiancer (*s.o. to s.o.*, qn avec qn).

affianced, *a.* **To be affianced to s.o.,** être fiancé(e) à qn. *She became a. to him*, elle devint sa fiancée; elle se fiança avec lui. **The affianced couple,** les deux fiancés. *A. bride*, fiancée *f*.

affidavit [afi'deivit], *s. Jur:* Déclaration *f* par écrit et sous serment, enregistrée sur acte timbré; attestation *f* par écrit; déposition *f* (de témoin) sous serment; affirmation *f*. *A. made by process server*, constat *m* d'huissier. (*Of the deponent*) **To swear an affidavit,** certifier sous serment une déclaration (écrite). **To take an affidavit,** (i) (*of the judge*) obtenir une déclaration (écrite) sous serment, (ii) *F:* faire une déclaration sous serment. *Evidence taken on a.*, dépositions recueillies sous serment; dépositions rigoureuses en témoignage.

affiliate [ə'filieit], *v.tr.* **1.** (*Of a society*) *To a. members*, s'affilier des membres. **2.** (*a*) *To a. a member to, with, a society*, affilier un membre à une société. *To a. (oneself) to, with, a society*, s'affilier à une société. **Affiliated firm,** filiale *f*. (*b*) *v.i: U.S:* Entrer en relations, fraterniser (*with*, avec). **3.** *Jur: To a. a child (up)on, to, a putative father*, assigner un enfant à un père putatif.

affiliation [afili'eiʃ(ə)n], *s.* **1.** (*a*) Affiliation *f* (à une société). (*b*) *U.S: Political affiliations*, attaches *f* politiques. **2.** *Jur:* (*a*) *A:* Légitimation *f*, reconnaissance *f* (d'un enfant). (*b*) *A:* Adoption *f* (d'un enfant). (*c*) Procédure *f* en recherche de paternité; recherche *f* de la paternité. *Action (by bastard) for a.*, recherche de paternité.

affined [ə'faind], *a. A:* Apparenté.

affinity [ə'finiti], *s.* (*a*) Affinité *f* (*with, to*, avec; *between*, entre). *Spiritual a.*, affinité spirituelle. (*b*) Conformité *f* de caractère. (*c*) *Ch:* **Affinity for a body,** affinité pour un corps. (*d*) Parenté *f* par alliance; affinité.

affirm [ə'fəːrm], *v.tr.* **1.** Affirmer, soutenir (*that*, que). *To a. sth. to s.o.*, affirmer qch. à qn; assurer qch. à qn; assurer qn de qch. **2.** *Jur:* Confirmer, homologuer (un jugement).

affirmable [ə'fəːrməbl], *a.* Qui peut s'affirmer; (conclusion) valide.

affirmant [ə'fəːrmənt], *s. Jur:* Personne *f* qui fait une déclaration solennelle (tenant lieu de serment).

affirmation [afər'meiʃ(ə)n], *s.* **1.** (*a*) Affirmation *f*, assertion *f*. (*b*) *Jur:* Déclaration solennelle (tenant lieu de serment) (p. ex. lorsque le témoin n'a pas de foi religieuse). **2.** *Jur:* Confirmation *f*, homologation *f* (d'un jugement).

affirmative [ə'fəːrmətiv]. **1.** *a.* Affirmatif. *To make an a. sign*, faire un signe affirmatif; faire signe que oui. *Nau:* **Affirmative signal,** triangle *m* oui. **2.** *s. If he replies* **in the affirmative,** s'il répond affirmativement; s'il répond par, dans, l'affirmative; si sa réponse est affirmative. *The answer is in the a.*, la réponse est oui. *To nod in the a.*, faire signe que oui. **-ly,** *adv.* Affirmativement; *Log:* assertivement.

affirmatory [ə'fəːrmətəri], *a.* Affirmatif.

affix¹ ['afiks], *s.* **1.** Addition *f* (à un mémoire). **2.** *Ling:* Affixe *m*.

affix² [ə'fiks], *v.tr.* Attacher (*sth. to sth.*, qch. à qch.). *To a. a seal, a stamp, to a document*, apposer un sceau, un timbre, à, sur, un document. *Com: The affixed statement of account*, le relevé ci-contre.

affixing, *s. A. of a stamp*, apposition *f* d'un timbre.

afflatus [ə'fleitəs], *s.* Souffle *m* (divin, du génie).

afflict [ə'flikt], *v.tr.* Affliger, tourmenter, désoler. **To be afflicted with rhumatism,** être affligé de rhumatismes. *To be afflicted at, by, a piece of news*, être affligé, s'affliger, d'une nouvelle. *Do not a. yourself*, ne vous affligez pas. *s.* **The afflicted,** les affligés.

afflicting, *a.* Affligeant.

affliction [ə'flikʃ(ə)n], *s.* **1.** Affliction *f*. *Deafness is a great a.*, la surdité est une grande affliction. *F:* **To eat the bread of affliction,** manger le pain d'affliction. *These forms to be filled in are my a.*, ces formules à remplir font mon désespoir. **2.** Calamité *f*, revers *m*. *We survived all these afflictions*, nous avons survécu à tous ces revers de fortune. **3.** **The afflictions of old age,** les infirmités *f* de la vieillesse.

afflictive [ə'fliktiv], *a.* Pénible. *A: To be a. to s.o.*, affliger, peiner, qn.

affluence ['afluəns], *s.* **1.** Affluence *f*; grand concours (de peuple, etc.). **2.** Abondance *f*, richesse *f*. *To live in a.*, vivre dans l'opulence *f*. *To rise to a.*, arriver à la fortune.

affluent¹ ['afluənt], *a.* **1.** Abondant, riche (*in*, en). **2.** Opulent, riche. *In a. circumstances*, très à l'aise. *To be in a. circumstances*, jouir d'une large aisance.

affluent². **1.** *a. Physiol: A. blood*, sang affluent. **2.** *s. Geog:* Affluent *m* (d'une rivière).

afflux ['aflʌks], *s.* **1.** Afflux *m*, affluence *f* (du sang, etc.). **2.** Concours *m* (de gens). *A sudden a. of strangers*, une affluence inopinée d'étrangers.

afford [ə'fɔːrd], *v.tr.* **1.** (*Usu. with 'can'*) (*a*) Avoir les moyens (pécuniaires) (de faire qch.); être en mesure (de faire qch). *A piece of extravagance I could ill a.*, une extravagance qui n'était guère dans mes moyens. **I can, cannot, afford to be generous,** mes moyens me permettent, ne me permettent pas, d'être généreux. *I cannot a. to be idle*, je ne suis pas à même de ne rien faire. *I cannot a. them holidays at my expense*, je n'ai pas les moyens de leur payer des congés. *He can(not) a. wine*, ses moyens (ne) lui permettent (pas) de boire du vin; il ne peut pas se payer le luxe de boire du vin. **I can't afford it,** mes moyens ne le permettent pas; c'est trop cher pour moi. *I can't a. so much, as much as that*, je ne peux pas y mettre tant que ça, donner tant d'argent que cela. *He can well a. to build*, il a largement les moyens de bâtir. (*b*) **I can afford to wait,** je peux attendre. *We can't a. to lose a minute*, il n'y a pas une minute à perdre. *Can you a. the time?* disposez-vous du temps (nécessaire)? *I cannot a. to create a bad impression*, cela me nuirait de faire une mauvaise impression. *I cannot a. to lose my good name*, ma réputation m'est trop précieuse pour que je risque de la perdre. *I cannot a. to die yet*, je ne suis pas encore prêt à mourir. **2.** (*Give, provide*) (*a*) *Lit:* (*Of pers.*) Donner, accorder (qch. à qn). *Kind heaven a. him everlasting rest*, que Dieu dans sa miséricorde lui donne le repos éternel. (*b*) (*Of thg*) Fournir, offrir. *These trees afforded us but little shelter*, ces arbres ne nous fournissaient qu'un piètre abri. **This will afford me an opportunity to . . .,** cela me fournira l'occasion de. . . . *History affords several examples of it*, l'histoire en offre plusieurs exemples. **This affords me great pleasure,** cela me procure un grand plaisir, me fait grand plaisir.

afforest [ə'fɔrest], *v.tr.* **1.** *A:* Convertir (une région) en grande chasse gardée. **2.** (*a*) Boiser (une terre, une région); soumettre (une région) au régime forestier. (*b*) Reboiser.

afforestation [afɔres'teiʃ(ə)n], *s.* **1.** *A:* Conversion *f* (d'une région) en chasse gardée. **2.** (*a*) Boisement *m*, afforestation *f*; plantation *f* en bois; soumission *f* (d'une région) au régime forestier. (*b*) Reboisement.

affranchise [ə'frantʃaːiz], *v.tr.* **1.** Affranchir (un serf, un esclave). **2.** *Lit: To a. s.o. from an oath*, dégager, délier, qn d'un serment.

affranchisement [ə'frantʃizmənt], *s.* Affranchissement *m* (d'un serf, d'un esclave).

affray [ə'frei], *s.* **1.** Bagarre *f*, échauffourée *f*. **2.** (*Between two men*) Rixe *f*.

affreight [ə'freit], *v.tr. A:* = FREIGHT² 1.

affreightment [ə'freitmənt], *s. Com:* Affrètement *m*, nolis *m*.

affricate ['afriket], **affricative** [ə'frikətiv], *s. Ling:* Affriquée *f*.

affright [ə'frait], *v.tr. A:* = FRIGHTEN.

affront¹ [ə'frʌnt], *s.* Affront *m*, offense *f*; *F:* soufflet *m*. *To put an a. upon s.o., to offer an a. to s.o.*, faire (un) affront, faire une avanie, à qn. **To suffer an affront** (*at the hands of s.o.*), essuyer une avanie (de la part de qn). *To pocket an a.*, avaler un affront; *F:* avaler une couleuvre, un crapaud.

affront², *v.tr.* **1.** (*a*) Insulter, offenser; faire (un) affront à (qn). (*b*) Faire rougir (qn); faire honte à (qn). **2.** *A. & Lit:* Affronter, braver (un danger, la mort).

affronting, *a.* Insultant, offensant.

affrontee [ə'frʌntiː], *a. Her: Num:* Affronté.

affronter [ə'frʌntər], *s.* Insulteur *m*, offenseur *m*.

affusion [ə'fjuːʒ(ə)n], *s.* **1.** *Med: etc:* Affusion *f*, aspersion *f*. **2.** *Ecc:* (*Form of baptism*) Infusion *f*.

Afghan ['afgan]. **1.** *Pr.n. Ethn:* Afghan, -ane. **2.** *s. A:* Couverture *f* ou châle *m* en tricot.

afield [ə'fiːld], *adv.* (*a*) *Lit: To be a.*, (*of labourer*) être aux champs; (*of warrior*) être en campagne. *To go, walk, a.*, aller, se promener, dans les champs. (*b*) *F:* **To go far afield, farther afield,** aller très loin, plus loin.

afire [ə'faiər], *adv. & pred. a. A. & Lit:* En feu. *The chimney is a.*, le feu est à la cheminée. **To be (all) afire with the desire to . . .,** brûler du désir de. . . . *To set sth. a.*, mettre le feu à qch. *F: To set s.o. a.*, enflammer qn.

aflame [ə'fleim], *adv. & pred. a. Lit:* En flammes, embrasé. **To be aflame with colour,** briller de vives couleurs; rutiler. *To be a. with curiosity*, brûler de curiosité. *Heart a. with passion*, cœur embrasé. **To set sth. aflame,** mettre qch. en feu, en combustion; embraser, enflammer (les cœurs, le pays); mettre le feu à qch. *This rumour had set Vendée a.*, cette rumeur avait mis le feu à la Vendée.

afloat [ə'flout], *adv. & pred. a.* **1.** (*a*) A flot, sur l'eau; à la mer. (*Of ship, F: of pers.*) **To be afloat,** être à flot. **To set a ship afloat,** lancer, mettre à la mer, mettre à l'eau, un navire. *F: To set a newspaper, etc., a.*, lancer un journal, etc. *To get, set, a ship*,

F: s.o., a. again, renflouer un navire; remettre un navire, qn, à flot. (*Of ship*) *To get a.* (*after running aground*), se déséchouer; détoucher. *To keep a ship a.*, maintenir un navire à flot. *What had remained a. from the wreck*, ce qui avait surnagé au naufrage. *F:* (*Of pers.*) **To keep afloat**, se maintenir à flot; surnager. *Com: To keep bills a.*, faire circuler des effets. (*b*) **Service afloat**, service *m* à bord. *To serve a.*, servir sur mer. *Navy: Officer serving a.*, officier embarqué. (*c*) *The deck was a.*, le pont était submergé. **2.** (*Of rumour, etc.*) *To be a.*, courir, circuler. **To set rumours afloat (about s.o.)**, mettre des rumeurs en circulation, faire courir des histoires, donner cours à un bruit, semer des rumeurs (sur le compte de qn). *This notion is a. again*, cette idée revient sur l'eau. *That is the tale a.*, voilà ce qu'on raconte. *There are evil reports a. about him*, de mauvais bruits courent sur son compte.

aflutter [a'flʌtər], *adv. & attrib. a. Lit:* (Cœur) palpitant, ému.

afoam [a'foum], *adv. & attrib. a. Lit:* Écumant.

afoot [a'fut], *adv.* **1.** *To be, to go, to come, a.*, être, aller, venir, à pied. **2. To be afoot.** (*a*) Être sur pied, en mouvement. *She is early a.*, elle est levée, debout, sur pied, de bonne heure. (*b*) *He was a. in a moment*, (i) il se releva, (ii) il mit pied à terre, sur-le-champ. **3.** *F: A plan is a. to . . .*, on envisage, on a formé, un projet pour . . .; on a formé le projet de. . . . **There's something afoot**, il se prépare quelque chose; il se trame quelque chose; *F:* il se tripote qch; il y a quelque chose (en train). *There is mischief a.*, il se prépare un mauvais coup. *I wish I knew what is a.*, je voudrais bien savoir de quoi il retourne. *Go and see what is a.*, allez voir ce qui se passe. *To set a rumour a.*, mettre un bruit en circulation.

afore [a'fɔːər], *adv. & prep.* **1.** *Nau:* **Afore (the mast)**, sur l'avant (du mât). *Look out a. there!* veillez devant! **2.** *A. & Dial:* = BEFORE. **3. Afore-cited, -mentioned, -named, aforegoing, aforesaid**, précité, prémentionné, susmentionné, susnommé, susdit, mentionné ci-dessus. **As aforesaid**, (i) comme il est dit plus haut; (ii) *Jur:* ainsi qu'il a été spécifié plus haut. **Afore-seen**, déjà vu.

aforehand [a'fɔːərhand], *adv. A:* = BEFOREHAND.

aforethought [a'fɔːərθɔːt], *a. Jur:* **With, of, malice aforethought**, avec préméditation, avec intention criminelle.

aforetime [a'fɔːərtaim], *adv. A:* Anciennement, autrefois, jadis.

afraid [a'freid], *pred. a.* Pris de peur. **To be afraid (of s.o., of sth.)**, avoir peur (de qn, de qch.); craindre (qn, qch.). *Don't be a.*, *Lit:* **be not afraid**, n'ayez pas peur; ne craignez rien. *To make s.o. a.*, faire peur à qn; effrayer qn. *He is a. in the dark*, il craint l'obscurité; il a peur à la nuit. **To be afraid to do, of doing, sth.**, ne pas oser faire qch.; avoir peur, craindre, de faire qch. *I should be a. to ask him for help*, je n'oserais pas lui demander du secours. *I was a. lest, that, I should offend him, I was a. of offending him*, j'avais peur, je craignais, de l'offenser. *I am a. he will die*, je crains qu'il ne meure. *I am not a. of his dying*, je ne crains pas qu'il meure. *I am a. that he will not come, of his not coming*, j'ai peur qu'il ne vienne pas. *We shall be very late, I'm a.*, je crains bien que nous arrivions très en retard. **I'm afraid it is so!** j'en ai (bien) peur! *I'm a. I can't tell you*, je ne saurais guère vous le dire. *I am a. he is out*, je crois bien qu'il est sorti. *I'm a. that it is too true*, je crains bien que ce ne soit que trop vrai. *F:* **To be afraid of work**, bouder à la besogne. *He is not a. of work*, il ne renâcle pas devant la besogne. *See also* MORTALLY 2.

afreet ['afriːt], *s. Arab.Myth:* Afrite *m*.

afresh [a'freʃ], *adv.* De nouveau, à nouveau. *Her tears had started a.* ses larmes coulaient de nouveau, de plus belle. *To attack a subject a.*, s'attaquer à nouveau à un sujet. **To start sth. afresh**, recommencer qch.

Africa ['afrika]. *Pr.n. Geog:* L'Afrique *f*.

African ['afrikən], *a. & s. Geog:* Africain, -aine.

Afrikaans [afri'kɑːns], *s. Ling:* = TAAL.

Afrikander [afri'kandər], *s. & a. Geog:* Afrikander (*m*); natif, -ive, de l'Afrique du Sud d'extraction hollandaise.

afrit(e) ['afriːt], *s.* = AFREET.

Afro-American ['afroa'merikən], *a. & s. Ethn:* Noir(e) né(e) en Amérique.

aft [ɑːft]. **1.** *adv. Nau:* Sur, à, vers, l'arrière. *To berth aft*, coucher à l'arrière. *To go aft*, aller à l'arrière. **Aft of the mast, of the funnel**, sur l'arrière du mât, de la cheminée. (*Of wind*) **To veer, draw, aft**, adonner. *To have the wind dead aft*, avoir le vent en poupe, entre deux écoutes. *See also* FORE-AND-AFT. **2.** *a.* **Aft end**, extrémité *f* arrière.

'aft-bay, *s.* = TAIL-BAY 2.

'aft-gate, *s.* Porte *f* d'aval (d'une écluse).

after ['ɑːftər]. I. *adv.* Après. **1.** (*Place, order*) **To come after**, venir après, venir à la suite. *And Jill came tumbling a.*, et Jill dégringola après lui, derrière lui. *You speak first, I shall speak a.*, parlez d'abord, je parlerai ensuite. **2.** (*Time*) *I never spoke to him a.*, je ne lui ai jamais parlé après. *I heard of it a.*, je l'ai appris plus tard. *He was ill* **for months after**, il en est resté malade pendant des mois. *I was never so treated either before or a.*, je n'ai jamais été traité de la façon ni avant ni depuis. **Soon, long, after**, bientôt, longtemps, après. *The night, the week, a.*, la nuit, la semaine, d'après. *A year a.*, un an après, plus tard. *See also* DAY 1, EVER 1, MORNING 1.

II. **after**, *prep.* Après. **1.** (*Place*) (*a*) *To walk a. s.o.*, marcher après qn. *He closed the door a. him*, il referma la porte sur lui. *The chemist is just a. the church*, le pharmacien est tout de suite après l'église. (*b*) *To run, shout, a. s.o.*, courir, crier, après qn. *F:* **To be after s.o., sth.**, être après qn, qch.; être en quête de qn, de qch. *The dogs were a. the fox*, les chiens étaient à la poursuite du renard. *The police are a. you*, la police est à vos trousses. *The boys are a. your fruit*, les gamins en veulent à vos fruits. *To be a. a job*, être en quête d'un emploi; chercher un emploi. *We are both a. the same thing, F:* nous courons le même lièvre. *See also* GO AFTER. *Nobody comes a. her*, elle n'est recherchée, courtisée, de personne. **What is he after?** (i) qu'est-ce qu'il a en tête? (ii) qu'est-ce qu'il cherche? *F:* après quoi en a-t-il? *I see what you're a.*, je vois où vous voulez en venir. *Money is what he is a.*, c'est de l'argent qu'il lui faut. **2.** (*Time*) *To reign a. s.o.*, régner après qn. *A. three months*, après, au bout de, trois mois. **After dinner**, après dîner. *I shall be disengaged a. three o'clock*, je serai libre à partir de trois heures. **After this date . . .**, passé cette date. . . . **On and after the 15th**, à partir du quinze. **After hours**, après le travail; après les heures de service; après l'heure de fermeture. *A. dining he went out*, après avoir dîné il sortit. *A. drinking he had an evil temper*, il était méchant après boire. **After all (said and done)**, au bout du compte, à la fin des fins, somme toute, tout compte fait, au demeurant, au résumé, après tout, enfin. *A. all, what does it matter?* après tout, qu'est-ce que ça fait? *The day a. the battle*, le lendemain de la bataille. *The morning a. the battle*, le lendemain matin de la bataille; le matin qui suivit la bataille. **The day after to-morrow**, après-demain. *It is a. five (o'clock)*, il est plus de cinq heures; il est passé cinq heures; il est cinq heures passées. *U.S: It is* **half after four**, il est quatre heures et demie. *They entered* **one after the other**, ils entrèrent à la file, les uns après les autres. *He read page a. page*, il lut page sur page. *To commit blunder a. blunder*, faire sottise sur sottise. *I have told you that* **time after time**, je vous ai dit cela maintes (et maintes) fois, je ne sais combien de fois. *See also* DAY 1, ON[1] I. 5. **3.** (*Order*) (*a*) *The first a. the king*, le premier après le roi. **'After you, sir,'** "après vous, monsieur." *F: A. you with the butter*, après vous le beurre. (*b*) *I put Milton a. Dante*, je mets Milton au-dessous de Dante. **4.** (*Manner*) **After a pattern**, d'après, suivant, selon, un modèle. *Landscape a. Turner*, paysage *m* d'après Turner, à la (manière de) Turner. *A. the old style, a. the Russian fashion*, à la vieille mode, à la Russe. *See also* TAKE AFTER.

III. **after**, *conj.* Après que + *ind. I come after he goes*, je viens après qu'il est parti. *I shall come a. he goes, a. he has gone*, je viendrai après qu'il sera parti. *I came a. he went, a. he had gone*, je suis venu après qu'il fut parti.

IV. **after-**, *a.* **1.** Après. **2.** A venir. **3.** Arrière. *See also* GUN[1] 1, SAIL[1] 1.

'after-ages, *s.pl.* **1.** Les siècles futurs; la postérité. **2.** Les époques postérieures.

'after-beat, *a. Mus:* **After-beat accompaniment**, accompagnement *m* à contre-temps.

'after-body, *s. Veh:* (Train-)arrière *m*, arrière-train *m*.

'after-cabin, *s. Nau:* Chambre *f* de l'arrière.

'after-care, *s.* Surveillance *f* (de convalescents, de jeunes criminels, d'écoliers sortis de l'école).

'after-culture, *s. For: etc:* Regarnissage *m*; restauration *f* des vides.

'after-damp, *s. Min:* Gaz *m* délétères (provenant d'une explosion de grisou); mofette *f*.

'after-days, *s.pl.* La suite des temps. **In after-days**, (i) dans les jours à venir; (ii) dans les jours qui suivirent; dans la suite; plus tard dans la vie.

'after-deck, *s. Nau:* Arrière-pont *m*, pont arrière.

'after-'dinner, *s.* Après-dîner *m*; la soirée. *A.-d. guests, F:* les invités cure-dents. *See also* SPEECH 4.

'after-effect(s), *s.* (*pl.*) Suites *fpl*, contre-coup *m*, répercussion *f* (d'un événement); séquelles *fpl*, reliquat *m* (d'une maladie).

'after-fame, *s.* Renommée *f* posthume; gloire *f* posthume.

'after-felling, *s. For:* Coupe *f* secondaire.

'after-gas, *s. Min:* = AFTER-DAMP.

'after-grass, *s. Agr:* Regain *m* (d'herbe).

'after-growth, *s.* = AFTERCROP.

'after-hold, *s. Nau:* Cale *f* arrière.

'after-image, *s. Physiol:* Image persistante (sur la rétine).

'after-life, *s.* **1.** La vie future. **2.** Suite *f* de la vie. **In after-life**, plus tard dans la vie.

'after-mast, *s. Nau:* Mât *m* de l'arrière.

after-mentioned, *a.* Mentionné ci-après.

'after-pains, *s.pl. Obst:* Tranchées utérines.

'after-peak, *s.* Arrière-bec *m* (d'un ponton).

'after-rope, *s. Nau:* Amarre *f* de l'arrière.

'after-run, *s. Nau:* Coulée *f* arrière (d'un navire).

'after-'school, *a.* Postscolaire.

'after-shock, *s. Geol:* Réplique *f* (d'un séisme).

'after-supper, *s.* (*a*) *A:* L'après-souper *m*. (*b*) *Attrib. A.-s. nap*, sieste *f* d'après-souper.

'after-swarm, *s. Ap:* Jet *m*, rejet *m* (d'abeilles).

'after-taste, *s.* Arrière-goût *m*; (*of wine*) déboire *m*.

'after-treatment, *s.* Soins ultérieurs (à donner à un convalescent); traitement ultérieur (d'un produit).

'after-'war, *attrib. a. A.-war period*, période *f* d'après-guerre; l'après-guerre *m*.

'after-wisdom, *s.* Sagesse *f* tardive, après coup.

'after-wise, *a.* Sage après coup.

'after-wit, *s.* **1.** Esprit *m* de l'escalier. **2.** *A:* Sagesse *f* après coup.

'after-word, *s.* Postface *f*, épilogue *m*.

'after-world, *s.* Le monde futur; les générations *f* à venir.

'after-years, *s.pl.* **1.** Le temps à venir; la suite des temps. **2.** Années *f* (de la vie) qui suivirent ou qui suivront. **In after-years**, plus tard (dans la vie).

afterbirth ['ɑːftərbəːrθ], *s.* **1.** *Obst:* Arrière-faix *m*, délivre *m*, secondines *fpl*. **2.** *Jur:* Naissance posthume ou postérieure au testament.

afterclap ['ɑːftərklap], *s.* Contre-coup *m* (d'un événement, etc.).

aftercrop ['ɑːftərkrɔp], *s.* Regain *m* (de foin); seconde récolte.

afterglow ['ɑːftərglou], *s.* **1.** Dernières lueurs, derniers reflets, du (soleil) couchant. **2.** *El: etc:* Incandescence résiduelle. **3.** *Physiol:* Réaction *f* (après un bain froid, etc.).

aftermath ['ɑːftərmaθ], *s.* **1.** *Agr:* Regain *m* (de foin); arrière-foin *m*. **2.** Suites *fpl* (d'un événement). *The a. of war*, les répercussions *f* de la guerre; l'après-guerre *m*.
aftermost ['ɑːftərmoust], *a. Nau: The a. part*, la partie la plus en arrière, la plus à l'arrière.
afternoon [ɑːftər'nuːn], *s.* Après-midi *m or f*, après-dîner *m*. *I shall see him this a.*, je le verrai cet(te) après-midi. **In the afternoon,** (pendant) l'après-midi. *At half past two in the a.*, à deux heures et demie de l'après-midi; *Jur: etc:* à deux heures et demie du soir, à deux heures et demie de relevée. *Every a.*, tous les après-midi. *I saw him on Tuesday a.*, je l'ai vu mardi après-midi. *It will rain, it rained, this a.*, il pleuvra, il a plu, tantôt. **Musical afternoon,** thé musical, *pl.* **thés musicaux. Good afternoon!** bonjour! *See also* TEA[1] 2.
afterpiece ['ɑːftərpiːs], *s.* **1.** *Th:* Divertissement *m* (de fin de représentation). **2.** *N.Arch:* Safran *m* (du gouvernail).
afterthought ['ɑːftərθɔːt], *s.* Réflexion *f* après coup. *To add a condition* **as an afterthought,** ajouter une condition après coup.
afterwards ['ɑːftərwərdz], *adv.* Après, plus tard, ensuite, dans la suite, par la suite. *I only heard of it a.*, je ne l'ai su qu'après coup. *A long time a.*, longtemps après, longtemps plus tard. **They lived happily ever afterwards,** depuis lors ils vécurent toujours heureux.
aga [a'gɑː, 'aga], *s. Turk.Civ:* Aga *m*.
again [a'gein], *adv. With a vb. often rendered by the pref.* re-: *to begin a.*, recommencer; *to bring a.*, ramener, rapporter; *to do a.*, refaire; *to come down, up, a.*, redescendre, remonter. *See also* BEGIN, BOARD[1] 4, CALL[2] II., FALL[2] 1, FIND[1] 1, FREEZE 1, GO DOWN, GO OUT, GO UP, HEAT UP, MARRY[1] 2, PACK[2] I. 1, SAY[2] 1, SEE[1] 1, WRITE, *etc.* **1.** (*a*) De nouveau, encore; *Lit:* derechef. **Once again,** encore une fois, une fois de plus. **What again?** quoi encore? **Here we are again!** *F:* nous revoilà! *Don't do it a.!* ne recommencez pas! ne recommencez plus! *They are at it a.!* les voilà qui recommencent! *There is the dog howling a.*, voilà encore, *F:* revoilà, le chien qui hurle. *See also* GO[2] 5. *He must have this, and that, and a. this, and a. that*, il lui faut ceci, cela, receci, recela. **Never again,** (ne . . .) jamais plus, plus jamais (. . . ne). *Such a thing will never happen a.*, pareille chose ne se reproduira plus. **Again and again, time and again,** maintes et maintes fois; à plusieurs reprises. *I have told you so a. and a.*, je vous l'ai dit vingt fois, cent fois. **Now and again, ever and again,** de temps en temps; de temps à autre. *See also* NOW I. 1, ONCE 1, OVER II. 1. **As much again,** deux fois autant. *As large, as heavy, a.*, deux fois aussi grand, aussi lourd. **Half as much again,** de moitié plus. *Half as long a.*, de moitié plus long. *He is as old a. as Mary is*, il a deux fois l'âge de Marie. (*b*) (*Back*) *To send, give, sth. back a.*, renvoyer, rendre, qch. *To come a.*, revenir. *To come to oneself a.*, revenir à soi. (*c*) *F:* **What's his name again?** comment s'appelle-t-il déjà? (*d*) (*Intensive*) *The blow made his ears* **ring again,** ce fut un coup à lui faire tinter les oreilles. *The loaded table groaned a.*, la table chargée gémissait sous le poids. **2.** (*a*) De plus, d'ailleurs, en outre. *A. I am not sure that . . .*, d'ailleurs je ne suis pas sûr que. . . . (*b*) **(Then) again . . .; (and) again . . .,** d'autre part; d'un autre côté.
against [a'geinst], *prep.* Contre. **1.** (*a*) *To fight a. s.o.*, se battre contre qn. *To march a. the enemy*, marcher à l'ennemi. *See also* GO AGAINST, TURN[2] I. 5. *I have nothing to say a. it*, je n'ai rien à dire là-contre. *To argue a. sth.*, plaider à contre-pied de qch. *To be a. sth. being done*, être opposé à ce que quelque chose se fasse. *They fought man a. man*, ils se battirent homme à homme. *It was done a. my will*, cela s'est fait contre mon gré. *I did it a. my will*, je l'ai fait malgré moi, à contre-cœur. *To act a. the law*, agir contrairement à loi. *Action that is a. the rules*, action contraire aux règlements. *He is dead a. persecution*, il est ennemi des persécutions. *Fate was a. him*, le destin lui fut contraire. *Conditions are a. us*, les conditions (nous) sont défavorables. *Book-k: To make an entry a. s.o.*, débiter qn. *To maintain an opinion a. the whole world*, soutenir une opinion envers et contre tous. *His manner is a. him*, son abord lui est préjudiciable. *Her age is a. her*, on peut lui objecter son âge. *His appearance is, goes, a. him*, il ne paye pas de mine. *There is no law a. it*, il n'y a pas de loi qui s'y oppose. *To brush a hat* **against the nap,** brosser un chapeau à contre-poil, à rebours, à rebrousse-poil. **Against the hair,** à contre-poil. *See also* GRAIN[1] 3, LIGHT[1] 1, TIDE[1] 2, TIME[1] 1. *Mec: To act a. a force*, contrarier une force. (*b*) *Warned a. s.o., sth.*, mis en garde contre qn, qch. (*c*) *To run, dash, a. the wall*, courir, aller, donner, contre le mur; *Aut:* aller s'emboutir contre le mur. *F: To run up a. s.o.*, rencontrer qn par hasard. *See also* COME UP, UP[1] I. 5. (*d*) *Leaning a. the wall*, appuyé contre le mur. *To place sth.* (*with its back*) *a. a wall*, adosser qch. à un mur. *To build a house up a. a hill*, appuyer une maison contre une colline. (*e*) A l'encontre de. *Never go a. Nature*, il ne faut jamais aller à l'encontre de la Nature. **2.** (*a*) *My rights (as) a. the Government*, mes droits vis-à-vis du Gouvernement. (*b*) **Over against the school,** en face de l'école, vis-à-vis de l'école. **3.** *To show up a. a background*, se détacher sur un fond. **4.** (*a*) *To make preparation a. his return*, faire des préparatifs pour son retour. *To buy preserves a. the winter*, acheter des conserves en prévision de l'hiver. (*b*) *conj. A: Be ready a. he comes*, soyez prêt pour quand il arrivera. **5.** *Three deaths this year* **as against** *thirty in* 1934, trois morts cette année contre trente, comparées à trente, en 1934.
agama [a'gama], *s. Rept:* Agame *m*.
agami [a'gami], *s. Orn:* Agami *m*.
agamic [a'gamik], **agamous** ['agaməs], *a. Biol:* Agame.
agamoid ['agamɔid], *s. Rept:* Agamidé *m*.
agape[1] [a'geip], *adv. & pred. a.* Bouche bée. *To stand a.*, rester bouche bée. *Mouth a. with astonishment*, bouche arrondie par l'étonnement. *With eyes a.*, les yeux tout grand ouverts; avec des yeux tout ronds.
agape,[2] *pl.* **-ae** ['agapiː], *s. Rel.H:* Agape *f*.
agapeti [aga'piːtai], *s.m.pl. Rel.H:* Agapètes.
agapetae [aga'piːtiː], *s.f.pl. Rel.H:* Agapètes.
agar-agar [eigɑr'eigɑr], *s.* Agar-agar *m*, gélose *f*.
agaric ['agarik, a'garik], *s.* **1.** *Fung:* Agaric *m*. **Fly-agaric,** (amanite *f*) tue-mouches *m*. **St George's agaric,** mousseron *m*. **Fairy-ring agaric,** faux mousseron. *See also* ORANGE-MILK, TINDER. **2.** *Miner:* **Agaric mineral,** agaric minéral, agaric fossile, agarice *f*.
agate ['aget], *s.* **1.** *Miner:* Agate *f*. **Eye-agate,** agate œillée; onyx œillé. **Tree-agate,** *dendritic a.*, agate arborisée. *See also* BANDED, MOSS-AGATE, RIBBON[1] 5. **2.** *Tls:* Agate à brunir. **3.** *Typ: U.S:* = RUBY 3 (*a*).
Agatha ['agaθa]. *Pr.n.f.* Agathe.
Agathocles [a'gaθokliːz]. *Pr.n.m. Gr.Hist:* Agathocle.
agave [a'geivi], *s. Bot:* Agave *m*.
age[1] [eːidʒ], *s.* **1.** Age *m*. (*a*) **Middle age,** âge mûr. *Man of middle age*, homme d'âge mûr. **To be past middle age,** être sur le retour; être sur le déclin de la vie. *See also* EARLY I. 1, GREEN[1] 1, PENSION[1] 1. **Of uncertain age,** entre deux âges. **To be twenty years of age,** être âgé de vingt ans. **What age are you?** quel âge avez-vous? *When I was your age . . .*, quand j'avais votre âge. . . . *When I was a little girl your age . . .*, quand j'étais une petite fille de votre âge. . . . *He has a daughter your age*, il a une fille de votre âge. *At his age he ought to be able to fend for himself*, à son âge, à l'âge qu'il a, il devrait se suffire. **To be under age,** être mineur. **Full age,** âge légal; (état *m* de) majorité *f*. **To be of (full) age,** être majeur. **To come of age,** atteindre sa majorité. **Coming of age,** entrée *f* en majorité. *On, at, his coming of age*, à sa majorité. **To be over age to do sth.,** être trop âgé pour faire qch. **To be of an age to marry,** être en âge de se marier. **Age of discretion,** âge de raison, de discrétion. *See also* AWKWARD 1, GROWING[2] 1. **He does not look his age,** il ne porte pas son âge. *She might be any age*, elle n'a pas d'âge; elle est sans âge. *He might be any age between forty and sixty*, il pouvait, peut, avoir entre quarante et soixante ans. *To be promoted* **in order of age,** avancer à l'ancienneté. **They are of an age,** ils sont du même âge. (*b*) **Old age,** vieillesse *f*. *To entrust sth. to a man of age*, confier qch. à un homme âgé. *The house is falling to pieces with age*, la maison tombe de vieillesse, de vétusté *f*. *See also* OLD 1. **2.** (*a*) Age, époque *f*, siècle *m*. **From age to age,** d'âge en âge. **To all ages,** à tout jamais. **Throughout all ages,** dans tous les temps. *The age we live in*, le siècle où nous vivons; notre siècle. **In our age,** à notre époque. *The present age*, la génération actuelle. *Archeol:* **The stone age,** l'âge de pierre. **The neolithic age,** l'âge de la pierre polie. **The bronze age,** l'âge du bronze. **The iron age,** l'âge du fer. *Hist:* **The Middle Ages,** le moyen âge. **The Augustan Age,** (i) le siècle d'Auguste; (ii) le siècle de Louis XIV; (iii) (*in Engl.*) le siècle de la reine Anne. *Myth:* **The golden age,** l'âge d'or. **The brazen age,** l'âge d'airain. **The iron age,** l'âge de fer. *See also* DARK[1] 7. (*b*) *F:* **It is an age, it is ages, since I saw him,** *I haven't seen him for ages*, il y a un siècle, une éternité, des éternités, que je ne l'ai vu. **3.** *Cards:* (*At poker*) Joueur *m* à gauche, qui parle le dernier.
'**age-long,** *a.* (Coutume *f*, etc.) séculaire.
'**age-ring,** *s.* Cerne *m* (d'un arbre).
age[2], *v.* (**aged** [eidʒd], **ag(e)ing** ['eidʒiŋ]) **1.** *v.i.* **Vieillir, prendre de** l'âge. *He had aged beyond his years*, il avait vieilli, et paraissait plus que son âge. **2.** *v.tr.* Vieillir; rendre (qn) vieux. *That hat ages you*, ce chapeau vous vieillit. **3.** *Ind:* Mûrir (un produit).
aged, *a.* **1.** ['eidʒid] Agé, vieux. *An a. man*, un vieillard. *s. The a.*, les vieillards; *F:* les vieux. **2.** [eidʒd] (*a*) *A. twenty years*, âgé de vingt ans. *See also* MIDDLE-AGED. (*b*) *I found him greatly a.*, je le trouvai bien vieilli.
ageing[1], *a.* Vieillissant.
ageing[2], *s.* Vieillissement *m*.
-age [edʒ], *s.suff.* -age *m*. *Advantage*, avantage. *Baggage*, bagage. *Damage*, dommage. *Foliage*, feuillage. *Homage*, hommage. *Marriage*, mariage. *Personage*, personnage. *Tonnage*, tonnage. *Usage*, usage. *Vicinage*, voisinage. *Village*, village. *Voyage*, voyage.
ageless ['eidʒləs], *a.* **1.** Toujours jeune. **2.** Éternel.
agency ['eidʒənsi], *s.* **1.** (*a*) Action *f*, opération *f*. *Through the a. of water*, par l'action de l'eau. (*b*) Agent *m*. *Weathering agencies*, agents d'intempérisme. *Natural agencies*, agents naturels. (*c*) Entremise *f*. *Through s.o.'s a.*, par l'entremise, par l'intermédiaire *m*, de qn. (*d*) **Man has free agency,** l'homme peut agir selon son libre arbitre. **2.** (*a*) *Com:* Agence *f*, bureau *m*. *Sole a. for a firm*, représentation exclusive d'une maison. **Agency office,** bureau d'affaires. *Literary a.*, agence littéraire. *See also* EMPLOYMENT 2, ESTATE-AGENCY, LAND-AGENCY, LITERARY, NEWS-AGENCY, TRAVEL[1] 1. (*b*) *Bank:* (i) Succursale *f*, agence (de banque); (ii) direction *f* d'une succursale de banque. (*c*) *Com:* Comptoir *m* (à l'étranger).
agenda [a'dʒenda], *s.pl.* (*Usu. with sing. concord*) **1.** (*a*) Ordre *m* du jour, programme *m* (d'une réunion). **To place a question on the (list of) agenda,** inscrire une question à l'ordre du jour. (*b*) *Ecc:* Agenda *m*, rituel *m*. **2. Agenda (-book),** agenda.
agent ['eidʒənt], *s.* **1.** (*a*) Agent, -ente. **To be a free agent,** avoir son libre arbitre; avoir le droit d'agir selon son libre arbitre. (*In telepathy*) *A. and percipient*, agent et patient. *See also* SECRET 1. (*b*) Homme *m* d'affaires; régisseur *m* (d'une propriété). *Com: etc:* Agent, représentant *m*. *A. of the firm of . . .*, représentant de la maison. . . . *A. on the spot*, agent à demeure. *We are agents for Messrs X & Co.*, nous représentons la maison X et Cie. *To be sole a. for . . .*, avoir la représentation exclusive de. . . . *Sole a. for a brand*, seul dépositaire d'une marque. *Mercantile a.*, commissionnaire *m*. **Bank agent,** directeur *m* d'une succursale de banque. *U.S:* **Station agent,** chef *m* de gare. *U.S: F:* **Road agent,** voleur *m* de grand chemin. *See also* COMMISSION-AGENT, ESTATE-AGENT, HOUSE-AGENT, INSURANCE 1, LAND-AGENT, LITERARY, PRESS-AGENT, SHIPPING-AGENT. (*c*) *Jur:* Mandataire *mf*, commis *m*; fondé(e) de pouvoir. *See also* PRINCIPAL II. 1. **2.** *Chemical a., therapeutical a.*, agent chimique, agent thérapeutique.
agent-'general, *s.* (*pl.* **agents-'general**) Représentant fondé

de pouvoirs (à Londres, de chacun des territoires de l'Australie et du Canada).

Aggie ['agi]. *Pr.n.f. F:* (*Dim. of Agnes*) Agnès.

agglomerate[1] [a'glɔmərət]. **1.** *a.* Aggloméré. **2.** *s. Geol:* Agglomérat *m*.

agglomerate[2] [a'glɔməreit]. **1.** *v.tr.* Agglomérer. **2.** *v.i.* S'agglomérer.

agglomeration [aglɔmə'reiʃ(ə)n], *s.* Agglomération *f*, agrégation *f*.

agglomerative [a'glɔməreitiv], *a.* Agglomératif.

agglutinant [a'gluːtinənt], *a. & s.* Agglutinant (*m*).

agglutinate[1] [a'gluːtinet], *a.* Agglutiné.

agglutinate[2] [a'gluːtineit]. **1.** *v.tr.* Agglutiner. **2.** *v.i.* S'agglutiner.

agglutinating, *a. Ling:* = AGGLUTINATIVE.

agglutination [agluːti'neiʃ(ə)n], *s.* Agglutination *f*.

agglutinative [a'gluːtineitiv], *a.* Agglutinatif, agglutinant. *Ling:* Agglutinant.

aggradation [agrə'deiʃ(ə)n], *s. Geol:* Alluvionnement *m*.

aggrade [a'greid], *v.tr. Geol:* Remplir, combler, (une vallée, etc.) par alluvionnement.

aggrandize ['agrandaːiz], *v.tr.* Agrandir (un État, l'importance de qn); rendre (qn) plus puissant; exagérer (un incident).

aggrandizement [a'grandizmənt], *s.* Agrandissement *m* (d'un État, etc.). *He does it all for his own a.*, tout cela, il le fait pour se mettre en avant, pour se pousser dans le monde.

aggravate ['agrəveit], *v.tr.* **1.** (*a*) Aggraver (une faute, une difficulté); empirer (un mal); envenimer (une plaie, une querelle). *Burglary aggravated by murder*, cambriolage aggravé de meurtre. *Jur:* **Aggravated larceny**, vol qualifié. *See also* ASSAULT[1] 2. (*b*) Augmenter (l'indignation, la douleur). (*c*) *A:* Exagérer (un danger). **2.** *F:* Agacer, exaspérer (qn); porter sur les nerfs à (qn); *F:* faire endiabler, faire endêver (qn). *To a. s.o. beyond endurance*, pousser qn à bout.

aggravating, *a.* **1.** *A. circumstance*, circonstance aggravante. **2.** *F:* Exaspérant, assommant. *A. child*, enfant insupportable, désespérant, exaspérant.

aggravation [agrə'veiʃ(ə)n], *s.* **1.** (*a*) Aggravation *f* (d'un crime, d'une maladie); envenimement *m* (d'une plaie, d'une querelle). (*b*) *F:* Agacement *m*, exaspération *f*. **2.** Circonstance aggravante.

aggregate[1] ['agreget]. **1.** *a.* (*a*) Collectif. *For an a. period of three years*, pendant trois ans en tout. *Ind: A. output*, rendement global, total, d'ensemble. (*b*) *Bot: Geol: Z:* Agrégé. **2.** *s.* (*a*) Ensemble *m*, total *m*. (*b*) Masse *f*, assemblage *m*, agrégation *f*. *Ch: Miner:* Agrégat *m*. **In the aggregate**, en somme, dans l'ensemble, à tout prendre, somme toute. *Reckoned in the a.*, calculé globalement. *Man in the a.*, l'humanité prise dans sa totalité; l'homme moyen.

aggregate[2] ['agregeit]. **1.** *v.tr.* (*a*) *Ph:* Agréger; *F:* rassembler. (*b*) *To a. s.o. to a society*, agréger qn à une compagnie. **2.** *v.i.* (*a*) *These armies aggregated* 300,000 *men*, ces armées s'élevaient à un total de 300,000 hommes. (*b*) *Ph:* S'agréger. **3.** = AVERAGE[3] 2 (*a*).

aggregation [agre'geiʃ(ə)n], *s.* **1.** (*a*) *Ph:* Agrégation *f*, agglomération *f*; *F:* assemblage *m*. (*b*) Agrégation (de qn à une société). (*c*) *A. of people*, assemblage *m* de personnes. **2.** Agrégat *m*.

aggregative ['agregeitiv], *a.* **1.** *Ph:* Agrégatif. **2.** = GREGARIOUS.

aggression [a'greʃ(ə)n], *s.* Agression *f* (*upon*, sur).

aggressive [a'gresiv], *a.* Agressif; (regard, air) casseur. *A. policy*, politique militante. *s.* **To assume the aggressive**, prendre l'offensive; attaquer. **-ly**, *adv.* D'une manière agressive, d'un ton agressif. *A. virtuous man*, homme d'une vertu agressive, farouche.

aggressiveness [a'gresivnəs], *s.* Caractère agressif; agressivité *f*.

aggressor [a'gresər], *s.* Agresseur *m*. *Attrib.* **Aggressor nation**, nation *f* agresseur.

aggrieve [a'griːv], *v.tr.* (*Usu. passive*) Chagriner, blesser. **To be aggrieved, to feel (oneself) aggrieved, at, by, sth.**, être chagriné, blessé, de qch.; se sentir sous le coup d'une injustice; se sentir lésé. *I feel myself aggrieved when I see . . .*, cela me chagrine lorsque je vois. . . .

agha [a'gɑː, 'aga], *s.* = AGA.

aghast [a'gɑːst], *pred. a.* Consterné. *To stand, remain, a. (at sth.)*, être stupéfait, consterné (de qch.); demeurer bouche bée; demeurer médusé; rester pantois, en être tout pantois. *To gaze a. at sth.*, contempler qch. d'un air consterné.

agile ['adʒail], *a.* Agile, leste. **-ly**, *adv.* Agilement.

agility [a'dʒiliti], *s.* Agilité *f*.

agin [a'gin], *prep. Dial. & F:* = AGAINST.

Agincourt ['adʒinkɔːrt]. *Pr.n. Geog:* Azincourt *m*.

agio ['adʒio], *s. Fin:* **1.** Agio *m*; prix *m* du change. *A. account*, compte *m* d'agio. **2.** Commerce *m* du change.

agiotage ['adʒiotedʒ], *s. Fin:* Agiotage *m*.

agitate ['adʒiteit], *v.tr.* **1.** Agiter, remuer (qch.); tourmenter (la surface de l'eau). **2.** Agiter, émouvoir, troubler (qn, l'esprit de qn). **3.** (*a*) *To a. a question*, agiter une question. (*b*) *Abs. To a. for sth., against sth.*, faire de l'agitation, mener (une) campagne, en faveur de qch., contre qch.

agitated, *a.* Agité; ému; troublé.

agitating, *a.* Agitateur, -trice; émotionnant; troublant.

agitation [adʒi'teiʃ(ə)n], *s.* **1.** Agitation *f* (de l'air, de la mer); mouvement *m*. **2.** (*a*) Agitation, émotion *f*, trouble *m*. *To be in a state of a.*, être agité. (*b*) Agitation (ouvrière, etc.); troubles *mpl*. **3.** Discussion *f* (d'une question). *The project now in a.*, le projet que l'on discute, qui s'agite, actuellement; le projet en discussion.

agitator ['adʒiteitər], *s.* **1.** (*Pers.*) Agitateur *m*. *Political a.*, fauteur *m* de troubles; meneur *m*. **2.** *Ind:* (Appareil) brasseur *m*; agitateur.

Aglaia [a'glaia]. *Pr.n.f. Gr.Myth:* Aglaé.

agleam [a'gliːm], *pred. a. Lit:* = GLEAMING[1]. *Eyes agleam with . . .*, yeux brillants de. . . .

aglet ['eiglet], *s.* **1.** Ferret *m* (de lacet). **2.** *Cost:* Aiguillette *f*. **3.** Chaton *m* (de noisetier, de bouleau).

aglow [a'glou], *pred. a.* **1.** (*Of thg*) Enflammé, embrasé. *To be a. with colour*, briller de vives couleurs. *The sun sets the peaks a.*, le soleil embrase les pics. *Sky a. with the setting sun*, ciel *m* qu'embrasait le soleil couchant. **2.** (*Of pers.*) *I was all a.*, (l'exercice, etc.) m'avait fouetté le sang. *Face a. with delight*, visage rayonnant de joie, tout épanoui. *Face a. with health*, visage resplendissant de santé.

agnail ['agneil], *s.* Envie *f* (filet de peau qui s'est détaché de l'ongle).

agnate ['agneit]. **1.** *a. & s.* Agnat (*m*). **2.** *a. F:* De même nature.

agnatic [ag'natik], *a.* Agnatique.

agnation [ag'neiʃ(ə)n], *s.* Agnation *f*.

Agnes ['agnes]. *Pr.n.f.* Agnès.

agnomen [ag'noumen], *s.* **1.** *Rom.Ant:* Agnomen *m*. **2.** *F:* Surnom *m*.

agnostic [ag'nɔstik], *a. & s.* Agnosticiste (*mf*); agnostique (*mf*); libre penseur *m*.

agnosticism [ag'nɔstisizm], *s.* Agnosticisme *m*; libre pensée *f*.

agnus castus ['agnəs'kastəs], *s. Bot:* Agnus-castus *m*; gattilier *m* d'Europe; petit-poivre *m*.

ago [a'gou]. **1.** *a.* (*Always follows the noun*) *Ten years ago*, il y a dix ans. *That was thirty years ago*, il y a de cela trente ans; cela date de trente ans. *He arrived an hour ago*, il est arrivé il y a déjà une heure; il est là depuis une heure. *Weeks ago he perceived the danger*, il y a des semaines qu'il a senti le danger. *That was a good while ago*, il y a de cela pas mal de temps. *A little while ago*, tout à l'heure; tantôt. *A few minutes ago*, il y a quelques minutes; tout à l'heure; il y a un instant. **2.** *adv.* **Long ago**, il y a longtemps. *Not long ago*, il n'y a pas longtemps. *Not so long ago there was a monastery here*, naguère il y avait ici un couvent. *How long ago is it since . . .?* combien de temps y a-t-il que. . . .? *So long ago, as long ago, as* 1840, déjà en 1840; dès 1840. *I knew him long ago*, je l'ai connu dans le temps. *All that was long ago*, tout cela date de loin. *I saw him no longer ago than last week*, je l'ai vu pas plus tard que la semaine dernière. *See also* LONG-AGO.

agog [a'gɔg], *adv. & pred. a.* **To be agog for sth.**, être dans l'attente, dans l'expectative, de qch. *To be (all) a. (with excitement) about sth.*, être en l'air, en émoi, à cause de qch. **To be (all) agog to do sth.**, être empressé à, de, faire qch.; être impatient de faire qch.; griller d'envie de faire qch. *The whole town was a.*, toute la ville était en émoi. **To set s.o. (all) agog**, mettre qn en train, en émoi, en appétit; *F:* aguicher qn. *To set the town a.*, mettre la ville en rumeur.

agoing [a'gouiŋ], *adv.* **To set sth., s.o., agoing**, mettre qch., qn, en marche, en train, en branle; faire aller qch.; amorcer qch. **Setting agoing**, mise *f* en marche, amorçage *m*. *F:* **Just agoing to begin**, sur le point de commencer.

agonic [a'gɔnik], *a. Magn:* Agone, agonique. **Agonic lines**, agones *f*, agoniques *f*.

agonistic(al) [ago'nistik(l)], *a.* **1.** Agonistique, athlétique. **2.** *A:* Combatif.

agonize ['agonaːiz]. **1.** *v.tr.* Torturer; mettre (qn) au supplice, au martyre, à la torture. **2.** *v.i. Lit:* Être au supplice, au martyre. *To a. after an effect*, se torturer pour atteindre un effet.

agonized, *a.* **1.** (Cri) d'agonie, d'angoisse. **2.** *I was a. at the thought that . . .*, j'étais au supplice, angoissé, à l'idée que. . . .

agonizing, *a.* (*Of pain*) Atroce; (*of spectacle*) navrant, poignant, angoissant. *A. cry*, cri déchirant. *A. dread of . . .*, peur *f* atroce de. . . . **-ly**, *adv.* Avec angoisse.

agony ['agoni], *s.* **1.** Angoisse *f*. *To look on in a.*, regarder avec angoisse. *To be in an a. of pain*, être en proie à des douleurs atroces. **To suffer agonies, to be in agonies**, être au supplice, au martyre; *A:* souffrir mort et passion. *Journ:* **Agony column**, annonces personnelles, particulières; petite correspondance. *See also* PILE[4] I. 1. **2.** **To be in the death agony**, être à l'agonie. *He entered into his last a.*, il entra en agonie. **3.** *A. of joy*, paroxysme *m* de joie. *In an a. of joy*, pris d'une joie délirante. *To be in an a. of anticipation*, se mourir d'impatience.

Agora ['agora], *s. Gr.Ant:* Agora *m*.

agoraphobia [agorə'foubia], *s.* Agoraphobie *f*.

agouti, agouty [a'guːti], *s. Z:* Agouti *m*.

agraffe [a'graf], *s. Surg: etc:* Agrafe *f*.

agrarian [a'greəriən]. **1.** *a.* (Loi, mesure) agraire. **2.** *a. & s. Pol:* Agrarien (*m*).

agree [a'griː]. I. *v.i. & tr.* **1.** Consentir, donner son adhésion (*to a proposal*, à une proposition); faire droit (à une requête). *To a. formally to sth.*, approuver qch. officiellement. *To a. to do sth.*, accepter, convenir, de faire qch.; consentir à faire qch. *If France agrees to abandon her rights . . .*, si la France consent à abandonner ses droits. . . . *I a. that he was mistaken*, je vous accorde, j'admets, qu'il s'est trompé. *To a. upon, as to, certain conditions*, convenir de, accepter, tomber d'accord sur, certaines conditions. *I a. to your conditions*, j'accepte vos conditions. *This was agreed upon*, il en fut convenu ainsi. *Jur:* **Conditions agreed upon**, conditions acceptées d'un commun accord. *Jur: It is this day mutually agreed that . . .*, il a été ce jour mutuellement convenu que. . . . *They have agreed about the prices*, ils sont convenus des prix. **Let us agree to differ**, différons à l'amiable. *To a. to sth. being done*, accepter que qch. se fasse. *They agreed that it should be done*, ils tombèrent d'accord que cela se ferait. **Unless otherwise agreed**, sauf arrangement contraire. *Dial. & F: We agreed for me to write to him*, il a été convenu que je lui écrirais. **2.** (*Of pers.*) (*a*) S'accorder; être d'accord, être bien ensemble; tomber d'accord. *To make two people a.*, mettre deux personnes d'accord. *They cannot a.*, ils ne s'accordent pas ensemble; ils ne s'entendent pas (bien) ensemble. *We shall never a.*, jamais nous ne nous mettrons d'accord. *See also* TRADE[1] 1. (*b*) *To a. with s.o.*, entrer dans les idées de qn; donner raison à qn; penser comme qn. *To a. with s.o. on, in, a matter*, être du même avis que qn sur une question; s'accorder, être d'accord, avec qn sur une question. *I do not a. with you in thinking her right* *to refuse*, je ne suis pas d'accord avec vous qu'elle ait raison de refuser. *He agreed that she was well bred*, il m'accorda qu'elle était bien élevée. *To a. with s.o.'s opinion*, partager, se ranger à, l'opinion de qn. *I quite a. with you on that point*, je suis tout à fait de votre avis là-dessus. *He entirely agrees with you*, il abonde dans votre sens. *Everyone agrees that . . .*, tout le monde s'accorde à reconnaître que . . .; au dire de tout le monde . . .; il est certain, de l'aveu de tout le monde, que. . . . (*c*) "*That is so*," *he agreed*, "c'est vrai," acquiesça-t-il. **3.** (*Of thgs*) (*a*) S'accorder, être d'accord, concorder (ensemble); (*of ideas, opinions*) se rencontrer. *That does not a. with what he said*, cela ne s'accorde pas, n'est pas d'accord, ne concorde pas, ne se concilie pas, avec ce qu'il a dit. (*b*) *Gram:* S'accorder. *The verb agrees with the subject in number*, le verbe s'accorde en nombre avec le sujet. (*c*) *Ch: Product that agrees with the formula*, produit *m* qui répond à la formule. (*d*) Convenir (*with*, à). *His work, the climate, does not a. with him*, son emploi, le climat, ne lui convient pas, *F:* ne lui va pas. *Hot weather does not a. with me*, les chaleurs m'incommodent. *Pork does not a. with her*, elle ne digère pas le porc; le porc lui fait du mal, lui est contraire. *My dinner didn't a. with me*, mon dîner n'a pas passé. *How did the treatment a. with you?* comment vous êtes-vous trouvé de ce traitement? *The treatment did not a. with me*, ce traitement ne m'a pas réussi.

II. **agree**, *v.tr. Book-k: To a. the books, the accounts*, faire accorder les livres; conformer les écritures. *To a. an account*, (i) faire cadrer un compte, (ii) *F:* tomber d'accord sur un compte.

agreed, *a.* **1.** (*Of pers.*) *To be a.* (*with s.o.*), être, demeurer, d'accord (avec qn) (*on, about, sth.*, sur qch.). *We are a. about the prices*, nous sommes d'accord sur les prix; nous sommes convenus des prix. *They are a. to send for him*, ils sont convenus de le faire venir. *We are all a. in finding him guilty*, nous sommes tous d'accord pour le reconnaître coupable. **2.** (*Of thgs*) *A.* (*up*)*on*, convenu. **(That is) agreed!** (i) c'est convenu! c'est entendu! soit! d'accord! (ii) ça me va! tope-là! **Agreed unanimously**, adopté à l'unanimité.

agreeable [ə'griːəbl], *a.* **1.** Agréable (*to*, à); (*of pers.*) aimable (*to*, envers). *If that is a. to you*, si cela vous convient, vous agrée; si cela est à votre convenance. *F:* **To do the agreeable**, faire l'agréable, l'aimable. **2.** *F:* (*a*) (*Of pers.*) Consentant. *To be a. to sth., to do sth.*, consentir à qch., à faire qch.; accepter qch., accepter de faire qch. *I am* (*quite*) *a.*, je veux bien; je ne demande pas mieux. (*b*) *A:* (*Of thg*) Conforme (*to*, à). **-ably**, *adv.* **1.** Agréablement. **2.** Conformément (*to, with*, à). *Com:* **Agreeably to your instructions**, suivant vos instructions.

agreeableness [ə'griːəblnəs], *s.* **1.** (*a*) (*Of pers.*) Amabilité *f*. (*b*) (*Of place, etc.*) Agrément *m*, charme *m*. **2.** *A:* Conformité *f* (*to, with*, à).

agreement [ə'griːmənt], *s.* **1.** *Com: Jur: etc:* Convention *f*, acte *m*, contrat *m*, traité *m*, arrangement *m*; police *f* d'abonnement (au gaz, à l'électricité). *Jur:* **Real agreement**, bail *m*. *Written a.*, convention par écrit. *A. for sale*, convention, acte, de vente. **To work by agreement**, entreprendre un travail à prix convenu, à forfait. **To enter into, conclude, an agreement with s.o.**, passer un traité, un contrat, avec qn. *See also* ALL-IN 1, ENTER INTO 1. *An a. has been concluded between the two parties*, une convention est intervenue entre les deux parties. *To sign a legal a.*, s'engager par devant notaire (*to do sth.*, à faire qch.). *To abide by the a.*, s'en tenir aux conventions, à ce qui a été convenu. *See also* POCKET-AGREEMENT. **2.** (*a*) Accord *m*. **To be in agreement with s.o.**, être d'accord avec qn. *To be in a. with a decision*, se rallier à, approuver, une décision. **To come to an agreement**, tomber d'accord. **To come to, arrive at, an agreement with s.o.**, se mettre d'accord avec qn; s'accommoder, s'arranger, avec qn. *An a. was soon come to, arrived at*, on arriva bientôt à une entente, à un modus vivendi. *An a. has been reached, by which . . .*, un accord est intervenu, d'après lequel. . . . **As per agreement**, comme (il a été) convenu. **By mutual agreement**, de gré à gré; à l'amiable; d'un commun accord. *Jur:* **To bring about an agreement**, obtenir une conciliation. (*b*) *A. between powers*, concert *m* des puissances. *Com: Ind: A. between producers, etc.*, entente *f* entre producteurs, etc. (*c*) (*Collusion*) *To be in a. with s.o.*, avoir une entente avec qn; *F:* être de mèche avec qn. *They have an a.*, ils ont un arrangement. *See also* WORKING[1] 2. **3.** (*a*) Conformité *f*, concordance *f* (de différentes choses, entre qch. et qch.). (*b*) *Gram:* Accord (*with*, avec). *A. of adjectives*, concordance des adjectifs.

agrestic [ə'grestik], *a.* Agreste, rustique; rural, -aux.

agricultural [agri'kʌltjurəl], *a.* (Comice, nation, produit) agricole; (instrument) d'agriculture, aratoire; (peuple) agriculteur. *A. expert, a. engineer*, ingénieur *m* agronome, ingénieur agricole. *A. association*, association *f* d'intérêt agricole. **Agricultural college**, ferme *f* école. *A. timber*, bois *m* d'économie rurale. **Motor-driven agricultural machine**, motoculteur *m*. *See also* LABOURER.

agriculture ['agrikʌltjər], *s.* Agriculture *f*; culture *f*.

agriculturist [agri'kʌltjurist], *s.* Agriculteur *m*. *Scientific a.*, agronome *m*.

Agrigenti [agri'dʒentai], *s.pl. A.Geog:* Agrigentins *m*.

Agrigentum [agri'dʒentəm]. *Pr.n. A.Geog:* Agrigente *f*.

agrimony ['agrimoni], *s. Bot:* **1. Common agrimony**, aigremoine *f* (d'Europe). **2. Hemp agrimony**, eupatoire *f* à feuilles de chanvre, *F:* chanvre *m* d'eau.

agrimotor ['agrimoutər], *s. Husb:* Auto-tracteur *m*.

agrion ['agriən], *s. Ent:* Agrion *m*.

Agrippina [agri'painə]. *Pr.n.f. Hist:* Agrippine.

agronomic(al) [agro'nɔmik(əl)], *a.* Agronomique.

agronomist [ə'grɔnomist], *s.* Agronome *m*.

agronomy [ə'grɔnomi], *s.* Agronomie *f*.

agrostemma [agro'stemə], *s. Bot:* Agrostemme *f*.

agrostis [ə'grɔstis], *s. Bot:* = BENT[1] 1.

agrotis [ə'groutis], *s. Ent:* Agrotide *f*.

aground [ə'graund], *adv. Nau:* Échoué; au sec, amorti. **To run a ship aground**, (faire) échouer un navire; mettre un navire à la côte. (*Of ship*) **To run aground**, échouer (à la côte), faire côte; toucher au banc. *Running a.*, échouage *m*. *To be* (*fast*) *a.*, être échoué, à la côte, à la terre, au sec. *We are a.*, le navire touche (le fond).

ague ['eigjuː], *s. Med:* Fièvre (paludéenne) intermittente. **Fit of ague**, accès de fièvre; tremblement *m* de fièvre. *To shake with a.*, trembler la fièvre.

'ague-cake, *s. Med:* Rate hypertrophiée.

aguish ['eigjuiʃ], *a.* **1.** (*Of condition*) Fiévreux, fébrile. **2.** (*Of climate*) Paludéen. **3.** (*Of pers.*) Sujet à des accès de fièvre paludéenne; impaludé.

ah [ɑː], *int.* Ah! ha! heu!

aha [ɑ'hɑː], *int.* Haha!

Ahab ['eihab]. *Pr.n.m. B.Hist:* Achab.

Ahasuerus [ahazju'iːərəs]. *Pr.n.m.* **1.** *B.Hist:* Assuérus. **2.** Ahasvérus (le Juif errant).

Ahaz ['eihaz]. *Pr.n.m. B.Hist:* Achaz.

Ahaziah [eihə'zaiə]. *Pr.n.m. B.Hist:* Ochosias, Achazia.

ahead [ə'hed], *adv.* **1.** *Nau:* (*a*) **To be ahead**, être sur l'avant, en avant (du navire). **The ship was ahead of us**, le navire était de l'avant à nous. *The ship was right a.*, le navire était droit devant. **To draw ahead of s.o., a ship**, dépasser qn, un navire; gagner l'avant d'un navire. *To keep a. of a ship*, se tenir sur l'avant d'un navire. **To go ahead**, aller de l'avant; avancer; faire route. **Full speed ahead!** en avant à toute vitesse! en avant toute! *A ship, breakers, (right) a.!* un navire, des brisants, (droit) devant! *Navy:* **Firing ahead, ahead fire**, tir *m* en pointe; feu *m* de chasse. *See also* FORGE[3], VEER[1] 1. (*b*) **Wind ahead**, vent debout. (*c*) *Navy:* **Line ahead**, en ligne de file, en colonne. *To form single line a.*, prendre la ligne de file. **2.** *F:* (*Of pers., car, etc.*) (*a*) **To get ahead**, prendre de l'avance. (*Of runner, cyclist, etc.*) *To draw a.*, se décoller. *To be a. of the bunch*, mener le peloton. **To go on ahead**, prendre les devants. *Go on a.!* filez devant! **Ahead of s.o.**, en avant de qn. *To go on a. of s.o.*, devancer qn. *To get a. of s.o.*, dépasser qn. **To be two hours ahead of s.o.**, avoir deux heures d'avance sur qn. *He is a. of his form*, il est en avance sur sa classe. *He is going a.*, il fait des progrès, il va de l'avant. **Going ahead**, avancement *m*, progrès *m*. *To be a. of the age*, avancer sur son époque. *To be a. of time*, (i) être, arriver, avoir fini, avant l'heure; (ii) (*Of clock*) avancer sur l'heure. *You've got your best years a. of you*, vous avez vos meilleures années devant vous. **To look ahead**, penser à l'avenir. *We must look a.*, il faut voir venir les choses. *Mind that looks, sees, far a.*, esprit prévoyant. *To see things a long time a.*, prévoir les choses de loin. *They went* **straight ahead**, ils allaient (tout) droit devant eux. (*b*) **Go ahead!** (i) allez! marchez! (ii) continuez! va toujours! vas-y! allez-y! **Fire ahead!** allez, racontez!

ahem [(h)mm], *int.* Hum!

a-hold [ə'hould], *adv. Dial. & F:* **To catch a-hold of s.o., sth.**, saisir qn, qch.

ahoy [ə'hɔi], *int. Nau:* **1. Boat ahoy!** ho, oh(é), du canot! **2. All hands ahoy!** en haut le monde! tout le monde sur le pont!

ahull [ə'hʌl], *adv. Nau:* To lie ahull, être à la cape sèche. **To run ahull**, filer à sec (de toile).

ai ['ɑːi], *s. Z:* Aï *m*, paresseux *m*.

aiblins ['eiblinz], *adv. Dial:* (*In Scot.*) Peut-être.

aid[1] [eid], *s.* **1.** Aide *f*, assistance *f*, secours *m*, appui *m*. **With, by, the aid of s.o., sth.**, avec l'aide de qn; à l'aide de qch. *To call in s.o.'s aid*, avoir recours à qn, à l'aide de qn. **To go to s.o.'s aid**, aller, se porter, au secours de qn. *That will be of aid to you*, cela vous aidera. *To lend one's aid to an undertaking*, prêter son concours à une entreprise. *Collection* **in aid of** *an undertaking*, quête *f* pour venir en aide à une entreprise, au profit d'une entreprise. *Performance in aid of the poor*, représentation *f* au profit des indigents. *Mutual aid*, entr'aide *f*; secours mutuels. **Mutual-aid society**, société *f* de secours mutuels, d'assistance mutuelle. *Medical aid*, soins médicaux. *See also* FIRST AID. **2.** (*a*) *Usu. pl. Aids to health, to mothers*, conseils *m* pour se bien porter; conseils aux mères de famille. *Aids and appliances*, moyens *m* de secours. (*b*) *pl. Hist:* (*Taxes, customs dues, or subsidy*) Aides, subsides *m*. **The Court of Aids**, la cour des aides. (*c*) *pl. Equit:* Aides. **3.** (*Pers.*) Aide *mf*; auxiliaire *mf*.

'aid-post, *s. Mil:* Poste *m* de secours.

aid,[2] *v.tr.* **1.** Aider, assister, secourir (qn); donner aide à (qn); venir en aide à (qn); venir à l'aide de (qn); prêter son concours, son appui, à (qn). *To aid s.o. to do sth.*, aider (à) qn à faire qch. *To aid s.o. with money*, apporter à qn un secours d'argent; aider qn de son argent. *To aid one another*, s'aider les uns les autres, s'entr'aider. *Heaven aiding . . .*, Dieu aidant. . . . *See also* ABET 1. **2.** Soutenir, venir en aide à (une entreprise). *To aid the accomplishment of sth.*, aider à l'accomplissement de qch. *To aid s.o.'s recovery*, contribuer à la guérison de qn.

aiding, *s.* Aide *f*. *See also* ABETTING[2].

aide-de-camp ['eid(d)əkɔŋ], *s.* (*pl.* **aides-de-camp** ['eid(d)əkɔŋz]) *Mil:* Aide de camp *m*.

aide-mémoire ['eidmemwɑːr], *s. Dipl:* Aide-mémoire *m*.

aider ['eidər], *s.* Aide *mf*, auxiliaire *mf*.

aiglet ['eiglet], *s.* = AGLET.

aigrette ['eigret], *s.* Aigrette *f*.

aiguille ['eigwil], *s.* Aiguille *f* (d'une montagne).

aiguillette [eigwi'let], *s.* = AGLET 2.

ail [eil]. **1.** *v.tr.* (*With indef. subject, esp. in interr.*) Faire souffrir (qn). **What ails you?** (i) de quoi souffrez-vous? qu'est-ce que vous avez? (ii) *F:* à qui en avez-vous? à qui en voulez-vous? qu'avez-vous? *He doesn't know what ails him*, il ne sait pas ce qu'il a, de quoi il souffre. **2.** *v.i. A:* Être souffrant.

ailing, *a.* Souffrant, malade, indisposé, mal portant. *She has been a. for a long time*, elle souffre, *F:* elle traîne, depuis longtemps.

ailantus [ei'lantəs], *s. Bot:* Ailante *m*; vernis *m* du Japon.
aileron ['eilərɔn], *s. Av:* Aileron *m* (de gauchissement). **Aileron lever,** guignol *m* d'aileron.
ailment ['eilmənt], *s.* Mal *m*; maladie (légère). *Ailments due to teething,* troubles *m* de dentition.
aim[1] [eim], *s.* **1.** (*a*) Action *f* de viser. **To miss one's aim,** (i) (*with fire-arm*) manquer le but, manquer son coup; (ii) frapper à faux. **To take aim at s.o.,** viser, ajuster, qn; coucher qn en joue. *Abs. To take aim,* mettre en joue; prendre sa visée. *To take a true aim, to take accurate aim,* viser juste, exactement; bien viser. *If I had a fair(er) aim . . .,* si je pouvais mieux viser, ajuster. . . . (*b*) But *m*. *Missiles that fall short of their aim,* projectiles *m* qui n'atteignent pas le but. **2.** But, objet *m*, dessein *m*; visées *fpl*. *Ambitious aims,* visées ambitieuses, projets ambitieux. **His aim was to . . .,** il avait pour but de . . .; il visait à. . . . *He has one aim and object in life,* sa vie n'a qu'un (seul) but. *What is the aim of these questions?* où tendent ces questions? **With the aim of doing sth.,** dans le dessein de faire qch.
aim[2]. **1.** *v.tr.* (*a*) **To aim a stone, a blow, at s.o.,** lancer une pierre, porter, allonger, un coup, à qn. (*b*) Viser. *Artil:* Pointer. **To aim a gun, a pistol, at s.o.,** ajuster, viser, qn. *The bullet was aimed at you,* la balle vous était destinée. *Well-aimed fire,* feu bien ajusté. *Artil: The target to aim at,* le but à battre. (*c*) **To aim one's remarks at s.o.,** parler à l'adresse de qn. *Remark aimed at s.o.,* remarque adressée à qn. *To aim an epigram at s.o.,* lancer, décocher, une épigramme à qn. *To aim a criticism at s.o.,* porter une critique sur qn. *Measures aimed against our trade,* mesures dirigées contre notre commerce. *That was aimed at you!* à vous la balle! **2.** *v.ind.tr.* (*a*) **To aim at s.o. (with a gun),** ajuster, viser, qn; mettre, coucher, qn en joue. *See also* HIGH II. 1. (*b*) *To aim at becoming sth., U.S: to aim to become sth.,* aspirer, viser, à devenir qch. *The kind of novel which people aim at writing now,* le genre de roman qu'on s'efforce d'écrire aujourd'hui. *To aim at absolute power,* viser au pouvoir absolu. **What are you aiming at?** quel but poursuivez-vous? où voulez-vous en venir? *The thing to be aimed at is . . .,* le but à atteindre, qu'il faut viser, c'est. . . . *Decree that aims at altering . . .,* arrêt *m* qui vise à changer. . . . (*c*) **To aim for a place,** diriger ses pas vers un endroit.
aiming, *s.* Visée *f*. *Artil:* Pointage *m*.
'aiming-post, *s. Artil:* Jalon *m*.
'aiming-rest, *s. Mil:* Chevalet *m* de pointage.
aimer ['eimər], *s.* Viseur, -euse.
aimless ['eimləs], *a.* Sans but, sans objet. *An a. sort of life,* une vie désœuvrée, qui ne mène à rien. *An a. way of doing sth.,* une façon confuse de faire qch. **-ly,** *adv.* Sans but, sans objet, sans dessein. *To wander about a.,* aller, errer, à l'aventure.
aimlessness ['eimləsnəs], *s.* Manque *m* de but à atteindre; manque d'ambition. *The a. of his remarks,* le manque de portée, l'inanité *f*, de ses observations.
ain't [eint]. *A. & P:* = *am not, is not, are not.*
air[1] [ɛər], *s.* I. **1.** Air *m*. (*a*) *Breath of air,* souffle *m* (d'air). *Ball full of air,* ballon plein d'air, *F:* plein de vent *m*. *Fresh air,* air frais. *To let some fresh air into a room,* aérer une pièce. *Foul air,* air vicié. **In the open air,** en plein air, au grand air, à ciel ouvert. *See also* OPEN[1] 2, OPEN-AIR. *Here romance, sadness, is in the air,* ici le romanesque, la tristesse, se respire dans l'air. *The fowls of the air,* les oiseaux des cieux. **To go out to take the air,** *to go out for a breath of (fresh) air,* sortir prendre l'air, le frais. *Fresh-air fiend,* pleinairiste *mf*; *Hum:* aérophile *mf*. *See also* FRESH I. 3. *To expose water to the air,* aérer de l'eau. *F:* **I can't live on air,** je ne peux pas vivre de l'air du temps. *To carry goods by air,* transporter des marchandises par la voie des airs. *Journey by air,* voyage *m* aérien, en avion. *The beach seen from the air,* vue *f* de la plage à vol d'oiseau, à vol d'avion; vue aérienne de la plage. *To throw sth. into the air,* jeter qch. en l'air. *F: When I mentioned it he went straight up in the air,* quand je lui en ai parlé il a sauté en l'air. **To walk on air,** ne pas se sentir de joie. *He is treading on air!* il ne touche pas à la terre! *Since she heard of it she has been treading on air,* depuis qu'elle a appris la nouvelle, elle est aux anges, elle ne se connaît plus. *High up in the air,* bien haut au-dessus de nous. **There is something in the air,** il se prépare quelque chose; il se trame quelque chose. *There are lots of rumours in the air,* il circule un tas de bruits. **It's all in the air as yet,** ce ne sont encore que de vagues projets; il n'y a rien de décidé pour le moment. *Mil: Their left flank was entirely in the air,* le flanc gauche était entièrement exposé, découvert. *F:* **To beat the air,** (i) donner des coups d'épée dans l'eau; s'épuiser en vains efforts, en efforts inutiles; taper dans le vide; (ii) disserter dans le vide. **To melt, vanish, into thin air,** s'anéantir, s'évanouir, disparaître (aux yeux de qn). *All that money has vanished into thin air,* tout cet argent a passé au bleu. *There was nobody left; it seemed as though the onlookers had vanished into thin air,* plus personne; on aurait dit que les assistants s'étaient évaporés. *See also* CASTLE[1], HOT[1] 1. (*b*) *Attrib. Air (service, etc.),* (service, etc.) aéronautique. *Mil:* **The Army, Naval, Air Service,** l'aviation militaire, maritime; *F:* l'Aéronautique. **Air raid,** raid aérien. *Adm: Air representative,* représentant aérien. **The Air Ministry,** le Ministère de l'air. *See also* HARDENING, LAG[1, 6], LAW[1] 3, LEVEL[1] I. 1, RACE[1] 4, SICKNESS 2, SPEED[1] 1, VOLCANO. (*c*) *W.Tel: F:* **To be on the air,** parler à la radio. *Hall, church, etc., that is on the air,* salle *f*, église *f*, etc., qui radiodiffuse. *His speech will be put on the air,* son discours sera radiodiffusé. *To put a play on the air,* mettre en ondes une pièce. *The pronunciation to be used on the air,* la prononciation imposée aux microphonistes. **2.** *Poet. & Nau:* Brise *f*. *See also* LIGHT[4] I. 1 (*c*).
II. **air.** *Mus:* Air.
III. **air.** Air, mine *f*, apparence *f*. *To have the air of doing sth.,* avoir l'air, avoir mine, de faire qch. *There is an air of comfort everywhere,* il y a partout une apparence, un air, de confort. *This has the air of being . . .,* ç'a l'air d'être. . . . *Man with an evil air,* homme de mauvaise mine, à l'air méchant, qui a mauvais air. *F:* **He has an air about him,** il a beaucoup de cachet, de chic; il a du panache. *To carry it off with an air,* y mettre du panache. **To give oneself airs, to put on airs,** se donner des airs; prendre de grands airs; faire le suffisant; trancher du grand seigneur; faire la grande dame, trancher de la grande dame; *F:* faire des chichis, des embarras. *To put on airs with s.o.,* traiter qn de haut. (*Of girl*) *To put on airs, P:* faire sa Sophie. *Don't put on such airs,* ne faites pas tant le renchéri. **To give oneself airs and graces,** faire des grâces; *F:* faire la bouche en cœur. *See also* KNOWING[1] 3.
'air-balloon, *s.* Ballon *m* à air; aérostat *m*.
'air-base, *s.* Base *f* d'aviation.
'air-bed, *s.* Matelas *m* à air, matelas pneumatique.
'air-bladder, *s.* **1.** *Ich:* Vésicule aérienne; vessie *f* natatoire. **2.** *Algae:* Vésicule, aérocyste *f*.
'air-blast, *s. Ind:* Courant *m* d'air, jet *m* d'air, vent *m*, soufflerie *f*, soufflage *m*. *Min:* Chasse *f* d'air.
'air-brake, *s.* **1.** Frein *m* à air comprimé. **2.** *Mec.E: etc:* Amortisseur *m* à moulinet.
'air-brick, *s.* Brique creuse, perforée.
'air-brush, *s. Paint:* Aérographe *m*; pinceau *m* à air; pistolet *m* vaporisateur; pistolet pulvérisateur.
'air-buffer, *s.* Tampon *m* atmosphérique, à air.
'air-bump, *s. Av:* Trou *m* d'air.
'air-cell, *s.* **1.** *Z:* Vésicule aérienne (des siphonophores). **2.** *pl.* (*a*) *Anat:* Vésicules, alvéoles *f*, pulmonaires. (*b*) *Bot:* Vésicules.
'air-chamber, *s.* **1.** Chambre *f* à air; (*of torpedo, etc.*) réservoir *m* d'air comprimé. **2.** *Hyd.E:* Cloche *f* d'air (d'une pompe); chambre *f* de détente; ventouse *f*.
'air-channel, *s.* Conduit *m* d'air; conduit à vent; *Min:* buse *f* d'aérage.
'air-choke, *s. El.E:* Self protectrice.
'air-clip, *s.* Virole *f* à air (d'un brûleur à gaz).
'air-cock, *s.* (Robinet) purgeur *m* d'air.
'air-commodore, *s.m. See* COMMODORE.
'air-cooled, *a.* Refroidi par l'air. *I.C.E: Air-c. motor,* moteur *m* à refroidissement par air.
'air-cooling, *s.* Refroidissement *m* par l'air.
'air-cure, *s.* Cure *f* d'air.
'air-cushion, *s.* **1.** Coussin *m* à air; coussin élastique, pneumatique. **2.** *Mec.E: etc:* Matelas *m* d'air, tampon *m* d'air (d'un mouton à vapeur, etc.).
'air-display, *s.* Fête *f* d'aviation; fête aéronautique.
'air-dried, *a.* Séché à l'air.
'air-drill, *s. Mec.E: Min:* Perforatrice *f* à air comprimé.
'air-drum, *s.* Réservoir *m* d'air comprimé.
'air-dry, *a.* = AIR-DRIED.
'air-drying, *a.* Siccatif à l'air.
'air-duct, *s.* **1.** *Anat:* Canal aérien (des poissons, etc.). **2.** *Ind: etc:* Porte-vent *m inv.*
'air-engine, *s.* Moteur *m* à air; aéromoteur *m*, aërmotor *m*; éolienne *f*.
'air-exhauster, *s.* Aspirateur *m*; ventilateur aspirant.
'air-filter, *s. Aut: Ind:* Tamis *m* anti-poussière; filtre *m* à air; attrape-poussières *m inv. I.C.E:* Épurateur *m* d'air.
'air-fleet, *s.* Flotte aérienne; aéroflotte *f*.
'air-flue, *s.* = AIR-CHANNEL.
'air-force, *s.* Aviation *f* (de guerre); armée *f* de l'air. *Our air-f.,* nos forces aériennes, notre aviation.
'air-gap, *s. El:* Entrefer *m*. *See also* TRANSFORMER 2.
'air-gate, *s.* (*a*) *Metall:* (i) Porte *f* d'aérage; (ii) (*in mould*) évent *m*. (*b*) *Min:* Porte d'aérage.
'air-gun, *s.* Fusil *m*, carabine *f*, à air comprimé; fusil à vent.
'air-hammer, *s. Tls:* Marteau *m* pneumatique.
'air-heater, *s.* **1.** *I.C.E: etc:* Réchauffeur *m* d'air. **2.** Calorifère *m* à air chaud.
'air-hole, *s.* **1.** (*Ventilator*) Aspirail *m*, soupirail *m*; trou *m* d'évent; évent *m*; prise *f* d'air. *Air-holes of bellows,* venteaux *m* d'un soufflet. **2.** (*In metal*) Soufflure *f*; bulle *f* d'air, globule *m*. **3.** = AIR-POCKET 1.
'air-inlet, -intake, *s.* Aspirail *m*; prise *f* d'air; entrée *f*, amenée *f*, d'air. *Mch:* Reniflard *m*.
'air-jacket, *s.* Gilet *m* (de natation) à vessie.
'air-line, *s.* **1.** Service *m* de transports aériens, de transport par avion; ligne aérienne. *See also* PILOT[1] 1. **2.** *U.S:* Ligne directe; trajet *m* à vol d'oiseau.
'air-liner, *s.* Grand avion de transport; aérobus *m*. *Saloon a.-l.,* berline *f*.
'air-lock, *s.* **1.** (*a*) *Civ.E:* Écluse *f*, sas *m* pneumatique, à air, clapet *m* à air (d'un caisson). (*b*) *Nau:* Sas *m* (de la chaufferie). **2.** *Mch: etc:* (*In pipe*) Bouchon *m* d'air; cantonnement *m* d'air; poche *f* d'air, retenue *f* d'air.
'air-mail, *s.* Poste aérienne; service postal aérien. **By air-mail,** par avion, par poste aérienne. *Air-m. company,* compagnie aéropostale.
'air-marshal, *s.m. See* MARSHAL[1] 2.
'air-mattress, *s.* = AIR-BED.
'air-mechanic, *s.m.* Mécanicien d'avion, de camp d'aviation.
'air-minded, *a.* Qui a le plein sentiment de l'importance de l'aviation; conscient du progrès, des avantages, de l'aviation. *To make the people air-m.,* développer le goût de l'aviation.
'air-motor, *s.* = AIR-ENGINE.
'air-outlet, *s.* Débouché *m* d'air; sortie *f* d'air.
'air-passages, *s.pl. Anat:* Voies aériennes, aérifères.
'air-pillow, *s.* = AIR-CUSHION 1.
'air-pilot, *s.m.* Pilote aviateur.
'air-pipe, *s. Nau: etc:* Tuyau *m* d'air. *Min:* Buse *f* d'aérage.

'air-pistol, *s.* *Paint:* = AIR-BRUSH.
'air-pocket, *s.* **1.** *Av:* Trou *m* d'air. **2.** (*a*) *Hyd.E: etc:* Cantonnement *m* d'air, poche *f* d'air (dans une canalisation). (*b*) Collecteur *m* à air; poche à air.
'air-poise, *s.* *Ph:* Aéromètre *m.*
'air-port[1], *s.* *Av:* Aéroport *m*, port aérien, aérogare *f.*
'air-port[2], *s.* *Nau:* Sabord *m* d'aérage; hublot *m.*
'air-post, *s.* = AIR-MAIL.
'air-pressure, *s.* Pression *f* atmosphérique. *To fire a torpedo with air-p.*, lancer une torpille à l'air comprimé.
'air-propeller, *s.* *Ind: etc:* Aérateur *m.*
'air-pump, *s.* Pompe *f* à air. *Ph:* Machine *f* pneumatique. *Mercurial air-p.*, pompe *f* à mercure.
'air-reservoir, *s.* = AIR-DRUM.
'air-root, *s.* *Bot:* Racine aérienne.
'air-route, *s.* *Av:* Route aérienne, voie aérienne.
'air-scoop, *s.* *Aer:* Entonnoir *m* à clapet.
'air-screw, *s.* *Av:* Hélice *f.* *Swivelling a.-s.*, hélice à cardan.
'air-scuttle, *s.* = AIR-PORT[2].
'air-shaft, *s.* *Min:* Puits *m*, buse *f*, d'aérage; éventoir *m*; cheminée *f* d'appel. *Nau:* Manche *f* (à vent, à air).
'air-shutter, *s.* *I.C.E:* Obturateur *m* d'air.
'air-space, *s.* Cubage *m* (d'une salle, etc.).
'air-spray, *s.* = AIR-BRUSH.
'air-stand, -standard, *s.* *Aut:* Poste *m* d'air, de gonflage.
'air-station, *s.* **1.** Aéroport *m*; port aérien; centre *m* d'aviation. **2.** = AIR-STAND.
'air-strainer, *s.* = AIR-FILTER.
'air-struck, *a.* Entiché d'aviation.
'air-surface, *s.* Surface *f* de léchage (de radiateur, etc.).
'air-threads, *s.pl.* = GOSSAMER 1 (*a*).
'air-tight, *a.* (Clôture) hermétique; (récipient, etc.) à clôture hermétique, étanche (à l'air); (compartiment) bien calfeutré; (vêtement) imperméable à l'air.
'air-tightness, *s.* Herméticité *f*; étanchéité *f*, imperméabilité *f*, à l'air.
'air-trap, *s.* **1.** *Min:* Ventilateur aspirant, porte *f* d'aérage. **2.** (*a*) *Hyd:* Poche *f* à air, collecteur *m* à air. (*b*) *Civ.E:* See TRAP[1] 4 (*b*).
'air-tube, *s.* **1.** Tuyau *m* à air. **2.** Chambre *f* à air (d'un pneu).
'air-valve, *s.* Soupape *f* à air, soupape atmosphérique, reniflard *m.* *Mch:* (*Of furnace door*) Ventouse *f.* *Air-valves of a submarine*, purges *fpl* d'un sous-marin.
'air-vessel, *s.* *Bot: Z:* Trachée *f.*
air[2], *v.tr.* **1.** (*a*) *To air a room*, aérer, rafraîchir, une chambre; renouveler l'air d'une chambre. *To air clothes (out of doors)*, (*with passive force*) *to hang clothes out to air*, éventer des effets; mettre des effets à l'air, au vent, à l'évent. *To air linen, a bed*, chauffer, aérer, du linge; bassiner un lit; (*before the fire*) donner un coup de feu à du linge. (*b*) **The question needs to be aired,** la question demande à être ventilée. *To air personal grievances*, exposer des griefs personnels; conter ses doléances. (*c*) *A: To air oneself (in the garden, etc.)*, prendre l'air (au jardin, etc.). **2. To air one's opinions, one's knowledge,** faire étalage, faire parade, de ses opinions, de son savoir; afficher ses opinions, son savoir. *To air one's feelings*, donner libre cours à ses sentiments.
airing, *s.* **1.** (*a*) Ventilation *f*, renouvellement *m* de l'air (d'une salle, etc.); aérage *m*, aération *f.* (*b*) Éventage *m* (de vêtements); exposition *f* à l'air. **Airing-cupboard,** chauffe-linge *m.* **2.** (Petite) promenade. **To take an airing,** prendre l'air; se promener (à l'air); faire un petit tour. *To take horses for an a.*, promener des chevaux. **Airing-yard,** promenoir *m*, préau *m* (de prison).
aircraft ['ɛərkrɑːft], *s.* **1.** Navigation aérienne (en tant que science). **2.** *Coll.* Aéronefs *mpl or fpl* et avions *mpl.* *See also* CARRIER 3.
Airedale [ɛərdeil], *s.* Chien *m* airedale; airedale(-terrier) *m.*
airer ['ɛərər], *s.* **1.** Chevalet *m* (pour linge); séchoir *m* de cuisine. **2. Linen airer,** chauffe-linge *m.*
airily ['ɛərili], *adv.* *See* AIRY.
airiness ['ɛərinəs], *s.* **1.** (*a*) Situation aérée (d'un bâtiment). (*b*) Bonne ventilation (d'une pièce). **2.** Légèreté *f* (d'esprit); insouciance *f*; désinvolture *f.*
airless ['ɛərləs], *a.* **1.** Privé d'air, renfermé. **2.** (Temps, soirée) calme, tranquille, sans vent.
airman, -men ['ɛərmən, -men], *s.m.* Aviateur.
airmanship ['ɛərmənʃip], *s.* **1.** Aviation *f.* **2.** Qualités requises de l'aviateur.
airplane ['ɛərplein], *s.* *U.S:* = AEROPLANE.
airship ['ɛərʃip], *s.* (Ballon) dirigeable *m*, aéronef *m or f.*
airway ['ɛərwei], *s.* **1.** *Min:* Voie *f* d'air, d'aérage; galerie *f* d'aérage; airage *m*, maillage *m*, troussage *m*; carnet *m* (d'aérage). **2.** = AIR-ROUTE.
airwoman, -women ['ɛərwumən, -wimen], *s.f.* Aviatrice.
airworthiness ['ɛərwəːrðinəs], *s.* Tenue *f* en l'air, navigabilité *f* (d'un dirigeable, etc.).
airworthy ['ɛərwəːrði], *a.* *Aer:* Navigable, en bon état de navigabilité.
airy ['ɛəri], *a.* **1.** Bien aéré, ouvert à l'air, *F:* ouvert à tous les vents. *A. room*, pièce bien aérée. **2.** *Poet:* (*a*) Élevé, aérien. (*b*) Élancé. **3.** (*Of tissue, etc.*) Léger, ténu, éthéré, impalpable. *A. phantoms*, fantômes immatériels, impalpables. **4.** (*Of step, etc.*) *Lit. & Hum:* Léger. *I heard her a. footstep*, j'entendis son pas léger. *A.-footed Atalanta*, Atalante aux pieds légers. **5.** (*a*) (*Of conduct, etc.*) Léger, insouciant, désinvolte, dégagé, cavalier. (*b*) *A. promises*, promesses vaines, illusoires; promesses en l'air. **-ily,** *adv.* Légèrement; d'un ton dégagé, cavalier; avec désinvolture.
'airy-'fairy, *a.f.* *F:* Gracieuse et légère; lutine.
aisle [ail], *s.* **1.** *Ecc.Arch:* Nef latérale, collatérale; collatéral *m*; petite nef; bas-côté *m.* **2.** *U.S:* Passage *m* (entre bancs); couloir central (d'un autobus, etc.).
aisled [aild], *a.* (Eglise) à bas-côtés.
ait [eit], *s.* Ilôt *m* (de rivière).
aitch [eitʃ], *s.* (La lettre) h *m.* **To drop one's aitches,** ne pas aspirer les h, ou les aspirer mal à propos (indice d'un niveau social peu élevé). (P.ex. '*Not the 'air of the 'ead, but the h'air of the h'atmosphere*'.)
aitch-bone ['eitʃboun], *s.* Culotte *f* (de bœuf).
ajar[1] [ə'dʒɑːr], *adv. & pred. a.* (*Of door*) Entrebâillé, entr'ouvert, entre-clos. **To set the door ajar,** entrebâiller la porte. *The door was, stood, a.*, la porte était entr'ouverte; la porte bâillait.
ajar[2], *adv. & pred. a.* (*a*) *A. with the world*, en désaccord avec le monde. (*b*) *Nerves a.*, nerfs secoués. *Her nerves were a.*, elle était énervée.
Ajax ['eidʒæks]. *Pr.n.m.* *Gr.Lit:* (*a*) Ajax, fils de Télamon. (*b*) *A. the Less*, Ajax, fils d'Oïlée.
ajingle [ə'dʒiŋgl], *adv.* *To set the bells a.*, (i) faire tinter les grelots; (ii) mettre les cloches en branle.
ajutage ['adʒutedʒ], *s.* Ajutage *m* (d'une fontaine, etc.).
a-kimbo [ə'kimbo], *adv.* **With arms a-kimbo,** les (deux) poings sur les hanches. *To stand with one's arms a-k.*, *F:* faire le pot à deux anses.
akin [ə'kin], *adv. & pred a.* **1.** *A. to s.o.*, parent de qn; apparenté à, avec, qn. *These two words are a.*, ces deux mots sont apparentés. **2. To be akin to sth.,** ressembler à qch.; avoir des rapports avec qch. *Feeling a. to fear*, sentiment voisin, approchant, qui approche, de l'effroi, ressemblant à l'effroi. *Passion a. to love*, passion *f* qui tient de l'amour. *Thrift that is a. to miserliness*, économie *f* qui touche à, qui frise, l'avarice. *I have found a soul a. to my own*, j'ai trouvé une âme qui a des affinités avec la mienne, une âme sœur. *Trades closely a.*, métiers affins, connexes.
akinesia [aki'niːsiə], *s.* *Med:* Acinèse *f*; paralysie *f.*
Akkadian [ə'keidiən], *a. & s.* *A.Hist:* *Ling:* Akkadien, -ienne.
-al [əl], *a. & s. suff.* **1.** *a.* (*a*) -al *m*, -ale *f.* (i) *pl.* -aux. *Baptismal*, baptismal. *Cordial*, cordial. *Longitudinal*, longitudinal. *National*, national. (ii) *pl.* -als. *Fatal*, fatal(s). *Naval*, naval(s). (*b*) -el *m*, -elle *f.* *Constitutional*, constitutionnel. *Corporeal*, corporel. *Providential*, providentiel. **2.** *s.* (*a*) -al *m.* *Animal*, animal. *Rival*, rival. *Signal*, signal. *Ch:* *Chloral*, chloral. *Sulphonal*, sulfonal. *Veronal*, véronal. (*b*) -ale *f.* *Moral*, morale. *Oval*, ovale. (*c*) -ailles *fpl.* *Espousals*, épousailles. *Reprisals*, représailles.
ala, *pl.* **-ae** ['eilə, -iː], *s.* *Anat:* *Nat.Hist:* Aile *f.* *The alae of the nose*, les ailes du nez.
alabandine [alə'bandin], *s.* *Lap: A:* Almandine *f.*
alabaster [alə'bɑːstər], *s.* Albâtre *m.* *As white as a.*, d'une blancheur d'albâtre. *A. vase*, vase *m* d'albâtre.
alabastrine [alə'bɑːstrain], *a.* *Lit:* **1.** D'albâtre. **2.** D'une blancheur d'albâtre.
alack [ə'lak], *int.* *A. & Poet:* Hélas! *A. the day!* ô jour malheureux!
alacrity [ə'lakriti], *s.* Empressement *m*, promptitude *f*, alacrité *f.*
Aladdin [ə'ladin]. *Pr.n.m.* Aladin. **Aladdin's lamp,** la lampe d'Aladin. *F:* **It is Aladdin's window,** c'est une tâche impossible.
Alamannia [alə'manjə]. *Pr.n.* = ALEMANNIA.
alamode ['alamoud], *a.* *Cu:* *A. beef*, bœuf *m* (à la) mode.
alapeen ['alapiːn], *s.* *Tex: A:* Alépine *f.*
alar ['eilər], *a.* **1.** *Anat: etc:* Alaire. **2.** *Bot:* Axillaire.
alarm[1] [ə'lɑːrm], *s.* **1.** Alarme *f*, alerte *f.* **To raise the alarm,** donner l'éveil. *To give the a. to s.o.*, donner l'alarme, l'alerte, à qn, alerter qn. *To spread (the) a.*, répandre l'alarme. **To sound the alarm,** sonner le tocsin, l'alarme, l'appel *m* aux armes. **Alarms and excursions,** (i) (*in Shakesp. drama*) alertes et échauffourées *fpl*; (ii) *F:* alertes, incursions *fpl*, agitation *f*, remue-ménage *m.* **To take (the) alarm,** prendre l'alarme; s'alarmer. *We did not take a. at the news*, la nouvelle ne nous alarma pas. *A. was felt at his failure to reappear*, on s'alarmait de ce qu'il ne reparaissait pas. *To cast the camp into a state of a.*, jeter l'alarme dans le camp. **False alarm,** fausse alerte. **In alarm** *he ran and hid*, effrayé, il courut se cacher. **2.** *Fenc:* Appel *m* du pied. **3.** (*a*) Avertisseur *m*, signal *m.* *Electric a.*, contact *m* du sûreté. *Mch:* **Low-water alarm,** sifflet-avertisseur *m* de bas niveau. *Aut:* *Low-oil a.*, avertisseur de manque d'huile. *Rail:* **Alarm contact,** crocodile *m.* **Thief alarm,** signalisateur *m* anti-vol. *See also* FIRE-ALARM. (*b*) = ALARM-CLOCK.
a'larm-bell, *s.* (*a*) Tocsin *m*; cloche *f* d'alarme; *A:* beffroi *m.* (*b*) Timbre avertisseur; sonnerie *f* d'alarme.
a'larm(-clock), *s.* Réveille-matin *m*; réveil *m.* *To set the alarm for six o'clock*, mettre le réveil sur six heures.
a'larm-cord, *s.* *Rail:* Cordon *m* de la sonnette d'alarme.
a'larm-gauge, *s.* *Mch:* Avertisseur *m* de bas niveau ou de pression exagérée.
a'larm-gun, *s.* Canon *m* d'alarme.
a'larm-post, *s.* *Mil:* Quartier *m* d'assemblée; point *m* de ralliement.
a'larm-relay, *El:* Relais *m* de contrôle.
a'larm-signal, *s.* Signal *m* d'alarme.
a'larm-whistle, *s.* Sifflet *m* d'alarme.
alarm[2], *v.tr.* **1.** (*a*) Alarmer, donner l'alarme à (qn). (*b*) Alerter (des troupes). **2.** (*Frighten*) Alarmer, effrayer. *It alarmed nobody*, personne ne s'en est ému. **To be alarmed at sth.,** s'alarmer, s'effrayer, s'émouvoir, de qch.; être alarmé de qch. *Don't be alarmed*, ne craignez rien; soyez sans crainte. *Easily alarmed conscience*, conscience timorée.
alarming, *a.* Alarmant; angoissant. **-ly,** *adv.* D'une manière alarmante. *He is a. ill*, il est gravement malade.
alarmism [ə'lɑːrmizm], *s.* Esprit *m* alarmiste, tendances *fpl* alarmistes.
alarmist [ə'lɑːrmist], *s.* Alarmiste *mf.*

alarum [a'leərəm, a'larəm], *s.* **1.** *A:* = ALARM¹ 1. *Esp. Th: A:* Alerte *f.* **2.** *F:* (*a*) Réveille-matin *minv.* (*b*) Timbre *m* (du réveille-matin).

alas [a'lɑːs], *int.* Hélas! las! *A. the day!* ô jour malheureux! **Alas for his hopes!** quelle déception pour lui!

alate(d) ['eileit(id)], *a. Nat.Hist:* Ailé.

alb [alb], *s. Ecc.Cost:* Aube *f.*

Alba ['alba]. *Pr.n. A.Geog:* Albe *f.*

albacore ['albakɔːər], *s. Ich:* Albacore *m*, albicore *m.*

Albania [al'beinja]. *Pr.n. Geog:* L'Albanie *f.*

Albanian [al'beinjən], *s. & a.* Albanais, -aise.

Albany ['albani]. *Pr.n. Lit: A:* L'Écosse *f.*

albata [al'beita], *s. Metall:* Maillechort *m.*

albatross ['albatrɔs], *s. Orn:* Albatros *m*; *F:* mouton *m* du Cap. *Great a.*, albatros hurleur. *See also* SOOTY 2.

albeit [ɔːl'biːit], *conj. Lit:* Quoique, bien que, + *sub. A.* (*that*) *he failed*, quoiqu'il ait échoué. *A brilliant, a. slipshod, writer*, un écrivain brillant, bien que négligé. *She had become a woman, a. a very young woman*, elle était devenue femme, encore que très jeune femme.

Albert ['albərt]. **1.** *Pr.n.m.* Albert. **2.** *s.* **Albert (chain)**, chaîne (de montre) giletière (à gros maillons, telle qu'en porta le Prince consort Albert). *See also* PRINCE 1.

Albertus Magnus [al'bəːrtəs 'magnəs]. *Pr.n.m. Mediev.Hist:* Albert le Grand.

albescent [al'besənt], *a.* Qui tend vers le blanc; pâlissant.

Albian ['albiən], *a. & s. Geol:* (Étage, etc.) albien (*m*).

Albigenses [albi'dʒensiːz], *s.pl. Hist:* Albigeois *m.*

Albigensian [albi'dʒensiən], *a. Hist:* **The Albigensian Crusade**, la croisade des Albigeois.

albinism ['albinizm], *s.* Albinisme *m.*

albino, *pl.* **-os** [al'biːno, -ouz], *s.* **1.** (*Of pers.*) Albinos *mf.* **2.** (*Of animals*) *A. rabbit*, lapin blanc.

Albion ['albiən]. *Pr.n. A.Geog:* Albion *f. F:* **Perfidious Albion**, la perfide Albion.

albugo [al'bjuːgo], *s.* **1.** *Med:* Leucome *m*; *F:* taie *f*, maille *f* (de l'œil). **2.** *Fung:* Albugo *m.*

album ['albəm], *s.* Album *m. Loose-leaf a.*, album à feuilles mobiles. *Slip a.*, album passe-partout.

albumen [al'bjuːmen], *s.* **1.** Albumen *m*, blanc *m* d'œuf. **2.** Albumine *f* (du sérum du sang). **3.** *Bot:* Albumen *m* (de l'embryon).

albumenized [al'bjuːmenaizd], *a. Phot:* Enduit d'albumine; (papier) albuminé.

albumin [al'bjuːmin], *s. Biol: Ch:* Albumine *f.*

albuminoid [al'bjuːminɔid], *a. & s.* Albuminoïde (*m*).

albuminose [al'bjuːminous], **albuminous** [al'bjuːminəs], *a.* Albumineux.

albuminuria [albjuːmi'njuəria], *s. Med:* Albuminurie *f.*

albumose ['albjumous], *s. Ch: Physiol:* Albumose *f.*

alburn(um) [al'bəːrn(əm)], *s. Bot: Ind:* Aubier *m*; faux bois.

Alcaeus [al'siːəs]. *Pr.n.m. Gr.Lit:* Alcée.

alcaic [al'keiik]. **1.** *a. Pros:* Alcaïque. **2.** *s.pl.* **Alcaics**, (vers *m*) alcaïques (*m*).

alcalde [al'kaldi], *s.m. Sp.Adm:* Alcade.

alcarraza [alka'rɑːza], *s.* Alcarazas *m.*

Alcestis [al'sestis]. *Pr.n.f. Gr.Lit:* Alceste.

alchemic(al) [al'kemik(l)], *a.* Alchimique.

alchemilla [alke'mila], *s. Bot:* Alchémille *f*, alchimille *f*; *F:* pied-de-lion *m.*

alchemist ['alkemist], *s.m.* Alchimiste.

alchemize ['alkemaiz], *v.tr.* Transmuer.

alchemy ['alkemi], *s.* Alchimie *f.*

Alcibiades [alsi'baiədiːz]. *Pr.n.m. Gr.Hist:* Alcibiade.

alcohol ['alkohɔl], *s.* Alcool *m. Pure a.*, alcool absolu. *Denatured a.*, alcool dénaturé.

alcoholate ['alkohɔleit], *s.* Alcoolat *m.*

alcoholic [alko'hɔlik]. **1.** *a.* Alcoolique. **2.** *s.* (*Pers.*) Alcoolique *mf.*

alcoholism ['alkohɔlizm], *s. Med:* Alcoolisme *m.*

alcoholization [alkohɔlai'zeiʃ(ə)n], *s.* Alcoolisation *f.*

alcoholize ['alkohɔlaiz], *v.tr.* Alcooliser.

alcoholometer [alkohɔ'lɔmetər], *s.* Alcoomètre *m*, alcoolomètre *m*; pèse-alcool *m*, *pl.* pèse-alcools; pèse-liqueur *m*, *pl.* pèse-liqueurs.

alcoholometry [alkohɔ'lɔmetri], *s.* Alcoométrie *f*, alcoolométrie *f.*

Alcoran [alkɔ'rɑːn], *s.* **The Alcoran**, le Coran, le Koran, *A:* l'Alcoran *m.*

alcove ['alkouv, al'koːuv], *s.* **1.** Alcôve *f* (de chambre). **2.** Niche *f*, enfoncement *m* (dans un mur). **3.** *A:* Berceau *m*, tonnelle *f* (de jardin).

alcoved ['alkouvd], *a.* En alcôve.

aldehyde ['aldihaid], *s. Ch:* Aldéhyde *f.*

alder ['ɔːldər], *s. Bot:* **1.** Au(l)ne *m. Common a.*, aune glutineux, verne *m*, vergne *m.* **Hoary-leaved alder**, aune grisâtre. **2.** **Black alder, alder buckthorn**, bourdaine *f*, frangule *f.* **3.** *U.S:* **White alder**, clèthre *m* à feuilles d'aune.

alderman, -men ['ɔldərmən, -men], *s.m.* Alderman, magistrat (municipal). **To proceed with all the gravity of an alderman**, *F:* avancer d'un train de sénateur.

aldermanic [ɔldər'manik], *a.* D'alderman.

aldermanry ['ɔldərmənri], *s.* **1.** Division municipale; quartier *m.* **2.** = ALDERMANSHIP.

aldermanship ['ɔldərmənʃip], *s.* Fonctions *f*, dignité, d'alderman; magistrature *f.*

Alderney ['ɔldərni]. *Pr.n. Geog:* Aurigny *m.*

Aldershot ['ɔldərʃɔt]. *Pr.n. Mil: F:* Le camp d'Aldershot.

Aldine ['ɔldain], *a. Typ.Hist:* Aldin. **Aldine edition**, édition aldine; alde *m.*

Aldus Manutius [ɔldəsma'nuʃjəs]. *Pr.n.m. Typ.Hist:* Alde Manuce.

ale [eil], *s.* **1.** Bière anglaise (légère); ale *f.* **Pale ale**, bière blanche, blonde; pale-ale *m. Brown ale*, bière brune. *See also* ADAM, FOUR-ALE. **2.** *See* GINGER-ALE.

'ale-house, *s.* Cabaret *m. Prov:* **Everyone has a penny to spend at a new ale-house**, tout nouveau tout beau.

'ale-pole, *s.* Bouchon *m*, enseigne *f*, de cabaret.

'ale-wife, *s.f. A:* Cabaretière.

aleatory ['eiliətɔri], *a.* (Contrat, etc.) aléatoire.

Alec(k) ['alek]. *Pr.n.m.* (*Dim. of Alexander*) Alexandre. *F:* **A smart Aleck**, un finaud; un monsieur je-sais-tout.

alecost ['eilkɔst], *s. Bot:* = COSTMARY.

alee [a'liː], *adv. Nau:* Sous le vent. *To put the helm a.*, mettre la barre dessous, au vent. **Hard alee!** la barre dessous toute! loffez rondement!

Alemanni [alə'manai], *s.pl. Hist:* Alemans *m*, Alamans *m.*

Alemannia [alə'manja]. *Pr.n. A.Geog:* Aléman(n)ie *f.*

Alemannian [alə'manjən], **Alemannic** [alə'manik], *a. Hist:* Aléman(n)ique.

alembic [a'lembik], *s.* Alambic *m.*

Alençon [a'lensən]. *Pr.n. Geog:* Alençon. **Alençon point, lace**, point *m* d'Alençon.

alepine ['alepiːn], *s. Tex: A:* Alépine *f.*

Aleppo [a'lepo]. *Pr.n. Geog:* Alep *m. Med:* **Aleppo ulcer, boil, gall**, bouton *m* d'Alep, ulcère *m* d'Orient. *See also* PINE¹ 1.

alerion [a'liːəriən], *s. Her:* Alérion *m.*

alert [a'ləːrt]. **1.** *a.* (*a*) Alerte, vigilant, éveillé. (*b*) Actif, vif, preste, ingambe. *A. mind*, esprit présent, vif, éveillé. *A. in answering*, vif à répondre. **2.** *s.* Alerte *f.* **To be on the alert**, être sur le qui-vive. *To be on the a. against an attack*, veiller en prévision d'une attaque. *To keep s.o. on the a.*, tenir qn en haleine, en éveil, toujours éveillé. *That put me on the a.*, cela me fit ouvrir l'œil; *F:* cela m'a mis la puce à l'oreille. **-ly**, *adv.* D'une manière alerte; prestement.

alertness [a'ləːrtnəs], *s.* **1.** (*a*) Vigilance *f.* (*b*) Promptitude *f* (*in doing sth.*, à faire qch.). **2.** Vivacité *f*, prestesse *f.*

alette [a'let], *s. Arch:* Membrette *f* (d'une arche, etc.).

aleuron(e) [a'ljuərən, -roun], *s. Bot: Ch:* Aleurone *f*, céréaline *f.*

Aleutian [a'l(j)uːʃjən], *a. & s. Geog:* Aléoute; aléoutien, -ienne. **The Aleutian Islands**, les (îles) Aléoutiennes.

alewife ['eilwaif], *s.* **1.** *Ich: U.S:* (Variété *f* d')alose *f.* **2.** = ALE-WIFE. *pl.* **Alewives** [-waːivz].

Alexander [aleg'zɑːndər]. *Pr.n.m.* Alexandre.

Alexandretta [alegzɑːn'dreta]. *Pr.n. Geog:* Alexandrette *f.*

Alexandria [aleg'zɑːndria]. *Pr.n. Geog:* Alexandrie *f.*

Alexandrian [aleg'zɑːndriən], *a. & s. A.Hist: Geog:* Alexandrin, -ine. *A.Hist:* **The Alexandrian Library**, la Bibliothèque d'Alexandrie. *Phil:* **The Alexandrian School**, l'École *f* d'Alexandrie. *See also* VERSION 1.

Alexandrine [aleg'zɑːndrain], *a. & s. Pros:* Alexandrin (*m*).

alexipharmic [aleksi'fɑːrmik], *a.* Antivénéneux, alexipharmaque.

Alexius [a'leksjəs]. *Pr.n.m.* Alexis.

Alf [alf]. *Pr.n.m. P:* (*Dim. of Alfred*) Alfred.

alfa(-grass) ['alfa(grɑːs)], *s. Bot: Paperm:* Alfa *m.*

alfalfa [al'falfa], *s. Bot: U.S:* Luzerne *f.*

Alfonso [al'fɔnso]. *Pr.n.m.* Alphonse.

alfresco [al'fresko], *a. & adv.* En plein air. *A. lunch*, déjeuner *m* sur l'herbe; déjeuner sous la tonnelle.

alga, *pl.* **-ae** ['alga, 'aldʒiː], *s. Bot:* Algue *f.* **Green algae**, spyrogyres *m.*

algarroba [algə'rouba], *s. Bot: U.S:* **1.** Caroubier *m.* **2.** Algarobie *f* (de l'Amérique du Sud).

algebra ['aldʒebra], *s.* Algèbre *f.*

algebraic(al) [aldʒe'breiik(l)], *a.* Algébrique. *A. treatise*, traité *m* d'algèbre. *A. symbol*, symbole *m* algébrique. **-ally**, *adv.* Algébriquement.

algebr(a)ist ['aldʒebr(ei)ist]' *s.* Algébriste *m.*

Algeciras [aldʒi'saiərəs]. *Pr.n. Geog:* Algésiras *m.*

Algeria [al'dʒiːəria]. *Pr.n. Geog:* L'Algérie *f.*

Algerian [al'dʒiːəriən], *a. & s.* **1.** (*Of Algeria*) Algérien, -ienne. **2.** (*Of Algiers*) Algérois, -oise.

Algerine ['aldʒerain], *a. & s.* **1.** *Geog:* (Indigène *mf*) d'Alger. **2.** *A:* Pirate *m* de la côte d'Alger; pirate barbaresque.

-algia ['aldʒia], *comb.fm.* -algie *f. Med: Coxalgia, coxalgy*, coxalgie. *Neuralgia*, névralgie. *Odontalgia, odontalgy*, odontalgie.

-algic ['aldʒik], *a. suff.* -algique. *Med: Neuralgic*, névralgique. *Odontalgic*, odontalgique.

algid ['aldʒid], *a.* Algide.

algidity [al'dʒiditi], *s.* Algidité *f.*

Algiers [al'dʒiːərz]. *Pr.n. Geog:* Alger *m.*

algologist [al'gɔlodʒist], *s.* Algologue *mf.*

algology [al'gɔlodʒi], *s.* Algologie *f.*

Algonkian [al'gɔŋkiən], *a. & s. Geol:* Algonkien (*m*).

Algonkins, algonquins [al'gɔŋkinz], *s.pl. Ethn:* Algonquins *m.*

algorism ['algorizm], **algorithm** ['algoriðm], *s.* Algorithme *m.*

-algy [aldʒi], *comb.fm.* = -ALGIA.

Algy ['aldʒi]. *Pr.n.m.* (*Dim. of Algernon*) *F: A:* Jeune gommeux.

alias ['eiliəs]. **1.** *adv.* Autrement dit, autrement nommé, alias. *The woman Mary Smith, a. Dolly*, la femme Mary Smith, dite Dolly, connue sous le nom de Dolly. **2.** *s.* (*pl.* **aliases** ['eiliəsiz]) Nom emprunté, nom d'emprunt, faux nom. *His a. was . . .*, il était connu sous le nom de. . . . *He has several aliases*, il a plusieurs noms de rechange. **To travel under an alias**, voyager sous un faux nom.

alibi ['alibai], *s.* Alibi *m.* **To plead, fall back on, set up, an alibi**, plaider l'alibi; invoquer un alibi. **To produce an alibi**, produire, fournir, un alibi. **To establish an alibi**, prouver, établir, son alibi.

alicant(e) [ali'kant], *s.* Vin *m* d'Alicante; alicante *m.*

Alice ['alis]. *Pr.n.f.* Alice.

Alick ['alik]. *Pr.n.m.* (*Dim. of Alexander*) Alexandre.

alidad(e) ['alidad, -deid], *s. Surv: etc:* Alidade *f*; graphomètre *m.*

Open-sight a., alidade à pinnules. *Telescopic a.*, alidade à lunette. *Clinometer a.*, alidade à éclimètre.

alien[1] ['eiljən]. **1.** *a.* & *s.* Étranger, -ère (non naturalisé(e)). *A. enemy*, sujet, sujette, d'un pays ennemi. **Undesirable aliens,** *F:* métèques *m* indésirables. **2.** *a. A. from sth.*, étranger à qch., éloigné de qch. *A. to sth.*, contraire, opposé, à qch.; qui répugne à qch. *Questions a. to the matter in hand*, questions *f* qui n'ont rien à voir avec le sujet qui nous occupe.

alien[2], *v.tr.* **1.** *A. & Lit:* = ALIENATE 2. **2.** *Jur:* = ALIENATE 1.

alienability [eiljənə'biliti], *s.* *Jur:* Aliénabilité *f*, mutabilité *f* (d'une terre, etc.).

alienable ['eiljənəbl], *a.* *Jur:* (Bien) aliénable, mutable.

alienage ['eiljənedʒ], *s.* Qualité *f* d'étranger, d'étrangère.

alienate ['eiljəneit], *v.tr.* **1.** *Jur:* Aliéner (des biens, etc.). **2.** Détacher, éloigner, désaffectionner, (s')aliéner (qn, les esprits). *To a. s.o. from his friends*, détacher qn de ses amis. **3.** *To a. a sum from its proper destination*, détourner une somme de sa destination propre.

alienation [eiljə'neiʃ(ə)n], *s.* **1.** *Jur:* Aliénation *f* (de biens). **2.** Aliénation (de cœurs); désaffection *f*. **3.** **Mental alienation,** aliénation (mentale); égarement *m* d'esprit.

alienator ['eiljəneitər], *s.* *Jur:* Aliénateur, -trice.

alienee [eiljə'niː], *s.* *Jur:* Aliénataire *mf*.

alienism ['eiljənizm], *s.* **1.** Qualité *f* d'étranger. *Spirit of a.*, esprit *m* de nationalité à part. **2.** *Med:* Aliénisme *m*.

alienist ['eiljənist], *s.* *Med:* (Médecin) aliéniste *m*.

aliferous [a'lifərəs], *a.* *Ent:* Alifère.

aliform ['eilifɔːrm], *a.* *Nat.Hist:* *etc:* Aliforme.

aligerous [a'lidʒərəs], *a.* *Ent:* Alifère.

alight[1] [a'lait], *v.i.* Descendre. **1.** *To a. from horseback, from a carriage*, descendre de cheval, de voiture; mettre pied à terre. **2.** (*a*) (*Of birds*) S'abattre, se poser; *Ven:* se remiser. (*b*) (*Of pers.*) *To a.* (*safely*) *on one's feet*, tomber debout, retomber sur ses pieds (sans se faire de mal). (*c*) *Av:* *To a.* (*on the ground*), atterrir, (*on water*) aquarir; (*on sea water*) amerrir, amérir.

alighting, *s.* *Av:* Atterrissage *m*; amérissage, amerrissage. *Faulty a.*, atterrissage défectueux. *A. too steeply*, atterrissage trop piqué, trop dur. **Alighting gear,** châssis *m* d'atterrissage, d'amerrissage. **Alighting area** (*on sea*), aire *f* d'amerrissage.

alight[2], *pred. a.* Allumé, en feu. **To catch alight,** s'allumer; prendre feu. **To set sth. alight,** mettre le feu à qch.; mettre qch. en feu. *To set the fire a.*, allumer le feu. *Eyes a.* (*with desire*), yeux allumés (par le désir). *All a. with the morning sun*, tout embrasé par le soleil du matin.

align [a'lain]. **1.** *v.tr.* (*a*) Aligner (des soldats, etc.); mettre (des objets) en ligne. (*b*) *Mec.E:* Dresser (des arbres, etc.); faire coïncider les axes. (*c*) Dégauchir, redresser (des organes faussés ou gauchis). **2.** *v.i.* (*a*) S'aligner, se mettre en ligne; prendre position. (*b*) (*Of shafts, etc.*) Coïncider.

alignment [a'lainmənt], *s.* **1.** Alignement *m*; tracé *m* (d'une voie ferrée, etc.). *See also* PICKET[1]. **Zero alignment** (*of optical instruments*), ligne *f* de foi. **Out of alignment,** (i) désaligné; (ii) *Const:* hors d'œuvre; (iii) *Typ:* (ligne) sortante. *Irregular a.*, désalignement *m*. *Mth:* **Alignment chart,** nomogramme *m*. *F: The sharp a. of political parties*, la démarcation nette des partis politiques. **2.** Redressage *m*, dégauchissement *m* (d'organes faussés, etc.). **3.** Centrage *m*, équerrage *m*.

alike [a'laik]. **1.** *pred.a.* Semblable, pareil, ressemblant. *They are very much a.*, ils sont très ressemblants; ils se ressemblent beaucoup. *No two are a.*, il n'y en a pas deux de pareils, pas deux qui se ressemblent. **You are all alike!** vous vous ressemblez tous! vous êtes tous les mêmes! vous êtes tous pareils! *P:* vous êtes tous du même tonneau. *All things are a. to him*, tout lui est égal, indifférent. *Nau: Two boats a.*, deux canots bâtards. **2.** *adv.* Pareillement; de même; de la même manière; également. *To treat everybody a.*, traiter tout le monde de la même manière, de la même façon; traiter tout le monde également. *In everything they think a.*, ils sont toujours du même avis; *F:* ce sont deux têtes sous le même bonnet. *Dressed a.*, habillés de même.; vêtus uniformément. *To go out every day, winter and summer a.*, sortir tous les jours, été comme hiver. *See also* SHARE[2] 1, [2]1.

aliment[1] ['alimənt], *s.* **1.** Aliment *m*. **2.** *Jur:* (*In Scot.*) = ALIMONY.

aliment[2], *v.tr.* **1.** Alimenter. **2.** *Jur:* (*In Scot.*) Faire une pension alimentaire à (qn).

alimental [ali'mentəl], *a.* **1.** Nourrissant, nutritif. *Med:* Alimenteux. **2.** *Jur:* Alimentaire.

alimentary [ali'mentəri], *a.* Alimentaire. **1.** *Anat:* **Alimentary canal,** tube *m*, conduit *m*, canal *m*, alimentaire; tube digestif. **2.** *A. substances*, substances *f* alimentaires. **3.** (= ALIMENTAL) **Alimentary endowment,** pension *f* alimentaire.

alimentation [alimen'teiʃ(ə)n], *s.* Alimentation *f*.

alimony ['aliməni], *s.* *Jur:* Pension *f* alimentaire (faite à l'épouse après séparation de corps). *Obligation to pay a.*, obligation *f* alimentaire. **Claim of alimony,** demande *f* d'aliments. *To provide one's wife with a.*, fournir des aliments à son épouse.

aline [a'lain], *v.*, **alinement** [a'lainmənt], *s.* = ALIGN, ALIGNMENT.

aliquot ['alikwɔt], *a.* & *s.* *Mth:* *A.* (*part*), (partie *f*) aliquote (*f*).

alisma [a'lisma], *s.* *Bot:* Wiesnérie *f*, alisme *m*, alisma *m*; *F:* plantain *m* d'eau.

alison ['alisən]' *s.* *Bot:* *F:* **Sweet alison** = ALYSSUM.

-ality ['aliti], *s. suff.* **1.** -alité *f*. *Generality*, généralité. *Liberality*. libéralité. *Morality*, moralité. *Nationality*, nationalité. **2.** -auté *f*. *Principality*, principauté.

alive [a'laiv], *a.* (*Always pred. unless modified by an adv. Cf.* DEAD-ALIVE, HALF-ALIVE.) **1.** (*a*) (*Of pers.*) *To be* (*still*) *a.*, être (encore) vivant, en vie; vivre (encore). *If he is still a.*, s'il est encore au monde, encore de ce monde. **To keep s.o. alive,** maintenir qn en vie. **To come alive,** naître à la vie. *To come a. again*, revenir à la vie; ressusciter. **To be burnt, buried, alive,** être brûlé, enterré, vif. *See also* BURY. *We found them a.*, nous les avons trouvés vivants. *F:* **To be alive and kicking,** être plein de vie; être gai et dispos. *He was a. and kicking when I saw him*, il était tout à fait gaillard quand je l'ai vu. **It's good to be alive!** il fait bon vivre! **Dead or alive,** mort ou vif. **More dead than alive,** plus mort que vif. *See also* DEAD(-AND)-ALIVE. *Misjudged while a.*, méconnu de son vivant. *While I am a. it shall not happen*, moi vivant cela ne se fera pas. **The best man alive,** le meilleur homme du monde. **No man alive,** personne, aucun homme, au monde. *He will do it better than any man a.*, il le fera mieux que personne, que qui que ce soit. *F:* **Man alive!** par exemple! *Man a.! where have you come from!* c'est vous, grand Dieu! et d'où venez-vous? *Man a.! is it you?* c'est vous? pas possible! (*b*) (*Of thg*) *To keep the fire, a memory, a.*, entretenir le feu; garder, entretenir, un souvenir. *To keep the conversation a.*, entretenir la conversation; ne pas laisser languir la conversation. *To keep hatred, sedition, a.*, entretenir la haine, la sédition. *To keep courage a.*, soutenir, maintenir, le courage. *Traditions that are still a.*, traditions *f* qui vivent encore. **2.** **To be alive to an impression,** ressentir une impression. *I am fully a. to the honour they have done me*, je suis très sensible à cet honneur. *To be fully a. to the danger*, avoir pleinement conscience du danger. *She is keenly a. to the beautiful*, elle a le sentiment très vif du beau. *To be a. to one's interests*, veiller à ses intérêts, être soucieux de ses (propres) intérêts. *To be a. to the importance of . . .*, se rendre compte de l'importance de. . . . *He was quite a. to its importance*, il en sentait, en comprenait, toute l'importance. *I am a. to the fact that . . .*, je n'ignore pas que. . . . **3.** **He is very much alive,** (i) il est très remuant; (ii) il a l'esprit très éveillé. **Look alive!** remuez-vous (donc)! faites vite! dépêchez-vous! *P:* grouille-toi! **4.** *The cheese was a. with worms*, le fromage grouillait de vers. *The heath is a. with game*, la lande foisonne de gibier. *The street was a. with people*, la rue fourmillait de monde. *Town a. with soldiers*, ville grouillante de soldats. **5.** *El.E:* (Fil, etc.) sous tension.

aliveness [a'laivnəs], *s.* **1.** Vivacité *f*. **2.** Sentiment vif (*to*, de); pleine conscience (de).

alizaric [ali'zarik], *a.* *Ch:* (Acide) phtalique.

alizarin [a'lizərin], *s.* *Ch:* Alizarine *f*.

alkalescence [alkə'lesns], *s.* *Ch:* Alcalescence *f*.

alkalescent [alkə'lesnt], *a.* *Ch:* Alcalescent.

alkali ['alkəlai], *s.* *Ch:* Alcali *m*. *A. strength*, force *f* d'alcalinité (d'une solution, etc.). **Alkali-resisting,** inattaquable par les alcalis.

alkalify ['alkəlifai]. *Ch:* **1.** *v.tr.* Alcal(in)iser. *Alkalifying principle*, principe alcalifiant. **2.** *v.i.* Devenir alcalin; s'alcaliser.

alkaline ['alkəlain], *a.* *Ch:* Alcalin. *To make a solution a.*, alcaliser une solution. **Alkaline metals, earths,** métaux alcalins, terres alcalines.

alkalization [alkəlai'zeiʃ(ə)n], *s.* *Ch:* Alcal(in)isation *f*.

alkalize ['alkəlaːiz], *v.tr.* *Ch:* Alcal(in)iser.

alkaloid ['alkəlɔid], *a.* & *s.* Alcaloïde (*m*).

alkanet ['alkənet], *s.* *Bot:* Buglosse *f*. *Field a.*, lycopside *f* des champs. *Dyer's a.*, buglosse *f* des teinturiers; orcanète *f*.

all [ɔːl]. I. *a.*, *pron.*, & *adv.* **1.** Tout, tous. (*a*) (*With noun or pronoun expressed*) *All France*, toute la France. **All day,** (pendant) toute la journée. **All men,** tous les hommes. *That you, of all men, should do such a thing!* vous êtes la dernière personne dont on attendrait une pareille action. **All the others,** tous les autres. *Try to be all things to all men*, tâchez d'être tout à tous. *Far from all prying eyes*, loin de tous regards indiscrets. *All his life*, toute sa vie. **All the way,** tout le long du chemin. *To go all the way*, aller tout le long du chemin, jusqu'au bout. *F:* **Life isn't roses all the way,** la vie n'est pas tout roses. *Is that all the luggage you are taking?* c'est tout ce que vous emportez de bagages? **For all his wealth . . .,** en dépit de, malgré, sa fortune. . . . *With all his faults*, en dépit de, malgré, ses défauts. . . . **With all speed,** au plus vite, à toute vitesse. **At all hours,** à toute heure. *F: He comes home at all hours*, il rentre à des heures indues. *They used to play bridge till all hours*, ils jouaient au bridge jusqu'à pas d'heures. **In all manner of ways,** de toutes les façons. **All that's nonsense,** tout ça c'est des bêtises. **You are not as ill as all that,** vous n'êtes pas malade à ce point-là; vous n'êtes pas (aus)si malade que ça. **"1066 and all that,"** "1066 et tout ce qui s'en suit." (*b*) *Almost all*, presque tous; la presque-totalité de. . . . *All are agreed that . . .*, tous, toutes, sont d'accord, chacun est d'accord, pour déclarer que. . . . **All of us,** nous tous; tous tant que nous sommes. *All of you must do your duty*, il faut tous faire votre devoir. *U.S: All of this is beside the point*, tout ceci est en dehors de la question. *Her stay in Paris fills all of her mind*, son séjour à Paris lui remplit l'esprit. *It cost him all of 1000 dollars*, ça lui a coûté au moins 1000 dollars. **All together,** tous, toutes, à la fois, ensemble. *See also* TOGETHER. **All but he,** tous sauf lui; tous excepté lui. **All whom I saw,** tous ceux, toutes celles, que j'ai vu(e)s. *See also* EYE[1] 1, ONE V. 1, SUNDRY 2. (*c*) *We all love him*, nous l'aimons tous. *She wanted to open them all*, elle voulait tous les ouvrir, les ouvrir tous. **I know it all,** (i) je sais tout cela; (ii) (*of poem, etc.*) je le sais en entier. *I gave you it all*, je vous ai tout donné. *Take it all*, prenez le tout. **In the middle of it all,** au milieu de tout ça. *Games:* **We are five all,** nous sommes cinq à cinq. *Ten: Four all*, quatre jeux partout. **Five all,** à deux de jeu. *Fifteen all*, quinze à, quinze A. *Set all*, set *m* partout. *They are set all*, ils sont à égalité de sets. *See also* GAME[1] 1, LOVE[1] 4. *Dominoes:* **All three, all five,** trois partout, cinq partout. (*d*) *neut. Almost all*, presque tout. **All is lost,** tout est perdu. **All that glitters is not gold,** tout ce qui brille n'est pas or. *All that happens*, tout ce qui arrive. *All* (*that*) *I did*, tout ce que j'ai fait. **For all he may say,** en dépit de ses dires; quoi qu'il en dise. *For all he is so silent, nothing escapes him*, pour taciturne qu'il soit, rien n'échappe à son attention. *She is still deeply in love with him, for all that they have been married two years*, elle l'aime encore profondément, bien qu'ils soient mariés depuis deux ans. **That's all,** c'est tout, voilà tout. *Is that all?* (i) est-ce tout? (ii) *Iron:* n'est-ce que cela? la belle affaire! excusez du peu! *If that be all,* si ce n'est que cela, s'il ne tient qu'à cela. *If that is all (the difficulty),* s'il ne tient qu'à cela. *If that is all that is new,* s'il n'y a que cela de nouveau. **All's well,** tout va bien. *See also* WELL[2] II. 2. *I think that's about all,* je crois que c'est tout. **That's all nonsense,** tout cela est absurde. **That's all very well, but . . .,** tout ça est bel et bien, mais. . . . *It was all I could do not to laugh,* je me tenais à quatre pour ne pas rire. **When all is said and done, all said and done,** somme toute, au bout du compte, en fin de compte, quand tout est dit; tout compte fait, en dernière analyse. **When all comes to all,** au bout du compte, tout compte fait. *See also* AFTER II., OVER II. 6. **Wicked and all as he was,** *he would not agree to this plan,* quelque méchant qu'il fût, il ne voulut pas consentir à cette combinaison. **2.** *(a)* **Once for all,** une fois pour toutes. **For all I know,** autant que je sache. **For all I care,** pour (tout) ce que cela me fait. **Thirty men in all,** trente hommes en tout. *I spent a hundred francs in all,* j'ai dépensé cent francs (tout) en gros. *See also* ABOVE 1, FOR[1] I. 10, GOOD II. 1, ONCE 1. *(b)* **Most of all,** surtout, le plus. *(The) best of all would be to . . .,* le mieux serait de. . . . *When I was busiest of all,* au moment où j'étais le plus occupé. *See also* FIRST III 1. *(c)* **At all.** (i) *Did you speak at all?* avez-vous dit quoi que ce soit? avez-vous fait aucune observation? *Do you know him at all?* le connaissez-vous aucunement? *I did not speak at all,* je n'ai pas parlé du tout. *I am not at all astonished,* je n'en suis aucunement étonné. **Not at all,** pas du tout; *F:* du tout! *It's not at all bad,* ce n'est déjà pas si mal. **Nothing at all,** rien du tout. *I don't know at all,* je n'en sais rien (du tout). *Without at all presuming to criticize you,* sans aucunement vouloir vous faire des critiques, sans aucune prétention de critique. (ii) *If he comes at all,* si tant est qu'il vienne. *He will write to you to-morrow, if at all,* il vous écrira demain, si tant est qu'il vous écrive. *If you go there at all,* si vous faites tant que d'y aller. *If you hesitate at all . . .,* pour peu que vous hésitiez. . . . *If he coughs at all, she runs upstairs,* pour (si) peu qu'il tousse, elle monte en courant. *If you are at all anxious,* si vous êtes tant soit peu inquiet. *If it is at all cold,* pour peu qu'il fasse le moindre froid. *If there is any wind at all,* s'il y a le moindre vent. *If you have any intelligence at all, you can see that . . .,* pour peu qu'on ait quelque intelligence, on s'aperçoit que. . . . *(d)* **All but.** *All but impossible,* presque impossible. *I all but fell,* j'ai failli tomber. *He all but embraced me,* c'est tout juste s'il ne m'embrassa pas; peu s'en fallut qu'il ne m'embrassât. *I am all but certain of it,* j'en ai la quasi-certitude. *It was all but certain that . . .,* il était à peu près certain que. . . . *It's all but done,* c'est pour ainsi dire fini; c'est comme fait. *The play was all but ended,* la pièce touchait à sa fin. *(e)* **All in all.** *Taking it, take it, all in all,* à tout prendre. *I was all in all to him,* j'étais ce qu'il avait de plus cher au monde. *They were all in all to each other,* ils étaient dévoués l'un à l'autre; ils ne vivaient que l'un pour l'autre. *He imagines that he is all in all to the business,* il s'imagine qu'il est indispensable. *(f) F:* **And all,** et (tout) le reste. **And down will come cradle and baby and all,** berceau, bébé, tout fera patatras. *I'll sell you a brand-new car, bumpers and ash-trays and all,* je vous vends une auto neuve, y compris les pare-choc, les cendriers, et tout le bataclan, et toute la boutique. *(g) F:* **What all.** *She must have a new hat, new shoes, and I don't know what all,* il lui faut un chapeau neuf, des souliers neufs, et je ne sais quoi encore. **3.** *adv.* Tout. *(a)* **He is, she is, all alone,** il est tout seul, elle est toute seule. *She is all happiness and love,* elle est tout joie et tout amour. *To be (dressed) all in black,* être habillé tout en noir, tout de noir; être tout de noir vêtu. *His hands were all tar,* ses mains étaient couvertes de goudron. *He was all blood and sweat,* il était couvert de sang et de sueur. **She is all ears, all impatience,** elle est tout oreilles, tout impatience. **All in one piece,** tout d'une pièce. **I am all for staying here,** je ne demande qu'à rester ici. *I am all for liberty,* je tiens, j'en suis, pour la liberté. *She is all for making money,* elle ne songe qu'à gagner de l'argent. *She was all for accepting this offer,* elle désirait vivement accepter cette offre. *My wife was all for calling in a doctor,* ma femme voulait à toute force faire appeler un médecin. *He is not all bad,* il n'est pas entièrement mauvais. *The old rancours are not all gone,* les anciennes rancunes ne sont pas entièrement dissipées. **All the better, all the worse** *(for me),* tant mieux, tant pis (pour moi). *You will be all the better for it,* vous vous en trouverez (d'autant) mieux. *I love him all the better for his faults,* ses défauts me le rendent d'autant plus cher. *He was all the happier for it,* il n'en était que plus heureux. *I think all the less of him for it,* je l'en estime d'autant moins. *All the less, as . . .,* d'autant moins que. . . . *The army was giving way all along the line,* l'armée cédait sur toute la ligne. *The hour came all too soon,* l'heure n'arriva que trop tôt. **All at once,** (i) *(suddenly)* tout à coup, subitement; (ii) *(at one time)* tout d'un coup, tous à la fois. **He is not all there,** il est un peu simple d'esprit, *P:* un peu marteau. *Is he all there?* est-ce qu'il a perdu la tête? *See also* ONE I. 1, SAME 1, 2, THERE I. 1. *(b)* **All clear,** *see* CLEAR[1] I. 6. **All fours,** *see* FOUR. **All in,** *see* IN[1] II. 4. **All out,** *see* OUT[1] I. 3. **All over,** *see* OVER I. 1. **All right,** *see* RIGHT[1] I. 4. **All round,** *see* ROUND[2] I. 2, 3, ALL-ROUND. **All up,** *see* UP[1] I. 7. **4.** *(Intensifying adj. prefix, often untranslatable). See* ALL-ABSORBING, ALL-BOUNTIFUL, *etc., below.*

II. **all,** *s.* Tout *m,* totalité *f.* **1. My all,** mon tout, tout mon avoir. *To stake one's all,* jouer son va-tout. *We must stake our all,* il faut risquer le tout pour le tout. *I have given you my all,* tout ce que j'avais à donner, tu l'as eu. *Music is my life, my all,* la musique est ma vie, mon seul amour. **To lose one's little all,** perdre son pécule, tout son petit avoir. *He lost his all when his bank went smash,* il a perdu tout ce qu'il possédait, la totalité de ses biens, dans le krach de sa banque. **2.** *I will do my all to . . .,* je ferai tout ce qui est en mon pouvoir pour. . .

'all-ab'sorbing, *a.* Absorbant, du plus haut intérêt.

'all-a'round, *a.* *U.S:* = ALL-ROUND.

all-'bountiful, *a.* Infiniment bon.

all-'conquering, *a.* (Amour, etc.) qui triomphe de tout.

all-de'vouring, *a.* (Temps) qui consume tout.

'all-em'bracing, *a.* Qui embrasse tout. *A.-e. knowledge,* vaste érudition.

'all-es'sential, *a.* (Tout à fait) essentiel.

'all-'fired, *a.* *P:* *(Intensive)* **What an all-fired fool!** quel sacré imbécile!

'All 'Fools' Day, *s.* Le premier avril.

'all-'fours, *s.* *See* FOUR.

'all-'hail, *int.* Salut!

'All 'Hallows' (Day), *s.* *Ecc:* (Le jour de) la Toussaint.

all-im'portant, *a.* De la plus haute importance, de toute importance.

'all-in, *a.* **1.** *El:* **All-in agreement,** police *f* mixte (force et lumière). *Ins:* **All-in policy,** police *f* tous risques. **2.** *Sp:* **All-in wrestling,** pancrace *m.*

all-'merciful, *a.* Infiniment miséricordieux.

all-'metal, *a.* *Aut: etc: All-m. body,* carrosserie *f* toute en tôle.

'all-night, *a.* (Veillée, etc.) de la nuit entière. *Adm:* **All-night service,** permanence *f* de nuit. *Mil: etc:* **All-night pass,** permission *f* de la nuit..

all-'overish, *a.* *F:* **To feel all-overish,** se sentir vaguement indisposé; se sentir tout chose.

'all-per'vasive, *a.* (Parfum) pénétrant; (influence) universelle.

all-'powerful, *a.* Tout-puissant, toute-puissante. *He is all p. here, F:* ici c'est lui qui fait la pluie et le beau temps.

'all-'purpose, *a.* Répondant à tous les besoins; universel; "à tout faire."

'all-'red, *a.* **All-red route,** itinéraire entièrement compris dans des territoires britanniques (coloriés en rouge sur les cartes). **All-red line,** ligne de chemin de fer située en entier dans les territoires relevant de la Grande-Bretagne. *Tg:* **All-red cable,** câble *m* relevant entièrement de la Grande-Bretagne.

'all-'round, *a.* *F:* (Athlète, etc.) complet. *An a.-r. man,* un homme universel. *A.-r. dog,* chien *m* propre à tout usage. *A.-r. knowledge,* connaissances *fpl* complètes. *A.-r. improvement,* amélioration totale, sur toute la ligne. *A.-r. price,* prix global. *See* ROUND[2] I. 2, 3.

all-'rounder, *s.* *F:* Homme universel.

'All 'Saints' Day, *s.* (Le jour de) la Toussaint.

'All 'Souls' Day, *s.* Le jour, la fête, des Morts; la commémoration des Fidèles Trépassés.

'all-weather, *a.* De toute saison. *Aut: A.-w. equipment,* carrosserie *f* transformable; carrosserie "tous temps."

Allah ['ala]. *Pr.n.m.* Allah.

allantoic [alan'tɔik], *a.* *Anat:* Allantoïdien, -ienne; allantoïque.

allantois [alan'tɔis], *s.* *Anat:* Membrane *f* allantoïde; allantoïde *f.*

allay [a'lei], *v.tr.* *(a)* Apaiser, calmer (une tempête, une colère); tempérer, modérer (l'ardeur du soleil). *(b)* Apaiser (une querelle); calmer (la frayeur); endormir, dissiper (les soupçons). *(c)* Alléger, adoucir, calmer, soulager, amortir, assoupir (la douleur); apaiser (la soif, la faim); couper, apaiser (la fièvre).

allaying, *s.* Apaisement *m,* adoucissement *m,* soulagement *m,* assoupissement *m,* amortissement *m.*

allegation [ale'geiʃ(ə)n], *s.* Allégation *f.* *To make an a.,* alléguer qch.

allege [a'ledʒ], *v.tr.* **1.** Alléguer, prétendre *(that,* que + *ind.).* *To a. ill health as a reason,* alléguer la mauvaise santé comme motif; donner comme raison sa mauvaise santé. *To a. a charge against s.o.,* porter une accusation contre qn. *To a. an urgent appointment,* prétexter un rendez-vous urgent. *The words alleged to have been spoken by . . .,* les propos qui auraient été tenus par. . . . *He was alleged to be dead,* on le prétendait mort, on le disait mort; *F:* on le faisait mort. **2.** Plaider, citer (un exemple). *Jur:* **To allege one's good faith,** exciper de sa bonne foi.

alleged, *a.* *A. reason,* raison alléguée. *A. piece of information,* prétendu renseignement. *The a. thief,* le voleur présumé.

Alleghany ['aligeini]. *Pr.n.* *Geog:* **The Alleghany mountains,** *F:* **the Alleghanies,** les Monts Allèghani.

allegiance [a'li:dʒ(ə)ns], *s.* **1.** Fidélité *f,* obéissance *f* *(to,* à). **Profession of allegiance,** soumission *f.* **To owe allegiance to the sovereign,** devoir fidélité et obéissance au souverain. *To own a. to a party,* être inféodé à un parti. **To return to one's allegiance,** faire sa soumission. **To give one's full allegiance to a party,** s'inféoder à un parti. **To cast off one's allegiance to a party,** se détacher d'un parti. *See also* PLEDGE[2] 2. **2.** *(Engl.)* **To take the oath of allegiance,** prêter serment *m* d'allégeance.

allegoric(al) [ale'gɔrik(əl)], *a.* Allégorique. **-ally,** *adv.* Allégoriquement, par allégorie, sous forme d'allégorie.

allegorist ['alegɔrist], *s.* Allégoriste *m.*

allegorize ['alegɔra:iz], *v.tr. & i.* Allégoriser.

allegory ['alegɔri], *s.* **1.** Allégorie *f.* **2.** *A:* Emblème *m,* symbole *m.*

allegro [a'legro], *adv. & s.* Allégro *(m).*

alleluia, -luja [ale'lu:ja], *int. & s.* Alléluia *(m).*

allerion [a'li:əriən], *s.* *Her:* Alérion *m.*

alleviate [a'li:vieit], *v.tr.* Alléger, soulager (la douleur); adoucir (le chagrin); apaiser (la soif). *Pain-alleviating draught,* potion anodine.

alleviation [ali:vi'eiʃ(ə)n], *s.* Allègement *m* (de la douleur); soulagement *m,* adoucissement *m.*

alleviative [a'li:vieitiv], *a. & s.* Adoucissant *(m),* calmant *(m);* *Med:* anodin *(m),* lénitif *(m).*

alleviator [a'li:vieitər], *s.* *(a)* Personne *f* (ou chose *f*) qui apporte un soulagement *(of,* à). *(b)* *Med: A. of pain,* anodin *m.*

alley[1] ['ali], *s.* (*a*) (*In garden*) Allée *f*; (*in town*) ruelle *f*, passage *m*; (*in U.S:*) ruelle latérale. **Thieves' alley,** coupe-gorge *m*. *See also* BLIND[1] 3. (*b*) *See* BOWLING-ALLEY, SKITTLE[1] 2.

'alley-way, *s.* **1.** *U.S:* Ruelle *f*. **2.** *N.Arch:* Coursive *f*.

alley[2], *s.* = ALLY[2].

Alleynian [a'li:niən], *s.* *Old A.*, ancien élève de Dulwich College (fondé par Edward Alleyn).

alliaceous [ali'eiʃəs], *a.* *Bot:* *Ch:* Alliacé.

alliance [ə'laiəns], *s.* **1.** Alliance *f*. *Hist:* **The Triple Alliance,** la Triple Alliance; la Triplice. **To enter into an alliance,** s'allier (*with*, avec). **To fight in alliance with s.o.,** combattre avec qn pour allié. *To re-enter into an a. with a country*, renouer alliance avec un pays. *See also* TOURING[2]. **2.** *A. by marriage*, alliance; apparentage *m*.

alliaria [ali'ɛəriə], *s.* *Bot:* Alliaire *f*.

allice-shad ['alisʃad], *s.* *Ich:* Alose commune.

allied [ə'laid, 'alaid], *a.* *See* ALLY[2].

alligator ['aligeitər], *s.* **1.** (*a*) *Rept:* Alligator *m*. (*b*) *U.S:* *F:* Habitant de la Floride, du bassin du Mississipi. **2.** (*a*) *Goldmin:* Crocodile *m*. (*b*) *Tls:* **Alligator wrench,** pince universelle "crocodile." **3.** *Bot:* **Alligator pear,** (poire *f* d') avocat *m*.

alligatoring [ali'geitəriŋ], *s.* *U.S:* Fendillement *m* (du vernis, de la peinture).

alliterate [ə'litəreit], *v.i.* Allitérer.

alliteration [əlitə'reiʃ(ə)n], *s.* Allitération *f*.

alliterative [ə'litəreitiv], *a.* Allitératif.

allocate ['alokeit], *v.tr.* **1.** (*a*) Allouer, assigner (qch. à qn, à qch.). *To a. a sum to sth.*, affecter, assigner, une somme à qch. (*b*) *To a. a sum amongst several people*, répartir une somme entre plusieurs personnes. *To a. duties*, attribuer, distribuer, des fonctions (*to*, à). **2.** *Ph:* *etc:* Déterminer la position de (qch.).

allocating, *s.* = ALLOCATION 1.

allocation [alo'keiʃ(ə)n], *s.* **1.** (*a*) Allocation *f*, affectation *f* (d'une somme). *A. to reserve funds*, affectation au fonds de réserve. (*b*) Répartition *f* (de dépenses); attribution *f* (de fonctions). (*c*) *A. of contract*, adjudication *f*. **Allocation to lowest tenderer,** adjudication au rabais. **Allocation to the highest bidder,** adjudication à la surenchère. **2.** Part *f* ou somme *f* assignée. **3.** Emplacement *m* (d'un objet).

allocatur [alo'keitər], *s.* *Jur:* État certifié des frais (après taxation).

allocution [alo'kju:ʃ(ə)n], *s.* Allocution *f*.

al(l)odial [ə'loudiəl]. **1.** *a.* Allodial, -aux; (bien) tenu en franc-alleu. **2.** *s.* Bien allodial.

al(l)odium [ə'loudiəm], *s.* (Franc-)alleu *m*.

allogamy [ə'lɔgəmi], *s.* *Bot:* Fécondation croisée.

allogeneous [alo'dʒi:niəs], *a.* Allogène.

allomorphism [alo'mɔ:rfizm], *s.* *Cryst:* *etc:* Allomorphie *f*.

allonge [ə'lɔn(d)ʒ], *s.* *Com:* *Fin:* Allonge *f* (d'une lettre de change, etc.).

allopathic [alo'paθik], *a.* *Med:* Allopathique.

allopathist [ə'lɔpəθist], *s.* *Med:* Allopathe *m*.

allopathy [ə'lɔpəθi], *s.* *Med:* Allopathie *f*.

allot [ə'lɔt], *v.tr.* (**allotted**) **1.** *To a. sth. to s.o.*, attribuer, assigner, qch. à qn; lotir qn de qch. *To a. sth. to, for, an object*, affecter, destiner, qch. à un but. *Lombardy was allotted to him*, la Lombardie lui échut en partage. *Mil:* *Navy:* *To a. a portion of pay to a relative, etc.*, déléguer une portion de solde à un parent, etc. **2.** Répartir, distribuer (des fonctions, des sièges, *Fin:* des actions).

allothogenous, -thi- [alo'θɔdʒenəs, -θi-], *a.* *Geol:* Allogène.

allotment [ə'lɔtmənt], *s.* **1.** (*a*) Attribution *f* (de qch. à qn); affectation *f* (d'une somme à un but). *Mil:* *Navy:* *A. of pay* (*to wife, etc.*), délégation *f* de solde (à une épouse, etc.). (*b*) Partage *m*, répartition *f*; distribution *f* (des cabines, de fonctions, etc.); lotissement *m* (de parts, d'une propriété). *A. of time*, emploi *m* du temps. *For:* *A. of areas*, assiette *f* des coupes; aménagement *m* des coupes. *Fin:* **Letter of allotment,** (lettre *f* d')avis (*m*) de répartition; lettre d'allocation; bulletin *m* de souscription. **To pay so much on allotment,** payer tant lors de la répartition. **2.** (*a*) Portion *f*, part *f*, lot *m*. (*b*) Lopin *m* de terre. **Allotments,** lotissements *m*; jardins ouvriers.

allotropic(al) [alo'trɔpik(əl)], *a.* *Ch:* Allotropique.

allotropism [ə'lɔtropizm], *s.* Allotropisme *m*.

allotropy [ə'lɔtropi], *s.* Allotropie *f*.

allottable [ə'lɔtəbl], *a.* **1.** Assignable. **2.** Répartissable.

allottee [alɔ'ti:], *s.* **1.** *Fin:* Attributaire *mf*. **2.** *Mil:* *Navy:* Parent(e) à qui un combattant a délégué sa solde; bénéficiaire *mf* d'une délégation de solde.

allow [ə'lau], *v.tr.* **1.** (*a*) Admettre. **To allow sth. to be true,** admettre, reconnaître, qch. pour vrai. *He allows it to be true*, il admet, il convient, que c'est vrai. *He is allowed to have genius*, on lui reconnaît du génie. *As a critic he must be allowed a high place*, comme critique il faut lui reconnaître une haute valeur, il se place au premier rang. *He allowed that she was well bred*, il m'accorda qu'elle était bien élevée. *I a. that you are right*, j'admets que vous avez raison. *He will not a. that you are right*, il ne veut pas admettre que vous ayez raison. *I was wrong*, **I allow,** j'ai eu tort, j'en conviens, je l'avoue. (*b*) *To a. a request, a claim*, faire droit à une demande, à une réclamation; admettre une requête. (*c*) *U.S:* *F:* Juger, opiner, affirmer (*that*, que). **2.** (*a*) (*Permit*) Permettre, souffrir, tolérer, admettre (qch.). *To a. no discussion on sth.*, ne pas admettre, ne pas souffrir, de discussion sur qch. **To allow s.o. sth.,** permettre qch. à qn. **Allow me to . . .,** permettez-moi de . . ., trouvez bon que je + *sub.* *I am allowed wine*, le vin m'est permis. **Passengers are not allowed on the bridge,** la passerelle est interdite aux voyageurs. *Shooting is not allowed here*, ici la chasse n'est pas permise. *No dogs allowed*, il est défendu d'introduire des chiens. *He is not allowed any whim*, on ne lui souffre, passe, aucune fantaisie. **To allow s.o. to do sth.,** permettre à qn de, autoriser qn à, faire qch. *A. me to tell you the truth*, souffrez que je vous dise la vérité. *A. your humble servant to make his explanations*, souffrez à votre humble serviteur de s'expliquer. **As soon as circumstances shall allow . . .,** dès que les circonstances le permettront. *Circumstances will not a. it*, les circonstances s'y opposent. *To be allowed to compete*, être admis à concourir. *I am allowed to do it*, il m'est permis, on me permet, de le faire. *This opportunity has not yet been allowed them, they have not yet been allowed this opportunity*, cette occasion ne s'est pas encore présentée pour eux; on ne leur a pas encore fourni cette occasion. **Allow me!** permettez (-moi)! *A. me, madam, to escort you*, agréez, madame, que je vous accompagne. *To a. oneself to do sth.*, se permettre de faire qch. *The law allows you twenty days grace*, la loi vous impartit, vous accorde, un délai de vingt jours. *At the end of the six months allowed*, à l'expiration du délai de six mois. **To allow an item of expenditure,** allouer une dépense. (*b*) *To a. sth. to be lost*, laisser perdre qch. *To a. oneself to be led, to be deceived*, se laisser mener, se laisser tromper. *I will not a. you to be ill-treated*, je ne vous laisserai pas maltraiter. *The public reads books that a. themselves to be read easily*, le public lit les livres qui se laissent lire facilement. (*c*) *ind.tr.* (*Of thg*) **Tone which allowed of no reply,** ton qui n'admettait pas de réplique. *The matter allows of no delay*, l'affaire ne souffre pas de retard. *Comedy allows of a certain familiarity*, la comédie autorise une certaine familiarité. *His condition would not a. of his going out*, son état ne lui permettait pas de sortir. *He wants to build a larger house, to a. of a billiard-room being included*, il veut bâtir plus grand, pour que la maison comporte une salle de billard. **3.** (*a*) *To a. s.o. £100 a year*, faire, accorder, allouer, à qn une rente de £100. *He allows his sister £500 a year*, il fait à sa sœur une pension de £500. **To allow a debtor time to pay,** accorder un délai à un débiteur. *We must a. one hour for dressing*, il faut compter une heure pour nous habiller. *See also* MARGIN[1] 1. (*b*) *Com:* *Fin:* **To allow s.o. a discount,** consentir, accorder, faire, un escompte, une remise, à qn; faire bénéficier, bonifier, qn d'une remise. *To a. a reduced price to s.o.*, consentir un prix réduit à qn. *To a. 5%*, déduire 5%. *To a. 5% interest on deposits*, allouer 5% d'intérêt aux dépôts. (*c*) *ind.tr.* **To allow for sth.,** tenir compte de qch.; faire la part de qch.; avoir égard à qch. *To a. for sums paid in advance*, faire déduction des sommes payées d'avance. *Packing is not allowed for*, l'emballage ne peut être déduit. **After allowing for . . .,** déduction faite de. . . . *To a. for the wind, for shrinkage*, tenir compte du vent, du rétrécissement. *To a. for heat expansion*, ménager du jeu pour la dilatation. *To a. space for an accumulator*, ménager de la place pour un accumulateur. *To a. for accidents*, faire la part des accidents. *To a. for readjustments*, prévoir des rectifications. *Delays are allowed for*, les retards sont prévus. *To a. for the tare*, défalquer la tare. *To a. so much for carriage*, (i) ajouter tant pour le port; (ii) déduire tant pour le port. **Allowing for the circumstances . . .,** eu égard aux circonstances. . . . *You must a. for his being ill*, il faut tenir compte de ce qu'il est malade. *See also* POSSIBILITY 2.

allowable [ə'lauəbl], *a.* Admissible, admis, permis, légitime. *Jur:* (Legs *m*, etc.) autorisable; (réclamation *f*) recevable. **-ably,** *adv.* D'une manière admissible; légitimement.

allowance[1] [ə'lauəns], *s.* **1.** (*a*) Tolérance *f* (d'un abus, etc.). (*b*) *Jur:* **Allowance of items in an account,** allocation *f* des articles dans un compte. **2.** (*a*) Pension *f* alimentaire (servie volontairement); rente *f*; (*salary*) appointements *mpl*. *To make one's mother an a. of £100 a year*, faire à sa mère une rente de £100 par an. *To make one's daughter an a. of £100 a year*, donner à sa fille £100 par an. *Jur:* **Allowance for necessaries,** pension alimentaire. **To stop s.o.'s allowance,** *F:* couper les vivres à qn. (*b*) *Adm:* *Jur:* Allocation; dégrèvement *m* (pour charges de famille, pour l'entretien d'immeubles). *Recipient of an a.*, allocataire *mf*; crédirentier *m*. (*c*) *Mil:* *Navy:* *etc:* **Field-allowance,** indemnité *f* de campagne. *Mess a.*, traitement *m* de table; indemnité de table. *Allowances in kind, in money*, prestations *f* en nature, en deniers. *Daily subsistence a.*, prime *f* fixe. *Adm:* *Office, entertainment, a.*, frais *mpl* de bureau, de représentation. *Travelling a.*, frais *mpl* de route, de voyage; indemnité de déplacement. *See also* OUTFIT 1. (*d*) (*Of provisions, food, etc.*) Ration *f*. **To put s.o. on (short) allowance,** mettre qn à la ration; rationner qn; mesurer la nourriture à qn; *F:* réduire qn à la portion congrue. (*e*) *Rail:* *etc:* **Free allowance of luggage,** bagages en franchise. (*f*) *Rac:* **Time allowance,** rendement *m* de temps. *Turf:* (*Of horse, jockey*) **To have an allowance of five pounds,** avoir droit à une décharge de cinq livres. **3.** *Com:* *Fin:* Remise *f*, rabais *m*, déduction *f*, bonification *f*, concession *f*. **To make an allowance on an article,** faire, accorder, un rabais sur un article. **Allowance for loss,** réfaction *f*. *Com:* *A. to cashier for errors*, tare *f* de caisse; passe *f* de caisse. *A. for exchange fluctuations*, prévisions pour fluctuations du change. **4.** (*a*) *Mec.E:* *etc:* Tolérance *f*. *Mint:* Tolérance; faiblage *m*. *Mec.E:* *A. in width*, gras *m* sur la largeur. *A. for machining*, surépaisseur *f*. *A. for heat expansion*, jeu à ménager pour la dilatation. *Artil:* *etc:* *A. for lateral deviation, for deflection*, dérive *f*. (*b*) **To make allowance(s) for sth.,** tenir compte de, faire la part de, avoir égard à, qch. *To make a liberal a. for s.o.('s faults)*, avoir de l'indulgence pour qn; se montrer indulgent, être d'une grande indulgence, envers qn, pour les fautes de qn. *We must make a. for youth*, il faut faire la part de la jeunesse. **After making every allowance, all allowances,** tout bien considéré; *F:* tout compté et tout rabattu. **Due allowance being made . . .,** toute proportion gardée. . . . *To make a generous a. for waste*, faire une part généreuse, laisser une bonne marge, pour les déchets. *To make a. for the tare*, défalquer la tare.

allowance[2], *v.tr.* **1.** (*a*) Faire une rente, une pension, à (qn). (*b*) Rationner (qn). **2.** Rationner (le pain, etc.).

allowedly [ə'lauidli], *adv.* De l'aveu de tous; de l'aveu général. *The climate is a. bad*, tous s'accordent à reconnaître que le climat est mauvais.

alloy[1] [*ə'lɔi*], *s.* Alliage *m*; (*of gold*) carature *f*; (*with low percentage of gold*) billon *m*. *Attrib.* **Alloy steel,** acier allié, acier spécial, acier compound. *F:* **Happiness without alloy,** bonheur *m* sans mélange.

alloy[2]. **1.** *v.tr.* Allier (l'or avec l'argent, etc.). *F: Nothing happened to a. our happiness,* rien ne vint altérer, diminuer, notre bonheur, porter atteinte à notre bonheur. **2.** *v.i.* (*Of metals*) S'allier (l'un avec l'autre).

alloyed, *a.* (*Of metal, joy, etc.*) Allié (*with,* à, avec).

alloying, *s.* Alliage *m*; carature *f* (de l'or).

alloyage [*ə'lɔiedʒ*], *s.* Alliage *m.*

allspice ['ɔːlspais], *s. Bot:* Piment *m*, poivron *m*; poivre *m* de la Jamaïque; toute-épice *f*; quatre-épices *f*; *F:* corail *m* des jardins.

allude [*ə'l(j)uːd*], *v.ind.tr. To a. to sth., to s.o.,* (*of pers.*) faire allusion à qch., à qn; (*of phrase*) avoir trait à, se rapporter à, qch., qn. *F: I a. to my parents,* je veux parler de, je veux dire, mes parents. *I am not alluding to anybody in particular,* je ne vise personne. *To a. to a rumour,* évoquer un bruit.

allure[1] [*ə'l(j)uər*], *s. Lit:* Attrait *m*, attirance *f*, charme *m.*

allure[2], *v.tr.* **1.** *To a. s.o. to(wards) oneself, (in)to a party, (in)to a place,* attirer qn à, vers, soi; à, dans, un parti; à, dans, un endroit. *To a. a fish,* amorcer un poisson. *To a. s.o. (to eat),* affriander qn. *To a. customers,* amadouer, amorcer, les clients. *To a. s.o. from his duty,* débaucher qn; détourner qn de son devoir. **2.** (*Fascinate*) Attirer, séduire (qn, les yeux, etc.); exercer une attirance sur (qn). *To a. s.o. with promises,* attirer, allécher, séduire, entraîner, qn par des promesses.

alluring, *a.* Attrayant, attirant, tentant, alléchant, séduisant, entraînant. **-ly,** *adv.* D'une manière attrayante, attirante, séduisante.

allurement [*ə'l(j)uərmənt*], *s.* Attrait *m*; appât *m*, amorce *f*; allèchement *m*, séduction *f*, entraînement *m*. **A woman's allurements,** les charmes *m*, les séductions, d'une femme.

allusion [*ə'l(j)uːʒ(ə)n*], *s.* Allusion *f*. **To make an allusion, some allusion, to sth.,** faire allusion à qch. **In allusion to sth.,** par allusion à qch.

allusive [*ə'l(j)usiv*], *a.* (Style, etc.) allusif, plein d'allusions. *A. to sth.,* faisant allusion à qch. *Her:* **Allusive arms,** armes parlantes. **-ly,** *adv.* Par (voie d')allusion(s).

allusiveness [*ə'l(j)uːsivnəs*], *s. A. of style,* style plein d'allusions.

alluvial [*ə'l(j)uːviəl*]. **1.** *a. Geol:* (Terrain) alluvial, d'alluvion, alluvien, alluvionnaire. *A. soil,* terrain *m* d'alluvion. **Alluvial deposit,** gîte *m* alluvionnaire; terrain de transport; alluvion *f*; atterrissement *m*; apports *mpl* de ruissellement. *A. stone,* pierre *f* de tuf. *A. diamonds,* diamants alluviens. **2.** *s.* (*In Austr.*) Champ *m* aurifère.

alluvion [*ə'l(j)uːviən*], *s.* Alluvion *f*. **Accretion by alluvion,** alluvionnement *m.*

alluvium, *pl.* **-ia** [*ə'l(j)uːviəm, -iə*], *s. Geol:* (*a*) Alluvion *f*; atterrissement *m*; terre *f* de ruissellement, de lavage; lais *m*. (*b*) *pl.* Terrains alluviaux, terres *f* d'alluvion; (*on river banks, etc.*) limon *m.*

Allworthy ['ɔlwəːrði]. *Pr.n.m.* **Squire Allworthy,** type du propriétaire terrien libéral et débonnaire. (Dans *Tom Jones*, de Fielding.)

ally[1] ['alai], *s.* (*a*) Allié *m*, coallié *m*. *To become allies,* s'allier (ensemble); se coaliser. *See also* PRO-ALLY. (*b*) *F: They are great allies,* ils sont très bien, s'entendent très bien, ensemble.

ally[2] [*ə'lai*]. **1.** *v.tr.* Allier (qn, qch.) (*to, with,* à, avec). *To a. by marriage,* apparenter (deux familles, etc.). **2.** *v.i.* S'allier (*to, with,* à, avec).

allied, *a.* **1.** Allié (*to, with,* à, avec). **The allied Powers,** les Puissances alliées. *The a. nations,* les nations coalisées. **2.** *Biol: Med: etc:* De la même famille, du même ordre, de la même nature. *Nat.Hist: Nearly a. species,* espèces voisines. *To be a. to sth.,* ressembler à, être voisin de, avoir des rapports avec, qch. *Closely a. industries,* industries connexes.

ally[3] ['ali], *s. Games:* (*Also* **ally taw**) (Grosse) bille (en marbre, en albâtre); cal(l)ot *m*; pouce *m.*

Ally[4] ['ali]. *Pr.n.m. F:* (*Dim. of Alfred*) Alfred. **Ally Sloper** (héros du défunt journal amusant *Ally Sloper's Half-holiday*), type du vieux luron chauve, débraillé, bon vivant, au nez bourgeonné. *Cf.* SLOPE[2] **1.** *See also* CAVALRY.

allyl ['alil], *s. Ch:* Allyle *m.*

allylic [a'lilik], *a.* Allylique.

almagest ['almadʒest], *s.* Almageste *m.*

alma(h) ['alma], *s.* Almée *f.*

Alma Mater ['alma'meitər], *s.* L'université *f* où l'on a fait ses études; alma mater *f.*

almanac ['ɔːlmənak], *s.* **1.** Almanach *m*. **2.** Annuaire *m.*

almandite ['almandait], *s. Miner:* Grenat almandin; almandin *m*, almandite *f.*

almeh ['almei], *s.* Almée *f.*

almightiness [ɔːl'maitinəs], *s.* Toute-puissance *f*, omnipotence *f.*

almighty [ɔːl'maiti], *a.* & *s.* **1.** Tout-puissant, omnipotent. **The Almighty,** le Tout-Puissant, le Très-Haut. *F: He's one of the most a. scoundrels I know,* c'est un des plus francs chenapans que je connaisse. **2.** *F:* = MIGHTY II.

almond ['ɑːmənd], *s.* **1.** Amande *f*. *Sweet a.,* amande douce. *Bitter a.,* amande amère. **Burnt almonds,** amandes grillées; pralines *f*. *Shelled almonds,* amandes décortiquées. **Ground almonds,** amandes pilées. *Oil of bitter almonds,* essence *f* d'amandes amères. **Almond (-shaped) eyes,** yeux (taillés) en amande. *See also* JORDAN ALMOND, SUGAR-ALMOND. **2. Almond(-tree),** amandier *m*. **3.** *Orn:* **Almond(-tumbler),** pigeon *m* tumbler. **4.** *Anat: A:* Amygdale *f.*

'almond-'eyed, *a.* Aux yeux en amande.

'almond-'cake, *s.* **1.** *Husb:* Tourteau *m* d'amandes. **2.** *Cu:* Gâteau *m* d'amandes, aux amandes.

'almond-'oil, *s.* Huile *f* d'amande. *Sweet-a. oil,* huile d'amandes douces.

'almond-'paste, *s.* Pâte *f* d'amandes.

'almond-'soap, *s.* Savon amygdalin.

'almond-'willow, *s. Bot:* Osier brun; osier-amandier *m.*

almoner ['ɑːmənər, 'almənər], *s.* Aumônier *m*, distributeur *m* d'aumônes (d'un prince). **Lord High Almoner,** Grand Aumônier (du Roi). **Lady almoner,** aumonière *f* (d'un hôpital).

almonry ['ɑːmənri, 'almənri], *s.* Aumônerie *f.*

almost ['ɔːlmoust], *adv.* Presque; à peu près; quasi. (*a*) **Almost always,** presque toujours. (*Cp. Hardly ever,* presque jamais.) *It is a. noon,* il est près de midi, bientôt midi. *He a. fell,* peu s'en fallut qu'il ne tombât; il faillit tomber. *He a. dropped (with surprise),* il pensa tomber de son haut. *He is a. the master here,* il est quasi, quasiment, le maître ici. (*b*) *U.S:* **Almost never,** presque jamais. *A. no one,* presque personne. *A. nothing,* presque rien.

alms [ɑːmz], *s.sg. or pl.* Aumône *f*. *To give a. to s.o.,* donner, faire, l'aumône à qn; faire la charité à qn. *To ask an a. of s.o.,* demander l'aumône, la charité, à qn.

'alms-bag, *s.* Aumônière *f.*

'alms-box, *s.* Tronc *m* pour les pauvres.

'alms-folk, *s. coll. A:* Vieillards assistés.

'alms-giver, *s.* Distributeur, -trice, d'aumônes.

'alms-giving, *s.* L'aumône *f.*

'alms-house, *s.* **1.** Asile *m* d'indigents, de vieillards; maison *f* de retraite pour les vieillards; maison de secours, de charité. **2.** *U.S:* (*Workhouse*) Hospice *m.*

'alms-purse, *s.* Aumonière *f.*

almsman, *pl.* **-men** ['ɑːmzmən, -men], *s.m.* (Vieillard) hospitalisé.

almswoman, *pl.* **-women** ['ɑːmzwumən, -wimen], *s.f.* (Vieille femme) hospitalisée.

Alnaschar [alnə'ʃɑːr]. *Pr.n.m.* (Le cinquième frère du barbier des *Mille et une Nuits.*) *F:* **Alnaschar dreams,** rêves *m* de Perrette; châteaux *m* en Espagne.

aloe ['alou], *s.* **1.** *Bot:* (*a*) Aloès *m*. *Tongue-shaped a.,* bec-de-cane *m*. (*b*) Aquilaire *f*. (*c*) **American aloe,** agave *m* d'Amérique; pite *f*. **2.** *pl.* (*Usu. with sg. constr.*) *Pharm:* **Aloes** ['alouz], aloès, *F:* chicotin *m*. **Bitter aloes,** amer *m* d'aloès.

'aloe-fibre, *s. Com:* Fibre *f* d'agave.

'aloes-wood, *s.* Bois *m* d'aloès, bois d'aigle.

aloetic [alou'etik], *a.* & *s. Pharm:* Aloétique (*m*).

aloft [*ə'lɔft*], *adv.* (*a*) *Nau:* En haut (dans la mâture); dans la mâture. **Aloft there!** oh(é) de la hune! *Away a.!* en haut les gabiers! (*b*) *Av:* (Appareil) en vol. (*c*) *F: Caps were thrown a.,* on jetait les casquettes en l'air.

alone [*ə'loun*], *pred. a.* **1.** Seul. *He lives (all) a.,* il demeure (tout) seul. *I like being a.,* j'aime la solitude. *He stands a. in his opinion,* il est seul de son opinion. *We are not a. in thinking that . . .,* nous ne sommes pas seuls à trouver que. . . . *He a. saw it,* lui seul l'a vu; il n'y a que lui qui l'ait vu. *An expert a. could advise us,* seul un expert pourrait nous conseiller. **I did it alone,** je l'ai fait à moi seul. *Hum: A. I did it,* je l'ai fait à moi tout seul. *London a. has a population equal to . . .,* Londres à lui seul a une population égale à. . . . *I have a hiding-place that I a. know,* j'ai une cachette que moi seul connais, connue de moi seul. *To live by bread a.,* vivre de pain seulement; vivre uniquement de pain. **Man does not live by bread alone,** *F:* l'homme ne vit pas que de pain. *To believe s.o. on his word a.,* croire qn sur (sa) simple parole. *They sometimes spoke of it when a. together,* ils en parlaient parfois seul à seul. *I want to speak to you a.,* je voudrais vous parler seul à seul. *He was a. with his own thoughts,* il était seul à seul avec lui-même. *You a. can help me,* vous êtes le seul qui puissiez m'aider. *For the month of June a. sixty deaths have been reported,* dans le seul mois de juin, rien qu'au cours du mois de juin, on a signalé soixante cas de mort. *His silence a. is sufficient proof against him,* rien que son silence le condamne. **With that charm which is his alone,** avec ce charme qui lui est propre, qui n'appartient qu'à lui. **Work, incident, that stands alone,** ouvrage *m*, incident *m*, unique (en son genre). **2.** (*a*) To let, leave, s.o., sth., alone, (i) laisser qn tranquille, en paix; (ii) laisser (qn) faire; (iii) ne pas se mêler de qch. *Leave these things a.,* ne touchez pas à tout ça. *Leave me a.!* laissez-moi donc! *F:* fichez-moi la paix! *Let it a.,* n'y touchez pas; ne vous en mêlez pas; laissez cela! *It is a subject which had better be left a.,* c'est un sujet qu'il ne faut toucher que du bout du doigt. *Leave him a. to finish his work,* laissez-le finir son travail. *Your work is all right, leave it a.,* votre travail est bien, n'y retouchez pas. *Prov:* **Let well alone, leave well alone,** le mieux est (souvent) l'ennemi du bien; ne touchez pas à ce qui est bien; ne réveillez pas le chat qui dort. (*b*) *F: Let me a. for that!* remettez-vous-en à moi! fiez-vous à moi! (*c*) *F:* **Let alone . . .,** sans parler de . . ., sans compter. . . . *They were six in the car, let a. the dogs,* ils étaient six dans l'auto, sans compter les chiens, sans parler des chiens. *There is no need to buy the ground, let a. that I haven't got the ready money,* il n'est pas nécessaire d'acheter le terrain, sans compter que je n'ai pas d'argent disponible. **3.** *adv. Lit:* (*Only*) **Not alone in London was it rife,** ce n'est pas qu'à Londres que cet abus sévissait.

along [*ə'lɔŋ*]. **1.** *prep.* Le long de. (*a*) *To walk a. the shore,* longer la plage, se promener (tout) le long de la plage. *To go a. a street,* suivre une rue; passer par une rue. **To sail along the land, the coast,** serrer la terre; naviguer près de terre; longer, suivre, la côte; côtoyer le rivage. *To creep a. the wall,* se faufiler le long du mur. *To crawl a. the ground,* ramper à la surface du sol. *Victorious* **all along the line,** victorieux sur toute la ligne. *Section a. the line MN,* coupe *f* suivant la ligne MN. (*b*) *Trees a. the river,* arbres *m* qui bordent la rivière, sur le bord de la rivière. *You'll find it a. by the church,* vous le trouverez près de l'église, du côté de l'église. (*c*) *Prep.phr. P:* **It's all along of you!** c'est à cause de toi! *It's all a. of your sister-in-law,* tout ça, c'est rapport à ta belle-sœur. **2.** *adv.* (*Often expletive, with a general implication of progress*) (*a*) To move along, avancer. *To walk, stride, a.,* avancer à grandes enjambées; *F:* arpenter le terrain. *Fetch it a.!* apportez-le! *Come a. with me,* venez-vous-en avec moi. **Come along!** arrivez donc! venez donc! *He'll be a. in ten minutes*, il va s'amener dans dix minutes. *U.S: He was a. toward fifty*, il allait sur les cinquante ans. *The afternoon was well a.*, l'après-midi tirait à sa fin. *F:* **Get along with you!** (i) allez, filez! va te coucher! *P:* allez, ouste! (ii) (= je n'en crois rien) allons donc! *See also* GET ALONG, GO ALONG, PASS ALONG. (*b*) *I knew that* **all along**, je le savais dès, depuis, le commencement; je le savais depuis longtemps. *I said so all a.*, c'est ce que j'ai toujours dit.

alongshore [ə'lɔŋ'ʃɔːər], *adv.* Le long de la côte. *To sail a.*, longer la terre.

alongside [ə'lɔŋ'said], *adv. & prep. Nau:* Accosté (le long de . . .). *To make a boat fast (close) a. a ship*, amarrer un canot le long du bord, à toucher le bord. *To come a. (a ship), a. of a ship*, accoster, aborder (un navire). **Come alongside!** accostez! *A. the quay*, le long du quai, bord à quai. *To come a. (the quay)*, aborder à quai. *It is difficult to get a.*, l'accostage *m* est difficile. *To be a.*, être accosté. *To tow a ship a.*, remorquer un navire à couple. *The ships lay a. of each other*, les navires étaient bord à bord, contre à contre. *To moor a. a ship, a. of a ship*, s'amarrer à couple d'un navire. *To moor, lay, berth, a boat a. (the quay, etc.)*, accoster un bateau le long du quai. *To pass a. (of a ship)*, élonger un navire. *F:* **To walk alongside of s.o.**, marcher côte à côte avec qn. *He stood a. of me*, il se tenait à mon côté, à côté de moi. *The car stopped a. of the kerb*, l'auto s'arrêta au bord du trottoir, le long du trottoir.

aloof [ə'luːf], *adv. & pred. a.* **1.** *Nau:* Au large et au vent. **Keep aloof!** passez au large! **2.** (*a*) **To keep, hold, aloof (from sth.)**, se tenir (visiblement) à l'écart, à distance, éloigné (de qch.); s'abstraire (de qch.); se tenir sur la réserve. *He stands a. from the crowd*, il se tient à l'écart de la foule. *To hold, keep, a. from politics*, ne pas se mêler de politique, se désintéresser de la politique; ne pas faire de politique. *To stand a. from a cause*, se tenir en dehors d'une cause. *To stand, hold, a. from the Government of the day*, bouder le Gouvernement du jour. **To hold, stand, aloof**, s'abstenir (lorsqu'il s'agit de faire qch.). *In the meantime buyers are holding a.*, pour le moment les acheteurs s'abstiennent. *He kept very much a.*, il s'est montré très distant. *To live a. from the world*, vivre dans l'éloignement du monde. *A: Our house stood a.*, notre maison était isolée. (*b*) (*Of pers.*) *She was reserved and a.*, elle était réservée et distante.

aloofness [ə'luːfnəs], *s.* Attitude distante; désintéressement *m*, réserve *f* (*from*, à l'égard de).

alopecia [alo'piːʃiə], *s. Med:* Alopécie *f*; *F:* teigne *f* pelade.

alose [ə'lous], *s. Ich:* Alose *f*.

aloud [ə'laud], *adv.* A haute voix; (tout) haut. *To read a.*, lire à haute voix. *She wept a.*, elle pleurait tout haut. **To cry aloud for vengeance**, crier vengeance.

alp [alp], *s.* Alpe *f*; pâturage *m* de montagne; *Dial:* alp *m*. *Geog:* **The Alps**, les Alpes. *The fore Alps, the foot-hills of the Alps*, les Préalpes *f*. **The Lower Alps** (*of France*), l'Alpette *f*.

alpaca [al'pakə], *s.* **1.** *Z:* Alpaca *m*. **2.** *Tex:* Alpaga *m*. *A. wool*, laine *f* d'alpaga.

alpargata [alpɑr'gatə], *s.* Espadrille *f*.

alpax ['alpaks], *s. Metall:* Alpax *m*.

alpenglow ['alpənglou], *s.* Alpenglühen *m*.

alpenhorn ['alpənhɔːrn], *s.* Cor *m* des Alpes.

alpenstock ['alpənstɔk], *s.* Alpenstock *m*; bâton ferré.

alpestrine [al'pestrin], *a.* (Plante) alpestre.

alpha ['alfə], *s. Gr.Alph:* Alpha *m*.

'**alpha rays**, *s.pl. Ph:* Rayons *m* alpha.

alphabet ['alfəbet], *s.* Alphabet *m*. *See also* FINGER-ALPHABET.

alphabetical [alfə'betik(ə)l], *a.* Alphabétique. **-ally**, *adv.* Alphabétiquement.

Alpheus [al'fiːəs]. **1.** *Pr.n.m. Gr.Myth:* Alphée. **2.** *s. Crust:* Alphée *m*.

Alphonso [al'fɔnzo]. *Pr.n.m.* Alphonse.

alpia ['alpiə], *s. Bot:* Alpiste *m*.

alpine ['alpain], *a.* (Club, chasseur) alpin; (site, paysage, climat) alpestre. *Geog: A. range*, chaîne *f* de montagnes alpique. *A. horn*, cor *m* des Alpes. *A. climbing*, alpinisme *m*. *Bot: A. plants*, plantes alpines, plantes alpicoles. *A. poppy*, pavot *m* des Alpes. *See also* GLACIER, HUT[1].

alpinism ['alpinizm], *s.* Alpinisme *m*.

alpinist ['alpinist], *s.* Alpiniste *mf*.

alpist ['alpist], *s. Bot:* Alpiste *m*.

Alps ['alps], *s. See* ALP.

alquifou [alki'fuː], *s. Cer:* Alquifoux *m*.

already [ɔl'redi], *adv.* Déjà; dès à présent. *Ten o'clock a.!* déjà dix heures!

alright [ɔːl'rait], *adv. F: V: = all right, q.v. under* RIGHT[1] I. 4.

Alsace ['alsas]. *Pr.n. Geog:* L'Alsace *f*.

Alsatia [al'seiʃjə]. *Pr.n.* **1.** *Geog: A:* L'Alsace *f*. **2.** *A:* Quartier *m* de Londres (avec droit d'asile) qui servait de refuge aux voleurs, aux gueux; "cour *f* des miracles."

Alsatian [al'seiʃ(ə)n], *a. & s.* **1.** *Geog:* Alsacien, -ienne. **Alsatian wolf-hound**, chien de berger alsacien; chien-loup *m*. *Cost:* **Alsatian bow**, grand nœud papillon (coiffure des paysannes d'Alsace). **2.** (Littérature) alsatique.

also ['ɔːlso], *adv.* Aussi. *I a. discovered that . . .*, (i) moi aussi j'ai trouvé que . . ., (ii) j'ai encore trouvé que. . . . *It should a. be stated that . . .*, il faut ajouter que. . . . *He saw it a.*, il l'a vu également; lui aussi l'a vu. *Turf:* **Also ran . . .**, ont couru aussi. . . . *F:* **An also ran**, (i) concurrent qui n'a pas été classé; (ii) une non-valeur. **Not only . . . but also . . .**, non seulement . . . mais encore . . ., mais aussi. . . .

alt [alt], *s.* **1.** *Mus:* (Notes) *in alt*, (notes) au-dessus de la portée. *C in alt*, contre-ut *m*. **2.** *F: A: In alt*, exalté.

Altaic [al'teiik], *a. Ethn:* Altaïque.

altaite [al'teait], *s. Miner:* Altaïte *f*, élasmose *f*.

altar ['ɔːltər], *s.* **1.** (*a*) Autel *m*. **High altar**, maître (-)autel *m*. *To set up an a.*, dresser un autel. *To lead s.o to the a.*, conduire qn à l'autel. *F:* **To lay one's ambitions on the altar**, sacrifier ses ambitions; faire le sacrifice de ses ambitions. (*b*) *Nau:* Gradin *m* (d'une cale de radoub). **2.** *Astr:* **The Altar**, l'Autel.

'**altar-boy**, *s. Ecc:* Enfant *m* de chœur (faisant fonction de répondant).

'**altar-bread**, *s.* Pain *m* d'autel; pain à chanter.

'**altar-cloth**, *s.* Nappe *f* d'autel.

'**altar-facing, -frontal**, *s.* Devant *m* d'autel.

'**altar-piece**, *s.* Tableau *m* d'autel; retable *m*.

'**altar-rail**, *s.* Balustrade *f* ou grille *f* (du sanctuaire) de l'autel. *To kneel at the a.-r. (for communion)*, s'approcher de la table sainte.

'**altar-screen**, *s.* Retable *m*.

'**altar-server**, *s. Ecc:* = ACOLYTE 2.

'**altar-stone, -table**, *s.* Pierre *f* d'autel.

altazimuth [alt'azimәθ], *s.* Altazimut *m*. **Altazimuth theodolite**, théodolite altazimutal.

Altenburg ['altənbəːrg]. *Pr.n. Geog:* Altenbourg *m*.

alter ['ɔltər]. **1.** *v.tr.* (*a*) Remanier (une comédie), retoucher (un dessin); modifier (ses plans); changer de (plans). *To a. the place of sth.*, changer qch. de place. *To a. one's address*, changer d'adresse. *To a. one's mind*, changer d'avis. *See also* MIND[1] 2. *At my age a man can't a. his nature*, à mon âge on ne peut pas se refaire. *Not to a. sth.*, ne rien changer à qch. **That alters matters, alters the case**, voilà qui change les choses; *F:* ça, c'est une autre paire de manches. *It won't a. matters in any way, F:* cela n'y fera ni chaud ni froid. *The drawing-room was altered to a study*, le salon fut transformé en cabinet de travail. *To a. sth. for the better*, améliorer qch. *To a. sth. for the worse*, altérer qch. **To alter the time (to summer-time)**, décaler, déplacer, l'heure. *To a. the time of a train*, déplacer un train. **To alter one's course**, changer de route. *Nau:* **To alter (the) course**, changer, modifier, la route; abattre. *In an altered tone*, en changeant de voix; sur un autre ton. (*b*) Fausser (les faits); altérer (un texte). (*c*) *U.S:* Châtrer. **2.** *v.i.* **He has greatly altered**, il a bien changé. *B: The law of the Medes and Persians which altereth not*, la loi des Mèdes et des Perses qui demeure immuable. *To a. for the better*, s'améliorer; s'amender; (*of pers.*) changer en mieux. *To a. for the worse*, s'altérer, perdre. *He will never a., F:* il mourra dans sa peau.

altered, *a. He is greatly a.*, il est bien changé. *A. look(s)*, changement de visage, d'aspect.

altering[1], *a.* **1.** Changeant, variable. **2.** En train de changer.

altering[2], *s.* = ALTERATION.

alterable ['ɔltərəbl], *a.* (*a*) Sujet à changer; variable. (*b*) Modifiable.

alteration [ɔltə'reiʃ(ə)n], *s.* (*a*) Remaniement *m* (de qch.); retouche *f* (à qch.); modification (apportée à qch.); changement *m*. *To make an a. to a dress*, faire une modification, une retouche, à une robe. *Tail: Dressm:* **Alteration hand**, pompier, -ière. *A. in a plan*, changement apporté à un projet. *A. in articles of association*, modification aux statuts. *Time-table* **subject to alteration**, (i) horaire soumis à des révisions périodiques; (ii) programme *m* sauf modifications. *Th: etc: To accept a play subject to a.*, recevoir une pièce à correction. *A. to summer time*, décalage *m*, déplacement *m*, de l'heure. *Nau: A. of course*, (i) dérangement *m* de route; abattée *f*; (ii) changement de route. (*b*) **Marginal alteration**, renvoi *m* en marge.

alterative ['ɔltəreitiv], *a. & s. Med:* Altératif (*m*), altérant (*m*).

altercate ['ɔltərkeit], *v.i.* Se quereller (*with*, avec); *F:* se chamailler. *To a. about sth.*, disputer de, sur, qch.

altercation [ɔltər'keiʃ(ə)n], *s.* Altercation *f*, dispute *f*, querelle *f*; *F:* chamaillerie *f*, accrochage *m*. *Jur:* Contestation *f*; plaidoirie *f* contradictoire. *To have an a.*, se disputer; *F:* avoir une prise de bec, s'accrocher.

alter ego ['altər'egou], *Lt.phr. used as s.* Alter ego *m*. *He is my a.e.*, c'est mon alter ego; c'est un autre moi-même.

alternant [ɔl'təːrnənt], *a. Geol: A. layers*, dépôts alternants, couches alternantes.

alternate[1] [ɔl'təːrnet], *a.* **1.** Alternatif, alterné, alternant. *The a. action of sun and rain*, l'action alternative, alternée, du soleil et de la pluie. *To come on a. days*, venir de deux jours l'un, tous les deux jours. *A. laughter and tears*, rires et pleurs successifs, alternés. *A. layers of stone and timber*, couches alternantes, alternées, de pierre et de bois. *Trees planted in a. rows*, arbres *m* en quinconce. *Professors lecturing on a. days*, professeurs alternants. *Biol:* **Alternate generation**, alternance *f* des générations. **2.** *Geom: Bot:* (Angles, feuilles) alternes. *Exterior, interior, a. angles*, angles *m* alternes externes, internes. **3.** *Pros:* (Rimes) croisées. **4.** *s. U.S:* Remplaçant, -ante. **-ly**, *adv.* **1.** Alternativement, tour à tour. **2.** *Bot: Leaves placed a.*, feuilles alternes.

'**alternate-'leaved**, *a. Bot:* Alternifolié.

alternate[2] ['ɔltərneit]. **1.** *v.tr.* (*a*) Faire alterner (deux choses); employer (deux choses) tour à tour, alternativement. (*b*) *Agr: To a. crops*, alterner des récoltes. **2.** *v.i.* Alterner (*with*, avec); se succéder (tour à tour). *To a. between laughter and tears*, passer du rire aux larmes.

alternating, *a.* **1.** Alternant, alterné. *Mth:* **Alternating series**, série alternée. **2.** (*a*) *El.E:* (Courant) alternatif. **Alternating-current dynamo, generator**, alternateur *m*; machine alternative. *A.-current motor*, alternomoteur *m*. (*b*) *Mec.E:* (Mouvement) alternatif, de va-et-vient. *A. saw*, scie alternative.

alternation [ɔltər'neiʃ(ə)n], *s.* **1.** Alternation *f* (d'un mouvement). **2.** Alternance *f* (du jour et de la nuit, *Biol:* de générations, *Geol:* des couches). **3.** *Alternations of rain and sun, of optimism and despair*, alternatives *f* de pluie et de soleil, d'optimisme et de désespoir.

alternative [ɔl'təːrnətiv]. **1.** *a.* (*a*) Alternatif. *An a. proposal*, une contre-proposition. (*b*) *A. road*, route *f* d'emprunt. *I can give you an a. route*, je peux vous indiquer un second, un autre, itinéraire. **2.** *s.* (*a*) Alternative *f*. *The a. of death or the Koran*, l'alternative de la mort ou du Coran. (*b*) (*Either of two courses*) *The a. would be to . . .*, l'alternative, l'autre parti à prendre, une autre solution, serait de. . . . **To have no alternative,** n'avoir pas le choix. *He had no a. but to obey*, force lui fut d'obéir. *There is no a.*, il n'y a pas d'alternative; *F:* il faut passer par là (ou par la fenêtre). **-ly,** *adv.* **1.** Alternativement, tour à tour. **2.** *Fine of* £5, **or alternatively** *one month's imprisonment*, amende *f* de cinq livres, avec l'alternative d'un mois de prison.

alternator ['ɔltərneitər], *s. El.E:* Alternateur *m*. *Single-phase a.*, alternateur monophasé. *Three-phase a.*, alternateur triphasé.

alternisepalous [ɔltəːrni'sepələs], *a. Bot:* Alternisépale.

Althea [al'θiːa]. **1.** *Pr.n.f. Gr.Myth:* Althée. **2.** *s. Bot:* Althée *m*.

althorn ['althɔːrn], *s. Mus:* (Saxhorn) alto *m*.

although [ɔl'ðou], *conj.* = THOUGH I. 1.

altimeter [al'timetər], *s. Surv: Av:* Altimètre *m*; baromètre *m* altimétrique.

altimetry [al'timetri], *s.* Altimétrie *f*; hypsométrie *f*.

altitude ['altitjuːd], *s.* **1.** (*a*) Altitude *f*, élévation *f* (au-dessus du niveau de la mer). **High-altitude treatment,** cure *f* d'altitude; cure d'air. *Surv: Av:* **Altitude recorder,** altitraceur *m*. **Altitude table,** table *f* altimétrique. (*b*) Hauteur *f* (d'un astre, d'un triangle). **2.** *Usu.pl.* Hauteur(s). *At these altitudes . . .*, à ces hauteurs. . . .

altitudinal [alti'tjuːdinəl], *a.* Altitudinaire.

alto ['alto], *s. Mus:* **1.** Alto *m*. **Alto clef,** clef *f* d'ut troisième ligne. **2.** (*a*) (*Male voice*) Haute-contre *f*. (*b*) (*Female voice*) Contralto *m*, contralte *m*. (*In choral singing*) **To sing alto,** chanter la partie d'alto. **3.** (*a*) = VIOLA[1] 1. (*b*) *Attrib. A. trombone, saxophone*, trombone *m*, saxophone *m*, alto.

altogether [ɔːltu'geðər]. **1.** *adv.* (*a*) (*Wholly*) Entièrement, tout à fait. *You are a. right*, vous avez entièrement, grandement, raison. *To change sth. a.*, changer qch. de fond en comble, radicalement. *It's a. out of the question*, c'est absolument impossible. *I don't a. agree*, je ne suis pas entièrement de votre avis. (*b*) (*On the whole*) Somme toute. . . . *Taking things a.; taken a.*, à tout prendre. (*c*) *How much a.?* combien en tout? combien tout compris? *A. we did not spend* £5, nous n'avons pas dépensé cinq livres en tout. (*d*) *F:* (= *All together*) Tous ensemble. **2.** *s.* (*a*) *Art: F:* **To sit, pose, for the altogether,** poser pour l'ensemble. *Hence* (*b*) *F: The a.*, la nudité absolue. **3.** *s.pl. Th: F:* **Altogethers,** maillot *m*.

alto-relievo ['altori'liːvo], *s.* Haut-relief *m*. *In a.-r.*, en haut-relief.

altruism ['altruizm], *s.* Altruisme *m*.

altruist ['altruist], *s.* Altruiste *mf*.

altruistic [altru'istik], *a.* Altruiste.

alucita [a'ljuːsita], *s. Ent:* Alucite *f*.

alula ['aljula], *s.* **1.** *Orn:* Alule *f*; aile bâtarde. **2.** *Ent:* Cuilleron *m* (de diptère).

alulet ['aljulet], *s.* = ALULA 2.

alum[1] ['aləm], *s.* Alun *m*. **Chrome alum,** alun de chrome. **Potash alum,** alun ordinaire. **Ammonia alum,** sulfate *m* double d'aluminium et d'ammonium; alun ammoniacal. **Iron alum, alum feather, feather alum,** alun de fer, alun de plume; halotrichite *f*. **Alum works, mine,** aluminière *f*, alunière *f*. **Alum shales,** schistes *m* alunifères. **Alum manufacturer,** alunier *m*. *Phot:* **Alum bath,** bain aluné.

'alum-stone, *s. Miner:* Alunite *f*.

alum[2], *v.tr.* Aluminer, aluner. *Phot: Alumed fixing bath*, bain de fixage aluné.

aluming, *s.* Alunation *f*, alunage *m*.

alumina [a'ljuːmina], *s. Miner:* Alumine *f*.

aluminate[1] [a'ljuːminet], *s.* Aluminate *m*.

aluminate[2] [a'ljuːmineit], *v.tr.* **1.** (*To mix with alum*) Aluminer. **2.** *Dy: etc:* (*To steep in alum*) Aluner.

alumination [aljuːmi'neiʃ(ə)n], *s. Ch: Dy:* Aluminage *m*.

aluminiferous [aljuːmi'nifərəs], *a.* Aluminaire, aluminifère.

aluminite [a'ljuːminait], *s. Miner:* Aluminite *f*, aluminaire *f*.

aluminium [alju'miniəm], *s.* Aluminium *m*. **Aluminium sheet,** tôle *f* d'aluminium. **Aluminium powder,** aluminium en poudre. **Aluminium paint,** peinture *f* à l'aluminium. **Aluminium works,** aluminerie *f*. *See also* BRONZE[1] 1.

aluminothermy [a'ljuːminoθəːrmi], *s. Metall: Ind:* Aluminothermie *f*.

aluminous [a'ljuːminəs], *a.* Alumineux.

aluminum [a'luːminəm], *s. U.S:* = ALUMINIUM.

alumna, *pl.* **-ae** [a'lʌmna, -iː], *s.f. U.S:* Élève; étudiante; graduée. *Cf.* ALUMNUS.

alumniferous [alʌm'nifərəs], *a.* Alunifère.

alumnus, *pl.* **-i** [a'lʌmnəs, -ai], *s.m. Esp.U.S:* (*a*) Élève (d'un collège, d'une institution). (*b*) Étudiant (à une université); gradué (d'une université).

alundum [a'lʌndəm], *s. Ind:* Alundon *m*.

alunite ['aljunait], *s. Miner:* Alunite *f*.

Alva ['alva]. *Pr.n. Hist:* **The Duke of Alva,** le duc d'Albe.

alveolar ['alviolər], *a.* Alvéolaire. *Anthr:* **Alveolar point,** point *m* alvéolaire (du maxillaire supérieur). *Anat:* **Alveolar process** *or* **ridge,** bord *m* alvéolaire (du maxillaire supérieur ou inférieur). *Ling:* **Alveolar r,** r alvéolaire.

alveolate ['alviolet], *a. Biol:* Alvéolé, alvéolaire.

alveole ['alvioul], **alveolus,** *pl.* **-i** ['alvioləs, -ai], *s.* Alvéole *m or f*; favéole *f*.

alvine ['alvain], *a.* Alvin; du bas-ventre.

always ['ɔːlwəz, -weiz], *adv.* Toujours. (*a*) *He is nearly a. here*, il est presque toujours ici. *He a. comes*, il vient toujours. **Office always open,** (bureau ouvert en) permanence *f*. *Don't be a. bringing up your age*, ne mettez pas tout le temps votre âge en avant. *He is a. spying*, il va épiant. (*b*) *F: If he gives you* £5, **it's always that,** s'il vous donne cinq livres, c'est toujours ça. *There is a. the workhouse*, il y a toujours l'hospice.

alyssum [a'lisəm], *s. Bot:* Alysson *m*, alysse *m*. **Rock alyssum,** corbeille *f* d'or.

am [am]. *See* BE.

Amadeus [ama'diːəs]. *Pr.n.m.* Amédée.

Amadis ['amadis]. *Pr.n.m. Lit:* **Amadis of Gaul,** Amadis de Gaule.

amain [a'mein], *adv. A. & Poet:* **To smite sth. amain,** frapper qch. avec violence, de toutes ses forces. **To ride amain,** aller à toute bride. *To flee a.*, fuir précipitamment, à toutes jambes. *Nau:* **Lower amain!** amenez en grand!

Amalek ['amalek]. *Pr.n.m. B.Hist:* Amalech.

Amalekite [a'maləkait], *s. B.Hist:* Amalécite *mf*.

Amalfitan [a'malfitən], *a. & s. Geog:* Amalfitain, -aine.

amalgam [a'malgəm], *s.* Amalgame *m*. *Ind:* **Amalgam solution,** bain *m* d'amalgamation.

amalgamate[1] [a'malgəmet], *a.* (Métal, langage) amalgamé.

amalgamate[2] [a'malgəmeit]. **1.** *v.tr.* (*a*) Amalgamer (l'or, l'étain). (*b*) Amalgamer (des idées); fusionner (des sociétés); unifier (les industries). *Fin: To a. shares*, fusionner des actions. **2.** *v.i.* (*a*) (*Of metals*) S'amalgamer. (*b*) (*Of ideas*) S'amalgamer; (*of companies*) fusionner; opérer une fusion; (*of races*) se mélanger, fusionner.

amalgamating, *s.* = AMALGAMATION.

a'malgamating mill, *s.* Moulin *m* à, pour, amalgamer.

amalgamation [amalgə'meiʃ(ə)n], *s.* **1.** Amalgamation *f* (des métaux). *Goldmin:* **Amalgamation process,** procédé *m* par amalgamation. **2.** Fusion *f*, fusionnement *m* (de deux sociétés, *Fin:* d'actions); mélange *m* (de races, etc.); *esp. U.S:* croisement *m* des races blanches et nègres. *A. of industries*, unification industrielle.

amalgamator [a'malgəmeitər], *s. Metall:* Amalgamateur *m*.

Amalphitan [a'malfitən], *a. & s. Geog:* = AMALFITAN.

Amalthaea [amal'θiːa]. *Pr.n.f. Myth:* Amalthée.

amanita [ama'naita], *s. Fung:* Amanite *f*. **Amanita phalloides** [fa'lɔidiːz], **deadly amanita,** amanite phalloïde; oronge-ciguë verte.

amanuensis, *pl.* **-es** [amanju'ensis, -iːz], *s.* Secrétaire *m* (à la main). *I act as a.*, c'est moi qui tiens la plume.

amarant(h) ['amarant, -anθ], *s. Bot:* Amarante *f*. *A.* (*-coloured*) *ribbons*, des rubans amarante.

amarant(h)ine [ama'rantain, -θain], *a.* **1.** (D')amarante. **2.** *Lit: A:* Impérissable, immortel.

Amaryllis [amə'rilis]. **1.** *Pr.n.f.* Amaryllis. **2.** *s. Bot:* Amaryllis *f* (belle-dame); lis *m* de Saint-Jacques.

amass [a'mas], *v.tr.* Amasser. *To a. a fortune*, amasser une fortune; accumuler une fortune.

amateur [amə'təːr, 'amətjuər], *s.* Amateur *m*. *He is an a. of painting*, il est amateur en peinture. *Pej: He is an a. at painting*, il peint en amateur; *F:* il barbouille; c'est un barbouilleur. *Attrib.* **Amateur painter,** peintre *m* amateur. *A. work*, travail *m* d'amateur, de dilettante. *A. gardening*, jardinage *m* d'amateur(s).

amateurish [amə'təːriʃ, amə'tjuəriʃ], *a. Pej:* (Travail, etc.) d'amateur. *A. painting*, barbouillage *m*. *A. playing of the piano*, pianotage *m*. **-ly,** *adv.* En amateur, en dilettante.

amateurishness [amə'təːriʃnəs, -'tjuər-], *s.* **1.** Inexpérience *f*, manque *m* de maîtrise. **2.** Dilettantisme *m*.

amateurism ['amətjurizm], *s.* **1.** Dilettantisme *m*. **2.** *Sp:* Amateurisme *m*.

amative ['amətiv], *a.* (*Of pers.*) Porté à aimer, à l'amour; passionné.

amativeness ['amətivnəs], *s. Phren:* Amativité *f*.

amatory ['amətəri], *a.* (Sentiment) amoureux; (lettre) d'amour; (poète, poème) érotique, anacréontique. *See also* POTION.

amaurosis [amɔː'rousis], *s. Med:* Amaurose *f*; *F:* goutte sereine.

amaurotic [amɔː'rɔtik], *a.* Amaurotique.

amaze [a'meːiz], *v.tr.* Confondre, stupéfier, frapper de stupeur; *F:* ébahir, ébaubir, renverser.

amazed, *a.* Confondu, stupéfait; *F:* ébahi, renversé. *To be, stand, a.*, rester stupéfait, ébahi; tomber des nues. *I was a. at his courage*, je fus stupéfait, stupéfié, de son courage. *I am a. at it*, j'en reste confondu. *I was a.!* je pensai tomber de mon haut! *I am a. at you*, vous m'étonnez. *I am a. to find that . . .*, je suis stupéfait de découvrir que. . . .

amazing, *a.* Stupéfiant, *F:* renversant, *P:* épatant, ébouriffant, esbrouffant. *A. dexterity*, dextérité prestigieuse. *It's a.!* je n'en reviens pas! **-ly,** *adv.* Étonnamment, *P:* épatamment. *He is doing a. well*, il réussit à merveille; il fait des affaires merveilleuses.

amazedly [a'meːizidli], *adv.* Avec stupéfaction; d'un air stupéfait; avec stupeur.

amazement [a'meizmənt], *s.* Stupéfaction *f*; stupeur *f*; *F:* ébahissement *m*. *To recover from one's a.*, revenir de son étonnement. *To listen in a.*, écouter avec stupeur. *I heard with a. that . . .*, je fus stupéfait d'apprendre que. . . .

Amazon ['aməzən]. **1.** *s.f. Myth. & F:* Amazone; *F:* guerrière. *Miner:* **Amazon-stone,** feldspath vert. **2.** *Pr.n. Geog:* **The river Amazon,** le fleuve des Amazones; l'Amazone *f*.

Amazonian [amə'zounjən], *a.* **1.** D'Amazone. **2.** *Geog:* De l'Amazone, amazonien.

amazonite ['aməzonait], *s. Miner:* Feldspath vert.

ambages [am'beidʒiːz], *s.pl. Lit:* Ambages *m*, équivoques *f*; détours *m*.

ambary ['ambəri], *s. Bot:* Ketmie *f* à chanvre. *Tex:* Chanvre *m* de Gombo.

ambassador [am'basədər], *s.* Ambassadeur *m*. *The British A. in Paris*, l'ambassadeur d'Angleterre à Paris. *The French A. to Japan*, l'ambassadeur de France auprès du Japon. *A. to the Court of St James's*, ambassadeur auprès du roi d'Angleterre.

ambassadorial [ambasə'dɔːriəl], *a.* Ambassadorial, -aux; d'ambassadeur.

ambassadorship [am'basədərʃip], *s.* Ambassade *f*; charge *f* d'ambassadeur.

ambassadress [am'basədres], *s.f.* Ambassadrice.

amber[1] ['ambər], *s.* Ambre *m.* *Yellow a.*, ambre jaune; succin *m.* *Attrib.* *A. colour*, nuance ambrée. *Adm:* **Amber light**, feu *m* jaune, lumière *f* jaune. **Amber varnish**, vernis *m* au succin.
'**amber-coloured**, *a.* Ambré.
'**amber-fish**, *s.* *Ich:* Sériole *f* (de Duméril).
'**amber-'tipped**, *a.* 1. (Porte-cigarette) à bout d'ambre. 2. (Cigarette) à bout ambré.
amber[2], *v.tr.* Ambrer; parfumer d'ambre.
ambergris ['ambərgri:s], *s.* Ambre gris.
amberjack ['ambərdʒak], *s.* = AMBER-FISH.
ambidexter [ambi'dekstər], *a.* & *s.* 1. Ambidextre (*mf*). 2. *A:* Homme *m* de mauvaise foi; fourbe *m.*
ambidext(e)rous [ambi'dekst(ə)rəs], *a.* Ambidextre.
ambidextrousness [ambi'dekstrəsnəs], **ambidexterity** [ambideks'teriti], *s.* Ambidextérité *f.*
ambiency ['ambiənsi], *s.* Ambiance *f.* *A. of vice*, atmosphère *f* de vice.
ambient ['ambiənt], *a.* (Air) ambiant; (température) ambiante.
ambiguity [ambi'gjuiti], *s.* 1. Ambiguïté *f.* 2. Équivoque *f.*
ambiguous [am'bigjuəs], *a.* 1. Ambigu, équivoque. 2. Incertain. *An a. conflict*, un conflit d'issue douteuse. 3. Obscur; difficile à comprendre. *A. style*, style confus. **-ly**, *adv.* Avec ambiguïté; d'une manière ambiguë ou équivoque.
ambiguousness [am'bigjuəsnəs], *s.* = AMBIGUITY 1.
ambish [am'biʃ], *s.* *U.S: P:* = AMBITION.
ambit ['ambit], *s.* 1. Circuit *m*, tour *m* (d'une ville, etc.). 2. Bornes *fpl*, limites *fpl* (d'un terrain, etc.). 3. Étendue *f*, portée *f* (d'une action, d'un pouvoir, etc.).
ambition [am'biʃ(ə)n], *s.* Ambition *f.* *The a. to shine*, l'ambition de briller. *Eaten up with a.*, dévoré d'ambition. *To have great ambitions*, avoir de hautes visées. *To make it one's a. to do sth.*, mettre son ambition à faire qch. *The summit of my a. is . . .*, ma plus haute ambition c'est. . . . *To be a lawyer's clerk was not the height of my a.*, être clerc de notaire, ce n'était pas mon rêve. *Unscrupulous a.*, arrivisme *m.* *Man, woman, of unscrupulous a.*, arriviste *mf.*
ambitious [am'biʃəs], *a.* Ambitieux. 1. *To be a. of power*, ambitionner le pouvoir. *To be a. to do sth.*, ambitionner de faire qch. 2. *A. plans, schemes*, projets ambitieux. **-ly**, *adv.* Ambitieusement.
ambitiousness [am'biʃəsnəs], *s.* 1. Ambition *f.* 2. Caractère ambitieux. *The a. of its form*, sa forme ambitieuse.
amble[1] ['ambl], *s.* 1. *Equit:* (*a*) Amble *m*, entre-pas *m.* *I saw him coming along at an a.*, je le vis qui arrivait à l'amble. (*b*) (*Of horse*) Traquenard *m.* 2. (*Of pers.*) Pas *m* tranquille; allure *f* tranquille.
amble[2], *v.i.* 1. *Equit:* (*a*) Aller (à) l'amble. *To a. along*, chevaucher à l'amble. (*b*) (*Of horse*) Traquenarder; aller le traquenard. *To make a horse a.*, mettre un cheval à l'amble. 2. *F:* (*Of pers.*) *To a. along*, aller, marcher, d'un pas tranquille; *F:* pérégriner.
ambling[1], *a.* (Cheval) ambleur, qui va (à) l'amble. *A. mare*, haquenée *f.* *At an a. gait*, (i) à l'amble, (ii) *F:* au petit trot.
ambling[2], *s.* = AMBLE[1].
ambler ['amblər], *s.* 1. Cheval ambleur. 2. Promeneur *m* sans but; flâneur *m.*
amblyopia [ambli'oupiə], *s.* *Med:* Amblyopie *f.*
ambo ['ambou], *s.* *Ecc.Arch:* Ambon *m.*
ambon ['ambən], *s.* *Anat:* Ambon *m.*
Amboyna [am'bɔinə]. *Pr.n.* *Geog:* Amboine *f.* **Amboyna wood**, bois *m* d'Amboine; amboine *m.*
ambrette [am'bret], *s.* 1. *Bot: etc:* Ambrette *f.* 2. *Hort:* Poire *f* d'ambrette.
ambroid ['ambrɔid], *s.* *Ind:* Ambroïne *f.*
Ambrose ['ambrouz]. *Pr.n.m.* Ambroise.
ambrosia [am'brouziə], *s.* *Myth: Bot:* Ambroisie *f.*
ambrosial [am'brouziəl], *a.* Ambrosiaque; au parfum d'ambroisie.
Ambrosian [am'brouziən], *a.* Ambrosien; de saint Ambroise. *Esp. Ecc: Mus:* *A. rite, chant*, rite, chant, ambrosien.
ambry ['ɑmbri], *s.* *A:* Armoire *f* ou placard *m.*
ambs-ace ['amzeis], *s.* *Dicing: etc:* Besas *m*, ambesas *m*, beset *m.*
ambulacrum, *pl.* **-a** [ambju'leikrəm, -ə], *s.* *Echin:* Ambulacre *m.*
ambulance ['ambjuləns], *s.* Ambulance *f.* 1. Hôpital ambulant. *Attrib.* **Ambulance man**, ambulancier (-brancardier) *m*; infirmier *m.* *A. nurse*, ambulancière *f*; infirmière *f.* *A. corps*, le corps des ambulanciers. **Ambulance station**, poste *m* d'ambulance. *A. class*, classe *f*, conférences *fpl*, de secourisme. *Hints on a. work*, notions *fpl* de secourisme. 2. **Ambulance (waggon)**, (voiture *f* d')ambulance. *A. car*, **motor ambulance**, ambulance automobile; auto-ambulance *f*, *pl.* autos-ambulances. *A. plane*, aérochir *m*; avion *m* sanitaire.
ambulant ['ambjulənt], *a.* *Med:* **Ambulant typhoid fever**, fièvre *f* typhoïde ambulatoire.
ambulate ['ambjuleit], *v.i.* Déambuler; aller et venir; se promener.
ambulation [ambju'leiʃən], *s.* Déambulation *f.*
ambulatory[1] ['ambjulətəri], *a.* 1. Ambulant, mobile. *Jur:* (Tribunal) ambulatoire. 2. *Med:* (*a*) = AMBULANT. (*b*) (Malade) sur pied, qui peut vaquer à ses affaires.
ambulatory[2], *s.* Promenoir *m*, préau *m.* *Ecc.Arch:* (Dé)ambulatoire *m.*
ambuscade[1] [ambʌs'keid], *s.* = AMBUSH[1].
ambuscade[2], *v.tr.* & *i.* = AMBUSH[2].
ambush[1] ['ambuʃ], *s.* Embuscade *f*; guet-apens *m*, *pl.* guets-apens; *F:* traquenard *m.* *To make, lay, construct, an a.*, dresser, disposer, placer, une embuscade. *To fall into an a.*, donner, tomber, dans une embuscade, dans une embûche. **To be, lie, in ambush**, être, se tenir, en embuscade; être à l'affût. *To be attacked from a.*, être victime d'un guet-apens. **Troops in ambush**, troupes embusquées. *To drive troops out of a.*, débusquer des troupes. *Our men burst out of a.*, nos hommes débusquèrent tout à coup.
ambush[2]. 1. *v.tr.* (*a*) *To a. the enemy*, attirer l'ennemi dans un piège, dans un traquenard. **To be ambushed**, tomber dans une embuscade. (*b*) *A:* Embusquer (des troupes). *Now used only in p.p.* **Ambushed troops**, troupes embusquées. 2. *v.i.* S'embusquer; se tenir en embuscade.
ameer [ə'mi:ər], *s.m.* Émir.
Amelia [ə'mi:ljə]. *Pr.n.f.* Amélie.
ameliorate [ə'mi:lioreit]. 1. *v.tr.* Améliorer. 2. *v.i.* S'améliorer, s'amender.
ameliorating, *a.* Améliorant.
amelioration [ami:lio'reiʃ(ə)n], *s.* Amélioration *f.*
ameliorative [ə'mi:lioreitiv], *a.* Amélioratif; améliorateur, -trice.
ameliorator [ə'mi:lioreitər], *s* *Agr:* Engrais *m*, amendement *m.*
amen [ɑ:'men, ei'men], *int.* Amen; ainsi soit-il. *F:* **And we all say amen to that**, c'est ce que nous souhaitons tous; c'est aussi notre avis.
amenability [ami:nə'biliti], *s* = AMENABLENESS.
amenable [ə'mi:nəbl], *a.* 1. (*a*) *Jur:* Justiciable, ressortissant, relevant (*to a court*, d'un tribunal); responsable (*to s.o.*, envers qn); sujet (*to*, à). *A. to a fine*, passible d'une amende. *The case is not a. to ordinary rules*, ce cas n'est pas justiciable des règles ordinaires, n'est pas sujet aux règles ordinaires. (*b*) *A. to the touch but invisible to the eye*, vérifiable par le toucher, mais invisible à l'œil. (*c*) *Ore a. to profitable treatment*, minerai susceptible d'être traité à profit. 2. (*a*) **Amenable to the law, to discipline**, soumis à la loi, à la discipline. *A. to advice*, docile aux conseils. *A. to kindness*, sensible à la bonté. **Amenable to reason**, raisonnable; disposé à entendre raison. (*b*) *A. child*, enfant soumis, docile. **-ably**, *adv.* 1. D'une façon soumise. 2. *A. to your instructions*, conformément à vos ordres.
amenableness [ə'mi:nəblnəs], *s.* 1. *Jur:* Justiciabilité *f* (*to*, de), responsabilité *f* (*to*, envers). 2. Soumission *f*, docilité *f.*
amend [ə'mend]. 1. *v.tr.* (*a*) Amender, modifier (un projet de loi); apporter, faire, une modification à (un projet); rectifier (un compte); corriger (un texte). (*b*) Réformer (sa vie). *To a. one's ways*, s'amender; *F:* acheter une conduite. (*c*) *To a. one's discourtesy*, réparer son incivilité. 2. *v.i.* S'amender, se corriger.
amending, *a.* Correctif. **The amending hand**, la plume du censeur.
amendable [ə'mendəbl], *a.* Amendable, capable d'amendement. *A. error*, erreur *f* réparable.
amendment [ə'mendmənt], *s.* 1. (*a*) Modification *f* (d'un projet de loi); rectification *f* (d'un compte); correction *f* (d'un texte); redressement *m* (d'une erreur). (*b*) *Pol: etc:* Amendement *m.* *A. to an amendment*, sous-amendement *m*, *pl.* sous-amendements. **To move an amendment**, proposer un amendement (*to a bill*, à un projet de loi). 2. *A:* Amélioration *f* (de la santé, etc.).
amends [ə'mendz], *s.pl.* Réparation *f*, dédommagement *m*, compensation *f.* *Used esp. in* **To make amends for an injury**, réparer un tort. **To make amends to s.o. for sth.**, dédommager qn de qch.; faire réparation à qn de qch. *I shall make a.*, je réparerai. *As a. for this wrong . . .*, en réparation de ce tort. . . . *To make a. for your disappointment . . .*, pour vous consoler de votre déception. . . . *His good qualities make a. for his shortcomings*, ses bonnes qualités compensent ses défauts. *By way of making a. for sth.*, en dédommagement de qch. *He is not brainy, but to make a. he is good at sports*, ce n'est pas un fort en thème, mais en revanche il excelle dans les sports. *That will make a.*, ce sera un dédommagement.
amenity [ə'mi:niti], *s.* 1. Aménité *f*, agrément *m*, charme *m* (d'un lieu). 2. Aménité, amabilité *f*, affabilité *f.* 3. *pl.* **Amenities.** (*a*) Aménités *fpl*, civilités *fpl.* **Exchange of amenities**, échange *m* de courtoisies, de civilités. (*b*) **The amenities of home life**, le charme, les douceurs, de la vie intime. *The amenities of life*, les commodités *f* de l'existence. **Amenities of a place**, agréments d'un lieu. *To interfere with the amenities of a town*, nuire au charme, aux agréments, aux attraits, d'une ville. *Jur: Compensation for loss of amenities*, dommages-intérêts *mpl* pour atteinte portée à l'agrément (d'une propriété).
amenorrhoea [amenɔ'ri:ə], *s.* *Med:* Aménorrhée *f.*
ament[1] [ə'ment], **amentum** [ə'mentəm], *s.* *Bot:* Chaton *m*; iule *m.*
ament[2], *s.* Idiot *m* de naissance.
amentaceous [amen'teiʃiəs], *a.* *Bot:* Amentacé.
amentia [ə'menʃə], *s.* Idiotie congénitale.
amentiferous [amen'tifərəs], *a.* *Bot:* Amentifère.
amerce [ə'mə:rs], *v.tr.* *A:* 1. *To a. an estate to the Crown*, confisquer une terre au profit de la Couronne. 2. Mettre (qn) à l'amende; infliger une amende à qn; exiger une amende de qn. *To a. s.o. in a week's labour*, infliger huit jours de corvée à qn (en guise de réparation).
amercement [ə'mə:rsmənt], *s.* *A:* 1. Mise *f* à l'amende. 2. Amende *f.*
America [ə'merikə]. *Pr.n.* L'Amérique *f.* *North A.*, l'Amérique du Nord. *South A.*, l'Amérique du Sud.
American [ə'merikən], *a.* & *s.* 1. Américain, -aine. **American Indian**, Indien indigène de l'Amérique. 2. Des États-Unis. *See also* CLOTH 1, LEOPARD 2, ORGAN 1.
Americanism [ə'merikənizm], *s.* *Ling: etc:* Américanisme *m.*
Americanization [ə'merikənai'zeiʃ(ə)n], *s.* Américanisation *f.*
Americanize [ə'merikənaiz]. 1. *v.tr.* Américaniser. 2. *v.i.* S'américaniser.
Amerigo Vespucci [ame'ri:goves'putʃi]. *Pr.n.m.* Améric Vespuce.
amethyst ['ameθist], *s.* Améthyste *f*; *F:* pierre *f* d'évêque. *Oriental a.*, saphir violet. **Amethyst ring**, bague *f* d'améthyste. *The a. ring (of a bishop)*, l'anneau d'améthyste.
amethystine [ame'θistain], *a.* D'améthyste.
ametropia [ame'troupiə], *s.* *Med:* Amétropie *f.*
Amharic [am'harik], *a.* & *s.* *Ling:* Langue *f* amharique; l'amharique *m.*
amiability [eimjə'biliti], *s.* 1. Amabilité *f* (*to*, envers). 2. *After*

a few amiabilities, après quelques paroles aimables; après quelques amabilités.
amiable ['eimjəbl], *a.* Aimable (*to*, envers). *To be extremely a.*, être d'une grande amabilité. *To make oneself a. to s.o.*, faire l'aimable auprès de qn. *A. surroundings*, entourage souriant, sympathique. **-ably**, *adv.* Aimablement; avec amabilité.
amiableness ['eimjəblnəs], *s.* = AMIABILITY I.
amiant(h)us [ami'antəs, -θəs], *s. Miner:* Amiante *m.*
amicability [amikə'biliti], *s.* **1.** Nature, disposition, amicale. **2.** Concorde *f. A. being now restored . . .*, la concorde étant dès lors rétablie. . . .
amicable ['amikəbl], *a.* **1.** (*Of manner, etc.*) Amical; (*of pers.*) bien disposé. *A. designs*, desseins *m* pacifiques. *A. relations*, relations amicales. **2.** Amiable. (*a*) *Jur:* **Amicable settlement**, arrangement *m* à l'amiable. (*b*) *Mth:* (Nombres) amiables. **-ably**, *adv.* (i) Amicalement; (ii) à l'amiable. *To live a. together*, vivre en bonne intelligence. *To settle a matter a.*, s'arranger à l'amiable.
amicableness ['amikəblnəs], *s.* = AMICABILITY.
amice[1] ['amis], *s. Ecc:* Amict *m* (de prêtre).
amice[2], *s. Ecc:* Aumusse *f*, aumuce *f* (de chanoine).
amicron [a'maikrɔn], *s. Ph:* Ultramicron *m.*
amid [a'mid], *prep.* Au milieu de; parmi; entre. *Unseen a. the throng*, inaperçu au milieu de la foule.
amide ['amaid], *s. Ch:* **1.** Amide *f.* **2. -amide**, *comb.fm.* -amide *f. Acetamide*, acétamide. *Cyanamide*, cyanamide. *Oxamide*, oxamide.
amidic [a'midik], *a. Ch:* Amidique.
amidin ['amidin], *s. Ch:* Amidine *f.*
amidol ['amidɔl], *s. Phot:* Diamidophénol *m*, amidol *m.*
amidships [a'midʃips], *adv. Nau:* **1.** Au milieu du navire, par le travers. *Cabin a.*, cabine *f* par le travers. *The boat parted a.*, le navire s'ouvrit par le milieu. *Aer:* **Diameter amidships**, diamètre *m* au maître-couple (d'un dirigeable). **2.** *To put the helm a.*, mettre la barre droite. **Helm amidships!** droit la barre! zéro la barre!
amidst [a'midst], *prep.* = AMID.
-amine [a'main], *s.*, *comb.fm. Ch:* -amine *f. Ethylamine*, éthylamine. *Methylamine*, méthylamine. *Phenylamine*, phénylamine.
amino-acid [a'maino'asid], *s. Ch:* Amino-acide *m.*
aminoazo [a'maino'eizo], *a. Ch:* Azoamidé, azoaminé.
amir [a'mi:ər], *s.m.* = AMEER.
amiss [a'mis], *adv. & pred. a.* **1.** (*Wrongly*) Mal, de travers. *To judge a.*, mal juger. **To take sth. amiss**, prendre qch. de travers, en mal, en mauvaise part; *F:* la trouver mauvaise. *He never takes anything a.*, il prend tout du bon côté; il ne se froisse jamais. *Do not take these remarks a.*, il ne faut pas mal interpréter ces observations. *He took it very much a.*, il a très mal pris la chose. **All went amiss**, tout alla de travers. **2.** (*Out of order*) Mal à propos. *It would not be a. for you to . . .*, vous ne feriez pas mal de. . . . *That would not come a.*, cela n'arriverait pas mal (à propos). **Nothing comes amiss to him**, il s'arrange de tout; *F:* il fait feu de tout bois. **What's amiss with you?** qu'avez-vous? quelle mouche vous pique? *Something is a.*, il y a quelque chose qui cloche. *Nothing is a.* (*with the machine*), il n'y a rien de détraqué, rien qui cloche. *F:* **She is not amiss**, elle est bien tournée, attrayante; elle n'est pas mal; *P:* elle est bien balancée.
amitosis [ami'tousis], *s. Biol:* Amitose *f.*
amity ['amiti], *s.* Amitié *f*, concorde *f*, bonne intelligence. *A. between two countries*, bons rapports, bonnes relations, entre deux pays. **To live in amity with s.o.**, vivre en amitié, en bonne intelligence, en paix, sur un pied d'amitié, avec qn. *Let us part in a.*, séparons-nous bons amis. **Treaty of amity**, traité *m* d'amitié. *Our ancient amities*, nos relations amicales, qui datent de si loin; notre vieille amitié.
ammeter ['ametər], *s.* Ampèremètre *m.* **Dead-beat ammeter**, ampèremètre apériodique. **Hot-wire ammeter**, ampèremètre thermique. *Aut: Dashboard a.*, ampèremètre pour planche de bord, de la planche de bord.
ammodyte ['amodait], *s. Ich:* Ammodyte *m.*
ammonal ['amonəl], *s. Exp:* Ammonal *m.*
ammonia [a'mounja], *s. Ch:* Ammoniaque *f*, gaz ammoniac. *A. alum*, alun ammoniacal. *A. hydrate*, *a. solution*, *F:* ammonia, (solution aqueuse d') ammoniaque; *F:* alcali volatil. *A. liquor*, *a. water*, eau ammoniacale.
ammoniac [a'mounjak]. **1.** *a.* Ammoniac, -aque. *Esp.* **Sal ammoniac**, sel ammoniac. **2.** *s.* **(Gum) ammoniac**, gomme ammoniaque.
ammoniacal [amo'naiək(ə)l], *a.* Ammoniacal, -aux.
ammoniated [a'mounjeitid], *a. Pharm: etc:* Ammoniacé, ammoniaqué. **Ammoniated (tincture of) quinine**, (teinture de) quinine ammoniaquée. *See also* MERCURY II. 1.
ammonite ['amonait], *s. Paleont:* Ammonite *f.*
ammonium [a'mounjəm], *s. Ch:* Ammonium *m. A. hydrate*, (solution aqueuse d')ammoniaque *f.* **Ammonium carbonate**, carbonate *m* d'ammoniaque. **Ammonium chloride**, chlorure *m* d'ammonium; chlorhydrate *m* d'ammoniaque. **Ammonium sulphate**, sulfate *m* d'ammoniaque.
ammunition [amju'niʃ(ə)n], *s. Mil:* **1.** Munitions *fpl* de guerre. *Artil: A. number* (*of gun detachment*), pourvoyeur *m. See also* ROUND[1] II. 6. **2.** *Attrib.* D'ordonnance. *See also* LIGHTER[1].
ammu'nition-boots, *s.pl.* Chaussures *f* de munition, d'ordonnance.
ammu'nition-box, *s. Artil:* Coffre *m.*
ammu'nition-bread, *s.* Pain *m* de munition, de guerre.
ammu'nition-pouch, *s.* Cartouchière *f*, giberne *f.*
ammu'nition-wagon, *s. Artil:* Caisson *m.*
ammunitioned [amju'niʃənd], *a.* Approvisionné.
amnesia [am'ni:zia], *s. Med:* Amnésie *f.*
amnesic [am'ni:zik], *a.* Amnésique.
amnesty[1] ['amnesti], *s.* Amnistie *f*; pardon collectif. *A. ordinance*, décret *m*, ordonnance *f*, d'amnistie. *To return to one's country under an a.*, rentrer dans sa patrie en vertu d'une amnistie.
amnesty[2], *v.tr.* Amnistier.
amnion, *pl.* **-ia** ['amniən, -ia], *s. Obst:* Amnios *m.*
amnios ['amniɔs], *s.* **1.** *Obst:* = AMNION. **2.** *Bot:* Amnios *m.*
amniotic [amni'ɔtik], *a. Obst:* (Liquide *m*) amniotique.
amoeba, *pl.* **-as, -ae** [a'mi:ba, -əz, -i:], *s. Prot:* Amibe *f.*
amoebiasis [ami:bi'eisis], *s. Med:* Amibiase *f.*
amoebic [a'mi:bik], *a. Med:* Amibien. *A. dysentery*, dysenterie amibienne.
amoebiform [a'mi:bifɔ:rm], *a.* Amibiforme.
amoeboid [a'mi:bɔid], *a.* Amiboïde.
amok [a'mʌk], *adv.* = AMUCK.
amomum [a'moumәm], *s. Bot:* Amome *m.*
among [a'mʌŋ], **amongst** [a'mʌŋst], *prep.* Parmi, entre. (*a*) *House standing a. trees*, maison située au milieu des arbres, environnée d'arbres. *Sitting a. her children*, assise au milieu de ses enfants. *To play a. the bushes*, jouer parmi les buissons. *To wander a. the ruins*, errer dans les ruines. *I caught sight of him a. the crowd*, je l'aperçus au milieu de la foule, parmi la foule. *A figure rose* **from among** *the crowd*, une figure surgit de la foule. *See also* GO AMONG. (*b*) *We are not a. savages*, nous ne sommes pas chez des sauvages. *To live a. savages*, vivre au milieu des sauvages. *We are a. friends*, nous sommes entre amis, en pays de connaissance. *It was the custom a. our ancestors*, c'était la coutume chez nos ancêtres. *He fell a. thieves*, il tomba entre les mains des voleurs. (*c*) *To count s.o. a. one's friends*, mettre, compter, qn au nombre de ses amis. *Numbered a. the dead*, compté parmi les morts, au nombre des morts. *He is amongst those who . . .*, il est du nombre de ceux qui. . . . *Blessed art thou a. women*, vous êtes bénie entre toutes les femmes. *Several a. the audience heard it*, plusieurs d'entre les assistants l'ont entendu. *A. the guests were . . .*, au nombre des invités se trouvaient. . . . *Among them are several . . .*, parmi eux il y en a plusieurs. . . . *These papers are fair, and there are some good ones a. them*, ces compositions sont passables, et il y en a de bonnes parmi, dans le nombre. *Not one a. them*, pas un d'entre eux, parmi eux. **He is one among many**, (i) il n'est pas le seul; (ii) il n'a pas son pareil. **He is one among a thousand**, il est un entre mille. *A. other things he said that . . .*, il a dit entre autres que. . . . *A. his works will be found . . .*, parmi ses œuvres on trouvera. . . . (*d*) *Nations divided a. themselves*, nations divisées entre elles. *Ten francs to be divided a. them*, dix francs à partager entre eux. **They haven't ten pounds among them**, à eux tous ils n'ont pas (même) une dizaine de livres. *They dispute a. themselves*, ils se disputent entre eux. *You must agree a. yourselves*, il faut vous entendre entre vous. *Do it a. you*, faites-le entre vous. *A. you all you have made a nice hash of it*, à vous tous vous avez fait un beau gâchis.
amoral [ei'mɔrəl], *a.* Amoral, -aux.
amoralism [ei'mɔrəlizm], *s.* Amoralisme *m.*
Amorites ['amoraits], *s.pl. B.Hist:* Amorrhéens *m.*
amorous ['amərəs], *a.* **1.** Amoureux (*of s.o.*, de qn); porté vers l'amour. *An a. youth*, un jeune amoureux. **Amorous verse**, poésie *f* érotique. **2.** *A:* *A. of the truth*, amoureux de la vérité. **3.** *To be of an a. disposition*, être d'un tempérament amoureux; avoir un tempérament amoureux. **-ly**, *adv.* Amoureusement; avec amour.
amorousness ['amərəsnəs], *s.* Tempérament amoureux; amativité *f.*
amorphism [a'mɔ:rfizm], *s.* Amorphie *f.*
amorphous [a'mɔ:rfəs], *a.* **1.** *Biol: Ch: Geol: Miner:* Amorphe. **2.** *F:* (Esprit) mal organisé; (opinions) sans forme; (projet) vague, amorphe.
amorphousness [a'mɔ:rfəsnəs], *s.* État *m* amorphe. *Biol:* Amorphie *f.*
amortization [amɔ:rti'zeiʃ(ə)n], *s.* **1.** *Com: Fin:* Amortissement *m* (d'une dette, etc.). *Ind: A. quota*, cote *f* ou taux *m* d'amortissement. **2.** *Jur:* Aliénation *f* en mainmorte.
amortize [a'mɔ:rtiz], *v.tr.* **1.** *Com: Fin:* Amortir (une dette). **2.** *Jur:* Aliéner (une terre) en mainmorte.
amortizement [a'mɔ:rtizmənt]. **1.** = AMORTIZATION. **2.** *Arch:* Amortissement *m.*
amount[1] [a'maunt], *s.* **1.** *Com:* Somme *f*, montant *m*, total *m* (d'une facture, etc.). *Have you the right a.?* avez-vous votre compte? *A. of expenses*, chiffre *m* de la dépense. *What is the a. of their business?* quel est leur chiffre d'affaires? *A. invested* (*in a company*), mise *f* de fonds. *Amounts of stock negotiable*, quotités *fpl* de titres négociables. **(Up) to the amount of . . .**, jusqu'à concurrence de. . . . *Book-k:* **Amount brought in**, report *m* des exercices antérieurs. *A. carried forward*, report à nouveau. **2.** (*a*) Quantité *f. A. of work that an engine will do*, somme de travail que peut rendre, fournir, une machine. **In small amounts**, par petites quantités. *He drank a great a. of beer*, il buvait beaucoup de bière, force bière. *A greater a. of . . .*, une plus grande quantité de. . . . *F:* **To spend any amount of money**, dépenser énormément d'argent; dépenser de l'argent à profusion. *He has any a. of money*, il a de l'argent tant et plus. *To make any a. of money*, *F:* ramasser de l'argent à la pelle. *We have any a. of books*, nous avons des livres en masse. *I used to get any a. of complimentary tickets*, je recevais des billets de faveur à force. *Any a. of people saw it*, nombre de gens l'ont vu. *There was any a. of food*, *F:* il y en avait à bouche que veux-tu. *There is such an a. of it*, il y en a tant, une telle quantité. (*b*) (*Percentage*) Teneur *f. A. of grease in a leather*, teneur en graisse d'un cuir. **3.** Valeur *f*, importance *f* (d'une affirmation, etc.). *These facts are of little a.*, ces faits ne signifient pas grand'chose.
amount[2], *v.i.* **1.** (*Of money, etc.*) S'élever, (se) monter (*to*, à). *Com: The stocks a. to so much*, les stocks s'élèvent à tant, atteignent tant. *Transactions amounting to several million pounds*, opérations qui se chiffrent par plusieurs millions de livres. *His fortune did not a. to ten thousand pounds*, sa fortune n'allait pas à dix mille livres. *I don't know what my debts a. to*, j'ignore le montant de

mes dettes. **2.** (*Be equivalent*) Équivaloir, se réduire, revenir (*to*, à). *These conditions a. to a refusal*, ces conditions équivalent à un refus. *This is what his argument amounts to*, voici à quoi se réduit son raisonnement. *It amounts to the same thing*, cela revient au même, *F:* c'est tout comme. *It amounts to this, that . . .*, cela revient à dire que. . . . *This doesn't a. to saying that . . .*, cela ne va pas à dire que. . . . *All that amounts to little, to nothing*, tout cela a peu d'importance, ne signifie pas grand'chose, se réduit à rien. *F:* **He will never amount to much**, il ne sera, ne fera, jamais grand'chose; il ne fera jamais parler de lui.

amour [ə'muər], *s.* Intrigue galante.

amp[1] [amp], *s.* *F:* = AMPERE.

amp[2], *s.* *Surg:* *F:* = AMPUTATION.

ampelopsis [ampə'lɔpsis], *s.* *Bot:* Ampélopsis *m.*

amperage ['ampəredʒ], *s.* *El:* Intensité (d'un courant) évaluée en ampères; ampérage *m.*

ampere ['ampɛər], *s.* *El.Meas:* Ampère *m.*

'ampere-'hour, *s.* (*pl.* **ampere-hours**) Ampère-heure *m*, *pl.* ampères-heures.

'ampere-meter, *s.* = AMMETER.

'ampere-'second, *s.* (*pl.* **ampere-seconds**) Ampère-seconde *m*, *pl.* ampères-secondes; coulomb *m.*

'ampere-turn, -winding, *s.* Ampère-tour *m.*

'ampere-'volt, *s.* (*pl.* **ampere-volts**) Ampère-volt *m*; watt *m.*

ampersand ['ampərsand], *s.* *Typ:* Abréviation *f* des mots 'et,' 'and'; &; *A:* (es)perluète *f.*

amphi- ['amfi, am'fi, amfi], *pref.* Amphi-. *Amphi-arthrosis*, amphiarthrose *f.* *Amphi-aster*, amphiaster *m.* *Amphibrach*, amphibraque (*m*). *Amphigam*, amphigame (*m*). *Amphitheatre*, amphithéâtre *m.*

amphibia [am'fibiə], *s.pl.* *Z:* Amphibiens *mpl.*

amphibian [am'fibiən], *a.* & *s.* **1.** *Z:* Amphibie (*m*). **2.** *Av:* Hydravion *m* amphibie.

amphibious [am'fibiəs], *a.* *Z.* & *F:* Amphibie.

amphibological [amfibo'lɔdʒik(ə)l], *a.* Amphibologique.

amphibology [amfi'bɔlodʒi], *s.* Amphibologie *f.*

amphibrach ['amfibrak], *a.* & *s.* *Pros:* Amphibraque (*m*).

amphictyonic [amfikti'ɔnik], *a.* *Gr.Hist:* (Conseil *m*) amphictyonique.

Amphictyons [am'fiktiənz], *s.pl.* *Gr.Hist:* Amphictyons *mpl.*

amphictyony [am'fiktioni], *s.* Amphictyonie *f.*

amphigamous [am'figaməs], *a.* *Bot:* Amphigame.

amphigenous [am'fidʒənəs], *a.* *Bot:* *etc:* Amphigène.

amphigoric [amfi'gɔrik], *a.* Amphigourique.

amphigouri [amfi'guːri], *s.* Amphigouri *m.*

amphioxus [amfi'ɔksəs], *s.* *Z:* Amphioxus *m.*

amphipod ['amfipɔd], *s.* *Crust:* Amphipode *m.*

amphipoda [am'fipoda], *s.pl.* *Crust:* Amphipodes *m.*

amphipodan [am'fipodən], *a.* Amphipode.

amphisbaena [amfiz'biːna], *s.* *Myth:* *Rept:* Amphisbène *m.*

amphiscians [am'fiʃənz], *s.pl.* *Geog:* Amphisciens *m.*

amphitheatre ['amfiθiːətər], *s.* *Arch:* *Th:* *etc:* Amphithéâtre *m.* *A. of mountains*, cirque *m* de montagnes.

amphitheatrical [amfiθi'atrik(ə)l], *a.* (Combat, spectacle) d'amphithéâtre, amphithéâtral, -aux. *A. valley*, vallée *f* en amphithéâtre, en cirque.

Amphitryon [am'fitriən]. **1.** *Pr.n.m.* *Myth:* Amphitryon. **2.** *s.m.* *F:* (*From Molière's play*, Amphitryon) Amphitryon, hôte.

amphora, *pl.* **-ae** ['amfora, -iː], *s.* Amphore *f.*

amphoric [am'fɔrik], *a.* *Med:* (Respiration, toux) amphorique.

ample [ampl], *a.* Ample. **1.** (*Spacious, abundant*) *An a. garment*, un ample, large, vêtement. *Man of a. proportions*, homme gros et gras; homme corpulent. *A. resources*, d'abondantes, de vastes, ressources. **To have ample means**, avoir une grande, belle, fortune. *He has a. material, a. means, F:* il peut tailler en plein drap. *He has a. means for building*, il a largement les moyens de bâtir. **2.** (*Enough*) *You have a. time*, vous avez amplement, grandement, largement, le temps. *To make a. apologies*, faire d'amples excuses. **-ply,** *adv.* Amplement, grandement; largement (récompensé). *To demonstrate a. that . . .*, démontrer assez clairement que. . . .

ampleness ['amplnəs], *s.* Ampleur *f*, abondance *f* (de ressources). *The a. of his apology*, ses amples excuses. *The a. of his diction*, la richesse, l'ampleur, de son vocabulaire.

amplexicaul [am'pleksikɔːl], *a.* *Bot:* Amplexicaule.

ampliation [ampli'eiʃ(ə)n], *s.* **1.** Ampliation *f.* **2.** *Jur:* (*a*) Remise *f*, ajournement *m* (d'un procès criminel). (*b*) Prorogation *f* de délai.

ampliative ['amplieitiv], *a.* *Log:* Ampliatif.

amplification [amplifi'keiʃ(ə)n], *s.* Amplification *f.* *Gram:* *A. of the predicate*, extension *f* de l'attribut. *W.Tel:* **High-frequency amplification**, amplification en haute fréquence.

amplifier ['amplifaiər], *s.* **1.** *Phot:* (Lentille) amplificatrice. **2.** *W.Tel:* Amplificateur *m*, *F:* ampli *m.* *High-, low-frequency a.*, amplificateur à haute, à basse, fréquence. **First-stage amplifier**, pré-ampli *m.*

amplify ['amplifai], *v.tr.* **1.** (*a*) Amplifier (une idée, *El:* le courant). *To a. a story*, développer une histoire. (*b*) *Abs.* S'étendre en discours inutiles; discourir. **2.** Exagérer, amplifier (une nouvelle).

amplifying, *a.* Amplificateur, -trice; amplificatif. *W.Tel:* **Amplifying stage,** étage amplificateur. *Log:* *A. proposition*, proposition ampliative.

amplitude ['amplitjuːd], *s.* **1.** Amplitude *f.* *Ph:* *A. of swing*, amplitude des oscillations (d'un pendule). *Astr:* *Western, occiduous, a. of a star*, amplitude occase d'un astre. **2.** (*a*) Abondance *f*, ampleur *f* (de style). (*b*) *Lit:* = AMPLENESS.

amply ['ampli], *adv.* See AMPLE.

ampulla, *pl.* **-ae** [am'pʌla, -iː], *s.* **1.** (*Flask*) Ampoule *f.* **2.** *Anat:* Ampoule (d'un canal).

ampullaceous [ampʌ'leiʃəs], *a.* (*a*) En forme d'ampoule. *Esp.* (*b*) *Bot:* Ampullacé.

amputate ['ampjuteit], *v.tr.* Amputer, faire l'amputation de (la jambe, etc.). *His right leg was amputated*, il fut amputé, il subit l'amputation, de la jambe droite.

amputation [ampju'teiʃ(ə)n], *s.* *Surg:* Amputation *f.* *Flap-a.*, amputation à lambeaux. *A. through a bone*, amputation dans la continuité. *A. through a joint*, amputation dans la contiguïté, dans l'article; désarticulation *f.*

amputator ['ampjuteitər], *s.* Opérateur, -trice (d'une amputation).

Amsterdam ['amstərdam]. *Pr.n.* *Geog:* Amsterdam. *See also* NEW-AMSTERDAM.

amuck [a'mʌk], *adv.* **To run amuck. 1.** Tomber dans la folie furieuse de l'amok, des Malais. **2.** *F:* (*a*) Perdre tout son sang-froid; s'emballer. (*b*) Faire les cent coups.

amulet ['amjulet], *s.* Amulette *f.*

Amurath ['amjuraθ]. *Pr.n.m.* *Hist:* Amurat.

amuse [a'mjuːz], *v.tr.* (*a*) Amuser, divertir, égayer, faire rire (qn). *He must be amused*, il faut le distraire. *Hard to a.*, difficilement amusable. *To a. oneself*, s'amuser, se divertir. *To a. oneself by, with, doing sth.*, s'amuser, se récréer, à faire qch., en faisant qch. *To a. oneself with sth.*, s'amuser avec qch. **To keep the company amused** (*before main event*), amuser le tapis. *Try to keep the audience amused for another ten minutes*, tâchez d'amuser le public encore dix minutes. (*b*) *A:* *To a. the enemy*, amuser l'ennemi; tromper la vigilance de l'ennemi.

amused, *a.* Amusé. *To be a. at, by, sth.*, être amusé de qch.; s'amuser de qch. *I was a. at him*, il m'a fait rire. *We were much a. by it*, nous en avons beaucoup ri.

amusing, *a.* Amusant, divertissant. *Highly a.*, désopilant; *P:* tordant. *The a. part of the business, the a. thing about it, is that . . .*, le plus beau, le plaisant, de l'affaire c'est que. . . . **-ly,** *adv.* D'une manière amusante, divertissante.

amusement [a'mjuːzmənt], *s.* **1.** Amusement *m.* (*a*) Divertissement *m.* *Place of a.*, lieu *m* de plaisir. *This afforded me much a.*, cela m'a beaucoup amusé; cela m'a fort diverti. *Smile of a.*, sourire amusé. *To the great a. of the company*, au grand amusement de la compagnie. (*b*) Distraction *f.* *We have few amusements here*, nous avons ici peu de distractions. **To do sth. for amusement**, faire qch. par jeu, par amusement, pour son amusement, pour se distraire. **Amusement grounds**, parc *m* d'attractions. **2.** *Money for one's amusements*, argent pour ses menus plaisirs.

amuser [a'mjuːzər], *s.* Amuseur, -euse.

Amy ['eimi]. *Pr.n.f.* Aimée.

amygdalic [amig'dalik], *a.* **1.** = AMYGDALINE. **2.** *Ch:* Amygdalique.

amygdaline [a'migdalain], *a.* Amygdalin; qui a rapport aux amygdales.

amygdaloid [a'migdalɔid], *a.* & *s.* *Geol:* Amygdaloïde (*f*).

amygdule [a'migdjul], *s.* *Geol:* Amygdale *f.*

amyl ['amil], *s.* *Ch:* Amyle *m.* **Amyl acetate**, acétate *m* d'amyle.

amylaceous [ami'leiʃəs], *a.* Amylacé.

amylene ['amiliːn], *s.* *Ch:* Amylène *m.*

amylic [a'milik], *a.* *Ch:* Amylique.

amylin(e) ['amilin], *s.* Amyline *f.*

amyloid ['amilɔid], *a.* & *s.* *Bio-ch:* Amyloïde (*f*). *Med:* **Amyloid degeneration**, maladie *f* amyloïde; dégénérescence *f* amyloïde; dégénérescence cireuse, lardacée; amylose *f.*

amyloidosis [amilɔi'dousis], *s* *Med:* = *Amyloid degeneration.*

amylose ['amilous], *s.* *Ch:* Polyglucoside *m.*

an[1] [an], *conj.* *A:* = AND 3.

an[2]. *See* A[2].

-an [ən], *a.* & *s. suff* (*a*) -ain *m*, -aine *f* *African*, africain. *American*, américain. *Human*, humain. *Republican*, républicain. *Urban*, urbain. (*b*) -an *m*, -ane *f.* *Anglican*, anglican. *Mohammedan*, mahométan. *Veteran*, vétéran. (*c*) -en *m*, -enne *f.* *Arachnean*, arachnéen. *Linnaean*, linnéen.

ana ['eina], *s.* *Lit.Hist:* Ana *m.* *To collect anas*, recueillir des ana. *See also* -ANA.

ana- ['ana], *pref.* Ana-. *Opt:* *Anacamptic*, anacamptique. *Pharm:* *Anacathartic*, anacathartique. *Rh:* *Anadiplosis*, anadiplose *f.*

-ana ['eina, 'ɑːna], *pl.suff.* -ana *m inv.* *Lit.Hist:* *Shakespeariana*, Shakespeariana.

anabaena [ana'biːna], *s.* *Bot:* Sphérozyge *m.*

anabaptist [ana'baptist], *s.* *Rel.Hist:* Anabaptiste *m.*

anabaptistical [anabap'tistik(ə)l], *a.* Propre aux anabaptistes; anabaptiste.

anabasis [a'nabasis], *s.* *Gr.Hist:* Anabase *f.*

anabiosis [anabi'ousis], *s.* *Biol:* Anabiose *f.*

anableps ['anableps], *s.* *Ich:* Anableps *m.*

anabolic [ana'bɔlik], *a.* *Biol:* Anabolique.

anabolism [a'nabolizm], *s.* *Biol:* Anabolisme *m.*

anacard ['anakɑːrd], *s.* *Bot:* Anacarde *m.*

anacardium [ana'kɑːrdjʌm], *s.* *Bot:* Anacardier *m.*

anachromatic [anakro'matik], *a.* *Opt:* *Phot:* (Objectif) anachromatique.

anachronism [a'nakronizm], *s.* Anachronisme *m.*

anachronistic [anakro'nistik], *a.* Anachronique. *A. errors*, fautes *f* d'anachronisme.

anaclastic [ana'klastik], *a.* *Opt:* (Courbe) anaclastique.

anacoluthon, *pl.* **-a** [anako'ljuːθɔn, -a], *s.* *Gram:* Anacoluthe *f.*

anaconda [ana'kɔnda], *s.* *Rept:* Anaconda *m*, eunecte *m.*

Anacreon [a'nakriɔn]. *Pr.n.m.* Anacréon.

anacreontic [anakri'ɔntik], *a.* Anacréontique.

anacrusis [ana'kruːsis], *s.* *Pros:* *Mus:* Anacrouse *f.*

anadromous [a'nadroməs], *a.* (Poisson) anadrome.

Anadyomene [anadai'ɔmeni], *a.* *Myth:* (Vénus) Anadyomène *f.*

anaemia [a'niːmia], *s.* Anémie *f.* **Pernicious anaemia**, anémie pernicieuse progressive. *Miners' a.*, anémie des mineurs, ankylostomiase *f.* *Cerebral a.*, anémie cérébrale.

anaemic [a'niːmik], *a.* Anémique; *Lit:* exsangue. *To make s.o.*

a., anémier qn. *To become a.*, s'anémier. *To be a.*, *F:* avoir du sang de navet. *F: A. literature*, littérature *f* exsangue.
anaerobe, *pl.* **-ia** [a'nɛəroub, -ia], *s. Bac:* Anaérobie *f*.
anaerobic [anɛə'roubik], *a.* Anaérobie.
anaesthesia [anes'θi:zia], *s.* Anesthésie *f*. *Surg: General, local, a.*, anesthésie générale, locale. *Spinal a.*, anesthésie rachidienne.
anaesthetic [anes'θetik], *a.* & *s.* Anesthésique (*m*); insensibilisateur (*m*).
anaesthetist [a'ni:sθetist], *s.* Anesthésiste *m*.
anaesthetization [ani:sθeti'zeiʃ(ə)n], *s. Med:* Administration *f* d'un anesthésique; insensibilisation *f*.
anaesthetize [a'ni:sθeta:iz], *v.tr. Med:* Anesthésier; *F:* endormir, insensibiliser.
anagallis [ana'galis], *s. Bot:* Anagallide *f*.
anaglyph ['anaglif], *s. Opt: Phot:* Anaglyphe *m or f*.
anaglyphic [ana'glifik], **anaglyptic** [ana'gliptik], *a.* Anaglyphique, anaglyptique. *A. lantern-slide*, diapositive *f* anaglyphique.
anagoge [ana'goudʒi], *s.* = ANAGOGY.
anagogic(al) [ana'goudʒik(əl)], *a. Theol:* Anagogique.
anagogy [ana'goudʒi], *s. Theol:* Anagogie *f*.
anagram ['anagram], *s.* Anagramme *f*.
anagrammatic(al) [anagra'matik(əl)], *a.* Anagrammatique. **-ally,** *adv.* Anagrammatiquement; par l'entremise d'une anagramme.
anagrammatist [ana'gramatist], *s.* Anagrammatiste *mf*; faiseur, -euse, d'anagrammes.
anagrammatize [ana'gramata:iz], *v.tr.* Anagrammatiser
anagyris [ana'dʒairis], *s. Bot:* Anagyre *m*.
Anak ['anak]. *Pr.n.m. B.Lit:* Hanak. *F:* **A son of Anak,** un géant.
anal ['einəl], *a. Anat:* Anal, -aux. *Ich:* **Anal fin,** nageoire anale. *Ent:* **Anal appendages,** cerques *m*.
analecta [ana'lekta], **analects** ['analekts], *s.pl.* Analectes *m*.
analemma [ana'lema], *s. Geom: Astr:* Analemme *m*; planisphère *m*.
analeptic [ana'leptik], *a.* & *s. Med:* Analeptique (*m*).
analgesia [anal'dʒi:sia], *s. Med:* Analgésie *f*, analgie *f*.
analgesic [anal'dʒi:sik], **analgetic** [anal'dʒetik], *a.* & *s. Med:* Analgésique (*m*); anodin (*m*).
anallagmatic ['analag'matik], *a. Mth:* Anallagmatique. *A. curve*, anallagmatique *f*.
anallatic [ana'latik], *a. Surv:* (Lunette *f*) anallatique.
analogical [ana'lɔdʒik(ə)l], *a.* Analogique. **-ally,** *adv.* Analogiquement; par analogie.
analogist [a'nalodʒist], *s.* Analogiste *mf*.
analogize [a'nalodʒa:iz]. **1.** *v.tr.* (*a*) Représenter ou expliquer (qch.) par analogie. (*b*) *To a. sth. with sth.*, établir, trouver, découvrir, une analogie entre qch. et qch. **2.** *v.i.* (*a*) (*Of pers.*) Raisonner par analogie. (*b*) (*Of thg*) *To a. with sth.*, avoir, offrir, présenter, de l'analogie avec qch.
analogous [a'nalogəs], *a.* Analogue (*to, with*, à). **-ly,** *adv.* D'une manière analogue (*to, with*, à).
analogue ['analɔg], *s.* Analogue *m*.
analogy [a'nalodʒi], *s.* Analogie *f* (*to, with*, avec; *between*, entre). **To argue from analogy,** raisonner par analogie. **Argument by, from, analogy,** analogisme *m*. **On the analogy of . . .,** par analogie avec. . . .
analphabet [a'nalfabet], *s.* Analphabète *mf*.
analysable ['analaizəbl], *a.* Analysable.
analyse ['anala:iz], *v.tr.* **1.** *Ch: Mth: Ph: etc:* Analyser; faire l'analyse de (qch.); *A:* faire l'anatomie de, anatomiser (qch.). *Com: To a. an account*, dépouiller, décomposer, un compte. **2.** *Gram: To a. a sentence*, faire l'analyse logique d'une phrase. **3.** *Psy:* = PSYCHO-ANALYSE.
analyser ['analaizər], *s.* **1.** (*Pers.*) Analyseur *m*. **2.** *Ph:* Analyseur (de polariscope).
analysis, *pl.* **-es,** [a'nalisis, -i:z], *s. Ch: Mth: Ph: etc:* Analyse *f*. *Com: A. of an account*, dépouillement *m*, décomposition *f*, d'un compte. *Ch: Volumetric a.*, analyse volumétrique. *Quantitative a.*, dosage *m*. *Blow-pipe a.*, essai *m* au chalumeau. *Wet a.*, analyse par voie humide. *Dry a.*, analyse par voie sèche. *Gram: A. of a sentence*, analyse logique d'une phrase. *See also* LAST[4] I.1, MOTION-ANALYSIS.
analyst ['analist], *s. Esp. Ch:* (*Pers.*) Analyste *m*.
analytic(al) [ana'litik(əl)], *a.* Analytique. *A. languages*, langues analytiques. *See also* CHEMIST 2, GEOMETRY. **-ally,** *adv.* Analytiquement; par l'analyse.
analytics [ana'litiks], *s.pl.* (*Usu. with sing.const.*) **1.** L'analytique *f*. **2. Aristotle's Analytics,** les Analytiques d'Aristote.
anamnesis [anam'ni:sis], *s.* **1.** *Med:* Anamnésie *f*; retour *m* de mémoire. **2.** (*a*) *Med:* Anamnèse *f*; souvenirs *mpl* du malade. (*b*) *Ecc:* (*Prayer*) Anamnèse.
anamorphosis [ana'mɔ:rfosis], *s.* **1.** *Opt:* Anamorphose *f*. **2.** *Bot:* Dégénérescence *f* morbide.
anana(s) [a'neina(s), a'nɑ:na(s)], *s. Bot:* Ananas *m*.
anandrous [a'nandrəs], *a. Bot:* Anandre, anandraire, anandrique.
Ananias [ana'naiəs]. **1.** *Pr.n.m. B.Hist:* Ananias. **2.** *s. F:* Menteur.
anapaest ['anapi:st, -pest], *s. Pros:* Anapeste *m*.
anapaestic [ana'pi:stik, -'pes-], *a. Pros:* Anapestique, anapeste.
anaphora [a'nafora], *s. Rh:* Anaphore *f*.
anaphoric [ana'fɔrik], *a. Gram:* (Pronom) anaphorique.
anaphrodisia [anafro'dizia], *s. Med:* Anaphrodisie *f*.
anaphrodisiac [anafro'diziak], *a.* & *s. Pharm:* Anaphrodisiaque (*m*).
anaphylaxis [anafi'laksis], *s. Med:* Anaphylaxie *f*.
anaplastic [ana'plastik], *a.* (Chirurgie) anaplastique.
anaplasty [ana'plasti], **anaplastics** [ana'plastiks], *s. Surg:* Autoplastie *f*.
anarchic(al) [a'nɑ:rkik(əl)], *a.* Anarchique. **-ally,** *adv.* Anarchiquement.
anarchism ['anarkizm], *s.* Anarchisme *m*.
anarchist ['anarkist], *s.* Anarchiste *mf*; *P:* anarcho *m*.
anarchistic [anar'kistik], *a.* Anarchique.
anarchize ['anarka:iz], *v.tr.* Anarchiser.
anarchy ['anarki], *s.* Anarchie *f*.
anasarca [ana'sɑ:rka], *s.* **1.** *Med:* Anasarque *f*; œdème généralisé. **2.** *Med: Vet:* Anasarque; purpura *m* hémorragique; fièvre pétéchiale.
anasarcous [ana'sɑ:rkəs], *a.* Hydropique.
Anastasia [ana'steiʃja]. *Pr.n.f.* Anastasie.
Anastasius [ana'steiʃjəs]. *Pr.n.m.* Anastase.
anastatic [ana'statik], *a. Engr:* (Gravure) anastatique, en relief.
anastigmat [ana'stigmat], *s. Opt: Phot:* Objectif *m* anastigmatique; anastigmat *m*. *Convertible a.*, anastigmat dédoublable.
anastigmatic [anastig'matik], *a. Opt:* Anastigmate, anastigmatique.
anastomose [a'nastomo:uz], *v.i. Anat:* S'anastomoser.
anastomosis [anasto'mousis], *s. Anat:* Anastomose *f*.
anathema [a'naθəma], *s.* Anathème *m* ((i) malédiction; (ii) personne frappée de malédiction). *He had no fear of the Church's a.*, il ne craignait point les foudres de l'Église. *F: Here his name is a.*, ici son nom est maudit.
anathematization [anaθəmatai'zeiʃ(ə)n], *s.* Anathématisation *f*.
anathematize [a'naθəmata:iz], *v.tr.* (*a*) Anathématiser (qn); frapper (qn) d'anathème. (*b*) *F:* Maudire (qn).
anatidae [a'natidi:], *s.pl. Orn:* Anatidés *m*.
anatocism [a'natosizm], *s. Fin: A:* Anatocisme *m*; intérêts composés.
Anatolia [ana'toulja]. *Pr.n. Geog:* Anatolie *f*.
Anatolius [ana'touljəs]. *Pr.n.m.* Anatole.
anatomical [ana'tɔmik(ə)l], *a.* Anatomique. *A. specimen*, pièce *f* d'anatomie; préparation *f* anatomique. *A. theatre*, amphithéâtre *m* d'anatomie. **-ally,** *adv.* Anatomiquement. *A. speaking . . .*, en termes d'anatomie. . . .
anatomist [a'natomist], *s.* Anatomiste *m*.
anatomize [a'natoma:iz], *v.tr.* Anatomiser; faire l'anatomie de (qch.); disséquer.
anatomy [a'natomi], *s.* **1.** Anatomie *f*, dissection *f*. *See also* MORBID **2.** **2.** Pièce *f* d'anatomie. **3.** *F: A:* (*a*) Squelette *m*, momie *f*. (*b*) Personnage *m* squelettique. **4.** (*The science*) L'anatomie. *Comparative a.*, l'anatomie comparée.
anatropous [a'natropəs], *a. Bot:* (Ovule *m*) anatrope.
anatto [a'nato], *s.* **1.** *Dy:* Rocou *m*. **2.** *A.(-tree)*, rocouyer *m*.
Anaxagoras [anak'sagoras]. *Pr.n.m. Gr.Phil:* Anaxagore.
Anaximander [anaksi'mandər]. *Pr.n.m. Gr.Phil:* Anaximandre.
Anaximenes [anak'simeni:z]. *Pr.n.m. Gr.Hist:* Anaximène.
-ance [əns], *s.suff.* **1.** -ance *f*. *Assistance*, assistance. *Elegance*, élégance. *Temperance*, tempérance. **2.** -ence *f*. *Appearance*, apparence.
ancestor ['ansəstər], *s.* Ancêtre *m*; aïeul *m*, *pl.* aïeux. *An a. of mine*, un de mes ancêtres. *Our ancestors*, nos ancêtres, nos aïeux; *F:* nos pères. **Saint Louis, the common ancestor of the Bourbons,** saint Louis, tige de la branche des Bourbons.
'ancestor-worship, *s.* Culte *m* des ancêtres; nécrolâtrie *f*.
ancestral [an'sestrəl], *a.* (*a*) Héréditaire, de famille. *His a. castle*, le château de ses ancêtres. (*b*) *Biol:* Ancestral, -aux.
ancestress ['ansəstres], *s.f.* Ancêtre, aïeule.
ancestry ['ansəstri], *s.* **1.** Race *f*; lignée *f*, lignage *m*; longue suite d'ancêtres; ascendance *f*. **2.** *Coll.* Ancêtres *mpl*; ascendants *mpl*; aïeux *mpl*.
Anchises [an'kaisi:z]. *Pr.n.m. Lt.Lit:* Anchise.
anchor[1] ['aŋkər], *s.* *Nau: etc:* Ancre *f*. *Nau: Grappling a.*, grappin *m*. *Mushroom a.*, *mud a.*, crapaud *m* d'amarrage, de mouillage. *Deep-sea a.*, ancre flottante, de cape; cône-ancre *m*. *Mooring a.*, ancre de corps-mort, ancre borgne. *See also* BOWER[3], CONE-ANCHOR, DRAG-ANCHOR, DRIFT-ANCHOR, FLUKE[2] I, KEDGE[1], SEA-ANCHOR, SHEET-ANCHOR, SHORE-ANCHOR, STREAM-ANCHOR, UNBUOYED, WAIST-ANCHOR. **Stand by the anchor!** paré à mouiller. **To let go, drop, the anchor,** jeter, mouiller, l'ancre; s'affourcher sur ses ancres. **Let go the anchor!** mouillez! **To come to anchor,** s'ancrer, mouiller. *F:* (*Of pers.*) **To cast anchor, to come to anchor,** s'ancrer (quelque part); s'affourcher sur ses ancres; se fixer ou s'asseoir. **To lie, ride, at anchor,** être à l'ancre; être mouillé, au mouillage; se balancer sur ses ancres. **Foul anchor,** ancre surjalée, engagée. **To slip the anchor,** déferrer (le navire); filer sa chaîne par le bout. *See also* BACK-ANCHOR, DRAG[2] I, EGG[1] 2, WEIGH[2] I. *Aer:* **Balloon-anchor,** ancre de ballon; ancre-chaîne *f*; herse *f*.
'anchor-buoy, *s.* *Nau:* Bouée *f* de mouillage, d'ancre; bouée de corps-mort; plateau *m* d'ancre.
'anchor-deck, *s.* *Nau:* Pont *m* de teugue.
'anchor-hold, *s.* (*a*) *Nau:* Prise *f* d'ancre. (*b*) *F:* Forte prise; pleine sécurité de possession.
'anchor-iron, *s.* *Const: etc:* Grappin *m*; tige *f* d'ancrage.
'anchor-light, *s.* *Nau:* Feu *m* de mouillage.
'anchor-plate, *s.* *Const: Civ.E:* Plaque *f* d'ancrage; contre-plaque *f*.
'anchor-ring, *s.* **1.** *Nau:* Organeau *m*, cigale *f*. **2.** *Geom:* = ANNULUS 2.
'anchor-stake, *s.* *Civ.E: etc:* Pieu *m*, piquet *m*, de retenue.
'anchor-stay, *s.* *Civ.E: etc:* Câble *m* d'ancrage (de mât, etc.).
'anchor-tie, *s.* *Const: etc:* Tige *f* d'ancrage; grappin *m*.
'anchor-watch, *s.* *Nau:* Quart *m* au mouillage; quart de rade.
anchor[2], *v.* **1.** *v.tr.* (*a*) *Nau:* Ancrer (un navire), mettre (un navire) à l'ancre, au mouillage. *F: To a. oneself in a good position*, s'ancrer dans une belle position. (*b*) *Const:* Affermir (qch.) par des ancres. (*c*) *Mil:* Abattre (une pièce). **2.** *v.i.* (*a*) Jeter l'ancre; mouiller, prendre son mouillage. *To a. by the stern*, mouiller par

l'arrière. *To a. off Deal*, mouiller au large de Deal. *See also* MOOR[3] 2. (*b*) *F:* S'ancrer (dans un lieu). *Her eyes anchored on his face*, ses yeux se fixèrent sur son visage.

anchored, *a.* 1. (*a*) *Nau:* Ancré, mouillé; à l'ancre. *Fish: A. net*, rets sédentaire. (*b*) *F: Firmly a. faith*, foi solidement ancrée. 2. En forme d'ancre. *Her:* Ancré.

anchoring, *s.* Ancrage *m*, mouillage *m*. **Anchoring-gear**, apparaux *mpl* de mouillage. **Anchoring-ground, -place, -berth**, ancrage, mouillage.

anchorage[1] ['aŋkəredʒ], *s.* 1. *Nau:* (*a*) Ancrage *m*, mouillage *m*. *There is a safe a. at . . .*, il y a un bon mouillage à. . . . *To leave the a.*, dérader. *F: He was the a. of my hopes*, c'est en lui que j'avais mis, fixé, mes espoirs. (*b*) Droits *mpl* d'ancrage, de stationnement. 2. *Surg:* Fixation *f* (d'un viscère déplacé, etc.). 3. *Civ.E: Const:* Ancrage; point *m* d'attache (d'un tirant, etc.).

anchorage[2], *s.* Retraite *f* d'anachorète.

anchoret ['aŋkoret], **anchorite** ['aŋkorait], *s.* Anachorète *m*. *F: He isn't exactly an anchorite*, ce n'est pas un saint Antoine.

anchoretic [aŋko'retik], *a.* Anachorétique; d'anachorète(s).

anchovy ['antʃovi, an'tʃouvi], *s.* *Ich: Cu:* Anchois *m*. **Anchovy paste**, beurre *m*, pâte *f*, d'anchois. *A. sauce*, sauce *f* aux anchois.

'anchovy-pear, *s.* *Bot:* Poire *f* d'anchois.

anchylose ['aŋkilo:uz]. 1. *v.tr.* Ankyloser. 2. *v.i.* S'ankyloser.

anchylosed, *a.* Ankylosé; *F:* (*of pers.*) perclus. (*Of bones*) *To become a.*, s'ankyloser, se souder.

anchylosis [aŋki'lousis], *s.* *Med:* Ankylose *f*.

ancient[1] ['einʃənt], *a.* Ancien. (*a*) Âgé; de vieille date. *It smacks of a. days*, cela sent son vieux temps. *Family of a. descent*, famille ancienne, de longue lignée. *A. oak*, chêne *m* centenaire. *Poet. & Hum: An a. man*, un vieillard, un ancien. *s. B:* **The Ancient of Days**, l'Ancien des jours; l'Éternel. *See also* LIGHT[1] 4, MESSUAGE. (*b*) **Ancient Rome**, la Rome antique. *The a. world*, le monde antique. *s.* **The ancients**, les anciens. *See also* HISTORY 1. **-ly**, *adv.* Anciennement.

ancient[2], *s.* *A:* 1. (*Standard*) Enseigne *f*. 2. (*Standard-bearer*) Enseigne *m*.

ancientness ['einʃəntnəs], *s.* = ANTIQUITY 1.

ancientry ['einʃəntri], *s.* *Lit:* 1. Ancienneté *f* (de race, de famille). 2. *Poet: Tales of a.*, contes *mpl* de l'ancien temps.

ancillary [an'siləri], *a.* Subordonné, ancillaire, accessoire, utile (*to*, à). *An a. undertaking*, une entreprise auxiliaire; une filiale.

ancipital [an'sipitəl], **ancipitous** [an'sipitəs], *a.* *Bot:* Ancipité.

ancon, *pl.* **ancones** ['aŋkən, aŋ'kouni:z], *s.* *Anat: Arch:* Ancon *m*. *Husb: A:* **Ancon sheep**, la race ancon.

Ancona[1] [aŋ'kouna]. *Pr.n. Geog:* Ancône *f*.

ancona[2], *s.* *Ecc.Arch:* Tableau *m* d'autel en panneaux séparés.

-ancy [ənsi], *s. suff.* -ance *f*. *Constancy*, constance. *Infancy*, enfance. *Vacancy*, vacance.

Ancyra [an'saira]. *Pr.n. A.Geog:* Ancyre *f*.

and [and, ənd, *F:* ən], *conj.* Et. 1. (*Connecting words*) (*a*) *A knife and fork*, un couteau et une fourchette. *Father and mother are out*, mon père et ma mère sont sortis. *Father and mother and the maid are out*, mon père, ma mère, et la bonne, sont sortis. (*b*) (*With numerals*) (i) *A. & Lit:* **Five and twenty** (= *twenty-five*), vingt-cinq. *Four and twenty blackbirds baked in a pie*, vingt-quatre merles cuits dans un pâté. (ii) *Two hundred and two*, deux cent deux. *Four and a half*, quatre et demi. *Four and three quarters*, quatre trois quarts. *An hour and twenty minutes*, une heure vingt minutes. *Three (shillings) and six(pence)*, trois shillings six pence. (*c*) **Coffee and milk**, café *m* au lait. **Carriage and pair**, voiture *f* à deux chevaux. **To walk two and two**, marcher deux à deux, deux par deux. **Now and then**, de temps en temps. *Summer and winter he takes a walk*, hiver comme été il fait une promenade. (*d*) (*After 'without'*) Ni. *He had come without pencils and pens*, il était venu sans plumes ni crayons. (*e*) *He speaks English, and that very well*, il parle anglais et même très bien. *It is a mere farce, and a poor one*, c'est une simple farce, et qui est médiocre. *He is a capable leader, and a man of energy*, c'est un chef capable, et qui a de l'énergie. *And (what about) the invalids?* et les malades? (*f*) (*Intensive repetition*) *For miles and miles*, pendant des milles et des milles. **Better and better**, de mieux en mieux. **Worse and worse**, de pis en pis, de pire en pire. *Smaller and smaller*, de plus en plus petit. *Her cheeks burned redder and redder*, elle rougissait de plus en plus. *I knocked and knocked, but . . .*, je frappai tant et plus, mais. . . . *See also through and through, over and over, out and out, etc.*, *under* THROUGH, OVER II. 3, OUT-AND-OUT, *etc.* 2. (*Connecting clauses*) (*a*) *He sang and danced*, il chantait et dansait. *He could read and write*, il savait lire et écrire. (*b*) *Stir and you are a dead man*, un pas et vous êtes mort. (*c*) *Go and look for it*, allez le chercher. *Come and see me*, venez me voir. *F:* **Wait and see**, attendez voir. *Try and help me*, tâchez de m'aider. *See and get ready*, voyez à vous apprêter. (*d*) **And not**, sans (que). *It is not enough to look and not see*, il ne suffit pas de regarder sans voir. *He would pass through a cataclysm and show no emotion*, il passerait par un cataclysme sans montrer d'émotion. *Can a man disappear like that, and no questions be asked?* un homme peut-il disparaître de la sorte sans qu'on s'en inquiète? *He could stuff his pockets and no one notice*, il avait le truc pour bourrer ses poches sans que personne y prît garde. 3. *A:* (*Conditional*) (*often spelt* an) (*a*) (*If*) *But and thou wilt enter into life . . .*, mais si tu veux entrer dans la vie. . . . *Let her change her place and need be*, qu'elle change de place s'il est besoin. *Good, an God will!* c'est bien, si Dieu le veut! (*b*) (*As if*) *An 'twere any nightingale*, comme si c'était un rossignol. (*c*) *s. Without ifs and ands*, sans si ni mais. *See also* IF 4.

Andalusia [anda'lu:zia]. *Pr.n. Geog:* L'Andalousie *f*.

Andalusian [anda'lu:ziən], *a. & s.* 1. *Geog:* Andalou, -ouse. 2. *s. Ling:* L'andalou *m*. 3. *s.* (Cheval) andalou *m*.

Andaman ['andamən]. 1. *Pr.n. Geog:* **The Andaman Islands**, les îles *f* Andaman. 2. *s. Ethn:* **The Andamans** (also **Andamanners** ['andamanərz]), les Mincopies *m*.

andante [an'danti], *adv. & s.* *Mus:* Andante (*m*), andanté (*m*).

andantino [andan'ti:no], *adv. & s.* *Mus:* Andantino (*m*).

Andean [an'di:ən], *a.* *Geog:* Des Andes.

Andes ['andi:z]. *Pr.n. Geog:* **The Andes**, les Andes *f*, la Cordillère des Andes.

Andine ['andain], *a.* *Geog:* = ANDEAN.

andiron ['andaiərn], *s.* (*a*) Landier *m*. (*b*) Chenet *m*; chevrette *f*; marmouset *m*.

Andorra [an'dɔ:ra]. *Pr.n. Geog:* (La République d')Andorre *f*.

Andorran [an'dɔ:rən], *a. & s.* *Geog:* Andorran, -ane.

Andrew ['andru:]. *Pr.n.m.* 1. André. 2. *Nau: P:* La Marine britannique. *See also* MERRY-ANDREW.

Androcles ['androkli:z]. *Pr.n.m. Rom.Hist:* Androclès.

androecium [an'dri:siəm], *s.* *Bot:* Androcée *m*.

androgyne ['androdʒin], *s.* *Bot: Z:* Androgyne *m*.

androgynous [an'drɔdʒinəs], *a.* 1. *Bot:* Androgyne. 2. *Z:* Hermaphrodite, androgyne.

Andromache [an'drɔmaki]. *Pr.n.f.* Andromaque.

Andromeda [an'drɔmeda]. *Pr.n.f. Myth: Astr:* Andromède.

Andronicus [andro'naikəs]. *Pr.n.m.* (*a*) *Lt.Lit:* (Livius) Andronicus. (*b*) *Hist:* Andronic.

andropogon [andro'pougɔn], *s.* *Bot:* Andropogon *m*, *F:* barbon *m*.

Andy ['andi]. *Pr.n.m.* (*Dim. of Andrew*) André, *F:* Dédé.

-ane [ein]. 1. *a. suff.* (*Generally used to distinguish words that have a parallel form in -an.*) -ain. *Germane*, germain. *Humane*, humain. *Mundane*, mondain. *Ultramontane*, ultramontain. 2. *s. suff.* *Ch:* -ane *m*. *Hexane*, hexane. *Methane*, méthane. *Pentane*, pentane. *Propane*, propane.

anecdotage ['anekdoutedʒ], *s.* 1. Recueil *m* d'anecdotes. 2. *F:* **In his anecdotage**, dans sa conteuse vieillesse. *Old people in their a.*, les vieillards *m* qui n'en finissent pas de raconter.

anecdotal ['anekdoutəl], *a.* Anecdotique.

anecdote ['anekdout], *s.* Anecdote *f*.

anecdotic(al) [anek'dɔtik(əl)], *a.* Anecdotique.

anecdotist ['anekdoutist], *s.* Anecdotier, -ière.

anele [a'ni:l], *v.tr.* *A:* Oindre. *Esp. Ecc:* Administrer l'extrême onction à (qn).

anemia [a'ni:mia], *s.* = ANAEMIA.

anemograph [a'nemograf], *s.* *Meteor:* Anémographe *m*.

anemographic [anemo'grafik], *a.* Anémographique.

anemometer [ane'mɔmetər], *s.* *Meteor:* Anémomètre *m*. **Speed and direction anemometer**, girouette-anémomètre *f*.

anemometric [anemo'metrik], *a.* Anémométrique.

anemometry [ane'mɔmetri], *s.* *Meteor:* Anémométrie *f*.

anemone [a'neməni], *s.* *Bot:* Anémone *f*. *White a.*, albanaise *f*. *Star a.*, anémone des jardins. *Blue mountain a.*, anémone des Apennins. *Poppy a.*, anémone couronnée. *See also* SEA-ANEMONE, WOOD-ANEMONE.

anemophilous [ane'mɔfiləs], *a.* *Bot:* Anémophile.

anemoscope [a'nemoskoup], *s.* *Meteor:* Anémoscope *m*.

anent [a'nent], *prep.* *A: & Scot:* Touchant, concernant, sur, au sujet de, à propos de.

-aneous ['einiəs], *a. suff.* -ané. *Cutaneous*, cutané. *Simultaneous*, simultané. *Spontaneous*, spontané.

aneroid ['anərɔid], *a. & s.* **Aneroid (barometer)**, (baromètre *m*) anéroïde (*m*).

anesthesia [anes'θi:zia], *etc.* = ANAESTHESIA, *etc.*

anethum [a'ni:θʌm], *s.* *Bot:* Anet(h) *m*.

aneurism, aneurysm ['anjurizm], *s.* *Med:* Anévrisme *m*, anévrysme *m*.

aneurismal, aneurysmal [anju'rizməl], *a.* *Med:* Anévrismal, anévrysmal, -aux.

anew [a'nju:], *adv.* 1. (*Once more*) De nouveau. *To begin a.*, commencer de nouveau, recommencer. *To take up a task a.*, reprendre une tâche. *To build a wall a.*, refaire un mur à neuf. 2. (*In a new way*) A nouveau. *To create sth. a.*, créer qch. à nouveau, sous une forme nouvelle; recréer qch.

anfractuosity [anfraktju'ɔsiti], *s.* (*a*) *Lit:* Anfractuosité *f*. (*b*) *pl.* Sinuosités *f*; détours *m*. *Anat: The anfractuosities of the brain*, les anfractuosités du cerveau.

angary ['aŋgari], *s.* *Internat.Jur:* Angarie *f*.

angel ['eindʒəl], *s.* 1. Ange *m*. (*a*) *Little a.*, angelet *m*. *The a. of darkness*, l'ange des ténèbres. *The a. of death*, l'ange de la mort. *F: An a. of a woman*, une femme angélique. *She is my* **guardian angel**, c'est mon ange gardien. *To be s.o.'s good a.*, être la providence de qn. **Angels' visits**, visites très espacées. *Prov:* **Talk of angels and you will hear the flutter of their wings**, quand on parle du loup on en voit la queue. *See also* FALLEN 1, FLYING-ANGEL, RUSH[4] I. 1. (*b*) *Th: etc: F:* Bailleur *m* de fonds. (*c*) *P:* Jobard *m*. *Attrib.* **An angel face**, (i) un visage d'ange, un visage angélique; (ii) *Mil: P:* un officier imberbe; un (ou une) Marie-Louise. *A.Furn:* **Angel bed**, lit *m* d'ange (sans colonnes). *A.Cost:* **Angel sleeves**, manches *f* d'ange. 2. *Num: A:* Angelot *m*. 3. *Fish:* Cuiller *f* (à ailes); hélice *f* (pour la pêche du brochet, de la truite). 4. *Cu: F:* **Angels on horseback**, friture *f* d'huîtres bardées de tranches de lard.

'angel-cake, *s.* *Cu: U.S:* (Variété de) gâteau *m* de Savoie.

'angel-fish, *s.* *Ich:* Ange *m* de mer; angelot *m*; *F:* moine *m*.

'angel-maker, *s.f.* *P:* Faiseuse d'anges.

'angel-shark, *s.* *Ich:* = ANGEL-FISH.

'angel-skin, *s.* *Tex:* Peau *f* d'ange.

'angel-worship, *s.* Angélolâtrie *f*.

Angela ['andʒəla]. *Pr.n.f.* Angèle.

angelic [an'dʒelik], *a.* Angélique. *An a. smile*, un sourire d'ange. *Ecc:* **The Angelic Salutation**, la Salutation angélique. **The Angelic doctor** (*St Thomas Aquinas*), le Docteur angélique.

Angelica [an'dʒelika]. 1. *Pr.n.f.* Angélique. 2. *s. Bot: Cu: etc:*

Angélique *f*. *Bot: Wild a.*, angélique sauvage. *Ch:* **Angelica oil,** essence *f* d'angélique.
angelical [an'dʒelik(ə)l], *a.* Angélique. **-ally,** *adv.* Angéliquement.
Angelina [andʒe'li:na, -'lai-]. *Pr.n.f.* Angéline. *See also* EDWIN.
angelolatry [eindʒəl'ɔlətri], *s.* Angélolâtrie *f*.
angelus ['andʒeləs], *s. Ecc:* Angélus *m*. **The angelus-bell,** l'angélus.
anger[1] ['aŋgər], *s.* Colère *f*; emportement *m*; *Lit:* courroux *m*. *Fit of a.*, accès *m* de colère. *Gust of a.*, bouffée *f* de colère. *Terrible fits of a.*, des colères terribles. *In a fit, a moment, of a.*, dans un accès de colère; dans un moment d'emportement; transporté de colère. *In a state of blind a.*, dans une colère folle, aveugle. *To provoke s.o. to a.*, exciter la colère de qn. *To act in a.*, agir sous le coup de la colère. *To speak in a.*, parler sous le coup de la colère. *In great a.*, courroucé.
anger[2], *v.tr.* Irriter, *Lit:* courroucer (qn); mettre (qn) en colère. *He is easily angered*, il se met facilement en colère; il est irascible; *F:* il a la tête près du bonnet; il monte comme une soupe au lait.
angered, *a.* Irrité, furieux.
Angevin(e) ['andʒivin], *a. Geog: Hist:* Angevin; d'Anjou.
angina [an'dʒaina, 'andʒina], *s. Med:* **1.** Angine *f*. **2. Angina pectoris** ['pektoris], angine de poitrine, crampe *f* de poitrine.
anginose ['andʒinous], **anginous** ['andʒinəs], *a.* Angineux.
angio- ['andʒio, andʒi'ɔ], *comb.fm. Physiol:* Angio-. *Angi'ology*, angiologie. *'Angiosperm*, angiosperme. *Angi'otomy*, angiotomie.
angiocarpous [andʒio'kɑ:rpəs], *a. Bot:* Angiocarpien.
angioma [andʒi'ouma], *s. Med:* Angiome *m*, angiose *f*; nævus *m* vasculaire.
angiosperm ['andʒiospə:rm], *s. Bot:* Angiosperme *m*.
angiospermous [andʒio'spə:rməs], *a. Bot:* Angiosperme.
angiosporous [andʒio'spɔ:rəs], *a. Bot:* Angiospore.
angle[1] ['aŋgl], *s.* **1.** (*a*) *Geom: etc:* Angle *m*. *Acute a.*, angle aigu. *Obtuse a.*, angle obtus. *Sharp a.*, angle vif. **At an angle of . . .,** sous un angle de. . . . *Curves that meet in an a.*, courbes *fpl* qui se rencontrent sous un angle. **At an angle,** en biais. *The house stands at an a. to the street*, la maison fait angle sur la rue. *Inclined at a high a.*, redressé. **To set one's hat at an angle,** mettre son chapeau de travers. *Solid a. of intersection* (*of two surfaces*), arête *f*. *See also* GAUGE[1] 2, GRADIENT 1, RIGHT[1] I. 1. *Ball:* **Angle of sight,** angle de site, de visée. **Angle of departure,** angle de tir. **Apex angle, displacement angle,** parallaxe *f* du but, du repère. **Angle of elevation,** angle de mire. **Angle of descent,** angle de chute. **Angle of impact,** angle d'arrivée. *Av:* **Gliding angle,** angle de planement, du plané. *See also* BANK[1] 4, PITCH[2] 2, YAW[1]. **Striking angle** (*of wing*), **angle of incidence, angle of attack,** angle d'incidence. **Sweep-back angle,** dièdre normal. **Stalling angle,** angle critique. *Mec.E:* **Contact angle** (*of belt*), angle d'enroulement. *See also* REPOSE[2] 2. (*b*) (*Corner, nook*) Coin *m*. **2.** = ANGLE-IRON.
'angle-bar, *s.* Cornière *f* (en fer).
'angle-block, *s. Carp: etc:* Taquet *m*; coin *m*.
'angle-brace, *s.* **1.** *Tls:* Foret *m* à angle. **2.** *Const:* Aisselier *m*; contre-fiche *f* (de ferme de toit).
'angle-flange, *s.* Bride *f* angulaire.
'angle-iron, *s.* Cornière *f*; fer *m* d'angle; équerre *f* en fer, en tôle.
'angle-lever, *s.* Levier coudé, brisé.
'angle-pipe, *s.* Tuyau cintré.
angle[2], *v.i.* **1.** (*Of road, of column of troops*) Obliquer. **2.** *Ten:* Jouer la diagonale.
angle[3], *v.i.* Pêcher à la ligne. *To a. for trout*, pêcher la truite. *F: To a. for compliments*, quêter des compliments. *To a. for a husband*, essayer de pêcher, d'accrocher, un mari; faire la chasse au mari. *To a. for the truth with a lie*, plaider le faux pour savoir le vrai.
angling, *s.* Pêche *f* à la ligne. *A. for trout*, la pêche de la truite. *F: A. for husbands*, la pêche aux maris.
-angled ['aŋgld], *a.* (*With adj. prefixed, e.g.*) **Many-angled,** aux angles nombreux; *Geom:* polygonal. *Geom:* **Acute-angled triangle,** triangle *m* acutangle, aux angles aigus. *See also* ACUTE-ANGLED, OBTUSE-ANGLED, RIGHT-ANGLED.
angler ['aŋglər], *s.* **1.** Pêcheur *m* à la ligne. **2.** *Ich:* **Angler(-fish),** poisson-grenouille *m*; baudroie *f*; lophie pêcheuse; crapaud *m* de mer, crapaud pêcheur.
Angles ['aŋglz], *s.pl. Ethn: Hist:* Angles *m*.
Anglia ['aŋglia]. *Pr.n. Geog: See* EAST ANGLIA.
Anglian ['aŋgliən], *a. & s. Geog: See* EAST ANGLIAN.
Anglican ['aŋglikən]. **1.** *a. & s. Ecc:* Anglican, -ane. **The Anglican Church,** l'Église anglicane. **2.** *a. U.S:* Anglais.
Anglicanism ['aŋglikənizm], *s.* **1.** *Rel.Hist:* Anglicanisme *m*. **2.** *U.S:* Anglomanie *f*.
Anglice ['aŋglisi:], *Lt.adv.* En anglais.
Anglicism ['aŋglisizm], *s.* **1.** *Ling:* (*In speaking or writing French*) Anglicisme *m*. **2.** Manière de voir anglaise.
Anglicist ['aŋglisist], *s.* Angliciste *m*, angliste *m*.
Anglicize ['aŋglisa:iz], *v.tr.* Angliciser.
Anglo- [aŋglo], *comb.fm.* Anglo-. *Anglomania*, anglomanie. *Anglo-Saxon*, anglo-saxon.
Anglo-American ['aŋgloə'merikən], *a. & s.* Anglo-Américain, -aine.
Anglo-Catholic ['aŋglo'kaθolik], *a. & s. Rel.Hist:* Anglo-catholique (*mf*).
Anglo-French ['aŋglo'frenʃ], *a. Hist:* **The Anglo-French Wars,** les guerres avec la France; les guerres de France.
Anglo-Indian ['aŋglo'indjən], *a. & s.* Anglo-Indien, -ienne. **1.** *Adm:* (Métis) issu du croisement entre Anglais(e) et Hindou(e). **2.** *F:* (Anglais) (i) né dans l'Inde, aux Indes, (ii) servant ou ayant servi dans l'Inde.
Anglomania [aŋglo'meinia], *s.* Anglomanie *f*.
Anglomaniac [aŋglo'meiniak], *s.* Anglomane *mf*.
Anglo-Norman ['aŋglo'nɔ:rmən], *a. & s.* Anglo-Normand, -ande.

Anglophil(e) ['aŋglofil], *s.* Anglophile *mf*.
Anglophilia [aŋglo'filia], **Anglophilism** [aŋ'glɔfilizm], *s.* Anglophilie *f*.
Anglophobe ['aŋglofoub], *a. & s.* Anglophobe (*mf*).
Anglophobia [aŋglo'foubia], *s.* Anglophobie *f*.
Anglo-Roman ['aŋglo'roumən], *a. Ecc:* Anglo-catholique.
Anglo-Saxon ['aŋglo'saksən]. **1.** *a. & s.* Anglo-Saxon, -onne. **2.** *s. Ling:* L'anglo-saxon *m*.
angola [aŋ'goula], *s. Tex:* = ANGORA 2.
angor ['aŋgɔr], *s. Med:* Angoisse *f*.
Angora [aŋ'gɔ:ra]. **1.** *Pr.n. Geog:* Angora. **Angora goat,** chèvre *f* angora (*pl.* chèvres angoras). **Angora cat,** chat *m* angora. **Angora rabbit,** lapin *m* angora. **2.** *s. Tex:* (Étoffe *f*) angora (*m*).
angostura [aŋgɔs'tuəra], *s. Pharm: etc:* Angusture *f*.
angrily ['aŋgrili], *adv. See* ANGRY.
angry ['aŋgri], *a.* Fâché, irrité, courroucé, *F:* encoléré (*with s.o. about sth.*, contre qn de qch.). *He is very a.*, il est fort en colère, très fâché. *To be a. at sth.*, être fâché de qch. *He was a. at being kept waiting*, il était irrité qu'on le fît attendre, de ce qu'on le faisait attendre. *To be a. with oneself*, être mécontent de soi; s'en vouloir. *I am a. with myself for forgetting you*, je m'en veux de vous avoir oublié. *Who are you a. with?* après qui en avez-vous? *Inclined to be a.*, coléreux, colérique; porté à la colère. **To get angry,** se mettre en colère; se fâcher, s'irriter; *F:* sortir de son caractère, de ses gonds; prendre la mouche. *To get a. with s.o.*, se fâcher contre qn. *To get properly a*, se fâcher tout rouge. *To feel a.*, ressentir de la colère. *To make s.o. a.*, fâcher, exaspérer, qn; mettre qn en colère. *A. voices*, voix irritées, colères. *To come to a. words*, en venir à des paroles violentes. *The a. sea, Lit:* la mer courroucée, en courroux. *A. sky*, ciel *m* sombre; ciel à l'orage. *Med: A. sore*, plaie irritée, enflammée. **-rily,** *adv.* En colère, avec colère. *To reply a.*, répondre avec emportement.
Angström unit ['aŋstrøm'junit], *s. Ph:* Unité *f* d'Angström.
anguiform ['aŋgwifɔ:rm], *a.* Anguiforme.
anguillule [aŋ'gwiljul], *s. Ann:* Anguillule *f*.
anguine ['aŋgwin], *a.* (*a*) Anguiforme. (*b*) Sinueux.
anguish[1] ['aŋgwiʃ], *s.* **1.** Angoisse *f*; douleur *f*; déchirement *m* de cœur. *To be in a.*, être dans l'angoisse; être à la torture, au supplice. *To cause s.o. a.*, angoisser qn. *Fraught with a.*, angoisseux. **2.** *Med:* Angoisse.
anguish[2], *v.tr.* Angoisser; accabler (qn) de douleur; mettre qn à la torture, au supplice.
anguished, *a.* Angoissé, tourmenté, anxieux.
angular ['aŋgjulər], *a.* **1.** (Vitesse, etc.) angulaire. **2.** (*a*) (Rocher, visage) anguleux. *F:* (Personne) maigre, décharnée. *A. disposition*, caractère anguleux, pointu, grincheux, peu commode. (*b*) (Mouvement) saccadé. **-ly,** *adv.* **1.** Angulairement, en (forme d')angle. *F: A.-built man*, homme *m* au corps anguleux. **2.** *Placed a.*, placé diagonalement, obliquement, en travers.
angularity [aŋgju'lariti], *s.* Angularité *f*. *F: The a. of his character*, son caractère peu accommodant; son caractère difficile, anguleux, pointu.
angulate ['aŋgjulet], *a.* Angulé.
angulation [aŋgju'leiʃ(ə)n], *s.* Forme *f* angulaire.
angustifoliate [aŋgʌsti'fouliet], *a. Bot:* Angustifolié.
angustirostrate [aŋgʌsti'rɔstret], *a. Orn:* Angustirostre.
angustura [aŋgəs'tjura], *s.* = ANGOSTURA.
anharmonic [anhɑ:r'mɔnik], *a. Mth:* **Anharmonic ratio,** rapport *m* anharmonique.
anhelation [anhi'leiʃ(ə)n], *s.* Anhélation *f*.
anhelous [an'hi:ləs], *a.* Anhéleux.
anhydration [anhai'dreiʃ(ə)n], *s. Ch:* Anhydrisation *f*.
anhydride [an'haidraid], *s. Ch:* Anhydride *m*.
anhydrite [an'haidrait], *s. Miner:* Anhydrite *f*.
anhydrous [an'haidrəs], *a. Ch:* Anhydre.
anigh [a'nai], *adv. & prep. A: & Lit:* = NIGH.
anil ['anil], *s.* **1.** (*a*) *Bot:* Anil *m*, indigotier *m*. (*b*) *Dy:* Indigo *m*. **2.** *Ch:* Anil.
anile ['anail], *a. Lit:* **1.** De vieille femme. **2.** Imbécile.
aniline ['anilain], *s. Ch:* Aniline *f*, phénilamine *f*. *Attrib.* **Aniline dyes,** colorants *m* azoïques. *A. purple*, aniléine *f*.
anility [a'niliti], *s. Lit:* Radotage *m*; faiblesse *f* d'esprit sénile (chez une vieille femme).
animadversion [animad'və:rʃ(ə)n], *s.* Animadversion *f*, censure *f*, blâme *m*. *General a.*, improbation générale. *To make animadversions on sth.*, critiquer qch.; se répandre en critiques sur qch.
animadvert [animad'və:rt], *v.i. To a. on s.o.'s action*, critiquer, blâmer, censurer, l'action de qn. *His conduct has been generally animadverted* (*up*)*on*, sa conduite a encouru l'animadversion générale, l'improbation générale.
animal ['anim(ə)l]. **1.** *s.* Animal *m*. *A. painter*, animalier *m*. **2.** *a.* Animal. *A. life*, vie animale. *The a. kingdom*, le règne animal; l'animalité *f*. *A. matter*, matières animales. *To convert food into a. matter*, animaliser de la nourriture. *A. nature*, animalité. **Animal plant,** animal-plante *m*; zoophyte *m*. *See also* MAGNETISM 1, SPIRIT[1] 5.
animalcular [ani'malkjulər], *a.* Animalculaire.
animalcule, *pl.* **-cules, -cula,** *F:* **-culae** [ani'malkjul, -kjulz, -kjula, -kjuli:], *s.* Animalcule *m*. *Prot:* **Bell-animalcule,** vorticelle *f*. **Globe-animalcule,** volvox globuleux. *See also* SLIPPER 4.
animalism ['animəlizm], *s.* **1.** *Biol:* Animalisme *m*. **2.** Activité animale. **3.** Animalité *f*, sensualité *f*.
animalist ['animəlist], *s.* **1.** Animaliste *m*. **2.** *Art:* Animalier *m*.
animality [ani'maliti], *s.* **1.** Animalité *f*. **2.** *Coll.* Les animaux *m*.
animalization [animəlai'zeiʃ(ə)n], *s. Physiol:* Animalisation *f* (des aliments végétaux).
animalize ['animəla:iz], *v.tr.* **1.** *Physiol:* Animaliser (les aliments). **2.** (*a*) Sensualiser (une passion, etc.). (*b*) *To become animalized*, s'animaliser.

animate[1] ['animet], *a.* Animé; doué de vie. *s.* **The live and the animate,** le vivant et l'animé. *To become a.*, s'animer.

animate[2] ['animeit], *v.tr.* Animer. (*a*) *The motion which animates the bullet*, le mouvement dont la balle est animée. **To be animated by the best intentions,** être animé des meilleures intentions. (*b*) Encourager, stimuler (les troupes, etc.); animer, mouvementer (la conversation).

animated, *a.* Animé. *A. discussion*, discussion animée. *To become a.*, s'animer. *The discussion was getting a.*, la discussion s'échauffait. *Cin:* **Animated cartoons, pictures,** dessins animés. **-ly,** *adv.* D'un ton animé; d'un regard animé; vivement, avec vivacité; avec entrain.

animation [ani'meiʃ(ə)n], *s.* **1.** Animation *f*; vivacité *f*; chaleur *f* (du style); feu *m*, entrain *m*, verve *f* (d'un orateur). *Play that lacks a.*, pièce *f* qui manque de vie, d'entrain. **2.** Stimulation *f*, encouragement *m*. *See also* SUSPENDED 2.

animator ['animeitər], *s.* Animateur, -trice.

animism ['animizm], *s.* **1.** *Phil:* Animisme *m*; attribution d'une âme aux objets inanimés. **2.** *Phil: Theol:* Spiritualisme *m*.

animist ['animist], *s. Phil:* Animiste *m*.

animistic [ani'mistik], *s. Phil:* Animiste.

animosity [ani'mɔsiti], *s.* Animosité *f*. *To feel a. against s.o.*, avoir, ressentir, de l'animosité contre qn.

animus ['animəs], *s.* = ANIMOSITY.

anion ['anjən, a'naiən], *s. El:* Anion *m*.

anisaldehyde [anis'aldihaid], *s. Ch:* Aldéhyde *m* anisique.

anisated ['aniseitid], *a.* Anisé.

anise ['anis], *s. Bot:* Anis *m*. *Star a.*, *Chinese a.*, badiane *f*; anis étoilé, anis de la Chine. *To flavour sth. with a.*, aniser qch.

'anise-tree, *s. Bot:* Badiane *f*; anis étoilé.

aniseed ['anisiːd], *s.* (Graine *f* d')anis *m*. *Cu:* **Aniseed cake,** gâteau *m* à l'anis.

anisette [ani'zet], *s.* Anisette *f* (liqueur).

anisic [a'nizik], *a. Ch:* (Acide, série) anisique.

anisomeric [an(a)iso'merik], *a. Ch:* Anisomère.

anisomerous [an(a)i'sɔmərəs], *a. Bot:* Anisomère.

anisopetalous [an(a)iso'petələs], *a. Bot:* Anisopétale.

anisophyllous [an(a)iso'filəs], *a.* Anisophylle.

anisosthenic [an(a)iso'sθenik], *a. Med:* Anisosthène.

anisotropic [an(a)iso'trɔpik], *a. Ph:* Anisotropique.

anisotropy [an(a)is'ɔtrɔpi], *s. Ph:* Anisotropie *f*.

anker ['aŋkər], *s. Meas:* ($8\frac{1}{2}$ *imperial gallons*) Anker *m*.

ankerite ['aŋkərait], *s. Miner:* Ankérite *m*; spath brunissant.

ankh [aŋk], *s. Her:* Croix ansée (d'Égypte).

ankle [aŋkl], *s.* Cheville *f* (du pied). *To kick, knock, one's ankles (in walking)*, *F:* battre le briquet. **Ankle-deep,** jusqu'à la cheville. *Attrib.* **Ankle-ring,** anneau *m* de cheville. **Ankle-length dress,** robe *f* qui descend jusqu'à la cheville. *See also* JERK[1] 2.

'ankle-bone, *s.* Astragale *m*.

'ankle-joint, *s.* Cheville *f*; attache *f* du pied.

'ankle-strap, *s.* Barrette *f* (de soulier). *F: A.-straps*, souliers *m* à barrettes; babys *m*.

-ankled [aŋkld], *a.* (*With adj. prefixed, e.g.*) **Slender-ankled,** aux chevilles fines, déliées; aux attaches fines. **Thick-ankled,** aux chevilles fortes; aux grosses chevilles.

anklet ['aŋklet], *s.* **1.** Anneau *m* attaché autour de la cheville. (*a*) Manille *f* (de forçat). (*b*) *Toil:* Bracelet *m* de jambe, de cheville. **2.** (*a*) Guêtron *m* (de chasseur). (*b*) Molletière *f* cycliste.

ankylose ['aŋkiloːuz], *v.* = ANCHYLOSE.

ankylostomiasis ['aŋkilosto'maiasis], *s. Med:* Ankylostomiase *f*. anémie *f* des mineurs.

Ann(e) [an]. *Pr.n.f.* Anne.

Anna[1] ['ana]. *Pr.n.f.* Anna, Anne.

anna[2], *s. Num:* ($\frac{1}{16}$ *rupee*) Anna *m*.

annalist ['anəlist], *s.* Annaliste *m*.

annals ['anəlz], *s.pl.* **1.** Annales *f*. **2.** *Ecc:* Messes dites pendant la durée d'une année.

An(n)am ['anam]. *Pr.n. Geog:* L'Annam *m*.

Annamese [anə'miːz], **Annamite** ['anəmait], *s. Geog:* Annamite *mf*.

annates ['aneits, 'anets], *s.pl. Ecc:* Annate(s) *f*.

Anne [an]. *Pr.n.f.* Anne. *F:* **Queen Anne's dead,** c'est de l'histoire ancienne.

anneal [a'niːl], *v.tr. Metall:* Recuire, adoucir (un métal, le verre); détremper (un métal).

annealing, *s.* Recuit *m*, recuite *f* (d'un métal, du verre).

an'nealing-furnace, *s.* Four *m* à recuire.

annectent [a'nektənt], *a.* Connectif.

annelid, *pl.* **-ida** ['anelid, a'nelida], *s. Z:* Annélide *m*.

annex[1] [a'neks], *v.tr.* **1.** Annexer (*sth. to sth.*, qch. à qch.); ajouter, joindre (une pièce à un mémoire). **2.** *To a. a province*, annexer une province.

annexed, *a.* Annexé. *Com: The a. memorandum*, le mémoire ci-joint, ci-contre.

annex(e)[2] ['aneks, a'neks], *s.* Annexe *f*. *A. to a hotel*, dépendance *f*, annexe, d'un hôtel. *Hospital and its annexes*, hôpital *m* et ses adjonctions.

annexation [anek'seiʃ(ə)n], *s.* Annexion *f* (*of*, de), mainmise *f* (*of*, sur).

annexationist [anek'seiʃənist], *a.* & *s.* Annexion(n)iste (*m*).

annexive [a'neksiv], *a. Gram:* = CONJUNCTIVE.

Annie ['ani]. *Pr.n.f.* (*Dim. of Ann*) Annette.

annihilable [a'naihiləbl], *a.* Annihilable.

annihilate [a'naihileit], *v.tr.* Anéantir, réduire à néant (une flotte, une armée); annihiler, supprimer (le temps, l'espace).

annihilating, *a.* Annihilant; annihilateur, -trice.

annihilation [anaihi'leiʃ(ə)n], *s.* Anéantissement *m* (d'une flotte, d'un peuple, d'une ville); annihilation *f*.

annihilationist [anaihi'leiʃənist], *a.* & *s. Theol:* Annihilation(n)iste (*m*).

annihilator [a'naihileitər], *s.* **1.** (*Pers.*) Annihilateur, -trice; destructeur *m*. **2.** **Fire-annihilator,** (appareil) extincteur (d'incendie). **Smoke-annihilator,** (appareil) fumivore *m*.

anniversary [ani'vəːrsəri], *s.* Anniversaire *m*. *It is the a. of my marriage*, c'est l'anniversaire de mon mariage; c'est mon anniversaire de mariage.

Anno Domini ['ano'dɔminai]. **1.** *Lt.phr.* (*Abbr.* **A.D.** ['ei'diː]) En l'an du Seigneur, de grâce. *In* 1066 *A.D.*, en 1066 apr. J.-C. (après Jésus-Christ). **2.** *s. F:* Les ans *m*; la vieillesse qui vient.

annotate ['anoteit], *v.tr.* Annoter (un livre, etc.); accompagner (un texte) de remarques; commenter (un texte). **Annotated text,** texte avec commentaire.

annotating, *s.* Annotation *f*.

annotation [ano'teiʃ(ə)n], *s.* Annotation *f*. **1.** Commentaire *m*. **2.** Note *f*.

annotator ['anoteitər], *s.* Annotateur *m*; commentateur *m*.

announce [a'nauns], *v.tr.* Annoncer (qn, qch.). *To a. the guests*, annoncer les invités. *He announced his intentions to me*, il me fit part de ses intentions, me fit connaître ses intentions. *To a. a marriage*, annoncer un mariage; faire l'annonce d'un mariage. *The events announced to them*, les événements à eux annoncés. *He announced himself as sent by . . .*, il annonça qu'il était envoyé par. . . .

announcement [a'naunsmənt], *s.* **1.** Annonce *f*, avis *m*; (*of birth, marriage, etc.*) faire-part *m*. *A. of death*, avis mortuaire (passé dans les journaux). *See also* BROADCAST[1] 2. **2.** *Jur:* Affiche *f* judiciaire.

announcer [a'naunsər], *s.* **1.** Annonceur *m*. **2.** *Th:* Annonciateur *m*; compère *m* (dans une revue), *f.* commère, annonceuse. **3.** *W.Tel:* Microphoniste *mf*; parleur, -euse; *F:* speaker [spikœːr] *m*; *Hum:* speakerine *f*.

annoy [a'nɔi], *v.tr.* **1.** (*Vex*) Contrarier, chagriner, tourmenter, tracasser, *F:* chiffonner. **2.** (*a*) (*Inconvenience*) Gêner, incommoder, ennuyer, importuner. *It annoys me*, cela m'incommode; cela m'est désagréable. (*b*) (*Molest*) Molester (qn); harceler (l'ennemi).

annoyed, *a.* Contrarié, ennuyé. **To be very much annoyed (at, about, sth.),** être très contrarié (de qch.); en éprouver une vive contrariété. **To get annoyed at sth.,** se vexer de qch. *To be a. with s.o. about sth., for doing sth.*, savoir mauvais gré à qn de qch., d'avoir fait qch.

annoying, *a.* Contrariant, fâcheux, ennuyeux, ennuyant, vexant. *A. requirements*, exigences tracassières. **How annoying!** quel ennui! comme c'est contrariant! *The a. thing about it is that . . .*, le fâcheux de l'affaire, c'est que. . . .

annoyance [a'nɔiəns], *s.* **1.** Contrariété *f*, chagrin *m*. *Look of a.*, air contrarié, fâché. *With a slight show of a.*, d'un air froissé. **2.** (*a*) Désagrément *m*, ennui *m*. *Source of a.*, désagrément, cause *f* d'ennuis. *Petty annoyances*, petits ennuis. (*b*) **To subject s.o. to annoyance,** molester qn.

annual ['anjuəl]. **1.** *a.* Annuel. *A. instalment*, annuité *f*. *Bot: A. ring, a. zone (of tree)*, couche annuelle. **2.** *s.* (*a*) *Bot:* Plante annuelle. *See also* HARDY[1] 2. (*b*) (*Book, etc.*) Annuaire *m*; publication annuelle. (*c*) *Ecc:* (i) (*Mass said daily for a year*) Annuel *m*. (ii) Messe *f* de bout de l'an. **-ally,** *adv.* Annuellement; tous les ans.

annuary ['anjuəri], *s.* = ANNUAL 2 (*b*).

annuitant [a'njuitənt], *s.* **1.** Pensionnaire *mf* (de l'État, etc.). **2.** Rentier, -ière (en viager); rentier viager, rentière viagère; détenteur *m* d'une rente.

annuity [a'njuiti], *s.* **1.** *A. in redemption of debt*, annuité *f*. **2.** Rente (annuelle). **Government annuity,** rente sur l'État. *Perpetual a.*, rente perpétuelle; rente en perpétuel. **Terminable annuity,** rente à terme; annuité *f*. **Life annuity,** rente viagère, pension viagère. *A. on the last survivor, two-life a.*, rente réversible sur l'une des têtes en cas de mort de l'autre. *To invest, sink, money in an a.; to buy an a.*, placer son argent en viager, à fonds perdu. **To pay s.o. an annuity,** servir, faire, une rente à qn. *See also* DEFERRED, REVERSIONARY 1.

annul [a'nʌl], *v.tr.* (**annulled**) Annuler, résilier (un acte); résoudre (un contrat); annihiler (un testament); dénoncer (un traité); dissoudre (un mariage); abroger (une loi); casser, infirmer (une décision).

annulling[1], *a.* Qui annule; annulatif. *A. clause*, clause *f* abrogatoire. *Nau:* **Annulling signal,** signal *m* d'annulement.

annulling[2], *s.* = ANNULMENT.

annular ['anjulər], *a.* (Éclipse, doigt, espace) annulaire.

annulary ['anjuləri], *a.* & *s.* (Doigt) annulaire *m*.

annulate ['anjulet], **annulated** ['anjuleitid], *a.* **1.** *Bot: Z:* Annelé. **2.** *Arch:* Armillé.

annulation [anju'leiʃ(ə)n], *s.* **1.** Formation *f* d'anneaux. **2.** Anneau *m*.

annulet ['anjulet], *s. Arch:* Annelet *m*, filet *m*, armille *f*.

annullable [a'nʌləbl], *a.* Annulable, annihilable; (contrat *m*) résoluble.

annulment [a'nʌlmənt], *s.* Annulation *f*, résiliation *f*, résiliement *m*, résolution *f* (d'un contrat, etc.); annihilation *f*, cassation *f* (d'un testament); dissolution *f* (d'un mariage); abrogation *f* (d'une loi); abolition *f* (d'un décret). **Decree of annulment,** décret abolitif.

annulus ['anjuləs], *s.* **1.** *Bot:* Anneau *m* (de capsule de fougère, etc.); collerette *f* (de chapeau de champignon). **2.** *Geom:* Anneau sphérique; tore *m*.

annunciate [a'nʌnʃieit], *v.tr.* Annoncer, proclamer (une nouvelle, la venue du Messie, etc.).

annunciation [anʌnsi'eiʃ(ə)n], *s.* **1.** *Ecc:* **The Annunciation,** l'Annonciation *f*. **2.** Proclamation *f*, annonce *f* (d'un fait).

annunciator [a'nʌnʃieitər], *s.* **1.** Annonciateur, -trice (du Messie, etc.). **2.** (*a*) *Tp:* Avertisseur *m*, annonciateur. **Annunciator-board,**

tableau indicateur. (*b*) *Rail:* **Electrical annunciator** (*used in signalling*), correspondance *f*. (*c*) *Aut:* Transmetteur *m* d'ordres. **3.** *U.S:* Bouton *m* (de sonnerie électrique).

anobium [a'noubiəm], *s. Ent:* Anobie *m*, anobion *m*.

anodal [a'noudəl], **anodic** [a'nɔdik], *a. El:* Anodique.

anode ['anoud], *s. El:* Anode *f*; électrode positive; plaque *f*. *Discharge at a.*, décharge *f* de l'anode. **Anode voltage**, tension *f* de plaque. *See also* SCREEN[1] 3.

anodyne ['anodain], *a. & s. Med: etc:* Anodin (*m*); calmant (*m*); antalgique (*m*). *Time is the only a. of sorrow*, le temps est le seul remède qui calme la douleur, le seul soulagement à la douleur.

anoint [a'nɔint], *v.tr.* Oindre. *To a. s.o. with oil*, oindre qn d'huile. *Pred. To a. s.o. king, bishop*, sacrer qn roi, évêque. **The Lord's Anointed**, l'Oint du Seigneur.

anointing, *s.* **1.** Onction *f*. **2.** Sacre *m* (d'un roi, d'un évêque).

anomalistic [anɔmə'listik], *a. Astr:* (Année, mois) anomalistique.

anomalous [a'nɔmələs], *a.* **1.** *Bot: Med: etc:* Anomal, -aux. *Gram: A. verb*, verbe anomal. **2.** *F:* Exceptionnel, irrégulier; anormal, -aux. **-ly**, *adv.* Irrégulièrement.

anomalousness [a'nɔmələsnəs], *s.* Caractère anormal, exceptionnel (de qch.).

anomaly [a'nɔməli], *s.* Anomalie *f*.

anomia [a'noumia], *s. Moll:* Anomie *f*.

anomocarpous [anɔmo'kɑːrpəs], *a. Bot:* Anomocarpe.

anomophyllous [anɔmo'filəs], *a. Bot:* Anomophylle.

anon[1] [a'nɔn], *adv. A. & Hum:* Tout à l'heure, bientôt; à l'instant. *See also* EVER 1.

anon[2], *a.* = ANONYMOUS.

anonaceae [ano'neisiiː], *s.pl. Bot:* Anonacées *f*.

anonaceous [ano'neiʃəs], *a. Bot:* Anonacé.

anonym ['anonim], *s.* **1.** (*Pers.*) Anonyme *m*. **2.** Faux nom; pseudonyme *m*.

anonymity [ano'nimiti], *s.* Anonyme *m*, anonymat *m*. *To retain one's a.*, garder l'anonyme, l'anonymat.

anonymous [a'nɔniməs], *a.* Anonyme. *A. writer*, anonyme *m*. **To remain anonymous**, garder l'anonyme, l'anonymat. **-ly**, *adv.* Anonymement. **To write anonymously**, écrire sous (le couvert de) l'anonymat, en gardant l'anonyme.

anonymousness [a'nɔniməsnəs], *s.* = ANONYMITY.

anopheles [a'nɔfiliːz], *s. Ent:* Anophèle *m*.

anorexia [ano'reksia], **anorexy** ['anoreksi], *s. Med:* Anorexie *f*.

anosmia [a'nɔsmia], *s. Med:* Anosmie *f*.

another [a'nʌðər], *a. & pron.* **1.** (*An additional*) Encore (un). *A. cup of tea*, encore une tasse de thé. *A. fifty years*, encore cinquante ans. *In a. ten years*, dans dix ans d'ici. *A. two minutes and I should have missed the boat*, deux minutes plus tard, deux minutes de plus, et je manquais le bateau. *I have received a. three hundred francs*, j'ai reçu trois cents autres francs. *Rail: To put on a. coach*, rajouter une voiture. **Many another** *has seen it*, bien d'autres l'ont vu. *Without a. word . . .*, sans plus . . .; sans un mot de plus. . . . **2.** (*A similar*) Un(e) autre, un(e) second(e). **Such another**, un autre du même genre, du même modèle. *There is not such a. man*, il n'a pas son pareil. *He will be a. Landseer*, ce sera un second Landseer. *P:* **You're another!** c'est pas vrai! vous en êtes un autre! **3.** (*a*) (*A different*) Un(e) autre. *A. was there before me*, un autre m'avait devancé. *Take this cup away and bring me a.* (*one*), enlevez cette tasse et apportez-m'en une autre. **That is (quite) another matter**, c'est tout autre chose; *F:* c'est une autre paire de manches, voilà bien une autre chanson. *I feel a. man*, je me sens tout autre, tout rajeuni. **Another time**, une autre fois. *Couldn't we do that a. time?* est-ce que cela ne peut pas se remettre à plus tard? *We shall reserve that for a. occasion*, ce sera pour une autre fois. *Parl: F:* **Another place**, l'autre Chambre *f*. *He sat in the Commons before he went to 'another place,'* il siégea à la Chambre des Communes avant de passer aux Lords. *Let us set about it* **in another way**, faisons autrement. (*b*) *She now has a. husband*, elle a maintenant un nouvel époux. **4. One . . . another.** (*a*) *Science is one thing, art is a.*, la science est une chose, l'art en est une autre. *One would blame him, a. would excuse him*, tel l'en blâmait, tel autre l'en excusait. *I have heard it* **from one and another** *during the week*, j'en ai entendu parler de part et d'autre au courant de la semaine. (*b*) **One way or another**, d'une façon ou d'une autre. *See also* WAY[1] 6. **(Taking) one year with another**, bon an mal an. *Taking one (thing) with a., we just manage*, l'un dans l'autre, l'un portant l'autre, on arrive à joindre les deux bouts. *See also* THING 3. (*c*) (*Reciprocal pron.*) **One another**, l'un l'autre, les uns les autres. *Love one a.*, aimez-vous les uns les autres. *He and his wife adore one a.*, lui et sa femme s'adorent (l'un l'autre). *They give one a. presents*, ils se donnent des cadeaux (l'un à l'autre). *Near one a.*, l'un près de l'autre; près l'un de l'autre. *To kiss one a.*, s'embrasser. *To help one a.*, s'entr'aider. *Little services that we do one a.*, petits services qu'on se rend les uns les autres, qu'on se rend entre soi.

anoura [a'nuəra, a'naura], **anourous** [a'nuərəs, a'naurəs], = ANURA, ANUROUS.

ansate(d) ['anseit(id)], *a. Her: etc:* Muni d'une anse; ansé. **Ansate cross**, croix ansée.

anserine ['ansərain], *a.* **1. Anserine skin**, peau ansérine; *F:* chair *f* de poule. **2.** *F:* Bête (comme une oie); stupide.

answer[1] ['ɑːnsər], *s.* **1.** (*a*) Réponse *f* (à une question, à une lettre); réplique *f* (à une observation, à une critique). *To give an a. to s.o. about sth.*, répondre, faire une réponse, à qn sur qch., au sujet de qch. **She made no answer**, elle ne fit pas de réponse; elle ne répondit pas. *He's always got an a.*, il a la réplique vive, facile; *F:* il a de la réplique. *He has an a. to everything*, il a réponse à tout. *I could find no a.*, je n'ai rien trouvé à répondre. *To write s.o. an a.*, répondre à qn par lettre. **Answer to a charge**, réponse à une accusation; réfutation *f* d'une accusation. *I have a complete a. to the charge*, je suis prêt à réfuter entièrement cette accusation. *Her only a. was to break into sobs*, pour toute réponse elle éclata en sanglots. **'An answer will oblige,'** "réponse, s'il vous plaît." *Com:* **In answer to your favour . . .**, en réponse à votre honorée. . . . *The a. to this objection is that . . .*, à cette objection on réplique que. . . . *See also* CORRESPONDENT 1, NO III. **2.** (*b*) *Mus:* (*In counterpoint*) Réplique *f*. **Real answer** (*of a fugue*), réponse. (*c*) *Fenc:* Riposte *f*. **2.** Solution *f* (d'un problème). **Arithmetic with answers**, manuel *m* d'arithmétique avec corrigé des exercices, avec solutions. **Answer book**, livre *m* du maître.

answer[2], *v.tr. & i.* **1.** Répondre. (*a*) *To a. s.o.*, répondre, faire réponse, à qn. *Not to a. a syllable*, ne pas répondre un mot; *F:* ne répondre ni œuf ni bœuf. *He answered that I was wrong*, il répondit que j'avais tort. *He answered that he knew nothing about it*, il répondit qu'il n'en savait rien; il répondit n'en rien savoir. **To answer back**, répliquer; se rebéquer. (*Of dog*) *Answers to the name of Fido*, répond au nom de Fido. *F:* (*Of pers.*) *To a. to the name of Smith*, s'appeler Smith. *To a. to one's name*, répondre à l'appel. (*b*) *To a. a question, a letter*, répondre, faire réponse, à une question, à une lettre. *Letters to be answered*, *F:* lettres à répondre. *Letters answered*, *F:* lettres répondues. *The question was not answered*, il ne fut pas répondu à la question; la question resta sans réponse. *The question is not easy to answer*, c'est une question à laquelle il n'est pas facile de répondre, qui ne comporte pas une solution facile. **To answer for** (= *instead of*) **s.o.**, répondre pour qn. (*Cp.* 3.) *Turf:* (*Of horse*) **To answer the question**, se montrer à la hauteur de l'effort à fournir. *Cf.* ASK[1] 1. (*c*) **To answer the roll, to answer one's name**, répondre à l'appel. **To answer the bell**, répondre à un coup de sonnette. **To answer the door**, aller ouvrir; venir ouvrir. (*d*) (*Of ship*) **To answer the helm**, obéir à la barre; sentir la barre. *Ship that answers the helm*, navire obéissant. *Ship that no longer answers the helm*, navire qui ne gouverne plus. *Horse that answers the spur*, cheval qui répond, qui obéit, à l'éperon. (*e*) *To a. a charge*, répondre à, réfuter, une accusation. (*f*) *To a. a description*, répondre à un signalement. *To a. one's expectations*, répondre à son attente. (*g*) *To a. a prayer*, exaucer une prière. (*h*) *To a. a problem*, résoudre un problème. *Sch: I didn't a. all the problems*, je n'ai pas trouvé la solution de tous les problèmes. **2.** (*a*) *To a. the requirements of . . .*, répondre aux besoins de. . . . **To answer the purpose**, remplir le but. *That will a. my purpose*, cela fera mon affaire. *To a. several purposes*, servir à plusieurs usages. *Iron answers (the purpose) just as well as wood*, le fer convient aussi bien que le bois. *See also* PURPOSE[1] 2. (*b*) *That won't a.*, il n'y aura aucun avantage à faire cela. **It answers to be honest**, il y a de l'avantage à être honnête; on gagne à être honnête. *His scheme didn't a.*, son projet n'a pas réussi, n'a pas abouti. **3. To answer** (= *vouch*) **for s.o., for s.o.'s honesty**, répondre de qn; se porter, se rendre, garant de qn, de l'intégrité de qn. (*Cp.* 1 (*b*).) *I will a. for it that . . .*, je vous suis caution que. . . . *To a. for the truth of sth.*, garantir l'exactitude de qch. *To a. for one's own actions*, prendre la responsabilité de ses propres actes. **He has a lot to answer for**, il est responsable de bien des choses. *I can't a. for your getting it this week*, je ne réponds pas que vous l'aurez cette semaine.

answering, *a.* **1.** *An a. cry*, un cri jeté en réponse. **2.** (*Equivalent*) Qui répond, correspond, est équivalent (*to*, à). *I saw someone answering to your description*, j'ai vu quelqu'un qui répondait à votre description. *See also* PENDANT[1] 2.

answerable ['ɑːnsərəbl], *a.* **1.** (*a*) Garant, responsable, comptable (*to s.o. for sth.*, envers qn de qch.). *The Company is not a. for . . .*, la Compagnie ne répond pas de. . . . (*b*) *To be a. to an authority*, relever d'une autorité. *He is a. to nobody*, il ne doit de comptes à personne; il n'est solidaire de personne. *I am a. only to my husband*, je ne relève que de mon mari. **2.** (*a*) *The question is not a.*, c'est une question (i) à laquelle on ne peut pas répondre, (ii) que l'on ne peut pas résoudre. (*b*) *A. charge*, accusation *f* réfutable. **-ably**, *adv.* Conformément (*to*, à).

answerer ['ɑːnsərər], *s.* Répondant *m*.

ant [ant], *s.* Fourmi *f*. *Wood ant, red ant*, fourmi rouge, fauve. *Winged ant*, fourmi ailée. *Amazon ant*, fourmi amazone. *Slave ant*, fourmi esclavagiste. *Honey ant*, fourmi à miel. *Mason ant*, fourmi maçonne. *Market-gardening ant*, fourmi champignonniste. *Harvesting ant*, fourmi moissonneuse. *Visiting ant*, fourmi de visite. **White ant**, fourmi blanche; termite *m*. *See also* SOLDIER[1] 2, SPIDER-ANT, WARRIOR.

'ant-bear, *s. Z:* Tamanoir *m*.

'ant-catcher, 'ant-thrush, *s. Orn:* Fourmilier *m*.

'ant-cow, *s. F:* Puceron *m*.

'ant-eater, *s. Z:* Fourmilier *m*. *Great ant-eater*, tamanoir *m*; myrmécophage *m*. *Scaly a.-e.*, pangolin *m*.

'ant-eating, *a. Z:* Myrmécophage.

'ant-eggs, 'ants' eggs, *s.pl. F:* Œufs *m* de fourmis.

'ant-fly, *s.* Fourmi ailée.

'ant-hill, *s.* Fourmilière *f*.

'ant-lion, *s.* Fourmi-lion *m*, *pl.* fourmis-lions.

an't [ɑːnt]. *P:* = *are not, am not, is not.*

ant- [ant], *pref.* = ANTI-, ANTE-, *before a vowel.*

-ant [ənt]. **1.** *a. & s. suff.* -ant *m*, -ante *f*. *Commandant*, commandant. *Elegant*, élégant. *Pleasant*, plaisant. *Protestant*, protestant. *Servant*, servante. *Valiant*, vaillant. **2.** *s. suff.* -an *m*, -an(n)e *f*. *Peasant*, paysan, -anne. *Pheasant*, faisan, -ane. *Tyrant*, tyran, -anne.

anta, *pl.* **-ae** ['anta, -iː], *s. Arch:* Ante *f*.

antacid [ant'asid]. **1.** *a. & s. Med:* Antiacide (*m*); alcalin (*m*). **2.** *a.* Résistant aux acides.

Antaeus [an'tiːəs]. *Pr.n.m. Myth:* Antée.

antagonism [an'tagonizm], *s.* Antagonisme *m*, opposition *f*. *A. between two people*, antagonisme, rivalité *f*, de, entre, deux personnes. *To come into a. with s.o.*, se trouver, se mettre, en opposition avec qn; se heurter à la volonté, aux opinions, de qn.

antagonist [an'tagonist], *s.* **1.** Antagoniste *mf*, adversaire *m*. **2.** *Physiol:* (Muscle) antagoniste *m*.

antagonistic [antago'nistik], *a.* Opposé, contraire (*to*, à). *A. environment*, milieu *m* antagonique. *See also* SYMBIOSIS. *Physiol:* **Antagonistic muscles**, muscles antagonistes.
antagonize [an'tagonaːiz], *v.tr.* **1.** (*a*) (*Of a force*) S'opposer à (une autre force); contrarier (une force). (*b*) *U.S:* (*Of pers.*) S'opposer à (un projet de loi, etc.). (*c*) *Physiol:* (*Of muscle*) Neutraliser l'effort (d'un autre muscle). **2.** Éveiller l'antagonisme, l'hostilité, de (qn), éloigner (qn). *To a. a party*, indisposer un parti. *To a. the public*, ranger l'opinion contre soi.
antalgic [an'taldʒik], *a.* & *s.* *Med:* Antalgique (*m*); anodin (*m*).
antalkali [an'talkalai], *s.* *Med:* Médicament *m* qui corrige l'alcalinité.
antalkaline [an'talkalain], *a.* & *s.* Antialcalin (*m*).
Antananarivo [antənanə'riːvo]. *Pr.n.* *Geog:* Tananarive.
antaphrodisiac [antafro'diziak], *a.* & *s.* *Pharm:* Antiaphrodisiaque (*m*).
antapoplectic [antapo'plektik], *a.* & *s.* *Med:* Antiapoplectique (*m*).
antarctic [an'tɑːrktik]. **1.** *a.* (Pôle, faune, etc.) antarctique. **2.** *s.* **The Antarctic**, l'Antarctique *m.*
Antares [an'teəriːz]. *Pr.n.* *Astr:* Antarès *m.*; le Cœur du Scorpion.
antarthritic [antɑːr'θritik], *a.* & *s.* *Med:* Antiarthritique (*m*).
antasthmatic [antas'θmatik], *a.* & *s.* *Med:* Antiasthmatique (*m*).
ante[1] ['anti], *s.* *Cards:* (*At poker*) **1.** Première mise. **2.** Ouvreur (primitif).
ante[2], *v.tr.* & *i.* *U.S:* **To ante (up).** **1.** *Cards:* (*At poker*) Ouvrir le jeu; déposer la première mise. **2.** *P:* (*a*) Payer, s'exécuter. (*b*) *To a. up money on . . .*, ponter sur. . . .
ante- ['anti], *pref.* **1.** Anté-. *Antediluvian*, antédiluvien. *Antefix*, antéfixe. *Antepenultimate*, antépénultième. **2.** Anti-. *Antechamber*, antichambre. *Antedate*, antidater. **3.** Pré-. *Antenatal*, prénatal. *Antepalatal*, prépalatal. *Antehistorical times*, la préhistoire. *Anterevolutionary France*, la France d'avant la Révolution; l'ancien régime.
ante bellum [anti'beləm], *Lt.phr.* *Attrib.* D'avant-guerre.
antecedence [anti'siːdəns], *s.* **1.** (*a*) Antériorité *f.* (*b*) Priorité *f.* **2.** *Astr:* Antécédence *f.*
antecedent [anti'siːdənt]. **1.** *a.* Antécédent (*to*, à). *A. signs of a disease*, symptômes précurseurs d'une maladie. *A. to historic times*, préhistorique; antérieur aux époques historiques. **2.** *s.* (*a*) *Gram:* *Log:* *Mth:* Antécédent *m.* (*b*) *Mus:* Thème *m* (d'une fugue). (*c*) *pl.* *His antecedents*, ses antécédents; son passé; ses ancêtres. *To be proud of one's antecedents*, être fier de ses parchemins. **-ly**, *adv.* Antécédemment, antérieurement; auparavant. *A. to sth.*, antérieurement à qch; avant qch.
antechamber[1] ['antitʃeimbər], *s.* Antichambre *f.*
antechamber[2], *v.i.* *F:* Faire antichambre.
ante-chapel ['antitʃapl], *s.* *Ecc.Arch:* *Sch:* Avant-corps *m* de la chapelle.
antedate[1] ['antideit], *s.* Antidate *f.*
antedate[2], *v.tr.* **1.** (*a*) Antidater (une nomination, un document). (*b*) Faire remonter (un événement) trop loin dans le passé. **2.** (*a*) Précéder; venir avant (un événement). (*b*) Hâter, avancer (un événement); provoquer (un accouchement) avant terme.
antediluvian [antidi'ljuːviən], *a.* & *s.* Antédiluvien, -ienne.
antefix ['antifiks], *s.* *Arch:* Antéfixe *f.*
anteflexion [anti'flekʃ(ə)n], *s.* *Med:* Antéflexion *f* (de l'utérus).
antelope ['antiloup], *s.* *Z:* Antilope *f.* **Barbary antelope**, gazelle *f.* (*Often inv. in pl., esp. in Ven:*) *Antelope are very pretty beasts*, les antilopes sont de fort jolies bêtes. *U.S:* *F:* **The Antelope State**, le Nébraska. *See also* WATER-ANTELOPE.
ante-meridian [antime'ridiən], *a.* De la matinée.
ante meridiem [antime'ridiem], *Lt.phr.* (*Abbr.* **a.m.** ['ei'em]) Avant midi. *Five a.m.*, cinq heures du matin.
ante-natal [anti'neit(ə)l], *a.* Prénatal, -als.
antenna, *pl.* **-ae** [an'tenə, -iː], *s.* **1.** *Ent:* *Crust:* Antenne *f.* *Moll:* Tentacule *m*; corne *f* (de limaçon). **2.** *W.Tel:* Antenne, conducteur aérien. **Antenna coil**, bobine *f*, bobinage *m*, d'antenne.
antennal [an'tenəl], *a.* D'antenne.
antennary [an'tenəri], *a.* Antennaire.
antennule [an'tenjul], *s.* *Crust:* Antennule *f.*
antenuptial [anti'nʌpʃəl], *a.* Anténuptial, -aux. *A. settlement*, *a. contract*, contrat *m* de mariage.
ante-palatal [anti'palətəl], *a.* *Ling:* Prépalatal.
antependium [anti'pendjəm], *s.* *Ecc:* Devant *m* d'autel.
antepenult [antipe'nʌlt], **antepenultimate** [antipe'nʌltimet], *a.* & *s.* Antépénultième (*f*).
anteposition [antipo'ziʃ(ə)n], *s.* *Gram:* Inversion *f.*
anteprandial [anti'prandiəl], *a.* (Promenade, cigarette, etc.) avant le dîner.
anterior [an'tiːəriər], *a.* Antérieur, -eure (*to*, à). **-ly**, *adv.* Antérieurement (*to*, à).
anteriority [antiəri'ɔriti], *s.* Antériorité *f.*
antero-inferior ['anteroin'fiːəriər], *a.* *Nat.Hist:* Antéro-inférieur.
ante-room ['antirum], *s.* Antichambre *f*, vestibule *m*, antisalle *f.*
antero-posterior ['anteropos'tiːəriər], *a.* *Nat.Hist:* Antéro-postérieur.
ante-war [anti'wɔːr], *a.* *A.-w. conditions*, les conditions d'avant-guerre.
anthelion, *pl.* **-ia** [an'θiːliən, ant'hiːliən, -iə], *s.* *Meteor:* Anthélie *f.*
anthelix ['anθeliks], *s.* *Anat:* Anthélix *m.*
anthelmintic [anθel'mintik], *a.* & *s.* *Med:* Anthelmintique (*m*), vermifuge (*m*).
anthem ['anθem], *s.* **1.** *Ecc.Mus:* (*a*) *A:* (*Antiphon*) Antienne *f.* (*b*) Motet *m.* **2.** (*a*) **National anthem**, hymne national. (*b*) *A.* & *Lit:* Chant *m* d'allégresse.
anthemis ['anθemis], *s.* **1.** *Bot:* Anthémis *m.* **2.** *Pharm:* Fleurs *fpl* de camomille.
anther ['anθər], *s.* *Bot:* Anthère *f.*
'**anther-dust**, *s.* Pollen *m.*
antheridium [anθə'ridiəm], *s.* *Bot:* Anthéridie *f.*
antheriferous [anθə'rifərəs], *a.* *Bot:* Anthérifère.
anthologist [an'θɔlodʒist], *s.* Anthologue *m.*
anthology [an'θɔlodʒi], *s.* Anthologie *f*, florilège *m.*
Anthony ['antoni]. *Pr.n.m.* Antoine. *F:* **(St) Anthony's fire**, érysipèle *m*; *A:* feu *m* Saint-Antoine; feu céleste.
anthophilous [an'θɔfiləs], *a.* *Ent:* Anthophile.
anthozoa [anθo'zouə], *s.pl.* *Z:* Anthozoaires *m.*
anthracene ['anθrəsiːn], *s.* *Ch:* Anthracène *m*, **anthracine** *f.* *Attrib.* **Anthracene dyes**, colorants *m* anthracéniques.
anthracic [an'θrasik], *a.* *Med:* Charbonneux, -euse.
anthraciferous [anθrə'sifərəs], *a.* *Geol:* Anthracifère.
anthracite ['anθrəsait], *s.* *Min:* Anthracite *m*; *F:* houille sèche.
anthracitic [anθrə'sitik], **anthracitous** ['anθrəsaitəs], *a.* *Geol:* Anthraciteux, anthracifère.
anthracoid ['anθrəkɔid], *a.* *Med:* Charbonneux, -euse.
anthraconite [an'θrakonait], *s.* *Miner:* Stinkal *m.*
anthracosis [anθrə'kousis], *s.* *Med:* Anthracose *f.*
anthraquinone [anθrə'kwinoun], *s.* *Ch:* Anthraquinone *f.*
anthrax ['anθraks], *s.* **1.** *Med:* *A:* (*Carbuncle*) Anthrax *m*; furoncle malin. **2.** (*a*) *Vet:* *Med:* Charbon *m.* (*b*) *Med:* Pustule charbonneuse (chez l'homme). **3.** *Ent:* Anthrax.
'**anthrax-carrying**, *a.* (Insecte) charbonneux.
anthrenus [an'θriːnəs], *s.* *Ent:* Anthrène *m.*
anthropo- ['anθropo, anθro'pɔ], *comb.fm.* Anthropo-. *Anthro'pogeny*, anthropogénie. *Anthro'pography*, anthropographie.
anthropocentric [anθropo'sentrik], *a.* *Phil:* Anthropocentrique.
anthropogeography [anθropodʒi'ɔgrəfi], *s.* Géographie humaine; anthropogéographie *f.*
anthropography [anθro'pɔgrəfi], *s.* Anthropographie *f.*
anthropoid ['anθropɔid], *a.* & *s.* (*a*) Anthropoïde (*m*). (*b*) *Z:* (Singe *m*) anthropomorphe; anthropoïde (*m*).
anthropological [anθropo'lɔdʒik(ə)l], *a.* Anthropologique.
anthropologist [anθro'pɔlodʒist], *s.* Anthropologiste *m*, anthropologue *m.*
anthropology [anθro'pɔlodʒi], *s.* Anthropologie *f.*
anthropometer [anθro'pɔmetər], *s.* Anthropomètre *m.*
anthropometric(al) [anθropo'metrik(əl)], *a.* Anthropométrique.
anthropometry [anθro'pɔmetri], *s.* *s.* Anthropométrie *f.* **Criminal anthropometry department**, service *m* anthropométrique.
anthropomorphic [anθropo'mɔːrfik], *a.* Anthropomorphe.
anthropomorphism [anθropo'mɔːrfizm], *s.* *Rel.H:* Anthropomorphisme *m.*
anthropomorphist [anθropo'mɔːrfist], *s.* Anthropomorphiste *m.*
anthropomorphite [anθropo'mɔːrfait], *s.* *Rel.H:* Anthropomorphite *m.*
anthropomorphize [anθropo'mɔːrfaːiz], *v.tr.* Anthropomorphizer.
anthropomorphous [anθropo'mɔːrfəs], *a.* Anthropomorphe.
anthropophagi [anθro'pɔfadʒai], *s.pl.* Anthropophages *m.*
anthropophagous [anθro'pɔfagəs], *a.* Anthropophage.
anthropophagy [anθro'pɔfadʒi], *s.* Anthropophagie *f.*
anthropophobia [anθropo'foubiə], *s.* Anthropophobie *f.*
anthropopithecus [anθropopi'θiːkəs], *s.* *Paleont:* Anthropopithèque *m.*
anthropozoic [anθropo'zouik], *a.* *Geol:* Anthropozoïque.
anthyllis [an'θilis], *s.* *Bot:* Anthyllide *f.*
anti- [anti], *pref.* **1.** Anti-. *Anti-body*, anticorps. *Antichristian*, antichrétien. *Antidote*, antidote. *Anti-rust*, anti-rouille. *Anti-king*, anti-roi. *Anti-Semitic*, antisémitique. *Antiseptic*, antiseptique. **2.** Anté-. *Anti-christ*, antéchrist. **3.** Contre. *Anti-trade* (*wind*), (vent) contre-alizé.
antiacid [anti'asid], *s.* = ANTACID.
anti-aircraft [anti'eərkrɑːft], *a.* **Anti-aircraft gun, etc.**, canon, etc., anti-aérien, contre-avion(s). *A.-a. defence*, défense *f* contre avions; D.C.A.
antiar ['antiɑr], *s.* *Bot:* *Pharm:* Antiar *m.*
anti-attrition [antiə'triʃ(ə)n], *a.* & *s.* *Mec.E:* Antifriction (*m*).
antibilious [anti'biljəs], *a.* *Med:* (Remède) antibilieux.
antibiotic [antibai'ɔtik], *a.* Antibiotique.
anti-body ['antibɔdi], *s.* *Physiol:* Anticorps *m.*
antibromic [anti'broumik], *a.* Désodorisant.
antic ['antik]. **1.** *s.* (*Usu.pl.*) (*a*) Bouffonnerie *f*, singerie *f*, cocasserie *f.* **To play, perform, one's antics**, faire le bouffon, faire des bouffonneries, des singeries, des farces. (*b*) *pl.* Gambades *f*, cabrioles *f.* **2.** *a.* *A:* Grotesque. **3.** *s.m.* *A:* Bouffon, farceur.
anticatarrhal [antikə'tɑːrəl], *a.* & *s.* *Med:* Anticatarrhal (*m*).
anticathode [anti'kaθoud], *s.* *El:* Anticathode *f.*
anticatholic [anti'kaθolik], *a.* & *s.* Anticatholique (*mf*).
antichlor(e) ['antiklɔːr], *s.* *Tex:* *etc:* Antichlore *m.*
anticholeraic [antikolə'reiik], *a.* & *s.* *Pharm:* Anticholérique (*m*).
antichrist ['antikraist], *s.* Antéchrist *m.*
antichristian [anti'kristjən], *a.* Antichrétien.
antichristianism [anti'kristjənizm], *s.* Antichristianisme *m.*
anticipate [an'tisipeit], *v.tr.* **1.** (*a*) *To a. events, one's income, etc.*, anticiper sur les événements, sur son revenu, etc. *To a. a pleasure*, se réjouir d'avance d'un bonheur; savourer un plaisir d'avance. (*b*) Escompter (un résultat, un vote, etc.). **2.** *To a. s.o.*, prévenir, devancer, qn. *To a. s.o.'s wishes, s.o.'s thought, an objection*, aller au-devant des désirs de qn, de la pensée de qn, d'une objection. *To a. s.o.'s orders, s.o.'s desires*, prévenir les ordres de qn; devancer les désirs de qn; aller au-devant des désirs de qn. **3.** Anticiper, avancer (un payement, l'heure de son arrivée). **4.** Prévoir, envisager, s'attendre à (une difficulté, un plaisir, etc.); se promettre (un plaisir). *This event was not anticipated*, on n'avait pas prévu, envisagé, ce fait. *I did not a. that he would come*, je ne m'attendais pas à ce qu'il vînt, à sa venue. *I anticipated as much*, je m'y attendais. *To a. the worst*, pronostiquer au plus grave.
anticipation [antisi'peiʃ(ə)n], *s.* Anticipation *f.* **1.** (*a*) Action *f* d'escompter (un résultat, une permission, etc.). *In a. of your*

consent . . ., dans la certitude de votre consentement. . . . *Com:* **'Thanking you in anticipation,'** "avec mes remercîments anticipés." **To enjoy sth. by anticipation,** jouir de qch. par anticipation; goûter (un plaisir) d'avance. (*b*) *Mus:* Anticipation (d'un accord). **2.** Prévision *f*. *The general a. was that . . .*, on prévoyait que + *ind.*; on s'attendait à ce que + *sub.* *To save in a. of the future,* économiser en prévision de l'avenir. **3.** Attente *f*, expectation *f*, expectative *f*.

anticipative [an'tisipeitiv], *a.* **1.** Anticipé. **2.** *Lit: To be a. of sth.*, s'attendre à qch.; être dans l'expectative de qch.

anticipator [an'tisipeitər], *s.* Personne *f* qui anticipe (*of*, sur).

anticipatory [an'tisipeitəri], *a.* Anticipé, anticipatif; par anticipation.

Anticlea [anti'kli:a]. *Pr.n.f. Gr.Lit:* Anticlée.

anticlerical [anti'klerik(ə)l], *a.* & *s.* Anticlérical, -ale, -aux.

anticlericalism [anti'klerikəlizm], *s.* Anticléricalisme *m*.

anticlimactic [antiklai'maktik], *a.* (Dénouement, etc.) où l'action retombe dans l'ordinaire.

anticlimax [anti'klaimaks], *s.* **1.** *Rh:* Anticlimax *m*; gradation inverse, descendante. **2.** *F: The fifth act forms an a.*, avec le cinquième acte nous retombons dans l'ordinaire, dans le trivial, nous retombons sur terre, on passe du sublime au terre à terre.

anticlinal [anti'klain(ə)l], *a.* & *s.* *Geol:* Anticlinal, -aux (*m*). *A. fold,* charnière supérieure (d'un plissement). *A. valley,* combe *f*.

anticline ['antiklain], *s.* *Geol:* Anticlinal, -aux *m*; selle *f*; voûte *f*; fond *m* de bateau renversé.

anti-clockwise [anti'klɔkwaiz], *adv.* & *pred. a.* = COUNTER-CLOCKWISE.

anti-constitutional [antikɔnsti'tju:ʃən(ə)l], *a.* Anticonstitutionnel. **-ally,** *adv.* Anticonstitutionnellement.

Anticosti [anti'kɔsti]. *Pr.n.* *Geog:* Anticosti *m*; l'île *f* de l'Assomption.

anticyclone [anti'saikloun], *s.* *Meteor:* Anticyclone *m*.

anticyclonic [antisai'klɔnik], *a.* *Meteor:* Anticyclonique; anticyclonal, -aux.

anti-dazzle ['antidazl], *a.* Anti-aveuglant. *Aut:* **Anti-dazzle shield,** pare-lumière *m*. **Anti-dazzle head-lights,** phares-code *m*.

antidotal ['antidoutəl], *a.* Qui peut servir d'antidote; antivénéneux.

antidote ['antidout], *s.* Antidote *m*, contre-poison *m*.

anti-fat ['antifat], *a.* (Médicament) obésifuge.

antifebrin [anti'fi:brin], *s.* *Pharm:* Antifébrine *f*.

antifeminism [anti'feminizm], *s.* Antiféminisme *m*.

antifeminist [anti'feminist], *s.* Antiféministe *mf*.

antiferment [anti'fə:rmənt], *s.* *Ch:* Antiferment *m*.

antifogmatic [antifɔg'matik], *s.* *U.S:* *F:* Verre d'alcool pris à jeun (comme précaution contre le brouillard).

anti-fouling [anti'fauliŋ], *a.* Préservatif. *Nau:* **Anti-fouling composition,** enduit préservatif; corroi *m*.

anti-freeze [anti'fri:z], *s.* *Aut:* Solution *f* incongelable.

anti-freezing [anti'fri:ziŋ], *a.* *Aut:* *etc:* Anticongélateur, -trice; anti-gel *inv.* *A.-f. solution,* solution *f* incongelable.

anti-French [anti'frenʃ], *a.* (Démonstration, etc.) gallophobe.

anti-Freudism [anti'frɔidizm], *s.* *Psy:* Anti-freudisme *m*.

anti-friction [anti'frikʃ(ə)n], *a.* *Mec.E:* (Garniture, etc.) antifriction. **Anti-friction grease,** savon *m* métallique.

antigen ['antidʒen], *s.* *Med:* Antigène *m*.

anti-German [anti'dʒə:rmən], *a.* Germanophobe, *F:* anti-boche.

Antigone [an'tigoni]. *Pr.n.f.* Antigone.

Antigua [an'tigjua]. *Pr.n.* *Geog:* Antigue *m*, Antigua *m*.

antihelix [anti'hi:liks], *s.* = ANTHELIX.

anti-Jacobin [anti'dʒakobin], *a.* & *s.* *Hist:* Antirévolutionnaire (*m*).

anti'Jewish [anti'dʒu:iʃ], *a.* Antisémitique.

anti-knock [anti'nɔk], *a.* *I.C.E:* (Produit) antidétonant.

Antilles (the) [ðian'tiliːz]. *Pr.n.pl.* *Geog:* Les Antilles *f*. **The Greater, Lesser, Antilles,** les Grandes, Petites, Antilles.

Antilochus [an'tilokəs]. *Pr.n.m.* *Gr.Lit:* Antiloque.

antilogarithm [anti'lɔgəriθm], *s.* *Mth:* Cologarithme *m*.

antilogous [an'tilogəs], *a.* Antilogue.

antilogy [an'tilodʒi], *s.* Antilogie *f*.

antimacassar [antima'kasər], *s.* Têtière *f*, voile *m*, voilette *f* (de fauteuil, de chaise). *Cf.* MACASSAR 2.

Antimachus [an'timakəs]. *Pr.n.m.* Antimaque.

antimagnetic [antimag'netik], *a.* Antimagnétique.

antimephitic [antime'fitik], *a.* & *s.* *Med:* Antiméphitique (*m*).

antimilitarism [anti'militərizm], *s.* Antimilitarisme *m*.

antimilitarist [anti'militərist], *s.* Antimilitariste *mf*.

anti-mist [anti'mist], **anti-moisture** [anti'mɔistjər], *a.* *Aut: etc:* **Anti-moisture preparation,** (produit *m*) anti-buée (*m*) *inv.*

antimonarchical [antimo'nɑ:rkik(ə)l], *a.* Antimonarchique.

antimonarchism [anti'mɔnɑ:rkizm], *s.* Antimonarchisme *m*.

antimonarchist [anti'mɔnɑ:rkist], *s.* Antimonarchiste *mf*.

antimonial [anti'mouniəl], *a.* *Med:* *Pharm:* Antimonial, -aux; stibial, -aux; antimonié; stibié. **Antimonial wine,** vin *m* émétique. *See also* LEAD[1] 1.

antimoniate [anti'mounieit], *s.* *Ch:* Antimoniate *m*.

antimonic [anti'mɔnik], *a.* Antimonique, stibique.

antimonide ['antimonaid], *s.* *Ch:* Antimoniure *m*.

antimonious [anti'mouniəs], *a.* *Ch:* Antimonieux, stibieux.

antimoniuretted [anti'mɔniuretid], *a.* *Ch:* **Antimoniuretted hydrogen,** hydrogène antimonié.

antimony ['antimoni], *s.* Antimoine *m*. **Antimony sulfide, black antimony,** antimoine cru, sulfuré; sulfure noir d'antimoine. **Grey antimony, antimony-glance,** stibine *f*, stibnite *f*. **Red antimony,** kermès minéral; kermésite *f*. *Pharm:* **Tartarated antimony,** tartre stibié. *See also* PENTOXIDE.

antimoral [anti'mɔrəl], *a.* Antimoral, -aux.

antinational [anti'naʃənəl], *a.* Antinational, -aux.

anti-natural [anti'natjurəl], *a.* Contre nature.

antinephritic [antine'fritik], *a.* *Pharm:* Antinéphrétique.

antineuralgic [antinju'raldʒik], *a.* & *s.* *Pharm:* Antinévralgique (*m*).

antinode ['antinoud], *s.* *Ph:* Antinœud *m*, ventre *m* (d'onde). **Antinode of potential** (*in circuit or aerial*), antinœud, ventre, de potentiel, de tension.

anti-noise [anti'nɔiz], *attrib. a.* **The Anti-noise League,** la Société pour la suppression du bruit.

antinomian [anti'noumjən], *s.* *Rel.H:* Antinomien *m*.

antinomic [anti'nɔmik], *a.* Antinomique.

antinomy [an'tinomi], *s.* Antinomie *f*.

Antinous [an'tinouəs]. *Pr.n.* *Rom.Ant:* Antinoüs *m*.

antiobesic [antio'bi:sik], *a.* & *s.* *Med:* Antiobésique (*m*).

Antioch ['antiɔk]. *Pr.n.* *A.Geog:* Antioche *f*.

Antiochus [an'taiokəs]. *Pr.n.m.* *A.Hist:* Antiochus.

Antiope [an'taiopi]. *Pr.n.f.* *Myth:* Antiope.

antipapal [anti'peipəl], *a.* Antipapiste.

antipapist [anti'peipist], *s.* Antipapiste *m*.

antiparallel [anti'paralel], *a.* & *s.* *Geom:* Antiparallèle (*m*).

antiparliamentary [antipɑ:rlə'mentəri], *a.* Antiparlementaire.

antipathetic(al) [antipa'θetik(əl)], *a.* Antipathique (*to*, à).

antipathy [an'tipaθi], *s.* Antipathie *f*. *To have an a. to, against, s.o.*, avoir de l'antipathie pour, contre, qn; avoir de l'aversion pour qn.

antipatriot [anti'peitriət], *s.* Antipatriote *mf*.

antipatriotic [antipatri'ɔtik], *a.* Antipatriotique.

antipatriotism [anti'patriətizm], *s.* Antipatriotisme *m*.

antiperistalsis ['antiperi'stalsis], *s.* *Physiol:* Mouvement *m* antipéristaltique.

antiperistaltic ['antiperi'staltik], *a.* *Physiol:* (Mouvement *m*) antipéristaltique.

antiphon ['antifɔn], *s.* *Ecc.Mus:* Antienne *f*.

antiphonal [an'tifon(ə)l]. *Ecc.Mus:* **1.** *a.* (*a*) (En forme) d'antienne. (*b*) En contre-chant. **2.** *s.* = ANTIPHONARY.

antiphonary [an'tifonəri], *s.* *Ecc.Mus:* Antiphonaire *m*, antiphonal *m*.

antiphony [an'tifoni], *s.* = ANTIPHON.

antiphrasis [an'tifrasis], *s.* *Rh:* Antiphrase *f*.

antiplanat [anti'planat], *s.* *Phot:* (Objectif) antiplanat (*m*).

antiplanatic [antipla'natik], *a.* *Phot:* (Objectif) antiplanat.

antipodal [an'tipod(ə)l], *a.* *Geog:* Antipodal, -aux.

antipodean [antipo'di:ən], *a.* **1.** *Geog:* Antipode; antipodal, -aux. **2.** *Hum:* (État de choses, etc.) qui appartient au monde renversé. **3.** *F:* Diamétralement opposé (*to*, à).

antipodes [an'tipodi:z], *s.pl.* *Geog:* **The antipodes,** les antipodes *m*. *At the a.*, aux antipodes.

antipoints ['antipɔints], *s.pl.* *Mth:* Antipoints *m*.

antipoison ['antipɔizn], *s.* Antivénéneux *m*; contre-poison *m*.

antipole ['antipoul], *s.* *Mth:* Antipôle *m*.

antipope ['antipoup], *s.* *Ecc.Hist:* Antipape *m*.

antipopery [anti'poupəri], *s.* Antipapisme *m*.

antipopular [anti'pɔpjulər], *a.* Antipopulaire.

antiprogressive [antipro'gresiv], *a.* Antiprogressif.

antiprohibitionist [antiprohi'biʃənist], *s.* *Pol:* Antiprohibitionniste *mf*.

antiprotectionist [antipro'tekʃənist], *s.* *Pol:* Antiprotectionniste *mf*.

antiputrefactive ['antipju:tri'faktiv], *a.* Antiputride.

antipyretic [antipai'retik], *a.* & *s.* *Med:* Antipyrétique (*m*); fébrifuge (*m*).

antipyrin(e) [anti'pairi:n], *s.* *Pharm:* Antipyrine *f*, analgésine *f*.

antiquarian [anti'kwɛəriən]. **1.** *a.* Archéologique. *A. researches,* recherches *f* archéologiques. *A. taste,* goût *m* de l'antique. *A. collection,* collection *f* d'antiquités. **Antiquarian bookseller,** antiquaire *m*, bouquiniste *m*. *A. bookshop,* librairie ancienne. **2.** *s.* (*a*) = ANTIQUARY. (*b*) *Com:* Antiquaire *m*. **Antiquarian's shop,** magasin *m* d'antiquités. (*c*) *Paperm:* Format *m* de papier à dessin (134 × 79 cms).

antiquarianism [anti'kwɛəriənizm], *s.* **1.** Métier *m* d'antiquaire. **2.** Goût *m* des antiquités.

antiquary ['antikwəri], *s.* Archéologue *m*; amateur *m* d'antiquités; *A:* antiquaire *m*.

antiquated ['antikweitid], *a.* Vieilli; désuet; *F:* vieillot, -otte. *A. phrase,* locution vieillie, désuète. *A. dress,* habit démodé, suranné, passé de mode, d'ancienne mode, *F:* antique. *A. person,* (i) personne *f* vieux jeu; (ii) femme *f* sur le retour. *A. writing,* écriture *f* archaïque. *A. houses,* maisons *f* vétustes. (*Of laws, etc.*) *To become a.*, tomber en désuétude.

antique[1] [an'ti:k]. **1.** *a.* Antique. (*a*) *A:* Des anciens. (*b*) *Lit:* & *Hum:* Ancien, vénérable. (*c*) Suranné; de mode passée. (*d*) *A. books, prints,* livres anciens, gravures anciennes. **2.** *s.* (*a*) *Art:* **The antique,** l'antique *m*. *To draw from the a.*, dessiner d'après l'antique. *Building after the a.*, bâtiment *m* à l'antique. (*b*) Objet *m* antique. *Trade in antiques,* commerce *m* des antiquités. **Antique shop,** magasin *m* d'antiquités. **Antique dealer,** antiquaire *m*.

antique[2], *v.tr.* *Bookb:* Relier (un livre) à l'antique; antiquer (la reliure).

antiqueness [an'ti:knəs], *s.* Ancienneté *f*.

antiquity [an'tikwiti], *s.* **1.** (*a*) Ancienneté *f* (d'un usage, etc.). *This idea is of the greatest a.*, cette idée est très ancienne. (*b*) L'antiquité (grecque, romaine). **2.** *pl.* Antiquités. *Occ. sg.* *A fine a.*, une belle antiquité.

anti-rabic [anti'rabik], *a.* *Med:* Antirabique.

anti-rachitic [antira'kitik], *a.* *Med:* (Vitamine *f*, etc.) antirachitique.

anti-red-tape ['antired'teip], *a.* Antiadministratif, -ive.

anti-religious [antiri'lidʒəs], *a.* Antireligieux, -euse.

anti-republican [antiri'pʌblikən], *a.* & *s.* Antirépublicain, -aine.

antirevolutionary [antirevo'lu:ʃənəri], *a.* & *s.* Antirévolutionnaire (*mf*).
antirrhinum [anti'rainəm], *s. Bot:* Antirrhine *f*, muflier *m*; gueule-de-lion *f*, gueule-de-loup *f*; mufle *m* de veau, de bœuf.
anti-rust ['anti'rʌst], *a.* & *s.* **Anti-rust (composition),** (enduit *m*) anti-rouille (*m*).
anti-scale ['anti'skeil], *a.* **Anti-scale (boiler) composition,** désincrustant *m*.
antiscians [an'tiʃənz], *s.pl. Geog:* Antisciens *m*.
antiscorbutic [antiskɔ:r'bju:tik], *a.* & *s. Pharm:* Antiscorbutique (*m*).
antiscriptural [anti'skriptjərəl], *a.* Antibiblique, antiscripturaire.
anti-Semite [anti'si:mait], *s.* Antisémite *mf*.
anti-Semitic [antise'mitik], *a.* Antisémitique.
anti-Semitism [anti'semitizm], *s.* Antisémitisme *m*.
antisepsis [anti'sepsis], *s. Med:* Antisepsie *f*.
antiseptic [anti'septik], *a.* & *s. Med:* Antiseptique (*m*). *See also* GAUZE I. **-ally,** *adv.* D'une façon antiseptique; en se servant des antiseptiques; à l'aide de procédés antiseptiques.
antisepticism [anti'septisizm], *s.* Traitement chirurgical antiseptique.
antisepticize [anti'septisa:iz], *v.tr.* Antiseptiser.
antiserum [anti'si:ərəm], *s. Med:* Antisérum *m*.
anti-skidding [anti'skidiŋ], *a. Aut: etc: A.-s. device,* antipatinant *m*.
antislavery [anti'sleivəri], *s.* Antiesclavagisme *m*. *Attrib. A. campaign,* campagne *f* antiesclavagiste.
antisocial [anti'souʃ(ə)l], *a.* Antisocial, -aux.
antisocialist [anti'souʃəlist], *a.* & *s.* Antisocialiste.
anti-splash ['anti'splaʃ], *a.* **Anti-splash tap-nozzle,** brise-jet *m*.
Antisthenes [an'tisθini:z]. *Pr.n.m. Gr.Phil:* Antisthène.
anti-striker [anti'straikər], *s.* Antigréviste *mf*.
antistrophe [an'tistrofi], *s. A.Th: Rh:* Antistrophe *f*.
anti-submarine [antisʌbma'ri:n], *a.* **Anti-submarine warfare,** guerre anti-sous-marine.
anti-tank [anti'taŋk], *attrib. a. Mil:* (Appareil) antichars.
antitetanic ['antite'tanik], *a.* & *s. Med:* Antitétanique (*m*).
anti-theft [anti'θeft], *a.* (Serrure *f*, etc.) anti-vol *inv*, pare-vol *inv*; (appareil *m*) de sécurité.
antithesis, *pl.* **-es** [an'tiθesis, -i:z], *s.* **1.** Antithèse *f* (*between,* entre; *to, of,* de). **2.** *F:* Opposé *m*, contraire *m* (de). *He is the a. of a radical,* il est tout l'opposé d'un radical.
antithetic(al) [anti'θetik(əl)], *a.* Antithétique. **-ally,** *adv.* Par antithèse.
anti-tobacco [antito'bako], *a.* **Anti-tobacco propaganda,** propagande *f* contre l'abus du tabac.
anti-torpedo ['antitɔ:r'pi:do], *a.* & *s. Navy:* Antitorpilleur (*m*).
antitoxic [anti'tɔksik], *a. Med:* Antitoxique; antivénéneux.
antitoxin [anti'tɔksin], *s. Med:* Antitoxine *f*.
anti-trade ['anti'treid], *a.* & *s. Nau:* (Vent) contre-alizé (*m*).
antitubercular ['antitju'bə:rkjulər], *a. Med:* Antituberculeux.
antitype ['antitaip], *s.* Antitype *m*; contre-partie *f*.
antivaccinationist ['antivaksi'neiʃənist], *s.* Antivaccinateur, -trice.
antivermicular [antivər'mikjulər], *a. Physiol:* (Mouvement) antipéristaltique.
antivivisection ['antivivi'sekʃ(ə)n], *s.* Antivivisection(n)isme *m*.
antivivisectionist ['antivivi'sekʃənist], *s.* Antivivisection(n)iste *mf*.
anti-waste [anti'weist], *a.* **1.** *Physiol:* (*Of food, etc.*) Antidéperditeur, -trice. **2. Anti-waste campaign,** campagne *f* contre le gaspillage.
antler ['antlər], *s.* Andouiller *m* (d'un cerf, etc.). **The antlers,** le bois, les bois. **First antler,** dague *f*. **Brow antler,** maître andouiller. *See also* BAY[1], TRAY[2].
antlered ['antlərd], *a.* **1.** (Cerf) portant son bois. **2.** *A. hall,* salle ornée de bois de cerf.
Antonia [an'tounja]. *Pr.n.f.* Antoinette.
Antonines ['antona:inz]. *Pr.n.m.pl. A.Hist:* Les Antonins.
Antoninus [anto'nainəs]. *Pr.n.m.* Antonin. *A.Hist:* **Antoninus Pius,** Antonin le Pieux.
Antonius [an'touniəs], **Antony** ['antoni]. *Pr.n.m.* Antoine. **Marcus Antonius, Mark Antony,** Marc Antoine.
antonomasia [antono'meizia], *s. Rh:* Antonomase *f*.
antonym ['antonim], *s.* Antonyme *m*.
antonymous [an'tɔniməs], *a.* Antonyme.
antonymy [an'tɔnimi], *s.* Antonymie *f*.
antrum ['antrʌm], *s. Anat:* Antre *m*, sinus *m*. *A. of Highmore,* sinus maxillaire; antre d'Highmore.
Antwerp ['antwə:rp]. *Pr.n. Geog:* Anvers *m*.
'Antwerp 'pigeon, *s. Orn:* Anversois *m*.
anucleate [a'njukliet], *a. Biol:* Anucléé.
anura [a'nju:ra], *s.pl. Z:* Anoures *m*.
anuresis [anju'ri:sis], **anuria** [a'nju:ria], *s. Med:* Anurèse *f*, anurie *f*.
anurous [a'nju:rəs], *a. Z:* Anoure; sans queue.
anus ['einəs], *s. Anat:* Anus *m*.
anvil ['anvil], *s.* **1.** *Metalw:* Enclume *f*. *Two-horned a., two-beaked a.,* bigorne *f*. *Small a., hand a.,* tasseau *m*, bigorneau *m*, enclumette *f*, tas *m*. *F:* **To have a new book on the anvil,** avoir un nouveau livre sur le métier, sur le chantier. *New plans on the a.,* nouveaux projets à l'étude. **2.** *Anat:* Enclume (de l'oreille).
'anvil-beak, *s.* Bec *m* d'enclume.
'anvil-bed, -block, *s.* (*a*) Billot *m* d'enclume; semelle *f*, souche *f*, d'enclume. (*b*) Chabotte *f* (de marteau-pilon); javotte *f*.
anxiety [aŋ'zaiəti], *s.* **1.** (*a*) Inquiétude *f*. *Deep a.,* anxiété *f*, angoisse *f*. *To cause s.o. great a.,* donner de grandes inquiétudes, bien des soucis, à qn. *To be in a state of mortal a.,* être dans des transes mortelles. *To relieve s.o.'s a.,* tirer qn d'inquiétude. *To remove all anxieties,* rassurer toutes les inquiétudes; *Pol:* donner tous apaisements voulus. *To be full of a.,* être anxieux. (*b*) *A. for s.o.'s safety,* sollicitude *f* pour la sûreté de qn. (*c*) Désir *m*. *A. for knowledge,* désir de savoir. *A. to please s.o.,* désir de plaire à qn. **2.** *Med:* Anxiété.
anxious ['aŋ(k)ʃəs], *a.* **1.** (*a*) Inquiet, soucieux (*about,* sur, de; au sujet de). *Very a., extremely a.,* tourmenté, angoissé. *Don't be a. about . . .,* ne vous inquiétez pas de. . . . **To be over-anxious,** être porté à se tourmenter; être de tempérament inquiet. *To be a. for s.o., for s.o.'s safety,* (i) être plein de sollicitude pour qn, pour la sûreté de qn; (ii) craindre pour qn. *I am a. about his health,* sa santé me préoccupe. *She was dreadfully a. lest he should be late,* elle tremblait qu'il n'arrivât pas à temps. (*b*) Inquiétant. *An a. business,* une affaire qui nous cause bien des préoccupations, bien du souci. *We had an a. time of it,* cela nous a causé bien des inquiétudes. *An a. moment,* un moment d'anxiété. *One of the most a. moments of his life,* un des moments les plus angoissants de sa vie. *Ecc: U.S:* **The anxious seat,** le banc des pénitents. *U.S: F:* **To be on the anxious seat,** (i) être inquiet; (ii) être au supplice (pour savoir . . .). **2.** Désireux. *To be a. for sth.,* désirer vivement qch. *To be a. to do sth.,* désirer faire qch.; tenir à faire qch.; être désireux, soucieux, avide, impatient, de faire qch. *A. to start,* pressé de partir. *A. to make his way,* impatient de percer. *To be, live, in a. expectation of sth.,* attendre qch. avec impatience. *I am not a. to meet him,* je ne me soucie pas de me rencontrer avec lui. *Not very a. to meet her,* peu soucieux de se rencontrer avec elle. *Why are you so a. to go?* (i) pourquoi vous tarde-t-il tant, êtes-vous si impatient, de partir? (ii) pourquoi tenez-vous tant à y aller? pourquoi vous tient-il tellement à cœur d'y aller? *He is a. for her to return,* il lui tarde qu'elle revienne. *I am very a. that he should come,* je tiens beaucoup à ce qu'il vienne. **3.** *Med:* Anxieux. **-ly,** *adv.* **1.** (*a*) Avec inquiétude; soucieusement. (*b*) Anxieusement, avec anxiété. **2.** Avec sollicitude. **3.** Avec impatience. *To await news a.,* attendre avec impatience des nouvelles.
any ['eni]. I. *a.* & *pron.* **1.** (*Some(one); in interr. and hypothetical sentences*) *Is there any Englishman who . . .?* y a-t-il un Anglais qui. . . .? *Have you any milk?* avez-vous du lait? *Have you any?* en avez-vous? *Have you any hope?* avez-vous de l'espoir, quelque espoir? (*with implied negation*) avez-vous aucun espoir? *If any of them should see him,* si aucun d'entre eux le voyait. *If any delusion of that kind persists . . .,* s'il subsiste aucune illusion de ce genre. . . . *Will any forget who have known these happy times?* de ceux qui ont connu ces temps heureux, y en a-t-il aucun qui les oubliera? *Can any man think that?* y a-t-il un (seul) homme qui pense cela? *In any hamlet of any importance,* dans tout hameau tant soit peu considérable. *There is little, are few,* **if any,** il y en a peu, si tant est qu'il y en ait du tout. *He knows English if any man does,* il sait l'anglais comme pas un. **2.** (*a*) **Not any,** ne . . . aucun, nul. *He hasn't any reason to complain,* il n'a aucune raison de se plaindre. *I don't owe any man a penny,* je ne dois un centime à qui que ce soit. *He hasn't any money,* il n'a pas d'argent. *I can't find any,* je n'en trouve pas. *I can't find any of them,* je n'en trouve aucun. *I don't think any of them have arrived,* je ne pense pas qu'aucun d'eux soit arrivé. *P:* **Thanks! I'm not having any! I'm not taking any!** merci, je sors d'en prendre! du flan! (*b*) (*With implied negation*) *He is forbidden to do any office work,* tout travail de bureau lui est interdit. *The impossibility of giving him any education,* l'impossibilité de lui donner aucune éducation. *In his book we miss any attempt to explain . . .,* dans son livre nous ne voyons pas qu'il ait fait aucun effort pour expliquer. . . . *He will relinquish any of his duties with great reluctance,* c'est à contre-cœur qu'il renoncera à quelque partie que ce soit de ses fonctions. **3.** (*a*) (*No matter which*) N'importe (le)quel. *Come any day (you like),* venez n'importe quel jour. *You can get any of these books at the library,* vous pouvez vous procurer n'importe lequel de ces livres à la bibliothèque. *Come at any time you like,* venez à n'importe quelle heure, n'importe quand, quand bon vous semblera. *See also* TIME[1] 5. *Under any pretext,* sous n'importe quel prétexte. *Not under any pretext,* pas sous quelque prétexte que ce soit; pas sous aucun prétexte. *You may bring along any person you like,* vous amènerez telle personne que vous voudrez; vous amènerez qui vous voudrez. *Any doctor will tell you that,* n'importe quel médecin vous le dira. *Any man will tell you that,* n'importe qui, le premier venu, vous dira cela. *Any serious-minded person will tell you that . . .,* n'importe qui de sérieux vous dira que. . . . **Any but he would have refused,** tout autre que lui aurait refusé. **That may happen any day,** cela peut arriver d'un jour à l'autre. **I expect him any minute, at any moment,** je l'attends d'un instant à l'autre. *F:* **Any old thing,** n'importe quoi. *Lend me any old book,* prêtez-moi un livre quelconque. *Take any three points,* prenez trois points quelconques. *Draw any two cards,* tirez deux cartes quelconques. *The elements may be in absolutely any proportions,* les proportions sont absolument quelconques. (*b*) (*Any and every*) *Any pupil who forgets his books . . .,* tout élève qui oubliera ses livres. . . . *Any honest profession is honourable,* toute profession honnête est honorable. **At any hour of the day,** à toute heure de la journée. *He took a holiday on any and every occasion,* à toute occasion, à n'importe quelle occasion, il s'octroyait un congé.

II. **any,** *adv.* (*Not translated*) *I am not any better,* je ne vais pas mieux. *I can't speak any plainer,* je ne peux pas parler plus clairement. *I cannot go any further,* je ne peux aller plus loin. *Will you have any more tea?* voulez-vous encore du thé? *They have not behaved any too well,* leur conduite a laissé à désirer. *Are you any the better for it?* vous en portez-vous mieux? *I do not go there any longer,* je n'y vais plus. *U.S.* & *P: I haven't fished any for ten years,* voilà dix ans que je ne vais plus à la pêche. *It didn't snow any yesterday,* il n'a pas neigé (du tout) hier. *That didn't help us any,* cela ne nous a été d'aucun secours.
anybody ['enibɔdi], **anyone** ['eniwʌn], *s.* & *pron.* (*No pl.*) **1.** (= '*Someone*' *in hypothetical and interr. sentences*) Quelqu'un;

(*with implied negation*) personne. *Do you see anybody over there?* voyez-vous quelqu'un là-bas? *If only I knew anyone to talk to,* si seulement je connaissais personne à qui parler. *Does a. dare to say so?* y a-t-il personne qui ose le dire? *If a. comes tell them to wait,* s'il vient du monde dites d'attendre. *He is a scholar if anyone is,* c'est un savant s'il en fut jamais. *F:* **Is he anybody?** est-il quelqu'un? **Everybody who was anybody was invited,** on avait invité toutes les personnalités marquantes. **2.** (*In neg sentences*) **Not anybody, not anyone,** ne . . . personne. *You needn't disturb anybody,* il est inutile que vous dérangiez personne. *There was hardly anybody,* il n'y avait presque personne. *I will not speak to anybody,* je ne parlerai (pas) à qui que ce soit. **He doesn't care for anyone or anything,** il se moque du tiers comme du quart. *F:* **He will never be anybody,** il ne sera jamais rien; ce sera toujours une nullité. **He isn't just anybody,** ce n'est pas le premier venu. **3.** (*No matter who*) N'importe qui; tout le monde. *Anybody will tell you so,* le premier venu vous le dira. *Anyone can afford that luxury, F:* tout un quiconque peut se payer ce luxe-là. *Anyone would think him mad,* on le croirait fou. *Anyone who had seen him at that time . . .,* quiconque l'aurait vu alors. . . . **Anyone but he,** tout autre que lui. *See also* BUT[1] 3. *He knows London better than anyone,* il connaît Londres mieux que pas un. *He speaks better than anyone,* il parle mieux que quiconque. *It would be rash on anyone's part,* ce serait téméraire de la part de quiconque. *I am not doing anybody any harm,* je ne fais de mal à personne. *He is more to be pitied than anyone,* il est plus à plaindre qu'aucun autre. *I challenge anyone to . . .,* je défie qui que ce soit de. . . . *See also* ELSE 2. **4.** *Pej:* **Two or three anybodies,** deux ou trois hommes quelconques.

anyhow ['enihau]. **1.** *adv.* **To do sth. anyhow,** faire qch. (i) d'une manière quelconque, (ii) n'importe comment, tant bien que mal. *F:* **To do sth. all anyhow,** faire qch. à la diable, à la six-quatre-deux, à la va-comme-je-te-pousse; saboter un travail. **Work done anyhow,** travail fait par-dessous la jambe; *P:* travail fait à la flan. *To live a.,* vivre n'importe comment, au petit bonheur. **Things are (going) all anyhow,** tout est en désordre, en pagaille; cela va comme il plaît à Dieu; *F:* tout est n'importe comment. **2.** *conj.* (*At any rate*) En tout cas, de toute façon. *It's too late now a.,* dans tous les cas il est trop tard. *A. I must be off to-morrow,* de toute façon il faut que je parte demain. *A. you can try,* vous pouvez toujours essayer; enfin vous pouvez essayer. *A. tell us what you know,* dites toujours ce que vous savez.

anything ['eniθiŋ], *pron.* & *s.* **1.** (= *Something, in interr. and hypothetical sentences*) Quelque chose; (*with implied negation*) rien. **Can I do anything for you?** puis-je vous servir en quoi que ce soit? puis-je vous être utile à quelque chose? *I'm going to the post.* **Anything I can do for you?** je vais jusqu'à la poste. Vous n'avez besoin de rien? *Have you a. to write with?* avez-vous de quoi écrire? *Is there a. more pleasant than . . .?* est-il rien de plus agréable que. . .? **Did you say anything at all?** avez-vous dit quoi que ce soit? avez-vous fait aucune observation? **Anything else, madam?** et avec cela, madame? **If anything should happen to him . . .,** s'il lui arrivait quelque malheur. . . . *Has he seen a. of life?* connaît-il rien à la vie? **Do you see anything of your friend?** voyez-vous quelquefois votre ami? **Is he anything of a gentleman?** est-il, somme toute, comme il faut? *If he is a. of a gentleman, he will apologize,* s'il est tant soit peu galant homme, il fera des excuses. *See also* MATTER[1] 5. **2.** (*In neg. sentences*) **Not anything,** ne . . . rien. *He doesn't do a.,* il ne fait rien. **Without doing anything,** sans rien faire. **Without doing anything whatever,** sans rien faire du tout; sans faire quoi que ce soit. **I shall not give you anything at all,** je ne vous donnerai rien du tout. *Hardly a.,* presque rien. **Not that he knows anything about it,** non qu'il y connaisse rien. *See also* MEAN[5] 3. **3.** (*No matter what*) N'importe quoi; tout. **He eats anything,** il mange de tout. **Anything will do,** n'importe quoi fera l'affaire. **Anything you like,** tout ce que vous voudrez. **He would do anything for me,** il ferait tout pour moi; *F:* il se mettrait en quatre pour me servir. **I would have given anything** *not to be going,* j'aurais tout donné pour ne pas être engagé à y aller. **I would give anything to know . . .,** je donnerais gros pour savoir. . . . *The two girls were a. rather than ordinary,* ces deux jeunes filles n'étaient nullement quelconques. **He is anything but mad,** il n'est rien moins que fou. *See also* BUT[1] 3, ELSE, IF 1. **4.** *Adv.phr.* (*Intensive*) *F:* **Like anything.** *To work like a.,* travailler avec acharnement. *To run like a.,* courir à toute vitesse, à toutes jambes; courir comme un dératé; *P:* courir comme tout. *To laugh like a.,* rire à se tordre, à pleins poumons. *To swear like a.,* jurer comme un charretier, comme un troupier. *It is raining like a.,* il pleut tant qu'il peut. **It's as simple, as easy, as anything,** c'est simple, facile, comme tout.

anyway ['eniwei], *adv.* & *conj.* = ANYHOW.

anywhere ['enihwɛər], *adv.* **1.** N'importe où; dans quelque endroit que ce soit. *Put it down a.,* déposez-le n'importe où. *Can you see it a.?* peux-tu le voir quelque part? **It is miles from anywhere,** c'est au diable vauvert. **Anywhere else,** partout ailleurs. *U.S: F: He earns a. from three to five pounds a week,* il gagne dans les trois à cinq livres par semaine. *Has he a. near finished?* est-il près d'avoir fini? **2. Not . . . anywhere,** nulle part; en aucun endroit, en aucun lieu. *I cannot find it a.,* je ne le trouve nulle part.

anywise ['eniwaiz], *adv.* (*also* **in anywise**) **1.** D'une manière quelconque. **2.** En aucune façon; d'aucune façon. *The only thing a. important,* la seule chose d'aucune importance. *If he has* **in anywise** *offended you,* s'il vous a offensé en aucune façon. **3.** (*In neg. sentences*) **Not anywise essential,** pas du tout essentiel, aucunement essentiel.

Anzac ['anzak], *s.m. Hist:* Membre de l'*Australian and New Zealand Army Corps* (1914-1918). **Anzac Day,** le 25 avril, anniversaire du jour où ces troupes prirent pied sur la Péninsule de Gallipoli (1915).

aorist ['ɛərist], *a.* & *s. Gram:* Aoriste (*m*). *See also* SIGMATIC.

aorta [ei'ɔːrta], *s. Anat:* Aorte *f.*

aortic [ei'ɔːrtik], *a. Anat:* Aortique. *Med: A. insufficiency, a. incompetence,* insuffisance *f* aortique.

Aosta [ei'ɔsta]. *Pr.n. Geog:* Aoste *f.*

apace [a'peis], *adv. A. & Lit:* A grands pas; vite, rapidement. *Winter is coming on a.,* voici déjà l'hiver. *See also* NEWS 1, WEED[1] 1.

Apache [a'patʃe], *s.* **1.** *Ethn:* Apache *m. U.S: F:* **The Apache State,** l'Arizona *m.* **2.** *F:* [a'paʃ] (*Hooligan*) Apache.

apagoge [apa'goudʒi], *s. Log:* Apagogie *f*; réduction *f* à l'absurde.

Apalachee Bay [apa'latʃi'bei]. *Pr.n. Geog:* La baie d'Apalachie.

apanage ['apanedʒ], *s. Hist. & F:* Apanage *m. To endow a prince with an a.,* apanager un prince. *Reason is the a. of man,* la raison est l'apanage de l'homme.

apanaged ['apanedʒd], *a. Hist:* Apanagé.

apanagist [a'panadʒist], *s. Hist:* Apanagiste *mf.*

apart [a'pɑːrt], *adv.* A part. **1.** (*Aside*) De côté. **To take s.o. apart,** prendre qn à part. **To hold oneself apart,** se tenir à part, à l'écart. **To set sth. apart for s.o.,** mettre qch. de côté pour qn; réserver qch. à qn. **To put sth. apart,** isoler qch., mettre qch. à part. **A class apart,** un genre à part. *His shyness keeps him* **apart from** *the world,* sa timidité le tient à l'écart de la société. *To live a. from the world,* vivre dans l'éloignement du monde, écarté du monde. *I had my table a.,* j'avais ma table à part. **2.** (*Asunder, separate*) **To get two things apart,** séparer deux choses. *The boys and girls were kept a.,* on tenait séparés les garçons et les filles. **To move apart,** se séparer. **To come apart,** se détacher, se défaire, se désunir. **To take a machine apart,** démonter, désassembler, une machine. *To take planks a.,* disjoindre, désunir, des planches. *Questions that cannot be treated a.,* questions qu'on ne peut pas désunir, qu'on ne peut pas séparer. *To consider (sth.) a.* (*from sth.*), abstraire (qch. de qch.). **It is difficult to tell them apart,** il est difficile de les distinguer l'un de l'autre. *To stand with one's feet* **wide apart,** se tenir les jambes (franchement) écartées. *F:* **We do not stand very far apart,** votre opinion ne s'éloigne pas beaucoup de la mienne. **3.** (*a*) (*Distant*) *They are a mile a.,* ils sont à un mille l'un de l'autre; une distance d'un mille les sépare. *Lines ten centimetres a.,* lignes espacées de dix centimètres. *Distance apart,* écartement *m* (de deux paliers, etc.). (*b*) **Apart from the fact that . . .,** hormis que . . ., outre que. . . . *A. from these reasons . . .,* en dehors de ces raisons . . ., indépendamment de ces raisons; ces raisons mises à part. . . . **Jesting, joking, apart,** plaisanterie à part; *P:* sans blague; sans charrier. *Style a., the book has merit,* abstraction faite du style, le livre a du mérite. *I have an occupation a. from my office work,* j'ai une occupation en dehors de mon bureau.

apartment [a'pɑːrtmənt], *s.* **1.** (*a*) Salle *f*, chambre *f*; pièce *f*. *See also* BACK[1] II, STATE[1] 2. (*b*) (*Usu. pl.*) Logement *m*; appartement *m*. **To take apartments,** retenir, prendre, un appartement, un logement. **To let furnished apartments,** louer en meublé, *Pej:* en garni. (*Furnished*) *apartments to let,* chambres (meublées) à louer. *P:* **To have apartments to let,** être faible d'esprit; avoir le cerveau creux. **2.** *U.S:* (*Flat*) Appartement. **Apartment house,** maison *f* de rapport; immeuble (divisé en appartements) (sans cuisines).

apathetic [apa'θetik], *a.* Apathique, indifférent. **-ally,** *adv.* Apathiquement; nonchalamment; avec nonchalance.

apathy ['apaθi], *s.* Apathie *f*, nonchalance *f*, indifférence *f*.

apatite ['apatait], *s. Miner:* Apatite *f.*

ape[1] [eip], *s.* **1.** (*a*) *Z:* (Grand) singe (sans queue). *Barbary ape,* magot *m*. **The higher apes,** les primates *m*, les simiidés *m*. (*b*) *F:* Singe. *F:* **To play the sedulous ape to s.o.,** singer qn; se faire imitateur de qn. **To play the ape,** faire le singe; faire l'imbécile. *F: A:* **She will lead apes in hell,** elle mourra vieille fille. **2.** *Ich:* **Sea ape,** renard marin.

'ape-like, *a.* (Face *f*) simiesque.

ape[2], *v.tr.* Singer; imiter; mimer; contrefaire; se calquer sur (qn).

apeak [a'piːk], *adv.* & *pred. a. Nau:* **1.** (Ancre) à pic, dérapée. **2. Yard-arms apeak,** vergues *f* en pantenne, apiquées. **To set the yards apeak,** apiquer les vergues. **Oars apeak,** avirons mâtés.

Apelles [a'peliːz]. *Pr.n.m. Gr.Ant:* Apelle.

Apennines (the) [ði'apenainz]. *Pr.n.pl. Geog:* Les Apennins *m*.

apepsia [a'pepsia], **apepsy** [a'pepsi], *s. Med:* Apepsie *f.*

aperient [a'piːəriənt], *a.* & *s. Med:* Laxatif (*m*); relâchant (*m*).

aperiodic [apiːəri'ɔdik], *a. Mec: El:* (Galvanomètre, etc.) apériodique. *W.Tel: A. circuit,* circuit *m* apériodique.

aperispermic [aperi'spəːrmik], *a. Bot:* Apérispermé.

aperistalsis [aperi'stalsis], *s. Med:* Manque *m* de péristaltisme.

aperture ['apərtjuər], *s.* (*a*) Ouverture *f*, fente *f*, orifice *m*; lumière *f* (d'une pinnule, etc.); regard *m*, fenêtrelle *f* (de fourneau, etc.). *Apertures of a building,* jours *mpl* d'un bâtiment. *Sm.a:* **Aperture sight,** hausse *f* à trou. (*b*) *Phot:* Ouverture (d'un objectif, du diaphragme). **Aperture ratio, relative aperture,** ouverture relative. *Cin:* **Aperture vignette,** cache *m*.

apery ['eipəri], *s.* Singerie *f.*

apetalous [a'petələs], *a. Bot:* Apétale.

apex, *pl.* **apexes, apices** ['eipeks, -iz, 'eipisiːz], *s.* **1.** (*a*) Sommet *m* (d'un triangle, d'un édifice, d'une montagne). *F: A. of a career,* point culminant d'une carrière; apogée *m* d'une carrière. (*b*) *Nat.Hist:* Pointe *f*, extrémité *f*. **2.** *Astr: A. of the sun's motion,* apex *m* de la sphère céleste. *Anat: A. of the heart,* apex du cœur. *A. of the lung,* sommet du poumon.

aphaeresis [a'fiːəresis], *s. Ling:* Aphérèse *f.*

aphasia [a'feizia], *s. Med:* Aphasie *f*. *Auditory a., sensory a.,* surdité verbale, aphasie sensorielle. *Motor a.,* aphasie motrice; aphémie *f*.

aphasiac [a'feiziak], **aphasic** [a'fazik], *a.* & *s.* Aphasique.

aphelion [a'fiːliən], *s. Astr:* Aphélie *f*; apside supérieure (de l'orbite).

apheliotropic [a'fiːliotrɔpik], *a. Bot:* (Feuille, etc.) à héliotropisme négatif.

aphesis ['afesis], *s. Ling:* Aphérèse *f* (d'une voyelle atone).
aphetic [a'fetik], *a. Ling:* (Perte, etc.) par aphérèse.
aphid ['afid], *s.* = APHIS.
aphidian [a'fidiən], *a. & s. Ent:* Aphidien (*m*).
aphis, *pl.* **-ides** ['afis, -idi:z], *s. Ent:* Aphidé *m*; aphis *m*; puceron *m*. *Woolly a.*, puceron lanigère.
aphonia [a'founia], *s. Med:* Aphonie *f*; extinction *f* de voix.
aphonic [a'fɔnik], **aphonous** ['afɔnəs], *a.* **1.** *Med: etc:* Aphone. **2.** *Ling:* (Phonème) sourd.
aphony ['afɔni], *s.* = APHONIA.
aphorism ['afɔrizm], *s.* Aphorisme *m*.
aphoristic [afɔ'ristik], *a.* Aphoristique.
aphrodisiac [afro'diziak], *a. & s.* Aphrodisiaque (*m*).
Aphrodite [afro'daiti]. *Pr.n.f. Gr.Myth:* Aphrodite.
aphtha, *pl.* **-ae** ['afθa, -i:], *s. Med: Vet:* (*a*) Pustule aphteuse. (*b*) *pl.* Aphte *m*.
aphthous ['afθəs], *a. Med: Vet:* Aphteux. *Med:* **Aphthous stomatitis**, stomatite aphteuse. *Vet:* **Aphthous fever**, fièvre aphteuse.
aphyllous [a'filəs], *a. Bot:* Aphylle.
apiarian [eipi'ɛəriən], *a.* (Société) abeillère; (appareil) apicole. *A. treatise*, traité *m* sur les abeilles; traité d'apiculture.
apiarist ['eipiərist], *s.* Apiculteur *m*.
apiary ['eipiəri], *s.* Rucher *m*.
apical ['apik(ə)l, 'ei-], *a. Geom: Bot: etc:* Apical, -aux.
apices. *See* APEX.
apiculate [a'pikjulet], *a. Bot:* Apiciforme.
apicultural [eipi'kʌltjurəl], *a.* Abeiller, -ère; apicole.
apiculture ['eipikʌltjər], *s.* Apiculture *f*.
apiculturist [eipi'kʌltjurist], *s.* Apiculteur *m*.
apiece [a'pi:s], *adv.* Chacun. (*Of thg*) *To cost a penny a.*, coûter un penny (la) pièce. (*Of pers.*) *He gave them five francs a.*, il leur donna cinq francs chacun, cinq francs par personne, *F:* cinq francs chaque. *To receive two apples a.*, recevoir chacun deux pommes.
apish ['eipiʃ], *a.* **1.** Simiesque. *A. trick*, tour *m* de singe, singerie *f*. **2.** (*a*) Imitateur, -trice. (*b*) *A:* Affecté, poseur. **-ly**, *adv.* En singe.
apishness ['eipiʃnəs], *s.* Singeries *fpl*; sotte imitation.
aplanat ['aplanat], *s. Phot:* (Objectif) aplanat (*m*).
aplanatic [apla'natik], *a. Phot:* (Objectif) aplanétique.
aplanatism [a'planatizm], *s. Opt:* Aplanétisme *m*.
a-plenty [a'plenti], *adv. U.S:* En abondance.
aplomb [a'plɔ̃], *s.* Aplomb *m*; sang-froid *m*.
apnoea [a'pni:a], *s. Med:* Apnée *f*.
apocalypse [a'pɔkalips], *s.* Apocalypse *f*. **The Apocalypse of St John**, les Révélations de saint Jean; l'Apocalypse.
apocalyptic [apɔka'liptik], *a.* Apocalyptique.
apochromat ['apokroumat], *s. Phot:* Objectif *m* apochromatique.
apochromatic [apokro'matik], *a. Opt:* Apochromatique.
apocopated [a'pɔkopeitid], *a. Ling:* Apocopé.
apocope [a'pɔkopi], *s. Ling:* Apocope *f*.
Apocrypha (the) [ðia'pɔkrifa], *s.pl. B.Lit:* Les Apocryphes *m*.
apocryphal [a'pɔkrifəl], *a.* Apocryphe.
apocynum [apo'sainəm], *s. Bot:* Apocyn *m*.
apod, *pl.* **-es, -a, -s** ['apɔd, -i:z, -a, -z], *a. & s. Biol:* Apode *m*.
apodal ['apodəl], **apodous** ['apodəs], *a.* Apode.
apodan ['apodən], *s. Ich:* Apode *m*.
apodeictic [apo'daiktic], **apodictic(al)** [apo'diktik(əl)], *a. Log: Phil:* Apodictique.
apodosis, *pl.* **-es** [a'pɔdosis, -i:z], *s. Gram: Rh:* Apodose *f*.
apogamy [a'pɔgami], *s. Bot:* Apogamie *f*.
apogean [apo'dʒi:ən], *a. Astr:* (Position) à l'apogée.
apogee ['apodʒi:], *s.* Apogée *m*. **The moon is at apogee**, la lune est à son apogée. *F: His glory had reached its a.*, sa gloire était à son apogée.
apolar [a'poulər], *a. Biol: Anat:* (Cellule *f*) apolaire.
Apollo [a'pɔlo]. *Pr.n.m. Myth:* Apollon. **Apollo Clarius**, le dieu de Claros. *Art:* **The Apollo (of the) Belvedere** [belvi'di:ər], l'Apollon du Belvédère.
Apollyon [a'pɔljən]. *Pr.n.m.* L'Ange de l'abîme; Satan (dans le 'Voyage du Pèlerin' de Bunyan).
apologetic(al) [apɔlo'dʒetik(əl)], *a.* **1.** (Ton, etc.) d'excuse. *To be very a. for coming so late*, se confondre en excuses d'arriver si tard. *He was quite a. about it*, il s'en excusa vivement. **2.** (Livre, etc.) apologétique. **-ally**, *adv.* **1.** En manière d'excuse; pour s'excuser; en s'excusant. **2.** Sous forme d'apologie, de justification.
apologetics [apɔlo'dʒetiks], *s.pl.* (*Usu. with sg. concord*) *Theol:* Apologétique *f*.
apologia [apo'loudʒia], *s.* Apologie *f* (*for*, de); justification *f* (de sa vie, etc.).
apologist [a'pɔlodʒist], *s.* Apologiste *m*, défenseur *m*.
apologize [a'pɔlodʒa:iz], *v.i.* **To apologize to s.o. for sth.**, s'excuser de qch. auprès de qn; faire, présenter, des excuses, ses excuses, à qn pour qch. *To a. for doing sth.*, s'excuser de faire qch. *To a. for one's attire*, s'excuser sur sa tenue.
apologue ['apolɔg], *s.* Apologue *m*.
apology [a'pɔlodʒi], *s.* **1.** (*a*) Excuses *fpl*. **Letter of apology**, lettre *f* d'excuses; lettre pour s'excuser. **To make, offer, an apology**, faire, présenter, des excuses. **To make a full apology to s.o.**, faire une réparation d'honneur à qn; faire amende honorable. *To demand an a.*, exiger des excuses. *To be profuse in one's apologies*, se répandre, se confondre, en excuses. **With apologies for troubling you**, avec toutes mes excuses pour la peine que je vous donne. (*b*) *F: An a. for a dinner, for a tie*, un semblant de dîner, de cravate; une façon de dîner. *An a. for a man*, (i) un petit bout d'homme, (ii) un piètre personnage. **2.** (*Vindication*) Apologie *f*, justification *f* (de sa vie).
aponeurosis, *pl.* **-es** [aponju'rousis, -i:z], *s. Anat:* Aponévrose *f*, fascia *m*.
aponeurotic [aponju'rɔtik], *a. Anat:* Aponévrotique; fascial, -aux.

apophony [a'pɔfoni], *s. Ling:* Alternance *f* (de voyelles); ablaut *m*; apophonie *f*.
apophthegm ['apoθem], *s.* Apophtegme *m*.
apophyge [a'pɔfidʒi], *s. Arch:* Escape *f* (d'une colonne).
apophysis [a'pɔfisis], *s. Anat: Geol:* Apophyse *f*. *A. of the femur*, tête *f* du fémur.
apoplectic [apo'plektik], *a.* (Personne) apoplectique; (attaque) d'apoplexie. *He had an a. fit, an a. stroke*, il eut une attaque d'apoplexie; il fut frappé d'apoplexie; il tomba en apoplexie; il eut un coup de sang, une congestion cérébrale, *F:* une attaque.
apoplexy ['apopleksi], *s. Med:* Apoplexie *f*; congestion (cérébrale). **Heat apoplexy**, coup *m* de chaleur; coup de soleil. *To die of a.*, mourir de congestion. *See also* STROKE[1] 4.
aposiopesis [aposaio'pi:sis], *s. Rh:* Aposiopèse *f*.
apostasy, apostacy [a'pɔstəsi], *s.* Apostasie *f*.
apostate [a'pɔstet], *a. & s.* Apostat (*m*); relaps, -se. *To become an a.*, apostasier.
apostatize [a'pɔstata:iz], *v.i.* Apostasier. **To apostatize from one's faith**, apostasier sa foi.
apostil [a'pɔstil], *s. A:* Apostille *f*; annotation marginale.
apostle [a'pɔsl], *s.* Apôtre *m*. **The Apostles' Creed**, le Symbole des Apôtres.
apostleship [a'pɔslʃip], **apostolate** [a'pɔstolet], *s.* Apostolat *m*.
apostolic(al) [apo'stɔlik(əl)], *a. Ecc:* Apostolique. **Apostolic benediction**, bénédiction *f* apostolique. *Rel.H:* **The Apostolic Fathers**, les Pères apostoliques. *See also* BRIEF[2] 1, SEE[2]. **-ally**, *adv.* Apostoliquement.
apostrophe[1] [a'pɔstrofi], *s. Rh:* Apostrophe *f*.
apostrophe[2], *s. Gram:* Apostrophe *f*.
apostrophize [a'pɔstrofa:iz], *v.tr.* **1.** Apostropher (qn). **2.** Mettre une apostrophe à (un mot).
apothecary [a'pɔθikəri], *s.* Apothicaire *m*, pharmacien *m*. **Apothecaries' weight**, poids et mesures employés en pharmacie. **Apothecary's shop**, apothicairerie *f*, pharmacie *f*.
apothem ['apoθem], *s. Geom:* Apothème *m*.
apotheosis, *pl.* **-oses** [apoθi'ousis, -'ousi:z], *s.* Apothéose *f*.
apotheosize [a'pɔθiosa:iz], *v.tr.* Apothéoser.
appal [a'pɔ:l], *v.tr.* (**appalling; appalled**) Consterner; épouvanter; plonger (le public, etc.) dans la consternation. *We stood appalled at the sight*, ce spectacle nous glaça d'horreur.
appalling, *a.* Épouvantable, effroyable. *There has been an a. drop in the takings*, la recette a baissé dans des proportions impressionnantes. **-ly**, *adv.* Épouvantablement, effroyablement.
Appalachian [apa'leitʃjən, -'lat-], *a. Geog:* **The Appalachian Mountains**, les monts *m* Apalaches.
appanage ['apanedʒ], *s.* = APANAGE.
apparatus, *pl.* **-us, -uses** [apa'reitəs, -əsiz], *s.* (*Pl. more usu.* **pieces of apparatus**) **1.** (*a*) Appareil *m*, dispositif *m*, mécanisme *m*. *Surgical a.*, appareil de chirurgie. *Gymnastics with a.*, **apparatus work**, gymnastique *f* aux agrès. *The digestive a.*, l'appareil digestif. (*b*) *Fishing a.*, attirail *m* de pêche. *The a. of war*, l'attirail de la guerre. **2.** *Critical a.*, **apparatus criticus** ['kritikəs], appareil critique (d'un texte).
apparel[1] [a'parəl], *s.* **1.** *A. & Lit:* (*a*) Vêtement(s) *m*, habillement *m*, habits *mpl*. *He is simple in his a.*, il est simple dans sa mise. (*b*) Ornement(s) *m*, parure *f*, accoutrement *m*, appareil *m*. (*c*) *Nau: A:* Équipement. **2.** *Ecc:* Parements *mpl* (de chasuble, etc.)
apparel[2], *v.tr. A. & Lit:* (*p.p. & p.t.* **apparelled**) (*a*) Vêtir, revêtir (qn). (*b*) Parer (qn). (*c*) *Nau:* Équiper (un navire).
apparent [a'parənt, a'pɛərənt], *a.* (Qui est, qui semble être) apparent, manifeste, évident. *The truth became a. to him*, la vérité lui apparut. *From what I have said it is a. that . . .*, de ce que j'ai dit il ressort que. . . . *As will presently become a.*, comme on le verra bientôt. *This need became a. after a study of the facts*, cette nécessité se dégagea de l'étude des faits. *Without its being a.*, sans qu'il y paraisse. *Iron: That is quite a.*, il y paraît. *Speech in which jealousy was a.*, discours *m* où perçait la jalousie. *In spite of his a. indifference*, malgré son air d'indifférence. *See also* HEIR. *Astr:* **Apparent diameter**, diamètre apparent. *Jur:* **Apparent easement**, servitude apparente. **-ly**, *adv.* **1.** Évidemment, manifestement. **2.** Apparemment, en apparence. *This is a. true*, il paraît que c'est vrai.
apparentness [a'parəntnəs], *s.* Evidence *f*.
apparition [apa'riʃ(ə)n], *s.* **1.** Apparition *f*. **2.** Fantôme *m*, revenant *m*, apparition.
apparitor [a'paritər], *s.m.* Appariteur.
appeal[1] [a'pi:l], *s.* **1.** Appel *m*, recours *m*. *A. to arms*, recours aux armes. *Jur:* **Appeal at law**, appel, appellation *f*. *A. from a sentence*, appel d'une condamnation. **Court of Appeal**, cour *f* d'appel. **Supreme Court of Appeal**, cour de cassation. **Final Court of Appeal**, cour souveraine. *See also* JUDGE[1] 1. *To hear an a. from a decision*, juger en appel d'une décision. **Without appeal**, sans appel; en dernier ressort. *With possible a.*, en premier ressort. **Notice of appeal**, intimation *f*. **To lodge an appeal, to give notice of appeal**, interjeter appel. *To give notice of a. to s.o.*, faire intimer un appel à qn. **Acquitted on appeal**, acquitté en seconde instance. *To quash a sentence on a.*, casser un jugement en appel. *To lodge an a. with the Supreme Court*, se pourvoir en cassation. *A. to arbitration*, recours à l'arbitrage. *There is no a. from this court*, la décision de cette cour est sans appel. *To judge without a.*, juger souverainement. **Military appeal court**, conseil de révision. **2.** (*a*) *To make an a. to s.o.'s generosity*, faire appel à la générosité de qn. *To broadcast an a. to the public*, radiodiffuser une prière au public, un appel à la générosité du public. *To make an a. to s.o.'s reason*, s'adresser à la raison de qn. (*b*) *The a. of the sea*, l'attrait de la mer. *There's a picture with some a.!* voilà un tableau qui dit quelque chose! *Woman with a strong a.*, *F:* femme *f* qui a du chien, du montant. *See also* SEX. **3.** Prière *f*, supplication *f*. *With a look of a. on her face*, d'un air suppliant.

appeal², *v.i.* **1.** *Jur: etc:* (*a*) **To appeal to the law,** invoquer l'aide de la justice, de la loi. *To a. from a judgment,* appeler d'un jugement. *To a. to another court,* en appeler à un autre tribunal; introduire un recours devant un autre tribunal. *To a. to the Supreme Court,* se pourvoir en cassation. *To a. against a decision,* réclamer contre une décision; *Jur:* faire opposition à une décision; faire appel (à un tribunal) d'une décision. *I a. to your honour,* j'en appelle à votre honneur. *To a. to the sword, to the country,* en appeler à l'épée, au pays. *To a. to arms,* recourir aux armes. *To a. to s.o.'s indulgence,* faire appel à l'indulgence de qn. *See also* SOBER¹ 2. (*b*) *Abs.* Interjeter appel. (*c*) *v.tr.U.S:* **To appeal a case,** interjeter appel; en appeler d'une décision. **2.** *To a. to s.o. for help,* demander des secours à qn; avoir recours à qn; faire appel à qn. *I a. to you to let me alone,* je vous supplie, vous conjure, de me laisser tranquille. **3.** *To a. to s.o., to s.o.'s imagination,* s'adresser à qn, à l'imagination de qn; (*of thg*) attirer, séduire, charmer, l'imagination. **The plan appeals to me,** le projet me sourit. *If it appeals to you,* si le cœur vous en dit. *Subject that appeals to me,* sujet *m* qui m'intéresse, auquel je m'intéresse. *His manner appeals to me,* son abord m'est sympathique. *This offer should a. to him,* cette offre devrait lui plaire. **Play that appeals to the gallery,** pièce goûtée par la galerie. *The idea did not a. to him,* cette idée ne l'enchantait guère. **That doesn't appeal to me,** cela ne me dit rien. *Articles intended to a. to ladies,* articles *m* qui s'adressent à la femme. *All this appeals to practical minds,* tout ceci est attrayant pour les esprits positifs. *See also* EMOTION.

appealing, *a.* **1.** (Regard, etc.) suppliant. **2.** (Ton) émouvant. **3.** (Personnalité) sympathique. **-ly,** *adv.* D'un ton, d'un regard, suppliant.

appealable [a'piːləbl], *a.* **1.** *Jur:* (*Of action*) Appelable; dont on peut appeler. **2.** (*Of pers.*) **Appealable to,** sensible à un appel.

appear [a'piːər], *v.i.* **1.** (*Become visible*) Paraître, apparaître; devenir visible; se montrer. *When Christ shall a.,* quand le Christ paraîtra. *A cross appeared to her in the air,* une croix lui apparut dans l'air. *The sun is just appearing,* voilà le soleil qui se montre. *To a. at the window,* se montrer à la fenêtre. *A ghost appeared to him,* un spectre lui apparut. *The demon appeared to him in the guise of . . .,* le démon se manifesta (à ses yeux) sous l'apparence de. . . . *A maid appeared, there appeared a maid, to save France,* une jeune fille se rencontra, il se rencontra une jeune fille, pour sauver la France. **2.** (*Present oneself publicly*) (*a*) Se présenter. *Jur:* Comparaître, paraître. *To a. before a court,* comparaître devant un tribunal. **To fail to appear,** faire défaut. *Failure to a.,* défaut *m* de comparution. **To appear for s.o.,** répondre pour qn; représenter qn; (*of counsel*) plaider pour qn. *To a. against s.o.,* se présenter contre qn; se porter partie contre qn. *Mr X appeared to defend,* Me X défendait. *I don't want to a. in the business,* je ne veux pas paraître dans l'affaire. (*b*) (*Of actor*) **To appear on the stage,** entrer en scène; paraître sur la scène. *She is to a. in 'Macbeth,'* elle va jouer dans "Macbeth." *F: That was when I appeared on the scene,* c'est à ce moment que je fis mon apparition. (*c*) (*Of book*) Paraître. *A new daily will a. in March,* un nouveau quotidien paraîtra, sortira, au mois de mars. **3.** (*a*) (*Seem*) *To a. sad,* paraître, sembler, avoir l'air, triste. *He appears to be forty,* il paraît, semble, avoir quarante ans. *He appeared to hesitate,* il paraissait hésiter. *He appears to have a lot of friends,* on lui voit beaucoup d'amis. *It appears to me that you are wrong,* il me paraît que vous avez tort. *There appears to be a mistake,* il semble(rait) qu'il y ait erreur. **So it appears, so it would appear,** il paraît que oui. **It appears not,** il paraît que non. *It does not a. that he ever visited London,* il ne paraît pas qu'il ait jamais visité Londres. *The boat, it appears, did not call at . . .,* le navire, à ce qu'il paraît, n'a pas fait escale à. . . . (*b*) (*Be manifest*) *As will presently a.,* comme on le verra bientôt. *If you are jealous, don't let it a.,* si vous êtes jaloux ne le faites pas voir. *As appears from these records,* comme il ressort de ces pièces. *As it appears from a judgment of the court,* comme il appert par jugement du tribunal. **To make it appear that . . .,** faire voir que . . .; montrer, prouver, que . . .; rendre manifeste que. . . .

appearing, *a. U.S:* = LOOKING. *A very youthful a. man,* un homme à l'air très jeune.

appearance [a'piːərəns], *s.* **1.** (*a*) Apparition *f*; entrée *f*. **To make an appearance, one's appearance,** paraître, faire son apparition, se montrer, se présenter, arriver. **To put in an appearance,** faire acte de présence. *He failed to put in an a.,* il ne s'est pas montré (à la cérémonie). *Th:* **First appearance of Miss X,** début *m* de Mlle X. **To make one's first appearance,** débuter; faire ses débuts. *To make one's last a.,* paraître pour la dernière fois. (*b*) *Jur:* Comparution *f* (devant un tribunal). (*c*) *Jur:* Acte formel par lequel le défenseur signifie son intention de s'opposer à la demande; = constitution *f* d'avoué. (*d*) *Publ:* Parution *f* (d'un livre). **2.** (*a*) (*Look, aspect*) Apparence *f*, aspect *m*, air *m*, figure *f*, mine *f*, dehors *m*. *Com:* Présentation *f* (d'un article). *A pleasing a.,* (i) un extérieur aimable; des dehors agréables; (ii) *Com:* une bonne présentation. *He has a slightly foreign a.,* il a un peu l'air étranger. *To have a good a.,* avoir une bonne présentation; avoir bon air; faire bonne figure. *To have a prepossessing a.,* être très bien extérieurement. *Man of prepossessing a.,* homme de bonne mine. *He makes a good a.,* il se présente bien; il présente bien. *Young man of good a.,* jeune homme présentant bien. *To assume an a. of gaiety,* prendre un air de gaieté. *The a. of the streets,* l'aspect des rues. *To step back in order to judge of the a. of sth.,* reculer pour juger du coup d'œil. **At first appearance,** à première vue; au premier coup d'œil; au premier abord. *From his a. one would say . . .,* à son air, à son extérieur, on dirait. . . . **One should not judge by appearances,** il ne faut pas juger sur l'apparence, sur les dehors, sur la mine; *F:* il ne faut pas juger de l'arbre sur l'écorce. *Monument of noble a.,* monument empreint d'un cachet de noblesse. *Com: To give an article a better a.,* donner plus d'œil à un article. (*b*) (*Semblance*) Apparence *f*. *Appearances are against him,* les apparences sont contre lui. **To, by, all appearance(s),** selon toute apparence; apparemment. **To keep up appearances,** sauver, garder, les apparences. **For the sake of appearances,** pour sauver les apparences; pour la forme. *To keep up an a. on small means,* faire figure avec peu de fortune. *You must have furs, it gives an a. of wealth,* il te faudra une fourrure, cela fait riche, cela fait de l'effet. (*c*) *There was not the slightest a. of one,* il n'y en avait pas un(e) de visible; *F:* pas la queue d'un(e)! **3.** *A:* Fantôme *m*; vision *f*.

appearer [a'piːərər], *s.* *Jur:* Comparant, -ante.

appeasable [a'piːzəbl], *a.* Que l'on peut apaiser.

appease [a'piːz], *v.tr.* (*a*) Apaiser, calmer, tranquilliser (qn). (*b*) Apaiser, satisfaire, assouvir (la faim, une passion).

appeasing, *s.* = APPEASEMENT.

appeasement [a'piːzmənt], *s.* (*a*) Apaisement *m*, adoucissement *m*. (*b*) Assouvissement *m*.

appellant [a'pelənt], *a.* & *s.* *Jur:* Appelant, -ante.

appellate [a'pelet], *a.* *Jur:* **Appellate jurisdiction,** juridiction *f* d'appel.

appellation [ape'leiʃ(ə)n], *s.* Appellation *f*, nom *m*, titre *m*, désignation *f*. *Robert II hardly deserved his a. of the Pious,* Robert II ne mérita guère son surnom de Pieux. *His cottage, on which he had bestowed the a. of 'White House,'* sa villa, qu'il avait baptisée "White House."

appellative [a'pelətiv]. **1.** *Gram:* (*a*) *a.* Appellatif; (nom) commun. (*b*) *s.* Nom commun; nom générique. **2.** *s.* Appellation *f*.

append [a'pend], *v.tr.* **1.** *Lit:* Appendre, suspendre (des étendards à une voûte, etc.). **2.** (*a*) Attacher, joindre (qch. à qch.). *Esp.* (*b*) **To append a signature to a document,** apposer une signature sur un document. *To a. a seal to an act,* apposer, attacher, un sceau à, sur, un acte. *To a. a document to a dossier,* annexer un document à un dossier. *To a. marginal notes,* ajouter des notes marginales.

appending¹, *a.* = APPENDANT 1.

appending², *s.* **1.** *Lit:* Suspension *f* (des étendards à une voûte, etc.). **2.** Apposition *f* (d'un sceau, etc.).

appendage [a'pendedʒ], *s.* **1.** Accessoire *m*, apanage *m*, (*to*, de). *The house and its appendages,* la maison et ses dépendances *f*, et ses annexes *f*. *To introduce a dance as an a. to the song,* intercaler une danse comme complément de la chanson. **2.** *Anat: Nat.Hist:* Appendice *m*; annexe *f* (d'un organe). **Caudal appendage,** appendice caudal.

appendant [a'pendənt]. **1.** *a.* (*a*) Accessoire (*to, on,* à). (*b*) Attaché (*to, on,* à). *Seal a. by a silken cord,* sceau attaché par un cordon de soie. **2.** *s.* (*a*) Accessoire *m*. (*b*) (*Of country, etc.*) Dépendance *f*. (*c*) *Anat:* **Appendants of an organ,** annexes *f* d'un organe.

appendicitis [apendi'saitis], *s.* *Med:* Appendicite *f*. *Patient suffering from a.,* appendicitaire *mf*.

appendicle [a'pendikl], *s.* Appendicule *m*.

appendicular [apen'dikjulər], *a.* Appendiculaire ((i) *Nat.Hist:* qui se rapporte aux organes latéraux; (ii) *Med:* qui se rapporte à l'appendice iléo-cæcal).

appendiculate [apen'dikjulet], *a.* *Bot:* Appendiculé.

appendix, *pl.* **-ixes, -ices** [a'pendiks, -iksiz, -isiːz], *s.* Appendice *m*. **1.** *Anat:* **Vermiform appendix,** appendice vermiculaire, vermiforme, iléo-cæcal. **2.** Annexe *f* (d'un rapport, etc.); appendice (d'un livre).

apperception [apər'sepʃ(ə)n], *s.* *Psy:* Aperception *f*, perception *f*.

apperceptive [apər'septiv], *a.* *Psy:* Aperceptif.

appertain [apər'tein], *v.i.* *Adm:* & *Lit:* **1.** Appartenir (*to,* à). *Lands appertaining to the Crown,* terres relevant de la Couronne, dépendantes de la Couronne. **2.** *As appertains to my office,* comme il appartient à mes fonctions. *Duties appertaining to my office,* devoirs *m* qui incombent à mes fonctions; devoirs qui m'incombent en tant que magistrat, maire, etc. *It does not a. to me to criticize him,* il ne m'appartient pas de le critiquer. **3.** Convenir à (qch.).

appetence ['apetəns], **appetency** ['apetənsi], *s.* (*a*) Appétence *f*. (*b*) Appétit *m*, désir *m* (*of, for, after,* de); convoitise *f* (pour). **He had an appetency for power,** il était travaillé par l'ambition du pouvoir.

appetite ['apetait], *s.* **1.** (*a*) Appétit *m*. *To have a good a.,* avoir bon appétit. **To have, give, an appetite,** avoir, donner, de l'appétit. **To spoil, take away, s.o.'s appetite,** couper, gâter, l'appétit à qn; couper la faim à qn. **To eat with (an) appetite,** manger de bon appétit. **The appetite grows with what it feeds on,** l'appétit vient en mangeant. **To give s.o. an appetite, to whet, excite, s.o.'s appetite,** mettre qn en appétit. *To recover one's a.,* retrouver son appétit. *Sea-breeze that puts a keen edge on one's a., that whets one's a.,* brise *f* de mer qui vous donne la fringale. *See also* HEARTY 2. *Med:* **Loss of appetite,** inappétence *f*, anorexie *f*; *F:* manque *m* d'appétit. (*b*) **Appetite for revenge,** soif *f* de vengeance. **2.** (*Appetizer*) Appétit.

appetitive [a'petitiv], *a.* Appétitif.

appetizer ['apetaizər], *s.* **1.** (*a*) (*Bitters, etc.*) Apéritif *m*. (*b*) *Cu:* **Appetizers,** appétits *mpl*. **2.** *To take a walk as an a.,* faire une promenade pour s'ouvrir l'appétit, pour se donner de l'appétit, pour se mettre en appétit.

appetizing ['apetaiziŋ], *a.* Appétissant, alléchant, affriandant. **-ly,** *adv.* D'une façon appétissante.

Appian¹ ['apiən]. *Pr.n.m. Rom.Hist:* Appien.

Appian², *a.* *Rom.Ant:* **The Appian Way,** la Voie Appienne.

applaud [a'plɔːd], *v.tr.* **1.** Applaudir (qn); *abs.* applaudir; battre, claquer, des mains. *To a. to the echo,* applaudir à tout rompre. **To be applauded,** être applaudi; soulever les applaudissements. **2.** *To a. s.o.'s efforts,* applaudir aux efforts de qn.

applauder [a'plɔːdər], *s.* **1.** Applaudisseur *m*. **2.** Approbateur, -trice (d'une politique, etc.).

applause [a'plɔːz], *s.* **1.** Applaudissements *mpl*. *To meet, be greeted, with a.,* être applaudi; soulever les applaudissements. **To win applause,** se faire applaudir (*from,* par, de). *To win the a.*

of the audience, se faire applaudir du public. *Great a.*, vifs applaudissements; applaudissements prolongés. **2.** Approbation *f.*

apple [apl], *s.* **1.** (*a*) Pomme *f. Eating a.*, *dessert a.*, pomme au couteau, pomme de dessert. *F:* **Apple of discord,** pomme de discorde. *Cu: Stewed apples*, compote *f* de pommes; pommes en compote. *Baked a.*, pomme cuite. *See also* ADAM[1], CIDER, CRAB[3], DUMPLING 1, LADY-APPLE, TURN-OVER 4. (*b*) *Bot:* **Bitter apple,** coloquinte *f.* **Apple of Cain,** arbousier *m*; *F:* arbre *m* à fraises. **Apple of Sodom,** pomme de Sodome. *See also* OAK-APPLE, SERVICE[3], SORB, THORN-APPLE. (*c*) *a.* = APPLE-GREEN. **2. Apple of the eye,** prunelle *f* de l'œil. *F: It is the a. of his eye*, il en prend soin comme de la prunelle de ses yeux.

apple-'brandy, *s.* Eau-de-vie *f* de cidre; calvados *m*; *F:* cognac normand.

'apple-cart, *s.* Voiture *f* à bras (de marchand des quatre saisons). *F:* **To upset s.o.'s apple-cart,** bouleverser, déranger, chambarder, les plans de qn; brouiller les cartes.

'apple-cheeked, *a.* Aux joues pleines et vermeilles. *Little a.-c. old woman*, petite vieille aux pommettes rouges, à figure de pomme d'api.

'apple-core, *s.* Trognon *m* de pomme.

'apple-corer, *s.* Vide-pomme *m*, *pl.* vide-pommes.

apple-'green, *a.* & *s.* Vert pomme *m inv.*

apple-'jack, *s.* *U.S:* = APPLE-BRANDY.

'apple-loft, *s.* Fruitier *m.*

'apple-orchard, *s.* Pommeraie *f.*

apple-'pie, *s.* **1.** Tourte *f* aux pommes. *F:* **To be in 'apple-pie order,** être admirablement rangé, en ordre parfait. **'Apple-pie bed,** lit *m* en portefeuille. **2.** *Bot:* = WILLOW-HERB.

apple-'sauce, *s.* **1.** Compote *f* de pommes. **2.** *U.S: F:* (*a*) Flagornerie *f.* (*b*) *int.* Je n'en crois rien! jamais de la vie! allons donc! *A:* chansons!

'apple-shell, *s.* *Conch:* Cordon bleu.

apple-'tart, *s.* Tourte *f*, tarte *f*, aux pommes.

'apple-tree, *s.* Pommier *m. Wild a.-t.*, pommier sauvage; *Arb:* (*for graft stock*) doucin *m.*

'apple-woman, *s.f.* Marchande de pommes.

appliance [a'plaiəns], *s.* **1.** *A:* = APPLICATION 1. **2.** (*a*) Appareil *m*, instrument *m*, dispositif *m*, agencement *m.* **Safety appliance,** dispositif de sûreté. *Rescue a.*, engin *m* de sauvetage. *Appliances of war*, engins de guerre. (*b*) *pl.* Accessoires *m* (d'une machine, etc.); attirail *m.*

applicability [aplikə'biliti], *s.* Applicabilité *f.*

applicable ['aplikəbl], *a.* **1.** Applicable (*to*, à). **2.** Applicable, approprié (*to*, à).

applicant ['aplikənt], *s.* **1.** *A. for a place*, candidat *m* à une place; postulant, -ante, d'une place; solliciteur *m* d'une place. *A. for a patent*, demandeur *m* d'un brevet. *Fin: A. for shares*, souscripteur *m* à des actions; souscripteur d'actions. **2.** *Jur:* Demandeur, -deresse; requérant, -ante; partie requérante.

application [apli'keiʃ(ə)n], *s.* **1.** (*a*) Application *f*, applicage *m* (*of sth. to sth.*, de qch. à, sur, qch.). *A. of a theory*, application d'une théorie. *A. of a coat of varnish*, apposition *f* d'une couche de vernis. *A. of a poultice*, application d'un cataplasme. *Pharm:* **'For external application,'** "pour l'usage externe." *Mec.E: Gradual a. of power*, entraînement progressif. *A. of the brake*, freinage *m*; serrage *m* du frein. *Jur:* **Application of payments,** imputation *f* de payements. *A debtor may specify a. of his payments*, un débiteur peut déterminer l'imputation de ses payements. (*b*) (*Thing applied*) Application; enduit *m. Med: Iodine a.*, badigeonnage *m* à la teinture d'iode. (*c*) *Industrial applications of a discovery*, applications industrielles d'une découverte. *Practical applications of a process*, réalisations *f* d'un procédé. **2.** Assiduité *f*, application (à l'étude, etc.); contention *f* d'esprit. *The close a. required for . . .*, la tension d'esprit requise pour. . . . *To be lacking in a.*, manquer d'application, d'esprit de suite. *Chess demands close a.*, les échecs appliquent beaucoup. **3.** (*a*) Demande *f*, sollicitation *f*, requête *f. A. for a job, for help, for a patent*, demande d'emploi, de secours, de brevet. *To make an a. for sth.*, formuler une demande pour obtenir qch. *To make a. to s.o. for sth.*, s'adresser à qn pour avoir qch. *A. has been made to the court for an inquiry into the debtor's assets*, le tribunal est saisi d'une demande de discussion. *Samples are sent* **on application,** on envoie des échantillons sur demande. **Application form,** bulletin *m* de demande. (*b*) *Fin: A. for shares*, souscription *f* à des actions; demande de titres en souscription. **To make application for shares,** souscrire (à) des actions. **Payable on application,** payable en souscrivant, à la souscription. **Application form,** bulletin *m* de souscription. **Application money,** somme versée avec la demande de titres.

appliqué [a'pli:ke], *s.* *Needlew:* **1.** Broderie *f* en application; broderie-application *f.* **Appliqué lace,** dentelle *f* princesse. **Appliqué-lace maker,** striqueuse *f.* **2.** Appliqué *m*, aplat *m.*

appliquéd [a'pli:keid], *a.* Appliqué. *A. ornament*, applique *f.*

apply [a'plai], *v.tr.* & *i.* **1.** (*a*) Appliquer (*sth. to sth.*, qch. sur qch.); faire l'application de (qch. à qch.); coller (qch. sur qch.). *To a. a poultice*, appliquer un cataplasme. *See also* DRESSING 2. *To a. one's eye to the keyhole*, mettre son œil au trou de la serrure. *To a. a light to sth.*, mettre le feu à qch. *To a. the brake*, freiner; serrer le frein; *Aut:* appuyer sur la pédale de frein. (*b*) *To a. a system*, appliquer un système, mettre un système en pratique. *This rule applies to all cases*, cette règle est applicable à tous les cas. *This applies to my case*, ceci s'applique à mon propre cas. *This law applies only to the future*, cette loi ne dispose que pour l'avenir *Com: Fin: To a. a payment to a particular debt*, imputer, affecter, un payement à une dette spécifiée. (*c*) *To a. one's mind to sth.*, appliquer son esprit à qch.; s'appliquer à qch. *To a. oneself to one's work*, travailler avec application; s'attacher à son travail. *To a. oneself industriously to sth.*, employer toute son industrie à qch. **2.** (*a*) *To a. to s.o. for sth.*, s'adresser, recourir, avoir recours, à qn pour obtenir qch. *I am applying to you*, j'ai recours à vous; je recours à vous. *To a. for succour*, demander des secours. *To a. for a post*, poser sa candidature à un emploi; solliciter un emploi. **'Apply within,'** "s'adresser ici." (*b*) *Fin: To a. for shares*, souscrire (à) des actions.

applied, *a.* **Applied ornament,** applique *f.* **The applied sciences,** les sciences expérimentales, appliquées. **Applied art,** arts industriels, décoratifs.

applying, *s.* = APPLICATION 1 (*a*).

appoggiatura [apɔdʒja'tu:ra], *s.* *Mus:* Appog(g)iature *f.*

appoint [a'pɔint], *v.tr.* **1.** Nommer. (*a*) *Pred. To a. s.o.* (*to be*) *mayor*, nommer qn maire. *To a. s.o.* (*as*) *one's heir*, nommer, instituer, qn son héritier. (*b*) *To a. s.o. to sth., to do sth.*, nommer qn à qch.; désigner qn pour faire qch. *Adm: To a. s.o. to an office*, préposer qn à une fonction. *To a. s.o. to a post, to a ship*, désigner qn à, pour, un poste, un vaisseau. *To a. a committee*, nommer, constituer, un comité. *To a. an expert*, désigner un expert. *To a. an heir*, instituer un héritier. *Newly appointed officials*, fonctionnaires entrants, nouvellement nommés. **2.** (*a*) Fixer, désigner, assigner (l'heure, l'endroit); arrêter (un jour). *To a. a day to meet again*, prendre jour pour se revoir. (*b*) *To a. that sth. shall be done*, décider que qch. se fera; prescrire que qch. se fasse. *Prov:* **When Heaven appoints, man must obey,** l'homme propose, Dieu dispose. **3.** *Jur:* Léguer, transmettre, (des biens) avec faculté de distribution.

appointed, *a.* **1.** Désigné. (*a*) *At the a. time*, à l'heure dite, convenue, indiquée, fixée; au moment donné. *On the a. day*, au jour marqué. (*b*) *A. agent*, agent attitré. **2.** Installé, équipé, monté. **Well-appointed** *house*, maison bien montée, bien agencée, bien installée. *Comfortably a. house*, maison installée avec confort. *The shop was well a.*, la boutique était bien pourvue. *Well-a. ship*, vaisseau bien monté. *Well-a. car*, voiture où il y a tout ce qu'il faut, où il ne manque rien. *Well-a. troops*, troupes bien équipées.

appointing, *s.* Désignation *f*, nomination *f* (*to*, à).

appointé [apɔin'te], *a.* *Her:* Appointé.

appointee [apɔin'ti:], *s.* Celui qui est nommé à un emploi, désigné pour un emploi.

appointer [a'pɔintər], *s.* Celui qui nomme à un emploi, qui désigne (qn) pour un emploi.

appointive [a'pɔintiv], *a.* *U.S:* **Appointive posts,** emplois obtenus par nomination.

appointment [a'pɔintmənt], *s.* **1.** Rendez-vous *m*; (*for business*) entrevue *f*; *Adm:* convocation *f.* **To make, fix, an appointment with s.o.,** assigner, fixer, un rendez-vous, donner rendez-vous, à qn; prendre date, prendre jour, avec qn. *To make, accept, an a. with s.o. for three o'clock, for Monday*, prendre rendez-vous pour trois heures, pour lundi. **To break an appointment,** manquer au rendez-vous. **To meet s.o. by appointment,** se rencontrer avec qn sur rendez-vous. *I come by a.*, je viens par invitation, *Adm:* sur convocation, sur lettre d'audience. *Have you an a.?* avez-vous un rendez-vous? *Adm:* êtes-vous convoqué? *To receive a letter fixing an a.*, recevoir une convocation. **2.** (*a*) *A:* **By the King's appointment,** par ordre, par décret, du Roi. (*b*) *Jur:* **Power of appointment,** faculté *f* de distribution (de biens) (accordée à un légataire). **3.** (*a*) *A. of s.o. to a post, to a ship*, nomination *f* de qn à un emploi; *Adm:* désignation *f* de qn pour un emploi, un navire; affectation *f* de qn à un navire. *A. of officials*, désignation de fonctionnaires. (*Provider of wares*) **by special appointment to His Majesty,** fournisseur breveté, attitré, de sa Majesté. *Navy:* **To receive one's appointment** (*to a ship*), recevoir sa désignation. (*b*) Place *f*, charge *f*, emploi *m. To hold an a.*, être préposé à un emploi; être en pied. **4.** (*a*) *A:* Équipement *m* (de troupes); armement *m*, habillage *m* (d'un vaisseau). (*b*) *pl.* Aménagement *m*, installation *f* (d'une maison); équipement (d'une auto, etc.); emménagements *m* (d'un dirigeable). *The appointments of his table are good*, sa table est bien servie. (*c*) *pl. A:* **Appointments of an office,** émoluments *m*, appointements *m*, attachés à une charge.

apport ['apɔ:rt], *s.* *Psychics:* Apport *m.*

apportion [a'pɔ:rʃ(ə)n], *v.tr.* *Fin:* Répartir, ventiler (les frais); lotir (une propriété). *To a. sth. to s.o.*, assigner qch. à qn. **To apportion (out)** *a sum among several people*, répartir, partager, distribuer, une somme entre plusieurs personnes.

apportionment [a'pɔ:rʃənmənt], *s.* Partage *m*, répartition *f* (d'impôts, de dépenses, etc.); allocation *f* (des vivres, etc.); lotissement *m*, distribution *f* (de parts, d'une propriété); ventilation *f* (de frais, etc.).

apposable [a'pouzəbl], *a.* (*Of the thumb*) Apposable (aux autres doigts).

appose [a'po:uz], *v.tr.* **To appose one's signature to a document,** apposer sa signature, à, sur un document; revêtir un document de sa signature.

apposite ['apozit], *a.* Juste; approprié (*to*, à); (fait) à propos. *A. remark*, remarque bien amenée, faite à propos; observation *f* juste. *To be a. to a case*, s'appliquer, convenir, à un cas. **-ly,** *adv.* A propos; convenablement.

appositeness ['apozitnəs], *s.* Justesse *f* (d'une observation); à-propos *m*, opportunité *f* (d'une action).

apposition [apo'ziʃ(ə)n], *s.* **1.** *Gram: etc:* Apposition *f.* **Words in apposition,** mots appositifs. **2.** *Surg:* **To bring the ends of a broken bone into apposition,** affronter les extrémités d'un os fracturé. *Bringing into a.*, affrontement *m.*

appositional [apo'ziʃənəl], **appositive** [a'pɔzitiv], *a.* Appositif; en apposition.

appraisable [a'preizəbl], *a.* Évaluable.

appraisal [a'preiz(ə)l], **appraisement** [a'preizmənt], *s.* Évaluation *f*; estimation *f*, appréciation *f*; (*before auction*) prisée *f.* **Official appraisement,** expertise *f.*

appraise [a'preiz], *v.tr.* Priser, estimer, évaluer (qch.) (*at so much*, à tant); faire l'appréciation de (qch.); apprécier la valeur de (qch.); faire l'expertise (des dégâts).

appraiser [ə'preizər], *s.* Estimateur *m*, priseur *m*, évaluateur, -trice; appréciateur *m*. **Official appraiser** (*of property, etc.*), commissaire-priseur *m*; expert *m*.

appreciable [ə'priːʃjəbl], *a.* Appréciable; sensible. *Without a. change*, sans variation notable. **-ly,** *adv.* A un degré appréciable; sensiblement.

appreciate [ə'priːʃieit]. **I.** *v.tr.* (*a*) Évaluer (des marchandises); estimer la valeur de (qch.). *Man who was never appreciated at his true worth*, homme qui n'a jamais été apprécié à sa juste valeur. (*b*) Apprécier; faire cas de (qch.). *He doesn't greatly a. your attentions*, il ne fait pas grand cas de vos attentions. *I deeply a. this honour*, je suis profondément sensible à cet honneur. **Songs greatly appreciated,** chansons très goûtées. **I fully appreciate the fact that . . .**; *U.S:* **I fully appreciate that . . .,** je me rends clairement compte que . . ., je ne me dissimule pas que. . . . *I fully a. all you have done*, je ne méconnais pas vos services. *The blind a. sound, but not colour*, les aveugles se rendent compte des sons mais non des couleurs, sont sensibles aux sons mais non aux couleurs. **2.** *Fin:* (*a*) *v.tr.* Hausser la valeur de (qch.). *To a. the coinage*, rehausser les monnaies. (*b*) *v.i.* (*Of goods, etc.*) Augmenter de valeur; hausser de prix; monter; accuser une plus-value. **Appreciated surplus,** plus-value. **3.** *v.i.* S'améliorer.

appreciation [əpriːʃi'eiʃ(ə)n], *s.* **I.** (*a*) Appréciation *f* ((i) du prix, de la valeur, de qch.; (ii) d'un service, de la situation, etc.); estimation *f* (de la valeur de qch.); évaluation *f*. (*b*) *To give, write, an a. of a new play, of a novel*, faire la critique d'une nouvelle pièce, d'un roman. *To have no a. of music*, être fermé à la musique; ne pas être connaisseur en musique. **2.** (*a*) Accroissement *m*, hausse *f*, de valeur; valorisation *f*, plus-value *f*. *These shares show an a.*, ces actions ont enregistré une plus-value. (*b*) Amélioration *f*.

appreciative [ə'priːʃjətiv], **appreciatory** [ə'priːʃjətəri], *a.* **I.** (Jugement, etc.) élogieux. *After a few a. words*, après quelques paroles élogieuses. **2.** Appréciateur, -trice. *To be appreciative of music*, être sensible à la musique; apprécier la musique. **-ively,** *adv.* (*a*) Favorablement. (*b*) Avec satisfaction.

appreciator [ə'priːʃieitər], *s.* Appréciateur, -trice.

apprehend [apri'hend], *v.tr.* **I.** *Jur:* Arrêter (qn); appréhender (qn) (au corps); saisir (qn) au corps. **2.** *Lit:* (*a*) Percevoir (un son, etc.). (*b*) Comprendre, saisir (le sens d'une phrase, etc.). *You are, I apprehend, related to . . .*, vous êtes, si je ne me trompe, parent de. . . . *I had not apprehended that . . .*, je ne m'étais pas rendu compte que. . . . **3.** *Lit:* Appréhender, redouter, craindre (un danger, etc.). *To a. that sth. should occur*, appréhender qu'il ne survienne qch.

apprehensible [apri'hensibl], *a.* Appréhensible (*to the senses, by the senses*, par les sens); perceptible; saisissable.

apprehension [apri'henʃ(ə)n], *s.* **I.** Arrestation *f*; prise *f* de corps. *A. of a deserter*, arrestation *f* d'un déserteur. **2.** (*a*) Perception *f* (d'un son, etc.); compréhension *f* (des faits). (*b*) *Psy:* Entendement *m*, appréhension *f*. *To be slow of a.*, avoir l'intelligence, la conception, lente; avoir l'esprit, l'entendement, lent. **3.** Appréhension, crainte *f*. *To give cause for a.*, motiver des craintes. *To entertain (some) a. of failure*, craindre d'échouer. *I entertain no a. for his safety*, je ne crains rien pour sa sûreté. **To be under some apprehension regarding sth.,** avoir des craintes au sujet de qch. *I am under no apprehensions about . . .*, je n'ai aucune crainte au sujet de. . . .

apprehensive [apri'hensiv], *a.* **I.** *The a. faculty*, la faculté de comprendre, de percevoir; la faculté de compréhension. *The a. faculties*, les facultés perceptives. **2.** (*Of pers.*) Intelligent, fin; à l'esprit ouvert. **3.** Timide, craintif. **To be apprehensive of danger,** redouter, appréhender, le danger. *To be a. of failure*, craindre d'échouer. *To be a. lest . . .*, être dans l'appréhension, redouter, que . . . (ne) + *sub.* **To be apprehensive for s.o., for s.o.'s safety,** craindre pour qn, pour la sûreté de qn. **-ly,** *adv.* **I.** Avec intelligence. **2.** Avec appréhension, avec crainte; craintivement.

apprehensiveness [apri'hensivnəs], *s.* **I.** Faculté *f* de comprendre, de percevoir. **2.** Appréhension *f*; timidité *f*.

apprentice[1] [ə'prentis], *s.* **I.** (*a*) Apprenti, -ie. *Milliner's a.*, apprentie *f* modiste; *P:* arpète, arpette *f*. (*b*) *Nau:* Apprenti marin, novice *m*, pilotin *m*. **Apprentice-pilot,** aspirant *m* pilote. (*c*) Élève (d'un médecin, d'un architecte). *See also* BIND[2] 4. **2.** *F:* Commençant, -ante; débutant, -ante; apprenti(e).

apprentice[2], *v.tr.* **To apprentice s.o. to s.o.,** placer, mettre, qn (i) en apprentissage chez qn, (ii) comme élève chez un médecin, chez un architecte.

apprenticed, *a.* En apprentissage (*to*, chez).

apprenticeship [ə'prentisʃip], *s.* Apprentissage *m*. *To serve one's a. with s.o.*, faire son apprentissage chez qn. *F: To serve one's a.*, faire son noviciat.

apprise [ə'praiz], *v.tr.* *Lit:* **To apprise s.o. of sth.,** apprendre qch. à qn; prévenir, informer, qn de qch.; porter qch. à la connaissance de qn; donner connaissance de qch. à qn.

apprised, *a.* **To be apprised of a fact,** savoir un fait; avoir connaissance d'un fait.

apprize [ə'praiz], *v.tr.* *A:* = APPRAISE.

appro ['apro]. *Com:* **On appro** = *on approbation, q.v. under* APPROBATION 3.

approach[1] [ə'proutʃ], *s.* Approche *f*. **I.** (*a*) *The a. of the invaders*, l'approche des envahisseurs. *The a. of death*, l'approche, les approches, de la mort. *The a. of spring*, la venue du printemps. *We were already at the a. of Christmas*, nous étions déjà aux approches de Noël. (*b*) Abord *m*. **Man easy of approach,** homme qui est d'un abord facile; homme abordable, affable. (*c*) **To make approaches to s.o.,** faire des avances à qn. **2.** Voie *f* d'accès. *The a. to a town*, les abords, les approches, d'une ville. *A. to a house*, avenue *f* conduisant à une maison. *A. to a harbour*, atterrage *m*, accès *m*, d'un port. *The a. to the station is up a slope*, on accède, on arrive, à la gare par une rampe. **3.** (*a*) Rapprochement *m*. *Closer a. to intimacy*, rapprochement plus intime. *It is an a. to perfection*, cela approche de la perfection. *There was no a. to a riot*, il n'y eut pas le moindre semblant d'émeute. (*b*) *Mth:* **Method of continual approaches,** méthode *f* des approximations successives. **4.** *Arb: See* GRAFTING 1. **5.** *Golf:* **Approach shot,** coup *m* d'approche. *Short a.*, approche piquée. *Long a., running-up a.*, approche allongée. *See also* PUTT[1]. **6.** *Mil:* Cheminement *m*; approches. *A. under cover*, cheminement défilé. **Approach works,** travaux *mpl* d'approche.

approach[2]. **I.** *v.i.* Approcher, s'approcher. *Golf:* Jouer le coup d'approche. *Nau: To a. on opposite courses*, s'approcher à contre-bord. *To a. to perfection*, approcher de la perfection; n'être pas loin de (toucher à) la perfection. *Brown approaching to red*, brun tirant sur le rouge. *Christmas is approaching*, Noël est proche; Noël approche. **2.** *v.tr.* (*a*) Approcher. *We are approaching London*, nous approchons de Londres. *He was approaching forty*, il approchait de la quarantaine; il allait sur la quarantaine. *Nau: To be approached by a ship*, être rejoint par un navire. (*b*) S'approcher de (qn); aborder, approcher (qn); entrer en communication avec qn. *To a. s.o. on the subject of . . .*, approcher qn au sujet de . . .; entrer en pourparlers avec qn au sujet de . . .; faire une démarche auprès de qn au sujet de. . . . *To a. s.o. in a friendly spirit*, approcher qn avec des intentions de paix. **To be easy, difficult, to approach,** avoir l'abord facile, difficile. *He is rather difficult to a.*, il est d'un abord assez difficile. (*c*) Tâter, pressentir (qn). (*d*) *To a. a question*, aborder, s'attaquer à, une question. (*e*) *A: To a. a chair to the fire*, approcher une chaise du feu. (*f*) *Abs. Nau:* Atterrir.

approaching, *a.* Approchant. (*a*) *His a. death*, sa mort prochaine. *The a. spring*, le printemps tout proche. (*b*) *The a. car*, la voiture qui venait en sens inverse. (*c*) **Buy me something approaching ten francs,** achetez-moi quelque chose dans les dix francs. **I never saw anything approaching it,** je n'ai jamais rien vu d'approchant.

approachability [əproutʃə'biliti], *s.* Accessibilité *f*.

approachable [ə'proutʃəbl], *a.* (Personne, endroit) accessible, approchable; (personne, côte) abordable.

approbate ['aprobeit], *v.tr.* *U.S:* = APPROVE.

approbation [apro'beiʃ(ə)n], *s.* Approbation *f*. **I.** Agrément *m*, consentement *m*; assentiment *m*. *Nod of a.*, signe de tête approbatif. **2.** Jugement *m* favorable. *To show one's a.*, manifester son approbation. *To earn the a. of the public*, mériter les suffrages *m* du public. *Smile of a.*, sourire approbateur. **3.** *Com:* **Goods on approbation,** *F:* **on appro.,** marchandises *f* à condition, à l'essai. *To buy sth. on a.*, acheter qch. à l'épreuve, à condition. *Sale on a.*, vente à l'essai. *Watch sent on a.*, montre envoyée à titre d'essai. *Book sent on a.*, livre envoyé à l'examen, en communication.

approbatory [apro'beitəri], *a.* **I.** Consentant, approbatif. **2.** Favorable; approbateur, -trice.

appropriate[1] [ə'proupriet], *a.* **I.** Approprié. (*a*) *Style a. to the subject*, style qui convient au sujet; style approprié au sujet. *Salary a. to an office*, traitement *m* applicable à une fonction, que comporte une fonction. *Words a. to express our ideas*, mots propres à exprimer notre pensée. (*b*) *Ecc:* **Appropriate benefice,** bénéfice approprié. **2.** Propre, convenable, (*to, for*, à). *A. name*, nom bien choisi. *A. word*, mot *m* de situation. *The remark is a.*, l'observation est juste, à propos. *To take a. action*, agir comme il convient. *A. music*, musique *f* de circonstance. *See also* OCCASION[1] 3. **-ly,** *adv.* Convenablement, proprement; à juste titre; à propos; comme il convient; congrûment.

appropriate[2] [ə'prouprieit], *v.tr.* **I.** (*a*) S'approprier (qch.); s'emparer de (qch.); prendre possession de (qch.); usurper (qch.); *F:* s'adjuger (qch.). *To a. the funds*, s'approprier, détourner, les fonds; *P:* manger la grenouille, faire sauter la grenouille. *To a. s.o.'s ideas*, prendre, dérober, ses idées à qn. (*b*) S'attribuer, se destiner, se réserver (qch.). **2.** Approprier, appliquer, affecter, consacrer (*sth. to, for, a purpose*, qch. à une destination). *Ecc:* **Appropriated benefice,** bénéfice approprié.

appropriateness [ə'proupriətnəs], *s.* Convenance *f*, justesse *f*, à-propos *m*, applicabilité *f*.

appropriation [aproupri'eiʃ(ə)n], *s.* **I.** Appropriation *f*, prise *f* de possession (*of*, de). **2.** (*a*) Appropriation, application *f*, affectation *f*, (de qch. à un usage). (*b*) Affectation de fonds. *Fin:* Attribution *f*, distraction *f* (d'une somme). *To make an a. for a special purpose*, faire une distraction à des fins spéciales. *Jur: A. of moneys (to a debt)*, imputation *f* de payements. *Ecc:* **Appropriation of the tithes,** appropriation de la dîme. **3.** *Pol:* Crédit *m* (budgétaire); budget *m*. *Allotment of appropriations*, répartition *f* de budgets. **Appropriation bill,** (projet *m* de) loi *f* de finances.

appropriator [ə'prouprieitər], *s.* Usurpateur, -trice (*of*, de). *To be an a. of sth.*, s'approprier qch.

approval [ə'pruːv(ə)l], *s.* **I.** Approbation *f*, agrément *m*. **To meet with s.o.'s approval, to receive approval,** recevoir, obtenir, l'approbation de qn; être approuvé. *I hope it will meet with your entire a.*, j'espère que vous en serez entièrement satisfait. *Does my action meet with your a.?* approuvez-vous mon action? **Gesture, sign, of approval,** geste, signe, approbateur. **To nod approval,** approuver de la tête; faire un signe de tête approbateur; *F:* opiner du bonnet. **2.** *Adm:* Ratification *f*, homologation *f*. *To stamp one's a. upon a document*, ratifier, homologuer, un document. **3.** *Com:* = APPROBATION 3.

approve [ə'pruːv]. **I.** *v.tr.* (*a*) *A: To a. one's valour*, prouver son courage, faire preuve de courage. *To a. oneself a man of the world*, se montrer homme du monde. *An approved thief*, un voleur connu comme tel; un voleur notoire. (*b*) *The old approved methods*, les méthodes classiques. (*c*) Approuver, sanctionner (une action); ratifier, homologuer (une décision); agréer (un contrat). **Conduct**

approved by . . ., conduite qui a obtenu l'approbation de. . . . *To be approved by all sensible people*, recueillir l'approbation de tous les gens raisonnables. **Read and approved**, lu et approuvé. *Manners that are not approved in society*, manières qui ne sont pas reçues dans le monde. *Type (of engine, etc.) approved by the Government*, type agréé par l'État. *Adm:* **Approved society**, compagnie d'assurances agréée par l'État. *Breed:* **Approved stallion**, étalon autorisé. **2.** *v.ind.tr.* **To approve of sth.**, approuver qch. *He did not a. of our playing football on Sundays*, il n'approuvait pas que nous jouions au football le dimanche. *Do you a. of his going away?* trouvez-vous bon qu'il parte? approuvez-vous son départ? *To a. of a suitor*, agréer un prétendant. *To a. of a method*, être partisan d'une méthode. *I don't a. of your friends*, vos amis ne me plaisent pas. *To a. of s.o.'s choice*, applaudir au choix de qn; féliciter qn de son choix. *The proposal was approved of*, la proposition a été approuvée, agréée.

approving, *a.* Approbateur, -trice; approbatif. **-ly**, *adv.* Avec approbation; d'un air, d'un ton, approbateur. *She smiled a.*, elle eut un sourire approbateur.

approver [a'pru:vər], *s.* **1.** Approbateur, -trice. **2.** *Jur:* (*King's evidence*) Complice *m* dénonciateur de ses camarades.

approximate¹ [a'prɔksimet], *a.* **1.** *Biol: Ph:* Rapproché, proche, voisin. **2.** (Calcul, etc.) approximatif, approché. **Approximate calculation**, approximation *f*. **Approximate estimate**, aperçu *m*; devis approché. **-ly**, *adv.* Approximativement, sensiblement, à peu près; en gros.

approximate² [a'prɔksimeit]. **1.** *v.tr.* Rapprocher (deux cas, etc.). *Mth:* *To a. a decimal*, forcer une décimale. *To a. a case to another*, rapprocher un cas d'un autre. **2.** *v.i.* *To a. to the truth*, approcher de la vérité; se rapprocher de la vérité. *To a. closely to the truth*, se rapprocher beaucoup de la vérité. *His income approximates to £500*, son revenu approche (de) cinq cents livres. *To a. to untruth*, friser le mensonge.

approximation [aprɔksi'meiʃ(ə)n], *s.* **1.** Rapprochement *m* (d'opinions, etc.). **2.** Approximation *f*. *A. to reality*, approximation de la réalité. *A. to a meaning*, approchant *m* d'un sens. *To be satisfied with an a.*, se contenter d'un résultat approximatif, d'un à peu près. *Mth:* **Approximation method**, méthode *f* par approximation. **To solve an equation by approximation**, résoudre une équation par approximations successives, par approches successives.

approximative [a'prɔksimeitiv], *a.* Approximatif. *Closely a. calculations*, calculs très approchants. **-ly**, *adv.* Par approximation.

appui [a'pwi:], *s.* *Equit: Mil:* Appui *m*. *Mil:* **Point of appui**, point *m* d'appui.

appurtenance [a'pə:rtinəns], *s.* **1.** *Jur:* (*a*) Appartenance *f*. (*b*) Droit *m* accessoire, servitude *f* (d'un immeuble). *House with all its appurtenances*, (i) immeuble *m* avec ses appartenances et dépendances, ses circonstances et dépendances; (ii) immeuble avec ses servitudes. **2.** *pl.* Accessoires *m*, appareil *m*, attirail *m*, équipage *m*, équipement *m*, cortège *m*.

appurtenant [a'pə:rtinənt], *a.* *Jur:* (*a*) *A. to sth.*, appartenant à qch.; dépendant de qch. (*b*) Propre, particulier (*to*, à). *The treaty and the a. ratifications*, le traité et les ratifications qui s'y rapportent.

apraxia [a'praksia], *s.* *Med:* Apraxie *f*. *Sensory a., agnostic a.*, apraxie psycho-sensorielle. *Motor a.*, apraxie (idéo-)motrice.

aprick [a'prik], *adv. & pred. a.* *Lit:* Prêt à piquer.

apricot ['eiprikɔt], *s.* (*a*) *Hort:* Abricot *m*. (*b*) (*Colour*) Abricot *inv.*

apricot-'plum, *s.* Abricotine *f*; prune-abricot *f*, *pl.* prunes-abricots.

'apricot-tree, *s.* Abricotier *m*.

April ['eipril], *s.* Avril *m*. *In A.*, au mois d'avril, en avril. (*On*) *the first, the seventh, of A.*, le premier, le sept, avril. **April showers**, giboulées *f* d'avril; (*in Fr.*) giboulées de mars. **April-fool-day**, le premier avril. **To make an April-fool of s.o.**, donner, faire, un poisson d'avril à qn; *F:* faire gober à qn un poisson d'avril. *To be made an A.-fool (of)*, recevoir un poisson d'avril. *See also* MOON¹.

a priori [eipri'ɔ:rai, -prai-], *adv.* A priori. *A p. reasoner*, aprioriste *mf*.

apriorist [eipri'ɔ:rist], *s.* Aprioriste *mf*.

apron ['eiprən], *s.* **1.** *Cost:* Tablier *m*. **2.** *Tchn:* (*a*) *Artil:* Couvre-lumière *m* (d'un canon). (*b*) *Cu:* Peau *f* du cou (d'une oie farcie, etc.). (*c*) *Hyd.E:* Radier *m* (d'un bassin). *See also* ICE-APRON. (*d*) *Nau:* Contre-étrave *f* (d'un navire). (*e*) *Veh: Aut:* Tablier. *Side a.*, bavolet *m*. (*f*) *Th:* Apron(-stage), avant-scène *f*.

'apron-feed, *s.* *Ind:* Tablier *m* sans fin.

'apron-lathe, *s.* *Tls:* Tour *m* à tablier.

'apron-strings, *s.pl.* Cordons *m* de tablier. *F:* **To be tied to one's mother's apron-strings**, être pendu aux jupes, aux jupons, de sa mère. *His mother keeps him tied to her a.-s.*, sa mère le tient en laisse, le garde dans ses jupes; sa mère le mène à la lisière, par la lisière.

aproned ['eiprənd], *a.* Portant tablier; qui appartient à l'artisanat.

apronful ['eiprənful], *s.* Plein tablier. *With an a. of flowers*, des fleurs plein le tablier.

apropos ['apropou]. **1.** *s.* A-propos *m*; opportunité *f* (d'une action, d'une observation). **2.** *a.* *A very a. remark*, une observation très à propos, très opportune. **3.** *Prep.phr.* *It was mentioned* **apropos of the holidays**, il en a été parlé à propos des vacances.

apse [aps], *s.* *Ecc.Arch:* Abside *f*, apside *f*.

apsidal ['apsid(ə)l], *a.* **1.** *Ecc.Arch:* Absidal. **2.** *Astr:* Des apsides; apsidal.

apsidiole [ap'sidioul], *s.* *Ecc.Arch:* Absidiole *f*; chapelle absidale.

apsis, *pl.* **apsides** ['apsis, 'apsidi:z, ap'saidi:z], *s.* **1.** *Astr:* Apside *f*. **2.** *Ecc.Arch:* Absidiole *f*. **3.** *Ecc:* Reliquaire *m*, absidiole.

apt [apt], *a.* **1.** (Mot) juste, fin; (expression) heureuse, qui convient. **2.** **Apt to do sth.** (*a*) (*Of pers.*) Enclin, porté, sujet, à faire qch. *He is apt to forget*, il lui arrive fréquemment d'oublier; il a une tendance à oublier; il oublie facilement. *We are apt to believe that . . .*, on croit volontiers que. . . . *I am apt to think that . . .*, j'incline à croire que. . . . *Tax apt to be looked upon as unjust*, impôt de nature à faire crier à l'injustice. (*b*) (*Of thg*) Sujet à, susceptible de, faire qch. *Toys apt to go wrong*, jouets sujets à se détraquer. *Buttons apt to come off*, boutons qui ont une tendance à se détacher. *Iron is apt to rust*, le fer se rouille facilement. (*c*) *U.S:* *F:* *You will be apt to find him at the hotel*, vous le trouverez probablement à l'hôtel. *Is he apt to come?* est-il probable qu'il vienne? *He is not apt to do it again*, il est peu probable qu'il le fasse de nouveau. **3.** Apte, propre (*for*, à). *Horse apt for reproduction*, cheval propre à la reproduction. **4.** (Élève, etc.) intelligent. **One of my aptest pupils**, un de mes meilleurs élèves; un de mes élèves les mieux doués. *To be apt at sth.*, être habile à qch.; être doué pour (les langues, etc.). *To be apt at doing sth.*, être habile, prompt, à faire qch. **-ly**, *adv.* **1.** Avec justesse; convenablement, à propos, avec à-propos. **2.** Adroitement, habilement.

aptera ['aptəra], *s.pl.* *Z:* Aptères *m*.

apteran ['aptərən], *a. & s.* *Z:* Aptère (*m*).

apterous ['aptərəs], *a.* *Bot: Z:* Aptère.

apteryx ['aptəriks], *s.* *Orn:* Aptéryx *m*, *F:* kiwi *m*.

aptitude ['aptitju:d], *s.* **Aptitude for sth.**, aptitude *f* à, pour, qch.; disposition(s) *f* pour qch. *To have an a. for learning*, être apte à apprendre; avoir des dispositions pour l'étude. *He had a singular a. for dealing with difficulties*, il avait un talent particulier pour aviser aux difficultés. *To show great a.*, montrer de grandes aptitudes.

aptness ['aptnəs], *s.* **1.** Justesse *f*, à-propos *m* (d'une expression, d'une citation, etc.). **2.** (*a*) (*Of pers.*) Penchant *m*, tendance *f* (*to do sth*, à faire qch.). (*b*) (*Of thg*) *The a. of iron to rust*, la tendance du fer à se rouiller. **3.** = APTITUDE.

aptyalism [ap'taiəlizm], *s.* *Physiol: Med:* Aptyalisme *m*, xérostomie *f*.

Apuleius [apju'li:əs]. *Pr.n.m.* *Lt.Lit:* Apulée.

Apulia [a'pju:lja]. *Pr.n.* *Geog:* La Pouille. *A.Geog:* L'Apulie *f*.

Apulian [a'pju:ljən], *a. & s.* *Geog:* Apulien, -ienne; de la Pouille, *A:* d'Apulie.

apyre(c)tic [apai're(k)tik], *a.* *Med:* Apyrétique.

apyrexia [apai'reksia], *s.* Apyrexie *f*.

apyrous [a'paiərəs], *a.* Apyre.

aqua ['akwa], *s.* (*Used to form compounds in*) *Ch: Pharm:* **Aqua fortis**, eau-forte *f*. **Aqua regia** ['ri:dʒia], eau régale. **Aqua vitae** ['vaiti:], eau-de-vie *f*.

aquafortist [akwa'fɔ:rtist], *s.* *Engr:* Aquafortiste *mf*.

aquake [a'kweik], *adv. & pred. a.* *Poet:* Tremblant (*with*, de).

aquamarine [akwama'ri:n], *s.* *Miner:* Aigue-marine *f*.

aquarelle [akwa'rel], *s.* *Art:* **1.** Dessin au trait aquarellé ou colorié au pochoir. *To finish a drawing in a.*, (i) aquareller un dessin; (ii) colorier un dessin au pochoir. **2.** Aquarelle *f*.

aquarellist [akwa'relist], *s.* **1.** (*a*) Colorieur *m*. (*b*) Peintre au pochoir. **2.** Aquarelliste *mf*.

aquarium, *pl.* **-iums, -ia** [a'kweəriəm, -iəmz, -ia], *s.* Aquarium *m*.

Aquarius [a'kweəriəs]. *Pr.n.* *Astr:* Le Verseau.

aquascutum [akwa'skju:təm], *s.* *Cost:* Imperméable *m* (de la marque Aquascutum).

aquatic [a'kwatik], *a.* **1.** (Plante, etc.) aquatique. **2.** **Aquatic sports**, *s.pl.* **aquatics**, sports *m* nautiques; sports pratiqués sur l'eau (polo, natation, canotage, joutes).

aquatint ['akwatint], *s.* *Engr:* Aquatinte *f*.

aquatinter ['akwatintər], *s.* Aquatintiste *m*.

aqueduct ['akwidʌkt], *s.* *Civ.E: Anat:* Aqueduc *m*.

'aqueduct-'bridge, *s.* Pont-aqueduc *m*, *pl.* ponts-aqueducs.

aqueous ['eikwiəs], *a.* **1.** Aqueux. **Aqueous humour**, humeur aqueuse (de l'œil). **2.** *Geol:* (Roche *f*) sédimentaire.

aqueousness ['eikwiəsnəs], *s.* Aquosité *f*.

aquiculture ['akwikʌltjər], *s.* Aquiculture *f*.

aquiferous [a'kwifərəs], *a.* Aquifère.

Aquila ['akwila]. *Pr.n.* *Astr:* L'Aigle *m*.

aquilegia [akwi'li:dʒia], *s.* *Bot:* Aquilégie *f*, ancolie *f*, colombine *f*.

Aquileia [akwi'li:ja]. *Pr.n.* *Geog:* Aquilée *f*.

aquiline ['akwilain], *a.* Aquilin, d'aigle. **Aquiline nose**, nez aquilin, busqué, en bec d'aigle.

Aquinas [a'kwainas], *a.* **Saint Thomas Aquinas**, saint Thomas d'Aquin.

Aquitaine [akwi'tein]. *Pr.n.* *A.Geog:* L'Aquitaine *f*.

Aquitanian [akwi'teiniən], *a.* **1.** *A.Geog:* Aquitanique, aquitain. *The A. nobility*, la noblesse aquitaine. *The A. School of architecture*, l'école aquitanique d'architecture. **2.** *Geol:* Aquitanien, alaisien.

a-quiver [a'kwivər], *adv.phr.* **All a-quiver** (*with joy, etc.*), tout tremblant, frémissant, palpitant (de joie, etc.).

aquosity [a'kwɔsiti], *s.* Aquosité *f*.

-ar [ər], *a. & s. suff.* **1.** -aire. *Angular*, angulaire. *Linear*, linéaire. *Lunar*, lunaire. *Stellar*, stellaire. **2.** -ier, -ière. *Bursar*, boursier. *Regular*, régulier. *Scholar*, écolier.

ara¹ ['ɑra, 'εəra], *s.* *Orn:* Ara *m*.

Ara² ['ɑra]. *Pr.n.* *Astr:* L'Autel *m*.

Arab ['arəb], *a. & s.* **1.** *Ethn:* Arabe (*mf*). *See also* STREET-ARAB. **2.** (Cheval) arabe (*m*).

Arabella [ara'bela]. *Pr.n.f.* Arabelle.

arabesque ['arəbesk]. **1.** *a.* (*a*) *A:* = ARABIAN. (*b*) *Arch:* (Décoration) arabesque, dans le style arabe. **2.** *s.* *Usu. pl.* *Arch:* Arabesque(s) *f*.

Arabia [a'reibia]. *Pr.n.* *Geog:* L'Arabie *f*. **Arabia Felix** ['fi:liks], l'Arabie Heureuse. **Arabia Petraea** [pe'tri:a], l'Arabie Pétrée.

Arabian [a'reibiən]. **1.** *a.* Arabe, d'Arabie, de l'Arabie. *Geog:* **The Arabian Gulf**, le golfe Arabique. *Myth:* **The Arabian bird**, le phénix. *See also* NIGHT 1. **2.** *s.* Arabe *mf*.

Arabianize [a'reibiənaiz], *v.tr.* *Ling: etc:* Arabiser (un mot, etc.).

Arabic ['arəbik]. **1.** *a.* (Gomme, acide) arabique; (langue) arabe. **The Arabic numerals**, les chiffres *m* arabes. *A. scholar*, arabisant *m*. **2.** *s.* *Ling:* L'arabe *m*.

Arabist [ˈarabist], *s.* Arabisant *m.*
Arabize [ˈarabaiːz], *v.tr.* Arabiser (des institutions, etc.).
arable [ˈarəbl], *a.* (Terre) arable, labourable.
Araby [ˈarabi]. *Pr.n. Geog: A: & Poet:* = ARABIA.
arachic [aˈratʃik], *a. Ch:* (Acide *m*) arachique, butique.
arachnean [arakˈniːən], *a.* (Tissu, etc.) arachnéen.
arachnid, *pl.* **-ida** [aˈraknid, -ida], *s. Z:* Arachnide *m*; acarien *m.*
arachnites [arakˈnaitiːz], *s. Bot:* **Arachnites apifera** [aˈpifəra], ophrys *f* abeille.
arachnoid [aˈraknɔid]. **1.** *a.* Arachnoïdien. **2.** *s. Anat:* **The arachnoid,** l'arachnoïde *f* (du cerveau).
Aragon [ˈaragən]. *Pr.n. Geog:* L'Aragon *m.*
Aragonese [aragoˈniːz], *a. & s. Geog:* Aragonais, -aise.
aragonite [ˈaragonait], *s. Miner:* Aragonite *f.* **Twin aragonite,** aragonite confluente.
Aramaean [araˈmiːən], *a. & s. Ethn: Ling:* Araméen, -enne.
Aramaic [araˈmeiik], *a. & s. Ling:* Araméen (*m*), araméen (*m*); syro-chaldaïque (*m*).
araneology [areiniˈɔlədʒi], *s.* Aranéologie *f.*
Araucania [aroˈkeinia]. *Pr.n. Geog:* L'Araucanie *f.*
Araucanian [aroˈkeiniən], *a. & s. Geog:* Araucan, -ane; araucanien, -ienne.
araucaria [aroˈkɛəria], *s Bot:* Araucaria *m*, araucarie *f.*
arbalest [ˈɑːrbəlest], *s. A:* Arbalète *f.*
arbiter [ˈɑːrbitər], *s.* (*In non-technical senses*) Arbitre *m.* **Arbiter of taste,** arbitre des élégances. *He was the a. of the lives of his subjects,* il jugeait souverainement de la vie et de la mort de ses sujets. *Cf.* ARBITRATOR.
arbitrage [ˈɑːrbitredʒ], *s. Fin: St.Exch:* Arbitrage *m.* **Arbitrage syndicate,** syndicat *m* arbitragiste.
arbitragist [ˈɑːrbitradʒist], *s. Fin:* Arbitragiste *m.*
arbitral [ˈɑːrbitrəl], *a.* Arbitral, -aux.
arbitrament [ɑːrˈbitrəmənt], *s. Esp. Lit:* Arbitrage *m*, jugement arbitral, décision arbitrale. *Lit:* **To resort to the arbitrament of war,** s'en remettre au sort des armes. *To trust to the a. of Time,* s'en remettre à l'avenir.
arbitrariness [ˈɑːrbitrərinəs], *s.* Arbitraire *m* (d'une décision, etc.).
arbitrary [ˈɑːrbitrəri], *a.* Arbitraire. *Mth: A. constants, s.pl.* **arbitraries,** quantités *f* arbitraires (d'une équation). **-rily,** *adv.* Arbitrairement.
arbitrate [ˈɑːrbitreit]. **1.** *v.tr.* Arbitrer, juger, trancher (un différend). **2.** *v.i.* Décider en qualité d'arbitre; arbitrer.
arbitration [ɑːrbiˈtreiʃ(ə)n], *s.* **1.** Arbitrage *m.* **Procedure by arbitration,** procédure arbitrale. *Settlement by a.,* règlement *m* par arbitrage; solution arbitrale. *To refer a question to a.,* soumettre une question à un arbitrage. *To submit an affair for a.,* mettre une affaire en compromis. *Difference submissible to a.,* litige arbitrable. **Arbitration treaty,** traité *m* d'arbitrage. **Arbitration court, court of arbitration,** tribunal arbitral. *A. clause,* clause *f* d'arbitrage; clause compromissoire. **2.** *Fin:* **Arbitration of exchange,** arbitrage du change.
arbitrationist [ɑːrbiˈtreiʃənist], *s.* Partisan *m* de l'arbitrage.
arbitrator [ˈɑːrbitreitər], *s. Jur:* Arbitre *m*; arbitre-juge *m*; amiable compositeur *m*; compromissaire *m.*
arbitress [ˈɑːrbitres], *s.f.* Arbitre *m or f. She was the absolute a. of fashion,* elle était l'arbitre absolu de la mode.
arbor[1] [ˈɑːrbər], *s. Mec.E:* (*a*) Arbre *m* (de roue); arbre, axe *m* (de meule). (*b*) Mandrin *m* (de tour). **Cutter-arbor, milling-arbor,** mandrin de fraisage.
arbor[2], *s.* **1.** (*Forming compounds in botany, chemistry, etc.*) Arbre *m. Bot:* **Arbor Judae** [ˈdʒuːdiː], arbre de Judée. **Arbor vitae** [ˈvaitiː], arbre de vie; thuia, thuya *m. A.Ch:* **Arbor Dianae** [daiˈeiniː], arbre de Diane. **Arbor Saturni,** arbre de Saturne. **2.** *U.S:* **Arbor Day,** jour (désigné par l'Administration) où chacun est tenu de planter un arbre.
arboreal [ɑːrˈbɔːriəl], *a.* **1.** D'arbre(s). **2.** (Animal) arboricole; (existence) sur les arbres.
arboreous [ɑːrˈbɔːriəs], *a.* **1.** (Terrain, etc.) arbreux, boisé. **2.** = ARBOREAL. **3.** = ARBORESCENT.
arborescence [ɑːrboˈres(ə)ns], *s.* Arborescence *f.*
arborescent [ɑːrboˈres(ə)nt], *a.* **1.** Arborescent. *A. shrub,* arbuste *m. A.Ch: A. silver,* arbre *m* de Diane. *A. lead,* arbre de Saturne. **2.** *Miner:* (*Of agate, etc.*) Herborisé, arborisé. *A. growth,* arborisation *f.*
arboretum [ɑːrboˈriːtəm], *s.* Arboretum *m*; collection *f* d'arbres et arbustes.
arboricoline [ɑːrboˈrikolain], **arboricolous** [ɑːrboˈrikoləs], *a. Bot:* (Plante *f*) arboricole.
arboriculture [ˈɑːrborikʌltjər], *s.* Arboriculture *f.*
arboriculturist [ɑːrboriˈkʌltjərist], *s.* Arboriculteur *m*, arboriste *m*; pépiniériste *m.*
arborization [ɑːrboraiˈzeiʃ(ə)n], *s.* Arborisation *f.*
arborized [ˈɑːrboraizd], *a. Miner:* Arborisé, herborisé.
arbour [ˈɑːrbər], *s. Hort:* Berceau *m* de verdure; salle *f* de verdure; tonnelle *f*, charmille *f*, gloriette *f.* **Vine arbour,** treille *f.*
arboured [ˈɑːrbərd], *a.* Couvert d'un berceau; sous un berceau; ombreux.
arbutus [ˈɑːrbjutəs], *s. Bot:* **1.** Arbousier *m.* **Arbutus berry,** arbouse *f.* **2.** *U.S:* [ɑrˈbjutəs]. **(Trailing) arbutus,** épigée rampante.
arc[1] [ɑːrk], *s.* **1.** *Geom: etc:* Arc *m. Arc of a circle,* arc de cercle. *Nau: Arc of the great circle,* arc de grand cercle. *To describe an arc,* décrire un arc. *Nav.Artil:* **Lateral arc of fire, of training,** champ *m* de tir (d'un canon de bord, etc.). *See also* PITCH-ARC. **2.** *El:* **Electric arc, voltaic arc,** arc électrique, voltaïque. *Mercury arc,* arc à mercure.
'**arc-lamp,** *s.* Lampe *f* à arc.
'**arc-light,** *s.* Arc *m* voltaïque.
'**arc-weld,** *v.tr. Metalw:* Souder à l'arc électrique.
arc-welding, *s.* Soudure *f* à l'arc électrique.
arc[2], *v.i.* (**arked, arced** [ɑːrkt]) *El.E:* (*Of dynamo, commutator*) **To arc (over),** cracher; projeter des étincelles.
arcing [ˈɑːrkiŋ] **(over),** *s.* Crachement *m*; jaillissement *m* d'étincelles; projection *f* d'étincelles.
arcade [ɑːrˈkeid], *s.* **1.** (*a*) Arcade(s) *f* (en bord de rue); *A:* galeries *fpl. The a. of the Ritz,* les arcades du Ritz (dans Piccadilly). *The arcades of the Palais-Royal, of the Odeon,* les galeries du Palais-Royal, de l'Odéon. (*b*) Ambulatoire *m.* (*c*) Passage *m* (à boutiques). **The Burlington Arcade,** le Passage Burlington (dans Piccadilly). **2.** *Arch:* **(Blind) arcade,** arcature *f.*
arcaded [ɑːrˈkeidid], *a.* **1.** Arcadé; couvert ou bordé d'arcades. **2.** Formant passage.
Arcadia [ɑːrˈkeidia]. *Pr.n. A.Geog: & F:* L'Arcadie *f.*
Arcadian [ɑːrˈkeidiən], *a. & s. F:* Arcadien, -ienne; d'une simplicité pastorale. *A. days,* jours *m* d'innocence et de bonheur.
arcading [ɑːrˈkeidiŋ], *s. Coll.* Arcades *fpl.*
arcana [ɑːrˈkeina], *s.pl. Lit:* Arcanes *m.*
arcature [ˈɑːrkatjər], *s Arch:* Arcature *f.*
Arcesilaus [ɑːrkesiˈleiəs]. *Pr.n.m. Gr.Phil:* Arcésilas.
arch[1] [ɑːrtʃ], *s.* **1.** *Arch: Const:* Voûte *f*, arc *m*; cintre *m. Row of arches,* arcade *f. Feathered a.,* voûte à nervures. **Centre arch,** voûte maîtresse. *A. of a vault,* arceau *m. Semicircular a., round a., perfect a.,* arc (en) plein cintre, arc roman; tonnelle *f. Obtuse, depressed, a.,* arc surbaissé. *Raised a.,* arc surhaussé. *Tudor a.,* arc en carène. *Moorish a.,* arc en fer à cheval. *Norse a., horseshoe a.,* arc outrepassé; berceau *m*, tonnelle *f. Flat a.,* voûte plate; arc déprimé, plate-bande *f. Triangular a.,* arc angulaire. *Pointed, segmental, a.,* ogive *f. Pointed Norse a.,* ogive outrepassée. *Pointed equilateral a.,* ogive en tiers-point. *Inflected a., inverted a.,* arc renversé. *Splayed a.,* arc ébrasé. *Small a.,* voûtelette *f*, voûtin *m.* **Window-arch, door-arch,** remenée *f. F: The a. of the heavens,* la voûte du ciel, des cieux. *See also* COUNTER-ARCH, DROP-ARCH, GROINED, KEYED 3, LANCET-ARCH, PROSCENIUM 2, SEGMENT-ARCH, SKEW[2] 1. *Ecc:* **The Court of Arches,** *F:* **Arches,** la Cour d'appel ecclésiastique de la Province de Cantorbéry (qui siégea d'abord à St Mary of the Arches); la Cour archiépiscopale. **2.** (*a*) *Civ.E:* Arche *f* (d'un pont, d'un viaduc). **Railway arch,** pont *m* de chemin de fer (franchissant une rue). **Navigation arch,** arche marinière. *See also* DRAINING-ARCH, LAND-ARCH, RELIEVING[1] 4. (*b*) *Min:* Estau *m.* (*c*) *A. of a furnace,* voûte d'un fourneau. **3.** *A. of a saddle,* arcade *f* d'une selle. *Anat: A. of the eyebrows,* arc des sourcils. *The orbital arches,* les arcades orbitaires. *Dental a.,* arcade dentaire. *A. of the instep,* cambrure *f* du pied. **Arch of the aorta,** crosse *f*, arc, de l'aorte. *See also* ZYGOMATIC. **4.** *Ent:* Nom donné à différentes phalènes.
'**arch-band,** *s. Arch:* Arc-doubleau *m.*
'**arch-brace, arch-'buttress,** *s. Arch:* Arc-boutant *m.*
arch-'girder, *s. Const:* Ferme *f* en arc.
'**arch-stone,** *s. Arch:* (*a*) Voussoir *m*, claveau *m.* (*b*) *U.S:* = KEYSTONE. *F:* **The Arch-stone State,** la Pensylvanie.
'**arch-support,** *s. Med:* Cambrure *f* (pour chaussures).
arch[2]. **1.** *v.tr.* (*a*) Voûter (une porte, un passage). (*b*) Arquer, cintrer; cambrer. *The cat arches its back,* le chat bombe, arque, le dos, fait le dos rond, fait le gros dos. **2.** *v.i.* Se voûter, former voûte, bomber. *The rocks a. over the fountain,* les rochers forment voûte au-dessus de la source.
arched, *a.* **1.** (*a*) A arc, en voûte; voûté; voussé; surélevé. *A. window,* fenêtre (i) cintrée, (ii) en ogive. **Arched girder,** poutre *f*, ferme *f*, en arc. (*b*) Arqué, cintré; busqué, cambré. *A. nose,* nez busqué. *A. eyebrows,* sourcils arqués. *A. foot, instep,* pied, cou de pied, cambré. (*Of horse*) *A. neck,* encolure rouée. **2. Arched over with roses, etc.,** recouvert d'une voûte, d'un arceau, de roses, etc.
arching, *s.* **1.** Voussure *f* (d'une voûte). **2.** Les arcades *f* (d'un édifice); série *f* d'arcades.
arch[3], *a.* (*Usu. attrib., and only of women and children*) Espiègle; malin, -igne; malicieux. *She threw me an a. glance,* elle me lança un coup d'œil espiègle et moqueur. **-ly,** *adv.* D'un air espiègle, malin; malicieusement. *She smiled a.,* elle eut un sourire malicieux.
arch-, *a. & pref.* Archi-, grand, insigne. *A.-traitor,* traître *m* insigne; architraître *m. A.-enemy,* grand adversaire. *A.-villain,* scélérat achevé. *A.-rogue,* fripon fieffé, franc fripon, archifripon *m. A.-dunce,* ignorantissime. *A.-deceiver,* maître en fourberie. *See also* ARCHFIEND.
archaean [ɑːrˈkiːən], *a. & s. Geol:* Archéen, -éenne.
archaeologic(al) [ɑːrkioˈlɔdʒik(əl)], *a.* Archéologique.
archaeologist [ɑːrkiˈɔlodʒist], *s.* Archéologue *m.*
archaeology [ɑːrkiˈɔlodʒi], *s.* Archéologie *f.*
archaic [ɑːrˈkeik], *a.* Archaïque.
archaism [ˈɑːrkeizm], *s.* Archaïsme *m. Style studded with archaisms,* style émaillé d'archaïsmes.
archaist [ˈɑːrkeist], *s.* Archaïste *mf*; archaïsant, -ante.
archaistic [ɑːrkeˈistik], *a.* Qui affecte l'archaïsme.
archaize [ˈɑːrkeaiz]. **1.** *v.i.* Se servir d'archaïsmes; affecter l'archaïsme; archaïser. *One can tell the archaizing hand,* on reconnaît la main de l'archaïste. **2.** *v.tr.* Donner à (qch.) une tournure, une allure, archaïque.
archangel[1] [ˈɑːrkeindʒəl], *s.* **1.** Archange *m.* **2.** (*a*) *Bot:* Lamier *m. Yellow a.,* ortie *f* jaune. (*b*) *Orn:* Pigeon bouvreuil *m.*
Archangel[2]. *Pr.n. Geog:* Arkhangel(sk) *m. Com:* **Archangel mats,** paillassons *m* en écorce de tilleul.
archbishop [ɑːrtʃˈbiʃəp], *s.m.* Archevêque; métropolitain.
archbishopric [ɑːrtʃˈbiʃəprik], *s.* **1.** Archevêché *m*; circonscription archiépiscopale. **2.** Archiépiscopat *m* (dignité ou durée des fonctions).
archconfraternity [ɑːrtʃkɔnfraˈtəːrniti], *s. Ecc:* Archiconfrérie *f.*
archdeacon [ɑːrtʃˈdiːkən], *s.m.* Archidiacre.
archdeaconate [ɑːrtʃˈdiːkonet], *s.* = ARCHDEACONRY 2.

archdeaconry [ɑːrtʃ'diːkənri], *s.* **1.** (*Jurisdiction of archdeacon*) Archidiaconé *m.* **2.** Archidiaconat *m* (dignité ou durée des fonctions). **3.** Résidence archidiaconale.

archdeaconship [ɑːrtʃ'diːkənʃip], *s.* = ARCHDEACONRY 2.

archdiocese [ɑːrtʃ'daiosis], *s.* = ARCHBISHOPRIC 1.

archducal [ɑːrtʃ'djuːk(ə)l], *a.* Archiducal, -aux.

archduchess [ɑːrtʃ'dʌtʃes], *s.f.* Archiduchesse.

archduchy [ɑːrtʃ'dʌtʃi], *s.* Archiduché *m.*

archduke [ɑːrtʃ'djuːk], *s.m.* Archiduc.

archer ['ɑːrtʃər], *s.* **1.** Archer *m.* **2.** *Ich:* Archer, toxote *m.* **3.** *Astr:* **The Archer,** le Sagittaire.

archery ['ɑːrtʃəri], *s.* Tir *m* à l'arc.

archetype ['ɑːrkitaip], *s.* **1.** Archétype *m.* **2.** Étalon *m* (de poids ou de mesure).

archfiend [ɑːrtʃ'fiːnd], *s.* Archidémon *m.* **The archfiend,** Satan *m.*

Archibald ['ɑːrtʃibɔːld]. **1.** *Pr.n.m.* Archambaud. *See also* BELL[2] 1. **2.** *s.* (*Also* **Archie**) *Mil.Hist:* *P:* Canon anti-aérien; canon contre-avions.

archidiaconal [ɑːrkidai'akənəl], *a.* D'archidiacre.

Archie ['ɑːrtʃi]. **1.** *Pr.n.m.* = ARCHIBALD 1. **2.** *s.* *P:* = ARCHIBALD 2.

archiepiscopacy [ɑːrkie'piskopəsi], *s.* Archiépiscopat *m.*

archiepiscopal [ɑːrkie'piskop(ə)l], *a.* Archiépiscopal, -aux; métropolitain.

archiepiscopate [ɑːrkie'piskopet], *s.* Archiépiscopat *m.*

archil ['ɑːrkil, 'ɑːrtʃil], *s.* *Bot:* *Dy:* Orseille *f.*

Archilochus [ɑːr'kilokəs]. *Pr.n.m.* *Gr.Lit:* Archiloque.

archimandrite [ɑːrki'mandrait], *s.* *Ecc:* Archimandrite *m.*

Archimedean [ɑːrki'miːdiən], *a.* D'Archimède. **The Archimedean principle,** le principe d'Archimède. *Mec:* **Archimedean screw,** vis *f* d'Archimède, vis sans fin; hélice *f,* limace *f.*

Archimedes [ɑːrki'miːdiːz]. *Pr.n.m.* *Gr.Hist:* Archimède.

archipelago, *pl.* **-oes** [ɑːrki'pelәgou(z)], *s.* *Geog:* Archipel *m.* **The Indian Archipelago,** l'Insulinde *f.* *A.Geog:* **The Archipelago,** l'Archipel; la mer Égée.

architect ['ɑːrkitekt], *s.* **1.** Architecte *m.* *F:* **To be the architect of one's own fortunes,** être l'artisan de sa fortune; être le fils de ses œuvres. **2. Naval architect,** ingénieur *m* des constructions navales, du génie maritime.

architectonic [ɑːrkitek'tɔnik], *a.* Architectonique.

architectonics [ɑːrkitek'tɔniks], *s.pl.* (*Usu. with sg. const.*) Architectonique *f.*

architectural [ɑːrki'tektjurəl], *a.* Architectural, -aux.

architecture ['ɑːrkitektjər], *s.* (*a*) Architecture *f.* (*b*) *Naval a.,* architecture navale.

architrave ['ɑːrkitreːiv], *s.* **1.** *Arch:* Architrave *f,* épistyle *m.* **2.** *Const:* Encadrement *m* (d'une porte, d'une fenêtre).

architraved ['ɑːrkitreːivd], *a.* *Arch:* Architravé.

archives ['ɑːrkaːivz], *s.pl.* Archives *f* ((i) le local, (ii) les documents).

archivist ['ɑːrkivist], *s.* Archiviste *mf.*

archivolt ['ɑːrkivoult], *s.* *Arch:* Archivolte *f.*

archness ['ɑːrtʃnəs], *s.* (*Of women and children*) Malice *f,* espièglerie *f* (du regard, du sourire).

archon ['ɑːrkɔn], *s.m.* *Gr.Hist:* Archonte.

archonship ['ɑːrkonʃip], *s.* *Gr.Hist:* Archontat *m.*

archpriest [ɑːrtʃ'priːst], *s.m.* Archiprêtre.

archsee [ɑːrtʃ'siː], *s.* Archevêché *m.*

archway ['ɑːrtʃwei], *s.* Passage voûté; porte cintrée, voûte *f* d'entrée; arcade *f.* *You go in under an a.,* on entre sous une voûte, sous un portail.

archwise ['ɑːrtʃwaːiz], *adv.* En forme d'arc, d'arche, ou d'arcade.

arcograph ['ɑːrkograf], *s.* *Mth:* Cyclographe *m.*

arctic ['ɑːrktik]. **1.** *a.* Arctique. *F:* *A. temperature,* température arctique, glaciale. *See also* DUCK[1] 1. **2.** *s.pl.* *U.S:* **Arctics,** snow-boots *m.*

arcuate ['ɑːrkjuet], **arcuated** ['ɑːrkjueitid], *a.* **1.** Arqué; courbé en arc; en forme d'arc. **2.** Avec arcades.

-ard [ərd], *s. suff.* **1.** *Usu.Pej:* -ard, -arde. *Bastard,* bâtard. *Coward,* couard. *Laggard,* traînard. **2.** (*Forming proper names*) -ard. *Bernard,* Bernard. *Edward,* Édouard. *Gerard,* Gérard. **3.** (*Names of thgs*) -ard. *Placard,* placard. *Poniard,* poignard. *Standard,* étendard.

ardency ['ɑːrdənsi], *s.* *Lit:* = ARDOUR.

ardent ['ɑːrdənt], *a.* Ardent. **1.** *A. heat,* chaleur ardente. **Ardent spirits,** liqueurs fortes; alcool *m,* spiritueux *mpl.* **2.** *A. in pursuit of the enemy,* ardent à poursuivre l'ennemi. **-ly,** *adv.* Ardemment; avec ardeur. *To desire sth. a.,* désirer qch. de toute son âme.

ardour ['ɑːrdər], *s.* Ardeur *f.* *A. in the pursuit of glory,* ardeur à poursuivre la gloire.

arduous ['ɑːrdjuəs], *a.* (Sentier, travail) ardu, pénible, malaisé; (chemin) escarpé; (calcul) laborieux; (travail) rude; (travail) acharné. **-ly,** *adv.* Péniblement, difficilement, malaisément.

arduousness ['ɑːrdjuəsnəs], *s.* Arduité *f,* difficulté *f.*

are [ɑːr, ər]. *See* BE.

area ['ɛəriə], *s.* **1.** (*a*) Terrain vide, inoccupé. (*b*) Parterre *m* (de salle de concert, de cinéma). **2.** *Const:* Cour *f* d'entrée en sous-sol (sur la rue). **Area steps,** escalier *m* de service (du sous-sol). **3.** (*a*) Aire *f,* superficie *f,* contenance *f* (d'un cercle, d'un champ, etc.). *Country larger in a. than France,* pays superficiellement plus grand que la France. (*b*) Surface *f.* *Wall a.,* surface de paroi. *Mec.E:* *Bearing a.,* surface de palier. *Contact a.,* surface de contact. *See also* TYPE-AREA. (*c*) Plage *f.* *Metalw:* *Areas showing roughness,* plages présentant des aspérités. **4.** (*a*) Étendue *f* (de pays); territoire *m,* région *f;* périmètre *m* (d'influence, etc.). *Mil:* Zone *f* d'action (d'un corps d'armée, etc.). *Disturbed a.,* zone troublée. (*b*) **Judicial areas of a district,** ressorts *m* judiciaires d'une région. **Postal area,** zone postale. *Com:* *A. of supply,* (i) zone de consommation; (ii) rayon desservi (par une maison). *Tp:* *etc:* **Suburban area,** zone suburbaine. *The whole London a.,* l'agglomération londonienne. *Tp:* **The London area,** le réseau de Londres. *A large mining a.,* un grand domaine minier. (*c*) *Anat:* **Areas of the brain,** territoires cérébraux.

areca ['arikə], *s.* *Bot:* Arec *m.* **Areca palm(-tree),** aréquier *m.* **Areca catechu,** arec cachou.

'areca-nut, *s.* (Noix *f* d')arec.

arena, *pl.* **-as** [ə'riːnə, -əz], *s.* **1.** (*a*) Arène *f.* (*b*) Champ *m* (d'une activité, etc.). *The a. of the war,* le théâtre de la guerre. *The a. of literature,* le domaine de la littérature. **2.** *Med:* Sable *m,* gravelle *f.*

arenaceous [ari'neiʃəs], *a.* Arénacé, arénifère; sablonneux.

arenaria [ari'nɛərjə], *s.* *Bot:* Arénaire *f.*

arenicolous [ari'nikoləs], *a.* *Bot:* *Z:* Arénaire, arénicole.

aren't [ɑːrnt]. (*a*) *F:* = *Are not.* (*b*) *P:* = *Am not.* *Aren't we to see Mary?* est-ce que nous n'allons pas voir Marie? *P:* *Aren't I to see Mary?* est-ce que je ne vais pas voir Marie? *You're not old enough.—Aren't I?* tu n'es pas assez âgé.—Vraiment?

areola, *pl.* **-ae** [ə'riːolə, -iː], *s.* (*a*) *Anat:* *Biol:* *etc:* Aréole *f.* (*b*) *Anat:* Halo *m,* aréole (du mamelon).

areolar [ə'riːolər], *a.* *Anat:* Aréolaire; cellulaire. *A. tissue,* tissu connectif; *esp.* tissu cellulaire sous-cutané; tissu lamineux.

areolate [ə'riːolet], **areolated** [ə'riːoleitid], *a.* *Biol:* Aréolé.

areometer [ɛəri'ɔmetər], *s.* *Ph:* *etc:* Aréomètre *m.*

Areopagite [ari'ɔpəgait]. *Pr.n.m.* *Gr.Hist:* Aréopagite.

Areopagus [ari'ɔpəgəs]. *Pr.n.* & *s.* Aréopage *m.*

Ares ['ɛəriːz]. *Pr.n.m.* *Gr.Myth:* Arès.

Arethusa [are'θjuːzə]. **1.** *Pr.n.f.* *Gr.Myth:* Aréthuse. **2.** *s.* *Bot:* Aréthuse *f.*

Aretine ['aretain], *a.* & *s.* *Geog:* Arétin, -ine.

Aretino [are'tiːno]. *Pr.n.m.* *Ital.Lit:* L'Arétin.

argala ['ɑːrgələ], *s.* *Orn:* Marabout *m* (des Indes).

argan ['ɑːrgan], *s.* *Bot:* Argan *m.* **Argan-tree,** arganier *m.*

argand ['ɑːrgand], *s.* **Argand(-lamp),** lampe *f* d'Argand; quinquet *m.*

argent ['ɑːrdʒənt]. *Her:* & *Poet:* **1.** *s.* Argent *m.* **2.** *a.* Argenté; *Her:* d'argent, argent *inv.*

argental [ɑːr'dʒent(ə)l], *a.* **Argental mercury,** mercure argental. *See also* GOLD 1.

Argentan ['ɑːrdʒəntan]. *Pr.n.* **Argentan lace,** point *m* d'Argentan.

argentic [ɑːr'dʒentik], *a.* *Ch:* Argentique.

argentiferous [ɑːrdʒən'tifərəs], *a.* Argentifère.

Argentina [ɑːrdʒen'tainə]. *Pr.n.* *Geog:* L'Argentine *f;* la République Argentine.

argentine[1] ['ɑːrdʒəntain]. **1.** *a.* Argentin. **2.** *s.* (*a*) *Ich:* Argentine *f.* (*b*) *Miner:* Spath schisteux; feldspath nacré.

Argentine[2]. **1.** *a.* *Geog:* **The Argentine Republic,** *F:* **the Argentine,** la République Argentine. **2.** *s.* *The Argentines,* les Argentins.

Argentinean [ɑːrdʒən'tiniən], *a.* & *s.* *Geog:* = ARGENTINE[2] 2.

argentite ['ɑːrdʒentait], *s.* *Miner:* Argentite *f,* argyrose *f,* argyrite *f.*

argil ['ɑːrdʒil], *s.* *Cer:* Argile *f* (de potier).

argillaceous [ɑːrdʒi'leiʃəs], *a.* Argileux, argillacé.

argilliferous [ɑːrdʒi'lifərəs], *a.* Argilifère.

Argive ['ɑːrdʒaːiv], *a.* & *s.* *A.Geog:* Argien, -ienne; grec, grecque.

argle-bargle ['ɑːrgl'bɑːrgl], *v.i.* *F:* Argumenter, raisonner; disputailler.

argol ['ɑːrgəl], *s.* Tartre brut.

Argolis ['ɑːrgolis]. *Pr.n.* *A.Geog:* L'Argolide *f.*

argon ['ɑːrgɔn], *s.* *Ch:* Argon *m.*

Argonaut ['ɑːrgonɔːt], *s.* **1.** *Gr.Myth:* Argonaute *m.* **2.** *Moll:* Voilier *m,* argonaute.

Argos ['ɑːrgəs]. *Pr.n.* *A.Geog:* Argos *f.*

argosy ['ɑːrgosi], *s.* *A:* & *Poet:* **1.** Caraque *f.* **2.** Flotte *f.*

Argovian [ɑːr'gouviən], *a.* *Geol:* **Argovian division,** étage argovien.

arguable ['ɑːrgjuəbl], *a.* (Opinion) discutable, soutenable, défendable.

argue ['ɑːrgjuː]. (**arguing; argued**) **1.** *v.tr.* (*a*) (*Indicate*) Prouver, indiquer, démontrer. *His action argues him (to be) a coward,* son action prouve, accuse, décèle, sa lâcheté. *It argues great cowardice in him,* cela indique, atteste, annonce, dénote, chez lui une grande lâcheté. (*b*) Discuter, débattre; raisonner sur (une question, une affaire, etc.). *Man who argues soundly,* homme de raisonnement juste. *To a. that sth. is impossible,* soutenir, prétendre, que qch. est impossible. **To argue s.o. into, out of, doing sth.,** persuader à qn, dissuader qn, de faire qch. (à force d'arguments). *I argued him into coming,* j'ai réussi à le faire venir. *P:* **To argue the toss,** disputailler. **2.** *v.i.* (*a*) Argumenter (*against s.o.,* contre qn). **To argue from sth.,** tirer argument de qch. *To a. from the effect to the cause,* arguer, argumenter, de l'effet à la cause. *To a. about everything,* arguer sur tout. (*b*) Discuter, (se) disputer, raisonner (*with s.o. about sth.,* avec qn sur qch.); plaider (*for, against, sth.,* pour, contre, qch.). **To obey without arguing (the point),** obéir sans discussion. *To a. without end,* faire des raisonnements à perte de vue. *His record in the past argues well for his honesty,* toute sa conduite passée est un garant de son intégrité. *F:* **Don't argue!** ne faites pas le raisonneur! pas tant de raisons! pas de raisonnements!

argue away, *v.tr.* *To a. away an objection,* réfuter, détruire, une objection (à force d'arguments).

argue down, *v.tr.* *To a. s.o. down,* réduire qn au silence (à force d'arguments); *F:* réduire qn à quia.

argue out, *v.tr.* Discuter (une question) jusqu'au bout; vider (une question).

arguing, *s.* = ARGUMENTATION.

arguer ['ɑːrgjuər], *s.* Argumentateur, -trice; argueur *m;* disputeur, -euse; *Pej:* raisonneur, -euse; ergoteur, -euse.

argufier ['ɑːrgjufaiər], *s.* *Pej:* (*a*) Raisonneur, -euse; ergoteur, -euse. (*b*) Disputailleur, -euse.

argufy ['ɑːrgjufai], *v.i.* *Pej:* (*a*) Argumenter, raisonner; faire le raisonneur; ergoter. (*b*) Disputailler.

argument ['ɑːrgjumənt], *s.* **1.** Argument *m* (*for, against,* en faveur de, contre). *To follow s.o.'s (line of) a.,* suivre le raisonnement de qn.

His a. is that gold should be done away with, sa thèse est qu'il faudrait abolir l'or. *That is another a. for dismissing him*, c'est une raison de plus pour le congédier. *To put forward an opinion* **for argument's sake**, avancer une opinion pour le plaisir de discuter. *Let us suppose for a.'s sake that . . .*, supposons à titre d'exemple que. . . . **It is beyond argument that . . .**, il est indiscutable que. . . . **2.** Discussion *f*, dispute *f*, débat *m*. **To get the best of an argument**, l'emporter dans une discussion. **To comply without argument**, obéir sans argument. *Youth will brook no a.*, la jeunesse est tranchante. **3.** (*a*) *A:* Argument *m*, thèse *f* (d'un discours, d'une pièce de théâtre). *Jur: My a. shows that . . .*, mon plaidoyer démontre que. . . . (*b*) (*Synopsis, outline, summary*) Argument (d'un ouvrage); sommaire *m*. **4.** *Astr: Mth:* Argument (d'une quantité imaginaire, etc.).

argumentation [ɑːrgjumenˈteiʃ(ə)n], *s.* Argumentation *f*.

argumentative [ɑːrgjuˈmentətiv], *a.* **1.** (Ouvrage) raisonné, critique; (faculté) d'argumentation. **2.** (*Of pers.*) Raisonneur, -euse; disposé à argumenter, à disputailler. *Don't be so a.*, ne raisonnez pas tant.

argumentativeness [ɑːrgjuˈmentətivnəs], *s.* Disposition *f* à argumenter; esprit raisonneur.

Argus [ˈɑːrgəs]. **1.** *Pr.n.m. Gr.Myth:* Argus. **2.** *s. F:* Argus *m*; gardien *m* à l'œil vigilant. **3.** *s.* (*a*) *Ent:* (Papillon *m*) argus. (*b*) *Orn:* (Faisan *m*) argus.

ˈArgus-eyed, *a.* Aux yeux d'Argus; vigilant.

argy-bargy [ˈɑːrgiˈbɑːrgi], *v. Dial. & F:* = ARGLE-BARGLE.

argynnis [ɑːrˈginis], *s. Ent:* Argynne *m*.

argyranthous [ɑːrdʒiˈranθəs], *a. Bot:* Argyranthème.

argyria [ɑːrˈdʒiria], *s. Med:* Argyrisme *m*.

argyric [ɑːrˈdʒirik], *a. Ch:* Argyrique.

argyrol [ɑːrˈdʒairəl], *s. Pharm:* Argyrol *m*.

argyrophyllous [ɑːrdʒiroˈfiləs], *a. Bot:* Argyrophylle.

argyrythrose [ɑːrˈdʒiriθroːuz], *s. Miner:* Pyrargyrite *f*.

aria [ˈɑːria], *s. Mus:* Aria *f*.

Ariadne [ariˈadni]. *Pr.n.f. Gr.Myth:* Ariane.

Arian [ˈɛəriən], *a. & s. Rel.H:* Arien, -ienne.

-arian [ˈɛəriən], *a. & s. suff.* -aire *mf*. **1.** *Antiquarian*, antiquaire. *Proletarian*, prolétaire. *Esp. of members of a sect.* (*Occ.* -arien *m*, -arienne *f*.) *Sectarian*, sectaire. *Unitarian*, unitaire, unitairien, unitarien. *Vegetarian*, végétarien. *Thus also: Humanitarian*, humanitaire. **2.** (*Of a certain age*) -aire. *Octogenarian*, octogénaire. *Nonagenarian*, nonagénaire.

Arianism [ˈɛəriənizm], *s. Rel.H:* Arianisme *m*.

-arianism [ˈɛəriənizm], *s. suff.* -ar(ian)isme *m*. *Utilitarianism*, utilitarisme. *Unitarianism*, unitar(ian)isme.

arid [ˈarid], *a.* (Terre, sujet) aride.

aridity [aˈriditi], **aridness** [ˈaridnəs], *s.* Aridité *f*.

Ariel [ˈɛəriəl]. **1.** *Pr.n.m. B.Lit:* Ariel. **2.** *s. F:* Esprit *m* des airs; sylphe *m*. (D'après le personnage de 'La Tempête' de Shakespeare.)

Aries [ˈɛəriiːz]. *Pr.n. Astr:* Le Bélier.

arietta [ariˈetta], *s. Mus:* Ariette *f*.

aright [aˈrait], *adv.* Bien, juste, correctement. *To judge a.*, bien juger. *To think a.*, penser juste. *If I heard a.*, si j'ai bien entendu.

aril [ˈaril], **arillus** [aˈriləs], *s. Bot:* Arille *m* (d'une graine).

arillate [ˈarilet], *a. Bot:* (Graine) arillée.

Arimathaea [arimaˈθiːa]. *Pr.n. A.Geog:* Arimathie *f*.

Ariosto [ariˈɔsto]. *Pr.n.m. Lit.Hist:* L'Arioste.

-arious [ˈɛəriəs], *a. suff.* -aire. *Gregarious*, grégaire. *Precarious*, précaire. *Temerarious*, téméraire.

Ariovistus [arioˈvistəs]. *Pr.n.m. Hist:* Arioviste.

arise [aˈraiːz], *v.i.* (**arose** [aˈroːuz], **arisen** [aˈrizn]) **1.** S'élever. (*a*) (*Of pers.*) *A prophet, a poet, arose*, un prophète, un poète, surgit, se révéla. (*b*) (*Of thg*) *Along the road buildings soon arose*, le long de la route s'élevèrent bientôt des bâtiments. (*c*) *A. & B: To a. from the dead*, ressusciter (des morts). *The prophet bade him a.*, le prophète lui dit: "Levez-vous." **2.** (*Of thg*) (*a*) S'élever, surgir, survenir, s'offrir, se présenter, se produire. *A murmur, a quarrel, arose*, un murmure, une querelle, s'éleva. *A storm arose*, il survint une tempête. *Incidents might a.*, il pourrait naître, se produire, des incidents. *There arose a great cry*, de grands cris se firent entendre. *Another difficulty then arose*, alors survint, surgit, se présenta, une nouvelle difficulté; il se produisit alors, une nouvelle difficulté. **If complications arise . . .**, s'il survient des complications. . . . **When the case arises**, quand le cas adviendra, se produira. **The question has not arisen**, la question ne s'est pas encore posée; le cas ne s'est pas encore présenté. **Should the occasion arise . . .**, le cas échéant. . . . (*b*) Émaner, provenir, résulter (*from*, de). *Obligations that a. from a clause*, obligations qui émanent d'une clause. *Diseases that a. from the unhealthiness of a country*, maladies qui proviennent, qui procèdent, de l'insalubrité d'un pays, qui sont dues à l'insalubrité d'un pays. *Tears arising from vexation*, des larmes dues au dépit. **Thence it arises that . . .**, de là vient que . . ., de là il résulte que. . . . *Conditions arising out of the war*, conditions nées de la guerre. **Arising from** (*this proposal, etc.*), comme suite à (cette proposition, etc.).

arista, *pl.* **-ae** [aˈrista, -iː], *s. Bot:* Arête *f*.

Aristaeus [arisˈtiːəs]. *Pr.n.m. Gr.Myth:* Aristée.

Aristarchus [arisˈtɑːrkəs]. *Pr.n.m. Gr.Ant:* Aristarque.

aristate [ˈaristet], *a. Bot:* Aristé, barbu.

Aristides [arisˈtaidiːz]. *Pr.n.m. Gr.Hist:* Aristide.

Aristippus [arisˈtipəs]. *Pr.n.m. Gr.Ant:* Aristippe.

aristocracy [arisˈtɔkrəsi], *s.* **1.** Aristocratie *f*. **2.** (*a*) Gouvernement *m* par une aristocratie. (*b*) État gouverné par une aristocratie. *To turn a state into an a.*, aristocratiser un État.

aristocrat [ˈaristokrat, aˈris-], *s.* Aristocrate *mf*; *F: Pej:* **aristo** *m*. *To make an a. of s.o.*, aristocratiser qn; faire un aristocrate de qn.

aristocratic [aristoˈkratik], *a.* Aristocratique, *F:* distingué. *A. bearing*, manières patriciennes. *To grow a.*, s'aristocratiser.

aristocratical [aristoˈkratik(ə)l], *a.* (Gouvernement) aristocratique. **-ally**, *adv.* Aristocratiquement.

aristolochia [aristoˈloukja], *s. Bot:* Aristoloche *f*.

Aristophanes [arisˈtɔfaniːz]. *Pr.n.m. Gr.Lit:* Aristophane.

Aristophanic [aristoˈfanik], *a.* Aristophanesque.

Aristotelian [aristoˈtiːljən], *a. & s.* Aristotélicien, -ienne; (doctrine) aristotélique. *An A. philosopher*, un philosophe de l'école d'Aristote. *A. logic*, la logique d'Aristote.

Aristotle [ˈaristɔtl]. *Pr.n.m. Gr.Phil:* Aristote.

Aristoxenus [arisˈtɔksenəs]. *Pr.n.m. Gr.Hist:* Aristoxène.

arithmetic [aˈriθmetik], *s.* Arithmétique *f*, calcul *m*. *Mental a.*, calcul mental; calcul de tête.

arithmetical [ariθˈmetik(ə)l], *a.* Arithmétique. *See also* PROGRESSION 2. **-ally**, *adv.* Arithmétiquement.

arithmetician [ariθmeˈtiʃ(ə)n], *s.* Arithméticien, -ienne; calculateur, -trice.

arithmograph [ˈariθmograf], *s. Mth:* Arithmographe *m*.

arithmometer [ariθˈmɔmetər], *s.* Arithmomètre *m*; machine *f* à calculer.

-arium [ɛəriəm], *s. suff.* **1.** -arium *m*. *Aquarium*, aquarium. *Sacrarium*, sacrarium. *Vivarium*, vivarium. **2.** -ier *m*. *Herbarium*, herbier. *Vivarium*, vivier *m*. **3.** -aire. *Honorarium*, honoraire(s) *m*.

Arizona [ariˈzouna]. *Pr.n. Geog:* L'Arizona *m*.

arjun [ˈɑːrdʒən], *s. Bot:* Badamier *m*.

ark [ɑːrk], *s.* Arche *f*. **1.** **Noah's ark**, l'arche de Noé. *F: We got some cheese that must have come out of the Ark*, on nous servit du fromage qui datait au moins du déluge. **2.** **The Ark of the Covenant**, l'Arche d'alliance, l'Arche sainte. **3.** *U.S:* Péniche *f*.

Arkansan [ɑːrˈkanzən], *U.S. F:* **Arkansawyer** [ˈɑːrkansɔːiər], *s. Geog:* Habitant, -ante, de l'Arkansas.

arles [ɑːrlz], *s.pl. Dial:* (*In Scot.*) Arrhes *fpl*.

arm[1] [ɑːrm], *s.* **1.** (*a*) Bras *m* (de personne); *Farr:* de cheval). **Upper arm**, haut *m* du bras, arrière-bras *m*. *See also* FOREARM. **To carry a child in one's arms**, porter un enfant au bras, dans ses bras. **Infant in arms**, enfant porté au bras; bébé *m*, *F:* poupon *m*. **To carry sth. under one's arm**, porter qch. sous le bras, sous l'aisselle. **To draw one's hand through s.o.'s arm**, passer sa main dans le bras de qn. **To have s.o. on one's arm**, avoir qn à son bras. *To have a basket on one's arm*, avoir un panier au bras. **To give one's arm to s.o.**, donner le bras à qn. **To walk arm-in-arm**, marcher en se donnant le bras; *F:* marcher bras dessus bras dessous. *She took my arm*, elle me prit le bras; elle passa sa main dans mon bras. *She flung her arms about me*, elle m'entoura de ses bras; elle me prit dans ses bras; *F:* elle se jeta à mon cou. **To put one's arm round s.o.**, prendre qn par la taille. *She listened to me with her arm on the table*, elle m'écoutait le coude sur la table, accoudée sur la table. **To receive, greet, s.o. with open arms**, recevoir qn à bras ouverts; ouvrir, tendre, les bras à qn; faire à qn un accueil cordial; faire fête à qn. **To carry sth. at arm's length**, porter qch. à bras tendu, à bout de bras. *F:* **To keep s.o. at arm's length**, tenir qn à distance. **To make a long arm for sth.**, allonger le bras vers qch. *Do make a long arm and get me down a pot of jam*, tâchez donc d'atteindre un pot de confitures. *F:* **He has a long arm**, il a le bras long. (*b*) **The secular arm**, le bras séculier. **2.** Bras (de mer, d'un fleuve, de fauteuil, de levier, de manivelle); fléau *m* (de balance); rayon *m* (de roue); bras, patte *f* (d'ancre); branche *f* (d'arbre, de tenailles); tige *f* (de défourneuse); accoudoir *m* (de fauteuil); potence *f*. *Aut: Arms of the folding hood*, compas *mpl* de la capote. *Mec.E:* **Linked arm**, biellette articulée. *Nau:* **The chain is round the arms**, l'ancre est surpattée. *Civ.E:* **Front arm(-lever)** (*of bascule bridge*), avant-bras *m*. *Back a.*, arrière-bras *m*. *See also* CRANK-ARM, LONG-ARM, OVERFLOW[1] 2, ROCKER-ARM, SAIL-ARM, TONE-ARM, YARD-ARM.

ˈarm-badge, *s.* **1.** *Mil:* Brassard *m*. **2.** Plaque *f* (de commissionnaire, etc., portée au bras).

ˈarm-band, *s.* Brassard *m*; *esp.* brassard de deuil.

ˈarm-chair, *s.* Fauteuil *m*. *F:* **Arm-chair strategists**, stratégistes *m* en chambre.

ˈarm-guard, *s. Archeol. & Archery:* Brassard *m*.

ˈarm-hole, *s.* Emmanchure *f*, entournure *f*.

ˈarm-loop, -sling, -strap, *s. Veh:* Appuie-bras *m*, embrasse *f*, brassière *f*, porte-bras *m*.

ˈarm-rest, *s. Veh:* Accoudoir *m*, accotoir *m*, appuie-bras *m*, custode *m or f*. *Aut: Centre a.-r.*, accoudoir central. *Disappearing a.-r.*, accoudoir escamotable.

arm[2], *s. Usu.pl.* **1.** Arme *f*. (*a*) **Fire-arm(s)**, arme(s) à feu. **Small-arms**, armes portatives. **Side-arms**, armes blanches. **To take up arms, to rise up in arms**, prendre les armes (*against*, contre). *To take up arms again*, reprendre les armes. **To arms!** aux armes! **To bear, carry, arms**, porter les armes. **The profession of arms**, le métier des armes. **To lay down one's arms**, (i) mettre bas les armes; rendre les armes; (ii) désarmer. *See also* REVERSE[3] 1. **Nation in arms, under arms**, nation sous les armes. *To provide* (*s.o., sth.*) *with arms*, armer (qn, qch.). *F:* **To be up in arms against s.o.**, être en révolte, en rébellion ouverte, contre qn; être insurgé contre qn. *Everyone is up in arms about it*, tout le monde proteste, est indigné. *Unions up in arms against the duly elected representatives of the people*, syndicats dressés contre les élus du suffrage universel. **To quell a rising by force of arms**, réprimer une insurrection par les armes, à main armée. *A:* **Man at arms**, homme *m* d'armes, homme à armes. *See also* GENTLEMAN 1, MASTER-AT-ARMS. *Mil:* **To parade under arms**, prendre les armes. *Parade under arms*, prise *f* d'armes. **Arms factory**, armurerie *f*; fabrique *f* d'armes. **Arms manufacturer**, armurier *m*. *See also* CALL[2] 2, COMPANION-IN-ARMS, PASSAGE[1] 4, PORT[6]. (*b*) *Mil:* (*Branch of service*) Arme. *Twelve thousand men of all arms*, douze mille hommes de toutes armes. *F:* **The fourth arm**, l'aviation *f*. **2.** *pl. Her:* Armoiries *f*, armes. *Arms of alliance*, armoiries d'alliance. *Arms of community*, armoiries de communauté, de corporation. *Arms of dominion*, armoiries de domaine, de souveraineté. *Arms of pretension*, armoiries de prétention. *Arms of succession*, armoiries de succession. *Painted, emblazoned, with the arms of the town*, peint aux armes de la ville. *See also* ASSUMPTION 2, ASSUMPTIVE 1, COAT[1] 1, COLLEGE 1, KING-OF-ARMS.

arm[2]. **1.** *v.tr.* (*a*) Armer (qn, un régiment, un navire, une place de guerre). *F: To arm oneself with patience*, s'armer de patience. *He was armed with every conceivable tool*, il était pourvu de tous les outils imaginables. *To arm oneself with an umbrella*, s'armer, se nantir, d'un parapluie. (*b*) *Tchn:* Armer (une poutre, un aimant, etc.); renforcer (une poutre, etc.). *See also* LEAD[1] 3. **2.** *v.i.* S'armer (*against s.o.*, contre qn); prendre les armes.

armed[1], *a.* Armé (*with*, de). *A. man*, homme armé. *A. ship*, (i) navire armé en guerre; (ii) vaisseau cuirassé. *A. with a gun, with teeth, etc.*, armé d'un fusil, de dents, etc. **Armed to the teeth**, armé jusqu'aux dents. *A. & F:* **Armed at all points**, armé de toutes pièces, de pied en cap. *A. demonstration*, démonstration *f* à main armée. *To offer a. resistance*, se défendre les armes à la main. *A. neutrality*, neutralité armée. *A. peace*, paix armée. *A. with full powers*, armé de pleins pouvoirs. *See also* TOOTH[1] 1.

arming, *s.* **1.** (*a*) = ARMAMENT 1. (*b*) **Arming of a fuse**, armement *m* d'une amorce. **2.** (*a*) *El:* = ARMATURE 2. (*b*) *Nau:* Suif *m* (de la grande sonde).

'arming-press, *s.* *Bookb:* Presse *f* à estamper.

armada [ɑːr'meidə], *s.* (*a*) *Hist:* Armada *f.* **The Invincible Armada**, l'Invincible Armada. (*b*) *F:* Grande flotte de guerre.

armadillo [ɑːrmə'dilo], *s.* **1.** *Z:* Tatou *m*; cochon cuirassé. **2.** *Crust:* (*Wood-louse*) Armadille *m or f.*

Armageddon [ɑːrmə'gedən], *s.* (*a*) *B.Lit:* Armageddon *m* (Apocalypse XVI, 16). (*b*) La lutte suprême; la grande mêlée des peuples.

armament ['ɑːrməmənt], *s.* **1.** (*Equipping*) Armement *m* (d'une troupe, etc.). **2.** (*Equipment*) Armement; (*of ship*) artillerie *f*, munitions *fpl* de guerre. *Naval armaments*, armements navals. *The armaments race*, la course aux armements. **Armament maker**, fabricant *m* de matériel de guerre; *F:* marchand de canons. *Navy: Heavy a.*, artillerie de gros calibre. *Light a.*, artillerie légère. *Main a.*, artillerie principale; grosse artillerie. *Secondary a.*, artillerie moyenne. **3.** (*Force equipped*) Forces *fpl*; armée *f*, flotte navale.

armature ['ɑːrmətjuər], *s.* **1.** *Biol: etc:* Armure *f.* **2.** *El:* Induit *m* (d'un condensateur, d'une dynamo); armature *f* (d'une magnéto, d'une petite dynamo). *A. winding*, enroulement *m* d'induit. *Bar-wound a.*, induit à barres. *Ring a.*, induit en anneau. *Drum(-wound) a.*, induit en tambour, en cylindre. *Shuttle-type a.*, induit en double T, en navette. *See also* GAP[1] 1, SLOTTED. **3.** *Const:* Armature (d'un édifice en ciment, etc.).

-armed[2] [ɑːrmd], *a.* **Long-armed**, au(x) bras long(s). **Short-armed**, aux bras courts. **Three-armed** *idol*, idole *f* à trois bras. *See also* OPEN-ARMED.

Armenia [ɑːr'miːnjə]. *Pr.n. Geog:* L'Arménie *f.*

Armenian [ɑːr'miːnjən], *a. & s.* Arménien, -ienne. *A. Pharm:* **Armenian bole**, bol *m* d'Arménie.

armful ['ɑːrmful], *s.* Brassée *f.* *To bring flowers in armfuls, by the a.*, apporter des fleurs à bras pleins, à pleins bras, plein les bras.

Armida [ɑːr'miːdə]. *Pr.n.f. Ital.Lit:* Armide *f.*

armiger ['ɑːrmidʒər], *s.m.* Écuyer, gentilhomme (portant écu de chevalier).

armigerous [ɑːr'midʒərəs], *a.* Portant écu de chevalier.

armilla [ɑːr'milə], *s.* *Archeol: A.Astr:* Armille *f.*

armillaria [ɑːrmi'lɛəriə], *s.pl.* *Fung:* Armillaires *f.*

armillary ['ɑːrmiləri, ɑːr'miləri], *a.* Armillaire.

armillate ['ɑːrmilet], *a.* *Bot:* Armillaire.

Arminian [ɑːr'minjən], *a. & s.* *Rel.H:* Arminien, -ienne.

Arminianism [ɑːr'minjənizm], *s.* *Rel.H:* Arminianisme *m.*

armistice ['ɑːrmistis], *s.* Armistice *m.* **Armistice day**, l'anniversaire *m* de l'Armistice (de 1918).

armless ['ɑːrmləs], *a.* Sans bras.

armlet ['ɑːrmlet], *s.* **1.** Bracelet (porté au-dessus du coude). *Archeol:* Armille *f.* **2.** Brassard *m.* **3.** Petit bras de mer.

armorial [ɑːr'mɔːriəl]. **1.** *a.* Armorial, -aux; héraldique. **Armorial bearings**, armoiries *fpl.* **2.** *s.* Armorial *m.*

Armorica [ɑːr'mɔrikə]. *Pr.n. A.Geog:* L'Armorique *f.*

Armorican [ɑːr'mɔrikən], *a. & s.* *Ethn: Geog:* Armoricain, -aine.

armoried ['ɑːrmorid], *a.* Armorié.

armorist ['ɑːrmərist], *s.* Armoriste *m*, héraldiste *m.*

armory[1] ['ɑːrməri], *s.* (Science *f* du) blason *m*; l'art *m* héraldique.

armory[2], *s.* = ARMOURY.

armour[1] ['ɑːrmər], *s.* **1.** Armure *f* (de chevalier, etc.). *Mail a.*, cotte annelée, de mailles. **Suit of armour**, armure complète. **Knights in armour**, chevaliers revêtus de leur armure. **In full armour**, armé de pied en cap. *See also* PLATE-ARMOUR, SCALE-ARMOUR. **2.** (*a*) Blindage *m* (de train blindé). (*b*) *N.Arch:* Cuirasse *f*, cuirassement *m*, blindage (de bâtiment de guerre). **Side-armour**, cuirasse verticale, cuirasse des flancs, blindage de flanc. **3.** Scaphandre *m.*

'armour-bearer, *s.* *A:* Écuyer *m.*

'armour-belt, *s.* *N.Arch:* Cuirasse de ceinture; ceinture blindée, cuirassée.

'armour-clad, *a.* Blindé, cuirassé.

'armour-piercing, *a.* (Obus) perforant, de rupture.

'armour-plate, *s.* *N.Arch: etc:* Plaque *f* de cuirasse, d'acier, de blindage; tôle *f* de blindage.

'armour-plated, *a.* **1.** *N.Arch: etc:* Cuirassé; blindé. **2.** *F:* (*Of pers.*) Blindé; pachydermique; insensible aux injures.

'armour-plating, *s.* *N.Arch: etc:* **1.** Blindage *m*, cuirassement *m.* **2.** Cuirasse *f.*

armour[2], *v.tr.* Cuirasser (un navire); blinder (un train, etc.); *El.E:* armer (un câble).

armoured, *a.* Cuirassé, blindé. **Armoured cruiser, deck**, croiseur, pont, cuirassé. **Armoured car**, char blindé, automobile blindé(e). **Armoured plate**, plaque *f* de cuirasse, de blindage; plaque d'acier; tôle *f* de blindage. *See also* TOWER[1] 1.

armouring, *s.* **1.** Cuirassement *m*, blindage *m* (d'un navire, etc.). **2.** = ARMOUR[1] 2. *A. of an electric cable*, armature *f* d'un câble électrique.

armourer ['ɑːrmərər], *s.* *Ind: Mil: Navy:* Armurier *m.*

armoury ['ɑːrməri], *s.* **1.** (*a*) Magasin *m* d'armes. *F: Language is the a. of the human mind*, le langage est l'arsenal de l'esprit humain. (*b*) *U.S:* Fabrique *f* d'armes. **2.** (*In barracks*) Armurerie *f.* **3.** (*Armourer's craft*) Armurerie. **4.** (*In museum, etc.*) Salle *f* d'armes. **5.** *U.S:* = DRILL-HALL.

armozeen [ɑːrmo'ziːn], *s.* *Tex: A:* Armoisin *m.*

armpit ['ɑːrmpit], *s.* Aisselle *f.*

army ['ɑːrmi], *s.* **1.** (*a*) Armée *f.* **To be in the army**, être dans l'armée, au service, au régiment; être soldat, militaire. **To go into the army, to join the army**, (i) s'engager, s'enrôler, se faire soldat; (ii) (*conscription*) partir au régiment, entrer au service. *To go back into the a.*, rentrer dans l'armée. **Standing army, regular army**, armée permanente, active. *An a. twenty thousand strong*, une armée forte de vingt mille hommes. **That wasn't the way in the army**, *F:* ça ne se faisait pas comme ça, ce n'était pas comme ça, au régiment. **Army contractor**, fournisseur *m* de l'armée. *Jur:* **The Army Act** = *le Code (de justice) militaire. See also* NURSE[1] 2, SERVICE[1]. (*b*) **The Salvation Army**, l'Armée du Salut. **2.** *F:* Foule *f*, multitude *f* (d'hommes, etc.). *A whole a. of officials*, toute une armée de fonctionnaires.

'army-corps, *s. inv. in pl.* Corps *m* d'armée.

'Army-list, *s.* L'Annuaire *m* militaire; Cadres *m* de l'armée.

'army-worm, *s.* *Ent: U.S:* Chenille *f* de la leucanie.

arnaout, arnaut [ɑːr'naut], *s.* *Ethn:* Arnaoute *m*, Arnaute *m*; Albanais *m.*

arnica ['ɑːrnikə], *s.* **1.** *Bot:* Arnica *f*, arnique *f*; bétoine *f* des montagnes, des Vosges. **2.** *Pharm:* (Teinture *f* d')arnica.

Arnold ['ɑːrnəld]. *Pr.n.m.* Arnaud, Arnoul.

arnotto [ɑːr'nɔto], *s.* = ANATTO.

arolla [ə'rɔlə], *s.* Arolle *f*; pin *m* cembro.

aroma [ə'roumə], *s.* Arome *m*; bouquet *m* (d'un vin, d'un cigare). *To give a. to sth.*, aromatiser qch.

aromatic [aro'matik]. **1.** *a.* Aromatique; (parfum) balsamique. *Ch:* **Aromatic series**, série *f* aromatique. **2.** *s.* Aromate *m.*

aromatize [ə'roumətaiz], *v.tr.* Aromatiser (du savon, etc.).

around [ə'raund]. **1.** *adv.* (*a*) Autour, à l'entour. **All around**, tout autour, de tous côtés, de toutes parts. *For ten miles a.*, à dix milles à l'entour, à la ronde. *The woods (all) a.*, les bois d'alentour. (*b*) *U.S:* = ROUND, ABOUT. *To wander a.*, rôder alentour. (*c*) *U.S: F:* Sur pied, debout, levé. **He is now able to be around**, il est de nouveau sur pied. **2.** *prep.* (*a*) Autour de. *His arms a. my neck*, ses bras autour de mon cou. *The people a. him*, les gens qui l'entourent; son entourage, son milieu. *The country a. the town*, les environs de la ville. (*b*) *U.S:* = ROUND, ABOUT. *To travel a. the country*, parcourir le pays. *He drew a circle a. the drawing*, il traça un cercle autour du dessin. *The meeting adjourned a. four o'clock*, on a levé la séance sur les quatre heures.

arouse [ə'rauz], *v.tr.* **1.** (*a*) Réveiller, éveiller (qn). *To a. s.o. from his sleep*, tirer qn de son sommeil. *She clucked like an aroused hen*, elle gloussait comme une poule qu'on aurait dérangée. (*b*) Secouer (qn) (de sa paresse, de sa torpeur); stimuler (qn). **2.** Exciter, éveiller, susciter (un sentiment); soulever (des passions); piquer, éveiller, provoquer (la jalousie); chatouiller (la curiosité); appeler (le mépris); éveiller (des soupçons). *He could a. all that was worst in a man*, il savait éveiller les pires instincts de l'homme. *His jealousy was aroused*, sa jalousie fut mise en éveil. *The emotion that this news aroused within us*, l'émotion que cette nouvelle nous fit éprouver; l'émotion suscitée en nous par cette nouvelle. *Event that arouses reflexion*, événement qui provoque la réflexion. *See also* COMPASSION, SUSPICION[1] 1.

arpeggiated [ɑːr'pedʒieitid], *a.* *Mus:* (Accord) arpégé.

arpeggio[1] [ɑːr'pedʒjo], *s.* *Mus:* Arpège *m.* *To play arpeggios*, (i) faire des arpèges, arpéger (sur le piano); (ii) exécuter un passage en arpèges. *Performance of arpeggios*, arpégement *m.*

arpeggio[2], *v.* *Mus:* **1.** *v.i.* Arpéger. **2.** *v.tr.* Arpéger (un accompagnement); exécuter (un passage) en arpèges.

arquebus ['ɑːrkwibʌs], *s.* Arquebuse *f.*

arrack ['arək], *s.* *Dist:* Arack *m.*

arraign [ə'reiːn], *v.tr.* (*a*) Mettre (qn) en accusation; accuser, inculper (qn) (*for*, de); traduire (qn) devant un tribunal; traduire (qn) en justice. (*b*) Attaquer (qn, une opinion); s'en prendre à (qn); blâmer ouvertement.

arraigner [ə'reiːnər], *s.* Accusateur, -trice.

arraignment [ə'reinmənt], *s.* **1.** *Jur:* (*a*) Mise *f* en accusation; mise en jugement. (*b*) Acte *m* d'accusation. (*c*) Interpellation *f* de l'accusé (qui doit répondre "coupable" ou "non coupable"). **2.** Censure *f*, critique *f* hostile (d'un livre, d'une action).

arrange [ə'reindʒ], *v.tr.* Arranger, aménager. **1.** (*a*) (*Set in order*) Disposer, mettre en ordre, ranger, arranger (les meubles, etc.); ordonner (un cortège, etc.). *To a. books on a shelf*, ranger des livres sur un rayon. *To a. them in alphabetical order*, les ranger par ordre alphabétique. *Tourists arranged in five parties*, touristes répartis en cinq groupes. *To a. one's hair*, ajuster sa coiffure; arranger ses cheveux. *To a. one's affairs*, régler ses affaires. *Artist who is good at arranging the subjects of his picture*, peintre *m* qui sait camper ses personnages. *The stage effects are arranged with skill*, les effets de scène sont ménagés avec habileté. *Mth:* **To arrange terms** (*in ascending or descending order*), ordonner les termes (d'un polynôme). (*b*) (*Adapt*) *Piece arranged for the piano*, morceau adapté, arrangé, pour piano. *To a. a score for the piano*, réduire une partition (pour piano). **2.** (*Plan beforehand*) *To a. the* *drawing-room for the evening party*, préparer, arranger, aménager, le salon pour la soirée. *To a. a marriage*, arranger un mariage. **'A marriage has been arranged between . . . and . . .,'** "on annonce les fiançailles de Mlle . . . avec M. . . ." *To a. a treaty*, (i) préparer un traité, (ii) conclure un traité. *To a. to do sth.*, (i) s'arranger, prendre ses dispositions, pour faire qch.; faire en sorte de faire qch.; (ii) s'arranger avec qn pour faire qch.; convenir de faire qch. *To a. a time for sth.*, fixer une heure pour qch. *To a. a concert*, organiser un concert. *I shall a. about it*, j'y pourvoirai; je prendrai les dispositions nécessaires; *F:* je vais arranger ça. *To a. for sth. to be done*, prendre des dispositions, des mesures, pour que qch. se fasse. *I have arranged for somebody to escort her*, j'ai pris des dispositions pour qu'on l'accompagne. *To a. with s.o. about sth.*, s'accorder, tomber d'accord, avec qn au sujet de qch. *Everything is arranged*, tout est d'accord. *We arranged to meet at ten*, nous avons convenu de nous retrouver à dix heures. *It was arranged that . . .*, il fut convenu que. . . . *A. for me to go out*, faites en sorte que je puisse sortir. *Try to a. it*, tâchez d'arranger la chose. **Arrange it among yourselves**, arrangez cela entre vous; entendez-vous là-dessus. *I so arranged it that nobody heard of his departure*, je m'arrangeai, j'arrangeai les choses, de façon que personne n'apprît son départ. *They arranged a scheme by which . . .*, ils concertèrent un projet par lequel. . . . *One cannot a. for everything*, on ne peut pas tout prévoir. *The meeting arranged for to-morrow*, la réunion prévue pour demain. **3.** (*Settle*) Accommoder, ajuster, arranger (un différend).

arranged, *a.* Arrangé. **Well-arranged workshop**, atelier bien agencé, bien aménagé. *Well-a. house*, maison bien entendue, bien comprise. *Well-a. diet*, régime bien ordonné, bien agencé. *Com:* **At an arranged price**, à (un) prix débattu, convenu.

arranging, *s.* Arrangement *m*, aménagement *m*, ajustement *m*, règlement *m*.

arrangement [ə'reindʒmənt], *s.* **1.** Arrangement *m*, disposition *f*, aménagement *m*, mise *f* en ordre (*of*, de). *Testamentary arrangements*, dispositions testamentaires. *A. of the parts of a machine*, agencement *m* d'une machine; disposition des organes d'une machine. **To make arrangements for sth., to make arrangements to do sth.,** *to make arrangements for sth. to be done*, prendre des dispositions, des mesures, faire des préparatifs, pour qch., pour faire qch., pour que qch. se fasse. **To make all necessary arrangements**, prendre toutes les dispositions utiles, nécessaires. *Mus: A. for piano*, arrangement, adaptation *f*, réduction *f*, pour piano. **2.** Accommodement *m* (d'un différend); accord *m*, entente *f*. *Jur:* Transaction *f*. *Com:* **To make an arrangement, to come to an arrangement, with s.o.,** entrer en arrangement, faire un arrangement, prendre un arrangement, passer un compromis, avec qn. *The price is still a matter of a.*, le prix est encore à débattre. **Price by arrangement**, prix à débattre. *To come to an a. is better than going to law*, s'arranger vaut mieux que plaider. **3.** (*a*) Dispositif *m* (de mise en marche, etc.). (*b*) *F:* Chose *f*, affaire *f*. *A lace a. forming a cap*, un assemblage de dentelle formant coiffe. *What's that a.?* qu'est-ce que c'est que cette machine-là? que ce machin-là? que ce truc-là?

arranger [ə'reindʒər], *s.* **1.** *Mus:* Arrangeur, -euse (d'une partition réduite, etc.). **2.** *The a. of the procession, of the trip*, l'ordonnateur du cortège, l'organisateur de l'excursion. *The a. of the marriage*, la personne qui a fait le mariage. *The a. of the reception room*, l'agenceur *m* du salon.

arrant ['ærənt], *a.* Insigne, achevé; franc, *f.* franche. *A. rogue*, coquin fieffé, renforcé; franc coquin, vraie canaille. *A. thief*, maître filou *m*. *See also* LIAR. **-ly,** *adv.* Notoirement, indignement.

arras ['ærəs], *s.* *A:* Tenture(s) *f*; tapisserie(s) *f*.

array[1] [ə'rei], *s.* **1.** (*a*) Rangs *mpl*. **In close array**, en rangs serrés. **In battle array**, en ordre de bataille. (*b*) Étalage *m*. *An imposing a. of tools*, un imposant déploiement d'outils. *An a. of figures*, une rangée, un alignement, de chiffres. *A goodly a. of people*, bon nombre de gens; une foule assez considérable. *To amplify one's thought with a great a. of similes*, amplifier sa pensée à grand renfort de comparaisons. **2.** *Hist:* Mobilisation des milices, etc. **3.** *Jur:* (*a*) Appel nominal (des jurés). (*b*) Tableau *m* (des jurés). *See also* CHALLENGE[1] 2. **4.** *Poet:* Parure *f*, appareil *m*. **In rich array**, parée de tous ses atours, de ses plus beaux atours. *F:* **In full array**, en grande toilette, en grand tralala.

array[2], *v.tr.* **1.** Ranger, mettre en ordre; disposer, déployer (des troupes, etc.) (en ordre de bataille). *They arrayed themselves against the King*, ils se rangèrent du parti hostile au roi; ils prirent les armes contre le roi. **2.** *Jur:* **To array a panel**, (i) dresser le tableau des jurés; (ii) faire l'appel nominal des jurés. **3.** (*a*) *Poet:* Revêtir, orner, parer (*s.o. in sth.*, qn de qch.). (*b*) *F:* Attifer (qn de qch.).

arrayment [ə'reimənt], *s.* *A:* **1.** Disposition *f* (des troupes en ordre de bataille, etc.). **2.** = ARRAY[1] 4.

arrear(s) [ə'riːər(z)], *s.* **1.** Arriéré *m*, arrérages *mpl*. *Arrears of rent*, arriéré de loyer. *Arrears of wages*, arrérages de salaires. **Rent in arrear**, loyer *m* en arrière, arriéré, en retard. *Work in a.*, travail *m* en retard. *Rate-payer in arrears*, contribuable en retard. **I am three months in arrear with the rent**, je suis en retard de trois mois pour mon terme. **To get, fall, into arrears**, (i) (*of pers.*) se mettre en retard, s'arriérer; (ii) (*of moneys*) arrérager. *What put you in a.?* qu'est-ce qui vous a mis en retard? **To be in arrear(s) with one's correspondence**, avoir de l'arriéré, être en retard, en arrière, dans sa correspondance. **To make up arrears (of work)**, se remettre au courant, à flot. **Arrears of interest**, intérêts *mpl* moratoires, de retard; arrérages. **Salary with arrears as from 1st March**, traitement *m* avec rétroactivité au 1er mars, avec effet rétroactif à compter du 1er mars. **2.** *Prep.phr.* *To walk* **in arrear of** *the procession*, marcher derrière le cortège.

arrearage [ə'riːəredʒ], *s.* **1.** Retard *m* (dans le travail, etc.). **2.** *pl.* *A. & U.S:* Arriéré *m*, arrérages *mpl*; solde *m* de compte encore dû; reliquat *m* de compte.

arrest[1] [ə'rest], *s.* **1.** (*a*) Arrestation *f* (d'un malfaiteur). *Jur:* Prise *f* de corps. **Under arrest**, en état d'arrestation. *To effect an a.*, opérer une arrestation. *Wholesale arrests*, arrestations en masse. *See also* WARRANT[1] 3. (*b*) *Mil: Navy:* Arrêts *mpl*. **Open arrest**, arrêts simples. **Close arrest**, arrêts forcés, de rigueur; consigne *f* à la chambre. **Under arrest**, aux arrêts. *To be, remain, under a.*, garder les arrêts. *To put an officer under a.*, mettre un officier aux arrêts; consigner un officier; *Navy:* envoyer un officier à sa chambre. **2.** (*a*) Arrêt *m*, suspension *f* (d'un mouvement, du progrès, etc.). *A. of the vital functions*, arrêt dans les fonctions vitales. (*b*) *Jur:* **Arrest of judgment**, sursis *m*, surséance *f*, à l'exécution d'un jugement; suspension de jugement.

arrest[2], *v.tr.* **1.** Arrêter (le mouvement, le progrès, de qn, de qch.). **Arrested growth of s.o., of sth.,** arrêt *m* dans la croissance de qn, dans le développement de qch. *To a. the motion of a part*, immobiliser un organe. **2.** Arrêter (un malfaiteur); mettre (qn) en état d'arrestation; appréhender (qn) au corps; s'assurer de la personne de (qn). **3.** Arrêter, fixer, retenir (l'attention, les regards). **4.** *Jur:* **To arrest judgment**, suspendre l'exécution d'un jugement; surseoir à un jugement. **5.** *Jur:* (*In Scot. and in Admiralty Law*) Saisir (des biens mobiliers, un navire).

arresting[1], *a.* Attachant, impressionnant, frappant; qui arrête l'attention. *A. picture*, tableau qui tire l'œil. *An a. sight*, un spectacle attachant.

arresting[2], *s.* **1.** *Jur:* Arrestation *f*; prise *f*, appréhension *f*, de corps. **2.** *Mec.E: etc:* Arrêt *m*. **Arresting device**, dispositif *m* d'arrêt. *See also* OIL-ARRESTING.

arrestation [ares'teiʃ(ə)n], *s.* **1.** (*a*) Arrêt *m*. (*b*) *Jur:* Saisie-arrêt *m*; opposition *f*. **2.** (*With reference to Fr.*) Arrestation *f*; prise *f* de corps.

arrester [ə'restər], *s.* **1.** Celui qui arrête (un malfaiteur). **2.** *Jur:* (*In Scot.*) Saisissant *m* (de biens mobiliers). **3.** *See* EARTH[1] 3, LIGHTNING-ARRESTER, SPARK-ARRESTER.

arrestive [ə'restiv], *a.* = ARRESTING[1].

arrestment [ə'restmənt], *s.* **1.** = ARRESTATION. **2.** = ARREST[1] 2 (*a*).

arrestor [ə'restər], *s.* *Jur:* = ARRESTER 2.

arrhythmia [ə'riθmiə], **arrhythmy** ['ariθmi], *s.* *Med:* Arythmie *f* (du pouls, etc.).

arrhythmic [ə'riθmik], *a.* (Pouls) arythmique.

Arrian ['ariən]. *Pr.n.m.* *Gr.Lit:* Arrien.

'Arriet ['ariet]. *Pr.n.f.* La copine de 'ARRY, *q.v.*

arris ['aris], *s.* Arête vive (d'un prisme, d'une cannelure).

'arris-gutter, *s.* *Const:* Gouttière *f* en V.

'arris-rafter, *s.* *Const:* Arêtier *m*.

'arris-wise, *adv.* Angulairement; en pointe, en arête.

arrival [ə'raivəl], *s.* **1.** (*a*) Arrivée *f*. **On arrival**, à l'arrivée (de qn, de qch.). *Post:* **'To await arrival,'** "ne pas faire suivre." *Nau:* **'For arrival,'** "à livrer à l'arrivée." **'To be delivered after safe arrival,'** "à livrer à l'heureuse arrivée." (*b*) *Com:* Arrivage *m* (de marchandises). *Daily arrivals of fish*, arrivages quotidiens de poisson. (*c*) *Nau:* Entrée *f* (d'un vaisseau). (*d*) *Rail:* Débarquement *m* (de voyageurs). **On arrival**, au débarquement. **Arrivals and departures**, mouvement *m* des trains. *See also* PLATFORM 2. **2.** (*Of pers.*) **A new arrival**, un nouveau venu, un nouvel arrivant. *F: The new a. is a son*, le nouveau-né est un fils.

arrive [ə'raiv], *v.i.* **1.** (*a*) Arriver (*at, in*, à, dans). *We arrived at three o'clock*, nous sommes arrivés à trois heures. *He has just arrived*, il arrive à l'instant; il ne fait que d'arriver. *He is expected to a. next week*, on attend son arrivée pour la semaine prochaine. *As soon as he arrived in London . . .*, dès son arrivée à Londres. . . . *To a. just at the right moment, in the nick of time*, arriver juste à temps, au bon moment; *F:* arriver comme marée en carême. *The third to a. was Helen*, la troisième arrivante fut Hélène. *To a. upon the scene, to a. unexpectedly*, survenir. *A client happened to a. and stopped me from going out*, survint un client qui m'empêcha de sortir. *Com:* **'To arrive,'** payable à l'heureuse arrivée, sous réserve d'arrivée. (*b*) *To a. at the age of sixty*, atteindre, parvenir à, l'âge de soixante ans. *To a. at perfection*, atteindre la perfection. **2.** *To a. at a conclusion*, arriver, en venir, aboutir, à une conclusion. *To a. at a price*, calculer un prix; fixer un prix. *See also* AGREEMENT 2, DECISION 2. **3.** *F:* (*In imitation of Fr.*) *He is a man who will a.*, c'est un homme qui arrivera, qui fera son chemin.

arrogance ['arogəns], **arrogancy** ['arogənsi], *s.* Arrogance *f*; morgue *f*.

arrogant ['arogənt], *a.* Arrogant. *A. tone of voice*, ton *m* rogue. **-ly,** *adv.* Arrogamment; avec arrogance.

arrogate ['arogeit], *v.tr.* **1.** **To arrogate sth. to oneself**, s'arroger qch., usurper qch., s'attribuer qch. **2.** **To arrogate sth. to s.o.,** attribuer injustement, à tort, qch. à qn.

arrogation [aro'geiʃ(ə)n], *s.* Prétention mal fondée. *A. of sth.*, usurpation *f* de qch.

arrow ['aro], *s.* **1.** (*a*) Flèche *f*. *To shoot, let fly, an a.*, lancer, décocher, une flèche. *F: The arrows of calumny*, les traits *m* de la calomnie. *The a. hits the mark*, le trait arrive à son adresse. *Adm:* **Broad arrow**, = marque *f* de l'État. *See also* LIFE-ARROW, STRAIGHT I. 1, SWIFT[1] I. 1. (*b*) Flèche (d'un arbre). (*c*) *Arch:* Flèche (d'un clocher). (*d*) *Mapm:* Flèche (désignant le nord). **2.** *Surv:* Flèche d'arpenteur. *See also* DROP-ARROW. **3.** *Astr:* **The Arrow**, la Flèche. *See also* SEA-ARROW.

'arrow-grass, *s.* *Bot:* Triglochin *m*, troscart *m*. *Seaside a.-g.*, triglochin maritime.

'arrow-head, *s.* **1.** Tête *f*, fer *m*, pointe *f*, de flèche. **2.** = ARROW 1 (*d*). **3.** *Bot:* Fléchière *f*, sagittaire *f*, sagette *f*, flèche *f* d'eau, queue-d'aronde *f*.

'arrow-headed, *a.* En forme de tête de flèche; cunéiforme.

'arrow-root, *s.* **1.** *Bot:* Marante *f*. **2.** *Com: Cu:* Arrow-root *m*.

'arrow-shaped, *a.* En forme de flèche; sagitté.

'Arry ['ari]. *Pr.n.m.* *F:* (= HARRY) Enfant de Londres, jovial et vulgaire, et qui néglige les 'h.'

'Arryish ['ariiʃ], *a. F:* Jovial et vulgaire à la manière de 'Arry.

arse [ɑːrs], *s.* **1.** (*Not in polite use*) Cul *m*, derrière *m. F:* **Arse over tip**, à la renverse; *A:* cul par-dessus tête. **Arse up**, le cul en l'air. **2.** Cul (d'une poulie).

arsenal ['ɑːrsənəl], *s.* Arsenal *m*, -aux.

arsenate ['ɑːrsənet], *s. Ch:* = ARSENIATE.

arsenated ['ɑːrseneitid], *a. Ch:* Arsénié, arsénifère, arsénique.

arseniasis [ɑːrsə'naiəsis], *s. Med:* Arseniciase *f*, arsenicisme *m*.

arseniate [ɑːr'senieit], *s. Ch:* Arséniate *m*.

arsenic[1] ['ɑːrsnik], *s.* Arsenic *m*. **White arsenic, flaky arsenic, flowers of arsenic**, arsenic blanc, acide arsénieux; *F:* mort *f* aux rats. **Red arsenic, ruby arsenic**, arsenic sulfuré rouge, rubis *m* d'arsenic, réalgar *m*. **Yellow arsenic, sulphide of arsenic**, sulfure *m* jaune d'arsenic; orpiment *m*, orpin *m*.

arsenic[2] [ɑːr'senik], *a. Ch:* (Acide) arsénique.

arsenical [ɑːr'senik(ə)l], *a.* Arsenical. *Med:* **Arsenical intoxication**, arseniciase *f*, arsenicisme *m*. *See also* PYRITES.

arsenide ['ɑːrsenaid], *s.* Arséniure *m*.

arseniferous [ɑːrse'nifərəs], *a.* Arsénifère.

arsenious [ɑːr'siːniəs], *a.* Arsénieux. *A. oxide*, acide arsénieux.

arsenite ['ɑːrsenait], *s.* **1.** *Ch:* Arsénite *m*. **2.** *Miner:* Arsénite, arsénolit(h)e *m*.

arseniuret [ɑːr'senjuret], *s. Ch:* Arséniure *m*.

arseniuretted [ɑːr'senjuretid], *a. Ch:* (Hydrogène, etc.) arsénié.

Arsenius [ɑːr'siːnjəs]. *Pr.n.m.* Arsène.

arsenolite [ɑːr'senolait], *s. Miner:* Arsénolit(h)e *m*, arsénite *m*.

arsenopyrite ['ɑːrsenopairait], *s. Miner:* Arsénopyrite *f*; pyrite arsenicale; fer arsenical; mispickel *m*.

arsine ['ɑːrsiːn], *s. Ch:* Arsine *f*.

arsis, *pl.* **arses** ['ɑːrsis, 'ɑːrsiːz], *s. Mus: Pros:* Arsis *f*; ictus *m*. *Mus:* Temps fort. *Pros:* Syllabe accentuée.

arson ['ɑːrsn], *s.* Incendie *m* volontaire, par malveillance. *Jur:* Crime *m* d'incendie. **To commit arson**, provoquer (volontairement) un incendie.

arsonvalization [ɑːrsonvali'zeiʃ(ə)n], *s. Med:* D'arsonvalisation *f*; diathermie *f*.

art[1] [ɑːrt]. *See* BE.

art[2], *s.* **1.** Art *m*. (*a*) **The (fine) arts**, les beaux-arts. **Work of art**, œuvre *f* d'art. *Furn:* **Art shade**, teinte neutre, amortie. **Art for art's sake**, l'art pour l'art. **I don't go in for high art**, le grand art n'est pas mon fait. *See also* GALLERY 2. (*b*) **The liberal arts**, les arts libéraux. *See also* BACHELOR 3, MASTER[1] 2. **The useful arts**, les arts mécaniques. **Arts and crafts**, arts et métiers; les arts usuels. *Attrib.* **Art pottery**, poterie *f* d'art. **Art needlework, art curtains**, travail *m* (à l'aiguille) de fantaisie; rideaux *m* (de) fantaisie. *See also* PAPER[1] 1. (*c*) *The art of war*, l'art militaire; l'art de la guerre. **The black art**, la magie noire. **The noble art**, la boxe. *See also* GENTLE[1] I. 1. **2.** (*a*) (*Dexterity, cunning*) Adresse *f*, habileté *f*, artifice *m*, art. *She had the art of pleasing*, elle avait l'art de plaire. *To use every art in order to . . .*, user de tous les artifices, de tous les stratagèmes, pour. . . . (*b*) **To have art and part in sth.**, être fauteur et complice de qch.; participer à qch. *I had no art or part in it*, je n'y suis pour rien.

'art-critic, *s.* Critique *m* d'art.

'art-exhibition, *s.* Exposition *f* des beaux-arts.

'art-school, *s.* École des beaux-arts; *esp.* école, académie *f*, de dessin.

Artaxerxes [ɑːrtag'zəːrksiːz]. *Pr.n.m. A.Hist:* Artaxerxès.

artefact ['ɑːrtifakt], *s.* = ARTIFACT.

Artemis ['ɑːrtemis]. *Pr.n.f. Gr.Myth:* Artémis.

Artemisia [ɑːrti'mizia]. **1.** *Pr.n. Gr.Hist:* Artémise. **2.** *s. Bot:* Armoise *f*.

artemisias [ɑːrti'miziaz], *s.pl. Bot:* Artémisiées *f*.

arterial [ɑːr'tiːəriəl], *a.* **1.** *Anat: Med: etc:* Artériel. *A. haemorrhage*, artériorragie *f*. *A. pressure*, pression artérielle. **2.** **Arterial road**, grande voie de communication. *A. navigation*, navigation fluviale. *Rail: A. line*, grande ligne.

arterialization [ɑːrtiːəriəlai'zeiʃ(ə)n], *s.* Artérialisation *f* (du sang veineux).

arterialize [ɑːr'tiːəriəlaiz], *v.tr.* **1.** Artérialiser (le sang veineux) (*Of blood*) **To become arterialized**, s'artérialiser. **2.** Établir de grandes artères dans (un réseau de communications, de voies ferrées, etc.).

arteriole [ɑːr'terioul], *s. Anat:* Artériole *f*.

arteriosclerosis [ɑːr'tiːəriosklia'rousis], *s.* Artériosclérose *f*; sclérose *f* vasculaire; sclérose des artères.

arteriotomy [ɑːrtiːəri'ɔtomi], *s. Surg:* Artériotomie *f*.

arteritis [ɑːrtə'raitis], *s. Med:* Artérite *f*.

artery ['ɑːrtəri], *s.* **1.** *Anat:* Artère *f*. *Small a.*, artériole *f*. *See also* FORCEPS 2. **2.** *F: The great arteries of inland commerce*, les grandes artères du commerce intérieur. *Traffic a.*, artère de circulation. *Main a.*, grande voie de communication.

artesian [ɑːr'tiːzjən, -'tiːʒən], *a.* Artésien; de l'Artois. *Esp. Hyd.E:* **Artesian well**, puits artésien. *Geol:* **Artesian layer**, nappe jaillissante.

artful ['ɑːrtful], *a.* **1.** (*Of pers.*) (*a*) Adroit, habile, ingénieux. (*b*) Rusé, artificieux, astucieux; *F:* malin, -igne. *See also* COME 9, DODGER 1. **2.** (*Of thg*) (*a*) *A:* Artificiel. (*b*) Ingénieux, habile. *An a. dodge*, un truc ingénieux. (*c*) (Langage) artificieux, astucieux. **-fully**, *adv.* **1.** Adroitement, habilement, avec art, avec ingéniosité. **2.** Artificieusement, astucieusement, avec artifice.

artfulness ['ɑːrtfulnəs], *s.* **1.** Art *m*, adresse *f*, habileté *f*, ingéniosité *f*. **2.** Astuce *f* (de qn, de langage).

arthralgia [ɑːr'θraldʒia], *s. Med:* Arthralgie *f*.

arthralgic [ɑːr'θraldʒik], *a. Med:* Arthralgique.

arthritic [ɑːr'θritik], *a. Med:* Arthritique. *A. diathesis*, arthritisme *m*. *A. rheumatism*, rhumatisme noueux.

arthritis [ɑːr'θraitis], *s. Med:* Arthrite *f*. **Rheumatoid arthritis**, rhumatisme *m* articulaire; arthrite sèche, déformante.

arthritism ['ɑːrθritizm], *s. Med:* Arthritisme *m*.

arthro- ['ɑːrθro, ɑːr'θrɔ], *comb.fm.* Arthro-. *Ar'thrology*, arthrologie. *'Arthropod*, arthropode. *Ar'thropodal*, arthropode. *'Arthrozoic*, arthrozoaire.

arthrobranch(ia) [ɑːrθro'brank(ia)], *s. Crust:* Arthrobranchie *f*.

arthrodia [ɑːr'θroudia], *s. Anat:* Arthrodie *f*.

arthropod, *pl.* **-s, -oda** ['ɑːrθropɔd, -z, ɑːr'θrɔpoda], *s. Z:* Arthropode *m*.

arthropodal [ɑːr'θrɔpodəl], **arthropodous** [ɑːr'θrɔpodəs], *a. Z:* Propre aux arthropodes.

arthrosis [ɑːr'θrousis], *s. Anat:* Arthrose *f*.

arthrospore ['ɑːrθrospɔːər], *s. Bot:* Arthrospore *f*.

arthrotomy [ɑːr'θrɔtomi], *s. Surg:* Arthrotomie *f*.

Arthur ['ɑːrθər]. *Pr.n.m.* Arthur.

Arthurian [ɑːr'θjuəriən], *a. Lit.Hist:* (Cycle *m*, etc.) d'Arthur, (roman) arthurien.

artichoke ['ɑːrtitʃouk], *s.* **1.** **Leaf artichoke, globe artichoke**, artichaut *m*. **Prickly artichoke**, chardonnette *f*. *Cu: A. bottoms*, fonds *m* d'artichaut. **2.** **Jerusalem artichoke**, topinambour *m*; *F:* artichaut d'hiver. **Chinese artichoke**, crosne *m* (du Japon).

'artichoke-bed, *s.* Artichautière *f*.

article[1] ['ɑːrtikl], *s.* **1.** (*a*) *Bot: Ent:* Article *m*; point *m* d'articulation. (*b*) *A:* Moment *m*, conjoncture *f*. (*Still so used in*) **In the article of death**, à l'article de la mort. **2.** (*a*) *Com: Jur:* Article, clause *f* (d'un contrat, d'un traité). **Articles of apprenticeship, of a partnership**, contrat *m* d'apprentissage, de société; acte *m* de société, d'association. **Articles of marriage**, conventions matrimoniales; contrat de mariage. *The articles of a contract*, les stipulations *f* d'un contrat. **Articles of association**, statuts *m* (d'une société à responsabilité limitée). **Appointed, provided, by the articles**, statutaire. **Under the articles, in accordance with the articles**, statutairement. **Articles and conditions** (*of sale, contract*), cahier *m* des charges. **Articles of war**, *Mil:* code *m* (de justice) militaire; *Navy:* code de justice maritime. *Nau:* **Ship's articles**, (i) contrat *m* d'engagement, conditions *fpl* d'embarquement; (ii) rôle *m* de l'équipage, rôle d'équipage. (*b*) **Article of faith**, article de foi. *Theol:* **The Articles of Religion, the Thirty-nine Articles**, les Articles de religion (de l'Église anglicane). (*c*) *Jur:* (*Count of indictment*) Chef *m* d'accusation. **3.** *Journ: Lit:* Article (de journal, de revue, d'encyclopédie). *Contributed a. or set of articles* (*on a topical subject*), reportage *m*. *See also* LEADING[2] 2. **4.** (*a*) Article, objet *m*. *Articles in daily use*, articles d'usage quotidien. *Toilet articles* objets de toilette. *Com: 'And the next a., Madam?'* "et avec cela, madame?" (*b*) *A. of luggage*, pièce *f* de bagage; colis *m*. *A. of clothing*, pièce d'habillement. **5.** *A:* (*Head, subject*) *I have no anxiety on that a.*, je n'ai aucune inquiétude à ce sujet, sur ce point. **6.** *Gram:* **Definite article**, article défini. **Indefinite article**, article indéfini.

article[2], *v.tr.* **1.** *Jur:* (*a*) *To a. an offence against s.o., abs.* **to article against s.o.**, dresser un acte d'accusation, formuler une accusation, contre qn. (*b*) *To a. s.o. for an offence*, accuser qn d'un crime. **2.** *To a. s.o. to an attorney, to an architect*, placer qn (comme élève) chez un avoué, chez un architecte. **Articled clerk**, clerc *m* d'avoué, de *solicitor*, lié par un contrat d'apprentissage. *I was an articled clerk with Mr X*, j'ai fait mon apprentissage chez M. X, avoué.

articular [ɑːr'tikjulər], *a. Nat.Hist: Med:* Articulaire.

articulata [ɑːrtikju'leita], *s.pl. Z:* Articulés *m*.

articulate[1] [ɑːr'tikjulet]. **1.** *a.* & *s. Z:* Articulé (*m*). **2.** *a.* (*a*) *A. speech*, langage articulé. (*b*) (*Of utterance*) Net, distinct. **-ly**, *adv.* **1.** (Qui est joint) par des articulations. **2.** (Parler) (i) d'une voix articulée, (ii) distinctement. **3.** (Parcourir un document) article par article, en détail.

ar'ticulate-speaking, *a.* Au langage articulé.

articulate[2] [ɑːr'tikjuleit], *v.tr.* & *i.* **1.** *Anat:* Articuler (un squelette, etc.); (*in passive*) s'articuler. *Bone that articulates, is articulated, with another*, os qui s'articule, est articulé, avec un autre. **2.** Articuler, énoncer (un mot, etc.). *He doesn't a. his words*, son énonciation est mauvaise.

articulated, *a. Nat.Hist: Ling: etc:* Articulé. *A. girder*, poutre articulée.

articulateness [ɑːr'tikjuletnəs], *s.* **1.** Caractère articulé (d'un langage). **2.** Articulation nette; netteté *f* d'énonciation.

articulation [ɑːrtikju'leiʃ(ə)n], *s. Nat.Hist: Mec.E: Ling: etc:* Articulation *f*. *Ling: Faulty a.*, défaut *m* de prononciation.

artifact ['ɑːrtifakt], *s.* Produit ouvré. *Archeol:* Objet (caillou, etc.) façonné.

artifice ['ɑːrtifis], *s.* **1.** Artifice *m*, ruse *f*; combinaison *f*. *A. of war*, ruse de guerre, artifice de guerre; stratagème *m*. **2.** Art *m*, habileté *f*, adresse *f*.

artificer [ɑːr'tifisər], *s.* **1.** Artisan *m*, ouvrier *m*. *Mil:* Artificier *m*. *Navy:* **Engine-room artificer, E.R.A.**, mécanicien. *Chief engine-room a.*, maître mécanicien. **2.** *F: A:* Artisan (de sa fortune, du malheur d'autrui); auteur *m* (de sa propre ruine); architecte *m* (de l'univers).

artificial [ɑːrti'fiʃ(ə)l], *a.* **1.** Artificiel; simili-. *A. flowers*, fleurs artificielles. *A. wood*, similibois *m*. *A. stone*, similipierre *f*. *A. leg*, jambe artificielle. *Surg: A. limbs*, appareil *m* prothétique, de prothèse. *Fitting of a disabled man with a. limbs*, appareillage *m* d'un mutilé. *A. limb supply centre*, centre *m* d'appareillage. *A. hair, teeth*, cheveux *m* postiches, fausses dents. *Produced by a. means*, fait artificiellement. *Agr:* **Artificial manure**, engrais *m* chimiques. **Artificial meadow**, prairie artificielle. *Astr: Surv:* **Artificial horizon**, horizon artificiel. *See also* PERSON 1, SILK 1, SOIL[1] 1. **2.** Factice, simulé. *A. tears*, larmes factices, feintes. *A. style*, style *m* factice, (re)cherché, qui sent l'étude. *A. manner*, manières affectées. **-ally**, *adv.* Artificiellement.

artificiality [ɑːrtifiʃi'aliti], **artificialness** [ɑːrti'fiʃ(ə)lnəs], *s.* Nature artificielle (d'un produit, etc.); caractère artificiel, manque *m* de naturel (d'un jardin, d'un décor). *Marked by a.*, empreint d'artifice.

artificialize [ɑːrti'fiʃəlaːiz], *v.tr.* Rendre (qn, qch.) artificiel, factice; maniérer (son style); styliser (un motif d'art).

artillerist [ɑːr'tilərist], *s. Mil:* Artilleur *m*; expert *m* en balistique.

artillery [ɑːr'tiləri], *s.* (*Ordnance, gunnery, or one of the arms of the service*) Artillerie *f*. *A. fire*, tir *m* d'artillerie. *Heavy a.*, artillerie lourde, à pied. *Coast a.*, artillerie de côte. *Fortress a.*, artillerie de forteresse, de place. *Naval a.*, artillerie de bord. *Marine a.*, artillerie de marine. *See also* FIELD-ARTILLERY, HORSE-ARTILLERY. *A. was in action*, on tirait le canon. *A. duel*, duel *m* d'artillerie. *To serve in the a.*, servir dans l'artillerie. *Aut:* **Artillery-type wheels**, roues *f* type d'artillerie.

ar'tillery-company, *s. A:* Corps *m* d'artillerie. (*Still so used in*) **The Honourable Artillery Company (H.A.C.)**, régiment territorial (infanterie et artillerie) recruté parmi les citoyens de Londres (depuis 1537).

ar'tillery-park, *s. Mil:* Parc *m* d'artillerie.

ar'tillery-plant, *s. Bot:* Plante *f* au feu d'artifice.

ar'tillery-train, *s. Mil:* Train *m* d'artillerie.

ar'tillery-waggon, *s. Mil:* Caisson *m*.

artilleryman, *pl.* **-men** [ɑːr'tilərimən, -men], *s.m.* Artilleur; *P:* artiflot.

artiness ['ɑːrtinəs], *s. F:* Recherche *f* de l'effet artistique.

artiodactyl [ɑːrtio'daktil], *s. Z:* (Ongulé) artiodactyle *m*.

artiodactyla [ɑːrtio'daktilə], *s.pl. Z:* Artiodactyles *m*.

artiodactylous [ɑːrtio'daktiləs], *a. Z:* Artiodactyle.

artisan [ɑːrti'zan], *s.* Artisan *m*, ouvrier *m*. *Attrib.* **The artisan class**, la classe ouvrière; l'artisanat *m*.

artisanship ['ɑːrtizənʃip], *s.* Travail *m* d'artisan.

artist ['ɑːrtist], *s.* (*a*) Artiste *mf*. *Esp.* (*b*) Artiste-peintre *m*. *He is an a.*, il fait de la peinture; il est peintre. *See also* PAVEMENT-ARTIST.

artiste [ɑːr'tiːst], *s. Th:* Artiste *mf*.

artistic(al) [ɑːr'tistik(əl)], *a.* (Arrangement) artistique; (style, tempérament) artiste; (toilette) de bon goût. **-ally**, *adv.* Artistement, avec art, en artiste, artistiquement.

artistry ['ɑːrtistri], *s.* Art *m* (avec lequel qch. a été ordonné, truqué, etc.). *The a. of the Goncourt brothers*, l'écriture *f* artiste des Goncourt.

artless ['ɑːrtləs], *a.* **1.** Sans art, dénué d'art. **2.** Naturel, simple; sans artifice. **3.** Naïf, ingénu, candide, bon. *Young a. girl*, *F:* agnès *f*; petite oie blanche. **-ly**, *adv.* **1.** Sans art. **2.** Naturellement, simplement; sans artifice. **3.** Naïvement, ingénument.

artlessness ['ɑːrtləsnəs], *s.* **1.** Naturel *m*, simplicité *f*. **2.** Naïveté *f*, ingénuité *f*, candeur *f*.

artocarpad [ɑːrto'kɑːrpad], *s. Bot:* Artocarpée *f*.

artocarpus [ɑːrto'kɑːrpəs], *s. Bot:* Artocarpe *m*; (i) arbre *m* à pain, (ii) jaquier *m*.

arty ['ɑːrti], *a. F:* (Mobilier, etc.) qui affiche des goûts artistiques; prétentieux.

arum ['ɛərəm], *s. Bot:* Arum *m*, *F:* gouet *m*, pied-de-veau *m*. **Arum lily**, arum; richardie *f*.

Arval ['ɑːrvəl], *a. Rom.Ant:* **The Arval Brethren**, les frères *m* Arvales.

-ary [əri]. **1.** *a. suff.* -aire. *Contrary*, contraire. *Elementary*, élémentaire. *Honorary*, honoraire. *Necessary*, nécessaire. *Primary*, primaire. *Voluntary*, volontaire. **2.** *s. suff.* (*a*) -aire *m*. (*Of pers.*) *Actuary*, actuaire. *Adversary*, adversaire. *Apothecary*, apothicaire. (*Of thg*) *Dictionary*, dictionnaire. *Ovary*, ovaire. *Salary*, salaire. *Sanctuary*, sanctuaire. (*b*) -ier *m*. *Granary*, grenier.

Aryan ['ɛəriən], *a. & s. Ethn: Ling:* Aryen, -enne; japhétique.

Aryas ['ɛəriaz], **Aryans** ['ɛəriənz], *s.pl. Ethn:* Aryas *m*.

arytenoid [ari'tiːnɔid], *a. & s. Anat:* Aryténoïde (*m*).

as [az, əz]. I. *adv.* **1.** (*In principal clause*) Aussi, si. *I am as tall as you*, je suis aussi grand que vous. *I can do that* (*quite*) *as well as you*, je peux faire cela (tout) aussi bien que vous. *Is it as high as that?* est-ce si haut que ça? **One is as bad as the other**, l'un vaut l'autre. (*Intensive*) *F: He was as deaf as deaf*, il était sourd comme tout, sourd comme un pot. *She lay as still as still*, elle reposait dans une immobilité absolue. **2.** *I shall help you as far as I can*, je vous aiderai autant que je pourrai. *I worked as hard, as long, as I could*, j'ai travaillé tant que j'ai pu. *As much for your sake as for mine*, tant pour vous que pour moi. *See also* SOON 1. **3.** **As regards that, as for that, as to that**, quant à cela, pour cela. *See also* FOR[1] I. 10. *As far as you are concerned*, quant à (ce qui est de) vous. *To question s.o. as to his motives*, interroger qn sur ses motifs. *To entertain fears as to sth.*, éprouver des craintes au sujet de qch. **As to you . . .**, quant à vous . . .; pour ce qui est de vous. . . .

II. **as**, *conj. & rel.adv.* (*In subordinate clause*) **1.** (*Degree*) (*a*) Que. *You are as tall as he*, vous êtes aussi grand que lui. *I came down as fast as I could*, je descendis aussi vite que possible. *You are not as, not so, tall as he*, vous n'êtes pas si, aussi, grand que lui. *He is not so rich as you imagine*, il n'est pas si riche que vous vous l'imaginez. *He's not such a fool as he looks*, il n'est pas si bête qu'il en a l'air. *I want a house twice as large as this*, il me faut une maison deux fois plus grande que celle-ci. *She was as good as she was pretty*, elle était aussi sage que jolie; elle était sage autant que jolie. *She was now as fat as she had been lean*, autant elle avait été maigre, autant elle était maintenant obèse. *He is as generous as he is wealthy*, il est libéral autant que riche. **By day as well as by night**, le jour comme la nuit; de jour comme de nuit. *See also* WELL[3] I. 4. (*b*) (*In intensifying similes*) Comme. *As pale as death*, pâle comme un mort. *See also* PALE[3]. *Quick as thought*, vite comme la pensée. *As white as a sheet*, blanc comme un linge. *It's as easy as anything*, c'est simple comme bonjour; *P:* c'est facile comme tout. **2.** (*a*) (*Concessive*) *Delightful as London is . . .*, si agréable que soit Londres. . . . *Ignorant as he is . . .*, tout ignorant qu'il est. . . . *Keen as was his love of power . . .*, tout âpre qu'était, que fût, son amour du pouvoir. . . . *Londoner as I am, this is new to me*, tout Londonien que je suis, cela m'est nouveau. **Much as I like him . . .**, quelle que soit mon affection pour lui. . . . *Short as it is, the book is very interesting*, si court qu'il soit, tout court qu'il est, *Lit:* pour court qu'il soit, le livre est très intéressant. *See also* MUCH 4. **Be that as it may**, quoi qu'il en soit. *Laugh as they would, he maintained that it was true*, ils avaient beau rire, il affirmait que c'était vrai. (*b*) *Covered with dust as he was, he didn't want to come in*, couvert qu'il était de poussière, il ne voulait pas entrer. **3.** (*Manner*) (*a*) Comme. **Do as you like**, faites comme vous voulez, comme vous voudrez. *Pronounce the* a *as in* father, prononcez l'*a* comme dans *father*. *It happened as I told you*, cela s'est passé comme je vous l'ai dit, ainsi que je vous l'ai dit. *I remembered him as having served in the army*, je me souvenais de lui comme ayant servi dans l'armée. *As often happens . . .*, comme il arrive souvent . . .; ainsi qu'il arrive souvent. . . . *As stated yesterday, the meeting will be held . . .*, comme il a été annoncé hier, comme nous l'annoncions hier, la réunion se tiendra. . . . *You don't hold your pen as I do*, vous ne tenez pas votre plume comme moi, de la même façon que moi. **A is to B as C is to D**, A est à B comme C est à D. *Ten francs just as it stands*, dix francs tel quel. *Leave it as it is*, laissez-le tel quel, tel qu'il est. **As it is**, *we must . . .*, les choses étant ainsi, comme il en est, il nous faut. . . . *You have too many friends as it is*, vous avez déjà trop d'amis. *As also was the case with me*, comme il en était, en fut, de moi. **As who should say yesterday, yesterday as it were**, comme qui dirait hier. **As you were!** (i) *Mil: Gym:* revenez! au temps! *F:* remettez ça! (ii) *F:* pardon, ce n'est pas cela que je voulais dire! *See also* BE 6 (*c*), GO[2] 1, 2, 3, IF 1 (*e*), SO I. 1, THOUGH I. 3. (*b*) **As . . ., so. . . .** (*Just*) *as we must know how to command, so must we know how to obey*, de même qu'il faut savoir commander, (de même) il faut savoir obéir. *As a man lives, so he dies*, comme on a vécu, ainsi l'on meurt. *As we live so shall we end*, telle vie telle fin. *As it is with the parents, so it is with the children*, il en est des enfants comme des parents. *As the parents do so will the children*, tel font les parents, tel feront les enfants. **As of you, so of me**, il en est de moi comme de vous. (*c*) *They rose* **as one man**, ils se levèrent comme un seul homme. (*d*) *He will keep silent*, **as I am an honest man**, il se taira, (sur ma) foi d'honnête homme. *As I live, I saw him strike the blow!* aussi vrai que je suis en vie, je l'ai vu frapper le coup! *If I had been present, as I was not, I should have voted against him*, si j'avais été présent, ce qui n'est pas le cas, j'aurais voté contre lui. (*e*) (*Introducing a predicate complement*) *To consider s.o. as a friend*, considérer qn comme un ami. *To treat s.o. as a stranger*, traiter qn en étranger. *To recognize s.o. as one's son*, reconnaître qn pour son fils. *I had him as a master*, je l'ai eu pour maître. *I suspect my nephew as the author of the mischief*, je soupçonne mon neveu d'être l'auteur du méfait. *He was often ill as a child*, enfant il fut souvent malade; il fut souvent malade dans son enfance. *To use sth. as a flag*, se servir de qch. comme drapeau, en guise de drapeau. *He was there as a relative*, il était là à titre de parent. *F: X is coming too.—What as?* X vient aussi.—A quel titre? *To send sth. as a present*, envoyer qch. en, comme, cadeau. **To act as interpreter**, servir d'interprète. **To act as secretary**, (i) servir de secrétaire; (ii) agir en qualité de secrétaire. *To serve as a page in a noble family*, servir en qualité de page dans une famille noble. *The letter I wrote as president*, la lettre que j'ai écrite en ma qualité de président. *I acted in my capacity as a magistrate*, j'ai agi en ma qualité de magistrat. *A study of Dumas as writer and as man*, une étude de Dumas en tant qu'écrivain et en tant qu'homme. **To act as a father**, agir en père. **To be dressed as a page**, être habillé en page. *F: What will you go to the fancy-dress ball as?—As a pierrot, as Henry VIII*, en quoi serez-vous au bal costumé?—En pierrot, en costume de Henri VIII. *As a nation, we do not care for books*, en tant que nation, dans l'ensemble de notre nation, nous n'estimons guère les livres. *As a very old friend of your father's . . .*, en tant que vieil ami de votre père. . . . *My rights as a father*, mes droits de père. *Its value as literature*, sa valeur en tant qu'œuvre littéraire. *A patois, as different from a dialect . . .*, un patois, en tant qu'il diffère d'un dialecte. . . . *As a revenge for . . .*, pour se venger de. . . . **4.** (*Time*) (*a*) *As I was opening the door . . .*, comme j'ouvrais la porte . . .; au moment où j'ouvrais la porte. . . . *He went out* (*just*) *as I came in*, il sortit comme, au moment (même) où, j'entrais. *One day as I was sitting . . .*, un jour que j'étais assis. . . . *They were murdered as they lay asleep*, ils furent assassinés pendant qu'ils dormaient, pendant leur sommeil. *See also* JUST II. 1. (*b*) *He grew more charitable as he grew older*, il devenait plus charitable à mesure qu'il vieillissait. *The child grows handsomer as she grows older*, l'enfant embellit en grandissant. *As he met her more often and knew her better, they became good friends*, à la rencontrer plus souvent et à la mieux connaître, ils devinrent bons amis. *He drew back as I advanced*, à mesure que j'avançais, il reculait. *He took off his clothes and threw them, as he did so, into the water*, il ôta ses habits et les jeta à mesure dans l'eau. *I shall order the volumes as published*, je commanderai les volumes au fur et à mesure de leur publication. **5.** (*a*) (*Reason*) *As you are not ready, we cannot go*, comme vous n'êtes pas prêt, nous ne pouvons pas partir. *As I am going that way, I shall fetch them*, puisque j'y passe, je les rapporterai. (*b*) *Dial. & P:* (= THAT) *I'm sorry as the missis is away*, je regrette bien que la bourgeoise soit pas là. **6.** (*Result*) *He so arranged matters as to please everyone*, il arrangea les choses de manière, de façon, à contenter tout le monde. *Be so good as to come*, soyez assez bon pour venir; veuillez (bien) avoir la bonté de venir. *He is not so foolish as to believe it*, il n'est pas assez stupide pour le croire. *Put on your gloves so as to be ready*, mettez vos gants pour être prêt, de manière à être prêt. *See also* SO I. 4. **7.** *Mother is well, as are the children, as also the children*, maman va bien, de même que les enfants, et les enfants de même. *All the Dominions were represented, as was India*, tous les Dominions étaient représentés, et l'Inde également.

III. **as,** *rel.pron.* *I had the same trouble as you,* j'ai eu les mêmes difficultés que vous. *Beasts of prey,* (**such**) **as** *the lion or tiger,* les bêtes fauves, telles que, comme, le lion ou le tigre. *I am old, as you can see,* je suis âgé, comme vous pouvez le voir. *He was a foreigner, as they noticed from his pronunciation,* il était étranger, ce qui se percevait à sa prononciation. *As a class they do not like water,* c'est une classe qui n'aime pas l'eau.

asafoetida [asa'fetida, -'fi:-], *s.* **1.** *Bot:* Férule *f* persique. **2.** *Pharm: etc:* Assa fœtida *f.*

asarabacca [asara'baka], *s. Bot:* Asaret *m* d'Europe; oreille *f* d'homme; oreillette *f.*

asarum ['asarəm], *s. Bot:* Asaret *m.*

asbestine [az'bestin], *a.* **1.** *Miner:* Asbestin, amiantin. **2.** *F:* Semblable à l'amiante; incombustible.

asbestos [az'bestəs], *s. Miner:* Asbeste *m*, amiante *m.* **Flaked asbestos,** amiante floconneux. *Ind: Brass-reinforced a.,* amiante armé de laiton. **Asbestos joint,** joint *m* à l'amiante, au carton d'amiante. *See also* COPPER-ASBESTOS.

as'bestos-board, -sheet, *s.* Carton *m* d'amiante.

as'bestos-faced, *a.* A surface amiantée.

asbolan ['azbolan], **asbolite** ['azbolait], *s. Miner:* Asbolane *f,* wad *m.*

Ascanius [as'keiniəs]. *Pr.n.m. Lt.Lit:* Ascagne.

ascaris, *pl.* **-ides** ['askaris, as'karidi:z], *s. Med:* Ascaride *m,* ascaris *m,* lombric (intestinal).

ascend [a'send]. **1.** *v.i.* (*a*) Monter. *Smoke, balloon, sound, that ascends to heaven,* fumée *f,* ballon *m,* son *m,* qui monte, s'élève, en l'air. *He ascended to Heaven,* il monta aux Cieux. *To a. in rank,* monter en grade. (*b*) *To a. towards the source of a river,* remonter vers la source d'une rivière. (*c*) (*Of genealogical line*) Remonter. **2.** *v.tr.* (*a*) **To ascend the throne,** monter sur le trône. *To a. the pulpit,* monter en chaire. (*b*) *To a. a mountain, a hill,* faire l'ascension d'une montagne; gravir une colline. *A. & Lit: To a. a stair,* monter un escalier. *To a. a tree,* grimper, monter, à un arbre. (*c*) *To a. a river,* remonter un fleuve.

ascending, *a.* **1.** *Astr: Mth: etc:* Ascendant. *A. series,* série ascendante. *Mus: A. scale,* gamme ascendante, montante. *Anat: A. colon,* côlon ascendant. **2.** (*a*) (Sentier, etc.) montant, remontant. *I watched the a. smoke,* je regardais monter la fumée. (*b*) *Bot: A. stem,* tige montante. **3.** *Jur:* **Ascending line,** ascendance *f*; ligne ascendante (de parenté).

ascendancy, -ency [a'sendənsi], *s.* **1.** Ascendant *m*, pouvoir *m,* influence *f* (*over s.o.,* sur qn). *He had gained such an a. over them that . . .,* il avait pris sur eux un tel ascendant que. . . . *To exercise an a. over s.o.,* exercer une influence sur qn. **2.** (*Of nation, etc.*) **To rise to ascendancy,** arriver à la suprématie.

ascendant, -ent [a'sendənt]. **1.** *a.* (*a*) *Astrol: Mth: etc:* Ascendant. *A. star,* astre ascendant. *F: A. position,* position élevée, prééminente. (*b*) *Bot:* = ASCENDING 2 (*b*). **2.** *s.* (*a*) *Astrol:* Ascendant *m.* **To be in the ascendant,** (i) (*of point of the ecliptic*) être à l'ascendant; (ii) *F:* avoir le dessus, s'affirmer; prédominer, avoir une grande autorité. *F: His star is in the a.,* son étoile est à l'ascendant; son étoile grandit. (*b*) *Jur:* (*Father, grandfather, etc.*) Ascendant. *Our ascendants and our descendants,* nos ascendants et nos descendants.

ascension [a'senʃ(ə)n], *s.* **1.** Ascension *f. Esp. Ecc:* **Ascension-day,** jour *m,* fête *f,* de l'Ascension. *Astr:* **Right ascension,** ascension droite (d'un astre). *Oblique a.,* ascension oblique. **2.** *U.S:* = ASCENT 1.

ascensional [a'senʃənəl], *a.* (Mouvement) ascensionnel.

ascensionist [a'senʃənist], *s. Aer:* Ascension(n)iste *mf.*

ascent [a'sent], *s.* **1.** (*a*) Ascension *f* (d'une montagne). *Balloon a.,* ascension en ballon. *To make an a.,* faire une ascension. *To make an air a.,* ascensionner. (*b*) Ascension (d'un ballon). *F: The a. of Napoleon,* l'ascension, l'essor *m*, de Napoléon. (*c*) Montée *f,* remontée *f* (d'un piston, etc.). (*d*) *A. of salmon* (*from sea to river*), remonte *f.* **2.** Montée, pente *f,* rampe *f. There is a steep a. to the top,* il y a une forte montée jusqu'au sommet; la montée est très raide avant le sommet. **3.** *Jur:* **Line of ascent,** ascendance *f.*

ascertain [asər'tein], *v.tr.* Constater (un fait); s'assurer, s'informer, de (la vérité de qch.); se rendre compte de (sa position). *To a. sth. from s.o.,* s'informer de qch. auprès de qn. *To a. whether a piece of news is true,* vérifier une nouvelle; s'assurer si une nouvelle est vraie. *It is difficult to a. whether . . .,* il est difficile de savoir si. . . . *To a. that all danger is over,* s'assurer que tout danger est écarté, qu'il n'y a plus de danger. *When we had ascertained that there were no casualties . . .,* quand nous eûmes acquis la certitude qu'il n'y avait pas de blessés. . . .

ascertained, *a.* (Fait) constaté, établi. *A. damages,* dégâts constatés.

ascertainable [asər'teinəbl], *a.* (Fait) que l'on peut constater, dont on peut s'assurer, s'informer; (fait) vérifiable.

ascertainment [asər'teinmənt], *s.* **1.** Constatation *f* (d'un fait). **2.** Vérification *f.*

ascetic [a'setik]. **1.** *a.* Ascétique. *A. books, s.pl.* **ascetics,** ascétiques *m.* **2.** *s.* Ascète *mf,* ascétique *mf.*

ascetical [a'setik(ə)l], *a.* **1.** **Ascetical theology,** l'ascétique *f.* **2.** = ASCETIC 1. **-ally,** *adv.* (Vivre) en ascète.

asceticism [a'setisizm], *s.* Ascétisme *m*; ascétique *f.*

ascians ['aʃjənz], *s.pl. Geog:* Asciens *m.*

ascidian [a'sidiən], *a. & s. Moll:* Ascidien (*m*).

ascidiform [a'sidifɔ:rm], *a. Bot: etc:* Ascidiforme.

ascidium, *pl.* **-a** [a'sidiəm, -a], *s.* **1.** *Bot:* Ascidie *f.* **2.** *Moll:* Ascidie, *F:* outre *f* de mer.

ascites [a'saiti:z], *s. Med: Vet:* Ascite *f*; hydropisie *f* ascite.

ascitic(al) [a'saitik(əl)], *a. Med: Vet:* Ascite, ascitique.

asclepiad [as'kli:piad], *s.* **1.** *Pros:* Asclépiade *m.* **2.** *Bot:* Asclépiadée *f.*

Asclepiades [as'kli:piadi:z]. *Pr.n.m. Gr.Ant:* Asclépiade.

asclepias [as'kli:piəs], *s. Bot:* Asclépiade *f.*

ascomycetes [askomai'si:ti:z], *s.pl. Fung:* Ascomycètes *m.*

Ascot ['askɔt]. *Pr.n. Geog:* (Ville et champ de courses d')Ascot. **Ascot hat,** (chapeau genre) chapeau *m* Gainsborough. **Ascot tie,** cravate *f* de foulard se nouant en plastron.

ascribable [a'skra:ibəbl], *a.* Attribuable, imputable (*to,* à). *Bodily defects a. to spiritual vices,* tares organiques qui relèvent de vices spirituels.

ascribe [a'skra:ib], *v.tr.* **1.** Attribuer, imputer (*to,* à). *To a. a disaster to s.o.'s imprudence,* attribuer, imputer, référer, un malheur à l'imprudence de qn. *To a. a trick to s.o., F:* mettre une farce, un tour, au compte de qn. *He ascribes my election to his influence,* il attribue, rapporte, mon élection à son influence. **2.** *To a. a characteristic to s.o., a meaning to a word,* attribuer, prêter, un trait à qn, un sens à un mot.

ascription [a'skripʃ(ə)n], *s.* Attribution *f,* imputation *f* (*of sth. to sth.,* de qch. à qch.).

ascus ['askəs], *s. Biol: Bot:* Asque *m or f*; thèque *f.*

asepsis [a'sepsis], *s. Med:* Asepsie *f.*

aseptic [a'septik], *a. & s. Med:* Aseptique (*m*).

asepticism [a'septisizm], *s. Med:* Asepsie *f.*

asepticize [a'septisa:iz], *v.tr. Med:* Aseptiser (une plaie, etc.).

asexual [a'seksjuəl], *a. Biol:* Asexué, asexuel. *Bot: A. flower,* fleur *f* neutre.

asexuality [aseksju'aliti], *s.* Caractère asexuel (*of,* de).

ash[1] [aʃ], *s.* **1.** (*a*) *Bot: Com:* Frêne *m.* (*b*) *Bot:* **Manna-ash, flowering ash,** frêne à fleurs; orne *m.* **Bitter ash,** quassier *m* de (la) Jamaïque. *See also* FIELD-ASH, GROUND-ASH, MOUNTAIN ASH. **2.** *F:* Bâton *m* de route.

'ash-grub, *s. Fish:* Larve *f* du cynips des feuilles de chêne.

'ash-key, *s. Bot:* Samare *f* de frêne.

'ash-plant, *s.* = ASH[1] 2.

'ash-tree, *s.* Frêne *m.*

ash[2], *s.* (*Usu. in pl.*) **1.** (*a*) Cendre(s) *f(pl). Cigar ash,* cendre de cigare. *Ash content of a fuel,* résidu *m* en cendres d'un combustible. **To reduce, burn, sth. to ashes,** réduire qch. en cendres. *To reduce a town to ashes, to lay a town in ashes,* mettre, réduire, une ville en cendres. *Ash constituents,* principes minéraux (d'une plante, etc.). *F:* **To rake over the ashes of the past,** tisonner, remuer, les cendres du passé. *See also* PALE[3], SACKCLOTH 2. (*b*) *pl. Mch:* Escarbilles *f.* **2.** (*a*) (*Mortal remains, originally after cremation*) Cendres (des morts); dépouille mortelle. **Peace (be) to his ashes!** paix à ses cendres! *See also* DUST[1] 3. (*b*) *Sp: F:* **The Ashes** (*of English cricket*), les cendres du cricket en tant que sport anglais (terme employé par le *Sporting Times* lors de la victoire de l'équipe australienne en 1882). *To retain the Ashes,* garder la supériorité, la victoire (d'une série à l'autre des "test-matches" entre l'Angleterre et l'Australie). *To bring back, to recover, the Ashes,* prendre sa revanche (sur l'Australie). **3.** *Ch: Ind:* **Blue ashes, ash-blue,** cendre bleue. **Lead ash(es),** cendre de plomb; cendrée *f. See also* BUCK-ASHES, LYE-ASHES, PEARL-ASH.

'ash-bin, *s.* Cendrier *m*; boîte *f* à ordures.

'ash-'blond, *a.* Blond cendré *inv.*

'ash-boat, *s. Nau:* Bette *f* à escarbilles.

'ash-box, *s.* Cendrier *m* (de locomotive).

'ash-bucket, *s.* (*a*) Cendrier *m.* (*b*) *Nau:* Seau *m* à escarbilles.

'ash-cake, *s. U.S:* Gâteau cuit sous la cendre.

'ash-cloud, *s.* Nuée *f* de cendres (au-dessus d'un volcan). *Incandescent a.-c.,* nuée ardente.

'ash-cock, *s. Nau:* Robinet extincteur des escarbilles.

'ash-coloured, *a.* Cendré; gris cendré *inv.*

'ash-ejector, -hoist, *s.* Escarbilleur *m*; éjecteur *m* d'escarbilles.

ash-'grey, *a.* Gris cendré *inv*; cendré; cendreux, -euse. *To colour a wall ash-grey,* cendrer un mur.

'ash-heap, *s. Metall:* Crassier *m.*

'ash-hole, -pit, *s.* **1.** Cendrier *m*; trou *m* à cendres; fosse *f* aux cendres. **2.** Cendrier, fosse à escarbilles (de foyer de machine, etc.).

'ash-pan, *s.* Cendrier *m* (de poêle); garde-cendres *m inv.*

'ash-shoot, *s. Nau:* Déversoir *m* (à escarbilles); manche *f* à escarbilles.

'ash-spot, *s.* Cendrure *f* (dans le fer, etc.).

'ash-tray, *s.* Cendrier *m* (de fumeur).

Ash 'Wednesday, *s. Ecc:* Le mercredi des Cendres.

ash[3], *v.tr.* Couvrir (qch.) de cendres. *Metall:* **To ash a mould,** cendrer un moule à fonte.

ashake [a'ʃeik], *pred.a. Lit:* Tremblant. *He stood there with heart a.,* il resta là, le cœur secoué.

ashamed [a'ʃeimd], *a.* **1.** Honteux, confus. **To be ashamed of s.o., of sth.,** avoir honte de qn, de qch. *I am a. of you,* vous me faites honte. *To feel a.,* être couvert de confusion. *To be, feel, a. to do sth., of doing sth.,* avoir honte, être honteux, de faire qch.; éprouver de la honte à faire qch.; avoir honte à faire qch. *I am a. to have to ask you this favour,* je suis confus d'avoir à vous demander cette faveur. *You make me feel a.,* (i) vous me rendez confus; (ii) vous me faites honte. *I am a. to say that . . .,* j'avoue à ma confusion que. . . . *I am a. that you were forgotten,* je suis confus qu'on vous ait oublié. **You ought to be ashamed of yourself,** vous devriez avoir honte, être honteux. *There is nothing to be a. of,* il n'y a pas de quoi avoir honte. *I told him he ought to be a. of his ingratitude,* je lui ai fait honte de son ingratitude. **2.** *Unable to work, and a. to beg,* incapable de travailler, et trop fier pour mendier.

Ashanti, -tee [a'ʃanti]. *Pr.n. Geog:* L'Achanti *m.*

ashen[1] [aʃn], *a.* De frêne, en frêne.

ashen[2], *a.* **1.** *Lit:* (Pluie, etc.) de cendres. **2.** (*Of colour*) Cendré; couleur de cendres; (gris) pâle; (*of face*) pâle comme la mort; blanc comme un linge. *A. complexion,* visage terreux. *See also* GREY[1] 1.

ashery [ˈaʃəri], *s. Ind:* **1.** Fabrique *f* de potasse. **2.** = ASH-PIT.

ashlar¹ [ˈaʃlər], *s. Const: Arch:* (*a*) Pierre *f* de taille; moellon *m* d'appareil. *Bastard a., rough a.*, moellonage *m*, libage *m*. **Ashlar work,** appareil *m* en moellons; moellonage. (*b*) Parements *mpl*, revêtement *m* (des murs d'un édifice).

ashlar², *v.tr.* Donner à (un édifice) un parement en pierre de taille.

ashlaring, *s. Const:* **1.** Parement *m* en pierre de taille. **2.** Cloison verticale (d'une mansarde).

ashore [aˈʃɔːər], *adv. Nau:* **1.** A terre. *To be a.*, être à terre. *To go a.*, aller, descendre, à terre; débarquer. *To set, put, (passengers, etc.) a.*, débarquer (des passagers, etc.). **2.** Échoué. **To be driven ashore,** être jeté à la côte. (*Of ship*) **To run ashore,** s'échouer; faire côte; se jeter à la côte. *We are a.!* nous sommes à la côte!

ashy [ˈaʃi], *a.* **1.** Cendreux, couvert de cendres. **2.** = ASHEN² 2. *His face went* **ashy pale,** il devint blême; son visage blêmit.

Asia [ˈeiʃə]. *Pr.n. Geog:* L'Asie *f*. **Asia Minor,** l'Asie Mineure.

Asian [ˈeiʃiən], *a. A:* = ASIATIC.

Asiatic [eiʃiˈatik], *a. & s.* Asiatique; d'Asie.

aside [aˈsaːid]. **1.** *adv.* De côté; à l'écart; à part. *To draw (a curtain, etc.) a.*, écarter (un rideau, etc.). *To push sth. a.*, écarter qch. d'une poussée. *To lay, put, sth. a.*, mettre qch. de côté. *See also* LAY ASIDE. **To stand aside,** (i) se tenir à l'écart, à part; (ii) se ranger. *To step a.*, s'écarter, se ranger. *To draw a. to let s.o. pass*, s'effacer pour laisser passer qn. **To spring aside from . . .**, s'écarter brusquement de. . . . **To slip aside,** se dérober (*from*, à). **To turn aside,** se détourner (*from*, de). **To glance aside,** détourner le regard, son regard. *Putting that a. . . .*, à part cela . . ., laissant cela de côté. . . . *I took, drew, him a.*, je le pris à part, à l'écart, en particulier. *Leaving patriotism a., I should not like to . . .*, patriotisme à part, je ne voudrais pas. . . . *Th: Words spoken a.*, paroles dites en aparté. *See also* SET ASIDE. **2. Aside from.** (*a*) A part. *A. from my own interest, I think this a wise measure*, mon propre intérêt à part, je pense que cette mesure est sage. (*b*) *U.S:* En plus de. *Others, a. from the captain, had noticed it*, d'autres, en plus du capitaine, l'avaient remarqué. (*c*) *U.S:* Excepté. *A. from a fright, I was uninjured*, j'en ai été quitte pour la peur. **3.** *s.* (*a*) Remarque faite à l'écart; à-côté *m*. *Th:* Aparté *m*. **In an aside,** en aparté. (*b*) **The asides of history,** les à-côtés de l'histoire.

asilidae [aˈsailidiː], *s.pl. Ent:* Asilidés *m*.

asilus [aˈsailəs], *s. Ent:* Asile *m*.

asinine [ˈasinain], *a.* (*a*) (Race) asine; (type) asinien. (*b*) *F:* Stupide, sot; digne d'un âne.

ask¹ [ɑːsk], *v.tr. & i.* (asked [ɑːs(k)t]) Demander. **1.** (*Inquire*) *To ask s.o. sth.*, demander qch. à qn. *Ask (him) his name*, demandez(-lui) son nom. *To ask the time*, demander l'heure. **To ask s.o. a question,** poser, faire, adresser, une question à qn. *Turf: To ask one's horse the question*, demander à son cheval de fournir son effort. *Ask the constable*, adressez-vous à l'agent de police. **It may be asked whether . . .**, on peut se demander si. . . . *F: If you ask me, gambling was his ruin*, à mon avis, c'est le jeu qui l'a perdu. *To ask s.o. the way, to ask the way of s.o.*, demander son chemin à qn. *We were asked our names*, on nous demanda nos noms. *F:* **Ask me another!** demandez-moi pourquoi! *Isn't it awful,* **I ask you?** si ce n'est pas malheureux, hein? *He says he paid £50 for it; (now) I ask you!* il dit qu'il l'a payé cinquante livres; je vous demande un peu! **2.** (*Beg for, request to be given*) (*a*) **To ask a favour of s.o., to ask s.o. a favour,** demander une faveur à qn; solliciter une grâce de qn. *If it isn't asking too much . . .*, excusez la liberté grande. . . . *He is eternally asking for something*, ce sont des quémanderies sans fin. **To ask s.o.'s pardon,** demander pardon à qn. **To ask s.o.'s permission to do sth.,** demander à qn la permission de faire qch. (*b*) (*Of price*) **How much are you asking for it?** combien en voulez-vous? *To ask six francs for sth.*, demander six francs pour qch, de qch. *To ask too much for an article*, surfaire un article. **3.** (*Request*) (*a*) **To ask to do sth.,** demander à faire qch.; demander la permission, l'autorisation, de faire qch. *He asked to be admitted*, il demanda à être admis; il demanda qu'on le laissât entrer. (*b*) **To ask s.o. to do sth.,** demander à qn, prier qn, solliciter qn, de faire qch. *To ask s.o. to attend*, requérir la présence de qn; convoquer qn. *I have been asked to show you these samples*, je suis chargé de vous soumettre ces échantillons. *I will now ask Mr Smith to address the meeting, move the resolution, etc.*, la parole est à M. Smith. *Ask him to wait*, priez-le d'attendre. *Ask him to come in*, priez-le d'entrer; faites-le entrer. *Being asked to speak . . .*, étant prié de parler. . . . **4.** (*a*) **To ask about sth.,** se renseigner sur qch. *To ask s.o. about sth.*, interroger qn sur qch.; se renseigner sur qch. auprès de qn. *He asked me all about my work*, il m'a demandé toutes sortes de renseignements, m'a interrogé longuement, sur mon travail. (*b*) **To ask after s.o., after s.o.'s health,** demander des nouvelles de (la santé de) qn; s'informer de la santé de qn. *Did he ask after me? F:* a-t-il demandé après moi? *To send to ask after s.o.*, envoyer prendre, envoyer savoir, des nouvelles de qn. **5.** (*a*) **To ask for s.o.,** demander à voir qn. *I asked for the manager*, je demandai à parler au gérant; j'ai demandé le gérant. (*b*) **To ask for sth.,** demander qch.; faire la demande de qch.; solliciter qch. *You'll get nothing without asking*, vous n'obtiendrez rien sans demander. **To ask s.o. for sth.,** demander qch. à qn. *We were asked for our passports*, on nous demanda nos passeports. *To ask for work*, demander à travailler, demander du travail. *To ask for leave of absence*, solliciter un congé. *To ask for something to eat, to drink*, demander à manger, à boire. *To ask for something to read*, demander qch. à lire. *Oliver Twist has asked for more!* Oliver Twist en a redemandé! *F:* **To be asking for trouble,** *P:* **for it,** aller au-devant des ennuis; ne demander que plaies et bosses. *He's been asking for it!* il l'a bien cherché! il ne l'a pas volé! (*c*) (*Of thg*) *It asks for attention, for care*, cela demande de l'attention, du soin. **6.** *Ecc:* (*a*) *A:* **To ask the banns,** publier les bans. (*b*) (*Usu. passive*) *To ask s.o. in church*, publier les bans de qn. *She was asked in church yesterday*, ses bans ont été publiés hier. **'This is the first time of asking,'** "c'est ici la première publication." **7.** Inviter. *To ask s.o. to lunch*, inviter qn à déjeuner. *It was you who asked him here*, c'est vous qui l'avez invité à venir ici. *I have written asking him to come*, je lui ai écrit de venir. **To ask s.o. in, out, up,** demander à qn, prier qn, d'entrer, de sortir, de monter; inviter qn à entrer, à sortir, à monter. *He was asked into the drawing-room*, on le fit entrer au salon. *I am asked out for the evening*, je suis invité chez des amis, en ville, pour la soirée. *I have asked him (i) up, (ii) down, for the week-end*, je l'ai invité à passer la fin de (la) semaine (i) en ville, (ii) à la campagne. *As we hadn't been asked we have asked ourselves*, comme nous n'étions pas invités nous nous sommes invités nous-mêmes.

ask back, *v.tr.* **1.** *To ask for sth. back*, redemander (un objet prêté, son argent, etc.). **2.** *To ask s.o. back*, (i) réinviter qn; (ii) inviter qn pour lui rendre la politesse.

asking, *s.* **1.** *A:* **Asking of the banns,** publication *f* des bans. **2. You may have it for the asking, it is yours for the asking,** il ne vous en coûtera que la peine de le demander; il n'y a qu'à (le) demander. *This privilege is to be had for the a.*, ce privilège s'obtient très facilement. *It can be had for the a.*, cela se donne.

ask² [ɑːsk, ask], *s. Dial:* (*Esp.Scot.*) = NEWT.

askance [aˈskans], *A:* **askant** [aˈskant], *adv.* De côté, du coin de l'œil, obliquement. *Esp.* **To look askance at s.o., at sth.,** regarder qn, qch., de travers, avec méfiance, d'un œil malveillant. *He eyed me a.*, il me regarda de travers.

askeletal [eiˈskeletəl], *a. Z:* Sans squelette.

asker¹ [ˈɑːskər], *s.* **1.** Interrogateur, -trice. **2.** Quémandeur, -euse.

asker² [ˈɑːskər, ˈaskər], *s. Dial:* = ASK².

askew [aˈskjuː]. **1.** *adv.* (*a*) De biais, de côté. *To put one's clothes on a.*, s'habiller de guingois. *His nose is a.*, il a le nez de travers. *To look a. at s.o.*, jeter à qn un regard de côté, un regard fuyant. (*b*) *To cut (a plank, etc.) a.*, couper (une planche, etc.) à fausse équerre. **2.** *a.* **Askew arch** = *skew arch, q.v. under* SKEW² 1.

aslant [aˈslɑːnt]. **1.** *adv.* Obliquement, de travers, de biais. *The rain was falling a.*, la pluie tombait obliquement. **2.** *prep. The engine lay a. the track*, la locomotive était couchée en travers de la voie.

asleep [aˈsliːp], *adv. & pred. a.* Endormi. **1.** *To be a.*, dormir, sommeiller. **To be fast, sound, asleep,** être profondément endormi, plongé dans le sommeil; dormir profondément, *F:* sur les deux oreilles; dormir d'un profond sommeil. **He lay asleep,** il dormait. **To fall, drop, asleep,** s'endormir. *I was so tired that I was falling a. on my feet*, j'étais si fatigué que je dormais debout. *To fall a. again*, se rendormir. *Nature is a.*, la nature sommeille. **2.** (*a*) **My foot is asleep,** j'ai le pied engourdi, endormi. (*b*) *Games: Top that is a.*, toupie qui dort.

aslope [aˈsloup], *adv. & pred. a.* **1.** En pente, en talus. **2.** = ASLANT 1.

Asmodeus [asmoˈdiːəs]. *Pr.n.m. B:* Asmodée.

a-smoke [aˈsmouk], *adv. & pred. a. Lit:* Fumant.

asp¹ [asp], *s. A:* = ASPEN 1.

asp², *s. Z:* **1.** *Hist:* Aspic *m* de Cléopâtre; serpent *m* à lunettes. **2.** (Vipère *f*) aspic.

asparagus [asˈparagəs], *s. Coll. Hort: Cu:* Asperges *fpl*. **A stick of asparagus,** une asperge. *A. buds*, pointes *f* d'asperges. *A. bed*, aspergerie *f*, aspergière *f*. *Bundle of a.*, botte *f* d'asperges.

as'paragus-beetle, *s. Ent:* Criocère *m* de l'asperge.

as'paragus-fern, *s. Bot:* Asperge plumeuse; asparagus *m*.

as'paragus-tongs, *s.pl.* Pince *f* à asperges.

Aspasia [asˈpeiʃja]. *Pr.n.f. Gr.Hist:* Aspasie.

aspect [ˈaspekt], *s.* **1.** Exposition *f*, vue *f*; orientation *f*. *To have a northern a.*, être exposé au nord; avoir une exposition nord; faire face au nord; être orienté au nord. *Flats with southern a.*, appartements *m* côté midi. **2.** Aspect *m*, air *m*. (*a*) *Man of ferocious a.*, homme à la mine, à l'aspect, farouche. *To examine the different aspects of a subject*, examiner les différents aspects d'un sujet. **To see sth. in its true aspect,** voir qch. sous son véritable point de vue, sous son vrai jour. **To wear quite another aspect,** changer tout à fait de face; prendre un air tout autre. **To study every aspect of a question,** étudier une question sous toutes ses faces; étudier le fort et le faible, le pour et le contre, d'une question. *Pol: etc: What is the a. of affairs?* qu'est-ce qu'on dit? (*b*) *Astrol:* **Aspect of the planets,** aspect des planètes. **3.** *Ling: Gram:* Aspect *m* (du verbe).

'aspect-ratio, *s. Av:* Allongement *m* (d'une aile).

aspen [ˈaspən]. **1.** *s. Bot:* (Peuplier *m*) tremble *m*. **2.** *a.* **Aspen leaf,** feuille *f* de tremble. **Aspen grove,** tremblaie *f*. *See also* TREMBLE² 2.

asperges [aˈspəːrdʒiːz], *s. Ecc:* Aspergès *m*.

aspergillum [aspərˈdʒiləm], *s.* **1.** *Ecc:* Goupillon *m*, aspergès *m*. **2.** *Moll:* Aspergille *f*.

aspergillus [aspərˈdʒiləs], *s. Fung:* Aspergille *f*.

asperity [asˈperiti], *s.* **1.** (*a*) Apreté *f* (d'un reproche, de la voix). *To speak with a.*, parler d'une voix sèche, âpre; parler âprement. (*b*) Rigueur *f*, sévérité *f* (du climat). (*c*) Rudesse *f* (de caractère); aspérité *f* (de style). **2.** (*Rough excrescence*) Aspérité. *There are no asperities on which to obtain a foothold*, il n'y a pas d'aspérités où prendre pied. **3.** *pl.* Duretés *f*, rudesses. *Having exchanged some asperities . . .*, après avoir échangé des paroles dures. . . . *Asperities of character*, rudesses de caractère.

aspermatism [aˈspəːrmətizm], *s. Bot: Physiol:* Aspermie *f*.

aspermous [aˈspəːrməs], *a. Bot:* Asperme.

asperse [aˈspəːrs], *v.tr.* **1.** *A: To a. s.o. with water*, (i) asperger qn d'eau; (ii) éclabousser qn. **2.** (*a*) Calomnier, diffamer, vilipender (qn). (*b*) *The calumnies with which I have been aspersed*, les calomnies qu'on a répandues sur mon compte. (*c*) *To a. s.o.'s honour, s.o.'s good name*, porter atteinte à l'honneur, à la réputation, de qn; salir, éclabousser, la réputation de qn.

asperser [aˈspəːrsər], *s.* **1.** Détracteur *m*. **2.** = ASPERGILLUM 1.

aspersion [ə'spəːrʃ(ə)n], *s.* **1.** (*Sprinkling*) Aspersion *f.* **2.** Calomnie *f.* **To cast aspersions upon s.o.,** répandre des calomnies sur qn; dire des noirceurs de qn. *To cast aspersions on s.o.'s honour,* porter atteinte à l'honneur de qn.
aspersorium [aspər'sɔːrjəm], *s.* Bénitier portatif.
asphalt[1] ['asfalt], *s. Miner: Civ.E:* Asphalte *m*; (*often loosely*) bitume *m*; goudron minéral; poix *f* de Judée. *Poured a.,* asphalte coulé. *Compressed a.,* asphalte comprimé, damé. *A. covering,* revêtement *m* d'asphalte; revêtement bitumé, asphaltique. **Asphalt distributor,** goudronneuse *f.*
asphalt[2], *v.tr. Civ.E:* Asphalter, bitumer (une route, etc.).
asphalting, *s.* Asphaltage *m,* bitumage *m.*
asphaltic [as'faltik], *a.* Asphaltique. *Poet:* **The Asphaltic Pool,** le lac Asphaltite (la mer Morte).
asphodel ['asfodel], *s. Bot:* Asphodèle *m*; bâton royal. *Yellow a.,* bâton de Jacob.
asphyxia [as'fiksiə], *s.* Asphyxie *f.*
asphyxiate [as'fiksieit], *v.tr.* Asphyxier.
asphyxiating, *a.* Asphyxiant. *See also* SEMI-ASPHYXIATING.
asphyxied [as'fiksid], *a.* Asphyxié.
aspic[1] ['aspik], *s.* = ASP[2].
aspic[2], *s. Cu:* Aspic *m.*
aspic[3], *s. Bot:* Aspic *m*; grande lavande.
aspidistra [aspi'distrə], *s. Bot:* Aspidistra *m.*
aspinall ['aspinəl], *v.tr. F:* Peindre (qch.) au vernis-émail Aspinall; *F:* ripoliner (un meuble, etc.).
aspirant [ə'spairənt]. **1.** *s.* Aspirant, -ante (*to, after, A: for,* à); candidat, -ate. **2.** *a. A. & Lit:* = ASPIRING[1].
aspirate[1] ['aspiret]. *Ling:* **1.** *a.* Aspiré. **2.** *s.* (*a*) (Lettre) aspirée *f* (*b*) (La lettre) h. *Look after your aspirates,* n'oubliez pas d'aspirer les h.
aspirate[2] ['aspireit], *v.tr.* **1.** Aspirer (une voyelle, l'h, le w). **2.** Aspirer (un gaz, un liquide).
aspirating, *a.* Aspirant. **Aspirating filter,** filtre *m* à vide.
aspiration [aspi'reiʃ(ə)n], *s.* **1.** Aspiration *f* ((i) de l'air *m,* d'un gaz, *Med:* d'un fluide; (ii) de l'h). **2.** *A. for, after, renown, etc.,* aspiration à la gloire, etc.
aspirator ['aspireitər], *s.* **1.** *Ph: Med:* Aspirateur *m.* **2.** *Husb:* Tarare *m*; van *m* mécanique; cribleur *m.* **3.** (*Filter-pump*) Trompe *f.*
aspiratory [ə'spairətəri], *a.* Aspirateur, -trice; aspiratoire.
aspire [ə'spaiər], *v.i.* **1.** (*a*) Aspirer. *To a. to, after, sth.,* aspirer, prétendre, viser, à qch.; ambitionner qch; *F:* soupirer après qch. *To a. to do sth.,* aspirer à, ambitionner de, faire qch. (*b*) *Abs.* Avoir de l'ambition. **2.** *A. & Lit:* (*Of smoke, thought, etc.*) Monter; s'élever.
aspiring[1], *a.* **1.** Ambitieux. **2.** *A. & Lit:* Qui monte vers les nues.
aspiring[2], *s.* = ASPIRATION.
aspirer [ə'spairər], *s.* = ASPIRANT 1.
aspirin ['aspirin], *s. Pharm:* Aspirine *f.* *F: Take two aspirins,* prenez deux comprimés *m* d'aspirine.
asportation [aspɔr'teiʃ(ə)n], *s. Jur:* Emport *m* (d'objets volés).
asquint [ə'skwint]. **1.** *adv.* **To eye s.o. asquint,** (i) regarder qn de biais, de côté; jeter un regard oblique à qn; (ii) regarder qn en louchant; loucher vers qn. **2.** *a. Eyes a.,* yeux *m* louches.
ass[1] [as, ɑːs], *s.* **1.** (*a*) Âne, *f.* ânesse; *F:* baudet *m,* bourrique *f.* **Ass's foal, ass's colt,** ânon *m.* **Ass's milk,** lait *m* d'ânesse. *See also* LION 1, SHE 3. (*b*) *Z:* **Wild ass,** hémione *m*; *F:* onagre *m.* **2.** *F:* Âne, bête, sot, sotte. *If you are ass enough to believe it,* si vous êtes assez idiot pour le croire. **He is a perfect ass,** c'est un âne bâté; il est bête à manger du foin; *P:* il est bête comme ses pieds. **A good-natured ass,** une bête du bon Dieu, une bonne bête. *Journalists are hopeless asses,* les journalistes sont des crétins. *See also* SILLY 1. *F: To behave like an ass,* **to play the ass,** faire l'imbécile, le sot, l'âne, l'idiot; *P:* faire le zigoto. **To make an ass of oneself,** (i) agir d'une manière stupide, idiote, faire des âneries; (ii) se donner en spectacle; se faire moquer de soi. *Geom: F:* **The asses' bridge,** le pont aux ânes.
'ass-driver, *s.* Ânier *m.*
ass[2], *v.i. F: To ass about,* faire l'imbécile; faire des bêtises.
assafoetida [asə'fetidə], *s.* = ASAFOETIDA.
assagai ['asəgai], *s.* = ASSEGAI.
assail [ə'seil], *v.tr.* **1.** (*a*) Assaillir, attaquer (l'ennemi, une place forte, etc.). *They assailed us with a volley of stones,* ils nous assaillirent à coups de pierres. *When nations a. each other,* lorsque les nations s'entre-déchirent. *To a. s.o. with insult,* accabler, agonir, qn d'injures. *To a. s.o. with questions,* accabler qn de questions. *The evils that might a. us,* les maux qui pourraient nous atteindre. (*b*) (*Of critics, etc.*) *To a. an author,* s'attaquer à un auteur. **2.** (*a*) (*Of noise*) *To a. the ear,* frapper l'oreille, les oreilles. (*b*) *When fear assails us,* quand la crainte nous saisit, nous envahit.
assailing, *a.* Assaillant.
assailable [ə'seiləbl], *a.* (Position, doctrine) attaquable; (théorie) qui prête aux attaques, mal défendable.
assailant [ə'seilənt], **assailer** [ə'seilər], *s.* **1.** Assaillant, -ante; agresseur *m.* **2.** *The assailants of this new doctrine,* ceux qui s'attaquent à cette nouvelle doctrine.
Assam [ə'sam]. *Pr.n. Geog:* L'Assam *m.*
Assamese [asə'miːz], *a. & s. Geog:* Assamais, -aise.
assart[1] [ə'sɑːrt], *s. Husb:* **1.** Essart *m.* **2.** Essartage *m.*
assart[2], *v.tr.* Essarter (le terrain).
assassin [ə'sasin], *s.* **1.** Assassin *m* (d'un homme d'État, etc.). **2.** *pl. Hist:* **Assassins,** Assassins, Ismaïliens *m.*
a'ssassin-fly, *s. Ent:* Asile *m.*
assassinate [ə'sasineit], *v.tr.* Assassiner.
assassination [əsasi'neiʃ(ə)n], *s.* Assassinat *m.*
assassinator [ə'sasineitər], *s.* = ASSASSIN 1.
assault[1] [ə'sɔlt], *s.* **1.** (*a*) Assaut *m.* **To take, carry, (a town) by assault,** prendre (une ville) d'assaut. *Fenc:* **Assault of, at, arms,** assaut d'armes. (*b*) Attaque (brusquée). *To make an a. on a position,* attaquer, assaillir, une position. *To carry a position by a.,* emporter d'assaut une position. **2.** (*a*) *Jur:* Tentative *f* de voie de fait. **Unprovoked assault,** agression *f.* **Aggravated assault,** voies *fpl* de fait des plus graves; violence *f.* **Assault and battery,** (menaces *fpl* et) voies de fait; coups *mpl* et blessures *fpl.* **To commit an assault,** se porter, se livrer, à des voies de fait (*on,* sur), ou à une tentative de voies de fait. **Criminal assault, indecent assault,** attentat *m* à la pudeur; outrage *m* aux mœurs. (*b*) (*As euphemism* = RAPE) Viol *m.*
assault[2], *v.tr.* **1.** Attaquer, assaillir (une position); donner l'assaut à (une ville, etc.). **2.** Attaquer (qn). *Charged with assaulting s.o.,* accusé de s'être porté, livré, à des voies de fait sur qn. **To be assaulted,** être victime (i) d'une agression, (ii) d'un attentat à la pudeur.
assaultable [ə'sɔltəbl], *a.* Attaquable.
assaulter [ə'sɔltər], *s.* Assaillant *m,* agresseur *m.*
assay[1] [ə'sei], *s.* **1.** *Metall: etc:* Essai *m* (d'un métal précieux, d'un minerai). **Assay value,** teneur *f* (d'un minerai). **Assay balance, assay scales,** balance *f* d'essai; trébuchet *m*; pesette *f.* **Assay furnace,** fourneau *m* d'essai. **Assay spoon,** éprouvette *f.* **To make an assay of . . .,** faire l'essai de. . . . *Adm:* **Assay office,** bureau *m* d'essai, de garantie (des métaux précieux); bureau des garanties. **Assay master,** essayeur. **2.** *A:* Vérification *f* des poids et mesures.
assay[2], *v.tr.* **1.** (*a*) *To a. a precious metal, an ore,* essayer, titrer, analyser, un métal précieux, un minerai; faire l'essai d'un métal; mettre un métal à l'essai; passer un métal à la coupelle; coupeller (un métal). (*b*) (*With passive force and adv. extension*) *Ore that assays ten per cent of silver,* minerai qui titre dix pour cent d'argent. **2.** *A:* (*Try, attempt*) Essayer (*to do sth.,* de faire qch.).
assaying, *s.* Essai *m,* titrage *m,* analyse *f* (d'un minerai, etc.); coupellation *f* (de l'or, etc.).
assayable [ə'seiəbl], *a. Metall:* Titrable.
assayer [ə'seiər], *s. Ch: etc:* Essayeur *m.*
assegai ['asigai], *s.* Zagaie *f,* sagaie *f.*
assemblage [ə'sembledʒ], *s.* **1.** Assemblage *m* (de pièces de menuiserie, etc.). **2.** (*a*) Assemblage, réunion *f,* concours *m* (de personnes); rassemblement *m.* (*b*) Collection *f* (d'objets).
assemble[1] [ə'sembl], *s. Mil:* (Signal *m* de) rassemblement *m.*
assemble[2]. **1.** *v.tr.* (*a*) Assembler (des personnes); ameuter (des révoltés, etc.); convoquer (un parlement). *Mil:* Rassembler (des troupes). (*b*) *Tchn:* Assembler (des pièces de menuiserie, etc.). *Mec.E:* Ajuster, assembler, monter, construire (une machine); habiller (une montre, etc.). **2.** *v.i.* S'assembler; **se rassembler; se réunir** (dans un endroit); (*of insurgents, etc.*) **s'ameuter.**
assembling, *s.* **1.** Assemblage *m*; rassemblement *m* (de personnes, de troupes); convocation *f* (d'un parlement). *Mil:* **Assembling point,** quartier *m* d'assemblée. **2.** Assemblage (d'un meuble, etc.); ajustage *m,* montage *m* (d'une machine); habillage *m* (d'une montre). *See also* GAUGE[1] 2.
assembler [ə'semblər], *s. Ind:* Monteur, -euse; ajusteur, -euse.
assembly [ə'sembli], *s.* **1.** (*a*) Assemblée *f.* **In open assembly,** en séance publique. *Fr.Hist:* **The National Assembly,** l'Assemblée nationale. *Ecc:* **The General Assembly,** la réunion annuelle des représentants de l'Église d'Écosse. (*b*) *Mil:* (Sonnerie *f* du) rassemblement *m.* (*c*) *Jur:* **Unlawful assembly,** attroupement *m.* (*d*) *F: A:* Soirée dansante (par souscription). **Assembly-rooms,** salle *f* de danse; salle des fêtes. **2.** (*a*) Assemblement *m,* réunion *f.* *Place of a.,* lieu *m* de réunion. (*b*) *Mec.E: Ind:* = ASSEMBLING 2. **Assembly-room,** salle, atelier *m,* de montage.
assent[1] [ə'sent], *s.* Assentiment *m,* consentement *m,* acquiescement *m.* *Jur:* Agrément *m.* *Verbal a.,* consentement verbal. **The royal assent,** le consentement, la sanction, du Roi; la sanction royale. **By common assent he is . . .,** du consentement de tous, il est. . . . **With one assent,** *he was chosen chief,* à l'unanimité il fut choisi pour chef. *With smiling a.,* avec un sourire d'assentiment. **To answer for the assent of s.o.,** se porter fort pour qn. *See also* GRIN[2], NOD[2].
assent[2], *v.i.* **1.** (*a*) Accéder, acquiescer, donner son assentiment (*to,* à). (*b*) (*Of sovereign, etc.*) Sanctionner (une loi, etc.). **2.** *To a. to the truth of sth.,* reconnaître la vérité de qch.; reconnaître qch. pour vrai. *To a. to a theory,* admettre une théorie; approuver une théorie.
assenting[1], *a.* Consentant. **-ly,** *adv.* En signe d'assentiment, de consentement, d'approbation.
assenting[2], *s.* Consentement *m*; approbation *f.*
assentation [asen'teiʃ(ə)n], *s.* Assentiment obséquieux.
assenter [ə'sentər], *s.* Approbateur, -trice.
assentient [ə'senʃjənt], *a. & s.* Approbateur, -trice.
assentor [ə'sentər], *s. Pol:* Signataire *mf* à l'appui (de la mise en avant d'un candidat au Parlement).
assert [ə'səːrt], *v.tr.* **1.** (*a*) Revendiquer. **To assert one's rights,** revendiquer ses droits. **To assert one's claims to . . .,** faire valoir ses droits à. . . . (*b*) **To assert oneself,** soutenir et faire respecter ses droits; s'affirmer; s'imposer. *To a. oneself in action,* affirmer son existence, s'imposer, par des actes. *His mastery asserts itself in . . .,* sa maîtrise s'affirme dans. . . . *You must a. yourself,* il faut vous montrer. *You must a. your authority,* il faut parler en maître. *To a. one's dignity,* soutenir sa dignité. **2.** Affirmer. *To a. that . . .,* affirmer, prétendre, soutenir que. . . . *He asserts that he saw it,* il soutient l'avoir vu. *It cannot be too often asserted that . . .,* on ne saurait trop redire que. . . . **To assert one's innocence, one's good faith,** protester de son innocence, de sa bonne foi.
assertion [ə'səːrʃ(ə)n], *s.* **1.** *A. of one's rights,* revendication *f* de ses droits. **2.** Assertion *f,* affirmation *f.* **To make an assertion,** affirmer qch. *That bears out my a.,* cela confirme mon dire. *See also* SELF-ASSERTION.
assertive [ə'səːrtiv], *a.* **1.** (*a*) = SELF-ASSERTIVE. (*b*) (Ton, etc.)

péremptoire, cassant. **2.** *Gram: Log:* Assertif. **-ly,** *adv.* **1.** Avec assurance; d'un ton péremptoire; d'un ton cassant. **2.** *Gram: Log:* Assertivement.

assertiveness [ə'sə:rtivnəs], *s.* Assurance *f*; ton *m* ou manière *f* autoritaire.

assertor [ə'sə:rtər], *s.* **1.** Celui qui affirme (la nouvelle, etc.). **2.** Défenseur *m* (de la loi, de la vérité, etc.).

assertory [ə'sə:rtəri], *a.* = ASSERTIVE 2.

assess [ə'ses], *v.tr.* **1.** (*a*) Répartir, établir (un impôt). *To a. the expenses to be paid by each of the members*, répartir les dépenses entre les membres. (*b*) Estimer, inventorier. *Jur:* **To assess the damages,** fixer les dommages et intérêts. *To a. a fine*, fixer le montant d'une amende. *To a. the damage*, évaluer les dégâts; *Nau:* évaluer l'avarie. **2.** *To a. a loan, etc., upon s.o., upon a community, etc.*, imposer un prêt à qn, à une société, etc. **3.** *Adm: To a. s.o. in, at, so much*, coter, imposer, taxer, qn à tant; fixer la cote de qn à tant. **4.** (*a*) *To a. a property (for taxation)*, évaluer une propriété. *To a. a building*, évaluer la valeur locative d'un immeuble. (*b*) *If we a. this speech at its true worth . . .*, si nous estimons ce discours à sa juste valeur. . . .

assessed, *a.* **Assessed taxes,** impôts directs.

assessable [ə'sesəbl], *a.* **1.** (Impôt) répartissable. **2.** (Dommage) évaluable. **3.** (Propriété) imposable.

assessment [ə'sesmənt], *s.* **1.** (*a*) Répartition *f*, assiette *f* (d'un impôt). (*b*) Évaluation *f* (de dégâts, *Nau:* d'avarie, *Adm:* d'une propriété). *Jur: A. of damages*, fixation *f* de dommages et intérêts. *A. of the value of sth.*, estimation *f* de la valeur de qch. (*c*) Imposition *f* (d'une commune, d'un immeuble). (*d*) Cotisation *f* (du contribuable). **2.** (*Amount*) Cote *f*, taxe officielle. *A. on landed property*, cote foncière. *A. on income*, cote mobilière; impôt *m* sur le revenu. *To claim a reduction of a.*, présenter une réclamation en surtaux; faire une demande de dégrèvement. *To reduce the a. on a building*, dégrever un immeuble. *See also* OVER-ASSESSMENT.

assessor [ə'sesər], *s.* **1.** *Jur:* Assesseur (adjoint à un juge); juge assesseur. **2.** Répartiteur *m* (d'un impôt, etc.). *Adm:* **Assessor of taxes,** contrôleur *m* des contributions (directes).

assessorial [ase'sɔ:riəl], *a.* *Jur:* (Fonctions, etc.) d'assesseur; assessor(i)al, -aux.

assessorship [ə'sesərʃip], *s.* **1.** *Jur:* Assessor(i)at *m.* **2.** *Adm:* Charge *f* de contrôleur.

asset ['aset], *s.* I. Chose *f* dont on peut tirer avantage; possession *f*; avoir *m*. *His knowledge of French is a great a. to him*, sa connaissance du français lui est un avantage précieux. *He is a great a. to our party*, c'est un atout dans notre jeu. *He is one of our assets*, c'est une de nos valeurs.

II. **assets,** *s.pl.* **1.** *Jur:* Masse *f* d'une succession, d'une société; masse active (d'une liquidation après faillite). **Personal assets,** biens *m* meubles. **Real assets,** biens immobiliers. **2.** *Com: Fin:* (*a*) Actif *m*; avoir *m*. *See also* FIXED 2, LIQUID 1, PERMANENT. (*b*) Dettes actives.

asseverate [a'sevəreit], *v.tr.* Affirmer (solennellement) (*that*, que + *ind.*). *To a. one's innocence*, protester de son innocence.

asseveration [asevə'reiʃ(ə)n], *s.* Affirmation (solennelle); protestation *f* (d'innocence).

assibilate [ə'sibileit], *v.tr.* *Ling:* Assibiler (un son).

assibilation [asibi'leiʃ(ə)n], *s.* *Ling:* Assibilation *f.*

assiduity [asi'djuiti], *s.* **1.** Assiduité *f*, diligence *f* (*in doing sth.*, à faire qch.). *A. in one's duties*, attachement *m* à ses devoirs. **2.** *pl.* Petits soins (*to*, auprès de); prévenances *f* (envers qn). *The assiduities of courtiers*, les assiduités des courtisans.

assiduous [ə'sidjuəs], *a.* **1.** (*Of pers.*) Assidu; diligent. *To be a. in one's duties*, être assidu à ses devoirs. *A. in his courtship*, assidu à faire sa cour. *She is a. in her care of the patient*, elle est assidue auprès du malade. **2.** (*a*) *A. work*, travail assidu. (*b*) *A: A. complaints*, plaintes assidues; plaintes sans fin. **-ly,** *adv.* Assidûment.

assiduousness [ə'sidjuəsnəs], *s.* = ASSIDUITY 1.

as(s)iento [asi'ento], *s.* *Hist:* Asiento *m.*

assign[1] [ə'sain], *s.* *Jur:* Ayant cause *m*, ayant droit *m* (*pl.* ayants cause, ayants droit); délégué, -ée; mandataire *mf*, attributaire *mf*.

assign[2], *v.tr.* **1.** Assigner (*to*, à). (*a*) Donner (qch.) en partage à (qn). *Paris was assigned to Charibert, Orleans to Clodomir*, Paris fut donné en partage, fut attribué, à Caribert, Orléans à Clodomir. *Mil: To a. men to an arm*, verser des hommes dans une arme. (*b*) **To assign a reason for,** *occ.* **to, sth.,** donner la raison de qch. *To a. a cause to an event*, assigner une cause à un événement; attribuer un événement à une cause. *To a. a meaning to a word*, attribuer un sens à un mot. *Object assigned to a certain use*, objet affecté, consacré, à un certain usage. *To a. an event to a period*, rapporter un événement à une époque. *To a. a salary to an office*, attribuer un traitement à un emploi. *To a. a place to a work within s.o.'s literary productions*, situer un ouvrage dans l'ensemble de l'œuvre de qn. (*c*) *To a. an hour, a place*, fixer, assigner, une heure, un lieu. (*d*) *To a. a task, a duty, to s.o.*, assigner, attribuer, une tâche, une fonction, à qn. *The duty assigned to me*, la tâche qui m'incombe. **2.** *Jur: To a. a property to s.o.*, céder, transférer, une propriété à qn. *To a. a right to s.o.*, attribuer un droit à qn; faire cession d'un droit à qn. *To a. shares, a patent, to s.o.*, transmettre des actions, un brevet, à qn.

assigning, *s.* = ASSIGNATION 1, 3 (*a*), 4.

assignable [ə'sainəbl], *a.* **1.** (*a*) Assignable, attribuable (*to*, à). (*b*) *Rates a. to an estate*, contributions afférentes à une terre. (*c*) (Date, etc.) que l'on peut fixer, que l'on peut déterminer. **2.** *Jur:* (Bien) cessible, transférable.

assignat ['asignat], *s.* *Fr.Hist:* Assignat *m.*

assignation [asig'neiʃ(ə)n], *s.* **1.** Distribution *f*, répartition *f*, attribution *f* (de biens). **2.** *Jur:* Cession *f*, transfert *m* (de biens, de dettes, etc.). **Assignation of chose in action,** cession-transport *f*. *A. of shares, of patent*, transmission *f* d'actions, de brevet. *A. of a claim*, transport *m* d'une créance. *Bankruptcy:* **Deed of assignation,** acte *m* de transfert; acte attributif. **3.** (*a*) Fixation *f* (d'une heure, d'un lieu de rendez-vous). (*b*) Rendez-vous *m*. (*c*) Rendez-vous galant. **4.** *A. of sth. to its cause*, attribution *f* de qch. à son origine.

assignee [asi'ni:], *s.* *Jur:* **1.** (*a*) = ASSIGN[1]. (*b*) (Administrateur-)séquestre *m*; syndic *m*. **Assignees in bankruptcy,** syndics de faillite. **2.** Cessionnaire *mf* (d'une créance, etc.).

assignment [ə'sainmənt], *s.* **1.** (*a*) = ASSIGNATION 1, 2. (*b*) (*Allocation*) Affectation *f*, allocation *f*, attribution *f* (de qch. à qch., à qn). *A. of s.o. to a post*, affectation de qn à un poste. **Assignment of a patent,** (i) cession *f* d'un brevet; (ii) concession *f* de licence d'exploitation d'un brevet. (*c*) Citation *f*, production *f* (de raisons); attribution *f* (de cause) (*to*, à). **2.** (*a*) *Sch: etc: U.S:* Tâche assignée. (*b*) *Journ:* Reportage assigné (à un tel). (*c*) *U.S:* Désignation *f* (pour un poste).

assignor [ə'sainər], *s.* **1.** *Com: Jur:* Cédant, -ante. **2.** *St.Exch:* **Official assignor,** liquidateur officiel.

assimilable [ə'similəbl], *a.* **1.** *Physiol:* (Aliment) assimilable. *The stomach renders food a.*, l'estomac élabore les aliments. **2.** Comparable, assimilable (*to*, à).

assimilate [ə'simileit], *v.tr.* **1.** (*a*) (*Make alike*) *To a. the laws of two countries*, assimiler les lois de deux pays. (*b*) (*Compare*) Assimiler, comparer (*to*, à). *These two cases cannot be assimilated*, on ne peut pas ranger ces deux cas dans la même catégorie. (*c*) *v.i. To a. to, with, sth.*, s'assimiler à qch. *Ling:* (*Of consonants*) S'assimiler. **2.** *Physiol:* (*a*) *To a. food*, assimiler des aliments. (*b*) (*With passive force*) *Food that assimilates well, badly*, aliment *m* qui s'assimile bien, mal.

assimilation [asimi'leiʃ(ə)n], *s.* **1.** (*a*) (*Making or becoming alike*) Assimilation *f* (*to, with*, à). *Ling:* Assimilation (de consonnes). (*b*) (*Comparison*) Assimilation (*to*, à); comparaison *f* (*to*, avec). **2.** *Physiol:* Assimilation (des aliments).

assimilative [ə'simileitiv], *a.* **1.** Assimilateur, -trice. **2.** *Physiol:* (Aliment) qui s'assimile facilement.

assimilatory [ə'simileitəri], *a.* = ASSIMILATIVE 1.

Assisi [a'ssi:si]. *Pr.n. Geog:* Assise *f.*

assist [ə'sist]. **1.** *v.tr.* (*a*) Aider (qn); prêter son concours, prêter assistance, à (qn). *To a. s.o. in his work*, aider, seconder, qn dans son travail. *Mr X assists me*, M. X me sert d'assistant. *To a. one another*, s'entr'aider. *To a. in a good work*, aider, contribuer, à une bonne œuvre. *To a. s.o. in doing sth., to do sth.*, aider qn à faire qch. *She had assisted in the flight of her husband*, elle avait aidé à l'évasion de son mari. *To a. s.o. by, with, one's counsels, by one's activity*, aider qn de ses conseils, par son travail. *To a. s.o. to the door*, aider qn à gagner la porte. *To a. a lady into, out of, her carriage*, aider une dame à monter en voiture, à descendre de voiture. *To a. s.o. on, off, with his overcoat*, aider qn à mettre, à ôter, son pardessus. (*b*) *To a. s.o. in misfortune*, aider, secourir, assister, qn dans le malheur. (*c*) *To a. sth.*, aider à qch.; avancer, seconder (une entreprise). *A stick assists his progress*, une canne l'aide à marcher. *A glass of wine assists digestion*, un verre de vin aide (à) la digestion. **2.** *v.i. To a. at a ceremony*, (i) prendre part à une cérémonie; (ii) (*be present*) assister à une cérémonie.

assistance [ə'sistəns], *s.* Aide *f*, secours *m*, assistance *f*. **To give, render, lend, s.o. assistance,** prêter aide, assistance, (son) concours, à qn; prêter main-forte (à la police, etc.). **To come to s.o.'s assistance,** venir à l'aide de, en aide à, au secours de, qn. **Assistance of the poor,** secours aux pauvres. **With the assistance of sth., of s.o.,** à l'aide de qch., avec l'aide de qn. **To be of assistance to s.o.,** aider qn, être utile à qn. *See also* ACCOMMODATION 3.

assistant [ə'sistənt]. **1.** *a.* Qui aide; auxiliaire. (*a*) *A: A. to s.o.*, utile à qn. *To be mutually a.*, s'entr'aider. (*b*) Adjoint; sous-. *A. member of a committee*, membre adjoint à un comité. **Assistant-professor,** professeur adjoint. **Assistant-master, -mistress,** sous-maître *m*, -maîtresse *f*. *A.-manager*, (i) sous-directeur *m*; (ii) sous-gérant *m* (d'un journal). *A.-bishop*, coadjuteur *m*. *A.-curate* = sous-vicaire *m*. *A.-accountant*, aide-comptable *m*. *Mil: A. medical officer*, aide-major *m*. *A.-surgeon*, aide-chirurgien *m*. *A. executioner*, valet *m* de bourreau. *A.-stoker, -fireman*, aide-chauffeur *m*. (*c*) *Mch:* **Assistant-engine,** machine *f* de renfort; machine auxiliaire. **2.** *s.* (*a*) Aide *mf*; adjoint, adjointe; auxiliaire *mf*. *Com:* Commis *m* (de magasin); demoiselle *f* de magasin; employé, -ée. *Jur:* Substitut *m* (d'un magistrat). *Sch:* **Foreign assistant,** (*in university*) lecteur, -trice; (*in school*) assistant, -ante. **Laboratory-assistant,** préparateur, -trice. *Hairdresser's a.*, garçon coiffeur. *See also* SHOP-ASSISTANT. *To give s.o. to s.o. as an a.*, adjoindre qn à qn. (*b*) *Assistants to digestion*, aides *f* à la digestion. *A: Assistants to memory*, aides de la mémoire.

assistantship [ə'sistəntʃip], *s.* Poste *m*, fonctions *fpl*, d'adjoint, de substitut, de lecteur, de préparateur, etc.

assize [ə'saiz], *s.* **1.** *Adm: A:* (*Statutory price*) Taxe *f*, tarif *m*, barème *m* (du blé, du pain, de la bière). **2.** (*a*) (*Usu. in pl.*) *Jur:* **(Court of) assizes, assize-court,** (cour *f* d')assises *fpl*. *To be brought before the assizes*, être traduit en cour d'assises. *F:* **The great assize, the last assize,** le jugement dernier. (*b*) *Jur:* (*In Scot.*) (i) Jugement *m* par jury. (ii) **The assize,** le jury. **3.** *Hist:* **The Assizes of Jerusalem,** les Assises de Jérusalem.

associability [əsouʃə'biliti], *s.* Associabilité *f* (*with*, à).

associable [ə'souʃəbl], *a.* Associable (*with*, à).

associate[1] [ə'souʃiet]. **1.** *a.* Associé. **Associate judge,** juge-assesseur *m*. *U.S:* **Associate professor,** professeur adjoint. **2.** *s.* (*a*) Associé *m*, adjoint *m*. *A. of an academy*, membre correspondant, associé, d'une académie. *Associates in crime, in intrigue*, consorts *m*. *Associates in a trick*, compères *m*. (*b*) Compagnon *m*, camarade *mf*. *Avoid evil associates*, évitez les mauvaises fréquentations. (*c*) (*Of thg*) Accessoire *m* (de qch.). *Metal that is a constant a. of another*, métal qui est toujours associé à un autre.

associate[2] [ə'souʃieit]. **1.** *v.tr.* Associer (*with*, avec qn, à qch.). *To a. oneself with s.o. in an undertaking*, s'associer avec qn pour une entreprise. *To be associated with a plot*, tremper dans un complot.

To a. sth. with sth., adjoindre qch. à qch. *Phil: To a. ideas*, associer des idées. **2.** *v.i.* (*a*) *To a. with s.o. in sth., in doing sth.*, s'associer, s'unir, avec qn pour qch., pour faire qch. (*b*) *To a. with s.o.*, fréquenter qn; frayer avec qn. *He associated only with his equals*, il ne fréquentait que ses pareils. *I don't a. with them*, je ne fraye pas avec eux. *To a. with a band of robbers*, s'affilier à une bande de voleurs.

associateship [ə'souʃietʃip], *s.* Position *f* de membre associé, de membre correspondant (d'une compagnie savante).

association [əsousi'eiʃ(ə)n], *s.* **1.** (*a*) Association *f*. *A. of ideas*, association d'idées. *Land full of historic associations*, pays *m* fertile en souvenirs historiques. *Jur:* **Deed of association**, acte *m* d'association, acte de société. *See also* ARTICLE[1] 2. (*b*) Fréquentation *f* (*with s.o.*, de qn). *To form associations*, se faire des relations. *Through long a. with . . .*, à force de fréquenter. . . . (*c*) **Association football**, football *m* association. **2.** Association, société *f*; amicale *f* (de professeurs, etc.). *Producers' a.*, syndicat *m* de producteurs. **Young Men's, Young Women's, Christian Association**, Union chrétienne de jeunes gens, de jeunes femmes; Association des jeunes gens chrétiens, des jeunes femmes chrétiennes. *Sch: Parents' A.*, association de parents d'élèves. *To form an a.*, constituer une société.

associationism [əsousi'eiʃənizm], *s.* **1.** *Phil:* Association(n)isme *m*. **2.** *Pol.Ec:* Fouriérisme *m*.

associationist [əsousi'eiʃənist], *s.* **1.** *Phil:* Association(n)iste *m*. **2.** *Pol.Ec:* Fouriériste *m*.

associative [ə'souʃiətiv], *a.* (*a*) (Principe, pouvoir) d'association. (*b*) Qui tend à s'associer.

associator [ə'souʃieitər], *s.* *A:* **1.** Complice *mf*, affilié, -ée (*with*, de). **2.** Adjoint, -e (*with*, de).

assoil [ə'sɔil], *v.tr.* *A:* **1.** Absoudre (qn). *To a. s.o. of, from, a sin*, absoudre qn d'un péché. **2.** Expier (un crime, etc.).

assonance ['asonəns], *s.* *Pros:* Assonance *f*.

assonant ['asonənt], *a.* *Pros:* Assonant.

assort [ə'sɔːrt]. **1.** *v.tr.* (*a*) Assortir (*with*, à). *She always assorted the flowers with the tints of the room*, elle assortissait toujours les fleurs aux tons de la pièce. *To a. colours*, assortir des couleurs; marier des couleurs. (*b*) Classer, ranger (*with*, parmi). (*c*) *To a. a shop*, assortir un magasin (*with*, de). **2.** *v.i.* (*a*) *To a. well, ill, with sth.*, (s')assortir bien, mal, avec qch. *To a. well, ill*, aller ensemble, ne pas aller ensemble. *The ribbons hardly assorted with the hat*, les rubans n'allaient guère, ne s'assortissaient guère, avec le chapeau, n'étaient guère assortis au chapeau. *Picture that does not a. with its opposite*, tableau *m* qui n'assortit pas, qui ne se marie pas, avec son pendant. (*b*) (*Of pers.*) *To a. with s.o.*, fréquenter qn.

assorted, *a.* Assorti. **Ill-assorted couple**, époux mal assortis. **Well-assorted couple**, époux assortis. *Ill-a. match*, union boiteuse; mariage malheureux; ménage mal assorti.

assortment [ə'sɔːrtmənt], *s.* **1.** Assortiment *m* (de marchandises, d'outils, etc.); jeu *m* (d'outils). *Typ:* **Scale of assortment**, police *f*. (*Of shop, etc.*) *To have a better a.*, être mieux monté. **2.** Classement *m*, classification *f* (par sortes).

Assouan [asu'an]. *Pr.n. Geog:* Assouan *m*.

assuage [ə'sweːidʒ], *v.tr.* Apaiser, adoucir, calmer, soulager, assoupir (les souffrances de qn); apaiser, satisfaire (un appétit, un désir). (*Of pain*) *To be assuaged*, se calmer.

assuaging, *s.* **1.** = ASSUAGEMENT. **2.** Satisfaction *f* (d'un appétit).

assuagement [ə'sweidʒmənt], *s.* Apaisement *m*, adoucissement *m*, soulagement *m*, assoupissement *m* (de la douleur).

Assuan [asu'an]. *Pr.n. Geog:* Assouan *m*.

assumable [ə'sjuːməbl], *a.* **1.** (*a*) (Titre, etc.) appropriable. (*b*) *A. responsibility*, responsabilité *f* dont on peut se charger. **2.** Supposable, présumable. *It is a. that . . .*, il est à supposer, à présumer, que. . . . **-ably**, *adv.* A ce qu'on peut supposer. *He is a. mad*, il est à présumer qu'il est fou.

assume [ə'sjuːm], *v.tr.* **1.** (*a*) Prendre, se donner (un air, une mine, un ton); affecter, revêtir (une forme, un caractère). *The judges a. their robes*, les juges revêtent leur toge; les juges se revêtent de leurs toges. *To a. one's sash of office*, ceindre son écharpe. *To a. a holiday appearance*, prendre un air de fête. *Things are assuming a better complexion*, les choses prennent meilleure tournure. *To a. an appropriate countenance*, se composer une figure; prendre une figure de circonstance. *Our plans are assuming shape*, nos projets prennent forme. (*b*) *The casing assumes the shape of the engine*, le carter épouse la forme du moteur. **2.** (*a*) Prendre sur soi, prendre à son compte, assumer (une charge, une responsabilité); se charger (d'un devoir). *Com: To a. all risks*, assumer tous les risques. (*b*) *To a. power, authority*, prendre le pouvoir, prendre possession du pouvoir. *To a. the chief command*, prendre le commandement en chef. *Lit: To a. the crown*, ceindre la couronne, le diadème. *To a. the direction of affairs*, prendre en main la conduite des affaires. **3.** S'attribuer, s'arroger, s'approprier (un droit, un titre, etc.). **To assume a name**, adopter, emprunter, un nom. *Jur:* **To assume ownership**, faire acte de propriétaire. (*Of heir*) **To assume a succession**, s'immiscer dans une succession. **4.** Simuler, affecter. *To a. a virtue*, se parer d'une vertu; affecter une vertu; prétendre à une vertu; feindre une vertu. **5.** Présumer, supposer (qch.); tenir (qch.) comme établi. *Phil: Geom:* Admettre (qch.) en postulat. *I a. that he will come*, je présume qu'il viendra. *The author assumes everything and proves nothing*, l'auteur suppose tout et ne prouve rien. *He is assumed to be sixty*, il passe pour avoir soixante ans; on lui donne soixante ans. *He was assumed to be wealthy*, on le supposait riche. *Here is the man who is assumed to have stolen it*, voici l'homme que l'on présume l'avoir volé. *In the absence of proof he must be assumed to be innocent*, en l'absence de preuves, il doit être présumé innocent. *You have no right to a. this to be any concern of yours*, vous n'avez pas le droit de présumer que cela vous regarde. *All roads are assumed to lead to Rome*, tous les chemins sont censés mener à Rome. *Let us a. that such is the case*, prenons, mettons, qu'il en soit ainsi. *It is assumed as a fact that . . .*, il passe pour avéré que. . . . *Assuming the truth of the story . . .*, en supposant que l'histoire soit vraie . . .; supposé que l'histoire soit vraie. . . . *If this statement is assumed to be true . . .*, si l'on prête foi à ce témoignage. . . . *To a. the worst*, mettre les choses au pis.

assumed, *a.* **1.** Supposé, feint, faux. *With a. nonchalance*, avec une affectation d'indifférence. *A. piety*, fausse dévotion. *A. virtues*, vertus d'occasion, d'emprunt. **Assumed name**, pseudonyme *m*; nom supposé, nom d'emprunt, nom de guerre. **2.** *A. load* (*on a bridge, etc.*), surcharge *f* hypothétique. *A. direction of flow of a current*, sens *m* hypothétique d'un flux.

assuming[1], *a.* Présomptueux, prétentieux, arrogant. **-ly**, *adv.* Présomptueusement; avec arrogance.

assuming[2], *s.* = ASSUMPTION 2.

assumingness [ə'sjuːmiŋnəs], *s.* Présomption *f*, arrogance *f*.

assumpsit [ə'sʌmpsit], *s.* *Jur:* *A:* **1.** Contrat *m*. **2.** Action *f* en exécution de contrat ou en dommage-intérêt pour rupture de contrat.

assumption [ə'sʌm(p)ʃ(ə)n], *s.* **1.** *Ecc:* Assomption *f* (de la Vierge). **Feast of the Assumption**, fête *f* de l'Assomption. **2.** (*a*) Action *f* de prendre (une forme, un caractère). *I cannot pardon his a. of my name*, je ne peux pas lui pardonner d'avoir pris mon nom. *Jur:* **Assumption of a succession**, immixtion *f* dans une succession. *Unauthorized a. of a right*, usurpation *f* d'un droit. *Her:* **Arms of assumption**, armes assomptives. (*b*) *A. of office*, entrée *f* en fonctions. *A. of holy orders*, susception *f* des ordres sacrés; entrée dans les ordres. **3.** (*a*) Affectation *f* (de vertu). *He turned away with an a. of indifference*, il se détourna en feignant l'indifférence. (*b*) Arrogance *f*, prétention(s) *f*, présomption *f*. *To make no a. of special knowledge*, n'afficher aucune prétention à des connaissances spéciales. **4.** (*a*) Supposition *f*, hypothèse *f*. *Phil:* Postulat *m*. *I am going on the a. that . . .*, je me fonde sur l'hypothèse que. . . . *Gratuitous a.*, supposition gratuite. (*b*) *Log:* Mineure *f* (d'un syllogisme); assomption.

assumptive [ə'sʌm(p)tiv], *a.* **1.** *Her:* **Assumptive arms**, armes assomptives. **2.** (*a*) (Raisonnement) hypothétique. (*b*) (Fait) que l'on peut admettre; (fait) admis. **3.** Présomptueux, arrogant.

assurable [ə'ʃuərəbl], *a.* Assurable.

assurance [ə'ʃuərəns], *s.* **1.** (*a*) (*Certainty*) Assurance *f*. *I have every a. that he will help us*, j'ai la ferme assurance qu'il nous aidera. *In full a. of his good faith*, en toute assurance de sa bonne foi. **(In order) to make assurance double sure**, pour plus de sûreté; pour surcroît de sûreté; par surcroît de précaution. *It is well to make a. double sure*, deux sûretés valent mieux qu'une. (*b*) Promesse (formelle). *I have his distinct a. that . . .*, j'ai sa promesse formelle que. . . . (*c*) Affirmation *f*. *A. to the contrary*, affirmation contraire. *I have his a. to the contrary*, il m'a affirmé le contraire. *I can give you the a. that . . .*, je peux vous assurer, vous affirmer, que. . . . **2.** *Jur:* **Assurance (of property)**, (i) constitution *f* de droits, (ii) transfert *m* de droits (à une propriété). **3.** *Ins:* **Life-assurance**, assurance sur la vie; assurance-vie, *pl.* assurances-vie. *See also* ENDOWMENT[1], MUTUAL 1, *and cf.* INSURANCE. **4.** (*a*) Assurance, fermeté *f*, confiance *f*; *F:* aplomb *m*. *See also* SELF-ASSURANCE. (*b*) Hardiesse *f*, présomption *f*. *To answer with a.*, répondre (i) d'un ton assuré, avec assurance, (ii) d'un ton hardi, hardiment. *He had the a. to tell me that . . .*, *F:* il a eu le toupet de me dire que. . . .

assure [ə'ʃuər], *v.tr.* **1.** Assurer. (*a*) (*Make safe*) *To a. s.o. against unpleasant consequences*, assurer qn contre des suites fâcheuses. *To a. s.o.'s life*, assurer la vie de qn. *To a. one's life*, s'assurer (sur la vie). *To have one's life assured*, se faire assurer sur la vie. *Abs.* **To assure with a company**, s'assurer à une compagnie. (*b*) (*Make certain*) *To a. the peace, the happiness, of s.o.*, assurer la paix, le bonheur, de qn. (*c*) (*Affirm*) *To a. s.o. of the truth of sth., of one's devotion*, assurer qn de la vérité de qch., de son dévouement. *To a. s.o. of a fact*, assurer, affirmer, un fait à qn. *He assures me that it is true*, il me certifie que c'est vrai. *He assured me of his willingness, that he was willing, to do it*, il m'assura qu'il voulait bien le faire. *She assures me that she has enough to live on*, elle m'assure avoir de quoi vivre. *He will do it*, **I can assure you!** il le fera, je vous en réponds! **2.** *A. & Lit:* Rassurer, encourager (qn); donner du cœur à (qn).

assured. **1.** *a.* Assuré (*of*, de). **You may rest assured that . . .**, vous pouvez être assuré, tenir pour certain, que. . . . *You now feel a. of the morrow*, vous connaissez maintenant la sécurité du lendemain. *A. of the future*, assuré de l'avenir. **Be well assured that . . .**, soyez certain que . . .; sachez bien que. . . *An a. success*, un succès assuré. **2.** *s.* *Ins:* Assuré, -ée (sur la vie).

assuredly [ə'ʃuəridli], *adv.* Assurément, à coup sûr; sans contredit. **Assuredly not**, non certes.

assuredness [ə'ʃuəridnəs], *s.* **1.** Certitude *f*. **2.** = ASSURANCE 4 (*a*), (*b*).

assurer [ə'ʃuərər], *s.* **1.** Affirmateur, -trice (d'un fait) **2.** *Ins:* (*a*) = ASSUROR. (*b*) Assuré, -ée.

assurgent [ə'sɔːrdʒənt], *a.* **1.** (*a*) *Lit:* Ascendant. (*b*) *Bot:* Assurgent. **2.** *A. & Lit:* Agressif.

assuror [ə'ʃuərər], *s.* *Ins:* Assureur *m*.

Assyria [ə'siria]. *Pr.n. A.Geog:* L'Assyrie *f*.

Assyrian [ə'siriən], *a. & s.* *A.Hist:* Assyrien, -ienne.

Assyriologist [əsiri'ɔlodʒist], *s.* Assyriologue *m*.

Assyriology [əsiri'ɔlodʒi], *s.* Assyriologie *f*.

Astarte [as'tɑːrti]. *Pr.n.f. Myth:* Astarté.

astasia [ə'steiʒjə], *s.* *Med:* Astasie *f*.

astatic [ə'statik], *a.* *El:* Astatique. **Astatic needles**, aiguilles astatiques. *A. couple, a. system*, système *m* astatique.

astatize ['astətaiz], *v.tr.* *Magn:* Astatiser.

aster ['astər], *s.* **1.** *Bot:* (*a*) Aster *m*. **China aster**, aster de

Chine; reine-marguerite *f*. (*b*) *U.S*: = *Michaelmas daisy, q.v. under* MICHAELMAS 2. 2. *Biol*: Aster.
-aster [astər, ˈastər], *s. suff*. *Usu.Pej*: -astre *m*. *ˈMedicaster*, médicastre. *ˈMusicaster*, musicastre. *Poeˈtaster*, poétastre.
asterias, *pl*. **-ae** [aˈstiːəriəs, -iː], *s*. *Z*: Astérie *f*; *F*: étoile *f* de mer.
asteriated [aˈstiːərieitid], *a*. *Miner*: (Pierre) astérique. **Asteriated opal**, astérie *f*.
asterisk¹ [ˈastərisk], *s*. Astérisque *m*.
asterisk², *v.tr*. Mettre un astérisque à (un mot); marquer (un mot) d'un astérisque.
asterism [ˈastərizm], *s*. 1. *Astr*: Astérisme *m*. 2. *Cryst*: Astérisme; astérie *f*. 3. *Typ*: Astérisques *mpl* en triangle.
astern [aˈstəːrn]. 1. *adv*. (*a*) (*Position on ship*) À l'arrière, sur l'arrière. *We had two guns a.*, nous avions deux canons à l'arrière, en poupe. (*b*) (*Backwards*) **To go, come, astern**, culer; aller de l'arrière; faire machine, faire marche, arrière; mettre en arrière; marcher en arrière. *To drop a.*, culer. **Motion astern, astern motion**, marche *f* (en) arrière; mouvement *m* en arrière. **Full speed astern!** en arrière à toute vitesse! en arrière toute! *To go full speed a.*, mettre route en arrière. **Astern turbine**, turbine *f* de marche arrière. (*c*) (*Behind*) *To make a boat fast a.*, amarrer un canot derrière. **To fall, drop, astern** (*of another ship*, = *to be outsailed*), rester en arrière; perdre; culer. *Ship slightly a.*, vaisseau *m* un peu à la traîne. *Ship right a.*, vaisseau droit derrière. *Navy*: **In close order astern**, beaupré sur poupe. **The ship next astern**, le matelot d'arrière. *To have the wind a.*, avoir le vent en arrière. *The wind is a.*, le vent empoupe le navire. *Navy*: *To fire a.*, tirer en retraite. 2. *Prep.phr*. **Astern of a ship**, derrière un vaisseau; sur l'arrière d'un vaisseau; à la traîne. *To follow a. of a ship*, se trouver en poupe d'un navire; faire route dans les eaux d'un navire. *To pass a. of a ship*, passer sur l'arrière d'un navire.
asternal [aˈstəːrnəl], *a*. *Anat*: **Asternal ribs**, côtes asternales; fausses côtes.
asteroid [ˈastərɔid]. 1. *a*. En forme d'étoile. 2. *s*. (*a*) *Astr*: Astéroïde *m*. (*b*) = STAR-FISH.
asthenia [asˈθiːnia], *s*. *Med*: Asthénie *f*.
asthenic [asˈθenik], *a*. *Med*: Asthénique.
asthma [ˈas(θ)ma], *s*. Asthme *m*. *To suffer from a.*, être asthmatique; être affligé d'un asthme.
asthmatic [as(θ)ˈmatik], *a*. & *s*. Asthmatique (*mf*).
asthmatical [as(θ)ˈmatik(ə)l], *a*. Asthmatique.
astigmatic [astigˈmatik], *a*. *Opt*: *Med*: Astigmate.
astigmatism [aˈstigmatizm], *s*. *Opt*: *Med*: Astigmatisme *m*.
astigmatizer [aˈstigmataizər], *s*. Astigmatiseur *m* (de télémètre).
astigmometer [astigˈmɔmetər], *s*. *Med*: Astigmomètre *m*.
astir [aˈstəːr], *adv*. & *pred. a*. 1. (*In motion*) Actif; en mouvement; animé. **To set sth. astir**, mettre qch. en mouvement, en branle. *It was he who set everything a.*, c'est lui qui a donné le branle. 2. (*Up and about*) Debout, levé. *To be a. at six o'clock*, être debout à six heures. *I could hear no one a.*, je n'entendais bouger personne. *She was early a.*, elle se leva, se levait, de bonne heure. 3. (*In excitement*) En émoi, agité. *The whole town was a.*, toute la ville était en émoi.
astomous [ˈastoməs], *a*. *Bot*: (Mousse *f*) astome.
astonish [aˈstɔniʃ], *v.tr*. Étonner, surprendre; jeter (qn) dans l'étonnement. *You a. me*, vous m'étonnez. *To be astonished at seeing sth., astonished to see sth.*, être étonné, s'étonner, de voir qch. *I am astonished that . . .*, cela m'étonne que + *sub*. *To look astonished*, avoir l'air étonné; ouvrir de grands yeux.
astonishing, *a*. Étonnant, surprenant. *It is a. to me that . . .*, je m'étonne que. . . . *That is a., coming from him*, cela étonne de sa part. **-ly**, *adv*. Étonnamment.
astonishment [aˈstɔniʃmənt], *s*. Étonnement *m*, surprise *f*. *My a. at seeing him*, l'étonnement où j'étais de le voir; mon étonnement quand je le vis. *Look of a.*, regard, air, étonné. *A look of blank a.*, un regard, un air, ébahi. **I stood in astonishment**, je m'arrêtai surpris. *To stand in open-mouthed a.*, rester tout ébahi, *P*: en rester baba. **To be lost in astonishment**, être frappé de stupeur, plongé dans l'étonnement. *I am lost in a.*, je n'en reviens pas. *I have heard to my a. that . . .*, j'ai appris, à mon grand étonnement, que. . . .
astound [aˈstaund], *v.tr*. Confondre, abasourdir; frapper de stupeur; stupéfier; *F*: ébahir. *I was astounded by it*, j'en demeurai (i) stupéfait, (ii) atterré. *It astounds me! I'm astounded!* j'en reste abasourdi; cela me renverse; j'en suis renversé.
astounding, *a*. (*a*) Abasourdissant, renversant; *F*: mirobolant. (*b*) (*Calamitous*) (Désastre) épouvantable; (nouvelle) atterrante.
astraddle [aˈstradl], *adv*. & *pred. a*. A califourchon, à cheval; jambe deçà jambe delà (sur qch.). *Seated a. on his father's knee*, à califourchon sur le genou de son papa.
Astraea [aˈstriːa]. *Pr.n.f*. *Myth*: Astrée.
astragal [ˈastragəl], *s*. *Arch*: *etc*: Astragale *m* (d'une colonne, d'une pièce d'artillerie); chapelet *m* (d'une colonne).
astragalus [asˈtragələs], *s*. *Anat*: *Bot*: Astragale *m*.
Astrak(h)an [astraˈkan]. 1. *Pr.n*. *Geog*: Astrak(h)an. 2. *s*. (*a*) (*Fur*) Astrakan, astracan *m*. (*b*) *Tex*: Imitation *f* d'astrakan; astrakan imitation.
astral [ˈastrəl], *a*. Astral, -aux. **Astral lamp**, lampe astrale. *Psychics*: **Astral body**, corps astral.
astray [aˈstrei], *adv*. & *pred. a*. (i) Égaré; (ii) *Pej*: dévoyé. **To go astray**, (i) s'égarer, s'écarter de la route, faire fausse route; (ii) *Pej*: se dévoyer; se débaucher. *I'm all a.*, je ne sais plus où j'en suis. **To lead s.o. astray**, (i) égarer qn; induire qn en erreur; (ii) débaucher, dévoyer, qn; détourner qn de la bonne voie; entraîner qn hors du droit chemin. *To lead a girl a.*, détourner une jeune fille; abuser d'une jeune fille; mettre une jeune fille à mal. *To keep s.o. from being led a.*, préserver qn de mauvais entraînements. *Lest the reader be led a.*, de manière (à ce) que le lecteur ne se méprenne point.
astrict [aˈstrikt], *v.tr*. *Lit*: Astreindre (*to*, à).
astrictive [aˈstriktiv], *a*. & *s*. *Med*: = ASTRINGENT.
astride [aˈstraid], *adv*., *pred.a*., & *prep*. 1. A califourchon; jambe deçà, jambe delà (sur qch.). *To ride a.*, monter à califourchon (sur un cheval, etc.). *To get a. a horse*, enfourcher un cheval. *To sit a. sth.*, être à cheval, chevaucher, être à califourchon, sur qch. *Child seated a. his father's knee*, enfant à califourchon sur le genou de son papa. 2. **To stand astride**, se tenir (debout) les jambes écartées.
astringency [aˈstrindʒənsi], *s*. Astringence *f*.
astringent [aˈstrindʒənt], *a*. & *s*. Astringent (*m*); styptique (*m*), constipant (*m*).
astro- [aˈstrɔ, ˈastro, astro], *comb.fm*. Astro-. *ˈAstrolabe*, astrolabe. *Asˈtronomy*, astronomie. *Astroˈphysics*, astrophysique.
astrolabe [ˈastroleib], *s*. *Astr*: Astrolabe *m*.
astrolater [aˈstrɔlatər], *s*. Astrolâtre *mf*.
astrologer [aˈstrɔlodʒər], *s*. Astrologue *m*.
astrological [astroˈlɔdʒik(ə)l], *a*. Astrologique. **-ally**, *adv*. Astrologiquement.
astrology [aˈstrɔlodʒi], *s*. Astrologie *f*.
astronomer [aˈstrɔnomər], *s*. Astronome *m*. **The Astronomer Royal**, (i) le Directeur de l'Observatoire de Greenwich; (ii) le Directeur de l'Observatoire d'Édimbourg.
astronomic(al) [astroˈnɔmik(əl)], *a*. Astronomique. *A. time, year*, heure *f*, année *f*, astronomique. *A. numbers*, *s.pl*. **astronomicals**, fractions *f* astronomiques, sexagésimales. **Central Astronomical Office** = Bureau *m* des longitudes. *F*: *The sales reach* **astronomical figures**, la vente atteint des chiffres astronomiques. **-ally**, *adv*. Astronomiquement.
astronomy [aˈstrɔnomi], *s*. Astronomie *f*.
astrophotography [astrofoˈtɔgrəfi], *s*. Photographie *f* des astres.
astrophysical [astroˈfizik(ə)l], *a*. Astrophysique.
astrophysics [astroˈfiziks], *s.pl*. (*Usu. with sg.const*.) Astrophysique *f*.
Asturian [asˈtjuəriən], *a*. & *s*. *Geog*: Asturien, -ienne.
Asturias [asˈtjuəriəs]. *Pr.n*. *Geog*: Les Asturies *f*.
astute [asˈtjuːt], *a*. 1. Fin, avisé, pénétrant. 2. *Pej*: Astucieux, matois, rusé. **-ly**, *adv*. 1. Avec finesse; avec une grande pénétration. 2. Astucieusement; avec ruse.
astuteness [asˈtjuːtnəs], *s*. 1. Finesse *f*, sagacité *f*; pénétration *f*. 2. *Pej*: Astuce *f*.
Astyages [asˈtaiadʒiːz]. *Pr.n.m*. *A.Hist*: Astyage.
Asuncion [aˈsunsiɔn, -θiɔn]. *Pr.n*. *Geog*: Assomption *f* (capitale du Paraguay).
asunder [aˈsʌndər], *adv*. 1. (*Apart*) Éloignés, écartés (l'un de l'autre). *To force two boxers a.*, écarter de force deux boxeurs. 2. (*In pieces*) *To tear sth. a.*, déchirer qch. en deux. *To break a.*, se casser en deux. (*Of parts*) **To come asunder**, se désunir, se disjoindre. *See also* SNAP² 3.
Aswan [aˈswan]. *Pr.n*. *Geog*: Assouan *m*.
aswirl [aˈswəːrl], *adv*. & *pred. a*. *Lit*: Tourbillonnant.
asylum [aˈsailəm], *s*. 1. (*a*) *Hist*: Asile *m* (inviolable). (*b*) Asile, (lieu *m* de) refuge *m*. **To afford asylum to s.o.**, donner asile, offrir un asile, à qn. 2. (*a*) Hospice *m*. (*b*) *F*: (**Lunatic**) **asylum**, maison *f*, hospice, asile, d'aliénés; *F*: maison de fous. *Private a.*, maison de santé. (*c*) *A*: **Orphan asylum**, asile, orphelinat *m*.
asymmetric(al) [asiˈmetrik(əl)], *a*. Asymétrique. *Geol*: *A. fold*, pli déjeté. *A. valley*, vallée monoclinale.
asymmetry [aˈsimetri], *s*. Asymétrie *f*, dissymétrie *f*.
asymptote [ˈasim(p)tout], *s*. *Mth*: Asymptote *f*.
asymptotic(al) [asim(p)ˈtɔtik(əl)], *a*. *Mth*: Asymptotique, asymptote. *Asymptotic line, curve*, ligne *f*, courbe *f*, asymptote. *A. direction*, direction *f* asymptotique.
asynchronism [aˈsiŋkronizm], *s*. *Mec*: Asynchronisme *m*.
asynchronous [aˈsiŋkronəs], *a*. *Mec*: Asynchrone. *El.E*: **Asynchronous motor**, moteur *m* asynchrone, d'induction.
asyndeton [aˈsindətən], *s*. *Rh*: Asyndète *m*, asyndéton *m*.
asynergy [ˈasinərdʒi], *s*. *Med*: Asynergie *f*.
at [at], *prep*. A. 1. (*Position*) (*a*) *At the centre, at the top*, au centre, au sommet. *At table, at church, at the concert, at school, at the station*, à table, à l'église, au concert, à l'école, à la gare. **Child at the breast**, enfant au sein. **The dog was at his heels**, le chien marchait sur ses talons. **At my side**, à mes côtés, à côté de moi. **At hand**, sous la main. *At Oxford, at Havre*, à Oxford, au Havre. **At sea, at war**, en mer, en guerre. *After four days at sea*, après quatre jours de mer. *The Conference at Spa*, la Conférence de Spa. *Ambassador at the court of James I*, ambassadeur *m* auprès de la cour de Jacques Iᵉʳ. (*b*) *At home*, à la maison, chez soi. *At my uncle's, at the tailor's*, chez mon oncle, chez le tailleur. *We met at her father's*, nous nous sommes rencontrés chez son père. (*c*) *To sit at the window*, se tenir (au)près de la fenêtre. *He came in at the front door, at the window*, il entra par la grande porte, par la fenêtre. *To warm oneself at the fire*, se chauffer devant le feu. (*d*) *U.S*: *F*: *Where are we at?* où en sommes-nous? 2. (*Time*) *At six o'clock*, à six heures. **At present**, à présent. *At that time*, à cette époque, en ce temps-là. *At a time when . . .*, dans un moment où. . . . **Two at a time**, deux par deux, deux à la fois. *See also* TIME¹ 5. *At the beginning of the year*, au commencement de l'année. *At the beginning . . .*, dès le commencement. . . . *At night*, la nuit, le soir. **At first**, d'abord. **At last**, enfin, à la fin. *At the latest*, au plus tard. *At three months after date*, à trois mois de date. *At his cries we hastened up*, à ses cris nous sommes accourus. 3. (*Price*) *At two francs a pound*, à deux francs la livre. *Apples are sold at fourpence a pound*, les pommes se vendent à quatre pence la livre. 4. *At my request*, sur ma demande. *Boys at play*, élèves *m* en récréation. **At all events**, en tout cas. *The whole business was settled at two sittings*, tout fut réglé en deux séances. 5. *Swift at repartee*, prompt à la repartie. *To be good at games*, être habile aux jeux; être bon aux sports. 6. (*a*) *To look at sth.*, regarder qch. *To be surprised at sth.*, être étonné de qch. *To catch at sth.*, s'accrocher à qch. *To aim at s.o.*, viser qn. *To play*

at cricket, jouer au cricket. (*b*) *To laugh at s.o.*, se moquer de qn. *To talk at s.o.*, faire des allusions peu voilées à qn (qui se trouve présent); persifler qn (à son su ou à son insu). *See also* PREACH. *To swear at s.o.*, jurer contre qn. *What are you (driving) at?* où voulez-vous en venir? (*c*) *To be at work*, être au travail, être à travailler. *To work hard at doing sth.*, travailler ferme à faire qch. **To be at sth.**, être occupé à faire qch., s'occuper de qch. **What are you at?** que faites-vous? *He is at it*, il y travaille; il est à la besogne. *He longs to be at it*, il lui tarde de s'y mettre. *To keep s.o. at it, F:* faire trimer qn. *I watched him at it*, je le regardais faire. *There were two of us at it*, (i) nous étions deux à la besogne; (ii) nous l'avons fait à deux. *F:* **Let me see you at it again!** que je te voie encore faire cela! que je t'y reprenne! *She's at it again* (*i.e. crying, etc.*), voilà qu'elle recommence! la voilà qui recommence! **While we are at it,** *why not* . . ., pendant que nous y sommes, *F:* tant qu'à faire, pourquoi ne pas. . . . (*d*) **To be at s.o.,** être acharné contre qn, rudoyer, tancer, qn. *She is always at him*, (i) elle ne peut pas le laisser tranquille; (ii) elle le harcèle de querelles, elle est toujours après lui. *P:* **She's always on at me,** elle s'en prend toujours à moi. *They are at me again*, voilà encore qu'on s'en prend à moi; on m'attaque de nouveau. *He is at me every day about that job*, il vient me relancer tous les jours à propos de cette place. *Mil:* **At them!** chargez! en avant! *F:* tombez dessus! (*To dog*) *At him!* pille! pille! *See also* GET AT, GO AT.

Atalanta [ata'lanta]. *Pr.n.f. Gr.Myth:* Atalante.

ataraxy [ata'raksi], *s. Phil: Med:* Ataraxie *f.*

atavic [a'tavik], *a.* Atavique.

atavism ['atavizm], *s.* Atavisme *m.*

atavistic [ata'vistik], *a.* = ATAVIC.

ataxia [a'taksia], *s. Med:* = ATAXY.

ataxic [a'taksik], *a. Med:* Ataxique.

ataxy [a'taksi, 'ataksi], *s. Med:* Ataxie *f*; incoordination *f.* **Locomotor ataxy,** ataxie locomotrice progressive; tabes *m* dorsalis.

ate [eit]. *See* EAT.

-ate [eit, -et]. **1.** *s. suff.* (*a*) -at *m.* (*Denoting function*) *Caliphate*, califat. *Mandate*, mandat. *Syndicate*, syndicat. (*Denoting pers.*) *Advocate*, avocat. *Magistrate*, magistrat. (*b*) *Ch:* -ate *m. Acetate*, acétate. *Sulphate*, sulfate. (*c*) -é *m. Delegate*, délégué. *Precipitate*, précipité. **2.** *a. suff.* -é, -ée. *Insensate*, insensé. *Separate*, séparé. *Esp. Nat.Hist: Edentate*, édenté. *Pinnate*, pinné.

Atellanae [ate'leini:], **Atellans** [a'telənz], *s.pl. Rom.Ant:* Atellanes *f.*

Athalia [aθa'laia]. *Pr.n.f. B.Hist:* Athalie.

Athanasian [aθa'neiʃjən], *a.* Athanasien. **The Athanasian Creed,** le Symbole de saint Athanase.

Athanasius [aθa'neiʃjəs]. *Pr.n.m. Rel.H:* Athanase.

atheism ['eiθiizm], *s.* Athéisme *m.*

atheist ['eiθiist], *s.* Athée *mf.*

atheistic(al) [eiθi'istik(əl)], *a.* **1.** (Doctrine) athéistique. **2.** (Personne) athée. **-ally,** *adv.* En athée; avec impiété.

atheling ['aθeliŋ], *s. Hist:* Prince ou noble anglo-saxon.

Athena [a'θi:na]. *Pr.n.f.* Athéné, Athéna.

athenaeum [aθe'ni:əm], *s.* **1.** *Gr.Ant:* L'Athénée *m.* **2.** (*a*) Athénée (cercle littéraire). (*b*) **The Athenaeum Club,** cercle littéraire et scientifique de Londres. (*c*) *Lit.Hist:* **The Athenaeum,** revue *f* littéraire hebdomadaire qui fit autorité au XIXe siècle.

Athene [a'θi:ni]. *Pr.n.f.* = ATHENA.

Athenian [a'θi:njən], *a.* & *s. Geog: etc:* Athénien, -ienne; d'Athènes; attique.

Athens ['aθenz]. *Pr.n. Geog:* Athènes *f. F:* **The Athens of the North,** l'Athènes du Nord (Édimbourg).

atherine ['aθərain], *s. Ich:* Athérine *f.*

athermancy [a'θə:rmənsi], *s. Ph:* Athermanéité *f.*

athermanous [a'θə:rmanəs], *a. Ph:* Athermane, athermique.

athermic [a'θə:rmik], *a. Ph:* Athermique.

atheroma [aθə'rouma], *s. Med:* **1.** Loupe *f.* *A:* Athérome *m.* **2.** Athérome artériel.

atherosperma [aθəro'spə:rma], *s. Bot:* Athérosperme *m.*

athirst [a'θə:rst], *pred. a. Lit:* Altéré, assoiffé (*for*, de). *To be a. for blood*, avoir soif de sang; être altéré de sang. *A. for news, for wealth*, assoiffé de nouvelles, de richesses. *Lit:* **The Gods are athirst,** les dieux ont soif.

athlete ['aθli:t], *s.* **1.** *Gr.Ant: etc:* Athlète *mf.* **2.** Fervent *m* du sport.

athletic [aθ'letik], *a.* **1.** Athlétique. *A. exercises*, exercices *m* gymnastiques. *A. club*, société *f* de gymnastique. *A. sports*, (i) sports *m* athlétiques (course, saut, etc.); (ii) concours *m* athlétique. *A. meeting*, réunion sportive. *Med: F:* **Athletic heart,** cardiectasie *f.* **2.** (*a*) *An a. young fellow*, un gaillard vigoureux, solide, bien taillé, sportif. (*b*) *The a. boys, girls, of the school*, les élèves *mf* qui font du sport. **-ically,** *adv.* Athlétiquement.

athleticism [aθ'letisizm], *s.* Athlétisme *m.*

athletics [aθ'letiks], *s.pl.* (*Usu. with sg.const.*) **1.** *Gr.Civ: etc:* Athlétique *f.* **2.** Sports *m* (athlétiques); athlétisme *m*; culture *f* physique. *I went in for athletics in my day*, je suis un vieux sportif.

at-home [at'houm], *s.* Réception *f*; (*in the evening*) soirée *f.* *Mrs X holds her at-homes on Tuesdays*, Madame X reçoit le mardi. **At-home day,** jour *m* de réception. *Our a.-h. day is Thursday*, nous recevons le jeudi. *What is your a.-h. day?* quel est votre jour? *See also 'at home' under* HOME[1] I. 1.

Athos ['eiθɔs]. *Pr.n. Geog:* Le mont Athos.

athwart [a'θwɔ:rt]. **1.** *adv.* En travers; *Nau:* par le travers. *Nau: The current is a.*, le courant est en travers. *To train a gun a.*, pointer en belle. **2.** *prep.* En travers de. *Nau: To run a. a ship's course*, croiser la route d'un vaisseau. (*Of ship*) **To lie athwart-hawse,** se trouver en travers sur l'avant d'un autre vaisseau. *Attrib. N.Arch:* **Athwart ribs,** membrures transversales. **The athwart plane,** le plan transversal.

athwartship(s) [a'θwɔ:rtʃip(s)], *adv. Nau:* En travers du vaisseau; par le travers (du navire); dans le sens latitudinal, transversal; transversalement. *N.Arch:* **The athwartship plane,** le plan transversal.

-atia ['eiʃja], *s. suff.* -atie *f. Geog: Dalmatia*, Dalmatie. *Croatia*, Croatie.

-atic ['atik], **-atical** ['atik(ə)l], *a. suff.* -atique. *Dramatic*, dramatique. *Emblematic(al)*, emblématique. *Lymphatic*, lymphatique. *Problematic(al)*, problématique. *Piratical*, piratique.

-atile [ətail], *a. suff.* (*a*) -atile. *Aquatile*, aquatile. *Fluviatile*, fluviatile. (*b*) -atil. *Volatile*, volatil.

a-tilt [a'tilt], *adv.* **1.** Incliné, penché; soulevé (d'un côté). **With hat a-tilt,** le chapeau sur l'oreille. **2.** *A:* **To run a-tilt,** courir la lance en arrêt (*at*, sur). *F: To run a.-t. against s.o.*, rompre une lance avec qn.

-ation ['eiʃ(ə)n], *s. suff. Forms abstract nouns, often with parallel concrete senses.* (*a*) -ation *f. Appreciation*, appréciation. *Formation*, formation. *Moderation*, modération. *Plantation*, plantation. (*b*) -aison *f. Oration*, oraison. *Combination*, combinaison. (*c*) -at *m. Alternation*, alternat. *Assassination*, assassinat.

a-tiptoe [a'tiptou], *adv.* Sur la pointe des pieds.

atishoo [ati'ʃu:], *int. Hum:* (*Sneeze*) Atchoum!

-ative [ətiv, eitiv], *a. suff.* -atif *m*, -ative *f.* (*a*) (*From verbs*) *Demonstrative*, démonstratif. *Affirmative*, affirmatif. *Meditative*, méditatif. *Qualificative*, qualificatif.

Atkins ['atkinz]. *Pr.n. See* TOMMY 2.

atlantean [atlan'ti:ən], *a.* (Force, etc.) digne d'un Atlas; (force) de géant.

atlantes [at'lanti:z], *s.pl. See* ATLAS 3.

Atlantic [at'lantik], *a.* & *s. Geog:* **The Atlantic (Ocean),** l'océan Atlantique. *The A. coastline*, le littoral atlantique. *An A. liner*, un transatlantique.

Atlantides [at'lantidi:z], *s.f.pl. Myth:* Les Atlantides; les Pléiades.

Atlantis [at'lantis]. *Pr.n. Myth:* L'Atlantide *f.*

Atlas ['atləs]. **1.** *Pr.n.m. Gr.Myth:* Atlas. *The daughters of Atlas*, les Atlandides *f.* **2.** *s.* (*pl.* **atlases** ['atləsiz]). (*a*) *Anat: Geog: Paperm:* Atlas *m.* *An a. folio*, un in-folio format atlas, format atlantique. (*b*) Atlas (recueil de cartes géographiques). (*c*) Atlas (recueil de planches pour accompagner un livre). **3.** *s. Arch:* (*pl.* **atlantes** [at'lanti:z]) Atlante *m*, télamon *m.*

'atlas-moth, *s. Ent:* Atlas *m.*

atmidometer [atmi'dɔmetər], *s. Ph:* Atm(id)omètre *m.*

atmo ['atmo], *s. Mec: Ph:* (*Pressure of* 760 *mm. of mercury*) Atmosphère *f.*

atmolysis [at'mɔlisis], *s. Ph:* Atmolyse *f.*

atmometer [at'mɔmetər], *s.* = ATMIDOMETER.

atmosphere ['atmosfi:ər], *s.* **1.** Atmosphère *f* (terrestre, planétaire, etc.). **2.** *F: A. of strife, of vice, etc.*, atmosphère, ambiance *f*, de lutte, de vice. **3.** *Mec: Ph:* (*Pressure of* 15 *lb. per sq. inch*) Atmosphère.

atmospheric(al) [atmos'ferik(əl)]. **1.** *a.* Atmosphérique. *Mch:* **Atmospheric line,** ligne *f* atmosphérique (du diagramme). *Ph:* **Atmospheric lines,** raies *f* telluriques (vues au spectroscope). **2.** *s.pl. W.Tel:* **Atmospherics,** perturbations *f* atmosphériques; parasites *m*, intrus *m*, atmosphériques.

atoll [a'tɔl, 'atɔl], *s. Geog:* Atoll *m*; île *f* de corail.

atom ['atəm], *s. Ch: Ph:* Atome *m.* *F: Not an a. of water*, pas une goutte d'eau. *Not an a. of truth*, pas une particule de vérité. *Not an a. of common sense*, pas l'ombre, pas un grain, de bon sens. **Smashed to atoms,** réduit en miettes, en poudre, en poussière.

atomic(al) [a'tɔmik(əl)], *a.* Atomique. *Ph:* **The atomic theory,** la théorie atomique; l'atomisme *m.* *Ch:* **Atomic weight,** poids *m* atomique. **Atomic number,** numéro *m* atomique, nombre *m* atomique (d'un élément).

atomicity [atə'misiti], *s. Ch:* Atomicité *f*, valence *f.*

atomism ['atəmizm], *s. A.Phil:* Atomisme *m*, atomistique *f.*

atomist ['atəmist], *s. A.Phil:* Atomiste *m.*

atomization [atəmai'zeiʃ(ə)n], *s. Med: etc:* Pulvérisation *f* (d'un liquide); vaporisation *f.*

atomize ['atəma:iz], *v.tr. Med: etc:* Pulvériser (un liquide); vaporiser. *I.C.E: To a. the petrol*, pulvériser l'essence.

atomizing, *s.* = ATOMIZATION. *I.C.E:* **Atomizing jet** = ATOMIZER 2.

atomizer ['atəma:izər], *s.* **1.** Pulvérisateur *m*, vaporisateur *m*, atomiseur *m.* **2.** *I.C.E:* Gicleur-pulvérisateur *m.*

atonable [a'tounəbl], *a.* Expiable; (faute *f*) réparable, rachetable.

atonality [ato'naliti], *s. Mus:* Atonalité *f.*

atone [a'toun]. **1.** *v.tr. or ind.tr.* **To atone (for) a fault by sth., by doing sth.,** expier, racheter, réparer, une faute par qch., en faisant qch. *Theol:* **Atoning act,** acte *m* satisfactoire. **2.** *A:* (*a*) *v.tr. To a. two persons*, accorder, réconcilier, deux personnes. (*b*) *v.i.* **To atone with s.o.,** se remettre d'accord, se réconcilier, avec qn.

atonement [a'tounmənt], *s.* Expiation *f*, réparation *f* (*for*, de). *Theol:* Rachat *m.* **To make atonement for a fault,** réparer une faute. *In a. for a wrong*, en réparation d'un tort. *Theol:* **To make atonement,** satisfaire. **Atonement money,** offrande *f* expiatoire. *Jew.Rel:* **Day of Atonement,** jour *m* des propitiations. *As an a. for the trouble I gave you* . . ., en réparation de la peine que je vous ai donnée. . . .

atonic [a'tɔnik]. **1.** *a. Med:* (*Of muscle, etc.*) Atonique. **2.** *a.* & *s. Ling:* (Syllabe) atone (*f*).

atony ['atoni], *s. Med:* Atonie *f*; *F:* aveulissement *m.*

atop [a'tɔp], *adv.* En haut, au sommet. **Atop of the cliff,** *prep.* **atop the cliff,** en haut de la falaise. **Atop of one another,** au-dessus les uns des autres.

-ator [eitər, 'eitər], *f.* **-atress** [eitres] *or* **-atrix** [eitriks], *s. suff.* -ateur, -atrice. *Aviator, -atress, -atrix*, aviateur, aviatrice. *Spectator, -atress, -atrix*, spectateur, -trice. *Isolator*, isolateur. *Regulator*, régulateur.

-atory [ˈeitəri, ətəri], *a.* & *s. suff.* **1.** -ateur, -atrice. *Aˈcclamatory*, acclamateur. *Conˈsolatory*, consolateur. *Exˈploratory*, explorateur. **2.** -atoire. *ˈAmbulatory*, ambulatoire. *Conˈsolatory*, consolatoire. *Conˈservatory*, conservatoire *m*. *Obˈservatory*, observatoire *m*.
atrabilious [atraˈbiljəs], *a.* Atrabilaire.
atrabiliousness [atraˈbiljəsnəs], *s.* Humeur noire.
atresia [aˈtriːʃja], *s. Med:* Occlusion *f*.
Atreus [ˈeitriuːs]. *Pr.n.m. Gr.Lit:* Atrée.
Atridae (the) [ðiaˈtraidiː]. *Pr.n.m.pl. Gr.Lit:* Les Atrides.
atrip [aˈtrip], *adv. Nau:* **With anchor atrip,** l'ancre dérapée, guindée.
atrium, *pl.* **-a, -ums** [ˈeitriəm, -ə, -əms], *s.* **1.** *Rom.Ant:* Atrium *m*. **2.** *Anat:* Orifice *m* de l'oreillette (du cœur).
atrocious [aˈtrouʃəs], *a.* **1.** (Crime *m*) atroce. *A. act*, atrocité *f*. **2.** *F:* (Jeu *m* de mots, etc.) exécrable; (chapeau) affreux. **-ly,** *adv.* **1.** Atrocement. **2.** *F:* Exécrablement. *A. bad*, exécrable.
atrociousness [aˈtrouʃəsnəs], *s.* = ATROCITY 1.
atrocity [aˈtrɔsiti], *s.* **1.** Atrocité *f* (d'un crime, d'un calembour). **2.** *To witness atrocities*, assister à des atrocités.
atropa [ˈatropa], *s. Bot:* Atrope *f*.
atrophic [aˈtrɔfik], **atrophous** [ˈatrofəs], *a.* Atrophique.
atrophy[1] [ˈatrofi], *s.* Atrophie *f*; contabescence *f*. *A. of the mind*, étiolement *m* de l'esprit.
atrophy[2]. **1.** *v.tr.* Atrophier. **2.** *v.i.* S'atrophier.
  atrophied, *a.* Atrophié.
  atrophying, *a.* Atrophiant.
atropine [ˈatropin, -piːn], *s. Ch: Pharm:* Atropine *f*.
atrop(in)ism [ˈatrop(in)izm], *s. Med:* Atropisme *m*.
Atropos [ˈatropɔs]. *Pr.n.f. Gr.Myth:* Atropos.
attaboy [ˈatəbɔi], *int. U.S:* Bravo! à la bonne heure!
attach [aˈtatʃ]. **1.** *v.tr.* (*a*) Attacher, lier, nouer, fixer (*sth. to sth.*, qch. à qch.); annexer (un document). *To a. oneself to s.o., to a party*, s'attacher à qn, à un parti. *To a. s.o. to oneself*, s'attacher qn. *The sample attached to your letter*, l'échantillon joint à votre lettre. (*b*) *Jur:* Arrêter (qn); contraindre (qn) par corps; saisir (des biens mobiliers); mettre une saisie-arrêt, faire arrêt, sur (des biens mobiliers); mettre opposition sur (un traitement). (*c*) **To attach credence to a report,** ajouter foi à un bruit. **To attach blame to s.o. for an accident,** imputer à qn la responsabilité d'un accident. *See also* IMPORTANCE. **2.** *v.i.* S'attacher. **No blame, no suspicion, attaches to him,** aucun blâme ne lui est imputable; il n'est aucunement suspect. *The blame which attaches to a crime*, la honte qui s'attache à un crime. *The advantages attaching to the position*, les avantages que comporte la position. *Salary attaching to a post*, traitement afférent à un emploi.
  attached, *a.* **1.** (*a*) Attaché (*to*, à); adjoint (à un personnel); sous les ordres (de qn). *Official temporarily a. to another department*, fonctionnaire détaché à un autre service. *Officer a. to the Staff as interpreter*, officier détaché auprès de l'état-major en qualité d'interprète. *Advocate a. to the tribunal*, avocat *m* auprès du tribunal. *He is a. to the embassy*, il fait partie de l'ambassade. (*Of ship*) *To be a. to a squadron*, faire partie d'une escadre. *Salary attached to a post*, traitement afférent à un emploi. *House with garage a.*, maison *f* avec garage attenant. (*b*) *To be deeply a. to s.o.*, être fortement attaché à qn; avoir beaucoup d'attachement pour qn. *To become a. to s.o.*, s'attacher à qn; se prendre d'affection pour qn. *To be foolishly a. to the past*, avoir la superstition du passé. **2.** *Jur:* **Debtor attached,** débiteur saisi (-arrêté).
  attaching, *s.* = ATTACHMENT 1 (*a*).
attachable [aˈtatʃəbl], *a.* **1.** Qui peut être attaché (*to*, à); facile à attacher, à fixer. *Quickly a. part*, pièce *f* à montage rapide. **2.** *Jur:* (*a*) (*Of property*) Saisissable. **Not attachable,** insaisissable. (*b*) (*Of persons*) Contraignable par corps. **3.** Qui s'affectionne facilement.
attaché [aˈtaʃe], *s. Adm: Dipl: Mil: Navy:* Attaché *m*. *Military a. to . . .*, attaché militaire auprès de. . . .
  atˈtaché-case, *s.* Mallette *f* (pour documents).
attachment [aˈtatʃmənt], *s.* **1.** (*a*) Action *f* d'attacher (qch. à qch.); attachement *m*; *Civ.E: etc:* attelage *m*, fixation *f*. *To provide for the a. of sth.*, fournir le moyen d'attacher qch., de fixer qch. (*b*) Attache *f*, lien *m*. *Attachments of a muscle*, attaches d'un muscle. *Aut: A. of mudguards, of lamps*, support *m*, monture *f*, des ailes, des lampes. *Rail:* **Tongue attachment** (*of points*), patte *f* d'attache. **2.** Accessoire *m* (d'un tour, d'une machine à coudre, etc.). *Lathe with drilling a.*, tour avec accessoire pour foret. *See also* PORTRAIT. **3.** (*Affection*) Attachement *m* (*of s o. for s.o., to sth.*, de qn pour qn, à qch.); affection *f* (*for*, pour). **To have another attachment,** aimer ailleurs. **To entertain an attachment for s.o.,** être épris de qn. **4.** *Jur:* (*a*) Arrêt *m*, saisie *f*, saisie-arrêt *f*, opposition *f*. *A. of real property*, saisie immobilière. **Foreign attachment,** saisie foraine. *A. against securities*, opposition sur titre. **To issue an attachment against s.o.'s person and goods,** faire arrêt, mettre arrêt, sur la personne et les biens de qn. (*b*) Contrainte *f* par corps (pour offense à la Cour). (*c*) Mandat *m* d'amener.
attack[1] [aˈtak], *s.* **1.** Attaque *f*, assaut *m*. **To make an attack upon s.o., sth.,** attaquer qn, qch.; s'attaquer à (un problème, un travail, un repas). *The attacks of calumny*, les attaques de la calomnie. *The repeated attacks of a disease*, les assauts répétés d'une maladie. (*Cf.* **2** (*a*).) *Jur:* **Attack on honour,** atteinte *f* à l'honneur. *A. on the rights of property*, mesure *f* attentatoire à la propriété. *Mil:* **Sudden attack,** coup *m* de main. **Night attack,** attaque dans la nuit, de nuit. **Rush attack, surprise attack,** attaque brusquée. *A. in the open*, attaque en terrain découvert. **Gas attack,** attaque par gaz, aux gaz. **Attack formation,** ordre *m* d'attaque; dispositif *m* d'attaque. *To push forward to the a.*, prendre l'offensive. *To rush to the a.*, se précipiter à l'assaut. *Renewed a.*, retour offensif. **To return to the attack,** revenir à la charge. *The a. by the cavalry failed*, l'attaque opérée par la cavalerie échoua. **2.** (*a*) Attaque, crise *f* (de goutte, etc.). *A liver a.*, une crise de foie; une crise hépatique. *A. of fever, of giddiness*, accès *m* de fièvre, de vertige. *Fresh a. of fever*, reprise *f* de la fièvre. *He has* (*had*) *another a. of gout*, la goutte l'a repris. *A. of tears*, crise de larmes. *A. of nerves*, crise nerveuse, crise de nerfs. (*b*) *A. on s.o.'s life*, attentat *m* à la vie de qn. **3.** *Mus:* Attaque (d'une note). *He has a fine a.* (*on the violin*), il attaque bien la corde.
attack[2], *v.tr.* **1.** (*a*) *Mil:* Attaquer, assaillir (l'ennemi). *To be attacked*, subir une attaque; être attaqué. *The nations that attacked France*, les nations *f* agresseurs de la France. (*b*) *To a. s.o., s.o.'s rights*, attaquer qn, les droits de qn; s'en prendre à qn; s'attaquer à qn. *To a. s.o. violently*, diriger de violentes attaques contre qn. *To a. abuses, prejudices*, s'attaquer aux abus, aux préjugés. (*c*) *To a. a task*, s'attaquer à un travail; se mettre à un travail; aborder un travail. *F: To a. the dinner, the pie*, s'attaquer au dîner, au pâté; entamer le pâté. **2.** (*a*) *Disease that attacks children*, maladie qui s'attaque aux enfants. *To be attacked by a disease*, être atteint, attaqué, d'une maladie. (*b*) *Rust attacks iron*, la rouille attaque le fer. *Not attacked by acids*, réfractaire aux acides.
  attacking, *a.* Attaquant, assaillant. *The a. forces*, les troupes engagées dans l'attaque. *A. party*, corps *m* d'attaque.
attackable [aˈtakəbl], *a.* Attaquable.
attacker [aˈtakər], *s.* Attaquant *m*; agresseur *m*.
attain [aˈtein]. **1.** *v.tr.* Atteindre, arriver à (un endroit); s'élever jusqu'à (un haut rang); atteindre, parvenir à, arriver à (un grand âge); atteindre (à), arriver à, parvenir à (ses fins). *To a. one's sixteenth year*, arriver à, atteindre, l'âge de seize ans. *To a. the end* (*which we have*) *in view*, pour aboutir, arriver aux fins que nous poursuivons. *To a. happiness*, atteindre au bonheur. *To a. one's hopes*, arriver au terme de ses espérances; réaliser ses espérances. *To a. the Crown*, s'élever, parvenir, jusqu'à la couronne. **To attain knowledge,** acquérir des connaissances. **2.** *v.ind.tr. To a. to perfection, power, honours*, atteindre à la perfection, arriver au pouvoir, parvenir aux honneurs.
attainability [ateinaˈbiliti], *s.* Accessibilité *f* (d'un but, etc.).
attainable [aˈteinəbl], *a.* Accessible; que l'on peut atteindre; à la portée (*by*, de).
attainableness [aˈteinəblnəs], *s.* = ATTAINABILITY.
attainder [aˈteindər], *s. Jur: A:* (Condamnation *f* à mort ou mise *f* hors la loi entraînant la) confiscation des biens (pour crime d'État, de haute trahison); mise *f* hors la loi; mort civile (abolie en 1870). **Act, Bill, of attainder,** décret *m* de confiscation de biens et de mort civile.
attainment [aˈteinmənt], *s.* **1.** (*No pl.*) Arrivée *f* (à ses fins); obtention *f*, réalisation *f*. **For the attainment of his purpose,** pour atteindre, arriver, à ses fins. *I derived as much pleasure from the striving as from the a.*, j'ai trouvé autant de plaisir à fournir l'effort qu'à le voir aboutir. **End easy, difficult, of attainment,** but facile, difficile, à atteindre. *Knowledge easy of a.*, connaissances *fpl* faciles à acquérir. **Impossible of attainment,** au delà des moyens (de qn); inexécutable. *Hopes impossible of a.*, vains espoirs. **2.** (*Often in pl.*) Acquisition(s) *f* de l'esprit; connaissance(s); savoir *m*. **Man of great, of small attainments,** homme qui a beaucoup d'instruction, de talent, d'acquis; homme peu instruit. *His legal, linguistic, attainments*, sa connaissance du droit, des langues. *Low standard of a.*, niveau de connaissances, d'études, peu élevé.
attaint[1] [aˈteint], *a. A:* Prévenu, accusé (*of*, de).
attaint[2], *v.tr. A:* **1.** *Jur:* Frapper (qn) de mort civile. **2.** (*Of disease*) Atteindre, frapper, attaquer (qn). **3.** Souiller, flétrir (qn, la gloire de qn). **4.** Accuser (*of*, de).
Attalus [ˈatələs]. *Pr.n.m. A.Hist:* Attale.
attar [ˈatər], *s.* **Attar of roses,** essence *f* de roses.
attemper [aˈtempər], *v.tr. A. & Lit:* **1.** = TEMPER[2] 2. **2.** Approprier (*to*, à); accorder (*to*, avec). *To a. oneself to one's fellow-men*, se mettre à l'unisson de ses semblables.
attempt[1] [aˈtem(p)t], *s.* **1.** Tentative *f*, essai *m*, effort *m*. *A. at theft*, tentative de vol. *An a. at a smile*, l'ébauche *f* d'un sourire. *Without* (*making*) *any a. at concealment*, sans chercher à se cacher. *A. at escaping, a. to escape*, tentative d'évasion. *To make an a. at sth., at doing sth., to do sth.*, essayer, tâcher, de faire qch.; s'essayer à faire qch. *She had made an a. at a brioche*, elle s'était essayée à confectionner une brioche. *Have you made the a.?* avez-vous essayé? *You made a very good a. at it*, (i) vous vous êtes acquitté de façon très méritoire; (ii) vous êtes arrivé fort près du but. *A. to commit a crime*, tentative de crime. *Attempts to do sth.*, tentatives, efforts, pour faire qch. **No attempt will be made to . . .,** on n'essaiera pas de. . . . *To make useless attempts to do sth.*, tenter d'inutiles efforts pour faire qch. *A lock that baffled all attempts by burglars*, une serrure qui a déjoué toutes les tentatives des cambrioleurs. *He made a. after a. to save him*, il s'est multiplié en tentatives pour le sauver. *To encourage s.o.'s attempts*, encourager les essais, les efforts, de qn. **First attempt,** coup *m* d'essai; première tentative. *My first a. at English composition*, mon premier essai de thème anglais. **To make one's first attempt,** faire son coup d'essai. *He was making his first a. at swimming, to swim*, il s'essayait à, essayait de, nager pour la première fois. *To be successful at the first a.*, réussir du premier jet; emporter une affaire d'emblée. *This is not his first a.*, il n'en est pas à son coup d'essai. **I will make the attempt,** je tâcherai de le faire. *To make another a.*, renouveler ses tentatives; revenir à la charge. *To make several attempts before succeeding*, s'y reprendre à plusieurs fois avant de réussir. *To fail in all one's attempts*, échouer dans toutes ses entreprises, dans tous ses efforts. *F:* **I will do it or perish in the attempt,** je le ferai ou j'y perdrai la vie; je vais le tenter dussé-je y perdre la vie. **To give up the attempt,** y renoncer; se rebuter; *F:* quitter la place. **2.** Attentat *m*. **Attempt on s.o.'s life,** attentat contre la vie de qn. *To make an a. on s.o.'s life*, attenter à la vie de qn; attenter sur qn. *To make an a. on the State*, attenter contre l'État. *A. upon, against, liberty*, entreprise *f* contre la liberté;

atteinte *f* à la liberté. *Measure that constitutes an a. upon liberty,* mesure *f* attentatoire à la liberté.

attempt², *v.tr.* **1.** (*a*) *To a. to do sth.*, essayer, tenter, tâcher, de faire qch.; chercher à faire qch.; s'efforcer de faire qch. *He attempted to rise,* il essaya de se lever; il voulut se lever. *It was attempted to form a new plan; a new plan was attempted to be formed,* on essaya d'élaborer un nouveau projet. (*b*) *To a. resistance,* essayer de résister. *He attempted a smile,* il essaya un sourire, il s'efforça de sourire; il ébaucha, esquissa, un sourire. *To a. a trade,* essayer, tenter, d'un métier; *F:* tâter d'un métier. *To a. a piece of work,* entreprendre un travail; s'attaquer à un travail. **To attempt the impossible, to attempt impossibilities,** tenter l'impossible, *F:* vouloir prendre la lune avec les dents. **Attempted murder, theft,** tentative *f* d'assassinat, de vol. **2. To attempt s.o.'s life,** attenter à la vie de qn. *To a. a fortress,* tenter l'assaut d'une forteresse. **3.** *A:* S'attaquer à la vertu de (qn); tenter de séduire (qn).

attemptable [ə'tem(p)təbl], *a.* Qui peut être essayé, tenté; (tâche) abordable, entreprenable.

attend [ə'tend]. **1.** *v.ind.tr.* (*Give heed*) (*a*) *To a. to sth.*, faire, prêter, attention à qch. *To a. to s.o.'s recommendations,* tenir compte des recommandations de qn; avoir égard aux recommandations de qn. *I was not attending to the conversation,* je n'étais pas à la conversation. (*b*) *To a. to s.o.*, écouter qn. *I shall a. to you in a minute,* je serai à vous dans une minute. *A. to my words, A: a. my words,* soyez attentif à mes paroles. *Abs.* **Please attend!** veuillez me prêter (votre) attention! veuillez bien m'écouter! faites attention! (*c*) *To a. to sth.*, s'occuper, se charger, se préoccuper, de qch. *To a. to one's duties, to the household duties,* vaquer à ses occupations, aux soins du ménage. *To a. to one's business,* s'occuper de ses affaires. *To a. to one's studies,* s'appliquer à ses études. *To a. to one's interests,* veiller, vaquer, à ses intérêts. *To a. to one's health,* veiller à, soigner, sa santé. *To a. to one's style,* soigner son style. *To a. to s.o.'s wants,* pourvoir, subvenir, aux besoins de qn. *I shall a. to it,* je m'en occuperai; j'aurai soin que cela se fasse. *Com: To a. to an order,* exécuter une commande. *To a. to the correspondence,* faire la correspondance. *The Company attends to the unloading,* la Compagnie opère (ou fait opérer) le déchargement. *To a. to the engine,* conduire, entretenir, la machine. (*d*) *To a. to s.o.*, s'occuper de qn; veiller sur qn. *To a. to a customer,* servir un client. *Are you being attended to?* est-ce qu'on vous sert? est-ce qu'on s'occupe de vous? **2.** *v.tr.* (*Of doctor*) Soigner, donner des soins à (un malade). *To a. the poor,* visiter les pauvres. *To a. the injured,* s'empresser auprès des blessés; donner des soins aux blessés. *I was called to a. a child,* je fus appelé auprès d'un enfant. **3.** *v.tr.* & *ind.tr.* (*a*) *To a. s.o.; to a. on, upon, s.o.*, (i) servir qn, être au service de qn, être de service auprès de qn; (ii) se rendre auprès de qn, se rendre aux ordres de qn. *We were attended by three waiters,* nous étions servis par trois garçons. *To a. (upon) a prince,* suivre, accompagner, un prince. *Priest attended by two choir-boys,* prêtre assisté de deux enfants de chœur. (*b*) *Measure attended by unexpected consequences,* mesure suivie, accompagnée, de conséquences inattendues, qui a entraîné des conséquences inattendues, qui a eu des suites inattendues. *Method attended by great difficulties,* méthode *f* qui comporte de grandes difficultés. **Success attended my efforts,** mes efforts furent couronnés de succès. **Our best wishes attend you,** nos meilleurs vœux vous accompagnent. **4.** *v.tr.* **To attend church, school,** aller à l'église, à l'école. *I attended a small day school,* je fréquentais un petit externat; j'ai fait mes études à un petit externat. **To attend a lecture, a meeting,** assister à une conférence, à une réunion. *To a. (a course of) lectures,* suivre un cours. *The lectures are well attended,* les cours sont très suivis. *She attends the classes at . . .,* elle suit les cours à. . . . *He never fails to a. a first performance,* il ne manque jamais une première.

attending, *a.* **1.** Attentif. **2.** = ATTENDANT 1.

attendance [ə'tendəns], *s.* **1.** (*a*) (*In hotel, shop, etc.*) Service *m.* *A. included,* service compris. *To add 10% to the bill for a.,* ajouter à la note 10% pour le service. (*b*) (*Of doctor*) *A. on s.o.*, soins *mpl* pour qn; visites *fpl* à qn. (*c*) **To be in attendance (up)on a king,** *etc.*, être de service auprès d'un roi, etc. *There were no cabs in a. at the station,* aucun taxi ne stationnait devant la gare. *There are always cabs in a.,* il y a un stationnement de voitures. *See also* DANCE² 2. **2.** *A. at a meeting, etc.*, présence *f* à une réunion, etc. *A. at school,* fréquentation *f* scolaire. *Adm: Number of years of school a.,* années *f* de scolarité. **Regular attendance,** assiduité *f*, régularité *f* de présence. *The a. at this class never drops off,* l'assiduité à ce cours ne se dément jamais. **Attendance-prize,** prix *m* d'assiduité. **Attendance-register,** registre *m* de présence. *His record of a. at the Board meetings is bad,* il ne figure presque jamais au registre de présence du conseil de direction. **3.** Assistance *f*. *There was a good a. at the meeting,* il y avait une nombreuse assistance à la réunion. *The a. at this class is very large,* ce cours est très suivi.

attendant [ə'tendənt]. **1.** *a.* (*a*) *A. on s.o.*, qui escorte, qui suit, qui accompagne, qui sert, qn. *A. circumstances (of a crime, etc.)*, circonstances *f* qui ont accompagné (un crime, etc.), circonstances concomitantes (d'un crime, etc.). *Old age and its a. ills,* la vieillesse et les maux qui l'accompagnent; la vieillesse et son cortège d'infirmités. (*b*) *The a. crowd,* la foule qui y assistait, qui était présente, qui s'y trouvait. (*c*) *Mus:* **Attendant keys,** tons relatifs. **2.** *s.* (*a*) Serviteur *m*, domestique *mf*; surveillant, -ante; *Adm:* préposé, -ée; (*in museum, etc.*) gardien *m*, gardienne *f*; (*in theatre*) ouvreuse *f*; (*in laboratory*) appariteur *m*. *Envy, the a. upon ambition,* l'envie, compagne *f* de l'ambition. (*b*) (*Usu.pl.*) Suivants *m*, gens *m*, satellites *m* (d'un roi, etc.); personnel *m* (d'un magasin, etc.); personnel de service. *The prince and his attendants,* le prince et sa suite, et son cortège. **My medical attendant,** mon médecin. (*c*) *To be a regular a. at school, at church,* être assidu à l'école, aller régulièrement à l'église. *He was a constant a. at the meetings, at the course of lectures,* il assistait régulièrement aux réunions; il suivait régulièrement le cours.

attender [ə'tendər], *s.* **1.** Observateur, -trice. **2.** = ATTENDANT 2 (*c*).

attention [ə'tenʃ(ə)n], *s.* **1.** (*a*) Attention *f* (*to*, à). *A. to truth, to detail,* préoccupation *f* de la vérité, des détails. *To give one's a. to sth.*, se préoccuper de qch. *To give one's whole a. to . . .,* se donner entièrement à. . . . *Com: Your orders shall have our best a.,* vos ordres seront exécutés avec le plus grand soin. '*Assuring you of our prompt a. to your orders,*' "toujours attentifs à vos ordres." **To turn one's attention to sth.,** diriger son attention vers qch.; porter son attention sur qch. *We will now turn our a. to . . .,* nous allons maintenant nous occuper de. . . . **To pay attention to sth.,** faire attention à qch.; s'arrêter à, sur, qch.; avoir égard à qch.; tenir compte de qch. *To pay particular a. to sth.*, s'attacher (surtout) à qch., à faire qch. *No a. was paid to my words,* on n'accorda à mes paroles aucune attention. *He pays no a. to style,* il n'attache aucune importance au style. *You are not paying a. to what I say,* vous n'êtes pas à ce que je dis. *To pay a. to s.o., to give one's a. to s.o.*, prêter (son) attention à qn. **Pay attention!** faites attention! *Give me your a.,* accordez-moi votre attention. *He knew how to secure the a. of the boys,* il savait se faire écouter de ses élèves. *To call, attract, draw, (s.o.'s) a. to sth.*, appeler, attirer, porter, l'attention (de qn) sur qch.; signaler, recommander, qch. à l'attention de (qn); désigner qch. à l'attention de (qn); faire observer qch. à (qn); faire remarquer qch. (à qn). *To call a. to a fault,* relever une erreur. *A. must be drawn to the fact that . . .,* nous ferons remarquer que. . . . *To catch s.o.'s a.,* attirer, fixer, l'attention de qn. *To attract everybody's a.,* fixer tous les regards. *Poster that attracts a.,* affiche *f* qui attire les regards, qui tire l'œil. *Here a new problem claims our a.,* ici se pose un nouveau problème. *Question that demands the a. of Parliament,* question qui s'impose à l'attention du Parlement. *To attract a. by sth.*, se faire remarquer par qch. *To attract a. by one's oddities,* se singulariser par ses bizarreries. *To hold, engage, s.o.'s a.,* retenir l'attention de qn. *Book that holds the a.,* livre attachant. *To draw away s.o.'s a.,* détourner l'attention de qn. *F:* **To be all attention,** être (tout yeux et) tout oreilles. (*b*) Soins *mpl*, entretien *m*. *The batteries require daily a., monthly a.,* les accus exigent un entretien journalier, des soins mensuels. *The instruments should have occasional a.,* les instruments doivent de temps en temps être soumis à une vérification, doivent être vérifiés de temps en temps. *See also* MEDICAL 1. **2.** (*Often in pl.*) Attention(s), soins *mpl*, prévenance(s) *f*. **To be all attention(s) to s.o., to be full of attentions for s.o.,** être attentionné, plein d'attentions, plein d'égards, avoir de la prévenance, pour qn; être aux petits soins pour qn; se dépenser en soins pour qn. *To show s.o. a.,* s'occuper de qn. *To show s.o. unremitting a.,* être assidu auprès de qn. *To require a great deal of a.,* demander beaucoup de soins. *F:* **To pay attention, one's attentions, to a lady,** faire la cour à une dame; être attentif auprès d'une dame. *To press one's attentions upon s.o.*, poursuivre qn de ses assiduités *f*. **3.** *Mil:* **Attention!** *F:* **'shun!** garde-à-vous! **To come to attention,** se mettre au garde-à-vous. *To spring to a.,* se mettre vivement au garde-à-vous. **To stand at attention,** prendre l'attitude militaire; être, se tenir au garde-à-vous.

attentive [ə'tentiv], *a.* **1.** Attentif (*to*, à); soigneux (*to*, de). *A. to one's interests,* soucieux de ses intérêts. **2.** *A. to s.o.*, assidu, empressé, auprès de qn; prévenant pour qn; plein d'égards, d'attentions, pour qn. *To be very a. to s.o.*, être aux petits soins pour qn; être très attentionné pour qn; se montrer galant (auprès d'une femme). *A. to please,* prévenant. **-ly**, *adv.* Attentivement. *To listen a.,* écouter avec attention.

attentiveness [ə'tentivnəs], *s.* **1.** Attention *f*. **2.** Prévenances *fpl* (*to s.o.*, pour qn).

attenuant [ə'tenjuənt], *a.* & *s.* *A.Med:* Atténuant (*m*).

attenuate¹ [ə'tenjueit]. **1.** *v.tr.* Atténuer. (*a*) Amincir. (*b*) Raréfier (un gaz, etc.). *A.Med: To a. the humours,* atténuer les humeurs. (*c*) *Med:* Atténuer (un virus). (*d*) *To a. a statement,* atténuer une affirmation. **2.** *v.i.* S'atténuer; (*of gas, etc.*) se raréfier. *His attenuated body,* son corps amaigri.

attenuate² [ə'tenjuet], *a.* Atténué. **1.** Aminci, amaigri. **2.** Ténu.

attenuation [ətenju'eiʃ(ə)n], *s.* **1.** Atténuation *f* (d'un virus, d'une affirmation, etc.). **2.** *A: A. of body,* exténuation *f* du corps; amaigrissement *m*.

attermine [ə'tə:rmin], *v.i.* *Jur: A:* Octroyer des termes et délais.

attermining, *s.* Octroi *m* de termes et délais.

attest [ə'test]. **1.** *v.tr.* (*a*) Attester, certifier (un fait). *Facts that a. his industry,* faits *m* qui témoignent de son activité. *His competency is strongly attested by his chiefs,* ses chefs rendent plein témoignage de, à, sa compétence. *To a. that . . .,* attester, certifier, que + *ind.* *The document attests the fact that . . .,* le document fait foi que. . . . (*b*) Affirmer sous serment. *I relate nothing that I am not prepared to a.,* je ne raconte rien que je ne sois prêt à affirmer sous serment. **Attesting notary,** notaire instrumentaire; notaire certificateur. **Attested copy,** copie certifiée. *To a. a signature,* légaliser une signature. *Duly attested declaration,* déclaration légalisée. (*c*) *v.ind.tr.* *To a. to sth.*, (i) témoigner de qch.; (ii) attester qch., se porter garant, témoin, de qch. **2.** (*a*) *Jur:* Assermenter (qn). (*b*) *Mil:* Faire prêter serment à (des volontaires). (*c*) *v.i.* *Mil:* Prêter serment, s'inscrire (comme volontaire). **3.** *A: To a. the gods,* prendre les dieux à témoin (*that*, que + *ind.*); attester les dieux.

attestant [ə'testənt], *a.* & *s.* *Jur:* Déposant, -ante; témoin *m*.

attestation [ates'teiʃ(ə)n], *s.* **1.** *Jur:* (*a*) Déposition *f* (d'un témoin); témoignage *m*. (*b*) Attestation *f*; légalisation *f* (d'une signature). **Attestation clause,** clause *f* d'attestation (de l'authenticité d'une signature. **2.** *Jur:* Intervention *f* (d'un témoin dans un acte). **3.** (*a*) Assermentation *f* (d'une recrue, etc.). (*b*) Prestation *f* de serment.

attestor [ə'testər], *s.* *Jur:* Certificateur *m*; témoin *m* instrumentaire.

Attic[1] ['atik], *a.* Attique. **Attic salt, wit,** sel *m* attique. *Arch:* **Attic order,** ordre *m* attique.
attic[2], *s.* **1.** *Arch:* Attique *m.* **2.** (*a*) *Const:* Mansarde *f*; chambre mansardée, lambrissée. *He has an* **attic bedroom,** il couche dans une mansarde. **Attic storey,** étage mansardé. **Attic window,** (i) fenêtre *f* en mansarde; (ii) lucarne *f*. *To live in the attics, F:* loger sous les combles, sous les toits. (*b*) *F:* Grenier *m*, galetas *m*, chambrette *f*. *P:* **He's wrong in the attic,** il a le cerveau fêlé. *See also* RAT[1] **1.**
Attica ['atika]. *Pr.n. A.Geog:* L'Attique *f.*
atticism ['atisizm], *s.* **1.** *Ling: Lit:* Atticisme *m.* **2.** *Gr.Hist:* Adhésion *f* au parti athénien.
atticist ['atisist], *s.* Atticiste *m.*
atticize ['atisaːiz]. **1.** *v.i. Gr.Hist:* Se mettre du parti athénien. **2.** (*a*) *v.i.* Affecter l'atticisme. (*b*) *v.tr. Atticized cult,* culte modifié par les Athéniens.
Attila ['atila]. *Pr.n.m. Hist:* Attila.
attire[1] [a'taiər], *s.* **1.** (*a*) Vêtement(s) *m*; costume *m. Female a.,* vêtements de femme. *Masculine a.,* habit *m* d'homme. *Faultless a.,* mise irréprochable. *His neat a.,* sa mise soignée. *See also* NIGHT **1.** (*b*) *Poet:* Parure *f*, atours *mpl* (d'une femme). *Holiday a.,* (i) habits *mpl* de fête; (ii) plus beaux atours. **2.** *Her: Ven:* Ramure *f* (d'un cerf).
attire[2], *v.tr. Lit:* (*Usu. passive or reflexive*) Vêtir; parer. *To a. oneself in sth.,* (i) se parer de qch.; (ii) *Pej:* s'attifer, s'affubler, de qch. *Neatly attired,* vêtu, mis, avec soin. *With her head neatly attired,* coiffée avec soin.
attired, *a. Her: Ven:* **Stag attired,** cerf ramé.
attitude ['atitjud], *s.* **1.** (*a*) Attitude *f*, pose *f*; port *m* (de la tête). (*b*) *Indecent a.,* posture *f* peu convenable. (*c*) *A. of mind,* manière *f* de penser, de voir; disposition *f* d'esprit; état *m* d'esprit. *To assume an a. of hostility, of authority,* prendre une attitude hostile, un air d'autorité. *To maintain a firm a.,* (i) rester ferme; (ii) garder bonne contenance. *See also* STRIKE[2] I. 10. **2.** (*Of horse*) Station *f.*
attitudinarian [atitjudi'nɛərjən], *s.* Poseur, -euse.
attitudinize [ati'tjudinaːiz], *v.i.* Poser; faire des grâces; *F:* la faire à la pose. *Without attitudinizing,* sans pose; sans affectation.
attitudinizer [ati'tjudinaːizər], *s.* Poseur, -euse.
attle [atl], *s. Min: Miner:* Gangue *f.*
attorney[1] [a'tɔːrni], *s. Jur:* **1.** (*a*) *A:* **Attorney-at-law** = SOLICITOR. (*b*) *Pej:* Procédurier *m. See also* PETTIFOGGING[1]. **2.** (*a*) **Public attorney** = procureur *m* de la République. (*b*) *U.S:* Avoué *m.* **District Attorney** = procureur de la République. **3.** **Attorney-general,** Avocat *m* du Gouvernement (avec fonctions ministérielles, et toujours membre du Parlement) et Chef du Barreau; = "Procureur général." **4.** *Com:* Agréé *m* (au tribunal de commerce). **5.** Mandataire *m*; fondé *m* de pouvoir(s); fondé de procuration (spéciale et authentique).
attorney[2], *s.* **Letter, power, warrant, of attorney,** procuration *f*, mandat *m*, pouvoirs *mpl. Full power of a.,* procuration générale. *To confer powers of a. on s.o.,* donner (la) procuration à qn. *He holds a power of a. for . . .,* il est fondé de pouvoirs de. . . . *To exercise powers of a.,* exercer un pouvoir.
attorneydom [a'tɔːrnidəm], *s. Coll: Pej:* La basoche.
attorneyship [a'tɔːrniʃip], *s. Jur:* **1.** Procuration *f*, mandat *m.* **2.** (*a*) Charge *f* de procureur. (*b*) *A:* Charge d'avoué.
attornment [a'tɔːrnmənt], *s. Jur:* Reconnaissance *f* des droits du nouveau propriétaire (par un locataire, etc.).
attract [a'trakt], *v.tr.* **1.** Attirer (*to,* à, vers). *A magnet attracts iron,* l'aimant attire le fer. *The heavenly bodies a. one another,* les corps célestes s'attirent les uns les autres. *Body attracted by a force,* corps sollicité, appelé, par une force. *To a. the ear,* attirer l'attention. *See also* ATTENTION **1.** **2.** Séduire, attirer; exercer une attraction sur (qn); allécher (qn); avoir de l'attrait pour (qn). *The plan does not a. him,* ce projet ne lui sourit pas. *To feel attracted to s.o.,* ressentir un mouvement sympathique pour qn. *He is not attracted to her,* elle ne lui plaît pas; il ne ressent rien pour elle; *F:* elle ne lui dit rien.
attractable [a'traktəbl], *a* Attirable.
attractile [a'traktail], *a.* (*Of force, etc.*) Attracteur, -trice.
attraction [a'trakʃ(ə)n], *s.* **1.** Attraction *f*, *Lit:* attirance *f* (*to,* vers). *Ph: A. of a magnet,* attraction, sollicitation *f*, d'un aimant. *Molecular a.,* attraction moléculaire. **The attraction of gravity,** l'attraction. *See also* CENTRE[1] **1,** LOCAL[1] **1.** **2.** (*Usu. in pl.*) Séduction *f.* attractions *fpl*, charme *m*, attraits *mpl*, appas *mpl. The a. of a good dish,* l'allèchement *m* d'un bon plat. **Physical attractions,** séductions physiques; appas (d'une femme). **3.** **The chief attraction** (*at a party, a show, etc.*), le clou (de la fête, du spectacle, etc.). *The great a. of the day, F:* la grande attraction du jour.
attractive [a'traktiv], *a.* **1.** (*Of magnet, etc.*) Attractif, attirant. **2.** (*Of pers., offer, manner*) Attrayant, attirant, séduisant; alléchant. *She is a.,* elle est séduisante *The offer is a*, la proposition est alléchante, a des attraits. *This prospect was a.,* cette perspective me souriait. *To make a dish a.,* affriander un plat. *Com:* **Attractive prices,** prix intéressants. **-ly,** *adv.* D'une manière attrayante.
attractiveness [a'traktivnəs], *s.* Attrait *m*, charme *m*, agrément *m*, attraction *f.*
attributable [a'tribjutəbl], *a.* Attribuable, imputable (*to,* à).
attribute[1] ['atribjut], *s.* **1.** Attribut *m*, qualité *f*, apanage *m. Speech is an a. of man,* la parole est un attribut de l'homme. **2.** Symbole *m*, attribut *The sword, as an a. of justice,* le glaive, en tant qu'attribut de la justice. **3.** *Gram:* Épithète *f*
attribute[2] [a'tribjut], *v.tr.* Attribuer, imputer, référer (*to,* à). *Comedy attributed to Shakespeare,* comédie attribuée à Shakespeare. *You a. to him qualities that he does not possess,* vous lui prêtez des qualités qu'il n'a pas. *To a. a crime to s.o.,* mettre un crime sur le compte de qn. *To a. a disaster to s.o.'s imprudence,* attribuer, imputer, référer, un malheur à l'imprudence de qn.
attribution [atri'bjuʃ(ə)n], *s.* **1.** Attribution *f*, imputation *f* (*to,* à). *A. of sth. to a purpose,* affectation *f* de qch. à un but. **2.** *That lies within, outside of, my attributions,* cela rentre dans, sort de, mes attributions.
attributive [a'tribjutiv]. *Gram:* **1.** *a.* **Attributive adjective,** épithète *f*; adjectif qualificatif. **2.** *s.* Épithète. **-ly,** *adv. Gram:* (Employé) avec force qualificative; (employé) comme épithète.
attrition [a'triʃ(ə)n], *s.* **1.** Attrition *f*; usure *f* par le frottement. **War of attrition,** guerre *f* d'usure. **2.** *Theol:* Attrition.
attune [a'tjuːn], *v.tr.* **1.** *Mus: A:* Accorder (des instruments). **2.** *Lit:* Accorder, harmoniser (*to,* avec). *Ear attuned to every sound,* oreille exercée à saisir tous les sons. *Tastes attuned to mine,* goûts *m* à l'unisson des miens. *The manner is perfectly attuned to the matter,* la forme est en parfaite harmonie avec le fond. *Laws attuned to the tendencies of the day,* lois *f* qui s'harmonisent avec les tendances du jour. *Books attuned to modern life,* livres *m* en résonance avec la vie contemporaine.
-ature [ətjur], *s. suff.* -ature *f. Armature,* armature. *Legislature,* législature. *Temperature,* température.
a-twist]a'twist], *a. & adv.* Tors, tordu, déjeté.
atypic(al) [a'tipik(əl)], *a. Med: etc:* Atypique.
aubade [ɔ'bɑːd], *s. Mus:* Aubade *f.*
aubergine [ɔbər'ʒiːn]. **1.** *s. Bot: Cu:* Aubergine *f*; mélongène *f.* **2.** *a. A.(-coloured) materials,* des tissus aubergine.
auburn ['ɔːbərn], *a. A. hair,* cheveux *mpl* blond ardent, clair-bruns, châtain roux, aux reflets cuivrés. **Dark auburn,** (cheveux) acajou.
au courant [ɔ'kurɑ̃], *adv. & pred. a.* Au courant (*of, with,* de).
auction[1] ['ɔːkʃ(ə)n], *s.* (**Sale by**) **auction, auction-sale,** vente *f* à l'enchère, aux enchères; vente à l'encan; (vente à la) criée *f*; adjudication publique, aux enchères; vente publique. **Dutch auction,** vente à la baisse; enchère *f* au rabais. **By auction,** par voie d'adjudication. **To sell goods by auction,** *U.S:* **at auction,** vendre des marchandises aux enchères; (*of fish, etc.*) vendre à la criée. **To put sth. up to, for, auction,** mettre qch. aux enchères. *See also* BRIDGE[3], CANDLE[1] **1.**
auction-room, *s.* Salle *f* des ventes; (for the sale of produce) chambre *f* des criées.
auction[2], *v.tr.* Vendre (qch.) aux enchères, à l'encan; mettre (qch) aux enchères; vendre (des denrées, un immeuble par autorité de justice) à la criée.
auctioneer[1] [ɔːkʃə'niːər], *s.* **1.** (*Auctioneer and valuer*) Commissaire-priseur *m.* **2.** (*At a sale*) Directeur *m* de la vente; (*at Covent Garden, etc.*) crieur *m.*
auctioneer[2], *v.tr.* = AUCTION[2].
audacious [ɔ'deiʃəs], *a.* **1.** Audacieux, hardi, intrépide. *An a., strong-willed fellow,* un garçon d'audace et de vouloir. **2.** *Pej:* Effronté, hardi, cynique. **-ly,** *adv.* **1.** Audacieusement; avec audace; hardiment. **2.** *Pej:* Effrontément; avec cynisme.
audaciousness [ɔ'deiʃəsnəs], *s.* = AUDACITY.
audacity [ɔ'dasiti], *s.* Audace *f.* **1.** Intrépidité *f*, hardiesse *f.* **Happy audacity of language,** heureuse hardiesse de langage. *Audacities of style,* audaces, hardiesses, de style. **2.** *Pej:* Effronterie *f*, hardiesse *f*, cynisme *m. The calumnies which he had the a. to spread,* les calomnies qu'il a osé répandre. *Lit: To confound s.o.'s a.,* confondre l'audace de qn.
audibility [ɔːdi'biliti], **audibleness** ['ɔːdiblnəs], *s.* Perceptibilité *f* (d'un son).
audible ['ɔːdibl], *a.* (*Of sound*) Perceptible (à l'oreille); (*of speech, voice*) distinct, intelligible; qu'on peut entendre. *He was scarcely a.,* on l'entendait à peine. *There was a. laughter,* des rires se firent entendre. *Tp:* **Audible call,** appel phonique. *Ph: Radiations above the a. range,* rayonnement *m* ultra-sonore. **-ibly,** *adv.* Distinctement, intelligiblement. *To speak a.,* parler de façon à être entendu. *He muttered a. that he would pay me out,* je pus l'entendre marmotter qu'il se vengerait.
audience ['ɔːdjəns], *s.* **1.** Audience *f. To give a. to s.o.,* (i) accorder une audience à qn; (ii) *Lit:* écouter, entendre, qn. *To have an a. of s.o.,* avoir une audience, une entrevue, avec qn. *To grant s.o. an a.,* accorder audience à qn. *To hold an a.,* tenir une audience. *It happened in open a.,* cela s'est passé en audience publique. *Attrib.* **Audience chamber,** salle *f* d'audience. **2.** (*At meeting, etc.*) Assistance *f*, assistants *mpl*; (*at theatre*) spectateurs *mpl*, auditoire *m*, public *m*; (*at concert*) auditeurs *mpl. The whole a. applauded,* toute la salle applaudit. *To perform before a large a.,* se faire entendre devant un nombreux public. *F: The novelist and his a.,* le romancier et ses lecteurs, et son public.
audio-frequency ['ɔːdio'friːkwənsi], *s. W.Tel:* Audiofréquence *f*; fréquence *f* téléphonique.
audiometer [ɔːdi'ɔmetər], *s.* Sonomètre *m* électrique.
audion ['ɔːdiən], *s. W.Tel:* Audion *m.*
audiphone ['ɔːdifoun], *s.* Audi(o)phone *m.*
audit[1] ['ɔːdit], *s.* **1.** Vérification *f*, apurement *m*, censure *f* (de comptes); vérification(s) *f* comptable(s). *Adm:* **Commissioner of Audit** = auditeur *m* à la Cour des comptes. **2.** *Lit: A:* Le Jugement dernier.
audit-'ale, *s.* Bière *f* de qualité supérieure (fournie à certains collèges universitaires, et destinée à l'origine aux fermiers qui venaient à date fixe régler leurs fermages).
'Audit-office, *s. Adm:* La Cour des comptes.
'audit-house, *s. Ecc:* Maison *f* du chapitre (d'une cathédrale).
'audit-room, *s. Ecc:* Salle *f* du chapitre.
audit[2], *v.tr.* Vérifier, apurer, examiner (des comptes). *To a. the accounts of a company,* vérifier la comptabilité d'une société.
auditing, *s.* Vérification *f* des écritures.
audition [ɔ'diʃ(ə)n], *s.* **1.** Ouïe *f*; faculté *f* d'entendre. *Beyond the limit of a.,* au-delà des limites de l'ouïe. **2.** Séance *f* d'essai (d'un chanteur, etc.); audition *f.*
auditive ['ɔːditiv], *a.* Auditif.
auditor ['ɔːditər], *s.* **1.** Auditeur *m* (d'une conférence, etc.)

2. (*a*) *Adm:* Commissaire *m* des comptes, aux comptes; vérificateur *m* des comptes. **Auditor-General,** Vérificateur général des Comptes (du Royaume-Uni). (*b*) *Com: Fin:* Expert *m* comptable; vérificateur *m* comptable; réviseur *m*; commissaire aux comptes (d'une société); censeur *m* (d'une compagnie d'assurances).

auditorial [ɔːdi'tɔːriəl], *a.* Qui se rapporte à un Commissaire aux comptes, à une vérification de comptes.

auditorium [ɔːdi'tɔːriəm], *s.* **1.** (*a*) *Th:* Salle *f.* (*b*) *U.S:* Salle (de concerts, de conférences, etc.); vaisseau *m* (d'une église). **2.** *Ecc:* Parloir *m* (d'un couvent).

auditorship ['ɔːditərʃip], *s.* Charge *f* de Commissaire aux comptes; commissariat *m.*

auditory ['ɔːditəri]. **1.** *a.* = AUDITIVE. *The a. organ,* l'organe *m* de l'ouïe. *Anat:* **The external, internal, auditory meatus,** le conduit auditif externe, interne. **2.** *s.* = AUDITORIUM 1.

auditress ['ɔːditres], *s.f.* Auditrice.

Augean [ɔ'dʒiːən], *a.* *F:* D'une saleté infecte (comme les écuries d'Augias). **To cleanse the Augean stables,** nettoyer les écuries d'Augias.

Augeas [ɔ'dʒiːas]. *Pr.n.m.* *Gr.Myth:* Augias.

auger ['ɔːgər], *s.* *Tls:* **1.** Perçoir *m,* foret *m;* (*carpenter's also*) rouanne *f.* *Small a.,* laceret *m.* *Smith's a.,* tarière *f.* *See also* SCREW-AUGER, TAP-AUGER, WORM-AUGER. **Auger-bit,** mèche torse, hélicoïdale; mèche pour bois; mèche de tarière; queue-de-cochon *f, pl.* queues-de-cochon. **Shell auger, spoon auger,** tarière à bout rond; tarière à cuiller. **2.** *Min:* *Civ.E:* Sonde anglaise; sonde; tarière (de sondage).

'auger-shell, *s.* *Conch:* Térèbre *f.*

'auger-smith, *s.* Vrillier *m.*

'auger-smithery, *s.* Vrillerie *f.*

'auger-worm, *s.* *Ent:* Chenille *f* du gâte-bois.

aught [ɔːt], *s.* *Lit:* *B:* Quelque chose *m,* quoi que ce soit. *If you have a. to say,* si vous avez quelque chose à dire. **For aught I know,** (pour) autant que je sache; (à ce) que je sache. **For aught I care,** pour ce qui m'importe. *If I taste bread, or a. else . . .,* si je goûte du pain, ni aucune autre chose. . . . *Ye have not found a. in my hand,* vous n'avez trouvé aucune chose entre mes mains. *Neither shall ye diminish a. from it,* et vous n'en diminuerez rien. *Neither hast thou taken a. of any man's hand,* et tu n'as rien pris de personne. *Unfaith in a. is want of faith in all,* le manque de foi en quoi que ce soit, c'est le manque de foi en tout.

augite ['ɔːdʒait], *s.* *Miner:* Pyroxène *m.*

augment[1] ['ɔːgmənt], *s.* *Gram:* Augment *m.* **Syllabic, temporal, augment,** augment syllabique, temporel.

augment[2] [ɔg'ment]. **1.** *v.tr.* Augmenter, accroître (qch.) (*with, by,* de); ajouter à (qch.); augmenter (une pénalité). *The Rhône, augmented by the Saône, turns south,* le Rhône, grossi de la Saône, se dirige vers le sud. *His family was augmented by a daughter,* sa famille s'augmenta d'une fille. *Mus:* **Augmented interval,** intervalle augmenté. **2.** *v.i.* Augmenter, s'accroître. *As his family augmented,* à mesure que sa famille devenait plus nombreuse, augmentait en nombre.

augmentation [ɔːgmen'teiʃ(ə)n], *s.* **1.** Augmentation *f,* accroissement *m* (de fortune, etc.); aggravation *f* (des impôts). *A. in the revenue,* augmentation des revenus. **2.** *Her:* Augmentation.

augmentative [ɔg'mentətiv], *a.* (Suffixe, etc.) augmentatif.

augmenter [ɔg'mentər], *s.* Augmentateur, -trice (d'un livre, etc.).

Augsburg ['ɔːgzbəːrg]. *Pr.n.* *Geog:* Augsbourg *m.* *See also* CONFESSION 4.

augur[1] ['ɔːgər], *s.* *Rom.Ant:* Augure *m.* **The College of Augurs,** le Collège des augures.

augur[2], *v.tr.* & *i.* (*a*) Augurer, présager, prédire. *From all that I a. no good,* de tout cela je ne présage, je n'augure, rien de bon. (*b*) (*Of thg*) **It augurs no good,** cela ne présage, n'annonce, rien de bon. *The matter augurs well for us,* l'affaire s'annonce bien pour nous. **It augurs well, ill,** cela est de bon, de mauvais, augure.

augural ['ɔːgjurəl], *a.* Augural. **1. Augural staff,** bâton augural. **2. Augural science,** science augurale.

augury ['ɔːgjuri], *s.* **1.** Augure *m;* *F:* présage *m.* *The priests took the auguries,* les prêtres prirent les augures. *F:* *He gave little a. of future greatness,* rien chez lui ne présageait sa grandeur à venir. *To draw auguries from . . .,* tirer des augures de. . . . **2.** Science *f* des augures; science augurale.

august[1] [ɔ'gʌst], *a.* (Assemblée) auguste; (maintien) imposant, majestueux. **-ly,** *adv.* Majestueusement, augustement; d'un air auguste.

August[2] ['ɔːgəst], *s.* Août *m.* *In A.,* au mois d'août, en août. (*On*) *the first, the seventh, of A.,* le premier, le sept, août.

'august[3], *v.i.* *A:* Mûrir; (s')aoûter.

Augusta [ɔ'gʌsta]. *Pr.n.f.* Augusta; Augustine.

Augustan [ɔ'gʌstən], *a.* **1. The Augustan age,** (i) *Lt.Lit:* le siècle d'Auguste; (ii) *Engl.Lit:* l'époque de la reine Anne. **2.** *Rel.H:* **The Augustan Confession,** la Confession d'Augsbourg.

Augustin [ɔ'gʌstin], *a.* *Ecc.Hist:* **The Augustin Friars,** les Augustins *m.*

Augustine [ɔ'gʌstin]. **1.** *Pr.n.m.* Augustin. **2.** *a.* & *s.* = AUGUSTINIAN.

Augustinian [ɔgʌs'tinjən]. *Rel.H:* **1.** *a.* & *s.* Augustin, -ine; de l'ordre de Saint-Augustin. **The Augustinian Canons,** les chanoines réguliers de Saint-Augustin. **2.** *a.* (Doctrines) augustiniennes.

augustness [ɔ'gʌstnəs], *s.* Majesté *f* (de maintien, etc.); caractère *m* auguste (d'une cérémonie, etc.).

Augustus [ɔ'gʌstəs]. *Pr.n.m.* Auguste.

auk [ɔːk], *s.* *Orn:* **1.** Pingouin *m.* *Great auk,* grand pingouin. **2. Little auk,** mergule *m.*

auklet ['ɔːklet], *s.* *Orn:* **Parrakeet auklet,** starique *m.*

auld [ɑːld], *a.* *Scot:* = OLD. **Auld lang syne,** le temps jadis; le bon vieux temps. **'Auld Reekie,'** la vieille Enfumée (Édimbourg).

aulic ['ɔːlik], *a.* Aulique. *Germ.Hist:* **The Aulic Council,** le Conseil aulique.

Aulularia (the) ['ðiɔːlu'lɛəria]. *Pr.n.* *Lt.Lit:* L'Aululaire *f* (de Plaute).

Aulus Gellius [ɔːləs'dʒeliəs]. *Pr.n.m.* *Lt.Lit:* Aulu-Gelle.

aunt [ɑːnt], *s.f.* **1.** Tante. *A.-in-law,* tante par alliance. **2.** *F:* **Aunt Sally** = jeu *m* de massacre; *A:* âne salé.

auntie, aunty ['ɑːnti], *s.f.* *F:* Ma tante; *F:* tata.

aura ['ɔːra], *s.* **1.** *A:* Exhalaison *f;* effluve *m.* **2.** *Med:* *etc:* Aura *f.* *Epileptic a.,* aura épileptique.

aural[1] ['ɔːrəl], *a.* *Med:* De l'aura.

aural[2], *a.* De l'oreille. *A. surgeon,* auriste *m,* auriculiste *m.* **-ally,** *adv.* Avec l'oreille; (perçu) par l'oreille.

aurate ['ɔːreit], *s.* *Ch:* Aurate *m.*

aureate ['ɔːriet], *a.* *Lit:* D'or, doré.

Aurelia [ɔ'riːlja]. **1.** *Pr.n.f.* Aurélie. **2.** *s.* (*a*) *Coel:* Aurélie *f.* (*b*) *Ent:* Chrysalide *f.*

Aurelian [ɔ'riːljən], *a.* *Rom.Hist:* Aurélien.

Aurelius [ɔ'riːljəs]. *Pr.n.m.* Aurèle. *Hist:* **Marcus Aurelius,** Marc-Aurèle.

aureola [ɔ'riːola], **aureole** ['ɔːrioul], *s.* *Art:* Auréole *f,* gloire *f* (d'un saint).

auric ['ɔːrik], *a.* *Ch:* (Sel *m,* etc.) aurique.

auricle ['ɔːrikl], *s.* **1.** *Anat:* (*a*) Auricule *f,* pavillon *m* (de l'oreille). (*b*) Oreillette *f* (du cœur). **2.** (*a*) *Bot:* *Conch:* Auricule (d'un pétale, d'un coquillage).

auricled ['ɔːrikld], *a.* = AURICULATE.

auricula, *pl.* **-ae** [ɔ'rikjula, -iː], *s.* **1.** = AURICLE 1 (*a*). **2.** (*pl.* **Auriculas**) (*a*) *Bot:* Auricule *f;* oreille *f* d'ours. (*b*) *Moll:* Auricule.

auricular [ɔ'rikjulər]. **1.** *a.* Auriculaire. (*a*) De l'oreille; des oreillettes du cœur. *A. duct,* conduit *m* auriculaire. (*b*) Perceptible par l'oreille. *Ecc:* **Auricular confession,** confession *f* auriculaire. *Jur:* **Auricular witness,** témoin *m* auriculaire. **2.** *s.* (*a*) (*Little finger*) (Doigt) auriculaire *m.* (*b*) *pl.* *Orn:* (*Tuft of feathers*) Auricules *f.*

auriculate [ɔ'rikjulet], *a.* *Bot:* *Conch:* Auriculé.

auriferous [ɔ'rifərəs], *a.* Aurifère.

aurification [ɔːrifi'keiʃ(ə)n], *s.* *Dent:* Aurification *f* (d'une dent).

auriform ['ɔːrifɔːrm], *a.* Auriforme.

Auriga [ɔː'raiga]. *Pr.n.m.* *Astr:* Le Cocher.

aurist ['ɔːrist], *s.* *Med:* (*Ear specialist*) Auriste *m,* auriculiste *m.*

aurochs ['ɔːrɔks], *s.* Aurochs *m;* bœuf *m* urus.

Aurora [ɔ'rɔːra]. **1.** *Pr.n.f.* *Myth:* Aurore. **2.** *s.* Aurore *f.* **Aurora borealis,** aurore boréale. *Ecc:* **Mass for the aurora,** messe aurorale.

auroral [ɔ'rɔːrəl], *a.* Auroral; de l'aurore.

aurous ['ɔːrəs], *a.* *Ch:* Aureux.

Aurangzebe, Aurungzebe [ɔːraŋ'ziːb, -rʌŋ]. *Pr.n.m.* *Hist:* Aurangzeb.

auscult [ɔ'skʌlt], **auscultate** ['ɔːskʌlteit], *v.tr.* *Med:* Ausculter.

auscultation [ɔskəl'teiʃ(ə)n], *s.* *Med:* Auscultation *f.* *Immediate a.,* auscultation immédiate. *Mediate a.,* auscultation médiate. *To examine a patient by a.,* ausculter un malade.

auscultator ['ɔːskəlteitər], *s.* *Med:* Auscultateur *m.*

Ausonius [ɔː'sounjəs]. *Pr.n.m.* *Lt.Lit:* Ausone.

auspices ['ɔːspisiz], *s.pl.* Auspices *m.* *Under s.o.'s a.,* sous les auspices de qn. *Under favourable a.,* sous d'heureux auspices. *Under the fairest a.,* sous les plus riants auspices. *Under the a. of religion,* sous le manteau de la religion.

auspicious [ɔs'piʃəs], *a.* **1.** (*a*) (Vent *m,* etc.) propice, favorable. *See also* HOUR 2. (*b*) (Signe *m*) de bon augure. **2.** (Age) heureux, prospère. *For five a. years,* pendant cinq années de prospérité. **-ly,** *adv.* (*a*) Sous d'heureux auspices. (*b*) Favorablement. (*c*) *To begin a.,* commencer heureusement.

auspiciousness [ɔs'piʃəsnəs], *s.* Heureux auspices; aspect *m* favorable, propice (d'une entreprise, etc.).

Aussie ['ɔsi], *s.m.* *F:* (*During and since the Great War*) = AUSTRALIAN.

Auster ['ɔːstər]. *Pr.n.* *Myth:* *Poet:* Auster *m;* le vent du midi.

austere [ɔs'tiːər], *a.* **1.** (*a*) Austère. (*b*) (Repas) frugal; (appartement *m*) sans luxe, d'un goût sévère; (vie *f*) cénobitique. *To lead an a. life,* vivre en ascète. **2.** *A:* Apre (au goût). **-ly,** *adv.* Austèrement; avec austérité; frugalement; sévèrement.

austereness [ɔs'tiːərnəs], *s.* = AUSTERITY 1.

austerity [ɔs'teriti], *s.* **1.** (*a*) Austérité *f.* (*b*) Absence *f* de luxe; sévérité *f* de goût. **2.** *pl.* *To seek salvation by austerities,* chercher le salut par ses austérités.

Austin[1] ['ɔːstin], *a.* (= *Augustin*) *Ecc:* *A:* **The Austin Friars,** les Augustins *m.*

Austin[2], *s.* *F:* Auto *f* marque Austin. *See also* BABY[1] 2.

austral ['ɔːstrəl], *a.* **1.** Austral. *Astr:* **The austral signs,** les constellations australes; les signes australs, austraux. **2.** De l'Australie.

Australasia [ɔːstra'leiʃa], *Pr.n.* *Geog:* L'Australasie *f.*

Australasian [ɔːstra'leiʃ(ə)n]. **1.** *a.* D'Australasie. **2.** *s.* Indigène *mf* ou habitant(e) de l'Australasie.

Australia [ɔs'treilja]. *Pr.n.* *Geog:* L'Australie *f.* **South Australia,** l'Australie méridionale.

Australian [ɔs'treiljən], *a.* & *s.* Australien, -ienne.

Austrasia [ɔs'treiʃa]. *Pr.n.* *A.Geog:* *Hist:* L'Austrasie *f.*

Austria ['ɔːstria], *Pr.n.* *Geog:* L'Autriche *f.* *Hist:* **Austria-Hungary,** l'Autriche-Hongrie *f,* l'Austro-Hongrie *f.*

Austrian ['ɔːstriən], *a.* & *s.* Autrichien, -ienne. *See also* OAK 1.

Austro-Hungarian [ɔːstrohʌŋ'gɛərjən], *a.* & *s.* Austro-hongrois, -oise.

Austro-Italian [ɔːstroi'taljən], *a.* & *s.* Austro-italien, -ienne.

Austronesian [ɔːstro'niːʒiən] *a.* *Geog:* *Ling:* De l'Austronésie.

authentic [ɔ'θentik], *a.* (*a*) Authentique; digne de foi. *Jur:* *A. act,* acte *m* authentique. *A. text,* texte *m* qui fait foi. *See also* COPY[1] 3. (*b*) *Ecc.Mus:* *A. mode,* mode *m* authentique. *A. cadence,* cadence *f* authentique. **-ally,** *adv.* Authentiquement.

authenticate [ɔ'θentikeit], *v.tr.* **1.** Certifier, homologuer, légaliser, valider, viser (un acte, etc.). **2.** Établir l'authenticité de (qch.); vérifier.

authenticated, *a.* **1.** Authentique. **2.** D'une authenticité établie; avéré.

authentication [ɔθenti'keiʃ(ə)n], *s.* **1.** Certification *f* (d'une signature, etc.); homologation *f*, légalisation *f*, validation *f*. **2.** Découverte *f* ou preuve *f* de l'authenticité *f* (d'un document, etc.).

authenticity [ɔθen'tisiti], *s.* Authenticité *f*.

author ['ɔːθər], *s.* Auteur *m*. (*a*) *She was the acknowledged a. of several novels*, elle était l'auteur reconnu de plusieurs romans. (*b*) *Lit. & Hum: The a. of his being*, l'auteur de ses jours.

authoress ['ɔːθəres], *s.f.* Femme *f* auteur; femme écrivain; *occ.* authoresse *f*. **Authors and authoresses,** auteurs *m* hommes et femmes; auteurs des deux sexes; auteurs et authoresses.

authorial [ɔ'θɔːriəl], *a. In my a. capacity*, en ma qualité d'auteur.

authoritarian [ɔθɔri'tɛəriən], *a. & s.* Autoritaire (*m*); partisan *m* de l'autorité.

authoritative [ɔ'θɔritətiv], *a.* **1.** (Caractère *m*) autoritaire; (ton *m*) d'autorité; (ton) péremptoire. **2.** Revêtu d'autorité. (*a*) *A. document*, document *m* qui fait foi, qui fait autorité. *Body sufficiently a. to . . .*, corps doué de l'autorité suffisante pour. . . . (*b*) *A. information*, renseignement *m* de bonne source. *To have sth. from an a. source*, avoir qch. d'une bouche autorisée. **-ly,** *adv.* **1.** Autoritairement; péremptoirement; (parler) en maître. **2.** Avec autorité. *I can state a. that . . .*, je puis affirmer de bonne source que. . . .

authoritativeness [ɔ'θɔritətivnəs], *s.* **1.** Air *m* d'autorité; ton *m* autoritaire, péremptoire. **2.** Autorité *f* (d'un document, etc.).

authority [ɔ'θɔriti], *s.* Autorité *f*. **1.** **To have, exercise, authority over s.o.,** (i) avoir, exercer, une autorité sur qn; (ii) avoir de l'ascendant sur qn. **Who is in authority here?** qui est-ce qui commande ici? *To make one's a. felt*, faire sentir sa main. *To be under s.o.'s a.*, être sous les ordres, sous la domination, de qn. *To be under paternal a.*, être sous l'obéissance paternelle, sous la puissance paternelle. *Jur:* **Authority of father** (*or of mother when father is dead*), puissance paternelle. **2.** Autorisation *f*, mandat *m*. **To have authority to act,** avoir qualité *f* pour agir. *To give s.o. a. to do sth.*, autoriser qn à faire qch., donner autorisation à qn de faire qch. **To act on s.o.'s authority,** agir sur l'autorité de qn. *To do sth. on one's own a.*, faire qch. de sa propre autorité. *To do sth. without a.*, faire qch. sans autorisation, sans mandat. **The authority of custom,** la sanction de l'usage. **3.** (*a*) **To be an authority on sth.,** faire autorité, être autorisé à parler, en matière de qch.; être expert dans la matière. (*b*) *To advance a statement on the a. of s.o.*, attester l'autorité de qn en faveur d'une affirmation. **To have sth. on good authority,** tenir, savoir, qch. de bonne part, de bonne source, de source autorisée. *To quote s.o. as one's a.* (*for a statement*), se réclamer de qn. **To quote one's authorities,** citer ses sources, ses auteurs. **4.** *Adm:* **Public authority, administrative authority,** corps constitué; service administratif. **The authorities,** l'administration; les autorités. *The health authorities*, les services d'hygiène. *The military authorities*, les autorités militaires.

authorization [ɔθərai'zeiʃ(ə)n], *s.* Autorisation *f* (*to do sth.*, de faire qch.); pouvoir *m*; mandat *m*. *A. in writing*, autorisation écrite.

authorize ['ɔːθəraiz], *v.tr.* Autoriser (qch.). *To a. s.o. to do sth.*, autoriser qn à faire qch.; donner pouvoir, donner mandat, à qn de faire qch. *To be authorized to act*, avoir qualité pour agir. **Authorized by custom,** sanctionné par l'usage. *Jur: To a. the sale of effects*, consentir la vente des effets.

authorized, *a.* Autorisé. *To apply to an a. person*, s'adresser à qui de droit. *There was no abuse but was a. on these occasions*, aucun abus qui ne fût de droit ces jours-là. *Ecc: F:* **The Authorized Version** (*of the Bible*), la traduction de la Bible de 1611 (dénommée la "Traduction autorisée"). *See also* CAPITAL II. 1.

authorship ['ɔːθərʃip], *s.* **1.** Profession *f* ou qualité *f* d'auteur. *To take to a.*, se mettre à écrire. **2.** *To establish the a. of a book*, identifier l'auteur d'un livre. *To confess to the a. of a poem*, s'avouer l'auteur d'un poème. *To claim, repudiate, the a. of a book, of an invention*, revendiquer, désavouer, la paternité d'un livre, d'une invention.

autism ['ɔːtizm], *s. Psy:* Narcissisme *m*.

auto ['ɔːto], *s. F: A. & U.S:* Automobile *f*, auto *f*.

autobiographer [ɔːtobai'ɔgrəfər], *s.* Autobiographe *m*.

autobiographic(al) [ɔːtobaio'grafik(əl)], *a.* Autobiographique.

autobiography [ɔːtobai'ɔgrəfi], *s.* Autobiographie *f*.

autobus ['ɔːtobʌs], *s. U.S:* Autobus *m*.

autocar ['ɔːtokaːr], *s.* **1.** *A:* Automobile *f*. **2.** (*In Fr.*) (*Motor coach*) Autocar *m*.

autocephalous [ɔːto'sefələs], *a. Ecc:* (Évêque *m*, église *f*) autocéphale.

autochrome ['ɔːtokroum], *a. & s. Phot:* (Plaque *f*) autochrome (*f*).

autochthon, *pl.* **-s, -es** [ɔː'tɔkθən, -z, -iːz], *s.* Autochtone *m*.

autochthonal [ɔː'tɔkθən(ə)l], **autochthonous** [ɔː'tɔkθənəs], *a.* Autochtone

autoclave ['ɔːtokleːiv], *s. Ch: Ind:* Marmite *f* autoclave; autoclave *m*.

autocracy [ɔː'tɔkrəsi], *s.* Autocratie *f*.

autocrat ['ɔːtokrat], *s.* Autocrate *m*. *Hist:* **Autocrat of all the Russias,** Autocrate de toutes les Russies.

autocratic(al) [ɔːto'kratik(əl)], *a.* Autocratique; (*of pers.*) autocrate; (caractère) absolu. *Don't be so a.*, ne faites pas l'absolu. **-ally,** *adv.* Autocratiquement.

autocratrix [ɔː'tɔkrətriks], *s.f.* Autocratrice.

auto-da-fé, *pl.* **autos-da-fé** ['ɔːtodaːfei, 'ɔːtozdaːfei], *s.* Autodafé *m*.

autodidact ['ɔːtodidakt], *s.* Autodidacte *mf*.

autodrome ['ɔːtodroum], *s. U.S:* Autodrome *m*.

autodyne ['ɔːtodain], *a. & s. W.Tel:* Autodyne (*m*).

auto-erotic ['ɔːtoe'rɔtik], *a. Psy:* Auto-érotique.

auto-eroticism ['ɔːtoe'rɔtisizm], *s. Psy:* Auto-érotisme *m*.

autogamy [ɔː'tɔgəmi], *s. Bot:* Autofécondation *f*.

autogenous [ɔː'tɔdʒənəs], *a.* Autogène. *See also* WELDING.

autogeny [ɔː'tɔdʒəni], *s. Biol:* Autogénèse *f*.

autogiro [ɔːto'dʒairo], *s.* = AUTOGYRO.

autognosis [ɔːto'gnousis], *s.* Autognose *f*, autognosie *f*.

autograft ['ɔːtograːft], *s. Surg:* Autogreffe *f*.

autograph[1] ['ɔːtograf, -graːf]. **1.** *s.* (*a*) Autographe *m*. **Autograph album,** keepsake *m*. *Com:* **Autograph book,** livre *m* de signatures. (*b*) Reproduction autographiée. **2.** *a. A. letter of Byron*, lettre *f* autographe de Byron.

autograph[2], *v.tr.* **1.** Écrire (une lettre, etc.) de sa propre main. **2.** Écrire son autographe dans (un livre); signer, dédicacer (un exemplaire); mettre son autographe, apposer sa signature, à (un document). **3.** *Lith:* Autographier (un manuscrit, etc.); le reproduire par procédé autographique.

autographic(al) [ɔːto'grafik(əl)], *a.* **1.** (Lettre *f*) autographe. **2.** *Lith:* (Encre *f*, papier *m*) autographique.

autographism [ɔː'tɔgrafizm], *s. Med:* Autographisme *m*.

autography [ɔː'tɔgrafi], *s.* **1.** (*a*) Action *f* de signer de sa propre main. (*b*) *Coll.* Autographe *m*; collection *f* d'autographes. **2.** *Lith:* Autographie *f*.

autogyro [ɔːto'dʒairo], *s. Av:* Autogyre *m*.

auto-ignition ['ɔːtoig'niʃ(ə)n], *s. I.C.E:* Auto-allumage *m*.

auto-infection ['ɔːtoin'fekʃ(ə)n], *s. Med:* Infection *f* de soi-même; auto-infection *f*.

auto-intoxication ['ɔːtointɔksi'keiʃ(ə)n], *s. Med:* Auto-intoxication *f*. (*Of food, etc.*) *To cause a.-i.*, intoxiquer.

autolithography [ɔːtoli'θɔgrafi], *s.* Autographie *f*.

Autolycus [ɔː'tɔlikəs]. **1.** *Pr.n.m. Gr.Myth:* Autolycus. **2.** *s. F:* Chapardeur *m*, au demeurant, le meilleur fils du monde. (D'après le personnage du "Conte d'hiver" de Shakespeare.)

autolysis [ɔː'tɔlisis], *s. Physiol:* Autolyse *f*.

autolytic [ɔːto'litik], *a. Physiol:* (Processus *m*) autolytique.

automat ['ɔːtomat], *s.* **1.** *U.S:* Restaurant *m* à distributeurs automatiques. **2.** *Phot:* Obturateur toujours armé.

automatic [ɔːto'matik]. **1.** *a.* (*a*) Automatique. **Automatic machine** (*delivering sweets, cigarettes, tickets, etc.*), distributeur *m*. *Sm.a:* **Automatic pistol,** automatique *m*. *A. working*, automaticité *f* (d'un mécanisme). (*b*) **Automatic motion,** mouvement inconscient, machinal. **2.** *s. F: = automatic pistol.* **-ally,** *adv.* **1.** Automatiquement. *F: All these things are attended to a.*, tout cela se fait automatiquement, se fait d'office. **2.** D'un mouvement inconscient; machinalement.

automatism [ɔː'tɔmatizm], *s. Med: Phil: Psychics:* Automatisme *m*.

automaton, *pl.* **-ons, -a** [ɔː'tɔmatən, -ənz, -*a*], *s.* Automate *m*.

Automedon [ɔː'tɔmedɔn]. *Pr.n.m. Gr.Myth:* Automédon.

automobile[1] ['ɔːtomobiːl], *s. U.S:* Automobile *f*, *F:* auto *f*, voiture *f*. **Automobile club,** club *m* automobile.

automobile[2], *v.i. U.S: F:* Aller en automobile; voyager en auto.

automobilist [ɔːto'mɔbilist], *s.* Automobiliste *mf*.

automotive [ɔːto'moutiv], *a.* **1.** Automoteur, -trice. **2.** *A. engineering*, technique *f* automobile.

automower ['ɔːtomouər], *s.* Tondeuse *f* de gazon automobile.

autonomic [ɔːto'nɔmik], **autonomous** [ɔː'tɔnoməs], *a.* Autonome.

autonomist [ɔː'tɔnomist], *s.* Autonomiste *m*.

autonomy [ɔː'tɔnomi], *s.* Autonomie *f*.

autopiano [ɔːto'pjano], *s.* Piano *m* mécanique.

autoplastic [ɔːto'plastik], *a. Surg:* (Chirurgie *f*) autoplastique.

autoplasty ['ɔːtoplasti], *s. Surg:* Autoplastie *f*.

autopsy [ɔː'tɔpsi, 'ɔːtopsi], *s.* Autopsie *f*.

autoserotherapy [ɔːto'siːəro'θerapi], *s. Med:* Autosérothérapie *f*.

autostrada [ɔːto'straːda], *s.* Autostrade *f*, autoroute *f*.

auto-suggestion ['ɔːtosə'dʒestʃ(ə)n], *s.* Autosuggestion *f*.

autotomy [ɔː'tɔtomi], *s. Z:* Autotomie *f*; auto-amputation *f*.

autotoxin [ɔːto'tɔksin], *s. Med: Physiol:* Autotoxine *f*.

autotransformer ['ɔːtotrans'fɔːrmər], *s. El.E:* Auto(-)transformateur *m*.

autotrophic [ɔːto'trɔfik], *a. Bot:* (Plante *f*) autotrophe.

autotype[1] ['ɔːtotaip], *s.* **1.** (Le) vrai type, (le) type même. **2.** *Typ:* Phototypographie *f* (procédé ou image). *Phot:* **Autotype tissue,** papier *m* au charbon.

autotype[2], *v.tr. Typ:* Reproduire (une image, etc.) par procédé phototypographique.

autumn ['ɔːtəm], *s.* **1.** L'automne *m*; l'arrière-saison *f*. *In a.*, en automne. *At the coming of a., when a. is at hand*, à l'automne. *Late a.*, l'arrière-automne *m*. *An a. evening*, une soirée d'automne. *F: The a. of life*, l'automne de la vie. **2.** *Bot:* **Autumn-bells,** gentiane *f* des marais.

autumnal [ɔː'tʌmnəl], *a.* Automnal; d'automne; d'arrière-saison.

auxanometer [ɔksa'nɔmetər], *s. Bot:* Auxanomètre *m*.

auxiliary [ɔg'ziliəri], *a. & s.* Auxiliaire (*mf*); subsidiaire (*to*, à). *Gram:* **Auxiliary verb,** verbe *m* auxiliaire. *Artil: A. target*, but *m* auxiliaire; but témoin. *Mth: A. variable*, *s.* **auxiliary,** variable *f* auxiliaire. *Mil: A. troops*, *s.pl.* **auxiliaries,** troupes *f* auxiliaires; auxiliaires *m*. *Navy: A cruiser*, auxiliaire *m*. *A. machinery*, machines *f* auxiliaires, de secours. *See also* ENGINE[1] 2.

avail[1] [a'veil], *s.* **1.** *Lit:* Avantage *m*, utilité *f*. **Of no avail,** sans effet. **To be of little avail to s.o.,** être peu utile, peu avantageux, à qn. *That will be of little a.*, cela ne servira pas à grand'chose. *To work to little a.*, travailler sans grand résultat ou sans grand profit. *To work to no a.*, travailler sans résultat. *My advice was of no a.*, mes conseils n'eurent aucun effet. *Of what a. is it to grieve?* à quoi bon s'affliger? *It is of no a.*, cela ne sert à rien. *Adj. & adv.phr.* **Without avail,** sans effet; inutile(ment); ineffectif,

-ivement. **2.** *pl.* **Avails.** *U.S:* Produit *m* (d'une terre, d'une vente); revenus *mpl.*

avail², *v.tr.* & *i. Lit:* **1.** Profiter, servir, être utile, à (qn). *What avails his youth?* à quoi sert, à quoi bon, sa jeunesse? que lui vaut sa jeunesse? *Nothing availed against the storm,* contre la tempête nous ne pouvions rien, nos efforts restaient impuissants. *Nought availed,* rien n'y faisait; rien n'y fit. **2. To avail oneself of sth.,** *U.S:* **to avail of sth.,** se servir, s'aider, de qch.; user de qch.; profiter de qch. *To a. oneself of a right,* user d'un droit; faire usage d'un droit; se prévaloir d'un droit. *To a. oneself of the opportunity to do sth.,* saisir l'occasion de faire qch. *This new service is already being availed of,* on utilise déjà ce nouveau service. *It is an occasion to be availed of,* c'est une occasion dont il faut profiter.

availability [əveilə'biliti], *s.* **1.** Disponibilité *f* (de matériaux, d'hommes, etc.). **2.** *Rail: etc:* (Durée *f* et rayon *m* de) validité *f* (d'un billet).

available [ə'veiləbl], *a.* **1.** (*a*) Disponible; (*of pers.*) libre. *The number of ideas always exceeds that of the words a.,* le nombre des idées dépasse toujours les disponibilités en mots. *To try every a. means,* essayer de tous les moyens dont on dispose. *Old buses still a. for week-end traffic,* vieux omnibus qui peuvent encore servir pour les foules du dimanche. *Com: A. funds,* fonds *m* liquides, disponibles; disponibilités *f. Capital that can be made a.,* capitaux *m* mobilisables. *Fin: Sum a. for dividend,* affectation *f* aux actions. (*b*) Accessible. *Court a. at all times,* tribunal *m* accessible en tout temps; cour *f* siégeant en permanence. *Train a. for third-class passengers,* train *m* qui comporte des troisièmes. *A. for passengers covering a distance of . . .,* accessible aux voyageurs effectuant un parcours de. . . . (*c*) *U.S:* (*Of MS, etc.*) Utilisable. **2.** (*Of railway ticket, etc.*) Valable, bon, valide (pour deux mois, etc.); utilisable (par tous les trains). *Period for which a ticket is a.,* durée *f* de validité d'un billet. *Ticket no longer a.,* billet périmé.

availableness [ə'veiləblnəs], *s.* = AVAILABILITY.

avalanche¹ ['avalɑːnʃ], *s.* Avalanche *f* (de neige; *F:* de félicitations, de demandes d'emploi, etc.). **Avalanche gallery,** galerie *f* de défense contre les avalanches. **Mud avalanche,** coulée *f* de boue.

avalanche², *v.i.* Tomber en avalanche.

avarice ['avəris], *s.* Avarice *f.*

avaricious [avə'riʃəs], *a.* Avare, avaricieux; serré. **-ly,** *adv.* Avaricieusement.

avariciousness [avə'riʃəsnəs], *s.* Avarice *f.*

avast [ə'vɑːst], *int. Nau:* Tiens bon! tenez bon! baste! *A. heaving!* tiens bon virer! tenez bon virer!

avatar [avə'tɑːr, 'avatɑːr], *s.* **1.** *Hindoo Rel:* Avatar *m.* **2.** *F:* Manifestation *f,* phase *f* (de l'esprit international, etc.).

avaunt [ə'vɔːnt], *int. A. & Lit:* Arrière! retire-toi! loin de moi! va-t'en!

ave ['eivi, 'ɑːvi]. **1.** *Lt.int. Ecc. & Lit:* (*a*) Salut! (*b*) Adieu! **2.** *s.* Avé (Maria) *m.*

'ave-bell, *s.* Angélus *m.*

avenge [ə'venʒ], *v.tr.* Venger (qn, une injure); prendre la vengeance de (qn). *B: A. me of mine adversary,* venge-moi de mon adversaire. **To avenge oneself, be avenged, on one's enemies,** se venger de, sur, ses ennemis; prendre, tirer, vengeance de ses ennemis; exercer sa vengeance sur ses ennemis. *I will a. myself,* je me ferai justice moi-même. *To a. an insult on s.o.,* venger une injure sur qn. *To a. s.o. for the insult offered,* venger qn d'une injure. **His death will be avenged,** sa mort trouvera des vengeurs.

avenging¹, *a.* Vengeur, -eresse. *An a. God,* un Dieu qui punit les méchants.

avenging², *s.* Vengeance *f.*

avenger [ə'venʒər], *s.* Vengeur *m,* vengeresse *f.*

avens ['avənz], *s. Bot:* **1. Wood avens,** benoîte *f.* **Water avens,** benoîte des ruisseaux, *F:* herbe *f* à la tache. **2. Mountain avens,** chêneau *m,* chênette *f,* dryade *f.*

aventail(e) ['avənteil], *s. Archeol:* Ventail *m* (de casque).

Aventine (the) [ði'avəntain]. *Pr.n. Geog:* Le mont Aventin.

aventurin(e) [ə'ventjurin], *s.* **1.** *Glassm:* **Artificial aventurin(e), aventurin(e) glass,** aventurine *f.* **2.** *Miner:* Aventurine.

avenue ['avənjuː], *s.* (*a*) Avenue *f.* (*b*) *Esp. U.S:* (Belle) rue; boulevard *m;* (*in New York*) rue orientée du nord au sud. (*c*) Chemin *m* d'accès. *F: To provide new avenues for industry,* assurer de nouveaux débouchés à l'industrie. *To explore every a. that might lead to an agreement,* explorer toutes les voies pouvant amener à un accord. (*d*) Promenade plantée d'arbres.

aver¹ [ə'vəːr], *v.tr.* **(averring, averred) 1.** Avérer, déclarer, affirmer (que). *Everyone avers that he was present,* au dire de chacun il était présent. *This is averred to be true,* on affirme que c'est vrai. **2.** *Jur:* Prouver (son dire).

aver² ['eivər], *s. A. & Dial:* **1.** Bête *f* de somme. **2.** *pl.* Bétail *m.*

average¹ ['avəredʒ], *s.* **1.** Moyenne *f.* **On an average,** en moyenne; *F:* l'un portant l'autre, l'un dans l'autre. **Above the average,** au-dessus de la moyenne; au-dessus du commun. *To take an a. of results,* faire la moyenne des résultats. *Taking a yearly a., F:* bon an, mal an. *To strike a rough a.,* établir une moyenne approximative. **2.** *M.Ins:* Avarie(s) *f.* **Particular average,** avarie particulière. **General average,** avaries communes. **Free from average,** franc d'avaries. **Average adjustment, average statement,** dispache *f.* **Average bond,** compromis *m* d'avarie. *See also* ADJUST 1, ADJUSTER 1, STATER¹.

average², *a.* Moyen. *The a. Englishman,* l'Anglais moyen, l'Anglais en général. *The a. sensual man,* l'homme sensuel moyen. *Man of a. abilities, of a. ability,* homme *m* ordinaire. *Of a. height,* de taille moyenne. *A. specimen,* échantillon normal. *A. price,* prix moyen. *Adm: (Table of) a. prices of corn,* mercuriale *f. Com: A. tare,* tare commune. *See also* SPEED¹ 1.

average³, *v.tr.* & *i.* **1.** Prendre, établir, faire, la moyenne (des résultats, des ventes, etc.). *Abs. St.Exch: etc:* **To average (up),** (se) faire une moyenne; établir une moyenne. **2.** (*a*) *To a. so much,* **to average up to so much,** donner, atteindre, rendre, une moyenne de tant. *The sales a. a thousand copies a year,* la vente moyenne est de mille exemplaires par an; il se vend en moyenne mille exemplaires par an. (*b*) *He averages eight hours' work a day,* il travaille en moyenne huit heures par jour.

averager ['avəredʒər], *s.* **1.** *St.Exch:* Faiseur *m* de moyenne. **2.** = *average adjuster, q.v. under* ADJUSTER 1.

averment [ə'vəːrmənt], *s.* **1.** Affirmation *f. Jur:* Allégation *f.* **2.** *Jur:* Preuve *f* (d'une allégation).

Avernus [ə'vəːrnəs]. *Pr.n. A.Geog: Myth:* L'Averne *m.*

Averr(h)oes [a'verouiːz]. *Pr.n.m. Hist:* Averrhoès.

Averr(h)oism [ave'rouizm], *s. Hist. of Phil:* Averrhoïsme *m.*

averruncator [averʌŋ'keitər], *s. Hort:* Échenilloir *m,* sécateur *m.*

averse [ə'vəːrs], *a.* Opposé. *To be a. to, from, sth.,* répugner à qch.; être opposé à qch.; être ennemi de qch. *I am a. to acknowledge that . . .,* il me répugne d'admettre que. . . . *I should not be a. to marrying him,* il ne me répugnerait pas de l'épouser. **He is not averse to a glass of beer,** un verre de bière ne lui répugne pas; il prend volontiers un verre de bière. *I am not a. to making a sacrifice,* je ne suis pas à un sacrifice près.

averseness [ə'vəːrsnəs], *s.* Aversion *f* (*to, from,* pour); répugnance *f* (*to, from,* à).

aversion [ə'vəːrʃ(ə)n], *s.* **1.** Aversion *f,* répugnance *f. To feel an a. to, for, s.o.,* se sentir de l'aversion pour, envers, de l'antipathie pour, contre, qn. *To feel a. to doing sth.,* répugner à faire qch. *To feel a great a. to, from, sth., to doing sth.,* se sentir une grande répugnance pour qch., à faire qch. *To have an a. to s.o.,* avoir qn en aversion. *He has a great a. for her,* elle lui est très antipathique. *To take, conceive, an a. to s.o.,* prendre qn en aversion, en grippe. **2.** *F:* Objet *m* d'aversion. *F:* **My pet aversion,** ma bête noire, ma bête d'aversion. *He is my pet a.,* il me donne le cauchemar, il est mon cauchemar.

avert [ə'vəːrt], *v.tr.* **1.** Détourner (les yeux, son regard, ses pensées) (*from,* de). **2.** Écarter, éloigner, prévenir (des soupçons, un danger, un malheur); conjurer (une catastrophe); détourner (un coup); parer à (un accident).

avertable, avertible [ə'vəːrtəbl, -ibl], *a.* Que l'on peut détourner, écarter; (danger *m*) conjurable.

avian ['eiviən], *a. Orn:* Avien.

aviary ['eiviəri], *s.* Volière *f.*

aviate ['eivieit], *v.i. Av:* Voler; monter en avion; faire de l'aviation.

aviation [eivi'eiʃ(ə)n], *s.* Aviation *f.* **Naval aviation,** marine aviation, aviation hauturière, maritime; hydraviation *f.* **Aviation school,** centre-école *m* (d'aviation), *pl.* centres-écoles.

aviator ['eivieitər], *s.* Aviateur, -trice.

Avicenna [avi'senə]. *Pr.n.m. Hist:* Avicenne.

avicula [ə'vikjulə], *s. Moll:* Avicule *f.*

aviculture ['eivikʌltjər], *s.* Aviculture *f.*

avid ['avid], *a.* Avide (*of, for,* de). **-ly,** *adv.* Avidement; avec avidité.

avidity [ə'viditi], *s.* Avidité *f* (*for,* de, pour). **He read with avidity,** il lisait avidement, avec avidité.

aviette [eivi'et], *s. Av:* Aviette *f.*

avifauna [eivi'fɔːnə], *s.* Faune avienne.

aviso, *pl.* **-os** [ə'vaizo, -ouz], *s. Navy:* Aviso *m.*

avizandum [avi'zandəm], *s. Jur:* (*In Scot.*) **To make avizandum, to take a case in(to) avizandum,** différer le jugement jusqu'à plus ample délibéré.

avocation [avo'keiʃ(ə)n], *s.* **1.** *A:* Distraction *f* (*from,* de). **2.** (*a*) Occupation *f. I must resume my daily avocations,* il me faut reprendre mon travail journalier, mes besognes journalières. (*b*) Vocation *f,* métier *m,* état *m,* profession *f. What is his a.?* que fait-il?

avocatory [ə'vɔkətəri], *a. Dipl:* **Letters avocatory,** lettres *f* avocatoires; lettre de rappel.

avocet ['avoset], *s. Orn:* Avocette *f; F:* bec-courbe *m, pl.* becs-courbes, bec-courbé *m, pl.* becs-courbés.

avoid [ə'vɔid], *v.tr.* **1.** Éviter (qn, qch.). *To a. doing sth.,* éviter de faire qch. *I cannot a. saying . . .,* je ne puis m'empêcher de dire. . . . *I could not a. bowing to him,* je ne pus faire autrement que de le saluer. *To a. s.o., the world,* se cacher à qn, au monde. *A. being seen,* évitez qu'on ne vous voie. *I couldn't a. his hearing it,* je n'ai pas pu éviter qu'il l'entendît. **2.** (*Evade*) Se soustraire (au châtiment, etc.); esquiver (les attentions de qn, un coup, une difficulté). *Mil: Navy: To a. action,* éviter le combat; s'esquiver. *To a. a collision,* parer à, éviter, un abordage. **To avoid notice,** se dérober aux regards. *To a. s.o.'s eye,* fuir le regard de qn. *To a. evil company,* fuir les mauvaises fréquentations. **3.** *Jur:* Résoudre, rescinder, résilier, annuler (un contrat, etc.); annuler (une sentence).

avoiding, *s.* = AVOIDANCE 1.

avoidable [ə'vɔidəbl], *a.* **1.** Évitable. **2.** *Jur:* Résoluble; annulable.

avoidance [ə'vɔidəns], *s.* **1.** Action *f* d'éviter. *For the a. of ill,* pour éviter le malheur. *Her a. of me,* le soin qu'elle prend de, pour, m'éviter; son soin à m'éviter. **2.** *Jur: A. of an agreement (owing to breach, etc.),* résolution *f,* annulation *f,* résiliation *f,* résiliement *m,* d'un contrat. **Condition of avoidance** (*in a contract*), condition *f* résolutoire. **Action for avoidance of contract,** action *f* en nullité. *A. of contract owing to mistake or misrepresentation,* rescision *f.* **3.** *Esp. Ecc:* Vacance *f* (d'un bénéfice, d'une charge ecclésiastique).

avoirdupois [avərdə'pɔiz], *s.* Poids *m* du commerce. *Ounce a.,* once *f* avoirdupois; once du commerce.

avoset ['avoset], *s.* = AVOCET.

avouch [ə'vautʃ], *v.tr. Lit:* **1.** Affirmer, déclarer. **2.** *v.tr.* & *i.* (*a*) *To a. (for) sth.,* garantir qch.; se porter garant de qch. (*b*) *A: To a. s.o.'s action,* avouer, reconnaître, l'action de qn.

avouchment [ə'vautʃmənt], *s. Lit:* **1.** Affirmation *f*, déclaration *f*. **2.** (*a*) Garantie *f*. (*b*) Aveu *m* (de l'action de qn).

avow [ə'vau], *v.tr.* **1.** *Pred.* (*a*) Reconnaître. *His father avowed him for his son*, son père le reconnut pour fils. (*b*) *To a. oneself a free-trader*, se déclarer, s'avérer, partisan du libre-échange. **2.** *A. & Lit:* Déclarer, affirmer (que). **3.** Avouer, admettre (une faute). *To a. oneself in the wrong*, avouer son tort. *Pred: To a. oneself (as) author of sth.*, s'avouer l'auteur de qch.

avowed, *a.* (Ennemi, etc.) avéré, notoire. *He is an a. atheist*, il est franchement athée. *Her a. lover*, son amoureux déclaré.

avowable [ə'vauəbl], *a.* Avouable.

avowal [ə'vauəl], *s.* Aveu *m*. *To make an a.*, faire un aveu.

avowant [ə'vauənt], *s. Jur:* Déclarant *m*.

avowedly [ə'vauidli], *adv.* Ouvertement, franchement. *To be a. a socialist*, s'avouer franchement socialiste.

avowry [ə'vauri], *s. Jur:* Déclaration *f* (en justification d'une saisie).

avulsion [ə'vʌlʃ(ə)n], *s.* (*a*) *A:* Arrachement *m* (*from*, de). (*b*) *Jur:* Avulsion *f*. *Land removed through a.*, terrain arraché par avulsion.

avuncular [ə'vʌŋkjulər], *a.* **1.** Avunculaire. **2.** *Hum:* Qui a rapport à un prêteur sur gages. (*Cf.* UNCLE 2.)

await [ə'weit], *v.tr.* **1.** (*a*) (*Of pers.*) Attendre (qch., *occ.* qn). *To be awaiting sth.*, être dans l'attente de qch. *Let us a. events*, attendons les événements; *F:* attendons voir. *Com:* **Awaiting your orders,** dans l'attente de vos ordres. (*b*) *Work awaiting performance*, travail *m* en souffrance. *Soldiers awaiting discharge*, soldats *m* en instance de réforme. *Com: The parcels awaiting delivery*, les colis *m* en souffrance. **2.** (*Of thg*) *The fate that awaits him*, le sort qui l'attend, qui lui est réservé.

awake[1] [ə'weik], *v.* (*p.t.* **awoke** [ə'wouk]; *p.p.* **awoke, awaked** [ə'weikt]) **1.** *v.i.* (*a*) S'éveiller, se réveiller. *B: And Jacob awaked out of his sleep, and he said . . .*, et quand Jacob fut réveillé de son sommeil, il dit. . . . *F:* **He awoke to find himself famous,** du jour au lendemain il devint célèbre. (*b*) **To awake to the danger,** se rendre compte du danger; prendre conscience du danger. *To a. from an illusion*, revenir d'une illusion; avoir les yeux dessillés. *When I awoke to the consciousness of my misfortune*, lorsque je commençai à avoir, à prendre, conscience de mon malheur. *Suddenly I awoke to my surroundings*, brusquement je repris conscience de mon entourage, je compris, je me rappelai, où j'étais. *The heath appeared to awake and listen*, la lande sembla s'éveiller pour écouter. **2.** *v.tr.* (*a*) Éveiller, réveiller (qn, les remords de qn); éveiller (la curiosité, les soupçons); faire naître (un espoir, une passion). *To a. a child's intelligence*, éveiller l'intelligence d'un enfant. (*b*) = AWAKEN 1.

awake[2], *pred.a.* **1.** Éveillé. *To lie a., to keep a.*, rester éveillé. *I was a.*, je ne dormais pas. *I was still a.*, je ne m'étais pas encore endormi. *To keep s.o. a.*, tenir qn éveillé. *The noise keeps him a.*, le bruit l'empêche de dormir, le tient éveillé. **Wide awake,** (i) bien éveillé, tout éveillé, (ii) *F:* averti, malin, avisé. *He's wide a.!* il a l'œil ouvert! *See also* WIDE-AWAKE. **2.** Attentif. **To be awake to a danger,** avoir conscience d'un danger, se rendre compte d'un danger. *To be a. to one's own interest*, (i) veiller à, sur, ses intérêts; avoir l'œil à ses intérêts; (ii) se rendre compte de ses intérêts; comprendre son intérêt.

awaken [ə'weik(ə)n], *v.tr. & i.* **1.** *To a. s.o. to a sense of his position*, ouvrir les yeux à qn sur sa position. **2.** = AWAKE[1].

awakening[1], *a.* (Passion *f*, etc.) qui s'éveille.

awakening[2], *s.* (*a*) Réveil *m*. (*b*) *F:* **A rude awakening,** un amer désillusionnement; un fâcheux réveil. **What an awakening,** quel réveil!

awakener [ə'weik(ə)nər], *s.* Éveilleur, -euse (de l'intelligence, etc.).

awanting [ə'wɔntiŋ], *a.* Manquant.

award[1] [ə'wɔːrd], *s.* **1.** *Jur:* Arbitrage *m*; sentence arbitrale; décision (arbitrale), adjudication *f*. *To make an a.*, rendre un jugement (arbitral), arbitrer; prononcer, rendre, un arrêt. *To set aside, enforce, an a.*, annuler, rendre obligatoire, une sentence. **2.** (*a*) *Jur:* Dommages-intérêts *mpl*. (*b*) *Sch: etc:* Récompense *f*. *To make an a.*, décerner un prix, une récompense. (*At prize show, etc.*) *Giving out of the awards*, distribution *f* des récompenses. *List of awards*, palmarès *m*.

award[2], *v.tr.* Adjuger, décerner (*sth. to s.o.*, qch. à qn), adjuger (un contrat); conférer (un bénéfice, une dignité). *To a. s.o. a sum as damages*, allouer, accorder, attribuer, à qn une somme à titre de dommages-intérêts.

awarding[1], *a.* Adjudicatif.

awarding[2], *s.* Décernement *m* (d'une récompense, etc.), adjudication *f* (d'un contrat).

awarder [ə'wɔːrdər], *s.* Adjudicateur *m* (d'un contrat, etc.).

aware [ə'wɛər], *a.* **1.** *A:* Sur ses gardes; averti; l'œil ouvert. **2.** Avisé, informé, instruit (*of sth.*, de qch.). **To be aware of sth.** avoir connaissance, avoir conscience, être au courant, de qch.; être instruit de qch.; savoir, ne pas ignorer, qch. *To be a. of sth. a long way off* sentir qch. de loin. *I wasn't a. of him*, je ne savais pas qu'il était là; je ne m'étais pas aperçu qu'il était là; je ne m'étais pas aperçu de sa présence. *I am a. of all the circumstances*, je connais tous les détails. *I am quite a., well a., of what I am doing*, je sais, je comprends, parfaitement ce que je fais; je me rends bien compte de ce que je fais. **I am well, fully, aware that . . .,** je n'ignore pas que. . . . *Fully a. of the gravity of . . .*, conscient de la gravité de. . . . **Not that I am aware of,** pas que je sache. *Without being a. of it, I had . . .*, sans m'en apercevoir, j'avais. . . . **To become aware of sth.,** apprendre qch.; prendre connaissance (d'un fait). *I became a. of a smell of burning*, j'ai perçu une odeur de brûlé. **To make s.o. aware of sth.,** faire savoir qch. à qn; instruire, informer, prévenir, qn de qch. *To make s.o. a. that . . .*, faire savoir à qn que. . . .

awareness [ə'wɛərnəs], *s.* **1.** *A:* Vigilance *f*, promptitude *f* (d'esprit). **2.** Conscience *f* (de qch.).

awash [ə'wɔʃ], *adv.* **1.** *Nau:* (*Of submarine, etc.*) A fleur d'eau. **Reef awash,** écueil ras; ras *m*. *Rocks a. at low tide*, roches *f* qui découvrent à marée basse. **2.** Flottant sur l'eau; surnageant. *The rising water set all the furniture a.*, l'eau montant, tout le mobilier se mit à flotter. **3.** Inondé. *The street was a.*, la rue était inondée.

away [ə'wei], *adv.* Loin, au loin. **1.** (*With verbs expressing sense of removal*) (*a*) *The sense is inherent in the verb. To go a.*, partir, s'en aller. *To walk, drive, ride, a.*, partir à pied, en voiture, à cheval. *To trot, gallop, swim, a.*, partir, s'éloigner, au trot, au galop, à la nage. *The ball rolled a.*, la balle roula plus loin. **To drive dull care away,** chasser les noirs soucis. **To make away with sth.,** détruire, faire disparaître, enlever, qch.; dissiper, dévorer (sa fortune); dérober (de l'argent, etc.). *See also* MAKE AWAY. (*b*) *The sense is shown by a prefix* en-, em-. *To run, fly, a.*, s'enfuir, s'envoler. *To take s.o., sth., a.*, emporter qch., emmener qn. **To carry away,** enlever, emporter. *To sweep, brush, sth. a.*, enlever qch. avec un balai, avec une brosse; d'un coup de balai, d'un coup de brosse. **To be shot away,** être emporté par un boulet, par une balle. (Uses (*a*) and (*b*) above are dealt with under the respective verbs; *see* GET, GIVE, PUT, SEND, THROW, *etc.*). **2.** (*Elliptical uses*) (*a*) **Away with you!** allez-vous-en! *F:* filez! fichez le camp! *Lit:* loin d'ici! loin de nous! *A. with it! a. with them!* emportez-le(s)! *A. with him!* emmenez-le! qu'on l'emmène! **Away with fear!** bannissons la crainte! **Away with care!** nargue du chagrin! **One, two, three, and away!** un, deux, trois, partez! **We must away,** il faut que nous nous en allions, que nous partions. *I must a.!* il me faut partir! *I ordered him a.*, je lui ai ordonné de s'éloigner. **To horse and away!** à cheval et en route! *F:* **To be well away,** être tout à fait soûl; être parti pour la gloire. *Nau:* **Away port!** avant bâbord! **Away aloft!** en haut les gabiers! (*b*) *A. & Lit:* **I cannot away with him,** je ne peux pas le supporter, le sentir. **3.** (*Continuousness*) (*a*) *To work a.*, travailler toujours; continuer à travailler. *To work a. for two days*, travailler deux jours d'arrache-pied. *Sing a.!* continuez à chanter! *To fire a. at the enemy*, maintenir un feu nourri contre l'ennemi. *They work, they pump, they fire, a.*, ils travaillent, ils pompent, ils tirent, sans désemparer. (*b*) *To do sth.* **right away,** faire qch. tout de suite, sur-le-champ. *Rail: etc:* **Right away!** en route! *See also* FIRE[2], RIGHT[1] III. 1. **4.** (*Distant*) Loin. (*a*) **Far away,** dans le lointain, au loin. **Away back in the distance,** tout au loin. **Away back inland,** bien loin à l'intérieur des terres. **We are five miles away from the station,** nous sommes à huit kilomètres de la gare. *The town is five miles a.*, la ville est éloignée de deux lieues, est à (une distance de) deux lieues. *Five paces a. stood . . .*, à cinq pas de là se tenait. . . . *It is ten minutes a.*, c'est à dix minutes d'ici, de là; il y a dix minutes de chemin. *Please stand a little farther a.*, voudriez-vous vous éloigner un peu. **This is far and away the best . . ., out and away the best . . .,** c'est le meilleur . . . de beaucoup, sans comparaison, sans contredit. *That is far and a. better*, cela vaut infiniment mieux. *See also* FAR-AWAY. (*b*) **To hold sth. away from sth.,** tenir qch. éloigné, loin, de qch. *To turn (one's face) a. from sth.*, détourner la tête de qch. *See also* LOOK AWAY. *The axis is inclined a. from the sun*, l'inclinaison *f* de l'axe s'éloigne du soleil. *The sign-post pointed a. from the village*, le bras du poteau indiquait une direction opposée à celle du village. (*c*) **Away from home,** absent (de chez lui, de chez moi, etc.). *He is often a. from home*, il fait de fréquentes absences. **He is away,** (i) il est absent; (ii) *P:* il est en prison, à l'ombre. *When he is a. . . .*, lorsqu'il n'est pas là. . . . *When I have to be a.*, lorsque je dois m'absenter. *With the Conqueror a., risings broke out*, en l'absence du Conquérant des troubles éclatèrent. *To go a. on business*, s'absenter pour affaires. *My occupation keeps me a. from town*, mon occupation me tient éloigné de la ville. To stay away, s'absenter, rester absent, ne pas venir. **To keep away,** se tenir à l'écart. *Sp:* **Away match,** match joué chez les adversaires, match aller. *See also* LAY AWAY. **5.** (*Time*) **Away back,** dès. *I knew him a. back in* 1900, je l'ai connu dès 1900.

awe[1] [ɔː], *s. Hyd:* Aube *f* (d'une roue hydraulique).

awe[2], *s.* Crainte *f*, terreur *f*; *occ.* respect *m*. *To strike s.o. with awe*, (i) (*of pers.*) imposer à qn un respect mêlé de crainte; (ii) (*of object, phenomenon*) frapper qn d'une terreur mystérieuse. *To hold, keep, s.o. in awe*, (en) imposer à qn; tenir qn en respect; être redouté de qn. **To stand in awe of s.o.,** (i) craindre, redouter, avoir une grande peur de, qn; (ii) avoir une crainte respectueuse de qn. *We stood in awe of him*, il nous intimidait.

'awe-inspiring, *a.* Terrifiant, d'une majesté émotionnante; imposant, impressionnant. *Awe-i. sight*, spectacle *m* grandiose. *An awe-i. silence*, un silence qui inspire un effroi religieux.

'awe-stricken, 'awe-struck, *a.* **1.** Frappé d'une terreur profonde, mystérieuse, religieuse, etc. **2.** Intimidé.

awe[3], *v.tr.* = *To strike with awe, q.v. above. He awed them into obedience*, il les fit obéir sous le coup de la crainte. *They were awed into silence*, impressionnés, ils se turent.

a-weather [ə'weðər], *adv. Nau:* Au vent; du côté du vent. *To be a-w. of one's moorings*, être au vent de sa bouée.

aweigh [ə'wei], *adv. Nau:* **With anchor aweigh,** l'ancre dérapée.

aweless ['ɔːləs], *a.* **1.** Sans crainte. **2.** Sans respect; irrespectueux.

awesome ['ɔːsəm], *a.* = AWE-INSPIRING.

awful ['ɔːful], *a.* **1.** Terrible, redoutable, effroyable. *To die an a. death*, mourir d'une mort terrible. *That's the a. part of it*, c'est cela le terrible. **2.** (*a*) Terrifiant. (*b*) Imposant, solennel. **3.** (*Intensive*) *F: What an a. scoundrel!* c'est un fameux coquin! un fier coquin! *He got an a. thrashing*, il a reçu une fière volée. *I got an a. fright!* j'ai eu une belle peur! *An a. hat*, un chapeau affreux. *He is an a. bore*, il est assommant; *F:* il est terriblement rasoir. *You were an a. fool!* vous avez été rudement bête! *They were making an a. row*, ils faisaient un tintamarre, un chahut de tous les diables, un chahut à tout casser. *What an a. time you've been!* vous y avez mis le temps! il vous en a fallu du temps! *What a. weather!* quel temps de chien! quel chien de temps! *It is something a.*, c'est quelque chose, (i) d'affreux, (ii) de formidable, d'inimaginable, d'inouï, de fantastique. *I've got an a. cold*, j'ai un rhume pharamineux. *P:* **She carried on something awful**, elle (nous) a fait une scène terrible. **4.** *adv.* *P:* = AWFULLY 3. *I'm awful glad you came*, je suis joliment content que vous soyez venu. **-fully,** *adv.* **1.** Terriblement, effroyablement. **2.** Solennellement. **3.** *F:* (*Intensive*) *I am a. sorry*, je regrette infiniment, énormément. *I am a. glad*, je suis joliment content, rudement content. *A. funny*, joliment amusant; drôle comme tout. *A. ugly*, affreusement laid; terriblement laid. *I like it a.*, cela me plaît énormément. *She is a. nice*, elle est gentille comme tout; *P:* elle est gentille tout plein. **Thanks awfully!** merci mille fois!

awfulness ['ɔːfulnəs], *s.* Caractère imposant, solennité *f* (d'un lieu); caractère terrible (de la situation).

awhile [ə'hwaːil], *adv.* Pendant quelque temps, pendant quelques instants; un moment, un peu. *Wait a.*, attendez un peu. *She stood a. listening*, elle s'arrêta pendant un moment pour écouter. **Not yet awhile**, pas encore; pas de si tôt. (*As a mis-spelling*) **For awhile** = *for a while*, *q.v. under* WHILE 1.

awkward ['ɔːkwərd], *a.* **1.** (*Clumsy*) Gauche, maladroit, disgracieux, balourd; *F:* empoté, godiche, mal emmanché. *A. at caresses*, gauche, maladroit, aux caresses. *To be a.*, être empêché de sa personne; avoir l'air emprunté. *He is a. in company*, il n'a pas de maintien. **The awkward age**, l'âge ingrat. *A. fellow*, empoté *m*; *P:* baluchard *m*. *Mil:* *F:* **The awkward squad**, le peloton des arriérés; les bleus. *To be a. with one's hands*, avoir la main maladroite. *A. sentence*, phrase gauche, mal venue. **2.** (*Ill at ease*) Embarrassé, gêné. *At our first meeting I felt very a.*, *we all felt very a.*, à notre première rencontre je me sentis très gêné, nous éprouvâmes tous un sentiment de grande gêne. **3.** Fâcheux, malencontreux, embarrassant, gênant. *It would be a. if we met*, une rencontre serait embarrassante. *It would be a. for me to meet him*, cela me gênerait de le rencontrer. *An a. silence*, un silence gêné. *To arrive at an a. moment*, arriver mal à propos, dans un mauvais moment, dans un moment fâcheux. *To ask a. questions*, faire des questions embarrassantes. *An a. situation*, un mauvais pas. **4.** Incommode, peu commode. *A. tool*, outil *m* peu maniable. **Small table awkward for writing at**, petite table incommode pour écrire. *A. path, corner*, sentier, virage, difficile, assez dangereux. *F:* **He's an awkward customer**, c'est un homme difficile, qui ne plaisante pas; il n'est pas commode. **-ly,** *adv.* **1.** (*a*) Gauchement, maladroitement, disgracieusement. (*b*) *The word comes in very a.*, le mot est employé fort mal à propos. **2.** D'une manière embarrassée, d'un ton embarrassé, gêné. **3.** D'une façon gênante, embarrassante. *To be a. situated*, se trouver dans une situation embarrassante, dans une fausse position.

awkwardish ['ɔːkwərdiʃ], *a.* *F:* **1.** Plutôt embarrassant; assez gênant. **2.** Assez difficile.

awkwardness ['ɔːkwərdnəs], *s.* **1.** (*a*) Gaucherie *f*; maladresse *f*. (*b*) Manque *m* de grâce; balourdise *f*. **2.** Embarras *m*, gêne *f*. *A moment of a.*, *a momentary a.*, un moment de gêne. *Her pleasant manner banished all a.*, son amabilité mit fin à tout sentiment de gêne. *The a. of having to put up with his attentions*, l'embarras où j'étais d'avoir à souffrir ses attentions. **3.** (*Of situation*) Inconvénient *m*, difficulté *f*, incommodité *f*. *To spare s.o. the a. of such a situation*, épargner à qn l'ennui d'une pareille situation.

awl [ɔːl], *s.* *Tls:* Alène *f*, poinçon *m*, perçoir *m*. **Spile-awl**, épitoir *m*. **Tracing-awl**, traceret *m*. **Sailmaker's awl**, marprime *f*. (*Saddler's*) **drawing-awl**, passe-corde *m*, *pl.* passe-cordes. *See also* SEWING 1, STABBING-AWL.

'awl-shaped, *a.* *Nat.Hist:* Aléné, subulé.

awn[1] [ɔːn], *s.* *Bot:* Barbe *f*, barbelure *f* (d'avoine, etc.); arête *f*.

awn[2], *v.tr.* Ébarber (l'orge, etc.).

awned[1] [ɔːnd], *a.* **1.** Ébarbé. **2.** *Bot:* A barbes; muni de barbes; barbu; aristé.

awned[2], *a.* Fourni de tentes, de bannes.

awning ['ɔːniŋ], *s.* **1.** (*a*) Tente *f*, vélum *m*; banne *f* (de boutique, etc.); bâche *f* (de charrette); tendelet *m* (de voiture). *See also* BLIND[3] 1. (*b*) *Nau:* Tente, tendelet; cabane *f* (de canot). **Rain-awning**, taud *m*, taude *f* (de canot). **Main awning**, grand'tente, tente de pont. *Bridge a.*, tente de passerelle. *To spread, stretch, the awnings*, faire les tentes. *To furl the awnings*, serrer les tentes. **2.** (*a*) *Rail:* Portique *m* (de quai). (*b*) (**Carriage**) **awning**, marquise *f* (de théâtre, d'hôtel, etc.).

'awning-deck, *s.* Pont-abri *m*, *pl.* ponts-abris.

'awning-rope, *s.* Ralingue *f* (d'une tente).

awnless ['ɔːnləs], *a.* *Bot:* Sans barbes.

awoke [ə'wouk]. *See* AWAKE[1].

awry [ə'rai], *adv.* & *pred.a.* (*a*) De travers; de guingois. *His mouth is a.*, il a la bouche de travers. *To wear one's hat a.*, porter son chapeau de côté. *Your hat is a.*, votre chapeau est (posé) de travers. *Skirt a.*, jupe *f* de travers, de guingois. (*Of plans, etc.*) **To go all awry**, aller tout de travers; avorter. (*b*) = ASKANCE, ASQUINT.

ax[1] [aks], *v.* *A.* & *P:* = ASK[1].

ax[2], *pl.* **axes** ['aksiz], *s.* = AXE[1].

axe[1], *pl.* **axes** [aks, 'aksiz], *s.* **1.** Hache *f*. *Woodman's axe*, *felling axe*, hache d'abattage; cognée *f* de bûcheron; merlin *m*. *Cleaving axe*, hache de fendage. *Carp:* *Mortise-axe*, piochon *m*. *Broad axe*, doloire *f*. *Archeol:* **Hand-axe**, coup-de-poing *m*, *pl.* coups-de-poing. *I cleft his skull with my axe*, je lui fendis le crâne d'un coup de hache. **To set the axe to a tree**, *F:* **to the root of an evil**, mettre la cognée à l'arbre; couper un mal dans sa racine. *F:* **To have an axe, axes, to grind**, avoir un intérêt, des intérêts, personnels à servir; agir dans un but intéressé; être intéressé dans l'affaire. **To put the axe in the helve**, résoudre la difficulté; *F:* trouver le joint. *See also* BATTLE-AXE, HAMMER-AXE, ICE-AXE, POLE-AXE[1], ROOT[1] 1. **2.** *F:* **The axe**, coupe *f* sombre dans les prévisions budgétaires; réductions *fpl* sur les traitements; diminutions *fpl* de personnel. *To apply the axe to public expenditure*, porter la hache dans les dépenses publiques.

'axe-hammer, *s.* *Tls:* Marteau *m* de maçon "têtu."

axe-'head, *s.* Fer *m* de hache.

'axe-shaped, *a.* Sécuriforme; en forme de hache.

axe[2], *v.tr.* *Adm:* *F:* **1.** *To axe expenditure*, réduire les dépenses; faire des coupes dans le budget. **2.** *To axe a number of officials, of officers*, *F:* mettre à pied un certain nombre de fonctionnaires, d'officiers (pour des raisons d'économie).

axial ['aksiəl], *a.* Axial, -aux.

axil ['aksil], *s.* *Bot:* Aisselle *f* (d'une feuille).

axile ['aksail], *a.* *Bot:* Axile.

axilla [ak'silə], *s.* = AXIL.

axillary [ak'siləri], *a.* Axillaire.

axiom ['aksiəm], *s.* Axiome *m*.

axiomatic(al) [aksio'matik(əl)], *a.* (*a*) Axiomatique. (*b*) *F:* Évident.

axis, *pl.* **-es** ['aksis, 'aksiːz], *s.* **1.** Axe *m* (d'une sphère, d'une plante, d'un cristal, etc.). *Mec:* *Principal axes of a body*, axes principaux d'un corps. *Mth:* **X axis, Y axis**, axe des X, des Y. *Geom:* *A. of revolution*, axe de révolution. **Major axis of an ellipse**, axe transverse, grand axe, d'une ellipse. **Minor axis**, petit axe. *Astr:* *A. of the equator*, axe équatorial de la terre. *Geol:* *A. of a fold*, charnière *f*, axe, d'un plissement. *Anticlinal a.*, axe anticlinal. *Opt:* *A. of vision*, axe visuel. **2.** *Anat:* Seconde vertèbre du cou; axis *m*.

axle [aksl], *s.* **1.** *Veh:* *Aut:* *Rail:* **Axle(-tree)**, essieu *m*. **Live axle**, essieu tournant. **Dead axle**, essieu fixe. *Bent a.*, *cranked a.*, essieu coudé. **Driving-axle**, *Rail:* essieu moteur; (*of electric locomotive*) pont *m*; *Aut:* pont (arrière). *Aut:* **Rear axle**, pont (arrière); essieu arrière. *Fixed a.*, essieu fixe, rigide. **Floating axle**, essieu flottant; pont-arrière flottant. *Loose a.*, essieu libre. *See also* CARRYING[1], FORWARD[1] I. 1, STUB-AXLE, TRUCK-AXLE. **2.** Tourillon *m*, arbre *m*, axe *m* (d'une roue, etc.); *Clockm:* barrette *f* (du barillet).

axle-'arm, *s.* Fusée *f* (de l'essieu).

'axle-box, *s.* Boîte *f* de l'essieu; boîte à graisse.

'axle-cap, *s.* *Veh:* Chapeau *m*, capot *m*, de moyeu, d'essieu.

axle-'head, *s.* Portée *f* de calage de l'essieu.

axle-'journal, *s.* = AXLE 2.

axle-'neck, *s.* **1.** Gorge *f* d'essieu. **2.** = AXLE-ARM.

'axle-shaft, *s.* *Aut:* Demi-essieu *m* (du pont arrière), *pl.* demi-essieux; demi-arbre *m*, *pl.* demi-arbres.

Axminster ['aksminstər], *s.* & *attrib.* **Axminster (carpet)**, tapis de haute laine (fabriqué en premier lieu à Axminster); tapis Axminster.

axolotl ['aksolɔtl], *s.* *Amph:* Axolotl *m*.

axonometric ['aksono'metrik], *a.* *Mch.Draw:* **Axonometric projection**, perspective *f* axonométrique.

ay(e)[1] [ai]. **1.** *adv.* & *int.* (*a*) (*Esp. in Scot.*) Oui; mais oui. (*b*) *Nau:* **Ay(e), ay(e), sir!** (i) oui, commandant! bien, capitaine! bien, monsieur! (ii) paré! (*c*) **Aye, but then . . .**, c'est vrai, vous avez raison, mais. . . . **2.** *s.* (*In voting*) **Ayes and noes**, voix *f* pour et contre. **The ayes have it**, les voix pour l'emportent; le vote est pour; la majorité est favorable. *Thirty ayes and twenty noes*, trente oui et vingt non; trente pour et vingt contre.

ay(e)[2] [ei], *adv.* *Lit:* *Poet:* Toujours. **For (ever and) aye**, pour toujours; à tout jamais.

ayah ['aiə], *s.f.* Ayah; bonne d'enfant (hindoue).

aye-aye ['aiai], *s.* *Z:* Aye-aye *m*, *pl.* ayes-ayes; chéiromys *m*.

azalea [ə'zeiljə], *s.* *Bot:* Azalée *f*.

azarole ['azəroul], *s.* *Bot:* Azerole *f*.

azedarach [ə'zedərak], *s.* *Arb:* Azadarach *m*, azédarac(h) *m*; *F:* arbre *m* à chapelets.

azimuth ['aziməθ], *s.* *Astr:* *Surv:* Azimut *m*. **Azimuth compass**, compas *m* de relèvement.

azimuthal ['azimjuːθ(ə)l], *a.* Azimutal, -aux.

azobenzene [azo'benʒiːn], *s.* *Ch:* Azobenzène *m*.

azobenzoic [azoben'ʒouik], *a.* Azobenzoïque.

azoic [ə'zouik], *a.* *Geol:* (Terrain *m*) azoïque, azootique.

azolla [ə'zɔlə], *s.* *Bot:* Azolle *f*.

azoospermia [azouo'spəːrmiə], **azoospermatism** [azouo'spəːrmətizm], *s.* *Med:* *Physiol:* Azoospermie *f*.

Azores (the) [ðiə'zɔːrz]. *Pr.n.pl.* *Geog:* Les Açores *f*.

azote [ə'zout], *s.* *Ch:* *A:* Azote *m*.

azotic [ə'zɔtik], *a.* *Ch:* *A:* Azotique.

azotobacter [ə'zoutobaktər], *s.* *Bac:* Azotobacter *m*.

azotometer [azo'tɔmetər], *s.* *Ch:* Azotimètre *m*.

azoturia [azo'tjuəriə], *s.* *Med:* Azoturie *f*.

azoxy- [ə'zɔksi], *comb.fm.* **Azoxy-compound**, azoxique *m*.

Aztec ['aztek], *a.* & *s.* *Ethn:* *Hist:* Aztèque (*mf*).

Aztecan ['aztekən], *a.* Aztèque.

azulene ['azjuliːn], *s.* *Ch:* Azulène *m*.

azulin ['azjulin], *s.* *Ch:* Azuline *f*.

azulmin [a'zʌlmin], *s.* *Ch:* Azulmine *f*.

azure[1] ['aʒər, 'eiʒjər]. **1.** *s.* Azur *m*. *Her:* Azur. **2.** *Attrib.* D'azur, azuré, azural, -aux. *An a. sky*, un ciel d'azur.

'azure-spar, -stone, *s.* *Miner:* Pierre *f* d'azur; lapis-lazuli *m inv*; lazulite *f*.

azure[2], *v.tr.* Azurer.

azured, *a.* Azuré.

azurin(e) ['azjurain]. **1.** *a.* Azurin; bleu gris. **2.** *s.* (*a*) *Dy:* Azurine *f*. (*b*) *Ich:* Gardon bleu (du Lancashire).

azurite ['azjurait], *s.* *Miner:* Azurite *f*.

azygospore ['azigospɔər], *s.* *Fung:* Azygospore *f*.

azygo(u)s ['azigəs], *a.* & *s.* *Anat:* Azygos (*m*) *inv.*

azyme ['azim, 'azaim], *s.* Pain *m* azyme; azymes *mpl.*

azymous ['aziməs], *a* Azyme.

B, b [biː]. **1.** (La lettre) B, b *m.* *F:* **Not to know B from a bull's foot,** ne savoir ni A ni B; ne savoir rien de rien. **2.** *Mus:* Si *m.* **B flat,** (i) si bémol; (ii) *P:* (*bug*) punaise *f.* **3.** *P:* **B. and S.** (= *brandy and soda*), cognac *m* à l'eau.

baa[1] [bɑː], *s.* Bêlement *m.* *Baa!* bê! **Baa-lamb,** petit agneau, agnelet *m.*

baa[2], *v i.* (**baaed, baa'd** [bɑːd]) Bêler.

baaing[1], *a.* Bêlant.

baaing[2], *s.* Bêlement *m.*

Baal, *pl.* **Baalim** [ˈbeiəl, ˈbeiəlim], *s.* *Rel.H:* (*a*) Baal *m.* (*b*) *F:* Faux dieu.

Baalist [ˈbeiəlist], *s.* Adorateur, -trice, de Baal. (Terme appliqué au XVIIe siècle aux catholiques.)

Bab [bab]. *Pr.n.f.* (*Dim. of Barbara*) Barbette.

babacoote [ˈbɑːbakut], *s.* *Z:* Indri(s) *m* babakoto; indri(s) sans queue.

Babbie[1] [ˈbabi]. *Pr.n.f.* = BAB.

babbie[2], **babby** [ˈbabi], *s.* *Dial:* = BABY.

Babbit-metal, *F:* **babbit**[1] [ˈbabit(met(ə)l)], *s.* Métal *m* antifriction; métal blanc (inventé par Babbit); régule *m.*

ˈbabbit-lined, *a.* Régulé.

babbit[2], *v.tr.* *Mec.E:* Garnir (un coussinet) de métal antifriction, de métal blanc; réguler (un coussinet).

babbiting, *s.* Garniture *f* de métal blanc.

babble[1] [ˈbabl], *s.* **1.** Babil *m,* babillage *m,* babillement *m.* **2.** Jaserie *f,* bavardage *m.* **3.** Murmure *m,* gazouillement *m* (d'un ruisseau). **4.** *Ven:* Clabaudage *m* (d'un chien).

babble[2]. **1.** *v.i.* (*a*) Babiller. (*b*) Bavarder, jaser. (*c*) (*Of stream*) Murmurer, gazouiller, babiller. (*d*) *Ven:* (*Of hound*) Babiller, brailler, clabauder. **2.** *v.tr.* (*a*) Raconter (qch.) en babillant. **To babble (out) nonsense,** débiter des sottises. (*b*) *To b. (out) a secret, the truth,* laisser échapper un secret, la vérité.

babbling[1], *a.* (*a*) Babillard, bavard, jaseur; (*of stream*) murmurant, babillard, jaseur. (*b*) *Ven:* (Chien) braillard, clabaud.

babbling[2], *s.* = BABBLE[1].

babbler [ˈbablər], *s.* **1.** Babillard, -arde; bavard, -arde. **2.** Jaseur, -euse (qui laisse échapper des secrets); bavard. **3.** *Ven:* Chien bavard; babillard *m,* braillard *m,* clabaud *m.* **4.** *Orn:* Cratérope *m.*

babe [beib], *s.* **1.** *Poet:* Enfant *m* (en bas âge), petit enfant. **Out of the mouth of babes and sucklings . . .,** la vérité sort de la bouche des enfants. *F:* *Story that is no food for babes, that is strong meat for babes,* histoire qui n'est pas pour les jeunes filles. *See also* INNOCENT 2. **2.** *F:* (*In the House of Commons*) **The Babe,** le dernier élu, le plus récent, des membres de la Chambre.

Babel [ˈbeibəl]. **1.** *Pr.n.* **The Tower of Babel,** la Tour de Babel. **2.** *s.* *F:* (*a*) **Babel of talk,** brouhaha *m* de conversation. *It was an absolute B.,* c'était un vacarme à ne pas s'entendre; c'était la tour de Babel. (*b*) Gratte-ciel *m inv.*

babiche [baˈbiːʃ], *s.* (*In Canada*) Lanière *f,* fil *m,* ou courroie *f* de cuir vert, de tendon, de boyau.

babirussa [babiˈrusa], *s.* *Z:* Babiroussa *m.*

baboo [ˈbɑːbuː], *s.* Babou *m.*

baboon [baˈbuːn], *s.* *Z:* Babouin *m.* **Dog-faced baboon,** cynocéphale *m.* **Arabian baboon,** hamadryas *m,* tartarini *m.* **West-African baboon,** drill *m.*

baboosh, babouche [baˈbuːʃ], *s.* Babouche *f.*

babu [ˈbɑːbuː], *s.* = BABOO.

baby[1] [ˈbeibi], *s.* **1.** (*a*) (*m., f., or neut.*) Bébé *m*; poupon *m*; (*in long clothes*) poupelin *m,* poupard *m.* **She has a baby-boy, a baby-girl,** elle a un petit garçon, une petite fille. *The b. had lost his, her, its, rattle,* le bébé avait perdu son hochet. **I have known him from a baby,** je l'ai vu naître. **The baby of the family,** le benjamin, *F:* le culot. *See also* CRY-BABY, WAR-BABY. *F:* **To hold, carry, the baby,** avoir l'entreprise sur les bras. **To throw out the baby with the bath water,** se montrer plus zélé que prudent; faire mal plutôt que bien par excès de zèle. *U.S:* *F:* **To plead the baby act,** (i) = *to plead infancy, q.v. under* INFANCY 2; (ii) plaider son inexpérience. (*b*) *F:* **His new baby,** sa dernière invention, son dernier dada. **2.** *Attrib.* (*a*) D'enfant, de bébé. **Baby talk,** babil enfantin. *F:* **Baby face,** visage poupin, poupard; figure poupine, pouparde. (*b*) *F:* De petites dimensions. *Esp. Mus:* **Baby grand,** piano *m* (**à**) demi-queue; crapaud *m.* *Aut:* **Baby car,** voiturette *f.* **Baby Austin,** voiturette Austin. *Phot:* **Baby camera,** appareil *m* de poche, minuscule.

ˈbaby-carriage, *s.* *U.S:* Voiture *f,* charrette *f,* d'enfant; poussette *f.*

ˈbaby-faced, *a.* A figure poupine.

ˈbaby-farm, *s.* Pouponnière *f,* nourricerie *f*; garderie *f* d'enfants.

ˈbaby-farmer, *s.* (*a*) Gardeuse *f* d'enfants. (*b*) *Pej:* Faiseuse *f* d'anges.

ˈbaby-farming, *s.* Garde *f* d'enfants.

ˈbaby-linen, *s.* Layette *f.*

ˈbaby-pin, *s.* Épingle *f* de nourrice.

ˈbaby-ribbon, *s* Ruban *m* comète.

ˈbaby-scales, *s.pl.* Pèse-bébé *m, pl.* pèse-bébés.

baby[2], *v.tr.* (**babied**) *F:* Traiter (qn) en bébé; dorloter (qn).

babyhood [ˈbeibihud], *s.* Première enfance; bas âge.

babyish [ˈbeibiiʃ], *a.* *F:* De petit enfant; bébête; puéril.

babyishness [ˈbeibiiʃnəs], *s.* Enfantillage *m*; puérilité *f.*

Babylon [ˈbabilən]. *Pr.n.* **1.** Babylone *f.* *F:* **The modern Babylon,** la Babylone moderne (Londres). **2.** *Pej:* *A:* **The Whore of Babylon,** la papauté; Rome.

Babylonia [babiˈlounja]. *Pr.n.* *A.Geog:* La Babylonie.

Babylonian [babiˈlounjən]. **1.** *a.* & *s.* Babylonien, -ienne. **The Babylonian Captivity,** la Captivité de Babylone. **2.** *a.* *F:* Immense.

baccalaureate [bakaˈlɔːriet], *s.* Baccalauréat *m* (de fin d'études universitaires).

baccara(t) [ˈbakarɑː], *s.* *Cards:* Baccara *m.* *To have a game of b.,* faire une partie de baccara, *P:* tailler un bac.

baccate [ˈbakeit], *a.* *Bot:* **1.** Baccifère. **2.** Bacciforme.

Bacchanal [ˈbakənəl]. **1.** *a.* = BACCHANALIAN. **2.** *s.* (*a*) = BACCHANT 1. (*b*) (*Reveller*) Tapageur, -euse; noceur *m.* (*c*) (*Revelry*) Bacchanal *m.* (*d*) (*Dance*) Bacchanale *f.*

Bacchanalia [bakəˈneilja], *s.pl.* Bacchanales *f.*

Bacchanalian [bakəˈneiljən]. **1.** *a.* Bachique. **2.** *s.* *F:* = BACCHANAL 2 (*b*).

Bacchant [ˈbakənt]. **1.** *s.* (*a*) Prêtre ou prêtresse de Bacchus; (*when f.*) bacchante. (*b*) Adorateur *m* de Bacchus. **2.** *a.* Bachique.

bacchante [baˈkanti], *s.f.* Bacchante, ménade.

baccharis [ˈbakaris], *s.* *Bot:* Baccharide *f.*

Bacchic [ˈbakik], *a.* Bachique.

Bacchus [ˈbakəs]. *Pr.n.m.* *Myth:* Bacchus. *F:* **Son of Bacchus,** adorateur *m,* enfant *m,* disciple *m,* de Bacchus; adorateur de la Dive Bouteille.

bacciferous [bakˈsifərəs], *a.* *Bot:* Baccifère.

bacciform [ˈbaksifɔːrm], *a.* Bacciforme.

baccivorous [bakˈsivorəs], *a.* *Z:* Baccivore.

baccy [ˈbaki], *s.* *P:* = TOBACCO.

bach[1] [batʃ], *s.* *U.S:* *F:* Célibataire *m.* **To keep bach,** vivre en garçon; vivre seul, seule.

bach[2], *v.i.* *U.S:* *F:* Vivre en garçon, en garçonne.

bachelor [ˈbatʃələr], *s.m.* **1.** *Hist:* Bachelier (aspirant à la chevalerie). *See also* KNIGHT[1] 1. **2.** Célibataire, garçon. *To live as a b., U.S:* *F:* **to keep bachelor's hall,** mener une vie de garçon; vivre en garçon. **Bachelor flats,** appartements *m* pour messieurs. *B. flats for women, b. chambers for ladies,* appartements pour dames seules. *B.'s establishment,* garçonnière *f.* **Old bachelor,** vieux garçon. *Attrib.* **Bachelor uncle,** oncle non marié. *F:* **Bachelor girl,** jeune fille indépendante, qui vit en célibataire. *See also* BUTTON[1] 1. **3.** *Sch:* Bachelier, -ière (en tant que détenteur, -trice, d'un diplôme de fin d'études universitaires). **Bachelor of Arts, of Science,** *approx.* = licencié (ou licenciée) ès lettres, ès sciences. *B. of Medicine,* bachelier (ou bachelière) en médecine. *B. of laws,* bachelier en droit. *B. of Divinity,* bachelier en théologie. *See also* DEGREE 5.

bachelorhood [ˈbatʃələrhud], *s.* Célibat *m*; vie *f,* état *m,* de garçon.

bachelorism [ˈbatʃələrizm], *s.* *F:* Vieux-garçonnisme *m.*

bachelorship [ˈbatʃələrʃip], *s.* **1.** Baccalauréat *m* (en droit, etc.). **2.** = BACHELORHOOD.

bacillar [baˈsilər], *a.* *Biol:* Bacillaire.

bacillaria [basiˈlɛəria], *s.* *Algae:* Bacillaire *f.*

bacillary [baˈsiləri], *a.* *Biol:* Bacillaire.

bacilliform [baˈsilifɔːrm], *a.* Bacilliforme.

bacillus, *pl.* **-i** [baˈsiləs, -ai], *s.* *Biol:* Bacille *m.* **Comma bacillus,** bacille virgule. *B. infection,* bacillisation *f,* bacillose *f.* *F:* *To foster the b. of war,* entretenir des germes *m* de guerre, des ferments *m* de guerre. *See also* GAS-BACILLUS.

back[1] [bak]. I. *s.* **1.** (*a*) Dos *m* (de qn, d'un animal). *To fall on one's b.,* tomber à la renverse. *F:* **I have no clothes, I haven't a rag, to my back,** je n'ai rien à me mettre sur le dos. *See also* BELLY[1] 1. *She wears her hair down her b.,* elle porte les cheveux dans le dos. *To carry, sling, sth. across one's b.,* porter, mettre, qch. en bandoulière. **To be at the back of s.o., of sth.,** (i) être derrière qn, qch.; (ii) soutenir qn, qch. *He has got the Bank at his b.,* sa banque le soutient. *He knows that he has the minister at his b.,* il sait qu'il est soutenu, épaulé, protégé, par le ministre. **The Government has a broad back,** le gouvernement a bon dos. **To do sth. behind s.o.'s back,** faire qch. à l'insu de qn. *He laughs at you behind your b.,* il se moque de vous quand vous avez le dos tourné. **To turn one's back on s.o.,** (i) tourner le dos à qn; montrer le dos à qn; (ii) abandonner qn. *To turn one's b. on the world,* se détacher du monde. **To stand, sit, with one's back to s.o.,** tourner le dos à qn. *Rail:* *To sit with one's b. to the engine,* faire face à l'arrière; voyager en arrière. *See also* LIGHT[1] 1. **Excuse my back,** excusez-moi si je vous tourne le dos. **Glad to see the back of s.o.,** content de voir partir qn, d'être débarrassé de qn. *I only saw his b.,* je ne l'ai vu que de dos. **To be on one's back,** (i) être étendu sur le dos, (ii) (*to be ill*) être alité. *P:* *She earns her money on her b.,* elle fait l'horizontale. *The cat sets up its b.,* le chat fait le gros dos, arque le dos. *F:* **To put, set, get, s.o.'s back up,** mettre qn en colère; fâcher qn; faire rebiffer qn. *To get one's b. up*, se fâcher, se rebiffer, se hérisser; prendre la mouche. *His b. is up*, il est en colère. *When we mention it he sets his b. up*, quand on lui en parle il se hérisse. **To make a back** (*at leap-frog*), faire le mouton. **To make a back for s.o., to lend a back to s.o.**, faire la courte échelle à qn. **Back to back**, dos à dos; adossés. **Back to front**, sens devant derrière. *To set one's b. against a wall*, s'acculer à, contre, un mur, s'arc-bouter contre un mur. **With one's back to the wall**, (i) adossé au mur, les épaules plaquées au mur; (ii) poussé au pied du mur; aux abois. *He is fighting with his b. to the wall*, il est acculé dans ses derniers retranchements. *F:* **To put one's back into sth.**, se donner entièrement, s'appliquer, à qch. *To put one's b. into it*, s'y mettre énergiquement; donner un coup de collier; tirer à plein collier; y aller de tout son cœur. *He puts his b. into it!* il n'y va pas de main morte! *See also* LEATHER-BACK, PAT[2], SCRATCH[2] I, WOOL I. (*b*) Les reins *m*; *F:* l'échine *f*. *To straighten one's b.*, cambrer les reins. *See also* SMALL II. I. **To break one's back**, se casser les reins. *To break a rabbit's b.*, échiner un lapin. *To break s.o.'s b.*, échiner qn. *F:* **He won't break his back working**, il ne se cassera pas les reins à travailler; il ne se donnera pas de foulure; il ne se casse rien. **To break the back of the work**, faire le plus dur, le plus fort, le plus gros, du travail. *To break the b. of the work for s.o.*, mâcher, triturer, la besogne à qn. *See also* CRICK[1, 2], STRAIN[2] I. (*c*) (*Of ship*) **To break her back**, se briser en deux; se casser. *See also* BROKEN-BACKED. **2.** (*a*) Dos (d'un couteau, d'un outil, d'un livre); envers *m* (d'une étoffe); verso *m* (d'une feuille de papier, d'une page, d'une carte postale); dos, verso (d'un chèque). *Fin:* **Bills as per back**, effets *m* comme au verso. *See also* PAPER-BACK, YELLOW-BACK. (*b*) Dossier *m* (d'une chaise). *Aut:* *Adjustable b.*, dossier inclinable. (*c*) Revers *m* (d'une colline, d'une médaille). **The back of the hand**, le revers, le dessus, de la main; l'arrière-main *f*, *pl.* arrière-mains. (*d*) Derrière *m* (de la tête, d'une maison); arrière *m* (d'une maison, d'une voiture). *B. of the mouth*, arrière-bouche *f*, *pl.* arrière-bouches. *B. of the throat*, arrière-gorge *f*, *pl.* arrière-gorges. *Carriage at the b. of the train*, voiture *f* en queue de, du, train. *Phot:* **Back of a camera**, corps *m* arrière, arrière-cadre *m*, *pl.* arrière-cadres. **Reversing back**, parquet *m* réversible, cadre arrière réversible. **Hinged back** (*of printing frame*), volet *m* à charnière. *See also* HEARTH-BACK. *The frock fastens at the b.*, la robe s'agrafe dans le dos. *Hair cropped close at the b.*, cheveux coupés ras par derrière. *F:* **The third floor back**, le troisième sur la cour, sur le derrière. **Idea at the back of one's mind**, idée *f* de derrière la tête; arrière-pensée *f*, *pl.* arrière-pensées. *See also* EYE[1] I. **There is something at the back of it**, il y a une raison secrète derrière tout cela. **To get to the back of a policy**, pénétrer les raisons d'une ligne de conduite; voir le dessous des cartes. *We must see the b. of it*, il faut achever le travail; il faut en voir la finition. *P:* **To talk through the back of one's neck**, dire des bêtises. (*e*) *F:* **On the back of** (*a misfortune*), en plus (d'un malheur); pour surcroît (de malheur). **On the back of that her husband died**, pour comble de malheur elle perdit son mari. **3.** *Arch:* Extrados *m* (d'une voûte). *Civ.E:* Heurt *m* (d'un pont). **4.** (*a*) Fond *m* (d'une armoire, d'une salle). *Th:* **The back of the stage**, le fond de la scène; l'arrière-scène. **At the very back of . . .**, au fin fond de. . . . *Seated at the very b. of the pit*, assis au dernier rang du parterre. *See also* BEYOND 3, FIRE-BACK. (*b*) Table *f* du fond (d'un violon, etc.). (*c*) Derrières *mpl* (de la ville, de l'armée). **5.** *Fb:* Arrière *m*. **The backs**, l'arrière-défense *f*. *See also* HALF-BACK.

II. **back**, *a.* (Place *f*, etc.) arrière, de derrière. *See also superl.* BACKMOST. **Back apartment**, pièce *f* sur le derrière. **Back premises**, arrière-corps *m* (d'un bâtiment). **Back room**, chambre *f* sur la cour, sur le derrière. **The back streets of a town**, les derrières *m* d'une ville. **Back seam**, couture *f* de derrière. *Mil:* **The back area**, l'arrière *m*. *See also* BACKS. **Back wheel**, roue *f* arrière. *See also* STAND[1] 5. **Back axle**, essieu *m* arrière; *Aut:* pont *m* arrière. **Back axle-shaft**, arbre *m* arrière. *Ling:* **Back vowel**, voyelle d'arrière, postérieure, vélaire.

III. **back**, *adv.* **1.** (*Of place*) (*a*) En arrière. **Stand back!** arrière! rangez-vous! *To step b. a pace*, faire un pas en arrière. **Far back**, loin derrière (les autres, etc.); dans les derniers rangs. *Would you please stand a little farther b.?* voudriez-vous vous éloigner un peu? *House standing b. from the road*, maison écartée du chemin; maison en retrait. *Prep.phr. U.S:* **Back of sth.**, derrière qch. *The houses b. of the harbour*, les maisons derrière le port, en arrière du port. (*b*) Dans le sens contraire. **To hit, strike, back**, rendre coup pour coup. **If anyone hits me, I hit back**, si on me frappe, je rends la pareille. *He is the kind of man who will hit b.*, il est homme à se défendre. **It was a bit of his own back**, c'était une revanche. *Ten:* **To drive a ball straight back**, jouer le contre-pied. *To bow back to s.o.*, rendre son salut à qn. (*With a v. often rendered by the pref.* re-) **To call s.o. back**, rappeler qn. **To come back**, revenir. **To go, drive, ride, sail, walk, back**, (i) retourner (*to*, à); (ii) rebrousser chemin. *I took the wrong road and had to go, come, turn, back*, je me suis trompé de chemin, et j'ai dû revenir sur mes pas. **To drive, chase, s.o. back**, faire rebrousser chemin à qn. **To make one's way back**, s'en retourner. *Ship chartered to Lisbon and b. to London*, navire *m* affrété pour voyage à Lisbonne avec retour sur Londres. *I shall take a nearer way b.*, je reviendrai par un chemin plus court; je prendrai un raccourci pour revenir. *Take the train out to Chesham and b. from Wendover*, pour l'aller descendre à Chesham; pour le retour prendre le train à Wendover. **To hasten back**, retourner en toute hâte. **Now it's 'back to school,'** maintenant c'est la rentrée des classes. *See also* GET, GO, PUT, SELL, SEND, SPURT, TAKE, THROW, *etc.* (*c*) De retour. *When will he be b.?* quand sera-t-il de retour? *I expect him b. to-morrow*, j'attends son retour pour demain; je pense qu'il sera de retour demain. *I shall see you as soon as I am b., as soon as I get b.*, je vous verrai dès mon retour. *If ever I am b. in Paris . . .*, si un jour je me retrouve à Paris. . . . *Here is my husband*, **just back from Paris**, voici mon mari, retour de Paris. *He is just b. from a voyage*, il arrive de voyage. *See also* LAND[1] I, THERE I. I. *Attrib.* **Back-action**, mouvement *m* inverse. **Back current**, contre-courant *m*, *pl.* contre-courants. *U.S:* **Back-and-forth motion**, mouvement de va-et-vient, d'avance et de recul. *Ling:* **Back formation**, dérivation régressive. **2.** (*Of time*) **Some few years back**, il y a (déjà) quelques années. **Far back in the Middle Ages**, à une période reculée du moyen âge. *As far b. as* 1914, déjà en 1914; dès 1914. *To go further b.*, remonter plus haut (dans le temps). *F:* It was **away back** in 1890, cela remonte à 1890. *Three centuries b.*, par delà trois siècles. *Attrib.* **Back interest**, arrérages *mpl*. *U.S:* **Back rent**, arriéré(s) *m(pl)* de loyer. *Adm:* **Back pay**, rappel *m* de traitement. **The back volumes of Punch**, la collection du Punch. *A couple of b. volumes*, un ou deux anciens volumes.

'back-anchor, *s.* *Nau:* Empennelle *f*.

back-'answer, *s.* *F:* Réplique impertinente.

'back-'balanced, *a.* *Mec.E:* En porte-à-faux.

'back-band, *s.* *Harn:* Surdos *m*.

back-'bencher, *s.* *Pol:* Membre *m* sans portefeuille (à la Chambre des Communes ou des Lords). *Cf.* '*back bench*' *under* BENCH[1] I.

'back-blocks, *s.pl.* (*In Austr.*) Les régions *f* de l'intérieur.

'back-board, *s.* **1.** Dossier *m* (de banc, de canot, etc.). **2.** *Med:* *Hyg:* Planche *f* (pour s'allonger dans la position droite).

'back-breaker, *s.* **1.** *Agr:* Premier valet; chef *m* d'équipe. **2.** *F:* Travail éreintant.

'back-breaking, *a.* (Travail, etc.) éreintant.

'back-brush, *s.* *Toil:* Lave-dos *m inv.*

'back-chat, *s.* *P:* Impertinence *f*. *I want none of your b.-c.!* ne répliquez pas! *P:* la ferme!

'back-cloth, -curtain, *s.* *Th:* Toile *f* de fond; arrière-scène *f*, *pl.* arrière-scènes.

back-'comb, *s.* *Toil:* Peigne *m* à chignon, peigne (de) chignon.

back-'coupling, *s.* *W.Tel:* = FEED-BACK.

'back-current, *s.* *El.E:* *etc:* Courant *m* de retour; contre-courant *m*, *pl.* contre-courants.

back-'door, *s.* Porte *f* de derrière, de dégagement, de service. *F:* *To get into a profession through the b.-d.*, entrer dans une profession par la petite porte.

'back-draught, *s.* *Ind:* *etc:* Tirage inverti, renversé; contre-appel *m*, *pl.* contre-appels, contre-courant *m*, *pl.* contre-courants, d'air; contre-tirage *m*, *pl.* contre-tirages, contrevent *m*. *B.-d. of flames* (*in furnace*), contre-feu *m*, *pl.* contre-feux.

back-'end, *s.* **1.** Arrière *m* (d'une voiture, etc.). **2.** Arrière-automne *m*, arrière-saison *f*.

back-'fire[1], *s.* **1.** *I.C.E:* (*a*) Allumage prématuré, contre-allumage *m*, *pl.* contre-allumages, contre-feu *m*, *pl.* contre-feux. **Back-fire kick**, retour *m* de manivelle. (*b*) Retour de flamme (au carburateur); *F:* pétarade *f*. **2.** *U.S:* Contre-feu (d'incendie de forêt, etc.), *pl.* contre-feux.

back-'fire[2], *v.i.* *I.C.E:* **1.** S'allumer prématurément; pétarder. **2.** Donner des retours *m* de flamme; avoir des retours; pétarder.

back-'firing, *s.* Retours *mpl* de flamme; pétarades *fpl*.

back-'front, *s.* Façade *f* arrière (d'un bâtiment).

back-'garden, *s.* Jardin *m* de derrière.

back-'gear(ing), *s.* *Mec.E:* Engrenage *m* intermédiaire (de machine-outil).

back-'hair, *s.* Chignon *m*.

'back-hand, *s.* **1.** **Back-hand blow**, coup *m* de revers. *Ten:* **Back-hand (stroke)**, (coup *m* de) revers *m*. **To take the ball on the back-hand**, reprendre la balle en revers. *To be good on the b.-h.*, être bon pour les revers. *To serve on to one's opponent's b.-h.*, servir sur le revers adverse. **2.** Écriture renversée, penchée à gauche.

'back-handed, *a.* **1.** **Back-handed blow**, coup inattendu, déloyal; coup fourré; coup de Jarnac. *B.-h. compliment*, compliment *m* à rebours; compliment équivoque. *In a b.-h. way*, déloyalement. **2.** **Back-handed answer** = BACK-HANDER 2. **3.** **Back-handed writing**, écriture renversée, penchée à gauche.

'back-hander, *s.* *F:* **1.** Coup *m* de revers; coup du revers de la main; *F:* *A:* mornifle *f*. **2.** Riposte inattendue; attaque indirecte, déloyale. *To give s.o. a b.-h.*, (i) rembarrer qn; (ii) donner un coup de Jarnac à qn.

'back-iron, *s.* *Tls:* Contre-fer *m* (de rabot), *pl.* contre-fers.

back-'kitchen, *s.* Arrière-cuisine *f*, *pl.* arrière-cuisines.

'back-lash, *s.* **1.** *Mec.E:* Jeu *m* (nuisible); retour *m* (de dents, de la denture); secousse *f*, battement *m*, saccade *f*. *Aut:* *F:* Coups *mpl* de raquette. **2.** Contre-coup *m*, répercussion *f* (d'une explosion), *pl.* contre-coups.

'back-light, *s.* *Aut:* Lunette *f* (de capote, etc.); lunette arrière.

'back-lighting, *s.* *Art:* *Phot:* (Éclairage *m* à) contre-jour *m*, *pl.* contre-jours.

'back-line, *s.* *Ten:* *etc:* Ligne *f* de fond. *Fb:* *The b.-l. defence*, l'arrière-défense *f*.

'back-load, *s.* Hottée *f* (de tourbe, etc.).

'back-mark, *v.tr.* *Sp:* *F:* **1.** Priver (un coureur) de son handicap. **2.** Donner des points à (ses concurrents).

'back-marker, *s.* *Sp:* *F:* = SCRATCH-MAN.

back-'number, *s.* (*a*) Vieux numéro (d'un journal). (*b*) *F:* Objet démodé. (*Of pers.*) *To be a b.-n.*, être vieux jeu, une vieille galoche, un ci-devant; être attardé. *He's a b.-n.*, il n'est plus à la page.

'back-nut, *s.* = CHECK-NUT.

back-'pay, *s.* *Mil:* *Navy:* Arriéré *m* de solde; rappel *m* de solde.

back-'payment, *s.* Arrérages *mpl.*
back-'pedal, *v.i.* Contre-pédaler, rétropédaler. *U.S: F:* **Back-pedal!** doucement!
back-'pedalling, *s.* Contre-pédalage *m*, rétropédalage *m*. **Back-pedalling brake,** frein *m* par contre-pédalage, dans le moyeu.
'back-plate, *s.* **1.** (*a*) *Const:* Contre-cœur *m*, *pl.* contre-cœurs, contre-plaque *f*, *pl.* contre-plaques (de la cheminée, de l'âtre). (*b*) Palastre *m* (de serrure). **2.** *Mch:* Fond *m* arrière (de chaudière). **3.** *Metall:* Haire *f* (de four d'affinage).
'back-pressure, *s.* **1.** Contre-pression *f*, *Mch:* contre-vapeur *f*. *Hyd.E: etc:* **Back-pressure valve,** clapet *m* de retenue; soupape *f* de retenue. **2.** *El:* Contre-tension *f*.
'back-rest, *s.* Lunette *f* (de tour *m*).
'back-rope, *s.* **1.** *Harn:* = BACKBAND. **2.** *Nau:* Moustache *f* (de martingale).
'back-scent, *s.* *Ven:* Contre-pied *m*.
'back-scratcher, *s.* **1.** Gratte-dos *m inv.*; *Ant:* strigile *m*. **2.** *P:* (*a*) Flatteur, -euse; flagorneur *m*. (*b*) = LOG-ROLLER.
'back-scratching, *s.* *P:* **1.** Flagornerie *f*. **2.** = LOG-ROLLING.
back-'seat, *s.* Siège *m* de derrière; siège arrière. **To take a back-seat,** (i) s'asseoir sur un banc de derrière; (ii) *F:* passer au second plan; s'effacer; prendre un rôle accessoire; se trouver relégué au deuxième rang; céder le pas à d'autres.
'back-set, *s.* **1.** Contre-courant *m*, *pl.* contre-courants, contre-(re)foulement *m*, *pl.* contre-refoulements (d'eau). **2.** Revers *m* (de fortune); échec *m*.
back-'shop, *s.* Arrière-boutique *f*, *pl.* arrière-boutiques.
back-'sight, *s.* **1.** *Sm.a:* Hausse *f*. *B.-s. with leaf and slide,* hausse à curseur. **(Sighting notch of) back-sight,** cran *m* de mire. **2.** *Surv:* Coup *m* arrière.
back-'slang, *s.* Argot *m* qui consiste à prononcer les mots à rebours: **tekram** = *market;* **nottub** = *button.*
'back-space[1], *attrib.* *Typewr:* **Back-space key** = BACK-SPACER.
'back-space[2], *v.i.* *Typewr:* Rappeler le chariot.
'back-spacer, *s.* *Typewr:* Rappel *m* de chariot; rappel arrière.
'back-stitch, *s.* *Needlew:* Point *m* arrière, arrière-point *m*, *pl.* arrière-points; point de piqûre.
'back-strap, *s.* *Harn:* Dossière *f*; surdos *m*.
'back-street, *s.* **1.** Petite rue écartée. **2.** *Pej:* Rue pauvre; rue mal fréquentée.
'back-stroke, *s.* **1.** (*a*) Coup *m* de revers. (*b*) Contre-coup *m*, *pl.* contre-coups. **2.** Course *f* arrière, course de retour (d'un piston, etc.). **3.** *Swim:* Nage *f*, brasse *f*, sur le dos.
back-'sword, *s.* **1.** Sabre *m*. **2.** *Fenc:* (= SINGLESTICK) (*a*) Bâton *m*. (*b*) Escrime *f* au bâton.
back-'talk, *s.* = BACK-CHAT.
back-'tooth, *s.* Grosse dent; dent du fond; molaire *f*. *P: V:* **To have one's back-teeth underground, under water,** avoir mangé, bu, tout son soûl; être gorgé.
'back-to-the-'lander, *s.* Partisan *m* du retour à la terre, à l'agriculture.
'back-track, *v.i.* *U.S: P:* **To back-track home,** s'en retourner chez soi.
'back-trail, *v.tr.* *U.S:* Remonter sur la piste (du gibier, de qn).
'back-wind[1], *s.* *Nau:* Retour *m* de vent.
back-'wind[2], *v.tr. & i.* *Nau:* Masquer.
back-'window, *s.* *Aut:* = BACK-LIGHT.
back-'yard, *s.* Arrière-cour *f*, *pl.* arrière-cours.

back[2]. I. *v.tr.* **1.** (*a*) Renforcer (un mur, une carte, etc.); épauler (une route, un accotement); endosser (un livre); rentoiler (un tableau); maroufler (une toile). *To b. a wall with sheet iron,* endosser un mur en tôle. *Nau:* **To back an anchor,** empenneler une ancre. (*b*) **To back (up) s.o., sth.,** soutenir, appuyer, qn, qch.; prêter son appui à qn; seconder qn; épauler qn; *F:* pistonner qn. *To be well backed, F:* avoir du piston. *To b. s.o. in an argument,* donner raison à qn. *To be backed up by s.o.,* être secondé de, par, qn. *He has no one to b. him up,* il est sans soutien. *To quote facts in order to b. up one's assertion,* citer des faits pour appuyer son dire. *Sp:* **To back a horse,** parier pour, sur, miser sur, un cheval; jouer un cheval. *To b. a horse each way,* jouer un cheval gagnant et placé. *Well-backed horse,* cheval très coté. *To b. Destrier for a place,* parier sur Destrier placé. *Turf & F:* **To back the wrong horse,** mettre sur le mauvais cheval. *Com:* **To back s.o.,** financer, soutenir, qn. **To back a bill,** avaliser, endosser, un effet; donner son aval à un effet. (*Of magistrate*) *To b. a warrant,* contresigner un mandat (d'amener, de perquisition, etc.). (*c*) *Phot:* Ocrer (une plaque). (*d*) *U.S:* Mettre l'adresse à (une lettre). **2.** (*a*) Reculer (une charrette); faire (re)culer (un cheval). *Mch:* Mettre (une machine) en arrière; refouler (un train); backer (un train, un vapeur). *To b. a van against a platform,* abut(t)er un camion à un quai. (*b*) *Nau:* **To back the oars, to back water,** (i) ramer à rebours, nager à culer; (ii) (*to stop way*) scier, dénager. **Back together!** sciez partout! **Back all!** dénage partout! (*c*) *Nau:* Masquer, coiffer (une voile). **To back and fill a sail,** coiffer et servir une voile. *U.S: F:* **To back and fill,** hésiter, tergiverser. **3. To back a horse,** monter à cheval; enfourcher un cheval. **4.** Servir de fond à (qch.). *The hills that b. the town,* les collines qui s'élèvent derrière la ville, auxquelles la ville est adossée.
II. **back,** *v.i.* **1.** (*a*) Aller en arrière; marcher à reculons; (*of horse*) reculer; *Aut: etc:* mettre en (marche) arrière, faire marche arrière; reculer. **To back into sth.,** reculer contre qch. *Aut: To b. into the garage,* entrer dans le garage en marche arrière. (*Of train*) *To b. into the station,* revenir à quai. (*Of steamer*) **To back astern,** faire machine arrière. (*b*) *Nau:* (*Of wind*) (Re)descendre, ravaler. **2. The house backs on the high road,** la maison donne par derrière sur le grand chemin. *The town backs on to the hills,* la ville est adossée aux collines.
back down[1], *v.i.* **1.** (*a*) Descendre (une échelle, etc.) à reculons. (*b*) *The engine is backing down,* la machine revient sur le train. **2.** (*a*) Avouer qu'on est dans son tort; abandonner une réclamation, y renoncer; rabattre de ses prétentions; en rabattre. (*b*) Reculer, *P:* caner; caler; filer doux.
back-'down[2], *s.* Abandon *m* de ses prétentions retraite *f*; défaite *f*.
back off, *v.tr.* *Mec.E:* *To b. off a tool,* dégager, dépouiller, détalonner, un outil.
backing-'off, *s.* Dégagement *m*, détalonnage *n*, dépouillement *m*.
back out, *v.i.* **1.** (*Of pers., etc.*) Sortir à reculons; (*of car*) sortir en marche arrière. **2.** *F:* (*a*) Retirer sa promesse, se dédire, se dérober; retirer son enjeu. *To b. out of a bargain,* (i) revenir sur sa parole; (ii) se dégager d'un marché. *To b. out of a plan,* se retirer d'une entreprise. *He is trying to b. out of it,* il voudrait se dédire. *To b. out of an argument,* se soustraire à une discussion. (*b*) Se défiler; *P:* caler.
back up, *v.tr.* **1.** *See* BACK[2] I. 1 (*b*). **2.** *Typ:* Mettre (une feuille) en retiration.
backing up, *s.* **1.** Soutien *m*, appui *m* (d'un candidat, etc.). **2.** *Typ:* Retiration *f*.
backed, *a.* **1.** *B. on to sth.,* adossé à qch. **2.** (*a*) A dos, à dossier. **Backed saw,** scie *f* à dosseret, à dossière. (*b*) (*In compounds*) **Broad-backed,** à large dos, qui a le dos large. **High-backed chair,** chaise *f* à grand dossier. *See also* HOGBACKED, HUMPBACKED, RAZOR-BACKED, SADDLE-BACKED. **3.** *Com:* **Backed bills,** papier fait. **4.** *Phot:* **Backed plate,** plaque *f* à enduit anti-halo; plaque ocrée.
backing, *s.* **1.** (*a*) Renforcement *m* (d'un mur, d'une carte, etc.). *Const: Civ.E:* Remplage *m*. *Bookb:* Endossage *m* (d'un livre). *Art: etc:* Marouflage *m* (d'une toile); rentoilage *m* (d'un tableau). *Wooden b.,* parquet *m* (d'une toile, d'un miroir). (*b*) *Nau:* **Backing of an anchor,** empennelage *m* d'une ancre. (*c*) *Phot:* Enduisage *m* (de la plaque). (*d*) *Sp:* *B. of a horse,* paris *mpl* pour un cheval. (*e*) *Fin:* *B. of the currency,* garantie *f* de la circulation. **2.** (*a*) Renfort *m*, support *m*, soutien *m* (d'un mur). *N.Arch:* Matelas *m*, matelassure *f*, contreforts *mpl* (de la cuirasse). *Art: etc:* *Cloth b.,* marouflage. (*b*) *Phot:* (i) Ocrage *m* (d'une plaque); (ii) (enduit *m*) antihalo *m*. (*c*) *Tls:* Dosseret *m*, dossière *f* (d'une scie). **3.** (*a*) Recul *m*, reculement *m* (d'un cheval, d'une charrette); acculement *m* (d'un cheval); refoulement *m* (d'un train); mise *f* en arrière, marche *f* (en) arrière (d'une machine). **To have no backing-room, no backing-space,** manquer de reculée. (*b*) Nage *f* à culer (d'un canot). (*c*) Avalaison *f*, changement *m* (du vent d'amont); renversement *m* (du vent). *See also* FILLING[2] 1.
'backing-hammer, *s.* *Bookb:* Marteau *m* à endosser.
'backing-piece, *s.* *Mec.E: etc:* Pièce *f* d'appui.
'backing-warp, *s.* *Tex:* Chaîne *f* de l'envers.

backache ['bakeik], *s.* (*a*) Douleurs *fpl* de reins; maux *mpl* de reins. (*b*) Courbature *f*.
backband ['bakband], *s.* *Harn:* Dossière *f*.
backbite ['bakbait], *v.tr.* Médire de (qn); *P:* débiner (qn).
backbiting, *s.* Médisance *f*; *P:* débinage *m*; *F:* clabaudage *m*.
backbiter ['bakbaitər], *s.* Médisant, -ante, mauvaise langue; calomniateur, -trice; détracteur, -trice; *F:* clabaudeur, -euse; *P:* débineur, -euse.
backbone ['bakboun], *s.* (i) Épine dorsale, colonne vertébrale; échine *f*; (ii) grande arête (de poisson). *F:* **English to the backbone,** anglais jusqu'à la moelle des os, jusqu'au bout des ongles. **He has got backbone,** il a du caractère, *F:* du cran. **He has no backbone, he wants backbone,** il n'a pas de moelle dans les os, il manque de fermeté, d'énergie, de caractère; *F:* c'est une chiffe. *If he had more b.,* s'il avait plus de force de caractère, plus d'énergie. **Manufacturers are the backbone of the country,** les fabricants sont la force du pays, forment l'armature morale et sociale du pays. *He is the b. of the movement,* c'est lui qui mène le mouvement. *This is the very b. of the whole argument,* c'est là-dessus que pivote tout le raisonnement.
backboned ['bakbound], *a.* Vertébré.
backboneless ['bakbounləs], *a.* **1.** Invertébré. **2.** *F:* Qui n'a pas de caractère, de fermeté, de volonté; sans énergie.
backer ['bakər], *s.* **1.** *Sp:* *esp. Rac:* Parieur, -euse. **2.** *Com:* (*a*) *B. of a bill,* donneur *m* d'aval; avaliste *m*. (*b*) Commanditaire *m*. **3.** *Pol: etc:* Partisan *m*. *Bribed b., F:* chéquard *m* (d'une entreprise). **4.** (*Backing piece*) Pièce *f* d'appui.
backfall ['bakfɔːl], *s.* **1.** (*a*) *Wr:* Chute *f* sur le dos. (*b*) *F:* Défaite *f*, chute; déconfiture *f*. **2.** (*In organ*) Balancier *m*.
backgammon [bak'gamən], *s.* (Jeu *m* de) trictrac *m*; (jeu de) jacquet *m*. **Backgammon board,** trictrac, jacquet.
background ['bakgraund], *s.* Fond *m*, arrière-plan *m*, *pl.* arrière-plans; arrière-corps *m inv* (d'un bas-relief). *To serve as a b. to . . .,* servir de fond à. . . . *In the b.,* dans le fond, à l'arrière-plan; dans le lointain. *Against a dark b.,* sur (un) fond sombre. *F:* **To keep (oneself) in the background,** s'effacer; se tenir dans l'ombre. *To keep s.o. in the b.,* tenir qn à l'écart. *To push s.o. into the b.,* mettre, reléguer, qn au second plan; prendre le pas sur qn. *To be relegated to the b.,* se trouver relégué à l'arrière-plan. *This question has fallen into the b.,* cette question est tombée au second plan. *Attrib. To cultivate a b. manner,* apprendre à s'effacer.
backless ['bakləs], *a.* (Robe *f*, etc.) sans dos; (banc *m*, etc.) sans dossier.
backmost ['bakmoust], *a.* Dernier; le plus éloigné, le plus reculé.
Backs [baks]. *Pr.n.pl.* **The Backs,** les pelouses de Cambridge derrière les Collèges. (On y accède par une série de ponts sur la Cam.)
backsheesh ['bakʃiːʃ], *s.* = BAKSHEESH.
backside ['baksaid], *s.* *P:* Derrière *m*, postérieur *m*, *P:* cul *m*.
backslide ['bakslaid], *v.i.* (**backslid**) Retomber dans l'erreur, dans le vice; rechuter; revenir à ses anciens errements.

backsliding, *s.* Rechute *f* dans le péché, dans le vice; récidive *f*.

backslider ['bakslaidər], *s.* Relaps, *f.* relapse.

backstage ['baksteidʒ]. I. *adv.* (*a*) Derrière la scène; *F:* dans les coulisses. (*b*) A l'arrière-plan. 2. *Attrib.a.* *B. life, film*, vie *f* des coulisses, film *m* de la vie des coulisses.

backstair(s) [bak'stɛər(z)], *s.* (i) Escalier *m* de service; (ii) escalier dérobé. *F:* 'Backstair influence, (i) protections *fpl* en haut lieu; *F:* pistonnage *m*, piston *m*; (ii) menées sourdes, secrètes. *To succeed through b. influence*, arriver à coups de piston. 'Backstair gossip, propos *mpl* d'antichambre.

backstay ['bakstei], *s.* I. *Nau:* Galhauban *m*. *See also* TRAVELLER 4. 2. *Harn:* Sous-barbe *f inv*, soubarbe *f* (de bride).

backward ['bakwərd]. I. *a.* (*a*) *B. motion*, mouvement *m* rétrograde, en arrière. *B. glance*, regard *m* en arrière. Backward and forward motion, mouvement de va-et-vient, d'avance et de recul. *B. slope*, rampe *f* en arrière, à rebours. *B. flow* (*of water, etc.*), contre-courant *m*, *pl.* contre-courants; remous *m*; refoulement *m*. (*b*) *B. harvest*, moisson *f* en retard. *B. fruits*, fruits tardifs. *B. child*, enfant *m* (i) qui a peu grandi, (ii) attardé, arriéré. *B. pupils*, élèves *m* retardataires, en retard, peu avancés. *B. race*, race *f* retardataire, moins évoluée. (*c*) To be backward in doing sth., être lent, peu empressé, peu disposé, à faire qch; hésiter à faire qch.; se montrer timide à faire qch. *Don't be b.*, ne faites pas le modeste. (*d*) *I don't want to be b. in generosity*, je ne veux pas être en reste de générosité. 2. *adv.* = BACKWARDS.

backwardation [bakwər'deiʃ(ə)n], *s. St.Exch:* Déport *m*.

backwardness ['bakwərdnəs], *s.* I. Retard *m* (d'un enfant, de la moisson); tardiveté *f* (des fruits); lenteur *f* d'intelligence, arriération mentale. 2. *B. in doing sth.*, hésitation *f*, lenteur, timidité *f*, répugnance *f*, à faire qch.

backwards ['bakwərdz], *adv.* En arrière. *To jump, lean, b.*, sauter, se pencher, en arrière. *To go, walk, b.*, aller, marcher, à reculons. *To be borne b.*, être refoulé en arrière. *To fall b.*, tomber à la renverse. *To look b.*, (i) jeter un coup d'œil en arrière; (ii) (*in time*) jeter un regard en arrière; remonter dans le passé. (*Of water*) *To flow b.*, couler à contre-courant; refouler. *The gun rolled b.*, le canon revint en arrière. *To reckon b. to a date*, remonter jusqu'à une date. *To stroke the cat b.*, caresser le chat à contre-poil, à rebrousse-poil. *To say the alphabet b.*, réciter l'alphabet à rebours. Backwards and forwards, d'avant en arrière et d'arrière en avant. *To walk b. and forwards*, aller et venir, se promener de long en large; faire les cent pas. *Movement b. and forwards*, mouvement *m* de va-et-vient, d'avance et de recul. *To go b. and forwards between two places*, faire la navette entre deux endroits.

backwash ['bakwɔʃ], *s.* Remous *m*.

backwater[1] ['bakwɔːtər], *s.* I. *Hyd.E:* Eau arrêtée (par un bief, etc.). 2. (i) Bras *m* de décharge (d'une rivière); (ii) accul *m* (de la mer). *F:* Literary backwaters, les mares stagnantes de la littérature. 3. Remous *m* (d'une roue de moulin, etc.). 4. Ressac *m*, renvoi *m* (des vagues).

backwater[2], *v.i.* = *back water, q.v. under* BACK[2] I. 2.

backwoods ['bakwudz], *s.pl.* Forêts *f* (de l'intérieur) (de l'Amérique du Nord).

backwoodsman, *pl.* **-men** [bak'wudzmən, -men], *s.m.* I. Colon des forêts (de l'Amérique du Nord); défricheur *m* de forêts; *A:* coureur des bois. 2. *Parl: F:* Membre de la Chambre des Lords qui ne fait acte de présence que lorsqu'il s'intéresse à un vote.

bacon ['beik(ə)n], *s.* Lard *m*; porc salé et fumé; bacon *m*. *Streaky b.*, petit lard, lard maigre. *Fat b.*, gros lard; lard gras. *See also* GREEN[1] I. *F:* To save one's bacon, sauver sa peau; se tirer d'affaire; échapper au désastre. *P:* To pull bacon at s.o., faire un pied de nez à qn. *U.S: P:* To bring home the bacon, revenir victorieux, triomphant; décrocher la timbale.

Baconian [bei'kounjən], *a.* & *s.* *Phil: Lit.Hist:* Baconiste (*mf*) (disciple de Lord Francis Bacon (1561-1626), ou partisan du BACONIANISM 2).

Baconianism [bei'kounjənizm], *s.* I. *Phil:* Baconisme *m*. 2. *Lit.Hist:* Attribution *f* à Lord Bacon des œuvres de Shakespeare.

bacterial [bak'tiːəriəl], *a. Biol: Med:* Bactérien. *B. contamination*, infection bactérienne.

bactericidal [baktiːəri'said(ə)l], *a.* Bactéricide.

bactericide [bak'tiːərisaid], *s.* Bactéricide *m*.

bacteriologist [baktiːəri'ɔlodʒist], *s.* Bactériologiste *m*.

bacteriology [baktiːəri'ɔlodʒi], *s.* Bactériologie *f*.

bacteriolysis [baktiːəri'ɔlizis], *s. Med: etc:* Bactériolyse *f*.

bacteriophage [bak'tiːəriofeidʒ], *s.* Bactériophage *m*.

bacteriotherapy [baktiˑərio'θerəpi], *s.* Bactériothérapie *f*.

bacterium, *pl.* **-ia** [bak'tiːəriəm, -ia], *s.* Bactérie *f*.

Bactria ['baktria]. *Pr.n. A.Geog:* I. La Bactriane. 2. (*Town*) Bactres *f*.

Bactrian ['baktriən], *a.* & *s.* *A.Geog:* Bactrien, -enne.

bad [bad]. I. *a.* (worse [wəːrs], worst [wəːrst]) Mauvais. I. (*a*) (*Inferior*) *Bad food*, mauvaise nourriture; nourriture de mauvaise qualité. *Bad air*, air vicié. *Bad meat*, viande gâtée, avariée. *Bad coin*, (i) pièce *f* de mauvais aloi; (ii) pièce fausse. *F:* He's always turning up like a bad penny, il revient à tout bout de champ; on ne voit que lui. Bad debt, mauvaise créance; créance irrécouvrable, douteuse, véreuse. *Very bad work*, travail *m* détestable. *See also* GRACE[1] I. *Nau:* *Bad holding-ground*, fond *m* sans tenue. (*Of food, etc.*) To go bad, se gâter, s'avarier. *To stop glue from going bad*, rendre de la colle imputrescible. (*b*) (*Incorrect*) *Bad translation*, mauvaise traduction, traduction incorrecte. *He speaks bad French*, il parle mal le français, son français est mauvais. *Nau:* *To be on a bad course*, faire mauvaise route. *Bad shot*, coup mal visé; coup qui manque, *F:* rate, le but. To be bad at (*lying, etc.*), s'entendre mal à (mentir, etc.). *F:* To get into bad ways, se déranger. To fall back into the old bad ways, revenir à ses anciens errements. *F:* It's not bad, not so bad; it isn't half bad, ce n'est pas mal du tout; c'est très passable. (*c*) (*Unfortunate*) It's a bad business! *F:* it's a bad job! c'est une mauvaise affaire! c'est une triste affaire! *Bad day* (*at races, etc.*), *F:* jour *m* de poisse. *See also* JOB[1] I, LUCK I. To be in a bad plight, *F:* in a bad way, être en mauvais, piteux, état; être dans de beaux draps; (*health*) filer un mauvais coton; (*in business*) être en fâcheuse posture; être mal-en-point; ne voler, ne plus battre, que d'une aile. *See also* WAY[1] 10. He will come to a bad end, il finira mal. He has a bad name, il a une mauvaise réputation. *See also* DOG[1] I. It would not be a bad thing, a bad plan, to . . ., on ne ferait pas mal de. . . . *This fire was not a bad thing*, cet incendie ne fut pas si néfaste. Things are going from bad to worse, les choses vont de mal en pis; les affaires empirent de jour en jour. *See also* SWAP[2]. (*Of business, etc.*) To look bad, *F:* sentir le brûlé. That looks bad, c'est (un) mauvais signe. (*d*) *Jur:* Bad claim, réclamation mal fondée. Bad voting paper, bulletin de vote nul. *This is bad law, bad history*, c'est fausser la loi, l'histoire. (*e*) *Word taken, used*, in a bad sense, mot *m* avec un sens péjoratif. 2. (*a*) (*Wicked*) *Bad man*, (i) méchant homme; (ii) *U.S:* bandit *m*. *Bad book*, mauvais livre. *Bad life*, mauvaise vie, vie déréglée. Don't call people bad names, n'injuriez pas les gens. *To say everything that is bad about s.o.*, dire pis que pendre de qn. *See also* LANGUAGE 2. He's a bad lot, *P:* a bad egg, *U.S:* a bad hat, c'est un vilain personnage, un vilain oiseau, un vilain coco, une gouape, un vaurien, une fripouille. He isn't as bad as he looks, il n'est pas si diable qu'il est noir. (*b*) (*Unpleasant*) *Bad news*, mauvaise nouvelle. *Bad treatment*, mauvais traitements. *Bad weather*, mauvais temps; *Nau:* gros temps. *Bad smell*, mauvaise odeur. *Bad temper*, mauvaise humeur. *To have a bad cold, a bad headache*, avoir un gros rhume, un violent mal de tête. To be on bad terms with s.o., être mal avec qn, en mauvais termes avec qn; être en brouille avec qn. *They are on bad terms* (*with each other*), ils sont mal ensemble. *See also* TIME[1] 8. *It is very bad of you to . . .*, c'est très mal à vous, de votre part, de. . . . It is (really) too bad! that's too bad! c'est (par) trop fort! par trop violent! ça c'est raide! *It's too bad of him!* ce n'est vraiment pas bien de sa part! *It's too bad you having to stay at home*, c'est dommage, c'est bien malheureux, que vous soyez obligé de rester à la maison. *F:* She was by no means bad to look at, elle ne manquait pas de charme physique; elle avait de l'œil, du chien. (*c*) (*Injurious*) *Bad accident*, grave accident *m*. *Bad mistake*, lourde méprise. To be bad for s.o., for sth., ne rien valoir à qn, pour qch. *It is bad for him to smoke*, ça ne lui vaut rien de fumer. *It is bad for the health*, cela ne vaut rien pour la santé. *Food that is bad for dyspeptic subjects*, aliment *m* néfaste aux dyspeptiques. (*d*) *F:* (*Ill, diseased*) *She is very bad to-day*, elle est très mal aujourd'hui. I feel bad, je ne me sens pas bien. *He is bad with his rheumatism*, il est repris de ses rhumatismes; il a une crise de rhumatisme. *She has a bad finger*, elle a mal au doigt. *My bad leg*, ma jambe malade. *F:* I'm not so bad, je ne vais pas trop mal. *And how's your grandfather?—Not so bad*, et comment va le grand-père?—Il se défend. *How's business?—Not so bad*, comment vont les affaires?—Pas si mal. *P:* She took bad, was taken bad, during church, elle a eu une indisposition, s'est sentie indisposée, a été prise d'un malaise, pendant l'office. **-ly**, *adv.* (worse, worst) I. Mal. *B. dressed*, mal habillé. *You acted b.*, vous avez mal agi. To do, come off, badly, mal réussir. *I came off b. in that affair*, cette affaire a tourné à mon désavantage. *See also* OFF[1] I. 3. To be doing badly, faire de mauvaises affaires. *Things are going, turning out, b.*, les choses vont mal, tournent mal. *He speaks English b.*, il parle mal l'anglais. *To behave b.*, se mal conduire, se conduire mal. *You have treated him b.*, vous avez des torts envers lui. He took it very badly, il a très mal pris la chose. (*Of machine, etc.*) *To work b.*, mal fonctionner. 2. Badly wounded, gravement, grièvement, blessé. *B. beaten*, battu à plate couture. 3. To want sth. badly, avoir grand besoin, grande envie, de qch. *I need it b.*, j'en ai diablement besoin, il me le faut absolument.

II. **bad**, *s.* Ce qui est mal ou mauvais. (*a*) To take the bad with the good, accepter la mauvaise fortune aussi bien que la bonne; prendre le bénéfice avec les charges. (*b*) (*Of pers.*) To go to the bad, mal tourner; se galvauder. *His son went to the bad*, son fils a mal tourné. *His business is going to the bad*, ses affaires sont en mauvaise passe. (*c*) *I am 500 francs* to the bad, je suis en perte de 500 francs.

bad-'hearted, *a.* *F:* *He is not a b.-h. man*, ce n'est pas un mauvais homme.

bad-'looking, *a.* *F:* *He is not b.-l.*, il n'est pas mal (de sa personne). *She's not too b.-l.*, elle n'est pas trop mal tournée, *P:* trop mal fichue; elle est plutôt bien.

bad-'tempered, *a.* Grincheux; acariâtre; au caractère mal fait. *To be b.-t.*, avoir le caractère mal fait. *He is a b.-t. man*, il a le caractère difficile, il a mauvais caractère. *How b.-t. she is to-day!* comme elle est de mauvaise humeur aujourd'hui!

baddish ['badiʃ], *a.* *F:* Assez mauvais, plutôt mauvais, plutôt médiocre.

bade [bad, beid]. *See* BID[2].

Baden ['bɑːd(ə)n]. *Pr.n.* *Geog:* Bade *m*. *A.Geog:* *The Grand Duchy of B.*, le Grand Duché de Bade.

badge [badʒ], *s.* I. (*a*) Insigne *m* (d'un membre d'une société); insigne de casquette; plaque *f* (de cocher); médaille *f* (de porteur, etc.); *Mil:* attribut *m* (d'un régiment, etc.). *Sporting b.*, insigne sportif. *Adm:* To issue a badge to s.o., délivrer une plaque, une médaille, à qn; médailler (un marchand des quatre saisons, etc.). (*b*) = ARM-BADGE. (*c*) (*Of boy-scout*) Brevet *m*. 2. Symbole *m*, marque *f*; signe distinctif. *The possession of land had become the b. of freedom*, la propriété terrienne était devenue le signe distinctif de la liberté. 3. *N.Arch:* Fausse galerie.

badged [badʒd], *a.* Titulaire d'une plaque, d'une médaille; médaillé.

badger[1] ['badʒər], *s.* **1.** *Z:* Blaireau *m*; *F:* grisard. **American badger,** carcajou *m.* **To draw the badger,** (i) faire débucher le blaireau; déterrer le blaireau; (ii) *F:* forcer ses adversaires à répondre. *P:* **To overdraw the badger,** dépasser son crédit en banque. *U.S: F:* **The Badger State,** le Wisconsin. **2.** *(Brush)* Blaireau (pour la barbe); blaireau pied de biche (de doreur, etc.).

'badger-baiting, -drawing, *s.* Déterrage *m* du blaireau; chasse *f* au blaireau.

'badger-dog, *s.* Basset *m.*

'badger-legged, *a.* Boiteux (une jambe étant plus courte que l'autre); *P:* banban *inv.*

badger[2], *v.tr.* Harceler, tourmenter, tracasser, importuner, persécuter (qn); *P:* scier le dos à (qn.). *To go and b. s.o.,* aller relancer qn. *To b. s.o. for sth.,* harceler qn pour obtenir qch. *To b. s.o. into granting a favour, to b. a favour out of s.o.,* obtenir une faveur de qn à force d'importunités.

badgering[1], *a.* Importun.

badgering[2], *s.* Harcèlement *m.*

badger[3], *s. F:* Porteur *m* d'une plaque, d'une médaille (de commissionnaire, etc.).

badigeon [ba'didʒən], *s.* Mastic *m* à reboucher; badigeon *m.* *To stop, plaster up, (defects) with b.,* badigeonner.

badminton ['badmintən], *s.* **1.** *Games:* Badminton *m*; volant *m* au filet. **2.** = CLARET-CUP.

badness ['badnəs], *s.* **1.** *(a)* Mauvaise qualité; mauvais état (d'une route, etc.). *(b) The b. of the weather,* le mauvais temps. *The b. of the climate,* la sévérité du climat. **2.** *(Of pers.)* Méchanceté *f.*

Baetica ['bi:tika]. *Pr.n. A.Geog:* La Bétique.

baffle[1] [bafl], *s.* **1.** *(a)* Chicane *f*; déflecteur *m*; réverbère *m*, masque *m* (en tôle); cloison *f*; contre-porte *f*, *pl.* contre-portes (d'un fourneau). **Baffle separation of water and steam,** séparation *f* de l'eau et de la vapeur par heurtement, par choc. **Baffle-separator,** séparateur *m* à chicanes. *(b) Civ.E: etc:* **The baffles** *(of cement-mixer, etc.),* les contre-bras *mpl.* **2.** *W.Tel:* Baffle *m*, écran *m* (de haut-parleur).

'baffle-door, *s.* Contre-porte *f*, *pl.* contre-portes.

'baffle-plate, *s.* = BAFFLE[1] 1 *(a).*

'baffle-plating, *s.* Cloisonnage *m.*

baffle[2], *v.tr.* **1.** *(a)* Confondre, déconcerter, dérouter (qn); mettre (la police, etc.) en défaut; dépister (la police); dérouter (les soupçons). *(b)* Confondre, déjouer, faire échouer (les projets de qn); frustrer, décevoir (les espoirs); tromper (les calculs); tromper, éluder (la vigilance); échapper à (la poursuite). *To b. all description,* défier toute description. *To b. the imagination,* confondre l'imagination. *To b. definition,* échapper à toute définition. *Difficulties that b. the intelligence,* difficultés *f* qui déroutent l'esprit. *Mystery that has baffled all investigators,* mystère *m* qui a déjoué toutes les recherches. *Baffled in his hopes,* frustré, déçu, dans ses espérances. **2.** Décaler (des ouvertures, etc.); établir des chicanes dans (un conduit, etc.).

baffled, *a.* En chicane; décalé.

baffling, *a.* *(a)* Déconcertant. *(b) Nau: B. winds,* brises folles; brises qui ne font que sauter.

baffler ['baflər], *s.* = BAFFLE[1] 1.

baffy ['bafi], *s. Golf:* (Variété de) crosse *f* en bois à face très inclinée.

bag[1] [bag], *s.* **1.** Sac *m.* *Money-bag,* (i) *F:* bourse *f*; sac d'écus, (ii) *(of tramway conductors, etc.)* sacoche *f.* *See also* MONEY-BAG. *Travelling-bag,* sac de voyage. *Paper bag,* sac de, en, papier. *See also* BRIEF-BAG, CARPET-BAG, GAME-BAG, GAS-BAG, HAND-BAG, ICE-BAG, KIT-BAG, MAIL-BAG, NIGHT-BAG, NOSE-BAG, POST-BAG, SLEEPING-BAG, TOOL-BAG, WATER-BAG, WORK-BAG. *Mil: A:* **To march out with bag and baggage,** sortir d'une ville avec armes et bagages (après capitulation). *F:* **To pack up bag and baggage,** plier bagage; emporter, prendre, ses cliques et ses claques; faire son baluchon. *F:* **To give s.o. the bag to hold,** laisser qn en plan; s'esquiver. *P:* **There are bags of it,** il y en a des tas. *There's bags of room,* la place ne manque pas. *U.S: F:* **To set one's bag for an office,** se mettre en avant pour un emploi. *See also* BONE[1], CAT[1], TRICK[1] 3. **2.** *(a) Nat.Hist:* Sac, poche *f.* **Tear bag,** sac lacrymal. **Poison bag,** glande *f*, vésicule *f*, à venin. *Geol:* **Bag** (= *pocket*) **of ore,** sac de minerai. *See also* HONEY-BAG, HONEYCOMB[1] 1, INK-BAG, YOLK-BAG. *(b) Husb:* Pis *m*, mamelle *f* (de vache). *The four quarters of the bag,* les quatre quartiers de la mamelle. *(c) Obst:* **Bag of waters,** poche des eaux. *(d) F: Bags under the eyes,* poches sous les yeux. *Bags at the knees,* poches aux genoux (d'un pantalon). **3.** *Ven:* **The bag,** le tableau. *What's the bag?* qu'y a-t-il au tableau? *To make, secure, a good bag,* faire un grand abatis de gibier; faire bonne chasse. **4.** *pl. F· (Trousers)* Pantalon *m*, *P:* grimpant *m.*

'bag-fox, *s. Ven:* Renard apporté dans un sac (pour être chassé à courre).

'bag-net, *s. Fish:* Bâche volante, traînante.

'bag-rack, *s. Navy:* Armoire *f* à sacs; caisson *m* à sacs.

'bag-shaped, *a.* En forme de sac; *Nat.Hist:* sacciforme.

'bag-sleeve, *s. Cost:* Manche bouffante.

'bag-wig, *s. A:* Perruque *f* à bourse.

bag[2], *v.* (bagged; bagging) **1.** *v.tr.* *(a) To bag (up) sth.,* mettre qch. en sac; ensacher (du minerai, etc.). *(b) Ven:* Abattre, tuer (du gibier). *(c) F:* Empocher; s'emparer de (qch.); mettre la main sur (qch.). *Where did you bag that? P:* où as-tu cueilli ça? **To bag the best seats,** accaparer, mettre la main sur, les meilleures places. **Bags I (that)!** à moi ça! *(d) P:* Voler, chiper. *Somebody's bagged my tobacco, P:* on m'a chauffé mon tabac. **2.** *v.i.* *(a)* (Se) gonfler, s'enfler; *(of garment, etc.)* bouffer, avoir trop d'ampleur. *Nau: (Of sail, etc.)* Faire (le) sac. *Trousers that bag at the knees,* pantalon bouffant aux genoux, qui fait des poches aux genoux, qui fait bosse aux genoux. *(b) Nau:* Tomber sous le vent; se laisser sous-venter; naviguer en travers.

bagging[1], *a.* = BAGGY.

bagging[2], *s.* **1.** Ensachement *m* (de minerai, etc.); mise *f* en sac. **2.** Toile *f* à sac.

bagasse [ba'gas], *s. Sugar-R:* Bagasse *f.*

bagatelle [baga'tel], *s.* **1.** *(a)* Bagatelle *f.* *(b) Mus:* Petite pièce; divertissement *m.* **2.** *Games:* Billard anglais (se terminant en demi-cercle et avec neuf trous dans le tapis); *A:* trou-madame *m.*

bagful ['bagful], *s.* Sac plein; plein sac; sachée *f*; *(of game)* plein carnier.

baggage ['bagedʒ], *s.* **1.** *(a) Mil:* Bagage *m.* **Baggage-waggon,** fourgon *m* à bagages. *(b) F:* **A saucy baggage,** une jeune, petite, effrontée. *She's a saucy b.,* c'est une délurée. *You little b.!* petite friponne! *See also* BAG[1] 1. **2.** *U.S:* = LUGGAGE.

'baggage-check, *s. U.S:* Bulletin *m* de bagages.

'baggage-room, *s. Nau: U.S:* Soute *f* aux bagages.

bagginess ['baginəs], *s.* Ampleur *f* (de vêtements). *B. about the knees (of trousers),* poches *fpl* aux genoux.

baggy ['bagi], *a.* (Vêtement) trop ample, trop lâche, mal coupé; (pantalon) flottant, bouffant. *B. cheeks,* joues pendantes; bajoues *f.* *B. eyes,* yeux *m* avec des poches. *Trousers b. at the knees,* pantalon qui fait des poches aux genoux, qui poche.

bagman, *pl.* **-men** ['bagmən, -men], *s.m.* *F:* Commis voyageur. *See also* GLIB 2.

bagnio ['banjo], *s.* **1.** *A:* Établissement *m* de bains. **2.** *Hist: (Prison)* Bagne *m.* **3.** *A:* Maison *f* de prostitution; bouge *m.*

bagpipe(s)[1] ['bagpaip(s)], *s.* *(Usu. in pl.)* Cornemuse *f.*

bagpipe[2], *v.tr. & i. Nau:* *(a)* Se mettre vent dessus. *(b)* Mettre (les voiles d'artimon) vent dessus.

bagworm ['bagwə:rm], *s. Ent: F:* Psyché *f.*

bah [bɑ:], *int.* Bah!

Bahadur [ba'hɔ:dur], *s.m.* *(In India)* Bahadur *m.* **1.** Homme important ou qui fait l'important. **2.** Titre donné par les indigènes aux officiers européens.

Bahama [ba'hɑ:ma]. *Pr.n. Geog:* **The Bahama Islands,** *F:* **the Bahamas,** les Lucayes *f*, les îles *f* Bahama; les îles, l'archipel, de Bahama.

Baiae ['baii:]. *Pr.n. A.Geog:* Baïes *f.*

bail[1] [beil], *s. Jur:* *(a)* Cautionnement *m.* *(b) (Pers.)* Caution *f*, garant *m*, répondant *m.* *(c)* Somme fournie à titre de cautionnement. **To go bail, to put in bail, for s.o.,** se porter, se rendre, garant de qn; fournir caution pour qn (pour sa libération provisoire); répondre de qn. *F:* **I'll go bail for that!** je vous le garantis! je vous en réponds! **To grant bail,** admettre une caution. **To refuse bail,** rejeter la demande de mise en liberté provisoire. **To admit s.o. to bail,** *F:* **to let s.o. out on bail,** mettre qn en liberté provisoire, accorder la liberté provisoire à qn (sous caution, moyennant caution). **To find bail,** fournir caution. **To surrender to one's bail,** décharger ses cautions; comparaître en jugement. *F:* **To jump one's bail,** se dérober à la justice (alors qu'on jouit de la liberté provisoire). *See also* LEG-BAIL.

'bail-bond, *s. Jur:* Engagement signé par la caution.

bail[2], *v.tr. Jur:* **1.** **To bail s.o. (out),** se porter caution pour obtenir l'élargissement provisoire de qn; cautionner qn. **2.** **To bail goods to s.o.,** déposer des biens chez qn sous contrat.

bail[3], *s.* **1.** *Archeol:* *(a) pl.* Lices *f*; palissade *f* (d'un château fort). *(b)* Mur *m* d'enceinte. *(c)* Basse-cour *f*, *pl.* basses-cours (d'un château fort). **2.** **(Swinging) bail** *(in stable),* bat-flanc(s) *m inv.* **3.** *pl. Cr:* Barrettes *f*, bâtonnets *m* (qui couronnent le guichet).

bail[4], *s.* **1.** Cerceau *m*, arceau *m* (soutenant la bâche d'une charrette). **2.** Anse *f*, poignée *f* (d'un baquet, d'une bouilloire, etc.).

bail[5], *s. Nau: A:* Écope *f.*

bail[6], *v.tr.* **To bail a boat (out), to bail (out) the water,** écoper, vider, agréner, un canot; vider, écoper, l'eau d'une embarcation.

bailable ['beiləbl], *a. Jur:* **Bailable offence,** délit *m* comportant l'élargissement provisoire du délinquant moyennant cautionnement par un tiers.

bailee [bei'li:], *s. Jur:* *(a)* Dépositaire *m* (de biens sous contrat). *(b)* Emprunteur *m.*

bailer ['beilər], *s.* Écope *f*, sasse *f* (d'un canot); épuisette *f*; voyette *f* (pour la lessive).

bailey ['beili], *s.* **1.** = BAIL[3] 1. **2.** *F:* **The Old Bailey** (= *the Central Criminal Court*), le tribunal principal de Londres en matière criminelle (situé dans la rue ainsi nommée); la cour d'assises de Londres.

bailie ['beili], *s. Scot:* Conseiller municipal.

bailiff ['beilif], *s.* **1.** *Jur:* **Sheriff's bailiff,** agent *m* de poursuites; huissier *m*, porteur *m* de contraintes; recors *m*; *A:* garde *m* du commerce. *See also* BUMBAILIFF. **2.** *(a)* Régisseur *m*, intendant *m* (d'un domaine). **Farm-bailiff,** régisseur. *See also* WATER-BAILIFF. *(b)* **The Bailiff of Dover Castle,** le custode du château fort de Douvres. **3.** *(a) Hist:* Bailli *m.* *(b)* **The High-Bailiff of Westminster,** le premier magistrat de la Cité de Westminster (à Londres).

bailiwick ['beiliwik], *s.* **1.** *Hist:* Bailliage *m.* **2.** *U.S: F:* Région dominée par un voleur armé ou par un homme politique.

bailliage ['beiliedʒ], *s. A: Swiss & Fr.Jur:* Bailliage *m.*

bailment ['beilmənt], *s. Jur:* **1.** *(a)* Caution *f*, cautionnement *m.* *(b)* Mise *f* en liberté (d'un prisonnier) sous caution. **2.** (Acte *m* de) dépôt *m*; contrat *m* de gage.

bailor ['beilər], *s. Jur:* **1.** *(a)* Déposant *m* (de biens sous contrat). *(b)* Prêteur *m.* **2.** *(Pers.)* Caution *f.*

bailsman, *pl.* **-men** ['beilzmən, -men], *s.m. Jur:* **To act as bailsman,** servir de caution, de répondant.

bairn ['bɛərn], *s. Dial: (In Scot.)* Enfant *mf.*

bait[1] [beit], *s.* **1.** *(a) Fish:* Amorce *f*, appât *m*, achée *f*, boitte *f*, boëtte *f*. **Live bait,** appât vivant. *See also* GROUND-BAIT[1], LEDGER-BAIT, SPINNING[1] 2, SPOON[1] 2. *(b) F:* Appât, leurre *m.* **To take, nibble at, rise to, swallow, the bait,** mordre à l'hameçon, à l'appât; prendre l'hameçon; gober l'appât; *F:* gober le morceau; gober la mouche. **2.** *(a) A:* Arrêt *m* pour rafraîchissement et repos. *(b) Dial:* Goûter *m*; morceau *m* sur le pouce.

bait². **1.** *v.tr.* (*a*) Harceler (un animal). *To b. a bull with dogs*, lancer, faire combattre, des chiens contre un taureau. *F:* **To bait s.o.**, harceler, tourmenter, qn. (*b*) (*Of dog*) Se lancer sur (le taureau, etc.). **2.** (*a*) *v.tr.* Faire manger (un cheval pendant une halte). (*b*) *v.i.* S'arrêter pour se rafraîchir; se restaurer. **3.** *v.tr.* Amorcer, appâter, embecquer, garnir (un hameçon, etc.); amorcer (un piège). *To b. the line*, mettre l'appât à la ligne; amorcer. *To b. a hook with worms*, aicher un hameçon. *See also* GROUND-BAIT².

baiting, *s.* **1.** Harcelage *m*, harcèlement *m* (des animaux). *See also* BADGER-BAITING, BULL-BAITING. **2.** Amorçage *m*, amorcement *m* (d'un hameçon, d'un piège, etc.).

'baiting-needle, *s.* *Fish:* Aiguille *f* à amorcer.

baiter ['beitər], *s.* *Fish:* Amorceur, -euse.

baize [be:iz], *s.* (*a*) Serge *f*, reps *m*, grosse étoffe (d'ameublement). **Green baize**, tapis vert. **Baize-covered door, green-baize door**, porte rembourrée, matelassée. (*b*) **Oil baize**, toile cirée.

bake [beik]. **1.** *v.tr.* (*a*) Cuire, faire cuire (qch.) (au four). *Baked meat*, viandes rôties. *To b. bread*, cuire, faire, le pain; (*in the army*) manutentionner le pain. *Abs. Do you know how to b.?* savez-vous boulanger? *See also* HALF-BAKED, HOME-BAKED. (*b*) Cuire (des briques). *F: Earth baked by the sun*, sol durci, desséché, par le soleil. (*c*) *Metall:* Étuver (un moule). (*d*) *F:* Étuver, désinfecter (la correspondance d'un hôpital, etc.). **2.** *v.i.* (*a*) (*Of bread, etc.*) Cuire (au four). *F:* **We are baking in the heat**, nous brûlons par cette chaleur. (*b*) *The earth was baking in the sun*, la terre se durcissait, se desséchait au soleil. **3.** *v.i.* (*Of soil*) S'agglomérer; se mettre en mottes.

baked, *a.* *P:* Épuisé, fourbu.

baking, *s.* **1.** (*a*) Cuisson *f* (du pain, etc.). **Baking apples, pears**, pommes *f*, poires *f*, à cuire (au four). *Mil:* **The baking section**, la boulangerie. (*b*) Cuisson, cuite *f* (des briques, de la porcelaine, etc.). (*c*) *Metall:* Étuvage *m*, étuvement *m* (des moules). **2.** (*Batch*) (*a*) Fournée *f* (de pain). (*b*) Cuite (de briques, etc.).

'baking-dish, *s.* *Cu:* Plat *m* à rôtir, à four.

'baking-hot, *a.* **Baking-hot day**, journée torride. **The day was baking-hot**, on grillait au soleil.

'baking-pan, *s.* = BAKING-DISH.

'baking-powder, *s.* *Cu:* Poudre à lever, poudre levain; levure artificielle.

bakehouse ['beikhaus], *s.* Fournil *m*, boulangerie *f*. *Mil: Nau:* Manutention *f*.

bakelite ['beikəlait], *s.* Bakélite *f*. *To coat with b.*, bakéliser. *B. insulation*, isolant bakélisé.

baker ['beikər], *s.* Boulanger *m*. *B.Lit:* Panetier *m*. **The baker's wife**, la boulangère. **Journeyman baker**, gindre *m*, geindre *m*. **Baker's man**, garçon boulanger, *F:* mitron *m*. **Baker's trade**, la boulange. **Baker's shop**, boulangerie *f*. **The baker's will be shut**, la boulangerie sera fermée. *See also* DOZEN 2, ITCH¹ 2.

'baker-legged, *a.* Cagneux.

bakeress ['beikəres], *s.f.* Boulangère.

Bakerloo (the) [ðəbeikər'lu:], *s.* Chemin de fer souterrain de Londres, dont le trajet était, à l'origine, de Baker Street à la gare de Waterloo.

bakery ['beikəri], *s.* **1.** (*a*) Boulangerie *f*. (*b*) *Mil: etc:* Manutention *f*. **2.** *U.S:* Boutique *f* de boulanger; boulangerie.

baksheesh, bakshish ['bakʃi:ʃ], *s.* Bakhchich *m*. *To expect b. from s.o.*, attendre un pot-de-vin de qn.

Baku [ba'ku:]. *Pr.n.* *Geog:* Bakou *m*.

Balaam ['beiləm]. *Pr.n.* Balaam.

Balaclava [bala'klɑ:va]. *Pr.n.* *Geog:* Balaklava. **Balaclava helmet**, passe-montagne *m*, *pl.* passe-montagnes.

balaenoptera [balein'ɔptəra], *s.* *Z:* Balénoptère *m*.

balalaika [bala'laika], *s.* *Mus:* Balalaïka *f*.

balance¹ ['baləns], *s.* **1.** (*a*) Balance *f*. **Roman balance**, balance romaine. **Spring balance**, peson *m*. *Analytical, chemical, precision, b.*, balance de précision; (*if small*) trébuchet *m*, balance-trébuchet *f*, *pl.* balances-trébuchets. *See also* LETTER-BALANCE, LEVER-BALANCE. **Balance-case**, lanterne *f*. **To turn the balance**, faire pencher la balance. *F:* **To be, hang, in the balance**, être, rester, en balance. *For a long time victory hung in the b.*, longtemps la victoire balança. *B:* **Thou art weighed in the balances, and art found wanting**, tu as été pesé en la balance et tu as été trouvé léger. *F:* **He was weighed in the balance and found wanting**, il ne s'est pas montré à la hauteur (de l'épreuve). (*b*) *Clockm:* = BALANCE-WHEEL 1. *Mec.E:* = BALANCE-WEIGHT. **2.** Équilibre *m*, aplomb *m*; stabilité *f*; pondération *f*. **To keep, lose, recover, one's balance**, se tenir en équilibre; perdre l'équilibre; retrouver, reprendre, son équilibre. **To throw s.o. off his balance**, (i) faire perdre l'équilibre à qn; (ii) *F:* interloquer qn. **Mind off its balance**, esprit désaxé, déséquilibré. **To throw an instrument out of balance**, déséquilibrer un instrument. *Alcohol causes lack of b.*, l'alcool déséquilibre. *Picture that lacks b.*, tableau *m* qui manque d'harmonie, de pondération. *The happy b. of this picture*, la disposition harmonieuse de ce tableau. *Hist:* **The balance of power**, l'équilibre des puissances; la balance politique. *The b. of good and evil*, la compensation du mal par le bien. *Mec.E:* **Want of balance**, balourd *m* (d'un volant, etc.). **3.** *Com: Fin:* (*a*) Solde *m*, restant *m*, reste *m*, reliquat *m* (d'un compte). **Balance in hand**, solde créditeur; boni *m*. **Balance carried forward, balance to next account**, report *m* à nouveau, solde à nouveau. **Balance due**, (i) solde débiteur; (ii) solde de compte. *The b. due from you*, le restant de votre dû. *Unexpended b.*, reliquat sans emploi. *To pay the b. in instalments*, payer le reste par acomptes. *Payment of b.*, payement *m* pour solde. *The b. of what I owe you is eighteen francs*, je vous dois dix-huit francs par appoint. *U.S: He spent the b. of his life in travel*, il passa le reste de sa vie à voyager. (*b*) Balance, bilan *m*. **To strike a balance**, (i) établir une balance; arrêter un compte; (ii) dresser, établir, le bilan. *See also* TRIAL. *Pol.Ec:* **Balance of trade**, balance du commerce. *B. of payments* balance générale des comptes. *F:* **The balance of advantage lies with him**, à tout prendre, l'avantage est de son côté. **On balance . . .**, à tout prendre. . . . **To win a race with a nice balance in hand**, gagner une course sans avoir fait appel à tous ses moyens. *See also* CREDIT¹ 4, DEBIT¹. **4.** *Astr:* **The Balance**, la Balance.

'balance-bar, *s.* **1.** *Hyd.E:* Balancier *m*, flèche *f* (d'une porte d'écluse). **2.** = BALANCE-BEAM 1.

'balance-beam, *s.* **1.** Fléau *m*, verge *f*, de balance. **2.** = BALANCE-BAR 1.

'balance-bob, *s.* *Min:* Contre-balancier *m* (d'une pompe), *pl.* contre-balanciers.

'balance-gear, *s.* *Turb:* Compensateur différentiel.

'balance-lever, *s.* **1.** *Civ.E:* Arrière-bras *m inv* (d'un pont à bascule). **2.** = BALANCE-BEAM 1.

'balance-sheet, *s.* *Com:* Bilan *m* (d'inventaire); exercice *m*; tableau *m* par doit et avoir. **Balance-sheet book**, livre *m* d'inventaire.

'balance-weight, *s.* *Mec.E: etc:* Contrepoids *m*.

'balance-wheel, *s.* **1.** *Clockm: etc:* Balancier *m* (de montre); roue *f* de rencontre (d'une horloge); régulateur *m*. *Compensation b.-w.*, balancier compensateur. **2.** *Mec.E:* Volant régulateur.

balance². **1.** *v.tr.* (*a*) Balancer, peser (les conséquences de qch., etc.). (*b*) Mettre, maintenir, (un objet) en équilibre; équilibrer (une embarcation); équilibrer, stabiliser, compenser (des forces, etc.); pondérer (des pouvoirs); faire contrepoids à (qch.). *Aut: To b. the steering gear*, stabiliser la direction. *To b. a disadvantage by, with, an advantage*, compenser un désavantage par un avantage. *To b. oneself on one foot*, s'équilibrer, s'affermir, se caler, sur un seul pied. *To b. a cue on one's nose*, tenir, maintenir, une queue de billard en équilibre sur son nez. (*c*) *One thing balances another*, une chose balance, compense, l'autre. (*d*) *Com: Fin:* Balancer, solder, aligner (un compte); compenser (une dette). *Book-k: To b. the books*, régler les livres. **To balance the budget**, parvenir à, rétablir, l'équilibre budgétaire; équilibrer le budget. *To b. an adverse budget*, rétablir un budget déficitaire. **2.** *v.i.* (*a*) Se faire contrepoids. (*Of scales*) Se faire équilibre. *Do these scales b.?* cette balance est-elle juste? *The two things b.*, les deux choses se balancent, se font équilibre. *Com: Fin:* (*Of accounts*) Se balancer, s'équilibrer, se solder. *Account that balances*, compte en balance. *My accounts b.*, mes comptes sont d'accord. (*b*) Osciller, balancer. *F:* (*Of pers.*) Hésiter; balancer (entre deux partis). *Danc:* Balancer.

balanced, *a.* **1.** Équilibré; compensé. *B. valve*, soupape équilibrée. *B. side-valve*, tiroir compensé. *See also* RUDDER 1. *F:* **To have a well-, ill-balanced mind**, avoir l'esprit bien, mal, équilibré. *Well-b. sentence*, phrase *f* qui a du nombre. *Ill-b. sentences*, phrases mal agencées. *Well-b. diet*, régime *m* synthétique. **2.** En nombre égal; de force ou de valeur égale. *The two parties are pretty well b.*, les deux partis sont à peu près en nombre égal.

balancing¹, *a.* **1.** (*a*) (Mouvement *m*) basculaire. (*b*) (Caractère) hésitant. **2.** (*a*) (Pouvoir) pondérateur, (puissance) pondératrice. (*b*) *Tchn:* (*Of spring, etc.*) Compensateur, -trice. *W.Tel:* **Balancing aerial**, antenne *f* de compensation. *Pol:* **The balancing powers**, les états *m* qui se font équilibre.

balancing², *s.* **1.** Balancement *m*, hésitation *f* (entre deux choses). **2.** (*a*) Mise *f* en équilibre; équilibrage *m*; stabilisation *f*; action régulatrice. *To perform b. tricks*, faire des équilibres; *Equit:* faire de la haute voltige. (*b*) Pondération *f* (des pouvoirs). (*c*) *B. of accounts*, règlement *m*, solde *m*, alignement *m*, des comptes. (*d*) *Art:* Balancement (des figures dans un tableau). **3.** Ajustement *m* (de deux choses); compensation *f* (de qch. par qch.). *The life of man is a perpetual b. of probabilities*, toute la vie humaine roule sur des probabilités.

'balancing-flap, *s.* *Av:* Aileron *m*.

'balancing-gear, *s.* Appareils *mpl* de balancement (d'une torpille).

'balancing-pole, *s.* Contrepoids *m* (de danseur de corde).

balancer ['balənsər], *s.* **1.** (*a*) Balancier *m*; pendule *m* (d'une torpille). (*b*) *Aut: Mec.E: Crankshaft b.*, balancier de vilebrequin. **2.** *Ent:* Balancier, aileron *m* (des diptères). **3.** (*Pers.*) Acrobate *m*, funambule *m*. *See also* HAND-BALANCER.

balaniferous [bala'nifərəs], *a.* *Bot:* Balanophore.

balaninus [bala'nainəs], *s.* *Ent:* Balanin *m*.

balanitis [balə'naitis], *s.* *Med:* Balanite *f*.

balanus ['balanəs], *s.* *Crust:* Balane *m*.

balas ['baləs], *s.* **Balas(-ruby)**, rubis *m* balais.

balata ['balata], *s.* **1.** *Bot:* Balata *f*. *B.-tree*, balata *m*. **2.** *Mec.E:* **Balata belt**, courroie *f* (en) balata.

balconied ['balkənid], *a.* (Maison *f*) à balcon(s).

balcony ['balkəni], *s.* **1.** Balcon *m*. **2.** *Th: Esp. U.S:* Fauteuils *mpl*, stalles *fpl*, de première ou deuxième galerie.

bald [bɔ:ld], *a.* **1.** (*a*) Chauve, *F:* déplumé. *B. patch*, région *f* chauve; région dégarnie de cheveux, de poils, de plumes, ou d'herbes; (*on head*) petite tonsure, commencement *m* de tonsure. *To be b. at the temples*, avoir les tempes dégarnies. *F:* **Bald as a coot**, chauve comme un genou, comme un œuf. (*b*) (Sommet de montagne, etc.) dénudé, pelé. *See also* BARLEY. **2.** (*Of style, etc.*) Nu, maigre, décharné; plat; sec, *f.* sèche. *To have a b. style*, écrire sèchement. *B. statement of the facts*, simple exposition *f* des faits; exposition des faits sans glose. **3.** (*Marked with white*) **Bald horse**, cheval *m* belle-face. **-ly**, *adv.* Nûment, platement, sèchement.

'bald-coot, *s.* **1.** *Orn:* = COOT. **2.** *F:* = BALD-HEAD 1.

'bald-head, *s.* **1.** Tête *f* chauve; *F:* caillou déplumé; genou *m*. *F: An old b.-h.*, un vieux pelé; un vieux déplumé. **2.** *Orn:* Colombe *f* chauve.

bald-headed, *a.* (A la tête) chauve. **Bald-headed people**, gens *m* chauves. *F:* **To go at it bald-'headed**, y aller tête baissée, de toutes ses forces, de toute son énergie; mettre tout en jeu.

'bald-pate, *s.* **1.** = BALD-HEAD 1. **2.** *Orn:* Canard siffleur.
'bald-rib, *s. F: A:* Personne décharnée, squelettique.
baldachin ['baldəkin], *s.* Baldaquin *m*; *Ecc:* ciel *m* (d'autel, etc.); *Archeol:* ciborium *m* (de basilique).
balderdash ['bɔ:ldərdaʃ], *s.* Bêtises *fpl*, balivernes *fpl*, fadaises *fpl*. *To write b.*, barbouiller du papier; tomber dans l'amphigourisme. *It's all b.*, cela n'a ni rime ni raison.
baldmoney ['bɔ:ldmʌni], *s. Bot:* Méum *m*; fenouil *m* des Alpes.
baldness ['bɔ:ldnəs], *s.* **1.** (*a*) Calvitie *f*, alopécie *f*. (*b*) Nudité *f* (d'une montagne, etc.). **2.** Platitude *f*, nudité, maigreur *f*, pauvreté *f*, sécheresse *f* (du style, etc.).
baldric ['bɔldrik], *s.* **1.** *A:* Baudrier *m*; écharpe *f*. **2.** *F:* **The Baldric,** le Zodiaque.
baldricwise ['bɔldrikwa:iz], *adv.* En écharpe.
Baldwin ['bɔldwin]. *Pr.n.m.* Baudouin.
bale[1] [beil], *s. A. & Poet:* **1.** Malheur *m*. *To bring tidings of b.*, apporter des nouvelles de malheur, de mort. **Day of bale and bitterness,** journée *f* de malheur et d'amertume. **The Day of Bale,** le jugement dernier. **2.** Tourment *m*. *To pray for the souls in b.*, prier pour les âmes en peine. **3.** Douleur *f*, tristesse *f*.
bale[2], *s. Com:* Balle *f*, ballot *m* (de marchandises, etc.). *B. of cotton, of wool*, balle de coton, de laine, pesant de 160 à 500 livres. *B. of paper*, ballot de dix rames de papier. **Bale goods,** marchandises *fpl* en balles.
'bale-pin, *s.* Drapière *f*.
bale[3], *v.tr.* Emballotter, paqueter, empaqueter (des marchandises).
baling, *s.* Mise *f* en balles; paquetage *m*.
'baling-pin, *s.* = BALE-PIN.
'baling-press, *s.* Presse *f* à paqueter, à emballer; presse à balles; presse hydraulique.
bale[4], *v.tr.* = BAIL[4].
Balearian [bali'ɛəriən], *a. & s. Geog:* Baléare.
Balearic [bali'arik], *a. Geog:* **The Balearic Islands,** les îles *f* Baléares. *See also* CRANE[1] 1.
baleen [bə'li:n], *s. Com:* = WHALEBONE.
balefire ['beilfaiər], *s. A:* **1.** Bûcher *m* (funéraire). **2.** Feu *m* d'alarme. **3.** Feu de joie.
baleful ['beilful], *a. Lit:* Sinistre, maléfique, funeste. *B. influence*, influence pernicieuse, néfaste. *B. sight*, spectacle *m* lugubre.
-fully, *adv.* Fatalement, sinistrement.
baler[1] ['beilər], *s.* = BAILER.
baler[2], *s.* = BALING-PRESS.
Balinese [bali'ni:z], *a. & s. Geog:* Balanais, -aise.
balistes [bə'listi:z], *s. Ich:* Baliste *m*.
balk[1] [bɔ:k], *s.* **1.** *Agr:* (*a*) Bande *f*, billon *m*, de délimitation entre deux champs. (*b*) Billon. **2.** (*a*) (i) Pierre *f* d'achoppement; obstacle *m*; contretemps *m*; (ii) déception *f*. (*b*) *Croquet:* Position *f* de départ. *Bill:* (i) Ligne *f* de départ; quartier *m*; (ii) demi-cercle *m* de départ. **To make a balk,** ramener sa bille et la rouge derrière la ligne de départ (de façon à ne pas laisser de jeu à l'adversaire). **To give s.o. a miss in balk,** concéder un point plutôt que de se risquer. **3.** *Const:* (Grosse) poutre, solive *f*, billon. *Nau:* Cabrion *m* (d'arrimage). **Quarter-balk,** tronc scié en quatre (dans le sens de la longueur). **4.** *Fish:* Ralingue supérieure, têtière *f* (de filet).
balk[2]. **1.** *v.tr.* Contrarier. (*a*) *To b. s.o.'s plans*, déjouer, frustrer, contrarier, contrecarrer, les desseins de qn. *To b. s.o. of his prey*, frustrer qn de sa proie. (*b*) Se mettre en travers de (qn qui va sauter, etc.); entraver (qn). *Aut: The car ahead balked me on the hill*, la voiture qui me précédait m'a empêché de prendre la montée à l'allure. (*c*) Éviter (un sujet); se soustraire à (une obligation); laisser passer (une occasion). **2.** *v.i.* (*a*) (*Of horse*) Refuser; se dérober. *F:* **To balk at a difficulty, at an expense,** s'arrêter, reculer, hésiter, devant une difficulté, devant une dépense; regimber contre une dépense. *To b. at the work*, rechigner devant la besogne. (*b*) *U.S:* (*Of engine, etc.*) Défaillir; rester en panne.
balking, *s.* (*a*) Refus *m* (de la part d'un cheval); hésitation *f*. (*b*) *U.S:* Défaillance *f* (du moteur, etc.).
Balkan ['bɔ:lkən], *a. Geog:* **The Balkan mountains, the Balkans,** les (monts) Balkans *m*. **The Balkan States,** les États *m* balkaniques. **The Balkan Peninsula,** la péninsule des Balkans.
Balkanize ['bɔ:lkəna:iz], *v.tr. F:* Balkaniser (l'Europe).
ball[1] [bɔ:l], *s.* **1.** (*a*) Boule *f* (de croquet, de bilboquet, de neige); balle *f* (de cricket, de tennis, de hockey, etc.); ballon *m* (d'enfant, de football); bille *f* (de billard); balle (de fusil); boulet *m* (de canon); pelote *f*, peloton *m* (de laine, de ficelle); pompon *m* (d'une frange, etc.). *Aut:* Boule, poignée *f* (du levier de vitesse.) *To wind wool into a b.*, (em)peloter, pelotonner, de la laine; mettre (de la laine) en pelote. **The three (golden) balls,** *P:* **the three brass balls,** les trois boules (enseigne *f* du prêteur sur gages). **Black ball (for voting),** boule noire. **(Conjuror's) vanishing ball,** muscade *f*. *Meteor:* **Ball of fire, ball lightning,** globe *m* de feu; éclair *m* en boule. *See also* FIRE-BALL. *Nau:* **Signal ball,** ballon, bombe *f*, de signaux. *See also* STAFF-AND-BALL, TIDE-BALL. *U.S:* **The ball and chain,** la peine du boulet. *Sm.a:* **To load with ball,** charger à balle. *Ten: etc: To knock the balls about*, peloter; *Bill:* caramboler les billes. *Knocking the balls about*, pelotage *m*. *Fb. To kick the b. about*, s'amuser avec le ballon. *Cr:* **No ball,** balle nulle, pas bonne. *F:* **To keep the ball rolling, to keep the ball up,** continuer, soutenir, la conversation; ne pas laisser languir la conversation, le jeu. **To start the ball rolling, to set the ball a-rolling,** déclencher la conversation; mener le branle; mettre le bal en train; ouvrir le bal. *His article started the b.*, son article donna le branle. **The ball is with you,** c'est votre tour; c'est à vous. **To have the ball at one's feet,** avoir la balle belle, avoir la partie belle; n'avoir qu'à se baisser; n'avoir qu'à saisir l'occasion. *F:* **To catch the ball on the bound,** saisir la balle au bond. *See also* DARNING-BALL, RUPERT. (*b*) *Mec.E:* Bille (de roulement). *See also* RACE[1] 4. *Metall:* **Ball test** (*for hardness*), essai *m* (de dureté) à la bille. *To put a steel bar through a b. test*, biller une barre d'acier. **Ball testing,** billage *m*. (*c*) *pl. F:* Les testicules *m*. (*d*) **Ball-(and-socket) joint,** (i) *Anat:* emboîtement *m* réciproque; énarthrose *f*; (ii) *Mec.E:* joint *m* à rotule, à boulet, à genou; (joint à) calotte *f* sphérique; joint sphérique; articulation *f* à genouillère. *Geol:* **Ball-and-socket structure,** structure *f* en bilboquet. **2.** (*a*) Lentille *f* (de pendule). (*b*) Éminence métatarsienne (du pied); éminence thénar (du pouce). *To walk on the b. of the foot*, marcher sur la demi-pointe des pieds. (*c*) *A:* Paume *f* (de la main). (*d*) Globe *m* (de l'œil). (*e*) *B. of earth* (*round roots of trees, etc.*), motte *f*. *B. of spent tan*, motte de tannée. (*f*) *Metall:* Loupe *f* (de fer fondu). (*g*) *Glassm: B. of molten glass*, paraison *f*. **3.** (*a*) *Cu:* **Meat-ball,** *forcemeat b.*, boulette *f*. *See also* FISH-BALL. (*b*) *Vet:* (*Bolus*) Boulette. *See also* WOOL-BALL 2. **4.** *Phot: B. of pneumatic release*, poire *f*. **5.** *U.S:* **Ball (game)** = BASEBALL.
'ball-bearing(s), *s.(pl.)* **1.** *Mec.E:* Roulement *m* à billes; palier *m*, coussinets *mpl*, à billes. **Ball-bearing cup,** alvéole *m or f* d'une bille. **2.** *Civ.E:* Appuis *m* sphériques (d'un pont d'acier, etc.).
'ball-cage, *s. Mec.E:* Cage *f*, lanterne *f*, à billes.
'ball-cartridge, *s.* Cartouche *f* à balle. *To fire b.-c.*, tirer à balle.
'ball-clay, *s. Cer:* Argile figuline.
'ball-cock, *s.* Robinet *m*, soupape *f*, à flotteur.
'ball-cup, *s. Mec.E:* Cuvette *f*; cuvette-rotule *f*, *pl.* cuvettes-rotules; rotule *f*.
'ball-fringe, *s. Furn:* Frange *f* à pompons.
'ball-joint, *s.* = *ball-and-socket joint, q.v. under* BALL[1] 1.
'ball-lever, *s. Mec.E:* Levier *m* à rotule.
'ball-mill, *s. Civ.E:* Moulin *m* à boulets; broyeur *m* à boulets.
'ball-net, *s. Ten:* Porte-balles *m inv.*
'ball-peen, *s.* Panne bombée (de marteau).
'ball-planting, *s. For:* Plantation *f* en mottes.
'ball-proof, *a.* (Casque *m*, etc.) à l'épreuve de la balle.
'ball-race, *s. Mec.E:* **1.** Chemin *m*, voie *f*, bague *f*, de roulement pour billes. **2.** Cage *f* à billes.
'ball-shaped, *a.* Sphérique.
'ball-socket, *s.* = BALL-CUP.
'ball-trap, *s.* **1.** = BALL-VALVE 1. **2.** Projecteur *m* (pour le tir aux pigeons). **Pistol ball-trap,** projecteur à main.
'ball-valve, *s.* **1.** Soupape *f* à boulet; clapet *m* sphérique; bille *f* clapet; *F:* postillon *m*. **2.** = BALL-COCK.
'ball-vein, *s. Geol:* Filon *m* nodulaire.
'ball-winder, *s. Tex:* Peloteur, -euse.
ball[2]. **1.** *v.tr.* (*a*) Agglomérer. *Metall:* Baller (le fer). (*b*) *Tex:* (Em-)peloter, pelotonner (la laine, etc.); mettre (la laine) en pelote. (*c*) *Horse balled up*, cheval qui a de la neige bottée sous les sabots. *U.S: F:* (*Of speaker*) **To be balled up,** être embrouillé. *To get balled up*, s'embrouiller. *Everything's balled up*, tout est en méli-mélo; rien ne marche plus. **2.** *v.i.* S'agglomérer; se botter. *The snow balled under my shoes*, la neige se bottait sous mes souliers.
balling, *s.* **1.** Agglomération *f* (de la neige, de l'argile, sous les chaussures, etc.). **Balling up,** ballage *m* (du fer). **2.** *Tex:* (Em-)pelotage *m* (de la laine).
'balling-machine, *s. Tex:* Peloteuse *f*.
ball[3], *s. Danc:* Bal *m*. *Private b.*, bal bourgeois; bal privé. *Evening-dress b.*, bal paré. *See also* FANCY[1] II. 1, MASKED 1. **To open the ball,** (i) ouvrir le bal; mettre le bal en train; (ii) *F:* mettre les choses en branle; donner le branle; entamer la discussion; *F:* ouvrir le bal.
'ball-dress, *s.* Costume *m*, robe *f*, de bal.
'ball-room, *s.* Salle *f* de bal; (*in hotel*) salle de danse.
ballad ['baləd], *s.* **1.** *Mus:* Romance *f*. **2.** *Lit:* Récit en vers disposé par strophes régulières; légende mise en vers; ballade *f*.
'ballad-monger, *s. A:* Chansonnier *m*.
'ballad-singer, *s.* (*a*) Chanteur, -euse, de romances ou de ballades. (*b*) *A:* Chanteur, -euse, des rues.
ballade [ba'lɑ:d], *s. Lit:* Ballade *f* (en strophes suivies d'un envoi).
ballan-wrasse ['balənras], *s. Ich:* Carpe *f* de mer.
ballast[1] ['baləst], *s.* **1.** *Nau: Aer:* Lest *m*. **Ship in ballast(-trim),** navire *m* sur lest. *To proceed to a port in b.*, se rendre sur lest à un port. *Shifting b.*, lest volant. *Sand b.*, lest en sable. *See also* WATER-BALLAST. *To take in b.*, faire son lest. *To discharge, throw out, b.*, se délester; jeter du lest. **Cargo in ballast,** cargaison *f* à fond de cale. *F:* (*Of pers.*) **To have ballast,** avoir l'esprit rassis. **To lack ballast,** ne pas avoir de plomb dans la cervelle; avoir besoin de lest; manquer de caractère. **2.** (*a*) *Civ.E:* Pierraille *f*, blocaille *f*, cailloutage *m*. (*b*) *Rail:* Ballast *m*, empierrement *m*.
'ballast-bed, *s. Rail: etc:* Coffre *m*, empierrement *m* (de la voie); encaissement *m* (d'une route).
'ballast-donkey, *s. Nau:* Pompe *f* des ballasts.
'ballast-tank, *s. N.Arch:* Ballast *m* (de sous-marin).
'ballast-truck, *s. Rail:* Wagon *m* de terrassement.
ballast[2], *v.tr.* **1.** *Nau: Aer:* Lester. **2.** *Civ.E:* (*a*) Empierrer, ensabler; caillouter. (*b*) *Rail:* Ballaster.
ballasting, *s.* **1.** *Nau: Aer:* Lestage *m*. **2.** *Civ.E:* (*a*) Empierrement *m*, ensablement *m*; cailloutage *m*. (*b*) *Rail:* Ballastage *m*.
ballerina [balə'ri:na], *s.f.* Ballerine.
ballet ['bale], *s.* **1.** Ballet *m*. **2.** Corps *m* de ballet.
ballet-dancer, *s.* Danseur, -euse, d'opéra; *f.* ballerine.
ballet-girl, *s.f.* Figurante.
ballet-skirt, *s.* Tutu *m*.
bal(l)ista [ba'lista], *s. Rom.Ant:* Baliste *f*.
ballistic [ba'listik], *a.* Balistique. *See also* GALVANOMETER.
ballistics [ba'listiks], *s.pl.* (*Usu. with sg. const.*) Balistique *f*. *Interior, exterior, b.*, balistique intérieure, extérieure.
ballistite ['balistait], *s. Exp:* Balistite *f*.

ballon(n)et ['balɔnet], *s.* *Aer:* **1.** Ballonnet compensateur. **2.** = GAS-BAG 2 (*b*).

balloon[1] [bə'lu:n], *s.* **1.** (*a*) *Aer:* Ballon *m*, aérostat *m*; (*of globular type*) sphérique *m*. *Small b.*, ballonnet *m*. *Captive b.*, ballon captif, *F:* un captif. *Free b.*, ballon libre. *Observation-b.*, ballon-observatoire *m*, *pl.* ballons-observatoires. *To go up in a b.*, monter en ballon. **The Balloon Service,** l'Aérostation *f*. *Mil:* **Balloon corps,** corps *m* d'aérostiers militaires. **Balloon park,** *Mil:* **balloon section,** parc *m* aérostatique. *See also* DIRIGIBLE, FIRE-BALLOON, HOT[1] I, KITE-BALLOON, NURSE-BALLOON, PILOT-BALLOON, SOUNDING-BALLOON, WAR-BALLOON. (*b*) **Air-balloon, toy-balloon,** ballon à air. *Toy-b. maker*, ballonnier *m*. **2.** *Ch:* **Balloon(-flask),** ballon. **3.** *Arch:* Pomme *f*, boule *f* (de pilier, etc.). **4.** (*In cartoons, comic engravings*) Banderole *f*. **5.** *Hort:* (Arbre taillé en) ovoïde *m*. **6.** *Fb:* (*High kick*) Chandelle *f*.

bal'loon-tyre, *s.* *Aut:* Pneu *m* ballon, pneu confort.

balloon[2]. **1.** *v.i.* (*a*) *Aer:* Monter en ballon; faire une ascension en ballon. (*b*) (*Swell out*) Bouffer; se ballonner. (*c*) *St.Exch:* *U.S:* Faire la hausse; faire bondir les prix. **2.** *v.tr.* (*a*) Ballonner (l'abdomen, etc.). (*b*) *Fb:* *To b. the ball*, botter le ballon en chandelle.

ballooning, *s.* **1.** Aérostation *f*. **2.** Ballonnement *m* (d'un vêtement, d'une voile, etc.).

balloonette [balu:'net], *s.* = BALLON(N)ET.

balloonist [bə'lu:nist], *s.* Aéronaute *m*, aérostier *m*, ballonnier *m*; ascension(n)iste *mf*. *See also* STRATOSPHERE.

ballot[1] ['balət], *s.* **1.** **Ballot(-ball),** boule *f* de scrutin. **2.** (*a*) Tour *m* de scrutin. **To vote by ballot,** voter au scrutin. *Single b.*, élection *f* sans ballottage. *Second b.*, ballottage *m*, deuxième tour de scrutin. *To subject candidates to a second b.*, ballotter les candidats. *The candidates were subjected to a second b.*, il y a eu ballottage. (*b*) Scrutin *m*, vote *m*. **To take a ballot,** procéder à un scrutin, à un vote. **3.** (*In Parliament*) Tirage *m* au sort (pour la priorité du droit de soumettre des résolutions, etc.). **4.** *F:* **Peace ballot,** referendum *m* pour la paix.

'ballot-box, *s.* Urne *f* de scrutin.

'ballot-paper, *s.* Bulletin *m* de vote.

ballot[2]. **1.** *v.i.* (*a*) Voter au scrutin (secret). *To b. for s.o.*, voter pour qn; élire qn au scrutin. *To b. against s.o.*, voter contre qn; *F:* blackbouler qn. (*b*) Tirer au sort. *To b. for a place, etc.*, tirer une place, etc., au sort. (*In House of Commons, etc.*) *To b. for precedence*, tirer au sort pour le droit de priorité. **2.** *v.tr.* *To b. workmen, etc., on a question*, appeler les ouvriers, etc., à voter sur une question.

balloting, *s.* **1.** Élection *f* au scrutin. **2.** Tirage *m* au sort.

ballot[3], *s.* *Com:* Ballot *m* (de marchandises).

ballotage ['balətedʒ], *s.* (*In Fr. Pol.*) Ballottage *m*.

bally ['bali], *a.* *P:* (*Euphemism for* BLOODY) *What a b. nuisance!* quel fichu embêtement! *What a b. fool!* quel bondieu d'imbécile! *B. idiot!* bougre d'idiot! **The whole bally lot,** tout le saint-frusquin, tout le bazar. *Whose b. fault is it?* à qui la faute? je te le demande!

ballyhoo[1] [bali'hu:], *s.* *U.S:* *P:* **1.** Grosse réclame; battage *m*. **2.** Bourrage *m* de crâne.

ballyhoo[2], *v.tr.* *U.S:* *P:* **1.** Agir sur (qn). **2.** Faire de la réclame en faveur de (qch.).

ballyrag ['balirag], *v.tr.*, **ballyragging** ['baliragiŋ], *s.* = RAG[3].

balm [bɑ:m], *s.* **1.** *Pharm:* *etc:* Baume *m*. **Balm of Gilead,** baume de la Mecque; térébenthine *f* de Judée. *F:* *A kind word is a b. to a wounded soul*, une bonne parole est un baume pour une âme meurtrie. **2.** *Bot:* Mélisse officinale; citronnelle *f*. *Garden b.*, citragon *m*. **Bastard balm,** herbe saine. **Abraham's balm,** petit poivre, agnus-castus *m*. *See also* LEMON-BALM, MOLUCCA 2.

balm-cricket ['bɑ:mkriket], *s.* *Ent:* Cigale *f*.

balmily ['bɑ:mili], *adv.* *See* BALMY.

balminess ['bɑ:minəs], *s.* **1.** *The b. of the evening air*, l'air embaumé du soir. **2.** *P:* Loufoquerie *f*.

Balmoral [bal'mɔr(ə)l]. *Pr.n.* *Geog:* Balmoral *m* (résidence royale en Écosse). *Cost:* **Balmoral petticoat, boots, cap,** jupe *f*, brodequins *mpl*, béret *m*, balmoral.

balmy ['bɑ:mi], *a.* **1.** Balsamique. **2.** (*a*) (Air, temps) embaumé, parfumé; d'une douceur délicieuse. *Lit:* *B. breeze*, zéphire *m*, zéphyr(e) *m*. (*b*) *Lit:* (*Soothing*) Doux, *f.* douce; calmant, adoucissant. *B. sleep*, doux sommeil. **3.** *P:* Toqué, timbré, maboul, loufoque, braque. **Balmy in the crumpet,** complètement marteau. **-ily,** *adv.* *The wind blows b.*, le vent est chargé de doux parfums.

balneary ['balniəri], *a.* Balnéaire.

balneotherapy [balnio'θerapi], *s.* Balnéothérapie *f*; emploi *m* des bains en thérapeutique.

balsam ['bɔlsəm], *s.* **1.** (*a*) Baume *m*. *Pharm:* *etc:* **True balsam, balsam of Mecca,** baume de la Mecque, térébenthine *f* de Judée. **Canada balsam,** baume du Canada. **Copaiba balsam,** baume de Copahu. **Balsam of Peru,** baume du Pérou. **Balsam of Tolu,** baume de Tolu. *See also* CALABA-BALSAM. (*b*) *Ch:* *Ind:* Oléorésine *f*. **2.** *Bot:* **Garden, yellow, balsam,** balsamine *f*. **Balsam apple,** momordique *f* balsamine, pomme *f* de merveille. **3.** *Arb:* **Balsam fir,** sapin baumier. **Balsam poplar,** peuplier baumier, peuplier de Giléad.

balsamic [bɔl'samik], *a.* Balsamique.

balsamiferous [bɔlsə'mifərəs], *a.* Balsamifère.

Baltic ['bɔ:ltik], *a.* & *s.* *Geog:* **1.** Baltique. **The Baltic (sea),** la (mer) Baltique. *B. trade*, commerce *m* de la Baltique. *Com:* *B. timber*, bois *m* du nord. **2.** **Baltic port,** port *m* balte. **3.** *Com:* **The Baltic (Exchange),** bourse *f* du commerce étranger des houilles, des bois, des huiles, et des céréales (située à Londres).

Baluchi [bə'lu:tʃi], *a.* & *s.* *Ethn:* Baloutchi, -ie; Béloutche (*mf*).

Baluchistan [bəlu:tʃis'tɑ:n, -kis-]. *Pr.n.* *Geog:* Bélou(t)chistan *m*, Baloutchistan *m*.

baluster ['baləstər], *s.* **1.** Balustre *m*. **Baluster railing,** parapet *m* à balustres. **2.** *pl.* = BANISTERS.

balustered ['baləstərd], *a.* A balustres.

balustrade [baləs'treid], *s.* (*a*) Balustrade *f*. (*b*) Accoudoir *m*, allège *f*, appui *m* (de fenêtre, etc.); garde-corps *m inv.*

balustraded [baləs'treidid], *a.* A balustrade.

bambino [bam'bi:no], *s.* *Art:* Enfant Jésus.

bamboo [bam'bu:], *s.* Bambou *m*. *B. cane*, bambou, bamboche *f*. **Bamboo salt, sugar of bamboo,** tabas(c)hir *m*.

bamboozle [bam'bu:zl], *v.tr.* *F:* Mystifier, enjôler, embobeliner (qn); *P:* mettre (qn) dedans. *You've been bamboozled*, on vous a enfoncé, refait. *You can't b. me*, on ne me la fait pas; ça ne prend pas avec moi; on ne m'a pas comme ça. *To b. s.o. out of sth.*, (i) frauder qn de qch.; (ii) soutirer qch. à qn. *They bamboozled him into making a new will*, ils ont réussi à lui faire rédiger un nouveau testament.

bamboozlement [bam'bu:zlmənt], *s.* Enjôlement *m*, duperie *f*, tromperie *f*.

bamboozler [bam'bu:zlər], *s.* Mystificateur, -trice; farceur, -euse; enjôleur, -euse.

ban[1] [ban], *s.* **1.** (*a*) (*Sentence of banishment, of outlawry*) Ban *m*, bannissement *m*, proscription *f*. (*b*) *Ecc:* Interdit *m*, *F:* anathème *m*. *To place s.o. under the ban of the Empire, of public opinion*, mettre qn au ban de l'Empire, de l'opinion (publique); vouer qn à la malédiction publique. *Customs that are under the ban of society*, mœurs bannies de la bonne société, proscrites par la bonne société. **2.** *pl.* *A:* = BANNS.

ban[2], *v.tr.* (**banned**) Interdire (qn, qch.); mettre (un livre) à l'index. *Play banned by the censor*, pièce interdite par la censure. *To be banned by public opinion*, être au ban de l'opinion (publique). *He is banned by society*, la société lui a fermé ses portes. *To ban war*, mettre la guerre hors la loi.

banal ['banəl, 'beinəl], *a.* Banal, -aux; ordinaire.

banality [bə'naliti], *s.* Banalité *f*. *He began his letter with a few banalities*, il débuta par quelques banalités.

banana [bə'nɑ:nə], *s.* **1.** Banane *f*; (*as opposed to plantain*) figue *f* banane. **Canary banana,** banane de Chine, des Canaries. **2.** **Banana(-tree),** bananier *m*; (*as opposed to plantain*) bananier des sages.

ba'nana-plan'tation, *s.* Bananeraie *f*.

ba'nana-pro'ducing, *a.* (Région *f*, etc.) bananifère.

Bananaland [bə'nɑnəland]. *Pr.n.* *F:* (*In Austral.*) Le Queensland.

Banbury cake ['banbəri'keik], *s.* Petit gâteau aux raisins (fabriqué à Banbury).

Banbury Cross ['banbəri'krɔs], *s.* *F:* (*Of child*) **To ride to Banbury Cross,** jouer "à dada sur mon bidet." *Bobby was riding to B.C.*, Bobby était à califourchon sur le genou de son père, etc.

band[1] [band], *s.* **1.** (*a*) Lien *m* (de fer); frette *f*; cercle *m* (d'un tonneau); bandage *m* (d'une roue); bride *f* (d'un ressort); bracelet *m* (d'un fourreau); ruban *m* (d'un chapeau). *Bookb:* Nerf *m*, nervure *f*, accolure *f*. *Hort:* *B.* (*of canvas, etc., for tying up plants*), accolure. *Narrow b.*, bandelette *f*. *Silk moire b.*, ruban de moire (pour montre). **Crepe band** (*round arm*), brassard *m* de crêpe, de deuil. *Nau:* **Strain-band,** barate *f*. **Nave-band,** frette de moyeu. *Steel b.*, ruban d'acier. *Elastic b.*, anneau *m* en caoutchouc; *F:* élastique *m*. *Sm.a:* *Upper b.* (*of rifle*), embouchoir *m* (à quillon). *Lower b.*, grenadière. *See also* HAIR-BAND, RUBBER[1] 3, NECK-BAND, NOSE-BAND, REEF-BAND, SWADDLING-BANDS, WAISTBAND. *Aut:* *etc:* **Brake band,** ruban de frein. *Mil:* **Cap-band,** bandeau *m*. *White cap-b.* (*worn by troops on one side in manoeuvres*), manchon *m*. *Nau:* (*In Merchant Service*) **Bands,** galons *mpl*. (*b*) Bande *f* (de gazon, de toile). *See also* DIRT-BAND. **Paper band,** bande de papier; (*round cigar*) bague *f*. *Cigar with a gold b.*, cigare bagué d'or. (*c*) *Opt:* **Bands of the spectrum,** bandes du spectre. **Absorption bands,** bandes d'absorption. (*d*) **The bands in onyx,** les zones *f* de l'onyx. (*d*) *W.Tel:* **Frequency band,** bande de fréquence. **Side bands,** bandes de modulation. **Band-pass filter, band-pass circuit,** filtre *m* de bande, circuit *m* passe-bande. **Amateur band,** bande de fréquence réservée aux émissions d'amateurs. **2.** *Mec.E:* *etc:* Bande, courroie *f* (de transmission). *Canvas b.* (*of conveyor*), bâche *f*. *Ind:* **Endless band** (*in mass production*), **band-conveyor,** tapis roulant; transporteur *m* à toile sans fin. **Moving-band production,** travail *m* à la chaîne. *B. of a caterpillar tractor*, chenille *f* d'une autochenille. **3.** *pl.* *Ecc.Cost:* *etc:* **Bands,** rabat *m*.

'band-brake, *s.* Frein *m* à collier, à bande, à ruban.

'band-chain, *s.* *Surv:* Chaîne *f* à ruban d'acier.

'band-clutch, *s.* Embrayage *m* à ruban.

'band-fish, *s.* *Ich:* **Red band-fish,** cépole *m*, ruban *m*.

'band-pulley, *s.* Poulie *f* à courroie.

'band-saw, *s.* *Carp:* Scie *f* à ruban; scie sans fin. *See also* PULLEY 2.

'band-stone, *s.* *Const:* Parpaing *m*.

band[2], *v.tr.* **1.** Bander (un ballot); fretter (un four, etc.); mettre (un journal, etc.) sous bande. **2.** Rayer; zébrer de rayures.

banded, *a.* Rayé. *Nat.Hist:* Fascié. *Miner:* **Banded agate,** agate rubanée.

banding, *s.* Ceinturage *m* (d'obus, etc.).

band[3], *s.* **1.** (*a*) Bande *f*, troupe *f*. *The black bands that ravaged the frontier*, les bandes noires qui ravageaient la frontière. *A little b. of fugitives*, une petite troupe de fugitifs. *A merry b. of revellers*, une bande de joyeux noceurs. (*b*) Compagnie *f*; *Pej:* clique *f* (de personnes). *Author dear to a growing b. of readers*, auteur cher à un nombre croissant de lecteurs. **Band of Hope,** société *f* de tempérance (pour la jeunesse). **2.** *Mus:* (*a*) (*Orchestra*) Orchestre *m*. (*b*) *Mil:* *etc:* Musique *f*. *The regimental b.*, la musique du régiment. **Brass band,** fanfare *f*. **Brass and reed band,** harmonie *f*. *A:* **German band,** troupe *f* de musiciens ambulants. *Mil:* **The drum and bugle band,** la batterie; *F:* la clique. *The members of the b.*, les musiciens. *F:* **One-man band,** homme-orchestre *m*, *pl.* hommes-orchestres. *P:* **When the band**

begins to play, quand les choses se corsent. *See also* BEAT[2] 2, JAZZ-BAND.

'band-waggon, *s. U.S:* Char *m* des musiciens (en tête de la cavalcade). *U.S: F:* **To get into the band-waggon**, se mettre dans le mouvement; se ranger du bon côté.

band[4], *v.i. & pr.* **To band (together)**, (i) se bander, se liguer; se réunir en bande; (ii) s'ameuter.

bandage[1] ['bandedʒ], *s.* (*a*) *Esp. Med:* Bandage *m*, bande *f*, bandelette *f*; (*for blindfolding*) bandeau *m*. *Triangular b.*, bandage en triangle. *Crape b.*, bande Velpeau; *F:* velpeau *m*. (*b*) *Surg:* Bande de pansement; pansement *m*; (*for the jaw*) chevêtre *m*. *Supporting b.*, appréhension *f*. *See also* CHIN-BANDAGE, FENESTRATED, FIGURE[1] 5. *Head swathed in bandages*, tête enveloppée de linges. *To put a b. on s.o., sth.*, bander qn, qch; mettre un pansement à qn. *To remove a b. from a wound*, débander une plaie; enlever l'appareil, le pansement. (*c*) *Farr:* **Horse bandage**, bande jambière.

bandage[2], *v.tr.* Bander (un bras cassé, une plaie); poser un appareil, mettre un pansement, sur (une plaie).

bandaging, *s.* Bandage *m*; pose *f* de l'appareil; pansement *m*.

bandagist ['bandedʒist], *s.* Bandagiste *m*.

bandan(n)a [ban'danə], *s.* **1.** Foulard *m* (à pois ou en couleurs). **2.** *P:* Mouchoir *m*.

bandar ['bʌndər], *s. Z:* Bandar *m*; macaque *m* rhésus.

bandbox ['bandbɔks], *s.* Carton *m* à chapeau(x); carton de modiste. **To look as if one had just stepped out of a bandbox**, être tiré à quatre épingles; avoir l'air de sortir d'une boîte.

bandboxy ['bandbɔksi], *a. Pej: B. houses*, maisons *f* de carton.

bandeau, *pl.* **-eaux** ['bandou], *s.* **1.** (*Headband*) Bandeau *m*. *She wears her hair in bandeaux*, elle porte les cheveux en bandeaux. **2.** *Cost:* Barrette *f* d'entrée de tête (d'un chapeau de femme).

banderol(e) ['bandərɔl], *s. Art: Her: Arch:* Banderole *f*.

bandicoot ['bandikuːt], *s. Z:* **1.** Péramèle *m* (de l'Australie). **2.** Rat géant (des Indes).

bandit ['bandit], *s.* Bandit *m*. *A gang of bandits*, une troupe de bandits. **The Calabrian banditti** [ban'diti], les brigands de la Calabre.

banditism ['banditizm], *s.* Banditisme *m*, brigandage *m*.

banditry ['banditri], *s.* Brigandage *m*.

bandlet ['bandlet], *s. Arch:* Bandelette *f*.

bandmaster ['bandmɑːstər], *s.* (*a*) Chef *m* d'orchestre. (*b*) *Mil: etc:* Chef de musique, de fanfare.

bandog ['bandɔg], *s.* **1.** *A:* Gros chien de garde; mâtin *m*. **2.** *F:* = BAILIFF 1.

bandoleer, bandolier [bando'liːər], *s.* **1.** Bandoulière *f*. **2.** Cartouchière (portée en écharpe).

bandolero [bando'lɛəro], *s.* Bandolier *m*, bandoulier *m*.

bandoline ['bandolin], *s. Toil:* Bandoline *f*.

bandook [bʌn'duːk], *s. Mil: P:* Fusil *m*; *P:* flingot *m*.

bandsman, *pl.* **-men** ['bandzmən, -men], *s.m.* Musicien (d'un orchestre ou d'une harmonie); (*of brass band*) fanfariste.

bandstand ['bandstand], *s.* Kiosque *m* à musique.

bandy[1] ['bandi], *s. Games:* **1.** (*a*) Jeu *m* de crosse. (*b*) *A:* Bandy(-ball), hockey *m*. **2.** (*Curved club*) Crosse *f*.

bandy[2], *v.tr.* (Se) renvoyer (une balle, des paroles); échanger (des plaisanteries, des coups). *These letters of complaint are bandied backwards and forwards*, on se renvoie ces lettres de plainte comme des volants. **To bandy words**, faire assaut de paroles; se chamailler. *To b. reproaches*, se renvoyer des reproches.

bandy[3], *a.* **1.** **Bandy legs**, jambes arquées, bancales, en manches de veste; *Farr:* arqûre *f*. **2.** (*Of pers.*) = BANDY-LEGGED.

'bandy-legged, *a.* (*Of pers.*) Bancal, *P:* bancroche; aux jambes arquées; aux jambes en manches de veste; (*of horse*) brassicourt, arqué.

bandy[4], *s.* Charrette *f*, boghei *m* (des Indes orientales).

bane [bein], *s.* **1.** *Lit:* Fléau *m*, peste *f*. *F:* **He has been the bane of my life**, il a fait le tourment, le malheur, de ma vie; il m'a empoisonné l'existence. **2.** *A:* Poison *m*. *Still so used in compounds. See* DOG'S-BANE, FLEA-BANE, FLY-BANE, FOX-BANE, HOG'S BANE, LEOPARD'S BANE, RATSBANE, WOLF'S-BANE.

baneberry ['beinbəri], *s. Bot:* Herbe *f* de Saint-Christophe.

baneful ['beinful], *a.* Funeste, fatal, pernicieux, nuisible. *B. influence*, influence néfaste, pernicieuse. **-fully**, *adv.* Pernicieusement, funestement, nuisiblement.

banefulness ['beinfulnəs], *s.* Nuisibilité *f*; effet désastreux.

bang[1] [baŋ], *s.* **1.** Coup (violent); détonation *f* (de fusil, etc.); fracas *m*; claquement *m* (de porte). (*Of firework, etc.*) *To go off with a b.*, détoner; faire pétard. **2.** *P:* Gros mensonge.

bang[2]. **1.** *v.i.* (*a*) *To b. at, on, the door*, frapper à la porte avec bruit, heurter à la porte; donner de grands coups dans la porte. *To b. on the table with one's fist*, frapper la table du poing; cogner du poing sur la table. (*b*) (*Of door*) **To bang**, claquer, battre. *The door banged shut*, la porte se ferma avec fracas. **2.** *v.tr.* (*a*) Frapper (violemment). *To b. a mat against the wall*, battre un paillasson contre le mur. *I banged his head on a stone*, je lui ai tapé la tête sur une pierre. *To b. the keys of the piano*, s'escrimer sur le piano. *To b. Latin into a boy's head*, enfoncer du latin dans la tête à un élève. *F:* **To bang saxpences**, faire des folies. (*b*) **To bang the door**, (faire) claquer la porte, fermer la porte avec fracas, frapper la porte. (*c*) *St.Exch: F:* **To bang the market**, faire baisser les prix; écraser le marché; casser les cours.

bang about. **1.** *v.tr. To b. s.o. about*, houspiller qn. **2.** *v.i.* Faire du fracas, du tapage; tapager.

bang away, *v.i. The guns banged away*, les canons tonnaient (sans interruption). *To b. away at the enemy*, bombarder l'ennemi; tirer sans cesse sur l'ennemi.

bang down, *v.tr. To b. down the lid*, abattre violemment le couvercle. *He banged it down on the table*, il le posa avec violence sur la table.

bang up, *v.i. To b. up against s.o.*, se heurter à, contre, qn.

banging[1], *a.* **1.** *B. door*, porte *f* qui claque. **2.** *P: B. lie*, mensonge *m* énorme.

banging[2], *s.* (*a*) Coups violents; claquement *m*. (*b*) Détonations *fpl*.

bang[3]. **1.** *int.* Pan! v'lan! boum! *F:* **Bang went saxpence!** j'ai dépensé six pence d'un seul coup! **2.** *adv.* (*a*) *F:* **To go bang**, éclater. **To do sth. bang off**, faire qch. sur-le-champ. **To go bang at it**, y aller tête baissée, à corps perdu. **I came bang up against the wall**, je me suis heurté de front contre le mur. **To fall bang in the middle**, tomber v'lan en plein milieu. (*b*) *P:* (*Euphemism for 'damned'*) **The whole bang lot**, (i) tout le bataclan; tout le bazar; (ii) (*of people*) toute la clique.

'bang-up, *a. P: A b.-up dinner*, un dîner numéro un; un chic dîner. *A b.-up show*, quelque chose de très chic. *On Sundays he's a b.-up swell*, le dimanche c'est un rupin.

'bang-word, *s. P:* Gros mot; juron *m*.

bang[4], *s.* Cheveux coupés à la chien; coiffure *f* à la chien. *To wear a b.*, être coiffée à la chien.

'bang-tail, *s.* Cheval *m* à la queue écourtée; cheval écourté.

bang[5], *v.tr. To b. one's hair*, couper ses cheveux à la chien. *To b. a horse's tail*, écourter (la queue d')un cheval.

banger ['baŋər], *s. P:* Mensonge *m* énorme.

bangle [baŋgl], *s.* **1.** Bracelet *m*, porte-bonheur *m inv*. **Slave-bangle**, bracelet esclave. **2.** = ANKLET 1.

banian ['banjən], *s.* **1.** (*a*) (*Trader*) Banian *m*. (*b*) Robe *f* de chambre, vêtement *m* d'intérieur (porté aux Indes). **2.** *Bot:* Banian(-tree), arbre *m* des banians, figuier *m* des banians; banian.

'banian-day, *s. Nau:* Jour *m* maigre.

'banian-hospital, *s.* (*In the East*) Hôpital *m* pour les animaux.

banish ['baniʃ], *v.tr.* **1.** Bannir, exiler (*s.o. from a place*, qn d'un lieu); proscrire qn; *A:* mettre (qn) au ban. **2.** *To b. fear, care, etc.*, bannir, chasser, la crainte, les soucis, etc.

banisher ['baniʃər], *s.* Bannisseur *m*.

banishment ['baniʃmənt], *s.* Bannissement *m*, proscription *f*, exil *m*. **To go into banishment**, partir pour l'exil. *Jur:* **Local banishment**, interdiction *f* de séjour.

banister ['banistər], *s.* (*Usu. in pl.*) **1.** Balustres *m* (d'escalier). **2.** Rampe *f* (d'escalier); appui *m* d'escalier. **To slide down the banisters**, glisser le long de la rampe.

banjo, *pl.* **-os, -oes** ['bandʒou(z)], *s.* **1.** *Mus:* Banjo *m*. **2.** *Aut:* Carter *m* du différentiel.

'banjo-oiler, *s. Av:* Graisseur *m* centrifuge.

banjoist ['bandʒouist], *s.* Joueur, -euse, de banjo.

bank[1] [baŋk], *s.* **1.** (*a*) Talus *m*; terrasse *f*; levée *f* de terre; (*in garden*) glacis *m*. *Civ.E:* Banquette *f*, remblai *m*. *Rail:* Rampe *f*. *Turf:* Banquette (irlandaise). **Bank engine** = BANKER[2] 2. *B. of flowers*, tertre *m* de fleurs. (*b*) (*In river, sea*) Banc *m* (de sable, de roches). *See also* ICE-BANK, SAND-BANK. *Geog:* **The Banks of Newfoundland**, le Banc de Terre-Neuve. (*c*) Digue *f*. (*d*) Panne *f* (de nuages). **2.** (*a*) (*Steep side*) Berge *f* (d'une rivière, d'un canal, d'un chemin, d'un fossé). (*b*) (*Side*) Bord *m*, rive *f* (d'une rivière, d'un lac). **The banks**, le rivage. *The opposite b. of the canal*, la berge opposée du canal. *Mil:* (*In bridge building*) **Near bank**, première rive. **Further bank**, seconde rive. *Min:* **Bank claim**, concession riveraine. **3.** *Min:* Recette *f* du jour. **Bank engine**, moteur *m* à la surface; moteur du jour. **4.** *Av:* Virage incliné. *Steep b.*, virage à la verticale. **Angle of bank**, angle *m* de roulis.

bank[2]. **1.** *v.tr.* (*a*) *To b. a river*, contenir une rivière par des berges, par une digue; endiguer une rivière. (*b*) **To bank up**, remblayer, terrasser, amonceler (de la terre, de la neige, etc.). *To b. up the foot of a tree*, rechausser un arbre. *Civ.E:* **To bank a road** (*at a corner*), surhausser, relever, un virage. **Banked corner**, dévers *m*; virage relevé; relèvement de virage. *Banked edge* (*of road, etc.*), berge *f*. **Banked in road**, route encaissée. (*c*) *Mch:* **To bank (up) fires**, couvrir, coucher, les feux; rester sur les feux; mettre les feux au fond. *P:* **To bank up**, se caler l'estomac. (*d*) *Min:* **To bank the cage**, atterrir la cage. **2.** *v.i.* (*Of snow, clouds, mist, etc.*) S'entasser, s'accumuler, s'amonceler. **3.** *v.i. Av:* Pencher l'avion; s'incliner sur l'aile; virer (sur l'aile). **To under-bank**, virer à plat. **To over-bank**, virer trop penché.

banking[1], *s.* **1.** (*a*) Remblayage *m*; surhaussement *m*, relèvement (d'un virage). (*b*) **Banking up of a river**, haussement *m* du niveau d'une rivière. (*c*) *Min:* Atterrissage *m* (de la cage). **2.** Remblai *m*. *B. of a road at a bend*, dévers *m* d'un virage. **3.** *Av:* Virage incliné, relevé.

bank[3], *s.* **1.** *Com: Fin:* (*a*) Banque *f*. *B. of issue*, banque d'émission. **The Bank of England**, la Banque d'Angleterre. *See also* SAFE[2] 2. *Sum at the b.*, somme *f* en banque. **Bank account**, compte *m* en banque. **Bank credit**, crédit *m* en banque. **Bank clerk**, commis *m*, employé *m*, de banque. *See also* COUNTRY 2, DEPOSIT[1] 1, DISCOUNT[1], LAND-BANK, MONEY 1, PENNY-BANK, RATE[1] 2, RETURN[1] 6, SAVINGS-BANK. (*b*) Bureau *m* de banque. **Branch bank**, succursale *f* (d'une banque). *See also* AGENT 1. **2.** *Gaming:* Banque (de celui qui tient le jeu). **To break the bank**, faire sauter la banque, débanquer le banquier. **3.** = BANK-PAPER 2.

'bank-bill, *s.* **1.** Effet (tiré par une banque sur une autre). **2.** *U.S:* Billet *m* de banque.

'bank-book, *s.* Livret *m* de banque; carnet *m* de banque.

bank-'holiday, *s.* (Jour *m* de) fête légale (où les banques n'ouvrent pas). (En Angleterre: les lundis de Pâques et de la Pentecôte, le premier lundi d'août, et le lendemain de Noël.)

bank-'messenger, *s.* Garçon *m* de recette; encaisseur *m*.

'bank-note, *s.* Billet *m* de banque.

'bank-paper, *s.* **1.** Billets *mpl* de banque et papier *m* bancable. **2.** Papier coquille; papier poste.

bank[4], *v.tr. & i.* **1.** Mettre, déposer, (de l'argent) en banque; déposer (qch.) dans une banque. *To b. with s.o.*, avoir qn pour banquier, avoir un compte de banque chez qn. *Where do you b.?* qui est votre banquier? **2.** *Gaming:* Tenir la banque. **3.** *F:* To

bank on sth., compter sur qch., caver, miser, sur (un événement). *To b. on a success*, escompter un succès. *To b. on human foolishness*, caver sur la bêtise humaine.

banking[2], *s.* **1.** (Affaires *fpl*, opérations *fpl*, de) banque *f*. **Banking house**, maison de banque, banquière; établissement *m* bancaire. *Big b. houses*, maisons de haute banque. **Banking account**, compte *m* en banque. *To have a b. account with . . .*, avoir un compte de banque chez. . . . *B. hours*, heures *fpl* de la banque. *B. business*, trafic *m* bancaire. **2.** Profession *f* de banquier; la banque.

bank[3], *s.* **1.** *A:* = BENCH[1] 1. **2.** *Nau: A:* (*a*) Banc *m* (de rameurs). (*b*) Rang *m* (de rames, d'avirons). **3.** *Mus:* Clavier *m* (d'un orgue). *Organ with three banks*, orgue *m* à trois claviers. **4. Optical bank**, banc d'optique. **5.** *Ind:* Groupe *f*, batterie *f* (de chaudières, de cornues, de lampes électriques, de transformateurs, etc.). *I.C.E:* Rangée *f*, assise *f* (de cylindres).

-banked, *a.* A (tant de) rangs. **Three-banked organ**, orgue *m* à trois claviers. *See also* DOUBLE-BANKED, SINGLE-BANKED.

bankable ['baŋkəbl], *a.* *Fin:* (Effet *m*) bancable, négociable en banque.

banker[1] ['baŋkər], *s.* **1.** *Fin:* Banquier *m*. *B.'s draft*, chèque *m* bancaire, de banque. **2.** *Gaming:* Banquier, tailleur *m*.

banker[2], *s.* **1.** *Fish:* Banquier *m*, banquais *m* (qui pêche la morue); morutier *m*; terreneuvien *m*. **2.** *Rail:* **Banker(-engine)**, machine *f* de renfort (pour la montée des rampes).

banket ['baŋket], *s.* *Goldm:* Conglomérat *m* aurifère.

Bankiva [baŋ'kaivɑ]. *Pr.n.* *Husb:* **Bankiva jungle fowl**, race *f* de Bankiva.

bankrupt[1] ['baŋkrʌpt], *a.* & *s.* **1.** (*a*) (Commerçant) failli (*m*). **To go bankrupt**, (i) faire faillite; (ii) (*of business*) *F:* sauter. *To be b.*, être en faillite. *To adjudge, adjudicate, s.o. b.*, déclarer, mettre, qn en faillite. **Bankrupt's certificate**, concordat *m*. *See also* UNDISCHARGED 2. (*b*) *Fraudulent or negligent b.*, banqueroutier *m*. (*c*) *F:* *To be b. in, of, intelligence*, être dépourvu, dénué, d'intelligence. *A man b. of honour*, un homme perdu d'honneur. **2.** *F:* (Homme) criblé de dettes, sans ressources.

bankrupt[2], *v.tr.* **1.** Mettre (qn) en faillite. **2.** *F:* Ruiner (qn).

bankruptcy ['baŋkrʌptsi], *s.* **1.** (*a*) Faillite *f*. *Jur:* **Act of bankruptcy**, acte *m* manifeste d'insolvabilité (entraînant la faillite). **The Bankruptcy Act**, le code de procédure régissant les faillites. *See also* DECREE[1] 3, RECEIVER 1. (*b*) **Fraudulent bankruptcy**, banqueroute *f*. **2.** *F:* Ruine *f*.

banksia ['baŋksiɑ], *s.* *Bot:* Banksie *f*.

Bankside [baŋk'said]. *Pr.n.* La rive droite de la Tamise à Southwark (autrefois mal famée).

banksman, *pl.* **-men** ['baŋksmən, -men], *s.m.* *Min:* Receveur; porion *m* de surface.

bannal ['banəl], *a.* *A:* (Four, moulin) banal.

banner ['banər], *s.* **1.** (*a*) Bannière *f*, étendard *m*. *F:* **To join s.o.'s banner**, se ranger sous la bannière de qn. (*b*) *Ecc:* Bannière. **2.** *Bot:* Étendard, pavillon *m* (d'une papilionacée). **3.** *Attrib.* *U.S:* Excellent, exceptionnel; de première classe. *Com:* *We've had a* **banner year**, nous avons fait des affaires d'or cette année.

'banner-screen, *s.* *Furn:* Écran *m* à bannière.

'banner-state, *s.* *U.S:* Un des principaux états.

banneret ['banəret], *s.* *Hist:* Banneret *m*.

bannerol ['banərɔl], *s.* = BANDEROLE.

bannock ['banək], *s.* (*In Scot.*) Pain plat et rond cuit sans levain.

banns [banz], *s.pl.* Bans *m* (de mariage). **To put up, publish, the banns**, *Ecc:* (faire) publier les bans; *F:* annoncer un mariage; faire l'annonce d'un mariage. **To forbid the banns**, faire, mettre, opposition à (la célébration d')un mariage. *See also* ASK[1] 6.

banquet[1] ['baŋkwet], *s.* Banquet *m*; dîner *m* de gala, d'apparat; *F:* festin *m*. *Wedding b.*, repas *m* de noces. *Ecc:* **The heavenly banquet**, le banquet céleste.

'banquet-hall, *s.* Salle *f* de banquet; la salle du banquet.

banquet[2]. **1.** *v.tr.* Offrir un banquet, un grand dîner, un dîner de gala, à (qn). **2.** *v.i.* *F:* Banqueter; festiner, faire festin; festoyer; faire bombance.

banqueting, *s.* Bombance *f*.

'banqueting-hall, *s.* = BANQUET-HALL.

banqueter ['baŋkwetər], *s.* Banqueteur *m*.

banquette [baŋ'ket], *s.* **1.** (*a*) *Fort:* Banquette *f* de tir. (*b*) *Veh: A:* Banquette (d'une diligence). **2.** *U.S:* (*a*) Talus *m*. (*b*) Trottoir *m*.

banshee ['banʃiː], *s.* (*In Ireland and Scot. Highlands*) Fée *f* (dont l'apparition et les cris sous les fenêtres d'une maison présagent la mort d'un de ses habitants).

bant [bant], *v.i.* *F:* Suivre un régime amaigrissant (préconisé en premier lieu par un M. Banting).

banting, *s.* (*Also* **banting diet**) Régime amaigrissant, antiobésique, obésifuge; cure *f* d'amaigrissement.

bantam ['bantəm], *s.* **1.** *Husb:* Coq *m*, poule *f*, (de) Bantam; coq nain. **2.** *Mil:* *F:* **Bantams**, (bataillon composé d')hommes *m* au-dessous de la taille réglementaire.

'bantam-weight, *s.* *Box:* Poids *m* bantam; poids coq.

banter[1] ['bantər], *s.* (*a*) Badinage *m*, badineries *fpl*. (*b*) Ironie *f*, raillerie *f*, persiflage *m*.

banter[2]. **1.** *v.tr.* (*a*) Badiner. (*b*) Gouailler, railler; (*ill-naturedly*) persifler. **2.** *v.i.* (*a*) Badiner. (*b*) Gouailler, railler; faire de l'ironie.

bantering, *a.* Railleur, -euse, goguenard; gouailleur, -euse. **-ly**, *adv.* Railleusement, d'un ton goguenard; d'un air, d'un ton, railleur; gouailleusement.

banterer ['bantərər], *s.* Railleur, -euse, badin, -ine, gouailleur, -euse; (*ill-natured*) persifleur, -euse.

bantling ['bantliŋ], *s.* *Lit:* (*a*) Poupon *m*, bambin *m*, mioche *mf*. (*b*) *Pej:* Marmot *m*.

Bantu ['ban'tu]. **1.** *a.* & *s.* *Ethn:* Bantou, -oue. **2.** *s.* *Ling:* Le bantou.

banyan ['banjən], *s.* = BANIAN 2.

baobab ['beiobab], *s.* *Bot:* Baobab *m*.

bap [bap], *s.* Petit pain au lait (longtemps particulier à l'Écosse).

baphia ['bafiɑ], *s.* *Bot:* Baphier *m*.

baptism ['baptizm], *s.* **1.** Baptême *m*. **Private baptism**, ondoiement *m*. **To receive baptism**, recevoir le baptême. **Register of baptisms**, registre *m* baptistaire. **Certificate of baptism**, extrait *m* de baptême; extrait baptistaire. *F:* **The baptism of blood, of fire**, le baptême du sang, du feu. **2.** Baptême (d'une cloche, d'un navire).

baptismal [bap'tizm(ə)l], *a.* (Registre *m*) baptistaire; (nom *m*) de baptême; (fonts) baptismaux.

baptist ['baptist], *s.* **1. John the Baptist**, saint Jean-Baptiste. **2.** *Ecc:* Baptiste *mf*, anabaptiste *mf*. *See also* SEVENTH-DAY.

baptist(e)ry ['baptist(ə)ri], *s.* Baptistère *m*.

baptize [bap'taiz], *v.tr.* **1.** Baptiser; administrer, conférer, le baptême à (qn). **To be baptized**, recevoir le baptême. *To be baptized by the name of John*, être baptisé du nom de Jean. **2.** Baptiser, bénir (une cloche, un navire). **3.** *F:* *We had baptized him Stalky*, nous l'avions baptisé, surnommé, Stalky.

baptizer [bap'taizər], *s.* Baptiseur *m*.

bar[1] [bɑːr], *s.* **1.** (*a*) Barre *f* (de fer, de bois, de chocolat, etc.); barre, brique *f* (de savon); lingot *m* (d'or); lame *f* (de commutateur, etc.). *Bar of a chain-link*, étai *m* d'une maille. *Needlew:* *Bar of a buttonhole*, bride *f*. *Bar of a medal*, barrette *f* d'une médaille. *Bar of a door*, bâcle *f* d'une porte; barre de porte. *Gym:* **Parallel bars**, barres parallèles. **Horizontal bar**, barre fixe. **To pull up to the bar**, faire une traction, des tractions. *See also* JUMPING-BAR. *Harn:* *Lower bar of the bit*, entretoise *f* du mors. *Her:* **Bar sinister**, barre de bâtardise. *Min:* **Miner's bar**, barre de mine, fleuret *m*. *See also* BORING-BAR, CROSS-BAR, CROW-BAR, GUIDE-BAR I[1] 2, LOCKING-BAR, PINCH-BAR, PRESSER-BAR, RADIUS-BAR, RUDDER-BAR, SADDLE-BAR, SCREW-BAR, SWAY-BAR, SWING-BAR, SWITCH-BAR, TEST-BAR, TIE-BAR, TYPE-BAR. (*b*) *pl.* Barreaux *m* (d'une fenêtre, d'une grille, d'une cage, d'une chaise, d'une prison). *The bars of the grate*, la grille du foyer. *To be behind prison bars*, être sous les grilles (d'une prison); être sous les verrous. *See also* PRISONER 2. (*c*) *pl.* Barrettes (de souliers de dames). (*d*) *pl.* Barres (de la bouche d'un cheval). (*e*) (*In river, harbour*) Barre (de sable); traverse *f*. **Off-shore bar**, cordon *m* littoral. *To cross the bar*, passer, franchir, la barre. *See also* SAND-BAR. (*f*) *A:* Barrière *f*. *See* TEMPLE BAR, TOLL-BAR. **2.** (*a*) Empêchement *m*, obstacle *m*. **To fix, set, a bar against sth.**, mettre obstacle, mettre un empêchement, à qch. *To be a bar to sth.*, être un empêchement, faire obstacle, à qch. **The colour bar**, distinction légale ou sociale entre les blancs et les races de couleur; exclusion sociale des races de couleur (surtout en ce qui regarde les croisements de race). *Jur:* **Bar to set-off**, obstacle à la compensation. (*b*) *Jur:* Exception *f*; fin *f* de non-recevoir. *See also* PLEA 1. **3.** *Jur:* (*a*) Barre (des accusés). **The prisoner at the bar**, l'accusé. **To appear at the bar**, paraître à la barre. *F:* *The bar of conscience, of public opinion*, le tribunal de la conscience, de l'opinion publique. *Prussia at the bar of public opinion*, la Prusse devant l'opinion publique. (*b*) Barreau (des avocats). **To be called, to come, go, to the bar**, être reçu, se faire inscrire, au barreau; se faire inscrire au tableau; être reçu avocat. **Call to the bar**, inscription *f*, entrée *f*, au barreau; inscription au tableau. *Before going to the bar*, avant d'être avocat. **To be called within the bar**, être nommé avocat de la Couronne. *See also* READ[1] 1. (*c*) *Coll.* Les avocats (constitués par une des parties d'un procès). (*d*) *Coll.* L'Ordre *m* des avocats. **The Bar Council**, le Conseil de l'Ordre des avocats. **4.** (*a*) Bar *m*; (*in N. of Fr.*) estaminet *m*. *Rail: Th:* Buvette *f*. *See also* QUICK-LUNCH. (*b*) (*In public house*) Comptoir *m*, bar, *P:* zinc *m*. *Bar lounger*, pilier *m* d'estaminet, de cabaret. *See also* TENDER[1] 1. **5.** (*a*) Barre, ligne *f*, trait *m*. (*b*) *Mus:* **Bar(-line)**, barre. **Double bar**, double barre; division *f*; points *mpl* de reprise. (*c*) *Mus:* Mesure *f*.

'bar-bell, *s.* *Gym:* Barre *f* à sphères, à boules.

'bar-cutter, *s.* *Metalw:* Cisailles *fpl* à barres.

'bar-iron, *s.* *Com:* Fer *m* en barres, en verges; fer carillon; fer marchand; ronds *mpl*. *Flat b.-i.*, fer plat; fer méplat.

'bar-keeper, *P:* **bar-keep**, *s.* *U.S:* Tenancier *m* d'un bar; buvetier *m*, cabaretier *m*.

'bar-room, *s.* Salon *m* du bar.

'bar-soap, *s.* Savon *m* en barres.

'bar-wheels, *s.pl.* *For:* Fardier *m* (pour le transport des troncs d'arbres).

bar[2], *v.tr.* (**barred; barring**) **1.** Barrer; bâcler (une porte, etc.); griller (une fenêtre). **To bar the door against s.o., to bar s.o. out**, barrer la porte à qn. **To bar oneself in**, assurer la porte; se barricader. **2.** (*a*) (*Obstruct*) Barrer (un chemin). **To bar s.o.'s way**, barrer la route à qn; couper (le) chemin à qn. *To bar the way to progress*, barrer la route au progrès. *To bar s.o. from doing sth.*, empêcher qn de faire qch. (*b*) = DEBAR. (*c*) *Surg: Vet:* **To bar a vein**, barrer une veine. **3.** (*a*) (*Prohibit*) Défendre, prohiber, interdire (une action); exclure (un sujet de conversation). (*b*) *F:* (*Dislike*) Ne pas supporter, ne pas approuver (une personne, une habitude). *She barred smoking in the drawing-room*, elle n'admettait pas qu'on fumât au salon. (*c*) *Jur:* Opposer une fin de non-recevoir à (une action). **4.** (*Stripe*) Rayer (de lignes); barrer.

barred, *a.* **1.** (*a*) Barré; muni d'une grille, de barreaux. *B. window*, fenêtre grillée. (*b*) *Mus:* *Barred C*, C barré. **2.** (Drap, etc.) rayé. **3.** (Port) obstrué par une barre de sable. **4.** *Jur:* **Barred by limitation**, (droit) périmé. *These debts are b. at the end of five years*, ces dettes se prescrivent par cinq ans; il y a prescription pour ces dettes au bout de cinq ans.

barring[1], *s.* **1.** Barrage *m* (d'une porte, etc.). **2.** Interdiction *f* (d'une action). **3.** *Sch: A:* **Barring out**, révolte *f* des élèves (qui barraient les portes pour interdire l'entrée aux professeurs).

bar[3], **barring**[2], *prep.* *F:* Excepté, sauf, hors; à part; à l'exception de. **Barring accidents**, sauf accident, à moins d'accident(s), sauf imprévu. **Bar one,** sauf un, sauf une. **Bar none,** sans exception. *Excellent book bar(ring) one or two chapters,* livre excellent à part un ou deux chapitres.

bar[4], *s. Ich:* Maigre *m.*

Barabbas [bə'rabəs]. *Pr.n.m. B.Hist:* Bar(r)abbas.

barb[1] [bɑːrb], *s.* **1.** (*a*) Barbillon *m*, dardillon *m* (d'un hameçon); barbelure *f* (d'une flèche); ardillon *m* (d'un crochet). *F: Exposed to the barbs of the critic,* exposé aux traits acérés de la critique. (*b*) Picot *m* (de fil de fer barbelé). (*c*) *Engr: Metalw:* Barbe *f*, bavure *f* (de métal). **2.** *pl.* (*a*) *Ich: Vet:* Barbillons. *Bot:* Arêtes *f.* (*b*) Barbes (d'une plume). **3.** *Cost:* Barbette *f* (d'une religieuse).

barb[2], *v.tr.* Garnir de barbelures, de barbillons. **To barb a hook,** relever le barbillon d'un hameçon.

barbed, *a.* **1.** *Bot:* Aristé; hameçonné. **2.** Barbelé. **Barbed arrow,** flèche barbelée. **Barbed wire,** fil de fer barbelé; barbelé *m*; ronce artificielle. **Barbed-wire fence,** haie barbelée; haie de barbelé. *Mil:* **Barbed-wire entanglements,** les barbelés *m.*

barb[3], *s.* (*Breed of horse*) Cheval *m* barbe; barbe *m.*

Barbado(e)s [bɑːr'beidouz]. *Pr.n. Geog:* La Barbade. **Barbados cherry,** cerise *f* des Antilles. **Barbados gooseberry,** groseillier *m* d'Amérique. **Barbados nut,** noix *f* des Barbades; pignon *m* d'Inde. *See also* CEDAR. *Med:* **Barbados leg,** éléphantiasis *f* des Arabes. *Dist:* **Barbados water,** eau *f* des Barbades; citronnelle *f*. *See also* SUGAR[1] 1.

Barbara ['bɑːrbərə]. *Pr.n.f.* Barbe.

Barbaresque [bɑːrbə'resk], *a. Ethn: Art:* Barbaresque.

barbarian [bɑːr'bɛəriən], *a. & s.* Barbare (*mf*).

barbaric [bɑːr'barik], *a.* Barbare; rude, primitif.

barbarism ['bɑːrbərizm], *s.* **1.** *Gram: Ling:* Barbarisme *m.* **2.** Barbarie *f*, grossièreté *f*, rudesse *f*.

barbarity [bɑːr'bariti], *s.* **1.** Barbarie *f*, cruauté *f*, inhumanité *f*. **2.** *The barbarities that go with war,* les barbaries qui accompagnent la guerre.

barbarize ['bɑːrbəraiz]. **1.** *v.tr.* Barbariser (un peuple, une langue). **2.** *v.i.* (*a*) Barbariser; commettre des barbarismes (de langue). (*b*) Devenir barbare.

Barbarossa [bɑːrbə'rɔsə]. *Pr.n.m. Hist:* Barberousse.

barbarous ['bɑːrbərəs], *a.* **1.** Barbare. **2.** Cruel, barbare, inhumain. **-ly,** *adv.* **1.** (*a*) Sans culture. (*b*) (Écrire) en faisant force barbarismes. **2.** Cruellement.

barbarousness ['bɑːrbərəsnəs], *s.* = BARBARITY 1.

Barbary ['bɑːrbəri]. *Pr.n. Geog:* La Barbarie, les États *m* barbaresques. *Hist:* **The Barbary corsairs,** les corsaires *m* barbaresques. **Barbary duck,** canard *m* de Barbarie, canard turc. **Barbary horse,** cheval barbe. *See also* APE[1] 1.

barbate ['bɑːrbeit], *a.* **1.** *Bot:* Barbé, aristé. **2.** *Z:* Barbu.

barbecue[1] ['bɑːrbikjuː], *s.* **1.** (*a*) Grand châssis pour le rôtissage d'animaux entiers. (*b*) Bœuf, porc, rôti tout entier. **2.** *U.S:* Grande fête en plein air (où l'on rôtit des animaux tout entiers).

barbecue[2], *v.tr.* Rôtir (un animal) tout entier.

barbel ['bɑːrbəl], *s.* **1.** *Ich:* Barbeau *m*, cirre *m.* **2.** *pl.* Barbillons *m*, palpes *f*, barbes *f* (d'un poisson).

barbel(l)ed ['bɑːrbəld], *a.* (Poisson *m*) à barbillons.

barber ['bɑːrbər], *s.* Barbier *m*, coiffeur *m.* **Barber's pole,** enseigne *f* de barbier. *See also* ITCH[1] 2. *A:* **Barber-surgeon,** chirurgien *m* barbier.

barberry ['bɑːrberi], *s. Bot:* Épine-vinette *f*, *pl.* épine(s)-vinettes; vinette *f*.

barbet ['bɑːrbet], *s.* **1.** *Orn:* Barbu *m.* **2.** (*Dog*) Barbet *m.*

barbette [bɑːr'bet], *s. Fort:* Barbette *f*. **Barbette gun,** pièce *f* en barbette.

barbican ['bɑːrbikən], *s. Archeol:* Barbacane *f*.

barbitone ['bɑːrbitoun], *s. Pharm:* Véronal *m.*

barbotine ['bɑːrbotin], *s. Cer:* Barbotine *f*.

barbule ['bɑːrbjul], *s.* **1.** Barbule *f* (d'une plume). **2.** = BARBEL 2.

barcarol(l)e ['bɑːrkəroul], *s. Mus:* Barcarolle *f*.

Barcelona [bɑːrse'lounə]. *Pr.n. Geog:* Barcelone *f*. *Tex:* **Barcelona rugs** (*of rough wool*), couvertures *f* de, en, catalogne.

bard[1] [bɑːrd], *s.* **1.** (*a*) (*Celtic, esp. of Wales*) Barde *m.* (*b*) (*Of ancient Greece*) Aède *m.* **2.** *F:* Poète *m.*

bard[2], *s.* **1.** *Archeol:* Barde *f* (de cheval d'armes). **2.** *Cu:* Barde (de lard).

bard[3], *v.tr. Archeol: Cu:* Barder (un chevalier, un cheval, une volaille).

barded, *a.* (*a*) *Archeol:* Bardé, cuirassé. (*b*) *Cu:* Bardé.

bardic ['bɑːrdik], *a.* Qui se rapporte à la poésie celtique, aux concours de poésie du Pays de Galles.

bardolatry [bɑːr'dɔlatri], *s.* Culte *m* de Shakespeare.

bare[1] ['bɛər], *a.* **1.** Nu; dénudé. *B. legs,* jambes nues. *F:* **Bare as the back of my hand,** nu comme la main, comme un ver. *B. sword,* épée nue. **To fight with bare hands,** se battre sans mettre de gants. *B. country-side,* pays nu, dénudé, pelé. *The trees are already b.* les arbres sont déjà dénudés, dépouillés. *B. cupboard, cupboard b. of food,* placard *m* vide; buffet dégarni. *Hotel b. of guests,* hôtel *m* vide de clients, sans clients. *Room b. of furniture,* chambre vide ou à peine meublée. *A pedestal b. of its statue,* un piédestal veuf de sa statue. **To lie, sleep, on the bare ground, on the bare boards,** coucher sur la dure. *Lying on the b. sand,* couché à même le sable. **The bare fact remains that . . .,** le fait brutal reste que. . . . *See also* STATEMENT 1. *The more he writes, the barer his style becomes,* plus il écrit plus son style se décharne. (*Of skin*) **To grow bare,** se peler. **To lay bare,** mettre à nu, exposer (une surface, des fautes, sa poitrine, son cœur); dévoiler (un secret, une fraude); déchausser (des roches, des fondations, des racines, etc.). **Laying bare,** mise *f* à nu; déchaussement *m.* *B. chest,* poitrine découverte. *Garment that leaves the neck and bust b.,* vêtement *m* qui laisse à découvert le cou et la gorge. *El:* **Bare wire,** fil dénudé. *B. end* (*of a wire*), extrémité nue, mise à nu, déchaussée. *Nau:* **Bare yard,** vergue sèche. **To run, scud, under bare poles,** filer, courir, fuir, à sec (de toiles), à mâts et à cordes. *F:* **The poor chap is just drifting under bare poles,** le pauvre diable est à sec, tire le diable par la queue. *Cards:* **Ace bare, king bare,** as sec, roi sec. *Jur:* **Bare trustee,** fidéicommissaire *m* dont les pouvoirs sont arrivés à expiration. **2.** (*Scanty*) **To earn a bare living,** gagner tout juste, à peine, de quoi vivre; gagner sa vie et rien de plus. *Jur:* (*Income providing a*) *b. living,* portion congrue. *See also* NECESSARY 2. *B. majority,* faible majorité *f*. *B. measure,* mesure rase. *It is but b. justice to say that . . .,* la justice la plus élémentaire nous oblige à reconnaître que. . . . *To condemn s.o. on a b. suspicion,* condamner qn sur un simple soupçon. *The b. thought frightens me,* cette seule pensée m'effraie. **I shudder at the bare idea,** je frémis rien que d'y penser. *A b. thank you,* un merci tout sec. *They received me with b. politeness,* c'est tout juste s'ils ont été polis. *See also* PASS[3] 2. **-ly,** *adv.* **1.** *Room b. furnished,* (i) pièce dont le mobilier se réduit à l'essentiel; (ii) pièce pauvrement meublée. *To state a fact b.,* donner un fait sans détails, sans broder. **2.** A peine, tout juste. *I b. know him,* je le connais à peine; c'est à peine si je le connais. *He can b. read and write,* c'est tout juste, tout au plus, s'il sait lire et écrire. *He b. escaped death,* il échappa tout juste à la mort. *He is b. thirty,* c'est tout juste s'il a trente ans. *To have b. time,* n'avoir que juste le temps.

'bare-backed. **1.** *a.* A dos nu, le dos nu. *B.-b. horse,* cheval nu, à poil. **2.** *adv.* = BAREBACK.

'bare-boned, *a.* Décharné.

'bare-footed, *a. & adv.* = BAREFOOT(ED).

'bare-headed, *a. & adv.* Nu-tête, (la) tête nue. *They stood b.-h.,* ils se tenaient nu-tête, tête nue. *To stand b.-h. before s.o.,* rester découvert devant qn. *B.-h. woman,* femme *f* en cheveux.

'bare-legged, *a. & adv.* Nu-jambes, (les) jambes nues; aux jambes nues.

bare[2], *v.tr.* Mettre (qch.) à nu; découvrir (une plaie, etc.); se découvrir (la tête); dénuder, dépouiller (un arbre, etc.); déchausser (une dent, des racines, etc.). **To bare one's sword,** tirer son épée du fourreau; mettre l'épée à nu; dégainer. *To b. the end of a wire,* dénuder, dépouiller, l'extrémité d'un fil; mettre le bout d'un fil à nu. *Columns bared of their capitals,* colonnes décoiffées de leurs chapiteaux, veuves de leurs chapiteaux.

bare[3], *s. Const:* Pureau *m*, échantillon *m* (d'une tuile, d'une ardoise de toiture).

bare[4]. *See* BEAR[3].

Bareacres ['bɛəreikərs]. *Pr.n. F:* **Lady Bareacres,** la grande dame sans le sou (Thackeray).

bareback ['bɛərbak], *adv.* **To ride bareback,** monter (un cheval) à nu, à cru, à poil.

barebones ['bɛərbounz], *s. F:* Personne maigre, décharnée; *F:* squelette ambulant.

barefaced ['bɛərfeist], *a.* **1.** A visage imberbe; glabre. **2.** (*a*) Sans masque. (*b*) *F:* (Mensonge, etc.) éhonté, effronté, cynique. *It is b. robbery,* ce n'est ni plus ni moins qu'un vol, que du vol.

barefacedly [bɛər'feisidli], *adv.* Effrontément, avec effronterie; cyniquement.

barefacedness [bɛər'feisidnəs], *s.* Effronterie *f*; cynisme *m.*

barefoot ['bɛərfut]. **1.** *adv.* Nu-pieds; (à) pieds nus. **2.** *a.* = BAREFOOTED.

barefooted ['bɛərfutid], *a.* Aux pieds nus; les pieds nus. *Ecc:* **Barefooted Carmelites,** carmes déchaussés.

barége [ba'reːʒ], *s.* **1.** *Tex:* Barège *m* (*originally from Barèges in the Pyrenees*). **2.** *Med:* Eau *f* de Barèges.

bareness ['bɛərnəs], *s.* **1.** Nudité *f*, dénuement *m* (d'une chambre, etc.). **2.** Pauvreté *f*, sécheresse *f* (de style, etc.).

bargain[1] ['bɑːrgən], *s.* **1.** Marché *m*, affaire *f*. **To make a good bargain,** faire une bonne affaire, un bon marché, un marché avantageux; avoir quelque chose à très bon marché. **To get the best of the bargain,** avoir l'avantage (dans un marché). **To make a losing bargain,** faire une mauvaise affaire. **To strike, drive, a bargain with s.o.,** conclure, faire, un marché avec qn; passer contrat avec qn. *To drive a hard b.,* chercher à gagner le dernier centime. *To drive a hard b. with s.o.,* imposer, faire, à qn des conditions très dures. *I have got a bad b.,* j'ai fait une mauvaise emplette. *F:* **King's bad bargain,** mauvais soldat. **It's rather a Dutch bargain,** tout l'avantage est d'un côté. *See also* BEST[1] 1. *A real b.,* une véritable occasion. *It's a great b.!* c'est une belle occasion! une occasion superbe! *To be on the look-out for bargains, to hunt for bargains,* être à la recherche des occasions. **Into the bargain,** par-dessus le marché, par surcroît, en plus. **A bargain's a bargain,** on ne revient pas sur un marché; marché conclu reste conclu. *I have made a b. with him to sell him the furniture,* j'ai convenu avec lui de lui vendre les meubles. **It's a bargain!** c'est entendu! c'est convenu! c'est marché conclu! *St.Exch:* **Bargains done,** cours faits. *See also* TIME-BARGAIN. **2.** (*a*) **Bargain sale,** vente *f* de soldes. *B. prices,* prix *m* de solde; prix exceptionnels. (*b*) (*Of article*) *To be a b.,* être de bonne emplette. *To go away from the sale with one's bargains,* s'en aller de la vente avec ses emplettes

'bargain-counter, *s. Com:* Rayon *m* des soldes.

'bargain-hunter, *s.* Chercheur, -euse, d'occasions; acheteur, -euse, à la recherche de soldes.

'bargain-hunting, *s.* La recherche des occasions, des soldes.

'bargain-price, *s. Com:* Prix *m* de solde.

'bargain-work, *s. Ind:* Travail *m* à l'entreprise.

bargain[2]. **1.** *v.i.* (*a*) Entrer en négociations, négocier (*with s.o.,* avec qn). *To b. with s.o. for sth.,* traiter, faire marché, de qch. avec qn. *F:* **I didn't bargain for that,** ce n'était pas dans nos conventions; je ne m'attendais pas à cela; ça n'est pas de jeu. *I didn't b. for your bringing all your friends,* je ne m'attendais pas à ce que vous ameniez tous vos amis. *I didn't b. to do that,* je ne m'étais pas engagé à cela; cela n'est pas dans notre marché. *F:* **He got more than he bargained for,** il ne s'attendait pas à avoir affaire à si forte partie; il a eu du fil à retordre. (*b*) (*Haggle*) *To b. with s.o.*, marchander qn. *To b. over an article*, marchander un article. **2.** *v.tr.* **To bargain sth. away**, vendre qch à son désavantage; céder qch. à vil prix; sacrifier qch.

bargaining, *s.* Marchandage *m.*

bargainee [bɑːrgə'niː], *s. Jur: Com:* Acheteur *m*, preneur *m.*

bargainer ['bɑːrgənər], *s.* Marchandeur, -euse.

bargainor ['bɑːrgənər], *s. Jur: Com:* Vendeur *m*, bailleur *m.*

barge[1] [bɑːrdʒ], *s.* (*a*) (*Dumb barge*) Chaland *m*, bateau plat; allège *f*, péniche *f*, toue *f*, accon *m.* **Canal barge**, balandre *f.* **Motor barge**, chaland à moteur. *See also* MUD-BARGE, HOPPER[1] 3. (*b*) (*With sails*) Gabare *f*, barge *f.* (*c*) Bateau-maison *m*, *pl.* bateaux-maisons (appartenant à un club de l'aviron). (*d*) *Navy:* Deuxième canot *m* (d'un navire de guerre). **Admiral's barge**, canot de l'amiral. (*e*) **State barge**, barque *f* de cérémonie.

'barge-pole, *s.* Gaffe *f. F:* **I wouldn't touch it with a barge-pole**, je n'en veux à aucun prix. *I wouldn't touch him with a b.-p.*, il me dégoûte; il n'est pas à prendre avec des pincettes.

barge[2], *v.i. F:* **1.** **To barge into, against, s.o., sth.**, venir se heurter contre qn, qch.; bousculer qn; se cogner sur qn; se cogner contre qch.; donner contre qch.; *F:* rentrer dans qn. *v.tr.* **To barge one's way through the crowd**, bousculer la foule pour passer; foncer à travers la foule. **To barge in**, intervenir mal à propos. **2.** **To barge about**, s'avancer par embardées; zigzaguer (en marchant); marcher en zigzags.

barge[3]-, *comb.fm.* (De) pignon *m.*

'barge-board, *s. Arch: Const:* Bordure *f* de pignon.

'barge-couple, *s. Const:* Traverse *f.*

'barge-course, *s. Const:* Cordon *m.*

bargee [bɑːr'dʒiː], *s.* (*a*) Chalandier *m.* (*b*) Gabarier *m.* (*c*) *F:* Batelier *m*, marinier *m. See also* SWEAR[2] 2.

bargeman, *pl.* **-men** ['bɑːrdʒmən, -men], *s.* = BARGEE.

bargemaster ['bɑːrdʒmɑːstər], *s.* Patron *m* de chaland ou de gabare.

baric[1] ['bɛərik], *a. Ch:* Barytique.

baric[2], *a. Ph: Meteor:* (Pression *f*) barométrique.

barilla [ba'rila], *s. Bot: Ind:* Barille *f.*

baritone ['baritoun], *s. Mus:* = BARYTONE 1.

barium ['bɛəriəm], *s. Ch:* Baryum *m.* **Barium hydrate**, baryte hydratée.

bark[1] [bɑːrk], *s.* **1.** (*a*) Écorce *f* (d'arbre). **Inner bark**, liber *m. To strip the b. off a tree*, écorcer un arbre. **Peruvian bark**, quinquina *m*; *A:* écorce du Pérou. **Red bark**, quinquina rouge. *See also* MANGROVE 2, OAK-BARK, ORDEAL-BARK, QUILLAIA, SHELL-BARK. *U.S: F:* **A man with the bark on**, un homme aux dehors rudes. (*b*) (*Left on cut timber*) Grume *f.* **2.** **(Tanner's) bark**, tan *m.* **Spent bark**, tannée *f.*

'bark-bed, *s. Hort:* Couche *f* de tannée.

'bark-beetle, *s. Ent:* Bostryche *f*; scolyte *m.*

'bark-blaze, *s.* = BLAZE[3] 2.

'bark-bound, *a. Bot:* (*Of tree*) Serré dans son écorce.

'bark-coppice, *s. For:* Taillis *m* à écorce.

'bark-pit, *s. Tan:* Fosse *f* de tanneur; fosse à tan.

'bark-tree, *s. Bot:* Cinchona *m.*

bark[2], *v.tr.* (*a*) Écorcer, décortiquer (un arbre); dépouiller (un arbre) de son écorce. (*b*) *F:* **To bark one's shins**, se raboter, s'écorcher, s'érafler, les tibias.

barked, *a.* **1.** Écorcé. *For:* **Barked wood**, bois pelard. **2.** Éraflé.

barking, *s.* Écorcement *m*; décortication *f.* **Barking-iron**, (i) outil *m* à écorcer; (ii) *P:* (par calembour sur BARK[4]) pistolet *m* ou revolver *m.*

bark[3], *s.* **1.** (*a*) Aboiement *m*, aboi *m.* **To give a bark**, pousser un aboiement. *F:* **His bark is worse than his bite**, il aboie plus qu'il ne mord; il fait plus de bruit que de mal; il n'est pas si méchant qu'il en a l'air. (*b*) Glapissement *m* (du renard). **2.** *F:* Toux sèche.

bark[4], *v.i.* **1.** (*a*) Aboyer (*at*, après, contre). *F:* **To bark at the moon**, aboyer à la lune. **To bark up the wrong tree**, suivre une fausse piste; accuser qn à tort. *v.tr. F:* **The dog barked him away**, les aboiements du chien le firent battre en retraite. (*b*) (*Of fox*) Glapir. **2.** Dire (qch.) d'un ton sec, cassant. *No, he barked out*, non, dit-il d'un ton sec. *To b. out an order*, donner un ordre d'un ton sec. **3.** *F:* Tousser.

barking[1], *a.* (*a*) (Chien) aboyeur. *Prov:* **Barking dogs seldom bite**, chien *m* qui aboie ne mord pas. *B. criticism*, critique aboyeuse. (*b*) (Renard) glapissant.

'barking deer, *s. Z:* Muntjac *m.*

barking[2], *s.* **1.** (*a*) Aboiement *m* (d'un chien, *F:* d'un critique). (*b*) Glapissement *m* (d'un renard). **2.** Toux sèche.

bark[5], *s.* **1.** *Nau:* Trois-mâts barque *m.* **Four-mast bark**, quatre-mâts *m inv* barque. **2.** *Poet:* Barque *f.*

'bark-rigged, *a. Nau:* Gréé en trois-mâts barque.

barkentine ['bɑːrkəntiːn], *s. Nau:* Barque *f* goélette; trois-mâts *m* goélette.

barker ['bɑːrkər], *s.* **1.** Aboyeur, -euse. **2.** *A. & U.S:* (*In front of booth*) Aboyeur. **3.** *P:* Pistolet *m* ou revolver *m*; *P:* azor *m*, aboyeur.

barley ['bɑːrli], *s.* Orge *f*, *but m. in:* **hulled barley**, orge mondé, *and* **pearl barley**, orge perlé; blé *m* d'Égypte, de mai. **Bald barley**, orge *f* sans barbes. **Two-rowed barley**, pamelle *f*, paumelle *f*; orge à deux rangs. *Four-rowed b.*, orge à quatre rangs. **Winter barley**, escourgeon *m*; orge de prime. *Brew:* **Bruised barley**, brai *m.*

'barley-beer, *s.* Cervoise *f.*

'barley-gruel, *s.* Crème *f* d'orge.

'barley-meal, *s.* Farine *f* d'orge.

'barley-mow, *s.* Meule *f* d'orge.

'barley-sugar, *s.* Sucre *m* d'orge. *F: Stick of b.-s.*, suçon *m.*

'barley-water, *s.* Décoction *f* d'orge perlé; tisane *f* d'orge.

barleycorn ['bɑːrlikɔːrn], *s.* **1.** Grain *m* d'orge. *F:* **John Barleycorn**, le whisky. **2.** *Carp:* Grain-d'orge *m* (entre moulures).

Barlow ['bɑːrlou]. *Pr.n.m.* **1.** *Med:* **Barlow's disease**, maladie *f* de Barlow; scorbut *m* infantile. **2.** *U.S:* **Barlow knife**, *F:* **barlow**, grand couteau de poche (à une ou à deux lames).

barm [bɑːrm], *s.* Levure *f* (de bière); levain *m* de bière.

barmaid ['bɑːrmeid], *s.f.* Demoiselle de comptoir, fille de comptoir (d'un débit de boisson); serveuse, verseuse.

barman, -men ['bɑːrmən, -men], *s.m.* Garçon de comptoir (d'un débit de boisson); serveur du bar; barman [bar'man].

Barmecide ['bɑːrmisaid], *s.m. Hist: Lit:* Barmécide. *F:* **Barmecide feast**, festin *m* de Barmécide (où il n'y a que des plats vides).

barminess ['bɑːrminəs], *s.* = BALMINESS 2.

barmy ['bɑːrmi], *a.* **1.** Contenant de la levure; écumeux; en fermentation. **2.** = BALMY 3.

barn [bɑːrn], *s.* (*a*) Grange *f.* (*b*) *U.S:* Étable *f* ou écurie *f. See also* DRYING[2]. (*c*) *U.S:* Dépôt *m* de tramways.

barn-'door, *s.* Porte *f* de grange. **'Barn-door fowls**, volaille *f* de basse-cour; poulardes *f* de pailler. *F:* (*Of a poor shot*) *He couldn't hit a b.-d.*, il raterait la cible à bout portant.

barn-'floor, *s.* Aire *f* (de grange).

'barn-owl, *s. Orn:* Effraie *f.*

'barn-stormer, *s. F:* Acteur ambulant; cabotin, cabotine.

'barn-storming, *s. F:* Cabotinage *m. To take to b.-s.*, monter sur les tréteaux.

'barn-swallow, *s. Orn:* Hirondelle *f* rustique, de fenêtre, de cheminée.

'barn-yard, *s.* Basse-cour *f*, *pl.* basses-cours.

Barnabas ['bɑːrnəbəs], **Barnaby** ['bɑːrnəbi]. *Pr.n.m.* Barnabé.

'Barnaby-'day, 'Barnaby-'bright, *s.* La Saint-Barnabé (11 juin).

'Barnaby-'thistle, *s. Bot:* Centaurée *f* du solstice.

Barnabite ['bɑːrnəbait], *s.m. Ecc:* Barnabite.

barnacle ['bɑːrnəkl], *s.* **1.** *Orn:* **Barnacle (goose)**, bernacle *f*, bernache *f*; oie marine, cane *f* à collier. **2.** (*a*) *Crust:* (i) **Stalked or ship barnacle** (*also* GOOSE-BARNACLE, *q.v.*), bernache, bernacle; cravan(t) *m*; anatif(e) *m.* (ii) = ACORN-BARNACLE. (*b*) *F:* (i) Individu cramponnant; crampon *m*; (ii) fonctionnaire *m* qui se cramponne à son poste (comme ceux qui sont décrits dans *Little Dorrit* de Dickens).

barnacles ['bɑːrnəklz], *s.pl.* **1.** *Vet:* Morailles *f*, mouchettes *f.* **2.** *F: A:* (*Spectacles*) Besicles *f.*

barney ['bɑːrni], *s.* **1.** *P:* Tricherie *f*; fumisterie *f*; duperie *f.* **2.** *Min:* Chariot *m.*

Barnum ['bɑːrnəm], *s.m. F:* Barnum; propriétaire de cirque, de ménagerie; entrepreneur de grands spectacles de foire. **To act as Barnum to s.o.**, servir de cornac à qn.

barograph ['barograf], *s.* Barométrographe *m*; baromètre enregistreur.

barometer [ba'rɔmetər], *s.* Baromètre *m. Siphon b.*, baromètre à siphon. *Wheel b.*, baromètre à cadran. *Cup-b.*, baromètre à cuvette. *Self-registering b.*, baromètre enregistreur. *Mountain b.*, oromètre *m. The b. points to rain, to set fair*, le baromètre est à la pluie, au beau fixe. *See also* ANEROID, MARINE 1.

barometric(al) [baro'metrik(əl)], *a.* Barométrique.

barometry [ba'rɔmetri], *s.* Barométrographie *f.*

baron ['barən], *s.* **1.** (*a*) Baron *m.* (*b*) Titre donné aux juges de la Cour de l'Échiquier. (*c*) *U.S: F:* Grand manitou (industriel). **2.** **Baron of beef**, double aloyau *m*; selle *f* de bœuf.

baronage ['barənedʒ], *s.* **1.** Baronnage *m.* **2.** Liste *f* des barons; annuaire *m* de la noblesse.

baroness ['barənes], *s.f.* Baronne.

baronet ['barənet], *s.m.* Baronnet.

baronetage ['barənetedʒ], *s.* **1.** Les baronnets *m.* **2.** Liste *f* des baronnets.

baronetcy ['barənetsi], *s.* Dignité *f* de baronnet. *To be given a b.*, être élevé au rang de baronnet; être créé baronnet.

baronial [ba'rounjəl], *a.* Baronnial. *F: B. hall*, demeure seigneuriale, *Iron:* castel *m.*

barony ['barəni], *s.* **1.** Baronnie *f.* **2.** (*In Ireland*) Subdivision *f* d'un comté. **3.** (*In Scot.*) Grande propriété terrienne.

baroque [ba'rouk], *a. & s. Hist. of Art:* Baroque (*m*), rococo (*m*).

baroscope ['baroskoup], *s. Ph:* Baroscope *m.*

barouche [ba'ruːʃ], *s. Veh:* Calèche *f.*

barque [bɑːrk], *s.* = BARK[5] 1.

barquentine ['bɑːrkəntiːn], *s. Nau:* = BARKENTINE.

barrack(s)[1] ['barək(s)], *s.* **1.** (*a*) *Mil:* (*Usu. in pl.*) Caserne *f*; quartier *m*; (*of cavalry*) quartier. *To live in barracks*, (i) (*of officers*) loger, vivre, à la caserne, au quartier; (ii) (*of the soldiers*) être casernés. *Life in barracks*, la vie de caserne. *The squadron was on its way back to the barracks*, l'escadron rentrait au quartier. **Casemated barrack**, casemate *f*, logement *m* caverne (d'un fort). **Confinement to barracks**, *F:* **C.B.**, consigne *f* au quartier. **To be confined to barracks**, être consigné. *To get confined to barracks for four days*, *F:* avoir quatre jours de cran, de bloc; attraper quatre crans. (*b*) **Naval barracks**, caserne maritime; dépôt *m* des équipages de la flotte. **2.** *Pej:* (*a*) *F:* Grand bâtiment qui ressemble à une caserne; *F:* caserne. (*b*) *A. & Dial:* Baraque *f*, chaumière *f*, taudis *m.*

'barrack room, *s.* Chambrée *f. Attrib.* **Barrack-room language, manners**, expressions *f*, façons *f*, de caserne, de chambrée; manières soldatesques.

barrack 'square, *s.* Cour *f* du quartier.

barrack 'warden, *s.* Casernier *m.*

barrack[2], *v.tr. Mil:* Caserner (des troupes).

barracking[1], *s.* Casernement *m* (des troupes).

barrack[3], *v.tr. P:* Conspuer, huer (une équipe de joueurs). *Abs.* Faire du chahut, chahuter.

barracking², *s. P:* Chahutage *m.*
barracoon [barə'kuːn], *s.* (i) Négrerie *f*, (ii) baraquements *mpl* de forçats (sur la côte d'Afrique).
barrage¹ ['baredʒ], *s.* **1.** *Hyd.E:* Barrage *m* (d'un fleuve). **2.** *Mil:* (*also* [ba'rɑːʒ]) Tir *m* de barrage; tir sur zone. *Creeping b.*, barrage rampant. *Standing b. fire*, tir d'interdiction. *B. fire to cut off a point*, tir d'encagement.
barrage², *v.tr. & i. Mil:* Établir un tir de barrage (sur une ligne).
barras ['barəs], *s.* **Barras (resin),** barras *m.*
barrator ['barətər], *s. Jur: A:* **1.** Chicaneur *m*, procédurier *m*; personne *f* qui excite aux procès. **2.** Juge vénal.
barratry ['barətri], *s.* **1.** *Jur: A:* (*a*) Esprit *m* de chicane. (*b*) Vénalité *f* (d'un juge). **2.** *Nau:* Baraterie *f*; acte de violence ou de fraude (commis par le capitaine).
barré ['bare], *s. Tex:* Bayadère *f.*
barred [bɑːrd]. *See* BAR².
barrel¹ ['barəl], *s.* **1.** (*a*) Tonneau *m*, barrique *f*, futaille *f*, fût *m* (de vin, etc.); caque *f*, baril *m* (de harengs); gonne *f* (de goudron). *Goods in barrels*, marchandises de tonnelage. *Nau: Cargo in barrels*, barillage *m.* (*b*) **Biscuit barrel,** boîte *f* à biscuits (en forme de baril); seau *m* à biscuits. **2.** (*a*) Cylindre *m*, partie *f* cylindrique; fût, caisse *f* (d'un tambour); tuyau *m* (de plume d'oiseau); canon *m* ((i) de fusil, (ii) de seringue, (iii) de poupée de tour, (iv) de lanterne de voiture, (v) de serrure, de clef); faussures *fpl* (d'une cloche); corps *m*, barillet *m* (de pompe); cylindre, barillet (de serrure); fusée *f*, mèche *f*, tambour *m*, cloche *f* (de cabestan, de treuil). *Nau:* Marbre *m* (de la roue du gouvernail). *Clockm:* Barillet, boîte *f* à ressort (de montre). *Mus:* Cylindre noté (d'un orgue mécanique). *Ven: To give a hare both barrels*, faire feu des deux coups sur un lièvre. *See also* LOCK² 3. (*b*) *Anat:* **Barrel of the ear,** caisse du tympan. (*c*) *Cost:* (*Button*) Olive *f.* **4.** Tronc *m* (d'un bœuf, d'un cheval, etc.).
'**barrel-bulk,** *s.* Cinq pieds *m* cubes.
barrel-'head, *s.* Fond *m* de tonneau.
'**barrel-hooks,** *s.pl. Nau:* Pattes *f* d'élingue.
'**barrel-horse,** *s.* Chantier *m.*
barrel-house, -shop, *s. U.S:* Cabaret *m* de bas étage.
'**barrel-organ,** *s. Mus:* (*a*) Orgue *m* mécanique. (*b*) (*Of street-player*) (i) Orgue de Barbarie; (ii) piano *m* mécanique (à cylindre).
'**barrel-pen,** *s.* Plume *f* tubulaire (pour dessin).
'**barrel-road,** *s.* Chaussée bombée.
'**barrel-roof,** *s.* Toit cintré.
'**barrel-shaped,** *a.* En forme de baril, de tonneau. *See also* DISTORTION 3.
'**barrel-sleeve,** *s. Sm.a:* Cheminée *f.*
'**barrel-stand,** *s.* Porte-fût(s) *m inv*; chantier *m.*
'**barrel-vault,** *s. Arch:* (Voûte *f* en) tonnelle *f*; voûte en berceau.
'**barrel-winding,** *s. El.E:* Enroulement *m* en manteau.
barrel², *v.tr.* (**barrelled; barrelling**) **1.** Mettre (qch.) en fût; entonner, enfutailler (du vin); (en)caquer, embariller, empiper, aliter (des harengs); caquer (de la poudre à canon). **2.** Bomber (une route).
barrelled, *a.* **1.** (Vin *m*) en tonneau(x), en fûts; (harengs *m*) en caque. **2.** *See* DOUBLE-BARRELLED, SINGLE-BARRELLED. **3.** En forme de tonneau; bombé.
barrelling, *s.* Embarillage *m*; entonnage *m*; encaquement *m*; caquage *m* (de la poudre à canon).
barrelage ['barəledʒ], *s.* Quantité (de bière, etc.) évaluée en fûts.
barren ['barən]. **1.** *a.* (*a*) Stérile, improductif; (terrain *m*) aride. *Union b. of issue*, union *f* stérile. *B. mare*, jument *f* vide, bréhaigne. (*b*) *To be at work on a b. subject*, travailler à un sujet maigre, ingrat, aride. *Life b. of good works*, vie *f* stérile en bonnes œuvres. *Mind b. of ideas*, esprit dépourvu d'idées, peu fertile en idées. *The attempt was b. of results*, la tentative n'aboutit pas. *See also* MEASURE¹ 6. **2.** *s. U.S:* Lande *f*; pays nus; terres *f* vagues. **-ly,** *adv.* Stérilement; sans résultats.
barrenness ['barənnəs], *s.* (*a*) Stérilité *f.* (*b*) Aridité *f* (d'une étude, etc.).
barrenwort ['barənwəːrt], *s. Bot:* Épimède *f. Alpine b.*, épimède des Alpes; chapeau *m* d'évêque.
barret ['baret], *s. Ecc.Cost:* Barrette *f.*
barrette [ba'ret], *s.* **1.** Garde *f* (d'un fleuret, d'une épée). **2.** *Cost:* (*Hair-slide*) Barrette *f.*
barricade¹ [bari'keid], *s.* Barricade *f.*
barricade², *v.tr.* Barricader.
barrier¹ ['bariər], *s.* Barrière *f.* **Counterpoise barrier,** tapecul *m.* *Rail:* **Ticket barrier,** portillon *m* d'accès. *B. to progress*, obstacle *m* au progrès. **Barrier ice,** banquise *f.* **Ice-barrier,** muraille *f* de glace; falaise *f* de glace. **The Great Ice Barrier,** la Banquise. **Barrier reef,** récif *m* en barrière. **The Great Barrier Reef,** la Grande Barrière. *Hist:* **The Barrier Treaties,** les Traités *m* de la Barrière (1709, 1713).
barrier², *v.tr.* Fermer (un enclos) avec une barrière.
barrier in, *v.tr.* Enfermer (des animaux, etc.).
barriered, *a.* **1.** Muni d'une barrière, de barrières. **2.** Enfermé.
barring ['bɑːriŋ], *s. & prep. See* BAR ², ³.
barring-engine ['bɑːriŋendʒin], *s. Mch: I.C.E:* Moteur démarreur; vireur *m.* (Le démarrage s'accomplissait à l'origine au moyen d'une barre employée comme levier.)
barrister ['baristər], *s. Jur:* **Barrister-at-law,** avocat *m. Consulting b.*, avocat consultant, avocat conseil. *Revising b.*, contrôleur *m* des listes électorales. **To appear on the roll of barristers,** être inscrit au barreau.
barristress ['baristres], *s.f.* Femme avocat.
barrow¹ ['baro], *s.* **1.** **(Wheel-)barrow,** brouette *f. To wheel s.o. in a b.*, brouetter qn. **2.** = HAND-BARROW. **3.** (*a*) (*With two wheels*) *Hawker's b.*, baladeuse *f*, voiture *f* à bras. (*b*) *Rail:* **Luggage-barrow,** diable *m.* (*c*) *Min:* Wagonnet *m*, her(s)che *f.*
'**barrow-load,** *s.* **1.** Brouettée *f.* **2.** Voiturée *f.*
'**barrow-man,** *pl.* **-men,** *s.* **1.** Marchand *m* des quatre saisons. **2.** *Min:* Traîneur *m* de wagonnets; her(s)cheur *m.*
barrow², *v.tr.* **1.** Brouetter. **2.** *Min:* Her(s)cher.
barrow³, *s.* **1.** (*a*) *Archeol:* Tumulus *m*; tertre *m* (funéraire); tombeau; (*in Brittany*) galgal *m. F:* **Never to leave one's barrow,** ne jamais sortir de sa coquille. (*b*) *Geog:* Colline *f.* **2.** Terrier *m* (de lapin, etc.).
barrow⁴, *s.* Robe *f* de bébé en flanelle sans manches.
barrowful ['baroful], *s.* Brouettée *f.*
barrulet ['barjulet], *s. Her:* Burelle *f*, burèle *f.*
barry ['bɑːri], *a. Her:* Barré, burelé. *B. of ten pieces*, burelé de dix pièces.
bartender ['bɑːrtendər], *s. U.S:* **1.** = BAR-KEEPER. **2.** = BARMAN.
barter¹ ['bɑːrtər], *s.* Échange *m*; troc *m.*
barter², *v.tr.* (*a*) *To b. sth. for sth.*, échanger, troquer, qch. contre qch.; donner qch. en troc pour qch. *Abs.* Faire le commerce d'échange; faire le troc. (*b*) *'The Bartered Bride,'* "la Fiancée vendue" (de Smetana).
barter away, *v.tr. Pej: To b. away one's rights, one's liberty*, vendre ses droits, sa liberté. *To b. away one's honour*, faire trafic de son honneur; trafiquer de son honneur.
barterer ['bɑːrtərər], *s.* **1.** Troqueur, -euse. **2.** *Pej:* Trafiqueur *m.*
Bartholomew [bɑːr'θɔlomjuː]. *Pr.n.m.* Barthélemy. *Hist:* **The Massacre of St Bartholomew,** le Massacre de la Saint-Barthélemy. *Eng.Ecc.Hist:* **St Bartholomew's Day,** date *f* de la démission de 2000 prêtres qui refusèrent de souscrire à l'Acte de Conformité (1662). *A:* **Bartholomew Fair,** la foire de la Saint-Barthélemy (à Londres).
bartisan, bartizan [bɑːrti'zan], *s. Arch: Archeol:* **1.** Tourelle *f* en encorbellement; échauguette *f.* **2.** Bretèche *f.*
barton ['bɑːrtən], *s.* **1.** Basse-cour *f*, *pl.* basses-cours. **2.** La ferme du château.
Bart's [bɑːrts]. *Pr.n. F:* (*St Bartholomew's Hospital*) L'Hôpital St-Barthélemy (à Londres).
barwood ['bɑːrwud], *s.* Bois *m* de cam *m.*
barycentric [bari'sentrik], *a. Ph:* Barycentrique.
barysphere ['barisfiːər], *s. Geol:* Barysphère *f.*
baryta [ba'raita], *s. Ch:* Baryte *f.* **Baryta water,** eau *f* de baryte. *See also* PAPER¹ 1.
barytes [ba'raitiːz], *s. Miner:* Barytine *f.*
barytic [ba'ritik], *a. Geol:* Barytifère. *Miner:* Barytique.
barytone ['baritoun]. **1.** *Mus:* (*a*) *s.* Baryton *m. High b.*, baryton ténorisant. (*b*) *a.* **Barytone voice,** voix *f* de baryton. (*c*) *s.* (*Saxhorn or saxophone*) Baryton. **2.** *Gr.Gram:* *a. & s.* (Mot) baryton (*m*).
basal ['beis(ə)l], *a.* Fondamental, -aux; qui appartient à la base. *Bot:* (Style *m*) basilaire. *Crystall:* (Clivage *m*) basique. *Biol: B. gemmation*, gemmation basale.
basalt [ba'sɔːlt, 'basɔːlt], *s. Geol: Miner:* Basalte *m.* **Basalt columns,** colonnes *f* de basalte; *F:* orgues *f.*
basaltic [ba'sɔːltik], *a.* Basaltique. *Miner:* **Basaltic glass,** verre *m* basaltique; tachylyte *f.*
basan ['bazən], *s. Leath:* Basane *f*; peau *f* de mouton.
basanite ['basənait], *s. Miner:* Basanite *f.*
bascule ['baskjul], *s. Civ.E:* Bascule *f. Esp.* **Bascule-bridge,** pont(-levis) *m* à bascule, *pl.* ponts-levis.
base¹ [beis], *s.* **1.** (*a*) Base *f* (de triangle, etc.). **Aviation base,** base d'aviation. *Mil:* **Advanced base of supplies,** origine *f* d'étapes. *See also* HOSPITAL 1, NAVAL, PRISONER 3, RATE¹ 2. (*b*) *Mth:* Base (logarithmique, d'un système de numération). (*c*) *Ch:* Base (d'un sel). (*d*) *Ind:* Base, fondant *m* (d'un émail). (*e*) *Games:* (*At base-ball*) Base, piquet *m.* **2.** (*a*) Partie inférieure; fondement *m*; base; *Arch: Const:* soubassement *m*; (*of apparatus*) socle *m*, pied *m*, embase *f*, assise *f*; soubassement *m* (de machine-outil, etc.). *B. of a crane*, socle d'une grue. *El:* **Insulating base,** socle isolant. *Phot: Cin: B. of the film*, support *m* du film, de l'émulsion. (*b*) *Her:* Pied *m* (de l'écu). **3.** **(Metal) base** (*of sporting cartridge, electric lamp*), culot *m. Single-contact b.* (*of electric lamp*), culot à plot central. *Double-contact b.*, culot à deux plots. **4.** *Rail:* Patin *m* (de rail). *Width of rail b.*, largeur *f* de patin. *See also* WHEEL-BASE. **5.** *Toil:* **Powder base,** support *m* de poudre.
'**base-ball,** *s. U.S: Sp:* Base-ball *m.*
'**base-board,** *s. Phot:* Chariot *m* (de l'appareil).
'**base-line,** *s.* **1.** (*a*) *Surv:* Base *f.* (*b*) *Mch:* Ligne *f* zéro (du diagramme). **2.** (*a*) *Mil:* Base (d'approvisionnement). (*b*) *Ten:* Ligne *f* de fond. *B.-l. play*, jeu *m* de fond. **3.** *Art:* Ligne de fuite (de la perspective).
'**base-load,** *s. El.E:* Charge *f* minimum (d'un générateur).
'**base-plate,** *s. Mec.E:* Sole *f*, embase *f*, soubassement *m* (de machine-outil).
base², *v.tr.* Baser, fonder (*on*, sur). *To b. oneself on sth.*, se fonder, se baser, sur qch. *To b. one's opinion on the fact that . . .*, asseoir, fonder, appuyer, son opinion sur le fait que. . . . *To b. a decision on a fact*, motiver une décision sur un fait. *To b. taxation on income*, asseoir l'impôt sur le revenu.
base³, *a.* (*a*) Bas, vil. *B. motive*, motif bas, indigne. *B. mind*, âme basse. *B. action*, action *f* ignoble, indigne, lâche. *These b. pleasures*, ces bas plaisirs; ces vils plaisirs. *B. tasks*, tâches *f* serviles. (*b*) (*Of little value*) **Base metals,** métaux vils. (*c*) **Base coin(age),** (i) pièce *f*, monnaie *f*, de mauvais aloi; (ii) fausse monnaie. (*d*) **Base Latinity,** basse latinité. **-ly,** *adv.* Bassement, vilement, lâchement.
'**base-born,** *a.* **1.** De basse extraction, de basse naissance. **2.** Bâtard.
'**base-minded,** *a.* A l'âme basse.
Basel ['bɑːz(ə)l]. *Pr.n. Geog:* Bâle.
baseless ['beisləs], *a.* Sans base, sans fondement; (critique *f*) qui

manque de fondement; (nouvelle *f*) de pure imagination. *B. suspicions*, soupçons *m* sans fondement, injustifiés.

baselessness ['beisləsnəs], *s.* Manque *m* de fondement.

basella [ba'zela], *s. Bot:* Baselle *f.*

basement ['beismənt], *s.* **1.** Soubassement *m* (d'une construction); allège *f* (d'une fenêtre). **2.** Sous-sol *m.* **Basement house,** maison *f* avec cuisine et offices en sous-sol (type aujourd'hui en défaveur). **Basement flat,** sous-sol. **Basement light,** verre *m* dalle; verdal *m.*

baseness ['beisnəs], *s.* Bassesse *f. B. of birth*, (i) bassesse de naissance; (ii) illégitimité *f.*

bash[1] [baʃ], *s.* (*a*) Coup *m*, enfoncement *m. The tea-pot, your hat, has had a b.*, la théière est bosselée, votre chapeau est cabossé. (*b*) (*Esp. Scot.*) Coup (sur la figure); coup de poing violent. *To give s.o. a b. on the face*, coller son poing sur la figure de qn, à qn.

bash[2], *v.tr. F:* **To bash one's head, etc.,** se cogner la tête, etc. **To bash (in) a hat, etc.,** aplatir, cabosser, un chapeau, etc. (d'un coup de poing). *To b. in one's hat*, renfoncer son chapeau. *To b. in a box*, défoncer une boîte. **To bash s.o. about,** houspiller, maltraiter, qn. *He bashed him on the head*, il lui asséna un coup sur la tête; il l'assomma. *To b. s.o. on the jaw*, coller son poing sur la figure de qn, à qn. *Bashed-in hat*, chapeau cabossé, défoncé. *Bashed face, F:* visage *m* en compote.

bashing, *s. F:* Volée *f* de coups; rossée *f.*

Bashan ['beiʃ(ə)n]. *Pr.n. B:* Basan *m. F:* **He's a regular bull of Bashan,** il a une voix de Stentor.

bashaw [ba'ʃɔː], *s. A:* **1.** Pacha *m.* **2.** Gros bonnet, personnage important.

basher ['baʃər], *s. F:* Cogneur *m*, pugiliste *m.*

bashful ['baʃful], *a.* (*a*) Modeste, timide. *B. lover*, amoureux transi. (*b*) Modeste, pudique. **-fully,** *adv.* Modestement. (*a*) Timidement, avec timidité. (*b*) Pudiquement; en rougissant.

bashfulness ['baʃfulnəs], *s.* Modestie *f*, timidité *f*, fausse honte.

Bashi-bazouk ['baʃiba'zuːk], *s.* Bachi-bouzouk *m.*

Bashkirs ['baʃkiərz], *s.pl. Ethn:* Baskirs *m*, Bachkirs *m.*

basic ['beisik], *a.* **1.** (*a*) (Principe, etc.) fondamental. *Ling:* **Basic vocabulary,** vocabulaire *m* de base. (*b*) *Adm:* **Basic abatement,** abattement *m* (d'impôt) à la base. **2.** (*a*) *Ch: Geol:* Basique. *Metall:* **Basic lining,** garnissage *m* basique. **Basic slag,** scorie *f* basique; scories de déphosphoration. (*b*) *Ch:* Sous-. **Basic salt,** sous-sel *m. B. nitrate*, sous-nitrate *m.* **-ally,** *adv.* Fondamentalement; à la base.

basicity [bei'sisiti], *s. Ch: Metall:* Basicité *f.*

basidiomycetes [basidiomai'siːtiːz], *s.pl. Fung:* Basidiomycètes *m.*

basidium [ba'sidiəm], *s. Fung:* Baside *m.*

basifixed ['beisifikst], *a. Bot:* Basifixe.

basigamous [bei'sigaməs], *a. Bot:* Basigame.

basil[1] ['bazil], *s. Bot:* Basilic *m.* **Common, sweet, basil,** basilic commun. **Bush, lesser, basil,** basilic noir, à petites feuilles.

basil[2], *s. Leath:* Basane *f.*

Basil[3]. *Pr.n.m.* Basile. *Ecc.Hist:* **St Basil the Great,** saint Basile le Grand.

basilar ['basilər], *a.* **1.** *Anat: Bot:* (Artère *f*, etc.) basilaire. **2.** *Lit:* (Sentiment, etc.) bas, terre à terre *inv.*

Basilian [ba'ziliən], *a. Ecc:* Basilien, -ienne; (i) de la règle de saint Basile; (ii) de l'ordre de Saint-Basile.

basilic [ba'silik], *a. Anat:* (Veine *f*) basilique.

basilica [ba'silika], *s. A.Hist: Ecc.Arch:* Basilique *f.*

basilicon [ba'silikən], *s. A:* Onguent souverain.

basilisk ['bazilisk, 'bas-], *s. Myth: Rept:* Basilic *m.*

basin ['beis(i)n], *s.* **1.** (*a*) Bassin *m*; (*for soup, etc.*) écuelle *f*, bol *m*; (*for milk*) jatte *f. B. of a pair of scales*, plateau *m* d'une balance. *Barber's b.*, plat *m* à barbe. *B. of a fountain*, vasque *f*, coupe *f*, d'une fontaine. *See also* SUGAR-BASIN. (*b*) **(Wash-hand-)basin,** (i) cuvette *f*; (ii) (*lavatory-basin*), lavabo *m. See also* VENUS 2. **2.** (*a*) *Geol:* (Vallée *f* en) cuvette. (*b*) *Geog:* Bassin (d'un fleuve). *See also* CATCHMENT, DRAINAGE-BASIN. **3.** (*a*) *Geog:* Port naturel; rade fermée. (*b*) *Nau:* Bassin. **Outer basin,** avant-bassin *m*, avant-port *m.* **Docking basin,** bassin de desserte. **Careening basin,** bassin de carénage. *See also* TIDAL 2. (*c*) (*In canal, river*) Garage *m. Dry b.*, garage à sec.

bas(i)net ['bas(i)net], *s. Archeol:* Bassinet *m*; heaume *m* en calotte.

basinful ['beis(i)nful], *s.* **1.** Plein bol, bolée *f*, écuellée *f* (de soupe, etc.); bolée *f* (de vin). **2.** Pleine cuvette (d'eau).

basis, *pl.* **bases** ['beisis, -iːz], *s.* **1.** Base *f* (de négociations, etc.); fondement *m* (d'une opinion, etc.). *To take a principle as a b.*, se baser, se fonder, sur un principe. *B. of a tax*, assiette *f* d'un impôt. **2.** *B. of support, of equilibrium* (*of animal or man*), base, trapèze *m*, polygone *m*, de sustentation.

bask [bɑːsk], *v.i. To b. in the sun*, se chauffer (au soleil); prendre le soleil; *F:* faire le lézard. *F:* **To bask in s.o.'s favour,** jouir de la faveur de qn. *See also* SHARK 1.

basket ['bɑːsket], *s.* **1.** (*Without a handle*) Corbeille *f*; (*with a handle*) panier *m*; (*carried in front*) éventaire *m*; (*carried on the back*) hotte *f*; (*for coal, etc.*) banne *f*, manne *f*; (*small*) banneau *m*, bannette *f*; (*plaited shopping basket*) cabas *m*; couffin *m.* **(Vegetable) basket,** calais *m.* **Oyster-basket,** cloyère *f.* **Basket of game,** bourriche *f* de gibier. **Laundry basket,** corbeille à linge. **Linen-basket,** panier à linge. *Com: Display b.*, maniveau *m* (pour fruits, etc.). *Metall:* **Ore basket,** conge *m. Rail:* **Luncheon basket,** panier déjeuner. **Tea basket,** (i) mallette *f* de camping; (ii) *Rail:* panier thé. *Typewr:* **Type-basket,** corbeille à caractères. *See also* BREAD-BASKET, CHEESE-BASKET, EGG[1] 1, FIRE-BASKET, HANDBASKET, PICK[2] 1, PLATE-BASKET, SINK[1] 1, SPONGE-BASKET, WASTE[1] 1, WINE-BASKET, WORK-BASKET. *F:* **To be left in the basket,** rester au fond du panier; ne pas être choisi ou invité. **Basket handle,** anse *f* de panier. *Arch:* **Basket-handle arch,** arc *m* en anse de panier. *See also* COIL[2] 3. **2.** *Ent:* **Pollen basket** (*of bee*), corbeille. **3.** = BASKET-HILT.

'basket-ball, *s. Games:* Basket-ball *m. B.-b. player*, basketeur, -euse.

'basket-carriage, *s.* Voiture *f* en osier.

'basket-chair, *s.* Chaise *f* en osier.

'basket-clause, *s. Adm: U.S:* Article *m* qui embrasse tous les cas non autrement prévus.

'basket-furniture, *s.* Vannerie *f* d'ameublement; meubles *m* en rotin.

'basket-hilt, *s.* (*Of sword*) (Garde *f* en) coquille *f*; pas-d'âne *m.*

'basket-lunch, *s. U.S:* Déjeuner *m* en pique-nique, en plein air (apporté dans des paniers).

'basket-maker, *s.* Vannier *m.*

'basket-making, *s.* Vannerie *f.*

'basket-stitch, *s. Needlew:* Point *m* de vannerie.

'basket-trunk, *s.* Banne *f*; malle *f* en osier.

'basket-work, *s.* **1.** Vannerie *f.* **2.** *Const: etc:* Clayonnage *m*; entrelacement *m.*

basketful ['bɑːsketful], *s.* Plein panier; panerée *f.*

basketry ['bɑːsketri], *s.* Vannerie *f.*

Basle [bɑːl]. *Pr.n. Geog:* Bâle *f.*

bason ['beis(ə)n], *v.tr. Tex:* Bastir (du feutre).

basoning, *s.* Bastissage *m.*

Basque [bask]. **1.** (*a*) *a. & s. Ethn:* Basque (*mf*). (*b*) *s. Ling:* Le basque. **2.** *s. Cost:* Basque *f.*

bass[1] [bas], *s. Ich:* **1.** Perche commune. **2.** Bar(s) *m.*

bass[2] [bas], *s.* **1.** (*a*) *Bot:* Liber *m.* (*b*) Tille *f*, filasse *f.* **2.** (*a*) **Bass(-mat),** paillasson *m* en fibre, en tille, en écorce de tilleul, etc. (*b*) (*Basket*) **(Workman's) bass,** cabas *m.* **3.** = BASS-WOOD

'bass-rope, *s.* Bastin *m.*

'bass-wood, *s. Bot: Com:* Tilleul *m* d'Amérique.

bass[3] [beis], *a. & s. Mus:* Basse *f.* **1.** (*a*) **Bass voice,** voix *f* de basse. **Singing bass,** basse chantante, récitante. **Deep bass,** basse profonde; basse-contre *f*, *pl.* basses-contre. *See also* CLEF, VIOL. (*b*) (*In brass bands*) **E-flat bass, B-flat bass,** contrebasse *f* en mi bémol, en si bémol. *See also* DOUBLE-BASS, DRUM[1] 1. (*c*) *B. tones*, sons *m* graves. **2. Figured bass,** basse chiffrée, figurée, continue. *See also* GROUND-BASS, THOROUGHBASS.

'bass-bar, *s.* Barre *f* d'harmonie, ressort *m* (d'un violon, etc.).

Bass[4] [bas], *s.* Bière *f* de la brasserie Bass.

basset[1] ['baset], *s.* (Chien) basset *m.*

basset[2], *s. Geol:* Affleurement *m* (d'un filon, d'une couche).

basset[3], *v.i. Geol:* Affleurer.

basset-horn ['basethɔːrn], *s. Mus:* Cor *m* de basset.

bassinet(te) [basi'net], *s.* **1.** Berceau *m*; bercelonnette *f* ou moïse *m.* **2.** Voiture *f* d'enfant.

bassoon [ba'suːn], *s. Mus:* **1.** Basson *m.* **Double bassoon,** contrebasson *m.* **2.** (*In organ*) Jeu *m* de basson.

bassoonist [ba'suːnist], *s. Mus:* Basson *m*, bassoniste *m.*

basso-profondo, -profundo ['basopro'fʌndo], *s.* (Voix *f* de) basse profonde.

bas(s)-relief ['bɑːriliːf, 'bas-], *s.* Bas-relief *m.*

bast[1] [bast], *s.* = BASS[2] 1.

bast[2], *s.* (*In Persia*) Sanctuaire *m*, asile *m*, refuge *m.*

bastard ['bastərd], *a. & s.* **1.** Bâtard, -arde. *Jur:* Enfant naturel, -elle. **2.** Faux, fausse; corrompu; bâtard. **Bastard sugar,** (sucre) bâtard *m.* **Bastard file,** lime bâtarde. (*Of paper, book, etc.*) **Bastard size,** format bâtard. *Bookb:* **Bastard leather backing,** reliure *f* à dos brisé. *Orn:* **Bastard wing,** alule *f. A b. dialect*, un dialecte corrompu. *See also* TITLE[1] 2.

bastardize ['bastərdaiz], *v.tr.* **1.** Déclarer (un enfant) bâtard, illégitime. **2.** Abâtardir.

bastardy ['bastərdi], *s.* Bâtardise *f. Jur:* **Bastardy case,** action *f* en désaveu de paternité. **Bastardy order,** ordre *m* au père putatif d'avoir à fournir aux besoins de l'enfant.

baste[1] [beist], *v.tr. Needlew:* Bâtir, faufiler, baguer (un corsage, etc.). **To baste on a lining,** glacer une doublure.

basting[1], *s.* Bâti *m*, faufilure *f*; glacis *m* (de doublure).

'basting-thread, *s.* Faufil *m*, bâti *m.*

baste[2], *v.tr.* **1.** *Cu:* Arroser (de sa graisse, de son jus) (un rôti, une volaille). **2.** *F:* Bâtonner (qn).

basting[2], *s.* **1.** Arrosement *m*, arrosage *m* (d'un rôti). *See also* LADLE[1] 1, SPOON[1] 1. **2.** *F:* Bastonnade *f*; rossée *f.*

basti ['basti], *s.* (*In Persia*) Réfugié *m* (dans un sanctuaire).

bastinado[1] [basti'neido], *s.* Bastonnade *f.*

bastinado[2], *v.tr.* Donner la bastonnade à (qn).

bastion ['bastiən], *s. Fort:* Bastion *m. Half-b., demi-b.*, demi-bastion *m.*

bastioned ['bastiənd], *a.* Bastionné, embastionné.

Basuto [ba'suːto], *s. Ethn:* Bassouto *mf.*

Basutoland [ba'suːtoland]. *Pr.n. Geog:* Le Bassouto.

basyl(e) ['basil, 'beisil], *s. Ch:* Base oxygénée.

bat[1] [bat], *s.* (*a*) *Z:* Chauve-souris *f*, *pl.* chauves-souris. **Bulldog-bat, mastiff-bat,** molosse *m. See also* BLIND[1] 1, LONG-EARED. *F:* **He went down the street like a bat out of hell,** il a descendu la rue comme un bolide. **To have bats in the belfry,** avoir une araignée au plafond; être toqué. (*b*) *U.S: P:* Oiseau *m* de nuit; pierreuse *f.*

'bat's-wing 'burner, *s.* Bec *m* de gaz en ailes de chauve-souris; (bec) papillon *m.*

bat[2], *s.* **1.** Batte *f* (de cricket, de base-ball). *Cr:* **To carry (out) one's bat,** rester au guichet jusqu'à la fin de la partie. **He is a good bat,** il manie bien la batte. *F:* **To do sth. off one's own bat,** faire qch. de sa propre initiative, de son (propre) chef, par ses propres moyens; prendre sur soi de faire qch.; *P:* faire qch. d'autor. **2.** Palette *f*, raquette *f* (de ping-pong); battoir (de blanchisseuse); tapette *f* (pour enfoncer les bouchons). **3. (Harlequin's) bat,** batte. **4.** = BRICKBAT.

'bat-willow, *s. Bot:* Saule blanc.

bat[3], *v.i.* (batted; batting) Manier la batte (au cricket, au base-ball). *Cr:* Être au guichet.

batting, *s.* Maniement *m* de la batte.
'batting-gloves, *s.pl.* Gants *m* pour batteur.
'batting-pads, *s.pl.* Jambières *f.*
bat[4], *s. F:* **1.** Pas *m*, allure *f.* **He went off at a rare bat,** il est parti à toute allure, en quatrième vitesse. **2.** *U.S:* Fête *f*, noce *f*, bombe *f.*
bat[5], *v. U.S: P:* **1.** *v.tr.* **To bat the eyes,** battre des paupières. *He never batted an eyelid, an eyelash,* il n'a pas sourcillé. **2.** *v.i.* **To bat round,** faire la bombe, la noce, d'un cabaret à l'autre.
bat[6], *s. Mil: P:* = BATMAN.
bat[7], *s.* (*In India*) Langage *m. F:* **To sling the bat,** parler la langue des indigènes.
batata [bə'tɑːtə], *s. Hort:* Patate *f.*
Batavi [bə'teivai], *s.pl. Hist:* Les Bataves *m.*
Batavia [bə'teiviə]. *Pr.n. Geog:* **1.** La Batavie; les Pays-Bas. **2.** Batavia (Java).
Batavian [bə'teiviən], *a. Hist:* Batave.
batch[1] [batʃ], *s.* **1.** Fournée *f* (de pain). *F: B. of prisoners, of wounded,* fournée de prisonniers, arrivage *m* de blessés. *A whole b. of letters,* tout un tas, tout un paquet, de lettres. **2.** Lot *m* (de marchandises, etc.).
batch[2], *v.i.* = BACH[2].
batchy ['batʃi], *a. P:* = BATTY.
bate[1] [beit], *v.tr. A:* Réduire, diminuer, retrancher. (*Still used in*) *He would not b. a shilling,* il n'en rabattrait pas d'un shilling. *He won't b. a jot of his claims,* il ne veut rien rabattre de ses prétentions. **To speak with bated breath,** parler en baissant la voix, à voix basse, dans un souffle.
bate[2], *s. Leath:* Confit *m.*
bate[3], *v.tr. Leath:* Mettre en confit, chiper (les peaux).
bating, *s.* Chipage *m* (des peaux).
bate[4], *s. P:* **To be in an awful bate,** être fou, folle, de colère.
batea [bə'teiə], *s. Gold-Min:* Sébile *f*, auge *f.*
bateau ['batou]. *Attrib. Dressm:* **Bateau decolletage, bateau (neck-)line,** décolleté *m* bateau.
bath[1], *pl.* **baths** [bɑːθ, bɑːðz], *s.* **1.** (*a*) Bain *m. Cold b.,* bain froid. *To take, have, a b.,* prendre un bain, se baigner. *To give a child a b.,* baigner un enfant. *To go to the baths,* aller aux bains. **Public baths,** (i) bains publics; établissement *m* de bains; (ii) (*swimming*) piscine *f.* **Turkish bath,** bain turc; bain maure; bain de vapeur. **Turkish baths,** hammam *m. Min:* **Pit-head baths,** lavabo *m.* **The Order of the Bath,** l'Ordre *m* du Bain. **Knight Commander, Companion, of the Bath,** Chevalier Commandeur, Compagnon, de l'Ordre du Bain. *See also* DUST[1] 1, EYE-BATH, FOOT-BATH, MUD-BATH, MUSTARD-BATH, SHOWER-BATH, SPONGE-BATH, SUN-BATH, SWIMMING-BATH, VAPOUR-BATH. (*b*) *F:* **He was in a bath of perspiration,** il était en sueur, baigné de sueur. **2.** (*a*) Baignoire *f.* (*b*) *Med:* **Bed-bath,** bassin *m* pour toilette féminine. *See also* HIP-BATH, SITZ-BATH. (*c*) *Phot: etc:* Cuvette *f.* **3.** (*Liquid*) **Acid, alkaline, bath,** bain acide, alcalin. *El.-Ch:* **Copper bath,** bain de cuivrage. *Metalw:* **Hardening bath,** bain de trempe. **Tempering bath, reheating bath,** bain de revenu. *Phot:* **Alum bath, hardening bath,** bain aluné; bain d'alunage. *Dy:* **White bath,** bain d'huile. *See also* FIXING-BATH, SAND-BATH, STOP-BATH, TIN-BATH, WATER-BATH.
bath at'tendant, *s.* Baigneur, -euse; garçon *m* de bains.
'bath-gown, *s.* = BATH-WRAP.
'bath-heater, *s.* Chauffe-bain *m*, *pl.* chauffe-bains.
'bath-mat, *s.* Descente *f* de bain.
'bath-robe, *s. U.S:* = BATH-WRAP.
'bath-room, *s.* Salle *f* de bain(s).
'bath salts, *s.pl.* Sels *m* pour bains.
'bath-sheet, *s.* Drap *m* de bain.
'bath-towel, *s. See* TOWEL[1] 1.
'bath-tub, *s.* Baignoire *f*; tub *m.*
'bath-wrap, *s.* Peignoir *m* de bain; sortie *f* de bain.
bath[2], *v.tr.* **1.** Baigner, donner un bain à (qn). **2.** *v.i.* Prendre un bain.
Bath[3]. *Pr.n. Geog:* Bath (ville d'eaux thermales). *F:* **Go to Bath!** va-t'en au diable! va te promener! *See also* CHAP[3] 1.
'Bath 'bun, *s.* '*Bun*' (*q.v.*) saupoudré de sucre.
'Bath brick, *s.* Brique anglaise (à nettoyer).
'Bath-'chair, *s.* Voiture de promenade (tirée ou poussée à bras); voiture de malade; fauteuil roulant, chaise roulante. *To draw s.o. in a b.-c.,* promener (un malade); *F:* brouetter qn.
Bath 'Oliver, *s.* Biscuit digestif (du médecin Wm Oliver).
'Bath-stone, *s.* Pierre *f* à bâtir de la grande oolithe bathonienne.
bathe[1] [beiːð], *s.* Bain *m* (de rivière, en mer); baignade *f.* **To go for a bathe,** aller se baigner. *To go in for a b.,* se baigner.
bathe[2]. **1.** *v.tr.* (*a*) Baigner. *To b. one's face,* se baigner la figure. *F:* **Face bathed in tears,** visage baigné, arrosé, de larmes, inondé de pleurs. **Town bathed in light,** ville inondée, baignée, de lumière. *See also* PERSPIRATION. (*b*) Laver, lotionner, bassiner (une plaie). (*c*) *The seas that b. England,* les mers *f* qui baignent l'Angleterre. **2.** *v.i.* Se baigner; prendre un bain (de mer, de rivière). *See also* SUN-BATHE 1.
bathing ['beiːðiŋ], *s.* (*a*) Bains *mpl* (de mer, de rivière); baignades *fpl.* **Sea bathing,** bains de mer. *See also* SUN-BATHING. *The b. here is good,* ici la plage est bonne pour les bains de mer. *B. here is safe,* il n'y a pas de danger à se baigner ici; la plage est sûre. *Fatal b. accidents,* baignades mortelles. *See also* FATALITY. **Bathing establishment,** établissement *m* de bains; bains publics. **Bathing attendant,** baigneur, -euse; maître-nageur *m*, *pl.* maîtres-nageurs. *B. season,* saison *f* des bains. (*b*) Bassinage *m*, lotion *f* (d'une plaie, etc.). (*c*) *Tchn:* Baignage *m* (du chanvre, etc.).
'bathing-box, -cabin, *s.* Cabine *f* de bains.
'bathing-cap, *s.* Bonnet *m* de bain; bonnet à oreilles; baigneuse *f.*
'bathing-costume, *s.* Costume *m* de bain(s); baigneuse *f*, nageur *m. Skin-tight b.-c.,* maillot *m* (de bain).
'bathing-drawers, *s.pl.* Caleçon *m* de bain.
'bathing-dress, *s.* = BATHING-COSTUME.
'bathing-gown, *s.* = BATHING-WRAP.
bathing-hut, *s.* Cabine *f* de bains (de plage).
'bathing-machine, *s. A:* Cabine *f* (de bains) roulante; voiture *f* de bains.
'bathing-man, *s.m. A:* Baigneur.
'bathing-place, *s.* Baignade *f*; endroit *m* où l'on peut se baigner.
'bathing-resort, *s.* Station *f* balnéaire; *F:* plage *f.*
'bathing-shoes, *s.pl.* Baigneuses *f*, espadrilles *f.*
'bathing-tent, *s.* Tente *f* de plage.
'bathing-woman, *s.f. A:* Baigneuse.
'bathing-wrap, *s.* Peignoir *m* de bain; baigneuse *f.*
bather ['beiðər], *s.* Baigneur, -euse (qui se baigne).
bathetic [bə'θetik], *a.* Qui offre un contraste ridicule avec la pensée qui précède.
bathometer [bə'θɔmetər], *s. Oc:* Bathomètre *m*, bathymètre *m.*
bat-horse ['bathɔːrs], *s. Mil:* Cheval *m* de bât.
bathos ['beiθɔs], *s.* **1.** L'ampoulé *m* (du style); enflure *f*; affectation *f* ridicule du sublime. **2.** = ANTICLIMAX.
Bathsheba [baθ'ʃiːbə]. *Pr.n.f.* Bethsabée.
bathyal [bə'θiəl], *a. Oc:* Bathyal.
bathymetric [baθ'imetrik], *a. Oc:* Bathymétrique.
bathymetry [bə'θimetri], *s. Oc:* Bathymétrie *f.*
batik ['batik], *s.* Batik *m. To ornament with b.,* batiker.
batiste [ba'tiːst], *s. Tex:* Batiste *f.*
batman, *pl.* **-men** ['batmən, -men], *s. Mil:* Brosseur *m*; ordonnance *m or f*; *P:* tampon *m.*
baton ['bat(ə)n], *s.* **1.** Bâton *m. Conductor's b.,* bâton de chef d'orchestre. *Field-marshal's b.,* bâton de maréchal. **2.** = TRUNCHEON[1]. **The police made a baton charge,** la police a chargé la foule avec les casse-tête, à coups de casse-tête.
batrachia [bə'treikiə], *s.pl. Z:* Batraciens *m.*
batrachian [bə'treikiən], *a. & s. Z:* Batracien (*m*).
batsman, *pl.* **-men** ['batsmən, -men], *s.m. Cr:* Batteur.
battalion [bə'taljən], *s. Mil:* Bataillon *m* (de huit compagnies ou davantage); régiment *m. F:* **To make sure of the vote of the big battalions,** s'assurer le vote des gros bataillons.
battels ['batlz], *s.pl.* (*At Oxford University*) **1.** Note *f* des dépenses de bouche. **2.** Mémoire trimestriel de tous les frais universitaires.
batten[1] ['bat(ə)n], *s.* **1.** (*a*) *Carp: etc:* (i) (*Bead or moulding*) Couvre-joint *m*, *pl.* couvre-joints; baguette *f*; nervure *f*; listel *m*; (ii) latte *f*, liteau *m*; tasseau *m* (de tablette). **Roof-batten,** volige *f*: latte volige. *Half-round b.,* baguette demi-ronde. (*b*) *Nau:* Barre *f*, latte, tringle *f.* **Cargo battens,** vaigrage *m* à claire-voie. **Rigging batten,** allumette *f*; étrésillon *m.* (*c*) *Ropem:* Épée *f.* **2.** *Th:* **The battens,** les herses *f* (d'éclairage). **3.** *Carp: Const:* Planche *f* (de parquet).
batten[2], *v.tr.* **1.** (*a*) *Carp:* Latter, voliger. (*b*) *Nau:* **To batten down the hatches,** (i) mettre les panneaux en place; (ii) condamner les panneaux, les descentes; assujettir, coincer, les panneaux. **2.** *Const:* Planchéier (un parquet).
battening, *s.* Voligeage *m.*
batten[3], *s. Tex:* Battant *m*, chasse *f* (d'un métier à soie). *Spring-b.,* battant à claquette.
batten[4], *v.i. Lit:* S'engraisser, se bourrer, se repaître (*on*, de). **To batten on s.o.,** mettre qn en coupe réglée; être comme une sangsue, comme une tique, après qn. *To b. on others,* s'enrichir aux dépens des autres; s'engraisser des misères d'autrui. *Those who b. on the people,* les égorgeurs, les exploiteurs, du peuple.
batter[1] ['batər], *s.* = BATSMAN.
batter[2], *s.* **1.** *Cu:* Pâte *f* lisse; pâte à frire. **2.** *Typ:* (*a*) Écrasement *m* (des caractères). (*b*) Caractère endommagé, écrasé; caractère défectif; tête *f* de clou.
batter[3]. **1.** *v.tr.* (*a*) Battre. *Artil:* Battre en brèche, canonner (une ville). (*b*) *Typ:* Endommager (des caractères). (*c*) Bossuer (de la vaisselle d'argent, un chapeau, etc.). **2.** *v.i.* **To batter at the door,** frapper avec violence à la porte.
batter about, *v.tr.* Maltraiter (qn); rouer (qn) de coups; cogner sur (qn).
batter down, *v.tr.* Abattre, démolir; battre (qch.) en ruine; battre (un mur) en brèche.
batter in, *v.tr.* Enfoncer (une porte, etc.) à coups redoublés. *The skull of the victim had been battered in,* la victime avait eu le crâne défoncé.
battered[1], *a.* Délabré, bossué. *Old b. hat,* vieux chapeau cabossé. *B. face,* visage meurtri. *B. furniture,* mobilier délabré. *B. tea-pot,* théière toute bosselée.
battering, *s.* Action *f* de battre en brèche, de démolir.
'battering-charge, *s. Artil:* Charge pleine.
'battering-ram, *s. Mil: A:* Bélier *m.*
'battering-train, *s. Artil:* Équipage *m* de siège.
batter[4], *s. Civ.E:* (*a*) Fruit *m*, recoupement *m*, reculement *m* (d'un mur, etc.). **Inner batter,** contre-fruit *m*, *pl.* contre-fruits. (*b*) **Batter of an embankment,** talus *m*, angle *m* de glissement, d'un remblai.
batter[5]. **1.** *v.tr. Civ.E:* Donner du fruit à (une muraille); taluter (un remblai). **2.** *v.i.* (*a*) (*Of wall*) Avoir du fruit. (*b*) (*Of revetment, etc.*) Aller en talus.
battered[2], *a. Civ.E:* (Mur, etc.) recoupé ou qui a du fruit.
batter[6], *s. P:* = SPREE. **To go on the batter,** tirer une bordée.
battery ['batəri], *s.* **1.** *Jur:* (*a*) Rixe *f.* (*b*) Voie *f* de fait. *See also* ASSAULT[1] 2. **2.** *Artil:* Batterie *f.* **Horse battery,** batterie à cheval, batterie volante. **Trench-mortar battery,** batterie de tranchée. **Breaching battery,** batterie de brèche. **Coast battery,** batterie de côte. *Half-b.,* demi-batterie *f. See also* FIELD-BATTERY. **Battery fire,** tir *m* par salves. *Navy:* **The battery deck,** la batterie. *F:* **To turn s.o.'s battery against himself,** retourner les arguments de qn

contre lui. **3.** (*a*) Batterie (de fours à coke, de chaudières, de bouteilles de Leyde, etc.). (*b*) *Phot: B. of lenses,* trousse *f* d'objectifs. (*c*) *El:* Pile *f* ou batterie. *To set up a b.,* monter une pile. **Dry battery,** (batterie de) piles sèches. *Tp: Line b.,* pile de ligne. (*d*) *El:* **(Storage-)battery,** accumulateur *m*, *F:* accu *m*, pile secondaire; batterie d'accumulateurs, *F:* boîte *f* d'accus. *Pasted-plate b.,* accu à oxydes rapportés; accu à pastilles. *Floating b., balancing b.,* batterie-tampon *f*, *pl.* batteries-tampons. *Thermo-electric b.,* colonne *f* thermo-électrique. *See also* GRID 1 (*b*), SET[1] 1. **4.** *Games:* (*At baseball*) **The battery,** le lanceur et le batteur.

battle[1] [batl], *s.* Bataille *f*, combat *m*. **Pitched battle,** bataille rangée. **Army drawn up in battle array, in battle formation, in battle order,** armée rangée en bataille. **Line of battle,** front *m* de bataille. *See also* ORDER[1] 3. **To fight a battle,** livrer une bataille, un combat. **To give, offer, battle,** donner, livrer, bataille; engager le combat. **To refuse battle,** refuser le combat; se dérober. **To win a battle,** gagner une bataille; remporter une victoire. *Lit:* **To do battle for, against, s.o.,** se battre pour, contre, qn; livrer bataille pour qn; livrer bataille à, contre, qn. **To join battle with s.o.,** entrer en lutte avec qn, livrer bataille à qn. *A b. has been fought,* il s'est livré une bataille; une bataille s'est livrée, s'est engagée. **The battle is not to the strong,** la victoire n'est pas aux forts. *F: Youth is half the b.,* il n'est rien de tel que d'être jeune. **That's half the battle,** c'est bataille à moitié gagnée. *See also* BLOW[5] 1. *F:* **To fight s.o.'s battles,** prendre le parti de qn; livrer bataille pour qn. *To fight one's battles over again,* revenir sur, revivre, ses anciens faits d'armes. **To start the battle,** *F:* ouvrir la danse. **Battle royal,** (i) bataille en règle; mêlée générale; bagarre *f*, échauffourée *f*; (ii) prise *f* de bec. *See also* WIT[1] 1.

'battle-axe, *s. Mil: A:* Hache *f* d'armes.

'battle-cruiser, *s. Nau:* Croiseur *m* de combat, de bataille.

'battle-cry, *s.* Cri *m* de guerre.

'battle-field, *s.* Champ *m* de bataille.

'battle-fleet, *s. Navy:* Flotte *f* de ligne, de combat; corps *m* de bataille.

'battle-horse, *s. A:* Cheval *m* de bataille.

'battle-piece, *s. Art:* (Tableau *m* de) bataille *f*. *Lit:* Description *f* de combat.

'battle-plane, *s. Av:* Avion *m* de combat, de guerre.

'battle-sight, *s. Artil:* Hausse *f* de combat.

'battle-song, *s.* Chant *m* de guerre.

battle[2]. **1.** *v.i.* Se battre, lutter, rivaliser (*with s.o. for sth.,* avec qn pour qch.). **To battle with, against, public opinion,** combattre l'opinion; se battre, batailler, lutter, contre l'opinion. *To b. with, against, the fire,* combattre l'incendie; lutter contre l'incendie. *To b. against the wind,* lutter contre le vent. *He was battling for breath,* il faisait effort pour respirer. *With cogn. acc.* **To battle one's way through difficulties, obstacles,** se frayer un chemin à travers les difficultés, les obstacles. *Box:* **Battling Bill,** Bill le cogneur. **2.** *v.tr. U.S:* Combattre (une doctrine, etc.).

battled [batld], *a. Her:* Crénelé, bastillé.

battledore ['batldɔːər], *s.* **1.** (*a*) *Laund:* Battoir *m*. (*b*) *Bak:* Pelle *f* à enfourner. **2.** *Sp:* Raquette *f* (de jeu de volant). **To play at battledore and shuttlecock,** jouer au volant. **3.** *Nau:* Paille *f* de bitte.

battlemented ['batlməntid], *a.* Crénelé.

battlements ['batlmənts], *s.pl.* (*a*) *Arch:* Créneaux *m*. (*b*) Parapet *m*, rempart *m*.

battler ['batlər], *s. Box:* Batailleur *m*, cogneur *m*.

battleship ['batlʃip], *s.* Cuirassé *m* (de ligne). *First-class b.,* cuirassé d'escadre.

battue [ba'tuː], *s.* **1.** *Ven:* Battue *f*. **2.** *F:* Carnage *m*; massacre *m* en masse.

batty ['bati], *a. P:* Toqué; timbré; dingo *inv. Cf.* BAT[1].

bauble ['bɔːbl], *s.* **1.** (*Trinket*) Fanfreluche *f*. **2.** **Jester's bauble,** marotte *f*. **3.** (*Worthless thing*) Babiole *f*, brimborion *m*, bimbelot *m*, colifichet *m*. **Take away that bauble!** enlevez ce hochet!

baulk[1, 2] [bɔːk], *s. & v.* = BALK[1, 2].

bauxite ['bɔːksait], *s. Miner:* Bauxite *f*.

Bavaria [ba'vɛəriə]. *Pr.n. Geog:* La Bavière.

Bavarian [ba'vɛəriən], *a. & s. Geog:* Bavarois, -oise. *Bot:* **Bavarian gentian,** gentiane *f* de Bavière.

bavin ['bavin], *s.* Fagot *m*.

bawbee [bɔː'biː], *s. Scot: F:* Sou *m*. **He is careful of the bawbees,** il ménage son argent; il regarde à chaque sou.

bawd [bɔːd], *s.f.* (*a*) Procureuse, entremetteuse, proxénète, pourvoyeuse. (*b*) Propriétaire d'un lupanar.

bawdiness ['bɔːdinəs], *s.* Obscénité *f*.

bawdry ['bɔːdri], *s. A:* **1.** Propos orduriers. **2.** Paillardise *f*; impudicité *f*.

bawdy ['bɔːdi], *a.* Obscène, paillard, impudique. *B. talk,* propos orduriers. **Bawdy house,** bordel *m*, lupanar *m*, bouge *m*.

bawl [bɔːl], *v.tr. & i.* (*a*) Brailler; crier à tue-tête; *F:* beugler; *P:* gueuler (*at s.o.,* contre qn). **To bawl out abuse,** brailler, hurler, des injures. *To b. out an order,* gueuler un ordre. (*b*) *To b. for help,* crier au secours. (*c*) *U.S: P:* **To bawl s.o. out,** engueuler qn.

bawling[1], *a.* Braillard, criard.

bawling[2], *s.* Braillement *m*.

bawler ['bɔːlər], *s.* Braillard, -arde; brailleur, -euse; criard, -arde.

bay[1] [bei], *s. Bot:* (*a*) **Sweet bay, bay laurel,** laurier commun, laurier-sauce *m*, *pl.* lauriers-sauce, laurier d'Apollon, laurier des poètes. **Bay-tree,** laurier. *See also* CHERRY-BAY. **Bay wreath, bays,** couronne *f* de laurier(s). *F:* **To carry off the bays,** remporter les lauriers, la couronne du vainqueur. (*b*) **Sweet bay (of America), white bay,** arbre *m* de castor.

bay-'rum, *s. Toil:* Tafia *m* de laurier.

bay[2], *s. Geog:* **1.** Baie *f*; (*if small*) anse *f*. **Hudson Bay,** la Baie d'Hudson. **The Bay of Biscay,** le golfe de Gascogne. *U.S:* **The Bay State,** le Massachusetts. **2.** Échancrure *f* (parmi des montagnes). **3.** *U.S:* Enclave *f* de prairie (dans les forêts).

bay[3], *s.* **1.** (*a*) (*Of bridge, roof, etc.*) Travée *f*. (*b*) (*Of joists*) Claire-voie *f*, *pl.* claires-voies. **2.** (*a*) Enfoncement *m*. (*Space for door, etc.*) Baie *f*. *Mil:* (*In a trench*) Niche *f*, évitement *m*. *See also* HORSE-BAY, SICK-BAY. (*b*) *Rail:* Quai *m* subsidiaire; quai en cul-de-sac. (*c*) *Ind:* Hall *m* (d'usine, etc.). **3.** *Hyd.E:* Bief *m*. *See also* HEAD-BAY, TAIL-BAY.

bay-'window, *s.* Fenêtre *f* en baie, en saillie; baie *f*.

bay[4], *s.* Aboi *m*, aboiement *m* (d'un chien de chasse). **To bring a stag to bay,** mettre un cerf aux abois; forcer, acculer, un cerf. *Bringing to bay,* acculement *m*. **To stand at bay,** s'acculer à, contre, qch.; lutter en désespéré. **To be at bay,** être aux abois, à l'accul. **To keep, hold, the enemy at bay,** tenir l'ennemi en échec.

bay[5], *v.i.* (*a*) (*Of hound*) Aboyer; donner de la voix. (*b*) **To bay (at) the moon,** hurler, aboyer, à la lune. *F: To bay at s.o.,* aboyer après qn.

baying, *s.* Aboiement *m*, clabaudement *m*, clabaudage *m*.

bay[6], *a. & s.* (Cheval) bai (*m*). *Light bay,* bai châtain, bai clair; (cheval) isabelle (*m*). *Dark bay,* bai brun, bai foncé. *Red bay,* **roux** alezan, alezan roux.

bay[7], *s. Ven:* Bay(-antler), sur-andouiller *m*.

bayadere [bejə'diːər], *s.* **1.** (*Dancing-girl*) Bayadère *f*. **2.** *Tex:* Bayadère.

bayberry ['beibəri], *s. Bot:* **1.** Baie *f* de laurier. **2.** Piment *m* de la Jamaïque. **3.** *U.S:* Cirier *m*; arbre *m* à cire.

bayonet[1] ['beiənet], *s. Mil:* Baïonnette *f*. **To fix bayonets,** mettre (la) baïonnette au canon. *With fixed bayonets,* baïonnette au canon. *To unfix bayonets,* remettre la baïonnette. **Bayonet charge,** charge *f* à la baïonnette. *To hurl back the enemy at the point of the b.,* culbuter l'ennemi à la baïonnette.

'bayonet-joint, *s. Mec.E: etc:* Joint *m* en baïonnette. *El:* **Bayonet-joint base, socket,** culot *m*, douille *f*, à baïonnette (de lampe électrique).

bayonet[2], *v.tr.* (**bayoneted**) Percer (qn) d'un coup de baïonnette. *All those who stood their ground were bayoneted,* tous ceux qui ont tenu pied ont été abattus à coups de baïonnette, ont été passés à la baïonnette. **To bayonet the people into submission,** mater le peuple par la force des baïonnettes.

bayou ['bajuː], *s. U.S:* Bras marécageux (d'une rivière); méandre délaissé; délaissé *m*.

bay-salt ['beisɔlt], *s.* Sel gris, sel marin, sel de mer; *Cu:* gros sel.

bazaar [ba'zɑːr], *s.* **1.** (*a*) Bazar *m* (oriental). **Bazaar keeper,** mercanti *m*. (*b*) Bazar; magasin *m* à bon marché. **Cheap bazaar trade,** bimbeloterie *f*. *See also* SIXPENNY. *Fin: F:* **Bazaar shares,** valeurs *f* de fantaisie. **2.** Vente *f* de charité.

bdellium ['deliəm], *s. Bot: etc:* Bdellium *m*.

be [bi(ː)], *v.i.* (*pr. ind.* **am, art, is,** *pl.* **are**; *past ind.* **was, wast, was,** *pl.* **were**; *pr. sub.* **be**; *past sub.* **were, wert, were**; *pr. p.* **being,** *p.p.* **been**; *imp.* **be.** *I am, he is, she is, it is, we are, you are, they are, are frequently shortened into:* **I'm, he's, she's, it's, we're, you're, they're**; *is not, are not, was not, were not, into:* **isn't, aren't, wasn't, weren't**; *am I not? familiarly into:* **a(i)n't I?**) Être. **1.** (*Copulative*) (*a*) *Mary is pretty,* Marie est jolie. *The weather was fine,* le temps était beau. *They are short of money,* ils sont à court d'argent. *Seeing is believing,* voir c'est croire. *Time is money,* le temps, c'est de l'argent. *Ten yards is a lot,* dix mètres c'est beaucoup. *Yours, his, is a fine house,* c'est une belle maison que la vôtre, que la sienne. *He's a queer fish, is Bob,* c'est un drôle de garçon que Bob. *Isn't he lucky?* n'est-ce pas qu'il a de la chance? *F:* il a de la chance, hein? (*b*) *His father is a doctor,* son père est médecin. *He will be a general some day,* il arrivera à être général. *He is an Englishman,* il est Anglais, c'est un Anglais. *Are they English?—They are,* sont-ils Anglais?—Ils le sont. *Not ready yet? It is time you were,* pas encore prêt? Il serait temps de l'être, que vous le soyez. **If I were you . . .,** à votre place . . .; si j'étais (que) de vous. . . . *See also* AS II. 3 (*a*). (*c*) *What a tease you are!* quel taquin vous faites! *Unity is strength,* l'union fait la force. *Three and two are five,* trois et deux font cinq. *Money isn't everything,* l'argent ne fait pas tout. *You would be as well to . . .,* vous feriez (aussi) bien de. . . . *She has been a mother to me,* elle m'a tenu lieu de mère; elle a été pour moi comme une mère. *'Pat,' being the story of an Irish boy,* "Pat," ou "Histoire d'un petit Irlandais." **2.** (*With adv. or adv. phr.*) (*a*) *The books are on the table,* les livres sont, se trouvent, sur la table. *She was in her best frock,* elle avait, portait, sa plus belle robe. *He was a long time reaching the shore,* il mit longtemps à gagner le rivage. *What a time you have been!* comme vous avez été longtemps! comme cela vous a pris longtemps! *Don't be long,* ne tardez pas (à revenir). *To be in danger,* se trouver en danger. *Be here at four o'clock,* soyez, trouvez-vous, ici à quatre heures. *I was at the meeting,* j'ai été, j'ai assisté, à la réunion. *To be on the committee,* être membre, faire partie, du comité. *Where, at what page, are we?* où en sommes-nous? **I don't know where I am,** (i) je ne sais pas où je suis; (ii) *F:* je ne sais pas à quoi m'en tenir; je suis tout désorienté; je ne sais pas où j'en suis. **You never know where you are with him,** avec lui on ne sait jamais à quoi s'en tenir, on ne sait jamais de quelle carte il retourne. **Here I am,** me voici. *So you are back again,* vous voilà donc de retour. *There are my shoes,* voilà mes souliers. (*b*) (*Of health*) **How are you?** comment allez-vous? comment vous portez-vous? *I am (feeling) better,* je vais mieux, je me trouve mieux; je me sens mieux. (*c*) (*Measure*) **How much is that?** combien cela coûte-t-il? *How much is that in all?* combien cela fait-il? **How far is it to London?** combien y a-t-il d'ici à Londres? *It is a mile from here,* c'est à un mille (d'ici). (*d*) (*Time*) *When is the concert?* quand le concert aura-t-il lieu? *The flower-show was last week,* l'exposition horticole a eu lieu la semaine dernière. *Christmas is on a Sunday this year,* Noël tombe un dimanche cette année. *When is your birthday?* **quel jour**

tombe votre anniversaire? *To-day is the tenth*, nous sommes (aujourd'hui) le dix (du mois). *To-morrow is Friday*, c'est demain vendredi. **3.** (*a*) **To be** (= *feel*) **cold, afraid, etc.**, avoir froid, peur, etc. (*See also* AFRAID, ASHAMED, COLD, HUNGRY, RIGHT, SLEEPY, THIRSTY, WARM, WRONG.) *My hands are cold*, j'ai froid aux mains. *How cold your hands are!* comme vous avez les mains froides! (*b*) **To be twenty (years old)**, avoir vingt ans, être âgé de vingt ans. *The wall is six foot high*, le mur a six pieds de haut, est haut de six pieds. (*c*) *He was so foolish as to . . .*, il a eu la sottise de. . . . **4.** (*Exist, occur, remain*) (*a*) **To be or not to be**, être ou ne pas être. *God alone is*, Dieu seul est, existe. *Tyrants and sycophants have been and are*, il y a toujours eu des tyrans et des sycophantes; il y en a encore, il en existe encore. *The time of iron ships was not yet*, on n'en était pas encore au temps des navires d'acier. *Business is not what it was*, les affaires ne sont plus ce qu'elles étaient autrefois. *The greatest genius that ever was*, le plus grand génie qui ait jamais existé, qui fut jamais. **That may be**, cela se peut. **So be it!** ainsi soit-il! *Well, be it so!* eh bien, soit! *To see things as they are*, voir les choses comme elles sont. *Everything must remain just as it is*, tout doit rester tel quel. *Leave my things just as they are*, laissez mes affaires telles quelles. **However that may be**, quoi qu'il en soit. **How is it that . . .?** comment se fait-il que + *sub.*, d'où vient(-il) que . . .? *It is the same with all great authors*, il en est de même de tous les grands auteurs. **Let me be!** laissez-moi tranquille! (*b*) *Impers.* **There is, there are.** (i) Il y a. *There is a man in the garden*, il y a un homme dans le jardin. *What is there to see?* qu'est-ce qu'il y a à voir? *For there to be life, there must be water*, pour qu'il y ait de la vie il faut qu'il y ait de l'eau. *We should be sorry for there to be any more such incidents*, nous serions fâchés qu'il se produisît encore d'autres incidents de ce genre. *There will be dancing*, on dansera. *There were a dozen of us*, nous étions une douzaine. *What can there be in this drawer?* qu'est-ce qu'il peut (bien) y avoir dans ce tiroir? *There being no survivors, the cause of the accident will never be known*, comme il n'y a pas de survivants, on ne saura jamais la cause de l'accident. (ii) (*In a wide, permanent sense*) Il est. *There are men on whom Fortune always smiles*, il est des hommes à qui tout sourit. (iii) *There was once a princess*, il était une fois une princesse. **5.** (*Go or come*) *Are you for Bristol?* allez-vous à Bristol? *I have been to see Jones*, j'ai été voir Jones. *He had been and inspected the land*, il était allé inspecter le terrain. *I have been to the museum*, j'ai visité le musée. *I have never been to Venice*, je n'ai jamais fait le voyage de Venise. *I have been into every room*, j'ai visité toutes les pièces. *He was into the room like a flash*, il entra dans la pièce en coup de foudre. *Yes, a man was about the garage this morning*, en effet, j'ai bien vu un homme qui rôdait autour du garage ce matin. *Where have you been?* d'où venez-vous? *F: Where have you been all this time?* d'où sortez-vous? *Has anyone been?* est-il venu quelqu'un? *F: Has the post, the milkman, been?* est-ce que le facteur, le laitier, est passé? (*To child*) *Have you been to-day?* es-tu allé aujourd'hui? as-tu fait tes besoins aujourd'hui? *F:* **I've been there!** ça me connaît! *P: I've been and dropped the cakes!* voilà-t-il pas que j'ai laissé tomber les gâteaux! **You've been and gone and done it!** vous en avez fait une belle! *He's been and gone and done it!* il a fait le coup! *See also* OFF[1] I. 1. **6.** *Impers.* (*a*) *It is six o'clock*, il est six heures. *It is late*, il est tard. *It is a fortnight since I saw him*, il y a quinze jours, voilà quinze jours, que je ne l'ai vu. (*b*) **It is fine, cold, etc.**, il fait beau (temps), il fait froid, etc. (*c*) *It is easy to do so*, il est facile de le faire. *It is right that . . .*, il est juste que + *sub. It is said that . . .*, on dit que. . . . *Be it known then to you that . . .*, sachez donc que. . . . *It is you I am speaking to*, c'est à vous que je parle. *It is for you to decide*, c'est à vous à décider. **What is it?** (i) que voulez-vous? (ii) de quoi s'agit-il? qu'est-ce qu'il y a? **As it were**, pour ainsi dire, en quelque sorte. *See also* AS II. 3 (*a*). *Were it only to please me*, ne fût-ce que pour me plaire. *Were it not for my rheumatism, I should go with you*, si ce n'était mon rhumatisme, je vous accompagnerais. *Had it not been for the rain . . .*, n'eût été la pluie. . . . *Had it not been for him . . .*, sans lui . . ., n'eût été lui. . . . *I thought it might be Mary, and Mary it was*, je pensai que ce pouvait être Marie, et c'était elle en effet, et c'était bien elle. *F: Will you have beer?—All right! beer it is!* voulez-vous de la bière?—Va pour de la bière. **7.** (*Auxiliary uses*) (*a*) (*Forming continuous forms of verb tenses*) *I am, was, doing sth.*, je fais, je faisais, qch.; je suis, j'étais, en train de faire qch. *They are always laughing*, ils sont toujours à rire. *The house is building, is being built*, on est en train de bâtir la maison. *I have (just) been writing*, je viens d'écrire. *I have been reading all day*, je viens de passer ma journée à lire. *I have been waiting for a long time*, il y a longtemps que j'attends, j'attends depuis longtemps. *I would have given anything not to be going*, j'aurais tout donné pour ne pas être engagé à y aller. (*Emphatic*) *Why are you not working?—I* am *working!* pourquoi ne travaillez-vous pas?—Mais si je travaille! mais je travaille, voyons! *Well, you* are *going ahead!* eh bien, vous en faites, des progrès! (*b*) (*With a few intr. verbs as auxiliary of the perfect tenses*) *The sun is set*, le soleil est couché. *The guests were all gone*, les invités étaient tous partis. (*c*) (*Forming passive voice*) (i) *He was killed*, il fut tué. *He is respected by all*, il est respecté de tous. *The loft was reached by means of a ladder*, on accédait au grenier au moyen d'une échelle. *The top was reached at ten o'clock*, nous parvînmes au sommet à dix heures. *The top was reached by ten o'clock*, à dix heures nous étions parvenus au sommet. *He is allowed to smoke*, on lui permet de fumer. *He was laughed at*, on s'est moqué de lui. **Be it said** *without meaning to be rude*, soit dit sans offense. *I expected he would be hooted*, je m'attendais à le voir huer. *I would sacrifice everything rather than that you should be disgraced*, je sacrifierais tout plutôt que de vous voir déshonoré. (ii) *He is to be pitied*, il est à plaindre, on doit le plaindre. *The house is to be let*, la maison est à louer. *How is it to be done?* comment le faire? *What is to be done?* que faire? (*d*) (*Denoting futurity*) *I am to see him to-morrow*, je dois le voir demain. *He was never to see them again*, il ne devait plus les revoir. *I was to have come, but . . .*, je devais venir, mais. . . . *He is to be hanged*, on va le pendre; il sera pendu. (*e*) (*Necessity, duty*) *Am I to do it or not?* faut-il que je le fasse ou non? *You are to be at school to-morrow*, il faut que vous soyez à l'école demain. *They are both to be congratulated*, il faut les féliciter tous les deux; des félicitations leur sont dues à tous les deux. *I came because you said I was to*, je suis venu parce que vous me l'avez dit. *Smack his head.—Am I to really?* flanque-lui une taloche.—Faut-il vraiment? (*f*) (*Possibility*) *The twins were to be distinguished by their voices*, on pouvait distinguer les jumeaux à leur voix. **8.** (*a*) **The bride to-be**, la future. *s.* **The to-be**, l'avenir. *See also* HAS-BEEN, MIGHT-HAVE-BEEN. (*b*) **To be at sth., at s.o.**, *see* AT 6. (*c*) **To be for s.o., sth.**, tenir pour qn, qch. *I am for reform*, je suis pour, je suis partisan de, la réforme. *See also* ALL I. 3. (*d*) (*Belong*) **The battle is to the strong**, la victoire est aux forts. **9.** (*Elliptical*) *Is your book published?—It is*, est-ce que votre livre est imprimé?—Oui, il l'est. *Are you happy?—I am*, êtes-vous heureux?—Oui, *or* je le suis, *or* oui, je le suis, *or* mais oui! *Is Mr X at home?—He is*, M. X y est-il?—Oui, il y est. *Isn't he running fast?—He is!* n'est-ce pas qu'il court vite?—Pour sûr! *Was he not listening?—He wasn't*, est-ce qu'il n'écoutait pas?—Non. *You are angry.—No, I'm not.—Oh, but you are!* vous voilà fâché.—Pas du tout.—Oh, mais si! *He is back.—Is he?* il est de retour.—Vraiment? *So you are back, are you?* alors vous voilà de retour?

'be-all, *s. F:* **The be-all and (the) end-all**, le but suprême, la fin des fins.

being[1], *a.* **For the time being**, pour le moment, pour le quart d'heure, pour l'heure, actuellement, temporairement. *That's all we can do for the time b.*, c'est tout ce que nous pouvons faire pour le moment. *This is my abode for the time b.*, voici où j'habite provisoirement. *The manager for the time b.*, le gérant actuel. *Soldier for the time b.*, soldat *m* par occasion.

being[2], *s.* **1.** Existence *f*, être *m*. (*a*) **Those to whom you owe your being**, ceux qui vous ont donné l'être, le jour. (*b*) **To come into being**, prendre forme, prendre naissance, se produire, se développer, survenir. *The coming into b. of a new industry*, la naissance, l'éclosion, d'une nouvelle industrie. **To bring, call, sth. into being**, faire naître, susciter, qch. *To bring a plan into b.*, réaliser un projet. **Then in being**, qui existait alors, alors existant. *The company is still in b.*, la société existe encore. *The letters are still in b.*, les lettres existent encore. **Fleet in being**, flotte vivante. **2.** Être. (*a*) **All my being revolts at the idea**, tout mon être se révolte à cette idée. (*b*) **A human being**, un être humain. *Human beings*, le genre humain, les humains. *Intelligent beings*, êtres intelligents. **The Supreme Being**, l'Être Suprême. *See also* FELLOW-BEING.

be- [bi]. I. *v. pref. forming tr. vbs.* **1.** (*With sense of all over, all round, in all directions*) (*a*) (*From vbs*) *Beset*, cerner. *Besmear*, barbouiller partout. *Beslobber*, couvrir de bave. *Bespatter*, couvrir d'éclaboussures. (*b*) (*From nouns*) *Becloud*, couvrir de nuages, obscurcir. *Bedew*, humecter de rosée. **2.** (*Intensifying*) *Bedrug*, droguer complètement. *Belabour*, rosser. *Begrudge*, donner à contre-cœur. **3.** (*From intr. vbs*) *Bespeak*, commander (des vêtements, etc.). *Bemoan*, se lamenter (de qch.). **4.** (*From nouns*) (*a*) (*To call, to dub*) *Belady, bemadam*, appeler (qn) madame. (*b*) (*To affect with*) *Benight*, anuiter. *Befriend*, se montrer l'ami de (qn). *Bewitch*, ensorceler. *Beguile*, enjôler, charmer. **5.** (*From adjs and nouns*) (*To make*) *Befoul*, rendre sale. *Bedim*, obscurcir. II. (*Forming p.p. adjs from nouns*) *Benighted*, anuité. *Often Pej: or Hum:* Pourvu de. . . . *Bejewelled*, couverte de bijoux. *Bewigged*, portant perruque. *Be-uniformed*, en uniforme. *Officers be-medalled and be-crossed*, officiers médaillés et décorés. *Becassocked priests*, prêtres *m* en soutane.

beach[1] [biːtʃ], *s.* (*a*) Plage *f*, grève *f*, rivage *m*. *Shingly b.*, **pebble-beach**, plage de galets. *To parade on the b.*, faire plage. *See also* GRAVING-BEACH, PEBBLE[1] 1, SAND-BEACH. (*b*) *Geol:* **Raised beach**, plage soulevée.

'beach-comber, *s.* **1.** Vague déferlante. **2.** *F:* (*Of pers.*) (*a*) Batteur *m* de grève; rôdeur *m* de grève (en premier lieu de la Polynésie). (*b*) Propre *m* à rien.

'beach-guard, *s.* Brigade *f* de sauvetage (sur une plage).

'beach-grass, *s. Bot:* Gourbet *m*; roseau *m* des sables.

'beach-master, *s. Mil:* Officier *m* de débarquement.

beach[2], *v.tr.* **1.** Échouer, mettre à l'échouage (un navire). **2.** **Tirer** (une embarcation) à sec.

beached, *a.* Échoué; à sec.

beaching, *s.* Échouage *m*. **Beaching strand**, échouage.

beach-la-mar [biːtʃlaˈmɑːr], *s.* = BÊCHE-DE-MER.

beacon[1] [ˈbiːkən], *s.* **1.** (*a*) *A:* Feu *m* d'alarme. (*b*) Tour *f* du feu d'alarme. (*c*) Colline *f* du feu d'alarme. **2.** Feu de joie. **3.** (*a*) *Nau: Av:* **Beacon(-light)**, fanal *m*, phare *m*. *Airway b.*, phare de ligne. *Flashing b.*, phare à éclipses, à feu clignotant. *Rotating b.*, phare à éclats. *Av: Direction b.*, projecteur de balisage. (*b*) *W.Tel:* **Wireless beacon**, radiophare *m*. **4.** *Nau:* (*a*) Balise *f*. (*b*) (*Landmark*) Remarque *f*.

beacon[2], *v.tr.* **1.** (*a*) *A:* Échelonner des feux d'alarme sur (une région). (*b*) Échelonner des phares d'aviation ou des radiophares sur (une région). (*c*) Baliser (un chenal). **2.** *Lit:* Éclairer (une région, une côte). **3.** *Abs. Lit:* Briller comme un phare.

beaconing, *s.* **1.** Échelonnement *m* des phares d'aviation ou des radiophares. **2.** Balisage *m*.

beaconage [ˈbiːkonedʒ], *s.* **1.** Balisage *m*. **2.** Droits *mpl* de balisage.

bead[1] [biːd], *s.* **1.** (*For prayers*) Grain *m*. **(String of) beads**, chapelet *m*. **To tell one's beads**, égrener, dire, son chapelet; dire le rosaire. **The great bead**, le pater (du chapelet). **2.** (*a*) (*For ornament*) Perle *f* (de verroterie, d'émail, etc.). **(String of) beads**, collier *m*. *To thread beads*, enfiler des perles. *Beads for the African trade, etc.*, verroterie *f*. (*b*) (*Drop*) Goutte *f*, perle. *Metall:* Goutte (de matière en fusion). **Beads of dew,** perles de rosée. *Beads of perspiration stood on his brow; sweat stood in beads on his brow,* la sueur perlait sur son front; il suait à grosses gouttes. (c) Bulle *f* (sur le vin, l'eau-de-vie). *The beads,* le chapelet. **Wine with a fine bead,** vin *m* qui donne un beau chapelet. (d) *Arch: Join:* Perle, baguette *f*, congé *m*; arête *f* (de moulure). *See also* HIP[1] 2. **3.** (*Of tyre*) Talon *m*, bourrelet *m*, accrochage *m*. **Clincher bead,** talon à crochet. **4.** *Sm.a:* Guidon *m*, mire *f* (de fusil); grain-d'orge *m*, *pl.* grains-d'orge. *F:* **To draw a bead on s.o.,** ajuster, viser, qn.

'bead-moulding, *s. Arch:* Patenôtre *f*, chapelet *m*.

'bead-roll, *s. A. & Lit:* **1.** Liste *f*, catalogue *m*. **2.** Lignage *m*. **3.** Chapelet *m*, rosaire *m*.

'bead-tree, *s. Bot:* **1.** Azédarach *m*, mélie *f*, faux sycomore, margousier *m*, arbre saint, arbre à chapelets. **2.** Staphylier pinné, patenôtrier *m*.

bead[2]. **1.** *v.tr.* (a) Couvrir, orner, (qch.) de perles; emperler (une robe, etc.). (b) *Arch: Join:* Appliquer une baguette sur (qch.). (c) Dudgeonner (un tube). **2.** *v.i.* (a) *The sweat beaded on his brow,* la sueur perlait sur son front. (b) (*Of liquids*) Perler, faire la perle, faire chapelet.

beaded, *a.* **1.** (a) *Tex:* (*Of material*) Perlé. (b) (Éclair, etc.) en chapelet. **2.** **Beaded edge,** talon *m* (de pneu). **Beaded tyre,** pneu *m* à talons, à bourrelets. **Beaded rim,** jante *f* à rebord. **3.** *Arch: Join:* **Beaded strip,** chapelet *m*. **4.** *Brow b. with perspiration,* front emperlé de sueur.

beading, *s.* **1.** Garniture *f* de perles. **2.** (a) *Arch: Join:* Baguette *f*. (b) (*Of tyre*) Talon *m*, bourrelet *m*.

'beading-plane, *s. Tls:* Mouchette *f*.

beader ['bi:dər], *s. Tls:* **(Tube-)beader,** mandrin *m*.

beadle [bi:dl], *s.m.* **1.** (a) *A:* Fonctionnaire qui faisait la police de la paroisse. (b) (*In church*) Bedeau. **2.** (*In university*) Appariteur, massier. **3.** *U.S: F:* Virginien.

beadledom ['bi:dldəm], *s. F:* Paperasserie *f*; formalisme administratif.

beadleship ['bi:dlʃip], *s.* Charge *f* de bedeau ou d'appariteur.

beadsman, *pl.* **-men** ['bi:dzmən, -men], *s.* = ALMSMAN.

beady ['bi:di], *a.* **1.** (Yeux) percés en vrille; (yeux) en trou de vrille. **2.** (Liquide) qui perle.

'beady-'eyed, *a.* Aux yeux en vrille.

beagle[1] [bi:gl], *s.* **1.** (a) *A:* (Chien *m*) bigle *m*; briquet *m*. (b) *F:* Espion *m* (de la police); mouchard *m*. **2.** *pl. Sp:* = HARRIERS.

beagle[2], *v.i.* Chasser avec des briquets.

beagling, *s.* Chasse *f* au briquet.

beak[1] [bi:k], *s.* **1.** Bec *m* (d'oiseau, de tortue, d'enclume, etc.); *F:* nez crochu, *P:* pif *m* (d'une personne). **Eagle's beak,** (i) bec d'aigle; (ii) (*of pers.*) nez aquilin. **2.** *N.Arch:* (a) *A:* Éperon *m*. (b) = BEAK-HEAD.

'beak-'head, *s. N.Arch:* Coltis *m*.

'beak-iron, *s.* Bec *m* (d'enclume); bigorne *f*.

beak[2], *s.m. P:* (a) Magistrat (du commissariat de police); = commissaire de police. (b) Agent *m* de police. (c) *Sch:* Le professeur.

beaked [bi:kt], *a.* **1.** (Animal *m*) à bec. *Bot:* = ROSTRATE. *Her:* Becqué. *See also* ANVIL, WHALE[1] 1. **2.** (Nez) crochu.

beaker ['bi:kər], *s.* **1.** *Lit:* Gobelet *m*; coupe *f*. **2.** *Ch:* Vase *m* à filtration chaude.

beakful ['bi:kful], *s.* Pleine becquée.

beam[1] [bi:m], *s.* **1.** (a) *Const:* Poutre *f* (en bois), solive *f*, madrier *m*; (*small*) poutrelle *f*. **Beams and joists,** solivure *f*. **Main beam,** maîtresse poutre. **Longitudinal beam,** longeron *m*, longrine *f*. *See also* BUFFER-BEAM, CEILING 2, CROSS-BEAM 1, ICE-BEAM, STRAINING-BEAM, TIE-BEAM. (b) Fléau *m*, verge *f*, joug *m*, traversant *m*, traversin *m* (d'une balance). *F:* **To kick the beam,** être dégotté par qn. (c) Age *m*, timon *m*, flèche *f*, perche *f*, haie *f*, haye *f* (d'une charrue). (d) *Harn:* Canon *m* (de mors). (e) *Mch:* Balancier *m* (d'une machine à vapeur). *Pump b.,* balancier de pompe. *See also* WALKING-BEAM. (f) *Nau:* Verge (d'une ancre). (g) *Tex:* Rouleau *m*, ensouple *f* (d'un métier). *Print(ing) b.,* colorieur *m*. **Yarn-beam, warp-beam,** ensouple dérouleuse. **Fore-beam, cloth-beam,** ensouple enrouleuse. *See also* ROLLER-BEAM, WEB-BEAM. (h) *Leath:* Chevalet *m* (de corroyeur). (i) *Ven:* Merrain *m* (de bois de cerf). **2.** *N.Arch:* Bau *m*. *Trussed b.,* bau composé. **Deck-beam,** barrot *m* de pont. **The beams,** les barrots *m*. *Half-b.,* demi-bau *m*, *pl.* demi-baux. **Midship beam, main beam,** maître-bau *m*, *pl.* maîtres-baux. **On the starboard beam,** par le travers tribord. *On the weather b.,* par le travers au vent. *See also* BREAST-BEAM, CROSS-BEAM 2, HOLD-BEAM, PANTING-BEAM, SPRING-BEAM. **(Breadth of) beam** (*of a ship*), largeur *f* (d'un navire). **Extreme beam,** largeur au fort. **Broad in the beam,** (i) (vaisseau) à larges baux; (ii) *F:* (personne *f*) aux larges hanches, large de bassin. **Beam line,** livet *m* de pont. **Beam sea, wind,** mer *f*, vent *m*, du travers. **3.** (a) Rayon *m* (de lumière, de soleil). *Stray b. of sunshine,* coulée *f* de soleil. *The sun darts its beams,* le soleil darde ses traits. *F: B. of satisfaction, of delight,* large sourire *m*, épanouissement *m*, de satisfaction, de joie. (b) *B. of rays,* faisceau lumineux. **Beam of a lighthouse or head-light,** faisceau d'un phare. *To find oneself right in the b. of the searchlights,* se trouver en plein dans le faisceau des projecteurs. *Parallel b.,* faisceau parallèle. (c) *W.Tg:* **Beam system,** émission *f* aux ondes dirigées. *See also* STATION[1] 1. (d) **Sound beam,** pinceau *m* sonore.

'beam-bearing, *s. Const:* Lambourde *f*.

'beam-clamp, *s. N.Arch:* Serre-bauquière *m*, *pl.* serre-bauquières.

'beam-compass, *s.* Compas *m* à trusquin, à verge (de dessinateur).

beam-'ends, *s.pl. N.Arch:* (*Of ship*) **To be on her beam-ends,** être accoté sur le côté; être engagé. *To lie, to be laid, thrown, on her b.-ends,* se coucher horizontalement; accoter. *To throw a ship on her b.-ends,* coucher un navire. *F:* (*Of pers.*) **To be on one's beam-ends,** être, se trouver, à bout de ressources; être dans une grande gêne; *F:* être à la côte.

'beam-engine, *s. Mch:* Machine *f* à balancier.

'beam-scales, *s.pl.* Balance *f* à fléau.

'beam-shelf, *s. N.Arch:* Bauquière *f*.

'beam-tree, *s. Arb:* **(White) beam-tree, alisier blanc;** (alisier) allouchier *m*.

beam[2], *v.tr.* **1.** *Leath:* Chevaler (des cuirs). **2.** *Tex:* Ourdir (la chaîne).

beaming[1], *s. Tex:* Ourdissage *m*. **Beaming frame,** ourdissoir *m*.

beam[3]. **1.** *v.tr.* (a) (*Of the sun*) **To beam (forth) rays,** envoyer, lancer, darder, des rayons. (b) *W.Tg:* **To beam a message,** transmettre un message par ondes dirigées. **2.** *v i.* (a) (*Of the sun*) Rayonner. **To beam forth,** apparaître. (b) (*Of pers.*) **To beam (with satisfaction),** rayonner (de satisfaction). *She beamed on us, her face beamed,* son visage s'épanouit en un large sourire. *Beaming with health,* resplendissant de santé.

beaming[2], *a.* Rayonnant; (soleil, visage) radieux; resplendissant. *B. delight,* joie rayonnante. *B. face,* figure rayonnante, radieuse, épanouie.

beaming[3], *s.* Rayonnement *m*.

beamy ['bi:mi], *a.* **1.** *A:* = BEAMING[2]. **2.** (a) Massif. (b) (*Of ship*) A larges baux.

bean [bi:n], *s.* **1.** *Bot: Cu:* Fève *f*; (*small variety*) gourgane *f*. **Broad bean,** grosse fève; fève des marais; favelotte *f*. **Kidney bean, haricot bean,** haricot *m*, soissons *m*; flageolet *m*; *P:* fayot *m*. **French beans,** haricots verts. **Field bean,** féverole *f*, fèverole *f*. **Calabar bean, ordeal bean,** fève de Calabar. **Dried beans,** haricots secs. *See also* BOG BEAN, BUTTER-BEAN, HORSE-BEAN, LOCUST 2, RUNNER 3, SOYA-BEAN, STRING-BEAN, SUGAR-BEAN. *F:* **To be full of beans,** (i) être gaillard; être frais et dispos; se porter à merveille; (ii) être plein de verve, plein d'entrain. **To give s.o. beans,** (i) attraper qn; donner un savon, laver la tête, à qn; (ii) flanquer une râclée à qn; (iii) battre qn à plate couture. **To get beans,** attraper un savon; écoper. **To know how many beans make five,** savoir compter jusqu'à cinq; avoir le fil. *He knows how many beans make five,* c'est un malin. **It isn't worth a bean,** ça ne vaut pas un radis. *See also* CARE[2] 1. **He hasn't a bean,** il n'a pas le sou; *P:* il n'a pas un radis. *U.S:* **To spill the beans,** (i) mettre les pieds dans le plat; gaffer; (ii) éventer la mèche. *P:* **Hullo, old bean!** tiens, c'est toi, mon vieux? c'est toi, ma vieille branche? **2.** Grain *m* (de café). **3.** *U.S: P:* Tête *f*, ciboulot *m*, boule *f*, caboche *f*.

'bean-feast, *s. F:* **1.** Petite fête (annuelle) offerte aux ouvriers par le patron. **2.** Partie *f* de plaisir, noce *f*, régal *m*. **To have a rare old bean-feast,** *P:* **a rare old beano,** s'offrir une vraie bombe.

'bean-goose, *s. Orn:* Oie *f* sauvage.

'bean-stalk, *s.* Tige *f* de fève ou de haricot.

'bean-stick, *s.* Rame *f* (pour haricots).

bean-'trefoil, *s. Bot:* Anagyre *m*.

beanery ['bi:nəri], *s. U.S: P:* Restaurant *m* à bon marché.

beano ['bi:no], *s. P:* = BEAN-FEAST.

bear[1] ['bɛər], *s.* **1.** (a) Ours *m*. **She-bear,** ourse *f*. **Young bear, bear's cub,** ourson *m*. **Brown bear,** ours brun. **Polar bear,** ours blanc. **American black bear,** baribal *m*. **Australian native bear,** koala *m*. *Paleont:* **Cave-bear,** ours des cavernes. *See also* GRIZZLY 2, HONEY-BEAR. *F:* **To be like a bear with a sore head,** être d'une humeur massacrante, être d'une humeur de dogue, être maussade comme tout, ne pas décolérer. **What a bear!** quel maussade! quel ours! *U.S: F:* **The Bear State,** l'Arkansas *m*. *Geog:* **Bear Island,** l'île *f* des Ours (au S.-E. du Spitzberg). (b) *Astr:* **The Great, Little, Bear,** la Grande, la Petite, Ourse. **2.** *St.Exch:* Baissier *m*, joueur *m* à la baisse. **Bear speculation,** spéculation *f* à la baisse. **To go a bear,** spéculer à la baisse. **Bear rumours,** bruits alarmants. **To raid the bears,** pourchasser le découvert. *See also* SELL[2] 1, SQUEEZE[2] 3. **3.** *Metall:* Loup *m*.

'bear-baiting, *s.* Combats *mpl* d'ours et de chiens.

'bear-fight, *s. F:* Scène *f* de désordre; tohu-bohu *m*; bousculade *f*.

'bear-garden, *s.* **1.** Fosse *f* aux ours. **2.** *F:* Pétaudière *f*. **To turn the place into a bear-garden,** mettre le désordre partout. *The place is a b.-g.!* on ne s'entend pas ici!

'bear-leader, *s.* (a) Montreur *m* d'ours; meneur *m* d'ours. (b) *F:* Précepteur *m* qui accompagne son élève en voyage; *F:* cornac *m* (d'un jeune homme).

'bear-pit, *s.* Fosse *f* aux ours.

'bear's-breech, *s. Bot:* Branche-ursine *f*, branc-ursine *f*; acanthe *f*.

'bear's-ear, *s. Bot:* Oreille *f* d'ours; auricule *f*.

'bear's-foot, *s. Bot:* Pied-de-griffon *m*; ellébore *m* fétide.

'bear's-grease, *s. A:* Graisse d'ours (employée comme pommade).

bear[2], *v.tr.* **(beared)** *St.Exch:* **To bear the market,** chercher à faire baisser les cours. *Abs.* **To bear,** spéculer à la baisse; prendre position à la baisse.

bear[3], *v.tr. & i.* (*p.t.* **bore** ['bɔ:ər], *A. & B:* **bare** ['bɛər]; *p.p.* **borne** [bɔ:rn]) (a) (*Carry*) Porter (un fardeau, des armes, un nom, une date, etc.). *He came in bearing a large parcel,* il entra porteur d'un énorme paquet. *To b. the mark of blows,* porter les marques de coups. *The document bears your signature,* le document est revêtu de votre signature. *Her:* **To bear argent, a cross gules,** porter d'argent à la croix de gueules. *Mth: Quantity bearing an index,* quantité affectée d'un exposant. **To bear a good character,** avoir une bonne réputation; jouir d'une bonne réputation. **To bear oneself well,** se bien comporter. *The love she bore him,* l'affection qu'elle lui portait. *See also* COMPANY[1] 1, GRUDGE[1], ILL-WILL, MALICE 1, MIND[1] 1, PALM[1] 2, RELATION 2, RESEMBLANCE, SWAY[1] 2, WITNESS[1] 1. (b) (*Sustain, endure*) Supporter, soutenir (un poids); supporter, endurer (la souffrance); supporter (les frais, les conséquences);

souffrir (la douleur, la fatigue, le froid, une perte). *Abs.* **The ice does not bear yet,** la glace ne porte pas encore. **To bear a loss,** supporter, endosser, une perte. *To b. the responsibility of sth.*, avoir la responsabilité de qch. *To b. the penalty of one's misdeeds*, porter la peine de ses méfaits. *The cost of transport is borne by us*, les frais de transport sont à notre charge. **To bear a part in sth.,** jouer un rôle dans qch. *See also* HAND[1] 1. **To bear the test,** subir l'épreuve. **The charge will not bear examination,** cette accusation ne supporte pas l'examen. **All truths will not bear telling,** toutes les vérités ne sont pas bonnes à dire. *There are passages in the book that will b. skipping*, il y a dans ce livre des passages que l'on peut fort bien sauter. *See also* REPEATING[2] 1. **He could bear it no longer,** il ne pouvait plus y tenir. *See also* GRIN[2] 2. **I cannot bear him, bear the sight of him,** je ne peux pas le souffrir, le sentir. *I cannot b. that perfume*, j'exècre ce parfum. **I cannot bear to see it,** je ne peux pas en supporter la vue. *I can't b. the idea of it*, l'idée m'en est trop pénible. *He can b. this secret no longer*, ce secret le suffoque. *I cannot b. to be disturbed*, je ne peux pas souffrir qu'on me dérange. *She could not b. him to laugh at her*, elle ne pouvait pas supporter qu'il se moquât d'elle. **To bear with s.o.,** être, se montrer, indulgent pour qn. *To b. with s.o.'s uneven temper*, endurer, supporter, les inégalités d'humeur de qn. *See also* IDEA. (*c*) (*Press*) *We were borne backwards* (*by the crowd, etc.*), nous fûmes refoulés (par la foule, etc.). **It was gradually borne in upon him that . . .,** peu à peu il se laissa persuader que. . ., l'idée s'implanta dans son esprit que. . . . *It has been borne in upon me more and more that . . .*, je suis de plus en plus convaincu que. . . . **To bear to the right,** prendre à droite; appuyer à droite; se rabattre sur la droite. **To bear on sth.,** buter, appuyer, sur qch. *Beam bearing upon two uprights*, poutre *f* qui s'appuie, qui porte, sur deux montants. *The whole building bears on these columns*, tout l'édifice porte sur ces colonnes. *Roof that bears too heavily on the walls*, toiture *f* qui charge trop les murs. **To bear hard, heavily, on s.o.,** (i) (*of pers.*) être dur pour qn; (ii) (*of thg*) peser lourdement sur qn. *Law that bears unjustly on s.o.*, loi *f* qui défavorise injustement qn. *Resolution bearing on a matter*, résolution *f* portant sur une question. *Question that bears on the welfare of the country*, question qui intéresse le bien-être du pays. *The question bears closely upon . . .*, la question a un rapport très étroit avec. . . . *That does not b. on the question*, cela n'a aucun trait à la question. (*Of pers.*) **To bear on a lever,** peser sur un levier. (*d*) **Bring to bear.** *To bring all one's strength to b. on a lever*, peser (de toutes ses forces) sur un levier. *To bring a crow-bar to b. on a door*, exercer des pesées *f* sur une porte (avec une pince-monseigneur). *To bring all one's energies to b. on an object*, apporter, consacrer, toute son énergie à qch. **To bring one's mind to bear on sth.,** porter son attention sur qch. *He has brought courage to b. upon a difficult situation*, il s'est attaqué avec courage à une situation difficile. *See also* INFLUENCE[1], PRESSURE 2. **To bring a telescope to bear on sth.,** braquer, diriger, fixer, une lunette sur qch. **To bring a gun to bear on a mark,** pointer un canon sur un but. (*e*) *Nau:* **The cape bears north-north-west,** on relève le cap au nord-nord-ouest. **How does the land bear?** comment relève-t-on la terre? (*f*) (*Of ship*) **To bear round,** arriver en grand. (*g*) (*Produce*) **To bear a child,** donner naissance à un enfant, mettre au jour un enfant, avoir un enfant. *She bore three sons*, elle enfanta, mit au monde, trois fils. *She has borne him three sons*, elle lui a donné trois fils. *A slave had borne him two children*, deux enfants lui étaient nés d'une esclave. *Three sons borne by her*, trois fils nés d'elle. *Animals that b. more than two young ones*, animaux *m* qui portent plus de deux petits. *See also* BORN. **Capital that bears interest,** capital *m* qui porte intérêt. *Investment that bears five per cent*, placement *m* qui rapporte cinq pour cent. *See also* FRUIT[1] 1.

bear away. 1. *v.tr.* Emporter, enlever (qch.). *She bore the child away*, elle emmena l'enfant. *To b. away the prize*, remporter le prix. *To be borne away by a force*, être entraîné par une force. 2. *v.i. Nau:* **To bear away (for a point),** laisser arriver, laisser porter (sur une pointe, sur un cap).

bear down. 1. *v.tr.* **To bear down the enemy,** accabler, vaincre, l'ennemi. *Borne down by misfortune*, accablé par le malheur. **To bear down all resistance,** briser, vaincre, venir à bout de, toute résistance. *To b. down all opposition*, passer outre à toute opposition. 2. *v.i. Nau:* **To bear down (up)on sth.,** courir sur qch. *To b. down on the enemy*, foncer, laisser porter, arriver, sur l'ennemi. *F:* **To bear down on s.o.,** fondre sur qn.

bear off. 1. *v.tr.* = BEAR AWAY 1. 2. *v.i. Nau:* **To bear off from the land,** s'éloigner, s'écarter, de la terre; se relever de la côte; courir au large; défier (de) la terre; alarguer. (*Of jolly-boat, etc.*) *To b. off* (*from a vessel*), déborder (d'un vaisseau).

bear out, *v.tr.* 1. **To bear out a body, etc.,** emporter un cadavre, etc. 2. **To bear out a statement,** confirmer, justifier, une assertion. **To bear s.o. out,** corroborer le dire de qn. *You will b. me out that . . .*, vous direz avec moi que. . .

bear up. 1. *v.tr* Soutenir (qn, qch.). 2. *v i.* (*a*) **To bear up against pain,** résister à la douleur. **To bear up against, under, misfortune,** faire face, tenir tête, au malheur; ne pas se laisser abattre par la mauvaise fortune. **Bear up!** tenez bon! ne vous laissez pas abattre! du courage! (*b*) *Nau:* = BEAR AWAY 2.

bearing[1], *a.* 1. Porteur, -euse. **Bearing axle,** essieu porteur. **Bearing bar** (*of furnace*), sommier *m*. **Bearing wall,** mur *m* d'appui. **Bearing surface,** surface *f* d'appui; tablette *f* (d'une solive); *Mec.E:* surface portante, de portage. 2. (*a*) (Sol) productif. (*b*) **Interest-bearing capital,** capital producteur d'intérêts, capital qui rapporte. *See also* FRUIT-BEARING[1], PEARL-BEARING, TALEBEARING[1]. (*c*) (*In scientific compounds often*) -fère. **Lead-bearing,** plombifère. **Nickel-bearing,** nickélifère. **Silver-bearing,** argentifère. **Wool-bearing,** lanifère.

'bearing-plate, *s. Civ.E: etc:* Plaque *f* d'appui. *End b.-p.*, flasque *m* palier.

'bearing-rein, *s.* Fausse rêne; rêne d'enrênement.

bearing[2], *s.* 1. (*a*) Port *m* (d'armes, de nouvelles). **The Bearing of the Cross,** le portement de croix. (*b*) (*Of pers.*) Port, maintien *m*, conduite *f*. *Majestic b.*, port majestueux. *Modest b.*, maintien modeste. *His gallant b. in the battle*, sa belle conduite dans la bataille. *Soldierly b.*, allure martiale. *Noble, martial, b.*, prestance *f*. (*c*) *Her:* Pièce *f* (de l'écu). *pl.* **(Armorial) bearings,** armoiries *f*, blason *m*. 2. (*a*) Capacité *f* de supporter (des maux, des souffrances). **His conduct is beyond (all) bearing,** sa conduite est insupportable. (*b*) *Civ.E: Const: etc:* (Appareil *m* d')appui *m* (d'un pont métallique); surface *f* d'appui (d'une poutre); portée *f* (de poutres); chape *f* (d'une balance). *Arch:* Dé *m*. *Harn:* Grille *f* (de l'étrier). (*Of beam, etc.*) **To take its bearing on sth.,** prendre appui sur qch. *Connecting-rod taking its b. on a crank-pin*, bielle articulée sur un maneton. *Incorrect b., faulty b.*, défaut *m* de portage; portage défectueux. (*c*) *Mec.E:* (i) Palier *m*; roulement *m*; (ii) coussinet *m*. **Half-bearing,** demi-coussinet. **Thrust bearing,** (portée *f* de) palier de butée. *Ball-thrust b.*, butée *f* à billes; crapaudine *f* à billes; roulement butée. **Outboard bearing,** palier en porte-à-faux. **Hanging bearing,** chaise suspendue, chaise pendante. *Mch:* **Main bearing,** palier principal. **Big end bearing,** coussinet de tête de bielle. *Plain b.*, roulement lisse. **Bearing-brasses,** coussinet antifriction. **Hot bearing,** coussinet échauffé. **Burned bearing,** coussinet grillé. **Wiped bearing,** emportement *m* d'antifriction. *F:* (*To pers.*) **Bearings hot?** ça vous a échauffé la bile? *See also* BALL-BEARING(S), FLOOR-BEARING, GRIT[1] 1, INSET[2] 4, JOURNAL-BEARING, ROLLER-BEARING, STEP-BEARING. (*d*) *Nau:* Relèvement *m*. **Compass bearing of an approaching vessel,** relèvement au compas d'un navire qui s'approche. **To take a compass bearing,** prendre un relèvement au compas. **To take the bearings of a coast,** relever une côte; faire un relèvement d'une côte. *To lay down a true b.*, porter un relèvement vrai. *See also* CROSS-BEARINGS. *To take the ship's bearings*, faire le point. **Radio bearing station,** poste *m* de relèvement par T.S.F.; phare *m* radiogoniométrique. *F:* **To take one's bearings,** s'orienter, se repérer; amorcer (un sujet, une question). **To lose one's bearings,** perdre le nord; perdre la tramontane; perdre la carte; se trouver désorienté. *I have lost my bearings*, je ne m'y reconnais plus. *To make s.o. lose his bearings*, désorienter qn. **To find, get, one's bearings,** se retrouver, se reconnaître; reprendre le vent. (*e*) *Nau:* **Bearing from the ship,** gisement *m* (d'un amer, etc.). *Naval Artil:* **Bearing indicator,** indicateur *m* de gisement. (*f*) Portée *f* (d'une question, d'un argument). **Bearing on a question,** rapport *m* avec une question. *I had not understood the b. of his words*, je n'avais pas saisi la portée de ses paroles. (*g*) *pl.* **Bearings of a question,** aspects *m* d'une question. *To examine a question in all its bearings*, examiner une question sous tous les rapports, sous tous ses aspects, sous toutes ses formes; examiner tous les tenants et aboutissants d'une question. 3. (*a*) (*Of tree, etc.*) **To be in full bearing,** être en plein rapport. *To be past b.*, ne plus porter. (*b*) **Bearing of a child,** mise *f* au monde d'un enfant. (*Of woman*) *To be past b.*, ne plus être d'âge à avoir des enfants. *See also* CHILD-BEARING.

bearable ['bɛərəbl], *a.* Supportable. *The situation is no longer b.*, la situation n'est plus tenable.

bearberry ['bɛərbəri], *s. Bot:* Busserole *f*; raisin *m* d'ours, cerise *f* d'ours; *Bot: Pharm:* uva-ursi *m*. **Alpine bearberry,** busserole des Alpes.

bearbind, -bine ['bɛərbaind, -bain], *s. Bot:* Liseron *m* des champs; liset *m*, clochette *f*.

beard[1] ['biːərd], *s.* (*a*) Barbe *f*. *To have a b.*, avoir de la barbe; porter la barbe. *Man with a b.*, homme barbu, portant barbe. *He had a week's b.*, il avait une barbe de huit jours. *See also* LAUGH[2] 1, OLD 6. (*b*) *Nat.Hist:* Barbe. (*c*) *Bot:* Arête *f* (d'épi). (*d*) Barbelure *f* (d'une flèche, d'un hameçon). (*e*) Barbe (d'une pièce de fonte, etc.). (*f*) *Typ:* Talus *m* (d'un caractère).

'beard-tongue, *s. Bot:* Penstémon *m*.

'beard-wheat, *s. Bot:* Blé barbu.

beard[2], *v.tr.* 1. Braver, défier, narguer, qn. *F:* **To beard the lion in his den,** aller défier qn chez lui; affronter la colère de qn. 2. *Carp:* *To b. a board*, abattre l'arête d'une planche. 3. *Metalw:* **To beard off a casting,** ébarber, boësser, une pièce de fonte.

bearded ['biːərdid], *a.* 1. (Homme, blé, poisson) barbu; (blé) aristé. (*At fair*) *The b. woman*, la femme à barbe. *B. arrow*, flèche barbelée. *Astr:* **Bearded comet,** comète chevelue. 2. (*With adj. prefixed, e.g.*) **Black-bearded man,** homme *m* à barbe noire. **Full-bearded,** portant toute sa barbe.

beardless ['biːərdləs], *a.* Imberbe, sans barbe. *B. youth*, blanc-bec *m*, *pl.* blancs-becs.

bearer ['bɛərər], *s.* 1. (*Pers.*) (*a*) Porteur, -euse. *B. of good news*, (ap)porteur de bonnes nouvelles. *B. of evil tidings*, messager *m* de malheur. *The b. of this letter is Mr . . .*, le porteur de cette lettre est M. . . .; cette lettre vous sera remise par M. . . . *Mil:* **Bearer company,** compagnie *f* de brancardiers. *See also* COLOUR-BEARER, CROSS-BEARER, PURSE-BEARER, STANDARD-BEARER, STRETCHER-BEARER, TRAIN-BEARER, ETC. (*b*) **Bearer of a cheque, of a passport,** porteur d'un chèque, titulaire *mf* d'un passeport. *Fin:* **Bearer-bond, -cheque,** titre *m*, chèque, au porteur. (*c*) (*At funeral*) **The bearers,** les porteurs, *F:* les croquemorts. *See also* PALL-BEARER. 2. (*Of tree*) **To be a good bearer,** être de bon rapport. 3. *Const: Mec.E:* Support *m*.; sommier *m* (d'une grille de fourneau, etc.). *pl. N.Arch:* Carlingage *m* (de la machine). **Boiler bearers,** berceau *m* de chaudière. *Bearers of a rolling-mill*, colonnes *f* d'un laminoir. *Av:* **Engine-bearers,** carlingage, carlingue *f*, batimoteur *m*.

'bearer-bar, *s.* Sommier *m* (de la grille d'un fourneau).

'bearer-joist, *s. Const:* Lambourde *f* (de parquet).

'bearer-plate, *s. Aut: Av:* **Bearer-plates of the engine,** berceau *m* du moteur.

bearish [ˈbɛəriʃ], *a.* **1.** (*a*) (Manières) d'ours. (*b*) (*Of pers.*) Bourru. *Rather b.*, un peu ours; peu sociable. **2.** *St.Exch: F:* **Bearish tendency**, tendance *f* à la baisse.

bearishness [ˈbɛəriʃnəs], *s.* Caractère bourru.

Bearn [beˈɑːrn]. *Pr.n. Geog:* Le Béarn.

bearskin [ˈbɛəskin], *s.* **1.** Peau d'ours (garnie de son poil); oursin *m.* **2.** *Mil.Cost:* Bonnet *m* à poil; bonnet d'oursin.

bearwarden [ˈbɛərwɑːrdn], *s.* *A:* Gardeur *m* d'ours. *Astr:* **The Bearwarden**, le Bouvier; Bootès *m.*

beast [biːst], *s.* **1.** (*a*) Bête *f*; *esp.* quadrupède *m.* *Wild b.*, (i) bête sauvage; (ii) bête féroce. *The brute beasts*, les brutes *f.* **The king of the beasts**, le roi des animaux. *F: A huge b. of a horse*, un grand diable de cheval. *See also* BEAUTY 2, BURDEN[1] 1. (*b*) *B:* **The Beast**, l'Antéchrist; la grande Bête de l'Apocalypse. **2.** (*a*) Bête de somme ou de trait. *A good horseman looks after his b.*, un bon cavalier soigne sa monture, sa bête. *See also* MAN[1] 1. (*b*) *pl. Husb:* Bétail *m*, bestiaux *mpl*; cheptel *m.* *Herd of forty beast(s)*, troupeau *m* de quarante têtes de bétail. *Heavy beasts*, gros bétail. *Light beasts*, menu bétail. **3.** *F:* (*a*) **To make a beast of oneself**, s'abrutir. *To live like a b.*, vivre dans l'abrutissement. *To sink to the level of a b.*, s'avilir. *What a b.!* quel animal, quel abruti (que cet homme-là)! (*b*) *Isn't he a b.!* quelle brute! quel goujat! *To behave like a b.*, se conduire en goujat. *He's a perfect b.!* c'est une rosse! *That b. of a foreman*, cette vache de contremaître. *That foul old b. Marchal*, ce vieux sagouin, ce vieux cochon, de père Marchal. **It was a perfect beast of a day**, il a fait un temps abominable, un chien de temps. *A b. of a job*, un chien de métier.

beastie [ˈbiːsti], *s. Scot:* Bestiole *f*; petite bête.

beastliness [ˈbiːstlinəs], *s.* **1.** Bestialité *f*, brutalité *f.* **2.** *F:* Saleté *f* (d'esprit); *P:* saloperie *f.*

beastly [ˈbiːstli]. **1.** *a.* (*a*) Bestial, brutal, -aux. (*b*) *F:* Sale, dégoûtant, infect. **What beastly weather!** quel sale temps! quel chien de temps! quel temps de chien! *P:* quel temps, crois-tu! *It's a b. hole of a place*, c'est un sale trou. *These slums are in a b. condition*, ces taudis sont dans un état infect, abominable. **2.** *adv. F:* (*a*) *B. drunk*, soûl comme une bourrique. (*b*) (*Intensive*) *B. difficult*, terriblement difficile. *It is b. cold*, il fait bigrement froid.

beat[1] [biːt], *s.* **1.** (*a*) Battement *m* (du cœur, etc., *Fenc:* d'épée); pulsation *f* (du cœur); batterie *f* (de tambour); son *m* (du tambour). **The clock is off the beat, out of beat**, la pendule n'est pas d'aplomb. *See also* DEAD-BEAT[1], DRUM[1] 1. (*b*) *Mus:* (i) Mesure *f*, temps *m.* *Strong b.*, temps fort. *Weak b.*, temps secondaire. (ii) Mouvement *m* de la main en battant la mesure. *See also* DOWN[3] III, UP-BEAT. **2.** *Ph:* Battement (d'ondes sonores, électriques, etc.). *W.Tel:* **Beat between two impressed frequencies**, battement entre deux fréquences imprimées. **3.** (*a*) Secteur *m* de surveillance (d'une sentinelle, etc.); ronde *f* (d'un agent de police). *F:* **It's off my beat altogether**, ça n'est pas de ma compétence. *F:* **Street-walker on the beat**, pierreuse *f* à la retape, en chasse. *A prostitute was walking her b.*, une fille faisait le quart, faisait le trottoir. (*b*) *U.S:* Circonscription électorale. (*c*) *For:* Triage *m.* **4.** *Ven:* (Terrain de) battue *f.* **5.** *U.S: P:* (*a*) **Did you ever hear the beat of that?** avez-vous jamais entendu plus fort que ça? (*b*) *Journ:* = SCOOP[2] 2 (*b*). **6.** *U.S: P:* (*a*) Vagabond *m*, chemineau *m.* (*b*) Carotteur *m*, fraudeur *m.*

beat[2], *v.tr. & i.* (**beat; beaten**) Battre (qn, qch.). **1.** (*a*) (*Strike*) *To b. s.o. with a stick*, donner des coups de bâton à qn; *P:* astiquer qn. **To beat s.o. black and blue**, meurtrir, rouer, qn de coups; mettre qn en capilotade. *See also* JELLY. *To b. s.o. to death*, assommer qn (à coups de trique, etc.); faire périr qn sous le bâton. *To b. sth. flat*, aplatir qch. à coups de marteau. *To b. one's breast*, se frapper la poitrine. *See also* AIR[1] 1, BRAIN[1], GOOSE 1, WALL[1]. *To b. a carpet*, battre un tapis. *To b. eggs*, battre des œufs. *To b. a walnut-tree*, gauler, chabler, un noyer. *To b. a path*, frayer un chemin. *To b. on the door*, frapper, cogner, à la porte. *To b. a drum*, battre du tambour. *See also* DRUM[1] 1. **To beat to arms**, battre le rappel. *To b. the retreat* (*on drum*), battre la retraite. **To beat a retreat**, (i) *Mil:* battre en retraite; (ii) *F:* se retirer, se dérober; se dédire; *P:* caner. **To beat time** (*to music*), battre la mesure; *occ.* marquer le temps. *His heart beats with joy*, son cœur bat de joie. *His heart was beating like mad*, son cœur battait à se rompre, battait à grands coups. *The rain was beating against the window-panes*, la pluie battait contre les vitres. *The waves b. against the shore, against the rocks*, les vagues déferlent sur le rivage, contre les rochers. *Ven:* **To beat a wood** (*for game*), battre, traquer, un bois. *F:* **To beat about the bush**, tourner autour du pot; tergiverser. *Not to b. about the bush*, (i) aller droit au but, droit au fait; ne pas y aller par quatre chemins, par trente-six chemins; (ii) répondre sans ambages, sans paraphrase, carrément. *Nau:* **To beat to windward, against the wind, off the wind**, louvoyer; tirer des bordées; remonter dans le vent; gagner au vent; s'élever (dans le vent). *U.S: P:* **To beat one's way to a place**, gagner un endroit. **To beat it**, tirer au large; *P:* se tirer, se barrer. **Now then, beat it!** allons, file! décampe! fiche le camp! barre-toi! (*b*) (*Of bird*) *To b. its wings*, battre de l'aile. **2.** (*Conquer, surpass*) (*a*) *To b. the enemy*, battre l'ennemi. *To b. s.o. at chess*, battre qn aux échecs. *See also* GAME[1] 1. *To b. s.o. in chemistry*, dépasser ou battre qn en chimie. *They got beaten*, ils se firent battre. *F:* **To beat s.o. (all) to sticks, into fits,**; **to beat s.o.'s head off**, battre qn à plate(s) couture(s), *P:* brosser (un concurrent). *See also* HOLLOW[1] II. *F:* **That beats me!** cela me passe! cela me surpasse! ça me dépasse! **That beats everything! it beats the band!** (i) il n'y a rien au-dessus de cela! (ii) ça c'est fort! ça c'est pas banal! ça c'est le comble! c'est de plus en plus fort! **Can you beat it?** y a-t-il plus fort que ça? (*b*) **To beat the record**, battre le record. (*c*) *U.S: P:* Rouler, refaire (qn). *To b. the customs*, frauder la douane.

beat about, *v.i. Nau:* Batailler.

beat back, *v.tr.* Repousser, refouler (qn). *To b. back the enemy*, repousser l'ennemi. *To b. back the flames*, rabattre les flammes.

beat down. **1.** *v.tr.* (*a*) *To b. sth. down*, (r)abattre qch. *To b. down the soil*, damer la terre. *The rain has beaten down the corn*, la pluie a couché les blés. *To b. down the fire* (*on a moor*), battre le feu avec des branches pour l'éteindre. (*b*) **To beat down the price of sth.**, marchander sur le prix de qch. **To beat s.o. down**, faire baisser le prix à qn; marchander (avec) qn. **2.** *v.i.* *The sun beats down upon our heads*, le soleil donne (à plomb) sur nos têtes.

beat in, *v.tr.* Enfoncer, défoncer (une porte, etc.).

beat into, *v.tr.* *To b. a post into the ground*, enfoncer un pieu dans la terre. *F:* **I can't beat it into his head**, je ne peux pas le lui enfoncer dans la tête.

beat off, *v.tr.* *To b. s.o. off*, repousser, chasser, qn. *To b. off an attack*, repousser un assaut. *Racing: etc: To b. off one's rivals*, distancer, *F:* semer, ses concurrents.

beat out, *v.tr.* **1.** (*a*) *To b. out a path*, frayer un chemin. (*b*) *To b. out iron*, battre, aplatir, le fer. *To b. out gold*, étendre l'or sous le marteau.; marteler, écolleter (l'or, etc.). (*c*) *To b. out a rhythm*, marquer un rythme. **2.** (*a*) **To beat s.o.'s brains out**, assommer qn. (*b*) *To b. out the dust from sth.*, battre qch. pour en faire sortir la poussière.

beat up. **1.** *v.tr.* (*a*) *To b. up eggs*, battre, fouetter, les œufs; faire mousser les œufs. *To b. up cream*, battre, fouetter, étoffer, la crème. (*b*) **To beat up game**, *F:* **customers**, rabattre, traquer, le gibier, des clients. *To b. up (for) supporters*, recruter, racoler, des partisans. (*c*) **To beat up s.o.**, relancer qn. *To b. up s.o.'s quarters*, (aller) relancer qn chez lui. (*d*) *U.S: P:* **To beat s.o. up**, rosser qn, flanquer une rossée à qn. **2.** *v.i. Nau:* **To beat up**, louvoyer vers la terre; s'élever au vent vers la terre; tirer des bordées; gagner vers la terre. *To b. up to windward*, remonter le vent.

beat, *a. P:* = BEATEN. **You have me beat**, je ne suis pas de force; j'y renonce. *See also* DEAD-BEAT[2].

beaten, *a.* **1.** **The beaten track**, le chemin battu; les vieux sentiers rebattus; *F:* le grand chemin des vaches. *House off the b. track*, maison écartée. *F:* **That's off the beaten track**, ça sort de l'ordinaire. *See also* SEA-BEATEN, STORM-BEATEN, *etc.* **2.** (Or, fer) battu, martelé. **Cold beaten**, écroui. *Floor of b. earth*, plancher *m* en terre battue. *See also* WEATHER-BEATEN.

beating[1], *a.* **1.** (Cœur) palpitant. **2.** (Pluie) battante.

beating[2], *s.* **1.** (*a*) Battement *m* (d'ailes, du cœur, etc.). (*b*) *Tchn:* Battage *m.* (*c*) *Ven:* Rabattage *m*, rabat *m* (du gibier); traque *f.* (*d*) *Nau:* Louvoyage *m.* **2.** (*a*) Coups *mpl*; râclée *f*, rossée *f.* *To give s.o. a b.*, donner des coups de bâton à qn, *F:* rosser qn. *To get a b.*, recevoir une râclée, une correction. (*b*) Défaite *f*, *P:* pile *f* (dans un match, etc.). *To get a good b.*, être battu à plate(s) couture(s); *P:* se faire piler.

'beating-machine, *s. Paperm:* Pilon *m.*

beater [ˈbiːtər], *s.* **1.** (*Pers.*) (*a*) Batteur, -euse. **Gold-beater**, batteur d'or. (*b*) *Ven:* Rabatteur *m*, traqueur *m.* **2.** (*a*) Batte *f*; battoir *m* (de laveuse); fouloir *m* (de foulon). *Mus:* Tringle *f* (de triangle). *See also* CARPET-BEATER, EGG-BEATER. (*b*) *Paperm:* Pilon *m.*

'beater-drum, *s. Husb:* Batteur *m* (d'une batteuse).

beatific [biaˈtifik], *a.* Béatifique. *F:* **To wear a beatific smile**, (i) rire aux anges; (ii) sourire d'un air béat; avoir la figure épanouie.

beatification [biatifiˈkeiʃ(ə)n], *s. Ecc:* Béatification *f.*

beatify [biˈatifai], *v.tr. Ecc:* Béatifier.

beatitude [biˈatitjuːd], *s.* Béatitude *f.*

Beatrice, Beatrix [ˈbiətris, ˈbiətriks]. *Pr.n.f.* Béatrice, Béatrix.

beau, *pl.* **beaus, beaux** [bou, bouz], *s.* **1.** Élégant *m*, dandy *m*, petit-maître *m*, *pl.* petits-maîtres. *Hist:* **Beau Brummel**, Beau Brummel. *An old b.*, un vieux beau, un coquard. **2.** Prétendant (d'une jeune fille); galant *m.*

beau-ideal [bouaiˈdiːəl], *s.* Idéal *m.* *The b.-i. of a perfect knight*, le type achevé du chevalier.

beaumontage [bounmɔnˈteig], *s.* *Woodw: etc:* Mastic *m* à reboucher; badigeon *m.*

beaut [bjuːt], *s. U.S: P:* = BEAUTY 2.

beauteous [ˈbjuːtjəs], *a. Poet:* = BEAUTIFUL.

beautician [bjuːˈtiʃiən], *s. U.S:* Spécialiste *mf* en produits de beauté.

beautifier [ˈbjuːtifaiər], *s.* **1.** (*Pers.*) Embellisseur, -euse. **2.** Préparation *f* de beauté.

beautiful [ˈbjuːtiful], *a.* **1.** (Très) beau, (très) belle. *A b. face*, un très beau visage; un visage sculptural. *At twenty she was b.*, à vingt ans c'était une beauté. *He has b. thoughts*, il a de belles pensées. **2.** *F:* *We had a b. dinner, a b. crossing*, nous avons eu un dîner magnifique; nous avons fait une traversée magnifique. *He showed b. patience*, il a fait preuve d'une patience admirable. **3.** *s.* **The beautiful**, le beau. **-fully**, *adv.* Admirablement; on ne peut mieux. *That will do b.*, cela m'ira parfaitement.

beautify [ˈbjuːtifai], *v.tr.* Embellir, orner, enjoliver.

beautifying[1], *a.* Embellissant.

beautifying[2], *s.* Embellissement *m*, enjolivement *m.*

beauty [ˈbjuːti], *s.* Beauté *f.* **1.** *To be in the flower of one's b.*, être dans toute sa beauté. *To keep one's b. in old age*, vieillir en beauté. *To find unsuspected beauties in a work*, trouver dans un ouvrage des beautés insoupçonnées. *The beauties of Nature*, les beautés de la nature. *Pharm: etc:* **Beauty preparations, aids to beauty**, produits *m* de beauté. *B. treatment*, soins *mpl* de beauté. *Prov:* **Beauty is in the eye of the beholder**, il n'y a point de laides amours. **The beauty of it is that . . .**, le beau côté, le joli, de l'affaire, c'est que. . . . *F:* **That's the beauty of it!** (i) voilà ce qui en fait le charme! voilà ce que cela a de bon! (ii) c'est là le plus beau de l'affaire! (iii) c'est là le plaisant de l'affaire! *See also* PARADE[1] 3, SPOIL[2] 1 (*a*). **2.** *She was a b. in her day*, elle a été une beauté dans le temps. *All the b. of the town was there*, toutes les beautés de la ville y assistaient. *F: She isn't a b., but she's a real good sort*, ce n'est pas une

Vénus, mais c'est une bonne fille. **Well, you're a beauty!** eh bien, tu es encore un drôle de type, toi! **Beauty and the Beast,** la Belle et la Bête. **The Sleeping Beauty,** la Belle au bois dormant. *Isn't it a b.? (of flowers, etc.)* n'est-ce pas qu'elle est jolie? *(of a motor-car, etc.)* n'est-ce pas qu'elle est chic? *See also* OAK-BEAUTY.

ˈbeauty-parlour, *s.* Institut *m* de beauté.

ˈbeauty-sleep, *s.* Sommeil *m* avant minuit.

ˈbeauty-spot, *s.* **1.** *(a) (Applied on face)* Mouche *f.* *(b) (Natural)* Grain *m* de beauté. **2.** *(In landscape, etc.)* Site *m*, coin *m*, pittoresque.

beaver[1] [ˈbiːvər], *s.* **1.** *Z:* Castor *m.* *See also* WORK[2] I. 1. **2.** *(Fur)* Castor. *A:* **Beaver (hat),** chapeau *m* de castor, en poil de castor. **3.** *Tex:* Castorine *f.* **4.** *F:* Vieux barbu.

ˈbeaver-rat, *s.* *Z:* = MUSK-RAT 1.

ˈbeaver-tree, *s.* *Bot:* Arbre *m* de castor.

beaver[2], *s.* *Archeol:* Visière *f* (de casque).

beaverette [biːvəˈret], *s.* *Com:* **1.** Fourrure *f* imitation castor; fourrure façon castor. **2.** Drap *m* castor.

becalm [biˈkɑːm], *v.tr.* **1.** *Lit: A:* Calmer, apaiser. **2.** *Nau:* Abriter, déventer (un navire, un yacht).

becalmed, *a.* *Nau: (Of ship)* **To be becalmed,** (i) être abrité, déventé; (ii) être accalminé, encalminé.

became [biˈkeim]. *See* BECOME.

because [biˈkɔ(ː)z]. **1.** *Conj.* *(a)* Parce que. *I eat b. I'm hungry,* je mange parce que j'ai faim. *(b) If I said so it was b. it had to be said,* si je l'ai dit c'est qu'il fallait le dire. *I was the more astonished b. I had been told . . .,* j'en fus d'autant plus étonné qu'on m'avait assuré. . . . *Life seemed the better worth living b. she had glimpsed death,* la vie lui semblait d'autant meilleure qu'elle avait entrevu la mort. *B. he dashed off a sonnet he thinks himself a poet,* pour avoir bâclé un sonnet il se croit poète. *Just b. I love my husband I do not necessarily hate my brothers,* pour aimer mon mari je ne hais pas mes frères. *Just b. I say nothing it does not follow that I see nothing,* de ce que je ne dis rien il ne faut pas conclure que je ne vois rien. **2.** *Prep.phr.* **Because of sth.,** à cause de qch. *He has been retired b. of his infirmities,* on l'a mis à la retraite attendu, vu, ses infirmités, en raison de ses infirmités. *I said nothing b. of the children being there,* je n'ai rien dit à cause de la présence des enfants.

bechamel [ˈbeʃamel], *s.* *Cu:* **Bechamel sauce,** sauce *f* à la Béchamel; béchamelle *f.*

bêche-de-mer [beːʃdəˈmɛər], *s.* *(a)* Trépang *m*, tripang *m*; bêche-de-mer *f*, *pl.* bêches-de-mer; biche-de-mer *f*, *pl.* biches-de-mer. *(b)* **Bêche-de-mer English,** le sabir usité en Polynésie.

Bechuana [betʃjuˈɑːna], *s.* *Ethn:* Betchouana *m.*

Bechuanaland [betʃjuˈɑːnəland]. *Pr.n.* *Geog:* Le Betchouanaland.

beck[1] [bek], *s.* *(In N. of Engl.)* Ruisseau *m* (de montagne).

beck[2], *s.* Signe *m* (de tête, de la main). **To have s.o. at one's beck and call,** avoir qn à ses ordres, à sa disposition. **To be at s.o.'s beck and call,** obéir aux moindres volontés de qn; obéir à qn au doigt et à l'œil; être aux ordres de qn; subir la loi de qn. *To be at the b. and call of everyone,* être aux ordres de tout le monde; *F:* être à la sonnette.

beck[3], *v.tr. & i.* *Poet:* = BECKON.

becket [ˈbeket], *s.* *Nau:* Garcette *f*, ganse *f*, patte *f*, ringot *m.*

beckon [ˈbek(ə)n], *v.tr. & i.* Faire signe *(to s.o.,* à qn); appeler (qn) de la main, d'un geste; faire approcher (qn). **To beckon s.o. in,** faire signe à qn d'entrer. *He beckoned (to) me to approach,* il me fit signe d'approcher. *I beckoned him back, over,* je lui fis signe de revenir, de venir nous retrouver.

becloud [biˈklaud], *v.tr.* *Lit:* Couvrir de nuages; voiler, obscurcir.

become [biˈkʌm], *v.* **(became** [biˈkeim], **become) I.** *v.i.* Devenir; se faire. *(a) Pred.* (i) *To b. great, king, s.o.'s enemy, etc.,* devenir grand, roi, l'ennemi de qn, etc. *To b. old, thin,* vieillir, maigrir. *They have b. more amiable,* ils se sont faits plus aimables. *To b. suspicious of s.o.,* concevoir des soupçons contre qn. *By degrees he became more obedient,* il en arriva peu à peu à se montrer plus obéissant. *To b. a priest, a doctor,* se faire prêtre, médecin. *The murmurs became louder,* les murmures se faisaient plus forts. *To b. bankrupt,* faire faillite. *To b. convalescent,* entrer en convalescence. *Custom that has become law,* usage *m* qui a passé en loi. *See also* SECURITY 3. (ii) *(With p.p.) To b. accustomed, attached, interested, etc.,* s'accoutumer, s'attacher, s'intéresser, etc. *(Of pers.) To b. known,* commencer à être connu; se faire connaître. *See also* KNOWN. *(b)* **What has become of X?** qu'est devenu X? qu'est-il advenu de X.? *What will b. of him?* que va-t-il devenir? *I don't know what has b. of him,* je ne sais pas ce qu'il est devenu. **2.** *v.tr.* Convenir à, aller (bien) à, être propre à (qn, qch.). *Hat that does not b. him,* chapeau *m* qui ne lui sied pas, qui ne lui va pas. *Language that does not b. a man of his rank,* langage *m* indigne d'un homme de son rang. *He stood his ground, as became a gallant soldier,* il a tenu bon, en brave soldat qu'il est, qu'il était. *He thinks everything becomes him,* il se croit tout permis. *See also* ILL III. 2.

becoming, *a.* **1.** *(a)* Convenable, bienséant. *(b) He struck an attitude b. to the occasion,* il prit une attitude digne de l'occasion. **2.** *(Of dress, etc.)* Seyant *(to,* à); qui sied (à); qui va bien (à). *B. dress,* robe avantageuse. *It isn't very b.,* cela ne vous va pas très bien. *Very b. style of hair-dressing,* coiffure *f* du dernier bien, *F:* du dernier chic. *He answered with a modesty b. to his age,* il répondit avec une modestie qui seyait à son âge. **-ly,** *adv.* Convenablement; comme il convient. *She was most b. dressed,* elle était habillée à son avantage; sa robe lui allait admirablement. *Boudoir b. furnished,* boudoir meublé avec goût.

becomingness [biˈkʌmiŋnəs], *s.* **1.** Convenance *f*, bienséance *f.* **2.** *The b. of her hat,* l'effet heureux, *F:* le chic, de son chapeau.

bed[1] [bed], *s.* Lit *m*; *Lit. & Poet:* couche *f.* **1.** *(a)* **Single bed,** lit à une place, pour une personne. **Double bed,** lit à deux places, pour deux personnes. **Twin beds,** lits jumeaux. **Spare bed,** lit d'ami. **Bed of state,** lit de parade. *Lit: When she was called to share his bed,* lorsqu'elle fut appelée à partager sa couche. *See also* AIR-BED, BOX-BED, CAMP-BED, CHAIR-BED, DIVAN 2, FEATHER-BED, FLOCK-BED, FOLDING-BED, WATER-BED. *Their dormitory was a three-bed attic,* leur dortoir était une mansarde à trois lits. **To give bed and board to s.o.,** donner à qn le logement et la nourriture, le vivre et le couvert. **The marriage bed,** le lit conjugal. **Child of the second bed,** enfant *mf* du second lit. **The wedding bed,** le lit nuptial. *Jur:* **Separation from bed and board,** séparation *f* de corps (et de biens). *To sleep in separate beds,* faire lit à part. **To be brought to bed of a boy,** accoucher d'un petit garçon. **To be in bed,** (i) être couché; (ii) *(through illness)* être alité, être au lit; garder le lit. **To go to bed,** (i) se coucher, *F:* se mettre dans les toiles, se bâcher; (ii) *(through illness)* s'aliter, prendre le lit. **To take to one's bed,** s'aliter; prendre le lit. *To take to one's bed again,* reprendre le lit. **To keep to one's bed,** garder le lit. *To keep s.o. in bed, to confine s.o. to bed,* garder qn au lit; aliter qn. **Bed of sickness,** lit de douleur. *See also* SICK-BED. *Lit: To lie on a bed of sickness,* être alité, être cloué au lit, par la maladie. *Three days in bed,* trois jours *m* d'alitement. **To get into bed,** se mettre au lit. *I am going home to bed,* je rentre me coucher. **To get out of bed,** se lever. *To get out of bed again,* se relever (du lit). *To leap, jump, out of bed,* sauter à, en, bas du lit. *To put a child to bed,* coucher un enfant, mettre un enfant au lit. *To send, F: pack, the children off to bed,* envoyer coucher les enfants. *To make the beds,* faire les lits. *In the morning bed feels very comfortable,* le matin on est joliment bien au lit. *I have no liking for bed,* je n'aime pas rester au lit; je n'aime pas à faire la grasse matinée. *Let a man walk for an hour before bed,* faites une heure de promenade avant de vous mettre au lit, avant de vous coucher. *Prov:* **As you make your bed so you must lie on it,** comme on fait son lit on se couche. *F:* **He got out of bed on the wrong side,** il s'est levé du pied gauche; il s'est levé le derrière le premier. *See also* DEATH-BED, DIE[2], ROSE[1] 1, THORN 1. *(b)* = BEDSTEAD. *(c)* **Spring-bed,** sommier *m* élastique. **2.** *(a)* Lit (d'une rivière, de la mer); banc *m* (d'huîtres); fond *m* (de billard, d'une voiture, etc.). *Hort:* **(Rectangular) bed,** planche *f*, carré *m* (de légumes, etc.). **(Flower-)bed,** parterre *m*, plate-bande *f*, *pl.* plates-bandes (de fleurs), *(when round)* corbeille *f.* *See also* HOTBED, MUSHROOM-BED, ONION-BED, OYSTER-BED, RUSH-BED, SEED-BED, STRAWBERRY BED. *(b) Geol:* Assise *f*; couche *f*, lit, banc. *Miner:* Gisement *m.* *Bed of rock,* assise rocheuse. *See also* COAL-BED, ROCK-BED. *(c) Civ.E: Rail:* Infrastructure *f*, encaissement *m*, assiette *f.* **Bed of a road, road-bed,** assiette d'une chaussée; *Rail:* terre-plein *m*, *pl.* terre-pleins. *Const: Bed of mortar,* bain *m* de mortier. *Const: Civ.E: etc: Bed of concrete,* assise, couchis *m*, lit, de béton. *Bed of stones,* lit, assise, de pierres. *See also* SAND-BED 2. *(d) Mec.E:* Banc (de tour); sommier (d'une machine); table *f* (de raboteuse). **(Engine-)bed,** support *m*, bâti *m*, assise, *Av:* berceau *m* (de moteur), carlingue *f*, carlingage *m.* *(e) Typ:* Marbre *m* (de la presse). *(f) Nau: Bed of the ship's bottom (in mud),* souille *f.*

ˈbed-boards, *s.pl.* Fond *m* de lit; châlit *m.*

ˈbed-book, *s.* Livre *m* de chevet.

ˈbed-bug, *s.* Punaise *f* des lits.

ˈbed-closet, *s.* Alcôve *f.*

ˈbed-clothes, *s.pl.* Couvertures *f* et draps *m* de lit; couchage *m.* *To turn down the b.-c.,* faire la couverture (de lit).

ˈbed-cover, *s.* Dessus *m* de lit.

ˈbed-fast, *a.* *U.S:* = BED-RIDDEN.

ˈbed-frame, *s.* Bois *m* ou fer *m* de lit.

ˈbed-head, *s.* Chevet *m.*; tête *f* (du lit).

ˈbed-key, *s.* Clef *f* (pour démonter un bois de lit, un lit de fer).

ˈbed-linen, *s.* Draps *mpl* de lit et taies *fpl* d'oreillers.

ˈbed-maker, *s.* *Sch: (At Cambridge)* Faiseuse *f* de lits; femme *f* qui fait les chambres; femme de ménage.

ˈbed-pan, *s.* *Hyg:* Bassin *m* de garde-robe; bassin de lit. *Slipper b.-p.,* pantoufle *f.*

ˈbed-plate, *s.* *Mch:* Bâti *m*, sole *f*, semelle *f*, embase *f*, socle *m*; (taque *f* d')assise *(f)*; plaque *f* de fondation (d'une machine); écuelle *f* (de cabestan). *Metall:* Sole *f* (du fourneau). *Rail:* Plaque d'aiguille. *Artil: Trunnion b.-p.,* sousbande *f.*

ˈbed-post, *s.* Colonne *f* de lit; quenouille *f* (de lit à colonnes). *See also* BETWEEN 1.

ˈbed-quilt, *s.* Couvre-pied(s), *pl.* couvre-pieds (piqué).

ˈbed-rest, *s.* Dossier *m* de malade.

ˈbed-ridden, *a.* Cloué au lit. *He has been b.-r. for a long time,* son alitement date de loin.

ˈbed-rock, *s.* *(a) Geol:* Roche *f* de fond; tuf *m*; soubassement *m.* *(b) F:* Fondement *m* (de sa croyance, etc.). **To get down to bed-rock,** descendre jusqu'au tuf, descendre au fond des choses. *Now let's get down to b.-r.,* c'est assez tourner autour du pot; parlons peu et parlons bien. *Attrib.* **Bed-rock price,** dernier prix; prix le plus bas.

ˈbed-ˈsitter, *s.* *F:* = *bed-sitting-room, q.v. under* SITTING-ROOM.

ˈbed-sore, *s.* Escarre (produite par le séjour au lit); eschare *f*; *Med:* décubitus *m.*

ˈbed-stone, *s.* *Mill:* Meule *f* de dessous; (meule) gisante *f.*

ˈbed-table, *s.* Table *f* de malade.

ˈbed-vein, *s.* *Geol:* Filon-couche *m*, *pl.* filons-couches.

ˈbed-warmer, *s.* **1.** Chauffe-lit *m* (électrique, etc.), *pl.* chauffe-lit(s). **2.** = WARMING-PAN.

bed[2]. **1.** *v.tr.* **(bedded)** *(a)* **To bed (up, down) horses,** faire la litière aux chevaux. *(b) Hort:* **To bed (out) plants,** dépoter des plantes. **To bed (in) seedlings,** repiquer des plants. *(c)* Parquer (des huîtres). *(d) Civ.E:* (i) Enrocher (un bâtardeau). (ii) *Macadam bedded on sand,* macadam *m* sur matelas *m* de sable. *(e) Const:* Sceller (une poutre dans un mur, etc.); asseoir (une pierre, les fondations). *F:* **The bullet bedded itself in the wall,** la balle s'enfonça, se logea, dans le mur. *Mec.E:* **To bed the brasses,** assurer l'assise des portées. *El.E: To bed the brushes,* roder les balais (d'une dynamo, etc.). *To bed the wires,* loger les fils. (*f*) *Metall:* **To bed (in) a mould,** enterrer un modèle (dans le sable). **2.** *v.i.* (*a*) (*Of animal*) Se gîter. (*b*) (*Of foundations, bridge, etc.*) **To bed (down),** prendre son assiette; se tasser, se caler (dans la terre, etc.). (*Of ship*) *To bed in the sand,* s'engraver. *The boats were bedded in the mud,* les bateaux étaient enfoncés dans la vase.

-bedded, *a.* (*With adj. prefixed, e.g.*) **Single-, double- bedded room,** chambre *f* à un lit, à deux lits.

bedding, *s.* **1.** (*a*) Parcage *m* (des huîtres). (*b*) *Civ.E:* Enrochement *m* (d'un bâtardeau, etc.). *Nau:* Engravement *m* (d'un navire). (*c*) *Const:* Scellement *m* (d'une poutre dans un mur, etc.); assiette *f* (d'une pierre). (*d*) *El.E: B. of the brushes,* rodage *m* des balais (d'une dynamo, etc.). *B. of the wires,* logement *m* des fils. (*e*) *Metall:* Enterrage *m* (d'un modèle). (*f*) *Husb:* Préparation *f* de la litière. (*g*) *Hort:* **Bedding-out,** dépotage *m*, dépotement *m* (de plantes). **2.** (*a*) Literie *f*; fournitures *fpl* (d'un lit). (*b*) *Mil: Navy:* (Matériel *m* de) couchage *m*. **3.** (*a*) *Husb:* Litière. (*b*) *Civ.E:* Matériau *m* d'enrochement, d'assise. **4.** *Geol:* Couche *f*, lit *m*, stratification *f*. *See also* CROSS-BEDDING. **5.** Lit (d'une chaudière, etc.).

bedabble [bi'dabl], *v.tr.* Éclabousser, souiller.

bedad [bi'dad], *int.* (*Irish*) Dame! ma foi!

bedaub [bi'dɔːb], *v.tr.* Barbouiller (de peinture); *F:* peinturer.

bedchamber ['bedtʃeimbər], *s.* Chambre *f* à coucher, *A:* chambre. (*At court*) **The Gentlemen of the Bedchamber,** les gentilshommes *m* de la chambre. *See also* LADY 1. *Privacies of the b.,* secrets *m* d'alcôve; les secrets de l'alcôve.

Bede [biːd]. *Pr.n.m. Hist:* **The Venerable Bede,** le Vénérable Bède.

bedeck [bi'dek], *v.tr. Lit:* Parer, orner, chamarrer (*s.o. with sth.*, qn de qch.). *To b. oneself,* s'attifer.

bedeguar ['bedigɑːr], *s. Hort:* Bédégar *m*; éponge *f*.

bedesman, *pl.* **-men** ['biːdzmən, -men], *s.* = ALMSMAN.

bedevil [bi'dev(i)l], *v.tr.* **1.** Ensorceler (qn). **2.** Taquiner, tourmenter, lutiner (qn).

bedevilment [bi'devlmənt], *s.* **1.** Ensorcellement *m*. **2.** Taquinerie *f*, vexation *f*.

bedew [bi'djuː], *v.tr. Lit:* Humecter de rosée. *F:* **Cheeks bedewed with tears,** joues baignées de larmes. *Pillow bedewed with tears,* oreiller arrosé, trempé, de pleurs, de larmes.

bedfellow ['bedfelo], *s.* Camarade *mf* de lit. *He is an unpleasant b.,* il est mauvais coucheur.

Bedford ['bedfərd]. *Pr.n. Geog:* Bedford *m*. *Tex:* **Bedford cord,** bedford *m*.

bedgown ['bedgaun], *s.* **1.** *A:* Chemise *f* de nuit (de femme). **2.** *A:* Robe *f* de chambre d'hospitalisé.

bedight [bi'dait], *p.p.a. Poet:* Paré (*with*, de).

bedim [bi'dim], *v.tr.* (**bedimmed; bedimming**) *Lit:* Obscurcir (l'esprit, les yeux). **Eyes bedimmed with tears,** yeux voilés de larmes.

bedizen [bi'daizn], *v.tr. Pej:* Attifer, chamarrer (*with*, de). *Speech bedizened with Latin,* discours chamarré de latin.

Bedlam ['bedləm]. **1.** *Pr.n.* (*Corrupt. of Bethlehem*) Hôpital *m* (d'aliénés) de Ste-Marie-Bethléem. **You would think this was Bedlam,** on se croirait dans une maison de fous; on se croirait à Charenton. **2.** *s. F:* (*a*) Maison *f* de fous, d'aliénés. (*b*) Charivari *m*, tohu-bohu *m*, tintamarre *m*; chahut *m* à tout casser.

bedlamite ['bedləmait], *s. F:* Fou, *f.* folle; échappé de Charenton.

Bedouin ['beduin, -iːn], *a. & s. inv. in pl.* Bédouin, -ine.

bedrabbled [bi'drabld], **bedraggled** [bi'dragld], *a.* (*a*) Crotté. (*b*) Dépenaillé.

bedroom ['bedrum], *s.* Chambre *f* à coucher. **Spare bedroom,** chambre d'ami. *See also* SLIPPER 1, SUITE 2.

bedside ['bedsaid], *s.* Chevet *m*; bord *m* du lit. *At s.o.'s b.,* au chevet de qn. **Bedside carpet, rug,** descente *f* de lit, saut-de-lit *m*, *pl.* sauts-de-lit. **Bedside lamp,** lampe *f* de chevet; veilleuse *f*. **Bedside table,** table *f* de nuit, de chevet. **Bedside books, bedside literature,** livres *m* de chevet. *The nurse never left his b.,* l'infirmière ne quittait pas son chevet. (*Of doctor*) **To have a good bedside manner,** avoir une bonne manière professionnelle.

bedspread ['bedspred], *s.* Courtepointe *f*; couverture *f* de parade; dessus *m* de lit.

bedstead ['bedsted], *s.* Châlit *m*, bois *m* de lit. *Iron, mahogany, b.,* lit de fer, lit en acajou. *Folding b.,* lit pliant; lit-cage *m*, *pl.* lits-cages.

bedstraw ['bedstrɔː], *s. Bot:* Caille-lait *m inv*, gaillet *m*.

bedtime ['bedtaim], *s.* Heure *f* du coucher. *It is b.,* il est l'heure de se coucher, d'aller se coucher. *What is your b.?* à quelle heure vous couchez-vous? *It's past your b.,* vous devriez être déjà couché. **Bedtime stories,** histoires *f* pour l'heure du coucher.

bee[1] [biː], *s.* **1.** Abeille *f*. **Hive-bee,** abeille domestique. **Working bee,** abeille neutre, abeille ouvrière; butineuse *f*, cirière *f*. **Black bee, German bee,** abeille âtre. **Bees' nest,** nid d'abeilles. *To keep bees,* élever des abeilles. *F:* **To have a bee in one's bonnet,** (i) être timbré; avoir un grain; avoir des rats dans la tête; avoir une araignée au plafond; avoir des lubies; *P:* travailler du chapeau; (ii) avoir une idée fixe. *See also* BUMBLE-BEE, CARPENTER-BEE, HONEY-BEE, HUMBLE-BEE, MASON-BEE, QUEEN-BEE, WASP-BEE. **2.** *U.S:* (*a*) Réunion *f* (pour travaux en commun). (*b*) Concours *m*. *See also* SPELLING-BEE.

'bee-eater, *s. Orn:* Guêpier *m*.

'bee-glue, *s. F:* Propolis *f*, *occ. m.*

'bee-keeper, *s.* Apiculteur *m*.

'bee-keeping, *s.* Apiculture *f*; l'exploitation *f* apicole. *B.-k. industry,* industrie abeillère.

'bee-line, *s.* Ligne *f* à vol d'abeille, à vol d'oiseau. **In a bee-line,** à vol d'abeille, d'oiseau. *F:* **To make a bee-line for sth.,** aller droit, directement, vers qch. *He made a b.-l. for the door,* il ne fit qu'un saut vers la porte.

'bee-lover, *s.* Apiphile *m*.

'bee-loving, *a.* Apiphile.

'bee-master, *s.* Apiculteur *m*.

'bee-moth, *s. Ent:* Pyrale *f*; gallérie *f*.

'bee-orchis, *s. Bot:* Ophrys *f* abeille.

'bee-skep, *s.* Ruche *f* en paille.

'bee-tree, *s. Arb:* Tilleul *m* (d'Amérique).

bee[2], *s. N.Arch:* Violon *m* (du beaupré).

beebread ['biːbred], *s. Ap:* Pâtée *f* de pollen et de miel donnée au couvain.

beech [biːtʃ], *s.* **1.** *Bot:* Hêtre *m*; fayard *m*: *F:* fouteau *m*. **Copper beech,** hêtre rouge, hêtre pourpre. **2. Beech(-wood),** bois *m* de hêtre. **Beech furniture,** meubles *mpl* en hêtre.

'beech-drops, *s. Bot:* Orobanche *f* de Virginie.

'beech-fern, *s. Bot:* Polypode *m* phégoptère.

'beech-grove, *s.* Foutelaie *f*, hêtraie *f*.

'beech-mast, *s.* Faînes *fpl* (en tant que nourriture de pourceaux).

'beech-nut, *s.* Faîne *f*.

beechen ['biːtʃən], *a. A. & Lit:* De hêtre.

beef [biːf], *s.* **1.** (*No pl.*) *Cu:* Bœuf *m*. **Roast beef,** rôti *m* de bœuf; rosbif *m*. **Chilled beef,** bœuf frigorifié, *P:* frigo *m*. **Salt beef, corned beef,** bœuf salé, mariné; bœuf de conserve. **Tinned (stewed) beef,** endaubage *m*. **Boiled beef,** bœuf mariné, bouilli légèrement, et servi avec des carottes. *See also* BULLY[6], GRAVY-BEEF, LEG[1] 2, STEWED. *F:* **To have plenty of beef,** avoir du muscle. *He's got plenty of b.,* il est costaud. **2.** *U.S:* **A beef,** un bœuf, une vache. *Cf.* BEEVES.

'Beef-Heads, *s.pl. U.S: F:* Les Texiens.

'beef-'steak, *s. Cu:* Bifteck *m*, tournedos *m*.

'beef-'tea, *s.* Bouillon *m* de bœuf; thé *m* de viande.

beefeater ['biːfiːtər], *s.* **1.** *A:* Mangeur *m*, avaleur *m*, de bœuf; domestique nourri grassement. **2.** Hallebardier *m* ((i) de la garde du corps, (ii) de service à la Tour de Londres). **3.** *Orn:* Pique-bœuf *m*, *pl.* pique-bœufs.

beefiness ['biːfinəs], *s. F:* (Abondance *f* de) muscle *m*.

beefy ['biːfi], *a. F:* Musculeux, musclé; bien en chair; solide; *P:* costaud.

beehive ['biːhaiv], *s. Ap:* Ruche *f*. *Ch:* **Beehive shelf,** têt *m* à gaz. *F: A regular b. of industry,* une ruche d'industrie.

Beelzebub [bi'elzibʌb]. *Pr.n.m.* **1.** *B.Lit:* Belzébuth. **2.** *F:* Le Diable.

been [biːn]. *See* BE.

beer ['biːər], *s.* **1.** Bière *f*. *Bottled b.,* bière en can(n)ette. **Small beer,** petite bière. *F:* **To think no small beer of oneself,** ne pas se prendre pour de la petite bière; se croire le premier moutardier du pape; se croire sorti de la cuisse de Jupiter; le porter haut, *P:* se gober. **To chronicle small beer,** enregistrer des détails insignifiants. **To be in beer,** être ivre. *Fortune made in b.,* fortune faite dans la brasserie. *F:* **Life is not all beer and skittles,** tout n'est pas rose(s) dans ce (bas) monde. *See also* BITTER 1, DRAUGHT[1] I. 10, SPRUCE[3]. **2.** *See* GINGER-BEER.

'beer-barrel, *s.* Tonneau *m* à bière.

'beer-engine, *s.* Pompe *f* à bière (sous pression).

'beer-garden, *s.* Café *m* en plein air; guinguette *f*.

'beer-glass, *s.* Bock *m*, chope *f*.

'beer-house, *s.* Cabaret *m*; brasserie *f*; café-brasserie *f*, *pl.* cafés-brasseries; taverne *f*.

'beer-money, *s.* Supplément de gages (donné lorsque l'on ne fournit pas la bière aux domestiques).

'beer-pull, *s.* (Levier *m* de la) pompe à bière.

'beer-pump, *s.* Pompe *f* à bière.

'beer-shop, *s.* = BEER-HOUSE.

beerily ['biːərili], *adv. See* BEERY.

Beersheba [biər'ʃiːba]. *Pr.n. B.Geog:* Bersabée. *See also* DAN[1].

beerocracy [biə'rɔkrəsi], *s. F:* L'influence *f* occulte des grands brasseurs sur le gouvernement du jour.

beery ['biːəri], *a.* **1.** (Atmosphère *f*) qui sent la bière. *B. face,* trogne *f* d'ivrogne. **2.** Un peu gris. **Beery voice** = voix avinée. **-rily,** *adv.* D'une voix avinée; d'un air abruti.

beestings ['biːstiŋz], *s.* Amouille *f*; colostrum *m* (de la vache).

beeswax[1] ['biːzwaks], *s.* (*a*) Cire *f* d'abeilles. (*b*) Cire à parquet.

beeswax[2], *v.tr.* Cirer, encaustiquer (le parquet); passer (le parquet) à la cire.

beeswaxing, *s.* Cirage *m*, encaustiquage *m*.

beeswing ['biːzwiŋ], *s.* **1.** Pellicules *fpl* (du vin de Porto). **2.** Vieux porto.

beet [biːt], *s. Bot: etc:* **1.** Betterave *f*. *Tap-rooted b.,* betterave longue. *Turnip-rooted b.,* betterave ronde. **2. White beet,** (i) (bette) poirée *f*; carde poirée; (ii) betterave à sucre. **Beet sugar,** sucre *m* de betterave. *See also* SUGAR-BEET. **Beet-worker,** betteravier *m*. *B. industry,* industrie betteravière.

beetle[1] [biːtl], *s.* Mailloche *f*, masse *f* (en bois); maillet *m*; (*for paving*) hie *f*, demoiselle *f*, dame *f*; (*for pile-driving*) mouton *m*. *Cer:* Batte *f*. *Laund:* Battoir *m*. *Quarrying:* Batterand *m*.

'beetle-brain, *s. F:* Cerveau épais.

'beetle-head, *s. Civ.E: etc:* Mouton *m*.

beetle[2], *v.tr.* Battre (qch.) à coups de mailloche, etc.

'beetling-machine, *s. Tex:* Moulin *m* à pilons.

beetle[3], *s. Ent:* Coléoptère *m*; hister *m*, escarbot *m*, scarabée *m*. *See also* BARK-BEETLE, BLACK-BEETLE, BLIND[1] 1, BURYING-BEETLE, CARRION 1, CHURCHYARD, CLICK-BEETLE, COLORADO 2, DUNG-BEETLE, EUMOLPUS-BEETLE, FLEA-BEETLE, FLOUR-BEETLE, GOLDSMITH-BEETLE, GROUND-BEETLE, LEAF-BEETLE, MEAL-BEETLE, MUSEUM-BEETLE, PILL-BEETLE, POTATO-BEETLE, ROSE-BEETLE, ROVE-BEETLE, STAG-BEETLE, WASP-BEETLE, WATER-BEETLE, *etc.*

'beetle-crushers, -squashers, *s.pl. F:* **1.** Pieds *m*; *P:* arpions *m*, ripatons *m*. **2.** Godillots *m*, bateaux *m*, croquenots *m*.

beetle[4], *a.* **Beetle brows,** (i) front bombé, proéminent; (ii) front sourcilleux.

'beetle-browed, *a.* Sourcilleux; aux sourcils épais, touffus, broussailleux.

beetle[5], *v.i.* Surplomber. *The rocks b. over the ravine,* les rochers surplombent le ravin.

beetling, *a.* **1.** (*Of rock*) Surplombant, menaçant. *The high b. cliffs,* les hautes falaises en surplomb. *B. height,* précipice *m.* **2.** = BEETLE[4].

beetroot [ˈbiːtruːt], *s.* Betterave potagère.

beeves [biːvz], *s.pl. Poet:* Bétail *m.*

befall [biˈfɔːl], *v.tr. & i.* (*Conj. like* FALL; *used only in 3rd pers.*) Arriver, survenir (à qn). *A misfortune befell him,* un malheur lui survint; il lui arriva un malheur. **What has befallen him?** qu'est-il advenu de lui? **It so befell that . . .,** il arriva que. . . . **Befall what may!** arrive que pourra!

befell [biˈfel], *v. See* BEFALL.

befit [biˈfit], *v.tr.* (**befitted**) (*Used only in 3rd pers.*) Convenir, seoir (à qn, à qch.). **It does not befit a knight to . . .,** ce n'est pas le fait d'un chevalier de. . . .

befitting, *a.* Convenable, seyant (à qn, à qch.). **-ly,** *adv.* Convenablement; comme il convient.

befog [biˈfɔg], *v.tr.* (**befogged**) **1.** Envelopper de brouillard. **2.** Obscurcir (la pensée, etc.). **Wine befogs the senses,** le vin offusque la raison.

befool [biˈfuːl], *v.tr. Lit:* = FOOL[2] 2.

before [biˈfɔːər]. **1.** *adv.* (*a*) (*In space*) En avant, devant. **To go on before,** marcher en avant, prendre les devants; (*take precedence*) passer le premier. *He has gone on b.,* il est parti en avant. *There were trees both b. and behind,* il y avait des arbres devant et derrière. *This page and* **the one before,** cette page et la précédente, et celle d'avant, et celle qui précède. (*b*) (*In time*) Auparavant, avant. *Two days b.,* deux jours avant, deux jours auparavant; l'avant-veille *f.* **The day before,** le jour d'avant, le jour précédent; la veille. **The evening before,** la veille au soir. **The year before,** l'année d'auparavant. **A moment before,** un moment auparavant, le moment d'auparavant. *I had seen him only the minute b.,* je l'avais vu la minute d'avant. *I have seen him b.,* je l'ai déjà vu. **I have never seen him before,** je le vois pour la première fois; je ne l'ai encore jamais vu. *He had never done it b.,* il ne l'avait jamais fait jusqu'alors. *He never did it b.,* il ne l'a jamais fait jusqu'ici. **To go on as before,** faire comme par le passé. *You should have told me so b.,* vous auriez dû me le dire plus tôt. **2.** *prep.* (*a*) (*Place*) Devant. **To stand before s.o., sth.,** se tenir devant qn, qch. *I have the poem b. me,* j'ai le poème sous les yeux, devant moi. *To have sth. b. one's eyes,* avoir qch. sous les yeux. **Before my (very) eyes,** sous mes (propres) yeux. *He said so b. me,* il l'a dit en ma présence. *He fled b. us,* il fuyait à notre approche. *I have nothing but the poor-house b. me,* je n'ai d'autre perspective que l'hospice. **Before God and man,** devant Dieu et les hommes. **To appear before the judge,** comparaître par-devant le juge. *To bring a question b. a court,* saisir un tribunal d'une question. *The question b. us,* la question qui nous occupe. *We have two questions b. us,* nous sommes saisis de deux questions. *That is the task b. us,* c'est là la tâche qui nous incombe. *See also* LEG[1] 1, WIND[1] 1. (*b*) (*Time*) Avant. **Before Christ, B.C.,** avant Jésus-Christ, av. J.-C. *B. our era,* antérieurement à notre ère. **Before long,** avant (qu'il soit) longtemps. *Not b. Easter,* pas avant Pâques. **It ought to have been done before now,** ce devrait être déjà fait. *B.* (*the battle of*) *Leipzig,* avant Leipzig (*cp.* devant Leipzig). *Just b. the meeting,* (à) la veille de la réunion. **To arrive an hour before the time,** arriver (avec) une heure d'avance. *We are b. our time,* nous sommes en avance. *I got here b. you,* je vous ai devancé. *The generations which came b. us,* les générations *f* qui nous ont devancés. *The day b. the battle,* la veille de la bataille. *Two days b. Christmas,* l'avant-veille de Noël. *B. answering,* avant (que) de répondre. *Mil: Evacuation of a region b. the date fixed,* évacuation anticipée. *Fin:* **Redemption before due date,** remboursement anticipé. *F:* **My before-breakfast cigarette,** ma cigarette d'avant-déjeuner. (*c*) (*Preference, order*) **Before everything else I must have . . .,** il me faut avant tout. . . . *Death b. dishonour,* plutôt la mort que le déshonneur. *To put virtue b. wealth,* mettre la vertu avant les richesses; préférer la vertu aux richesses. *Ladies b. gentlemen,* les dames avant les messieurs. *The commonweal comes b. everything,* le bien de la patrie prime tout. **3.** *conj.* Avant que (ne) + *sub.* (*a*) *Come and see me b. you leave,* venez me voir avant que vous (ne) partiez, avant de partir, avant votre départ. *Do not come in b. I call you,* n'entrez pas avant que, sans que, je vous appelle. *It will be long b. we see him again,* on ne le reverra pas d'ici longtemps. *It was long b. he came,* il fut longtemps à venir. *I had not waited long b. he came,* il ne tarda pas à venir. *B. night comes I shall know . . .,* d'ici (que vienne) la nuit je saurai. . . . *F: You'll be ruined* **before you know where you are,** vous allez vous ruiner en moins de rien. *I'll be with you* **before you can say Jack Robinson,** je suis à vous en moins de rien. (*b*) **I will die before I yield,** je préfère mourir plutôt que de céder. (*c*) *F:* **Before I forget,** *they expect you this evening,* j'oubliais de vous dire qu'on vous attend ce soir.

beforehand [biˈfɔːərhand], *adv.* Préalablement, au préalable; d'avance, par avance; à l'avance, auparavant. *To come an hour b.,* venir une heure d'avance. *I must tell you b. that . . .,* il faut vous dire d'avance, au préalable, que. . . . *You ought to have told me b.,* vous auriez dû me prévenir. *If I come I shall let you know b.,* si je viens je vous préviendrai. *To see things a long time b.,* prévoir les choses de loin. *To pay b.,* payer d'avance. *To rejoice b.,* se réjouir par avance. *I knew it b.,* je le savais déjà. *To be b. with s.o.,* devancer qn, prendre les devants sur qn. *He was b.,* il avait pris les devants. *To be b. with the rent,* (i) payer son loyer avant le terme, (ii) avoir en main l'argent du terme. *F: A: To be b. with the world,* être dans l'aisance.

befoul [biˈfaul], *v.tr. Lit:* Souiller, salir (le nom, l'honneur, de qn).

befriend [biˈfrend], *v.tr.* Venir en aide à, à l'aide de (qn); donner aide à (qn); secourir (qn); se montrer l'ami de (qn); protéger (qn).

beg [beg], *v.tr. & i.* (**begged**; **begging**) **1.** Mendier; tendre la main, *F:* tendre la sébile. **To beg (for) one's bread,** mendier son pain. *To live by begging,* vivre d'aumône. **To beg one's way to Paris,** aller ou venir à Paris en mendiant (le long du chemin). (*To dog*) **Beg!** fais le beau! (*With passive force*) **These jobs go begging, go a begging,** ce sont des emplois qui trouvent peu d'amateurs. *These jobs don't go begging long,* ce sont des situations qu'on s'arrache. **2. To beg a favour of s.o.,** solliciter une faveur de qn; demander une faveur à qn. *To beg* (*of*) *s.o. to do sth.,* prier, supplier, qn de faire qch. *To beg s.o. to attend,* requérir la présence de qn. *He begs to be listened to,* il supplie qu'on veuille bien l'écouter. *I begged for Mary to stay on for a week,* j'ai supplié qu'on permît à Marie de rester encore huit jours. **I beg to inform you that . . .,** j'ai l'honneur de vous faire savoir que. . . . *Com: We beg to hand you a cheque for . . .,* nous avons l'avantage de vous remettre un chèque de. . . . *I beg to state, to observe, that . . .,* qu'il me soit permis de faire remarquer que. . . . *To beg for peace,* demander la paix. **I beg (of) you!** de grâce! je vous en prie! *Be silent, I beg of you!* taisez-vous, je vous en supplie! **To beg the question,** supposer vrai ce qui est en question; prendre pour un axiome la question à prouver; faire une pétition de principe. *See also* PARDON[1] 1.

beg off. 1. *v.tr.* **To beg s.o. off,** demander grâce pour qn. **2.** *v.i.* **To beg off for the afternoon,** demander la permission de s'absenter pour l'après-midi.

begging[1], *a.* (Frère, ordre) mendiant.

begging[2], *s.* **1.** Mendicité *f.* **2. Begging the question,** pétition *f* de principe; *F:* simplisme *m.*

begad [biˈgad], *int.* (*Softened form of 'by God'*) **1.** Ma foi! **2.** Sacrebleu!

began [biˈgan]. *See* BEGIN.

beget [biˈget], *v.tr.* (**begot** [biˈgɔt], *B:* **begat** [biˈgat]; **begotten** [biˈgɔtn]) **1.** Engendrer, procréer. *Abraham begat Isaac,* Abraham engendra Isaac. *Discord begets crime,* la discorde enfante le crime. *B:* **The only begotten of the Father,** le Fils unique du Père. *See also* LOVE-BEGOTTEN. **2.** Causer, susciter; faire naître (des difficultés, etc.). *In machinery play begets play,* en mécanique le jeu appelle le jeu. *See also* MONEY 1.

begetting, *s.* Engendrement *m,* procréation *f.*

begetter [biˈgetər], *s.* **1.** Père *m, F:* auteur *m* (*of,* de). **2.** Cause *f* (*of,* de).

beggar[1] [ˈbegər], *s.* **1. Beggar (-man, -woman),** mendiant, -e, gueux, -euse, pauvre, -esse. **Beggar-girl, -maid,** jeune mendiante, petite mendiante. **Sturdy beggar,** truand *m. Prov:* **Beggars cannot be choosers,** ne choisit pas qui emprunte; faute de souliers on va nu-pieds. *See also* HORSEBACK. **2.** *F:* Individu *m. Funny little b.,* drôle *m* de petit bonhomme. **Poor beggar!** pauvre diable! **He's a beggar for work,** il n'a pas son pareil pour le travail. *He's a b. to talk,* il a la langue bien pendue. **Lucky beggar!** (i) chançard! veinard! (ii) il en a de la chance, cet animal-là! **You little beggar!** petit coquin! petit espiègle! *See also* ABSENT-MINDED.

beggar[2], *v.tr.* (**beggared** [ˈbegərd]) **1. To beggar s.o.,** réduire qn à la mendicité, *A:* à la besace; mettre qn sur la paille. *To leave s.o. beggared,* laisser qn sans le sou. **2.** *F:* **To beggar description,** défier toute description, être indescriptible. *It beggars description,* cela ne peut pas se décrire.

'beggar-my-'neighbour, *s. Cards:* Bataille *f.*

beggardom [ˈbegərdəm], *s. Coll:* Les mendiants, les gueux; la mendicité.

beggarliness [ˈbegərlinəs], *s.* Mesquinerie *f.*

beggarly [ˈbegərli], *a.* Chétif, minable, misérable, mesquin. *B. wage,* salaire *m* dérisoire; salaire de misère, de famine. *For a b. few thousand francs!* pour quelques malheureux mille francs!

beggary [ˈbegəri], *s.* Mendicité *f,* misère *f.* **To be reduced to beggary,** être réduit à la mendicité, à l'aumône; être dans la misère; *A:* être réduit à la besace.

begin [biˈgin], *v.tr. & i.* (**began** [biˈgan]; **begun** [biˈgʌn]) Commencer (un discours, une tâche, etc.); entamer, amorcer (une conversation, la partie); *F:* attaquer (un repas, etc.). *To b. one's work,* commencer son travail; (*of official*) entrer en fonctions; (*of an assembly*) inaugurer ses travaux. *To b. at the beginning,* commencer par le commencement. *See also* END[1] 1. *He began life as a ploughboy,* il débuta dans la vie comme valet de charrue. *Just where the hair begins,* à la naissance des cheveux. *Before winter begins,* avant le début de l'hiver. *The guns began, F:* les canons entrèrent en danse. *The day began well, badly,* la journée s'annonça bien, mal. *Never since the world began,* jamais depuis le commencement du monde; *F:* jamais depuis que le monde est monde. **To begin (on) a fresh chapter, another bottle,** entamer un nouveau chapitre; entamer, déboucher, une autre bouteille. **To begin to do sth., to begin doing sth.,** commencer à, de, faire qch.; se mettre à faire qch. *He began studying law, he began to study law,* il se mit à faire du droit. *To b. to laugh, to cry; to b. laughing, crying,* se mettre à rire, à pleurer; se prendre à pleurer. *To b. to sing,* se mettre à chanter; entonner une chanson. *To b. to boil, to melt,* entrer en ébullition, en fusion. *He soon began to complain,* il ne tarda pas à se plaindre. *We began to get hungry,* la faim nous gagnait. *This system of education was beginning to be assailed,* on commençait à attaquer ce système d'enseignement. *U.S: F:* **Doesn't begin to** *compare with . . .,* est loin d'être comparable à. . . . **To begin by doing sth.,** débuter, commencer, par faire qch. *B. with me,* commencez par moi. **To begin with . . .,** d'abord . . ., tout d'abord . . ., de premier abord . . ., de prime abord . . .; pour commencer . . ., au préalable. . . . *The play begins with a prologue,* la pièce débute par un prologue. **To begin again,** recommencer, reprendre. *Let us b. again,* recommençons;

P: remettons ça! *To b. to cry again,* se reprendre à pleurer. *There, it's beginning again!* voilà que ça reprend! voilà que ça recommence! *Prov:* **Well begun is half done,** a moitié fait qui commence bien.

beginning, *s.* Commencement *m*; début *m* (d'un discours, d'une carrière, etc.); origine *f*, naissance *f* (du monde, etc.). **In the beginning,** au commencement, au début. **From the beginning,** dès le commencement; dès le principe. **From beginning to end,** depuis le commencement, le début, jusqu'à la fin; d'un bout à l'autre; de bout en bout. *At the b. of the term,* à la rentrée des classes. *The first beginnings of civilization,* les rudiments *m* de la civilisation. *Here Methodism had its beginnings,* ce fut ici le berceau du Méthodisme. *From modest beginnings he rose to be . . .,* parti de très bas, il en arriva à se trouver. . . . **Since the beginning of things,** depuis la naissance du monde; depuis que le monde est monde. **To make a beginning,** commencer, débuter. *To start again from the very b.,* reprendre le travail à pied d'œuvre. *Mec.E: etc: B. of looseness, of play,* amorce *f* de desserrage, de jeu. *Aut: B. of a skid,* amorce de dérapage. *Civ.E: B. (of the cutting) of a road, of a tunnel,* amorce, amorçage *m*, d'une rue, d'un tunnel. *Prov:* **Everything has a beginning,** il y a commencement à tout. **A good beginning is half the battle,** a moitié fait qui commence bien; matines bien sonnées sont à moitié dites.

beginner [bi'ginər], *s.* **1.** Premier *m* à agir; auteur *m*, cause *f* (d'une querelle, etc.). **2.** Commençant, -ante, débutant, -ante; novice *mf*. *I'm only a b.,* je ne suis qu'un apprenti.

begird [bi'gə:rd], *v.tr.* (*p.p.* **begirt** [bi'gə:rt]) *Lit:* Ceindre, entourer (*s.o. with sth.,* qn de qch.). *City begirt with ramparts,* ville ceinte de remparts.

begone [bi'gɔn], *p.p.* **1.** (*Used as imp.*) Va-t'en! allez-vous-en! partez! hors d'ici! **2.** *He was ordered to begone,* on lui signifia son congé. *See also* WOE-BEGONE.

begonia [be'gounjə], *s. Bot:* Bégonia *m*.

begorra [bi'gɔrə], *int. Irish Dial:* (*By God*) **1.** Sacrebleu! **2.** Ma foi!

begot(ten) [bi'gɔt(n)]. *See* BEGET.

begrime [bi'graim], *v.tr. Lit:* Noircir, salir, barbouiller. *Begrimed with smoke, with soot,* noirci de fumée; barbouillé de suie.

begrudge [bi'grʌdʒ], *v.tr.* Donner (qch.) à contre-cœur. *To b doing sth.,* faire qch. à contre-cœur; *F:* rechigner à faire qch. *To b. s.o. sth.,* (i) mesurer qch. à qn; (ii) envier qch. à qn. *They b. him his food,* on lui mesure, on lui reproche, sa nourriture. *He had begrudged her nothing,* il ne lui avait rien refusé.

begrudgingly [bi'grʌdʒiŋli], *adv.* **1.** A contre-cœur; *F:* en rechignant. **2.** Envieusement. **3.** Chichement.

beguile [bi'gail], *v.tr. Lit:* **1.** Enjôler, séduire, tromper (qn). *B:* **The serpent beguiled me,** le serpent m'a séduite. *To b. one's creditors,* amuser ses créanciers. *To b. s.o. with promises,* bercer qn de promesses. *To b. s.o. out of sth.,* soutirer qch. à qn. *To b. s.o. into doing sth.,* user de séduction pour faire faire qch. à qn; induire qn à faire qch. **2.** Distraire, charmer, amuser. **To beguile the time,** faire passer le temps; tromper son ennui; se désennuyer. *To b. the time doing sth.,* s'amuser à faire qch.; tromper son ennui en faisant qch. *To b. the long night watches,* tromper les longues heures de veille. *To b. hunger (with tobacco, etc.),* tromper la faim. *To b. s.o.'s leisure,* charmer les loisirs de qn. *To b. one's sorrow,* se distraire de son chagrin.

beguilement [bi'gailmənt], *s. Lit:* Enjôlement *m*, séduction *f*.

beguiler [bi'gailər], *s. Lit:* Séducteur, -trice; trompeur, -euse.

begum ['bi:gəm], *s.f.* (*In India*) Bégum, reine, princesse.

begun [bi'gʌn]. *See* BEGIN.

behalf [bi'hɑ:f], *s.* **1. On behalf of s.o.,** au nom de qn; *Com:* au compte, au profit, à l'acquit, de qn. *I come on b. of Mr X,* je viens de la part de M. X. *He is acting on my b.,* il agit pour moi, pour mon compte. *On b. of my colleagues and myself,* en mon nom et au nom de mes collègues. **2.** *To plead in, on, s.o.'s b.,* plaider en faveur de qn. *To do much on b. of the prisoners,* faire beaucoup pour les prisonniers. **3.** *Don't be uneasy on my b.,* ne vous inquiétez pas à mon sujet. *I am sorry on b. of his wife,* j'en suis fâché pour sa femme.

behave [bi'he:iv], *v.i.* **1.** (*Usu. with adv.*) *To b. well, badly, prudently, like a man of honour,* se conduire, se comporter, bien, mal, prudemment, en homme d'honneur. *To b. well to, towards, s.o.,* bien agir envers qn; se bien comporter à l'égard de qn, envers, avec, qn; se bien conduire à l'égard de, envers, qn. *F: The engine, the boat, behaves well, badly,* le moteur, le bateau, se comporte bien, mal. *Ship that behaves well at sea,* navire qui tient bien la mer, qui navigue bien. **2.** *Abs.* (*Also as v.pr.*) **To know how to behave,** savoir vivre. *We know how to b. in the presence of ladies,* on sait se tenir auprès des dames. *I'll teach him how to b.!* je lui apprendrai la politesse! (*To child, etc.*) **Arthur, behave yourself!** Arthur, de la tenue! tiens-toi (comme il faut)! sois sage!

behaved, *a.* (*With adv. prefixed, e.g.*) **Well-behaved,** sage; poli; qui se conduit bien; qui a de la conduite; qui a du maintien, de la tenue. **Ill-behaved, badly behaved,** qui se conduit mal; qui se tient mal; malhonnête; grossier. **The best-behaved boy in the class,** l'élève le plus sage de la classe. **To grow better behaved,** s'assagir.

behaviour [bi'heivjər], *s.* **1.** Façon *f* de se comporter, d'agir; maintien *m*; conduite *f* (*to, towards, s.o.,* avec, envers, qn); procédé *m* (envers qn). *Your b. is being watched,* on observe vos faits et gestes. *Good b.,* bonne conduite. **To put s.o. on his best behaviour,** recommander à qn de se bien tenir, de se surveiller. *To be on one's best b.,* se surveiller; se conduire de son mieux. *Be on your best b.!* tenez-vous! *Sedate b.,* allure posée. *Mil:* **Good behaviour certificate,** certificat *m* de bonne conduite. **2.** Allure *f*, fonctionnement *m* (d'une machine); tenue *f* (d'une auto); tenue en l'air (d'un avion).

behaviourism [bi'heivjərizm], *s. Psy:* Behaviourisme *m*.

behead [bi'hed], *v.tr.* Décapiter; faire tomber la tête de (qn); *A:* décoller. *He was beheaded,* on lui coupa le cou.

beheading, *s.* Décapitation *f*; *A:* décollation *f* (de saint Jean-Baptiste, etc.).

beheld [bi'held]. *See* BEHOLD.

behemoth [bi'hi:mɔθ, 'bi:imɔθ], *s. B. & F:* Béhémoth *m*; monstre *m*.

behen ['bi:hən], *s. Bot:* **1.** Béhen *m*. **White behen,** béhen blanc; silène enflé. **Red behen,** béhen rouge; saladelle *f*. **2.** = BEN[4].

behest [bi'hest], *s. Lit:* Commandement *m*, ordre *m*. **To do sth. at s.o.'s behest,** faire qch. sur l'ordre de qn.

behind [bi'haind]. **1.** *adv.* Derrière; par derrière. (*a*) *Hair cropped close b.,* cheveux coupés ras par derrière. *To attack s.o. from b.,* attaquer qn par derrière. *To come b.,* venir derrière; suivre. *To ride b.,* (i) suivre à cheval; (ii) monter en croupe. *To get up b.,* monter en croupe; monter par derrière; *A:* monter en trousse. *To take s.o. up b. (on the crupper),* prendre qn en croupe. **To fall, lag, behind,** s'attarder; traîner en arrière; se laisser distancer; ne pas pouvoir suivre. **To stay, remain, behind,** rester, demeurer, en arrière. *The servants had remained b.,* les domestiques n'étaient pas partis. *See also* LEAVE BEHIND. (*Beyond*) **The Alps and the plains behind,** les Alpes et les plaines au-delà. (*b*) **To be behind with one's studies, with one's work, with one's payments,** être en retard pour ses études, dans son travail, pour ses paiements. *We ate ravenously and were not b. with the drink,* nous mangeâmes comme quatre et bûmes d'autant. *We are b. in business this year,* nous ne ferons pas nos affaires cette année. *I don't want to be b.,* je ne veux pas être en retard. *Special class for children who are b.,* classe spéciale pour les enfants qui sont en retard. *B:* **Ye come behind in no gift,** il ne vous manque aucun don. **2.** *prep.* (*a*) Derrière. *He hid b. it,* il se cacha derrière. **Look behind you,** regardez derrière vous; retournez-vous. *Garden b. the house,* jardin *m* sur le derrière. **To walk, follow, close behind s.o.,** marcher sur les talons de qn. *To walk b. a guide,* suivre un guide. *Their devotion carried them on b. him,* leur dévouement les entraîna sur ses pas. *He left an honoured name b him,* il laissa (après lui) un nom honoré. *She will remain b. me,* elle demeurera après moi. *I can't understand their policy;* **there must be something behind (it),** je ne comprends rien à leur politique; il doit y avoir quelque chose (là-)dessous. **What is behind all this?** qu'y a-t-il derrière tout cela? **To be behind** (= *to support*) **s.o.,** soutenir qn. *He has the minister b. him,* il a le ministre derrière lui; il est épaulé par le ministre; il se sent fort sous la protection du ministre. **To put a thought behind one,** rejeter une pensée. *I put this offer b. me,* je ne voulus rien savoir de cette offre. **Get thee behind me, Satan!** retire-toi de moi, Satan! *See also* BACK[1] I. 1, GO BEHIND, SCENE 4. (*b*) En arrière de, en retard sur (qn, qch.). *Country (far) b. its neighbours,* pays *m* (très) en arrière de ses voisins. **To be behind s.o. in knowledge,** le céder à qn en savoir. *Here we are far b. Paris,* ici nous sommes très en retard sur Paris (en matière de modes, etc.). *See also* TIME[1] 4, 6. **3.** *s.* Derrière *m*, *P:* cul *m*. *F:* **To kick s.o.'s behind,** botter le derrière de, à, qn. *To fall on one's b.,* tomber sur le derrière, *Lit:* sur son séant.

behindhand [bi'haindhand], *adv. & pred. a.* En arrière; en retard; attardé. **To be behindhand,** avoir de l'arriéré. *To be b. with the rent,* être en retard pour, avec, le loyer. *I am b. with my work,* mon travail est en retard. *He is not b. in generosity,* il n'est pas en reste de générosité. *In order not to be b. in politeness . . .,* pour ne pas être en reste de politesse. . . . *To be b. in doing sth.,* apporter du retard à faire qch.

Behistan [behis'tɑ:n], **Behistun** [behis'tu:n]. *Pr.n. Geog:* Le Behistoun, le Bisoutoun. **The Behistun Inscription,** l'Inscription *f* de Behistoun.

behold [bi'hould], *v.tr.* (**beheld** [bi'held]; **beheld**) *Lit:* **1.** Voir; apercevoir. *I beheld a strange sight,* je fus témoin d'un étrange spectacle. **2.** *imp.* **Behold!** voyez! *B., he cometh!* voici qu'il vient! *B., I am with thee,* et voici, je suis avec toi. *B thy servant,* voici ton serviteur. **And behold** (*how things turn out*)! et tenez!

beholden [bi'houldn], *a.* **To be beholden to s.o.,** être redevable à qn (*for,* de); être obligé à, envers, qn; être reconnaissant à qn (*for,* de).

beholder [bi'houldər], *s.* Spectateur, -trice; assistant, -ante; témoin *m*. *See also* BEAUTY 1.

behoof [bi'hu:f], *s.* **To, for, on, s.o.'s behoof,** à l'avantage, au profit, de qn. *For one's own b.,* dans son propre intérêt. *Books written for their b.,* livres écrits à leur intention.

behoove [bi'hu:v], *v.tr. U.S:* = BEHOVE.

behove [bi'ho:uv], *v.tr. impers.* **1.** Incomber (à). **It behoves him to . . .,** il lui appartient de. . . . *It behoves us all to help them,* il nous incombe à tous de les secourir. *And thus it behoved Christ to suffer,* et ainsi il fallait que le Christ souffrît. **2. It does not behove him to boast,** mal lui sied de se vanter.

beige [bɛ:ʒ], *a. & s. Tex:* Beige (*f*); (*as adj. also*) blond.

being ['bi:iŋ], *s. See* BE.

Beirut [bei'ru:t]. *Pr.n. Geog:* Beyrouth *m*.

bejewelled [bi'dʒuəld], *a.* Paré(e) de bijoux. *She was very much b., F:* elle était parée comme une châsse.

bel [bel], *s. Ph.Meas:* Bel *m*.

belabour [bi'leibər], *v.tr. To b. s.o. (soundly),* battre qn à coups redoublés; rouer qn de coups; administrer une bonne rossée à qn; rosser qn d'importance; *P:* flanquer une tannée à qn.

belated [bi'leitid], *a.* **1.** (Voyageur, etc.) attardé; surpris par la nuit. **2.** (Repentir, renseignement, etc.) tardif; (invité, etc.) en retard. *B. measures,* mesures *f* en retard sur les événements. **-ly,** *adv.* Un peu tard, tardivement, sur le tard, trop tard.

belaud [bi'lɔ:d], *v tr.* **1.** *Lit:* Combler, couvrir, (qn) de louanges; *F:* porter (qn) aux nues; chanter les louanges de (qch.). **2.** *Pej:* Louanger (qn).

belay [biˈlei], *v.tr.* *Nau:* Tourner, amarrer, lacer (une manœuvre). **Belay!** (i) amarrez! (ii) *F:* en voilà assez!

belaying, *s.* Tournage *m.*

beˈlaying-pin, -cleat, *s.* Cabillot *m*, chevillot *m*, taquet *m*; poupée *f* d'amarrage. *Range of belaying-pins*, râtelier *m* de cabillots.

belch[1] [bel(t)ʃ], *s.* **1.** Éructation *f*, renvoi *m*; (*not in polite use*) rot *m.* **2.** Vomissement *m* (de flammes, etc.).

belch[2]. **1.** *v.i.* Avoir un renvoi; éructer; (*not in polite use*) roter. **2.** *v.tr.* **To belch forth, belch out, blasphemies, flames, smoke,** vomir des blasphèmes, des flammes, de la fumée.

belcher [ˈbeltʃər], *s.* Foulard bleu à pois blancs (comme en porta le pugiliste Jim Belcher).

beldam(e) [ˈbeldəm], *s.f.* *Lit:* Vieille sorcière; mégère.

beleaguer [biˈliːgər], *v.tr.* Assiéger, cerner, investir (une ville).

beleaguerer [biˈliːgərər], *s.* Assiégeant *m.*

belemnite [ˈbelemnait], *s.* *Paleont:* Bélemnite *f.*

belfried [ˈbelfrid], *a.* (Tour *f*) à beffroi.

belfry [ˈbelfri], *s.* **1.** Beffroi *m*, clocher *m.* *See also* BAT[1]. **2.** *Nau:* Mouton *m*, potence *f* (de la cloche).

belga [ˈbelga], *s.* *Fin:* (*Belgian unit of exchange*) Belga *m.*

Belgian [ˈbeldʒjən], *a.* & *s.* Belge (*mf*); de Belgique.

Belgic [ˈbeldʒik], *a.* *Hist:* Des Pays-Bas.

Belgium [ˈbeldʒjəm]. *Pr.n.* *Geog:* La Belgique.

Belgravia [belˈgreivia]. *Pr.n.* Quartier *m* aristocratique de Londres.

Belgravian [belˈgreiviən], *a.* & *s.* (Habitant *m*) de Belgravia; *s.* aristocrate *mf*; *a.* aristocratique, mondain.

Belial [ˈbiːliəl]. *Pr.n.m.* *B.* & *F:* Bélial; l'Esprit malin.

belie [biˈlai], *v.tr.* (*pr.p.* belying [biˈlaiiŋ]) **1.** Donner un démenti à (des paroles); démentir (une promesse, des espérances, des craintes); tromper (l'attente de qn). *His appearance belies him*, on le méjugerait sur sa mine; il ne paie pas de mine. *His looks do not b. his character*, sa mine s'accorde bien avec son caractère. *To b. a proverb*, faire mentir un proverbe. **2.** *U.S:* Démentir (qn); donner un démenti à (qn).

belief [biˈliːf], *s.* **1.** Croyance *f*, conviction *f*. *B. in ghosts*, croyance aux revenants. *B. in God*, croyance en Dieu. *In his b. that he would get better . . .*, (étant) persuadé qu'il guérirait. . . . *To entertain the b. that . . .*, croire, être convaincu, que. . . . **It is past all belief,** c'est incroyable; c'est à n'y pas croire. **To the best of my belief,** à ce que je crois; autant que je sache. *It is my b. that . . .*, je suis convaincu que . . .; j'ai la conviction que. . . . **2.** *B. in s.o., in sth.*, foi *f*, confiance *f*, en qn, en qch. *I have no b. in doctors*, je n'ai pas confiance dans les médecins; je fais peu de cas des médecins.

believable [biˈliːvəbl], *a.* Croyable.

believableness [biˈliːvəblnəs], *s.* Crédibilité *f.*

believe [biˈliːv]. **1.** *v.tr.* (*a*) Croire (une nouvelle, etc.); ajouter foi à (une rumeur); accorder créance à (une affirmation). *I b. that it is true*, je crois que c'est vrai. *I do not b. that it is true*, je ne crois pas que ce soit vrai. *I solemnly and sincerely b. that . . .*, en mon âme et conscience je suis convaincu que. . . . *I b. (that) I am right*, je crois avoir raison. *He believed he could succeed*, il pensait pouvoir réussir. *I b. him to be alive*, je le crois vivant. *He is believed to be in Paris*, on le croit à Paris. *These views we b. to be fair and true*, ces opinions, nous les tenons pour justes. *The house was believed to be haunted*, la maison passait pour être hantée. *He is believed to have a chance*, on lui croit des chances (de réussir). *He believes himself to have been unfairly treated*, il se croit (la) victime d'une injustice. **I believe not,** je crois que non; je ne le crois pas. **I believe so,** je crois que oui; je le crois. *I don't b. a word of it*, je n'en crois rien, pas un mot. *I don't know what to b.*, je ne sais que croire; je ne sais pas à quoi m'en tenir. **I could scarcely believe my eyes,** j'en croyais à peine mes yeux; *F:* j'ai cru avoir la berlue. **Seeing is believing,** voir c'est croire. *One must not b. everything one hears*, il ne faut pas ajouter foi à tout ce que l'on entend. *To b. only what one sees*, ne s'en rapporter qu'au témoignage de ses yeux. *Population ready to b. any rumour*, populace *f* crédule à tous les bruits. *To make s.o. b. sth.*, faire croire qch. à qn. *To make s.o. b. that . . .*, faire croire à qn que . . .; faire accroire à qn que. . . . *You would have us b. that all is lost*, à vous croire tout serait perdu. *F: Don't you b. it!* détrompez-vous! *F:* croyez ça et buvez de l'eau! (*b*) **To believe s.o.,** croire qn, accorder créance au dire de qn. **To be believed,** trouver créance. *If he is to be believed . . .*, à l'en croire . . .; s'il faut l'en croire. . . . *He is not to be believed*, il n'est pas digne de foi. **Believe me yours truly,** veuillez agréer l'assurance de ma considération distinguée. *F: He's a smart one,* **believe me** [biliːvˈmiː]! c'est un malin, et pas d'erreur! *I have suffered much, b. me!* j'ai bien souffert, va! allez! **2.** *v.i.* (*a*) **To believe in God,** croire en Dieu. *To b. in one God*, croire à un seul Dieu. *To b. in ghosts*, croire aux revenants. (*b*) **To believe in s.o.'s word,** croire à la parole de qn. *I don't b. in his promises*, je me défie de ses promesses. *To b. in a method*, être partisan d'une méthode. *I don't b. in doctors*, je n'ai pas confiance dans les médecins; je fais peu de cas des médecins. *I don't b. in aspirin*, je ne crois pas à l'efficacité de l'aspirine. **3. To make believe to do sth.,** feindre, faire semblant, de faire qch. *To make b. that . . .*, faire semblant que. . . . *Let's make b. that we're Indians*, supposons que nous sommes, soyons, des Indiens. *See also* MAKE-BELIEVE.

believing, *a.* Croyant. *All b. souls . . .*, toutes les âmes croyantes. . . .

believer [biˈliːvər], *s.* **1.** Croyant, -ante. *Heaven will open to all believers*, le ciel s'ouvrira à tous les croyants. **2. To be a believer in sth.,** (i) croire à qch.; (ii) être partisan de qch. *To be a b. in ghosts*, croire aux revenants. *She was a ready b. in fairies*, elle croyait fermement, volontiers, aux fées. *I am not a b. in serums*, je fais peu de cas des sérums; je ne crois pas à l'efficacité des sérums; je ne suis pas partisan des sérums. *Believers in the strong hand*, partisans *m* de la manière forte.

belike [biˈlaik], *adv.* *A.* & *Lit:* Probablement, peut-être, vraisemblablement. *B. he will consent*, il y a lieu de croire qu'il donnera son consentement.

Belisarius [beliˈsɛəriəs]. *Pr.n.m.* Bélisaire.

belittle [biˈlitl], *v.tr.* Rabaisser, déprécier, amoindrir (le mérite de qn); rabaisser, amoindrir, déprécier, décrier (qn); méconnaître, décrier (un projet). *Don't b. his advice*, ne faites pas fi de ses conseils. **To belittle oneself,** (i) faire le modeste; se déprécier; (ii) se déconsidérer (aux yeux de qn, auprès de qn). *You must not b. yourself*, il ne faut pas vous amoindrir.

bell[1] [bel], *s.* **1.** (*a*) **(Clapper-)bell** (*in church, etc.*), cloche *f*; (*smaller*) clochette *f*; (*in house*) sonnette *f*; (*fixed bell*) timbre *m*; (*for cattle, sheep*) clochette, clarine *f*, sonnaille *f*. **Sheep-bell,** bélière *f*, clochette (de troupeaux). **Globular bell, sleigh-bell,** grelot *m*. **Electric bell,** sonnerie *f* (électrique); trembleuse *f*; *Tp:* timbre d'appel. **Single-stroke bell** (*of house-door, etc.*), sonnerie à un coup; timbre. **Table-bell,** timbre de table. *Med: etc:* **Night-bell,** sonnette de nuit. *Set of bells* (*of church, etc.*), sonnerie. *The heavy bells*, la grosse sonnerie. **Great bell (of church),** bourdon *m*. **Chime of bells,** carillon *m*. *See also* ALARM-BELL, CALL-BELL, STORM-BELL. **The telephone bell rings,** l'appel *m* du téléphone retentit; on appelle au téléphone. **The bell rang for dinner,** la cloche donna le signal du dîner. **To pull the bell,** tirer la sonnette; donner un coup de sonnette. **There's a ring at the bell, there's the bell,** on sonne. **To ring the bell,** (i) sonner; (ii) (*of handbell*) agiter la sonnette; (iii) (*at a fair*) faire sonner le timbre de la tête de Turc. *Hence: F:* **To ring, bear (away), the bell,** décrocher la timbale, remporter la palme, être le premier, être à la tête; l'emporter sur les autres. *See also* AUTUMN, CANTERBURY, CURSE[2] I, HANDBELL, SOUND[6] I. 1. (*b*) **The dinner-bell,** la cloche du dîner. *To ring the dinner-bell*, sonner le dîner. **The dinner-bell has gone,** on a sonné pour le dîner. *The first b. for vespers has gone, has rung*, le premier coup des vêpres a sonné. *Has the second b. rung?* a-t-on sonné le second coup? **No one answered the bell,** personne ne répondit à mon coup de sonnette. *See also* PASSING-BELL. (*c*) *Nau:* **To strike the bells,** piquer l'heure. **Six bells,** six coups (de cloche). **To strike eight bells,** piquer midi. **2.** Calice *m*, clochette (d'une fleur); pavillon *m* (d'une trompette, d'un haut-parleur, etc.); campane *f* (d'une colonne); vase *m* (de chapiteau). *Gasm:* Cloche (de gazomètre). *Hort:* Cloche. *Metall:* Cône *m*, cloche (d'un haut fourneau). *See also* DIVING-BELL, DUMB-BELL. **3.** *Paperm:* Soufflure *f*, bulle *f*, cloque *f*.

ˈbell-boy, *s.m.* *U.S:* Groom (d'hôtel); chasseur.

ˈbell-buoy, *s.* Bouée *f* à cloche.

ˈbell-crank, *attrib.* **Bell-crank lever,** levier coudé, à renvoi; renvoi *m*, bascule *f*, équerre *f*, de sonnette; articulation *f*. *B.-c. link-motion*, mouvement *m* de sonnette.

ˈbell-flower, *s.* Campanule *f*. **1.** *Bot:* **Nettle-leaved bell-flower,** campanule gantelée; gant *m* de bergère, de Notre-Dame. **2.** *Hort:* **Giant bell-flower,** campanule à grosses fleurs.

ˈbell-founder, *s.* Fondeur *m* de cloches.

ˈbell-foundry, *s.* Fonderie *f* de cloches.

ˈbell-glass, *s.* *Hort: etc:* Cloche *f* (en verre). *To put a plant under a b.-g.*, clocher une plante; mettre une plante sous cloche.

ˈbell-handle, *s.* **1.** Tirant *m* (de cloche, de sonnette). **2.** Poignée *f* (de sonnette à main).

ˈbell-hanger, *s.* Poseur *m* de sonnettes.

ˈbell-hanging, *s.* Pose *f* de sonnettes.

ˈbell-hop, *s. m.* *U.S: F:* = BELL-BOY.

ˈbell-jar, *s.* *Ch:* Cloche *f*.

ˈbell-metal, *s.* Métal *m*, bronze *m*, de cloche(s).

ˈbell-moth, *s.* *Ent:* Tordeuse *f*.

ˈbell-mouth, *s.* Évasement *m*, égueulement *m*.

ˈbell-mouthed, *a.* Évasé; (entrée *f*) en entonnoir.

ˈbell-pull, *s.* **1.** Cordon *m* de sonnette. **2.** Poignée *f* de sonnette; pied-de-biche *m*, *pl.* pieds-de-biche.

ˈbell-punch, *s.* Poinçon *m* (de billet) à timbre sonore.

ˈbell-push, *s.* Bouton *m* (de sonnerie électrique); bouton poussoir, bouton-pressoir *m*, *pl.* boutons-pressoirs; bouton d'appel.

ˈbell-ringer, *s.* (*a*) Sonneur *m*. (*b*) Carillonneur *m*.

ˈbell-ringing, *s.* Carillonnement *m*.

ˈbell-shaped, *a.* En forme de cloche.

ˈbell-tower, *s.* Clocher *m*; campanile *m*.

ˈbell-wether, *s.m.* **1.** *Husb:* Sonnailler; bélier meneur du troupeau. **2.** *Pej:* Chef de bande; meneur.

ˈbell-wire, *s.* Fil *m* à sonnerie. **Bell-wire lever,** renvoi *m* de sonnette.

bell[2]. **1.** *v.tr.* *F:* **To bell the cat,** attacher le grelot. *Hist:* **Archibald Bell-the-Cat,** le Douglas Attache-grelot. **2.** *v.i.* (*a*) (*Of skirt, etc.*) Faire cloche; ballonner. (*b*) **To bell out,** renfler, refouler.

bell[3], *s.* Bramement *m* (du cerf).

bell[4], *v.i.* (*Of deer*) Bramer, raire, réer.

belling, *s.* = BELL[3].

Bella [ˈbela]. *Pr.n.f.* (*Dim. of Arabella or Isabella*) Arabelle, Isabelle.

belladonna [belaˈdɔna], *s.* *Bot: Med:* Belladone *f*. *Pharm:* **Belladonna liniment,** liniment *m* à la belladone. *See also* LILY 1.

bellarmine [ˈbelɑrmiːn], *s.* *A:* Cruche *f* à boisson (à l'image du cardinal Bellarmin).

belle [bel], *s.f.* (*Pers.*) Beauté. **The belle of the ball,** la reine, la beauté, du bal.

Belle-Isle-en-Mer [ˈbeliːlɑ̃mɛər]. *Pr.n.* *Geog:* Belle-Ile *f*.

belletristic [beleˈtristik], *a.* (Journal) consacré aux belles-lettres.

Belleville [ˈbelvil], *s.* *Nau.Mch:* Chaudière *f* Belleville (nom de l'inventeur).

bellicose [ˈbelikous], *a.* Belliqueux.

bellicosity [beliˈkɔsiti], *s.* Bellicosité *f*; humeur belliqueuse; caractère belliqueux.

-bellied ['belid], *a.* (*With adj. prefixed, e.g.*) **Big-bellied,** ventru, pansu; à gros ventre; ventripotent. *See also* POT-BELLIED.
belligerency [be'lidʒərənsi], *s.* Belligérance *f.*
belligerent [be'lidʒərənt], *a.* & *s.* Belligérant (*m*).
bellite ['belait], *s. Exp:* Bellite *f.*
bellman, *pl.* **-men** ['belmən, -men], *s.m.* **1.** Crieur public. **2.** *A:* Veilleur de nuit.
Bellona [be'lounə]. *Pr.n.f. Myth:* Bellone.
bellow[1] ['belo], *s.* (*a*) Beuglement *m*, mugissement *m*. (*b*) *F:* Hurlement *m* (de douleur, etc.).
bellow[2]. **1.** *v.i.* (*Of bull*) Beugler, mugir; *F:* (*of pers., ocean*) mugir, hurler. **2.** *v.tr.* **To bellow (out) a song,** vociférer, *F:* beugler, une chanson.
bellowing, *s.* = BELLOW[1].
bellows ['beloz], *s.pl.* **1.** (*a*) Soufflet *m* (pour le feu). **A pair of bellows,** un soufflet. (*Occ. sg.*) *A wheezy old bellows,* un vieux soufflet poussif. *Hort:* **Powder bellows,** puceronnière *f.* (*b*) *F:* Les poumons *m*. **It's bellows to mend with me,** c'est ma poitrine qui n'est pas solide. **2.** Soufflerie *f* (d'un orgue). **The bellows-blower,** le souffleur. **3.** *Phot:* Soufflet (d'un appareil). **Extension bellows,** allonge *f.*
bellwort ['belwəːrt], *s. Bot:* Campanule *f.*
belly[1] ['beli], *s.* **1.** Ventre *m* (de l'homme, d'un animal); *P:* panse *f*, bedaine *f*, bidon *m*. *F:* **To make a god of one's belly,** être porté sur son ventre, sur sa bouche; se faire un dieu de son estomac. **To have an empty belly,** *F:* se brosser (le ventre); *P:* n'avoir rien dans le buffet, dans le fusil. **His eye was greater than his belly,** il a eu les yeux plus grands que l'estomac, que le ventre. **To rob one's belly to cover one's back,** prendre sur sa nourriture pour couvrir ses frais de toilette. **Clothe the back and starve the belly,** habit de velours, ventre de son. *See also* FIGHT[2] **1.** **2.** (*a*) Ventre, panse (d'une cruche); surface *f* convexe (d'une pierre, etc.). (*b*) *Mus:* Table *f* d'harmonie (d'un violon, d'un piano). **3.** *Nau:* Creux *m*, renflement *m*, dedans *m*, sein *m*, fond *m* (d'une voile).
'belly-ache, *s.* *F:* Mal *m* de ventre; colique *f.* *To have the b.-a.,* avoir mal au ventre; avoir la colique.
'belly-band, *s.* *Harn:* (*Attached to shafts*) Sous-ventrière *f.*
'belly-belt, *s.* *Med:* *Surg:* Ventrière *f.*
'belly-flop, *s.* *Swim:* *F:* **To do a belly-flop,** faire un plat-ventre *inv.*
belly[2]. *Nau:* **1.** *v.tr.* (*Of wind*) **To belly (out) the sails,** enfler, gonfler, les voiles. **2.** *v.i.* (*Of sail*) Faire (le) sac; s'enfler, se gonfler.
bellyful ['beliful], *s.* Plein ventre; *F:* ventrée *f.* *F:* **To have had a bellyful,** en avoir une gavée; en avoir tout son soûl. **He had his bellyful of fighting,** (i) il s'est battu tout son soûl; (ii) il n'y reviendra pas de si tôt.
belong [bi'lɔŋ], *v.i.* **1.** (*a*) Appartenir, être (*to,* à). *That book belongs to me,* ce livre m'appartient, est à moi. *Jur:* *To b. to s.o. by right,* compéter à qn. (*b*) *impers.* *It belongs to me to decide,* il m'appartient de décider. (*c*) Relever (de qn, qch.). *That belongs to my duties,* cela relève de mes attributions. *The governments to which we b.,* les gouvernements dont nous relevons. (*Of land, etc.*) *To b. to the Crown,* dépendre de la Couronne. **2.** (*Be appropriate*) Être propre (à qch.). *Such amusements do not b. to his age,* de tels amusements ne sont pas de son âge. *Bold conceptions b. to an élite,* les conceptions hardies sont l'apanage des élites. **Under what category do they belong?** à quelle catégorie appartiennent-ils? sous quelle catégorie faut-il les ranger? **Things that belong together,** choses *f* qui vont ensemble, qui font partie du même tout. *Abs.* **Stockings that don't belong,** bas *m* qui ne vont pas ensemble. **3.** (*Be connected*) **To belong to a society,** faire partie d'une société. *He belongs to the town council,* il est du conseil municipal. *Do you b. to this club?* êtes-vous membre de ce cercle? **To belong to a place,** (i) être (natif, originaire) d'un endroit; (ii) résider à un endroit. **I belong here,** je suis d'ici. *Those amphibians b. to the arctic seas,* ces amphibies *m* sont propres aux mers arctiques. *Adm:* **Belonging to a country,** ressortissant à un pays. *Jur:* *Dossier to which a document belongs,* dossier *m* auquel incombe une pièce. *These cases b. to a conciliation court,* ces affaires ressortissent à la justice de paix.
belongings [bi'lɔŋiŋz], *s.pl.* Affaires *f*, effets *m* (appartenant à qn). **Personal belongings,** objets personnels. **With all one's belongings,** *F:* avec armes et bagages. *I am removing with all my belongings,* je transporte ailleurs mes lares et mes pénates; je déménage tout mon saint-frusquin.
Beloochistan [bəluːtʃis'tɑːn, -kis-]. *Pr.n.* = BALUCHISTAN.
beloved. **1.** *p.p.* & *pred. a.* [bi'lʌvd] Aimé. *B. by all,* aimé de tous, par tout le monde. **Beloved of the gods,** aimé, chéri, des dieux. *To make oneself b. by all,* se faire aimer de tous. **2.** *a.* & *s.* [bi'lʌvid] Bien-aimé(e), chéri(e). *The b. wife of . . .,* l'épouse bien-aimée de. . . . **My beloved,** mon, ma, bien-aimé(e). *See also* DEARLY 2.
below [bi'lou]. **1.** *adv.* (*a*) En bas, (au-)dessous. *Remain b.,* restez en bas. *Voices from b.,* des voix qui venaient d'en bas. **The tenants (of the flat) below,** les locataires du dessous. *The road ran b.,* la route était située en contre-bas. **Here below (on earth),** ici-bas. *Nau:* **All hands below!** tout le monde en bas! **Below there!** (i) gare dessous! attention en bas! (ii) *Nau:* la bordée sur le pont! *See also* DOWN[3] I. 2. (*b*) *Jur:* **The court below,** le tribunal inférieur. (*c*) **The passage quoted below,** le passage cité (i) ci-dessous, (ii) plus loin, ci-après. *Signature affixed b.,* signature apposée ci-dessous. **Please state below . . .,** veuillez noter au bas. . . . **2.** *prep.* Au-dessous de. (*a*) *B. the knee,* au-dessous du genou. *B. the snow-line,* au-dessous de la limite des neiges. *On the table and b. it,* sur la table et (au-)dessous. *Struck b. the ribs,* frappé au défaut des côtes. *He never goes b. the surface,* il s'arrête à la surface des choses. *See also* BELT[1] **1.** (*b*) **Below the average,** au-dessous de la moyenne. **Below par,** au-dessous du pair. *See also* PAR[1]. **Temperature below normal,** température inférieure à la normale. **Ten degrees below zero,** dix degrés au-dessous de zéro. **Below sea level,** au-dessous du niveau de la mer. *See also* MARK[1] 6. (*c*) **Below the surface,** sous la surface. *Th:* **Below-stage,** les dessous *m*. *See also* STAIR 2. (*d*) **Below the bridge,** en aval du pont. (*e*) **To be below s.o. in station,** occuper un rang inférieur à qn. *Rotrou is b. him in dramatic art,* Rotrou lui est inférieur en l'art dramatique. *To set man b. dumb beasts,* ravaler l'homme au-dessous des animaux. **It would be below me to answer,** je ne m'abaisserai pas jusqu'à répondre.
Belshazzar [bel'ʃazər]. *Pr.n.m.* Balthazar, Belshatsar. **Belshazzar's Feast,** le Festin de Balthazar.
belt[1] [belt], *s.* **1.** (*a*) **(Waist-)belt,** ceinture *f*, *Mil:* ceinturon *m*. **(Shoulder-)belt,** baudrier *m*, banderole *f*. **(Flag-bearer's) colour-belt,** brayer *m*. **(Ladies') suspender belt,** gaine *f* de hanches. *Tail:* **Fixed belt at back,** martingale *f* au dos. *See also* HALF-BELT, LIFE-BELT, ORION, SEA-BELT, TIGHTEN **1.** *Box:* **Blow below the belt,** coup bas, coup au-dessous de la ceinture, coup déloyal. *F:* **To hit s.o. below the belt,** donner à qn un coup en traître, un coup bas; frapper qn déloyalement. *F:* *That's hitting below the b.!* c'est de la déloyauté! c'est un sale coup! (*b*) *N.Arch:* **Armour belt,** ceinture cuirassée. **2.** (*a*) *Mec.E:* *etc:* Courroie *f* (de transmission); corde plate. **V-shaped belt,** courroie en forme de coin; courroie trapézoïdale. **Chain-belt,** courroie articulée. **Belt tension,** tension *f* de courroie. *Ind:* **Endless belt, continuous belt,** courroie sans fin; chaîne *f* de montage; tapis roulant. *See also* CONVEYOR 2, GEAR[1] 3, GUIDE[1] 3, TRANSMISSION **1.** (*b*) **Loading belt** (*of machine-gun*), bande-chargeur *f*, *pl.* bandes-chargeurs. **3.** (*a*) **Belt of hills,** ceinture de collines. *B. of land,* bande *f* de terre. *Min:* **Belt of coal,** traînée *f* de houille. **Coal belt,** zone houillère. *The green belt round London,* la zone verte autour de Londres. *Hort:* *etc:* *B. of trees,* rideau protecteur. (*b*) *Arch:* *Astr:* Bande. **The belts of Jupiter,** les zones, les bandes, de Jupiter. (*c*) **The calm belts,** les zones des calmes. **Trade-wind belt,** zone des (vents) alizés. **Standard time-belt,** fuseau *m* horaire. *U.S:* **Corn-, cotton-, belt,** région *f* du maïs, du coton. **The Black belt,** la zone des noirs, la zone noire. *The mosquito b.,* la zone des moustiques. **4.** *Geog:* **The Great Belt,** le Grand-Belt (de la Baltique). **The Little Belt,** le Petit-Belt.
'belt-driven, *a.* Mû, actionné, par une courroie; commandé par courroie.
'belt-fastener, *s.* *Mec.E:* Agrafe *f* de courroie, attache-courroie *m inv.*
'belt-line, *s.* *U.S:* Ligne *f* (de chemin de fer, etc.) de ceinture.
'belt-punch, *s.* *Tls:* Perce-courroie(s) *m inve.*
'belt-railway, *s.* Chemin *m* de fer de ceintur.
'belt-saw, *s.* = BAND-SAW.
'belt-shaped, *a.* *Nat.Hist:* Zoniforme.
'belt-shifter, -slipper, *s.* *Mec.E:* Embrayeur *m* monte-courroie *m inv*; fourchette *f* de courroie.
'belt-tram, *s.* Tramway *m* de ceinture.
belt[2], *v.tr.* **1.** Ceinturer, ceindre (qn, qch.). *To b. a knight,* ceindre l'épée à un chevalier. **2.** (*Surround*) Entourer (qch.) d'une ceinture; former une ceinture autour de (qch.). **3.** *Mec.E:* Relier (deux machines, etc.) par une courroie. **4.** *F:* Donner des coups de courroie à (qn); fustiger; *A:* donner les étrivières à (qn).
belted, *a.* Ceinturé. *B. overcoat,* pardessus *m* avec ceinture. **Belted cruiser,** croiseur cuirassé, à ceinture cuirassée. *F:* **Belted earl,** seigneur haut et puissant.
belting, *s.* **1.** (*a*) Ceinture(s) *f(pl)*, courroie(s) *f(pl)*. *Mec.E:* *Round leather b.,* corde *f* en cuir. (*b*) Matière *f* à courroies. **2.** *Mec.E:* Transmission *f.* **3.** *F:* **To give a child a good belting,** administrer une correction à un enfant (avec une courroie); fustiger un enfant; *A:* donner les étrivières à un enfant.
beltane ['beltən], *s.* *Scot:* Le premier mai. **Beltane fire,** feu *m* de joie du premier mai.
beluga [bi'luːgə], *s.* **1.** *Ich:* Bélouga *m*, ichtyocolle *m*. **2.** *Z:* Bélouga.
belvedere ['belvediːər], *s.* **1.** *Arch:* Belvédère *m*; mirador(e) *m*. **2.** *Bot:* Belvédère, belle-à-voir *f*, ansérine *f* à balais.
belying [bi'laiiŋ]. *See* BELIE.
bemired [bi'maiərd], *a.* Embourbé.
bemoan [bi'moun], *v.tr.* Pleurer, déplorer (qch.); gémir sur (qch.). *To b. the loss of sth.,* se lamenter de la perte de qch.; pleurer la perte de qch.
bemuse [bi'mjuːz], *v.tr.* Stupéfier; obnubiler; troubler les idées de (qn).
bemused, *a.* (Esprit) obnubilé (par la boisson, etc.); (homme) un peu gris.
Ben[1] [ben]. *Pr.n.m.* (*Dim. of Benjamin*) Benjamin. *See also* BIG BEN.
ben[2]. *Scot:* **1.** *adv.* A l'intérieur (de la maison). **Come ben,** (i) entrez; (ii) entrez dans la salle, dans la belle pièce; ne restez pas dans la salle commune, dans la cuisine. *s.* **A but and a ben,** maison à deux pièces. **2.** *prep.* **Ben the house,** (i) dans la maison; (ii) dans la salle de la maison.
ben[3], *s.* *Geog:* (*Scot.*) Sommet *m*, pic *m*. **Ben Nevis,** le mont Nevis.
ben[4], *s.* *Bot:* Ben *m*, béhen *m*. *Pharm:* **Oil of ben,** huile *f* de ben, de béhen.
'ben-nut, *s.* Noix *f* de ben.
Benares [be'nɑːriːz]. *Pr.n.* *Geog:* Bénarès *m*.
bench[1] [benʃ], *s.* **1.** (*a*) Banc *m*; banquette *f*; gradin *m* (d'amphithéâtre). **The Treasury Bench (in Parliament),** le banc ministériel. **Front benches,** premières banquettes (occupées d'un côté par les ministres, de l'autre par les ex-ministres et membres "ministrables" de l'opposition). **Back benches,** banquettes des membres n'ayant jamais eu de portefeuille. *See also* CROSS-BENCH. **The episcopal bench,** le banc des évêques (à la Chambre des Lords). *Jur:* **The judge's bench,** le siège du juge. **The magistrates', witnesses', bench,** le banc des magistrats, des témoins. **The Court of King's Bench,** la Cour du Banc du roi. *Th:* **To play to empty benches,** jouer devant des banquettes vides, *F:* devant les banquettes. (*b*) *Jur:* The

Bench, la magistrature; le pouvoir judiciaire. **To be on the bench,** (i) être magistrat; (ii) siéger au tribunal. **To be raised to the bench,** être nommé juge ou évêque. (*c*) (*The judges*) La Cour. **2.** (*a*) Établi *m* (de menuisier); banc, marbre *m* (d'ajusteur); selle *f* (de tonnelier); table *f* de travail (manuel). *Levelling b.*, marbre à tracer. *See also* DRAW-BENCH, PLANE[4] I, SAW-BENCH, SCREW[1] I, VICE-BENCH. (*b*) **Optical bench,** banc d'optique. *Mec.E:* **Testing bench,** banc d'essai, d'épreuve. *Ch: etc:* **Laboratory bench,** paillasse *f*; table *f* de manipulations. **3.** *Civ.E:* Accotement *m*, berme *f* (d'un chemin). **4.** *U.S:* **Bench(-land),** terrain *m* d'alluvion (entre fleuve et collines).

'bench-coal, *s.* *Min:* Couche supérieure.

'bench-hand, *s.* *Mec.E:* Ajusteur *m* sur métaux, ajusteur mécanicien.

'bench-'holdfast, -hook, *s.* *Tls:* Valet *m* d'établi. *See also* HOLDFAST I.

'bench-mark, *s.* *Surv:* Repère *m* (de nivellement); cote *f* (de niveau); borne-repère *f*, *pl.* bornes-repères.

'bench-show, *s.* *U.S:* Exposition canine.

'bench-stop, *s.* *Carp:* Griffe *f* d'établi.

'bench-table, *s.* *Arch:* Banc continu au socle.

'bench-test, *s.* *Mec.E:* Essai *m* au banc.

'bench-warrant, *s.* *Jur:* Mandat d'arrêt délivré par la Cour.

bench[2], *v.tr.* **1. To bench a dog,** exhiber un chien (à une exposition canine). **2. To bench out the ground,** préparer le sol (pour des fondations).

bencher ['benʃər], *s.* *Jur:* Avocat appartenant au corps des doyens des '*Inns of Court,*' *q.v. under* INN 2; membre *m* du Conseil d'une École de droit.

bend[1] [bend], *s.* *Nau:* Nœud *m*, ajut *m*. **Studding-sail bend,** nœud de drisse et bonnette. **Fisherman's bend,** nœud de grappin, de pêcheur; nœud anglais. *See also* CARRICK BEND.

bend[2], *s.* **1.** *Her:* Bande *f*, lanière *f*. **Bend sinister,** barre *f* de bâtardise. *Shield parted per b. sinister*, écu taillé. **2.** *Tan:* La moitié d'un croupon; demi-croupon *m*, *pl.* demi-croupons.

'bend-leather, *s.* *Tan:* Cuir *m* à semelles.

bend[3], *s.* **1.** Courbure *f*; courbe *f*; (*of road, pipe*) coude *m*; (*of road*) tournant *m*, angle *m*, *Aut:* virage *m*; (*of river*) méandre *m*, sinuosité *f*. *Arch:* Voussure *f* (d'une voûte). **Bend of the arm,** saignée *f* du bras. **Bend of the back,** chute *f* des reins. *Farr:* **Bend of the neck** (*of a horse*), pli *m* de l'encolure. *Cy:* **Bend of the handle-bar,** cintre *m* du guidon. *Mec.E:* **Expansion bend,** arc compensateur. **Return bend, U bend,** (i) courbe de retour; (ii) tube *m* en U, coude en U. *See also* CROSS-OVER I. *Aut:* **To take a bend,** prendre un virage; virer. *To take a sharp b.*, virer court. *To take a b. at speed*, faire, prendre, effectuer, un virage à toute vitesse, en vitesse. *F:* **To get sth. on the bend,** obtenir qch. par des moyens détournés. *P:* **To go on the bend,** faire la noce; faire la bombe, la bringue; tirer une bordée. **2.** *pl.* *Med:* *U.S:* **The bends,** mal *m* des caissons. **3.** *Usu. pl.* *N.Arch:* **The bends,** les préceintes *f*, les ceintes *f*.

bend[4], *v.tr. & i.* (**bent;** *p.p.* **bent,** *Lit: occ.* **bended**) **1.** Courber (un osier, le corps); plier (le coude, etc.); ployer, fléchir (le genou); baisser (la tête); arquer (le dos); cambrer, cintrer (un tuyau, un rail); cambrer, arquer (du bois, du fer); dévirer (du bois). *Ph:* Réfracter (la lumière); infléchir (un rayon). *To b. a pipe* (*at a right angle*), couder un tuyau. *To b. one's head over a book*, pencher la tête sur un livre. *To b. s.o. to one's will*, plier qn à sa volonté. *To b. s.o. to a strict discipline*, ployer qn à une discipline sévère. *To b. to s.o.'s will*, se plier à, fléchir devant, la volonté de qn. **Better bend than break,** mieux vaut plier que rompre. *The road, river, bends to the right*, la route, la rivière, tourne, s'infléchit, fait un coude, un tournant, vers la droite. *To b. beneath a burden*, plier, fléchir, sous un fardeau. *Old man bending under a heavy load*, vieillard courbé sous un pesant fardeau. **To bend low before s.o.,** se courber jusqu'à terre devant qn. *See also* KNEE[1] I. *F:* **To catch s.o. bending,** surprendre qn en mauvaise posture. *P:* **To bend the elbow,** lever le coude (être adonné à la boisson). **2.** (*a*) *v.tr.* *To b. a rod, a key, out of shape*, forcer, fausser, une barre de fer, une clef. *Bent pump-rod*, tige de pompe faussée. *Chimney-stack bent out of the plumb*, cheminée dévoyée. (*b*) *v.i.* **To bend under a strain,** (*of wood, iron*) arquer; (*of steel plate, etc.*) s'envoiler; (*of rod, wheel*) (se) voiler. **3.** (*Make tense*) Tendre, bander (un arc, un ressort). **4.** (*Direct*) (*a*) **To bend one's steps towards a place,** diriger, porter, ses pas vers un endroit. *To b. one's steps homewards*, se diriger vers sa demeure; regagner sa demeure; s'acheminer vers sa maison. **To bend one's mind to study,** s'appliquer, se plier, appliquer son esprit, à l'étude. **To bend one's efforts towards sth., towards doing sth.,** diriger tous ses efforts à qch., à faire qch. *See also* ENERGY I. (*b*) *Lit:* **To bend one's gaze on sth.,** fixer ses regards sur qch. *All eyes were bent on her*, tous les yeux étaient fixés sur elle. *With his eyes bent on the ground*, les yeux attachés au sol. **5.** *Nau:* (*a*) Étalinguer (un câble); frapper (une manœuvre); enverguer (une voile). **To bend on** *a signal*, frapper un signal. (*b*) Abouter (deux cordages).

bend back. **1.** *v.tr.* Reployer en arrière; replier; recourber (une lame, etc.); réfléchir (la lumière). **2.** *v.i.* (*a*) Se recourber; se réfléchir; (*of finger-nail, etc.*) se rebrousser. (*b*) (*Of pers.*) Se pencher en arrière.

bending back, *s.* Reploiement *m*, repliement *m*, recourbement *m*, rebroussement *m*.

bend down. **1.** *v.tr.* Courber, ployer, affaisser (une branche). *The weight of the flowers bends down the stem*, le poids des fleurs fait ployer la tige. *The tree was bent down by the weight of the fruit*, l'arbre penchait sous le poids des fruits. **2.** *v.i.* Se courber, se baisser.

bend forward, *v.i.* Se pencher en avant; pencher la tête en avant.

bend over. **1.** *v.i.* (*Of pers.*) Se pencher; (*of rock, etc.*) surplomber. *She was bending over the cradle*, elle était penchée sur le berceau. **2.** *v.tr.* Replier (une tôle, etc.).

bend round, *v.tr.* Recourber.

bent, *a.* **1.** (*a*) Courbé, plié, arqué. **Doubly bent,** bicoudé. *B. back*, dos voûté. *He went away with b. head*, il se retira le dos rond, tête basse. **Bent iron work,** serrurerie *f* d'art. (*b*) Faussé, fléchi, gauchi. *Aut:* *B. chassis*, châssis tordu. *See also* AXLE I, LEVER[1] 2. **To become bent,** (i) s'arquer, se courber; (*with age*) se voûter, s'affaisser; (ii) (*of rod, spring, etc.*) fléchir, gauchir. (*c*) *Opt:* *B. ray*, rayon infléchi. **2.** (*Determined*) Déterminé, résolu, décidé (*on doing sth.*, à faire qch.). *He is b. on ruining you*, il est acharné à votre perte. *He is b. on seeing me*, il veut absolument me voir; il tient à me voir. *He is b. on learning French*, il s'applique à apprendre le français; il veut absolument apprendre le français; il a à cœur d'apprendre le français. *His mind is b. on perfecting the machine*, il est préoccupé de perfectionner la machine. **To be bent on mischief,** nourrir de mauvais desseins. *To be b. on gain*, être âpre au gain. *B. on self-destruction*, obstiné à se perdre. **3. To be homeward bent,** diriger ses pas, s'acheminer, vers la maison.

bending, *s.* **1.** (*a*) Ployage *m*, cintrage *m*. (*b*) *Mec.E: etc:* Arcure *f*, arqûre *f* (d'une partie métallique); envoilure *f* (de l'acier à la trempe, etc.); voilure *f* (d'une roue); flambage *m* (d'une colonne). (*c*) Flexion *f*. *Mec:* **Bending strength,** résistance *f* à la flexion. **Bending test,** essai *m* de ployage. **Bending stress under wind pressure,** effort *m* de flexion par le vent. **Bending moment,** moment *m* de flexion. (*d*) Bandage *m* (d'un arc). **2.** (*Of pers.*) Penchement *m*. **3.** *Nau:* Aboutage *m* (de deux cordages).

'bending-machine, *s.* = BENDER 2.

'bending-press, *s.* *Metalw:* Presse *f* à cintrer.

bender ['bendər], *s.* **1.** (*Pers.*) *Metalw: etc:* Cintreur *m*. **2.** *Mec.E:* Cintreuse *f*. **3.** *P:* Pièce *f* de six pence. **4.** *U.S:* *P:* Soûlerie *f*, ribote *f*, bordée *f*. **5.** *U.S:* *P:* **The benders,** les jambes *f*; *P:* les compas *m*.

Bendix ['bendiks]. *Pr.n.* *Mec.E:* *Aut:* **Bendix gear, drive,** pignon *m* Bendix; accouplement *m* Bendix; bendix *m*.

bendy ['bendi], *a.* *Her:* Bandé.

beneaped [bi'ni:pt], *a.* *Nau:* = NEAPED.

beneath [bi'ni:θ]. *Lit:* **1.** *adv.* Dessous, au-dessous, en bas. **From beneath,** de dessous. *B:* **In the earth beneath,** ici-bas sur la terre. **2.** *prep.* (*a*) (*Lower than*) Au-dessous de, sous. *The town is b. the castle*, la ville est située au-dessous du château. *F:* **It is beneath him to complain,** il est indigne de lui de se plaindre; il dédaigne de se plaindre. **It is beneath my notice,** cela est indigne de mon attention. **Beneath contempt,** souverainement méprisable; indigne d'attention. *See also* MARRY[1] 2. (*b*) (*Under*) *Habitations b. the ground*, habitations *f* sous terre. **To bend beneath a burden,** plier sous un fardeau. *The plank gave way b. me*, la planche céda sous mon poids. *To sink b. the waves*, disparaître, sombrer, sous les flots.

benedick ['benedik], *s.m.* *F:* (*a*) Vieux garçon nouveau marié. (Personnage de *Beaucoup de bruit pour rien* de Shakespeare.) (*b*) Nouveau marié.

Benedict ['benedikt]. **1.** *Pr.n.m.* Benoît, Benoist. **2.** *s.* (*Often misused for*) BENEDICK.

benedictine [bene'diktin]. **1.** *Ecc:* *a. & s.* Bénédictin, -ine. **2.** *s.* (*Also* [-ti:n]) (*Liqueur*) Bénédictine *f*.

benediction [bene'dikʃ(ə)n], *s.* **1.** Bénédiction *f*. **2.** (*At meals*) Bénédicité *m*. **To pronounce the benediction,** dire le bénédicité.

benedictory [bene'diktəri], *a.* De bénédiction. **Benedictory prayer,** bénédiction *f*.

benefaction [bene'fakʃ(ə)n], *s.* **1.** Bienfait *m*. **2.** (*a*) Œuvre *f* de bienfaisance, de charité. (*b*) Legs *m* charitable; donation *f*.

benefactor, -tress ['benefaktər, -tres], *s.* **1.** Bienfaiteur, -trice. **2.** Donateur, -trice.

benefic [be'nefik], *a.* *Astrol:* (Astre *m*) bénéfique.

benefice ['benefis], *s.* *Ecc:* Bénéfice *m*.

beneficed ['benefist], *a.* *Ecc:* Pourvu d'un bénéfice. **Beneficed clergyman,** bénéficier *m*.

beneficence [be'nefis(ə)ns], *s.* **1.** Bienfaisance *f*. **2.** Œuvre *f* de bienfaisance. **3.** *Astrol:* Action *f* bénéfique.

beneficent [be'nefis(ə)nt], *a.* **1.** Bienfaisant. **2.** Salutaire. **3.** *Astrol:* (Astre *m*) bénéfique. **-ly,** *adv.* **1.** Avec bienfaisance. **2.** Salutairement.

beneficial [bene'fiʃ(ə)l], *a.* **1.** Salutaire, profitable, utile, avantageux. *B. to the health*, salutaire pour la santé. *B. to business*, avantageux pour les affaires, aux affaires. *Rain is b. to the soil*, la pluie fait du bien à la terre; la pluie est un bienfait pour la terre. **2.** *Jur:* **Beneficial owner, beneficial occupant,** usufruitier, -ière. **-ally,** *adv.* Avantageusement; salutairement; utilement.

beneficiary [bene'fiʃəri], *a. & s.* *Ecc:* *Jur:* Bénéficier, -ière; bénéficiaire (*m*); ayant-droit *m*.

benefit[1] ['benefit], *s.* **1.** *A:* (*Favour, blessing*) Bienfait *m*. **2.** (*Profit, advantage*) Avantage *m*, profit *m*. *The public b.*, le bien public. *To derive b. from sth.*, profiter de qch.; se trouver bien de qch. *One always feels the benefits of a good education*, on se sent toujours d'une bonne éducation. *To share in the benefits of sth.*, recevoir sa part des avantages de qch. *See also* REAP. *Performance for the b. of the poor*, représentation *f* au profit des pauvres. *I did it for your b.*, je l'ai fait pour votre bien. *She had put on her best clothes for his b.*, elle s'était endimanchée à son intention. *Let me add for your b. that* . . ., j'ajouterai pour votre gouverne que. . . . *For the b. of one's health*, dans l'intérêt de sa santé. *To give s.o. the b. of one's advice*, aider qn de ses conseils. *Jur:* **Benefit of the doubt,** bénéfice *m* du doute. *To get the b. of the doubt*, bénéficier du doute. *To give s.o. the b. of the doubt*, faire bénéficier qn du doute; acquitter qn faute de preuves. *See also* CLERGY 3. **Benefit club, benefit society,** société *f* de secours mutuels. **3.** *Th:* *Sp:* **Benefit (performance), benefit (match),** représentation *f*, match *m*, au bénéfice de qn, à bénéfice; représentation extraordinaire. **4.** *Adm:* Indemnité *f*, allocation *f*. **Unemployment benefit,** indemnité, allocation, de chômage; prestation *f*. **To be in benefit,** (en cas de chômage) être en droit de revendiquer une allocation sur les fonds de sa société d'assurance sociale. **To be out of benefit,** dépendre uniquement des allocations de chômage de l'assistance publique. **Medical benefit,** secours médical.

benefit[2]. **I.** *v.tr.* Faire du bien, être avantageux, profiter, à (qn, qch.). *A steady exchange benefits trade,* un change stable est avantageux au commerce, favorise le commerce. *Hoarders whose money benefits no one,* thésauriseurs *m* dont l'argent ne profite à personne. **2.** *v.i.* **To benefit by sth.,** profiter de qch.; gagner à qch.; se trouver bien de qch., tirer avantage de qch. *You will b. by a holiday,* un congé vous fera du bien. *What did he b. by your advice?* qu'a-t-il retiré de vos conseils?

Beneventum [bene'ventəm]. *Pr.n. Geog:* Bénévent *m*.

benevolence [be'nevoləns], *s.* **I.** Bienveillance *f*, bonté *f*. **2.** (*a*) (*Act of b.*) Bienfait *m*; don *m* charitable. (*b*) *Hist:* Don ou prêt *m* (bénévole mais) obligatoire; emprunt forcé.

benevolent [be'nevolənt], *a.* **I.** Bienveillant (*to*, envers). *B. smile,* sourire plein de bonté. **2.** Bienfaisant, charitable (*to*, envers). **Benevolent society,** association *f* de bienfaisance; société *f* de secours mutuels. **-ly,** *adv.* Avec bienveillance.

Bengal [ben'gɔːl]. *Pr.n. Geog:* Le Bengale. *B. tiger,* tigre *m* du Bengale. **Bengal light,** feu *m* de Bengale. *See also* HEMP 2, ISINGLASS I.

Bengali [ben'gɔːli]. **I.** *a.* & *s.* Bengali (*mf*). **2.** *s. Ling:* Le bengali.

bengaline ['beŋgəliːn], *s. Tex:* Bengaline *f*.

benighted [bi'naitid], *a.* **I.** (Voyageur, etc.) anuité, surpris par la nuit. **2.** Plongé dans (les ténèbres de) l'ignorance. *B. policy,* politique aveugle, faite d'incompétence.

benign [bi'nain], *a.* (*a*) Bénin, *f.* bénigne; doux, *f.* douce; favorable. (*b*) *Med:* **Benign fever,** fièvre bénigne. **Benign tumour,** tumeur bénigne. **-ly,** *adv.* Bénignement.

benignancy [be'nignənsi], *s.* = BENIGNITY I.

benignant [be'nignənt], *a.* Bénin, *f.* bénigne; bon, bienveillant. *Astrol:* **Benignant star,** astre propice, bénin. **-ly,** *adv.* Avec bienveillance; bénignement.

benignity [be'nigniti], *s.* **I.** Bienveillance *f*, bonté *f*. **2.** Bénignité *f* (du climat, d'une fièvre, d'un astre).

benison ['benisən], *s. A:* = BENEDICTION.

Benjamin[1] ['bendʒamin]. *Pr.n.m.* Benjamin. *F:* **The Benjamin,** le Benjamin (de la famille), le "tardillon"; le favori, le gâté. *F:* **Benjamin's mess,** la plus grosse part.

benjamin[2], *s. Bot:* Benjoin *m*.

'benjamin-tree, *s. Bot:* **I.** Styrax *m* benjoin. **2.** Lindère-benjoin *f*, laurier-benjoin *m*.

bennet ['benet], *s. Bot:* **Herb bennet,** benoîte *f*.

bent[1] [bent], *s.* **I.** *Bot:* (*a*) **Bent(-grass),** (i) jonc *m*; (ii) agrostide *f*. (*b*) **Sweet bent,** luzule *f* des champs. **Way-bent,** orge *f* des rats, des murs. **White bent, wire bent,** nard *m* raide. **2.** Lande *f*, prairie *f*.

bent[2], *s.* Penchant *m*, inclination *f*, disposition *f* (*for*, pour). *The general b. of his character,* la tendance générale de son caractère. **To follow one's bent,** suivre son penchant, son inclination, son attrait. **To have a bent towards sth.,** avoir du goût pour qch., un penchant à qch. *To have a natural b. for music,* avoir des dispositions naturelles pour la musique. *See also* TOP[1] I. 6.

bent[3]. *See* BEND[4].

Benthamism ['benθamizm], *s. Hist. of Phil:* Benthamisme *m*; "le plus grand bonheur du plus grand nombre d'hommes."

benumb [bi'nʌm], *v.tr.* (*a*) Engourdir, transir. *Fingers benumbed with cold,* doigts engourdis par le froid; doigts gourds. *We were benumbed with cold,* nous étions transis de froid. (*b*) *F:* Paralyser, engourdir (l'esprit, l'intelligence).

benzaldehyde [ben'zaldihaid], *s.* Benzaldéhyde *m*.

benzene, benzine[1] ['benziːn], *s. Ch: Ind:* Benzine *f*. **Methyl benzene,** toluène *m*.

benzine[2], *v.tr. F:* Nettoyer (un vêtement) à la benzine.

benzoate ['benzoeit], *s. Ch:* Benzoate *m*.

benzoic [ben'zouik], *a. Ch:* Benzoïque.

benzoin ['benzoin], *s.* **I.** (**Gum**) **benzoin,** benjoin *m*. **2.** *Ch:* Benzoïne *f*.

benzol ['benzɔl], *s. Ch: Com:* Benzol *m*.

benzoleic [benzo'liːik], *a. Ch:* Benzoléique.

benzoline ['benzəliːn], *s.* Essence minérale.

benzyl ['benzil], *s. Ch:* Benzyle *m*.

bequeath [bi'kwiːð], *v.tr.* Léguer (*to*, à). *The last century bequeathed to us several valuable discoveries,* le dernier siècle nous a légué, nous a transmis, plusieurs découvertes précieuses.

bequest [bi'kwest], *s.* Legs *m*. *Charitable b.,* legs de charité.

Berber ['bəːrbər]. **I.** *a.* & *s. Ethn:* Berbère (*mf*). **2.** *s. Ling:* Le berbère.

berberin ['bəːrbərin], **berberine** ['bəːrbəriːn], *s. Ch: Physiol:* Berbérine *f*.

berberis ['bəːrbəris], **berberry** ['bəːrbəri], *s.* = BARBERRY.

bereave [bi'riːv], *v.tr.* (*p.t.* & *p.p.* **bereft** [bi'reft], **bereaved**; *usu.* **bereft** *in* I *and* **bereaved** *in* 2) Priver, déposséder (*s.o. of sth.*, qn de qch.). **I.** *Indignation had bereft him of speech,* l'indignation l'avait privé de la parole. *To be bereft of one's possessions,* se trouver dépossédé; être privé de ses biens. *Bereft of all hope,* privé de tout espoir; ayant perdu tout espoir. *Bereft of reason,* dénué, privé, de raison. *The coach-houses were bereft of their carriages,* les remises étaient veuves de voitures. **2.** *An accident bereaved him of his father, of his parents,* un accident lui a ravi son père, l'a rendu orphelin. *s.* **The bereaved,** l'affligé, les affligés; la famille du mort.

bereavement [bi'riːvmənt], *s.* Perte *f* (d'un parent); deuil *m*. *Owing to a recent b.,* en raison d'un deuil récent.

bereft. *See* BEREAVE.

Berengarius [berən'gɛəriəs]. *Pr.n.m. Hist:* Bérenger.

Berenice [bere'naisi]. *Pr.n.f.* Bérénice.

beret ['bere, 'beret], *s. Cost:* Béret *m*.

berg [bəːrg], *s.* **I.** = ICEBERG. **2.** (*In S. Africa*) Montagne *f*.

Bergamask ['bəːrgamask], *a.* & *s. Geog:* Bergamasque (*mf*).

Bergamo ['bəːrgamo]. *Pr.n. Geog:* Bergame *f*.

bergamot[1] ['bəːrgamɔt], *s.* **I.** (*Orange or lemon*) Bergamote *f*. **Bergamot tree,** bergamotier *m*. *Tex:* **Bergamot tapestry,** bergame *f*. **2.** (*Perfume*) (**Oil of**) **bergamot,** essence *f* de bergamote.

bergamot[2], *s.* (*Pear*) Bergamote *f*, crassane *f*.

berginization [bəːrdʒinai'zeiʃ(ə)n], *s. Ind:* Berginisation *f* (des hydrocarbures lourds).

Bergsonian [bəːrg'souniən], *a. Phil:* Bergsonien.

beriberi ['beri'beri], *s. Med:* Béribéri *m*.

Berkeleian [bər'kliːən]. **I.** *a.* (Philosophie idéaliste) de (l'évêque) Berkeley. **2.** *s.* Adhérent *m* de l'idéalisme de Berkeley.

Berkshire ['bɑːrkʃər], *s.* Race *f* de porcs du Berkshire.

Berlin ['bəːrlin]. **I.** *Pr.n. Geog:* Berlin. **Berlin wool,** laine *f* de Berlin; laine à tricoter, à tapisserie, à broder. **Berlin warehouse,** magasin *m* de laine à tricoter. **Berlin gloves,** gants *m* de laine de Berlin. *Metall:* **Berlin iron,** fonte *f* de Berlin. *Metalw:* **Berlin black,** vernis *m*. **2.** *s. Veh: A:* Berline *f*.

berline [bər'liːn], *s.* = BERLIN 2.

berm [bəːrm], *s. Fort: Civ.E:* Berme *f*, banquette *f*.

Bermudas (the) [ðəbə(ː)r'mjuːdəz]. *Pr.n. Geog:* Les Bermudes *f*.

Bermudian [bər'mjuːdiən], *a.* & *s. Geog:* Bermudien, -ienne. *Y:* **Bermudian rig,** gréement *m* Marconi. **Bermudian main sail,** voile bermudienne.

bernacle ['bəːrnəkl], *s.* **Bernacle goose** = BARNACLE I.

Bernardine ['bəːrnardin], *a.* & *s. Ecc.Hist:* Bernardin, -ine.

Bern(e) [bəːrn]. *Pr.n. Geog:* Berne *f*.

Bernese [bəːr'niːz, 'bəːrniːz], *a.* & *s. Geog:* Bernois, -oise. **The Bernese Alps,** les Alpes Bernoises.

Bernice [bəːr'naisi]. *Pr.n.f.* Bérénice.

bernicle ['bəːrnikl], *s.* **Bernicle goose** = BARNACLE I.

berry[1] ['beri], *s.* **I.** *Bot:* Baie *f*. *See also* BROWN[1] I, COFFEE-BERRY, HOLLY. **2.** *Com:* **Avignon berry, French berry,** grenette *f*. **3.** (*a*) Frai *m* (de poisson). (*b*) Œufs *mpl* (de crustacé). **Lobster in berry,** homard œuvé.

berry[2], *v.i.* **I.** (*Of shrub*) Se garnir de baies. **2.** **To go berrying,** aller à la cueillette des baies, des mûres, etc.

berried, *a.* **I.** *Bot:* A baies; couvert de baies. **2.** (Crustacé) œuvé.

bersaglieri [bəːrsa'ljɛəri], *s.pl. Mil:* (*In Italy*) Bersagliers *m*.

berserk(er) ['bəːrsərk(ər)], *s.* Berserk *m*. **To go berserk,** devenir fou furieux.

berth[1] [bəːrθ], *s.* **I.** *Nau:* (*a*) Évitée *f*, évitage *m*. *We have a foul b.,* nous n'avons pas notre évitage. **To give a ship a wide berth,** éviter, parer, un navire; passer au large d'un navire. *To give a headland, etc., a wide b.,* prendre, donner, du tour. *F:* **To give s.o. a wide berth,** éviter qn; se garder d'approcher de qn. *Give these people a wide b.,* défiez-vous de ces gens-là. (*b*) (**Anchoring**) **berth,** poste *m* de mouillage, d'amarrage. **Open berth,** mouillage forain. (*c*) Poste *m* à quai; emplacement *m*. **Loading berth,** emplacement de chargement. **2.** (*a*) *Nau: Rail:* Couchette *f* (de passager, de voyageur). (*b*) *Nau:* Cadre *m* (d'officier, d'homme d'équipage). **3.** (*a*) Emplacement (de qch.); place *f* (dans une diligence, etc.). (*b*) *F:* Place, position *f*, emploi *m*. **To find a berth,** arriver à se caser. *He has found a b. with . . .,* il a trouvé une situation chez. . . . *To find a b. for s.o.,* caser qn.

berth[2]. **I.** *v.tr.* (*a*) Donner, assigner, un poste à (un navire). (*b*) Accoster (un navire) le long du quai; amener, amarrer, (un navire) à quai. (*c*) Donner une couchette à (qn). **2.** *v.i.* (*a*) (*Of ship*) (i) Mouiller. (ii) Aborder à quai; se ranger à quai. (*b*) (*Of passengers or crew*) **To berth forward, aft,** coucher à l'avant, à l'arrière. *I berthed forward,* j'avais une cabine à l'avant.

berthing, *s.* **I.** (*a*) Mouillage *m*. (*b*) Abordage *m* à quai. **2.** Aménagements *mpl* (à bord); postes *mpl* de couchage.

Bertha ['bəːrθa]. **I.** *Pr.n.f.* Berthe. *Hist:* (1914-1918) **Big Bertha,** Bertha. **2.** *s. Cost:* Berthe *f* (de corsage décolleté).

berthage ['bəːrθedʒ], *s. Nau:* (Emplacement *m* de) mouillage *m*.

Bert(ie) ['bəːrt(i)]. *Pr.n.m. Dim. of* BERTRAM, BERTRAND, *or* ALBERT.

Bertram ['bəːrtrəm], **Bertrand** ['bəːrtrənd]. *Pr.n.m.* Bertrand.

beryl ['beril], *s. Miner:* Béryl *m*.

beryllium [be'riliəm], *s. Ch:* Béryllium *m*, glucinium *m*.

beseech [bi'siːtʃ], *v.tr.* (**besought** [bi'sɔːt]; **besought**) *Lit:* **I.** Supplier, adjurer, conjurer, implorer (*s.o. to do sth.*, qn de faire qch.). *I b. you for pardon,* je vous supplie de me pardonner. **2.** *To b. leave to do sth.,* implorer, solliciter, la permission de faire qch. *To b. s.o.'s pardon,* implorer le pardon de qn.

beseeching[1], *a.* (Air, ton) suppliant. **-ly,** *adv.* D'un air, d'un ton, suppliant.

beseeching[2], *s.* Supplications *fpl*, instances *fpl*.

beseecher [bi'siːtʃər], *s.* Implorateur, -trice; suppliant, -ante.

beseem [bi'siːm], *v.tr.* (*Used only in 3rd pers.*) *Lit:* *To b. s.o.* (*well, ill*), convenir, seoir, (bien, mal) à qn. **It would ill beseem me to . . .,** je serais mal venu à. . . . **It does not beseem a knight to . . .,** il ne sied pas à un chevalier de . . .; ce n'est pas le fait d'un chevalier de. . . .

beseeming, *a.* Convenable, seyant; qui va bien à (qn). **-ly,** *adv.* Convenablement; d'une façon appropriée; d'une manière qui sied à (qn).

beset [bi'set], *v.tr.* (*p.t.* **beset**; *p.p.* **beset**; **besetting**) *Lit:* **I.** Cerner (des troupes); assaillir, obséder (qn); serrer (qn) de près. **We were close beset,** nous étions serrés de près. **Beset with dangers, with difficulties,** environné, entouré, de dangers, de difficultés. **Career beset with difficulties,** carrière hérissée de difficultés. **2.** Assiéger (un endroit). **3.** (*Of misfortunes, temptations, etc.*) Assaillir (qn).

To be beset by doubts, être assailli de doutes. *B. by hunger*, pressé par la faim.

besetting, *a. Used in:* Besetting sin, péché *m* d'habitude. *It is his b. sin*, c'est son grand défaut, *F:* son moindre défaut.

besetment [bi'setmənt], *s.* **1.** (*a*) Investissement *m* (d'une ville, etc.). (*b*) Blocus *m.* **2.** Faible *m*, côté *m* faible; défaut *m.*

beshrew [bi'ʃru:], *v.tr. A:* (*Only as imprecation*) Beshrew the day! maudit soit le jour! Beshrew me if . . ., le diable m'emporte si. . . .

beside [bi'said], *prep.* **1.** (*a*) (*By the side of, close to*) A côté, auprès, de (qn, qch.). Close beside s.o., sth., tout auprès de qn, de qch. *Seated b. me*, assis à côté de moi, auprès de moi, à mes côtés. *A table with a chair b. it*, une table avec une chaise à côté. (*b*) (*Compared with*) A côté de, auprès de (qn, qch.). *There is no one to set b. him*, il n'y a personne qui lui soit comparable. (*c*) (*Besides*) *I want nothing b. this*, je ne désire rien en dehors de cela. *Other people b. ourselves have remarked upon it*, d'autres personnes que nous en ont fait l'observation. **2.** (*a*) Beside the question, beside the point, beside the mark, à côté de la question, étranger à la question, hors de propos, en dehors du sujet. *That is b. the point*, cela n'a rien à voir à l'affaire. *This criticism is b. the point*, cette critique porte à faux. *It is b. our purpose to . . .*, il n'entre pas dans nos intentions de. . . . *It would be b. my subject to speak of . . .*, je m'écarterais de mon sujet si je vous parlais de. . . . (*b*) To be beside oneself, être hors de soi. *To be b. oneself with joy*, ne plus se sentir de joie; ne plus se posséder de joie; être fou, transporté, de joie. *B. himself with anger*, outré de colère. *He was b. himself with rage*, la colère l'emportait.

besides [bi'saidz]. **1.** *adv.* (*a*) En outre, en plus. Many more besides, encore bien d'autres. *I have, b., two nephews*, j'ai, en outre, deux neveux. Nothing besides, rien de plus. *He bought us a house and a drawing-room suite b.*, il nous acheta une maison, et en plus de cela, un mobilier de salon. (*b*) *It is too late; b., I am tired*, il est trop tard; d'ailleurs, du reste, d'autre part, et en outre, je suis fatigué. *You must have patience; b., you are only twenty*, il faut patienter un peu; aussi bien n'avez-vous que vingt ans. **2.** *prep. There are others b. him*, il y en a d'autres que lui. *There are three others b. him*, il y en a trois en plus de lui. *We were four b. John*, nous étions quatre sans compter Jean. *I have another umbrella b. that one*, j'ai un autre parapluie que celui-là. *B. this gift he received others*, outre ce cadeau il en reçut d'autres. Besides which, *he was unwell*, sans compter qu'il était indisposé; *F:* avec ça qu'il était indisposé. *No one b. you*, personne hormis, excepté, vous. *I want nothing b. this*, je ne désire rien en dehors de cela. *Who b. him?* qui hormis lui, à part lui? qui si ce n'est lui? Besides the fact that . . ., sans compter que. . . .

besiege [bi'si:dʒ], *v.tr.* Assiéger; mettre le siège devant (une ville); faire le siège (d'une ville). *F:* To besiege s.o. with requests, assiéger qn de demandes. *He was besieged after the meeting*, après la réunion il fut entouré, l'on se pressa autour de lui.

besieging, *a.* Assiégeant. *B. army*, armée *f* d'investissement, de siège.

besieger [bi'si:dʒər], *s.* Assiégeant *m*, assaillant *m.*

beslaver [bi'slavər], *v.tr.* Couvrir (qch.) de bave; baver sur (qch.). *F: To b. s.o.*, prodiguer les flatteries à qn; flagorner qn.

beslobber [bi'slɔbər], *v.tr. F:* **1.** = BESLAVER. **2.** Prodiguer des baisers (baveux) à (qn).

besmear [bi'smi:ər], *v.tr. Lit:* Barbouiller, souiller (*with grease, etc.*, de graisse, etc.).

besmirch [bi'smə:rtʃ], *v.tr. Lit:* Salir, tacher, souiller (qch.); salir, ternir (la mémoire de qn, etc.); entacher, *F:* chiffonner (l'honneur de qn). *To b. one's name*, galvauder son nom; se galvauder. *To b. s.o.'s good name*, *F:* couvrir qn de boue.

besom[1] ['bi:zəm], *s.* Balai *m* (de jonc, de bruyère). *F:* To jump the besom, se marier de la main gauche.

besom[2] ['bizəm], *s.f. Scot:* Effrontée.

besot [bi'sɔt], *v.tr.* (besotted) Abrutir (*with*, de). *Drink has besotted him*, l'ivrognerie l'a dégradé. *To b. oneself with absinthe*, s'absinther.

besotted, *a.* **1.** *A:* (*Infatuated*) Assoté (*with*, de). **2.** Abruti (par l'opium, par la boisson). *To become b.*, s'abrutir.

besought [bi'sɔ:t]. *See* BESEECH.

bespangle [bi'spaŋgl], *v.tr. Lit:* = SPANGLE[2].

bespangled, *a.* Scintillant (*with*, de).

bespatter [bi'spatər], *v.tr.* Éclabousser. *Bespattered with mud*, tout couvert de boue; *A. & F:* crotté jusqu'à l'échine, jusqu'aux oreilles; crotté comme un barbet.

bespeak [bi'spi:k], *v.tr.* (*Conj. like* SPEAK) **1.** (*a*) Commander (des souliers, etc.); retenir, arrêter (une place, etc.); retenir (une chambre à l'hôtel). *To b. a book at the library*, s'inscrire pour un livre, retenir un livre, à la bibliothèque de prêt. (*b*) *Lit:* Demander, solliciter (une faveur). (*c*) *s. Th: A:* Bespeak performance, représentation *f* à bénéfice. **2.** Accuser, annoncer. *The cut of his clothes bespeaks the provincial*, la coupe de ses vêtements accuse le provincial. *His conversation bespeaks a man of wit*, sa conversation annonce un homme d'esprit. **3.** *Lit: A:* To bespeak s.o., parler, s'adresser, à qn.

bespoke, *a.* (*a*) Bespoke garment, vêtement (fait) sur commande, sur mesure. (*b*) Bespoke tailor, shoemaker, tailleur *m*, cordonnier *m*, qui travaille sur commande, sur mesure; tailleur, cordonnier, à façon.

besprent [bi'sprent], *a. Lit:* (*Of grass*) Humecté (*with dew*, de rosée); (*of meadow*) parsemé (de fleurs). *Night b. with stars*, nuit saupoudrée d'étoiles.

besprinkle [bi'spriŋkl], *v.tr. Lit:* (*a*) Arroser, asperger (*with*, de). (*b*) Saupoudrer (*with*, de). (*c*) Parsemer (*with*, de).

Bess [bes]. *Pr.n.f.* (*Dim. of Elizabeth*) Lisette, Babette. *F: A:* Brown Bess, fusil *m* à pierre; mousquet *m*, flingot *m*. *Hist: F:* Good Queen Bess, la bonne reine Élisabeth (1533–1603). *In the days of Good Queen Bess*, du temps où Berthe filait.

Bessarabia [besə'reibiə]. *Pr.n. Geog:* La Bessarabie.

Bessemer ['besemər], *a. & s. Metall:* Bessemer (steel), acier *m* Bessemer.

bessemerizing ['besemərаiziŋ], *s. Metall:* Bessemérisation *f.*

Bessie ['besi]. *Pr.n.f.* = BESS.

best[1] [best]. **1.** *a. & s.* (*a*) (Le) meilleur, (la) meilleure; (*neuter*) le mieux. *The b. man on earth*, le meilleur homme du monde. *He is the b. of men*, c'est la crème des hommes. Best man (*at a wedding*), garçon *m* d'honneur. *My b. hat*, mon plus beau chapeau; *F:* mon chapeau numéro un. *See also* GIRL 2. *To manufacture under the b. conditions*, fabriquer au mieux. I am acting in your best interests, j'agis au mieux de vos intérêts. *The wine was of the b.*, le vin était des meilleurs. We drank of the best, of his best, nous avons bu du meilleur, de son meilleur. *The b. is good enough for me*, croûte de pâté vaut bien pain. (Dressed) in one's best (clothes), endimanché; (*of woman*) dans ses plus beaux atours; *F:* sur son trente et un. *To don one's b. clothes*, se mettre sur son trente et un. *I had dressed in my b.*, j'avais mis mes plus beaux habits, ma plus belle robe; je m'étais endimanché(e). *See also* SUNDAY. It isn't done by the best people, cela ne se fait pas dans le monde, *F:* chez les gens chics. He can sing with the best, il chante comme pas un. We are the best of friends, nous sommes les meilleurs amis du monde. I am in the best of health, je me porte à merveille; je suis en excellente santé. The best of the matter, the best of it, is that . . ., le plus beau de l'affaire c'est que. . . . The best part of the way, of the year, la plus grande partie du chemin, de l'année. *The b. part of his savings*, le plus clair de ses économies. *I waited for the b. part of an hour*, j'ai attendu une petite heure. *The b. part of £5*, cinq livres ou peu s'en faut. *This is the b. there is*, voici ce qu'il y a de meilleur, de mieux. To know what is best for s.o., savoir ce qui va, convient, le mieux à qn. *It is b. to . . .*, il y a avantage à . . .; le mieux c'est de. . . . *The b. thing you can do, the b. course to take, is to . . .*, ce que vous avez de mieux à faire, ce qu'il y a de mieux à faire, c'est de. . . . *I asked him what was b. to be done*, je lui demandai ce qu'il y avait de mieux à faire. *It would be b. to . . .*, the best plan would be to . . ., le mieux serait de. . . . *It were b. to stay at home*, il vaudrait mieux rester à la maison. *I thought it b. to stay*, j'ai pensé qu'il valait mieux rester. *He is b. at landscape painting*, ce qu'il réussit le mieux c'est le paysage. To do one's best, the best one can, the best in one's power, to . . ., faire ce qu'on peut, faire de son mieux, faire tout son possible, pour. . . . *I did my b. to comfort her*, je la consolai de mon mieux. *He did his b. to smile*, il s'efforça de sourire. *I am doing my (level) b., the b. I can, for you*, je fais tout ce que je peux pour vous. *They were doing their b. for the wounded*, ils s'empressaient autour des blessés. *Do the b. you can*, (i) arrangez-vous; (ii) faites pour le mieux. To look one's best, être, paraître, à son avantage; (*of woman*) être en beauté. *He looked his b. in uniform*, l'uniforme l'avantageait. *She looks her b. in the morning*, elle est à son avantage le matin. To be at one's best, être en train, en forme. *When he is at his b. . . .*, quand il est bien en train. *She was at her b. at thirty*, c'est à trente ans qu'elle a été le plus belle. *That is Dickens at his b.*, voilà du meilleur Dickens. To get the best out of s.o., encourager qn à faire de son mieux; faire donner à qn tout ce qu'il peut. *U.S:* To get the best of s.o., remporter un avantage sur qn; *F:* enfoncer qn. To get, have, the best of it, of the bargain, to come off best, l'emporter, avoir l'avantage; avoir le dessus; remporter la victoire; tenir le bon bout. *You have the b. of it*, c'est vous le mieux partagé. *To have the b. of an argument*, l'emporter dans une discussion. *See also* GAME[1] 1. To make the best of sth., of s.o., s'accommoder de qch., de qn. *To make the b. of the matter, of it*, en prendre son parti; se tirer d'affaire le mieux possible, se faire une raison, se débrouiller. To make the best of a bad job, of a bad bargain, faire bonne mine à mauvais jeu; faire contre mauvaise fortune bon cœur. *Prov:* One must make the best of things, où la chèvre est attachée il faut qu'elle broute. *To make the b. of the circumstances*, s'adapter aux circonstances. *See also* WORLD 1. *He made the b. of his way home*, il s'empressa, se hâta, de rentrer; il s'en retourna au plus vite, en toute hâte, sans perdre de temps. *Cards: etc:* To play the best of three games, jouer en parties liées; jouer au meilleur de trois. *Cy: etc:* To beat one's previous best, battre son meilleur temps. *See also* BUNCH[1], FOOT[1] 1, GIVE[2] I. 7, HOPE[2], NEXT I. 2, SECOND-BEST, WAY[1] 6. (*b*) *Adv.phr.* (i) At (the) best. *To sell at b.*, vendre au mieux. *At (the) b. it is a poor piece of work*, pour dire le mieux c'est un piètre travail. *At b. we cannot arrive before to-morrow*, c'est tout au plus si nous pourrons arriver demain. *At (the) b. it will bring you in . . .*, en mettant les choses au mieux cela vous rapportera. . . . *He was undemonstrative at the b.*, même dans ses meilleurs moments il était peu démonstratif. (ii) To act for the best, agir pour le mieux. *I did it for the b.*, j'ai fait pour le mieux. *It is all for the b.*, c'est dans la meilleure intention. (iii) To do sth. to the best of one's ability *or* abilities, faire qch. de son mieux; agir dans la mesure de ses moyens. To the best of my belief, knowledge, recollection, à ce que je crois, autant que je sache, (pour) autant que, d'autant que, je puis(se) m'en souvenir, autant qu'il m'en souvienne. *To the b. of my judgment*, à mon humble avis; autant que je peux en juger. **2.** *adv.* (*a*) He does it (the) best, c'est lui qui le fait le mieux. I comforted her as best I could, je la consolai de mon mieux. *I came down as b. I could*, je descendis comme je pus. You know best, c'est vous (qui êtes) le mieux placé pour en juger. *Do as you think b.*, faites comme bon vous semble(ra), ce que bon vous semble(ra); faites à votre idée, faites comme vous l'entendez. *See also* LAUGH[2] 1. (*b*) *The b. dressed man*, l'homme le mieux habillé. *The b. known book*, le livre le mieux, le plus, connu. *The b. looking women*, les femmes les plus jolies. *She was the b. looking of the three sisters*, c'était la mieux des trois sœurs. *The b. tempered person*, la personne au meilleur caractère; le meilleur caractère.

best-'seller, *s.* *F:* (i) Livre *m* à succès, à fort tirage, à forte vente; (ii) auteur *m* à gros tirages. *It's a b.-s.*, c'est un des grands succès de la librairie. *The b.-s. of the season*, le gros succès, le grand tirage, de la saison.

best-'selling, *a.* *F:* (Ouvrage *m*) à succès, à fort tirage.

best², *v.tr.* *F:* L'emporter sur (qn); *F:* enfoncer, rouler (qn); circonvenir (qn); *P:* faire le poil à (qn). *He was hopelessly bested by . . .*, il a été roulé à plates coutures par. . . .

bester ['bestər], *s.* *P:* = SHARPER.

bestial ['bestjəl], *a.* Bestial, -aux. **-ally,** *adv.* Bestialement.

bestiality [besti'aliti], *s.* Bestialité *f.*

bestialize ['bestjəlaːiz], *v.tr.* Abrutir.

bestiary ['bestiəri], *s.* *Lit.Hist:* Bestiaire *m.*

bestir [bi'stəːr], *v.pr.* (*Conj. like* STIR) *To b. oneself*, se remuer, s'actionner, se démener, s'activer; *F:* se secouer; *P:* se grouiller.

bestow [bi'stou], *v.tr.* **1.** (*a*) Accorder, octroyer, donner, attribuer (*sth. upon s.o.*, qch. à qn). *To b. a favour on s.o.*, accorder une faveur à qn. *To b. a title on s.o.*, conférer un titre à qn. *To b. one's confidence on s.o.*, investir qn de sa confiance; placer sa confiance en qn. *To b. one's affection on s.o.*, placer son affection sur qn. **To bestow one's hand on s.o.,** faire don de sa main à qn. **To bestow the hand of one's daughter (in marriage) upon s.o.,** accorder à qn la main de sa fille. *The gnome had bestowed many powers on him*, le gnome l'avait doté de nombreux pouvoirs. *F:* *To b. a title on oneself*, s'adjuger un titre. (*b*) *Lit:* *To b. all one's energy on a task*, mettre, consacrer, toute son énergie à une tâche. **2.** *A:* (*a*) *To b. sth. somewhere*, déposer qch. quelque part. *To b. one's money wisely*, placer sagement son argent. (*b*) *To b. s.o. somewhere*, loger qn quelque part.

bestowing, *s.* = BESTOWAL.

bestowal [bi'stouəl], *s.* **1.** Don *m*, octroi *m* (de qch.). *Theol:* **The bestowal of divine grace,** l'effusion *f* de la grâce divine. **2.** *A:* Placement *m.*

bestowment [bi'stoumənt], *s.* **1.** = BESTOWAL. **2.** Don (octroyé).

bestrew [bi'struː], *v.tr.* (*p.t.* **bestrewed**; *p.p.* **bestrewed** *or* **bestrewn** [bi'struːn]) *Lit:* Parsemer, joncher (*sth. with sth.*, qch. de qch.). *Streets bestrewn with flowers*, rues jonchées de fleurs.

bestride [bi'straid], *v.tr.* (**bestrode** [bi'stroud], **bestridden** [bi'stridn]) **1.** (*a*) Être à cheval, à califourchon, sur (qch., un cheval). (*b*) Se tenir les jambes écartées au-dessus de (qch.). **2.** (*a*) Enjamber (un fossé, un cadavre). (*b*) Enfourcher (un cheval).

bestudded [bi'stʌdid], *a.* *B. with flowers, with stars*, parsemé, semé, de fleurs, d'étoiles.

bet¹ [bet], *s.* Pari *m*, gageure *f.* **To make, lay, a bet,** parier, faire un pari. **To take (up) a bet,** tenir, accepter, un pari. *See also* EVEN² 3.

bet², *v.tr.* (*p.t.* **bet**; *p.p.* **bet,** *occ.* **betted**; **betting**) (*a*) Parier (une somme). *To bet ten to one that . . .*, parier à dix contre un que. . . . *To bet two to one*, parier le double contre le simple. (*b*) *To bet with s.o.*, parier avec qn. **I'll bet you that . . .,** je vous parierais que . . ., parions que. . . . *To bet against s.o., sth.*, parier contre qn, qch. **To bet on sth.,** parier sur qch. *See also* CERTAINTY, PAPER¹ 1. *F:* **You bet!** pour sûr! je vous en réponds! *P:* tu parles! je te crois! un peu! **You bet we had a good time!** je vous promets qu'on s'est amusé! **I'll bet you anything, I'll bet your boots, that . . .,** je mettrais ma tête à couper que. . . ; *P:* je te fous mon billet que . . .; chiche que. . . . *Taste this, I bet you like it*, goûtez ceci, vous m'en direz des nouvelles. *I'll bet you anything you like*, j'en gagerai ma tête à couper. **I bet you don't!** *P:* chiche (que tu ne le feras pas)! **Bet you I will!** *P:* chiche (que je le fais)! *I'll bet (you) it is!* gage qui si!

betting, *s.* Les paris *m.* *The b. ran high*, on a parié gros. *The art of b.*, la technique de la mise. *The b. is twenty to one*, la cote est à vingt contre un. *What is the b. on his horse?* quelle cote fait son cheval?

'betting-book, *s.* Carnet *m* de paris.

'betting-news, *s.* *Journ:* (*a*) Rubrique *f* des courses. (*b*) Résultat *m* des courses; compte rendu des courses.

beta ['biːta], *s.* *Gr.Alph:* Bêta *m.* *Ph:* **Beta rays,** rayons *m* bêta.

betake [bi'teik], *v.pr.* (*Conj. like* TAKE) *Lit:* **1.** *To b. oneself to a place, to s.o.*, (s'en) aller, se transporter, se rendre, se retirer, dans, à, un endroit; aller chez qn, se rendre auprès de qn. **To betake oneself to one's heels,** prendre ses jambes à son cou. *See also* FLIGHT². **2.** *To b. oneself to drink*, se livrer, s'adonner, à la boisson.

betel [biːtl], *s.* Bétel *m.*

'betel-nut, *s.* (Noix *f* d')arec *m.*

Bethany ['beθəni]. *Pr.n.* *B.Hist:* Béthanie *f.*

Bethel ['beθəl]. **1.** *Pr.n.* *B.Hist:* Béthel *m.* **2.** *s.* *Ecc:* (*a*) *A:* **Little Bethel,** temple *m* (d'une secte dissidente). (*b*) *U.S:* Chapelle *f* (à terre ou à flot) pour marins.

Bethesda [be'θezda]. **1.** *Pr.n.* *B.Hist:* Béthesda. **The pool of Bethesda,** le lavoir, la piscine, de Béthesda. **2.** *s.* Temple *m* (d'une secte dissidente).

bethink [bi'θiŋk], *v.pr.* (*Conj. like* THINK) **1.** *To b. oneself*, réfléchir, considérer; *F:* y regarder à deux fois. **Bethink yourself!** y pensez-vous! *To b. oneself of sth., to do sth., that . . .*, s'aviser de qch., de faire qch., que. . . . *B. yourself how they would grieve*, songez combien ils s'affligeraient. *A:* *I bethought me, he bethought him, of . . .*, je me suis avisé, il s'est avisé, de. . . . **2.** Se rappeler (qch., que . . .).

Bethlehem ['beθliəm]. *Pr.n.* *B.Hist:* Bethléem *m.* *See also* STAR¹ 5.

bethought [bi'θɔːt]. *See* BETHINK.

betide [bi'taid], *v.* (*Used only in 3rd sing. pres. sub.*) *A. & Lit:* **1.** *v.i.* **Whate'er betide,** quoi qu'il arrive, quoi qu'il advienne; advienne que pourra. **2.** *v.tr.* **Woe betide him if ever . . .,** malheur à lui, gare à lui, si jamais. . . .

betimes [bi'taimz], *adv.* **1.** *Lit:* De bonne heure. *Esp.* **To be up betimes,** être levé de bonne heure; se lever tôt. **2.** *A:* Bientôt.

betoken [bi'touk(ə)n], *v.tr.* **1.** (*Of thg*) Être signe de (qch.); être l'indice de (qch.); accuser, dénoter, révéler. *Complexion that betokens ill-health*, teint *m* qui indique, accuse, un manque de santé. *Here everything betokens peace*, ici tout respire la paix. **2.** Présager, annoncer (le beau temps, etc.).

beton ['betən], *s.* *Civ.E:* *etc:* Béton *m.*

betony ['betəni], *s.* *Bot:* **1.** **Wood-betony,** (i) bétoine *f*; (ii) *U.S:* pédiculaire *f* des bois. **2.** **Water-betony,** scrofulaire *f* aquatique, bétoine d'eau; *F:* herbe carrée, herbe du siège.

betook [bi'tuk]. *See* BETAKE.

betray [bi'trei], *v.tr.* **1.** (*a*) Trahir (qn, sa patrie, sa foi, la confiance de qn); vendre (qn). *I was betrayed by the barking of the dog*, je fus trahi par les aboiements du chien. *At the first step his legs betrayed him*, au premier pas ses jambes le trahirent. (*b*) **To betray a woman,** tromper, séduire, une femme; abuser d'une femme. (*c*) *To b. s.o. into s.o.'s hands*, livrer qn aux mains de qn (par trahison). **2.** *To b. s.o. into error*, entraîner qn dans l'erreur, induire qn en erreur. **3.** (*a*) Révéler, montrer, laisser voir, laisser deviner, trahir (son ignorance, son émotion). *Words that b. great ignorance*, paroles *f* qui accusent une grande ignorance. (*b*) *To b. a secret*, trahir, livrer, révéler, vendre, un secret. (*c*) *He betrayed little intelligence in this work*, il a fait preuve de peu d'intelligence dans ce travail. *His action betrays a corrupt mind*, son action décèle une âme corrompue.

betraying, *s.* = BETRAYAL.

betrayal [bi'treiəl], *s.* **1.** Action *f* de trahir; trahison *f.* **2.** Révélation *f* (de son ignorance, etc.).

betrayer [bi'treiər], *s.* **1.** (*a*) Traître, -esse. *B. of his country*, traître envers sa patrie. *Betrayers of honour*, traîtres à l'honneur. (*b*) Révélateur, -trice (d'un secret). **2.** Trompeur *m* (d'une femme); séducteur *m.*

betroth [bi'troːuð], *v.tr.* *Lit:* Promettre (sa fille) en mariage (*to*, à); fiancer (*to*, à, avec).

betrothed, *a.* & *s.* *A.* & *Lit:* Fiancé(e); *P:* promis(e). **The betrothed,** les fiancés.

betrothal [bi'trouðəl], *s.* Fiançailles *fpl* (*to*, avec).

better¹ ['betər]. **1.** *a.* & *s.* Meilleur. *B. days*, des jours meilleurs. *F:* **They have seen better days,** ils ont eu des malheurs; ils ont connu des jours meilleurs. *See also* DAY 4. *B. tobacco*, de meilleur tabac. *You will find no b. hotel*, vous ne trouverez pas mieux comme hôtel. *He's a b. man than you*, il est votre supérieur; il vaut plus que vous. *You look ever so much b. in that hat!* ce chapeau vous embellit. (*At games, etc.*) *You are b. than I*, vous êtes plus fort que moi. **He is no better, little better, than a peasant,** il n'est guère qu'un paysan. *He is no b. than his brother*, il ne vaut pas mieux que son frère. *F:* **She is no better than she ought to be, than she should be,** elle ne vaut pas grand'chose; ce n'est pas une vertu. **To appeal to s.o.'s better feelings,** faire appel aux bons sentiments de qn. **Do not forget the respect due to your betters,** n'oubliez pas le respect dû à vos supérieurs. **The better classes,** les hautes classes (la bonne bourgeoisie, etc.). **The better working class,** l'élite ouvrière. **A street of better-class houses,** une rue de maisons de bonne apparence, de maisons cossues. **I want one of the better-class cloths,** il me faut un drap de bonne qualité. **The children of the better-to-do parents,** les enfants de parents aisés. *Cp.* WELL-TO-DO. *I had hoped for b. things*, j'avais espéré mieux. *For the b. part of the day*, pendant la plus grande partie du jour. *See also* HALF 1, WIND¹ 1, WORLD 1. **2.** (*Neuter*) Mieux. (*a*) **That's better,** voilà qui est mieux. *Nothing could be b., it couldn't be b.*, c'est on ne peut mieux. **So much the better,** tant mieux. **To do sth. for better or worse,** faire qch. vaille que vaille. *To take s.o. for b. or worse*, prendre qn pour les bons comme pour les mauvais jours. **To get better,** (i) (*of thgs*) s'améliorer, s'amender; (*of wine, etc.*) rabonnir; se bonifier; (ii) (*of pers.*) guérir, se remettre, se rétablir. **The weather is better,** il fait meilleur. **To be better** (*in health*), aller, se porter, mieux. *I hope you will soon be b.*, j'espère que vous serez bientôt rétabli. *He is a little b.*, il va un peu mieux, il y a un léger mieux; il y a une amélioration dans son état. **Change for the better,** amélioration; changement *m* en bien. *There is a change for the b.*, il y a un léger mieux. *He has changed for the b.*, il a changé à son avantage. *Things are taking a turn for the b.*, les choses prennent meilleure tournure. **To get the better of s.o.,** (i) l'emporter sur qn, remporter un avantage sur qn, prendre le dessus sur qn, avoir raison de qn; *F:* enfoncer qn; (ii) (*cheat*) refaire qn, mettre qn dedans; rouler, empaumer, qn. *He had been got the b. of*, il avait été refait. *To get the b. of an obstacle, of one's grief, of one's anger*, vaincre, surmonter, un obstacle, sa douleur; maîtriser sa colère. *How we got the b. of the German submarines*, comment nous avons eu raison des sous-marins allemands; *F:* comment on a eu les sous-marins allemands. *His shyness got the b. of him*, sa timidité l'a repris. **To be (all) the better for doing sth.,** se trouver bien d'avoir fait qch. **To be the better of it,** s'en trouver bien. *What (the) b. are you for it?* à quoi cela vous avance-t-il? *Everyone is the b. for these improvements*, chacun se sent de ces améliorations. **I think all the better of you for it,** je vous en estime d'autant plus. *See also* ALL I. 3. **To go one better than s.o.,** (r)enchérir, surenchérir, faire une surenchère, sur qn; *F:* damer le pion à qn. *Can you go one b.?* pouvez-vous faire mieux que cela? *I will go you one b.*, je vais damer votre pion. **He was better than his word,** il a tenu, donné, accompli, plus qu'il n'avait promis; il est allé au delà de ses promesses. (*b*) *It is b. that it should be so*; **better so,** il vaut mieux qu'il en soit ainsi. *B. lose one's fortune than one's honour*, mieux vaut perdre sa fortune que son honneur. *It is b. to go away than stay*, il vaut mieux, mieux vaut, partir que de rester. *It is b. to suffer than to lie*, plutôt souffrir que mentir. *It is b. to do without it*, il vaut mieux s'en passer; mieux vaut s'en passer. *It would be b. to see him again*, il serait préférable de le revoir. *That's b. than Brown being faced with a lawsuit*, cela vaut mieux que si Brown se voyait menacé d'un procès. **3.** *adv.* (*a*) Mieux. **Better and better,** de mieux en mieux. *I know that b. than you*, je sais cela mieux que vous. *To know s.o. b.*, mieux connaître qn. *Do I know Teissier? Why,* *there's no man I know b.!* si je connais Teissier? Mais je ne connais que lui! *The more I know him the b. I like him,* plus je le connais plus je l'aime. *See also* KNOW[2] 9. *If he has the courage of his convictions I like him the b. for it,* s'il a le courage de ses convictions je l'en aime d'autant plus. **I can understand it all the better because . . .,** je le conçois d'autant mieux que. . . . **You had better stay,** il vaut mieux que vous restiez; vous ferez, feriez, bien de rester. *I had b. begin by . . .,* je ferai bien de commencer par. . . . *We'd b. be going back,* il est temps de rebrousser chemin. *You had b. not have said anything,* vous auriez mieux fait de ne rien dire. **You had better not,** ne vous en avisez pas. *P:* ('*Had*' *omitted*) **You better mind your own business!** occupe-toi de tes affaires! **To think better of it,** changer d'opinion, se raviser; revenir sur son idée, sur sa première décision, sur sa résolution. *You'll think b. of it,* vous en reviendrez. **To think better of s.o. for doing sth.,** estimer qn davantage d'avoir, pour a voir, fait qch. **Better still . . .,** (i) mieux encore . . ., (ii) qui mieux est . . ., (iii) ce qui serait mieux. . . . *See also* LATE II. 1. (*b*) **Better dressed,** mieux habillé. *B. known,* plus connu. *See also* LOOKING, OFF[1] I. 3, TEMPERED 4.

better[2], 1. *v.tr.* (*a*) Améliorer (une traduction, etc.); rendre (qch.) meilleur; rabonnir (le vin, etc.). **To better oneself, one's circumstances,** améliorer sa position, sa condition, sa situation pécuniaire. **'Striving to better oft we mar what's well,'** le mieux est l'ennemi du bien. (*b*) Surpasser (un exploit, un ouvrage). *Can you b. that?* pouvez-vous faire mieux que cela? *We can never b. that; we cannot b. his performance, F:* après lui il faut tirer l'échelle. 2. *v.i.* (*Of thg*) S'améliorer, devenir meilleur; (*of wine, etc.*) se bonifier, (se) rabonnir.

better[3], bettor ['betər], *s.* Parieur *m.*

betterment ['betərmənt], *s.* 1. Amélioration *f.* 2. Plus-value *f.* **Betterment tax,** impôt *m* sur les plus-values.

Betty[1] ['beti]. 1. *Pr.n.f. F:* (*Dim. of Elizabeth*) Babette, Babet. *See also* EYE[1] 1. 2. *s.m. F:* **A Betty,** un tâte-au-pot *inv.*

Betty[2], *v.i. F:* **To Betty about,** se mêler des affaires du ménage.

between [bi'twiːn]. 1. *prep.* Entre. (*a*) *B. the two hedges,* entre les deux haies. *Space b. two lines of writing,* entre-ligne *m,* interligne *m. Veh:* **Space between the axles,** entre-axe *m* des essieux. *A table stood b. him and the door,* une table le séparait de la porte. *To stand b. two adversaries,* s'interposer, intervenir, entre deux adversaires. **I don't want to stand between them,** je ne veux pas m'interposer. **No one can come between us,** personne ne peut nous séparer. *To be b. life and death,* être entre la vie et la mort. **The truth is between the two,** la vérité est entre les deux, dans l'entre-deux. **To be something between . . . and . . .,** tenir le milieu entre . . . et. . . . *See also* DEVIL[1] 1, FIRE[1] 5, STOOL[1] 1. (*b*) *B. eight and nine o'clock,* entre huit et neuf heures. *B. now and Monday,* d'ici à lundi. *You shall have it b. now and this evening,* vous l'aurez d'ici ce soir. *Some date b. . . . and . . .,* une date intermédiaire entre . . . et. . . . *We went out b. the acts,* nous sommes sortis pendant l'entr'acte, pendant les entr'actes. *B. twenty and thirty,* de vingt à trente. *There are two thousand years b. us and the Romans,* deux mille ans nous séparent des Romains. (*c*) **You must choose between them,** il faut choisir entre les deux. *To distinguish b. A, B, and C,* distinguer entre A, B, et C. (*d*) **We bought it between us,** nous l'avons acheté à nous deux, à nous trois, etc. *B. them, b. the three of them, they will soon have it done,* elles auront bientôt fait à elles deux, à elles trois. *They scored* 1500 *b. them,* ils ont marqué 1500 à eux deux. (*e*) *They shared the loot b. them,* ils se sont partagé le butin. **Between ourselves . . .,** entre nous; de vous à moi. *This is strictly b. ourselves, b. you and me,* que cela reste entre nous. *When we are b. ourselves,* quand nous sommes entre nous. *F:* **Between you and me and the bed-post, between you and me and the gate-post,** soit dit entre nous. **There is no love lost between them,** ils ne peuvent pas se souffrir, se sentir. 2. *adv. He separated them by rushing b.,* il les a séparés en se jetant entre eux. *We attended two meetings, and had lunch b.,* nous avons assisté à deux séances, et avons déjeuné dans l'intervalle. *See also* BETWIXT 2, FAR-BETWEEN, FEWER 2, GO-BETWEEN.

be'tween-decks. *Nau:* 1. *adv.* Dans l'entrepont; sous barrots. *Baggage room b.-d.,* soute *f* à bagages dans le faux-pont. 2. *s.* L'entrepont *m.*

be'tween-lens, *attrib. a. Phot:* **Between-lens shutter,** obturateur *m* entre lentilles.

be'tween-maid, *s.* Bonne *f* qui aide la cuisinière et la femme de chambre.

be'tween-time(s), -while(s), *adv.* 1. Dans l'intervalle, dans les intervalles; entre-temps. 2. De temps en temps.

betwixt [bi'twikst]. 1. *prep. A.Lit: Dial:* = BETWEEN. 2. *adv. F:* **It's betwixt and between,** c'est entre les deux. **The truth lies betwixt and between,** il y a une part de vrai dans chacun des deux (récits, etc.).

bevel[1] ['bev(ə)l], *s.* 1. Angle *m* oblique. (*a*) Biseau *m,* biais *m.* **Bevel-edge,** bord biseauté, en chanfrein. **Bevel cut,** fausse coupe. **Bevel-joint,** assemblage *m* en fausse coupe. *Typ:* **Bevel of a rule,** onglet *m* d'un filet. (*b*) Conicité *f* (d'un engrenage, etc.). **Bevel-gear,** engrenage *m* à biseau; engrenage conique, d'angle; renvoi *m* d'angle. *Aut:* **Axle-drive bevel-gear,** pignon *m* du centre du différentiel. **Bevel-wheel,** roue dentée conique; roue d'angle; pignon conique, engrenage conique, pignon d'échange. *See also* DRIVE[1] 3, PINION[2]. (*c*) **Bevel coupling,** embrayage *m* à cône. 2. *Tls:* **Bevel-rule, -square,** fausse équerre; biveau *m,* télégraphe *m,* sauterelle *f,* angloir *m*; angle oblique. *See also* PROTRACTOR 1.

bevel[2], *v.* (**bevelled; bevelling**) 1. *v.tr.* Biseauter, équerrer, ébiseler, chanfreiner; tailler (qch.) en biseau; couper (qch.) obliquement; couper (qch.) en sifflet. **To bevel off a corner,** dégraisser un coin. 2. *v.i.* (*Of thg*) Biaiser; aller de biais; aller en biseau.

bevelled, *a.* (Bord) biseauté, en biseau, ébiselé, en chanfrein, en biais.

bevelling, *s.* 1. Biseautage *m,* équerrage *m,* ébisèlement *m,* chanfreinage *m.* 2. = BEVEL[1] 1. **Standing bevelling,** équerrage en gras.

'bevelling-machine, *s.* Biseautoir *m* mécanique; biseauteuse *f.*

beveller ['bev(ə)lər], *s. Cardm: Glassm: etc:* Biseauteur, -euse.

beverage ['bevəredʒ], *s.* Breuvage *m,* boisson *f.* **Beverage wine,** vin *m* ordinaire.

bevy ['bevi], *s.* 1. Bande *f,* troupe *f,* compagnie *f. Esp.* **Bevy of maidens,** bande, essaim *m,* de jeunes filles. 2. *Ven:* Volée *f* (d'alouettes, de cailles); harde *f,* troupe (de chevreuils).

bewail [bi'weːil], *v.tr.* Pleurer (qch.). **To bewail one's lot,** se lamenter sur son sort; déplorer son destin.

bewailing, *s.* Lamentation *f* (*of,* sur).

beware [bi'wɛər], *v.ind.tr., & Poet: v.tr.* (*Used only in inf. and imp.*) *To b. of s.o.,* se méfier, se défier, de qn. *To b. of sth.,* se garder de qch.; prendre garde à qch. **Beware!** prenez garde! ne vous y fiez pas! **'Beware of the trains,'** 'attention au train.' **'Beware of pickpockets,'** 'méfiez-vous des voleurs'; 'attention aux pickpockets.' **'Beware of the dog,'** 'prenez garde au chien.' **To beware of doing sth.,** prendre garde, se garder, de faire qch. *B. lest you fall,* prenez garde de tomber. *B. lest he deceive you,* prenez garde qu'il ne vous trompe. *B. how you tread,* veillez à vos pas. *Poet: B. the awful avalanche,* gardez-vous des terribles avalanches.

bewilder [bi'wildər], *v.tr.* (*a*) Désorienter, égarer, dérouter (qn); troubler, embrouiller (qn); *F:* ahurir (qn). *To b. a candidate,* faire perdre la tête à un candidat; *F:* ahurir un candidat. *To b. s.o. with questions,* dérouter qn à force de questions. (*b*) Abasourdir (qn).

bewildered, *a.* (*a*) Désorienté; *F:* ahuri. *B. air,* air hébété, perdu. *To be b.,* ne savoir plus que penser; avoir la tête à l'envers; avoir la tête perdue; *F:* être réduit à quia; être tout désorienté. **I am bewildered,** j'y perds la tête; ma tête s'y perd; je m'y perds. *To get b.,* perdre la tête; s'embrouiller. (*b*) Abasourdi, confondu.

bewildering, *a.* Déroutant; *F:* ahurissant, ébouriffant. *It was b.,* c'était à perdre la tête, à y perdre son latin.

bewilderment [bi'wildərmənt], *s.* (*a*) Désorientation *f*; trouble *m,* confusion *f*; *F:* ahurissement *m. He gazed at them in open-mouthed b.,* il les regarda interdit et bouche bée. (*b*) Abasourdissement *m.*

bewitch [bi'witʃ], *v.tr.* Ensorceler. (*a*) Jeter un sort sur (qn). (*b*) *F:* Charmer, enchanter (qn). *She had bewitched him into marrying her,* elle l'avait ensorcelé au point de se faire épouser.

bewitching, *a.* Ensorcelant, ravissant; enchanteur, -eresse. *B. glance,* œillade assassine. *B. grace,* grâce charmeuse, enchanteresse. **-ly,** *adv.* A ravir. *She smiled at him b.,* elle lui adressa un sourire ensorcelant.

bewitchment [bi'witʃmənt], *s.* Ensorcellement *m*; charme *m.*

bewray [bi'rei], *v.tr. A:* Trahir (involontairement). *B:* **Thy speech bewrayeth thee,** ton langage te donne à connaître. **He heareth cursing and bewrayeth it not,** il entend le serment d'exécration, et il ne le décèle point.

bey [bei], *s.m. Turk.Adm:* Bey.

beylic ['beilik], *s. Turk.Adm:* Beylik *m,* beylicat *m.*

beyond [bi'jɔnd]. 1. *adv.* Au delà, par delà, plus loin. *The ocean and the lands b.,* l'océan et les terres au delà, et les terres lointaines. 2. *prep.* Au delà de, par delà. (*a*) (*Place*) *The house is b. the church,* la maison est au delà de, plus loin que, l'église. *The countries b. the Rhine, b. the Alps, b. the seas,* les pays d'outre-Rhin, d'outre-monts, d'outre-mer. *We could see peak b. peak,* nous apercevions une succession de cimes. *B. the seas,* par delà les mers; au delà des mers. **To come from beyond the seas,** venir de delà les mers, d'outre-mer. *B. this country,* au dehors de ce pays. *B. the trenches there is no shelter,* passé (*sometimes* passées) les tranchées, pas un abri. **He heard a voice calling from beyond the grave,** il entendit une voix qui l'appelait de l'au-delà. **To be beyond the pale,** être au ban de la société. **Beyond one's reach,** hors de (sa) portée. *See also* REACH[1] 2. (*b*) (*Time*) **To stay beyond one's time,** rester trop longtemps. *B. a certain date,* passé une certaine date. *To go back far b. this time,* remonter bien avant ce temps. *To go back b. the Flood,* remonter avant le Déluge. *B. the usual hour,* plus tard que d'ordinaire. (*c*) (*Surpassing*) **Beyond all praise,** au-dessus de tout éloge. **Beautiful beyond all others,** belle entre toutes. **To succeed beyond one's hopes,** réussir au delà de ses espérances. *To live b. one's income,* dépenser plus que son revenu. *To go b. one's authority,* outrepasser ses pouvoirs. *To go b. one's rights,* sortir des limites de son droit. *To go b. the law,* donner une entorse au code. *To go b. one's duties,* sortir du cadre de ses fonctions. **This work is beyond me,** ce travail est au-dessus de, dépasse, mes forces, mes moyens. *These things are b. our altering,* ce sont là des choses qu'il n'est pas en notre pouvoir de changer. *Difficulties b. my understanding,* difficultés *f* qui dépassent mes lumières. *That is b. their understanding,* cela dépasse la mesure de leur entendement, de leur intelligence. **It is beyond me,** cela me dépasse; je n'y comprends rien. *Events b. our control,* événements *m* en dehors de notre action, qui échappent à notre action. *See also* CONTROL[1] 1, POWER 1. *I will not go b. what I said,* je m'en tiens à ce que j'ai dit. **Beyond doubt, question,** hors de doute. *His courage was b. all question,* il était à n'en point douter courageux. *Fact b. doubt,* fait avéré. *It is he b. doubt,* c'est lui à n'en pas douter. *He will come b. doubt,* il viendra à coup sûr. **Beyond belief,** incroyable(ment). **Beyond measure,** outre mesure. *See also* MEASURE[1] 3, QUESTION[1] 2. **That is (going) beyond a joke,** cela dépasse les bornes de la plaisanterie; c'est par trop violent. **They are beyond recovery,** il n'est plus possible de les ravoir. (*Of sick pers.*) *He is b. recovery,* il n'est plus possible de le sauver. **Honesty beyond question,** probité *f* indéniable, indiscutable. *All these cars are b. my means, F:* **are beyond me,** toutes ces autos-là dépassent mes moyens. *See also* MEAN[1] 3, REPROACH[1] 2, WORD[1] 1. (*d*) (*Except*) *He has* *nothing b. his wages*, il n'a rien que ses gages, rien en dehors de ses gages. *Is there any hotel b. this?* y a-t-il un autre hôtel que celui-ci? 3. *s.* **The beyond,** l'au-delà. **She heard voices from beyond,** elle entendait des voix de l'autre monde, de l'au-delà. *F:* **At the back of beyond,** tout au bout du monde; dans une région inaccessible. *He lives at the back of b.*, il habite un trou perdu; il habite au diable.

bezant ['bezənt, bi'zant], *s.* 1. *Hist:* Besant *m* (d'or ou d'argent). *White b.*, besant d'argent. 2. *Her:* Besant.

bezel ['bez(ə)l], *s.* 1. *Lap:* Biseau *m* (d'une pierre taillée). 2. Chaton *m*, portée *f* (de bague). *Clockm:* Drageoir *m*, biseau (de boîtier de montre).

bezique [be'zi:k], *s.* *Cards:* Bésigue *m*.

bhang [baŋ], *s.* Bang *m*; ha(s)chisch (indien).

bi- [bai], *pref.* (*a*) (*Furnished with two*) Bi(s)-, di(s)-. *Bibasic*, bibasique, dibasique. *Bicoloured*, bicolore. *Bilobate*, bilobé, dilobé. *Biped*, bipède. *Biplane*, biplan. (*b*) (*Doubly*) Bi-. *Biconcave*, biconcave. *Bifurcate*, bifurqué. *Bipinnate*, bipenné. *Ch:* Bi-, di-. *Bicarbonate*, bicarbonate. *Bibenzyl*, dibenzyle. (*c*) (*Occurring every two . . .*) Bi(s)-. *Bimonthly*, bimestriel. *Biweekly*, de tous les quinze jours. (*d*) (*Occurring twice in a period*) Bi-, semi-. *Bi-diurnal*, biquotidien. *Bimonthly*, bimensuel, semi-mensuel. *Biweekly*, semi-hebdomadaire. *Bi-yearly*, semestriel, semi-annuel. (*e*) (*Joining two*) *Bi-acromial*, bi-acromial. *Bi-parietal*, bi-pariétal.

biacid [bai'asid], *s.* *Ch:* Biacide *m*.

biacuminate [baiə'kju:minet], *a.* *Bot:* Biacuminé.

bi-angular [bai'aŋgjulər], *a.* *Geom:* Biangulé.

bi-annual [bai'anjuəl]. 1. *a.* Biennal, -aux; bisannuel, semestriel. 2. *s.* *Bot:* = BIENNIAL 2.

bias[1] ['baiəs], *s.* 1. *Needlew:* Biais *m*. **Material cut on the bias,** *adv.* **material cut bias,** étoffe coupée en biais, de biais. **Bias band,** bande coupée en, de, biais; biais. 2. *Bowls:* (*a*) Décentrement *m*, décentration *f*, fort *m* (de la boule). (*b*) Déviation (due au décentrement). 3. (*a*) Prévention *f* (*towards*, en faveur de; *against*, contre). *To have a b. towards s.o., sth.*, avoir un parti pris pour qn, pour qch. *To have a b. against s.o.*, avoir une prévention contre qn. *To speak without b.*, parler sans prévention. *To be without b.*, n'avoir aucun parti pris. (*b*) Penchant *m*. *To have a b. towards sth.*, avoir un penchant pour qch.; pencher vers (une opinion, etc.). 4. *W.Tel:* **Grid bias,** polarisation *f* de la grille; tension *f* de polarisation.

bias[2], *v.tr.* (*p.p.* & *p.t.* **bias(s)ed**) 1. *Bowls:* Altérer le centre de gravité de (la boule); décentrer (la boule). 2. Rendre (qn) partial; prédisposer, prévenir (qn) (*towards*, en faveur de; *against*, contre); influencer (qn). 3. *W.Tel:* Polariser (la grille).

biased, *a.* 1. (Boule) décentrée. 2. *Tex:* **Biased fabric,** tissu *m* en fil biais. 3. Partial. *To be b. against s.o.*, avoir une prévention contre qn; être prédisposé contre qn.

biaxial [bai'aksiəl], *a.* *Ch:* *Ph:* (Polarisation *f*) biaxe. **Biaxial crystal,** cristal *m* à deux axes.

bib[1] [bib], *s.* 1. Bavette *f*, bavoir *m* (d'enfant). 2. Baverette *f*, bavette (de tablier). *F:* (*Of woman*) **To put on one's best bib and tucker,** se mettre sur son trente et un.

bib[2], *v.i.* Boire (intempéramment). *See also* WINE-BIBBING.

bib[3], *s.* *Ich:* Tacaud *m*.

bibasic [bai'beisik], *a.* *Ch:* Bibasique.

bibber ['bibər], *s.* Buveur *m*. *See* WINE-BIBBER.

bib-cock ['bibkɔk], *s.* Robinet (coudé); robinet à bec courbe.

bibio ['bibio], *s.* *Ent:* Bibion *m*; mouche *f* de la Saint-Jean, de la Saint-Marc.

Bible [baibl], *s.* Bible *f*. *F:* **It's in the Bible,** c'est dans l'histoire sainte. **Bible-oath,** serment prêté sur la Bible. **I promise you, on my Bible-oath, that . . .,** je vous jure que. . . . **Bible class,** (i) classe *f* d'histoire sainte; (ii) (classe du) catéchisme. **Bible history,** histoire sainte. *A:* **Bible-reader, -woman,** évangéliste *mf* qui faisait la lecture de la Bible chez les malades et les indigents. **Bible Society,** société *f* biblique. *F:* **Bible-thumper,** évangéliste de carrefour. *See also* FAMILY.

biblical ['biblik(ə)l], *a.* Biblique.

biblio- ['biblio, bibli'ɔ], *comb.fm.* Biblio-. *'Bibliomane, biblio'maniac*, bibliomane. *Bibli'ography*, bibliographie.

bibliographer [bibli'ɔgrəfər], *s.* Bibliographe *m*.

bibliographic(al) [biblio'grafik(əl)], *a.* Bibliographique. *See also* NOTE[1] 3 (*b*).

bibliography [bibli'ɔgrəfi], *s.* 1. (*Knowledge of books*) Bibliographie *f*. 2. Liste *f* bibliographique; bibliographie.

bibliomania [biblio'meinia], *s.* Bibliomanie *f*.

bibliomaniac [biblio'meiniak], *s.* Bibliomane *m*.

bibliophile ['bibliofil], *s.* Bibliophile *m*.

bibulosity [bibju'lɔsiti], *s.* 1. Penchant *m* à la boisson. 2. Légère ivresse.

bibulous ['bibjuləs], *a.* 1. Spongieux, absorbant. *B. paper*, papier buvard. 2. (*Of pers.*) Adonné à la boisson; buveur, -euse. *F:* **Bibulous nose,** nez vineux; nez d'ivrogne. **-ly,** *adv.* D'une voix avinée; entre deux vins.

bibulousness ['bibjuləsnəs], *s.* = BIBULOSITY.

bicameral [bai'kamərəl], *a.* (Gouvernement, etc.) bicaméral.

bicarbonate [bai'kɑ:rbonet], *s.* *Ch:* Bicarbonate *m* (de soude, etc.).

bice [bais], *s.* *Ind:* Bleu *m* de cobalt. **Green bice,** vert *m* de cobalt.

bicentenary [bai'sentinəri, baisen'ti:nəri], *a.* & *s.* Bicentenaire (*m*).

bicentennial [baisen'tenjəl], *a.* & *s.* = BICENTENARY.

bicentral [bai'sentrəl], *a.* *Geom:* A deux centres.

bicephalous [bai'sefələs], *a.* Bicéphale.

biceps ['baiseps], *s.* *Anat:* Biceps *m*.

bichloride [bai'klɔ:raid], *s.* *Ch:* Bichlorure *m*.

bichromate [bai'kroumet], *s.* *Ch:* Bichromate *m*. *Phot:* **Gum bichromate,** gomme bichromatée. *El:* **Bichromate cell,** pile *f* au bichromate (de potasse).

bichrome ['baikroum], **bichromatic** [baikro'matik], *a.* Bicolore, bichromatique.

bicker ['bikər], *v.i.* 1. Se quereller, s'entre-quereller, se chamailler; être toujours en zizanie, en bisbille. 2. (*a*) (*Of stream*) Murmurer. (*b*) (*Of light*) Trembloter, scintiller.

bickering[1], *a.* 1. Querelleur, -euse. 2. (*a*) (*Of stream*) Murmurant. (*b*) (*Of light*) Tremblotant, scintillant.

bickering[2], *s.* Querelles *fpl*; bisbille *f*; chamailleries *fpl*.

bickern ['bikərn], *s.* = BEAK-IRON.

bicolour(ed) ['baikʌlər(d)], *a.* 1. *Bot:* *etc:* Bicolore. 2. *Cin:* **Bicolour process,** procédé *m* bichrome.

biconcave [bai'kɔnke:iv], *a.* Biconcave.

biconjugate [bai'kɔndʒuget], *a.* *Bot:* Biconjugué.

biconvex [bai'kɔnveks], *a.* Biconvexe.

bicuspid [bai'kʌspid]. 1. *a.* *Nat.Hist:* *etc:* Bicuspidé. 2. *s.* (Dent) prémolaire *f*.

bicuspidate [bai'kʌspidet], *a.* = BICUSPID 1.

bicycle[1] ['baisikl], *s.* Bicyclette *f*. *A:* *'Ordinary' b.*, vélocipède *m*; araignée *f*, *F:* vélo *m*. **Carrier bicycle,** bicyclette de livreur (de maison de commerce). **Bicycle stand,** support *m*, pied *m*, de bicyclette; soutien-vélo *m*, *pl.* soutien-vélos. **Bicycle track,** piste *f* cyclable.

bicycle[2], *v.i.* 1. Faire de la bicyclette; aller à bicyclette. 2. *To b. to Bristol*, aller à bicyclette à Bristol, jusqu'à Bristol.

bicycling, *s.* Cyclisme *m*.

bicyclist ['baisiklist], *s.* (Bi)cycliste *mf*; *F:* pédaleur, -euse.

bid[1] [bid], *s.* 1. (*a*) Enchère *f*, offre *f*, mise *f*. *To make a bid for a property*, (i) faire une offre pour un immeuble; (ii) mettre (une) enchère sur un immeuble. *To make a higher bid, a further bid*, couvrir l'enchère; surenchérir. *Further bid, higher bid*, surenchère *f*; offre supérieure. **The last bid,** la dernière mise. *F:* **To make a bid for sth.,** tâcher d'avoir qch. *Golf:* *He made a good bid for the hole*, il fut à deux doigts de réussir le trou. *To make a bid for power*, (i) viser au pouvoir; (ii) tenter un coup d'État. (*b*) *Cards:* (*At bridge*) Appel *m*; (*at solo whist, boston*) demande *f*. *Bid of two diamonds*, appel de deux carreaux. (*At bridge*) **To raise the bid,** relancer. 2. *U.S:* Soumission *f* (dans une adjudication). 3. *U.S:* *F:* Invitation *f*.

bid[2], *v.tr.* & *i.* (*p.t.* **bade** [bad, beid], **bid**; *p.p.* **bidden** [bidn], **bid**; **bidding**) 1. (*Command*) Commander, ordonner (*s.o.* (*to*) *do sth.*, à qn de faire qch.). *To bid s.o. be silent*, ordonner à qn de se taire; commander le silence à qn. *They were bidden to attend*, ils reçurent l'ordre de comparaître. *The postilion was bidden proceed*, on dit au postillon de se remettre en route. **Bid him come in,** dites-lui, priez-le, d'entrer. **Do as you are bid,** faites ce qu'on vous dit. *Mrs X bids me say that she is ready*, Madame fait dire qu'elle est prête. 2. (*a*) (*Invite*) *To bid s.o. to dinner*, inviter qn à dîner. **The bidden guests,** les invités. (*b*) **To bid s.o. welcome,** souhaiter la bienvenue à qn. *To bid s.o. good-day*, souhaiter, donner, le bonjour à qn. *See also* DEFIANCE, FAREWELL. (*c*) **The weather bids fair to be fine, to improve,** le temps s'annonce beau, promet de s'améliorer; il y a toute apparence de beau temps. *He bids fair to succeed*, il est en passe de réussir; il est en bonne voie de réussir. *The expedition bade fair to be successful*, l'expédition s'annonçait bien, promettait de réussir. 3. (*p.t.* & *p.p.* **bid**) (*a*) (*At auction sale*) **To bid for sth.,** (i) faire une offre pour qch.; (ii) mettre une enchère sur qch. **To bid a fair price,** offrir un juste prix. *To bid ten pounds*, faire une offre de dix livres; miser dix livres. *To bid another pound*, faire une enchère d'une livre. **To bid over s.o.,** enchérir sur qn. (*b*) *Cards:* **To bid three diamonds,** dire, demander, appeler, trois carreaux. *Little slam bid and made*, petit chelem demandé et réussi.

bidding, *s.* 1. (*a*) Commandement *m*, ordre *m*. *To be at s.o.'s b.*, être aux ordres de qn. *To do s.o.'s b.*, exécuter, remplir, les ordres de qn. *I did his b.*, j'ai fait ce qu'il m'a dit. (*b*) Invitation *f*. 2. (*a*) Enchères *fpl*, mises *fpl*. *The b. was very brisk*, les surenchères abondaient; la vente a été bonne, a bien marché. (*b*) *Cards:* *etc:* *The b. is closed*, l'enchère est faite.

biddable ['bidəbl], *a.* Traitable, obéissant, docile, soumis; doux, *f.* douce.

bidder ['bidər], *s.* (*At sale*) Enchérisseur *m*, amateur *m*. *There were no bidders*, il n'y a pas eu de preneurs *m*. **The lowest bidder,** le moins disant. **The highest bidder,** le plus offrant; le dernier enchérisseur; l'adjudicataire *m*. *Knocked down to the highest b.*, alloué, adjugé, au plus offrant et dernier enchérisseur. **Allocation to the highest b.,** adjudication *f* à la surenchère.

Biddy ['bidi]. *Pr.n.f.* (*Dim. of Bridget*) *U.S:* *F:* Désigne une domestique irlandaise.

bide [baid], *v.tr.* & *i.* (**bided**) *A., Lit.* & *Dial:* = ABIDE. *Still used in* 1. **To bide one's time,** attendre l'heure, son heure; attendre le bon moment, l'heure d'agir; se réserver. 2. **To bide at home,** rester chez soi.

bidet ['bide], *s.* *Hyg:* Bidet *m* (de toilette); bassin *m* pour toilette féminine.

bieberite ['bi:bərait], *s.* *Miner:* Biebérite *f*.

biennial [bai'enjəl]. 1. *a.* Biennal, -aux. 2. *a.* & *s.* *Bot:* **Biennial (plant),** plante bisannuelle. **-ally,** *adv.* Tous les deux ans.

bier ['bi:ər], *s.* 1. (*a*) Civière *f* (pour un cercueil, pour porter un mort). (*b*) (*Hearse*) Corbillard *m*. 2. *A:* **(Hand-)bier,** brancard *m*.

bifarious [bai'fɛəriəs], *a.* *Bot:* (*Of leaves*) Opposé.

bif(f)[1] [bif]. 1. *s.* *P:* Gnon *m*, beigne *f*, torgnole *f*. 2. *int.* V'lan! pan!

bif(f)[2], *v.tr.* *P:* Flanquer un gnon, une beigne, à (qn). *To b. s.o. on the nose*, bouffer le blair à qn.

biffin ['bifin], *s.* 1. Pomme *f* à cuire (du pommier de Norfolk). 2. *Cu:* Pomme cuite au four et tapée.

bifid ['baifid], *a.* *Bot:* Bifide.

bifilar [bai'failər], *a.* (Magnétomètre *m*, etc.) bifilaire.

biflorate [bai'flɔ:ret], **biflorous** [bai'flɔ:rəs], *a.* *Bot:* Biflore.

bifocal [bai'fouk(ə)l], *a. Opt:* Bifocal, -aux.
bifoliate [bai'fouliet], *a. Bot:* Bifolié.
bifurcate[1] ['baifəːrkeit]. **1.** *v.tr.* Bifurquer. **2.** *v.i.* (Se) bifurquer.
bifurcate[2] ['baifəːrket], *a. Bot: etc:* Bifurqué.
bifurcation [baifəːr'keiʃ(ə)n], *s.* Bifurcation *f*, embranchement *m*.
big [big], *a.* (**bigger** ['bigər]; **biggest**) **1.** (*a*) (*Large*) Grand; (*bulky*) gros. *Big hotel*, grand, vaste, hôtel. *Take a piece of butter as big as a walnut*, prenez gros comme une noix de beurre. *Big man*, (i) homme de grande taille, (ii) gros homme, (iii) homme marquant. *Big girl*, grande jeune fille. **Big enough to defend oneself,** de taille à se défendre. *Big fortune*, grosse fortune. *F:* **He gets big pay, he earns big money,** il gagne gros. *Big drop in prices*, forte baisse de prix. **To be doing a big trade,** faire un commerce actif; faire de grosses affaires. **He had big ideas,** il voyait grand. *To do, see, things in a big way*, faire, voir, grand. *P:* **Big pot,** *U.S:* **big noise, big gun, big bug,** gros bonnet, *P:* grosse légume. **The big three, the big four,** les chefs, les patrons (de l'entreprise). *See also* FIVE. **The big noise of a party,** la grosse corde d'un parti. *He is the big noise hereabouts*, c'est lui qui fait la pluie et le beau temps ici. *It is Mr X who is the big man here*, ici c'est M. X qui tient le haut du pavé. **The big scene** (*of the play*), la grande scène; la scène à faire. *Sp:* **Big field** (*of starters*), champ fourni. **To grow big(ger),** (i) grandir, (ii) grossir. *F:* **He is getting too big for his shoes, for his boots,** il prend des airs qui ne lui conviennent pas; il se croit le premier moutardier du pape. **You are a big liar!** vous êtes un fameux menteur! *You are the biggest fool of the lot!* c'est vous le plus bête de tous! *He is not a big eater*, il n'est pas gros mangeur; il ne mange pas beaucoup. **The big toe,** le gros orteil. **Big drum,** grosse caisse. *Ven:* **Big game,** (i) gros gibier; (ii) les grands fauves. *Bot:* **Big tree (of California),** séquoia géant. *See also* END[1] 1, STICK[1] 1. (*b*) **Big with child,** grosse (d'enfant); enceinte. **Big with consequences,** gros, lourd, de conséquences. **2.** *adv.* **To talk big,** (i) faire l'important; fanfaronner; faire le hâbleur; hâbler; *P:* faire le mariol; (ii) le prendre de haut.
'**big-bellied,** *a.* Ventru, pansu.
'**Big 'Ben,** *s.* La grosse cloche du Palais du Parlement. (Ainsi nommée en l'honneur de Sir Benjamin Hall, le *Chief Commissioner of Works* à l'époque où elle fut fondue, 1856.)
'**big-boned,** *a.* Ossu; fortement charpenté.
'**big-hearted,** *a. See* HEARTED.
big-horn, *s. Z:* Mouton *m* des montagnes Rocheuses.
'**big-jaw,** *s. Vet:* Actinomycose *f*.
bigamist ['bigəmist], *s.* Bigame *mf*.
bigamous ['bigəməs], *a.* Bigame.
bigamy ['bigəmi], *s.* Bigamie *f*.
bigaroon [bigə'ruːn], **bigarreau** ['bigarou], *s. Hort:* Bigarreau *m*.
bigeminal [bai'dʒemin(ə)l], *a. Nat.Hist:* Bigéminé.
bigger ['bigər], **biggest** ['bigəst]. *See* BIG.
biggish ['bigiʃ], *a.* **1.** Assez grand. **2.** Assez gros.
bight [bait], *s.* **1.** Double *m*, bal(l)ant *m*, anse *f* (d'un cordage). **2.** Enfoncement *m* (d'une côte); crique *f*, anse (peu profonde et assez étendue). **The Great Australian Bight,** la Grande Baie Australienne; le Grand Golfe Australien, de l'Australie.
bigness ['bignəs], *s.* **1.** Grandeur *f*. **2.** Grosseur *f*.
bignonia [big'nounjə], *s. Bot:* Bignone *f*.
bigot ['bigət], *s.* **1.** Fanatique *mf* (en politique, etc.); sectaire *mf*. **2.** (*Religious bigot*) Bigot, -e.
bigoted ['bigətid], *a.* Fanatique; au zèle ou à l'esprit étroit, sectaire.
bigotry ['bigətri], *s.* **1.** Fanatisme *m*; sectarisme *m*; étroitesse *f* d'esprit. **2.** Zèle outré (en matière de religion); cagoterie *f*.
bigwig ['bigwig], *s. F:* Personnage important; gros bonnet; *P:* grosse légume. *The bigwigs of high finance*, les (hauts) barons de la finance.
bijou ['biːʒuː], *s.* Bijou *m*; objet *m* d'art de facture délicate. *Attrib.* **Bijou flat to let,** petit appartement coquet à louer. *Phot:* **Bijou camera,** appareil *m* minuscule.
bike[1] [baik], *s. F:* (= BICYCLE) Vélo *m*, bécane *f*. *See also* MOTOR BIKE.
bike[2], *v.i. F:* **1.** Faire de la bicyclette; *F:* pédaler. **2.** Aller à bicyclette (*to*, jusqu'à).
bilabial [bai'leibiəl], *a. & s. Ling:* (Consonne) bilabiale (*f*).
bilabiate [bai'leibjet], *a. Bot:* Bilabié.
bilander ['biləndər], *s. Nau:* Bélandre *f*.
bilateral [bai'latərəl], *a.* Bilatéral, -aux. *Jur:* **Bilateral contract agreement,** contrat *m* synallagmatique; accord bilatéral. *See also* PARALYSIS 1.
bilberry ['bilbəri], *s. Bot:* = WHORTLEBERRY.
bilbo, *pl.* **-os** ['bilbou, -ouz], *s. A:* Épée *f*, rapière *f*.
bilboes ['bilbouz], *s.pl. A:* (*Esp. Nau:*) Fers *m* d'attache (d'un prisonnier).
bile [bail], *s. Physiol:* Bile *f*. *F:* **To stir s.o.'s bile,** échauffer la bile à qn.
'**bile-stones,** *s.pl. Med:* Calculs *m* biliaires.
bilge[1] [bildʒ], *s.* **1.** *Nau:* (*a*) Fond *m* de cale; bouchain *m*, sentine *f*, petits fonds *mpl*. **Bilge-channel** (*in bottom of boat*), lousse *f*, lousseau *m*, loussec *m*, lousset *m*. **The bilges,** les mailles *f*. (*b*) **Bilge(-water),** eau *f* de cale. *P:* **To talk bilge,** dire des bêtises; *P:* bafouiller. *Get rid of all that b.*, débarrassez-vous de tout ce fatras. **2.** Bouge *m* (d'une barrique).
'**bilge-block,** *s. N.Arch:* Ventrière *f*.
'**bilge-keel,** *s.* Quille *f* de bouchain; quille latérale; quille de roulis; aileron *m* (de sous-marin).
'**bilge-planks,** *s.pl. N.Arch:* Bordages *m* des fleurs; fleurs *f*.
'**bilge-pump,** *s.* Pompe *f* de drain, de cale; pompe d'assèchement.
'**bilge-shores,** *s.pl.* Accores *f* de bouchain.
'**bilge-ways,** *s.pl.* Coittes courantes, couettes courantes.
bilge[2], *v.* **1.** *Nau:* (*a*) *v.tr.* Crever, défoncer (un navire). (*b*) *v.i.* (*Of ship*) Crever, faire eau. **2.** *v.tr. & i.* (Faire) bomber.
bilharzia [bil'hɑːrziə], *s. Med:* Bilharzia *f* (hæmatobia); schistosoma *m*.
bilharziosis [bilhɑːrzi'ousis], *s. Med:* Bilharziose *f*.
biliary ['biljəri], *a. Physiol:* Biliaire. **Biliary colic,** colique *f* hépatique.
bilinear [bai'liniər], *a. Mth:* Bilinéaire.
bilingual [bai'liŋgwəl], *a.* Bilingue.
bilingualism [bai'liŋgwəlizm], *s.* Bilinguisme *m*.
bilious ['biljəs], *a.* **1.** Bilieux; (tempérament *m*) cholérique. **Bilious attack,** débordement *m* de bile, accès *m* de bile; (*caused by over-eating*) embarras *m* gastrique. *I am b. to-day*, j'ai de la bile aujourd'hui; *F:* j'ai l'estomac barbouillé. **2.** *F:* Bilieux, colérique.
biliousness ['biljəsnəs], *s.* État bilieux, affection bilieuse; attaque *f* de bile; crise *f* hépatique; crise du foie; bile *f*.
biliteral [bai'litər(ə)l], *a. Ling:* **1.** (Mot *m*, racine *f*) bilitère. **2.** (Inscription) écrite en deux langues.
bilk[1] [bilk], *s. F:* **1.** (*Pers.*) Escroc *m*. **2.** Escroquerie *f*.
bilk[2], *v.tr. F:* **1.** Tromper, attraper (qn); payer (qn) en monnaie de singe. **To bilk s.o. out of his money,** soutirer son argent à qn; escroquer qn. **2.** Laisser (qn) en plan; fausser compagnie à (qn); filouter (un conducteur de taxi, etc.). *He bilked us*, il s'est esquivé; *F:* il nous a plaqués.
bilker ['bilkər], *s. F:* Escroc *m*.
bill[1] [bil], *s. Archeol:* Hallebarde *f*. *See also* HEDGE-BILL, PRUNING-BILL.
'**bill-hook,** *s. Tls:* Vouge *m*; serpe *f*; croissant *m* (à élaguer); serpette *f*; courbet *m*.
bill[2], *s.* **1.** Bec *m* (d'oiseau, d'ancre). *See also* CRANE'S-BILL, FLAT-BILL, RAZOR-BILL, SCISSOR-BILL, SHOE-BILL, SWORD-BILL. **2.** *Geog:* Bec, promontoire *m*. **Portland Bill,** le Bec de Portland.
'**bill-board,** *s. Nau:* Renfort *m* d'ancre; soufflage *m*.
bill[3], *v.i.* (*Of birds*) Se becqueter. *F:* (*Of pers.*) **To bill and coo,** faire les tourtereaux; s'aimer comme deux tourtereaux; se faire des mamours; se becqueter, se bécoter.
-billed, *a.* (*With adj. prefixed, e.g.*) **Yellow-billed,** au, à, bec jaune. *See also* LONG[1] I. 4, SHORT-BILLED.
billing[1] **and cooing,** *s.* Mamours *mpl*.
bill[4], *s.* **1.** *Com:* Note *f*, facture *f*, mémoire *m*; (*in restaurant*) addition *f*. *Exorbitant b.*, *F:* mémoire, compte *m*, d'apothicaire. **To make out a bill,** faire, rédiger, une facture. *Shall I charge it on the b.?* faut-il le porter sur la note? *Jur:* **Bill of costs,** état *m* de frais. *See also* PAY-BILL, QUANTITY 1. **2.** *Com: Fin:* (*a*) Effet *m* (de commerce); billet *m*; *pl.* valeurs *f*, papier *m* (bancable). **Bill of debt,** reconnaissance *f* de dette. **Long(-dated), short(-dated) bills,** papier, effets, à longue, à courte, échéance. **Bills payable,** effets à payer. **Bills in hand,** effets en portefeuille; portefeuille *m* effets. **Bill of exchange,** lettre *f* de change; traite *f*; (*for small amounts*) broche *f*. *See also* ACCOMMODATION 3, EXCHEQUER-BILL, SIGHT[1] 1. (*b*) *U.S:* Billet de banque. *Five-dollar b.*, billet de cinq dollars. (*c*) *Adm:* Bon *m* (de l'Amirauté, etc.). **3.** Affiche *f*, placard *m*, écriteau *m*. *To stick a b. on a wall*, placarder, coller, apposer, une affiche sur un mur. *To stick bills on a wall*, placarder un mur. **Stick no bills!** défense d'afficher. *Th:* **(Play-)bill,** affiche; programme *m* du spectacle. **To change the bill,** renouveler l'affiche, changer de programme. (*Of actor*) **To head, top, the bill,** éclipser tout le monde sur l'affiche; être en vedette sur l'affiche; faire tête d'affiche. (*Of play*) **To fill the bill,** tenir l'affiche. *F:* **That will fill the bill, that will answer the bill,** cela fera l'affaire. *See also* FLY-BILL, HANDBILL. **4.** (*a*) **Bill of fare,** carte *f* du jour, menu *m*. *The daily bill of fare*, l'ordinaire *m*. (*b*) *Nau:* **(Clean, foul) bill of health,** patente *f* de santé (nette, suspecte, brute). **Bill of lading,** (i) connaissement *m*; police *f* de chargement; (ii) *Rail: U.S:* feuille *f* d'expédition. *See also* ENTRY 4. (*c*) **Bill of sale,** acte *m*, contrat *m*, de vente; facture. (*d*) *Navy:* **Quarter bill,** rôle *m* de combat. **Station bill,** rôle de manœuvre. *See also* WATCH-BILL. (*e*) *Sch:* (*At Harrow*) (i) Liste *f* des élèves; (ii) appel nominal. **5.** *Pol:* (*a*) Projet *m* de loi (émanant du gouvernement) ou proposition *f* de loi (émanant de l'initiative d'un membre du Parlement). **Private bill,** projet de loi d'intérêt local. **To pass, to reject, a bill,** adopter, repousser, un projet de loi. *See also* ATTAINDER, INDEMNITY 1. (*b*) *Hist:* **Bill of rights,** (i) la Loi de 1689 déterminant les droits du citoyen anglais; (ii) *U.S:* les amendements de 1791 à la Constitution de 1787. **6.** *Jur:* Résumé des chefs d'accusation (présenté au jury). (*Of Grand Jury*) **To find a true bill against s.o.,** déclarer fondés les chefs d'accusation. **To ignore the bill,** refuser la mise en accusation. *See also* DIVORCEMENT, INDICTMENT 2.
'**bill-board,** *s.* Panneau *m* (d'affichage).
'**bill-book,** *s.* Carnet *m* d'échéances; *F:* échéancier *m*.
'**bill-broker, -discounter,** *s.* Courtier *m* de change; agent *m* de change.
'**bill-fold,** *s. U.S:* Porte-billets *m inv.*
'**bill-'head,** *s.* En-tête *m* de facture, *pl.* en-têtes.
'**bill-poster, -sticker,** *s.* Afficheur *m*; colleur *m* d'affiches; placardeur *m*.
'**bill-posting, -sticking,** *s.* Affichage *m*.
bill[5], *v.tr.* **1.** Facturer (des marchandises). **2.** Afficher; mettre (qch.) à l'affiche; annoncer (une vente, etc.) par voie d'affiches; *Th:* mettre (une pièce) au programme, à l'affiche. **3.** Couvrir (une surface) d'affiches.
billing[2], *s.* **1.** Facturage *m* (de marchandises). **Billing-machine,** machine *f* à facturer. **2.** Affichage *m*. *Cin:* **Double billing, twin billing,** programme *m* double, à deux longs métrages.
Bill[6]. *Pr.n.m.* (*Dim. of William*) Guillaume.
billabong ['bilabɔŋ], *s. F:* (*In Austr.*) Bras *m* de rivière qui se rejette dans la rivière ou qui se perd.
billet[1] ['bilet], *s. Mil:* **1.** (*a*) Billet *m* de logement. (*b*) Logement *m*

(chez l'habitant). *Billets with subsistence*, nourriture *f* chez l'habitant. **Every bullet has its billet**, toute balle a sa destination; on ne lutte pas contre le sort. **2.** *pl.* Cantonnement *m*. **To go into billets**, loger chez l'habitant. **3.** *F:* Place *f*, situation *f*, emploi *m*. *He has a good b.*, il a une bonne place; il est bien casé.

'billet-ticket, *s.* Billet *m* de logement.

billet², *v.* (billeted) **1.** *v.tr. Mil:* **To billet troops on s.o., on, in, a town**, loger des troupes chez qn; cantonner des troupes dans une ville. **2.** *v.i. Mil:* Loger (*with*, chez).

billeting, *s.* Cantonnement *m*. **Billeting area**, cantonnement.

billet³, *s.* **1.** Bûche *f*; rondin *m*; bille *f*, billette *f* (de bois de chauffage, etc.). **2.** *Metall:* Billette (d'acier); lopin *m*. **3.** *Arch:* *Her:* Billette. **Billet moulding**, billettes.

'billet-wood, *s.* Bois *m* de quartier. *Round b.-w.*, rondins *mpl*.

billeting-roll ['biletiŋroul], *s.* *Metall:* (Train *m*) ébaucheur *m*.

billful ['bilful], *s.* Becquée *f*.

billiards ['biljərdz], *s.pl.* (Jeu *m* de) billard *m*. **To play billiards**, jouer au billard. *To have a game at b.*, faire une partie de billard. (*The sg. is used as a comb.fm*) **Billiard-ball**, bille *f* de billard. **Billiard cloth**, tapis *m* de billard. **Billiard cue**, queue *f* de billard. **Billiard-marker**, garçon *m* de billard. *See also* PUFF-BILLIARDS.

'billiard-player, *s.* Joueur *m* de billard; caramboleur *m*.

'billiard-room, *s.* (Salle *f* de) billard *m*.

'billiard-table, *s.* Billard *m*. **Billiard-table top**, billard de table.

Billingsgate ['biliŋzgeit]. **1.** *Pr.n.* Marché *m* au poisson (à Londres). **2.** *s. F:* Langage *m* des halles, des poissardes. **To talk Billingsgate**, parler comme une poissarde.

billion ['biljən], *s.* **1.** Trillion *m* (10^{12}). **2.** *U.S:* Billion *m*, milliard *m*.

billow¹ ['bilou], *s.* Grande vague; lame *f* (de mer). *Lit: F:* **The billows**, les flots. **Afloat on the billows**, voguant sur la vague, sur les flots.

billow², *v.i.* (*Of the sea*) Se soulever en vagues; (*of crowds, flames, etc.*) ondoyer.

billowy ['biloui], *a.* (Flot) houleux, (mer) houleuse.

Billy ['bili]. **1.** *Pr.n.m.* (*Dim. of William*) Guillaume. **2.** *s.* (*a*) *Nau:* Handy billy, palan *m* de, du, dimanche. (*b*) (*In Austr.*) Gamelle *f*; bouilloire *f* (à thé). (*c*) *Tex:* Boudineuse *f*. (*d*) *P:* Gourdin *m*. (*e*) *U.S:* Bâton *m* (de policeman).

'billy-can, *s.* = BILLY 2 (*b*).

billyboy ['bilibɔi], *s.* *Nau:* Barge *f*.

billycock ['bilikɔk], *s.* *F:* **Billycock (hat)**, (chapeau *m*) melon *m*.

billygoat ['biligout], *s.* Bouc *m*.

billy-o(h) ['biliou]. *Used in the intensive adv. phr. P:* **Like billy-o(h).** *It's raining like b.-o.*, il pleut à verse. *They fought like b.-o.*, ils se sont battus avec acharnement.

bilobate [bai'loubet], *a.* Bilobé.

bilocular [bai'lɔkjulər], *a.* *Bot:* Biloculaire.

biltong ['biltɔŋ], *s.* (*In S. Africa*) Lanières *fpl* de viande desséchée.

bimane, *pl.* **-s, bimana** ['baimein, -z, 'baimana], *s.* *Z:* Bimane *m*.

bimanous ['baimanəs], *a.* *Z:* Bimane.

bimbashi [bim'bɑːʃi], *s.m.* *Mil:* (*In Turkey*) Officier supérieur.

bimeby ['baimbai], *adv.* *U.S: F:* = *by and by, q.v. under* BY II. 4.

bimetallic [baime'talik], *a.* *Pol.Ec:* (Système *m*) bimétallique.

bimetallism [bai'metəlizm], *s.* *Pol.Ec:* Bimétallisme *m*.

bimetallist [bai'metəlist], *s.* Bimétalliste *m*.

Bim(m) [bim], *s.* *F:* Habitant *m* de la Barbade.

bi-monthly [bai'mʌnθli]. **1.** *a.* (*a*) Bimensuel, semi-mensuel. (*b*) Bimestriel. **2.** *adv.* (*a*) Bimensuellement, deux fois par mois. (*b*) Tous les deux mois.

bin¹ [bin], *s.* (*a*) Coffre *m*, huche *f*, bac *m*. **Corn-bin** (*in stable*), coffre à avoine. **Orderly-bin**, poubelle *f*. *See also* DUSTBIN, FLOUR-BIN. (*b*) Compartiment *m*, casier *m*. **Wine-bin**, casier à bouteilles; porte-bouteilles *m inv*. (*c*) *Min:* **Ore-bin**, réservoir *m* à minerai; caisson *m* à minerai.

'bin-raker, *s.* *F:* Éplucheur *m* de boîtes à ordures; chiffonnier *m*; *F:* biffin *m*.

bin². *Dial. & U.S: P:* = *been, q.v. under* BE.

bin- [bin], *pref. Euphonic form of* BI-, *used occ. before vowels*. Bin-, bi-. *Binocular*, binoculaire. *Ch:* *Biniodide*, biiodure *m*.

binary ['bainəri], *a.* *Mth: Ch: etc:* Binaire. *Mus:* **Binary measure**, mesure *f* binaire.

binate ['bainet], *a.* *Bot:* Biné; rangé par paires.

binaural [bi'nɔːr(ə)l], *a.* (Stéthoscope *m*) binauriculaire.

bind¹ [baind], *s.* **1.** *Mus:* Ligature *f*, liaison *f*. **2.** *Mec.E: etc:* (*a*) Coincement *m*, grippage *m*, blocage *m*. (*b*) Gommage *m*, collage *m*.

'bind-beam, *s.* *Civ.E:* (*On heads of piles*) Raineau *m*.

bind², *v.tr.* (*p.t.* **bound** [baund]; *p.p.* **bound**) Attacher, lier. **1.** (*Tie fast*) (*a*) *To b. a prisoner, s.o.'s hands*, lier, attacher, ligoter, un prisonnier; lier les mains à qn. **To bind s.o. hand and foot**, lier pieds et poings à qn; garrotter, ligoter, qn solidement. *Bound hand and foot*, pieds et poings liés. **Bound by a spell**, retenu par un charme. *See also* SPELL-BOUND. **To be bound to s.o. by gratitude**, être attaché à qn par la reconnaissance. *The ties that b. one to the family*, les liens *m* qui vous rattachent à la famille. *They are bound together by a close friendship*, ils sont liés d'une étroite amitié. (*b*) **To bind sth. (down) to, on, sth.**, attacher qch. à qch.; serrer (une pièce sur l'établi); fixer (un fil à un accu, etc.). **To bind (on)** *one's skis*, fixer ses skis. (*c*) **To bind a bargain**, ratifier, confirmer, un marché; *F:* toper. (*d*) **Food that binds the bowels**, nourriture constipante, échauffante, qui constipe, qui échauffe. **2.** (*Tie about*) (*a*) **To bind (up) a wound**, bander, panser, une blessure. *To b. an artery*, ligaturer une artère. *His head was bound up in a handkerchief*, il avait la tête bandée d'un mouchoir. *The rope that binds the faggot*, le lien qui embrasse le fagot. (*b*) *To b. s.o.'s head with a wreath, to b. a wreath about, round, s.o.'s head*, ceindre d'une couronne la tête de qn. *Fenc:* **To bind one's blade round the adversary's**, lier le fer. (*c*) Border (un manteau, un chapeau); brider (une boutonnière); border (une étoffe). (*d*) Fretter (une roue, une poutre, etc.). **3.** (*Tie together*) (*a*) **To bind (up) a sheaf**, lier une gerbe; mettre un lien à une gerbe. **To bind (up) one's hair**, se faire un chignon. *To b. asparagus into bundles*, lier des asperges en bottes. (*b*) Relier (un livre). **Bound in paper, paper-bound**, broché. **Bound in boards**, cartonné. **Bound in cloth, cloth-bound**, relié toile. **Full-bound in morocco**, relié en plein maroquin. **Half-bound in morocco**, relié en demi-maroquin à coins. **Quarter-bound in morocco**, relié en demi-maroquin. (*With passive force*) *Your book is binding*, votre livre est à la reliure. **To bind up two volumes in one**, relier deux volumes en un seul. (*c*) (i) Lier, agglutiner (du sable, etc.); cohérer, fixer (la poussière d'une route). *Stones bound together with cement*, pierres liées avec du ciment. (ii) *v.i.* (*Of gravel, etc.*) Se lier, s'agglomérer; s'agglutiner; s'agréger; (*of cement*) durcir, prendre. (*d*) *v.i.* (*Of machine parts, etc.*) (Se) coincer; (*of bearings*) gripper; (*of cylinders, etc.*) coller, gommer. **4.** (*Of pers., obligation, promise, etc.*) Lier, engager (qn). *To b. s.o. to obedience*, astreindre qn à l'obéissance. *To b. s.o. to pay a debt*, astreindre, obliger, qn à payer une dette. *To b. s.o. to obey*, obliger qn à obéir. *To b. oneself to do sth.*, s'engager à faire qch. **To bind s.o. (over) as an apprentice to s.o.**, mettre qn en apprentissage chez qn. *Theol:* **The power to bind and to loose**, le pouvoir de lier et de délier.

bind down, *v.tr.* **To bind s.o. down to do sth.**, astreindre, contraindre, qn à faire qch.

bind over, *v.tr.* *Jur:* **To bind s.o. over to appear when called upon**, obliger qn de se tenir à la disposition de la justice. **To bind s.o. over to keep the peace**, exiger de qn sous caution qu'il ne procédera à aucune voie de fait. **To be bound over**, être sommé par un magistrat d'observer une bonne conduite.

bound¹, *a.* **1.** (*a*) Lié. **They are very much bound up in each other**, ils sont très attachés l'un à l'autre. **The virtues bound up in the soil**, les vertus *f* qui se rattachent à la terre. *The present is b. up with the past*, le présent se relie au passé, est lié au passé. *Question closely b. up with another*, question qui se lie, se rattache, se rapporte, étroitement à une autre. *Facts closely b. up with one another*, faits reliés par une relation directe. **Chemistry is bound up with physics**, la chimie est liée à la physique. *His interests were b. up with ours*, ses intérêts étaient solidaires des nôtres. *My happiness is b. up with yours*, mon bonheur est attaché au vôtre. *Facts closely b. together*, faits étroitement solidaires les uns des autres. (*b*) *El:* **Bound charge**, charge latente, dissimulée. (*c*) (*With s. prefixed, e.g.*) **Tide-bound**, retenu par la marée. *See also* HIDE-BOUND, HOOF-BOUND, ICE-BOUND, IRON-BOUND, MUD-BOUND, SNOW-BOUND, WEATHER-BOUND, WIND-BOUND. **2.** (*a*) **To be bound to do sth.**, être obligé, tenu, de faire qch.; devoir faire qch. **You are in duty bound to do it**, votre devoir *m* vous y oblige. **To be in honour bound to do sth.**, être engagé d'honneur à faire qch.; mettre son honneur à faire qch. *B. in honour to do sth.*, moralement obligé de faire qch. *To consider oneself, to feel, in honour b. to do sth.*, estimer de son devoir de faire qch.; tenir à honneur de faire qch.; se piquer d'honneur. *To be b. by an oath*, être engagé sous serment; être lié par un serment. *To be b. by strict rules*, être soumis à des règles strictes. (*b*) **He's bound to come**, il ne peut pas manquer de venir. *It's b. to rain to-morrow*, il pleuvra sûrement demain. *It's b. to happen*, cela arrivera comme mars en carême; c'est fatal. *We are b. to be successful*, nous réussirons à coup sûr. *You are b. to have a lawsuit over it*, il est inévitable qu'on vous fasse un procès. *It's b. to leak out*, cela se saura forcément. (*c*) *F: He'll come*, **I'll be bound**, il viendra, j'en suis sûr! je vous le promets! (*d*) *U.S: He is b. to come and hear you*, il veut absolument venir vous entendre.

binding¹, *a.* **1.** (Agent) agglomératif, agglutinateur, agglutinatif. **2.** Obligatoire (*upon s.o.*, pour qn). *B. agreement*, obligation *f* irrévocable. **Agreement binding (up)on s.o.**, contrat *m* qui lie qn. *This promise is b. on them*, cette promesse les engage. *Decision b. on all parties*, décision *f* obligatoire pour tous. *Obligation b. on all parties*, obligation solidaire. **To make it binding on s.o. to do sth.**, imposer à qn l'obligation de faire qch. **3.** *Med:* Astringent, constipant, échauffant. **Quince jelly is binding**, la gelée de coings resserre (le ventre).

binding², *s.* **1.** (*a*) Agglutination *f*, agrégation *f*. **Binding material** (*of road*), matière agglomérative, d'agrégation; liant *m*, agglomérant *m*, agglutinatif *m*. *B. of the dust*, fixation *f* de la poussière. (*b*) Fixation; serrage *m*; frettage *m*; cerclage *m* (d'une roue). *Const: etc:* **Binding iron**, patte *f* d'attache. **Binding piece**, moise *f*, amoise *f*. **Binding wire**, fil *m* d'amarrage, de ligature; fil d'archal. **Binding screw**, (i) vis *f* de pression; (ii) *El:* borne *f*, serre-fil *m*, *pl.* serre-fils. (*c*) = BIND¹ 2. **2.** (*a*) Lien *m*, ligature *f*; bandage *m* (d'une poutre, etc.); frette *f*. *El.E:* **Armature binding**, frette *f* d'induit. (*b*) Reliure *f* (d'un livre). **Quarter-binding**, demi-reliure *f*. **Half-binding**, demi-reliure à petits coins. **Three-quarter-binding**, demi-reliure amateur. *Plain b.*, reliure janséniste. *Cloth b.*, reliure en toile; reliure bradel; reliure anglaise. *B. with leather corners*, reliure avec coins. **Library binding**, reliure amateur. **Spring binding** (*for holding papers*), reliure électrique; relieur *m*. *See also* CALF¹ 1, LIMP³. (*c*) Bordure *f*, liséré *m* (d'une robe, etc.). *Upholstery b.*, galon *m* de finition. (*d*) *Arch: N.Arch:* Liaison *f*. (*e*) *Phot:* **Gummed binding** (*for lantern slides, etc.*), bande gommée.

'binding-clip, *s.* Étrier *m* de pression, de serrage.

'binding-post, -screw, *s.* *El:* Borne *f*; serre-fil *m*, *pl.* serre-fils.

binder ['baindər], *s.* **1.** (*Pers.*) (*a*) *Husb: etc:* Lieur, -euse. (*b*) = BOOKBINDER. **2.** (*Thg*) (*a*) *Husb:* Lieuse *f* (de gerbes), lien *m*, hart *f* (de fagot, etc.). *See also* HAY-BINDER. (*b*) *Carp:* Entrait *m*; (*of floor*) sommier *m*. (*c*) *Const:* Parpaing *m*. (*d*) *Med: etc:* Bande *f*, ceinture *f* (de flanelle); bandage *m* de corps.

(*e*) *Needlew:* Bordeur *m*, ourleur *m* (d'une machine à coudre). (*f*) **(Spring-back) binder,** biblorhapte *m* (pour papiers); auto-relieur *m*, *pl.* auto-relieurs; reliure *f* électrique; relieur *m*. (*g*) *Civ.E:* Liant *m*, agglomératif *m*; matière *f* d'agrégation, de liaison (d'une route).

bindery ['baindəri], *s.* Atelier *m* de reliure.

bindweed ['baindwi:d], *s. Bot:* Liseron *m*, *F:* vrillée *f*.

bine [bain], *s. Bot:* Sarment *m*; tige *f* (de houblon, etc.). *See also* RED-BINE, WOODBINE.

binge [bindʒ], *s. P:* Ribote *f*, bombe *f*. **To have a binge, to be on the binge,** faire la bombe; être en bombe; riboter. *They were on the b.*, ils étaient en bordée.

binnacle ['binəkl], *s. Nau:* Habitacle *m*. **Binnacle cover,** capot *m* d'habitacle. **Binnacle-pillar, -stand,** colonne *f* de l'habitacle; pied *m* d'habitacle.

binocular [bai'nɔkjulər, bi-]. *Opt:* **1.** *a.* Binoculaire. **2.** *s.pl.* **Binoculars,** jumelle(s) *f*.

binodal [bai'noud(ə)l], *a.* **1.** *Bot:* (Cyme *f*, etc.) à deux nœuds. **2.** *Mth:* (Quartique) binodale.

binomial [bai'noumiəl]. *Mth:* **1.** *a.* (*a*) (Facteur *m*, etc.) binôme. (*b*) **The binomial theorem,** le binôme de Newton; le théorème de Newton. **2.** *s.* Binôme *m*.

bio- [bai'ɔ, 'baio], *comb.fm.* Bio-. *Bio'chemistry*, biochimie. *'Bioplasm*, bioplasme.

biochemic(al) [baio'kemik(əl)], *a.* Biochimique.

biochemistry [baio'kemistri], *s.* Biochimie *f*.

biogen ['baiodʒen], *s. Biol:* Biogène *m*.

biogenesis [baio'dʒenesis], *s. Biol:* Biogénèse *f*.

biogenetic [baiodʒe'netik], *a.* Biogénétique.

biograph ['baiograf], *s. A:* Biographe *m* (forme primitive du cinématographe).

biographer [bai'ɔgrəfər], *s.* Biographe *m* (auteur d'une biographie).

biographic(al) [baio'grafik(əl)], *a.* Biographique. **Biographical novel,** vie romancée, biographie romancée.

biography [bai'ɔgrəfi], *s.* Biographie *f*.

biokinetic [baioki'netik], *a.* Biomécanique.

biokinetics [baioki'netiks], *s.pl.* (*Usu. sg. const.*) Biomécanique *f*.

biologic(al) [baio'lɔdʒik(əl)], *a.* Biologique.

biologist [bai'ɔlodʒist], *s.* Biologiste *m*, biologue *m*.

biology [bai'ɔlodʒi], *s.* Biologie *f*. *See also* PLANT[1] 1.

biometry [bai'ɔmetri], *s.* Biométrie *f*, biométrique *f*.

bionomics [baio'nɔmiks], *s.pl.* (*Usu. with sg. const.*) Bionomie *f*.

bioplasm, bioplast ['baioplazm, -plast], *s. Biol:* Bioplasme *m*.

bioscope ['baioskoup], *s.* = BIOGRAPH.

bioxide [bai'ɔksaid], *s. Ch: A:* = DIOXIDE.

biparous ['baipərəs], *a. Z:* Bipare.

bipartite [bai'pɑ:rtait], *a.* **1.** *Nat.Hist:* Biparti, -ite. **2.** *Jur:* (Document) rédigé en double.

bipartition [baipɑr'tiʃ(ə)n], *s. Nat.Hist:* Bipartition *f*.

bi-party ['baipɑ:rti]. *Attrib. Pol:* **The bi-party system,** système politique fondé sur l'opposition de deux partis.

biped ['baiped], *a.* & *s.* Bipède (*m*).

bipedal ['baiped(ə)l], *a.* Bipède.

biphase ['baife:iz], *a. El.E:* (Courant) biphasé, diphasé.

biphenyl [bai'fenil], *s. Ch:* Diphényle *m*.

bipinnate [bai'pinet], *a. Nat.Hist:* Bipinné, bipenné.

biplanar [bai'pleinər], *a. Mth:* (Point *m*) biplanaire.

biplane ['baiplein], *s.* **1.** *Av:* Avion biplan; biplan *m*. **Biplane with short underplane,** sesquiplan *m*. **2.** *B. incandescent lamp*, lampe *f* à filament biplanaire.

bipolar [bai'poulər], *a. El:* Bipolaire.

bipont ['baipɔnt], **bipontine** [bai'pɔntin], *a. Typ.Hist:* **Bipont(ine) editions** (*of the classics*), éditions bipontines (imprimées à Deux-Ponts).

biprism ['baiprizm], *s. Opt:* Biprisme *m*.

biquadratic [baikwɔ'dratik]. *Mth:* **1.** *a.* Bicarré. **2.** *s.* (*a*) Nombre *m* à la quatrième puissance. (*b*) Équation bicarrée.

biquartz ['baikwɔ:rts], *s. Opt:* Biquartz *m*.

birch[1] [bə:rtʃ], *s.* **1.** *Bot:* (*a*) Bouleau *m*. **Lady birch, silver birch, white birch, common birch,** bouleau blanc; *F:* arbre *m* de sagesse. **Pubescent birch,** bouleau pubescent. **Weeping birch, drooping birch,** bouleau pleureur. **Dwarf birch,** bouleau nain. *U.S:* **Paper birch,** bouleau à papier. **Birch oil,** essence *f* d'écorce de bouleau. (*b*) **Birch(-wood),** (bois *m* de) bouleau. **2.** = BIRCH-ROD.

'birch-broom, *s.* Balai *m* de bouleau.

birch-'rod, *s.* Verge *f*, poignée *f* de verges (pour fouetter).

birch[2], *v.tr.* Donner les verges, le fouet, à (qn); fouetter (qn).

birchen ['bə:rtʃən], *a. Lit:* De bouleau; en bouleau.

bird [bə:rd], *s.* **1.** (*a*) Oiseau *m*. **Hen bird,** oiseau femelle. **Song-bird,** oiseau chanteur. **Cage-bird,** oiseau de volière. **Little bird,** oiselet *m*, oisillon *m*. *F:* **A little bird told me so,** mon petit doigt me l'a dit. **To give s.o. the (big) bird,** (i) envoyer promener qn; (ii) *Th: etc:* huer, siffler, qn; conspuer (un orateur); *P:* chahuter qn. **To get the (big) bird,** (i) être renvoyé, mis à pied; (ii) *Th: etc:* être sifflé, *F:* ramasser une tape; *P:* boire un bouillon. *Prov:* **The early bird catches the worm,** à qui se lève matin Dieu aide et prête la main; heure du matin, heure du gain. **A bird in the hand is worth two in the bush,** un 'tiens' vaut mieux que deux 'tu l'auras'; mieux vaut tenir que courir. **It's an ill bird that fouls its own nest,** c'est un vilain oiseau que celui qui salit son nid. *See also* CHAFF[1] 1, EARLY I, FEATHER[1] 1, 2, FLY[3] I, HOME-BIRD, KILL[2] 1, NIGHT-BIRD, PARADISE, PASSAGE[1] 1, PREY[1] 1. (*b*) Volatile *m*. *Cu:* Volaille *f*. *I'll order a b. for dinner*, je vais commander une volaille pour le dîner. (*c*) *Ven:* *The birds are shy this year*, le gibier est timide cette année. **2.** (*a*) *P:* Type *m*, individu *m*. **Who's that old bird?** qu'est-ce que c'est que ce vieux type-là? **He's a queer bird,** c'est un drôle d'individu, un drôle de type. *He's a rum b.*, c'est un drôle de pierrot. **Cunning old bird,** fin merle. **He's a knowing old bird, a downy old bird,** il la connaît (dans les coins). *See also* GALLOWS-BIRD, GAOL-BIRD, NEWGATE. (*b*) *U.S:* *F:* Personne *f* (chose *f*, animal *m*) remarquable ou admirable. **3.** *P:* (*a*) Femme *f* (volage); *P:* poule *f*. (*b*) Pierreuse *f*. **4.** *U.S:* *P:* Aviateur, -trice.

'bird-cage, *s.* Cage *f* d'oiseau; (*if large*) volière *f*.

'bird-call, *s.* Appeau *m*, pipeau *m*, chanterelle *f*.

'bird-catcher, *s.* Oiseleur *m*.

'bird-catching, *s.* Piégeage *m* des oiseaux; oisellerie *f*.

'bird-fancier, *s.* (*a*) Oiselier *m*; aviculteur *m*; marchand *m* d'oiseaux. (*b*) Connaisseur *m* en oiseaux.

'bird-fancying, *s.* Aviculture *f*.

'bird-lime, *s.* Glu *f*.

'bird-lore, *s.* Ornithologie *f*.

'bird-man, *pl.* **-men,** *s.m. U.S:* *F:* Aviateur.

'bird-mite, *s.* Pou *m* d'oiseau.

'bird-organ, *s.* Serinette *f*.

'bird-seed, *s.* Millet *m*; graines *fpl* pour les oiseaux.

'bird's-eye, *s.* **1.** *Bot:* Véronique *f*. *See also* PRIMROSE. **2. Bird's-eye view, perspective,** vue *f*, perspective *f*, à vol d'oiseau; perspective à vue d'oiseau; plan cavalier; *Cin:* prise *f* de vues en plongeon. **3. Bird's-eye mahogany,** acajou moucheté. **Bird's-eye maple,** érable *m* à broussin, érable madré. *See also* EYE[1] 2. **4.** Tabac cordé et haché.

'bird's-foot, *s. Bot:* Pied-d'oiseau *m*. *See also* TREFOIL.

'bird-shot, *s.* Cendrée *f*.

'bird's-nest[1], *s.* **1.** Nid *m* d'oiseaux. **2.** *Cu:* Nid de salangane.

bird's-'nest[2], *v.i.* Dénicher des oiseaux. *To go bird's-nesting*, aller dénicher des oiseaux.

'bird's-nester, *s.* Dénicheur, -euse, de nids.

'bird-spider, *s. Arach:* **Bird(-catching) spider,** mygale *f* aviculaire.

birdie ['bə:rdi], *s. F:* **1.** Gentil petit oiseau. **2.** *Golf:* Trou "fait" en un coup de moins que la normale.

birdlike ['bə:rdlaik], *a.* Avien.

birefractive [bairi'fraktiv], *a. Opt:* Biréfringent.

birefringence [bairi'frindʒəns], *s. Opt:* Biréfringence *f*.

birefringent [bairi'frindʒənt], *a. Opt:* Biréfringent.

bireme ['bairi:m], *s. A.Hist:* Birème *f*.

biretta [bi'reta], *s. Ecc. Cost:* Barrette *f*.

birth [bə:rθ], *s.* **1.** (*a*) Naissance *f*. **Premature birth,** accouchement prématuré, avant terme. **To give birth to a child,** donner naissance, donner le jour, à un enfant; mettre au jour, mettre au monde, un enfant. *F:* *To give b. to a poem*, enfanter, faire naître, un poème. *To give b. to new disputes*, donner naissance à de nouvelles disputes. **Irish by birth,** Irlandais de naissance. **Of high birth,** de haute naissance; de haute condition; *A:* de haut lignage. **By right of birth,** par droit de naissance. **Since my birth,** depuis que je suis au monde. **Delicate from his birth,** infirme dès, depuis, sa naissance. *See also* BLIND[1] 1. **The birth of an idea,** la genèse d'une idée. **To crush a revolt at birth,** écraser une révolte au nid. *The colony owed its b. to . . .*, la colonie devait son origine à . . ., tirait son origine de. . . . **This country saw the birth of eloquence,** ce pays vit naître l'éloquence. *We are witnessing the b. of a new industry*, nous assistons à l'éclosion d'une nouvelle industrie. (*b*) *See* CHILD-BIRTH. *Three children at a b.*, trois enfants d'une même couche. **2.** Mise *f* bas (d'un animal). (*Of animal*) **To give birth to . . .,** mettre bas. . . .

'birth-cer'tificate, *s.* Acte *m* ou extrait *m* de naissance.

'birth-control, *s.* Restriction *f*, réglementation *f*, de la natalité; limitation *f* des naissances; *F:* malthusianisme *m*.

'birth-mark, *s.* Envie *f*, tache *f* de naissance, nævus *m*, macule *f*.

'birth-place, *s.* (*a*) Lieu *m* de naissance; (i) pays natal; (ii) maison natale. *Rousseau's b.-p. is Geneva*, la patrie de Rousseau est Genève. (*b*) *F:* Berceau *m* (d'une religion, etc.).

'birth-rate, *s.* Natalité *f*. *Fall in the b.-r.*, dénatalité *f*; baisse *f* de la natalité.

birthday ['bə:rθdei], *s.* Anniversaire *m* de naissance; jour natal; *F:* jour de naissance. **Birthday present,** cadeau *m* pour l'anniversaire de qn, = cadeau de fête. **Birthday honours,** distinctions honorifiques accordées à l'occasion du jour de naissance du Roi. *F:* **To be in one's birthday suit,** être dans le costume d'Adam et d'Ève; être à poil.

birthright ['bə:rθrait], *s.* **1.** Droit *m* d'aînesse. *B:* *Sell me this day thy b.*, vends-moi aujourd'hui ton droit d'aînesse. **2.** Droit de naissance, droit du sang; patrimoine *m*. *The laws of the land are the b. of every native*, chaque citoyen a, de par sa naissance, le droit d'invoquer la protection des lois de son pays. *Work is the best b. which man still retains*, de tout le patrimoine des hommes, ce qu'ils ont gardé de meilleur, c'est le travail.

birthwort ['bə:rθwə:rt], *s. Bot:* Aristoloche *f*.

bis [bis], *adv. Mus: etc:* Bis.

Biscay ['biskei]. *Pr.n. Geog:* La Biscaye (en Espagne). **The Bay of Biscay,** le golfe de Gascogne, *A:* le golfe de Biscaye.

Biscayan ['biskeiən], *a.* & *s.* **1.** *Geog:* Biscaïen, -enne. **2.** *s. Sm.a:* *A:* Biscaïen *m*.

biscuit ['biskit], *s.* **1.** (*a*) Biscuit *m*. **Fancy biscuits,** gâteaux secs; petits fours. **Ship's-biscuit, sea-biscuit,** biscuit de mer; *F:* cassant *m*, biscotin *m*. *See also* BUTTER[1] 1, FINGER-BISCUIT. *P:* **He takes the biscuit!** à lui le pompon! **That takes the biscuit!** ça, c'est fort! (*b*) *U.S:* Petit gâteau (feuilleté). (*c*) *a.* & *s.* (*Colour*) Biscuit *inv*, isabelle *inv*. **2.** *Cer:* **Biscuit ware,** biscuit. **Biscuit-baked porcelain,** porcelaine dégourdie; dégourdi *m*. **3.** *Mil:* *P:* Galette *f* (de paillasse, trois pour chaque lit).

bisect [bai'sekt]. **1.** *v.tr.* (*a*) *Geom: etc:* Couper, diviser, (une ligne, un angle) en deux parties égales; bissecter (un angle, etc.). (*b*) *F:* Couper, diviser, en deux; *Geom:* bisegmenter. **2.** *v.i.* (*Of road, etc.*) Bifurquer.

bisected, *a.* **1.** Bisséqué. **2.** Bisegmenté.
bisecting, *a.* Bissecteur, -trice.
bisection [bai'sekʃ(ə)n], *s.* **1.** Bissection *f*; division *f* en deux parties égales. **2.** Bisegmentation *f*.
bisector [bai'sektər], *s.* Ligne *f* de bissection ou de bisegmentation; bissectrice *f*.
bisectrix [bai'sektriks], *s. Geom: Opt:* Bissectrice *f*.
biserrate [bai'seret], *a. Bot:* Bidenté.
bisexual [bai'seksjuəl], *a. Bot:* Bis(s)exué, bis(s)exuel.
bishop[1] ['biʃəp], *s.* **1.** *Ecc:* Évêque *m*. **Bishop Stubbs,** l'évêque Stubbs. **Bishop's palace,** palais épiscopal; évêché *m*. **2.** *Chess:* Fou *m*. **3.** (*Mulled wine*) Bi(s)chof *m*. **4.** *Bot:* **Bishop's cap,** mitelle *f*. **Bishop's weed,** égopode *m* des goutteux; petite angélique. **Bishop's wort,** barbiche *f*.
bishop[2], *v.tr. Farr:* Contremarquer, maquignonner (un cheval). **To bishop a horse's teeth, a horse,** buriner les dents d'un cheval.
bishoping, *s.* Contremarque *f*; burinage *m*.
bishopric ['biʃəprik], *s.* Évêché *m*.
bisk [bisk], *s. Cu:* (*a*) (*Shell-fish soup*) Bisque *f* d'écrevisses. (*b*) (*Chicken soup*) Bisque à la reine.
bismuth ['bizməθ], *s. Miner:* Bismuth *m*. **Bismuth-poisoning,** bismuthisme *m*.
bison ['baisən, 'baizən], *s.* Bison *m* (de l'Amérique septentrionale); taureau *m* du Canada; taureau à bosse.
bisque[1] [bisk], *s. Ten:* Bisque *f*.
bisque[2], *s. Cer:* (*a*) Biscuit *m*. (*b*) Porcelaine blanche sans couverte.
bisque[3], *s.* = BISK.
bisse [bis], *s. Her:* Bisse *f*.
bissextile [bi'sekstail, -til]. **1.** *a.* Bissextil. **2.** *s.* Année bissextile.
bistort ['bistɔːrt], *s. Bot:* Bistorte *f*, *F:* liane *f* à serpents.
bistoury ['bisturi], *s. Surg:* Bistouri *m*, feuille-de-sauge *f*, *pl.* feuilles-de-sauge.
bistre ['bistər], *s. & a.* Bistre (*m*).
bisulphite [bai'sʌlfait], *s. Ch:* Bisulfite *m*. **Sodium bisulphite,** sulfite *m* acide de sodium, de soude.
bit[1] [bit], *s.* **1.** *Harn:* Mors *m* (d'une bride). *Jointed bit,* mors à canon brisé. *Oval bit,* escache *f*. *Turkish bit,* genette *f*. **To champ the bit,** (*of horse*) mâcher son mors; *F:* (*of pers.*) ronger son frein. **Horse (that hangs) on the bit,** cheval *m* qui tire, qui appuie sur le mors. (*Of horse, F: of pers.*) **To take the bit between its, one's, teeth,** prendre le mors aux dents; s'emballer. *See also* BRIDLE-BIT, CURB-BIT. **2.** *Tls:* (*a*) Mèche *f* de vilebrequin; mèche. **Square bit,** perçoir *m* à couronne. **Shell-bit, gouge-bit,** mèche-cuiller *f*, *pl.* mèches-cuillers. **Opening bit,** alésoir *m*. **Wall bit** (*for plugging*), tamponnoir *m*. **Boring bit,** mèche de foret; *Civ.E:* fleuret *m*, trépan *m*. *See also* CENTRE-BIT, FINISHING-BIT, PLOUGH-BIT, SPOON-BIT, STAR-BIT, TWIST-BIT. (*b*) Mors (d'une tenaille, d'un étau). (*c*) **Copper-bit, soldering-bit,** fer *m* à souder, soudoir *m*. **3.** Panneton *m* (d'une clef).
'bit-holder, *s.* Porte-foret *m*, *pl.* porte-forets.
'bit-reins, *s.pl.* Rênes *f* de bride.
'bit-ring, *s.* Anneau *m* porte-mors *inv*.
bit[2], *v.tr.* (**bitted**) Mettre le mors à (un cheval); emboucher, brider (un cheval).
bit[3], *s. F:* **1.** (*a*) Morceau *m* (de pain, de fromage, etc.). *F:* **To have a bit of something,** manger un morceau. *After eating my bit of supper,* après avoir mangé mon maigre souper. **He has eaten every bit,** il n'en a pas laissé une miette. *A nice bit of architecture,* un beau morceau d'architecture. **A bit of blood,** un cheval vif, fringant. *P:* **She's a saucy bit,** c'est une effrontée, une délurée; elle n'a pas froid aux yeux. *See also* GOOD II. 2, RIGHT[1] I. 4, STUFF[1] 1. (*b*) Bout *m*, brin *m*. *Bit of paper, of string,* bout de papier, de ficelle. *We have a bit of garden,* nous avons un bout de jardin. *We had a bit of dinner together,* nous avons pris un bout de repas ensemble. *Bit of straw,* brin de paille. *A (little) bit of hope,* un peu, un petit brin, d'espoir. *A little bit of a fellow,* un (petit) bout d'homme. **To do one's bit,** y aller de sa personne, payer de sa personne, y mettre du sien. *I did my bit,* j'ai servi pendant la guerre. **Devil a bit I got!** moi je n'ai rien eu du tout! *F:* je me suis brossé. **To make a bit,** (i) faire sa pelote; (ii) (*of servant doing the shopping*) faire danser l'anse du panier. *And a bit over,* et le pouce. (*c*) *F:* (*Coin*) Pièce *f*. **Threepenny bit,** pièce de trois pence. **2.** (*a*) **A bit (of),** un peu (de). *A tiny little bit,* un tout petit peu. *If you loved me just a little bit . . .,* si tu m'aimais un tout petit peu, un tant soit peu. . . . *I am a bit late,* je suis un peu en retard. *He is a bit jealous,* il est quelque peu jaloux. *It is a bit after twelve,* il est midi passé. **He is a bit of an artist,** il est un peu artiste. *He is a bit of a miser, of a liar,* il est tant soit peu avare, tant soit peu menteur, un tantinet menteur. **Wait a bit!** attendez un peu! attendez un instant! attendez un moment! *I like to be quiet a bit,* j'aime être un peu tranquille. **A good bit older,** sensiblement plus âgé. **Bit by bit,** peu à peu, petit à petit; brin à brin; de fil en aiguille. *I heard the story bit by bit,* j'ai appris cette histoire par fragments. *To collect information bit by bit,* amasser des renseignements par bribes et morceaux. **Not a bit (of it)!** pas du tout! pas le moins du monde! n'en croyez rien! *I am not a bit the wiser,* je n'en suis pas plus avancé. **I don't care a bit,** cela m'est bien égal. **It's not a bit of use,** cela ne sert absolument à rien. *See also* EVERY. (*b*) *F:* (= PIECE) *A bit of news,* une nouvelle. *A bit of advice,* un conseil. *A bit of luck,* une chance; une aubaine. (*c*) **To tear sth. to bits,** déchirer qch. en morceaux. *Smashed to bits,* brisé (en mille morceaux); réduit en miettes. **In bits,** en morceaux; *P:* en bringues. **To go to bits, to come to bits,** tomber en morceaux; s'écrouler. *F: In the second half our team went all to bits,* dans la deuxième mi-temps notre équipe s'est effondrée, a perdu toute cohésion, était entièrement à bout de souffle, *P:* était dégonflée.
bit[4]. *See* BITE[2].

bitangent [bai'tandʒənt], *s. Geom:* Droite bitangente; plan bitangent.
bitangential [baitan'dʒenʃ(ə)l], *a. Geom:* Bitangent (*to*, à).
bitch[1] [bitʃ], *s.* **1.** (*a*) Chienne *f*. (*b*) **Terrier bitch,** terrier *m* femelle. (*c*) Femelle *f* (de renard, etc.). **Wolf-bitch, bitch-wolf,** louve *f*. **2.** *P:* Garce *f*, charogne *f*, carne *f*. **She's a little bitch,** c'est une petite rosse.
bitch[2], *v.tr. P:* Gâcher, saboter (l'ouvrage).
bite[1] [bait], *s.* **1.** (*a*) Coup *m* de dent. *To eat sth. up at one b.,* manger qch. d'un coup de dent; ne faire qu'une bouchée de qch. *See also* BARK[3], CHERRY 1. (*b*) *Fish:* Touche *f*. **I haven't had a bite all day,** je n'ai pas eu une seule touche de toute la journée. *F:* **Got a bite?** ça mord? **2.** (*a*) (*Wound*) Morsure *f*. *See also* FROST-BITE. (*b*) Piqûre *f*, morsure (d'un insecte). *See also* FLEA-BITE. **3.** *F:* (*Mouthful*) Bouchée *f*, morceau *m*. *Would you like a b.?* voulez-vous manger quelque chose, manger un morceau? voulez-vous casser une croûte? **To have another bite at sth.,** remordre à qch. **I haven't had a bite all day,** je n'ai rien mangé de la journée. *I haven't had a b. since . . .,* je n'ai rien eu à me mettre sous la dent depuis. . . . *Take a b.,* mangez-en une bouchée. *To take a big b. out of sth.,* mordre dans qch. à pleine bouche. **Without bite or sup,** sans boire ni manger. **4.** (*a*) *Tchn:* Mordant *m* (de lime, etc.). **File with plenty of bite,** lime bien mordante. **Screw with a good bite,** vis *f* qui mord (bien). (*b*) Piquant *m* (d'une sauce, d'un vin). (*c*) Adhérence *f* (des roues à la surface, etc.). **5.** *Typ:* Larron *m*.
bite[2], *v.tr.* (*p.t.* **bit**; *p.p.* **bitten,** *A:* **bit,** *see* BITER) Mordre. **1.** Donner un coup de dent à (qn, qch.); (*of insect*) piquer. **To bite again,** remordre (qn, qch.). *The dog bit him in the leg,* le chien le mordit à la jambe. *To b. one's lips, one's nails,* se mordre les lèvres, se ronger les ongles. *See also* NAIL[1] 1. *To b. through a rope,* **to bite a rope through,** couper une corde avec les dents. **To bite the dust,** mordre la poussière. *The fish bites,* le poisson mord (à l'hameçon). *Does the dog b.?* le chien est-il méchant? *Prov:* **Once bitten twice shy,** chat échaudé craint l'eau froide. *See also* BARKING[2], DEAD I. 1, THUMB[1]. **To get bitten,** (i) se faire mordre; se faire piquer; (ii) *F:* se faire attraper. *P:* **What's bitten him?** quel chien l'a mordu? quelle mouche le pique? **To be bitten with a desire to do sth.,** avoir un vif désir de faire qch.; brûler de faire qch. *He's got badly bitten over an actress,* il s'est entiché d'une actrice. *I've been badly bitten,* on m'a mis dedans. **There is plenty to bite on,** il y a de quoi mordre. *U.S: P:* **You bite on that!** tenez-vous cela pour dit! **2.** (*a*) *The wind bites the face,* le vent coupe le visage. *Frost bites the leaves,* la gelée brûle les feuilles. *Acid bites (into) metal,* l'acide mord, attaque, le métal. *Pepper bites the tongue,* le poivre pique la langue. (*b*) (*Of screw, file*) Mordre (*on*, sur); (*of tool*) mordre, s'engager; (*of anchor*) mordre, prendre fond, crocher, être en prise. *Screw that won't bite,* vis *f* qui foire. *The wheels do not b. (on the road),* les roues n'adhèrent pas.
bite back, *v.tr.* **To bite back an answer,** ravaler une réplique; se mordre les lèvres pour ne pas répondre.
bite off, *v.tr.* Enlever, détacher, (qch.) avec les dents, d'un coup de dent(s). *F:* **To bite s.o.'s head off, s.o.'s nose off,** rembarrer qn; faire, faire essuyer, une algarade à qn. **To bite off more than one can chew,** (i) détacher un trop gros morceau (de tabac à chiquer); (ii) *F:* entreprendre une trop forte tâche; tenter qch. au-dessus de ses forces. *Don't b. off more than you can chew,* à petit mercier petit panier.
-bitten, *a. See* FLEA-BITTEN, FROST-BITTEN, HARD-BITTEN.
biting, *a.* **1.** Mordant; (*of cold*) cuisant, âpre, perçant; (*of wind*) cinglant, piquant; (*of style, wit, epigram*) mordant, caustique, satirique. *B. irony,* ironie amère. *B. words,* mots *m* à l'emporte-pièce. **2.** (Cheval, etc.) mordeur. **-ly,** *adv.* D'un ton mordant; âprement; âcrement.
biter ['baitər], *s.* (*a*) Animal *m* qui mord. (*b*) *F:* **The biter bit,** le trompeur trompé. *It's a case of the b. bit,* tel est pris qui croyait prendre.
Bithynia [bi'θinja]. *Pr.n. Geog:* La Bithynie.
bitingness ['baitiŋnəs], *s.* L'âpreté *f* (du froid, du vent, d'une critique).
bitt[1] [bit], *s.* *Usu. pl. Nau:* Bitte *f* (de tournage, d'amarrage). **Small bitt,** bitton *m*. **Towing bitts,** bittes de remorque. *See also* GALLOWS-BITTS, PAWL-BITT.
'bitt-pin, *s. Nau:* Paille *f* de bitte.
bitt[2], *v.tr. Nau:* Bitter (un câble). *See also* DOUBLE-BITT.
bitter ['bitər]. **1.** *a.* (Goût) amer; (vin *m*) acerbe; (vent) aigre, piquant; (ennemi) implacable; (conflit) aigu; (temps) rigoureux; (ton *m*) aigre, âpre. *B. cold, wind,* froid, vent, glacial, cinglant. **Bitter beer,** bière piquante, amère, fortement houblonnée. *F:* **Bitter as gall, as wormwood, as aloes,** amer comme chicotin. *B. enemies,* ennemis *m* à mort. *B. reproach,* reproche amer. *B. hatred,* haine acharnée. *B. tears,* larmes amères. *B. disappointment,* cruelle déception. *B. remorse,* remords cuisants. *B. experience,* amère déception; expérience cruelle. *See also* EXPERIENCE[1] 2, PILL[1]. **To be bitter against a project,** critiquer un projet avec âpreté. *At five in the morning it's b. driving,* à cinq heures du matin on a rudement froid en voiture. **2.** *s.* (*a*) = *bitter beer. See also* GENTIAN-BITTER. (*b*) *pl.* **Bitters.** (i) Bitter(s) *m*, amer(s) *m*. (ii) (*With sg. const.*) **To have a bitters,** prendre un amer; prendre l'apéritif. (*c*) **We must take the bitter with the sweet,** il n'y a pas de rose sans épines. **-ly,** *adv.* Amèrement, avec amertume, avec aigreur. *It was b. cold,* le froid cinglait, il faisait un froid de loup. *B. disappointed,* cruellement déçu. *To feel sth. b.,* ressentir beaucoup d'amertume de qch.
'bitter-apple, -cucumber, -gourd, *s. Bot:* Coloquinte *f*.
'bitter-'sweet. **1.** *a.* Aigre-doux, -douce. *s.* **The bitter-sweets of daily life,** les douceurs mêlées d'amertume de la vie quotidienne. **2.** *s. Bot:* (*a*) Douce-amère *f*, *pl.* douces-amères; morelle grimpante,

vigne *f* de Judée; *F:* loque *f.* (*b*) **Climbing bitter-sweet,** célastre grimpant; bourreau *m* des bois.

'bitter-wood, *s. Bot:* Quassier *m* de la Jamaïque.

bitter-end [bitər'end], *s. Nau:* Étalingure *f* du puits. *To the b.-e.,* à outrance. **To go on, resist, to the bitter-end,** aller, résister, jusqu'au bout.

bittern ['bitərn], *s. Orn:* Butor *m*; *esp.* butor étoilé; *F:* bœuf *m* des marais.

bitterness ['bitərnəs], *s.* **1.** (*a*) Amertume *f* (d'un breuvage, etc.). (*b*) Rigueur *f,* âpreté *f* (du temps); amertume (de la douleur); aigreur *f,* acrimonie *f* (de paroles, d'une querelle). *The b. of his reproaches,* l'âpreté de ses reproches. *Memories without b.,* souvenirs *m* sans amertume. **2.** Rancune *f,* rancœur *f.* *To act without b.,* agir sans rancœur.

bittock ['bitək], *s. Scot:* (Un) petit peu; (un) bout. *And a b.,* et le pouce. *It's a mile and a b.,* c'est un peu plus d'un mille.

bitumen ['bitjumən, bi'tju:men], *s. Ch: Miner:* Bitume *m*; goudron minéral; asphalte minéral. *Miner:* **Elastic bitumen,** élatérite *f*; caoutchouc minéral. **Compact bitumen,** spalt *m.*

bituminize [bi'tju:mina:iz], *v.tr.* Bituminer, bitumer, bituminiser.

bituminous [bi'tju:minəs], *a.* Bitumineux. **Bituminous coal,** houille grasse, collante.

biuret ['baiuret], *s. Ch:* Biuret *m. Med:* **Biuret reaction,** réaction *f* du biuret.

bivalent ['baivələnt], *a. Ch:* Bivalent, divalent.

bivalve ['baivalv], *a. & s. Moll:* Bivalve (*m*).

bivalved ['baivalvd], **bivalvular** [bai'valvjulər], *a.* Bivalvulaire; bivalve.

bivouac[1] ['bivuak], *s. Mil:* Bivouac *m.*

bivouac[2], *v.i.* (**bivouacked; bivouacking**) Bivouaquer.

bivvy ['bivi], *s.* (= BIVOUAC) *P:* Endroit *m* pour dormir; baraque *f,* abri *m,* campement *m.*

bi-weekly [bai'wi:kli]. **1.** (*a*) *a.* De tous les quinze jours. (*b*) *adv.* Tous les quinze jours. **2.** (*a*) *a.* Semi-hebdomadaire. (*b*) *adv.* Deux fois par semaine.

biz [biz], *s. P:* = BUSINESS. **Good biz!** à la bonne heure! chouette, papa!

bizarre [bi'za:r], *a.* Bizarre.

Bizerta [bi'zə:rta]. *Pr.n. Geog:* Bizerte.

blaa [bla:], *s. U.S: F:* **1.** Boulette *f,* gaffe *f.* **2.** Bêtises *fpl,* inepties *fpl.* **It's all blaa,** tout ça c'est de la blague. **3. After-dinner blaa,** boniments *mpl,* laïus *mpl,* de banquet.

blab[1] [blab], **blabber** ['blabər], *s. F:* Jaseur, -euse; indiscret, -ète; bavard, -e; causeur, -euse.

blab[2], *v.* (**blabbed; blabbing**) **1.** *v.i.* Jaser, bavarder; causer (indiscrètement); *F:* vendre la mèche. **2.** *v.tr.* **To blab out a secret,** divulguer, laisser échapper, un secret.

blabbing, *s.* Jaserie *f,* indiscrétion *f.*

black[1] [blak]. I. *a.* Noir. **1.** (*a*) *B. coat,* habit noir. **Hair as black as a raven's wing,** cheveux *m* (d'un) noir de corbeau. **(Jet-)black horse, mare,** cheval moreau, jument morelle. *B. spot* (*on furniture, etc.*), noircissure *f. B. with age,* noirci par le temps. *Picture b. with age,* tableau qui tire au noir. **The night, it, was as black as pitch, as the grave, as hell,** il faisait noir comme dans un four. **Old hag as black as sin,** vieille sorcière noire comme une taupe. **As black as a crow, as ebony,** noir comme une taupe, comme un corbeau; d'un noir d'ébène. **Black as night,** noir comme poix. *See also* PITCH-BLACK. **To be black in the face,** avoir le visage tout congestionné. *He was b. in the face with rage,* il était violet, pourpre, de fureur. **To look black,** faire une vilaine figure, une vilaine moue, une laide mine; *F:* avoir une figure d'enterrement. *To look as b. as thunder,* avoir l'air furieux. **To look black on s.o., to give s.o. a black look,** faire mauvais visage à qn; regarder qn d'un air mauvais, regarder qn de travers. *See also* -BROWED. **Things are looking black,** les affaires prennent une mauvaise tournure; *F:* le temps se brouille. **To beat s.o. black and blue,** meurtrir, rosser, qn de coups; casser, rompre, les os à qn; battre qn tout bleu. *To be b. and blue* (*all over*), être tout meurtri (de coups), être tout noir de coups; être couvert de bleus. *My arm was b. and blue with pinches,* mon bras était couvert de pinçons. **Black eye,** œil poché; *F:* œil au beurre noir. *See also* EYE[1] 1. *Hist:* **The Black Death,** la Peste Noire. *Jur:* **The Black cap,** le bonnet noir (que coiffe le juge en prononçant une condamnation à mort). **Black book,** *Sch:* livre *m* des punitions; *Nau:* cahier *m,* registre *m,* de punitions. *See also* BOOK[1] 2, LIST[3]. *Metalw:* **Black work,** grosse serrurerie non meulée. *Geog:* **The Black Sea,** la Mer Noire. *See also* COAL-BLACK, CURRANT 1, DRAUGHT[1] I. 4, FLAG[6] 1, FLY[1] 1, FOREST[1], FRIAR, GAME[1] 2, GROUSE[1], HUSSAR, INKY, JACK, JET-BLACK, MARIA, MONK, ONYX 1, RUST[1] 2, SHEEP, VOMIT[1] 1. (*b*) **The black races,** les races noires. **Black troops,** troupes *f* indigènes. **Black woman,** négresse *f.* **Natives as black as ebony, ebony black natives,** indigènes *m* d'un noir d'ébène. *B. servant,* domestique *mf* nègre. *U.S:* **The black belt,** la région habitée par les noirs. **Black bottom,** (i) quartier de la basse ville habité par les noirs; (ii) genre *m* de danse nègre. (*c*) *His hands were b.,* il avait les mains sales, les mains toutes noires. *F:* **The Black Country,** la région sidérurgique (du Staffordshire et du Warwickshire); le "Pays Noir" de l'Angleterre. **2.** *B. despair,* sombre désespoir *m. B. care,* noirs soucis. *He is in one of his b. moods,* il est dans ses mauvais jours. *B. tidings,* triste(s) nouvelle(s) *f. B. ingratitude,* noire ingratitude. *A b. deed, a deed of the blackest dye,* une vilenie; un crime odieux; un crime de la dernière noirceur. **He is not so black as he is painted,** il n'est pas si diable qu'il est noir. *See also* ART[2], FRIDAY, MONDAY.

II. **black,** *s.* Noir *m.* **1. Ivory black,** noir d'ivoire, noir de velours. **Bone black,** noir animal. **Lamp black,** noir de fumée, noir de lampe; *Draw:* sauce *f.* **Brunswick black,** laque *f* à l'asphalte; vernis *m* à l'asphalte. *Art:* **Frankfort black,** noir d'Allemagne. **2.** (*a*) *She always wears b.,* elle porte toujours le noir; elle est toujours en noir. (*b*) **To work in black and white,** faire du dessin à l'encre, au crayon noir. **Black-and-white artist,** dessinateur *m* à l'encre. **To set sth. down in black and white,** coucher qch. par écrit. *I have his consent in b. and white,* j'ai son consentement par écrit. *I should like to have it in b. and white,* je voudrais avoir ça dans les formes; je voudrais que cela se fasse par-devant notaire. **He would talk black into white,** il vous ferait prendre des vessies pour des lanternes. **To swear black is white,** (i) se refuser à l'évidence; (ii) mentir effrontément; se parjurer. **3.** (*a*) (*Pers.*) Noir, -e. (*b*) Cheval noir. (*c*) = BLACKLEG. **4.** (*Smut*) (*a*) Noiré *m,* flocon *m* de suie. (*b*) *Agr:* = SMUT[1] 3.

Black and Tans, *s.pl. Hist: F:* Police militarisée employée à discipliner l'Irlande (1921).

'black-avised, *a. Scot: Pej:* Noiraud; (mine *f*) patibulaire; (homme *m*) de mauvaise mine.

'black-beetle, *s. Ent:* Blatte *f,* cafard *m,* cancrelat *m,* escarbot *m.*

'black-bordered, *a.* A bordure noire; atromarginé. *B.-b. note-paper,* papier *m* deuil.

'black-clothed, *a.* Vêtu de noir.

'black-coated, *a.* Vêtu de noir; à jaquette noire ou à veston noir. **The black-coated classes, workers,** les employés de bureau, les commis de banque (par opposition à l'artisanat).

'black-cock, *s. Orn:* Tétras *m* lyre; petit coq de bruyère; coq des bouleaux.

'black-edged, *a.* = BLACK-BORDERED.

'black-heart, *s. See* CHERRY 1.

black(-)'hole, *s.* **1.** (*a*) Cachot *m. Hist:* **The Black Hole of Calcutta,** le Cachot de Calcutta, de Fort William. (*b*) *Mil: F:* Les cellules *f.* (*c*) *Sch: etc: F:* Le cabinet noir; *A:* le séquestre. **2.** *F:* (Par allusion à 1 (*a*)) **The Black Hole,** la ville de Cheltenham (où résident de nombreux Anglo-Indiens retraités).

'black-jack, *s. U.S:* Assommoir *m*; nerf *m* de bœuf.

black-'lead[1], *s.* **1.** Mine *f* de plomb; plombagine *f,* graphite *m.* **2.** Crayon *m* de mine de plomb.

black-'lead[2], *v.tr.* Passer (un poêle, etc.) à la mine de plomb.

'black letter, *s. Typ:* Caractères *m* gothiques.

'black-list, *v.tr.* **1.** Inscrire, mettre, (qn) sur la liste des punitions, des insolvables, des renégats, des suspects. *Cf. black list, under* LIST[3]. **2.** Mettre (un livre, un atelier) à l'index. **Black-listed,** à l'index.

black-'pudding, *s. Cu:* Boudin *m.*

Black 'Rod, *s. F:* (= *Gentleman Usher of the Black Rod*) Huissier de la Verge noire (attaché au Lord Chambellan, à la Chambre des Lords, et au chapitre de l'Ordre de la Jarretière).

'black-veiled, *a.* Voilée de noir.

'black-veined, *a.* A veines noires. *Ent:* **Black-veined white** (*butterfly*), gazé *m.*

Black 'Watch, *s. Mil:* (*A:* Compagnies du guet au tartan foncé) = *the Royal Highlanders, q.v. under* HIGHLANDER.

black[2], *v.tr.* **1.** Noircir (qch.). *To b. boots,* cirer des bottes. *See also* BOOT[1] 1. *To b. one's face,* se charbonner le visage. *F:* **To black s.o.'s eye,** pocher l'œil à qn; donner à qn un œil au beurre noir. *Nau: To b. down,* galipoter. *See also* LAMP-BLACK[2]. **2. To black sth. out,** effacer, rayer, qch. (d'un gros trait noir). *Th:* **To black out,** éteindre la rampe, couper la lumière; *Cin:* fermer en fondu.

blacking, *s.* **1.** Cirage *m* (de chaussures). **2.** (*a*) *Nau:* Galipot *m.* (*b*) Cirage (à chaussures).

'blacking-brush, *s.* Brosse *f* à cirer; brosse à étendre (le cirage).

black-'out, *s. Cin:* Fermeture *f* en fondu.

blackamoor ['blakamuər], *s.* Noir, -e; nègre, *f.* négresse; moricaud, -aude; *P:* bamboula *m. Prov:* **There's no washing a blackamoor white,** à blanchir un nègre on perd son savon; à laver la tête d'un âne on perd sa lessive.

blackball ['blakbɔ:l], *v.tr.* Blackbouler (qn). *Cf. black ball, under* BALL[1] 1.

blackballing, *s.* Blackboulage *m.*

blackberry ['blakbəri], *s.* Mûre *f* (de ronce); mûre sauvage; mûron *m*; *F:* coussinet *m.* **Blackberry bush,** ronce *f,* mûrier *m,* des haies. *See also* COMMON[1], PLENTIFUL.

blackberrying ['blakbəriiŋ], *s.* **To go blackberrying,** aller cueillir des mûres; aller à la cueillette des mûres.

blackbird ['blakbə:rd], *s.* **1.** *Orn:* (*a*) Merle *m. Young b.,* merleau *m.* (*b*) *U.S:* (Variété d')étourneau *m.* **2.** *A:* Nègre (transporté sur un bâtiment négrier).

blackbirder ['blakbə:rdər], *s. A:* **1.** Marchand *m* d'esclaves; négrier *m.* **2.** Bâtiment négrier.

blackbirding ['blakbə:rdiŋ], *s. A:* Traite *f* des noirs.

blackboard ['blakbɔ:rd], *s.* Tableau noir.

blackcap ['blakkap], *s. Orn:* Fauvette *f* à tête noire, *F:* gorgerette *f.*

blackcock ['blakkɔk], *s. Orn:* = BLACK-COCK.

blacken [blakn]. **1.** *v.tr.* Noircir (un mur, la réputation de qn); obscurcir (le ciel); (*with smoke*) enfumer (du papier, du verre). **To blacken s.o.'s character,** raconter des vilenies sur le compte de qn; calomnier qn. *His failings have been blackened into vices,* on a travesti ses défauts en vices. **2.** *v.i.* (Se) noircir; devenir noir; s'assombrir. (*Of painting, portrait*) *To b. with age,* pousser, tirer, au noir.

blackening, *s.* Noircissement *m.*

Blackfriars ['blakfraiərz]. *Pr.n.* Quartier *m* de Londres où les dominicains avaient leur couvent. *See also* FRIAR.

blackguard[1] ['blaga:rd], *s.* Sale individu *m*; ignoble personnage *m*; canaille *f,* gouape *f,* vaurien *m*; *P:* arsouille *mf.*

blackguard[2], *v.tr.* Apostropher (d'injures), adjectiver (qn); agonir, *P:* agoniser, (qn) de sottises.

blackguardism ['blaga:rdizm], *s.* Polissonnerie *f,* canaillerie *f,* gouape *f.*

blackguardly ['blagɑːrdli], *a.* Sale, ignoble, canaille; *P:* arsouille. *A b. trick*, un sale coup.

blackhead ['blakhed], *s.* Comédon *m*; tanne *f*; point noir (sur le visage).

blackish ['blakiʃ], *a.* Noirâtre, tirant sur le noir.

blackleg[1] ['blakleg], *s.* **1.** *Turf: A:* Escroc *m.* **2.** *Ind: F:* Renard *m*; jaune *m*; faux frère; traître *m.*

blackleg[2], *v.tr.* (**blacklegged; blacklegging**) *Ind:* Prendre la place (des grévistes, etc.). *Abs.* Trahir ses camarades.

blackmail[1] ['blakmeil], *s.* *F:* Chantage *m*; extorsion *f* (sous menace de scandale). *See also* LEVY[2] 3.

blackmail[2], *v.tr.* Soumettre (qn) à un chantage; *F:* faire chanter (qn). *To be blackmailed*, être victime d'un chantage. *Abs.* **To blackmail,** faire du chantage.

blackmailer ['blakmeilər], *s.* Maître-chanteur *m*, *pl.* maîtres-chanteurs.

blackness ['blaknəs], *s.* **1.** Noirceur *f.* **2.** *The b. of the night was such that . . .*, l'obscurité était telle que. . . .

Blackshirt ['blakʃəːrt], *s.* *Pol:* Fasciste *m*; chemise noire.

blacksmith ['blaksmiθ], *s.* Forgeron *m*; maréchal ferrant. **Blacksmith's shop,** atelier *m* de maréchalerie; forge (maréchale).

blacksmithery ['blaksmiðəri], *s.* *U.S:* Grosse serrurerie.

blackthorn ['blakθɔːrn], *s.* **1.** *Bot:* Épine noire, prunier épineux, prunellier *m.* **2.** Gourdin *m* (d'épine).

blackwash ['blakwɔʃ], *s.* *Metalw:* Enduit *m* de noir.

blackwater ['blakwɔːtər], *a.* *Med:* **Blackwater fever,** hématurie *f.*

blacky ['blaki], *s.* *F:* Nègre *m*; moricaud *m.*

blad [blad], *s.* *Publ:* Spécimen *m* du texte et du cartonnage (à l'usage des commis voyageurs).

bladder ['bladər], *s.* (*a*) *Anat:* Vessie *f.* *Cu:* **Bladder lard,** saindoux *m* en vessie; saindoux de première qualité. *P:* **Bladder of lard,** caillou déplumé; homme *m* chauve comme un genou. (*b*) *Anat: Bot:* Vésicule *f.* *See also* AIR-BLADDER, GALL-BLADDER. (*c*) Outre remplie d'air. *Fb:* Vessie (de ballon).

'**bladder-herb,** *s.* *Bot:* Coquerelle *f*, coqueret *m.*

'**bladder-nut,** *s.* *Bot:* **1.** (*Tree*) Baguenaudier *m.* **2.** Baguenaude *f.*

'**bladder-senna,** *s.* *Bot:* Baguenaudier *m.* *B.-s. pod*, baguenaude *f.*

'**bladder-worm,** *s.* *Z:* Ver *m* cystique; cysticerque *m.* *Vet:* **Many-headed bladder-worm,** cénure *m.*

'**bladder-wort,** *s.* *Bot:* Utriculaire *f.*

'**bladder-wrack,** *s.* *Algae:* Raisin *m* de mer.

blade [bleid], *s.* **1.** Brin *m* (d'herbe); pampe *f* (de blé). *Bot:* Limbe *m.* **Corn in the blade,** blé *m* en herbe. **2.** (*a*) Lame *f* (de couteau, d'épée, *Bot:* de feuille); couperet *m* (de la guillotine); feuille *f*, lame (d'une scie). *Razor b.*, lame de rasoir. (*b*) *F:* Sabre *m* ou épée *f.* *F:* **He's a (young, regular, jolly) blade,** c'est un gaillard, un luron. *He's a knowing b.*, c'est un malin. **3.** Pelle *f*, plat *m*, pale *f*, palette *f* (d'aviron); aile *f*, pale, branche *f* (d'hélice); ailette *f*, vanne *f* (de ventilateur, de souffleur); ailette, aube *f* (de turbine); fer *m* (de bêche); *Nau: Hyd.E:* aube (d'une roue). *Rail:* Aiguille *f* (de croisement). *Artil:* *B. portion* (*of trail-spade*), soc *m* (d'une bêche de crosse). *Aut:* Balai *m* (d'un essuie-glace). **Twin blades,** double balai. *Cin:* **Blades of the shutter,** pales, secteurs *m*, de l'obturateur. **4. Blade of the tongue,** plat de la langue. *Ling:* **Blade-(and-)point consonant,** consonne prépalatale. *See also* SHOULDER-BLADE.

'**blade-bone,** *s.* **1.** *Anat:* Omoplate *f.* **2.** *Cu:* Paleron *m.*

'**blade-wheel,** *s.* Roue *f* à palettes.

bladed ['bleidid], *a.* A lame(s), à aile(s), à pales, à ailettes. **Three-bladed propeller,** hélice *f* à trois ailes. *Nau:* **Four-bladed screw,** hélice à quatre pales.

bladeless ['bleidləs], *a.* Sans lame.

-blader ['bleidər], *comb.fm.* **Three-blader,** (i) couteau *m* à trois lames; (ii) hélice *f* à trois ailes.

blading ['bleidiŋ], *s.* *Mch:* Aubage *m*, ailetage *m.*

blaeberry ['bleibəri], *s.* *Bot:* = WHORTLEBERRY.

blah [blɑː]. = BLAA.

blain [blein], *s.* **1.** Pustule *f.* **2.** *See* CHILBLAIN.

blamable ['bleiməbl], *a.* = BLAMEWORTHY.

blame[1] [bleim], *s.* **1.** Reproches *mpl*; condamnation *f.* *To deserve b.*, mériter des reproches. *His conduct is free from b.*, sa conduite est inattaquable, au-dessus de tout reproche. **2.** Responsabilité *f*; faute *f.* *The b. is mine, lies with me*, la faute en est à moi. *The b. is partly mine*, c'est un peu de ma faute; je suis en partie responsable. **To lay, put, cast, the blame (for sth.) upon s.o., to lay the blame (for sth.) at s.o.'s door,** rejeter, faire retomber, le blâme ou la faute (de qch.) sur qn; en rejeter la faute sur qn; incriminer qn; s'en prendre à qn; imputer qch. à blâme à qn; donner tort à qn. **To bear the blame,** supporter le blâme; endosser la faute. **To shift the blame on to s.o. else,** s'excuser sur qn; se décharger d'une faute sur qn. *It is always I who get the b.*, c'est toujours moi qu'on incrimine; *F:* c'est toujours moi qui paye les pots cassés.

blame[2], *v.tr.* **1.** Blâmer, condamner (qn). *To b. s.o. for sth.*, blâmer qn de qch.; imputer qch. à blâme à qn; reprocher qch. à qn; s'en prendre à qn de qch; attribuer (un malheur, etc.) à qn. *To b. s.o. for doing sth.*, blâmer qn d'avoir fait qch.; reprocher à qn de faire, d'avoir fait, qch. *Dryden is blamed for not painting the passions*, on reproche à Dryden de ne pas avoir dépeint les passions. *To b. s.o. for a misfortune*, mettre un malheur sur le compte de qn; rendre qn responsable d'un malheur. *He cannot be blamed for it*, on ne peut pas l'en blâmer. *They b. each other*, ils s'en prennent l'un à l'autre. *She blamed herself for having been a dull companion*, elle s'en voulait, s'accusait, de s'être montrée une compagne peu intéressante. *I have nothing to b. myself for*, je n'ai rien à me reprocher. *I am not blaming 'you*, ce n'est pas à vous que j'en ai. **To have only oneself to blame, to have nobody to blame but oneself,** n'avoir à s'en prendre qu'à soi-même. *You have only yourself to b.!* vous l'avez voulu! **He is to blame,** il y a de sa faute. *I am in no way to b.*, il n'y a pas de faute de ma part; on ne peut rien me reprocher; je n'ai rien à me reprocher. *To be much to b.*, avoir de grands torts. *He is entirely to b.*, il a tous les torts. **2.** (*a*) *To b. sth. for an accident, etc.*, attribuer un accident, etc., à qch. (*b*) *F:* **To blame sth. on s.o.,** imputer (la faute de) qch. à qn; rejeter la faute, la responsabilité, de qch. sur qn.

blamed. *U.S: P:* (*Euphemism for 'damned'*) **1.** *a.* **I'll be blamed if I . . .,** jamais de la vie je ne. . . . *These b. creditors*, ces sacrés créanciers. **2.** *adv.* (*Intensive*) *It looks b. dangerous*, ç'a l'air rudement dangereux.

blame[3], *adv.* *U.S: P:* = BLAMED 2. *I'll do what I b. please*, je ferai absolument ce qui me plaira.

blameless ['bleimləs], *a.* Innocent, irréprochable, irrépréhensible, sans tache. *I am b.* (*in this matter*), je n'ai rien à me reprocher. *After leading a b. life for two years . . .*, après avoir vécu sans reproche pendant deux ans. . . . **-ly,** *adv.* Irréprochablement; sans mériter de reproches.

blamelessness ['bleimləsnəs], *s.* Innocence *f*, irréprochabilité *f.*

blameworthiness ['bleimwəːrðinəs], *s.* Le fait d'être digne de blâme ou de reproches. *Blame I can bear, though not b.*, je peux supporter le blâme pourvu que je n'aie rien à me reprocher.

blameworthy ['bleimwəːrði], *a.* **1.** Blâmable, digne de blâme ou de reproches. **2.** (*Of conduct*) Condamnable, répréhensible.

blanch [blɑːnʃ]. **1.** *v.tr.* (*a*) Blanchir (des légumes, un métal). **To blanch almonds,** monder, dérober, des amandes. (*b*) *Poet:* (*Of illness, etc.*) Pâlir, rendre pâle (qn, le teint de qn); blanchir (les cheveux); (*of fear, etc.*) blêmir (le visage). **2.** *v.i.* (*a*) (*Of hair, etc.*) Blanchir. (*b*) (*Of pers.*) Blêmir, pâlir.

blanch over, *v.tr.* Pallier (une offense); *F:* blanchir (la conduite de qn); atténuer (les faits).

blancmange [bla'mɔnʒ], *s.* *Cu:* Blanc-manger *m*, *pl.* blancs-mangers.

blanco ['blaŋko], *s.* (Marque de fabrique d'une préparation de) blanc *m* d'Espagne.

bland [bland], *a.* **1.** (*Of pers., speech*) (*a*) Doux, *f.* douce; aimable; affable; caressant; débonnaire. *Iron:* Doucereux, mielleux. (*b*) (Sourire) narquois. **2.** (*Of air, food, drink*) Doux, suave. **-ly,** *adv.* (*a*) Avec affabilité; *Iron:* mielleusement. *To answer b.*, répondre sans se fâcher. (*b*) D'un air un peu narquois.

blandish ['blandiʃ], *v.tr.* Cajoler, caresser, flatter.

blandishments ['blandiʃmənts], *s.pl.* **1.** Cajoleries *fpl*, câlineries *fpl*, flatterie *f*, blandices *fpl.* **2.** *A:* Attrait *m*, charme *m* (du passé, etc.).

blandness ['blandnəs], *s.* **1.** (*a*) Douceur *f*, suavité *f*, affabilité *f.* (*b*) Affabilité un peu narquoise. **2.** Douceur (du climat, etc.).

blank[1] [blaŋk]. I. *a.* **1.** (*a*) *B. paper*, papier blanc. *B. page*, page vierge, blanche. *B. voting-paper*, bulletin blanc. *To return a b. voting-paper*, voter blanc. (*b*) *Com: Fin:* **Blank credit,** crédit *m* en blanc; lettre *f* de crédit dont le montant n'est pas spécifié. **Blank cheque,** (i) formule *f* de chèque; (ii) chèque en blanc; (iii) *F:* carte blanche. *To sign a b. document*, signer un document en blanc. *B. acceptance*, acceptation *f* en blanc. *F:* **The Government cannot ask for a blank cheque,** le Gouvernement ne peut pas demander qu'on lui accorde carte blanche. (*c*) *B. space*, espace *m* vide; espace en blanc; blanc *m.* *B. wall*, mur nu. **Blank map,** carte muette. *See also* FILE[5] 1. (*d*) *F:* (*Downright*) *That's b. atheism*, c'est de l'athéisme pur, du pur athéisme. (*e*) *P:* (*Substituted for a 'swear' adj., esp. for 'damned'*) **That's your blank dog again** (= *your d——d dog*), c'est encore votre sacré chien. (*f*) **Blank verse,** vers blancs, non rimés. (*g*) *B. door, window*, fausse porte, fenêtre; porte, fenêtre, feinte, aveugle. *I.C.E:* *B. jet*, gicleur non alésé. *See also* CARTRIDGE 1, TYRE[1]. **2.** (*a*) *B. existence*, existence *f* vide. *B. look*, regard *m* sans expression. *B. future*, avenir *m* vide et morne. (*b*) **To look blank,** avoir l'air confondu, déconcerté, ahuri; rester bouche bée; être tout décontenancé. *See also* ASTONISHMENT. (*c*) (*Intensive*) *B. despair*, profond découragement. *B. impossibility*, impossibilité absolue. **-ly,** *adv.* **1.** *To look b. at s.o.*, regarder qn (i) d'un air confondu, déconcerté, (ii) sans expression. **2.** *To deny sth. b.*, nier qch. absolument, carrément. *To decline b.*, refuser (tout) net, sans ambages.

II. **blank,** *s.* **1.** (*a*) (*In document, etc.*) Blanc *m*, vide *m*; (*in one's memory*) trou *m*, lacune *f*, vide. *Com: Jur:* **Paper signed in blank,** blanc-seing *m*, *pl.* blancs-seings. *Cheque signed in b.*, chèque signé en blanc. *To draw in b.*, tirer une lettre de change en laissant en blanc le nom du bénéficiaire. *To leave blanks*, laisser des blancs. *F:* **His death leaves a blank,** sa mort laisse un vide. **His mind is a blank,** (i) sa mémoire est une table rase; (ii) il a, il se sent, la tête vide. *The next ten years of his life are a b.*, des dix années de sa vie qui suivirent l'on ne sait rien. *To fill in the blanks in one's education*, combler les lacunes de son éducation. (*b*) **To fire off blank (shot),** tirer à blanc. (*c*) Blanc (d'une cible). *See also* POINT-BLANK. (*d*) *Dominoes:* **Double blank,** double blanc *m.* **2.** (*In lottery*) Billet blanc, billet perdant. *See also* DRAW[2] 3. **3.** (*a*) *Mint:* Flan *m* (de métal). (*b*) *Metalw: Mec.E:* Flan; masselotte *f*; *F:* galette *f.* **Milling-cutter blank,** flan de fraise. **Wheel-blank,** galette de roue. **Nut-blank, cam-blank,** écrou brut, came brute. **4.** *U.S:* Imprimé *m* avec des vides; formule *f* en blanc. **5.** (*a*) *Typ:* Tiret *m* (remplaçant un mot malsonnant, etc.). (*b*) *Typ:* Blocage *m.* (*c*) *F:* **Mr, Mrs, Blank,** M., Mme, Trois-Étoiles; M. * * *, Mme * * *; M. X, Mme X.

blank[2], *v.tr.* *U.S: F:* Battre (une équipe, etc.) à plates coutures.

blanket[1] ['blaŋket], *s.* **1.** (*a*) Couverture *f* (de lit, de cheval). **To toss s.o. in a blanket,** berner qn; *P:* faire sauter qn en couverte; faire passer qn à la couverte. *F:* **Blanket of fog, of smoke,** manteau *m* de brouillard, de fumée. *Hills under a b. of snow*, collines molletonnées de neige. **Blanket pin,** drapière *f.* *Needlew:* **Blanket**

stitch, point *m* de languette. *See also* BORN I, WET BLANKET. (*b*) Couverture ou pagne *m* (d'indigène). *U.S:* **Blanket Indian,** indien, -ienne, (d'Amérique) sauvage ou à moitié civilisé(e). **2.** *Typ:* **(Press-)blanket,** blanchet *m*. *See also* OFFSET[1] 7. **3.** *Attrib. Com: Fin: U.S:* Général, applicable à tous les cas. **Blanket order,** ordre *m* d'une portée générale. *See also* MORTGAGE[1] I.

blanket[2], *v.tr.* **1.** (*a*) Mettre une couverture à (qch.); fournir (un lit) de couvertures. (*b*) *A:* Étouffer (un scandale). **2.** *F:* Berner, faire sauter (qn) (à la couverture). **3.** (*a*) *Nau: esp. Y:* Déventer, abriter (un navire, un yacht); manger le vent à (un autre navire). (*b*) *Navy:* Se mettre en travers du feu de (ses propres vaisseaux); gêner le tir de (ses propres vaisseaux). (*c*) *U.S:* Éclipser (qn); mettre (qn) dans l'ombre.

blanketed, *a.* **1.** *Nau:* Sous-venté. **2.** *Navy:* Gêné dans son tir (par un autre vaisseau).

blanketing, *s.* **1.** *Coll.* Couvertures *fpl*. **2.** *Tex: Com:* Lainages *mpl* pour couvertures. **3.** *F:* Berne *f*, bernement *m* (à la couverture); passage *m* à la couverture; *P:* passage à la couverte.

blankety ['blaŋketi], *a.* *P: Euphemism for* BLOODY[1] 2.

blankness ['blaŋknəs], *s.* **1.** Air confus, décontenancé. **2.** Vide *m*, néant *m* (de la pensée, d'une période historique, etc.).

blare[1] ['blɛər], *s.* Sonnerie *f*, son *m*, accents cuivrés (de la trompette). *The b. of the brass band,* le son éclatant de la fanfare; les accents retentissants, cuivrés, de la fanfare. *The b. of the brass, Lit:* l'airain sonnant.

blare[2]. **1.** *v.i.* (*Of trumpet*) Sonner. *Mus:* Cuivrer le son. **The band blared (out, forth),** la fanfare éclata. **2.** *v.tr.* *The band blared (out) a quickstep,* la fanfare fit retentir une marche. *To b. (forth) the news,* proclamer, annoncer, la nouvelle à son de trompette.

Blarney[1] ['blɑːrni]. I. *Pr.n.* **Blarney Castle,** le château de Blarney (en Irlande). **The Blarney Stone,** pierre située en contre-bas (et difficile à atteindre) dans la muraille du château. *F:* **To have kissed the Blarney Stone,** avoir le don de la flatterie, de la cajolerie (don conféré à ceux qui en se penchant ont réussi à embrasser la pierre).

II. **blarney,** *s.* *F:* Eau bénite de cour, patelinage *m*, flagornerie *f*, cajolerie *f*, boniments *mpl* à la graisse d'oie, bénissage *m*. *Have done with your b.!* trêve de compliments! trêve à vos compliments!

blarney[2], *v.tr.* **1.** Cajoler, enjôler (qn); flagorner (qn). **2.** Payer (qn) en monnaie de singe.

blasé ['blɑːze], *a.* Blasé.

blaspheme [blas'fiːm]. **1.** *v.i.* Blasphémer; proférer des blasphèmes. **2.** *v.tr.* *To b. the name of God,* blasphémer le saint nom de Dieu.

blasphemer [blas'fiːmər], *s.* Blasphémateur, -trice.

blasphemous ['blasfiməs], *a.* (*Of pers.*) Blasphémateur, -trice; (*of words, etc.*) blasphématoire, impie. **-ly,** *adv.* Avec blasphème; avec impiété. *To speak b.,* blasphémer; outrager Dieu.

blasphemy ['blasfəmi], *s.* Blasphème *m*. *To utter blasphemies against God,* tenir des propos blasphématoires; outrager Dieu.

blast[1] [blɑːst], *s.* **1.** (*a*) Bouffée *f* de vent, coup *m* de vent; rafale *f* (de vent). **Blast of steam,** jet *m* de vapeur. (*b*) Souffle *m* (du vent). *The icy b. of the north,* le souffle glacé du nord; l'aquilon *m*. **2.** *Nau: etc:* *B. on the whistle, on the siren,* coup *m* de sifflet, de sirène. *Mil:* **Whistle-blast,** commandement *m* au sifflet. *B. on the trumpet,* sonnerie *f* de trompette. *Nau:* **To sound a blast,** faire entendre un coup de sifflet ou de sirène. *Prolonged b.,* son prolongé. *Short b.,* son bref. *Aut:* *B. on the horn,* coup de trompe, d'avertisseur. **3.** *Metall:* Air *m*, vent *m* (de la soufflerie); soufflerie *f*, soufflage *m* (d'un haut fourneau). **Cold blast,** air froid; vent froid. **Hot blast,** air chaud. **Hot-blast stove,** récupérateur *m*. **Cold-blast, hot-blast, valve,** valve *f* à vent froid, à vent chaud. **To apply the blast,** faire agir la soufflerie. (*Of furnace*) **To be in blast,** être allumé, en marche. **To be in full blast,** être en pleine activité. *F:* *The works are going at full b.,* l'usine travaille à plein rendement. **Furnace out of blast,** fourneau *m* hors feu. *See also* AIR-BLAST, SAND-BLAST[1], UNDER-GRATE, WATER-BLAST. **4.** (*a*) *Ball:* (*Blast of exploding shell, muzzle-blast of gun*) Souffle. (*b*) *Min:* (i) Explosion *f*, coup de mine. (ii) Charge *f* d'explosif. **To fire a blast,** faire jouer une mine, faire partir un pétard. **5.** (*a*) *A:* Coup ou influence *f* funeste, néfaste. (*b*) *Vet:* = HOOVE.

'blast-engine, *s.* *Ind:* (Machine) soufflante (*f*), soufflerie *f*.

'blast-furnace, *s.* Haut fourneau.

'blast-hole, *s.* *Min:* Pétard *m*, trou *m* de mine, *Mil:* fourneau *m* de mine.

'blast-lamp, *s.* = BLOW-LAMP.

'blast-main, *s.* *Metall:* Porte-vent *m inv*, arrivée *f* d'air chaud.

'blast-pipe, *s.* Canalisation *f* de vent. *Metall:* Tuyère *f*, buse *f*, porte-vent *m*.

'blast-plate, *s.* *Metall:* Plaque *f* de contrevent.

blast[2]. **1.** *v.tr.* (*a*) *Min:* Faire sauter (à la dynamite, etc.); pétarder (des roches); ouvrir (la roche) à coups de mine; tirer (la pierre) à la poudre. *Golf: F:* **To blast the ball** (*from a bunker*), faire sauter la balle d'un coup violent. (*b*) Brûler, flétrir (une plante); ruiner, briser (l'avenir de qn); détruire, anéantir (des espérances); détruire (le bonheur); flétrir, ruiner (une réputation). *Blasted hopes,* espérances anéanties. *Blasted heath,* lande désolée. (*c*) (*Of lightning*) Foudroyer (un arbre, etc.). (*d*) *P:* Maudire; envoyer (qn) au diable. *int.* **Blast you!** que le diable vous emporte! **Blast!** sacristi! sacrebleu! **2.** *v.i.* (*a*) *Mus:* (*Of brass instrument*) Cuivrer. (*b*) *W.Tel:* (*Of loud-speaker*) Hurler.

blasted, *P: V:* **1.** *a.* = DAMNED 2. **2.** *adv.* (*Intensive*) *I'm b. hungry,* j'ai rudement faim, bigrement faim.

blasting, *s.* **1.** (*a*) Travail *m* aux explosifs; exploitation *f* à la mine; tirage *m* de la pierre à la poudre, abattage *m* à la poudre; tir *m*, tirage; sautage *m*. **Beware of blasting!** attention aux coups de mine! *See also* GELATINE, SAND-BLASTING. (*b*) Destruction *f*, anéantissement *m* (d'un espoir, etc.); ruine *f* (d'une carrière). (*c*) Foudroiement *m* (d'un arbre). **2.** *W.Tel:* Poussées *fpl* d'intensité (dans le haut-parleur); réception hurlante.

'blasting agent, *s.* Explosif *m*.

'blasting cartridge, *s.* Cartouche *f* de mine.

'blasting-machine, *s.* Exploseur *m*. *Frictional b.-m.,* exploseur électrostatique.

'blasting-powder, *s.* Poudre *f* de mine, de démolition.

blastema [blas'tiːmɑ], *s.* *Biol:* Blastème *m*.

blastemal [blas'tiːm(ə)l], **blastematic** [blaste'matik], *a.* *Biol:* Blastématique.

blasto- ['blasto, blas'tɔ, blasto], *comb.fm.* *Biol:* Blasto-. *Blasto'carpous,* blastocarpe. *Blas'tophoral,* blastophore.

blastoderm ['blastodəːrm], *s.* *Biol:* Blastoderme *m*.

blastodermic [blasto'dəːrmik], *a.* Blastodermique.

blastogenesis [blasto'dʒenesis], *s.* Blastogénèse *f*.

blastus ['blastəs], *s.* *Bot:* Blaste *m*.

blat [blat], *s.* *U.S:* Bêlement *m*.

blatancy ['bleitənsi], *s.* Vulgarité criarde.

blatant ['bleitənt], *a.* **1.** (*Of pers., manners*) Qui s'impose désagréablement à l'oreille, à la vue; d'une vulgarité criarde; braillard. **2.** (Injustice) criante. **-ly,** *adv.* Avec une vulgarité criarde.

blather ['blaðər], *v.* & *s.* = BLETHER[1, 2].

blatherskite ['blaðərskait], *s.* *F:* = BLETHERSKITE.

blatter[1] ['blatər], *s.* **1.** Jacasserie *f*, bavardage *m*. **2.** Crépitement *m*, grésillement *m* (de la grêle, etc.).

blatter[2], *v.i.* **1.** Jacasser, bavarder. **2.** (*Of hail, etc.*) Crépiter, grésiller.

blaze[1] [bleːiz], *s.* **1.** (*a*) Flamme(s) *f*, feu *m*, conflagration *f*, flambée *f*. **In a blaze,** en feu, en flammes. *To set sth. in a b.,* enflammer, embraser, qch. *F:* *The whole of Europe was in a b.,* toute l'Europe était en feu. *To burst (out) into a b.,* se mettre à flamber; s'enflammer. *To stir the fire into a b.,* faire flamber le feu; tisonner le feu pour le faire flamber. **In the blaze of day,** en plein midi. (*b*) **Blaze of anger,** éclat *m* de colère. **In a blaze of anger,** enflammé de colère; dans une explosion de colère. **2.** Flamboiement *m* (du soleil); éclat *m* (des couleurs, des diamants, etc.). **In the full blaze of her beauty,** dans tout l'éclat de sa beauté. *In the full b. of publicity,* sous les feux de la rampe. **3.** *pl.* *F:* (= HELL) (*a*) **Go to blazes!** allez au diable! va t'asseoir! zut! va te faire fiche! *P:* je t'emmène à la campagne. **To send s.o. to blazes,** envoyer promener qn; *P:* envoyer qn au bain, à dache. **It's so much money gone to blazes,** c'est de l'argent flambé, fichu. (*b*) (*Intensive*) **What the blazes . . .,** que diable (me veut-il, etc.). **To work like blazes,** travailler furieusement. **To run like blazes,** courir à toute vitesse; brûler le terrain; courir comme un dératé. *See also* SWEAR[2] 2.

blaze[2], *v.i.* (*a*) (*Of fire, etc.*) Flamber; (*of sun, colours*) flamboyer; (*of jewels, metals*) étinceler. *When the firemen arrived the fire was blazing,* lorsque les pompiers arrivèrent l'incendie faisait rage. *Uniforms blazing with gold lace,* uniformes resplendissants de galons d'or. *He was blazing with decorations,* il était bardé de croix, de décorations. (*b*) *F:* (*Of pers.*) **To blaze with anger,** être enflammé de colère; être furieux. *His eyes blazed with anger,* ses yeux lançaient des flammes de colère.

blaze away, *v.i.* **1.** (*Of fire*) Continuer à flamber; flamber activement. **2.** (*a*) *To b. away at the enemy,* maintenir un feu nourri, roulant, contre l'ennemi. *To b. away at the pheasants,* tirer sans désemparer sur les faisans. *We were blazing away with our four rifles,* nous tirions tant que nous pouvions avec nos quatre fusils. *F:* **Blaze away!** vous pouvez parler; je vous écoute; allez-y! *He blazed away,* il discourait avec volubilité. (*b*) *F:* *To b. away at sth.,* travailler ferme, sans relâche, à qch.; travailler avec entrain.

blaze down, *v.i.* (*Of sun*) Darder, déverser, ses rayons (*on,* sur).

blaze forth, *v.i.* **1.** = BLAZE OUT 1. **2.** (*Of revolution, excitement, etc.*) Éclater. **3.** *To b. forth in all one's jewellery,* faire son apparition étincelant de bijoux, orné de tous ses bijoux.

blaze off, *v.tr.* *Metall:* Recuire (l'acier) par le flambage; faire flamber (la graisse).

blaze out, *v.i.* **1.** (*a*) (*Of fire*) Se mettre à flamber. (*b*) (*Of the sun*) Se mettre à flamboyer; apparaître tout à coup (parmi les nuages). **2.** Éclater en reproches, en injures, etc. *To b. out at s.o.,* s'en prendre violemment à qn.

blaze up, *v.i.* **1.** (*Of thg*) S'embraser, s'enflammer. *To b. up again,* se renflammer. **2.** (*Of pers.*) S'emporter, se fâcher tout rouge; *F:* monter comme une soupe au lait. *To b. up at a proposal,* s'insurger contre une proposition.

blazing[1], *a.* **1.** (*a*) En feu, enflammé; (navire) embrasé. (*b*) (Feu, soleil) flambant, ardent. *F:* *B. waistcoat,* gilet flamboyant. *See also* STAR[1] 3. (*c*) *Ven:* **Blazing scent,** fumet tout récent; piste toute fraîche. **2.** (*a*) *F:* **To commit a blazing indiscretion,** commettre une indiscrétion formidable, effroyable, insigne. *B. lie,* mensonge éclatant, insigne. (*b*) *P:* (*Intensive*) **What's the blazing hurry?** est-ce que ça presse tant que ça? *He had the b. cheek to tell me that . . .,* il a eu le toupet infernal de me dire que. . . .

blaze[3], *s.* **1.** (*On face of horse, ox*) Étoile *f*, pelote *f*, marque *f*, chanfrein *m*. **2.** (*On tree*) **Blaze(-mark),** blanchis *m*, griffe *f*, miroir *m*, martelage *m*, encoche *f*, flache *f*.

blaze[4], *v.tr.* Griffer, blanchir, marquer, marteler (un arbre). **To blaze a trail,** tracer un chemin, frayer le chemin, faire œuvre de pionnier; poser des jalons (dans une science, etc.); ouvrir les voies (au progrès, etc.); (*through forest*) layer une forêt. *F:* *They have blazed the trail for their successors,* ils ont jalonné la route à ceux qui suivront.

blazing[2], *s.* Martelage *m*, griffage *m* (des arbres).

blaze[5], *v.tr.* **To blaze a rumour abroad,** répandre un bruit partout. *To b. the news,* proclamer partout la nouvelle. *It isn't the sort of thing to be blazed abroad,* ce n'est pas une chose à crier sur les toits.

blazer [ˈbleizər], *s.* **1.** *Sp:* Veston *m* de sport en flanelle (aux couleurs d'une école ou d'un club); blazer *m.* **2.** *F:* Mensonge *m* énorme. **3.** *U.S: F:* (*a*) Objet voyant et de mauvais ton. (*b*) Grosse indiscrétion; gaffe *f.*

blazon[1] [bleizn], *s.* **1.** *Her:* (*a*) Blason *m* (composant un écu). (*b*) Armoiries *fpl.* (*c*) Étendard armorié. **2.** *A:* Proclamation *f*, divulgation *f* (de qch.).

blazon[2], *v.tr.* **1.** *Her:* Blasonner; marquer (qch.) aux armoiries de qn. **2.** Embellir, orner (de dessins héraldiques). **3.** Célébrer, exalter (les vertus de qn). **4.** **To blazon forth, out, sth.,** publier, proclamer, qch. *To b. forth vices,* afficher des vices. **To blazon news abroad,** publier une nouvelle à son de trompe; trompeter une nouvelle.

blazonry [ˈbleiz(ə)nri], *s.* *Her:* **1.** Blasonnement *m.* **2.** Blason *m*, science *f* héraldique. **3.** *F:* Ornementation *f* magnifique.

bleach[1] [bliːtʃ], *s.* **1.** (*a*) = BLEACHING. (*b*) Décoloration *f*, blancheur *f.* **2.** Agent *m* de blanchiment, de décoloration; décolorant *m*; chlorure décolorant; lessive *f*; blanc *m* de lessive. **3.** Articles blanchis.

bleach[2], *v.tr. & i.* Blanchir; *Ch: etc:* (se) décolorer. *To b. the hair,* décolorer, blondir, les cheveux. *Tex:* *To b. linen,* blanchir la toile (chimiquement ou au pré). **Half-bleached,** demi-blanc, -blanche; mi-bis. *Bones bleaching on the battlefield,* ossements *m* qui blanchissent sur le champ de bataille. *Phot:* **To bleach out the image,** blanchir l'image.

bleaching, *s.* Blanchiment *m*; *Ch:* décoloration *f.* *B. of the hair,* décoloration des cheveux. *Phot:* **Bleaching bath,** bain *m* de blanchiment, de blanchissement.

ˈbleaching-field, -green, -ground, *s.* *Tex:* Blanchisserie *f*; pré *m* de blanchiment.

ˈbleaching-house, *s.* *Tex:* Blanchisserie *f.*

ˈbleaching-powder, *s.* Poudre *f* à blanchir; chlorure *m* de chaux.

ˈbleaching-liquid, -water, *s.* Eau *f* de Javel, *F:* eau de javelle.

ˈbleaching-works, *s.pl.* Blanchisserie *f.*

bleacher [ˈbliːtʃər], *s.* *Tex:* Blanchisseur, -euse, buandier, -ière.

bleachers [ˈbliːtʃərz], *s.pl.* *Sp: U.S:* Places découvertes (pour les spectateurs) d'un terrain de baseball.

bleachery [ˈbliːtʃəri], *s.* *Tex:* Blanchisserie *f.*

bleak[1] [bliːk], *s.* *Ich:* Ablette *f*, alburne *f.*

bleak[2], *a.* **1.** (Terrain) désert, sans abri, exposé au vent, balayé par le vent. **2.** (Temps) triste; (vent) froid. **3.** *B. prospects,* avenir *m* morne. *B. smile,* sourire *m* pâle. **-ly,** *adv.* Froidement, tristement; d'un air morne.

bleakness [ˈbliːknəs], *s.* Tristesse *f*, froidure *f*; aspect *m* morne.

blear[1] [ˈbliːər], *a.* **1.** (*Of eyes*) Troubles, larmoyants. **2.** (*Of outline*) Vague, indécis, imprécis.

ˈblear-eyed, *a.* Aux yeux troubles, larmoyants.

blear[2], *v.tr.* **1.** Rendre (les yeux) troubles. **2.** Obscurcir, embrumer, estomper (des contours).

bleat[1] [bliːt], *s.* Bêlement *m.*

bleat[2]. **1.** *v.i.* Bêler. *Prov:* **Every time the sheep bleats it loses a mouthful,** brebis qui bêle perd sa goulée. **2.** *v.tr.* *F:* (*Of pers.*) (*a*) **To bleat out a protest,** protester d'une voix chevrotante. (*b*) *He went and bleated it all over the place,* il est allé chanter ça partout.

bleating[1], *a.* Bêlant.

bleating[2], *s.* Bêlement *m.*

bleb [bleb], *s.* **1.** Bouillon *m*, soufflure *f*, bulle *f*, cloche *f* (dans le verre, etc.). **2.** Bouton *m*, petite ampoule (sur la peau); *Med:* phlyctène *f.*

bleed [bliːd], *v.* (**bled**; **bled**) **1.** *v.tr.* Saigner. *To b. s.o. in the arm,* saigner qn au bras. *F:* *To b. s.o.* (*for money*), saigner, gruger, qn; extorquer de l'argent à qn; *P:* faire casquer qn; faire cracher qn. *They bled him for a cool thousand,* on lui extorqua mille livres, rien de moins. **To bleed s.o. white,** sucer qn jusqu'à la moelle des os; extorquer à qn tout son argent; saigner qn à blanc; sucer qn jusqu'au dernier sou. *To b. oneself white to pay, for one's children,* se saigner aux quatre veines pour payer, pour ses enfants. **2.** *v.i.* (*a*) Saigner; perdre du sang; *P:* (*pay large sums of money*) casquer, cracher. *He is bleeding at the nose, his nose is bleeding,* il saigne du nez, le nez lui saigne. *Box:* *To b. at the nose,* *P:* pavoiser. *To b. for one's country,* verser son sang pour sa patrie. **To bleed to death,** mourir d'effusion de sang. *My heart bleeds at the thought, bleeds for them,* le cœur me saigne rien que d'y penser, quand je pense à eux. (*b*) (*Of haemorrhoids*) Fluer; (*of tree, etc.*) pleurer, perdre sa sève. (*c*) *Civ.E: etc:* (*Of riveted joints; of water, gas, etc.*) Fuir. (*d*) (*Of dye, of dyed material*) S'étendre, couler (au lavage); déteindre. **3.** *v.tr.* *Bookb:* Trop rogner (un livre).

bled, *a.* *Carp: etc:* **Bled timber,** bois essévé.

bleeding[1], *a.* **1.** Saignant; (i) en train de saigner; (ii) ensanglanté. *With a b. heart,* le cœur navré de douleur. *See also* PILE[6] 2. *Bot:* **Bleeding heart,** (i) giroflée *f* des murailles; (ii) cœur-de-Marie *m*; cœur-de-Jeannette *m.* **2.** *P:* *Euphemism for* BLOODY[1] 2.

bleeding,[2] *s.* **1.** (*a*) Écoulement *m* de sang; (*of plants*) écoulement de sève; (*of vine, etc.*) pleurs *mpl.* *B. at the nose,* saignement *m* de nez. *I cannot stop the b.,* je n'arrive pas à arrêter le sang. (*b*) *Surg:* Saignée *f.* **2.** *Civ.E: etc:* Fuite *f* (d'eau, de gaz, etc., dans une canalisation).

bleeder [ˈbliːdər], *s.* **1.** *Med:* (*Pers.*) Hémophilique *mf.* **2.** *Ind:* Dispositif *f* de drainage. **3.** *pl.* *P:* Éperons *m.*

blemish[1] [ˈblemiʃ], *s.* **1.** Défaut *m*; défectuosité *f*, imperfection *f* (physique ou morale). *To find a b. in sth.,* trouver à redire à qch. **2.** Souillure *f*, tache *f*, flétrissure *f*, tare *f.* *Name without b.,* nom *m* sans tache.

blemish[2], *v.tr.* **1.** Tacher, entacher, souiller, ternir (une réputation, etc.). **2.** Abîmer, gâter (un travail).

blench[1] [blenʃ]. **1.** *v.i.* Sourciller, broncher, se dérober. *Without blenching,* sans sourciller. **2.** *v.tr.* **To blench the facts,** refuser de voir les faits; se refuser à l'évidence.

blench[2], *v.i.* Pâlir, blêmir, *To b. with terror,* pâlir de terreur.

blend[1] [blend], *s.* Mélange *m* (de thés, de whiskys, de tabacs; *F:* de races, etc.). *Com:* *Excellent b. of tea,* thé *m* d'excellente qualité.

blend[2], *v.* (*p.t. & p.p.* **blended,** *Lit:* **blent**) **1.** *v.tr.* (*a*) *To b. sth. with sth.,* mêler qch. à, avec, qch.; joindre, unir, qch. à qch. *To b. nations, parties,* amalgamer des nations, des partis. *To b. one colour with another,* (i) mélanger une couleur et une autre; (ii) fondre deux couleurs; faire une dégradation entre deux couleurs; (iii) allier, marier, deux couleurs. *The two rivers b. their waters,* les deux rivières confondent leurs eaux. *Pain blent with joy,* douleur mêlée de joie. *Psy:* *To b. ideas,* fusionner des idées. (*b*) Assembler, (re)couper (des vins, des whiskys); mettre (des vins) en cuvée. (*c*) Mêler, mélanger (des thés, des cafés; *F:* des races); fusionner (des races). *Our teas are carefully blended,* nos thés sont mélangés avec soin. **2.** *v.i.* Se mêler, se mélanger, se confondre (*into,* en); (*of voices, etc*) se marier harmonieusement; (*of colours*) s'allier, se marier; se fondre; se raccorder; (*of parties, etc.*) fusionner, s'amalgamer; (*of ideas*) fusionner. *Teas that do not b.,* thés que l'on ne peut pas mélanger. *The colours b. well,* les couleurs sont bien agencées, vont bien ensemble.

blending, *s.* Mélange *m* (de thés, de tabacs, etc.); alliance *f* (de deux qualités). *Winem:* Assemblage *m*, coupage *m*, mise *f* en cuvée. *Ch:* *Metall:* Alliage *m* (de métaux). *Mus:* Union *f*, jonction *f* (des registres de la voix). *Psy:* **Blending of ideas,** fusion *f*, coalescence *f*, condensation *f*, des idées. *B. of races,* fusion de races.

blende [blend], *s.* *Min:* Blende *f.* **Zinc blende,** mine douce; fausse galène.

blender [ˈblendər], *s.* **1.** Mélangeur, -euse. **2.** *Art:* (*Brush*) Blaireau *m.*

Blenheim [ˈblenim]. *Pr.n.* *Geog: etc:* Blenheim *m.* **A Blenheim spaniel,** un blenheim.

blennorrhagia [blenoˈreidʒia], *s.* *Med:* Blennorragie *f*, *F:* chaude-pisse *f*, échauffement *m.*

blennorrhoea [blenoˈriːa], *s.* *Med:* Blennorrhée *f*; *esp.* urétrite *f* chronique.

blenny [ˈbleni], *s.* *Ich:* Blennie *f.*

blent [blent]. *See* BLEND[2].

blepharitis [blefaˈraitis], *s.* *Med:* Blépharite *f.* *Ciliary b.,* blépharite ciliaire, *F:* grattelle *f.* *Suffering from ciliary b.,* gratteleux.

bless [bles], *v.tr.* (*p.t. & p.p.* **blessed** [blest], *A. & Poet:* **blest**) Bénir. **1.** *To b. God,* bénir, adorer, Dieu. **2.** (*Of God, of the priest*) *To b. the people,* bénir le peuple. *To b. a bell,* consacrer, baptiser, une cloche. *Bread blessed at the altar,* pain bénit. **God bless you!** que (le bon) Dieu vous bénisse! **3.** (*Familiar uses*) *God blessed them with children,* Dieu leur accorda le bonheur d'avoir des enfants. *To be blessed by the poor,* recueillir les bénédictions des pauvres. *F:* **To be blessed, blest, with sth.,** jouir de qch.; avoir le bonheur de posséder qch. *To be blessed with a pleasant disposition,* être doué d'un heureux caractère. *Not greatly blessed with worldly goods,* peu accommodé des biens de la fortune. *He was blessed with a good wife,* Dieu lui avait octroyé une excellente femme. *Woman blessed with opulent charms,* femme pourvue de charmes opulents. *We were blessed with many years of happiness,* nous avons joui de nombreuses années de bonheur. *I blessed my stars that . . .,* je me félicitai, je me louai, de ce que . . .; je bénis mon étoile de ce que. . . **God bless me! God bless my soul!** miséricorde! mon Dieu! *F:* **Bless my soul!** tiens, tiens, tiens! **Well, I'm blest!** par exemple! (*I'll be*) *blest if I know,* que le diable m'emporte si je le sais. *Blest if he doesn't want to come with me!* voilà-t-il pas qu'il veut m'accompagner! *See also* HEART[1] 2, PENNY.

blessed [ˈblesid], *a.* (*a*) **The Blessed Virgin,** la Sainte Vierge. **The Blessed Trinity,** la sainte Trinité. **Blessed be Thy name,** que votre nom soit sanctifié. (*b*) *R.C.Ch: etc:* Bienheureux. *The B. Thomas More,* le bienheureux Thomas More. *The late King, of b. memory,* le feu roi, d'heureuse mémoire. **Blessed are the poor in spirit,** bienheureux, heureux, sont les pauvres en esprit. (*c*) *P:* (*Intensive, often untranslatable*) *What a b. nuisance!* quel fichu contretemps! **Every blessed day,** tous les jours que Dieu fait. *The whole b. day,* toute la sainte journée. *The whole b. lot,* tout le bazar, tout le tremblement; toute la sainte séquelle. *Not a b. one,* pas la queue d'un, d'une.

blessing, *s.* Bénédiction *f.* **To give, pronounce, the blessing,** donner la bénédiction. **To ask, say, a blessing** (*at a meal*), dire le bénédicité. *The blessings of God,* les grâces *f* de Dieu. *With the b. of God,* par la grâce de Dieu. **Papal blessing,** bénédiction *f* apostolique. *The blessings of civilization, etc.,* les avantages, bienfaits, dons, de la civilisation, etc. **Blessing in disguise,** bienfait insoupçonné. *It is perhaps a b. in disguise,* c'est peut-être un bien pour un mal. *It turned out to be a b. in disguise,* à la longue nous n'eûmes qu'à nous en féliciter. *Blessings upon you!* Dieu vous bénisse! *To have full official b., F:* avoir tous les sacrements. *F:* **What a blessing!** quel bonheur! quelle chance!

blest [blest], *a.* (*Cf.* BLESS) Bienheureux. *Gr.Myth:* **The Islands of the Blest,** les Iles Fortunées.

blether[1] [ˈbleðər], *s.* *Scot:* Paroles *fpl* en l'air; discours *mpl* en l'air; sottises *fpl*, bêtises *fpl.*

blether[2], *v.i.* *Scot:* Parler à tort et à travers; parler pour ne rien dire; débiter des balivernes, des inepties; dire des inepties, des bêtises; *P:* bafouiller.

blethering, *a.* *F:* **Blethering idiot,** (type absolument) idiot (*m*).

bletherskite [ˈbleðərskait], *s.* *Esp. U.S:* Débiteur *m* de sottises; grand parleur.

blew [bluː]. *See* BLOW [2, 4].

blight[1] [blait], *s.* **1.** (*a*) Rouille *f*, brûlure *f*; charbon *m*, nielle *f* (des céréales); brunissure *f* (des pommes de terre); cloque *f* (des pêches, etc.). *See also* SCALE-BLIGHT, TREE-BLIGHT. (*b*) (*By the sun*) Brouissure *f* (après la gelée). **2.** *Ent:* (*Plant-louse*) Puceron *m*. **3.** *F:* Influence *f* néfaste; fléau *m*. *An incident which was a b. upon his youth*, un incident qui empoisonna sa jeunesse.

blight[2], *v.tr.* Rouiller, nieller (le blé); (*of the sun*) brouir; (*of the wind*) flétrir. *Blighted leaf*, feuille cloquée. *F:* **To blight s.o.'s hopes**, flétrir les espérances de qn. *Seeing his hopes blighted he retired from the world*, déchu de ses espérances il se retira du monde. *Blighted prospects*, avenir brisé.

blighted, *a.* *P:* *Euphemism for* BLASTED I.

blighting[1], *a.* Flétrissant. **Blighting influence**, influence *f* funeste.

blighting[2], *s.* Flétrissure *f*.

blighter ['blaitər], *s.* *P:* **1.** Bon à rien; *P:* chameau *m*. **You blighter!** espèce *f* d'animal! **2.** Individu *m*, type *m*. **A poor blighter**, un pauvre hère. (*Admirative*) **You lucky blighter!** veinard!

blighty ['blaiti], *s.* *Mil:* *P:* **1.** L'Angleterre *f*; (le) retour dans les foyers. **2. A blighty**, la bonne blessure.

blimey ['blaimi], *int.* *P:* (*Attenuated form of* '*God blind me*') Le diable m'emporte! Zut, alors!

blimp [blimp], *s.* **1.** *Aer:* (Petit) dirigeable de reconnaissance, d'observation; éclaireur *m*; patrouilleur *m* (contre sous-marins). **2.** *Cin:* *U.S:* Blindage *m* insonore (de la camera).

blind[1] [blaind], *a.* **1.** Aveugle. (*a*) *B. from birth*, aveugle-né, -e, *pl.* aveugles-nés. **Blind in one eye**, borgne. (*But*) *He was b. in one eye, and now he has lost the other eye too*, il était aveugle d'un œil, et maintenant il a aussi perdu l'autre. **A blind man, woman**, un, une, aveugle. **The blind**, les aveugles. **To be struck blind**, être frappé de cécité. **To drink oneself blind**, *P:* se flanquer une bonne cuite. *To go b. with rage*, se mettre dans une colère bleue. **It is a case of the blind leading the blind**, c'est un aveugle qui en conduit un autre. **He is as blind as a bat, as a beetle, as a mole**, il n'y voit pas plus clair qu'une taupe. *See also* STONE-BLIND. *B. obedience*, soumission *f* aveugle. *F:* **To apply the blind eye to sth.**, refuser de voir qch. (comme l'amiral Nelson à la bataille de Copenhague). **The blind side of s.o.**, le côté faible de qn. *Try to get on his b. side*, tâchez de le prendre par son côté faible. **In blind man's holiday**, entre chien et loup. *See also* COLOUR-BLIND, DAY-BLIND, GREEN-BLIND, NIGHT-BLIND, SNOW-BLIND, SPOT[1] 3. (*b*) **To be blind to one's interests, to s.o.'s faults**, ne pas voir ses propres intérêts, les défauts de qn. *To be b. to the obvious*, *F:* ne pas voir clair en plein midi. *He is b. to the future*, il ne tient aucun compte de l'avenir. *I am not b. to the drawbacks of . . .*, je n'ignore pas les inconvénients de. . . . *To be b. to an abuse*, fermer les yeux sur un abus. *People b. to beauty*, gens fermés au sentiment du beau. *P:* **Blind to the world**, soûl perdu. (*c*) *adv.* *P:* **To go at a thing blind**, se lancer à l'aveugle dans une entreprise. *To fire b.*, tirer au jugé. *Av:* **To fly blind**, voler à l'aveuglette. *See also* DRUNK I. **2.** (*Hidden*) **Blind ditch**, saut *m* de loup. *Golf:* *B. hole*, trou dérobé à la vue. *Needlew:* **Blind hemming**, point *m* d'ourlet invisible. **Blind stitch**, point perdu. *See also* BLIND-STITCH, CORNER[1] 3. **3.** (*Without exit*) *B. hole*, trou *m* borgne. **Blind path**, chemin *m* sans issue. **Blind alley**, cul-de-sac *m*, *pl.* culs-de-sac; accul *m*; rue *f* borgne; impasse *f*. *Your job is a b. alley*, votre emploi est une impasse. **Blind-alley occupation**, occupation *f*, situation *f*, sans avenir. *Rail:* *B. siding*, cul-de-sac. *Geol:* *B. lode*, filon *m* sans affleurement. *B. valley*, reculée *f*. *Med:* *B. fistula*, fistule *f* borgne. *Arch:* *B. door, window*, fausse porte; fenêtre feinte, aveugle. *Mec.E:* *B. nut*, écrou plein, aveugle. *See also* LEVEL[1] I. 3, SHAFT[2] I, WALL[1]. **4.** (*Defective*) *Post:* **Blind letter**, (i) lettre *f* dont l'adresse est défectueuse, (ii) lettre refusée. **Blind e** (*in handwriting*), e poché. **Blind shell**, obus *m* qui n'éclate pas. *U.S:* **Blind pig, blind tiger**, débit de boisson clandestin; cabaret *m* borgne. *See also* BLOCKING 2, COAL[1], TOOLING 2. **-ly**, *adv.* Aveuglément, en aveugle, tout à trac. *To obey b.*, obéir aveuglément. *To act b.*, agir à l'aveuglette, en aveugle, à l'aveugle. *To go b. on*, aller à l'aveuglette. *To strike b.*, frapper au hasard. *To fight b.*, se battre en aveugle. *To rush b. at sth.*, se ruer sur qch. tête baissée.

'blind-man's-'buff, *s.* Colin-maillard *m*.

'blind-stitch, *v.tr.* *Needlew:* Coudre (qch.) à points perdus.

'blind-stor(e)y, *s.* *Arch:* Triforium *m*.

'blind-worm, *s.* *Rept:* Orvet *m*; *F:* serpent *m* de verre.

blind[2], *v.tr.* **1.** Aveugler (qn). (*a*) Rendre (qn) aveugle; frapper (qn) de cécité. *The gun went off and blinded him*, le coup partit et lui creva les yeux. *Since he was blinded*, depuis qu'il est aveugle. *Blinded ex-service men*, aveugles *m* de guerre. (*b*) Éblouir (qn). *The sun blinds his eyes*, le soleil l'aveugle, l'éblouit. **Blinded by passion**, aveuglé par la passion. **To blind s.o. to facts**, aveugler qn sur les faits; jeter de la poudre aux yeux de qn. *He was blinded by her beauty*, il fut ébloui de sa beauté. **2.** (*a*) *Civ.E:* Ensabler (une chaussée, une voie ferrée). (*b*) *Mil:* *Min:* Blinder (une galerie, etc.). **3.** *v.i.* *Aut:* *F:* **To blind along the road at fifty miles an hour**, faire du quatre-vingts à l'heure sans s'inquiéter des dangers.

blinding[1], *a.* **1.** Aveuglant. *Her eyes filled with b. tears*, les larmes lui embuèrent les yeux. *F:* (*Intensive*) **Blinding headache**, mal de tête fou. **2.** Éblouissant.

blinding[2], *s.* **1.** (*a*) *Jur:* *A:* Aveuglement *m*. (*b*) *B. by headlights, etc.*, éblouissement *m* par les phares, etc. **2.** (*a*) *Civ.E:* Ensablement *m*. *Mil:* *Min:* Blindage *m*. (*b*) *Civ.E:* Couche *f* de sable (sur une route).

blind[3], *s.* **1.** (**Awning-)blind, (outside sun-)blind**, store *m* (à l'italienne); abat-jour *m inv.* **Roller blind**, store à, sur, rouleau. *See also* SLIDE[1] 6. **Venetian blind, shutter-blind**, jalousie *f* (à lames mobiles). **Shop blind** (*over pavement*), banne *f*. **2.** (*a*) *Mil:* *Fort:* Blinde *f*. (*b*) *U.S:* Œillère *f* (de cheval). **3.** Prétexte *m*, masque *m*. *His piety is only a b.*, sa piété n'est qu'un masque, qu'une feinte. *It was only a b.*, ça n'était qu'un prétexte. **4.** *Ven:* *U.S:* Cache *f*. **5.** *Post:* = *Blind letter*, *q.v. under* BLIND[1] 4. **'Blind reader**, employé chargé de déchiffrer les adresses défectueuses. **6.** *P:* **To go on the blind**, faire une noce à tout casser.

blindage ['blaindedʒ], *s.* *Mil:* *Min:* Blindage *m*, blindes *fpl*.

blinders ['blaindərz], *s.pl.* *Harn:* Lunettes *f*.

blindfold[1] ['blaindfould], *a.* & *adv.* **1.** Les yeux bandés. *Chess:* **Blindfold player**, joueur *m* qui joue sans voir l'échiquier. **2.** (*Recklessly*) Aveuglément.

blindfold[2], *v.tr.* Bander les yeux à, de (qn); couvrir les yeux de (qn) avec un bandeau; mettre un bandeau à (qn).

blindman, *pl.* **-men** ['blaindmən, -men], *s.* = *Blind reader*, *q.v. under* BLIND[3] 5.

blindness ['blaindnəs], *s.* **1.** Cécité *f*. *B. in one eye*, cécité monoculaire. *See also* COLOUR-BLINDNESS, DAY-BLINDNESS, GREEN-BLINDNESS, NIGHT-BLINDNESS, SNOW-BLINDNESS. **2.** (*Ignorance, folly*) Aveuglement *m*. *B. to the facts*, refus *m* d'envisager les faits.

blink[1] [bliŋk], *s.* **1.** Battement *m*, clignotement *m*, clignement *m*, de paupières. **2.** (*Gleam*) Lueur (momentanée); (*glimpse*) vision momentanée. **3.** = ICEBLINK.

blink[2]. **1.** *v.i.* (*a*) Battre des paupières; cligner des paupières; clignoter; ciller (les paupières). *To b. at s.o.*, regarder qn avec un clignement d'yeux, de paupières, en clignant des yeux. *v.tr.* **To blink away a tear**, refouler une larme d'un battement de paupières. (*b*) (*Of light*) Papilloter; vaciller. **2.** Fermer les yeux à demi. (*a*) *v.tr.* **To blink the facts**, fermer les yeux sur la vérité; méconnaître les faits; ne pas voir clair en plein midi. **To blink the question**, esquiver, éluder, la question. *There is no blinking the fact that . . .*, il n'y a pas à dissimuler que. . . . (*b*) *v.i.* **To blink at a fault**, fermer les yeux sur un défaut. **3.** *v.tr.* (*a*) *Ven:* (*Of hare*) **To blink the dogs**, donner le change aux lévriers. (*b*) *Dial:* (*In Scot. & Ireland*) Jeter un sort sur (une vache, etc.).

blinking[1], *a.* **1.** (*a*) Clignotant. (*b*) (Feu) papillotant. **2.** *P:* *Euphemism for* BLOODY[1] 2.

blinking[2], *s.* **1.** (*a*) Clignotement *m*, cillement *m*. (*b*) Papillotage *m*. **2. Blinking of a fact**, refus *m* d'envisager un fait; méconnaissance *f* d'un fait.

blinkered ['bliŋkərd], *a.* (*a*) (*Of horse*) Qui porte des œillères. (*b*) *F:* (*Of pers.*) Aux vues étroites. *B. life*, vie circonscrite, étroite.

blinkers ['bliŋkərz], *s.pl.* *Harn:* Œillères *f*, bossettes *f*.

blinks [bliŋks], *s.* *Bot:* (**Water**) **blinks**, mouron *m* des fontaines.

bliss [blis], *s.* Béatitude *f*, félicité *f*, bonheur *m* extrême. *See also* IGNORANCE.

blissful ['blisful], *a.* (Bien)heureux. *B. days*, jours sereins. **-fully**, *adv.* Heureusement. *B. happy*, bienheureux. *To look b. happy*, avoir l'air d'un bienheureux.

blissfulness ['blisfulnəs], *s.* = BLISS.

blister[1] ['blistər], *s.* **1.** (*a*) (*On skin*) Ampoule *f*, bulle *f*. **Water blister**, cloque *f*, phlyctène *f*. *Raise blisters on . . .* = BLISTER[2] I (*a*). (*b*) Cloque, boursouflure *f* (de la peinture). *Glassm:* Bulle, cloche *f*. *Phot:* Ampoule (sur le cliché). *Metall:* Soufflure *f*, paille *f*, boursouflure, ampoule, moine *m*; (*in casting*) goutte froide. *Blisters on bread*, coquilles *f* du pain. (*c*) *Med:* Vésicatoire *m*. *See also* FLY-BLISTER. (*d*) *Bot:* **Larch blister**, chancre *m* du mélèze. **2.** *N.Arch:* Caisson *m* pare-torpilles.

'blister-beetle, -fly, *s.* *Ent:* Cantharide *f*, mouche *f* d'Espagne.

'blister-steel, *s.* Acier *m* poule; acier boursouflé, ampoulé; acier de cémentation.

blister[2]. **1.** *v.tr.* (*a*) Couvrir d'ampoules; faire venir les ampoules à (la main, etc.). *To b. the tongue*, brûler la langue. *Blistered heel*, ampoule *f* au talon. (*b*) *Med:* Appliquer un vésicatoire sur (la peau). (*c*) *P:* Ennuyer, assommer, raser (qn). **2.** *v.i.* Se couvrir d'ampoules; se former en vessie; (*of paint*) (se) cloquer; se boursoufler, gondoler; (*of bread*) coquiller. *I b. easily*, il me vient facilement des ampoules. *Metall:* *Blistered casting*, pièce venteuse.

blister off, *v.i.* *Metalw:* (*Of chromium plate*) Lever.

blistering off, *s.* Levage *m* (du chromage).

blistering[1], *a.* **1.** *Med:* *Pharm:* (Emplâtre) vésicant. **2.** *P:* *Euphemism for* BLOODY[1] 2.

blistering[2], *s.* **1.** *Med:* Vésication *f*. **2.** Formation *f* d'ampoules (à la peau). **3.** Cloquage *m*, gondolage *m* (de la peinture).

blite [blait], *s.* *Bot:* Épinard *m* sauvage, blette *f*. *See also* STRAWBERRY-BLITE.

blithe(some) ['blaið(səm)], *a.* Joyeux, folâtre, d'humeur gaie. **Blithe as a lark**, gai comme un pinson.

blithely ['blaiðli], *adv.* Joyeusement, allègrement; avec entrain.

blithering ['bliðəriŋ], *a.* *F:* = BLETHERING.

blizzard ['blizərd], *s.* Tempête *f* de neige, rafale *f* de neige, tourmente *f* de neige.

bloat[1] [blout], *v.tr.* Saurer (des harengs) très légèrement; bouffir (des harengs). *Bloated herring* = BLOATER.

bloat[2]. **1.** *v.tr.* Boursoufler; gonfler; bouffir. **2.** *v.i.* Se gonfler; se bouffir.

bloated, *a.* (*a*) Boursouflé, gonflé, bouffi. *B. with pride*, bouffi d'orgueil. (*b*) *B. face*, visage congestionné, vultueux.

bloater ['bloutər], *s.* *Com:* Hareng bouffi; craquelot *m*. *See also* PASTE[1] 2.

blob[1] [blɔb], *s.* **1.** (*a*) Tache *f* (de couleur); pâté *m* (d'encre). (*b*) Goutte *f* d'eau (sur la table, etc.). (*c*) **She had a blob of a nose**, elle avait un petit nez en boule. *A pill-box holding a b. of wool*, une boîte à pilules qui contenait une petite touffe de laine. **2.** *Cr:* *F:* Zéro *m*. *To make a b.*, remporter une veste.

blob[2], *v.i.* *My fountain-pen is blobbing*, mon stylo coule, bave; mon stylo fait des pâtés.

blobby ['blɔbi], *a.* *F:* (Devoir, etc.) couvert de pâtés.

block[1] [blɔk], *s.* **1.** (*a*) Bloc *m* (de marbre, de fer); motte *f* (de beurre); bille *f*, tronçon *m* (de bois); quartier *m* (de roche); carreau *m* (de pierre taillée); tête *f* à perruque (de perruquier);

poupée *f* (de modiste); forme *f* (pour chapeaux); sellette *f* (de décrotteur). *Small b.*, blochet *m.* **Cement-block foundation**, blocage *m.* **Block of soap**, love *f.* *I.C.E: Four-cylinder b.*, bloc de quatre cylindres. (*Glass*) **flower-block**, pique-fleurs *m inv.* *Toys:* **Building blocks**, cubes *mpl*; jeu *m* de constructions. *F:* **To cut blocks with a razor**, apporter tout son talent à un travail grossier qui n'en est pas digne. *See also* CALENDAR[1], CHIP[1], DRAWING-BLOCK, GUIDE-BLOCK, HAT-BLOCK, HAWSE-BLOCK, LINK-BLOCK, NAVE-BLOCK, PASSE-PARTOUT, PILLOW-BLOCK, PITCH-BLOCK, PLUMMER-BLOCK, SCRIBBLING[1], SHAVING-BLOCK, SLIDE-BLOCK, SLIPPER-BLOCK, STAY-BLOCK, STUMBLING-BLOCK, WALL-BLOCK, WRITING-BLOCK. (*b*) **(Chopping-, anvil-)block**, billot *m.* **Butcher's block**, ais *m* de boucher; hachoir *m.* **Cooper's block**, tronchet *m*, trochet *m.* *Hist:* **To perish on the block**, périr sur le billot. *See also* CHOPPING-BLOCK. (*c*) **(Mounting-)block, horse-block**, montoir *m.* (*d*) (*Chock*) Tin *m*, hausse *f*, cale *f.* **Angle-blocks**, coins *m.* (*e*) Sabot *m* (de frein). (*f*) *P:* Tête *f*; *P:* caboche *f*, ciboulot *m.* **2.** (*a*) Pâté *m*, îlot *m*, de maisons (entre quatre rues); ensemble *m* de bâtiments. *He lives two blocks from us*, il demeure à deux rues de nous. *See also* BACK-BLOCKS, FLAT[1] 2. *P:* (*In Austr.*) **To do the block**, faire le boulevard. (*b*) Lot *m* (de terrains). *For:* **Periodic block**, affectation *f* périodique. (*c*) *Fin:* **Block of shares**, tranche *f* d'actions. **3.** (*a*) **Traffic block**, encombrement *m*, embarras *m* (de voitures); embouteillage *m*; arrêt *m* de circulation. (*b*) *Parl:* Avis *m* préalable d'opposition (à un projet de loi); obstruction *f* (à un projet de loi). (*c*) *Cr:* Point *m* en avant du guichet où le batteur appuie sa batte. **4.** *Rail:* (*a*) Tronçon *m* (de ligne). **Block system**, cantonnement *m*; block-système *m.* **Block section**, cantonnement. *See also* SIGNAL[1] 2. (*b*) Rame *f* (de wagons). **5.** (*a*) *Engr:* (*Wood*) Planche *f*; bois *m*; (*metal*) cliché *m.* (*b*) *Phot.Engr:* **Block process**, phototypographie *f.* *See also* PROCESS-BLOCK. (*c*) *Carp:* **Sandpaper block**, cale *f.* *See also* MITRE-BLOCK. **6.** *Nau: etc:* Poulie *f*; moufle *m.* *Single, double, b.*, poulie simple, double. *Differential b.*, mouflette *f.* *Leading b.*, poulie de retour. *Hook b.*, poulie à croc; moufle *m* à crochet. *Tail b.*, poulie à fouet. *Set of three blocks*, bouquet *m.* *Civ.E: Carrying b. of aerial ropeway*, châssis *m*, chariot *m*, de suspension. *See also* DEAD-BLOCK, FIDDLE-BLOCK, GIN-BLOCK, JEWEL-BLOCK, MONKEY-BLOCK, PULLEY-BLOCK, PURCHASE-BLOCK, SNATCH-BLOCK, THICK-AND-THIN 2. **7.** Carcasse dépouillée (de bête de boucherie).

'block-booking, *s.* *Cin:* Location *f* de films en bloc.

'block-'capitals, *s.pl.* Majuscules *f* imitant l'imprimerie. *To write one's name in b.-c.*, écrire son nom en grosses majuscules, en lettres moulées.

'block-chain, *s.* *Mec.E:* Chaîne *f* d'articulation; chaîne à maillons pleins, à galets.

'block-'letter, *s.* (*a*) *Typ:* Lettre moulée; caractère gras, capitale *f* bâton. **Block letters**, le moulé. (*b*) *pl.* = BLOCK-CAPITALS.

'block-maker, *s.* **1.** (*a*) Photograveur *m.* (*b*) *Typ:* Clicheur *m.* **2.** (*Pulley-maker*) Poulieur *m.*

block-'tin, *s.* Étain *m* en saumons.

'block-train, *s.* *Rail:* Rame indépendante.

block², *v.tr.* **1.** Bloquer, obstruer. *To b. the traffic*, entraver, gêner, la circulation publique. *To b. s.o.'s way*, barrer le passage à qn; bloquer le chemin à qn. *Harbour blocked by ice*, port bloqué, bouché, obstrué, par les glaces. **'Road blocked,'** "rue barrée." **Do not block (up) the gangway!** n'encombrez pas la passerelle! *To b. progress*, arrêter le progrès. *Parl:* *To b. a bill*, donner avis d'opposition à un projet de loi; faire de l'obstruction à un projet de loi. *To b. a wheel*, bloquer, enrayer, une roue. (*With passive force*) *The wheel blocks*, la roue se bloque. *Mec.E:* *To b. the saddle*, verrouiller le chariot (d'un tour) sur la coulisse. *Rail:* **To block the line**, fermer la voie. **2.** *Games:* (*a*) *Cr:* **To block the ball**, arrêter la balle sans la relancer; bloquer la balle. (*b*) *Dominoes:* **To block the game**, fermer le jeu. (*c*) *Fb:* Gêner (un adversaire). **3.** (*a*) *Bookb:* Gaufrer, frapper (la couverture d'un livre). (*b*) *Hatm:* Enformer (un chapeau); mettre (un chapeau) en forme. (*c*) *Bootm:* *To b. a shoe*, cambrer la forme d'un soulier.

block in, *v.tr.* Esquisser à grands traits.

block out, *v.tr.* **1.** *Adm:* (*Of censor*) Caviarder (un passage d'un journal, etc.). *Blocked-out passage*, caviar *m.* **2.** Ébaucher (une statue, etc.); formuler les directives (d'un travail à entreprendre). **3.** *Phot: etc:* Silhouetter (une tête, etc.) (pour la détacher du fond).

blocking-out, *s.* **1.** Caviardage *m.* **2.** Ébauchage *m.* **3.** Silhouettage *m.*

block up, *v.tr.* **1.** (*a*) Boucher, bloquer, fermer (un trou); boucher, condamner, murer (une porte, une fenêtre); *Nau:* bâcler (un port). (*b*) Obstruer, engorger (un tuyau, etc.). **2.** *To b. up the car*, caler la voiture sous les essieux.

blocking-up, *s.* **1.** (*a*) Murage *m.* (*b*) Obstruction *f.* (*c*) *Nau:* Bâclage *m* (d'un port). **2.** Calage *m.*

blocking, *s.* **1.** (*a*) Encombrement *m.* (*b*) *Rail:* **Blocking device**, dispositif bloqueur. (*c*) *El:* Blocage *m* (du courant). **2.** *Bookb:* Gaufrage *m*, frappe *f.* **Blind blocking**, dorure *f* à froid.

blockade¹ [blɔ'keːid], *s.* **1.** *Mil: Nau:* Blocus *m.* *Effective b.*, blocus effectif. *Paper b.*, blocus fictif. *Close b.*, blocus rigoureux. **To run the blockade**, forcer le blocus. **To raise the blockade of a place**, (i) lever le blocus d'une place, (ii) débloquer une place. *Raising of the b.*, déblocquement *m*, déblocus *m* (d'une place). **2.** *U.S:* Arrêt de circulation des trains (dû aux neiges); encombrement *m*, embouteillage *m* (de la voie publique).

bloc'kade-runner, *s.* Forceur *m* de blocus, *A:* interlope *m.*

bloc'kade-running, *s.* Forcement *m* de blocus.

blockade², *v.tr.* **1.** Bloquer (une ville, un port); faire le blocus (d'une place forte). **2.** *U.S:* Bloquer (la circulation); encombrer (une rue).

blockader [blɔ'keidər], *s.* *Mil: Navy:* Bloqueur *m.*

blocker ['blɔkər], *s.* Dresseur, -euse (de chapeaux).

blockhead ['blɔkhed], *s.* *F:* Lourdaud *m*; gros bêta; sot *m*; cruche *f*; bûche *f*; souche *f*; buse *f*; tête *f* de buffle. *He's a b.*, c'est une tête de bois.

blockhouse ['blɔkhaus], *s.* *Mil:* Blockhaus *m*; cassine *f.*

blockish ['blɔkiʃ], *a.* Lourdaud, stupide; (esprit) épais. **-ly**, *adv.* Stupidement.

bloke [blouk], *s.* *P:* Individu *m*, type *m*; *Pej:* gonze *m*, mec *m.*

blond, *f.* **blonde** [blɔnd], *a.* & *s.* **1.** Blond, -e (en parlant des races nordiques). **2.** *F:* Blondin, -ine. **3.** *s.* **Blonde (lace)**, blonde *f.*

blood¹ [blʌd], *s.* **1.** Sang *m.* (*a*) **To shed, spill, blood**, répandre, verser, le sang. *No b. was shed*, il n'y eut point d'effusion de sang. *Without shedding of b.*, sans effusion de sang. *To thirst for b.*, être assoiffé de sang. *To stain one's hands with b.*, rougir ses mains de sang. *He has no b. in his veins*, il n'a pas de sang dans les veines; *F:* il a du sang de navet. **To draw blood**, faire saigner qn. *To flog s.o. till one draws b.*, fouetter qn jusqu'au sang. *To fight until b. is drawn (and no longer)*, se battre au premier sang. *To bite one's lips till the b. comes*, se mordre les lèvres jusqu'au sang. *To spit b.*, cracher du sang; cracher le sang; cracher rouge. *Med: A:* **To let blood from s.o.**, saigner qn. *Covered with b.*, couvert de sang; ensanglanté. *He was covered with b.*, il était tout en sang. *Country steeped in b. by war*, pays ensanglanté par la guerre. *F:* **He's out for blood**, il va se montrer intraitable, féroce. *Prov:* **One can't get blood out of a stone**, on ne saurait tirer de l'huile d'un mur; on ne peut peigner un diable qui n'a pas de cheveux. **The blood stream**, le cours du sang. **This answer sent the blood rushing through him**, cette réponse lui cingla le sang. *The b. rushed to his forehead*, le sang lui monta au visage. **It makes my blood boil**, cela me fait bouillir le sang; cela m'indigne. *His b. boiled*, **his blood was up**, le sang lui bouillait dans les veines; il était monté; il avait la tête montée. **His blood ran cold**, son sang se glaça, se figea (dans ses veines); son cœur se glaça, se figea, d'effroi. *It makes my b. run cold*, cela me glace le sang. **To commit a crime in cold blood**, commettre un crime de sang-froid. *Crime committed in cold b.*, crime prémédité, commis de propos délibéré. *He would never have struck her in cold b.*, jamais il ne l'aurait frappée s'il n'avait pas vu rouge, s'il avait gardé son sang-froid. **His blood is on his own head**, son sang est sur lui. *His b. shall be on our head*, son sang retombera sur nous, sur nos têtes. *Do not lay the b. of these men at our door*, ne faites pas retomber sur nous le sang de ces hommes. *B:* **Men of blood**, homicides *m.* **I would give my life's blood to . . .**, je donnerais le plus pur de mon sang pour. . . . *See also* LIFE-BLOOD. **There is bad blood, ill blood, between them**, il y a de vieilles rancunes entre eux. *To make bad b. between two persons*, causer de l'inimitié, jeter la discorde, entre deux personnes. **To infuse new blood into an undertaking**, vivifier une entreprise. *The committee needs new b.*, le comité a besoin d'être rajeuni, de se rajeunir. *See also* FEUD[1], FLESH[1] 2, HEART'S-BLOOD, HOT[1] 3, PRESSURE 1. (*b*) (*Kindred*) *They are near in b.*, ils sont proches parents. **It runs in the blood**, cela tient de famille; c'est dans le sang. *It runs in his b.*, il chasse de race. *Doesn't b. tell in him!* comme on sent la race chez lui! **The call of blood**, la voix du sang. *It was the call of the b. that drew them together*, c'était la force du sang qui les rapprochait. **Blood is thicker than water**, le sang a beaucoup de pouvoir; nous sommes unis par la voix du sang, par la force du sang. (*c*) (*Birth, race*) **Prince of the blood**, prince du sang. **Blue blood**, sang royal, illustre, aristocratique. *Prov:* **Blood will tell**, bon sang ne peut mentir. **Blood horse**, cheval *m* de sang, de race; (cheval) pur-sang *m.* *Immigrants of Latin b.*, immigrants de race latine. *See also* FULL-BLOOD, HALF-BLOOD. **2.** (*a*) *A:* Petit-maître *m*, *pl.* petits-maîtres, dandy *m.* **The bloods**, la jeunesse dorée. (*b*) *F:* **Young blood**, un des jeunes du parti (politique, etc.). **3.** *F:* = BLOOD-CURDLER.

'blood-and-'thunder, *attrib.* *F:* **Blood-and-thunder play**, pièce *f* à gros effets, à effets corsés; mélo *m.*

'blood-curdler, *s.* *F:* Histoire *f* ou roman *m* à sensation.

'blood-curdling, *a.* A vous tourner les sangs; qui (vous) fige le sang; à (vous) figer le sang.

'blood-disk, *s.* *Physiol:* **Red blood-disk**, plaquette sanguine, plaque sanguine.

'blood-giver, *s.* *Surg:* Donneur *m* de sang.

'blood-heat, *s.* Température *f* du sang.

'blood-letting, *s.* *Med: A:* Saignée *f.*

'blood-money, *s.* Prix *m* du sang.

'blood-orange, *s.* (Orange) sanguine *f.*

'blood-poisoning, *s.* *Med:* Empoisonnement *m* du sang; infection purulente, putride; septicémie *f*, toxémie *f.*

'blood-red, *a.* Rouge comme du sang; rouge sang; sanglant. *Nat.Hist:* Sanguinolent.

blood-re'lation, *s.* Parent naturel, parente naturelle; parent(e) par le sang.

'blood-root, *s.* *Bot:* Sanguinaire *f.*

'blood-stain, *s.* Tache *f* de sang.

'blood-stained, *a.* Taché de sang, souillé de sang, ensanglanté. *B.-s. handkerchief*, mouchoir taché de sang. *B.-s. hands*, mains souillées de sang. *Jezebel's b.-s. daughter . . .*, de Jézabel la fille meurtrière. . . .

'blood-stone, *s.* *Lap:* Sanguine *f*, jaspe sanguin.

'blood-sucker, *s.* **1.** *Ann:* Sangsue *f.* **2.** *F:* Sangsue, vampire *m*, affameur *m* du peuple.

'blood-sucking¹, *a.* Vampirique.

'blood-sucking², *s.* Vampirisme *m.*

'blood-tax, *s.* L'impôt *m* du sang.

'blood-vessel, *s.* Vaisseau sanguin.

'blood-wort, *s.* *Bot:* **1.** Patience *f* rouge, sang-de-dragon *m*, herbe *f* aux charpentiers. **2.** Sureau *m* hièble; petit sureau. **3.** = BURNET.

blood², *v.tr.* **1.** *A:* (= BLEED) Saigner (qn). **2.** (*a*) *Ven:* Acharner (les chiens), leur donner le goût du sang. (*b*) *Mil:* *To b. the troops*, mener les troupes au feu pour la première fois; donner aux troupes le baptême du feu.

blooded [ˈblʌdid], *a.* **1.** *U.S:* De sang, de race. (*Of horse*) **To be blooded,** avoir du sang. **2.** (*With adj. prefixed, e.g.*) **Warm-, cold-blooded animals,** animaux à sang chaud, à sang froid. *See also* COLD-BLOODED, FULL-BLOODED, HALF-BLOODED, HOT-BLOODED.

bloodhound [ˈblʌdhaund], *s.* **1.** Chien *m* de Saint-Hubert; limier *m.* **2.** *F:* (*Of pers.*) Limier.

bloodily [ˈblʌdili], *adv. See* BLOODY.

bloodiness [ˈblʌdinəs], *s.* (*a*) État sanglant. (*b*) Disposition *f* sanguinaire.

bloodless [ˈblʌdləs], *a.* **1.** (*a*) Exsangue, pâle, anémié. (*b*) *F:* Insensible, froid. *B. style,* style inanimé. (*c*) *F:* "Qui n'a pas de sang dans les veines." **2. Bloodless victory,** victoire *f* sans effusion de sang; victoire pacifique. **-ly,** *adv.* Sans effusion de sang.

bloodmark [ˈblʌdmaːrk], *s.* Tache *f* ou trace *f* de sang.

bloodshed [ˈblʌdʃed], *s.* **1.** Effusion *f* de sang. *The revolution was carried through without b.,* la révolution fut accomplie sans verser de sang. **2.** Carnage *m.*

bloodshot [ˈblʌdʃɔt], *a.* **Bloodshot eye,** œil injecté de sang; œil éraillé. (*Of eye*) *To become b.,* s'injecter.

bloodthirstiness [ˈblʌdθəːrstinəs], *s.* Soif *f* de sang.

bloodthirsty [ˈblʌdθəːrsti], *a.* Sanguinaire; altéré de sang, assoiffé de sang, avide de sang.

bloody[1] [ˈblʌdi], *a.* **1.** Sanglant, ensanglanté, taché de sang; (combat) sanglant, sanguinaire; (tyran) sanguinaire, cruel. *Hist:* **The Bloody Assizes,** les Assises sanglantes (du juge Jeffreys). *U.S:* *F:* **To wave the bloody shirt,** entretenir la discorde entre le Nord et le Sud. *Her:* **The Bloody Hand,** la main rouge (des armoiries d'un baronnet). *See also* DOCK[1], FLUX[1] 1, RAW-HEAD. **2.** *P:* (*Intensive; not in decent use; usu. spelt b. . . .*) (*a*) *a.* Sacré. *A b. . . . liar,* un sacré menteur, un menteur infect. *You b. . . . fool!* b. . . . d'idiot! *Stop that b. . . . row!* assez de chahut! (*b*) *adv. It is b. . . . hot!* quelle sacrée chaleur! il fait b— ment chaud! *Not b. . . . likely!* pas de danger! **-ily,** *adv.* D'une manière sanglante, sanguinaire.

bloody[2], *v.tr.* (bloodied) Ensanglanter; souiller (ses mains, etc.) de sang.

bloom[1] [bluːm], *s.* **1.** (i) Fleur *f*; (ii) floraison *f*, épanouissement *m.* **To burst into bloom,** fleurir. *All nature is in b. again,* toute la nature est refleurie. *Flower in b.,* fleur éclose. **In full bloom,** épanoui, en pleine fleur, en pleine floraison. *Carnation, rose, in its first b.,* œillet frais épanoui, rose fraîche épanouie. *Gardens where thousands of flowers are in b.,* jardins où s'épanouissent des milliers de fleurs. *F: Maidens in b.,* jeunes filles *f* en fleur. **The bloom of youth,** l'incarnat *m* de la jeunesse. *Mr X exhibited some beautiful blooms,* M. X a exposé plusieurs échantillons *m* magnifiques (de ses roses, de ses chrysanthèmes, etc.). *F: In the b. of youth,* à, dans, la fleur de l'âge, de la jeunesse; en pleine jeunesse. *Young women in the b. of youth,* jeunes femmes *f* dans toute leur beauté, dans toute leur fraîcheur. *In the full b. of her loveliness,* dans le plein épanouissement, dans tout l'éclat, de sa beauté. **Beauty that has lost its bloom,** beauté défraîchie. **2.** (*a*) Velouté *m*, pruine *f*, duvet *m* (du raisin, d'une pêche). **To take the bloom off** (*a bunch of grapes, etc.*), déflorer (une grappe de raisin, etc.). *Bot: Covered with b.,* pruiné, pruineux. (*b*) Efflorescence *f*, fleur (du soufre sur le caoutchouc, etc.). (*c*) Bouquet *m* (du vin).

bloom[2], *v.i.* **1.** Fleurir; être en fleur. **To bloom into sth.,** devenir qch. (de beau). *She had bloomed into a cinema star,* elle était devenue rien de moins qu'une étoile de cinéma. **2.** *F: A:* Resplendir; être resplendissant.

-bloomed, *comb.fm.* **Full-bloomed roses,** roses (complètement) épanouies, en pleine fleur.

blooming[1], *a.* **1.** (*a*) (*Flowering*) Fleurissant; en fleur. (*b*) (*Flourishing*) Florissant. *A handsome girl, tall and b.,* une belle fille, grande et fraîche. (*'A blooming beauty,'* une beauté épanouie, *'blooming girls,'* jeunes filles *f* en fleur, ne se disent plus, cet emploi étant contaminé par le sens 2.) **2.** *P:* (*Meaningless intensive*) *He came in a b. top hat!* il est venu en tube, rien de moins! *Ain't he a b. toff!* ce qu'il est rupin! *You b. idiot!* sacré imbécile! *That's his b. girl!* c'est sa petite amie, pige-moi ça! *It's a b. lie!* c'est pas vrai! *No b. fear!* t'en fais pas!

blooming[2], *s.* Floraison *f*, fleuraison *f.*

bloom[3], *s. Metall:* Masse *f* de fer cinglé, brame *f*; bloom *m*, renard *m*, lopin *m*, loupe *f*, masseau *m.* **Half-bloom,** massoque *f.* **Double bloom,** doublon *m.*

bloom[4], *v.tr. Metall:* Cingler, dégrossir (une masse de fer).

blooming[3], *s. Metall:* Dégrossissage *m*, dégrossissement *m* (du fer).

'blooming-mill, *s.,* **-rolls,** *s.pl. Metall:* Train *m* à blooms.

bloomer [ˈbluːmər], *s.* **1.** *Typ:* Majuscule ornée. **2.** *P:* Bévue *f*, gaffe *f*, boulette *f*, pataquès *m.* **To make a bloomer,** mettre les pieds dans le plat; gaffer; *P:* se gourer.

bloomers [ˈbluːmərz], *s.pl. Cost:* Culotte bouffante (de femme, pour cyclisme, etc., ou portée avec jupe courte comme costume de gymnastique). (Innovation d'une Mrs Bloomer.)

bloomery [ˈbluːməri], *s. Metall:* Bloomerie *f*, affinerie *f.* *B. furnace,* four *m* à loupes. *B. fire,* feu catalan.

Bloomsburian [bluːmzˈbjuəriən], *s. F:* Habitant, -ante, de Bloomsbury.

Bloomsbury [ˈbluːmzbəri]. *Pr.n.* **1.** *A:* Quartier *m* (de Londres) de bonne bourgeoisie. **2.** Quartier d'hôtels et de pensions de famille. **3.** (En voie de devenir) le "quartier latin."

blossom[1] [ˈblɔsəm], *s.* Fleur *f* (des arbres). **Tree in blossom,** arbre *m* en fleur(s). **Orange-blossom,** fleur d'oranger. *Spray of b.,* petite branche fleurie. *P:* **Blossom nose,** nez bourgeonné; nez fleuri. *B.-nosed,* au nez fleuri.

blossom[2], *v.i.* (*Of tree*) Fleurir. *To b. again,* refleurir; (*in same season*) surfleurir. **To blossom into sth.** = *to bloom into sth., q.v. under* BLOOM[2] 1.

blossom out, *v.i.* S'épanouir. *F: To b. out in a new dress,* être resplendissante dans une robe neuve. *She blossomed out into a handsome woman,* dans l'épanouissement de ses charmes elle est devenue une belle femme, *F:* elle s'est faite.

blossoming, *s.* Fleuraison *f*, floraison *f.*

blot[1] [blɔt], *s.* (*a*) Tache *f*; (*of ink*) pâté *m.* (*b*) *A b. on s.o.'s honour,* une tache, une souillure, à l'honneur de qn. *B. in, on, the scutcheon,* tache au blason. *See also* LANDSCAPE 1.

blot[2], *v.tr.* (blotted; blotting) **1.** (*a*) Tacher, souiller, ternir. *See also* COPY-BOOK. (*b*) (*Of ink*) Faire des pâtés sur (qch.). (*c*) (*With passive force*) *Fabric that blots,* tissu *m* qui se tache facilement. **2.** Sécher l'encre (d'une lettre, etc.). **To blot (up) the ink,** passer le buvard sur l'encre. **3.** *Abs.* (*Of blotting-paper*) Boire l'encre. *Blotting-paper that won't b.,* papier buvard qui macule.

blot off, *v.tr.* Enlever (des gouttes d'eau, etc.) avec une éponge, avec du papier buvard, etc.; pomper (l'eau) avec un tampon, avec un pinceau sec, etc. *Phot:* Essorer (un cliché).

blotting off, *s. Phot:* Essorage *m.*

blot out, *v.tr.* **1.** Effacer. *Memory never to be blotted out,* souvenir *m* indélébile. **2.** (*Of fog, etc.*) Cacher, masquer (l'horizon, etc.). **3.** *Lit:* Exterminer (une race).

blotting, *s.* **1.** (*a*) Séchage *m* (au papier buvard). (*b*) Maculage *m* (du papier). **2.** Papier buvard.

'blotting-book, -case, *s.* = BLOTTER 1.

'blotting-pad, *s.* (Bloc) buvard *m*; sous-main *m.*

'blotting-paper, *s.* Papier buvard, papier brouillard.

blot[3], *s.* **1.** *Games:* (*At backgammon*) Dame découverte. **To hit a blot,** battre une dame (découverte). **2.** *F:* Point *m* faible (dans une position).

blotch[1] [blɔtʃ], *s.* **1.** Tache *f*, éclaboussure *f* (d'encre, de couleur). **2.** (*a*) Tache rouge (sur la peau). *Blotches due to indigestion,* rougeurs dues à l'indigestion. (*b*) Pustule *f.*

blotch[2], *v.tr.* Couvrir (la peau) de taches, de rougeurs. *The cold blotches the skin,* le froid marbre la peau.

blotched, *a.* = BLOTCHY.

blotch[3], *s. Sch: P:* Papier buvard.

blotchiness [ˈblɔtʃinəs], *s.* Couperose *f.*

blotchy [ˈblɔtʃi], *a.* **1.** (Teint) brouillé, couperosé; (peau) couverte de rougeurs. **2.** Tacheté.

blotter [ˈblɔtər], *s.* **1.** Buvard *m*; bloc buvard; cartable *m.* **Hand-blotter,** tampon *m* buvard. **2.** (*a*) *Com:* Brouillard *m*, main courante. (*b*) *Adm: U.S:* Registre *m* (d'arrestations, etc.); livre *m* d'écrou.

blotto [ˈblɔto], *a. P:* Complètement ivre; soûl perdu; blindé.

blouse [blaːuz], *s.* **1.** (*a*) Blouse *f.* (*b*) **Blouse (under-)slip,** dessous *m* de blouse. *See also* JUMPER-BLOUSE. **2.** *Mil: U.S:* Vareuse *f.*

blow[1] [blou], *s.* **1.** Coup *m* de vent. *To go for a b.,* sortir prendre l'air, (aller) se promener au grand air. **2.** (*a*) Souffle *m.* *Every morning he has a b. at his trombone,* tous les matins il souffle dans son trombone. *Give your nose one good b. and be done with it,* mouche-toi une bonne fois pour toutes. (*b*) *P:* Renseignement secret; tuyau *m.* **3.** *Metall:* (*a*) (Charge *f* de) soufflage *m.* (*b*) = BLOW-HOLE 3. **4.** = FLY-BLOW.

blow[2], *v.* (*p.t.* blew [bluː]; *p.p.* blown [bloun], *P:* blowed [bloːud]) I. *v.i.* Souffler. **1.** (*a*) (*Of wind*) *It is blowing,* il fait du vent, il vente. *It is blowing hard,* le vent souffle fort; il fait grand vent. **It is blowing a gale,** le vent souffle en tempête, le vent fait rage. **It was blowing great guns,** il faisait un vent à (d)écorner les bœufs; il ventait en tempête. **It is blowing up for rain,** le vent annonce de la pluie. *The wind blows down the chimney,* le vent s'engouffre dans la cheminée. *See also* WIND[1] 1. *It is blowing from the west,* le vent souffle de l'ouest. *Nau:* (*Of wind*) *To b. from a quarter,* dépendre d'un bord. **Wind blowing on the quarter,** vent qui donne sur la hanche. *F:* **Blow high, blow low . . .,** quoi qu'il advienne. . . . *B. high, b. low, he always takes a walk,* quelque temps qu'il fasse il ne manque jamais sa promenade. *See also* FRESH I. 5, HOT[1] 1. (*b*) *Pred.* **The door blew open,** la porte s'ouvrit sous la poussée du vent. **2.** (*a*) (*Of pers.*) *To b. on one's fingers,* souffler dans ses doigts. (*b*) **To let the horses blow,** laisser souffler les chevaux. (*c*) (*Of whale*) Rejeter l'eau par les évents. *F:* (*Of pers.*) **To blow like a grampus,** souffler comme une baleine, comme un phoque, comme un bœuf. *See also* PUFFING[1]. (*d*) *U.S: P:* Se vanter; faire le mariol. **3.** (*a*) **To blow upon s.o.'s reputation,** ternir une réputation. (*b*) *P:* **To blow on s.o.,** trahir qn, vendre qn. *Abs.* **To blow,** cafarder. **4.** (*Of electric lamp*) Claquer, griller; (*of fuse*) fondre, sauter. *The fuse has blown,* le plomb est fondu, a sauté.

II. **blow,** *v.tr.* **1.** *The wind blows the rain against the windows,* le vent chasse la pluie contre les vitres. (*Of wind*) *To b. a ship ashore,* pousser un navire à la côte. *To be blown out to sea,* être poussé au large. *Nau: We were being blown out of our course,* nous tombions sous le vent. *Sail blown over a yard,* voile capelée sur une vergue. *F:* **What good wind blows you here?** quel bon vent vous amène? *See also* ILL I. 1, WIND-BLOWN. **2.** (*a*) (*Of pers.*) *To b. the dust off a book,* souffler sur un livre (pour enlever la poussière). *Hist:* **To blow a man from (the mouth of) a gun,** exécuter, faire périr, un homme en l'attachant à la gueule d'un canon. *F:* **To blow s.o. a kiss,** envoyer un baiser à qn. (*b*) **To blow (up) the fire,** ranimer le feu. *To b. the organ,* souffler l'orgue. *See also* COAL[1] 1. (*c*) **To blow one's nose,** se moucher. **To blow a trumpet,** souffler dans une trompette. *To b. the horn, the trumpet,* sonner du cor, emboucher le cor; jouer de la trompette. (*With passive force*) *Guns were firing and trumpets blowing,* on tirait le canon et on sonnait de la trompette. *F:* **To blow one's own trumpet, horn,** chanter ses propres louanges; faire claquer son fouet. (*d*) *To b. air into sth.,* insuffler de l'air dans qch. *To b. an egg,* vider un œuf. *Mch:* **To blow a boiler,** évacuer une chaudière. *Nau:* **To blow the tanks** (*of a submarine*), chasser aux ballasts. **To blow bubbles,** faire des bulles de savon. **To blow glass,** souffler le verre. (*e*) *Vet:* (*Of food*) Empanser (un animal). **3.** Essouffler (un cheval, etc.). **4.** *El:* **To blow a fuse,** faire fondre, faire jouer, un fusible; faire sauter les plombs. 5. *U.S: P:* = BOOM[6] 1. 6. (*Of fly*) Gâter la viande (en y pondant des œufs). (*Cf.* FLY-BLOWN.) 7. *P:* **Blow the expense! expense be blowed!** je me moque de la dépense! **You be blowed!** zut pour vous! **I'll be blowed if . . .**, que le diable m'emporte si. . . . **Well, I'm blowed!** non, mais des fois! *See also* GAFF[3].

blow about. 1. *v.i.* (*Of leaves, etc.*) Voler çà et là. 2. *v.tr.* Ballotter; faire voler (qch.) çà et là; disperser (des feuilles, etc.). *The wind had blown her hair about*, le vent l'avait échevelée.

blow away, *v.tr.* Emporter. 1. *To b. away the dust*, souffler sur la poussière (pour l'enlever). *The wind blew away the fog*, le vent dissipa la brume. 2. *The sails were blown away*, les voiles furent emportées par le vent. *Artil: To b. away an obstacle*, disperser un obstacle.

blow down, *v.tr.* 1. (*Of wind*) Abattre, renverser (un arbre, une cheminée); verser (les blés). 2. *Mch: To b. down the boiler*, vider, évacuer, la chaudière; faire l'extraction.

'blow-down 'cock, *s. Mch:* Robinet *m* d'extraction.

blow in. 1. *v.tr.* (*a*) (*Of wind, etc.*) Enfoncer (un carreau, une porte). *The gates were blown in with dynamite*, on enfonça les portes à la dynamite. (*b*) *P:* (*Of pers.*) Dépenser, manger (ce qu'on a). (*c*) *Metall:* Mettre (un haut fourneau) en feu. 2. *v.i.* (*a*) *The wind blows in at the window*, le vent entre par la fenêtre. (*b*) *F:* (*Of pers.*) Entrer en passant; arriver à l'improviste; s'amener.

blow off. 1. *v.tr.* (*a*) *The wind has blown his hat off*, le vent a emporté son chapeau. *To b. the dust off*, souffler la poussière. *U.S: P:* **To blow the lid off**, faire des révélations; dénoncer un scandale. (*b*) *Mch:* **To blow off (steam)**, purger, laisser échapper, lâcher, de la vapeur; *Nau:* larguer de la vapeur; soulager les soupapes. *See also* STEAM[1]. *To b. off the boiler*, vider, évacuer, vidanger, la chaudière. 2. *v.i.* (*Of hat*) S'envoler.

blow-'off, *a.* & *s.* 1. *Hyg:* **Blow-off (pipe)**, ventilateur *m*, tuyau *m* d'évent (de fosse d'aisance). 2. *Mch:* **Blow-off (gear, cock)**, robinet *m*, bouchon *m*, de vidange; purgeur *m* de vapeur. **Blow-off pipe**, tuyau d'extraction.

blowing off, *s. Mch:* Évacuation *f* (d'une chaudière).

blow on, *v.tr. Metall:* Braser ou souder au chalumeau.

blow out. 1. *v.tr.* (*a*) Souffler, éteindre (une bougie). *The candle was blown out*, (i) le vent éteignit la bougie; (ii) on souffla la bougie. (*b*) *To b. out one's cheeks*, gonfler, enfler, ses joues. (*c*) *To b. the air out* (*from gas-pipes, etc.*), chasser, expulser, l'air. *Artil: The breech-block was blown out*, le bloc de culasse a sauté. (*Of steam-engine*) *To b. out the packing*, cracher, expulser, l'étoupe. *Mch: To b. out a cylinder*, purger un cylindre. *To b. out a boiler*, évacuer l'eau d'une chaudière. *See also* BRAIN[1] 2. (*d*) *Metall:* Mettre (un haut fourneau) hors feu. 2. *v.i.* (*a*) (*Of candle, etc.*) S'éteindre. (*b*) *Min:* (*Of shot*) Faire canon. (*c*) *Aut:* (*Of tyre*) Éclater; faire hernie; (*of gasket*) sauter. (*d*) *El:* (*Of fuse*) Sauter.

blow-'out, *s.* 1. *Metall:* Mise *f* hors feu (d'un haut fourneau). 2. *El.E:* (*a*) Soufflage *m* d'étincelles. (*b*) **Magnetic blow-out**, souffleur *m* magnétique. *Lightning arrester with magnetic b.-o.*, parafoudre *m* à soufflage magnétique. 3. *Aut: etc:* Éclatement *m*, rupture *f* (de pneu, de chambre à air). *Bead b.-o.*, déjantage *m* du pneu. *See also* SHOE[1] 3. 4. *P:* Gueuleton *m*, ripaille *f*, bâfrée *f*, bâfre *f*, crevaille *f*, *P:* balthazar *m*; (*given to villagers, etc.*) régal *m*. *To have a good b.-o.*, s'en mettre jusque-là; s'en mettre plein la lampe; s'en donner plein la ceinture.

blowing out, *s.* 1. Extinction *f* (d'une chandelle). 2. Gonflement *m* (des joues). 3. Expulsion *f* (de l'air des conduites de gaz); crachement *m* (de l'étoupe, etc.). *Mch:* Purge *f* (d'un cylindre).

blow over. 1. *v.tr.* = BLOW DOWN 1. 2. *v.i.* (*a*) **The storm has blown over**, la tempête s'est calmée, est passée, s'est dissipée. *F:* **We must let it blow over**, il faut laisser passer cela. *The scandal soon blew over*, le scandale fut bientôt oublié. (*b*) (*Of crops*) Verser.

blow through, *v.tr. Mch:* Purger (les cylindres). *Plumb: etc:* Faire une chasse d'air dans (les canalisations).

blow-'through, *s. Mch:* Purge *f* (des cylindres). *See also* COCK[1] 2. *Plumb: Artil: etc:* Chasse *f* d'air.

blow to and fro. 1. *v.i.* (*Of branches, etc.*) S'agiter, se balancer; (*of dry leaves, etc.*) rouler, danser, çà et là. 2. *v.tr.* (*Of the wind*) Agiter (les branches); faire danser (les feuilles).

blow up. 1. *v.i.* (*a*) (*Of mine, etc.*) Éclater, sauter; (*of boiler*) crever, exploser. (*b*) *Nau:* **It is blowing up for a gale**, il vente grand frais. 2. *v.tr.* (*a*) Faire sauter (une mine, un pont, un édifice, etc.); (faire) exploser (une mine, une poudrière). (*b*) Gonfler (un pneu); souffler (un ballon à air). *To b. up a calf* (*before skinning*), souffler un veau. *F:* **Blown up with pride**, bouffi d'orgueil. (*c*) *F:* Semoncer, tancer, *F:* savonner (qn); flanquer un savon à (qn); laver la tête à (qn); morigéner, *P:* engueuler (qn).

blow-'up, *s. F:* 1. (*a*) Dispute *f*, prise *f* de bec. (*b*) Esclandre *m*. 2. Explosion *f*.

blowing up, *s.* 1. Explosion *f*. 2. Gonflement *m* (d'un pneu). 3. Semonce *f*, *P:* engueulade *f*. *To give s.o. a good b. up*, laver la tête à qn; administrer un bon savon à qn.

blown, *a.* 1. Essoufflé, hors d'haleine. *The team was b.*, l'équipe était à bout de souffle. 2. (*Of food*) Gâté. *F:* **His honour is slightly blown upon**, son honneur est un peu souillé, un peu entaché. *See also* FLY-BLOWN. 3. (*Of casting*) Qui présente des soufflures.

blowing, *s.* 1. Soufflement *m* (du vent). 2. Soufflage *m* (d'un fourneau, etc.). *Med:* **Blowing murmur**, bruit *m* de soufflet. *See also* GLASS-BLOWING, HORN-BLOWING.

'blowing-engine, *s.* (Machine) soufflante *f*; soufflerie *f*.

'blowing-iron, *s. Glassm:* Canne *f* (de souffleur).

'blowing-machine, *s.* Soufflet *m*.

'blow-ball, *s. Bot: F:* Chandelle *f* (de pissenlit); voyageur *m*.

'blow-cock, *s. Mch:* Robinet *m* d'extraction, de vidange.

'blow-fly, *pl.* **-flies,** *s.* Mouche *f* à viande; dorée *f* (de la viande); lucilie *f*.

'blow-hard, *s. U.S: P:* Vantard *m*, esbrouffeur *m*.

'blow-hole, *s.* 1. Évent *m* (d'une baleine). 2. Ventilateur *m* (d'un tunnel). 3. *Metall:* Soufflure *f* (dans la fonte); bouillon *m*.

'blow-lamp, -torch, *s.* 1. Lampe *f* à souder, à braser; éolipyle *m*. 2. Brûloir *m* (de peintre en bâtiments).

'blow-pipe, *s.* 1. Sarbacane *f*. 2. (*a*) *Ch: Metall:* Chalumeau *m*. *B.-p. flame*, jet *m* de flamme. *See also* ANALYSIS. (*b*) *Glassm:* Canne *f* (de souffleur). 3. *Mus:* Porte-vent *m inv* (de cornemuse, de biniou).

'blow-tube, *s.* = BLOW-PIPE 1.

'blow-valve, *s. Mch:* Reniflard *m* (de chaudière à vapeur).

blow[3], *s.* Fleuraison *f*. *So used in the phr.* **In full blow**, en pleine fleuraison, en plein épanouissement.

blow[4], *v.i.* (**blew; blown**) (*Of flower*) S'épanouir, fleurir, s'ouvrir. *Fresh-blown poppies, roses*, pavots frais éclos, roses fraîches écloses. *See also* FULL-BLOWN, NEW-BLOWN.

blow[5], *s.* 1. Coup *m*; (*with fist*) coup de poing; (*with stick, etc.*) coup de bâton. *I knocked him down at the first b.*, je le renversai du premier coup. *At a* (*single*) *b.*, d'un (seul) coup. **To strike a blow**, porter, asséner, donner, un coup. **Without striking a blow**, sans coup férir. *To miss one's b.*, manquer son coup. **To deal s.o. a blow**, porter un coup à qn. *He dealt him b. after b.*, il lui porta coup sur coup. *To receive a b.*, *F:* recevoir un atout. *See also* FETCH[2] 6. **To come,** *F:* **get, to blows, to exchange blows**, en venir aux coups, aux mains; *Jur:* en arriver aux voies de fait. *To come to blows with s.o.*, faire le coup de poing avec qn. *Blows fell thick and fast*, il pleuvait des coups. **To return blow for blow**, rendre coup pour coup. *Slight b. on the arm*, légère atteinte au bras. *Lightning b., stinging b.*, coup foudroyant, raide comme balle. **Knock-out blow**, (i) coup d'assommoir; (ii) *Box:* knock-out *m*. *See also* FOUL[1] I. 4. *Prov:* **The first blow is half the battle**, le premier coup en vaut deux. *B. to s.o.'s credit*, atteinte *f* au crédit de qn. **To aim a blow at s.o.'s authority, to deal s.o.'s authority a blow**, porter atteinte à l'autorité de qn; entamer l'autorité de qn. *See also* DEATH-BLOW. 2. Coup (du sort). *It came as a crushing b. to us*, ce fut un coup d'assommoir pour nous. *It was a b. to me to hear that . . .*, cela m'a porté un coup d'apprendre que. . . . *His death will be a sad b. to his family*, sa mort est un rude coup pour sa famille. 3. (*Impact*) Choc *m*.

blower ['blouər], *s.* 1. (*a*) Souffleur, -euse (de verre, etc.). *See also* GLASS-BLOWER. (*b*) **Horn-blower**, sonneur *m* de cor; corneur, -euse. *See also* ORGAN-BLOWER. 2. (*a*) Écran *m* à tirage; tablier *m*, rideau *m*, trappe *f* (de cheminée). (*b*) *Ind: etc:* Ventilateur soufflant; machine *f* à vent; souffleur *m*; soufflante *f*, souffleuse *f*; soufflerie *f*. *pl. Navy:* **Blowers**, turbo-soufflante *f*, turbo-souffleuse *f* (de sous-marin). (*c*) Insufflateur *m*, soufflet *m* (à poudre insecticide). 3. *Min:* Échappement *m* de gaz; soufflard *m* de grisou. 4. *Z:* **Blower(-dolphin)**, souffleur.

blowy ['bloui], *a.* Venteux; tempétueux.

blowziness ['blauzinəs], *s.* Air mal peigné; air peu ragoûtant (d'une femme).

blowzy ['blauzi], *a.* (*Of woman*) (*a*) Rougeaude. (*b*) Ébouriffée, mal peignée. **The maid was a blowzy frowzy wench**, la bonne était une grosse souillon.

blub[1] [blʌb], *s. P:* Crise *f* de larmes.

blub[2], *v.i.* (**blubbed; blubbing**) *P:* = BLUBBER[3] 1.

blubber[1] ['blʌbər], *s.* 1. Graisse *f*, lard *m*, de baleine. 2. *F:* (*Jelly-fish*) Méduse *f*.

blubber[2], *attrib. a.* **Blubber lip**, lippe *f*. **Blubber-lipped**, lippu.

blubber[3]. *F:* 1. *v.i.* (*a*) Pleurer bruyamment, *F:* pleurer comme un veau (*over*, sur); *P:* chialer. (*b*) Pleurnicher. 2. *v.tr.* (*a*) **To blubber out sth.**, dire qch. en pleurant comme un veau. (*b*) *Cheeks blubbered with tears*, joues barbouillées de larmes, bouffies par les larmes.

blubbering, *a.* Pleurard, pleurnicheur, -euse, *P:* chialeur *m*.

bluchers ['blu:tʃərz, 'blu:kərz], *s.pl.* Demi-bottes *f*.

bludgeon[1] ['blʌdʒən], *s.* Gourdin *m*, assommoir *m*; matraque *f*; trique *f*, casse-tête *m inv*.

bludgeon[2], *v.tr.* Asséner un coup de gourdin, de matraque, à (qn), sur la tête de (qn); matraquer (qn). *To b. s.o. into doing sth.*, faire faire qch. à qn à coups de gourdin, à coups de trique. *F: To b. an idea into s.o., into s.o.'s head*, faire entrer de force une idée dans la tête à qn.

blue[1] [blu:]. I. *a.* (*a*) Bleu, azuré. *B. spectacles*, lunettes bleutées. **Blue ribbon**, (i) ruban bleu (des buveurs d'eau), (ii) prix principal (d'une réunion de courses, etc.). **The blue ribbon (of the Atlantic)**, le ruban bleu. *F:* **Blue water, the blue sea**, la haute mer; le large. *Pol:* **The blue-water school**, les partisans d'une marine puissante. *See also* BLOOD[1] 1, BOOK[1] 1, BUTTER[1] 1, DAHLIA, DEVIL[1] 2, DISEASE 2, FIRE[1] 1, FUNK[1] 1, MOON[1] 1, MURDER[1], OINTMENT, PETER[1] 2, PILL[1] 1, PRINT[1] 4, RUIN[1] 3, TRUE-BLUE. (*b*) (*Of pers.*) **To go blue**, prendre une teinte violacée. *Face b. with cold*, visage violacé par le froid, violet de froid. *Baby has cried till he is b. in the face*, bébé a tant crié qu'il s'est congestionné le visage. *You may talk till you are b. in the face*, till all's blue, vous avez beau parler. *I have told you so till I am b. in the face*, je m'épuise à vous le dire; je m'égosille, je m'évertue, à vous le dire. *See also* BLACK[1] I. 1. (*c*) *F:* **To look blue**, avoir l'air (i) triste, sombre, (ii) déconcerté. *Things are looking b.*, les choses ont l'air d'aller mal. **To feel blue**, avoir le cafard. (*d*) **To tell blue stories, to talk blue**, raconter des saletés, des grivoiseries, des histoires épicées. *P:* **To turn the air blue**, jurer comme un charretier. (*e*) *U.S:* **Blue laws**, lois inspirées par le puritanisme. *F:* **The Blue Law State**, le Connecticut.

II. **blue,** *s.* 1. Bleu *m*, azur *m*. **Pale blue**, azurin. **Dark blue**, gros-bleu *inv*. **A light blue dress**, une robe bleu clair. **Dark blue socks**, des chaussettes bleu foncé. **Sky-blue**, bleu céleste, bleu de ciel, (bleu d')azur *m inv.* **Cambridge blue,** bleu clair. **Oxford blue,** bleu foncé. **Slate-blue,** bleu ardoise, bleu turquin *inv.* **Steely blue,** bleuté. **Navy blue, sea blue,** bleu marine *inv. See also* INDIGO-BLUE, NILE-BLUE, PRUSSIAN. *Dressed in b.*, vêtu de bleu. **The blue (sky),** la voûte azurée; le firmament. **Out of the blue,** soudainement; à propos de bottes. *See also* BOLT[1] 2. *P:* **You're all in the blue,** vous n'y êtes pas du tout. **2.** *Pol:* **A true blue,** un patriote; un partisan convaincu des vieux partis traditionnels; *F:* un vrai de vrai. *Sp:* **The Dark Blues,** les équipes *f* de l'université d'Oxford ou de l'école de Harrow. **The Light Blues,** les équipes de l'université de Cambridge ou de l'école d'Eton. **To win, get, one's blue,** être choisi pour représenter son université dans un match universitaire. *Mil:* **The Blues,** (i) la Cavalerie de la Maison du Roi; (ii) *U.S.Hist:* l'armée *f* du Nord. **3. (Washing-)blue,** indigo *m*, azur; bleu (d'empois). **4.** *s.pl.* **The blues.** (*a*) Humeur noire, papillons noirs. **To have (a fit of) the blues,** avoir des idées noires, un accès d'humeur noire; broyer du noir; avoir le cafard. **It gives me the blues,** cela me donne le cafard. (*b*) *Danc:* Le blues [blu:z].

'blue bag, *s. Laund:* Sachet *m* à bleu, de bleu.

'blue-bell, *s. Bot:* **1.** Jacinthe *f* des prés, des bois. **2.** *Scot:* Campanule *f*.

'blue-'black, *a.* **1.** Noir tirant sur le bleu. **2.** (Encre) bleue-noire.

blue 'bull, *s. Z:* Nilgau(t) *m*.

'blue-coat. *Attrib.* **Blue-coat boy, girl,** élève *mf* des écoles de Christ's Hospital (à uniforme bleu).

blue-'eyed, *a.* **1.** Aux yeux bleus. **2.** *F:* Innocent, candide. *P:* **The 'blue-eyed boy,** le favori (du patron, etc.).

blue-'grass, *s. Bot:* Pâturin *m* des prés. *U.S: F:* **The Blue-grass State,** le Kentucky.

'blue-grey, *a. & s.* Gris bleuté; (cheval) porcelaine *inv.*

'Blue-hen, *attrib. U.S: F:* **The Blue-hen State,** le Delaware.

'blue jacket, *s.* Marin *m*, matelot *m*, de l'État; col-bleu *m*, *pl.* cols-bleus.

'blue-john, *s. Miner:* Fluorine bleue ou violette (du Derbyshire).

'blue-nose, *s. U.S: F:* Habitant, -ante, de la Nouvelle-Écosse.

blue-'pencil, *v.tr.* Marquer au crayon bleu. *To b.-p. an article*, barrer un article.

blue-'rot, *s. Arb:* Bleuissement *m*.

'blue-spar, *s. Miner:* Lazulite *m*, faux lapis, *F:* pierre *f* d'azur.

'blue-stocking, *s.* (*Of woman*) Bas-bleu *m*, *pl.* bas-bleus; doctoresse *f*.

'blue-stone, *s.* **1.** Sulfate *m* de cuivre; vitriol bleu. **2.** *Geol:* Trapp *m* (d'Australie).

blue[2], *v.tr.* **1.** (*a*) Bleuir; teindre (qch.) en bleu. *Laund:* Azurer (le linge); mettre, passer, (le linge) au bleu. *Metalw:* Bronzer (un canon). (*b*) Bleuter. **Blued spectacles,** lunettes bleutées. **2.** *F:* **To blue one's money,** gaspiller, manger, *P:* claquer, bouffer, son argent. **To blue the pool,** manger la cagnotte.

blu(e)ing, *s.* Bleutage *m*, azurage *m* (du linge); *Metalw:* bleuissage *m*, bronzage *m*.

Bluebeard ['blu:biərd]. *Pr.n.m.* Barbe-bleue *m*.

bluebottle ['blu:bɔtl], *s.* **1.** *Bot:* Bluet *m*, bleuet *m*. **2.** *Ent:* Mouche *f* à viande, mouche bleue (de la viande).

blueness ['blu:nəs], *s.* Couleur bleue, coloration bleue.

bluey-grey ['blui'grei], *a.* Glauque.

bluff[1] [blʌf]. I. *a.* (*a*) (*Of cliff, coast*) Accore, escarpé, à pic *Nau:* **Bluff(-bowed),** (navire) à proue renflée, renflé de l'avant; à grosses formes à l'avant. **Bluff-headed,** camard. (*b*) (*Of pers.*) Brusque; un peu bourru. *A straightforward, bluff, man*, un homme tout rond, *F:* un homme entier. **-ly,** *adv.* D'une façon un peu bourrue; sans cérémonie.

II. **bluff,** *s. Geog:* Cap *m* à pic; à-pic *m*, *pl.* à-pics; falaise *f*.

bluff[2], *s.* (*a*) *Cards:* (*At poker*) Bluff *m*, cassade *f*. (*b*) *F:* Bluff, battage *m*; *F:* boniments *mpl* à la graisse d'oie. *Piece of b.*, coup *m* de bluff. *Bill that is only a piece of b.*, projet *m* de loi qui n'est qu'un trompe-l'œil. (*c*) Menaces exagérées. **To call s.o.'s bluff,** (i) (*at poker*) inviter l'adversaire à mettre cartes sur table; (ii) *F:* relever un défi.

bluff[3], *v.tr. Cards & F:* Bluffer (qn); *F:* jeter de la poudre aux yeux de (qn). *Abs.* Faire du bluff, de l'épate; *Cards:* faire cassade.

bluffer ['blʌfər], *s.* Épateur *m*; faiseur, -euse; bluffeur, -euse.

bluffness ['blʌfnəs], *s.* Brusquerie (amicale); franc-parler *m*.

bluggy ['blʌgi], *a. F: Hum:* = BLOODY. **Bluggy novels,** romans *m* de cape et d'épée; romans corsés.

bluish ['blu:iʃ], *a.* Bleuâtre; bleuté; azurescent. **Bluish-grey,** ardoisé, glauque; (marbre) turquin. *B.-grey cat*, (chat) chartreux *m*.

blunder[1] ['blʌndər], *s.* Bévue *f*, maladresse *f*, erreur *f*. *B. in behaviour, social b.*, solécisme *m* de conduite; *F:* gaffe *f*, boulette *f*, impair *m*, bourde *f*. *Egregious b.*, grosse maladresse; *A:* pas *m* de clerc. *Silly b.*, sottise *f*. *To make a b.*, commettre une maladresse, un impair, etc. *French composition full of blunders*, thème rempli d'étourderies *f*.

blunder[2], *v.i & tr.* **1.** Faire une bévue, une gaffe, une boulette, une maladresse, un faux pas, *A:* un pas de clerc; *F:* gaffer; mettre les pieds dans le plat. **2.** **To blunder against, into, s.o., sth.,** se heurter contre qn, qch.; heurter qn, qch. *To b. one's way along*, avancer à l'aveuglette. *To b. through one's work*, travailler à l'aveuglette. *To b. through an examination paper*, répondre au petit bonheur. *To b. upon the truth*, découvrir la vérité par hasard. **To blunder out a secret,** laisser échapper un secret. **To blunder a piece of business away,** laisser échapper une affaire maladroitement, par sottise. *To b. through a passage* (*of a book*), ânonner un passage. **He managed to blunder through,** il s'en est tiré tant bien que mal. *To b. the country into war*, entraîner le pays dans la guerre par des maladresses.

blundering[1], *a.* Brouillon, malavisé; maladroit. **-ly,** *adv.* A l'aveuglette, au petit bonheur.

blundering[2], *s. The gropings and blunderings of the law*, les tâtonnements et les cafouillages de la justice.

blunderbuss ['blʌndərbʌs], *s.* **1.** Tromblon *m*, espingole *f*. **2.** Maladroit *m*, lourdaud *m*.

blunderer ['blʌndərər], *s.* Brouillon, -onne; maladroit, -e; malavisé, -ée; étourdi, -ie; gaffeur, -euse.

blunderhead ['blʌndərhed], *s.* = DUNDERHEAD.

blunt[1] [blʌnt]. I. *a.* **1.** (*Not sharpened*) Mousse; (*having lost its edge*) émoussé; (*having lost its point*) épointé; (instrument) contondant; (angle) obtus. *B. needle, b. pencil*, aiguille épointée, crayon épointé. *Scissors with b. ends*, ciseaux à bouts ronds. *See also* LANCE[1] 1. **2.** (*Of pers.*) Brusque, carré. *A b. man*, un homme tout d'une pièce. **The blunt fact,** le fait brutal. **He's a John Blunt,** c'est un bourru. **3.** (*a*) (Sens) obtus. (*b*) (Homme *m*) à l'esprit obtus. **-ly,** *adv.* Brusquement, carrément, brutalement, de but en blanc. *To announce news b.*, annoncer une nouvelle sans ménagements. *To speak b.*, parler net, carrément, *F:* sans mitaines.

II. **blunt,** *s.* Aiguille *f* à passer.

'blunt-pointed, *a.* Mousse, épointé.

'blunt-witted, *a.* A l'esprit épais, obtus.

blunt[2], *v.tr.* **1.** Émousser (un couteau); épointer (un crayon). *A: Blunted tilting-lance*, lance de joute mornée, à morne. *F: To b. the feelings*, émousser les sentiments. *To b. s.o.'s anger*, émousser la colère de qn. *To b. the palate*, blaser le palais. *To b. the edge of the pain*, émousser la douleur. **2.** Aplatir, abattre (un angle).

blunt[3], *s. P: A:* Argent comptant; de la pépète.

bluntness ['blʌntnəs], *s.* **1.** État émoussé, épointé; manque *m* de tranchant. **2.** Brusquerie *f*, rudesse *f*; franchise *f*, sans-façon *m*. *B. of speech*, franc-parler *m*.

blur[1] [blə:r], *s.* **1.** Tache *f*, macule *f*, barbouillage *m* (d'encre, etc.). *Typ:* Frison *m*. **2.** (*a*) Apparence confuse; brouillard *m*. *B. of tears*, voile *m* de larmes. (*b*) Buée *f* (sur un miroir, etc.). **3.** Ternissure *f*. **To cast a blur on s.o.'s name,** ternir la réputation de qn.

blur[2], *v.tr.* **(blurred; blurring) 1.** Barbouiller (d'encre, etc.). *Typ:* Maculer, mâchurer, friser. **2.** Brouiller, troubler. *Rain blurs the windows*, la pluie brouille les vitres. *Eyes blurred with tears*, yeux voilés de larmes. *The haze blurs the outlines of the mountain*, la brume estompe les contours de la montagne. *The distant hills become blurred*, les collines lointaines s'estompent. *The valley is blurred by a thick mist*, une brume épaisse ouate la vallée.

blur out, *v.tr.* Effacer, cacher (l'horizon, etc.).

blurred, *a. B. photograph*, photographie mal venue, mal réussie, floue. *B. outlines*, contours noyés, indécis, flous. *B. memories*, souvenirs confus, estompés. *To have a b. vision of sth.*, voir qch. confusément; avoir une vue confuse, trouble, de qch.

blurring, *s.* **1.** Maculage *m*, barbouillage *m*. **2.** *Opt:* Halo *m*, flou *m*.

blurb [blə:rb], *s. Publ: F:* **1.** Annonce avantageuse d'un livre sur le point de paraître; *F:* jus *m*. **2.** Annonce sur le couvre-livre, sur la bande de nouveauté.

blurt [blə:rt], *v.tr.* **To blurt out a secret,** lâcher (à l'étourdie), laisser échapper, trahir maladroitement, un secret. *He blurted out the truth*, (i) il a dit tout bonnement la vérité; (ii) il révéla, trahit, maladroitement la vérité; la vérité lui échappa. *He blurted out the whole story*, il raconta l'affaire de but en blanc. *He blurted it out to us*, il nous a lâché cela à la volée.

blush[1] [blʌʃ], *s.* **1.** Aspect *m*. **At the first blush,** à l'abord, au premier abord, au premier aspect, de prime abord, à première vue. **In the first blush of youth,** aux prémices de la jeunesse. *In the first b. of its novelty*, en sa prime fleur de nouveauté. **2.** (*a*) Rougeur *f* (de modestie, de honte). **To put s.o. to the blush,** (i) faire rougir qn; embarrasser qn; (ii) faire honte à qn; faire rougir qn de honte. *F:* **To say things that would put a monkey to the blush,** tenir des propos à faire rougir un corps de garde. *To bring blushes to s.o.'s cheeks*, faire monter le rouge au visage de qn; *F:* faire piquer un fard à qn. *A b. rose to his cheeks*, un flux de sang lui monta au visage. (*b*) Incarnat *m* (des roses). *Roses of the deepest b.*, roses *f* du plus vif incarnat. *The first b. of dawn*, les premières rougeurs de l'aube.

blush[2], *v.i.* **1.** (*Of pers.*) Rougir; *P:* piquer un fard, un soleil. *To b. for shame*, rougir de honte. **I blush for you,** vous me faites rougir. *She blushed at the mere thought*, rien que d'y penser la faisait rougir, lui faisait venir le rouge au visage. *I b. to say that . . .*, je rougis, j'ai honte, de dire que. . . . *To b. at a remark*, s'effaroucher d'une remarque. *Pred. To b. crimson*, devenir tout rouge; devenir cramoisi. *To b. purple*, devenir pourpre. *To b. pink*, devenir tout(e) rose. **To blush to the roots of one's hair,** rougir jusqu'au blanc des yeux, jusqu'au bout des oreilles, jusqu'aux oreilles. **2.** *Lit:* (*Of flower, dawn, etc.*) Rougir.

blushing, *a.* **1.** (*Of pers.*) Rougissant; timide; (*of woman*) pudique. *The b. bride*, la mariée toute confuse, toute rose. **2.** *Lit:* (*Of flower, etc.*) Rouge, rougissant. **-ly,** *adv.* En rougissant; timidement; pudiquement.

bluster[1] ['blʌstər], *s.* (*a*) Fureur *f*, fracas *m* (de l'orage). (*b*) Bravacherie *f*, rodomontades *fpl* (de qn).

bluster[2], *v.i.* (*a*) (*Of wind*) Souffler en rafales. (*b*) (*Of pers.*) Faire du fracas; parler haut; faire le rodomont; faire le fanfaron; fanfaronner. *To b. at s.o.*, essayer d'intimider qn. *v.tr.* **To bluster out threats,** se répandre en menaces; déblatérer des menaces.

blustering[1], *a.* (*a*) (Vent) violent. (*b*) Bravache, tonitruant. **-ly,** *adv.* D'un air bravache; d'un air de tranche-montagne.

blustering[2], *s.* = BLUSTER[1].

blusterer ['blʌstərər], *s.* Bravache *m*, rodomont *m*, tranche-montagne *m*, *pl.* tranche-montagnes; *F:* casseur *m* d'assiettes.

bo [bou]. *U.S: P:* (= HOBO?) (*Meaningless form of address*) **Say, bo, can you lend me . . .?** dis donc, toi, peux-tu me prêter . . .?

bo(h) [bou], *int.* *F:* **He can't say bo to a goose,** c'est un innocent, un nigaud.

boa ['bouə], *s.* **1.** *Z:* Boa *m.* **Boa-constrictor,** boa constricteur; constrictor *m*; *F:* devin *m.* **2.** *Cost:* **Feather boa,** boa.

Boadicea [bouədi'siːə]. *Pr.n.f.* *Hist:* Boadicée.

Boanerges [bouə'nəːrdʒiːz]. *Pr.n.m.* Boanergès, orateur *m* à la voix de Stentor.

boar ['bɔːər], *s.* *Z:* Verrat *m.* **Wild boar,** sanglier *m*, *Ven:* bête noire. *Young wild b.*, marcassin *m.* *Ven:* **Old boar,** solitaire *m.* *See also* HEAD[1] I.

'boar-fish, *s.* *Ich:* Sanglier *m* de mer.

'boar-hound, *s.* Vautre *m.* *See also* PACK[1] **2.**

'boar-hunting, *s.* Chasse *f* au sanglier.

'boar's foot, *s.* *Bot:* Ellébore vert.

'boar-spear, *s.* *Ven:* Épieu *m*; *A:* vouge *m.*

board[1] [bɔːrd], *s.* **1.** (*a*) Planche *f*, ais *m*; (*thick*) madrier *m.* *Thin b.*, feuille *f* de bois. **Bread board,** planche à couper le pain. **Ironing board,** planche à repasser. *Aut:* *Av:* **Toe-board,** plancher *m* oblique. *Nau:* **Shifting boards,** bardis *m.* *See also* DIVING-BOARD, FINGER-BOARD, FLASH-BOARD, FLASHING[3], FLOOR-BOARD, KNIFE-BOARD, MITRE-BOARD, MODELLING-BOARD, MORTAR-BOARD, NOTCH-BOARD, SLEEVE-BOARD, SOUND-BOARD, TAIL-BOARD, TREAD-BOARD, *etc.* (*b*) **(Notice-)board,** tableau *m* de publicité, d'annonces, d'affichage; planche aux affiches; écriteau *m.* **Sandwichman's board,** panneau *m.* *Aut:* **Caution board, danger board,** poteau indicateur de danger; poteau avertisseur; écriteau d'avertissement; poteau-avis *m*, *pl.* poteaux-avis. *Sp:* **Telegraph board,** tableau d'affichage. *Aut:* *Av:* **(Fascia-)board, (instrument-)board,** tableau de bord, de manœuvre; planche de bord; *Aut:* planche tablier. *Gramophones:* **Motor board,** horizontal *m* de moteur. *See also* ANNUNCIATOR, DASH-BOARD, DIRECTION I, INDICATOR, SCORING 3 (*a*), SIGN-BOARD, SWITCH BOARD. (*c*) *pl.* *Th:* **The boards,** la scène, le théâtre, *F:* les planches. **To go on the boards,** aborder la scène; monter sur les planches, sur les tréteaux. **To tread, walk, the boards,** être acteur, actrice; être sur les planches. *Actor brought up on the boards*, enfant *m* de la balle. (*d*) (*Cardboard*) Carton *m.* *See also* BRISTOL. *Bookb:* (i) **(Binding in) paper boards,** cartonnage *m*, emboîtage *m.* **In paper boards,** cartonné. **(Binding in) cloth boards,** cartonnage pleine toile; emboîtage pleine toile. **Limp boards,** cartonnage souple. (ii) *pl.* **The boards,** les plats *m* (d'un livre). *Cloth boards, paper boards*, plats toile, plats papier. **Front board,** recto *m*; plat supérieur. *See also* OFF-BOARD. **2.** (*a*) Table *f.* **The festive board,** la table du festin. *Groaning b.*, table surchargée de mets. *To sit down at the groaning b.*, s'asseoir devant un repas plantureux. *See also* OPEN[1] I. (*b*) Table, nourriture *f*, pension *f.* **Board and lodging,** *b. and residence*, pension *f* et chambre(s). *Partial b.*, demi-pension *f.* *Full b.*, pension entière. *To give s.o. b. and lodging*, donner le vivre et le couvert, la table et le logement, le logement et la nourriture, à qn. *With b. and lodging*, nourri et logé. *To pay so much for one's b.*, payer tant de pension. (*c*) **(Gaming) board,** table de jeu. *To clean the b.*, faire tapis net. *See also* ABOVE-BOARD, SWEEP[2] I. 1. (*d*) *Chess:* Tablier *m* (de l'échiquier). *See also* CHESS-BOARD. **3.** Conseil *m.* (*a*) **Board of enquiry,** commission *f* d'enquête. **Board of examiners,** jury *m*, commission, d'examen. *See also* GREEN CLOTH, GUARDIAN 2, 3, SCHOOL[1] 2. (*b*) **The Board of Trade** = le Ministère du Commerce. **The Board of Education** = le Ministère de l'Éducation nationale. **The Board of Works** = le Ministère des Travaux publics. **The National Wheat Board,** l'Office *m* du blé. *See also* ADMIRALTY I, HEALTH, MARKETING, MEDICAL I. (*c*) *Com:* **Board of Directors, of Managers,** (conseil d')administration *f*; bureau *m* (d'une société). *The Bank is represented on the b. of the Company*, la Banque fait partie du conseil de la société. **Board meeting,** réunion *f* du conseil. *See also* RAILWAY I. **4.** *Nau:* (*a*) Bord *m.* **On board (ship),** à bord d'un navire. *On b. my ship*, à mon bord. **To come on board,** accoster. *To take goods on b.*, embarquer des marchandises. **To go on board,** monter à bord; **s'embarquer.** *To go on b. again*, rentrer à bord; (se) rembarquer. **To go by the board,** s'en aller par-dessus bord; tomber à la mer. *A mast went by the b.*, un mât fut emporté par la lame. *F:* **To let sth. go by the board,** négliger, abandonner, qch. *His good name has gone by the b.*, il est perdu de réputation. *See also* FREE-BOARD. (*b*) Bordée *f*, bord. **To make a board,** courir une bordée; courir un bord. *Adv. phr.* **Board and board,** en louvoyant. *See also* STERN-BOARD.

'board-fence, *s.* *U.S:* Palissade *f* en planches.

'board-room, *s.* *Ind:* *etc:* Salle *f*, chambre *f*, du conseil.

'board-school, *s.* *A:* = École primaire communale, école municipale. (*Cf. School board, q.v. under* SCHOOL[1] 2.)

'board-strutter, *s.* *Th:* *F:* Cabotin *m*; *P:* un m'as-tu-vu *inv.*

board-'wages, *s.pl.* Indemnité *f* de logement, de nourriture. *To be on b.-w.*, toucher pour sa nourriture.

'board-walk, *s.* *U.S:* **1.** Trottoir *m* en planches; caillebotis *m.* **2.** (*On the beach*) Les planches *f.*

board[2]. **1.** *v.tr.* (*a*) Planchéier (le sol d'un appartement). (*b*) *Bookb:* Cartonner (un livre). (*c*) *Leath:* Rebrousser (le cuir). **2.** (*a*) *v.i.* Être en pension. *I b. at Mrs B.'s*, je suis en pension, je prends pension, je prends mes repas, chez Mme B. *To b. with the family*, prendre pension dans la famille. *To b. at the school*, être pensionnaire à l'école. (*b*) *v.tr.* Nourrir (des élèves, etc.). *I b. two workmen at my house*, j'ai deux ouvriers en pension chez moi. **3.** *v.tr.* *Nau:* (*a*) Aborder, accoster, *Adm:* arraisonner (un navire). (*b*) Aller, monter, à bord (d'un navire). *U.S:* *To b. a train*, monter dans un train, monter en voiture. *The guard boards the train*, le chef de train monte à la marche. (*c*) *Navy:* Aborder (un navire); prendre (un navire) à l'abordage.

boarding in, *s.* *Sch:* Internat *m.*

board out, *v.tr.* Mettre (des enfants) **en** pension; placer (des enfants) dans une famille.

boarding out, *s.* Mise *f* en pension.

board over, *v.tr.* Planchéier (le pont d'un bateau, etc.).

board up, *v.tr.* **1.** Boucher (une fenêtre); condamner (une porte). **2.** Entourer (un terrain, etc.) de planches.

boarding, *s.* **1.** (*a*) *Const:* Planchéiage *m.* (*b*) *Bookb:* Cartonnage *m* (d'un livre). (*c*) *Leath:* Rebroussement *m* (du cuir). **2.** Pension *f*, nourriture *f*. **3.** (*a*) *Nau:* Accostage *m*; abordage *m.* (*b*) *Nau:* *esp. Navy:* Arraisonnement *m.* **Boarding officer,** officier chargé de l'arraisonnement. **4.** *Coll.* Planches *fpl.*

'boarding-house, *s.* **1.** Pension *f* de famille. *Private b.-h.*, pension bourgeoise. *To live at a b.-h.*, vivre en pension. **2.** *Sch:* Maison *f* sous la direction d'un professeur où logent les internes d'un *public school.*

'boarding-school, *s.* Pension *f*, pensionnat *m*, internat *m.* *To send a child to a b.-s.*, mettre un enfant en pension, dans un pensionnat; mettre un enfant pensionnaire. *F:* **A boarding-school miss,** une pensionnaire.

boarder ['bɔːrdər], *s.* **1.** Pensionnaire *mf*; (*in schools*) interne *mf.* *Sch:* *The boarders*, l'internat *m.* *Fellow-b.*, commensal, -ale. *Gentleman-boarders, gentlemen-boarders*, pensionnaires hommes. *To take in boarders*, prendre, recevoir, des pensionnaires. *See also* DAY-BOARDER, PARLOUR-BOARDER. **2.** *Nau:* Abordeur *m.* **3.** Cartonneur, -euse (de livres).

boarmia [bou'ɑːrmiə], *s.* *Ent:* Boarmie *f.*

boast[1] [boust], *s.* Vanterie *f.* *To make a b. of sth.*, se faire gloire, se vanter, se glorifier, de qch. *He is the b. of his town*, il est la gloire, il fait l'orgueil, de sa ville. *It is their b. that . . .*, ils déclarent avec orgueil que . . ., ils s'enorgueillissent de ce que . . ., ils se vantent que. . . .

boast[2]. **1.** *v.i.* Se vanter; *F:* faire le gascon; hâbler. *To b. that one can do, has done, sth.*, se vanter de pouvoir faire, d'avoir fait, qch. *To b. of, about, sth.*, se vanter, se faire gloire, se glorifier, de qch. **That's nothing to boast of,** ce n'est rien dont on puisse se vanter; il n'y a pas là de quoi être fier. *To b. of one's exploits*, s'enorgueillir à raconter ses exploits. **Without wishing to boast . . .,** sans vanité. . . ; sans forfanterie. . . . **2.** *v.tr.* Revendiquer (qch.). *The school boasts a fine library*, l'école est fière de posséder une belle bibliothèque; l'école possède une belle bibliothèque. *Dialect that boasts several literary works*, dialecte illustré par plusieurs œuvres littéraires.

boasted, *a.* Vanté. *The b. museum of the town*, le musée tant vanté, si célèbre, de la ville.

boasting, *s.* Vantardise *f*; gloriole *f*; jactance *f.*

boast[3], *v.tr.* *Sculp:* Ébaucher (une statue).

boaster[1] ['boustər], *s.* Vantard *m*, fanfaron *m*; hâbleur *m*; *F:* avaleur *m* de gens.

boaster[2], *s.* *Tls:* *Sculp:* Ébauchoir *m.*

boastful ['boustful], *a.* Vantard. **-fully,** *adv.* Avec vanterie, avec jactance.

boastfulness ['boustfulnəs], *s.* Vantardise *f*, jactance *f.*

boat[1] [bout], *s.* **1.** Bateau *m*; (i) canot *m*; barque *f* (de pêcheur); embarcation *f*; (ii) navire (marchand). *Ship's b.*, embarcation de bord. **Canal-boat,** péniche *f.* *See also* FERRY-BOAT, FISHING-BOAT, FLYING-BOAT, GUNBOAT, HOUSE-BOAT, LIFE-BOAT, LONG-BOAT, MAIL-BOAT, MOTOR-BOAT, SAILING-BOAT, STEAMBOAT, *etc.* **We took (the) boat at . . .,** nous nous sommes embarqués à . . ., nous avons pris le bateau à. . . . **To go by boat,** aller par le bateau, en bateau; prendre le bateau. *I came by b.*, je suis venu sur le bateau. *Nau:* *Every man to his b.!* chacun à son poste d'abandon! *To lower the boats*, mettre les embarcations à la mer. *To send goods by b.*, envoyer des marchandises par eau. *F:* **To be all in the same boat,** être tous logés à la même enseigne; être tous dans le même cas. *To be in the same b. as s.o.*, être du bord de qn. **To burn one's boats,** brûler ses vaisseaux. **To miss the boat,** manquer le coche. **2.** *Ecc:* **Incense-boat,** navette *f* (liturgique). *See also* GRAVY-BOAT, SAUCE-BOAT.

'boat-bearer, -boy, *s.* *Ecc:* Thuriféraire *m.*

'boat-bill, *s.* *Orn:* (*a*) Savacou *m*, bec-en-cuiller *m*, *pl.* becs-en-cuiller. (*b*) Crabier *m.*

'boat-bug, *s.* *U.S:* = BOAT-FLY.

'boat-builder, *s.* Constructeur *m* de canots, de bateaux. *B.-b.'s yard*, chantier *m* des embarcations.

'boat-deck, *s.* *Nau:* Pont *m* des embarcations.

'boat-fly, *s.* *Ent:* Notonecte *m*, *F:* cordonnier *m.*

'boat-hook, *s.* *Nau:* Fer *m* de gaffe; gaffe *f*; croc *m* de marinier.

'boat-house, *s.* Hangar *m*, abri *m*, à bateaux, pour canots; garage *m* (pour canots).

'boat-keeper, *s.* **1.** *Navy:* Homme *m* de garde (d'une embarcation). **2.** Propriétaire *m* ou employé d'un hangar pour canots. **3.** Loueur *m* d'embarcations.

'boat-race, *s.* Course *f* de bateaux; *esp.* course à l'aviron; match *m* d'aviron; régate(s) *f(pl).*

'boat-rope, *s.* *Nau:* Touline *f.*

'boat-song, *s.* Barcarolle *f.*

'boat-train, *s.* *Rail:* (i) Train *m* du bateau; train-paquebot *m*, *pl.* trains-paquebots; (ii) train de marée.

'boat-work, *s.* *Nau:* Exercice *m* de nage.

'boat-wright, *s.* Constructeur *m* de barques, de canots.

'boat-yard, *s.* Chantier *m* des embarcations; chantier pour canots.

boat[2]. **1.** *v.i.* Aller, se promener, en bateau; canoter; faire du canotage. *We boated up the river*, nous avons remonté la rivière en bateau. **2.** *v.tr.* *Com:* Transporter (des marchandises) par eau.

boating, *s.* **1.** Canotage *m.* **To go boating,** faire une partie de canot. **Boating-club,** cercle *m* de canotage, d'aviron. **2.** *Com:* Transport *m* par eau; batelage *m.*

boater ['boutər], *s.* *Cost:* (*Hat*) Canotier *m*; chapeau *m* régate.

boatful ['boutful], *s.* (*a*) Batelée *f* (de bois, etc.). (*b*) Plein bateau (de personnes).
boatload ['boutloud], *s.* = BOATFUL.
boatman, *pl.* **-men** ['boutmən, -men], *s.m.* **1.** Batelier. **2.** (*a*) Gardien des canots. (*b*) Loueur de canots. **3.** *Sp: Good b.*, bon canotier. **4.** *Ent:* **(Water-)boatman** = BOAT-FLY.
boatswain [bousn, 'boutswein], *s.* *Nau:* (*F:* **bos'n, bosun**) Maître *m* d'équipage, de manœuvre; *F:* maître. **Boatswain's mate,** (*first class*) second maître de manœuvre; (*second class*) quartier-maître (de manœuvre), *pl.* quartier(s)-maîtres. **Boatswain's room,** chambre *f* du maître. *Const: etc:* **Bosun's chair, seat, cradle,** chaise *f* de riveur, de calfat; sellette *f*.
Boaz ['bouaz]. *Pr.n.m. B.Hist:* Booz.
bob[1] [bɔb], *s.* **1.** (*a*) *Mec:* Lentille *f* (d'un pendule); plomb *m* (d'un fil à plomb); queue *f* (d'un cerf-volant); balancier *m* (d'une machine à vapeur). (*b*) *Fish:* (i) Bouchon *m* (de ligne). (ii) Paquet *m* de vers (pour la pêche à l'anguille). *See also* BALANCE-BOB, SWING-BOB. (*c*) *A:* Pendant *m* d'oreille. **2.** (*a*) **Bob of hair,** chignon *m*. **Bob of ribbons,** *etc.*, gland *m*. **Bob of silk,** houppe *f*. *See also* CHERRY-BOB. (*b*) Coiffure *f* à la Ninon, à la Jeanne d'Arc. *Long bob*, cheveux demi-longs. (*c*) Queue écourtée (d'un cheval). **3.** *A:* Refrain *m*. *A:* **To bear a bob,** faire chœur au refrain. **4.** *U.S:* (*a*) Patin *m* (de traîneau). (*b*) = BOB-SLEIGH.
'bob-sled, -sleigh, *s.* Bob-sleigh *m*; bob *m*. *B.-s. race*, course *f* de bob.
'bob-sleighing, *s.* Le (sport du) bob-sleigh; glissades *fpl* en bob.
'bob-tail, *a.* & *s.*, **'bob-tailed,** *a.* (Cheval, chien) à queue écourtée. *See also* RAG-TAG, WIG[1] 1.
bob[2], *v.tr.* (bobbed; bobbing) **1.** (*Of woman*) **To bob one's hair,** se faire couper les cheveux à la nuque; porter les cheveux à la Ninon, à la Jeanne d'Arc. **2. To bob a horse's tail,** écourter la queue d'un cheval.
bobbed, *a.* **1.** *B. hair*, cheveux *mpl* à la Ninon, (*with fringe in front*) à la Jeanne d'Arc. *B. maiden*, jeune fille court-bouclée. **2.** *Farr: B. tail*, queue écourtée.
bob[3], *v.i.* *Fish:* **To bob for eels,** pêcher les anguilles avec un paquet de vers (au bout de la ligne).
bobbing, *s.* Pêche *f* aux anguilles.
bob[4], *v.i.* Se mouvoir de haut en bas et de bas en haut; s'agiter. **1.** *Something was bobbing on the water*, quelque chose s'agitait sur l'eau. **To bob up and down** *in the water*, danser sur l'eau. *To bob up and down* (*in the air*), pendiller. **To bob against s.o.,** se heurter contre qn. **2. To bob to s.o.;** (*with cogn.acc.*) **to bob a curtsey,** faire une petite révérence (à qn). *The old servant came bobbing into the room*, la vieille servante entra avec force petites révérences. **3. To bob for apples,** chercher à saisir avec les dents des pommes suspendues à un fil ou flottant dans un baquet.
bob down, *v.i.* Baisser vivement, brusquement, la tête; se baisser subitement.
bob in, *v.i.* *F:* Entrer en passant. *I hope you'll bob in sometimes*, j'espère que vous viendrez nous voir de temps en temps.
bob under, *v.i.* (*Of fisherman's float*) Plonger.
bobbing under, *s.* Plongement *m*.
bob up, *v.i.* Surgir brusquement. **To bob up again,** revenir à la surface; revenir sur l'eau. *F: The rent question has bobbed up again*, la question des loyers se présente de nouveau, revient sur l'eau.
bob[5], *s.* **1.** Petite secousse; petit coup. **2.** (*Curtsy*) Petite révérence. **3.** *Bellringing:* (*a*) Carillon *m*. (*b*) Chacune des variations du carillon.
Bob[6]. **1.** *Pr.n.m.* (*Dim. of Robert*) Robert. *P:* **Bob's your uncle!** tout va bien! **2.** *s.m.* *F:* (*a*) (*At Eton College*) **Dry bob,** joueur *m* de cricket. **Wet bob,** canotier *m*. (*b*) *Mil:* **Light bob,** soldat *m* de l'infanterie légère.
bob[7], *s.inv.* *P:* Shilling *m*. *Five bob*, cinq balles.
bob[8]. *See* HELP[2] 1.
Bobadil ['bɔbədil]. *Pr.n.m.* *A:* **Captain Bobadil,** bravache *m*, tranche-montagne *m*, *pl.* tranche-montagnes, vantard *m*. (Personnage de *Every Man in his Humour* de Jonson.)
bobbery ['bɔbəri], *s.* *F:* Tapage *m*, vacarme *m*, *P:* boucan *m*.
bobbin ['bɔbin], *s.* **1.** (*a*) *Tex:* Bobine *f*, volue *f* (de la navette); (*for reeling silk*) échignole *f*, espolin *m*. (*b*) **Lace bobbin,** bloquet *m*, fuseau *m*, pour dentelles. *See also* LACE[1] 3. **2.** *El:* Corps *m* de bobine. *See also* INSULATOR 1. **3.** *A:* **Bobbin(-latch),** bobinette *f*.
'bobbin-board, *s.* *Tex:* Râtelier *m* à bobines.
'bobbin-frame, *s.* *Tex:* Bobinoir *m*.
'bobbin-winder, *s.* Machine *f* à bobiner; bobineuse *f*.
bobbinet [bɔbi'net], *s.* Dentelle *f* au fuseau.
bobbish ['bɔbiʃ], *a.* *F:* Guilleret; bien en train. *How do you feel?—Pretty b.!* comment ça va?—Ça boulotte!
Bobby ['bɔbi]. **1.** *Pr.n.m. Dim. of* ROBERT. **2.** *s.* *F:* = POLICEMAN. (La police fut organisée en 1828 par Robert Peel, plus tard Sir Robert Peel.)
bobby-dazzler [bɔbi'dazlər], *s.* *P:* Personnage ou objet épatant.
bobolink ['bɔboliŋk], *s.* **1.** *Orn:* Agripenne *m*; troupiale babillard. **2.** *U.S:* *P:* Bavard, bavarde.
bobstay ['bɔbstei], *s.* *Nau:* Sous-barbe *f inv*, soubarbe *f* (de beaupré). **Bobstay piece,** taille-mer *m inv*.
bobtail ['bɔbteil], *v.tr.* Écourter la queue à (un cheval, un chien).
Boccaccio [bɔk'katʃjo]. *Pr.n.m.* Boccace.
bode [boud], *v.tr.* & *i.* Présager. **It bodes no good,** cela ne présage, n'annonce, rien de bon. *Agitation that bodes no good*, agitation *f* de mauvais augure. **To bode well, ill,** être de bon, de mauvais, augure. *It bodes well for him*, cela est d'un heureux présage pour lui. *See also* EVIL-BODING.
boding, *s.* (*a*) Présage *m*, augure *m*. (*b*) Pressentiment *m*.
bodice ['bɔdis], *s.* Corsage *m*. **Under-bodice,** cache-corset *m inv*. *Child's b.*, brassière *f*. *See also* BUST[1] 2.
'bodice-hand, *s.* Corsagière *f*.
-bodied ['bɔdid], *a.* (*With adj. prefixed, e.g.*) **Big-bodied,** gros. **Strong-bodied,** fort, robuste. **Able-bodied,** valide. **Full-bodied wine, tobacco,** vin corsé; vin, tabac *m*, qui a du corps. *See also* SEAMAN 1.
bodiless ['bɔdiləs], *a.* Sans corps.
bodily ['bɔdili]. **1.** *a.* Corporel, physique. *B. and mental diseases*, maladies *f* du corps et de l'esprit. *To supply one's b. wants*, pourvoir à ses besoins matériels. *B. fear*, peur *f* physique. *B. harm*, lésion corporelle. *B. pain*, douleur *f* physique. **To go about in bodily fear,** craindre pour sa sûreté personnelle, pour sa vie. *To be in b. fear of s.o.*, redouter qn; craindre d'être attaqué par qn. **2.** *adv.* (*a*) Corporellement. *They were carried b. to the doors and thrown out*, ils furent empoignés (par le corps), portés jusqu'à la porte, et jetés dehors. (*b*) Entièrement; en masse. *They resigned b.*, ils ont donné leur démission en corps.
bodkin ['bɔdkin], *s.* **1.** (*a*) Passe-lacet *m*, *pl.* passe-lacets, passe-cordon *m*, *pl.* passe-cordons, aiguille *f* à passer. (*b*) *Needlew:* Poinçon *m*. (*c*) (Grande) épingle. (*d*) *Typ:* Pointe *f*. **2.** *F:* **To ride, sit, bodkin** (*in carriage*), aller, être, en lapin.
Bodleian [bɔd'li:ən], *a.* **The Bodleian (Library),** la bibliothèque Bodléienne (à Oxford, fondée par Sir Thomas Bodley, 1602).
body[1] ['bɔdi], *s.* Corps *m*. **1.** (*a*) *Human b.*, corps humain. **To belong to s.o. body and soul,** appartenir, être, à qn corps et âme. *To throw oneself b. and soul into . . .*, se jeter à corps perdu dans. . . . **To keep body and soul together,** vivre tout juste; vivoter. *To have enough to keep b. and soul together*, avoir tout juste de quoi vivre. *They can hardly keep b. and soul together*, ils sont dans une grande gêne. *To work to keep b. and soul together*, travailler pour ne pas mourir de faim. **Body linen,** linge *m* de corps. *Pains of the mind and of the b.*, douleurs morales et physiques. *See also* FLUID 1, SOUND[6] I. 1. (*b*) **(Dead) body,** corps (mort); cadavre *m*. **The resurrection of the body,** la résurrection de la chair. (*c*) Sève *f*, générosité *f* (d'un vin). *Wine with a b.*, vin généreux, corsé, qui a du corps. (*Of wine*) **To get body,** s'enforcir. **To give body to a sauce,** (i) corser, (ii) lier, une sauce. *To give b. to wine*, corser le vin. (*d*) Consistance *f*. *To give b. to paint*, donner de la consistance à de la peinture. *Paper without enough b.*, papier *m* qui manque de consistance, de corps. (*e*) *Mus:* *To give b. to the tone*, nourrir le son. **2.** (*a*) **Legislative body,** corps législatif. *Public b.*, corporation *f*. *Learned b.*, docte assemblée *f*. *Examining b.*, jury *m* d'examen. *Electoral b.*, collège électoral. *A b. such as the League of Nations*, un organisme comme la S.D.N. *See also* CORPORATE[1] 1, GOVERNING[1], POLITIC 2. (*b*) **Large body of people,** nombreuse société; foule nombreuse. *Little b. of disciples*, petite bande de disciples. **The main body of the citizens,** la plupart, la masse, des citoyens. *General b. of creditors*, masse des créanciers. **Body of troops,** troupe armée. *The main b. of the army*, le gros de l'armée. **To come in a body,** venir en masse, en corps. *To do sth. as a b.*, faire qch. d'ensemble. *The judges as a b. were honest*, les juges, pris dans leur ensemble, étaient intègres. *A large b. of water*, une forte masse d'eau. (*c*) *Jur:* *Strong b. of evidence*, forte accumulation de preuves; faisceau *m* de preuves. *B. of laws*, recueil *m* de lois. **3.** *F:* (*Person*) (*a*) **A very decent old body,** une vieille personne très respectable. *She's a nice old b.*, c'est une gentille vieille. *Pej:* **Your old doctor-body is no use,** ton vieux fossile de médecin est incapable. (*b*) **A queer body,** un drôle de corps; un drôle de type. (*c*) *Dial:* *Listen when a b. speaks*, écoutez lorsqu'on vous parle. *See also* ANYBODY, EVERYBODY, NOBODY, SOMEBODY. **4.** (*Main part*) (*a*) Corps (de document, d'un acte, de bâtiment); vaisseau *m*, nef *f* (d'église); tronc *m* (d'arbre); corsage *m* (de robe); calotte *f*, fond *m* (de chapeau); bombe *f* (de casque); tige *f* (de porte-plume); coffre *m* (d'un instrument de musique); fuselage *m* (d'avion); ventre *m* (de haut fourneau); estomac *m* (de l'enclume); coque *f* (de chaudière); fût *m* (d'un cric, d'un tambour); écharpe *f* (d'une poulie mouflée); corps (d'un piston); panse *f* (d'un a, d'un d). *I.C.E:* Culot *m* (de bougie). *Nau:* Corps (d'un vaisseau). *B. of an abutment*, massif *m* d'une culée. *Jur:* **Body of a ship,** corps et quille *f*. *The b. of a speech*, le fond, la substance, d'un discours. (*b*) *Aut:* *Veh:* Bâti *m*, corps, caisse *f*; carrosserie *f*. *Fabric b.*, caisse en toile. *Chassis with b. complete*, châssis carrossé. **5.** (*a*) *Astr:* *Ch:* Corps. **Heavenly body,** astre *m*; corps céleste. (*b*) *Mec:* **Body in motion,** mobile *m*.
'body-builder, *s.* *Veh:* *Aut:* Carrossier *m*.
'body-cloth, *s.* Housse *f* (de cheval).
'body-colour, *s.* **1.** Couleur *f* opaque. *Art:* Gouache *f*. *To paint in b.-c.*, peindre à la gouache. **2.** *Veh:* Couleur pour carrosserie.
'body-guard, *s.* **1.** (*a*) Garde *f* du corps; sauvegarde *f*. (*b*) Cortège *m* (à la suite de qn). **2.** Garde *m* du corps.
'body-plan, *s.* *N.Arch:* Plan latitudinal; projection transversale.
'body-ring, *s.* *Z:* Anneau *m*.
'body-servant, *s.* Domestique attaché à la personne de qn; valet *m*.
'body-snatcher, *s.* **1.** Déterreur *m* (de cadavres); résurrectionniste *m*, *P:* corbeau *m*. **2.** *Mil:* *P:* Brancardier *m*.
'body-type, *s.* *Typ:* Caractères *mpl* de texte.
'body-work, *s.* *Veh:* *Aut:* Carrosserie *f*.
body[2], *v.tr.* **To body sth. (forth),** donner une forme, un corps, à qch.
Bœotia [bi'ouʃja]. *Pr.n.* *A.Geog:* La Béotie.
Bœotian [bi'ouʃjən]. **1.** *a.* & *s.* *A.Geog:* Béotien, -ienne. **2.** *s.* *F:* (*Stupid*) Béotien, -ienne; lourdaud *m*; esprit épais.
Boer ['buər, 'bouər], *s.* & *a.* Boer (*mf*).
Boethius [bo'i:θiəs]. *Pr.n.m.* Boèce.
bog[1] [bɔg], *s.* Fondrière *f*; marécage *m*. *See also* MANGANESE, MYRTLE 2, OAK 1, PEAT-BOG, WHORTLEBERRY.
'bog bean, *s.* = BUCK-BEAN.

'bog berry, *s. Bot:* Baie *f* des marais.

'bog-butter, *s.* Beurre *m* des tourbières.

'bog-iron, *s. Miner:* **Bog-iron ore,** fer *m* des lacs, des marais.

'bog-spavin, *s. Vet:* Jarde *f.*

'bog-trotter, *s. Hist: F:* Irlandais *m.*

bog², *v.* **(bogged) 1.** *v.tr.* Embourber, enliser (une charrette, etc.). *Usu. pass.* **To get bogged,** s'embourber, s'enliser. **2.** *v.i.* (*Of horse, etc.*) **To bog down,** s'enfoncer dans une fondrière; s'embourber.

bog³, *s. P:* Latrines *fpl,* cabinets *mpl*; *P:* goguenots *mpl,* chiottes *fpl.*

bog⁴, *v.i. P:* Se soulager; *P:* chier.

bogey ['bougi], *s.* **1.** (*a*) Épouvantail *m. F: To raise the b. of dear food,* évoquer le spectre de la vie chère. (*b*) Griche-dents *f inv.* **2.** *Golf:* **(Colonel) Bogey,** la normale du parcours. *The b. for this hole is* 5, ce trou se fait normalement en 5. **To play against bogey,** jouer contre la normale.

'bogey-man, *s. The b.-m.,* croque-mitaine *m*; le Père Fouettard (des enfants).

bogginess ['bɔginəs], *s.* État marécageux (du terrain).

boggle [bɔgl], *v.i.* (*a*) Reculer, rechigner (*at, over, sth.,* devant qch.). *To b. at, about, doing sth.,* rechigner, marchander, à faire qch. (*b*) (*Bungle*) *To b. over an exercise, over the adverbs,* patauger dans un devoir, parmi les adverbes.

boggy ['bɔgi], *a.* Marécageux, tourbeux; (terrain) effondré, plein de fondrières.

bogie ['bougi], *s. Rail:* Bog(g)ie *m.* **Leading bogie,** bog(g)ie directeur. **Bogie carriage,** voiture *f* à bog(g)ie.

bogle [bougl], *s. Scot:* **1.** = BOGEY 1. **2.** Spectre *m,* revenant *m.*

Bogomils ['bougomilz], *s.pl. Rel.H:* Bogomiles *m,* Bogarmiles *m.*

bogus ['bougəs], *a.* Faux, *f.* fausse; feint, simulé. *Com:* **Bogus company,** (i) société *f* qui n'existe pas; société fantôme; (ii) société véreuse. *B. concern,* attrape-niais *m inv,* attrape-nigaud *m, pl.* attrape-nigauds. *B. signature,* signature *f* de complaisance. *B. press,* presse *f* qui imprime de faux billets de banque. *A b. baron,* un prétendu, faux, baron. *St.Exch: B. transactions* (*intended to make a market*), transactions *f* à la gomme.

bogy ['bougi], *s.* = BOGEY 1.

boh [bou], *s.* (*In India*) Chef *m* (de dacoïts).

Bohea [bou'hiːa]. **1.** *Pr.n.* Bohé *m.* **2.** *s.* (*a*) *A:* Thé noir de première qualité. (*b*) *Com:* Thé noir de basse qualité.

Bohemia [bo'hiːmja]. *Pr.n.* **1.** *Geog:* La Bohême. **2.** (*Unconventional life*) Bohème *f.*

Bohemian [bo'hiːmjən]. **1.** *a. & s. Geog:* Bohémien, -ienne; tchèque (*mf*). *See also* GLASS¹ 1. **2.** *s.* (*a*) (*Gipsy*) Bohémien, -ienne. (*b*) Bohème *mf.* *a. B. life,* vie *f* de bohème. *B. habits,* mœurs débraillées.

bohemianism [bo'hiːmjənizm], *s.* Mœurs *fpl* de bohème, vie *f* de bohème; bohémianisme *m.*

bohemianized [bo'hiːmjənaizd], *a. To become b.,* s'enfoncer dans la vie de bohème.

bohunk [bo'hʌŋk], *s.m. U.S: P:* Homme de peine; cheminot.

boil¹ [bɔil], *s. Med:* Furoncle *m, F:* clou *m.*

boil², *s.* **1.** (*Of water, etc.*) **To come to the boil,** commencer à bouillir; entrer en ébullition. **The water, the kettle, is on the boil,** l'eau bout. **To go off the boil,** cesser de bouillir. **To bring the water to the boil,** amener, porter, l'eau à l'ébullition; faire bouillir l'eau; faire jeter un bouillon à l'eau. *To bring meat to the b., F:* faire partir la viande. **2.** (*a*) Tourbillon *m* (dans un cours d'eau); remous *m.* (*b*) *Fish:* Saut *m* hors de l'eau (du poisson qui happe l'appât).

boil³. 1. *v.i.* (*a*) (*Of water, etc.*) Bouillir; (*violently*) bouillonner. *To begin to b.,* entrer en ébullition. *To b. fast, gently,* bouillir à gros, à petits, bouillons; bouillir à grand feu, à petit feu. *Cu: Allow to b. gently, slowly,* faites mijoter. **To let the kettle boil dry,** laisser s'évaporer complètement l'eau de la bouilloire; laisser la bouilloire sans eau. **To keep the pot boiling,** (i) faire bouillir la marmite; entretenir le feu sous la marmite; (ii) *F:* pourvoir aux besoins du ménage; faire marcher la maison; (iii) *F:* maintenir l'entrain (dans une réunion, etc.); faire aller rondement le jeu. **Keep the pot boiling!** allez-y! à votre tour! *F:* **My blood boils,** mon sang bout. **It makes one's blood boil!** ça fait bouillir le sang! *To b. with rage,* bouillonner, bouillir, de colère; être transporté de fureur. (*b*) *Fish:* (*Of trout, salmon*) Sauter (pour prendre l'appât). **2.** *v.tr.* (*a*) Faire bouillir (de l'eau, etc.); cuire (du sucre). *Cu:* Cuire, faire cuire, (des pois, etc.) à l'eau. **Boiled egg,** œuf *m* à la coque. **Lightly boiled egg, soft-boiled egg,** œuf mollet, à la mouillette. **To hard-boil an egg, to boil an egg hard,** (faire) durcir un œuf, faire cuire dur un œuf. **Fresh-boiled lobster,** homard fraîchement cuit. *See also* BEEF 1, HARD-BOILED, OIL¹ 2, POTATO 1. (*b*) *Laund:* Lessiver (le linge). *F:* **To feel like a boiled rag,** se sentir mou comme une chiffe. *See also* SHIRT 1. (*c*) *Paperm:* Décreuser (des fibres végétales).

boil away, *v.i.* Ébouillir; (*of sauce, etc.*) se réduire.

boil down. 1. *v.tr.* Réduire (une solution); (faire) réduire (un sirop, etc.). *To b. down meat,* faire un consommé de viande, faire consommer de la viande. *F: To b. down a newspaper article,* résumer, condenser, un article de journal. **2.** *v.i.* Se réduire. *F:* **The matter boils down to this . . .,** l'affaire se réduit à ceci. . . . (*Of rumour, etc.*) *To b. down to nothing,* se réduire à rien.

boiling down, *s.* **1.** Réduction *f.* **2.** *F:* Abrégé *m* (d'un livre, etc.).

boil off, *v.tr. Tex:* Dégommer (la soie grège).

boiling off, *s.* Dégommage *m* (de la soie grège).

boil over, *v.i.* (*Of liquid in pan, etc.*) S'en aller, se sauver; (*of milk*) *F:* partir. *F:* (*Of pers.*) **To boil over with rage,** être en ébullition; être furieux; bouillir de colère.

boil up, *v.i.* (*Of milk, etc.*) Monter, partir.

boiled, *a. U.S: P:* Ivre, soûl.

boiling¹, *a.* Bouillant, bouillonnant. *B. water,* eau bouillante. *adv.* **Boiling hot,** tout bouillant.

boiling², *s.* **1.** (*a*) Bouillonnement *m,* ébullition *f.* (*b*) Sugar-boiling, cuisson *f* du sucre; cuite *f.* (*c*) *Paperm:* Décreusage *m* (des fibres végétales); lessivage *m.* (*d*) *Soapm:* Coction *f.* **2.** *P:* **The whole boiling,** toute la bande; tout le bazar; tout le tremblement; toute la boutique; tout le bataclan; et tout ce qui s'ensuit. *I'll sell you the whole b.,* je vous vends tout le bataclan.

'boiling-point, *s.* Point *m* d'ébullition; température *f* d'ébullition.

boiler¹ ['bɔilər], *s.* **1.** Fabricant *m,* raffineur *m* (de sucre, etc.). **2.** Chaudière *f. Sug.-R:* Claire *f. Mch:* Générateur *m. Cylindrical b.,* chaudière cylindrique. *Multitubular b.,* chaudière multitubulaire. *Direct-tube b.,* chaudière à flamme directe. *Return-tube b.,* chaudière à retour de flamme. **French boiler,** chaudière à bouilleurs. *Exhaust-heat b.,* chaudière à chaleur perdue, à réchauffage. *Tube-plate b.,* chaudière cloisonnée. *Oil-fuel b.,* chaudière au mazout. *Nau:* **The main boilers,** les grandes chaudières. **The donkey boiler,** la petite chaudière; la chaudière auxiliaire. *Dom.Ec:* **Range boiler,** chaudière de cuisine; réservoir *m* à eau chaude; bain-marie *m, pl.* bains-marie. *See also* BEARER 3, FIRE-TUBE, MARINE 1, STEAM-BOILER, WATER-TUBE. **3.** *See* POT-BOILER.

'boiler-composition, 'boiler-compound, *s. Mch:* Anti-incrustant *m*; tartrifuge *m.*

'boiler-deck, *s. Nau:* Pont inférieur (d'un vapeur).

'boiler-float, *s. Mch:* Flotteur *m* d'alarme.

'boiler-graphite, *s. Mch:* Graphite anti-incrustant.

'boiler-house, *s. Ind:* Salle *f,* bâtiment *m,* des chaudières.

'boiler-maker, *s.* Chaudronnier *m.*

'boiler-making, *s.* Chaudronnerie *f.*

'boiler-man, *s.m. Mch:* Chauffeur.

'boiler-plate, *s.* **1.** Tôle *f* à chaudières; fer *m* en plaques. **2.** *Journ: U.S: F:* = PLATE-MATTER.

'boiler-room, *s.* **1.** = BOILER-HOUSE. **2.** *Nau:* Chambre *f* de chauffe. **The boiler-rooms,** la chaufferie.

'boiler-suit, *s. Ind:* Bleus *mpl*; combinaison *f.*

'boiler-tube, *s.* **1.** (*Fire-tube*) Tube *m* de chaudière, de fumée. **2.** (*Water-tube*) Bouilleur *m*; tube d'eau.

'boiler-works, *s.pl.* Atelier *m* de chaudronnerie.

boiler², *v.tr. To b. a ship,* équiper un navire de ses chaudières; fournir les chaudières d'un navire; installer les chaudières.

boisterous ['bɔistərəs], *a.* (*Of pers.*) Bruyant, turbulent; tapageur; (*of wind*) violent; (*of sea*) rude, fort, tumultueux; (*of weather*) tempétueux. *B. spirits,* gaieté débordante, tapageuse, bruyante. *To be in b. health,* éclater de santé. **-ly,** *adv.* (*a*) Bruyamment, tumultueusement; avec une gaieté bruyante, débordante. (*b*) Tempétueusement.

boisterousness ['bɔistərəsnəs], *s.* Turbulence *f*; violence *f* (du vent); agitation *f* (de la mer).

Bokhara [bo'kɑːra]. *Pr.n. Geog:* **1.** La Boukharie. **2.** (*City*) Boukhara.

Bokharian [bo'kɑːrjən], *a. & s. Geog:* Boukhare; boukharien, -ienne.

boko ['bouko], *s. P:* Nez *m, P:* pif *m.*

bolas ['boulas], *s. sg. & pl.* Lacet *m* (de Gaucho).

bold [bould], *a.* **1.** Hardi; (i) peu timide; (ii) audacieux, téméraire; (ton, regard) assuré, confiant. **Bold stroke,** (i) coup hardi; (ii) coup d'audace. *B. enterprise,* entreprise audacieuse. *Nation b. in rebellion,* nation hardie à se soulever. *Grown b. in crime,* enhardi au crime. *B. to act,* hardi à agir. **As bold as a lion,** hardi comme un lion. **To make bold with s.o.,** prendre des libertés avec qn. **To make bold to do sth.,** oser, se permettre de, prendre la liberté de, avoir la hardiesse de, faire qch.; s'enhardir à faire qch. **To make so bold as to do sth.,** s'enhardir jusqu'à faire qch.; oser faire qch.; se permettre de faire qch. *If I may be so b. . . .,* si je puis prendre une telle liberté. . . . **To put a bold face on the matter,** payer d'audace. *See also* CHARLES, COCK¹ 1, DEED¹ 1, PHILIP. **2.** Impudent, effronté. *A b. hussy,* une effrontée. **As bold as brass,** effronté, hardi, comme un page. *To answer as b. as brass,* (i) répondre effrontément; (ii) répondre sans sourciller. **3.** (*Prominent*) (*a*) *B. headland,* promontoire *m* à pic, accore. *B. cliff,* falaise escarpée. *Nau: B. coast,* côte accore, sûre. *B. features,* traits accusés. *See also* TYPE¹ 2. (*b*) *Art: B. style,* style hardi, net, franc. *B. strokes,* traits, coups de pinceau, hardis. *B. brush, pencil,* pinceau *m,* crayon *m,* libre. (*Of artist*) *To wield a b. brush,* avoir le pinceau hardi. *In b. relief,* en puissant relief. **-ly,** *adv.* **1.** Hardiment; audacieusement; avec audace. *To assert sth. b.,* affirmer qch. carrément, avec confiance. *To treat a subject b.,* traiter un sujet hardiment. *To paint, draw, b.,* avoir la main libre. *B. painted picture,* tableau brossé vigoureusement, hardiment. *To go b. at it,* y aller hardiment, carrément, franchement. **2.** Effrontément. **3.** *The coast rises b.,* la côte s'élève à pic.

'bold-face, *s. F:* Effronté, -ée.

'bold-faced, *a.* **1.** Effronté, impudent. **2.** *Typ:* **Bold-faced type,** caractères gras.

boldness ['bouldnəs], *s.* **1.** Hardiesse *f* (de conduite, etc.). *B. in crime,* enhardissement *m* au crime. *His b. in attack,* son audace, son intrépidité, *F:* sa crânerie, à attaquer. **2.** Effronterie *f,* impudence *f.* **3.** (*a*) Escarpement *m* (d'une falaise). (*b*) *Art: Lit:* Hardiesse, netteté *f,* liberté *f* (de style, de pinceau).

bole¹ [boul], *s.* Fût *m,* tronc *m,* tige *f* (d'un arbre).

bole², *s. Miner:* (*Clay*) Bol *m,* terre *f* bolaire. **Bole armeniac,** bol d'Arménie.

bolection [bo'lekʃ(ə)n], *s. Join:* Moulure *f* en relief (de panneau de porte).

-boled [bould], *a. For:* (Arbre *m*) à fût (de telle ou telle façon). **Full-boled,** à fût soutenu, cylindrique. *See also* STRAIGHT-BOLED.

bolero [bo'liːəro], *s. Danc: Cost:* Boléro *m.*

bolide ['boulaid], *s. Meteor:* Bolide *m.*

Bolivia [bo'livjə]. *Pr.n. Geog:* La Bolivie.

boll[1] [boul], *s. Bot:* Capsule *f* (du cotonnier, du lin).

'boll-weevil, *s. Ent:* Anthonome *m* des cultures de cotonnier.

boll[2]. **1.** *v.i.* (*Of flax*) Monter en graine. **2.** *v.tr.* Égrener (le coton, le lin).

bolled, *a.* **1.** (*Of flax*) Monté en graine. **2.** (*Of cotton, flax*) Égrené.

Bollandist ['bɔləndist], *s. Ecc.Hist:* Bollandiste *m.*

bollard ['bɔlərd], *s. Nau:* (*a*) (*On wharf*) Pieu *m*, canon *m*, ou poteau *m* d'amarrage; borne *f* d'amarrage; *F:* poupée *f* d'amarrage. (*b*) (*On ship*) Bitte *f* (de tournage). *Small b.*, bitton *m.*

boller ['boulər], *s.* (*Machine*) Égreneuse *f* (de coton).

Bologna [bo'lounjə]. *Pr.n. Geog:* Bologne *f.* **Bologna sausage,** mortadelle *f* (de Bologne).

Bolognese ['bɔlonji:z], **Bolognian** [bo'lounjən], *a. & s. Geog:* Bolonais, -aise.

bolograph ['boulograf, -grɑ:f], *s. Ph:* Tracé *m* du bolomètre.

bolometer [bo'lɔmetər], *s. Ph:* Bolomètre *m.*

Bolshevik ['bɔlʃevik], **Bolshevist** ['bɔlʃevist], *a. & s.* Bolchevik (*mf*), bolcheviste (*mf*).

Bolshevism ['bɔlʃevizm], *s.* Bolchevisme *m.*

Bolshie, Bolshy ['bɔlʃi], *a. & s. F:* (= BOLSHEVIST) Moscoutaire (*mf*).

bolster[1] ['boulstər], *s.* **1.** Traversin *m*, chevet *m* (de lit); coussin *m* (de canapé, etc.). **2.** Embase *f*, épaulement *m*, mitre *f* (de couteau, etc.). **3.** (*a*) *Mec.E:* Coussinet *m*; collet *m* (d'un laminoir). (*b*) *Metalw:* Matrice *f*; étampe inférieure; contre-poinçon *m.* **4.** *Const:* Racinal, -aux *m*, sous-poutre *f. Civ.E: Const:* Chapeau *m* (de poteau). **5.** *Nau:* Coussin (de capelage, de ferrure). *The bolsters of the mast*, les épaulettes *f* du mât. **6.** *Veh:* Lisoir *m*, traverse *f*, sommier *m. Lower b., axle-tree b.*, sellette *f* (de wagon). *B. of a gun-carriage*, sellette d'un affût. *See also* TRUCK-BOLSTER.

bolster[2], *v.tr.* **1.** **To bolster s.o. up,** (i) soutenir, relever, la tête de qn avec des oreillers; (ii) *F:* appuyer, soutenir, qn (qui a tort). *To b. up a theory with one's authority*, étayer une théorie de son autorité. **2.** Rembourrer.

bolt[1] [boult], *s.* **1.** Carreau *m* (d'arbalète). *F:* **He has shot his last bolt,** (i) il a tiré ses dernières cartouches; il a vidé son carquois; (ii) *F:* il a dit son dernier mot. *See also* FOOL[1] 1. **2.** Éclair *m*, coup *m* de foudre. *F:* **Bolt from the blue,** événement imprévu. *It's like a b. from the blue*, c'est comme un coup de foudre; cela nous tombe du ciel. **3.** (*a*) **(Sliding) bolt,** verrou *m* (de porte); pêne *m* (de serrure). *Bevelled b.*, pêne biseauté. *Flat b.*, targette *f.* **Sash-bolt** (*of window*), loqueteau *m. Top-and-bottom b.* (*of French window*), espagnolette *f.* **To shoot the bolts,** pousser, mettre, les verrous. *See also* DEAD[1] 4, SNAP-BOLT, SPRING-BOLT. (*b*) *Sm.a:* **Rifle-bolt,** culasse *f* mobile, fermeture *f* de culasse. *See also* SAFETY. **4.** *Mec.E:* Boulon *m*; cheville *f*, goupille *f*; (*of carriage*) dent-de-loup *f*, *pl.* dents-de-loup. **Long bolt,** tire-fond *m inv.* **Main bolt,** cheville ouvrière. *Const:* **Barb bolt,** boulon barbelé. **Expansion bolt,** boulon de scellement. *See also* DECK-BOLT, DROP-BOLT, EYE-BOLT, KING-BOLT, RAG-BOLT, RING-BOLT, SCREW-BOLT, SET[3] I (*b*), STARTING-BOLT, STAY-BOLT, STOP-BOLT, STRAP-BOLT, STUD-BOLT, TAP-BOLT, THROUGH-BOLT, WING-BOLT. **5.** (*a*) Pièce *f* (de toile). (*b*) Botte *f* (d'osier). **6.** *pl. Bookb:* **Bolts,** témoins *m. To bind (a book) with bolts out*, laisser les témoins.

'bolt-clipper, -cropper, -cutter, *s. Tls:* Coupe-boulons *m inv.*

'bolt-head, *s.* **1.** Tête *f* de boulon. **2.** *Sm.a:* Tête mobile (de fusil). **3.** *Ch:* Matras *m.*

'bolt-lever, *s. Sm.a:* Levier *m* (de fusil).

'bolt-rope, *s. Nau:* Ralingue *f. Head b.-r.*, ralingue d'envergure, de têtière; faix *m.*

'bolt-staple, *s.* Auberon *m* (de la serrure d'une malle, etc.).

bolt[2]. **1.** *v.i.* (*a*) (*Of pers.*) *F:* (i) Décamper, déguerpir; *F:* prendre la poudre d'escampette. *P:* (*Of financier*) Filer en Belgique, à Bruxelles; lever le pied. *He bolted to America*, il a filé sur l'Amérique. (*Of game*) *To b. from cover*, débouler. (ii) *To b. out of the room*, sortir précipitamment, brusquement, de la salle. (*b*) (*Of horse*) S'emballer, s'emporter; forcer la main; prendre le mors aux dents; (*of horse, F: of pers.*) faire haut-le-pied. (*Of horse*) *To b. at a jump*, bourrer sur l'obstacle. (*c*) *Pol: U.S:* Tourner casaque. **2.** *v.tr.* (*a*) Gober; avaler à grosses bouchées, sans mâcher; avaler avidement, engloutir (sa nourriture). **To bolt one's dinner,** expédier, avaler, *F:* bouffer, son dîner; expédier son dîner à la galopade. (*b*) *Pol: U.S:* Abandonner (qn, son parti). **3.** *v.tr.* (*a*) Verrouiller; fermer (une porte) à, au, verrou; bâcler (une porte). **To bolt the door,** mettre les verrous. (*With passive force*) *The door bolts on the inside*, la porte se verrouille à l'intérieur. (*b*) *Mec.E:* Boulonner, cheviller.

bolt in, *v.tr.* Enfermer (qn) au verrou; verrouiller (qn). *To b. oneself in*, s'enfermer au verrou; se barricader chez soi.

bolt out, *v.tr.* Mettre les verrous contre (qn).

bolting[1], *s.* **1.** Verrouillement *m*, verrouillage *m.* **2.** Boulonnage *m*, chevillage *m.*

bolt[3], *adv.* **Bolt upright,** tout droit, droit comme un piquet, droit comme un I.

bolt[4], *s. F:* Élan soudain; fuite *f.* **To make a bolt for sth.,** s'élancer sur, vers, qch. **To make a bolt for it,** décamper, déguerpir, filer.

'bolt-hole, *s.* **1.** Trou *m* ou terrier *m* de refuge (d'un animal). *Mil:* Abri *m* de bombardement. **2.** Échappée *f. F: To arrange a b.-h. for oneself*, se ménager une porte de sortie.

bolt[5], *v.tr.* **1.** *Mill:* (*a*) Bluter, tamiser, sasser (la farine). (*b*) *To b. the bran from the flour*, séparer le son de la farine. **2.** *F: A:* Passer au crible (la conduite de qn, etc.).

bolting[2], *s.* Blutage *m*, tamisage *m*, sassage *m.*

'bolting-cloth, *s.* Solamire *f*, étamine *f*; toile *f* à tamis; bluteau *m*, blutoir *m.*

'bolting-machine, *s.* Bluteau *m*, blutoir *m.*

'bolting-mill, *s.* Bluterie *f*, bluteau *m.*

'bolting-reel, *s.* Bluterie *f.*

'bolting-room, -house, *s.* Bluterie *f.*

bolter[1] ['boultər], *s.* **1.** Cheval porté à s'emballer. **2.** *Pol: U.S:* Tourne-casaque *m inv*; déserteur *m* (de son parti).

bolter[2], *s. Mill:* **1.** (*Pers.*) Bluteur *m.* **2.** (*a*) Bluteau *m*, blutoir *m*, sasse *f.* (*b*) **Bolter(-sieve),** tamis *m*, bluteau, sas *m.*

bolus ['bouləs], *s. Pharm: Vet:* Bol *m*; grosse pilule.

bomb[1] [bɔm], *s.* **1.** (*a*) *Mil: etc:* Bombe (explosive). *Aerial b.*, bombe aérienne, d'avion. *Incendiary b.*, bombe flamboyante, incendiaire. *To release a b.*, jeter, lâcher, larguer, une bombe. *See also* CALORIMETER, GAS-BOMB. (*b*) **Dynamite bomb,** machine infernale. (*c*) *Mil: F:* **Mills bomb,** grenade *f* de Mills. **2.** *Geol:* **Volcanic bomb,** bombe; noyau *m* volcanique; *F:* larme *f* du Vésuve. **Bread-crust bomb,** bombe en croûte de pain, en croûte de pain de sucre; bombe craquelée.

'bomb-carrier, *s. Av:* **1.** Avion *m* de bombardement. **2.** Dispositif *m* porte-bombes.

'bomb-crater, *s. Mil:* Entonnoir *m*, cratère *m.*

'bomb-dropper, *s. Av:* = BOMB-CARRIER 2.

'bomb-factory, *s.* Bomberie *f.*

'bomb-proof, *a.* A l'épreuve des bombes. *B.-p. dug-out*, abri blindé. *B.-p. vault*, abri-voûte *m*, *pl.* abris-voûtes.

'bomb-proofer, *s. Mil: P:* Embusqué *m.*

'bomb-release, *s. Av:* Commande *f* de lance-bombes.

'bomb-releasing, *a. Av: B.-r. apparatus*, appareil *m* lance-bombes.

'bomb-shell, *s.* (= SHELL) Obus *m. Esp. F: This was a b.-s. to us all*, cette nouvelle (cet événement, etc.) nous atterra, nous consterna. *This letter came like a b.-s.*, cette lettre nous tomba des nues.

'bomb-sight, *s. Av:* Appareil *m* de visée; viseur *m.*

'bomb-thrower, *s.* **1.** (*Pers.*) Lanceur *m* de bombes, de machine infernale. **2.** (Appareil *m*) lance-bombes *m inv.*

bomb[2], *v.tr. Esp. Av:* Lancer des bombes sur (une ville, etc.). **To bomb out the enemy,** (faire) déloger l'ennemi (i) sous une pluie de bombes, (ii) sous une rafale d'obus, (iii) à coups de grenades.

bombing, *s.* **1.** Bombardement *m.* **Bombing plane,** avion *m* de bombardement; bombardier *m. B. raid*, raid *m* de bombardement. **2.** Attaque *f* à la grenade.

bombard [bɔm'bɑ:rd], *v.tr. Mil: Navy:* Bombarder (une ville, un port); gerber (un fort). *To b. with heavy shells, F:* marmiter. *F: To b. s.o. with questions*, assaillir, bombarder, qn de questions.

bombardier [bɔmbər'di:ər], *s.* **1.** *Mil: A:* Bombardier *m.* **2.** *Artil:* (*In Brit. army*) Brigadier *m.* **3.** *Ent:* **Bombardier beetle,** brachyne tirailleur. **4.** *Rept:* = BOMBINATOR.

bombardment [bɔm'bɑ:rdmənt], *s.* Bombardement *m. B. with heavy shells, F:* marmitage *m.*

bombardon ['bɔmbɑ:rdən], *s. Mus:* **1.** (*a*) Bombardon *m*; contrebasse *f* (à vent). (*b*) (*When passing round the body*) Hélicon *m.* **2.** (*Pedal reed-stop of organ*) Bombarde *f.*

bombasine [bɔmbə'zi:n], *s. Tex:* Bombasin *m*, alépine *f.*

bombast ['bɔmbast], *s.* Emphase *f*, enflure *f*, pathos *m*, boursouflure *f* (de style); grandiloquence *f.*

bombastic [bɔm'bastik], *a.* (Style) ampoulé, enflé, boursouflé, emphatique. **-ally,** *adv.* D'un style ampoulé, enflé, emphatique; emphatiquement; avec emphase.

bombax ['bɔmbaks], *s. Bot:* Bombax *m*, fromager *m*; bombace *m.*

bomber ['bɔmər], *s. Mil:* **1.** (*Pers.*) (*a*) Grenadier *m.* (*b*) *Av:* Bombardier *m.* **2.** *Av:* (*Machine*) Avion *m* de bombardement.

bombinator ['bɔmbineitər], *s. Rept:* Bombinateur *m*; sonneur *m* à ventre de feu.

bombyx ['bɔmbiks], *s. Ent:* Bombyx *m.*

bona fide ['bounə'faidi], *a. & adv.* De bonne foi; sérieux. *B. f. purchaser*, acheteur *m* de bonne foi. *B. f. offer*, offre sérieuse. *Jur: A:* **Bona fide traveller,** voyageur authentique (autorisé à se faire servir des spiritueux à toute heure).

bonanza [bo'nanzə]. *U.S:* **1.** *s.* Bonanza *f*, filon *m* riche. *To strike a b.*, rencontrer un filon riche. **Mine in bonanza, bonanza mine,** mine *f* bonanza. *Geog: F:* **The Bonanza State,** le Montana. *F: The enterprise proved a b.*, l'entreprise est devenue une vraie mine d'or. **2.** *a. F:* Prospère, favorable. **Bonanza year,** année *f* de prospérité, d'abondance.

Bonapartist ['bounəpɑ:rtist], *s. & a.* Bonapartiste (*mf*).

Bonaventura [bɔnaven'tju:rə]. *Pr.n.m.* Bonaventure.

bonbon ['bɔnbɔn], *s.* Bonbon *m.*

bond[1] [bɔnd], *s.* Lien *m*; attache *f.* **1.** *pl.* Fers *m*, liens, chaînes *f. To break one's bonds asunder, to burst one's bonds, to break from one's bonds*, rompre, briser, ses liens, ses fers. **2.** (*a*) Lien (d'osier, pour fagots, etc.). *Civ.E: etc:* Attache. *F:* **Bonds of friendship,** liens d'amitié; les attaches, les nœuds *m*, de l'amitié. (*b*) *El.Rail:* Éclisse *f* (de rail conducteur). (*c*) *Const:* **(System of) bond,** appareil *m* (en liaison). **Old English bond,** appareil anglais. **Flemish bond,** appareil en carreaux et boutisses; appareil flamand. **Double Flemish bond,** appareil polonais. **Cross-bond,** appareil croisé. **Heading bond,** appareil en, de, boutisses. (*d*) *Carp:* Assemblage *m.* (*e*) *Metalw:* Assemblage ou joint *m.* **Bond holes,** trous *m* d'assemblage (pour rivets). **Thermit(e) bond,** joint à la thermite. (*f*) *Geol:* Agglutinant *m*, liant *m* (de conglomérats). **3.** (*a*) Engagement *m*, contrat *m. See also* WORD[1] 4. (*b*) *Jur:* Obligation *f*; engagement. **Mortgage bond,** titre *m* hypothécaire; lettre *f* de gage. *See also* SURETY-BOND. (*c*) *Fin:* (i) Bon *m*; (ii) *U.S:* obligation. **Treasury bonds,** bons du Trésor. *Bearer b.*, bon au porteur. *Registered b.*, bon nominatif. **Government bonds,** (i) rentes *f* sur l'État; (ii) titres de rente. **Public bonds,** effets publics. **Prize bonds,**

lottery bonds, premium bonds, valeurs *f*, obligations, bons, à lots. **National war bonds,** bons de la défense nationale. (*d*) *Jur:* Caution *f*. **Admiralty bond,** caution en garantie de dommages-intérêts (dans un procès devant le Tribunal maritime). **4.** *Com:* Dépôt *m*, entreposage *m*, entrepôt *m*. (*Of goods*) **To be in bond,** être à l'entrepôt, en dépôt; être entreposé. *Tobacco in b.*, tabac *m* en garenne. **Goods out of bond,** marchandises sorties de l'entrepôt. *To take goods out of b.*, dédouaner des marchandises. *Taking out of b.*, dédouanage *m*.

'bond-note, *s.* *Cust:* Acquit-à-caution *m*, *pl.* acquits-à-caution.

'bond-stone, *s.* *Const:* Parpaing *m*, boutisse *f*.

'bond-store, *s.* *Cust:* Entrepôt *m*.

'bond-timber, *s.* *Carp:* Pièce *f* d'assemblage.

bond², *v.tr.* **1.** *Const:* (*a*) Enlier, lier, liaisonner (des pierres). (*b*) Appareiller (un mur, des moellons). **2.** *Com:* Entreposer, mettre en dépôt, à l'entrepôt (des marchandises).

bonded, *a.* **1.** (*a*) *Const:* (*Of masonry*) En liaison. (*b*) *El.Rail:* **Bonded joint,** joint *m* à éclisse. **2.** *Com:* (*Of goods*) Entreposé, en dépôt, en entrepôt, en douane. *See also* WAREHOUSE¹ 1. **3.** *Fin:* (Dette) garantie par obligations.

bonding, *s.* **1.** *Const:* (*a*) Liaison *f* (de pierres). (*b*) Appareillage *m*. **2.** *Com:* Entreposage *m* (de marchandises).

bond³, *s.* (*In S. Africa*) Ligue *f*, confédération *f*.

bond⁴, *a.* *A:* En esclavage.

'Bond⁵ Street, *s.* La "rue de la Paix" de Londres.

bondage ['bɔndedʒ], *s.* **1.** Esclavage *m*, servitude *f*, asservissement *m*. *F:* **To be in hopeless bondage,** être rivé à la chaîne. **To be in bondage to s.o.,** être sous la coupe, sous la férule, de qn. *The b. of woman*, l'emprise *f* de l'homme sur la femme. *To escape from b.*, rompre sa chaîne, ses chaînes. **2.** *Hist:* Servage *m*. **3.** *Poet:* Captivité *f*.

bonder ['bɔndər], *s.* **1.** *Const:* Parpaing *m*, boutisse *f*. **2.** *Com:* (*Pers.*) Entrepositaire *m*.

bondholder ['bɔndhouldər], *s.* *Fin:* Obligataire *m*; détenteur *m*, porteur *m*, de bons, d'obligations.

bondmaid(en) ['bɔndmeid(n)], *s.f.* *A:* Jeune esclave.

bondman, *pl.* **-men** ['bɔndmən, -men], *s.m.* (*a*) *Hist:* Serf. (*b*) *F:* Esclave.

bondservant ['bɔndsəːrvənt], *s.* (*a*) *Hist:* Serf, *f.* serve. (*b*) *F:* Esclave *mf*.

bondservice ['bɔndsəːrvis], *s.* (*a*) *Hist:* Servage *m*. (*b*) *F:* Esclavage *m*, servitude *f*.

bondslave ['bɔndsleːiv], *s.* *A:* Esclave *mf*.

bondsman, *pl.* **-men** ['bɔndzmən, -men], *s.m.* **1.** = BONDMAN. **2.** *Com:* **To be bondsman for s.o.,** être la caution de qn, le garant de qn; s'être porté caution pour qn.

bond(s)woman, *pl.* **-women** ['bɔnd(z)wumən, -wimen], *s.f.* (*a*) *Hist:* Serve. (*b*) *F:* Esclave.

bonduc ['bɔndʌk], *s.* *Bot:* (*a*) Guilandine *f* bonduc; bonduc *m*; *F:* chicot *m*. (*b*) Bonduc jaune. **Bonduc seed,** œil-de-chat *m*.

bone¹ [boun], *s.* **1.** Os *m*. **Fish-bone,** arête *f*. *See also* ANKLE-BONE, BACKBONE, CHEEK-BONE, CROSS-BONES, FISH-BONE, JAW-BONE, KNUCKLE-BONE, LEG-BONE, WHALEBONE, *etc.* **Horse with plenty of bone,** cheval fortement membré; cheval solide. *F:* **Hard words break no bones,** une parole rude ne casse rien; du dire au fait il y a grand trait. **He is (nothing but) a bag of bones,** il est gras comme un cent de clous; on lui voit les os; c'est une vraie momie; il n'a que la peau et les os. *See also* SKIN¹ 1. **He won't make old bones,** il ne fera pas de vieux os. **He laid his bones there,** il y laissa ses guêtres. **I feel it in my bones,** j'en ai le pressentiment. *P:* **To have a bone in one's leg,** avoir un poil dans la main. *P:* **He's got her in his bones,** il l'a dans la peau. **To make no bones about doing sth.,** ne pas se gêner, ne pas faire de manières, pour faire qch.; ne pas hésiter à faire qch.; ne pas se faire scrupule de faire qch.; faire qch. sans marchander. *They turned him out and made no bones about it*, on le mit bel et bien à la porte. *He makes no bones about it*, (i) il n'y va pas avec le dos de la cuiller; (ii) il ne s'en cache pas. *He made no bones about it*, il y est allé carrément; il n'a fait ni une ni deux; il n'y a pas été par quatre chemins. *Come, don't make so many bones about it!* voyons, ne faites pas tant d'embarras, tant d'arias, *P:* ne faites pas tant de chichis. *See also* BREED² I, CHILL³ 1, CONTENTION 1, PICK¹ 3, WORK² II. **2.** *pl.* (*a*) (*Of the dead*) Ossements *m*. *Desert-track strewn with the bones of men and beasts*, piste à travers le désert jonchée d'ossements d'hommes et de bêtes. (*b*) *F:* (i) Dés *m* à jouer. (ii) Dominos *m*. (*c*) (i) *Mus:* Cliquettes *f*. (ii) Le joueur de cliquettes (dans une troupe nègre). (*d*) Fuseaux *m* (de dentellière). **3.** *U.S:* *P:* Dollar *m*.

'bone-ash, -earth, *s.* Cendre *f*, poudre *f*, terre *f*, d'os; *Ch:* claire *f* de coupelle.

'bone-black, *s.* Noir *m* animal.

'bone-crusher, *s.* Casse-os *m inv*.

'bone-dry, *a.* Sec à l'absolu.

'bone-dust, -manure, -meal, *s.* Engrais *m* d'os (broyés).

'bone-lace, *s.* Dentelle *f* au fuseau.

'bone-setter, *s.* Rebouteur *m*, rhabilleur *m*; *F:* renoueur *m*; *P:* rebouteux *m*.

'bone-setting, *s.* Reboutement *m*.

'bone-shaker, *s.* **1.** *Cy:* *A:* *F:* Vélocipède *m* à bandages de fer. **2.** (*Of car*) *F:* *An old pre-war b.-s.*, un vieux clou d'avant-guerre. (*Of carriage*) *An old b.-s.*, une vieille guimbarde.

'bone-spavin, *s.* *Vet:* Éparvin calleux.

'bone-works, *s.pl.* Osserie *f*.

'bone-yard, *s.* *U.S:* (*a*) Ossuaire *m*. (*b*) Chantier *m* d'équarrissage.

bone², *v.tr.* **1.** Désosser (la viande); ôter les arêtes (du poisson). **2.** Garnir (un corset) de baleines. **3.** *P:* Chiper, escamoter, voler, chaparder (qch.). **4.** *v.tr.* & *i.* *U.S:* *P:* **To bone (at) a subject,** potasser un sujet. *Abs.* Potasser.

boned, *a.* **1.** (*With adj. prefixed, e.g.*) **Big-boned,** à, aux, gros os. **Strong-boned,** qui a les os solides; (homme *m*) solide. *See also* RAW-BONED. **2.** (*Of meat*) Désossé; (*of fish*) sans arêtes. **3.** (Corset) baleiné, garni de baleines.

boning¹, *s.* **1.** Désossement *m*. **2.** *P:* Vol *m*; chapardage *m*.

bone³, *v.tr.* *Surv:* Niveler.

boning², *s.* Nivellement *m*.

'boning rod, *s.* Nivelette *f*, voyant *m*.

bonehead ['bounhed], *s.* *U.S:* *P:* Nigaud *m*; benêt *m*; tête *f* de bois.

boneless ['bounləs], *a.* **1.** Désossé; sans os; sans arêtes. **2.** *F:* Mou; sans énergie; sans caractère.

boner ['bounər], *s.* *Sch:* *U.S:* *P:* Bourde *f*.

bonfire ['bɔnfaiər], *s.* Feu *m* de joie.

Boniface ['bɔnifeis]. *Pr.n.m.* Type de l'hôtelier jovial. (Nom emprunté à *The Beaux' Stratagem* de Farquhar.)

boniness ['bouninəs], *s.* **1.** (*a*) Forte proportion d'os (dans la viande). (*b*) Abondance *f* d'arêtes (dans le poisson). **2.** Angularité *f* ou décharnement *m* (du visage, etc.).

bonito [bo'niːtou], *s.* *Ich:* Bonite *f*, sarde *f*.

bonnet¹ ['bɔnet], *s.* **1.** *Cost:* (*a*) (*Men*) Bonnet (écossais); béret (écossais). *See also* BEE¹ 1. (*b*) (*Women*) Chapeau *m* à brides; capote *f*, bonnet (de femme, d'enfant); béguin *m* (d'enfant). *See also* SUN-BONNET. (*c*) *Her:* Bonnet, calotte *f*, coiffe *f* (d'une couronne). **2.** (*a*) *Aut:* *Av:* Capot *m*. (*b*) *Nau:* **Funnel bonnet,** couvercle *m*, chapeau, de cheminée. **3.** *Nau:* Bonnette maillée (de voile). **4.** Compère *m* (d'un escamoteur, etc.).

bonnet², *v.tr.* **1.** Mettre un béret, un chapeau, à (qn). **2.** *F:* Enfoncer le chapeau sur la tête à (qn); houspiller (qn).

bonneted, *a.* Coiffé d'un bonnet, d'un chapeau. *See also* MACAQUE.

bonnet(te) ['bɔnet], *s.* *Fort:* Bonnette *f*

bonny ['bɔni], *a.* *Scot:* Joli; gentil, *f.* gentille. **-ily,** *adv.* Joliment, gentiment.

bonus, *pl.* **-uses** ['bounəs, -əsiz], *s.* Gratification *f*, sursalaire *m*, surpaye *f*, boni *m*, bonification *f*, prime *f*; part *f* de bénéfice. **Work on the bonus system,** travail *m* à la prime. **Cost-of-living bonus,** indemnité *f* de cherté de vie. *Com:* *B. on shares*, bonification sur les actions. *Ins:* *B. to policy-holders*, bénéfice additionnel alloué aux assurés. *Com:* *Christmas b.*, gratification du jour de l'an. *Cards:* *B. for winning the rubber*, queue *f*.

'bonus-share, *s.* Action donnée en prime

bony ['bouni], *a.* **1.** Osseux. **2.** (*a*) (Personne *f*) à, aux, gros os; (corps, contours) anguleux. (*b*) (Doigt, visage) décharné. **3.** (*Of meat*) Plein d'os; (*of fish*) plein d'arêtes.

bonza ['bɔnza], *a.* *U.S:* *Austr:* *P:* Chic, épatant.

bonze [bɔnz], *s.* Bonze *m*.

boo¹ [buː]. **1.** *int.* Hou! (d'aversion ou de mépris) **2.** *s.* Huée *f*.

boo², *v.tr.* & *i.* **To boo (at) s.o.,** huer, conspuer, chahuter, qn. *To be booed off the stage*, quitter la scène au milieu des huées. *Abs.* *The audience booed*, le public s'est livré à une démonstration hostile.

booing, *s.* Huées *fpl*, chahutage *m*.

boob [buːb], *s.* *U.S:* *P:* = BOOBY 1 (*a*).

booby ['buːbi], *s.* **1.** (*a*) Nigaud, -aude, benêt *m*, coquard *m*, colas *m*; grand dadais. *F:* **To beat the booby,** battre des bras (pour se réchauffer). (*b*) Le dernier (dans un concours, etc.). **Booby prize,** prix décerné par plaisanterie à celui qui vient en dernier. **2.** *Orn:* *F:* Fou *m*.

'booby-hatch, *s.* **1.** *Nau:* Écoutillon *m*, capot *m* en bois. **2.** *U.S:* *P:* Commissariat *m* de police; le poste.

'booby-trap, *s.* Attrape-niais *m inv*; attrape-nigaud *m*, *pl.* attrape-nigauds.

boobyish ['buːbiiʃ], *a.* Nigaud.

boodle [buːdl], *s.* *P:* **1.** = CABOODLE. **2.** (*a*) Argent *m*, *P:* pèze *m*. (*b*) *U.S:* Caisse noire, fonds secrets (pour les élections).

boodler ['buːdlər], *s.* *U.S:* *P:* Trafiqueur *m*.

booer ['buːər], *s.* Hueur *m*.

boohoo¹ [bu'huː]. **1.** *int.* Heu, heu, heu! **2.** *s.* *F:* Pleurnichement *m*.

boohoo², *v.i.* *F:* Pleurer bruyamment; braire; pleurnicher.

boojum ['buːdʒəm], *s.* *F:* Loup-garou *m*; être *m* imaginaire; (*of pers.*) sauvage *m*, ours *m*. (Animal *m* chimérique de *The Hunting of the Snark* de Lewis Carroll.)

book¹ [buk], *s.* **1.** (*a*) Livre *m*, *F:* bouquin *m*. *Old books*, vieux bouquins. *F:* **To speak, talk, like a book,** parler comme un livre; compasser tous ses discours. **To speak by the book,** citer ses autorités. **To speak without book,** (i) parler sans autorité; (ii) parler de mémoire. **Book knowledge,** connaissances *f* livresques. *Love of books*, bibliophilie *f*; *F* amour *m* des bouquins. **Class book,** livre classique, de classe; livre scolaire. *See also* SCHOOL-BOOK. *Reward books*, livres de prix. *See also* GIFT-BOOK, PICTURE-BOOK. **Not published in book form,** inédit en librairie. (*Of subject*) **To be a sealed book to s.o.,** être lettre close pour qn. *See also* LEAF¹ 2, MINDED 2, READ² 2. *Mil:* *F:* **In accordance with the book,** conforme à la théorie. *F:* **The Devil's books,** les cartes à jouer. (*b*) (*Libretto*) Livret *m*, libretto *m* (d'un opéra). (*c*) (*Bible*) **To swear on the Book,** prêter serment sur la Bible. *See also* CURSE² 1. (*d*) **Blue book,** (i) *Adm:* = livre jaune; (ii) *U.S:* registre *m* des employés de l'État. (*e*) Recueil *m* (de chansons, de prières, etc.). **2.** Registre. (*a*) *Com:* *Fin:* *etc:* **Account-book,** livre de comptes; registre de comptabilité; papier-journal *m*, *pl.* papiers-journaux. **Bank-book,** livret, carnet *m*, de banque. **Waste-book, rough-book,** brouillon *m*, brouillard *m*; main courante; mémorial *m*; chiffrier *m*. *B. of original entry*, journal *m* originaire. *See also* DAY-BOOK, LETTER-BOOK, MINUTE-BOOK, NOTE-BOOK, PASS-BOOK, POCKET-BOOK. **To keep the books of a firm,** tenir les livres, les écritures, d'une maison. *F:* **To be in s.o.'s good books,** être en faveur auprès de qn; être dans les (petits) papiers de qn; figurer sur le calendrier de qn. **To be in s.o.'s bad, black, books,** être mal dans les papiers de qn;

être mal vu, mal noté, de, par, qn. **To get into s.o.'s good books**, se faire bien voir de qn; se mettre dans, entrer dans, les bonnes grâces de qn. *I am in his black books*, il a une dent contre moi. *See also* BLACK[1] I. 1. **To bring s.o. to book (for sth.)**, forcer qn à rendre compte (de qch.); demander compte à qn (de qch.); forcer qn à s'expliquer; faire le procès à qn. (b) *Nau:* **Ship's books**, livres de bord. *To enter up a man on the ship's books*, porter un homme au rôle de l'équipage. **Signal book**, tome *m* des signaux. **Victualling book**, cahier *m* de rations. *See also* LOG-BOOK. (c) *Sch:* **Exercise-book, copy-book**, cahier *m* (de devoirs, d'écolier). *See also* COPY-BOOK. (d) *Turf:* **Betting-book**, livre de paris. **To make a book**, faire un livre. *F:* **That just suits my book**, ça fait mon beurre. *That does not suit my b.*, cela ne répond pas à mes visées, à mes besoins; cela ne rentre pas dans mes calculs; cela ne me va pas; cela dérange mes combinaisons; ça ne fait pas mon affaire; *P:* ça ne fait pas ma balle. (e) **Savings-bank book**, livret de caisse d'épargne. *B. of tickets, of cheques, etc.*, carnet de billets, de chèques, etc. *See also* FLY-BOOK, MATCH[3] 1. *Mil:* **(Soldiers') 'small book,'** livret individuel. (f) *F:* **The telephone book**, l'annuaire *m* du téléphone. *See also* YEAR-BOOK. 3. **The book** (*at whist, bridge*), le devoir. 4. **Book of needles**, sachet *m*, jeu *m*, d'aiguilles. **Book of matches**, pochette *f* d'allumettes.

'book-canvasser, *s.* Courtier *m* en librairie.

'book-concern, *s. U.S:* Maison *f* d'édition.

'book-credit, *s.* Crédit *m* compte.

'book-debt, *s.* Dette *f* compte.

'book-ends, *s.pl.* Serre-livres *m inv.*

'book-folder, *s.* 1. (*Pers.*) *Bookb:* Plieur, -euse. 2. *Publ:* Couvre-livre *m*, *pl.* couvre-livres; chemise *f*.

'book-hunter, *s.* Bibliophile *m*, bouquineur *m*.

'book-hunting, *s.* Bouquinerie *f*.

'book-keeper, *s. Com:* Teneur *m* de livres; comptable *m*.

'book-keeping, *s. Com:* Tenue *f* des livres; comptabilité *f*. *Single-entry b.-k.*, unigraphie *f*. *Double-entry b.-k.*, tenue des livres en partie double; digraphie *f*.

'book-learning, -lore, *s.* Savoir acquis dans les livres; connaissances *f* livresques. *Sch:* *Good at b.-l.*, fort en thème.

'book-louse, *pl.* **-lice**, *s. Ent:* Psoque *m*; pou *m* de bois.

'book-maker, *s.* 1. Faiseur *m* de livres. 2. *Turf:* Bookmaker *m*, *F:* book *m*.

'book-making, *s.* 1. L'industrie *f* du livre. 2. *Turf:* Profession *f* de bookmaker.

'book-mark(er), *s.* Signet *m*. *B.-m. and paper-knife combined*, liseuse *f*.

'book-mindedness, *s.* Le goût de la lecture. *To foster b.-m.*, encourager un penchant pour les livres, pour la lecture.

'book-muslin, *s. Tex:* Organdi *m*.

'book-plate, *s.* Ex-libris *m*.

'book-post, *s.* Service postal des imprimés (journaux exceptés). *To send sth. by b.-p.*, envoyer qch. comme imprimé, sous bande.

'book-prop, *s.* Appui-livre(s) *m inv.*

'book-reading, *attrib. a. The b.-r. public*, le public qui lit; le ublic lettré.

'book-rest, *s.* Pupitre *m*, appui-livre(s) *m inv*, liseuse *f*, porte-livres *m inv.*

'book-room, *s.* Cabinet *m* de lecture (d'une librairie).

'book-scorpion, *s. Arach:* Chélifère *m* cancroïde.

'book-shelf, *pl.* **-ves**, *s.* Rayon *m*; planche réservée aux livres.

'book-shoulder, -support, *s.* Appui-livre(s) *m inv.*

'book-slide, *s.* Porte-livres *m inv* à coulisse.

'book-store, *s. U.S:* = BOOKSHOP.

'book-trade, *s.* Industrie *f* du livre; (commerce *m* de) librairie *f*.

'book-value, *s. Book-k:* Valeur *f* comptable.

'book-work, *s.* 1. *Sch:* (Questions *f* d'examen portant sur l')information *f* qui se trouve dans les manuels; questions de cours. 2. *Typ:* Labeur *m*; travail *m* de librairie.

'book-worm, *s.* 1. *Ent:* Anobion *m*, ptine *m*. 2. *F:* (*Of pers.*) Dévoreur, -euse, de livres; bouquineur *m*; liseur acharné, liseuse acharnée.

book[2], *v.tr.* 1. (a) Inscrire, enregistrer (une commande, etc.); prendre note (d'une commande); inscrire (un voyageur à l'hôtel). (b) *Ind:* **We are heavily booked**, nous avons beaucoup de commandes à exécuter. 2. Retenir, réserver (une chambre, une place); louer (une place) d'avance. *Th:* *Seats can be booked from ten to eight*, la location est ouverte de dix heures à huit heures. *All the seats are booked*, tout est loué. *F:* **I'm booked (up) for this evening**, je suis déjà invité, on m'a retenu, pour ce soir; ce soir je suis pris. *To b. s.o. for dinner*, engager qn à dîner. 3. *Rail:* Délivrer un billet à (un voyageur). *Abs.* (*Of passenger*) To book, prendre son billet. *To b. through to Marseilles*, prendre un billet direct pour Marseille.

book in. *Adm:* *Ind:* *etc:* 1. *v.tr.* Inscrire (un employé) à l'arrivée. 2. *v.i.* Signer à l'arrivée.

book off, out. *Adm:* *Ind:* *etc:* 1. *v.tr.* Inscrire 'heure de sortie (d'un employé). 2. *v.i.* Signer à la sortie.

booking, *s.* Enregistrement *m*, inscription *f*. *Th:* *B. of tickets*, location *f* de billets. *Rail:* *B. of seats*, réservation *f* des places. *Cin:* **Blind booking**, location *f* de films à boîte fermée. **Block booking**, location en bloc.

'booking-clerk, *s. Rail:* Préposé *m* à la distribution des billets; employé *m* du guichet.

'booking-office, *s. Rail:* (a) Guichet *m*, guichets (de délivrance des billets, de réserve des places). (b) **Parcel booking-office**, bureau *m* de messagerie.

bookbinder ['bukbaindər], *s.* Relieur, -euse. *See also* SAW[1].

bookbindery ['bukbaindri], *s.* Atelier *m* de reliure; maison *f* de reliure.

bookbinding ['bukbaindiŋ], *s.* Reliure *f*.

bookcase ['bukkeis], *s. Furn:* Bibliothèque *f*. *Dwarf b.*, bibliothèque d'appui. *Revolving b.*, bibliothèque tournante.

bookie ['buki], *s. F:* = BOOK-MAKER 2. *My b.*, mon book.

bookish ['bukiʃ], *a.* 1. (*Of pers.*) Adonné à la lecture; studieux. 2. (*Of pers., of style*) Pédantesque, livresque.

booklet ['buklet], *s.* Livret *m*; opuscule *m*. *Com:* **Descriptive booklet**, notice descriptive (d'une machine, etc.).

booklover ['buklʌvər], *s.* Bibliophile *m*; bouquineur *m*.

bookman, *pl.* **-men** ['bukmən, -men], *s.m.* Savant, lettré; homme d'étude.

bookseller ['bukselər], *s.* Libraire *m*. **Second-hand bookseller**, bouquiniste *m*. **Bookseller's shop**, librairie *f*. *New and second-hand b.*, librairie de neuf et d'occasion. **Bookseller and publisher**, libraire-éditeur *m*, *pl.* libraires-éditeurs.

bookselling ['bukseliŋ], *s.* (Commerce *m* de) librairie *f*.

bookshop ['bukʃɔp], *s.* Librairie *f*. *See also* SECOND HAND[2] 2.

bookstall ['bukstɔːl], *s.* 1. Étalage *m* de livres. *Second-hand b.-s.*, étalage de bouquiniste. 2. *Rail:* Bibliothèque *f* (de gare). *B. attendant*, libraire *m*.

booky ['buki], *a. F:* = BOOKISH.

boom[1] [buːm], *s.* 1. (*At harbour mouth*) (Pannes *fpl* de) barrage *m*; chaîne *f* (de fermeture); barre *f*; estacade flottante. 2. *Nau:* (a) Bout-dehors *m* (de foc), *pl.* bouts-dehors; gui *m*. **Fore-boom**, gui de misaine. **Spinnaker boom**, tangon *m*, bout-dehors, de spinnaker. *See also* JIB-BOOM, SPANKER-BOOM. (b) **Swinging boom**, tangon. *To cast off from the b.*, larguer le tangon. (c) **Derrick-boom**, mât *m* de charge. **To rig the booms**, mâter les mâts de charge. *To take the booms down*, amener les mâts de charge. 3. *Av:* Longeron *m*. 4. *Civ.E:* (*Of web-girder*) Membrure *f*; (*of built-up girder*) semelle *f*.

'boom-crutch, *s. Nau:* Croissant *m* de gui; support *m* de gui.

'boom-iron, *s. Nau:* 1. Blin *m* (de bout-dehors). 2. = TRAVELLER 4 (b).

'boom-spans, *s.pl. Nau:* Martinets *m*.

boom[2], *v.tr.* 1. *Nau:* **To boom (out) the sails**, mettre les voiles en ciseaux. 2. (a) **To boom (off) part of a river**, établir un barrage flottant dans une rivière (pour y réserver une piste de course). (b) *Nau:* **To boom off a boat**, écarter, déborder, une embarcation.

boom[3], *s.* Grondement *m*, retentissement *m*, bruit *m* (du canon, du tonnerre, des vagues); mugissement *m* (du vent); cri *m* (du butor); tons *m* sonores (de la voix); ronflement *m* (de l'orgue); bourdonnement *m* (de cloches, d'insectes). *The b. of the sea*, le bruit de tonnerre de la mer.

boom[4], *v.i.* 1. (*Of wind, etc.*) Retentir, gronder, mugir (sourdement); (*of guns*) gronder, tonner; (*of organ*) ronfler; (*of bittern*) crier; (*of insects*) bourdonner. *F:* *Actor who knows how* **to boom** out *his lines*, acteur *m* qui sait faire ronfler les vers. 2. *A:* (*Of ship*) Marcher à toutes voiles.

booming[1], *a.* (Vent) mugissant; (tonnerre) retentissant. *B. voice*, voix ronflante, retentissante, tonitruante.

booming[2], *s.* = BOOM[3].

boom[5], *s. Com:* *Fin:* 1. Hausse *f* rapide, emballement *m*, boom *m*. 2. (a) Vague *f* de prospérité. (b) (Période de) vogue *f* (d'un livre, d'un produit, etc.).

boom[6]. 1. *v.tr.* Faire une grosse publicité en faveur de (qch.); faire valoir (qn, qch.); faire du battage autour de (qn, qch.); faire l'article pour (qch.). *She had been boomed beforehand*, on l'avait exaltée au préalable. *Abs. St.Exch:* Faire de la hausse. 2. *v.i.* Être en hausse. *Trade is booming*, le commerce va très fort. *His business is booming*, son commerce prend de l'extension, une extension considérable. *His books are booming*, ses livres ont trouvé la grande vente; ses livres s'enlèvent rapidement.

booming[3], *s.* Battage *m* (autour d'un roman, etc.).

boomerang ['buːməraŋ], *s.* 1. Boumerang *m*, boomerang *m*. 2. *U.S:* *F:* Sottise *f* qui retombe sur son auteur.

boomkin ['buːmkin], *s.* = BUMKIN.

boomy ['buːmi], *a. Cin:* *etc:* (Son *m*, voix *f*) sombre.

boon[1] [buːn], *s. Lit:* 1. *A:* Requête *f*; demande *f* (d'une faveur). 2. Don *m*, faveur *f*. *To grant a b.*, accorder une faveur. 3. Bienfait *m*, avantage *m*. *I found it a great b.*, cela m'a rendu grand service.

boon[2], *a.* **Boon companion**, gai, bon, compagnon; bon vivant, vive-la-joie *m inv.*

boon[3], *s.* Chènevotte *f*, tige ligneuse (du chanvre).

boor ['buər], *s.* Rustre *m*, rustaud *m*; homme malappris; butor *m*; goujat *m*; *A:* manant *m*.

boorish ['buəriʃ], *a.* Rustre, rustaud, grossier; malappris. **-ly**, *adv.* Grossièrement; en rustre.

boorishness ['buəriʃnəs], *s.* Grossièreté *f*; manque *m* de savoir-vivre.

boost[1] [buːst], *s. U.S:* *F:* **To give s.o. a boost**, (i) soulever qn par derrière; faire la courte échelle à qn; (ii) faire de la réclame, du puff, du battage, pour qn. *He got a good b. at the start*, on lui a fait une bonne publicité pour le lancer.

boost[2], *v.tr.* 1. *U.S:* *F:* (a) Soulever (qn) par derrière; faire la courte échelle à (qn). (b) Faire de la réclame, du battage, pour, en faveur de (qn, qch.); *F:* chauffer (un livre, un écrivain). *To b. sth.*, faire l'article pour qch. **To boost s.o. into a position**, faire obtenir une place à qn par favoritisme, *F:* à force de piston. (c) *Cards:* (*At poker*) Relancer. 2. *El.E:* Survolter. **To boost up the potential to a hundred volts**, surélever le potentiel jusqu'à cent volts.

boosting, *s.* 1. *F:* Battage *m*, réclame *f*; puffisme *m*. 2. *El.E:* Survoltage *m*.

booster ['buːstər], *s.* 1. Prôneur *m*, réclamiste *m*; puffiste *m*. 2. *El.E:* Survolteur *m*. *Feeder b.*, survolteur d'artère. *Negative b.*, dévolteur *m*, sous-volteur *m*. **Booster battery**, batterie *f* de renfort; batterie survoltrice.

boot[1] [buːt], *s.* 1. (a) Chaussure *f*, bottine *f*; (*high b.*) botte *f*; (*strong, laced b.*) brodequin *m*; (*infant's or young child's*) bottillon *m*.

Lace boots, bottines à lacets. Button(ed) boots, bottines à boutons. Elastic-sided boots, bottines à élastiques. *Riveted b.*, cloué *m*. Riding-boots, bottes à l'écuyère. Boot and shoe manufacturer, fabricant *m* de chaussures. To put on one's boots, (i) se chausser; (ii) (*top-boots*) se botter. To take off one's boots, (i) se déchausser; (ii) (*top-boots*) se débotter; tirer, quitter, ses bottes. *See also* GUM-BOOT, HALF-BOOT, JACK-BOOTS, SEA-BOOT, SIGH[2], SNOW-BOOTS, THIGH-BOOTS, TOP-BOOTS. *Mil:* To sound the boot and saddle, sonner le boute-selle. To charge boot to boot, charger botte à botte. *Hist:* (Torture of) the boot, les brodequins. *F:* The boot is on the other leg, on the wrong leg, (i) c'est tout (juste) le contraire; (ii) les rôles sont renversés. You are not fit to black his boots, vous n'êtes pas digne de le déchausser, de dénouer les cordons de ses souliers. *See also* LICK[2] I. To talk in one's boots, tirer sa voix de ses talons. *P:* To give s.o. the (order of the) boot, mettre, flanquer, qn à la porte; *F:* saquer qn. To get the boot, être saqué. *See also* BIG I, HEART[1] I, PUSS I. (*b*) *pl.* Pattes emplumées (d'un pigeon pattu, d'une poule pattue). 2. *Ind:* Hotte *f*, trémie *f* (pour alimenter une machine, etc.). Charging boot, entonnoir *m*. 3. *Veh:* Coffre *m*, caisson *m*; *A:* rotonde *f* (de diligence).

'boot-black, *s.* *Esp. U.S:* Décrotteur *m*, cireur *m* (de chaussures).

'boot-hook, *s.* Tire-botte *m* (pour se botter), *pl.* tire-bottes.

'boot-jack, *s.* 1. Arrache-chaussures *m inv*, tire-botte *m* (pour se débotter), *pl.* tire-bottes. 2. *Th: F:* (= *Utility man*) Utilité *f*.

'boot-maker, *s.* Bottier *m*, cordonnier *m*.

'boot-polish, *s.* Cirage *m* à la cire; crème *f* à chaussures.

'boot-strap, 'boot-tag, *s.* Tirant *m* (de botte).

boot-'top, *s.* Revers *m* de botte.

'boot-tree, *s.* 1. Embauchoir *m* (pour botte). 2. Tendeur *m* (pour chaussures).

boot[2], *v.tr.* 1. Chausser (qn). *To b. (oneself)*, se chausser; se botter. 2. *F:* Flanquer des coups de pied à (qn). To boot s.o. out, flanquer qn à la porte (à coups de pieds dans le derrière). 3. *Hist:* Faire subir le supplice des brodequins à (qn).

booted, *a.* Portant des chaussures, des bottines; chaussé. Booted and spurred, chaussé de ses bottes et de ses éperons.

boot[3], *s.* (*Only in the phrase*) To boot, par surcroît, en sus, de plus; par-dessus le marché. *I am tall*, and slender to boot, je suis grande, et avec cela mince.

boot[4], *v.tr.impers.* *A. & Lit:* What boots it to . . .? à quoi sert-il de . . .? It boots not to . . ., rien ne sert de. . . .

bootee [bu'tiː], *s.* (*a*) Bottine *f* d'intérieur (pour dame). (*b*) Bottine d'enfant; chausson tricoté (de bébé).

Boötes [bou'outiːz]. *Pr.n. Astr:* Le Bouvier; Bootès *m*.

booth [buːð], *s.* 1. Baraque *f*, tente *f* (de marché, de forains); loge *f* (de foire). *See also* POLLING-BOOTH. 2. *Cin:* Projection booth, cabine *f* de projection. Camera booth, cabine d'enregistrement.

bootlace ['buːtleis], *s.* Lacet *m* (de chaussure).

bootleg ['buːtleg], *v.i.* *U.S: F:* Faire la contrebande de l'alcool, des boissons alcooliques.

bootlegging, *s.* Contrebande *f* de l'alcool.

bootlegger ['buːtlegər], *s.* *U.S: F:* Contrebandier *m* de boissons alcooliques.

bootless[1] ['buːtləs], *a.* Sans chaussures.

bootless[2], *a.* *A. & Lit:* Inutile, infructueux, vain.

bootlick ['buːtlik], *v.tr.* *F:* Lécher les bottes à (qn).

bootlicker ['buːtlikər], *s.* *F:* Louangeur *m*; lécheur *m* de bottes.

boots [buːts], *s.* 1. Garçon *m* d'étage (dans un hôtel); cireur *m* de chaussures (dans une pension, un pensionnat, etc.). 2. *F:* Le moins ancien (des membres d'un club, d'un cercle d'officiers, etc.). 3. See LAZY-BOOTS, SLY-BOOTS.

booty ['buːti], *s.* 1. Butin *m*. *To share the b., F:* partager le gâteau. 2. (*a*) To play booty, faire exprès de perdre au début de la partie pour allécher la victime. (*b*) *To play b. with s.o.*, aider au jeu de qn. *You are playing b. with my clerk, are you?* vous êtes de connivence avec mon commis?

booze[1] [buːz], *v.i.* *P:* Faire (la) ribote; *P:* chopiner.

booze[2], *s.* *P:* 1. Boisson *f* (alcoolique). 2. To be on the booze, faire (la) ribote; être en ribote. *To go on the b.*, se mettre à boire. *To have a b.*, se payer une cuite.

boozer ['buːzər], *s.* *P:* Ivrogne *m*, poivrot *m*; riboteur, -euse; pochard, -arde; sac *m* à vin.

boozy ['buːzi], *a.* *P:* 1. Riboteur, ivrogne. 2. Un peu gris; pompette.

bo-peep [bou'piːp], *s.* *F:* To play (at) bo-peep, jouer à cache-cache (avec un enfant); faire coucou.

boracic [bo'rasik], *a.* *Ch:* Borique. *Pharm:* Boracic ointment, pommade *f* à l'acide borique. Boracic powder, poudre boriquée; acide *m* borique en poudre. *See also* LINT.

borage ['bɔredʒ], *s.* *Bot: Pharm:* Bourrache *f*.

borate ['bɔːreit], *s.* *Ch:* Borate *m*.

borated [bo'reitid], *a.* *Ch:* Boraté.

borax ['bɔːraks], *s.* *Ch: etc:* (*a*) Borax *m*. (*b*) (*Unrefined*) Tincal *m*, tinkal *m*. *See also* HONEY I.

bordeaux [bɔːr'dou], *s.* 1. Vin *m* de Bordeaux; bordeaux *m*. 2. *Vit: etc:* Bordeaux mixture, bouillie bordelaise; bouillie cuprique.

border[1] ['bɔːrdər], *s.* 1. Bord *m* (d'un lac, etc.); lisière *f*, bordure *f*, *For:* paroi *f* (d'un bois); marge *f* (d'un chemin); frontière *f*, confins *mpl* (d'un pays). *Northern b. of the country*, lisière nord du pays. The Border, la frontière écossaise (et les comtés limitrophes). To escape over the border, passer la frontière. *Attrib.* Border town, ville frontière. 2. (*a*) (*Edging*) Galon *m*, bordé *m* (d'un habit); bordure (d'un tableau, d'un tapis, etc.); encadrement *m* (d'un panneau); carnèle *f* (d'une pièce de monnaie); rive *f* (de fer à cheval). Black border (*on letter paper*), baguette *f*. *Typ:* (Ornamental) border, (i) dentelle *f*, (ii) vignette *f* (d'une page). Ruled border, encadrement en filets. *Th:* The borders, (i) les coulisses *f*; (ii) les frises *f*. (*b*) Grass border, turf border, plate-bande *f*, *pl.* plates-bandes; cordon *m* de gazon. 3. *Her:* Bordure.

'border-land, *s.* 1. (*a*) Pays *m* frontière, limitrophe; marche *f*. (*b*) Les confins *m* de l'au-delà. 2. *Attrib.* = BORDER-LINE 2.

'border-lights, *s.pl.* *Th:* Rampe *f* d'illumination des frises.

'border-line, *s.* 1. Ligne *f* de séparation (entre deux catégories, etc.); *pl.* limites *fpl*, bornes *fpl* (d'une catégorie, etc.); frontière *f* (entre deux états). 2. *Attrib.* Border-line case, (i) cas *m* limite, (ii) cas indéterminé. *B.-l. book*, livre *m* qui frise l'indécence.

'Border marriage, *s.* *A:* Mariage *m* en fugue célébré aussitôt passé la frontière d'Écosse (le plus souvent à Gretna Green).

'Border-riders, -prickers, *s.pl.* *Hist:* Bandes montées et armées qui faisaient des incursions d'Écosse en Angleterre.

'border-stone, *s.* Borne *f*.

'border-tree, *s.* *For:* Arbre *m* de paroi.

border[2]. 1. *v.tr.* (*a*) Border (un habit, un chemin, etc.); lisérer (un mouchoir); encadrer. *Path bordered with box*, allée bordée de buis. *Her:* Bordered shield, écu orlé. (*b*) Border; confiner à (un pays, etc.). *The lands that border the Mediterranean*, les pays qui bordent la Méditerranée. 2. *v.i.* To border on (sth.). (*a*) (*Of territory*) Toucher, confiner, à (un autre pays); être limitrophe (d'un autre pays). *The two countries b. on one another*, les deux pays se touchent. *His estate borders on mine*, sa terre tient à la mienne. (*b*) To border on insanity, approcher, être voisin, de la folie. *It borders on fanaticism*, cela touche au fanatisme. *He was bordering on sixty*, il frisait la soixantaine.

bordering[1], *a.* (*a*) Contigu, -uë, touchant, aboutissant (*on*, à); voisin (*on*, de); limitrophe (*on*, de). *Gardens b. on the river*, jardins aboutissants à la rivière, qui côtoient la rivière. *Lands b. on an estate*, tenants *mpl* d'une propriété. *Estates b. on the Thames*, propriétés riveraines de la Tamise. *Countries b. on the Mediterranean*, pays en bordure de la Méditerranée. (*b*) Colour bordering on red, couleur *f* qui tire au rouge, sur le rouge. *Statement b. on truth, on untruth*, déclaration *f* qui côtoie la vérité, qui frise le mensonge. *Emotion b. on terror*, émotion voisine de la terreur.

bordering[2], *s.* Bordure *f*.

borderer ['bɔːrdərər], *s.* 1. Habitant, -ante, (i) de la frontière, *esp.* (ii) de la frontière d'Écosse; frontalier, -ière. 2. Voisin, -ine (*on*, de). *Borderers on the savage state*, hommes voisins de l'état sauvage. *The borderers of the Danube*, les riverains *m* du Danube.

bordure ['bɔːrdjər], *s.* *Her:* Bordure *f*.

bore[1] ['bɔːər], *s.* 1. (*a*) Calibre *m*, alésage *m* (d'un tuyau, etc.); calibre (d'une arme à feu). *See also* WIND-BORE. (*b*) Ame *f* (d'une arme à feu). *Smooth, rifle(d), b.*, âme lisse, rayée. 2. *Min:* Trou *m* de sonde; sondage *m*, forage *m*.

'bore-chips, *s.pl.*, **'bore-dust**, *s.* 1. Poussière *f* de foret; farine *f* de forage; alésures *fpl*. 2. Bore-dust, poudre *f* de bois (piqué des vers).

'bore-hole, *s.* *Min:* 1. Trou *m* de sonde; sondage *m*. 2. Trou de mine.

bore[2], *v.tr. & i.* 1. (*a*) To bore (out), creuser; (i) forer, (ii) foncer (un puits); forer, percer (un trou); tortiller (une mortaise); aléser (un cylindre). To bore out a part, travailler une pièce à la fraise. To bore into wood, etc., forer, vriller, le bois, etc. To bore through sth., percer, perforer, qch. *Min:* To bore for water, minerals, *etc.*, faire un sondage, sonder, pour trouver de l'eau, des minéraux, etc. (*b*) (*With passive force*) *Timber that does not b. well*, bois difficile à percer. 2. *Equit:* (*Of horse*) Bourrer, encenser. To bore on the bit, se braquer sur le mors. 3. (*a*) *Turf: Abs.* Couper un concurrent, couper la ligne; pousser son cheval contre un concurrent. (*b*) (*Of pers.*) *To b. (one's way) through the crowd*, se frayer (brutalement) un chemin à travers la foule; traverser la foule en bolide.

boring[1], *a.* *Ent:* (*Of insect*) Térébrant.

boring[2], *s.* 1. Percement *m* (d'un trou, d'un passage). *Mec.E:* Forage *m*, perçage *m*; (*of cylinder*) alésage *m*. *Min:* Sondage *m*, forage. Rope-boring, sondage à la corde; sondage chinois. *To make borings*, faire des sondages. *See also* WELL-BORING. 2. *pl.* Alésures *f*; copeaux *m* (d'alésage); poussière *f* de foret.

'boring-bar, *s.* *Mec.E:* Arbre *m*, tige *f*, de foret; arbre d'alésage.

'boring-cutter, *s.* Lame *f* à aléser, lame d'aléseuse.

'boring-machine, *s.* 1. *Mec.E:* Foreuse *f*, perceuse *f*; (*for cylinders*) alésoir *m*, aléseuse *f*. 2. (*a*) *Min: etc:* Sondeuse *f*, sonde *f*, foreuse *f*. (*b*) Perforatrice *f*.

'boring-tool, *s.* 1. *Mec.E:* Outil *m* à aléser; outil de perçage *m*. 2. *Min: etc:* Outil de forage, de sondage; sonde *f*.

bore[3], *s.* *F:* (*a*) (*Of pers.*) Fâcheux, -euse; importun *m*; raseur, -euse; endormeur, -euse; cauchemar *m*, scie *f*, crampon *m*; colleur, -euse. *What a b.! P:* quelle barbe! quel bassin! quelle canule! il est barbant! il est rasoir! *A deadly b.*, un bavard assommant. *He is a dreadful b.*, c'est un véritable assommoir. *Your friend is a terrible b.!* quel assommeur que votre ami! (*b*) (*Of thg*) Ennui *m*, scie, corvée *f*. *It was no end of a b.*, c'était la barbe et les cheveux.

bore[4], *v.tr.* *F:* Ennuyer; *F:* raser, assommer, *P:* scier le dos à (qn); barber, bassiner (qn). To bore s.o. to tears, to death; *P:* to bore s.o. stiff, faire mourir qn d'ennui; ennuyer qn à mourir, mortellement. *P: Golf bores me stiff, bores me pallid*, j'en ai marre, du golf. *He bores me stiff!* il est rasant, sciant, tannant! il me scie le dos; *P:* il me court sur l'os, sur le haricot. *To be bored to death, bored stiff*, s'ennuyer ferme; s'ennuyer à mourir; se morfondre; périr d'ennui; *F:* crever d'ennui, avoir le cafard. *I was frightfully bored*, je mourais d'ennui. *I am terribly bored at times*, parfois je m'ennuie terriblement. *In the country one gets bored stiff*, à la campagne on s'embête à cent sous de l'heure. *To be bored with sth., with doing sth.*, s'ennuyer de qch., à faire qch.; en avoir par-dessus la tête; *P:* en avoir soupé (de faire qch.).

I hope you are not getting bored listening to me, j'espère que vous ne ne vous ennuyez pas à m'écouter.

boring³, *a.* Ennuyeux, ennuyant, *F:* assommant, rasant, tannant, bassinant, cauchemardant, sciant. *Thoroughly b. evening*, soirée tout à fait assommante.

bore⁵, *s.* (*In tidal wave*) Mascaret *m*; raz *m* de marée; barre *f* d'eau.

bore⁶. *See* BEAR³.

boreal [ˈbɔriəl], *a.* Boréal, -aux.

Boreas [ˈbɔrias]. *Pr.n.m. Myth:* Borée.

borecole [ˈbɔərkoul], *s. Hort:* Chou vert, chou frisé.

boredom [ˈbɔːərdəm], *s.* Ennui *m*.

borer [ˈbɔːrər], *s.* **1.** (*Pers.*) Foreur *m*, perceur *m*; sondeur *m* (de puits). *Sm.a: Artil:* **Finishing borer**, adoucisseur, -euse. **2.** Appareil *m* ou outil *m* de perforation. (*a*) Foret *m*, tarière *f*; perçoir *m*, perce *f*, vrille *f*. **Long borer**, esseret *m*. (*b*) (*Of cylinder*) Alésoir *m*. (*c*) *Civ.E:* Perforatrice *f*. *Min:* Fleuret *m*, sonde *f*, pistolet *m*. *Cross-mouthed b.*, pistolet à tête carrée. **3.** *Equit:* Cheval *m* qui se braque. **4.** (*a*) *Moll:* Taret *m*. (*b*) *Ent:* (Insecte *m*) térébrant *m*. *See also* WOOD-BORER.

boresome [ˈbɔːərsəm], *a. F:* Ennuyeux; rasant; qui manque d'intérêt.

boresomeness [ˈbɔːərsəmnəs], *s. F:* Manque *m* d'intérêt (d'une réunion, etc.).

boric [ˈbɔrik], *a. Ch:* Borique.

boride [ˈbɔːraid], *s. Ch:* Borure *m*.

born [bɔːrn]. **1.** *p.p.* (*a*) **To be born**, naître, venir au monde. **To be born again**, renaître. *To have been b.*, être né. **I am London born**, je suis natif de Londres. *He is French b.*, il est Français de naissance. *He was b. in* 1870, il naquit, il est né, en 1870. *Deceased was b. in . . .*, le défunt était né en. . . . *When I was b.*, lors de ma venue au monde; lors de ma naissance. *In this town a hundred children are b. every month*, il naît dans cette ville cent enfants par mois. **Born to trouble**, né pour souffrir. *See also* CAUL 1, PURPLE¹ II, SILVER¹ 2, STAR¹ 1. *Three sons b. to her*, trois fils mis au monde par elle, nés d'elle. **Born on the wrong side of the blanket**, né en dehors du mariage; de descendance illégitime. *F: Do you think I was b. yesterday?* croyez-vous que je suis né d'hier? **High-born**, de haute naissance. **Low-born**, de basse naissance. *See also* BASE-BORN, FIRST-BORN, FREE-BORN, HIGH-BORN, HOME-BORN, NATIVE-BORN, NEW-BORN, STILL-BORN, TRUE-BORN. **Misfortunes born of the war**, infortunes nées de la guerre. *Confidence is b. of knowledge*, la confiance vient du savoir. *The France b. of* 1789, la France issue de 1789. *Philosophy b. of discouragement*, philosophie issue du découragement. *One must be b. a cook*, on naît cuisinier. (*b*) *Theol:* Born again, régénéré. **2.** *a.* **He is a born poet, a poet born**, il est né poète. *A gentleman b.*, un gentilhomme de naissance. **A Parisian, a Londoner, born and bred**, un vrai Parisien de Paris, un vrai Londonien de Londres. **He was born and bred a conservative**, il avait été élevé, nourri, dans le conservatisme. *F:* **Born fool**, parfait idiot. **In all my born days**, de toute ma vie; depuis que je suis au monde. **3.** *s.* **Her latest born**, son dernier né, sa dernière née.

borne [bɔːrn]. *See* BEAR³.

Bornean [ˈbɔːrniən], *a. & s. Ethn: Geog:* Bornéen, -enne.

borneene [ˈbɔːrniiːn], **borneol** [ˈbɔːrniəl], *s. Pharm:* Bornéène *f*, bornéol *m*, camphol *m*.

Borneo [ˈbɔːrniou]. *Pr.n. Geog:* Bornéo *m*.

Bornu [bɔrˈnuː]. *Pr.n. Geog:* Le Bornou.

boron [ˈbɔːrɔn], *s. Ch:* Bore *m*.

borough [ˈbʌrə]. **1.** *s.* (*a*) Ville *f* (avec municipalité). **Borough council**, conseil municipal (de chacune des circonscriptions de Londres). **County borough**, commune *f* de plus de 50,000 habitants. (*b*) Circonscription électorale (urbaine). *Pol.Hist:* **Close borough, pocket borough**, circonscription électorale qui était "dans la poche," sous la coupe, d'un particulier. **Rotten borough**, bourg pourri. **2.** *Pr.n.* **The Borough**, quartier *m* de Londres, dans Southwark (rive droite).

borrow¹ [ˈbɔrou]. **1.** *v.tr.* Emprunter (*from, of*, à). *To b. an idea from s.o.*, emprunter une idée de, à, qn. *To b.* (*money, etc.*) *from s.o.*, faire un emprunt à qn. *To b. money on the security of an estate*, emprunter de l'argent sur une terre. *To b. a phrase from Browning . . .*, pour emprunter une expression à Browning. . . . *To b. at interest*, emprunter à intérêt. *F:* **To borrow trouble**, aller au-devant du malheur. *St.Exch:* **To borrow stock**, (faire) reporter des titres. *Prov:* **He that goes a-borrowing goes a-sorrowing**, argent emprunté porte tristesse; qui vit à compte vit à honte. **2.** *v.i. Golf:* Tenir compte du vent, de l'inclinaison du sol, etc.

borrowed, *a.* Emprunté; d'emprunt. *B. feathers, plumes, ornaments*, plumes *f* d'emprunt. *To strut in borrowed plumes*, se parer des plumes du paon.

borrowing, *s.* Emprunts *mpl*. *To live by b.*, vivre d'emprunts. **Good at borrowing, but bad at giving back**, ami au prêter, ennemi au rendre.

borrow²(-pit), *s. Civ.E:* Emprunt *m* de terre; ballastière *f*.

borrower [ˈbɔrouər], *s.* Emprunteur, -euse. *Constant b.*, *F:* tapeur, -euse.

Borstal [ˈbɔːrstəl]. *Pr.n. Geog:* Borstal (ville du comté de Kent). *Adm:* **Borstal institution**, école *f* de réforme pour jeunes gens âgés de plus de 16 ans (dont la première fut instituée à la prison de Borstal). **The Borstal system**, système qui envisage la réforme du détenu plutôt que la correction. (Le détenu y séjourne au moins deux ans.)

bort [bɔːrt], *s. Lap:* Égrisée *f*; boort *m*.

borzoi [ˈbɔːrzɔi], *s.* Lévrier *m* russe; borzoï *m*.

bos [bɔs], *s. & v.* = BOSS⁴, ⁵.

boscage [ˈbɔskedʒ], *s. Poet. & Canada:* Bocage *m*.

bosh¹ [bɔʃ], *s. & int. P:* Bêtises *fpl*, blague *f*; propos idiots. *That's all b.*, tout ça c'est de la blague, ce sont des fariboles; *A:* chansons (que tout cela)!

bosh², *v.tr. Sch: P:* Taquiner; monter une scie, un bateau, à (qn).

boshes [ˈbɔʃiz], *s.pl. Metall:* Étalages *m* (d'un haut-fourneau).

bosk(et) [ˈbɔsk(et)], *s.* Bosquet *m*; fourré *m*.

bosker [ˈbɔskər], *a. P:* (*In Austr.*) Excellent; chic.

bosky¹ [ˈbɔski], *a.* Boisé; broussailleux.

bosky², *a. P:* Ivre, soûl.

bos'n [bousn]. *See* BOATSWAIN.

Bosnia [ˈbɔznjə]. *Pr.n. Geog:* La Bosnie.

Bosniac [ˈbɔzniak], **Bosnian** [ˈbɔzniən], *a. & s.* Bosniaque (*mf*); Bosnien, -enne.

bosom [ˈbuːzəm]. **1.** *s.* (*a*) Giron *m*, sein *m*. *To hide a letter in one's b.*, cacher une lettre dans son sein. **The wife of his bosom**, sa femme bien-aimée. *He had taken me to his b.*, il me portait dans son cœur. *B:* **Abraham's bosom**, le sein d'Abraham. (*b*) **In the bosom of one's family, of the Church**, au sein de sa famille, dans le giron de l'Église. *To introduce s.o. into the b. of one's family*, introduire qn dans son intimité. *In the b. of the forest*, au cœur de la forêt. (*c*) **Bosom of a dress, of a chemise**, *U.S:* **of a shirt**, devant *m* d'un corsage, d'une chemise; plastron *m* d'une chemise d'homme. *She had a flower stuck in the b. of her dress*, elle portait une fleur fichée dans son corsage. (*d*) Cavité *f*, sinus *m*. **2.** *a. See* FRIEND 1.

-bosomed [buːzəmd], *a.* **Broad-bosomed**, à large poitrine; (*of woman*) à la gorge plantureuse. *U.S: Broad-b. shirt*, chemise *f* à large plastron.

Bosphorus [ˈbɔsfɔrəs], **Bosporus** [ˈbɔspɔrəs]. *Pr.n. Geog:* **The Bosphorus**, le Bosphore.

boss¹ [bɔs], *s.* Protubérance *f*, renflement *m*. **1.** (*a*) *Arch: Metall: Z: etc:* Bosse *f*. (*b*) *Archeol:* Ombon *m* (de bouclier). (*c*) *Furn:* Capiton *m*. **2.** *Harn:* Bossette *f* (du mors). **3.** (*a*) *Mec.E:* Mamelon *m*, portée *f*. **Centre-boss** (*of wheel, crank*), tourteau *m*. *I.C.E:* (*Gudgeon-pin*) *bosses* (*within the piston*), bossages *mpl* du piston. (*b*) *Av: Nau:* **Boss of the propeller**, moyeu *m* de l'hélice.

boss². **1.** *s. F:* (*a*) **The boss**, le patron, *P:* le singe. *She's the b.*, c'est elle qui porte la culotte. *Who's the b. here?* qui commande ici? (*b*) *Ind:* Contremaître *m*. (*c*) *Pol: U.S:* (i) Chef *m* d'un parti. (ii) Grand manitou d'un parti. **2.** *a. U.S: P:* **We had a boss time!** on s'est rudement amusé!

boss³, *v.tr. F:* Mener, diriger (qn, qch.). **To boss the show**, contrôler, conduire, toute l'affaire; être le manitou de l'affaire. *He wants to b. the show*, il veut tout emporter d'autorité. *He bosses everything at home*, c'est lui qui mène tout à la maison. *He bosses everybody*, il régente tout le monde. *Here, it is Mr X who bosses the show*, ici, c'est M. X qui fait la loi.

boss⁴, *a. & s. P:* **To make a boss of sth.**, louper qch. **To make a boss shot**, rater, manquer, son coup.

'boss-eyed, *a. P:* Qui louche.

boss⁵. **1.** *v.tr. P:* Rater (un coup, la balle, un examen); louper (un travail, etc.). **2.** *v.i.* Rater son coup.

bossage [ˈbɔsedʒ], *s. Const:* Bossage *m*.

bossed [bɔst], *a.* En bosse; en relief.

bossy [ˈbɔsi], *a. F:* Autoritaire. *He is rather b.*, il aime à commander; c'est un monsieur Jordonne.

boston [ˈbɔstən], *s. Cards:* (Jeu *m* de) boston *m*.

bosun [bousn], *s. See* BOATSWAIN.

Boswellian [bɔzˈweliən], *a. Lit:* (*a*) Qui a rapport à Boswell. (*b*) Qui rappelle le style biographique de Boswell. *B. admiration*, admiration *f* sans réserve.

bot(t) [bɔt], *s.* **1.** *Ann:* Larve *f* d'œstre. *See also* SHEEP-BOT. **2.** *P:* (*In Austr.*) Crampon *m*, raseur *m*.

'bot-fly, *s.* Œstre *m*; mouche *f* des chevaux.

botanic(al) [bɔˈtanik(əl)], *a.* Botanique. *See also* GARDEN¹ 1.

botanist [ˈbɔtənist], *s.* Botaniste *mf*.

botanize [ˈbɔtənaiz], *v.i.* Herboriser, botaniser. *To go botanizing*, herboriser.

botanizing, *s.* Herborisation *f*.

botanizer [ˈbɔtənaizər], *s.* Botaniseur, -euse; herborisateur, -trice.

botany [ˈbɔtəni], *s.* Botanique *f*. **Descriptive botany**, phytographie *f*.

botargo [bɔˈtɑːrgou], *s. Cu:* Boutargue *f*.

botch¹ [bɔtʃ], *s. F:* Travail mal fait; *F:* travail bousillé. *To make a b. of sth.*, saboter un travail. *You have made a b. of the business*, vous avez mal mené l'affaire.

botch², *v.tr. F:* **1.** Bousiller, saboter, saveter, saloper, louper (un travail, etc.). **Botched piece of work**, travail mal torché, *P:* fait à la flan. **2.** **To botch up**, réparer grossièrement, rafistoler (des souliers, un appareil, etc.). *To b. up a literary work*, rapetasser, ravauder, une œuvre littéraire.

botcher [ˈbɔtʃər], *s. F:* Bousilleur *m*, savetier *m*; gâte-pâte *m inv*; ravaudeur *m*; loupeur, -euse.

both [bouθ]. **1.** *a. & pron.* Tous (les) deux, toutes (les) deux; l'un(e) et l'autre. *B.* (*the*) *brothers*, *F: b. of the brothers*, les deux frères; l'un et l'autre frère. *B.* (*of them*) *are dead*, ils sont morts tous (les) deux. **Both of these possibilities** *must be taken into account*, il faut tenir compte de l'une et l'autre de ces possibilités. *He has two houses, both of which are vacant*, il a deux maisons, qui sont vides toutes les deux. *She kissed him on b. cheeks*, elle l'embrassa sur les deux joues. *B. were punished*, l'un et l'autre a été puni, ont été punis. **To hold sth. in both hands**, tenir qch. à deux mains. *On b. sides*, des deux côtés. *See also* EAR¹ 1, SIDE¹ 3, 4. **Both alike**, l'un comme l'autre. **Both of us saw it**, nous deux l'avons vu; nous l'avons vu tous (les) deux. **We wrote to them both**, nous leur avons écrit à tous les deux. **Both riches and glory vanish**, et les richesses et la gloire s'évanouissent. *It is better to be good than beautiful.—But one may be b. at the same time!* il vaut mieux être sage que belle.—Mais on peut être les deux en même temps! *F:* **You can't have it both ways**, on ne peut pas avoir le drap et l'argent. *Nau:* (*To engine-room*) **Stop both engines**, stoppez partout. **2.** *adv.* **Both you and I**, (et) vous et moi. *B. John and I came, John and I b. came*, Jean et moi sommes venus tous les deux. *God will judge b. the righteous and the wicked,* Dieu jugera les bons aussi bien que les méchants. *She b. attracts and repels me,* elle m'attire et me repousse à la fois; elle m'attire autant qu'elle me repousse. *She is remarkable for b. her intelligence and her beauty,* elle est remarquable par son intelligence autant que par sa beauté, tant par son intelligence que par sa beauté; elle est aussi intelligente que belle. *I am fond of music b. ancient and modern,* j'aime la musique tant ancienne que moderne.

bother[1] ['bɔðər], *s.* Ennui *m*, *F:* embêtement *m*, tracas *m*, aria *m*. **What a bother!** quel embêtement! quelle scie! **Bother!** zut! *What a b. you are!* quel tourment vous faites! *I'm giving you a lot of b.,* je vous donne beaucoup de tracas, d'embarras.

bother[2]. **1.** *v.tr.* Gêner, ennuyer, tracasser, tourmenter (qn); *F:* embêter (qn). *To b. s.o. about sth.,* importuner qn au sujet de qch. *Don't b. me!* laissez-moi tranquille! vous m'ennuyez! *Don't b. your head about me!* ne vous inquiétez pas de moi! ne vous souciez pas de moi! ne vous faites pas de mauvais sang à mon sujet! ne vous tracassez pas pour moi! ne vous embarrassez pas de moi! *He is always bothering me,* il est toujours à me tracasser; il est toujours à mes trousses. *F:* **I can't be bothered,** (i) ça m'embête (*to . . ., de . . .*); (ii) zut! **Bother it! bother the thing!** zut! *B. the man!* qu'il aille au diable! *To b. oneself about sth.,* se tourmenter au sujet de qch. **2.** *v.i.* **He doesn't bother about anything,** il ne s'inquiète de rien; il ne prend souci de rien. *Without bothering any further,* sans plus se tracasser.

bothered, *a.* Inquiet; embarrassé. *See also* HOT[1] 1.

botheration [bɔðə'reiʃ(ə)n]. *F:* **1.** *s.* Ennui *m*, vexation *f*. **2.** *int.* Zut!

bothersome ['bɔðərsəm], *a.* Importun, gênant; embarrassant.

bothie, bothy ['bɔθi], *s. Scot:* Hutte *f*, cabane *f* (de cantonnier, etc.).

Bothnia ['bɔθniɑ]. *Pr.n. Geog:* La Bothnie.

bo-tree ['boutriː], *s. Bot:* Arbre *m* des conseils.

bott-hammer ['bɔthamər], *s. Tls:* Marteau *m* à face cannelée (pour briser le lin).

bottle[1] [bɔtl], *s.* **1.** (*a*) Bouteille *f*; (*small*) flacon *m*; fiole *f*; (*wide-mouthed*) bocal *m*. *Wicker-bottle,* bouteille clissée. *B. of water,* bouteille ou carafe *f* d'eau. *See also* WATER-BOTTLE. **Beer bottle,** (*in Fr.*) cannette *f*. **Wine bottle,** bouteille à vin. *B. of wine,* bouteille de vin. **Half-bottle** (*of wine*), demi-bouteille; *F:* fillette *f*. *We were given some cider in a* **stone bottle,** on nous servit du cidre dans un cruchon. **Cider in bottle,** cidre bouché. *Wine that has been ten years in b.,* vin qui a dix ans de bouteille. *F:* **To sit over a bottle with s.o.,** vider une bouteille ensemble, avec qn. **He had plied the bottle all evening,** il avait passé la soirée à faire des libations. **Devotee of the bottle,** adorateur *m* de la Dive Bouteille. *To keep s.o. from the b.,* tenir qn loin de la tentation de la bouteille; éloigner qn de la bouteille. *See also* CRACK[3] I. 2. (*b*) Flacon. *See* SCENT-BOTTLE, SMELLING-BOTTLE. **2. Feeding bottle, child's bottle,** biberon *m*. **Child brought up on the bottle,** enfant élevé, allaité, au biberon. **3. Hot-water bottle,** boule *f* à eau chaude; bouillotte *f* (de lit) à eau chaude; demoiselle *f*; (*of stone*) cruchon; *F:* moine *m*. *India-rubber water b.,* bouillotte souple en caoutchouc.

'bottle-brush, *s.* Goupillon *m*; hérisson *m*.

'bottle-drainer, *s.* Égouttoir *m* à bouteilles; hérisson *m*.

'bottle-fed, *a.* Élevé au biberon.

'bottle-feeding, *s.* Allaitement *m* au biberon.

'bottle-filling, *s.* Remplissage *m* de bouteilles. *B.-f. machine,* remplisseuse *f*.

'bottle-glass, *s.* Verre *m* à bouteilles; verre vert.

'bottle-gourd, *s. Bot:* Bouteille *f*.

'bottle-'green, *a.* & *s.* Vert bouteille (*m*) *inv*; cul-de-bouteille (*m*) *inv*.

'bottle-holder, *s. Box:* Soigneur *m*, second *m*.

'bottle-imp, *s.* **1.** *Ph:* Ludion *m*. **2.** *Myth:* Génie enfermé dans une bouteille.

'bottle-neck, *s.* **1.** Goulot *m* (de bouteille). **2.** Étranglement *m*, embouteillage *m* (dans une rue). *Rail:* Col *m* de bouteille. *Nau:* Goulet *m* (d'un port).

'bottle-nose, *s.* **1.** Gros nez sans distinction; *F:* nez en pied de marmite; truffe *f*, piton *m*. **2.** *Z:* Hyperoodon *m*.

'bottle-nosed, *a.* **1.** A gros nez. **2.** *Z:* **Bottle-nosed whale,** hyperoodon *m*.

'bottle-party, *s.* Réunion intime à laquelle chacun apporte à boire.

'bottle-rack, *s.* Porte-bouteilles *m inv*; casier *m* à bouteilles; *Wine-m:* pupitre *m*.

'bottle-stand, *s.* (*a*) (*Rack*) Jardinière *f* (de café). (*b*) (*Coaster*) Porte-bouteille *m*, *pl.* porte-bouteilles.

'bottle-washer, *s.* **1.** (*Pers.*) Laveur, -euse, de bouteilles; plongeur *m*. *F:* **Head cook and bottle-washer,** (i) factotum *m*; (ii) homme qui mène toute l'affaire. **2.** Rince-bouteilles *m inv*, nettoie-bouteilles *m inv*.

bottle[2], *v.tr.* Mettre (du vin) en bouteilles; conserver (des fruits); mettre (des fruits) en bocal. **Bottled wine,** vin en bouteilles. **Bottled foods,** conserves *f* en flacons. *See also* BEER.

bottle off, *v.tr.* Mettre (du vin, etc.) en bouteilles.

bottle up, *v.tr.* **1.** (*a*) *Navy:* Embouteiller (une flotte). (*b*) *To b. up the traffic,* embouteiller la circulation. **2.** *F:* *To b. up one's feelings,* étouffer ses sentiments. *To b. up one's anger,* comprimer, ravaler, sa colère. *Heat bottled up in sth.,* chaleur emprisonnée dans qch.

bottling up, *s.* Embouteillage *m*.

bottling, *s.* Mise *f* en bouteille(s), en bocal.

bottle[3], *s. Husb:* Botte *f* (de foin, etc.). *See also* NEEDLE[1] 1.

bottle[4], *v.tr. Husb:* Botteler (du foin, etc.).

bottle[5], *s. Bot:* **White bottle,** silène renflé, enflé. **Yellow bottle,** marguerite dorée. **Bottle of all sorts,** pulmonaire commune. *See also* BLUEBOTTLE.

bottler ['bɔtlər], *s.* Metteur *m* en bouteilles.

bottom[1] ['bɔtəm], *s.* **1.** (*a*) Bas *m* (d'une colline, d'un escalier, d'une robe, d'une page). *See also* TOP[1] I. 1. (*b*) Fond *m* (d'un puits, d'une boîte, de la mer); plafond *m* (d'un canal, d'un réservoir); ballast *m*, assiette *f* (d'une chaussée, etc.). *At the b. of the garden,* au fond du jardin. *At the b. of the street,* au bout de la rue. *At the b. of the table, of the class,* au (bas) bout de la table, à la queue de la classe. *At the very b. of the cask,* au fin fond du baril. **To send a ship to the bottom,** envoyer un bâtiment au fond, par le fond. (*Of ship*) **To go to the bottom,** couler à fond. (*Of ship*) **To strike, touch, bottom,** donner un coup de talon; talonner; être sur les brasses. **To touch bottom** ((i) *in boring,* (ii) *of prices*), toucher le tuf. *Civ.E:* *The pile has reached hard b.,* le pieu refuse le mouton. *Prices have touched b.,* les prix sont au plus bas. *See also* ROCK-BOTTOM. (*Of swimmer*) **To find bottom again,** reprendre fond; reprendre pied. *See also* FISH[1]. **To sift sth. to the bottom,** examiner qch. à fond. **To get to the bottom of things,** aller au fond des choses; descendre jusqu'au tuf; *F:* voir le fond du sac. *I must get to the b. of it,* il faut que j'en sache le fin mot, que j'en aie le cœur net. **At bottom he's not a bad fellow,** au fond ce n'est pas un mauvais garçon. **From the very bottom of the heart,** du (fin) fond du cœur. *Feeling that comes from the b. of one's heart,* sentiment *m* qui coule de source. **To be at the bottom of sth.,** (i) (*of pers.*) être derrière qch., au fond de qch.; être l'instigateur de qch.; (ii) être la cause de qch. *Nau: Oc: Gravel b.,* fond de gravier. *Rocky b.,* fond de roche. *Sandy b.,* fond de sable. *Muddy b.,* fond de vase. *Nau: Loose b.,* fond de mauvaise tenue (pour l'ancre). (*c*) Résistance *f*, fond. **Horse with a good bottom,** cheval *m* qui a du fond. **2.** Bas-fond *m* (de terrain), *pl.* bas-fonds; creux *m*; vallée *f*. *U.S:* **Bottom lands,** terres d'alluvion; bonnes terres. **3.** (*a*) (i) Fond, (ii) dessous *m* (d'assiette, de verre, etc.); siège *m* (d'une chaise); socle *m* (de statue, de colonne). **To set sth. bottom up(wards),** mettre qch. sens dessus dessous. **Box with a false bottom,** boîte *f* à fond intermédiaire, à double fond. *To knock the b. out of a box,* défoncer une boîte. *F:* **To knock the bottom out of an argument,** démolir un argument. **The bottom has fallen out of the market,** le marché s'est effondré. *The b. seemed to have dropped out of everything,* tout sombrait. *Metall:* *B. of a crucible,* culot *m* d'un creuset. *See also* DROP-BOTTOM. *F:* **Every tub must stand on its own bottom,** il faut se montrer indépendant d'autrui. (*b*) *Bill:* **To put bottom on a ball,** faire de l'effet à revenir, de l'effet rétrograde; faire un rétro. **4.** *F:* Derrière *m*, postérieur *m*, fondement *m* (d'une personne); *F: V:* cul *m*. **To kick s.o.'s bottom,** *F:* enlever le ballon à qn; botter le derrière à qn. **5.** *Nau:* (*a*) Carène *f*, fond (d'un navire). *Double b.,* double fond. **Flat bottom,** sole *f*. **Copper bottom,** doublage *m* d'un navire. **Ship bottom up,** navire la quille en l'air. *Boat b. up,* embarcation chavirée. (*b*) Navire *m*. **In British bottoms,** sous pavillon anglais. *In neutral bottoms,* sous pavillon neutre. **6.** *Attrib.* **Bottom half** (*of a box, etc.*), partie inférieure. *B. book* (*of a pile*), livre qui est en bas, tout en dessous. **Bottom end of the table,** bas bout de la table. **Bottom stair,** marche du bas, première marche (de l'escalier), dernière marche (en descendant). *B. boy of the class,* dernier élève de la classe; *F:* le culot de la classe. **At bottom prices,** aux plus bas prix; au dernier prix. *U.S: F:* **My bottom dollar,** mon dernier sou. *See also* CASTING[2], GEAR[1] 3, LANDING[2] 2, POURING[2].

'bottom-boards, *s.pl. N.Arch:* Vaigres *f* (d'une embarcation).

'bottom-fishing, *s.* Pêche *f* à la ligne de fond.

'bottom-heat, *s. Hort:* Couche chaude.

'bottom-line, *s. Fish:* Traînée *f*.

bottom[2]. **1.** *v.tr.* (*a*) Mettre ou remettre un fond à (une boîte), un siège à (une chaise). *Coop:* (En)foncer, enjabler (un tonneau); mettre un fond à (un tonneau). *See also* NEW-BOTTOM. (*b*) *To b. an argument upon sth.,* baser, fonder, asseoir, un argument sur qch. (*c*) Examiner (un sujet) à fond. (*d*) *Civ.E:* Empierrer (une route). **2.** *v.i.* (*a*) (*Of ship, etc.*) Toucher le fond; (*of piston*) buter au fond (du cylindre). (*b*) *To b.* (*up*)*on sth.,* être basé, fondé, établi, sur qch.; avoir son assiette sur qch. (*c*) *P:* (*In Austr.*) **To bottom on the gold,** trouver le filon; tenir le filon.

bottomed, *a.* **Leather-bottomed easy-chair,** fauteuil *m* à siège de cuir. **Flat-bottomed boat,** bateau *m* à fond plat. **Double-bottomed,** à double fond; (navire *m*) à double coque. *See also* COPPER-BOTTOMED, STRAW-BOTTOMED.

bottoming, *s.* **1.** Mise *f* d'un fond (à une boîte, etc.). *Coop:* Fonçage *m*, enjablure *f* (d'un tonneau). **2.** *Civ.E:* Empierrement *m* (d'une route). **3.** *Mch:* Butée *f* (du piston).

bottomless ['bɔtəmləs], *a.* Sans fond. **1.** (Chaise *f*) sans siège. **2.** Insondable. *B:* **The bottomless pit,** le puits de l'abîme; l'abîme *m*.

bottommost ['bɔtəmmoust], *a.* Le plus bas.

bottomry ['bɔtəmri], *s. Nau:* Hypothèque consentie sur un navire (pour fournir les fonds nécessaires à son voyage); (emprunt *m* à la) grosse aventure. *B. loan,* prêt *m* à la grosse; bômerie *f*. **Bottomry bond,** contrat *m* à la grosse aventure; contrat en gros. *B. interest,* profit *m* maritime.

bottony ['bɔtəni], *a. Her:* Boutonné.

botulism ['bɔtjulizm], *s. Med:* Botulisme *m*.

bougainvillea [bugein'viliɑ], *s. Bot:* Bougainvillée *f*, bougainvillier *m*.

bough [bau], *s.* Branche *f*, rameau *m* (d'arbre).

-boughed [baud], *a.* **Low-boughed,** aux branches basses.

bought [bɔːt]. *See* BUY.

bougie ['buːʒiː], *s. Surg:* Bougie *f*.

boulder ['bouldər], *s.* **1.** Galet *m*; gros caillou. **2.** (Gros) bloc de pierre roulé; gros galet; pierre roulée. *Geol:* Bloc erratique. *See also* DRIFT-BOULDER.

'boulder-clay, *s.* Argile *f* à blocaux; terrain *m* erratique; dépôt *m* erratique.

'boulder-period, *s. Geol:* Période *f* glaciaire.

'boulder-wall, *s. Geol:* Moraine *f.*

boule [bu:l], *s. Gaming:* (Jeu *m* de) boule (*f*).

boulevard ['bulvɑ:r], *s.* **1.** Boulevard *m.* **2.** *U.S:* Grande voie de communication; grande route.

boulter ['boultər], *s. Fish:* Longue ligne munie de plusieurs hameçons.

bounce[1] [bauns], *s.* **1.** (*Of ball*) Rebond *m*, rebondissement *m*; bond *m.* **To take, catch, the ball on the bounce,** prendre la balle au bond; *Ten:* faire une demi-volée. **2.** *F:* (*Of pers.*) Jactance *f*, vantardise *f*, bluff *m*, épate *f.* **Piece of bounce,** vantardise. *It's all b.*, ce n'est qu'une vantardise, que du bluff.

bounce[2]. **1.** *v.i.* (*a*) (*Of ball*) Rebondir. (*b*) (*Of pers.*) **To bounce in, out;** *to b. into, out of, a room*, entrer (dans une pièce), sortir (d'une pièce), en coup de vent, en trombe; entrer, sortir, à l'improviste. (*c*) *F:* (*Of pers.*) Faire l'important, bluffer, faire de l'esbrouffe, de l'épate; se vanter. **2.** *v.tr.* (*a*) Faire rebondir (une balle). (*b*) *F:* Ne pas laisser à (qn) le temps de réfléchir. **To bounce s.o. into doing sth.,** arriver (i) à force d'esbrouffe, (ii) par le bluff, à faire faire qch. à qn. **To bounce sth. out of s.o.,** obtenir qch. de qn à force d'intimidation ou à force de bluff. (*c*) *U.S: F:* Donner son congé à (qn); flanquer (qn) à la porte (du cabaret, etc.). (*d*) *A:* **To bounce out an oath,** lâcher un juron. (*e*) Semoncer. *He was bounced for his carelessness*, il a reçu un savon pour sa négligence.

bouncing[1], *a.* **1.** Rebondissant. **2.** *F:* **Bouncing lass,** jeune fille pleine de vie et de santé.

bouncing[2], *s.* Rebondissement *m. Aut:* Battements *mpl* (dans les cahots).

bounce[3], *adv.* En bondissant, en se heurtant. *The apple fell b. on my head*, la pomme tomba en rebondissant sur ma tête. *Something came b. against the door*, quelque chose frappa rudement la porte. *B. went the door*, la porte s'ouvrit avec fracas. *To come b. into a room*, entrer dans une pièce en coup de vent.

bouncer ['baunsər], *s. F:* **1.** Esbrouffeur *m*, épateur *m*, vantard *m*, hâbleur *m.* **2.** Mensonge effronté. **3.** *U.S:* = CHUCKER-OUT.

bound[1] [baund]. *See* BIND[2].

bound[2], *s.* (*Usu. pl.*) Limite(s) *f*, bornes *fpl.* **To beat the bounds,** constater solennellement (en procession) les limites d'une paroisse; faire le tour de la paroisse en frappant le sol de baguettes, pour en affirmer la délimitation. *Mil: etc:* **To put a public house out of bounds,** consigner (à la troupe) un débit de boissons. *Sch:* **The village is out of bounds,** l'accès du village est défendu aux élèves. *Golf: Fb: etc:* **Out of bounds,** hors des limites, hors du jeu. *The ultimate bounds of space*, les dernières limites de l'espace. *Human vanity has no bounds*, la vanité humaine n'a pas de limites. *F:* **To set bounds to one's ambition,** mettre des bornes, fixer une limite, à son ambition; borner son ambition. *To go beyond the bounds of reason*, dépasser les bornes de la raison. **To go beyond all bounds, to pass all bounds, to know no bounds,** dépasser toutes les bornes, n'avoir pas de bornes; franchir, dépasser, les limites oublier toute mesure. *My fury knew no bounds*, je n'ai pu contenir ma fureur. *Curiosity beyond all bounds*, curiosité *f* qui dépasse les bornes. **This passes the bounds!** c'en est trop! **To keep within bounds,** rester dans la juste mesure; user de modération. *To keep s.o. within bounds*, contenir qn. **Within bounds,** avec modération. *Within the bounds of probability*, dans les limites du probable; probable. *Within the bounds of possibility*, dans l'ordre des choses possibles; dans la limite du possible; bien possible. *See also* BREAK[2] I. 4, METE[1].

bound[3], *v.tr.* Borner, limiter (un pays, ses désirs).

bound[4], *s.* Bond *m*, saut *m*; (*of horse*) soubresaut *m.* **At a bound,** d'un (seul) bond, d'un saut, d'un seul élan. *He made his b. before he was aware of the water*, il s'élança avant de voir l'eau. *See also* LEAP[1].

bound[5], *v.i.* Bondir, sauter; (*of ball, etc.*) rebondir; (*of horse*) soubresauter. **To bound away,** (*of pers.*) s'en aller en bondissant; (*of ball*) (re)bondir au loin. **To bound forward,** bondir en avant. *His heart bounded with joy*, son cœur tressaillit, sursauta, de joie.

bound[6], *a. Nau:* **Ship bound for a country,** navire en partance pour, en route pour, allant à, un pays. *Ship b. for foreign parts, for Bordeaux*, navire à destination de l'étranger, de Bordeaux. *The ship was b. for India*, (i) le navire partait pour les Indes; (ii) le navire faisait route vers les Indes. **Where is the ship bound for?** quelle est la destination du navire? *F:* **Where are you bound for?** où allez-vous? *We were b. upon a risky undertaking*, nous partions pour tenter une entreprise hasardeuse. *See also* HOMEWARD-BOUND, OUTWARD-BOUND, WEST-BOUND, *etc.*

boundary ['baundəri], *s.* **1.** Limite *f*, bornes *fpl*, frontière *f*; bornage *m* (d'une concession, du terrain appartenant à un fort, etc.). **Boundary (line),** ligne frontière, ligne de démarcation; *Sp:* limites du jeu; (*at bowls*) noyon *m.* **Boundary post,** poteau *m* de bornage, de délimitation. **Boundary stone, mark,** pierre *f* de bornage; borne. *See also* FURROW[1] 1. **2.** *Cr:* **To hit, score, a boundary,** envoyer la balle jusqu'aux limites du terrain.

bounden ['baundən], *a.* (Devoir) impérieux, sacré. **It is my bounden duty to . . .,** je ne puis échapper à l'obligation de . . ., je suis dans l'obligation de . . ., c'est mon devoir impérieux de. . . . *To consider sth. one's b. duty*, *F:* se faire une religion de qch.

bounder ['baundər], *s. F:* Épateur *m*, plastronneur *m. He is a b. but not a cad*, il est prétentieux et mal élevé, mais le fond est bon.

boundless ['baundləs], *a.* Sans bornes, illimité, infini. **-ly,** *adv.* Infiniment.

boundlessness ['baundləsnəs], *s.* Infinité *f*, immensité *f.*

bounteous ['bauntiəs], *a.* **1.** (*Of pers.*) Libéral, généreux, munificent, bienfaisant. **2.** *B. harvest*, moisson abondante. **-ly,** *adv.* Libéralement, généreusement, avec munificence; abondamment.

bounteousness ['bauntiəsnəs], *s.* **1.** Bonté *f*, libéralité *f*, générosité *f*, munificence *f.* **2.** (*Of crops, etc.*) Abondance *f.*

bountiful ['bauntiful], *a.* **1.** Bienfaisant. *B. rains*, pluies fécondes. **2.** Généreux, libéral. *She has set herself up as the* **Lady Bountiful** *of the village*, elle s'est érigée en patronne du village. (Allusion à un des personnages de *The Beaux' Stratagem* de Farquhar.) **-fully,** *adv.* = BOUNTEOUSLY.

bounty ['baunti], *s.* **1.** *Lit:* Bonté *f*, générosité *f*, libéralité *f*, munificence *f.* **2.** (*a*) Don *m*, gratification *f* (à un employé, etc.). **The King's bounty,** don de cinq livres sterling fait par le roi à chaque mère de trijumeaux. (*b*) *Adm: Ind:* Indemnité *f*; prime *f* (d'exportation, etc.); subvention *f.* **System of bounties,** système *m* de primes. **Child bounty,** (i) indemnité de charges de famille (à un fonctionnaire); (ii) majoration *f* pour enfants (à un pensionné de guerre). (*c*) *Mil: Nau:* Prime (d'engagement).

bounty-'fed, *a.* (*Of product, industry*) Subventionné, primé.

bouquet [bu'kei, 'buke], *s.* **1.** Bouquet *m* (de fleurs, de feu d'artifice). *U.S: F:* **To throw bouquets,** faire des compliments, des éloges (*at*, à). **2.** ['buke] Bouquet (du vin).

Bourbon ['buərbən], *s.* **1.** *Hist:* Bourbon. **2.** *Pol: U.S:* **A bourbon,** un réactionnaire.

bourdon[1] ['buərd(ə)n], *s. Mus:* **1.** (*Organ stop*) Bourdon *m.* **2.** (*Of bagpipe*) Bourdon.

Bourdon[2]. *Pr.n.m.* **Bourdon tube,** manomètre *m* de Bourdon. *B. barometer*, baromètre *m* de Bourdon.

bourdonasse [buərdə'nas], *s. Archeol:* Lance *f* de tournoi; bourdon *m*, bourdonnasse *f.*

bourdonné [buər'dɔne], *a. Her:* Bourdonné; pommeté.

bourgeois[1] ['buərʒwɑ], *a. & s. Pej:* Bourgeois, -oise.

bourgeois[2] [bəː'dʒɔis], *s. Typ:* Petit romain, corps 8.

bourn[1] ['buːərn], *s. A:* Ruisseau *m.*

bourn(e)[2], *s. Poet:* **1.** Borne *f*, terme *m*, but *m.* **2.** Frontière *f.* *The b. from which no traveller returns*, l'au-delà *m* dont on ne revient pas.

bouse [baus], *v.tr. Nau:* Palanquer (les colis). *To b. a rope*, peser sur une manœuvre.

bout[1] [baut], *s.* **1.** (*At games, etc.*) Tour *m*, reprise *f. Fencing b.*, passe *f* d'armes; assaut *m* d'armes. *Wrestling b.*, assaut de lutte. *Box:* **To have a bout with s.o.,** *F:* les mettre avec qn. *F:* **Not this bout!** pas à cette occasion! pas cette fois-ci! pas ce coup-ci! **2.** (*a*) Accès *m* (de fièvre); attaque *f* (de fièvre, d'influenza, etc.); crise *f* (de rhumatisme, etc.). *He has had another b. of fever*, la fièvre lui a repris, l'a repris. *Fresh b. of fever*, reprise *f* de (la) fièvre. (*b*) *See* DRINKING-BOUT.

'bout[2], *adv.* (= ABOUT) *Nau:* **'Bout ship!** envoyez!

bovine ['bouvain]. **1.** *a.* (*a*) Bovin, -ine. (*b*) *F:* (Esprit) lourd, inerte. **2.** *s.pl.* **Bovines,** bovidés *m.*

bovril ['bɔvril], *s. Com:* Essence *f* de bœuf (de la marque Bovril).

bovrilize ['bɔvrilaiz], *v.tr. F:* Présenter (un ouvrage) en raccourci, en abrégé. *To b. a thought*, concentrer une pensée.

bow[1] [bou], *s.* **1.** Arc *m. To draw a bow*, bander, tendre, un arc. **To draw the bow,** tirer de l'arc. *F:* **To have more than one string to one's bow,** avoir plus d'une corde à son arc. **To have two strings to one's bow,** avoir deux cordes à son arc; avoir un pied dans deux chaussures; manger à deux râteliers. **I have still one string to my bow,** il me reste encore une ressource. *Prov:* **One must have more than one string to one's bow,** souris qui n'a qu'un trou est bientôt prise. *See also* CROSS-BOW, LONG-BOW, STONE-BOW, VENTURE[1] 3. **2.** *Mus:* (*a*) Archet *m* (de violon, etc.). **Bow instrument,** instrument *m* à archet. (*b*) Coup *m* d'archet. **Up bow!** poussez! **Down bow!** tirez! *See also* DOWN[3] III. 4. (*c*) *Tls:* Arçon *m* (de feutrier, etc.). **3.** Nœud *m* (de ruban). **Butterfly bow,** nœud (de) papillon. **4.** *Harn:* **(Saddle-)bow,** arçon *m*, pontet *m* (de selle). **5.** *Tchn:* (*a*) Arceau *m*, anse *f*, branche *f* (de cadenas); anneau *m* (de clef); collier *m* (d'éperon). *See also* HANDLE[1] 1. (*b*) *pl.* **Bows** = BOW-COMPASS. **6.** *Poet:* Arc-en-ciel *m*, *pl.* arcs-en-ciel.

'bow-compass, *s.* (*Also* **pair of bow-compasses**) Compas *m* à balustre.

'bow-drill, *s. Tls:* Foret *m*, drille *f*, à arçon, à archet; touret *m.*

'bow-file, *s. Tls:* Riflard *m.*

'bow-hand, *s.* **1.** La main gauche (qui tient l'arc). **2.** *Mus:* La main droite (qui tient l'archet).

'bow-head, *s. Z:* Baleine franche.

'bow-legged, *a.* Bancal, -als; aux jambes arquées, torses.

'bow-legs, *s.pl.* Jambes bancales, arquées, torses; *F:* jambes en manches de veste.

'bow-net, *s. Fish:* Caudrette *f.*

'bow-piece, *s. Mec.E:* Cintre *m* (de cintreuse).

'bow-saw, *s. Tls:* Scie *f* à chantourner, à châssis, à archet, à arc.

'bow-spring, *s. Mec.E:* Ressort *m* à arc.

'bow-tie, *s. Cost:* Nœud carré.

'bow trolley, *s. El.E:* Archet *m* de prise de courant (d'un trolley).

bow-'window, *s.* **1.** Fenêtre *f* en saillie (courbe), en rotonde; bow-window *m inv.* **2.** *F:* Bedaine *f*, bedon *m.*

bow-'windowed, *a.* (Maison *f*) à fenêtres en saillie.

bow[2] [bou], *v.tr.* **1.** Courber (qch.). *Nau: To bow a mast*, arquer un mât. **2.** *Mus:* **To bow a passage,** gouverner l'archet dans un passage. *How do you bow that passage?* quels coups d'archet faites-vous dans ce passage? **3.** *Felt-making:* **To bow the fur,** faire voguer l'étoffe.

bowing[1], *s.* **1.** Courbage *m* (de qch.). **2.** *Mus:* Manière *f* de gouverner l'archet. *The art of b.*, l'art de l'archet. *To indicate the b.*, indiquer les coups d'archet. *His b. is perfect*, il a un coup d'archet parfait.

bow[3] [bau], *s.* Salut *m*; (i) révérence *f*; (ii) inclination *f* de tête. **To make one's bow to the company,** se présenter; débuter. *To make one's bow to the company* (*and depart*), tirer sa révérence à la compagnie. *With a bow*, en saluant, en s'inclinant. *To make a deep, low, bow to s.o.*, saluer qn profondément. *I made my bow and my way to the door*, je m'inclinai et gagnai la porte.

bow[4] [bau]. **1.** *v.i.* (*a*) (i) S'incliner; baisser la tête; (ii) faire une génuflexion. **To bow to s.o.**, adresser un salut à qn; saluer qn. *To bow low to s.o.*, faire un grand salut à qn. **To bow and scrape to s.o.**, faire force révérences à qn; faire des salamalecs, des courbettes, à qn. **He went out bowing and scraping**, il sortit avec force révérences. **To bow back to s.o.**, rendre son salut à qn. **To bow (down) to, before, s.o.**, (i) se prosterner devant qn; (ii) faire des courbettes devant qn. (*b*) *With cogn. acc.* **To bow one's assent**, signifier son consentement d'une inclination de tête. **To bow one's thanks to s.o.**, remercier qn d'un salut. (*c*) **To bow to s.o.**, s'incliner devant qn. *To bow to a decision*, se soumettre à, s'incliner devant, une décision. *To bow to s.o.'s whims*, se plier aux caprices de qn. **To bow to the inevitable**, s'incliner devant les faits. **2.** *v.tr.* (*a*) Incliner, baisser (la tête); fléchir (le genou). *I bow my head in admiration before what he has accomplished*, je m'incline devant ce qu'il a accompli. *A:* **To bow the ear to s.o.'s prayer**, prêter l'oreille aux prières de qn. (*b*) Courber, voûter (le dos, les épaules, de qn). *To become bowed*, se voûter. **To be bowed (down) by suffering**, être courbé, accablé, par la souffrance. *To become bowed (down) by age*, s'affaisser.

bow down, *v.i.* Se baisser.

bow in, *v.tr.* **To bow s.o. in**, faire entrer qn (avec force saluts).

bow out, *v.tr.* **To bow s.o. out**, (i) prendre congé de qn (à la porte) avec force saluts; (ii) congédier qn avec un salut. *To bow oneself out*, prendre congé avec force saluts; tirer sa révérence.

bowing[2], *s.* Saluts *mpl*, salutation *f*. **To have a bowing acquaintance with s.o.**, connaître qn pour le saluer, pour lui dire bonjour. *I have a b. acquaintance with him*, nous nous saluons.

bow[5] [bau], *s.* **1.** *Nau:* (*Often in pl.*) Avant *m*, étrave *f*, bossoir *m*; épaule *f*; joues *fpl*; *A. & Lit:* proue *f*. **Clipper bow**, avant fin. **Bluff bow**, avant renflé. **On the bow**, par l'avant, par le bossoir. **On the port bow**, par le bossoir du bâbord, par bâbord devant. *To cross the bows of a ship*, couper la route d'un navire. *Bows on to the sea*, debout à la mer, à la lame. **Bow-wave**, lame d'étrave. *Navy: Ships in b. and quarter line*, ligne *f* en échiquier. *See also* DOWN[3] I. 2, FIRE[1] 5, SINK[2] I. 1, STARBOARD[1]. **2.** *Aer:* Nez *m* (d'un dirigeable). **3.** *Row:* Nageur *m* de tête, de l'avant; le têtier, le brigadier; le huit.

'bow-chaser, *s. Navy:* Pièce *f*, canon *m*, de chasse.

'bow-line, *s. Navy:* **Order in two bow-lines**, ordre *m* en angle de retraite.

'bow-oar, *s. Row:* **1.** Aviron *m* de l'avant, du brigadier. **2.** = BOW[5] 3.

'bow-rope, *s. Nau:* Amarre *f* de bout, de l'avant.

'bow-side, *s. Row:* Tribord *m*. *B.-s. oar*, aviron *m* de tribord.

Bow bells [bou'belz], *s.pl.* Les cloches de l'église de Saint Mary-le-Bow (dans Cheapside). *F:* **Born within the sound of Bow bells**, né dans la Cité de Londres; vrai 'cockney.'

bowdlerization [baudlərai'zeiʃ(ə)n], *s.* Expurgation *f*, émasculation *f* (d'une œuvre littéraire).

bowdlerize ['baudləraːiz], *v.tr.* Expurger, émasculer, châtrer (une œuvre littéraire) (comme le fit Dr T. Bowdler dans son édition de Shakespeare).

Bowden ['boud(ə)n], *s. Mec.E:* **Bowden wire**, commande *f* Bowden; *F:* bowden *m*.

-bowed [baud], *a.* (*With adj. prefixed*) **Lean-bowed**, (navire *m*) à l'avant fin. **Long-bowed**, à avant long. *See also* BLUFF[1] I.

bowel ['bauəl], *s. Anat: etc:* (*a*) Intestin *m*. (*b*) *pl.* Intestins, entrailles *f*, *F:* boyaux *m*. **Bowel complaint**, affection intestinale. **To have one's bowels open, free**, avoir le ventre libre. **Are your bowels regular?** allez-vous régulièrement (à la selle)? *See also* MOVE[2] I. 2, MOVEMENT 2. *F:* **The bowels of the earth**, les entrailles, le sein, de la terre. (*c*) **Bowels of compassion**, sentiment *m* de compassion. *He has no bowels of compassion*, il n'a pas d'entrailles; il a un cœur de pierre.

bower[1] ['bauər], *s.* **1.** Berceau *m* de verdure; charmille *f*, tonnelle *f*. **2.** *Poet: A:* (*a*) Séjour *m*, demeure *f*. (*b*) Appartement *m* (d'une dame); boudoir *m*. *The lady withdrew within her b.*, la châtelaine se retira chez elle, dans ses appartements. *See also* LADY'S-BOWER.

bower[2], *s. Nau:* **Bower(-anchor)**, ancre *f* de bossoir. **Best bower, second bower**, grosse ancre, petite ancre, de bossoir. *Small b. anchor*, ancre d'affourche. **Bower cable**, chaîne *f* de bossoir.

bower[3], *s.* (*At euchre*) Nom du valet d'atout (**right bower**), et de l'autre valet de la même couleur (**left bower**).

bowery[1] ['bauəri], *a.* Ombragé, touffu; ombreux.

bowery[2], *s. U.S:* Hangar *m*.

Bowery[3]. *Pr.n.* **The Bowery**, grande rue et quartier tapageurs de New-York.

bowie(-knife, *pl.* **-ves)** ['boui(naif, -naːivz)], *s. U.S:* Grand couteau-poignard, *pl.* couteaux-poignards; couteau *m* de chasse.

bowl[1] [boul], *s.* **1.** (*a*) Bol *m*, jatte *f*; (*small wooden*) sébile *f* (de mendiant); coupe *f* (de cristal, etc.). *Mil: Nau:* Gamelle *f*. *See also* FINGER-BOWL, PUNCH-BOWL, SALAD-BOWL. (*b*) (*Basin*) Cuvette *f*, bassin *m*. *See also* HAND-BOWL, MIXING-BOWL. **2.** Fourneau *m*, godet *m* (de pipe à tabac); cuilleron *m* (de cuiller); coupe *f* (de verre à pied); culot *m* (de lampe); plat *m*, plateau *m* (de balance). *Nau:* Cuvette (du compas). *Alabaster b.* (*for electric light*), vasque lumineuse en albâtre. **Bowl (electric) fire**, radiateur *m* parabolique. *Ind:* **Centrifugal bowl**, bol de centrifugation. **3.** *U.S:* Amphithéâtre *m*.

'bowl-shaped, *a.* Cratériforme.

bowl[2], *s.* Boule *f*. **(Game of) bowls**, (i) (jeu *m* de) boules; (ii) *U.S:* (jeu de) quilles *f*. **To play (at) bowls**, (i) jouer aux boules; (ii) *U.S:* jouer aux quilles.

bowl[3], *v.tr.* (*a*) Rouler, faire courir (un cerceau). (*b*) *Bowls:* Lancer, rouler (la boule). *Abs.* **To bowl**, jouer aux boules. (*c*) *Cr:* Lancer, bôler, servir (la balle). *Abs.* **To bowl**, bôler.

bowl along, *v.i.* (*Of carriage*) Rouler rapidement; (*of ship*) voguer rapidement. *Cars were bowling along the road*, les autos filaient sur la route.

bowl (out), *v.tr.* **To bowl s.o. out**, (i) *Cr:* renverser le guichet de qn; mettre qn hors jeu; (ii) *F:* renverser (un ministère, etc.); (iii) *F:* réduire (qn) à quia. **Bowled (out)**, (i) bôlé; hors jeu à balle servie; (ii) *F:* renversé. **Clean bowled**, mis franchement hors jeu à guichet renversé (par le bôleur).

bowl over, *v.tr.* (*a*) Renverser (les quilles avec la boule). (*b*) *F:* Déconcerter, renverser (qn); casser bras et jambes à (qn); épater (qn). **To be bowled over** (*by a piece of news, etc.*), tomber à la renverse. **His impudence bowled me over**, son insolence m'a renversé. **You can't bowl him over**, il ne se laisse pas enfoncer; il ne se laisse pas démonter; rien ne l'épate.

bowling, *s.* (*a*) Jeu *m* de boules. **Bowling match**, match *m* de boules. (*b*) *U.S:* Jeu de quilles. (*c*) Service *m*, lancement *m*, de la boule, *Cr:* de la balle. *Cr:* **Bowling crease**, ligne *f* du bôleur; ligne de service.

'bowling-alley, *s.* (*a*) Jeu *m* de boules; boulodrome *m*. (*b*) *U.S:* Quillier *m*.

'bowling-green, *s.* (Terrain *m* pour) jeu *m* de boules; boulodrome *m*; *A:* boulingrin *m*.

bowler[1] ['boulər], *s.* **1.** Joueur *m* de boules; boulomane *m*. **2.** *Cr:* Bôleur *m*, lanceur *m*, serveur *m*.

bowler[2], *s.* **Bowler (hat)**, chapeau rond, (chapeau) melon *m*, (chapeau) cape *f*. *Mil: P:* **Battle bowler**, casque *m*, bourguignotte *f*.

bowlful ['boulful], *s.* Plein bol (de qch.).

bowline ['boulain], *s. Nau:* Bouline *f*. **Bowline-knot, -hitch**, nœud *m* de chaise, nœud de cabestan, nœud de bouline; (nœud d')agui *m*. *B. on the bight*, nœud de chaise double, nœud d'agui à élingue double. *Running b.*, nœud coulant; laguis *m*. **To sail on a bowline**, courir près du vent.

bowman[1], *pl.* **-men** ['boumən, -men], *s.m.* Archer.

bowman[2], *pl.* **-men** ['baumən, -men], *s.m. Row:* Brigadier (d'un canot).

bowse [baus], *v.* = BOUSE.

bowshot ['bouʃɔt], *s.* Portée *f* de trait. *Within b.*, à portée d'arc, de trait.

bowsprit ['bousprit], *s. Nau.* Beaupré *m*. **Running bowsprit**, beaupré rentrant. **Standing bowsprit**, beaupré fixe. **Angle of the bowsprit**, apiquage *m* du beaupré.

Bow Street ['boustriːt]. *Pr.n.* **Bow Street (Police Station, Court)**, commissariat *m* de police et tribunal *m* de simple police du quartier de Covent Garden. *See also* RUNNER 1.

bowstring[1] ['boustriŋ], *s.* **1.** Corde *f* d'arc. *See also* HEMP, STRAIGHT I. 1. **2.** (*As mode of execution*) Lacet *m*, cordon *m*.

bowstring[2], *v.tr.* **To bowstring s.o.**, faire périr qn par le cordon; étrangler qn avec un lacet.

bow-wow[1] ['bau'wau]. **1.** *int.* Ouâ-ouâ! *F:* **The (big) bow-wow style**, la manière magistrale; le style ronflant. **2.** *s. F:* Toutou *m*.

bow-wow[2], *v.i. F:* Aboyer; faire ouâ-ouâ.

bowyer ['boujər], *s.* Fabricant *m* d'arcs.

box[1] [bɔks], *s. Arb: Bot:* **Box(-tree)**, buis *m*. **Dwarf box, ground box**, buis nain. **Box edging**, bordure *f* de buis. *Box plantation, box shrubbery*, buissaie *f*, buissière *f*. *See also* TREE-BOX.

'box-elder, *s. Arb:* Négundo *m*.

box[2], *s.* **1.** (*a*) Boîte *f*; (*small*) coffret *m*; (*large wooden*) caisse *f*, coffre *m*; (*for packing*) caisse, layette *f*; (*for shrubs*) bac *m*; (*for travelling*) malle *f*; (*made of cardboard*) carton *m* (à chapeaux, etc.); (*for dicing*) cornet *m*. *Tool-box*, coffre à outils; boîte à outils. *Jewel-box*, coffret à bijoux. *El:* **Accumulator box**, bac. **Bathing-box**, cabine *f*. *Ph:* **(Vacuum) box** (*of aneroid barometer*), tambour *m*. *F:* **To be, find oneself, in the wrong box**, s'être trompé (d'endroit, dans ses calculs, etc.); s'être blousé; s'être fourvoyé. **To be in the same box**, se trouver dans le même cas. **To be in a tight box**, n'en pas mener large; être dans une situation critique. *See also* CALL-BOX, CHRISTMAS-BOX, DEED-BOX, FLOUR-BOX, GLOVE-BOX, HAY-BOX, LETTER-BOX, MONEY-BOX, NAIL-BOX, NEEDLE-BOX, NEST-BOX, PILLAR-BOX, POST(-)OFFICE, SNUFF-BOX, SOAP-BOX, STRONG-BOX, TELEPHONE-BOX, WINDOW-BOX. (*b*) *U.S: F:* (i) Coffre-fort *m*, *pl.* coffres-forts; (ii) tirelire *f*. (*c*) *Ecc:* (*For alms and gifts*) Tronc *m*. *See also* POOR-BOX. **2.** *Veh:* Siège *m* (du cocher). **3.** (*a*) *Th:* Loge *f*; (*on ground floor*) baignoire *f*. *See also* STAGE-BOX. (*b*) (*In stable*) Stalle *f*. *Turf:* Box *m*. *See also* LOOSE-BOX. (*c*) *Jur:* **(Witness-, jury-)box**, banc *m* des témoins, du jury. *Witness-box* = barre *f* des témoins. **To be in the box**, paraître à la barre. (*d*) *Mil:* **(Sentry-) box**, guérite *f*. *Rail:* **(Signal-)box**, cabine *f* (de signaleur); poste *m* d'aiguillage. (*e*) (*In eating-house*) Compartiment séparé. (*f*) **(Fishing-, shooting-)box**, pavillon *m* (de pêche, de chasse). *See also* HUNTING-BOX. (*g*) *Rail:* **(Horse-)box**, wagon *m* à chevaux; wagon-écurie *m*, *pl.* wagons-écuries; wagon-box(e) *m*, *pl.* wagons-box(es). *F:* bagnole *f*. *See also* PAY-BOX, PRESS-BOX, PROMPT-BOX. **4.** *Tchn:* Boîte (d'essieu, de frein); corps *m* (de pompe); moyeu *m* (de roue); palastre *m*, palâtre *m* (d'une serrure); écrou *m* (de vis). *Aut:* (*Of gear*) Carter *m*. *See also* GEAR-BOX. *Typ:* Cassetin *m*. *Mec.E:* **Coupling box**, manchon *m* d'accouplement, d'assemblage. **Lower box** (*of pump*), chopine *f*. *Metall:* **Moulding box**, châssis *m* à mouler. **Case-hardening box**, pot *m* de cémentation. *See also* AXLE-BOX, FIRE-BOX, JOURNAL-BOX, NAVE-BOX, PACKING-BOX, PADDLE-BOX, PRINTING-BOX, SLUICE-BOX, SMOKE-BOX, SOUND-BOX, STRIKE-BOX, STUFFING-BOX, TOP-BOX, TUMBLING-BOX, WIND-BOX.

'box-attendant, *s. Th:* Ouvreuse *f*.

'box-bed, *s.* Lit clos, lit en armoire; lit-armoire *m*, *pl.* lits-armoires.

'box-bridge, *s.* Pont *m* tubulaire.

'box-camera, *s. Phot:* Appareil *m* rigide, à chambre de forme rectangulaire; détective *m*.
'box-car, *s. Rail: U.S:* Wagon (couvert); fourgon *m*; fourgon à bestiaux.
'box-coat, *s. A:* Houppelande *f*, manteau *m* (de cocher de diligence, etc.); carrick *m*.
'box-coupling, *s. Mec.E:* Accouplement *m* à manchon.
'box-crab, *s. Crust:* Coq *m* de mer.
'box-front, *s. Dressm:* Devant uni (de robe).
'box-girder, *s. Civ.E:* Poutre *f* à caisson, en caisson; poutre-caisson *f*, *pl.* poutres-caissons; poutre tubulaire; poutres accouplées, jumelées.
'box-head, *s. Typ:* Sous-titre *m* en retrait.
'box-iron, *s.* Fer *m* (à repasser) à chauffage intérieur.
'box-keeper, *s. Th:* Ouvreuse *f* de loges.
'box-kite, *s. Aer:* Cerf-volant *m* cellulaire, *pl.* cerfs-volants.
'box-lock, *s.* **1.** Serrure auberonnière. **2.** (*For door*) Serrure palastre.
'box-maker, *s.* Layetier *m*.
'box-office, *s. Th:* Bureau *m* de location; caisse *f*, guichet *m*.
'box-ottoman, *s.* Divan-coffre *m*, *pl.* divans-coffres.
'box-pleat, *s. Dressm:* Pli creux, double pli. *See also* PLEAT[2].
'box-room, *s.* Chambre *f* de débarras; *F:* le débarras.
'box-seat, *s.* Place *f* à côté du siège du cocher.
'box-set, *s. Th:* Décor *m* de trois fermes et plafond.
'box-shutter, *s. Const:* Volet *m* se repliant à l'intérieur.
'box-spanner, *s. Tls:* Clef *f* à douille, en tube. *Box(-ended) spanner*, clef fermée.
'box-stair, *s. Const:* Escalier *m* entre murs.
'box-staple, *s.* Gâche *f* (de verrou).
'box-tail, *s. Av:* Gouvernail *m* cellulaire.
'box-tricycle, *s.* Triporteur *m*.
'box-wrench, *s.* = BOX-SPANNER.

box[3]. **1.** *v.tr.* (*a*) Emboîter, encaisser, encartonner (qch.); mettre (qch.) en boîte; coffrer. *To box an orange-tree*, encaisser un oranger. *Com: To box an article for sale*, habiller un article pour la vente. *To box a horse*, mettre un cheval dans une stalle à part, dans un box. *Typ:* **To box (in) the text,** encadrer le texte. (*b*) *Civ.E: Rail:* Ensabler (les traverses, etc.). (*c*) *Jur:* Déposer (un document) auprès du tribunal; porter (une plainte). (*d*) **To box the compass,** (i) *Nau:* réciter, dire, la rose des vents; répéter le compas; (ii) *F:* revenir à son point de départ (dans ses opinions). (*e*) *Nau:* Masquer (une voile). **2.** *v.i. Nau. & F:* **To box about,** voguer de çà et de là; errer de droite et de gauche.
box in, *v.tr.* Encaisser, enfermer. *Boxed in*, encaissé; sans issue. *Estate boxed in by the mountains*, propriété enserrée par, resserrée entre, les montagnes.
box off, *v.tr.* Cloisonner, diviser (une chambre) en compartiments.
box up, *v.tr. F:* Renfermer, serrer (qn dans une voiture, etc.). **To feel boxed up,** se sentir à l'étroit. *Knights boxed up in their armour*, chevaliers emprisonnés dans leur armure.
boxed, *a. Com: Ind:* En boîte ou en étui.
boxing[1], *s.* (*a*) Emboîtage *m*; encaissement *m* (d'un oranger, etc.). (*b*) *Civ.E:* Ensablement *m*.

box[4], *s.* **Box on the ear,** gifle *f*, claque *f*, calotte *f*; *Lit:* soufflet *m*; *F:* taloche *f*.

box[5]. **1.** *v.tr.* **To box s.o.'s ears,** gifler, *F:* talocher, qn; flanquer une claque, une taloche, à qn; frotter les oreilles à qn; *Lit:* souffleter qn. **2.** *v.i. Sp:* Boxer; (*of two opponents*) se boxer. *Do you box?* est-ce que vous faites de la boxe?
box on, *v.i. P:* (*Austr.*) Continuer la lutte, le combat; continuer son travail.
boxing[2], *s.* La boxe, le pugilat. **Foot boxing, French boxing,** la savate, le chausson. *To go in for foot b.*, tirer la savate. **Boxing shoe,** chausson *m*.
'boxing-gloves, *s.pl.* Gants bourrés; gants de boxe.
'boxing-match, *s.* Combat *m* de boxeurs; match *m* de boxe.
'boxing-school, *s.* Académie *f* de boxe; écurie *f* d'entraînement.

Box[6] and Cox ['bɔks ənd 'kɔks]. *F:* Personnes qu'on ne voit jamais ensemble, dont l'une sort quand l'autre rentre (comme les personnages de la farce de J. M. Morton, 1847).
box-calf ['bɔks'kɑːf], *s. Leath:* Veau chromé; box-calf *m*.
boxer[1] ['bɔksər], *s.* **1.** *Ind:* Metteur, -euse, en boîtes, en caisses, en étuis. **2.** *U.S: F:* Briseur *m* de coffres-forts. **3.** *P:* (*In Austr.*) **Boxer (hat),** chapeau *m* melon.
boxer[2], *s.* Boxeur *m*, pugiliste *m*.
Boxers ['bɔksərz], *s.pl. Hist:* Boxers *m*, Boxeurs *m* (insurgés chinois).
boxful ['bɔksful], *s.* Pleine boîte, plein coffre, pleine caisse (de qch.).
box-haul ['bɔkshɔːl], *v.tr. Nau:* Virer (un navire) lof pour lof en culant.
boxing-day ['bɔksiŋdei], *s.* Le lendemain de Noël (jour d'étrennes aux fournisseurs, etc.).
boxwood ['bɔkswud], *s.* (Bois *m* de) buis *m*.
boy [bɔi], *s.m.* **1.** (*a*) Garçon; (*on the street*) gamin. *Little boy*, garçonnet. *An English boy*, un jeune Anglais. *Blind boy*, jeune aveugle. *I wish to see the boy Smith*, je voudrais voir le jeune Smith. *See also* SCOUT[1] 1. **When I was a boy,** quand j'étais petit; quand j'étais enfant. **I knew them as a boy,** je les ai connus quand j'étais petit, dans ma jeunesse. **I have known him from a boy,** je le connais (i) depuis ma jeunesse, (ii) depuis sa jeunesse. **Boys will be boys,** on ne peut empêcher les garçons de se conduire en garçons; les enfants sont toujours les enfants; il faut que jeunesse se passe. **We were boy and girl together,** elle et moi nous avons joué ensemble. *She ought to have been a boy*, c'est un garçon manqué. *F:* **My dear boy!** mon cher (ami)! mon bon! **Old boy!** mon vieux! **The old boy,** (i) le paternel; (ii) le patron. **Come on boys!** allons-y les gars! (*b*) *Sch:* Élève *m*. **An old boy,** un ancien élève. *See also* DAY-BOY. (*c*) *F:* **One of the boys,** un joyeux vivant, un gai luron, un vive-la-joie *inv.* (*d*) *P:* **Her boy (friend),** le jeune homme qui vient la voir, qui la courtise, avec qui elle sort; son petit jeune homme. (*e*) *U.S: P:* **Big boy,** (i) un gaillard; (ii) mon chéri. *What a boy!* ça c'est un type! *See also* DOUGH-BOY 2. (*f*) *F: This is my boy*, voici mon fils, mon garçon. **2.** (*a*) (*In the Colonies, etc.*) Domestique *m* ou ouvrier indigène; boy. (*b*) (*In S. Africa*) Métis d'un blanc et d'une femme indigène. (*c*) *Nau:* = SHIP('s) BOY. (*d*) **Horse-boy,** jeune garçon d'écurie. *The grocer's boy*, le garçon épicier. *See also* STABLE-BOY, TELEGRAPH BOY. **3.** *P:* **A bottle of the boy,** une bouteille de champagne. *P: A:* **A yellow boy,** une guinée; une pièce de vingt et un shillings; un jaunet.
'boy-child, *s.m.* Enfant mâle; garçon.
'boy's-love, *s. Bot:* Aurone *f* (mâle); citronnelle *f*.

boycott[1] ['bɔikɔt], *s.* Mise *f* en interdit; boycottage *m*. *To put s.o., a shop, under a b.*, boycotter qn; interdire un magasin.
boycott[2], *v.tr.* Boycotter (qn).
boycotting, *s.* Boycottage *m*.
boycotter ['bɔikɔtər], *s.* Boycotteur, -euse.
boyhood ['bɔihud], *s.* Enfance *f*, première jeunesse, ou adolescence *f* (d'un garçon).
boyish ['bɔiiʃ], *a.* **1.** Puéril, enfantin, d'enfant. **2.** (Nature *f*) jeune. **3.** (Manières *fpl*) de garçon.
Boyle [bɔil]. *Pr.n. Ph:* **Boyle's law,** la loi de Mariotte.
boylike ['bɔilaik]. **1.** *a.* De gamin. **2.** *adv.* En vrai enfant; en vrai gamin qu'il était; en vrai(s) garçon(s).
brace[1] [breis], *s.* **1.** *Const: etc:* (*In tension*) Attache *f*, lien *m*, tirant *m*, armature *f*, entretoise *f*, étrésillon *m*; croisillon *m*; (*in compression*) contrefiche *f*, moise *f*, amoise *f*; bracon *m* (d'un mur en réparation); nervure *f* (de renfort); jambe *f* de force; (*of iron roof*) bielle *f*. **(Anchor-)brace,** ancre *f*, ancrure *f*. **Cross-brace, diagonal brace,** écharpe *f*, diagonale *f*, moise en écharpe; *Aut:* croisillon (du châssis). **(Angle-)brace,** aisselier *m*. *Hyd.E: Diagonal b.* (*of lock-gate*), bracon. *N.Arch: Braces of the sternpost*, armature de l'étambot. *See also* RUDDER-BRACES, SWAY-BRACE[1], WIND-BRACE[1]. **2.** (*a*) *pl. Cost:* Bretelles *f* (de pantalon). (*b*) Tirant, corde *f* (de tambour). (*c*) *pl. Veh: A:* Soupente *f* (de corps de voiture). (*d*) *Aut:* **Trunk brace,** amarreur *m* (pour malle). **3.** *Archery:* Manique *f*. **4.** *inv.* Couple *f* (de perdrix); laisse *f* (de lévriers); paire *f* (de pistolets, etc.). **Two brace of partridges,** deux couples de perdrix. *See also* SHAKE[1] 1. **5.** *Tls:* **Brace (and bit),** vilebrequin *m* (à main). **Brace-chuck,** porte-outil(s) *m inv.* *See also* ANGLE-BRACE 1, RATCHET-BRACE, WHEEL-BRACE. **6.** *Nau:* Bras *m* (de vergue). *See also* MAIN-BRACE. **7.** *Mus: Typ:* Accolade *f*.
'brace-bracket, *s.* Support *m* d'entretoise.
brace-'end, *s. Cost:* Patte *f* de bretelle.
brace-'lath, *s. Const:* Tasseau *m*.
'brace-rod, *s.* Tringle *f* de renforcement; tirant *m*; tendeur *m*.

brace[2], *v.tr.* **1.** *Const: etc:* Ancrer, amarrer (une construction); armer (une poutre); entretoiser, étrésillonner (une charpente); moiser (des étais); hauban(n)er (un mât, un poteau). *To b. a wall*, affermir un mur par des ancres; consolider, renforcer, un mur. *To b. a steel bridge*, contreventer un pont métallique. *Av: To b. a wing*, croisillonner une aile. *Aut: The chassis is braced by cross-members*, le châssis est entretoisé par des traverses. **2.** Fortifier (le corps); tonifier (les nerfs). **To brace s.o. up,** retremper qn; (re)donner de la vigueur à qn; *F:* remonter, ravigoter, qn. *The sea air braces you up*, l'air de la mer vous donne du ton, vous remonte. *To b. oneself (up) to do sth.*, raidir ses forces, se raidir, pour faire qch.; s'armer de (tout son) courage pour faire qch. *To b. oneself*, raidir sa volonté. *F:* **He was awfully braced,** il a été enchanté; ça lui a remis du cœur au ventre. **3.** (*a*) **To brace (the skin of) a drum,** tendre la peau d'un tambour; bander un tambour. (*b*) *To b. the knees*, tendre les jarrets. **4.** *Typ:* Accolader, accoler (des mots). *Mus:* Accolader (les portées). **5.** *Nau:* Brasser (les vergues). **To brace up the sails,** ouvrir la voilure; brasser en pointe. *To b. sharp up*, orienter (les voiles) au plus près. **To brace in the sails,** fermer la voilure. **To brace round,** contrebrasser. *See also* ABACK.
bracing[1], *a.* (Air, climat, etc.) fortifiant, vivifiant, tonifiant, tonique.
bracing[2], *s.* **1.** Ancrage *m*, consolidation *f*; entretoisement *m*, étrésillonnement *m*; armaturage *m*, armement *m* (d'une poutre); consolidation *f*, renforcement *m* (d'un mur); contreventement *m* (d'un pont). *Av:* Croisillonnage *m*. **Bracing wire,** fil tenseur, de rappel; *Av:* hauban *m* de croisillonnage. *Aut:* **Centre-bracing,** croisillons *mpl.* **2.** Retrempe *f* (du corps); tonification *f* (des nerfs). **3.** Brassage *m* (des vergues).

bracelet ['breislet], *s.* **1.** Bracelet *m*. **Curb-bracelet,** gourmette *f*. **2.** *P:* (*Handcuffs*) **Bracelets,** menottes *f*.
'bracelet-watch, *s.* Montre-bracelet *f*; *pl.* montres-bracelets.
bracer ['breisər], *s. F:* Petit verre (de spiritueux); cordial *m*.
brach [bratʃ], *s. A:* Chienne *f* de chasse; braque *m*.
brachial ['breikiəl], *a. Anat:* Brachial, -aux.
brachiate ['breikiet], *a. Bot:* Brachié.
brachiocephalic [brakiose'falik], *a. Anat:* Brachiocéphalique.
brachiopod ['brakiopɔd], *s. Moll:* Brachiopode *m*.
brachistochrone [bra'kistokroun], *s. Mth:* Brachistochrone *f*.
brachistochronic [brakisto'krɔnik], *a.* Brachistochrone.
brachy- ['braki, bra'ki], *comb.fm.* Brachy-. *'Brachyce'phalic*, brachycéphale. *Bra'chylogy*, brachylogie *f*.
brachycephalic [brakise'falik], *a.* Brachycéphale.
brachycephalism [braki'sefəlizm], **brachycephaly** [braki'sefəli], *s.* Brachycéphalie *f*.
brachylogy [bra'kilodʒi], *s.* Brachylogie *f*.
bracken ['brak(ə)n], *s. Bot:* Fougère arborescente; fougère impériale, fougère à l'aigle.

bracket[1] ['brakət], *s.* **1.** Support *m.* (*a*) *Const: etc:* Console *f*; potence *f. Arch:* Corbeau *m. Angle-b.*, console à équerre; équerre *f* de renforcement. *Corner-b., triangular b., shoulder-b.*, gousset *m* de coin; mouchoir *m. Brackets of a balcony*, arcs-boutants *m* d'un balcon. *See also* GUTTER-BRACKET, WALL-BRACKET. (*b*) *Const: Mec.E:* Tasseau *m*, taquet *m* de soutien, patte *f* (de fixation, de sustentation), support, (é)chantignole *f.* **Bearing-bracket,** chaise (suspendue, pendante). (*c*) *N.Arch:* (i) Courbaton *m.* (ii) *Stern b. of the propeller-shaft*, support d'arbre porte-hélice. **The 'A' bracket,** la chaise d'hélice. (*d*) *Artil:* Flasque *m* (d'affût). (*e*) **(Gas-)bracket,** applique *f* (à gaz). **(Electric) bracket,** bras *m*, applique, électrique. *Aut:* **Head-lamp bracket,** porte-phare *m, pl.* porte-phares. **Number-plate bracket,** porte-plaque *m, pl.* porte-plaques. *Cy:* **Lamp-bracket,** porte-lanterne *m inv. See also* LAMP-BRACKET. **2.** (*a*) *Typ: etc:* **Square bracket,** crochet *m.* **Round bracket,** parenthèse *f.* **Between brackets,** entre crochets ou entre parenthèses. (*b*) (*Brace*) Accolade *f.* (*c*) *Artil:* (*In ranging*) Fourchette *f. To establish a b.*, trouver la fourchette. *To shorten the b.*, resserrer la fourchette.

'bracket-hanger, *s. Mec.E: etc:* Palier *m* à potence.

'bracket-lamp, *s.* Applique *f*; lampe *f* d'applique.

'bracket-seat, *s.* Strapontin *m.*

bracket[2], *v.tr.* **(bracketed) 1.** Mettre (des mots) entre crochets ou entre parenthèses. **2.** Réunir (des mots) par une accolade; accolader, accoler (deux mots, etc.); accoupler les noms de (deux personnes); placer (deux candidats) ex æquo. **Bracketed together,** classés ex æquo. **3.** *Artil:* Encadrer (un but); prendre (un but) en fourchette. *Abs.* Tirer à la fourchette.

bracketing, *s.* **1.** Accolement *m.* **2.** *Artil:* Encadrement *m*; tir *m* à la fourchette.

brackish ['brakiʃ], *a.* Saumâtre.

brackishness ['brakiʃnəs], *s.* Caractère *m* saumâtre, goût *m* désagréable (d'une eau stagnante).

bract [brakt], *s. Bot:* Bractée *f.*

bracteal ['braktiəl], *a. Bot:* Bractéal, -aux; bractéaire.

bracteate ['braktiet], *a.* **1.** (*Of flower*) À bractées; bractéifère. **2.** (*Of coin*) Bractéate.

bracteiferous [brakti'ifərəs], *a. Bot:* Bractéifère.

bracteolate ['braktioleit], *a. Bot:* Bractéolé.

bracteole ['braktioul], *s. Bot:* Bractéole *f.*

brad [brad], *s.* Pointe *f*, clou *m* à tête perdue, clou étêté. *Flooring b.*, clou à parquet; pointe à tête conique. *See also* PUNCH[1] I.

bradawl ['bradɔːl], *s. Tls:* Alêne plate; poinçon *m*; pointe carrée.

bradbury ['bradbəri], *s. F: A:* "*Treasury note*" d'une livre; coupure *f* d'une livre. (Signature du secrétaire de la Trésorerie.)

bradded ['bradid], *a.* (Soulier, etc.) clouté.

Bradshaw ['bradʃɔː], *s.* Indicateur *m* des chemins de fer britanniques (dont la première édition fut publiée par G. Bradshaw en 1839).

brady- [bradi], *comb.fm.* Brady-. *Brady'pepsia*, bradypepsie. *'Bradypod*, bradype.

bradycardia [bradi'kɑːrdiə], *s. Med:* Bradycardie *f.*

bradypod ['bradipɔd], *s. Z:* Bradype *m.*

brae [breː], *s. Scot:* Pente *f*, côte *f*, colline *f.*

brag[1] [brag], *s.* **1. (Piece of) brag,** vanterie *f*, vantardise *f*, hâblerie *f*, forfanterie *f*, fanfaronnade *f.* **2.** (*Pers.*) Fanfaron *m*; vantard, -arde.

brag[2], *v.i.* **(bragged** [bragd]; **bragging** ['bragiŋ]) Hâbler, se vanter; faire le Gascon, le fanfaron; fanfaronner, se faire valoir; faire le glorieux. *To b. of, about, sth.*, vanter qch.; se vanter de qch. *To b. that one has done sth.*, se vanter d'avoir fait qch.

bragging[1], *a.* Vantard.

bragging[2], *s.* Vantardise *f.*

Braganza [bra'ganza]. *Pr.n. Geog:* Bragance *f.*

braggadocio [braga'douʃiou], *s.* **1.** (*Pers.*) Bravache *m*, matamore *m*, fanfaron *m*, hâbleur *m*, vantard *m*; *A:* capitan *m.* **2.** Fanfaronnade *f*, forfanterie *f*, hâblerie *f.*

braggart ['bragərt], *a. & s.* Fanfaron (*m*), vantard (*m*); tranche-montagne *m, pl.* tranche-montagnes; *F:* enfonceur *m* de portes ouvertes; coupeur *m* d'oreilles; avaleur *m* de gens. *Great b.*, grand abatteur de bois, de quilles.

brahman, brahmin ['brɑːmən, -min], *s.m.* **1.** Brahmane, brame. **2.** *U.S: F:* Intellectuel.

brahma(pootra) ['brɑːmə('puːtra)], *s. Husb:* Coq *m* brahma, poule *f* brahma; brahma(poutre) *m.*

brahminee[1] [brɑːmi'niː], *s.f.* Brahmine; femme brahmane.

brahminee[2] ['brɑːminiː], *a.* Brahmanique.

brahminic(al) [brɑː'minik(əl)], *a.* Brahmanique.

brahminism ['brɑːminizm], *s.* Brahmanisme *m.*

braid[1] [breid], *s.* **1.** (*a*) Tresse *f* (de cheveux). (*b*) *Poet:* Bandeau *m* (pour les cheveux). **2.** (*a*) *Cost: Dressm: Furn:* Galon *m*, ganse *f*, bordé *m*, tresse; cordonnet *m*, lacet *m* (de bordure); passepoil *m*, soutache *f*, passement *m. Flat b.*, tresse plate. *Upholstery b.*, galon de finition pour meubles. **Gold braid** (*of officers*), galon. *See also* BRUSH-BRAID, VELVET 3. (*b*) *El.E:* Guipage *m* (de fils conducteurs). **3.** Paille tressée.

braid[2], *v.tr.* **1.** (*a*) Tresser, natter (ses cheveux, de la paille); tresser (des fleurs). (*b*) *Poet:* Mettre un bandeau sur (ses cheveux). **2.** Galonner, soutacher, passepoiler; attacher des galons à (un vêtement); passementer (le bord d'une chaise, etc.). *Braided garment*, vêtement brodé en soutache, soutaché. **3.** *El:* Tresser, guiper (un câble). *Braided conductor-wire*, fil conducteur sous tresse; fil guipé. *See also* STRAP-BRAIDED.

braiding, *s.* **1.** Tressage *m.* **2.** (Garniture *f* de) galon *m*; soutache *f*; nervure *f*; passement *m.*

'braiding-machine, *s.* Métier *m* à tresser; tresseuse *f.*

brail[1] [breil], *s. Nau:* Cargue *f.* **Throat-brail,** étrangloir *m.* **Foot-brail,** cargue basse.

brail[2], *v.tr. Nau:* **To brail (up) a sail,** carguer une voile.

braille [breil], *s.* Système *m* d'écriture de Braille (à l'usage des aveugles). **Braille type,** caractères *mpl* Braille.

brain[1] [brein], *s.* **1.** Cerveau *m.* **Brain-exhaustion,** fatigue cérébrale; épuisement cérébral. *B.-disorders*, troubles cérébraux. *B. diseases*, maladies cérébrales. *To have a tumour on the b.*, avoir une tumeur au cerveau. **To turn s.o.'s brain,** tourner la tête à qn. **To have a subject on the brain,** être monomane, avoir la monomanie, l'obsession, d'un sujet. *To get sth. on the b.*, être hanté par l'image, par la pensée, de qch. *He has got the 'pictures' on the b.*, il est toqué du cinéma. *To have a tune on the b.*, avoir un air dans la tête. *See also* FEATHER-BRAIN, SCATTER-BRAIN, WATER[1] 4. **2.** *pl.* **Brains,** cervelle *f.* (*a*) Matière cérébrale. *Cu: Calves' brains*, cervelle de veau. *Brains with melted-butter sauce*, cervelle au beurre noir. **To blow s.o.'s brains out,** brûler, faire sauter, la cervelle à qn. *To blow one's brains out*, se faire sauter, se brûler, la cervelle; *F:* se faire sauter le caisson. *See also* DASH OUT I. (*b*) **To puzzle, beat, rack, cudgel, one's brains,** se creuser la cervelle, le cerveau, l'esprit; se torturer l'esprit; se mettre l'esprit à la torture; se rompre la tête; se casser la tête; *P:* s'abîmer les méninges; *A. & Lit:* se mettre la tête à la gêne. *To rack one's brains for sth., to remember sth.*, faire des efforts de mémoire, se creuser la tête, pour retrouver qch. *To rack one's brains for an explanation*, se casser la tête à chercher une explication. **She has the brains of a canary,** elle a une cervelle de moineau, une tête de linotte. **Man of brains,** homme *m* de tête. **He has brains,** il est intelligent. *Pol: etc:* **To call in the best brains** (*irrespective of party*), faire appel à tous les talents. *Ind: F:* **The brain room,** l'atelier *m* d'études, le service d'études (d'une usine, etc.). *See also* PICK[3] 7, SUCK[2] I.

'brain-cap, *s.* Calotte *f* du crâne.

'brain-case, *s.* = BRAIN-PAN.

'brain-fag, *s.* Épuisement cérébral, fatigue cérébrale, surmenage intellectuel. *To suffer from b.-f.*, avoir la tête fatiguée; faire de l'anémie cérébrale.

'brain-fever, *s. Med:* (*a*) Fièvre cérébrale. (*b*) Fièvre chaude.

'brain-pan, *s.* (*a*) Crâne *m*; boîte cranienne, du crâne. (*b*) *F:* La tête.

'brain-power, *s.* Intelligence *f.*

'brain-sick, *a.* Malade du cerveau; atteint au cerveau.

'brain-storm, *s.* Transport *m* au cerveau.

'brain-wave, *s.* **1.** *Psychics:* Onde *f* télépathique; communication intermentale. **2.** *F:* Inspiration *f*, bonne idée; idée, trait *m*, de génie; trouvaille *f.*

'brain-work, *s.* Travail intellectuel, cérébral; travail de tête.

'brain-worker, *s.* Intellectuel, -elle, cérébral, -ale; travailleur intellectuel.

brain[2], *v.tr.* Défoncer le crâne à (qn); casser la tête à (qn); assommer (qn).

-brained [breind], *a.* (*With noun or adj. prefixed*) **Feeble-brained,** faible d'esprit. **Wild-brained,** écervelé. *See also* CRACK-BRAINED, DULL-BRAINED, FEATHER-BRAINED, HARE-BRAINED, SCATTER-BRAINED.

braininess ['breininəs], *s. F:* Intelligence *f*; habileté *f*; *F:* cérébralité *f.*

brainless ['breinləs], *a. F:* Sans cervelle; stupide. *You b. idiot!* imbécile!

brainy ['breini], *a. F:* Intelligent, débrouillard. *How b. of you!* vous avez là une excellente idée! *Sch: He isn't b.*, ce n'est pas un fort en thème. **-ily,** *adv. F:* Avec intelligence.

braird[1] [brɛərd], *s. Scot:* Pousses *fpl* (d'herbe, de blé).

braird[2], *v.i. Scot:* (*Of grass, wheat*) Commencer à pousser, à verdir.

braise [breːiz], *v.tr. Cu:* Braiser; cuire (qch.) à l'étouffée. *Braised beef*, bœuf *m* en, à la, daube. *Braised chicken*, poulet *m* en, à la, casserole, à la cocotte.

brake[1] [breik], *s.* = BRACKEN.

brake[2], *s.* Fourré *m*, hallier *m*; broussailles *fpl. Ven:* Breuil *m.*

brake[3], *s. Nau:* Brimbale *f*, levier *m* (de pompe).

brake[4], *s. Tex:* (*For flax, hemp*) Brisoir *m*, broie *f*, macque *f.*

'brake-harrow, *s. Agr:* Grosse herse; brise-mottes *m inv*; broie *f.*

brake[5], *v.tr. Tex:* Briser, broyer, macquer, mailler (du lin, du chanvre); effilocher (des chiffons).

braking[1], *s.* Broyage *m*, macquage *m*, maillage *m*; effilochage *m* (des chiffons).

brake[6], *s.* **1.** *Veh: etc:* Frein *m. Electro-magnetic b.* (*of tram-car*), frein à patin électromagnétique. *Artil:* **Recoil brake,** frein de tir. *Aut:* **Four-wheel brakes,** freins, freinage *m*, sur quatre roues; freinage intégral. *Front-wheel brakes*, freins sur roues avant. **Clutch-brake,** frein sur l'embrayage. **Band-brake,** frein à ruban, à collier, à bande. **Transmission-brake,** frein sur la transmission. **Hand-brake,** frein à main; frein à levier; frein de stationnement. **Brake test,** essai *m* au frein; essai de freinage. **Brake horse-power,** puissance *f* au frein. **Brake gear,** timonerie *f. See also* AIR-BRAKE, FOOT-BRAKE, PEDAL[2] I, SAFETY 2, SHOE-BRAKE, VACUUM-BRAKE. *Cy:* **Rim brake,** frein sur jante. **To put on the brake,** serrer le frein, les freins. *To clap on the b.*, donner un coup de frein. *F:* **To act as a brake on s.o.'s activities,** servir de frein aux activités de qn. *See also* APPLY I, JAM[2] I, RELEASE[2] 2. **2.** *Rail:* = BRAKE-VAN.

'brake-band, 'brake-lock, *s. Aut: etc:* Bandage *m*, collier *m*, ruban *m*, de frein; frette *f* de friction.

'brake-block, *s.* Sabot *m* de frein; patin *m.*

'brake-drum, *s. Aut:* Tambour *m* de frein; couronne *f* de frein.

'brake-hoop, *s.* = BRAKE-BAND.

'brake-screw, *s.* Tige *f* à vis du frein.

'brake-shoes, *s.pl. Aut:* Mâchoires *f*, mordaches *f*, sabots *m*, segments *m*, du frein. **Brake-shoe actuator,** poussoir *m* des segments du frein.

'brake-van, *s. Rail:* Wagon-frein, *pl.* wagons-freins; fourgon *m.*

brake[7], *v.tr.* Appliquer le frein sur (les roues). *Abs.* Serrer le frein; freiner; enrayer. **To brake up,** ralentir.

braking[2], *s.* Freinage *m*, serrage *m* des freins; coup *m* de frein. **Braking distance,** distance *f* de parcours après l'application des freins. *Aut:* **Engine braking,** freinage par le moteur.

brakesman, *pl.* **-men,** *U.S:* **brakeman,** *pl.* **-men** ['breik(s)-mən, -men], *s.m.* **1.** *Rail:* Serre-frein(s), *pl.* serre-freins; garde-frein(s), *pl.* gardes-frein(s). **2.** *Min:* Machiniste ou mécanicien d'extraction.

Bramah ['brɑːmɑ]. *Pr.n.m.* **Bramah-lock,** serrure *f* (de) Bramah; serrure à pompe. **Bramah-press,** presse *f* de Bramah; presse hydraulique.

bramble [brambl], *s.* *Bot:* **1.** Ronce sauvage, commune; ronce des haies; mûrier *m* des haies; mûrier sauvage, *F:* catherinette *f.* **2.** *Brambles,* ronces.

'bramble-berry, *s.* Mûre *f.*

bramble-'rose, *s.* **1.** (*Flower*) Églantine *f.* **2.** (*Bush*) Églantier *m.*

brambling ['brambliŋ], *s.* *Orn:* Pinson *m* des Ardennes.

brambly ['brambli], *a.* Plein, couvert, de ronces; ronceux, broussailleux.

bran[1] [bran], *s.* *Mill:* Son *m*; remoulage *m.* **Bran and offal,** issues *fpl.*

'bran-mash, *s.* *Husb:* Son mouillé; confit *m*; eau blanche (pour les chevaux et les bestiaux); mash *m*, mâche *f.*

bran-'pie, 'bran-tub, *s.* Baquet rempli de son où l'on plonge la main pour en retirer une surprise (à une vente de charité, à une soirée enfantine).

'bran-water, *s.* Eau *f* de son.

bran[2], *v.tr.* (**branned**) Ébrouer (la laine).

brancard ['braŋkɑːrd], *s.* *A:* Litière *f* (à deux chevaux).

branch[1] [brɑːn(t)ʃ], *s.* **1.** Branche *f*, rameau *m* (d'un arbre). **The branches,** le branchage. *See also* OLIVE-BRANCH, VINE-BRANCH. **2.** (*a*) Ramification *f*; rameau (d'une chaîne de montagnes); branche, bras *m* (d'un fleuve); branche, embranchement *m* (d'une route); embranchement, antenne *f* (d'un chemin de fer). *U.S:* Ruisseau *m.* (*b*) Branche (d'une famille, du commerce, de l'industrie, etc.). **Particular branch,** partie *f* (d'un métier). (*c*) *Adm:* *Com:* Branche, succursale *f*, filiale *f* (d'une société, d'une maison de commerce). *Provincial b.* (*of an association, etc.*), régionale *f*; (*of a bank*) succursale. *Main b.* (*of a business*), établissement principal; maison mère. *Attrib.* **Branch office,** (i) agence *f*; (ii) bureau *m* de quartier. *Com:* *Ecc:* **Branch house,** succursale. *See also* POST(-)OFFICE. (*d*) *Mil:* Arme *f* (du service). **3.** *Tchn:* Branche (d'une voûte gothique, d'un compas, de la bride); lance *f* (d'un tuyau d'arrosage, etc.); ente *f* (d'une pince). **4.** *Nau:* Patente *f* de pilote lamaneur.

'branch-line, *s.* *Rail:* (Ligne *f* d')embranchement *m*; ligne d'intérêt local.

'branch-pilot, *s.* (Pilote *m*) lamaneur *m.*

'branch-pipe, *s.* Branchement *m* de tuyau, de canalisation; dérivation *f.*

'branch-switch, *s.* *El.E:* Interrupteur *m* de branchement, de dérivation.

branch[2], *v.* **1.** *v.i.* (*Of plants*) **To branch (forth),** pousser des branches. **To branch (out),** se ramifier; (*of an organization, etc.*) étendre au loin ses ramifications. *F:* (*Of pers.*) *To b. out into . . .,* étendre son commerce à. . . . *To b. out in every direction,* étendre de toutes parts ses ramifications. **2.** *v.i.* (*Of road(s), etc.*) **To branch (off, away),** (se) bifurquer, s'embrancher (*from,* sur); faire (une) fourche. *The river branches at . . .,* le fleuve se partage à. . . . **3.** *v.tr.* Bifurquer (une route). *El:* Brancher (un circuit); dériver (le courant).

branched, *a.* **1.** *Bot:* Branchu, rameux. *See also* LILY 1. **2.** **(Many-)branched candlestick,** chandelier *m* à (plusieurs) branches.

branching[1], *a.* **1.** (*Of tree*) Branchu, rameux. **2.** (*Of road, etc.*) Branché, d'embranchement.

branching[2] (off), *s.* Bifurcation *f*, branchement *m*, dérivation *f*; partage *m* du courant (d'une rivière).

branchful ['brɑːn(t)ʃful], *s.* Branchée *f.*

branchia ['braŋkiə], *s.pl.*, **branchiae** ['braŋkiiː], *s.pl.* *Biol:* *Ich:* Branchies *f*; ouïes *f.*

branchial ['braŋkiəl], *a.* *Biol:* *Ich:* Branchial, -aux.

branchiate ['braŋkiet], *a.* *Biol:* Branchié.

branchiform ['braŋkifɔːrm], *a.* *Biol:* Branchiforme.

branchiopod, *pl.* **-s** ['braŋkiopɔd, -z], *s.* *Crust:* Branchiopode *m.*

branchiopoda [braŋki'ɔpodə], *s.pl.* *Crust:* Branchiopodes *m.*

branchless ['brɑːn(t)ʃləs], *a.* Sans branches; dépourvu de branches.

branchlet ['brɑːn(t)ʃlet], *s.* Petite branche; branchette *f*; branchillon *m*; rameau *m*; ramule *m.*

branchy ['brɑːn(t)ʃi], *a.* Branchu; rameux.

brand[1] [brand], *s.* **1.** Brandon *m*, tison *m.* *F:* **A brand from the burning,** un tison arraché au feu; un nouveau converti; une âme sauvée. *See also* FIRE-BRAND. **2.** *Poet:* Flambeau *m.* **3.** (*a*) Fer chaud. (*b*) Marque (faite avec un fer chaud); flétrissure *f*, stigmate *m* (imprimé(e) sur l'épaule). **4.** *Com:* (*a*) Marque (de fabrique). *A good b. of cigars,* une bonne marque de cigares. (*b*) *F:* Sorte *f*, qualité *f* (d'une marchandise). **5.** *Agr:* Brûlure *f*, brouissure *f*; rouille *f* (des plantes). **6.** *Poet:* Glaive *m*, épée *f.*

'brand-'new, *a.* Tout (battant) neuf, tout flambant neuf. **His brand-new coat,** son bel habit tout neuf.

brand[2], *v.tr.* **1.** *To b. with a hot iron,* marquer (qn, un animal, une marchandise) au fer chaud; flétrir (qn). *A:* *To b. a slave,* estamper un esclave. **2.** *F:* *To b. sth. on s.o.'s memory,* graver qch. dans la mémoire de qn. **3.** *To b. s.o. with infamy,* flétrir, stigmatiser, qn; marquer qn du sceau de l'infamie; noter qn d'infamie. *To be branded as a swindler,* être noté (d'infamie) comme escroc.

branded, *a.* Marqué à chaud.

branding, *s.* Impression *f* au fer chaud.

'branding-iron, *s.* Fer *m* à marquer; marque *f* à brûler.

Brandenburg ['brandənbəːrg]. **1.** *Pr.n.* *Geog:* Le Brandebourg. **2.** *s.pl.* *Cost:* Brandebourgs *m.*

brander[1] ['brandər], *s.* *Cu:* Gril *m.*

brander[2], *v.tr.* *Cu:* Griller.

brandish[1] ['brandiʃ], *s.* Brandissement *m.* *With a b. of his sword,* en agitant son sabre au-dessus de sa tête.

brandish[2], *v.tr.* Brandir (une arme, etc.).

brandishing, *s.* Brandissement *m.*

brandling ['brandliŋ], *s.* **1.** *Fish:* Vérotis *m*; ver *m* rouge. **2.** *Dial:* *Ich:* Saumoneau *m*, parr *m.*

brandreth ['brandreθ], *s.* Chantier *m* (de tonneau).

brandy[1] ['brandi], *s.* Eau-de-vie *f*, cognac *m.* *Best French b.,* **liqueur brandy,** fine champagne. **Brandy and soda,** *F:* fine *f* à l'eau. *Two brandies and sodas,* deux fines à l'eau. *B. distilling,* distillation *f* du vin. *See also* APPLE-BRANDY, CHERRY-BRANDY, GRAPE-BRANDY.

'brandy-ball, *s.* = BULL'S-EYE 5.

'brandy-blossom, *s.* *P:* Bourgeon *m* (sur le nez).

'brandy-blossomed, *a.* *P:* (Nez) bourgeonné.

'brandy-flask, *s.* Flacon *m* à cognac.

'brandy-paw'nee, *s.* (*Anglo-Indian*) Fine *f* à l'eau.

'brandy-plum, *s.* Prune *f* à l'eau-de-vie.

'brandy-snap, *s.* Biscotte *f* au gingembre.

brandy[2], *v.tr.* Confire (des cerises, etc.) à l'eau-de-vie.

brandied, *a.* **1.** (Cerises) à l'eau-de-vie. **2.** (Vin) alcoolisé.

brank-ursine [braŋ'kəːrsin], *s.* *Bot:* Branche-ursine *f*; acanthe *f.*

bran-new ['bran'njuː], *a.* = BRAND-NEW.

brant-goose ['brantguːs], *s.* = BRENT-GOOSE.

brash[1] [braʃ], *s.* *Med:* **1.** **Teething-, weaning-brash,** troubles *mpl* de la dentition, du sevrage. **2.** = WATER-BRASH.

brash[2], *s.* **1.** Éboulis *m* (de roches); amas *m* de décombres. **2.** **Brash(-ice),** glace *f* en débâcle. *Nau:* Sarrasins *mpl.*

brasque[1] [brɑːsk], *s.* *Metall:* Brasque *f.*

brasque[2], *v.tr.* Brasquer (un creuset).

brass [brɑːs], *s.* **1.** Cuivre *m* jaune; laiton *m*; *Lit:* airain *m.* *B. rod,* baguette *f* de laiton. *B. foundry,* fonderie *f* de cuivre; robinetterie *f.* **Brass plate,** plaque *f* de cuivre; plaque à la porte d'un commerçant, d'un médecin, etc. *F:* *Pej:* **Brass-plater,** mercanti *m*; parasite *m* des classes ouvrières. **Brass-hat,** officier *m* d'état-major, *P:* grand-calot *m*, *pl.* grands-calots. *See also* BOLD 2, FARTHING, FOIL[1] 2, LEAF-BRASS, RULE[1] 5, TACK[1] 1, WIRE[1] 1. **2.** (*a*) Les cuivres, robinets, etc. (du ménage, à bord, etc.). **To do the brass, the brasses,** faire les cuivres. (*b*) *Usu. pl.* *Mec.E:* Coussinet *m* de bielle, de palier; coquille *f* (de coussinets). *See also* TOP-BRASS. (*c*) *Mus:* **The brass** (*in band, orchestra*), les cuivres. *See also* BAND[3] 2. (*d*) **Church brasses,** plaques *f* mortuaires en cuivre. **3.** *P:* Argent *m*, pépète *f*, galette *f.* **4.** *P:* Toupet *m*, culot *m.* *If I had your b.,* si j'avais autant de toupet que vous.

brass-'plating, *s.* Cuivrage *m.*

brass-'rags, *s.* Chiffons *m* à astiquer les cuivres. *P:* **To part brass-rags,** se brouiller (ensemble); rompre.

'brass-smith, *s.* Robinetier *m.*

'brass-ware, *s.* Dinanderie *f.*

'brass-work, *s.* **1.** Les cuivres *m.* **2.** *Ind:* (i) Cuivrerie *f*; (ii) cuivreries.

brassage ['brasedʒ], *s.* Droit *m* de monnayage.

brassard [bra'sɑːrd], *s.* Brassard *m.*

brassie ['brɑːsi], *s.* = BRASSY[1].

brassière [bra'sjɛːr], *s.* *Cost:* Soutien-gorge *m inv.*

brassiness ['brɑːsinəs], *s.* **1.** Apparence 'toc' (d'un bijou censé être en or, etc.). **2.** Sons cuivrés (d'une musique).

brassy[1] ['brɑːsi], *s.* *Golf:* **1.** Brassie *m* (crosse en bois à semelle de cuivre). **2.** Coup *m* de brassie.

brassy[2], *a.* **1.** (*a*) (*Of colour, etc.*) Qui ressemble au cuivre; tapageur. (*b*) (Son) cuivré, claironnant. **2.** *P:* (*Of pers.*) Effronté.

brat [brat], *s.* *Usu. Pej:* (*a*) Marmot *m*, gosse *mf*, mioche *mf*, môme *mf*, moutard *m*, bambin, -ine; loupiot, -iotte. *She comes with all her brats,* elle vient avec toute sa marmaille. (*b*) Petit morveux.

Bratislava ['bratislavə]. *Pr.n.* *Geog:* Presbourg, Bratislava.

brattice[1] ['bratis], *s.* *Min:* Cloison *f* d'aérage.

brattice[2], *v.tr.* Cloisonner.

bratticing, *s.* **1.** Cloisonnage *m.* **2.** = BRATTICE[1].

bravado [brə'vɑːdou], *s.* Bravade *f.* **Out of bravado,** par bravade.

brave[1] [breːiv]. **1.** *a.* (*a*) Courageux, brave, vaillant. **As brave as a lion,** brave comme un lion. *Prov:* **None but the brave deserve the fair,** jamais honteux n'eut belle amie. *See also* FACE[1] 2. (*b*) *A.* & *F:* (i) Beau, élégant, pimpant. (ii) Excellent, fameux, parfait. **2.** *s.* Brave *m* (guerrier Peau-rouge). **-ly,** *adv.* **1.** Courageusement, bravement, vaillamment. **2.** *A.* & *F:* (*a*) Élégamment, splendidement. (*b*) Fameusement, joliment. *B. done!* excellent! fameux!

brave[2], *v.tr.* Braver, défier (qn); braver, affronter (un danger, etc.). **To brave it out,** ne pas se laisser démonter. *To b. publicity,* affronter les regards du public.

bravery ['breivəri], *s.* **1.** Bravoure *f*, courage *m*; vaillance *f.* **2.** *A.* & *F:* (*a*) Splendeur *f*, magnificence *f.* (*b*) Beaux habits; *A:* braverie *f.* *He, she, was decked out in all his* (*her*) *b.,* il s'était mis en grand costume; elle était parée de tous ses atours.

bravo[1], *pl.* **-os, -oes** ['brɑːvou, -ouz], *s.* Bravo *m*, *pl.* bravi; spadassin *m*, sicaire *m.*

bravo[2], *int.* Bravo!

bravura [brə'vurə], *s.* *Mus:* **Bravura (air),** air *m* de bravoure.

brawl[1] [brɔːl], *s.* **1.** Rixe *f*, bagarre *f*, chamaillis *m*, querelle *f.* *Public-house b.,* rixe de cabaret. *Drunken b.,* querelle d'ivrognes. **2.** = BRAWLING[2] 2.

brawl², *v.i.* **1.** (*Of pers.*) (*a*) Brailler, clabauder; se chamailler. (*b*) *Jur:* **To brawl in church,** troubler le silence ou l'ordre dans un édifice religieux. **2.** (*Of streams*) Murmurer, bruire. *The stream brawls over the stones,* le ruisseau coule en murmurant sur les cailloux.

brawling¹, *a.* **1.** (*Of pers.*) Braillard, tapageur, -euse. **2.** (*Of stream*) Murmurant, bruissant.

brawling², *s.* **1.** (*a*) Braillement *m*, clabauderie *f*. (*b*) *Jur:* Délit *m* de trouble ou de tapage dans un édifice religieux. **2.** Murmure *m*, bruissement *m* (d'un ruisseau, etc.).

brawl³, *s.* *A.Danc:* Branle *m*.

brawler ['brɔːlər], *s.* Braillard, -arde; tapageur, -euse; querelleur, -euse; combattant *m*.

brawn [brɔːn], *s.* **1.** Muscles *mpl*; partie charnue (des membres). *F:* **To have plenty of brawn,** être bien musclé; *F:* avoir du biceps. **2.** *Cu:* Fromage *m* de cochon, de hure; fromage d'Italie.

brawniness ['brɔːninəs], *s.* Carrure musclée, forte carrure; force *f* (de corps).

brawny ['brɔːni], *a.* Charnu, musculeux; (*of pers.*) musclé, *F:* bien bâti.

bray¹ [brei], *s.* **1.** Braiment *m* (d'un âne). **2.** Fanfare *f*, son éclatant (d'une trompette).

bray². **1.** *v.i.* (*Of ass*) Braire. **2.** *v.tr.* & *i.* (*Of trumpet, etc.*) **To bray (out a sound),** émettre un son strident, éclatant.

braying, *s.* = BRAY¹.

bray³, *v.tr.* Broyer, piler, concasser (des couleurs, etc.).

braze¹ [breːiz], *v.tr.* *Tchn:* Bronzer.

braze², *v.tr.* Braser; souder (qch.) au laiton.

brazing, *s.* Brasage *m*, brasement *m*, brasure *f*; soudure *f* (au laiton); soudure forte. **Brazing-lamp,** lampe *f* à braser, à souder.

brazeless ['breizləs], *a.* *Metalw:* Sans soudure.

brazen¹ [breizn], *a.* **1.** (*a*) D'airain. *Lit:* *B. vessel,* vase *m* d'airain. *Pol.Ec:* **(Lassalle's) brazen law of wages,** la loi d'airain. *See also* AGE¹ 2. (*b*) *The b. notes of the trumpet,* les sons d'airain de la trompette. **2.** *F:* **Brazen(-faced),** au front d'airain; effronté, impudent, cynique. *You b.-faced hussy!* petite effrontée! **Brazen in denial of patent facts,** intrépide à nier l'évidence même. **Brazen lie,** mensonge audacieux, effronté. *To tell a b. lie,* mentir impudemment, cyniquement. *His b. lying,* son audace à mentir; son cynisme dans le mensonge. **-ly,** *adv.* Effrontément, impudemment, cyniquement, audacieusement. **She brazenly plied her loathsome trade,** ayant toute honte bue, elle exerçait son commerce immonde.

brazen², *v.tr.* **To brazen it out,** payer d'effronterie, de toupet; crâner. *To b. out a crime,* se vanter cyniquement d'un crime.

brazenness ['breiznnəs], *s.* Cynisme *m* (dans le mensonge, dans le crime).

brazier¹ ['breiziər, -ʒjər], *s.* Chaudronnier *m*, dinandier *m*.

brazier², *s.* Brasero *m* (à charbon de bois). *Perfume b.,* brûle-parfums *m inv*.

braziery ['breiziəri, -ʒjəri], *s.* Chaudronnerie *f*, dinanderie *f*.

Brazil [brə'zil]. *Pr.n. Geog:* Le Brésil.

Bra'zil-'nut, *s.* Noix *f* d'Amérique, du Brésil. **Brazil-nut tree,** berthollétie *f*.

Bra'zil-'wood, *s.* *Com:* *Dy:* Bois *m* de, du, Brésil.

braziletto [brazi'leto], *s.* *Com:* *Dy:* Brésillet *m*.

Brazilian [brə'ziljən], *a.* & *s.* *Geog:* Brésilien, -ienne.

breach¹ [briːtʃ], *s.* **1.** Infraction *f*. *B. of rules,* infraction, contravention *f*, aux règles. *B. of the law,* violation *f* de la loi. *B. of duty, of honour,* infraction, manquement *m*, forfaiture *f*, au devoir, à l'honneur. *B. of discipline,* manquement à la discipline. *B. of friendship,* manquement à l'amitié. *B. of faith,* manque *m* de foi, violation de foi; manque de parole; infidélité *f*. *I cannot, without a definite b. of faith, shirk this obligation,* je ne saurais, sans une véritable forfaiture, me dérober à cette obligation. **Breach of trust,** (i) abus *m* de confiance; malversation *f*; (*of official*) fait *m* de charge; prévarication *f*; (ii) violation d'un des devoirs du '*trustee*.' *B. of good manners,* manque de savoir-vivre, manquement au savoir-vivre; manquement aux convenances; inconvenance *f*, impolitesse *f*. *To commit a b. of etiquette, of friendship,* manquer à l'étiquette, au protocole; manquer à l'amitié. *B. of secrecy,* indiscrétion *f*. *B. of professional secrecy,* violation du secret professionnel. **Breach of privilege,** atteinte portée aux privilèges. *B. of police regulations,* contravention de simple police. **Breach of the peace,** attentat *m*, délit *m*, contre l'ordre public. *There was no b. of the peace,* l'ordre public n'a été nullement troublé. **Breach of promise,** (i) manque de parole; (ii) *Jur:* non-accomplissement *m*, violation, de promesse de mariage; rupture *f* de promesse de mariage. *Action for b. of promise, F:* **action for breach,** action *f* en dommages-intérêts pour non-accomplissement de promesse de mariage. **Breach of close,** effraction *f*; bris *m* de clôture; violation de clôture. *B. of domicile,* (i) violation de domicile; (ii) effraction. *See also* CONTRACT¹ 2, HONOUR² 1. **2.** Brouille *f*, rupture (entre deux amis, etc.). *See also* HEAL 1. **3.** Trou *m*, brèche *f* (dans un mur, etc.). *Mil:* *To stand in the b.,* monter sur la brèche. *To make a b. in the enemy's lines,* trouer, percer, les lignes de l'ennemi; faire une trouée dans, à travers, les lignes de l'ennemi. **4.** *Nau:* (*Of sea*) **To make a breach,** déferler. *See also* SEA-BREACH. **5.** Saut *m* (d'une baleine).

breach². **1.** *v.tr.* Ouvrir une brèche dans (une digue, un mur); battre (un mur) en brèche. *Geol:* **Breached cone,** cratère ébréché, égueulé. **2.** *v.i.* (*a*) (*Of embankment, etc.*) Se rompre, se disjoindre. (*b*) (*Of whale*) Sauter, émerger.

breaching, *s.* Mise *f* en brèche (d'un mur, etc.).

'breaching-battery, *s.* Batterie *f* de brèche.

'breaching-fire, *s.* Tir *m* en brèche.

bread [bred], *s.* Pain *m*. *Black b., buckwheat b.,* pain noir, pain de sarrasin. *Brown b.,* pain bis, pain de son. *New b.,* pain frais. *Stale b.,* pain rassis. **Ship's bread,** biscuit *m* (de mer); *F:* cassant *m*. **Canary bread,** pain échaudé; échaudé *m*. *See also* RYE-BREAD, UNLEAVENED, WHEATEN, WHOLE-MEAL. **A loaf of bread,** un pain, une miche. **Bread and butter,** (i) pain beurré; (ii) *F:* moyens *m* de subsistance. *Slice of b. and butter,* tartine *f* de beurre, tartine beurrée. **To cut slices of bread and butter,** beurrer des tartines. *F:* **A bread-and-butter miss,** une jeune fille qui sort de pension, du couvent. **To quarrel with one's bread and butter,** casser la marmite. *Publ:* *F:* **Bread-and-butter books,** livres *m* de fonds, de vente assurée. *F:* **He knows on which side his bread is buttered,** il sait où est son avantage, son intérêt; il sait d'où vient le vent. **His bread is buttered on both sides,** la vie lui est facile; il a plus qu'il ne lui faut. **To live on bread and cheese,** vivre chichement, frugalement; avoir tout juste de quoi vivre. **Bread and milk,** panade *f* au lait; soupe *f* au lait. **To be on bread and water,** être au pain (sec) et à l'eau. **Bread and scrape,** tartines à peine beurrées. **To break bread,** (i) rompre le jeûne, prendre de la nourriture; (ii) *Ecc:* administrer ou recevoir la communion. *Ecc:* **The bread and wine,** les espèces *f*. *B:* *I am the b. of life,* je suis le pain de vie. *What shall I do for my b.?* qu'est-ce que je vais faire pour gagner mon pain? **To take the bread out of s.o.'s mouth,** ôter le pain à qn. *See also* FORGET 1, IDLENESS 3, LOAF¹ 1.

'bread-basket, *s.* **1.** (*a*) Corbeille *f* à pain; la corbeille au pain. (*b*) *Bak:* Banneton *m*. **2.** *P:* Estomac *m*, bedaine *f*. **To get one in the bread-basket,** recevoir un coup dans le gésier. *Nothing to put in one's b.-b.,* rien à se mettre dans le buffet.

'bread-bin, *s.* Huche *f* au pain, maie *f*.

'bread-card, *s.* *Adm:* Carte *f* de pain.

'bread-coupon, *s.* *Adm:* Coupon *m*, ticket *m*, de pain.

'bread-crumb¹, *s.* (*a*) Mie *f* (du pain); mie de pain. (*b*) Miette *f* (de pain). *Cu:* **Bread-crumbs,** chapelure *f*; (*when cooked*) gratin *m*. *Sole with bread-crumbs,* sole au gratin, gratinée.

'bread-crumb², *v.tr.* *Cu:* Paner (des côtelettes, etc.); gratiner (une sole, etc.).

'bread-cutter, *s.* Tranche-pain *m inv*; taille-pain *m inv*.

'bread-fruit, *s.* *Bot:* Fruit *m* à pain. **Bread-fruit tree,** artocarpe *m*; arbre *m* à pain; jaquier *m*.

'bread-knife, *s.* Couteau *m* à pain; taille-pain *m inv*.

'bread-line, *s.* Queue *f* (du public) pour toucher les bons de pain.

'bread-locker, *s.* *Nau:* Boulangerie *f*.

'bread-pan, *s.* Boîte *f* à pain.

'bread-'poultice, *s.* Cataplasme *m* à la mie de pain.

'bread-room, *s.* *Nau:* Soute *f* au pain, à biscuits.

'bread-'sauce, *s.* Sauce *f* à la mie de pain.

'bread-slicer, *s.* = BREAD-CUTTER.

'bread-'soup, *s.* Panade *f*, mitonnage *m*.

'bread-stuffs, *s.pl.* **1.** Farines *f*. **2.** Céréales *f* panifiables.

'bread-winner, *s.* Gagne-pain *m inv* ((i) soutien *m* de famille, chef *m* de famille; (ii) instrument *m* de travail).

breadth [bredθ], *s.* **1.** Largeur *f*; (*of stuff*) lé *m*, laize *f*. **Finger's breadth,** travers *m* de doigt. *Nau:* **Extreme breadth,** largeur au fort (d'un navire). *See also* MOULDED 2. **Breadth of wings** (*of bird, aeroplane*), envergure *f*. **The carpet is ten feet in breadth,** le tapis a dix pieds de large. *See also* HAIRBREADTH. **2.** Largeur, carrure *f* (d'expression, de pensée); largeur (d'esprit, de vues); facture *f* large (d'un tableau); ampleur *f* (de style). *Mus:* *To sing with b.,* chanter avec largeur. *The orchestra plays with b.,* l'orchestre *m* a une belle ampleur de son. *His acting has taken on b.,* il a élargi son jeu. *Art:* *To give b. to the line, to the stroke,* nourrir le trait. *To lack b. of brush,* peindre, dessiner, maigre. *See also* LENGTH 1.

breadthways ['bredθweːiz], **breadthwise** ['bredθwaːiz], *adv.* En largeur, dans le sens de la largeur.

break¹ [breik], *s.* **1.** Rupture *f*. (*a*) Brisure *f*, cassure *f*, fracture *f* (dans une assiette, etc.); trouée *f*, percée *f*, brèche *f*, ouverture *f* (dans une haie); éclaircie *f* (à travers les nuages); *Geol:* faille *f* (d'une couche); lacune *f* (dans une succession). *Nau:* Coupée *f*, ravalement *m* (du pont). **Break in the voice,** (i) altération *f* de la voix (par l'émotion); (ii) mue *f*, altération de la voix (à la puberté); (iii) *Mus:* passage *m* d'un registre à l'autre. **Break of continuity,** solution *f* de continuité. *B. of slope,* changement *m* de pente. *B. in the skin,* fendillement *m*. *B. in a journey,* arrêt *m*. *Rail:* **Option of breaks of journey,** faculté *f* d'arrêts en cours de route. **To speak without a break,** parler sans interruption, sans discontinuer, sans désemparer. *There has been a long b. in our correspondence,* notre correspondance a subi une longue interruption. *To write to s.o. after a b. of two years,* écrire à qn après un silence de deux ans. *El.E:* **Break in the circuit,** (i) rupture *f* du circuit; (ii) disjoncteur *m*, disrupteur *m*, éclateur *m*. (*b*) **Break in the weather,** changement de temps. **Break in the heat-wave,** fin *f* de la vague de chaleur. (*c*) *Biol:* *Breed:* Variation sportive; mutation *f*. (*d*) *St.Exch:* **Break in prices, in stocks,** effondrement *m* des prix. (*e*) *B. between two friends,* rupture, brouille *f*, entre deux amis. (*f*) *F:* **To make a (bad) break,** faire une bourde, une gaffe, un impair; commettre un faux pas, une lourde méprise. (*g*) *U.S:* Remous *m*. *See also* SEA-BREAK. (*h*) Brisure (d'une ligne). *Const:* Brisis *m* (d'un comble); angle *m*, coude *m* (d'un mur). (*i*) Déviation *f*. *Games:* Effet *m* (de la balle). *To put a b. on the ball,* donner de l'effet à la balle. **2.** (*a*) (Moment *m* de) repos *m*, répit *m*. *With an hour's b. for lunch,* avec une heure de battement pour déjeuner. *A week-end makes a nice b.,* la semaine anglaise offre un repos agréable. (*b*) *Sch:* Intervalle *m* entre les classes; récréation *f* (d'interclasse). *It happened in b.,* c'est arrivé (i) pendant le mouvement d'interclasse, (ii) pendant la récréation. (*c*) *Mil:* (*During instruction*) Pause *f*. **3.** **Break of day,** point *m* du jour; aube *f*, aurore *f*. *At b. of day,* à l'aube du jour, à l'aube naissante. **4.** (*a*) *Bill:* Série *f*, suite *f* (de carambolages). (*b*) *Rail:* Trajet *m* sans arrêt. **5.** *Agr:* Sole *f*. *See also* FALLOW-BREAK.

'break-bulkhead, *s.* *Nau:* Fronteau *m*.

'break-line, *s. Typ:* Dernière ligne (d'un alinéa).

break[2], *v.* (broke [brouk], *A:* **brake** [breik]; *p.p.* **broken** [broukn], *F:* **broke**) I. *v.tr.* **1.** Casser, briser, rompre. (*a*) Casser, briser (un verre); casser, rompre (un bâton); casser (une corde); briser, rompre (ses chaînes); rompre (les rangs). *F: To b. a pound note,* entamer, écorner, un billet d'une livre; faire la monnaie d'un billet d'une livre. *To b. one's arm, one's neck,* se casser le bras, se rompre le cou. *Jack came down and broke his crown,* Jack dégringola et se fendit la tête. *I heard a boy's leg had been broken,* j'appris qu'un jeune garçon avait eu la jambe cassée, fracturée, s'était cassé la jambe. *See also* BONE[1] 1, NECK[1] 1, WHEEL[1] 2. **To break sth. in(to) pieces,** mettre, briser, qch. en morceaux. *Tex: To b. flax,* battre, teiller, le lin. *To b. wool,* louveter la laine. *Min: etc: To b. the ore,* concasser le minerai. *Cr:* **To break the wicket,** démolir le guichet. *To b. a window-pane,* casser, briser, enfoncer, un carreau. *To b. a lot of things, F:* faire de la casse. **To break bread with s.o.,** rompre le pain avec qn. *To b. the enemy's lines,* enfoncer, rompre, les lignes ennemies. *To b. the ties of friendship,* briser les liens de l'amitié. *To b. an abscess,* faire crever un abcès. *To b. the skin,* entamer la peau. **To break ground,** (i) *Agr:* commencer à labourer; (ii) *Civ.E: etc:* donner les premiers coups de pioche; (iii) *F:* entamer le travail; (iv) *Nau:* déraper. **To break (new, fresh) ground,** (i) *Agr:* mettre un terrain vierge, une lande, en culture; défricher, déchaumer, une terre; frayer un sentier vierge; (ii) *F:* découvrir une terre vierge; faire œuvre de pionnier; innover; exécuter une œuvre originale. *See also* BACK[1] I. 1, BULK[1] 1, CHORD[2], CONTINUITY, ICE[1] 1, LANCE[1] 1, SURFACE[1] 1. (*b*) *To b. a set of plate,* décompléter, dépareiller, un service d'argenterie. (*c*) *El:* Interrompre (le courant); rompre, couper, ouvrir (un circuit). *See also* MAKE[2] II. 5, MAKE-AND-BREAK. (*d*) **To break step,** rompre le pas. **To break a charm, (the) silence, one's fast,** rompre un charme, le silence, le jeûne. *The silence was broken by a cry,* un cri traversa le silence. *To b. the thread of a story,* interrompre, couper, le fil d'une narration. **To break one's journey at . . .,** s'arrêter en route, interrompre son voyage, à . . .; faire étape à . . .; *Nau:* faire escale à. . . . *With liberty to b. one's journey at . . .,* avec faculté d'arrêt à. . .; avec séjour facultatif à. . . *Abs. U.S: Cards:* **To break even,** cesser la partie à jeu égal. (*e*) **To break joint,** (i) *Metalw:* alterner les joints; croiser, contrarier, les joints; (ii) *Const:* (*of wall*) perdre la liaison. **2.** *To b. a branch from a tree,* détacher une branche d'un arbre. **3.** **To break s.o. of a bad habit,** faire perdre à qn une mauvaise habitude; corriger, guérir, qn d'une mauvaise habitude. *To b. s.o. of the habit of doing sth.,* déshabituer, désaccoutumer, qn de faire qch. *To b. oneself of the habit of doing sth.,* perdre l'habitude, se désaccoutumer, se déshabituer, de faire qch. *To b. oneself of a habit,* s'affranchir, se corriger, d'une habitude. **4.** (*a*) **To break a way,** se frayer, s'ouvrir, un chemin. (*b*) **To break gaol,** forcer sa prison; s'évader de prison. *Mil: etc:* **To break bounds,** (i) violer la consigne; aller dans un endroit consigné; (ii) (*of ticket-of-leave man*) être en rupture de ban. *F: Insolence that has broken all bounds,* insolence *f* qui ne connaît plus de bornes. *See also* COVER[1] 5. **5.** (*a*) **To break s.o.'s heart,** briser, crever, le cœur à qn. *See also* HEART[1] 1. *To b. s.o.'s spirit,* rompre le caractère, abattre les forces, briser le courage, de qn. *To b. s.o.'s pride,* abattre, dompter, l'orgueil de qn. **To break (down) s.o.'s resistance,** briser la résistance de qn. *To b. s.o. into a kind of work,* rompre qn à un travail. *Equit:* **To break a horse,** rompre, plier, réduire, un cheval; gagner la volonté d'un cheval. *See also* BREAK IN 1. (*b*) **To break a strike,** briser une grève; faire avorter une grève (p. ex. en embauchant de la main-d'œuvre non syndiquée). **6.** (*a*) **To break a fall,** amortir, atténuer, une chute. *To b. the force of a blow,* amortir, rompre, un coup. *Marshes that b. the force of flood waters,* marais où s'amortit le trop-plein des eaux de crue. *To b. (the force of) the wind, the current,* arrêter le vent; rompre le courant. (*b*) **To break the news gently to s.o.,** apprendre une (mauvaise) nouvelle doucement à qn; faire part d'une nouvelle à qn avec tous les ménagements possibles. *He broke his purpose to me,* il me fit part de son dessein. *See also* NEWS. **7.** (*a*) **To break s.o.,** (i) (*of losses, etc.*) ruiner qn; (ii) (*of grief*) briser qn; (iii) (*of age, illness*) casser qn. **To break the bank,** faire sauter la banque. (*b*) *Mil:* **To break an officer,** casser un officier. **8.** (*a*) Violer, enfreindre, ne pas observer (la loi); rompre, enfreindre, violer (une trève). **To break the peace,** troubler, violer, l'ordre public. *He broke the peace he had sworn,* il rompit la paix par lui jurée. **To break the Sabbath,** violer le repos dominical; ne pas observer le dimanche. **To break one's word, one's promise; to break faith with s.o.,** manquer de parole (à qn); fausser parole (à qn); violer sa promesse; manquer à sa promesse. *See also* OATH 1. *To b. an appointment,* manquer à un rendez-vous. *Nau: To b. the quarantine regulation,* violer la quarantaine. *To b. s.o.'s rest,* troubler le repos de qn. (*b*) Résilier (un contrat). **9.** *Nau:* **To break a flag, a signal,** déferler un drapeau, un signal. **10.** *Abs. Bill:* Donner l'acquit.

II. **break,** *v.i.* **1.** (*a*) (Se) casser, se rompre, se fracturer, se briser; (*of limb, etc.*) se fracturer; (*of wave*) se briser, déferler, s'écraser; (*of bubble, abscess*) crever; (*of abscess*) percer. *The branch broke,* la branche (se) cassa, se rompit. *The sea breaks against the rocks,* la mer bat les rochers. *The clouds are breaking,* les nuages se dissipent, se dispersent, commencent à se trouer. (*b*) (*Of troops, etc.*) Se débander. *The troops broke and fled,* les troupes lâchèrent pied, les troupes rompirent devant l'ennemi, et prirent la fuite. (*c*) *Fenc:* Rompre la mesure; rompre. **2.** (*a*) (*Of heart*) Se briser; se fendre, crever; (*of health*) s'altérer, se détraquer, se délabrer, se ruiner; (*of weather*) changer, (i) s'améliorer, (ii) se gâter; (*of frost*) s'adoucir; (*of heat-wave*) passer, prendre fin. *The frost has broken,* le temps est, se met, au dégel. *The frost was breaking,* c'était le dégel. (*b*) *Their spirit did not b.,* ils ne se laissèrent pas abattre. *His voice is beginning to b.,* sa voix commence à muer. *His voice broke with emotion,* sa voix s'altéra, se troubla, s'angoissa, s'étrangla, sous le coup de l'émotion. **3.** (*Of merchant, business*) Faire faillite; (*of bank*) sauter. **4.** (*a*) **To break with s.o., with the traditional ways of living,** rompre, briser, avec qn, avec la vie traditionnelle; rompre toutes relations avec qn. *To b. with one's colleagues,* se désolidariser de, d'avec, ses collègues. (*b*) **To break from work,** interrompre son travail; prendre un moment de répit. **5.** (*a*) **To break into a house,** entrer de force, s'introduire par effraction, pénétrer, dans une maison; (*of burglar*) cambrioler une maison. *To b. into a room,* entrer en trombe, faire irruption, dans une salle; envahir une salle. *To b. into the till,* forcer la caisse. *To b. into a pot of jam, a cake,* entamer un pot de confiture, un gâteau. *Metalw: etc: The holes must not b. into one another,* les trous ne doivent pas se chevaucher. (*b*) **To break (out) into a laugh, into sobs,** éclater de rire, se mettre à rire; partir d'un éclat de rire; éclater en sanglots. *She broke into tears,* elle fut prise d'une crise de larmes. *To b. (out) into a tune,* entonner un air. **To break into praise of s.o.,** entonner les louanges de qn. *They broke into praises,* ce fut un concert de louanges. **To break into a trot,** prendre le trot, se mettre au trot, passer au trot, partir au trot. *Her face broke into a radiant smile,* son visage s'épanouit en un sourire radieux. *See also* FLAME[1] 1, SUNSHINE. **6.** (*a*) **To break out of prison,** s'échapper, s'évader, de prison. **To break from one's bonds,** briser ses liens, ses fers. (*b*) *A cry broke from his lips,* un cri s'échappa de ses lèvres. *Not a sigh broke from him,* il ne lui échappa pas un soupir. *A shout broke from the crowd,* la foule laissa échapper un cri. (*c*) (*Of ideas, etc.*) **To break in upon s.o.,** se présenter, s'offrir, à (l'esprit de) qn. *To b. upon the eye,* apparaître brusquement aux regards. *A new landscape broke upon us,* un nouveau paysage se présenta à notre vue. *The truth broke upon me,* la vérité m'apparut. (*d*) **Day was beginning to break,** le jour commençait à poindre, à paraître, à se lever, à luire. *Day was about to b., Lit:* le jour était près d'éclore. (*e*) **The storm broke,** la tempête éclata, se déchaîna. **7.** *Sp:* **The ball breaks,** la balle a de l'effet; la balle dévie en touchant terre; la balle fait faux bond.

break away. **1.** *v.tr.* Détacher (qch.) (*from,* de). **2.** *v.i.* (*a*) (*Of thg*) Se détacher (*from,* de); (*of railway carriages*) partir en dérive; (*of pers.*) se dégager, se détacher (*from,* de); (*of prisoner*) s'échapper, s'évader. *To b. away from a party,* lâcher un parti. *To b. away from rigorous rules,* s'affranchir de règles rigoureuses. *To b. away from one's old life,* dépouiller le vieil homme; rompre avec sa vie passée. *Box: To make fighters b. away,* briser un corps-à-corps. **Break (away)!** séparez! (*b*) *Mil:* (*Of troops*) Rompre les rangs. (*c*) *St.Exch:* (*Of prices*) S'effondrer.

'break-away, *s.* **1.** Sécession *f*, désertion *f* (*from,* de). **2.** *Sp:* (*a*) *Box:* Séparation *f* (de deux boxeurs). (*b*) *Fb:* Échappée *f* (de l'ailier, etc.). **3.** (*a*) *Rail:* Dérive *f* (de wagons). (*b*) (*In Austr.*) Ruée *f*, débandade *f* (d'un troupeau). **4.** *Th: Cin:* Décor *m* de scène qui doit s'effondrer (tremblement de terre, etc.).

break down. **1.** *v.tr.* (*a*) Abattre (un mur, *Min:* le charbon); démolir, renverser (un mur, etc.); rompre (un pont). *The fall of the roof broke down the floors,* la chute du toit effondra les planchers. *To b. down all opposition,* vaincre toute opposition; avoir raison de toute opposition; *F:* forcer toutes les barricades. *To b. down all resistance,* briser toute résistance. *Hatred breaks down all reserve,* la haine emporte toute réserve. (*b*) *To b. down a substance,* (i) concasser, broyer, (ii) *Ch:* décomposer, une substance. **2.** *v.i.* (*a*) (*Of health*) S'altérer, se détraquer, s'ébranler, décliner; (*of the mind*) s'ébranler, sombrer; (*of plan*) échouer, s'effondrer; (*of bridge, etc.*) s'effondrer. *The negotiations broke down,* les négociations furent rompues. *The argument breaks down,* l'argument s'effondre. *His mind broke down,* sa raison sombra. *His resistance will b. down in due course,* sa résistance s'usera à la fin. (*b*) (*Of pers.*) (i) S'arrêter tout court, demeurer court (dans un discours); (ii) éclater en sanglots, fondre en larmes; (iii) tomber malade (de fatigue). (*c*) (*Of motor car, train, etc.*) Rester en panne, avoir une panne; *P:* flancher; (*of ship, engine, etc.*) rester en panne; subir une avarie.

'break-down, *s.* **1.** Insuccès *m* (d'une tentative); débâcle *f* (d'une maison commerciale, d'un gouvernement); rupture *f* (de négociations); écroulement *m* (d'un système); arrêt complet (dans un service). **2.** *B.-d. in health,* débâcle, écroulement, de la santé. **Nervous break-down,** épuisement nerveux; dépression, prostration, nerveuse. *Mental b.-d.,* effondrement *m* de la raison. **3.** (*a*) *Aut: Nau: Rail: etc:* Avarie *f* de route; panne *f*; *Mch:* arrêt inopiné. *Aut: B.-d. through shortage of petrol,* panne d'essence. **Break-down service,** (service *m* de) dépannage *m*. **Break-down mechanic,** dépanneur *m*. **Break-down gang,** (i) *Aut:* équipe *f* de dépannage, (ii) *Rail:* corvée *f* de secours. **Break-down lorry,** dépanneuse *f*. **Break-down repairs,** réparations *fpl* de fortune. *Rail:* **Break-down train,** convoi *m* de secours. **To have a break-down,** rester en panne; *Av: P:* rester en carafe. *We've had a b.-d.,* nous sommes en panne. (*b*) *Ind: Rail: etc:* Perturbation *f* dans le service.

broken down, *a.* (*Of pers.*) Cassé; brisé (par la douleur); (*of horse*) usé, ruiné, fourbu; (*of health, furniture, etc.*) délabré; (*of motor car, etc.*) (i) en panne; (ii) en mauvais état; (*of any mechanism*) (i) détraqué; (ii) détérioré, qui tombe en morceaux. *An old b.-d. motor car,* une vieille auto bonne pour la réforme. **Broken down with age,** cassé de vieillesse. *To be b. d. in health,* avoir la santé détraquée, ruinée. **Broken-down concern,** entreprise *f* qui ne bat que d'une aile, qui bat de l'aile.

breaking down, *s.* **1.** (*a*) Abattage *m* (d'un mur, etc.); rupture *f* (d'un pont). (*b*) (i) Concassage *m*; broiement *m*; (ii) *Ch:* décomposition *f* (d'une substance). **2.** Altération *f* (de la santé) **3.** Panne *f* (d'une auto, etc.).

break forth, *v.i. Lit:* (*Of light, water*) Jaillir; (*of rage, storm*) éclater, se déchaîner. *To b. forth into transports of joy,* laisser éclater sa joie. *To b. forth into explanations,* se répandre en explications.

They broke forth into singing, ils se mirent à chanter; ils entonnèrent un chant.

breaking forth, *s.* Jaillissement *m.*

break free, *v.i.* = BREAK LOOSE I.

break in. I. *v.tr.* (*a*) Enfoncer (une porte, etc.); défoncer (un tonneau). (*b*) Rompre, mater, dresser, arrondir, assouplir (un cheval). *To b. oneself in to sth.*, se rompre à qch. **Broken in to discipline, to servitude,** rompu à la discipline; assoupli à la servitude. *Her husband had broken her in,* son mari l'avait matée. *To be broken in, F:* être plié au métier. **2.** *v.i.* (*Of roof, etc.*) Se défoncer, s'effondrer. **3.** *v.i.* (*a*) **To break in (up)on s.o., upon a conversation,** interrompre qn, une conversation. *My sleep was broken in on by a rap at the door,* mon sommeil fut interrompu par un coup frappé à la porte. *To b. in upon a company,* faire irruption dans une compagnie. *To b. in upon a festivity, upon the silence,* troubler une fête, le silence. (*b*) *To b. in upon the enemy,* enfoncer l'ennemi. (*c*) (*Of idea, etc.*) *To b. in upon s.o.*, se présenter, s'offrir, à l'esprit de qn. (*d*) *Abs.* **To break in,** intervenir, s'interposer. (*e*) (*Of burglars, etc.*) S'introduire par effraction. *The burglars had broken in through the kitchen window,* les cambrioleurs avaient forcé la fenêtre de la cuisine.

breaking in, *s.* **I.** Enfoncement *m* (d'une porte, etc.); défonçage *m*, défoncement *m* (d'un tonneau); effraction *f*. **2.** Dressage *m*, assouplissement *m* (d'un cheval); manège *m*; assouplissement du caractère (d'un enfant). **3.** *B. in upon a company, upon a conversation,* irruption *f* dans une compagnie; interruption *f* d'une conversation.

break loose, *v.i.* **I.** Se dégager de ses liens; s'évader, s'échapper, s'affranchir (*from*, de). (*Of dog*) S'échapper en cassant sa chaîne; casser sa chaîne. *Hell has broken loose,* les diables sont déchaînés. **2.** *His fury broke loose,* sa fureur se déchaîna. **3.** (*Of ship*) Partir à la dérive.

break off. I. *v.tr.* (*a*) Casser, rompre (qch.); détacher (qch.) (*from*, de). *Our mast was broken off short,* notre mât se cassa au ras du pont. (*b*) Interrompre, abandonner (son travail, une discussion); cesser (des relations d'affaires, etc.); rompre (des négociations). **The engagement is broken off,** le mariage est rompu. *To b. off a habit,* se défaire d'une habitude; rompre avec une habitude. **2.** *v.i.* (*a*) Se détacher, se dégager (*from sth.*, de qch.); se détacher (net); se casser (net). (*b*) Discontinuer. **To break off talking, singing,** s'interrompre de parler, de chanter. *To b. off in a speech,* s'arrêter dans un discours. *Abs.* **To break off for ten minutes,** interrompre le travail pendant dix minutes; prendre dix minutes de repos. *It is time to b. off,* il est l'heure de cesser le travail. (*c*) **To break (it) off with s.o.,** rompre avec qn.

breaking off, *s.* **I.** Rupture *f* (d'un mariage, des négociations); interruption *f*, abandon *m* (d'un travail). **2.** Pause *f*, arrêt *m* (dans un discours).

break open, *v.tr.* *To b. open a door, a safe, a case, a lid,* enfoncer, forcer, une porte; forcer, fracturer, une serrure, un coffre-fort; enfoncer, éventrer, une caisse; ouvrir un couvercle avec effraction. *To b. open a lock,* faire sauter une serrure. *To b. open a letter,* décacheter une lettre.

breaking open, *s.* Fracture *f* (d'une porte, etc.).

break out, *v.i.* **I.** (*a*) (*Of war, fire, disease*) Éclater, se déclarer. *If a fire should b. out,* si le feu venait à se déclarer. *To b. out again, afresh,* (*of conflagration, quarrel*) se raviver; (*of wound*) se rouvrir; (*of war*) se rallumer. (*b*) (*Of the face, etc.*) **To break out into pimples,** se couvrir de boutons. *To b. out into a sweat,* se mettre à transpirer; être pris d'une sueur; entrer en moiteur. **2.** (*a*) S'échapper, s'évader (de prison, etc.). (*b*) Faire une fugue. (*c*) *To b. out into excesses,* se livrer à des excès. *To b. out into abuse,* se répandre en injures. **3.** S'écrier. **4.** *v.tr. Min:* Brancher (une nouvelle galerie).

breaking out, *s.* **I.** Éruption *f* (de boutons). **2.** (*a*) Évasion *f* (d'un prisonnier). (*b*) Fugues *fpl*, bordées *fpl*. **3.** *Min:* Branchement *m*.

break through, *v.tr.* *To b. through a barrier, abs.* **to break through,** enfoncer une barrière; se frayer un passage. *To b. through a wall,* faire une brèche dans, à, un mur. *The sun breaks through* (*the clouds*), le soleil perce les nuages. *He broke through the crowd,* il se fraya violemment un chemin à travers la foule; il perça la foule. *He breaks through all obstacles,* il enfonce tous les obstacles. *The rock breaks through* (*the surface*) *in places,* le roc affleure par endroits. *To b. through the obligations of a treaty,* enfreindre les obligations d'un traité. *Mil: To b. through* (*the enemy lines*), faire une percée; se faire jour à travers les lignes ennemies.

'break-through, *s.* (*a*) *Geol:* Affleurement *m*. (*b*) *Mil:* Percée *f* (des lignes de l'ennemi).

break up. I. *v.tr.* Mettre (qch.) en morceaux; démolir (un bâtiment, etc.); dépecer, démembrer (une volaille, etc.); démolir, détruire, déborder (un navire); défoncer, *Agr:* ameublir (un terrain); défoncer, rompre (une route); *Ch:* résoudre (un composé); morceler (une propriété); démembrer, fragmenter (un empire); disperser (la foule, une famille); dissoudre (une assemblée); rompre, interrompre (une conférence); rompre (une coalition, l'unité nationale). *To b. up a word into syllables,* décomposer un mot en syllabes. *The country was broken up into factions,* le pays était divisé en factions. *To b. up the work,* répartir, fragmenter, le travail. *To b. up one's household,* cesser de vivre en ménage; détruire son foyer. *Typ:* **To break up copy,** multiplier les alinéas. **2.** *v.i.* (*a*) (*Of empire, ship, etc.*) Se démembrer; (*of crowd, etc.*) se disperser, s'égailler; (*of road surface, etc.*) se désagréger; (*of road*) se défoncer; (*of ice*) débâcler. *Ship breaking up,* navire *m* en perdition. *F: He is beginning to b. up,* il commence à se casser, à décliner; il n'y a plus d'huile dans la lampe. (*b*) (*Of company, meeting*) Se séparer; (*of groups*) se disjoindre. *When the meeting broke up,* à l'issue de la réunion. *The meeting broke up in confusion,* la séance fut levée dans le tumulte. *Friendship that is breaking up, F:* amitié *f* qui se découd. *The clouds are breaking up,* les nuages se dissipent, se dispersent. (*c*) *Sch:* Entrer en vacances. *We b. up on the fourth,* nos vacances commencent le quatre. *We broke up for the day,* on nous a congédiés pour le reste de la journée. (*d*) (*Of weather*) Se gâter, se brouiller.

'break-up, *s.* **I.** (*a*) Dissolution *f*, fin *f* (d'un empire, d'une assemblée); affaissement *m* (des forces physiques); bris *m* (d'un navire, etc.). (*b*) *Attrib. Com:* **Break-up price,** prix *m* de liquidation. **2.** *Sch:* Entrée *f* en vacances. **3.** Changement *m* (du temps). *The b.-up of the frost,* le dégel. *The b.-up of the ice,* la débâcle (des glaces).

breaking up, *s.* **I.** Démolition *f* (d'un édifice); défoncement *m*, premier labourage (d'un terrain); broyage *m*, décomposition *f* (d'une substance); dissolution *f* (d'une assemblée); dispersion *f* (d'une foule); morcellement *m* (d'un pays, d'une propriété); dépècement *m*, démembrement *m* (d'un navire); démembrement, fragmentation *f* (d'un empire). *B. up of the work between several collaborators,* fragmentation, répartition *f*, du travail entre plusieurs collaborateurs. **2.** (*a*) Séparation *f* (d'une assemblée, d'une famille); *F:* désagrégation *f* (d'une famille). *On the b. up of the meeting,* au sortir, à l'issue, de la réunion. (*b*) *Sch:* Entrée *f* en vacances. **Breaking-up party,** soirée *f* de fin de semestre. (*c*) Débâcle *f* (des glaces).

broken, *a.* (*a*) Cassé, brisé, rompu. **Broken meat,** rogatons *mpl*, desserte *f*. *Plate of b. meat,* arlequin *m*. *The b. meat is given to the poor,* on donne les restes aux pauvres. *B. cakes,* cassures *f* de pâtisserie. *A table with b. legs,* une table aux pieds démolis. *I don't want to get a b. head,* je ne veux pas me faire casser la tête. *B. ribs,* côtes enfoncées. **He is broken in health,** sa santé est délabrée, détraquée, ruinée. *People b.* (*in*) *to servitude,* peuple assoupli à la servitude. *His spirit is b.*, il est abattu, découragé. **A broken man,** (i) un homme ruiné; (ii) un homme au cœur brisé. *See also* CHORD[2], HEART-BROKEN, KNEE[1] I, REED[1] I. (*b*) (Terrain) accidenté; (chemin) raboteux, défoncé; (sommeil) interrompu, irrégulier, (entre)coupé, agité; (temps) incertain, variable. *Region b. by a few mountains,* région accidentée par quelques montagnes. *Forest b. by wide clearings,* forêt trouée de larges clairières. *B. coast,* rivage tourmenté. *B. outline,* contour anfractueux. *B. sea,* mer battue. *B. water,* brisants *mpl*. *Voice b. with sobs,* voix entrecoupée de sanglots. *B. words,* paroles entrecoupées. **In a broken voice,** d'une voix entrecoupée, altérée. **In broken French,** en mauvais français. *To speak b. English,* baragouiner, écorcher, l'anglais. (*c*) *Tchn:* **Boiler with broken joints,** chaudière *f* à joints contrariés. (*d*) *Com: U.S:* **Broken lots,** articles dépareillés; occasions *f*, soldes *m*. **-ly,** *adv.* Sans suite, par saccades, par à-coups; (parler) à mots entrecoupés.

broken-'backed, *a.* (*a*) Aux reins cassés, brisés. (*b*) *Nau:* (Navire) arqué, cassé.

broken-'feathered, *a. Ven:* (Faucon) halbrené.

broken-'gaited, *a. Vet:* (Cheval) détraqué.

broken-'hearted, *a.* Navré de douleur; au cœur brisé. *To die b.-h.*, mourir de douleur, de chagrin.

broken-'heartedly, *adv.* Le cœur navré.

broken-'heartedness, *s.* Douleur *f*, chagrin profond; *Lit:* navrance *f*.

broken-'kneed, *a. Vet:* (Cheval) couronné.

broken-'spirited, *a.* Abattu, découragé.

broken(-)'wind, *s. Vet:* Pousse *f*.

broken-'winded, *a. Vet:* (Cheval) poussif.

breaking[1], *a.* **I.** Qui brise, rompt, enfreint. **Covenant-breaking State,** État *m* en rupture de pacte. *See also* BACK-BREAKING, HEART-BREAKING. **2.** (*a*) En train de se briser; à bout de résistance. (*b*) **Breaking day,** le jour qui point; l'aube *f*.

breaking[2], *s.* **I.** (*a*) Rupture *f* (d'un tendon, d'un pont, d'un traité); brisement *m* (d'une statue); concassage *m* (du minerai). *Jur:* (i) Bris *m* (d'une vitre, de scellés); (ii) levée *f* (de scellés). *Ling:* Fracture *f* (d'une voyelle). *I.C.E: B. of a ring,* bris d'un segment. *El.E: B. of the circuit,* rupture du circuit, interruption *f* du courant. *Sparkless b.*, interruption sans étincelles. (*b*) **Breaking into a house,** entrée *f* par effraction dans une maison. *See also* HOUSEBREAKING, PRISON-BREAKING. (*c*) **Breaking of the law,** violation *f* de la loi, infraction *f* à la loi. *B. of the Sabbath,* violation du repos dominical. *B. of one's word,* manque *m* de parole. (*d*) Amortissement *m*, atténuation *f* (d'une chute). **2.** (*a*) Brisement (des flots). (*b*) *Med:* Aboutissement *m* (d'un abcès). (*c*) **Breaking of the voice,** (i) (*at manhood*) muance *f*, mue *f*, altération *f*; (ii) (*with emotion*) altération de la voix. **3.** Faillite *f* (d'une maison de commerce).

'breaking(-'down) point, *s. Mec.E: etc:* Limite *f* critique (de résistance); point *m* de rupture. *F:* **To try s.o.'s patience to the breaking point,** pousser à bout la patience de qn. **Everything has its breaking point,** *F:* quand la corde est trop tendue elle se casse.

'breaking-load, *s. Mec.E:* Charge *f* de rupture.

'breaking-strain, *s. Mec.E:* Tension *f* de rupture.

'break-back. I. *a.* (Qui brise les reins) (*a*) **Break-back trap,** (piège *m*) assommoir *m*. (*b*) *F:* (Travail) éreintant. **2.** *Const:* (*a*) *a.* (Toit) à comble brisé. (*b*) *s. U.S:* Comble brisé.

'break-bone, *a. Med: F: B.-b. fever* = DENGUE.

'break-front, *a.* (Meuble) à contour brisé.

'break-iron, *s. Tls:* Contre-fer *m* (de rabot), *pl.* contre-fers.

'break-key, *s. Tg:* Touche *f* d'interruption.

'break-neck, *a. It was a b.-n. path,* le sentier était un véritable casse-cou. *To go at a b.-n. speed, at a b.-n. pace,* filer à une vitesse, à une allure, folle, vertigineuse; galoper à fond de train, à tombeau ouvert.

'break-signal, *s. Tg:* Repos *m*.

'break-spark, *s. El:* Étincelle *f* d'extra-courant de rupture

'break-wind, *s. Hort: etc:* Abrivent *m*; brise-vent *m inv.*

break[3], *s.* **I.** *Veh:* Break *m*. **2.** Voiture *f* de dressage (des chevaux)

break[4], *v.tr.* *Tex:* = BRAKE[5].
breakable ['breikəbl]. **1.** *a.* Cassable; cassant, fragile. **2.** *s.pl.* **Breakables,** objets *m* fragiles.
breakage ['breikedʒ], *s.* **1.** Rupture *f* (d'une chaîne, d'un arbre d'hélice, etc.); bris *m*, fracture *f* (de verre, etc.). **2.** (i) Casse *f*; (ii) colis démolis (au cours d'une tempête, etc.). **To pay for breakages,** payer la casse.
breaker[1] ['breikər], *s.* **1.** (*Pers.*) (*a*) Casseur, -euse, briseur, -euse. *See also* HOUSEBREAKER, SHIP-BREAKER. (*b*) Dresseur, -euse, entraîneur *m* (de chevaux, etc.). *See also* HORSE-BREAKER. (*c*) Violateur, -trice, infracteur, -trice (d'une loi, etc.). *B. of the Sabbath*, violateur, -trice, du repos dominical. *See also* LEAVE-BREAKER, OATH-BREAKER, PEACE-BREAKER, PRISON-BREAKER. **2.** (*a*) Brisoir *m*, appareil casseur; concasseur *m*. *Paperm:* Pilon *m*. *See also* CLOD-BREAKER, ICE-BREAKER, ROCK-BREAKER, STONE-BREAKER. (*b*) *El.E:* *See* CIRCUIT-BREAKER. **3.** *Nau:* Brisant *m*; vague déferlante. *A b. swept over the beach*, une vague déferla sur la plage. **Breakers ahead!** des brisants devant! *F:* **There are still breakers ahead,** il y a encore des obstacles, des difficultés, à surmonter; il y a encore des brisants devant.
breaker[2], *s.* *Nau:* Baril *m* de galère.
breakfast[1] ['brekfəst], *s.* (Petit) déjeuner *m*. *Substantial b.*, déjeuner à la fourchette. **To have breakfast, to eat one's breakfast,** déjeuner; prendre le, son, déjeuner. *I had not yet had my b.*, je n'avais pas encore déjeuné. *There were thirty to b.*, il y avait trente personnes à déjeuner. **Breakfast-set, -service,** service *m* à déjeuner. *See also* WEDDING-BREAKFAST.
'breakfast-table, *s.* Table *f* (du petit déjeuner).
'breakfast-time, *s.* L'heure *f* du déjeuner.
breakfast[2]. **1.** *v.i.* Déjeuner (le matin). **To breakfast off, on, a piece of bread,** déjeuner d'un morceau de pain. **2.** *v.tr.* Donner à déjeuner à (qn).
breakfaster ['brekfəstər], *s.* Déjeuneur, -euse.
breakwater ['breikwɔːtər], *s.* **1.** Brise-lames *m inv*; môle *m*; jetée *f*; estacade *f*. **2.** Éperon *m* (d'un pont).
bream[1] [briːm], *s.* *Ich:* Brème *f*. *U.S:* **Ray's (sea) bream, brame** *m*; brème de mer des Bermudes; hirondelle *f* de mer. *See also* SEA-BREAM.
bream[2], *v.tr.* *Nau:* Flamber, brusquer, chauffer (un navire).
breast[1] [brest], *s.* **1.** Sein *m*, mamelle *f*. *To give a child the b.*, donner le sein à un enfant. *Child at the b.*, enfant *m* à la mamelle. **2.** Poitrine *f* (de personne, d'animal); poitrail *m* (de cheval). *Cu:* Blanc *m* (de volaille); avant-cœur *m* (de bœuf). *B. of a coat, of a shirt*, devant *m* d'un habit, d'une chemise. *To press s.o. to one's b.*, serrer qn sur son cœur. *He bared his b. to the sword*, il présenta son sein à l'épée. *Shot under the left b.*, atteint d'une balle au-dessous du sein gauche. *Deep in his b., he knew that . . .*, au fond du cœur il savait que. . . . *F:* **To make a clean breast of it,** tout avouer; faire des aveux complets; décharger sa conscience; *F:* manger le morceau. **To put up a good breast,** étaler ses décorations, *P:* sa batterie de cuisine. *Box:* **Breast-to-breast struggle,** corps-à-corps *m*. **3.** (*a*) *Metall:* Ventre *m* (de haut fourneau). (*b*) *See* CHIMNEY-BREAST. **4.** *Min:* Front *m* de taille, d'abattage.
'breast-band, *s.* *Harn:* Tablier *m*.
'breast-beam, *s.* *N.Arch:* Fronteau *m*.
'breast-'deep, *adv.* Jusqu'à la poitrine. *In the middle of the ford the water was b.-d.*, au milieu du gué l'eau nous vint à la poitrine, nous avions de l'eau jusqu'à la poitrine.
'breast-drill, *s.* *Tls:* Vilebrequin *m*, perceuse *f*, à engrenages; chignolle *f*; porte-foret *m* à conscience, *pl.* porte-forets.
'breast-exhauster, *s.* = BREAST-RELIEVER.
'breast-fed, *a.* (Enfant) élevé au sein.
'breast-harness, *s.* Bricole *f* (pour cheval).
'breast-'high, *adv.* **1.** Jusqu'à la poitrine, à hauteur de poitrine. **2.** A hauteur d'appui.
'breast-hook, *s.* *N.Arch:* Guirlande *f*.
'breast-line, *s.* *Mil.E:* Traversière *f*, amarre *f* (d'un pont de bateaux).
'breast-pan, *s.* *Metall:* Avant-creuset *m*.
'breast-pang, *s.* *F:* Angine *f* de poitrine; crampe *f* de poitrine.
'breast-pin, *s.* **1.** Épingle *f* de cravate. **2.** *U.S:* Broche *f* (de femme).
'breast-plate, *s.* **1.** (*a*) *Arm:* Plastron *m*; cuirasse *f*. (*b*) *Ecc:* Pectoral *m* (d'un grand-prêtre juif). **2.** *Tls:* Plastron conscience *f*, estomac *m* (de vilebrequin, etc.).
breast-'pocket, *s.* Poche *f* de poitrine. *Inside b.-p.*, poche à portefeuille; poche intérieure.
'breast-pump, *s.* *Med· etc:* Pompe *f* à sein; tire-lait *m inv*; téterelle *f*.
'breast-rail, *s.* *Nau:* Lisse *f* d'appui; lisse de fronteau.
'breast-reliever, *s.* *Med: etc:* Téterelle *f*, tire-lait *m*.
'breast-rope, *s* *Nau·* Sangle *f*; amarre *f* de travers.
'breast-strap, *s* *Harn:* Poitrail *m*.
'breast-stroke, -swimming, *s.* Brasse (française); brasse sur le ventre; nage *f* en grenouille.
'breast-wall, *s.* *Civ.E:* Mur *m* de soutènement. *Arch: Const:* Allège *f* (de fenêtre); mur à hauteur d'appui.
'breast-wheel, *s* *Hyd.E:* Roue *f* de côté.
breast[2], *v.tr* Affronter, faire front à, lutter contre (une tempête, un danger). *To b. a hill*, affronter, gravir, une colline. (*Of swimmer*) *To b. the waves*, fendre la lame. *See also* TAPE[1] 1
breastbone ['brestboun], *s.* *Anat:* Sternum *m* (d'une personne, d'un animal); bréchet *m*, brechet *m* (d'un oiseau).
-breasted ['brestid], *a.* (*With adj. prefixed, e,g.*) **Wide-, narrow-breasted,** à poitrine large, étroite. *See also* DOUBLE-BREASTED, SINGLE-BREASTED.

breastsummer ['brestsʌmər], *s.* *Const:* Poitrail *m*, sommier *m*; linteau *m* de baie.
breastwork ['brestwəːrk], *s.* Parapet *m*, garde-corps *m inv.* *Nau:* Fronteau *m* (de dunette); rambarde *f*.
breath [breθ], *s.* Haleine *f*, souffle *m*. *Deep expiration of b.*, ahan *m*. **To draw breath,** respirer. *Give me time to draw b.*, donnez-moi le temps de souffler. *To draw a deep, long, b.*, respirer profondément, longuement, à pleins poumons. **To draw one's last breath,** exhaler son dernier souffle; rendre le dernier soupir. *I will resist to my last b.*, je résisterai jusqu'à mon dernier souffle, jusqu'à mon dernier soupir. **With his dying breath,** *he made me promise . . .*, de sa voix agonisante il me fit promettre. . . . *To have a sweet b.*, avoir l'haleine douce. *To have a bad b.*, avoir mauvaise haleine; sentir de la bouche. *His b. was dreadful*, il nous infectait, nous empestait, de son haleine. **The breath of life,** le souffle vital; le souffle de la vie. *F:* *It is the very b. of life to me,* **the very breath of my nostrils,** cela m'est aussi précieux que la vie même. *Music is the b. of life to me*, la musique est une nécessité de mon existence. **All in the same breath, in one and the same breath, at a breath,** tout d'une haleine. *They are not to be mentioned in the same b.*, on ne saurait les comparer. **To hold one's breath,** retenir son souffle. **To gasp for breath,** haleter, anhéler. **He caught his breath,** il eut un hoquet d'étouffement, de surprise; il eut un sursaut; la respiration lui manqua. **To lose one's breath,** perdre haleine. **To get one's second breath,** retrouver son haleine. *To lose one's b. in dragging sth.*, s'essouffler à traîner qch. **To waste one's breath,** perdre son temps en discours inutiles; perdre ses paroles; *P:* perdre sa salive. *I am wasting my b.*, c'est comme si je chantais. *It is a waste of b. to . . .*, c'est peine perdue que de. . . . **Keep your breath to cool your porridge,** mêlez-vous de ce qui vous regarde; nous n'avons que faire de votre avis. **To be short of breath,** (i) avoir l'haleine courte; (ii) être essoufflé; anhéler; avoir la respiration coupée. *Shortness of b.*, peine *f* à respirer; essoufflement *m*, manque *m* d'haleine; anhélation *f*. *I find it very hard to get my b.*, j'ai de la difficulté à respirer. *Our b. was beginning to fail*, la respiration commençait à nous manquer. **Out of breath,** hors d'haleine, à bout de souffle; essoufflé, *F:* époufflé. *To get out of b.*, perdre haleine. *To put s.o. out of b.*, faire perdre haleine à qn. *To run till one is out of b., to run oneself out of b.*, courir à perdre haleine. *To talk oneself out of b.*, s'essouffler à force de parler. **I shook the breath out of him,** je le secouai à lui faire perdre haleine. **To take s.o.'s breath away,** couper la respiration, le souffle, à qn; ébahir, suffoquer, interloquer, qn; *P:* couper le sifflet à qn. *It quite takes my b. away*, cela me coupe la respiration; je n'en reviens pas. **To take breath; to get, recover, one's breath,** souffler; reprendre haleine. *F:* *When I had got my b. back . . .*, quand je fus remis (de cette surprise, etc.). . . . **To speak below, under, one's breath,** parler d'une voix très basse, à (de)mi-voix, à voix basse. *To swear under one's b.*, jurer en sourdine; *F:* pester entre cuir et chair. **The first breath of spring,** les premiers effluves du printemps. **There is not a breath of wind, of air,** il n'y a pas un souffle de vent, d'air; *F:* il n'y a pas un brin d'air. *B. of stale tobacco*, relent *m* de tabac. *Not a b. of suspicion attaches to him*, (i) il est au-dessus de tout soupçon; (ii) personne ne le soupçonne. *See also* AIR[1] I. 1, BATE[1].
breath-consonant, *s.* *Ling:* Consonne soufflante.
breathable ['briːðəbl], *a.* Respirable.
breathableness ['briːðəblnəs], *s.* Respirabilité *f*.
breathe [briːð]. I. *v.i.* (*a*) Respirer, souffler. *To b. hard*, (i) souffler, haleter; respirer avec peine; (ii) souffler fort, souffler à pleins poumons. *To b. heavily*, (i) respirer bruyamment, (ii) respirer péniblement, (*with exertion*) ahaner. *To b. with difficulty*, avoir la respiration difficile; avoir (de la) peine à respirer; anhéler. *I can hardly b.*, j'ai le cœur qui m'étouffe. *To b. again, freely*, respirer de nouveau, librement. *Is that all? I breathed again*, n'est-ce que cela? je respirai. *All that breathes*, tout ce qui respire. **The best man that ever breathed,** le meilleur homme qui ait jamais vécu. *To b. on one's fingers*, souffler dans ses doigts. *To b. upon a mirror*, souffler sur une glace. *Lit:* *His honour had been breathed upon*, son honneur était terni. *Lit. & Hum:* *To b. into a wind instrument*, souffler dans un instrument à vent. (*b*) (*Of voice, instrument, wind*) Soupirer, souffler doucement. (*c*) *The spirit that breathes through his work*, l'esprit qui anime ses œuvres.
II. **breathe,** *v.tr.* **1.** Respirer (l'air). **To breathe in, breathe out, the air,** aspirer, exhaler, l'air. *To b. in the pure air*, humer, aspirer, l'air pur. *To b. air into sth.*, insuffler de l'air dans qch. **2. To breathe courage into s.o.,** inspirer du courage à qn. *To b. new life into s.o., into a conversation*, ranimer qn, une conversation. **3.** (*a*) **To breathe a sigh,** exhaler, laisser échapper, un soupir. *He breathed a sigh of relief*, il poussa un soupir de soulagement. *To b. a prayer*, murmurer une prière. **To breathe one's last,** exhaler son dernier souffle; rendre le dernier soupir; rendre l'âme. *I was with him when he breathed his last*, c'est moi qui ai reçu son dernier soupir. *He was already breathing his last*, il était déjà agonisant. **Don't breathe a word of it!** n'en soufflez (pas un) mot! (*b*) **To breathe forth, breathe out, threats,** s'exhaler en menaces; proférer des menaces. *To b. out vengeance*, respirer la vengeance. (*Of a flower*) *To b. forth perfume*, exhaler un parfum. (*c*) *To b. simplicity, health, etc.*, respirer la simplicité, la santé, etc. (*d*) *Ling:* Aspirer (un son). *The h is breathed in German*, l'h est aspirée en allemand. **4.** Laisser souffler (un cheval). **5.** *A:* Mettre (qn) hors d'haleine.
breathed, *a.* *Ling:* **1.** (*Of consonant*) Sourd, fort. **2.** (*Of vowel*) Aspirée.
breathing[1], *a.* (*Of picture, statue*) Vivant, qui respire.
breathing[2], *s* **1.** (*Of pers*) Respiration *f*; souffle *m*; (*of wind*) souffle. *Heavy b.* (i) respiration bruyante; (ii) respiration pénible; oppression *f*. **Breathing helmet,** casque *m* respiratoire (de pompier, etc.). *Min: etc:* *B. apparatus*, appareil *m* respiratoire. *Oxygen b.*

apparatus, inhalateur *m* d'oxygène. **2.** *Ling:* (*a*) Aspiration *f* (d'un son). (*b*) *Gr.Gram:* **Rough, smooth, breathing,** esprit rude, doux.

'breathing-hole, *s.* **1.** Soupirail *m.* **2.** Trou *m* de fausset (d'un fût).

'breathing-space, *s.* **1.** Le temps de souffler, de respirer; répit *m*, relâche *f*; intervalle *m* de repos. **2.** Place *f*, espace *m*, pour respirer.

'breathing-time, -spell, *s.* = BREATHING-SPACE 1.

breather ['briːðər], *s.* **1.** *F:* Moment *m* de repos (pour souffler). *To give s.o. a b.*, laisser souffler qn; laisser un moment de répit à qn. *To give a horse a b.*, faire souffler un cheval. **To go for a breather,** aller respirer un peu d'air; sortir prendre l'air, un brin d'air. **2.** *I.C.E:* **Breather(-pipe)** (*of crank case*), renifleur *m*, reniflard *m*, évent *m*; tuyau *m* d'aspiration.

breathless ['breθləs], *a.* **1.** (*a*) (*After exertion*) Hors d'haleine, essoufflé, haletant, époumoné, *F:* époufflé. *B. with running*, hors d'haleine, essoufflé, d'avoir couru. *B. chase*, poursuite *f* à perte d'haleine. *In b. haste*, en toute hâte. *B. style*, style échevelé. (*b*) *B. patient*, malade oppressé, qui a de la peine à respirer. **2. Breathless suspense,** attente fiévreuse. *To wait in b. suspense*, attendre en retenant son haleine. (*Of book, etc.*) **To hold s.o. breathless,** tenir qn en haleine, en suspens. **3.** (*a*) **Breathless evening,** soirée *f* sans un souffle de vent. (*b*) *A. & Lit:* (*Of pers.*) Inanimé; mort. **-ly,** *adv.* **1.** En haletant. *To run b. after s.o.*, courir à perte d'haleine après qn. **2.** (Attendre, écouter) en retenant son haleine.

breathlessness ['breθləsnəs], *s.* Essoufflement *m*; respiration essoufflée; (*of patient*) manque *m* de souffle; oppression *f*.

breathy ['breθi], *a.* *Mus:* (Voix) qui manque d'attaque.

breccia ['bretʃ(i)a], *s.* *Geol:* (*Rock*) Brèche *f*. **Breccia marble,** marbre *m* brèche.

brecciation [bretʃi'eiʃ(ə)n], *s.* *Geol:* Structure anguleuse (du roc).

bred [bred]. *See* BREED[2].

breech[1] [briːtʃ], *s.* **1.** *A:* Le derrière; le cul. *See also* WOOL 1. **2.** (*a*) (**Pair of**) **breeches** ['britʃiz], culotte *f*. *To put a child into breeches*, mettre un enfant en culotte. *See also* KNEE-BREECHES, RIDING-BREECHES. (*b*) *F:* Pantalon *m*, *F:* culotte. *F:* (*Of wife*) **To wear the breeches,** porter la culotte; *A:* porter les chausses. *Th:* **Breeches part,** rôle d'homme (joué par une femme); (rôle) travesti *m.* **3.** *Artil:* *Sm.a:* Culasse *f*, tonnerre *m.* **Breech action,** mécanisme *m* de culasse.

'breech-band, *s.* *Harn:* = BREECHING 1 (*a*).

'breech-block, *s.* *Artil:* Bloc *m* de culasse.

'breech-bolt, *s.* *Sm.a:* Verrou *m* (de fusil).

'breech-cloth, -clout, *s.* *Anthr:* Bande-culotte *f*, *pl.* bandes-culottes.

'breeches-buoy, *s.* *Nau:* Bouée *f* culotte.

'breeches-pipe, *s.* *Hyd.E:* *etc:* Raccord *m* en Y; culotte *f*.

'breech-loader, *s.* *Artil:* *Sm.a:* Fusil *m*, pièce *f*, se chargeant par la culasse. *Hinged b.-l.*, fusil à bascule.

'breech-loading. **1.** *s.* Chargement *m* (d'une pièce, d'un fusil) par la culasse. **2.** *a.* *B.-l. rifle*, fusil *m* se chargeant par la culasse.

'breech-plug, *s.* *Artil:* Obturateur *m.*

'breech-screw, *s.* *Artil:* Vis *f* (de) culasse.

breech[2], *v.tr.* **1.** *F:* *A:* Mettre (un enfant) en culotte. **2. To breech a gun, a rifle,** enculasser un canon, un fusil.

breeching, *s.* **1.** (*a*) *Harn:* Avaloire *f*; (courroie *f* de) reculement *m.* (*b*) *Artil:* Accul *m* (de canon). **2.** *Nau:* Brague *f* (de canon). **3.** *Tex:* (*Of wool*) Écouailles *fpl.*

'breeching-hook, *s.* *Veh:* Ragot *m.*

breechless ['briːtʃləs], *a.* Sans culotte.

breed[1] [briːd], *s.* (*a*) Race *f* (d'hommes, d'animaux). *See also* CROSS-BREED[1], HALF-BREED. (*b*) (*Of pers.*) *He belongs to a good b.*, il est de bonne lignée. *Prov:* **Breed will tell,** bon sang ne peut mentir. (*c*) *Pej:* *People of your b.*, des gens de votre sorte, de votre espèce.

breed[2], *v.* (**bred; bred**) I. *v.tr.* **1.** (*a*) Produire, engendrer, procréer (des enfants, des petits). (*b*) Faire naître. *Dirt breeds disease*, la malpropreté donne naissance aux maladies, engendre, occasionne, des maladies. *Misunderstandings that b. war*, malentendus semence *f* de guerre. *Environment that breeds crime*, ambiance génératrice de crime. *See also* FAMILIARITY 1. **2.** (*a*) Élever (du bétail, des lapins, etc.). *Abs.* Faire de l'élevage. (*b*) *Husb:* **To breed in (stock),** faire des accouplements consanguins. (*c*) *F:* *In his case it was bred in the bone*, chez lui cela tient de famille. *Prov:* **What's bred in the bone will come out in the flesh,** (i) bon chien chasse de race; (ii) chassez le naturel, il revient au galop; la caque sent toujours le hareng. (*d*) **He was bred (up) to the law,** il fut destiné au barreau. *He had not been bred to the law*, il n'avait pas fait d'études de droit. *He had been bred a sailor*, il avait été élevé pour faire un marin; il avait reçu une éducation de marin. **3.** *To b. a ram to a ewe*, accoupler un bélier à une brebis.

II. **breed,** *v.i.* (*a*) (*Of animals, people*) Multiplier; se reproduire. **To breed in (and in),** se reproduire par mariages ou accouplements consanguins. (*b*) *F:* (*Of opinions, etc.*) Se propager; *F:* vibrionner.

bred, *a.* Élevé. *Country-bred*, élevé à la campagne. *See also* BORN 2, CLEAN-BRED, CROSS-BRED, HALF-BRED, HIGH-BRED, HOME-BRED, ILL-BRED, LAND-BRED, PURE-BRED, THOROUGHBRED, TRUE-BRED, WELL-BRED.

breeding, *s.* **1.** (*a*) Reproduction *f*, multiplication *f* (des êtres). **Breeding in (and in),** (i) mariages consanguins; endogamie *f*; (ii) *Husb:* accouplements consanguins. **Breeding out (and out),** exogamie *f*. (*b*) Élevage *m* (d'animaux domestiques, etc.). *Animal kept for b. purposes*, (animal) reproducteur *m.* **Breeding stock,** animaux élevés en vue de la reproduction. *He goes in for b.*, il fait de l'élevage. **Sheep breeding,** élevage des moutons. **Silkworm breeding,** éducation *f* des vers à soie. *See also* CROSS-BREEDING. **2.** (*a*) Éducation (d'un enfant, etc.). (*b*) **(Good) breeding,** bonne éducation, bonnes manières; savoir-vivre *m*; l'usage du monde. *To lack b.*, manquer d'usage. *To fail in good b.*, manquer aux bienséances, aux convenances. **Ill breeding,** manque *m* d'éducation; mauvais ton, mauvais genre, mauvaises manières; manque de politesse; manque de savoir-vivre, d'usage. (*c*) **His breeding does tell!** comme on sent la race chez lui!

'breeding-cage, -coop, *s.* *Husb:* Nichoir *m.*

'breeding-ground, -place, *s.* Endroit fréquenté par certains animaux, oiseaux, poissons, à l'époque de la reproduction.

'breeding-pond, -pool, *s.* *Pisc:* Alevinier *m*, forcière *f*.

'breeding-season, *s.* (*Of birds*) Couvaison *f*; (*of domestic animals*) monte *f*.

breeder ['briːdər], *s.* **1.** Reproducteur *m*; générateur, -trice. *Good b.*, (poule) bonne pondeuse; (jument) bonne poulinière. *F:* **Pride is the breeder of many ills,** l'orgueil engendre bien des maux. **2.** Éleveur *m* (d'animaux). *B. of fowls*, aviculteur *m.* *See also* SILKWORM.

breeks [briːks], *s.pl.* *F:* (*In Scot.*) = *breeches, q.v. under* BREECH[1] 2. **You can't take the breeks off a Highlander,** on ne peut pas peigner un diable qui n'a pas de cheveux; où il n'y a rien le roi perd ses droits. (Les *Highlanders* portent ou portaient le *kilt.*)

breeze[1] [briːz], *s.* *Ent:* **Breeze(-fly),** taon *m.*

breeze[2], *s.* **1.** Vent assez fort; (forte) brise. **Land breeze,** brise de terre; terral *m*; vent d'amont. **Sea breeze,** brise de mer, du large; vent d'aval. *Nau:* *Strong b.*, *stiff b.*, vent frais, grosse brise. *Commanding b.*, brise maniable. *Moderate b.*, petite brise, jolie brise. *Fresh b.*, bonne brise. *The slightest b.*, le moindre souffle (de vent, des vents). **2.** *F:* Scène *f*, fracas *m*, altercation *f*, querelle *f*; *esp.* scène de ménage. *There was a bit of a b. when he came home*, elle lui a fait une belle scène, il y a eu du grabuge, quand il est rentré.

breeze[3], *v.i.* **1.** *P:* Se vanter; faire le mariol. **2.** *Nau:* (*Of wind*) **To breeze up,** fraîchir. **3.** *U.S:* *P:* (*a*) S'en aller. **To breeze in, out,** entrer, sortir, en coup de vent. (*b*) Tromper, abuser (qn).

breeze[4], *s.* (*Coal cinders*) Braise *f* de houille; charbonnaille *f*; fraisil *m*, poussier *m*; menu, petit, coke.

breezily ['briːzili], *adv.* *See* BREEZY.

breeziness ['briːzinəs], *s.* *F:* Cordialité bruyante; jovialité *f* (d'une personne, de manières); largeur *f* de touche (du style); verve *f* (d'un discours).

breezy ['briːzi], *a.* **1.** (*a*) Venteux. *B. downs*, dunes exposées au vent, balayées par le vent. (*b*) *F:* *B. meeting*, réunion houleuse. **2.** *F:* (*a*) (*Of pers., manners*) Jovial; franc, *f.* franche; dégagé; désinvolte; (*of speech*) plein de verve. *B. welcome*, accueil cordial (et bruyant). (*b*) (*Of pers.*) Colérique. **-ily,** *adv.* **1.** *The morning broke b.*, la journée s'annonça venteuse. **2.** *F:* Avec jovialité; avec une cordialité bruyante; avec désinvolture.

brekker ['brekər], *s.* *Sch:* *P:* (= *breakfast*) Petit déjeuner.

Bremen ['bremən]. *Pr.n.* *Geog:* Brême.

brent-goose ['brentguːs], *s.* *Orn:* Bernache *f* cravant; barnache *f*; cravant *m*; cane *f* de mer à collier blanc.

brentid ['brentid], *s.* *Ent:* Brent(h)e *m.*

brer ['brɛər], *s.* *U.S:* *F:* (= *brother*) (En parler nègre) **Brer Fox,** compère le Renard. **Brer Rabbit,** Jean Lapin. **Brer Terrapin,** frère Terrapin.

bressummer ['bresʌmər]. = BREASTSUMMER.

brethren ['breðrən], *s.pl.* *See* BROTHER.

Breton ['bretən]. **1.** *a.* & *s.* *Ethn:* *Geog:* Breton, -onne. *Lit:* **The Breton cycle,** le Cycle breton, armoricain. *Wr:* **Breton fall,** saut *m* de Breton. **2.** *s.* *Ling:* Le breton.

breve [briːv], *s.* **1.** *Hist:* Bref *m* (du pape). **2.** *Pros:* Brève *f.* **3.** *Mus:* *A:* (*In plainsong*) Brève, carrée *f*. *See also* REST[1] 2.

brevet[1] ['brevet], *s.* *Mil:* Brevet *m.* *B. promotion*, avancement *m* à brevet; avancement au grade supérieur sans droits à la solde correspondante. *B. officer*, officier breveté. **Brevet rank,** grade *m* honoraire; p. ex. grade de commandant avec solde de capitaine.

brevet[2], *v.tr.* *Mil:* Délivrer un brevet à (un officier); donner de l'avancement à (un officier) sans augmentation de solde.

brevi- [brevi], *comb.fm.* Brévi-. *Brevifoliate*, brévifolié. *Brevipennate*, brévipenne.

breviary ['briːviəri], *s.* *Ecc:* Bréviaire *m.* *F:* **Matter of breviary,** question *f* qui n'admet pas de doute.

brevicaudate [brevi'kɔːdeit], *a.* *Z:* Brévicaude.

brevier [bre'viːər], *s.* *Typ:* Gaillarde *f*; corps 8 *m.*

breviped ['breviped], *a.* *Z:* Brévipède.

brevipennate [brevi'penet], *a.* *Orn:* Brévipenne.

brevirostrate [brevi'rɔstret], *a.* *Orn:* Brévirostre.

brevity ['breviti], *s.* Brièveté *f.* **1.** Concision *f* (de style); laconisme *m* (d'expression). *For b.'s sake*, pour abréger; pour plus de brièveté. *Prov:* **Brevity is the soul of wit,** l'esprit réside dans la concision. **2.** Courte durée (de la vie, etc.).

brew[1] [bruː], *s.* **1.** (*a*) Brassage *m* (de la bière). (*b*) Brassin *m*, cuvée *f.* **2.** Infusion *f* (de thé); tisane *f* (de plantes). *See also* HOME-BREW.

brew[2]. **1.** *v.tr.* (*a*) Brasser (de la bière). *See also* HOME-BREWED. (*b*) *Abs.* Brasser; faire de la bière. *See also* DRINK[2] 1. (*c*) **To brew tea,** faire infuser du thé; préparer du thé. *To b. a bowl of punch*, mêler, préparer, un bol de punch. (*d*) *F:* **To brew mischief,** tramer une méchanceté, un méfait; fomenter la discorde. **2.** *v.i.* (*a*) (*Of tea, etc.*) S'infuser. (*b*) *F:* **There is a storm brewing, a storm is brewing,** (i) un orage couve, s'amoncelle, s'amasse, se prépare, s'apprête; il va faire de l'orage; la tempête menace; (ii) *F:* c'est un bain qui chauffe. *A plot is brewing*, un complot se trame, *F:* se mitonne, se mijote. **There is something brewing,** il y a quelque chose dans l'air; il se mijote quelque chose. *There's trouble brewing between them*, les cartes se brouillent.

brewing, *s.* = BREW[1] 1 (*a*) & (*b*).

brewer ['bruər], *s.* Brasseur *m.*

brewery ['bruəri], *s.* Brasserie *f.*

brewster ['bru:stər], *s.* **1.** *A:* = BREWER. **2.** *Jur:* **Brewster Sessions,** session *f* judiciaire pour l'octroi des licences de cabaretier.

briar[1] ['braiər], *s.* (*a*) *Bot:* **Wild briar,** églantier commun, buisson épineux; rosier *m* sauvage. **Sweet briar,** églantier odorant. (*b*) *F:* **Briars,** ronces *f.*

'briar-rose, *s.* *Bot:* Églantine *f.*

briar[2], *s.* = BRIER[1].

Briareus [brai'ɛəriəs]. *Pr.n.m. Gr.Myth:* Briarée.

bribable ['braibəbl], *a.* Corruptible; qui se laisse corrompre.

bribe[1] [braib], *s.* Payement *m* illicite; présent (destiné à corrompre), *F:* pot-de-vin *m*, *pl.* pots-de-vin. *To take a b., bribes,* se laisser corrompre. *Handing out of bribes, F:* arrosage *m*; graissage *m* de pattes.

bribe[2], *v.tr.* Corrompre, acheter, gagner, soudoyer; *F:* graisser la patte à (qn). *To b. a witness,* suborner, séduire, un témoin. *To b. s.o. to silence,* acheter le silence de qn.

bribing, *s.* Corruption *f*; subornation *f* (de témoins).

briber ['braibər], *s.* Corrupteur, -trice; suborneur *m.*

bribery ['braibəri], *s.* Corruption *f.* **Open to bribery,** corruptible. *Not open to b.,* incorruptible.

bric-a-brac ['brikəbræk], *s.* (*No pl.*) Bric-à-brac *m.*

brick[1] [brik], *s.* **1.** (*a*) Brique *f.* *Air-dried b.,* brique crue. *Burnt b.,* brique cuite. *Glazed b.,* brique vernissée. *See also* CLAMP[3], FIRE-BRICK, SCOURING-BRICK. **Brick house,** maison *f* de briques, en briques. *See also* PARTITION[1]. *F:* **I can't make bricks without straw,** je ne peux pas faire un miracle. **To drop a brick,** faire une boulette, une bourde, une gaffe; commettre un impair, une énormité; gaffer lourdement. *See also* CAT[1], COME DOWN, END[1] I (*a*), WALL[1]. (*b*) (*Toy*) **Box of bricks,** jeu *m* de construction; boîte *f* de constructions. **2.** *F:* **He's a brick!** c'est un chic type, *P:* un frère. *Be a b.!* soyez chic! *You are a brick!* c'est rudement chic de ta part! **3.** Bloc *m* (de thé, etc.); pain *m* (de savon, etc.).

'brick-clamp, *s.* *Brickm:* Four *m* de campagne.

'brick-clay, *s.* Argile *f*, terre *f*, à briques.

'brick-dust, *s.* Poussière *f* de brique.

'brick-field, *s.* Briqueterie *f.*

'brick-kiln, *s.* Four *m* à briques.

brick-'red, *a.* Rouge brique *inv.*

'brick-setter, *s.* = BRICKLAYER.

'brick-'tea, *s.* Thé *m* en bloc.

'brick-yard, *s.* = BRICK-FIELD.

brick[2], *v.tr.* Briqueter; garnir (qch.) en briques. **To brick over a gateway,** voûter une porte en briques. **To brick up a window,** murer, maçonner, une fenêtre.

brickbat ['brikbæt], *s.* Fragment *m* de brique; briquaillon *m*; briqueton *m.* **To shy brickbats at s.o.,** (i) lancer des morceaux *m* de brique à qn; (ii) *F:* décocher des traits à l'adresse de qn; lapider qn (dans la presse, etc.).

bricklayer ['brikleiər], *s.* Maçon *m* en briques; briqueteur *m.* *See also* ITCH[1] 2.

bricklaying ['brikleiiŋ], *s.* Maçonnerie *f* en briques; briquetage *m.*

brickmaker ['brikmeikər], *s.* Briquetier *m.*

brickmaking ['brikmeikiŋ], *s.* Briqueterie *f*; fabrication *f* des briques. *B. machine,* machine *f* à mouler les briques.

brickwork ['brikwə:rk], *s.* Briquetage *m*; maçonnerie *f* de brique. *Hollow b.,* hourdis *m*, hourdage *m.*

bricole ['brik(ə)l, bri'koul], *s.* **1.** *Ten: Bill:* Bricole *f.* **2.** *A:* (*Man-harness*) Bricole.

bridal ['braid(ə)l]. **1.** *s. Poet:* Noce(s) *f*; fête nuptiale. **2.** *a.* Nuptial, de noce(s). **Bridal wreath,** couronne *f* de mariée.

bride[1] [bra:id], *s.f.* **1.** Future, fiancée (sur le point de se marier). **2.** Épousée; (nouvelle) mariée. **The bride and bridegroom,** (i) les futurs conjoints, (ii) les nouveaux mariés. **The bride of Christ,** l'épouse de Jésus-Christ.

'bride-cake, 'bride's-cake, *s.* = WEDDING-CAKE.

bride[2], *s.* *Needlew: Surg:* Bride *f.*

Bride[3]. *Pr.n.f.* *A:* Brigitte.

bridegroom ['braidgrum], *s.m.* **1.** Futur, prétendu (sur le point de se marier). **2.** (Nouveau) marié. *See also* BRIDE[1].

bridesmaid ['braidzmeid], *s.f.* Demoiselle d'honneur (de la mariée).

bridesman, *pl.* **-men** ['braidzmən, -men], *s.m.* Garçon d'honneur (à une noce).

bridewell ['braidwel], *s.* Maison *f* d'arrêt, de correction; maison de force. (En premier lieu hospice de St Bride's Well.)

bridge[1] [bridʒ], *s.* **1.** Pont *m.* **Waterloo Bridge,** le pont de Waterloo (à Londres). *To throw a b. over or across a river,* jeter un pont sur un fleuve. **Bridge of boats,** pont de bateaux. *Stone b.,* pont en pierre. **Foot-bridge,** passerelle *f*; pont pour piétons. **Swing-bridge, swivel-bridge, pivot-bridge, turn-bridge,** pont tournant, pivotant. **Suspension-bridge,** pont suspendu. **Travelling bridge,** pont roulant. **Crane-bridge,** pont tournant à un bras. **Loading bridge,** pont de chargement. *See also* ASS[1] 2, CANTILEVER, COUNTERPOISE[1], DRAWBRIDGE, GIRDER-BRIDGE, OVER-BRIDGE, PONTOON-BRIDGE, SIGH[1], TENSION-BRIDGE, TRAIL-BRIDGE, TUBULAR, WEIGH-BRIDGE. **2.** *Nau:* (*a*) Passerelle (de commandement). **Fore bridge,** passerelle de commandement. **After bridge,** passerelle arrière. *Fore-and-aft b.,* passerelle volante. *Navy: Admiral's b.,* passerelle de majorité, de l'amiral. (*b*) (*From ship to shore*) **Ladder bridge,** passerelle à taquets. *See also* FLYING-BRIDGE. **3.** *El:* (*a*) **Measuring-bridge,** pont de mesure. *Slide-wire measuring-b.,* pont de mesure à fil. **Wheatstone's bridge,** pont de Wheatstone; parallélogramme *m* de Wheatstone. **Induction bridge,** balance *f* d'induction. (*b*) **Bridge-piece,** pont polaire (d'accus). *See also* CONNECTION 7. **4.** Dos *m*, arête *f* (du nez); chevalet *m* (d'un violon); arcade *f* (d'une paire de lunettes); autel *m* (d'une chaudière). *Mus:* *To play near the b.* (*of violin*), jouer sur le chevalet. **5.** *Dent:* Bridge *m.* **Bridge-work,** bridge-work *m.*

'bridge-building, *s.* Pontage *m*; construction *f* de ponts.

'bridge-head, *s.* *Mil:* Tête *f* de pont.

'bridge-house, *s.* *Nau:* Roufle central; roufle-passerelle *m.*

bridge-'ladder, *s.* *Nau:* Échelle *f* de passerelle.

'bridge-train, *s.* *Mil:* (i) Train *m* de pontons; (ii) corps *m* des pontonniers.

bridge[2], *v.tr.* **To bridge (over) a river,** jeter, construire, un pont sur un fleuve; (*with pontoons*) ponter un fleuve. *A plank bridges the stream,* une planche sert à passer le ruisseau. *F:* **To bridge a gap,** relier les bords d'une brèche; combler une lacune. *That will b. over the difficulty,* cela nous aidera à surmonter la difficulté.

bridged, *a.* **1.** (*a*) Muni, pourvu, d'un pont, de ponts. (*b*) *Nau:* Pourvu d'une passerelle. **2.** (*With adj. or adv. prefixed, e.g.*) **High-bridged nose,** nez arqué, busqué.

bridging, *s.* **1.** Construction *f* d'un pont (sur un fleuve); pontage *m.* **Bridging party,** équipe *f* de pontonniers. **2.** *B. of a gap,* comblement *m* d'une lacune. *Cin:* **Bridging title,** titre *m* de liaison.

'bridging-piece, *s.* *Const:* Traversière *f.*

bridge[3], *s.* *Cards:* Bridge *m.* *Game of b.,* (partie *f* de) bridge. **Auction bridge,** bridge aux enchères. **Contract bridge,** bridge contrat, (bridge) plafond *m.* *To play b.,* jouer au bridge; *F:* bridger. *What about a game of b.?* si on faisait un bridge? **Bridge player,** bridgeur, -euse. **Bridge-fiend,** fanatique *mf* du bridge. **Bridge-marker,** carnet-bloc *m* (de bridge), *pl.* carnets-blocs. **Bridge-party,** (i) soirée *f* de bridge; (ii) réunion *f* de bridge (p. ex. l'après-midi).

bridgeless ['bridʒləs], *a.* (*a*) (Fleuve *m*) sans pont. (*b*) (Abîme *m*) infranchissable. (*c*) *Almost b. nose,* nez *m* dont l'arête existe à peine.

Bridget ['bridʒet]. *Pr.n.f.* Brigitte.

bridle[1] [braidl], *s.* **1.** (*a*) *Harn:* Bride *f.* **To give a horse the bridle,** lâcher, rendre, la bride à un cheval. *See also* SNAFFLE-BRIDLE. (*b*) *F:* Frein *m.* *To put a b. on one's passions,* mettre un frein à ses passions. *See also* TONGUE[1] 1. **2.** *Nau:* Branche *f.* *See also* MOORING-BRIDLE. **3.** *Physiol:* Frein *m*, filet *m* (de la langue, etc.). **4.** *Mec.E:* Bride (de ressort).

'bridle-bit, *s.* *Harn:* Mors *m* de bride.

'bridle-path, *s.* Sentier *m* pour cavaliers; piste cavalière; route muletière; chemin *m* chevauchable.

'bridle-road, *s.* Route cavalière; chemin chevauchable.

'bridle-wise, *a.* *U.S:* (Cheval *m*) sensible aux rênes.

bridle[2]. **1.** *v.tr.* (*a*) Brider, rêner (un cheval). (*b*) Maîtriser, brider, mettre un frein à, refréner (ses passions). *See also* TONGUE[1] 1. **2.** *v.i.* **To bridle (up),** (i) redresser la tête; se rengorger; (ii) se rebiffer; prendre la mouche.

bridle in, *v.tr.* Contenir, arrêter (un cheval, etc.).

bridoon [bri'du:n], *s.* *Harn:* Bridon *m.*

brief[1] [bri:f], *a.* Bref, *f.* brève; court. *B. speech,* discours bref, succinct, concis, de courte durée. *B. account,* exposé *m* sommaire. *For a b. period,* pendant quelque temps. *B. interval,* court intervalle. *B. sojourn,* séjour passager, de peu de durée. **In brief,** en raccourci, en résumé. **To be brief . . .,** pour vous dire la chose en deux mots . . .; bref. . . . **-ly,** *adv.* Brièvement, en peu de mots, en quelques mots; en raccourci.

brief[2], *s.* **1.** *Ecc:* Bref *m.* **Apostolic brief,** bref apostolique, bref du pape. **2.** Abrégé *m*, résumé *m*, exposé *m.* (*a*) *Jur:* Dossier *m* (d'une procédure). **To hold a brief,** être chargé d'une cause. *To hold a b. for s.o.,* représenter qn en justice. **To hold a watching brief for s.o.,** veiller (en justice) aux intérêts de qn. *F:* *I wouldn't accept a b. on his behalf,* je ne voudrais pas me porter garant de son intégrité, de son innocence. *I don't hold any b. for him,* je suis tout à fait neutre; ce n'est pas mon affaire de plaider sa cause, de le défendre. (*b*) *Jur:* *U.S:* Conclusions (présentées à la cour avant l'audience).

'brief-bag, *s.* Sac rond (en cuir) dit 'City.'

'brief-paper, *s.* Papier *m* tellière; papier ministre.

brief[3], *v.tr.* **1.** **To brief a case,** faire le résumé, l'exposé, d'une affaire; rédiger, établir, le dossier d'une affaire. **2.** *To b. instructions to a barrister;* **to brief a barrister,** *F:* **a lawyer,** confier une cause à un avocat; constituer un avoué.

briefing, *s.* **1.** *B. of a case,* constitution *f* du dossier d'une affaire. **2.** *B. of a lawyer,* constitution d'avoué.

briefless ['bri:fləs], *a.* (Avocat *m*) sans cause.

briefness ['bri:fnəs], *s.* Brièveté *f*; concision *f.*

brier[1] ['braiər], *s.* **1.** *Bot:* (*White heath*) Bruyère (arborescente). **2.** **Brier (pipe),** pipe *f* de, en, bruyère.

'brier-root, *s.* Racine *f* de bruyère.

brier[2], *s.* = BRIAR[1].

brig[1] [brig], *s.* *Nau:* Brick *m.*

brig[2], *s.* *Scot:* (= *bridge*) Pont *m.*

brigade[1] [bri'geid], *s.* **1.** *Mil:* (*a*) Brigade *f* de cavalerie (de deux régiments). (*b*) Brigade d'artillerie (de quatre batteries). (*c*) *B. of all arms,* brigade mixte. *F:* **One of the old brigade,** un vieux de la vieille; (*of woman*) une vieille garde. **2.** Corps organisé (pour un service public, etc.). *See esp.* FIRE-BRIGADE. **The Boys' Brigade,** œuvre *f* de patronage scolaire (fondée à Glasgow en 1883).

brigade[2], *v.tr.* *Mil:* Embrigader (des régiments); verser (une batterie, etc.) dans une brigade. *To be brigaded with s.o.,* être en brigade avec qn.

brigadier [brigə'di:ər], *s.* *Mil:* Général *m* de brigade.

'brigadier general, *s.* *A:* = BRIGADIER.

brigand ['brigənd], *s.* Brigand *m*, bandit *m*; *A:* malandrin *m.*

brigandage ['brigəndedʒ], **brigandism** ['brigəndizm], *s.* Brigandage *m.* **Act of brigandage,** briganderie *f.*

brigantine ['briganti:n], *s.* *Nau:* Brigantin *m*; brick-goélette *m.*

Brighamite ['brigəmait], *s.* *Rel.Hist:* Sectateur, -trice, de Brigham Young; mormon *m.*

bright[1] [brait], *a.* **1.** Lumineux, -euse. (*a*) (*Of star, metal, gem, etc.*) Brillant; (*of sun*) éclatant. *B. fire,* feu clair, vif. *B. light,* lumière vive. *The sun shines b.,* le soleil brille dans tout son éclat, de son plus vif éclat. *B. eyes,* yeux brillants, lumineux. *B. steel,* acier poli.

B. parts, works (*of machine, etc.*), parties polies, usinées, blanchies. *Needlew:* **Bright silk thread,** fil brillanté. *F:* **As bright as a button, as a sixpence,** brillant comme un sou neuf. (*b*) (*Of day, weather, etc.*) Clair. **Rainy weather with bright intervals,** temps pluvieux avec éclaircies. **To become brighter,** s'éclaircir. *B. room,* chambre claire. *The room was b. with fire-light,* un feu clair égayait la salle. (*c*) (*Of colour*) Vif, éclatant. **Bright red,** rouge vif. *Picture-books full of b. colours,* albums *m* aux vives couleurs. (*d*) **Bright example,** exemple glorieux. *B. future,* avenir brillant; avenir qui promet. *Brighter days,* des jours plus heureux. **To see the bright side of things,** voir tout en beau, en rose; prendre les choses par le bon côté; voir tout du beau côté. *See also* HONOUR[1] 3, SIDE[1] 3. **2.** (*a*) (*Vivacious*) Vif, animé, sémillant. *To be witty, or at any rate b.,* avoir de l'esprit, ou tout au moins de l'allant. *F:* **The bright young people, young things,** la jeunesse qui s'amuse; les jeunes gens à la page, modernes. (*Of girl*) *B. young thing,* snobinette *f*. *See also* EARLY II, MERRY[2] I. (*b*) *F:* (*Quick-witted*) **Bright lad,** garçon éveillé, intelligent, bien doué, *Sch:* qui a beaucoup de moyens. *He is the brightest boy in the class,* il est le plus brillant de la classe. *A b. idea,* une idée lumineuse. (*c*) **To keep a bright look-out,** avoir l'œil au guet. **-ly,** *adv.* **1.** Brillamment, avec éclat. *The sun shines b.,* le soleil brille dans, de, tout son éclat. **2.** *To reply b.,* répondre (i) gaiement, d'un ton de bonne humeur, (ii) avec intelligence.

Bright[2]. *Pr.n.m. Med:* **Bright's disease,** maladie *f* de Bright; brightisme *m*; néphrite *f* chronique.

brighten ['brait(ə)n]. **1.** *v.tr.* **To brighten sth. (up),** faire briller, faire reluire, qch.; fourbir (le métal). *To b.* (*up*) *a colour,* aviver une couleur. *To b.* (*up*) *s.o., a conversation,* égayer qn, une conversation. *A vine brightens the walls,* une treille égaie les murs. (*Of joy, etc.*) *To b. s.o.'s face,* désassombrir, dérider, faire épanouir, le visage de qn. *News that brightens* (*up*) *the situation, the future,* nouvelle *f* qui fait paraître la situation, l'avenir, sous un meilleur jour. **2.** *v.i.* **To brighten (up),** (*of pers., face*) s'épanouir, s'éclaircir, s'animer, se désassombrir, se dérider, se rasséréner; (*of weather*) s'éclaircir; (*of the future*) se désassombrir. *His eyes brightened,* ses yeux s'allumèrent, brillèrent. *He began to b. up,* il commença (i) à se ranimer, à se dégourdir, (ii) à se dérider.

brightening[1], *a.* *B. sky,* ciel *m* qui s'éclaircit, qui blanchoie. *B. prospects,* avenir *m* qui se désassombrit, qui commence à promettre. *The b. dawn,* l'aube blanchissante.

brightening[2], *s.* Avivage *m* (de couleurs).

brightener ['braitnər], *s.* (Produit) aviveur *m* (des couleurs, etc.).

brightish ['braitiʃ], *a.* **1.** Assez brillant, assez vif. **2.** Assez intelligent.

brightness ['braitnəs], *s.* Éclat *m* (du soleil, d'une lampe, du teint); intensité *f* d'éclairage; luminosité *f* (d'une surface); brillant *m* (de l'acier); clarté *f* (du jour); vivacité *f* (de l'intelligence, d'une couleur); intelligence *f* (d'un enfant, etc.); sémillance *f* (du regard). *Opt:* Brillance *f*.

brill [bril], *s. Ich:* Barbue *f*.

brilliance ['briljəns], **brilliancy** ['briljənsi], *s.* **1.** Éclat *m*, brillant *m*, lustre *m*; (*of style*) coloris *m*. **2.** *Cin:* (*Of screen image*) Brillance *f*.

brilliant[1] ['briljənt], *a.* (*a*) (Fait d'armes, éclairage) brillant, éclatant. *B. illumination,* éclairage *m* à giorno. *B. beauty,* beauté éclatante. (*b*) *B. idea,* idée lumineuse. *F:* *He is not b.,* il n'est pas brillant; ce n'est pas un aigle. **-ly,** *adv.* Brillamment, avec éclat. *The sun is shining b.,* le soleil brille de tout son éclat. *B. intelligent,* d'une intelligence brillante. *B. lighted,* éclairé à giorno. *To speak b.,* parler brillamment. *To pass an examination b.,* être reçu à un examen avec éloges, avec félicitations du jury; passer un examen haut la main. *Mus:* *To play b.,* jouer avec brio.

brilliant[2], *s.* **1.** *Lap:* Brillant *m*. **2.** *Typ:* Corps *m* 3½.

brilliantine ['briljənti:n], *s.* *Toil:* Brillantine *f*.

brim[1] [brim], *s.* Bord *m* (de verre, de chapeau, etc.). **(Front-)brim** (*of lady's hat*), passe *f*. **To fill s.o.'s glass to the brim,** verser du vin à qn à ras bord; remplir le verre de qn à ras bord.

'brim-'full, *a.* Plein jusqu'au bord; plein à déborder; débordant. *To fill s.o.'s glass b.-f.,* verser du vin à ras bord à qn.

brim[2], *v.* (**brimmed; brimming**) **1.** *v.tr.* **To brim the bowl,** remplir la coupe jusqu'au bord. **2.** *v.i.* (*Of vessel*) Être plein jusqu'au bord. **To brim over (with sth.),** déborder, regorger (de qch.).

brimming, *a.* *Usu.* **Brimming over,** débordant (*with,* de). *Book b. over with wit,* livre *m* qui ruisselle, déborde, d'esprit. *Eyes b.* (*over*) *with tears,* yeux noyés de larmes. *B. over with life,* débordant, bouillonnant, de vie.

brime [braim], *v.i.* (*Of the sea*) Devenir phosphorescent; jeter des lueurs phosphorescentes.

brimful, *a.* **1.** ['brim'ful] = BRIM-FULL. **2.** ['brimful] *F:* **Brimful of health, of life, of hope,** débordant de santé, de vie, d'espoir.

brimless ['brimləs], *a.* (Chapeau *m*) sans bord(s).

brimmed [brimd], *a.* A bords. **Broad-brimmed hat,** chapeau *m* à larges bords.

brimmer ['brimər], *s.* Rasade *f*; plein verre.

brimstone ['brimstən], *s.* **1.** Soufre (brut). *A:* **Brimstone match,** allumette soufrée. **2. Vegetable brimstone,** poudre *f* de lycopode.

Brindisi ['brindizi]. *Pr.n. Geog:* Brindisi, Brindes.

brindle(d) [brindl(d)], *a.* (Chat) tacheté, tavelé, bringé; (taureau) bringé.

brine[1] [brain], *s.* **1.** Eau salée; saumure *f*. **2.** *Poet:* Mer *f*, océan *m*.

'brine-gauge, *s.* Salinomètre *m*, saturomètre *m*.

'brine-pit, *s.* Saline *f*.

'brine-pump, *s.* *Nau:* Pompe *f* d'extraction, d'exhaustion, d'épuisement.

brine[2], *v.tr.* Saumurer; mettre (qch.) dans la saumure.

bring [briŋ], *v.tr.* (*p.t.* **brought** [brɔ:t]; *p.p.* **brought**) (*a*) Amener (qn, un animal, une voiture); apporter (qch., une réponse, des nouvelles). *To b. a book, a play, a question, before the public,* publier un livre, faire représenter une pièce; attirer l'attention du public sur une question. *To b. s.o. on his way,* accompagner qn un bout de chemin. *He brought a large retinue with him,* il menait avec lui une suite nombreuse. *He was brought before the magistrate,* on l'amena, on le fit comparaître, devant le commissaire de police. *To be brought before the assizes,* être traduit en cour d'assises. *See also* WORD[1] 3. *Nau:* **To bring a chain to the capstan,** amarrer une chaîne au cabestan. (*b*) **To bring tears (in)to s.o.'s eyes,** faire venir, faire monter, les larmes aux yeux de qn. *To b. s.o. luck, ill luck,* porter bonheur, malheur, à qn. *See also* LUCK I. *To b. misfortune on s.o.,* attirer un malheur sur qn. *To b. misfortunes on oneself,* assembler des malheurs sur sa tête; s'attirer des malheurs, des ennuis. *The misfortunes that it brought upon my head,* les malheurs que cela m'a valus, que cela m'a attirés. *It is you who have brought this trouble on us,* c'est vous qui êtes la cause de ces ennuis. *To b. petty annoyances on s.o.,* susciter des ennuis à qn. **You have brought it on yourself,** vous vous l'êtes attiré vous-même. *To b. discord into a family,* mettre la division, semer la discorde, apporter du trouble, dans une famille. *Wealth brings with it many anxieties,* la richesse ne va pas sans bien des soucis. *See also* GRIEF. (*c*) **To bring an action against s.o.,** intenter un procès contre, à, qn. *To b. a dispute before a court,* soumettre, déférer, un litige à un tribunal; porter un différend devant un tribunal; saisir un tribunal d'un différend. *See also* CHARGE[1] 6, DAMAGE[1] 3. (*d*) *To b. s.o. into difficulties, into danger,* mettre qn dans l'embarras, dans le danger. *To b. s.o. into the conversation, into a matter,* mêler qn à la conversation, à une affaire. **To bring a child into the world,** mettre au monde un enfant. **To bring sth. into question,** mettre qch. en question. **To bring sth. into action, into play,** mettre qch. en œuvre. *To b. a heathen into the fold,* amener un païen dans le sein de l'Église. *See also* FASHION[1] 3, WORLD I. (*e*) **To bring s.o. to beggary,** réduire qn à la mendicité, mettre qn sur la paille. **To bring sth. to perfection,** porter qch. à la perfection. *To b. sth. to a successful issue or conclusion,* faire aboutir qch. *To b. sth. to s.o.'s knowledge,* porter qch. à la connaissance de qn. *This action brought him into public esteem,* ce trait lui acquit, lui valut, l'estime publique. *See also* BOIL[2] I, END[1] 3, HOME[1] II. 3, JUSTICE I, LIGHT[1] I, LOW[1] I. 2, MIND[1] I, NOTICE[1] 3, REASON[1] 3, TRIAL I. (*f*) **To bring sth. to pass,** amener, faire arriver, qch. *See also* BEAR[3] (*d*). (*g*) *To b. s.o. to do sth.,* amener qn à faire qch. *Which brings me to observe that . . .,* ce qui m'amène à faire remarquer que. . . . **To bring oneself to do sth.,** se résoudre, se décider, à faire qch. *He cannot b. himself to speak about it,* il lui est trop pénible d'en parler.

bring about, *v.tr.* **1.** (*a*) (*Cause*) Amener, causer, déterminer, occasionner (qch.). *To b. about a reconciliation,* amener, ménager, une réconciliation. *To b. about s.o.'s ruin,* entraîner la ruine de qn. *To b. about an accident, a reform,* provoquer un accident, une réforme. *To b. about a war,* fomenter, provoquer, une guerre. (*b*) (*Accomplish*) Effectuer, accomplir, opérer, venir à bout de, qch. *To b. about a change,* opérer un changement. *To b. about s.o.'s ruin,* consommer la perte de qn. *Which in course of time was also brought about,* ce qui s'accomplit aussi avec le temps. **2.** *Nau:* Retourner, faire virer (un navire).

bring along, *v.tr.* Amener (qn); apporter (qch.); *P:* abouler (qn, qch.).

bring away, *v.tr.* Emmener (qn); emporter (qch.).

bring back, *v.tr.* Rapporter (qch.); ramener (qn). *When you go to town, b. me back two barrels of cider,* quand vous irez à la ville, vous me ramènerez deux fûts de cidre. *To b. back a borrowed book,* rapporter un livre emprunté. *He has brought back word that she will expect you to-morrow,* il revient chargé de vous dire qu'elle vous attend demain. *To b. back s.o.'s health, to b. s.o. back to health,* rétablir la santé de qn. **This brings back to me my childhood,** cela me rappelle mon enfance. *His letter brings back many memories,* sa lettre rappelle bien des souvenirs. *To b. a case back before the court,* ressaisir le tribunal d'un différend.

bringing back, *s.* Rétablissement *m* (de qn, de la santé).

bring down, *v.tr.* **1.** (*a*) Abattre (un arbre, du gibier, un avion); *F:* descendre (une perdrix, un avion); faire tomber (le fruit d'un arbre); mettre à bas, faire crouler, faire effondrer (un mur, une maison); terrasser (un adversaire). *To b. down one's man,* coucher son homme par terre, *F:* sur le carreau; *Fb:* faucher son homme. *Th: F:* **To bring down the house,** faire crouler la salle (sous les applaudissements); se faire applaudir à tout casser, à tout rompre. (*b*) *Ar:* *To b. down a figure,* abaisser un chiffre. *Book-k:* **Balance brought down,** solde *m* à nouveau. **2.** (*a*) Faire descendre (qn). (*b*) Descendre (un objet du grenier, etc.). *To b. sth. down again,* redescendre qch. (*c*) (*Of river*) *To b. down ice, etc.,* charrier de la glace, etc. **3.** (*a*) Abattre, abaisser, mater (l'orgueil de qn). (*b*) *Drink has brought him down,* c'est l'ivrognerie qui a été sa ruine, sa perte. (*c*) Abaisser, faire baisser (le prix); avilir (la monnaie, les prix). *To b. down the price of an article to . . .,* ramener le prix d'un article à. . . . *To b. down the birth-rate,* abaisser, réduire, la natalité. **4.** (*a*) *To b. down a sword on s.o.'s head,* abattre un sabre sur la tête de qn. *He brought the axe down on his head,* il lui assena un coup de hache sur la tête. *To b. one's fist down heavily on the table,* frapper sur la table un grand coup de poing. *To b. one's hand down heavily on a savage tribe,* appesantir sa main sur, châtier rudement, une tribu sauvage. (*b*) *To b. down s.o.'s wrath on s.o.,* attirer la colère de qn sur qn. **5.** *To b. down a swelling,* réduire une enflure. **6.** *To b. down a history to modern times,* amener une histoire jusqu'aux temps modernes.

bringing down, *s.* Abattage *m* (d'un arbre, d'un avion); abaissement *m*, diminution *f*, réduction *f* (de prix); réduction (d'une enflure).

bring forth, *v.tr.* **1.** Mettre au monde (des enfants); (*of animals*) mettre bas (des petits); (*of plants*) produire (des fruits); *F:* accoucher (d'une œuvre); produire (une œuvre). *What the* *future will b. forth*, ce que l'avenir produira, apportera. **2.** *To b. forth protests*, provoquer des protestations. *My letter brought forth no answer*, ma lettre ne provoqua aucune réponse.

bringing forth, *s.* Mise *f* au monde (des enfants); mise bas (des petits); production *f* (des fruits).

bring forward, *v.tr.* (*a*) Avancer (une chaise, etc.); amener, faire avancer, faire approcher (qn); produire (un témoin); avancer, présenter, produire (un argument); alléguer (une preuve). *The matter was brought forward at the last meeting*, la question a été mise sur le tapis à la dernière réunion. (*b*) Avancer (une réunion, etc.). *The meeting has been brought forward from the 14th to the 7th*, la séance a été avancée du 14 au 7. (*c*) *Com:* **To bring forward an amount,** reporter une somme. **Brought forward,** à reporter; report *m*.

bringing forward, *s.* **1.** Production *f* (d'un témoin). **2.** Report *m* (d'une somme, d'un total).

bring in, *v.tr.* **1.** (*a*) Introduire, faire entrer (qn); apporter, rentrer (qch.). **Bring him in,** faites-le entrer. *B. in another chair*, apportez encore une chaise. *Before the lamps were brought in*, avant l'entrée des lampes. *Dinner was brought in*, on servit le dîner. (*Of jockey*) *To b. in his horse first*, arriver premier. *To b. in quotations* (*in a speech, etc.*), intercaler des citations (dans un discours, etc.). *Jur:* **Estate brought in** (*by husband or wife upon marriage*), biens *mpl* d'apport. (*b*) Introduire (une coutume); lancer la mode de (qch.). *To b. in a fashion*, lancer une mode. (*c*) Faire intervenir (qn). **2.** (*Of capital, investment*) **To bring in interest,** rapporter; porter intérêt. *Investment that brings in* 6%, placement *m* qui rend 6%. *This land brings him in an income of ten thousand francs*, cette terre lui vaut dix mille francs de rente. *These little jobs b. me in two or three pounds a week*, ces petits à-côtés me rapportent deux ou trois livres par semaine. **3.** (*a*) Déposer, présenter (un projet de loi). (*b*) *Jur:* (*Of jury*) **To bring in a verdict,** rendre un verdict. **To bring s.o. in guilty,**, déclarer qn coupable.

bringing in, *s.* Introduction *f* (d'une coutume, etc.).

bring off, *v.tr.* **1.** (*a*) Ramener (qn) à bord ou à terre. (*b*) Effectuer le sauvetage de (qn); ramener (qn) en sûreté. (*c*) Renflouer (un navire). **2.** Réussir, boucler (une affaire); mener (une affaire) à bonne fin; conduire à bien (une affaire); faire aboutir (une affaire). *F:* **To bring it off,** enlever l'affaire; réussir le coup. *A difficult shot to b. off*, un coup très difficile à réussir. *X brought off a fine goal*, X a réussi un but magnifique. *He brings off wonderful cannons*, il réussit des carambolages épatants. *See also* COUP I.

bring on, *v.tr.* **1.** Produire, occasionner (une maladie, etc.). *His anger brought on another bout of fever*, sa colère provoqua, détermina, un nouvel accès de fièvre. **2.** *The sun is bringing on the plants*, le soleil fait pousser les plantes. *To b. s.o. on for an examination*, acheminer qn vers un examen. *He is bringing on his team at a great rate*, il fait faire à son équipe des progrès rapides. **3.** *Th:* Amener ou apporter sur la scène. *In the second act an elephant is brought on*, au second acte on fait paraître en scène un éléphant. *Two waiters b. on a table set for dinner*, deux garçons apportent une table toute dressée. **4.** *To b. on a subject for discussion*, introduire un sujet de discussion.

bring out, *v.tr.* **1.** (*a*) Apporter (qch.) dehors; faire sortir (qn); conduire (qn) dehors. *To b. sth. out* (*of a box, etc.*), sortir qch. *B. us out a few chairs*, sortez-nous quelques chaises. (*b*) Amener, apporter (à l'étranger). *He is in England on leave, and is bringing out his family*, il est en Angleterre en congé, et il ramène sa famille. (*c*) Prononcer, proférer (un juron, etc.). **2.** Faire ressortir, mettre en relief, faire valoir, mettre en évidence (le sens de qch.); faire valoir (une couleur); mettre en lumière (un défaut, etc.). *To b. out the inner meaning of a passage*, dégager le sens intime d'un passage. *Sketch that brings out every muscle*, esquisse *f* qui accuse tous les muscles. *To b. out a figure in a picture*, détacher une figure dans un tableau. (*In carving*) *To b. out the detail*, refouiller le détail. *Mus:* **To bring out the melody,** faire sentir la mélodie. **3.** (*a*) Introduire, faire débuter, produire, (une jeune fille) dans le monde; lancer (une actrice). (*b*) *The sun brings out the roses*, le soleil fait épanouir les roses. (*c*) Publier, faire paraître (un livre); *F:* sortir (un livre). (*d*) *Fin:* Introduire (des valeurs sur le marché).

bringing out, *s.* Publication *f* (d'un livre); lancement *m* (d'une actrice); présentation *f* (d'une jeune fille) dans le monde.

bring over, *v.tr.* **1.** Transporter, amener (*from*, de). *These cloths are brought over from Germany*, ces draps s'importent d'Allemagne. *He's sitting over there.*—**Bring him over,** le voilà assis là-bas.—Amenez-le par ici. **2. To bring s.o. over to a cause,** convertir, attirer, gagner, qn à une cause.

bring round, *v.tr.* **1.** Apporter (qch.); amener, faire venir (qn). *To have one's horse brought round*, faire amener son cheval. *The bread is brought round in the course of the morning*, on livre le pain dans la matinée. **2.** (*a*) Rappeler, ramener, (qn) à la vie; faire reprendre connaissance à (qn); remettre (qn) sur pied. *They brought him round with a glass of spirits*, on le ranima avec un verre d'eau de vie. (*b*) Remettre (qn) de bonne humeur. **3.** (*a*) Rallier (qn à un parti). *To b. s.o. round to an opinion*, convertir qn à une opinion. (*b*) *To b. the conversation round to a subject*, (r)amener la conversation sur un sujet.

bring through, *v.tr.* **1.** Faire passer, faire traverser (qn, qch.). **2.** *To b. a patient through*, sauver un malade.

bring to, *v.tr.* **1.** *Nau:* Mettre (un navire) en panne, en travers; couper l'erre à (un navire). *v.i.* (*Of ship*) Mettre en panne, prendre la panne. *F: We were brought to by a padlocked gate*, nous fûmes arrêtés par une barrière fermée au cadenas. **2. To bring s.o. to,** faire reprendre connaissance à qn. *The doctor managed to b. her to*, le médecin parvint à la ranimer.

bring together, *v.tr.* **1.** Réunir; mettre (des personnes) en contact; affronter (des plaques de métal); agglomérer. *To b. persons together again*, raccommoder, réconcilier, remettre bien ensemble, des personnes. *I brought them together*, je leur fis faire connaissance. *Chance brought us together*, le hasard m'a fait la rencontrer. *Jur: To b. the parties together*, mettre les parties en présence. *All these infirmities are brought together in the hospitals*, toutes ces infirmités s'amassent dans les hôpitaux. *To b. together all the documents of a case*, rassembler tous les documents d'un procès. **2.** Unir (deux personnes).

bringing together, *s.* Rapprochement *m* (de personnes, d'objets).

bring under, *v.tr.* **1.** Soumettre, subjuguer, mater, assujettir (qn). **2.** (*Prep. use*) *To b. s.o. under discipline*, plier qn à la discipline.

bringing under, *s.* Soumission *f*, assujettissement *m*.

bring up, *v.tr.* **1.** (*a*) Monter (du vin de la cave); faire monter (qn). *You will b. me up a can of hot water at seven*, vous me monterez de l'eau chaude à sept heures. (*b*) **To bring up one's food,** vomir; rendre ce qu'on a mangé. *He brings up all he eats*, il rejette tout ce qu'il mange. **2.** Apporter, approcher, avancer (qch.); amener, faire approcher (qn). *B. up your chair to the fire*, approchez votre chaise du feu. *To b. up reinforcements*, (faire) avancer des renforts. *See also* REAR[1] I. 1. **3.** Élever (des enfants, des animaux). *I was brought up by an aunt*, j'ai été élevé par une tante. *To have been brought up in a doctrine, in an opinion*, avoir sucé avec le lait une doctrine, une opinion. *I was brought up to it from my cradle*, j'ai été bercé là-dedans. *I was brought up to be polite*, j'ai été élevé dans la politesse. **4.** *To b. s.o. up before the court*, traduire qn devant le tribunal; citer qn en justice. **5.** (*Bring to a standstill*) (*a*) Arrêter (une voiture, etc.). *v.i.* S'arrêter. **To be brought up short by sth.,** buter contre qch.; s'aheurter à qch. (*b*) *Nau:* Mouiller ou arrêter (un navire). *v.i.* (*Of ship*) Mouiller; casser son erre; accoster (*along*, le long de). *Ship that is brought up by her anchor*, navire *m* qui fait tête sur son ancre. *See also* STANDING[1] 4. **6. To bring up a subject,** soulever une question; mettre une question sur le tapis, en avant. *Don't always be bringing up your age*, ne mettez pas tout le temps votre âge en avant. *To b. up a subject again*, revenir sur un sujet. *To b. up a memory*, évoquer un souvenir. *To b. up a matter before s.o.*, appeler, attirer, l'attention de qn sur qch. *To b. up conclusions* (*at a meeting*), présenter des conclusions. *To b. sth. up against s.o.*, objecter qch. à qn. *Fact that cannot be brought up against the defendant*, fait *m* dont on ne peut faire état contre l'accusé.

bringing up, *s.* **1.** Apport *m* (de munitions, etc.). **2.** Éducation *f* (des enfants). *He had a hard b. up*, il fut élevé à la dure. *See also* UPBRINGING. **3.** Arrêt *m* (d'une voiture, etc.).

bringer ['briŋər], *s.* Porteur, -euse (d'une lettre, d'une nouvelle, etc.).

brinjal ['brindʒəl], *s. Bot:* Aubergine *f*.

brink [briŋk], *s.* Bord *m* (d'un précipice, d'un fleuve). *To stand shivering on the brink*, hésiter à plonger, à faire le plongeon. *F:* **On the brink of . . .,** tout près de. . . . *To be on the b. of ruin*, être à deux doigts, à la veille, de la ruine; pencher vers la ruine; être sur le penchant de la ruine; être sur le bord de l'abîme. *To be on the b. of tears*, avoir peine à retenir ses larmes; être près d'éclater en sanglots. *To be on the b. of a discovery*, ne pas être loin d'une découverte; être à la veille d'une découverte. *See also* GRAVE[1].

briny ['braini]. **1.** *a.* Saumâtre, salé. *Poet:* **The briny deep,** l'onde amère. **2.** *s. F:* **The briny,** la mer, la grande tasse.

brio ['bri:o], *s. Mus:* Brio *m*.

briony ['braiəni], *s.* = BRYONY.

briquette [bri'ket], *s. Fuel:* Briquette *f*; aggloméré *m*. *pl.* **Briquettes,** charbon *m* de Paris.

brisé ['bri:ze], *a. Her:* Brisé.

brise-bise ['bri:zbi:z], *s. Furn:* Brise-bise *m inv.*

brisk[1] [brisk], *a.* **1.** (*Of pers., movement*) Vif, actif, alerte, animé, plein d'entrain. *B. old man*, vieillard *m* ingambe, alerte, guilleret. **Brisk-looking children,** enfants à l'air éveillé. **At a brisk pace,** à vive allure. *To take a b. walk*, se promener à bon pas. *Com:* **Brisk trade,** commerce actif. *B. market*, marché animé. *B. demand*, demande animée. *The demand is b.*, la demande présente de l'animation. *Business is b.*, les affaires marchent, vont. *B. fire*, (i) feu vif, (ii) *Mil:* feu nourri. *Nau:* **Brisk wind,** vent rond. **2.** (*a*) (Air) vivifiant. (*b*) (Champagne) pétillant; (bière *f*) qui mousse bien; (eau de Seltz) bien gazeuse. **-ly,** *adv.* Vivement, activement; avec entrain; sans mollesse. **To step out briskly,** avancer au pas accéléré. *To return home b.*, rentrer d'un pas alerte.

brisk[2]. **1.** *v.tr.* **To brisk s.o. up,** animer, activer, émoustiller, qn. *To b. up a horse*, animer un cheval. *To b. up a fire*, activer le feu. *To b. (up) one's pace*, presser le pas. **2.** *v.i.* **To brisk up,** s'animer, s'émoustiller, se ragaillardir; s'activer. *To b. up again*, se ranimer.

brisken [briskn]. **1.** *v.tr.* Activer. **2.** *v.i.* S'activer.

brisket ['brisket], *s.* (*a*) *A:* Poitrine *f*, bréchet *m*. *Box. & P:* **One in the brisket,** coup *m* en pleine poitrine. (*b*) *Cu:* Poitrine, avant-cœur *m* (de bœuf).

briskness ['brisknəs], *s.* **1.** (*a*) Vivacité *f*, activité *f*, animation *f*, entrain *m*. (*b*) Activité (des affaires, du marché). **2.** (*a*) Fraîcheur *f* (de l'air). (*b*) Pétillement *m* (du champagne).

brisky ['briski], *a. F:* **1.** (*Of pers.*) Éméché; légèrement pris de boisson. **2.** (*Of lamb, etc.*) Folâtre.

bristle[1] [brisl], *s.* **1.** Soie *f* (de porc, de sanglier, de brosse); poil *m* raide (de la barbe). *F:* **To set up one's bristles,** se hérisser, se rebiffer. **2.** *Bot:* Soie, poil.

'bristle-shaped, *a. Bot:* Sétiforme.

bristle[2]. **1.** *v.tr.* (*Of animal*) Hérisser (ses poils, ses soies). **2.** *v.i.* (*a*) (*Of animal, hair, etc.*) **To bristle (up),** se hérisser; *F:* (*of pers.*) se rebiffer, se hérisser; *F:* faire le gros dos. (*b*) *F:* **To bristle with bayonets,** être hérissé de baïonnettes. **To bristle with difficulties,** être hérissé de difficultés.

bristled, *a.* = BRISTLY.

bristling, *a.* Hérissé (*with*, de).

bristletail ['brislteil], *s. Ent:* Lépisme *m*; *F:* poisson *m* d'argent, petit poisson d'or.

bristly ['brisli], *a.* (*a*) Couvert ou garni de soies, de poils raides; poilu. **Bristly moustache,** moustache hérissée, raide. *B. beard*, barbe *f* raide, rude. (*b*) *Bot:* Poilu; garni de soies; sétacé, sétifère. *See also* PALMETTO.

Bristol ['bristəl]. *Pr.n. Geog:* Bristol. **The Bristol Channel,** le Canal de Bristol. **Bristol board,** carton *m* Bristol; bristol *m*. *See also* STONE[1] 2.

Britain ['britən]. *Pr.n.* **1.** *Hist:* La Bretagne (plus tard l'Angleterre). **2.** *Geog:* **Great Britain,** la Grande-Bretagne. **North Britain,** l'Écosse *f*. **Greater Britain,** la Grande-Bretagne et ses colonies. *See also* NEW BRITAIN.

Britannia [bri'tanjə]. *Pr.n.* (Nom symbolique de) la Grande-Bretagne. *Com:* **Britannia metal,** *F:* **britannia,** métal anglais.

Britannic [bri'tanik], *a.* **His Britannic Majesty,** Sa Majesté Britannique.

britannicize [bri'tanisa:iz], *v.tr.* Angliciser.

Briticism ['britisizm], *s. Ling:* Anglicisme *m*.

British ['britiʃ], *a.* **1.** Britannique, de la Grande-Bretagne; (*in Fr. usu.*) anglais, d'Angleterre. **The British Isles,** les Iles Britanniques. *B. India*, l'Inde anglaise. *The B. consul*, le consul d'Angleterre. *B. goods*, produits anglais, marchandises anglaises. *B. flora*, flore *f* de la Grande-Bretagne. *s.pl.* **The British,** les Anglais. **2.** *Hist:* Breton, -onne (de la Grande-Bretagne). *The B. cycle of romance*, le cycle breton.

Britisher ['britiʃər], *s. U.S:* Natif, -ive, de (la) Grande-Bretagne; Anglais, -aise.

Britishism ['britiʃizm], *s.* Anglicisme *m*.

Briton ['britən], *s.* **1.** *Hist:* Breton, -onne (de la Grande-Bretagne). **2.** Anglais, -aise. **North Briton,** Écossais, -aise. *F: A true B.*, un véritable Anglais; un patriote.

Brittany ['britəni]. *Pr.n. Geog:* La Bretagne (l'Armorique).

brittle [britl], *a.* Fragile, cassant. *Metalw:* Aigre, sec, rouverin, revêche; (acier) cendreux. *Glassm:* Casilleux. **To be as brittle as glass,** être fragile comme le cristal; se briser comme du verre.

'brittle-star, *s. Echin:* Ophiure *f*.

brittleness ['britlnəs], *s.* Fragilité *f*. *Metalw:* Aigreur *f*.

britzka ['britskə], *s. Veh:* Briska *m*.

brize [bri:z] = BREEZE[1].

broach[1] [broutʃ], *s.* **1.** *Cu:* Broche *f* (à rôtir). **2.** *Arch:* Flèche *f*, aiguille *f* (d'église). **3.** *Tls:* (*a*) Équarrissoir *m*; broche (à mandriner); alésoir *m*; louche *f*. *Six-square b.*, alésoir à six pans. *Roughing b.*, broche dégrossisseuse. *Finishing b.*, broche finisseuse. (*b*) *Coop:* Perçoir *m*. **4.** *Tex:* Navette *f* à tapisserie.

broach[2], *v.tr.* **1.** *Cu:* Embrocher. **2.** (*a*) *Metalw:* Aléser (un trou, un tube); mandriner, équarrir. (*b*) *Coop:* Percer (un fût); mettre (un fût, du vin) en perce; entamer (un fût). **Broached cask, wine,** tonneau, vin, en vidange, en perce. *See also* ADMIRAL 1. **3.** *F:* Entamer, aborder (une question, etc.). **To broach the subject,** entrer en matière. *If I see him I shall try to b. the subject*, si je le vois je tâcherai de lui en toucher un mot.

broaching, *s.* **1.** Alésage *m* (d'un trou); mandrinage *m*. **2.** Mise *f* en perce (d'un fût); perçage *m*.

'broaching-machine, *s.* Aléseuse équarrisseuse; machine *f* à mandriner (à la broche).

broach[3], *v. Nau:* **1.** *v.i.* (*Of ship*) **To broach (to),** venir en travers; recevoir la lame par le travers; faire chapelle; lancer dans le vent. **2.** *v.tr. To b. a ship to*, lancer un vaisseau dans le vent.

broad [brɔ:d]. **1.** *a.* (*a*) Large. *The road is forty foot b.*, la route est large de quarante pieds, a quarante pieds de large, de largeur. *Here the estuary grows broader*, ici l'estuaire *m* s'élargit. *B. expanse of wheat*, vaste étendue *f* de blé. *The b. sea(s)*, le vaste océan. *B. lands*, grande propriété. **To have a broad back,** (i) avoir une forte carrure; (ii) *F:* avoir bon dos. *B. grin*, sourire épanoui. *To give a b. grin*, rire à belles dents. **In broad daylight,** (i) dans le jour cru; (ii) en plein jour; au grand jour; en plein midi. *It is b. daylight*, il fait grand jour. *Cin:* **Broad lighting,** éclairage frontal. *F:* **It is as broad as it is long,** cela revient au même; c'est tout un; c'est la même chose; c'est bonnet blanc et blanc bonnet; c'est chou vert et vert chou; *P:* c'est kif-kif. *See also* ARROW, OUTLINE[1] 1. (*b*) **The broad facts,** les faits *m* tout simples. *B. rule*, règle *f* de principe; règle à peu près générale. *B. distinction*, distinction *f* sommaire. *Term used in a b. sense, in its broadest sense*, terme employé dans un sens très large. (*c*) **Broad accent, speech,** accent *m*, langage *m*, rustique. *To speak b. Scotch*, parler l'écossais avec un accent prononcé. *See also* HINT[1]. (*d*) **Broad story,** histoire hardie, risquée, crue, *F:* salée, corsée, croustilleuse; conte gras. *B. humour*, grosse gaieté; bouffonnerie *f*. *B. laugh*, gros rire. *To be b. in one's conversation*, être libre, leste, dans ses discours. *To be a trifle b. in one's humour*, blaguer un peu grossement. *To crack b. jokes*, conter des gaillardises. (*e*) **Broad Church,** Église libérale, latitudinaire. *B. views*, idées larges, tolérantes. **2.** *s.* (*a*) **The broad of the back,** toute la largeur du dos; le milieu du dos. (*b*) *pl. Geog:* **The (Norfolk) Broads,** (i) les lacs, les marais saumâtres (du Norfolk); (ii) la région de lacs et de marécages de l'Est-Anglie, du Norfolk. (*c*) *U.S: P:* Femme *f* de mœurs faciles; petite femme; poule *f*. (*d*) *Th: Cin: U.S:* (i) Réflecteur *m* à miroir; (ii) (réflecteur) diffuseur *m*. **3.** *adv.* (*a*) **Broad awake,** tout éveillé. (*b*) **To speak broad,** (i) parler avec un accent prononcé; (ii) tenir des propos libres. **-ly,** *adv.* **1.** Largement. **Broadly speaking,** généralement parlant; d'une façon générale; grosso modo. *To assert sth. b.*, affirmer qch. ouvertement, carrément. **2.** *To talk b.*, tenir des propos libres.

Broad-'acres. *F:* **The (land of the) Broad-acres,** le Yorkshire.

'broad-'backed, *a.* A large dos; qui a le dos large.

'broad-'bottomed, *a.* Fessu.

'broad-'brimmed, *a.* (Chapeau *m*) à larges bords.

'broad-faced, *a.* À la figure large.

'broad-'headed, *a. Anthr:* Brachycéphale.

broad-'headedness, *s. Anthr:* Brachycéphalie *f*.

'broad-'leaved, *a.* À larges feuilles. *Bot:* Latifolié. *B.-l. forest*, forêt feuillue.

broad-'minded, *a.* *To be b.-m.*, (i) avoir l'esprit large, les idées larges; être tolérant; (ii) *Pej:* avoir la conscience large, élastique.

broad-'mindedness, *s.* (*a*) Largeur *f* d'esprit; tolérance *f*. (*b*) *Pej:* Élasticité *f* de conscience.

'broad-'nibbed, *a.* **Broad-nibbed pen,** plume *f* de grosse.

'broad-'nosed, *a.* (Personne *f*) au nez épaté; (outil) camard, camus.

broad-'shouldered, *a.* Large d'épaules, aux larges épaules; trapu.

broad-'tongued, *a.* A fort accent de terroir.

'broad-walk, *s.* (*At the seaside*) Les planches *f*.

broadcast[1] ['brɔ:dkɑ:st]. **1.** *adv. Agr:* A la volée. **To sow broadcast,** semer à tout vent, à la volée. *B. sowing*, semis *m* à la volée. *F: To scatter money b.*, semer l'argent à pleines mains. *Scattered b.*, répandu à profusion. **2.** *a.* (*a*) *Agr:* Semé à la volée. (*b*) *W.Tel:* (Omni)diffusé. **Broadcast announcement,** communication radiotéléphonée; radio-émission *f*, *pl.* radio-émissions; annonce *f* par radio. *B. account of a sports event*, radio-reportage *m* d'une réunion sportive.

broadcast[2]. I. *v.tr.* **(broadcast; broadcast) 1.** (*a*) *Agr:* Semer (du grain) à la volée. (*b*) *F:* Faire savoir (qch.) partout, de tous côtés; répandre (une nouvelle). **2.** *W.Tel:* **(broadcasted; broadcast(ed))** Radiodiffuser; transmettre, diffuser (un discours, les prévisions du temps, etc.). *Running commentary on the Grand Prix broadcast from Longchamp*, radio-reportage *m* du Grand Prix depuis Longchamp.

broadcasting, *s.* **1.** *Agr:* Semaille *f* à la volée. **2.** *W.Tel:* (*a*) Radio-émission *f*, radio-diffusion *f*, radiophonie *f*. *B. of news*, radio-reportage *m*. **Broadcasting station,** station *f* de radio-diffusion; poste émetteur; poste d'émission radiophonique. **The British Broadcasting Corporation,** *F:* **the B.B.C.** [bi:bi:'si:], la Corporation britannique de radio-diffusion. (*b*) *Journ:* **To-day's broadcasting,** auditions *fpl* du jour.

II. **broadcast,** *s.* *W.Tel:* Émission *f* (de nouvelles); radio-émission, *pl.* radio-émissions; audition (musicale, etc.). *Simultaneous b.*, émission simultanée.

broadcaster ['brɔ:dkɑ:stər], *s. W.Tel:* **1.** (Appareil) émetteur *m*, diffuseur *m*. **2.** (*Pers.*) Microphoniste *mf*.

broadcloth ['brɔ:dklɔθ], *s. Tex:* **1.** Drap noir fin, de première qualité (*A:* de grande largeur), pour vêtements d'hommes. **2.** *U.S:* Popeline *f*.

broaden ['brɔ:d(ə)n]. **1.** *v.tr.* Élargir. *Actor who has broadened his style*, acteur *m* qui a élargi son jeu. *Mus: To b. the time*, élargir la mesure. *F: To b. s.o.'s outlook*, élargir l'horizon de qn, *F:* désencroûter qn. **2.** *v.i.* S'élargir. *His face broadened (out) into a grin*, un large sourire lui épanouit le visage. *Broadening channel*, chenal *m* qui s'évase.

Broadland ['brɔ:dland]. *Pr.n. Geog:* L'Est-Anglie *f*; la région des "*Broads.*"

Broadlander ['brɔ:dlandər], *s.* Habitant *m* de l'Est-Anglie.

broadness ['brɔ:dnəs], *s.* **1.** Largeur *f*. **2.** (*a*) Grossièreté *f*, vulgarité *f* (d'une plaisanterie, etc.). (*b*) *The b. of his speech*, son accent prononcé.

broadsheet ['brɔ:dʃi:t], *s.* **1.** *Typ:* In-plano *m inv.* **2.** *Lit.Hist:* Canard *m*; feuille imprimée (relatant ou satirisant un fait du jour).

broadside ['brɔ:dsaid], *s.* **1.** *Nau:* (*a*) Flanc *m*, travers *m* (du navire). **On the broadside,** par le travers. (*Of ship*) **To be broadside on to sth.,** présenter le côté, le flanc, le travers, à qch; se présenter de flanc. *To keep b. on to the sea*, prendre, recevoir, la lame par le travers. **Collision broadside on,** abordage *m* par le travers. *To ram a ship b. on*, aborder un navire de bout en plein, par le travers. (*b*) **To fire a broadside,** tirer une bordée. **To exchange broadsides,** se canonner par le travers. **Broadside fire,** feu *m* de batterie, feu de travers. *See also* GUN[1] 1. **2.** = BROADSHEET.

broadsword ['brɔ:dsɔ:rd], *s.* Sabre *m*; latte *f*.

broadways, broadwise ['brɔ:dweiz, -wa:iz], *adv.* En large; dans le sens de la largeur.

Brobdingnagian [brɔbdiŋ'nagiən], *a.* De Brobdingnag (pays de géants dans les "Voyages de Gulliver" de Swift); pantagruélique.

brocade[1] [bro'keid], *s. Tex:* Brocart *m*. *Gold, silver, b.*, brocart, drap *m*, d'or, d'argent. *Velvet b.*, brocart velours.

brocade[2], *v.tr. Tex:* Brocher.

brocaded, *a. Tex:* Broché. *B. gown*, robe *f* de brocart. *B. in gold*, broché d'or.

brocatelle [brɔkə'tel], *s.* **1.** *Tex:* Brocatelle *f*. **2.** *Miner:* Brocatelle.

brocatello [brɔkə'telo], *s. Miner:* Brocatelle *f*.

broc(c)oli ['brɔkoli], *s. Hort: Cu:* Brocoli *m*.

broch [brɔχ], *s. Archeol:* Tour ronde picte.

broché ['brouʃi]. *Tex:* **1.** *a.* Broché. **2.** *s.* Brocart *m*.

brochette [brɔ'ʃet], *s.* Brochette *f* (à médailles).

brochure [brɔ'ʃjuər], *s.* Brochure *f*, plaquette *f*.

brock [brɔk], *s. Dial:* = BADGER[1].

brocket ['brɔket], *s. Ven:* Daguet *m*.

brogue[1] [broug], *s.* **1.** *A:* Brogue *f*; chaussure *f* en cuir cru (des Irlandais et des Écossais). **2.** Soulier *m* de golf. **Brogue heel,** talon bas (de soulier de dame). **3.** *Fishing brogues*, brodequins *m* de pêche.

brogue[2], *s.* (*a*) Accent *m* de terroir. (*b*) Accent irlandais.

broider ['brɔidər], *v.tr. A:* = EMBROIDER.

broidery ['brɔidəri], *s. A:* = EMBROIDERY.

broil[1] [brɔil], *s.* Querelle *f*; bagarre *f*, échauffourée *f*; (*between two persons*) rixe *f*.
broil[2], *s.* Viande grillée, cuite sur le gril; grillade *f*.
broil[3], *v.tr. & i. Cu:* Griller; (faire) cuire sur le gril. *F: We were broiling in the sun*, on grillait.
broiling[1], *a. F:* (*Of the sun*) Ardent, brûlant. *B. atmosphere*, atmosphère embrasée. *B. weather*, chaleur *f* torride. *adv.* **It is broiling hot in this room**, on cuit dans cette salle.
broiling[2], *s.* Cuisson *f* sur le gril.
broiler ['brɔilər], *s.* **1.** (*a*) (*Of pers.*) Grilleur *m.* (*b*) *F:* **To-day's a broiler**, il fait une chaleur torride aujourd'hui. **2.** Gril *m*, rôtissoire *f*.
broke [brouk]. **1.** *See* BREAK[2]. **2.** *a. P:* (= *broken*) **To be (stony) broke, dead broke, broke to the world**, être sans le sou, dans la purée, dans la dèche, dans la débine; être fauché, décavé, à sec; être entièrement désargenté.
broken, -ly. *See* BREAK[2].
broker ['broukər], *s.* **1.** (*a*) *Com:* Courtier *m* (de commerce). **Bill-broker**, courtier de change. *Cotton-b.*, courtier en coton. *He is a sugar-b.*, il est courtier en sucre; il fait le courtage des sucres. *Insurance-b.*, courtier d'assurances. *See also* CUSTOM 3, PAWNBROKER, SHIP-BROKER. (*b*) *St.Exch:* **(Stock-)broker**, agent *m* de change; courtier de bourse. **Intermediate broker**, remisier *m*. **Outside broker**, coulissier *m*; courtier marron, libre. *Outside brokers, F:* pieds *m* humides. *See also* EXCHANGE[1] 2. (*c*) *U.S: F:* Trafiquant *m* en stupéfiants. **2.** (*Second-hand*) Brocanteur, -euse. **3.** *Jur: Corresponds partly to* commissaire-priseur *m* (*licensed to appraise and sell goods*) *and partly* (= *bailiff*) *to* huissier *m* (*authorized to distrain on a tenant*).
brokerage ['broukəredʒ], *s. Fin:* **1.** (*Profession of broker*) Courtage *m*. *Outside b.*, affaires *fpl* de banque. **2.** (*Commission*) (Frais *mpl* de) courtage.
broking ['broukiŋ], *s.* = BROKERAGE 1.
brolly ['brɔli], *s. P:* Parapluie *m*; *F:* pépin *m*, riflard *m*.
bromacetic [brouma'setik], *a. Ch:* Bromacétique.
bromal ['broum(ə)l], *s. Ch: Pharm:* Bromal *m*.
bromate ['broumeit], *s. Ch:* Bromate *m*.
brome [broum], *s. Bot:* **Brome(-grass)**, brome *m*. *Field b.-grass*, brome des prés.
bromelia [bro'mi:liə], *s. Bot:* Bromélie *f*.
bromeliad [bro'mi:liad], *s. Bot:* Broméliacée *f*.
bromic ['broumik], *a. Ch:* Bromique.
bromide ['broumaid], *s.* **1.** *Ch:* Bromure *m*. *Phot:* **Bromide paper**, papier *m* au gélatinobromure; papier au bromure (d'argent). *To add b. to the developer*, bromurer le révélateur. **2.** *U.S: P:* (*a*) Homme ennuyeux; raseur *m*. (*b*) Banalité *f*; lieu commun.
bromidic [brou'midik], *a. U.S: P:* (*a*) Ennuyeux; *P:* rasant, barbant. (*b*) Banal.
bromidrosis [broumi'drousis], *s. Med:* Bromidrose *f*.
bromine ['broumi(:)n, -ain], *s. Ch:* Brome *m*.
brom(in)ism ['broum(in)izm], *s. Med:* Bromisme *m*.
bromize ['brouma:iz], *v.tr. Ch:* Bromurer.
bromoform ['broumofɔ:rm], *s. Med:* Bromoforme *m*.
bromoil ['broumɔil], *s. Phot:* (Procédé *m* ou épreuve *f*) bromoïl *m*; oléobromie *f*.
bronch [brɔŋk], *s. U.S: F:* Cheval *m*.
bronchia ['brɔŋkiə], *s.pl. Anat:* Bronches *f*.
bronchial ['brɔŋkiəl], *a. Anat:* Bronchial, -aux; bronchique; des bronches. **The bronchial tubes**, les bronches *f*.
bronch(i)o-pneumonia ['brɔŋk(i)ənju'mouniə], *s. Med:* Broncho-pneumonie *f*; pneumonie catarrhale, lobulaire.
bronchitic [brɔŋ'kitik], *a. Med:* Bronchitique.
bronchitis [brɔŋ'kaitis], *s. Med:* Bronchite *f*.
bronchocele ['brɔŋkosi:l], *s. Med:* Goitre *m*.
bronchoscope ['brɔŋkoskoup], *s. Med:* Bronchoscope *m*.
bronchoscopy [brɔŋ'kɔskɔpi], *s. Med:* Bronchoscopie *f*.
bronchotomy [brɔŋ'kɔtəmi], *s. Surg:* Bronchotomie *f*.
bronchus ['brɔŋkəs], *s. Anat:* Bronche *f* (primaire).
bronco ['brɔŋko], *s.* (*a*) Cheval sauvage, ou non dressé, de l'Amérique. (*b*) *U.S: F:* Cheval.
brontometer [brɔn'tɔmetər], *s. Meteor:* Brontomètre *m*.
brontosaurus [brɔnto'sɔ:rəs], *s. Paleont:* Brontosaure *m*.
bronze[1] [brɔnz]. **1.** *s.* (*a*) *Metall:* Bronze *m*. **Aluminium bronze**, bronze d'aluminium. *Mec.E: Bearing b.*, bronze pour coussinets. (*b*) *Art:* (Objet *m* en) bronze. **Imitation bronze**, similibronze *m*. *A collection of bronzes and ivories*, une collection de bronzes et d'ivoires. *See also* GILT-BRONZE. **2.** *Attrib.* (*a*) De bronze. *B. statue*, statue *f* de, en, bronze. *See also* AGE [1]2. (*b*) (Cuir) bronzé, mordoré. *B. paint*, peinture bronzée. **Bronze shoes**, souliers mordorés.
'bronze-founder, *s.* Fondeur *m* en bronze.
bronze[2]. **1.** *v.tr.* (*a*) Bronzer (le fer, etc.). *F:* **Bronzed skin**, peau bronzée, basanée, cuivrée. (*b*) Mordorer (le cuir, des souliers). **2.** *v.i.* Se bronzer; brunir. *Phot:* Se métalliser.
bronzing, *s.* **1.** Bronzage *m*. **2.** *Phot:* Métallisation *f*.
brooch [broutʃ], *s. Cost:* Broche *f*, épingle *f*. **Brooch pin**, queue *f* de broche. *Diamond b.*, broche de diamants.
brood[1] [bru:d], *s.* **1.** Couvée *f* (de poussins); volée *f* (de pigeons); naissain *m* (d'huîtres, de moules). **2.** *F:* (*a*) Enfants *mpl*; progéniture *f*; *F:* marmaille *f*. *With all his b. around him*, accompagné de toute sa smala. (*b*) *Pej: B. of scoundrels*, engeance *f* de scélérats.
'brood-cell, *s. Ap:* Cellule *f* d'incubation.
'brood-comb, *s. Ap:* Couvain *m*.
'brood-hen, *s. Breed:* Couveuse *f*.
'brood-mare, *s. Breed:* (Jument) poulinière *f*.
brood[2], *v.i.* **1.** (*Of hen*) Couver, accouver. **2.** *F:* (*a*) Broyer du noir. **To brood on, over, sth.**, remâcher, ressasser (le passé); rêver à qch.; songer sombrement à qch.; ruminer (une idée). *To b. over things*, rêver noir. *To b. over the fire*, couver le feu. *Old woman brooding over the fire*, vieille accouvée au coin du feu. *To b. over schemes of vengeance*, couver des projets de vengeance. (*b*) *Night, silence, broods over the scene*, la nuit, le silence, plane sur la scène. *A deathless silence broods over the whole of nature*, un silence de mort pèse sur toute la nature. *The storm brooding over us*, l'orage *m* qui plane, qui couve, sur nos têtes.
brooding, *a.* **1.** *B. darkness*, obscurité *f* qui enveloppe, recouvre, tout. **2.** *B. thoughts*, méditations *f* sombres.
brooder ['bru:dər], *s.* **1.** (Poule) couveuse *f*. **2.** *U.S:* Couveuse (artificielle).
broody ['bru:di]. **1.** *a.* (*a*) *B. hen*, poule couveuse, qui veut couver, qui demande à couver. (*Of hen*) **To go broody**, demander à couver. (*b*) *F:* (*Of pers.*) Distrait, rêveur. **2.** *s.* Poule couveuse.
brook[1] [bruk], *s.* Ruisseau *m*.
brook[2], *v.tr.* (*Used only in neg. sentences*) *Lit:* (Ne pas) souffrir; (ne pas) endurer. **The matter brooks no delay**, l'affaire *f* ne souffre pas de retard, n'admet aucun retard. *He will b. no insolence*, il ne souffre, n'endure, ne supporte, pas d'impertinence. *Nature that will b. no restraint*, caractère *m* indocile (au joug). *I cannot b. his rude manners*, je ne peux pas tolérer, endurer, ses manières grossières.
brooklet ['bruklet], *s.* Ruisselet *m*; petit ruisseau.
brooklime ['bruklaim], *s. Bot:* Véronique cressonnee, *F:* cresson *m* de cheval, de chien.
brookweed ['brukwi:d], *s. Bot:* Samole *m* aquatique; pimprenelle *f* aquatique; mouron *m* d'eau.
broom [bru:m], *s.* **1.** *Bot:* Genêt *m* (à balai). **Dyer's broom**, genêt des teinturiers; genette *f*. *See also* BUTCHER'S BROOM, WITCH-BROOM. **2.** Balai *m*. *Small b.*, balayette *f*. **Wall-broom**, tête-de-loup, *pl.* têtes-de-loup. *See also* CARPET-BROOM, FEATHER-BROOM, PINE[1] 1, SCRUB-BROOM. *Prov:* **A new broom sweeps clean**, tout nouveau tout beau; il n'est ferveur que de novice; il fait balai neuf.
broomrape ['bru:mreip], *s. Bot:* Orobanche *f*.
broomstick ['bru:mstik], *s.* **1.** Manche *m* à balai. *F:* **To marry over the broomstick, to jump (over) the broomstick**, se marier de la main gauche. *See also* MARRY[1] 2. **2.** *pl. F:* Jambes *f* (ou bras *m*) comme des allumettes.
brose [bro:uz], *s. Cu:* (*Scot:*) Farine *f* d'avoine sur laquelle on verse du lait bouillant; bouillie *f*. **Pease brose**, purée *f* de pois.
broth [brɔθ], *s. Cu:* (*a*) Bouillon *m*, potage *m*; *A:* brouet *m*. *F:* **A broth of a boy**, un excellent garçon; un gaillard. (*b*) **Scotch broth**, soupe *f* (de tête de mouton) avec orge et légumes. (*c*) *Tchn:* **Broth culture**, bouillon de culture.
brothel [brɔθl], *s.* Bordel *m* (*not in decent use*); bouge *m*, lupanar *m*; *P:* boxon *m*. *Jur:* Maison *f* de débauche. (Les maisons de tolérance n'existent pas en Angleterre.)
brother, *pl.* **-ers**; (*in sense* 2) *pl.* **brethren** ['brʌðər, -ərz, 'breðrən], *s.* **1.** Frère *m*. *Own, full, b.*, **brother german**, frère germain, frère de père et mère. *Older b.*, frère aîné. *Younger b.*, (frère) cadet *m*. **The brothers Smith, the Smith brothers**, les frères Smith. *See also* FOSTER-BROTHER, HALF-BROTHER, JONATHAN. *Com:* **Smith Brothers, Smith Bros**, maison *f* Smith frères. **2.** (*a*) (*Fellow-member of religious, etc., society, pl. usu. brethren*) Frère. *Ecc:* **Dearly beloved brethren**, mes très chers frères; mes bien chers frères. *Adm:* **The Elder Brethren of Trinity House**, les maîtres *m* de la Corporation de "*Trinity House*," *q.v. under* TRINITY 2. *See also* PLYMOUTH BRETHREN. (*b*) (*pl. Brethren*) Confrère *m* (d'un corps de métier). **3.** *Ecc.* (*pl. Brothers*) Frère (d'une communauté). *Lay brothers*, frères lais. **4.** *Attrib.* **Brother-'writer, -'teacher, -'doctor, -'member, -'officer, etc.**, confrère *m*, collègue *m*. *Brother-convicts*, compagnons *m* de bagne. *Brother-minister*, coministre *m*. *We were brother-officers in* 1914, nous étions frères d'armes en 1914. *You may apply to your brother-swindlers*, adressez-vous à d'autres escrocs comme vous-même.
'brother-in-'arms, *s.* (*pl.* **brothers-in-arms**) Compagnon *m* d'armes; frère *m* d'armes.
'brother-in-law, *s.* (*pl.* **brothers-in-law**) Beau-frère *m*, *pl.* beaux-frères.
brotherhood ['brʌðərhud], *s.* **1.** Fraternité *f*. **2.** (*a*) Confraternité *f*, société *f*; (*religious*) confrérie *f*. (*b*) *Literary b.*, cénacle *m* littéraire. (*c*) *U.S:* Syndicat ouvrier
brotherlike ['brʌðərlaik]. **1.** *a.* De frère, fraternel. **2.** *adv.* En frère, fraternellement.
brotherliness ['brʌðərlinəs], *s.* **1.** Amour fraternel. **2.** Confraternité *f*.
brotherly ['brʌðərli]. **1.** *a.* Fraternel. **2.** *adv.* Fraternellement.
brouchant ['broutʃənt], *a. Her:* Brochant (*over*, sur).
brougham ['bru:əm, bru:m], *s. Veh:* Brougham *m*, coupé *m*. *Aut:* Coupé (de ville).
brought [brɔ:t]. *See* BRING.
broussonetia [bru:so'ni:ʃiə], *s. Bot:* Broussonnétie *f*.
brow[1] [brau], *s.* **1.** (*Usu. pl.*) (*a*) Arcades sourcilières. (*b*) Sourcil(s) *m*. **To pucker one's brows**, froncer les sourcils. *See also* KNIT[2] 1. **2.** (*Forehead*) Front *m*. **To smooth, unbend, the brow**, se dérider. *See also* ANTLER, HIGHBROW, LOW-BROW. **3.** *F:* Front, croupe *f* (de colline); bord *m* (de précipice).
'brow-band, *s. Harn:* Frontal, -aux; frontail *m*, fronteau *m*.
'brow-ridges, *s.pl.* Arcades sourcilières.
brow[2], *s. Nau:* Échafaudage *m* à transbordement; planche(s) *f*(*pl*) de débarquement, d'embarquement.
browbeat ['braubi:t], *v.tr.* Intimider, brusquer, rudoyer (qn). *To b. s.o. into doing sth.*, rabrouer, violenter, qn pour lui faire faire qch., jusqu'à ce qu'il fasse qch.
browbeating[1], *a.* Bourru; arrogant.
browbeating[2], *s.* Intimidation *f*, rudoiement *m*.
-browed [braud], *a.* (*With adj. prefixed*) Au front. . . . **High-browed**, au front haut. **Brazen-browed**, au front d'airain. **Black-browed**, (i) sourcilleux; au visage sombre; à l'air courroucé;

(ii) *occ.* aux sourcils noirs. **A heavy-browed fellow,** un garçon aux sourcils épais. *See also* BEETLE-BROWED, LOW-BROWED.

brown[1] [braun]. **1.** *a.* Brun, marron. *B. hair*, cheveux bruns, cheveux châtains. **Light-brown hair,** cheveux châtain clair. **Brown boots,** chaussures *f* jaunes. *The waters of the North Sea are b.*, les eaux de la mer du Nord sont jaunes. *Miner:* **Brown chalk,** terre *f* d'ombre. *Tex:* **Brown holland,** toile écrue. *See also* BEAR[1] I, BESS, BREAD, COAL[1] I, LEATHER[1] I, OWL, PAPER[1] I, ROT[1] I, STUDY[1] 2, SUGAR[1] I. *Cu:* **Brown butter,** beurre roux, beurre noisette. **To do a fish brown,** faire dorer un poisson. **Roasted brown,** rissolé. *F:* **To be as brown as a berry,** être hâlé, bruni, bronzé (comme un romanichel). *See also* NIGGER-BROWN, NUT-BROWN. *The b. tints of autumn*, les teintes *f* de rouille de l'automne. *P:* **To do s.o. brown,** refaire, rouler, qn. *To have been done b.*, être chocolat. *Done b.*, refait, rousti. **2.** *s.* (*a*) Brun *m*; marron *m*. *Leather articles in b.*, maroquinerie *f* en marron. *Ven: etc: F:* **To fire into the brown,** tirer dans le tas. (*b*) *P:* (*Halfpenny*) Demi-penny *m*; sou *m*.

brown-'haired, *a.* (*Of pers.*) Aux cheveux châtains. *A b.-h. woman*, une femme châtain(e).

'brown-stone, *s. U.S:* Grès *m* de construction. *F:* **The brown-stone vote,** les suffrages *m* des classes aisées.

'brown-tail, *a. Ent:* **Brown-tail moth,** liparis *m* cul-doré; cul-doré *m*, *pl.* culs-dorés; cul-brun *m*, *pl.* culs-bruns.

brown[2]. **1.** *v.tr.* (*a*) Brunir. *Face browned by the sun*, teint bruni, hâlé, au soleil. (*b*) *Cu:* Rissoler (la viande); faire dorer (le poisson); faire revenir (des petits pois); faire roussir (du beurre, une sauce); praliner (des amandes). *Metall:* Bronzer, brunir (des armes, etc.). **2.** *v.i.* (*a*) (Se) brunir. *His skin browns readily in the sun*, son visage (se) brunit facilement au soleil. (*b*) *Cu:* Prendre couleur; se rissoler; roussir. **3.** *v.tr. F: Ven: etc:* **To brown a covey, a troop of men,** tirer dans le tas.

browning[1], *s.* **1.** Brunissement *m*; bronzage *m* (des armes, etc.); rissolement *m* (des viandes); bronzage (du teint); pralinage *m* (des amandes). **2.** *Cu:* Caramel *m*.

Brownian ['braunian], *a. Ph:* (Mouvement) brownien.

brownie ['brauni], *s.* **1.** *Scot:* Lutin *m* (bienfaisant); farfadet *m*. **2.** Membre *m* de la section des "petites" des "*Girl Guides*"; petite aile. **3.** *Phot:* Appareil *m* Brownie, kodak *m* Brownie.

Browning[2] ['brauniŋ], *s. Sm.a:* Browning *m*; pistolet *m* automatique.

brownish ['brauniʃ], *a.* Brunâtre, brunet.

Brownists ['braunists], *s.pl. Rel.H:* Adhérents de Robert Browne (qui fonda une secte env. 1580).

brownness ['braunnəs], *s.* Couleur brune (*of*, de).

browse[1] [brauz], *s.* **1.** Brout *m*; jeunes pousses *f*. **2.** *Goats enjoying a b.*, chèvres *f* en train de brouter.

browse[2], *v.tr.* & *i.* (*a*) *To b.* (*on*) *leaves*, brouter des feuilles. *Ven:* (*Of deer*) Gagner. (*b*) *F:* (= GRAZE) *To b. the grass*, brouter l'herbe; paître. *Abs. To b. in a meadow*, brouter dans un pré. *F: To b. among books*, feuilleter des livres; butiner dans les livres; bouquiner. (*c*) *F:* Flânocher.

browsing, *s.* **1.** (*a*) Abroutissement *m* (des arbres par le gibier). *Ven:* **Browsing ground, land,** gagnage *m*. (*b*) Broutement *m* (des animaux). **2.** Flânerie *f*.

'browse-wood, *s.* Brout *m*.

bruchus ['brukəs], *s. Ent:* Bruche *m or f*, *F:* cusson *m*.

Bruin ['bruin]. *Pr.n.* (*a*) *Lit:* Brun *m*; l'Ours *m*. (*b*) *F:* (L'ours) Martin.

bruise[1] [bru:z], *s.* Meurtrissure *f*; contusion *f*; bleu *m*; (*on fruit*) talure *f*, cotissure *f*; (*on metal*) bosse *f*, renfoncement *m*; mâchure *f* (faite par l'étau). *Surg:* Coup *m* orbe. *Body covered with bruises*, corps couvert de coups.

bruise[2], *v.tr.* **1.** (*a*) Meurtrir, contusionner, froisser (une partie du corps); écraser (un fruit, un doigt). *Bruised fruit*, fruit taché, coti (par la grêle). *Vet: Bruised hoof*, sole battue. *Bruised in the hoof*, solbatu. *To b. one's arm*, se meurtrir au bras, se meurtrir le bras. *Nau:* (*Of paddle-boat*) **To bruise water,** pagayer. (*b*) (*With passive force*) (*Of fruit*) Se meurtrir, se tacher, s'abîmer (au moindre coup). **2.** Bosseler, bossuer (le métal); *Mec.E:* mater, matir; mâchurer (dans l'étau). **3.** Broyer, écraser, concasser (une substance); égruger (le blé).

bruising, *s.* **1.** Écrasement *m* (des chairs); contusion *f*, froissement *m*. **2.** Broyage *m*, écrasement, concassage *m*; égrugeage *m*. **3.** *Mec.E:* Matage *m*; mâchure *f*.

bruiser ['bru:zər], *s.* **1.** *Box: F:* Boxeur *m* (brutal); cogneur *m*. **2.** *Ind:* Appareil *m* de broyage; broyeur *m*.

bruisewater ['bru:zwɔ:tər], *s. Nau: F:* (Navire) tangueur *m*, canardeur *m*.

bruit[1] [bru:t], *s. A.* & *Lit:* Bruit *m* (qui se répand); rumeur *f* (publique).

bruit[2], *v.tr. A.* & *Lit:* **To bruit sth. abroad, about,** faire courir le bruit de qch.; ébruiter qch. *It was bruited that . . .*, le bruit courait que. . . .

Brum [brʌm]. *Pr.n. F:* = BIRMINGHAM.

brumbie, brumby ['brʌmbi], *s. F:* (*In Austr.*) Cheval sauvage ou non dressé.

Brummagem ['brʌmədʒəm], *s. F:* (= *Birmingham*) **Brummagem ware,** joaillerie *f*, etc., de camelote, de pacotille, en toc; clinquant *m*. *B. clock*, pendule *f* en toc.

brumous ['bru:məs], *a.* Brumal, d'hiver.

brunch [brʌnʃ], *s. F:* Déjeuner *m* à la fourchette (tenant lieu de "*breakfast*" et de "*lunch*").

brunette [bru'net], *a.* & *s.* (*Of woman*) Brune. *A handsome b.*, une belle brune. **A small brunette,** une brunette.

Brunhild ['bru:nhild]. *Pr.n.f. Lit:* Brunehaut.

Brunswick ['brʌnz(w)ik]. *Pr.n. Geog:* Brunswick. *See also* BLACK[1] II. I, NEW BRUNSWICK.

brunt [brʌnt], *s.* Choc *m*. **To bear the brunt of the attack,** soutenir le plus fort, le choc, la violence, de l'attaque. *The b. of the battle*, le plus fort de la bataille. *Walls that had stood the b. of ages*, murailles *f* qui avaient résisté aux attaques des siècles. **To bear the brunt of s.o.'s displeasure,** soutenir le poids de la colère de qn. *To bear the b.* (*of the work or fight*), payer de sa personne. *To bear the b. of the expense*, faire tous les frais. *To bear the b. of the storm*, essuyer, subir, l'orage. *F: You will have to bear the b. of the storm*, c'est sur vous que la tempête se déchaînera.

Brusa ['brusa]. *Pr.n. Geog:* Brousse *f*.

brush[1] [brʌʃ], *s.* **1.** (*a*) = BRUSHWOOD. (*b*) *U.S: etc:* Brousse *f*. **2.** (*a*) Brosse *f*; (*for bottle, etc.*) goupillon *m*. *Hard b.* (*for shoes*), brosse à décrotter. **Sweeping brush,** balai *m*. **Long-handled (Turk's head) brush, Pope's head brush,** tête-de-loup *f*, *pl.* têtes-de-loup. **Hearth-, banister-brush,** balayette *f*, époussette *f*. **Bottle-brush,** goupillon. **Saucepan-brush,** brosse à recurer les casseroles. *Mch:* **Scaling-brush,** brosse à tubes. *See also* BLACKING-BRUSH, BURNISHING-BRUSH, CLOTHES-BRUSH, DANDY-BRUSH, FEATHER-BRUSH, FLUE BRUSH, HAIRBRUSH, HAT-BRUSH, NAIL-BRUSH, PASTRY-BRUSH, POLISHING, SCRUBBING-BRUSH, SHAVING-BRUSH, TOOTH-BRUSH, WIRE BRUSH. (*b*) **(Paint-)brush,** pinceau *m*. **Flat brush,** queue-de-morue *f*, *pl.* queues-de-morue. **Paste-brush,** pinceau à colle. **Whitewash brush, distempering brush,** badigeon *m*. **Air-brush,** pinceau vaporisateur. *Art:* **To paint with a full brush,** peindre dans la pâte; peindre en pleine pâte. **She is worthy of an artist's brush,** *F:* elle est à peindre. *See also* GRAINING-BRUSH, STENCIL-BRUSH, TAR-BRUSH. (*c*) *Ven:* Queue *f* (de renard). *F:* **To show one's brush,** se sauver, s'enfuir. (*d*) *El.E:* Balai (de commutateur, de génératrice). **Third brush,** balai auxiliaire, de réglage. *Current-collecting b.*, balai de prise de courant. **Brush-holder, -carrier,** porte-balais *m inv.* **3.** (*a*) Faisceau *m* de rayons électriques. *See also* DISCHARGE[1] 3. (*b*) *Opt: Cryst:* **Haidinger's brushes,** houppes *f* d'Haidinger. **4.** Coup *m* de brosse (à des vêtements, etc.). **5.** (*a*) Rencontre *f*, échauffourée *f*, escarmouche *f* (avec l'ennemi). *F:* **At the first brush . . .,** au premier abord. . . . *After the first b.*, après le premier abord. (*b*) *Sp: U.S:* Petite partie; défi *m*. (*c*) *Farr:* Éraflure *f* (à la jambe du cheval).

'brush-braid, *s. Cost:* Balayeuse *f* (pour jupes).

'brush-hanger, *s.* Accroche-balai *m*, *pl.* accroche-balais.

'brush-harrow, *s.* = BUSH-HARROW.

'brush-maker, *s.* Brossier *m*; fabricant *m* de brosses.

'brush-making, -manu'facture, *s.* Brosserie *f*.

'brush-proof, *s. Typ:* Épreuve *f* à la brosse; morasse *f*.

'brush-ware, *s.* Brosserie *f*.

'brush-washer, *s.* Lave-pinceaux *m inv.*

'brush-wheel, *s. Ind:* Brosse tournante.

'brush-work, *s.* **1.** Travail *m* au pinceau. **2.** *Art:* Touche *f* (du peintre); facture *f*.

brush[2]. **1.** *v.tr.* (*a*) Brosser (un habit, les cheveux); balayer (un tapis). *To b. one's hair*, se brosser les cheveux. *Hair brushed back*, cheveux rejetés en arrière; *F: A:* cheveux à l'embusqué. *F:* **To brush s.o.'s jacket,** flanquer une volée à qn. (*b*) Effleurer, raser, frôler, érafler (une surface). (*c*) Gratter (la laine). *Brushed wool trimming*, garniture *f* en laine grattée. (*d*) *To b. the dust off sth.*, enlever la poussière de qch. (à la brosse, en brossant). *To b. sth. clean*, nettoyer qch. avec une brosse, à la brosse. **2.** *v.i.* (*a*) **To brush against, by, past, s.o.,** froisser, frôler, friser, qn en passant; passer rapidement auprès de qn. *To b. against sth.*, frôler, érafler, qch. (*b*) *Farr:* (*Of horse*) Se friser (en marchant, en trottant).

brush aside, *v.tr.* Écarter (une pensée, un avis, une difficulté). (*At meeting*) *To b. aside an objection*, passer à l'ordre du jour sur une objection.

brush away, *v.tr.* Enlever (de la boue, etc.) d'un coup de brosse ou de balai; essuyer furtivement (une larme).

brush down, *v.tr.* Donner un coup de brosse à (qn); brosser, panser (un cheval); coucher (le poil d'un chapeau, etc.).

brush-'down, *s. To give s.o. a b.-d.*, donner un coup de brosse à qn. *To give a horse a b.-d.*, brosser, panser, un cheval. *To have a b.-d.*, se (faire) donner un coup de brosse.

brush in, *v.tr. Art:* Brosser (le fond, les draperies, etc.).

brush out, *v.tr.* **1.** *To b. out one's hair*, se démêler les cheveux (à la brosse). **2.** *To b. out a room*, nettoyer une pièce (avec un balai). **3.** *Art: To b. out a detail*, supprimer un détail (avec le pinceau).

brush over, *v.tr.* Enduire (une surface) à la brosse; badigeonner (une surface) (*with*, de).

brush up, *v.tr.* (*a*) Brosser, donner un coup de brosse à (un chapeau, etc.). *F:* **To brush up a subject,** se remettre à un sujet; repasser, rafraîchir, un sujet. *To b. up one's French*, dérouiller son français; se remettre au français. *F:* **To brush s.o. up,** dégauchir, dégourdir, qn. (*b*) *To b. one's hair up, to b. up one's hair*, rejeter ses cheveux en arrière. *To b. up wool*, gratter la laine. *To b. up the hair of a fur*, éveiller le poil d'une fourrure. (*c*) *To b. up the crumbs*, ramasser les miettes (avec la brosse).

brush-'up, *s.* **1.** Coup *m* de brosse. '*Wash and b.-up, 2d.*,' "lavabo et coup de brosse, 2 pence." **To have a brush-up,** se (faire) donner un coup de brosse. **2.** *To give one's French a b.-up*, dérouiller son français.

brushing, *s.* Coup *m* de brosse; brossage *m*, balayage *m*.

brushwood ['brʌʃwud], *s.* (*a*) Broussailles *fpl*, brosses *fpl* (sur la lisière d'une forêt); bois taillis; fourré *m*; hallier *m*. (*b*) Mort-bois *m*; menu bois; brindilles *fpl*.

brushy ['brʌʃi], *a.* **1.** En brosse; hérissé; velu. **2.** *B. tail*, queue bien fournie. **3.** Couvert de broussailles ou de brousse; broussailleux.

brusque [brusk], *a.* Brusque; (ton) rude, bourru. **-ly,** *adv.* Avec rudesse, avec brusquerie.

brusqueness ['brusknəs], *s.* Brusquerie *f*, rudesse *f*.

Brussels [brʌslz]. *Pr.n. Geog:* Bruxelles. **Brussels lace, point m,** dentelle *f*, de Bruxelles. *See also* CARPET[1] I, NET[1] 3, SPROUT[1] 2.

brutal ['brut(ə)l], *a.* Brutal, -aux; (instinct) animal, de brute. *To say* *b. things to s.o.*, dire des brutalités à qn. *The b. truth*, la vérité brutale. *B. to animals*, barbare envers les animaux. **-ally,** *adv.* Brutalement.

brutality [bru'taliti], *s.* **1.** Brutalité *f* (*to*, envers). **2.** *Jur:* Sévices *mpl* (*to*, envers).

brutalization [brutəlai'zeiʃ(ə)n], *s.* Abrutissement *m.*

brutalize ['brutəlaːiz], *v.tr.* Abrutir, animaliser (qn). *To become brutalized*, s'animaliser, s'abrutir.

brutalizing, *a.* Qui abrutit; digne des brutes.

brute [bruːt]. **1.** *s.* (*a*) Brute *f*; bête *f* brute. *Alcohol turns men into brutes*, l'alcool abrutit les hommes. *F: Mosquitoes and midges and other little brutes*, moustiques et cousins et autres sacrées petites bestioles. (*b*) *F:* (*Of pers.*) Brute; brutal, -aux *m. What a b.!* quel animal! (*c*) *F:* **It was a brute of a job,** c'était un métier, un travail, de chien. *What a b. of a day!* quel chien de temps! **2.** *a.* (*a*) **Brute beast,** bête brute. *See also* CREATION 2. (*b*) **Brute force,** la force brutale. **By brute force,** de vive force. (*c*) **Brute matter,** matière *f* brute. (*d*) *B. fidelity*, fidélité *f* de chien.

brutify ['brutifai], *v.tr.* Abrutir.

brutish ['brutiʃ], *a.* **1.** De brute; bestial. *B. appetites*, appétits bestiaux. **2.** Abruti, brutal, -aux. **-ly,** *adv.* Brutalement; en brute; comme une brute.

brutishness ['brutiʃnəs], *s.* Brutalité *f.* **1.** Bestialité *f.* **2.** Abrutissement *m.*

Brutus ['bruːtəs]. *Pr.n.m.* Brutus. *B.-like virtue*, vertu *f* à la Brutus, digne de Brutus.

bryologist [brai'ɔlədʒist], *s.* Bryologiste *mf.*

bryology [brai'ɔlədʒi], *s.* Bryologie *f.*

bryony ['braiəni], *s. Bot:* **1. White bryony,** bryone *f*, couleuvrée *f.* **2. Black bryony** = LADY'S SEAL.

bryozoa [braio'zouə], *s.pl. Biol:* Bryozoaires *m.*

bryum ['braiəm], *s. Bot:* Bryon *m.*

-bubbed [bʌbd], *a. P:* **Big-bubbed,** mamelu(e); aux seins fortement développés; *F:* aux gros nichons.

bubble[1] [bʌbl], *s.* **1.** (*a*) Bulle *f* (d'air, de savon); (*in boiling liquid*) bouillon *m. See also* SOAP-BUBBLE. (*b*) *Glassm:* Soufflure *f*; *Cer:* cloche *f*; *Metall:* soufflure, boursouflement *m*; poche *f* d'air. **2.** Projet *m* chimérique; chimère *f*, illusion *f*; tromperie *f.* **The bubble Reputation,** cette chose vaine qu'on appelle Renommée. **To prick the bubble** *of s.o.'s expectations*, réduire à néant les espérances de qn. *The b. was pricked*, ce fut une désillusion. *Attrib. Fin:* **Bubble scheme,** entreprise véreuse; duperie *f*; *P:* flouerie *f. B. company*, (i) société *f* fantôme; (ii) société de filous. *Hist:* **The South Sea Bubble,** l'Affaire des mers du Sud (1720). **3.** Bouillonnement *m.*

'bubble-and-'squeak, *s. Cu:* (*a*) Réchauffé *m* en friture de pommes de terre et de choux. (*b*) *A:* Rata *m* aux choux.

'bubble-tube, *s.* Tube *m* à bulle (d'un niveau à bulle d'air).

bubble[2]. **1.** *v.i.* (*a*) (*Of boiling liquid, of stream*) Bouillonner; dégager des bulles; (*of wine*) pétiller. *Ch: Ind:* (*Of gas through liquid*) Barboter. (*b*) (*Of liquid poured*) Faire glouglou, glouglouter. **2.** *v.tr. To b. a gas through a liquid*, faire barboter un gaz dans un liquide.

bubble over, *v.i.* Déborder (en bouillonnant, en moussant). *F: To b. over with vitality, with high spirits*, déborder de vie, de gaîté. *Children bubbling over with life*, enfants bouillonnants de vie. *To b. over with joy*, pétiller de joie. *He was bubbling over with laughter*, il ne se tenait pas de rire; il se pouffait de rire.

bubble up, *v.i.* (*Of spring*) Sortir à gros bouillons.

bubbling[1], *a.* (*a*) Bouillonnant; (*of wine*) pétillant. (*b*) **The bubbling song of the curlew,** le chant perlé, roulé, du courlis. *Med:* **Bubbling râle,** râle bulleux.

bubbling[2], *s.* **1.** Bouillonnement *m*, pétillement *m.* **2.** *Ch:* Barbotage *m.*

bubbler ['bʌblər], *s. Ind:* Barboteur *m* (pour gaz).

bubbly ['bʌbli]. **1.** *a.* Plein de bulles; pétillant. **2.** *s. P:* (Vin de) champagne *m.*

bubbly-jock ['bʌblidʒɔk], *s. Scot: F:* Dindon *m.*

bubo, *pl.* **-oes** ['bjuːbou, -ouz], *s. Med:* Bubon *m.*

buboed ['bjuːboud], *a.* Affecté de bubons.

bubonic [bju'bɔnik], *a. Med:* Bubonique. *B. plague*, peste *f* bubonique, peste noire.

bubonocele [bju'bɔnəsiːl], *s. Med:* Hernie inguinale.

bubs [bʌbz], *s.pl. P:* Nichons *m*, nénés *m*, estomacs *m.*

buccal ['bʌkəl], *a. Anat:* Buccal, -aux.

buc(c)an ['bʌkən], *s.* Boucan *m* (des Caraïbes).

buccaneer[1] [bʌkə'niːər], *s.* (*a*) *Hist:* Flibustier *m.* (*b*) *F:* Boucanier *m*, flibustier; pirate *m.* **Like a buccaneer,** à la boucanière.

buccaneer[2], *v.i.* Faire le boucanier; faire le métier de pirate; flibuster.

buccaneering[1], *a.* (*Of habits, people, etc.*) Boucanier, -ière.

buccaneering[2], *s.* Métier *m* de boucanier, de pirate, de flibustier; flibusterie *f.*

buccinator ['bʌksineitər], *s. Anat:* (Muscle) buccinateur *m.*

Bucephalus [bju'sefələs]. *Pr.n.* Bucéphale *m. Hum: I bestrode my B.*, j'enfourchai mon Bucéphale.

buck[1] [bʌk], *s.* **1.** (*a*) Daim *m* ou chevreuil *m* (mâle). (*b*) Mâle *m* (du renne, du chamois, de l'antilope, du furet, du lapin, du lièvre). **Buck-rabbit,** lapin *m* mâle. (*c*) *U.S:* Bélier *m.* (*d*) *U.S:* Indien mâle. **Buck nigger,** nègre mâle. **2.** *F:* (*a*) *A. & Hist:* Dandy *m*, élégant *m.* **Old buck,** vieux marcheur. (*b*) **My buck!** mon gaillard! **Old buck!** mon vieux! **3.** *Equit:* = BUCK-JUMP[1]. **4.** *U.S:* = BUCK-SHOT. **5.** *U.S: P:* = DOLLAR 2.

'buck-horn, *s.* Corne *f* de cerf.

'buck-hound, *s.* (Chien courant dénommé) buck-hound *m.*

'buck-jump[1], *s.* (*Of horse*) Saut *m* de mouton.

'buck-jump[2], *v.i.* (*Of horse*) Faire le saut de mouton; faire le gros dos; faire un haut-le-corps.

'buck-jumper, *s.* Cheval *m* qui fait le saut de mouton; cheval méchant.

'buck's-horn, *s.* = BUCK-HORN.

'buck-shot, *s. Ven:* Chevrotine *f*; gros plomb.

'buck-teeth, *s.pl.* Dents saillantes. **Buck-tooth,** dent qui avance.

buck[2]. **1.** *v.i.* (*a*) = BUCK-JUMP[2]. (*b*) *Av: P:* (*Of plane*) Se cabrer. **2.** *v.tr.* (*Of horse*) **To buck s.o. off,** désarçonner qn; jeter bas le cavalier.

bucking[1], *s.* Sauts *mpl* de mouton (d'un cheval, d'un mulet).

'buck-board, *s. U.S:* Chariot composé d'une longue planche montée sur quatre roues.

'buck-cart, *s. U.S:* Charrette légère à quatre roues.

buck[3]. **1.** *v.tr.* (*Of rabbit*) Bouquiner (la femelle). **2.** *F:* (*a*) *v.tr.* **To buck s.o. up,** encourager qn (à continuer); remonter le courage de qn; stimuler, ragaillardir, ravigoter, qn; donner du cœur à qn. *That will b. you up*, ça vous remontera, vous retapera; ça vous remettra du cœur au ventre; ça vous remettra d'aplomb. (*b*) *v.i.* **To buck up,** (i) reprendre courage, se ragaillardir, se ravigoter, se ressaisir; *F:* se retaper le moral; (ii) se hâter, se remuer. **Buck up!** (i) courage! (ii) remue-toi! dépêche-toi! presse-toi! *P:* (dé)grouille-toi!

bucked, *a. F:* Ragaillardi; enchanté. *I was tremendously b. to hear the news*, j'ai été enchanté d'apprendre la nouvelle; ça m'a remonté le cœur d'apprendre ça!

buck[4], *s. U.S:* (*a*) Chevalet *m*, chèvre *f* (à scier le bois). (*b*) *Gym:* Cheval *m* de bois.

'buck-saw, *s. Tls:* Scie *f* de long.

buck[5], *s. Fish:* Nasse *f* à prendre les anguilles.

buck[6], *s. U.S: Cards:* Couteau *m*, etc., que l'on place devant un joueur pour marquer que c'est à lui de donner. **To pass the buck to s.o.,** (i) (*at poker*) passer la parole au suivant; (ii) *F:* mettre l'affaire sur le dos de qn; passer la décision à qn; (iii) *F:* mettre qn dedans, refaire qn.

buck[7], *s.* Lessive *f.*

'buck-ashes, *s.pl. Agr: Glassm:* Charrée *f.*

buck[8], *v.tr.* Lessiver (le linge).

bucking[2], *s.* Lessivage *m.*

'bucking-cloth, *s.* Charrier *m.*

buck-bean ['bʌkbiːn], *s. Bot:* Trèfle *m* d'eau; ményanthe *m.*

bucker ['bʌkər], *s.* = BUCK-JUMPER.

bucket[1] ['bʌkit], *s.* **1.** (*a*) Seau *m* (en bois). *Canvas b.*, seau en toile. *See also* DROP[1] 1, KICK[2] 2. (*b*) *Min: Ind:* Baluchon *m*, baquet *m. Nau: Tar b.*, baille *f* à goudron. **2.** Piston *m* (à clapet) (d'une pompe); heuse *f*, chopine *f.* **3.** *Hyd.E:* (*a*) Auget *m* (d'une roue hydraulique). (*b*) **Chain of buckets,** (pompe à) chapelet *m*; patenôtre *f. See also* CONVEYER 2, ELEVATOR 1. **4.** (*a*) Godet *m*, benne *f* (d'une drague, d'un monte-charge); louchet *m* (d'une drague). *Dredging b.*, godet, hotte *f*, à draguer; baluchon. *See also* GRAB[1] 2. (*b*) Bassicot *m* (de telphérage). **5.** (*a*) Cuissard *m* (d'une jambe artificielle). (*b*) *Mil:* Botte *f* (pour carabine); godet (d'un brayer, pour hampe de lance, etc.). **Rifle-bucket,** porte-crosse *m inv.* (*c*) *Veh:* Porte-fouet *m inv.*

'bucket-pump, *s.* Pompe élévatoire, soulevante.

'bucket-seat, *s. Aut:* (Siège *m* en) baquet *m.*

'bucket-shop, *s. Fin: U.S:* Bureau *m* d'un courtier marron. *B.-s. swindler*, courtier marron.

'bucket-wheel, *s.* Roue *f* à augets.

bucket[2]. **1.** *v.tr. Equit:* Surmener (un cheval). **2.** *v.i. Row:* **To bucket (the recovery),** dégager ou revenir sur l'avant en s'appuyant sur l'aviron; trop presser le retour sur l'avant.

bucket[3], *s. Row:* Retour *m* sur l'avant en s'appuyant sur l'aviron; retour sur l'avant précipité.

bucketful ['bʌkitful], *s.* Plein seau. *F: It is raining in bucketfuls*, il pleut à seaux.

buckeye ['bʌkai], *s. Bot: U.S: F:* Pavier *m*; marronnier *m* à fleurs rouges. *F:* **The Buckeye State,** l'Ohio.

buckish ['bʌkiʃ], *a. F:* Qui porte beau.

buckle[1] [bʌkl], *s.* **1.** Boucle *f*, agrafe *f* (d'une courroie). *U.S: F:* **To make buckle and tongue meet,** arriver à joindre les deux bouts. *See also* TURN-BUCKLE. **2.** *Tchn:* Flambement *m*, gauchissement *m* (d'une tige, d'une surface, d'une roue, etc.); voile *m* (d'une roue, etc.); flambage *m*; foisonnement *m. Minor buckles*, flambements secondaires.

'buckle-loop, *s.* Enchapure *f.*

buckle[2]. **1.** *v.tr.* (*a*) Boucler (une valise, un soulier, etc.); agrafer, serrer, attacher (une ceinture, etc.). **To buckle on** *one's armour, one's sword*, revêtir, endosser, son armure; ceindre son épée. (*b*) *Tchn:* Déjeter; gauchir; voiler (une roue); faire flamber (une tige de métal, etc.); tordre (une plaque d'accumulateur, etc.). **2.** *v.i.* (*a*) (*Of shoe, belt*) Se boucler (de telle ou telle façon). (*b*) *F:* (*Of pers.*) **To buckle to a task,** s'appliquer, s'atteler, à un travail. **To buckle to,** s'y atteler; s'y mettre; s'atteler au travail. **3.** *v.i.* (*a*) **To buckle (up),** (*of metal, etc.*) se déformer, se déjeter, (se) gondoler, gauchir, foisonner, flamber, arquer; (*of wheel, sheet-iron*) se voiler. (*b*) *F:* (*Of pers.*) **To buckle up,** flancher, s'effondrer.

buckling, *s.* **1.** Agrafage *m.* **2.** (*Of metal, etc.*) Déformation *f*, flambement *m*, flambage *m*, gauchissement *m*, flexion *f*, déjettement *m*, voilure *f*, arcure *f*; foisonnement *m*, gondolage *m*, gondolement *m* (d'une tôle, de plaques d'accu, etc.). *Mec.E:* **Buckling load or stress,** charge *f* au flambage. **3.** *F:* **Buckling to,** (i) application assidue au travail; (ii) commencement *m* du travail.

buckler ['bʌklər], *s.* **1.** (*a*) *Archeol:* Écu *m*, bouclier *m*; targe *f.* (*b*) *Lit. & F:* Bouclier. **2.** *Nau:* Tampon *m*, tape *f* (d'écubier).

buckram[1] ['bʌkrəm], *s.* **1.** *Tex:* Bougran *m*; (*for hat shapes*) linon *m.* **2.** *F:* (*a*) Raideur *f*, empesé *m* (du style, etc.). *Attrib. Johnson's b. style*, le style empesé, compassé, de Johnson. (*b*) *A:* Fausse apparence de solidité (d'une toile gommée).

buckram[2], *v.tr.* **1.** *Tail: etc:* Bougraner, renforcer (un revers, etc.). **2.** *F:* Empeser (son style).

buckshee ['bʌkʃiː]. **1.** *adv. P:* Gratis, à l'œil. **2.** *s. P:* Rabiau *m.*

buckskin ['bʌkskin], *s.* Peau *f* de daim. *B. breeches, s.pl.* **buckskins,** culotte *f* de peau (de daim). *White b. shoes,* souliers *m* en daim blanc.

buckthorn ['bʌkθɔːrn], *s. Bot:* Nerprun *m.* **Alder-buckthorn,** bourdaine *f.* **Sea-buckthorn,** argousier *m;* faux nerprun.

buckwheat ['bʌkhwiːt], *s. Agr:* Sarrasin *m;* blé noir; dragée *f* de cheval. *B. cakes,* galettes *f* de blé noir.

bucolic [bju'kɔlik], *a. & s.* Bucolique (*f*); *a.* pastoral, -aux.

bud[1] [bʌd], *s.* **1.** *Bot: Z:* Bourgeon *m;* œil *m* (d'une plante); maille *f* (de vigne). (*Of tree*) **To be in bud,** bourgeonner. *F:* **Sedition in the bud,** sédition *f* en germe; germes *m* de sédition. **Poets in the bud,** poètes *m* en herbe. *See also* ASPARAGUS, EYE-BUD, NIP[2] 2, SHIELD-BUD. **2.** *Bot:* Bouton *m* (de fleur). *Rose in bud,* rose *f* en bouton. **3.** *s.f.* (*a*) *F:* **A young Mayfair bud,** une débutante de Mayfair. (*b*) *U.S: P:* Jeune fille.

'**bud-shaped,** *a. Bot:* Gemmiforme.

bud[2], *v.* (**budded; budding**) **1.** *v.i.* (*a*) (*Of tree, plant*) Bourgeonner; se couvrir de bourgeons; (*of vine*) mailler. (*b*) (*Of flower*) Boutonner; commencer à éclore. (*c*) *F:* (*Of talent, etc.*) Commencer à éclore, à se révéler, à se manifester. **2.** *v.tr. Hort:* Greffer (un arbre fruitier) par œil détaché; écussonner (un arbre).

budded, *a.* **1.** (Arbre) couvert de bourgeons; (rose *f*) en bouton. **2.** *Hort:* (Arbre) greffé en écusson.

budding[1], *a.* (*a*) (Plante *f*, arbre *m*, fleur *f*) qui bourgeonne ou qui boutonne. *A b. rose,* un bouton de rose; une rose en bouton. (*b*) *F:* **Budding artist,** artiste *mf* en herbe. *B. beauty,* beauté *f* à son aurore. *B. passion,* passion naissante. *B. genius,* génie *m* près d'éclore.

budding[2], *s.* **1.** (*a*) Bourgeonnement *m* (des plantes). (*b*) Poussée *f* des boutons. **2.** Greffe *f* par œil détaché. *See also* SHIELD-BUDDING.

'**budding-knife,** *s.* Écussonnoir *m.*

Buda ['bjuːda], *Pr.n. Geog:* Bude *f.*

Buddha ['buda], *s.* (Le) Bouddha.

Buddhic ['budik], *a.* = BUDDHIST 2.

Buddhism ['budizm], *s.* Bouddhisme *m.*

Buddhist ['budist]. **1.** *s.* Bouddhiste *mf.* **2.** *a.* Bouddhique, bouddhiste.

buddle[1] [bʌdl], *s. Min:* Augette *f*, auge *f* à laver, lavoir *m.*

buddle[2], *v.tr.* Laver (le minerai) à l'auge, à l'augette.

Buddoo [bʌ'duː], *s. Mil: P:* Arabe *m; P:* bicot *m.*

buddy ['bʌdi], *s. U.S: P:* Ami *m*, copain *m.*

budge [bʌdʒ]. **1.** *v.i.* (*a*) Bouger, céder; reculer. *To refuse to b.,* refuser de bouger; *F:* ne plus vouloir décramponner. *I won't b. an inch,* je ne reculerai pas d'un centimètre. *He doesn't b.,* il ne décolle pas. (*b*) Bouger, remuer. *They dare not b. in his presence,* ils n'osent pas broncher devant lui. *If you b. . . .,* si vous faites le moindre mouvement. . . . **2.** *v.tr.* (*In neg. sentences*) *I couldn't b. him,* il est resté inébranlable. *He could not b. it,* il ne pouvait pas le bouger.

budgeree [bʌdʒə'riː], *a. P:* (*In Austr.*) Bon, excellent.

budgerigar [bʌdʒeri'gɑːr], *s. Orn:* Mélopsitte ondulé (d'Australie); perruche *f* inséparable.

budget[1] ['bʌdʒet], *s.* **1.** (*a*) *A:* Sac *m.* (*b*) Tas *m*, collection *f* (de papiers, etc.); recueil *m* (d'anecdotes, etc.). *B. of letters,* paquet *m* de lettres. *Big b. of news,* plein sac de nouvelles; grosse bottelée de nouvelles. **2.** *Fin: Parl:* Budget *m.* **To introduce, open, the budget,** présenter le budget. *To pass the b.,* voter le budget. *B. statement for the year . . .,* situation *f* budgétaire de l'année. . . . *F:* **Household budget,** budget, comptabilité *f*, du ménage. *See also* BALANCE[2] 1.

budget[2], *v.i. Fin: Parl:* **To budget for** (*a certain expenditure*), porter, inscrire, (certaines dépenses) au budget.

budgetary ['bʌdʒetəri], *a. Fin: Parl:* Budgétaire. *See also* YEAR.

budless ['bʌdləs], *a.* **1.** Sans bourgeons. **2.** Sans boutons.

budlet ['bʌdlet], *s.* **1.** Petit bourgeon. **2.** Petit bouton (de fleur).

Buenos-Ayrean [bueːnos'ɛəriən], *a. & s. Geog:* Buénos-ayrien, -ienne.

buff[1] [bʌf], *s.* **1.** Peau *f* de buffle; cuir épais. **Buff-leather,** buffle *m.* *Mil: Archeol:* **Buff-coat, -jerkin,** pourpoint *m* de buffle; pourpoint de cuir épais. **2.** (*a*) Couleur *f* chamois; jaune clair *inv. Attrib.* De couleur chamois; jaune clair. **Buff(-coloured) gloves,** gants *m* chamois. (*b*) *pl. Mil:* **The Buffs,** sobriquet officiel de l'*'East Kent Regiment'* de l'armée britannique (ainsi appelé à cause de la couleur des parements dans l'ancien uniforme). **3.** *F:* **In buff,** tout nu. **To strip to the buff,** se mettre dans le costume d'Adam; *P:* se mettre à poil. *Stripped to the b.,* nu comme un ver; nu comme la main; à poil. **4.** *Med:* **Buff (of clotted blood),** couenne *f* inflammatoire.

buff 'Orpington, *s. Husb:* Orpington *mf* fauve.

'**buff-stick,** *s. Metalw: Clockm:* Buffle *m*, polissoir *m*, cabron *m.*

'**buff-tip,** *s. Ent:* Phalène *f* bucéphale.

'**buff-wheel,** *s.* = BUFFING-WHEEL.

buff[2], *v.tr.* **1.** *Metalw: etc:* Polir, émeuler (un métal, etc.) (au buffle). *To b. one's nails,* se polir les ongles. **2.** *Leath:* Effleurer (les peaux).

buffing, *s.* **1.** Polissage *m*, émeulage *m.* **2.** Effleurage *m.*

'**buffing-wheel,** *s.* Meule *f* à polir; polisseuse *f*, polissoir *m;* disque *m* en buffle.

buff[3], *s. A:* = BUFFET[1]. *Still found in* BLIND-MAN'S-BUFF.

buffalo[1] ['bʌfəlo], *s.* **1.** *Z:* (*a*) Buffle *m.* *Cape b.,* buffle de Cafrerie. *Indian b., Asiatic b.,* buffle commun, d'Asie. *A herd of fifty buffaloes, of fifty buffalo,* un troupeau de cinquante buffles. *Young b.,* bufflon *m.* **Buffalo calf,** buffletin *m.* **Cow-buffalo,** bufflesse *f.* (*b*) *U.S: F:* Bison *m.* **2.** *U.S: P:* Nègre *m*, noir *m.*

buffalo[2], *v.tr. U.S: F:* Intimider, terroriser.

buffer[1] ['bʌfər], *s.* Appareil *m* de choc; amortisseur *m.* **1.** (*a*) *Rail: etc:* Tampon *m* (de choc). *Coupling b.,* tampon d'attelage. *Spring-b.,* tampon à ressort; ressort amortisseur. *Hydraulic b.,* tampon hydraulique. *Pneumatic b., air-b.,* tampon pneumatique, à air. *El.E:* **Accumulator forming buffer,** accumulateur *m* en tampon. *Dipl: F:* **Buffer state,** état *m* tampon. (*b*) = BUFFER-STOP. **2.** *Artil:* **Recoil-buffer,** frein *m* (de tir); accul *m.* **3.** *Aut: U.S:* = BUMPER 2 (*b*).

'**buffer-bar,** '**buffer-beam,** *s. Rail:* Traverse *f* avant, traverse frontale (de la machine).

'**buffer-box,** *s. Rail:* Faux-tampon *m*, *pl.* faux-tampons.

'**buffer-stop,** *s. Rail:* Butoir *m*, heurtoir *m;* tampon *m* d'arrêt.

buffer[2], *s. F:* **Old buffer,** (i) vieux copain; (ii) vieille ganache, vieux bonze.

buffer[3], *s.* Meule *f* à polir.

buffet[1] ['bʌfet], *s.* Coup *m* (de poing); *Lit:* soufflet *m; F:* torgn(i)ole *f; P:* beigne *f.* **The buffets of fortune,** les coups de la fortune; les vicissitudes *f* du sort.

buffet[2], *v.tr. & i.* (*a*) Flanquer une torgn(i)ole à (qn); bourrer (qn) de coups; tomber sur (qn) à coups de poing. *Lit: They spat upon Him and buffeted Him,* ils ont craché sur lui et l'ont souffleté. (*b*) **To buffet (with) the waves,** lutter contre les vagues. (*Of ship*) *Buffeted by the waves, by the wind,* battu, ballotté, par les vagues; secoué par le vent; mangé par la mer. *Buffeting wind,* vent violent. *F: To be buffeted by the crowd,* être bousculé par la foule. *Buffeted by fortune,* cahoté par la fortune. *He has been buffeted by fate,* il en a vu de dures.

buffeting, *s.* Succession *f* de coups, de chocs. *We got a b. in the Bay of Biscay,* nous avons été fortement secoués dans le golfe de Gascogne. *Flowers that stand up to the b. of rain and wind,* fleurs *f* qui résistent aux assauts de la pluie et du vent.

buffet[3], *s.* **1.** ['bʌfet] (*Sideboard*) Buffet *m.* **2.** ['bufe] (*a*) (*Refreshment-bar*) Buffet. (*b*) (*On menu*) **Cold buffet,** viandes froides; assiette anglaise.

buffet[4] ['bʌfet], *s. Dial:* Tabouret *m;* petit pouf; coussin *m* pour les pieds.

buffoon[1] [bʌ'fuːn], *s.* Bouffon *m*, paillasse *m*, clown *m;* baladin, -ine; *A:* trivelin *m.* *To act, play, the b.,* faire le bouffon.

buffoon[2], *v.i.* Faire le bouffon.

buffoonery [bʌ'fuːnəri], *s.* Bouffonneries *fpl;* baladinage *m.*

buffy[1] ['bʌfi], *a. Med:* Couenneux. **Buffy coat** = BUFF[1] 4.

buffy[2], *a. P:* Ivre, gris.

bug [bʌg], *s.* **1.** (*a*) Punaise *f.* (*b*) *U.S: F:* Insecte *m.* *See also* BED-BUG, FIRE-BUG, HARVEST-BUG, MAY-BUG, MEALY, PEA-BUG, POTATO-BUG. **2.** *F:* (*Of pers.*) **Big bug,** gros bonnet, *P:* grosse légume. **The big bugs,** les huiles *f.*

'**bug-bane,** *s. Bot: F:* Cimicaire *f*, cimicifuge *m;* chasse-punaise *m*, *pl.* chasse-punaise(s).

'**bug-destroying,** *a.* (Poudre *f*, etc.) cimi(ci)cide, à punaises.

'**Bug-eater,** *s. U.S: P:* Habitant *m* du Nébraska.

'**bug-expelling,** *a.* (Procédé *m*, etc.) cimicifuge.

'**bug-hunter,** *s. P:* Entomologiste *m;* naturaliste *m.*

'**bug-killer,** *s.* Tue-punaises *m inv.*

'**bug-wort,** *s.* = BUG-BANE.

bugaboo ['bʌgəbuː], *s.* **1.** (*a*) Objet *m* d'épouvante (pour les enfants); *F:* croquemitaine *m*, loup-garou *m*, *pl.* loups-garous; *A:* moine bourru. (*b*) *F:* Sujet *m* de grosse inquiétude; cauchemar *m.* *That type of plane was the pilots' b.,* ce type d'avion était le cauchemar des pilotes. **2.** *U.S: F:* Violences *fpl* de langage; gros mots. **3.** *U.S: P:* Panique *f.*

bugbear ['bʌgbɛər], *s.* (*a*) = BUGABOO 1. (*b*) *F: That man's my b.,* cet homme-là, je ne peux pas le sentir. *Maths is my b.,* j'ai horreur des mathématiques; c'est la composition de mathématiques qui me fait peur; les mathématiques, c'est mon cauchemar, c'est ma bête noire.

bugger ['bʌgər], *s.* **1.** *Jur:* Pédéraste *m.* **2.** *P:* (*Not in polite use*) Bougre *m.* (S'emploie dans les deux langues (i) comme insulte, (ii) avec un sens atténué et amical.) *Listen to that little b.!* écoutez-moi ce petit bougre-là!

buggy[1] ['bʌgi]. **1.** *a.* Infesté de punaises. **2.** *s. Tail:* Doublure *f* entre les épaules.

buggy[2], *s. Veh:* (*a*) Boghei *m*, buggy *m*, boguet *m;* araignée *f.* **High buggy,** stanhope *m.* (*b*) (*Four-wheeled*) Américaine *f.*

bugle[1] [bjugl], *s.* **1.** *A:* Cor *m* de chasse. **2.** *Mil:* Clairon *m.* *Key(ed) b.,* bugle *m.* **Bugle band,** fanfare *f.* **Bugle-bandsman,** fanfariste *m.* **Bugle-major,** chef *m* de fanfare. *See also* CALL[1] 2.

bugle[2], *v.i.* Sonner du clairon.

bugling, *s.* Sonneries *fpl* de clairon.

bugle[3], *s. Bot:* Bugle *f.* *Common b.,* bugle rampante.

bugler ['bjuglər], *s.* Clairon *m;* sonneur *m* de clairon.

bugles [bjuglz], *s.pl. Dressm:* Tubes *m* (de verre); verroterie noire.

buglet ['bjuglet], *s.* Petit cornet avertisseur (de cycliste).

bugloss ['bjuglɔs], *s. Bot:* **1.** **Corn, field, bugloss,** buglosse *f.* **2.** **Viper's bugloss,** vipérine *f;* herbe *f* aux vipères. **3.** **Dyer's bugloss,** orcanette *f.*

buhl [buːl], *s. Furn:* (Marqueterie *f* de) Boul(l)e *m.* **Buhl cabinet,** cabinet *m* de boulle.

build[1] [bild], *s.* **1.** Construction *f;* façons *fpl* (d'un navire, etc.); style *m* (d'un édifice). **2.** Carrure *f*, taille *f*, conformation *f* (d'une personne). *Man of powerful b.,* homme d'une ossature puissante, à forte membrure. *Man of slight b.,* homme fluet, de faible corpulence. *A man of my b.,* un homme bâti comme moi; un homme de ma taille. *To be spare of b.,* avoir une charnure sèche. *I know him by his b.,* je le reconnais à sa taille, *F:* à son encolure.

build[2], *v.tr.* (*p.t.* **built** [bilt]; *p.p.* **built**) **1.** (*a*) Bâtir (une maison, etc.); construire (un vaisseau, un pont, une route, une machine); édifier (un temple); faire (son nid, etc.) (*with,* avec). *The bird looks for* *hay to build its nest with*, l'oiseau cherche du foin avec quoi bâtir son nid, du foin pour bâtir son nid. *The walls were built of granite*, les murs étaient (bâtis) en granit. *To b. a new wing to a hotel*, ajouter une aile à un hôtel. *To b. beams into a wall*, encastrer des poutres dans un mur. *To b. over, upon, a piece of land*, bâtir un terrain. *Church built on to the town walls*, église accolée aux murs de la ville. *The stables are built on to the house*, les écuries tiennent à la maison. *F: To b. upon sand*, bâtir sur le sable. *Foundations built upon a rock*, fondations *f* qui reposent sur le roc. *F:* **Horse built like a castle**, cheval solide, puissant. *F:* **I'm built that way**, je suis fait comme ça; je suis comme ça. *I'm not built that way*, cela ne s'accorde pas avec mes principes; cela ne rentre pas dans mes goûts. (*b*) (*With passive force*) *The house is building*, la maison se bâtit. **2. To build plans**, échafauder des projets. **To build vain hopes on sth.**, fonder, baser, de vaines espérances sur qch. *To b. upon a promise*, faire fond sur une promesse. *I b. on you*, je compte sur vous.

build in, *v.tr.* **1.** Murer, boucher, bloquer (une fenêtre, etc.). **2. Garden built in**, jardin entouré de maisons, encaissé entre des maisons. **Built-in beam**, poutre encastrée.

build up, *v.tr.* **1.** (*a*) Affermir (la santé). (*b*) Bâtir, échafauder, construire (une théorie, etc.). *He has built up a fine reputation for himself*, il s'est fait une belle réputation. *To b. up a (new) connection*, se (re)créer une clientèle. (*c*) *El.E:* Amorcer (un champ magnétique). (*Of magnetic field, with passive force*) **To build up**, s'amorcer. **2.** = BUILD IN 1.

built-up, *a.* **1.** *B.-up area*, agglomération (urbaine). **2.** *B.-up beam*, poutre composée, rapportée.

building up, *s.* **1.** Affermissement *m* (de la santé, etc.). *Med:* **Building-up food**, (aliment) analeptique *m*, reconstituant *m*. **2.** *B. up of a map, etc.*, élaboration *f*, rédaction *f*, d'une carte, etc. *The gradual b. up of a new social structure*, le lent échafaudage d'un nouvel édifice social. **3.** *El.E:* Amorçage *m* (du champ, d'une dynamo).

built, *a.* Bâti. **British-built ships**, navires *m* de construction anglaise. *F: To be solidly, powerfully, b.*, avoir la charpente solide; être puissamment charpenté. **Well-built man**, homme bien bâti, solidement charpenté, d'une belle carrure. *See also* CLEAN-BUILT, LOW-BUILT.

building, *s.* **1.** Construction *f*. *House in course of b.*, maison *f* en construction. *See also* SHIPBUILDING. **Building operations**, construction. **Building ground, building land**, terrain *m* à bâtir; terrains non bâtis. *B. estate*, lot *m* de terrains à bâtir. *The b. craze*, *F:* la bâtisse. **Building stone, materials**, pierre *f* à bâtir; matériau *m* de construction. **Building contractor**, entrepreneur *m* de bâtiment, en bâtiment. **The building-trade**, le bâtiment. **The building-trades**, les industries du bâtiment. *See also* HOUSE-BUILDING, LINE[2] 4, SHED[2] 1. **2.** Bâtiment *m*; maison; local *m*, *pl.* locaux; (*large b.*) édifice *m*. *Portable b.*, construction démontable. **Public building**, (i) édifice public, (ii) monument *m*. *Const:* **Frame building**, bâtisse de bois. *See also* FARM-BUILDINGS, MUNICIPAL 1.

'building-lease, *s.* Bail *m* emphytéotique.

'building-slip, *s.* *N.Arch:* Cale *f* de construction.

'building-society, *s.* Société coopérative de construction; coopérative *f* immobilière.

'building-timber, *s.* Bois *m* de charpente, de construction; *For:* maisonnage *m*.

builder ['bildər], *s.* Entrepreneur *m* (en bâtiments); constructeur *m* (de navires, de machines); facteur *m* (d'orgues); *F:* créateur, -trice, fondateur, -trice (d'un empire, etc.). *Veh:* **Body-builder**, carrossier *m*. *Lit: B. of rhymes*, faiseur, -euse, de vers. *Min:* **Builder up**, remblayeur *m*.

built [bilt]. *See* BUILD[2].

bulb[1] [bʌlb], *s.* **1.** *Bot:* Bulbe *m*, oignon *m* (de tulipe, etc.). *Offset b.* (*of tulip, etc.*), caïeu *m*. *B. of garlic*, tête *f* d'ail. **2.** *Anat:* Bulbe. **Hair-bulb**, bulbe pileux. **3.** *El:* Ampoule (incandescente), lampe *f*. *Forty candle-power b.*, lampe (de) 40 bougies. *Gas-filled b.*, lampe à atmosphère gazeuse. *Vacuum b.*, lampe dans le vide. **4.** *Ph:* Boule *f*, cuvette *f*, ampoule, réservoir *m* (de thermomètre). *See also* DETONATING, DRY-BULB, WET-BULB. **5.** *Ch:* (*Flask*) Ballon *m*. **6.** *Aut: Phot:* Poire *f* (d'avertisseur, de déclencheur). *See also* DIMMER, EXPOSURE 1.

'bulb-fin, -keel, *s.* Quille lestée (d'un yacht).

'bulb-grower, *s.* Bulbiculteur *m*.

'bulb-growing, *s.* Bulbiculture *f*; culture *f* des oignons à fleurs.

'bulb-holder, *s.* *El:* Porte-ampoule *m inv*, porte-lampe *m inv*.

'bulb-horn, *s.* *Aut:* Trompe *f* à poire.

'bulb-iron, *s.* *Com:* Fer *m* à boudin.

bulb[2], *v.i.* (*a*) *Bot: Hort:* Se former en bulbe. (*b*) Se renfler.

bulbed, *a.* Bulbeux.

bulbiferous [bʌl'bifərəs], *a.* Bulbifère.

bulbiform ['bʌlbifɔːrm], *a.* Bulbiforme.

bulbil ['bʌlbil], **bulblet** ['bʌlblet], *s.* *Bot:* Bulbille *f*.

bulbous ['bʌlbəs], *a.* Bulbeux. **Bulbous nose** = BOTTLE-NOSE 1.

bulbul ['bulbul], *s.* *Orn:* Bulbul *m*, rossignol *m*.

Bulgar ['bʌlgɑːr], *s.* = BULGARIAN 1.

Bulgaria [bʌl'gɛəria]. *Pr.n. Geog:* La Bulgarie.

Bulgarian [bʌl'gɛəriən]. **1.** *a. & s. Ethn: Geog:* Bulgare (*mf*). **2.** *s. Ling:* Le bulgare.

bulge[1] [bʌldʒ], *s.* (*a*) Bombement *m*, ventre *m*, renflement *m*; saillie *f*; (*of bottle, vase, etc.*) panse *f*. *Arch:* Jarret *m*. *Aut: etc: B. in tyre*, soufflure *f*, hernie *f*. (*b*) *N.Arch:* Caisson *m* pare-torpilles. (*c*) *U.S: F:* **To have, get, the bulge on s.o.**, avoir ou remporter l'avantage sur qn; dégotter qn; mettre qn dedans. (*d*) *St.Exch: U.S:* Hausse *f*.

bulge[2], *v.tr. & i.* **1. To bulge (out)**, bomber, ballonner; faire ventre; faire saillie; faire une bosse; (*of wall, etc.*) se déjeter. *Arch:* Jarreter. *To b. one's cheeks*, gonfler les joues. *To b. one's pockets*, bourrer ses poches (*with*, de). *Sack bulging with potatoes*, sac bourré, plein à craquer, de pommes de terre. **2.** *U.S: F:* **To bulge in**, faire irruption. **To bulge off**, partir à toute vitesse. **To bulge for the door**, s'élancer vers la porte.

bulged, *a.* Déjeté. *Nau: etc:* **Bulged plates**, tôles faussées.

bulging[1], *a.* (Front, etc.) bombé; (ventre) ballonnant. *B. eyes*, yeux protubérants, qui sortent de la tête; *F:* yeux en boules de loto. *Man with b. cheeks*, homme joufflu, *F:* mafflu, aux joues bouffies. *B. wall*, mur *m* qui fait ventre.

bulging[2], *s.* Bombement *m*, renflement *m* (d'un mur, etc.); ballonnement *m*.

bulger ['bʌldʒər], *s.* *Golf:* Crosse *f* à face bombée.

bulginess ['bʌldʒinəs], *s.* Excès *m* de volume.

bulgy ['bʌldʒi], *a.* Bombé, ballonnant. **Bulgy-cheeked**, joufflu.

bulimus, *pl.* **-mi** [bju'laiməs, -mai], *s.* *Moll:* Bulime *m*.

bulimy ['bjulimi], *a.* *Med:* Boulimie *f*, faim-valle *f*.

bulk[1] [bʌlk], *s.* **1.** *Nau:* Charge *f*; chargement arrimé. **To break bulk**, (i) désarrimer; rompre charge; commencer le déchargement; entrer en déchargement; (ii) disposer d'une partie des marchandises. *Breaking b.*, (i) changement *m* d'arrimage, désarrimage *m*; (ii) commencement *m* du déchargement. *To sell sth. without breaking b.*, vendre qch. sous corde. *To load (a ship) in b.*, charger un navire en volume, (*with grain*) en grenier. *Com:* **In bulk**, en bloc, globalement; en gros, en quantité. *To buy in b.*, acheter par grosses quantités, en masse. *To sell in b.*, vendre en vrac, en gros. *See also* CHARTER[2] 2. **2.** (*a*) Grandeur *f*, grosseur *f*, masse *f*, volume *m*; encombrement *m* (d'un colis). *Gold represents great value in small b.*, l'or représente une grande valeur sous peu de volume. *Ship of great b.*, vaisseau *m* de grandes dimensions, d'un port considérable. *Bookb:* **Bulk in millimetres**, millième *m* (du dos de l'emboîtage). (*b*) *Paperm:* Bouffant *m* (du papier). **3.** *The whole b.*, l'ensemble *m*. *The (great) b. of mankind*, la masse, la plupart, le commun, des hommes. *To lose the b. of one's goods*, perdre le plus gros de ses biens, la majeure partie de ses biens. *The b. of the army*, le gros de l'armée. *The b. of their business is done with France*, c'est avec la France qu'ils font la plus grosse partie de leurs affaires.

bulk[2]. **1.** *v.i.* (*a*) **To bulk large**, occuper une place importante, faire figure importante (*in s.o.'s eyes*, aux yeux de qn). (*b*) **To bulk up**, s'amasser. *To b. up to . . .*, s'élever au total de. . . . **2.** *v.tr.* (*a*) Entasser (des poissons, etc.). (*b*) Réunir, grouper, (plusieurs colis) en un seul; entasser (des marchandises) en vrac. (*c*) *Cust: To b. a chest of tea*, mesurer, estimer, le contenu d'une caisse de thé.

bulking[1], *a.* *Com:* **Bulking paper**, papier bouffant.

bulking[2], *s.* Groupage *m* (de colis).

bulkhead ['bʌlkhed], *s.* *N.Arch:* Cloison *f*. *Watertight b.*, cloison étanche. *Collision b.*, cloison de choc, d'abordage. *Fore-and-aft b.*, cloison longitudinale. *Athwartship b.*, cloison transversale. *See also* BREAK-BULKHEAD.

bulkiness ['bʌlkinəs], *s.* **1.** Volume excessif; encombrement *m*. **2.** Grosseur *f*.

bulky ['bʌlki], *a.* **1.** Volumineux, encombrant, peu portatif. *B. book*, livre épais. *Nau: B. cargo*, chargement léger et volumineux. **2.** Gros, grosse.

bull[1] [bul], *s.* **1.** (*a*) Taureau *m*. **Bull for service**, taureau reproducteur. **He has a neck like a bull**, il a un cou de taureau. *F:* **To take the bull by the horns**, prendre le taureau par les cornes; prendre le tison par où il brûle. **He is like a bull in a china shop**, il est comme un taureau en rupture d'étable; c'est l'éléphant dans les porcelaines. **He charged like a bull at a (five-barred) gate**, il y alla tête baissée. **Bull-at-a-gate tactics**, tactique *f* de choc. *See also* JOHN 2. (*b*) **Bull elephant, whale, seal**, éléphant *m* mâle, baleine *f* mâle, phoque *m* mâle. *The rhinoceros was a b.*, le rhinocéros était un mâle. *Cf.* COW[1] 2. (*c*) *U.S: F:* Agent *m* de police. (*d*) *Astr:* **The Bull**, le Taureau. **2.** *St.Exch:* Spéculateur *m* à la hausse; haussier *m*. **Bull transaction**, opération *f* à la hausse. **To go a bull**, spéculer à la hausse. **The market is all bulls**, le marché est à la hausse. *Cf.* BEAR[1] 2. **3.** *F:* = BULL'S-EYE 4. **He made six bulls**, il a fait mouche six fois. **4.** *F:* = BULL-DOG[1] 1. **5.** *Orn: F:* **Bull-of-the-bog**, butor *m*.

'bull-baiting, *s.* Combat *m* de chiens contre un taureau.

'bull-bitch, *s.* Chienne *f* de bouledogue.

'bull-calf, *s.* **1.** Jeune taureau *m*; taurillon *m*. **2.** *F:* Niais *m*, innocent *m*.

'bull-dog[1], *s.* **1.** Bouledogue *m*. **2.** *F:* (i) Personne d'un courage obstiné; (ii) appariteur *m* du censeur (aux universités d'Oxford et de Cambridge). *F:* **He is one of the bull-dog breed**, c'est un homme qui a du cran. **3.** Gros revolver.

'bull-dog[2], *v.tr.* (bull-dogged) *F:* = BULL-DOZE.

'bull-doze, *v.tr.* *U.S: P:* Menacer, intimider, brutaliser (qn) (pour lui faire faire qch.).

'bull-dozer, *s.* *U.S:* **1.** *P:* (*Pers.*) Bravache *m*; brutal *m*, -aux. **2.** *Metalw:* Machine *f* à refouler, à cintrer.

'bull-faced, *a.* A la face tauresque, à (la) face de taureau.

'bull-fiddle, *s.* *U.S: P:* Violoncelle *m*.

'bull-fight, *s.* Course *f*, combat *m*, de taureaux.

'bull-fighter, *s.* Toréador *m*.

'bull-fighting, *s.* Combats *mpl* de taureaux, courses *fpl* de taureaux; tauromachie *f*.

'bull-frog, *s.* Grenouille mugissante; grenouille taureau.

'bull-headed, *a.* **1.** Au front de taureau. **2.** D'une impétuosité de taureau.

'bull-hole, *s.* *U.S:* Mare *f*.

'bull-like, *a.* Tauresque.

'bull-necked, *a.* Au col de taureau; au col court.

'bull-point, *s.* *F:* Avantage *m*; marque *f* de supériorité.

'bull-puncher, *s.* *U.S:* = COW-BOY 2.

'bull-pup, *s.* Petit chien bouledogue; chiot *m* de bouledogue.

'bull-ring, *s.* Arène *f* (pour les courses de taureaux).

'**bull's-eye,** *s.* **1.** *Glassm:* Boudine *f*. *B.-e. panes*, carreaux *m* à boudines. **2.** (*a*) *Nau:* (Verre *m* de) hublot *m*; lentille *f*. (*b*) (*Sheaveless block*) Moque *f*. (*c*) *See* TRUCK[3] 4. **3.** **Bull's-eye window,** œil-de-bœuf *m*, *pl.* œils-de-bœuf. **Bull's-eye lens,** lentille plan-convexe (à court foyer). **Bull's-eye lantern,** lanterne sourde. **4.** Noir *m*, centre *m*, blanc *m*, mouche *f* (d'une cible). **To hit the bull's-eye, make a bull's-eye,** mettre, donner, dans le noir, dans le blanc; faire mouche; *F:* faire un rigaudon. **5.** *F:* Gros bonbon (en boule) à la menthe.

bull-'terrier, *s.* (Chien) bull-terrier *m*, *pl.* bull-terriers.

'**bull-throated,** *a.* A la voix de taureau.

bull[2]. **1.** *v.tr.* (*a*) **To bull the market,** chercher à faire hausser les cours. (*b*) *Abs.* Spéculer à la hausse. (*c*) *v.i.* (i) (*Of stocks, etc.*) Être en hausse; (ii) *F:* être en faveur, être à la mode. **2.** *v.i. U.S: P:* Mentir; raconter des craques.

bull[3], *s. Ecc:* Bulle *f*. **Papal bull,** bulle du Pape; bulle papale. **The Golden Bull,** la Bulle d'or.

bull[4], *s.* **1.** **Irish bull,** inconséquence *f*; coq-à-l'âne *m*; naïveté *f*; calinotade *f*. **2.** (*a*) Bévue *f* (comique); naïveté. (*b*) Gaffe *f*.

bullace ['bules], *s. Bot:* Béloce *f*; prune *f* sauvage. **Bullace-tree,** bélocier *m*.

bullate ['buleit, 'bʌl-], *a. Bot:* Bullé.

bullen-nail ['bulənneil], *s. Arch: Furn:* Bulle *f*; clou *m* de tapissier.

bullet ['bulet], *s.* **1.** *A:* Boulet *m*. **2.** *Sm.a.* Balle *f* (de fusil, de revolver). *Jacketed b.*, balle blindée, à enveloppe. *P:* **To stop a bullet,** être blessé; recevoir une balle. **To get the bullet,** recevoir son congé; être saqué. *See also* BILLET[1] 1.

'**bullet-drawer, -extractor,** *s. Surg:* Tire-balle *m*, *pl.* tire-balles; sonde *f*.

'**bullet-head,** *s.* **1.** Tête ronde. **2.** *U.S: F:* Personne entêtée.

'**bullet-headed,** *a.* **1.** A tête ronde. **2.** *U.S: F:* Entêté.

'**bullet-hole,** *s.* Trou *m* de balle.

'**bullet-proof,** *a.* A l'épreuve de la balle, des balles.

bulletin ['bulətin], *s. Mil: etc:* Bulletin *m*, communiqué *m*. **News bulletin,** bulletin d'actualités; *W.Tel:* journal parlé; informations *fpl*. *U.S:* **Bulletin board,** tableau *m* d'affichage (des nouvelles du jour).

bullfinch ['bulfinʃ], *s.* **1.** *Orn:* Bouvreuil *m*, *F:* bec-rond *m*, *pl.* becs-ronds; bouveret *m*, bougeonnier *m*; blanc-cul *m*, *pl.* blancs-culs; pivoine *m or f*. **2.** *Equit:* (Obstacle *m* en) bull-finch *m*; haie *f* avec fossé.

bullhead ['bulhed], *s.* **1.** (*a*) *Ich:* Chabot *m* de rivière; meunier *m*, cabot *m*; tête *f* d'âne; cotte *m*. *See also* LASHER 1. (*b*) *Dial:* Têtard *m*. **2.** *Rail:* **Bullhead rail,** rail *m* à double champignon.

bullion[1] ['buljən], *s.* Or *m* en barres; or, argent *m*, en lingot(s); matières *fpl* d'or ou d'argent; valeurs *fpl* en espèces; *Fin:* métal *m*. **Bullion office,** bureau *m* pour l'achat des lingots d'or et d'argent. **Bullion reserve,** réserve *f* métallique. *Nau:* **Bullion-room,** soute *f* à valeurs.

bullion[2], *s. Tex:* (*a*) Cannetille *f*. (*b*) *Mil: Navy:* **Thick bullion,** torsades *fpl*. **Thin bullion,** franges *fpl*.

bullish ['buliʃ], *a. Fin: B. tendency*, tendance *f* à la hausse.

bullishness ['buliʃnəs], *s.* Tendance *f* à la hausse.

bullock ['bulək], *s. Husb:* Bœuf *m*. *Young b.*, bouvillon *m*.

'**bullock-cart,** *s.* Char *m* à bœufs.

bullock's 'heart, *s. Bot:* Cœur-de-bœuf *m*; cachiman *m*; anone réticulée.

bully[1] ['buli], *s.* **1.** (*a*) *A:* Bravache *m*; *F:* coupeur *m* d'oreilles. **To play the bully,** faire le fendant. (*b*) *F:* Brute *f*, tyran *m*, brutal *m*. *Sch:* Brimeur *m*. *He is an awful b. to his wife*, c'est une vraie brute avec sa femme; il brutalise, il rudoie, sa femme terriblement. (*c*) Homme *m* de main (d'un aventurier politique, etc.). **2.** (*Pimp*) Souteneur *m*.

bully[2], *v.tr.* **1.** Intimider, malmener, brutaliser, rudoyer, houspiller, maltraiter. *To b. s.o. into doing sth.*, faire faire qch. à qn à force de menaces. *He has got to be bullied into working*, il faut le gendarmer pour le faire travailler. *To b. sth. out of s.o.*, arracher qch. à qn par des menaces ou en le rudoyant. **2.** *Abs.* Prendre un air, une mine, bravache; faire le fendant.

bullying[1], *a.* Brutal, -aux; bravache.

bullying[2], *s.* **1.** Intimidation *f*, brutalité *f*, rudoiement *m*. **2.** *Sch:* Brimades *fpl*.

bully[3], *a. & int. U.S: P:* Fameux, épatant, bœuf. **Bully for you!** (i) vous avez de la chance! (ii) bravo pour vous!

bully[4], *s.* **1.** *Fb: A:* Mêlée *f*. **2.** *Hockey:* Engagement *m* (du jeu).

bully[5]. *Hockey:* **1.** *v.tr.* Mettre (la balle) en jeu. **2.** *v.i.* **To bully (off),** engager (le jeu); mettre la balle en jeu.

bully[6], *s. F:* **Bully (beef),** bœuf *m* de conserve; *F:* singe *m*.

bullyrag ['bulirag], *v.* = BALLYRAG.

bully-tree ['bulitriː], *s. Bot:* Balata *m*.

bulrush ['bulrʌʃ], *s. Bot:* **1.** Scirpe *m*; *F:* jonc *m* des marais; jonc des chaisiers. **2.** (*Cat's-tail*) Typha *m*; *F:* massette *f*, quenouille *f*.

bulwark ['bulwərk], *s.* **1.** (*a*) *A.Fort:* Rempart *m*, boulevard *m*. *F:* **England, the bulwark of liberty,** l'Angleterre gardienne de la liberté. *The b. of our liberties*, le rempart de nos libertés. (*b*) *A:* Digue *f*; brise-lames *m inv*. **2.** *pl. Nau:* Pavois *m*, bastingage *m*. *See also* PLATE[1] 1.

bum[1] [bʌm], *s. F:* **1.** Derrière *m*, *P:* cul *m*. **2.** = BUMBAILIFF.

'**bum-card,** *s. P:* Carte (à jouer) biseautée.

bum[2], *U.S: P:* **1.** *a.* Sans valeur; qui ne vaut rien; misérable, *P:* moche. **2.** *s.* Fainéant *m*. **3.** *s.* (*a*) Ribote *f*, bordée *f*. (*b*) **Everything's on the bum,** tout est en désordre; tout est sens dessus dessous.

bum[3], *v.i.* (bummed; bumming) *U.S: P:* Flâner; fainéanter.

bumbailiff ['bʌmbeilif], *s.* = BAILIFF 1.

bumble[1] [bʌmbl], *s. Pej:* Petit fonctionnaire rempli de sa propre importance. (Personnage d'*Oliver Twist*, roman de Dickens.)

bumble[2], *v.i.* (*Of bee*) Bourdonner.

bumble-bee ['bʌmblbiː], *s. Ent:* Bourdon *m*. *Stone b.-b.*, bourdon des pierres.

bumbledom ['bʌmbldəm], *s. Pej:* Étalage pompeux de son incompétence en matière administrative; fonctionnarisme *m*. (*Cf.* BUMBLE[1].)

bumble-puppy ['bʌmblpʌpi], *s. Games:* **1.** *A:* Forme enfantine de certains jeux (whist, etc.); jeu peu scientifique. **2.** Spira-pole *m*.

bumbo ['bʌmbou], *s.* Punch au rhum (bu froid).

bumboat ['bʌmbout], *s. Nau:* Bateau *m* à provisions.

bumfodder, bumf ['bʌmfɔdər, bʌmf], *s. P: V:* Papier *m* hygiénique; *P:* papier torche-cul.

bumkin ['bʌmkin], *s. Nau:* Minot *m*, pistolet *m* d'amure (de la misaine); bout-dehors *m* (de tapecul), *pl.* bouts-dehors.

bummaree [bʌmə'riː], *s.* Courtier *m* en poisson (au marché de Billingsgate).

bummer ['bʌmər], *s. U.S: P:* = BUM[2] 2.

bump[1] [bʌmp], *s.* **1.** (*a*) Choc (sourd); secousse *f*, heurt *m*, coup *m*; cahot *m* (d'une voiture). *Aut:* Coup de raquette (des ressorts). *I felt a b.*, je sentis une secousse. (*b*) *Row:* Heurt d'un canot par le poursuivant (dans une "*bumping-race*," *q.v.*). **2.** (*Swelling*) Bosse *f*; (*in phrenology*) protubérance *f*, bosse. **Bumps in a road,** bosses, inégalités *f*, rugosités *f*, cahots, d'un chemin. **To have the bump of invention,** avoir la bosse de l'invention. *See also* LOCALITY 1. **To feel s.o.'s bumps,** passer la main sur le crâne à qn, tâter, palper, les bosses de qn (pour découvrir ce dont il est capable). *See also* HEAT-BUMP. **3.** *Av:* (*Air-pocket*) Trou *m* d'air.

bump[2]. **1.** *v.tr.* (*a*) Cogner, frapper. *To b. one's head on, against, sth.*, se cogner la tête contre qch. (*b*) Faire exploser (une mine). (*c*) *U.S: P:* Évincer (qn). (*d*) *Row:* Heurter (l'arrière du canot que l'on poursuit, dans une "*bumping-race*," *q.v.*). **2.** *v.i.* (*a*) Se cogner, se heurter, buter (*into, against, sth.*, contre qch.); entrer en collision (avec qch.). **To bump down,** *F:* faire un casse-cul. **To bump along** (*in cart, etc.*), avancer avec force cahots; cahoter. (*Of train, car*) *To b. into another train or car*, tamponner un autre train, une autre auto. (*Of car*) *To b. against the kerb*, donner, buter, contre le trottoir. (*b*) *Nau:* (*Of ship, boat*) Talonner; toucher (le fond); donner un coup de talon. (*c*) *Cricket:* (*Of ball*) Rebondir en hauteur.

bump off, *v.tr. U.S: P:* Assassiner, supprimer (qn).

'**bump-off,** *s. U.S: P:* Assassinat *m*.

bumping, *s.* Heurtement *m*, cahotement *m*. *Aut:* Coups *mpl* de raquette (des ressorts). *Nau:* Talonnement *m*.

'**bumping-post,** *s. Rail:* Heurtoir *m*.

'**bumping-race,** *s. Row:* Course-poursuite *f*. (A Oxford, la rivière étant de médiocre largeur, les bateaux ne courent pas côte à côte, mais en procession. Chacun doit rattraper, s'il le peut, celui qui le précède, et de son avant en heurter l'arrière. Chaque succès fait gagner un rang.) *Cf.* '*Head of the river*' *under* HEAD[1] 6.

bump[3], *adv. & int.* Pan! boum! *The car ran b. into the wall*, la voiture donna en plein contre le mur.

bump[4], *s.* Cri *m* du butor.

bump[5], *v.i.* (*Of the bittern*) Crier.

bumper ['bʌmpər], *s.* **1.** Rasade *f* (de champagne, etc.); rouge-bord *m* (de vin). *Attrib. F:* **Bumper crop,** récolte *f* magnifique. *Th:* **Bumper house,** salle bondée; salle comble. **2.** (*a*) *Rail: U.S:* Tampon *m*. **Bumper(-beam),** traverse *f* avant (de locomotive). (*b*) *Aut:* Pare-choc(s) *m*. *Front b.*, pare-chocs avant. *Rear bumpers*, pare-chocs arrière. *Double-bar b.*, pare-chocs jumelé. (*c*) *Aer:* Tampon de nacelle. (*d*) *Rail:* Butoir *m* (de portière, etc.). (*e*) *Mec.E:* Tampon amortisseur (de pédale, etc.). **3.** *Cricket:* Balle *f* qui rebondit en hauteur.

bumpety-bump ['bʌmpiti'bʌmp], *adv. F:* En cahotant; en rebondissant. *It makes my heart go b.-b.*, cela me donne des palpitations *My heart went b.-b.*, mon cœur battait la chamade.

bumpiness ['bʌmpinəs], *s.* État cahoteux, inégalités *fpl* (d'un chemin).

bumpkin ['bʌm(p)kin], *s.* **1.** Rustre *m*, rustaud *m*, lourdaud *m*, godichon *m*, *P:* péquenot *m*, péguenaud *m*. **2.** *Nau:* = BUMKIN.

bumptious ['bʌm(p)ʃəs], *a.* Présomptueux, orgueilleux, avantageux, suffisant, outrecuidant. *To be b.*, faire l'important, le capable. **-ly,** *adv.* D'un air suffisant; avec suffisance.

bumptiousness ['bʌm(p)ʃəsnəs], *s.* Suffisance *f*, orgueil *m*, outrecuidance *f*, air important. *The b. of the officials*, l'importance *f* que se donnent les préposés.

bumpy ['bʌmpi], *a.* **1.** (Chemin, etc.) cahoteux, défoncé, inégal. *Av: We had a b. journey*, *F:* ça chamboulait. **2.** (*Of forehead, etc.*) Couvert de bosses.

bun [bʌn], *s.* **1.** *Cu:* Petit pain au lait (avec ou sans raisins). *See also* BATH BUN, CROSS-BUN. *P:* **To take the bun** = *to take the cake*, *q.v. under* CAKE[1] 1. **2.** (Cheveux enroulés en) chignon *m*.

'**bun-fight, -worry,** *s. F:* Thé *m* où le monde s'écrase.

bunce [bʌns], *s. P:* Un boni; de l'extra.

bunch[1] [bʌnʃ], *s.* (*a*) Botte *f* (de radis, etc.); bouquet *m* (de fleurs); grappe *f* (de raisin); touffe *f* (d'herbes, de cheveux, de rubans); houppe *f* (de plumes); trousseau *m* (de clefs); flot *m* (de rubans); régime *m* (de dattes, de bananes); poignée *f* (de brindilles, etc.); *Pharm:* fascicule *m* (d'herbes). (*b*) *F:* Groupe *m* (de personnes); *U.S:* troupeau *m* (de bestiaux). *F:* **He's the best of the bunch,** c'est lui le meilleur (de la bande). *Rac:* **The 'bunch' (of runners),** le peloton. *Box: P:* **Bunch of fives,** (i) le poing (fermé); (ii) la main. *See also* PICK[2] 3.

'**bunch-berry,** *s. Bot:* Cornouiller *m* du Canada.

bunch[2]. **1.** *v.tr.* Grouper; botteler (des radis, etc.); lier (des fleurs, etc.) en bouquet. *To b. up one's skirt*, retrousser sa jupe. *Dress bunched up at the hips*, robe retroussée et attachée à la hauteur des hanches. *To sit bunched up*, être entassés. **2.** *v.i.* **To bunch (together),** se presser en foule, se serrer, se grouper, se tasser, se mettre en tas, se pelotonner.

bunched, *a. Bot:* **1.** Gibbeux. **2.** Qui pousse en touffes, en grappes.
bunchy ['bʌnʃi], *a.* Ramassé; pelotonné; gibbeux.
bunco[1] ['bʌŋko], *s. U.S: P:* Tricherie *f*; escroquerie *f*. **Bunco game,** jeu de cartes déloyal; jeu de filous. **Bunco-man, bunco-steerer,** escroc *m*, filou *m*.
bunco[2], *v.tr.* Filouter; mettre (qn) dedans; refaire, rouler (qn).
bundle[1] [bʌndl], *s.* **1.** Paquet *m* (de linge, etc.); ballot *m* (de marchandises, d'effets); *F:* baluchon *m* (d'effets); botte *f* (d'asperges, de violettes, etc.); faisceau *m* (de cannes, de nerfs, de fils, etc.); liasse *f* (de billets de banque, de papiers); fagot *m* (de bois); tas *m* (de choses diverses); *Pharm:* fascicule *m* (d'herbes). *Nat.Hist:* **Vascular bundle,** faisceau vasculaire. *F:* **She is a bundle of nerves,** c'est un paquet de nerfs. *Mil: P:* **Bundle of ten,** (i) paquet de dix cigarettes; (ii) rouleau *m* de dix couvertures. **2.** *Meas:* Deux rames *f* (de papier).
'bundle-wood, *s.* Fagots *mpl.*
bundle[2]. **1.** *v.tr.* (*a*) **To bundle (up),** empaqueter, fardeler; mettre, lier, (qch.) en paquet; botteler (du foin); mettre (du blé) en javelles; mettre (des documents) en liasse. *F: To b. everything up,* tout ramasser en pagaïe. *Nau:* **Bundled sail,** voile *f* en paquet. (*b*) *F:* **To bundle s.o. into the house, out of the house,** introduire, faire entrer, qn dans la maison à la hâte; jeter, flanquer, qn à la porte. *To b. sth. into a corner,* fourrer qch. dans un coin. **To bundle s.o. off,** se débarrasser de qn (sans cérémonie). *He was bundled off to Australia,* on l'expédia en Australie. **To bundle up one's hair,** se faire un chignon à la hâte, à la diable. **2.** *v.i.* (*a*) Se pelotonner, se tasser. (*b*) **To bundle in, out,** s'introduire, sortir, à la hâte. **To bundle into s.o.,** heurter qn; entrer en collision avec qn. **To bundle off,** s'en aller (sans cérémonie).
bundleman, *pl.* **-men** ['bʌndlmən, -men], *s. Nau: F:* Homme de mer marié (qui emporte son baluchon à terre).
bundook [bʌn'du:k], *s. Mil: P:* Fusil *m*.
bung[1] [bʌŋ], *s.* (*a*) Bondon *m* (de fût); tampon *m* de liège; tape *f* (de bouche à feu). (*b*) *Dial:* Bonde *f* (de fût). (*c*) *F:* Brasseur *m*; les brasseurs. **The power of Bung,** l'influence *f* politique des brasseurs.
'bung-drawer, *s. Tls:* Tire-bonde *m*, *pl.* tire-bondes.
'bung-hole, *s.* Bonde *f*.
bung[2], *v.tr.* **To bung (up),** bondonner (un fût); mettre un bondon à (un fût); boucher (un orifice). *F:* **To bung up s.o.'s eye,** pocher un œil à qn. *Eyes bunged up,* yeux pochés, gonflés. *P: To be bunged up,* être constipé.
bung[3]. *P:* (*In Austr.*) **To go bung,** faire faillite.
bung[4], *s. F:* Mensonge *m*, craque *f*.
bung[5]. **1.** *v.tr. P:* Lancer, jeter; enfoncer; mettre. *I bunged a clod at him,* je lui lançai une motte de terre. **We must bung in a love scene,** il faut y fourrer une scène d'amour. **2.** *adv.* **She sank bung in the middle of the channel,** le navire a coulé en plein milieu de la passe.
bungaloid ['bʌŋgalɔid]. *F:* **1.** *a. Pej:* Qui tient du bungalow. **2.** *s. Pej:* Agglomération *f* de bungalows.
bungalow ['bʌŋgalo, -ou], *s.* **1.** (*In India*) Bungalow *m*; villa *f* à véranda. **2.** *F:* Chalet *m* sans cave et sans étage; maison *f* sans étage. **3.** *F:* Baraquement *m*.
bungie ['bʌndʒi], *s. Sch: P:* Gomme *f* à effacer.
bungle[1] [bʌŋgl], *s.* Gâchis *m*, maladresse *f*, bousillage *m*. **To make a bungle of sth.,** bousiller, gâcher, qch. *He made a b. of it,* il s'y est pris maladroitement.
bungle[2]. **1.** *v.tr.* Bousiller, gâcher, saboter, saveter, fagoter, *P:* louper (un travail); barbouiller (une affaire). *Av: Bungled landing,* atterrissage raté, loupé. **2.** *v.i.* (*a*) Patauger, se fourvoyer (dans une discussion, etc.). (*b*) S'y prendre maladroitement, manquer de doigté.
bungling[1], *a.* Maladroit. dénué d'adresse. *B. attempt,* tentative *f* gauche.
bungling[2], *s.* Bousillage *m*, gâchis *m*, mauvaise besogne, barbouillage *m*.
bungler ['bʌŋglər], *s.* (*a*) Bousilleur, -euse (de travail); gâcheur, -euse; *F:* savetier *m*, sabot *m*, maçon *m*; *P:* loupeur, -euse. (*b*) Maladroit, -e.
bunion ['bʌnjən], *s. Med:* Inflammation *f* de la base du gros orteil (qui accompagne l'hallux valgus); *F:* oignon *m*.
bunjie ['bʌndʒi], *s. Sch: P:* = BUNGIE.
bunk[1] [bʌŋk], *s.* **1.** (*a*) Lit-placard *m*. (*b*) *Nau: Rail:* Couchette *f*. **2.** *F:* Logement *m*, turne *f*.
'bunk-house, *s. U.S:* Maison pourvue de couchettes, pour bûcherons.
bunk[2], *v.i.* **1.** *Nau:* **The crew bunk forward,** l'équipage a son logement à l'avant. **2.** *U.S: F:* (Aller) se coucher.
bunk[3], *v.i.* & *s. F:* **To bunk (off), to do a bunk,** déguerpir, filer, décamper; *P:* se cavaler; mettre les bouts de bois.
bunk[4], *s. U.S: P:* **1.** = BUNKUM. *Cf.* DEBUNK. **2.** Tord-boyaux *m*.
bunker[1] ['bʌŋkər], *s.* **1.** *Nau:* Soute *f* (à, au, charbon, etc.). *Permanent bunkers,* soutes fixes. *Side bunkers,* soutes latérales. **Cross-bunker,** soute de réserve. **To take bunkers,** embarquer le charbon; faire le charbon. *Min:* **Ore bunker,** réservoir *m* à minerai; caisson *m* à minerai. **2.** (*a*) *Scot:* Coffre *m* (servant de banc); banc *m*. (*b*) *Scot:* Talus *m* (où l'on peut s'asseoir). (*c*) *Golf:* Banquette *f*.
'bunker-coal, *s.* Charbon *m* de soute.
'bunker-hand, *s. Nau:* Soutier *m*.
bunker[2], *v.tr.* **1.** *Nau:* (*a*) Mettre (du charbon) en soute. (*b*) *Abs.* Charbonner. **2.** *Golf:* **To be bunkered,** se trouver derrière une banquette, dans le sable d'une banquette. *F:* **I am bunkered,** je me trouve en face d'un obstacle; je me trouve dans une impasse.
bunkering, *s. Nau:* Charbonnage *m*.
bunkie ['bʌŋki], *s. U.S: P:* Compagnon *m* de chambre. *Nau:* **My bunkie,** mon matelot.
bunko ['bʌŋko], *s.* & *v.* = BUNCO [1, 2].
bunkum ['bʌŋkəm], *s. F:* **1.** *Pol:* Discours oiseux; paroles *f* vides. **2.** Blague *f*, bêtises *fpl.* **That's all bunkum!** tout ça c'est des histoires! c'est de la blague! c'est de la frime! ce sont des balivernes, des sornettes.
bunned [bʌnd], *a. U.S: P:* Ivre, soûl, mûr.
bunny ['bʌni], *s. F:* Jeannot lapin *m*; petit lapin.
'bunny-hug, *s.* Nom d'une danse nègre.
Bunsen ['bunsən, bʌnsn], *a. Ch:* **Bunsen burner,** brûleur *m* Bunsen, bec *m* Bunsen (inventé par Bunsen). *El:* **Bunsen cell,** pile *f* Bunsen. *See also* SCREEN[1] 3.
bunt[1] [bʌnt], *s. Nau:* Fond *m* (d'une voile).
bunt[2], *v.i. Nau:* (*Of sail*) Faire le sac.
bunt[3], *s. Agr:* Carie *f* du froment.
Bunter sandstone ['buntər'sandstoun], *s. Geol:* Grès bigarré.
bunting[1] ['bʌntiŋ], *s.* **1.** *Orn:* Bruant *m*. **Corn bunting, common bunting,** bruant proyer. **Ortolan bunting,** ortolan *m*. *See also* REED-BUNTING, YELLOW-BUNTING. **2.** *Crust:* Crangon *m*, crevette *f*.
bunting[2], *s.* **1.** *Tex:* Étamine *f* (à pavillon); molleton *m* à drapeaux; draperie *f*. **2.** *Coll: F:* Drapeaux *m*, pavillons *m*, pavoisement *m*. **To put out bunting,** pavoiser. *Street gay with b.,* rue (toute) pavoisée.
buntline ['bʌntlain], *s. Nau:* Cargue-fond *m*, *pl.* cargues-fonds; contre-fanon *m*, *pl.* contre-fanons.
buoy[1] [bɔi], *s. Nau:* Bouée *f*; balise flottante. *Fairway b.,* bouée d'atterrissage. *Wreck b.,* bouée d'épave. **Mooring-buoy, anchor-buoy,** (bouée de) corps-mort *m*, *pl.* corps-morts; bouée d'ancre, bouée d'orin; coffre *m* d'amarrage; plateau *m* d'ancre. **Danger buoy,** vigie *f*, interdiction *f*. **Can-buoy,** bouée conique. **Flag-buoy,** bouée à pavillon. **Barrel-buoy, cask-buoy,** bouée-tonne *f*, *pl.* bouées-tonnes. *Secured to a b.,* amarré à un corps-mort. **To put down a buoy,** mouiller une bouée. **To pick up one's buoy,** prendre son coffre (d'amarrage). *See also* BELL-BUOY, BREECHES-BUOY, LEADING[2] 1, LIFE-BUOY, LIGHT-BUOY, NUN-BUOY, SINGING-BUOY, SLIP-BUOY, SPAR-BUOY, WHISTLING[1].
'buoy-rope, *s.* Orin *m*.
buoy[2], *v.tr. Nau:* **1.** **To buoy up an object,** faire flotter un objet; soutenir un objet sur l'eau. *To b. a net,* liéger un filet. *F:* **To buoy s.o. up,** soutenir, appuyer, qn. *Buoyed up with new hope,* animé, soutenu, par un nouvel espoir. **2.** **To buoy (out) a channel,** baliser un chenal.
buoyage ['bɔiedʒ], *s. Nau:* Balisage *m*. *B. system of a channel,* règlements de balisage d'un chenal.
buoyancy ['bɔiənsi], *s.* **1.** (*a*) Flottabilité *f* (d'un objet); légèreté *f* sur l'eau. (*b*) Poussée *f* (d'un liquide). **Centre of buoyancy,** centre *m* de poussée; *N.Arch:* centre de carène. **Buoyancy chamber** (*of torpedo*), flotteur *m* (d'une torpille). **2.** *F:* Entrain *m*, allant *m*, optimisme *m*; élasticité *f* de caractère. *Man full of b.,* homme *m* qui a du ressort, de l'allant, qui ne se laisse pas démonter.
buoyant ['bɔiənt], *a.* **1.** (*a*) Flottable; léger, -ère. (*b*) *Salt water is more b. than fresh,* l'eau salée porte mieux que l'eau douce. **2.** *F:* (*Of pers.*) Optimiste, plein d'entrain, allègre; qui a du ressort. *To be of a b. disposition,* être porté à l'optimisme. *B. step,* pas *m* élastique. *Com: B. market,* marché soutenu. *The market is b.,* le marché a du ressort; le marché se soutient. **-ly,** *adv.* Avec entrain; avec optimisme.
buprestis [bju'prestis], *s. Ent:* Bupreste *m*.
bur[1] [bə:r], *s.* **1.** *Bot:* (*a*) Capsule épineuse (du fruit de certaines plantes). (*Of burdock*) Bouton *m* de pompier; teigne *f* (de bardane). **Chestnut-bur,** bogue *f*. **Teasel-bur,** carde *f*. *Tex: To remove the burs from wool,* enlever les gratérons *m* de la laine. *Bur-picking machine,* échardonneuse *f*. *See also* STICK[2] II. 2. (*b*) = BURDOCK. (*c*) *F:* (*Of pers.*) Crampon *m*. **2.** (*a*) *Arb:* Broussin *m*. (*b*) = BUR-WALNUT. **3.** *Ven:* Meule *f* (du bois du cerf).
'bur-walnut, *s.* (Plaqué *m* en) ronce *f* de noyer.
'bur-weed, *s. Bot:* Petite bardane, glouteron épineux; lampourde *f*; *F:* herbe *f* aux écrouelles.
bur[2], *v.tr.* (**burred; burring**) *Tex:* Chardonner (le drap).
bur[3], *s.* & *v.* = BURR[2, 3].
Burberry ['bə:rberi], *s.* Imperméable *m* (de la marque Burberry).
burble[1] [bə:rbl], *s.* Murmure *m* (de paroles); sons inarticulés.
burble[2], *v.i.* **1.** (*a*) Murmurer (des sons inarticulés). (*b*) *F:* Débiter des inepties. **2.** *To b. with laughter,* glousser de rire.
burbot ['bə:rbət], *s. Ich:* Lotte *f*, barbot *m*, barbot(t)e *f*.
burden[1] [bə:rdn], *s.* **1.** (*a*) Fardeau *m*, charge *f*. *To bend beneath the b.,* plier sous le faix. **The burden of (the) years, of taxation,** le poids des années, des impôts. **To bear the burden and heat of the day,** porter le poids du jour et de la chaleur. **The white man's burden,** la responsabilité des blancs envers les races de couleur. *Jur:* **Burden of proof,** charge, fardeau *m*, de la preuve; obligation *f* de faire la preuve. *The b. of proof rests with him,* c'est à lui que la preuve incombe. *To be a b. to s.o.,* être à charge à qn. *To become a b. on s.o.,* tomber à la charge de qn. *His family is a b. to him,* sa famille lui pèse sur les bras. *To make s.o.'s life a b.,* rendre la vie impossible, intenable, dure, à qn. *Prov:* **Heaven suits the back to the burden,** à brebis tondue Dieu mesure le vent. **Beast of burden,** bête *f* de somme, de charge; bête à dos. (*b*) *Nau: B. of a ship,* charge, contenance *f*, d'un navire. **Ship of five thousand tons burden,** navire (du port) de cinq mille tonneaux, qui jauge cinq mille tonneaux. **2.** (*a*) Refrain *m* (d'une chanson). (*b*) Substance *f*, fond *m* (d'un discours, d'une plainte).
burden[2], *v.tr.* (*a*) Charger, alourdir (*s.o. with sth.,* qn de qch.). *To b. one's memory with useless facts,* se charger la mémoire de faits inutiles. *I'm not going to b. myself with all that, F:* je ne vais pas me coltiner tout ça. *To b. the people with taxes,* accabler le peuple d'impôts. **Burdened estate,** domaine grevé, affecté, d'hypothèques; domaine hypothéqué. (*Of heritage, etc.*) **Burdened with debt,** grevé de dettes. **Burdened forest,** forêt grevée d'usages. (*b*) Être un fardeau pour (qn).

burdensome ['bəːrdnsəm], *a.* Onéreux (*to*, à); fâcheux, incommode; ennuyeux; vexatoire. *Jur:* **Burdensome contract,** contrat *m* où il y a lésion.

burdock ['bəːrdɔk], *s. Bot:* Bardane *f*, glouteron *m*; *F:* herbe *f* aux teigneux.

bureau, *pl.* **-eaux** ['bjuərou, -ouz], *s.* **1.** *Furn:* (*a*) Bureau *m*; secrétaire *m*; commode-bureau *f*, *pl.* commodes-bureaux. (*b*) *U.S:* Commode *f*. **2.** (*a*) (*Office*) Bureau; (*to-day often in imitation of Engl.*) office *m*. *Information b.*, office de renseignements. (*b*) *U.S:* (*Government department*) Bureau; service *m*.

bureaucracy [bjuə'roukrəsi], *s.* Bureaucratie *f*.

bureaucrat ['bjuərokrat], *s.* Bureaucrate *m*; *F:* rond-de-cuir *m*, *pl.* ronds-de-cuir.

bureaucratic [bjuəro'kratik], *a.* Bureaucratique. **-ally,** *adv.* Bureaucratiquement.

burette [bjuə'ret], *s.* **1.** *Ecc:* Burette *f*. **2.** *Ch:* Éprouvette graduée.

burg [bəːrg], *s. U.S: F:* Bourg *m*, municipalité *f*, ville *f*.

burgee [bəːr'dʒiː], *s. Nau:* Guidon *m*, cornette *f* (d'un yacht, etc.).

burgeon[1] ['bəːrdʒ(ə)n], *s.* **1.** *Lit:* = BUD[1] 1, 2. **2.** *Z:* Bourgeon *m* (d'un zoophyte).

burgeon[2], *v.i. Lit:* = BUD[2] 1.

burgess ['bəːrdʒes], *s.* **1.** Bourgeois *m*, citoyen *m*; électeur *m* (d'une cité). **The burgesses,** la bourgeoisie. **2.** *Hist:* Représentant *m* (au Parlement) d'un bourg ou d'une université.

burgh ['bʌrə], *s. Scot:* Bourg *m*, municipalité *f*, ville *f*.

burgher ['bəːrgər], *s.* **1.** *Hist:* Bourgeois *m*, citoyen *m*. *The Burghers of Calais*, les bourgeois de Calais. **2.** *S.Afr.Hist:* Burgher *m*.

burglar ['bəːrglər], *s.* Cambrioleur *m*; voleur *m* de nuit; dévaliseur *m* de maisons. *See also* CAT-BURGLAR.

'**burglar-proof,** *a.* (Serrure *f*, coffre-fort *m*) incrochetable, inviolable, à l'épreuve de l'effraction.

burglarious [bəːr'gleəriəs], *a. B. attempt*, tentative *f* de cambriolage, de vol (de nuit) avec effraction. **-ly,** *adv.* Avec effraction.

burglarize ['bəːrgləraːiz], *v.* = BURGLE 1.

burglary ['bəːrgləri], *s.* (*a*) *Jur:* Vol *m* de nuit avec effraction; vol qualifié. (*b*) *F:* Vol avec effraction (nocturne ou en plein jour); cambriolage *m*. *See also* CAT-BURGLARY.

burgle [bəːrgl]. **1.** *v.tr. F:* Cambrioler, dévaliser (une maison). *Abs.* Cambrioler; faire du cambriolage. **2.** *s. F:* = BURGLARY.

burgling, *s.* Cambriolage *m*.

burgomaster ['bəːrgomaːstər], *s.* Bourgmestre *m*.

burgonet ['bəːrgonet], *s. Archeol:* Bourguignotte *f*.

Burgundian [bəːr'gʌndiən], *a.* & *s.* Bourguignon, -onne.

Burgundy ['bəːrgəndi]. **1.** *Pr.n. Geog:* La Bourgogne. *Agr:* **Burgundy hay,** sainfoin *m*. *Vit: etc:* **Burgundy mixture,** bouillie (cuprique) bourguignonne. *See also* PITCH[1]. **2.** *s.* **A glass of burgundy,** un verre de bourgogne *m*, de vin *m* de Bourgogne.

burial ['beriəl], *s.* Enterrement *m*, inhumation *f*. **Christian burial,** sépulture *f* en terre sainte; sépulture ecclésiastique. *To refuse Christian b. to s.o.*, refuser la sépulture à qn.

'**burial-ground,** *s.* Cimetière *m*.

'**burial-mound,** *s.* Tumulus *m*.

'**burial-place,** *s.* Lieu *m* de sépulture.

'**burial-service,** *s.* Office *m* des morts.

Buriat ['buriat], *s. Ethn:* Bouriate *mf*.

buried ['berid]. *See* BURY.

burin ['bjuərin], *s. Tls:* Burin *m*.

burke [bəːrk], *v.tr.* **1.** *A:* Étouffer ou étrangler (qn) pour vendre le cadavre aux fins de dissection (comme le fit Burke à Édimbourg). **2.** Étouffer, étrangler (un scandale); éviter, étrangler (une discussion); supprimer (un fait). **To burke the question,** escamoter la vraie question. *He managed to b. his age*, il trouva moyen d'escamoter son âge.

burl[1] [bəːrl], *s.* **1.** *Tex:* Nope *f*, nœud *m*, époutì *m*. **2.** **Walnut burl,** (plaqué *m* de) ronce *f* de noyer.

burl[2], *v.tr. Tex:* Noper, énouer, époutier, épinceter, épincer (le drap).

burling, *s.* Époutiage *m*, épinçage *m*, épincetage *m*.

'**burling-iron,** *s.*, **-tweezers,** *s.pl.* Épincette *f*.

burlap[1] ['bəːrlap], *s. Tex:* Gros canevas; toile *f* d'emballage.

burlap[2], *v.tr.* Envelopper (une racine, etc.) dans du canevas.

burler ['bəːrlər], *s. Tex:* (*Pers.*) Nopeuse *f*.

burlesque[1] [bəːr'lesk]. **1.** *a.* Burlesque. **2.** *s.* (*a*) Burlesque *m*. (*b*) Feinte gravité. (*c*) Parodie *f*; poème *m* héroï-comique.

burlesque[2], *v.tr.* Travestir, parodier; tourner (qn, qch.) en ridicule.

burliness ['bəːrlinəs], *s.* Corpulence *f*; forte carrure.

burly ['bəːrli], *a.* Corpulent; *F:* bien planté; solidement bâti. **A big burly fellow,** un grand gaillard de forte carrure.

Burma(h) ['bəːrmɑ]. *Pr.n. Geog:* La Birmanie.

Burman ['bəːrmən], **Burmese** [bəːr'miːz], *a.* & *s. Ethn: Geog:* Birman, -ane.

burn[1] [bəːrn], *s.* **1.** (*a*) Brûlure *f*. (*b*) *Med:* (*Resulting from X rays, electricity, etc.*) Lucite *f*. **2.** *U.S:* (*a*) Région (dans une forêt) détruite par le feu. (*b*) *Agr:* Brûlis *m*.

burn[2], *v.* (**burnt; burnt;** *occ.* **burned; burned**) **1.** *v.tr.* (*a*) Brûler. *To b. gas, coal*, brûler du gaz, du charbon. *See also* CANDLE[1] 1. *Lamp that burns a great deal of oil*, lampe *f* qui consume, qui use, beaucoup d'huile. *See also* OIL[1] 1. (*Of ship*) **To burn coal, oil,** chauffer au charbon, au mazout. *To b. a house to the ground*, brûler une maison de fond en comble. *See also* BOAT[1]. *To b. sth. to ashes*, réduire qch. en cendres. *To b. one's fingers*, se brûler les doigts. *F:* **He burnt his fingers over it,** il lui en a cuit; il s'est fait échauder dans cette affaire. **To be burnt alive,** être brûlé vif. **To be burnt to death,** être brûlé vif; (*in house fire, etc.*) être calciné, carbonisé; périr carbonisé. *To b. a hole in sth.*, faire un trou dans qch., trouer qch. (en le brûlant). *F:* **Money burns his fingers, burns a hole in his pocket,** l'argent lui brûle les doigts, lui fond dans les mains, lui brûle la poche; c'est un panier percé. **To have money to burn,** avoir de l'argent à n'en savoir que faire. *F:* **To burn daylight,** (i) brûler des bougies, l'électricité, etc., en plein jour; (ii) perdre du temps; s'attarder à des vétilles. *Acids b. the skin*, les acides *m* brûlent la peau. *Mustard burns the tongue*, la moutarde brûle la langue. *Drink that burns the throat*, boisson *f* qui écorche le gosier. *U.S:* **To burn the earth, the wind,** brûler le terrain; aller à toute vitesse. (*b*) *Ind:* Cuire (des briques, du charbon de bois); vulcaniser, "cuire" (le caoutchouc). (*c*) *Cu:* *To b. the roast*, brûler le rôti; donner un coup de feu au rôti. *Metalw:* *To b. the iron*, surchauffer le fer. (*d*) Marquer (un criminel) au fer rouge. *Surg:* Cautériser (une plaie, une morsure). *F:* *This memory has burnt itself into my mind*, ce souvenir s'est gravé, reste gravé, dans ma mémoire. (*e*) *U.S: F:* Électrocuter (qn). **2.** *v.i.* (*a*) Brûler. **To burn like matchwood,** flamber comme une allumette. **To burn like tinder,** brûler comme de l'amadou; brûler sec. *The whole village was burning*, tout le village était en feu; tout le village flambait. *The fire is burning low*, le feu baisse. *To b. clear*, jeter une flamme claire. *To make the fire b.*, activer le feu; faire flamber, faire marcher, le feu. *My head burns*, la tête me brûle. *See also* EAR[1] 1. *His cheeks were burning with shame*, il avait les joues rouges de honte. *My wound was burning*, ma blessure cuisait. **To burn with desire,** *etc.*, brûler de désir, etc. *Burning with zeal*, enflammé de zèle. *To b. to do sth.*, brûler de faire qch. *To b. with impatience*, griller d'impatience. *Burning with revenge*, brûlant de se venger. (*In games, riddles, etc.*) **You are burning!** vous brûlez! vous y êtes presque! *Pred.* **Magnesium burns white,** le magnésium brûle avec une flamme blanche. (*b*) *I.C.E:* (*Of mixture*) Exploser. (*c*) *Cu:* *The meat is burning*, la viande brûle. *The sauce, the milk, has burnt*, la sauce, le lait, a attaché.

burn away. 1. *v.tr.* Brûler, consumer (qch.). **2.** *v.i.* Se consumer.

burn down. 1. *v.tr.* Brûler, incendier (une ville, etc.); détruire (une maison) par le feu, par un incendie. **2.** *v.i.* *The fire had burned down*, le feu était bas.

burn in, *v.tr.* Graver (qch.) par le feu.

burn into, *v.i.* *Acid that burns into a metal*, acide *m* qui ronge un métal. *Incident that has burnt into my memory*, incident qui s'est gravé dans ma mémoire.

burn off, *v.tr.* Brûler (la peinture, etc.); décaper (la peinture) à la lampe à brûler; enlever (de la rouille, etc.) au feu. *I.C.E:* *To b. off the carbon*, flamber l'encrassement.

burn out. 1. *v.tr.* (*a*) **To burn s.o.'s eyes out,** brûler les yeux à qn. *To b. out a building*, détruire un bâtiment (à l'intérieur) par le feu. *Mec.E:* *To b. out the babbit*, fondre l'antifriction. (*b*) **To burn s.o. out,** chasser qn par le feu. *They were burnt out of house and home*, leur maison fut réduite en cendres. (*c*) *The candle has burnt itself out*, la chandelle est brûlée jusqu'au bout, s'est consumée entièrement. (*d*) *El:* **To burn out a coil,** brûler, court-circuiter, une bobine. *To b. out an incandescent lamp*, griller une lampe. **2.** *v.i.* Se consumer; brûler; griller; (*of electric lamp*) claquer, griller. (*Of fire*) **To burn out for lack of fuel,** s'éteindre faute de combustible.

burnt out, *a.* **1.** (Volcan) éteint. **2.** *Mch:* (Tube) brûlé. **3.** *El.E:* *B.-out coil*, bobine brûlée, grillée, court-circuitée.

burn up. 1. *v.tr.* Brûler (entièrement); consumer. *The plane was burnt up*, *F:* l'appareil a grillé. **2.** *v.i.* (*Of fire*) Se ranimer, flamber.

burnt up, *a. B. up grass*, herbe brûlée.

burnt, *a.* **1.** (*a*) (*Of pers., thg*) Brûlé. (*Of pers.*) *To be b. beyond recognition*, être carbonisé. **A burnt child dreads the fire,** expérience passe science. *See also* ALMOND 1, GAS[1] 1, OFFERING 2, SUGAR[1] 1, TOPAZ. (*b*) *Face b. by the sun of the tropics*, figure bronzée, brûlée, par le soleil des tropiques. *See also* SUNBURNT. **2.** (*Of earth, clay*) Cuit. **3.** **Burnt smell, taste,** odeur *f*, goût *m*, de brûlé, de roussi.

burning[1], *a.* **1.** (*a*) (*Of fever, thirst, desire, etc.*) Brûlant, ardent. **Burning question,** question brûlante. (*b*) *Ven:* *B. scent*, fumet récent, fort. (*c*) *F:* (*Intensive*) **It's a burning shame, a burning disgrace,** c'est vraiment honteux. **2.** En ignition. *B. coals*, du charbon embrasé, allumé. *B. town*, ville incendiée, enflammée, en feu. **3.** (Bois *m*, etc.) à brûler. *See also* OIL[1] 1.

'**Burning Bush,** *s.* **1.** *B:* Buisson ardent. **2.** *Bot:* (i) Fraxinelle *f*; (ii) plante *f* au feu d'artifice.

burning-'hot, *a.* Brûlant.

burning[2], *s.* **1.** (*a*) Brûlage *m*; incendie *m* (d'une maison, d'une forêt). *B. of the dead*, combustion *f* des morts. **Burning point,** point *m* de combustion, d'ignition. *B. sensation*, (i) sensation *f* de chaleur; (ii) douleur cuisante. **There is a smell of burning,** ça sent le brûlé, le roussi. *I could smell b.*, je sentais une odeur de brûlé. *See also* FIRE[1] 1, HEART-BURNING. (*b*) *Cu:* Coup *m* de feu. *Metalw:* *B. of the steel*, brûlure *f* de l'acier. **2.** (*a*) Cuite *f*, cuisson *f* (de briques, de tuiles, etc.). *See also* LIME-BURNING. (*b*) Fournée *f* (de briques, etc.).

'**burning-glass, -mirror,** *s.* Verre, miroir, ardent.

'**burn-bait, -beat,** *v.tr. Agr:* Écobuer, brûler (le sol). *Patch of burn-baited land*, brûlis *m*.

'**burn-baiting, -beating,** *s.* Écobuage *m*, brûlage *m*.

burn[3], *s. Scot:* Ruisseau *m*.

burner ['bəːrnər], *s.* **1.** (*Pers.*) Brûleur, -euse. **(Brick-)burner,** cuiseur *m*. *See also* CHARCOAL-BURNER, LIME-BURNER. **2.** (*a*) *Of gas-cooker, etc.*) Brûleur. **Four-burner oil-stove,** fourneau *m* à pétrole à quatre feux. (*b*) Bec *m* (de gaz, pour acétylène, etc.); brûleur (à gaz). **Incandescent burner,** bec Auer. *See also* BAT'S-WING, BUNSEN, FISH-TAIL, INCENSE-BURNER 2, PILOT-BURNER, RING-BURNER.

burnet ['bəːrnet], *s. Bot:* Grande pimprenelle; pimprenelle commune, des prés. *See also* SAXIFRAGE 2.

burnet-moth, *s. Ent:* Sphinx *m* bélier.

burnish[1] ['bərniʃ], *s.* Bruni *m*, brunissure *f*. *Phot:* Satiné *m*.

burnish². **1.** *v.tr.* (*a*) Brunir; polir, aviver, lisser; roder (un métal); éclaircir (des épingles). (*b*) *Phot:* Satiner (une épreuve). **2.** *v.i.* Se polir; prendre de l'éclat, du brillant, du poli.

burnishing, *s.* (*a*) Brunissage *m*, polissage *m*, lissage *m*, éclaircissage *m*. (*b*) Satinage *m*.

'burnishing-brush, *s. Metalw:* Boësse *f*.

'burnishing-iron, *s. Bootm:* Bizé *m*.

burnisher ['bəːrniʃər], *s.* **1.** (*Pers.*) (*a*) Brunisseur, -euse. (*b*) Satineur, -euse. **2.** (*a*) *Tls:* Brunissoir *m*; polissoir *m*, avivoir *m*, dent-de-loup *f*, *pl.* dents-de-loup. (*b*) *Phot:* Presse *f* à satiner.

burnous(e) [bəːr'nuːz], *s.* Burnous *m* (d'Arabe).

burnt [bəːrnt]. *See* BURN².

burr¹ [bəːr], *s.* & *v.tr.* = BUR¹, ².

burr², *s.* **1.** *Astr:* Cercle lumineux (autour de la lune, d'un astre); halo *m*. **2.** *Engr:* *Metalw:* (*a*) Barbe *f*, bavure *f*, barbure *f*, balèvre *f*. *To take the burrs off metal*, ébarber le métal. **Burr-removing press**, presse *f* à ébarber. (*b*) (*When removed*) Ébarbure *f*. (*c*) (**Rivetting-)burr**, contre-rivure *f*, *pl.* contre-rivures. **3.** *Tls:* (*a*) **Burr(-cutter)**, ébarboir *m*. *Dent:* **Burr(-drill)**, burin *m*, fraise *f*. (*b*) Burin triangulaire. **4.** *Geol:* **Burr(-stone)**, (pierre) meulière *f*. **5.** (*a*) *Ling:* 'R' de la gorge (fricative postpalatale); 'r' uvulaire (plutôt sourd). **To speak with a burr**, prononcer l'r de la gorge. (*b*) Bruissement *m* (d'une roue, d'une machine).

burr³. **1.** *v.tr.* & *i.* **To burr (one's r's)**, prononcer l'r de la gorge. **2.** *v.i.* (*Of wheel, etc.*) Ronfler. **3.** *v.tr.* (*a*) Mater (l'extrémité d'un boulon, etc.); rabattre (un clou). (*b*) *Dent:* Buriner (une dent). (*c*) Ébarber (une pièce emboutie, etc.).

burring, *s.* **1.** Prononciation sourde de l'r uvulaire. **2.** (*a*) *Metalw:* Ébarbage *m*. (*b*) *Dent:* Burinage *m*.

'burring-engine, *s. Dent:* Machine *f* dentaire.

burro ['buro], *s. U.S:* *F:* Ane *m*, baudet *m*.

burrow¹ ['bʌro, -ou], *s.* Terrier *m*, renardière *f* (de renard); terrier, trou *m*, clapier *m*, accul *m*, halot *m* (de lapin). *F:* *Never to leave one's b.*, ne jamais sortir de sa coquille, de son trou.

burrow². **1.** *v.i.* (*Of rabbits, etc.*) (i) Fouir la terre, (ii) (se) terrer; (*of moles*) tracer. *F:* *Inhabitants burrowing among the ruins of the village*, habitants terrés sous les ruines du village. *F:* *To b. into the archives*, fouiller, fouiner, dans les archives. *To b. into a mystery*, creuser un mystère. **2.** *v.tr.* (*a*) **To burrow a hole**, creuser, pratiquer, un trou, un terrier. *To b. one's way underground*, creuser (un chemin) sous terre. (*b*) (*Of rabbits*) *To b. the ground*, percer la terre de terriers.

burrowing, *a.* (*Of animal*) Fouisseur, -euse. *Ent:* Fossoyeur, -euse; mineur, -euse.

burrow³, *s. Min:* Halde *f* (de déchets).

burrower ['bʌroər, -rouər], *s.* (Animal) fouisseur *m*.

bursa, *pl.* **-ae** ['bəːrsa, -iː], *s. Anat:* Bourse *f*, poche *f*, sac *m*. **Synovial bursae**, bourses synoviales.

bursar ['bəːrsər], *s.* **1.** (*a*) (*At English universities*) Économe *m*, trésorier *m*. (*b*) *Ecc:* Procureur *m*, dépensier *m* (de certains ordres monastiques). **2.** (*At Scot. universities and schools*) Boursier, -ière.

bursarship ['bəːrsərʃip], *s.* **1.** Économat *m*. **2.** = BURSARY 2.

bursary ['bəːrsəri], *s.* **1.** Bureau *m* de l'économe; économat *m*. **2.** (*In Scot. universities and schools*) Bourse *f* (d'études).

burse [bəːrs], *s. Ecc:* Bourse *f* (des corporaux).

bursitis [bəːr'saitis], *s. Med:* Bursite *f*; hygroma *m* (des bourses).

burst¹ [bəːrst], *s.* **1.** Éclatement *m*, explosion *f* (d'une bombe, etc.). **2.** *B. of flame*, jaillissement *m*, jet *m*, de flamme. *B. of thunder*, coup *m* de tonnerre. *B. of gunfire*, rafale *f*. *B. of laughter*, éclat *m* de rire. *There was a b. of laughter*, il y eut une explosion de rires. *B. of tears*, crise *f* de larmes. *B. of anger*, explosion, bouffée *f*, mouvement *m*, de colère. *B. of fury*, transport *m*, explosion, de fureur. *B. of eloquence*, élan *m*, mouvement, d'éloquence. *B. of applause*, salve *f* d'applaudissements. *B. of activity, of energy*, emballement *m*; poussée *f* d'activité. *Sp:* *B. of speed*, emballage *m*. **3.** *F:* **To go on the burst**, *P:* **on the bust**, faire la bombe, être en bombe.

burst², *v.* (**burst; burst**) **1.** *v.i.* (*a*) (*Of boiler, bomb, etc.*) Éclater, exploser, faire explosion; (*of boiler*) sauter; (*of abscess*) crever, percer, aboutir; (*of bubble, cloud*) crever; (*of bud*) éclore. **He ate till he was fit to burst**, il mangeait à éclater. *One of my buttons has burst*, un de mes boutons a sauté. **To burst in pieces**, voler en éclats. *Her heart was ready to b.*, son cœur se brisait. (*b*) *Sack bursting with corn*, sac tout plein, bourré, regorgeant, de blé. *The sacks were bursting*, les sacs étaient pleins à crever; les sacs regorgeaient. *To be bursting, ready to burst, with laughter, envy, pride*, crever de rire, de jalousie, d'orgueil; pouffer de rire. *To be bursting with health*, déborder, crever, regorger, de santé; être éclatant de santé. *To be bursting with delight*, être fou de joie; ne pas se tenir de joie; ne pas tenir dans sa peau. *I was bursting to tell him so*, je mourais d'envie de le lui dire. (*c*) **A cry burst from his lips**, un cri s'échappa de ses lèvres. (*d*) (*Of flower*) **To burst into bloom**, fleurir, s'épanouir. *To b. into blossom*, fleurir, commencer à fleurir. *The horses burst into a gallop*, les chevaux prirent le galop. **To burst into (loud) laughter, into tears**, se mettre à rire, à pleurer; éclater de rire; fondre en larmes, avoir une crise de larmes; partir d'un grand éclat de rire. *See also* FLAME¹ 1, SONG 1. (*e*) **To burst into a room**, entrer dans une chambre en coup de vent, en trombe, en ouragan. *To b. through the crowd*, percer, fendre, la foule. (*Of sun*) *To b. through a cloud*, percer un nuage. (*f*) **To burst upon s.o.'s sight**, se présenter, s'offrir, surgir, se découvrir, à la vue de qn, aux yeux de qn. (*Of sound*) *To b. upon s.o.'s ears*, venir (subitement) frapper les oreilles de qn. **The truth burst (in) upon me**, soudain la vérité m'apparut; j'eus soudain l'intuition de la vérité. **2.** *v.tr.* Faire éclater (qch.); crever, claquer, éclater (un ballon, un pneumatique); faire sauter (une chaudière); rompre (ses liens). **To burst a blood-vessel**, se rompre un vaisseau sanguin. **To burst a door open**, ouvrir une porte d'une violente poussée; enfoncer, briser, une porte. *To b. one's buttons*, faire sauter ses boutons. (*Of river*) **To burst its banks**, crever, rompre, ses berges. *See also* SIDE¹ 1.

burst asunder. **1.** *v.tr.* Briser (qch.) en deux; rompre (ses liens). **2.** *v.i.* Se rompre.

burst forth, *v.i.* (*Of sun*) Émerger, se montrer, tout à coup; (*of storm*) éclater; (*of tears, blood*) jaillir. *To b. forth into explanations*, se répandre en explications.

burst forward, *v.i.* Se précipiter (en avant).

burst in. **1.** *v.tr.* Enfoncer (une porte). **2.** *v.i.* Faire irruption; (*of pers.*) entrer en coup de vent. *To b. in upon a conversation*, interrompre brusquement une conversation. *He'll be bursting in upon us at any moment*, il va nous tomber sur le dos d'un moment à l'autre.

burst open. **1.** *v.tr.* Ouvrir (une porte) subitement; faire sauter (le couvercle, la serrure). **2.** *v.i.* (*Of door, etc.*) S'ouvrir tout d'un coup.

burst out. **1.** *v.i.* (*Of pers.*) S'écrier, s'exclamer; (*of disease, war*) éclater; (*of liquid*) jaillir. **To burst out laughing**, éclater, pouffer, s'esclaffer, de rire; partir à, de, rire. *To b. out into threats*, se répandre en menaces. **2.** *v.tr.* *To b. out the rivets*, faire sauter les rivets.

burst up, *F:* **bust up**, *v.i.* (*Of business, etc.*) Faire faillite, faire un krach; sauter.

'burst-up, *F:* **'bust-up**, *s.* **1.** Débâcle *f* (d'un système); faillite *f* (d'une maison de commerce). **2.** *To have a b.-up with s.o.*, avoir une prise de bec avec qn; rompre avec qn. *There's been a b.-up*, ils sont brouillés à la suite d'une violente querelle.

bursting¹, *a.* Sur le point de crever, d'éclater, d'éclore. *B. with health, with self-satisfaction*, débordant de santé, de contentement de soi. *B. with impatience*, bouillant d'impatience. *B. heart*, cœur gonflé; cœur prêt à éclater; cœur près d'éclater.

bursting², *s.* Éclatement *m*, explosion *f* (d'une bombe, d'une chaudière, etc.); crevaison *f* (de pneu); rupture *f* (de liens, *Hyd.E:* de barrage); déchaînement *m* (d'une tempête). *See also* CHARGE¹ 1.

'burst-wort, *s. Bot:* Turquette *f*; herniaire *f* glabre.

burthen ['bəːrðən], *s.* & *v.tr. Lit:* = BURDEN¹, ²

Burton [bəːrtn]. **1.** *Pr.n. Geog:* Burton (sur le Trent). **2.** *s.* **Burton (ale)**, bière *f* de Burton; Bass *f*.

bury ['beri], *v.tr.* (*p.p.* & *p.t.* **buried**) Enterrer, inhumer, ensevelir (un mort); porter (qn) en terre; enfouir (un animal). **Buried treasure**, trésor enterré, enseveli, enfoui. **To bury s.o. alive**, enterrer qn vif. *F:* **To bury oneself (alive)**, s'enterrer vivant; se terrer (dans un endroit retiré). *Buried in the ruins*, enseveli sous les décombres. *To b. a dagger in s.o.'s breast*, enfoncer, plonger, un poignard dans la poitrine de qn. **To bury one's face in one's hands**, se cacher la figure dans les mains; se couvrir la figure de ses mains. *To b. one's hands in one's pockets*, fourrer les, ses, mains dans ses poches. **To bury oneself in sth.**, s'abstraire dans, en, qch. *To b. oneself in the country*, s'enterrer, s'enfouir, dans la campagne; se blottir dans le fond d'une campagne. *To b. oneself in one's studies*, s'ensevelir, s'enfermer, dans ses études. *I found it buried under my papers*, je l'ai trouvé enfoui sous mes papiers. *Buried in one's work*, plongé, enfoncé, absorbé, dans son travail. *She wishes the whole thing buried and forgotten*, elle désire que toute cette affaire soit enterrée dans l'oubli. *See also* HATCHET.

burying¹, *a.* (Insecte) enfouisseur.

'burying beetle, *s. Ent:* Nécrophore *m*.

burying², *s.* **1.** Enterrement *m*; ensevelissement *m*. **2.** Enfouissement *m*.

'burying face, *s. U.S:* *F:* Visage *m* d'enterrement.

'burying-ground, *s.* Cimetière *m*.

'burying-place, *s.* Sépulture *f*.

Buryat ['buriat], *s.* = BURIAT.

bus¹, *pl.* **buses** [bʌs, 'bʌsiz], *s.* **1.** Omnibus *m*. **(Motor-)bus**, autobus *m*. **Petrol-electric bus**, autobus à essence avec transmission électrique. **Electric trolley bus**, autobus à trolley. *Single-deck bus*, autobus sans impériale. *Double-deck bus*, autobus à impériale. *We went there by bus*, nous y sommes allés en autobus. **To miss the bus**, (i) manquer, rater, l'autobus; (ii) *F:* laisser échapper l'occasion; (iii) *F:* n'arriver à rien. *A poor artist who has missed the bus*, un pauvre raté. *P:* **To step into one's last bus**, monter dans le corbillard; mourir. *See also* OMNIBUS. **2.** (*a*) *Aut:* *P:* Chignole *f*, tacot *m*, bagnole *f*. (*b*) *Av:* *P:* (i) Avion lourd. (ii) Avion; *P:* zinc *m*, coucou *m*.

'bus-bar, *s.* = *omnibus bar, q.v. under* OMNIBUS 2.

bus², *v.i.* *F:* Aller (i) en omnibus, (ii) en autobus. *How did you come?—We bused it* ['bʌst it], comment êtes-vous venus?—En autobus, par l'autobus.

busby ['bʌzbi], *s. Mil:* Bonnet *m* de hussard; colback *m*, talpack *m*.

bush¹ [buʃ], *s.* **1.** (*a*) Buisson *m*; arbre *m* en buisson; (*of lilac, elder, etc.*) arbrisseau *m*; (*small*) arbuste *m*, buissonnet *m*. **Rose-bush**, rosier *m*. **Currant-bush, gooseberry-bush**, groseillier *m*. **Raspberry-bush**, framboisier *m*. *See also* BIRD 1. (*b*) (*Clump of bushes*) Fourré *m*, taillis *m*. *See also* BEAT² 1, SUGAR-BUSH. (*c*) Queue *f* (du renard). **2.** (*Vintner's*) Bouchon *m*. *See also* WINE¹ 1. **3.** (*In Brit. Colonies*) **The bush**, la brousse. **To take to the bush**, prendre la brousse.

'bush-bean, *s. U.S:* Haricot (blanc).

'bush-buck, *s. Z:* Céphalophe *m*.

'bush-cat, *s. Z:* Serval, -als *m*.

'bush-fighter, *s.* Franc-tireur *m*, *pl.* francs-tireurs; guérillero *m*.

'bush-fighting, *s.* Guerre *f* de buissons, d'embuscades.

'bush-harrow, *s. Agr:* Herse *f* d'épines; balayeuse *f*; traînoir *m*.

'bush-hook, *s. U.S:* Serpe *f*.

'bush-ranger, *s.* (*a*) Coureur *m* des bois, de la brousse; broussard *m.* (*b*) *A:* Forçat réfugié dans la brousse.

'bush-rope, *s. Bot:* Cissampélos *m.*

bush², *v.tr. Agr:* Herser (un champ) à la herse d'épines.

bush³, *s.* (*a*) *Mec.E:* Fourrure *f* métallique; bague *f*; coussinet *m*, grain *m* (de palier); douille *f* (de réa); manchon *m. See also* PILLOW-BUSH. *I.C.E:* **Bronze bush** (*of small end of connecting-rod*), bague en bronze (de pied de bielle). (*b*) *N.Arch:* Alumelle *f* (de la mortaise du gouvernail).

bush⁴, *v.tr. Mec.E:* Baguer, manchonner; mettre un coussinet à (un palier, etc.). **Bushed pulley,** poulie guillochée. **Bushed with bronze,** bagué en bronze.

bushing, *s.* **1.** Manchonnage *m.* **2.** Manchon *m*; coussinet *m* métallique; douille *f*, bague *f.* **Blind bushing,** bague borgne. **Conical bushing,** coquille *f* de coussinet. **Antifriction bushing,** fourrure *f* d'antifriction. *Artil:* **Breech-bushing,** écrou *m* de culasse.

bushed [buʃt], *a.* (*In Austr.*) (*a*) Perdu, égaré, dans la brousse. (*b*) *F:* Désorienté, interdit.

bushel [buʃl], *s.* Boisseau *m* (= 8 *gallons* = *approx.* 36 litres). *F:* **There are bushels of it,** il y en a des quantités, des tas. *See also* HIDE² 1.

bushel(l)er ['buʃələr], **bushelman,** *pl.* **-men, -woman,** *pl.* **-women** ['buʃəlmən, -men, -wumən, -wimən], *s. Tail: U.S:* Pompier, -ière.

bush-hammer ['buʃhamər], *s. Tls:* Laie *f*; boucharde *f*; marteau *m* rustique; rustique *m.*

bushido [bu'ʃiːdo], *s. Jap.Civil:* Bushido [buʃido] *m.*

bushiness ['buʃinəs], *s.* Épaisseur *f*; *Lit:* touffeur *f.* *The b. of his hair,* ses cheveux touffus, embroussaillés, en broussaille.

Bushire [bu'ʃaiər]. *Pr.n. Geog:* Bouchir *m*, Bouchaïr *m.*

bushman, *pl.* **-men** ['buʃmən, -men], *s.* **1.** *Ethn:* (*In S. Africa*) Boschiman *m.* **2.** Colon *m* (de la brousse australienne).

bushwhack ['buʃwak], *v.i. U.S:* **1.** Se frayer un chemin à travers la brousse. **2. To be bushwhacked,** être victime d'un guet-apens.

bushwhacker ['buʃwakər], *s. U.S:* **1.** (*a*) Colon *m* de la brousse. (*b*) *Hist:* Franc-tireur *m* de la brousse, *pl.* francs-tireurs. (*c*) Bandit *m* de la brousse. **2.** *Tls:* Serpe *f.*

bushy ['buʃi], *a.* **1.** Touffu, épais, -aisse; buissonneux, broussailleux. *B. ground, eyebrows,* terrain, sourcils, broussailleux. *B. beard,* barbe fournie. *B. hair,* cheveux épais, touffus, embroussaillés. **2.** (*Of shrub*) Buissonnant.

busier, busiest ['biziər, 'biziəst]. *See* BUSY¹.

busily ['bizili], *adv. See* BUSY¹.

business ['biznəs], *s.* **1.** (*a*) (*Task, duty*) Affaire *f*, besogne *f*, occupation *f*, devoir *m.* *To be full of b.,* être très occupé. *We have got through a lot of b.,* nous avons abattu de la besogne. *This b. of preparing for their arrival,* ce remue-ménage de préparatifs pour leur venue. **To make it one's business to do sth.,** se faire un devoir, se mettre en devoir, de faire qch.; prendre à tâche de faire qch.; prendre sur soi de faire qch. **To have business with s.o.,** avoir affaire avec qn. *What is your b. with him?* que lui voulez-vous? *This art has no b. with truth,* cet art n'a rien à voir avec la vérité. *Will you kindly state your b. to the secretary,* veuillez bien indiquer au secrétaire l'objet de votre visite. *What is your b. here?* que venez-vous faire ici? *That's the manager's b.,* ça c'est l'affaire du gérant. **It is my business to . . .,** c'est à moi de. . . . *It is not my b. to warn them,* ce n'est pas à moi, ce n'est pas mon rôle, de les avertir. **It's not your business; it's none of your business,** ce n'est pas votre affaire; cela ne vous regarde pas. *It is no b. of his,* il n'a rien à voir là-dedans. *What b. is it of yours?* est-ce que cela vous regarde? qu'allez-vous faire dans cette galère? *What b. had you to tell him so?* était-ce à vous de le lui dire? *F:* **To send s.o. about his business,** envoyer promener qn; envoyer paître qn. *Go about your b.,* allez vous promener; passez votre chemin. *See also* MIND² 2. **You have no business to do so,** vous n'avez pas le droit de le faire; cela ne vous regarde pas. *You have no b. to speak,* vous n'avez que faire de parler. **It is quite a (big) business,** c'est toute une affaire. **It's a bad, a sorry, business,** c'est une malheureuse affaire; c'est une triste affaire. *That's a dirty b. you are engaged in,* vous faites là un vilain négoce, un vilain métier. **The best of the business is that . . .,** le plus beau de l'histoire c'est que. . . . *What is the b. in hand?* de quoi s'agit-il? **Now to business!** maintenant, allons-y! *Prov:* **What is everybody's business is nobody's business,** il n'y a point d'âne plus mal bâté que celui du commun; affaire à tout le monde, affaire à personne. *F:* **Good business!** à la bonne heure! *P:* chouette! (*b*) **Business meeting,** séance *f* de travail (d'une société, etc.). **The business before the meeting,** l'agenda *m*; l'ordre *m* du jour. *To proceed with the b. of the day,* passer à l'ordre du jour. *This being all the b. . . .,* l'ordre du jour étant épuisé. . . . **2.** (*a*) Les affaires *f.* **Business is business,** les affaires sont les affaires. **Man of business,** agent *m* d'affaires. *Profitable b.,* entreprise rémunératrice. **To set up in business as a grocer,** s'établir épicier. **To go into business,** entrer dans les affaires. **To follow a business,** exercer un métier. *To carry on a b.,* exercer un commerce. **What is his (line of) business?** quel est son genre d'affaires? de quel genre de commerce s'occupe-t-il? quel métier exerce-t-il? *This is too expensive for my class of b.,* c'est trop cher pour ma clientèle. *To lose b.,* perdre de la clientèle. **To do business with s.o.,** faire des affaires avec qn. *To do big b.,* faire un gros commerce. *Shop that does a thriving b.,* magasin bien achalandé. **To give up business,** se retirer des affaires. **To be in business,** être dans les affaires. *He is in b. for himself,* il travaille à son compte. **To be out of business,** être retiré des affaires. **To go out on business,** faire une course, aller en course. **I am going to London on business,** je vais à Londres pour affaires. **Piece of business,** affaire; opération (commerciale). *How is b.?* comment vont les affaires? *B. is slow,* les affaires ne vont pas; la vente ne va pas. **To talk business,** parler affaires. **To mean business,** avoir des intentions sérieuses; ne pas plaisanter. *F:* **Do you mean business?** êtes-vous sérieux? est-ce pour de bon? **That's not business,** ce n'est pas régulier. *To make a b. of one's religion,* faire métier de sa religion. *See also* COMBINE² 1, WAY¹ 8, 11. *Attrib.* **Business career,** carrière *f* des affaires. **Business hours,** heures *fpl* d'ouverture, d'affaires, des affaires. **Business house,** maison *f* de commerce. **Business quarter,** quartier commerçant. **The business part of the town,** le centre des affaires. **My call, my visit, is a business one,** ma visite est une visite d'affaires; je viens pour affaires. **General business office,** agence *f* d'affaires. **Business suit,** complet *m* de bureau. **Business man,** homme *m* d'affaires. *To be a good b. man,* s'entendre aux affaires; avoir l'entente des affaires. **Big-business man,** brasseur *m* d'affaires. *F:* **The business end of a chisel, of a scythe,** le tranchant d'un ciseau, d'une faux. *See also* MANAGER 1. (*b*) Fonds *m* de commerce. *Manager of two different businesses,* directeur *m* de deux établissements différents. **3.** *Th:* (*a*) Jeux *mpl* de scène. (*b*) Emploi *m*, rôle *m.* *He has never taken the leading b.,* il n'a jamais tenu les premiers rôles. **4.** *F:* Métier *m.* *He was making himself ready for the active b. of knighthood,* il se préparait au rude métier de chevalier.

'business-card, *s.* Carte *f* (d'une maison de commerce).

'business-like, *a.* **1.** (*Of pers.*) Capable; pratique; (*of transaction*) régulier, sérieux. *F:* *That's a b.-l. cloak!* voilà un manteau pratique! **2.** (*Of style*) Net, précis; (*of manner*) sérieux, carré.

busk¹ [bʌsk], *s.* **1.** Busc *m* (de corset) **2.** *Dial:* Corset *m.*

busk², *v.tr.* Busquer (un corset).

busk³, *v.i. Th:* *P:* (*Of actor*) Faire les plages en été; cabotiner; chanter dans les bars.

busker ['bʌskər], *s. Th:* *P:* Cabotin *m.*

buskin ['bʌskin], *s. Ant:* *Th:* Cothurne *m.* *Lit:* *F:* **To put on, to don, the buskin,** chausser le cothurne.

busman, *pl.* **-men** ['bʌsmən, -men], *s.m.* (*a*) *A:* Cocher (d'omnibus). (*b*) Conducteur (d'autobus). *F:* **To take a busman's holiday,** faire du métier en guise de congé ou de loisirs.

buss [bʌs], *s.* & *v.tr.* *A.* & *Dial:* = KISS¹, ².

bust¹ [bʌst], *s.* **1.** *Sculp:* Buste *m.* **2.** Buste, gorge *f*, poitrine *f* (de femme).

'bust-bodice, *s. Cost:* Soutien-gorge *m inv.*

'bust-improver, *s. Dressm:* Fausse gorge.

'bust-supporter, *s.* Maintien-gorge *m inv*, soutien-gorge *m inv.*

bust², **³,** *s.* & *v.* *P:* = BURST¹, ².

bust-up, *s.* *P:* *See* BURST-UP.

bustard ['bʌstərd], *s. Orn:* Outarde *f.* *Greater b.,* grande outarde, outarde barbue. *Lesser b.,* petite outarde; *F:* canepetière *f.*

buster ['bʌstər], *s. U.S:* **1.** *P:* (*a*) Chose *f* énorme. (*b*) Mensonge *m* énorme. **2.** Dresseur *m* de chevaux.

bustle¹ [bʌsl], *s.* Mouvement *m*, confusion *f*, remue-ménage *m*, branle-bas *m*, affairement *m.* *The b. in the streets,* l'animation *f* des rues. *We are all in a b.,* nous sommes en remue-ménage.

bustle². **1.** *v.i.* **To bustle (about),** se remuer, s'activer, s'affairer; déployer de l'activité; se donner du mouvement; aller et venir d'un air affairé; faire l'empressé. *We must b. a bit,* il faut nous remuer. *The rooms bustled with men and women,* c'était par les chambres un va-et-vient constant d'hommes et de femmes. **To bustle off,** partir d'un air affairé, important. **They bustle in and out,** ils entrent et sortent d'un air affairé. **To bustle forward,** s'avancer d'un air empressé. **2.** *v.tr.* Faire dépêcher (qn). *Don't b. him!* ne le bousculez pas! donnez-lui le temps! **To bustle s.o. out of the house,** pousser qn dehors.

bustling, *a.* Affairé, agissant, allant; empressé. *Busy and b. street,* rue affairée et trépidante.

bustle³, *s. Cost:* *A:* Tournure *f* (de derrière de jupe).

busy¹ ['bizi]. **1.** *a.* (**busier, busiest**) Affairé, occupé, actif, allant. *I am very b.,* je suis très occupé, très affairé, *A:* très embesogné. *The b. bee,* l'abeille diligente. *B. day,* jour chargé. *B.* (*railway*) *line,* ligne *f* à grand trafic. *Rail:* *etc:* **The busy hours,** les heures *f* de fort trafic, les heures de pointe; (*in shops, etc.*) les heures d'affluence. *B. street, thoroughfare,* rue très affairée, très commerçante; rue mouvementée, passante. *B. brain,* esprit actif. *This is a very b. time for us,* nous sommes dans un moment de grande activité, de grande presse. *Com:* *etc:* **To be at one's busiest,** être dans son coup de feu. *We are now (or then) at our busiest,* c'est notre moment de plus grande activité; c'est le coup de feu. **To be busy at, with, over, sth.,** être occupé à, de, qch. *In the morning I am b. with my work,* le matin je suis tout à mon travail, je vaque à mes affaires. **To be busy doing sth.,** être occupé à faire qch.; être en train de faire qch. *Mary is b. milking the cows,* Marie est à traire les vaches. **To keep oneself busy,** s'activer. *People b. about trifles,* gens affairés de riens. *His brain was b. with these ideas,* ces idées lui roulaient dans la tête. *F:* **To get busy,** se mettre à la tâche; s'y mettre. *Then the police got b.,* puis la police s'en mit. *Tp:* *U.S:* **'Line busy,'** "ligne occupée"; "pas libre." **2.** *s.* *P:* Agent *m* ou inspecteur *m* de la sûreté; détective *m.* **-ily,** *adv.* **1.** Activement, avec empressement, d'un air affairé. *To be b. engaged,* être très affairé, très occupé (*in doing sth.,* à faire qch.). **2.** Avec trop de zèle; avec un empressement officieux.

busy², *v.tr.* & *pr.* *To b. oneself, one's hands, with, in, about, sth.,* s'occuper à, se mêler de, qch.; occuper ses mains à qch. *To b. oneself with doing sth.,* s'occuper à, de, faire qch.; s'activer à (faire) qch. *To b. oneself tidying things away,* s'affairer à tout remettre en place. *The doctors b. themselves about the wounded,* les médecins *m* s'empressent auprès des blessés.

busybody ['bizibodi], *s.* **1.** Officieux, -euse; tatillon, -onne; indiscret, -ète; important *m*; la mouche du coche; touche-à-tout *m inv*; réparateur *m* de torts. **Miss Busybody,** *F:* mademoiselle tata. **To play the busybody,** faire l'empressé; faire le, la, nécessaire. **2.** (*Window-mirror*) Espion *m.*

busyness ['bizinəs], *s.* Affairement *m.*

but[1] [bʌt]. **1.** *conj.* (*a*) (*Coordinating*) Mais. *He pretended to listen, but his thoughts were elsewhere*, il feignait d'écouter, mais sa pensée était ailleurs. *She is not dead but sleepeth*, elle n'est pas morte mais elle dort. *A poor but honest family*, une famille pauvre mais honnête. *F: But I tell you I saw it!* (mais) puisque je vous dis que je l'ai vu! **But yet . . .**, néanmoins . . ., toutefois. . . . (*b*) (*Subordinating*) *There is no one but understands this*, il n'y a personne qui ne comprenne cela. *I never pass there but I think of you*, je ne passe jamais par là sans penser à vous. *Never a year passes but he writes to us*, il ne se passe jamais une année qu'il ne nous écrive. *How can I tell but you will do the same?* qu'est-ce qui me dit que vous n'en ferez pas autant? *Who knows but that he may come?* qui sait s'il ne viendra pas? **I cannot but believe that . . .**, il m'est impossible de ne pas croire que. . . . *You cannot but have heard it*, vous ne pouvez pas ne pas l'avoir entendu; il est impossible que vous ne l'ayez pas entendu. *How can I but be proud of it?* comment ne pas en être fier? *Who among you but remembers . . .?* lequel d'entre vous ne se souvient de . . .? *I do not doubt but that he will consent*, je ne doute pas qu'il (ne) consente. *I cannot deny but you are right, but that you are right, but what you are right*, je ne saurais nier que vous n'ayez raison. **Not but that I pity you, not but what I pity you**, non que je ne vous plaigne. **But that I saw it myself . . .**, si ce n'était que je l'ai vu moi-même. . . . *He would have done it but that he lacked the courage*, il l'aurait fait s'il n'eût manqué de courage. **2.** *adv.* Ne . . . que, seulement. *She is but a child*, ce n'est qu'une enfant. *He is nothing but a student*, ce n'est qu'un étudiant. *He talks but little*, il parle assez peu. *You have but to tell me*, vous n'avez qu'à me le dire. *The journey is but begun*, le voyage ne fait que commencer. *It is nothing but laziness*, c'est de la pure paresse. **But a moment ago**, il n'y a qu'un instant. **But yesterday**, pas plus tard qu'hier. **Had I but known!** si j'avais su! *If I could but see him!* si je pouvais seulement le voir! *See also* ALL I. 2. **3.** *conj. or prep.* (*Except*) (*a*) *Come any day but to-morrow*, venez n'importe quel jour excepté demain. *Who will do it but me?* qui le fera si ce n'est moi? sinon moi? **All but he, but him**, tous excepté lui; tous sauf lui. *There is a cure for everything but death*, il y a remède à tout, fors à la mort. **None but he**, personne d'autre que lui. *See also* NONE I. *Anyone but me*, tout autre que moi. *I don't know anyone but you that is fit to undertake it*, je ne sais que vous capable de l'entreprendre. *Give me anything but that*, donnez-moi ce que vous voudrez, mais pas cela; tout plutôt que cela. *At any time but the present*, n'importe quand sauf à présent. **He is anything but a hero**, il n'est rien moins qu'un héros. *I am anything but proud of my juvenile productions*, je ne tire aucune vanité de mes œuvres de jeunesse. **There is nothing for it but to obey**, il n'y a qu'à obéir. *There remains no more but to thank you*, il ne me reste plus qu'à vous remercier. *I have no choice but to marry her*, je n'ai d'autre choix que de l'épouser. *What is all that but a warning?* qu'est-ce que tout cela qu'un avertissement? *What could I do but invite him?* que pouvais-je faire d'autre que de l'inviter? *If anything but a superficial knowledge be aimed at . . .*, si nous visons à autre chose que des connaissances superficielles. . . . *I do not suppose that his life was anything but happy*, je ne suppose pas que sa vie ait été autre qu'heureuse. *How could I but laugh?* comment pouvais-je faire autrement que de rire? *See also* FIRST I. 1, LAST[4] I. 1, NEXT I. 1, NOTHING I. (*b*) **But for**, sans. *But for the rain I should have gone out*, sans la pluie je serais sorti. *But for you I was done for*, sans vous j'étais perdu. **But for that**, à part cela, excepté cela. *But for his shyness . . .*, n'était sa timidité. . . . **4.** (*a*) *s. There is a but*, il y a un mais. (*b*) *v.tr. A. & Hum: But me no buts*, ne m'objectez pas de mais.

but[2]. *Scot:* **1.** *adv.* (i) Dehors; (ii) dans la pièce d'entrée (de la maison), dans la salle commune. **Go but and wait**, allez attendre (i) dehors, (ii) à la cuisine. *s.* **A but and a ben**, *see* BEN[2] 1. **2.** *prep.* **But the house**, (i) dehors, (ii) dans la salle commune.

butch [butʃ], *v.i. U.S: F:* Être boucher de son état.

butcher[1] ['butʃər], *s.* **1.** (*a*) Boucher *m.* **The butcher's wife**, la bouchère. **Wholesale butcher, carcase-butcher**, boucher en gros; *F:* chevillard *m*, chevilleur *m*. *See also* PORK-BUTCHER. **Butcher's meat**, viande *f* de boucherie, grosse viande. **Butcher's shop, trade**, boucherie *f*. *The butcher's will be closed*, la boucherie sera fermée. **Butcher's stall**, étal *m*. (*b*) *F:* Boucher, massacreur *m*. *Hist:* **The Bloody Butcher**, le duc de Cumberland (qui usa de terribles représailles après la bataille de Culloden). (*c*) *F:* Saboteur *m* (de travail); *esp.* chirurgien incompétent; *P:* charcutier *m*. **2.** *Rail: U.S: F:* Vendeur *m* (de fruits, de cigarettes, etc.).

'butcher-bird, *s. Orn:* Pie-grièche grise, *pl.* pies-grièches.

'butcher's 'broom, *s. Bot:* Petit houx, buis piquant, faux buis; myrte épineux, fragon épineux; housson *m*; épine *f* de rat.

butcher[2], *v.tr.* **1.** (*a*) Égorger, massacrer. (*b*) Envoyer (des troupes) à la boucherie. **2.** *F:* Massacrer, saboter (un travail, une symphonie, etc.). (*Of surgeon*) *To b. a patient*, charcuter un patient. **3.** *U.S:* Dépecer (une bête); couper (un morceau de chair).

butchering, *s.* **1.** Tuerie *f*, massacre *m* (*of*, de). **2.** *F: The b. trade*, la boucherie. *He has taken to b.*, il s'est fait boucher.

butchery ['butʃəri], *s.* **1.** (*Trade*) Boucherie *f*. *Wholesale b. trade*, vente *f* à la cheville. **2.** *F:* Tuerie *f*, boucherie, massacre *m*.

bute [bjut], *s. U.S: P:* = BEAUTY 2.

butic ['bjutik], *a. Ch:* (Acide *m*) butique, arachique.

butler ['bʌtlər], *s.* (*a*) Maître *m* d'hôtel (d'une maison privée, chargé de la cave et de l'argenterie). *A:* Sommelier *m*. *When I was b. to Sir James . . .*, du temps où j'étais le maître d'hôtel de Sir James . . ., où j'étais maître d'hôtel chez Sir James. . . . **Butler's tray**, desserte *f*, servante *f*. *See also* PANTRY. (*b*) *B.Lit:* Échanson *m*.

butlership ['bʌtlərʃip], *s.* (*a*) Charge *f* de maître d'hôtel. (*b*) *B:* Charge d'échanson.

butt[1] [bʌt], *s.* (*a*) Barrique *f*, futaille *f*, gros tonneau. *To fill a b. with water*, embarriquer de l'eau. (*b*) Tonneau *m* (pour l'eau de pluie, etc.); tine *f* (pour transporter l'eau).

butt[2], *s.* **1.** (*a*) Bout *m*; souche *f* (d'arbre, de chèque); billot *m* (d'arbre); bout, *P:* mégot *m* (de cigare). *B. of a plank*, tête *f* d'un bordage. *Join: etc:* **Butt and butt**, bout à bout. (*b*) *Bookb:* Onglet *m* (d'une feuille isolée). **2.** (*a*) Gros bout, talon *m*, pommeau *m* (d'une canne à pêche). (*b*) Gros brin (d'une canne à pêche). **3.** *Bill:* (*a*) Masse *f*, talon (de la queue). (*b*) **Long-butt**, grande queue. **Half-butt**, cadette *f*. **4.** *Sm.a:* Crosse *f* (de fusil). **5.** *Carp:* About *m*. *See also* HINGE[1] 1. **6.** *Leath:* Croupon *m*. **7.** *Ich: Com:* Poisson plat.

butt-'end, *s.* **1.** Extrémité inférieure; pied *m*, bout *m*; gros bout; talon *m* (de canne à pêche). **2.** Couche *f* (d'un fusil). **3.** Barbe *f* (d'une planche).

'butt-joining, *s.* (*a*) Assemblage *m* à plat. (*b*) Abouchement *m*, aboutement *m* (de deux tuyaux).

'butt-joint[1], *s. Carp: Mec.E: etc:* Assemblage *m* à plat; joint *m* d'about; assemblage ou joint bout à bout; joint abouté, en about; joint carré, plat. *Metalw:* Soudure *f* bout à bout. *Plumb:* Nœud *m* de jonction.

'butt-joint[2], *v.tr. Carp:* Assembler (deux morceaux) à plat. *Mec.E: etc:* Joindre (deux tôles) bout à bout; abouter (deux tôles). *Metalw:* Souder bout à bout.

'butt-junction, *s.* Abouchement *m* (de deux tuyaux).

'butt-plate, *s. Sm.a:* Plaque *f* de couche.

'butt-rivetted, *a.* Rivé à couvre-joint.

'butt-strap, -strip, *s. Civ.E: etc:* Bande *f*, éclisse *f*; plaque *f* d'éclissage; couvre-joint *m*, *pl.* couvre-joints.

'butt-weld[1], *s. Metalw:* Soudure *f* en bout, par rapprochement.

'butt-weld[2], *v.tr. Metalw:* Souder par bouts, par rapprochement; souder bout à bout.

'butt-welded, *a.* Soudé au point, par rapprochement; soudé bout à bout.

'butt-welding, *s.* Soudure *f* bout à bout, au point: soudure par rapprochement.

butt[3], *v.tr. & i.* **1.** (*a*) *Carp: etc:* Abutter, abouter, rabouter, raboutir (deux pièces). *To b. two timbers*, faire abutter deux pièces. (*b*) Étayer, buter (une poutre, etc.) (*against*, contre). (*c*) *v.i.* (*Of prop, etc.*) S'étayer, buter (contre). **2.** *Nau:* Mettre (des colis) à toucher (dans l'arrimage).

butt[4], *s.* **1.** (*a*) *Mil:* (*Stop-butt*) Butte *f*. **The butts**, le champ de tir. (*b*) *Ven:* Butte (d'où l'on tire au passage le coq de bruyère). **2.** (*Thing aimed at*) But *m*. *Esp.* (*Of pers.*) Souffre-douleur *m inv.* **To be a butt for s.o.'s jokes**, servir de plastron à qn. *To be a b. for ridicule*, être en butte au ridicule. *He is the b. of the whole place*, c'est la tête de Turc du quartier.

butt[5], *s.* Coup *m* de (la) tête; coup de corne (d'un bélier, etc.). **The two goats came full butt at each other**, les deux chèvres se heurtèrent de front.

butt[6]. **1.** *v.i.* **To butt into, against, s.o., sth.**, donner du front, buter, contre qn, qch.; foncer sur qn. (*Of ram, etc.*) *To b. at s.o.*, donner un coup de corne à qn. *F: To b. into the conversation*, **to butt in**, intervenir sans façon dans la conversation; se mêler à la conversation, à la discussion; placer son mot. **2.** *v.tr.* Donner contre (qn, qch.) de la tête; (*of ram*) cosser contre (qn); donner un coup de corne à (qn).

butter[1] ['bʌtər], *s.* **1.** (*a*) Beurre *m*. *Fresh b., salt b.*, beurre frais, salé. **Butter biscuit**, petit-beurre *m*, *pl.* petits-beurres. *Cu:* **Melted butter**, (i) beurre fondu; (ii) sauce blanche. **Run butter, clarified butter**, beurre fondu pour conserve. *With melted b.*, au beurre. *Whiting with melted b.*, merlan sauce au beurre. **With brown butter sauce, with browned butter**, au beurre noir, au roux. *F:* **Butter wouldn't melt in her mouth**, elle fait la sainte nitouche, la sucrée; elle a l'air de ne pas y toucher; on lui donnerait le bon Dieu sans confession. *See also* BREAD. *Attrib.* **Butter-industry**, industrie beurrière. (*b*) **Vegetable butter**, beurre végétal; végétaline *f*. *See also* BOG-BUTTER. (*c*) *Pharm: P:* **Blue butter**, onguent gris. **2.** *P:* Flatterie *f*, flagornerie *f*; *P:* pommade *f*.

'butter-almond, *s.* Amande enrobée dans un *toffee*.

'butter and 'eggs, *s. Bot:* Linaire *f*; *F:* muflier bâtard.

'butter-bean, *s. Hort:* Haricot *m* beurre.

'butter-boat, *s.* Saucière *f*. *F:* **To use the butter-boat**, flatter, flagorner.

'butter-cloth, -muslin, *s.* Gaze *f* à envelopper le beurre; étamine *f*.

'butter-colour, *a.* (Gants *mpl*, etc.) beurre (frais).

'butter-cooler, *s.* Beurrier rafraîchisseur.

'butter-dish, *s.* Beurrier *m*.

'butter-fingered, *a.* Maladroit, empoté. *He is b.-f.*, tout lui glisse dans les mains; tout lui glisse des doigts.

'butter-fingers, *s.* Maladroit, -e; empoté, -ée. *He's a b.-f.*, il a des mains de beurre.

'butter-man, *pl.* **-men**, *s.m.* Beurrier; (i) fabricant de beurre; (ii) négociant en beurre ou marchand de beurre.

'butter-nut, *s. Bot:* **1.** Noyer cendré. **2.** Noix cendrée.

'butter-paper, *s.* Papier *m* imperméable (à beurre); papier sulfurisé, parcheminé; papier beurre.

'butter-pat, *s. Dom.Ec:* **1.** Palette *f*, spatule *f*, à beurre. **2.** Pain *m* de beurre; pelote *f* de beurre.

'butter-producing, *a.* (Pays, etc.) beurrier.

'butter-quail, *s. Orn:* Tridactyle *m*.

'butter-scotch, *s.* Caramel *m* au beurre.

'butter-shaper, *s. Dom.Ec:* Frise-beurre *m inv.*

'butter-spade, *s.* Palette *f* à beurre.

'butter-stamp, *s.* Moule *m* à beurre, moule-beurre *m inv. See also* PRINT[1] 1.

'butter-tree, *s. Bot:* Bassie butyracée.

'butter-woman, *pl.* **-women**, *s.f.* Marchande de beurre.

'butter-worker, *s.* (Appareil) malaxeur *m* à beurre.

butter[2], *v.tr.* (*a*) Beurrer (du pain). *See also* BREAD. *F:* **To butter s.o. up**, flatter, louanger, pateliner, qn; coucher le poil à qn; lui passer la main dans le dos; *P:* passer de la pommade à qn. (*b*) *Cu:* Accommoder (des légumes, etc.) au beurre. **Buttered eggs,** œufs brouillés au beurre. *See also* PAPER[1] 2, WORD[1] 1.

butterbur ['bʌtərbəːr], *s. Bot:* Pétasite commun.

buttercup ['bʌtərkʌp], *s. Bot:* **1.** Renoncule *f* des champs; *F:* bouton *m* d'or, bassin *m* d'or, bassinet *m* des champs. **2.** *Occ.* (i) Renoncule âcre; (ii) renoncule bulbeuse; (iii) renoncule rampante.

butterfly[1] ['bʌtərflai], *s.* **1.** *Ent:* Papillon *m. See also* BOW[1] 3, NET[1] 1, NUT 2, ORCHIS, VALVE[1] 1, WHEEL[1] 2. *F:* **Butterfly kiss,** baiser *m* de papillon. **2.** *Ind:* Travailleur saisonnier. **3.** *F:* Personne *f* frivole; papillon.

butterfly[2], *v.i. F:* Papillonner; flirter.

butteris ['bʌtəris], *s. Tls: Farr:* Boutoir *m.*

buttermilk ['bʌtərmilk], *s.* Babeurre *m*; lait *m* de beurre; lait battu.

butterwort ['bʌtərwəːrt], *s. Bot:* Grassette *f.*

buttery[1] ['bʌtəri], *s.* Dépense *f*, office *f* (dans les universités anglaises).

buttery[2], *a.* (*a*) De beurre. (*b*) (*Like butter*) Butyreux. (*c*) Graisseux, onctueux.

buttock ['bʌtək], *s.* **1.** (*a*) Fesse *f.* (*b*) *pl.* **The buttocks,** le derrière, le postérieur, les fesses; la région fessière. *Shot through the buttocks,* atteint d'une balle dans les parties charnues. *See also* CROSS-BUTTOCK. (*c*) *Cu:* **The buttock,** la culotte (de bœuf). **2.** *pl.* Croupe *f* (de cheval, de bœuf). **3.** *pl. N.Arch:* Fesse, arcasse *f.*

button[1] [bʌtn], *s.* **1.** (*a*) Bouton *m* (pour attacher). *Plain b.,* bouton uni. **Shank button,** bouton à queue. *Shankless b.,* bouton sans queue. **Bachelor's buttons,** (i) boutons mobiles, boutons automatiques (pour vêtements); (ii) *Bot:* renoncule *f* double, bouton *m* d'or. **Ball-button,** bouton boule. *Tufted b.,* bouton à freluche. *Cloth b., self b.,* bouton d'étoffe. *Boot b.,* bouton de soulier. *Hold-down b.,* bouton de fixation. *Upholstery b., tufting b.,* bouton de garniture (de meubles, de carrosserie). **Button boots,** bottines *f* à boutons. **Boy in buttons,** *F:* **buttons,** chasseur *m* (d'hôtel, de club, etc.); groom *m. They had put him in buttons,* on en avait fait un groom; on l'avait mis en livrée. *See also* BRIGHT[1] 1, CARE[2] 1, PRESS-BUTTON, READY[1] I. (*b*) *U.S:* Bouton de chemise, de plastron, ou de manchette. **2.** (*a*) Bouton, pressoir *m*, bouton-pressoir *m, pl.* boutons-pressoirs (de sonnerie électrique, d'appareil photographique, etc.). *F:* **You've only to press the button,** il n'y a qu'à presser le bouton; ça se fait tout seul; c'est automatique. *See also* CALL-BUTTON. (*b*) Bouton (de fleuret, de queue de violon); mouche *f* (de fleuret). *To put a b. on a sword,* moucheter une épée. *To take the b. off a foil,* démoucheter un fleuret. *Harn:* **Running, sliding, button,** bouton mobile, coulant. (*c*) *Row:* Taquet *m* (d'aviron). (*d*) Bouton (pour tourner). *Knurled b.,* bouton moleté. *B. of a watch,* remontoir *m. See also* PUSH-BUTTON 2. (*e*) **Chocolate buttons,** pastilles *fpl* de chocolat. (*f*) *Med:* **Bagdad button, Biskra button, Aleppo button,** bouton d'Alep; ulcère *m* d'Orient. (*g*) *Ch:* Culot *m* (au fond du creuset); bouton (de fin, d'essai); grain *m* (d'essai). *Lead b.,* culot de plomb. (*h*) *Bot:* Bouton (de rose, de champignon) *See also* MUSHROOM[1]. **3.** *P:* Compère *m* (d'un joueur de gobelets, d'un vendeur à l'encan).

'button-head. *Attrib. Mec.E:* **Button-head rivet,** rivet *m* à tête en goutte de suif.

'button-hole[1], *s.* **1.** Boutonnière *f. F:* **To wear a button-hole,** porter une fleur à sa boutonnière; avoir la boutonnière fleurie. *Needlew:* **Button-hole stitch,** point *m* de feston, de languette; point de boutonnière. *See also* SCISSOR[1] 1. **2.** *Surg:* Boutonnière; petite incision.

'button-hole[2], *v.tr.* **1.** *F: To b.-h. s.o.,* attraper, retenir, qn par le revers de l'habit; cramponner, accrocher, agrafer, *P:* cueillir, qn (au passage). **2.** *Needlew:* Festonner. **3.** *Surg:* Inciser.

'button-hook, *s.* Crochet *m* à boutons; tire-bouton *m, pl.* tire-boutons.

'button-link, *s. Tail:* Bouton *m* à manchette (de smoking, etc.).

'button-quail, *s. Orn:* Tridactyle *m.*

'button-stick, *s. Mil: etc:* Patience *f.*

'button-wood, *s. Bot: U.S:* Platane *m.*

button[2]. **1.** *v.tr.* (*a*) **To button (up) sth.,** boutonner qch. (*Of pers.*) *To be buttoned up to the chin,* être boutonné jusqu'au menton. (*b*) (*With passive force*) (*Of garment*) Se boutonner. *Dress that buttons behind,* robe *f* qui se boutonne par derrière. *Jacket that buttons over,* jaquette (de dame) croisée. **2.** *v.tr.* (*a*) *Fenc:* **To button a sword,** moucheter une épée. **To button one's adversary,** toucher son adversaire. (*b*) *To b. a hole,* garnir un trou d'un bouton. (*c*) *Tail:* Mettre les boutons à (un vêtement). **3.** *v.i.* (*Of flower or plant*) Boutonner; bourgeonner.

buttoning, *s. Bot: Hort:* Boutonnement *m*, bourgeonnement *m.*

'button-over, *attrib. a. Dressm: Tail:* Croisé. *B.-o. skirt,* jupe croisée.

buttress[1] ['bʌtres], *s.* (*a*) *Const:* Contrefort *m*, contre-boutant *m, pl.* contre-boutants; éperon *m. F: Buttresses of a mountain range,* contreforts, butoirs *m*, d'une chaîne de montagnes. (*b*) *Arch:* Pilier *m* d'arc-boutant. (*c*) *F:* **The buttresses of society,** les piliers *m* de la société. *See also* FLYING-BUTTRESS.

buttress[2], *v.tr. Const:* Arc-bouter, étayer. *F: To b. up an argument,* étayer une thèse.

buttressing, *s.* Arc-boutement *m*, étayage *m.*

butty ['bʌti], *s. Min: Dial:* Porion *m.*

butyl ['bjutil], *s. Ch:* Butyle *m.*

butylene ['bjutiliːn], *s. Ch:* Butylène *m.*

butylic [bju'tilik], *a. Ch:* Butylique.

butyraceous [bjuti'reiʃəs], *a.* Butyracé.

butyrate ['bjutiret], *s. Ch:* Butyrate *m.*

butyric [bju'tirik], *a. Ch:* Butyrique.

butyrin(e) ['bjutirin, -riːn], *s.* Butyrine *f.*

butyrous ['bjutirəs], *a.* Butyreux.

butyrometer [bjuti'rɔmetər], *s.* Butyromètre *m.*

buxom ['bʌksəm], *a.* (Femme) à la forte poitrine; (femme) aux formes plastiques, rebondies, plantureuses; (femme) fraîche et rondelette. *She's a b. one! P:* y a du monde au balcon!

buxomness ['bʌksəmnəs], *s.* Ampleur *f* de formes; fraîcheur *f* robuste (d'une femme).

buy [bai], *v.tr.* (*p.t.* **bought** [bɔːt]; *p.p.* **bought**) **1.** (*a*) Acheter (*sth. from, of, s.o.,* qch. à qn, *occ.* de qn); prendre (un billet de chemin de fer, etc.). *I bought this horse cheap,* j'ai eu ce cheval à bon marché. *I bought it from a farmer,* je l'ai acheté à un fermier. *B: If thou buyest ought of thy neighbour's hand . . .,* si tu achètes quelque chose de ton prochain. . . . *To be worth buying,* être de bonne emplette. **To buy and sell,** brocanter, faire le brocantage. *B: Those that bought and sold in the temple,* les marchands dans le temple. *These things are not to be bought,* ces choses-là ne s'achètent pas, ne se vendent pas. *Money cannot buy it,* cela ne se paie pas. **A dear-bought advantage,** un avantage chèrement payé. *See also* PIG[1] 1, PUP[1] 1. *Com:* **Bought of Wm Jones . . .,** doit M. X à Wm Jones. . . . *Turf: F:* **To buy money,** parier à une cote désavantageuse. (*b*) **To buy s.o. sth.,** acheter qch. à qn. *My father had bought me a bicycle,* mon père m'avait acheté une bicyclette. **2.** **To buy a witness,** corrompre, suborner, acheter, un témoin. **3.** *s. U.S: F:* Achat *m*, affaire *f.* **It's a good buy,** c'est un bon placement; c'est une bonne emplette à faire. **They are all on the buy,** ils sont tous acheteurs, tous preneurs.

buy back, *v.tr.* Racheter.

buying back, *s.* Rachat *m.*

buy in, *v.tr.* **1.** (*At auction sales*) Racheter (pour le compte du vendeur). **2.** S'approvisionner de (denrées, etc.). **3.** *St.Exch:* **To buy in against a client,** exécuter un client.

buying in, *s.* **1.** Rachat *m.* **2.** Approvisionnement *m.* **3.** *St.Exch:* Exécution *f* (d'un client).

buy off, *v.tr.* Se débarrasser de (qn) en lui payant une somme d'argent; *F:* acheter (qn).

buy out, *v.tr.* **1.** *Com:* Désintéresser (un associé, etc.). *He was bought out for £5,000,* on lui a acheté sa part, son intérêt, dans l'affaire, pour £5,000. **2.** *Mil:* Racheter (qn). *To buy oneself out (of the army),* se racheter (du service militaire).

buying out, *s.* **1.** Désintéressement *m* (d'un associé). *Fin:* Exclusion *f* (d'un actionnaire) par voie d'achat. **2.** Rachat *m* (de qn).

buy over, *v.tr.* Corrompre, acheter (qn).

buy up, *v.tr. Com:* Acheter (qch.) en masse; rafler, accaparer (des denrées, etc.).

buying up, *s.* Accaparement *m.*

buyer ['baiər], *s.* **1.** Acheteur, -euse; acquéreur *m. Wholesale b.* acheteur en gros. *There are few buyers,* il y a peu d'acheteurs. *Fin: At the present moment we are not buyers of . .,* nous ne sommes pas en ce moment preneurs de. . . . **2.** *Com:* (*Buyer for the firm*) Acquisiteur *m*; acheteur; commissionnaire *m* d'achat; (*for a department*) chef *m* de rayon. *Head b. of the firm,* acheteur principal de la maison. *B. of clearance lines,* soldeur, -euse.

buyer-'up, *s.* Accapareur *m* (de denrées, etc.).

buzz[1] [bʌz], *s.* (*a*) Bourdonnement *m*, vrombissement *m* (d'un insecte); bruissement *m* (d'abeilles); bruit confus, brouhaha *m* (de conversations); vrombissement (d'un avion). *W.Tel:* Ronflement *m*, (bruits *mpl* de) friture *f. Tp:* Bourdonnement. *F:* **Everything went with a buzz,** tout a marché comme sur des roulettes. (*b*) *Ling:* Fricative *f* sonore. (*c*) *U.S: F:* Conversation générale; bavardage *m.*

'buzz-saw, *s. U.S:* Scie *f* circulaire.

buzz[2]. **1.** *v.i.* (*a*) (*Of insects, etc.*) Bourdonner, vrombir. *Motors b. along the roads,* les autos vrombissent sur la route **My ears were buzzing,** les oreilles me tintaient. (*b*) *U.S: F:* Bavarder; causer (ensemble). **2.** *v.tr.* (*a*) *A:* Répandre (des nouvelles) à petit bruit. (*b*) *Tg: To b. a message,* transmettre un message par le vibrateur. (*c*) *P:* (*Throw*) Lancer (une pierre, etc.). (*d*) *P:* **Let's buzz the bottle,** vidons la bouteille.

buzz about, around, *v.i. F:* S'activer, faire l'empressé, se multiplier, faire la mouche du coche; *P:* toupiller.

buzz in, *v.i.* **1.** (*Of insect*) Entrer en bourdonnant. **2.** *Tg: F: A message has just buzzed in,* un message vient d'arriver

buzz off, *v.i.* **1.** *P:* Décamper, filer. **2.** *Tp:* = RING OFF 1.

buzzing, *s.* = BUZZ[1] (*a*). **Buzzing in the ears,** tintement *m* des oreilles; *Med:* bourdonnement *m.*

buzzard ['bʌzərd], *s.* **1.** *Orn:* (*a*) Buse *f*, busard *m*; *F:* bourrel *m*, cossard *m*, grenouillard *m.* (*b*) **Bald buzzard,** balbusard *m. See also* HONEY-BUZZARD, MOOR-BUZZARD, TURKEY-BUZZARD. **2.** *U.S: F:* Georgien, -ienne.

buzzer ['bʌzər], *s.* **1.** (*a*) *Nau: Ind:* Sirène *f.* (*b*) *Aut:* Klaxon *m.* (*c*) *El: Tp:* Appel *m* phonique, appel vibré; sonnerie ronflante; vibreur *m*, vibrateur *m*, trembleur *m*, auto-trembleur *m*; trompe *f* électrique; trompette *f* électrique; trompette d'appel; couineur *m. Rhythmic b.,* ronfleur *m* à interruption. **Buzzer call,** appel vibré. **Buzzer coil,** bobine *f* à trembleur, à rupteur. **2.** *Mil: U.S: F:* (*Signalman*) Signaleur *m.*

by [bai]. I. *prep.* **1.** (*Near*) (*a*) (Au)près de, à côté de (qn, qch.). *Sitting by the fire,* assis près du feu; assis contre le poêle. *A house by the church,* une maison à proximité de l'église, voisine de l'église. *By the sea,* au bord de la mer. *Post:* **By Dover,** près Douvres. (*In place names*) **X-by-Y,** X-lès-Y, X-lez-Y. **By oneself,** seul, à l'écart. *He kept by himself,* il se tenait à l'écart. **I have no money by me,** (i) je n'ai pas d'argent sous la main; (ii) je n'ai pas d'argent disponible. (*b*) (*In naming the cardinal points*) Quart *m. North by East,* Nord quart nord-est. *North-East by North,* Nord nord-est quart-nord. *North-East by East,* Nord-est quart-est. *East by North,* Est quart nord-est. (*c*) *Nau:* **By the head, by the stern,** sur nez, sur cul. **2.** (*Along, via*) Par. *To go (by) the same road*, aller par la même route. **By land and sea,** par terre et par mer. *To travel by (way of) Basle*, passer par Bâle. *See also* WAY[1] 12. **3.** (*Agency, means*) (*a*) Par, de. *To be punished by s.o.*, être puni par qn. *To be loved by s.o.*, être aimé, se faire aimer, de qn. *I was summoned home by my father's illness*, je fus rappelé à la maison par une maladie de mon père. *To have a child by s.o.*, avoir un enfant de qn, des œuvres de qn. *To die by one's own hand*, mourir de ses propres mains. *To lead s.o. by the hand*, conduire qn par la main. *He took me by the arm*, il me prit par le bras. **Made by hand,** fait à la main. **Made by machinery,** fait à la machine. *To call s.o. by his name*, appeler qn par son nom. **To be known by, to go by, the name of X,** être connu sous le nom d'X. *To read by candle-light*, lire à la chandelle. *To live by one's work*, vivre de son travail. *What do you mean by that?* qu'entendez-vous par là? **By force,** de force. *By way of a joke*, par plaisanterie. **By (an) error,** par suite d'une erreur. **By chance,** par hasard. *By good fortune*, par bonheur. *Gay by nature*, gai de caractère; gai par nature. **To do sth. (all) by oneself,** faire qch. (tout) seul. *I did it by myself*, je l'ai fait à moi seul. **By heart,** par cœur. *To divide by three*, diviser par trois. **Three feet by two,** trois pieds sur deux. **By land, by sea,** par (voie de) terre, mer. **To travel by rail,** voyager par le, *F:* en, chemin de fer. **To come by tram, by car, by motorcycle, by mule,** venir en tramway, en auto, à motocyclette, à dos de mulet. *See also* MEAN[1] 2, POST[3] 3. (*b*) (*With gerund*) *To get one's living by teaching*, gagner sa vie en enseignant. *To win respect by compelling obedience*, se faire respecter en se faisant obéir. *You will oblige me by all leaving the room*, vous m'obligerez en sortant tous. *By doing that you will offend him*, en faisant cela vous l'offenserez. *What do you gain by doing that?* que gagnez-vous à faire cela? **I shall gain, lose, by it,** j'y gagnerai, j'y perdrai. *By sharing the same perils we learn to know each other*, à partager les mêmes périls on apprend à se connaître. *To begin, end, by laughing*, commencer, finir, par rire. *We shall lose nothing by waiting*, nous ne perdrons rien pour attendre. **4.** (*According to*) **By rote,** par routine. **By right,** de droit. **By rights,** à la rigueur. *By my watch*, à ma montre. *By the clock it is three*, d'après l'horloge il est trois heures. *To set one's watch by the midday gun*, régler sa montre sur le coup de canon de midi. *To judge by appearances*, juger sur l'apparence. *See also* GO BY 2. *I can tell it by your face*, on le voit à votre visage. *By what he said, I believed . . .*, d'après ce qu'il a dit j'ai cru. . . . *By the stipulations of the treaty . . .*, de par les stipulations du traité. . . . **By (the terms of) article** 5 . . ., aux termes, selon les termes, de l'article 5. . . . *I know him by his walk*, je le reconnais à sa démarche. *By my father's wish*, sur, selon, le désir de mon père. **To sell sth. by the pound, by the dozen,** vendre qch. à la livre, à la douzaine. *To rent a house by the year*, louer une maison à l'année. **They are to be had by the dozen, by the score,** on les a par douzaines, par vingtaines. *See also* LEAVE[1] 1, REQUEST[1] 1. **5. By degrees,** par degrés. **By turn(s),** tour à tour. **One by one,** un à un. *To come in two by two; to come in by twos*, entrer deux par deux. *By twos and threes*, par deux ou trois. **Little by little,** peu à peu, petit à petit. *I watch his conduct* **day by day,** je surveille sa conduite jour par jour, de jour en jour. **6.** (*During*) **By day,** de jour, le jour. **By night,** de nuit, la nuit, nuitamment. *By daylight*, au jour. **7.** (*Of point in time*) *He will be here by three o'clock*, il sera ici avant, pour, trois heures. *You will hear from us by Monday*, vous aurez de nos nouvelles d'ici lundi. *He ought to be here* **by now, by this time,** il doit, il devrait, être déjà ici. *They have gone to bed by this time*, ils sont couchés à cette heure. *He must have gone by now*, à l'heure qu'il est il doit être parti. *By that time, they had gone*, ils étaient déjà partis; ils étaient partis dans l'intervalle. *By the time (that) you have finished, I shall be gone*, quand vous aurez fini, avant que vous ayez fini, je serai parti. *You shall have it by to-morrow*, vous l'aurez pour demain, demain au plus tard. *They were tired by the end of the day*, ils étaient fatigués à la fin de la journée. *See also* THEN III. **8.** (*To the extent of*) *Longer by two feet*, plus long de deux pieds. **By far,** de beaucoup. *See also* HALF 1. **9.** (*In respect of*) **I know him by name, by sight,** je le connais de nom, de vue. *He is a grocer by trade*, il est épicier de son métier. **To do one's duty by s.o.,** faire son devoir envers qn. *See also* DO[1] IV. 1. **10.** (*In oaths*) **By God,** au nom de Dieu. *To swear by all one holds sacred*, jurer par tout ce qu'on a de plus sacré. *See also* JOVE. **11.** *Mil:* **By the right!** guide à droite!

II. **by,** *adv.* **1.** (*Near*) Près. **Close by, hard by,** tout près, ici près, tout à côté, tout contre. *He lives close by*, il demeure tout près. *Was there no one by?* est-ce que personne n'était présent? *Nau:* **By and large!** près et plein! *F:* **Taking it by and large . . .,** à tout prendre. . . . *See also* NEAR BY. **2.** (*Aside*) **To lay, set, put, sth. by,** mettre qch. de côté. *To put, lay, money by*, mettre de l'argent de côté; faire des économies. **3.** (*Past*) **To go, pass, by,** passer. *The time is gone by when . . .*, le temps est passé où. . . . *Scot:* **To be by with it,** (i) avoir achevé, fini; (ii) être un homme achevé, fini, ruiné; (iii) être mort. *See also* GO BY 1, PASS BY. **4.** *Adv.phr.* **By and by,** tout à l'heure, bientôt, tantôt. *He will do better by and by*, il fera mieux par la suite. **By the by(e) . . .,** à propos. . . .

III. **by(e**[1]**),** *a.* **By(e) effect,** effet secondaire, indirect; contre-coup *m*, *pl.* contre-coups. **By(e) consideration,** considération *f* secondaire; considération d'ordre privé. **Bye interest,** intérêt privé.

IV. **by-** ['bai], *pref.* **1.** *With adv. force.* (*a*) (*Beside, passing*) **By-dweller,** voisin *m*. **By-stroller, by-passer,** passant *m*. (*b*) (*Side*) **By-glance,** regard *m* de côté, oblique. **By-step,** pas *m* de côté. (*c*) (*Past*) **By-past,** passé. **2.** *With adj. force.* (*a*) (*Side*) **By-door,** porte latérale. **By-station,** gare *f* d'évitement. (*b*) (*Apart, unfrequented*) **By-walk,** sentier écarté. (*c*) (*Subsidiary, incidental*) **By-work,** travail *m* supplémentaire, d'occasion. **By-incident,** incident *m* de seconde importance.

'by-blow, *s.* **1.** Coup *m* oblique. **2.** *F:* Enfant bâtard.

'by-business, *s.* Commerce *m* auxiliaire.

'by-election, *s.* *Pol:* Élection *f* de remplacement (d'un membre du Parlement).

'by-issue, *s.* Question *f* d'intérêt secondaire.

'by-lane, *s.* Chemin écarté.

'by-motive, *s.* Mobile *m* secondaire; mobile égoïste.

'by-name, *s.* = NICKNAME[1].

'by-pass[1]**,** *s.* **1.** *Mch:* *etc:* Conduit *m* de dérivation; (*of valve, etc.*) tube *m* de dégagement. **2.** (*Of gas burner*) Veilleuse *f*; bec allumeur. **3.** *Aut:* *etc:* **By-pass (road),** route *f* d'évitement, de contournement; route d'emprunt, voie détournée; détour *m* (de chemin). **4.** *W.Tel:* Filtre *m*. **By-pass condenser,** condensateur shunté.

'by-pass[2]**,** *v.tr.* **1.** (*a*) *Mch:* Amener (la vapeur, etc.) en dérivation. *I.C.E:* *To by-p. a jet*, placer un gicleur en dérivation. (*b*) *W.Tel:* Filtrer (un poste émetteur). **2.** (*a*) (*Of road or pers.*) Contourner, éviter (une ville, etc.). (*b*) *To by-p. the traffic*, dévier la circulation.

'by-path, *s.* **1.** Sentier écarté, détourné. **2.** *Pej:* *A:* Voie détournée.

'by-play, *s.* *Th:* *etc:* Jeu *m* accessoire; jeu de scène; jeu de second plan; aparté mimé; jeu muet.

'by-plot, *s.* *Th:* Intrigue *f* secondaire.

'by-product, *s.* *Ind:* Sous-produit *m*; produit secondaire, accessoire; produit dérivé; dérivé *m*; *pl. also* issues *f*.

'by-road, *s.* (*a*) Chemin détourné, *F:* chemin des écoliers; embranchement *m*. (*b*) Chemin vicinal; route vicinale, cantonale; chemin auxiliaire.

'by-street, *s.* Rue écartée, rue détournée, ruelle *f*.

by-the-'way, *s.* *F:* Mot *m* en passant. *Cf.* WAY[1] 12.

'by-way, *s.* Chemin détourné, voie indirecte. **To take a by-way,** faire un détour; prendre le chemin des écoliers. **By-ways of history,** à-côtés *m* de l'histoire. *See also* HIGHWAY.

'by-word, *s.* **1.** Proverbe *m*, dicton *m*. **To have become a by-word,** être passé en proverbe. **2.** (*Of pers.*) **To be the by-word of the village,** être la fable, la risée, du village.

'by-work, *s.* Travail *m* supplémentaire, travail d'occasion.

bye[2] [bai], *s.* **1.** *Cr:* Balle passée. *Artil:* Coup trop allongé. *See also* LEG-BYE. **2.** *Sp:* (*Of player*) **To have a bye,** être exempt (d'une épreuve, d'un match dans un tournoi).

bye-bye ['bai 'bai]. **1.** *int.* *F:* Adieu! au revoir! **2.** *s.* *F:* **To go to bye-bye,** aller faire dodo; aller au dodo.

by(e)-law ['bailɔː], *s.* Arrêté *m* émanant d'une autorité locale; statut *m*, règlement administratif, émanant d'une autorité locale; arrêté municipal.

bygone ['baigɔn]. **1.** *a.* Passé, écoulé, ancien, d'autrefois. *In b. days*, dans l'ancien temps. **2.** *s.pl.* Le passé. **Let bygones be bygones,** oublions le passé; ne revenons plus sur le passé; passons l'éponge (là-dessus); (c'est) sans rancune!

byre ['baiər], *s.* Vacherie *f*; bouverie *f*; étable *f* à vaches.

Byronic [bai'rɔnik], *a.* Byronien. *See also* GLOOM[1] 2.

byssus ['bisəs], *s.* *Archeol:* *Biol:* Bysse *m*, byssus *m*.

bystander ['baistandər], *s.* Assistant *m*; spectateur, -trice. *A few of the bystanders*, quelques-unes des personnes présentes.

Byzantine [bi'zantain, 'bizantain], *a.* & *s.* Byzantin, -ine. *Hist:* **The Byzantine Empire,** l'Empire d'Orient.

Byzantinism [bi'zantinizm], *s.* Byzantinisme *m*.

Byzantium [bi'zanʃjəm]. *Pr.n.* *Geog:* Byzance *f*.

C

C, c [si:]. **1.** (La lettre) C, c *m*. *Tp:* **C for Charlie,** C comme Célestin. *C-shaped bar-iron,* fer *m* en C. *C-spring,* ressort *m* en C. *See also* CEE, CLAMP[1]. **2.** *Mus:* Ut *m*, do *m*. *See also* CHEST 2. **3.** *U.S: P:* Cocaïne *f*. **4.** *Mil: F: Four days' C.B.* [si:'bi:] (*confined to barracks*), quatre jours *m* de cran, de bloc; quatre crans *m*. **5.** **A C3 man,** homme classé dans la dernière catégorie par le conseil de révision; *F:* non-valeur *f*, *pl.* non-valeurs. *F: C3 nation,* nation aveulie.

Caaba ['kɑ:ba], *s. Rel.H:* Caaba *f*, Kaaba *f*.

cab[1] [kab], *s.* **1.** Voiture *f* de place. (*a*) Fiacre *m*, *P:* sapin *m*. (*b*) *A:* (*Hansom cab*) cab *m*. (*c*) Taxi *m* (automobile). *Cab company,* compagnie *f* de petites voitures. *To call a cab,* héler un taxi; faire avancer un taxi. **2.** (*a*) *Rail:* Abri *m*, cabine *f*, poste *m* de conduite (du mécanicien). *Cab of a crane,* guérite *f* de grue. (*b*) **Driver's cab** (*of omnibus, of motor lorry, etc.*), guérite, cabine.

'cab-driver, *s.* = CABMAN.

'cab-horse, *s.* Cheval *m* de fiacre. *Old c.-h., F:* tire-fiacre *m inv.*

'cab-rank, *s.* Station *f* de fiacres, de voitures; stationnement *m* (pour fiacres, taxis).

'cab-runner, -tout, *s.* Bagotier *m*.

'cab-spectacles, *s. Rail:* Lunettes *f* (de la locomotive).

'cab-stand, *s.* = CAB-RANK.

'cab-window, *s. Rail:* Lunette *f* (de locomotive).

cab[2], *v.i.* (**cabbed**) *F:* **To cab (it),** aller en fiacre, en voiture, en taxi; prendre un fiacre.

cab[3], *s. Sch: F:* = CABBAGE[3] 3.

cab[4], *v.i. Sch: F:* = CABBAGE[4] 3.

cabal[1] [ka'bal], *s.* **1.** Cabale *f*, brigue *f*. **2.** Coterie *f*. **3.** *Engl.Hist:* **The Cabal,** le Comité des affaires étrangères de Charles II. (Mot formé par les lettres initiales des noms des membres—Clifford, Arlington, Buckingham, Ashley, et Lauderdale.)

cabal[2], *v.i.* (**caballed**) Cabaler, comploter.

caballer [ka'balər], *s.* Cabaleur, -euse.

caballine ['kabalain], *a.* **1.** *Myth:* **The Caballine Fountain,** la Fontaine caballine. **2.** *Bot:* **Caballine aloes,** aloès caballin.

cabane [ka'bɑn], *s. Av:* Cabane *f*.

cabaret ['kabərei], *s.* **1.** Cabaret *m* (genre montmartrois). **2.** **Cabaret (show),** concert *m* genre music-hall (donné dans un restaurant, à une vente de charité, etc.); attractions *fpl*. **3.** (*Tea or coffee service*) Cabaret.

cabbage[1] ['kabedʒ], *s. Hort:* Chou *m*, *pl.* choux. **Garden cabbage,** chou pommé, chou cabus. **Pickled cabbage,** (i) chou rouge confit dans le vinaigre, (ii) choucroute *f*. **Red cabbage,** chou rouge, chou roquette. *See also* PALM-CABBAGE, SAVOY 2, TURNIP-CABBAGE.

'cabbage-bow, *s. Cost:* Chou *m*.

'cabbage-butterfly, *s. Ent:* Piéride *f* du chou, piéride brassicaire; papillon blanc du chou.

'cabbage-head, *s.* **1.** Tête *f* de chou. **2.** *P:* Sot *m*; tête de bois.

'cabbage-knot, *s.* = CABBAGE-BOW.

'cabbage-leaf, *s.* **1.** Feuille *f* de chou. **2.** *P:* Mauvais tabac.

'cabbage-lettuce, *s. Hort:* Laitue pommée.

'cabbage-palm, *s.* = CABBAGE-TREE.

'cabbage-patch, *s.* Carré *m*, plant *m*, de choux.

'cabbage-rose, *s.* Rose *f* chou, *pl.* roses chou.

'cabbage-soup, *s. Cu:* Soupe *f* aux choux.

'cabbage-stump, *s.* Trognon *m* de chou.

'cabbage-tree, *s. Bot:* (Chou) palmiste *m*.

cabbage[2], *v.i.* (*Of lettuce, etc.*) Pommer.

cabbage[3], *s.* **1.** *Tail: F:* Retailles *fpl*; gratte *f*. **2.** *Ind:* Ferraille *f*. **3.** *Sch: A:* = CRIB[1] 6.

cabbage[4], *v.i. F:* **1.** *Tail: etc:* Rabiauter; faire de la gratte. **2.** *Ind:* Comprimer (de la ferraille) à la presse hydraulique. **3.** *Sch: A:* Se servir d'une traduction illicite.

'cabbaging-press, *s. Ind:* Presse *f* à ferrailles.

cab(b)ala ['kabala], *s. Jew.Rel.H:* Cabale *f*.

cab(b)alist ['kabalist], *s. Jew.Rel.H:* Cabaliste *mf*.

cab(b)alistic [kaba'listik], *a.* Cabalistique.

cabby ['kabi], *s. F:* Cocher *m* (de fiacre); *P:* collignon *m*; *Hum:* automédon *m*.

caber ['keibər], *s. Sp:* Tronc *m* de mélèze, de pin, ou de sapin. **Tossing the caber,** sport écossais qui consiste à lancer le tronc d'un jeune mélèze (tenu verticalement par le petit bout) de manière à le faire retomber aussi loin que possible sur le gros bout et à lui faire accomplir trois quarts de tour.

cabera ['keibəra], *s. Ent:* Cabère *f*.

cabin[1] ['kabin], *s.* **1.** (*a*) Cabane *f*, case *f*. **Uncle Tom's Cabin,** la Case de l'oncle Tom. (*b*) *Rail:* Guérite *f*, cabine *f*, vigie *f* (de signaux). *See also* LAMP-CABIN. (*c*) *El.Rail:* **Driver's cabin,** loge *f*; poste *m* de conduite. (*d*) (*On river barge, etc.*) Cabane. **2.** (*a*) *Nau:* Cabine; *Navy:* chambre *f*. *See also* FORE-CABIN, PASSENGER. **Sleeping-cabin** (*on Channel boats, etc.*), dortoir *m*. (*b*) *Av:* Carlingue *f*.

'cabin-boy, *s.m. Nau:* Mousse; domestique.

'cabin-ship, *s.* Navire *m* avec une seule classe de cabines.

'cabin-trunk, *s.* Malle *f* de cabine; malle (de) paquebot.

cabin[2], *v.tr.* Enfermer (qn à l'étroit). *See esp.* CRIB[2] 1.

cabinet ['kabinet], *s.* **1.** *Furn:* (*a*) Meuble *m* à tiroirs; cabinet *m*; bonheur-du-jour *m*, *pl.* bonheurs-du-jour. **Medal cabinet,** médaillier *m*. **Insect cabinet,** insectier *m*. **Music-cabinet,** casier *m* à musique. **Roll-shutter cabinet,** classeur *m* à rideau. *See also* CUTLERY 2, FILING[2] 1, WRITING-CABINET. (*b*) **Wireless cabinet,** coffret *m*, ébénisterie *f*, coffret d'ébénisterie, de poste de radio. (*c*) Vitrine *f*. *C. of butterflies,* collection *f* de papillons (sous vitrine). (*d*) Armoire *f* (de magasinage). **2.** (*a*) *A:* Petite chambre; cabinet. (*b*) *Pol:* Cabinet *m*, ministère *m*. **A Cabinet was held,** les membres du gouvernement se sont réunis. **Cabinet council,** conseil *m* de cabinet, des ministres. **Cabinet minister,** *U.S:* **cabinet member,** ministre *m* (d'État). *C. crisis,* crise ministérielle. *To form a c.,* former un ministère. **3.** *Phot:* **Cabinet size,** format *m* album. *C. photograph,* photographie *f* format album.

'cabinet-maker, *s.* **1.** Ébéniste *m*; menuisier *m* en meubles. **Cabinet-maker's wood,** bois *m* d'ébénisterie. **2.** *F:* Faiseur *m* de ministères.

'cabinet-making, *s.* **1.** Ébénisterie *f*. **2.** Formation *f* d'un ministère.

cabinet 'pudding, *s. Cu:* Pouding fait de gâteau, raisins secs, etc., œufs, et lait.

'cabinet-work, *s.* Ébénisterie *f*.

cabinetable ['kabinetəbl], *a.* (Député) ministrable.

cable[1] [keibl], *s.* **1.** *Nau: etc:* Câble *m*. **Cable('s)-length** (*one-tenth of a nautical mile,* = 185 *m.* 2), encâblure *f*, câblée *f*. *Steel-wire c.,* câble d'acier. **2.** *Nau:* Chaîne *f* (d'ancre); câble-chaîne *m*, *pl.* câbles-chaînes. **Bower cable,** chaîne de bossoir. **3.** *El.E:* Câble, fil *m*, canalisation *f*. *Armoured c.,* câble armé. *Feeding c.,* artère *f* alimentaire. *Current-supply c.,* câble d'amenée de courant. *Oil-filled c.,* câble à huile. *See also* LEADING-OUT, STREAM-CABLE. *Tg: Tp: Submarine c.,* conduite sous-marine. *Rubber c.,* câble sous caoutchouc. *Telegraph c.,* câble télégraphique. *Twin c.,* câble à deux conducteurs. *Five-wire c.,* câble à cinq conducteurs. *Transatlantic c.,* câble transatlantique. **To lay a cable,** poser un câble. **4.** = CABLEGRAM. **5.** *Arch: etc:* **Cable(-moulding),** câble, rudenture *f*, cordelière *f*, torsade *f*. **6.** *Her:* Gumène *f*.

'cable-address, *s.* Câble-adresse *f*, *pl.* câble-adresses.

'cable-car, -tram, *s.* **1.** Tramway *m* à câble souterrain. **2.** Funiculaire *m*.

'cable-carrier, *s.* = CABLEWAY.

'cable-chain, *s.* Câble-chaîne *m*, *pl.* câbles-chaînes.

'cable-cord, *s. Tex:* Câblé *m*. *C.-c. fabric,* tissu *m* en toile câblée.

'cable-guide, *s. Av: etc:* Glissière *f*.

'cable-laid, *a.* (Cordage) commis en grelin, en aussière.

'cable-layer, *s.* Poseur *m* de câbles sous-marins.

'cable-laying, *s.* Pose *f* de câbles sous-marins.

'cable-'railway, *s.* (Chemin *m* de fer) funiculaire *m*.

'cable-re'lease, *s. Phot:* Déclencheur *m*.

'cable-ship, *s.* Câblier *m*.

'cable-stage, *s. Nau:* Étagère *f* à filin.

'cable-stitch, *s. Knitting:* Point natté.

cable[2], *v.tr.* **1.** Amarrer (un navire, etc.) avec un câble. **2.** Câbler (un message). *Abs:* **To cable to s.o.,** *F:* **to cable s.o.,** câbler à qn; aviser qn par câble. **3.** *Arch:* Rudenter (une colonne).

cabling, *s.* **1.** Câblage *m* (des brins d'un câble). **2.** Envoi *m* d'un câblogramme. **3.** *Coll:* Câbles *mpl*. *Three hundred feet of c.,* cent mètres de câble.

cablegram ['keiblgram], *s.* Câblogramme *m*; télégramme sous-marin.

cabler ['keiblər], *s.* Envoyeur, -euse, d'un câblogramme.

cablet ['keiblet], *s. Nau:* Câblot *m*.

cableway ['keiblwei], *s.* Câble aérien, voie *f* à câbles; transporteur aérien, à câbles; câble de telphérage.

cabman, *pl.* **-men** ['kabmən, -men], *s.* Cocher *m* de fiacre.

cabobs [ka'bɔbz], *s.pl.* (*a*) Morceaux de viande rôtis à la broche (à l'orientale). (*b*) (*In India*) Viande rôtie.

caboched [ka'bɔʃt], *a. Her:* Caboché. **Beast's head caboched,** rencontre *f*. **Stag's head caboched,** massacre *m*.

caboodle [ka'bu:dl], *s. U.S: P:* **The whole caboodle,** tout le bazar; tout le tremblement; tout le saint-frusquin; tout le fourbi.

caboose [ka'bu:s], *s.* **1.** *Nau:* Cuisine *f*, coquerie *f*. **2.** *U.S:* (*a*) *Rail:* Fourgon *m*. (*b*) Hutte *f*, cabane *f*.

caboshed [ka'bɔʃt], **cabossed** [ka'bɔst], *a.* = CABOCHED.

cabotage ['kaboteḍʒ], *s. Nau:* Cabotage *m*.

cabré ['kɑbre], *a. Her:* (Cheval) acculé.

cabriole ['kabrioul], *s. Furn:* Pied *m* de biche (d'un meuble).

cabriolet [kabrio'lei], *s. Veh: Aut:* Cabriolet *m*. *Aut: All-weather c.,* cabriolet tous temps; cabriolet transformable.

Cabul [ka'bul, 'kɔ:bul], *Pr.n. Geog:* Caboul *m*, Kaboul *m*.

ca'canny [kɑ:'kani]. **1.** *int. Scot:* Allez-y doucement! **2.** *v.i. & a. F:* **To ca'canny, to adopt a ca'canny policy,** travailler sans se (la) fouler. *Ind:* **To ca'canny,** faire la grève perlée. *A ca'canny strike,* la grève perlée.

cacao [ka'kɑːo, ka'keio], *s.* **1.** Cacao(-bean), cacao *m.* **2.** Cacao(-tree), cacaotier *m*, cacaoyer *m.*
ca'cao-butter, *s.* Beurre *m* de cacao.
ca'cao-mill, *s.* Moulin *m* à cacao.
ca'cao-nut, -pod, *s.* Cabosse *f.*
ca'cao-plan'tation, *s.* Cacaotière *f*, cacaoyère *f.*
cachalot ['kaʃəlɔt], *s. Z:* Cachalot *m.*
cache[1] [kaʃ], *s.* **1.** Cache *f*, cachette *f* (d'explorateur). *To make a c. of one's stores*, mettre ses vivres à l'abri. **2.** Vivres déposés en cache.
cache[2], *v.tr.* Mettre (des provisions, etc.) dans une cache.
cachectic [ka'kektik], *a. Med:* Cachectique.
cachet ['kaʃe], *s.* **1.** (*Of a work, etc.*) *To have a certain c.*, avoir un certain cachet. **2.** *Pharm:* (i) Cachet (d'aspirine, etc.); (ii) capsule *f* (d'huile de foie de morue, etc.).
cachexy [ka'keksi], *s. Med:* Cachexie *f.*
cachinnate ['kakineit], *v.i.* Rire aux éclats.
cachinnation [kaki'neiʃ(ə)n], *s.* Gros rire; fou rire.
cacholong ['katʃəlɔŋ], *s. Miner:* Cacholong *m.*
cachou ['kaʃuː], *s.* Cachou *m.*
cacique [ka'siːk], *s.* Cacique *m.*
cack[1] [kak], *s. Dial: F:* Bran *m*, caca *m.*
cack[2], *v.i. Dial: F:* Faire caca.
cackle[1] [kakl], *s.* **1.** (*Of hen*) Caquet *m.* **2.** (*Of pers.*) (*a*) Caquet, caquetage *m*, cailletage *m.* (*b*) *Th: P:* Le dialogue. *F:* **Cut your cackle!** en voilà assez! (*c*) Ricanement *m*; rire saccadé.
cackle[2]. **1.** *v.i.* (*a*) (*Of hen*) Caqueter; (*of goose*) cacarder. (*b*) (*Of pers.*) (i) Caqueter, cailleter, (ii) ricaner; faire entendre un rire saccadé, un petit rire sec. (*c*) *P:* Se vanter; faire le mariol. **2.** *v.tr.* **To cackle (out) sth.,** dire qch. en ricanant.
cackling, *s.* Caquetage *m*; ricanement *m*; rire sec; rires saccadés.
cackler ['kaklər], *s.* **1.** Poule *f* qui caquette. **2.** *F:* (*Pers.*) (*a*) Caqueteur, -euse. (*b*) Ricaneur, -euse.
caco- [kako, ka'kɔ], *pref.* Caco-. *Caco'chymy*, cacochimie. *Ca'cography*, cacographie. *Ca'cophony*, cacophonie.
cacodemon [kako'diːmən], *s.* Cacodémon *m.*
cacodyl ['kakodil], *s. Ch:* Cacodyle *m.*
cacodylate [kako'dileit], *s. Ch:* Cacodylate *m. See also* SODIUM.
cacodylic [kako'dilik], *a.* Cacodylique.
cacoepy [ka'kouepi], *s.* Mauvaise prononciation.
cacoethes [kako'iːθiz], *s.* Mauvaise habitude. *Esp.* **Cacoethes scribendi,** démangeaison *f* d'écrire; manie *f* d'écrire; graphomanie *f.*
cacogenic [kako'dʒenik], *a.* Contraire aux lois de l'eugénisme.
cacographic(al) [kako'grafik(əl)], *a.* Cacographique.
cacography [ka'kɔgrafi], *s.* Cacographie *f.*
cacological [kako'lɔdʒik(ə)l], *a.* Cacologique.
cacology [ka'kɔlodʒi], *s.* Cacologie *f.*
cacophonous [ka'kɔfonəs], *a.* Cacophonique.
cacophony [ka'kɔfoni], *s.* Cacophonie *f.*
cacotrophy [ka'kɔtrofi], *s.* Cacotrophie *f.*
cactaceae [kak'teisiiː], *s.pl. Bot:* Cactacées *f*, cactées *f.*
cactaceous [kak'teiʃəs], *a.* Cactiforme, cactoïde.
cactus ['kaktəs], *s. Bot:* Cactus *m*, cactier *m.* **Cochineal cactus,** nopal *m.* **Giant cactus,** cierge géant.
cad [kad], *s.m.* **1.** Goujat, pleutre, cuistre; *A:* bélitre. **2.** Canaille *f*; *P:* fripouille *f*, arsouille *m.*
cadastral [ka'dastr(ə)l], *a.* Cadastral, -aux. *C. survey*, cadastre *m.*
cadaveric [kada'verik, ka'daverik], *a.* (Rigidité *f*) cadavérique.
cadaverous [ka'davərəs], *a.* Cadavéreux. *C. face*, figure cadavéreuse, blême, exsangue.
cadaverousness [ka'davərəsnəs], *s.* Pâleur cadavéreuse (du visage, etc.).
caddice ['kadis], *s.* = CADDIS.
caddie[1] ['kadi], *s. Golf:* Cadet *m*, caddie *m.* **Fore-caddie,** cadet éclaireur.
caddie[2], *v.i. Golf:* *To c. for s.o.*, servir de cadet, de caddie, à qn.
caddis ['kadis], *s.* **Caddis(-fly),** phrygane *f.* **Caddis(-worm),** *Fish:* **caddis-bait,** larve *f* de phrygane, (ver) caset *m*; *F:* ver *m* d'eau, porte-faix *m inv*, porte-bois *m inv*, porte-bûche *m inv.*
caddish ['kadiʃ], *a.* *F:* Voyou, arsouille. *C. conduct*, conduite *f* digne d'un goujat, d'un cuistre. *C. trick*, goujaterie *f.*
caddishness ['kadiʃnəs], *s.* Cuistrerie *f*; goujaterie *f.*
caddy[1] ['kadi], *s.* **(Tea-)caddy,** boîte *f* à thé.
'caddy-spoon, *s.* Cuiller *f* à doser le thé.
caddy[2], *s. & v.* = CADDIE[1, 2].
cade [keid], *s. Bot:* Cade *m*; genévrier *m* oxycèdre. **Cade-oil,** huile *f* de cade.
cadence ['keidəns], *s.* **1.** Cadence *f*, rythme *m*, battement *m.* **2.** *Mus:* Cadence. *Perfect c.*, cadence parfaite. *Interrupted c.*, cadence rompue, interrompue. *Avoided c.*, cadence évitée. *Trilled c.*, cadence brisée. **3.** **Cadence of the voice,** (i) chute *f* de la voix; (ii) intonation *f*, cadence, modulation *f* (de la voix).
cadenced ['keidənst], *a.* Cadencé.
cadency ['keidənsi], *s.* Descendance *f* de la branche cadette. *Her:* **Mark of cadency,** brisure *f.*
cadenza [ka'denza], *s. Mus:* Cadenza *f*; passage *m.*
cadet [ka'det], *s.m.* **1.** *A:* (*Younger son*) Cadet. **2.** (*a*) Élève d'une école militaire, d'une école navale; cadet. (*b*) *Sch:* Membre d'un bataillon scolaire. **Cadet corps,** bataillon scolaire. (*c*) (*In Austr.*) Jeune homme de bonne famille qui fait son apprentissage chez un grand cultivateur. **3.** *U.S:* (*Not in decent use*) (*a*) Souteneur *m.* (*b*) Conducteur *m* de filles.
cadetship [ka'detʃip], *s.* Situation *f* ou poste *m* de 'cadet' (*see* CADET 2).
cadge[1] [kadʒ]. **1.** *v.i.* Faire le petit commerce (dans les campagnes); colporter. **2.** *v.tr.* (*a*) Mendier, *F:* quémander. (*b*) Écornifler, chiner (qch.). *Abs.* Écumer la marmite. *To c. sth. from s.o.*, taper qn de qch. *Cadged tobacco, P:* tabac *m* de chine.
cadging, *s.* (*a*) Quémanderie *f.* (*b*) *P:* Chinage *m.*
cadge[2], *s.* *F:* **To be on the cadge,** être à la recherche de quelque chose à écornifler.
cadger ['kadʒər], *s.* **1.** Marchand ambulant (dans les campagnes); colporteur *m*, camelot *m.* **2.** (*a*) Mendiant, -ante, *F:* quémandeur, -euse. (*b*) Écornifleur, -euse; tapeur, -euse; attrapeur, -euse; chineur, -euse.
cadi ['kɑːdi, 'keidi], *s.* Cadi *m.*
Cadiz ['keidiz]. *Pr.n. Geog:* Cadix.
Cadmean [kad'miːən], *a. Gr.Myth:* Cadméen. *F:* **Cadmean victory,** victoire cadméenne.
cadmia ['kadmia], *s. Metall:* Cadmie *f.*
cadmic ['kadmik], *a. Ch:* Cadmique.
cadmiferous [kad'mifərəs], *a. Miner:* Cadmifère.
cadmium ['kadmiəm], *s. Miner:* Cadmium *m.* **Cadmium-blende, -ochre, -yellow,** cadmium sulfuré.
cadre ['kɑːdər], *s.* **1.** Plan *m*, canevas *m* (d'un ouvrage). **2.** *Mil:* Cadre *m.*
caduceus, *pl.* **-cei** [ka'djuːsiəs, -siai], *s. Gr.Ant:* Caducée *m.*
caducity [ka'djusiti], *s.* **1.** (*a*) Caducité *f*, sénilité *f.* (*b*) *Bot:* Caducité. **2.** Nature passagère, fugacité *f* (d'une mode, etc.).
caducous [ka'djuːkəs], *a.* **1.** Caduc, *f.* caduque. **2.** Passager, fugace.
caecal ['siːkəl], *a. Anat:* Cæcal, -aux.
caeciform ['siːsifɔːrm], *a. Anat:* Cæciforme.
caecum, *pl.* **-a** ['siːkəm, -a], *s.* Cæcum *m.*
Caepio ['siːpio]. *Pr.n.m. Rom.Hist:* Cépion.
Caesar ['siːzər]. *Pr.n.m.* César. **Julius Caesar,** Jules César. *A man in your position must be like Caesar's wife*, un homme dans votre situation doit être à l'abri de tout soupçon. **To appeal to Caesar,** en appeler à l'autorité suprême; *Pol:* en appeler au pays.
Caesarea [siːza'riːa]. *Pr.n. Geog:* Césarée *f.*
Caesarean, Caesarian [si(ː)'zɛəriən], *a. & s.* **1.** *Hist: Pol:* Césarien, -ienne. **2.** *Obst:* **The Caesarian operation, section,** l'opération césarienne; hystérotomie abdominale.
Caesarism ['siːzərizm], *s. Hist: Pol:* Césarisme *m.*
Caesarist ['siːzərist], *s. Hist: Pol:* Césariste *m.*
caesious ['siːziəs], *a. Bot:* Bleu verdâtre ou grisâtre.
caesium ['siːziəm], *s. Ch:* Cæsium *m*, césium *m.*
caestus ['sestəs], *s.* = CESTUS[2].
caesura [si'zjuəra], *s. Pros:* Césure *f.*
café ['kafe], *s.* Café(-restaurant) *m.*
café-au-lait ['kafeou'lei], *attrib. a.* (*As a colour*) Café au lait *inv.*
café-restaurant [kafe'restərɔŋ, -ɔrɑ̃], *s.* (*pl.* **Café-restaurants**) Café-restaurant *m*, *pl.* cafés-restaurants.
cafeteria [kafə'tiːəria], *s.* *U.S:* Restaurant *m* où les clients se servent eux-mêmes; caféterie *f.*
caffeic [ka'fiːik], *a. Ch:* Caféique.
caffeine ['kafeːin], *s.* Caféine *f.*
caffeinism ['kafeinizm], **caffeism** ['kafiizm], *s. Med:* Caféisme *m.*
caftan ['kaftan], *s.* Caf(e)tan *m.*
Caffre ['kafər] = KAFFIR.
cage[1] [keːidʒ], *s.* **1.** Cage *f.* *Mil:* **Prisoners' cage,** parc *m* des prisonniers. *See also* AERIAL 2, BIRD 1, SQUIRREL'S-CAGE. **2.** (*a*) **Lift-cage,** cabine *f* de l'ascenseur. (*b*) *Min:* **(Shaft-)cage,** cage (de puits); benne *f* d'extraction. **3.** *Const:* Ossature *f* (d'un bâtiment). **4.** *Mec.E:* Cage, lanterne *f* (de roulement à billes). **Valve cage,** corbeille *f* de la soupape.
'cage-bird, *s.* Oiseau *m* de volière; oiseau d'appartement.
'cage-work, *s.* Grillage *m*, grille *f.*
cage[2], *v.tr.* (*a*) Encager; mettre (un oiseau, etc.) en cage. (*b*) *F:* Emprisonner, encager (qn). (*c*) *Min:* **To cage the trucks,** encager, clicher, les wagons.
cageful ['keidʒful], *s.* Cagée *f.*
cager ['keidʒər], *s. Min:* Clicheur *m.*
cagmag ['kagmag], *s. Dial. & P:* De la barbaque; de la carne.
cahoot [ka'huːt], *s.* *U.S: F:* **To be in cahoot(s) with s.o.,** être associé, être d'intelligence, avec qn; *F:* être de mèche avec qn.
Caiaphas ['kaiafəs]. *Pr.n.m. B:* Caïphe.
caiman ['keimən], *s. Rept:* = CAYMAN.
Cain [kein]. *Pr.n.m. B:* Caïn. *F:* **To raise Cain,** (i) faire un bacchanal, un boucan, de tous les diables; faire un bruit infernal; faire le démon; (ii) faire une scène (à propos de qch.).
cainozoic [kaino'zouik], *a. Geol:* Cænozoïque.
caique [ka'iːk], *s. Nau:* Caïque *m.*
cairn ['kɛərn], *s.* **1.** Cairn (commémoratif); tumulus *m* de pierres; mont-joie *m*, *pl.* monts-joie; galgal *m*, *pl.* galgals. *F:* **To add a stone to s.o.'s cairn,** apporter son tribut à la mémoire de qn. **2.** (*Dog*) **Cairn (terrier),** terrier *m* Cairn.
cairngorm ['kɛərngɔːrm], *s. Lap:* Pierre *f* de cairngorm. **Smoky cairngorm,** quartz enfumé.
Cairo ['kairo]. *Pr.n. Geog:* Le Caire.
caisson ['keis(ə)n], *s.* **1.** *Hyd.E:* Caisson *m*, bâtardeau *m.* *Med:* **Caisson disease,** mal *m* des caissons. **2.** *Nau:* Bateau-porte *m* (de bassin de radoub), *pl.* bateaux-portes. **3.** *Mil:* Caisson (à munitions).
caitiff ['keitif], *s. A. & Poet:* Misérable *m*; lâche *m.*
cajole [ka'dʒoul], *v.tr.* Cajoler; enjôler; *F:* embobiner, embabouiner, embobeliner. *To c. s.o. from, out of, a course of action*, faire changer d'avis à qn à force de cajoleries. *To c. s.o. into doing sth.*, persuader à qn de faire qch. *To c. sth. out of s.o.*, obtenir qch. de qn à force de cajoleries; soutirer (de l'argent) à qn.
cajoling[1], *a.* Cajoleur, -euse. **-ly,** *adv.* D'un ton cajoleur; d'une manière cajoleuse.
cajoling[2], *s.* = CAJOLERY.
cajolement [ka'dʒoulmənt], *s.* = CAJOLERY.
cajoler [ka'dʒoulər], *s.* Cajoleur, -euse.
cajolery [ka'dʒouləri], *s.* Cajolerie(s) *f(pl)*; enjôlement *m.*
cake[1] keik], *s.* **1.** (*a*) Gâteau *m.* **Rice-cake,** gâteau de riz. *See also*

CHEESE-CAKE, FRUIT-CAKE, SPONGE-CAKE, WEDDING-CAKE. *F:* **To take the cake,** remporter la palme. *He takes the c.!* à lui le pompon! *That takes the c.!* ça c'est pas banal! ça c'est le bouquet! *To take the c. for sth.*, primer par qch. **They're going, selling, like hot cakes,** ça se vend comme des petits pains. *To begin with the c.*, manger son pain blanc le premier. *P:* **My cake is dough,** c'est une grosse déception. *Prov:* **You can't eat your cake and have it,** on ne peut pas avoir le drap et l'argent. (*b*) **(Small) cakes,** pâtisserie légère, gâteaux, pâtisseries. (*c*) *Scot:* **(Oat-)cake,** galette *f* d'avoine. **The Land o' cakes,** l'Écosse *f.* (*d*) Rissole *f.* *See also* FISH-CAKE. **2.** (*a*) Pain *m* (de savon, de cire, etc.); tablette *f* (de chocolat, de couleur). *See also* SALT[1] I. 1. (*b*) *Husb:* **Oil-, linseed-cake,** (i) tourteau *m* de lin; (ii) tourte *f* (pour engrais). *Olive(-oil) c.*, tourteau d'olives; grignon *m*. *C. of oats, peas, etc.*, biscuit *m* de fourrage. **Bird-cake,** colifichet *m*. *See also* PRESS-CAKE. **3.** Masse *f*, croûte *f* (de glace, de sang coagulé); motte *f* (de terre, etc.); agglutination *f* (de houille, etc.); *El:* pastille *f* (d'accu). *C. of carbon*, aggloméré *m* de charbon. *See also* AGUE-CAKE.

'cake-shop, *s.* Pâtisserie *f.*

'cake-walk[1], *s. Danc:* Cake-walk *m.*

'cake-walk[2], *v.i.* Danser le cake-walk.

cake[2]. **1.** *v.i.* (*a*) Former une croûte; faire croûte. (*b*) (*Of coal, etc.*) (Se) coller; (se) prendre; s'agglutiner; s'agglomérer; (*of blood, etc.*) se cailler; (*of paste*) se concrétionner. **2.** *v.tr.* Concréter (une poudre).

caked, *a.* **1.** (*a*) Qui forme une croûte. (*b*) Agglutiné. **2. Caked with mud, with blood,** plaqué de boue, de sang. *Our boots get c. with mud*, nos souliers se bottent dans la boue.

caking[1], *a.* Collant, agglutinant. *See also* COAL[1].

caking[2], *s.* **1.** Agglomération *f*, agglutination *f* (de la houille); coagulation *f* (du sang); concrétion *f* (d'une pâte). **2.** Couche *f* (de boue sèche, etc.); croûte *f* (de sang, etc.).

cakelet ['keiklet], *s.* Petit gâteau.

caky ['keiki], *a.* **1.** Ressemblant à un gâteau. *C. smell*, odeur *f* de gâteaux. **2.** *C. substance*, substance agglutinante, collante, encroûtante.

cal [kal], *s. Miner: Dial:* (*In Cornwall*) Wolframite *f.*

calaba-balsam [kalaba'bɔːlsəm], *s.* Baume *m* Marie; baume vert des Antilles.

calabar[1] ['kalabɑːr], *s. Com:* (*Fur*) Petit-gris *m.*

Calabar[2] [kala'bɑːr]. *Pr.n. Geog:* (La côte de) Calabar *m.* *Bot:* **Calabar bean,** fève *f* de Calabar; (*plant*) physostigma *m.*

calabash ['kaləbaʃ], *s.* **1. Calabash(-gourd),** calebasse *f*, gourde *f.* *C.-tree*, calebassier *m*. **2. Calabash(-bottle),** calebasse, (cou)gourde *f.* **3. Calabash(-pipe),** pipe *f* en calebasse ou en forme de calebasse.

calaber ['kalabər], *s.* = CALABAR[1].

calaboose [kalə'buːs], *s. U.S: F:* Prison *f*, boîte *f*, cage *f.*

Calabria [ka'leibria]. *Pr.n. Geog:* La Calabre.

Calabrian [ka'leibriən], *a.* & *s. Geog:* Calabrais, -aise.

calamanco [kala'maŋko], *s. Tex:* Calmande *f*; satin *m* de laine.

calamander [kala'mandər], *s.* **Calamander(-wood),** bois *m* de Coromandel; calamandre *m.*

calamary ['kaləməri], *s. Moll:* Calmar *m*; encornet *m.*

calamine ['kalamin, -miːn], *s. Miner:* Calamine *f.*

calamint ['kalamint], *s. Bot:* Calament *m.*

calamite ['kalamait], *s.* **1.** *Miner:* Calamite *f.* **2.** *Paleont:* Calamite.

calamitous [ka'lamitəs], *a.* Calamiteux, -euse; désastreux, -euse. *The most c. inventions of mankind*, les pires inventions *f*, les inventions les plus funestes, de l'humanité. **-ly,** *adv.* Calamiteusement, désastreusement.

calamity [ka'lamiti], *s.* **1.** Calamité *f*, infortune *f*, malheur *m.* *U.S: P:* **A calamity howler,** *f.* **a calamity Jane,** un(e) pessimiste; un prophète de malheur; une rabat-joie *inv.* **2.** Désastre *m*; sinistre *m.*

calamus ['kaləməs], *s.* **1.** *Bot:* Calamus *m*, rotin *m*, rotang *m.* **2. Sweet calamus,** jonc odorant; (i) lis *m* des marais; roseau *m* aromatique; (ii) schénanthe *m.*

calappa [ka'lapa], *s. Crust:* Coq *m* de mer.

calash [ka'laʃ], *s.* **1.** *Veh:* (*a*) Calèche *f.* (*b*) (*In Canada*) Sorte de charrette anglaise. **2.** (*a*) *A:* Capote *f* (de voiture). (*b*) *A.Cost:* (*Woman's bonnet*) Calèche, cabriolet *m.*

calc- [kalk], *comb.fm. Miner: Geol:* *Calc-schist*, calcschiste *m.* *Calc-sinter*, travertin *m* calcaire. *Calc-tuff*, tuf *m* calcaire.

calcaneum [kal'keiniəm], *s. Anat:* Calcanéum *m.*

calcar ['kalkɑr], *s.* **1.** *Cer:* Arche *f.* **2.** *Metall:* Four *m* à recuire.

calcarated ['kalkareitid], *a. Nat.Hist:* Calcarifère.

calcareo-argillaceous [kal'kɛərioɑːrdʒi'leiʃəs], *a. Miner:* Calcaréo-argileux, -euse.

calcareous [kal'kɛəriəs], *a. Miner:* Calcaire.

calcariform [kal'karifɔːrm], *a. Nat.Hist:* Calcariforme.

calceiform ['kalseifɔːrm], *a. Bot:* Calcéiforme.

calceolaria [kalsio'lɛəria], *s. Bot:* Calcéolaire *f.*

calceolate ['kalsiolet], *a. Bot:* Calcéiforme, calcéoliforme.

calcic ['kalsik], *a. Ch:* Calcique.

calciferous [kal'sifərəs], *a. Miner:* Calcifère.

calcification [kalsifi'keiʃ(ə)n], *s.* Calcification *f* (des tissus organiques).

calcify ['kalsifai]. *Ch: etc.:* **1.** *v.tr.* Calcifier. (*a*) Convertir en carbonate de chaux. (*b*) Pétrifier (le bois, etc.). **2.** *v.i.* Se calcifier.

calcified, *a.* Calcifié.

calcinable [kal'sainəbl], *a.* Calcinable.

calcination [kalsi'neiʃ(ə)n], *s. Ch: Ind:* Calcination *f*; frittage *m*; cuisson *f*; grillage *m.*

calcine ['kalsain]. **1.** *v.tr. Ch: Ind:* Calciner; fritter (des carbonates, etc.); cuire (le gypse, etc.). *Metall:* Griller (le minerai). **2.** *v.i.* Se calciner.

calcining, *s.* = CALCINATION. **Calcining furnace,** four *m* à calciner.

calciner [kal'sainər], *s. Ind:* **1.** (*Pers.*) Calcinateur *m*, calcineur *m.* **2.** Four *m* de, à, calcination; four à calciner.

calcite ['kalsait], *s. Miner:* Calcite *f*; spath *m* calcaire.

calcium ['kalsiəm], *s. Ch:* Calcium *m.* **Calcium carbide, calcium chloride,** carbure *m*, chlorure *m*, de calcium. *See also* OXY-CALCIUM.

calc-spar ['kalk'spɑːr], *s. Miner:* = CALCITE.

calculable ['kalkjuləbl], *a.* Calculable, chiffrable.

calculate ['kalkjuleit], *v.tr.* & *i.* **1.** (*a*) Calculer, évaluer; estimer (une distance); calculer, mesurer (ses paroles); faire le compte de (sa fortune); supputer (sa fortune). *Abs.* Faire un calcul, compter. (*b*) *To c. upon sth., on doing sth., on sth. happening*, compter sur qch., compter faire qch., compter que qch. arrivera. *U.S: To c. to do sth.*, compter faire qch. **2.** *U.S:* Croire, supposer (*that*, que).

calculated, *a.* (*a*) *C. insolence*, insolence délibérée, calculée. *To arrive at a well c. moment*, arriver à un moment bien calculé. (*b*) *C. for sth.*, adapté, fait, pour qch.; propre à qch. *C. to do sth.*, fait pour, propre à, faire qch. *News c. to astonish him*, nouvelle *f* de nature à l'étonner, faite pour l'étonner. *Words c. to reassure us*, paroles *f* propres à nous rassurer. *Your severity is not c. to encourage them*, votre sévérité n'est pas pour les encourager.

calculating[1], *a.* (*a*) (*Of pers.*) Calculateur, -trice; réfléchi. (*b*) *C. policy*, politique de calcul, intéressée.

calculating[2], *s.* Calcul *m*, estimation *f.* **Calculating machine** machine *f* à calculer; totalis(at)eur *m*; calculateur *m*; arithmomètre *m*; machine arithmétique.

calculation [kalkju'leiʃ(ə)n], *s.* Calcul *m.* *To make a c.*, effectuer un calcul. *To upset s.o.'s calculations*, déjouer les calculs de qn. *To be out in one's calculations*, être loin de son compte.

calculative ['kalkjulətiv], *a.* **1.** *C. powers*, génie *m* pour le calcul. **2.** (*Of pers.*) = CALCULATING[1] (*a*).

calculator ['kalkjuleitər], *s.* **1.** (*Pers.*) Calculateur, -trice; chiffreur, -euse. **2.** (*a*) Machine *f* à calculer. (*b*) *Mec.E: etc:* **Speed calculator,** calculateur de vitesse. **3.** Barème *m.*

calculous ['kalkjuləs], *a. Med:* Calculeux, -euse.

calculus ['kalkjuləs], *s.* **1.** *Med:* (*pl.* **calculi** ['kalkjulai]) Calcul (vésical, etc.). *See also* URINARY. **2.** *Mth:* Calcul infinitésimal; analyse transcendante, infinitésimale. *See also* DIFFERENTIAL, INTEGRAL, PROBABILITY.

Calcutta [kal'kʌta]. *Pr.n. Geog:* Calcutta. **The Calcutta Cup,** coupe *f* du championnat annuel de rugby entre l'Angleterre et l'Écosse. **The Calcutta Sweepstake,** grand sweepstake sur la course du Derby, organisé sous les auspices du *Calcutta Turf Club.*

caldron ['kɔːldrən], *s.* = CAULDRON.

Caledonia [kale'dounja]. *Pr.n. A.* & *Poet:* (*Scotland*) La Calédonie. *See also* NEW CALEDONIA.

Caledonian [kale'dounjən], *a.* & *s.* (*a*) Calédonien, -ienne. *Geog:* **The Caledonian Canal,** le canal Calédonien. (*b*) *Hum:* Écossais, -aise.

calefacient [kali'feiʃjənt], *a.* & *s. Med:* (Agent) réchauffant (*m*).

calefaction [kali'fakʃ(ə)n], *s.* Caléfaction *f.*

calefactory [kali'faktəri]. **1.** *a.* Calorifiant, calorifique. **2.** *s.* Chauffoir *m* (de monastère).

calendar[1] ['kaləndər], *s.* **1.** Calendrier *m.* (*a*) **The Julian, old-style, calendar,** le calendrier julien; le vieux calendrier. **The Gregorian, new-style, calendar,** le calendrier grégorien; le nouveau calendrier. *See also* MONTH. (*b*) **Tear-off calendar, block-calendar,** calendrier bloc; calendrier éphéméride, à effeuiller. **Perpetual calendar,** calendrier perpétuel. **Calendar watch,** montre *f* à quantième. **2.** (*a*) *Ecc:* Calendrier (des saints). (*b*) Annuaire *m* (d'une université, d'une institution, etc.). (*c*) *Jur:* Liste *f* des accusés, des causes au criminel; rôle *m* des causes; rôle des assises. (*d*) *U.S:* Ordre *m* du jour (du Congrès).

calendar[2], *v.tr.* **1.** Inscrire (un nom, etc.) sur un calendrier, sur une liste. **2.** Classer, cataloguer, mettre sur fiches (des documents, etc.).

calender[1] ['kaləndər], *s.* **1.** *Tex: etc:* Calandre *f.* **2.** *Ind:* Laminoir *m.*

calender[2], *v.tr.* **1.** Calandrer, cylindrer (des étoffes, le papier). **2.** Laminer.

calendering, *s.* Calandrage *m* ou laminage *m.* **Calendering machine,** calandre *f* ou laminoir *m.*

calend(e)rer ['kalənd(ə)rər], *s.* (*Pers.*) Calandreur, -euse; lamineur *m.*

calends ['kaləndz], *s.pl. Rom.Ant:* Calendes *f.* *F:* **On, at, the Greek calends,** aux calendes grecques; jamais. *That will not happen till the Greek c.*, *A:* cela n'arrivera qu'à la venue des coquecigrues.

calendula [ka'lendjula], *s. Bot:* Calendule *f.*

calenture ['kaləntjər], *s. Med: A:* Calenture *f*; fièvre *f.*

calf[1], *pl.* **calves** [kɑːf, kɑːvz], *s.* **1.** (*a*) Veau *m.* **Cow in, with, calf,** vache pleine. **Calf's head,** tête *f* de veau. *Attrib.* **Calf love,** amours enfantines; les premières amours. *See also* FATTED, GOLDEN, KNEE[1] 1, SEA-CALF. (*b*) *Leath:* Veau; vachette *f.* *Bookb:* **Calf binding,** reliure *f* en veau. **Calf-bound,** relié en veau. *See also* HALF-CALF. *Bootm:* *C. boots*, souliers *m* en veau mégis. *See also* BOX-CALF. *Tobacco-pouch in c.*, blague *f* en vachette. **2.** (*a*) Petit *m* de certains animaux. *C. of a buffalo*, buffletin *m.* *C. of a whale*, baleineau *m.* *C. of seal*, petit du phoque. *C. of an elephant*, éléphanteau *m.* *See also* HIND[1], ROB[1]. (*b*) Glaçon (détaché d'un iceberg); veau. **3.** *F:* (*a*) Sot *m*, lourdaud *m*, veau. (*b*) Blanc-bec *m*, *pl.* blancs-becs.

'calf's-foot jelly, 'calves-foot jelly, *s. Cu:* Gelée *f* de pied de veau.

'calf's-teeth, *s.pl.* Dents *f* de lait.

calf[2], *pl.* **calves,** *s.* Mollet *m* (de la jambe); gras *m* de la jambe.

calfskin ['kɑːfskin], *s.* (Cuir *m* de) veau *m.*

Caliban ['kaliban]. *Pr.n.m.* Caliban (type de l'humanité fruste et bestiale, monstre de "la Tempête" de Shakespeare).

caliber ['kalibər], *s.* = CALIBRE.

calibrate ['kalibreit], *v.tr.* Étalonner (un compteur, un poste de

T.S.F., etc.); calibrer (un tube); graduer (un thermomètre); tarer (un ressort), faire la tare (d'un ressort). *To c. a gun*, vérifier le calibre d'un canon.

calibrating, *s.* = CALIBRATION. *C. device*, appareil *m* d'étalonnage. **Calibrating electrometer,** électromètre *m* étalon.

calibration [kali'breiʃ(ə)n], *s.* Étalonnage *m*; calibrage *m* (d'un tube); tarage *m* (d'un ressort). *El.E:* **Calibration condenser,** condensateur *m* étalon. *See also* FIRING 3.

calibrator ['kalibreitər], *s.* Appareil *m* étalon, calibreur.

calibre ['kalibər], *s.* (*a*) Calibre *m*, alésage *m* (d'un canon, d'un tube). *Artil: Gun of large c.*, pièce *f* de gros calibre. *Small, light, c.*, petit calibre. (*b*) *F:* Calibre (d'une personne, de l'entendement). *If we could get a man of your c.*, si nous pouvions trouver un homme de votre calibre, de votre envergure.

-calibred ['kalibərd], *a.* **Small-, large-calibred,** de petit, gros, calibre.

caliche [ka'liːtʃe], *s.* *Miner:* Caliche *m.*

caliciform [ka'lisifɔːrm], *a.* *Bot: etc:* Caliciforme.

calicle ['kalikl], **caliculus,** *pl.* **-i** [ka'likjuləs, -ai], *s.* *Bot:* Calicule *m.*

calico ['kaliko]. **1.** *s.* *Tex:* (*a*) Calicot *m*; *Com:* blanc *m* de coton. **Fine calico,** madapolam *m*. **Glazed calico,** treillis *m*. **Printed calico,** calicot imprimé; indienne *f*. **Calico printer,** imprimeur *m* sur calicot; imprimeur d'indienne; rouennier *m*. **Calico printing,** (i) (*trade*) indiennerie *f*; (ii) (*process*) indiennage *m*. (*b*) *U.S:* Calicot imprimé; indienne *f*. *F:* **A calico hop,** soirée dansante sans façon, sans frais de toilette; sauterie *f*. (*c*) *Dressm:* Percaline *f* (pour doublures). **2.** *a.* *U.S:* Varié, bigarré.

'calico-bush, -tree, *s.* *Bot:* Kalmie *f* à larges feuilles.

calicular [ka'likjulər], *a.* *Bot:* Caliculaire.

caliculate [ka'likjulet], *a.* Caliculé.

California [kali'fɔːrnja]. *Pr.n. Geog:* La Californie.

Californian [kali'fɔːrnjən], *a.* & *s.* Californien, -ienne. *See also* POPPY 1.

caliginous [ka'lidʒinəs], *a.* Caligineux, -euse; ténébreux, -euse.

calipash ['kalipaʃ], *s.* *Cu:* Partie gélatineuse de la tortue au-dessous de la carapace.

calipee ['kalipiː], *s.* *Cu:* Partie gélatineuse du ventre de la tortue.

caliper[1, 2] ['kalipər], *s.* & *v.* = CALLIPER[1, 2].

caliph ['keilif, 'kalif], *s.* Calife *m.*

caliphate ['kalife(i)t], *s.* Califat *m.*

calix, *pl.* **-ices** ['keiliks, 'kaliks, -isiːz], *s.* *Anat:* Calice *m* (coiffant chaque lobe du rein).

Calixtus [ka'likstəs]. *Pr.n.m.* Calixte.

calk[1] [kɔːk], *s.* **1.** *Farr:* Crampon *m* (de fer à cheval). **2.** *Bootm:* Crampon à glace.

calk[2], *v.tr.* **1.** *Farr:* Ferrer (un cheval) à glace. **2.** *Bootm:* Garnir (les talons, etc.) de crampons à glace.

calking[1], *s.* Ferrage *m* à glace.

calk[3] [kalk, kɔːk], *v.tr.* *Art: etc:* Décalquer.

calking[2], *s.* Décalque *m*, décalquage *m.*

calk[4] [kɔːk], **calker** ['kɔːkər] = CAULK, CAULKER.

calkin ['kɔːkin, 'kalkin], *s.* *Farr:* **1.** Crampon *m*, éponge *f* (de fer à cheval). **2.** Clou *m* à glace; grappe *f*.

call[1] [kɔːl], *s.* **1.** (*a*) (*Shout*) Appel *m*, cri *m*; cri d'appel. *F:* **It's my call,** c'est à moi de commander les consommations; c'est à moi de régaler; c'est mon tour. (*b*) Cri (d'un oiseau). *See also* BIRD-CALL. **2.** (*Summons*) (*a*) Appel. **To come at, to answer, s.o.'s call,** venir, répondre, à l'appel de qn. **To be within call,** être à portée de voix. **To give s.o. a call,** (i) appeler qn; (ii) réveiller qn. *To answer the c. of duty*, se rendre à son devoir. **The call of nature, of conscience,** la voix de la nature, de la conscience. *The c. of spring*, l'appel du printemps. *The c. of justice*, la voix impérieuse de la justice. **You have no call to do so,** vous n'avez aucune raison, rien ne vous oblige, de le faire. *There's no c. to be afraid*, il n'y a aucune raison pour avoir peur. *U.S:* *F:* **To have a close call,** l'échapper belle. *It was a close c.*, il était moins cinq. *See also* BECK[2], BLOOD[1] 1, SICK-CALL. (*b*) *Mil:* Sonnerie *f* (de clairon); batterie *f* (de tambour). *Nau:* Coup *m* de sifflet. **Bugle-call, trumpet-call,** coup, appel, de clairon, de trompette. **The regimental call,** le refrain du régiment. (*c*) (**Roll-**)**call,** appel nominal. (*d*) **He felt a call** (*to the ministry*), il se sentait la vocation; il voulait entrer dans l'Église. (*e*) *Tp:* **Telephone call,** (i) appel téléphonique; coup de téléphone; (ii) (*apparatus*) appel phonique. *Local c.*, communication locale, interurbaine. **I'll give you a call,** je vous téléphonerai. *Who answered, took, the c.?* qui a répondu au téléphone? **To give in a call,** demander une communication. *To put a c. through*, donner la communication. *To pay for twenty calls*, payer vingt conversations *f*. *See also* TRUNK-CALL. (*f*) Invitation *f*. *Ecc:* **Call to a church,** invitation à remplir le pastorat d'une église (protestante). *See also* BAR[1] 3. (*g*) *Cards:* (*At bridge*) Appel; (*at solo whist, boston*) demande *f*. **Call for trumps,** invite *f* d'atout. *A c. of three diamonds*, une annonce de trois carreaux. *To leave the c. to one's partner*, passer parole. (*h*) *Th:* Rappel *m* (d'un acteur). *She was offered a bouquet when* **she took her call,** on lui offrit un bouquet lorsqu'elle parut devant le rideau. **3.** (*Visit*) Visite *f*. **To pay, make, a call on s.o.,** faire (une) visite à qn. *Formal c.*, visite de cérémonie. *To pay a formal c. on s.o.*, aller présenter ses devoirs à qn. *Official c.*, visite officielle. *To pay calls*, faire des visites. **'Party' call** (*after a dinner*), visite de digestion. **To return s.o.'s call,** rendre la visite de qn. *Com:* *C. of a traveller*, passage *m* d'un commis-voyageur *Nau:* **Port of call, place of call,** port *m* d'escale, de relâche. *See also* FAREWELL, HOUSE[1] 2. **4.** (*a*) (*Claim*) Demande (d'argent). *Fin:* Appel de fonds, de versement. *C. on the purse, F:* tape *f* à la bourse. *Generosity that makes no c. on our purse*, générosité *f* sans inconvénient pour notre bourse. *Fin:* **Payable at call,** remboursable sur demande, à présentation, à vue. **Money at, on, call,** prêts *mpl* au jour le jour; argent à court terme. (*b*) *St.Exch:* Option *f* d'achat, pour acheter; prime *f*; marché *m* à prime. *C. on a hundred shares*, option *f* de cent actions. **Call of more,** faculté *f* du double; achat *m* d'encore autant à prime. *C. of twice more*, achat du double à prime. *See also* GIVE[2] I. 3, PUT[1] 2.

'call-bell, *s.* (*a*) Sonnerie *f*, sonnette *f*, d'appel; avertisseur *m*. (*b*) Timbre *m* de table.

'call-bird, *s.* *Ven:* (Oiseau *m*) appelant *m*, appeleur *m.*

'call-box, *s.* *Tp:* Cabine *f*, guérite *f* (téléphonique). *Public c.-b.*, taxiphone *m.*

'call-boy, *s.* *Th:* Avertisseur *m.*

'call-button, *s.* Bouton *m*, clef *f*, d'appel.

'call-day, *s.* Jour *m* de réception des nouveaux étudiants aux *Inns of Court* (à Londres).

'call-disk, -indicator, *s.* *Tp:* Volet *m* d'appel.

'call-key, *s.* *Tg:* Touche *f* d'appel.

'call-letter, *s.* *Fin:* Avis *m* d'appel de fonds.

'call-money, *s.* *Com:* *Fin:* Argent *m*, prêts *mpl*, au jour le jour; emprunt(s) *m* remboursable(s) sur demande.

'call-office, *s.* *Tp:* **1.** Central, -aux, *m*; bureau *m* téléphonique. **2.** = CALL-BOX.

'call-sign, *s.* *W.Tel:* *Navy:* Indicatif *m* d'appel.

'call-station, *s.* *Tp:* Central, -aux *m.*

call[2]. I. *v.tr.* **1.** (*a*) Appeler (qn); crier (qch.). *Abs. Who is calling?* qui est-ce qui appelle? *A:* *The watch called the hour*, la ronde de nuit cria l'heure, annonça l'heure. **To call (out) 'fire,'** crier au feu. **To call the banns,** publier les bans. **To call a halt,** (i) crier halte; (ii) faire halte. *It is time to c. a halt, F:* il est temps de s'arrêter, de mettre le holà. **To call the roll,** faire l'appel. *W.Tel:* **London calling!** ici (poste de) Londres! *Nau:* **To call the soundings,** crier, chanter, le fond. (*b*) **To call to s.o. to do sth.,** crier à qn de faire qch. *I called* (*out*) *to him to stop*, je lui ai crié de s'arrêter. **2.** (*a*) (*Summon*) Appeler (qn); héler (un taxi); convoquer (une assemblée); appeler, attaquer (un poste téléphonique); appeler (les pompiers). *Jur:* Appeler (une cause). *Th:* Rappeler (un acteur). *To c. a cab* (*off the rank*), faire avancer un taxi. **To call (in) the doctor,** faire venir, appeler, le médecin. **To be called to the throne,** être appelé au trône. **Many are called but few chosen,** il y a beaucoup d'appelés mais peu d'élus. **Duty calls (me),** le devoir m'appelle. **To call s.o. to order,** rappeler qn (i) à l'ordre, (ii) à la question. *Mil:* **To call to arms,** battre la générale. **To call into play all one's powers,** faire appel à, exercer, toutes ses facultés. *See also* ACCOUNT[1] 2, ATTENTION 1, BAR[1] 3, BEING[2] 1, EXISTENCE 1, MIND[1] 1, QUESTION[1] 2, WITNESS[1] 1. (*b*) **Call me at six o'clock,** réveillez-moi à six heures. (*c*) *Jur:* **To call the jury,** tirer le jury au sort. **3.** (*Name*) Appeler. *He is called John*, on l'appelle Jean; il s'appelle Jean. **To call s.o. after s.o.,** donner le nom de qn à qn. *To be called after s.o.*, porter le nom de qn. *To c. oneself a colonel*, se qualifier de colonel; s'attribuer le titre de colonel. *He calls himself a philosopher*, il se pare du nom de philosophe. *I am too young to be called 'mademoiselle,'* je suis trop jeune pour qu'on me donne du "mademoiselle." **To call s.o. names,** injurier, invectiver, qn; dire des injures à qn. *To c. s.o. a liar, a child*, traiter, qualifier, qn de menteur, d'enfant. *To c. s.o. everything under the sun*, adjectiver qn de la belle façon. *F:* **We'll call it three francs,** (i) mettons trois francs; (ii) va pour trois francs. *I c. that a low-down trick*, c'est ce que j'appelle un sale tour; voilà ce que j'appelle un sale tour. *See also* COUSIN, SPADE[1] 1. **4.** *Cards:* Appeler, déclarer (deux carreaux, etc.). *To c. spades*, déclarer pique. *Abs.* **To call,** (i) appeler (l'atout); (ii) (*at poker*) forcer l'adversaire à déclarer son jeu. *See also* BLUFF[2]. **5.** **To call a strike,** décréter, ordonner, une grève.

II. **call,** *v.i.* (*a*) *To c.* (*at s.o.'s house*), (i) faire une visite (chez qn); (ii) passer, se rendre, se présenter (chez qn). *Has anyone called?* est-il venu quelqu'un? *All sorts of people c. here*, il vient ici toutes sortes de gens. **To be asked to call,** recevoir une invitation à passer chez qn, à faire visite à qn; *Adm:* recevoir une convocation. *I called to see you*, (i) je viens pour vous voir; (ii) j'étais venu dans l'espoir de vous voir. *I only called to see how you were*, je ne fais que passer pour demander de vos nouvelles. *I must c. at Johnson's, at the grocer's*, il faut que je passe chez Johnson, chez l'épicier. **To call again,** repasser (*on*, chez). *The gas-man said he would c. again on Thursday*, l'employé du gaz a dit qu'il repasserait, reviendrait, jeudi. (*b*) *The train calls at every station*, le train s'arrête, fait halte, à toutes les gares. *Nau:* (*Of ship*) **To call at a port,** faire escale, relâcher, toucher, à un port. *Places not called at by a shipping line*, points *m* qu'une compagnie ne dessert pas.

call aside, *v.tr.* Prendre, tirer, (qn) à part.

call away. **1.** *To c. away s.o.'s attention*, distraire l'attention de qn. **2.** (*In passive*) **To be called away,** être appelé au dehors. *I am called away on business*, je suis obligé de m'absenter pour affaires.

call back. **1.** *v.tr.* Rappeler (qn). **2.** *v.tr.* *I called back "don't forget,"* je me suis retourné pour crier "n'oubliez pas." **3.** *v.i.* *I shall call back for it*, je repasserai le prendre.

call down, *v.tr.* (*a*) Faire descendre (qn); inviter (qn) à descendre. (*b*) **To call down curses on s.o.'s head,** appeler des malédictions sur la tête de qn. (*c*) *U.S:* *F:* (i) Injurier, dire des injures à (qn); (ii) reprendre (qn); laver la tête à (qn).

'call-down, *s.* *U.S:* *F:* Semonce *f*.

call for, *v.ind.tr.* (*a*) Appeler, faire venir (qn); faire apporter (qch.); commander (une consommation, etc.). *To c. loudly for s.o.*, appeler qn à grands cris. *To c. for help*, appeler, crier, au secours; appeler à l'aide. *'He called for his pipe and he called for his bowl, and he called for his fiddlers three,'* "il se fit apporter sa pipe, réclama sa coupe, et fit venir ses trois joueurs de viole." *I called for a bottle of the best*, je commandai une bouteille du meilleur. (*b*) Venir prendre, venir chercher (qn, qch.). *I will c. for you at nine*, je viendrai vous chercher, je passerai vous prendre, à neuf heures. *To c. for sth.* (*at s.o.'s house*), passer prendre qch. (chez qn). **'To be (left till) called for,'** 'à remettre au messager'; 'à laisser jusqu'à ce qu'on vienne le chercher'; *Post;* 'pour attendre l'arrivée,' (*on envelope*) 'poste restante,' 'bureau restant'; 'colis restant'; *Rail:* 'en gare.' *See also* WAIT[2] 1 (*a*). (*c*) **To call for an explanation, for an apology,** demander, exiger, une explication, des excuses. *To c. for volunteers*, demander des hommes de bonne volonté. *The pit called for the author*, le parterre réclama l'auteur. *Cards:* **To call for trumps,** faire une invite en atout; inviter atout. (*d*) Demander, comporter, réclamer, exiger (l'attention, des réformes). *Hill that calls for trace-horses*, côte *f* qui appelle des chevaux de renfort. *Plant that calls for continual care*, plante *f* qui réclame, requiert, des soins continuels. *Situation that calls for tactful handling*, situation qui demande à être maniée avec tact. *This problem calls for an immediate solution*, ce problème appelle une solution immédiate. *The measures called for by the situation*, les mesures requises par la situation, que comporte la situation. *You will take such measures as seem called for*, vous prendrez les mesures utiles, opportunes. *Process that calls for very high pressures*, procédé *m* qui impose des pressions très élevées.

call forth, *v.tr.* **1.** (*a*) Produire, faire naître (des protestations, etc.); évoquer, faire surgir (un souvenir); exciter (l'admiration). (*b*) Faire appel à (tout son courage); mettre en jeu (tous ses talents). (*c*) Évoquer (un esprit). **2.** *Lit:* Appeler, faire sortir (qn).

calling forth, *s.* Évocation *f* (d'un souvenir).

call in, *v.tr.* **1.** Faire entrer (qn); demander à (qn) d'entrer. *To c. the children in*, faire rentrer les enfants. **2.** (*a*) Retirer (une monnaie, un livre) de la circulation. (*b*) **To call in one's money,** faire rentrer ses fonds. **3.** *To c. in a specialist*, faire appel, avoir recours, à un spécialiste.

calling in, *s.* **1.** Retrait *m* (de monnaies). **2.** Recours *m* (*of s.o.*, à qn).

call off. 1. *v.tr.* (*a*) Rappeler (un chien); *Ven:* rompre (les chiens). *Too much dissipation calls you off* (*from*) *your duty*, trop de plaisir vous éloigne des devoirs de la vie. (*b*) **To call off a strike,** contremander, décommander, une grève; rapporter, révoquer, annuler, un ordre de grève. *To c. off a deal*, rompre, annuler, un marché. *To c. off an engagement*, s'excuser de ne pouvoir tenir une promesse. **2.** *v.i.* Se dédire; revenir sur sa parole.

calling off, *s.* **1.** Rappel *m* (des chiens). **2.** *C. off a strike*, retrait *m* d'un ordre de grève. *C. off of the deal*, rupture *f* du marché.

call on, *v.i.* **1.** Faire visite chez (qn); rendre visite à (qn); aller, passer, se rendre, chez (qn); aller voir (qn). *To c. on s.o. again*, repasser chez qn. **2.** = CALL UPON.

call out. 1. *v.tr.* (*a*) Faire sortir (qn); prier (qn) de sortir. *To c. out the military*, faire intervenir la force armée. *To c. out the firemen*, appeler les pompiers. (*b*) Provoquer (qn) en duel; appeler (qn) sur le terrain. (*c*) = CALL UP 4 (*a*). **2.** *v.i.* (*a*) Appeler; appeler au secours. (*b*) *To c. out for sth.*, demander qch. à grands cris.

calling out, *s.* **1.** Provocation *f* en duel. **2.** *C. out of the military in a time of disturbance*, emploi *m* des troupes en temps d'émeute. **3.** Appel *m* au secours.

call over, *v.tr.* (*a*) *To c. over* (*the names*), faire l'appel. (*b*) *I called him over*, je lui fis signe de venir nous retrouver.

'call-over, *s. Mil: Navy: Sch: etc:* L'appel *m*. *To vote by c.-o.*, voter par appel nominal.

calling over, *s. C. over the roll*, appel nominal.

call together, *v.tr.* Convoquer, réunir (une assemblée); assembler (des gens).

calling together, *s.* Convocation *f* (d'une assemblée, des actionnaires).

call up, *v.tr.* **1.** Faire monter (qn). **2.** (*a*) Évoquer (une idée, un souvenir). *Photographs that c. up the past*, photographies *f* qui évoquent le passé. (*b*) *To c. up a spirit, the souls of the dead*, évoquer un esprit, les âmes des morts. **3.** Appeler (qn) au téléphone; attaquer (le central). **4.** (*a*) *Mil: Navy:* Mobiliser (un réserviste); appeler (un réserviste) sous les drapeaux, sous les armes. **To be called up,** être appelé au service. (*b*) *See* CAPITAL[2] II. 1.

calling up, *s.* **1.** (*a*) Évocation *f* (d'une idée, d'un souvenir). (*b*) Évocation (d'un esprit, des âmes des morts). **2.** Appel *m* (de qn) au téléphone. **3.** Appel sous les drapeaux, sous les armes.

call upon, *v.i.* (*a*) Invoquer (le nom de Dieu). *To c. upon the Lord*, en appeler au Seigneur. (*b*) *To c. upon s.o. for sth.*, demander qch. à qn; réclamer qch. à qn. (*c*) *To c. upon s.o. to do sth.*, sommer, conjurer, requérir, qn de faire qch; mettre qn en demeure de faire qch.; appeler qn à faire qch. *To c. upon s.o.'s help*, faire appel à qn, à l'aide de qn. *To c. upon s.o. to give assistance*, requérir qn (de venir en aide). *To c. upon s.o. to keep his promise*, mettre qn en demeure de tenir sa promesse. *To c. upon s.o. to apologize*, exiger de qn qu'il fasse des excuses. *To c. upon s.o. to tell the truth*, sommer qn de dire la vérité. *I had to call upon all my strength*, je dus faire appel à toute ma force. *Can I c. upon you for a hundred pounds? F:* est-ce que je peux vous taper de cent livres? **I feel called upon** *to warn you that* . . ., je me sens dans l'obligation de vous avertir que. . . . **I now call upon Mr S.,** la parole est à M. S. *I will c. upon Mr S. to ask a blessing*, je demanderai à M. S. de dire le bénédicité. (*d*) (= CALL ON 1) *They are not people one can call upon*, ce ne sont pas des gens à fréquenter, avec qui l'on puisse avoir des relations.

calling, *s.* **1.** (*a*) Appel *m*, cri *m*. *See also* DISK 1. (*b*) Convocation *f* (d'une assemblée, etc.). (*c*) *Jur:* **Calling of the jury,** tirage *m* au sort du jury. **2.** Visite *f* (*on*, à). **Calling hours,** heures *f* de visite. **3.** (*a*) Vocation *f*. *I feel no c. for the Church*, je ne me sens pas la vocation de la prêtrise. (*b*) Vocation, état *m*, métier *m*.

caller[1] ['kɔːlər], *s.* **1.** (*a*) Personne *f* qui appelle. (*b*) Visiteur, -euse. *To be a frequent c. at s.o.'s house*, fréquenter chez qn. *The c. who has just left is the editor*, la visite qui vient de sortir est le rédacteur. **2. Caller(-up).** (*a*) Éveilleur, -euse. (*b*) *Tp:* Demandeur, -euse (de la communication).

caller[2] ['kalər], *a. Scot:* (Air, etc.) frais, *f.* fraîche; pur; (hareng) frais.

Callicrates [ka'likratiːz]. *Pr.n.m. Gr.Hist:* Callicrate.

calligraph[1] ['kaligrɑːf, -graf], *s.* Beau spécimen de calligraphie; modèle *m* d'écriture.

calligraph[2], *v.tr.* Calligraphier (une lettre, etc.).

calligrapher [ka'ligrəfər], *s.* Calligraphe *m*.

calligraphic [kali'grafik], *a.* Calligraphique.

calligraphy [ka'ligrəfi], *s.* Calligraphie *f*.

Callimachus [ka'liməkəs]. *Pr.n.m. Gr.Lit:* Callimaque.

callionymus [kali'ɔniməs]. *s. Ich:* Callionyme *m*.

Calliope [ka'laiopi]. *Pr.n.f.* Calliope.

cal(l)iper[1] ['kalipər], *s.* (*Sg. only in compounds*) **1. Calliper compasses, (pair of) callipers,** compas *m* de calibre, à calibrer. *Inside callipers*, compas d'intérieur; compas à calibrer. *Outside callipers*, compas d'épaisseur. *In and out callipers*, maître *m* de danse, (compas) maître à danser. *Figure-of-eight c., hour-glass c., double-c.*, huit-de-chiffre(s) *m*, *pl.* huits-de-chiffres. *Callipers with regulating screw*, compas de précision. **Calliper square,** pied *m* à coulisse, compas à coulisse. *See also* GAUGE[1] 2, MICROMETER. **2.** *Surg:* **Calliper (splint),** attelle-étrier *f*, *pl.* attelles-étriers.

cal(l)iper[2], *v.tr.* Calibrer (un tube); mesurer (au compas à coulisse) le diamètre (d'un arbre, etc.).

Callipygian [cali'pidʒiən], *a.* **The Callipygian Venus,** la Vénus Callipyge.

Callisthenes [ka'lisθəniːz]. *Pr.n.m. Gr.Hist:* Callisthène.

callisthenic [kalis'θenikl], *a.* Callisthénique.

callisthenics [kalis'θeniks], *s.pl.* (*Usu. with sg.const.*) Callisthénie *f*.

callithrix ['kaliθriks], *s. Z:* Callitrice *m*.

callitriche [ka'litrikiː], *s. Bot:* Callitriche *m*.

callose [ka'lous], *a.* = CALLOUS 1.

callosity [ka'lɔsiti], *s.* **1.** Callosité *f*, durillon *m*; cal *m*, *pl.* cals; cornes cutanées. **2.** *C. of heart*, dureté *f* de cœur.

callous ['kaləs], *a.* **1.** (*Of skin, feet, hands*) Calleux, -euse. **2.** (Homme, cœur) insensible, peu sensible, endurci; (homme) dur, sans cœur. *To grow c.*, se racornir. *To become c. to the sufferings of others*, devenir insensible, s'endurcir, aux souffrances d'autrui. **-ly,** *adv.* D'une manière insensible; sans pitié, sans cœur.

callousness ['kaləsnəs], *s.* Insensibilité *f* (*to*, à); dureté *f*; manque *m* de cœur, de pitié.

callow ['kalo, -ou]. **1.** *a.* (*a*) (*Of fledgling*) Sans plumes. *F:* **Callow youth,** la verte jeunesse. (*b*) *F: A c. youth*, un jeune homme imberbe, sans expérience; un blanc-bec, *pl.* blancs-becs. **2.** *s.* (*In Ireland*) Bas-fond *m*, *pl.* bas-fonds; fondrière *f*.

callus ['kaləs], *s.* **1.** Calus *m*, callosité *f*. **2.** *Bot: Surg:* Cal *m*, *pl.* cals; cal *m*.

calm[1] [kɑːm], *s.* Calme *m*; tranquillité *f*, sérénité *f* (d'esprit). *The c. of the woods*, la paix des bois. *Period of c.*, accalmie *f*. *Nau:* **Calm before a storm,** bonace *f*. *The calms of the tropics*, les calmes des tropiques. **Dead calm,** calme plat. *See also* STORM[1] 1.

'calm-belts, *s.pl.* Zones *f* des calmes.

calm[2], *a.* Calme, tranquille. *C. disposition*, esprit rassis, posé. *C. retreat*, retraite *f* paisible. *On a c. day*, par une journée sans vent. *Nau:* (*Of wind*) **To fall calm,** calmir. **Calm sea,** mer calme, molle. *F:* **The sea was as calm as a mill-pond,** nous avions une mer d'huile. **To remain calm and collected,** rester serein, impassible; ne pas perdre la tête. **To keep calm,** rester calme; se modérer. *To grow calmer*, se calmer. *F:* **He's a calm customer,** il ne manque pas d'aplomb; il a du toupet. *He had the c. audacity to* . . ., il eut assez cynique pour. . . . **-ly,** *adv.* Avec calme; tranquillement; de sens rassis. *To take things c.*, prendre les choses tranquillement, *F:* en douceur. *Everything went off c.*, tout s'est passé dans le calme. *He received the news c.*, il apprit la nouvelle sans s'émouvoir.

calm[3]. **1.** *v.tr.* Calmer, apaiser (la tempête, la colère); remettre, détendre, tranquilliser (l'esprit); atténuer, adoucir (la douleur). **Calm yourself,** remettez-vous! *To c. s.o.'s fears*, remettre qn de sa frayeur. **To calm s.o. down,** pacifier qn. **2.** *v.i.* **To calm down,** (*of storm, grief, etc.*) se calmer, s'apaiser, se modérer; se pacifier; (*of grief*) s'adoucir; (*of the mind*) se tranquilliser; *Nau:* (*of sea*) calmir.

calming[1], *a.* Tranquillisant, adoucissant, calmant. *To exercise a c. influence on these fears* . . ., pour calmer ces appréhensions. . . .

calming[2] **(down),** *s.* Apaisement *m* (des flots, de la colère); adoucissement *m* (de la douleur).

calmative ['kalmətiv], *a. & s. Med:* Calmant (*m*).

calmness ['kɑːmnəs], *s.* Tranquillité *f*, calme *m*.

calomel ['kalomel], *s. Pharm:* Calomel *m*; mercure doux.

calori- [kalo'ri], *pref.* Calori-. *Ph: Calorific*, calorifique. *Calorimeter*, calorimètre.

caloric [ka'lɔrik], *s. Ph:* Calorique *m*. *Mec.E:* **Caloric engine,** machine *f* à air chaud. **Caloric energy,** énergie *f* thermique.

caloricity [kalo'risiti], *s.* Caloricité *f*.

calorie ['kalori], *s. Ph:* Calorie *f*. *Large c., great c., major c.*, grande calorie, millithermie *f*. *Lesser c.*, **gramme-calorie,** petite calorie.

calorifacient [kalori'feiʃjənt], *a. Ph:* Calorifiant.

calorific [kalo'rifik], *a. Ph:* Calorifique, calorifiant. *C. power*, puissance *f* calorifique.

calorification [kalorifi'keiʃ(ə)n], *s. Ph:* Calorification *f*.

calorimeter [kalo'rimetər], *s. Ph:* Calorimètre *m*. *Electric resistance c.*, calorimètre électrique. **Bomb calorimeter,** bombe *f* calorimétrique.

calorimetric(al) [kalori'metrik(əl)], *a. Ph:* Calorimétrique.

calorization [kalorai'zeiʃ(ə)n], *s. Metalw:* Calorisation *f*.

calorize ['kaloraiz], *v.tr. Metalw:* Caloriser (à l'aluminium).

calorizing, *s.* Calorisation *f*.

calory ['kalori], *s.* = CALORIE.

calotte [ka'lɔt], *s.* **1.** *R.C.Ch:* (*Skull-cap*) Calotte *f*. **2.** *Geol:* Calotte glaciaire.

caloyer [ka'lɔiər], *s. Ecc:* Moine grec de l'ordre de Saint Basile; caloyer *m.*

caltrop ['kaltrəp], *s.* **1.** *Mil: A:* Chausse-trape *f, pl.* chausse-trapes. **2.** *Spong:* Spicule *f* à quatre pointes. **3.** *pl. Bot:* Chardon étoilé; chausse-trape (étoilée). **Water caltrops,** macle *f*, macre *f*, cornue *f*; châtaigne *f* d'eau; truffe *f* d'eau; *F:* écharbot *m.* **Land caltrops,** croix-de-Malte *f.*

calumet ['kaljumet], *s.* Calumet *m. F:* **To smoke the calumet of peace with s.o.,** fumer le calumet de la paix avec qn.

calumniate [ka'lʌmnieit], *v.tr.* Calomnier.

calumniation [kalʌmni'eiʃ(ə)n], *s.* Calomnie *f.*

calumniator [ka'lʌmnieitər], *s.* Calomniateur, -trice.

calumniatory [ka'lʌmniətəri], *a.* Calomniateur, -trice; calomnieux, -euse.

calumnious [ka'lʌmniəs], *a.* Calomnieux. **-ly,** *adv.* Calomnieusement.

calumny ['kaləmni], *s.* Calomnie *f.*

calvarium [kal'vɛəriəm], *s. Anat:* Sinciput *m.*

Calvary ['kalvəri]. **1.** *Pr.n.* **(Mount) Calvary,** le Calvaire. **2.** *s.* (*a*) (*Monument or cross*) Calvaire *m.* (*b*) (*In churches*) Chemin *m* de la Croix; calvaire.

calve [kɑːv]. **1.** *v.i.* (*Of cow, iceberg, etc.*) Vêler. **2.** *v.tr.* (*Of cow*) Mettre bas (un veau); (*of iceberg*) vêler (un glaçon).

calving, *s.* Vêlage *m,* vêlement *m.*

-calved [kɑːvd], *a.* (*With adj. prefixed, e.g.*) **Thin-calved,** aux mollets maigres.

calves[1, 2]. *See* CALF[1, 2].

Calvinism ['kalvinizm], *s. Rel.H:* Calvinisme *m.*

Calvinist ['kalvinist], *s. Rel.H:* Calviniste *mf.*

Calvinistic(al) [kalvi'nistik(əl)], *a.* Calviniste.

calvities [kal'viʃiiːz], *s.* Calvitie *f.*

calx, *pl.* **calces** [kalks, 'kalsiːz], *s.* Résidu *m* de calcination; cendres *f* métalliques.

calycanthus [kali'kanθəs], *s. Bot:* Calycanthe *m.*

calycifloral [kalisi'flɔːr(ə)l], **calyciflorate** [kalisi'flɔːret], **calyciflorous** [kalisi'flɔːrəs], *a. Bot:* Caliciflore.

calyciform ['kalisifɔːrm], *a.* Caliciforme.

calycinal [ka'lisin(ə)l], **calycine** ['kalisain], *a. Bot:* Calicinal, -aux; calicin.

calycle ['kalikl], *s. Bot:* Calicule *m.*

calycled ['kalikld], *a. Bot:* Caliculé.

calycular [ka'likjulər], *a. Bot:* Caliculaire.

calyculate [ka'likjulet], *a. Bot:* Caliculé.

calyptra [ka'liptra], *s. Bot:* Calyptre *f,* coiffe *f.*

calyptrate [ka'liptret], *a. Bot:* Calyptré.

calyptriform [ka'liptrifɔːrm], *a. Bot:* Calyptriforme.

calyx, *pl.* **-yxes, -yces** ['keiliks, 'kaliks, -iksiːz, -isiːz], *s. Bot:* Calice *m*; vase *m* (de tulipe).

cam [kam], *s. Mec.E:* Came *f*; excentrique *m*; levée *f*; lève *f*; mentonnet *m*; alluchon *m*; doigt *m* d'entraînement. *Cam lift,* levée de la came. **Actuating cam,** came de poussée, de commande. **Compound cam,** came à plusieurs échelons. **Quick-action cam,** came à profil brusque. *See also* HEART-CAM.

'cam-box, *s. I.C.E:* Boîte *f* à cames.

'cam-circle, *s.* Cercle primitif de la came.

'cam-gear, *s. I.C.E:* Distribution *f* à came(s).

'cam-head, *s. Mec.E:* Rebord saillant (d'une came).

'cam-shaft, *s. Mec.E:* Arbre *m* à cames, à excentrique. *I.C.E:* Arbre de distribution. **Overhead cam-shaft engine,** moteur *m* avec arbre à cames en tête, en dessus. *Ignition c.-s.,* arbre de distribution d'allumage.

camaieu ['kamaijə], *s. Art:* (Peinture *f* en) camaïeu *m.* **Yellow camaieu,** tableau *m* de cirage.

camarilla [kama'rila], *s. Pol:* Camarilla *f*; coterie *f.*

camaron [kama'roun, 'kamərən], *s. Crust:* Crevette *f* d'eau douce.

camber[1] ['kambər], *s.* **1.** (*a*) Cambrure *f* (d'une poutre, des ailes d'un avion, etc.); courbure *f*; bombement *m* (d'une chaussée). *N.Arch:* Tonture *f,* bouge *m* (du pont). **(Rise of) camber,** flèche *f,* contre-flèche *f, pl.* contre-flèches (d'une poutre, etc.). (*b*) *Veh:* Carrossage *m,* dévers *m,* écuanteur *f* (des roues). (*c*) **Camber(-beam),** poutre cambrée. **2.** *Nau:* Darse *f* au bois; bassin *m* ou chantier *m* au bois.

camber[2]. **1.** *v.tr.* Bomber (une chaussée); cambrer (une poutre); donner de la flèche, de la cambrure, à (une poutre, etc.); cintrer (un ressort, etc.); donner de l'écuanteur à (une roue). **2.** *v.i.* (*a*) Se bomber, se cambrer, arquer; faire flèche. (*b*) Avoir de la cambrure; bomber.

cambered, *a.* Arqué, courbé, cambré. *Aut: C. chassis,* châssis à avant rétréci; châssis étranglé, cintré. *N.Arch: C. ship,* navire arqué, qui a de l'arc. *C. deck,* pont *m* en pente. *Civ.E: C. road,* chaussée bombée.

cambering, *s.* Bombement *m,* cambrage *m*; cintrement *m.*

Camberwell beauty ['kambərwel'bjuːti], *s. Ent:* Morio *m.*

cambist ['kambist], *s. Fin:* Cambiste *m.*

cambium ['kambiəm], *s. Bot:* Cambium *m.*

Cambodia [kam'boudia]. *Pr.n. Geog:* Le Cambodge.

Cambodian [kam'boudiən], *a. & s.* Cambodgien, -ienne.

cambrel ['kambrəl], *s.* = GAMBREL 1.

Cambrian ['kambriən], *a. & s.* **1.** *Geog:* Gallois, -oise. **2.** *Geol:* Cambrien, -ienne; primordial, -aux.

cambric ['keimbrik], *s. Tex:* Batiste *f* (de lin). *Cotton c.,* batiste ou mousseline *f* de coton; percale *f. Attrib.* **Cambric handkerchief,** mouchoir de batiste, mouchoir fin. **Cambric-muslin,** percale *f.* **Cambric paper,** papier *m* (à lettres) toile.

Cambridge ['keimbridʒ]. *Pr.n. Geog:* Cambridge. *To go to C.,* (i) se rendre à Cambridge; (ii) entrer à l'université de Cambridge. **A Cambridge man,** un étudiant ou un gradué de l'université de Cambridge. *See also* BLUE[1] II. 1.

Cambyses [kam'baisiːz]. *Pr.n.m. A.Hist:* Cambyse.

came[1] [keim], *s.* Plombure *f,* aile *f* (d'un vitrail); plomb *m* (pour vitraux). **The cames,** la résille.

came[2]. *See* COME.

camel ['kaməl], *s.* **1.** (*a*) *Z:* Chameau *m.* **She-camel,** chamelle *f.* **Young camel, camel colt,** chamelon *m,* chamelot *m.* **Arabian camel, one-humped camel,** chameau à une bosse; dromadaire *m.* **Bactrian camel, two-humped camel,** chameau à deux bosses. **Racing camel,** méhari *m.* **Camel's hair,** poil *m* de chameau; testif *m.* **Camel('s)-hair brush,** pinceau *m* en petit-gris (pour l'aquarelle). **Camel transport,** transport *m* à dos de chameau. *See also* GNAT, STRAW[1] 2. *Mil:* **Camel corps,** (i) compagnies *f* méharistes; (ii) *P:* (*in Austr.*) les biffins *m* (portant le sac); l'infanterie. (*b*) (Couleur de) chameau *inv.* **2.** *Av:* Appareil *m* de chasse de fabrication Sopwith. **3.** *Nau:* Chameau (de renflouage). **4.** *Bot:* **Camel's hay,** jonc odorant; schénanthe *m.*

'camel-driver, *s.* Chamelier *m.*

'camel-load, *s.* Chamelée *f.*

cameleer [kami'liːər], *s.* Chamelier *m.*

camellia [ka'miːlja], *s. Bot:* Camélia *m.*

ca'mellia-red, *a. & s.* Rouge camélia (*m*) *inv.*

camelopard [ka'melopɑːrd], *s. Z: A:* Caméléopard *m,* girafe *f.*

camelry ['kaməlri], *s. Mil:* Compagnies *f* méharistes.

cameo ['kamio], *s.* Camée *m.*

'cameo ware, *s.* Poterie *f* avec décors en camée.

camera ['kaməra], *s.* **1.** (*a*) *Phot:* Appareil *m* (de prise de vues). **The camera (body),** la chambre noire. **Plate camera,** appareil à plaques. **Film camera,** appareil à pellicules. *Plate and film c.,* appareil pour plaques et pellicules; appareil mixte; folding *m* mixte. **Field-camera, stand camera,** appareil à pied. **Hand camera,** appareil à main; *F:* kodak *m.* **Pocket camera,** appareil de poche. **Folding camera,** appareil pliant; folding. **Snapshot camera,** appareil instantané. **Studio camera,** appareil d'atelier. *See also* BOX-CAMERA, PIN-HOLE 2. *Cin:* **Motion-picture camera,** appareil ou chambre de prise de vues; camera *f. Clockwork c.,* appareil avec moteur à ressort. *U.S: P:* **Camera eye,** agent *m* de police qui n'oublie jamais un visage. (*b*) *Opt:* **Camera obscura,** chambre noire. **Camera lucida,** chambre claire. **2.** *Jur:* Cabinet *m* du Président, chambre du Conseil. **In camera,** à huis clos. *To ask that a case may be heard in c.,* demander le huis clos.

'camera booth, *s. Cin:* Chambre de prise de vues insonorisée.

'camera-man, *pl.* **-men,** *s.m.* **1.** Photographe de la presse. **2.** *Cin:* Opérateur; preneur de vues.

'camera-stand, *s.* Pied *m* photographique.

camerist ['kamərist], *s.* = CAMERA-MAN 2.

camerlingo [kamər'liŋgo], *s. R.C.Ch:* Camerlingue *m.*

Cameronian [kamə'rouniən], *a. & s. Rel.H:* Caméronien, -ienne.

Cameroons (the) [ðəkamə'ruːnz]. *Pr.n.pl. Geog:* Le Cameroun.

cami-knickers [kami'nikərz], *s.pl. Cost:* Combinaison-culotte *f, pl.* combinaisons-culottes; chemise-culotte *f, pl.* chemises-culottes.

Camilla [ka'mila]. *Pr.n.f.* Camille.

Camillus [ka'miləs]. *Pr.n.m.* Camille.

cami-petticoat [kami'petikout], *s. Cost:* Combinaison *f* à trois pièces; tout-en-un *m inv.*

Camisard ['kamisɑːrd]. *Rel.H:* **1.** *s.* Camisard, -arde. **2.** *a.* **The Camisard Rebellion,** l'insurrection *f* des Camisards.

camisole ['kamisoul], *s.* **1.** Cache-corset *m inv.* **2.** *A:* Camisole *f.*

camlet ['kamlet], *s. Tex:* Camelot *m.*

cammock ['kamək], *s. Bot:* Bugrane *f* des champs; arrête-bœuf *m inv.*

camomile ['kamomail], *s. Bot:* **1.** Camomille *f.* **2.** **Stinking camomile,** camomille puante; maroute *f.* **Wild camomile,** matricaire *f* camomille.

'camomile-'tea, *s.* (Tisane *f* de) camomille *f.*

camouflage[1] ['kamuflɑːʒ], *s.* Camouflage *m* (d'un vaisseau, etc.; *F:* de la vérité); *F:* fardage *m* (de marchandises, etc.).

camouflage[2], *v.tr.* Camoufler; *F:* farder (des marchandises inférieures). *To c. the truth,* farder la vérité. *He's just a camouflaged ignoramus,* c'est un âne avec une teinture de science. *Bill that is only a piece of c.,* projet *m* de loi qui n'est qu'un trompe-l'œil.

camp[1] [kamp], *s.* **1.** (*a*) Camp *m*; campement *m.* **To pitch a camp,** asseoir, établir, un camp. **To strike, break (up), camp,** lever le camp. **Striking camp,** décampement *m.* **A holiday camp,** un camp de vacances; un camping; (*for poor children*) une colonie de vacances. *See also* REST-CAMP. **To go to camp,** (i) (*of reservist, etc.*) faire une période dans un camp; (ii) (*of school, etc.*) aller camper. **To be in camp,** être dans un campement. (*b*) *F:* **The opposition camp,** le camp opposé; le parti adverse. **To have a foot in both camps,** manger à deux râteliers. *See also* GO OVER 2. **2.** (*Troops on campaign*) **Flying camp,** camp volant.

'camp-bed, *s.* Lit *m* de sangle; lit de camp.

'camp-chair, *s.* Chaise pliante.

'camp-colour, *s. Mil:* Fanion *m,* guidon *m.*

'camp-fever, *s.* (*a*) Maladie *f* des camps. *Esp.* (*b*) Typhus *m.*

camp-'followers, *s.pl. A:* (i) Mercantis *m* et prostituées à la suite de l'armée; (ii) non-combattants à la suite de l'armée, *A:* goujats *m.*

'camp-ground, *s.* = CAMPING-GROUND.

'camp-meeting, *s. U.S:* Assemblée religieuse en plein air.

'camp-stool, *s.* Pliant *m.*

camp[2]. **1.** *v.i.* (*a*) **To camp (out),** camper; vivre sous la tente. (*b*) (*Of camel*) S'accroupir. **2.** *v.tr.* (*a*) Camper (une armée). (*b*) Parquer (une voiture dans un endroit). (*c*) *Land to c. forty,* terrain *m* pouvant servir de camping à quarante personnes.

camping *s.* **1.** *Mil: etc:* Campement *m.* **2.** (*On holiday*) Camping *m.* **To go camping,** faire du camping. **3.** (*In huts*) Cabanage *m.*

'camping-ground, *s.* **1.** (*a*) Campement *m* (de bohémiens, etc.). (*b*) Terrain *m* de camping. **2.** (*Hutments*) Cabanage *m.*

Campagna (the) [ðəkam'panjɑ]. *Pr.n. Geog:* La Campagne de Rome.

campaign[1] [kam'pein], *s.* **1.** Campagne *f* (militaire). *To begin a c., to enter upon a c.*, se mettre en campagne, entrer en campagne. *To go through one's first c. under s.o.*, faire ses premières armes sous qn. *F:* **Electoral campaign,** campagne électorale. *F:* **To lead, conduct, a campaign against s.o.,** mener (une) campagne contre qn. **To carry the campaign into other countries,** poursuivre la lutte en d'autres pays. **2.** (*a*) *Com:* **Sales campaign,** campagne de vente. (*b*) *Metall: etc:* Campagne (d'un haut fourneau, etc.).

campaign[2], *v.i.* Faire (une) campagne; faire des campagnes.

campaigning, *s.* Vie *f* de soldat; campagnes *fpl.*

campaigner [kam'peinər], *s.* **1.** Soldat *m* en campagne. **2. Old campaigner,** vieux soldat; vieux troupier; vieux routier; vétéran *m*; vieux briscard.

Campania [kam'peinjɑ]. *Pr.n. Geog:* La Campanie.

campanile [kampɑ'niːle], *s. Arch:* Campanile *m.*

campanology [kampɑ'nɔlədʒi], *s.* **1.** Science *f* de la fonte des cloches. **2.** Art *m* de sonner les cloches; art du carillon.

campanula [kam'panjulɑ], *s. Bot:* Campanule *f.*

campanulate [kam'panjulet], *a. Bot:* Campanulé, campanuliflore, campanuliforme.

Campeachy [kam'piːtʃi]. *Pr.n. Geog:* Campêche *m.*

Cam'peachy wood, *s. Com:* Bois *m* de Campêche.

camper ['kampər], *s.* **1.** Homme *m* sous la tente. **2. Camper (out),** amateur, -trice, de camping.

camphol ['kamfɔl], *s. Ch:* Camphol *m.*

camphor ['kamfər], *s.* Camphre *m.* **Camphor oil,** essence *f* de camphre. *Peppermint c.*, menthol *m.*

'camphor-tree, *s.* Camphrier *m.*

camphorate[1] ['kamforet], *s. Ch:* Camphorate *m.*

camphorate[2] ['kamforeit], *v.tr. Pharm: etc:* Camphrer.

camphorated, *a.* Camphré. **Camphorated oil,** huile camphrée.

camphoric [kam'fɔrik], *a. Ch:* Camphorique.

campimeter [kam'pimetər], *s. Opt:* Campimètre *m.*

Campine ['kampain]. *Pr.n. Husb:* **Silver Campine fowl,** coq *m*, poule *f*, de la Campine; campine *f.*

campion ['kampiən], *s. Bot:* Lychnide *f*, lychnis *m.* **Red campion,** lychnide diurne, compagnon *m* rouge. **White campion,** compagnon blanc. **Bladder campion,** silène enflé, béhen blanc. *See also* ROSE-CAMPION.

camp-shed ['kampʃed], *v.tr.* Border (une rive) de pieux, d'un épi.

camp-shot ['kampʃɔt], **camp-shedding** ['kampʃediŋ], **camp-sheeting** ['kampʃiːtiŋ], *s. Hyd.E:* Épi *m* de bordage (d'un fleuve).

campus ['kampəs], *s. U.S:* Terrains *mpl* (d'un collège, d'une université).

campylometer [kampi'lɔmetər], *s. Surv:* Campylomètre *m.*

campylotropous [kampi'lɔtropəs], *a. Bot:* Campylotrope.

cam-wood ['kamwud], *s. Bot:* Bois *m* de cam; camwood *m.*

can[1] [kan], *s.* **1.** (*a*) Bidon *m*, broc *m*, pot *m* (pour liquides); broc (pour toilette). *See also* WATER-CAN. (*b*) **Milk-can,** boîte *f* à lait. (*c*) *Ind:* Burette *f* (à huile, etc.). *See also* OIL-CAN. **2.** *U.S:* Cannette *f* en métal; boîte (de viande conservée). **3.** *Tex:* **Spinning-can,** pot de filature. **4.** *U.S: P:* (*a*) Avion *m.* (*b*) *Aut:* **An old tin can,** une vieille bagnole. (*c*) Prison *f.*

'can-buoy, *s. Nau:* Bouée *f* conique.

'can-dock, *s. Bot:* Nénuphar *m* jaune.

'can-hook, *s. Nau:* Élingue *f* à pattes, à griffes; patte *f* d'élingue; patte à barriques.

'can-opener, *s. U.S:* **1.** Ouvre-boîte(s) *m*, *pl.* ouvre-boîtes. **2.** *P:* Outil *m* de cambrioleur.

can[2], *v.tr. U.S:* **1.** Mettre, conserver, (de la viande, etc.) en boîte. **2.** (*a*) Congédier, renvoyer (qn). (*b*) Supprimer, caviarder (un passage, etc.).

canned, *a.* **1.** (*Of meat*) Conservé en boîtes (de fer blanc). *U.S: P:* **Canned music,** musique enregistrée; musique reproduite; *F:* musique de conserve. **2.** *P:* **Canned (up),** soûl; entièrement gris.

canning, *s.* Mise *f* en conserve, en boîtes (de fer blanc). **Canning-industry,** industrie *f* des conserves alimentaires. **Canning factory,** conserverie *f.*

can[3], *modal aux. v.* (*pr.* **can, canst, can,** *pl.* **can;** *neg.* **cannot** ['kanɔt] (*U.S:* **can not** ['kan'nɔt]), **canst not;** *p.t. & condit.* **could** [kud], **could(e)st;** *inf., pr.p. & p.p. wanting; defective parts are supplied from 'to be able to.' 'Cannot' and 'could not' are often contracted into* **can't** [kɑːnt], **couldn't** ['kudnt]) **1.** (*a*) (*Ability*) Pouvoir. *I can do it*, je peux, je puis, le faire. *We cannot* (*U.S: can not*) *possibly do it*, nous ne pouvons absolument pas le faire. *I cannot allow that*, je ne saurais permettre cela. *We stood waiting for him to recover; you know what it is when you can do nothing*, nous restâmes à attendre qu'il se remît; vous savez ce que c'est que d'être impuissant à rien faire. *I will come as soon as I can*, je viendrai aussitôt que je pourrai. *You can never understand . . .*, jamais vous ne pourrez comprendre. . . . **I come as often as I possibly can,** je viens aussi souvent que faire se peut. *I reassured her as well as I could, as best I could*, je la rassurai comme je pus, de mon mieux. *I took every step that I possibly could*, j'ai fait toutes les démarches que j'ai pu, toutes les démarches possibles. **He will do what he can,** il fera ce qu'il pourra, il fera son possible. *F:* **I will help you all I can,** je vous aiderai de tout mon pouvoir, de mon mieux. *I think I can help you*, je pense, j'espère, pouvoir vous aider. *I do not see how I can help you, can have helped you, could have helped you*, je ne vois pas en quoi je peux, j'ai pu, j'aurais pu, vous aider. *Help him if you can*, aidez-le si vous en avez le moyen. **I can't very well accept,** il m'est difficile d'accepter. *I could not have remained*, il m'aurait été impossible de rester; je n'aurais pas pu rester. *Make all haste you can*, faites toute la diligence possible. *I tried to lift the sack, but I could not*, j'essayai de soulever le sac, mais cela me fut impossible. (*b*) (*Possibility*) *It cannot be done*, cela ne peut pas se faire; c'est impossible (à faire); cela n'est pas possible (à faire); il n'y a pas moyen. *Twenty-five persons can be accommodated for tea*, la maison est en mesure de servir le thé à vingt-cinq personnes (par service). *How could he say that?* comment a-t-il pu dire cela? **That cannot be,** cela ne se peut pas. **What can it be?** qu'est-ce que cela peut bien être? **Can it be that . . .?** se peut-il, est-il possible, que + *sub.*? *Can it be true?* serait-ce vrai? (*c*) (*Emphatic*) *I never 'could understand music*, je n'ai jamais été capable de comprendre la musique. *The neighbours were as generous as they 'could be*, les voisins se montrèrent aussi généreux que leurs moyens le leur permettaient. *Mr X? what 'can he want?* M. X? qu'est-ce qu'il peut bien me vouloir? *Where 'could he be at this time?* où pouvait-il bien être à cette heure? (*d*) (*Intensive*) *How 'could you!* vous! faire ça! dire ça! à quoi pensez-vous? **The neighbours were as generous as could 'be,** les voisins firent preuve d'une grande générosité. **She is as pleased as can 'be,** elle est on ne peut plus contente; *F:* elle est aux anges. *He was as rude as could 'be*, il s'est montré on ne peut plus grossier. *It's as ugly as can 'be*, rien ne saurait être plus laid. *He was as nice as could 'be*, **he could not have been nicer,** il s'est montré aimable au possible. *He is as like him as can 'be*, il lui ressemble tout à fait. **As soon as can 'be,** aussi tôt que possible. **2.** (*Know how to*) Savoir. *I can swim*, je sais nager. *Wanted a man who can cook*, on demande un homme sachant faire la cuisine. *He can play the fiddle*, il joue du violon. **3.** (*a*) (*Of occasional occurrence*) *You don't know how silly a girl can be*, vous ne savez pas à quel point les jeunes filles sont parfois sottes. *Yet Jane Austen can be tart enough*, et cependant il arrive à Jane Austen de montrer une certaine acerbité. *The passage can be rough in February*, il arrive que la traversée soit mauvaise au mois de février. (*b*) (*Permission*, = '*may*') *When can I move in?* quand pourrai-je emménager? (*To inferior*) *You can go*, vous pouvez vous retirer. **4.** (*Often not translated*) *I can understand your doing it*, je comprends que vous le fassiez. *I can see nothing*, je ne vois rien. *I don't see what he can gain by it*, je ne vois pas ce qu'il y gagnera. *I could hear them talking*, je les entendais causer. *I can see you don't believe me*, je vois bien que vous ne me croyez pas. **How can you tell?** comment le savez-vous? **5.** (*a*) (*Conditional*) *He could have done it if he had wanted to*, il aurait pu le faire s'il avait voulu. (*b*) *I could have wished it otherwise*, j'aurais préféré qu'il en fût autrement. *I could not have wished it otherwise*, je n'aurais pas désiré qu'il en fût autrement; je n'aurais pas désiré mieux. (*c*) *I could weep, could have wept*, je me sens, sentais, près de pleurer; j'ai, j'ai eu, peine à ne pas pleurer; j'ai envie, j'avais envie, de pleurer; j'en aurais pleuré! *He could have sung for joy*, il aurait chanté de joie. *I could have smacked his face!* je l'aurais giflé! **6.** (*Elliptically*) **I cannot but believe him,** je suis bien forcé de le croire. *You cannot but succeed*, vous ne pouvez pas ne pas réussir. *You cannot but know him*, vous n'êtes pas sans le connaître. *She could no more*, elle n'en pouvait plus. **You can but try,** vous pouvez toujours essayer. **7.** *P: Dial:* **I used to could** *offer you better than that*, autrefois j'aurais pu vous offrir mieux que ça.

Canaan ['keinən, -njən]. *Pr.n. B:* (La Terre de) C(h)anaan *m.*

Canaanite ['keinənait, -njənait], *s.* C(h)ananéen, -éenne.

Canaanitish ['keinənaitiʃ, -njənaitiʃ], *a.* C(h)ananéen, -éenne.

Canada ['kanadɑ]. *Pr.n. Geog:* Le Canada. **In Canada,** au Canada. *See also* BALSAM 1, HEMP.

Canadian [kɑ'neidiən], *a. & s.* Canadien, -ienne.

canal[1] [kɑ'nal], *s.* **1.** *Hyd.E:* Canal, -aux *m.* *Summit c.*, canal à point de partage. *Branch c.*, canal de dérivation. *See also* JUNCTION CANAL, SHIP-CANAL. **2.** *Anat: etc:* Canal; aqueduc *m* (de Fallope, etc.). **The alimentary canal,** le canal alimentaire. **3.** *Astr:* **The Martian canals,** les canaux de Mars. **4.** *Rad.-A:* **Canal rays,** rayons positifs (d'un tube à vide).

ca'nal-lift, *s. Hyd.E:* Ascenseur *m* à sas, élévateur *m* de bateaux.

canal[2], *v.tr.* (**canalled**) Canaliser (une contrée).

canalicular [kanɑ'likjulər], *a.* Canaliculaire.

canaliculate(d) [kanɑ'likjuleit(id)], *a. Biol:* Canaliculé, strié.

canaliculus [kanɑ'likjuləs], *s. Anat: Arch: Bot:* Canalicule *m.*

canalization [kanəlai'zeiʃ(ə)n], *s.* Canalisation *f.*

canalize ['kanəlaːiz]. **1.** *v.tr.* (*a*) Canaliser (une rivière, une contrée). (*b*) Canaliser (une ville); poser les conduites, la canalisation, dans (une ville). **2.** *v.i.* (*Of public opinion, etc.*) Se canaliser.

canapé ['kanapi], *s. Cu:* Canapé *m.*

canard ['kanɑːrd], *s.* **1.** *Av:* Appareil *m* avec le gouvernail à l'avant. **2.** Canard *m*, fausse nouvelle.

Canarian [kɑ'nɛəriən], *a. & s. Geog:* Canarien, -ienne.

Canary [kɑ'nɛəri]. **1.** *Pr.n. Geog:* **The Canary Islands, the Canaries,** les îles Canaries. *See also* BANANA, BREAD. **2.** *s.* (*a*) *Orn:* **Canary(-bird),** serin *m*, canari *m.* *See also* MULE[1] 2. *Bot:* **Canary-bird plant** = CANARY-CREEPER. (*b*) *P: A:* (*In Austr.*) Forçat *m.* (*c*) **Canary(-coloured),** jaune canari, jaune serin. **Canary yellow,** jaune serin. **Bright canary yellow,** jaune queue de serin.

ca'nary-creeper, *s. Bot:* Capucine *f* jaune canari.

ca'nary-grass, *s. Bot:* Phalaris *m*, alpiste *m*, millet long.

ca'nary-seed, *s.* **1.** = CANARY-GRASS. **2.** *Com:* (Grains *mpl* de) millet *m.*

ca'nary(-wine), *s. A:* Vin *m* des Canaries.

canaster [kɑ'nastər], *s.* **1.** Canasse *f*, kanaster *m* (pour l'importation du tabac). **2. Canaster(-tobacco),** canasse.

cancel[1] ['kans(ə)l], *s.* **1.** = CANCELLATION. **2.** *Typ:* (*a*) **Cancel(-page, -leaf),** onglet *m.* *C. of four pages*, carton *m.* *8-page c.*, carton de 8 pages. *To put in the cancels*, cartonner les feuilles. (*b*) **Cancel matter,** suppression *f.* **3.** Oblitérateur *m.* *Rail: etc:* **(Pair of) cancels,** poinçon *m*, poinçonneuse *f.*

cancel[2], *v.tr.* (**cancelled**) **1.** Annuler (un chèque, une dette, une commande); faire remise (d'une dette); annuler, résilier, résoudre,

Jur: rescinder (un marché, un contrat); révoquer, annihiler (un acte, un testament); rappeler (un message); révoquer, contremander (un ordre); rapporter (une loi, une décision); supprimer (un train); décommander (une réunion, un dîner); infirmer (une lettre); oblitérer (un timbre); rayer, biffer (un mot, etc.). *Mil:* Lever (une consigne). *To c. a mortgage,* radier une hypothèque. **To consider a letter as cancelled,** considérer une lettre comme nulle et non avenue. *Our journey is cancelled,* notre voyage est supprimé. *To c. one's booking (for a journey, etc.),* décommander sa place. *We had to c. the invitations,* il nous a fallu décommander les invités. *Book-k:* (*Of two entries*) **To cancel each other,** s'annuler, se contre-passer. **2.** *Mth:* **To cancel x, y, in a fraction,** diviser chaque membre d'une fraction par x, y; éliminer x, y.

cancel out, *v.i. Mth:* (*Of terms*) S'annuler, se détruire, s'éliminer, *F:* se contrebalancer. *F: Criticisms that c. out,* critiques *f* qui se détruisent mutuellement.

cancelled, *a.* Annulé; (contrat) nul et non avenu.

cancelling, *s.* **1.** = CANCELLATION. **2. Cancelling stroke,** biffure *f.*

cancellable ['kansələbl], *a. Jur:* Résoluble.

cancellate(d) ['kansəleit(id)], *a. Nat.Hist:* Réticulé.

cancellation [kansə'leiʃ(ə)n], *s.* Annulation *f*; résiliation *f*, résiliement *m*, résilîment *m* (d'une commande, d'une vente, d'un contrat); résolution *f* (d'une vente). *C. of a debt,* radiation *f* d'une dette. *C. of an order,* révocation *f* d'un ordre; contre-ordre *m*. *C. of garnishee order,* mainlevée *f* de saisie. *C. of a licence,* retrait (définitif) d'une patente; annulation d'un permis.

cancer ['kansər]. **1.** *s.* (*a*) *Med:* Cancer *m*. **Smoker's cancer,** chancre *m* des fumeurs. **Cancer of the stomach,** cancer à, de, l'estomac. **Cancer hospital,** centre anticancéreux. *C. serum,* sérum anticancéreux. *See also* SCIRRHOUS. **Cancer patient,** cancéreux, -euse. (*b*) *F:* = CANKER[1] 1 (*b*). **2.** *Pr.n. Astr:* Le Cancer. **The Tropic of Cancer,** le tropique du Cancer.

cancered ['kansərd], *a. Med:* Cancéré, cancéreux, -euse.

cancerous ['kansərəs], *a. Med:* Cancéreux, -euse. *C. tumour,* tumeur cancéreuse.

cancriform ['kaŋkrifɔːrm], *a.* Cancériforme.

cancroid ['kaŋkrɔid]. **1.** *a.* (*a*) *Z:* Cancériforme. (*b*) *Med:* (Ulcère) cancéreux. **2.** *s. Crust: Med:* Cancroïde *m*.

candelabra, *pl.* **-as** [kandi'leibra, -əz], **candelabrum,** *pl.* **-a** [kandi'leibrʌm, -*a*], *s.* Candélabre *m*, torchère *f*, lampadaire *m*.

candescence [kan'des(ə)ns], *s. Metall: etc:* Blancheur éblouissante; chauffe *f* à blanc.

candescent [kan'des(ə)nt], *a.* D'une blancheur éblouissante; chauffé à blanc.

Candia ['kandi*a*]. *Pr.n. Geog:* La Candie; l'île de Candie.

candid ['kandid], *a.* **1.** Franc, franche; sincère. *F:* **The candid friend,** (i) *Iron:* l'ami qui vous dit vos vérités; (ii) *Pej:* l'ami qui prend plaisir à vous débiner. **2.** Impartial, -aux; désintéressé. *C. opinion,* opinion impartiale. *Tell us your c. opinion,* de bonne foi dites-nous votre opinion. **-ly,** *adv.* **1.** Franchement, sincèrement, de bonne foi, *F:* sans fard. **2.** Impartialement, avec impartialité, avec désintéressement; sans parti pris.

candidacy ['kandidəsi], *s. U.S:* = CANDIDATURE.

candidate ['kandidet], *s.* Candidat *m*, aspirant *m*, prétendant *m* (*for sth.*, à qch.). **To stand, offer oneself, as candidate for sth.,** se porter candidat, se présenter comme candidat, à qch.; poser sa candidature à qch.; se mettre sur les rangs. *To be a c.,* être sur les rangs. **To offer oneself again as a candidate,** se représenter. *He has a c. running against him,* il a un concurrent.

candidature ['kandidetjər], *s.* Candidature *f*. *To withdraw one's c.,* retirer sa candidature.

candidness ['kandidnəs], *s.* = CANDOUR.

candied ['kandid]. *See* CANDY[2].

candle[1] [kandl], *s.* **1.** (*a*) **Wax candle,** bougie *f*. **Tallow candle,** chandelle *f*. *Composite c.,* bougie stéarique. **Church candle,** cierge *m*. *F:* **To burn the candle at both ends,** brûler la chandelle par les deux bouts. **The game is not worth the candle,** le jeu ne vaut pas la chandelle. **To hold a candle to the devil,** tenir la chandelle; garder les manteaux. **He cannot, is not fit to, hold a candle to you,** il vous est très inférieur; il n'est rien à côté de vous; il n'est pas de taille avec vous; il ne vous va, vient, monte, pas à la cheville, à la ceinture; il n'est pas digne de dénouer les cordons de vos souliers. *Prov:* **When candles are away all cats are grey,** la nuit tous les chats sont gris. **Sale, auction, by inch of candle,** adjudication *f* à l'éteinte de chandelle, à l'extinction des feux; *F:* vente *f* à la chandelle. *See also* CURSE[2], HIDE[2] 1. (*b*) *Opt.Meas:* **Standard** *or* **decimal candle,** bougie décimale. *English standard c.,* bougie anglaise (= 1.01 bougie décimale). *See also* FOOT-CANDLE. **2.** *Pyr:* **Roman candle,** chandelle romaine.

'candle-bearer, *s. Ecc:* Céroféraire *m*.

'candle-drip, *s.* = CANDLE-RING.

candle-'end, *s.* Bout *m* de chandelle, lumignon *m*.

'candle-grease, *s.* Suif *m*.

'candle-hour, *s. Meas:* Bougie-heure *f*.

'candle-lit, *a.* Éclairé à la chandelle, à la bougie.

'candle-power, *s. Ph.Meas:* **1.** (Puissance lumineuse d'une) bougie. **2.** Puissance lumineuse, intensité *f*, en bougies. *Sixty c.-p. lamp,* lampe *f* de soixante bougies.

'candle-ring, *s.* Bobèche *f*.

'candle-shade, *s.* Abat-jour *m inv* de bougie; garde-vue *m inv*.

'candle-stock, *s. Ecc:* Souche *f* de chandelier.

'candle-tree, *s. Bot:* **1.** Cirier *m*, arbre *m* à cire. **2.** Parmentiera *f*.

'candle-works, *s.* (*Often with sg. concord*) Chandellerie *f*.

candle[2], *v.tr.* Mirer (des œufs).

candling, *s.* Mirage *m* (des œufs). *C. apparatus,* mire-œuf(s) *m inv*.

candleberry ['kandlberi], *s. Bot:* **1.** (Noix *f* de) bancoul *m*. **2.** (*a*) **Candleberry(-myrtle, -tree),** cirier *m*, arbre *m* à cire. (*b*) **Candleberry(-tree),** bancoulier *m*.

candle-coal ['kandlkoul], *s. Min:* = CANNEL.

candlelight ['kandllait], *s.* Lumière *f* de chandelle, de bougie. **By candlelight,** à la chandelle, à la bougie; à la lumière, à la clarté, d'une bougie.

Candlemas ['kandlməs], *s. Ecc:* La Chandeleur. **Candlemas day,** le 2 février (jour de terme en Écosse).

candlenut ['kandlnʌt], *s. Bot:* (Noix *f* de) bancoul *m*.

candler ['kandlər], *s.* Mireur, -euse (d'œufs).

candlestick ['kandlstik], *s.* Chandelier *m*, bougeoir *m*; *Lit:* flambeau *m*. **Flat candlestick,** bougeoir *m*. *See also* CLUSTER-CANDLESTICK.

candour ['kandər], *s.* **1.** Franchise *f*, bonne foi, sincérité *f*. **2.** Impartialité *f*, désintéressement *m*.

candy[1] ['kandi], *s.* **1. (Sugar-)candy,** sucre candi. *See also* SUGAR-CANDY. **2.** *U.S:* Bonbon *m*. *Box of candies,* boîte *f* de bonbons. **Candy store,** confiserie *f*.

'candy-kid, *s. U.S: P:* Petit crevé.

candy[2]. **1.** *v.tr.* (*a*) Faire candir (le sucre). (*b*) Glacer (des fruits). **2.** *v.i.* (*Of sugar*) Se cristalliser; se candir.

candied, *a.* (*a*) Candi; glacé, confit (au sucre). *See also* CINNAMON 1, PEEL[3]. (*b*) *A. & Lit:* (Discours) mielleux.

candytuft ['kanditʌft], *s. Bot:* Ibéride *f*.

cane[1] [kein], *s.* **1.** (*a*) *Bot: etc:* Canne *f*, jonc *m*; (canne de) bambou *m*, rotin *m*. **Raspberry cane,** tige *f* de framboisier. **Split-cane fishing-rod,** canne à pêche en bambou refendu. *See also* SUGAR-CANE. (*b*) (*Walking-stick*) Canne. **Malacca cane,** (canne de) jonc. *To strike s.o. with one's c.,* frapper qn de sa canne. *See also* SWAGGER-CANE, SWORD-CANE. (*c*) (*Switch*) Badine *f*. (*d*) (*For chastisement*) Canne, *A. & Lit:* férule *f*. **To get the cane,** être fouetté. (*e*) *U.S:* Bâton *m*, gourdin *m*. **2.** *Com:* Bâton (de soufre, de cire).

'cane-apple, *s. Bot:* **1.** Arbouse *f*. **2. Cane-apple (tree),** arbousier *m*.

'cane-brake, *s.* **1.** Cannaie *f*, cannier *m*, jonchaie *f*. **2.** *Bot:* Arundinaire *f*.

'cane(-bottomed) chair, *s.* Chaise cannée.

'cane-fruit, *s.* Fruits *mpl* du genre framboise.

'cane-grass, *s. Bot:* Arundinaire *f* macrosperme.

'cane-juice, *s. Sug.-R:* Vesou *m*.

'cane-plantation, *s.* Cannaie *f*, cannier *m*, jonchaie *f*.

'cane-seat, *s.* Siège canné. **Cane-seat chair,** chaise cannée.

'cane-sugar, *s.* Sucre *m* de canne.

'cane-work, *s.* Cannage *m*.

'cane-worker, *s.* Cannier *m*; (*chairmaker*) canneur, -euse.

cane[2], *v.tr.* **1.** Battre, frapper, (qn) à coups de canne; donner des coups de canne à (qn); corriger (un enfant) avec une canne; *A:* donner (de) la férule à (un élève). *To c. Latin into s.o.,* faire entrer le latin dans la tête de qn à coups de férule. *To c. s.o. into obedience,* faire obéir qn à coups de canne. **2.** Canner (une chaise).

caning, *s.* **1.** (Volée *f* de) coups *mpl* de canne; *Sch:* correction *f*. *To receive a good, a sound, c.,* recevoir une bonne correction. **2.** Cannage *m* (de chaises).

canful ['kanful], *s.* Plein bidon, plein broc.

cang(ue) [kaŋg], *s.* Cangue *f*.

canicular [ka'nikjulər], *a.* Caniculaire.

canidae ['kanidiː], *s.pl. Z:* Canidés *m*.

canine ['kanain]. **1.** *a.* Canin; de chien. **2.** *s.* **Canine (tooth),** canine *f*; (dent) œillère *f*.

canions ['kanjənz], *s.pl. A.Cost:* Canons *m*.

canister ['kanistər], *s.* **1.** Boîte *f* en fer blanc, boîte métallique. **Tea canister,** boîte à thé. **2.** *Mil: A:* Boîte à mitraille. **3.** *Ecc:* Boîte à hosties.

'canister-shot, *s. A:* = CASE-SHOT.

canities [ka'niʃiiːz], *s.* Canitie *f*.

canker[1] ['kaŋkər], *s.* **1.** (*a*) *Hort:* Chancre *m*; *Med:* ulcère rongeur; *Bot:* gangrène *f*; (*in wood*) nécrose *f*. (*b*) *F:* Influence corruptrice; ver rongeur (de la société); plaie *f*, fléau *m*. *Idleness is the c. of the soul,* la paresse est la gangrène de l'âme. **2.** *Vet:* Crapaud *m* (au sabot). **3.** = CANKERWORM.

'canker-rash, *s. Med:* Scarlatine *f* avec ulcération de la gorge.

canker[2]. **1.** *v.tr.* (*a*) Ronger (un arbre, une fleur, etc.); nécroser (le bois, etc.). (*b*) Corrompre (une âme, une société); ulcérer (le cœur). **2.** *v.i.* Se ronger, se corrompre; (*of heart, etc.*) se remplir d'amertume; s'ulcérer.

cankered, *a.* (*a*) (Arbre, etc.) atteint par le chancre; (bois) pouilleux. *C. rose,* rose rongée des vers. (*b*) (*Of pers.*) Plein d'amertume; amer. *C. heart,* cœur ulcéré, plein d'amertume. *Heart c. by grief,* cœur rongé par le chagrin. (*c*) *A:* Malveillant; acariâtre.

cankerous ['kaŋkərəs], *a.* Chancreux.

cankerworm ['kaŋkərwəːrm], *s.* Ver rongeur (des plantes); chenille *f*.

canna ['kan*a*], *s. Bot:* Balisier *m*, canna *m*.

cannabinaceae [kan*a*bi'neisiiː], *s.pl. Bot:* Cannabinacées *f*, cannabinées *f*.

Cannae ['kaniː]. *Pr.n. Rom.Hist:* Cannes *fpl*.

cannel [kanl], *s. Min:* **Cannel(-coal),** houille grasse; cannel(-coal) *m*.

canner ['kanər], *s. Ind:* Conserveur *m* (de viande, etc.).

cannery ['kanəri], *s.* Conserverie *f*.

cannibal ['kanibəl], *s. & a.* **1.** Cannibale (*mf*); anthropophage (*mf*). **2.** *Z:* (Animal *m*) qui dévore ses semblables.

cannibalism ['kanibəlizm], *s.* Cannibalisme *m*, anthropophagie *f*.

cannibalistic [kanibə'listik], *a.* Cannibale, anthropophage.

cannikin ['kanikin], *s.* Petit bidon, petit broc.

cannily ['kanili]. *See* CANNY.

canniness ['kaninəs], *s. Scot:* Prudence *f*, circonspection *f*.

cannions ['kanjənz], *s.* = CANIONS.

cannon[1] ['kanən], *s.* **1.** *Artil:* (*pl. usu.* **cannon**) Canon *m. Six machine-guns and three cannon*, six mitrailleuses et trois canons, et trois pièces de canon, et trois pièces d'artillerie. *Lit: The c. thunders*, l'airain *m* tonne. **2.** (*a*) *Harn:* **Cannon(-bit)**, canon (du mors). (*b*) *C. of a bell*, cerveau *m* d'une cloche. **3.** *Bill:* Carambolage *m.* **Cannon off the cushion**, bricole *f.* **4.** Canon (de clef de montre, etc.). **5. Cannon(-curl)**, grosse boucle de cheveux horizontale.

'cannon-ball, *s.* **1.** *Artil:* Boulet *m* de canon. **2.** *Bot: F:* Boulet de canon; calebasse *f* à Colin.

'cannon-bone, *s.* Canon *m* (de la jambe du cheval).

'cannon-fodder, *s. F:* Chair *f* à canon.

'cannon-metal, *s.* Bronze *m* à canon.

'cannon-shot, *s.* (*a*) Coup *m* de canon. (*b*) **Within cannon-shot**, à portée de canon.

cannon[2], *v.i.* (**cannoned**) **1.** *Bill:* Faire un carambolage; caramboler. **To cannon off the red**, caramboler par la rouge. **To cannon off the cushion**, jouer la bricole; bricoler. **2.** *F:* **To cannon into, against, s.o.**, heurter violemment qn; se heurter contre qn; entrer en collision avec qn. *The car cannoned into a tree*, l'auto s'emboutit, alla s'emboutir, contre un arbre.

cannoning, *s. Bill:* Carambolage *m.*

cannonade[1] [kanə'neid], *s.* Canonnade *f.*

cannonade[2], *v.tr. & i.* Canonner (l'ennemi).

cannot ['kanɔt]. *See* CAN[3].

cannula ['kanjula], *s.* **1.** *Surg:* Canule *f.* **2.** *Ecc:* Burette *f* (d'autel).

cannulated ['kanjuleitid], *a. Surg:* **Cannulated needle**, aiguille tubulée.

canny ['kani]. *Scot:* **1.** *a.* (*a*) Prudent, circonspect, sagace, avisé, finaud, malin, rusé. *C. answer*, réponse *f* de Normand. (*b*) **No canny**, mystérieux, inquiétant. **2.** *adv. F:* = CANNILY. **To play canny**, jouer un jeu d'attente. *See also* CA'CANNY. **-ily**, *adv. Scot:* Prudemment, avec circonspection. **To go cannily**, se montrer circonspect; jouer serré.

canoe[1] [ka'nu:], *s.* **1.** *Sp:* **Canadian canoe**, canoë *m.* **Rob-Roy canoe**, périssoire *f.* **2.** (*Of savages*) Pirogue *f. See also* PADDLE[3] 1.

canoe[2], *v.i.* (**canoed; canoeing**) **1.** Faire du canoë, de la périssoire. **2.** *To c. to a place*, aller à un endroit en canoë.

canoeing, *s.* (Le) canoë. *To go in for c.*, faire de la périssoire, du canoë.

canoeist [ka'nuist], *s.* Canotier *m* (d'un canoë); amateur *m* de périssoire.

canon[1] ['kanən], *s.* **1.** (*a*) *Ecc:* Canon *m* (d'un ordre religieux, de la messe, etc.). **Canon law**, droit *m* canon. (*b*) **The Paschal canon**, le canon pascal. (*c*) *Jur:* **Canons of inheritance**, ordre *m* de succession. (*d*) *F:* Règle *f*, critère *m*; canon. **The canons of good taste**, les règles, le code, du bon goût. **2.** *C. of a bell*, cerveau *m* d'une cloche. **3.** *Mus:* Canon. **4.** *Typ:* Gros canon (de 48 points).

canon[2], *s. Ecc:* Chanoine *m. Resident c.*, **canon residentiary**, chanoine résident. *Honorary c.*, chanoine honoraire. **Minor canon, petty canon**, chanoine qui n'est pas membre du chapitre. *See also* AUGUSTINIAN 1.

cañon ['kanjən], *s.* = CANYON.

canoness ['kanənes], *s.f. Ecc:* Chanoinesse.

canonical [ka'nɔnik(ə)l], *a. Ecc:* **1.** (Devoir, etc.) canonial, -aux; (droit, épître, résidence, etc.) canonique. **Canonical hours**, (i) heures canoniales, (ii) *Engl.Jur:* heures pendant lesquelles il est permis de célébrer les mariages. *See also* EXTRA-CANONICAL. **2. Canonical dress**, *s.pl.* **canonicals**, vêtements sacerdotaux. **3.** (Opinion, etc.) canonique, orthodoxe, catholique. **4.** *Mus:* (Passage) en forme de canon. **-ally**, *adv.* **1.** (Vivre) canonialement. **2.** Canoniquement.

canonicalness [ka'nɔnikəlnəs], **canonicity** [kanə'nisiti], *s.* Canonicité *f*; orthodoxie *f* (d'un passage, etc.).

canonization [kanənai'zeiʃ(ə)n], *s. Ecc:* Canonisation *f.*

canonize ['kanənaiz], *v.tr. Ecc:* **1.** Canoniser (qn); mettre (qn) au nombre des saints. **2.** Sanctionner (un usage).

canonry ['kanənri], *s. Ecc:* Canonicat *m.*

canons ['kanənz], *s.pl. A.Cost:* Canons (portés au-dessous du genou).

canoodle [ka'nu:dl], *v. U.S: P:* **1.** *v.tr.* Faire des mamours à (qn); *P:* faire du plat à (qn). **2.** *v.i.* Se faire des mamours; *P:* se peloter.

canoodler [ka'nu:dlər], *s. U.S: P:* Faiseur, -euse, de mamours; amoureux, -euse. *A couple of canoodlers*, une paire de tourtereaux.

Canopus [ka'noupəs]. *Pr.n. A.Geog:* Canope *m.*

canopy[1] ['kanəpi], *s.* **1.** Dais *m* (d'un trône); baldaquin *m* (de lit); *Ecc:* ciel *m* (d'autel, etc.); hotte *f* (de foyer); tendelet *m* (de bateau); pavillon *m* démontable (de véhicule); avance *f* de pavillon (d'un omnibus, etc.); (*over doorway*) auvent *m*, marquise *f*; *A:* pavillon (de lit, etc.). *F:* **The canopy of heaven**, la voûte du ciel; la voûte céleste; la calotte des cieux. *U.S: F:* **No one under God's canopy, under the canopy**, personne au monde. *What under the c. are you doing there?* que diable faites-vous là? *Branches that make a c.*, branches *fpl* en voûte. *Leaf c.*, voûte de feuillage; dôme *m* de verdure. **2.** *Arch:* Gable *m*, gâble *m* (de comble, de fenêtre, etc.).

canopy[2], *v.tr.* Couvrir d'un dais, d'un dôme de verdure. *The trees that canopied the lawn*, les arbres *m* qui recouvraient, qui ombrageaient, la pelouse de leur verdure.

canopied, *a.* Recouvert d'un dais, de feuillage, d'une voûte de verdure. *For:* **Canopied forest**, massif fermé.

canorous [ka'nɔ:rəs], *a. Lit:* (*a*) Mélodieux, harmonieux. (*b*) Sonore.

cant[1] [kant], *s.* **1.** (*a*) *Arch: Carp:* Pan coupé. *Mec.E:* Arête *f* (de boulon). (*b*) *U.S:* Bille de bois équarrie. **2.** (*a*) *Carp: Civ.E: etc:* (*Slope*) Inclinaison *f*, dévers *m. Rail: C. of the outer rail*, surhaussement *m*, surélévation *f*, dévers, du rail extérieur. (*b*) *To give a barrel a c.*, incliner un tonneau. *To have a c.*, pencher.

'cant-board, *s.* Planche inclinée.

'cant-file, *s. Tls:* Lime *f* à biseau, à barrettes; barrette *f.*

'cant-frame, *s. N.Arch:* Fourcat *m.*

'cant-hook, *s.* **1.** Croc *m* à levier; grappin *m.* **2.** Patte *f* d'élingue.

'cant-timber, *s. Nau:* Couple dévoyé; fourcat *m.*

cant[2]. **1.** *v.tr.* (*a*) *Carp: etc:* Biseauter, écorner. *To c. the edge of a board*, couper obliquement le champ d'une planche. **To cant off an angle**, délarder une arête. (*b*) **To cant a beam, an upright**, dévoyer, incliner, une poutre, un montant. *To c. a cask*, incliner, pencher, un fût. *Nau:* **To cant a ship**, mettre un navire à la bande. *Rail: To c. the outer rail*, surhausser le rail extérieur. (*c*) Renverser, retourner (qch.). *Nau:* **To cant a boat for repairs**, cabaner, chavirer, un canot pour le réparer. (*d*) Jeter, lancer, (qch.) de côté, de biais. **2.** *v.i.* (*a*) *Carp: Civ.E: etc:* S'incliner. (*b*) Se trouver incliné ou en pente; pencher. (*c*) *Nau:* (*Of ship*) Éviter.

canting[1], *s.* Inclinaison *f*; dévoiement *m* (d'un tuyau, etc.); cabanage *m* (d'un canot).

'canting-table, *s.* Table *f* inclinable, à bascule.

cant[3]. **1.** *s.* (*a*) Jargon *m*, argot *m* (des voleurs, des mendiants, etc.); argot du milieu; la langue verte. (*b*) Langage *m* hypocrite; hypocrisie *f*; cafarderie *f*, tartuferie *f.* (*c*) Boniments *mpl* à la graisse d'oie. *That's all c.*, tout ça c'est du boniment. **2.** *a.* **Cant phrase**, (i) phrase toute faite, stéréotypée; cliché *m*; (ii) expression *f* argotique.

cant[4], *v.i.* Faire le cafard; papelarder. **To cant about sth.**, parler de qch. avec hypocrisie, avec affectation, d'un ton cafard.

canting[2], *a.* **1.** Cafard, hypocrite, papelard, cagot. *A c. hypocrite*, un tartufe. **2.** *Her:* **Canting arms**, armes parlantes.

can't [kɑ:nt]. *F:* = *cannot, q.v. under* CAN[3].

cantabile [kan'tabili], *adv. & s. Mus:* Cantabile (*m*).

Cantabri [kan'tabri], *s.pl. Hist:* Cantabres *m.*

Cantabrian [kan'tabriən], *a. & s. Hist:* Cantabre. *Geog:* **The Cantabrian Mountains**, les monts *m* Cantabres.

Cantabrigian [kanta'bridʒiən], *F:* **Cantab** ['kantab], *a. & s.* (Membre *m*) de l'université de Cambridge.

cantaloup ['kantalup], *s. Hort:* Cantaloup *m.*

cantankerous [kan'taŋkərəs], *a.* Revêche, acariâtre, bourru; pas commode; mauvais coucheur; d'humeur hargneuse; tracassier, -ière; disputailleur, -euse. *To be c.*, avoir mauvais caractère; avoir le caractère mal fait; *F:* être comme un crin; être crin. **-ly**, *adv.* D'une manière bourrue, acariâtre; en mauvais coucheur.

cantankerousness [kan'taŋkərəsnəs], *s.* Humeur *f* revêche, acariâtre.

cantata [kan'tɑ:ta], *s. Mus:* Cantate *f.*

canteen [kan'ti:n], *s.* **1.** *Mil: etc:* Cantine *f*; *Ind:* restaurant *m*; (*in shipyard*) cambuse *f.* **Canteen-keeper**, cantinier, -ière; (*in shipyard*) cambusier *m.* **2.** *Mil:* (*a*) Bidon *m.* (*b*) Gamelle *f.* (*c*) Cantine à vivres. **3. Canteen of cutlery**, service *m* de table (couteaux et orfèvrerie) en coffre; ménagère *f.*

canter[1] ['kantər], *s.* Hypocrite *mf*; Tartufe *m*; cafard, -arde.

canter[2], *s. Equit:* Petit galop, galopade *f. Preliminary c.*, petit galop d'essai. *To have a c.*, faire un petit galop. *Rac:* **To win in a canter**, gagner la course haut la main; arriver bon premier; *F:* arriver dans un fauteuil.

canter[3]. **1.** *v.i.* Aller au petit galop. *F:* **To canter along**, ambler. **2.** *v.tr.* Faire aller (un cheval) au petit galop.

Canterbury ['kantərbəri]. **1.** *Pr.n. Geog:* Cantorbéry *m. Hort:* **Canterbury bell(s)**, campanule *f* à grosses fleurs. *See also* HOE[1]. **2.** *s. Furn:* **A canterbury**, un casier à musique.

cantharidin(e) [kan'θaridin, -i:n], *s. Ch: Pharm:* Cantharidine *f.*

cantharis, *pl.* **cantharides** ['kanθəris, kan'θaridi:z], *s.* **1.** *Ent:* Cantharide *f.* **2.** *pl. Pharm:* **Cantharides**, poudre *f* de cantharides.

canthus ['kanθəs], *s. Anat:* Commissure *f* des paupières; canthus *m.* **Inner canthus**, larmier *m.*

canticle ['kantikl], *s.* Cantique *m. B:* **The Canticles**, le Cantique des Cantiques.

cantilever ['kantili:vər], *s.* (*a*) *Arch:* Encorbellement *m*, modillon *m.* (*b*) *Civ.E:* **Cantilever beam**, poutre *f* en console. **Cantilever bridge**, pont *m* en encorbellement, à consoles; cantilever *m. Aut:* **Cantilever springs**, ressorts *m* cantilever; ressorts en porte-à-faux.

cantle [kantl], *s.* **1.** Morceau *m* (de pain, de fromage); parcelle *f.* **2.** *Harn:* Troussequin *m*; arçon *m* de derrière.

canto ['kanto], *s.* **1.** *Lit:* Chant *m* (d'un poème). **2.** *Mus:* (*a*) (*In harmony*) Chant. (*b*) *A:* **Canto fermo**, plain-chant *m.*

canton[1] [kan'tɔn], *s.* **1.** *Geog:* Canton *m.* **2.** *Her:* Canton (de l'écusson).

canton[2], *v.tr.* (**cantoned**) **1.** Diviser (en cantons). **2.** *Mil:* [kan'tu:n] Cantonner (des troupes).

cantoned, *a. Her:* Cantonné.

Canton[3]. *Pr.n. Geog:* Canton. *See also* CRAPE[1] 2, FLANNEL.

Cantonese ['kantoni:z], *a. & s. Geog:* Cantonais, -aise.

cantonment [kan'tu:nmənt], *s. Mil:* Cantonnement *m.*

cantor ['kantɔ:r], *s. Ecc:* Chantre *m.*

cantorial [kan'tɔ:riəl], *a. Ecc:* (Côté *m*) du chantre.

Canuck [ka'nʌk], *s. U.S: P:* **1.** Canadien *m.* **2.** Cheval canadien.

canula ['kanjula], *s.* = CANNULA.

Canute [ka'nju:t]. *Pr.n.m. Hist:* (Le roi) Canut.

canvas ['kanvəs], *s.* **1.** *Tex:* (*a*) (Grosse) toile; toile à voiles, toile de tente; toile à peindre. *Waterproof c.*, toile grasse, imperméable. *Art: Primed c.*, toile imprimée (pour artistes). *C. bucket*, seau *m* en toile. *Nau: C. screen*, rideau *m*, cloison *f*, en toile. *Aut: etc: C. of a tyre*, toiles d'un pneu. **Tailor's canvas**, toile tailleur. *To put a new c. to a painting*, rentoiler un tableau. **Under canvas**, (i) *Mil:* sous la tente; (ii) *Nau:* sous voile. *To go, be, under c.*, loger sous la tente, sous la toile. *F:* **Canvas town**, agglomération *f* de tentes; centre *m* de camping. *Nau:* **With every stitch of canvas set, with all her canvas spread,** toutes voiles dehors; couvert de toile; à toc de toile. *See also* STRETCHER 2. (*b*) *Needlew:* **Canvas work,** tapisserie *f* au, sur, canevas. **2.** *Art: A fine c.,* un beau tableau; une belle toile.

'canvas-back, *s. Orn:* Canard *m* d'Amérique.

'canvas-top, *s. U.S:* Charrette *f* à bâche de toile.

canvass[1] ['kanvəs], *s.* **1.** *Pol: Com:* Sollicitation *f* (de suffrages, de commandes). **To make a canvass (of a constituency),** faire une tournée, une campagne, électorale. **2.** *U.S:* Dépouillement *m* (des suffrages).

canvass[2], *v.tr.* **1.** Discuter (une affaire); débattre (une question); éplucher (une réputation). **2.** *Pol: Com:* Solliciter (des suffrages, des commandes). *To c. a district (for votes),* solliciter, briguer, des votes dans une région. *To c. s.o.,* solliciter (i) la voix, (ii) *Com:* la clientèle, de qn. *Abs.* **To canvass,** faire une tournée électorale. *To c. for votes,* solliciter des voix; *F:* mendier des suffrages. *To c. for s.o.,* faire des démarches en faveur de la candidature de qn; soutenir la candidature de qn. *Com:* **To canvass from door to door,** faire la place.

canvassing, *s.* **1.** Discussion *f*; épluchage *m* (de réputations). **2.** Sollicitation *f* (de suffrages, de commandes). *Pol:* Propagande électorale. *Adm:* **No canvassing allowed,** les visites et démarches des candidats ne sont pas admises.

canvasser ['kanvəsər], *s.* **1.** Solliciteur, -euse. *Com:* Placier *m* (de marchandises). *Ins: etc:* Démarcheur *m. Pol:* (i) Courtier électoral, agent électoral; (ii) ami(e) du candidat qui visite les électeurs en sa faveur. **2.** *U.S:* = SCRUTINEER.

canyon ['kanjən], *s. Geol: Geog:* Cañon *m*; gorge profonde (du Colorado, etc.).

canzone [kan'tsoune], *s. Lit:* Canzone *f*.

canzonet [kanzo'net], *s. Mus:* Canzonette *f*.

caoutchouc ['kautʃu:k], *s.* **1.** Caoutchouc *m.* **2. Mineral caoutchouc,** caoutchouc minéral; élatérite *f*.

cap[1] [kap], *s.* **1.** (*a*) (*Close-fitting and brimless*) Bonnet *m*; (*with peak*) casquette *f*; têtière *f* (d'enfant); toque *f* (de jockey, universitaire); képi *m* (de militaire); bonnet, béret *m* (de marin); barrette *f* (de cardinal). **Paper cap,** chapeau *m* de papier; coiffure *f* de cotillon. *Close-fitting cap,* **skull cap,** calotte *f. See also* SMOKING-CAP. *Huntsman's cap,* bombe *f. Hist:* **Cap of liberty, liberty cap,** bonnet phrygien. *Scotch cap,* béret. *Sp:* **Football cap,** casquette en velours (portée par les membres de la première équipe, de l'équipe nationale). **To win one's cap,** être choisi comme membre de la première équipe, de l'équipe nationale. *The new caps,* les nouveaux membres de l'équipe. *See also* SCRUM-CAP. **Cap and bells,** marotte *f* (de bouffon). *Sch:* **In cap and gown,** en toque et en toge; en costume académique; en robe. *To come* **cap in hand,** se présenter le bonnet à la main, chapeau bas. *F:* (*Of woman*) **To set one's cap at a man,** entreprendre la conquête d'un homme; faire des avances à un homme; chercher à lui plaire. **If the cap fits, wear it!** qui se sent morveux se mouche! à bon entendeur salut! *See also* BATHING-CAP, BLACK[1] I., FEATHER[1] 3, FOOL'S-CAP, FOOLSCAP, FORAGE-CAP, MOB-CAP, NIGHT-CAP, THINKING[2]. (*b*) *Orn:* Capuchon *m*, chapeau *m* (d'un oiseau). (*c*) Quote-part (payée par les invités d'une chasse à courre). **2.** (*a*) Chapiteau *m* (de colonne); chapeau (de champignon); comble *m* en dôme, lanterne *f* (de bâtiment). *See also* ICE-CAP, WINDMILL-CAP. (*b*) *Tchn:* Chapeau (de protection); capuchon (de porte-plume à réservoir); capuchon (de valve de pneu); calotte (d'une pompe); couvre-bec *m* (de clarinette); cuvette *f* (de montre); capsule *f* (de bouteille); chape *f* (d'aiguille aimantée). *El:* Culot *m* (de lampe). *Mec.E:* Chapeau, couvercle *m* (de palier, de soupape). *Lubricator cap, oil-cap,* chapeau graisseur. *Phot: Lens cap,* bouchon *m* d'objectif. *Navy: End cap of a torpedo-tube,* capot *m* d'un tube lance-torpille. *See also* AXLE-CAP, DUST-CAP, HUB-CAP, KNEE-CAP, RADIATOR-CAP, RAIN-CAP, TOE-CAP, TURN-CAP, VALVE-CAP, VICE-CAP. (*c*) Chapeau, coiffe *f* (de pieu). *Nau:* Chouque(t) *m* (de mâture). *Artil:* Coiffe, calotte, fausse ogive (d'obus). *Fuse cap,* coiffe, coiffage *m*, de fusée. *Shell with hardened cap,* obus *m* à ogive trempée. (*d*) *Bookb:* Coiffe (de tranchefile). **3.** *Exp:* Amorce *f*, capsule. *Sm.a:* **Cartridge cap, percussion cap,** capsule de fulminate; amorce. *Toy-pistol (snap) cap,* amorce. *See also* NOSE-CAP 1. **4.** *Min: Gas cap, blue cap (in miner's lamp),* auréole *f*. **5.** *Furn:* Capiton *m* (entre boutons).

cap-'bearing, *s. Mec.E:* Palier *m* (à chapeau).

'cap-chamber, *s. Sm.a:* Porte-amorce *m inv*, couvre-amorces *m inv* (de cartouche).

'cap-comforter, *s.* Passe-montagne *m, pl.* passe-montagnes.

'cap-paper, *s. Paperm:* **1.** Papier gris épais; papier bulle; papier d'emballage. **2.** Papier à écrire de format 19 × 30.5 cms.

'cap-screw, *s.* Vis *f* à tête cubique.

'cap-shore, *s. Nau:* Épontille *f* de chouque.

'cap-sill, *s. Hyd.E:* Chapeau *m* (d'une vanne).

'cap-stone, *s.* **1.** *Const:* Chaperon *m* (d'un toit); pierre *f* de faîte. **2.** Grande pierre plate (couronnant un dolmen).

cap[2], *v.tr.* (**capped** [kapt]) **1.** (*a*) Coiffer (qn) d'un bonnet, d'une casquette. (*b*) *Sch:* (*In Scot.*) **To cap a candidate,** conférer un grade à un candidat. (*c*) *Sp:* Choisir (qn) comme membre de la première équipe, de l'équipe nationale. **2.** Coiffer, couronner, recouvrir (*sth. with sth.,* qch. de qch.); coiffer (une fusée, un pieu); capsuler (une bouteille); (*over cork*) surboucher (une bouteille); armer (un aimant); amorcer (un obus). *See also* PROPELLER 2. **3.** *F:* Saluer (qn); se découvrir devant (qn); donner un coup de chapeau à (qn). **4.** *F:* (*Outdo*) Surpasser. *To cap a quotation,* renchérir sur une citation. **That caps all!** ça c'est le comble! le bouquet! il ne manquait plus que ça! **To cap it all . . .,** pour comble. . . . **5.** *Vet:* **To cap a horse's hocks,** faire naître un capelet au jarret d'un cheval.

capped, *a.* (*a*) *Vet:* **Capped hock,** campane *f*, capelet *m.* (*b*) *Artil:* **Capped shell,** obus *m* à coiffe, à fausse ogive. (*c*) (*With sb. or adj. prefixed, e.g.*) **White-capped maid,** bonne coiffée de blanc. **Snow-capped mountain,** montagne coiffée, couronnée, couverte, de neige. **Screw-capped bottle,** flacon *m* à couvercle vissé.

capping, *s.* **1.** (*a*) Capsulage *m* (d'un flacon). **Bottle-capping machine,** capsulateur *m.* (*b*) Amorçage *m* (d'un obus). (*c*) *Nau:* Capelage *m* (de câbles). (*d*) *Sch:* (*In Scot.*) (i) Séance *f* académique pour l'octroi des grades; (ii) octroi *m* d'un grade. **2.** Chapeau *m*, chape *f* (d'une charpente, d'un pieu, etc.); embout *m. The cappings of a timber platform,* les chapes d'une plate-forme en charpente.

cap[3], *s. Typ: F:* = CAPITAL[2] II. 2.

cap[4], *s. P:* (*In address*) = CAPTAIN. *Esp. U.S:* Monsieur; "bourgeois."

capability [keipə'biliti], *s.* **1.** (*a*) Capacité *f* (*of doing sth.,* pour faire qch.); faculté *f* (*to do sth.,* de faire qch.). (*b*) *C. for being improved, etc.,* susceptibilité *f* d'amélioration, etc. **2.** *The plan has capabilities,* le projet présente des possibilités. *The boy has capabilities,* c'est un enfant bien doué, un enfant qui promet; c'est un enfant qui a des moyens.

capable ['keipəbl], *a.* **1.** (*a*) Capable (*of sth., of doing sth.,* de qch., de faire qch.). *C. of any crime,* capable de tous les crimes. *To show what one is c. of,* montrer ce dont on est capable; donner sa mesure. (*b*) *Very c. doctor, teacher,* médecin, professeur, très capable, très compétent, *F:* tout à fait à la hauteur. *C. woman,* maîtresse femme; femme de tête. *Very c. little girl,* petite fille très entendue. *Journ: The literary column will be in the c. hands of Mr . . .,* le courrier littéraire sera assuré par la plume compétente de M. . . . **2.** Susceptible (d'amélioration, d'explication). *C. of being done,* susceptible de se faire, d'être accompli. **-ably,** *adv.* Avec compétence.

capacious [ka'peiʃəs], *a.* Vaste, spacieux; (salle *f*) de vastes proportions. *His c. pockets were stuffed with . . .,* ses amples poches étaient bourrées de. . . . *He filled a c. jug with beer,* il remplit de bière un pot de dimensions respectables. *A c. memory,* une mémoire bourrée de faits; une mémoire qui retient tout; une vaste mémoire.

capaciousness [ka'peiʃəsnəs], *s.* Amples proportions *fpl* (d'une salle, etc.).

capacitance [ka'pasitəns], *s. El:* Résistance *f* de capacité.

capacitate [ka'pasiteit], *v.tr.* **1.** Rendre (qn) capable (*for sth., to do sth.,* de qch., de faire qch.). **2.** *Jur:* Donner pouvoir, donner qualité, à (qn) (*to act,* pour agir). *To be capacitated to act,* avoir qualité pour agir.

capacity [ka'pasiti], *s.* **1.** (*a*) Capacité *f* (d'un cylindre, etc.; *El:* d'un accumulateur, d'un condensateur); contenance *f* (d'un tonneau, etc.). *W.Tel:* **Capacity(-cage, -earth),** contrepoids *m* d'antenne. *Nau: C. of the bunkers,* volume *m* des soutes. *Mch: I.C.E: etc:* **Cubic capacity of cylinders,** cylindrée *f. See also* CARRYING[2] 1, MEASURE[1] 1, THERMIC. (*b*) Rendement *m* (d'une locomotive, etc.); débit *m* (d'une machine-outil, d'un cours d'eau, etc.); volume d'air aspiré (par une soufflante). *Nau: etc:* **Dead-weight capacity,** portée *f* en lourd. **Measurement capacity,** portée en volume. **Carrying capacity** (*of vehicle*), charge admise, utile. *See also* LIFTING[2] 1. *Light-transmitting c. of a field-glass,* intensité lumineuse d'une jumelle. **Seating capacity,** nombre *m* de places (dans une voiture, un théâtre, etc.). **House filled to capacity, capacity house,** salle comble, bondée. **2.** (*Talent, ability*) Capacité (*for,* pour). *C. for doing sth.,* aptitude *f* à faire qch. **Business capacity,** capacité pour les affaires. *To show one's c.,* donner sa mesure. **To the utmost of my capacity,** de tout mon pouvoir; dans toute la mesure de mes moyens. *Book within the c. of everybody,* livre *m* à la portée de tout le monde. **A person of capacity,** une personne capable. **3. To have capacity to act,** avoir qualité pour agir. **In the capacity of . . .,** en qualité de. . . . *In my c. as a priest,* en ma qualité de prêtre. **To act in one's official capacity,** agir dans l'exercice de ses fonctions. *To act in one's individual c.,* agir à titre individuel, sur son initiative privée; agir en (qualité de) simple particulier. *To serve in the c. of . . .,* servir en qualité de . . ., en caractère de . . .; remplir les fonctions de. . . . *To have no c. to act,* n'avoir pas qualité, n'avoir pas caractère, pour agir.

cap-à-pie ['kapa'pi:], *adv.* (Armé) de pied en cap.

caparison[1] [ka'parizn], *s. A. & Lit:* **1.** Caparaçon *m.* **2.** *pl.* Équipement somptueux.

caparison[2], *v.tr.* (**caparisoned**) *A. & Lit:* Caparaçonner (un cheval).

cape[1] [keip], *s.* **1.** *Cost:* (*a*) Pèlerine *f*, cape *f*; (*small*) collet *m.* **Cape and sword novel, cape and cloak novel,** roman *m* de cape et d'épée. (*b*) *Ecc:* Camail *m, pl.* camails. **2.** *Orn:* Collier *m*, camail (du coq).

cape[2], *s.* **1.** Cap *m*, promontoire *m. Geog:* **Cape Finisterre,** Cape Horn, le cap Finisterre, le cap Horn. *See also* NORTH CAPE. *F:* (*Of deceived husband*) **To go round Cape Horn,** être cocufié; être fait cocu. **2.** *Geog:* **The Cape (of Good Hope),** le Cap (de Bonne Espérance). **Cape Colony,** la colonie du Cap. **The Cape-to-Cairo railway,** le chemin de fer du Cap au Caire; le Transafricain. **Cape boy, Cape coloured people,** métis *m(pl)* de la colonie du Cap. **Cape cart,** chariot couvert (généralement à bœufs). **The Cape doctor,** le vent fort du sud-est (de l'Afrique du Sud). **Cape Dutch,** (i) les Afrikanders; (ii) *Ling:* l'afrikander *m. Orn:* **Cape pigeon,** pétrel *m* du Cap. *See also* GOOSEBERRY 2.

Cape Town ['keip'taun]. *Pr.n. Geog:* Le Cap, Capetown *m.*

caped [keipt], *a.* (*a*) (Manteau *m*) à pèlerine. (*b*) Vêtu d'une pèlerine.

capel [keip(ə)l], *s. Miner:* Silex corné.

capeline ['keiplin], *s. Cost:* Capeline *f*.

Capella [ka'pela], *s. Astr:* La Chèvre.

caper[1] ['keipər], *s. Bot:* **1.** Câprier *m.* **2.** (*a*) Câpre *f. Cu:* **Caper-sauce,** sauce *f* aux câpres. (*b*) **Bean-caper,** fabagelle *f*, fabago *m.* (*c*) *English capers,* câpres capucines.

'caper-bush, -plant, *s.* Câprier *m.*

'caper-jar, -pot, *s.* Câprière *f.*
'caper-plantation, *s.* Câprière *f.*

caper[2], *s.* **1.** Entrechat *m*, cabriole *f*, gambade *f.* **To cut a caper,** faire une cabriole, un entrechat. **To cut capers,** (i) faire des entrechats; (ii) *F:* faire des siennes. *That's another c. of his,* c'est encore un de ses tours. **2.** *Equit:* Cabrade *f*, escapade *f.*

caper[3], *v.i.* **To caper (about),** faire des entrechats, des cabrioles, *F:* des sauts de cabri; cabrioler, gambader.

caper[4], *s. Hist:* Corsaire *m.*

capercailzie, capercailye, capercaillie [kapər'keili], *s. Orn:* Coq *m* de bruyère (d'Écosse); grand tétras. *Hybrid c.,* petit tétras.

caperer ['keipərər], *s.* **1.** Cabrioleur, -euse; gambadeur, -euse. **2.** *Ent:* Phrygane *f.*

Capernaum [ka'pəːrniəm]. *Pr.n. B.Hist:* Capharnaüm *m.*

Capetian [ka'piːʃjən], *a. Hist:* Capétien.

capful ['kapful], *s.* Pleine casquette. *A mere c.,* pas beaucoup. *Nau:* **A capful of wind,** une bouffée de vent.

capias ['keipias], *s. Jur:* **Writ of capias,** mandat *m* d'arrêt; mandat d'amener.

capibara [kapi'bɑːra], *s. Z:* = CAPYBARA.

capillaceous [kapi'leiʃəs], *a.* Capillacé.

capillarimeter [kapilə'rimetər], *s. Ph:* Capillarimètre *m.*

capillarity [kapi'lariti], *s. Ph:* Capillarité *f.*

capillary [ka'piləri], *a.* Capillaire. *Ph: C. attraction,* attraction *f* capillaire. *Anat: The c. vessels, s.* **the capillaries,** les vaisseaux capillaires; les capillaires *m.*

capillifolious [kapili'fouliəs], *a. Bot:* Capillifolié.

capilliform [ka'pilifɔːrm], *a. Nat.Hist:* Criniforme.

capital[1] ['kapit(ə)l], *s. Arch:* Chapiteau *m.*

capital[2]. I. *a.* **1.** Capital, -aux. **Capital letter,** *s.* **capital,** (lettre) capitale (*f*), (lettre) majuscule (*f*). **Capital town,** *s.* **capital,** (ville) capitale (*f*). *See also* MANOR. **2.** *Jur:* **Capital crime, offence,** crime capital, puni de mort. *C. punishment,* peine capitale; peine de mort; *Lit:* le dernier supplice. *C. case,* procès capital. **3. It is of capital importance,** c'est de la plus haute importance, d'une importance capitale. *See also* SHIP[1], SIN[1]. **4.** *F:* Excellent, *P:* épatant. *A c. fellow,* un excellent garçon, *P:* un chic type. **Capital!** très bien! fameux! *He made a c. speech,* il a parlé admirablement. **-ally,** *adv.* Admirablement (bien); à merveille.

II. **capital,** *s.* **1.** *Fin:* Capital *m*, capitaux *mpl*, fonds *m*, fonds *mpl.* **Paid-up, paid-in, called-up, capital,** capital versé, appelé, réel, effectif; mise *f* de fonds. **Registered, authorized, capital,** capital social, nominal, déclaré. *Working c.,* fonds, capital, de roulement, d'exploitation; fonds roulant. *See also* CIRCULATING[1], FLOATING[1] 2, INITIAL[1] 1. **Capital account,** compte *m* de capital. **Capital expenditure,** (dépenses *fpl* en) immobilisations (*fpl*). *F:* **To make capital out of sth.,** profiter de qch.; exploiter qch.; tirer parti (d'un événement). **Capital levy,** prélèvement *m* sur le capital; conscription *f* des fortunes. **Capital bonus,** actions données en prime. *See also* LABOUR[1] 2, LIVE[2] 1 (*c*). **2.** *Typ: Large capitals, F: large caps,* grandes capitales; majuscules *f. Small capitals, F: small caps,* petites capitales.

capitalism ['kapitəlizm], *s.* Capitalisme *m.*

capitalist ['kapitəlist], *s.* (*a*) Capitaliste *mf*, *F:* richard, -arde. *The great capitalists,* les grands financiers; la haute finance. (*b*) Bailleur *m* de fonds.

capitalistic [kapitə'listik], *a.* Capitaliste.

capitalizable ['kapitəlaizəbl], *a.* Capitalisable.

capitalization [kapitəlai'zeiʃ(ə)n], *s.* **1.** Capitalisation *f* (des intérêts, etc.). **2.** Emploi des majuscules.

capitalize ['kapitəlaːiz], *v.tr.* **1.** Capitaliser (une rente, etc.). *Your income, if capitalized, would run to . . .,* votre revenu, en termes de capital, se monterait à. . . . **2.** Écrire (un mot) avec une majuscule.

capitalling ['kapitəliŋ], *s.* = CAPITALIZATION 2.

capitate ['kapitet], **capitated** ['kapiteitid], *a.* (*a*) *Bot:* En capitule; capité. (*b*) *Ent: C. antennae,* antennes *f* en massue.

capitation [kapi'teiʃ(ə)n], *s. Pol.Ec:* Capitation *f. Adm:* **Capitation grant,** allocation *f* (de tant) par tête. *Sch:* **Capitation fees,** surcroît *m* de traitement (du directeur) à raison de tant par élève.

Capitol (the) [ðə'kapitol], *s.* Le Capitole (*A:* de Rome; *U.S:* de Washington).

Capitoline [ka'pitolain], *a. Rom.Ant:* Capitolin. **The Capitoline** (Hill), le (mont) Capitolin. *The C. games,* les jeux capitolins.

capitular [ka'pitjulər], *a.* **1.** *Jur:* Capitulaire. **2.** *Bot:* Capitulé.

capitulary [ka'pitjuləri], *s. Jur: Hist:* Capitulaire *m.* **The Capitularies of Charlemagne,** les capitulaires de Charlemagne.

capitulate [ka'pitjuleit], *v.i.* Capituler.

capitulation [kapitju'leiʃ(ə)n], *s.* **1.** (*a*) Énumération *f* des chapitres, des articles (d'un traité, etc.). (*b*) *A:* **The Capitulations,** les Capitulations *f* (réglant les droits des sujets chrétiens en Turquie). **2.** Capitulation, reddition *f* (d'une place forte).

capitulum [ka'pitjuləm], *s. Bot:* Capitule *m.*

capless ['kapləs], *a.* Sans bonnet, nu-tête.

capon ['keipən], *s. Cu:* Chapon *m*, poulet *m.*

caponier [kapo'niːər], *s. Fort:* Caponnière *f.*

caponize ['keiponaːiz], *v.tr.* Chaponner, châtrer (un poulet).

capot[1] [ka'pɔt], *s. Cards:* (*Piquet*) Capot *m.*

capot[2], *v.tr.* **(capotted)** *Cards:* Faire (qn) capot.

capo tasto [kapo'tasto], *s. Mus:* Capodastre *m*, barre *f* (de guitare, de banjo, etc.), *F:* capo *m.*

capote [ka'pout], *s.* Manteau *m* à capuchon (de soldat, de voyageur).

cappadine ['kapadi(ː)n], *s. Com:* Capiton *m*; bourre *f* de soie.

Cappadocia [kapa'douʃja]. *Pr.n. A.Geog:* La Cappadoce. *See also* OAK 2.

Cappadocian [kapa'douʃjən], *a.* & *s. A.Geog:* Cappadocien, -ienne.

capper ['kapər], *s.* Capsuleur, -euse (de bouteilles).

Capreae ['kapriiː]. *Pr.n. A.Geog:* Caprée *f.*

capreolate ['kaprioleit], *a. Bot:* Capréolé.

Capri ['kapri]. *Pr.n. Geog:* (L'île *f* de) Caprée, Capri.

capric ['kaprik], *a. Ch:* Caprique.

capriccio [ka'pritʃio], *s. Mus:* Caprice *m.*

caprice [ka'priːs], *s.* **1.** Caprice *m*, lubie *f. To do sth. out of c.,* faire qch. par fantaisie, par pur caprice. *She makes him give in to all her caprices,* elle lui fait faire ses quatre volontés. **2.** *Mus:* Caprice.

capricious [ka'priʃəs], *a.* Capricieux. **-ly,** *adv.* Capricieusement.

capriciousness [ka'priʃəsnəs], *s.* Humeur capricieuse, inégale. *C. of temper,* inégalité *f* d'humeur.

Capricorn ['kaprikɔːrn], *s. Astr:* Capricorne *m.* **The Tropic of Capricorn,** le tropique du Capricorne.

capridae ['kapridiː], *s.pl. Z:* Capridés *m.*

caprification [kaprifi'keiʃ(ə)n], *s. Hort:* Caprification *f* (des figues).

caprine ['kaprain], *a. Z:* Caprin.

capriole[1] ['kaprioul], *s. Equit:* Cabriole *f.*

capriole[2], *v.i.* (*Of horse*) Cabrioler.

capriped ['kapriped], *a.* Capripède.

caprizant ['kaprizənt], *a. Med:* (Pouls) capricant.

caproic [ka'prouik], *a. Ch:* Caproïque.

caprylik [ka'prilik], *a. Ch:* Caprylique.

capsicum ['kapsikəm], *s.* **1.** *Bot:* Piment *m.* **2.** *Cu:* Piment, poivron *m.*

capsizable [kap'saizəbl], *a.* Chavirable, renversable.

capsize [kap'saːiz]. **1.** *v.i.* (*Of boat*) Chavirer; cabaner; *F:* faire le tour. (*Of motor car*) Capoter, faire panache, faire capote. (*Of small boat*) *To (broach to and) c.,* rouler. **2.** *v.tr.* Faire chavirer (une embarcation).

capsizing, *s.* Chavirement *m*; capotage *m.*

capstan ['kapstən], *s.* **1.** *Nau: etc:* Cabestan *m. C. engine,* moteur *m* du cabestan. *To rig the hand c.,* mettre les barres en place. *To man the c.,* armer le cabestan. *Double-headed c.,* cabestan à double cloche. *Steam c.,* cabestan à vapeur. **Jeer-capstan,** petit cabestan. **Horizontal capstan,** guindas *m.* **Crab capstan,** cabestan volant; vindas *m*; vindau, -aux *m.* **2.** *Mec.E:* Revolver *m* (de tour); tourelle *f* (de tour). *See also* LATHE[1].

'capstan-bar, -spoke, *s.* Barre *f*, levier *m*, de cabestan. *The c.-bar holes,* les mortaises *f* du cabestan.

'capstan-table, *s. Furn:* Guéridon *m.*

capsular ['kapsjulər], *a. Bot:* (Fruit *m*) capsulaire.

capsule[1] ['kapsjuːl], *s.* Capsule *f* (de fleur, de bouteille, pharmaceutique, etc.). *W.Tel:* **Capsule of transmitter,** pastille *f* microphonique.

capsule[2], *v.tr.* Capsuler, surboucher (une bouteille).

capsuling, *s.* Capsulage *m.*

capsuliform [kap'sjuːlifɔːrm], *a.* En forme de capsule.

captain[1] ['kaptən], *s.* **1.** (*a*) Chef *m*, capitaine *m. The great captains of antiquity, of industry,* les grands capitaines, les chefs, de l'antiquité, de l'industrie. (*b*) *Sp:* Chef, capitaine, d'équipe. (*c*) *Sch:* Capitaine, chef, des sports. (*d*) *Nau:* **Captain of the watch,** chef de quart. *C. of the hold,* chef de cale. *Artil: C. of the gun,* chef de pièce. **2.** *Mil: Nau: Navy:* Capitaine *m. Mil:* **Infantry captain,** capitaine d'infanterie. *Mil.Av:* **Group captain,** colonel *m*; commandant *m* de groupe. *Navy:* **Captain of the Fleet,** capitaine de pavillon. *See also* POST-CAPTAIN, SEA-CAPTAIN. **3.** *Ich:* Grondin gris.

captain[2], *v.tr.* **1.** Commander (une compagnie, etc.). **2.** *F:* Conduire, mener (une expédition, etc.). *Sp: To c. a team,* être chef, capitaine, d'une équipe; mener, diriger, une équipe.

captaincy ['kaptənsi], *s.* **1.** Grade *m* de capitaine; capitainat *m.* **To obtain one's captaincy,** être promu capitaine; passer capitaine. **2.** (*a*) Conduite *f* (d'une expédition, etc.). *Under the c. of . . .,* sous la conduite de. . . . (*b*) *Sp:* Commandement *m* de l'équipe.

captainship ['kaptənʃip], *s.* **1.** = CAPTAINCY. **2.** *To handle one's troops with consummate c.,* diriger ses troupes avec l'art d'un grand capitaine.

captation [kap'teiʃ(ə)n], *s. Jur:* Captation *f.*

caption ['kapʃ(ə)n], *s.* **1.** *U.S:* (*a*) (*In newspaper, book*) En-tête *m*, *pl.* en-têtes. (*b*) (*Of illustration*) Légende *f.* (*c*) *Cin:* Sous-titre *m*, *pl.* sous-titres. **Caption writer,** titulateur *m.* (*d*) *Journ:* Rubrique *f.* **2.** *Jur:* Arrestation *f*; prise *f* de corps. **3.** *Jur:* Indication *f* (sur un acte de procédure) du requérant, du lieu, et de la date; indication d'origine.

captious ['kapʃəs], *a.* **1.** (Raisonnement) captieux, insidieux, sophistique. **2.** (*Of pers.*) Difficultueux, pointilleux, chicaneur, vétilleux. **-ly,** *adv.* Pointilleusement; dans un esprit de chicane.

captiousness ['kapʃəsnəs], *s.* **1.** Caractère *m* sophistique (d'un argument). **2.** Pointillerie *f*, chicanerie *f*; esprit *m* de chicane.

captivate ['kaptiveit], *v.tr.* Charmer, captiver, subjuguer, séduire (tous les cœurs, etc.).

captivating, *a.* Séduisant; captivant; enchanteur, -eresse.

captivation [kapti'veiʃ(ə)n], *s.* Séduction *f*; ensorcellement *m*; charme fascinateur.

captive ['kaptiv]. **1.** *a.* (*a*) Captif. *To lead, hold, take, s.o. c.,* emmener, tenir, faire, qn prisonnier. *See also* BALLOON[1] 1. (*b*) *C. state,* état *m* de captivité. **2.** *s.* Captif, -ive; prisonnier, -ière.

captivity [kap'tiviti], *s.* Captivité *f. They were led into c.,* ils furent emmenés en captivité.

captor ['kaptər], *s.* **1.** Celui qui s'est emparé de qn, qui l'a fait prisonnier; ravisseur *m.* **2.** *Navy:* Auteur *m* d'une prise; capteur *m. Attrib.* **Captor ship,** vaisseau capteur.

capture[1] ['kaptjər], *s.* **1.** (*Action*) Capture *f*, prise *f.* **Capture at sea,** prise en mer. **The law of Warlike Capture,** le code qui régit le droit de prise entre belligérants. **2.** (*Thg or pers. taken*) Prise.

capture[2], *v.tr.* **1.** Capturer (un vaisseau, un malfaiteur); prendre (une ville) (*from,* sur); s'emparer (d'un malfaiteur). *Com:* To

capture the market, accaparer la vente. *To c. s.o.'s affections,* séduire qn; se faire aimer de qn. **2.** *W.Tel: To c. Hertzian waves,* capter des ondes hertziennes.

capturing, *s.* **1.** Capture *f* (d'un navire, d'un malfaiteur); prise *f* (d'une ville). **2.** Captage *m* (des ondes hertziennes).

capturer ['kaptjurər], *s.* = CAPTOR 1.

Capua ['kapjuə]. *Pr.n. A.Geog:* Capoue *f.*

Capuan ['kapjuən], *a.* & *s. A.Geog:* Capouan, -ane. *Sunk in C. luxury,* endormis dans les délices de Capoue.

Capuchin ['kapjutʃin], *s.* **1.** *Ecc:* Capucin, -ine. *C. convent, friary,* couvent *m* de capucins; *Hum:* capucinière *f.* **2.** *Cost:* Mante *f* à capuchon; capeline *f.* **3.** *Husb:* Pigeon capucin; pigeon nonnain. **4.** *Z:* (*Monkey*) Saï *m, F:* capucin.

capybara [kapi'bɑːrə], *s. Z:* Capybara *m,* cabiai *m.*

car [kɑːr], *s.* **1.** *Lit:* (*Chariot*) Char *m. Triumphal car,* char de triomphe. **2.** (*a*) **Jaunting-car,** carriole irlandaise à deux roues, avec sièges de côté qui débordent les roues. (*b*) **(Motor) car,** automobile *f, F:* auto *f,* voiture *f. Light car,* voiturette *f. I came in the car, by car,* je suis venu avec l'auto. *See also* ARMOURED, PARK[1] 2, SIDE-CAR, TOURING-CAR. (*c*) **(Tramway-)car,** (voiture de) tramway *m. See also* TROLLEY-CAR. **3.** *Rail:* (*a*) *U.S:* Voiture, wagon *m* (de chemin de fer). *See also* FLAT-CAR, FREIGHT[1] 2, RAIL-CAR. *To take the cars,* prendre le train. (*b*) **Dining-car,** wagon-restaurant *m, pl.* wagons-restaurants. **Luncheon-car,** wagon-restaurant. **Refreshment-car,** wagon-bar, *pl.* wagons-bars. **Sleeping-car,** wagon-lit *m, pl.* wagons-lits; sleeping *m. See also* STATE[1] 2. **4.** (*a*) Nacelle *f* (d'un pont transbordeur, *Aer:* d'un ballon, d'un dirigeable). (*b*) *U.S:* Cabine *f* (d'un ascenseur).

'car-licence, *s. Aut:* Permis *m* de circulation, = carte grise.

'car-load, *s.* Voiturée *f.*

carabao [karə'beio], *s. Z:* Karbau *m,* kérabau *m.*

carabid ['karəbid], **carabidan** [kə'rabidən], *s. Ent:* Carabidé *m,* carabique *m.*

carabineer [karəbi'niːər], *s. Mil:* Carabinier *m.* **The Carabineers** [kɑːrbi'niːərz], le 6e régiment des Dragons de la Garde.

caraboid ['karabɔid], *a. Ent:* Qui ressemble à un carabidé. *C. beetle,* zabre *m.*

carabus ['karabəs], *s. Ent:* Carabe *m.*

caracal ['karəkal], *s. Z:* Caracal *m, pl.* -als.

caracole[1] ['karəkoul], *s.* **1.** *Equit:* Caracole *f.* **2.** *Arch:* Escalier *m* en spirale, en colimaçon.

caracole[2], *v.i. Equit:* Caracoler.

caracul ['karəkʌl], *s. Com:* (Fourrure *f* de) caracul *m.*

carafe [kə'raf], *s.* Carafe *f.*

caramel[1] ['karəmel], *s.* **1.** Caramel *m. C. flavour,* goût caramélé. *See also* CUSTARD. **2.** Bonbon *m* au caramel. **3.** (Couleur *f*) caramel *inv.*

caramel[2]. **1.** *v.tr.* Caraméliser. **2.** *v.i.* Se caraméliser.

caramelize ['karəmelaiz], *v.tr.* Caraméliser.

carapace ['karəpeis], *s. Crust:* Carapace *f*; bouclier *m.*

carat ['karət], *s. Meas:* **1.** **Metric carat** (*for weighing diamonds*), carat *m* (de 200 milligrammes). **2.** (*Measure of fineness of gold*) Carat (de fin). **Twenty-four carat gold,** or *m* au titre 1000. **Eighteen-carat gold,** or à dix-huit carats; or au titre 750. *Twelve-c. bracelet,* bracelet *m* (en) demi-fin.

caravan[1] ['karəvan, karə'van], *s.* **1.** Caravane *f*; convoi *m* des déserts. **To travel in caravan,** voyager en convoi. **2.** *Veh:* (*a*) Roulotte *f*; voiture *f* de saltimbanques. (*b*) *Aut:* Roulotte automobile ou roulotte remorque; caravane.

caravan[2], *v.i.* Excursionner en auto avec une roulotte, une caravane, en remorque; faire du camping automobile.

caravaneer [karəvə'niːər], *s.* **1.** Caravanier *m* (de l'Orient). **2.** = CARAVAN(N)ER.

caravan(n)er [karə'vanər], **caravanist** [karə'vanist], *s.* Voyageur, -euse, ou excursionniste *mf* en caravane automobile; amateur *m* de camping automobile.

caravanserai [karə'vansərai], *s.* Caravansérail *m*; kan *m*; station *f* pour caravanes.

caravel ['karavel], *s. Nau: A:* Caravelle *f.*

caraway ['karəwei], *s. Bot:* Carvi *m,* cumin *m* (des prés); chervi(s) *m.*

'caraway-seeds, *s.pl.* Graines *f* de carvi.

carbamic [kɑːr'bamik], *a. Ch:* Carbamique.

carbamide ['kɑːrbəmaid], *s. Ch:* Carbamide *f.*

carbarn ['kɑːrbɑːrn], *s. U.S:* Garage *m,* dépôt *m,* de tramways.

carbide ['kɑːrbaid], *s. Ch: Ind:* Carbure *m.* **Calcium carbide,** *F:* **carbide,** carbure de calcium. *See also* HYDROCARBIDE.

carbine ['kɑːrbain], *s.* Carabine *f.*

'carbine-swivel, *s.* Porte-mousqueton *m inv* (de bandoulière).

carbineer [kɑːrbi'niːər], *s.* = CARABINEER.

carbo-hydrate ['kɑːrbo'haidret], *s. Ch:* Hydrate *m* de carbone.

carbolated ['kɑːrboleitid], *a. Pharm:* Phéniqué. **Carbolated gauze,** gaze phéniquée.

carbolic [kɑːr'bɔlik], *a. Ch:* Phénique. **Carbolic acid,** acide *m* phénique, carbolique; phénol *m,* carbol *m. Pharm:* **Carbolic lotion,** eau phéniquée.

carbolize ['kɑːrbolaiz], *v.tr. Med:* Phéniquer; baigner ou traiter (une plaie) à l'acide phénique.

carbon ['kɑːrbən], *s.* **1.** *Ch:* Carbone *m.* **Carbon dioxide,** acide *m* carbonique; anhydride *m* carbonique. **Carbon disulphide,** carbosulfure *m.* **Carbon monoxide,** oxyde *m* de carbone. *Med: C.-monoxide poisoning,* oxycarbonisme *m.* **2.** (*a*) *Metall:* **Powdered carbon,** charbon *m* en poudre; cément *m.* **Gas carbon,** charbon de cornue. **Carbon filter,** filtre *m* à charbon. *El:* **Carbon filament lamp,** lampe *f* à filament de charbon. **Carbon(-brush, -stick, -rod),** baguette *f* de charbon, balai *m* de charbon; crayon *m* (d'une lampe à arc); charbon. *Cored c.,* charbon à mèche. (*b*) *Phot:* **Carbon printing, carbon process,** procédé *m* au charbon. **Carbon print, enlargement,** épreuve *f,* agrandissement *m,* au charbon. (*c*) *I.C.E: etc:* **Carbon deposit,** encrassement *m,* calamine *f. C. cleaning tool,* outil *m* pour décalaminage. **Carbon-preventative fuel,** carburant additionnel décalaminant. **3.** *Typewr:* (*a*) Papier carbone, papier carboné. (*b*) = CARBON-COPY. **4.** *Lap:* Carbonado *m.*

'carbon-copy, *s. Typewr:* Copie *f,* double *m,* au (papier) carbone.

'carbon-holder, *s. El.E:* Portecrayon *m,* porte-charbon *m inv* (de lampe à arc, de magnéto, etc.).

'carbon paper, *s.* **1.** *Phot:* Papier *m* au charbon. **2.** *Typewr:* Papier carbone, papier carboné.

carbonaceous [kɑːrbə'neiʃəs], *a.* **1.** *Ch:* Carboné. **2.** *Geol:* Charbonneux.

carbonaro, *pl.* **-i** [kɑːrbo'nɑːro, -i], *s. Ital.Hist:* Carbonaro *m, pl.* carbonari.

carbonate[1] ['kɑːrbənet], *s. Ch:* Carbonate *m.*

carbonate[2] ['kɑːrbəneit], *v.tr. Ch:* Carbonater.

carbonic [kɑːr'bɔnik], *a. Ch:* Carbonique. **Carbonic acid gas, carbonic anhydride,** gaz *m* carbonique, anhydride *m* carbonique.

carboniferous [kɑːrbə'nifərəs], *a. Geol: Miner:* Carbonifère; (bassin) houiller.

carbonite ['kɑːrbənait], *s. Exp:* Carbonite *f.*

carbonization [kɑːrbənai'zeiʃ(ə)n], *s.* **1.** Carbonisation *f* (du bois, etc.); houillification *f* (de matières végétales). **2.** *I.C.E: etc:* Encrassement *m,* calaminage *m.*

carbonize ['kɑːrbənaiz]. **1.** *v.tr.* (*a*) *Ch:* Carboniser, *I.C.E:* carburer. (*b*) *Ind:* Carboniser, charbonner (du bois, etc.); *Geol:* houillifier (des matières végétales). **2.** *v.i.* (*a*) *I.C.E: etc:* S'encrasser, se calaminer. (*b*) *Geol:* Se houillifier.

carbonizing, *s.* = CARBONIZATION.

carbonyl ['kɑːrbonil], *s. See* CHLORIDE.

carborundum [kɑːrbo'rʌndəm], *s.* Carborundum *m*; carbure *m* de silicium. *C. wheel,* meule *f* en carborundum.

carboxyl [kɑːr'bɔksil], *s. Ch:* Carboxyle *m.*

carboxylic [kɑːrbɔk'silik], *a. Organic Ch:* Carbonique.

carboy ['kɑːrbɔi], *s.* Tourie (clissée); bonbonne *f,* ballon *m* (d'acide).

carbuncle ['kɑːrbʌŋkl], *s.* **1.** *Lap:* Escarboucle *f.* **2.** *Med:* (*a*) Charbon *m*; pustule maligne. (*b*) Furoncle *m,* clou *m,* anthrax *m*; bourgeon *m* (sur le nez).

carbuncled ['kɑːrbʌŋkld], *a.* **1.** Orné d'escarboucles. **2.** (*a*) *Med:* Charbonneux. (*b*) *F:* (Nez) couvert de boutons, bourgeonné.

carbuncular [kɑːr'bʌŋkjulər], *a. Med:* Charbonneux; rouge et enflammé. *C. tumour,* tumeur charbonneuse. *Vet:* **Carbuncular fever,** fièvre charbonneuse; charbon *m.*

carburant ['kɑːrbjurənt], *s. I.C.E:* Carburant *m.*

carburate ['kɑːrbjureit], *v.tr.* Carburer.

carburated, *a.* Carburé.

carburation [kɑːrbju'reiʃ(ə)n], *s.* Carburation *f.*

carburet ['kɑːrbjuret], *v.tr.* Carburer.

carburetted, *a. I.C.E:* **Carburetted air,** air carburé. *Ch:* **Carburetted hydrogen,** hydrogène carburé. **Light carburetted hydrogen,** méthane *m*; gaz *m* des marais; *Min:* grisou *m.*

carburetting, *s.* Carburation *f.*

carburetant [kɑːrbju'retənt], *s. I.C.E:* Carburant *m.*

carburetter, carburettor [kɑːrbju'retər], *s.* Carburateur *m. I.C.E:* **Spray carburetter,** carburateur à pulvérisation. **Jet carburetter,** carburateur à giclage. **Float carburetter,** carburateur à niveau constant. *See also* DOWN-DRAUGHT.

carburize ['kɑːrbjuraiz], *v.tr.* **1.** Carburer (un gaz, etc.). **2.** *Metall:* Carburer, cémenter (l'acier, etc.).

carcajou ['kɑːrkəʒu], *s. Z:* Carcajou *m.*

carcanet ['kɑːrkanet], *s. A:* Collier *m* (de diamants, etc.); parure *f.*

carcase, carcass ['kɑːrkəs], *s.* **1.** *F:* (i) Cadavre *m* (humain); (ii) corps *m. F:* **To save one's carcase,** sauver sa peau. *P: Move your c.!* bouge ta viande! **2.** Cadavre, carcasse *f* (d'un animal). *See also* BUTCHER[1]. **3.** *Const: N.Arch:* Carcasse, charpente *f,* cage *f* (d'une maison); squelette *m,* carcasse (d'un navire). *Aut: etc:* Carcasse, ossature *f* (de carrosserie); carcasse (de pneu). **4.** *Mil: A:* Obus *m* incendiaire, carcasse.

'carcass-saw, *s.* Scie *f* à dos.

carcel ['kɑːrsel], *s.* **1.** **Carcel lamp,** lampe *f* Carcel. **2.** *Ph.Meas: A:* Carcel *m* ($9\frac{1}{2}$ bougies).

carcinogenic [kɑːrsino'dʒenik], *a. Med:* Qui favorise le cancer.

carcinoma [kɑːrsi'noumə], *s. Med:* (*a*) Carcinome *m.* (*b*) Cancer *m.*

carcinomatous [kɑːrsi'noumatəs], *a. Med:* Carcinomateux.

carcinosis [kɑːrsi'nousis], *s. Med:* Carcinose *f.*

card[1] [kɑːrd], *s.* **1.** (Playing-)card, carte *f* (à jouer). *Low, small, c.,* basse carte. *See also* COURT-CARD, FACE-CARD, TRUMP[2] 1. **Game of cards,** partie *f* de cartes. **Pack of cards,** jeu *m* de cartes. **To make a card** (*in playing*), faire une levée (avec une carte). **To play one's cards well,** (i) bien jouer ses cartes; (ii) *F:* bien mener sa barque; bien jouer son jeu; tirer parti de toutes ses ressources. **To play one's last card,** jouer son va-tout. *F: That is his strongest c.,* c'est la meilleure pièce de son sac. *T. hold all the winning cards,* avoir tous les atouts dans son jeu, en main. **To play one's best card,** jouer son atout. **To show one's cards,** montrer, découvrir, son jeu. **To throw, lay, one's cards on the table,** mettre cartes sur table. *With one's cards on the table,* cartes sur table; à jeu découvert. **To have a card up one's sleeve,** avoir encore une ressource; n'être pas à bout de jeu. *F:* **It is (quite) on the cards that . . .,** il est bien possible, il se pourrait fort bien, que. . . . *See also* SHOW[2] I. 1, THROW IN 4. *F:* **House of cards,** château *m* de cartes. *The scheme came down like a house of cards,* tout le projet s'est effondré. *P:* **It's a sure card,** c'est une certitude. **He's a queer card,** c'est un drôle de type, un drôle de numéro, un drôle de sidi; c'est un excentrique. **He's a knowing card,** c'est une fine mouche; c'est un rusé compère; c'est un malin;

il est ficelle; il la connaît (dans les coins). **He's a card, a great card,** c'est un original; il n'a pas son pareil. **2.** (*a*) (**Visiting-**)**card,** carte (de visite). **Business card,** carte d'adresse, d'affaires. *To send in one's c. to s.o.*, faire passer sa carte à qn. **To leave a card, cards, on s.o.,** déposer une carte, *F:* un bristol, un carton, mettre des cartes, chez qn. *P:* **To leave one's card on the doorstep,** déposer une sentinelle (= un étron) sur le pas de la porte. (*b*) **Invitation card,** carte d'invitation. **Admission card,** carte, billet *m*, d'entrée. **Funeral card,** carte de remerciements (après un enterrement). (*c*) **Correspondence card,** carte correspondance. *See also* CHRISTMAS-CARD, LETTER-CARD, POSTCARD, WEDDING-CARD. (*d*) Pancarte *f*, écriteau *m*. *See also* SHOW-CARD. (*e*) *Nau: A:* **Mariner's card,** rose *f* des vents. *F:* **To speak by the card,** parler d'autorité. (*f*) *Com:* (**Index-**)**card, loose card,** (carte-)fiche *f*, *pl.* (cartes-)fiches. (*g*) *Golf:* (Carte portant le) compte des points; carte du parcours. *See also* SCORE-CARD. *Rac:* Programme *m* des courses. *F:* **It's not the correct card,** ce n'est pas catholique. **That's the card!** à la bonne heure! bien combiné! (*h*) Mandat donné à un délégué de syndicat à un congrès pour représenter un certain nombre de ses mandants. **Card vote,** vote plural (dans un congrès de syndicat); vote par mandats. (*i*) *Mec.E:* (**Indicator**) **card,** diagramme *m* d'indicateur (d'une machine à vapeur, etc.). (*j*) **Dance card,** carnet *m* de bal. (*k*) *C. of cotton, of wool,* carte de coton, de laine. (*l*) *See* ÇIGARETTE. **3.** *Dominoes:* Dé *m*.

'card-basket, *s.* Corbeille *f* à cartes de visite.

'card-case, *s.* Porte-cartes *m inv*, étui *m* à cartes, carnet *m* de cartes de visite.

'card-catalogue, *s.* Catalogue *m* sur fiches; fichier *m* de bibliothèque.

'card-dealer, *s.* Serveur, -euse, de cartes; donneur, -euse.

'card index[1], *s.* Fichier *m*; jeu *m* de fiches; classeur *m*; (*of books*) cartothèque *f*.

card-'index[2], *v.tr.* Mettre (des informations, etc.) sur fiches.

card-'indexing, *s.* Mise *f* sur fiches.

'card-player, *s.* Joueur, -euse, de cartes.

'card-playing, *s.* Jeu *m*. *To spend one's nights in c.-p.*, passer ses nuits à des tables de jeu, à jouer. *C.-p. was his curse,* il avait un malheureux penchant pour les cartes; c'est le jeu qui a fait son malheur.

'card-rack, *s.* Tableau *m* pour cartes de visite.

'card-sharper, *s.* Tricheur *m*; fileur *m* de cartes; bonneteur *m*; pipeur, -euse; *A:* grec *m*.

'card-table, *s.* Table *f* de jeu.

card[2], *v.tr.* **1.** Mettre (des notes, etc.) sur fiche. **2.** *The races carded for the meeting,* les courses inscrites au programme de la réunion.

card[3], *s.* *Tex:* Carde *f*, peigne *m*.

'card-tenter, *s.* Cardeur, -euse.

'card-thistle, *s.* Chardon *m* à foulon; chardon bonnetier.

card[4], *v.tr.* *Tex:* Carder, peigner, chiqueter, écharper (la laine, etc.).

carding, *s.* **1.** Cardage *m*, peignage *m*, écharpage *m*. *See also* WOOL 1. **2.** *pl.* Peignons *m*.

'carding-machine, *s.* Machine *f* à carder; cardeuse *f*.

cardamine ['kɑːrdamain], *s.* *Bot:* Cardamine *f*.

cardamom ['kɑːrdaməm], *s.* **1.** *Bot:* Cardamome *m*. **2.** *Com:* Graine *f* de cardamome.

cardan ['kɑːrdən], *s.* *Mec.E:* **Cardan joint,** joint *m* de Cardan, à la Cardan; joint brisé, articulé; joint universel. *See also* CROSS-PIN. **Cardan shaft,** arbre *m* à Cardan.

cardboard ['kɑːrdbɔːrd], *s.* Carton *m*, cartonnage *m*. *Fine c.*, bristol *m*. *F:* **Cardboard empire,** empire *m* de carton-pâte. **Cardboard dictator,** dictateur *m* en carton.

carder ['kɑːrdər], *s.* **1.** *Tex:* (*a*) (*Pers.*) Cardeur, -euse. (*b*) (*Machine*) Cardeuse *f*. **2.** *Ent:* Bourdon *m* des mousses.

cardful ['kɑːrdful], *s.* *Tex:* Peignée *f* (de laine).

cardia ['kɑːrdiə], *s.* *Anat:* Cardia *m* (de l'estomac).

cardiac ['kɑːrdiak]. **1.** *a.* *Med:* Cardiaque, cardiaire. **2.** *s.* *Pharm:* Cordial *m*, -aux.

cardialgia [kɑːrdi'aldʒjə], *s.* *Med:* Cardialgie *f*.

cardialgic [kɑːrdi'aldʒik], *a.* Cardialgique.

cardigan ['kɑːrdigən], *s.* Gilet *m* de tricot (avec ou sans manches); chandail *m* (se boutonnant par devant). (Du nom de Lord Cardigan.)

cardinal ['kɑːrdinəl]. **I.** *a.* **1.** (*a*) (*Pertaining to a hinge*) *Moll:* **Cardinal region,** région *f* de la charnière (d'une coquille). *C. edge,* bord dorsal. (*b*) Cardinal, -aux; principal, -aux. **Cardinal numbers,** nombres cardinaux. *The four c. points,* les quatre points cardinaux. *The c. virtues,* les vertus cardinales. **Affair of cardinal importance,** affaire *f* d'importance capitale. *Ecc:* **Cardinal altar,** maître-autel *m*, *pl.* maîtres-autels. *See also* HUMOUR[1] 1. **2.** (*Colour*) Pourpre; cardinal *inv*. **-ally,** *adv.* Fondamentalement, souverainement.

II. cardinal, *s.* **1.** *Ecc:* Cardinal *m*. *C. bishop,* cardinal-évêque, *pl.* cardinaux-évêques. *C. priest,* cardinal-prêtre, *pl.* cardinaux-prêtres. *C. deacon,* cardinal-diacre, *pl.* cardinaux-diacres. *To be made c.*, être créé cardinal; *F:* recevoir le chapeau. **2.** *Orn:* **Cardinal(-bird),** cardinal.

'cardinal-flower, *s.* *Bot:* Cardinale *f*.

cardinalate ['kɑːrdinəleit], **cardinalship** ['kɑːrdinəlʃip], *s.* *Ecc:* Cardinalat *m*. **The Cardinalate purple,** la pourpre cardinalice, la pourpre romaine.

cardiogram ['kɑːrdiogram], *s.* *Med:* Cardiogramme *m*.

cardiograph ['kɑːrdiograf, -grɑːf], *s.* *Med:* Cardiographe *m*.

cardiographer [kɑːrdi'ɔgrafər], *s.* Cardiographe *m*.

cardiologist [kɑːrdi'ɔlodʒist], *s.* *Med:* Spécialiste *m* des maladies de cœur.

cardiology [kɑːrdi'ɔlodʒi], *s.* *Med:* Cardiologie *f*.

cardiopulmonary [kɑːrdio'pʌlmonəri], *a.* Cardio-pulmonaire.

cardiosclerosis [kɑːrdioskle'rousis], *s.* Cardiosclérose *f*.

carditis [kɑːr'daitis], *s.* Cardite *f*.

cardoon [kɑːr'duːn], *s.* *Hort:* Cardon *m*, chardonnette *f*.

care[1] ['kɛər], *s.* **1.** Souci *m*, inquiétude *f*. *To be full of cares,* être plein de soucis. *Life of c.*, vie pleine de soucis. *My greatest c.*, ma plus grande préoccupation; mon plus grand souci. **Gnawing care,** soucis rongeurs. *Prov:* **Care killed the cat,** il ne faut pas se faire de bile; vous vivrez peu, vous prenez trop de souci. **2.** Soin(s) *m*(*pl*), attention *f*, précaution(s) *f*(*pl*), ménagement *m*. *Constant c.*, soins continuels, assidus. *Tender c.*, sollicitude *f*. *To do sth. with great c.*, faire qch. avec beaucoup de soin. *C. for details,* attention aux détails. *It requires more c.*, il y faut plus de façon. **To take, show, care in doing sth.,** apporter du soin à faire qch. *To bring great c. to bear upon sth., upon doing sth.*, apporter un soin extrême à qch., à faire qch. *His c. that we should lack nothing,* son attention à ne nous laisser manquer de rien. **To take care of s.o., of sth.,** prendre soin de qn, de qch.; avoir soin de qch.; soigner qn, qch; *U.S:* *F:* écarter (un obstacle, etc.). **To take (good) care to do sth.,** avoir (bien) soin de faire qch.; prendre (bien) garde de faire qch. **To take care not to do sth.,** se garder, prendre garde, de faire qch., *F:* de ne pas faire qch. **Take care! have a care!** (i) faites attention! prenez garde! (ii) ne vous y frottez pas! **Take care of yourself,** prenez des précautions; ayez soin de vous-même; soignez-vous bien. *To take c. of one's health,* ménager sa santé. *Every person has a right to take c. of himself,* chacun a le droit de penser d'abord à soi. *To be old enough to take c. of oneself,* être d'âge à se conduire. *Take c. (that) he does not see you,* prenez garde qu'il ne vous voie. *To take c. that sth. shall be done,* veiller à ce que qch. se fasse; avoir soin que qch. se fasse. **That matter will take care of itself,** cela s'arrangera tout seul. **'Glass with care,'** "fragile." *See also* SHUNT[2] 1. **3.** Soin(s), charge *f*, tenue *f*, conservation *f*. *C. and treatment of animals,* soins et traitement des animaux. *Parents are responsible for the c. of their children,* les parents sont responsables des soins à donner à leurs enfants. *To have c. of souls,* avoir charge d'âmes. **To put, place, s.o., sth., in, under, the care of s.o.; to commit s.o., sth., to the care of s.o.,** confier qn, qch., aux soins de qn. *Write to me* **care of Mrs X, c/o Mrs X,** *U.S:* **in care of Mrs X,** écrivez-moi aux bons soins de Mme X, chez Mme X. *To be in, under, s.o.'s c.*, être confié aux soins de qn; être à la charge de qn; être sous la garde, sous la conduite, *F:* sous l'égide *f*, de qn. *To entrust s.o. with the c. of sth.*, commettre qch. à la garde de qn. *To entrust s.o. with the c. of doing sth.*, confier à qn le soin de faire qch. *C. of boilers,* entretien *m*, tenue *f*, des chaudières. *C. of a car, of a battery,* entretien d'une voiture, d'un accu. *C. of explosives,* conservation *f* des explosifs. *C. of public money,* maniement *m*, gestion *f*, des deniers publics. *Sanitary c.*, précautions *f* hygiéniques. **Want of care,** incurie *f*, négligence *f*. *See also* AFTER-CARE. **4.** **Cares of State,** responsabilités *f* d'État. *That shall be my c.*, je m'en charge. *My main c. is their well-being,* je suis soucieux avant tout d'assurer leur bien-être. *My main c. is to . . .*, ma principale préoccupation est de. . . . *To have a c. for one's reputation,* être soucieux, prendre souci, de sa réputation. *Her c. for elegance,* son souci d'élégance.

'care-committee, *s.* Comité *m* de bienfaisance.

'care-free, *a.* Libre de soucis; exempt de soucis; insouciant; sans souci. *C.-f. childhood,* l'enfance insouciante.

'care-laden, *a.* Soucieux, -ieuse; chargé de soucis.

'care-taker, *s.* Concierge *mf* (de maison); gardien *m* (d'un immeuble, d'un musée, etc.).

'care-worn, *a.* Rongé, usé, par le chagrin, par les soucis. *She had a c.-w. expression,* son visage portait l'empreinte de ses soucis; elle avait l'air accablée de soucis.

care[2], *v.i.* **1.** Se soucier, s'inquiéter, s'occuper, se préoccuper (*for, about,* de). *That's all he cares about,* il n'y a que cela qui l'intéresse. *I don't c. what he says,* peu m'importe ce qu'il dit. **What do I care?** que m'importe? qu'est-ce que cela me fait? **Who cares?** qu'est-ce que ça fait? bah! *Lit:* **I care not,** peu m'en chaut. *I don't c. much for it,* je n'y tiens pas. *To c. nothing for s.o.'s advice,* ne prendre nul souci, *F:* se moquer pas mal, des conseils de qn. *He cares little for your advice,* il fait bon marché, il se moque pas mal, de vos conseils. **To care for nothing,** se désintéresser de tout; ne se soucier de rien. *I little c. what people may say,* je ne m'inquiète guère de ce qu'on dit. *I don't c. whether he likes it or not,* que cela lui plaise ou non, ça m'est parfaitement égal. **Not that I care,** non pas que ça me fasse quelque chose, que cela m'inquiète. **For all I care,** pour (tout) ce que ça me fait. **I don't care! as if I cared!** ça m'est égal! *P:* ce que je m'en fiche! *I don't c. either way,* cela m'est indifférent. *F:* **I don't care a bean, a (brass) farthing, a button, a (tuppenny) damn, a fig, a groat, a hang, a hoot, two hoots, a jot, two pins, a rap, a rush, a scrap, a stiver, a straw, a tinker's cuss, tuppence, a red cent,** je m'en moque, je m'en soucie, comme d'une guigne, comme de quatre sous, comme de rien, comme de cela, comme de l'an quarante, comme de l'an neuf, comme de colin-tampon, comme de ma première culotte, comme un poisson d'une pomme; je m'en moque pas mal; je m'en moque absolument; ça, c'est le cadet de mes soucis; ça m'est absolument égal; *F:* je m'en fiche (et m'en contre-fiche); *P:* je m'en bats l'œil; je m'en fous. *He doesn't c. for anybody or anything,* il se moque du tiers comme du quart. **A don't-care-a-hang fellow,** un je-m'en-fichiste, *P:* un je-m'en-foutiste. **2.** **To care for invalids, for children,** soigner des malades, des enfants. *Well cared-for appearance,* apparence soignée. **3.** (*a*) **To care for s.o.,** aimer qn; avoir un penchant pour qn. *He doesn't c. for her,* elle ne lui plaît pas. (*b*) *He cares little for such a life,* cette vie ne lui plaît guère. *I have ceased to c. for these things,* je me suis désintéressé de tout cela. *I don't c. for my wife to write to the papers,* il me déplaît que ma femme envoie des lettres aux journaux. *These are all of my stories that I c. for anybody to read,* de mes contes, voici tous ceux que j'offre volontiers à la lecture du public. *I don't c. for this music,* cette musique ne me dit rien. *Pictures are the only things he cares about,* les tableaux sont ses seules amours.

He does not c. to go out alone, il n'aime pas (à) sortir seul. *I was more afraid than I cared to show*, j'étais plus effrayé que je ne voulais le laisser paraître. *Do you c. to come with me?* voulez-vous m'accompagner? aimeriez-vous (à) m'accompagner? êtes-vous disposé à m'accompagner? *F:* **I don't care if I do**, je veux bien; je ne dis pas non; je ne demande pas mieux. *If you c. to join us*, si vous voulez vous joindre à nous; si cela vous plaît de vous joindre à nous. **If you care to**, si cela peut vous être agréable; si le cœur vous en dit. *I shouldn't c. to be a doctor*, cela ne me dirait rien d'être médecin. *She doesn't c. about going to Paris now*, elle ne se soucie plus d'aller à Paris; elle ne tient plus à aller à Paris.

careen [kə'ri:n]. *Nau:* **1.** *v.tr.* (*a*) Abattre, mettre, (un navire) en carène; mettre (un navire) au cran. (*b*) Caréner (un navire); nettoyer la carène (d'un navire). **2.** *v.i.* (*a*) (*Of ship*) Donner de la bande; se coucher; plier sous le vent. (*b*) *U.S:* (*Of motor car*) Pencher sur le côté.

careening, *s.* **1.** Carénage *m*; abattage *m* en carène. **Careening basin**, bassin *m* de carénage. **2.** *Nau:* Bande dangereuse.

careenage [kə'ri:nedʒ], *s. Nau:* **1.** = CAREENING 1. **2.** Frais *mpl* de carénage. **3.** Chantier *m* de carénage.

career[1] [kə'ri:ər], *s.* **1.** Course (précipitée). **To be off in full career**, s'élancer à toute vitesse. **To stop in mid career**, rester, demeurer, en (beau) chemin. **To stop s.o. in mid career, in full career**, arrêter qn au milieu de sa course, en pleine course. *Nothing could stop Napoleon in his c.*, rien n'arrêtait Napoléon dans sa carrière. **2.** Carrière *f*. *To take up a c.*, embrasser une carrière. *Sch:* **Careers master**, orienteur professionnel. *U.S:* **Career man**, diplomate *m* de carrière.

career[2], *v.i.* Courir rapidement, follement. **To career along**, être en pleine course. **To career about, over,** *a place*, parcourir un endroit (d'une allure gaie ou rapide); aller de côté et d'autre.

careerist [kə'ri:ərist], *s.* Arriviste *m.*

careful ['kɛərful], *a.* **1.** Soigneux (*of*, de); attentif (*of*, à). *To be c. of one's reputation*, être soucieux, jaloux, de sa réputation; tenir à sa réputation. *Be c. of it!* servez-vous-en avec soin! ayez-en soin! *To be c. to do sth.*, avoir soin de faire qch.; être attentif à faire qch; veiller à faire qch. *Be c. to get there early*, faites attention, veillez, à arriver de bonne heure; ayez soin d'arriver de bonne heure. *Be c. that nobody knows anything about it*, faites attention (à ce) que, ayez soin que, personne n'en sache rien. *Be c. what you are doing*, faites attention à ce que vous faites. *He is not always c. whether his words are well chosen or not*, il ne fait pas toujours attention au choix de ses paroles; il ne pèse pas toujours ses paroles. **Be careful!** prenez garde! faites attention! pas d'imprudence(s)! *C. workman*, ouvrier soigneux, appliqué. *C. consideration of a question*, examen attentif, approfondi, d'une question. *C. copy*, copie soignée. **2.** Prudent, circonspect, précautionneux. *C. housewife*, ménagère très regardante. *A c. answer*, une réponse bien pesée, réfléchie. **-fully**, *adv.* **1.** Soigneusement, avec soin, avec minutie; prudemment; attentivement. *To copy sth. c.*, copier qch. à main posée. *Question that has been c. examined*, question *f* qui a fait l'objet d'une étude approfondie. *This book is more c. written than the others*, ce livre est plus écrit que les autres. **2.** Prudemment, avec circonspection. *To live c.*, (i) soigner sa santé; (ii) être frugal; vivre avec économie.

carefulness ['kɛərfulnəs], *s.* **1.** Soin *m*, attention *f*. **2.** Prudence *f*.

careless ['kɛərləs], *a.* **1.** (*a*) Insouciant, peu soucieux (*of, about*, de); nonchalant; étourdi. *A c. person*, un, une, sans-souci *inv.* (*b*) *A c. remark*, une observation inconsidérée, irréfléchie, à la légère. *C. mistake*, faute *f* d'inattention. **2.** Négligent, sans soin. *Cashier c. in his book-keeping*, caissier négligent à tenir ses livres. *To be c. of one's person, of one's attire*, être négligé de sa personne. *C. copy*, copie faite sans soin. **-ly**, *adv.* Avec insouciance, nonchalamment, étourdiment, sans réflexion, négligemment, sans soin, à la légère.

carelessness ['kɛərləsnəs], *s.* **1.** (*a*) Insouciance *f*; nonchalance *f*. (*b*) Inattention *f*, étourderie *f*. **Piece of carelessness**, étourderie. **2.** Manque *m* de soin; négligence *f*, incurie *f*.

caress[1] [kə'res], *s.* Caresse *f*. *F: To load s.o. with caresses*, manger qn de caresses.

caress[2], *v.tr.* (*a*) Caresser. (*b*) *F:* Faire des mamours *m* à (qn); mignoter (qn).

caressing, *a.* Caressant. *C. tones*, tons câlins, modulations câlines. **-ly**, *adv.* D'une manière câline, caressante. *To speak c.*, prendre un ton câlin.

caret ['karet], *s. Typ:* Signe *m* d'omission; renvoi *m* de marge.

caretake ['kɛərteik], *v.tr.* Servir de concierge pour (un immeuble); avoir la charge de (bureaux, etc., alors que le personnel est absent).

carful ['kɑ:rful], *s.* Pleine voiture, pleine auto (d'excursionnistes, etc.); *F:* voiturée *f*.

cargo[1], *pl.* **-oes** ['kɑ:rgo, -ouz], *s. Nau:* (*a*) Cargaison *f*, chargement *m*, marchandises *fpl*. *To take in, embark, c.*, charger des marchandises; prendre du fret; prendre chargement. *Full c.*, plein chargement. **General, mixed, cargo**, cargaison mixte. *Laden with general, mixed, c.*, chargé en, à, cueillette. **Cargo outward**, chargement d'aller. **Cargo homeward**, chargement de retour. *See also* DECK-CARGO. (*b*) *A:* **Private cargo**, pacotille *f*.

'cargo-boat, *s.* Cargo *m*; navire *m* de charge; vapeur *m* de charge; chargebot *m.*

cargo[2], *v.tr.* Charger (un navire). *Ship cargoed with coal*, navire avec une cargaison de houille.

cariama [kari'eima], *s. Orn:* Cariama *m*; *F:* cigogne *f* de serpents.

Carian ['kɛəriən], *a. & s. A.Geog:* Carien, -ienne.

Carib ['karib], *a. & s. Ethn:* Caraïbe (*mf*).

Caribbean [kari'bi:ən], *a. Geog:* **Caribbean Sea, Islands**, mer *f* des Caraïbes, des Antilles; îles *f* Caraïbes.

caribe ['karibi:], *s. Ich:* Serrasalmo *m*; *F:* cariba *m.*

Caribee [kari'bi:], *s.* = CARIB.

caribou [kari'bu:], *s. Z:* Caribou *m*, *pl.* -ous; renne *m* du Canada.

caricaturable ['karikətjuərəbl], *a.* Qui se prête à la caricature.

caricature[1] ['karikatjuər], *s.* Caricature *f*, charge *f*. *To turn a portrait into a c.*, tourner un portrait en caricature, en charge; charger un portrait. *To tend to c. in the depicting of manners*, pousser à la charge la peinture des mœurs.

caricature[2] [karika'tjuər], *v.tr.* Caricaturer. *Th:* **To caricature a part**, charger un rôle; *F:* prendre un rôle à la cascade.

caricaturist [karika'tjuərist], *s.* Caricaturiste *m.*

caricous ['karikəs], *a. Med:* Caricoïde, cariqueux. *C. tumour*, tumeur cariqueuse.

caries ['kɛərii:z], *s. Med:* Carie *f*.

carillon [ka'riljən], *s. Mus:* Carillon *m*. *To play on the c.*, carillonner.

ca'rillon-player, *s.* Carillonneur *m.*

carina [kə'rainə], *s.* **1.** *Z:* Carène *f*, bréchet *m*, brechet *m*. **2.** *Bot:* Carène.

carinate ['karinet], *a. Nat.Hist:* Caréné.

Carinthia [kə'rinθiə]. *Pr.n. Geog:* La Carinthie.

carious ['kɛəriəs], *a. Med:* (Os) carié. *C. tooth*, dent gâtée, malade.

carking ['kɑ:rkiŋ], *a. Used in* **Carking care**, soucis rongeurs.

carline[1] ['kɑ:rlin], *s. Bot:* **Carline thistle**, carline *f* vulgaire.

carline[2], **carling** ['kɑ:rliŋ], *s. N.Arch:* Traversin *m*, entremise *f*, élongis *m*. *Hatch c.*, traversin de panneau. *Fore-and-aft carlings under the beams*, hiloires renversées. *See also* CROSS-CARLING, THWART-CARLING.

'carling-knees, *s.pl. N.Arch:* Faux-baux *mpl.*

Carlist ['kɑ:rlist], *s. Fr. & Sp.Hist:* Carliste *m.*

Carlovingian [kɑ:rlo'vindʒiən], *a. & s. Hist:* Carolingien, -ienne; *A:* carlovingien, -ienne.

Carlton Club ['kɑ:rltənklʌb], *s.* Le "Carlton Club," centre *m* de ralliement du parti conservateur.

carman, *pl.* **-men** ['kɑ:rmən, -men], *s.m.* (*a*) Camionneur, charretier, voiturier. (*b*) *Com:* Livreur. **Carman and contractor**, entrepreneur de camionnage.

Carmania [kɑ:r'meinjə]. *Pr.n. A.Geog:* La Carmanie.

Carmelite ['kɑ:rməlait], *s.* **1.** *Rel.H:* Carme *m*. **Carmelite nun**, carmélite *f*. **The Carmelite order**, l'ordre *m* du Carmel. **2.** *Tex:* Carmeline *f*.

carminative ['kɑ:rminətiv], *a. & s. Med:* Carminatif (*m*).

carmine[1] ['kɑ:rmain, -min]. **1.** *s.* Carmin *m*. **2.** *a.* Carminé; carmin *inv.* *C. lips*, des lèvres *f* de carmin.

carmine[2], *v.tr.* Carminer (les lèvres, etc.).

carnac ['kɑ:rnak], *s.* Cornac *m.*

carnage ['kɑ:rnedʒ], *s.* Carnage *m.*

carnal ['kɑ:rn(ə)l], *a.* **1.** Charnel; (i) sensuel; (ii) sexuel. *C. appetites*, appétits charnels. **Carnal sins**, péchés *m* de la chair. *See also* KNOWLEDGE 3. **2.** Mondain. **-ally**, *adv.* Charnellement, sensuellement.

carnal-'minded, *a.* **1.** Charnel, sensuel. **2.** Mondain.

carnality [kɑ:r'naliti], *s.* Sensualité *f*.

carnalize ['kɑ:rnəla:iz], *v.tr.* Sensualiser.

carnassial [kɑ:r'nasiəl], *a. Z:* (Dent) carnassière.

Carnatic [kɑ:r'natik]. *Pr.n. Geog:* Le Karnatic.

carnation[1] [kɑ:r'neiʃ(ə)n]. **1.** (*a*) *s.* Carnation *f*, incarnat *m*. (*b*) *a.* (Teint) incarnat, incarnadin; (ruban) rose clair *inv.* **2.** *s.pl.* *Art: Picture in which the carnations are a failure*, tableau *m* dont les carnations sont manquées.

carnation[2], *s. Bot:* Œillet *m.*

carnelian [kɑ:r'ni:ljən], *s.* = CORNELIAN.

carney ['kɑ:rni], *v.tr. F:* Cajoler, pateliner (qn); coucher le poil à (qn). *Carneying voice*, voix pateline.

Carnic ['kɑ:rnik], *a. Geog:* **The Carnic Alps**, les Alpes *f* Carniques.

carnify ['kɑ:rnifai], *v.i. Med:* (*Of tissue*) Se carnifier.

Carniola [kɑ:rni'oulə]. *Pr.n. Geog:* La Carniole.

carnival ['kɑ:rnivəl], *s.* **1.** Carnaval *m*, *pl.* -als (avant le carême). **2.** *F:* (*a*) Saturnale *f*. *C. of bloodshed*, orgie *f* de sang. (*b*) Réjouissances *fpl*; fête *f* (avec travestissements).

carnivora [kɑ:r'nivorə], *s.pl. Z:* Carnassiers *m.*

carnivore ['kɑ:rnivɔ:ər], *s.* **1.** *Z:* Carnassier *m*. **2.** *Bot:* Plante *f* carnivore.

carnivorous [kɑ:r'nivorəs], *a.* **1.** (*Of animal*) Carnassier. **2.** (*Of pers., plant*) Carnivore.

carny ['kɑ:rni], *v.tr.* = CARNEY.

carob ['karəb], *s. Bot:* **1.** **Carob(-bean)**, caroube *f*, carouge *f*. **2.** **Carob(-tree)**, caroubier *m.*

carol[1] ['karəl], *s.* (*a*) Chant *m*, chanson *f*. *Esp.* **Christmas carol**, noël *m*. (*b*) Tire-lire *m* (de l'alouette).

carol[2], *v.i. & tr.* **(carolled)** *Poet:* (*a*) Chanter (joyeusement). (*b*) (*Of lark*) Tire-lirer. *Carolling lark*, alouette *f* qui grisolle.

carol(l)er ['karələr], *s.* Chanteur, -euse, de noëls.

Carolina [karo'lainə]. *Pr.n. Geog:* **1.** La Caroline. **South Carolina**, Caroline du Sud. **2.** **The Carolinas**, l'archipel *m* des Carolines.

Caroline ['karolain]. **1.** *Pr.n.f.* Caroline. **2.** *a.* (*a*) = CARLOVINGIAN. (*b*) *Eng.Hist:* Qui appartient aux rois Charles; du temps des rois Charles. (*c*) *Geog:* **The Caroline Islands**, l'archipel *m* des Carolines.

Carolingian [karo'lindʒiən], *a. & s.* = CARLOVINGIAN.

Carolinian [karo'liniən], *a. & s. Geog:* Carolinien, -ienne.

carom[1] ['karəm], *s. Bill: U.S:* Carambolage *m.*

carom[2], *v.i. Bill: U.S:* Caramboler; faire un carambolage.

carotid [kə'rɔtid], *a. & s. Anat:* Carotide (*f*). **Carotid artery**, artère *f* carotide. **Carotid ganglion**, ganglion carotidien.

carousal [kə'rauzəl], **carouse**[1] [kə'ra:uz], *s.* **1.** B(e)uverie *f*; *F:* noce *f* (à tout casser); bombe *f*; bamboche *f*. **2.** *U.S:* **Carousal, carrousel** *m*; chevaux *m* de bois.

carouse[2], *v.i.* Faire la fête, *F:* la bombe, la noce; festoyer; faire ripaille; *P:* faire la bringue.

carousing, *s.* Festoiement *m.*
carouser [kəˈrauzər], *s.* Fêtard *m,* noceur *m*; bambocheur, -euse.
carp[1] [kɑːrp], *s.* (*Usu. inv. in pl.*) *Ich:* Carpe *f.* *Young c.,* carpeau *m,* *f.* carpette. **Leather carp,** carpe (à) cuir. **Mirror carp,** carpe à miroirs. **Beaked carp, nose-carp,** nase *m,* mulet *m.* **Pond full of carp,** étang plein de carpes.
ˈcarp-pond, *s.* Carpier *m*; carpière *f.*
carp[2], *v.i.* Épiloguer, gloser. **To carp at s.o.,** censurer qn; crier après qn; épiloguer, gloser, sur qn. *To c. at sth.,* trouver à redire à qch.
carping[1], *a.* Chicanier; malveillant. *C. criticism,* critique pointilleuse, malveillante. *C. spirit,* esprit censeur, pointilleux, grondeur. **-ly,** *adv.* Pointilleusement.
carping[2], *s.* Censure *f*; critique *f* (malveillante); *P:* chinage *m.*
carpal [ˈkɑːrp(ə)l]. *Anat:* **1.** *a.* Carpien, -ienne; du carpe. **2.** *s.* Os carpien.
Carpathian[1] [kɑːrˈpeiθiən], *a.* *Geog:* **The Carpathian Mountains,** *s.pl.* **the Carpathians,** les (Monts) Carpathes, Karpathes *m.*
Carpathian[2], *a.* *Geog:* Carpathien. **The Carpathian Sea,** la mer Carpathienne.
carpel [ˈkɑːrpəl], *s.* *Bot:* Carpelle *m,* carpophylle *m.*
carpellary [ˈkɑːrpeləri], *a.* *Bot:* Carpellaire.
Carpentaria [kɑːrpenˈtɛəriɑ]. *Pr.n.* *Geog:* **The Gulf of Carpentaria,** le Golfe de Carpentarie.
carpenter[1] [ˈkɑːrpəntər], *s.* Charpentier *m*; appareilleur *m*; menuisier *m* en bâtiments. *Carriage c.,* menuisier en voitures. *Ship c.,* charpentier en navires. *Nau:* **Ship's carpenter,** matelot *m* charpentier. **Carpenter's shop,** atelier *m* de menuiserie. *See also* STAGE-CARPENTER.
ˈcarpenter-bee, *s.* *Ent:* Abeille menuisière; abeille perce-bois *inv.*
ˈcarpenter-scene, *s.* *Th:* **1.** Scène jouée devant un décor provisoire pour laisser aux machinistes le temps de préparer une scène à gros effets. **2.** Le décor lui-même.
ˈcarpenter-work, *s.* Grosse menuiserie.
carpenter[2]. **1.** *v.i.* Faire de la charpenterie. **2.** *v.tr.* Charpenter (qch.). *F:* *Carpentered play,* pièce charpentée à coups de hache.
carpentering, *s.* Charpenterie *f*; menuiserie *f*; métier *m* de charpentier ou de menuisier.
carpentry [ˈkɑːrpəntri], *s.* **1.** (*a*) Charpenterie *f.* (*b*) Grosse menuiserie. **2.** Charpente *f*; les bois *m* (d'un édifice, etc.).
carper [ˈkɑːrpər], *s.* (*a*) Critique malveillant. (*b*) *F:* Aboyeur, -euse; ronchonneur, -euse; *P:* ronchonot *m*; ronchon *m.*
carpet[1] [ˈkɑːrpet], *s.* **1.** Tapis *m.* (*a*) **Bedside carpet,** descente *f* de lit. **Pile-carpet,** tapis velouté. *Long-pile c.,* tapis de haute laine. *Short-pile c.,* tapis de laine rase. **Brussels carpet,** moquette de Bruxelles; moquette bouclée. *See also* TURKEY-CARPET. *To lay a c.,* poser un tapis. *F:* **To be on the carpet,** (i) (*of question*) être sur le tapis; (ii) (*of pers.*) être sur la sellette. *To have s.o. on the c.,* mettre tenir, qn sur la sellette. *See also* DANCE[1] 2. (*b*) Tapis (de verdure, de fleurs, etc.). **2.** *Civ.E:* Revêtement *m* (d'une chaussée).
carpet-ˈbag, *s.* *A:* Sac *m* de voyage, de nuit.
carpet-ˈbagger, *s.* *F:* **1.** Candidat (au Parlement) étranger à la circonscription. **2.** Aventurier *m* politique.
ˈcarpet-beater, *s.* Battoir *m* de tapis; tapette *f*; bat-tapis *m inv.*
carpet-ˈbed, *s.* *Hort:* Parterre *m* de fleurs formant motifs et bordure.
ˈcarpet-beetle, *s.* *Ent:* Anthrène *m,* *F:* amourette *f.*
ˈcarpet-broom, *s.* Balai *m* de jonc.
ˈcarpet-knight, *s.m.* Héros de salon.
ˈcarpet-path, *s.* Chemin gazonné; allée gazonnée.
ˈcarpet-ˈslippers, *s.pl.* Pantoufles *f* en tapisserie; confortables *m.*
ˈcarpet-sweeper, *s.* Balai *m* mécanique; balayeuse *f* mécanique.
ˈcarpet tack, *s.* Fixe-tapis *m inv.*
carpet[2], *v.tr.* **1.** Mettre un tapis à (l'escalier); recouvrir (le plancher) d'un tapis. **2.** *F:* *A:* Mettre (qn) sur la sellette.
carpeted, *a.* Couvert d'un tapis. *Ground c. with turf,* terrain recouvert d'un tapis de gazon. *Slope c. with flowers,* pente tapissée de fleurs.
carpeting, *s.* **1.** (*a*) Pose *f* de tapis. *The c. of the stairs took a long time,* la pose du tapis d'escalier nous a pris beaucoup de temps. (*b*) *Coll.* Tapis *mpl* en pièce. **2.** *F:* *A:* Semonce *f,* réprimande *f.*
carpological [kɑːrpoˈlɔdʒik(ə)l], *a.* *Bot:* Carpologique.
carpology [kɑːrˈpɔlodʒi], *s.* Carpologie *f.*
carpophaga [kɑːrˈpɔfaga], *s.pl.* *Z:* Carpophages *m.*
carpophagous [kɑːrˈpɔfagəs], *a.* Carpophage.
carpophore [ˈkɑːrpofɔːər], *s.* *Bot:* Carpophore *m.*
carpophyl [ˈkɑːrpofil], *s.* *Bot:* Carpophylle *m.*
carpospore [ˈkɑːrpospɔːər], *s.* *Bot:* Spore *f* d'un sporocarpe.
carpus [ˈkɑːrpəs], *s.* *Anat:* *Z:* Carpe *m.*
carrageen [karaˈgiːn], *s.* *Algae:* Carragheen *m*; mousse perlée d'Irlande.
Carrara [kaˈrɑːra]. *Pr.n.* *Geog:* Carrare *f.* **Carrara marble,** marbre *m* de Carrare; carrare *m.*
carriage [ˈkaredʒ], *s.* **1.** (*a*) Port *m,* transport *m,* charriage *m,* portage *m.* *Com:* **Carriage free,** franc de port; franco. **Carriage paid,** (en) port payé; port perçu; franc de port; franco à domicile. **Carriage forward,** (en) port dû. **Carriage (expenses),** frais *mpl* de port, de transport. *To pay the c.,* payer le factage. (*b*) Exécution *f* (d'un projet, d'un ordre). *Pol:* **Carriage of a bill,** vote *m,* adoption *f,* d'un projet de loi. (*c*) Portage (d'un canoë entre deux rivières, etc.). **2.** Port, maintien *m,* démarche *f,* tenue *f* (d'une personne). *Free, easy, c.,* allure dégagée. *I knew him by the c. of his head,* je l'ai reconnu à son port de tête. **3.** (*a*) *Veh:* Voiture *f*; équipage *m,* attelage *m.* *Open c.,* voiture découverte. *Closed c.,* voiture fermée. **Carriage and pair, and four,** voiture à deux, à quatre, chevaux. *Private c.,* voiture de maître. **Livery(-stable) carriage,** voiture de remise, de louage; *F:* remise *f.* *See also* HACKNEY-CARRIAGE, STATE[1] 2. **Baby carriage,** voiture d'enfant, de bébé. **To keep one's carriage, to ride in one's own carriage,** avoir équipage; avoir sa voiture à soi; *F:* rouler carrosse. **Carriage people,** gens *m* qui ont voiture. *See also* CLOCK[1], HORSE[1] 1, UMBRELLA 1. (*b*) *Rail:* Voiture, wagon *m* (de chemin de fer). *You change carriages at . . .,* on change de voiture à. . . . *See also* SLIP-CARRIAGE. **4.** *Tchn:* (*a*) *Artil:* **(Gun-)carriage,** affût *m.* *Slide c.,* affût à châssis. *Automatic c.,* affût à mise en batterie automatique. *Wheeled c.,* affût mobile. *Disappearing gun-c.,* affût à éclipse. *Railway-truck gun-c.,* affût-truc *m, pl.* affûts-trucs. *See also* DEVIL-CARRIAGE, FIELD-CARRIAGE. *Navy:* **Launching-carriage** (*of torpedo*), chariot *m* (de torpille). (*b*) *Veh:* Train *m* (de la voiture). *See also* FORE-CARRIAGE, UNDER-CARRIAGE. (*c*) *Mec.E:* Chariot (d'un tour, d'une machine à écrire, etc.); traînard *m* (d'un tour). *Typ:* **Press-carriage,** train *m.* (*d*) Roulement *m* (d'un wagon, etc.). (*e*) *Mec.E:* Coussinet *m,* dé *m.*
ˈcarriage-builder, *s.* Carrossier *m.*
ˈcarriage-building, *s.* Carrosserie *f.*
ˈcarriage-candle, *s.* Bougie *f* pour lanterne de voiture.
ˈcarriage-dog, *s.* Chien danois.
ˈcarriage-drive, *s.* Avenue voiturière; avenue pour voitures; allée *f*; grande avenue.
ˈcarriage-entrance, -gate, *s.* Porte cochère; (*of farm*) porte charretière.
ˈcarriage-examiner, *s.* *Rail:* Inspecteur *m,* visiteur *m,* des wagons.
ˈcarriage-jack, *s.* *Tls:* Cric *m*; lève-roues *m inv*; chèvre *f* de carrossier; chevrette *f.*
ˈcarriage-road, -way, *s.* Chaussée *f*; route *f* carrossable; voie routière, voie charretière.
ˈcarriage-ˈwindow, *s.* Glace *f* de voiture. *To open, lower, the c.-w.,* baisser la glace.
carriageable [ˈkaredʒəbl], *a.* **1.** (Objet *m*) charriable. **2.** (Chemin *m*) praticable aux voitures, carrossable, voiturier, charretier.
carriageful [ˈkaredʒful], *s.* Pleine voiture (de personnes); *F:* voiturée *f.*
carrick bend [ˈkarikˈbend], *s.* *Nau:* Nœud *m* de vache, d'aju(s)t.
carrick bitt [ˈkarikˈbit], *s.* *Nau:* Dame *f* (de guindeau).
Carrie [ˈkari]. *Pr.n.f.* (*Dim. of Caroline*) Caroline.
carrier [ˈkariər], *s.* **1.** (*Pers.*) (*a*) Porteur, -euse. *Med:* *C. of a disease, of germs, F:* **(germ-)carrier,** porteur, -euse, d'une maladie, de germes, de bacilles. (*b*) *Com:* (i) Entrepreneur *m* de voitures publiques; commissionnaire *m* de roulage; camionneur *m,* messagiste *m.* (ii) Commissionnaire *m* expéditeur; transporteur *m.* (iii) Voiturier *m,* roulier *m,* messager *m.* *Jur:* **Common carrier,** (i) voiturier public; (ii) entrepreneur *m* de messageries maritimes. *See also* SEA-CARRIER. (*c*) *Mil:* (*Of ammunition, etc.*) Ravitailleur *m.* **2.** (*a*) Support *m.* **Shade carrier** (*of lamp*), support d'abat-jour. (*b*) **(Luggage-)carrier,** porte-bagages *m inv,* fourragère *f* (d'automobile); porte-bagages (de bicyclette). *Aut:* **Wheel-carrier,** porte-roue *m inv.* **Accumulator-carrier,** bac *m* d'accumulateurs. (*c*) Étui *m* (de capsules pharmaceutiques, etc.); cartouche *f* (pour correspondances pneumatiques). (*d*) *Mec.E:* Toc *m,* doguin *m* (de tour); (*heart-shaped*) cœur *m* de tour (*e*) **(Lantern-slide) carrier,** châssis *m* passe-vue. *Phot:* **Carrier** (*for dark slides*), (cadre) intermédiaire *m* (pour châssis négatifs). *Sm.a:* **Cartridge carrier,** chargeur *m.* (*f*) *Ind:* Transporteur *m.* **Overhead carrier,** transporteur aérien. (*g*) *Hyd.E:* Canal *m.* **3.** *Navy:* **Aircraft carrier,** (navire *m*) porte-avions *m inv*; porte-aéronefs *m inv.* **4.** = *carrier-pigeon, q.v. under* PIGEON 1. **5.** (*a*) *Ch:* Support de réaction. (*b*) *Art:* Véhicule *m* (pour couleurs). **6.** *Nau:* Chasse-marée *m inv.* **7.** *Attrib.* *W.Tel:* *etc:* **Carrier wave,** onde porteuse. **Carrier nation,** nation vouée aux transports. *See also* BICYCLE[1], TRICYCLE.
carriole [ˈkarioul], *s.* *Veh:* Carriole *f.*
carrion [ˈkariən]. **1.** *s.* Charogne *f.* *Ent:* **Carrion beetle,** boucher *m,* nécrophore *m.* *See also* CROW[1] 1. **2.** *a.* *A:* Pourri, répugnant. **3.** *a.* Vil, sale.
carronade [ˈkaroneid], *s.* *Nau:* *A:* Caronade *f*
carron-oil [karənˈɔil], *s.* *Pharm:* Mélange d'huile de lin et d'eau de chaux (employé pour les brûlures); liniment *m* oléo-calcaire.
carrot[1] [ˈkarət], *s.* **1.** *Hort:* Carotte *f.* **To dangle a carrot in front of the donkey,** attacher la carotte devant le nez du bourricot. *F:* **Carrots,** (i) cheveux *m* rouges; (ii) (*pers.*) rouquin *m*; poil *m* de carotte. **2.** *Bot:* **Deadly carrot,** thapsie *f* garganique. **Wild carrot,** faux chervis. **3.** Carotte de tabac.
carrot[2], *v.tr.* *Tan:* Secréter (les peaux).
carroting, *s.* Secrétage *m.*
carroty [ˈkarəti], *a.* *F:* (*Of pers., hair*) Roux, *f.* rousse; roussâtre; couleur (de) carotte *inv,* rouge carotte *inv.*
carry[1] [ˈkari], *s.* **1.** *Mil:* **Sword at the carry,** sabre *m* en main. **2.** (*a*) Portée *f* (d'un fusil, etc.). (*b*) *Golf:* Trajet *m* (d'une balle). **3.** Portage *m* (d'un canoë entre deux cours d'eau, etc.).
carry[2], *v.tr.* **(carried) 1.** Porter (un enfant, un fardeau, etc.); transporter (des marchandises, qn à l'hôpital); camionner (des marchandises); charrier (du fumier, etc.); rentrer (la moisson). *The bus carried us to . . .,* l'omnibus *m* nous a conduits, transportés, à. . . . *The ship was carried on to a reef,* le navire fut mis sur un écueil. **A memory that he will carry with him to the grave,** souvenir *m* qu'il emportera dans la tombe. *His car carries seven people,* son auto *f* tient sept personnes. *To c. one's life in one's hands,* risquer sa vie; risquer la mort. *Nau:* *We were carrying livestock,* nous avions du bétail à bord. *See also* COAL[1] 1, FETCH[2] 1, LEG[1] 1. **2.** (*Of wires, etc.*) Conduire, transmettre (le son, etc.); (*of pipes*) amener (l'eau). *To c. raw oil to the refinery,* acheminer le pétrole brut sur la raffinerie. **3.** *To c. pipes under a street,* faire passer des tuyaux par-dessous une rue. *To c. a wall one foot higher,* élever, surélever,

un mur d'un pied. *To c. death and destruction everywhere*, porter partout le carnage. *To c. sth. in one's head*, retenir qch. dans sa tête. *A tour carried him to the Balkans*, un voyage l'a amené aux Balkans. **A can of petrol won't carry you very far,** vous n'irez pas loin avec un bidon d'essence. **To carry the war to its conclusion,** mener la guerre jusqu'au bout. **Things were carried to such a point that . . .,** les choses en vinrent à ce point, à tel point, au point, que. . . . *Liberty carried to the point of effrontery*, licence poussée jusqu'au cynisme. *He carries scepticism to some length, pretty far*, il aboutit à un scepticisme assez poussé. *Modesty will not c. you far*, la modestie ne vous mènera pas loin. **To carry sth. into effect,** mettre qch. à exécution; exécuter qch. *See also* EXTREME 2, FAR[1] I. 1. **4.** Enlever (une forteresse); emporter (une position) d'assaut. *To c. the enemy's last positions*, forcer l'ennemi dans ses derniers retranchements. **To carry all before one,** (i) faire brillamment son chemin; remporter tous les prix; (ii) vaincre toutes les résistances; triompher sur toute la ligne. *He carries everything before him*, tout cède, tout plie, devant lui. **To carry one's hearers with one,** entraîner son auditoire. **To carry one's point,** établir la validité d'un argument, d'une réclamation; imposer sa manière de voir; arriver à ses fins; atteindre son but. *To c. it over s.o.*, l'emporter sur qn. *See also* DAY 1 (*b*), FOOT[1] 1. **5.** (i) Adopter, (ii) faire adopter, faire passer (une proposition). (*Of a bill, etc.*) **To be carried,** passer, être adopté, être voté. **6.** (*a*) Porter (un revolver, une montre) sur soi. *To c. the mark of sth. on one*, porter l'empreinte de qch. (*Of pers., opinion*) **To carry authority,** avoir du poids, de l'autorité. *See also* WEIGHT[1] 5. (*Of money*) **To carry interest,** porter intérêt. *To c. an interest of* 4%, rapporter un intérêt de 4%. *Honourable mention carries a reward in kind*, les mentions honorables sont dotées d'une récompense en nature. *U.S: Journal that carries a financial page*, journal *m* qui a une page financière. *Power carries responsibility with it*, le pouvoir ne va pas sans responsabilité. *These abuses c. their own punishment*, ces abus portent en eux leur propre châtiment. *See also* GUN[1] 1. (*b*) (*Of shop*) Avoir (des marchandises) en magasin, en dépôt. *See also* STOCK[1] 5. **7.** (*Of woman*) **To carry a child,** être enceinte. *While she was carrying her third child*, pendant qu'elle était enceinte de son troisième enfant, pour la troisième fois. *The child she carried in her womb*, l'enfant qu'elle portait dans ses flancs. **8.** *Mil:* **To carry swords,** mettre le sabre en main. *Cf.* CARRY[1] 1. **9.** **To carry one's head high,** porter la tête haute. **To carry oneself well, badly,** se tenir, se conduire, bien, mal. **To carry one's liquor well,** bien supporter le vin. *P: He's had as much as he can c.*, il en a son compte; il est rétamé. **Boat that carries its canvas well,** barque *f* qui porte bien sa toile. **10.** *Arch: Const:* Porter, supporter (une poutre, une voûte). *Girder carried on trestles*, poutre portée sur des tréteaux, supportée par des tréteaux. **11.** (*a*) (*Of district*) Nourrir (de nombreux moutons, etc.). *Region carrying corn crops*, région mise en blé. *County carrying a million inhabitants*, comté peuplé d'un million d'habitants. (*b*) *Com: U.S:* Tenir (un article). **12.** *Ar:* **To carry a figure,** retenir un chiffre. **Carry two and seven are nine,** deux de retenue et sept font neuf. *See also* DOT[2] 4. **13.** *Abs.* (*Of gun, sound, etc.*) Porter. *His voice carries well*, il a une voix qui porte bien. *The ball carried a hundred yards*, la balle fit une trajectoire de cent yards. **14.** *St.Exch:* (*Of broker*) Accorder un crédit à (un client). *To c. a customer for all save a small deposit*, supporter les risques des transactions d'un client moyennant une avance minime. *See also* STOCK[1] 7.

carry about, *v.tr.* (*a*) Porter (de l'argent, etc.) sur soi. (*b*) *F:* Trimbaler (qch.). *To c. one's sad thoughts about with one*, promener ses tristes pensées.

carry across, *v.tr.* Transporter (qch.) de l'autre côté; passer (qn).

carry along, *v.tr.* Emporter, entraîner (qn, qch.). *He was carried along with the wreckage of his boat*, le courant l'entraîna avec les épaves de sa barque. *The mud carried along by the stream*, la vase charriée par le ruisseau.

carry away, *v.tr.* **1.** Emporter, enlever (qch.); entraîner, emmener (qn). **2.** (*a*) Transporter (qn de joie, etc.). *Carried away by his feelings*, entraîné par ses émotions. *The crowd was carried away by these words*, la foule fut enlevée par ces paroles. (*b*) *To be carried away by a disease*, être emporté par une maladie; succomber à la maladie. (*c*) *Nau:* **To carry away a mast,** avoir un mât emporté (par une rafale); perdre un mât.

carrying away, *s.* Enlèvement *m* (de qn).

carry back, *v.tr.* **1.** Rapporter (qch.); ramener (qn). **2.** (*a*) Reporter (qch.); remmener (qn). *I must c. back the umbrellas they lent us*, il faut que je reporte les parapluies qu'on nous a prêtés. *To c. a trunk back to the attic*, remonter une malle à la mansarde. (*b*) **To carry s.o. back** (*in memory*), faire remonter qn dans le passé. *Let me c. you back to the day when we first met*, laissez-moi vous reporter au jour de notre première rencontre. *That carries me back to my youth*, cela me rappelle ma jeunesse. (*c*) *To c. back occurrences to an earlier period*, reporter des faits à une époque plus ancienne. *To c. back the origin of man to a remote past*, reculer, reporter, faire remonter, l'origine de l'homme à un passé très lointain.

carry down, *v.tr.* **1.** Descendre (qch.); (*of rivers*) charrier (des glaces, etc.). *Garment carried down to the knee*, vêtement *m* qui tombe, qui se prolonge, jusqu'au genou. **To carry sth. down again,** redescendre qch. **2.** *F:* Faire avaler (une vérité, etc.). *It required all Burke's popularity to carry down parts of his speech*, seule la popularité de Burke put faire passer, faire accepter, certaines parties de son discours.

carry forward, *v.tr.* **1.** Avancer (qch.). **2.** *Book-k: To c. an item forward*, reporter un article. **Carried forward,** report *m*; à reporter.

carry-'forward, *s. Book-k:* Report *m* (au bilan prochain).

carry in, *v.tr.* Rentrer (qch.); porter (qch.) dans la maison.

carry off, *v.tr.* **1.** Emporter (qch.); emmener (qn); (*of death, illness*) enlever, emporter (qn). *To c. off the water from a ditch*, évacuer l'eau d'un fossé. *When young Lochinvar carried off the bride . . .*, lorsque le jeune Lochinvar enleva la fiancée. . . . **2.** *To c. off the prize*, remporter le prix. **He carries everything off,** tout lui réussit. **3.** (*a*) Faire passer, faire accepter (qch. d'insolite). *Her wit carried off her unconventionality*, son esprit faisait passer sa liberté d'allures. (*b*) *F:* **To carry it off,** (i) faire passer la chose; (ii) réussir le coup. *See also* AIR[1] III.

carrying off, *s.* Enlèvement *m* (de qn).

carry on. **1.** *v.tr.* (*a*) Poursuivre, continuer, pousser (un travail); continuer (une tradition); exercer (un commerce, un métier); entretenir (une correspondance); soutenir (une conversation). *To c. on a conversation* (*where it was broken off*), continuer une conversation; reprendre le fil d'une conversation. *The war was carried on until the following year*, la guerre se prolongea jusqu'à l'année suivante. (*b*) **To carry on a word** (*to the next stanza*), rejeter un mot. **2.** *v.i.* (*a*) *To c. on during s.o.'s absence*, (i) continuer le travail, (ii) diriger les affaires, pendant l'absence de qn; *Adm:* assurer l'intérim. *I shall stay behind to c. on the ordinary business*, je vais rester pour assurer l'expédition des affaires courantes. *Mil: Nau:* **Carry on!** continuez! (*b*) Persévérer, persister. *I shall c. on to the end*, j'irai jusqu'au bout. (*c*) *F:* Se comporter. *I don't like the way she carries on*, je n'aime pas ses façons. *I noticed how they were carrying on*, j'observais leur manège. (*d*) *F:* Faire des scènes; s'emporter. *She carried on dreadfully*, elle nous a fait une scène terrible. *Don't c. on like that!* ne vous emballez pas comme ça! *See also* AWFUL 3, CRUEL. (*e*) *F:* **To carry on with s.o.,** flirter, folichonner, avec qn; faire des coquetteries à qn; aguicher qn.

carrying on, *s.* **1.** Continuation *f* (d'un travail, de la guerre, etc.). **2.** *F:* **Such carryings on!** quelle manière de se conduire! quel scandale!

carry out, *v.tr.* **1.** Porter (qch.) dehors, hors de la salle, etc.; transporter (qn) au grand air. *See also* BAT[2] 1. **2.** Mettre à exécution (un projet, une idée, une menace, une décision); *Av:* effectuer (un vol); remplir (les instructions de qn); mettre en pratique (une théorie); exécuter (un programme); exercer (un mandat); donner suite à (une idée, *Com:* une commande); satisfaire à (une obligation, un désir); se décharger (d'une commission); mener à bien (une mission); mener à bonne fin (un travail); s'acquitter (d'une tâche, d'une fonction). *To c. out the law, a principle*, appliquer la loi, un principe. *To c. out an experiment*, effectuer une expérience. *To c. out a procedure*, suivre un mode de procédure. *The plans will soon be carried out*, ces plans entreront bientôt en voie d'exécution. *To c. out a great reform*, opérer une grande réforme. *Mil: etc: Movement smartly carried out*, mouvement bien enlevé. **3.** *Book-k:* (*Extend*) *To c. out a product*, transporter, reporter, une écriture.

carrying out, *s.* **1.** (Mise *f* à) exécution *f* (d'un projet); exercice *m* (de ses fonctions). **2.** *Book-k:* Transport *m* (d'une écriture).

carry over, *v.tr.* **1.** Transporter (qch.) de l'autre côté; (faire) passer (qn) (dans le bac, etc.). **2.** *Book-k:* Reporter (une somme) d'une page à une autre. *To c. over a balance*, transporter un solde. **3.** *St.Exch: To c. over stock*, reporter des titres; prendre des titres en report. *Stock carried over*, titres *m* en report. *Typ: Lines carried over*, report *m*.

'carry-over, *s. St.Exch:* Report *m*.

carrying over, *s.* **1.** Transport *m*. **2.** *St.Exch:* Report *m*.

carry through, *v.tr.* **1.** Transporter (qch.). **2.** Mener (une entreprise) à bien, à bonne fin, à bon terme; exécuter (un travail, un calcul). **3.** *His strong constitution carried him through* (*his illness*), sa forte santé l'aida à surmonter cette maladie.

carry up, *v.tr.* **1.** Monter (qch.); porter (qch.) en haut. *To c. sth. up* (*again*), remonter qch. **2.** Enlever, emporter (en l'air).

carrying[1], *a.* **1.** *Mil:* **Carrying party,** équipe *f* de porteurs. **2.** *Mch:* **Carrying axle** (*of locomotive*), essieu porteur. *C. wheel*, roue porteuse. *See also* BLOCK[1] 6.

carrying[2], *s.* **1.** (*a*) Port *m*, transport *m*. **Carrying company, carrying business,** entreprise *f* de transports, de roulage. **Carrying trade,** transport de marchandises; commerce *m* du transport; industrie voiturière; messageries *fpl*. **Carrying capacity,** (capacité *f* de) charge *f* utile; capacité de transport; contenance *f* (d'une voiture). (*b*) **Carrying of arms,** port d'armes. (*c*) *Artil: C. bar*, portereau *m*. **2.** Enlèvement *m* (d'une forteresse). **3.** Adoption *f*, vote *m* (d'un projet de loi).

'carrying-chair, *s.* Chaise *f* de malade à brancards.

carryall ['kariɔːl], *s. Veh: U.S:* Carriole *f*.

carse [kɑːrs], *s. Ph.Geog:* (*Scot.*) Plaine alluviale.

cart[1] [kɑːrt], *s.* Charrette *f* (à deux roues); (*with springs*) carriole *f*, voiture *f*. *Mil:* Fourgon *m*. **Coal cart,** banne *f*. **Milk-cart,** voiture de laitier. **(Tip-)cart,** tombereau *m*. **Dust-cart,** tombereau à ordures. *F:* **To put the cart before the horse,** mettre la charrue devant les bœufs. *P:* **To be in the cart,** être dans le pétrin, dans les choux, dans de beaux draps. *To put s.o. right in the c.*, mettre qn dans le pétrin. *That would put us, land us, in the c.*, ça nous coulerait. *See also* APPLE-CART, DOG-CART, DUMPING 1, GO-CART, HAND-CART, MAIL-CART, NIGHT-CART, PUSH-CART, SPRING-CART, TIMBER-CART, WATER-CART.

'cart-grease, *s.* (i) Graisse *f* pour voitures; (ii) (*when dirty from use*) cambouis *m*.

'cart-horse, *s.* Cheval *m* de charrette, de roulage; charretier *m*. *See also* WORK[2] I. 1.

'cart-house, *s.* Hangar *m*, remise *f*, chartil *m*.

'cart-ladder, *s.* Bers *mpl*; fausse ridelle.

'cart-load, *s.* Charretée *f*, voiturée *f*, enlevée *f* (*of*, de). *C.-l. of coal, of manure*, tombereau *m* de charbon, de fumier. *F:* **A cart-load of trouble,** toute une accumulation de malheurs, de soucis.

'cart-prop, *s.* Chambrière *f*, béquille *f*.

'cart-road, -track, -way, *s.* Chemin *m* de charroi ; route charretière, chemin charretier ; charrière *f.*
'cart-shed, *s.* = CART-HOUSE.
'cart-wheel[1], *s.* **1.** (*a*) Roue *f* de charrette. (*b*) *P:* Grosse pièce (d'argent); *P:* thune *f*; roue *f* de derrière; *A:* pièce d'une couronne. **2.** *Gym:* **To turn cart-wheels,** faire la roue (sur les pieds et les mains).
'cart-wheel[2], *v.i.* (*Of aeroplane, etc.*) Faire tonneau.
'cart-whip[1], *s.* Fouet *m* de voiturier, de charretier.
'cart-whip[2], *v.tr.* = HORSEWHIP[2].
cart[2], *v.tr.* **1.** Charrier, charroyer, voiturer, véhiculer ; camionner (des marchandises); porter (du charbon) dans un tombereau. *F: To c. one's friends around Paris,* trimbaler ses amis dans Paris. **2.** *P:* Battre (qn) à plate(s) couture(s).
cart about, *v.tr.* *F:* Trimbaler (qn, qch.).
cart away, cart off, *v.tr.* Enlever, emporter, (qch.) dans un tombereau. *F:* **Now cart yourself off!** maintenant fichez le camp !
carting, *s.* = CARTAGE.
cartage ['kɑːrtedʒ], *s.* Charroi *m*, charriage *m*; transport *m* par voiture, par roulage, par camions ; camionnage *m.*
carte[1] (à la) [ala'kɑːrt], *Fr.a.phr.* & *adv.phr.* **A la carte dinner,** dîner *m* à la carte. *To dine à la c.,* manger à la carte.
carte[2], *s.* *Fenc:* = QUART[2] 1.
cartel ['kɑːrtel], *s.* (*a*) Cartel *m* ((i) provocation en duel ; (ii) convention pour l'échange de prisonniers ; (iii) union de producteurs ; (iv) entente entre groupes politiques). (*b*) **Cartel(-ship),** navire *m* parlementaire ; navire qui a mission d'échanger des prisonniers.
cartel(l)ization [kɑːrtelai'zeiʃ(ə)n], *s.* *Ind:* Cartellisation *f.*
cartel(l)ize ['kɑːrtelaːiz], *v.tr.* Réunir (des industriels) en cartel.
carter ['kɑːrtər], *s.* Charretier *m*, voiturier *m*, roulier *m*, camionneur *m.*
Cartesian [kɑːr'tiːziən], *a.* & *s.* *Phil:* *Mth:* Cartésien, -ienne. *C. co-ordinates,* coordonnées cartésiennes. *Ph:* **Cartesian diver, devil, imp,** ludion *m.* *See also* OVAL.
Cartesianism [kɑːr'tiːziənizm], *s.* *Phil:* Cartésianisme *m.*
cartful ['kɑːrtful], *s.* Charretée *f*; pleine charrette (de qch.).
Carthage ['kɑːrθedʒ]. *Pr.n.* *A.Geog:* Carthage *f.*
Carthagena [kɑːrθə'dʒiːna]. *Pr.n.* *Geog:* Carthagène *f.*
Carthaginian [kɑːrθə'dʒiniən], *a.* & *s.* *A.Geog:* Carthaginois, -oise.
Carthusian [kɑːr'θjuziən], *a.* & *s.* **1.** Chartreux, -euse ; des chartreux. *The C. friars,* les chartreux. **2.** (Élève ou ancien élève) de l'école de Charterhouse.
cartilage ['kɑːrtiledʒ], *s.* Cartilage *m.* *Temporary c.,* cartilage d'ossification.
cartilaginous [kɑːrti'ladʒinəs], *a.* Cartilagineux.
cartographer [kɑːr'tɔgrəfər], *s.* Cartographe *m.*
cartographical [kɑːrto'grafik(ə)l], *a.* Cartographique.
cartography [kɑːr'tɔgrəfi], *s.* Cartographie *f.*
cartomancy ['kɑːrtomansi], *s.* Cartomancie *f.*
carton ['kɑːrtən], *s.* **1.** (*a*) Carton *m.* (*b*) Petite boîte en carton. **2.** *U.S:* (*a*) Centre *m*, blanc *m* (d'une cible) ; mouche *f.* (*b*) Balle *f* dans la mouche ; *F:* rigodon *m.*
cartoon[1] [kɑːr'tuːn], *s.* **1.** *Art:* Carton *m* (dessin ou peinture sur carton). **2.** *Journ:* (*a*) Dessin *m* (le plus souvent humoristique ou satirique) sur les événements du jour. (*b*) Dessin sur page entière, et de première importance, dans le *Punch* et journaux de ce genre. (*c*) Portrait caricaturé ; charge *f.* *See also* ANIMATED, MOTION PICTURE.
cartoon[2], *v.tr.* *Journ:* Dessiner un portrait humoristique de (qn) ; faire la caricature, la charge, de (qn).
cartooning, *s.* (L'art *m* de) la caricature.
cartoonist [kɑːr'tuːnist], *s.* Dessinateur *m* de *cartoons*; le dessinateur du *cartoon* (dans un numéro du *Punch*).
cartouche [kɑːr'tuːʃ], *s.* *Arch:* *etc:* Cartouche *m.*
cartridge ['kɑːrtridʒ], *s.* **1.** (*a*) Cartouche *f* (d'arme à feu). *Sporting c.,* cartouche de chasse. *Pin-fire c.,* cartouche à broche. *Central-fire c.,* cartouche à percussion centrale. **Blank cartridge,** cartouche à blanc, sans balle. **To fire (with) blank cartridge,** tirer à blanc, à poudre. *See also* BALL-CARTRIDGE, BLASTING CARTRIDGE, CAP[1] 3, DUMMY 5, HOPPER[1] 2. *To remove the cartridges from the magazine of a rifle,* désapprovisionner le magasin d'un fusil. (*b*) *Artil:* Gargousse *f* (de grosse pièce). **2.** *Ind:* **Filter cartridge,** cartouche filtrante ; cartouche à filtre. **3.** *Phot:* *U.S:* (Pellicule *f* en) bobine *f.*
'cartridge-bag, *s.* *Artil:* *A:* (Sachet *m* à, de) gargousse *f.*
'cartridge-belt, *s.* **1.** Ceinture-cartouchière *f*, *pl.* ceintures-cartouchières. **2.** Bande-chargeur *f* (de mitrailleuse), *pl.* bandes-chargeurs.
'cartridge-case, *s.* **1.** Étui *m*, douille *f* (pour cartouche de fusil ou de pièce de petit calibre). **2.** *Artil:* Gargoussier *m.*
'cartridge-paper, *s.* *Ind:* *Art:* Papier *m* à cartouches, papier-cartouche *m*; papier de moulage, carte *f* de moulage ; papier fort.
'cartridge-pouch, *s.* Cartouchière *f*, giberne *f.*
cartulary ['kɑːrtjuləri], *s.* Cartulaire *m.*
cartwright ['kɑːrtrait], *s.* Charron *m.* **Cartwright's wood,** bois *m* de charronnage. **Cartwright's workshop,** charronnerie *f.*
caruncle ['karəŋkl, ka'rʌŋkl], *s.* *Anat:* *Bot:* Caroncule *f.*
caruncuIate [ka'rʌŋkjulet], **carunculated** [ka'rʌŋkjuleitid], *a.* *Nat.Hist:* Caronculé.
carve [kɑːrv], *v.tr.* **1.** (*a*) Sculpter, graver, ciseler (du marbre, etc.). *To c. a statue in, out of, marble,* sculpter une statue dans le marbre. *To c. a rock into the shape of a lion,* tailler un roc en forme de lion. *Abs.* **To carve on, in, marble,** sculpter dans le marbre ; graver sur le marbre. *F:* **To carve out a dominion for oneself,** se tailler un empire (à la pointe de l'épée). *To c. out a career for oneself,* se faire une carrière. **To carve one's way,** se tailler, se frayer, un chemin (*through,* à travers). (*b*) (*With pass. force*) *Marble, wood, that carves well, badly,* marbre *m*, bois *m*, qui se prête bien, mal, à la sculpture, à la taille. **2.** Découper (de la viande); dépecer (un poulet). *To c. a slice off a turkey,* lever un morceau sur une dinde. *F:* **To carve up a country,** démembrer, morceler, un pays. (*Of troops, etc.*) **To get carved up,** être mis en miettes, en pièces.
carving, *s.* **1.** (*a*) Sculptage *m.* (*b*) *Art:* Sculpture *f*, gravure *f*, ciselure *f.* **Carving-wood,** (i) bois *m* à sculpter ; (ii) (*for small peasant-made articles*) bois de raclerie. *See also* WOOD-CARVING. **2.** Découpage *m* de la viande. *See also* FORK[1] 2, KNIFE[1] 1.
carvel ['kɑːrvel], *s.* *A:* = CARAVEL.
'carvel-built, *a.* Bordé à franc-bord.
'carvel-joint, *s.* *N.Arch:* Joint *m* à franc-bord.
'carvel-work, *s.* Bordage franc.
carver ['kɑːrvər], *s.* **1.** (*a*) *Art:* Sculpteur *m* (sur bois) ; ciseleur *m.* (*b*) (*At table*) Découpeur, -euse ; (*at hotel*) serveur, -euse. *Hist:* **Carver to the King,** écuyer tranchant. **2.** Couteau *m* à découper. *pl.* Service *m* à découper. *See also* FISH-CARVER. **3.** Fauteuil *m* de table (qu'occupe le chef de famille).
caryatid, *pl.* **-ides, -ids** [kari'atid, -idiːz, -idz], *s.* Caryatide *f*, cariatide *f*; statue *f* persique.
caryophyll(ac)eous [kariofi'leiʃəs, -'filjəs], *a.* *Bot:* Caryophyllé.
caryopsis [kari'ɔpsis], *s.* *Bot:* Caryopse *m.*
cascabel ['kaskabel], *s.* *Rept:* Cascabelle *f.*
cascade[1] [kas'keid], *s.* **1.** Chute *f* d'eau ; cascade *f*; (*small*) cascatelle *f.* *El:* **Cascade connection,** couplage *m* en cascade. **2.** *Dressm:* *etc:* *C. of lace, etc.,* flot *m*, jabot *m*, de dentelle ; flot (de rubans).
cascade[2], *v.i.* Tomber en cascade ; cascader.
cascara (sagrada) [kas'kɑːra(sa'grɑːda)], *s.* *Pharm:* Cascara sagrada *f.*
cascarilla [kaska'rila], *s.* *Bot:* Cascarille *f.*
case[1] [keis], *s.* **1.** Cas *m.* **The case in point, the case before us,** le cas dont il s'agit ; la chose en question ; le cas qui nous occupe. *Jur:* **A case in point, a concrete case,** un cas d'espèce. **Law that is inapplicable to the case in point,** loi *f* qui n'est pas applicable en l'espèce. *F:* **To quote a case in point,** citer un cas analogue, un exemple topique. **To state a case,** formuler un point de droit. **Case of conscience,** cas de conscience. **To put the case clearly,** exposer clairement le cas, la situation. *I put my c. to him,* je lui ai exposé mon cas. **Should the case occur,** le cas échéant. **This is not the case,** ce n'est pas le cas ; il n'en est rien. *If that, if such, is the c.,* s'il en est ainsi. *That is often the c.,* cela arrive souvent. **As the case stands (at present),** dans l'état (actuel) des choses. **That alters the case,** c'est une autre affaire ; ce n'est plus la même chose ; voilà qui change la thèse ! *F:* c'est une autre paire de manches ! *The c. is different with you,* il n'en est pas ainsi de vous. **I have something that would meet the case,** j'ai quelque chose qui ferait l'affaire. **To be in good, evil, case,** être dans une bonne position ; être en mauvaise posture. **It is a hard case,** c'est dur pour lui. **It is a case for the doctor,** c'est affaire au médecin. **It is a case of now or never,** il s'agit de saisir l'occasion, de faire vite. **It was a case of love at first sight,** ils se sont aimés du premier coup, à première vue ; *F:* ç'a été le coup de foudre. *F:* **It's a case,** les voilà épris l'un de l'autre. *That can never be our c.,* cela ne nous arrivera jamais. *I am in the same c.,* je suis dans le même cas. *In the c. of children under* 14, dans le cas des enfants au-dessous de 14 ans. **In case of accident, of need,** en cas d'accident, de besoin. **In case he should not be there,** au cas qu'il n'y soit pas ; au cas, dans le cas, pour le cas, où il n'y serait pas. **In any case,** en tout cas ; dans tous les cas ; de toute façon ; en tout état de cause. *You must have patience; in any c. you are only twenty,* il faut patienter un peu ; aussi bien n'avez-vous que vingt ans. **In that case,** en ce cas ; à ce compte ; alors. **In such a case, in such cases,** en pareil cas ; en pareille circonstance. **As in the case of . . .,** comme pour. . . . **In no case,** en aucun cas. *F: I do not think he will come, but I will wait half an hour* **in case,** je ne pense pas qu'il vienne, mais je vais attendre encore une demi-heure à tout hasard. *Such being the c. . . .,* cela étant . . ., en l'état. . . . **As the case may be,** selon le cas ; selon les circonstances. *In most cases,* dans la généralité des cas ; en général. **2.** *Med:* (*a*) Cas (de choléra, etc.). (*b*) *F:* Malade *mf*, blessé, -ée. *Mil: The serious cases,* les grands blessés. (*c*) *F:* **He's a hard case,** (i) on ne sait par où le prendre ; il est inflexible ; (ii) il est incorrigible. **3.** *Jur:* (*a*) Cause *f*, affaire. *The Dreyfus c.,* l'affaire Dreyfus. *The papers are full of divorce cases,* les journaux sont remplis de procès en divorce. *Famous cases,* causes célèbres. **Leading case,** cause qui a établi un précédent. **Commercial case,** affaire sommaire. *To open the c.,* ouvrir l'affaire. **To state the case,** faire l'exposé des faits. **To win one's case,** gagner sa cause, son affaire, son procès ; avoir gain de cause. **There's a lady in the case,** il y a une femme dans l'affaire. (*b*) **To put the case for the prisoner at the bar,** présenter la défense du prévenu. **That is my case, my Lord,** plaise au tribunal d'adopter mes conclusions. (*In criminal trial*) **The case for the Crown,** l'accusation *f.* **To get up the case against s.o.,** instruire contre qn. **There is no case against you,** vous êtes hors de cause. **You have no case,** vous serez débouté (de votre demande). **To make out a case,** établir une réclamation, une accusation. *F:* **To make out one's case,** prouver son cas ; prouver, justifier, sa plainte. *See also* GIVE[2] I. 7. **4.** *Gram:* Cas. **The case-endings,** les flexions casuelles.
'case-book, *s.* Recueil *m* de jurisprudence.
'case-law, *s.* Décisions passées qui ont force de loi ; précédents *mpl.*
case[2], *s.* **1.** (*For packing*) Caisse *f*, boîte *f.* *C. of goods,* caisse de marchandises ; colis *m.* *Mil:* **Uniform case,** cantine *f* (d'officier). *See also* PACKING-CASE. **2.** (*a*) Étui *m*; coffret *m*, écrin *m* (pour bijoux) ; trousse *f* (d'instruments) ; boîte (de violon) ; gaine *f* (de poignard, de pistolet, de momie) ; fourreau *m* (de parapluie) ; peau *f* (de saucisse, *Bot:* de péricarpe). **Spectacle-case,** étui à lunettes. *C. of surgical instruments,* trousse *f*, arsenal *m*, de

chirurgien. **Gramophone-record case**, mallette *f* pour disques de phonographe. *See also* DRESSING-CASE, GUN-CASE, JEWEL-CASE, PAPER-CASE, POCKET[1] 1, SUIT-CASE, WING-CASE, WRITING-CASE. (*b*) (**Display**) **case**, vitrine *f*. *See also* GLASS-CASE, SHOW-CASE. (*c*) *Translated by* porte- *in many compounds*. **Card-case**, porte-cartes *m inv*. *See also* CIGAR-CASE, CIGARETTE-CASE, LETTER-CASE, NEEDLE-CASE, NOTE-CASE, PENCIL-CASE. **3.** (*a*) Coffre *m*, caisse (de piano); buffet *m* (d'orgue). (*b*) Boîtier *m* (de montre, de lampe électrique); palastre *m*, coffre (de serrure). *Sm.a:* **Cartridge-case**, douille *f*, étui, de cartouche. *Tp:* **Diaphragm-case**, capsule *f* (de la membrane vibrante). **4.** (= CASING 2) (*a*) Chemise *f*, enveloppe *f* (de cylindre de moteur); bâche *f* (de turbine); *Aut:* carter *m* (du différentiel, etc.). *I.C.E:* **Timing case**, petit carter de la distribution. *See also* CRANK-CASE, GEAR-CASE. (*b*) Revêtement *m* de bois. **Mine-shaft case**, cadre coffrant. *See also* DOOR-CASE. *Nau:* *C. of a mast*, cornet *m* d'un mât. **5.** (*a*) *Bookb:* Couverture *f*. (*b*) **Filing-case**, carton *m*. **6.** *Dom.Ec:* **Pillow-case**, taie *f* d'oreiller. **7.** *Typ:* Casse *f*. **Half-case**, casseau *m*. **Lower-case letters**, lettres *f* (de) bas *m* de casse; minuscules *f*. **Upper case**, haut *m* de casse. *Upper c. letter*, majuscule *f*, capitale *f*. *See also* OVERSEER 1.

'case-bay, *s*. *Const:* Entrevous *m*.

'case-binding, *s*. *Bookb:* Emboîtage *m*; reliure *f* Bradel.

'case-bottle, *s*. Bouteille carée; flacon *m*.

'case-harden, *v.tr*. *Metall:* Cémenter, aciérer (le fer); tremper, durcir, (l'acier) à la surface.

'case-hardened, *a*. **1.** Cémenté, aciéré, trempé à la surface; (moulé) en coquille. **2.** *F:* (*Of pers.*) Endurci (dans le crime).

'case-hardening, *s*. Cémentation *f*, aciérage *m*; trempe *f* de surface; trempe par cémentation.

'case-knife, *s*. Couteau *m* à gaine.

'case-lock, *s*. Serrure *f* à palastre.

'case-maker, *s*. **1.** Fabricant *m* de caisses d'emballage. **2. Piano-case maker**, caissier *m* en pianos.

'case-opener, *s*. Ciseau *m* à déballer, arrache-clou(s) *m inv*, ouvre-caisse(s) *m*, *pl*. ouvre-caisses.

'case-rack, *s*. *Typ:* Cassier *m*.

'case-shot, *s*. *A:* Mitraille *f*. *To fire c.-s.*, tirer à mitraille. **Case-shot fire**, tir *m* à mitraille. *Discharge of c.-s.*, mitraillade *f*.

'case-worm, *s*. = *caddis-worm, q.v. under* CADDIS.

case[2], *v.tr*. **1. To case goods (up)**, encaisser, emballer, des marchandises; mettre des marchandises en caisse(s). **2.** (*a*) Envelopper (*with*, de). *Knight cased in steel*, chevalier bardé (de fer). **To case (over)** *a surface with plaster*, revêtir une surface de plâtre. *To c. sth. with iron plates*, ferrer qch.; blinder qch. de plaques de fer. *To c. a boiler, a cylinder*, chemiser une chaudière, un cylindre. *To c. a turbine*, bâcher une turbine. *To c. a bottle with wicker*, clisser une bouteille. *To c. sth. with leather*, gainer qch. *See also* GOLD-CASED. (*b*) *Bookb:* Cartonner (un livre). **3. To case a well**, tuber, cuveler, un puits.

casing, *s*. **1.** (*a*) Encaissement *m* (de marchandises); clissage *m* (d'une bouteille). *Bookb:* **Casing (in)**, cartonnage *m*, finissure *f* (d'un livre). (*b*) Coffrage *m*, boisage *m*, tubage *m*, cuvelage *m* (d'un puits de mine, etc.). **2.** Enveloppe *f*, garniture *f* (d'une pompe, etc.); blindage *m*, tôle *f* d'enveloppe, chemise *f* (d'un cylindre); parois *fpl* (d'un fourneau); huche *f*, bâche fermée (d'une turbine); cage *f*, entourage *m*, coquille *f* (d'une machine); boisseau *m* (d'un robinet); boîte *f*, caisse *f* (de l'embrayage); capot *m* (d'une lampe à arc, etc.); revêtement *m* (d'une maçonnerie); dormant *m*, bâti *m*, chambranle *m* (d'une porte, d'une fenêtre). *Min:* Boisage (d'un puits, d'une galerie, etc.). *N.Arch:* Vaigrage plein, entourage plein; cadre *m* (d'une hélice). *Metall:* *Outer c.* (*of furnace*), contre-paroi *f* (d'un fourneau), *pl*. contre-parois. *El.E:* **Armature casing**, enveloppe d'induit. *Metall:* *C. of the mould*, manteau *m*. *N.Arch:* **Rudder casing**, manchon *m* de gouvernail. *Aut:* **Differential casing**, carter *m* du différentiel. **Tyre casing**, enveloppe (extérieure), carcasse *f*, de pneu. *See also* VALVE-CASING.

caseate[1] ['keisiet], *s*. *Ch:* Caséate *m*.

caseate[2] ['keisieit], *v.i*. *Med:* (*Of tissue*) Devenir caséeux.

caseic ['keisiik], *a*. *Ch:* Caséique.

casein ['keisiin], *s*. *Ch:* *Ind:* Caséine *f*, caséum *m*.

'casein-factory, *s*. Caséinerie *f*.

casemate[1] ['keismeit], *s*. *Fort:* Casemate *f*, coffre *m*. *Flanking c.*, coffre flanquant. *N. Arch:* *Gun c.*, réduit *m*.

casemate[2], *v.tr*. Casemater.

casemated, *a*. Casematé. *C. battery*, batterie blindée.

casemating, *s*. Casematage *m*.

casement ['keismənt], *s*. **1.** Châssis *m* de fenêtre à deux battants. **2.** *Poet:* = CASEMENT-WINDOW.

'casement-cloth, *s*. Toile *f* pour rideaux de fenêtre.

'casement-stay, *s*. Entrebâillement *m* (d'une fenêtre à battants).

'casement-window, *s*. Fenêtre *f* à deux battants; croisée *f*.

caseous ['keisiəs], *a*. Caséeux.

caser ['keisər], *s*. *Turf:* *P:* Cinq shillings.

caseum ['keisiəm], *s*. *Ch:* Caséum *m*.

cash[1] [kaʃ], *s*. *No pl*. Espèces *fpl*, numéraire *m*, argent comptant, valeurs *fpl* en espèces. **To be in cash**, être en fonds. **To be out of cash**, n'être pas en fonds; n'avoir plus d'argent; *F:* être à sec. **Hard cash**, espèces sonnantes (et trébuchantes); argent liquide; numéraire. **Cash down**, argent (au) comptant; argent sur table; *F:* donnant donnant. **To pay (in) cash**, payer en espèces, en numéraire; payer comptant. *To pay in hard c.*, payer en espèces sonnantes (et trébuchantes), en argent sec, à (beaux) deniers comptants. **To turn sth., everything, into cash**, faire argent de qch., de tout. *Com:* **Cash disbursements**, payements effectués par la caisse. **Cash payment**, payement (au) comptant; solde *m* ou versement *m* en espèces. **'Terms cash,'** "payable au comptant." **'Cash less discount,'** "comptant avec escompte." *See also* DISCOUNT[1]. **Cash price**, prix *m* au comptant. **Cash on delivery**, payement à la livraison; (livraison) contre remboursement. '*C. on delivery*' *parcel*, colis grevé de remboursement. **Cash with order**, payable à la commande. *Jur:* **Cash offer**, offre réelle. *Fin:* **Cash at maturity**, valeur aux échéances. **Securities dealt in for cash**, valeurs au comptant. *Book-k:* **Cash in hand**, fonds *mpl* en caisse; espèces en caisse; caisse *f*; encaisse *f* disponible. *To have c. in hand*, avoir de l'argent en caisse. **To keep the cash**, tenir la caisse. **To balance the cash**, faire la caisse. *See also* PETTY[1] 2, RESERVE[1] 1.

'cash-account, *s*. Compte *m* de caisse.

'cash-book, *s*. Livre *m* de caisse; sommier *m*. *Counter c.-b.*, chiffrier *m*; main courante de caisse. *Paid c.-b.*, main courante de sorties de caisse.

'cash-box, *s*. Caisse *f*; cassette *f*.

'cash-clerk, -keeper, *s*. Caissier *m*.

'cash-desk, *s*. Caisse *f*.

'cash-register, *s*. Caisse enregistreuse; totalisatrice *f*.

'cash-sale, *s*. Transaction *f* au comptant; vente *f* au comptant.

'cash-store, *s*. Magasin *m* qui ne vend pas à crédit.

cash[2], *v.tr*. **1.** Toucher (un chèque, un mandat-poste, etc.); encaisser (un effet, un coupon); escompter (un effet); changer (un billet de banque). **2.** *To c. a cheque for s.o.*, verser à qn le montant d'un chèque.

cash in, *v.tr*. **1.** Déposer (de l'argent) en banque. **2.** *Abs*. (*a*) (*Of roundsman, etc.*) Verser sa recette à la caisse; régler ses comptes. (*b*) (*After attendance at board meeting, etc.*) Toucher ses jetons. (*c*) *U.S:* *P:* Mourir; lâcher la rampe.

cash[3], *s*. *Num:* Sapèque *f*.

cashew [ka'ʃuː], *s*. *Bot:* Acajou *m* à pommes, anacardier *m*. **Cashew nut**, noix *f* d'acajou, anacarde *m*. *Orn:* **Cashew-bird**, hocco *m* à casque.

cashier[1] [ka'ʃiːər], *s*. Caissier, -ière. **Cashier's desk, office**, caisse *f*; comptoir *m* de recette.

cashier[2], *v.tr*. *Mil:* *Navy:* Casser (un officier); réformer (un officier, par mesure de discipline); mettre (un officier) à la réforme.

Cashmere ['kaʃmiːər]. **1.** *Pr.n*. *Geog:* Le Cachemire. *Z:* **Cashmere goat**, chèvre *f* de Cachemire. **2.** *s*. *Tex:* Cachemire *m*. **Cashmere shawl**, cachemire de l'Inde.

cashmerette [kaʃmiə'ret], *s*. *Tex:* Cachemirette *f*.

casino [ka'siːno], *s*. Casino *m*.

cask[1] [kɑːsk], *s*. (*a*) Barrique *f*, baril *m*, fût *m*, futaille *f*, tonneau *m*; pièce *f* (de vin). *To put wine into casks*, mettre le vin en fût(s), en tonneau(x); embarriquer du vin. *See also* OCTAVE-CASK, WATER-CASK. *Com:* **Wine in the cask**, vin en fût, en cercles; vin en pièce; vin logé. **Half-cask**, (*of burgundy*) feuillette *f*, (*of claret*) demi-pièce *f*, *pl*. demi-pièces. (*b*) (*For dry goods*) Boucaut *m*. *See also* HARNESS-CASK.

'cask-stand, *s*. Chantier *m* (pour fûts).

cask[2], *v.tr*. Enfûter, enfutailler (le vin); mettre (le vin) en fût(s), en tonneau(x).

casket ['kɑːsket], *s*. **1.** Coffret *m* (à bijoux); cassette *f* (pour bijoux ou argent); *A:* écrin *m*. *Phot:* **Casket lens**, lentille *f* d'objectif interchangeable avec d'autres du même jeu. **2.** *U.S:* (*Coffin*) Cercueil *m* rectangulaire; cercueil de luxe. **3.** (*For cremated remains*) Urne *f*.

Caskets (the) [ðə'kɑːskets]. *Pr.n.pl*. *Geog:* Les Casquets *m*.

Caspian ['kaspiən], *a*. *Geog:* Caspien, -ienne. **The Caspian Sea**, la mer Caspienne.

casque [kɑsk, kask], *s*. *Archeol:* Casque *m*.

Cassander [ka'sandər]. *Pr.n.m*. *Gr.Hist:* Cassandre.

Cassandra [ka'sandra]. *Pr.n.f*. *Gr.Myth:* Cassandre.

cassation [ka'seiʃ(ə)n], *s*. *Jur:* Cassation *f*. **Court of Cassation**, cour *f* de cassation.

cassava [ka'sɑːva], *s*. (*a*) *Bot:* Cassave *f*, manioc *m*. (*b*) **Cassava(-flour)**, farine *f* de cassave; manioc *m*. (*c*) (*Bread*) Cassave.

casse-paper ['kasipeipər], *s*. *Paper trade:* Papier cassé.

casserole ['kasəroul], *s*. *Cu:* **1.** Cocotte *f* en terre. **2.** Ragoût *m* en cocotte.

cassia ['kasia], *s*. **1.** *Bot:* (*a*) Casse *f*, canéfice *f*. (*b*) **Cassia(-tree)**, cassier *m*, canéficier *m*. *See also* CLOVE-CASSIA. **2.** *Pharm:* Casse.

cassida ['kasida], *s*. *Ent:* Casside *f*.

Cassiopeia [kasio'piːa]. *Pr.n.f*. Cassiopée. *Astr:* **Cassiopeia's Chair**, la Chaise; le trône de Cassiopée.

Cassiterides (the) [ðəkasi'teridiːz]. *Pr.n.pl*. *A.Geog:* Les Cassitérides *f*.

cassiterite [ka'sitərait], *s*. *Miner:* Cassitérite *f*; mine *f* d'étain; étain oxydé.

cassock ['kasək], *s*. (*a*) *Ecc:* Soutane *f*. *Short c.*, soutanelle *f*. (*b*) *Magistrate's c.* (*worn under gown*), simarre *f*.

cassocked ['kasəkt], *a*. (Prêtre, etc.) en soutane, *F:* ensoutané.

cassolette [kaso'let], *s*. Cassolette *f*.

cassowary ['kasowεəri], *s*. *Orn:* Casoar *m*.

cassweed ['kaswiːd], *s*. *Bot:* Capselle *f*, bourse-à-pasteur *f*.

cast[1] [kɑːst], *s*. **1.** (*a*) Jet *m* (d'une pierre); coup *m* (de dés, de filet). *Fish:* Lancer *m* (de la ligne, de la mouche, du filet). **At a single cast**, (i) d'un seul jet, d'un seul coup; (ii) d'un seul coup de filet. **Within a stone's cast**, à un jet de pierre. *Fish:* **Back cast**, jet en arrière (du lancer). *Forward c.*, renvoi *m* en avant. *Horizontal c.*, lancer sous la main. *Switch c.*, lancer roulé. **To stake one's all upon a single cast** (*of the dice*), jouer son va-tout en un seul coup. *Nau:* **Cast of the lead**, coup de sonde. (*b*) *Fish:* Bas *m* de ligne; empile *f*; avançon *m*. (*c*) *Fish:* Endroit *m* propice à la pêche au lancer. *To change one's c.*, (i) changer de mouche, (ii) changer d'endroit. **2.** (*a*) Dépouille *f* (d'insecte). (*b*) *Earth-worm casts*, déjections *f* de lombric, de ver de terre. (*c*) Aliments dégorgés (par les hiboux et les faucons). (*d*) *Husb:* Agneaux *pl* mis bas. **3.** (*a*) *Ap:* Jet (d'abeilles); rejet *m* (d'essaim). (*b*) **Cast of hawks**, couple *m* de faucons; vol *m* de faucons. **4.** (*a*) *Metall:* Coulée *f*;

(jet de) fonte *f*; jet (de fonte). (*b*) (i) Pièce moulée; plâtre *m*; (ii) moule *m* en creux. **Plaster cast,** moulage *m* au plâtre; empreinte *f* en plâtre. *To take a c. of sth.*, mouler qch.; tirer un plâtre de qch. (*c*) *Geol:* Moule interne. (*d*) *Med:* Calcul *m* (épousant la forme de l'organe où il se trouve). (*e*) *Typ:* Cliché *m*. **5.** (*a*) (*Characteristic*) **A man of his cast,** un homme de sa trempe, de son acabit *m*. **Cast of mind,** tournure *f* d'esprit. **Cast of features,** physionomie *f*, expression *f*. **Cast of thought** *of a writer*, tour *m* de pensée d'un écrivain. *Reddish c. of the sky*, reflet *m* rougeâtre du ciel. *Thoughts of a melancholy c.*, pensées empreintes de mélancolie. *Speech with a warlike c.*, discours *m* d'allure guerrière. (*b*) (*Arrangement, form*) **Cast of a sentence,** ordonnance *f*, allure *f*, d'une phrase. *C. of a drapery*, arrangement *m* d'une draperie (dans un tableau, etc.). **6.** (*a*) Voilure *f* (d'une poutre, etc.). (*b*) **To have a cast in one's eye,** avoir un faux trait dans les yeux; avoir une tendance à loucher. *To have a c. in one's left eye*, loucher (légèrement) de l'œil gauche. **7.** Addition *f* (de chiffres). **8.** *Th:* Distribution *f* (des rôles); la troupe; l'interprétation *f*. **An all-star cast,** interprétation confiée entièrement à des vedettes. **9.** *Bowls:* Point (marqué). **10.** *Ven:* (*Of hounds*) **To make a cast,** billebauder.

cast^{2}, *v.* (*p.t.* **cast**; *p.p.* **cast**) I. *v.tr.* **1.** (*a*) Jeter, lancer (une pierre, un filet); porter, projeter (une ombre). *To c. sth. again*, relancer qch. **The die is cast,** le dé, le sort, en est jeté. **To cast sth. in s.o.'s teeth,** jeter (un fait passé) à la figure de qn. *You needn't c. it in his teeth*, ce n'est pas la peine de revenir là-dessus. *He is for ever casting that in my teeth*, il me reproche cela à tout moment. **Cast into prison,** jeté en prison. *The ship was cast ashore*, le navire fut jeté à la côte. **To cast the blame on s.o.,** rejeter le blâme sur qn. *To c. oneself on s.o.'s mercy*, s'en remettre à la clémence de qn. *To c. oneself at s.o.'s feet*, se jeter aux pieds de qn. **To cast an eye, a glance, at s.o.,** jeter un coup d'œil, porter ses regards, couler, jeter, un regard, sur qn. *To c. a withering glance at s.o.*, asséner un regard de souverain mépris sur qn. *See also* EYE^{1} 1. *To c. a beam of light on an aeroplane*, projeter un faisceau de lumière sur un avion. *To c. light on sth.*, mettre qch. en lumière. *A shadow was c. on the wall*, une ombre se projeta sur le mur. *The pillars c. a long shadow*, les piliers allongent de grandes ombres. *To c. one's thoughts, one's mind, over sth.*, promener sa pensée, son esprit, sur qch. *Nau:* **To cast the lead,** donner un coup de sonde. *See also* ANCHOR^{1}, ASPERSION 2, GLOOM^{1} 2, PEARL^{1} 1, SHADOW^{1} 2, SLUR^{1} 1, SPELL^{1}. (*b*) (*Of reptile*) Jeter bas. **To cast its slough,** jeter sa dépouille; faire peau neuve. (*Of bird*) *To c. its feathers*, muer. (*Of pers*) *To c. a garment*, se dévêtir de qch.; ôter un vêtement, se dépouiller d'un vêtement. *See also* CLOUT^{1} 3, HORN^{1} 1, SHOE^{1} 2, SKIN^{1} 1. (*c*) *Ap:* (*Of hive*) *To c. a swarm*, *abs.* **to cast,** jeter un essaim. (*d*) *Husb:* (*Of dam*) *To c. her young*, mettre bas (des petits, un petit) avant terme; avorter. (*e*) *Z:* *Ven:* (*Of hawk*) Régurgiter, dégorger (des matières indigérées); rendre gorge. **2.** *Fish:* (*a*) *To c. the line*, lancer la ligne. (*b*) **To cast a stream,** *abs.* **to cast for fish,** pêcher au lancer. **3.** Donner (un suffrage). *Number of votes cast*, nombre *m* de voix, de suffrages. **4.** *Astrol:* **To cast a horoscope,** tirer, faire, dresser, un horoscope. *See also* LOT^{1} 1. **5. To cast (up) figures,** additionner des chiffres. *To c. (up) the total*, faire l'addition; faire le total. *To c. up the votes*, compter les bulletins. *See also* ACCOUNT^{1} 1. **6.** (*a*) *Wr:* Terrasser (son adversaire). (*b*) (*Of horse-tamer, etc.*) *To c. a horse*, jeter un cheval par terre. **7.** (*a*) *Jur:* Débouter (un défendeur). *Esp.* **To be cast in damages,** être condamné à des dommages-intérêts. (*b*) *Mil:* *etc:* Réformer (un cheval, etc.); mettre (un cheval) à la réforme. **8.** (*a*) *Metall:* Fondre (du métal); mouler, couler (un cylindre, etc.); sabler (une médaille). *To c. a statue in bronze*, couler une statue en bronze. *Cast in one piece*, coulé en bloc. *Cast in one piece with . . .*, venu de fonte, de coulée, avec. . . . *I.C.E:* *etc:* *Cylinders cast in one piece*, cylindres *m* monobloc. *Typ:* *To c. a page*, clicher une page. *Novel cast in the form of a diary*, roman rédigé sous forme de journal. (*b*) (*With passive force*) **Metal that casts well,** métal qui se coule bien. *See also* MOULD^{3} 2, ROUGH-CAST^{2}. **9. To cast a ship,** virer un navire. **10.** *Th:* **To cast a play,** distribuer les rôles d'une pièce. *To c. s.o. for a part*, assigner, attribuer, un rôle à qn. *I am cast for Hamlet*, j'ai le rôle de Hamlet. **11.** *Agr:* Labourer (une terre) en planches.

II. **cast,** *v.i.* **1.** (*Of wood, etc.*) Se voiler, se déjeter, gauchir. **2.** (*a*) *Nau:* (*Of ship*) **To cast to port,** abattre sur bâbord. (*b*) (*Of file of dancers*) Tourner (à droite, à gauche).

cast about. 1. *v.tr.* *To c. one's eyes about*, promener ses regards de tous côtés. **2.** *v.i.* (*a*) *Ven:* (*Of hounds*) Billebauder. (*b*) **To cast about for an excuse,** chercher une excuse. *To c. about how to do sth.*, chercher le moyen de faire qch. *To c. about for s.o.'s favour*, briguer la faveur de qn. (*c*) *Nau:* Virer.

cast aside, *v.tr.* Se défaire de (qch.); rejeter (un objet inutile); mettre (qch.) de côté, *F:* au rancart; se dépouiller de (tout ressentiment).

cast away, *v.tr.* (*a*) Jeter au loin, rejeter (qch.); bannir (des soucis). (*b*) *Nau:* **To be cast away,** faire naufrage.

cast back. 1. *v.tr.* (*a*) Renvoyer (une pierre, etc.). (*b*) Ramener, reporter, (ses pensées) en arrière. *To c. one's thoughts back on the past*, faire un retour sur le passé. (*c*) Rétorquer (un argument, une accusation, etc.). **2.** *v.i.* (*a*) Revenir sur ses pas; retourner en arrière (*to*, jusqu'à). (*b*) *To c. back to the year* 1880, se reporter en esprit, reporter ses souvenirs, à l'année 1880. *To c. back to an old quarrel*, revenir sur une querelle ancienne. *He's always casting back to it*, il y revient toujours.

'cast-back, *s.* *Ven:* Hourvari *m*.

cast down, *v.tr.* (*a*) Jeter bas (ses armes, etc.). (*b*) Baisser (les yeux). (*c*) **To be cast down,** être abattu, découragé, déprimé. *Don't get cast down*, ne vous laissez pas abattre.

cast in, *v.tr.* **To cast in one's lot with s.o.,** épouser le parti de qn; partager le sort de qn.

cast loose, *v.tr.* *Nau:* Larguer (une amarre). *Abs.* **To cast loose,** larguer.

cast off. 1. *v.tr.* (*a*) Rejeter, repousser (qn). *He was cast off by his family*, il a été renié par sa famille. (*b*) Se dévêtir de (ses vêtements). *To c. off one's winter clothing*, laisser de côté ses vêtements d'hiver. *To c. off one's reserve*, se dépouiller de sa réserve. **Cast-off clothing,** *F:* **cast-offs,** vêtements *mpl* de rebut; défroque *f*; *F:* vieilles frusques. **Cast-off mistress,** ancienne maîtresse; *P:* maîtresse qu'on a plaquée. *See also* ADAM^{1}. (*c*) Se soustraire à (l'oppression, etc.); s'affranchir de (qch.). *To c. off all sense of shame*, abjurer toute pudeur. *See also* YOKE^{1} 1. (*d*) *Nau:* *To c. off the hawsers*, larguer les amarres; démarrer; quitter la jetée, le quai. *To c. off the painter*, larguer la bosse. *To c. off the bight of a rope*, décapeler le double d'une amarre. *Abs.* **To cast off from the buoy,** larguer, filer, le corps-mort. *To c. off from the jetty*, quitter la jetée. (*e*) *Ven:* Lâcher (les chiens). (*f*) *Knitting:* *To c. off five stitches*, fermer cinq mailles. *Abs.* **To cast off,** rabattre les mailles; fermer (les mailles). (*g*) *Typ:* **To cast off a manuscript,** évaluer le nombre de pages imprimées auquel se montera un manuscrit. **2.** *v.i.* *Nau:* (*Of ship*) Abattre sous le vent. *She is casting off*, nous abattons.

'cast-off, *s.* *Typ:* Évaluation *f* du nombre de pages imprimées que fournira un manuscrit; évaluation du manuscrit.

casting off, *s.* **1.** Mise-bas *f* (de ses habits). **2.** *Typ:* = CAST-OFF.

cast on, *v.tr.* *Knitting:* *To c. on twenty stitches*, monter vingt mailles. *Abs.* **To cast on,** monter les mailles.

casting on, *s.* *Knitting:* Montage *m* (des mailles).

cast out, *v.tr.* Mettre (qn) dehors; chasser, exorciser (des démons). *B:* *Perfect love casteth out fear*, la parfaite charité bannit la crainte. *See also* NINE.

cast up, *v.tr.* **1.** Lever (les yeux) au ciel. *See also* EYE^{1} 1. **2.** (*a*) *To c. up his former views at s.o., against s.o.*, objecter à qn ses anciennes opinions. (*b*) **To cast sth. up to s.o.,** reprocher qch. à qn; jeter (un fait passé) au nez, à la figure, de qn. **3.** (*a*) *To c. up the earth from a trench*, rejeter la terre d'une tranchée. (*b*) **To cast up one's food,** rejeter des aliments; vomir. *The sea cast up its dead*, l'océan rejeta, vomit, ses morts. *Flotsam cast up on the shore*, épaves rejetées sur le rivage.

cast^{3}, *a.* **1.** *Art:* **Cast shadow,** ombre portée **2. Cast horses,** chevaux *m* de réforme. **3.** *Metall:* Coulé, fondu. **Cast steel,** fonte *f* d'acier; acier fondu. **Cast 'iron,** fonte de fer; (fer *m* de) fonte. **'Cast-iron stove,** poêle *m* en fonte. *F:* **'Cast-iron etiquette, proof,** étiquette *f*, preuve *f*, rigide. **'Cast-iron discipline, constitution,** discipline *f*, santé *f*, de fer. **To have a cast-iron throat,** avoir le gosier blindé, pavé. **To have a 'cast-iron belief in . . .,** croire dur comme fer à. . . . *See also* ROUGH-CAST.^{3}

casting^{1}, *a.* **Casting vote,** voix prépondérante (accordée au président d'une assemblée, d'un conseil, quand les avis sont également partagés). *The chairman has the c. vote* la voix du président est prépondérante. *To give the c. vote*, départager les voix, les votes.

casting^{2}, *s.* **1.** (*a*) Jet *m* (d'une pierre, etc.). *Fish:* Pêche *f* au lancer. (*b*) *Metall:* *Glassm:* *etc:* Coulée *f*, coulage *m*, moulage *m*, fonte *f*. *C. under cover*, coulée en halle. **Loam casting,** moulage en terre. **Hollow casting,** moulage à noyau. **Top casting,** coulée à la descente. **Bottom casting,** coulée en source. *See also* DIRECT^{2} 1. *Glassm:* **Casting slab, table,** table *f* de coulée. *See also* LADLE^{1} 2. (*c*) *Husb:* *C. of young*, avortement *m* (d'une brebis, etc.). (*d*) *Mil:* *etc:* Réforme *f* (de chevaux, etc.). (*e*) *Th:* Distribution *f* des rôles. (*f*) *Nau:* Abattée *f* (d'un navire). (*g*) **Casting (up)** *of figures*, addition *f* de chiffres. (*h*) Gauchissement *m* (du bois). **2.** *Metall:* *Glassm:* Pièce coulée, pièce moulée, pièce de fonte; coulé *m*. **Heavy castings,** grosses pièces. **Fine castings,** petites pièces. **Hollow casting,** pièce creuse. **Die casting,** pièce moulée sous pression. *See also* CHILL^{1} 3. **3.** *Art:* Jet (de draperies).

'casting-line, *s.* *Fish:* Empile *f*.

'cast(ing)-net, *s.* *Fish:* Épervier *m*.

Castalia [kas'teilia]. **1.** *Pr.n.* *Gr.Lit:* (La fontaine de) Castalie *f*. **2.** *s.* *Bot:* Nymphée *f*.

Castalian [kas'teiliən], *a.* De Castalie; des Muses.

castanet [kasta'net], *s.* **1.** *Gr.Ant:* Crotale *m*. **2. (Pair of) castanets,** castagnettes *fpl*; cliquette *f*.

castaway ['kɑːstawei]. **1.** *a.* Rejeté. **2.** *s.* (*a*) Naufragé, -ée. *C. crew*, équipage naufragé. (*b*) = OUTCAST.

caste [kɑːst], *s.* Caste *f*. **High-caste, low-caste, Indian,** Indien *m* de haute caste, de basse caste. *F:* **To lose caste,** déroger (à son rang); déchoir (de son rang). *He would think he was losing c. if he accepted*, il croirait déroger en acceptant. *See also* HALF-CASTE.

castellan ['kastelən], *s.* *A:* Gouverneur *m* (du château).

castellated ['kasteleitid], *a.* **1.** (*a*) *Fort:* Crénelé. (*b*) (Écrou) crénelé, à entailles, à créneaux. **2.** (*a*) (Région) abondante en châteaux forts. (*b*) (Château, immeuble) bâti dans le style féodal.

caster^{1} ['kɑːstər], *s.* **1.** Jeteur, -euse. **Caster of horoscopes,** faiseur *m* d'horoscopes. **2.** (*a*) *Metall:* Couleur *m*, fondeur *m*. (*b*) Mouleur, -euse (de plâtre, etc.). **3. Caster-up,** additionneur, -euse (de chiffres). **4.** *Coal Min:* Déschisteur, -euse.

caster^{2}, *s.* = CASTOR^{1}.

castigate ['kastigeit], *v.tr.* (*a*) Châtier, corriger (qn). (*b*) Critiquer sévèrement (qn, un ouvrage). (*c*) Revoir, châtier (une œuvre littéraire).

castigation [kasti'geiʃ(ə)n], *s.* (*a*) Châtiment *m*, correction *f*; *A:* volée *f* de bois vert. (*b*) Critique *f* sévère; *F:* abattage *m*; éreintement *m*.

castigator ['kastigeitər], *s.* Châtieur *m*. *A c. of the abuses of his time*, critique *m* sévère des abus de son époque.

castigatory ['kastigeitəri], *a.* Qui châtie, qui corrige.

Castile [kas'tiːl]. *Pr.n.* *Geog:* La Castille. *See also* NEW CASTILE. *Com:* **Castile soap,** savon blanc.

Castilian [kas'tiliən] 1. *a. & s.* Castillan, -ane. 2. *s. Ling:* Le castillan.
castle¹ [kɑːsl], *s.* 1. (*a*) Château fort. (*b*) Château (royal ou seigneurial). **Windsor Castle**, le château (royal) de Windsor. *F:* **To build castles in the air**, bâtir des châteaux en Espagne. *Prov:* **An Englishman's home, a man's house, is his castle**, charbonnier est maître chez lui, en sa maison. 2. *Chess:* Tour *f*.
'castle-builder, *s. F:* Bâtisseur *m* de châteaux en Espagne; rêveur, -euse; utopiste *mf*.
'castle-nut, *s.* Écrou crénelé, à créneaux, à entailles.
castle², *v.tr. Chess:* **To castle the king**, *abs.* **to castle**, roquer.
castling, *s. Chess:* Roque *m*. **Castling base**, ligne *f* de rocade.
castled [kɑːsld], *a.* (Paysage) abondant en châteaux; (ville, colline) à château.
castor¹ ['kɑːstər], *s.* 1. (*a*) Poivrière *f*; saupoudroir *m* (à sucre, etc.). *See also* SUGAR¹ 1. (*b*) *pl.* **(Pair of) castors**, huilier *m*. 2. *Furn:* Roulette *f* (de fauteuil ou autre meuble). *Aut:* **Castor action of front wheels**, chasse *f* de l'essieu avant.
'castor-wheel, *s.* Roue pivotante.
castor², *s. Farr:* Châtaigne *f* (de jambe de cheval).
castor³, *s.* 1. (*a*) *Z: A:* Castor *m*. (*b*) *Pharm:* Castoréum *m*. 2. *P: A:* Chapeau *m*, castor. 3. *Leath:* Castor. **Castor gloves**, gants *m* de castor.
castoreum [kas'tɔːriəm], *s. Pharm:* Castoréum *m*.
castorin ['kɑːstərin], *s. Ch:* Castorine *f*.
castor oil ['kɑːstər'ɔil], *s. Pharm:* Huile *f* de ricin. *Cold-drawn c.o.*, huile de ricin exprimée à froid. *Bot:* **Castor-oil plant**, ricin commun; grande épurge; palma-christi *m inv*. **Castor(-oil) bean**, graine *f* de ricin. *P:* **Castor-oil merchant**, médecin *m*; monsieur *m* Purgon.
castrate¹ ['kastreit], *s. A:* Châtré *m*; castrat *m*.
castrate² [kas'treit], *v.tr.* 1. Châtrer (une bête); évirer (un homme). *Husb:* *Castrated by torsion*, bistourné. 2. *F:* Châtrer, expurger, émasculer (un livre, etc.).
castration [kas'treiʃ(ə)n], *s.* 1. Castration *f*; (*of a man*) éviration *f*. 2. *F:* Expurgation *f*, émasculation *f*.
casual ['kaʒjuəl]. 1. *a.* (*a*) Fortuit, accidentel; (bourgeon *m*, plante *f*, sujet *m*) adventice. *To engage in c. conversation*, parler de choses et d'autres, de choses banales, de la pluie et du beau temps. *Piece of c. information*, renseignement ramassé en passant, par hasard. *To throw out a c. suggestion*, suggérer qch. en passant. **Casual labour**, (i) métier *m* qui comporte des embauchages et débauchages fréquents; (ii) main-d'œuvre *f* d'emploi intermittent. **Casual labourer**, manœuvre *m* d'emploi intermittent; homme *m* à l'heure; *Adm:* temporaire *m*. *Fin:* **Casual profit**, produit casuel. *Golf: etc:* **Casual water**, eau fortuite. (*b*) *F:* *C. person*, personne imprévoyante, insouciante, sans méthode. *He is really too c.*, il en prend trop à son aise. *To give a c. answer*, répondre d'un air détaché, cavalier, désinvolte. 2. *s.* (*a*) Indigent, -ente, de passage. **Casual ward**, asile *m* de nuit (d'un hospice); établissement *m* d'hospitalité de nuit. (*b*) = *casual labourer*. (*c*) *Mil:* (Homme) isolé *m*.
-ally, *adv.* (*a*) Fortuitement, par hasard, en passant. *He added c. that . . .*, il ajouta comme par hasard que. . . . (*b*) *F:* *To reply c.*, répondre d'un air indifférent, négligemment, d'un air détaché, avec désinvolture.
casualism ['kaʒjuəlizm], *s. Phil:* Casualisme *m*.
casualist ['kaʒjuəlist], *s. Phil:* Casualiste *m*.
casualness ['kaʒjuəlnəs], *s.* (Air *m* d')indifférence *f*; insouciance *f*; désinvolture *f*.
casualty ['kaʒjuəlti], *s.* 1. (*a*) Accident *m* (de personne). *Accident with fifteen casualties*, accident où il y a eu quinze morts, quinze blessés, ou quinze morts et blessés. *There were no casualties*, (i) il n'y a pas eu mort d'homme; (ii) il n'y a pas eu d'accident de personne. **Casualty ward**, salle *f* des accidentés (dans un hôpital). (*b*) *pl. Mil:* Pertes *f*. **Casualty list**, liste *f* des morts, blessés et disparus. *To make good the casualties*, combler les vides *m*. 2. (*Pers.*) (*a*) *Mil:* Mort *m*; blessé *m*. (*b*) *Ind:* Accidenté *m*.
casuist ['kazjuist], *s.* (*a*) *Theol:* Casuiste *m*. (*b*) *Pej:* Casuiste.
casuistic(al) [kazju'istik(əl)], *a. Pej:* De casuiste.
casuistry ['kazjuistri], *s.* (*a*) *Theol:* Casuistique *f*. (*b*) *Pej:* Casuistique.
cat¹ [kat], *s.* 1. (*a*) Chat, *f.* chatte. **Tom cat**, matou *m*. *See also* PERSIAN. *F:* **To be like a cat on hot bricks**, être sur des épines; être comme chat sur braise; ne pas pouvoir durer en place. **To see which way the cat jumps**, voir d'où vient le vent; prendre l'aire du vent. **To put the cat among the pigeons**, (i) mettre le loup dans la bergerie; (ii) faire une gaffe. **There's not room to swing a cat in his study**, il n'y a pas de place pour se retourner dans son cabinet; son cabinet est grand comme un mouchoir de poche. **To let the cat out of the bag**, trahir le secret; éventer la mèche. *The cat is out of the bag*, le grand mot est lâché. **To turn cat in pan**, tourner casaque (au moment critique). **It would make a cat laugh**, c'est à mourir de rire, à se tordre; ça ferait rire les pierres. *To watch s.o. like a cat watching a mouse*, guetter qn comme un chat (fait de) la souris. *Prov:* **A cat may look at a king**, un chien regarde bien un évêque. **When the cat's away the mice will play**, le chat parti les souris dansent; *A:* voyage de maîtres, noces de valets. *See also* BELL² 1, CANDLE¹ 1, CARE¹ 1, COPY-CAT, FIGHT² 1, GRIN², KILKENNY, LIFE 1, SHOOT² II. 2, SICK¹ 2, SKIN² I. 1. (*b*) *F:* (*Of pers.*) **An old cat**, une vieille chipie. *She's a cat*, c'est une vraie chipie; c'est une rosse. 2. *Z:* **Wild cat**, chat sauvage; chat haret. **African wild cat**, pard *m*. *The (great) cats*, les (grands) félidés; les grands félins. *See also* MUSK-CAT, PALM-CAT, POLECAT, TIGER-CAT, WILD-CAT. 3. (*a*) *Nau:* **Cat(-purchase, -tackle)**, capon *m*. (*b*) (*In game of tip-cat*) Bistoquet *m*. (*c*) Trépied *m* double (qui repose toujours sur trois pieds). (*d*) = CAT-O'-NINE-TAILS.
'cat and 'dog. 1. *They quarrel like cat and dog*, ils s'accordent comme chien et chat. *See also* RAIN². 2. *Attrib.* **To lead a cat-and-dog life**, vivre, s'entendre, comme chien et chat; faire mauvais ménage. *They lead a cat-and-dog life*, le torchon brûle chez eux.
cat-and-'mouse Act, *s. F:* Loi *f* ordonnant la mise en liberté provisoire des prisonniers qui font la grève de la faim.
'cat-block, *s. Nau:* Poulie *f* de capon.
'cat-boat, *s.* Petit bâtiment gréé à taille-vent.
'cat-breeding, *s.* Élevage *m* des chats. **Cat-breeding establishment**, chatterie *f*.
'cat-'burglar, *s.* Cambrioleur *m* par escalade; cambrioleur acrobate; *F:* monte-en-l'air *m inv*.
'cat-'burglary, *s.* Vol *m* de nuit à l'escalade.
'cat-eyed, *a.* Aux yeux de chat; qui y voit la nuit.
'cat-fall, *s. Nau:* Garant *m* de capon.
'cat-fish, *s. Ich:* 1. Loup marin; chat marin. 2. *U.S:* Poisson-chat *m*, *pl.* poissons-chats.
'cat-footed, *a.* Qui marche à pas feutrés.
'cat-harpings, *s.pl. Nau:* Trélingage *m*.
'cat-haul¹, *s.* Punition qu'on infligeait à un esclave; on excitait un chat furieux à lui lacérer le dos.
'cat-haul², *v.tr.* 1. Faire subir le *cat-haul* à un esclave. 2. *U.S: P:* Cuisiner (qn).
'cat-head, *s. Nau:* Bossoir *m* (de capon). *See also* STOPPER¹ 2.
'cat-hole, *s. Nau:* Écubier *m* arrière.
'cat-ice, *s. Nau:* Glace pourrie.
'cat-lap, *s. F:* Lavasse *f*; thé *m* trop faible.
'cat-nap, *s.* Sieste *f*, somme *m*.
'cat-nip, *s. U.S:* = CATMINT.
cat-o'-'nine-tails, *s. Nau:* Martinet *m* à neuf cordes; garcette *f*; fouet *m*, dague *f*.
'cat-rig, *s. Nau:* Gréement *m* à taille-vent.
'cat-rigged, *a. Nau:* Gréé à taille-vent.
'cat's-'cradle, *s.* (Jeu *m* de la) scie; jeu du berceau (joué avec une ficelle).
'cat's-eye, *s. Lap:* Œil-de-chat *m*.
'cat's-foot, *s. Bot:* 1. Pied-de-chat *m*. 2. = GROUND-IVY.
'cat('s)-lick, *s. F:* **To have, give oneself, a cat's-lick**, se laver le bout du nez.
'cat's-meat, *s.* Mou *m*, tripes *fpl*, abats *mpl*.
'cat's-paw, *s.* 1. *Nau:* Petite bouffée de vent; risée *f*, risette *f*, fraîcheur *f*. 2. *Nau:* (*Knot*) Gueule *f* de raie. 3. *F:* **To make a cat's-paw of s.o.**, se servir de la patte du chat pour tirer les marrons du feu; faire tirer les marrons du feu par qn; prendre qn pour sa dupe; *F:* faire marcher qn. *To be s.o.'s c.-p., to be made a c.-p. of*, tirer les marrons du feu (pour qn); être la dupe de qn.
'cat's-tail, *s.* 1. *Bot:* Massette *f*, typha *m*, quenouille *f*; fléole *f* des prés. 2. *Meteor:* Queue-de-chat *m*.
'cat('s)-whisker, *s. W.Tel: A:* Spirale *f* métallique, chercheur *m* (du détecteur).
'cat-trap, *s.* Chatière *f*.
'cat-walk, *s. Aer:* Coursive *f* (de dirigeable).
cat². 1. *v.tr. Nau:* Caponner (l'ancre). 2. *v.i. P:* Renarder, dégobiller, dégueuler; piquer, écorcher, un renard.
cata- ['kata, ka'ta], *pref.* Cata-. *Cataclysm*, cataclysme. *Catacoustics*, catacoustique. *Catadioptrical*, catadioptrique.
catabolic [kata'bɔlik], *a. Biol:* Catabolique.
catabolism [ka'tabolizm], *s. Biol: Physiol:* Catabolisme *m*.
catacaustic [kata'kɔːstik], *a. Opt:* Catacaustique.
catachresis [kata'kriːsis], *s.* Catachrèse *f*.
cataclysm ['kataklizm], *s.* Cataclysme *m*.
cataclysmal, cataclysmic [kata'klizm(ə)l, -ik], *a.* Cataclysmique.
catacombs ['katakoumz], *s.pl.* Catacombes *f*. *Occ. in sg. The Catacomb of Saint Calixtus*, la catacombe de Saint Calixte.
catacoustics [kata'kaustiks], *s.pl.* (*Usu. with sg.const.*) *Ph:* Catacoustique *f*.
catadioptric(al) [katadai'ɔptrik(əl)], *a. Ph:* Catadioptrique.
catadromous [ka'tadroməs], *a. Ich:* (Poisson *m*) qui descend à la mer pour frayer.
catafalque ['katafalk], *s.* 1. Catafalque *m*. 2. Char *m* funèbre.
Catalan ['katalən], *a. & s. Geog:* Catalan, -ane. *Metall:* **Catalan forge**, feu catalan.
Catalanism ['katalənizm], *s. Pol:* Catalanisme *m*.
Catalanist ['katalənist], *s. Pol:* Catalaniste *mf*.
catalectic [kata'lektik], *a. Pros:* Catalectique.
catalepsy ['katalepsi], *s.* 1 *Med:* Catalepsie *f*. 2. *Phil:* Compréhension *f*.
cataleptic [kata'leptik], *a. & s. Med:* Cataleptique (*mf*).
catalogue¹ ['katalɔg], *s.* 1. Catalogue *m*, liste *f*, répertoire *m*. **Author catalogue**, catalogue par noms d'auteurs. **Subject catalogue**, catalogue raisonné. 2. *Com:* Catalogue, prix-courant *m*, *pl.* prix-courants. **Trade catalogue**, album(-tarif) *m*, tarif-album *m*. *See also* DESCRIPTIVE, PRICE¹. 3. *Sch: U.S:* (*a*) (*Calendar*) Annuaire *m*. (*b*) Prospectus *m* (d'une école).
catalogue², *v.tr.* Cataloguer. 1. Faire le catalogue de (qch.). 2. Inscrire (qch.) dans le catalogue.
Catalonia [kata'lounja]. *Pr.n. Geog:* La Catalogne.
catalpa [ka'talpa], *s. Bot:* Catalpa *m*.
catalyse ['katalaːiz], *v.tr. Ch:* Catalyser.
catalyser ['katalaizər], **catalyst** ['katalist], *s. Ch:* Catalyseur *m*.
catalysis [ka'talisis], *s. Ch:* Catalyse *f*.
catalytic [kata'litik], *a. Ch:* Catalytique, catalyseur.
catamaran [katamə'ran], *s.* 1. *Nau:* Catamaran *m*. **Catamaran dredge**, drague *f* en catamaran. 2. *F:* Femme hargneuse; mégère *f*.
catamite ['katamait], *s.* Mignon *m*, giton *m*.
catamountain [kata'mauntin], *s.* 1. *Z:* (*a*) Chat *m* sauvage (d'Europe). (*b*) *A:* Léopard *m*. 2. = CATAMARAN 2.
Catania [ka'teinja]. *Pr.n. Geog:* Catane *f*.
catapetalous [kata'petələs], *a. Bot:* Catapétale.
cataplasm ['kataplazm], *s. Med:* Cataplasme *m*.
catapult¹ ['katapʌlt], *s.* 1. (*a*) *Ant:* Catapulte *f*; lance-pierre *m*,

pl. lance-pierres. (*b*) (*Toy*) Fronde *f*. **2.** *Av:* Catapulte (de lancement). **Catapult-launched,** (avion *m*) catapultable.

catapult², *v.tr. Av:* Lancer (un avion).

catapulting, *s.* Lancement *m*.

cataract [ˈkatərakt], *s.* **1.** Cataracte *f* (d'un fleuve). **2.** *Med:* Cataracte (de l'œil). *Vet:* **Web cataract** (*of horse's eye*), cul *m* de verre. **3.** *Mch:* Cataracte; régulateur *m*.

catarrh [kəˈtɑːr], *s.* **1.** *Med:* Catarrhe *m*. **Recurrent bronchial catarrh,** bronchite *f* à répétition. **Gastric catarrh,** catarrhe de l'estomac; pituite *f*. **2.** *Vet:* **Nasal catarrh** (*of horse*), morfondure *f*.

catarrhal [kəˈtɑːr(ə)l], **catarrhous** [kəˈtɑːrəs], *a.* Catarrhal, -aux; catarrheux.

catarrhine [ˈkatərain], *a. Z:* Catarrhinien, -ienne.

catastrophe [kəˈtastrəfi], *s.* **1.** (*a*) Catastrophe *f*; désastre *m*; (*fire, shipwreck, explosion, etc.*) sinistre *m*. *The victims of the c.*, les sinistrés *m*. (*b*) *Geol:* Cataclysme *m*, catastrophe. **2.** *Gr.Drama:* Catastrophe, dénouement *m*.

catastrophic [katəˈstrɔfik], *a.* Fatal, -als; désastreux; *F:* catastrophique.

catastrophism [kəˈtastrəfizm], *s. Geol:* Catastrophisme *m*.

catatype [ˈkatətaip], *s. Phot:* Catatypie *f*.

catcall¹ [ˈkatkɔːl], *s. Th: etc:* (Coup *m* de) sifflet *m* (dirigé contre un acteur, etc.); miaulement *m*.

catcall², *v.i. & tr.* Siffler (un acteur); chahuter.

catch¹ [katʃ], *s.* **1.** Prise *f*. (*a*) *Cr:* Prise au vol de la balle. (*Of pers.*) **He's a safe catch,** pour attraper la balle au vol il a la main très sûre. (*b*) *Fb:* **Fair catch,** arrêt *m* de volée. (*c*) *Row:* Attaque *f* (au commencement du coup de nage). (*d*) **Catch of the breath,** soubresaut *m*. **With a catch in one's breath,** (i) d'une voix entrecoupée; (ii) en poussant un 'ah' de surprise. *See also* GLOTTAL. **2.** (*a*) *Fish:* Prise, pêche *f*. *To have a good c.*, faire (une) bonne pêche. (*b*) *F:* Bon parti (à épouser). **She is no great catch,** c'est un médiocre parti. *He may be a little elderly, but he's a c. for all that,* il commence à prendre de l'âge, mais c'est tout de même un excellent parti. (*c*) *F:* (*Esp. in negative*) Avantage *m*, profit *m*, aubaine *f*. **It's no great catch,** ce n'est pas le Pérou; ça ne vaut pas grand'chose. **3.** Fragment *m*, bribe *f*. *Some catches of their conversation reached my ear,* je saisis quelques bribes de leur conversation. *It has been written* **by catches,** *with many intervals,* cela a été écrit par fragments, avec de fréquentes interruptions. **4.** (*a*) (*On door, etc.*) Loquet *m*, loqueteau *m*; (*of latch*) mentonnet *m*, bec *m*; (*of window*) loqueteau; (*of buckle*) ardillon *m*; (*of clasp-knife*) mouche *f*; (*on garment*) agrafe *f*. *Mec.E:* Crochet *m* d'arrêt; dispositif *m* d'arrêt; chien *m* (d'arrêt); doigt *m*; talon *m*; arrêt *m*; arrêtoir *m*; heurtoir *m*; (*of pile-driver, etc.*) déclic *m*; (*of wheel, winch-shaft, etc.*) cliquet *m*; (*on gearing, etc.*) ergot *m*; (*of capstan*) linguet *m*. **Bolt-catch,** auberon *m*, bonhomme *m*. **Spring-catch,** bonhomme à ressort. **Espagnolette-catch,** panneton *m* d'espagnolette. **Shutter-catch,** battement *m* de persienne. **Gate-catch with counterpoise,** boule *f* à gibecière. *Phot:* **Infinity catch,** accrochage *m* à l'infini. *See also* LOCKING-CATCH, SAFETY-CATCH. (*b*) Tenon *m* d'accrochage. *pl. Min:* **Catches,** taquets *m*, clichages *m* (de puits de mine). **5.** (*Deception*) Attrape *f*; attrape-nigaud *m*, traquenard *m*, attrapoire *f*. **There's a catch in it,** c'est une attrape. *Sch:* **Catch question,** colle *f*. **6.** *Mus:* Chant *m*, chanson *f*, à reprises (successives); canon *m*.

'catch-crop, *s. Agr:* Culture dérobée.

'catch-cry, *s.* Scie *f* (du jour); rengaine *f*.

'catch-title, *s.* Titre abrégé (d'un ouvrage catalogué).

catch², *v.* (*p.t.* **caught** [kɔːt]; *p.p.* **caught**) I. *v.tr.* **1.** (*a*) Attraper, prendre (un poisson, un voleur, etc.); pêcher (un poisson); saisir (un voleur); attraper, saisir (une balle); (*of dog, etc.*) happer (un morceau); saisir (l'occasion); attraper, ne pas manquer (le train, l'omnibus); attirer (l'attention de qn); recevoir, recueillir (de l'eau dans un vase). *To c. s.o. by the scruff of the neck,* empoigner qn par la peau du cou. *To be caught by the police,* se laisser attraper, *F:* se faire pincer, par la police. *Fish: Ven:* **To catch nothing,** revenir bredouille. *Nau:* (*Of sail, etc.*) **To catch the wind,** prendre le vent. *Row:* **To catch the stroke,** attaquer. *Cr: See* CATCH OUT. *See also* BEND⁴ 1, BREATH, CRAB¹ 1, FLY¹ 1, HARE¹, RAT¹ 1, THIEF 1, TRAP¹ 1. (*b*) Rattraper, rejoindre. *You may c. him if you run,* vous le rattraperez peut-être en courant. *I took the next boat and caught the others at Cologne,* j'ai pris le bateau suivant, et ai rejoint les autres à Cologne. (*c*) *I caught him in his fall,* je le retins au moment où il allait tomber. *He caught her to his breast,* il la serra contre son cœur. *See also* HOLD¹ 1. (*d*) **To catch s.o. doing sth.,** surprendre, prendre, qn à faire qch.; surprendre qn en flagrant délit. *See also* ACT¹ 2, FAULT¹ 2, RED-HANDED. *To c. s.o unprepared,* surprendre qn désarmé; prendre qn sans vert. *See also* HOP³ 1, NAP², WEASEL. *I sometimes c. myself smiling,* parfois je me prends, je me surprends, à sourire. **I caught him at it,** je l'y ai pris. *Let me c. you at it!* que je vous y prenne! *If I c. them at it!* si je les y prends! *To c. s.o. in a lie,* prendre qn à mentir. *F:* **Catch me (doing such a thing)!** il n'y a pas de danger! pas si bête! *You won't catch me doing that again!* on ne m'y reprendra plus! bien fin qui m'y reprendra! *Just let me c. you at it again!* que je vous y reprenne! (*e*) **To be caught in a fog, in a shower,** être pris dans un brouillard; être surpris par une averse. *We were caught in the storm,* l'orage *m* nous a surpris. *Cart caught in a bog,* charrette enlisée dans un marais. **2.** (*a*) Saisir, percevoir (des sons); rencontrer (le regard de qn); (*of thg*) frapper, accrocher (la vue, l'oreille). *Her eyes caught mine,* ses yeux rencontrèrent les miens. *See also* EYE¹ 1. *A sound caught my ear,* un son me frappa l'oreille. *His ears caught a distant barking,* un aboiement lointain lui parvint aux oreilles. *A pungent smell caught his nostrils,* une odeur âcre lui prit au nez, le prit au nez. *Smell that catches the throat, that catches one in the throat,* odeur qui prend à la gorge. **To catch s.o.'s spirit,** s'imprégner de l'esprit, de la pensée, de qn. *To c. the spirit of a part,* saisir un rôle. **To catch s.o.'s likeness,** bien attraper la physionomie de qn. *The artist has caught the likeness,* l'artiste a bien saisi la ressemblance. *I don't quite c. the idea,* je ne saisis pas bien ce que vous avez en tête. *See also* GLIMPSE¹, SIGHT¹ 1. (*b*) **I did not catch what you said,** je n'ai pas bien entendu ce que vous disiez. *I didn't quite c. that,* pardon? plaît-il? *He added something which I did not c.*, il a ajouté quelque chose que je n'ai pas pu comprendre. (*c*) **The fire has caught my cakes,** le feu a saisi mes gâteaux. (*d*) Accrocher, happer. *A nail caught my frock, I caught my frock on a nail,* un clou a accroché ma robe; j'ai déchiré ma robe à un clou. *He caught his foot on a root and fell,* il se prit le pied dans une racine et tomba. *To be caught by one's hair,* être retenu, accroché, par les cheveux. *To be caught in a machine,* se trouver pris dans une machine. *The car caught two passers-by,* l'auto happa deux passants. *The car was caught between two trams,* l'auto a été coincée entre deux tramways. *Scarf loosely caught,* écharpe nouée souple. **3.** Attraper, gagner (une maladie); être atteint d'(une maladie); contracter (une habitude); prendre (l'accent du pays). *See also* COLD² 2, FIRE¹ 1. **4.** (*a*) **To catch s.o. a blow,** flanquer un coup à qn. *F: I caught him one on the nose,* je lui ai flanqué un pain en pleine figure. *To c. s.o. a smack on the cheek,* donner une gifle à qn. (*b*) *F: He caught it right in the chest,* il fut atteint en pleine poitrine. **To catch it from s.o.,** se faire attraper par qn. *If I miss my train I'll c. it,* si je manque mon train je vais être grondé. **You'll catch it!** vous allez être grondé! votre affaire est bonne! on va vous attraper! vous allez vous faire attraper; *P:* tu vas étrenner! tu vas la danser! tu vas écoper! tu vas prendre quelque chose! *P: To c. it well and truly, P:* en prendre pour son grade. *We're going to c. it!* il va y avoir du coton! *P:* ça chauffe! on va écoper! *See also* HOT¹ 4, TARTAR² 2. **5.** *F:* (*Entrap*) Attraper; mettre (qn) dedans; tromper. **You don't catch me!** ça ne mord pas! ça ne prend pas (avec moi)!

II. **catch,** *v.i.* **1.** **To catch at sth.,** essayer de saisir qch.; s'accrocher à qch. *To c. at an opportunity,* saisir une occasion. *To c. at a hope,* se raccrocher à une espérance. **A drowning man catches at a straw,** un homme qui se noie se retient à tout. *See also* SHADOW¹ 2. **2.** (*a*) (*Of cog-wheel*) Mordre; (*of gearing*) quotter; (*of door-bolt*) s'engager. (*b*) (*Of fire*) Prendre; s'allumer. (*c*) *P:* (*Of woman*) Devenir enceinte; concevoir. **3.** *Cu:* **To catch (in the pan),** attacher. *The milk, the beef, has caught,* le lait, le bœuf, a attaché.

catch on, *v.i.* **1.** *F:* (*Of new fashion, play, etc.*) Prendre, réussir, mordre, avoir du succès. **2.** *U.S:* (*a*) (*Understand*) Saisir, comprendre (à demi-mot). (*b*) Saisir l'occasion.

catch out, *v.tr.* (*a*) *Cr:* **To catch s.o. (out),** mettre qn hors (de) jeu à balle attrapée. (*b*) *F:* Attraper (qn); prendre (qn) sur le fait; prendre (qn) en défaut. *To c. s.o. out in a lie,* surprendre qn à mentir; prendre qn en flagrant délit de mensonge. *It was a dodge to c. them out,* c'était une feinte pour les surprendre.

catch over, *v.i.* (*Congeal*) (*Of water*) Prendre. *The whole pond is caught over,* tout l'étang est couvert de glace.

catch up, *v.tr.* **1.** Saisir, ramasser vivement (qch.); prendre (qch.) brusquement. *We were caught up in this wave of enthusiasm,* nous fûmes gagnés par cette vague d'enthousiasme. **2.** *To c. s.o. up (in a speech),* relever les paroles de qn; couper la parole à qn. **3.** (*Overtake*) **To catch s.o. up,** *v.i.* **to catch up with s.o.,** rattraper qn. *He caught us up at the village,* il nous a rejoints au village. *To let oneself be caught up by a rival,* se laisser gagner par un concurrent. *To c. up with another car,* rattraper une autre voiture; *P:* gratter une autre voiture. **To catch up arrears,** se remettre au courant. *If you would give him time he could c. up again,* si vous lui donniez du temps il pourrait se remettre à flot, se rattraper.

catching¹, *a.* (*Of disease*) Contagieux, -euse; infectieux, -euse; (*of laughter, etc.*) communicatif; (*of melody*) (i) entraînant, (ii) facile à retenir.

catching², *s.* **1.** Prise *f*. (*a*) Capture *f*. *See also* RAT-CATCHING. (*b*) Accrochage *m*. **2.** (*Of toothed wheel*) Engrenure *f*; (*of gearing*) quottement *m*.

'catch-as-catch-'can, *s. Wr:* Lutte (h)indoue; lutte libre.

'catch-basin, *s. Geol: etc:* Bassin *m* de captation; bassin collecteur.

'catch-drain, *s. Hyd.E:* Tranchée *f*; rigole *f* de captage, d'écoulement; fossé *m* de captage.

'catch-'em-a'live-o, *s. F:* Papier tue-mouches gluant.

'catch-pin, *s. Mec.E:* Cheville *f* d'embrayage.

'catch-plate, *s.* **1.** Auberonnière *f* (de serrure, etc.). **2.** *Mec.E:* Plateau *m* toc (de tour).

'catch-points, *s.pl. Rail:* Aiguille prise en pointe.

'catch-water, *s. Hyd.E:* **Catch-water (drain),** fossé *m* de réception.

'catch-weight, *s. Box: Wr: Turf:* Poids *m* à volonté.

'catch-wheel, *s. Mec.E:* Roue *f* à cliquet.

catcher [ˈkatʃər], *s.* **1.** (*a*) Attrapeur, -euse; preneur, -euse. *See also* BIRD-CATCHER, MOLE-CATCHER, RAT-CATCHER. (*b*) *Games:* (*Baseball*) Attrapeur *m*, batteur *m*. (*c*) *Navy:* **Torpedo-boat catcher,** contre-torpilleur *m*, *pl.* contre-torpilleurs. **2.** *Mec.E:* Garde *f* (d'un clapet). *Min:* Évite-molettes *m inv.* *Metall:* **Gas catcher,** prise *f* de gaz. *See also* CINDER-CATCHER, FLY-CATCHER, OIL-CATCHER.

catchfly [ˈkatʃflai], *s. Bot:* **1.** Silène *m*. *Nottingham c.*, silène penché. **2.** *Occ.* = VENUS'S FLY-TRAP.

catchment [ˈkatʃmənt], *s. Geog: Hyd.E:* (*a*) **(Water-)catchment,** prise *f* d'eau; captation *f*, captage *m* (d'eaux). (*b*) **Catchment (basin, area),** bassin *m* (d'un fleuve); surface *f* de captation des eaux; bassin de réception.

catchpenny [ˈkatʃpeni], *s.* (*Of thg*) Attrape-sou *m*, attrape-nigaud *m*; camelote *f* de réclame. *Attrib.* **Catchpenny scheme, show,** attrape-nigaud.

catchpole, catchpoll [ˈkatʃpoul], *s.* = BUMBAILIFF.

catchweed [ˈkatʃwiːd], *s. Bot:* Grateron *m*; gaillet accrochant.

catchword ['katʃwə:rd], *s.* **1.** (*a*) *Pol:* Mot *m* de ralliement. (*b*) *F:* Scie *f*, rengaine *f*. **2.** *Typ:* (*a*) Mot-souche *m*, *pl.* mots-souches. (*b*) *A:* Réclame *f* (en bas de page). **3.** *Th:* Réplique *f*.
catchy ['katʃi], *a.* **1.** (*Of tune, etc.*) (i) Entraînant; (ii) facile à retenir. **2.** *C. question*, question insidieuse, qui renferme un piège. **3.** *Nau:* *C. wind*, vent fou.
catechesis [kate'ki:sis], *s.* Catéchèse *f*.
catechetic(al) [kate'ketik(əl)], *a.* (Méthode *f* de discussion) par demandes et réponses. **-ally,** *adv.* Par demandes et réponses.
catechism ['katekizm], *s.* **1.** = CATACHESIS. **2.** Catéchisme *m.* **The shorter catechism,** le petit catéchisme. *To attend a c. class*, aller au catéchisme.
catechist ['katekist], *s.* Catéchiste *m.*
catechize ['kateka:iz], *v.tr.* **1.** Catéchiser. **2.** *F:* Poser une série de questions à (qn); tenir (qn) sur la sellette. *He was catechized at great length*, on lui fit subir un long interrogatoire.
catechizing, *s.* **1.** Catéchisation *f*. **2.** *F:* Interrogation *f* (de qn).
catechizer ['katekaizər], *s.* **1.** Catéchiste *m.* **2.** Interrogateur, -trice.
catechu ['katiʃu:, 'katitʃu:], *s.* **1.** *Pharm:* *Dy:* Catéchu *m*; cachou *m.* *Bot:* **Catechu acacia, catechu-tree,** acacia *m* à catéchu. *Com:* **Pale catechu,** gambir *m.* **2.** (*Colour*) **Catechu brown,** cachou *m inv*; tabac *m inv.*
catechumen [kate'kju:mən], *s.* Catéchumène *mf*.
catechumenate [kate'kju:mənet], *s.* Catéchuménat *m.*
categoric(al) [kate'gɔrik(əl)], *a.* Catégorique. *Phil:* **The categorical imperative,** l'impératif catégorique. **-ally,** *adv.* Catégoriquement.
categorize ['kategəra:iz], *v.tr.* Catégoriser; classer.
category ['kategəri], *s.* **1.** *Phil:* Catégorie *f*, prédicament *m.* **2.** *F:* Catégorie. *These facts fall into another c.*, ces faits se classent dans une autre catégorie.
catelectrode [kate'lektroud], *s.* = CATHODE.
catena [ka'ti:na], *s.* Chaîne *f* (de faits, d'écrits).
catenary [ka'ti:nəri], **catenarian** [kati'nɛəriən], *a.* & *s.* *Geom:* *Mth:* (Arc *m*) en chaînette; caténaire (*f*); (ligne *f* de) chaînette *f*. *C. curve*, funiculaire *f*. **Catenary suspension** (of bridge), suspension *f* caténaire. *C. bridge*, pont *m* à suspension caténaire. *El.E:* *Trolley wire with c. suspension*, caténaire.
catenate ['kateneit], *v.tr.* Enchaîner (des faits).
catenation [kate'neiʃ(ə)n], *s.* Enchaînement *m* (de faits).
catenoid ['katenɔid], *s.* *Geom:* Alysséide *f*.
cater ['keitər], *v.i.* *To c. for s.o.*, (i) approvisionner qn; pourvoir à la nourriture de qn, aux besoins matériels de qn; (ii) pourvoir aux plaisirs de qn. *Seaside concerts that c. especially for the holiday crowds*, concerts *m* de plage qui s'adressent surtout aux estiveurs, aux estivants. **To cater for, to, all tastes,** pourvoir à tous les goûts.
catering, *s.* Approvisionnement *m.* *Com:* **Catering department,** rayon *m* d'alimentation (d'un grand magasin). (*At wedding, etc.*) *The c. was in the hands of Messrs . . .*, le buffet était tenu, était fourni, par la Maison . . . .
cateran ['katərən], *s.m.* *Scot:* *A:* Homme de guerre; maraudeur.
cater-cousin ['keitərkʌzin], *s.* **1.** *A:* Cousin, -ine, au quatrième degré. **2.** *F:* Ami(e) intime.
caterer ['keitərər], *s.* **1.** Approvisionneur, -euse; pourvoyeur, -euse, fournisseur *m* (*for, to, s.o.*, de qn; *of sth.*, de qch.). *Tradesman who is our c.*, marchand *m* qui fournit chez nous. **2.** (*Supplying banquet*) Traiteur *m.*
caterpillar ['katərpilər], *s.* **1.** *Ent:* Chenille *f*. *See also* PROCESSIONARY. *F:* *The caterpillars of society*, les rongeurs *m* du peuple. **2.** (*a*) **Caterpillar (-tread, -chain),** chaîne *f* sans fin à patins; chenille; chemin *m* de roulement. (*b*) **Caterpillar(-tractor),** tracteur *m* à chenilles; auto-chenille *f*, *pl.* auto-chenilles; caterpillar *m.* (*c*) **Caterpillar wheel,** roue *f* à chenille; roue à patin; roue-chenille *f*, *pl.* roues-chenilles. **3.** *Bot:* Chenille, chenillette *f*.
caterwaul[1] ['katərwɔ:l], *s.* **1.** Miaulement *m* (de chat en chaleur). **2.** *pl.* = CATERWAULING.
caterwaul[2], *v.i.* **1.** (*Of cat in rut*) Miauler. **2.** *F:* Crier (comme les chats la nuit); faire du vacarme; faire un vrai sabbat.
caterwauling, *s.* **1.** Miaulements *mpl* (de chats). **2.** *F:* Musique *f* de chats; sabbat *m* de chats; charivari *m.*
catgut ['katgʌt], *s.* (*a*) Corde *f* de boyau. *C. strings for violins*, cordes en boyau pour violons. (*b*) *Med:* Catgut *m.*
Cathari [ka'θɑ:ri], **Catharians** [ka'θɛəriənz], *s.pl.* *Rel.H:* Cathares *m.*
catharsis [ka'θɑ:rsis], *s.* *Med:* *Gr.Lit:* Catharsis *f*; *Med:* purgation *f*.
cathartic [ka'θɑ:rtik], *a.* & *s.* *Med:* Cathartique (*m*); purgatif (bénin); légère purge.
Cathay [ka'θei]. *Pr.n.* *A.Geog:* *Poet:* Cathay *m.*
Cathayan [ka'θeiən], *a.* & *s.* *A:* (Natif, originaire) de Cathay; chinois, -oise.
cathedral [ka'θi:drəl]. **1.** *a.* Cathédral, -aux. (*a*) **Cathedral utterance,** allocution *f* ex cathedra. (*b*) **Cathedral church,** église cathédrale. **2.** *s.* Cathédrale *f*. **Wells Cathedral,** la cathédrale de Wells. **Cathedral town,** ville épiscopale; évêché *m.* *See also* PRO-CATHEDRAL.
ca'thedral glass, *s.* *Const:* Vitraux sertis de plomb.
Catherine ['kaθərin]. *Pr.n.f.* Catherine. *Hist:* **Catherine the Great,** la Grande Catherine. **Catherine wheel,** (i) *Her:* roue hérissée de rayons en pointe (du martyre de sainte Catherine); (ii) *Arch:* rosace rayonnante; rose *f*; (iii) *Pyr:* soleil *m*; roue *f* à feu; tourniquet *m.* *F:* **To turn Catherine wheels,** faire la roue.
catheter ['kaθətər], *s.* *Surg:* Sonde creuse; cathéter *m.*
catheterize ['kaθətəra:iz], *v.tr.* Cathétériser (l'urètre, etc.).
cathode ['kaθoud], *s.* *El:* Cathode *f*; électrode négative. **Cathode rays,** rayons *m* cathodiques. **Cathode-ray glow-lamp,** lampe *f* à luminescence cathodique.
cathodic [ka'θɔdik], *a.* *El:* Cathodique.
catholic ['kaθolik]. **1.** *a.* (*a*) Universel. (*b*) Tolérant; à l'esprit large; éclectique. *C. observer*, observateur *m* sans prévention. *C. mind*, esprit *m* large. *C. taste*, goûts *m* éclectiques. **2.** *a.* & *s.* *Ecc:* (*a*) Orthodoxe (*mf*), catholique (*mf*). **The Catholic Church,** toute la chrétienté. *Hist:* **His Catholic Majesty,** sa Majesté très Catholique. (*b*) (*Roman Catholic*) Catholique (romain). **Old Catholics,** nom des catholiques qui voulaient se distinguer des convertis du mouvement d'Oxford. **-ly,** *adv.* Catholiquement; en bon catholique.
catholically [ka'θɔlikəli], *adv.* **1.** = CATHOLICLY. **2.** *C. minded*, aux idées larges; à l'esprit large, impartial, sans prévention.
catholicism [ka'θɔlisizm], *s.* *Rel.H:* Catholicisme *m.*
catholicity [kaθo'lisiti], *s.* **1.** (*a*) Universalité *f*. (*b*) Largeur *f* (d'esprit); tolérance *f*; éclectisme *m.* **2.** *Theol:* (*a*) Orthodoxie *f*. (*b*) (*Conformity with the R.C. Church*) Catholicité *f* (d'une opinion).
catholicon [ka'θɔlikən], *s.* Panacée *f*.
Catiline ['katilain]. *Pr.n.m.* *Rom.Hist:* Catilina. **The Catiline orations,** les Catilinaires *f*.
cation ['kataiən], *s.* *El:* Cation *m.*
catkin ['katkin], *s.* *Bot:* Chaton *m*, iule *m.*
catlike ['katlaik], *a.* Comme un chat; de chat; félin. *C. grace*, grâce féline. *To walk with c. tread*, marcher à pas de loup.
catling ['katliŋ], *s.* **1.** Petit chat, chaton *m.* **2.** *A:* Corde *f* à boyau. **3.** *Surg:* Couteau interosseux (pour amputations).
catmint ['katmint], *s.* *Bot:* Cataire *f*; herbe *f* aux chats.
Cato ['keito]. *Pr.n.m.* *Rom.Hist:* Caton.
catoptric [ka'tɔptrik], *a.* *Opt:* Catoptrique.
catoptrics [ka'tɔptriks], *s.pl.* (*Usu. with sg.const.*) Catoptrique *f*.
catsup ['katsəp], *s.* = KETCHUP.
cattiness ['katinəs], *s.* = CATTISHNESS.
cattish ['katiʃ], *a.* *F:* (*Esp. of woman*) Méchant(e), sournois(e); rosse. *C. answer*, réponse aigre-douce; réponse rosse. **-ly,** *adv.* Méchamment, sournoisement.
cattishness ['katiʃnəs], *s.* *F:* Méchanceté, *f* sournoiserie *f*; rosserie *f*.
cattle [katl], *s.* *Coll. inv.* **1.** Bétail *m*; bestiaux *mpl.* **Horned cattle,** bêtes *fpl* à cornes; bovins *mpl.* **Black cattle,** bœufs *mpl* de race écossaise ou galloise. *C. breeding*, élevage *m* du bétail. *C. market*, marché *m* aux bestiaux. **2.** *F:* Chevaux *mpl.* *He always had some good c. in his stable*, dans son écurie il avait toujours quelques bons chevaux, quelques belles bêtes. **3.** *A:* Individus *mpl*, gens *mpl*, personnes *fpl.* *Still so used in 'kittle cattle,' q.v. under* KITTLE.
'cattle-drover, *s.* Toucheur *m* de bestiaux; bouvier *m*; meneur *m* de bœufs.
'cattle-leader, *s.* (*Nose-ring*) Nasière *f*.
'cattle-lifter, *s.* Voleur *m* de bétail.
'cattle-lifting, *s.* Vol *m* de bétail. *Jur:* Abigéat *m.*
'cattle-pen, *s.* Parc *m* à bestiaux.
'cattle-plague, *s.* Peste bovine.
'cattle-shed, *s.* Bouverie *f*; étable *f*.
'cattle-show, *s.* Concours *m* d'élevage d'animaux gras; comice *m* agricole.
'cattle-truck, *s.* Fourgon *m*, wagon *m*, à bestiaux.
cattleman, *pl.* **-men** ['katlmən, -men], *s.m.* **1.** Conducteur de bétail; bouvier. **2.** *U.S:* Éleveur de bétail.
catty ['kati], *a.* *F:* = CATTISH. *C. remark*, rosserie *f*.
Catullus [ka'tʌləs]. *Pr.n.m.* *Rom.Lit:* Catulle.
Caucasian [kɔ:'keizjən], *a.* & *s.* *Ethn:* *Geog:* Caucasien, -ienne; du Caucase.
Caucasus (the) [ðə 'kɔ:kasəs]. *Pr.n.* *Geog:* Le Caucase.
caucho ['kautʃo], *s.* Caoutchouc *m.*
caucus[1] ['kɔ:kəs], *s.* *Pol:* (*Usu. Pej.*) **1.** *U.S:* Réunion *f* préliminaire (d'un comité électoral). **2.** Comité électoral; clique *f* politique; groupe *m* de comitards. **Government by caucus,** gouvernement *m* par les comités. *Member of a c.*, comitard *m.*
caucus[2]. **1.** *v.tr.* Gouverner (un parti) par des comités électoraux. **2.** *v.i.* Former des groupes, des cliques.
caudal ['kɔ:d(ə)l], *a.* *Z:* Caudal, -aux. *Ich:* **Caudal fin,** caudale *f*.
caudate ['kɔ:deit], *a.* *Biol:* Caudé, caudifère, caudigère.
caudicle ['kɔ:dikl], *s.* *Bot:* Caudicule *f*.
Caudine ['kɔ:dain], *a.* *Rom.Hist:* **The Caudine forks,** les fourches Caudines.
caudle [kɔ:dl], *s.* *A:* Chaudeau *m*, brouet *m*, ou lait *m* de poule (pour malades).
cauf [kɔ:f], *s.* *Fish:* Banneton *m.*
caught. *See* CATCH[2].
caul [kɔ:l], *s.* **1.** Coiffe *f* (de nouveau-né). **Born with a caul,** né coiffé. **2.** *Cu:* Crépine *f*, toilette *f*, coiffe *f*, parement *m* (d'un gigot, etc.). **3.** *Cost:* *A.* & *Hist:* (*a*) Résille *f*. (*b*) (Fond *m* de) coiffe.
cauldron ['kɔ:ldrən], *s.* **1.** (*a*) Chaudron *m.* (*b*) *Ind:* Chaudière *f*. **2.** *Oc:* Gouffre *m.*
caulescent [kɔ:'les(ə)nt], *a.* *Bot:* Caulescent.
caulicle ['kɔ:likl], **caulicule** ['kɔ:likjul], *s.* *Bot:* Caulicule *f*.
cauliferous [kɔ:'lifərəs], *a.* *Bot:* Caulifère; caulescent.
cauliflorous [kɔ:li'flɔ:rəs], *a.* *Bot:* Cauliflore.
cauliflower ['kɔliflauər], *s.* *Hort:* Chou-fleur *m*, *pl.* choux-fleurs.
cauliform ['kɔ:lifɔ:rm], *a.* Cauliforme.
caulinary ['kɔ:linəri], **cauline** ['kɔ:lain], *a.* *Bot:* Caulinaire.
caulk [kɔ:k], *v.tr.* **1.** (*a*) Calfater, étouper (un navire). (*b*) Calfeutrer (une fenêtre, etc.). **2.** Mater (une tôle de chaudière, un rivet, etc.).
caulking, *s.* **1.** (*a*) Calfatage *m* (d'un navire en bois). (*b*) Calfeutrage *m*, calfeutrement *m.* **2.** Matage *m* (de tôles).
'caulking-chisel, -iron, -tool, *s.* **1.** *Nau:* Calfait *m*, burin *m*; ciseau *m* de calfat. **2.** *Metalw:* Matoir *m.* *Pneumatic c.-t.*, frappeur *m* pneumatique (à mater).
'caulking-felt, *s.* *Nau:* Ploc *m.*

caulker [ˈkɔːkər], *s.* **1.** (*Pers.*) Calfat *m.* **2.** *Tls:* = CAULKING-IRON. **3.** *P:* Gros mensonge.

caulocarpous [kɔːloˈkɑːrpəs], *a. Bot:* Caulocarpe.

causal [ˈkɔːz(ə)l], *a.* Causal (*no mpl*); causatif. *Gram:* **Causal conjunction,** conjonction causative.

causality [kɔːˈzaliti], *s. Phil:* Causalité *f*; rapport *m* de cause à effet.

causation [kɔːˈzeiʃ(ə)n], *s.* **1.** Causation *f.* **2.** = CAUSALITY.

causative [ˈkɔːzətiv], *a.* Causatif. *Esp. Gram:* **Causative verb,** verbe causatif.

cause[1] [kɔːz], *s.* **1.** (*a*) Cause *f.* *Prime, secondary, c.,* cause première, secondaire. **Cause and effect,** la cause et l'effet. *No effect without a c.,* point d'effet sans cause. *To be the c. of an accident,* être (la) cause d'un accident. *He is the c. of my failure, of my ruin,* il est cause que je n'ai pas réussi; il est la cause de mon échec, l'auteur de ma ruine. *Phil: Efficient c.,* cause efficiente. *Material c.,* cause matérielle. **Final cause,** cause finale; fin *f.* *Theol:* **The First Cause,** la cause première, la cause des causes; Dieu *m.* *See also* DIRECT[2] 1. (*b*) *Jur:* **Cause of a valid contract,** cause d'une obligation. **2.** Raison *f,* motif *m,* sujet *m.* *C. for litigation,* matière *f* à procès. *To have c. for dissatisfaction,* avoir un sujet, un motif, de mécontentement; avoir sujet à mécontentement. *I have c. to be thankful,* j'ai lieu d'être reconnaissant; j'ai de bonnes raisons pour être reconnaissant. *I have c. for astonishment,* j'ai lieu d'être surpris; j'ai de quoi être surpris. *I have c. to complain of . . .,* j'ai à me plaindre de. . . . **To have good cause for doing sth.,** être justifié à faire qch.; faire qch. à bon droit; avoir de bonnes raisons pour faire qch. *If I complain, I have good c.,* si je me plains c'est que j'en ai sujet. **To show cause,** exposer ses raisons. *What c. can you show for such an action?* quel motif pouvez-vous invoquer pour une action pareille? **To give serious cause for complaint,** donner de grands sujets de plainte. *The situation gives c. for apprehension,* la situation motive, justifie, des craintes. *What are the causes of the popularity of the cinema?* à quoi tient la popularité du cinéma? **3.** (*a*) *Jur:* Cause; procès *m.* **To plead s.o.'s cause,** plaider la cause de qn. (*From Fr.*) **Causes célèbres,** causes célèbres. (*b*) *F: To win s.o. to one's c.,* gagner qn à sa cause. *To take up s.o.'s c.,* embrasser, épouser, la querelle de qn. **To make common cause with s.o.,** faire cause commune, se solidariser, avec qn. **In the cause of justice,** pour (la cause de) la justice. *To labour in the c. of humanity,* travailler pour l'humanité. **To work in a good cause,** travailler pour une bonne cause. *See also* GAIN[2] 4. **4.** *Phil:* **Treatise on cause,** traité *m* sur la causalité.

'cause-list, *s. Jur:* Rôle *m* d'audience; tableau *m* d'audience; feuille *f* d'audience.

cause[2], *v.tr.* **1.** Causer, occasionner (un malheur, du retard, etc.); faire arriver (un accident); provoquer (la gaîté, un accident); faire naître (une querelle); susciter (de l'étonnement). *To c. a fire,* déterminer un incendie. *See also* SENSATION 2. *Losses caused by bad stowing,* pertes *f* du fait du mauvais arrimage. **2. To cause s.o. to do sth.,** faire faire qch. à qn. *To c. s.o. to be punished,* faire punir qn. *To c. sth. to be done,* faire faire qch. *What caused you to be late?* quelle est la cause de votre retard? qu'est-ce qui vous a mis en retard?

causeless [ˈkɔːzləs], *a.*; **-ly,** *adv.* Sans cause, sans raison, sans motif, sans sujet.

causer [ˈkɔːzər], *s.* Auteur *m* (d'un accident, etc.).

causerie [ˈkouzəri], *s.* Causerie *f*; conférence familière.

causeway[1] [ˈkɔːzwei], *s.* **1.** (*a*) Chaussée *f,* levée *f,* digue *f* (coupant à travers des marécages). (*b*) *A. & Hist:* Chaussée empierrée; route *f.* *See also* GIANT 1. **2.** *Scot:* Trottoir *m.*

causeway[2], *v.tr.* **1. To causeway a marsh,** construire une chaussée à travers un marais. **2.** Empierrer, caillouter, paver (un chemin).

caustic [ˈkɔːstik]. **1.** *a.* Caustique ((i) corrosif, (ii) mordant). **Caustic soda,** soude *f* caustique; hydrate *m* de soude. *C. wit,* esprit mordant, sarcastique. **2.** *s.* (*a*) *Ch: Med:* Caustique *m.* *Med:* **Lunar caustic,** caustique lunaire; pierre infernale. **Common caustic,** pierre *f* à cautère. (*b*) *Opt:* Caustique *f.* **-ally,** *adv.* D'un ton mordant, sarcastique.

causticity [kɔːsˈtisiti], *s.* Causticité *f*; (i) pouvoir corrosif; (ii) caractère mordant (d'une observation).

cauterization [kɔːtəraiˈzeiʃ(ə)n], *s. Med:* Cautérisation *f,* *A:* adustion *f,* exustion *f.* **Heat cauterization,** ignipuncture *f*; pointes *fpl* de feu.

cauterize [ˈkɔːtəraiz], *v.tr. Med:* Cautériser, *A:* toucher (une plaie, etc.). *Lit: A:* Endurcir (la conscience).

cautery [ˈkɔːtəri], *s.* Cautère *m.* **Actual cautery,** cautère actuel. *See also* ELECTRIC.

caution[1] [ˈkɔːʃ(ə)n], *s.* **1.** Précaution *f,* prévoyance *f,* prudence *f,* circonspection *f.* **To go to work, to set about it, with great caution,** s'attaquer à la tâche avec beaucoup de circonspection; *F:* y aller avec des mitaines. *To do sth. with great c.,* faire qch. avec de grands ménagements. **2.** (*a*) *Jur:* (*Scot. & U.S.*) Caution *f,* garant *m,* répondant *m* (*for s.o.,* de qn). (*b*) **Caution money,** cautionnement (versé par les étudiants en droit et par les étudiants de certaines universités). **3.** (*a*) Avis *m,* avertissement *m.* **Caution! steep incline,** attention! descente rapide. *See also* BOARD[1] 1. (*b*) *Mil:* Commandement *m* préparatoire. (*c*) Réprimande *f.* **He was dismissed,** *F:* **let off, with a caution,** le magistrat s'est contenté de le réprimander; *F:* il s'en est tiré avec une réprimande. *To inflict a punishment as a c. to others,* infliger une punition pour l'exemple. **4.** *F:* **A caution,** un drôle de type, de bonhomme, de numéro; une drôle de femme; un(e) drôle d'enfant; une drôle de chose.

caution[2], *v.tr.* **1.** Avertir (qn); mettre (qn) sur ses gardes. *To c. s.o. against sth.,* prémunir, prévenir, précautionner, qn contre qch.; mettre qn en garde contre qch. *To c. s.o. to do sth.,* bien recommander à qn de faire qch. **2.** Menacer (qn) de poursuites à la prochaine occasion; réprimander (qn).

cautionary [ˈkɔːʃənəri], *a.* D'avertissement, de précaution. *C. signal,* signal *m* d'avertissement. **Cautionary tales,** contes moraux.

cautious [ˈkɔːʃəs], *a.* **1.** Circonspect, précautionneux, -euse, prudent, avisé. *C. judgment,* jugement retenu. *C. of sth.,* en garde, prévenu, contre qch. *To be c. of doing sth.,* prendre garde, se garder, de faire qch. *To be c. in doing sth.,* faire qch. avec circonspection. *To play a c. game,* jouer serré. **2.** *Pej:* Cauteleux, -euse. **-ly,** *adv.* **1.** Avec précaution, avec circonspection, précautionneusement, prudemment. *To do sth. c.,* faire qch. avec ménagement(s). **2.** *Pej:* Cauteleusement.

cautiousness [ˈkɔːʃəsnəs], *s.* Prudence (habituelle); esprit *m* de précaution.

cavalcade [kavəlˈkeid], *s.* Cavalcade *f.*

cavalier [kavəˈliːər]. **1.** *s.m.* (*a*) *Hist:* Cavalier; gentilhomme. (*b*) *Eng.Hist:* Royaliste. **The Cavaliers and the Roundheads,** les Cavaliers et les Têtes rondes. *Dressm:* **Cavalier cuff,** manche évasée. (*c*) *F:* Galant; chevalier servant (d'une dame). **2.** *a.* Cavalier, dégagé, désinvolte; libre d'allures. *With a c. air,* d'un air cavalier; à la hussarde; avec désinvolture. **-ly,** *adv.* Cavalièrement; à la cavalière, à la dragonne.

cavalierish [kavəˈliːəriʃ], *a. In a c. manner* = CAVALIERLY.

cavally [kaˈvali], *s. Ich: U.S:* Caranx *m,* carangue *f.*

cavalry [ˈkavəlri], *s.* Cavalerie *f.* **Cavalry soldier,** cavalier *m*; soldat *m* de cavalerie. **Cavalry officer,** officier *m* de cavalerie. *Mil: P:* **Ally Sloper's Cavalry,** (= **A.S.C.**) = le Royal Cambouis. *Cf.* ALLY[4]. *See also* LIGHT[4] I. 2, SADDLE[1] 1, SCREEN[1] 1.

cavalryman, *pl.* **-men** [ˈkavəlrimən, -men], *s.m. Mil:* Cavalier; soldat de cavalerie.

cavatina [kavaˈtiːna], *s. Mus:* Cavatine *f.*

cave[1] [keːiv], *s.* **1.** Caverne *f,* antre *m,* souterrain *m.* **Fingal's Cave,** la Grotte de Fingal. **The Cheddar Caves,** les grottes de Cheddar. *Mus.Hist:* **Cave of harmony,** caveau *m.* **2.** *Pol:* (*a*) Scission *f.* (*b*) Dissidents *mpl.* *See also* ADULLAM.

'cave-bear, *s. Paleont:* Ours *m* cavernaire; ours des cavernes.

'cave-dweller, *s.* = CAVE-MAN 1.

'cave-fish, *s. Ich:* Amblyopsis *m.*

'cave-man, *pl.* **-men, -woman,** *pl.* **-women,** *s.* **1.** *Anthr:* Troglodyte *mf*; homme *m,* femme *f,* des cavernes. **The age of the cave-man,** l'âge *m* des cavernes. **2.** *F:* Homme à la manière forte (avec les femmes); (*woman*) dragon *m.*

'cave-spider, *s.* Araignée *f* cavernicole.

cave[2], *s.* Effondrement *m* (du sol); éboulement *m.*

cave[3], *v.tr.* Caver, excaver, creuser (la terre).

cave in. 1. *v.i.* (*a*) (*Of ground, structure, etc.*) Céder, s'affaisser, s'effondrer, s'ébouler; (*of structure, beam*) s'infléchir. *I felt my ribs c. in,* je sentis mes côtes s'enfoncer. (*b*) (*Of pers.*) Céder, se soumettre, se rendre. **2.** *v.tr. F:* **To cave in a hat,** renfoncer, aplatir, un chapeau.

caving-in[1], *a. Chair with a c.-i. seat,* chaise défoncée.

caving in[2], *s.* Effondrement *m,* éboulement *m,* affaissement *m,* tombée *f.* *Min:* Écrasée *f.*

cave[4] [ˈkeivi], *int. Sch:* Attention! *P:* pet! vingt-deux! **To keep cave,** faire le guet, *P:* faire le pet.

caveat[1] [ˈkeiviat], *s.* **1.** *Jur:* (*a*) Opposition *f* (*to,* à). **To enter, put in, a caveat,** former, mettre, opposition (*against,* à). (*b*) Avis *m* d'opposition au renouvellement d'un brevet d'invention. (*c*) *U.S:* Demande *f* de brevet provisoire. **2.** *Lit:* Avertissement *m*; mise *f* en garde (*against,* contre).

caveat[2], *v.i. Fenc:* Dégager.

caveating, *s. Fenc:* Contre-appel *m.*

cavendish [ˈkavəndiʃ], *s.* Tabac foncé édulcoré et comprimé.

cavern[1] [ˈkavərn], *s.* **1.** Caverne *f,* antre *m*; souterrain *m.* **2.** *Geol:* (*In limestone*) Bétoire *f.*

cavern[2]. **1.** *v.tr.* Creuser une caverne dans (qch.); évider (qch.). **2.** *v.i. Lit:* Vivre dans une caverne, dans un antre.

caverned, *a.* **1.** Caverneux, plein de cavernes. **2.** *Lit:* Enfermé dans un antre.

cavernous [ˈkavərnəs], *a.* (*Of rock, tissue, respiration, etc.*) Caverneux, -euse.

cavernulous [kaˈvəːrnjuləs], *a. Anat:* (Tissu) caverneux.

cavesson [kaˈvesən], *s. Horse-training:* Caveçon *m.*

cavetto, *pl.* **-ti, -tos** [kaˈvetto, -tiː, -touz], *s. Arch:* Cavet *m.*

caviar(e)[1] [kaviˈɑːr], *s.* **1.** Caviar *m.* *F:* **It is caviar to the general,** c'est du caviar pour le peuple; c'est trop fin pour la foule. **2.** *P:* Caviar, passage caviardé (d'un journal, etc.).

caviar(e)[2], *v.tr. P:* Caviarder (un passage dans un journal, etc.).

cavicorn [ˈkavikɔːrn], *a. Z:* Cavicorne.

cavicornia [kaviˈkɔːrnia], *s.pl. Z:* Cavicornes *m.*

cavil[1] [ˈkavil], *s.* **1.** Argutie *f*; objection oiseuse.

cavil[2], *v.i.* (**cavilled**) **1.** Chicaner, ergoter; *F:* discuter sur des pointes d'aiguille. *He is always cavilling,* il trouve à redire sur tout; il n'a jamais fini de critiquer. *To c. at, about, sth.,* argumenter, chicaner, ergoter, pointiller, épiloguer, sur qch.; mettre qch. en question. **2.** *Jur:* Multiplier les incidents.

cavilling[1], *a.* Argutieux, -euse; chicaneur, -euse; vétilleux, -euse.

cavilling[2], *s.* Arguties *fpl,* chicanes *fpl,* chicanerie *f,* ergotage *m,* pointillerie *f.*

caviller [ˈkavilər], *s.* Chicaneur, -euse; chicanier, -ière; ergoteur, -euse.

cavitation [kaviˈteiʃ(ə)n], *s. Av: Nau:* Cavitation *f.*

cavity [ˈkaviti], *s.* **1.** Cavité *f*; creux *m*; alvéole *m or f*; trou *m,* *pl.* trous. *Metall:* Grumelure *f* (dans la fonte). **The nasal cavity,** les fosses nasales. *See also* GLENOIDAL. **2.** *N.Arch:* Déplacement *m.*

cavort [kaˈvɔːrt], *v.i. P:* Cabrioler; faire des galopades, des galipettes.

cavy [ˈkeivi], *s. Z:* **1.** Cobaye *m,* cochon *m* d'Inde. *Southern c.,* cobaye austral. *Restless c.*, cobaye du Brésil. **2. Water cavy,** cabiai *m*.

caw[1] [kɔː], *s.* Croassement *m*.

caw[2]. **1.** *v.i.* (*Of crow, etc.*) Croasser. **2.** *v.tr. F:* **To caw out** *dismal prophecies*, croasser des prophéties lugubres.

cawing, *s.* Croassement *m*.

cay [kei], *s. Geog:* Caye *f*; récif *m* de corail (des mers de la Floride).

Cayenne [kei'en]. **1.** *Pr.n. Geog:* Cayenne *f*. **2.** *s.* **Cayenne (pepper),** poivre *m* de Cayenne; cayenne *m*; poivre rouge.

cayman ['keimən], *s. Rept:* Caïman *m*.

cease[1] [siːs], *s. Used only in the phr.* **Without cease,** sans cesse, sans arrêt, sans discontinuer.

cease[2], *v.tr. & i.* **1.** Cesser ((*from*) *doing sth.*, de faire qch.). *They ceased seeing each other, they ceased to see each other,* ils cessèrent de se voir. *He has ceased to see anybody,* il ne voit plus personne. *To c. to be sth.*, cesser d'être qch. *They have ceased to be,* ils ne sont plus. **2.** Cesser (ses efforts, etc.). **To cease from work,** cesser son travail. **To cease work,** cesser le travail; arrêter les travaux. *To c. one's connection with s.o.*, rompre ses rapports, ses relations, avec qn. *C. your lamentations!* trêve de jérémiades! *Mil:* **To cease fire,** cesser le feu. *The noise ceased,* le bruit cessa. *When the pain had ceased,* lorsque la douleur (se) fut passée. *When the storm had ceased,* lorsque l'orage fut passé. *He talked without ceasing,* il parlait sans arrêt. *See also* NEVER-CEASING.

ceasing, *s.* Cessation *f*. *We awaited the c. of the storm,* nous attendîmes que la tempête se calmât.

ceaseless ['siːsləs], *a.* Incessant; sans arrêt; continuel, éternel; sans fin. **-ly,** *adv.* Sans cesse, sans arrêt; continuellement, éternellement; sans fin.

ceaselessness ['siːsləsnəs], *s.* Continuité *f*, persistance *f* (d'un bruit, etc.).

cecidium [se'sidiəm], *s. Bot:* Cécidie *f*.

cecidomyia [sesido'maija, siː-], *s. Ent:* Cécidomyie *f*.

Cecilia [se'silia]. *Pr.n.f.* Cécile.

cecity ['siːsiti], *s.* Cécité *f*.

Cecropidae [siː'krɔpidiː]. *Pr.n. m.pl. Gr.Hist:* Cécropides.

Cecrops ['siːkrɔps]. **1.** *Pr.n.m.* Cécrops. **2.** *s. Crust:* Cécrops *m*.

cedar ['siːdər], *s. Bot:* **Cedar(-tree),** cèdre *m*. **Cedar of Lebanon,** cèdre du Liban. **Red cedar, pencil cedar,** cèdre rouge; cèdre de Virginie; genévrier *m* de Virginie. **Atlas cedar, silver cedar,** cèdre de l'Atlas; cèdre argenté. **Barbados bastard cedar, Spanish cedar, Honduras cedar,** cèdre acajou; cédrel odorant; acajou *m* femelle, à planches. **Oregon cedar, white cedar,** petit cyprès. **Cedar(-wood),** bois *m* de cèdre. **Cedar-resin, -pitch,** cédrie *f*. **Oil of cedar,** cédréléon *m*.

cede [siːd], *v.tr. Esp.Jur:* Céder (un bien immobilier, une province, une dette) (*to*, à).

cedent ['siːdənt], *s. Jur:* = ASSIGNOR 1.

cedilla [se'dila], *s.* Cédille *f*. *To put a cedilla under a c,* cédiller un c.

cedrella [siː'drela], *s. Bot:* Cédrel *m*.

Cedron ['kiːdrən]. *Pr.n. B.Hist:* **The (brook) Cedron,** le Cédron.

cee [siː], *s.* (La lettre) c. *Veh:* **Cee-spring, C-spring,** ressort *m* en C.

ceil [siːl]. **1.** *v.tr.* (*a*) Plafonner (une pièce). (*b*) *A:* Lambrisser (une paroi). **2.** *v.i. Av:* Plafonner.

ceiling, *s.* **1.** *Const:* Plafonnage *m*. **2.** *Const:* (*a*) Plafond *m*. *Ribbed c.*, plafond à nervures. **Ceiling beam,** doubleau *m*. *C. illumination,* illumination *f* de plafond. **Ceiling light, lamp,** plafonnier *m*. **Counterpoise ceiling lamp,** suspension *f* à contrepoids. (*b*) *Coll.* Plafonnage *m*. (*c*) *Aut:* Plafond (de voiture). **3.** *Av:* (*a*) Vol *m* en plafond. (*b*) (Valeur *f* de) plafond (d'un avion). **To fly at the ceiling,** plafonner. **4.** *Nau:* Vaigres *fpl*, vaigrage *m*. **Floor-ceiling,** vaigrage de fond. *To put in the ceilings of a ship,* vaigrer un navire.

ceilinged ['siːliŋd], *a.* (*With adj. prefixed, e.g.*) **High-, low-ceilinged** room, pièce haute, basse, de plafond.

Celadon ['seladən]. **1.** (*a*) *Pr.n.m.* Céladon (personnage de "l'Astrée"). (*b*) *s.m. Lit: F:* Céladon; amant discret. **2.** *a. & s.* (*Colour*) Céladon *inv*; vert pâle *inv*.

celandine ['selandain], *s. Bot:* (*a*) **Greater celandine,** chélidoine *f*; grande éclaire; *F:* herbe *f* aux boucs; herbe aux verrues; herbe de l'hirondelle. (*b*) **Lesser celandine,** ficaire *f*; petite éclaire; *F:* herbe de fic; herbe aux hémorroïdes; jauneau *m*.

celanese [sela'niːz], *s. Tex:* Soie artificielle (à base de cellulose).

celastrus [se'lastrəs], *s. Bot:* Célastre *m*.

-cele [siːl], *s.suff. Med:* -cèle *f*. *Hydrocele,* hydrocèle. *Pleurocele,* pleurocèle. *Protocele,* protocèle.

Celebes ['selebiːz]. *Pr.n. Geog:* **The Island of Celebes,** l'île *f* de Célèbes.

Celebesian [sele'biːzjən], *a. & s. Geog:* Célébéen, -éenne.

celebrant ['selebrənt], *s. Ecc:* Célébrant *m*; officiant *m*.

celebrate ['selebreit], *v.tr.* **1.** *Ecc:* (*a*) Célébrer (la messe, un mariage, une fête). *The marriage will be celebrated at . . .,* la bénédiction nuptiale sera donnée à. . . . (*b*) *Abs.* Célébrer la messe; célébrer; officier. **2.** Célébrer, glorifier (la mémoire de qn); célébrer, commémorer, solenniser (un événement).

celebrated, *a.* Célèbre (*for sth.*, par qch.); renommé (*for*, pour).

celebration [sele'breiʃ(ə)n], *s.* **1.** *Ecc:* Célébration *f* (de l'office divin, de la communion, d'une fête). **To go to early celebration,** communier de bonne heure, à un office du matin. *The Easter celebrations,* les solennités *f* de Pâques. **2.** (*a*) Célébration, commémoration *f* (d'un événement, etc.). (*b*) Manifestation *f* de sympathie (à l'occasion de l'avancement, de la retraite, de qn, etc.).

celebrator ['selebreitər], *s.* Célébrateur *m*.

celebrity [se'lebriti], *s.* **1.** Célébrité *f*, renommée *f*. **2.** (*Pers.*) Célébrité. *All the celebrities of the bar,* toutes les illustrations du barreau.

celeriac [se'leriak], *s. Hort:* Céleri-rave *m*.

celerity [se'leriti], *s.* Célérité *f*.

celery ['seləri], *s.* **1.** *Hort:* Céleri *m*. *Turnip-rooted c.*, céleri-rave *m*. **Head of celery,** pied *m* de céleri. **2.** *Bot:* **Wild celery,** ache *f*.

celesta [se'lesta], *s. Mus:* Célesta *m*.

celeste [se'lest]. **1.** *a. & s.* Bleu céleste (*m*)*inv*. **2.** *s. Mus:* (*Organ stop*) Voix *f* céleste.

celestial [se'lestjəl]. **1.** *a.* Céleste. *C. sphere,* sphère *f* céleste. **The Celestial Empire,** le Céleste Empire. *See also* CITY 1. **2.** *s.* (*a*) Esprit *m* céleste; habitant *m* du ciel. (*b*) Chinois, -oise; Céleste *mf*.

Celestine [se'lestain], *s. Ecc:* (*Monk*) Célestin; (*nun*) célestine.

celibacy ['selibəsi], *s.* Célibat *m*.

celibate ['selibet]. **1.** *a.* (Personne *f*) célibataire; (vie *f*) de célibataire. **2.** *s.* Célibataire *mf*.

cell [sel], *s.* **1.** Compartiment *m*. (*a*) (*In monastery*) Cellule *f*; (*in prison*) cellule, cachot *m*; (*dark cell*) cabanon *m*. *Mil:* **The cells,** la prison, *P:* le bloc, la tôle. *In the cells,* au bloc; en tôle. *To give a man three days' cells,* donner à un homme trois jours de prison, *P:* de bloc. *Adm: Committed to the cells,* écroué au dépôt. (*b*) *Ap:* Cellule, alvéole *m or f*. *Bot: etc:* Loge *f*. *Geol:* Alvéole. *See also* GAS-CELL. (*c*) *F:* **The brain cells,** les territoires cérébraux. (*d*) *Poet:* La tombe. **2.** (*a*) *El:* Élément *m* (de pile); couple *m*. *Carbon-zinc c.*, élément charbon-zinc. **Three-cell battery,** batterie *f* à trois éléments. **Dry cell,** pile sèche. *Porous c.*, vase poreux. *See also* BICHROMATE, MILKING-CELL, STORAGE CELL. (*b*) *Phot: Opt:* Cuve *f* à liquides (de projecteur). (*c*) *See* PHOTO-ELECTRIC. **3.** *Biol:* Cellule. **Cell-membrane,** membrane *f* cellulaire. **Cell-wall,** paroi *f* cellulaire. *The c. theory,* la théorie cellulaire. *See also* GANGLION-CELL, GRANULE-CELL, THREAD-CELL. **4.** (*a*) *Mil:* Groupe *m* de combat. (*b*) *Pol:* **Communist cell,** cellule communiste; noyau *m* communiste. *To set up cells in a trade-union,* noyauter un syndicat. *Setting up of cells (in a factory, etc.)*, noyautage *m* (d'une usine, etc.).

'cell-body, *s. Biol:* Protoplasme *m*.

'cell-like, *a.* Alvéolaire.

'cell-sap, *s. Biol:* Suc *m* cellulaire.

cellar[1] ['selər], *s.* (*a*) Cave *f*; (*small*) caveau *m*; (*on ground-floor*) cellier *m*. **Wine-cellar,** cave à vin. *F:* **To keep a good cellar,** avoir une bonne cave. (*b*) *Com:* (*Above ground*) Chai *m* (d'un négociant en vins).

'cellar-flap, *s.* **1.** Trappe *f* de cave. **2.** *P:* **To dance a cellar-flap,** danser sur le trottoir.

'cellar-kitchen, *s.* Cuisine *f* en sous-sol.

'cellar-light, *s.* Soupirail *m* en abat-jour.

'cellar-plate, *s.* Couvercle *m*, tampon *m*, de trou de cave (lorsque la cave s'avance jusque sous le trottoir ou la cour).

cellar[2], *v.tr.* Encaver (du vin); mettre (du vin) en cave, en chai.

cellaring, *s.* Mise *f* en cave; avalage *m* (du vin); mise en cellier; rentrage *m* (du bois de chauffage, etc.).

cellarage ['seləredʒ], *s.* **1.** Emmagasinage *m* (en cave), encavement *m*. **2.** *Coll.* Caves *fpl*.

cellarer ['selərər], *s.m. Ecc:* Cellérier, sommelier.

cellaress ['selәres], *s.f. Ecc:* Cellérière.

cellaret [selə'ret], *s.* Cave *f* à liqueurs (de buffet).

cellarman, *pl.* **-men** ['selərmən, -men], *s.m.* Caviste; sommelier.

cellated ['seleitid], **celled** [seld], *a.* **1.** *Biol:* Cellulé. **2.** *Biol: etc:* **-celled.** *One-c., two-c.*, à une cellule, à deux cellules. *See also* ONE-CELLED. *El: Two-c. battery,* batterie *f* à deux piles; accumulateur *m* à deux éléments.

celliform ['selifɔːrm], *a. Biol:* Celluliforme.

'cellist ['tʃelist], *s.* = VIOLONCELLIST.

'cello ['tʃelo], *s.* = VIOLONCELLO.

celloidin [se'lɔidin], *s. Phot: etc:* Celloïdine *f*.

'celloist ['tʃeloist], *s.* = VIOLONCELLIST.

cellophane ['selofein], *s.* Cellophane *f* (pour films, pour empaquetage hydrofuge).

cellular ['seljulər], *a.* **1.** *Biol:* Cellulaire, celluleux. *Anat:* **Cellular tissue,** tissu lamineux, cellulaire, connectif, conjonctif. **2.** Cellulaire, alvéolaire; alvéolé; à alvéoles. *C. girder,* poutre *f* cellulaire. *I.C.E:* **Cellular radiator,** radiateur *m* cellulaire, alvéolaire, à nid d'abeilles. *Tex:* **Cellular linen,** cellular *m* (pour chemises, etc.). *See also* LAVA. **3.** *Bot: C. plant,* plante *f* cellulaire.

cellularity [selju'lariti], *s.* Cellularisme *m*.

cellulate ['seljulet], **cellulated** ['seljuleitid], *a. Nat.Hist:* Cellulé, celluleux.

cellule ['seljuːl], *s.* **1.** *Physiol: Nat.Hist:* Cellule *f*; (*small*) favéole *f*. **2.** *Av:* Cellule (de biplan).

cellulifugal [selju'lifjug(ə)l], *a. Physiol:* Cellulifuge.

cellulipetal [selju'lipet(ə)l], *a. Physiol:* Cellulipète.

celluloid ['seljulɔid], *s.* Celluloïd(e) *m*. *C. in sheets,* celluloïd œuvré. **Celluloid record** (*for gramophone*), cello-disque *m*.

cellulose ['seljulous]. **1.** *a.* Celluleux. **2.** *s.* Cellulose *f*. **Starch cellulose,** amyline *f*. *Tex:* **Cellulose acetate,** acétate *m* de cellulose; cellite *f*. *Ind: Aut:* **Cellulose varnish,** vernis *m* cellulosique. *Aut: etc: C. finish, c. enamel,* émail *m* cellulosique, à la cellulose.

cellulosity [selju'lɔsiti], *s.* Cellulosité *f*.

celosia [se'lousia, -ʃja], *s. Bot:* Célosie *f*.

Celsius ['selsiəs]. *Pr.n.m. Ph:* **Celsius thermometer,** thermomètre *m* de Celsius (0° = 100°c., 100° = 0°c.).

Celsus ['selsəs]. *Pr.n.m. A.Hist:* Celse.

celt[1] [selt], *s. Archeol:* Celt *m*, éolithe *m*.

Celt[2], *s. Ethn:* Celte *mf*.

Celtiberi [selti'biːrai]. *Pr.n.pl. Hist:* Celtibères *m*.

Celtic ['seltik, (*of Wales*) 'keltik]. **1.** *a. Ethn:* Celtique; celte. **The Celtic fringe,** l'Écosse, l'Irlande, et le Pays de Galles. **2.** *s. Ling:* Le celtique; les langues *f* celtiques.

Celticism ['seltisizm], *s.* Celticisme *m*.

Celtish ['seltiʃ], *a.* Celtique.

Celto- ['selto], *comb.fm.* Celto-. *Celtomania,* celtomanie. *Celtophil,* celtophile.

Celtologist [sel'tɔlodʒist], *s.* Celtisant *m.*
cembra ['sembrə], *s. Bot:* **Cembra pine,** cembro *m.*
cement[1] [si'ment], *s.* **1.** *Const:* Ciment *m.* **Hydraulic cement,** mortier *m* hydraulique. **Marble cement,** plâtre aluné. *See also* PORTLAND. **2.** *(Glue)* Ciment. **3.** *(a) Cer: Dent: etc:* Mastic *m,* lut *m.* *(b) I.C.E:* **Gasket cement,** enduit *m,* ciment, pour joints. *See also* IRON-CEMENT, RUST-CEMENT, TYRE-CEMENT. **4.** *Anat:* Cément *m* (d'une dent). **5.** *Geol:* Ciment. **6.** *Metall:* Cément. **7.** Précipité de sulfure d'or (obtenu dans l'extraction par chloruration).
ce'ment-mixer, *s.* Bétonnière *f.*
cement[2], *v.tr.* **1.** *(a)* Cimenter (des pierres, des briques); *F:* cimenter, consolider (la paix, une amitié). *(b)* Cimenter, enduire d'une couche de ciment, mettre en ciment (une paroi, le fond d'un puits, etc.). **2.** Lier au ciment; coller. **3.** *Dent:* Mastiquer, obturer (une dent). **4.** *Metall:* Cémenter (le fer).
cemented, *a.* Cimenté, consolidé. *Opt:* **Cemented lens,** objectif *m* à lentilles collées.
cementing[1], *a.* *Const:* Cimentaire. *Metall:* Cémenteux, -euse.
cementing[2], *s.* **1.** = CEMENTATION. **2.** Masticage *m,* obturation *f* (d'une dent).
cementation [si:men'teiʃ(ə)n], *s.* **1.** Cimentage *m,* cimentation *f;* collage *m.* **2.** *Metall:* Cémentation *f.* **Cementation powder,** cément *m;* poudre *f* à cémenter.
cementatory [si'mentətəri], *a.* *Metall:* Cémentatoire.
cemetery ['semetəri], *s.* Cimetière *m.*
cenacle ['senəkl], *s.* **1.** *Ant: B:* Cénacle *m.* **2.** Cénacle littéraire.
cenobite ['senobait], *s.* = COENOBITE.
cenogenesis [seno'dʒenesis], *s.* *Biol:* Cænogénèse *f,* cénogénèse *f.*
cenotaph ['senotaf], *s.* Cénotaphe *m.* **The Cenotaph,** le cénotaphe de Whitehall (monument aux morts de la Grande Guerre).
cense [sens], *v.tr.* *Ecc:* Encenser. *To c. the priest three times,* donner trois coups d'encensoir au prêtre.
censer ['sensər], *s.* *Ecc:* Encensoir *m.*
'censer-bearer, *s.* Encenseur *m,* thuriféraire *m.*
censor[1] ['sensər], *s.* **1.** *(a) Rom.Ant:* Censeur *m.* *(b) Adm:* Censeur. **The Board of Censors, the Censor's office,** la Censure. *The dramatic c.,* la censure dramatique. *The film c.,* la censure cinématographique. *Cin:* **Censor print,** copie approuvée par la censure. *Piece banned by the c.,* pièce interdite par la censure. *(c) A:* Censeur, critiqueur *m* (des actions d'autrui); *Lit:* zoïle *m.* **2.** *Psy:* **The censor,** la censure.
censor[2], *v.tr.* **1.** *(a)* Interdire (une pièce de théâtre). *(b)* Soumettre (une pièce, etc.) à des coupures; caviarder (un article); censurer (un film). **2.** **To be censored,** (i) *(of article, play, etc.)* passer par la censure; *(of letter)* passer par le contrôle; (ii) être interdit, supprimé, par la censure; (iii) être expurgé; être soumis à des coupures. *Journ:* **Censored passage** *(blocked out),* caviar *m.*
censoring, *s.* Censure *f* (des journaux, etc.).
censorial [sen'sɔ:riəl], *a.* Censorial, -aux.
censorious [sen'sɔ:riəs], *a.* **1.** Porté à censurer; sévère *(of, upon,* pour). *C. air,* air *m* de censeur. *It is easy to be c.,* la critique est aisée. **2.** *C. remark,* observation malveillante.
censoriousness [sen'sɔ:riəsnəs], *s.* **1.** Penchant *m* à la censure; disposition *f* à critiquer. **2.** Malveillance *f.*
censorship ['sensərʃip], *s.* **1.** *Adm:* *(a)* **The Censorship,** la censure; *P:* Anastasie *f.* *(b)* **Postal censorship,** contrôle postal. *Adm:* **Censorship of the press,** régime préventif. *Papers under c.,* presse soumise à la censure. **2.** *Psy:* = CENSOR[1] 2.
censurable ['senʃərəbl], *a.* Censurable, blâmable; digne de censure.
censure[1] ['senʃər], *s.* Censure *f,* blâme *m,* condamnation *f.* *To deserve c.,* mériter des reproches. *Deserving of c.,* répréhensible. *To incur (a) c.,* s'attirer un blâme. *To incur general c.,* encourir l'animadversion générale; être unanimement critiqué. *To incur the c. of the Church,* encourir les censures de l'Église. *The fear of public c.,* la crainte de la réprobation publique. **To pass censure on the Government,** blâmer le Gouvernement. **Vote of censure,** vote *m* de blâme; blâme.
censure[2], *v.tr.* Censurer; (i) blâmer, condamner; (ii) critiquer.
censurer ['senʃərər], *s.* Censeur *m* (des actions d'autrui).
census ['sensəs], *s.* Recensement *m;* *Lit:* dénombrement *m.* *Adm:* **To take a census of the population,** faire le recensement de la population; dénombrer la population. *C. of horses,* conscription *f* des chevaux.
'census-paper, *s.* Bulletin *m* de recensement; feuille *f* de recensement.
cent [sent], *s.* **1.** *Num:* *(a) U.S:* Cent *m.* *(b) F:* *(Small coin)* Sou *m,* liard *m.* *U.S: F:* **Red cent,** sou (de bronze). **I haven't got a red cent,** je n'ai pas le sou; *A:* je n'ai pas un rouge liard. **To pay to the last cent,** payer jusqu'au dernier sou. *See also* CARE[2] 1. **2.** *Com:* **Per cent,** pour cent. *Commission of ten per c.,* commission de dix pour cent. *Fin:* **The three per cents,** le trois pour cent, le 3%. *Ch:* *Thirty per c. solution,* solution *f* à trente pour cent. **Increment per cent,** taux *m* d'accroissement.
cental ['sent(ə)l], *s.* *Meas:* Quintal, -aux *m* (de cent livres anglaises). (Mesure pour les céréales.)
centaur ['sentɔ:r], *s.m.* **1.** *Myth:* Centaure. **2.** *Astr:* **The Centaur,** le Centaure.
centaurea [sentɔ:'ri:a], *s.* *Bot:* Centaurée *f.*
centauress ['sentɔ:res], *s.f.* *Myth:* Centauresse.
centaury ['sentɔ:ri], *s.* *Bot:* Centaurée *f.* *Esp.* *(a)* **Great centaury,** grande centaurée. *(b)* **Lesser centaury, common centaury,** petite centaurée; fiel *m* de terre; érythrée *f;* *F:* herbe *f* à mille florins.
centenarian [sente'nɛəriən], *a.* & *s.* *(Pers.)* Centenaire *(mf).*
centenary [sen'ti:nəri, -'ten-]. **1.** *a.* & *s.* (Anniversaire) centenaire *(m).* **2.** *s.* *A:* = CENTURY 1.
centennial [sen'tenjəl]. **1.** *a.* Centennal, -aux; séculaire. **2.** *s.* *U.S:* = CENTENARY 1.
center ['sentər], *s.* & *v.* *U.S:* = CENTRE[1, 2].
centering ['sentəriŋ], *s.* = CENTRING.
centesimal [sen'tesim(ə)l], *a.* Centésimal, -aux.
centi- ['senti], *pref.* Centi-. *Centigrade,* centigrade. *Centipede,* centipède.
centiare ['sentiɑ:r], *s.* *Meas:* Centiare *m.*
centibar ['sentibɑ:r], *s.* *Meteor:* Centibar *m.*
centigrade ['sentigreid], *a.* *Meas:* Centigrade; centésimal, -aux. **The centigrade thermometer,** le thermomètre centigrade.
centigramme ['sentigram], *s.* *Meas:* Centigramme *m.*
centilitre ['sentili:tər], *s.* *Meas:* Centilitre *m.*
centimeter, centimetre ['sentimi:tər], *s.* *Meas:* Centimètre *m.* *Square c.,* centimètre carré. *Cubic c.,* centimètre cube; millilitre *m.* *Ph.Meas:* **Centimetre-gramme-second,** centimètre-gramme-seconde *m;* *pl.* *centimetre-gramme-seconds,* centimètres-grammes-secondes.
centipede ['sentipi:d], *s.* *Myr:* Centipède *m,* scolopendre *f,* myriapode *m,* *F:* mille-pattes *m inv.*
'centipede-ladder, *s.* *Nau:* *Min:* Échelle *f* de perroquet.
centner ['sentnər], *s.* *Meas:* **1.** *(a)* Quintal *m,* -aux (de 50 kilos). *(b)* = CENTAL. **2.** **Metric centner,** mesure *f* de 100 kilos.
cento ['sento], *s.* *Mus:* *Lit:* Centon *m;* pastiche *m.*
central ['sentr(ə)l]. **1.** *a.* Central, -aux. **Central heating,** chauffage central; chauffage au calorifère. *C. heating station (of town, district),* centrale *f* de chauffage urbain. *See also* SCHOOL[1] 1 *(a).* *Geog:* **The Central State,** le Kansas. **The Central Powers,** les Puissances *f* de l'Europe centrale. **2.** *s.* *Tp:* *U.S:* Central *m* (téléphonique). **-ally,** *adv.* Centralement.
centralism ['sentrəlizm], *s.* *Pol:* Centralisme *m.*
centralist ['sentrəlist], *s.* *Pol:* Centraliste *m;* centralisateur *m.*
centrality [sen'traliti], *s.* Centralité *f;* position *f* au centre.
centralization [sentrəlai'zeiʃ(ə)n], *s.* Centralisation *f.*
centralize ['sentrəlaiz]. **1.** *v.tr.* Centraliser. **2.** *v.i.* Se centraliser.
centralizer ['sentrəlaizər], *s.* Centralisateur *m.*
centre[1] ['sentər], *s.* **1.** Centre *m* (d'un cercle, de la terre, d'une ville, des affaires, d'un séisme, etc.); milieu *m* (d'une table, d'un square); corps *m,* centre (d'une roue). *C. of learning, of infection,* foyer *m* d'érudition, d'infection. *The great urban centres, the great centres of population,* les grandes agglomérations urbaines. **In the centre,** au centre. *In the c. of the square,* au milieu de la place. *Ph:* **Centre of gravity,** centre de gravité. **Centre of attraction,** (i) *Ph:* = *centre of gravity;* (ii) *F:* clou *m* (d'une fête, etc.). *She was the c. of attraction of the gathering,* c'était sur elle que se portaient tous les regards. *He had become the c. of every hope,* toutes les espérances s'étaient concentrées sur lui. *N.Arch:* **Centre of displacement, of buoyancy,** centre de carène. *Nau:* **Centre of effort of the sails,** point *m* vélique. *Aut: etc:* **Centre to centre of bearings,** entre-axe *m* des roulements. *See also* DEAD-CENTRE, EXCHANGE[1] 2. **2.** *Const:* (= CENTRING 2) Cintre *m.* **3.** *Mec.E:* Pointe *f* (d'un tour). *Live c.,* pointe mobile (de la poupée). *Height of centres,* hauteur *f* des pointes. *See also* LATHE[1]. **4.** *Fb:* *(a) (Pers.)* = CENTRE-FORWARD. *(b)* Envoi *m* du ballon au centre du terrain. **5.** *Attrib.* Central, -aux. **The centre arch,** l'arche centrale, du centre. *Fr.Pol:* **The Centre party,** les membres du Centre, les centristes *m.* *A c.-party government,* un ministère juste-milieu *inv.*
'centre-bit, *s.* *Tls:* Mèche anglaise, à trois pointes; foret centré, à centre, à téton. *Expanding c.-b.,* mèche à trois pointes universelle.
'centre-board, *s.* *Nau:* (Quille *f* de) dérive *f;* dériveur *m.*
'centre-boarder, *s.* Yacht *m* à quille de dérive.
'centre-dot, *v.tr.* *Metalw:* Amorcer (un trou) au pointeau.
'centre-finder, *s.* *Tls:* Centreur *m.*
'centre-fire, *attrib.a.* *Sm.a:* (Cartouche) à percussion centrale.
centre-'forward, *s.* *Fb:* *(Pers.)* Avant-centre *m.*
centre-'half, *s.* *Fb:* *(Pers.)* Demi-centre *m.*
'centre-horse, *s.* Cheval *m* du milieu (d'un attelage).
'centre-line, *s.* Ligne médiane; axe *m* (d'une voiture, d'une route). *Ten:* Ligne médiane (du court).
'centre-mark, *s.* *Mec.E:* Coup *m,* trou *m,* de pointeau.
'centre-piece, *s.* (Pièce *f* de) milieu *m;* surtout *m,* girandole *f,* *A:* dormant *m* (de table).
'centre-pin, *s.* Cheville ouvrière.
'centre-punch, *s.* *Tls:* Pointeau *m,* amorçoir *m.* *Bell c.-p., self-centring c.-p.,* pointeau à cloche.
'centre-rail, *s.* *Rail:* Crémaillère *f* (de chemin de fer de montagne).
'centre-rib, *s.* Âme *f* (de rail).
'centre-second(s), *s.* *Clockm:* Grande aiguille trotteuse.
'centre-square, *s.* *Tls:* Équerre *f* à centrer.
'centre-striking, *s.* *Const:* Décintrement *m.*
'centre-table, *s.* *Furn:* *U.S:* Guéridon *m.*
centre[2]. **1.** *v.tr.* *(a)* Placer (qch.) au centre. **To centre one's affections on s.o.,** concentrer, rassembler, toute son affection sur qn. *To c. one's hopes in s.o.,* concentrer ses espoirs sur qn. *(b)* Être au centre de (qch.). *(c)* Centrer (une roue, une pièce sur le tour, une lentille sur l'axe optique, etc.); amorcer (un trou) au pointeau. *(d) Fb:* Centrer (le ballon); *abs.* centrer. *(e) Const:* Cintrer (une voûte). **2.** *v.i.* *(a)* **To centre in, on, round, about, s.o., sth.,** se concentrer dans, sur, autour de, qn, qch.; aboutir à qch.; s'appuyer, reposer, sur qn. *All his thoughts c. on . . .,* le seul but de ses pensées est . . ., toutes ses pensées convergent vers . . ., gravitent, tournent, autour de. . . . *The whole debate centres on one idea,* tout le débat se circonscrit autour d'une seule idée. *The whole interest centres upon . . .,* tout l'intérêt se concentre, est concentré, sur. . . . *(b)* *We all centred round him,* nous nous rassemblâmes autour de lui.

-centred, *a.* (*With adj. prefixed*) **Two-, three-centred arch,** arc *m* à deux, trois, centres. *See also* SELF-CENTRED.

centring, *s.* **1.** Centrage *m*, guidage *m* (d'une pièce sur le tour, etc.). *Cin: C. of the film image*, cadrage *m*. *See also* SELF-CENTRING. **2.** *Const:* (*a*) Cintrage *m* (d'une voûte). (*b*) Cintre *m* (échafaudage en arc). **To strike the centring of an arch,** décintrer une voûte. **Striking of the centring,** décintrement *m*.

'centring-machine, *s.* *Mec.E:* Machine *f* à centrer.

'centring-tool, *s.* *Mec.E:* Centreur *m*.

centric(al) ['sentrik(əl)], *a.* (*a*) Du centre; central, -aux. *Esp.* (*b*) *Anat:* Qui se rapporte à un centre nerveux.

centricity [sen'trisiti], *s.* Centralité *f*.

centrifugal [sen'trifjug(ə)l], *a.* **1.** Centrifuge. (*a*) *Ph:* **Centrifugal force,** force *f* centrifuge. (*b*) *Hyd.E: C. pump*, pompe *f* centrifuge. *Ind: C. machine, s.* **centrifugal,** centrifugeur *m*; centrifugeuse *f*. *See also* EXTRACTOR 2. **2.** (*Of cream, etc.*) Centrifugé.

centrifugalize [sentri'fjugəlaiz], **centrifuge** ['sentrifju:dʒ], *v.tr.* *Ind:* Centrifuger (un liquide).

centripetal [sen'tripet(ə)l], *a.* *Ph: Biol: Bot:* Centripète. **Centripetal force, tendency,** force *f* centripète.

centrist ['sentrist]. *Pol:* **1.** *s.* Centrier *m*. **2.** *a.* (Opinions *fpl*, etc.) du Centre.

centro- [sentro], *pref.* Centro-. *Centrobaric*, centrobarique. *Centrosome*, centrosome.

centrocercus [sentro'sə:rkəs], *s.* *Orn:* Centrocerque *m*.

centrosoma [sentro'souma], **centrosome** ['sentrosoum], *s.* *Biol:* Centrosome *m*.

centrum ['sentrəm], *s.* *Meteor:* Foyer réel, centre *m* (d'un séisme).

centuple[1] ['sentjupl], *a. & s.* Centuple (*m*).

centuple[2], *v.tr.* Centupler.

centuplicate[1] [sen'tjupliket], *a.* Centuplé.

centuplicate[2] [sen'tjuplikeit], *v.tr.* = CENTUPLE[2].

centurion [sen'tjuəriən], *s.* *Rom.Hist:* Centurion *m*. *B:* Centenier *m*.

century ['sentjuri], *s.* **1.** Siècle *m*. **In the nineteenth century,** au dix-neuvième siècle. *Trees centuries old*, arbres *m* séculaires. **2.** *Rom.Hist:* Centurie *f*. **3.** *Cr:* Centaine *f*. **4.** *U.S: P:* Cent dollars.

'century-plant, *s.* *Bot:* Agave *m* d'Amérique.

cephalate ['sefalet], *a.* *Ent: Moll:* Céphalé.

-cephali ['sefəlai], *comb.fm. pl.* -céphales *m*. *Brachycephali*, brachycéphales.

cephalic [se'falik]. **1.** *a.* (*a*) Céphalique. *Anat:* **The cephalic vein,** la veine céphalique; la céphalique. *Anthr:* **Cephalic index,** indice *m* céphalique. (*b*) *Comb.fm.* **-cephalic, -cephalous.** *Brachycephalic, brachycephalous*, brachycéphale. *Dolichocephalous, dolichocephalic*, dolichocéphale. **2.** *s.* *Pharm:* Remède *m* céphalique, pour les maux de tête.

cephaloid ['sefalɔid], *a.* *Biol:* Céphaloïde.

cephalometry [sefa'lɔmetri], *s.* *Anthr:* Céphalométrie *f*.

Cephalonia [sefa'lounja]. *Pr.n. Geog:* La Céphalonie.

cephalopod ['sefalopɔd], *s.* *Moll:* Céphalopode *m*. *pl.* (*Genus*) **Cephalopoda,** céphalopodes.

cephalothorax ['sefalo'θɔ:raks], *s.* *Ent:* Céphalothorax *m*.

cephalotome ['sefalotoum], *s.* *Surg:* Trépan perforatif.

-cephalous ['sefələs], *comb.fm.* *See* CEPHALIC 1 (*b*).

Cephissus [se'fisəs]. *Pr.n. A.Geog:* Le (fleuve) Céphise.

cephus ['sefəs], *s.* *Ent:* Cèphe *m*.

ceramic [se'ramik], *a.* Céramique.

ceramics [se'ramiks], *s.pl.* (*Usu. with sg. const.*) La céramique.

ceramist ['seramist], *s.* Céramiste *m*.

cerargyrite [se'ra:rgirait], *s.* *Miner:* Cérargyrite *f*; argent corné; *A:* lune cornée.

cerasin ['serasin], *s.* *Ch:* Cérasine *f*.

cerastes [se'rasti:z], *s.* *Rept:* Céraste *m*.

cerastium [se'rastiəm], *s.* *Bot:* Céraiste *m*.

cerate ['seret], *s.* *Pharm:* Cérat *m*.

ceratin ['keratin], *s.* *Physiol: Ch:* Kératine *f*.

ceratinous [se'ratinəs], *a.* Kératinique.

ceratogenous [sera'tɔdʒənəs], *a.* Kératogène.

ceratoid ['seratɔid], *a.* Kératoïde.

Cerberus ['sə:rbərəs]. *Pr.n.m. Myth:* Cerbère. *See also* SOP[1] 2.

cercus ['sə:rkəs], *s.* *Ent:* Cerque *m*.

cere ['si:ər], *s.* *Orn:* Cire *f* (du bec d'un oiseau).

cereal ['si:riəl]. **1.** *a. & s.* Céréale (*f*). **Cereal crops,** céréales. **2.** *s.pl.* *U.S:* **Cereals,** flocons *m* d'avoine, de froment, etc. (pour le premier déjeuner).

cerealin ['si:əriəlin], *s.* *Ch:* Céréaline *f*.

cerealist ['si:əriəlist], *s.* Céréaliste *m*.

cerebellar [sere'belər], *a.* *Anat:* Cérébelleux. **Cerebellar arteries,** artères cérébelleuses.

cerebellum [sere'beləm], *s.* *Anat:* Cervelet *m*.

cerebral ['serebr(ə)l], *a.* **1.** Cérébral, -aux. **2.** *Ling:* (Consonne) cérébrale, rétroflexe, cacuminale.

cerebration [sere'breiʃ(ə)n], *s.* Cérébration *f*.

cerebro-cardiac ['serebro'ka:rdiak], *a.* *Med:* Cérébro-cardiaque.

cerebro-spinal ['serebro'spain(ə)l], *a.* Cérébro-spinal, -aux. **Cerebro-spinal meningitis** *or* **fever,** méningite cérébro-spinale.

cerebrum ['serebrəm], *s.* *Anat:* Cerveau *m*.

cerecloth ['si:ərklɔθ], *s.* **1.** Toile *f* d'embaumement. **2.** *Tchn:* Toile cirée.

cerement(s) ['si:ərment(s)], *s.* (*Usu. pl.*) **1.** Toile(s) *f* d'embaumement. **2.** *Lit:* Linceul *m*, suaire *m*.

ceremonial [sere'mounjəl]. **1.** *a.* De cérémonie; *occ.* cérémonial, -aux. *C. visit*, visite *f* de cérémonie. **2.** *s.* (*a*) Cérémonial *m*. *The Court c.*, l'étiquette *f* de la Cour. (*b*) (*Book*) Cérémonia. *R.C.Ch:* Rituel *m*. **-ally**, *adv.* Avec tout le cérémonial d'usage; en grande cérémonie.

ceremonialism [sere'mounjəlizm], *s.* *Ecc: Pej:* Ritualisme *m*; cérémonialisme *m*.

ceremonialist [sere'mounjəlist], *s.* *Ecc: Pej:* Ritualiste *mf*.

ceremonious [sere'mounjəs], *a.* Cérémonieux, -euse. **-ly**, *adv.* Cérémonieusement; avec cérémonie; en cérémonie.

ceremoniousness [sere'mounjəsnəs], *s.* Manières cérémonieuses.

ceremony ['seremәni], *s.* Cérémonie *f*. **1.** **With ceremony,** solennellement. **Without ceremony,** sans formalités, sans cérémonie, sans façon, *F:* à la bonne franquette; tout de go. *Without further c.*, sans plus de façons. **To stand (up)on ceremony,** faire des cérémonies, des façons. *He doesn't stand on c. with them*, il ne se gêne pas avec eux. *He doesn't stand on c.*, il est sans gêne. *See also* MASTER[1] 1. **2.** (*Function*) *To attend a c.*, assister à une cérémonie. *The marriage c.*, la cérémonie du mariage.

Ceres ['si:əri:z]. *Pr.n.f. Myth:* Cérès.

cereus ['si:əriəs], *s.* *Bot:* Cierge *m*.

ceria ['si:əria], *s.* *Ch:* Oxyde *m* de cérium.

ceric[1] ['si:ərik], *a.* *Ch:* Cérique, de cérium.

ceric[2], *a.* *Organic Ch:* (Acide *m*) cérique.

ceriferous [si:ə'rifərəs], *a.* *Bot:* Cérifère.

ceriph ['serif], *s.* *Typ:* (*At top of letter*) Obit *m*; (*at foot of letter*) empattement *m*.

cerise [sə'ri:z], *a. & s.* (*Colour*) Cerise (*m*) *inv*.

cerite ['si:ərait], *s.* *Miner:* Cérite *f*; silicate hydraté de cérium.

cerium ['si:əriəm], *s.* *Ch:* Cérium *m*.

ceroplastic [si:əro'plastik]. **1.** *a.* Céroplastique; (panorama, etc.) modelé en cire. **2.** *s.pl.* **Ceroplastics.** (*a*) (*Usu. with sg. const.*) Céroplastique *f*. (*b*) Figures *f* de cire.

ceroplasty ['si:əroplasti], *s.* Céroplastique *f*.

cerous ['si:ərəs], *a.* *Ch:* Céreux.

cert [sə:rt], *s.* *P:* (= CERTAINTY) **A dead cert,** une certitude (absolue); un coup sûr, une affaire sûre; *Turf:* un gagnant sûr. **It's a cert,** c'est couru.

certain ['sə:rt(ə)n], *a.* Certain. **1.** (*Assured*) (*a*) *A c. cure*, une guérison certaine, assurée. *A c. success*, un succès infaillible, assuré. **This much, one thing, is certain, that . . .,** ce qu'il y a de sûr, de certain, c'est que. . . . *It is absolutely c., U.S:* **it's sure and certain,** c'est sûr et certain. **He is certain to come,** il viendra sûrement; il est certain qu'il viendra. *See also* KNOWLEDGE 1. (*b*) (*Of pers.*) **To be certain of sth.,** être certain, sûr, de qch. *I am almost c. of it*, j'en ai la presque certitude. *I am c. that he will come*, je suis certain, sûr, qu'il viendra. *I am not c. that he will come*, je ne suis pas certain qu'il vienne. *I want to be c. about it*, je veux en avoir le cœur net. *To make s.o. c. of sth.*, donner à qn la certitude de qch. (*c*) *To know sth.* **for certain,** savoir qch. pour certain; être bien sûr de qch.; savoir qch. à n'en pouvoir douter. *He will come for c.*, il viendra certainement, sûrement, à coup sûr. *I cannot say for c.*, je ne saurais dire avec certitude; je n'en suis pas bien certain. *I cannot say for c. when he will start*, je ne puis préciser la date, l'heure, de son départ. *I know for c. that . . .*, je sais à n'en pas douter que. . . . (*d*) **To make certain of sth.,** (i) s'assurer de qch.; constater qch.; (ii) s'assurer qch. *To make c. of a seat*, s'assurer une place. (*e*) *Fin:* **To quote certain,** donner le certain. (*f*) **You shall have it to-morrow certain,** vous l'aurez demain sans faute. **2.** (*a*) (*Undetermined*) *There are c. things that . . .*, il y a certaines choses que. . . . *There is a c. pleasure in + ger.*, il y a un certain plaisir, une sorte de plaisir, à. . . . *It happened on a c. day that . . .*, il arriva certain jour, un jour, que. . . . *With women of a c. age . . .*, chez les femmes d'un certain âge. . . . *See also* CONDITION[1] 2, EXTENT 2. *Pej: A c. person*, (une) certaine personne. *C. people*, (de) certaines gens; certains quidams; certains *mpl*. *C. boys and girls*, certains petits garçons et certaines petites filles. **A certain Mr Smith,** un certain M. Smith. *See also* DESCRIPTION 2. (*b*) *He used to write on a c. day*, il m'écrivait à jour fixe. **-ly**, *adv.* (*a*) Certainement; certes; assurément; à coup sûr; infailliblement. *Most c.*, très certainement. (*b*) (*Assent*) Assurément; parfaitement. *You allow me?*—**Certainly!** vous permettez?—Comment donc! **Certainly not!** non certes! bien sûr que non! non, par exemple!

certainty ['sə:rtnti], *s.* (*a*) Certitude *f* (d'un fait à venir). (*b*) Chose certaine, fait certain. *The epidemic is becoming a c.*, l'épidémie s'affirme. **For a certainty, of a certainty,** à coup sûr; certainement. *I know it for a c.*, je le sais positivement; j'en ai la certitude. **It's a dead certainty,** c'est une certitude absolue. **To bet on a certainty,** parier à coup sûr. (*Cf.* CERT.) (*c*) Certitude (morale); conviction *f*. *Deterred from crime by the c. of punishment*, retenu sur la pente du crime par la certitude du châtiment.

certes ['sə:rtiz], *adv.* *A:* Assurément; certes; en vérité.

certifiable [sə:rti'faiəbl], *a.* Que l'on peut certifier. *C. lunatic*, personne dont un médecin se jugera autorisé à attester l'aliénation mentale. *F:* **He's certifiable,** il est fou à lier.

certificate[1] [sə:r'tifiket], *s.* **1.** (*a*) Certificat *m*, attestation *f*. **Doctor's certificate,** attestation de médecin. *Adm:* **Absent on medical certificate,** absent pour cause de santé. **Certificate of health,** billet *m* de santé. *To deliver a c. of good character*, délivrer un certificat de bonne vie et mœurs. *Fin:* **Loan certificate,** titre *m* de prêt. *'Rente' c.*, titre de rente. *Nau:* **Certificate of receipt,** certificat de chargement. **Certificate of registry,** acte *m* de nationalité, lettre *f* de mer (d'un navire). *Cust: etc:* **Certificate of origin,** certificat d'origine. *See also* DELIVERY 4 (*b*), SURVEY[1] 3. (*b*) *Jur:* (Acte de) concordat *m* (entre un failli et ses créanciers). **2.** **Certificate (of competency),** certificat (d'aptitude); diplôme *m*, brevet *m*. *See also* MERIT. *Nau:* **Master's certificate,** brevet de capitaine. **3.** *Adm:* Acte. **Birth certificate, marriage certificate,** acte de naissance; acte de mariage. **Copy of birth certificate,** extrait *m* de naissance. **Death certificate,** (i) acte de décès; (ii) extrait mortuaire. *Coroner's death c.*, acte de constat de décès (délivré par le *coroner, q.v.*). **Registration certificate, certificate of registration,** (i) matricule *f*; (ii) (*of alien*) permis *m* de séjour. *Mil: Navy:* **Service certificate,** livret *m* matricule. *See also* REGISTRY 1.

certificate[2] [sə:r'tifikeit], *v.tr.* Délivrer un certificat, un diplôme, un brevet, à (qn); diplômer, breveter (qn).

certificated, *a.* **1.** Diplômé, titré. *Fully c.*, pourvu de tous ses titres, de tous ses diplômes. **Certificated teacher,** instituteur diplômé, institutrice diplômée. **2.** *Jur:* **Certificated bankrupt,** concordataire *mf.*

certification [sə:rtifi'keiʃ(ə)n], *s.* (*a*) Certification *f.* (*b*) *C. of elementary teachers*, octroi *m* des diplômes aux instituteurs.

certificatory [sə:r'tifikatəri], *a.* Certificatif. **Letter certificatory,** certificat *m*; lettre *f* de recommandation.

certifier ['sə:rtifaiər], *s.* Certificateur *m.*

certify ['sə:rtifai], *v.tr.* **1.** (*a*) Certifier, déclarer, attester. *To c. that sth. is true*, attester, porter témoignage, que qch. est vrai. **I certify this a true copy . . .,** pour copie conforme. . . . *To c. a death*, constater un décès. (*Of doctor*) *To c. a lunatic*, déclarer qn atteint d'aliénation mentale. *Jur:* **Certified lunatic,** aliéné interdit. *Fin:* **Certified transfers,** transferts déclarés. (*b*) Authentiquer, homologuer, légaliser (un document). *Com: U.S:* **Certified cheque,** chèque visé. *See also* COPY[1] 2. (*c*) Diplômer, breveter (qn). **Certified broker,** courtier attitré. **2.** *To c. s.o. of sth.*, assurer qn de qch.; notifier qch. à qn. **3.** *v.ind.tr.* **To certify to sth.,** attester qch. (*Of doctor*) *To c. to s.o.'s insanity*, déclarer qn atteint d'aliénation mentale.

certifying[1], *a.* (Document) certificatif.

certifying[2], *s.* **1.** Attestation *f.* *Jur: C. of a lunatic*, interdiction *f* d'un aliéné. **2.** Approbation *f* (d'un document); homologation *f.*

certiorari [sə:rʃiɔ'reərai], *s.* *Jur:* Ordonnance délivrée par une cour supérieure pour évoquer une affaire (sur une plainte que la cour inférieure n'a pas fait justice ou ne fera pas justice).

certitude ['sə:rtitjud], *s.* Certitude *f.*

cerulean [se'ru:liən], *a.* Bleu céleste *inv*; cérulé; céruléen, azuré.

cerumen [se'ru:mən], *s.* *Physiol:* Cérumen *m.*

ceruminous [se'ru:minəs], *a.* *Physiol:* Cérumineux. **Ceruminous glands,** glandes cérumineuses.

ceruse ['siəru:s, si'ru:s], *s.* Céruse *f*; blanc *m* de céruse; blanc de plomb.

cerusite ['siəru:sait], *s.* *Miner:* Cérusite *f*; plomb carbonaté.

cervical ['sə:rvik(ə)l, sər'vaik(ə)l]. *Anat:* **1.** *a.* Cervical, -aux. **2.** *s.* (*a*) Vertèbre cervicale. (*b*) **The cervicals,** les nerfs cervicaux.

cervico-brachial [sə:rviko'breikiəl], *a.* Cervico-brachial, -aux.

cervidae ['sə:rvidi:], *s.pl.* *Z:* Cervidés *m.*

cervine ['sə:rvain], *a.* Cervin.

cervulus ['sə:rvjuləs], *s.* *Z:* Cervule *m.*

cerylic [se'rilik], *a.* *Ch:* Cérylique.

Cesarevitch [se'zɑ:rəvitʃ], *s.* = CZAREVITCH.

cespitose [sespi'tous], *a.* *Bot:* Cespiteux.

cess[1] [ses], *s.* *A. & Ireland:* **1.** Assiette *f* de l'impôt. **2.** Impôt *m*, taxe *f.*

cess[2], *s.* *Irish:* **Bad cess to him!** que le diable l'emporte!

cessation [se'seiʃ(ə)n], *s.* Cessation *f*, arrêt *m.* *C. from work*, suspension *f*, interruption *f*, du travail. **Cessation of arms, from arms,** suspension d'armes; armistice *m.*

cesser ['sesər], *s.* *Jur:* Cessation *f* (de ses engagements).

cessio bonorum ['sesjobo'nɔ:rəm], *s.* *Jur:* Cession *f* de biens.

cession ['seʃ(ə)n], *s.* **1.** Cession *f*; abandon *m* (de marchandises, de droits, etc.). **2.** *Jur:* Cession de biens (aux créanciers).

cessionary ['seʃənəri]. **1.** *a.* Cessionnaire. **2.** *s.* *Jur:* Ayant cause *m*, *pl.* ayants cause.

cesspit ['sespit], *s.* **1.** *Husb:* Fosse *f* à fumier et à purin. **2.** = CESSPOOL.

cesspool ['sespu:l], *s.* **1.** Fosse *f* d'aisance, puisard *m* d'aisance; puits absorbant; puits perdu. **Leaching cesspool,** boit-tout *m inv.* **Tight cesspool system,** système diviseur (de vidange). **2.** Fosse de curage (d'un égout). *F:* **A cesspool of iniquity,** une sentine, un cloaque, de vice.

cess-water ['seswɔ:tər], *s.* *Hyg:* Eaux *f* vannes.

cestoda [ses'touda], *s.pl.* *Nat.Hist:* Cestodes *m.*

cestoid ['sestɔid]. **1.** *a.* Cestoïde. **2.** *s.* Ver *m* cestoïde.

cestus[1], *pl.* **-ti** ['sestəs, -tai], *s.* *Rom.Ant:* Ceste *m*, ceinture *f* (de Vénus).

cestus[2], *s. inv. in pl.* *Rom.Ant:* Ceste *m* (de pugilat).

cetacea [si:'teisia, -'teiʃia], *s.pl.* *Z:* Les cétacés *m.*

cetacean [si:'teisiən, -'teiʃiən], *a.* & *s.* *Z:* Cétacé (*m*).

cetaceous [si:'teiʃəs], *a.* *Z:* Cétacé.

cetane [si:'tein], *s.* *Ch:* Cétane *m.*

ceteosaur(us) ['si:tiosɔ:r, si:tio'sɔ:rəs], *s.* *Paleont:* Cétéosaure *m.*

ceterach ['seterak], *s.* *Bot:* Cétérac(h) *m.*

cetin ['si:tin], *s.* *Ch:* Cétine *f.*

cetonia [se'tounja], *s.* *Ent:* Cétoine *f.*

cetyl ['si:til], *s.* *Ch:* Cétyle *m.*

cevadilla [seva'dila], *s.* *Bot:* Cévadille *f.*

cevadine ['sevadi:n], *s.* *Ch:* Vératrine *f.*

Ceylon [si'lɔn]. *Pr.n.* *Geog:* Ceylan *m.* *See also* MOSS 2.

Ceylonese [silɔ'ni:z], *a.* & *s.* *Geog:* Cingalais, -aise.

chabazite ['kabazait], *s.* *Miner:* Chabasie *f.*

chacon(n)e [ʃa'kɔn, tʃa'kɔn], *s.* *Danc: Mus:* Chacon(n)e *f.*

chad [tʃad], *s.* *Ich:* **1.** Dorade (bilunée). **2.** = SHAD.

Chadband ['tʃadband]. *Pr.n.* Type de l'hypocrite aux manières onctueuses, et débiteur de platitudes. (Personnage de *Bleak House* de Dickens.)

Chadbandism ['tʃadbandizm], *s.* Hypocrisie *f*, tartuferie *f.*

Chaeronea [kero'ni:a]. *Pr.n.* *A.Geog:* Chéronée *f.*

chafe[1] [tʃeif], *s.* **1.** = CHAFING. **2.** Écorchure *f.* **3.** *F:* Irritation *f.* **To be in a chafe,** se faire de la bile.

'chafe-rod, *s.* *Ind:* Chevalet *m* de défense.

chafe[2]. **1.** *v.tr.* (*a*) Frictionner, dégourdir, réchauffer (les membres de qn). (*b*) User, échauffer, (qch.) par le frottement; irriter, écorcher (la peau); érailler, raguer, fatiguer (un cordage). (*c*) Irriter, énerver (qn). **2.** *v.i.* (*a*) S'user par le frottement; (*of skin*) s'irriter, s'écorcher; (*of rope*) s'érailler, raguer, s'échauffer. *Chafed sail*, voile cotonnée. (*b*) (*Of caged animal*) **To chafe against the bars,** s'user en vains efforts contre les barreaux. *F:* (*Of pers.*) **To chafe at, under, sth.,** s'irriter de, contre, qch.; s'énerver de qch. *To c. under restraint*, ronger son frein.

chafing, *s.* **1.** Friction *f* (des membres). **2.** (*a*) Irritation *f*, écorchement *m* (de la peau). (*b*) Usure *f*, friction, frottement *m*, échauffement *m* (d'une courroie, d'un pneu, etc.); rag(u)age *m* (d'une corde). **3.** (*Of pers.*) Irritation *f*, énervement *m.*

'chafing-dish, -pan, *s.* **1.** *Cu:* Réchaud *m* (de table); chauffe-plat *m*, *pl.* chauffe-plats. **2.** *A:* Brasero *m.*

'chafing-mat, *s.* *Nau:* Sangle *f.*

'chafing-plate, *s.* *Mec.E:* Plaque *f* de friction, de frottement.

chafer ['tʃeifər], *s.* *Ent:* **1.** = COCKCHAFER. **Chafer-grub,** larve *f* de hanneton. **2.** **Rose chafer,** escarbot doré.

chafery ['tʃeifəri], *s.* *Metall:* Chaufferie *f.*

chaff[1] [tʃɑ:f], *s.* **1.** (*a*) Balle(s) *f* (du grain); *Bot:* glumelles *fpl*, glumes *fpl.* **Chaff pillow,** oreiller *m* de balle. *Prov:* **Old birds are not to be caught with chaff,** on ne prend pas les vieux merles à la pipée. *He is too old a bird to be caught with c.*, c'est un trop vieux poisson pour se laisser prendre. *See also* WHEAT. (*b*) *Husb:* (i) Menue paille, paille d'avoine; (ii) paille hachée. *B:* **He will burn up the chaff with unquenchable fire,** il brûlera la paille au feu qui ne s'éteint pas. (*c*) *F:* Choses *fpl* sans importance; vétilles *fpl.* **2.** *F:* Raillerie *f*; taquinerie *f*; persiflage *m*; blague *f.*

'chaff-chopper, -cutter, *s.* *Husb:* Hache-paille *m inv*, coupe-paille *m inv.*

'chaff-weed, *s.* *Bot:* **1.** Centenille *f.* **2.** Cotonnière *f.*

chaff[2], *v.tr.* **1.** *Husb:* Hacher (la paille). **2.** *F:* Plaisanter, railler, blaguer, taquiner (qn); persifler (qn); dire des malices à (qn); *P:* chiner (qn.) *They chaffed her about his coming so often*, on la plaisantait de ce qu'il venait si souvent.

chaffer[1] ['tʃɑ:fər], *s.* *F:* Railleur *m*; persifleur *m*; blagueur *m*; *P:* chineur *m.*

chaffer[2] ['tʃafər], *s.* = CHAFFERING.

chaffer[3] ['tʃafər], *v.i.* **1.** Marchander, barguigner. **To chaffer with s.o.,** marchander qn. *To c. with s.o. for sth.*, marchander qch. avec qn. **To chaffer over the price,** débattre le prix; marchander sur le prix. **2.** Parler pour ne rien dire.

chaffer away, *v.tr.* (*a*) Vendre à perte (les terres familiales, etc.). (*b*) *To c. away one's time*, gâcher son temps.

chaffering, *s.* Marchandage *m*, barguignage *m.*

chafferer ['tʃafərər], *s.* Marchandeur, -euse; barguigneur, -euse.

chaffinch ['tʃafin(t)ʃ], *s.* *Orn:* Pinson *m* (vulgaire).

chaffy ['tʃɑ:fi], *a.* **1.** (*a*) Couvert de balle(s). (*b*) Semblable à la menue paille; (sujet *m*) aride, stérile. (*c*) *A:* Sans valeur; (homme *m*) de paille. **2.** *F:* (Ton) blagueur, taquin.

chagrin[1] [ʃa'gri:n], *s.* Chagrin *m*, dépit *m*; vive contrariété; déplaisir *m.* **To the great chagrin of . . .,** au grand chagrin de . . .; à la grande déception de . . .; *A. & Hum:* au grand dam de. . . .

chagrin[2], *v.tr.* Chagriner, dépiter (qn). *To be chagrined at sth.*, être mortifié de qch.; être vexé de, par, qch.; se vexer de qch. *He was greatly chagrined*, il en éprouva une vive contrariété, un grand dépit.

chain[1] [tʃe:in], *s.* **1.** (*a*) Chaîne *f*; (*small*) chaînette *f.* **To put a dog on the chain,** mettre un chien à l'attache, à la chaîne; enchaîner un chien. **Prisoner in chains,** prisonnier enchaîné. *F:* **To burst one's chains,** rompre ses chaînes; briser ses fers. *See also* HUG[2] 1. *Nau: etc:* **Chain cable,** câble-chaîne *m*, *pl.* câbles-chaînes. **The chains,** les porte-haubans *m inv.* *Mec.E:* **Driving chain,** chaîne de transmission. **Stud-link chain,** chaîne à étais. **Sprocket chain,** chaîne à barbotin. **Roller chain, block chain,** chaîne à galets. **Ladder chain,** chaîne à la, de, Vaucanson. *Motor-cycles:* **All-chain transmission,** transmission *f* chaîne-chaîne. *Aut:* *Non-skid c.*, *wheel-c.*, chaîne antidérapante; chaîne à neige. *Jewelry:* **Gold chain** (*from which locket is suspended*), chaînette or pour pendentif, *A:* jaseran *m.* *Tchn:* **Polishing chain,** gourmette *f.* *See also* ALBERT 2, CURB[1] 1, FOB[1], FOUNDATION-CHAIN, GUARD-CHAIN, LIGHTNING LOCK-CHAIN, RUDDER-CHAIN, STUD-CHAIN, TILLER-CHAIN, TOP-CHAIN, WATCH-CHAIN. (*b*) **Chain of mountains,** chaîne de montagnes. *Secondary c.* (*of mountains*), chaînon *m.* *C. of ideas*, enchaînement *m* d'idées. **Chain of events,** suite *f*, série *f*, d'événements. *C. of gears*, suite d'engrenages. *Ch: C. of reactions*, réactions *f* caténaires. *Closed c. of atoms*, chaîne fermée d'atomes. *Danc:* **Grand chain,** chaîne anglaise. (*Of persons*) **To form a chain,** faire la chaîne (pour passer des seaux, etc.). (*c*) *C. of observation posts, of sentries*, cordon *m* de postes d'observation, de sentinelles. *El: C. of insulators*, chapelet *m* d'isolateurs. **2.** *Surv.Meas:* Longueur *f* de 20 m, 116; double décamètre. **Surveyor's chain, land-chain, measuring-chain,** chaîne d'arpenteur, d'arpentage. *Band c.*, chaîne à ruban d'acier. **Chain measuring,** chaînage *m.* **3.** *Tex:* Chaîne.

'chain-adjuster, *s.* *Cy:* Tendeur *m* de chaîne; patte *f* de tension.

'chain-'armour, *s.* *Archeol:* (*a*) Mailles *fpl.* (*b*) Cotte *f* de mailles.

'chain-bag, *s.* Sac *m* de dame à maillons de métal.

'chain-belt, *s.* *Mec.E:* Courroie articulée.

'chain-bit, *s.* *Harn:* Mors *m* à gourmette.

'chain-board, *s.* *Nau:* Porte-haubans *m inv.*

'chain-bridge, *s.* *Civ.E:* Pont suspendu à chaînes.

'chain-carrier, *s.* *Surv:* = CHAINMAN.

'chain-case, *s.* *Cy: etc:* Carter *m*; gaine *f* rigide; garde-chaîne *m inv*, couvre-chaîne *m inv.*

'chain-catch, *s.* = CHAIN-STOP.

'chain-coupling, *s.* *Rail:* **1.** Attelage *m* à chaînes. **2.** **The chain-couplings,** les chaînes d'attelage.

'**chain-course**, *s. Const:* **Houses with chain-courses,** maisons *f* de briques à chaînes, à chaînages, de pierre.
'**chain-drive**, *s. Mec.E:* Commande *f* par chaîne(s). *Aut:* Transmission *f* par chaînes.
'**chain-driven**, *a. Mec.E:* Commandé par chaîne(s); (auto) avec transmission par chaînes.
'**chain-feed**, *s. Mec.E:* Entraînement (de l'outil) commandé par chaîne.
'**chain-gang**, *s. A. & U.S:* Chaîne *f*, cadène *f* (de forçats).
'**chain-grate**, *s. Ind:* Grille *f* à chaînons.
'**chain-guard**, *s.* = CHAIN-CASE.
'**chain-hook**, *s.* Croc *m* à chaîne.
'**chain-horse**, *s.* Cheval *m* de renfort; côtier *m.*
'**chain-length**, *s. Surv:* Portée *f.*
'**chain-letter**, *s.* Lettre *f* circulaire dont le destinataire est invité à faire plusieurs copies, qu'il enverra aux personnes de sa connaissance avec prière de faire de même; chaîne *f.*
'**chain-lines, -marks**, *s.pl. Paperm:* Lignes d'eau transversales; fils *m* de chaînettes.
'**chain-link**, *s.* Chaînon *m*; maillon *m* de chaîne.
'**chain-lock**, *s. Cy:* Chaînette *f* anti-vol.
'**chain-locker**, *s. Nau:* Puits *m* à chaînes, aux chaînes, aux câbles.
'**chain-mail**, *s.* = CHAIN-ARMOUR.
'**chain-maker**, *s.* = CHAIN-SMITH.
'**chain-messenger**, *s. Nau:* Tournevire *m* (du cabestan) en chaîne.
'**chain-pipe**, *s. Nau:* Manchon *m* de puits à chaînes, de puits de chaîne; écubier *m* de pont.
'**chain-plate**, *s. Nau:* Cadène *f* de haubans.
'**chain-pulley**, *s. Mec.E:* Barbotin *m.*
'**chain-pump**, *s. Hyd.E:* Pompe *f* à chapelet, à godets; chapelet *m* hydraulique.
'**chain-rule**, *s. Ar:* (Règle) conjointe *f.*
'**chain-saw**, *s.* Scie articulée, à chaînette.
'**chain-sheave**, *s.* Rouet *m* à chaîne (d'une poulie).
'**chain-shot**, *s. Artil: A:* Boulets ramés.
'**chain-smith**, *s.* Chaînetier *m*, chaînier *m*, chaîniste *m.*
'**chain-smoker**, *s.* Fumeur, -euse, de cigarettes à la file.
'**chain-stitch**, *s. Needlew:* Point *m* de chaînette.
'**chain-stop**, *s.* Arrêt *m* de chaîne, arrête-chaîne *m inv.*
'**chain-store**, *s.* Succursale *f* de grand magasin.
'**chain-stores**, *s.* Grand magasin à succursales.
'**chain-tightener**, *s.* = CHAIN-ADJUSTER.
'**chain-towing**, *s.* Touage *m.*
'**chain-wales**, *s.pl. Nau:* Porte-haubans *m inv.* **To roll chain-wales under,** rouler bord sur bord.
'**chain-well**, *s. Nau:* Puits *m* aux chaînes; puits à chaînes.
'**chain-wheel**, *s.* Roue *f* à chaînes, de chaînes. *Cy: Front c.-w.,* grand pignon.

chain², *v.tr.* **1. To chain s.o., sth., to sth.,** attacher qn, qch., à qch. par une chaîne, par des chaînes. **2. To chain sth. down,** retenir qch. par une chaîne, par des chaînes. **To chain s.o. (down),** enchaîner qn. *F:* **Chained to one's desk,** cloué à son bureau. **To chain up a dog,** mettre un chien à la chaîne, à l'attache; attacher un chien à la chaîne; renchaîner un chien. **Chained up, chained together,** à la chaîne. **3.** Fermer (un port, une porte, etc.) avec des chaînes; barrer (une rue) avec une chaîne. **4.** Nettoyer (un fût) à la chaîne. **5.** *Surv:* Chaîner (un champ, etc.).
chained, *a.* (*Of Bible, etc.*) Attaché par une chaîne.
chaining, *s.* **1. Chaining (up),** mise *f* (d'un chien, etc.) à la chaîne, à l'attache; enchaînement *m.* **2.** Nettoyage *m* (d'un fût) à la chaîne. **3.** *Surv:* Chaînage *m.*

chainer ['tʃeinər], *s. Surv:* = CHAINMAN.
chainless ['tʃeinləs], *a.* Sans chaîne(s). **Chainless bicycle,** (bicyclette) acatène *f.*
chainlet ['tʃeinlet], *s.* Chaînette *f*; petite chaîne.
chainman, *pl.* **-men** ['tʃeinmən, -men], *s.m. Surv:* Chaîneur; porte-chaîne *inv*; aide (d'arpenteur).
chair¹ [tʃɛər], *s.* **1.** (*a*) Chaise *f*, siège *m.* **Folding chair,** chaise pliante; pliant *m.* **Grandfather chair,** fauteuil *m* à oreillettes; bergère *f* à oreilles. **To take a chair,** s'asseoir. *See also* ARM-CHAIR, BATH-CHAIR, BOATSWAIN, DECK-CHAIR, EASY-CHAIR, HIGH I. 1, INVALID² 1, LADY-CHAIR, LOUNGE-CHAIR, NIGHT-CHAIR, PUSH-CHAIR, ROCKING-CHAIR, SEDAN-CHAIR. (*b*) *Sch:* Chaire *f* (de professeur de faculté). *Holder of a c. in physics,* titulaire *m* d'une chaire de physique. (*c*) Siège (de juge); fauteuil (de président). **To be in the chair, to occupy, fill, the chair,** occuper le fauteuil présidentiel; présider; diriger les débats. **To be voted into the chair,** être élu président. **Mr X in the chair,** sous la présidence de Monsieur X. **To take the chair,** prendre place au, prendre possession du, fauteuil présidentiel; prendre la présidence. **To leave, vacate, the chair,** lever la séance. *To support the c.,* se ranger à l'avis du président. **To address the chair; to appeal to the chair,** s'adresser, en appeler, au président. **Chair! Chair!** à l'ordre! à l'ordre! (*d*) Présidence du conseil municipal. **To be past, above, the chair,** avoir déjà exercé les fonctions de maire. (*e*) *U.S:* **Electric chair,** fauteuil électrique (des condamnés à mort). (*f*) *Jur: U.S:* Banc *m* des témoins. **2.** *Rail:* Coussinet *m*, chaise (de rail).
'**chair-back**, *s.* **1.** Dossier *m* de chaise. **2.** Voilette *f* de chaise; têtière *f.*
'**chair-bed**, *s.* Chaise-lit *m*, *pl.* chaises-lits, fauteuil-lit *m*, *pl.* fauteuils-lits.
'**chair-bottomer**, *s.* = CHAIR-MENDER.
chair-'foot, *s. Rail:* Semelle *f* de coussinet de rail.
'**chair-keeper**, *s.* Chaisier, -ière; loueur, -euse, de chaises (dans un parc, etc.) ou de fauteuils roulants (pour malades).
'**chair-maker**, *s.* Chaisier, -ière; fabricant *m* de chaises.
'**chair-mender**, *s.* Rempailleur, -euse, de chaises.
'**chair-rail**, *s.* **1.** Barreau *m*, bâton *m* (de chaise). **2.** Antebois *m* (d'une salle).
'**chair-woman**, *pl.* **-women**, *s.f.* **1.** = CHAIR-KEEPER. **2.** *Occ.* = CHAIRMAN 1.

chair², *v.tr.* **1.** Nommer (qn) président; élire (qn) au fauteuil présidentiel; porter (qn) à la présidence. **2.** Porter (qn) en triomphe. **3.** *Rail: To c. the sleepers,* garnir les traverses de coussinets; saboter les traverses.
chairman, *pl.* **-men** ['tʃɛərmən, -men], *s.* **1.** Président, -ente. **To act as chairman,** présider (la séance). *A committee with Mr X as c.,* un comité sous la présidence de Monsieur X. **Mr Chairman, Madam Chairman,** *allow me to . . .,* Monsieur le Président, Madame la Présidente, permettez-moi de. . . . **2.** = CHAIR-KEEPER. **3.** *A:* Porteur *m* (de chaise à porteurs).
chairmanship ['tʃɛərmənʃip], *s.* Présidence *f.* **Under the chairmanship of . . .,** présidé par . . ., sous la haute autorité de. . . . *To be called to the c. of . . .,* être appelé à exercer la présidence de. . . .
chaise [ʃeːiz], *s. Veh: A:* **1.** Chaise *f*, cabriolet *m.* **2.** = POST-CHAISE.
chalaza [ka'leiza], *s. Biol: Bot:* Chalaze *f.*
chalazion [ka'leiziən], *s. Med:* Chalazie *f*, chalazion *m*, orgelet *m.*
Chalcedon ['kalsedən]. *Pr.n. A.Geog:* Chalcédoine *f.*
Chalcedonian [kalse'douniən], *a. & s. A.Geog:* Chalcédonien, -ienne.
chalcedony [kal'sedəni], *s. Lap:* Calcédoine *f.*
Chalcidian [kal'sidiən], *a. & s. A.Geog:* (Originaire, natif) de Chalcis.
Chalcidicum [kal'sidikəm]. *Pr.n. A.Geog:* La Chalcidique.
chalcocite ['kalkosait], *s. Miner:* Chalcocite *f*; cuivre éclatant.
chalcographer [kal'kɔgrəfər], *s.* Chalcographe *m*; graveur *m* sur cuivre; graveur en taille douce.
chalcography [kal'kɔgrəfi], *s. Engr:* Chalcographie *f*; gravure *f* sur cuivre; gravure en taille douce.
chalcolithic [kalko'liθik], *a. Archeol:* Intermédiaire entre l'âge de bronze et l'âge néolithique.
chalcopyrite [kalko'pairait], *s. Miner:* Chalcopyrite *f*; cuivre pyriteux; pyrite cuivreuse; pyrite de cuivre.
Chaldaic [kal'deːik], *a. A.Geog:* Chaldaïque.
Chaldea [kal'diːa]. *Pr.n. A.Geog:* La Chaldée.
Chaldean [kal'diːən], **Chaldee** [kal'diː]. **1.** *a. & s. A.Geog:* Chaldéen, -éenne. **2.** *s. Ling:* Le chaldéen.
chalder ['tʃɔldər], *s. Nau:* Penture *f* (de gouvernail).
chaldron ['tʃɔldrən], *s.* Mesure *f* à charbon de 36 boisseaux anglais (à Londres), de 72 boisseaux (à Newcastle).
chalet ['ʃale], *s.* **1.** Chalet *m.* **2.** *Hyg:* Chalet de nécessité; édicule *m.*
chalice ['tʃalis], *s.* **1.** *A. & Lit:* Coupe *f* (à boire). **2.** *Ecc:* Calice *m.* **3.** *Bot:* (*Flower-cup*) Calice.
'**chalice-cover**, *s. Ecc:* Pale *f*, volet *m.*
'**chalice-veil**, *s. Ecc:* Voile *m* (du calice).

chalk¹ [tʃɔːk], *s.* **1.** (*a*) Craie *f*; (*coloured c. for drawing*) (crayon) pastel *m.* *Bill:* Blanc *m.* *Draw:* **Black chalk,** sauce *f.* *Geol:* **Chalk-formation,** terrain crétacé. *Soft bed of c.* (*under tilth*), caillasse *f.* **French chalk,** talc *m*, stéatite *f*, craie de Briançon, de Meudon; (*conglomerated*) craie de tailleur. *See also* BROWN¹ 1, MICACEOUS, RED 1. *F:* **He doesn't know chalk from cheese,** il ne sait rien de rien. *I know c. from cheese,* je ne prends pas des vessies pour des lanternes. **They are as different,** *iron:* **as like, as chalk and cheese,** c'est le jour et la nuit. (*b*) *Geol:* Calcaire *m.* **Chalk cliffs,** falaises *f* calcaires. **Chalk in the water,** calcaire dans l'eau. (*c*) *Pharm:* **Precipitated chalk,** carbonate *m* de chaux précipité. **2.** (*a*) Trait *m* ou point *m* à la craie (pour marquer les points dans certains jeux). (*b*) Compte *m* des consommations (à l'ardoise). *F:* **His chalk is up,** son crédit est épuisé. *F:* **Not by a long chalk,** tant s'en faut; pas du tout; pas à beaucoup près. *The best by a long c.,* de beaucoup le meilleur.
'**chalk-drawing**, *s. Art:* Pastel *m.*
'**chalk-line¹, -mark**, *s.* **1.** Trait *m* à la craie. **2.** *Carp: etc:* (*a*) Cordeau (blanchi à la craie). (*b*) Ligne faite au cordeau; tringle *f.*
'**chalk-line²**, *v.tr.* Ligner (une planche, etc.) au cordeau.
chalk-lining, *s.* Lignage *m.*
'**chalk-mixture**, *s. Pharm:* Craie préparée (contre la diarrhée).
chalk-'overlay, *s. Paperm:* Papier baryté; papier porcelaine.
'**chalk-pit**, *s.* (i) Carrière *f* de craie; crayère *f*; (ii) plâtrière *f.*
'**chalk-stone**, *s. Med:* Concrétion *f* calcaire, tophus *m* (des arthritiques). *pl.* **Chalk-stones,** incrustations *f.*

chalk², *v.tr.* **1.** (*a*) Marquer (qch.) à la craie. *Carp: etc:* **To chalk a line,** tringler une ligne (au cordeau). *To c. the pavement,* écrire à la craie sur le trottoir. (*b*) Blanchir (sa figure, etc.) avec de la craie. *Bill:* **To chalk one's cue,** mettre du blanc au procédé; frotter sa queue de blanc. (*c*) Talquer; saupoudrer de talc. **2. To chalk (up) sth. on sth.,** écrire qch. à la craie sur qch. *F:* **To chalk up the drinks,** inscrire les consommations à l'ardoise. **3. To chalk out a plan,** tracer un plan (de conduite). *I've chalked out all the main lines for him,* je lui ai donné toutes les directives.
chalkiness ['tʃɔːkinəs], *s.* **1.** Nature crayeuse (du sol). **2.** *F:* Extrême pâleur *f* (du teint).
chalky ['tʃɔːki], *a.* **1.** Crayeux, crétacé. *C. soil,* terrain crayeux; sol calcaire, marneux, plâtreux. **Chalky water,** eau *f* calcaire. *See also* DEPOSIT¹ 3. **2.** (Teint) pâle, terreux.
challenge¹ ['tʃalendʒ], *s.* **1.** (*a*) (i) Défi *m*; provocation *f* (en duel, etc.); cartel *m.* *To send s.o. a c.* (*by one's seconds*), envoyer ses témoins à qn. (ii) Défi porté au détenteur d'un record, d'un championnat; challenge *m.* *Sp:* **To issue a challenge,** lancer un challenge. *To accept a c., F:* relever le gant. *He wants to issue a fresh c.,* il veut en appeler de sa défaite. *Action that is a c. to authority,* action *f* attentatoire à l'autorité. *This monument is an*

incredible c. to order and harmony, ce monument est une incroyable gageure contre l'ordre et l'harmonie. (*b*) *Mil:* Interpellation *f*, sommation *f* (par une sentinelle); qui-vive *m inv.* **2.** *Jur:* Récusation *f* (du jury). **Challenge to the array,** récusation de tout le corps des jurés. **Challenge to the polls,** récusation de certains jurés. **Peremptory challenge,** récusation sans qu'une cause soit fournie.

'challenge-cup, *s. Sp.* (*Fb: Y: etc:*) Coupe *f* que se disputent annuellement toutes les équipes, certains yachts d'un club, etc.; coupe-challenge *f*, *pl.* coupes-challenge.

challenge², *v.tr.* **1.** (*a*) (i) *To c. s.o. to fight*, défier qn au combat; provoquer qn en duel; demander à qn satisfaction (d'une offense). (ii) Porter un défi au (détenteur d'un championnat, etc.). *To c. s.o. to do sth.*, (i) défier qn de faire qch.; (ii) sommer qn de faire qch. *To c. s.o. to a game of chess*, défier qn aux échecs. *To c. s.o. to a drinking match*, défier qn à qui boira le plus. *Forgery that challenges discovery*, faux *m* qui est un défi porté à la perspicacité des experts. (*b*) *Mil:* (*Of sentry*) **To challenge s.o.,** interpeller qn; arrêter qn (en criant qui vive). **2.** (*a*) Protester contre, disputer, relever (une affirmation); mettre en question, en doute (la parole, l'honneur, de qn). *To c. s.o.'s right to do sth.*, contester à qn le droit de faire qch. *To c. s.o.'s right to sth.*, inquiéter qn dans la possession de qch.; contester les titres de qn. (*b*) Récuser (un juré). **3.** Provoquer (l'admiration, etc.). *Work that challenges criticism*, œuvre *f* qui provoque la critique. **4.** *v.i. Ven:* (*Of pack*) Donner de la voix, crier (en reconnaissant la voie).

challenging, *a.* (*Of look, remark, etc.*) Provocateur, -trice; (air *m*) de défi. *C. hat*, chapeau hardi. *Sp:* **The challenging team,** l'équipe *f* qui a lancé le challenge. **-ly,** *adv. His eyes kindled c.*, une flamme de défi s'alluma dans son regard.

challengeable ['tʃalendʒəbl], *a.* **1.** Qu'on peut disputer, critiquer. **2.** (Juré) récusable.

challenger ['tʃalendʒər], *s.* **1.** (*a*) Provocateur, -trice. (*b*) *Sp:* Lanceur *m* d'un challenge. *The challengers*, les invitants *m*. **The holder and the challenger,** le détenteur du challenge et le challenger. **2.** *Jur:* Récusant, -ante.

chalybeate [kə'libiet], *a. Ch:* **Chalybeate water, spring,** eau, source, ferrugineuse.

cham¹ [kam], *s.* K(h)an *m. F: A:* **Great Cham,** grand Manitou.

cham² [ʃam], *s. P:* = CHAMPAGNE 2.

chamber¹ ['tʃeimbər], *s.* **1.** (*a*) *A. & Lit:* (*Room*) Chambre *f*, pièce *f*, salle *f*. *Still so used in* **Audience chamber, presence chamber,** salle d'audience, salle du trône. *See also* COUNCIL-CHAMBER, GUEST-CHAMBER, LETHAL. (*b*) *Lit:* **(Bed)chamber,** chambre (à coucher). **Gentlemen of the Privy Chamber,** gentilshommes *m* de la Chambre du Roi. (*c*) **Chamber(-pot),** pot *m* de chambre; vase *m* de nuit. **2. Chamber of Commerce, of Trade,** chambre de commerce, de métiers. **Upper Chamber, lower Chamber** (*of Brit. Parliament*), Chambre des Lords, Chambre des Communes. *Pol:* **The double chamber system,** le système bicaméral. **3.** *pl.* **Chambers.** (*a*) Appartement *m* de garçon. (*b*) Cabinet *m* de consultation (d'un avocat); étude *f* (d'un avoué). (*c*) *Jur:* **To hear a case in chambers,** juger une cause en référé. **Judge in chambers,** juge *m* des référés. *See also* COUNSEL¹ 4. **4.** *Tchn:* (*a*) *Ind:* **Lead chamber,** chambre de plomb. (*b*) *Nat.Hist: etc:* Cavité *f* alvéolaire; alvéole *m or f*. *The chambers of a revolver*, les alvéoles d'un revolver. (*c*) Chambre, tonnerre *m* (d'une arme à feu). *I.C.E:* Chambre d'explosion; culasse *f*. *Mil: Min:* Fourneau *m* (d'une mine). *Metall:* Laboratoire *m* (de fourneau). (*d*) *Conch:* Chambre, loge *f*. *First c.*, loge initiale. *Body c.*, loge dernière. (*e*) *Hyd.E:* Chambre, sas *m* (d'une écluse). *See also* AIR-CHAMBER, FLOAT-CHAMBER, ICE-CHAMBER, PISTON-CHAMBER, STEAM-CHAMBER, VALVE-CHAMBER.

'chamber-concert, *s.* Concert *m* de musique de chambre.

'chamber-counsel, *s. Jur:* Avocat consultant; avocat conseil.

'chamber-master, *s.* Cordonnier *m* en chambre.

'chamber-music, *s.* Musique *f* de chambre.

'chamber 'wall, *s. Hyd.E:* (Mur) bajoyer *m* (d'une écluse).

chamber², *v.tr.* (*a*) *Mec.E: etc:* **To chamber (out)** *a piece*, évider une pièce. (*b*) *To c. a gun*, chambrer une arme à feu.

chambered, *a.* Évidé, chambré. *Conch:* **Chambered shell,** coquillage *m* à loges, coquille chambrée. **Six-chambered revolver,** revolver *m* à six coups.

chamberlain ['tʃeimbərlen], *s.* **1.** Chambellan *m*. (*a*) **The Lord Great Chamberlain of England,** le grand Chambellan (fonction héréditaire). **The Lord Chamberlain of the Household,** le Chambellan de la Maison du roi (et censeur dramatique). (*b*) **Pope's chamberlain,** camérier *m*. **2.** Trésorier *m* (d'une grande ville).

chamberlainship ['tʃeimbərlənʃip], *s.* Office *m* de chambellan, de camérier, ou de trésorier.

chambermaid ['tʃeimbərmeid], *s.f.* (*a*) Fille de chambre, femme de chambre (d'hôtel). (*b*) *A. & U.S:* = HOUSEMAID 1.

chameleon [kə'miːliən], *s. Rept:* Caméléon *m*.

cha'meleon-like, *a.* Versicolore.

chameleonic [kamiːli'ɔnik], *a.* Inconstant; versatile.

chamfer¹ ['tʃamfər], *s.* **1.** Biseau *m*, chanfrein *m*; pan abattu; arête *f* (de moulure). *Gear-tooth c.*, entrée *f* de dent (d'un engrenage). **2. Hollow chamfer,** cannelure *f*; arête creuse.

chamfer², *v.tr.* **1.** *Carp: etc:* Biseauter, chanfreiner, ébiseler, délarder, tailler en biseau (une planche, etc.); abattre les angles, les arêtes (d'un meuble, etc.); abattre (une arête); fraiser (un trou). **2.** Canneler (une colonne, etc.).

chamfering, *s.* Biseautage *m*.

'chamfering-bit, *s. Tls:* Fraisoir *m*.

'chamfering-iron, *s. Tls:* (Fer *m* à) biseau *m*.

chamferer ['tʃamfərər], *s.* Tailleur *m* en biseau.

chamfrain ['tʃamfrein], **chamfron** ['tʃamfrən], *s. Archeol:* Chanfrein *m* (de cheval de guerre).

chamois¹ ['ʃamwɑː], *s.* **1.** Chamois *m*. **2.** (*Colour*) (Jaune) chamois *inv.*

chamois-leather [ʃami'leðər], *s.* (Peau *f* de) chamois *m*. **Chamois-leather dresser,** chamoiseur *m*.

chamois² ['ʃami], *v.tr. Leath:* Chamoiser (le cuir).

champ¹ [tʃamp], *s.* Mâchonnement *m*.

champ², *v.tr.* (*Of horse, etc.*) Mâcher bruyamment (le fourrage); ronger, mâcher, mâchonner (le mors). *Horse that champs the bit*, cheval *m* qui badine avec son mors, qui mord, ronge, son frein. *F:* (*Of pers.*) **To champ the bit with impatience,** ronger son frein.

champing, *s.* Mâchonnement *m*.

Champagne [ʃam'pein]. **1.** *Pr.n. Geog:* La Champagne *A native of C.*, un(e) Champenois(e). **2.** *s.* Vin *m* de Champagne; champagne *m*. **Still champagne,** champagne nature. **Sparkling champagne,** champagne mousseux. **New champagne,** tocane *f*. **Light champagne,** tisane *f* de Champagne.

champaign ['tʃampein, tʃam'pein], *s. A. & Lit:* Plaine *f*; campagne ouverte. *Smiling champaigns of flowers and fruits*, de riantes campagnes pleines de fleurs et de fruits. *The river of the wall flowed through a c. of roofs*, la muraille courait à travers une vaste prairie de toits. *Attrib.* **Champaign-land,** campagne ouverte.

champerty ['tʃampərti], *s. Jur:* Pacte *m* (illicite) de quota litis.

champignon [tʃam'pinjən], *s. Fung:* Faux mousseron.

champion¹ ['tʃampjən], *s.* **1.** (*a*) Champion *m*. *The champions of free-trade*, les tenants *m* du libre-échange. **The King's, Queen's, Champion,** le Champion du Roi, de la Reine. (Office héréditaire exercé à la cérémonie du sacre.) (*b*) *Sp:* Recordman *m*; champion, -ionne. **World champion,** champion du monde. **2.** (*a*) *Attrib. A c. tennis-player*, un champion du tennis. *C. driver*, champion de vitesse. *F: C. cabbage, liar, etc.*, chou *m*, menteur *m*, etc. de première classe; maître chou, maître menteur. (*b*) *a. Dial:* (*In N. of Engl.*) **That's champion!** à la bonne heure! bravo! *Ain't that c.!* qu'est-ce que vous dites de ça!

champion², *v.tr.* Soutenir, défendre (une cause); prendre fait et cause pour (qn); se faire le chevalier de (qn); se faire le champion (d'une cause).

championship ['tʃampjənʃip], *s.* **1.** *Sp: etc:* Championnat *m*. *Aut:* **Championship race,** Grand Prix. **2.** *C. of a cause, of the poor*, défense *f* d'une cause, des pauvres.

champlevé [ʃamplə'viː], *s.* **Champlevé (enamel),** champlevé *m*.

chance¹ [tʃɑːns], *s.* **1.** (*a*) Chance *f*, hasard *m*, sort *m*, fortune *f*. **Game of chance,** jeu *m* de hasard. **By (mere) chance,** par hasard; par un coup de hasard; par aventure. *It was quite by c., by the merest c., that . . .*, c'est par un pur hasard, par le plus grand des hasards, que. . . . *By a happy, lucky, c.*, par un heureux hasard, par un hasard heureux, par une chance heureuse, par un coup de bonheur. *People met with by c.*, personnes *f* de rencontre. *Shall we see you there* **by any chance?** est-ce qu'on vous y verra par extraordinaire? *Do you by any c. know his address?* sauriez-vous son adresse par hasard? *P:* sauriez-vous des fois son adresse? **Chance so ordained it that . . .,** le hasard voulut, le hasard fit, que + *ind. or sub.* *To act as c. directs*, s'en remettre au hasard; agir au petit bonheur. **To leave nothing to chance,** ne rien abandonner au hasard; parer à toute éventualité. *To leave everything to c.*, s'en remettre au hasard. *To set, stake, one's life on a c.*, jouer sa vie sur un coup de fortune. **The chances are against me,** les chances sont contre moi. *I am not taking any chances*, je ne veux rien laisser au hasard. **The chances are that . . .,** il y a fort à parier que. . . . **Off chance,** chance moyenne, douteuse. **To do sth. on the off chance,** faire qch. à tout hasard. *I went there on the off c. of meeting him*, je m'y suis rendu dans le vague espoir de le rencontrer, dans le cas où il y serait. (*b*) *To submit to the c. of war*, se soumettre au sort, à la fortune, de la guerre. **To look, have an eye, to the main chance, to keep an eye on the main chance,** consulter, veiller à, songer à, ses propres intérêts; ne pas perdre de vue son propre intérêt; s'attacher, songer, au solide. **2.** (*a*) Occasion *f*. **Now's your chance!** vous avez la partie belle! vous avez beau jeu! **It's your last chance,** c'est votre dernière chance (de succès, de vous corriger, etc.). **It's a chance in a thousand,** ces chances-là n'arrivent qu'une fois. *I will call to see you the first c. I get*, je passerai chez vous au premier jour, à la première occasion. (*b*) *To have a good c. of doing sth.*, avoir beau jeu, une belle occasion, de faire qch. **To stand a chance,** avoir des chances de succès. *He runs, stands, a good c. of being chosen*, il a des chances d'être choisi. *To stand no c. against s.o.*, n'être pas de taille à lutter contre qn. **He hasn't the least chance, hasn't the ghost of a chance,** *F:* **hasn't an earthly chance, of succeeding,** il n'a pas la moindre chance, l'ombre d'une chance, de réussir. **You haven't a dog's chance,** tout est contre vous. **To have even chances,** avoir des chances égales. **To give s.o. a chance,** (i) mettre qn à l'essai; (ii) *F:* entendre qn jusqu'au bout; agir loyalement avec qn. *He never got a fair c.*, il n'a jamais eu l'occasion de montrer ce qu'il savait faire. *The scheme was never given a c.*, on ne fit rien pour faciliter la réussite de ce projet. *Sch: etc: Those who failed in July get a second c. in November*, ceux qui ont échoué au mois de juillet peuvent se repêcher en novembre. **To take one's chance,** risquer les chances. *To take one's c. of sth., of doing sth.*, courir, tenter, la chance de qch., de faire qch. *See also* FIGHTING², SPORTING¹ 2. **3.** *Esp. U.S:* Risque *m*. **To take a chance,** encourir un risque. *I'm taking no chances*, je ne veux rien risquer. *Don't take too many chances*, prenez garde de vous aventurer trop. **To take a long chance,** risquer beaucoup. **4.** *Attrib.* Fortuit, accidentel. *C. event*, événement fortuit. *C. discovery*, découverte accidentelle. *C. meeting*, rencontre de hasard; rencontre fortuite. **A chance acquaintance,** une connaissance fortuite, de rencontre, de fortune. **Chance comer,** survenant *m*. *C. coming*, survenue *f*. *C. visitors*, *F:* visiteurs *m* de raccroc.

'chance-medley, *s. Jur:* Homicide *m* involontaire (au cours d'une rixe, etc.); homicide en cas de légitime défense.

'chance-met, *a.* Rencontré par hasard.

chance². **1.** *v.i.* (*a*) (*Happen*) *To c. to do sth.*, faire qch. par hasard

If I c. to find it, si par hasard je le trouve; si je viens à le trouver. *I never chanced to meet him,* je n'ai jamais eu l'occasion de le rencontrer. *It chanced that I . . ., I chanced to . . .,* il arriva par hasard que je . . .; il m'arriva de . . .; il se trouva que je. . . . (*b*) **To chance upon s.o., upon sth.,** trouver, rencontrer, qn, qch., par hasard; *F:* tomber (par hasard) sur qn, sur qch. **A cab chanced by,** une voiture s'offrit. **2.** *v.tr.* Risquer. *I decided to c. a rebuff,* je décidai de courir la chance d'une rebuffade. *I'll do it and c. the scolding,* je le ferai quitte à être grondé. **To chance it,** risquer le coup. *F:* **I'll chance it!** (je le ferai) arrive, advienne, que pourra! au petit bonheur! risquons le coup! *To c. one's luck,* tenter la fortune.

chancel ['tʃɑːnsəl], *s.* *Ecc.Arch:* **1.** Sanctuaire *m.* **2.** Chœur *m.*

chancellery, chancellory ['tʃɑːnsələri], *s.* Chancellerie *f.*

chancellor ['tʃɑːnsələr], *s.* (*a*) Chancelier *m* (d'une cathédrale, d'un ordre de chevalerie, d'une université). *See also* VICE-CHANCELLOR. (*b*) **The Lord (High) Chancellor, the Chancellor of England,** le Grand Chancelier (préside la Chambre des Lords, exerce la haute autorité judiciaire, = Ministre *m* de la Justice), *pl. Lord Chancellors.* **Chancellor of the Exchequer,** Chancelier de l'Échiquier, = Ministre des Finances. **Chancellor of the Duchy of Lancaster,** le Chancelier du duché de Lancastre (membre du Cabinet, le plus souvent sans portefeuille, qui représente le roi).

chancellorship ['tʃɑːnsələrʃip], *s.* Charge *f*, dignité *f*, de chancelier; chancelariat *m*, cancellariat *m.*

chancery ['tʃɑːnsəri], *s.* **1.** *Jur:* **(Court of) Chancery,** cour *f* de la chancellerie. (Une des divisions de la Haute Cour de Justice.) *See also* MASTER[1] 1, WARD[1] 1. **2.** *Box: Wr:* **Hold in chancery,** cravate *f.* *To get one's opponent's head in c.,* enfourcher la tête de son adversaire; cravater son adversaire. *F:* **To put one's head in chancery,** se mettre à la merci de ses adversaires; se fourrer dans un guêpier.

chancre ['ʃaŋkər], *s.* *Med:* Chancre (vénérien). **Hard chancre,** chancre induré. **Soft chancre,** chancre mou; chancroïde *m.*

chancroid ['ʃaŋkrɔid], *s.* *Med:* Chancroïde *m*; chancre mou.

chancrous ['ʃaŋkrəs], *a.* *Med:* Chancreux.

chancy ['tʃɑːnsi], *a.* *F:* **1.** Chanceux, incertain; risqué. **2.** *Scot:* Propice; qui porte bonheur.

chandals ['tʃandalz], *s.pl.* (*In India*) Tchandals *m.*

chandelier [ʃandə'liːər], *s.* Lustre *m* (pour éclairage).

chandler ['tʃɑːndlər], *s.* (*a*) *A:* Chandelier, -ière; fabricant *m* de chandelles. (*b*) Épicier-droguiste *m*, *pl.* épiciers-droguistes; marchand *m* de couleurs. (*c*) Fournisseur *m.* *See also* CORN-CHANDLER, SHIP-CHANDLER.

chandlery ['tʃɑːndləri], *s.* **1.** Épicerie-droguerie *f.* **2.** (*Also pl.* **chandleries**) Articles *mpl* d'épicerie-droguerie. **3. Ship's chandlery,** fournitures *fpl* de navires.

change[1] [tʃeːindʒ], *s.* **1.** Changement *m* (d'air, d'occupation, de lieu, dans les affaires, etc.); retour *m* (de la marée); changement, variation *f* (du temps); altération *f* (du visage, de la voix); revirement *m* (d'opinion, de fortune). *C. from day to night, from fear to hope,* passage *m* du jour à la nuit, de la crainte à l'espoir. *C. in the moon,* changement de lune, *esp.* nouvelle lune. *Changes in a frontier line,* modifications *f* de frontière. **Change of abode,** changement de domicile; déplacement *m.* *Mil:* *C. of station,* déplacement de troupes; changement de garnison. *C. in health,* (*for the better*) amélioration *f* de la santé; (*for the worse*) altération de la santé. (*Of patient*) **Change for the better, for the worse,** changement en mieux, en mal. *The changes of life,* les vicissitudes *f* de la vie. *Sudden c. of fortune,* revirement de fortune. *Sudden c. in the wind,* saute *f* de vent. **The barometer is at 'change,'** le baromètre est à, au, "variable." **To make, effect, a change,** effectuer un changement, apporter une modification (*in*, à). **To undergo a change,** changer; subir un changement. *To undergo a complete c.,* se métamorphoser. *A great c. had come over him,* un grand changement s'était opéré en lui. *There have been many changes on the staff,* il y a eu beaucoup de mutations *f* dans le personnel. *Complete c. of the staff,* renouvellement *m* du personnel. *There has been a complete c. of the staff,* le personnel a été complètement renouvelé. *The changes in the cabinet have been well received,* le remaniement du ministère a été bien accueilli du public. *It is quite a c. to see you smile,* c'est une nouveauté que de vous voir sourire. *There are never any changes here,* on n'innove jamais rien ici. *Old people hate c.,* la nouveauté répugne aux vieillards. *There is little c. here,* il y a peu de distractions ici. **You need a change,** il vous faudra un changement d'air, d'occupation. *The country will make a nice c. for me,* la campagne me changera. *This journey will be* (*a bit of*) *a c. for you,* ce voyage vous changera un peu. **For a change,** comme distraction; pour changer. *Prov:* **Anything for a change,** tout nouveau, tout beau. *Jur:* **Change of ownership,** mutation *f.* *Physiol:* **Change of life,** retour *m* d'âge. *Rail:* **Change of route,** déviation *f* de parcours. *Artil: etc:* **Change in range,** variation *f* de hausse. *El:* **Change of connection,** commutation *f.* *C. of direction of current,* inversion *f* du courant. *Mth: Opt:* *C. of direction* (*of curve, ray*), inflexion *f.* **Change of front,** (i) *Mil:* mouvement *m* de conversion; (ii) *F:* volte-face *f inv* (politique, etc.); revirement (d'opinions). *Nau:* **Change round,** renverse *f* (du vent). **2.** (*a*) **Change of clothes,** vêtements *mpl* de rechange. *C. of linen,* linge *m* de rechange; linge blanc. (*b*) (*In coaching*) **Change of horses,** relais *m.* **3.** (*Exchange*) Change *m.* *To be a gainer by the c.,* gagner au change. **4.** (*a*) Monnaie *f.* **Small change,** petite monnaie, *occ.* menue monnaie. **To get change,** faire de la monnaie. *To get c. for £5,* faire la monnaie de cinq livres. *To give c. for £5,* donner, rendre, la monnaie de cinq livres. *You may keep the c.,* vous pouvez garder le reste. **'No change given,'** "on ne rend pas de monnaie"; "le public est tenu de faire l'appoint." *P:* **Take your change out of that!** voilà tout ce que vous aurez de moi! si ça ne vous plaît pas, allez vous promener! **He won't get much change out of me,** il perdra ses peines avec moi. **To take the change out of s.o.,** se revancher, prendre sa revanche, sur qn. (*b*) (= EXCHANGE[1] 3 (*a*)) *F:* La Bourse. **On 'Change,** à la Bourse. **5.** *Bellringing:* **To ring the changes,** carillonner avec variations, avec permutations. *F:* *To ring the changes on a subject,* ressasser, rabâcher, un sujet; chanter qch. sur tous les tons; broder des variations sur un sujet. *P:* **Ringing the changes,** vol *m* au rendez-moi.

'change-ringing, *s.* *Bellringing:* Carillonnement *m*; sonnerie *f* à permutations.

change[2]. **1.** *v.tr.* Changer. (*a*) Changer, modifier (ses plans, son genre de vie). *To c. sth. for the worse,* altérer qch. *To c. one thing* (*in*)*to another,* changer, transformer, une chose en une autre. *The magician changed him into an ass,* le magicien le changea, le métamorphosa, en âne. *One cannot c. one's nature,* on ne peut pas se refondre. **To change one's mind,** changer d'avis. *See also* MIND[1] 2. *To c. one's opinions, one's line of conduct, F:* changer son fusil d'épaule. *F:* **To change one's note, one's tune,** changer de ton, de note, de gamme. **To change the subject,** changer de sujet; parler d'autre chose; passer à autre chose. *To c. the subject abruptly,* donner un brusque coup de barre à la conversation. *See also* CONVERSATION 1. (*b*) *To c. the bedclothes,* changer les draps. **To change one's clothes,** *abs.* **to change,** changer de vêtements; se changer. *I shan't be long changing* (*my clothes*), je ne serai pas longtemps à me changer. *I have nothing to c. into,* je n'ai pas de quoi changer. *Scot: F:* **To change one's feet,** changer de chaussures. *To c. the air of a room,* renouveler l'air d'une chambre. *Aut:* *To c. a tyre,* remplacer un pneu. *Phot:* *To c. a plate,* escamoter une plaque. *See also* GEAR[1] 3, HORSE[1] 1. (*c*) *To c. one's seat,* changer de place. *Rail:* *To c. carriages, trains, abs.* **to change,** changer de voiture, de train. **All change!** tout le monde descend! *To c. parties,* changer de parti, *F:* tourner casaque. **To change colour,** changer de couleur, de visage. **To change front,** (i) *Mil:* changer de front; converser; (ii) *F:* faire volte-face; changer ses batteries. *Mil:* **To change arms,** changer son fusil d'épaule. **To change the guard,** relever la garde. *See also* CONDITION[1] 2, GROUND[2] 5, HAND[1] 1, PLACE[1] 2, SIDE[1] 5, STEP[1] 2. (*d*) (*Exchange*) *To c. one thing for another,* échanger une chose contre une autre; troquer une chose contre une autre. *To c. seats with s.o.,* changer de place avec qn. *Shall we c. seats?* voulez-vous changer de place avec moi? *Fin:* *To c. one investment for another,* arbitrer une valeur contre une autre. (*e*) **To change a bank note,** (i) changer un billet de banque; (ii) donner la monnaie d'un billet de banque. **2.** *v.i.* (Se) changer, se modifier, varier; (*of moon*) changer de quartier, *esp.* se renouveler; (*of luck*) tourner. *To c. completely,* se métamorphoser. *A perpetually changing world,* un monde en état de perpétuel devenir. *To c. for the better,* (i) changer en mieux; (ii) (*of weather*) tourner au beau. *To c. for the worse,* s'altérer. *To c. in appearance,* changer d'aspect. *The lights changed from red to orange,* les signaux lumineux passèrent du rouge à l'orange. *His face changed back to its usual expression,* son visage reprit son expression ordinaire. *Water changes into steam,* l'eau se change, se transforme, en vapeur. *The rain has changed to snow,* la pluie s'est changée en neige. *The wind has changed,* le vent a sauté, a tourné. *The wind has changed to the west,* le vent a tourné à l'ouest. *I could not wish it changed,* je ne voudrais pas qu'il en fût autrement. *Beauty remains, but changes,* la beauté persiste, mais évolue. *See also* CHOP[5] 1, MANNER 3.

change about, *v.i.* **1.** Faire volte-face. **2.** Passer sans cesse d'une idée à une autre. *He is always changing about,* avec lui on ne sait jamais sur quel pied danser.

change down, *v.i.* *Aut:* Passer à une vitesse inférieure. *To c. down from fourth to third,* descendre de quatrième en troisième.

changing down, *s.* Descente *f* de vitesses.

change over, *v.i.* **1.** *To c. over from one system to another,* passer d'un système à un autre. **2.** (*Of sentries, Nau: of watches, Ind: of shifts*) Se relever. **3.** *El:* Permuter, commuter.

change-'over, *s.* **1.** Changement *m* (d'un système à un autre). *Mec.E:* *C.-o. mechanism,* appareil *m* de substitution. **2.** Changement radical, renversement *m* (politique, etc.). **3.** Relève *f* (de factionnaires, *Nau:* du quart, etc.). **4.** *El:* Commutation *f.* *See also* SWITCH[1] 2.

change up, *v.i.* *Aut:* Passer à une vitesse supérieure; monter les vitesses.

changing up, *s.* Montée *f* de vitesses.

changing[1], *a.* Changeant; (expression *f*, etc.) mobile.

changing[2], *s.* Changement *m.* **The changing of the guard,** la relève de la garde. *Meteor:* *C. of the monsoon,* renversement *m* de (la) mousson. *Phot:* *C. of a plate,* escamotage *m* d'une plaque. *Mus:* **Changing note,** note *f* d'appoggiature.

'changing-bag, *s.* *Phot:* Manchon noir.

'changing-box, *s.* *Phot:* Châssis-magasin *m*, *pl.* châssis-magasins.

'changing-room, *s.* Vestiaire *m.*

'change(-speed) 'gear, *s.* *Aut:* (Boîte *f* de) changement *m* de vitesse.

'change(-speed) 'lever, *s.* *Aut:* Levier *m* de changement de vitesse; levier des vitesses; levier de commande.

'change valve, *s.* Robinet *m* (d'ascenseur hydraulique).

changeability [tʃeindʒə'biliti], **changeableness** ['tʃeindʒəblnəs], *s.* Variabilité *f* (du temps, de l'humeur); inconstance *f*, mobilité *f* (de caractère); versatilité *f.*

changeable ['tʃeindʒəbl], *a.* **1.** (*Of pers., colour, etc.*) Changeant; (*of weather*) variable, inconstant. *C. wind,* vent inégal. *C. character, nature,* caractère changeant, mobile, versatile. **2.** Susceptible d'être changé. *Rule c. at will,* règle *f* modifiable à discrétion. *Album with c. leaves,* album *m* à feuilles mobiles.

changeful ['tʃeindʒful], *a.* *Poet:* Capricieux, changeant, inconstant.

changeless ['tʃeindʒləs], *a.* Immuable, inaltérable; constant, fixe.

changeling [ˈtʃeindʒliŋ], *s.* **1.** Enfant de fées, substitué à un enfant qu'elles ont volé. **2.** Enfant changé en nourrice.

changer [ˈtʃeindʒər], *s.* **1.** (*Pers.*) *See* MONEY-CHANGER. **2.** *Tchn:* Changeur *m.* *W.Tel:* **Frequency changer,** changeur de fréquence.

channel[1] [tʃanl], *s.* **1.** Lit *m* (d'une rivière). **2.** (*a*) Passe *f*, chenal *m* (d'un port). **Channel entrance, entrance channel,** chenal d'accès; passe; goulet *m.* *See also* UNMINED. (*b*) *Geog:* Détroit *m*, canal *m.* **The (English) Channel,** la Manche. **The Channel Fleet,** la flotte de la Manche. *On the other side of the C.*, outre-Manche. **The Irish Channel,** la mer d'Irlande. **St George's Channel,** le canal Saint-Georges. **The Channel Islands,** les îles Anglo-normandes; les îles Normandes. *Nau:* (i) **To enter the Channel,** (ii) **to enter a channel,** emmancher. **3.** Canal, conduit *m* (d'un liquide, d'un gaz). **Oil-channel,** rainure *f* de graissage; *pl.* chenaux à huile, pattes *f* d'araignée. *Metall: C. from the furnace to mould,* goulée *f* du fourneau pour la fonte. **4.** (*a*) *Arch:* Cannelure *f*, glyphe *m* (d'une colonne); rainure. (*b*) **Channel iron,** (i) fer cannelé; barre *f* en U, fer en U; (ii) *Const:* crochet *m* de gouttière. **Channel (bar),** profilé *m* en U. *Const:* **Channel stone,** culière *f.* (*c*) Gorge *f*, goujure *f* (d'une poulie). **5.** (*a*) *Hyd.E:* Rigole *f* (d'irrigation). *See also* DRAINING-CHANNEL, GUIDE-CHANNEL. (*b*) *Arch: Civ.E:* Dalot *m.* *See also* VALLEY[2]. (*c*) Rigole (de rue ou de route). **6.** Voie *f.* *News that has come to us through various channels,* nouvelles qui nous sont venues par différentes voies. *I tried to keep the conversation in the desired channels,* je tâchais de maintenir la conversation dans le sens voulu. *Adm:* **To go through official channels,** suivre la filière, suivre la voie hiérarchique, les degrés hiérarchiques. *To settle an affair through the ordinary channels of diplomacy,* régler une affaire par voie diplomatique. **Channels of communication** (*of a country*), artères *f* (d'un pays). *C. of telephonic communication,* voie de communication téléphonique. *To withdraw capital from its natural channels of circulation,* enlever des capitaux à leur circuit naturel. **7. To open up new channels for trade,** créer de nouveaux débouchés au commerce.

'channel-guide, *s.* *Mec.E:* Rainure-guide *f*, *pl.* rainures-guides.

channel[2], *v.tr.* (**channelled**) **1.** Creuser des rigoles dans (un terrain); (*of rain, etc.*) raviner (le terrain). **2.** *Arch: etc:* Canneler (une colonne); rainurer. **3.** (*a*) *Tchn:* Tailler (une pierre) en caniveau. (*b*) Évider (une lame de sabre, etc.). **To channel (out)** *the table of a machine-tool,* échancrer le plateau d'une machine-outil.

channels [ˈtʃan(ə)lz], *s.* = CHAIN-WALES.

'channel-plate, *s.* = CHAIN-PLATE.

chant[1] [tʃɑːnt], *s.* *Mus:* Chant *m* (monotone), mélopée *f*; (*in church*) (i) plain-chant *m*, *pl.* plains-chants, (ii) psalmodie *f.* **Gregorian chant,** chant grégorien.

chant[2], *v.tr.* **1.** (*a*) *A:* Chanter. *Still used in* **To chant s.o.'s praises,** chanter les louanges de qn; louanger qn. (*b*) *Ecc:* Psalmodier. **2.** *F:* Maquignonner (un cheval); vanter (un mauvais cheval).

chanting, *a.* (*Of voice, intonation*) Monotone, traînant; (*of accent*) chantant.

chanter [ˈtʃɑːntər], *s.* **1.** (*Pers.*) (*a*) *Ecc:* Chantre *m.* (*b*) *Pej:* **Horse-chanter,** maquignon *m.* **2.** *Mus:* Chalumeau *m*, "musette" *f* (de la cornemuse, du biniou). **3.** *Orn:* Mouchet *m.*

chanterelle [tʃɑːntəˈrel], *s.* *Fung: Cu:* Chanterelle *f*, girolle *f.*

chantey [ˈʃɑːnti, ˈʃanti], *s.* = CHANTY.

chanticleer [ˈtʃantikliːər], *s.* *Lit. & Hum:* Chantecler *m* (le coq).

chantlate [ˈtʃɑːntlet], *s.* *Const:* Chanlatte *f.*

chantry [ˈtʃɑːntri], *s.* *Ecc:* **1.** Fondation *f* de messes pour le repos de l'âme du fondateur. **2.** Les prêtres de la fondation. **3.** La chapelle de la fondation; la chantrerie.

chanty [ˈʃɑːnti, ˈʃanti], *s.* (**Sea-**)**chanty,** chant *m* de manœuvre (à bord); chanson *f* de bord; refrain *m* de mer.

chaos [ˈkeiɔs], *s.* Chaos *m.* *F: Everything is in a state of c.*, tout est dans le chaos, dans la confusion.

chaotic [keiˈɔtik], *a.* Chaotique, désorganisé. **-ally,** *adv.* Sans ordre.

chap[1] [tʃap], *s.* Gerçure *f*, crevasse *f*, *F:* gerce *f* (sur la peau).

chap[2], *v.tr.* (**chapped; chapping**) Gercer, crevasser (la peau). (*Of hands*) *To get chapped, v.i.* **to chap,** se gercer, se crevasser. *My hands are chapped,* j'ai des crevasses, des gerçures, *F:* des gerces, aux mains.

chap[3], *s.* (*Usu. pl.*) **1.** Bajoue(s) *f* (d'un cochon, *F:* d'une personne). *Cf.* CHOP[3] 1. *Cu:* **Bath chap,** bêquet *m.* **2.** *Tls:* = CHOP[3] 2.

'chap-fallen, *a.* **1.** *A. & Lit:* Aux joues flasques; (mort) dont la mâchoire retombe. **2.** *F:* Penaud, décontenancé; l'oreille basse.

chap[4], *s.* **1.** (*a*) *A:* = CHAPMAN. (*b*) *A. & Dial:* Acheteur *m*, client *m.* **2.** *F:* Garçon *m*, type *m*, individu *m.* **Old chap,** mon vieux. *He's a decent c.*, c'est un bon fils, un brave garçon, *P:* un bon zig(ue). *A great c.*, un fameux gaillard. *Funny little c.*, drôle de pierrot *m.* *He's a rum, a queer, c.*, c'est un drôle de corps, un drôle de bonhomme. *He is such a c. for teasing,* il aime tant à taquiner. **A chap** *doesn't like to be treated like that,* on n'aime pas à être traité comme ça.

'chap-book, *s.* Livre *m* de colportage.

chap[5], *s.* *Scot:* **Chap at the door,** coup frappé à la porte.

chap[6], *v.i.* *Scot:* **1.** Frapper (à la porte). **2. To chap hands,** toper.

chaparejos [tʃapaˈreihos], *F:* **chaps** [tʃaps], *s.pl.* Pantalon *m* de cuir (de cowboy).

chape [tʃeip], *s.* **1.** Attache *f* (d'une boucle, etc.). **2.** Chape *f*, bouterolle *f*, dard *m* (d'un fourreau de sabre). **3.** *Ven:* Bout *m* de la queue (d'un renard).

chapel [tʃapl], *s.* **1.** (*a*) Chapelle *f*; oratoire *m* (particulier). **Chapel royal,** chapelle d'un palais royal. (*b*) Chapelie (d'un collège universitaire, etc.). *Sch:* **To keep a chapel,** faire acte de présence à un office. *To miss a c.*, manquer un office. (*c*) **Chapel of ease,** (chapelle de) secours *m*, (église) succursale *f*; annexe *f.* (*d*) Chapelle latérale (d'une cathédrale, etc.). *See also* LADY CHAPEL. (*e*) Temple (dissident). *F:* **Are you Church or Chapel?** êtes-vous anglican ou dissident? **2.** *Typ:* Atelier (syndiqué). **Father of the chapel,** chef *m* de l'atelier.

chapelry [ˈtʃapəlri], *s.* Région desservie par une chapelle.

chaperon[1] [ˈʃapəroun], *s.* Chaperon *m* (d'une jeune fille). *To act as c.*, jouer le rôle de chaperon.

chaperon[2], *v.tr.* (**chaperoned**) Chaperonner (une jeune fille).

chaperonage [ˈʃapərounedʒ], *s.* Surveillance *f* (d'une jeune fille).

chapiter [ˈtʃapitər], *s.* *B:* Chapiteau *m* (de colonne).

chaplain [ˈtʃaplən], *s.* *Ecc:* Aumônier *m.* *Army c.*, aumônier militaire.

chaplaincy [ˈtʃaplənsi], **chaplainship** [ˈtʃaplənʃip], *s.* Aumônerie *f.*

chaplet [ˈtʃaplet], *s.* **1.** *A:* Guirlande *f*, couronne *f* (de fleurs, etc.); bandeau *m.* **2.** *Ecc:* Chapelet *m* (d'un tiers du rosaire, de 55 grains). **3.** *Arch:* Moulure *f* en perles; chapelet. **4.** *Metall:* Support *m* d'âme (d'un moule). *See also* STUD-CHAPLET. **5.** *Orn:* Huppe *f*, aigrette *f.*

chapman, *pl.* **-men** [ˈtʃapmən, -men], *s.m.* Colporteur.

chappie, chappy[1] [ˈtʃapi], *s.m.* *P:* = CHAP[4] 2.

chappy[2], *a.* Couvert de gerçures; gercé.

chaptalization [ʃaptəlaiˈzeiʃ(ə)n], *s.* *Winem:* Chaptalisation *f.*

chaptalize [ˈʃaptəlaːiz], *v.tr.* *Winem:* Chaptaliser (le moût).

chapter [ˈtʃaptər], *s.* **1.** Chapitre *m* (d'un livre, etc.). **To give chapter and verse for sth.,** (i) citer le chapitre et le verset (de la Bible); (ii) *F:* citer ses autorités, fournir des documents, à l'appui d'une affirmation. *The finest c. of his life,* la plus belle page de sa vie. *F:* **To the end of the chapter,** jusqu'au bout, jusqu'à la fin; jusqu'à la fin des fins. *F:* **A chapter of accidents,** une suite de malheurs; une succession de mésaventures; *F:* la série noire. **2.** *Ecc:* Chapitre (de chanoines, de moines).

'chapter-house, *s.* *Ecc:* Salle *f* du chapitre; chapitre *m*; maison chapitrale, canoniale.

char[1] [tʃɑːr], *s.* *Ich:* Ombre *m* chevalier, omble *m* chevalier.

char[2], *s.f.* *P:* = CHARWOMAN.

char[3], *v.i.* *F:* *To c., to go out charring,* travailler à la journée; aller en journée; faire des ménages en ville. *She comes and chars every day,* elle vient tous les jours faire le ménage.

char[4], *s.* Noir animal, charbon animal.

char[5]. **1.** *v.tr.* (**charred**) (*a*) Carboniser (superficiellement); flamber; charbonner. (*b*) Réduire (du bois, des os) en charbon. **2.** *v.i.* Se carboniser, (se) charbonner.

charring, *s.* Carbonisation *f*; flambage *m.*

chara [ˈʃara], *s.* *P:* = CHAR-À-BANC.

char-à-banc [ˈʃaraban, ˈʃarabɑ̃], *s.* Autocar *m*, *F:* car *m.*

charabancer [ˈʃarabaŋər], *s.* Excursionniste *mf* en autocar.

character [ˈkarəktər], *s.* **1.** *Typ: etc:* Caractère *m*, lettre *f.* *Printed in Roman, Greek, characters,* imprimé en caractères romains, grecs. *See also* GOTHIC. **2.** (*a*) (*Nature*) Caractère, marque distinctive (de qn, d'une race, d'un livre, d'une maladie). *Biol: Hereditary c.*, caractère héréditaire. *Acquired c.*, caractère acquis. *What is the c. of your representatives?* quelle est la qualité de vos représentants? **In his character of . . .,** en (sa) qualité de. . . . *Books of that c.*, les livres *m* de ce genre. **To be in character with sth.,** être à l'unisson *f* de qch.; s'harmoniser avec qch. *That is quite in c. with the man,* cela s'accorde bien avec son caractère. **It is out of character with . . .,** cela ne s'accorde guère avec. . . . (*b*) (*Style*) *Work that lacks c.*, œuvre *f* qui manque de caractère, de cachet. *Face full of c.*, physionomie *f* qui a du caractère. **To assume, take on, character,** se caractériser. *Region with a c. of its own,* région *f* qui a une physionomie particulière, un caractère particulier; région d'un genre particulier. **3.** (*Moral strength*) **Man of (strong) character,** homme *m* de caractère, de volonté. *Man without c.*, homme dépourvu de caractère. *He lacks (strength of) c.*, il n'a pas de (force de) caractère. **4.** (*a*) Réputation *f.* *Of bad c.*, de mauvaise réputation; de mauvaise vie; mal famé. *Man without a c.*, homme perdu de réputation. *To ruin, F: blast, s.o.'s c.*, ruiner la réputation de qn. *See also* CLEAR[2] I. 2. (*b*) *F:* (*Testimonial*) Certificat *m* (de moralité, de bonne conduite). *To give a servant a good, a bad, c.*, donner un bon, un mauvais, certificat à un domestique. *F:* **To give s.o. a good character,** dire du bien de qn. *Adm: To deliver a certificate of good c.*, délivrer un certificat de bonne vie et mœurs. **5.** (*a*) (*In fiction, drama*) Personnage *m.* *A real c. of romance,* un vrai personnage de roman. (*Of acting*) **In character,** dans son rôle, dans le vrai, dans le ton, dans la note; *F:* dans la peau du personnage. **Out of character,** pas dans son rôle; (jeu) déplacé; (rôle) interprété à contre-sens. **Character actor,** acteur *m* de genre. **Character part,** rôle chargé. *Lit.Hist:* **Character comedy,** comédie *f* de caractère. *Gr.Lit:* **The Characters of Theophrastus,** les caractères de Théophraste. (*b*) **A public character,** une personnalité. *The prominent characters in history,* les personnages, les figures *f*, remarquables de l'histoire. **A bad character,** un mauvais sujet, un mauvais garnement. *A suspicious c.*, un individu suspect, louche. *F:* **He's a character,** c'est un type, un original, *P:* un numéro. *See also* SKETCH[1] 1.

'character-building, -moulding, *s.* Formation *f* du caractère.

'character-drawing, -painting, *s.* *Lit:* Peinture *f* des caractères.

'character-study, *s.* *Lit:* Étude *f* de caractère.

characterful [ˈkarəktərful], *a.* Plein de caractère.

characteristic [karəktəˈristik]. **1.** *a.* Caractéristique. *Attitude (that is) c. of him,* attitude qui le caractérise, qui lui est particulière. *Adm:* **Characteristic signs,** signalement *m*; signes particuliers. *Med: C. symptoms,* symptômes *m* diacritiques. *Mus: C. piece,* morceau *m* de genre. **2.** *s.* (*a*) Trait *m*, signe *m*, de caractère; trait caractéristique; particularité *f*; caractère *m*, attribut *m*. *The c. of this nation* . . ., le propre de cette nation. . . . *To have some of the characteristics of sth.*, participer de qch. (*b*) *Gram:* Caractéristique *f* (d'un temps du verbe, etc.). (*c*) *Mth:* Caractéristique (d'un logarithme). **-ally,** *adv.* D'une manière caractéristique. *C*, *he refused*, il refusa, ce qui était bien de lui.

characterization [karəktərai'zeiʃ(ə)n], *s.* Caractérisation *f*.

characterize ['karəktəraːiz], *v.tr.* **1.** Caractériser (un personnage, un siècle); être caractéristique de (qn). *Action that characterizes the man*, action *f* qui peint l'homme. *Scheme characterized by a certain idealism*, projet marqué d'un certain idéalisme. **2.** *Pred. I should c. him as energetic rather than intelligent*, je lui attribuerais plus d'énergie que d'intelligence.

characterless ['karəktərləs], *a.* **1.** Dépourvu de caractère. *Th:* *C. part*, rôle *m* sans rien de marquant. *C. rendering of the part of Macbeth*, interprétation *f* insipide du rôle de Macbeth. *He's a c. individual*, *F:* c'est une carafe d'orgeat. **2.** Dépourvu de certificat (de bonne conduite).

charade [ʃa'rɑːd], *s.* **1.** Charade *f*. **2.** **(Acted) charade,** charade en action. **Dumb charade,** charade mimée. *To act a c.*, jouer une charade.

charcoal[1] ['tʃɑːrkoul], *s.* **1.** (*a*) Charbon *m* (de bois). **Charcoal powder,** charbon de bois pulvérulent, en poudre. *Wood-c. industries*, industries *f* de la carbonisation des bois. *See also* MINERAL 1. (*b*) **Animal charcoal,** noir animal, charbon animal. **2.** *Art:* Fusain *m*. *Drawn in c.*, dessiné au fusain. **Charcoal drawing,** (dessin *m* au) fusain; charbonnée *f*. **Sketch in charcoal and (white) chalk,** dessin à deux crayons.

'charcoal-biscuit, *s.* *Med:* Biscuit *m* au charbon de bois.

'charcoal-block, *s.* Aggloméré *m* de charbon de bois.

'charcoal-burner, *s.* Charbonnier, -ière.

'charcoal-furnace, *s.* Carbonisateur *m*.

'charcoal-iron, *s.* Fer *m* au (charbon de) bois.

'charcoal-pan, *s.* Brasero *m*.

charcoal[2], *v.tr.* **1.** Noircir (son visage, etc.) au charbon. **2.** *To c. oneself*, s'asphyxier (avec un réchaud de charbon).

chard [tʃɑːrd], *s.* *Cu:* Carde *f*. **Swiss chard,** bette poirée, carde poirée.

chare [tʃɑːr], *v.i.* = CHAR[3].

charge[1] [tʃɑːrdʒ], *s.* **1.** (*a*) Charge *f* (d'une cartouche, d'une mine, d'un accumulateur, etc.). *One of the beaters received the c. full in the face*, un des rabatteurs reçut la décharge en pleine figure. *Exp:* **Bursting charge,** charge d'explosion. *Artil:* **Full charge,** charge de combat. **Blank charge,** charge de salut. *See also* DEPTH-CHARGE. (*b*) (*Of kiln, blast-furnace, etc.*) Fournée *f*. (*c*) *El:* Charge. **Bound charge,** charge latente. (*d*) *I.C.E:* *C. of fuel and air*, dose *f* de gaz carburés. **2.** (*a*) Frais *mpl*, prix *m*; *Adm:* droits *mpl*. *Advertising charges*, frais de publicité, d'insertion. *List of charges*, tarif *m*. *Tp:* **Tariff charge for calls,** taxe *f* des conversations. *See also* INCLUSIVE. **Charge for admittance** (*to theatre, etc.*), prix des places. *No c. for admission*, entrée gratuite, gratis. *Show with c. for admission*, spectacle payant. **To make a charge for sth.,** compter qch. *No c. is made for packing*, on ne compte pas l'emballage; l'emballage n'est pas facturé, est gratuit. **Free of charge,** (i) *Com:* *Bank:* exempt de frais, sans frais; (ii) gratis, franco; (iii) à titre gratuit, à titre gracieux. **At a charge of . . .,** moyennant. . . . *At a small c.*, moyennant une faible rétribution. **At his own charge,** à ses (propres) frais. *Com:* **Charges forward,** frais *m* à percevoir à la livraison. *See also* EXTRA 1. (*b*) **Charges on an estate,** charges d'une succession. **To be a charge on s.o.,** être à la charge de qn. *Jur:* **Mortgage charge,** privilège *m* d'hypothèque. *To have a c. on sth.*, avoir un privilège sur qch. **3.** (*a*) Commission *f*, devoir *m*. **To lay a charge on s.o.,** charger qn d'une commission; imposer un devoir à qn. *She had strict c. to avoid the subject*, on lui avait bien spécifié d'éviter ce sujet de conversation. (*b*) Charge; emploi *m*; fonction *f*; (*of clergy*) cure *f*. *He conscientiously performed the duties of his charge*, il s'acquittait en conscience des devoirs de sa charge. **4.** (*a*) (*Responsibility*) Garde *f*, soin *m*. **To take charge of s.o., of sth.,** (i) se charger, avoir soin, de qn, de qch.; prendre qn en garde; faire son affaire de qch.; (ii) (*provide for*) prendre qn à sa charge. *Nau:* *F:* (*Of capstan*) **To take charge,** se dévirer. *The brakes broke and the car took c.*, les freins cessèrent de fonctionner et le conducteur ne fut plus maître de sa voiture. **Nurse in charge of a child,** bonne commise à la garde d'un enfant. **Child in charge of a nurse,** enfant sous la garde, la conduite, d'une bonne. *Men in c. of an officer*, hommes *m* sous les ordres d'un officier. **To give s.o. charge of, over, sth.; to place sth. in s.o.'s charge,** confier qch. à qn, à la garde de qn, aux mains de qn; remettre qch. entre les mains de qn. *To have c. of sth.*, avoir qch. en garde. (*Of official*) **To have charge, be in charge, of sth.,** être préposé à la garde de qch. *She is in c. of the poultry yard*, *F:* c'est elle qui gouverne la basse-cour. **Person in charge,** administrateur *m* (*of*, de); délégué, préposé (*of*, à). *Adm:* **Official in charge,** gestionnaire *m* (d'un service). **The population in the charge of the County Council,** les administrés du Conseil général. *Mil:* *The captain in c.*, le capitaine de service, de semaine. *Jur:* **To take s.o. in charge,** arrêter qn. **To give s.o. in charge,** faire arrêter qn; remettre qn entre les mains de la police. *Mil:* **To take sth. on charge,** porter qch. sur les contrôles. *To write sth. off c.*, rayer qch. des contrôles. (*b*) Personne, chose, confiée à la garde de qn. *Nurse and her c.*, bonne et l'enfant confié à ses soins. (*c*) **The priest and his charge,** le prêtre et ses ouailles *f*. **5.** Recommandation *f*, exhortation *f*; allocution *f* (d'un évêque à son clergé, du juge au jury); résumé *m* (du juge après cause entendue); mandement *m* (d'un évêque). **6.** *Jur:* Charge; chef *m* d'accusation, acte *m* d'accusation; inculpation *f*; mise *f* en prévention; (*by public prosecutor*) réquisitoire *m*. **To bring, lay, a charge against s.o.,** relever une charge, porter une accusation, porter plainte, contre qn. *To withdraw one's c.*, retirer sa plainte. **To lay sth. to s.o.'s charge,** charger, accuser, qn de qch.; mettre qch. sur le compte de qn; imputer un grief à qn. *The crime laid to his c.*, le crime à lui reproché. *To lay a crime to s.o. else's c.*, rejeter un crime sur autrui. **On a charge of having . . .,** sous l'inculpation d'avoir. . . . *He repudiates the c. of aiming at dictatorship*, il repousse l'accusation d'avoir visé à la dictature. **7.** (*a*) *Mil:* Charge, attaque *f*. *Bayonet c.*, charge à la baïonnette. *The cavalry returned to the c. with new courage*, la cavalerie redonna avec un nouveau courage. *F:* **To return to the charge,** revenir à la charge. (*b*) *Fb:* Choc *m*, charge. **8.** *Her:* Charge, chargeure *f*, pièce *f*, meuble *m* (de l'écu).

'charge-account, *s.* *U.S:* Compte courant.

'charge-book, *s.* *Jur:* Rôle *m* des accusations.

'charge-engineer, *s.* *Ind:* Chef *m* de service (de centrale électrique).

'charge-room, *s.* Bureau *m* (de poste de police).

'charge-sheet, *s.* *Jur:* Cahier *m* des délits et écrous (tenu à jour dans chaque poste de police).

charge[2], *v.tr.* **1.** (*a*) Charger (un fusil, un conducteur d'électricité, un accumulateur, un haut fourneau, etc.) (*with*, de). **'Accumulators charged,'** "on recharge les accumulateurs." *F:* *To c. one's memory with trifles*, charger, bourrer, sa mémoire de vétilles. (*For toast*) **Be pleased to charge your glasses!** remplissez vos verres! *El:* **Charged conductor,** conducteur chargé, sous tension. *Air charged with vapour*, air saturé d'humidité. (*b*) *Her:* Charger (une pièce de blason d'une autre). *To c. a lion rampant*, charger son écu d'un lion rampant. **2.** (*a*) **To charge s.o. with a commission,** charger qn d'une commission; donner une commission à qn. *To c. s.o. with the task of doing sth.*, charger qn de faire qch. *To c. s.o. to do sth.*, ordonner, recommander, à qn de faire qch.; adjurer qn, sommer qn, de faire qch. (*b*) *Jur:* (*Of judge*) **To charge the jury,** faire l'allocution au jury; faire le résumé des débats. **3.** (*a*) **To charge s.o. with a crime; to charge a crime upon s.o.,** charger qn d'un crime; imputer un crime à qn; inculper qn d'un crime; incriminer qn. *To c. s.o. with complicity, with assault and battery*, inculper qn de complicité, de coups et blessures. *To c. s.o. with having done sth.*, accuser qn, reprocher à qn, d'avoir fait qch. *Charged with* . . ., sous la prévention de . . ., prévenu de . . ., inculpé de. . . . *Charged with robbing a wayfarer*, inculpé d'avoir dévalisé un voyageur. *He denies the actions with which he is charged*, il nie les faits à lui reprochés. (*b*) *U.S:* **To charge that . . .,** alléguer que. . . . **4.** (*a*) *Com:* *Fin:* Charger, imputer. *To c. an account with all the expenses*, charger un compte de tous les frais. *To c. the postage to the customer*, débiter les frais de poste au client. *Commission charged by the bank*, commission prélevée par la banque. *To c. an expense on, to, an account*, imputer, passer, mettre, une dépense à un compte. *To c. a sum to the debit* (*of an account*), passer une somme au débit. *To c. an expense to the public debt*, assigner une charge sur le Trésor public. *Pension charged on an income*, pension payée sur un revenu. *C. it on the bill*, portez-le sur la note. (*b*) *Property charged as security for a debt*, immeuble affecté à la garantie d'une créance. (*c*) *To c. s.o. a price for sth.*, prendre, compter, demander, un prix à qn pour qch. *We are charging you the old prices*, nous vous faisons encore les anciens prix; on vous applique encore l'ancien tarif. *To c. five francs a yard* (*for sth.*), demander cinq francs du mètre. *How much will you c. for the lot?* combien me faites-vous le tout? *How much do you c. for a car by the day?* combien demandez-vous, prenez-vous, pour une voiture à la journée? *How much do you c. an hour?* combien prenez-vous de l'heure? *Tp:* **Calls charged for,** conversations taxées. **5.** *v.tr.* & *i.* *Mil:* *etc:* Charger (l'ennemi); courir sus à (l'ennemi); faire une charge. *F:* **To charge into sth.,** donner (de la tête) contre qch. *The crowd charged across the square*, la foule s'élança à travers la place. **To charge down upon s.o.,** foncer sur qn. **6.** *Mil:* **To charge bayonets,** croiser la baïonnette.

charging, *s.* Chargement *m*; remplissage *m*. *Ind:* **Charging hopper,** remplisseur *m*. *Gasm:* *etc:* **Charging machine,** chargeur *m* mécanique; chargeuse *f*. *El.E:* **Battery charging,** (re)charge *f* des accus. **Charging current,** courant *m* de charge. **Charging panel,** tableau *m* de charge. *See also* TRICKLE-CHARGING

chargeable ['tʃɑːrdʒəbl], *a.* **1.** (*Of pers.*) Accusable, inculpable (*with*, de). **2.** (*a*) (*Of pers., thg*) A la charge (*to*, de). *Poor c. to the parish*, pauvres à la charge de la paroisse. *Repairs c. on the owner*, réparations *f* à la charge du propriétaire. *Damage c. to you*, dégâts *m* à votre charge. (*b*) *Sum c. to a reserve*, somme *f* imputable sur une réserve. **3.** (*Of loss, etc.*) Imputable (*to a cause*, à une cause). *These ills are c. to modern cookery*, il faut incriminer la cuisine d'aujourd'hui. **4.** (*Taxable*) (*Of land, etc.*) Affectable; grevé (d'un impôt).

chargee [tʃɑːr'dʒiː], *s.* *Jur:* Créancier privilégié.

charger[1] ['tʃɑːrdʒər], *s.* *A:* Grand plat.

charger[2], *s.* **1.** Cheval *m* de bataille, cheval d'armes; *A:* destrier *m*. *Hum:* **Mounted on his charger,** monté sur son Bucéphale. **2.** (*Device*) Chargeur *m* (de fusil, d'accumulateur); chargeuse *f* mécanique (de haut fourneau, etc.).

charily ['tʃɛərili], *adv.* *See* CHARY.

chariness ['tʃɛərinəs], *s.* **1.** Circonspection *f*, prudence *f* (*of doing sth.*, à faire qch.). **2.** Parcimonie *f* (de paroles, de louanges).

chariot[1] ['tʃariət], *s.* **1.** *Poet:* *Hist:* Char *m*. **2.** *A:* Carrosse *m*. **3.** *Rom.Ant:* *etc:* **War chariot,** char de guerre.

chariot[2], *v.tr.* *A:* Conduire (qn) en char.

charioteer [tʃario'tiːər], *s.* **1.** (*a*) Conducteur *m* de char. (*b*) *Hum:* Cocher *m*. **2.** *Pr.n.* *Astr:* **The Charioteer,** le Cocher.

charitable ['tʃaritəbl], *a.* **1.** (Personne *f*, action *f*) charitable. **2.** (Œuvre *f*, société *f*) de bienfaisance, de charité. *Jur:* **Charitable contract,** contrat *m* de bienfaisance. *C. trust*, œuvre de charité; fondation pieuse. *See also* INSTITUTION 3. **-ably,** *adv.* Charitablement.

charity ['tʃariti], *s.* **1.** Charité *f*. **Out of charity, for charity's**

sake, par charité. **To be in charity with one's neighbour,** vouloir du bien à son prochain. *To be* **out of charity** *with one's fellow-men*, être rempli de misanthropie *f*. *She judges others with c.*, elle juge ses semblables avec indulgence *f*. *Prov:* **Charity begins at home,** charité bien ordonnée commence par soi(-même). *Ecc:* **Sisters of Charity,** filles *f* de la Charité, sœurs *f* de charité. **2.** (*a*) Acte *m* de charité. *It would be a c. on your part to write to me now and again*, vous feriez acte de charité en m'écrivant de temps en temps. (*b*) Charité, aumônes *fpl*, bienfaisance *f*. **To live on charity,** vivre d'aumônes; être à la charité. **Charity organization,** société *f* ou bureau *m* de bienfaisance. **Charity ball,** bal *m* de bienfaisance. **Charity bequest,** legs pieux. **Charity fund,** caisse *f* de secours. *See also* COLD[1] I, PERFORMANCE 3. **3.** Œuvre *f* de bienfaisance, de charité; fondation pieuse. *Adm:* **The Charity Commissioners,** la Commission de surveillance des œuvres de bienfaisance.

'charity-boy, -girl, *s.* **1.** Enfant élevé(e) dans un orphelinat; pupille *mf* de l'Assistance publique. **2.** *A:* Élève *mf* d'une école gratuite.

'charity-school, *s.* **1.** Orphelinat *m*. **2.** *A:* École gratuite.

charlady ['tʃɑːrleidi], *s.f.* *Hum:* = CHARWOMAN.

charlatan ['ʃɑːrlatan], *s.* Charlatan *m*; *F:* banquiste *m*.

charlatanic(al) [ʃɑːrla'tanik(əl)], *a.* Charlatanesque.

charlatanism ['ʃɑːrlatənizm], *s.* Charlatanisme *m*.

charlatanry ['ʃɑːrlatənri], *s.* Charlatanerie *f*.

Charles [tʃɑːrlz]. *Pr.n.m.* Charles. *Fr.Hist:* **Charles the Fair,** Charles le Bel. **Charles the Bold,** Charles le Téméraire. *See also* KING[1] I, WAIN 2.

charleston ['tʃɑːrlstən], *s.* *Danc:* Charleston *m*.

Charley, Charlie ['tʃɑːrli]. *Pr.n.m.* (*Dim. of Charles*) Charlot.

charlock ['tʃɑːrlɔk], *s.* *Bot:* Sanve *f*; moutarde *f* des champs; *F:* moutardin *m*, moutardon *m*. **Joint-podded charlock,** ravenelle *f*.

Charlotte ['ʃɑːrlɔt]. **1.** *Pr.n.f.* Charlotte. **2.** *s.* *Cu:* **Apple charlotte,** charlotte *f* aux pommes. **Charlotte Russe,** charlotte russe.

charm[1] [tʃɑːrm], *s.* **1.** Charme *m* (*against*, contre); sortilège *m*, sort *m*, enchantement *m*. **To be under the charm,** se trouver sous le charme. *To break a c.*, rompre un charme, un enchantement. **2.** (*a*) Amulette *f*, fétiche *m*. (*b*) Breloque *f*; porte-bonheur *m inv*. *Aut:* **Radiator charm,** fétiche de radiateur. **3.** (*a*) Charme, agrément *m*, aménité *f*; attrait *m* (de la jeunesse, etc.). *To be devoid of c.*, manquer de charme. *It adds c. to the landscape*, cela donne du charme au paysage. *To fall a victim to s.o.'s charms*, succomber aux séductions de qn; tomber sous le charme. (*b*) *pl.* (*Physical*) *charms of a woman*, attraits, appas *mpl*, d'une femme. *She is losing her charms*, elle perd ses charmes, ses agréments.

charm[2], *v.tr.* **1.** Charmer, enchanter. *To c. s.o. to sleep*, endormir qn au moyen d'un charme. **To charm away s.o.'s cares,** charmer les ennuis de qn. **He bears a charmed life,** sa vie est sous un charme; *F:* il est verni. **2.** *Music that charms the ear*, musique *f* qui charme, enchante, l'oreille. *We were charmed with their gracious reception*, l'aménité *f* de leur accueil nous charma. *Charmed to see you!* charmé, enchanté, de vous voir!

charming, *a.* Charmant, ravissant, *F:* délicieux, adorable. **Prince Charming,** le Prince Charmant. **-ly,** *adv.* (*a*) D'une façon charmante. (*b*) D'une façon ravissante; à ravir.

charmer ['tʃɑːrmər], *s.* Charmeur, -euse. **Snake-charmer,** charmeur de serpents.

charmeuse ['ʃɑːrməːz], *s.* *Tex:* Charmeuse *f*.

charmless ['tʃɑːrmləs], *a.* Sans charme; dépourvu(e) de charme.

charmlessness ['tʃɑːrmləsnəs], *s.* Manque *m* de charme.

charnel-house ['tʃɑːrnəlhaus], *s.* Charnier *m* (d'un cimetière, etc.); ossuaire *m*.

Charon ['kɛərən]. *Pr.n.m.* *Gr.Myth:* C(h)aron. **Charon's bark, boat,** la barque de Charon.

charpoy ['tʃɑːrpɔi], *s.* Lit (h)indou.

charqui ['tʃɑːrkiː], *s.* Charqui *f*, charque *f*; lanières de bœuf desséchées au soleil.

chart[1] [tʃɑːrt], *s.* **1.** *Nau:* Carte *f* (marine). **Track chart,** (i) routier *m*; (ii) carte de la route suivie. **Large-scale chart, particular chart, coast chart,** carte à grand point. **Small-scale chart, general chart,** carte à petit point. **Mercator's chart,** projection *f* de Mercator. *See also* OCEAN-CHART. **Wind chart,** carte des vents. **2.** (*a*) (*Of statistics, etc.*) Graphique *m*, diagramme *m*. **Calculation chart,** abaque *m*. *See also* TEMPERATURE. (*b*) Tableau *m*. *Aut:* *Lubrication c.*, tableau de graissage. (*c*) *Phot:* *Cin:* (Test-)chart, tableau de mise au point.

'chart-house, 'chart-room, *s.* *Nau:* Cabine *f*, chambre *f*, des cartes; kiosque *m*, chambre, de veille, de navigation.

chart[2], *v.tr.* **1.** *Nau:* (*a*) Porter (un rocher, etc.) sur une carte. (*b*) Dresser la carte (d'une côte, etc.); hydrographier, faire l'hydrographie d'(une mer, etc.). **2.** Porter (la température d'un malade, etc.) sur la feuille; établir le graphique (d'une série de relèvements, etc.).

charting, *s.* Reconnaissance *f* (du littoral); relèvement *m* (d'un récif, etc.).

charter[1] ['tʃɑːrtər], *s.* **1.** (*a*) *Hist:* *Jur:* Charte *f* (d'une ville, d'une université, etc.); privilège *m*. **Bank charter,** privilège de la Banque. *Hist:* **The Great Charter** = MAGNA CHARTA. (*b*) *U.S:* **Charter member** = *foundation-member, q.v. under* FOUNDATION. **2.** *Nau:* Affrètement *m*. **Trip charter, time charter,** affrètement au voyage, à temps. **3.** = CHARTER-PARTY. *To cancel the c.*, résilier le contrat.

'charter-party, *s.* *Nau:* Charte-partie *f*, *pl.* chartes-parties; contrat *m* d'affrètement, de nolisement.

charter[2], *v.tr.* **1.** Instituer (une compagnie) par charte; accorder une charte à (une compagnie, etc.). **2.** *Nau:* Affréter, fréter, noliser (un navire); prendre (un navire) à fret. *To c. a ship by the bulk*, affréter un navire en travers. *F:* *To c. a car*, louer une auto; *F:* fréter une auto.

chartered, *a.* **Chartered company,** compagnie *f* à charte. **Chartered bank,** banque privilégiée. *F:* **A chartered libertine,** un fantasque à qui l'on permet tout. *See also* ACCOUNTANT 2.

chartering, *s.* (Af)frètement *m*, nolisement *m*.

charterer ['tʃɑːrtərər], *s.* *Nau:* (Af)fréteur *m*, nolis(at)eur *m*.

Charterhouse ['tʃɑːrtərhaus]. **1.** *s.* *A:* Couvent *m* de chartreux. **2.** *Pr.n.* Nom d'une des *public schools* (fondée à Londres dans un couvent de chartreux, puis transférée à Godalming).

chartism ['tʃɑːrtizm], *s.* *Eng.Hist:* Chartisme *m*.

chartist ['tʃɑːrtist], *s.* *Eng.Hist:* Chartiste *m*.

chartless ['tʃɑːrtləs], *a.* **1.** Sans charte, sans privilège. **2.** (*a*) (Littoral, etc.) non hydrographié. (*b*) (Navire *m*) sans cartes marines.

chartographer, -graphical, -graphy [kɑːr'tɔgrəfər, kɑːrto'grafik(ə)l, -'tɔgrəfi] = CARTOGRAPHER, -GRAPHICAL, -GRAPHY.

chartreuse [ʃɑːr'trəːz], *s.* **1.** (*Liqueur*) Chartreuse *f*. **2.** *Cu:* (*a*) Chartreuse (de légumes). (*b*) Blanc-manger garni de macédoine de fruits. **3.** (*Cat*) Chartreux *m*.

charwoman, *pl.* **-women** ['tʃɑːrwumən, -wimen], *s.f.* Femme de journée, femme de ménage.

charwork ['tʃɑːrwəːrk], *s.* Travail *m* à la journée (par une femme de ménage); *F:* "des ménages."

chary ['tʃɛəri], *a.* **1.** Prudent, circonspect. *To be c. of, in, doing sth.*, hésiter à faire qch. **2.** **Chary of praise,** avare de louanges. *He is c. of praise*, il ne prodigue pas les éloges; il est ménager de ses éloges; il est sobre de louanges. *C. of one's words*, économe, chiche, de paroles. **-ily,** *adv.* **1.** Avec précaution; avec circonspection. **2.** Avec parcimonie, parcimonieusement.

Charybdis [ka'ribdis]. *Pr.n.* *Gr.Myth:* Charybde. **To fall from Scylla into Charybdis,** tomber de Charybde en Scylla.

chase[1] [tʃeis], *s.* **1.** (*a*) Chasse *f*, poursuite *f*. **To give chase to s.o.,** donner la chasse à qn. *In c. of s.o.*, à la poursuite de qn. *F:* **Wild goose chase,** poursuite vaine; expédition infructueuse, qui n'aboutit à rien. *To go on a wild goose c.*, courir après la lune. *He sent me on a wild goose c.*, il m'a fait faire une promenade pour rien. *See also* PAPER-CHASE, STEEPLECHASE[1], STERN-CHASE. (*b*) *Ven:* Chasse; *esp.* chasse à courre. *A keen follower of the c.*, un fervent de la chasse. **2.** Terrain non enclos réservé à la chasse; chasse. **3.** Gibier chassé; proie *f*. *Navy:* Navire poursuivi, auquel on donne la chasse.

'chase-gun, *s.* *Nau:* (*a*) Canon *m* de chasse. (*b*) Canon de retraite.

'chase-ports, *s.pl.* *Navy:* *A:* Sabords *m* de chasse.

chase[2], *v.tr.* **1.** Chasser, pourchasser (le cerf). *Ven:* (*Of hawk*) Voler (le gibier). **2.** Poursuivre; donner la chasse à (un voleur, l'ennemi, etc.). **To chase away a dog,** chasser un chien. *To c. s.o. out of the house*, chasser qn de la maison. *To c. s.o. up the street*, poursuivre qn dans la rue. *They chased him back with a stick*, on lui fit la reconduite à coups de bâton. *See also* BACK III. 1. *F:* *The letter had been chasing him for three months*, la lettre lui courait après depuis trois mois. *U.S:* *P:* **To chase oneself,** s'en aller, filer, décamper. **Chase yourself!** ne fais pas la bête!

chase off, *v.i.* *F:* **To chase off after sth.,** partir à la poursuite de qch.

chase[3], *s.* **1.** Volée *f* (d'un canon). **2.** *Tchn:* Rainure *f*.

chase[4], *v.tr.* **1.** (*a*) Ciseler, bretteler (l'or, l'argent). *To c. a gun*, graver une bouche à feu. (*b*) Relever (le métal) en bosse; repousser (le métal); emboutir. *Chased silver*, argent repoussé. **2.** *To c. a diamond in gold*, enchâsser, sertir, un diamant dans de l'or. **3.** *Metalw:* Peigner (un filet de vis, etc.); fileter, tarauder (une vis); repasser, raviver (un filet usagé).

chasing, *s.* **1.** (*a*) Ciselage *m*, ciselure *f*, brettelure *f*. *See also* CHISEL[1] I. (*b*) Emboutissage *m*, repoussage *m*. **2.** Enchâssure *f*. **3.** Filetage *m*, peignage *m* (de pas de vis).

chase[5], *s.* *Typ:* Châssis *m* (de mise en pages). *See also* JOB-CHASE.

chaser[1] ['tʃeisər], *s.* **1.** (*a*) Chasseur *m* (du cerf). (*b*) = STEEPLE-CHASER. **2.** (*a*) *Navy:* (Navire) chasseur. *Av:* Avion *m* de chasse; chasseur. **Submarine-chaser,** chasseur de sous-marins. (*b*) *Navy:* Pièce *f* de canon. *See also* BOW-CHASER, STERN-CHASER. **3.** *F:* (i) Pousse-café *m inv*. (ii) Verre *m* d'eau froide (après le café ou après une liqueur).

chaser[2], *s.* *Metalw:* **1.** (*Pers.*) Ciseleur *m*. **2.** Peigne *m* à fileter (pour vis).

chasm [kazm], *s.* **1.** Gouffre béant; chasme *m*; fissure *f*, solution *f* de continuité (dans la surface de la terre, etc.). **2.** Abîme *m* (entre deux personnes, entre deux choses). **3.** Vide *m* énorme; immense lacune *f*.

chasmy ['kazmi], *a.* **1.** (Terrain) plein de gouffres, parsemé de fissures. **2.** *Poet:* (*Chasm-like*) Béant.

chassé[1] ['ʃase], *s.* *Danc:* Chassé *m*.

chassé[2], *v.i.* *Danc:* *To c. to the right*, chasser. *To c. to the left*, déchasser.

chasselas ['ʃasəla], *s.* *Vit:* Chasselas *m*.

chassis ['ʃasiː], *s. inv. in pl.* **1.** *Aut:* *Artil:* *etc:* Châssis *m* (d'automobile, d'affût). *See also* LANDING-CHASSIS. **2.** *Coll.* Matériel roulant (d'une entreprise de transport, etc.).

chaste [tʃeist], *a.* **1.** (*Of pers.*) Chaste, pudique. **2.** (*Of speech, taste, style*) Pur, châtié, simple, sévère; sans ornement. **-ly,** *adv.* Chastement, pudiquement; purement.

'chaste tree, *s.* *Bot:* Petit poivre; agnus-castus *m*.

chasten [tʃeisn], *v.tr.* **1.** (*a*) (*Of providence, suffering, etc.*) Châtier, éprouver (qn). (*b*) Châtier (ses passions). (*c*) Rabattre la présomption, l'orgueil, de (qn); assagir (qn). **2.** Châtier (son style, etc.).

chastened, *a.* Assagi (par un déboire); désillusionné; radouci. *He was in a c. mood*, *F:* il était quelque peu dégonflé; il n'en menait pas large.

chastening[1], *a.* Modérateur, -trice. *The war had had a c. effect upon him*, la guerre l'avait assagi.

chastening[2], *s.* Mortification *f* (des passions).

chastener ['tʃeisənər], *s.* Châtieur *m* (des passions, etc.).

chasteness ['tʃeistnəs], *s.* = CHASTITY, *esp.* 2.

chastise [tʃas'taːiz], *v.tr.* Châtier; infliger une correction à (qn); corriger (un enfant).

chastisement ['tʃastizmənt], *s.* Châtiment *m*; correction *f* (d'un enfant). *B: I have borne c.*, j'ai souffert.

chastiser [tʃas'taizər], *s.* Châtieur *m.*

chastity ['tʃastiti], *s.* **1.** (*a*) Chasteté *f*, continence *f*; pudeur *f*, pudicité *f*, pureté *f*. (*b*) *Occ.* Célibat *m*; virginité *f*. **2.** *Art: etc:* Pureté, simplicité *f* (de forme, de style).

chasuble ['tʃazjubl], *s. Ecc:* Chasuble *f.*

chat[1] [tʃat], *s.* Causerie *f*, causette *f*. *A little c., a bit of a c.*, un bout, un brin, de causette. *To have a c. with s.o.*, faire la causette, tailler une bavette, des bavettes, avec qn. *We had a long c.*, nous avons taillé une bonne bavette.

chat[2], *v.i.* (**chatted**) Causer, bavarder, deviser, *F:* papoter. *To c. with s.o.*, causer avec qn; faire la conversation à qn; faire la causette avec qn. *To c. about one thing and another*, deviser de choses et d'autres. *With cogn.acc.* **To chat politics,** causer politique.

chat[3], *s. Orn:* Tarier *m. See also* STONECHAT, WHINCHAT.

chatelaine ['ʃatəlein], *s.* **1.** (*Pers.*) Châtelaine *f*; femme du châtelain. **2.** Châtelaine (pour clefs).

chattel [tʃatl], *s. Jur:* (*a*) Bien *m* meuble, bien mobilier. *See also* MORTGAGE[1] 1. (*b*) *pl.* Objets mobiliers; meubles *m.* **Chattels personal,** biens personnels. *F:* **Goods and chattels,** biens et effets *m.* (*c*) **Chattels real,** biens réels. (*d*) *The serf was the c. of the lord*, le serf était la chose du seigneur.

chatter[1] ['tʃatər], *s.* **1.** Caquet(age) *m*, jacasserie *f*, jaserie *f* (d'oiseaux, de commères); bavardage *m* (de personnes); babil *m* (de bébés, de singes). *The debate degenerated into an empty c.*, la discussion dégénérait en parlotte. **2.** Broutage *m* (d'un outil); claquement *m* (d'une machine). *Gramophones:* Grattement *m* (de l'aiguille).

'**chatter-mark,** *s.* **1.** *Mec.E:* Trait *m* de broutage. **2.** *Geol:* Strie *f* (sur la surface inférieure d'un glacier).

chatter[2], *v.i.* **1.** (*Of birds*) Caqueter, jacasser, jaser; (*of pers.*) bavarder, caqueter, causailler, jaser, *F:* papoter; (*of monkeys*) babiller. *F:* **To chatter like a magpie,** jaser comme une pie (borgne). **2.** (*a*) (*Of teeth*) Claquer. *My teeth were chattering*, je claquais des dents. (*b*) (*Of tool*) Brouter. (*c*) (*Of machinery, engine, etc.*) Faire du bruit; cogner; vibrer.

chattering, *s.* **1.** = CHATTER[1] 1. **2.** (*a*) Claquement *m* (des dents). (*b*) *Ind:* Broutage *m*, broutement *m* (d'un outil). (*c*) Bruit *m* de jeu, cognement *m* (de machines). *Aut: C. of the clutch*, broutement de l'embrayage. *El.E: C. of the brushes*, cliquetis *m* des balais.

chatterbox ['tʃatərbɔks], *s. F:* Babillard, -arde; grand(e) bavard(e); moulin *m* à paroles. *To be a great c.*, avoir la langue bien pendue; avoir une fière tapette. *She's a regular c.*, c'est une crécelle. *What a c.!* quelle langue!

chatterer ['tʃatərər], *s.* **1.** Bavard, -arde; caqueteur, -euse; jaseur, -euse; *F:* jacasse *f*. **2.** *Orn:* Ampélis *m*, *F:* jaseur *m.*

Chatterton ['tʃatərtən]. *Pr.n.m. El.E:* **Chatterton's compound,** chatterton *m.*

chattily ['tʃatili], *adv. See* CHATTY.

chattiness ['tʃatinəs], *s.* Loquacité *f*; amour *m* du bavardage.

chatty ['tʃati], *a.* Causeur, -euse; qui aime à causer, à bavarder. *A c. dinner*, un dîner très causant, où l'on a bavardé pas mal. *After the champagne I had got a bit c.*, après le champagne j'étais un peu lancé. *She's a c. old lady*, la vieille dame aime à causer, est très causeuse. *Write us a c. article on . . .*, écrivez-nous, sur le ton de la conversation, un article sur. . . . **-ily,** *adv.* (Dire qch.) tout en bavardant. *He writes c.*, il écrit comme il cause. *Mr X writes c. on Dickens*, M. X rapporte des anecdotes sur Dickens.

chauffeur[1] [ʃou'fəːr], *s. Aut:* Chauffeur *m*; conducteur *m* (d'une auto). **Chauffeur-driven,** (auto) conduite par un chauffeur.

chauffeur[2], *v.tr.* Conduire (une auto).

chauffeuse [ʃou'fəːz], *s.f. Aut:* Chauffeuse.

chaunter ['tʃɔːntər], *s.* = CHANTER 2.

chauvinism ['ʃouvinizm], *s.* Chauvinisme *m.*

chauvinist ['ʃouvinist]. **1.** *s.* Chauvin *m.* **2.** *a.* = CHAUVINISTIC.

chauvinistic [ʃouvi'nistik], *a.* Chauvin, chauviniste; *F:* cocardier.

chaw[1] [tʃɔː], *s.* **1.** Chique *f* (de tabac). **2.** *P:* = CHAW-BACON.

chaw[2], *v.tr. F:* (*a*) Mâcher, *P:* bouffer. (*b*) Chiquer (du tabac).

chaw up, *v.tr.* **1.** *F: To c. up the gears of a car*, massacrer la boîte des vitesses. **2.** *U.S: P:* Anéantir, démolir (qn); battre (qn) à plate(s) couture(s).

'**chaw-bacon,** *s. F:* Rustre *m*, croquant *m*, *P:* pedzouille *m.*

chawl [tʃɔːl], *s.* Logement *m* pour indigènes (aux Indes).

cheap [tʃiːp]. **1.** *a.* (*a*) (A) bon marché, (à) bon compte; pas cher. *Exceptionally c. article*, article *m* d'un bon marché exceptionnel. *A c. hat*, un chapeau (à) bon marché, peu coûteux. **To buy sth. cheap,** acheter qch. (à) bon marché, à bon compte, pour pas cher. *Isn't it c.?* n'est-ce pas que c'est bon marché? **Cheaper,** (à) meilleur marché, à meilleur compte, moins coûteux, moins cher. *It comes cheaper to take a whole bottle*, on a avantage à prendre la bouteille entière; cela revient moins cher de prendre la bouteille entière. *Cheaper and cheaper*, de moins en moins cher. **Cheapest,** le meilleur marché, le moins cher. *To travel by the cheapest route*, voyager par la ligne la plus avantageuse. **Dirt cheap,** à vil prix; pour rien. *It's dirt c.*, c'est donné, d'un bon marché ridicule. *C. seats* (*in theatre, etc.*), places *f* populaires, petites places. *C. fare, rate*, tarif, taux, réduit. *C. tickets*, billets *m* à prix réduits. *C. trip*, excursion *f* à prix réduits. *To do sth.* **on the cheap,** faire qch. (i) à peu de frais, (ii) chichement. *To buy sth. on the c.*, acheter qch. au rabais, à bas prix. *I got it on the c.*, je l'ai eu pour pas cher. (*b*) De peu de valeur. *C. quality*, basse qualité. *I am not out for a c. success*, je ne suis pas en quête d'un succès facile. *C. emotion*, émotion superficielle, peu profonde. *C. flattery*, compliments *mpl* d'occasion. *C. music*, musiquette *f*, musique triviale. **Cheap and nasty,** bon marché et de mauvais aloi; en toc. *I don't like the c. and nasty*, je n'aime pas le toc. *F:* **To feel cheap,** (i) être honteux; (ii) se sentir malade, patraque; ne pas être dans son assiette. **To make oneself cheap,** déroger; se déprécier; ne pas tenir son rang (social). **To consider s.o.'s conduct as cheap,** considérer comme vulgaire, mesquine, la conduite de qn. **To hold s.o., sth., cheap; to have a cheap opinion of s.o., sth.,** dédaigner qn; ne pas penser grand bien de qn; faire bon marché, peu de cas, de qch; faire fi de qch. *To hold life c.*, ne pas marchander sa vie. *See also* JACK[1] II 1. **2.** *adv. F:* = CHEAPLY. *They can manufacture and sell cheaper than we do*, ils sont à même de fabriquer et de vendre à meilleur marché que nous. *See also* COME OFF 2. **-ly,** *adv.* (A) bon marché; à bas prix; à peu de frais. *F:* **He got off cheap(ly),** il en est quitte, il s'en est tiré, à bon compte, à bon marché.

cheapen [tʃiːpn]. **1.** *v.tr.* (Ra)baisser, faire baisser, le prix de (qch.); diminuer la valeur de (qch.); discréditer (une réputation). *You mustn't c. yourself*, il ne faut pas vous déprécier. **2.** *v.i.* Devenir moins cher; diminuer de prix.

cheapish ['tʃiːpiʃ], *a.* D'un prix assez bas; relativement bon marché.

cheapness ['tʃiːpnəs], *s.* **1.** Bon marché; bas prix (de qch.). **2.** Peu *m* de valeur, basse qualité, médiocrité *f* (de qch.).

cheat[1] [tʃiːt], *s.* **1.** (*a*) Trompeur, -euse (par habitude); escroc *m*; imposteur *m*; fourbe *mf*; *P:* empileur, -euse, charrieur, -euse. (*b*) (*At games*) Tricheur, -euse (par habitude). **2.** *A:* Tromperie *f*, fourberie *f*, escroquerie *f*. *The Cheats of Scapin*, les Fourberies de Scapin.

cheat[2], *v.tr.* **1.** Tromper; frauder (qn); voler (qn); *F:* attraper (qn); *abs.* frauder. *To c. the customs*, frauder la douane. **To cheat the gallows,** échapper à la potence. *To c. time*, faire passer le temps. *To c. tedium*, tromper l'ennui. **To cheat s.o. out of sth.,** frustrer qn de qch.; escroquer qch. à qn. *You have cheated me out of five francs*, *P:* vous m'avez refait (de) cinq francs. **To cheat s.o. into doing sth.,** user de tromperie pour faire faire qch. à qn. **2.** (*At games*) Tricher (qn); *abs.* tricher, truquer.

cheating[1], *a.* **1.** Trompeur, -euse. **2.** Tricheur, -euse.

cheating[2], *s.* **1.** Tromperie *f*; fourberie *f*, truquage *m*; *P:* charriage *m*, carottage *m*. *Jur:* Fraude pénale. **2.** *Cards:* Tricherie *f*.

cheater ['tʃiːtər], *s.* Trompeur *m* ou tricheur *m* (par occasion).

chechia ['ʃeiʃia], *s. Mil.Cost:* Chéchia *f.*

check[1] [tʃek], *s.* **1.** (*a*) *Chess:* Échec *m.* **To give check to the king,** faire échec au roi. *The king, queen, is* **in check,** le roi, la reine, est en échec. **'Check!'** "échec au roi!" *See also* DISCOVER 2. (*b*) Revers *m.* *Mil:* **To meet with a check,** essuyer, éprouver, un échec, un revers. *C. to s.o.'s plans*, obstacle *m* aux projets de qn. (*c*) *Ven:* (*Of pack*) **To come to a check,** venir à bout de la voie; perdre la voie. **2.** (*a*) Arrêt *m*, pause *f*, anicroche *f*. *Mil:* (*In marching column*) A-coup *m*. *To travel* **without check,** voyager sans encombre, sans accident. *Sudden c.*, à-coup, aheurtement *m*. (*b*) *Hockey:* Interception *f*. **3.** (*a*) (*Restraint*) Frein *m*. **To keep, to hold, the enemy, a child, in check,** tenir l'ennemi, un enfant, en respect; tenir l'ennemi en échec; faire échec à l'ennemi; contenir l'ennemi. *To keep one's feelings in c.*, se contraindre, se contenir. **To put a check on sth., act as a check on s.o., sth.,** servir de frein, mettre un frein, à qn, à qch. *To put a c. on production*, freiner la production. **Rebound-check,** amortisseur *m* de rebondissement. *See also* GAS-CHECK. (*b*) *Harn:* = CHECK-REIN. (*c*) *Geol:* Accident *m* de terrain. **4.** (*a*) Butée *f*, arrêt. *Aut: etc:* **Door-check,** arrêt *m* de porte. (*b*) (*Of piano*) Attrape-marteau *m*, *pl.* attrape-marteaux. (*c*) *Tramways:* Contre-champignon *m* (de rail), *pl.* contre-champignons. **5.** Contrôle *m.* (*a*) *Com: etc:* Vérification *f* (d'un compte, etc.); récolement *m.* **Check sample,** échantillon *m* témoin. *Ch: Metall:* **Check assay,** essai *m* contradictoire. *Ind:* **Final check,** vérification finale (d'une machine, etc.). *See also* TEST[1] 1. **(Cross-)checks (on information),** (moyens *m* de) recoupement *m.* *There is no possible c. on his administration*, sa gestion échappe à tout contrôle. **To keep a check on sth.,** contrôler qch. (*b*) Billet *m*; (*at restaurant, cloakroom, etc.*) ticket [tikɛ] *m*; (*in restaurant*) note *f*. *Th:* Contremarque *f*. *Ind:* **Tool check,** jeton *m* d'outil(s). *Rail:* **Luggage check,** bulletin *m* de bagages, d'enregistrement. **Cloakroom check,** bulletin de consigne. *See also* PASS-OUT CHECK. (*c*) *U.S:* Jeton de présence (à une séance). *P:* **To pass in, hand in, one's checks,** mourir, *P:* poser sa chique. **6.** *U.S:* = CHEQUE.

'**check-action,** *s.* Attrape-marteau *m* (de piano), *pl.* attrape-marteaux.

'**check-bolt,** *s. Mec.E: etc:* Boulon *m* d'arrêt.

'**check-chain,** *s.* Chaîne *f* d'arrêt.

'**check-cord,** *s.* Corde *f* d'arrêt.

'**check-counting,** *s.* Récolement *m.*

'**check-key,** *s.* = LATCH-KEY.

'**check-list,** *s. U.S:* Liste *f* de contrôle.

'**check-mark,** *s. Mec.E: etc:* Trait *m* de repère.

'**check-nut,** *s.* Contre-écrou *m*, *pl.* contre-écrous; écrou *m* de blocage, d'arrêt; écrou de sûreté; doubles écrous.

'**check-rein,** *s Harn:* Fausses rênes.

'**check-room,** *s. U.S:* Consigne *f*, salle *f* des bagages.

'**check-screw,** *s.* Contre-vis *f inv.*

'**check-strap,** *s.* **1.** Mentonnière *f* (de casque, etc.). **2.** *Aut: Rail:* Tirant *m*, sangle *f*, de portière.

'**check-stub,** *s. U.S:* Souche *f* (de chèque).

'**check-taker,** *s. Th: etc:* Contrôleur *m* de billets de sortie.

'**check-till,** *s.* Caisse enregistreuse.

'**check-valve,** *s.* **1.** *Mch:* Soupape *f* ou clapet *m* de retenue. **2.** *Hyd.E: Nau:* Soupape de retenue; retour *m* d'eau.

check[2]. **1.** *v.tr.* (*a*) *Chess:* Mettre (le roi) en échec; faire échec (au roi). (*b*) Faire échec à, arrêter net (qn, qch.); mettre obstacle à (qch.); contenir (l'ennemi, la foule); enrayer (une crise, le progrès de l'ennemi, d'une maladie); arrêter (une attaque); étancher, capturer (une voie d'eau). *Nau:* Étaler (une amarre) sans casser; stopper (un câble); choquer (les écoutes). *See also* WAY 10. *Checked in full career*, arrêté en pleine course. *Equit: Horse easy to c.*, cheval sûr à la parade. (*c*) Refouler, comprimer, retenir (ses larmes, sa colère); modérer (sa violence, la vitesse d'une machine); réprimer, refréner (une passion); freiner (la production, *Ch:* une réaction). *I.C.E:* Régler (l'allumage, etc.). *To c. s.o.'s tears*, étancher les larmes de qn. *Checked feeling, laughter*, sentiment, rire, rentré. *Ling:* **Checked vowel**, voyelle entravée. (*d*) Réprimander, reprendre (un enfant, etc.). (*e*) Vérifier, apurer (un compte); vérifier (la pression, etc.); collationner (des documents); collationner, compulser, (un document) sur l'original. *Jur:* Récoler (un inventaire). *Typ:* (i) Réviser, (ii) conférer (des épreuves). *All the sales are checked*, toutes les ventes sont contrôlées. **To check (off)** *names on a list, etc.*, pointer, *F:* cocher, des noms sur une liste, etc. **To check off goods**, recenser des marchandises. *Com: Ind:* **To check and sign for goods on delivery**, réceptionner. *Adm: Com:* **To check the books**, pointer les écritures. **To check (up)** *information, U.S:* **to check up on** *information*, contrôler des renseignements. *Abs.* **To check up**, faire la vérification. (*f*) Contrôler (une expérience, etc.); *Rail:* les billets). (*g*) (Faire) enregistrer (ses bagages). **2.** *v.i.* Hésiter, s'arrêter (*at*, devant); (*of horse*) refuser. *Ven:* (*Of hounds*) Hésiter sur la voie; perdre la voie.

check in, *v.i. Ind:* Signer à l'arrivée.

check-'up, *s.* Vérification *f* liste en main.

checking, *s.* **1.** (*a*) Répression *f*; enrayage *m.* (*b*) *Equit:* (*Of horse*) Parade *f*. **2.** (*a*) Contrôle *m*; vérification *f*; apurement *m*; pointage *m*. *Jur:* Récolement *m* (d'un inventaire). *Ind:* **Checking form**, fiche *f* de contrôle. (*b*) Enregistrement *m* (de bagages). **3.** *U.S:* (*a*) **Checking account**, compte *m* en banque. (*b*) **Checking-room** = CHECK-ROOM.

check[3], *s. Tex:* Carreau *m*, damier *m*. **Broken check (design)**, pied-de-poule *m*. **Check cloth**, étoffe *f* à carreaux; étoffe quadrillée, carrelée; étoffe en damier. *Coat in small c. pattern*, veston *m* à petit damier.

checked [tʃekt], *a.* A carreaux, quadrillé. *Tex: C. material*, écossais *m*.

checker[1] ['tʃekər], *s.* **1.** Contrôleur *m*, pointeur *m*, marqueur *m*. **2.** Enrayeur *m* (d'une attaque, etc.).

checker[2] = CHEQUER[1, 2].

checker-berry ['tʃekərberi], *s. Bot:* Gaulthérie *f* du Canada.

checkers ['tʃekərz], *s.pl. U.S:* Jeu *m* de dames.

'checker-board, *s.* Damier *m*.

checkmate[1] ['tʃekmeit], *s.* **1.** *Chess:* Échec et mat *m*. **To give checkmate to the king**, faire le roi échec et mat. **2.** *F: To suffer c. at the hands of s.o.*, voir ses projets anéantis par qn.

checkmate[2], *v.tr.* **1.** *Chess: A:* (= MATE) Faire (le roi) échec et mat; mater (le roi). **2.** *F:* Faire échec et mat à (qn); donner le mat à (qn); détruire les projets de (qn). **3.** *F:* Contrecarrer, déjouer (les projets de qn).

checky ['tʃeki], *a. Her:* Échiqueté. **Field checky**, écu *m* en échiquier.

cheddar ['tʃedər], *s.* (Fromage *m* de) Cheddar *m*.

cheddite ['tʃedait], *s. Exp:* Cheddite *f*.

cheek[1] [tʃiːk], *s.* **1.** Joue *f*. **Cheek by jowl with s.o.**, côte à côte avec qn; tout près de qn; tout contre qn. *Falling cheeks*, bajoues *f*. *See also* TONGUE[1] 1. **2.** *F:* (*a*) Toupet *m*, effronterie *f*, impudence *f*. **To have the cheek to do, say, sth.**, avoir l'aplomb de faire, de dire, qch. *He had the c. to write to me*, il a eu la hardiesse de m'écrire. *He has plenty of c.*, il a du toupet; il ne manque pas d'aplomb, de culot. *He is endowed with brazen c.*, il est doté d'un culot à toute épreuve. *I know it's awful c. my talking to you like this*, je sais bien que j'ai un rude toupet de vous parler comme ça. **What cheek!** quel toupet! **I like your cheek!** vous en avez une santé! *It's a piece of damned c.!* c'est se moquer du monde! *See also* NICK[1]. (*b*) Impertinences *fpl*. *No more of your c.!* en voilà assez! **3.** (*a*) *Tchn: Carp:* Joue (de poignée de scie, de mortaise). *Harn:* Branche *f* (de mors). *Mec.E:* Joue (de poulie, de coussinet); flasque *m*, bras *m* (de manivelle); mâchoire *f* (d'étau). *Const:* Montant *m* (de fenêtre). *Artil:* Flasque (d'affût). *Cheeks of a lathe*, flasques, jumelles *f*, d'un tour. (*b*) *Nau:* Jottereau *m* (de mât); safran *m* (de gouvernail). *Cheeks of the bowsprit*, taquets *m* du beaupré.

'cheek-block, *s. Nau:* Joue *f* de vache; demi-joue *f*, *pl.* demi-joues; poulie plate.

'cheek-bone, *s.* Pommette *f*; os *m* malaire, génal, jugal; zygoma *m*. *High, prominent, cheek-bones*, pommettes saillantes.

'cheek-piece, *s.* **1.** Flasque *m* (de chaudière, etc.). **2.** *Harn:* Porte-mors *m inv* (de bride).

'cheek-plate, *s. Mec.E: Const:* Contre-plaque *f*, *pl.* contre-plaques.

'cheek-pouch, *s. Z:* Abajoue *f*, salle *f* (d'un singe).

'cheek-stones, *s.pl.* Jumelles *f* (d'une rigole).

'cheek-strap, *s. Harn:* Montant *m* (de la bride).

'cheek-tooth, *s.* Molaire *f*.

cheek[2], *v.tr. F:* Faire l'insolent avec (qn); *Lit:* narguer (qn); *P:* se payer la tête de (qn). *I'll teach you to c. your mother*, je t'apprendrai à être insolent avec ta mère, à manquer de respect à ta mère.

-cheeked [tʃiːkt], *a.* (*With adj. or sb. prefixed, e.g.*) **Rosy-cheeked**, aux joues vermeilles. **Chubby-cheeked cherubs**, anges joufflus. *See also* APPLE-CHEEKED.

cheekily ['tʃiːkili], *adv. See* CHEEKY.

cheekiness ['tʃiːkinəs], *s. F:* Effronterie *f*.

cheeky ['tʃiːki], *a. F:* Effronté; qui a du toupet; irrévérencieux. *C. imp*, petit effronté. *He's a c. beggar*, il n'a pas froid aux yeux. **As cheeky as a cock-sparrow**, effronté comme un page. **-ily**, *adv. F:* Avec toupet; d'un air ou d'un ton effronté, irrévérencieux.

cheep[1] [tʃiːp], *s.* Piaulement *m*, piaulis *m*, piottement *m* (de petits oiseaux).

cheep[2], *v.i.* (*Of young birds*) Piauler, piotter.

cheeping, *s.* = CHEEP[1].

cheer[1] [tʃiːər], *s.* **1.** Bonne disposition (d'esprit). (*So used esp. in*) **Words of cheer**, paroles consolatrices, d'encouragement. *Lit:* **Be of good cheer!** courage! prenez courage! ayez bon espoir! *F:* **What cheer?** comment ça va? **2.** (*Fare*) Bonne chère. **To make good cheer**, faire bonne chère. *Prov:* **The fewer the better cheer**, moins on est de convives mieux on mange. **3.** Hourra *m*. *pl.* Acclamations *f*, bravos *m*, vivats *m*. **'Loud cheers,'** "vifs applaudissements." *Speech greeted with cheers*, discours salué d'acclamations. *To give a c.*, pousser un hourra. **To give three cheers**, (i) *Navy:* pousser trois hourras; (ii) = accorder un ban à qn. **Three cheers for X!** un ban pour X! vive X!

cheer[2]. **1.** *v.tr.* (*a*) **To cheer s.o. (up)**, égayer, réjouir, ragaillardir, dérider, désassombrir, désattrister, remonter, qn; relever le courage, le moral, de qn; rendre courage à qn; réconforter qn; faire diversion à la tristesse de qn; chasser l'ennui de qn. *That cheers me up*, cela me remet du cœur au ventre. *See also* INEBRIATE[2]. **To cheer s.o. on (to do sth.)**, encourager qn (à faire qch.); encourager qn à continuer. (*b*) Acclamer, applaudir (qn). *Navy:* **To take up 'cheer ship' stations**, mettre l'équipage à la bande. **2.** *v.i.* (*a*) **To cheer up**, reprendre sa gaieté; se ragaillardir. *To c. up again*, retrouver son entrain. **Cheer up!** courage! consolez-vous! (*b*) Pousser des hourras, des vivats, des acclamations; applaudir.

cheering[1], *a.* Encourageant, réjouissant. *C. letter*, lettre consolante à lire, lettre réconfortante.

cheering[2], *s.* Hourras *mpl*, vivats *mpl*, acclamations *fpl*; applaudissements *mpl*.

cheerful ['tʃiːərful], *a.* (*Of pers.*) Gai; de bonne humeur; allègre; (*of face, view, etc.*) serein, riant; (*of room*) d'aspect agréable, riant; (*of fire*) réconfortant, vif, clair, gai; (*of conversation, music, etc.*) égayant. **A cheerful giver**, celui qui donne de bon cœur. *He is a prompt and c. giver*, il est allègre à faire le bien; il fait le bien volontiers. *To look c.*, avoir l'air content, gai, plein d'entrain. *He always keeps c.*, il garde toujours sa bonne humeur, sa sérénité d'esprit. *To become c.*, s'animer. *C. news*, nouvelles encourageantes. *You are not over c.*, vous n'êtes pas d'une gaieté folle. **-fully**, *adv.* **1.** Gaiement, gaîment; avec entrain; allégrement. **2.** De bon cœur, volontiers, de bonne grâce.

cheerfulness ['tʃiːərfulnəs], *s.* (*a*) (*Of pers.*) Gaieté, gaîté *f*, belle humeur; contentement *m*. *His c. in misfortune*, sa sérénité dans le malheur. (*b*) Aspect riant (du paysage); air *m* agréable (d'un intérieur); gaieté, belle flambée (du feu).

cheerily ['tʃiːərili], *adv. See* CHEERY.

cheeriness ['tʃiːərinəs], *s.* Joyeux caractère; gaieté communicative; sérénité *f*.

cheerio ['tʃiːəri'ou], *int. P:* **1.** (*At parting*) A bientôt! bon courage! adieu! **2.** (*In drinking a toast*) A la vôtre! à la tienne!

cheerless ['tʃiːərləs], *a.* Morne, triste, sombre. *C. weather*, temps *m* maussade. **-ly**, *adv.* Tristement.

cheerlessness ['tʃiːərləsnəs], *s.* Tristesse *f*, mélancolie *f*; aspect *m* morne, sombre, triste.

cheerly ['tʃiːərli], *adv. Nau:* De bon cœur, avec entrain.

cheero ['tʃiːərou], *int. P:* = CHEERIO.

cheery ['tʃiːəri], *a.* **1.** (*Of pers.*) Joyeux, gai, réjoui, guilleret. **2.** = CHEERING[1]. **-ily**, *adv.* Gaiement, gaîment, avec gaieté; avec bonne humeur, en faisant contre mauvaise fortune bon cœur.

cheese[1] [tʃiːz], *s.* **1.** Fromage *m*. **France is the land of cheese**, la France est le pays des fromages. *Dutch c.*, fromage de Hollande. *Cream c.*, fromage à la crème; fromage blanc, gras. **Green cheese**, fromage (i) frais, pas encore fait, (ii) fait de petit-lait, (iii) à la pie. *F:* **To believe the moon is made of green cheese**, prendre des vessies pour des lanternes. **Toasted cheese**, rôtie *f* au fromage. *The c. industry*, l'industrie fromagère. *See also* CHALK[1]. **2.** (*With pl.* **cheeses**) (*a*) **A cheese**, un fromage (entier). *Round c.*, meule *f* de fromage. *A gruyère c.*, une meule de gruyère. *A cream c.*, (i) un fromage blanc, (ii) un demi-sel; un gervais; un petit suisse; un bondon. *Games:* **To make, play at, cheeses**, faire des fromages (avec sa jupe ou sa blouse). (*b*) *Mil:* **The Cheeses**, le premier régiment des *Life Guards*. (*c*) *U.S: P:* **Big cheese**, gros bonnet, grosse légume. **3.** (*a*) *Ciderm:* Marc *m* de pommes. (*b*) Gelée *f* (de prunes de Damas, etc.). *See also* LEMON-CHEESE.

'cheese-basket, *s.* Cagerotte *f*, fromager *m*, caserel *m*, caserette *f*, faisselle *f*.

'cheese-biscuit, *s.* Biscuit non sucré (pour manger avec le fromage).

'cheese-cake, *s. Cu:* Tartelette *f* à la frangipane au citron; talmouse *f*.

'cheese-cloth, *s.* Gaze *f*; étamine *f*.

'cheese-cover, *s.* Cloche *f* à fromage.

'cheese-cutter, *s.* Pelle *f* à fromage.

'cheese-dairy, *s.* Fromagerie *f*.

'cheese-drainer, *s.* Égouttoir *m*, clisse *f*, faisselle *f*, cagerotte *f*, caget *m*, caserel *m*, caserette *f*.

'cheese-finger, *s. Cu:* Biscuit fourré au fromage.

'cheese-fly, *s. Ent:* Piophile *f*; mouche *f* du fromage.

'cheese-head, *s.* Tête *f* cylindrique, tête ronde plate (de vis, de rivet).

'cheese-hopper, *s. Ent:* Ver *m* du fromage; *F:* asticot *m*.

'cheese-maker, *s.* Fromager, -ère.

'cheese-mould[1], *s.* Moule *m* à fromage; échinon *m*.

'cheese-mould[2], *s.* Moisissure *f* du fromage.

'cheese-parer, *s. F:* Lésineur, -euse.

'cheese-paring, *s.* **1.** Pelure *f*, croûte *f*, de fromage.

2. (*a*) Parcimonie *f*, lésine *f*. (*b*) *a*. **Cheese-paring economy,** économies *fpl* de bouts de chandelle.

'cheese-press, *s*. Presse *f* à fromage.

'cheese-rennet, *s*. *Bot:* Caille-lait *m*, gaillet *m*, présure *f*.

'cheese-rind, *s*. = CHEESE-PARING I.

'cheese-scoop, *s*. Pelle *f* à fromage.

'cheese-sieve, *s*. = CHEESE-DRAINER.

'cheese-straws, *s.pl*. *Cu:* Craquelins *m* au fromage; allumettes *f* au fromage; pailles *f* au parmesan.

'cheese-taster, *s*. Sonde *f* à fromage.

'cheese-toaster, *s*. **1.** Fourchette *f* ou broche *f* pour faire les rôties au fromage. **2.** *P:* (*a*) Épée *f*. (*b*) Baïonnette *f*.

'cheese-tub, *s*. **1.** Moule *m* à fromage. **2.** *U.S. Navy: P:* Monitor *m*.

cheese², *s*. *P:* Ce qu'il faut ou ce qui est comme il faut; chose à la hauteur. **That's the cheese!** ça c'est à la hauteur! ça c'est pépère! à la bonne heure! **Hard cheese!** ça, c'est de la déveine! *He thinks he's quite the c.*, il s'imagine qu'il est tout à fait dans le mouvement, tout à fait à la page; il se croit un type chic.

cheese³, *v.tr*. *P:* *Used in the phr.* **Cheese it!** en voilà assez! veux-tu te taire! finissez-en! la ferme! fiche le camp!

cheesemonger ['tʃi:zmʌŋgər], *s*. Marchand, -ande, de fromage; fromager, -ère. *Bought at the c.'s*, acheté dans une fromagerie.

cheesemongery ['tʃi:zmʌŋgəri], *s*. Fromagerie *f*.

cheesy¹ ['tʃi:zi], *a*. **1.** Caséeux, caséiforme. **2.** Qui sent le fromage.

cheesy², *a*. *P:* Élégant, chic, rupin.

cheetah ['tʃi:ta], *s*. *Z:* Guépard *m*.

chef [ʃef], *s.m*. Chef de cuisine.

cheilopod ['kailopɔd], *s*. = CHILOPOD.

cheiro- [kai'rɔ, 'kairo], *comb.fm*. *See* CHIRO-.

cheiropteran [kai'rɔptərən], *s*. *Z:* Ch(é)iroptère *m*.

cheiropterous [kai'rɔptərəs], *a*. *Z:* Ch(é)iroptère.

Cheka ['tʃeka], *s*. *Russian Adm:* **The Cheka,** la Tchéka.

chekist ['tʃekist], *s*. *Russian Adm:* Membre *m* de la Tchéka.

chela ['tʃeila], *s*. *Buddhist Rel:* Novice *m*.

chelifer ['kelifər], *s*. *Arach:* Chélifère *m*.

chellean ['ʃeliən], *a*. *Geol:* Chelléen.

cheloid ['ki:lɔid], **cheloma** [ki'louma], *s*. *Med:* Chéloïde *f*.

chelone [ki'loune], *s*. *Rept:* Chélonée *f*, chélone *f*.

chelonians [ki'louniənz], *s.pl*. *Rept:* Chéloniens *m*.

Chelsea ['tʃelsi]. *Pr.n*. Chelsea *m*. (Quartier artiste de Londres.) **Chelsea porcelain, ware,** porcelaine *f* de Chelsea. **Chelsea (Royal) Hospital,** l'Hôtel des Invalides de l'armée. **Chelsea pensioner,** invalide *m* du *Chelsea Royal Hospital*.

Cheltonian [tʃel'touniən] *s*. Élève *m* ou ancien élève de *Cheltenham College*.

chemical ['kemik(ə)l]. **1.** *a*. Chimique. *C. balance*, balance *f* de laboratoire. *C. works*, usine *f* de produits chimiques. *C. warfare from the air*, guerre *f* aérochimique. *C. bench*, banc *m* d'expériences (de laboratoire); paillasse *f*. **2.** *s.pl*. **Chemicals,** produits *m* chimiques. *Com: Ind:* Drogues *f*. **-ally,** *adv*. Chimiquement.

chemicalize ['kemikəlaiz], *v.tr*. Traiter (qch.) par des procédés chimiques.

chemico-physical ['kemiko'fizik(ə)l], *a*. Chimico-physique.

chemin de fer [ʃəmɛ̃dəfɛər], *s*. *Gaming:* Chemin *m* de fer.

chemise [ʃə'mi:z], *s*. **1.** *Cost:* Chemise *f* (de femme). **2.** *A.Fort:* Chemise, revêtement *m* (de bastion).

chemisette [ʃemi'zet], *s*. *Cost:* **1.** *A:* Chemisette *f*. **2.** Guimpe *f*.

chemism ['kemizm], *s*. *Biol:* Chimisme *m*.

chemist ['kemist], *s*. **1.** Pharmacien, -ienne. **Chemist's shop,** pharmacie *f*. *At the chemist's*, chez le pharmacien. *See also* DISPENSE I. **2.** Chimiste *m*. **Analytical chemist,** chimiste (analyste); chimiste expert. *See also* CONSULTING.

chemistry ['kemistri], *s*. Chimie *f*. *Inorganic c.*, chimie minérale. *Organic c.*, chimie organique. *Applied c.*, chimie appliquée. *Physical c.*, chimie-physique *f*; physico-chimie *f*. *C. of metals*, métallochimie *f*.

chemitype ['kemitaip], *s*. *Phot.Engr:* Chimitypie *f*.

chemotherapy [kemo'θerəpi], *s*. *Med:* Chimiothérapie *f*.

chemotropism [ke'mɔtropizm], *s*. Chimiotropisme *m*.

chenille [ʃe'ni:l], *s*. *Tex:* Chenille *f*.

chenopodium [keno'pɔdiəm], *s*. *Bot:* Chénopode *m*; *F:* ansérine *f*, patte-d'oie *f*, *pl*. pattes-d'oie.

cheptel ['tʃeptəl], *s*. *Jur:* Cheptel *m*. *See also* MOIETY.

cheque [tʃek], *s*. *Com:* Chèque *m*. *C. for ten pounds*, chèque de dix livres sterling. **Cheque to order,** chèque à ordre. **Cheque to bearer,** chèque au porteur. *Crossed c.*, chèque barré. *Open, uncrossed, c.*, chèque ouvert, non barré. *To cash a c.*, toucher un chèque. *See also* BLANK¹ I. 1, TRAVELLER 1.

'cheque-book, *s*. Carnet *m* de chèques; (*esp. of large counting-houses*) chéquier *m*.

chequer¹ ['tʃekər], *s*. **1.** (*a*) *A:* Échiquier *m*. (*b*) Enseigne *f* (d'auberge) en échiquier. (*c*) **Chequers,** manoir du Buckinghamshire affecté aux villégiatures du Premier Ministre. **2.** *Usu. pl.* Quadrillage *m*.

'chequer-wise, *adv*. En échiquier.

chequer², *v.tr*. **1.** Quadriller (une étoffe, etc.); marquer (qch.) en carreaux; diviser (qch.) en carreaux, en damier. *Metalw:* Guillocher. **2.** (*Variegate with colour*) Diaprer, bigarrer. **3.** *F:* Diversifier, varier; marquer (l'existence, etc.) de vicissitudes.

chequered, *a*. **1.** Quadrillé, à carreaux, en damier, en échiquier. **Chequered pattern,** (i) gaufrage *m*; (ii) étoffe *f*, etc., en damier; (iii) (*on metal*) guillochis *m*. **2.** Diapré, bigarré. *The c. shade under the trees*, la marqueterie de l'ombre sous les arbres. **3.** **Chequered career,** vie accidentée, mouvementée, pleine de vicissitudes. *Life's c. scene*, le spectacle varié de la vie.

chequering, *s*. **1.** Quadrillage *m* (d'une étoffe, etc.); guillochage *m* (d'une montre, etc.). **Chequering tool,** guilloche *f*. **2.** *Metalw:* Gaufrage *m* (de la tôle).

chequerwork ['tʃekərwə:rk], *s*. = CHEQUERING. *Cokemaking:* **Fire-brick chequerwork** (*of regenerator*), empilages *m* réfractaires.

cherish ['tʃeriʃ], *v.tr*. **1.** Chérir; soigner tendrement (un enfant). *See also* SNAKE¹. **2.** Bercer, caresser, choyer (un espoir); nourrir, entretenir (une idée, une opinion, du ressentiment). **To cherish sth. with a jealous care,** veiller sur qch. avec un soin jaloux. *To c. illusions*, se nourrir, se bercer, d'illusions.

cheroot [ʃə'ru:t], *s*. (*a*) Manille *m* (à bouts coupés). (*b*) Cigare *m* d'une marque quelconque à bouts coupés.

cherry ['tʃeri]. **1.** *s*. (*a*) *Bot: Hort:* Cerise *f*. **Black-heart cherry,** guigne noire. **White-heart cherry,** bigarreau *m*. **Wild cherry,** merise *f*. **Dried cherry,** cerisette *f*. **Brandied cherries,** cerises à l'eau de vie. *See also* CHOKE-CHERRY, WINTER CHERRY. *F:* **To make two bites at a cherry,** faire deux morceaux d'une cerise. **Not to make two bites at a cherry,** ne pas s'y prendre à deux fois; y aller sans hésiter. (*b*) *Tls:* Foret globuleux; fraise ronde. **2.** *s*. **Cherry(-tree, -wood),** cerisier *m*. **Wild cherry(-tree),** merisier *m*. **Bird-cherry(-tree),** cerisier à grappes. **Heart-cherry(-tree),** guignier *m*. **Jerusalem cherry-tree,** pommier *m* d'amour; oranger *m* des savetiers. **3.** *a*. **Cherry(-red).** (*a*) (Rubans *mpl*, etc.) cerise *inv*. **Cherry lips,** lèvres *f* vermeilles. (*b*) *Metall:* Rouge cerise *inv*. **Dark cherry,** cerise naissant *inv*. **Full red cherry,** rouge cerise accentué *inv*.

cherry-'bay, *s*. *Bot:* Laurier-cerise *m*, *pl*. lauriers-cerise(s); laurier *m* amandier.

'cherry-bob, *s*. Cerises jumelles; grappe *f* de deux ou trois cerises; *F:* "boucle *f* d'oreille."

cherry-'bounce, *s*. Eau de vie brûlée dans laquelle on a fait macérer des cerises.

cherry-'brandy, *s*. Cherry-brandy *m*.

cherry-'laurel, *s*. = CHERRY-BAY.

cherry-li'queur, *s*. Guignolet *m*.

'cherry-orchard, *A:* **'cherry-garden,** *s*. Cerisaie *f*.

cherry-'pie, *s*. **1.** *Cu:* Tourte *f* aux cerises. **2.** *Bot: F:* Héliotrope *m* (du Pérou).

'cherry-pit, *s*. Jeu *m* de la bloquette (avec des noyaux de cerise).

cherry-'ripe. **1.** *int*. A la douce! à la douce! Aux cerises mûres! **2.** *a*. *F:* (Mûr) à point.

'cherry-stone, *s*. Noyau *m* de cerise.

'cherry-wood, *s*. (Bois *m* de) cerisier *m*. *C.-w. pipe*, pipe *f* en merisier.

Chersonese [kə:rso'ni:s]. *Pr.n*. *A.Geog:* La Chersonèse.

chert [tʃə:rt], *s*. *Miner:* Silex noir; pierre *f* de corne.

cherub, *pl*. *B:* **cherubim,** *F:* **cherubs** ['tʃerəb, -(j)ubim, -z], *s*. Chérubin *m*, angelet *m*. *He is acting the little c.*, il fait son petit saint Jean. *Art:* **Chubby little cherub,** ange bouffi; ange joufflu.

cherubic [tʃe'r(j)u:bik], *a*. Chérubique; de chérubin.

chervil ['tʃə:rvil], *s*. *Bot:* Cerfeuil *m*. **Great chervil, sweet chervil,** cerfeuil musqué, odorant, d'Espagne. **Needle chervil,** cerfeuil à aiguillettes.

Cheshire ['tʃeʃər]. *Pr.n*. *Geog:* Le comté de Cheshire, de Chester. *Com:* **Cheshire cheese,** fromage *m* de Chester; chester *m*. *See also* GRIN².

chess¹ [tʃes], *s*. Jeu *m* d'échecs. *To play (at) c.*, jouer aux échecs. *C. player*, joueur, -euse, d'échecs.

'chess-board¹, *s*. Échiquier *m*. *Tex: In c.-b. pattern*, en damier.

'chess-board², *v.tr*. Disposer (qch.) en échiquier; quadriller (qch.).

'chess-club, *s*. Cercle *m* de joueurs d'échecs.

'chess-men, *s.pl*. Pièces *f* (du jeu d'échecs).

chess², *s*. *Mil:* Volet *m* de plate-forme; madrier *m* (d'un ponton).

chessel [tʃesl], *s*. Moule *m* à fromage.

chess-tree ['tʃestri:], *s*. *Nau: A:* Dogue *m* d'amure.

chest [tʃest], *s*. **1.** (*a*) Coffre *m*, caisse *f*, boîte *f*. *Furn:* **Chest of drawers,** commode *f*. **Sea chest,** coffre de marin. *Min:* **Ore-chest** (*of stamp*), calandre *f* (de bocard). *Hist: Money chests*, coffres d'État. *See also* ICE-CHEST, MEDICINE-CHEST, ORGAN-CHEST, STEAM-CHEST, TEA-CHEST, TOOL-CHEST, VALVE-CHEST, WIND-CHEST. (*b*) *Dial:* (*esp. Scot.*) Cercueil *m*. **2.** *Anat:* Poitrine *f* (d'homme, etc.); poitrail *m* (de cheval); corsage *m* (de cheval, de cerf, etc.). **Cold on the chest, chest cold,** rhume *m* de poitrine. **Chest troubles,** maladies *f* de poitrine, des voies respiratoires. *To have a weak c.*, avoir les bronches délicates; être sujet aux rhumes de poitrine. *Syrup to relieve the c.*, sirop calmant la toux; sirop pectoral. **To throw out one's chest,** bomber la poitrine, le torse. *F:* **To throw a chest,** se cambrer; plastronner. **To get it off one's chest,** dire ce qu'on a sur le cœur. *Mus: High C from the c.*, ut *m* de poitrine.

'chest-lock, *s*. Serrure *f* à palastre; serrure auberonnière.

'chest-note, *s*. *Mus:* Note *f* de poitrine.

'chest-protector, *s*. Plastron *m* hygiénique.

'chest-register, *s*. *Mus:* Registre inférieur (de la voix).

'chest-voice, *s*. Voix *f* de poitrine.

-chested ['tʃestid], *a*. (*With adj. prefixed, e.g.*) **Broad-chested,** à large poitrine; de forte carrure; (*of horse*) au poitrail large; empoitraillé. **Big-chested,** à forte poitrine. *See also* FULL-CHESTED, NARROW-CHESTED.

chesterfield ['tʃestərfi:ld], *s*. **1.** *Furn:* Canapé rembourré et capitonné (à deux accoudoirs). **2.** *Cost:* Pardessus *m* de ville.

chestnut ['tʃes(t)nʌt]. **1.** *s*. (*a*) **(Sweet, Spanish) chestnut,** (i) châtaigne *f* (comestible); (ii) (*if very large owing to the abortion of the other two nuts in the husk*) marron *m*. *See also* BUR¹ 1, DROP² II. 9, FIRE¹ 1, HORSE-CHESTNUT, WATER-CHESTNUT. (*b*) **(Sweet) chestnut(-tree),** châtaignier commun; marronnier *m*. (*c*) *F:* Plaisanterie usée; vieille histoire. **That's a chestnut, an old chestnut!** connu! (*d*) *Farr:* Châtaigne (des membres du cheval, de l'âne, du zèbre). **2.** *Attrib*. (*a*) (*Wood*) De châtaignier.

C. book-case, bibliothèque *f* de, en, châtaignier. (*b*) (*Colour*) Châtain, -aine. **A chestnut (horse)**, un (cheval) alezan; un bai châtain. **3.** *Echin:* *See* SEA-CHESTNUT.

'chestnut-grove, *s.* Châtaigneraie *f.*

'chestnut-man, *pl.* **-men,** *s.m.* Marchand de marrons.

'chestnut-roaster, *s.* **1.** Fourneau *m* de marchand de marrons. **2.** Marchand *m* de marrons.

chestnutting ['tʃestnʌtiŋ], *s.* Cueillette *f* des châtaignes, des marrons. *To go c.*, aller à la cueillette des châtaignes.

chesty ['tʃesti], *a.* **1.** *U.S:* *P:* Qui aime à plastronner; vaniteux. **2.** *P:* Délicat des bronches.

cheval-glass [ʃe'valglɑːs], *s.* *Furn:* Psyché *f.*

chevalier [ʃevə'liːər], *s.* *A.* & *Lit:* Chevalier *m.* *Hist:* **The Chevalier (de Saint George)**, le Chevalier de Saint-Georges; le Prétendant. **The Young Chevalier**, Charles-Édouard.

chevaux de frise [ʃə'voudə'friːz], *s.pl.* *Fort:* Chevaux *mpl* de frise.

chevet [ʃə've], *s.* *Ecc.Arch:* Chevet *m* (d'une église).

Cheviot ['tʃeviət]. **1.** *Pr.n.* *Geog:* **The Cheviot Hills,** *F:* **the Cheviots**, les (monts) Cheviots *m.* **2.** *s.* (*a*) *Husb:* **Cheviot sheep**, (mouton *m*) cheviot *m.* (*b*) *Tex:* **Cheviot (cloth)**, cheviote *f.* *C. suit*, complet *m* en cheviote.

chevron ['ʃevrən], *s.* *Her:* *Mil:* Chevron *m.* *C. couched*, chevron couché. *Arch:* **Chevron moulding**, chevrons.

chevrony ['ʃevroni], *a.* *Her:* Chevronné.

chevy ['tʃevi], *v.tr.* = CHIVY[2].

chew[1] [tʃuː], *s.* **1.** (*Mastication*) **To have a chew at sth.**, mâchonner qch. **2.** Chique *f* (de tabac).

chew[2], *v.tr.* **1.** Mâcher, mastiquer (des aliments, etc.); chiquer (du tabac); mâchonner, mâchiller (un cigare). *F:* **To chew over sth., upon sth.**, méditer sur qch.; remâcher, ruminer, une idée. **To chew sth. up**, abîmer qch.; mettre qch. en morceaux. *P:* **To chew the rag, the fat**, ronchonner. *See also* CUD. **2.** *Nau:* (*Of wooden ship*) **To chew oakum**, cracher ses étoupes.

chewing, *s.* Mastication *f*, mâchement *m*, mâchonnement *m.*

'chewing-gum, *s.* Chewing-gum *m*; gomme *f* à mâcher; gomme mastique; *Pharm:* masticatoire *m.*

'chewing tobacco, *s.* Tabac *m* à chiquer.

chewer ['tʃuːər], *s.* Chiqueur, -euse (de tabac).

chi [kai], *s.* *Gr.Alph:* Khi *m.*

chianti [ki'anti], *s.* Vin *m* de Chianti; chianti *m.*

chiaroscuro [kjaːrɔ'skuːro], *s.* *Art:* Clair-obscur *m.*

chiasmus [ki'azməs], *s.* *Rh:* Chiasme *m.*

chiastolite [kai'astolait], *s.* *Miner:* Chiastolite *f*, macle *f.*

chibouk [tʃi'buːk], *s.* Chibouque *f*, chibouk *m*; pipe turque.

chicane[1] [ʃi'keːin], *s.* **1.** Chicane *f*; avocasserie *f.* **2.** *Cards:* Chicane.

chicane[2]. **1.** *v.i.* Chicaner. **2.** *v.tr.* Chicaner (qn). **To chicane s.o. into doing sth.**, user de chicane pour persuader à qn de faire qch. **To chicane s.o. out of sth.**, frustrer qn de qch. à force de chicanes.

chicanery [ʃi'keinəri], *s.* **1.** Chicanerie *f*, chicane *f*, tracasserie *f.* **2.** Arguties *fpl*; subtilités *fpl*; sophismes *mpl.*

chick [tʃik], *s.* (i) (*Unfledged*) Poussin *m*; (ii) poulet *m*, poulette *f.* *F:* **To have neither chick nor child**, être sans enfant, *Hum:* sans progéniture; n'avoir ni enfants ni suivants. *See also* FLUSTER[2] 1, PEA-CHICK.

'chick-wire, *s.* *U.S:* Grillage *m* (de poulailler).

'chick-yard, *s.* *U.S:* Basse-cour *f*, *pl.* basses-cours.

chickabiddy ['tʃikəbidi], *s.* *F:* Cocot(t)e *f* (poule ou enfant).

chickadee [tʃikə'diː], *s.* *Orn:* *U.S:* Mésange *f* à tête noire.

chicken ['tʃikən], *s.* **1.** (*a*) (*Recently hatched*) Poussin *m.* (*b*) (*Fledged*) Poulet *m*, poulette *f.* *F:* **Don't count your chickens before they are hatched**, il ne faut pas vendre la peau de l'ours avant de l'avoir tué. **She is no chicken**, ce n'est plus une enfant, une gamine; elle n'est plus dans sa première jeunesse; elle est déjà d'un certain âge; *F:* elle est plutôt mûre. *P:* **That's their chicken**, ça, c'est leur affaire. *See also* CHOLERA, CURSE[1] 1. *Orn:* *F:* **Mother Car(e)y's chicken**, pétrel *m* de tempête. *See also* PRAIRIE-CHICKEN. **2.** *Cu:* Poulet. **Spring chicken**, poussin. **3.** *Coll.* Volaille *f.* *To take charge of the chicken*, se charger de la basse-cour.

'chicken-'breasted, *a.* *Med:* Qui a la poitrine bombée; rachitique; *F:* à poitrine de canard.

'chicken-farming, *s.* *U.S:* Élevage *m* de volaille.

'chicken-hearted, *a.* Poltron; *F:* capon. *To be c.-h.*, manquer de courage, de cran; être une poule mouillée.

'chicken-pox, *s.* *Med:* Varicelle *f*; petite vérole volante.

'chicken-run, *s.* Enclos grillagé d'un poulailler; parquet grillagé; cour-volière *f*, *pl.* cours-volières.

chickling ['tʃikliŋ], *s.* *Bot:* **Chickling (vetch)**, (i) gesse *f*, (ii) gesse chiche, jaro(u)sse *f.*

chick-pea [tʃik'piː], *s.* *Bot:* Pois *m* chiche; cicerole *f.*

chickweed ['tʃikwiːd], *s.* *Bot:* Mouron *m* des oiseaux; morgeline *f*, alsine *f*, argentine *f.*

chicle(-gum) ['tʃiːkl(gʌm), 'tʃikliː(gʌm)], *s.* **1.** Chiclé *m.* **2.** (*Colour*) **Chicle**, café au lait *inv.*

chicory ['tʃikəri], *s.* **1.** *Bot:* Chicorée *f.* **Broad-leaved chicory**, endive *f.* **Wild chicory**, (i) *Bot:* chicorée sauvage; *F:* mignonnette *f*; (ii) *Hort:* barbe-de-capucin *f*, chicorée sauvage. **2.** *Com:* **Dry chicory roots**, cossettes *fpl.* **(Ground) chicory**, (poudre *f* de) chicorée. *Coffee with c.*, café *m* à la chicorée. **3.** *U.S:* = ENDIVE 1.

chid [tʃid], **chidden** [tʃidn]. *See* CHIDE.

chide [tʃaid], *v.tr.* & *i.* (*p.t.* **chid,** *occ.* **chided;** *p.p.* **chidden** *or* **chid,** *occ.* **chided**) *A.* & *Lit:* Réprimander, gourmander, gronder, reprendre (qn). *To c. s.o. for sth., for doing sth.*, reprocher qch. à qn; reprocher à qn d'avoir fait qch. *To c. against fortune*, gronder, murmurer, contre la fortune.

chiding, *s.* Gronderie *f*; réprimandes *fpl.*

chief [tʃiːf]. I. *s.* (*pl.* **chiefs**) **1.** (*a*) (*Pers.*) Chef *m* (de tribu, de bande, de service). *F:* *The c.*, le patron. *He is my c.*, il est mon supérieur hiérarchique. *Mil:* **Chief of staff**, chef d'état-major. (*b*) **In chief**, en chef. *Mil:* *Navy:* **Commander-in-chief**, commandant *m* en chef. *A.* & *Lit:* *With this object in c. . . .*, principalement dans ce but. . . . **2.** *Her:* Chef (de l'écu).

II. **chief,** *a.* Principal; premier; (en) chef. *Com:* *My c. assistant*, mon principal employé. **Chief Justice**, premier président. *C. engineer*, ingénieur en chef; ingénieur principal. *C. stoker*, chef *m* de chauffe. *He is the c. sinner*, c'est lui le plus grand pécheur. *C. town of a county*, capitale *f*, chef-lieu *m*, *pl.* chefs-lieux, d'un comté. *C. object*, but principal. *C. reason for sth.*, raison majeure de qch. *The c. motive*, le principal motif. *The c. labour was undertaken by . . .*, la partie la plus importante du travail a été entreprise par. . . . *To play a c. part in . . .*, jouer un rôle capital dans. . . . *A:* **The chief(est) good**, le bien suprême. *See also* CLERK[1] 1.

III. **chief, chiefest,** *adv.* *A:* Surtout, avant tout. **-ly,** *adv.* **1.** Surtout, avant tout. **2.** Principalement. *C. composed of . . .*, composé en majeure partie de. . . .

chiefdom ['tʃiːfdəm], *s.* Dignité *f*, rang *m*, de chef; souveraineté *f.*

chiefship ['tʃiːfʃip], *s.* Dignité *f* de chef; autorité *f.*

chieftain ['tʃiːftən], *s.m.* Chef (de clan).

chieftainship ['tʃiːftənʃip], *s.* Autorité *f*, dignité *f*, rang *m*, de chef (de clan).

chiff-chaff ['tʃiftʃaf], *s.* *Orn:* Grand pouillot *m*, pouillot véloce.

chiffon ['ʃifɔn], *s.* **1.** *Tex:* Chiffon *m*, gaze *f.* **2.** *pl.* Chiffons, atours *m* (de toilette).

chiffonier [ʃifo'niːər], *s.* *Furn:* Chiffonnier *m* (à tiroirs).

chignon ['ʃiːnjɔŋ], *s.* Chignon *m.*

chigoe ['tʃigo], *s.* *Ent:* Puce pénétrante; *F:* chique *f.*

chilblain ['tʃilblein], *s.* Engelure *f.*

chilblained ['tʃilbleind], *a.* Couvert d'engelures.

child, *pl.* **children** [tʃaild, 'tʃildrən], *s.* *m, f, or neut.* (*a*) Enfant *mf.* *We have four children*, nous avons quatre enfants. *Two little children*, deux enfants en bas âge. **Be a good child!** sois sage! **To treat s.o. like a child**, traiter qn en petit garçon, en petite fille. *I'm taking the c. with me*, *F:* j'emmène le petit, la petite. *Come here, c.!* viens ici, petit(e)! *English children*, les petits Anglais. *The Harrison children*, les petits Harrison. *Children's literature*, littérature enfantine. *He has been delicate* **from a child**, il a été délicat même dès son enfance; il est délicat depuis son plus jeune âge. *I have known him from a c.*, (i) je l'ai connu enfant; (ii) je le connais depuis mon enfance. *The c. of well-to-do parents, he has never had to earn his living*, fils *m* de parents riches, il n'a jamais été obligé de gagner sa vie. **To be with child**, être enceinte, grosse. *See also* GONE 2. **She was in child to her master**, **by her master**, elle était enceinte de son maître. **To get a woman with child**, faire un enfant à une femme; engrosser une femme. *P:* **'This child** (*I, me*), moi; *P:* bibi *m*; mézigue. *See also* BOUNTY 2 (*b*), CHICK, GUTTER-CHILD, UNBORN, WELFARE. (*b*) *Lit:* *B:* Descendant; enfant. **The children of Israel**, les enfants d'Israël. **Our children's children**, nos arrière-neveux *m.* (*c*) *Lit:* *A:* *See* CHILD(E). (*d*). (*Result*) *Sin is the c. of idleness*, le péché naît de l'oisiveté.

'child-bearing, *s.* **1.** = CHILD-BIRTH. **2.** Gestation *f*, grossesse *f.* *Woman past c.-b.*, femme trop âgée pour avoir des enfants.

'child-bed, *s.* Couches *fpl*; *Lit:* lit *m* de misère. *To die in c.-b.*, mourir en couches.

'child-birth, *s.* Enfantement *m*; couches *fpl*; accouchement *m.* *To die in c.-b.*, mourir en couches.

'child-life, *s.* Enfance *f.*

'child-murder, *s.* Infanticide *m.*

'child's-play, *s.* Jeu *m* d'enfant; travail *m* facile. **It is mere child's-play for him**, cela n'est qu'un amusement pour lui, ce n'est pour lui qu'une amusette; il n'y trouve aucune difficulté. **To make child's-play of sth.**, faire qch. en se jouant.

'child-wife, *s.* *F:* Femme restée enfant (dans le mariage). *David Copperfield and his c.-w.*, David Copperfield et sa petite poupée de femme.

child(e) [tʃaild], *s.m.* *Lit:* *A:* Titre donné dans les anciennes *ballads* aux fils de famille noble. **Childe Rowland**, (dans *King Lear*) le jeune seigneur Roland. **Childe Harold's Pilgrimage**, le pèlerinage de Childe Harold. (*Title of romance*) **Childe Ogier the Dane**, les enfances *f* Ogier le Danois.

Childermas(-day, -tide) ['tʃildərməs(dei, -taid)], *s.* *Ecc:* La fête des (Saints) Innocents (28 décembre).

childhood ['tʃaildhud], *s.* (*a*) Enfance *f*; l'âge puéril. (*b*) **To be in one's second childhood**, être retombé en enfance.

childish ['tʃaildiʃ], *a.* **1.** Enfantin, d'enfant, d'enfance. *C. questions*, questions naïves. *C. games*, jeux enfantins, d'enfant. *C. days*, jours *m* d'enfance. *His c. recollections of Paris*, les souvenirs *m* d'enfance qu'il gardait de Paris. **2.** *Pej:* (*Of grown-up pers.*) Enfant, puéril, *F:* bébête. **Don't be so childish**, ne faites pas l'enfant; ne soyez pas si enfant(s). *To make c. remarks*, faire des observations enfantines; dire des puérilités. **3.** (*Of aged pers.*) **To grow childish**, retomber en enfance. **-ly,** *adv.* Comme un enfant, d'une manière enfantine; puérilement.

childishness ['tʃaildiʃnəs], *s.* *Pej:* Enfantillage *m*, puérilité *f.* *That's pure c.!* c'est de la puérilité!

childless ['tʃaildləs], *a.* Sans enfant(s). *C. marriage*, mariage *m* stérile, union *f* stérile. *She died c.*, elle mourut sans enfants.

childlessness ['tʃaildləsnəs], *s.* Le fait de ne pas avoir d'enfants. *The c. of so many modern homes*, la stérilité à laquelle s'astreignent tant de ménages d'aujourd'hui.

childlike ['tʃaildlaik]. **1.** *a.* Enfantin; naïf. *His c. smile*, son sourire d'enfant. **2.** *adv.* *He answered, childlike . . .*, il répondit, en enfant qu'il était. . . .

Chile ['tʃili]. *Pr.n.* *Geog:* Le Chili. *See also* SALTPETRE.

Chilean, Chilian ['tʃiliən], *a. & s. Geog:* Chilien, -ienne.
chili ['tʃili], *s.* = CHILLI.
chiliasm ['kiliazm], *s. Rel.H:* Millénarisme *m.*
chiliast ['kiliast], *s. Rel.H:* Millénaire *mf.*
chill[1] [tʃil], *s.* **1.** (*a*) *Med:* Coup *m* de froid. **To catch a chill,** prendre froid; attraper un refroidissement, un chaud et froid; (*from a draught*) attraper un coup d'air; se refroidir. **A chill came over me,** je me sentis glacé; je fus pris d'un frisson. (*b*) **Chill of fear,** frisson *m* de crainte. **2.** (*a*) Froideur *f* (de l'eau, du marbre, etc.). **To take the chill off (sth.),** (faire) dégourdir, (faire) tiédir (l'eau); chambrer (le vin). *I always take the c. off my drink,* je bois toujours tiède. (*b*) **To cast a chill over a conversation, over the company,** jeter du froid, un froid, dans la conversation, sur l'assemblée. **3.** *Metall:* (*a*) **Chill(-mould),** moule *m* en fonte; coquille *f.* **Chill-casting,** fonte *f* en coquille; moulage *m* en coquille. (*b*) Refroidissement rapide (du métal coulé en coquille). **4.** Ternissure *f* (d'une surface vernie, due au froid, etc.).
chill[2], *a.* **1.** Froid, glacé. **The wind blows chill,** il souffle un vent glacial. *A little c. wind,* un petit vent frais. (*Of blood*) **To run chill,** se glacer. **2.** = CHILLY[1] 3.
chill[3]. **1.** *v.tr.* (*a*) Refroidir, glacer (qn, qch.); faire frissonner (qn); donner le frisson à (qn). *He was chilled with fear at the news,* cette nouvelle le transit de peur. *F:* **Chilled to the bone,** morfondu; transi de froid; gelé jusqu'aux os. **He is chilled to the marrow (of his bones),** il est glacé jusqu'à la moelle des os; il meurt de froid. *To c. the general good spirits, the enthusiasm,* refroidir, glacer, la gaieté générale, l'enthousiasme. (*b*) Réfrigérer (la viande, etc.). **Chilled meat,** viande réfrigérée, frigorifiée, congelée; *F:* frigo *m.* (*c*) *Metall:* **To chill(-harden),** tremper, couler, (le fer) en coquille; coquiller (le fer); tremper à l'air. **Chilled casting,** moulage *m* en coquille. **Chilled steel,** acier coulé en coquille. *Chilled iron,* fer dur; fonte coulée en coquille. *See also* SHOT[2] 1. (*d*) Ternir (une surface vernie, par le froid, etc.). (*e*) *P:* Dégourdir, attiédir (de l'eau, etc.). **2.** *v.i.* Se refroidir, se glacer.
chilling[1], *a.* (Vent, accueil) glacial, -als; (pensée *f*, etc.) qui glace le sang.
chilling[2], *s.* **1.** Réfrigération *f* (des aliments); glacement *m* (du corps, du cœur). **2.** *Metall:* Trempe *f* en coquille, trempe glacée; coquillage *m.*
chilli ['tʃili], *s.* **1.** *Cu:* Cosse (séchée ou confite) du poivre de Guinée; piment *m.* **Red chilli,** piment rouge. **2.** *Bot:* Piment annuel, poivre de Guinée.
chilliness ['tʃilinəs], *s.* **1.** (*a*) Froid *m*, froideur *f*, fraîcheur *f.* *The c. of the early morning air,* le frisquet du petit jour. (*b*) Froideur (d'un accueil, de l'assemblée). **2.** Frisson *m*, frissonnement *m*; sensation *f* de froid.
chilly[1] ['tʃili], *a.* **1.** (*Of pers.*) (*a*) Frileux. *I am a c. mortal,* je suis très sensible au froid. (*b*) *To feel c.,* avoir froid; se sentir gelé; frissonner; se sentir des frissons. **2.** (*Of weather, etc.*) Frais, *f.* fraîche; (un peu) froid. *It is c. this morning,* il fait frais ce matin. *It is getting c.,* il commence à faire frisquet. **3.** (*Of pers., manner*) (Un peu) froid; (accueil) plutôt froid, sans cordialité. **Chilly politeness,** politesse glaciale.
chilly[2], *s.* = CHILLI.
chilopod ['kailopɔd], *s. Ent:* Chilopode *m.*
Chiltern Hundreds ['tʃiltərn 'hʌndredz], *s.* Domaine de l'État situé dans le Buckinghamshire. (L'intendance des *C. H.* comporte des fonctions purement nominales dont l'acceptation autorise un membre de la Chambre des Communes à donner sa démission.) *Parl:* **To apply for, to accept, the (stewardship of the) Chiltern Hundreds,** se démettre de son siège au Parlement.
chimb [tʃaim], *s.* = CHIME[3].
chime[1] [tʃaim], *s.* **1.** **Chime, chimes** (*of bells*), carillon *m.* **Chimes,** sonnerie *f* (d'une église). **The full chimes,** la grosse sonnerie. **To ring the chimes,** carillonner. **2.** *A:* Accord *m* (de sons, d'instruments); harmonie *f.* **To keep chime with sth.,** s'accorder, s'harmoniser, avec qch.; être à l'unisson de qch.
chime[2]. **1.** *v.i.* (*Of pers., clock, bells*) Carillonner. *F:* **To chime together,** s'accorder, être d'accord, être à l'unisson. **To chime (in) with s.o.'s ideas,** s'harmoniser, se concilier, s'accorder, tomber d'accord, avec les idées de qn. *F:* **To chime in,** placer son mot, intervenir (dans la conversation, etc.); se mêler à la conversation, à la discussion; se mettre de la partie. "*Of course,*" *he chimed in,* "naturellement," interposa-t-il. *I thought it time to c. in,* j'ai pensé que c'était l'occasion de placer mon mot. *To c. in with the laughter,* s'associer aux rires, à la gaieté générale. **2.** *v.tr.* **To chime the bells,** sonner les cloches en carillon; carillonner. (*Of clock*) *To c. the hour,* carillonner l'heure. **To chime out a tune,** carillonner un air.
chiming[1], *a.* Carillonnant. **Chiming clock,** (pendule *f* à) carillon *m.*
chiming[2], *s.* Carillonnement *m*, carillon *m*, sonnerie *f.*
chime[3], *s.* Jable *m* (d'un tonneau).
'chime-plane, *s. Tls:* Colombe *f* (de tonnelier).
chimera [ki'miːəra, kai-], *s.* **1.** *Gr.Myth:* Chimère *f.* **2.** *F:* Chimère; vaine imagination. *To indulge in chimeras,* se bercer de chimères.
chimere [tʃi'miːər], *s. Ecc.Cost:* Simarre *f* (d'évêque).
chimerical [ki'merik(ə)l, kai-], *a.* Chimérique; imaginaire. **-ally,** *adv.* Chimériquement.
chimney ['tʃimni], *s.* **1.** Cheminée *f* (de maison). *C. on fire,* feu *m* de cheminée. **Chimney cap,** capote *f*, capuchon *m*, de cheminée. *A:* **Chimney boy,** petit ramoneur. *See also* HOOK[1] 1, SWALLOW[3]. **2.** (*Funnel*) Cheminée (de bateau à vapeur). **Lamp chimney,** verre *m* de lampe. **3.** *Geol:* (*Of volcano*) Cheminée volcanique. **4.** *Mountaineering:* Cheminée, corridor étroit, varappe *f.*
'chimney-breast, *s. Const:* Revêtement *m* du conduit de fumée avançant dans la chambre.
'chimney-corner, *s.* Coin *m* de cheminée; coin du feu, du foyer, de l'âtre; manteau *m* de l'âtre. *To stick to one's c.-c.,* garder le coin du feu.
'chimney-flue, *s. Const:* Conduit *m* de fumée; tuyau *m* de tirage; (*inside wall*) wagon *m.*
'chimney-glass, *s.* Glace *f* de cheminée.
'chimney-jack, *s.* Mitre *f* (de cheminée) à tête mobile; girouette *f* à fumée; tambourin *m*; tourne-vent *m inv*; gueule-de-loup *f*, *pl.* gueules-de-loup; *F:* église *f.*
'chimney-piece, *s. Const:* Chambranle *m* de cheminée, manteau *m* de cheminée; *F:* la cheminée. *Set of c.-p. ornaments,* garniture *f* de cheminée.
'chimney-pot, *s.* **1.** Mitre *f* de cheminée; pot *m* de cheminée. **2.** *F:* **Chimney-pot (hat),** *F:* tube *m*; tuyau *m* de poêle; huit-reflets *m inv.*
'chimney-rock, *s. Geol:* Demoiselle *f.*
'chimney-stack, -stalk, *s.* **1.** (Corps *m* de) cheminée *f*; tuyau *m* de cheminée; souche *f.* **2.** Cheminée d'usine.
'chimney-sweep, *s.* (*Pers.*) Ramoneur *m.*
'chimney-sweeper, *s.* **1.** (*Brush*) Ramoneuse *f*; hérisson *m.* **2.** = CHIMNEY-SWEEP.
'chimney-sweeping, *s.* Ramonage *m.*
'chimney-top, *s.* = CHIMNEY-STACK 1.
chimpanzee [tʃimpan'ziː], *F:* **chimp** [tʃimp], *s.* Chimpanzé *m.*
chin[1] [tʃin], *s.* Menton *m.* *Receding c.,* menton effacé. **Slipper chin,** menton en galoche. *To be* **up to the chin, 'chin-deep,** *in water, F: in business,* avoir de l'eau jusqu'au menton; être dans les affaires jusqu'au cou. *He had no beard on his c.,* il n'avait pas de barbe au menton. *F:* **To wag one's chin,** discourir, jaboter; faire aller sa langue. *See also* CHUCK[5] 1.
'chin-bandage, *s. Surg:* Mentonnière *f.*
'chin-chain, *s. Mil:* Jugulaire *f*, mentonnière *f.*
'chin-piece, *s. Archeol:* Mentonnière *f* (de casque).
'chin-rest, *s.* Mentonnière *f* (de violon).
'chin-strap, *s. Mil:* Jugulaire *f*, mentonnière *f*, sous-mentonnière *f* (de casque, etc.). *Ornamental, dummy, c.-s.,* fausse jugulaire.
'chin-tuft, *s.* (*a*) Barbiche *f.* (*b*) Mouche *f.*
'chin-wag[1], *s. F:* **1.** Conversation *f*, causette *f.* *To have a c.-w. with s.o.,* tailler une bavette avec qn. **2.** Grand discours.
'chin-wag[2], *v.i. F:* Discourir, jaboter.
'chin-wagging, *s. F:* Jabotage *m*; bavardage *m*; grands discours.
chin[2], *v.tr.* (**chinned**) *Gym:* **To chin the bar,** faire une traction (des bras) à la barre fixe.
China[1] ['tʃaina]. **1.** *Pr.n. Geog:* La Chine. **The China Sea,** la mer de Chine. *See also* ASTER 1, ORANGE[1] 1, ROSE[1] 1. **2.** *s.* (*No pl.*) (i) Porcelaine *f*; faïence fine; (ii) vaisselle *f* de porcelaine. *Old c.,* vieilles porcelaines. **China dealer,** faïencier *m*; marchand, -ande, de porcelaine, de vaisselle. **China shop,** magasin *m* de porcelaine. **China industry,** industrie porcelainière. *See also* BULL[1]. *C. doll,* poupée *f* en porcelaine. *C. bowl,* vase *m* de faïence.
'China-berry, *s. Bot:* **1.** Baie *f* de l'arbre à chapelets. **2.** Pomme *f* de savon; cerise gommeuse.
'china-clay, *s.* Terre *f* à porcelaine; kaolin *m.*
'china-closet, *s.* **1.** Armoire *f* à porcelaine. **2.** Cabinet *m* de vieilles porcelaines; vitrine *f* à porcelaine.
'China-crape, *s. Tex:* Crêpe *m* de Chine.
'China-grass, *s. Bot:* Ortie *f* utile; ramie blanche.
'China-paper, *s. Paperm:* Papier *m* de Chine.
'China-root, *s. Bot:* Smilax *m* de Chine; squine *f.* *Pharm:* Squine, china *m.*
'china-stone, *s. Miner: Cer:* Pétunsé *m*, pétunzé *m.*
'china-ware, *s.* Vaisselle *f* de porcelaine; porcelaine *f.*
china[2]**(-bark)** ['tʃaina(bɑːrk)], *s. Pharm: A:* Écorce *f* de cinchona.
Chinaman, *pl.* **-men** ['tʃainəmən, -men], *s.m.* **1.** Chinois. *F:* **John Chinaman,** le Chinois. **2.** *Nau:* Navire *m* qui fait le commerce avec la Chine.
Chinatown ['tʃainətaun]. *Pr.n.* **1.** Le quartier chinois de Londres (en bordure de la Tamise dans l'*East End*). **2.** Quartier chinois (d'une ville).
chinch [tʃintʃ], *s. U.S:* Punaise *f.*
chinchilla [tʃin'tʃila], *s.* **1.** *Z:* (*Rat, rabbit*) Chinchilla *m.* **2.** (*Fur or cloth*) Chinchilla.
chin-chin[1] ['tʃin'tʃin], *int. & s. F:* **1.** (*a*) Salut *m*, bonjour *m.* (*b*) Adieu *m*, au revoir *m.* **2.** A votre santé! à la vôtre! à la tienne!
chin-chin[2], *v.i.* (**chin-chinned**) *F:* **1.** Saluer; se saluer; se dire bonjour. **2.** Prendre congé; se dire au revoir. **3.** Boire à la santé l'un de l'autre; trinquer.
chine[1] [tʃain], *s. Geol:* (*Gully*) Ravinée *f*, ravin *m.*
chine[2], *s.* **1.** (*a*) *Anat:* Échine *f.* (*b*) *Cu:* Échinée *f* (de porc). **2.** *Ph.Geog:* Arête *f*, crête *f* (d'une montagne).
chiné ['ʃiːnei], *a. Tex:* Chiné.
Chinee [tʃai'niː], *s. P:* Chinois, -oise.
Chinese [tʃai'niːz]. **1.** *a. & s. inv. in pl.* Chinois, -oise. **Chinese white,** blanc *m* de Chine. *C. curio,* chinoiserie *f.* **The Chinese Ambassador,** l'ambassadeur *m* de Chine. *See also* INK[1], LANTERN 1. **2.** *s. Ling:* Le chinois. *See also* SCHOLAR 2.
chink[1] [tʃiŋk], *s.* Fente *f*, crevasse *f*, lézarde *f*, interstice *m* (dans un mur, etc.); entrebâillement *m* (de la porte). *There are chinks between the planks,* il y a des jours *m* entre les planches.
chink[2]. **1.** *v.i. A:* Se fendiller. **2.** *v.tr.* **To chink up** *a crack, etc.,* remplir, boucher, une crevasse, etc.
chink[3], *s.* **1.** Tintement *m* (du métal, du verre); *F:* tintin *m.* *The c. of gold,* le son de l'or. *I heard a c. of money,* j'entendis sonner des pièces d'argent. **2.** *P:* Argent *m*, galette *f*, clinquaille *f.*
chink[4]. **1.** *v.tr.* Faire sonner (son argent); faire tinter (des verres, etc.). **2.** *v.i.* Sonner (sec).
chinking, *s.* = CHINK[3] 1.
Chink[5], *s. P:* Chinois, -oise.

chinless ['tʃinləs], *a.* Au menton fuyant.
-chinned [tʃind], *a.* (*With adj. prefixed, e.g.*) **Double-chinned,** à double, triple, menton. **Square-chinned,** au menton carré.
chinny ['tʃini], *a. F:* (Visage) tout en menton.
Chino- ['tʃaino], *comb.fm.* Sino-. *Chino-Japanese,* sino-japonais.
chinse, chintze [tʃins], *v.tr. Nau:* Étouper (la coque).
chintz [tʃints], *s. Tex:* Perse *f,* indienne *f.* **Chintz curtains,** rideaux *m* de perse.
Chios ['kaiɔs]. *Pr.n. Geog:* (L'île de) Chio *m.*
chip[1] [tʃip], *s.* **1.** (*a*) Éclat *m,* copeau *m* (de bois); écaille *f,* éclat (de marbre). *Metalw:* Paille *f* (de laminage); alésure *f* (de tour). *Nau:* Écli *m* (de vergue, etc.). *Chips of stone,* éclats, recoupe *f,* de pierre. *Quarry chips,* déchets *m,* détritus *m,* de carrière. *Cinnamon chips,* déchets de cannelle. **Diamond chips,** semence *f* de diamants. *See also* BORE-CHIPS. *F:* **He is a chip of the old block,** c'est bien le fils de son père; il chasse de race. *See also* DRY[1] 1, WORKMAN. (*b*) *Nau: P:* **Chips,** le charpentier (du bord). **2.** (*Fracture*) Brisure *f,* écornure *f* (d'assiette); brèche *f* (de lame de couteau). **3.** Tranche *f* mince (de bois, de légume, etc.). *Cu:* **Chip potatoes, chips,** pommes de terre frites. **Game chips,** croustilles *fpl.* **4.** *Cards: etc:* Jeton *m.* **5.** *P:* Pièce *f* de monnaie. **The chips,** l'argent. **6.** *pl.* Fiente *f,* bouse *f* (pour combustible).
'**chip-axe,** *s.* Doloire *f.*
'**chip-basket,** *s.* Panier fait de copeaux.
'**chip-board,** *s. U.S:* = CARDBOARD.
'**chip-bonnet,** *s.* Chapeau *m* en simili-paille (de bois fendu).
'**chip-carving,** *s.* Sculpture *f* sur bois (en dessins géométriques en bas-relief).
'**chip(-shot),** *s. Golf:* Coup sec joué en dessous de la balle pour lui donner de l'effet arrière.
chip[2], *v.tr.* (**chipped; chipping**) **1.** (*a*) Tailler par éclats; hacher ou doler (le bois); cliver (la pierre); buriner (une inscription); enlever (du marbre) au burin, au ciseau. (*b*) *v.ind.tr.* **To chip at a block of stone,** faire voler des éclats d'un bloc de pierre. **2.** (*a*) Ébrécher (un couteau, une assiette); écorner (un engrenage, un meuble). (*Of chicken*) Briser (la coque de l'œuf). *To c. a piece off sth.,* enlever un morceau à qch.; ébrécher (une tasse, un outil); écailler (de l'émail). (*b*) (*With passive force*) *Stone, china, that chips easily,* pierre *f,* porcelaine *f,* qui s'écaille, s'ébrèche, facilement. (*c*) Piquer (les incrustations d'une chaudière). *Nau: To c. the hull,* piquer la rouille de la coque. *To c. a ship,* piquer la coque d'un navire. (*d*) *F:* **To chip (at) s.o.,** blaguer, railler, chiner, persifler, qn; se moquer de qn; se ficher de qn; se payer la tête de qn. **3.** *Golf:* **To chip the ball,** *abs.* **to chip,** prendre la balle en dessous; jouer un *chip-shot.*
chip in, *v.i.* **1.** *Cards:* Miser. **2.** *F:* Intervenir; placer son mot; mettre son grain de sel (dans la conversation); se mêler à la conversation.
chip off. **1.** *v.i.* (*a*) (*Of enamel, paint, etc.*) S'écailler. (*b*) *Nau:* **Yard that is chipping off,** vergue *f* qui a des éclis. **2.** *v.tr. To c. off the scale of a boiler,* piquer une chaudière; détartrer une chaudière au marteau. *To c. off a piece from a cup,* ébrécher une tasse.
chipped, *a.* **1.** (*a*) Ébréché, écaillé. (*b*) *Archeol:* **Chipped stone,** pierre taillée. **2.** *Cu:* **Chipped potatoes,** pommes de terre frites.
chipping, *s.* **1.** (*a*) Taille *f* (de qch.) par éclats; écaillement *m* (de pierre, de métal, etc.); clivage *m* (de pierre); burinage *m* (de métal); piquage *m* au marteau (d'une chaudière). **Chipping hammer,** marteau *m* à piquer. (*b*) *F:* Blague *f,* taquinerie *f.* **2.** *pl.* **Chippings,** éclats *m,* recoupe *f* (de pierre); graillons *m* (de marbre); éclats, copeaux *m* (de bois).
chip[3], *s. Wr:* Croc-en-jambe *m.*
chip[4], *v.tr. Wr:* Donner un croc-en-jambe à (l'adversaire).
chipmunk ['tʃipmʌŋk], *s. Z:* Tamias *m.*
Chippendale ['tʃipəndeil]. *Pr.n.* **Chippendale furniture,** meubles créés par l'ébéniste Thomas Chippendale (m. en 1779).
chipper[1] ['tʃipər], *v.i.* **1.** = CHIRP[2]. **2.** *U.S: F:* **To chipper up,** se ragaillardir.
chipper[2], *v.tr.* Buriner (une pièce de fonte, etc.).
chipper[3], *s. Paperm:* Coupeuse *f* à bois; déchiqueteur *m.*
chippy ['tʃipi], *a.* **1.** *F:* (*Esp. of food*) Sec, *f.* sèche; sans saveur. **2.** *P:* (*a*) **To feel chippy,** avoir la gueule de bois; avoir mal aux cheveux. (*b*) **To be chippy,** être mal luné, grincheux.
chiral ['kair(ə)l], *a. Opt:* (Solution *f*) possédant le pouvoir rotatoire.
chirality [kai'raliti], *s. Opt:* Pouvoir *m* rotatoire (d'une solution, etc.).
chiro-, cheiro- [kai'rɔ, 'kairo], *comb.fm.* Chiro-. *Chi'rognomy,* chirognomie. *'Chiromancy,* chiromancie. *Chi'rographal,* chirographaire.
chirograph ['kairograf, -grɑːf], *s.* **1.** *A:* = INDENTURE. **2.** Chirographe *m.*
chirographary [kai'rɔgrafəri], *a. Jur:* (Créancier *m,* dette *f*) chirographaire.
chiromancer ['kairomansər], *s.* Chiromancien, -ienne.
chiromancy ['kairomansi], *s.* Chiromancie *f.*
chiropodist [kai'rɔpodist], *s.* Pédicure *m; F:* arracheur *m* de cors.
chiropody [kai'rɔpodi], *s.* Chirurgie *f* pédicure.
chiroptera [kai'rɔptərə], *s.pl. Z:* Chiroptères *m,* chauves-souris *f.*
chirp[1] [tʃəːrp], *s.* **1.** Pépiement *m,* gazouillement *m,* gazouillis *m,* ramage *m,* guilleri *m* (d'oiseaux); fringot(t)ement *m* (du pinson); cri *m,* chant *m,* grésillement *m* (du grillon). **2.** *F:* (*Of child, etc.*) Gazouillement, gazouillis, babillage *m.*
chirp[2], *v.i.* **1.** (*Of bird*) Pépier, gazouiller, ramager; (*of chaffinch*) fringot(t)er; (*of grasshopper*) crier, chanter, grésiller. **2.** *F:* (*Of pers.*) (*a*) Gazouiller, babiller. (*b*) Chanter (d'une voix d'oiseau). *v.tr.* **She chirped out a little song,** elle a gazouillé une petite chanson.
chirp up. *F:* **1.** *v.tr.* Ragaillardir (qn). **2.** *v.i.* (*a*) Faire entendre sa petite voix. (*b*) Se ragaillardir; reprendre de sa gaieté.
chirping, *s.* = CHIRP[1].
chirpily, *adv. See* CHIRPY.
chirpiness ['tʃəːrpinəs], *s. F:* Enjouement *m;* humeur gaie; humeur gaillarde.
chirpy ['tʃəːrpi], *a. F:* D'humeur gaie; bien en train. *You look quite c. this morning,* vous voilà tout gaillard ce matin. **-ily,** *adv. F:* Gaillardement, gaiement.
chirr[1] [tʃəːr], *s.* Grésillement *m,* stridulation *f,* du grillon.
chirr[2], *v.i.* (*Of grasshopper*) Grésiller, chanter, striduler.
chirring[1], *a.* Stridulant.
chirring[2], *s.* = CHIRR[1].
chirrup[1] ['tʃirəp], *s.* **1.** = CHIRP[1]. **2.** *Equit:* Claquement *m* de langue, sifflotement *m* (pour encourager son cheval).
chirrup[2], *v.i.* **1.** = CHIRP[2]. **2.** (*a*) *Equit:* Siffloter, faire claquer sa langue (pour encourager son cheval). (*b*) *Th: P:* Faire la claque.
chirruper ['tʃirəpər], *s. Th: P:* Claqueur *m.*
chirrupy ['tʃirəpi], *a.* Éveillé, joyeux.
chirurgeon [kai'rəːrdʒən, tʃi-], *s. A:* = SURGEON.
chisel[1] [tʃizl], *s.* **1.** Ciseau *m* (de menuisier, de maçon, de sculpteur); grain *m* (de maçon); hougnette *f,* ognette *f* (de sculpteur). *Nau:* Gratte *f* (de calfat, etc.). **Diamond-point chisel,** grain-d'orge *m, pl.* grains-d'orge. **Roughing-out chisel,** ébauchoir *m.* **Hollow chisel,** gouge *f.* **Corner chisel,** gouge triangulaire. **Mortise, heading, chisel,** ciseau à mortaiser; bédane *m. Jewellery:* **Chasing-chisel,** bouge *m;* boësse *f. See also* COLD-CHISEL, DOG-LEGGED, FLAT-CHISEL, PARING-CHISEL, RIPPING-CHISEL, ROUND-NOSED, TURNING-CHISEL. **2.** *Engr:* Burin *m.* **3.** *Metalw:* **Anvil chisel,** tranche *f. Cross-cut c.,* bédane. **Chipping chisel,** burin; ébarboir *m. Pneumatic hammer c.,* burin pour frappeur *m* pneumatique. *Min:* **Cross-mouthed chisel,** pistolet *m* à tête carrée. **4.** *P:* Filouterie *f;* sale coup *m.*
chisel[2], *v.tr.* **1.** Ciseler (le bois, la pierre); buriner (le métal); tailler au ciseau, au burin. **To chisel sth. off,** enlever, détacher, qch. au ciseau, au burin. *To c. off a nut,* cisailler un écrou. *F:* **Chiselled features,** traits finement ciselés, bien dessinés. *Boldly chiselled features,* visage *m* aux méplats hardis, accentués. *Delicately chiselled features,* visage délicatement ciselé. **2.** *P:* Duper, filouter, rouler (qn); mettre (qn) dedans.
chiselling, *s.* **1.** Ciselure *f;* burinage *m.* **2.** *P:* Escroquerie *f,* filouterie *f.*
chit[1] [tʃit], *s. F: Usu. Pej:* Mioche *mf,* moutard *m;* gosse *mf;* bambin, -ine. *A mere c. of a girl,* une simple gosse; une fillette; une petite mauviette. *Only a c. of a woman, F:* un petit bout de femme. *A little c. of a child,* un chiffon d'enfant.
chit[2], *s. F:* = CHITTY.
chit[3], *s. Arb: Hort: U.S:* Pousse *f;* germe *m.*
chit-chat ['tʃittʃat], *s. F:* **1.** Causerie *f,* bavardage *m.* **2.** Bavardages, commérages *mpl,* racontages *mpl,* racontars *mpl.*
chitin ['kaitin], *s. Ch: Z:* Chitine *f.*
chitinous ['kaitinəs], *a. Ch: Z:* Chitineux.
chitter ['tʃitər], *v.i.* (*Of bird*) Pépier.
chitter-chatter ['tʃitərtʃatər], *s. F:* = CHIT-CHAT.
chitterlings ['tʃitərliŋz], *s.pl. Cu:* Andouille *f.*
chitty ['tʃiti], *s. F:* (*In India*) **1.** Lettre *f,* billet *m,* pli *m.* **2.** Autorisation *f* par écrit; permis *m;* laissez-passer *m inv.* **3.** Certificat *m* (de domestique, etc.).
chivalric [ʃi'valrik, 'ʃivəlrik, tʃ-], *a. Poet:* = CHIVALROUS.
chivalrous ['ʃivəlrəs, tʃ-], *a.* **1.** Chevaleresque; courtois; désintéressé, magnanime. **2.** Porté au donquichottisme; exalté. **-ly,** *adv.* Chevaleresquement.
chivalrousness ['ʃivəlrəsnəs, tʃ-], *s.* = CHIVALRY 2.
chivalry ['ʃivəlri, tʃ-], *s.* **1.** Chevalerie *f.* **The flower of chivalry,** la fine fleur de la chevalerie. **2.** Conduite *f* chevaleresque; courtoisie *f;* désintéressement *m,* magnanimité *f.*
chives [tʃaːivz], *s.pl. Bot: Cu:* Ciboulette *f,* cive *f,* civette *f. Cu: F:* Appétits *mpl.*
chivy[1] ['tʃivi], *s.* **1.** Poursuite *f,* course *f.* **2.** *Games:* (Jeu *m* de) barres *fpl.*
chivy[2], **chivvy,** *v.tr.* Poursuivre, chasser. **To chivvy s.o. about,** relancer qn; ne laisser aucun repos à qn.
chlamys ['klamis], *s. Gr.Ant:* Chlamyde *f.*
Chloe ['kloui]. *Pr.n.f.* Chloé.
chloraemia [klɔ'riːmia], *s. Med:* Chloro-anémie *f;* chlorose *f.*
chloral ['klɔːr(ə)l], *s. Ch:* Chloral *m. Pharm:* **Chloral hydrate,** *F:* **chloral,** (hydrate *m* de) chloral.
chloralism ['klɔːrəlizm], *s. Med:* Chloralisme *m.*
chlorate ['klɔːret], *s. Ch:* Chlorate *m.*
chlore [klɔːər], *v.tr. Ind:* Chlorer.
chloring, *s.* Chlorage *m.*
chlorhydrate [klɔːr'haidret], *s. Ch:* Chlorhydrate *m.*
chloric ['klɔːrik], *a. Ch:* Chlorique.
chloride ['klɔːraid], *s. Ch:* Chlorure *m.* **Calcium chloride, chloride of lime,** chlorure de calcium, de chaux. *Stannous c.,* chlorure stanneux. *Mercuric c.,* chlorure mercurique. *Arsenious c.,* trichlorure *m* d'arsenic. *Ferric c.,* perchlorure *m* de fer. *Carbonyl c.,* acide *m* chlorocarbonique; phosgène *m. See also* PHOSPHORIC.
chlorinate ['klɔrineit], *v.tr.* **1.** *Ind: Gold-Min:* Chlorurer. **2.** *Hyg:* (*a*) Javelliser (l'eau). (*b*) (*With minute quantity of chlorine*) Verduniser (l'eau potable).
chlorinating, *s.* Chloruration *f.*
chlorination [klɔri'neiʃ(ə)n], *s.* **1.** Chloruration *f.* **2.** *Hyg:* (*a*) Javellisation *f.* (*b*) Verdunisation *f.*
chlorine ['klɔːriːn], *s. Ch:* Chlore *m.* **Chlorine water,** eau chlorée; eau de chlore.
chlorinize ['klɔrinaːiz], *v.tr.* = CHLORINATE.
chlorite ['klɔːrait], *s. Ch:* Chlorite *m.*
chlor(o)- ['klɔːr(o)], *comb.fm.* Chlor(o)-. *Chloracetate,* chloracétate.

Chloracetic, chloracétique. *Chlorhydrate*, chlorhydrate. *Chlorobenzene*, chlorobenzène. *Chloropicrin*, chloropicrine.
chloroanaemia [klɔroa'niːmia], *s. Med:* Chloro-anémie *f*; chlorose *f*.
chlorobromide [klɔːro'broumaid], *s. Ch:* Chlorobromure *m*. *Phot:* **Chlorobromide paper**, papier *m* au chlorobromure.
chlorodyne ['klɔrodain], *s. Pharm:* Chlorodyne *f*.
chloroform[1] ['klɔrofɔːrm], *s. Med:* Chloroforme *m*. *To give c. to s.o., to put s.o. under c.*, chloroformer, chloroformiser, qn; anesthésier qn; endormir qn au chloroforme. *He was still under c.*, il était encore sous l'influence du chloroforme. *Pharm:* **Chloroform water**, eau chloroformée.
chloroform[2], *v.tr.* Chloroformer, chloroformiser, endormir (qn).
chloroforming, *s.* Chloroformisation *f*.
chloroformic ['klɔrofɔːrmik], *a.* (Inhalation *f*, etc.) chloroformique.
chloroformist ['klɔrofɔːrmist], *s. Med:* Chloroformisateur *m*.
chlorophyceae [klɔːro'faisiiː], *s.pl. Algae:* Chlorophycées *f*, spirogyres *m*, spyrogyres *m*.
chlorophyl(l) ['klɔːrofil], *s. Ch: Bot:* Chlorophylle *f*.
chlorophyllian [klɔːro'filiən], *a. Biol:* Chlorophyllien, -ienne.
chloropicrine [klɔːro'pikrin], *s. Ch:* Chloropicrine *f*.
chloroplatinate [klɔːro'platinet], *s.* Chloroplatinate *m*.
chlorosis [klɔ'rousis], *s.* **1.** *Med:* Chlorose *f*; *F:* pâles couleurs *f*. **2.** *Bot:* Chlorose, étiolement *m*.
chlorotic [klɔ'rɔtik], *a. Med:* Chlorotique.
chlorous ['klɔːrəs], *a. Ch:* Chloreux.
choate ['kouet], *a.* (Dérivation régressive et erronée de INCHOATE) Achevé, entier.
chock[1] [tʃɔk], *s.* Cale *f*; accotoir *m*, tin *m*, taquet *m*, coin *m*, cabrion *m*; support *m* (d'ancre, etc.); empoise *f* (de laminoir). *Av: etc: To withdraw the chocks*, enlever les cales. *Nau:* **Boat-chocks**, chantier *m* d'embarcation.
chock[2], *v.tr.* **1.** **To chock (up)**, caler, accorer, accoter (un tonneau, etc.); accoter, caler (une roue). **2.** *Mec.E: etc:* Coincer (une pièce). **3.** *F: Room chocked (up) with furniture*, pièce encombrée de meubles.
chocking, *s.* **1.** Calage *m*. **2.** Coinçage *m* (des rails, etc.).
chock-a-block ['tʃɔkə'blɔk], *a.* **1.** (Poulie *f*) à bloc. *Nau:* (Vergue *f*) en coche. **2.** *F:* = CHOCK-FULL.
chocker ['tʃɔkər], *v.tr. Cards:* Bloquer (le jeu, un joueur).
chock-full ['tʃɔk'ful], *a. F:* Plein comme un œuf. *To be c.-f. of sth.*, regorger de qch. *Room c.-f. of spectators*, salle bondée de spectateurs. *Th: The house was c.-f.*, la salle était comble. *Work c.-f. of quotations*, ouvrage bourré de citations.
chocolate ['tʃɔkolet]. **1.** *s.* Chocolat *m*. (*a*) *Cake of c.*, tablette *f* de chocolat. *Cup of c.*, tasse *f* de chocolat. **Chocolate cream**, (i) crotte *f* de chocolat à la crème, chocolat fourré à la crème; (ii) *Cu:* crème au chocolat, crème chocolatée. **Chocolate drops, buttons, *or* pastilles**, pastilles *f* de chocolat. **Chocolate biscuit**, biscuit enrobé de chocolat. *See also* EATING. (*b*) *F:* **A chocolate**, une crotte de chocolat. **2.** *a.* (De couleur) chocolat *inv*. **Chocolate brown**, brun chocolat *inv*.
'chocolate-factory, *s.* Chocolaterie *f*.
'chocolate-maker, *s.* Chocolatier, -ière.
'chocolate-nut, *s. Bot: F:* Cabosse *f*.
Choctaws ['tʃɔktɔːz]. *Pr.n.pl. Ethn:* Chactas *m*; *F: A:* Têtes plates.
Choephori, Choephoroe [kou'iːfɔrai,-'ef-, -riː], *s.f.pl.Gr. Lit:* Les Choéphores.
choice[1] [tʃɔis], *s.* **1.** Choix *m*. (*a*) Préférence *f*. **To make, take, one's choice**, faire son choix; choisir. *That is my c.*, voilà ce que je préfère. **For choice**, de préférence. *I don't live here for c.*, je ne vis pas ici par goût. **To do sth. of one's own choice**, faire qch. volontairement, de son propre gré. *I have no particular c.*, je n'ai aucune préférence; cela m'est égal. **The country of my choice**, mon pays d'élection. (*b*) Alternative *f*. *To have the c. of two evils*, avoir le choix entre deux maux. **To have no choice but to . . .**, ne pas avoir d'autre choix, d'autre ressource, d'autre alternative, que de. . . . *You have no c. in the matter*, vous n'avez pas le choix. **There is no choice**, il faut passer par là ou par la fenêtre. *This fact leaves us no c.*, ce fait nous ôte toute alternative. *See also* HOBSON. **2.** (*Variety*) Assortiment *m*, choix. *To have a wide c.*, trouver grandement, amplement, de quoi choisir. *Com: Wide c. of silks*, choix important de soieries. **3.** *F:* **All the choice of the town** *was there*, toute l'élite, toute la fleur, tout le gratin, de la ville s'y trouvait.
choice[2], *a.* **1.** Bien choisi. *In a few c. sentences . . .*, en quelques phrases bien choisies. . . **2.** *Com:* Choisi, recherché, précieux. *C. article*, article *m* de choix; article surfin. *C. dates*, dattes *f* surchoix. *C. example*, bel échantillon. *C. dainties*, friandises raffinées. *C. wine*, vin fin, de première qualité. *C. vintage*, vin de choix. *C. liqueur*, liqueur *f* de marque. *He was served with c. food*, *F:* on lui servait du choisi. **-ly**, *adv.* Avec soin, avec goût. *A few articles c. displayed in the window*, quelques articles disposés avec goût à la devanture.
choiceness ['tʃɔisnəs], *s.* Excellence *f*, supériorité *f*, valeur particulière. *The c. of the viands*, la recherche qui avait présidé au choix des mets. *The c. of his language*, son langage choisi.
choir[1] ['kwaiər], *s* **1.** *Arch:* Chœur *m* (d'église). **2.** (*a*) Chœur (de chanteurs, d'anges). **Male-voice choir**, orphéon *m*. (*b*) *Ecc:* Maîtrise *f*. **Choir and orchestra**, chapelle *f*.
'choir-boy, *s. Ecc:* Enfant *m* de chœur.
'choir-master, *s. Ecc:* Maître *m* de chapelle, de chœur.
'choir-organ, *s.* (*a*) Positif *m* (du grand orgue). (*b*) Orgue du chœur, de la maîtrise (situé dans le chœur); orgue d'accompagnement.
'choir-school, *s.* Maîtrise *f*; manécanterie *f*.
'choir-screen, *s.* **1.** Clôture *f* (du chœur). **2.** Jubé *m*.
choir[2], *v.tr. & i. Poet:* Chanter en chœur.
choirman, *pl.* **-men** ['kwaiərmən, -men], *s. Ecc:* Chantre *m*.
chokage ['tʃoukedʒ], *s.* Engorgement *m* (d'un tuyau, etc.); obstruction *f*.
choke[1] [tʃouk], *s.* **1.** (*a*) Étranglement *m* (de canon de fusil). (*b*) *I.C.E:* Buse *f* (du carburateur); étrangleur *m*. *To pull out the c.*, fermer l'étrangleur; fermer la prise d'air. **2.** *Bot:* Foin *m* (d'artichaut). **3.** *El: F:* **Choke(-coil)** = CHOKING-COIL. *See also* AIR-CHOKE. **4.** Étranglement, étouffement *m* (de la voix, de la respiration). *He answered with a c. in his voice*, il répondit d'une voix étranglée. *His laughter ended with a c.*, son rire s'étrangla.
choke[2]. I. *v.* **1.** *v.tr.* (*a*) Étouffer, suffoquer, étrangler (qn). *The foul air of the room nearly choked us*, l'air empesté de cette pièce nous suffoquait, était suffocant. *Anger choked his utterance*, il suffoquait de colère. *Voice choked with sobs*, voix suffoquée, entrecoupée, par les sanglots. (*b*) Étrangler (une cartouche, etc.). (*c*) **To choke (up) a pipe, etc.**, obstruer, engorger, boucher, un tuyau, etc. (*with*, de). (*Of pipe, etc.*) *To get choked up*, s'engorger; super. *Choked pump*, pompe engorgée. *I.C.E: Choked jet (of carburettor)*, gicleur bouché. *Harbour choked (up) with sand*, port ensablé. *Plane choked with shavings*, rabot bourré de copeaux. **Rope choked in the block**, manœuvre engagée à la poulie. (*d*) *To c. (up) a filter, I.C.E: the engine*, colmater un filtre, le moteur. *To c. (up) a file*, empâter une lime. (*e*) (*Of weeds*) Étouffer (les fleurs, les légumes). (*f*) *To c. the fire*, étouffer le feu (par mégarde). **2.** *v.i.* (*a*) Étouffer, étrangler (*with*, de). *He choked with anger*, la colère le suffoqua. *To c. with laughter*, s'étrangler, suffoquer, de rire. *I feel like choking*, j'ai le cœur qui m'étouffe; je me sens étouffer. (*b*) S'engorger, s'obstruer, se boucher (*with*, de); (*of pipe*) super; (*of rope*) s'engager; (*of filter, etc.*) se colmater; (*of file*) s'empâter. *To c. with sand*, s'ensabler. (*c*) *Carp:* (*Of plane, etc.*) Bourrer.
choke back, *v.tr.* Refouler, renfoncer, retenir, dévorer (ses larmes); refouler (ses paroles).
choke down, *v.tr.* Étouffer, ravaler (un sanglot).
choke in, *v.i. U.S: F:* Se taire; *P:* avaler sa langue.
choke off, *v.tr. F:* (*a*) Décourager la curiosité, les attentions, de (qn). *To c. s.o. off from doing sth.*, dissuader qn de faire qch. (*b*) Envoyer promener (qn); se débarrasser de (qn); écarter (un importun).
choke up, *v.i. U.S: F:* = CHOKE IN.
choking, *s.* **1.** Étouffement *m*, suffocation *f*, étranglement *m*, strangulation *f*. **2.** Engorgement *m*, obstruction *f*; ensablement *m*.
'choking-coil, *s. El:* Bobine *f* d'impédance, de réactance; self *f*; réacteur *m*.
II. **choke-**, *comb.fm.*
'choke-berry, *s. Bot:* **1.** Amélanche *f*. **2.** Amélanchier *m*.
'choke-bore, *s. Sm.a:* **1.** Étranglement *m* (du canon); choke-bore *m*. **2.** Fusil *m* de chasse à choke-bore.
'choke-bored, *a.* (Fusil *m* de chasse) à canon étranglé, à choke-bore; (canon) étranglé.
'choke-cherry, *s. Bot:* Merise *f* de Virginie.
'choke-coil, *s. El:* = CHOKING-COIL.
'choke-damp, *s. Geol: Min:* Mofette *f*; touffe *f*; gaz étouffant, méphitique.
'choke-'full, *a. F:* = CHOCK-FULL.
'choke-pear, *s. Bot. & F:* Poire *f* d'angoisse, poire d'étranguillon.
'choke-string, *s.* Étrangle *f* (d'un sac, etc.).
'choke-tube, *s. I.C.E:* Buse *f* (du carburateur).
'choke-weed, *s. Bot:* Orobanche *f*.
choker ['tʃoukər], *s. F:* **1.** (*a*) Foulard *m* (d'ouvrier). (*b*) **(Ladies' fur) choker**, cravate *f* de fourrure; tour *m* de cou. (*c*) **Bead choker**, collier (de perles) court. (*d*) *Cost: A:* Carcan *m*. *Clergyman in a white c.*, pasteur amplement cravaté de blanc. **2.** (*a*) *El: F:* = CHOKING-COIL. (*b*) *I.C.E: etc:* Étrangleur *m*; obturateur *m* d'air; soupape *f* d'étranglement. **Choker-plate**, volet *m* d'air.
chokra ['tʃoukra], *s.* (*In India*) Boy *m*.
choky[1] ['tʃouki], *a. F:* **In a choky voice**, d'une voix étranglée. *To feel rather c.*, étouffer d'émotion; se sentir le cœur gros. *C. atmosphere*, atmosphère suffocante.
choky[2], *s.* (*In India*) **1.** (*a*) Bureau *m* de la douane ou de l'octroi. (*b*) Péage *m*; relais *m* (de chevaux). **2.** *F:* Dépôt *m* (pour prévenus); *F:* violon *m*, bloc *m*.
chol(a)emia [kɔ'liːmia], *s. Med:* Cholémie *f*.
cholagogue ['kɔlagɔg], *s. Med:* Médicament *m* cholagogue.
chole- ['kɔli], *comb.fm. Ch: Med:* Cholé-. *Cholein*, choléine. *Cholecyst*, cholécyste. *Cholecystostomy*, cholécystostomie.
choledoch ['kɔlidɔk]. *Anat:* **1.** *a.* (Canal) cholédoque. **2.** *s.* Canal *m* cholédoque.
choledochotomy [kɔlido'kɔtəmi], *s. Surg:* Cholédochotomie *f*.
cholein ['kɔliin, -iiːn], *s. Ch:* Choléine *f*.
choler ['kɔlər], *s.* **1.** *Med: A:* Bile *f*. **2.** *Poet:* (*a*) Colère *f*; bile. (*b*) *A:* Irascibilité *f*.
cholera ['kɔlərə], *s.* **1.** *Med:* Choléra *m*. *A c. patient*, un, une, cholérique. *Asiatic c., malignant c., epidemic c.*, choléra morbus. *Summer c., bilious c.*, choléra nostras; cholérine *f*. **Cholera infantum**, choléra infantile. **2.** *Vet: Chicken c.*, choléra des poules.
'cholera-belt, *s.* Ceinture *f* de flanelle.
choleraic [kɔlə'reiik], *a. Med:* Cholérique (relatif au choléra ou atteint du choléra).
choleric ['kɔlərik], *a.* **1.** Colérique, irascible; rageur, -euse. *To be c.*, avoir le sang chaud; *F:* avoir la tête près du bonnet. **2.** *Med:* = CHOLERAIC.
cholerine ['kɔlərain, -iːn], *s. Med:* Cholérine *f*; choléra *m* nostras.
cholesterol [ko'lestərɔl], *s. Ch:* Cholestérol *m*.
choliamb ['kouliamb], *s. Pros:* Choliambe *m*.
choliambic [kouli'ambik], *a. Pros:* Choliambique.
chondrin ['kɔndrin], *s. Ch:* Chondrine *f*.
chondrite ['kɔndrait], *s. Miner:* Chondrite *f*.

chondroid ['kɔndrɔid], *a. Anat:* Chondroïde.
chondroma [kɔn'drouma], *s. Med:* Chondrome *m.*
choose [tʃu:z], *v.tr.* (*p.t.* **chose** [tʃouz], *p.p.* **chosen** [tʃo:uzn]) **1.** (*a*) Choisir; faire choix de (qch.); porter son choix sur (qch.); jeter son dévolu sur (qch.); élire (un roi). *To c. a method*, adopter une méthode. *I have only too much to c. from*, je n'ai que l'embarras du choix. *C. for yourself*, je vous laisse le choix. *See also* PICK[1] 3. *Pred:* **To choose s.o. (for a) king,** choisir qn pour roi, comme roi. *He was chosen headmaster of Harrow*, il fut choisi comme directeur de l'école de Harrow. (*b*) **He cannot choose but obey,** il ne peut faire autrement qu'obéir; il ne peut pas ne pas obéir. **I cannot but choose to do so,** j'y suis bien forcé. (*c*) **To choose from, between, several persons,** choisir, opter, entre, parmi, plusieurs personnes. *To c. an apple from the basket*, choisir une pomme dans le panier. *They were allowed to c. between submission and emigration*, ils furent laissés libres d'opter entre la soumission et l'émigration. *War or peace: they chose war*, la guerre ou la paix: ils optèrent pour la guerre. **There is nothing to choose between them,** l'un vaut l'autre; ils se valent; ils ne s'en doivent guère. *See also* CALL[2] I. 2, PIN[1] 1. **2. I do not choose to do so,** il ne me plaît pas de le faire. *I do not c. to be laughed at*, je ne veux pas qu'on se moque de moi. *To c. rather to do sth.*, préférer, aimer mieux, faire qch. **Whether he chooses or not,** qu'il le veuille ou non; de gré ou de force. **As you choose,** comme vous voudrez. **When I choose,** quand je veux; quand je voudrai; quand cela me paraît, me paraîtra, à propos. *To do sth. when one chooses*, faire qch. à son bon plaisir. **If you choose,** si vous (le) voulez; si cela vous plaît, *F:* si ça vous chante.
chosen, *a.* Choisi. *To address a c. few*, s'adresser à quelques auditeurs choisis. **The chosen people,** le peuple élu (de Dieu). *See also* VESSEL 4. *s.* **The chosen,** les élus.
choosing, *s.* Choix *m. C.* (*of*) *a hat*, choix d'un chapeau. **The difficulty of choosing,** l'embarras du choix. **It was none of my choosing,** (i) ce n'est pas moi qui l'ai choisi; (ii) ce n'est pas de mon propre gré que je l'ai fait.
chooser ['tʃu:zər], *s.* Personne *f* qui choisit. *See also* BEGGAR[1] 1.
chop[1] [tʃɔp], *s.* **1.** (*a*) Coup *m* de hache, de couperet. *F: A: To do sth.* **at the first chop,** faire qch. du premier coup. (*b*) *A:* Crevasse *f*, gerçure *f* (de la peau). **2.** *Cu:* Côtelette *f* (de mouton, de porc). *See also* LOIN-CHOP. **3.** *Nau:* Clapotage *m*, clapotis *m* (de la mer). **4.** *Husb:* **Chop(-feed),** paille hachée, foin haché. **5.** *Ten:* **Chop(-stroke),** volée coupée-arrêtée. *Bill:* **Chop(-shot),** coup piqué.
'chop-house, *s.* Restaurant *m* populaire.
chop[2], *v.* **(chopped; chopping) 1.** *v.tr.* (*a*) Couper, fendre (du bois); hacher (de la viande). *To c. sticks*, casser, débiter, du bois. **Chopped wood,** petit bois, menu bois. *To c. sth. to pieces*, couper, hacher, qch. en morceaux. *To c. sth. small*, hacher qch. menu. *To c. one's way through the debris*, se tailler un chemin à coups de hache à travers les débris. (*b*) *To c. one's speech*, hacher ses paroles. (*c*) *Ten: To c. the ball*, couper la balle. **2.** *v.i.* (*a*) **To chop at sth.,** (i) donner des coups de hache à qch.; (ii) tenter de porter un coup à qch. (*b*) *Nau:* (*Of sea*) Clapoter. **Chopping sea,** mer clapoteuse.
chop away. 1. *v.tr.* Couper, détacher (qch. à coups de cognée); trancher (qch.); retrancher (qch.). **2.** *v.i. To c. away at a tree*, s'escrimer avec sa cognée contre un arbre.
chop down, *v.tr.* Abattre (un arbre) (à coups de cognée).
chop in, *v.i. F:* Intervenir, s'interposer; placer un mot.
chop off, *v.tr.* Trancher, retrancher, couper, abattre (qch.). *To c. off s.o.'s head*, trancher la tête à qn.
chop out. 1. *v.tr.* Façonner (qch.) à coups de hache, de cognée. **2.** *v.i. Geol:* (*Of strata*) Affleurer.
chop up. 1. *v.tr.* Couper (qch.) en morceaux; hacher (qch.) menu. **2.** *v.i. Geol:* (*Of strata*) Affleurer.
chopping[1], *a.* = CHOPPY.
chopping[2], *s.* **1.** Coupe *f* (du bois); hachage *m* (du tabac, etc.). **2.** Clapotage *m*, clapotis *m* (de la mer).
'chopping-block, -board, *s.* Hachoir *m*, billot *m.*
'chopping-knife, *s.* Couperet *m*; hachoir *m.*
'chopping-machine, *s. Husb:* Hachoir *m* (pour la paille, etc.).
chop[3], *s.* **1.** = CHAP[3] 1, *esp. in the phrs.* **To lick one's chops,** se (pour)lécher les babines. *To lick one's chops over sth.*, s'en lécher les babines. **The chops of the Channel,** l'entrée *f* de la Manche. **2.** *Tls:* Mors *m*, mâchoire *f* (d'étau).
'chop-jawed, *a.* Mafflu.
chop[4], *s.* **1.** *A:* Troc *m*, échange *m.* **2. Chop of the wind,** saute *f* de vent. *F:* **Chops and changes,** changements *m*, vicissitudes *f.*
chop[5]. **1.** *v.i.* (*a*) *A:* Faire le troc. *F:* **To chop and change,** (i) *A:* acheter et vendre; (ii) *F:* tergiverser; manquer de suite; girouetter. *He is always chopping and changing*, avec lui on ne sait pas sur quel pied danser; il change d'opinion à tout bout de champ; c'est une vraie girouette. (*b*) *Nau:* (*Of wind*) Changer, sauter. *The wind keeps chopping about*, le vent varie à chaque instant. **2.** *v.tr. F:* **To chop logic,** ergoter, disputailler (*with s.o.*, avec qn); discuter pour le plaisir.
chop back, *v.i.* Revenir brusquement sur ses pas; faire une rapide volte-face.
chop round, *v.i.* (*Of wind*) Sauter.
chopping[3], *s. A:* Troc *m*, échange *m. F:* **Chopping and changing,** tergiversation(s) *f.* **Logic-chopping,** ergotage *m*, ergoterie *f.*
chop[6], *s. Com:* (*In Far East*) (*a*) Marque *f* (de qualité); étiquette *f. F:* **First chop,** de première qualité. *Second-c. actors*, acteurs *m* de deuxième rang. (*b*) Certificat *m.* **Grand chop,** acquit *m* de douane.
chop[7], *v.i. P:* (*In Africa*) Manger; déjeuner.
chopper[1] ['tʃɔpər], *s.* **1.** (*Pers.*) Fendeur, -euse. **2.** *Tls:* (*a*) Couperet *m*, hachoir *m. See also* MEAT-CHOPPER, WOOD-CHOPPER. (*b*) *Paperm:* Coupeuse *f* à bois; déchiqueteur *m.*
chopper[2], *s. See* LOGIC-CHOPPER.
choppiness ['tʃɔpinəs], *s.* Agitation *f* (de la mer).
choppy[1] ['tʃɔpi], *a.* (*a*) *A:* (*Of skin, finger*) Crevassé. (*b*) *Nau:* Clapoteux. *C. sea*, mer agitée, hachée; mer avec clapotis; vague courte, lame courte. (*c*) **Choppy style,** style haché.
choppy[2], *a.* (*a*) (Vent) changeant, variable. (*b*) *Com:* (Marché) incertain.
chop-sticks ['tʃɔpstiks], *s.pl.* (*Chinese Civ.*) Bâtonnets *m*, baguettes *f* (tenant lieu de fourchette).
chop-suey ['tʃɔpʃjui], *s.* (Plat chinois.) Viande en daube hachée en petits morceaux et servie avec du riz.
choragus [kɔ:'reigəs], *s. Gr.Ant:* Chorège *m.*
choral ['kɔ:rəl], *a. Mus:* **1.** Choral. (*No m.pl.*) **Choral society,** société chorale; chorale *f*; (*of male voices*) orphéon *m.* **Choral singer,** membre *m* d'une chorale; orphéoniste *m.* **2.** Chanté en chœur; *Ecc:* chanté par la maîtrise. **Choral service,** office *m* avec musique. **The choral symphony,** la symphonie avec chœur (de Beethoven).
choral(e) [kɔ'rɑ:l], *s. Mus:* Choral *m*, -als; cantique *m.*
choralist ['kɔ:rəlist], *s.* Choriste *mf*; orphéoniste *m.*
chord[1] [kɔ:rd], *s.* **1.** *Poet:* Corde *f* (d'une harpe). *F:* **To touch the right chord,** faire vibrer la corde sensible. **2.** *Anat:* = CORD[1] 1 (*d*). **3.** (*a*) *Geom:* Corde (d'un arc). (*b*) *Av:* Corde, profondeur *f* (de l'aile). **4.** *Civ.E:* Semelle *f* (de poutre).
chord[2], *s. Mus:* Accord *m.* **Common chord,** accord parfait. *To break, spread, a c.*, briser, arpéger, figurer, un accord. *Broken c., spread c.*, arpège *m*; accord arpégé, brisé, figuré. (*Series of*) *broken chords*, batterie *f. C. played on open strings* (*of violin, etc.*), accord à l'ouvert.
chordal ['kɔ:rd(ə)l], *a. Mus:* (Accompagnement *m*) en accords.
chordata [kɔ:r'deitə], *s.pl. Z:* Chordés *m.*
chorded ['kɔ:rdid], *a.* (Sons *mpl*, voix *f*) en accord.
chordee [kɔ:r'di:, 'kɔ:rdi:], *s. Med:* Corde dure (dans la blennorragie). *Gonorrhea accompanied by c.*, chaude-pisse cordée.
chorea [kɔ'ri:ə], *s. Med:* Chorée *f*; *F:* danse *f* de Saint-Guy.
choreic [kɔ'ri:ik], *a. Med:* Choréique.
choreographic [kɔreo'grafik], *a.* Chorégraphique.
choreography [kɔre'ɔgrəfi], *s.* Chorégraphie *f.*
chores ['tʃɔ:ərz], *s.pl. Dial. & U.S:* Travail quotidien (d'une ferme, d'un ménage); train-train *m* ou occupations *fpl* du ménage. *The daily c.*, les tripotages *m* du ménage.
choriamb(us) [kɔri'amb(əs)], *s. Pros:* Choriambe *m.*
choriambic [kɔri'ambik], *a. Pros:* Choriambique.
chorion ['kɔ:riən], *s. Biol: Obst:* Chorion *m.*
choripetalous [kɔ:ri'petələs], *a. Bot:* Choripétale.
chorister ['kɔristər], *s.m.* **1.** Choriste; *esp. Ecc:* chantre ou enfant de chœur (faisant partie de la maîtrise). **2.** *U.S:* Chef de chœur.
chorography [kɔ'rɔgrəfi], *s. A:* Chorographie *f.*
choroid ['kɔ:rɔid], *a. Anat:* Choroïde. *s.* **Choroid (coat),** choroïde *f.*
chorology [kɔ'rɔlədʒi], *s. Biol:* Chorologie *f.*
chortle[1] [tʃɔ:rtl], *s. F:* Gloussement *m* (de rire, de gaieté).
chortle[2]. *F:* **1.** *v.i.* Glousser de joie. **2.** *v.tr.* Glousser (une chansonnette).
chorus[1], *pl.* **-uses** ['kɔ:rəs, -əsiz], *s.* **1.** Chœur *m.* (*a*) **To sing in chorus,** chanter en chœur. *F: To cry out in* (*a*) *c.*, s'écrier en chœur; s'écrier tous ensemble. **Chorus of praise,** concert *m* de louanges. (*b*) (*Body of singers*) *She belongs to the c.*, elle fait partie du chœur. **2.** Refrain *m* (d'une chanson). **To join in the chorus,** faire chœur (au refrain); chanter le refrain en chœur. *All join in the c.!* reprenez tous en chœur!
'chorus-girl, *s.f.* **1.** *Th:* Choriste. **2.** Girl (de music-hall).
'chorus-singer, *s.* (*In opera*) Choriste *mf.*
chorus[2], *v.* (*p.t.* **chorused;** *p.p.* **chorused) 1.** *v.i.* Faire chorus, faire chœur; reprendre en chœur. **2.** *v.tr.* (*a*) **To chorus sth.,** répéter qch. en chœur; faire chorus à (des souhaits, etc.). (*b*) **To chorus a song,** chanter le refrain d'une chanson.
chose[1] [ʃouz], *s. Jur:* Chose *f.* **Chose in action,** droit incorporel. *C. local*, objet immobilier. *C. transitory*, objet mobilier. *See also* ASSIGNATION 2.
chose[2] [tʃo:uz], **chosen** [tʃo:uzn]. *See* CHOOSE.
chou [ʃu:], *s.* **1.** *Dressm:* Chou *m.* **2.** (*Pastry*) Chou.
chough [tʃʌf], *s. Orn:* Crave *m.*
chouse[1] [tʃaus], *s. F:* Filouterie *f*, duperie *f*; mauvais tour; carotte *f.*
chouse[2], *v.tr. F:* Filouter, duper, refaire, carotter (qn). **To chouse s.o. (out) of sth.,** soutirer, souffler, qch. à qn.
chow[1] [tʃau]. **1.** *a. & s.* (Chien) chow-chow (*m*). **2.** *s.m. P:* (*In Austr.*) Chinois.
chow[2], *s. Mil: U.S: P:* Mangeaille *f*, boustifaille *f.*
chow-chow ['tʃau'tʃau], *s.* **1.** Mélange *m*, macédoine *f.* **2.** = CHOW[1].
chowder ['tʃaudər], *s. Cu:* (Sorte de) bouillabaisse *f.*
chowree, chowry ['tʃauri], *s.* (*In the East*) Chasse-mouches *m inv.*
chrestomathy [kres'tɔməθi], *s.* Chrestomathie *f.*
chrism [krizm], *s. Ecc:* **1.** Chrême *m*; saint chrême. **2.** *A:* Confirmation *f.*
chrisom [krizm], *s. Ecc: A:* = CHRISM.
'chrisom-child, -babe, *s.* Enfant (i) âgé de moins d'un mois, (ii) qui meurt dans son premier mois, (iii) *A:* qui meurt sans être baptisé.
'chrisom-cloth, -robe, *s.* Chrémeau *m*, tavaïol(l)e *f.*
chrismal ['krizm(ə)l]. **1.** *a.* Du chrême. **2.** *s.* (*a*) Flacon *m* à huile; burette *f* (aux saintes huiles); *A:* chrismal *m.* (*b*) = CHRISOM-CLOTH.
Christ [kraist]. *Pr.n.m.* Le Christ; Jésus-Christ. **The Christ-Child,** l'Enfant Jésus. *See also* THORN 1.
Christadelphian [kristə'delfiən], *a. & s. Ecc:* Christadelphe (*m*).

christen [krisn], *v.tr.* **1.** Baptiser (qn, un navire). *To c. a child George,* baptiser un enfant (sous le nom de) Georges. *To c. a child after s.o.,* donner à un enfant le nom de qn. *F: They had christened him 'the Nigger,'* on l'avait baptisé "le Nègre." **2.** *F:* Étrenner (qch.).

christening, *s.* Baptême *m.*

Christendom ['krisndəm], *s.* La chrétienté.

christener ['krisnər], *s.* Marraine *f* ou parrain *m* (d'un navire, d'une cloche).

Christian ['kristjən], *a.* & *s.* Chrétien, -ienne. *To become a C.,* se faire chrétien. **The Christian era,** l'ère chrétienne. *Theol:* **Christian science,** Science chrétienne. **Christian scientist,** Scientiste chrétien. *See also* BURIAL, NAME[1] **1.** *F: If he can't behave like a decent C. . . .,* s'il ne sait pas se conduire en homme civilisé, comme un chrétien. *P: That's a good C.,* tu es un chic type.

Christianity [kristi'æniti], *s.* **1.** Christianisme *m.* **2.** *To behave in a spirit of C.,* se conduire en chrétien; agir chrétiennement. **3.** *Ecc:* **Deaneries of Christianity,** doyennés *m* de certaines villes (Exeter, Lincoln, Leicester, etc.).

christianization [kristjənai'zeiʃ(ə)n], *s.* Christianisation *f.*

christianize ['kristjənaiz]. **1.** *v.tr.* Convertir (un peuple) au christianisme. **2.** *v.i.* Devenir chrétien; adopter le christianisme.

christianlike ['kristjənlaik], *a.* Chrétien, -ienne; de chrétien.

Christie's ['kristiz]. *F:* La salle des ventes de MM. Christie, Manson and Woods (pour œuvres d'art).

Christina [kris'tiːnə]. *Pr.n.f.* Christine.

Christlike ['kraistlaik], *a.* Ressemblant au Christ. *C. patience,* patience *f* évangélique.

Christmas ['krisməs], *s.* Noël *m.* *At C.,* à Noël, à la Noël. *We expect him this C.,* nous l'attendons ce Noël. **A merry Christmas!** joyeux Noël! **Father Christmas,** le Bonhomme Noël; le père Noël. *To spend C. in the country,* passer la Noël à la campagne. *F:* **Christmas comes but once a year,** ce n'est pas tous les jours fête. **Christmas gift,** cadeau *m* de Noël; étrennes *fpl.* **Christmas gift-book,** livre *m* d'étrennes.

'Christmas-box, *s.* = Étrennes *fpl*; gratification (donnée en Angl. le jour ou le lendemain de Noël). *Here's a C.-b.,* voici un petit Noël; voici vos étrennes.

'Christmas-card, *s.* Carte *f* (du jour) de Noël.

Christmas-'carol, *s.* Chant *m* de Noël; noël *m.*

Christmas-'day, *s.* Le jour de Noël; la (fête de) Noël.

Christmas-'eve, *s.* (i) La veille, (ii) la nuit, de Noël.

'Christmas-'number, *s.* Numéro de luxe (d'un périodique) publié à l'occasion de Noël; numéro de Noël.

'Christmas-'present, *s.* Cadeau *m* de Noël; étrennes *fpl*; *F:* petit Noël.

'Christmas-'pudding, *s.* *Cu:* Pudding *m* de Noël (que l'on fait flamber au cognac au moment de le servir).

'Christmas-rose, *s.* *Bot:* Rose *f* de Noël; ellébore noir.

'Christmas-'stocking, *s.* = Soulier *m,* sabot *m,* de Noël.

'Christmas-tide, *s.* Époque *f,* saison *f,* de Noël. *At C.-t.,* à la Noël.

'Christmas-tree, *s.* Arbre *m* de Noël.

Christmas(s)y ['krisməsi], *a.* (Scène *f*) qui rappelle la fête de Noël; (décoration *f*) en accord avec les fêtes de Noël. *The whole street has a C. appearance,* on sent que Noël est proche.

Christology [kris'tɔlədʒi], *s.* Christologie *f.*

Christopher ['kristəfər]. *Pr.n.m.* Christophe.

Christward(s) ['kraistwərd(z)], *adv.* Vers le Christ.

Christy minstrels ['kristi'minstrəlz], *s.pl.* Troupe *f* de chanteurs et de comiques déguisés en nègres.

chromate ['kroumet], *s.* *Ch:* Chromate *m.*

chromatic [kro'mætik], *a.* Chromatique. **1.** **Chromatic printing,** impression *f* en couleurs; impression polychrome. *Opt:* **Chromatic aberration,** aberration *f* chromatique; chromatie *f,* chromatisme *m.* **2.** *Mus:* **Chromatic scale,** gamme *f* chromatique. **-ally,** *adv.* Chromatiquement.

chromatics [kro'mætiks], *s.* *Opt:* *Art:* Chromatique *f*; science des couleurs ou de la coloration.

chromatism ['kroumətizm], *s.* Chromatisme *m,* chromatie *f.*

chromatophore ['kroumətofɔːər], *s.* *Biol:* Chrom(at)ophore *m.*

chromatoscope ['kroumətoskoup], *s.* *Opt:* Chromatoscope *m.*

chromatrope ['kroumətroup], *s.* *A:* Chromatrope *m* (de lanterne magique).

chrome[1] [kroum], *s.* **1.** *A:* = CHROMIUM. **2.** *Dy:* *Tan:* Bichromate *m* de potasse. **3.** *Attrib.* (*a*) **Chrome leather,** cuir chromé. **Chrome-tanning,** tannage *m* aux sels de chrome. **Chrome-tanned,** chromé. (*b*) **Chrome steel,** acier chromé, au chrome. **Chrome iron,** ferro-chrome *m,* sidérochrome *m.* **Chrome nickel,** nickel-chrome *m.* **Chrome-nickel steel,** acier nickel-chrome. (*c*) **Chrome-yellow,** jaune de chrome.

chrome[2], *v.tr.* *Dy:* Passer au bichromate de potasse.

chromic ['kroumik], *a.* *Ch:* Chromique. *See also* SPINEL.

chromite ['kroumait], *s.* *Miner:* Chromite *f.*

chromium ['kroumiəm], *s.* *Ch:* Chrome *m.* **Chromium garnet,** grenat *m* chromifère. **Treated with chromium,** chromé. **Chromium steel,** acier chromé, au chrome.

'chromium-plated, *a.* Chromé.

'chromium-plating, *s.* Chromage *m* (électrique); placage *m* au chrome.

'chromium-'tungsten, *s.* Chrome-tungstène *m.*

chromo[1] ['kroumo], *s.* *F:* = CHROMOLITHOGRAPH.

chromo-[2], *comb.fm.* Chromo-. *Chromoblast,* chromoblaste. *Chromograph,* chromographe. *Chromolithography,* chromolithographie. *Chromotypographic,* chromotypographique. *Chromosome,* chromosome *Chromotherapy,* chromothérapie.

chromocollotypy [kroumo'kɔlotaipi], *s.* *Phot.Engr:* Photocollotypie *f* à la gélatine bichromatée.

chromogenic [kroumo'dʒenik], **chromogenous** [krou'mɔdʒənəs], *a.* *Biol:* *etc:* Chromogène.

chromogram ['kroumogræm], *s.* *Phot:* Négatif *m* monochrome (de la méthode trichrome pour prise de vues).

chromograph[1] ['kroumogrɑːf, -græf], *s.* *Ind:* Chromographe *m* (pour polycopie).

chromograph[2], *v.tr.* Polycopier (un écrit, etc.) avec le chromographe.

chromolithograph [kroumo'liθogrɑːf, -græf], *s.* (*Colour-print*) Chromolithographie *f,* *F:* chromo *m.*

chromolithographer [kroumoli'θɔgrəfər], *s.* Chromolithographe *m.*

chromolithographic [kroumoliθo'græfik], *a.* Chromolithographique.

chromolithography [kroumoli'θɔgrəfi], *s.* (*Process*) Chromolithographie *f,* oléographie *f.*

chromotropic [kroumo'trɔpik], *a.* *Ch:* Chromotropique.

chromotropism [kroumo'trɔpizm], *s.* *Ch:* Chromotropisme *m.*

chromotype ['kroumotaip], *s.* **1.** (*Process*) Chromotypie *f,* chromotypographie *f.* **2.** (*Print*) Chromotype *m,* chromotypie, chromotypographie.

chromotypography [kroumotai'pɔgrəfi, -ti-], *s.* Chromotypographie *f,* chromotypie *f.*

chronic ['krɔnik], *a.* **1.** (*a*) *Med:* Chronique; passé à l'état chronique. *C. ill-health,* invalidité *f.* *A c. invalid,* un, une, chronique. (*b*) *F:* Constant, continuel. *His unpunctuality is getting c.,* son manque de ponctualité devient une habitude. **2.** *P:* Insupportable; (i) rasant, (ii) tout ce qu'il y a de plus désagréable. *A c. headache,* un mal de tête fou, affreux. *The weather's c.,* il fait un temps de chien. *She carried on* **something chronic,** elle a fait une scène terrible. **-ally,** *adv.* Chroniquement.

chronicity [krɔ'nisiti], *s.* *Med:* Chronicité *f* (d'une maladie).

chronicle[1] ['krɔnikl], *s.* Chronique *f.* *The Anglo-Saxon C.,* la Chronique anglo-saxonne. *B.Lit:* **The Chronicles,** les Chroniques, les Paralipomènes *m.*

chronicle[2], *v.tr.* *To c. events,* faire la chronique des événements; enregistrer, raconter, les faits.

chronicler ['krɔniklər], *s.* Chroniqueur *m.*

chrono- ['krɔno, kro'nɔ], *comb.fm.* Chrono-. *Chronosticon,* chronostiche. *Chronoscope,* chronoscope *m.*

chronogram ['krɔnogræm], *s.* Chronogramme *m.*

chronograph ['krɔnogrɑːf, -græf], *s.* Chronographe *m.*

chronographic [krɔno'græfik], *a.* Chronographique.

chronologer [krɔ'nɔlədʒər], *s.* Chronologiste *m.*

chronological [krɔno'lɔdʒik(ə)l], *a.* Chronologique. **In chronological order,** par ordre de dates; dans l'ordre chronologique. **-ally,** *adv.* Chronologiquement.

chronologist [krɔ'nɔlədʒist], *s.* = CHRONOLOGER.

chronology [krɔ'nɔlədʒi], *s.* Chronologie *f.*

chronometer [krɔ'nɔmetər], *s.* Chronomètre *m*; garde-temps *m inv.* *Nau:* *Ship's c.,* chronomètre, horloge *f,* de bord; horloge marine, montre marine. *Deck c.,* compteur *m.* *Standard c.,* chronomètre étalon.

chronometric(al) [krɔno'metrik(əl)], *a.* Chronométrique. **Chronometric measurement,** chronométrage *m.*

chronometry [krɔ'nɔmetri], *s.* Chronométrie *f.*

chrysalis, *pl.* **chrysalides, chrysalises** ['krisəlis, kri'sælidiːz, 'krisəlisiz], *s.* *Ent:* Chrysalide *f,* *F:* fève *f.*

chrysanthemum [kri'sænθiməm], *s.* *Bot:* Chrysanthème *m.*

chryselephantine [kriseli'fæntain], *a.* *Gr.Ant:* (Statue) chryséléphantine.

chrys(o)- [kris(o)], *comb.fm.* Chrys(o)-. *Ch:* *Miner:* *etc:* *Chry'saniline,* chrysaniline. *Chryso'colla,* chrysocolle.

chrysoberyl ['krisoberil], *s.* *Miner:* Chrysobéryl *m.*

chrysolite ['krisolait], *s.* *Miner:* Chrysolit(h)e *f,* péridot *m.*

chrysophrys ['krisofris], *s.* *Ich:* Daurade *f.*

chrysoprase ['krisopreiz], *s.* Chrysoprase *f.*

Chrysostom ['krisostəm]. *Pr.n.m.* Chrysostome.

chub [tʃʌb], *s.* *Ich:* Chabot *m* de rivière; chevesne *m,* meunier *m.*

Chubb(-lock) ['tʃʌb(lɔk)], *s.* Serrure *f* de sûreté (système Chubb).

chubbiness ['tʃʌbinəs], *s.* Aspect rebondi (des joues, etc.). **The chubbiness of his hands, of his cheeks,** ses mains potelées, ses joues rebondies.

chubby ['tʃʌbi], *a.* Potelé, boulot, dodu, grassouillet; (*of face*) joufflu. *C. cheeks,* joues rebondies. *C. little Cupids,* amours joufflus.

'chubby-cheeked, *a.* Aux joues rebondies; joufflu.

chuck[1] [tʃʌk]. **1.** *s.* Gloussement *m* (de la volaille); appel *m* de la poule aux poussins. **2.** (*a*) *int.* (*Call to fowls*) **Chuck! chuck!** petit! petit! (*b*) *s.* (*In nursery speech*) **A chuck-chuck,** une poule, une cocotte. (*c*) *s.* (*Term of endearment*) **My little chuck,** mon petit poulet, ma petite poulette; mon petit chou.

chuck[2], *v.i.* (*a*) (*Of fowls*) Glousser. (*b*) *F:* (*Of pers.*) Clapper (de la langue).

chuck[3], *s.* *U.S:* *F:* **1.** Mangeaille *f,* boustifaille *f.* **2.** Repas *m,* boulot *m.*

chuck[4], *s.* **1.** Petite tape (sous le menton). **2.** Action de lancer, de jeter, qch. *F:* **To give s.o. the chuck,** (i) lâcher, *P:* plaquer, qn; (ii) congédier, *P:* balancer (un employé, etc.). *So she has definitely given you the c.,* alors c'est un plaquage en règle. **To get the chuck,** recevoir son congé; être congédié, remercié, renvoyé, balancé, saqué. **3.** *Games:* **To play at chucks,** jouer à la fossette.

'chuck-hole, *s.* (*In game of marbles*) Fossette *f.*

chuck[5], *v.tr.* **1.** **To chuck s.o. under the chin,** donner une tape à qn sous le menton; relever le menton à qn. **2.** *F:* (*a*) Jeter, lancer (une pierre, etc.). *To c. stones at s.o.,* lancer des pierres à qn. *To c. sth. on the floor,* flanquer qch. par terre. **Chuck-farthing,** jeu de bouchon ou jeu de la bloquette (joué avec des sous). (*b*) Lâcher, plaquer (qn). (*c*) *P:* **To be chucked** (*at an examination*), être refusé, recalé (à un examen). (*d*) *P:* **Chuck it!** ferme ça! en voilà assez!

chuck about, *v.tr. F:* Gaspiller, galvauder (son argent, etc.); être prodigue de (son argent). *P:* **To chuck one's weight about,** faire l'important.

chuck away, *v.tr. F:* Jeter (qch.) (pour s'en défaire); gaspiller (son argent).

chuck in, *v.tr. P:* **To chuck one's hand in,** (i) jeter ses cartes sur la table; (ii) s'avouer battu.

chuck out, *v.tr. F:* Flanquer (qn) à la porte; "sortir" (qn). *To get chucked out of the meeting, P:* se faire vider de la réunion. *P:* **Chucking-out time,** l'heure *f* de la fermeture (des cabarets).

chuck over, *v.tr. F:* Lancer (qch.) (à qn qui en a besoin). *C. me over a cigarette,* lance-moi une cigarette.

chuck up, *v.tr. F:* **1.** (*a*) Abandonner, renoncer à, envoyer balader (un travail). **To chuck it up,** y renoncer; quitter la partie. (*b*) *To c. up one's job,* lâcher son emploi; démissionner. **2.** Lancer (qch.) en l'air. *See also* SPONGE[1] 1.

chuck[6], *s.* **1.** *Mec.E:* Mandrin *m*, plateau *m* (d'un tour). *Cent(e)ring c.,* mandrin à centrer. *Self-cent(e)ring c.,* mandrin automatique; mandrin à serrage concentrique. *Clamping c.,* mandrin de serrage. *Driving c.,* plateau à toc. *Drill-c.,* manchon *m* porte-foret. *Socket-c.,* mandrin creux. *See also* DOG-CHUCK, FORK-CHUCK, PRONG-CHUCK, SCREW-CHUCK, SPUR-CHUCK. **2.** *Cu:* Paleron *m* (de bœuf).

'chuck-back, *s.* Contre-plateau *m*, faux plateau (d'un tour).

'chuck-drill, *s. Tls:* Foret *m* pour tour.

chuck[7], *v.tr.* Mandriner; monter (une pièce) dans le mandrin, sur le tour.

chucking, *s.* Montage *m* (de la pièce) sur le tour.

chucker[1] ['tʃʌkər], *s. Polo:* Chaque période *f* de huit minutes de jeu.

chucker[2], *s. F:* Lanceur *m*, jeteur *m* (d'une pierre, etc.).

'chucker-out, *s. F:* Agent *m* du service d'ordre (à une réunion publique, etc.); homme solide chargé de flanquer dehors les ivrognes et chahuteurs (dans un cabaret, une boîte de nuit, etc.); souteneur *m* qui jette dehors ceux qui ont été plumés (dans un lupanar, une maison de jeu).

chuckle[1] [tʃʌkl], *s.* **1.** Rire étouffé; petit rire. **2.** Gloussement *m* (d'une poule).

chuckle[2], *v.i.* **1.** Rire tout bas, en soi-même, in petto, sous cape (*at, over, sth.,* de qch.); se réjouir (de la mésaventure de qn). **2.** (*Of hen*) Glousser.

chuckle[3], *a.* & *s. A:* Lourdaud (*m*).

'chuckle-head, *s. F:* Lourdaud *m*, sot *m*, nigaud *m*, benêt *m*, *P:* andouille *f*, ballot *m*, navet *m*.

'chuckle-headed, *a. F:* Sans cervelle.

chucky ['tʃʌki], *s. F:* = CHUCK[1] 2 (*b*), (*c*).

chuff-chuff[1] ['tʃʌftʃʌf], *s.* (*In nursery speech*) Train *m*; teuf-teuf *m*.

chuff-chuff[2], *v.i. F:* Faire teuf-teuf.

chug[1] [tʃʌg], *s.* (*a*) Souffle *m* (d'une machine à vapeur). (*b*) Explosions rythmées (d'une auto). (*c*) *int.* Plouf! floc!

chug[2], *v.i.* (*Of engine*) Souffler. (*Of car*) **To chug along, off,** cheminer, partir, en haletant.

chugging, *s.* = CHUG[1].

Chukchi ['tʃuktʃi], **Chukchees** ['tʃuktʃi:z], *s.pl. Ethn:* Tchouktches *m*, Tchouktchis *m*.

chum[1] [tʃʌm], *s. F:* **1.** Compagnon *m* de chambre. **2.** (*a*) Camarade *mf*; ami(e) intime; copain *m*, copine *f*; *P:* poteau *m*. (*b*) (*In Austr.*) **New chum,** (i) immigrant, nouveau débarqué; (ii) béjaune *m*, cornichon *m*.

chum[2], *v.i.* (chummed) *F:* **1. To chum with s.o.,** faire chambre commune avec qn. **2. To chum (up) with s.o.,** se lier d'amitié avec qn.

chummy ['tʃʌmi]. **1.** *a. F:* Familier, intime. *To be c. with s.o.,* être copain avec qn. **2.** *s. Aut: A:* Voiturette *f* à quatre places.

chump [tʃʌmp], *s.* **1.** (*a*) Tronçon *m* (de bois); gros bout, gros morceau (de qch.). (*b*) *Cu:* **Chump(-end),** bas *m* de gigot; bout *m* de gigot. **Chump-chop,** côtelette *f* de gigot. **2.** *P:* (*a*) (*Head*) Trognon *m*, caboche *f*. **Off one's chump,** timbré, maboule, loufoque. (*b*) **A lubberly chump,** un gros plein de soupe; un lourdaud. **A (silly) chump,** un imbécile, une cruche.

chunk[1] [tʃʌŋk], *s.* Gros morceau (de pain, de fromage, etc.); quignon *m* (de pain); tronçon *m* (de bois).

chunk[2], *s.* & *v.i. F:* = CHUG[1, 2].

church[1] [tʃə:rtʃ], *s.* **1.** Église *f*; (*protestant*) temple *m*. *C. clock* horloge *f* d'église. *The c. clock,* l'horloge de l'église. *See also* ASK[1] 6, POOR 1, ROB. **2.** (*a*) **The Established Church,** (i) l'Église Établie, l'Église Conformiste; (ii) la religion d'État. **The Church of England, the Anglican Church,** l'Église anglicane. **The Church of Scotland,** l'Église d'Écosse. **Church and State,** l'Église et l'État. **Church history,** histoire *f* de l'Église. **The Church Assembly,** l'assemblée nationale de l'Église anglicane. **Church society,** cultuelle *f*. **Church lands,** terres *f*, biens *m*, d'Église. **Church warehouse,** maison *f* d'articles religieux. **To go into the Church,** (i) se destiner à l'Église; (ii) entrer dans les ordres. **To be received into the Church,** (i) prendre le voile; (ii) faire sa première communion; (iii) devenir chrétien par le baptême. **The Church party,** (i) le parti de l'Église; (ii) le parti anglican. **They are church people,** ils sont anglicans. *P: An old c. hen,* une vieille bigote, une vieille cagote; une vieille punaise de sacristie. *See also* CHAPEL 1, EASTERN, FREE-CHURCH, GUILD 2, HIGH-CHURCH, LOW-CHURCH, MILITANT. (*b*) **Church service,** office *m*, service (divin). *F:* **To go to church,** (i) aller à l'église, à l'office, (*in Fr.*) à la messe; (ii) pratiquer (sa religion). *To be at c.,* être à l'église, à l'office. *To miss c.,* manquer l'office. **It is church time,** il est l'heure de l'office. *I shall see you after c.,* je vous verrai après l'office. *See also* PARADE[1] 2.

'church-goer, *s.* **To be a church-goer,** être assidu(e) aux offices divins; (*of catholics*) être pratiquant, -ante. *Are you a c.-g.?* allez-vous régulièrement à l'église, à la messe, au temple?

'church-going. 1. *a.* Assidu aux offices divins, qui va régulièrement à l'église, à la messe, au temple; dévot. *C.-g. catholic,* catholique pratiquant. **2.** *s.* Assiduité *f* aux offices divins.

'church-rate, *s.* Impôt local pour subvenir aux frais de l'église; dîme *f*.

'church-text, *s. Typ:* Caractères *m* gothiques.

'church-worker, *s.* Personne *f* qui prend une part active aux œuvres de l'église, du temple.

church[2], *v.tr.* **To be churched,** (i) (*of woman after childbirth*) faire ses relevailles; (ii) (*of newly married couple*) assister à l'office divin pour la première fois après la célébration du mariage; (iii) *P:* être marié; être en règle avec l'Église.

churching, *s.* (*Of woman*) Relevailles *fpl*; (*of married couple*) première assistance à l'office divin (après le mariage).

churchman, *pl.* **-men** ['tʃə:rtʃmən, -men], *s.* **1.** Homme *m* d'église; ecclésiastique *m*. **2.** Membre *m*, adhérent *m*, de l'Église anglicane. *He's a good c.,* c'est un bon anglican. *See also* FREE-CHURCHMAN, HIGH-CHURCHMAN, LOW-CHURCHMAN.

churchwarden ['tʃə:rt'ʃwɔ:rdən], *s.* **1.** *Ecc:* Marguillier *m*. **2. Churchwarden(-pipe),** longue pipe (en terre blanche); pipe hollandaise.

churchward(s) ['tʃə:rtʃwərd(z)], *adv.* Vers l'église.

churchwoman, *pl.* **-women** ['tʃə:rtʃwumən, -wimen], *s.f.* Membre *m*, adhérente, de l'Église anglicane; anglicane.

churchy ['tʃə:rtʃi], *a. Pej:* Bigot; clérical, -aux. *C. person,* calotin *m*; bondieusard, -arde. *C. old women,* vieilles bigotes

churchyard ['tʃə:rtʃ'jɑ:rd], *s.* Cimetière *m*; enclos *m* d'église; *Lit:* champ *m* de repos. *F:* **Churchyard cough,** toux *f* qui sent le sapin. *Ent:* **Churchyard beetle,** blaps *m*; bête *f* de la mort. *See also* MAY[3] 1.

churl [tʃə:rl], *s.* **1.** (*a*) *Hist:* Manant *m*. (*b*) *F:* Rustre *m*. (*c*) *F:* Grincheux *m*. **2.** Ladre *m* avare *m*; grippe-sou *m*, *pl.* grippe-sou(s).

churlish ['tʃə:rliʃ], *a.* **1.** (*a*) Mal élevé; qui n'a pas de savoir-vivre; grossier. (*b*) Hargneux, grincheux; mauvais coucheur. **2.** Ladre, avare. **-ly,** *adv.* **1.** Grossièrement, en rustre. **2.** Avec mauvaise grâce.

churlishness ['tʃə:rliʃnəs], *s.* **1.** (*a*) Grossièreté *f*; manque *m* de savoir-vivre. (*b*) Tempérament hargneux. **2.** Ladrerie *f*.

churn[1] [tʃə:rn], *s.* **1.** Baratte *f*; *occ.* beurrière *f*. **2.** *Rail:* **Milk-churn,** bidon *m* à lait.

'churn-dasher, -staff, *s.* Bat-beurre *m inv*; palette *f*.

churn[2]. 1. *v.tr.* (*a*) Baratter (la crème); battre (le beurre). (*b*) *F:* (*Of the screw of a steamer*) **To churn up the foam,** brasser l'écume. (*c*) *Aut: F: To c. the engine,* faire tourner le moteur; décoller le moteur (avant de mettre le contact). (*d*) *F: To c. a thought in one's mind,* agiter une pensée dans son esprit; ruminer une pensée. **2.** *v.i.* (*Of sea*) Bouillonner.

churning, *s.* **1.** (*a*) Barattage *m* (de la crème). (*b*) Bouillonnement *m* (de l'eau). **2.** Quantité *f* de beurre fabriquée en une fois.

churr[1] [tʃə:r], *s.* **1.** Son vibrant du battement d'ailes (d'une perdrix, etc.). **2.** *Dial:* Perdrix *f*.

churr[2], *v.i.* (*Of partridge, etc.*) Battre rapidement des ailes; faire vibrer l'air.

chute [ʃu:t], *s. Esp. U.S:* **1.** (*a*) Chute *f* d'eau. (*b*) *Geol:* Couloir *m*. (*c*) *Sp:* Piste *f*, glissière *f* (pour luges, toboggans). **2.** = SHOOT[1] 3.

chutney ['tʃʌtni], *s. Cu:* Chutney *m* (condiment épicé importé en premier lieu des Indes).

chylaceous [kai'leiʃəs], *a. Physiol:* Chylaire, chyleux.

chyle [kail], *s. Physiol:* Chyle *m*.

chyliferous [kai'lifərəs], *a. Physiol:* (Canal *m*) chylifère.

chylification [kailifi'keiʃ(ə)n], *s. Physiol:* Chylification *f*.

chylify ['kailifai], *v.tr.* Chylifier.

chyl(o)- [kail(o)], *comb.fm. Physiol:* Chyl(o)-. *Chylopoietic,* chylopoiétique. *Chyluria,* chylurie.

chylosis [kai'lousis], *s. Physiol:* Chylification *f*.

chylous ['kailəs], *a.* = CHYLACEOUS.

chyme [kaim], *s. Physiol:* Chyme *m*.

chymification [kaimifi'keiʃ(ə)n], *s. Physiol:* Chymification *f*.

chymify ['kaimifai], *v.tr. Physiol:* Chymifier.

ciborium [si'bɔ:riəm], *s.* **1.** *Ecc. Arch:* Ciborium *m*. **2.** *Ecc:* (*a*) Ciboire *m*. (*b*) Tabernacle *m* (du ciboire).

cicada [si'kɑ:da], *s. Ent:* Cigale *f*.

cicatrice, cicatrix, *pl.* **-ices** ['sikatris, -triks, sika'traisi:z], *s.* **1.** (*Scar*) Cicatrice *f*. **2.** *Biol: Bot:* = CICATRIC(U)LE.

cicatricial [sika'triʃ(ə)l], *a.* (Tissu) cicatriciel.

cicatric(u)le [si'katrik(ju)l], *s. Biol: Bot:* Cicatricule *f*. *Bot:* Hile *m*.

cicatrization [sikatrai'zeiʃ(ə)n], *s.* Cicatrisation *f*.

cicatrize ['sikatra:iz]. **1.** *v.tr.* (*a*) Cicatriser. (*b*) Marquer de cicatrices. **2.** *v.i.* Se cicatriser.

Cicely ['sisili]. **1.** *Pr.n.f.* Cécile. **2.** *s. Bot:* (*a*) **Sweet cicely,** myrrhis odorant, myrrhide odorante; cerfeuil odorant, musqué, d'Espagne. (*b*) **Fool's cicely,** petite ciguë.

cicer ['sisər], *s. Bot:* = CHICK-PEA.

Cicero ['sisəro]. *Pr.n.m.* Cicéron.

cicerone ['sisəroun, tʃitʃə'roune], *s.* Cicerone *m*, guide *m*.

Ciceronian [sisə'rounjən], *a.* Cicéronien, -ienne.

cicindela [sisin'di:la], *s. Ent:* Cicindèle *f*.

cicisbeo [tʃitʃiz'beio], *s.* Sigisbée *m*.

cicuta [si'kju:ta], *s. Bot:* Cicutaire *f*.

-cidal ['said(ə)l], *a.suff.* -cide. *Insecticidal,* insecticide. *Fratricidal,* fratricide. *Homicidal,* homicide.

-cide [said], *s.suff.* -cide. (*a*) (*Murderer*) *Parricide,* parricide *mf*. *Fratricide,* fratricide *mf*. *Liberticide,* liberticide *mf*. *Suicide,* suicidé, -ée. (*b*) (*Killing agent*) *Insecticide,* insecticide *m*. *Bactericide,* bactéricide *m*. *Bacillicide,* bacillicide *m*. (*c*) (*Crime*) *Parricide,* parricide *m*. *Fratricide,* fratricide *m*.

cider ['saidər], *s.* Cidre *m.* *New c.*, cidre doux. **Water-cider** = CIDERKIN. **Cider apples**, pommes *f* à cidre.
'cider-cup, *s.* Boisson glacée au cidre.
'cider-house, *s.* Cidrerie *f.*
'cider-making, *s.* Cidrerie *f.*
'cider-press, *s.* Pressoir *m* à cidre, à pommes.
ciderkin ['saidərkin], *s.* Cidre *m* du deuxième pressurage; boisson *f.*
cig [sig], *s.* *P:* = CIGARETTE. **Give us a cig**, passe-moi une sèche.
cigar [si'gɑːr], *s.* Cigare *m.* **Cigar-end**, bout *m* de cigare; *P:* mégot *m.* **Cigar-shaped**, en forme de cigare. *See also* LIGHTER[3] 2.
ci'gar-case, *s.* Étui *m* à cigares.
ci'gar-cutter, *s.* Coupe-cigares *m inv.*
ci'gar-holder, *s.* Fume-cigare *m*, porte-cigare *m*, *pl.* fume-cigare(s), porte-cigare(s).
ci'gar-maker, *s.* Cigarière *f.*
ci'gar-rest, *s.* Pose-cigare(s) *m inv.*
cigarette [sigə'ret], *s.* Cigarette *f.* *Cigarettes plain or cork-tipped*, cigarettes ordinaires ou à bout de liège. *Hand-made cigarettes*, cigarettes à la main. **Cigarette-end**, bout *m* de cigarette; *P:* mégot *m.* **Cigarette card**, image *f* prime de paquet de cigarettes. **Cigarette heart**, affection cardiaque occasionnée par le tabagisme. **Cigarette machine**, (i) machine *f*, moule *m*, à cigarettes; (ii) distributeur *m* automatique de cigarettes. **Cigarette paper**, papier *m* à cigarettes. *Packet of c. paper*, cahier *m* de papier à cigarettes. *See also* LIGHTER[3] 2.
ciga'rette-case, *s.* Étui *m* à cigarettes; porte-cigarettes *m inv.*
ciga'rette-holder, *s.* Fume-cigarette *m*, porte-cigarette *m*, *pl.* fume-cigarette(s), porte-cigarette(s).
ciga'rette-maker, *s.* Cigaretteuse *f.*
cilia ['siliə], *s.pl.* Cils *m.* *Biol:* Cils vibratiles.
ciliary ['siliəri], *a.* *Nat.Hist:* Ciliaire.
ciliate ['siliet], **ciliated** ['silieitid], *a.* *Biol:* *Nat.Hist:* Cilié, cilifère, ciligère.
cilice ['silis], *s.* *Ecc:* Cilice *m.*
Cilicia [si'liʃjə]. *Pr.n.* *Geog:* La Cilicie.
Cilician [si'liʃjən], *a.* & *s.* *Geog:* Cilicien, -ienne.
ciliferous [si'lifərəs], *a.* *Nat.Hist:* Cilifère.
ciliform ['silifɔːrm], *a.* *Nat.Hist:* Ciliforme.
Cimbrian ['simbriən]. *A.Geog:* **1.** *a.* Cimbrique. **2.** *s.* Cimbre *mf.*
cimicifuga [simi'sifjugə], *s.* *Bot:* Cimicifuge *m*, cimicaire *f.*
Cimmerian [si'miːəriən], *a.* Cimmérien, -ienne. *C. darkness*, ténèbres cimmériennes.
cinch[1] [sinʃ], *s.* *U.S:* **1.** (*a*) *Harn:* Sangle *f*; sous-ventrière *f.* (*b*) *P:* **To have a cinch on s.o.**, avoir prise sur qn. **2.** *P:* Certitude *f.* **It's a cinch**, (i) c'est certain; c'est couru; (ii) c'est facile à faire.
cinch[2], *v.tr.* *U.S:* **1.** Serrer les sangles (d'une selle); sangler (un cheval). **2.** *F:* Mettre (qn) au pied du mur; pousser (qn) dans une impasse; *F:* serrer la vis à (qn).
cinchona [siŋ'kounə], *s.* *Bot:* *Med:* Quinquina *m.*
cinchonine ['siŋkoniːn], *s.* *Ch:* Cinchonine *f.*
cinchonism ['siŋkonizm], *s.* *Med:* Quinquinisme *m.*
cinclus ['siŋkləs], *s.* *Orn:* Cincle *m.*
cincture[1] ['siŋktjər], *s.* **1.** *Poet:* Ceinture *f* (d'homme, de femme). *Ecc:* *Alb and c.*, l'aube *f* et la ceinture. **2.** Enceinte *f.* *Town enclosed in a c. of walls*, ville entourée d'une enceinte, d'une ceinture, de murailles. **3.** *Arch:* Ceinture, filet *m* (d'une colonne); moulure *f.*
cincture[2], *v.tr.* Ceindre, ceinturer (qn, une ville) (*with*, de).
cinder[1] ['sindər], *s.* **1.** (*a*) Cendre *f.* *Cu:* *To cook a joint to a c.*, carboniser, calciner, un rôti. *Joint done to a c.*, rôti en charbon. *P:* **Yours to a cinder**, ton ami jusqu'à la gauche, à la vie à la mort. (*b*) *pl.* Cendres. **To rake out the cinders**, racler les cendres (du foyer). (*c*) *pl.* (*For racing-track, etc.*) Cendrée *f.* **2.** *pl.* *Ind:* *Mch:* *etc:* (*a*) (*Partly burnt coal*) Escarbilles *fpl*, (*of forge*) fraisil *m.* (*b*) *Metall:* Laitier *m*, scorie(s) *f(pl)*, crasse *f.* *See also* NOTCH[1] 3. (*c*) (*Of volcano*) Scories.
'cinder-bank, *s.* *Ind:* Crassier *m.*
'cinder-catcher, *s.* *Mch:* Collecteur *m* d'escarbilles.
'cinder-guard, *s.* Garde-cendre(s) *m inv* (de foyer).
'cinder-path, -track, *s.* Piste cendrée, piste en cendrée. **Cinder-track race**, course *f* sur cendrée.
'cinder-sifter, *s.* Crible *m*, tamis *m*, à escarbilles, à cendres; seau tamiseur.
cinder[2], *v.tr.* Cendrer (une piste, une allée).
Cinderella [sində'relə]. *Pr.n.f.* Cendrillon. **Cinderella dance**, sauterie *f* (qui se termine à minuit).
cindery ['sindəri], *a.* Cendreux.
cine-camera [sini'kamərə], *s.* *Cin:* Camera *f.*
cinema ['sinimə], *s.* *F:* (*a*) Le cinéma, le ciné. *He is a c. actor*, il fait du ciné(ma). (*b*) (Salle *f* de) cinéma. *See also* HOME[1] III. 1, NEWS 2.
'cinema-fan, -goer, *s.* Fervent(e) du cinéma; habitué(e) du cinéma.
'cinema-film, *s.* Film *m* cinématographique.
'cinema-hall, *s.* Salle *f* de cinéma.
'cinema-rights, *s.pl.* Droits *m* d'adaptation cinématographique.
'cinema-star, *s.* Vedette *f* de l'écran, du ciné.
cinemactress ['sinimaktres], *s.f.* Actrice de cinéma.
cinematize ['sinimatɑːiz], *v.tr.* Adapter (un roman) à l'écran.
cinematograph[1] [sini'matogrɑːf, -graf], *s.* Cinématographe *m*, *F:* cinéma *m.* *He is a c. artist*, il fait du ciné.
cinematograph[2], *v.tr.* Cinématographier; filmer (une scène).
cinematographer [sinimə'tɔgrəfər], *s.* Preneur *m* de vues (cinématographiques).
cinematographic [sinimato'grafik], *a.* Cinématographique. **-ally**, *adv.* Cinématographiquement.
cinematography [sinimə'tɔgrəfi], *s.* Cinématographie *f.*
cine-projector ['siniprodʒektər], *s.* Cinéprojecteur *m.*
cineraria [sinə'rɛəriə], *s.* *Bot:* Cinéraire *f.*
cinerarium [sinə'rɛəriəm], *s.* *Archeol:* Cinéraire *m.*
cinerary ['sinərəri], *a.* Cinéraire. *Esp. Ant:* **Cinerary urn, vase**, urne *f* cinéraire, sépulcrale.
cineration [sinə'reiʃ(ə)n], *s.* Incinération *f.*
cinereous [si'niːəriəs], *a.* (Plumage, etc.) cendré.
Cingalese [siŋgə'liːz]. **1.** *a.* & *s.* *Geog:* Cingalais, -aise. **2.** *s.* *Ling:* Le cingalais.
cingulum ['siŋgjuləm], *s.* *Anat:* *Surg:* Ceinture *f.*
cinnabar ['sinəbɑːr]. **1.** *s.* (*a*) *Miner:* Cinabre *m*; mercure sulfuré; vermillon naturel. (*b*) *Ind:* Vermillon. **2.** *a.* Vermillon *inv.*
cinnamate ['sinəmeit], *s.* *Ch:* Cinnamate *m.*
cinnamic [si'namik], *a.* *Ch:* Cinnamique.
cinnamon ['sinəmən], *s.* **1.** **Cinnamon(-bark)**, cannelle *f*, cinnamome *m.* **Candied cinnamon**, cannelas *m.* **2.** *Bot:* **Cinnamon(-tree)**, cannelier *m.* *Bastard c.*, cannelle bâtarde, cannelle fausse; casse *f* giroflée, aromatique. *Wild c.*, cannelle blanche, cannelle poivrée. **3.** **Cinnamon(-coloured)**, cannellé; cannelle *inv.*
'cinnamon bear, *s.* *Z:* Ours *m* d'Amérique (de couleur de châtaigne).
'cinnamon stone, *s.* *Miner:* Grenat *m* jaune.
cinque [siŋk], *s.* (*Cards & Dicing*) Cinq *m.*
cinquecentist [tʃiŋkwe'tʃentist], *s.* Cinq(ué)centiste *m.*
cinquecento [tʃiŋkwe'tʃento], *s.* La Renaissance italienne; l'art italien du XVIe siècle.
cinq(ue)foil ['siŋkfɔil], *s.* *Bot:* Potentille rampante; *F:* quintefeuille *f.* *Her:* Quintefeuille. *Arch:* Cinq-feuilles *m inv*, quintefeuille.
Cinque Ports ['siŋk'pɔːrts], *s.pl.* *Hist:* Les Cinq-Ports *m* (Douvres, Hastings, Hythe, Romney, et Sandwich, auxquels s'ajoutèrent par la suite Rye, Winchelsea, et Seaford; ils jouissaient de certains privilèges).
cipher[1] ['saifər], *s.* **1.** *Mth:* (*a*) Zéro *m.* *F:* **He's a mere cipher**, il est nul; c'est un homme nul, un zéro, une nullité. (*b*) *Occ.* Chiffre *m* (arabe). **2.** (*a*) (*Secret writing*) Chiffre; *Com:* marque *f.* *Writing in c.*, écriture *f* en chiffre. *To write a message in c.*, transmettre une dépêche en chiffre, en écriture chiffrée. **Cipher key**, clef *f* de chiffre. (*b*) (i) Message chiffré; (ii) signal chiffré. (*c*) Clef (d'un chiffre). **3.** (*Monogram*) Chiffre, monogramme *m.* **4.** *Mus:* Cornement *m* (d'un tuyau d'orgue).
cipher[2]. **1.** *v.tr.* (*a*) **To cipher (out) a sum**, chiffrer un calcul; calculer une somme. (*b*) Chiffrer (une dépêche); transmettre (une dépêche) en chiffre. (*c*) *U.S:* *F:* *To c. out a mystery, the cause of sth.*, approfondir, sonder, un mystère; découvrir les causes de qch. **2.** *v.i.* (*a*) Chiffrer, calculer. (*b*) *Mus:* (*Of organ pipe*) Corner.
ciphering, *s.* (*a*) Chiffrage *m*, chiffrement *m.* **Ciphering grid or square**, châssis-grille *m*, *pl.* châssis-grilles (pour la lecture ou la rédaction d'un chiffre). (*b*) (*Of organ pipe*) Cornement *m.*
cipherer ['saifərər], *s.* Officier, etc., chargé de la mise en chiffre (des dépêches); officier du chiffre.
cipolin ['sipolin], *s.* *Miner:* Cipolin *m.*
cippus, *pl.* **-i** ['sipəs, -ai], *s.* *Arch:* Cippe *m.*
circaea [sər'siːə], *s.* *Bot:* Circée *f.*
Circassia [sər'kasjə]. *Pr.n.* *Geog:* La Circassie.
Circassian [sər'kasjən], *a.* & *s.* Circassien, -ienne.
Circe ['səːrsi]. *Pr.n.f.* *Gr.Myth:* Circé.
Circean [səːr'siːən], *a.* De Circé; enchanteur, -eresse.
circinal ['səːrsin(ə)l], **circinate** ['səːrsinet], *a.* *Bot:* Circinal, -aux; circiné.
circle[1] [səːrkl], *s.* **1.** (*a*) Cercle *m.* *To draw a c.*, tracer un cercle, une circonférence. (*Of points*) *To fall, lie, in a c.*, faire cercle; former cercle. (*Of persons, etc.*) *To stand in a c.*, se tenir en cercle; faire cercle. *F:* **To go all round the circle**, prendre par le plus long. *See also* SQUARE[2] I. 3. **To have circles round the eyes**, avoir les yeux cernés, battus. *Aut:* **Turning circle**, rayon *m* de braquage. *Aer:* **Circle of the propeller**, diamètre *m* de l'hélice. *See also* DIP-CIRCLE, SWINGING[2] 1. *Mth:* **Circle of curvature**, cercle osculateur (d'une courbe). (*b*) **Polar circle**, cercle polaire. **Great, small, circle** (*of a sphere*), grand, petit, cercle. *See also* SAILING[2] 1. (*c*) *Gym:* **To do the grand circle** (*on the horizontal bar*), faire le grand soleil. (*d*) *Log:* **Vicious circle**, argument *m* circulaire; cercle vicieux. **To reason in a circle**, tourner dans un cercle (vicieux). *You are arguing in a c.*, vous êtes dans un cercle. **2.** (*a*) Révolution *f*, orbite *m or f* (d'une planète). **To come full circle**, compléter son orbite. *The century had not yet come full c.*, le siècle n'était pas encore révolu. *F:* *The c. of his activities*, le cercle, l'orbite, de ses activités. (*b*) *Equit:* Volte *f*, virevolte *f* (de cheval). **3.** *Rail:* **Inner, outer, circle**, (chemin *m* de fer de) petite ceinture, grande ceinture. **4.** *Th:* **Family circle, upper circle**, seconde galerie. *See also* DRESS-CIRCLE. **5.** Cercle, milieu *m*, coterie *f.* *The family c.*, le sein de la famille. *She has a c. of admirers*, on fait cercle autour d'elle. *The guests were drawn from every political c.*, les invités représentaient tous les milieux politiques. *He does not belong to our c.*, il n'appartient pas à notre milieu. *A newcomer in our c.*, un nouveau venu dans notre société. *The Woodward c.*, les Woodward et leurs intimes. *See also* ACQUAINTANCE 2. *In certain circles*, dans certains milieux; dans un certain monde. **In high circles**, dans la haute société. *In theatrical circles*, dans le monde des théâtres. *To move in fashionable circles*, fréquenter les salons.
circle[2]. **1.** *v.tr.* (*a*) *Poet:* Ceindre, entourer (*with*, de). (*b*) (*Go round*) Faire le tour de (qch.). (*c*) *Gym:* **To circle the bar**, faire le grand soleil. **2.** *v.i.* (*a*) *To c. round, about, sth.*, tourner, tournoyer, autour de qch. **The planes circle overhead**, les avions *m* décrivent des cercles au-dessus de nos têtes. (*b*) *Equit:* (*Of horse*) Virevolter, volter. (*c*) *The bottle, the news, circled round*, la bouteille, la nouvelle,

circulait. (*d*) *Mil:* Opérer une conversion; se rabattre (*round, upon*, sur).

circled, *a.* Encerclé, cerclé.

circlet ['sə:rklet], *s.* **1.** Petit cercle. **2.** (*a*) Anneau *m.* (*b*) Bandeau *m* (pour les cheveux); *esp.* étroit bandeau d'or.

circs [sə:rks], *s.pl.* *F:* (= CIRCUMSTANCES) **Under the circs,** dans ces circonstances, en cette circonstance; puisqu'il en est ainsi.

circuit[1] ['sə:rkit], *s.* **1.** (*a*) Pourtour *m* (d'une ville, d'un fleuve, etc.); enceinte *f* (de murailles). (*b*) *Sp:* Circuit *m*, parcours *m* (d'une course d'avions, etc.). **2.** (*a*) Révolution *f*, marche *f* circulaire (du soleil). (*b*) *To make the c. of the town*, faire le tour de la ville. (*c*) Tournée *f*, circuit (de juge d'assises, etc.). (*Of judge*) **To go on circuit,** aller en tournée. *To be on c. with the court*, être à la suite du tribunal. *Jur:* **Circuit court,** cour *f* de circuit. *See also* JUDGE[1] 1. (*d*) Circonscription *f* de tournée, ressort *m* (d'un juge d'assises; au nombre de huit); circonscription ecclésiastique (de l'Église méthodiste). **3.** Détour *m.* *To make a wide c.*, faire un grand détour. *To make a long c.* (*in order to reach a place*), faire le grand tour. **4.** *El:* Circuit. *Branch c.*, dérivation *f*, branchement *m.* *Earth, grounded, c.*, circuit de, à, retour par la terre; communication *f* avec la terre. **In circuit,** en circuit. **Out of circuit,** hors circuit. **To close, complete, make, the circuit,** fermer le circuit. *Closed c.*, circuit fermé, à courant permanent. **To break, open, the circuit,** rompre, ouvrir, le circuit. **Short circuit,** court-circuit *m*, *pl.* courts-circuits. *W.Tel:* **Plate circuit,** circuit (de) plaque. **Grid circuit,** circuit de grille. *See also* APERIODIC, SHUNT CIRCUIT, SUPPLY-CIRCUIT.

'circuit-breaker, *s.* *El.E:* Coupe-circuit *m inv*, disjoncteur *m*, interrupteur *m*, rupteur *m.* *Minimum c.-b.*, disjoncteur à minimum. *Self-closing c.-b.*, conjoncteur-disjoncteur *m*, *pl.* conjoncteurs-disjoncteurs. *Zero c.-b.*, commutateur *m* à zéro.

'circuit-closer, *s.* Conjoncteur *m*; ferme-circuit *m inv.*

circuit[2], *v.tr.* Faire le tour de (qch.).

circuitous [sər'kjuitəs], *a.* (Chemin) détourné, indirect, sinueux; (rivage) anfractueux. *To take a c. road*, faire un détour. *By c. means*, par des moyens détournés. **-ly,** *adv.* (*a*) Par des moyens indirects. (*b*) *To travel c.*, voyager par des chemins indirects, en faisant un détour.

circular ['sə:rkjulər]. **1.** *a.* Circulaire. (*a*) *Geom:* *C. arc*, arc *m* de cercle. *Ind:* *C. bellows*, soufflet *m* cylindrique. *See also* SAW[1]. (*b*) *C. motion*, mouvement *m* circulaire. **Circular letter,** lettre *f* circulaire; circulaire *f*; lettre collective. *Com:* **Circular note,** billet *m* ou lettre de crédit circulaire; mandat *m* ou chèque *m* de voyage. *Rail:* **Circular railway,** chemin *m* de fer de ceinture. **Circular ticket,** billet *m* circulaire. **Circular tour,** tour *m* circulaire. *See also* SAILING[2] 1. (*c*) *Mth:* *C. constant*, pi *m*; rapport *m* de la circonférence au diamètre. *C. functions*, fonctions *f* circulaires. **2.** *s.* (*a*) = *circular letter.* (*b*) Prospectus (envoyé à tous les clients). (*c*) *Journ:* **The Court circular,** les éphémérides *f* de la Cour; la Cour au jour le jour; la chronique mondaine. **-ly,** *adv.* Circulairement; en cercle, en rond.

circularity [sə:rkju'lariti], *s.* Forme *f* circulaire (*of*, de); circularité *f.*

circularize ['sə:rkjuləra:iz], *v.tr.* Envoyer, expédier, des circulaires, des prospectus, à (ses clients, etc.). *Com:* Prospecter (le public).

circularizing, *s.* Envoi *m* de circulaires.

circulate ['sə:rkjuleit]. **1.** *v.i.* (*Of thg, U.S: of pers.*) Circuler. *Fin:* (*Of money*) *To c. freely*, circuler librement; rouler. **2.** *v.tr.* (*a*) Faire circuler (l'air, le vin, etc.). (*b*) Mettre en circulation, émettre (de l'argent, des nouvelles, etc.); propager, répandre, faire circuler (un bruit, etc.).

circulating[1], *a.* Circulant. *Fin:* *C. capital*, capitaux circulants, capitaux roulants, capital disponible. *Mth:* **Circulating fraction,** fraction *f* périodique. *See also* LIBRARY.

circulating[2], *s.* Circulation *f.* **Circulating pump,** pompe *f* de circulation. *Fin:* **Circulating medium,** agent *m* monétaire; monnaie *f* d'échange.

circulation [sə:rkju'leiʃ(ə)n], *s.* Circulation *f* (de l'air, du sang, des nouvelles, de l'argent, etc.); tirage *m* (d'un journal). *C. of capital*, roulement *m* de fonds. *Newspaper with a wide c.*, journal *m* à grand tirage. *To restore the c. in one's legs*, se dégourdir les jambes. *To put sth. into c.*, mettre qch. en circulation. *To put a coinage into c.*, donner cours à une monnaie. *To put forged notes into c.*, écouler de faux billets. *To withdraw sth. from c.*, retirer qch. de la circulation. *Coinage withdrawn from c.*, monnaie *f* qui n'a plus cours. *To withdraw capital from its natural channels of c.*, enlever des capitaux à leur circuit naturel. *See also* CREDIT[1] 4. *The c. of this communiqué will reassure the nation*, la diffusion de ce communiqué rassurera la nation. *I.C.E:* *etc:* **Gravity circulation,** circulation (de l'eau) par gravité. *Forced-feed c.*, circulation sous pression (de l'eau, de l'huile).

circulative ['sə:rkjuleitiv], *a.* Qui favorise la circulation.

circulator ['sə:rkjuleitər], *s.* Propagateur *m* (de nouvelles).

circulatory ['sə:rkjulətəri], *a.* Circulatoire.

circum- [sə:rkəm], *pref.* Circon-, circum-. *Circumference*, circonférence. *Circumjacent*, circonjacent. *Circumpolar*, circumpolaire. *Circumduction*, circumduction. *Circumnavigate*, circumnaviguer. *Circumsolar*, circumsolaire.

circumambiency [sə:rkəm'ambiənsi], *s.* Ambiance *f.*

circumambient [sə:rkəm'ambiənt], *a.* Ambiant.

circumambulate [sə:rkəm'ambjuleit]. *Lit. & Hum:* **1.** *v.tr.* Faire le tour de (qch.); marcher autour de (qch.). **2.** *v.i.* (*a*) Se promener çà et là. (*b*) *F:* Tourner autour du pot; barguigner.

circumambulation [sə:rkəmambju'leiʃ(ə)n], *s.* *Lit:* (*a*) Promenades *fpl* sans but. (*b*) *F:* Barguignage *m.*

circumbendibus [sə:rkəm'bendibəs], *s.* *Hum:* Circonlocutions *fpl.*

circumcise ['sə:rkəmsa:iz], *v.tr.* Circoncire (un enfant mâle, *Lit:* le cœur, les passions).

circumcised, *a.* Circoncis. *s.* **The circumcised,** les circoncis *m.*

circumcision [sə:rkəm'siʒ(ə)n], *s.* **1.** Circoncision *f.* **2.** **The Circumcision,** (i) *coll.* les Circoncis, les Juifs; (ii) *Ecc:* la (fête de la) Circoncision.

circumduction [sə:rkəm'dʌkʃ(ə)n], *s.* *Physiol:* Circumduction *f.*

circumference [sər'kʌmfərəns], *s.* Circonférence *f*; périphérie *f*; pourtour *m* (d'un piston, etc.). *The tower is thirty metres in c.*, la tour a trente mètres de circonférence. *The walls are a mile in c.*, les murs ont un mille de tour, de circuit, d'enceinte. **On the circumference,** à la circonférence; à la périphérie.

circumferential [sə:rkəmfə'renʃəl], *a.* Circonférentiel. *Mec:* **Circumferential force,** force appliquée à la circonférence; force tangentielle.

circumferentor [sər'kʌmfərentər], *s.* *Surv:* Graphomètre *m.*

circumflex[1] ['sə:rkəmfleks], *a.* **1.** *Gram:* **Circumflex accent,** *s.* **circumflex,** accent *m* circonflexe. **2.** *Anat:* (Nerf *m*, etc.) circonflexe.

circumflex[2], *v.tr.* Mettre l'accent circonflexe sur (une voyelle).

circumfuse [sə:rkəm'fju:z], *v.tr.* **1.** Répandre. *To c. sth. with air, light; to c. air, light, about sth.*, répandre de l'air, de la lumière, autour, à l'entour, de qch. **Circumfused with light,** baigné de lumière. **2.** (*Of light*) Se répandre autour, à l'entour, de (qch.).

circumfusion [sə:rkəm'fju:ʒ(ə)n], *s.* Dispersion *f* (de l'air, etc.) à l'entour.

circumjacent [sə:rkəm'dʒeisənt], *a.* Circonjacent, circonvoisin.

circumlocution [sə:rkəmlo'kju:ʃ(ə)n], *s.* Circonlocution *f*, ambages *fpl.* **The Circumlocution Office,** désignation satirique des services administratifs (d'après *Little Dorrit* de Dickens); = M. Lebureau.

circumlocutional [sə:rkəmlo'kju:ʃən(ə)l], *a.* (Langage) rempli de circonlocutions.

circumlocutionize [sə:rkəmlo'kju:ʃəna:iz], *v.i.* Parler par circonlocutions; user de circonlocutions (pour annoncer une nouvelle désagréable, etc.).

circumlocutory [sə:rkəm'lɔkjutəri], *a.* *To talk in a c. style*, user de circonlocutions.

circum-meridian [sə:rkəmme'ridiən], *a.* Circumméridien, -ienne.

circumnavigate [sə:rkəm'navigeit], *v.tr.* *To c. an island*, circumnaviguer une île; faire (par mer) le tour d'une île.

circumnavigation [sə:rkəmnavi'geiʃ(ə)n], *s.* Circumnavigation *f.*

circumnavigator [sə:rkəm'navigeitər], *s.* Circumnavigateur *m.*

circumnutation [sə:rkəmnju'teiʃ(ə)n], *s.* *Bot:* Circumnutation *f* (de la tige).

circumpolar [sə:rkəm'poulər]. **1.** *a.* Circompolaire. **2.** *s.* Étoile *f* circompolaire.

circumscissile [sə:rkəm'sisil], *a.* *Bot:* (Fruit) circoncis.

circumscribable [sə:rkəm'skraibəbl], *a.* Circonscriptible.

circumscribe ['sə:rkəmskraib], *v.tr.* **1.** Circonscrire. *To c. a polygon about a circle*, circonscrire un polygone à un cercle. **2.** Limiter, restreindre, borner (un champ d'opérations, des pouvoirs). **3.** Signer en rond (une pétition). *Cf.* ROUND ROBIN.

circumscribed, *a.* **1.** *Geom:* Circonscrit. **2.** Restreint, limité. *C. intellect*, esprit *m* de peu d'envergure; esprit borné.

circumscriber [sə:rkəm'skraibər], *s.* Signataire *mf* d'un ROUND ROBIN, *q.v.*

circumscription [sə:rkəm'skripʃ(ə)n], *s.* **1.** *Geom:* *C. of a triangle by a circle, c. of a circle about a triangle*, circonscription *f* d'un cercle à un triangle. **2.** Restriction *f*, limitation *f* (de l'action de qn, etc.). **3.** Périphérie *f*, contours *mpl*, profil *m.* **4.** Région *f*, circonscription (administrative). **5.** *Num:* Légende *f* circulaire, inscription *f* circulaire.

circumspect ['sə:rkəmspekt], *a.* Circonspect; (*of pers.*) avisé; (*of conduct*) prudent; (*of speech*) mesuré. **-ly,** *adv.* Prudemment; avec circonspection.

circumspection, circumspectness [sə:rkəm'spekʃ(ə)n, -'spektnəs], *s.* Circonspection *f*, ménagement *m.* *To use words with c.*, ménager les mots.

circumstance ['sə:rkəmstəns], *s.* **1.** *pl.* (*a*) Circonstance(s) *f.* **Extenuating circumstances,** circonstances atténuantes. **In, under, the circumstances,** dans ces circonstances; en de telles circonstances; en cette circonstance; en l'occurrence; puisqu'il en est ainsi. **Under any circumstances . . ., whatever the circumstances . . .,** en tout état de cause. . . . *To do sth. under favourable circumstances*, faire qch. sous des auspices favorables. *Under such circumstances . . .*, en pareille circonstance. . . . **In no circumstances,** en aucun cas; sous aucun prétexte; à aucune condition. *As circumstances (may) require*, selon les nécessités. *Under similar circumstances*, en pareille occasion. *I am aware of all the circumstances*, je connais tous les détails. **That depends on circumstances,** c'est selon. *We must take the circumstances into account*, il faut faire la part des circonstances. *Circumstances alter cases*, les cas changent avec les circonstances. *He was the victim of circumstances*, il a été la victime des circonstances; il n'y a pas eu de sa faute. *See also* FORCE[1] 1. (*b*) Conditions *f*, moyens *m*; état *m* de choses. *The circumstances of this nation*, les conditions spéciales de cette nation. *If his circumstances allowed*, si ses moyens le permettaient. (*Of pers.*) **To be in good, bad, circumstances,** être bien, mal, dans ses affaires; faire de bonnes, de mauvaises, affaires. *What are his circumstances?* (i) de quelle condition est-il? (ii) quelle est sa situation pécuniaire? *In easy circumstances*, dans l'aisance, à l'aise. *Persons in humble circumstances*, gens *m* de simple condition. *I wish to better my circumstances*, je voudrais améliorer ma situation, ma situation pécuniaire. **My worldly circumstances,** ma situation de fortune. *See also* NARROW[1] 1, STRAITENED. **2.** *sing.* (*a*) Circonstance, détail *m*, fait *m*, particularité *f.* *Without omitting a single c.*, sans omettre aucun détail. *Were it not for the c. that . . .*, n'était le fait que. . . . (*b*) *To relate*, **with much circumstance,** *that . . .*, raconter, avec force détails, que. . . . **3.** *sing.* Pompe *f*, appareil *m.* *To receive s.o.* **with pomp and circumstance,** recevoir qn en grande cérémonie, en grand apparat, *F:* avec la croix et la bannière. **Without circumstance,** sans cérémonie. **4.** *U.S: F:* **Not a circumstance to . . .,** pas comparable à . . ., rien auprès de. . . .

circumstanced ['sə:rkəmstənst], *a.* **Well circumstanced,** dans une bonne situation; dans l'aisance. *Poorly c. people,* gens peu fortunés. **As I was circumstanced . . .,** dans la situation où je me trouvais. . . .

circumstantial [sə:rkəm'stanʃ(ə)l], *a.* **1.** Circonstanciel. *C. evidence,* preuves indirectes; preuve par présomption. **2.** Accessoire, secondaire, accidentel. *Gram:* **Circumstantial clause,** incidente explicative. **3.** Circonstancié, détaillé. *C. account of what happened,* relation circonstanciée de ce qui s'est passé. *To give a c. account of an event,* raconter un événement en détail; entrer dans le détail, dans tous les détails, d'un événement. **-ally,** *adv.* **1.** Accessoirement, accidentellement. **2.** En détail. *To go c. into a matter,* entrer dans le détail d'une question.

circumstantiality ['sə:rkəmstanʃi'aliti], *s.* **1.** Abondance *f* de détails. **2.** *F:* Circonstance *f,* détail *m.*

circumvallate [sə:rkəm'valeit], *v.tr.* Entourer (un camp, etc.) de retranchements.

circumvallation ['sə:rkəmva'leiʃ(ə)n], *s.* Circonvallation *f*; retranchements *mpl.*

circumvent [sə:rkəm'vent], *v.tr.* (*a*) Circonvenir (qn, une manœuvre). *To c. the law,* tourner la loi; se dérober, se soustraire, à (l'atteinte *f* de) la loi. (*b*) *Mil:* Tourner (l'ennemi).

circumvention [sə:rkəm'venʃ(ə)n], *s.* Circonvention *f* (de la loi, etc.).

circumvolution [sə:rkəmvo'lju:ʃ(ə)n], *s.* Circonvolution *f.* *Anat: The circumvolutions of the brain,* les circonvolutions du cerveau.

circus, *pl.* **-uses** ['sə:rkəs, -əsiz], *s.* **1.** (*a*) *Rom.Ant:* Cirque *m.* (*b*) *Ph.Geog:* Cirque. (*c*) (*Of roads*) Rond-point *m, pl.* ronds-points. **2.** (*a*) Cirque ((i) spectacle équestre; (ii) enceinte du spectacle). **Travelling circus,** cirque forain. *F: He is off to the seaside with all his c.,* il est parti au bord de la mer avec toute sa smala. *P:* **To make a circus of oneself,** se donner en spectacle. *See also* KAFFIR 2. (*b*) *Mil.Av:* *P:* Escadrille *f* (d'avions). (*c*) *P:* Charivari *m* de tous les diables.

cirque [sə:rk], *s.* *Geol:* Entonnoir *m.*

cirrhose [si'rous], **cirrhous** ['sirəs], *a.* = CIRROSE, CIRROUS.

cirrhosis [si'rousis], *s.* *Med:* Cirrhose *f.* *C. of the liver,* cirrhose du foie, hépatocirrhose *f.*

cirri- [siri], *comb.fm.* Cirri-. *Bot: Z: etc: Cirriflorous,* cirriflore. *Cirrigerous,* cirrifère.

cirriferous [si'rifərəs], *a.* *Bot: Z:* Cirrifère.

cirriform ['sirifɔ:rm], *a.* *Meteor: Z:* Cirriforme.

cirriped ['siriped], *s.* *Crust:* Cirripède *m.*

cirro-cumulus [siro'kjumjuləs], *s.* *Meteor:* Cirro-cumulus *m.*

cirrose [si'rous], **cirrous** ['sirəs], *a.* *Bot: Meteor: Z:* Cirreux, cirré; cirr(h)al, -aux.

cirrus, *pl.* **-ri** ['sirəs, -rai], *s.* **1.** *Bot: Biol:* Cirr(h)e *m.* *Bot:* Vrille *f, F:* main *f.* **2.** *Meteor:* Cirrus *m*; nuage *m* en queue de vache; queue-de-chat *f.*

cirsium ['sə:rsiəm], *s.* *Bot:* Cirse *m.*

cis- [sis], *pref.* **1.** Cis-. *Geog: Cisrhenan,* cisrhénan. **2.** (*Occ. of time*) **Cis-reformation,** postérieur à la Réforme. **Cis-Elizabethan,** postérieur au règne d'Élisabeth. **3.** *Ch:* **Cis and trans forms** *of a compound,* formes *f* cis et trans d'un composé.

cisalpine [sis'alpain], *a.* *A.Hist: A.Geog:* Cisalpin.

cisjuran [sis'dʒuərən], *a.* *Geog:* Cisjuran. **Cisjuran Burgundy,** la Cisjurane.

cismontane [sis'mɔntein], *a.* *Geog: Rel.H:* Cismontain.

cispadane ['sispadein], *a.* *Hist:* Cispadan.

cispontine [sis'pɔntain], *a.* (*In London*) De la rive gauche (de la Tamise).

cissoid ['sisɔid], *s.* *Mth:* Cissoïde *f.*

cissus ['sisəs], *s.* *Bot:* Cissampélos *m.*

cist [sist], *s.* **1.** *Archeol:* Sépulture *f* préhistorique en dalles de pierre. **2.** *Gr.Ant:* Ciste *f,* corbeille (portée en procession).

Cistercian [sis'tə:rʃ(ə)n], *a.* & *s.* *Ecc:* Cistercien, -ienne. **The Cistercian Order,** l'ordre *m* de Cîteaux.

cistern ['sistərn], *s.* **1.** (*a*) Réservoir *m* à eau (sous les combles). (*b*) (*Underground*) Citerne *f.* *The c. of a pump,* le réservoir d'une pompe. (*c*) *Ind:* Bâche *f,* caisse *f,* cuve *f.* **2.** (*Of barometer*) Cuvette *f.*

cistus ['sistəs], *s.* *Bot:* Ciste *m.*

cit [sit], *s.* *F: A:* (= CITIZEN) (*a*) Bourgeois *m,* citadin *m.* **The Cit turned Gentleman,** le Bourgeois Gentilhomme. (*b*) Parvenu *m*; nouveau riche. (*c*) *U.S: Officer in cits,* officier *m* en civil.

citable ['saitəbl], *a.* Citable.

citadel ['sitadel], *s.* **1.** (*a*) Citadelle *f.* (*b*) *F:* Lieu *m* de refuge. *The last c. of a superannuated doctrine,* les derniers retranchements d'une doctrine qui a fait son temps. **2.** *N.Arch:* Réduit *m.*

citation [sai'teiʃ(ə)n], *s.* **1.** *Jur:* = SUMMONS. **2.** Citation *f* (i) d'un auteur, d'une autorité, (ii) empruntée à un auteur. **3.** *U.S: Mil:* Citation (à l'ordre du jour).

cite [sait], *v.tr.* **1.** *Jur:* (*a*) *Ecc: To c. s.o. before a court,* citer qn devant un tribunal. (*b*) Assigner (un témoin). **2.** (*a*) Citer (un passage, un auteur). (*b*) Alléguer (un auteur, une autorité).

cithara ['siθara], *s.* *Mus: A:* Cithare *f.*

cither(n) ['siθər(n)], *s.* *Mus: A: Poet:* Cistre *m.*

citied ['sitid], *a.* *Lit:* **1.** Parsemé de cités. **2.** Urbanisé.

citified ['sitifaid], *a.* *F:* (Air, etc.) citadin.

citizen ['sitiz(ə)n], *s.* **1.** (*a*) Citoyen, -enne, bourgeois, -oise; citadin *m.* *The citizens were disturbed by an alarm of fire,* les habitants de la ville furent éveillés par une alerte d'incendie. **My fellow-citizens,** mes concitoyens. (*b*) **Citizen of the world,** citoyen du monde, de l'univers. *Poet: The citizens of the air,* les citoyens des airs. (*c*) *U.S:* = CIVILIAN 1 (*a*). **2.** **Old Citizen,** ancien élève de la *City of London School.*

citizenhood ['sitizənhud], *s.* **1.** Rang *m,* qualité *f,* de citoyen. **2.** *All the c. of the town,* tous les citoyens, toute la bourgeoisie, de la ville.

citizenship ['sitizənʃip], *s.* **1.** Droit *m* de cité, de bourgeoisie. **2.** **Good citizenship,** civisme *m.*

citrate ['sitreit], *s.* *Ch:* Citrate *m.* *C. of sodium,* citrate de sodium, de soude.

citric ['sitrik], *a.* *Ch:* Citrique.

citrine ['sitrin]. **1.** *a.* (*a*) Citrin; jaune verdâtre. (*b*) *Pharm:* **Citrine ointment,** onguent citrin. **2.** *s.* *Miner:* Citrine *f*; prime *f* de topaze; topaze occidentale.

citron ['sitrən], *s.* **1.** Cédrat *m.* **2.** **Citron(-tree),** cédratier *m.* **Citron plantation,** cédraterie *f.* **3.** *a.* (Jaune) citron *inv.*

'citron-water, *s.* *Dist:* Citronnelle *f*; eau *f* des Barbades.

'citron-wood, *s.* Bois *m* de thuya.

citronella [sitrə'nela], *s.* *Bot:* Citronnelle *f.*

citronyl ['sitrənil], *s.* *Ch:* Citronyle *f.*

citrus ['sitrəs], *s.* *Bot:* Citron *m.*

'citrus-wood, *s.* Bois *m* de citron.

cittern ['sitərn], *s.* = CITHERN.

city ['siti], *s.* **1.** (*a*) Grande ville; *Poet:* cité *f.* **The Holy City,** la Cité sainte. **The Celestial City,** la Cité céleste. **The Eternal City,** la Ville éternelle. **The Cities of the Plain,** Sodome et Gomorrhe. *The civilization of the cities,* la civilisation citadine. **The city dwellers,** la population urbaine. (*b*) Cité, agglomération *f.* *Esp.* **Garden-city,** (i) cité-jardin *f, pl.* cités-jardins, (ii) (*for workmen*) cité ouvrière. (*c*) *U.S:* Ville. **2.** **The City,** la Cité de Londres (centre des affaires et distincte de la *Metropolitan area*). *Journ:* **City-article,** bulletin financier; compte rendu *m* de la Bourse et du commerce. '*The City,*' "Bourse, finance, et commerce." **City editor,** rédacteur *m* de la rubrique financière. *F:* **He's in the City,** il est dans les affaires. *See also* COMPANY[1] 4, FREEDOM 4.

city-'council, *s.* Conseil municipal.

city-'hall, *s.* Hôtel *m* de ville.

'city-man, *pl.* **-men,** *s.m.* Homme d'affaires de la Cité.

'city-state, *s.* *Gr.Ant:* État-cité *m, pl.* états-cités.

cityward(s) ['sitiwərd(z)], *adv.* Vers la ville, vers la cité.

civet ['sivet], *s.* **1.** *Z:* **Civet(-cat),** civette *f.* *See also* PALM-CIVET. **2.** (*Perfume*) Civette.

civic ['sivik], *a.* Civique. *The c. authorities,* les autorités municipales. **Civic guard,** garde civique, nationale. *C. rights, position,* droits civils, droits de citoyen; état civil. *C. virtues,* vertus *f* civiques; civisme *m.* **-ally,** *adv.* **1.** Du point de vue civique. **2.** (Se conduire) en citoyen.

civics ['siviks], *s.pl.* (*Usu. with sg. const.*) *Sch:* Instruction *f* civique.

civies ['siviz], *s.pl.* *F:* Vêtements civils. **In civies,** en civil, en bourgeois; *P:* en civelot, en pékin.

civil ['sivil], *a.* **1.** (*a*) (*Of society, law, institution, day, year, etc.*) Civil. **Civil war,** guerre civile. **Civil rights,** (i) droits civiques, (ii) *Jur:* droits civils. *Jur:* **Civil death,** mort civile. **Civil fruits,** fruits civils. *C. marriage,* mariage civil. *To contract a c. marriage,* se marier civilement. **Civil law,** (i) droit romain, (ii) droit civil, = le Code civil. *See also* SERVANT 2, SERVICE[1] 3. (*b*) **In civil life,** dans le civil. (*c*) *Adm:* **The Civil List,** la liste civile (du roi). **Civil List pension,** pension *f* sur les fonds de la Couronne. (*d*) **Civil engineer,** ingénieur civil. **2.** Poli, honnête, civil. *He was very c. to me,* il s'est montré très aimable. **Keep a civil tongue in your head!** soyez plus poli dans vos propos! *F:* **To do the civil,** se mettre en frais de politesse, de civilité, de courtoisie. **-illy,** *adv.* Civilement, poliment.

'civil-spoken, *a.* Courtois.

civilian [si'viljən]. **1.** *s.* (*a*) Bourgeois *m*; civil *m* (par opposition à l'armée et à la marine); *Mil: P:* pékin *m.* (*b*) **Indian civilian,** fonctionnaire *m* de l'administration des Indes. **2.** *a.* Civil. **In civilian life,** dans le civil.

civility [si'viliti], *s.* Civilité *f*; courtoisie *f,* politesse *f.* *To show s.o. c.,* faire des politesses, des amabilités, à qn. *Common c. requires. . . .,* la politesse élémentaire veut. . . . *Exchange of civilities,* échange *m* d'amabilités, de bons procédés.

civilizable ['sivila:izəbl], *a.* Civilisable.

civilization [sivilai'zeiʃ(ə)n], *s.* Civilisation *f.*

civilize ['sivila:iz], *v.tr.* Civiliser. **To civilize away** *an instinct,* supprimer un instinct (i) par la civilisation, (ii) par l'excès de civilisation.

civilized, *a.* Civilisé. **To become civilized,** se civiliser.

civilizing, *a.* Civilisant; civilisateur, -trice. *Music has a c. effect,* la musique adoucit les mœurs.

civilizer ['sivilaizər], *s.* Civilisateur, -trice.

civism ['sivizm], *s.* Civisme *m.*

civvies ['siviz], *s.pl.* = CIVIES.

civvy ['sivi], *s.* *P:* = CIVILIAN 1 (*a*).

clachan [klaχən], *s.* *Scot:* Bourg *m,* village *m.*

clack[1] [klak], *s.* **1.** Bruit sec; claquement *m.* **Clack-clack,** clic-clac *m.* **2.** *Tchn:* (*a*) **Clack(-valve),** (i) (soupape *f* à) clapet *m*; soupape à charnière; (ii) *Mch:* soupape à boulet. (*b*) **(Mill-)clack,** traquet *m.* **3.** *F:* (*a*) (*Of pers.*) Caquet *m,* jacasserie *f,* tapette *f,* bavardage *m.* *Stop your c.! cut your c.!* assez jacassé! *P:* la ferme! ferme ça! (*b*) Racontar *m,* bavardage.

'clack-box, *s.* *Hyd.E:* Chapelle *f* de soupape.

clack[2], *v.i.* **1.** (*Of thg*) Claquer; faire clic-clac. **2.** *F:* (*Of pers.*) Caqueter, bavarder, jacasser.

clacking, *s.* **1.** Claquement *m* (d'un fouet, d'une trémie de moulin). **2.** *F:* Caquetage *m.*

clad [klad]. *See* CLOTHE.

cladocarpous [klado'kɑ:rpəs], *a.* *Bot:* Cladocarpe.

cladonia [kla'dounja], *s.* *Moss: Pharm:* Cladonie *f.*

claim[1] [kleim], *s.* **1.** Demande *f* (de secours, etc.); revendication *f,* réclamation *f.* *Pensions c.,* demande de pension. *The papal claims,* les revendications de la papauté. **2.** Droit *m*, titre *m*, prétention *f* (*to sth.*, à qch.). **To have a claim to sth.,** avoir droit à qch. **To lay claim to sth.,** (i) prétendre à qch.; revendiquer son droit à qch.; *F:* jeter son dévolu sur qch.; (ii) s'attribuer qch. *F: I do not lay c. to learning,* je ne pose pas au savant; je n'ai pas de prétentions à l'érudition. *Legal c. to sth.,* titre juridique à qch. **To put in a claim,** faire valoir ses droits. *To set up a c.,* émettre une revendication. **3.** *Jur:* (*Debt*) Créance *f*. *See also* PREFERENTIAL 2. **4.** (*a*) *Jur:* Réclamation. **To set up a claim,** faire une réclamation. **Statement of claim,** exposé détaillé des prétentions du demandeur; conclusions *fpl* de l'avocat (en dommages-intérêts). *To lodge a c. against s.o.,* actionner qn en revendication. *To make, put in, a c. for damages,* demander une indemnité; réclamer des dommages-intérêts. *To have no c. whatever on s.o.,* n'avoir aucun recours contre qn. *Ins: To put in a c.* (*after an accident*), réclamer la prime (d'assurance); s'adresser à l'assurance. *Adm:* **Disputed claims office,** le contentieux. (*b*) **To have a claim on s.o.,** avoir prise sur qn. *I have some claims on his friendship,* j'ai des titres à son amitié; j'ai le droit de me réclamer de son amitié. *I have no c. on you,* vous ne m'êtes redevable de rien; vous n'êtes aucunement tenu de me servir. *I have many claims on my time,* mon temps est entièrement pris. **5.** (*In U.S. and Austr.*) Concession (minière). **6.** *U.S:* Affirmation *f*, prétention.

'claim-holder, *s.* (*In U.S. & Austr.*) Concessionnaire *m*.

'claim-jumper, *s. U.S: F:* Individu *m* (i) qui empiète sur les concessions minières d'autrui, (ii) qui prétend à tort à un droit, à un titre.

claim[2], *v.tr.* (*a*) Réclamer (un droit, les soins de qn); revendiquer (un droit, un honneur); exiger, demander (du respect, de l'attention). *Jur:* Requérir. *To c. sth. from s.o.,* réclamer qch. à qn. *To c. a privilege,* prétendre à un privilège; se targuer d'un privilège. *To c. the right to do sth.,* (i) revendiquer le droit de faire qch.; (ii) prétendre avoir le droit de faire qch. **To claim one's due,** faire valoir ses droits. *The sea claims many victims,* la mer fait de nombreuses victimes. **To claim sth. back from s.o.,** demander à qn la restitution de qch.; *Jur:* répéter qch. contre qn. (*b*) *To c. that . . .,* prétendre, avancer, affirmer, soutenir, que. . . . *The witness claimed to have seen the accused,* le témoin déposa qu'il avait vu l'accusé, affirma avoir vu l'accusé. *To c. to be an expert,* se prétendre, se faire passer pour, expert. *To c. to be an honest man,* se donner pour un honnête homme. *To c. to be a gentleman,* se piquer d'être un gentleman. *To c. a virtue,* s'attribuer une vertu. *He has a quality that few of us can c.,* il possède une qualité que peu d'entre nous peuvent revendiquer. **To claim acquaintance with s.o.,** prétendre connaître qn. *To c. kinship with s.o.,* se dire, se prétendre, parent de qn. *Family that claims descent from . . .,* famille *f* qui rapporte son origine à. . . .

claiming-'back, *s. Jur:* Répétition *f*; action *f* en restitution.

claimable ['kleiməbl], *a.* Revendicable, exigible, demandable.

claimant ['kleimənt], **claimer** ['kleimər], *s.* Prétendant, -ante; revendicateur *m*; *Jur:* réclamant, -ante; demandeur, -eresse; partie requérante. **Rightful claimant,** ayant droit *m*, *pl.* ayants droit. *C. for a patent,* demandeur d'un brevet. *Estate without a c.,* succession vacante.

clairce [klɛərs], *s. Sug.-R:* Clairce *f*, claircée *f*.

clairvoyance [klɛər'vɔiəns], *s.* **1.** Voyance *f*; lucidité *f* (somnambulique); don *m* de seconde vue. **2.** (*Penetration of mind*) Clairvoyance *f*.

clairvoyant [klɛər'vɔiənt]. **1.** *a.* (*a*) Doué de seconde vue. (*b*) (*Shrewd*) Clairvoyant. **2.** *s.* (*f. occ.* **clairvoyante**) Voyant, -ante; somnambule *mf* lucide; *F:* dormeuse *f*.

clam[1] [klam], *s. Moll:* Peigne *m*, palourde *f*. **Giant clam,** bénitier *m*. *See also* RAZOR-CLAM.

'clam-shell, *s. Moll:* Coquille *f* de peigne.

clam[2], *v.i. U.S: P:* **To clam up,** se taire. *Just c. up!* la ferme!

clam[3], *s.* = CLAMP[1].

clamant ['klamənt, 'klei-], *a.* **1.** *Lit: A:* Criard. **2.** (*a*) *C. injustice,* injustice criante. (*b*) *C. need for sth.,* besoin urgent de qch.

clamber[1] ['klambər], *s.* Ascension *f* raide; escalade *f*.

clamber[2], *v.i.* Grimper (des pieds et des mains). *To c. up a ladder,* grimper à l'échelle. *To c. over a wall,* escalader un mur. *To c. up the stairs,* gravir l'escalier en s'aidant de ses mains.

clamminess ['klaminəs], *s.* **1.** Moiteur froide (de la peau); humidité froide (de l'air). **2.** État collant, gluant (d'une surface).

clammy ['klami], *a.* **1.** (*a*) (*Of hands, skin*) (Froid et) moite; (*of atmosphere*) (froid et) humide. (*b*) *Med: C. skin,* peau halitueuse. *C. mouth,* bouche pâteuse. **2.** (*a*) Gluant, collant; mal essuyé. (*b*) (Pain) mal cuit, qui colle aux dents, pâteux.

clamorous ['klamərəs], *a.* Bruyant, braillard. *A c. crowd,* une foule vociférante. *The crowd were c. for his death,* la foule demandait à grands cris qu'on le mît à mort. **-ly,** *adv.* Bruyamment, à grands cris.

clamour[1] ['klamər], *s.* (*a*) Clameur *f*; cris *mpl*; vociférations *fpl*. *This action raised a general c.,* cette action souleva un tollé général. (*b*) *The c. of the storm,* la clameur, les hurlements *m*, de la tempête. (*c*) *There was a c. for war,* on réclamait à grands cris la guerre.

clamour[2]. **1.** *v.i.* Vociférer, crier; pousser des clameurs *f*. *The troops were clamouring to go home,* les hommes demandaient bruyamment à rentrer dans leurs foyers. *To c. for sth.,* réclamer, demander, qch. à grands cris, à cor et à cri. *To c. against sth.,* élever des clameurs contre qch.; aboyer après qch. **2.** *v.tr.* **To clamour s.o. down,** faire taire qn à force de clameurs. *The country clamoured him into resigning,* l'indignation bruyante de tout le pays le força à se démettre.

clamp[1] [klamp], *s.* (*a*) Crampon *m*, presse *f*; main *f* de fer. *Tailstock-spindle c.,* serrage *m* de contre-pointe (d'un tour). (*b*) *Const:* Agrafe *f*, happe *f*, clameau *m*, moufle *f* (de pierres de taille). (*Series of*) *clamps,* chaînage *m*. (*c*) Bride *f* de serrage; patte *f* d'attache; étrier *m*, collier *m* (de tuyau). *I.C.E:* Étrier de soupape. *Nau:* Blin *m* (de bout-dehors); clamp *m*. (*d*) *Carp: etc:* (i) Serre-joint, *pl.* serre-joints *m*; sergent *m*; étreignoir *m*; (ii) valet *m* (d'établi). **C-clamp,** crampon en C; serre-joint. (*e*) Mordache *f* (d'étau). (*f*) Pince *f*. *Brazing-c.,* pince à braser. *See also* CLOTH 2, ECCENTRIC 1, PAPER-CLAMP. (*g*) Pince (pour fils). *El.E:* (i) Attache-fil(s) *m inv*, serre-fil, *pl.* serre-fils *m*; borne *f*. (ii) **Brush-clamp,** sabot *m* de balai. (*h*) *Surg:* Clamp. (*i*) *Phot:* **Tripod clamp,** entretoise *f* du pied.

'clamp-screw, *s.* Vis *f* d'arrêt, de blocage.

clamp[2], *v.tr.* **1.** (*a*) Cramponner, serrer; mettre (qch.) sous presse. *F: His elbows clamped hard down on the table,* les coudes collés, vissés, à la table. (*b*) *F:* Saisir, empoigner (qch.). **2.** (*a*) *Const: etc:* Agrafer (deux pierres); brider (un tuyau); *Nau:* bliner (un bout-dehors). *To c. a piece between two others,* emprisonner une pièce entre deux autres. **To clamp a piece on,** fixer une pièce par une pince, avec une agrafe. (*b*) Bloquer, immobiliser (un instrument de précision); caler (un télescope). (*c*) *Ch:* Pincer (un tube).

clamping, *s.* Agrafage *m*, bridage *m*, calage *m*, blocage *m*, serrage *m*; chaînage *m* (d'un mur). *C. of a tool,* fixation *f* d'un outil. **Clamping band, ring,** collier *m* de serrage. **Clamping-plate,** plateau *m* de serrage. **Clamping surface,** surface *f* de joint, d'appui.

clamp[3], *s.* (*a*) Silo *m* (temporaire) (de pommes de terre). (*b*) Tas *m* (de rebuts, etc.). (*c*) Meule *f* (de briques en cuisson); four *m* de campagne. **Clamp firing of bricks,** cuisson *f* à la volée.

clamp[4], *v.tr.* (*a*) Mettre (des pommes de terre) en silo. (*b*) Entasser (des rebuts, etc.). (*c*) Mettre (des briques) en meule.

clamp[5, 6]. *Dial:* = CLUMP[1] 4, CLUMP[2] 1 (*a*).

clan[1] [klan], *s.* **1.** *Scot:* Clan *m*. **The head of the clan,** le chef de clan. **2.** (*a*) Tribu *f*. (*b*) *F:* Coterie *f*, clique *f*.

clan[2], *v.i. F:* (**clanned**) **To clan together,** se soutenir mutuellement; faire preuve d'esprit de corps.

clandestina [klandes'tainə], *s. Bot:* Clandestine *f*; *F:* herbe cachée.

clandestine [klan'destin], *a.* Clandestin, subreptice. **Clandestine printing,** marronnage *m*. **-ly,** *adv.* Clandestinement, subrepticement; à la dérobée, en cachette; *F:* sous le manteau (de la cheminée). **Book printed clandestinely,** marron *m*.

clandestineness [klan'destinnəs], *s.* Clandestinité *f*.

clang[1] [klaŋ], *s.* Son *m*, bruit *m*, métallique; bruit strident, retentissant; résonnement *m* (de cloches, etc.). *The smithy rings with the c. of the hammer,* la forge retentit du son du marteau. *Attrib. Psycho-analysis:* **Clang associations,** associations *f* sonores.

clang[2]. **1.** *v.i.* Retentir, résonner; rendre un son métallique. **2.** *v.tr.* Faire résonner. *The tramcars c. their bells,* les tramways font résonner leurs timbres.

clanging[1], *a.* Retentissant, résonnant.

clanging[2], *s.* = CLANG[1].

clangorous ['klaŋgərəs], *a.* Retentissant, strident.

clangour ['klaŋgər], *s.* = CLANG[1].

clanism ['klanizm], *s.* = CLANNISHNESS.

clank[1] [klaŋk], *s.* Bruit sec (de chaînes, de fers); cliquetis *m*.

clank[2]. **1.** *v.i.* Rendre un bruit métallique (sans résonance), un bruit de chaînes. *The old bell clangs, or rather clanks,* la vieille cloche résonne, ou plutôt rend un son fêlé. **2.** *v.tr. The prisoners c. their chains,* les prisonniers font sonner leurs chaînes, leurs fers.

clanking, *s.* = CLANK[1].

clannish ['klaniʃ], *a.* **1.** Attaché, dévoué, au clan ou à la tribu. **2.** *Pej:* Attaché aux intérêts de son clan, de sa tribu, ou de sa coterie; plein des préjugés de sa coterie.

clannishness ['klaniʃnəs], *s.* *Usu. Pej:* Esprit *m* de corps (des membres du clan, de la tribu, d'une coterie); esprit étroit de famille, d'exclusivisme; esprit de coterie.

clanship ['klanʃip], *s.* **1.** Système *m* du clan. **2.** = CLANNISHNESS.

clansman, *pl.* **-men** ['klanzmən, -men], *s.* Membre *m* d'un clan, d'une tribu.

clap[1] [klap], *s.* **1.** (*a*) Battement *m* (de mains); applaudissements *mpl*. **To give s.o. a clap,** applaudir qn. (*b*) Coup *m*, tape *f* (de la main). *He gave me a friendly c. on the shoulder,* il me frappa amicalement sur l'épaule. **2.** (**Thunder-**)**clap,** coup *m* de tonnerre. *There was a c. of thunder,* le tonnerre éclata.

'clap-stick, *s. Cin:* Claquoir *m*, claquette *f* (de synchronisation). **Clap-stick signal,** repère *m*.

clap[2]. **1.** *v.tr.* (**clapped; clapping**) (*a*) **To clap one's hands,** battre, claquer, des mains. **To clap s.o. on the back,** donner à qn une tape sur le dos; frapper sur l'épaule de qn. *To c. a performer,* applaudir un artiste. (*b*) (*Of bird*) *To c. its wings,* battre des ailes. (*c*) Mettre, *F:* coller. *To c. s.o. in prison,* fourrer qn en prison; mettre qn au bloc. *To c. s.o. under lock and key,* enfermer qn à double tour. *See also* HEEL[1] 1. *He clapped his ear to the door,* il colla son oreille contre, à, la porte. *To c. a pistol to s.o.'s head,* appuyer brusquement un pistolet sur la tempe de qn. *F:* **To clap eyes on s.o.,** voir qn (tout à coup); apercevoir qn. *I hadn't clapped eyes on him since the War,* je ne l'avais jamais rencontré, jamais aperçu, depuis la Guerre. *See also* SPUR[1] 1. **2.** *v.i.* (*a*) Applaudir. (*b*) (*Of wings*) Battre.

clap on, *v.tr.* **To clap on one's hat,** *to c. one's hat on one's head,* camper, enfoncer brusquement, son chapeau sur sa tête. *Nau:* **To clap on more sail,** augmenter de toile. *F:* **To clap on another shilling,** surenchérir d'un shilling. *See also* BRAKE[6] 1.

clap to. 1. *v.tr.* Fermer (avec un bruit sec). *He clapped to the lid,* il ferma sec le couvercle. **2.** *v.i.* Se refermer (avec un bruit sec); se refermer brusquement.

clapping, *s.* Battement *m* des mains, applaudissements *mpl*.

clap[3], *s.* (*Not in decent use*) Blennorragie *f*, gonorrhée *f*; échauffement *m*; *F:* chaude-pisse *f*.

clapboard[1] ['klapbɔ:rd], *s. Const: U.S:* Bardeau *m*.

clapboard[2], *v.tr. U.S:* Revêtir (un mur) de bardeaux.

clapboarding, *s.* Revêtement *m* de bardeaux.
clapnet ['klapnet], *s. Ven:* Tirasse *f. To catch quails with a c.*, tirasser des cailles.
clapper[1] ['klapər], *s.* **1.** (*a*) Battant *m* (de cloche, de moulin à blé); claquet *m*, traquet *m* (de moulin); clapet *m* (de pompe). (*b*) *P:* La langue. *He likes to hear his own c. going*, il aime à s'entendre parler. **2.** (*a*) Claquette *f*, claquoir *m. Ecc:* Claquoir. (*b*) Crécelle *f* (de crieur public). (*c*) *Husb:* Moulin *m* à claquet (pour effrayer les oiseaux). **3.** (*Pers.*) Applaudisseur, -euse; (*hired*) claqueur *m. The (hired) clappers*, la claque.
'clapper-bill, *s. Orn:* Bec-ouvert *m, pl.* becs-ouverts.
'clapper-ring, *s.* Bélière *f* (de cloche).
'clapper-valve, *s. Mec.E:* (Soupape *f* à) clapet *m*.
clapper[2]. **1.** *v.i.* (*Of stork*) Claqueter. **2.** *v.tr.* Tinter (une cloche) en tirant sur le battant.
clapperclaw ['klapərklɔː], *v.tr. A:* S'escrimer du bec et des ongles contre (qn).
claptrap ['klaptrap]. **1.** *s.* (i) Phrases *fpl* à effet; boniment *m*; *P:* bobards *mpl*; (ii) verbiage *m*; phrases vides. **To talk claptrap**, (i) parler pour se faire applaudir; parler pour la galerie; (ii) parler pour ne rien dire; débiter des discours qui ne supportent pas l'examen. **2.** *a.* (Discours) creux, sans sincérité.
Clara ['klɛərə]. *Pr.n.f.* Clara, Claire.
Clare [klɛər]. **1.** *Pr.n.f.* Claire. **2.** *s. Ecc:* **The Poor Clares**, les pauvres clarisses.
Clarence ['klarəns]. **1.** *Pr.n.m.* Clarence. **2.** *s. Veh: A:* Coupé *m* à quatre places (de l'époque du duc de Clarence, plus tard Georges IV).
Clarenceux ['klarensjuː], *s. Her:* Second roi d'armes.
clarendon ['klarəndən], *s. Typ:* Normande *f*; caractère gras.
claret ['klaret]. **1.** *s.* (*a*) Vin *m* de Bordeaux (rouge); bordeaux *m*. (*b*) *Box: P:* Sang *m*. **To tap s.o.'s claret**, le faire saigner du nez. *To have one's c. tapped, P:* pavoiser. *P:* **I tapped his claret for him**, je lui ai flanqué un gnon qui l'a fait saigner du nez. **2.** *a.* **Claret(-coloured)**, vineux.
'claret-cup, *s.* Boisson sucrée au citron et au vin rouge.
clarification [klarifi'keiʃ(ə)n], *s.* Clarification *f*; (*of wine*) soutirage *m*, collage *m. C. of political opinion*, mise *f* au point de l'opinion politique.
clarifier ['klarifaiər], *s.* Clarificateur *m*; *Sug.-R:* claire *f*; *Winem:* colle *f*.
clarify ['klarifai]. **1.** *v.tr.* Clarifier (le beurre, le sirop); déféquer (le sirop, etc.); coller (le vin); éclaircir (l'esprit, la vision, etc.). *To c. a question*, faire la lumière sur une question. **2.** *v.i.* Se clarifier, s'éclaircir.
clarifying[1], *a.* Clarificateur, -trice.
clarifying[2], *s.* = CLARIFICATION.
clariné [klari'ne], *a. Her:* Clariné.
clarinet [klari'net], *s. Mus:* **1.** (*a*) Clarinette *f*. **Tenor-clarinet in F**, clarinette-alto *f. To play the c.*, jouer de la clarinette. *F: To tootle on the c.*, clarinetter. (*b*) **Clarinet stop** (*of organ*), clarinette, cromorne *m*. **2.** (*Player*) Clarinette *f*.
clarinettist [klari'netist], *s.* Clarinettiste *mf*.
clarion[1] ['klariən], *s.* **1.** *Poet:* Clairon *m*. **Clarion-voiced**, à la voix claironnante. **2.** (*Organ stop*) Clairon.
clarion[2], *v.tr. Lit:* **To clarion (forth) the news, s.o.'s praises**, proclamer à son de trompe la nouvelle; entonner les louanges de qn.
clarionet [klariə'net], *s.* = CLARINET.
Clarissa [kla'risə]. *Pr.n.f.* Clarisse.
clarity ['klariti], *s.* Clarté *f*.
clarkia ['klɑːrkjə], *s. Bot:* Clarkie *f*, clarkia *m*.
Claros, Clarus ['klɛərɔs, -əs]. *Pr.n. A.Geog:* Claros.
clary ['klɛəri], *s. Bot:* (Sauge *f*) sclarée *f*; toute-bonne *f*, *pl.* toutes-bonnes; orvale *f*.
clash[1] [klaʃ], *s.* Choc violent et sonore. **1.** Fracas *m*; résonnement *m* (de cloches, etc.); choc (de verres, etc.); cliquetis *m* (d'épées, etc.). *The keys fell with a c.*, les clefs tombèrent avec fracas. *The c. of cymbals*, le son strident des cymbales. *F:* **The clash of arms**, le tumulte des armes. **2.** (*a*) Conflit *m*, choc (d'opinions); choc (d'armées); (*between mobs*) échauffourée *f*; désaccord *m*, opposition *f*, collision *f*, combat *m*, frottement *m* (d'intérêts, de doctrines). (*b*) Disparate *f*, discordance *f*, contrariété *f* (de couleurs). **3.** *Dial:* (*a*) Querelle *f*. (*b*) (*Esp. Scot.*) Bavardage *m*; cancan *m*, potin *m*, racontar *m*. *It's common c.*, c'est un bruit qui court partout.
clash[2]. **1.** *v.i.* (*a*) (*Of cymbals, bells, etc.*) Résonner (bruyamment); (*of arms*) s'entre-choquer. **To clash together**, se choquer (bruyamment); s'entre-choquer. *The two engines clashed together*, les deux locomotives se heurtèrent avec fracas. (*b*) (*Conflict*) (i) (*Of colours*) Jurer; faire disparate; discorder, détonner (*with*, avec). (ii) (*Of opinions, etc.*) S'opposer. *His opinions c. with mine*, ses opinions sont en conflit, en désaccord, avec les miennes, sont opposées, se heurtent, aux miennes, ne s'accordent pas avec les miennes. *Here our interests c.*, ici nos intérêts se heurtent. *The two dates c.*, les deux réunions, dîners, etc., tombent le même jour. **2.** *v.tr.* (*a*) Faire résonner (des cymbales, etc.); sonner ensemble (les cloches). *They clashed their shields*, ils heurtaient leurs boucliers l'un contre l'autre. *Aut: To c. the gears*, racler les pignons (de la boîte de vitesses). (*b*) *Dial:* (*Esp. Scot.*) *To c. the door*, fermer la porte avec fracas.
clashing[1], *a.* **1.** Bruyant, retentissant. **2.** *C. colours*, couleurs disparates, discordantes, ennemies, qui jurent ensemble. **3.** *C. opinions*, opinions opposées.
clashing[2], *s.* = CLASH[1].
clasp[1] [klɑːsp], *s.* **1.** Agrafe *f* (de broche, de médaille, d'album, etc.); fermeture *f* (de collier, etc.); fermoir *m*, fermail *m* (de livre, d'album, de porte-monnaie). **Hair-clasps**, barrettes *f. Diamond c.*, agrafe de diamants. **(Staple-)clasp** (*for padlocking*), moraillon *m*. **Bolt clasp**, gâche *f* de verrou. **2.** Étreinte *f*, enlacement *m*. **Hand-clasp**, serrement *m* de mains.
'clasp-hook, *s.* Croc *m* à ciseaux.
'clasp-knife, *s.* Couteau pliant, fermant, de poche; *F:* eustache *m. C.-k. with lock-back*, couteau à cran d'arrêt, à mouche; couteau à loquet.
clasp[2], *v.tr.* **1.** Agrafer, cadenasser (un bracelet, etc.). *v.i. This bracelet won't c.*, ce bracelet ne veut pas s'agrafer. **2.** (*a*) Serrer, étreindre, enlacer (qn); embrasser (qch., les genoux de qn); prendre (qch.) dans ses bras. *To c. one's arms round sth.*, étreindre, embrasser, qch. des deux bras. *To c. s.o. to one's breast, to one's heart*, serrer qn contre sa poitrine, contre son cœur, sur son cœur. *To be clasped in each other's arms*, se tenir étroitement embrassés. (*b*) *To c. s.o.'s hand*, serrer la main à qn. *They clasped hands*, ils se serrèrent la main. *They clasped hands to ford the stream*, ils se prirent par la main pour traverser la rivière.
clasper ['klɑːspər], *s. Bot:* Vrille *f*.
class[1] [klɑːs], *s.* Classe *f*. **1.** (*Order*) **The upper class** (*of society*), *F:* **the classes**, les gens *m* du monde, la haute société, *P:* la haute. **Class consciousness**, (i) esprit *m* de caste, (ii) conscience *f* de classe. **Class war**, lutte *f* des classes; guerre sociale. **The lower classes**, le prolétariat, le bas peuple, le petit monde. **The middle class**, la bourgeoisie. **The classes and the masses**, les possédants et les prolétaires. *See also* BETTER[1] 1, LOW-CLASS, MIDDLE CLASS, WORKING[1] 1. *What c. does he belong to?* de quel monde est-il? *To marry a girl of one's own c.*, épouser une jeune fille de sa condition. *I do not belong to their c.*, je n'appartiens pas à leur milieu. **First-class** *ticket, road, etc.*, billet *m*, route *f*, etc., de première classe. *See also* FIRST-CLASS, HIGH-CLASS, SECOND-CLASS, THIRD-CLASS. *P:* **She is no class**, elle n'est pas de notre monde; elle est d'une vulgarité qui saute aux yeux. (*Of sportsman, etc.*) *He is not c. enough*, il n'est pas à la hauteur. **A class tennis player**, un joueur de tennis de premier ordre. *There's a lot of c. about him*, il est très bien dressé; il a un jeu très classique. **2.** *Sch:* (*a*) **The French class**, la classe de français. **Evening classes**, cours *m* du soir, cours d'adultes. *Dancing c.*, cours de danse. *To attend the classes at . . .*, suivre les cours à. . . . (*b*) *U.S:* Promotion *f*. **3.** (*a*) (*Kind*) Catégorie *f*, sorte *f*, genre *m. To arrange (articles) in classes*, classifier (des objets). *Arrangement in classes*, classification *f. This article stands in a c. by itself*, cet article est unique. *C. of ships*, type *m* de vaisseaux. *Aut: Race for the four-cylinder c.*, course *f* pour la catégorie des quatre-cylindres. (*b*) *Nat.Hist: The classes of a kingdom*, les classes d'un règne. (*c*) *Ins:* **Class of a ship**, cote *f* d'un navire (au Lloyd). (*d*) *Sch:* (*University*) Mention obtenue; (première, deuxième, ou troisième) catégorie, dans un examen passé dans un groupe de matières spécial. **To take a class** = *to take Honours, q.v. under* HONOUR[1] 5.
'class-book, *s. Sch:* Livre *m* de classe; livre scolaire.
'class-fellow, *s.* (*a*) Camarade *m* de classe; condisciple *m*. (*b*) *U.S:* Camarade de promotion.
'class-list, *s. Sch:* Liste *f* par ordre de mérite.
'class-man, *pl.* **-men**, *s. Sch:* Candidat *m* qui a obtenu une mention de première, deuxième ou troisième classe. (Opposé à PASS-MAN.)
'class-mate, *s.* = CLASS-FELLOW.
'class-prize, *s. Sch:* Prix *m* d'excellence.
'class-room, *s. Sch:* (Salle *f* de) classe *f*.
class[2], *v.tr.* (*a*) Classer; ranger (des candidats, etc.) par classes. *Classed first*, classé premier. **Not classed**, (i) non classé; (ii) (*at exhibitions*) hors concours. (*b*) *Ins:* Coter (un navire). *Ship classed A1*, vaisseau classé suivant la cote A1.
classable ['klɑːsəbl], *a.* Que l'on peut classer ou coter.
classic ['klasik]. **1.** *a.* (Auteur *m*, littérature *f*, beauté *f*, etc.) classique. *C. ground*, terre *f* classique, sol *m* classique. *To assume a c. attitude*, prendre une pose académique. *Turf:* **Classic** (race), course *f* classique. (Elles sont au nombre de cinq.) *U.S:* **The Classic City**, Boston. **2.** *s.* (*a*) Classique *m* (grec, français, etc.). *F: Author who is now a c.*, auteur qui est maintenant un classique. (*b*) *Sch:* Humaniste *m*. (*c*) *pl.* (*Usu. with sg. const.*) Études *f* classiques; humanités *f*. **To study classics**, faire ses humanités.
classical ['klasik(ə)l], *a.* Classique. *C. education*, enseignement classique. *To receive a good c. education*, faire ses humanités. **Classical scholar**, humaniste *m. The c. side of the school*, les classes *f* d'humanités. *She only plays c. music*, elle ne joue que du classique. **-ally**, *adv.* A la manière des (auteurs) classiques; en érudit. **To write classically**, écrire attiquement.
classicism ['klasisizm], *s.* **1.** *Lit: Art:* Classicisme *m*. **2.** Connaissance *f* des classiques. **3.** Humanisme *m*. **4.** Tour *m* ou locution *f* emprunté(e) au latin ou au grec.
classicist ['klasisist], *s.* **1.** *Lit.Hist:* Classique *m. Classicists and Modernists*, les classiques et les modernes *m*. **2.** *Sch:* Humaniste *mf*. **3.** Partisan *m* des études classiques.
classifiable ['klasifaiəbl], *a.* Que l'on peut classer ou classifier.
classification [klasifi'keiʃ(ə)n], *s.* Classification *f* (des plantes, des animaux); classement *m* (de papiers, de concurrents, etc.); cote *f* (d'un navire); codification *f* (des lois). *Rail: U.S:* **Classification yard**, gare *f* de triage.
classifier ['klasifaiər], *s.* **1.** (*Pers.*) Classificateur *m*. **2.** *Min:* **(Trough-)classifier**, (hydro-)classeur(-trieur) *m*, *pl.* (hydro-)classeurs(-trieurs).
classify ['klasifai], *v.tr.* Classifier, classer; distribuer (des animaux, des fleurs). *U.S:* **The classified service**, les fonctionnaires et employés de l'État (divisés en quatre classes).
classifying, *a.* Classificatoire.
classy ['klɑːsi], *a. F.* Bon genre. *You must have some furs, it looks c.*, il te faudra des fourrures ça fait riche, ça fait chic.
clastic ['klastik], *a. Geol:* Clastique. *C. rocks*, roches clastiques, agrégées.
clatter[1] ['klatər], *s.* **1.** Bruit *m*, vacarme *m*, fracas *m*; battue *f*

(de sabots de cheval); bruit (de vaisselle); clic-clac *m* (de sabots); ferraillement *m* (d'une machine). **2.** *F:* Brouhaha *m* (de conversation). *The c. of tongues round the tea-table*, la conversation animée autour de la table de thé. **3.** *Dial:* (*Esp. Scot.*) = CLASH[1] 3 (*b*).

clatter[2]. **1.** *v.i.* (*a*) Faire du bruit; se choquer avec fracas. *The spoons c. in the plates*, on entend un bruit assourdissant de cuillers et de vaisselle. **To clatter about**, marcher en faisant claquer ses souliers. **To clatter down**, tomber, descendre, avec bruit, avec fracas. **To clatter along, by**, passer avec bruit. **To clatter downstairs**, descendre bruyamment l'escalier. *To come clattering down*, dégringoler; faire un bruit de dégringolade. *The coach comes clattering in*, la diligence arrive dare-dare. (*b*) (*Of stork*) Craqueter. (*c*) *F:* (*Of pers.*) Bavarder; cancaner, potiner. **2.** *v.tr.* Faire résonner. *Don't c. your spoons!* ne faites pas de bruit avec vos cuillers! *The machine-gun clattered off a belt of cartridges*, la mitrailleuse fit craquer une bande.

clattering[1], *a.* Bruyant, retentissant.

clattering[2], *s.* **1.** = CLATTER[1] 1. **2.** Craquètement (de la cigogne).

Claud [klɔːd]. *Pr.n.m.* Claude.

Claude Lorraine ['klɔːd lo'rein]. *Pr.n.m. Hist. of Art:* Claude Lorrain.

Claudia ['klɔːdia]. *Pr.n.f.* Claude.

Claudian ['klɔːdiən]. **1.** *a. Rom.Hist:* Claudien, -ienne. **2.** *Pr.n.m.* = CLAUDIANUS.

Claudianus [klɔːdi'einəs]. *Pr.n.m. Lt.Lit:* Claudien.

Claudius ['klɔːdiəs]. *Pr.n.m. Rom.Hist:* Claude. **Appius Claudius**, Appius Claudius.

clause [klɔːz], *s.* **1.** Clause *f*, article *m* (d'un traité, etc.). *Clauses of a law*, dispositions *f* d'une loi. *Additional c.*, clause additionnelle; *Ins:* avenant *m* (d'une police). *Clauses governing a sale*, conditions *f* d'une vente. *C. of a will*, disposition *f* testamentaire. *Customary c.*, clause d'usage. *Jur:* (**Restrictive**) **clauses**, modalités *f*. *See also* SAVING[1] I. 3. **2.** *Gram:* Membre *m* de phrase. *Head c., main c.*, proposition principale.

claustral ['klɔːstr(ə)l], *a.* Claustral, -aux.

claustrophobia [klɔːstro'foubia], *s. Med:* Claustrophobie *f*.

clavaria [kla'vɛəria], *s. Fung:* Clavaire *f*, digital *m*.

clavate ['klavet], *a. Nat.Hist:* Clavé, claviforme; en forme de bâton.

clave [kleːiv]. *See* CLEAVE[1, 2].

clavichord ['klavikɔːrd], *s. Mus:* *A:* Clavicorde *m*.

clavicle ['klavikl], *s. Anat:* Clavicule *f*.

clavicornes [klavi'kɔːrniːz], *s.pl. Ent:* Clavicornes *m*.

clavicular [kla'vikjulər], *a. Anat:* Claviculaire.

claviculate [kla'vikjulet], *a. Z:* Claviculé.

claviform ['klavifɔːrm], *a. Nat.Hist:* Claviforme; en forme de bâton.

claw[1] [klɔː], *s.* **1.** (*a*) Griffe *f* (de félin); serre *f* (d'oiseau de proie); *Ven:* harpe *f* (de chien courant); *A:* ongle *m* (de sabot d'ongulé); *occ.* ongle (d'un vautour, d'un lion); pince *f* (d'une écrevisse). (*Of cat*) *To sharpen its claws*, s'agriffer (*on*, à); faire ses griffes. **To draw in its claws**, faire patte de velours. *F: To have sharp claws*, avoir la serre bonne. *To fall under s.o.'s claws*, tomber sous les griffes de qn. *To pare, cut, s.o.'s claws*, rogner les ongles à qn. (*b*) *P:* (*Hand*) Pince, patte *f*. **2.** Coup *m* de griffe, d'ongle, de patte. **3.** *Tchn:* (*a*) (*Of bench*) Valet *m*; (*of vice*) mordache *f*; (*of winch-shaft, etc.*) cliquet *m*. **Clamping claw**, griffe de fixation. *Cin:* **Claw movement**, entraînement *m* par griffes. **Feeding claws**, griffes de transport du film. *Mec.E:* **Coupling-claw**, noix *f* d'entraînement; griffe de commande. (*b*) **Claw of a grapnel**, patte d'un grappin. (*c*) *Tls:* = NAIL-CLAW. (*d*) (*Of hammer*) Panne fendue.

'claw-coupling, *s. Mch:* Embrayage *m* à griffe(s), à dents; dent-de-loup *f*, *pl.* dents-de-loup.

'claw-footed, *a.* (*Of table, etc.*) A pied de griffon.

'claw-hammer, *s.* **1.** *Tls:* Marteau *m* à panne fendue, à dent. **2.** *F:* **Claw-hammer (coat)**, habit *m* à queue de morue, à queue de pie; *F:* queue *f* de morue.

'claw-shaped, *a. Nat.Hist:* Onguiforme.

claw[2]. **1.** *v.tr.* (*a*) Griffer, égratigner; donner un coup de griffe à (qn); déchirer (qch.) avec ses griffes; *F:* agriffer (qch.). (*b*) Saisir (qch.) avec ses griffes, dans ses griffes. (*c*) Gratter, chatouiller, racler, légèrement (la peau) du bout des ongles. *F:* **Claw me and I'll claw thee**, gratte-moi l'épaule et je t'en ferai autant; *F:* passez-moi la rhubarbe et je vous passerai le séné; un barbier rase l'autre. **2.** *v.i.* (*a*) **To claw at sth.**, s'accrocher à qch.; saisir qch. avec ses griffes; agriffer, agripper, qch. (*b*) *Nau:* **To claw off (a coast)**, gagner le large; se déhaler; s'élever au vent d'une côte. *v.tr.* (*Of ship*) *To c. her way to windward*, gagner dans le vent.

clawed [klɔːd], *a.* Armé de griffes, d'ongles; *Z:* unguifère. **Sharp-clawed**, à griffes aiguës.

clay[1] [klei], *s.* **1.** Argile *f*, (terre-)glaise *f*; (*in coal mine*) gore *f* (*in centre of Fr.*), gord *m* (*in N. of Fr.*). *Rich c., greasy c.*, argile grasse. **Pottery clay**, argile figuline. *See also* BALL-CLAY, BOULDER-CLAY, CHINA-CLAY, FIRE-CLAY, FOOT[1] 1, PIPE-CLAY, PORCELAIN-CLAY, POTTER[1], SLATE-CLAY, TILE-CLAY. *C. bottom*, fond *m* d'argile. *C. soil*, sol argileux, glaiseux. *F:* **He thinks he is formed of another clay**, il se croit d'un autre limon, d'une autre pâte, que les autres. *P:* **To wet, moisten, one's clay**, se rincer la dalle; s'humecter le gosier. **2.** **Clay(-pipe)**, pipe *f* de, en, terre. *Short c.*, *F:* brûle-gueule *m inv.* *Long c.*, pipe longue (en terre blanche); pipe hollandaise.

'clay-bank, *a. U.S:* **Clay-bank horse**, cheval *m* isabelle; cheval louvet.

'clay-bearing, *a. Geol:* Argilifère.

'clay-bird, *s. Sp:* Pigeon artificiel.

'clay-field, *s.* Argilière *f*.

'clay-modelling, *s.* Modelage *m* en glaise.

'clay-pigeon, *s. Sp:* Pigeon artificiel.

'clay-pit, *s.* Argilière *f*, glaisière *f*, carrière *f* d'argile.

'clay-slate, *s. Miner:* Schiste argileux.

clay[2], *v.tr.* **1.** *Sug.-R:* Terrer (le sucre). **2.** Recouvrir d'argile.

claying, *s. Sug.-R:* Terrage *m* (du sucre).

clayey ['kleii], *a.* Argileux, glaiseux.

claymore ['kleimɔːər], *s. Hist:* Claymore *f*; grand sabre à deux tranchants (des Écossais).

cleading ['kliːdiŋ], *s. Mch:* Enveloppe *f* calorifuge, garniture *f*, chemise *f* (de cylindre, de tuyautage).

clean[1] [kliːn]. I. *a.* **1.** (*a*) Propre, pur, net. *F:* **As clean as a new pin**, propre comme un sou neuf, comme un lapin. *To make sth. c.*, nettoyer qch. *To keep sth. c.*, tenir qch. propre. *To wash sth. c.*, nettoyer qch. à grande eau. *C. plate*, assiette nette. *F:* **To lick the platter clean**, torcher le plat; faire les plats nets. *C. paper*, papier blanc. *Typ:* **Clean proof**, (i) épreuve non chargée, peu chargée; (ii) épreuve corrigée (par l'imprimeur); épreuve pour bon à tirer. *C. linen*, linge propre, blanc. *C. shoes*, souliers propres, cirés. *C. road*, chemin net. **Clean land**, terrain nettoyé, sans herbes. *Nau:* **Clean anchorage**, mouillage sain. *C. water*, eau pure, claire. **Wine clean to the taste**, vin franc de goût. **Clean timber**, bois uni, net, sans malandres. **Clean jump**, saut franc. *Horse that is a c. jumper*, cheval *m* qui saute franchement. **Clean break**, cassure nette, franche. *See also* CUT[1] 1. *F:* **I have a clean slate**, je n'ai pas d'engagements. **Clean sheet**, livret *m*, dossier *m*, vierge de punitions ou de condamnations. *He's had a c. sheet since he served his time*, depuis qu'il a purgé sa condamnation, sa conduite a été impeccable, il n'y a rien eu à ajouter à son dossier. *Nau:* **Clean bill of health**, patente nette. *Fin:* **Clean bill**, effet *m* libre. **Clean receipt**, reçu *m* sans réserve. **Clean hands**, (i) mains *f* propres, (ii) (*clean from crime*) mains nettes. *In spite of many temptations, he always managed to keep his hands c.*, malgré toutes les tentations, il a gardé ses mains nettes, il n'a jamais failli à l'honneur. *U.S:* **A clean man**, un homme loyal. **The clean thing would be to . . .**, pour agir loyalement il faudrait. . . . **Clean tongue**, (i) *Med:* langue nette; (ii) langage honnête, décent. *C. conscience*, conscience nette, pure. *C. living*, vie, conduite, réglée. *C. literature*, littérature *f* propre. *See also* BREAST[1] 2, CONSCIENCE, HEEL[1] 1, RECORD[1] 5, SLATE[1] 2, SWEEP[1]. (*b*) **Clean cat**, chat *m* propre, aux habitudes propres. **2.** **Clean (out)lines**, contours nets; formes fines, dégagées. *Car with c. lines*, auto *f* qui a de la ligne. *Nau:* **Clean ship**, navire fin. **Clean run**, arrière évidé. *Farr:* *C. hocks* (*of horse*), jarrets vidés. *C. ankles*, chevilles fines; attaches fines. **3.** **Clean player, boxer**, joueur *m*, boxeur *m*, impeccable. **4.** *B:* **Clean and unclean animals**, les animaux *m* mondes et immondes.

II. **clean**, *adv.* **1.** *F:* Absolument, tout à fait. **I clean forgot**, j'ai absolument oublié. *C. mad*, absolument fou; complètement fou. *They got c. away*, ils ont décampé, se sont échappés, sans laisser de traces. **2.** (*a*) **To cut clean through sth.**, couper, traverser, qch. de part en part. *Cut c. through*, coupé net. *To break off c.*, casser net. (*b*) **To jump clean**, sauter franchement. *See also* BOWL (OUT).

clean-'bred, *a.* Pur de race; (animal *m*) pur-sang.

clean-'built, *a.* (Cheval) déchargé.

clean-'burning, *a.* (*Of oil, etc.*) Brûlant sans résidu de combustible.

clean-'fell, *v.tr.* *For:* Couper à blanc.

clean-'fingered, *a.* **1.** Adroit de ses mains. **2.** Non corrompu; honnête; loyal, -aux.

clean-'handed, *a.* Aux mains nettes; intègre.

clean-'handedness, *s.* Intégrité *f*.

clean-'limbed, *a.* (*Of pers.*) Bien pris, bien découplé.

clean-'run, *a.* (Saumon *m*) qui vient de remonter de la mer, en condition.

clean-'shaven, *a.* (*Of pers.*) **1.** Qui ne porte ni barbe ni moustache; sans barbe ni moustache. *C.-s. face*, visage entièrement rasé; visage glabre. **2.** Rasé de frais.

clean-'tongued, *a.* Au langage honnête.

clean[2], *s.* Nettoyage *m*. **To give sth. a clean (up)**, nettoyer qch.; donner un coup de balai, de torchon, de brosse, à qch.

clean[3], *v.tr.* **1.** Nettoyer (qch.); nettoyer, dégraisser, décrasser (des vêtements); récurer (les casseroles); balayer (les rues); curer (un puits); nettoyer, faire (une chambre); nettoyer, décrotter, cirer (les souliers); vider, habiller (le poisson); éplucher (les légumes); sarcler, désherber (un champ); défricher (un terrain). *Ind:* Épurer (un gaz); décrasser (le feu). *Metall:* Épailler (l'or en fusion). *Min:* Débourber, égrapper (le minerai). *Mch:* Lessiver, décrasser (une chaudière); ramoner (les tubes); purifier (l'huile). *Nau: etc:* *To c. the brasswork*, faire le fourbissage. *Surg:* Déterger, mondifier (une plaie, un ulcère). *Tex:* Épinceter, époutier (les étoffes). *To c. one's teeth, one's nails*, se nettoyer les dents; se curer les ongles. *F:* **To clean oneself (up)**, se débarbouiller. *To c. a casting*, nettoyer, dessabler, une pièce coulée. *To c. a surface* (*before soldering or repainting*), décaper la surface. *To c. sth. with emery powder*, frotter qch. à l'émeri. *F:* **To clean one's plate**, faire assiette nette. *See also* VACUUM-CLEAN. **2.** *Abs.* Faire le nettoyage. *To go out cleaning*, faire des ménages.

clean down, *v.tr.* **1.** Panser (un cheval). **2.** Ragréer (du briquetage).

clean off, *v.tr.* Enlever, ôter (des saletés, etc.). *To c. off the old grease*, enlever le cambouis.

clean out, *v.tr.* **1.** Ranger, nettoyer (une armoire, etc.); curer, décrasser (un fourneau); vidanger, décombler (une fosse, etc.); ébouer (une chaudière); déboucher (un tuyau); désenvaser (un égout, etc.). *I.C.E:* *To c. out the jet*, déboucher le gicleur. **2.** *F:* **To clean s.o. out**, nettoyer, plumer, dépouiller, ratiboiser, qn; mettre qn à sec; saigner qn à blanc. **Cleaned out**, nettoyé (à sec); décavé, fauché; *P:* dans la purée, dans la mouise.

clean-'out, cleaning out, *s.* Curage *m*, écurage *m*, débourbage *m* (d'un fossé, etc.).

clean up, *v.tr.* **1.** (*a*) Enlever, ramasser (des saletés, etc.); nettoyer (un champ, etc.). *Art: To c. up the lines,* nettoyer les contours. *Carp: To c. up a board,* blanchir une planche. *To c. up a joint,* ragréer un assemblage. *Metalw: To c. up a surface (before soldering),* aviver une surface. *U.S: To c. up the city,* balayer la ville. (*b*) *Metalw: etc:* **To clean up a piece to size,** mettre une pièce à ses dimensions. **2.** *Abs.* (*a*) Faire le nettoyage. (*b*) Mettre tout en ordre; réparer le désordre. (*c*) *Gold-Min:* Récolter l'or.

clean-ˈup, *s.* **1.** Nettoyage *m*. *The weekly c.-up,* le grand nettoyage hebdomadaire. **2.** *F: The lines of the new cars show a general c.-up,* les nouvelles voitures se distinguent par une plus grande netteté de lignes, par la simplification des contours. **3.** *Gold-Min:* (*a*) Récolte *f* de l'or. (*b*) L'or récolté.

cleaning[1], *a. Agr:* **Cleaning crop,** culture nettoyante.

cleaning[2], *s.* Nettoyage *m*, nettoiement *m*; décrottage *m*, dégraissage *m*, purification *f*; lessivage *m*; curage *m* (d'un puits); décrassage *m* (des chaudières); ramonage *m* (des tubes); décapage *m* (d'une surface à repeindre); égrappage *m* (du minerai). *Cu:* Vidage *m*, habillage *m* (du poisson). *Agr:* Sarclage *m*, désherbage *m* (d'un champ). *Navy:* **Cleaning stations,** postes *m* de propreté (pour le fourbissage, etc.). *See also* DRY-CLEANING, GAS-CLEANING, SPRING-CLEANING, VACUUM-CLEANING.

ˈcleaning-machine, *s.* Machine *f* à nettoyer.

ˈcleaning-rod, *s. Sm.a:* Baguette *f* (de fusil); ramasse *f* (de fusil de chasse).

cleanable [ˈkli:nəbl], *a.* Nettoyable.

cleaner [ˈkli:nər], *s.* **1.** (*Pers.*) Nettoyeur, -euse; décrotteur, -euse; dégraisseur, -euse (de vêtements, etc.); cureur *m*, écureur *m* (de puits, etc.). *To send a suit to the cleaners,* envoyer un complet chez le dégraisseur. **French, dry, cleaners,** nettoyeur à sec. **Window-cleaner,** nettoyeur de fenêtres. *See also* DYER 1. **2.** *Tchn:* Appareil *m* à nettoyer; nettoyeuse *f*. **Air cleaner,** épurateur *m* d'air. **Window-cleaner,** nettoie-glaces *m inv.* *See also* KNIFE-CLEANER, PIPE-CLEANER, VACUUM-CLEANER.

cleanliness [ˈklenlinəs], *s.* Propreté *f*; netteté *f*. *C. of habit,* habitudes *fpl* de propreté. *Sanitary c.,* propreté hygiénique.

cleanly[1] [ˈklenli], *a.* (*Of pers.*) Propre (par habitude). *C. habits,* habitudes *f* de propreté. *In a c. manner,* proprement. **-lily,** *adv.* Proprement, nettement.

cleanly[2] [ˈkli:nli], *adv.* Proprement, nettement.

cleanness [ˈkli:nnəs], *s.* **1.** Propreté *f* (des habits, de langage, d'un appartement, etc.); pureté *f* (de l'eau). **2.** *C. of outlines,* netteté *f*, pureté, de lignes.

cleanse [klenz], *v.tr.* **1.** Assainir, curer, débourber (un égout, une rivière, etc.). *See also* AUGEAN. **2.** Purifier, dépurer (le sang); épurer (l'air, le pétrole, etc.). *Surg:* Déterger, mondifier (une plaie, un ulcère); désenvenimer (une plaie). *To c. the heart of, from, sinful affections,* purifier le cœur des affections impures. *Soul cleansed of all stains,* âme purifiée de toute souillure. **3.** *B:* Guérir (un lépreux). **4.** *A. & U.S:* = CLEAN[3].

cleansing[1], *a.* Assainissant, purifiant; purificateur, -trice.

cleansing[2], *s.* **1.** Assainissement *m*, curage *m* (d'un chenal, d'un égout). **2.** Purification *f* (du sang, de l'âme); dépuration *f* (du sang); épuration *f* (d'un gaz); mondification *f*, détersion *f* (d'une plaie). *Toil:* **Cleansing cream,** crème *f* de démaquillage. **3.** *Obst:* **Cleansing(s),** lochies *f*; suites *f* de couches.

Cleanthes [kliˈanθi:z]. *Pr.n.m. Gr.Phil:* Cléanthe.

clear[1] [kliər]. I. *a.* **1.** (*a*) (*Unclouded*) Clair, limpide; net, *f.* nette. *C. atmosphere,* atmosphère claire, pure. *C. water,* eau claire, limpide, transparente. *C. fire, complexion, eye, weather,* feu clair; teint clair, net; œil clair; temps clair. *On a c. day,* par temps clair. *Wonderfully c.,* d'une netteté admirable. *F:* **As clear as day, as daylight, as crystal,** clair comme le jour, comme de l'eau de roche, comme deux et deux font quatre. **As clear as mud,** pas clair du tout. *See also* HONEY 1, SOUP. (*b*) *C. conscience,* conscience nette, pure. (*c*) *C. voice,* voix claire, nette. *The bell has a c. tone,* la cloche rend un son clair, a un ton pur. (*d*) *Dist* Blanc. *C. lavender water,* eau de lavande blanche. **2.** (*Manifest*) Clair, net, évident. *C. image, line,* image, ligne, nette. *Expressed in c. terms,* exprimé en termes clairs. *C. indication,* signe certain, évident. *C. position,* situation franche. *C. case of bribery,* cas *m* de corruption manifeste. **To write a clear hand,** écrire distinctement; avoir une écriture nette. *To make one's meaning, oneself, c.,* se faire comprendre. *To make it c. to s.o. that . . .,* faire bien, clairement, comprendre à qn que. . . . *I wish to make it c. that . . .,* je tiens à préciser que. . . . *Make it c. to yourself why you do so,* rendez-vous bien compte pourquoi vous agissez ainsi. *To make it c. as daylight that . . .,* prouver clair comme le jour que. . . . **It is clear that . . .,** il est clair, patent, évident, de toute évidence, que. . . . **That's clear (enough)!** voilà qui est clair! *s.* **Letter in clear** (*not cipher*), lettre *f* en clair. **3.** (*Discerning*) *C. idea,* idée claire, nette. *C. perception,* perception claire, distincte. *C. style,* style clair. *C. thinker, c. mind,* esprit *m* lucide *C. sight,* vision nette. *To have a c. vision of the future,* avoir une vision nette, distincte, de l'avenir. **4.** (*Certain*) **To be clear as to, about, sth.,** être convaincu, certain, de qch. *I am not c. as to . . .,* je ne suis pas certain de . . ., j'ai des doutes sur. . . . *I could not see his face, but I was c. about the voice,* je ne pouvais pas voir son visage, mais je reconnaissais parfaitement sa voix. *I am c. that . . .,* il me paraît évident que. . . . *I want to be quite c. on this point,* je tiens à ce qu'il n'y ait aucun malentendu sur ce point; (i) je voudrais en être certain; (ii) je tiens à me faire bien comprendre. *F: If I could be c. what she means,* si je pouvais bien pénétrer le sens de ses paroles, ses intentions. **5.** (*a*) **Clear profit,** bénéfice clair et net. **Clear loss,** perte sèche. *A c. thousand a year,* un revenu (clair et) net de mille livres. *I lost a c. thousand, P:* j'y ai été de mille livres **Clear majority,** majorité absolue (*of*, de). (*b*) *Jur:* **Three clear days,** trois jours francs. **6.** Libre, non embarrassé, dégagé (*of*, de). *From the attic one has a c. view of the sea,* de la mansarde la vue est dégagée sur la mer. *My conscience is c. of all reproach,* ma conscience est nette de tout reproche. *C. accounts,* comptes *m* en règle. *C. estate,* bien non hypothéqué; bien franc d'hypothèque, libre d'hypothèque. *See also* TITLE[1] 3. *C. space,* espace *m* libre. *C. road,* chemin *m* libre; route bien dégagée. *Ship with c. holds,* vaisseau *m* avec ses cales libres. (*Of pers.*) *To be c. of sth., of s.o.,* être débarrassé de qch., de qn. *The train was c. of the station,* le train était sorti de la gare. *The station was c. of trains,* il n'y avait pas de train(s) en gare. *Horizon c. of haze,* horizon dégagé de brume. *The sea is c. of ice,* la mer est libre. *We are c. of the shoals, Nau:* nous avons paré les hauts-fonds; *F:* nous sommes hors de danger. *F:* **It's all clear sailing,** cela n'offre aucune difficulté; on a paré à toutes les difficultés. *All this region is c. of enemy,* toute cette région est sûre. *The town was c. of the enemy,* la ville avait été évacuée par l'ennemi. *The roads are c.,* les routes sont débloquées, sont libres d'obstacles. *Rail:* **Clear road, 'road clear,' 'line clear,'** "voie *f* libre," "signal effacé." **'All clear!'** *Mil:* "fin *f* d'alerte"; *Nau:* "paré!" *Sch:* "pas de pet, pas de paix!" *Mil: To signal 'all c.', to sound the 'all c.',* battre ou sonner la breloque (après un raid aérien, etc.). *Nau:* **Clear hawse,** chaînes claires. **Clear coast,** côte saine, accore. *F:* **The coast is clear,** le champ est libre; (i) il n'y a plus de danger; (ii) les w.c. sont libres. *For:* **Clear bole,** portion du fût (d'un arbre) dépourvue de branches. *Carp:* **Clear timber,** bois *m* sans nœuds.

II. **clear,** *adv.* **1.** (Parler, voir) clair. **2.** (*Of sun, star*) **To shine clear,** briller de tout son éclat. **3.** *F: U.S:* (*Intensive*) **We went clear on to the end,** nous sommes allés jusqu'à l'extrême bout. *To go c. round the globe,* faire tout le tour du globe.

III. **clear,** *a. or adv.* *To jump three inches c. of the bar,* franchir la barre avec trois pouces de reste. *To hang c. of the ground,* être suspendu de manière à ne pas toucher la terre. *Nau: To get, pass, c. of a ship,* parer, éviter, un navire. *To keep c. of another ship,* s'écarter de la route d'un autre navire. *The two ships passed c. of each other,* les deux navires se croisèrent sans se toucher. *To steer c. of a rock,* passer au large d'un écueil. **To stand clear,** s'écarter, se garer (pour éviter un danger). *F:* **To keep, steer, stand, clear of sth.,** rester, se tenir, à distance de qch., éloigné de qch.; éviter qch.; se garer de qch. **Stand clear of the doorway!** dégagez la porte! **Stand clear of the gates!** tenez-vous à distance des portes! attention aux portes! *Stand c. of the gangway,* n'encombrez pas le passavant. *I keep c. of him as far as possible,* je l'évite le plus possible. *In hot climates keep c. of strong drink,* sous les climats chauds abstenez-vous, méfiez-vous, des boissons alcooliques. *To get c. of s.o.,* échapper à qn. *To get c. of debt,* se débarrasser de ses dettes. **To get clear,** se tirer d'embarras; se tirer d'affaire. **-ly,** *adv.* **1.** Clair, clairement, nettement. *To see, speak, c.,* voir, parler, clair. *It was too dark to see c.,* il faisait trop noir pour bien distinguer. *He has seen c. into the past,* il a pénétré le passé. *To distinguish c.,* distinguer clairement, nettement. *To explain c.,* expliquer clairement, d'une manière claire. **You must clearly understand that . . .,** il vous faut bien comprendre que. . . . **2.** Évidemment. (*a*) *He is c. wrong,* il est clair qu'il a tort. (*b*) *I was wrong?*—**Clearly,** j'ai eu tort?—Évidemment; sans aucun doute.

ˈclear-away, *adv. F:* Tout à fait.

ˈclear-cut, *a.* (*a*) (Contours *mpl*) d'une grande netteté. *C.-c. features,* traits nettement dessinés. (*b*) (Opinion) nette, bien définie; (ordres) précis. (*c*) *C.-c. division,* division nette.

ˈclear-eyed, *a.* **1.** Aux yeux clairs. **2.** = CLEAR-SIGHTED.

clear-ˈfell, *v.tr. For:* Couper à blanc.

clear-ˈfelling, *s. For:* Coupe blanche.

ˈclear-headed, *a.* **1.** (*a*) Qui voit juste. (*b*) Perspicace; à l'esprit net; qui voit net. **2. I was quite clear-ˈheaded,** j'avais toute ma tête; je n'étais pas du tout gris; j'avais toute ma lucidité d'esprit.

clear-ˈheadedness, *s.* **1.** Perspicacité *f*. **2.** Lucidité *f* d'esprit.

ˈclear-ringing, *a.* (Rire) qui sonne clair; (voix *f*) sonore.

ˈclear-sighted, *a.* **1.** A la vue nette. **2.** Clairvoyant; qui voit juste.

clear-ˈsightedness, *s.* **1.** Netteté *f* de vision. **2.** Clairvoyance *f*.

ˈclear-starch, *v.tr.* Blanchir (le linge) à neuf.

ˈclear-starching, *s.* Blanchissage *m* de fin, à neuf.

ˈclear-story, *s.* = CLERESTORY.

ˈclear-ˈtoned, *a.* Au timbre clair, pur.

clear[2], *v.* I. *v.tr.* **1.** (*a*) Éclaircir. *The wind has cleared the weather,* le vent a éclairci le temps. **To clear the air,** (i) (*of thunderstorm*) rafraîchir l'air; (ii) *F:* (*of discussion, etc.*) mettre les choses au point. *To c. a doubt,* éclaircir un doute. *See also* THROAT 1. (*b*) Clarifier (un liquide); purifier, dépurer (le sang). **2.** (*Declare innocent*) **To clear s.o. of a charge,** justifier, innocenter, qn d'une accusation. *To c. s.o. of a suspicion,* disculper qn d'un soupçon. *To c. s.o. from blame,* absoudre qn de tout blâme; innocenter, disculper, désinculper, qn. *To c. oneself of an accusation,* se laver, se purger, se justifier, d'une accusation; se disculper. *To c. one's character, oneself,* se disculper, se justifier, se blanchir; faire reconnaître son innocence. **3.** (*a*) (*Free from obstacles*) Dégager (une route, un terrain, une entrée); désencombrer (une salle, etc.); défricher, essarter (un terrain); (*from rubbish*) décombrer, déblayer (un terrain); faire évacuer (les rues, une salle); vider (une prison); *Mch:* évacuer (les cylindres); ramoner (les tubes de fumée); *Tex:* débourrer (les cardes). *Jur:* **To clear the court,** faire évacuer la salle; ordonner le huis clos. *The judge ordered the court to be cleared,* le juge ordonna de faire vider la salle. **To clear one's conscience,** décharger sa conscience. **To clear one's hand of hearts,** se défausser à cœur. *To c. a way, a passage, for s.o.,* ouvrir un passage à qn. **To clear the way for s.o.,** faire place à qn. **Clear the way!** faites place! *To c. a way for oneself,* se frayer un passage. *F:* **To clear the ground** (*for negotiations*), déblayer le terrain. *F: To c. the approaches to a question*, débroussailler, dégager, les abords d'une question. *To c. an affair of difficulties*, désentraver une affaire. **To clear the table**, (i) débarrasser la table; (ii) défaire, enlever, le couvert; desservir. *Navy:* **To clear (the decks) for action**, faire (le) branle-bas de combat. *F: They were starving, and promptly cleared the decks*, ils mouraient de faim, et ils eurent bientôt fait table rase. *When we had cleared our decks of cattle*, quand nous eûmes déchargé le bétail. *Navy:* **Clear lower deck!** tout le monde sur le pont! *Abs.* **To clear for anchoring**, faire péneau. *The rain had cleared the streets*, la pluie avait dépeuplé les rues. *To c. the room for dancing*, enlever les meubles (gênants), faire de la place, pour qu'on puisse danser; dégager le parquet. **To clear ground**, déblayer, débroussailler, défricher, du terrain. *To c. a field* (*of all its produce*), fourrager un champ. *To c. a room of smoke, to c. the smoke out of a room*, chasser la fumée d'une salle. *To c. a country of robbers*, purger, débarrasser, un pays des bandes de brigands. *Mil:* **To clear the trenches** (*after an attack*), nettoyer les tranchées. *Text cleared of all difficulties*, texte dégagé de toutes ses difficultés. **A cup of coffee clears the head**, une tasse de café dégage le cerveau, vous éclaircit les idées. *Com:* **To clear goods**, (i) solder, liquider, des marchandises; (ii) (*of customers*) enlever toute la marchandise. **'To clear,'** "en solde," "solde." **'Must be cleared,'** "vente à tout prix." *Nau:* **To clear a cable, an anchor**, parer un câble, une ancre. *Rail:* **To clear the line**, (i) dégager la voie; (ii) (*after an accident*) déblayer la voie. *Tchn:* **To clear a drill, a tap**, dépouiller, dégager, un foret, un taraud. *To c. a choked pipe*, déboucher, dégorger, désobstruer, un tuyau. *To c. a filter*, décolmater un filtre. *Mth:* **To clear an equation of fractions**, chasser les dénominateurs d'une équation. (*b*) *Abs. Fb:* Dégager (le ballon). *The clearing kicks from the backs to the forwards*, les dégagements *m* d'arrière à avant. (*c*) **To clear boxes, furniture, etc., out of the way**, enlever des caisses, des meubles, etc., qui encombrent. **4.** (*a*) (*Empty*) *To c. one's plate*, faire assiette nette. *To c. the letters, the letter-box*, lever les lettres, la boîte aux lettres. *To c. the bowels*, nettoyer, purger, dégager, les intestins. *To c. one's bowels*, se décharger le ventre. (*b*) *F:* **To clear an examination paper**, répondre à toutes les questions d'une composition d'examen. **5.** (*a*) *To c. a barrier* (*by three inches*), franchir une barrière (avec trois pouces de reste). *To c. a ditch*, sauter un fossé. *To c. a ditch with one jump*, franchir le fossé d'un bond. (*Of curtain*) *To c. the ground, to c. the ground by a foot*, être disposé de façon à ne pas balayer le sol; pendre à (une distance d')un pied du sol. *To jack up a wheel till it clears the ground*, soulever une roue jusqu'à ce qu'elle soit libérée du sol, jusqu'à ce qu'elle ne touche plus le sol. (*b*) *Nau:* **To clear the harbour**, sortir du port; quitter le port. **To clear the land**, parer la terre. *To c. the channel*, démancher. **6.** (*a*) Acquitter (une dette); affranchir (une propriété); purger (une hypothèque); solder, liquider (un compte). *To c. one's property of debt*, purger son bien de dettes. *To c. a hospital of debts*, libérer un hôpital de ses dettes. (*b*) *Nau:* (*Of ship*) **To clear its quarantine**, purger la quarantaine. *To c. a ship*, expédier un navire; faire la déclaration à la sortie. *To c. goods*, passer, expédier, des marchandises *f* en douane; dédouaner des marchandises; retirer des marchandises de la douane. **7. To clear ten per cent**, gagner, réaliser, dix pour cent tous frais payés; faire un bénéfice net de dix pour cent. *Not to c. one's expenses*, ne pas faire ses frais. *I cleared a hundred pounds*, j'ai touché, cela m'a rapporté, cent livres net. **8.** *Fin:* Compenser, virer (un chèque).

II. **clear**, *v.i.* **1.** (*a*) (*Of the weather*) **To clear (up)**, s'éclaircir, se découvrir, se rasséréner, se lever, se mettre au beau; *F:* se débarbouiller. *The weather is clearing up* (*again*), le temps se remet. (*Of mist*) **To clear (away)**, se dissiper. *The weather is clearing*, le temps se hausse. *The sky is clearing*, le ciel se dégage. *His brow cleared*, son front s'éclaircit, se dérida, se rasséréna; il défronça les sourcils. (*b*) (*Of liquid*) Se clarifier. **2.** (*Of ship*) Prendre la mer. *To c. at a port*, quitter un port. *To c. for a port*, partir pour un port; partir à destination d'un port.

clear away, *v.tr.* Enlever, ôter, faire disparaître (qch.); écarter (un obstacle). *To c. one's things away*, ranger ses affaires. *To c. away* (*a meal*), enlever, ôter, le couvert, la nappe; desservir. *Navy: To c. away for action*, dégager les pièces pour le combat. *See also* CLEAR[2] II. 1 (*a*).

clearing away, *s.* Enlèvement *m* (de débris).

clear off. **1.** *v.tr.* Purger (une hypothèque); s'acquitter (de ses dettes). *Com:* Solder (des marchandises). *To c. off arrears of work*, rattraper l'arriéré de besogne; se remettre à jour, au courant. **2.** *v.i.* (*a*) (*Of rain*) Cesser. (*b*) *F:* (*Of intruders*) S'en aller, filer, décamper; *P:* fiche(r) le camp.

clearing off, *s.* Acquittement *m* (d'une dette); solde *m*, liquidation *f* (de marchandises).

clear out. **1.** *v.tr.* Nettoyer (une chambre); vider (une armoire); débarrasser (un grenier); désencombrer, déblayer (un couloir); décombler (un puits); déblayer, évacuer (des débris); liquider, placer (des stocks); évacuer (des locataires); balayer (tout le personnel). *F: These expenses have completely cleared me out*, ces dépenses m'ont complètement dégarnité. **2.** *v.i.* *F:* Filer, déguerpir, se sauver; vider les lieux; débarrasser le plancher; *P:* fiche(r) le camp. *He had to c. out of the country*, il fut obligé de passer la frontière. **Clear out!** filez! hors d'ici! débarrassez le plancher! *P:* va-t'en voir si j'y suis!

clear-'out, *s.* **1.** = CLEARING OUT. **2.** *F: To have a c.-out*, aller à la selle.

clearing out, *s.* **1.** Nettoiement *m*, nettoyage *m* (d'une chambre). **2.** Évacuation *f* (de locataires).

clear up, *v.tr.* **1.** (Re)mettre (une chambre) en ordre; ranger (ses affaires). **2.** Éclaircir, dissiper (un malentendu); éclaircir, élucider (un mystère); résoudre (une difficulté); dénouer, démêler (une situation, une intrigue). *To c. up a matter*, tirer une affaire au clair; mettre une affaire au point; faire la lumière sur une affaire; en avoir le cœur net. *To c. up a misunderstanding*, dissiper un malentendu. *See also* CLEAR[2] II. 1 (*a*).

clearing up, *s.* Éclaircissement *m* (d'un mystère).

clearing, *s.* **1.** (*a*) *To await the c. of the weather*, attendre que le temps se remette au beau; attendre une éclaircie, une embellie. (*b*) Clarification *f* (d'un liquide). **2. Clearing of s.o.** (*from a charge*), justification *f* de qn; désinculpation *f* de qn. **3.** Dégagement *m*, déblaiement *m* (d'une voie); enlèvement *m* (de débris); défrichement *m*, débroussaillement *m*, essartage *m* (d'un terrain); curage *m* (des fossés); éclaircissement *m* (d'une forêt); dépuration *f* (d'un liquide); évacuation *f* (d'une salle); levée *f* (des lettres, de la boîte aux lettres). *C. of the bowels*, décharge *f* du ventre. *C. of goods*, liquidation *f*, solde *m*. **4.** Franchissement *m* (d'une barrière). **5.** (*a*) Expédition *f* (d'un navire); acquittement *m* des droits (sur des marchandises); dédouanement *m*. (*b*) Acquittement (de dettes); liquidation (d'un compte), affranchissement *m* (d'un bien). (*c*) *Fin:* Compensation *f* (de chèques). **Country clearing**, virement *m*. **6.** (*In forest*) Éclaircie *f*, clairière *f*, clair *m*; recepée *f*, recépée *f*; arrachis *m* de bois; sommière *f*, gâtine *f*. *Nau: C. in the sky*, embellie dans le ciel. **7.** = CLEARANCE 4.

'clearing-bank, *s.* *Bank:* Banque *f* de virement.

'clearing-bath, *s.* *Phot:* Bain clarificateur.

'clearing-hospital, *s.* *Mil:* Hôpital *m* de triage, d'évacuation.

'clearing-house, *s.* **1.** *Fin:* Chambre *f* de liquidation, de compensation; comptoir général de virement; comptoir de règlement; clearing *m*. **2.** *Rail:* Bureau central.

'clearing-iron, *s.* *Lap:* Débouchoir *m*.

'clearing-pan, *s.* *Sug.-R:* Claire *f*.

'clearing-plough, *s.* Déboiseuse *f*, défricheuse *f*.

'clearing-station, *s.* *Mil:* Centre *m* de triage, d'évacuation (de blessés).

clearance [ˈkliːərəns], *s.* **1.** (*a*) = CLEARING 3. *Com:* **Clearance (sale)**, vente *f* de soldes *mpl*; liquidation *f*; réalisation *f* du stock. *For: C. of the felling area*, vidange *f* de la coupe. *F: To have a good c.*, se décharger, se débarrasser, le ventre. (*b*) *For:* Défrichement *m*. **2.** (*a*) *Cust: Nau:* Acquit(tement) *m* (de marchandises); expédition *f* en douane; déclaration *f* en douane à la sortie; dédouanage *m*, dédouanement *m*. **Clearance certificate**, lettre *f* de mer. **Clearance inwards**, permis *m* d'entrée; déclaration d'entrée. **Clearance outwards**, permis de sortie; déclaration de sortie; congé *m*. **To effect customs clearance**, procéder aux formalités de la douane. (*b*) Affranchissement *m* (d'un domaine grevé). (*c*) *Mil: etc:* Congé, libération *f* (d'un officier, d'un fonctionnaire). (*d*) *Nau:* Départ *m* (du port). **3.** *Bank:* Compensation *f* (de chèques). **4.** *Tchn:* Espace *m* libre; jeu *m*, liberté *f*, chasse *f* (d'un piston, etc.); voie *f* (d'une scie); claire-voie *f*, jour *m*, écartement *m* (entre barreaux); entrefer *m* (entre tôles, etc.); affranchissement, dépouille *f*, dégagement *m* (d'un outil tranchant); creux *m* (d'une roue dentée); débattement *m* (de parties qui pourraient se heurter). **To give clearance to a cutting tool**, affranchir un outil tranchant. *Mec.E:* **Bearing clearance**, jeu de palier. *Permissible c.*, jeu tolérable. *Running c.*, jeu de fonctionnement. *Aut:* **Wheel clearance**, débattement (des roues). **Clearance (space)**, (i) *Mch:* espace *m* nuisible (du cylindre); (ii) *El.E:* (*in dynamo, etc.*) intervalle *m*. *I.C.E: Valve c.*, jeu aux queues de soupapes. *C. losses*, (i) pertes dues au jeu du piston, au dégagement; (ii) (*at cylinder end*) pertes de l'espace mort; (iii) (*turbine*) pertes par interstices. *There is not enough c. for the barges under the bridge*, le pont manque de hauteur pour laisser passer les péniches. *See also* GAUGE-CLEARANCE, GROUND-CLEARANCE, PISTON-CLEARANCE.

Clearchus [kliˈɑːrkəs]. *Pr.n.m. Gr.Hist:* Cléarque.

clear-cole [ˈkliːərkoul], *s.* **1.** *Paint:* Encollage blanc; couche *f* d'encollage; première couche. **2.** *Gilding:* Encollage.

clearer [ˈkliːərər], *s.* **1.** *Dy:* Aviveur *m*. **2.** (*a*) Débouchoir *m*. (*b*) *See* TRACK-CLEARER. **3.** *Tex:* Débourreur *m*.

clearness [ˈkliːərnəs], *s.* **1.** Clarté *f*, transparence *f*, limpidité *f* (de l'eau, de l'atmosphère, etc.). **2.** Netteté *f* (d'une image, de l'esprit, des idées). *C. of vision*, (i) lucidité *f* de vue; (ii) intelligence *f* lucide. **3.** Liberté *f*, dégagement *m* (des routes).

clearwing [ˈkliːərwiŋ], *s.* *Ent:* Lépidoptère *m* aux ailes transparentes; (i) égérie *f*; (ii) sésie *f*.

cleat[1] [kliːt], *s.* **1.** (*a*) (*Strip of wood*) Tasseau *m*, agrafe *f*, languette *f* (de bois). **Stop-cleat**, taquet *m* d'arrêt; *Nau:* cabrion *m* d'arrêt. (*b*) **Girder cleat**, attache *f* de poutre. **Roof-purlin cleat**, échantignole *f*. **2.** *Nau:* **(Belaying-)cleat**, taquet (de tournage). *Shroud c.*, taquet de hauban. *See also* COMB-CLEAT. **3.** *El.E:* Serre-câble(s) *m inv*, serre-fil *m*, *pl.* serre-fils; barrette *f* de connexion.

cleat[2], *v.tr.* Assujettir (un cordage à un taquet, etc.).

cleavability [kliːvəˈbiliti], *s.* Fissilité *f*.

cleavable [ˈkliːvəbl], *a.* **1.** Qui peut se fendre; fissile. **2.** *Geol: Miner:* Clivable.

cleavage [ˈkliːvedʒ], *s.* **1.** (*a*) Fendage *m*. *Geol: Miner:* Clivage *m*; (*in schists*) délit *m*. **Cleavage-plane**, plan *m* de clivage. (*b*) *Biol:* Division *f* (d'une cellule). **2.** Fissure *f*; scission *f* (dans un parti).

cleave[1] [kliːv], *v.* (*p.t.* **cleaved, cleft** [kleft], *Lit:* **clove** [klouv], *B:* **clave** [kleiv]; *p.p.* **cleaved, cleft**, *Lit:* **cloven** [klouvn]) **1.** *v.tr.* (*a*) *Lit:* Fendre (le bois, le fer); refendre (le bois). **To cleave a tree in two, asunder**, fendre un arbre en deux. **Cleft stick**, piquet fourchu. *F:* **To be in a cleft stick**, se trouver dans une impasse, dans une mauvaise passe, dans l'embarras. **Cleft palate**, palais fendu. **Cloven hoof**, pied fendu, fourchu. *F:* **To show, display, the cloven hoof**, montrer le pied fourchu; laisser passer le bout de l'oreille; se montrer sans fard; trahir son point faible; se trahir. *See also* CLOVEN-FOOTED, CLOVEN-HOOFED. *Ind:* **Cloven timber**, bois *m* de fente. *See also* FOUR-CLEFT, THREE-CLEFT. (*b*) *Geol: Miner:* Cliver (un cristal). (*c*) (*Of bird, ship*) Fendre (l'air, les eaux). *To c. the waves*, tailler la lame. *To c.*

(*one's way through*) *the crowd*, fendre la foule. **2.** *v.i.* (*a*) **To cleave (asunder)**, se fendre, se feuilleter. (*b*) (*Of crystals*) Se cliver. (*c*) *To c. through the water, the crowd*, fendre l'eau, la foule.

cleaving, *s.* Fendage *m*; refente *f* (du bois); *Miner:* clivage *m*. **Cleaving-axe**, hache *f* de fendage; merlin *m*. **Cleaving-saw**, scie *f* à refendre. **Cleaving knife**, fendoir *m*.

cleave[2], *v.i.* (*p.t.* **cleaved** [kli:vd], *Lit:* **clave** [kle:iv]; *p.p.* **cleaved**) Adhérer. **1.** *To c. to s.o., to a party, to a principle, to a practice*, s'attacher, être fidèle, à qn, à un parti; être fidèle à un principe; conserver, garder, un usage. *To c. to an opinion*, adhérer à une opinion. *To c. to that which is good*, s'attacher au bien. **2.** *A:* (*Of thg*) **To cleave to sth.**, s'attacher, (se) coller, adhérer, à qch. *His tongue clave to his palate*, sa langue se colla à son palais; la langue lui colla au palais.

cleaver ['kli:vər], *s.* **1.** (*Pers.*) Fendeur *m*. **2.** *Tls:* Fendoir *m*; (*for meat*) couperet *m*, osseret *m*; (*for wood*) merlin *m*.

cleavers ['kli:vərz], *s.* *Bot:* Gaillet accrochant; grateron *m*.

cleek [kli:k], *s.* *Golf:* Cleek *m*.

clef [klef], *s.* *Mus:* Clef *f*. **The bass clef**, la clef de fa. **The treble clef**, la clef de sol. **The C clef**, la clef d'ut.

cleft[1] [kleft], *s.* Fente *f*, fissure *f*, crevasse *f*; interstice *m*. *Anat:* Scissure *f*. *Metall:* Paille *f*.

cleft[2]. *See* CLEAVE[1].

cleg [kleg], *s.* *Dial:* (*Esp. Scot.*) Taon *m*.

cleistogamic [klaisto'gamik], **cleistogamous** [klai'stɔgaməs], *a.* *Bot:* Cléistogame.

clem [klem], *v.* *Dial:* **1.** *v.tr.* Faire mourir (qn) de faim ou de soif. **2.** *v.i.* Mourir, *P:* crever, de faim ou de soif; être transi de froid.

clematis ['klematis], *s.* *Bot:* Clématite *f* (vigne-blanche); *F:* vigne *f* de Salomon; vigne blanche; viorne *f* des pauvres; herbe *f* aux gueux; berceau *m* de la Vierge.

clemency ['klemənsi], *s.* **1.** Clémence *f*, indulgence *f* (*to*, envers, pour). **2.** Douceur *f* (du temps).

clement[1] ['klemənt], *a.* **1.** (*Of pers.*) Clément, indulgent (*to*, envers, pour). **2.** (*Of weather*) Doux, *f.* douce, clément. **-ly**, *adv.* Avec clémence, avec indulgence.

Clement[2]. *Pr.n.m.* Clément.

Clementina [klemən'ti:na]. *Pr.n.f.* Clémentine.

clench [klenʃ], *v.tr.* **1.** = CLINCH[2] 1. **2.** Serrer (les dents, le poing). **With clenched hands**, les mains crispées. *With teeth clenched in the effort to control himself*, les mâchoires contractées dans un effort de volonté. *To c. sth. in, with, one's hand*, serrer qch. dans la main. **3.** *v.i.* (*Of the teeth, the hands*) Se serrer; (*of the hands*) se crisper.

'clench-nail, *s.* = CLINCH-NAIL.

clencher ['klenʃər], *s.* = CLINCHER 2.

Cleopatra [klio'patra]. *Pr.n.f.* Cléopâtre. *See also* NEEDLE[1] 3.

clepsydra ['klepsidra], *s.* Clepsydre *f*.

clerestory ['kliərstɔ:ri], *s.* **1.** *Ecc.Arch:* Claire-voie *f*, *pl.* claires-voies; clair-étage *m*, *pl.* clairs-étages. **2.** *Const:* Lanterneau *m* (de toit).

clergy ['klə:rdʒi], *s.* (*No pl.*) **1.** *Coll.* Clergé *m*. **2.** (*With pl. const.*) Membres *m* du clergé. *At least five hundred c. were present at the ceremony*, au moins cinq cents ecclésiastiques *m* ont assisté à la cérémonie. **3.** *A:* Clergie *f*. *Hist:* **Benefit of clergy**, bénéfice *m* de clergie. *F:* *To live, take up, with s.o. without benefit of c.*, se marier (avec qn) de la main gauche.

'clergy-house, *s.* Presbytère *m*.

clergyman, *pl.* **-men** ['klə:rdʒimən, -men], *s.m.* Ecclésiastique; ministre (du culte); pasteur (protestant); prêtre (catholique ou de l'Église anglicane). *F:* **Clergyman's week, fortnight**, huitaine *f* (de congé) qui embrasse les deux dimanches; quinzaine *f* qui embrasse les trois dimanches. *See also* THROAT.

cleric ['klerik]. **1.** *s.* = CLERGYMAN. **2.** *a.* *A:* = CLERICAL 1.

clerical ['klerik(ə)l]. **1.** *a.* Clérical, -aux; du clergé ou du parti du clergé. *To wear c. dress*, *F:* **to wear clericals**, porter l'habit ecclésiastique. *My c. position forbids it*, mon état d'ecclésiastique le défend. **2.** *a.* (*a*) **Clerical error**, faute *f* de copiste; erreur *f* de plume; *Book-k:* erreur d'écritures. (*b*) **Clerical work**, travail *m* d'écritures, de bureau. *C. staff*, personnel *m* de bureau; employés *mpl* de bureau; commis *mpl* aux écritures; (*in lawyer's office*) cléricature *f*. **3.** *s.pl.* *Pol:* **The clericals**, les cléricaux *m*.

clericalism ['klerikəlizm], *s.* *Pol:* Cléricalisme *m*; *P:* la calotte.

clericalist ['klerikəlist], *s.* Cléricaliste *m*; *P:* calotin *m*.

clericalize ['klerikəlaiz], *v.tr.* *F:* Cléricaliser (les écoles, etc.).

clerico-political ['klerikopo'litik(ə)l], *a.* Politico-religieux, -euse, *pl.* politico-religieux, -euses.

clerk[1] [klɑ:rk, *U.S:* klə:rk], *s.* **1.** (*a*) *Adm:* *Com:* Employé, -ée, de bureau; commis *m*; buraliste *mf*; clerc *m* (d'avoué); *F:* *Hum:* rond-de-cuir *m*, *pl.* ronds-de-cuir. *Chief c., senior c., head c.*, chef *m* de bureau; commis principal; premier commis; (*in lawyer's office*) premier clerc, maître-clerc, *pl.* maîtres-clercs. *Junior c.*, petit employé; *F:* saute-ruisseau *m inv.* *The telegraph c.*, l'employé(e) du télégraphe; le, la, buraliste. *See also* BANK-CLERK, BOOKING-CLERK, COPYING[1], ENTERING[2] 2, MANAGING[1] 1, TIME-CLERK. (*b*) *Jur:* **Clerk of the court**, greffier *m* (du tribunal). *C. of the court's office*, greffe *m*. *You should apply to the c. of the court*, il faut vous adresser au greffe. *See also* TOWN-CLERK. **2.** *Ecc:* (*a*) **Clerk (in holy orders)**, clerc; ecclésiastique *m*. (*b*) (*Of cathedral choir*) Chantre *m*. (*c*) **Parish clerk**, clerc de paroisse. *See also* LAY[2] 1. (*d*) *A:* (*Scholar*) Savant *m*, clerc. *F:* **I am no great clerk**, je ne suis pas grand clerc. **3.** (*a*) **Clerk of the works**, (i) *Const:* conducteur *m* des travaux; (ii) *Civ.E:* conducteur des ponts et chaussées. (*b*) *F:* **The Clerk of the weather**, la providence qui régit la pluie et le beau temps. (*c*) *Rac:* **Clerk of the course**, commissaire *m* de la piste. **4.** *U.S:* Vendeur *m* (de grand magasin); commis (de magasin).

clerk[2], *v.i.* **1.** Être commis (*for s.o.*, chez qn). *F:* *I clerked it for ten years*, j'ai été commis aux écritures pendant dix ans. **2.** Servir de secrétaire (*for s.o.*, à qn).

clerkess ['klɑ:rkes], *s.f.* Employée; buraliste.

clerkly ['klɑ:rkli], *a.* **1.** De bureau. *C. hand*, (i) écriture moulée; (ii) écriture de bureau. **2.** *A:* Docte, savant, lettré.

clerkship ['klɑ:rkʃip], *s.* **1.** *Adm:* *Com:* Emploi *m* ou place *f* de commis, d'employé. **2.** *Jur:* (*a*) Emploi ou place de clerc (de *solicitor*, etc.); cléricature *f*. (*b*) **Clerkship to the court**, fonctions *fpl* ou place de greffier.

clever ['klevər], *a.* **1.** (*Dexterous*) Habile, adroit. *He is c. with his hands*, il est adroit, agile, de ses mains, des mains; il a la main adroite; *F:* il n'est pas manchot. *Footballer c. at footwork*, joueur de football adroit des pieds. *C. at a trade*, habile dans un métier. *C. at doing sth.*, habile, adroit, ingénieux, à faire qch. *To be c. with one's pencil*, se servir adroitement de son crayon. **Clever horse**, cheval bien dressé, bon sauteur. **2.** (*a*) Intelligent, qui a de l'esprit. **To be clever**, être intelligent. *A c. child*, un enfant à l'intelligence éveillée. *Sch:* **Clever at mathematics**, fort en mathématiques. *C. at making sauces*, *F:* savant à préparer les sauces. *To be c. at drawing*, avoir la bosse du dessin; avoir du goût pour le dessin. (*b*) *F:* (*Smart*) *He was too c. for us*, il nous a roulés; il nous a mis dedans. (*c*) (*Done with skill*) Bien fait. *A c. parody*, une parodie pleine de finesse. (*d*) *C. device*, dispositif ingénieux. **3.** *U.S:* *F:* Obligeant; aimable. **-ly**, *adv.* Habilement, adroitement; avec adresse; artistement; avec intelligence; bien.

cleverish ['klevəriʃ], *a.* Assez habile, assez adroit, assez intelligent; pas bête.

cleverness ['klevərnəs], *s.* **1.** Habileté *f*, adresse *f*, dextérité *f*. *C. at doing sth.*, habileté à faire qch. **2.** Intelligence *f*. *At an early age he showed great c.*, dès sa jeunesse il se révéla très intelligent, il montra de grands moyens. **3.** Ingéniosité *f* (d'une invention, d'un mécanisme).

clevis ['klevis], *s.* **1.** Crochet *m* à ressort, crochet de sûreté. **2.** Manille *f* d'assemblage; maillon *m* d'attache, de jonction; chape *f*; étrier *m*. **Clevis-pin**, axe *m* de chape; broche *f* d'étrier.

clew[1] [klu:], *s.* **1.** (*a*) Pelote *f* (de fil). (*b*) *Myth:* Fil conducteur (du Labyrinthe). **Ariadne's clew**, le fil d'Ariane. **2.** *Nau:* (*a*) Araignée *f* (de hamac). (*b*) Point *m* d'écoute (de voile). **Weather clew**, point de vent. **Lee clew**, point sous le vent. **Head clews**, points d'envergure. **3.** (*In N. of Engl. & Scot.*) = CLUB 2.

'clew-garnet, *s.* *Nau:* Cargue-point *m* (de basse voile), *pl.* cargues-points.

'clew-line, *s.* *Nau:* Cargue-point *m* (de haute voile), *pl.* cargues-points; amure *f* (de voile).

'clew-rope, *s.* *Nau:* Faux point.

clew[2], *v.tr.* *Nau:* **To clew (up)** *the sails*, carguer les voiles.

cliché ['kliʃe], *s.* **1.** *Typ:* Cliché *m*. **2.** (*Stereotyped phrase*) Cliché.

click[1] [klik], *s.* **1.** Bruit sec, clic *m* (d'un pistolet qu'on arme, etc.); cliquetis *m* (d'épées). **2.** **Click (of the tongue)**, coup *m* de langue. *Ling:* *etc:* Clappement *m* (de la langue). **3.** *Tchn:* Cliquet *m*, chien *m*; doigt *m* d'encliquetage; déclic *m*; détente *f*. **Click and ratchet**, encliquetage *m*. *Fish:* **Click reel**, moulinet *m* à cliquet.

'click-beetle, *s.* *Ent:* Élatère *m*; *F:* taupin *m*; scarabée *m* à ressort; tape-marteau *m*, *pl.* tape-marteaux.

'click-clack, *s.* Tic-tac *m* (d'un moulin, d'un métier à tisser).

'click-wheel, *s.* *Mec.E:* Roue *f* à cliquet, à rochet, à chien.

click[2], *v.tr.* & *i.* **1.** Cliqueter, cliquer, faire tic-tac. *Equit:* (*Of horse*) Forger. *Mil:* **To click one's heels**, (faire) claquer les talons (en saluant). **2.** *To c. one's tongue*, clapper de la langue.

clicking, *s.* = CLICK[1] 1, 2.

click[3], *s.* *Wr:* Croc-en-jambe *m*, *pl.* crocs-en-jambe.

click[4]. **1.** *v.i.* *P:* (*a*) (*Of two pers.*) Se plaire du premier coup; s'entendre à merveille dès l'abord. *They have clicked*, ils se plaisent; ils sont inséparables. **She won't click**, elle ne répond pas à mes avances. *At the end of the play* **they click off**, *of course*, à la fin de la pièce, naturellement, ils s'épousent. (*b*) (*Of things*) Aller ensemble. (*c*) Avoir de la veine; atteindre son but. (*d*) Concevoir. *She told him she'd clicked and he must marry her*, elle lui a dit que ça y était et qu'il fallait qu'il l'épouse. **2.** (*a*) *v.tr.* **To click it**, écoper. *He clicked a bad attack of fever, and had to come home*, il a attrapé une bonne crise de paludisme et a dû rentrer en Angleterre. (*b*) *Mil:* *To c. for a fatigue*, écoper d'une corvée.

clicker ['klikər], *s.* *Typ:* Metteur *m* en pages.

clickety-click ['klikəti'klik], *s.* & *adv.* Clic-clic (*m*), clic-clac (*m*).

client ['klaiənt], *s.* **1.** *Rom.Ant:* Client *m* (d'un patricien). **2.** (*a*) Client, -ente (dans les professions libérales); (*of stock-broker*) donneur *m* d'ordres. (*b*) *Com:* *F:* Client, -ente (d'une boutique, d'un magasin).

clientage ['klaiəntedʒ], **clientele** [klaiən'ti:l, kliɑ̃tɛl], *s.* Clientèle *f* ((i) d'un patricien, (ii) dans les professions libérales).

Clifden blue ['klifdən 'blu:], *s.* *Ent:* (Papillon) adonis *m*.

cliff [klif], *s.* **1.** A-pic *m*; (*on sea-shore*) falaise *f*; (*inland*) escarpement *m*; varappe *f*; rocher *m*. **Cliff-climber** = CLIFFSMAN. **Cliff-climbing expedition**, varappée *f*. **2.** *Golf:* Face *f* (d'une banquette).

'cliff-dweller, *s.* *Archeol:* Creuseur *m* de falaises.

cliffed [klift], **cliffy** ['klifi], *a.* En falaise; escarpé; à pic.

cliffsman, *pl.* **-men** ['klifsmən, -men], *s.* Escaladeur *m* de falaises; varappeur *m*.

Clifton blue ['kliftən 'blu:], *s.* = CLIFDEN BLUE.

climacteric [klaimak'terik], *a.* *Med:* Climatérique. **The climacteric year**, *s.* **the (grand) climacteric**, la climatérique (63 ans). *The c. years*, les années climatériques (multiples de 7). *C. diseases*, maladies climatériques, dues à la sénilité.

climactic [klai'maktik], *a.* *Rh:* *etc:* **1.** (Arrangement *m*) par gradation, en série ascendante. **2.** Arrivé à son apogée.

climate ['klaimet], *s.* Climat *m*. *I have lived in all climates*, j'ai vécu sous tous les climats. *She must avoid a hot c.*, il faut qu'elle évite les pays chauds.

climatic [klai'matik], *a.* (*a*) *C. diseases*, maladies spéciales à

certains climats, climatiques, climatériques. *C. influence*, influence *f* climatologique. (*b*) *Biol: C. variation*, variation *f* climatologique.
climatological [klaimato'lɔdʒik(ə)l], *a.* Climatologique. *C. conditions*, climature *f*.
climatology [klaima'tɔlodʒi], *s.* Climatologie *f*.
climatotherapy [klaimato'θerəpi], *s.* Climatothérapie *f*.
climature ['klaimatjər], *s.* Climature *f*, climat *m*.
climax ['klaimaks], *s.* **1.** *Rh:* Gradation (ascendante). **2.** *F:* Comble *m*, apogée *m*, faîte *m*, point culminant, plus haut point (de la renommée, etc.). *This brought matters to a c.*, ce fut le comble. **To work up to a climax,** (i) procéder par gradation (ascendante); (ii) *Th: etc: F:* corser l'action; amener la grande scène. *At the c. of the epidemic*, au plus fort de l'épidémie. **To form a climax,** mettre le comble à l'étonnement, à la joie, à la terreur, etc. *As a c. to the entertainment . . .*, comme bouquet de la fête. . . .
climaxing ['klaimaksiŋ], *a.* Culminant. *That was the c. stroke*, ce fut le comble; *F:* ce fut le bouquet.
climb[1] [klaim], *s.* **1.** Ascension *f*, montée *f*. *Aut: Sp:* **Hill climb,** course *f* de côte. **2.** Côte *f*, montée, rampe *f*; remontée *f* (d'une route, etc.).
climb[2], *v.tr. & i.* **1.** (*a*) Monter, gravir (l'escalier); grimper à (un arbre); monter à (l'échelle); escalader (une falaise, une varappe). *Aut: To c. a hill in top (gear)*, monter une côte en prise directe. **To climb up** *to the top of sth.*, monter au sommet de qch. *To c. (up) a mountain*, gravir une montagne; faire l'ascension *f* d'une montagne. *To c. up the wall*, (*of pers.*) se hisser le long du mur; escalader le mur; (*of snail, creeper, etc.*) grimper sur le mur. **To climb on** *to the roof*, monter, grimper, sur le toit. **To climb over** *the wall*, escalader, franchir, le mur; *Mil: P:* faire le mur. **To climb down** *the cliff*, descendre la falaise. *To c. down the tree, the ladder*, descendre de l'arbre, de l'échelle. **To climb through** *an opening*, se hisser par une ouverture. **To climb out** *of a hole*, grimper, se hisser, en dehors d'un trou; se tirer d'un trou. **To climb a rung of the social ladder,** gravir un échelon social. *If you knew how many stairs we climbed!* si vous saviez les escaliers qu'on a monté! *See also* HAND[1] 2. (*b*) *The road climbs*, la route va en montant. **2. To climb to power,** s'élever au pouvoir. **3.** *Av:* Prendre de la hauteur, de l'altitude; monter.
climb down, *v.i.* **1.** Descendre. *It took us two hours to c. down*, il nous fallut deux heures pour effectuer la descente. **2.** *F:* En rabattre; reculer; baisser pavillon; changer de gamme; rétracter ses paroles; se rétracter; *P:* caner, se dégonfler.
climb-'down, *s.* **1.** Descente *f*. **2.** *F:* Abandon *m* de ses prétentions; défaite *f*. *A miserable c.-d.*, une honteuse reculade.
climbing[1], *a.* **Climbing bird,** (oiseau) grimpeur *m*. **Climbing plant,** plante grimpante. *Av:* **Climbing flight,** vol ascendant.
'climbing-boy, *s. A:* Petit ramoneur, petit savoyard.
climbing[2], *s.* **1.** Escalade *f*; montée *f*. *Av:* Remontée *f* (après descente). **Alpine climbing,** alpinisme *m*. *Aut:* **Climbing ability,** tenue *f* en côte (d'une voiture). *Aut: etc:* **Climbing speed,** vitesse *f* en montée. *Rail: Aut:* **Climbing power,** pouvoir de traction en rampe, en côte. **2. The art of climbing,** l'art de parvenir; l'arrivisme *m*.
'climbing-irons, *s.pl.* Crampons *m*, grappins *m*; griffes *f* de monteur; étriers *m* (pour l'ascension des arbres). *Set of c.-i.*, appareil grimpeur.
climbable ['klaiməbl], *a.* Qui peut être gravi ou escaladé. *C. tree*, arbre *m* où il est facile de grimper.
climber ['klaimər], *s.* **1.** (*a*) Ascension(n)iste *m* (de montagne); grimpeur *m* (à un arbre). (*b*) *This car is a good c.*, cette voiture est bonne grimpeuse. *These planes are good climbers*, ces avions *m* montent vite. **2.** *F:* Arriviste *mf*. **3.** (*a*) *Bot:* Plante grimpante. (*b*) *Orn:* Grimpeur. **4.** *pl.* **Climbers** = CLIMBING-IRONS.
clime [klaim], *s. Poet:* Climat *m*; pays *m*, région *f*. *To live in foreign climes*, vivre sous un ciel étranger.
clinch[1] [klinʃ], *s.* **1.** (*a*) Rivet *m*, crampon *m*. (*b*) *Nau:* Étalingure *f*. **Anchor clinch,** étalingure sur l'ancre. **Inner clinch,** étalingure du puits. (*c*) = CLINCHER 3. **2.** *Box:* Corps-à-corps *m*; clinch *m*; accrochage *m*. *To break a c.*, briser un corps-à-corps.
clinch[2]. **1.** *v.tr.* (*a*) River (un clou); abattre, aplatir (un rivet, la pointe du clou). (*b*) *Nau:* Étalinguer (une chaîne). *To c. the cables to the anchor*, étalinguer la chaîne. (*c*) Conclure, clore, *F:* accrocher, boucler (un marché); confirmer (un argument). *That clinches the argument, that clinches it, F:* voilà qui vous rive votre clou. **Clinching argument,** argument décisif. **2.** *v.i. Box:* En venir aux prises; se prendre corps à corps; s'accrocher.
'clinch-button, *s.* Bouton *m* fermoir.
'clinch-nail, *s.* Clou rivé, à river; rivet *m*.
clincher ['klinʃər], *s.* **1.** *F:* Argument *m* irréfutable, sans réplique; argument-massue *m*. *That was a c. for him!* ça lui a rivé son clou! **2.** (*a*) Crampon *m*. (*b*) *Nau:* Étalingure *f*. **3.** *Aut: Cy:* (*Of wheel-rim*) Accrochage *m*, gouttière *f*. **Clincher rim, clincher tyre,** jante *f*, pneu *m*, à talon.
'clincher-built, *a.* = CLINKER-BUILT.
cling [kliŋ], *v.i.* (*p.t.* **clung** [klʌŋ]; *p.p.* **clung**) (*a*) (*Of pers.*) S'attacher, s'accrocher, s'agriffer, s'agripper, se cramponner (*to s.o., to sth.*, à qn, à qch.); (*of burr*) s'attraper (*to*, à). **She clung to me,** elle se prit à moi. **To cling close to s.o.,** se serrer, se coller, contre qn. **To cling together, to one another,** (i) rester attachés l'un à l'autre; rester étroitement unis; (ii) se tenir étroitement enlacés. *Village clinging to the hillside*, village accroché au flanc de la colline. (*b*) **To cling to an opinion,** rester attaché à une opinion; s'opiniâtrer, s'obstiner, dans une opinion; ne pas abandonner une opinion. *He clings tightly to his principles*, il reste à cheval sur ses principes. **To cling to a hope,** se raccrocher à un espoir. (*c*) (*Of skin*) Adhérer (*to*, à); (*of plants*) s'attacher, s'accrocher (aux murs). *Ivy clings to the tree*, le lierre s'attache, se noue, à l'arbre. (*Of garment*) *To c. to the figure*, coller au corps; mouler le corps; épouser la forme du corps.
clinging[1], *a.* Qui s'attache; qui colle; qui s'accroche. *C. garment, material*, vêtement collant; étoffe *f* qui moule le corps; vêtement, étoffe, qui tend à s'attacher au corps. *C. nature*, naturel affectueux. *C. perfume*, parfum *m* tenace.
clinging[2], *s.* Attachement *m* (à une opinion, etc.).
clinginess ['kliŋinəs], *s.* **1.** Adhésivité *f* (de l'argile, etc.). **2.** (*Of garment*) Tendance *f* à s'attacher au corps.
clingstone ['kliŋstoun], *s. Bot:* **1. Clingstone (peach),** pavie *f* alberge; alberge *f*. **2. Clingstone(-tree),** albergier *m*.
clingy ['kliŋi], *a.* (*Of mud, garment, etc.*) Collant.
clinic ['klinik], *s. Med:* **1.** (*Bedside instruction or class*) Clinique *f*. **2.** (*Treatment centre*) Dispensaire *m*, clinique.
clinical ['klinik(ə)l], *a.* (Leçon *f*, etc.) clinique. **Clinical thermometer,** thermomètre *m* de clinique; thermomètre médical. *C. doctor*, clinicien *m*. **-ally,** *adv.* D'après la méthode clinique.
clinician [kli'niʃən], *s.* Clinicien *m*.
clinique [kli:'ni:k], *s.* = CLINIC.
clink[1] [kliŋk], *s.* Tintement *m*, choc *m* (de verres); cliquetis *m* (d'épées).
clink[2]. **1.** *v.i.* (*Of glasses, etc.*) Tinter. **2.** *v.tr.* Faire tinter, faire résonner. **To clink glasses,** choquer les verres; trinquer.
clinking[1], *a.* **1.** (*a*) (Verres *m*, etc.) qui s'entre-choquent. (*b*) Cliquetant. **2.** *P:* Épatant, bath. **A clinking fine horse,** un cheval épatant. *A c. good fellow*, un très chic type.
clinking[2], *s.* = CLINK[1].
clink[3], *s. P:* Cellule *f* (de prison); *Mil:* salle *f* de police; *P:* bloc *m*, boîte *f*, taule *f*. **To go to clink, to be put in clink,** être fourré au bloc, être fourré dedans; se faire boucler. **To be in clink,** être bouclé; faire de la taule; être au bloc.
clinker[1] ['kliŋkər], *s.* **1.** (*a*) Brique hollandaise (pour carrelage). (*b*) Brique vitrifiée; brique à four. **2.** Mâchefer *m* (de forge, etc.); scories vitreuses; escarbilles *fpl*; (*iron slag*) crasse *f* de fonte. **3.** Ciment non broyé, non calciné.
'clinker-bar, *s. Tls:* Ringard *m*.
'clinker-pit, *s. Ind:* Dépôt *m* de scories du foyer.
clinker[2]. **1.** *v.i.* (*Of furnace*) Former des scories, du mâchefer; (*of coal*) laisser du mâchefer. **2.** *v.tr.* Décrasser (un foyer, etc.).
clinkering, *s.* Décrassement *m*, décrassage *m* (du foyer). **Clinkering tool,** ringard *m*.
clinker[3], *s.* **1.** (*a*) = CLINCHER 1. (*b*) *F:* Personne ou chose épatante. **2.** = CLINCH-NAIL.
'clinker-built, *a. N.Arch:* Bordé à clin(s); encouturé.
'clinker-work, *s. N.Arch:* Bordage *m* à clin(s).
clinkstone ['kliŋkstoun], *s. Miner:* Phonolit(h)e *f*.
clinoid ['klainɔid], *a. Anat:* (Apophyse *f*) clinoïde.
clinometer [klai'nɔmetər], *s. Surv: Nau:* Clinomètre *m*, clitographe *m*, éclimètre *m*; niveau *m*. *Aut: Av:* Indicateur *m* de pente. *Bead c.*, clinomètre à bulle.
clinorhombic [klaino'rɔmbik], *a. Cryst:* Clinorhombique.
Clio ['klaio]. *Pr.n.f. Myth:* Clio.
clip[1] [klip], *s.* **1.** Pince *f*, serre *f*, attache *f*; patte *f* d'attache; griffe *f*, collier *m*, ou étrier *m* de serrage; brabant *m* à patte; mordache *f* (de mandrin de tour). **Hold-down clip,** attache de fixation. **Spring-clip,** pince à ressort. **Rubber-tube clip,** pince d'arrêt. **Paper-clip,** (i) agrafe *f*, happeur *m* (pour papiers); attache-papiers *m inv*; serre-papiers *m inv*; pince-notes *m inv*; pince-feuilles *m inv*; pince à papiers; (ii) attache métallique, parisienne, de bureau. **Wire paper-clip, slide-on paper-clip,** attache trombone. **Fountain-pen clip,** bague-agrafe *f*, *pl.* bagues-agrafes. *Mec.E:* **Bowden-clip,** attache Bowden. *Surg:* **Artery-clip,** pince hémostatique. *C. of a microscope stage*, valet *m* de la platine d'un microscope. *See also* AIR-CLIP, DRESS-CLIP, HOSE-CLIP, PUMP-CLIP, TIE-CLIP, TOE-CLIP, TROUSER-CLIP. **2.** *El:* Cosse *f* (de fil ou de câble). *Battery-charging c.*, pince terminale (pour chargement de batteries). **3.** *Mil:* **(Loading)-clip,** lame *f* chargeur; chargeur *m* (pour cartouches). **4.** *Rail:* Serre-rail(s) *m inv*; crapaud *m*.
'clip-loading, *a.* (Fusil *m*) à (alimentation par) chargeurs.
clip[2], *v.tr.* (**clipped** [klipt]; **clipping**) Pincer, serrer. *To c. papers together*, agrafer des papiers. *To c. an attachment on to sth.*, attacher une pièce mobile à qch. avec une agrafe ou un étrier.
clipping[1], *s.* Serrage *m*. *C. together*, agrafage *m* (de papiers).
clip[3], *s.* **1.** (*a*) Tonte *f* (de moutons). (*b*) Tonte de la saison. **2.** *pl.* **Clips** = CLIPPER 2. **3.** *P:* Taloche *f*, beigne *f*, marron *m*. *Box:* **Clip on the jaw,** coup sec à la mâchoire. **4.** *U.S.: P:* (Grande) vitesse.
clip[4], *v.tr.* **1.** Tondre (un mouton, un cheval, le gazon); faire le poil à (un cheval); couper, ébarber, tailler (une haie); rogner, cisailler (la monnaie); couper, trancher, cisailler (une tôle). *To c. the wings of a bird*, rogner les ailes à une volaille. *F:* **To clip s.o.'s wings, s.o.'s claws,** rogner les ongles, les griffes, à qn. *To c. s.o.'s hair*, passer les cheveux de qn à la tondeuse. *F:* **To clip one's words,** manger, écourter, ses mots. **2.** Poinçonner, contrôler (un billet de chemin de fer). **3.** *P:* **To clip s.o.'s ear,** flanquer une taloche à qn.
clipping[2], *a. P:* = CLINKING[1] 2.
clipping[3], *s.* **1.** (*a*) Tondage *m* (de chevaux, etc.); tondaison *f*, tonte *f* (de moutons). (*b*) Contrôle *m*, poinçonnage *m* (de billets). **2.** (*a*) *U.S:* Coupure (prise dans un journal). *U.S:* **Clipping bureau,** agence *f* de coupures de presse. (*b*) *pl.* Rognures *f* (de papiers, d'ongles, de monnaie, etc.). **Clippings of hides,** rognures de peaux (dans l'industrie de la colle forte).
clippable ['klipəbl], *a.* (Gazon *m*, etc.) que l'on peut tondre.
clipper ['klipər], *s.* **1.** (*Pers.*) Tondeur, -euse; rogneur, -euse. **2.** *Tls:* (*a*) **Clipper(s),** tondeuse *f*. (*b*) **Bolt-clipper,** cisaille *f* à boulons. *See also* HEDGE-CLIPPER, NAIL-CLIPPERS. **3.** (*a*) *Nau: A:* Clipper *m*; fin voilier. **Clipper-built,** (navire *m*) à formes élancées et à mâts inclinés vers l'arrière. *See also* BOW[5] 1. (*b*) *F:* Cheval *m* très vite, qui va comme le vent. **4.** *P:* Type épatant. *She was a c.*, elle était épatante.

clique [kli:k], *s.* Coterie *f*, petite chapelle; *F:* clan *m. Literary c., artistic c.*, cénacle *m.*
cliquish ['kli:kiʃ], *a. F:* (*a*) Attaché aux intérêts de sa coterie. (*b*) (Gens) qui s'en tiennent à leur coterie.
cliquishness ['kli:kiʃnəs], **cliquism** ['kli:kizm], *s. F:* Camaraderie *f*; esprit *m* de coterie.
cliqu(e)y ['kli:ki], *a. F:* **1.** (Endroit) plein de coteries. **2.** = CLIQUISH.
clitoris ['klaitoris, 'kli-], *s. Anat:* Clitoris *m.*
clivers ['klivərz], *s. Bot:* = CLEAVERS.
clo' [klou], *s.pl. F:* (= CLOTHES) **'Old clo'!'** "vieux habits!" "'chand d'habits!"
cloaca, *pl.* **-ae** [klo'eika, -i:], *s.* **1.** (*a*) Cloaque *m. F: C. of infamy*, bourbier *m* de vice. (*b*) *Rom.Ant:* **The Cloaca Maxima**, la Grande Cloaque. **2.** *Z:* Cloaque *m* (des poissons, des oiseaux et des reptiles).
cloacal [klo'eik(ə)l], *a. Z:* **Cloacal sac**, poche cloacale.
cloak[1] [klouk], *s.* (*a*) Manteau *m. Evening c.*, manteau de soir (pour dame); sortie *f* de bal, de théâtre. *F:* **Cloak of snow, of moss**, manteau de neige, de mousse. **Under the cloak of night**, sous le couvert, le voile, de la nuit. *Under the c. of religion*, sous le manteau de la religion; sous les dehors, le prétexte, l'apparence *f*, le voile, le masque, de la religion; sous couverture de religion. **Cloak-and-dagger story, cloak-and-sword story**, roman *m* de cape et d'épée. (*b*) *Ecc.Cost:* Camail *m*, *pl.* camails.
'cloak-room, *s.* **1.** *Th: etc:* Vestiaire *m.* **'Ladies' cloak-room,'** "Dames." **Cloak-room attendant**, préposé(e) au vestiaire. **2.** *Rail:* Consigne *f.* **To leave one's luggage in the cloak-room**, déposer, mettre, ses bagages à la consigne; consigner ses bagages. *See also* CHECK[1] 5.
cloak[2]. **1.** *v.tr.* (*a*) Couvrir, revêtir, (qn) d'un manteau. (*b*) Masquer, voiler (ses projets, ses pensées). **2.** *v.i.* Mettre son manteau; se revêtir d'un manteau.
clobber[1] ['klɔbər], *s. P:* Frusques *fpl*, hardes *fpl.*
clobber[2], *v.i. P:* **To clobber out, up**, s'attifer; se frusquer.
cloche [klouʃ], *s.* **1.** *Hort:* Cloche *f* (à melons, etc.). **2.** *Cost:* **Cloche hat**, cloche.
clock[1] [klɔk], *s.* (*a*) (*Large*) Horloge *f*; (*smaller*) pendule *f. Aut: Nau:* Montre *f. Aut: Dashboard c.*, montre de bord. *Ship's c.*, horloge marine; montre de bord. **Town clock**, horloge de ville. **Grandfather('s) clock**, horloge de parquet; horloge comtoise; pendule à gaine. **Grandmother clock**, horloge de parquet de petit modèle. **Carriage clock, travelling clock**, pendulette *f.* **Wall clock, hanging clock**, pendule murale; cartel *m.* **Mantelpiece clock**, pendule à poser, de cheminée. **Bedside clock**, montre-chevalet *f.* **Dutch clock**, coucou *m.* **Eight-day clock**, huitaine *f. Electrically-driven c.*, horloge à actionnement électrique. *Weight-driven c.*, horloge à poids. *Hand-wound c.*, horloge à remontage à la main. *Spring c.*, horloge à ressort. *Ind: etc:* **Master clock**, horloge centrale. **Time-clock**, horloge enregistreuse. *See also* CUCKOO-CLOCK, PENDULUM-CLOCK, STRIKING[1], WATER-CLOCK. **What o'clock is it?** quelle heure est-il? **It is one, two, o'clock**, il est une heure, deux heures. **It is two by the clock**, *the c. is pointing to two*, il est deux heures à l'horloge. *I waited for a full hour by the c.*, j'ai attendu une bonne heure d'horloge. *It took him ten minutes by the c.*, cela lui a pris dix minutes montre en main. *F:* **To sleep the clock round**, faire le tour du cadran. *F:* (*Intensive*) **Like one o'clock**, fameusement, joliment bien, rondement; comme sur des roulettes. *You get on together like one o'clock*, vous vous entendez à merveille. *Everything went like one o'clock*, tout a marché comme sur des roulettes; ça s'est très bien passé. *See also* DANDELION, TWELVE. (*b*) *P:* Visage *m*; ciboulot *m.* (*c*) *P:* Montre; toquante *f.* (*d*) **Clock of taxi-cab**, appareil *m* horo-kilométrique.
'clock-'golf, *s.* Jeu *m* de clock-golf.
clock[2]. **1.** *v.tr. F:* Chronométrer. **2.** *v.i.* (*a*) *Av:* (*Of engine*) **To clock over**, tourner au (grand) ralenti. (*b*) *Ind:* **To clock on, off**, pointer à l'arrivée, au départ; *P:* penduler.
clocking on, off, *s.* Pointage *m* à l'arrivée, au départ.
clock[3], *s.* (*Com: pl. often* **clox**) (*On sock, stocking*) Baguette *f*, grisotte *f*, coin *m.* **Openwork clocks**, baguettes à jour.
clock[4], *v.tr. & i. N.Dial:* (*Of hen*) Couver (des œufs).
clocking, *a.* **Clocking hen**, poule couveuse.
clocked [klɔkt], *a.* **Clocked stockings**, bas *m* à baguettes, à grisottes, à coins.
clocker ['klɔkər], *s. N.Dial:* Poule couveuse.
clocklike ['klɔklaik], *a.* (D'une régularité) d'horloge; (d'une régularité) monotone.
clockwise ['klɔkwa:iz], *a.* Dans le sens des aiguilles d'une montre; à droite; dextrorsum. *See also* COUNTER-CLOCKWISE.
clockwork ['klɔkwə:rk], *s.* Rouage *m* d'horloge; mouvement *m* d'horlogerie; mécanisme *m* à ressort. *Toys: C. train*, chemin *m* de fer mécanique. **Clockwork-driven**, entraîné par un mouvement d'horlogerie. *Everything is done with c. precision*, tout est réglé comme une montre. *F:* **Everything is going like clockwork**, tout va, marche, comme sur des roulettes. *See also* REGULAR I. 1, REGULARLY 1.
clod[1] [klɔd], *s.* **1.** (*a*) Motte *f* (de terre). *Agr:* **To break (up) the clods**, émotter la terre. *Breaking up of the clods*, émottage *m.* (*b*) *F:* **The clod**, la terre (des champs). (*c*) *Lit:* Le corps (opposé à l'âme); la matière. *This cold c. of clay which we carry about with us*, ce corps pétri d'argile dont nous sommes encombrés. **2.** = CLOD-HOPPER. **3.** *Cu:* Talon *m* de collier (de bœuf).
'clod-beetle, *s. Tls:* Émottoir *m.*
'clod-breaker, -crusher, *s.* **1.** (*Farm-hand*) Émotteur, -euse. **2.** *Agr:* Brise-mottes *m inv:* rouleau *m* brise-mottes; émotteuse *f*, casse-mottes *m inv.* **3.** *P:* **Clod-crushers**, gros souliers; godasses *f.*
'clod-hopper, *s.* Rustre *m*, lourdaud *m*, balourd *m*, manant *m*; *P:* cul terreux.
'clod-hopping, *a.* Rustre. *C.-h. boots*, sabots *m* de campagnard.
clod[2], *v.* (**clodded**) **1.** *v.i.* (*Of earth*) S'agglomérer. **2.** *v.tr.* Motter (un chien, etc.); lancer des mottes à (un chien, un mouton).
cloddish ['klɔdiʃ], *a.* **1.** (Champ *m*) à mottes; (labours *mpl*) motteux. **2.** Lourdaud; à l'esprit balourd; campagnard.
cloddishness ['klɔdiʃnəs], *s.* Caractère grossier; mœurs *fpl* de campagnard; rustrerie *f.*
cloddy ['klɔdi], *a.* (Sol) rempli de mottes, qui se casse en mottes.
Cloelia ['kli:lia]. *Pr.n.f.* Clélie.
clog[1] [klɔg], *s.* **1.** (*a*) Entrave *f*, abot *m* (pour cheval); billot *m* (pour vache). (*b*) *F:* Empêchement *m*, embarras *m*, entrave. *These restrictions are a c. upon industry*, ces restrictions *f* entravent l'industrie. **2.** (*a*) (*Overshoe*) Socque *f.* (*b*) Galoche *f.* (*c*) Gros brodequin à semelle de bois et à bout ferré.
'clog-dance, *s.* Danse *f* à claquettes; sabotière *f.*
clog[2], *v.* (**clogged; clogging**) **1.** *v.tr.* (*a*) Entraver (un animal). (*b*) Boucher, obstruer (une artère, un tuyau, etc.); encrasser, cambouiser (une arme à feu, une machine); colmater (un filtre); empâter (une lime); embarrasser (l'estomac); *F:* embarrasser, empêcher, gêner, entraver (une entreprise, etc.). *Metal that clogs the file*, métal *m* qui graisse la lime. *Our boots get clogged with mud*, nos souliers *m* se crottent dans la boue. *To c. one's memory with useless facts*, se charger la mémoire de faits inutiles. *To c. the wheels of the administration*, entraver la marche des services. *Phot: Clogged negative*, cliché empâté. **2.** *v.i.* Se boucher, s'obstruer, s'encrasser; (*of filter*) se colmater; (*of file*) s'empâter.
clogging, *s.* Obstruction *f*; encrassement *m*; colmatage *m* (d'un filtre); empâtement *m* (d'une lime, d'un cliché).
cloisonné [klwa'zɔni], *a. & s. Ind: Art:* **Cloisonné (enamel)**, cloisonné *m.*
cloister[1] ['klɔistər], *s.* **1.** Cloître *m.* **2.** *pl.* **Cloisters**, péristyle *m*, ambulatoire *m*, cloître (d'une cour).
cloister[2], *v.tr.* Cloîtrer.
cloistered, *a.* Cloîtré. **1.** *C. life*, vie *f* de cloître. *To lead a c. life*, mener une vie monacale. **2.** *C. quadrangle*, cour cloîtrée, entourée de cloîtres ou bordée d'un cloître.
cloisterer ['klɔistərər], *s.* Cloîtrier, -ère.
cloistral ['klɔistr(ə)l], *a.* Claustral, -aux.
cloke [klouk], *s. & v.tr. A:* = CLOAK[1, 2].
clonic ['klɔnik], *a. Med:* Clonique. *C. spasms*, convulsions cloniques.
clonus ['klounəs], *s. Med:* Clonus *m.*
Clootie ['kluti]. *Pr.n.m. Scot:* Le Diable (aux pieds fourchus).
close[1] [klous]. I. *a.* **1.** (*a*) Bien fermé, clos. *To draw* (*a fastening, etc.*) *c.*, serrer (un lien, etc.). *Ling:* **Close vowel**, voyelle fermée, entravée. (*b*) *C. air*, air renfermé. **Close smell**, odeur *f* de renfermé. **The room smells close**, ça sent le renfermé ici. **Close weather**, temps lourd. (*c*) *C. secret, silence*, secret *m*, silence *m*, impénétrable. (*d*) (*Limited*) *C. corporation*, société exclusive, fermée. *C. scholarship*, bourse *f* pour une catégorie restreinte de candidats. *See also* BOROUGH. (*e*) (*Closed*) *Ven:* **Close time, season**, période *f* d'interdiction; chasse fermée; temps prohibé. *Fish for which there is no c. season*, poissons indifférents. *To shoot in c. time*, braconner. **2.** *C. texture*, (con)texture serrée. *C. thicket*, fourré épais, touffu. *C. rain*, pluie serrée. *C. mortar*, mortier compact. *Typ: C. matter*, composition compacte. *C. grain*, grain fin, dense. **In close order**, *Navy:* à distance serrée; *Mil:* en rangs serrés; en ligne serrée. *See also* ASTERN 1. (*Of cavalry*) *Charge in c. order*, charge *f* en bataille. *C. intervals*, intervalles serrés, rapprochés. *C. correspondence*, correspondance suivie. **3.** (*Near*) (*a*) *C. combat*, (i) combat *m* de près, combat corps à corps; (ii) (*of ships*) combat bord à bord. *Navy: C. action*, combat rapproché. *F: To come to c. quarters*, en venir aux mains. *At c. quarters*, tout près l'un de l'autre. *When I saw him at c. quarters*, quand je le vis de près. *I can put you up for the night if you don't mind c. quarters*, je peux vous offrir l'hospitalité si cela ne vous fait rien d'être à l'étroit. *C. alley*, rue étroite. *To fire at c. range*, tirer de près, à bout portant. *C. proximity*, proximité étroite. *C. co-ordination*, coordination étroite. *C. connexion between two facts*, rapport étroit entre deux faits. **Close friend**, ami(e) intime. *C. friendship*, amitié étroite. *C. resemblance*, ressemblance exacte. *C. translation*, traduction serrée, exacte, fidèle, très près de l'original, qui serre le texte de près. *C. copy*, copie exacte. *C. study*, étude minutieuse. *C. reasoning*, raisonnement rigoureux, serré. *C. attention*, attention soutenue, suivie. *C. observer*, observateur assidu. *To put s.o. through a c. examination*, interroger minutieusement qn. *On c. inspection . . .*, à y regarder de plus près. . . . *On closer examination it was discovered that . . .*, en y regardant de plus près on s'aperçut que. . . . *After c. consideration*, après mûre considération. *To keep c. watch on s.o.*, surveiller qn de près, étroitement. *He keeps a c. watch on us*, il a toujours l'œil braqué sur nous. *C. blockade*, blocus rigoureux. *C. imprisonment*, emprisonnement rigoureux. *C. prisoner*, prisonnier étroitement gardé, mis au secret. *See also* ARREST[1] 1. (*b*) *To cut* (*hair, etc.*) *c.*, couper (les cheveux, etc.) ras. *Com:* **Close price**, prix *m* qui ne laisse pas de marge. *See also* CALL[1] 2, CORNER[1] 3, SHAVE[2] 2. (*c*) *C. struggle*, lutte serrée. *C. contest*, lutte à forces égales. *C. match*, match serré. *Rac: C. finish*, arrivée serrée. *C. election*, élection vivement contestée. (*d*) *Vet:* **Close tendon** (*in horse*), tendon failli. **4.** (*Secret*) (Homme) peu communicatif, réservé, renfermé, concentré, très boutonné; *F:* cachottier. **To be close about sth., to keep sth. close**, ne rien dire de qch.; être réservé à l'égard de qch., sur qch. **To play a close game**, jouer serré; cacher ses cartes. **5.** (*Stingy*) Avare, regardant.
-ly, *adv.* **1.** = CLOSE[1] II. 1. **2.** (*a*) *To clasp sth., s.o., c. to one*, serrer qch., qn, contre soi. *C. guarded*, étroitement gardé. *C. connected*, lié étroitement, intimement; (*with sth.*) en rapport intime (avec qch.). *You are the most c. concerned*, c'est vous le premier intéressé. (*b*) *C. cut*, tondu ras. *C. contested*, vivement contesté.

(*c*) (Ressemblant) exactement; (examiné) de près, attentivement; (suivi, observé, traduit) de près; mûrement (considéré); strictement (obéi). *To watch s.o. c.*, surveiller qn de près. *You must watch them more c.*, il faut mieux les surveiller. *To go c. into a matter*, examiner une affaire de près; examiner minutieusement une affaire. *To follow an argument c.*, prêter, donner, une attention suivie à un raisonnement. *To listen c.*, écouter attentivement. **3.** Serré, l'un près de l'autre. *C. packed in a box*, serrés dans une boîte. *Two c. written pages*, deux pages d'une écriture serrée. *See also* KNIT[2] I.

II. **close**, *adv.* **1.** (*Tightly*) *C. shut*, étroitement, bien, hermétiquement, fermé ou bouché. **2.** (*Near*) Près, de près, auprès. *To be, follow, c. behind s.o.*, suivre qn de près; être sur les talons de qn. *Stay c. by me*, restez (tout) auprès de moi. *To keep c. to the door*, se tenir tout près de la porte. *To stand c. against a wall*, se coller contre un mur. *To set two planks closer*, rapprocher deux planches. (*Of garment*) **To fit close**, bien prendre la taille. *Prov:* **Close my shirt but closer my skin**, la chemise est plus proche que le pourpoint. *Houses c. together*, maisons serrées. *Houses very c. to one another*, maisons très rapprochées. *To sit, stand c. together*, être, se tenir, serrés, coude à coude. *To look closer*, regarder de plus près. *The closer we look into the question the more we are convinced that . . .*, plus nous examinons la question de près, plus nous sommes convaincus que. . . . **Sit closer (together)!** serrez-vous! *F:* tassez-vous! **3.** **To keep, lie, close**, se tenir caché, rester caché, se tenir retiré, se tenir tapi. **4.** (*a*) **Close at hand, close by**, tout près, tout proche, tout attenant, tout contre; à peu de distance; à deux pas. (*b*) **Close in.** *Nau:* **To stand close in** (*to the land*), serrer la terre. (*c*) **Close (up)on** *nine o'clock*, tout près de neuf heures. *To be c. on fifty*, friser la cinquantaine; toucher à la cinquantaine. *They are c. on us*, ils nous serrent de près; ils nous talonnent. *See also* HEEL[1] I. (*d*) **Close to, close by** (*s.o., sth.*), (tout) près de, à proximité de (qn, qch.). *Here is the church, the house is c. to it*, **the house is close to**, voici l'église, la maison est tout auprès, *F:* à deux pas (de là). *He lives c. to here*, il demeure ici proche, tout près, tout contre, *F:* à deux pas (d'ici). *To come, draw, c., closer, to s.o.*, s'approcher, se rapprocher, de qn. *To keep c. to s.o.*, s'attacher à qn; se tenir tout près de qn. *He kept c. to the coast*, il serrait la côte de près. *I saw someone pass c. by the wall*, j'ai vu quelqu'un qui rasait le mur. *C. to the door*, tout contre la porte. *C. to the ground*, à fleur de terre; à ras de terre; au ras du sol. *Ship c. to the shore*, navire *m* près de terre. *To keep c. to the text*, serrer le texte de près. *See also* LAND[1] I, WIND[1] I.

'close-bodied, *a.* = CLOSE-FITTING.

close-'cropped, -'cut, *a.* (*Of hair*) Coupé ras; (*of grass*) rasé, tondu, de près.

close-'fisted, *a.* Ladre, serré, peu donnant; *F:* pingre, dur à la détente. *To be c.-f.*, avoir la main fermée; avoir les doigts crochus, les mains crochues; être dur à la desserre.

close-'fistedness, *s.* Ladrerie *f*, pingrerie *f*.

'close-fitting, *a.* *Dressm: etc:* (Vêtement) qui prend (bien) la taille, ajusté, collant. *C.-f. over the hips*, bien ajusté aux hanches.

close-'grained, *a.* **1.** (*Of wood*) Serré, fin; à grain(s) fin(s), serré(s). **2.** *Miner: Metall:* À grains fins, à fine cristallisation.

close-'harbour, *s.* Port fermé.

close-'haul, *v.tr.* *Nau:* Choquer (les écoutes).

close-'hauled, *a.* *Nau:* Au plus près serré. *To sail c.-h.*, marcher à l'allure du plus près; courir au plus serré; cingler au plus près; naviguer, aller, à la bouline. *Vessel running c.-h. on the port tack*, navire courant au plus près bâbord amures. *Sailing c.-h.*, boulinage *m*.

close-'meshed, *a.* A petites mailles.

close-'mouthed, *a.* Économe de paroles; peu communicatif.

close-'ranked, *a.* En rangs serrés.

close-'reef, *s.* *Nau:* Bas ris *m*.

close-'reefed, *a.* *Nau:* Au bas ris.

close-'set, *a.* **1.** (*Of eyes, etc.*) Rapprochés. **'Close-set teeth**, dents serrées, rapprochées. **2.** (*Of onions, etc.*) (Plantés) en rangs serrés. **'Close-set grass**, herbe drue. *'C.-s. hedge*, haie épaisse.

close-'shaven, *a.* Rasé de près.

close-'shut, *a.* Bien fermé; hermétiquement fermé.

'close-stool, *s.* *A:* Chaise percée.

close-'tongued, *a.* Taciturne.

close-'up, *s.* *Cin:* (Vue *f* de) premier plan. *Big c.-up*, plan américain; gros plan.

close-'woven, *a.* (Toile *f*) d'un tissu serré; (tissu *m*) à contexture serrée.

close[2] [klous], *s.* **1.** *A. & Jur:* Clôture *f*. *See also* BREACH[1] I. **2.** (*a*) Clos *m*, enclos *m*. (*b*) Enceinte *f* (de cathédrale). **3.** (*In Scot.*) Passage *m*, allée *f* (perpendiculaire à la rue et donnant accès aux portes d'entrée ou aux escaliers).

close[3] [klo:uz], *s.* **1.** Fin *f*, conclusion *f*, terminaison *f* (d'une action, d'un discours, etc.); fin, bout *m* (de l'année); clôture *f*, levée *f* (d'une séance); fin (du jour). *At the c. of the meeting*, à l'issue *f* de la réunion. *A:* **At close of day**, à la chute du jour; à la tombée de la nuit; au jour tombant. **Day, the year, draws to a close**, le jour, l'année, tire à sa fin, s'achève. *The evening was drawing to a c.*, la soirée touchait à sa fin. *The evening drew to a c.*, la soirée prit fin. **To bring sth. to a close**, mettre fin à qch.; terminer, achever, qch. *Before bringing my letter to a c. . . .*, avant d'achever ma lettre. . . . *At the c. of the financial period*, à l'achèvement de la période budgétaire. *Fish: Ven:* **Close of the season**, fermeture *f*, clôture *f*, de la pêche, de la chasse. **2.** Corps-à-corps *m*. (*Of wrestlers, etc.*) **To come to a close**, en venir au corps-à-corps. **3.** *Mus:* *A:* = CADENCE 2.

close[4] [klo:z]. I. *v.tr.* **1.** Fermer (une porte, les yeux, un livre, un parc, un circuit électrique, etc.); fermer, replier (un parapluie); barrer (une rue); *Nau:* bâcler (un port); boucher (un trou); *I.C.E:* recouvrir (les orifices d'échappement); *Rail:* bloquer (une section). *The station is closed to civilians*, la gare est consignée aux civils. *Road closed to motor traffic*, route interdite à la circulation automobile. *This victory closed the Aegean to our fleet*, cette victoire ferma la mer Égée à notre flotte. *Cold closes the pores*, le froid resserre les pores. *I.C.E:* *Valve closed by a spring*, soupape rappelée sur son siège par un ressort. *Book-k:* **To close the books**, régler les livres; boucler, balancer, les comptes. *See also* DOOR, EAR[1] I, EYE[1] I. **2.** Conclure, terminer (une série, une affaire, etc.); clore (une série); lever, clore (une séance); arrêter (un marché); fermer (un débat); fermer, clôturer, arrêter (un compte); *St.Exch:* liquider (une opération). *To c. one's days*, finir ses jours. *The fire-brigade closed the procession*, les pompiers fermaient le cortège. *He closed his speech with a few witty allusions to his opponents*, il termina par quelques allusions spirituelles à ses adversaires. *To declare the discussion closed*, prononcer la clôture des débats. *Let the subject be closed*, qu'il n'en soit plus question. *Abs.* *I will now c. with a story*, pour terminer je vais vous raconter une histoire. *I don't want to c. on a note of sadness*, je ne voudrais pas finir sur une note triste. **3.** (*a*) **To close the ranks**, serrer les rangs. *Navy:* **To close the columns**, resserrer les colonnes. (*b*) *Nau:* **To close one headland with another**, fermer un promontoire par un autre. **4.** *Metalw:* *To c. a rivet*, refouler un rivet.

II. **close**, *v.i.* **1.** (*Of door, etc.*) (Se) fermer. (*Of wound*) **To close (up)**, se refermer; se rejoindre; se cicatriser. *To arrive as the gates are closing*, arriver à la fermeture des portes. *The waters closed over him*, les flots se refermèrent sur sa tête; il disparut sous les flots. *His fingers closed upon his revolver*, ses doigts se fermèrent sur son revolver. *The theatre will c. for a month*, le théâtre fermera ses portes pendant un mois. *The theatres c. on Good Friday*, les théâtres font relâche le vendredi saint. *El.E:* *The cut-out has closed*, le conjoncteur est collé, a collé. **2.** Finir, se terminer. *The day is closing*, le jour tire à sa fin, s'achève. **3.** **To close about, round** (*s.o.*), cerner (qn), se presser autour de (qn). *To c. about an army*, envelopper, encercler, une armée. *Fb:* *To c. round the ball*, se serrer autour du ballon. **4.** **To close with s.o.**, (i) conclure le marché avec qn; toper; (ii) se prendre corps à corps avec qn; en venir aux mains avec qn. *To c. with a bargain*, accepter une offre; *F:* toper.

close down. **1.** *v.tr.* Fermer (une usine, etc.). *U.S:* *F:* *To c. down on a revolutionary movement*, étouffer un mouvement de révolte. **2.** *v.i.* (*a*) (*Of factory, etc.*) Fermer; cesser la production; chômer; (*of shop*) fermer boutique. (*b*) *W.Tel:* Terminer l'émission.

close-'down, *s.* *U.S:* Fermeture *f* d'ateliers.

close in. **1.** *v.tr.* Clôturer (un terrain, etc.); entourer (un édifice, etc.) d'une clôture; recouvrir (une rigole, etc.). *Closed-in culvert*, canal *m* à ciel couvert. **2.** *v.i.* (*a*) *The night closes in*, la nuit tombe; le jour baisse. *When night closes in*, à la tombée de la nuit. *The days are closing in*, les jours (se) raccourcissent. (*b*) **To close in on s.o.**, cerner qn de près. *Darkness closed in upon us*, la nuit nous enveloppa.

close up. **1.** *v.tr.* (*a*) Boucher, obturer (une ouverture); barrer (un chemin). (*b*) *Typ:* Rapprocher (les caractères). *Mil:* *To c. up the ranks*, serrer les rangs. *See also* REAR[1] I. 1. **2.** *v.i.* (*a*) (*Of aperture*) S'obturer. (*b*) (*Of pers.*) Se serrer, se tasser. *Mil: etc:* **Close up!** serrez les rangs!

closed, *a.* **1.** Fermé; (*of pipe, etc.*) obturé, bouché. *C. conveyance*, voiture fermée. *With c. eyes*, les yeux clos. *See also* DOOR. **'Road closed,'** "rue barrée." *Mus:* **Closed note** (*on horn*), son bouché. *Th:* **'Closed,'** "relâche." **'Closed for the season,'** "clôture." *Ven:* *U.S:* **Closed season** = *close season, q.v. under* CLOSE[1] I. 1. **2.** (*a*) **Closed professions**, professions fermées. *Ind:* **Closed shop**, atelier, chantier, etc., qui n'admet pas de travailleurs non syndiqués. (*b*) *For:* **Closed wood**, bois mis en défends.

closing[1], *a.* (*a*) Qui (se) ferme. (*b*) Dernier; final, -als. *The c. date for applications is . . .*, le registre d'inscriptions sera clos le. . . . *The c. days of March*, les derniers jours de mars. *The c. years of life*, les dernières années, l'arrière-saison *f*, de la vie. *The c. bid*, la dernière enchère. *The c. speech*, le discours de fin de séance. *C. session*, séance *f* de clôture. **Closing prices**, derniers cours; prix *m* de clôture. *The c. quotations*, les cotes *f* en clôture.

closing[2], *s.* **1.** Fermeture *f* (des magasins, etc.); clôture *f* (d'un théâtre, etc.); barrage *m* (d'une rue); bâclage *m* (d'un port); cicatrisation *f* (d'une blessure). *At the c. of the gates*, à la fermeture des portes. **Closing(-down)** *of a factory*, fermeture, chômage *m*, d'une usine. *Com:* **Sunday closing**, chômage du dimanche; repos *m* hebdomadaire. **Closing time**, heure *f* de la fermeture. **'Closing time!'** "on ferme!" *See also* EARLY I. 1. **2.** Clôture *f* (d'un compte, d'une séance, etc.); levée *f* (d'une séance); arrêté *m*, règlement *m* (d'un compte).

closen [klousn], *v.tr.* Rapprocher. *To c. the contact*, rendre le contact plus intime.

closeness ['klousnəs], *s.* **1.** (*a*) Rapprochement *m*, proximité *f*. *C. of contact*, intimité *f* de contact. *The c. of their relationship, of their friendship*, leur proche parenté *f*, leur grande intimité. *The c. of their connection*, leurs rapports étroits. (*b*) Contexture serrée (d'une étoffe, etc.); compacité *f* (du mortier, etc.). (*c*) *The c. of the pursuit*, la vigueur de la poursuite. *The c. of his questions*, ses questions pressantes; la rigueur de son interrogatoire. **2.** Exactitude *f* (d'une description, etc.). *The c. of the resemblance*, la très grande ressemblance; la ressemblance frappante. *The c. of the translation*, la fidélité, l'exactitude, de la traduction. **3.** (*a*) Manque *m* d'air (d'une salle). (*b*) Lourdeur *f* (du temps, de l'atmosphère). **4.** Réserve *f*, caractère réservé, peu communicatif (de qn). **5.** Avarice *f*, ladrerie *f*.

closer ['klouzər], *s.* **1.** Celui qui ferme ou qui a fermé (la porte, etc.). *See also* FILE-CLOSER. **2.** (*a*) Appareil *m* de fermeture. *See also* CIRCUIT-CLOSER. (*b*) *Const:* Clausoir *m*, closoir *m* (d'une assise).

closet[1] ['klɔzet], *s.* **1.** (*a*) Cabinet *m*. **Storage closet**, (i) cabinet de débarras; (ii) *Ind:* petit magasin. (*b*) *A:* Boudoir *m*, cabinet de travail, ou cabinet particulier. *F:* **Closet strategists,** stratégistes *m* en chambre. **Closet play,** pièce *f* de théâtre à lire, non destinée à la scène. (*c*) = WATER-CLOSET. **2.** Armoire *f*, placard *m*; (*under staircase*) soupente *f*. *See also* BED-CLOSET, HANGING[2] I.

closet[2], *v.tr.* (**closeted; closeting**) **I.** *A:* *To c. oneself*, se claquemurer, se cloîtrer. **2.** *To be closeted with s.o.*, être enfermé dans son cabinet, être en tête-à-tête, avec qn.

closish [ˈklousiʃ], *a.* **I.** Assez près. **2.** (*a*) (Temps) plutôt lourd. (*b*) (Salle *f*) qui sent le renfermé, qui manque un peu d'air.

closure[1] [ˈklouʒjər], *s.* **I.** (*a*) Clôture *f*, fermeture *f* (d'une séance, etc.). (*b*) *Parl:* Clôture. **To move the closure,** voter la clôture. *To apply the c. to a debate*, clôturer un débat. **2.** Fermeture, occlusion *f*. *Full c. of a valve*, fermeture, occlusion, complète d'une soupape. *El:* *C. of the current*, lancement *m* du courant.

closure[2], *v.tr.* Clôturer (un débat); appliquer la clôture à (un débat). *See also* COMPARTMENT 3.

clot[1] [klɔt], *s.* **I.** Grumeau *m* (de sel); caillot *m* (de sang, de lait); bourbillon *m* (d'encre). *C. of blood*, caillot sanguin. *Med:* *F:* **Clot on the brain,** embolie cérébrale. **2.** *Physiol:* **The clot,** le coagulum (du sang).

clot[2], *v.* (**clotted; clotting**) **I.** *v.i.* Se grumeler; former des grumeaux; (*of milk*) se cailler, se caillebotter; (*of blood*) se figer, se coaguler; (*of soap, etc.*) s'engrumeler. **2.** *v.tr.* (*a*) Caillebotter (le lait, la crème); cailler (le lait); figer (le sang); engrumeler (le savon, etc.). (*b*) (*Of blood, etc.*) Coller, faire attacher (les cheveux).

clotted, *a.* **I.** *C. blood*, sang grumelé, figé, caillé. *Cu:* **Clotted cream,** crème caillée, caillebottée (par échaudage). *C. oil*, huile grenue. *F:* **Clotted nonsense,** absurdités *fpl*. **2.** *C. hair*, cheveux collés ensemble (par la boue, le sang, etc.).

clotting, *s.* Caillement *m*, figement *m*.

cloth, *pl.* **cloths** [klɔθ, klɔθs], *s.* **I.** *Tex:* (*a*) Étoffe *f* de laine; drap *m*. *C. trousers*, pantalon *m* de drap. **Cloth-covered buttons,** boutons drapés. *F:* **Story invented out of whole cloth,** histoire inventée de toutes pièces. *See also* BROADCLOTH, COAT[1] I. (*b*) (*Linen, cotton*) Toile *f*. *Map mounted on c.*, carte entoilée. *C. binding*, reliure *f* en toile, en percaline. *See also* BIND[2] 3, BOARD[1] I, HALF-CLOTH. (*c*) **American cloth,** (i) (*also* **oil-cloth**) toile cirée; (ii) (*also* **Lancaster cloth**) molesquine *f*, moleskine *f*. (*d*) *C. of gold*, drap d'or. *See also* GLASS-CLOTH 2, GRASS-CLOTH. **2.** (*a*) Linge *m*, (*for cleaning*) torchon *m*. *To wipe sth. with a dry c.*, essuyer qch. avec un linge sec. *To use a soft c.*, se servir d'un linge fin, d'un chiffon doux. *See also* DISH-CLOTH, FLOOR-CLOTH 2, GLASS-CLOTH I. (*b*) (**Table-)cloth,** tapis *m* (de table), (*of linen*) nappe *f*. **To lay the cloth,** (i) mettre la nappe; (ii) mettre, dresser, le couvert. **To remove the cloth,** (i) ôter la nappe; (ii) desservir. **Table-cloth clamp,** pince-nappe *m*, *pl*. pince-nappes. **Table-cloth material,** nappage *m*. (*c*) (**Billiard-)cloth,** tapis de billard. (*d*) *Th:* Toile (de décor). *See also* BACK-CLOTH. (*e*) *Phot:* *See* FOCUSING. (*f*) *Nau:* (*In sail-making*) Bande *f*, laize *f*, cueille *f*. *Sail of so many cloths*, voile *f* de tant de laizes. (*g*) *Nau:* *F:* **Ship that spreads much cloth,** navire *m* qui porte une forte voilure. *See also* HORSE-CLOTH, PACK-CLOTH, SADDLE-CLOTH, TEA-CLOTH 2, TRAY-CLOTH. **3.** *F:* **The cloth,** (i) l'habit *m* ecclésiastique, la soutane; (ii) le clergé. *The respect due to the c.*, le respect dû au clergé, à la soutane.

'cloth-hall, *s.* *A:* Halle *f* aux draps.

'cloth-maker, *s.* Fabricant *m* de draps; drapier *m*.

'cloth-merchant, *s.* Négociant *m* en draps.

'cloth-trade, *s.* Commerce *m* des draps; draperie *f*.

'cloth-worker, *s.* Ouvrier *m* drapier.

'cloth-yard, *s.* Aune *f* de drapier. *A:* **Cloth-yard shaft,** flèche *f* (d'archer, longue d'un *yard*).

clothe [klouð], *v.tr.* (*p.t. & p.p.* **clad** [klad] *or* **clothed** [klouðd]) Vêtir, revêtir, habiller (*in, with*, de). *To c. the poor*, vêtir, couvrir, les pauvres. *To c. oneself in wool, a uniform*, se vêtir de laine; revêtir un uniforme. *Give me time to c. myself*, donnez-moi le temps de me vêtir, de m'habiller. *Warmly clad, lightly clad*, chaudement vêtu, légèrement vêtu. *Clad in armour*, revêtu d'une armure. *F:* **Wall clad with ivy, ivy-clad wall,** mur revêtu, tapissé, de lierre. *Vine-clad hills*, collines couvertes de vignes. *To c. the trite in attractive language*, revêtir le banal d'un style séduisant. *To be clothed with righteousness*, être tout revêtu de droiture. *See also* IRON-CLAD.

clothing, *s.* **I.** (*a*) Action *f* de vêtir ou de se vêtir. *She attends to the c. of the poor*, elle s'occupe de la fourniture des vêtements pour les pauvres; elle s'occupe de vêtir les pauvres. *The c trades*, les industries *f* du vêtement. (*b*) *Ecc:* Prise *f* d'habit. **2.** *Coll.* Habillement *m*; vêtements *mpl*. **Articles of clothing,** vêtements ou linge *m* de corps. *Soiled c.*, linge sale. *See also* FOOD I, UNDERCLOTHING, WOLF[1] I.

clothes [klouðz], *s.pl.* **I.** Vêtements *m*, habits *m*, effets *m*, *F:* frusques *f*. **Suit of clothes,** complet *m*. *Old c.*, vieux habits. *In one's best c.*, dans ses habits de cérémonie; *F:* sur son trente et un; endimanché; (*of woman*) dans ses plus beaux atours. (*Of woman*) *To be fond of c.*, aimer la toilette. **To put on, take off, one's clothes,** s'habiller, se vêtir; se déshabiller, se dévêtir. *To put on one's c. again*, se rhabiller. *Pack up your c.*, ramassez vos effets; *F:* faites votre baluchon. *To go to bed, to sleep, with one's c. on, in one's c.*, se coucher tout habillé. *See also* GO-TO-MEETING, GRAVE-CLOTHES, LONG-CLOTHES, OLD-CLOTHES-MAN, PLAIN I. 3, READY-MADE, SUNDAY, SWADDLING-CLOTHES. **2.** Linge *m*. *Dirty c.*, linge sale. **3.** = BED-CLOTHES.

'clothes-basket, *s.* Panier *m* à linge, au linge sale.

'clothes-brush, *s.* Brosse *f* à habits.

'clothes-hook, *s.* Patère *f* à habits; portemanteau *m*.

'clothes-horse, *s.* Chevalet *m* pour linge; séchoir *m*.

'clothes-line, *s.* Corde *f* à (étendre le) linge; étendoir *m*; tendoir *m*; *Nau:* cartahu *m* (de linge).

'clothes-moth, *s.* *Ent:* *See* MOTH I.

'clothes-peg, -pin, *s.* (i) Pince *f*; épingle *f* à linge; (ii) fichoir *m*.

'clothes-press, *s.* Armoire *f* à linge; armoire-étagère *f*, *pl.* armoires-étagères.

'clothes-prop; *U.S:* **'clothes-pole**, *s.* Perche *f* d'étendoir, de corde à linge; fourche *f* de soutien.

'clothes-rack, *s.* Porte-habit(s) *m inv.*

'clothes-rope, *s.* = CLOTHES-LINE.

clothier [ˈklouðiər], *s.* **I.** Fabricant *m* de draps; drapier *m*. **2.** (*a*) Marchand *m* de draps; drapier. (*b*) Marchand de confections; confectionneur *m*.

Clotilda [kloˈtildə]. *Pr.n.f.* Clotilde.

cloud[1] [klaud], *s.* **I.** Nuage *m*; *Poet:* nuée *f*, nue *f*. *Masses of c.*, masses *f* de nuages. *Small black c.* (*announcing storm*), point noir. *See also* RAIN-CLOUD, STORM-CLOUD. *F:* **To be in the clouds,** être dans les nuages. *He is always in the clouds*, il est toujours entre (le) ciel et (la) terre. (*Of stranger, etc.*) **To drop from the clouds,** tomber des nues, de la lune, du ciel. *There he was, dropped from the clouds! came back last night*, c'était lui qui nous tombait des nues! il est revenu hier. *Prov:* **Every cloud has a silver lining,** après la pluie le beau temps; dans toute chose il y a un bon côté. *To get into a c. of misfortune*, assembler des malheurs *m* sur sa tête. *There was a c. on his face*, son visage était sombre, soucieux. *The c. on his brow*, son front assombri. **To be under a cloud,** (i) avoir eu un revers de fortune; (ii) être l'objet de soupçons; être mal vu; être regardé d'un mauvais œil. *He is under a c.*, sa réputation a subi une forte atteinte. *Phot:* **Cloud negative,** cliché *m* négatif *m*, de nuages. *See also* COMPELLER. **2.** Nuage, voile *m* (de fumée, de poussière); tourbillon *m* (de poussière). **Explosion cloud,** gerbe *f* et panache. *The dust rises in clouds*, la poussière monte en tourbillons. *See also* ASH-CLOUD. *F:* **Under the cloud of night,** sous le voile de la nuit. **3.** (*In liquid*) Nuage, turbidité *f*; (*on glass*) buée *f*; (*on marble*) tache *f*; (*in precious stones*) nuée; (*on horse's head*) tache noire. **4.** Nuée (de sauterelles, de flèches). **A cloud of witnesses,** une nuée de témoins.

'cloud-attack, *s.* *Mil:* Attaque *f* par vagues gazeuses.

'cloud-burst, *s.* Trombe *f*; rafale *f* de pluie.

'cloud-cannon, *s.* Canon *m* paragrêle.

'cloud-capped, *a.* Couronné de nuages; perdu dans les nues.

'cloud-castle, *s.* *F:* Château *m* en Espagne; lieu *m* chimérique.

'Cloud-cuckoo-town, *s.* **I.** *Gr.Lit:* Néphélococcygie *f*. **2.** *F:* Pays *m* de cocagne.

'cloud-drift, *s.* Nuages flottants.

'cloud-kissing, *a.* *Lit:* Qui s'élève jusqu'aux nues.

'cloud-land, -world, *s.* Le pays des songes.

'cloud-like, *a.* Néphéloïde.

'cloud-rack, *s.* *See* RACK[1].

'cloud-ring, *s.* *Nau:* (*Doldrums*) Le pot au noir.

cloud[2]. **I.** *v.tr.* (*a*) Couvrir, voiler, obscurcir (le ciel); troubler, rendre trouble (un liquide); couvrir (une vitre) de buée; embuer (une vitre); ternir (un miroir). *Eyes clouded with tears*, yeux voilés, embués, de larmes. *To c. s.o.'s happiness*, troubler le bonheur de qn. *Cares have clouded his brow*, les chagrins ont assombri son front. *To c. s.o.'s mind*, troubler, obscurcir, la raison de qn. *To c. the issue*, embrouiller la question. (*b*) *Tex:* Chiner (un tissu). (*c*) Marbrer (le bois, le cuir). **2.** *v.i.* (*Of sky*) **To cloud (up, over),** se couvrir, se voiler, de nuages; **se rembrunir, s'assombrir,** s'embrumer, s'embrouiller, **se brouiller,** s'obscurcir. *His brow clouded* (*over*), son front s'assombrit, se rembrunit.

clouded, *a.* *C. sky*, ciel couvert (de nuages). *C. glass*, verre embué, couvert de buée. *C. liquid*, liquide *m* trouble. *C. gem*, pierre nuageuse, tachetée. *C. coat of fur*, poil nuagé. *To become c.*, (*of sky*) se couvrir; (*of mind*) s'obscurcir. *C. brow*, front assombri, rembruni, nébuleux. *C. mind*, esprit obnubilé. *See also* MARBLE[1].

cloudberry [ˈklaudbəri], *s.* *Bot:* Ronce *f* faux mûrier.

cloudiness [ˈklaudinəs], *s.* **I.** Aspect nuageux (du ciel). **2.** Turbidité *f* (d'un liquide); obscurité *f* (de style).

cloudless [ˈklaudləs], *a.* (Ciel *m*) sans nuages. *F:* *C. days*, jours sereins. *C. days of happiness*, jours de bonheur sans nuages.

cloudlet [ˈklaudlet], *s.* Petit nuage.

cloudscape [ˈklaudskeip], *s.* *Art:* Étude *f* de nuages.

cloudy [ˈklaudi], *a.* **I.** *C. weather*, temps couvert. *C. sky*, ciel nuageux, assombri. **It is cloudy,** le temps est couvert; il fait un temps couvert. **2.** *C. liquid*, liquide *m* trouble, néphéloïde. (*Of liquid*) *To turn c.*, louchir. *C. wine*, vin *m* louche. *Paperm:* *C. paper*, papier nuageux, floconneux, moutonneux (par transparence). *C. gem*, pierre nuageuse, pâteuse, sourde. *C. style*, style obscur, nuageux. *C. ideas*, idées fumeuses, nébuleuses. **-ily**, *adv.* Nuageusement, obscurément.

clough [klʌf], *s.* Ravin *m*, gorge *f*. *Geol:* Couloir *m*.

clout[1] [klaut], *s.* **I.** *A. & Dial:* (*a*) Morceau (de toile, de cuir, de tôle) destiné à remettre une pièce (à un vêtement, à la carène d'un navire, etc.). (*b*) Pièce. (*c*) Ferrure *f* (de sabot). (*d*) *Veh:* Happe *f* (de l'essieu). **2.** (*a*) Chiffon *m*, linge *m*, torchon *m*. *See also* DISH-CLOUT. (*b*) *P:* Mouchoir *m*. (*c*) *P:* Serviette *f* hygiénique; bande *f* périodique; linge périodique. **3.** *pl.* *F:* Frusques *f*, nippes *f*; (*of women*) jupons *m*, dessous *mpl*. *Prov:* **Ne'er cast a clout till May be out** = en avril ne quitte pas un fil. **4.** *Hist:* (*a*) But *m* (de tir à l'arc); centre *m* de la cible. (*b*) Flèche *f* qui a atteint le but. **5.** *F:* Beigne *f*, claque *f*, taloche *f* (sur la tête). *To catch s.o. a c.*, flanquer une taloche, *P:* une beigne, à qn. *Many a c. I got from my mother*, maman avait la main preste.

'clout-nail, *s.* Clou *m* à tête plate; caboche *f*.

clout[2], *v.tr.* **I.** *A. & Dial:* (*a*) Rapiécer, rapetasser (un vieil habit). (*b*) Ferrer (un sabot). (*c*) *Nau:* Mailleter (la carène). **2.** *F:* **To clout s.o. on, over, the head,** flanquer une taloche, *P:* une beigne, à qn; talocher qn.

clouting, *s.* (*a*) Rapiéçage *m*, rapiècement *m*, rapetassage *m*. (*b*) *Nau:* Mailletage *m* (de la carène).
clove[1] [klo:uv]. *See* CLEAVE.[1]
clove[2], *s. Bot:* Caïeu *m*. **Clove of garlic,** gousse *f* d'ail.
clove[3], *s.* **1.** (*a*) Clou *m* de girofle. **Mother clove,** mère *f* de girofle, clou-matrice *m*, *pl.* clous-matrices. **Oil of cloves,** essence *f* de girofle. (*b*) *Bot:* **Clove-tree,** giroflier *m*. **2.** *Bot:* **Clove(-gilly-flower), clove-pink,** œillet-giroflée *m*, *pl.* œillets-giroflées ; œillet *m* des fleuristes, à bouquet.
clove-'cassia, *s. Bot:* Casse *f* giroflée ; casse aromatique.
clove-hitch ['klo:uvhitʃ], *s. Nau:* Demi-clefs *fpl* à capeler. *C.-h. inverted,* deux demi-clefs renversées.
clove-hook ['klo:uvhuk], *s.* Croc *m* à ciseaux.
cloven [klouvn]. *See* CLEAVE[1].
cloven-'footed, cloven-'hoofed, *a. Z:* Artiodactyle, fissipède ; qui a le pied fendu, fourchu, bisulque.
clover ['klouvər], *s. Bot:* Trèfle *m*; *F:* lupinelle *f*, mignonnet *m*. **Crimson clover, French clover,** trèfle incarnat, anglais, du Roussillon ; (trèfle) farouche *m*. **White clover, Dutch clover,** trèfle rampant ; petit trèfle blanc ; triolet *m* ; traînelle *f*. **Wild white clover,** trèfle blanc. **Sweet clover,** mélilot *m*. *See also* HEART-CLOVER, HOP-CLOVER. *F:* **To be, to live, in clover; to live like pigs in clover,** être, vivre, comme un coq en pâte, comme un porc à l'auge ; être logé dans un fromage ; avoir les pieds chauds ; *P:* boire du lait.
'clover-field, *s.* Tréflière *f*.
'clover-leaf, *s.* Feuille *f* de trèfle. *Aut:* **Clover-leaf car,** voiture *f* à trois places "trèfle" ; triplace *m or f*.
clown[1] [klaun], *s.* **1.** *A:* Paysan *m*. **2.** Rustre *m*, manant *m*, baptiste *m*, Baptiste *m*. **3.** *Th:* (*a*) Bouffon *m*, paillasse *m*, gille *m*, pitre *m* ; (*in old farce*) le Barbouillé. (*b*) Clown *m* (de cirque).
clown[2]. **1.** *v.i.* Faire le clown, le bouffon, le pitre. **2.** *v.tr.* Charger, travestir (un rôle).
clownery ['klaunəri], *s.* **1.** (*a*) Bouffonnerie *f*. **Piece of clownery,** pitrerie *f*, paillasserie *f*. (*b*) Clownerie *f* (de cirque). **2.** *pl.* Tours *m* de paillasse.
clownish ['klauniʃ], *a.* **1.** *A:* Campagnard, agreste. **2.** (*a*) Gauche, empoté. (*b*) Grossier ; mal élevé. *C. conduct,* conduite *f* digne d'un rustre. **3.** (Tour *m*) de paillasse. **-ly,** *adv.* **1.** Gauchement ; d'un air empoté. **2.** En rustre ; grossièrement.
clownishness ['klauniʃnəs], *s.* **1.** (*a*) Gaucherie *f*, rusticité *f*. (*b*) Grossièreté *f*. **2.** Paillasserie *f*.
clox [klɔks]. *See* CLOCK[2].
cloy [klɔi], *v.tr.* (*Of food, etc.*) Rassasier ; écœurer. *Cloyed with pleasure,* rassasié de plaisir ; blasé sur les plaisirs. *To c. the palate,* blaser le palais. *To c. the appetite,* affadir le cœur. *Delights that never c.,* plaisirs *m* dont on ne se lasse pas.
cloying[1], *a.* Rassasiant, affadissant.
cloying[2], *s.* Satiété *f* ; affadissement *m*.
club[1] [klʌb], *s.* **1.** (*a*) Massue *f*, gourdin *m*, assommoir *m*. *Gym:* **Indian club,** mil *m* ; bouteille *f* en bois. (*b*) *Golf:* Crosse *f*, club *m*. *See also* GOLF-CLUB. (*c*) *Bot:* *Z:* Massue. *See also* SHEPHERD'S CLUB. (*d*) *A:* (*Of hair*) Cadogan *m*. **2.** *Cards:* Trèfle *m*. **Ace of clubs,** as *m* de trèfle. *To play a c., clubs,* jouer (un) trèfle. **3.** (*a*) Club *m* (politique, littéraire, etc., offrant à ses membres tout le confort d'un hôtel). *See also* CARLTON CLUB. *F:* **Club story,** histoire égrillarde ; histoire à raconter entre hommes. *To tell c. stories,* en raconter de salées ; dire des gaudrioles. (*b*) Cercle *m*. *Literary c.,* cercle, cénacle *m*, littéraire. **Supper club, dancing** *m*. **Gambling club,** cercle (de jeu). *See also* COUNTRY-CLUB, NIGHT-CLUB. (*c*) Association *f*, société *f*, club. **Benefit club,** société de secours mutuels. **Social club,** société où l'on se distrait en famille. *C. for young people,* patronage *m*. **Tennis club,** société, club, de tennis. **Alpine club,** club alpin. **Yacht club,** club de yachting. *See also* FLYING-CLUB, SLATE CLUB.
'club-foot, *s.* Pied bot *m*, pied équin.
'club-footed, *a.* (Qui a le) pied bot. *Tchn:* **Club-footed magnet,** électro-aimant boiteux.
'club-house, *s.* (Local *m* du) cercle ; club *m*. *Golf: Ten: etc:* Pavillon *m*.
'club-land, *s.* Quartier *m* des clubs à Londres (St James' et Piccadilly).
'club-law, *s.* **1.** La loi du plus fort, du bâton. **2.** *pl.* Statuts *m* d'un club.
'club-man, *pl.* **-men,** *s.m.* **1.** Habitué d'un club ou des clubs ; cercleux, clubiste, clubman, -men. **2.** *U.S:* Homme du monde.
'club-money, *s.* (i) Cotisation *f* ; (ii) caisse *f* (d'une société de secours mutuels).
'club-moss, *s. Bot:* Lycopode *m* en massue ; *F:* herbe *f* aux massues ; soufre végétal ; pied-de-loup *m*, *pl.* pieds-de-loup.
'club-root, *s. Hort:* Hernie *f* (des choux, des navets).
'club-rush, *s. Bot:* Scirpe *m*.
'club-shaped, *a. Nat.Hist:* Claviforme, clavé ; en forme de massue.
'club-tie, *s.* Cravate *f* aux couleurs d'une association sportive.
'club-tooth, *s. Mec.E:* Dent *f* conique.
'club-woman, *pl.* **-women,** *s.f.* Clubiste ; cercleuse.
club[2], *v.* (clubbed ; clubbing) **1.** *v.tr.* (*a*) Frapper (qn) avec une massue, avec un gourdin. *To c. s.o. to death,* assommer qn à coups de gourdin. *To c. s.o. with a rifle,* frapper qn à coups de crosse. (*b*) *Mil:* *To c. one's rifle,* saisir son fusil par le canon. *With clubbed rifle,* la crosse en l'air. **2.** *v.tr.* (*a*) **To club (persons) together,** joindre, réunir (des personnes) ; former un noyau (d'adhérents, etc.). (*b*) *Mil:* *To c. a battalion,* mettre un bataillon en cohue, en pagaïe. (*c*) (*Of several pers.*) *To c. one's resources* (*together*), mettre ses ressources en commun ; faire bourse commune ; boursiller. **3.** *v.i.* (*a*) *To c. with others for sth., to do sth.,* se réunir, s'associer, avec d'autres pour qch., pour faire qch. (*b*) **To club together** *to purchase sth.,* se cotiser, mettre son argent en commun, pour acheter qch. (*c*) *Mil:* (*Of battalion, company, etc.*) Se mettre en cohue, en pagaïe. (*d*) *Nau:* (*Of ship*) **To club (down),** déraper sur son ancre.
clubbed, *a. Nat.Hist:* Claviforme, clavé ; en forme de massue.
clubbing, *s.* **1.** = CLUB-ROOT. **2.** (*a*) Association *f*, réunion *f* (de personnes). (*b*) *C. of resources,* mise *f* en commun de fonds, de ressources.
clubbable ['klʌbəbl], *a.* (Homme) sociable.
clubby ['klʌbi], *a.* **1.** = CLUBBABLE. **2.** *F:* (*Of story, etc.*) Égrillard, grivois.
club-haul ['klʌbhɔ:l], *v.tr.* & *i.* **To club-haul (a ship),** virer vent devant en mouillant l'ancre sous le vent.
cluck[1] [klʌk], *s.* (*Of hens*) Gloussement *m*. *The hen gave a c.,* la poule gloussa.
cluck[2], *v.i.* (*Of hen*) Glousser.
clucking, *s.* Gloussement *m*.
clucker ['klʌkər], *s. F:* Bavard, -arde.
clucky ['klʌki], *a.* (Poule) couveuse.
clue [klu:], *s.* **1.** = CLEW[1] 1, 2. **2.** Fil *m*, indication *f*, indice *m*. *To have the c.,* tenir le bout du fil ; *F:* avoir trouvé le joint. **To get, find, the clue to sth.,** trouver, découvrir, la clef de qch., le fin mot. **To give s.o. a clue,** mettre qn sur la voie, sur la piste. *The police have got a c.,* la police est sur la piste. **The clues of a cross-word puzzle,** les définitions *f*. *See also* FOLLOW UP 2.
clumber ['klʌmbər], *s. Breed:* (Épagneul) clumber *m*.
clump[1] [klʌmp], *s.* **1.** (*a*) Bloc *m*, masse *f*, morceau *m* (de bois, d'argile, etc.). (*b*) Groupe *m*, bouquet *m*, bosquet *m* (d'arbres) ; massif *m* (d'arbustes, de fleurs) ; touffe *f* (de fleurs). **Clump of shoots,** cépée *f*. (*c*) *Med:* Caillot *m* (de fibrine). *Bac:* Agglutination *f* (de microbes). **2.** *Bootm:* **Clump(-sole),** semelle *f* supplémentaire ; patin *m* (de chaussure). **3.** *Nau:* **Clump(-block),** moque *f* à rouet. **4.** Pas lourd. **5.** *P:* **To give s.o. a clump on the head,** flanquer une taloche à qn. **6.** *Typ:* Lingot *m*.
'clump-foot, *s* = CLUB-FOOT.
clump[2]. **1.** (*a*) *v.i.* Se grouper en masse compacte ; (*of fibrine*) se cailler ; (*of microbes*) s'agglutiner. (*b*) *v.tr.* Grouper en masse compacte ; semer (plusieurs graines) dans le même trou ; planter (des arbustes, etc.) en massif **2.** (*a*) *v.i.* **To clump (about),** marcher lourdement. *His heels went* **clump, clump,** *on the flagstones,* ses talons sonnaient lourdement sur les dalles. (*b*) *v.tr. P:* **To clump s.o.'s head,** flanquer une taloche à qn. (*c*) *v.tr. To c a pair of shoes,* ajouter des patins *m*, une semelle supplémentaire, à des chaussures.
clumsiness ['klʌmzinəs], *s* **1.** Maladresse *f*, gaucherie *f* ; manque *m* de grâce ; aspect disgracieux. **2.** (*Of shape*) Grossièreté *f*, lourdeur *f*. **3.** Manque de tact.
clumsy ['klʌmzi], *a.* **1.** (*Of pers., movement, etc.*) Maladroit, malhabile, gauche, empoté, mal dégourdi. **2.** (*Of shape*) Lourd, disgracieux, informe. *C. boots,* grosses chaussures, chaussures grossières. *C. person,* personne mal bâtie. **3.** *C. verse,* vers lourds, mal faits. *C. forgery,* contre-façon grossière. *C. apology,* excuse maladroite, gauche. *C. praise,* éloges maladroits, qui manquent de tact. **-ily,** *adv.* **1.** Maladroitement, gauchement, sans grâce. **2.** Grossièrement. *C. built,* mal bâti. **3.** Sans tact.
clunch [klʌnʃ], *s.* **1.** *Geol:* Barre *f* (dans une couche de houille). **2.** *Const:* Argile schisteuse (employée comme pierre à bâtir à l'intérieur des édifices).
clung [klʌŋ]. *See* CLING.
Cluniac ['klu:niak], *a.* & *s.* (Moine) Cluniste (*m*).
Clunist ['klu:nist], *s. Ecc:* Cluniste *m*.
clupeidae ['klu:piidi:], *s.pl. Ich:* Clupéidés *m*.
cluster[1] ['klʌstər], *s.* Bouquet *m* (de fleurs, de cerises) ; bouquet, touffe *f*, massif *m*, groupe *m* (d'arbres) ; grappe *f* (de raisins, de cerises) ; glane *f* (de poires) ; régime *m* (de bananes) ; épi *m*, nœud *m* (de diamants) ; amas *m* (d'étoiles) ; essaim *m* (d'abeilles) ; peloton *m* (de chenilles) ; groupe, rassemblement *m* (de personnes) ; agglomération *f* (d'îles) ; pâté *m* (de maisons) ; faisceau *m* (d'ampoules électriques). *Bot:* Trochet *m* (de fruits, de fleurs). *Houses scattered in clusters,* maisons éparses en grappes. *Hair in thick clusters,* cheveux *mpl* en grosses boucles. *See also* PINE[1] 1.
'cluster-candlestick, *s.* Candélabre *m*.
cluster[2]. **1.** *v.tr.* Grouper ; rassembler (des objets) en groupes. **2.** *v.i.* (*a*) (*Of fruit*) Se former, croître, en grappes. (*b*) (*Of bees*) Se pelotonner. (*Of pers*) **To cluster round s.o., sth.,** se grouper, se rassembler, s'attrouper, autour de qn, de qch. *They clustered round the door,* ils se tenaient à la porte. *Village clustering round its church,* village ramassé autour de son église. (*c*) (*Of particles, etc.*) **To cluster together,** se conglomérer, s'agglomérer.
clustered, *a.* **1.** *C. vine,* vigne chargée de grappes. *Heavy-c. branch,* branche grappue, lourdement chargée. **2.** *Arch:* **Clustered columns,** colonnes *f* en faisceau. **Clustered pillar,** pilier *m* à colonnes engagées.
clustering[1], *a.* *C. grapes,* raisins *m* en grappes. *C. curls,* boucles épaisses.
clustering[2], *s.* **1.** Croissance *f* en grappes. **2.** Agglomération *f*.
clutch[1] [klʌtʃ], *s.* **1.** (*a*) Griffe *f* (d'un animal) ; serre *f* (d'un oiseau de proie). *F:* **To be in s.o.'s clutches,** être dans les griffes de qn. **To fall into s.o.'s clutches,** tomber sous la patte de qn. *To be in the c. of poverty,* se trouver en proie à la misère. *To get s.o. in one's clutches,* jeter le grappin sur qn. **To escape from s.o.'s clutches,** se tirer des pattes de qn. *To get out of the clutches of the law,* se dérober, se soustraire, à l'atteinte *f* de la loi. *God keep you out of his clutches,* que Dieu vous préserve de tomber sous sa patte, dans ses griffes. (*b*) Action *f* d'agripper, de saisir ; geste *m* fait pour agripper ; prise *f*. **To make a clutch at sth.,** tâcher de saisir qch. *With a c. of the hand he caught . . .,* dans un ramassement de main il attrapa. . . . *A last c. at popularity,* un dernier effort pour reconquérir la popularité. **2.** *Mec.E:* (Manchon *m* d')embrayage *m* ; clabotage *m* ; manchon d'accouplement. *Aut:* Embrayage. **Clutch coupling,** accouplement *m* à débrayage. **Sliding**

clutch, baladeur *m*. **Cone clutch,** embrayage à cône; embrayage conique. *Leather c.*, cuir *m* d'embrayage. *Single-plate c.*, embrayage à plateau; embrayage monodisque, par disque unique. *Multi-disc c., multiple-disc c.*, embrayage à disques. *Cork-insert c.*, embrayage à pastilles en liège. *Fierce c.*, embrayage dur, brutal. *Smooth-acting c.*, embrayage à action douce. **To let in the clutch,** embrayer. *To let the c. in again*, rembrayer. *To disengage, withdraw, the c.*, débrayer. *The c. is in, out*, on est embrayé, débrayé. *See also* BRAKE[6] 1, COIL-CLUTCH, CRAB-CLUTCH, DOG-CLUTCH, FRICTION-CLUTCH, PEDAL[2] 1, SAFETY.

'clutch-disc, *s. Aut:* = CLUTCH-PLATE.

'clutch-fork, *s. Aut:* Embrayeur *m*.

'clutch-housing, *s. Aut:* Carter *m* d'embrayage; cage *f*, cuvette *f*, d'embrayage.

'clutch-lock, *s.* Verrou *m* d'embrayage.

'clutch-plate, *s. Aut: etc:* Plateau *m* d'embrayage; disque *m* d'embrayage.

'clutch-shaft, *s. Aut:* Arbre *m* primaire.

'clutch-spring, *s. Aut:* Ressort *m* d'embrayage.

'clutch-stop, *s. Aut:* Frein *m* de débrayage, d'embrayage.

clutch², *v.tr. & ind.tr.* Saisir, empoigner, étreindre, *F:* agripper, agriffer. *To c. sth. with both hands*, saisir qch. à deux mains. **To clutch at sth., to clutch hold of sth.,** se retenir, se raccrocher, s'agripper, s'agriffer, se cramponner, à qch. *F:* **To clutch at every straw,** se raccrocher à tout, à toutes les branches. *See also* DROWNING[1]. *To c. at shadows*, essayer de saisir des ombres. *Not to know what to c. at*, ne savoir où se prendre. *The pistol which he still clutched*, le pistolet qu'il étreignait encore. *She clutched at her hair*, elle crispait ses mains dans ses cheveux.

clutch³, *s.* Couvée *f* (d'œufs).

clutter¹ ['klʌtər], *s.* **1.** *A:* Tapage *m*, remue-ménage *m*. **2.** Encombrement *m*, méli-mélo *m*, confusion *f*; entassement *m* (de mobilier, etc.). *Everything is in a c.*, (i) tout est en désordre, en confusion, en pagaïe; (ii) tout est en paquet.

clutter², **1.** *v.i.* = CLATTER². **2.** *v.tr.* **To clutter up a room,** encombrer une chambre (*with*, de). *Drawing-room cluttered up with furniture*, salon rempli de meubles gênants. *Everything is cluttered up*, tout est en pagaïe, en désordre.

cluttered, *a.* Encombré (*with*, de).

clyburn ['klaibəːrn], *s. Tls:* **Clyburn spanner,** clé *f* à molette.

Clydesdale ['klaidzdeil], *s.* **1.** (Cheval *m* de trait) clydesdale *m*. **2.** (Chien terrier) clydesdale *m*.

Clydesider [klaid'saidər], *s. Ind:* Riverain *m* de la Clyde (centre important de construction de navires).

clypeate ['klipiet], *a. Ent:* Clypéacé.

clypeiform ['klipiifɔːrm], *a. Ent:* Clypéiforme.

clypeus ['klipiəs], *s. Ent:* Clypeus *m*, chaperon *m*, épistome *m*.

clysmian ['klizmiən], *a. Geol:* Clysmien.

clyster ['klistər], *s. Med: A:* Clystère *m*.

Clytemnestra [klaitem'nestra]. *Pr.n.f. Gr.Lit:* Clytemnestre.

cnida, *pl.* **-ae** [(k)'naida, -iː], *s. Coel:* Cnidoblaste *m*, nématocyste *m*.

Cnidian ['naidiən], *a. & s. A.Geog:* Cnidien, -ienne.

cnidoblast [(k)'naidoblast], *s. Biol:* Cnidoblaste *m*.

Cnidus ['naidəs]. *Pr.n. A.Geog:* Cnide.

Cnossus ['knɔsəs]. *Pr.n. A.Geog:* Cnosse, Gnosse.

co- [kou], *pref.* Co-. *Coheir*, cohéritier. *Co-director*, codirecteur. *Coeternal*, coéternel. *Co-exist*, coexister. *Cohabit*, cohabiter.

coach¹ [koutʃ], *s.* **1.** (*a*) *A:* Carrosse *m* ou coche *m*. **Coach and six,** (i) carrosse à six chevaux; (ii) coche à six chevaux. *F:* **To drive a coach and four through an Act of Parliament,** passer outre à la loi. *His will is so badly drawn up that anyone could drive a c. and four through it*, son testament est si mal rédigé qu'il serait facile de le démolir; son testament est rempli de vices de forme. *You could drive a c. and four through his story*, son histoire ne tient pas debout. *He drives a c. and four through all such objections*, il ne fait aucun cas de ces objections. *See also* FAMILY, MAIL-COACH, MOTOR COACH, MOURNING² 2, SLOW-COACH, STAGE-COACH, STATE¹ 2. (*b*) Conduite intérieure à deux portes. **2.** *Rail:* Voiture *f*, wagon *m*. *The train has four coaches for Glasgow*, le train comporte une rame de quatre wagons sur Glasgow. **3.** *Navy: A:* Chambre *f* du conseil; chambre de galerie. **4.** (*a*) *Sch:* Professeur *m* qui donne des leçons particulières (pour préparer à un examen); répétiteur *m*. *He is a private c.*, il donne des leçons particulières. *My mathematical c.*, mon répétiteur de mathématiques. (*b*) *Sp:* Entraîneur *m* (de boxe, d'aviron, de tennis, etc.); moniteur *m* (d'automobilisme, etc.).

'coach-box, *s.* Siège *m* (du cocher).

'coach-builder, *s.* Carrossier *m*.

'coach-building, *s.* Carrosserie *f*.

'coach-built, *a. Aut:* (Voiture) carrossée.

'coach-dog, *s.* Petit chien danois, chien de Dalmatie.

'coach-horse, *s.* **1.** Cheval *m* de carrosse, de diligence; carrossier *m*. **2.** *Ent:* **Devil's coach-horse,** staphylin *m*.

'coach-house, *s.* Remise *f*. *In the c.-h.*, sous la remise. *To put the carriage in the c.-h.*, remiser la voiture.

'coach-maker, *s.* Carrossier *m*.

'coach-office, *s. A:* Bureau *m* de location de places (dans les diligences).

'coach-screw, *s.* Tire-fond *m inv* (de carrosserie).

'coach-work, *s.* Carrosserie *f*.

coach², **1.** *v.tr.* (*a*) *Sch:* Donner des leçons particulières à (qn); *F:* chauffer (qn). *Abs.* Donner des leçons particulières. *To c. a pupil for an examination*, prendre un élève en leçons particulières pour le préparer à un examen; préparer un élève à un examen. *F:* **To coach s.o. up,** faire la leçon à qn; catéchiser qn; faire le catéchisme à qn; seriner son rôle à qn. *Th: To c. s.o. in a part*, faire répéter son rôle à qn. (*b*) *Sp:* Entraîner (une équipe). **2.** *v.i.* (*a*) *A:* Aller en carrosse ou en diligence. *To c. to . . .*, se rendre en diligence à. . . . *v.tr. We coached it to Canterbury*, nous avons fait le voyage de Cantorbéry en diligence. (*b*) *Sch:* Prendre des leçons particulières (*with s.o.*, avec qn).

coaching, *s.* **1.** Action *f* de voyager en carrosse, en coche, en diligence. **The old coaching days** le temps où l'on voyageait en diligence. *In the old c. days*, au temps des diligences. **2.** (*a*) *Sch:* (i) *F:* Chauffage *m*, (ii) répétitions *fpl*. **To give private coaching,** donner des répétitions. (*b*) *Sp:* Entraînement *m* (de l'équipe).

coachman, *pl.* **-men** ['koutʃmən, -men], *s.m.* Cocher.

coachmanship ['koutʃmənʃip], *s.* L'art *m* de conduire.

coachsmith ['koutʃsmiθ], *s.* Serrurier *m* charron. *C.'s work*, serrurerie *f* en charronnage.

coachsmithing ['koutʃsmiðiŋ], *s.* Serrurerie *f* en charronnage.

coact [ko'akt], *v.i.* Agir ensemble.

coadjacent [koa'dʒeisənt], *a.* Contigu, -uë (*with*, à).

coadjutor [koa'dʒuːtər], *s.* Aide *m*, collègue *m*. *Ecc:* Coadjuteur *m*.

coadjutrix [koa'dʒuːtriks], *s.f. Ecc:* Coadjutrice.

co-administration [kouadmini'streiʃ(ə)n], *s.* Cogérance *f*.

co-administrator, -trix [kouad'ministreitər, -triks], *s.* Cogérant, -ante.

coadunate [ko'adjunet], *a. Physiol: Bot:* Coadné.

coagulability [koagjulə'biliti], *s.* Coagulabilité *f*.

coagulable [ko'agjuləbl], *a.* Coagulable, concrescible.

coagulant [ko'agjulənt], *s.* Coagulant *m*.

coagulate [ko'agjuleit]. **1.** *v.tr.* Coaguler, figer; cailler, caillebotter (le lait). **2.** *v.i.* Se coaguler, se figer, (se) prendre en masse; (*of milk*) se cailler.

coagulation [koagju'leiʃ(ə)n], *s.* Coagulation *f*, figement *m*, caillement *m*; concrétion *f*.

coagulative [ko'agjulətiv], *a.* **1.** Coagulateur, -trice. **2.** Concrescible.

coagulator [ko'agjuleitər], *s.* Coagulant *m*.

coaita [kouai'tɑː], *s. Z:* Singe-araignée *m*, *pl.* singes-araignées; atèle *m*.

coak¹ [kouk], *s. Carp:* Goujon *m*.

coak², *v.tr. Carp:* Goujonner (des planches).

coal¹ [koul], *s.* **1.** (*a*) Charbon *m* (de terre); houille *f*. *C. industry*, industrie houillère. *C. crisis*, crise minière. *Seam of c.*, couche *f* de houille. **Brown coal,** houille brune, lignite *m*. *Soft c.*, houille tendre. *Hard c.*, houille anthraciteuse. **Blind coal, stone coal,** anthracite *m*. *Caking c., bituminous c.*, houille collante; houille grasse. *Non-caking c., gas-c., lean c.*, houille maigre; houille sèche; houille non collante; charbon, houille, à gaz. *Smokeless c.*, charbon sans fumée. *Smithy c., smithing c., forge c.*, houille maréchale, charbon de forge. **House(hold) coal,** charbon pour usage domestique; houille de ménage. **Small coal,** menu charbon; charbon fin; houille menue; menus *mpl*; fines *fpl*; menuaille *f*, charbonnaille *f*, gailleterie *f*, gailletin *m*, gaillettes *fpl*. *Slack c.*, (i) menus (de houille); (ii) poussier *m*. *See also* CANNEL, GLANCE³, PITCH-COAL, SPLINT-COAL, STEAM-COAL, STONE-COAL, WOOD-COAL. (*b*) Morceau *m* de charbon. **Live coals,** braise *f*; charbons ardents. *His eyes glowed like live coals*, ses yeux *m* brillaient comme des charbons (ardents). *To put a few coals on the fire*, remettre du charbon sur le feu. *F:* **To carry coals to Newcastle,** porter de l'eau à la rivière, à la mer. **To heap coals of fire on s.o.'s head,** amasser des charbons ardents sur la tête de qn. **To haul s.o. over the coals,** réprimander semoncer, qn; tancer qn vertement; *F:* laver la tête à qn; donner un savon à qn. **To get hauled over the coals,** *F:* prendre quelque chose pour son rhume; recevoir un abattage, *P:* une engueulade; se faire attraper. **To blow, fan, the coals,** (i) souffler, attiser, raviver, le feu; (ii) *F:* attiser la colère de qn. **2.** *El.E: F:* **White coal,** la houille blanche.

'coal-bag, *s.* Sac *m* à charbon.

'coal-barge, *s.* Chaland *m* à charbon.

'coal-bearing, *a. Miner:* Carbonifère; houiller, -ère.

'coal-bed, *s.* Couche *f*, banc *m*, de houille; gîte, gisement, ou filon houiller; assise houillère.

'coal-black, *a.* Noir comme du charbon.

'coal-box, *s.* **1.** Boîte *f*, bac *m*, caisse *f*, à charbon; charbonnière *f*. **2.** Garde-fraisil *m inv* (de forge). **3.** *Mil: P:* Obus *m* (de gros calibre); *P:* marmite *f*, gros noir.

'coal-bunker, *s. Nau:* Soute *f* à charbon.

'coal-cellar, *s.* Cave *f* au charbon.

'coal-depot, *s.* Parc *m* à charbon; dépôt *m* de charbon.

'coal-dust, *s.* Poussier *m*; charbon *m* en poussière. *Min:* **Coal-dust explosion,** coup *m* de poussière.

'coal-factor, *s.* = COAL-MERCHANT.

'coal-fed, *a. Mch:* Alimenté au charbon.

'coal-field, *s. Min:* Bassin houiller; région *f* carbonifère; charbonnages *mpl*; centre charbonnier.

'coal-firing, *s. Mch:* Chauffe *f* au charbon.

'coal-fish, *s. Ich:* Charbonnier *m*, colin *m*; merlan noir; morue noire.

'coal-flap, *s.* Tampon *m* (donnant accès à la cave lorsque celle-ci se trouve en partie en contre-bas du trottoir).

'coal-gas, *s.* Gaz *m* de houille; gaz d'éclairage.

'coal-heaver, -lumper, *s.* Porteur *m*, coltineur *m*, de charbon; (*from ship*) déchargeur *m*.

'coal-hole, *s.* Cave *f* ou réduit *m* à charbon.

'coal-lighter, *s. Nau:* Charbonnière *f*.

'coal-merchant, *s.* **1.** Négociant *m* en charbon. **2.** Marchand *m* de charbon; charbonnier *m*.

'coal-mine, *s.* Mine *f* de charbon, de houille; houillère *f*; charbonnage *m*.

'coal-miner, *s.* (Ouvrier) mineur *m*, houilleur *m*.

'coal-mining, *s.* Exploitation *f* de la houille; charbonnage *m*. *C.-m. district*, district houiller; bassin houiller. *C.-m. industry*, industrie houillère, charbonnière; industrie minière de charbon.

'coal-mouse, *s. Orn:* (Mésange) petite charbonnière; mésange noire; *F:* moinotin *m.*
'coal-owner, *s.* Propriétaire *m* de mines de charbon.
'coal-pit, *s.* = COAL-MINE.
'coal-sack, *s.* **1.** Sac *m* à charbon. **2.** *Astr:* Nuée *f* magellanique.
'coal-scuttle, *s.* Seau *m* à charbon; charbonnière *f.*
'coal-seam, *s.* = COAL-BED.
'coal-shed, *s.* Hangar *m* à charbon.
'coal-shovel, 'coal-scoop, *s.* Pelle *f* à charbon.
'coal-'tar, *s.* Goudron *m* de houille; coltar *m*; coaltar *m.* *C. soap,* savon *m* coaltar. *See also* CREOSOTE[1], NAPHTHA.
'coal-tip, *s. Ind:* Culbuteur *m,* basculeur *m* (de wagons de charbon); estacade *f.*
'coal-tit = COAL-MOUSE.
'coal-vase, *s.* Seau *m* à charbon (terme de commerce).
'coal-wharf, *s.* Quai *m* à houille; dépôt *m* de houille.
'coal-whipper, *s.* **1.** *(Pers.)* Déchargeur *m* de charbon (qui le hisse de la cale en se servant du mât de charge). **2.** Grue *f* à charbon.

coal[2], *v.tr.* Approvisionner (un navire) de charbon. **To coal ship,** *abs.* **to coal,** s'approvisionner de charbon; faire le charbon; embarquer du charbon; charbonner. *P:* **To coal up,** se remplir l'estomac.
coaling, *s. Nau:* Charbonnage *m* (embarquement du charbon). **Coaling-port, -station,** port *m* à charbon.

coaler ['koulər], *s.* (Navire) charbonnier *m.*

coalesce [koə'les], *v.i.* **1.** *(a)* S'unir; se fondre (ensemble); *(of edges of a wound)* se souder. *The two vowels have coalesced,* les deux voyelles se sont assimilées. *(b) Ch:* Se combiner. **2.** *(Of parties, etc.)* Fusionner.
coalescing, *s.* **1.** Union *f,* coalescence *f. Psy: C. of ideas,* condensation *f* des idées. **2.** Fusion *f,* fusionnement *m* (de partis).

coalescence [koə'lesəns], *s.* *(a)* Coalescence *f,* union *f,* fusion *f.* *(b) Ch:* Combinaison *f.*

coalescent [koə'lesənt], *a. Nat.Hist:* Coalescent.

coaley ['kouli], *s.* = COAL-HEAVER.

coalite ['koulait], *s.* Semi-coke *m*; coalite *f.*

coalition [koə'liʃ(ə)n], *s.* Coalition *f. Pol:* **The left wing coalition,** le cartel, le bloc, des Gauches. *To form a c.,* se coaliser.

coalitionist [koə'liʃənist], *s.* Coalitionniste *m.*

co-allied [kouə'laid], *a.* Coallié.

co-ally [kouə'lai], *s.* Coallié *m. Our co-allies,* nos coalliés.

coalman, *pl.* **-men** ['koulmən, -men], *s.m.* (Petit) marchand de charbon; charbonnier; *F:* bougnat.

coaly ['kouli], *a.* **1.** Houilleux; riche en charbon. **2.** Couleur de charbon.

coaming ['koumiŋ], *s. Nau:* Hiloire *f.* **Hatch-coaming,** surbau *m,* -aux; encadrement *m*; hiloire de panneau. **Rabbet, groove, of the coaming,** vassole *f.*

coaptation [kouap'teiʃ(ə)n], *s. Surg:* Coaptation *f*; réduction *f* d'une fracture ou d'une luxation.

coarctate [ko'ɑːrktet], *a.* **1.** *Ent: C. chrysalis,* chrysalide coarctée. **2.** *Med:* (Pouls) coarcté.

coarctation [koɑːrk'teiʃ(ə)n], *s. Med:* Constriction *f,* rétrécissement *m* (d'un conduit); coarctation *f* (du pouls).

coarse [kɔːrs], *a.* **1.** Grossier, vulgaire; brutal, -aux. *C. laugh,* rire canaille, brutal; gros rire. *C. voice,* voix commune. *C. individual,* grossier personnage. *C. features,* traits grossiers. *C. words,* mots grossiers; grossièretés *f. C. language,* langage *m* de charretier. *C. joke,* plaisanterie grossière, crue, de caserne, de corps de garde. *C. satire,* satire *f* au gros sel. **Man coarse of speech,** homme mal embouché. *To have c. tastes,* avoir des goûts vulgaires. **2.** *(a) (Of material)* Gros, grossier, rude. *Wrapped up in a c. cloth,* enveloppé de grosse toile. *C. needle,* grosse aiguille. *C. hair,* cheveux *m* rudes. *C. salt,* gros sel. *C. sugar,* sucre brut. *To have a c. skin,* avoir la peau rude. *(b) (Of food)* Grossier. **Coarse fish,** poissons communs. *C. fishing,* pêche *f* de poissons ordinaires. **-ly,** *adv.* Grossièrement, brutalement.
'coarse-'cut, *a.* (Tabac) haché gros.
'coarse-'featured, *a.* Aux traits grossiers, épais.
'coarse-fibred, -grained, *a.* **1.** *(Of metal, etc.)* A gros grain(s), à grain grossier; *(of wood)* à gros fil. *C.-g. leather,* cuir *m* gros grain. **2.** *F:* **Coarse-fibred person,** personne sans délicatesse, peu raffinée.
'coarse-minded, *a.* Peu raffiné; peu délicat; à l'esprit grossier.
'coarse-'textured, *a.* = COARSE-GRAINED 1.

coarsen ['kɔːrsən]. **1.** *v.tr.* *(a)* Rendre plus grossier, plus rude. *Life in the colonies had coarsened him,* la vie des colonies lui avait donné quelque chose de rude, de fruste, l'avait un peu décivilisé. *Drink had coarsened his features,* il avait les traits épaissis par la boisson. *(b) The sun coarsens the skin,* le soleil rend la peau plus rude. **2.** *v.i.* Devenir plus grossier; *(of features)* s'épaissir.

coarseness ['kɔːrsnəs], *s.* **1.** Grossièreté *f,* brutalité *f* (des manières, etc.); crudité *f* (d'une plaisanterie, etc.). *To avoid c. in one's writings,* éviter le grossier dans ses écrits. **2.** Rudesse *f* (de la peau, des cheveux); grosseur *f* de fil (d'une étoffe); gros grain (de la pierre, du bois); granulosité *f* (d'un cliché).

coast[1] [koust], *s.* **1.** Côte *f,* rivage *m*; *(flat)* plage *f*; *(extensive)* littoral *m. The c. of France,* les côtes, le littoral, de la France. *Nau: To steer along the c.,* gouverner de pointe en pointe. *See also* CLEAR[1] I. 6. **2.** *(a) U.S:* Piste *f* (de toboggan). *(b)* Descente *f* (en toboggan); *Cy:* descente en roue libre.
'coast-defence, *s.* Défense côtière; défense des côtes. **Coast-defence fort,** fort *m* maritime. **Coast-defence ship,** navire *m* garde-côte.
'coast-guard, *s.* **1.** *Coll.* La garde des côtes; les gardes-côte *m.* **2.** Garde-côte *m, pl.* gardes-côte.
'coast-guard-man, *pl.* **-men, 'coast-guardsman,** *pl.* **-men,** *s.* = COAST-GUARD 2.
'coast-road, *s.* Route *f* en corniche; *F:* corniche *f.*
'coast-waiter, *s.* Douanier *m* (agent de la surveillance des côtes).
'coast-watcher, *s.* Garde-côte *m, pl.* gardes-côte.
'coast-watching, *s.* Surveillance *f* des côtes.

coast[2], *v.i. & tr.* **1.** *Nau:* *(a)* **To coast (along),** suivre la côte; côtoyer le rivage; naviguer terre à terre. *To c. a headland, to c. along a shore,* prolonger un promontoire, une côte. *(b) Com:* Caboter. **2.** *(a)* **To coast (down a hill),** descendre en toboggan; *Cy:* descendre en roue libre; *Aut:* (i) descendre (une côte) le moteur débrayé; marcher au débrayé; (ii) lâcher l'accélérateur; (iii) couper l'allumage. *(b) (Of bird)* Planer.
coasting, *s.* **1.** *(a)* Navigation côtière. *(b)* Cabotage *m.* **Coasting trade,** commerce caboteur; cabotage. *To be in the c. trade,* naviguer au cabotage; faire le cabotage. **Coasting vessel,** caboteur *m.* *C. steamer,* vapeur *m* de cabotage. **Master of a coasting vessel,** capitaine *m* au cabotage; maître *m* au cabotage. **2.** *(a) Cy: Aut:* Descente *f* de côte en roue libre. *(b) Aut:* Marche *f* au débrayé ou avec l'allumage coupé.

coastal ['koust(ə)l], *a.* Côtier. *C. mountains,* montagnes littorales. **Coastal navigation,** navigation côtière; cabotage *m. Limited c. navigation,* bornage *m. See also* MOTOR BOAT.

coaster ['koustər], *s.* **1.** *(Of pers. or ship)* Cabotier *m,* caboteur *m.* **2.** **Coaster brake** *(of bicycle),* frein *m* à contre-pédalage. **3.** *(For bottle or decanter)* Dessous *m* de bouteille, de carafe; porte-bouteille *m, pl.* porte-bouteilles; porte-carafe *m, pl.* porte-carafes.

coastline ['koustlain], *s.* Littoral *m.*

coastward(s) ['koustwərd(z)], *adv.* Vers la côte.

coastwise ['koustwaːiz]. **1.** *adv.* Le long de la côte. **2.** *a.* Côtier. **Coastwise trade,** commerce caboteur.

coat[1] [kout], *s.* **1.** *(a) (For men)* Habit *m.* **Dress coat,** habit (à queue); frac *m.* **Morning-coat,** jaquette *f.* **(Over)coat, (top-)coat,** pardessus *m.* *Motoring c.,* manteau *m* d'automobile. *Nau:* **Watch-coat,** capote *f.* *See also* DUST-COAT, FROCK-COAT, FUR-LINED, GREAT-COAT, RAIN-COAT, TAIL[1] 1, TAIL-COAT. *Mil: A:* **Buff-coat,** pourpoint *m* de cuir épais. *Archeol:* **Coat of mail,** cotte de mailles, cotte annelée. *Prov:* **It is not the coat that makes the man,** l'habit ne fait pas le moine; la robe ne fait pas le médecin. *F:* **To cut one's coat according to one's cloth,** subordonner ses dépenses *f* à son revenu; régler ses dépenses sur son revenu. *You must cut your c. according to your cloth,* il faut tailler la robe selon le corps; il faut faire le pas selon la jambe; selon ta bourse gouverne ta bouche; il n'y a que cela de drap. *See also* TRAIL[2] I. 1. *(b) (For women) (short)* Jaquette; *(long)* manteau. **Coat and skirt,** costume *m* tailleur; *F:* tailleur *m.* *(c) A:* Casaque *f* (de livrée). *F:* **To turn one's coat,** tourner casaque; retourner sa veste; changer d'écharpe, de parti. *See also* TURNCOAT. **To wear the King's coat,** être soldat. *(d) Her:* **Coat armour,** cotte d'armes. **Coat of arms,** armes *fpl,* armoiries *fpl,* écusson *m.* **2.** *(a)* Robe *f* (d'un chien, d'un cheval, d'une vache); pelage *m* (d'un cheval, d'un cerf, d'un fauve); livrée *f* (d'un cheval, d'un cerf). *(b)* Enveloppe *f,* tunique *f,* peau *f* (de bulbe, d'oignon). *(c) C. of snow, of moss, of green,* manteau de neige, de mousse, de verdure. **3.** *(a)* Couche *f,* application *f* (de peinture); pelure *f* (de vernis); enduit *m* (de goudron). **Ground coat,** première couche; couche d'impression. **Final coat,** couche de teinte, de finition. *Const:* **Rough coat** *(of plaster),* crépi *m.* *(b) Anat:* Paroi *f* (de l'estomac, du crâne). **4.** *Nau:* Braie *f* (d'un mât, de la pompe, etc.).
'coat-'facing, *s.* Parement *m* d'habit.
'coat-frock, *s. Dressm:* Robe *f* manteau.
'coat-hanger, *s.* Cintre *m*; porte-vêtements *m inv.*
'coat-hook, -peg, *s.* Patère *f.*
'coat-rack, *s.* Portemanteau *m.*

coat[2], *v.tr.* Enduire *(sth. with paint, tar, etc.,* qch. de peinture, de goudron, etc.). *Civ.E: To c. stones with tar,* enrober les pierres de goudron. *El.E: To c. a cable,* revêtir, couvrir, armer, un câble *(with,* de). *Pharm: To c. a pill,* dragéifier une pilule. *Food that coats the mouth,* aliment *m* qui empâte la bouche. *Furniture coated with dust,* meubles couverts de poussière.
coated, *a.* **1.** Enduit, couvert, recouvert, enrobé *(with,* de). *C. electrode,* électrode enrobée. **Coated tongue,** langue chargée, pâteuse; *Med:* langue saburrale. *Paperm:* **Coated paper,** papier couché. *See also* LEAD-COATED. **2.** *(a)* Portant l'habit, la jaquette. *See also* BLACK-COATED. *(b) (Of animal)* A robe, à pelage (rouge, fauve, etc.). *See also* ROUGH-COATED.
coating, *s.* **1.** Enduisage *m.* **2.** Enduit *m,* revêtement *m,* couche *f* (de peinture, etc.); pelure *f* (de vernis); pellicule *f* (de gélatine, etc.); peau *f* (de lait bouilli, etc.). *Anat:* Paroi *f* (de l'estomac). *Artil: Sm.a:* Enveloppe *f* (d'un projectile). *Civ.E:* Enrobage *m,* enrobement *m* (de goudron). *El:* Armature *f* (d'une bouteille de Leyde). *Protective c.,* couche protectrice. *Transparent c.,* glacis *m. To give sth. a fresh c. of . . .,* renduire qch. de. . . . *Const:* **Rough coating** *(of plaster),* crépi *m. Paint: Finishing c.,* main *f* de finissage. **3.** *Com:* Étoffe *f* pour habits. *Winter coatings,* étoffes d'hiver.

coatee [kou'tiː], *s.* *(a)* Habit *m* à courtes basques. *(b) Mil: A:* Tunique *f.* *(c)* Jaquette courte (de dame). *(d)* Petite veste (d'enfant).

coati [ko'ɑːti], *s. Z:* Coati *m.*

co-author [kou'ɔːθər], *s.* Coauteur *m.*

coax [kouks], *v.tr.* Cajoler, enjôler, câliner; tirer (qn) par la manche. *To c. s.o. to do sth.,* encourager qn à faire qch. (en le cajolant). *To c. a child to sleep,* endormir un enfant. **To coax s.o. into doing sth.,** faire faire qch. à qn à force de cajoleries. *He was coaxed into it,* on l'a enjôlé. **To coax s.o. out of doing sth.,** obtenir de qn qu'il ne fasse pas qch., qu'il y renonce (à force de cajoleries). *He was coaxed out of it,* on est parvenu à l'en dissuader. **To coax sth. out of s.o.,** obtenir qch. de qn, soutirer qch. à qn, en le cajolant.

F: **You've got to coax the sauce out,** il faut flatter la sauce pour la faire sortir (de la bouteille). **To coax (up) the fire,** raviver, tisonner, doucement le feu.

coaxing[1], *a.* (Enfant, ton, etc.) câlin, cajoleur. *C. ways,* cajoleries *f,* câlineries *f,* chatteries *f.* **-ly,** *adv.* D'un ton cajoleur.

coaxing[2], *s.* Cajolerie *f,* enjôlement *m. He took a lot of c. before he consented,* il s'est fait tirer l'oreille pour consentir.

coaxer ['kouksər], *s.* Cajoleur, -euse; enjôleur, -euse, câlin, -e, amadoueur, -euse.

coaxial [kou'aksiəl], *s. Mth: Mec:* Ayant le même axe; coaxial, -aux.

cob[1] [kɔb], *s.* **1.** (*Horse*) Cob *m,* bidet *m;* (cheval) goussant *m,* goussaut *m.* **2. Cob(-swan),** cygne *m* mâle. **3. Cob(-nut),** grosse noisette. **4. (Corn-)cob,** (i) (*with grain*) épi *m* de maïs; (ii) (*without grain*) rafle *f.* **5.** *Dial:* (*a*) Boule *f* (de terre, de pâte, etc.). (*b*) Miche *f* (de pain). (*c*) *Husb:* Gob(b)e *f* (pour empâter la volaille). **6.** *Min: Com:* **Cob(-coal), cobs,** gaillette *f,* gailleterie *f,* gailletin *m.*

'cob-meal, *s.* Farine *f* de maïs (y compris l'épi et les grains).

'cob-pipe, *s.* Pipe *f* (à tabac) dont le fourneau est fait d'un épi de maïs; pipe de maïs.

cob[2], *v.tr. Min:* Scheider (le minerai). **Cobbed ore,** minerai de scheidage.

cobbing, *s. Min:* Scheidage *m.* **Cobbing-hammer,** marteau *m* de scheidage.

cob[3], *s. Const:* Pisé *m,* torchis *m.* **Cob-wall,** mur *m* en torchis, en pisé, en bousillage. **Cob-mortar,** mortier *m* de terre. **Cob-work,** construction *f* en pisé. **To work in cob,** torcher. *Worker in cob,* torcher *m.*

cobalt ['koubɔlt], *s. Ch:* Cobalt *m. Miner:* **Earthy cobalt,** asbolite *f,* asbolane *f,* wad *m.* **Red cobalt,** cobalt arséniaté; erythrine *f.* **Cobalt blue,** cobalt d'outremer; bleu *m* de cobalt. *See also* GLANCE[3].

'cobalt-plating, *s. Ind:* **1.** (*Process*) Cobaltage *m.* **2.** Couche *f* de cobalt.

cobaltic [ko'bɔltik], *a. Ch:* Cobaltique.

cobaltiferous [koubɔl'tifərəs], *a.* Cobaltifère.

cobaltine ['koubɔltain], *s. Miner:* Cobaltine *f;* cobalt gris.

cobaltous [ko'bɔltəs], *a. Ch:* Cobalteux.

cobber ['kɔbər], *s. Dial:* (*Austr.*) Camarade *m;* associé *m;* "frère" *m,* "poteau" *m.*

cobble[1] [kɔbl], *s.* **1. Cobble(-stone),** galet *m,* caillou *m* (de chaussée). *C. pavement,* pavé *m* en cailloutis. *We got on slowly over the cobble-stones,* on avançait lentement sur le caillou. **2.** *pl.* **Cobbles.** *Com: Min:* Charbon *m* en morceaux; gaillette(s) *f(pl);* gailleterie *f,* gailletins *m pl.*

cobble[2], *v.tr.* Paver (une cour, une route) de galets, en cailloutis.

cobble[3], *v.tr.* **1.** Carreler (des souliers). **2.** *F:* Rapetasser (des vêtements).

cobbler ['kɔblər], *s.* **1.** (*a*) Cordonnier *m* (qui fait les raccommodages); savetier *m.* **Itinerant cobbler,** carreleur *m. Prov:* **The cobbler's wife is always the worst shod,** les cordonniers sont toujours les plus mal chaussés. *See also* LAST[1]. (*b*) *F:* Rapetasseur *m.* **2.** *U.S:* Boisson rafraîchissante. *See also* SHERRY-COBBLER.

'cobbler's 'wax, *s.* Poix *f* de cordonnier; cire grasse.

cobbly ['kɔbli], *a. F:* (Rue, route) mal empierrée, en mauvais cailloutis.

cobby ['kɔbi], *a.* (*Of horse*) Bouleux; ramassé (et un peu lourd); goussant, goussaut, ragot.

Cobdenism ['kɔbdənizm], *s. Pol.Ec:* Cobdenisme *m;* doctrine *f* du libre-échange et de la coopération internationale (prêchée par Richard Cobden 1804-1865).

coble [koubl], *s. Fish:* Barque *f* de pêche à fond plat (à six rames et à une voile).

Coblentz [ko'blents]. *Pr.n. Geog:* Coblence *m.*

cobra ['koubra], *s. Rept:* Cobra(-capello) *m;* serpent *m* à coiffe, à lunettes.

Coburg ['koubəːrg]. *Pr.n. Geog:* Cobourg *m.*

cobweb ['kɔbweb], *s.* **1.** Toile *f* d'araignée. *To brush, sweep, away the cobwebs from sth., to clear sth. of cobwebs,* ôter les toiles d'araignées de qch.; araigner (le plafond, etc.). *F:* **To blow away the cobwebs,** prendre l'air; se rafraîchir les idées. *F:* **The cobwebs of the law, of diplomacy,** les arcanes *m* de la loi, de la diplomatie. **2.** Fil *m* d'araignée.

'cobweb-like, *a.* Aranéeux, arachnéen.

'cobweb-throat, *s. P:* Gorge sèche (après boire); *P:* la gueule de bois.

cobwebby ['kɔbwebi], *a.* **1.** (Plafond) couvert de toiles d'araignées. **2.** (*Of texture, etc.*) Arachnéen.

cobwork [kɔbwəːrk], *s. Const:* Construction *f* en pisé.

coca ['kouka], *s. Pharm:* Coca *m or f.*

cocaine [ko'keːin], *s. Pharm:* Cocaïne *f; F:* coco *f; P:* bigornette *f. The c. habit,* la cocaïnomanie. **Cocaine-addict,** cocaïnomane *mf.*

cocainism [ko'keinizm], *s.* Cocaïnisme *m,* cocaïsme *m.*

cocainist [ko'keinist], *s.* Cocaïnomane *mf.*

cocainize [ko'keinaːiz], *v.tr.* **1.** *Pharm:* Cocaïniser. **2.** *Med:* Anesthésier (un organe, etc.) à la cocaïne.

coccidae ['kɔksidiː], *s.pl. Ent:* Coccidés *m.*

coccinella [kɔksi'nela], *s. Ent:* Coccinelle *f.*

coccus, *pl.* **cocci** ['kɔkəs, 'kɔksai], *s.* **1.** *Ent: Bac:* Coccus *m.* **2.** *Bot:* Coque *f* (d'un fruit schistocarpe).

coccygeal [kɔk'sidʒiəl], **coccygean** [kɔk'sidʒiən], *a. Anat:* Coccygien.

coccyx ['kɔksiks], *s. Anat:* Coccyx *m.*

Cochin-China [kɔtʃin'tʃaina]. **1.** *Pr.n. Geog:* La Cochinchine. **2.** *s. Husb:* **Cochin-china (fowl),** cochinchinois, -oise.

cochineal ['kɔtʃiniːl], *s.* **1.** *Dy:* Cochenille *f. To dye a tissue with c.,* cocheniller un tissu. **2.** *Ent:* Cochenille. *Bot:* **Cochineal-fig, -cactus,** cochenillier *m,* nopal *m.*

cochlea ['kɔklia], *s. Anat: Arch:* Cochlée *f. Anat:* Limaçon *m* (de l'oreille).

cochlear ['kɔkliər], *a. Bot:* Cochléaire.

cochlearia [kɔkli'ɛəria], *s. Bot:* Cochléaria *m.*

cochleariform [kɔkli'ɛərifɔːrm], *a.* **1.** Cochléaire; *Nat.Hist:* cochléiforme. **2.** Cochléariforme.

cochleate ['kɔkliet], *a.* Cochléaire.

cock[1] [kɔk], *s.* **1.** (*a*) Coq *m. F:* **As bold as a cock on his own dunghill,** hardi comme un coq sur son fumier. **That cock won't fight,** ça ne prend pas; ça ne prendra pas; il faut chercher une meilleure excuse, une meilleure raison. **The cock of the walk, of the roost,** le coq du village, de la paroisse. *The c. of the school,* l'élève qui mène l'école. *Everywhere he is the c. of the walk,* il domine partout. *Prov:* **Every cock crows on its own dunghill,** a beau mentir qui vient de loin. **Old cock!** mon vieux! vieux poteau! ma vieille branche! *Prov:* **The young cock cackles as the old cock crows,** tel font les parents, tel font les enfants. *See also* FIGHTING-COCK, YOKOHAMA. (*b*) (*Male*) **Cock-bird,** oiseau *m* mâle. *C.-sparrow,* moineau *m* mâle. *C.-canary,* serin *m.* **Cock lobster,** homard *m* mâle. (*c*) *Orn:* **Cock of the wood,** coq de bruyère; grand tétras. **Cock of the north,** pinson *m* des Ardennes. **Cock of the rock,** rupicole *m;* coq de bois, de montagne, de roche; coq bruant. *See also* HEATH-COCK, MOOR-COCK, SAGE-COCK, SEA-COCK. **2.** (*a*) Robinet *m. Two-way c.,* robinet à deux voies. *Blow-down c., blow-off c., blow-through c.,* robinet d'extraction, de vidange, de purge; robinet purgeur. *Nau:* **Flooding-cock,** robinet de noyage; vanne *f* de noyage. **Sea-cock,** robinet de prise d'eau à la mer. *See also* BALL-COCK, DRAIN-COCK, DRIP-COCK, FEED-COCK, GAUGE-COCK, GREASE-COCK, MUD-COCK, PET-COCK, PINCH-COCK, PRIMING-COCK, RELIEF[1] 1, SEA-COCK, SLUDGE[1], STEAM-COCK, STOPCOCK. (*b*) *Sm.a:* Chien *m* (de fusil). **At full cock,** au cran d'armé; armé (à fond); au bandé. *Pistol at full c.,* pistolet *m* avec le chien armé. *See also* HALF-COCK. (*c*) (*Of balance*) Aiguille *f;* (*of sundial*) style *m;* (*of clock*) coq. (*d*) *P:* Pénis *m,* verge *f.*

cock-a-'doodle, *s. F:* (*Child's word*) Coq *m,* poule *f, F:* cocotte *f.*

'cock-a-doodle-'doo! Cocorico!

'cock-a-'hoop, *a. & adv.* (En) jubilant; triomphant, exultant. *He was all c.-a-h.,* il était fier comme un coq. *You're looking very c.-a-h. this morning!* comme vous avez l'air jubilant ce matin!

cock-a-'leekie, *s. Cu:* (*Scot.*) Potage *m* (de coq au pot avec poireaux).

'cock-and-'bull, *attrib. a. F:* **Cock-and-bull story,** histoire *f* de pure invention; conte *m* à dormir debout; conte bleu.

'cock-and-'hen, *attrib. a. F:* **Cock-and-hen club,** club *m* ou cercle *m* mixte (auquel l'on admet les hommes et les femmes).

'cock-brass, *s.* = COCK-METAL.

'cock-crow, *s.* Chant *m* du coq. *To rise at c.-c.,* se lever au (premier) chant du coq, à l'aube, avec les coqs.

'cock-eye[1], *s. Harn:* Ganse *f* de trait.

'cock-fight, *s.* Combat *m* de coqs; concours *m,* joute *f,* de coqs.

'cock-fighting, *s.* Combats *mpl* de coqs. *F:* **To beat cock-fighting,** avoir le pompon. *It beats c.-f.,* (i) c'est plus fort que de jouer au bouchon; (ii) c'est tout ce qu'il y a de plus chic; c'est épatant.

'cock-loft, *s.* Grenier *m;* galetas *m.*

'cock-metal, *s.* Bronze *m* ou potin *m* pour robinetterie.

'cock-shot, *s.* **1.** But *m* à viser. **2.** Coup visé. *To have a c.-s. at s.o., at sth.,* lancer une pierre, etc., à, contre, qn, qch.

'cock-shy, *s.* **1.** = COCK-SHOT. **2.** Jeu *m* de massacre.

cock-'sure, *a.* Sûr de soi; outrecuidant. *To be c.-s. of, about, sth.,* n'avoir aucun doute sur qch.; être sûr et certain de qch. *He is always c.-s.,* il tranche sur tout.

cock-'sureness, *s.* Assurance *f,* confiance *f* en soi-même, outrecuidance *f.*

'cock-throttled, *a.* (Cheval *m*) à encolure de cygne.

cock[2], *s.* **1.** (Mouvement de côté) **Cock of the eye,** œillade *f;* clignement *m* d'œil. *With a knowing c. of his eye to his neighbour,* en lançant à son voisin un coup d'œil d'intelligence. *To look at s.o. with a c. in one's eye,* regarder qn du coin de l'œil. **2.** (*a*) (Retroussis) **The cock of his hat,** (i) le retroussis de son chapeau; (ii) son chapeau (qu'il portait) sur l'oreille. *To give one's hat a saucy c.,* retrousser crânement son chapeau. **The cock of his nose,** son nez retroussé. (*b*) *A:* Corne *f* (de chapeau à cornes). *The wind being high he let down the cocks of his hat,* le vent étant violent il rabattit les cornes de son chapeau.

cock[3], *v.tr.* **1.** (*a*) **To cock one's eye at s.o.,** faire de l'œil à qn; lancer une œillade à qn; regarder qn de côté; cligner de l'œil. (*b*) (*Of horse, F: of pers.*) **To cock its ears, to cock one's ears,** dresser les oreilles; dresser l'oreille. **To cock one's little finger,** (i) dresser le petit doigt; (ii) *F:* lever le coude; être ivrogne. **To cock one's nose,** relever le nez (d'un air de mépris). *To c. one's nose at sth.,* renifler sur qch. *To c. one's nose at s.o.,* regarder qn de haut en bas; toiser qn (dédaigneusement). *See also* EAR[1] 1, SNOOK[2]. **2. To cock one's hat,** (i) mettre son chapeau de côté, de travers, sur l'oreille; (ii) relever, retrousser, son chapeau. **3. To cock a gun,** armer un fusil; armer, bander, le chien. *In the cocked position,* à l'armé.

cock up. 1. *v.tr.* = COCK[3] 1. *To c. up one's eyes,* lever les yeux au ciel; *P:* faire des yeux de merlan frit. *The horse stopped, with its ears cocked up,* le cheval s'arrêta, les oreilles dressées. *One of the paving-stones was cocked up,* un des pavés dépassait. **2.** *v.i.* (*Of ears, etc.*) Se dresser, se relever.

cock-'up, *s. Typ:* **1.** Lettre supérieure. **2.** (Lettre) initiale *f.*

cocked, *a.* **1. Cocked hat,** (i) chapeau *m* à cornes; (*two-pointed*) bicorne *m;* (chapeau à) claque *m;* (*three-pointed*) tricorne *m;* (ii) billet plié en triangle. *F:* **To knock s.o. into a cocked hat,**

(i) battre qn à plates coutures; démolir qn; démolir les arguments de qn; pulvériser qn; (ii) abasourdir qn. *When he told me I was absolutely knocked into a c. hat*, quand il m'a fait part de ça j'en ai été absolument renversé. **2.** *Const:* **Cocked centre**, cintre retroussé.

cocking, *s.* Armement *m* (d'un fusil). **Cocking-piece**, pièce *f* d'armement.

cock[4], *s. Agr:* Meulon *m*, meule *f* (de foin).

cock[5], *v.tr. Agr:* Mettre (du foin) en meulons, en meules.

cockabondy [kɔka'bɔndi], *s. Fish:* Variété *f* de mouche artificielle.

cockade [kɔ'keid], *s.* Cocarde *f.*

cockaded [kɔ'keidid], *a.* (Chapeau *m*) à cocarde.

Cockaigne, Cockayne [kɔ'kein], *s.* Le pays de Cocagne *f.*

cockalorum [kɔka'lɔːrəm], *s.* **1.** *F:* Jeune prodige *m*; petit fat. **2.** *Games:* **Hey-cockalorum, high-cockalorum**, cheval-fondu *m.*

cockatoo [kɔka'tuː], *s.* **1.** *Orn:* Cacatoès *m*, kakatoès *m*, cacatois *m.* **2.** *F:* (*In Austr.*) Petit fermier.

cockatrice ['kɔkatrais], *s. Myth:* Basilic *m.*

cock-bead ['kɔkbiːd], *s. Join:* Noix *f. Tls:* **Cock-bead plane**, noix.

cock-bill ['kɔkbil], *v.tr. Nau:* Apiquer (une vergue, etc.). *A: To c.-b. the anchor*, faire péneau; mettre l'ancre en veille.

cock-boat ['kɔkbout], *s. Nau:* Petit canot; coquet *m.*

cockchafer ['kɔktʃeifər], *s. Ent:* Hanneton *m.* **Cockchafer-grub**, ver blanc.

cocker[1] ['kɔkər], *s.* (Épagneul) cocker *m.*

cocker[2], *v.tr.* **To cocker s.o. (up)**, choyer, gâter, câliner, dorloter, qn; *F:* mitonner qn.

Cocker[3]. *Pr.n. F:* **According to Cocker**, conforme à la règle; réglementaire; (faire qch.) dans les formes. (Edward Cocker (1631-75), auteur d'une arithmétique longtemps en vogue.)

cockerel ['kɔkərəl], *s.* Jeune coq; cochet *m*, cochelet *m.*

cocket ['kɔket], *s. Cust: A:* Acquit-à-caution *m*, *pl.* acquits-à-caution.

cock-eye[2] ['kɔkai]. **1.** *s. F:* Œil *m* qui louche. **2.** *a. F:* De biais, de travers.

cock-eyed ['kɔkaid], *a. F:* **1.** Qui louche. **2.** = COCK-EYE[2] 2.

cock-horse ['kɔkhɔːrs], *s.* **1.** (*a*) *Toys: A:* Cheval *m* de bois; dada *m.* (*b*) **To ride a cock-'horse, to ride a-cock-'horse**, aller à dada (sur le genou de qn, etc.). **2.** Cheval de renfort.

cockiness ['kɔkinəs], *s.* Effronterie *f*, toupet *m.*

cockle[1] [kɔkl], *s.* **1.** (*a*) *Bot:* **(Corn-)cockle**, nielle *f* des champs, des blés; githago *m*; agrostemme *f*; *F:* oreille *f* de lièvre; gerzeau *m*, lampette *f.* (*b*) *B:* Ivraie *f.* **2.** *Agr:* (*Disease*) Nielle.

cockle[2], *s.* **1.** (*a*) *Moll:* Bucarde *f*, clovisse *f*; *F:* sourdon *m*, coque *f.* **Beaked cockle**, anomie *f.* (*b*) *Hist:* Coquille *f* de pèlerin. (*c*) *A:* **Cockles of the heart**, le cœur. *See also* WARM[3] 1. **2.** *Games:* **Hot cockles**, main chaude. *To play at hot cockles*, jouer à la main chaude.

'cockle-shell, *s.* **1.** Bucarde *f*, coque *f. F: Cockle-shells*, coquillages *m.* **2.** *F:* (*Boat*) Coquille *f* de noix; coque. *It's a mere c.-s.*, c'est une vraie coquille de noix.

cockle[3]. **1.** *v.tr.* (*a*) (Re)coquiller (une feuille de papier); faire goder (une étoffe). (*b*) Froisser, chiffonner (une étoffe). **2.** *v.i.* **To cockle (up)**. (*a*) Se recroqueviller; (*of paper*) (se) gondoler; se crisper; (*of tissue*) goder, coquiller. (*b*) Se chiffonner, se froisser.

cockling[1], *s.* (*a*) Gondolement *m*, gondolage *m*; crispation *f.* (*b*) Chiffonnement *m.*

cockle[4]**(-stove)** ['kɔkl(stouv)], *s.* Calorifère *m*, poêle *m* (d'appartement).

cockling[2] ['kɔkliŋ], *s.* La pêche aux coquillages.

cockney ['kɔkni]. **1.** *a.* & *s.* Londonien, -ienne. *C. accent*, accent londonien vulgaire; accent faubourien (de Londres). **2.** *s. U.S:* Citadin *m.*

cockneyism ['kɔkniizm], *s.* Locution *f* ou particularité *f* de prononciation propre aux Londoniens.

cockpit ['kɔkpit], *s.* **1.** Arène *f*, parc *m*, de combats de coqs. **2.** *Navy: A:* Poste *m* des blessés. **3.** *Av:* Baquet *m* carlingue *f*; poste ou habitacle *m* du pilote ou du passager; cockpit *m.*

cockroach ['kɔkroutʃ], *s. Ent:* Blatte *f*, cancrelat *m*; *F:* cafard *m*, meunier *m.*

cockscomb ['kɔkskoum], *s.* **1.** Crête *f* de coq. **2.** *Bot:* Célosie *f* à crête(s); crête-de-coq *f*, *pl.* crêtes-de-coq; passe-velours *m inv*, amarante *f* des jardiniers. **3.** = COXCOMB.

cocksfoot ['kɔksfut], *s. Bot:* **Cocksfoot (grass)**, dactyle pelotonné; chiendent *m* à brossettes.

cockshead ['kɔkshed], *s. Bot:* Sainfoin *m* des prés; éparcet *m*, éparcette *f.*

cockspur ['kɔkspəːr], *s.* **1.** Ergot *m* de coq. **2.** **Cockspur(-burner)**, bec *m* (de gaz) à trois trous.

cocktail ['kɔkteil], *s.* **1.** (*a*) *A:* Cheval anglaisé. (*b*) *Breed:* Cheval demi-sang. **2.** *A:* Parvenu *m.* **3.** *Ent:* Staphylin *m.* **4.** (*Drink*) Cocktail *m.* **Cocktail cabinet**, bar *m* (à cocktails). **Cocktail-mixer**, serveur *m* (du bar). *See also* SHAKER 3.

cocktailed ['kɔkteild], *a.* (Cheval *m*) à queue anglaisée.

cocky ['kɔki], *a. F:* Effronté, suffisant, outrecuidant; qui a du toupet; qui fait l'important. *He has got very c. since . . .*, il se rengorge depuis que. . . . **-ily**, *adv.* Effrontément; avec suffisance.

cockyolly bird [kɔki'ɔli'bəːrd], *s.* (*Child's talk*) Petit oiseau.

coco(a[1]**)** ['koukou], *s.* **1.** **Coco(a)-nut**, (i) (noix *f* de) coco *m*; (ii) *P:* tête *f*, caboche *f.* **Coco(a)-nut milk**, eau *f*, lait *m*, de coco. *F:* **Which accounts for the milk in the coco(a)-nut**, dernier chapitre où tout s'explique. **Coco(a)-nut fibre**, fibre *f* de coco; coir *m.* **Coco(a)-nut butter**, beurre *m* de coco. **Coco(a)-nut oil**, huile *f* de coprah. **Coco(a)-nut matting**, natte *f*, tapis *m*, en fibres de coco. **Coco(a)-nut fibre mat**, tapis-brosse *m*, *pl.* tapis-brosses; paillasson *m* (d'entrée). **Coco(a)-nut shy**, *F:* **coker-nut shy**, jeu *m* de massacre (où il s'agit d'abattre des noix de coco). **Double coco(a)-nut**, coco *m* de mer, des Maldives, des Seychelles. **2.** **Coco(a)-nut tree**, palm, cocotier *m.*

'coco(a)-plum, *s.* **1.** (Prune *f* d')icaque *f*; prune des anses, de coton, de coco. **2.** **Coco(a)-plum (tree)**, icaquier *m.*

cocoa[2], *s.* **1.** Cacao *m.* **Flake-cocoa**, cacao concassé; cassons *mpl.* *F:* **The Cocoa Press**, les organes *m* politiques de certains grands chocolatiers (section importante de la presse libérale). **2.** **Cocoa-tree**, cacaotier *m*, cacaoyer *m.*

'cocoa-bean, *s.* Graine *f*, fève *f*, de cacao.

'cocoa-butter, *s.* Beurre *m* de cacao.

'cocoa-nib, *s.* Graine *f*, fève *f*, de cacao décortiquée.

'cocoa-pod, *s.* Cabosse *f.*

'cocoa-powder, *s. Exp:* Poudre *f* chocolat, poudre brune.

cocoa-grass ['koukougrɑːs], *s. Bot: U.S:* Souchet rond.

cocoon[1] [kɔ'kuːn], *s.* Cocon *m* (de ver à soie, etc.). **The cocoon trade**, l'industrie coconnière.

cocoon[2], *v.i.* (*Of caterpillar*) Coconner; filer son cocon.

cocoonery [kɔ'kuːnəri], *s.* Magnanerie *f*; coconnière *f.*

co-creditor [kou'kreditər], *s. Jur:* Cocréancier, -ière.

coction ['kɔkʃ(ə)n], *s. A:* Coction *f.*

Cocytus [kou'saitəs]. *Pr.n. Class.Myth:* Le Cocyte.

cod[1] [kɔd], *s. Ich:* (*a*) **Cod(-fish)**, morue *f. Fresh c.*, morue fraîche, franche; cabillaud *m. Salt c.*, morue salée, sèche. *Dried c.*, morue sèche; merluche *f*; bacaliau *m.* (*b*) **Black cod**, charbonnier *m.*

'cod-bank, *s. Fish:* Banc *m* de morues.

'cod-fisher, *s.* Morutier *m*, moruyer *m.*

'cod-fishery, -fishing, *s.* Pêche *f* de, à, la morue.

'cod-liver-'oil, *s. Pharm:* Huile *f* de foie de morue.

'cod-roe, *s.* Œufs *mpl* de morue, (*salted*) rabes *fpl.*

cod[2], *s. P:* (*Take-in*) Attrape *f.*

cod[3], *v.tr.* & *i.* **(codded; codding)** *P:* Tromper; mettre (qn) dedans; se payer la tête de (qn); *P:* la faire à l'oseille à (qn).

cod[4], *s. A:* = SCROTUM.

'cod-piece, *s. Hist. of Cost:* Braguette *f*, brayette *f.*

coda ['kouda], *s. Mus:* Coda *f.*

codamine ['koudamiːn, -in], *s. Ch:* Codamine *f.*

coddle[1] [kɔdl], *s.* = MOLLY-CODDLE[1].

coddle[2], *v.tr.* **To coddle s.o. (up)**, gâter, choyer, câliner, dorloter, mitonner, chouchouter, douilletter, qn; élever qn dans le coton, dans la ouate. *Accustomed to be coddled by his mother*, accoutumé aux gâteries *f* de sa mère. *The child has been too much coddled*, cet enfant a été élevé trop délicatement. **To coddle oneself**, s'écouter; se dodiner; se dorloter; se mijoter.

code[1] [koud], *s.* **1.** Code *m.* **The code of honour, of good taste**, le code, les règles *f*, de l'honneur, du bon goût. *The duelling code, the code of honour*, les règles du duel. *The highway c.*, le code de la route. **The International Seamen's Code**, le Statut international des marins. *Jur:* **Code of criminal procedure**, code d'instruction criminelle. **2.** (*a*) *Tg: etc:* **Telegraphic code**, code télégraphique. *Nau:* **The International Code of Signals**, le Code international des signaux. **Code word**, mot télégraphique, convenu. **Code letter**, indicatif littéral. (*b*) (*Secret*) Chiffre *m.* **To write a dispatch in code**, chiffrer une dépêche.

'code-book, *s.* **1.** Dictionnaire chiffré. **2.** *Nau: F:* Le Code international des signaux.

code[2], *v.tr.* **1.** Codifier (une dépêche). **2.** Mettre en chiffre, chiffrer (une dépêche).

coding, *s.* **1.** Codification *f.* **2.** Mise *f* en chiffre; chiffrage *m.*

co-declination [koudekli'neiʃ(ə)n], *s. Astr:* Complément *m* de la déclinaison.

co-defendant [koudi'fendənt], *s.* Coaccusé, -ée; codéfendeur *m.*

codeine ['koudiain], *s. Pharm:* Codéine *f.*

codex, *pl.* **-ices** ['koudeks, -isiːz], *s.* **1.** Manuscrit (ancien). **2.** *Pharm:* Codex *m.*

codger ['kɔdʒər], *s. F:* Type *m. Esp.* **An old codger**, un vieux bonhomme. *He's a comical, funny, old c.*, c'est un numéro, un drôle de type.

codicil ['kɔdisil], *s.* Codicille *m* (d'un testament); avenant *m* (d'un traité).

codicillary [kɔdi'siləri], *a.* Codicillaire.

codification [koudifi'keiʃ(ə)n], *s.* Codification *f.*

codifier ['koudifaiər], *s.* Codificateur *m.*

codify ['koudifai], *v.tr.* Codifier (les lois, des signaux, etc.).

co-director [koudi'rektər, -dai'rektər], *s.* Codirecteur *m*; coadministrateur *m.*

codling[1] ['kɔdliŋ], *s. Ich:* Petite morue.

codlin(g)[2] ['kɔdlin, -iŋ], *s.* **1.** *Hort:* Pomme *f* à cuire. **2.** *Bot:* **Codlin(g)s and cream**, épilobe *m* à épi.

'codling-moth, *s. Ent:* Pyrale *f* des pommes.

co-ed [ko'ed], *s. U.S: F:* Jeune fille *f* qui fréquente une école coéducationnelle.

co-educate [ko'edjukeit], *v.tr.* Instruire ensemble (garçons et jeunes filles).

co-education [koedju'keiʃ(ə)n], *s.* Coéducation *f*; enseignement *m* mixte.

co-educational [koedju'keiʃən(ə)l], *a.* Coéducationnel. **Co-educational school**, écoles géminées; école mixte.

coefficient [koe'fiʃənt], *s. Mth: Ph:* Coefficient *m. Literal c., numerical c.*, coefficient littéral, numérique. *Differential c.*, coefficient différentiel; dérivée *f. Mec.E:* **Coefficient of safety**, facteur *m* de sûreté, de sécurité. *See also* DISSOCIATION 2.

cœlenterata [siːlentə'reita], *s.pl. Z:* Cœlentérés *m.*

cœliac ['siːliak], *a. Anat:* (Artère *f*, etc.) cœliaque.

cœlostat ['siːlostat], *s. Astr:* Cælostat *m.*

coemption [ko'em(p)ʃ(ə)n], *s.* **1.** *Rom.Jur:* (Mariage *m* par) coemption *f.* **2.** *Jur:* Accaparement *m.*

cœnobite ['siːnobait], *s.* Cénobite *m.*

cœnobitic(al) [siːno'bitik(əl)], *a.* Cénobitique.

cœnure ['siːnjuər], *s. Z: Vet:* Cénure *m.*

coequal [ko'i:kwəl], *a.* & *s.* Égal, -ale; égaux, -ales (en rang, en âge, en étendue).
coerce [ko'ə:rs], *v.tr.* **1.** Forcer, contraindre (*s.o. into doing sth.*, qn à faire qch.); réprimer, réduire (un peuple). **2.** Réprimer par la force.
coercibility [koə:rsi'biliti], *s.* *Ph:* Coercibilité *f* (des gaz, etc.).
coercible [ko'ə:rsibl], *a.* **1.** (*Of pers.*) Contraignable. **2.** (*Of gas*) Coercible.
coercion [ko'ə:rʃ(ə)n], *s.* Coercition *f*, contrainte *f*; *Jur:* coaction *f*. *To employ means of c.*, mettre en action des moyens de coercition. **To act under coercion**, agir par contrainte; agir à son corps défendant. *He will pay under c.*, il payera s'il y est contraint. **Coercion Act**, loi *f* qui suspend les droits civils.
coercionist [ko'ə:rʃ(ə)nist], *s.* Partisan *m* des mesures coercitives (*Hist:* dans l'administration de l'Irlande).
coercive [ko'ə:rsiv], *a.* **1.** Coercitif; *Jur:* coactif. **Coercive weapon**, sanction (pénale). *Jur: C. measures*, procédure coercitive. **2.** *Magn:* **Coercive force**, force coercitive; coercitivité *f* (d'un aimant). **-ly**, *adv.* Par la force, par contrainte; de force.
coerciveness [ko'ə:rsivnəs], *s.* Coactivité *f*.
coessential [koe'senʃ(ə)l], *a.* De même essence.
coetaneous [koi:'teiniəs], *a.* = COEVAL.
coeternal [koi:'tə:rn(ə)l], *a.* Coéternel.
coeval [ko'i:v(ə)l]. **1.** *a.* *C. with sth.*, contemporain de qch.; du même âge que qch.; de l'âge de qch. *Worlds c. with the sun*, des mondes *m* du même âge que le soleil. **2.** *s.* Contemporain, -aine.
co-executor, -trix [koueg'zekjutər, -triks], *s.* *Jur:* Coexécuteur, -trice (testamentaire).
coexist [koueg'zist], *v.i.* Coexister (*with*, avec).
coexistence [koueg'zistəns], *s.* Coexistence *f* (*with*, avec); concomitance *f*.
coexistent [koueg'zistənt], *a.* Coexistant (*with*, avec).
coextensive [koueks'tensiv], *a.* De même étendue ou de même durée (*with*, que).
coffee ['kɔfi], *s.* Café *m*. *Roasted c.*, café brûlé, torréfié. *Unroasted c.*, café vert. *Ground c.*, café moulu, en poudre. **Black coffee**, café noir; (*without spirits*) café nature. *Three black coffees*, trois cafés nature. *F:* **White coffee**, café au lait; café crème. **Coffee and rolls**, café complet.
'**coffee-bean**, *s.* Grain *m* de café.
'**coffee-berry**, *s.* **1.** Fruit *m* du caféier; cerise *f* de caféier. **2.** = COFFEE-BEAN.
'**coffee-burner, -roaster**, *s.* Brûloir *m*, torréfacteur *m*.
'**coffee-coloured**, *a.* (Couleur) café au lait *inv*.
'**coffee-cup**, *s.* Tasse *f* à café.
'**coffee-grounds**, *s.pl.* Marc *m* de café.
'**coffee-house**, *s.* **1.** *A:* Café *m*. **2.** = COFFEE-SHOP.
'**coffee-mill**, *s.* Moulin *m* à café.
'**coffee-pot**, *s.* Cafetière *f*; (*with straight handle*) verseuse *f*.
'**coffee-room**, *s.* Salle *f* des voyageurs, salle à manger (d'hôtel).
'**coffee-set**, *s.* Service *m* à café.
'**coffee-shop**, *s.* Restaurant *m* de bas étage; *F:* gargote *f*.
'**coffee-shrub, -tree**, *s.* Caféier *m*, cafier *m*.
'**coffee-spoon**, *s.* Cuillère *f* à café.
'**coffee-stall**, *s.* Bar *m*, cantine *f*, de coin de rue (sur roulettes) (le plus souvent ouvert la nuit) pour rafraîchissements divers (sauf spiritueux), et repas sur le pouce.
'**coffee-tinted**, *a.* (i) Café *inv*; (ii) café au lait *inv*.
coffer[1] ['kɔfər], *s.* **1.** Coffre *m*. *The coffers of State*, les coffres de l'État; les fonds publics. **2.** (*a*) *Arch:* Caisson *m* (de plafond). *Join:* (*Sunk panel*) Arrière-corps *m inv*. (*b*) *Const:* Caisson (pour pisé, etc.). **3.** *Hyd.E:* (*a*) Chambre *f*, bassin *m*, sas *m* (d'écluse). (*b*) = COFFERDAM. **4.** *Nau:* Bassin *m* à flot; chantier *m* à flot.
'**coffer-fish**, *s.* *Ich:* Coffre *m*.
'**coffer-work**, *s.* *Const:* Pisé *m*.
coffer[2], *v.tr.* **1.** *Min:* Coffrer, glaiser (un puits). **2.** Diviser (un plafond) en caissons.
coffered, *a.* *Arch:* (Plafond *m*) à caissons.
coffering, *s.* Coffrage *m*, glaisage *m*.
cofferdam ['kɔfərdam], *s.* **1.** *Hyd.E:* Coffre *m*, bâtardeau *m*; caisson *m* hydraulique. **2.** *Nau:* *A:* Cofferdam *m*.
coffin[1] ['kɔfin], *s.* **1.** Cercueil *m*, bière *f*. *F:* **That's another nail in his coffin**, c'est (pour lui) un pas de plus vers la tombe. **2.** *Farr:* Cavité *f* du sabot (d'un cheval).
'**coffin-bone**, *s.* *Farr:* Phalangette *f* (de pied de cheval).
'**coffin-joint**, *s.* *Farr:* Articulation *f* de la phalangette.
'**coffin-nail**, *s.* *F:* Cigarette *f* de mauvaise qualité; *P:* sèche *f*, cibiche *f*.
'**coffin-plate**, *s.* Plaque *f* de cercueil.
coffin[2], *v.tr.* **1.** Mettre (qn) en bière. **2.** *F:* Mettre de côté, mettre au rancart. *To live coffined in a dark basement*, vivre enterré dans un sous-sol mal éclairé.
coffining, *s.* Mise *f* en bière.
coffle [kɔfl], *s.* Convoi *m* (d'esclaves ou de bêtes) à la chaîne; chaîne (d'esclaves).
cog[1] [kɔg], *s.* **1.** *Mec.E:* (*a*) Dent *f* (d'une roue dentée); *esp.* alluchon *m* (de roue dentée à mortaises); dent rapportée. *The cogs*, la denture. *F:* **I am only a cog in the machinery**, je ne suis qu'un rouage de la machine. *To slip a cog*, (i) (*of pawl*) glisser sur une dent; (ii) *F:* (*of the mind*) avoir un moment d'absence. (*b*) Levée *f* (de came, etc.). **Cog-shaft**, arbre *m* de levée. **2.** *Farr:* Crampon *m* (d'un fer à cheval).
'**cog-rail**, *s.* *Rail:* Crémaillère *f*.
'**cog-wheel**, *s.* *Mec.E:* Roue *f* à dents; roue d'engrenage; roue dentée, roue encliquetée.
cog[2], *v.* (cogged; cogging) **1.** *v.tr.* (*a*) Denter, endenter (une roue); garnir (une roue) de dents. **Cogged wheel** = COG-WHEEL. (*b*) Cramponner (un fer à cheval). (*c*) *Metall:* Ébaucher (le fer). **2.** *v.i.* (*Of wheels*) S'engrener.
cog[3], *v.tr.* Piper (des dés). **Cogged dice**, dés pipés.
cog[4], *s.* *Carp:* Adent *m*, tenon *m*. **Cog-joint**, joint *m* à adent, en adent.
cogency ['koudʒənsi], *s.* **1.** Force *f*, puissance *f* (d'un argument). *Jur:* Bien-fondé *m* (d'une cause, d'une réclamation). **2.** Urgence *f* (d'un cas).
cogent ['koudʒənt], *a.* **1.** (Argument *m*) irrésistible; (motif) puissant; (raison) valable, incontestable, convaincante. **2.** (Cas) urgent. **-ly**, *adv.* Avec force, fortement, incontestablement; d'une façon convaincante.
cogitable ['kɔdʒitəbl], *a.* Concevable.
cogitate ['kɔdʒiteit]. **1.** *v.i.* Méditer, réfléchir (*upon*, *over*, sur). **2.** *v.tr.* (*a*) Projeter, imaginer (un plan, etc.). *To c. mischief*, méditer un mauvais coup. (*b*) *Phil:* Concevoir.
cogitation [kɔdʒi'teiʃ(ə)n], *s.* **1.** Réflexion *f*, cogitation *f*, méditation *f*, délibération *f* (*upon*, *over*, sur). *After much c.*, après avoir longuement réfléchi. **2.** *These cogitations lead to nothing*, ces méditations, tous ces projets, ne mènent à rien, n'aboutissent à rien.
cognate ['kɔgneit]. **1.** *s.* *Jur:* (*a*) Cognat *m*; parent *m*. (*b*) *Esp. Scot:* Parent du côté maternel; cognat. **2.** (*a*) *a.* *C.* (*with sth.*), qui a du rapport (avec qch.); qui est parent (de qch.); analogue (à qch.); de la même origine, du même genre (que qch.); de même nature (que qch.). *C. words*, mots de même origine, de même racine, de même famille; mots congénères, apparentés. *See also* ACCUSATIVE, OBJECT[1] 3. (*b*) *s.* Mot, locution *f*, etc., de même origine.
cognateness ['kɔgneitnəs], *s.* Rapport *m*, analogie *f*, parenté *f*.
cognation [kɔg'neiʃ(ə)n], *s.* **1.** *Jur:* Cognation *f*. **2.** *Ling:* Identité *f* de source, de racine; parenté *f*.
cognition [kɔg'niʃ(ə)n], *s.* **1.** *Phil:* *Psy:* Connaissance *f*, cognition *f*. **2.** *Jur:* (*Scot.*) = COGNIZANCE.
cognitive ['kɔgnitiv], *a.* *Psy:* *C. faculty*, faculté cognitive. *C. of sth.*, ayant connaissance de qch.
cognizable ['kɔgnizəbl, *Jur:* 'kɔnizəbl], *a.* **1.** *Phil:* *Psy:* (*a*) Connaissable, perceptible. (*b*) Reconnaissable. **2.** *Jur:* *C. by a court*, qui est du ressort, de la compétence, d'un tribunal. **Cognizable offence**, (i) délit *m* qui tombe sous le coup de la loi; (ii) (*in India*) délit justifiant l'arrestation du coupable sans mandat d'arrêt.
cognizance ['kɔgnizəns, *Jur:* 'kɔnizəns], *s.* **1.** (*a*) *Phil:* Connaissance *f*, perception *f*. (*b*) *Jur:* Connaissance. **To take cognizance of sth.**, prendre connaissance de qch.; (i) connaître de qch.; (ii) prendre acte de qch. **2.** *Jur:* Compétence *f*. **Within, under, the cognizance of a court**, du ressort, de la compétence, d'une cour. *That falls within, goes beyond, my c.*, cela est, n'est pas, de ma compétence. **3.** *Her:* Insigne *m*, emblème *m* (d'une maison noble, porté par tous ses serviteurs et vassaux); armes *fpl*, armoiries *fpl*, marque distinctive.
cognizant ['kɔgnizənt, *Jur:* 'kɔnizənt], *a.* **1.** Ayant connaissance (*of*, de). *To be c. of a fact*, être instruit d'un fait. **2.** *Jur:* *Court c. of an offence*, tribunal compétent pour juger un délit.
cognomen [kɔg'noumen], *s.* **1.** *Rom.Hist:* Cognomen *m*. **2.** (*a*) Surnom *m*, sobriquet *m*. (*b*) Nom *m* de famille. **3.** *F:* Nom, appellation *f*.
cognosce [kɔg'nɔs], *v.* *Jur:* (*Scot.*) **1.** *v.i.* Connaître de la cause; faire une enquête. **2.** *v.tr.* *To c. a case*, connaître d'une cause; juger une cause.
cognoscible [kɔg'nɔsibl], *a.* *Phil:* Cognoscible, connaissable.
cognovit [kɔg'nouvit], *s.* *Jur:* Aveu (signé par le défendeur et reconnaissant le bien-fondé de la requête du demandeur).
cohabit [ko'habit], *v.i.* (**cohabited**) Cohabiter, vivre maritalement (*with*, avec).
cohabitation [kohabi'teiʃ(ə)n], *s.* Cohabitation *f* (*with*, avec); *F:* collage *m*.
coheir [ko'ɛər], **coheiress** [ko'ɛəres], *s.* Cohéritier, -ière.
cohere [ko'hi:ər]. **1.** *v.i.* (*a*) (*Of whole, of parts*) Se tenir ensemble, rester uni(s); adhérer; rester aggloméré. (*b*) S'agglomérer. (*c*) (*Of argument, style*) Être conséquent; se suivre (logiquement); se tenir; tenir ensemble. *To c. with sth.*, être d'accord avec, conforme à, qch. **2.** *v.tr.* Faire tenir ensemble, agglomérer (des matériaux, etc.).
coherence [ko'hi:ərəns], **coherency** [ko'hi:ərənsi], *s.* **1.** = COHESION. **2.** (*Of argument, style*) Suite *f* (logique); cohérence *f*.
coherent [ko'hi:ərənt], *a.* **1.** (*Of whole, of parts*) Cohérent(s), lié(s) ensemble. **2.** (*Of argument, etc.*) Conséquent, cohérent; (*of thinker*) qui a de la suite dans ses idées. *His arguments are c.*, ses arguments se suivent bien. **-ly**, *adv.* (Parler) d'une manière cohérente, avec cohérence.
coherer [ko'hi:ərər], *s.* *Ph:* Cohéreur *m*, radioconducteur *m*. *A:* **Branly coherer**, tube *m* de Branly; tube à limaille.
coheritor [ko'heritər], *s.* = COHEIR.
cohesion [ko'hi:ʒ(ə)n], *s.* (*a*) Cohésion *f*; adhérence *f*. (*b*) *Attack that lacks c.*, attaque *f* qui manque d'ensemble.
cohesive [ko'hi:siv], *a.* Cohésif. **1.** *Ph:* *C. force*, force *f* de cohésion; attraction *f* moléculaire. *C. metal*, métal *m* tenace. **2.** Susceptible de cohésion. **-ly**, *adv.* Cohésivement.
cohesiveness [ko'hi:sivnəs], *s.* Cohésion *f*.
cohibition [kouhi'biʃ(ə)n], *s.* Cohibition *f*.
cohobate ['kouhobeit], *v.tr.* *Ch:* *Dist:* *A:* Cohober.
cohobation [kouho'beiʃ(ə)n], *s.* *Ch:* *Dist:* *A:* Cohobation *f*.
cohort ['kouhɔ:rt], *s.* Cohorte *f*.
coif [kɔif], *s.* **1.** *Cost:* (*a*) *A:* Coiffe *f*, béguin *m*. (*b*) Cornette *f* (de nonne). (*c*) *A:* Calotte blanche des *serjeants at law*, *q.v.* *F:* *A:* **A Brother of the coif**, un *serjeant at law*. **2.** *Bot:* Calyptre *f*, coiffe (des mousses).
coiffure [kwa'fjuər, kwa'fy:r], *s.* Coiffure *f*.
coign [kɔin], *s.* **1.** *A:* Coin *m* (qui avance). *Still used in* **Coign of vantage**, position avantageuse. **2.** *Typ:* *A:* = QUOIN.
coil[1] [kɔil], *s.* **1.** (*a*) Rouleau *m* (de corde); *Nau:* glène *f*; cueille *f*

(de filin, de câble); roue *f* (de câble); paquet *m* (de corde); rouleau, couronne *f*, botte *f* (de fil métallique); torque *f* (de fil métallique, de tabac à chiquer). *Hairdr:* Enroulement *m*, rouleau (de cheveux). *Coils of hair*, cheveux torsadés; torsades *f* de cheveux. *Coils over the ears*, macarons *m*. *Hair in coils over the ears*, cheveux en colimaçon. *Her hair is gathered into a massive c. at the back of the head*, sur la nuque se tord un énorme chignon. *See also* FLEMISH 1. (*b*) *Dist: etc:* (*Coiled tube*) Serpentin *m*. *C. of metal piping*, serpentin métallique. *Ind:* **Steam-coil**, serpentin chauffé à la vapeur. **2.** (*a*) Pli *m*, repli *m* (d'un cordage); repli, anneau *m* (d'un serpent). (*b*) *Chimney vomiting coils of smoke*, cheminée *f* qui vomit des tourbillons *m* de fumée. **3.** *El:* Enroulement, bobinage *m*; bobine *f*. **Vibrator coil**, bobine à trembleur. **Coil winding**, solénoïde *m*. *W.Tel:* **Basket coil**, bobine en fond de panier. **Honeycomb coil**, bobine en nid d'abeille. *Tp:* **Coil-loaded cable**, câble pupinisé. *See also* INDUCTANCE, INDUCTION-COIL, LOADING, LOUD-SPEAKER, MICROPHONE, PUPIN, RESISTANCE 2, TESLA.

'coil-clutch, *s.* *Mec.E:* Embrayage *m* à spirale.

'coil-spring, *s.* Ressort *m* en spirale, à boudin.

coil[2]. **1.** *v.tr.* (En)rouler, gléner, rouer (un cordage, etc.). *El:* Bobiner (des fils). (*Of snake*) **To coil (itself) up**, s'enrouler, se lover, se replier. *To c. (itself) round a tree*, s'enrouler autour d'un arbre. *The cat coils itself up*, le chat se met en rond. (*Of pers.*) *To c. (oneself) up in an armchair*, se blottir, se pelotonner, dans un fauteuil. *Nau: etc:* **To coil (down) a rope**, lover, cueillir, un cordage. **2.** *v.i.* Avancer en ondulant; serpenter. *The serpent coils through the grass*, le serpent se glisse à travers l'herbe. *The river coils (its way) through the fields*, la rivière serpente à travers les champs.

coiled, *a.* (En)roulé, gléné, roué, lové. *C. piping*, tuyau enroulé en couronne; serpentin *m*. **Coiled spring**, ressort *m* en spirale; ressort à boudin. *C. snake*, couleuvre lovée. *C. hair*, cheveux tordus en chignon, torsadés, en torsade.

coiling, *s.* Enroulement *m*, enroulage *m*; bobinage *m*.

coil[3], *s.* *A:* Tumulte *m*; remue-ménage *m*; bagarre *f*. *F:* **To shuffle off this mortal coil**, s'échapper de l'humaine bagarre, du tumulte de ce monde.

coiler ['kɔilər], *s.* (*a*) *Ind:* Bobineur, -euse. (*b*) *Nau:* Loveur *m*.

Coimbra [kou'imbrɑ]. *Pr.n. Geog:* Coïmbre *f*.

coin[1] [kɔin], *s.* **1.** Pièce *f* de monnaie. *Gold coins*, pièces d'or. **A false coin**, une fausse pièce, une pièce fausse. **2.** *Coll.* (*No pl.*) Monnaie(s) *f*, pièces, numéraire *m*, espèces *fpl*. *Small c.*, monnaie divisionnaire. *On the table was a small heap of c.*, sur la table il y avait un petit tas de pièces de monnaie. **Coin and bullion**, métal monnayé et métal en barres. **False coin**, de la fausse monnaie. **In coin**, en espèces, en numéraire. *F:* **To pay in coin of the realm**, payer en espèces (sonnantes et trébuchantes). *See also* PAY BACK 2. *Prov:* **Much coin much care**, qui terre a guerre a.

'coin-balance, *s.* Trébuchet *m*.

'coin-box, *s.* **1.** Tirelire *f*. **2.** Boîte *f* aux sous (d'un distributeur automatique, etc.). *See also* PREPAYMENT.

coin[2], *v.tr.* **1.** *To c. money*, frapper de la monnaie, battre monnaie. *F:* **He is simply coining money**, il est en train de faire fortune; il fait des affaires d'or. **2.** Monnayer (des lingots). **3.** Inventer, forger, fabriquer, créer (un mot nouveau). *I don't know who coined that story*, je ne sais pas qui a inventé cette histoire. *To c. a lie*, forger, inventer, un mensonge.

coined, *a.* **1.** (Argent) monnayé. *See also* NEW-COINED. **2.** *F:* (Mot) inventé, forgé, pour l'occasion, pour les besoins de la cause.

coining, *s.* = COINAGE 1. *See also* PRESS[1] 2.

coinage ['kɔinedʒ], *s.* **1.** (*a*) Monnayage *m*; frappe *f* (de la monnaie). **Right of coinage**, droit *m* de frappe; droit de battre monnaie. **Coinage offence**, crime *m* de fausse monnaie, de faux monnayage. (*b*) *F:* Invention *f*, fabrication *f*, création *f* (d'un mot). *Words of modern c.*, mots *m* de création nouvelle. **2.** (*a*) Système *m* monétaire (d'un pays). (*b*) Monnaie(s) *f*; numéraire *m*. (*c*) Mot inventé. *The word 'paravane' was a c. of the War*, le mot "paravane" a été forgé pendant la Guerre, date de la Guerre.

coincide [kouin'said], *v.i.* **1.** (*In space, time*) Coïncider (*with*, avec). *Events that c.*, événements *m* qui concourent. **2.** Coïncider, s'accorder, être d'accord (*with*, avec). *His interests c. with his duty*, ses intérêts *m* s'accordent avec son devoir. *To c. with a gauge-mark*, affleurer à un trait. **3.** (*Of pers.*) *To c. in an opinion*, être d'accord sur un point.

coincidence [kou'insidəns], *s.* **1.** (*In space, time*) Coïncidence *f*. *El.E:* **Phase coincidence**, coïncidence de phases; concordance *f* de phases. **2.** Coïncidence, rencontre *f*, concours *m* (d'événements). **What a coincidence!** comme ça se rencontre! comme ça tombe!

coincident [kou'insidənt], *a.* Coïncident; d'accord (*with*, avec). **-ly,** *adv.* Coïncidemment; d'accord (*with*, avec).

coincidental [kouinsi'dent(ə)l], *a.* (Effet *m*) de coïncidence. *Entirely c. occurrences*, faits *m* de pure coïncidence.

coiner ['kɔinər], *s.* **1.** Monnayeur *m*. **2.** Faux monnayeur. **3.** *F:* Fabricateur, -trice, inventeur, -trice, forgeur, -euse (d'un nouveau mot, d'un mensonge, etc.).

coinstantaneous [kɔinstan'teiniəs], *a.* Simultané.

co-insurance [koin'ʃuərəns], *s.* Coassurance *f*.

coir [kɔiər], *s.* Coir *m*; fibre *f* de coco, de cocotier; bastin *m*. *C. broom, matting, rope*, balai *m*, natte *f*, cordage *m*, en coco. *C. mat*, paillasson *m*; tapis-brosse *m*, *pl.* tapis-brosses.

coition [ko'iʃ(ə)n], *s.* Coït *m*.

coke[1] [kouk], *s.* Coke *m*. *Foundry c.*, coke de fonderie. *See also* GAS-COKE.

'coke-breaker, *s.* Casse-coke *m inv*; concasseur *m* de coke.

'coke-crushing rolls, *s.pl.* Rouleaux concasseurs de coke.

'coke-iron, *s.* Fer *m* au coke; fonte *f* au coke.

'coke-maker, -seller, *s.* Coketier *m*, cokerier *m*.

'coke-oven, *s.* Four *m* à coke.

coke[2], *v.tr.* (*a*) Coké(i)fier; convertir (de la houille) en coke. (*b*) (*Of coal, with passive force*) Se coké(i)fier, se convertir en coke.

coking, *s.* Cokéfaction *f*, coké(i)fication *f*. **Coking plant**, cokerie *f*.

cokeman, *pl.* **-men** ['koukmən, -men]. *s.m.* *Ind:* Coketier, cokerier.

cokernut ['koukərnʌt], *s.* *P:* = *cocoa-nut, q.v. under* COCO(A)[1] 1.

coky ['kouki], *a.* Semblable au coke.

col [kɔl], *s.* **1.** *Geog:* Col *m*, ensellement *m*. **2.** *Meteor:* Col (séparant deux anticyclones).

cola ['koulɑ], *s.* = KOLA.

colander ['kʌləndər], *s.* **1.** *Cu:* Passoire *f*. **2.** *Ind:* Chantepleure *f*.

colarin ['kɔlərin], *s.* *Arch:* Colarin *m*.

co-latitude [kou'latitjuːd], *s.* *Astr:* Colatitude *f*.

colchicum ['kɔlkikəm], *s.* **1.** *Bot:* Colchique *m*. **Autumn colchicum** = *meadow-saffron, q.v. under* SAFFRON 1. **2.** *Pharm:* Colchique.

Colchis ['kɔlkis]. *Pr.n.* *A.Geog:* La Colchide. **The dragon of Colchis**, le dragon colchique.

colcothar ['kɔlkoθɑːr], *s.* *Ch: Ind:* Colcotar *m*.

cold[1] [kould], *a.* Froid. **1.** (*a*) **It is cold**, il fait froid. *Do you find it c.?* sentez-vous le froid? *In this c. weather*, par le froid qu'il fait. *It is getting colder*, la température baisse. **To get, grow, cold**, se refroidir. *F:* **As cold as charity**, froid comme le marbre. *See also* BITTERLY, ICE-COLD, STONE-COLD. **Cold steel**, l'arme blanche. *Body that decomposes in the c. state, when c.*, corps *m* qui se décompose à froid. *Soluble when c.*, soluble à froid. *Com:* **Cold storage**, conservation *f* par le froid. *Meat in c. storage*, viande *f* en congélation, en glacière. *P:* **To be in cold storage**, faire de la prison; *F:* être à l'ombre. **Cold room** (*for storage*), chambre *f* frigorifique. **Quayside cold room**, resserre *f* de transit. **Cold storage plant, trade**, installation *f*, industrie *f*, frigorifique. **Cold store**, entrepôt *m* frigorifique. **Cold meat**, (i) viande froide, (ii) viande frigorifiée, (iii) *P:* cadavre *m*. *P:* **Cold meat train**, train *m* mortuaire. *Mil: P:* **Cold meat ticket**, plaque *f* d'identité. *P:* **I have him cold**, je l'ai à ma merci. *F:* **Cold pig**, douche *f* d'eau froide (jetée sur qn qui dort, pour l'éveiller). **To give s.o. the cold shoulder**, battre froid à qn; faire grise mine à qn; tourner le dos à qn. *We haven't seen your friend for a long time, he's given us the c. shoulder*, on ne voit plus votre ami, c'est un lâcheur. *Th: F:* **Cold performance**, représentation *f* sans musique, sans orchestre. *Cin: F:* **To see a film cold**, voir un film sans accompagnement d'orchestre. *See also* BLAST[1] 3, FRAME[1] 5, PACK[1] 5, WATER[1] 1. (*b*) (*Of pers.*) **To be cold, to feel cold**, avoir froid. **My hands are cold**, j'ai les mains froides; j'ai froid aux mains. *My feet are* **as cold as ice**, j'ai les pieds glacés. *Prov:* **Cold hand, warm heart**, froides mains, chaudes amours. *See also* BLOOD[1] 1, FOOT[1] 1. (*c*) *Ven:* **Cold scent**, piste froide. (*d*) *Med:* **Cold abscess**, abcès froid. (*e*) **Cold tint**, ton froid, tirant sur le bleu. **2. A cold reception**, un accueil froid. *To be c. with s.o.*, se montrer froid avec qn. *To grow c. towards s.o.*, se désaffectionner, se détacher, de qn. *They are growing c. to one another*, leurs relations *f* se refroidissent. *He remained c.*, il resta froid. *F:* **That leaves me cold**, cela ne me fait ni chaud ni froid; cela me laisse froid. *To have a c. heart*, avoir le cœur sec; avoir un cœur de marbre. **To be as cold as marble**, être en marbre. *C. eloquence*, éloquence *f* sans chaleur. *C. disdain*, froid mépris. *See also* COMFORT[1] 1, HOT[1] 1, WELCOME[2]. **3.** (*In compounds*) A froid. **Cold-pressed**, pressé à froid. **Cold rivetting**, rivure *f* à froid. **-ly,** *adv.* Froidement. *To look c. on sth.*, contempler qch. avec froideur, d'un œil indifférent.

'cold-blooded, *a.* **1.** *Z:* (Animal) à sang froid. **2.** (*Of pers.*) Froid, insensible; (*of action*) prémédité, délibéré; accompli de sang-froid. *In a c.-b. way*, sans pitié. **-ly,** *adv.* De, avec, sang-froid; avec insensibilité.

'cold-'bloodedness, *s.* Sang-froid *m*, insensibilité *f*.

cold-'chisel, *s.* *Metalw:* Ciseau *m* à froid; burin *m*; langue-de-carpe *f*, *pl.* langues-de-carpe.

'cold-cream, *s.* *Pharm:* Crème *f*; cold-cream *m*.

'cold-draw, *v.tr.* **1.** *Metalw:* Étirer (le fil de fer) à froid; écrouir. **2.** *Pharm:* Exprimer (l'huile de ricin) à froid.

'cold-drawn, *a.* **1.** *Metalw:* Étiré à froid. **2.** *Pharm:* Exprimé à froid.

'cold-drawing, *s.* Étirage *m* à froid; écrouissage *m*.

'cold-hammer, *v.tr.* *Metalw:* Écrouir (le fer); battre, marteler, (le fer) à froid.

'cold-hammered, *a.* Façonné à froid.

'cold-hammering, *s.* Battage *m* à froid; martelage *m* à froid; écrouissage *m*.

cold-'hearted, *a.* Au cœur froid, sec; insensible; sans pitié. **-ly,** *adv.* Froidement, avec insensibilité; sans pitié.

cold-'heartedness, *s.* Froideur *f*, sécheresse *f*, du cœur; insensibilité *f*.

cold-'press, *v.tr.* *Tex: etc:* Catir, satiner, (le drap) à froid; satiner (le papier) à froid. *Metalw:* Presser (la tôle, etc.) à froid.

'cold-proof, *a.* A l'épreuve du froid.

cold-'roll, *v.tr.* *Metalw:* Écrouir (le métal).

cold-rolling, *s.* Écrouissage *m*; cylindrage *m* à froid.

cold-'short. 1. *a.* *Metall:* (Fer) cassant à froid; tendre, aigre. **2.** *s.* *Metalw:* Mauvaise soudure par forgeage.

cold-'shortness, *s.* *Metall:* Aigreur *f* (du fer); fragilité *f* à froid.

cold-'shoulder, *v.tr.* Battre froid à (qn); tourner le dos à (qn).

cold[2], *s.* **1.** (*In atmosphere*) Froid *m*. **'Cold wave**, vague *f* de froid; coup *m* de froid. *Ph:* **Unit of cold**, unité *f* de froid. **Cold-producing substance**, frigorigène *m*. *I feel the c.*, je suis très frileux. *To protect oneself against the c.*, se protéger contre le froid. *Don't leave the plants in the c.*, ne laissez pas les plantes *f* au froid. *F:* **To leave s.o. out in the cold**, laisser qn à l'écart; ne pas inviter qn; ne pas s'inquiéter de qn. *To be left out in the c.*, *F:* rester en carafe. **2.** *Med:* Rhume *m*. **To have a cold,** être enrhumé; avoir un rhume. *Bad, heavy, c.*, gros rhume. **Cold in the head, head cold,** rhume de cerveau, enchifrènement *m*. *To have a c. in the head*, être enrhumé du cerveau; être pris du cerveau; être enchifrené. **Cold on the chest, chest cold,** rhume de poitrine. *Feverish c.*, rhume accompagné de fièvre; fièvre catarrhale. **To catch (a) cold,** attraper un rhume; s'enrhumer; prendre froid. *I caught a cold in the head*, le rhume de cerveau m'a pris. *To catch c. again*, reprendre froid. *To catch c. from a draught*, attraper un courant d'air. *I can't get rid of my c.*, je n'arrive pas à me désenrhumer. *F:* **You will catch your death of cold,** vous allez attraper une fluxion de poitrine; vous allez attraper la mort par ce froid; vous allez prendre du mal.

coldish ['kouldiʃ], *a.* *F:* Un peu froid; (*of atmosphere*) frais, frisquet. *It is c.*, il fait frisquet. *C. reception*, accueil plutôt froid.

coldness ['kouldnəs], *s.* **1.** Froideur *f*; froidure *f* (du climat, etc.). **2.** Froideur (de caractère, de style, d'un accueil). *There is a c. between them*, il y a de la froideur, du froid, entre eux.

Coldstream ['kouldstriːm]. *Pr.n. Geog:* Coldstream (bourg *m* juste au delà de la frontière d'Écosse, où se célébraient des mariages irréguliers). *Mil:* **The Coldstream Guards,** le deuxième régiment de la garde à pied.

cole [koul], *s.* *Hort:* *A:* **1.** Navette *f*. **2.** Chou-marin *m*, *pl.* choux-marins.

co-legatee [koulegə'tiː], *s.* Colégataire *mf*; légataire conjoint(e).

coleopter [kɔli'ɔptər], *s.* *Ent:* Coléoptère *m*.

coleoptera [kɔli'ɔptərə], *s.pl.* *Z:* (L'ordre *m* des) coléoptères *m*.

coleopterous [kɔli'ɔptərəs], *a.* *Ent:* Coléoptère.

colerape ['koulreip], *s.* *Bot:* Rave *f*.

coleseed ['koulsiːd], *s.* *Bot:* **1.** Graine *f* de colza. **2.** Colza *m*.

coli- ['koulai], *comb.fm.* *Med:* Coli-. *Colibacillosis*, colibacillose *f*.

colibri ['kɔlibri], *s.* *Orn:* Colibri *m*.

colic ['kɔlik]. **1.** *a.* *Anat:* (Artère *f*, etc.) colique. **2.** *s.* (*a*) *Med:* Colique *f*, épreintes *fpl*. *To be suffering from c.*, souffrir de coliques. **Colic belt,** ceinture *f* de flanelle. (*b*) *Vet:* Tranchées *fpl*. *Violent c.* (*in horses*), tranchées rouges. *See also* LEAD-COLIC, PAINTER'S COLIC, WIND-COLIC.

colicky ['kɔliki], *a.* Coliqueux.

co-liquidator [kou'likwideitər], *s.* Coliquidateur *m* (d'une faillite).

Coliseum (the) [ðəkɔli'siːəm], *s.* *Rom.Ant:* Le Colisée.

colitis [ko'laitis], *s.* *Med:* Côlite *f*.

collaborate [kɔ'laboreit], *v.i.* Collaborer (*with*, avec).

collaboration [kɔlabo'reiʃ(ə)n], *s.* Collaboration *f*.

collaborator [kɔ'laboreitər], *s.* Collaborateur, -trice; coauteur *m*. *To secure the help of a c.*, s'associer, s'assurer, un auxiliaire, un collaborateur.

collagen ['kɔladʒen], *s.* *Biol:* Collagène *m*.

collagenous [kɔ'ladʒənəs], *a.* Collagène.

colla parte [kɔlla'pɑːrti], *adv.phr.* *Mus:* Suivez le chant.

collapsable [kɔ'lapsəbl], *a.* = COLLAPSIBLE.

collapse[1] [kɔ'laps], *s.* **1.** (*a*) Écroulement *m*, effondrement *m* (d'un édifice, d'un empire, d'espoirs); effondrement, éboulement *m* (de terre, de sable); dégonflement *m* (d'un ballon); affaissement *m* (d'un pneu); culbute *f* (d'un ministère); débâcle *f* (d'un établissement, d'un pays). (*b*) *Mec.E:* *etc:* Déformation *f*, gauchissement *m*, flambage *m*, voilage *m*, flexion *f* (d'une plaque, etc.). (*c*) *Com:* Chute *f* (de prix). *Fin:* *The c. of the market*, l'effondrement du marché. *The c. of the franc*, *F:* la dégringolade du franc. **2.** (*a*) *Med:* Affaissement subit (au cours d'une maladie, par choc traumatique, etc.); collapsus *m*, prostration *f*. (*b*) Effondrement moral.

collapse[2]. I. *v.i.* **1.** (*a*) (*Of building, institution, etc.*) S'affaisser, s'écrouler, s'effondrer; (*of balloon, etc.*) se dégonfler, s'aplatir; (*of ministry*) faire la culbute; (*of pers.*) s'effondrer, tomber comme une masse. *To cause sth. to c.*, affaisser qch. *She collapsed*, elle tomba accablée. *He collapsed into an armchair*, il s'effondra dans un fauteuil. (*b*) *Mec.E:* *etc:* (*Of support, wheel, etc.*) Gauchir, fléchir, se déformer; se voiler; flamber. (*c*) (*Of car hood*) Se rabattre. (*d*) (*Of prices*) S'effondrer. **2.** *Med:* (*Of pers.*) S'affaisser (subitement).

II. **collapse,** *v.tr.* **1.** Effondrer, affaisser (un bâtiment, etc.); dégonfler (un ballon, etc.). **2.** *U.S:* Fermer (une lunette d'approche).

collapsible [kɔ'lapsibl], *a.* **1.** (*Of chair, boat, etc.*) Pliant, repliable, démontable; (*of handle, etc.*) rabattable. *Nau:* *C. Berthon boat*, berthon *m* repliable. *Aut:* *C. hood*, capote pliante, rabattable. *Car with fully c. top*, voiture *f* entièrement découvrable. *C. gate*, grille *f* extensible. *See also* VIEW-FINDER. **2.** *Mec.E:* **Collapsible load,** effort *m* de compression axiale.

collar[1] ['kɔlər], *s.* **1.** *Cost:* (*a*) Col *m* (de robe, de pardessus); collet *m* (de manteau); tour *m* de cou (en fourrure, etc.); collier *m* (d'un ordre, etc.). **Lace collar,** collerette *f*. **Sailor collar,** col marin. **Step collar,** collet à cran. (*Non-detachable*) *shirt c.*, col de chemise. *Shirt with c. attached*, chemise *f* à col tenant. **Byron collar,** col (à la) Danton. **To seize s.o. by the collar,** prendre, saisir, qn au collet. (*b*) (**Detachable**) **collar,** faux col. *Soft c.*, col mou, souple. *Stiff c.*, col raide, empesé. *Stand-up c.*, *high c.*, col montant, col droit. *Low c.*, col bas. *Turn-down c.*, *turned-down c.*, col rabattu. *Double c.*, col double. *Butterfly c.*, *wing c.*, col cassé. **Eton collar,** grand col rabattu (d'écolier). *Lady's Eton c.*, col Claudine. **Size in collars,** encolure *f*. **2.** Collier (de chien, de cheval); bourrelet *m* (de cheval). *F:* **Work against the collar, collar-work,** travail ingrat, difficile, rebutant. *To work against the c.*, travailler sans plaisir; rechigner au travail. **Out of the collar,** sans travail, en chômage; inoccupé. **I am once more in collar,** j'ai repris le collier. **3.** (*a*) *Mec.E:* Anneau *m*, collier, collet *m*, frette *f*, bague *f*, virole *f*, bride *f*; (*of axle*) collet, champignon *m*, heurtequin *m*, talon *m*; (*of pipe*) collet. **Shaft-collar,** collet d'arbre; embase *f* d'arbre. **Set collar,** bague d'arrêt, de butée, de sûreté. **Sliding collar,** collier coulissant, bague coulissante; baladeur *m*. **Collar-slip bearing,** crapaudine *f* annulaire. **Screw-collar,** collier-écrou *m*, *pl.* colliers-écrous. **Thrust-collar,** bague de butée; collet de butée. *Veh:* **Axle-tree collar,** couvre-essieu *m*, *pl.* couvre-essieux. *See also* NUT 2, STOP-COLLAR. (*b*) *Nau:* Collier (d'étai). **4.** (*a*) *Z:* Collier (d'oiseau, de quadrupède). (*b*) *Bot:* Collet (de racine). **5.** *Cu:* Roulade *f* (de bœuf, de veau, de poisson). **6.** *Min:* (*Of mine-shaft*) Cadre *m* de la surface.

'collar-beam, *s.* *Const:* Entrait retroussé; faux entrait; (*between rafters*) traversière *f*.

'collar-bearing, *s.* *Mec.E:* Palier *m* à cannelures.

'collar-bone, *s.* *Anat:* Clavicule *f*. *To break one's c.-b.*, se fracturer la clavicule.

'collar-box, *s.* Boîte *f* à faux cols.

'collar-harness, *s.* Harnais *m* à collier.

'collar-patch, *s.* *Mil:* Écusson *m* (d'uniforme).

'collar-stud, *s.* Bouton *m* de col.

'collar-tie, *s.* = COLLAR-BEAM.

collar[2], *v.tr.* **1.** (*a*) Colleter (qn); saisir, prendre, (qn) au collet. (*b*) *Fb:* Arrêter (l'adversaire qui détient le ballon). **To collar s.o. low,** ceinturer qn. (*c*) *F:* Saisir, empoigner, pincer, mettre la main sur (qn, qch.); *F:* chiper (qch.); *P:* piger (qn, qch.). *The burglars collared all the silver*, les cambrioleurs ont raflé toute l'argenterie. **2.** *Cu:* Rouler (de la viande) pour la ficeler; mettre (du bœuf, du poisson) en roulades. **3.** *Mec.E:* Baguer, fretter.

collared ['kɔlərd], *a.* **1.** (*a*) (*Of animal*) A collier; (*of coat*) à col, à collet. (*b*) (*Of pers.*) Portant le collier d'un ordre, etc. **2.** *Mec.E:* **Collared coupling,** manchon *m* à frettes. **3.** *Cu:* (Viande *f* ou poisson *m*) roulé(e), mis(e) en roulades. **Collared head,** fromage *m* de tête.

collarette [kɔlə'ret], *s.* *Cost:* Collerette *f*.

collargol [kɔ'lɑːrgɔl], *s.* *Ch:* Collargol *m*.

collate [kɔ'leit], *v.tr.* **1.** (*a*) Collationner, conférer (un texte) (*with*, avec). (*b*) *Bookb:* Collationner, assembler (les feuillets). **2.** *Ecc:* *To c. a cleric to a benefice*, *abs.* **to collate,** nommer un ecclésiastique à un bénéfice; conférer un bénéfice à un ecclésiastique.

collating, *s.* **1.** Collationnement *m*. **2.** *Bookb:* Assemblage *m*.

collateral [kɔ'latər(ə)l], *a.* **1.** (*Of street, etc.*) Collatéral, -aux; parallèle. *Anat:* **Collateral (artery),** (artère) collatérale *f*. **2.** *a.* & *s.* (*Of branch of family*) Collatéral, -ale. **3.** (*a*) (*Of knowledge, fact*) Concomitant, additionnel. (*b*) (*Of phenomenon*) Correspondant, parallèle. **4.** (*Of cause, etc.*) Accessoire, subsidiaire, indirect. *Com:* *Jur:* **Collateral security,** *s.* **collateral,** garantie additionnelle, accessoire; nantissement *m* subsidiaire. **-ally,** *adv.* **1.** Parallèlement (*with*, à). **2.** (*a*) Indirectement, subsidiairement. (*b*) *Jur:* Collatéralement. *C. related* (*to s.o.*), parent (de qn) en ligne collatérale.

collation [kɔ'leiʃ(ə)n], *s.* **1.** Collation *f*, conférence *f*, confrontation *f* (de textes). **2.** (*Meal*) (*a*) *Ecc:* Collation. (*b*) *F:* Collation, goûter *m*. *Cold c.*, repas froid. **3.** *Ecc:* Collation (d'un bénéfice).

collator [kɔ'leitər], *s.* **1.** (*a*) *The c. of the two texts*, celui qui a collationné les deux textes. (*b*) *Bookb:* Collateur *m* (de feuillets). **2.** *Ecc:* Collateur (d'un bénéfice).

colla voce [kɔlla'voutʃi], *adv.phr.* *Mus:* Suivez le chant.

colleague ['kɔliːg], *s.* Collègue *mf*; confrère *m*, consœur *f*; collaborateur, -trice.

collect[1] ['kɔlekt], *s.* *Ecc:* (*Prayer*) Collecte *f*.

collect[2] [kɔ'lekt]. **1.** *v.tr.* (*a*) Rassembler (la foule, ses effets); assembler (des matériaux); réunir, assembler (des amis); relever (les blessés); amasser (une fortune); recueillir (des données, des nouvelles); récolter (des documents, des anecdotes, etc.). *To c. a riotous crowd*, ameuter une foule tumultueuse. *To c. the letters*, lever les lettres; faire la levée des lettres. *To c. the eggs*, ramasser les œufs. *Milk collected over a wide area*, lait *m* de grand ramassage. *Rail:* *To c. the luggage*, prendre les bagages à domicile. *F:* *Hum:* *I'll c. you with the car at midday*, je passerai vous prendre à midi. *Civ.E:* *To c. the water*, capter, réunir, les eaux. *El.E:* *To c. the current*, recueillir, capter, le courant. *Ost:* *To c. the oysters* (*from the beds*), déparquer les huîtres. (*b*) Collectionner (des timbres, des livres, etc.). *I c. curios*, je fais collection de bibelots. (*c*) Percevoir, lever, recouvrer (les impôts); toucher (une traite). **To collect a debt,** recouvrer, récupérer, faire rentrer, une créance; faire un recouvrement. *Com:* *Fin:* *To c. moneys due*, faire la recette (des traites, etc.). (*Of bank*) *To c. a cheque*, encaisser un chèque. *Sch:* *To c. the candidates' papers*, ramasser les copies. *Abs.* **To collect for the poor,** quêter, faire la quête, pour les pauvres. (*d*) *F:* Aller chercher (sa valise, etc.). (*e*) *F:* Recueillir, rassembler (ses idées); ramasser, recueillir (ses forces). *To c. oneself*, se reprendre, se reconnaître; reprendre son sang-froid; se calmer, se remettre. *To c. one's thoughts*, se recueillir; se reprendre. (*f*) *Equit:* (R)assembler (un cheval). **2.** *v.i.* (*Of pers.*) S'assembler, se rassembler, se réunir; (*of thgs*) s'amasser.

collected, *a.* (*a*) Recueilli. (*b*) (Plein) de sang-froid; maître de soi, *f.* maîtresse de soi. **-ly,** *adv.* (*a*) Avec recueillement. (*b*) Avec calme; avec sang-froid; de sens rassis.

collecting[1], *a.* Collecteur, -trice. **Collecting clerk,** garçon *m* de recettes.

collecting[2], *s.* = COLLECTION 1. *See also* ZONE[1] 1.

col'lecting-box, *s.* Tronc *m* (d'église, de quêteur).

col'lecting-station, *s.* *Mil:* Refuge *m* de blessés.

collectable, -ible [kɔ'lektəbl, -ibl], *a.* (*Of money*) Recouvrable, récupérable; (*of tax*) percevable, perceptible; (*of coupon*) encaissable; touchable.

collectedness [kɔ'lektidnəs], *s.* **1.** Recueillement *m*. **2.** Sang-froid *m*.

collection [kɔ'lekʃ(ə)n], *s.* **1.** Rassemblement *m*, réunion *f*, assemblage *m* (de personnes, de choses); relèvement *m* (des blessés); recouvrement *m*, récupération *f* (d'une somme); perception *f*, recouvrement, levée *f*, rentrée *f* (des impôts); encaissement *m* (d'un billet); levée (des lettres); enlèvement *m*, prise *f* à domicile (de colis); captation *f*, captage *m* (d'eau, de courant électrique, etc.); collectionnement *m* (de tableaux, de livres). *Com: To undertake the collections for a firm*, se charger des encaissements d'une maison. *Husb: C. of the eggs*, collecte *f*, ramassage *m*, des œufs. **Collection round**, tournée *f* de collecte, de ramassage (du lait dans les fermes, etc.). **2.** *Ecc: etc:* Quête *f*, collecte. **To take up a collection**, faire la quête; faire une collecte. *See also* PLATE[1] 7. **3.** Amas *m*, assemblage, entassement *m*, réunion. *Diversified c.*, assortiment *m*. **4.** Collection *f* (de papillons, de timbres); recueil *m* (de proverbes, de bons mots, de chansons). *C. of plants*, collection de plantes; herbier *m*. *C. of medals*, collection de médailles; médaillier *m*. **5.** *pl. Sch:* **Collections**, examen trimestriel (à Oxford, Durham, etc.).

col'lection-box, *s.* = COLLECTING-BOX.

collective [ko'lektiv], *a.* **1.** Collectif. *Jur:* **Collective ownership**, propriété collective; possession *f* en commun. *Dipl:* **Collective note**, note collective. *Gram:* **Collective noun**, nom collectif. **2.** *Bot:* (Fruit) multiple, agrégé. **-ly**, *adv.* Collectivement; (possédé, etc.) en commun.

collectivism [ko'lektivizm], *s. Pol.Ec:* Collectivisme *m*.

collectivist [ko'lektivist], *s. Pol.Ec:* Collectiviste *m*.

collectivity [kɔlek'tiviti], *s.* **1.** Collectivité *f*. **2.** Propriété *f* en commun; possession *f* en commun. **3.** *F:* **The collectivity**, la collectivité; l'État *m*; la nation.

collector [ko'lektər], *s.* **1.** (*Pers.*) (*a*) Encaisseur *m* (d'un chèque, d'un billet); quêteur, -euse (d'aumônes); collecteur, -trice (de cotisations). *C. of eggs from different farms*, ramasseur *m* d'œufs de différentes fermes. *Rail:* **Ticket-collector**, contrôleur *m* (de billets). (*b*) Encaisseur (de la Compagnie du gaz, etc.). *Adm:* Percepteur *m* (des contributions directes); receveur *m* (des contributions indirectes); préposé *m* (à l'octroi). (*In India*) Collecteur (chargé de l'administration d'un district). (*c*) Collectionneur, -euse; amateur *m* (de tableaux, de livres); amasseur, -euse (de curiosités, etc.). *See also* STAMP-COLLECTOR. **2.** *Mec.E: etc:* Collecteur (d'huile, de vapeur, etc.); récepteur *m* (de trop-plein, etc.). *Hyd.E: etc: C. of waters, steam*, réceptacle *m*. *El.E:* **Current collector**, prise *f* de courant (d'un tramway, etc.). **Plough collector**, sabot *m*, charrue *f*, chariot *m*, de prise de courant. **Collector(-ring)**, bague collectrice (de dynamo, etc.); anneau *m* de prise de courant; commutateur(-collecteur) *m*; collecteur. **Brush collector**, commutateur à balais.

collectorship [ko'lektərʃip], *s.* Fonctions *fpl* de percepteur, de receveur; perception *f*, recette *f*. (*In India*) Collectorat *m*.

colleen ['kɔliːn], *s.* (*In Ireland*) Jeune fille *f*.

college ['kɔledʒ], *s.* **1.** Collège *m*. *Rom.Ant:* **The College of Augurs**, le Collège des augures. *Ecc:* **The Sacred College, the College of Cardinals**, le sacré Collège; le Collège des cardinaux. **The Heralds' College, the College of Arms**, le Collège des hérauts. **2.** (*a*) (*At Oxford, Cambridge*) Collège (d'université). **He is a college man**, il a fait ses études *f* universitaires. (*b*) *Scot. & U.S:* Université *f*. *He had been to c.*, il avait étudié à l'université. **3.** **Military, naval, college**, école *f* militaire, navale. *Missionary c.*, séminaire *m* de missionnaires. *See also* AGRICULTURAL, ENGINEERING, MUSIC[1]. **4.** (*School*) Collège, école secondaire. **Eton College**, l'École d'Eton. **5.** *P:* Prison *f*.

'college-pudding, *s. Cu:* (Variété de) pouding aux raisins.

colleger ['kɔledʒər], *s. Sch:* (*At Eton*) Boursier *m*.

collegial [kɔ'liːdʒiəl], *a.* Collégial, -aux; de collège.

collegian [kɔ'liːdʒiən], *s.* **1.** Membre *m* d'un collège (universitaire). **2.** *Sch:* Boursier *m*. **3.** *P:* (*a*) Prisonnier *m*. (*b*) *A:* Débiteur emprisonné.

collegiate [kɔ'liːdʒiet], *a.* Collégial, -aux. **1.** *C. life*, la vie à l'université, dans les collèges *m* universitaires. **2.** **Collegiate church**, collégiale *f*.

collet[1] ['kɔlet], *s.* **1.** *Tchn:* Douille *f* (de serrage), mandrin *m*, bague *f*. *Die-holding c.*, lunette *f*, douille, de filière; manchon *m* porte-filière. *C. for drills*, mandrin porte-foret. **2.** *Lap:* Chaton *m* (de bague); sertissure *f*. **3.** Anneau *m* d'ivoire (isolant l'anse d'une cafetière, d'une théière, etc.).

collet[2], *v.tr.* Sertir (un diamant, etc.).

collet[3], *s. Lap:* Culasse *f* (de diamant taillé en brillant).

collide [ko'laid], *v.i.* **1.** (*Of vehicles, etc.*) Se rencontrer, se heurter, se tamponner, s'entrechoquer; entrer en collision. *The trains collided at the points*, les deux trains se sont pris en écharpe. *Two ships collided in the fog*, il y a eu un abordage causé par le brouillard. *To c. with sth.*, rencontrer, heurter, tamponner, qch.; entrer en collision avec qch.; *Nau:* aborder (un navire). (*Of pers.*) *To c. with s.o., sth.*, se heurter à, contre, qn, qch.; heurter qch. **2.** *To c. with s.o.'s ideas, with s.o.'s interests*, heurter, aller contre, les idées, les intérêts, de qn.

collided, *a.* (Navire) abordé; (train *m*, auto *f*) tamponné(e).

colliding[1], *a.* (Navire) abordeur; (train) tamponneur; (autos *f*, etc.) en collision.

colliding[2], *s.* = COLLISION.

collie ['kɔli], *s.* Collie(-dog), chien de berger écossais; colley *m*.

collier ['kɔljər], *s.* **1.** (*Pers.*) Houilleur *m*; mineur *m* (de charbon). **2.** *Nau:* (Navire *m*) charbonnier *m*.

collier's lung, *s. Med: F:* Anthracose *f*.

colliery ['kɔljəri], *s.* Houillère *f*; mine *f* de houille, de charbon.

collimate ['kɔlimeit], *v.tr. Opt:* Collimater (des lentilles, un faisceau lumineux). **Collimating lens**, collimateur *m*.

collimation [kɔli'meiʃ(ə)n], *s. Opt:* Collimation *f*.

collimator ['kɔlimeitər], *s. Opt:* Collimateur *m*.

collinear [kɔ'liniər], *a. Geom:* (Points) situés sur la même droite. *C. with the line A B*, dans le prolongement de la ligne A B.

Collins ['kɔlinz], *s. F:* Lettre de civilité écrite à un hôte pour le remercier de son hospitalité. (Le modèle du genre fut écrit par M. Collins, personnage de *Pride and Prejudice* de Jane Austen.)

collision [ko'liʒ(ə)n], *s.* **1.** Collision *f*, rencontre *f*; heurt *m*; tamponnement *m* (de trains); abordage *m*, collision (de navires); choc *m* (de consonnes). *Head-on c.*, collision frontale. *There was a head-on c.*, les deux voitures se sont embouties. **To come into collision with . . .**, tamponner (un train, une auto), entrer en collision avec (un train, un navire, etc.), aborder (un navire), se heurter à, contre (qn, qch.). *Ship that has been in c. with another*, vaisseau qui a été abordé par un autre. *The two cars had a slight c.*, les deux voitures se sont accrochées légèrement. *Nau:* **Collision door**, porte *f* étanche. **Collision quarters**, poste *m* d'alerte. *Head-on c.*, abordage droit debout. *See also* AVOID 2, BULKHEAD, IONIZATION, MAT[1] 2. **2.** Collision, choc, conflit *m* (d'intérêts). *To come into c. with s.o.'s interests*, heurter de front, aller contre, les intérêts de qn.

collocate ['kɔlokeit], *v.tr. Lit:* Colloquer, arranger, disposer (des troupes, des faits).

collocation [kɔlo'keiʃ(ə)n], *s.* Collocation *f*, arrangement *m*; alliance *f* (de mots).

collodion [ko'loudiən], *s.* Collodion *m*. *Phot:* **Collodion-coated P.O.P.**, papier celloïdin, à la celloïdine.

collodioned [ko'loudiənd], *a.* Collodionné.

collodionize [ko'loudiənaiːz], *v.tr.* Collodionner.

collograph ['kɔlograf, -grɑːf], *s.* **1.** *Phot.Engr:* Photocollotypie *f*. **2.** Autocopiste *m*.

collogue [kɔ'loug], *v.i. A. & Dial:* **1.** Comploter, manigancer, s'entendre (*with s.o. to do sth.*, avec qn pour faire qch.). **2.** S'entretenir (*with s.o.*, avec qn).

colloid ['kɔlɔid], *a. & s. Ch:* Colloïde (*m*). *Med: C. degeneration*, dégénérescence colloïde. *C. cancer*, tumeur colloïde.

colloidal [kɔ'lɔid(ə)l], *a. Ch:* Colloïdal, -aux.

collop ['kɔləp], *s.* **1.** *Cu:* Tranche *f* de viande. **Minced collops**, hachis *m*. **Scotch collops**, bifteck *m* aux oignons. **2.** *B:* Repli *m* (de graisse).

colloquial [ko'loukwiəl], *a.* Familier; de (la) conversation. **-ally**, *adv.* Familièrement; dans le langage de la conversation; en style familier.

colloquialism [ko'loukwiəlizm], *s.* Expression familière.

colloquist ['kɔlokwist], *s.* Interlocuteur, -trice.

colloquium [ko'loukwiəm], *s.* Petite réunion pour la discussion de questions scientifiques, de questions du jour.

colloquy ['kɔlokwi], *s.* Colloque *m*, entretien *m*. *To engage in c.*, entrer en conversation (*with*, avec).

collotype ['kɔlotaip], *s.* **1.** **Collotype (plate)**, phototype *m*. **2.** **Collotype (process)**, phototypie *f*; *occ.* collotypie *f*.

collude [ko'ljuːd], *v.i. A:* Être d'intelligence; s'entendre (*with*, avec).

colluder [ko'ljuːdər], *s.* **The colluders**, les parties *f* en intelligence.

collusion [ko'ljuːʒ(ə)n], *s.* Collusion *f*. **To enter into collusion with s.o.**, s'aboucher avec qn. *To act in c. with s.o.*, agir de complicité, de connivence, avec qn. *They are acting in c.*, ils se sont donné le mot. *To be in c. with s.o.*, être d'intelligence, *P:* de mèche, avec qn.

collusive [ko'ljuːsiv], *a.* Collusoire. **-ly**, *adv.* Collusoirement.

collyrium [ko'liːriəm], *s. Pharm:* Collyre *m*.

collywobbles ['kɔliwɔblz], *s.pl. F:* **To have the collywobbles**, avoir mal au ventre; avoir la colique.

Colmar ['kɔlmɑːr]. *Pr.n. Geog:* Colmar. *Hort:* **Colmar pear**, poire *f* de Colmar.

Colney Hatch [kouni'hatʃ]. *Pr.n.* Village *m* au nord de Londres, siège d'un important asile d'aliénés. *F:* **He ought to be in Colney Hatch** = il faut l'envoyer à Charenton.

colocynth ['kɔlosinθ], *s. Bot: Med:* Coloquinte *f*.

co-logarithm [kou'lɔgəriθm], *s.* Cologarithme *m*.

colon[1] ['koulən], *s. Anat:* Côlon *m*. *Med:* **Colon bacillus**, colibacille *m*.

colon[2], *s.* Deux-points *m*; *Typ:* comma *m*.

colonate [ko'louneit], *s. Rom.Ant:* Colonat *m*.

colonel ['kəːn(ə)l], *s.* **1.** Colonel *m*. **Colonel commandant**, général *m* de brigade. *The C.'s wife, F:* la colonelle. **2.** *Golf: F:* **The colonel** = BOGEY 2. **3.** *U.S:* Titre *m* honorifique.

colonelcy ['kəːnəlsi], **colonelship** ['kəːnəlʃip], *s.* Grade *m* de colonel.

colonial [ko'lounjəl], *a. & s.* Colonial, -aux. **The Colonial Office**, le ministère des Colonies. **Colonial Minister**, ministre *m* des Colonies. **Colonial merchant**, négociant *m* en produits coloniaux. **-ally**, *adv. To export c.*, exporter aux colonies. *Speaking c.*, pour parler du point de vue des colonies.

colonialism [ko'lounjəlizm], *s.* **1.** (La) vie coloniale. **2.** Expression coloniale. **3.** Système colonial.

colonist ['kɔlənist], *s.* Colon *m*.

colonitis [kɔlə'naitis], *s. Med:* = COLITIS.

colonization [kɔlənai'zeiʃ(ə)n], *s.* Colonisation *f*.

colonizationist [kɔlənai'zeiʃənist], *s. Pol:* Coloniste *mf*.

colonize ['kɔlənaiːz]. **1.** *v.tr.* Coloniser. **2.** *v.i.* Former une colonie, des colonies; s'établir (dans un pays nouveau).

colonizer ['kɔlənaizər], *s.* Colonisateur *m*.

colonnade [kɔlo'neid], *s.* Colonnade *f*.

colonnaded [kɔlo'neidid], *a.* Muni d'une colonnade, de colonnades.

colonnette [kɔlo'net], *s. Arch:* Colonnette *f*.

Colonus[1] [kə'lounəs]. *Pr.n. A.Geog:* Colone *f*.

colonus[2], *s. Rom.Ant:* Colon *m*.

colony ['kɔləni], *s.* Colonie *f*. **1.** **To live in the colonies**, vivre aux colonies. *F: The English c. in Paris*, la colonie anglaise à Paris. *See also* PENAL. **2.** *Bac: Animal c.*, colonie animale.

Colophon[1] ['kɔlofən]. *Pr.n. A.Geog:* Colophon *m*. **The Colophon oracle**, l'oracle *m* de Claros.

colophon², *s.* *Typ:* **1.** *A:* Colophon *m.* *F:* **From title-page to colophon,** de la première page à la dernière; du commencement jusqu'à la fin. **2.** Chiffre *m* (de l'éditeur, de l'imprimeur); marque *f* typographique.
colophony [kɔ'lɔfoni], *s.* Colophane *f.*
Colorado [kɔlo'rɑːdo]. *Pr.n.* **1.** *Geog:* Le Colorado. **2.** *Ent:* **Colorado beetle,** bête *f* du Colorado; doryphore *m.*
coloration [kʌlə'reiʃ(ə)n], **colorization** [kʌlorai'zeiʃ(ə)n], *s.* Coloration *f*; coloris *m*; (*of textiles, etc.*) colorisation *f.*
coloratura [kɔlɔrɑ'tuːrɑ], *s.* *Mus:* Chant agrémenté de fioritures; vocalisation *f*, vocalise *f.* **Coloratura soprano,** vocalisatrice *f.*
colorimeter [kɔlo'rimetər], *s.* Colorimètre *m.*
Colossae [kɔ'lɔsiː]. *Pr.n.* *A.Geog:* Colosses *f.*
colossal [ko'lɔs(ə)l], *a.* (*a*) Colossal, -aux; démesuré. (*b*) *F:* (*Intensive*) *C. success,* succès colossal, *F:* pyramidal, pharamineux. *C. ass,* âne bâté. **-ally,** *adv.* Colossalement, démesurément.
Colosseum [kɔlo'siːəm], *s.* *Rom.Ant:* = COLISEUM.
Colossian [kɔ'lɔsjən], *a.* & *s.* *A.Geog:* Colossien, -ienne.
colossus, *pl.* **-i, -uses** [ko'lɔsəs, -ai, -əsiz], *s.* Colosse *m.* **The Colossus of Rhodes,** le Colosse de Rhodes.
colostrum [ko'lɔstrəm], *s.* *Med:* Colostrum *m.*
colotomy [ko'lɔtomi], *s.* *Surg:* Côlotomie *f.*
colour¹ ['kʌlər], *s.* **1.** Couleur *f.* (*a*) *Primary colours,* couleurs primaires, génératrices; *Dy:* couleurs matrices. *Secondary colours,* couleurs composites, binaires. *What c. is it?* de quelle couleur est-ce? *The water was the c. of blood,* l'eau était d'une couleur de sang. *To take the c. out of sth.,* décolorer qch. *B:* **Coat of many colours,** robe bigarrée. *To present a play of colours,* jeter des reflets variés. **Man of colour,** homme *m* de couleur. **The colour problem,** le problème des races de couleur. *See also* BAR¹ 2. *Style full of c.,* style coloré. **To paint sth. in bright, dark, colours,** présenter une affaire sous un jour favorable, peu favorable. **Local colour,** couleur locale. **To see an affair in its true colours,** voir une affaire sous son vrai jour. *To see things in their true colours,* voir les choses comme elles sont. *F:* **Not to have seen the colour of s.o.'s money,** ne pas avoir encore vu la couleur de l'argent de qn. *See also* HORSE¹ 1, PHOTOGRAPHY, ROSE-COLOUR, SCHEME¹ 1, SCREEN¹ 3, SELF-COLOUR, THREE-COLOUR, TWO-COLOUR. (*b*) *Art:* *etc:* Coloris *m.* *Fruit of a fine c.,* fruits *m* d'un beau coloris. *Com:* *Wide range of colours,* grand choix de couleurs. *Light colours,* coloris clairs. **Colour scale, colour range,** échelle *f*, gamme *f*, des colorations; échelle des couleurs. **2.** (*Material*) Matière colorante; pigment *m.* **Water colour,** couleur à l'eau, à l'aquarelle. **Oil colour,** couleur à l'huile. **Box of colours,** boîte *f* de couleurs. *See also* WATER-COLOUR. *Paint:* *Ind:* **Best colour,** couleur de finition. **3.** Teint *m*, couleurs. **To lose colour,** perdre ses couleurs; devenir pâle. *His cheeks have lost their c.,* ses joues *f* ont pâli. **To change colour,** rougir (ou pâlir); changer de visage. *Her c. came and went,* elle pâlit et rougit tour à tour. *At these words her c. paled, heightened,* à ces mots son teint pâlit, s'anima. *Indignation brought the c. to his cheeks,* l'indignation *f* colorait ses joues. *To have a fresh c.,* avoir le teint frais, de fraîches couleurs. **High colour,** vivacité *f* de teint. *To have a high c.,* avoir de la coloration. *F:* **To be off colour,** être pâle; n'être pas dans son assiette; n'être pas bien en train; se sentir peu valide. **4.** *Usu. pl.* (*a*) Couleurs (d'un parti). *Nau:* Pavillon *m*, couleurs. *The national colours,* les couleurs nationales; le pavillon national. **To show, display, one's colours,** montrer son pavillon; montrer les couleurs. *Mil:* **(Regimental) colours,** drapeau *m.* **Colour party,** garde *f* du drapeau. *See also* TROOP² 2. **To call s.o. to the colours,** appeler qn sous les drapeaux. **To be with the colours,** être sous les drapeaux. *Service with the colours,* **colour service,** service *m* dans l'armée active. **To beat, sound, 'to the colour,'** battre, sonner, au drapeau. **With colours flying,** (à) enseignes déployées. *F:* **To pass (an examination) with flying colours,** passer haut la main. *To come off with flying colours,* s'en tirer à son honneur; s'acquitter brillamment. *To sail under British colours,* naviguer sous (le) pavillon britannique. **To sail under false colours,** (i) naviguer sous un faux pavillon; (ii) *F:* se faire passer pour quelqu'un d'autre; afficher un faux nom. *Nau:* **To fire a shot under one's true colours,** appuyer son pavillon. *F:* **To stick to one's (true) colours,** rester fidèle à ses principes. **To come out in, show oneself in, one's true colours,** se révéler tel qu'on est; se démasquer; jeter le masque; se montrer sous son vrai jour. **To nail one's colours to the mast,** clouer son pavillon; *F:* prendre un parti irrévocable. *To nail one's colours to the mast of free trade,* se ranger définitivement du parti libre-échangiste. *See also* FIELD-COLOURS, STRIKE² I. 8. (*b*) *Turf:* *Sp:* Couleurs (d'un jockey, d'une équipe). **To get, win, one's colours,** être choisi comme membre de la première équipe. **5.** (*a*) *The political c. of a journal,* la couleur d'un journal. *The Conservative majority gave its c. to the coalition,* le bloc était fortement coloré par la majorité conservatrice. **To take one's colour from one's companions,** prendre le ton ou les opinions de ses camarades. (*b*) *The story has some c. of truth,* l'histoire *f* est vraisemblable. **To give, lend, colour to a story,** rendre une histoire vraisemblable; *F:* colorer un récit. *These facts give c. to his statement,* ces faits donnent de la vraisemblance à son affirmation. *His testimony gave c. to the rumour,* son témoignage accrédita le bruit. **To put a false colour on things,** mal voir les choses. *To put a false c. upon a remark,* prendre une observation à rebours, à contresens. *Jur:* **To have colour of title to sth.,** avoir un titre coloré à qch. (*c*) Prétexte *m*, couleur, fausse apparence. **Under colour of law, of reason,** sous l'apparence de la légalité, du bon sens. *Under c. of doing sth.,* sous prétexte, sous couleur, de faire qch. *The spies worked under c. of an official mission,* les espions *m* agissaient sous le couvert d'une prétendue mission officielle.
'colour-bearer, *s.* *Mil:* Porte-drapeau *m inv.*
'colour-blind, *a.* **1.** Atteint de daltonisme; daltonien. **2.** *U.S:* *F:* Qui se soucie peu de la distinction entre les blancs et les races de couleur.
'colour-blindness, *s.* Daltonisme *m*, achromatopsie *f.*
'colour-book, *s.* Livre *m* avec illustrations en couleur.
'colour-box, *s.* Boîte *f* de couleurs.
'colour-cell, *s.* *Physiol:* Cellule *f* pigmentaire.
'colour-cinema'tography, *s.* Chromocinématographie *f*; cinématographie *f* en couleurs.
'colour-fast, *a.* *Tex:* Bon teint *inv.*
'colour-line, *s.* **1.** *U.S:* Distinction *f* entre les blancs et les nègres. **2.** *Mil:* *A:* Front *m* de bandière (d'un camp).
'colour-man, *pl.* **-men,** *s.m.* Marchand de couleurs; droguiste.
'colour-print¹, *s.* Impression *f* chromotypographique, *F:* chromo *m.*
'colour-print², *v.tr.* Imprimer (qch.) par la méthode chromotypographique.
colour-printing, *s.* Chromotypographie *f*, chromotypie *f*; gravure *f*, impression *f*, en couleurs.
'colour-producing, *a.* *Biol:* Chromogène.
'colour-sensitive, *a.* *Phot:* Orthochromatique, chromosensible.
'colour-sergeant, *s.* *Mil:* = Sergent *m* fourrier, sergent chef, sergent major.
'colour-value, *s.* *Art:* *etc:* Valeur *f* chromatique.
'colour-wash¹, *s.* Badigeon *m.*
'colour-wash², *v.tr.* Badigeonner (un mur, etc.).
colour-washing, *s.* Badigeonnage *m.*
colour². **1.** *v.tr.* (*a*) Colorer; colorier (une carte, un dessin); enluminer (une gravure); mettre (une surface) en couleur; culotter (une pipe). *To c. sth. blue,* colorer qch. en bleu. (*b*) Donner de l'éclat à (une description); imager (son style, un discours). (*c*) Présenter (un fait) sous un faux jour; dénaturer (les faits). *To c. a lie,* déguiser un mensonge. *Resentment will c. one's opinions,* le ressentiment agit sur, fausse, les opinions. **2.** *v.i.* (*a*) (*Of thg*) Se colorer; (*of pipe*) se culotter; (*of fruit, etc.*) tourner. (*b*) (*Of pers.*) Rougir.
coloured, *a.* **1.** Coloré; (*of drawing*) colorié. **Dark-coloured,** sombre. **Light-coloured,** clair. *C. shirt,* chemise *f* de couleur. *C. person,* personne *f* de couleur. *C. sketch,* croquis *m* en couleurs. **Hand-coloured,** colorié à la main. *Gaily c. butterfly,* papillon *m* multicolore. *See also* EYE-GLASS, FRESH-COLOURED, HIGH-COLOURED, MOUSE-COLOURED, MULTI-COLOURED, PARTI-COLOURED, ROSE-COLOURED. **2.** *Highly c. narrative,* récit coloré. *The evidence was c.,* les témoignages étaient tendancieux.
colouring¹, *a.* Colorant. *C. matter,* colorant *m.*
colouring², *s.* **1.** (*a*) Coloration *f.* *Ind:* Mettage *m* en couleur. (*b*) *C. of maps, etc.,* coloriage *m* des cartes, etc. (*c*) *The sudden c. of her face,* la rougeur qui lui monta aux joues. **2.** (*a*) Coloris *m* (de la peinture, du style, des fruits). (*b*) Teint *m* (d'une personne). *People with high c.,* gens hauts en couleur. **3.** *F:* Apparence *f.* *To give a false c. to the facts,* dénaturer, travestir, les faits. *To answer with a c. of bluntness,* répondre avec un faux semblant de franchise.
colourable ['kʌlərəbl], *a.* **1.** Plausible, vraisemblable; (argument) spécieux. **2.** Trompeur. **Colourable imitation,** imitation à laquelle on pourrait se laisser prendre; *Jur:* imitation (d'un article de commerce, etc.) entachée de dol; contrefaçon *f.* **-ably,** *adv.* **1.** Plausiblement, vraisemblablement, spécieusement. **2.** Trompeusement.
colouration [kʌlə'reiʃ(ə)n], *s.* = COLORATION.
colourer ['kʌlərər], *s.* Coloriste *mf*; coloriste enlumineur (de cartes-postales, etc.); colorieur *m* (de faïence, de cartes).
colourful ['kʌlərful], *a.* (Ciel, etc.) coloré. *F:* *C. style,* style coloré, pittoresque.
colourist ['kʌlərist], *s.* *Art:* *Lit:* Coloriste *m.*
colourless ['kʌlərləs], *a.* **1.** Sans couleur; incolore. *C. glass,* verre blanc. *Ph:* *C. flame,* flamme *f* achrome. *Water is c.,* l'eau *f* est incolore. **2.** (*a*) Terne, incolore; (visage) décoloré; (teint) délavé; (lumière) pâle, falote. *C. cheeks,* joues pâles, décolorées. (*b*) *C. style,* style *m* incolore, insipide, fade. *C. voice,* voix *f* veule, terne. *C. individual,* individu *m* sans caractère, sans personnalité. *To lead a c. existence,* mener une existence terne, veule. **-ly,** *adv.* Sans expression; insipidement; veulement.
colourlessness ['kʌlərləsnəs], *s.* **1.** Absence *f* de couleur. **2.** Décoloration *f* (du teint); *Lit:* fadeur *f* (du style); veulerie *f* (de l'existence).
coloury ['kʌləri], *a.* (Café, houblon) d'une bonne couleur.
colpo- ['kɔlpo], *comb.fm.* *Med:* *Surg:* Colpo-. *'Colpocele,* colpocèle *f.* *Col'potomy,* colpotomie *f.*
colportage ['kɔlpɔːrtedʒ], *s.* Colportage *m* (de Bibles).
colporteur ['kɔlpɔːrtər, kɔlpɔːr'təːr], *s.* (*a*) Colporteur *m* de livres. (*b*) Colporteur de Bibles employé par une société religieuse.
colpotomy [kɔl'pɔtəmi], *s.* *Surg:* Colpotomie *f*; incision *f* du vagin.
colt¹ [koult], *s.* **1.** Poulain *m*, pouliche *f*; (*as opposed to 'filly'*) poulain. **Baby colt,** poulichon *m.* **2.** *F:* Personne inexercée; débutant, -ante; novice *mf*; poulain (d'un éditeur, etc.). *Cr:* Professionnel *m* à ses débuts. *Box:* Poulain. **He is only a colt,** il est encore jeune. **3.** *Nau:* *A:* Corde *f* à nœud, garcette *f* (de châtiment).
'colt's tail, *s.* *Meteor:* Cirrus *m*; *F:* queue-de-chat *f.*
Colt². *Pr.n.* *Sm.a:* *U.S:* **Colt revolver,** revolver *m* Colt (nom de l'inventeur.) **Colt pistol,** pistolet *m* automatique. **Colt automatic machine-gun,** mitrailleuse *f* Colt.
colter ['koultər], *s.* *U.S:* = COULTER.
coltish ['koultiʃ], *a.* *Lit:* **1.** Sans expérience; jeunet. **2.** Folâtre.
coltsfoot ['koultsfut], *s.* *Bot:* Tussilage *m*; *F:* pas-d'âne *m.* *Sweet-scented c.,* pétasite commun.
colubridae [kɔ'ljuːbridiː], *s.pl.* *Z:* Colubridés *m.*

colubrine ['kɔljubrain], *a.* **1.** *Z:* Colubrin. **2.** *A:* Rusé, fourbe.
Columba [ko'lʌmba]. *Pr.n.m.* Colomba.
columbarium [kɔləm'bɛəriəm], *s.* **1.** Columbarium *m*, colombaire *m* (de crématorium). **2.** (*a*) Colombier *m*, pigeonnier *m*. (*b*) Boulin *m* (de pigeonnier).
columbella [kɔləm'bela], *s. Moll:* Colombelle *f*.
Columbia [ko'lʌmbia]. *Pr.n. Geog:* **1.** (*a*) La Colombie. (*b*) *Poet:* L'Amérique *f*. **2. British Columbia,** la Colombie britannique.
Columbian [ko'lʌmbiən], *a.* & *s. Geog:* **1.** Colombien, -ienne. **2.** *F:* Américain, -aine.
columbin [ko'lʌmbin], *s. Pharm:* Colombine *f*.
columbine[1] ['kɔləmbain], *a.* Colombin; (simplicité *f*, innocence *f*) de colombe.
columbine[2], *s. Bot:* Colombine *f*, ancolie *f*; *F:* éperonnière *f*, aquilégie *f*, cornette *f*; gant *m* de bergère; gant de Notre-Dame; manteau royal.
Columbine[3]. *Pr.n.f. Th:* Colombine.
columbium [kɔ'lʌmbiəm], *s. Ch:* Colombium *m*, niobium *m*.
Columbus [ko'lʌmbəs]. *Pr.n.m.* **Christopher Columbus,** Christophe Colomb.
columel ['kɔljumel], *s. Archeol:* Columelle *f*.
columella[1] [kɔlju'mela], *s. Nat.Hist:* Columelle *f*.
Columella[2]. *Pr.n.m. Lt.Lit:* Columelle.
column ['kɔləm], *s.* Colonne *f*. **1.** *C. of mercury, of smoke,* colonne de mercure, de fumée. *Arch:* *Doric c., Corinthian c.,* colonne dorique, corinthienne. *Anat:* **Spinal column,** colonne vertébrale. *Geol:* **Erosion column,** demoiselle *f*. **2.** *Columns of a machine,* montants *m* d'une machine. *Nau:* **The engine columns,** le bâti de la machine. *Av:* **Control column,** levier *m* de commande. *Aut:* **Steering column,** tube *m*, colonne, de direction. **3.** (*a*) *Mil:* *C. of fours,* colonne par quatre. **In column of route, in route column,** en colonne de route. **To march, move, in two columns,** marcher sur deux colonnes. **Close column,** colonne serrée. *Storming c.,* colonne d'assaut, d'attaque. *Ammunition c.,* section *f*, colonne, de munitions. *See also* FLYING[1] 3, FORM[1] I. 3, SUPPLY[1] I. (*b*) *U.S:* Parti *m* (politique). **4.** *Journ:* *Publ:* *Page of two columns,* page de deux colonnes. *Journ:* **The theatrical column,** le courrier, la rubrique, des théâtres. *He writes the sports c. in the 'Times,'* il tient la rubrique, la chronique, sportive dans le *Times*. *The kind of article to which our columns are not open,* le genre d'article qui ne paraîtra jamais dans nos colonnes, dans notre journal. *See also* AGONY I.
columnar [ko'lʌmnər], *a.* Colonnaire; en colonnes ou en forme de colonne.
columned ['kɔləmd], *a. Arch:* A colonnes.
columniferous [kɔlʌm'nifərəs], *a. Bot:* Colomnifère.
columniform [ko'lʌmnifɔːrm], *a.* En forme de colonnes.
columnist ['kɔlʌmnist], *s. U.S:* *Journ:* Écrivain *m* qui a "sa colonne" dans un journal, pour y commenter les affaires du jour; collaborateur attitré.
colure [ko'ljuər, 'kouljuər], *s. Astr:* Colure *f*.
colza ['kɔlza], *s. Bot:* Colza *m*. **Colza-oil,** huile *f* de colza.
coma[1] ['kouma], *s. Med:* Coma *m*. **Deep coma,** carus *m*. (*Of disease*) **Coma-inducing,** soporeux.
coma[2], *pl.* **-ae** ['kouma, -iː], *s.* **1.** *Bot:* Coma *m*, barbe *f*, chevelure *f* (d'une graine, d'un ananas). **2.** *Astr:* (*a*) Chevelure (d'une comète). (*b*) **Coma Berenices,** [bere'naisiːz], la Chevelure de Bérénice. **3.** *Opt:* Aigrette *f*.
Comagenian [koumə'dʒiːnjən], *a.* & *s. A.Geog:* Comagénien, -ienne.
Comanches [ko'mantʃiz]. *Pr.n.pl. Ethn:* (Indiens) comanches *m*.
comate ['koumeit], *a. Bot:* (*Of seed*) Chevelu.
comatose [kouma'tous, 'koumatous], *a. Med:* **1.** (État) comateux, carotique; (sommeil) soporeux. **2.** (*Pers.*) Dans le coma.
comb[1] [koum], *s.* **1.** *Toil:* Peigne *m*. **Hair comb,** peigne de coiffure. *Large-tooth c., dressing c., rake c.,* démêloir *m*; peigne râteau. *Small-tooth c.,* **tooth-comb,** peigne fin; décrassoir *m*, délentoir *m*; peigne à l'indienne. *To run the c. through s.o.'s hair,* donner un coup de peigne à qn. *See also* CURRY-COMB, LADY'S COMB, VENUS'S COMB. **2.** (*a*) *Tex:* Peigne, carde *f*. *See also* FLAX-COMB. (*b*) *House-painting:* *Screw-cutting:* Peigne (à décor, à fileter). *See also* GRAINING-COMB. (*c*) *El:* Collecteur *m* (d'électricité statique). (*d*) Peigne (de palier d'arrivée d'escalator). **Comb escalator,** escalator *m* à tasseaux. **3.** Crête *f* (de coq). *F:* **To cut s.o.'s comb,** rabaisser la crête à qn; rabattre le caquet à qn. **4.** (*a*) Busc *m* (d'une crosse de fusil). (*b*) Crête (de colline, de vague, de toit). **5.** = HONEYCOMB[1].
'**comb-cleaner,** *s.* Décrasse-peigne, *pl.* décrasse-peignes; décrassoir *m*.
'**comb-cleat,** *s. Nau:* Pomme gougée.
'**comb-foundation,** *s. Ap:* Gaufre *m* de cire.
'**comb-honey,** *s.* Miel *m* en rayon.
'**comb-maker, -seller,** *s.* Peignier, -ière.
'**comb-shaped,** *a. Nat.Hist:* Pectiné.
'**comb(-shell),** *s. Moll:* Coquille *f* (de) Saint-Jacques; pèlerine *f*.
comb[2], *s. F:* **To give one's hair a comb,** donner un coup de peigne à ses cheveux.
comb[3]. **1.** *v.tr.* (*a*) Peigner (les cheveux de qn). **To comb one's hair,** se peigner; démêler ses cheveux. *To c. a child's hair,* peigner un enfant. *P:* *I'll c. his hair for him,* je vais lui laver la tête. **To comb down a horse,** étriller un cheval. (*b*) *Tex:* *etc:* Peigner, carder, houpper (la laine, etc.). **2.** *v.i.* (*Of wave*) (i) Se briser en écumant; déferler; (ii) s'ourler. *The waves combed over the vessel,* les vagues *f* déferlaient sur le navire.
comb out, *v.tr.* **1.** Démêler (les cheveux). **2.** *F:* (*a*) "Ratisser," "éplucher" (les services administratifs, les usines, etc.) pour appeler sous les drapeaux les embusqués et autres hommes valides. (*b*) (*Of police*) *To c. out a district, criminal haunts,* faire une rafle (de suspects). (*c*) *To c. out a department, a works,* éliminer les incapables, les non-valeurs, d'un service, d'une usine. (*d*) *Mil:* *To c. out a (captured) position,* nettoyer les tranchées *f* d'une position.
'**comb-out,** *s. F:* **To make a comb-out** (*of a department, a district, a works*) = *to comb out*.
combing out, *s. F:* **1.** Démêlage *m* (des cheveux). **2.** (*a*) Épluchage *m* (de services administratifs, etc.). (*b*) Rafle *f* (par la police). (*c*) *Mil:* Nettoyage *m* (des tranchées).
combing[1], *a.* **Combing wave,** (i) vague déferlante; (ii) vague ourlée.
combing[2], *s.* **1.** (*a*) Coup *m* de peigne. (*b*) *Tex:* Peignage *m*, cardage *m*. **2.** *pl.* **Combings.** (*a*) Peignures *f*, démêlures *f*. (*b*) *Tex:* Blousse *f*.
'**combing-machine,** *s. Tex:* Peigneuse *f*. *C.-m. tenter,* peigneur, -euse, à la machine.
'**combing-works,** *s. Tex:* Peignerie *f*.
combat[1] ['kɔmbat, 'kʌm-], *s.* Combat *m*. **Single combat,** combat singulier. *C. of wits,* joute *f* d'esprit. *See also* MORTAL 3, TRIAL I.
combat[2]. **1.** *v.i.* (**combated; combating**) Combattre (*with, against,* contre). **2.** *v.tr.* Lutter contre, combattre (une maladie, un préjugé).
combatable ['kɔmbatəbl, 'kʌm-], *a.* Combattable.
combatant ['kɔmbatənt, 'kʌm-], *a.* & *s.* Combattant (*m*). *Her:* **Lions combat(t)ant,** lions affrontés.
combative ['kɔmbativ, 'kʌm-], *a.* Combat(t)if; batailleur; agressif. **-ly,** *adv.* D'un air batailleur; agressivement.
combativeness ['kɔmbativnəs, 'kʌm-], **combativity** [kɔmba'tiviti, kʌm-], *s.* Combativité *f*; humeur guerroyante; caractère batailleur; agressivité *f*.
combe [kuːm], *s.* = COOMB.
comber ['koumər], *s.* **1.** *Tex:* (*a*) (*Pers.*) Peigneur, -euse; cardeur, -euse (de laine). (*b*) (*Machine*) Peigneuse *f*. **2.** Longue lame déferlante. *A c. broke on the beach,* une vague déferla sur la plage. *See also* BEACH-COMBER.
combies ['kɔmbiz], *s.pl. F:* = COMBINATION 3.
combination [kɔmbi'neiʃ(ə)n], *s.* **1.** Combinaison *f*. (*a*) *The c. of two elements with one another,* la combinaison, l'alliage *m*, de deux corps simples. *C. of sounds, of atoms, of circumstances,* concours *m* de sons, d'atomes, de circonstances. *To enter into c. with . . .,* se combiner avec. . . . **Nitrogen in combination with oxygen,** l'azote combiné avec l'oxygène. *Mth:* *Combinations of n things taken r at a time (nCr),* combinaisons de n objets r à r. *See also* PLIERS. (*b*) *Ch:* Combiné *m*, mélange *m*. (*c*) *Phot:* *C. print,* épreuve *f* avec fond rapporté. (*d*) **Smokers' combination,** nettoie-pipes *m inv* (en métal). **2.** (*a*) Association *f* (de personnes, d'ouvriers, etc.); *Pej:* coalition *f*. *To enter into a c. with . . .,* s'associer, se combiner, avec. . . . **Right of combination,** droit *m* d'association; droit de se syndiquer. (*b*) *F:* = COMBINATION-ROOM. **3.** *pl.* *Cost:* (**A pair of) combinations,** une combinaison-culotte (en laine); une combinaison. **4. Combination(-lock),** serrure *f* à combinaisons; serrure secrète. **5.** *Aut:* Motocyclette *f* avec sidecar.
combi'nation-room, *s. Sch:* (*At Cambridge*) = COMMON-ROOM.
combinative ['kɔmbineitiv], **combinatory** [kɔmbi'neitəri], *a.* Combinateur, -trice; cumulatif; combinatoire.
combine[1] ['kɔmbain], *s. Com:* *Fin:* Combinaison financière; entente industrielle; cartel *m*. **Horizontal combine,** consortium *m*.
combine[2] [kɔm'bain]. **1.** *v.tr.* Combiner; allier (des qualités, des mots, etc.) (*with,* à); (*of pers.*) (ré)unir, allier. **To combine forces, one's efforts,** joindre ses forces, ses efforts. *To c. strength of body with strength of mind,* allier la force du corps à celle de l'âme. *He combined the gifts both of butcher and cook,* il cumulait en sa personne les talents de boucher et de cuisinier. **To combine business with pleasure, the useful with the agreeable,** joindre l'utile à l'agréable; unir les plaisirs aux affaires. *To c. two electoral lists,* fusionner deux listes électorales. *Artil:* **To combine sights,** conjuguer les hausses. **2.** *v.i.* (*a*) (*Of pers.*) S'unir, se réunir, s'associer, s'allier; se liguer (*against,* contre); (*of workers*) se syndiquer. (*b*) *Pol:* (*Of parties*) Fusionner. (*Of party*) *To c. with a majority,* s'intégrer dans une majorité. (*c*) *Everything combined to give me this impression,* tout concourait à me donner cette impression. *Everything is combining against me,* tout se ligue contre moi. *Lighting effects that combine well,* effets *m* de lumière qui s'agencent bien. (*d*) *Ch:* (*Of elements*) Se combiner.
combined, *a.* *C. fleets,* flottes combinées. *C. efforts,* efforts réunis, conjugués. *C. work,* travail fait en collaboration. *C. movement,* mouvement *m* d'ensemble. *Meal that is dinner and supper c.,* repas *m* qui est à la fois le dîner et le souper. *Mil:* *Navy:* **Combined operations,** opérations *fpl* d'ensemble. *Mec.E:* **Combined strength,** résistance composée. *Artil:* **Combined sights,** hausses combinées, conjuguées. *Rail:* **Combined rail and road ticket,** billet *m* mixte. *See also* JOURNEY[1]. *Tp:* **Combined hand-microphone,** combiné *m*.
combining, *s.* Combinaison *f*. *Ling:* **Combining form** (*of a word*), forme *f* en combinaison (*p.ex.* anglo-, franco-).
combiner [kɔm'bainər], *s.* Combinateur, -trice.
combing[3] ['koumiŋ], *s. Nau:* = COAMING.
combs [koumz], *s.pl. Brew:* **Malt combs,** touraillon *m*.
combust [kɔm'bʌst], *v.i. Tchn.* & *Hum:* Entrer en combustion; brûler.
combustibility [kɔmbʌsti'biliti], *s.* Combustibilité *f*.
combustible [kɔm'bʌstibl]. **1.** *a.* (*a*) Combustible, comburable. (*b*) *F:* (*Of a crowd, etc.*) Inflammable; prompt à se soulever. **2.** *s.* (*a*) Matière *f* inflammable. (*b*) (*Fuel*) Combustible *m*.
combustion [kɔm'bʌstʃ(ə)n], *s.* Combustion *f*. *Detonating c.,* combustion détonante. *Spontaneous c.,* inflammation spontanée; auto-allumage *m*. **Internal combustion engine,** moteur *m* à explosion, à combustion interne, à carburation. *I.C.E:* **Combustion chamber,** chambre *f* de combustion, d'explosion; espace mort.

Ch: **Combustion furnace,** grille *f* à analyse. **Slow-combustion stove,** poêle *m* à combustion continue. *See also* HEAD[1] 3.

combustive [kom'bʌstiv], *a. Ch: etc:* Comburant.

come [kʌm], *v.i.* (*p.t.* **came** [keim]; *p.p.* **come**) **1.** Venir, arriver. (*a*) *To c. to a place*, venir, arriver, à un endroit. *He has just come from Paris*, il arrive de Paris. *In the year after he came to Paris*, l'année qui suivit son arrivée à Paris. *B:* **Suffer little children to come unto me,** laissez venir à moi les petits enfants. *There came a soldier who . . .*, il arriva un soldat qui. . . . *I see the children coming*, voici venir les enfants. *F:* **Let 'em all come!** qu'ils viennent tous! ils seront tous les bienvenus. *I'm coming with you*, je viens avec vous; je vous accompagne. *He came to the station with me*, il m'a accompagné jusqu'à la gare. *He comes this way every week*, il passe par ici tous les huit jours. **Here he comes!** le voilà qui arrive! le voilà qui vient! *Lit:* le voici venir. **Come here!** venez ici! *F:* amène-toi! *P:* aboule-toi! (*to dog*) (arrive) ici! **Coming!** voilà! on y va! j'y vais! *You go on, I'm just coming*, partez, je vous suis. **To come to see s.o.,** venir trouver qn. *F:* **Come and see me to-morrow,** venez me voir, me trouver, demain. *I have come to see you*, je viens vous voir. **To come for s.o., for sth.,** venir chercher qn, qch. **To come to s.o.,** venir à qn; venir trouver qn. *To c. to s.o. for advice, for an explanation*, venir demander conseil, une explication, à qn. *F:* **You have come to the wrong person,** vous vous adressez mal; vous tombez mal; vous vous trompez d'adresse. **To come to the throne,** monter sur le trône. **To come to years of discretion,** arriver à l'âge de discrétion, de raison. *A crisis is coming*, une crise se prépare. *F:* **What are things coming to?** où allons-nous? *Dinner came at last*, enfin on servit le dîner. *He came riding, running* (*up*), il arriva à cheval, en courant. *The rain came pouring down*, la pluie ne cessait de tomber. *He has come a long way, three miles*, il a fait beaucoup de chemin, trois milles. **To come and go,** aller et venir; *F:* faire la navette. *People were constantly coming and going*, c'étaient des allées et venues continuelles, un va et vient continuel. *After many years had come and gone*, quand bien des années se furent écoulées. *F:* **A come day go day manner,** un air désinvolte, insouciant. *To c. to the surface again*, remonter sur l'eau. *A smile came to his lips*, un sourire parut sur ses lèvres. *His colour came and went*, il pâlit et rougit tour à tour. *int.* **Come now!** allons! voyons! *Come, cheer up!* allons, prenez courage! **Come, come!** *a little silence!* allons, allons! un peu de silence! *Prov:* **Easy come easy go; light come light go,** ce qui vient par la flûte s'en va par le tambour; l'argent ne lui coûte guère. *See also* FIRST III. 4, GRIEF, GRIP[1] 1, HARM[1], KNOWLEDGE 1, LIGHT[1] 1, POINT[1] I. 4, TERM[1] 3, WANT[1] 2. WAIT[2] 1. (*b*) **To come to oneself,** (i) reprendre connaissance; (ii) recouvrer sa raison; (iii) revenir de ses erreurs; se ressaisir. (*c*) *F:* **Come summer** *and we shall meet again*, vienne l'été, on se retrouvera tous. *He came and saw me* **a week come Tuesday,** il est venu me voir il y aura mardi huit jours. **He will be ten come January,** il aura dix ans en janvier, au mois de janvier. *It'll be a year come Monday since he left*, il y aura lundi prochain un an qu'il est parti. *He will be ten come Christmas*, il aura dix ans vienne la Noël; il aura dix ans à Noël prochain. **2.** (*Occur, happen*) (*a*) *That comes on the next page*, cela se trouve, se rencontre, à la page suivante. *Ill-luck always comes to me*, il m'arrive toujours des malheurs; j'ai toujours de la malchance. *F:* **He had it coming to him,** ça lui pendait au nez. **Come what may . . .,** advienne que pourra . . .; quoi qu'il arrive . . .; quoi qu'il advienne . . .; vaille que vaille. . . . *When his turn came, when it came to his turn*, quand ce fut son tour, quand ce fut à lui. (*b*) *How does the door come to be open? How comes it that the door is open?* comment se fait-il que la porte soit ouverte? d'où vient que la porte est ouverte? *How comes it that he is so unmannerly?* à quoi tient-il, d'où vient, qu'il est si mal élevé? comment se fait-il qu'il soit si mal élevé? *How do you c. to know that?* comment avez-vous pu savoir cela? **Now that I come to think of it,** maintenant que j'y songe. *This reproach has c. to be regarded as justified*, on en est venu à considérer ce reproche comme justifié. **3.** (*Result, spring from*) (*a*) **What will come of it?** qu'en adviendra-t-il? qu'en résultera-t-il? *What came of it?* que s'en est-il suivi? *What do you think will c. of it?* qu'en augurez-vous? *No good will c. of it*, cela tournera mal. *That's what comes of doing . . .*, voilà ce qu'il en est de faire. . . . *It comes from his being so shy*, cela tient à ce qu'il est si timide; cela tient à sa timidité. (*b*) *Word that comes from Latin*, mot *m* qui (pro)vient du latin. **To come of a good family,** être, sortir, d'une bonne famille. *He is come of peasant stock*, il descend d'une famille de paysans. *Horse that comes from a good stud*, cheval *m* qui sort d'un bon haras. *This is astounding coming from him*, cela étonne de sa part. *The book comes from my pen*, le livre sort de ma plume. **4.** (*a*) (*Amount*) *The total comes to ten shillings*, la somme monte, s'élève, à dix shillings. **How much does it come to?** combien cela fait-il? *It comes to this, that . . .*, cela revient à ceci, que. . . . *See also* NOTHING II. 2. (*b*) **If it comes to that . . .,** à ce compte-là. . . . *If it comes to that I would just as soon . . .*, pour tant faire, j'aimerais autant. . . . **It must come to that,** il faudra bien en arriver là, en venir là. *I hope it won't c. to that*, ce serait un pis-aller. *You haven't come to that yet!* vous n'en êtes pas (encore) là! *How did you c. to this?* comment en êtes-vous (arrivé) là? *If it comes to buying a house, I may as well buy a nice one*, pour tant faire qu'acheter une maison, pour tant faire que d'acheter une maison, autant en acheter une belle. **What he knows does not come to much,** ce qu'il sait ce n'est pas grand'chose; *F:* il n'en sait pas lourd. *He will never c. to much*, il ne sera, ne fera, jamais grand'chose. (*c*) **That doesn't come within my duties,** cela ne rentre pas dans mes fonctions. *These chairs were bought by Mrs X; they don't come within my lot*, ces chaises-là ont été achetées par Mme X; elles ne font pas partie de mon lot. **5.** (*Predicative*) (*a*) *That comes easy, natural, to him*, cela lui est facile, naturel. **To come expensive, cheap,** coûter cher, revenir cher; coûter peu. (*Of seam, etc.*) **To come unstitched, unsewn,** se découdre. (*Of tie, knot, boot-laces, etc.*) *To c. undone, untied, loose, etc.*, se dénouer, se délacer, se défaire, se détacher, se desserrer; (*of beads, etc.*) se défiler. **She is coming fifteen,** elle va sur ses quinze ans. *See also* AGE[1] 1, PIECE[1] 1, RIGHT[1] I.4, SHORT[1] III. 3, TRUE[1] I. 1, UNSTICK. (*b*) **You come first,** vous venez en premier; c'est vous le premier. *You c. third*, vous êtes le troisième. **6. I have come to believe that . . .,** j'en suis venu, j'en suis arrivé, à croire que. . . . *The streets have come to be used as motor-parks*, les rues en sont venues à servir de parcs à autos. *This plan came to be realized*, ce projet finit par se réaliser. *The motor car is coming to be realized as a necessity*, on est en voie de se rendre compte que l'automobile est une nécessité. **I came to like him,** il me devint sympathique. **When she came to know him,** quand elle (en) vint à le connaître; lorsqu'elle fit sa connaissance. *When I came to know her better*, lorsque j'appris à la mieux connaître. **7. The time to come,** le temps à venir; l'avenir *m*. **The life to come,** la vie future. *Orders to c.*, ordres ultérieurs. *For three months to c.*, pendant trois mois encore. *That will not be for several years to c., for some time to c.*, cela n'arrivera pas d'ici plusieurs années, avant de nombreuses années, d'ici à quelque temps. *See also* DAY 5. **8.** (*Of butter*) Prendre forme; (*of fruit, etc.*) venir. *When the teeth begin to c.*, lorsque les dents commencent à sortir. **9.** *F:* **To come it strong,** (i) exagérer; y aller fort; *P:* attiger; (ii) crâner; *P:* cherrer, charrier; faire de l'épate, du fla-fla. *That's coming it a bit strong!* ça, c'est un peu fort (de vinaigre)! **To come it over s.o.,** faire la loi à qn; *P:* faire sa poire. *He tried to c. it over me*, **to come the artful over me,** il a essayé de m'en faire accroire, de m'en mettre plein les yeux. **To come the virtuous** (*over s.o.*), la faire à la vertu. **To come the old soldier over s.o.,** la faire au vieux sergent; poser au vieux briscard; chercher à en imposer à qn; rudoyer qn. *See also* HEAVY 6.

come about, *v.i.* **1.** (*Of event, occurrence, etc.*) Arriver, se passer, se produire, avoir lieu. *It came about that*, il arriva, il advint, que. . . . *Thus it comes about that . . .*, c'est ce qui fait que . . ., voilà pourquoi. . . . *How does it c. about that . . .?* comment se fait-il que . . .? *How could such a misunderstanding c. about?* comment un pareil malentendu a-t-il pu se produire? *The miracle came about of itself*, le miracle s'est fait, s'est accompli, s'est opéré, tout seul. **2.** (*a*) *Nau:* Virer de bord. (*b*) (*Of the wind*) Tourner.

come across, *v.i.* **1.** (*Prepositional use*) (*a*) Traverser (la mer, les champs). *The thought came across my mind that . . .*, la pensée m'a traversé l'esprit que. . . . (*b*) Trouver, rencontrer, (qn, qch.) par hasard, sur son chemin; tomber sur (qn). *Everything they c. across*, tout ce qui leur tombe sous la main. *It is a curio that I came across*, c'est un bibelot de rencontre. **2.** (*Adverbial use*) *U.S: P:* (*a*) Payer ce que l'on doit. (*b*) Se ranger à l'opinion de qn; consentir. (*c*) Se décider à dire la vérité; *P:* accoucher.

come after, *v.i.* **1.** (*Prepositional use*) (*a*) Suivre (qn, qch.). *The historians who came after him*, les historiens venus à sa suite. (*b*) Succéder à (qn). **2.** (*Adverbial use*) Suivre; venir plus tard. *That came long after*, cela arriva beaucoup plus tard.

come again, *v.i.* Revenir. *See also* CUT[2] 1.

'come-again, *s. Adm: F:* Ajourné, -ée.

come against, *v.i.* (*Prepositional use*) **1.** Marcher à (l'ennemi). **2.** Heurter, frapper (qch.).

come along, *v.i.* **1.** Arriver, venir; *P:* s'abouler. **Come along!** (i) amène-toi! arrive! (ii) allons-y! allons-nous-en! **Do come along!** mais venez donc! **2.** *F:* Survenir. *These things c. along when you least expect them*, ces choses-là arrivent, surviennent, quand on s'y attend le moins.

come apart, asunder, *v.i.* (*a*) Se séparer, se défaire. *Mec.E:* Se déclancher. (*b*) Se décoller.

come at, *v.i.* (*Prepositional use*) **1.** Attaquer, se jeter sur (qn). **2.** (*a*) **To come at the truth,** parvenir à la vérité; découvrir la vérité. (*b*) *These old photos are packed away in boxes, and* **not easy to come at,** ces vieilles photos sont au rancart dans des caisses, et il me serait difficile de mettre la main dessus. (*c*) *If only I could c. at his secretary*, si seulement je pouvais accéder jusqu'à son secrétaire, obtenir de voir, arriver à voir, son secrétaire.

come away, *v.i.* **1.** (*a*) *To c. away* (*from a place*), partir, s'en aller (d'un lieu); quitter (un lieu). **Come away!** arrivez! allons, partons! (*b*) **Come away with it!** allons, racontez-nous la chose! **2.** Se détacher; se décoller. *The handle came away* (*in his hand*), l'anse s'est détachée, lui est restée dans la main. **3.** *F:* *Your corn is coming away!* voilà vos blés en pleine pousse!

coming away, *s.* **1.** Départ *m*. **2.** Décollement *m*, décollage *m*.

come back, *v.i.* **1.** Revenir. *I am coming back to-morrow*, je reviens demain. *To c. back from a day's shooting*, rentrer de chasse. *He came back with me a little way*, il m'a fait un bout de reconduite. *We are coming back to travel by rail*, on revient au chemin de fer. *The names are coming back to me*, les noms me reviennent à l'esprit. *It's all coming back to me*, cela me revient à la mémoire. **To come back to what I was saying . . .,** pour en revenir à ce que je disais. . . . *Nau:* **To come back on board,** rentrer à bord. **2.** Revenir à soi; reprendre connaissance. **3.** (*Of fashion, etc.*) Revenir en vogue. **4.** *U.S: F:* Répliquer.

'come-back, *s.* **1.** Retour *m* (en vogue); retour au pouvoir (d'un homme politique, etc.). **2.** *U.S:* Revanche *f*. **3.** *U.S: F:* Réplique *f*.

coming back, *s.* Retour *m*.

come before, *v.i.* (*Prepositional use*) **1.** *Plan that is to c. before the League of Nations*, projet *m* dont la Société des Nations doit être saisie. *These cases c. before a conciliation court*, ces affaires ressortissent à la justice de paix. **2.** Précéder (qn, qch.). *The generations that came before us*, les générations *f* qui nous ont devancés. **3.** *Brains c. before experience*, l'intelligence *f* prime la pratique. *The commonweal comes before everything*, la chose publique prime tout. *Counts c. before barons*, les comtes ont la préséance sur les barons, ont le pas sur les barons.

come between, *v.i.* (*Prepositional use*) Intervenir, s'entremettre, s'interposer, entre (deux personnes).

coming between, *s.* Intervention *f*.

come by, *v.i.* **1.** (*Prepositional use*) (*a*) **To come by the house,** passer par la maison. (*b*) **To come by money,** obtenir de l'argent. *How did you c. by that money?* comment êtes-vous devenu possesseur de cet argent? **To come by one's death,** trouver la mort. **Money hard to come by,** argent dur à gagner, à obtenir. **Honestly come by,** honnêtement acquis. **2.** (*Adverbial use*) (*a*) **I heard him come by,** je l'ai entendu passer. *To c. by again*, repasser. *We shoot them as they c. by*, nous les tirons à leur passage. (*b*) *U.S:* Entrer en passant.

come down, *v.i.* **1.** (*Prepositional use*) Descendre (l'échelle, l'escalier); faire la descente de (la montagne, etc.). **2.** (*Adverbial use*) (*a*) *To c. down to breakfast, to dinner*, descendre déjeuner, dîner. *To c. down from a tree*, descendre d'un arbre. *As he came down from the pulpit . . .*, à sa descente de chaire. . . . *To c. down to s.o.'s level*, s'abaisser jusqu'au niveau (d'esprit) de qn; se mettre au niveau de qn. *F: To make s.o. c. down from his perch*, faire déjucher qn. *He always comes down on his feet*, il retombe toujours sur ses pieds. *F:* **To come down (in the world)** déchoir. *He had c. down to begging*, il en était venu à mendier. **Prices are coming down,** les prix *m* baissent, sont en baisse. *F:* **To come down a peg (or two),** (i) en rabattre; déchanter; (ii) descendre d'un cran. (*b*) *F:* **To come down upon s.o.,** (i) semoncer vertement qn; (ii) blâmer sévèrement qn. *The authorities came down upon him like a ton of bricks*, l'administration *f* a fulminé contre lui. *To c. down on s.o. for ten pounds*, faire casquer qn de dix livres. (*c*) *F:* **To come down handsomely,** se fendre. *I had to c. down with a five-pound note*, il a fallu me fendre de cinq livres. (*d*) (*Of rain, etc.*) Tomber. *Her hair came down over her shoulders*, ses cheveux *m* se répandirent sur ses épaules. *Her hair was coming down*, ses cheveux se dénouaient, se déroulaient. (*e*) (*Reach*) *Her hair came down to her knees*, ses cheveux lui descendaient jusqu'aux genoux. *The snow comes down to the 4000 ft level*, la neige descend jusqu'à la cote de 4000 pieds. (*f*) (*Of tale, tradition*) Venir (de nos aïeux). *Of all the tales that have come down to us . . .*, de tous les contes qui nous sont parvenus, qui nous ont été transmis par la tradition. . . . (*g*) (*Of pers., horse*) S'abattre; (*of structure*) s'écrouler. *F:* **He came down on his nose,** il s'abattit sur le nez. *These houses are coming down soon*, on démolira, abattra, bientôt ces maisons. (*h*) (*Amount to*) (*Of problem, etc.*) Se résumer. *The whole difficulty comes down to the question whether . . .*, toute la difficulté se réduit à savoir si. . . . *The expenses c. down to board and lodging*, les dépenses se réduisent aux frais de pension.

come-'down, *s. F:* Humiliation *f*; déchéance *f*. **What a come-down!** quelle dégringolade! quelle chute! quelle débâcle! *To live in furnished apartments would have been a c.-d. in the world*, vivre en garni l'aurait dégradée; vivre en garni, ç'aurait été déchoir.

coming down, *s.* **1.** Descente *f* (de qch.). **2.** Baisse *f* (des prix).

come forth, *v.i.* Sortir, s'avancer. **Come forth!** approchez!

coming forth, *s.* Sortie *f*.

come forward, *v.i.* **1.** S'avancer. *Art: Figure that does not c. forward enough*, figure *f* qui n'a pas assez de saillie, qui ne ressort pas assez. **2.** *To c. forward as a candidate*, se présenter comme candidat, se porter candidat, poser sa candidature (*for*, à); se mettre sur les rangs (*for*, pour). *To c. forward as a surety*, se porter caution.

come in, *v.i.* **1.** Entrer. *To c. in again*, rentrer. *After my walk I came in*, après ma promenade je suis rentré. *At eight o'clock His Excellency came in*, à huit heures Son Excellence a fait son entrée. *The business was my father's; I came in when I was twenty-one*, la maison appartenait à mon père; j'y suis entré (comme associé) à vingt et un ans. *The water was coming in on all sides*, l'eau faisait irruption de toutes parts. *F:* **That's just where the mistake comes in,** voilà justement où est l'erreur *f*. *See also* FUN[1]. **2.** (*Of tide*) Monter; (*of ship*) arriver; (*of year*) commencer; (*of custom, etc.*) s'introduire, devenir la mode. *Lent comes in during February*, le carême commence en février. *This fashion is coming in again*, cette mode reprend. *This fashion came in last year*, cette mode est entrée en vogue l'année dernière. *As soon as oysters come in*, dès que commence la saison des huîtres . . .; dès que les huîtres sont de saison. . . . *This produce is sold the same day as it comes in*, ces denrées sont vendues le jour même de leur arrivée. **3.** (*Of funds*) Rentrer. *Money is coming in well*, la recette est bonne. *Money is always coming in to him*, l'argent pleut chez lui. **4.** (*a*) *Pol:* (*Of party*) Arriver, parvenir, au pouvoir. (*b*) *Cr:* (*Of batsman*) Venir prendre son tour au guichet. **5.** *Pred.* (*a*) **To come in useful to s.o., for sth., for doing sth.,** servir à qn, à qch., à, pour, faire qch. (*b*) *Sp:* **To come in first, second,** arriver premier, second. **6.** (*a*) *To c. in for a share of sth.*, avoir part à qch. *To c. in for a fortune*, succéder à une fortune. *F:* **And where do I come in?** et moi, qu'est-ce que j'y gagne? (*b*) **To come in for a scolding, for praise,** recevoir, s'attirer, une semonce, des éloges. **7.** (*a*) Être admis dans une affaire. *We don't want Jones to c. in*, nous ne voulons pas que Jones en soit. (*b*) Intervenir (*between*, entre).

come-'in, *s. Rac:* **To save oneself for the come-in,** se ménager pour l'effort final, pour le coup de la fin.

coming in, *s.* Entrée *f* (dans une chambre); introduction *f* (d'un usage); rentrée *f* (des fonds); commencement *m* (d'une saison); venue *f* en saison (d'une denrée, etc.).

come into, *v.i.* (*Prepositional use*) **1.** (*a*) Entrer dans (une chambre). *To c. into the world*, venir au monde. *To c. into power*, arriver, parvenir, au pouvoir. (*Of idea*) *To c. into s.o.'s mind*, se présenter à l'esprit de qn. *A look of perplexity came into his face*, son visage prit un air perplexe. *I came into the business when I was twenty-one*, je suis entré dans la maison (comme associé) à l'âge de vingt et un ans. *F:* **Would you like to come into it?** voulez-vous participer à l'affaire? *See also* COLLISION, EXISTENCE 1, FORCE[1] 5, PLAY[1] 1, POSSESSION, PROMINENCE 2, QUESTION[1] 3, SIGHT[1] 2. (*b*) *Cullen comes into Scottish history*, Cullen figure dans l'histoire d'Écosse. **2. To come into a property,** entrer en possession d'un domaine; hériter d'une terre. *To c. into an inheritance, an estate*, recueillir une succession. *The property he came into from his father*, la propriété qu'il a eue de son père. *See also* OWN[2] 2.

come near, *v.i.* **1.** S'approcher. **2. He came near (to) killing himself,** il faillit se tuer.

come off, *v.i.* **1.** (*Prepositional use*) (*a*) Descendre de (la table, etc.). **To come off a ship,** débarquer (d'un vaisseau). *P:* **To come off it,** cesser. **Come off it!** en voilà assez! la barbe! *U.S:* **Come off your perch!** c'est assez de fanfaronnades! (*b*) *To c. off one's horse*, tomber de (son) cheval. (*c*) **To come off the gold standard,** abandonner l'étalon or. **2.** (*Adverbial use*) (*a*) (*Of button, etc.*) Se détacher, sauter; (*of smell, etc.*) se dégager; (*of paint, stain, etc.*) s'enlever, s'en aller, partir; (*of fabric, etc.*) se décoller. *The colour came off on my dress*, la couleur a déteint sur ma robe. *Hydrogen comes off at the cathode*, l'hydrogène est mis en liberté, se dégage, à la cathode. (*b*) (*Of ship aground*) Se déséchouer; partir. (*c*) (*Of event*) Avoir lieu; (*of plan, attempt, etc.*) réussir, aboutir. *Did it c. off all right?* ça s'est bien passé? **Not to come off,** ne pas avoir lieu; n'aboutir à rien. *My little trip abroad never came off*, mon petit voyage à l'étranger ne s'est pas réalisé, *F:* est tombé à l'eau. *Everything comes off all right with him*, tout lui réussit. *I don't know whether the marriage will c. off*, je ne sais pas si le mariage se fera. *The marriage didn't c. off*, le mariage a manqué. *The trick, the experiment, came off*, le tour, l'expérience, a réussi. *That excuse won't c. off with old Jones*, cette excuse-là ne prendra pas avec le vieux Jones. *Sneezes that don't come off*, éternûments qui ne viennent pas, qui n'aboutissent pas. (*d*) (*Of pers.*) **To come off badly, with flying colours,** s'en mal tirer; s'acquitter brillamment. *He came off victorious*, il en sortit vainqueur. *To c. off with a few scratches*, s'en tirer avec quelques égratignures; en être quitte pour quelques égratignures. **You came off cheap,** vous en êtes quitte à bon compte. *See also* BEST[1] 1.

come on, *v.i.* (*a*) S'avancer; aller de l'avant. *Come on, boys!* (i) allons-y, les gars! (ii) arrivez, mes enfants! **You go first; I'll come on,** partez en avant; je vous suis. **Come on, let's have a game!** allons! faisons une partie! **Come on!** (i) en avant! (ii) arrivez! (iii) *P:* (*as a challenge*) viens-y donc! (iv) *P:* (*incredulity*) allons donc! qu'est-ce que vous nous chantez là? (*b*) (*Of plants, children, etc.*) (Bien) venir; se développer; faire des progrès. *Your picture is coming on*, votre tableau avance, vient bien. *The team is coming on*, l'équipe vient en forme. *The harvest is coming on*, la récolte s'annonce bien. *He has come on surprisingly*, il a fait des progrès étonnants. (*c*) (*Of rain, illness, etc.*) Survenir; (*of winter, etc.*) venir, arriver; (*of night*) tomber. *I feel a cold coming on*, je sens poindre un rhume. *Autumn is coming on, the leaves are falling*, voici l'automne, les feuilles tombent. **When the wind comes on to blow,** quand le vent se met à souffler. *It came on to rain*, il se mit, il commença, à pleuvoir. *The rain has just come on*, la pluie vient de commencer. *The rain came on worse than ever*, la pluie tomba de plus belle, redoubla. (*d*) (*Of question*) **To come on** (*for discussion*), venir en discussion; venir sur le tapis. (*Of lawsuit*) **To come on for trial,** venir devant la cour. *The case comes on to-morrow*, la cause sera entendue demain, se plaidera demain; l'affaire passe demain. *F: I have two parties coming on*, j'ai deux soirées en perspective. (*e*) *Th:* (*Of actor*) Entrer en scène. (*f*) *Th:* (*Of play*) Revenir à l'affiche. *I see "Hamlet" is coming on again*, je vois qu'on redonne "Hamlet."

come-'on, *s. U.S: P:* Escroc *m*. **Come-on game,** escroquerie *f*.

coming on, *s.* Commencement *m* (d'une maladie, d'un orage); tombée *f* (de la nuit); entrée *f* en scène (d'un acteur).

come out, *v.i.* **1.** (*Prepositional use*) **To come out of a place,** sortir d'un lieu. **On coming out of . . ., as I came out of . . .,** au sortir de. . . . **2.** (*Adverbial use*) (*a*) Sortir. *Those going in and those coming out*, les entrants et les sortants. *It's too cold for you to c. out*, il fait trop froid pour que vous sortiez. *To c. out first from the examination hall*, être le premier à quitter la salle (où a lieu l'examen). *My tooth is aching, the stopping has come out*, ma dent me fait mal, le plombage s'est détaché, est tombé, est parti. *Ind:* **To come out (on strike),** se mettre en grève. (*b*) **Do come out to India,** venez donc nous retrouver aux Indes! (*c*) **To come badly out of an affair,** se tirer mal d'une affaire. *To c. well out of an affair*, se bien tirer d'affaire. *He came safely out of it*, il s'en est tiré sain et sauf. *Sch: To c. out first, second*, sortir premier, second; être reçu premier, second. *At Sandhurst he came out first*, il est sorti de Sandhurst le premier de sa promotion. (*d*) (*Of sun, stars*) Paraître; (*of buds*) éclore; *Phot:* (*of image*) se développer, venir, se révéler; (*of rash, pimples*) sortir, se montrer; (*of the truth*) se découvrir. *The trees are coming out again*, les arbres *m* bourgeonnent de nouveau. (*Of pers.*) **To come out in a rash,** (i) avoir une poussée de boutons; avoir une éruption (de boutons, etc.); (ii) avoir une poussée d'urticaire. **Everything comes out in time,** tout se sait avec le temps. *As soon as the news came out . . .*, dès qu'on sut la nouvelle. . . . *How did the news c. out?* comment cela s'est-il su? *At last the truth is coming out*, enfin la vérité se dégage, se fait jour. *F: He came out as an excellent captain*, il s'est révélé, s'est montré, excellent chef d'équipe. (*e*) (i) *Art: etc:* (*Of details*) Ressortir; se détacher (*against the background*, sur le fond). (ii) *Phot:* (*Of detail in negative*) Apparaître; venir. (iii) *Phot: You have come out well (in the group)*, vous êtes très réussi; c'est bien vous. *He always comes out well*, il rend bien en photographie; *Cin:* il est photogénique. (*f*) (*Of stains*) S'enlever, s'effacer. *The colour soon comes out of this material*, c'est une étoffe qui se déteint vite. (*g*) (*Of book, journal*) Paraître; *F:* sortir. *The first number of this review will c. out on the* 8*th of March*, le premier numéro de cette revue sortira le 8 mars. (*h*) (*Of problem*) Se résoudre. *Her sums would never c. out right*, elle n'arrivait jamais à la solution juste. (*Of average, total, etc.*) **To come out at . . .**, être de . . ., se monter à. . . . *Com: This article comes out at* 10s., cet article vous reviendra à 10s. (*i*) (*Of pers.*) Débuter (au théâtre); débuter, faire son entrée dans le monde. *My daughter comes out next spring*, ma fille débutera au printemps. (*j*) *F:* **To come out with a remark**, lâcher, laisser échapper, une observation. **To come out strong**, se prononcer avec vigueur (*for*, pour; *against*, contre). *To c. out with a long story*, sortir une longue histoire. (*k*) *U.S:* = COME OFF 2 (*d*).

coming out, *s.* (*a*) Sortie *f* (du public après la représentation, etc.); chute *f* (des cheveux). *On c. out of school . . .*, à ma sortie de l'école. . . . (*b*) Apparition *f* (du soleil, etc.); éclosion *f* (des fleurs). *Phot: C. out of detail*, venue *f* des détails. *Med: C.-out of the rash*, éruption *f* des boutons. (*c*) Apparition, parution *f* (d'un livre). (*d*) Début *m* (au théâtre, dans le monde). **Coming-out ball**, bal donné en l'honneur des débuts d'une jeune fille.

come over, *v.i.* 1. (*Prepositional use*) (*a*) Traverser (la mer, les champs). (*b*) Envahir, gagner, saisir (qn). *A change has come over him*, un changement s'est produit, s'est opéré, en lui. **What has come over you?** qu'est-ce qui vous est arrivé? qu'est-ce qui vous prend? *A fit of dizziness came over her*, un vertige la gagna. 2. (*Adverbial use*) (*a*) *To c. over from a place*, arriver, venir, d'un lieu (situé de l'autre côté de la mer, du pont, de la montagne, etc.). *Family that came over with the Conqueror*, famille *f* qui traversa la Manche avec Guillaume le Conquérant. *He's coming over to London for the summer school*, il vient à Londres pour les cours de vacances. *F: Do c. over and see us sometimes*, poussez donc une pointe jusque chez nous de temps en temps. (*b*) *To c. over to s.o.'s side*, passer dans le parti de qn, du côté de qn. *To c. over to an opinion*, se convertir, se ranger, à une opinion. (*c*) *Pred. F:* **To come over funny, queer**, être pris d'un malaise; se sentir mal; avoir une brusque indisposition; *F:* se sentir tout chose. *See also* GIDDY[1] 1.

come round, *v.i.* 1. (*Prepositional use*) (*a*) Entourer (qn). (*b*) Faire le tour de (qch.); contourner (qch.). *He came round the church*, il fit le tour de l'église. 2. (*Adverbial use*) (*a*) Faire le tour. *The road is blocked; I had to c. round by the village*, la route est bloquée; j'ai dû faire le tour, faire un détour, par le village. *Conversation that comes round to the same subjects again*, conversation *f* qui retombe sur les mêmes sujets. *F: The story has come round to him*, l'histoire (a tant circulé qu'elle) lui est venue aux oreilles. (*b*) *F:* **Come round and see me one day**, venez me voir un de ces jours. (*c*) **The time has come round**, les temps sont révolus. *Sunday will soon c. round*, dimanche viendra bientôt. *As soon as Christmas comes round . . .*, dès que revient Noël. . . . *When it came round to me to take duty . . .*, quand mon tour fut venu d'être de service . . .; quand ce fut de nouveau mon tour de service. . . . (*d*) Reprendre connaissance; reprendre ses esprits, ses sens; revenir à soi. (*e*) *To c. round to s.o.'s way of thinking*, se convertir à l'opinion de qn; se rallier, se ranger, à l'avis de qn. *I have c. round to your way of thinking*, j'en suis venu à votre manière de penser. *He has come round*, il a cédé; il a consenti. (*f*) *Nau:* (i) (*Of ship*) Venir dans le vent. (ii) (*Of wind*) Remonter.

come through, *v.i.* 1. (*Prepositional use*) (*a*) *To c. through the wood*, passer par, à travers, le bois. *The rain has c. through his clothes*, la pluie a traversé, percé, ses vêtements. (*b*) *To c. through trials, sufferings*, passer par des épreuves; éprouver des souffrances. *He had come through the Great War*, il était réchappé de la Grande Guerre. *To c. through an illness*, surmonter une maladie. 2. (*Adverbial use*) (*a*) *The water, the rain, is coming through*, l'eau *f*, la pluie, pénètre. (*b*) **He came through without a scratch**, il s'en est tiré indemne. *He has c. through with clean hands*, il en est sorti les mains nettes.

come to, *v.i.* 1. = COME ROUND 2 (*d*). 2. *Nau:* (*Of ship*) Venir sur bâbord, sur tribord.

come together, *v.i.* 1. S'assembler, se réunir; (*of troops*) opérer une jonction. *The election has compelled the parties to c. together*, l'élection *f* a imposé l'union des partis. *We shall c. together again in Paris*, nous nous retrouverons à Paris. 2. Se rencontrer.

coming together, *s.* 1. Réunion *f*. 2. Rencontre *f*.

come under, *v.i.* (*Prepositional use*) 1. *To c. under s.o.'s influence*, être soumis à, tomber sous, subir, l'influence *f* de qn. *To c. under s.o.'s notice*, être porté à la connaissance de qn. *To c. under the penalty of the law*, tomber sous le coup de la loi. 2. *To c. under a heading*, être compris sous un article, sous une rubrique.

come up, *v.i.* 1. (*Prepositional use*) Monter (l'échelle, l'escalier, etc.). *I saw him coming up the hill*, je l'aperçus qui gravissait la colline, qui montait, grimpait, la côte. 2. (*Adverbial use*) (*a*) Monter. *Come up to my rooms*, montez chez moi. *Come up and have a chat with my wife*, montez donc faire la causette avec ma femme. *It was worth while coming up for the view; the view was worth coming up for*, le panorama valait le déplacement. *To c. up out of the abyss*, surgir de l'abîme. *To c. up after a dive*, revenir à la surface après un plongeon, (*of submarine*) après une plongée. *To c. up to the surface again*, remonter sur l'eau. *See also* SMILING. *Nau:* (*Of land, etc.*) *To c. up on the horizon*, commencer à paraître à l'horizon. (*b*) **To come up to town**, venir en ville, venir à Londres. *To c. up* (*to the university*), commencer ses études *f* (à Oxford, Cambridge, etc.). (*c*) **To come up to s.o.**, s'approcher de qn; venir à, s'avancer vers, qn. *Up came a man*, voilà qu'un homme arriva. *The tide is coming up*, la marée monte. *Ten: To c. up to the net*, monter au filet. *Jur:* **To come up before the Court**, comparaître (devant le tribunal). (*d*) *Nau:* (*Of ship*) **To come up into the wind**, s'effacer dans le lit du vent. *Don't let her c. up!* défiez l'aulof(f)ée! (*e*) *Of plants*) Sortir de terre; pousser. (*f*) **To come up (for discussion)**, venir en discussion; venir sur le tapis. *This question has never yet come up*, cette question n'a encore jamais été soulevée. *The case comes up for hearing to-morrow*, la cause sera entendue demain; l'affaire passera demain. (*g*) (*Reach*) **To come up to sth.**, atteindre, s'élever, jusqu'à qch. *The water came up to my knees*, l'eau *f* me montait jusqu'aux genoux. *The water came up over the houses*, l'eau a submergé les maisons. *He does not c. up to my waist*, il ne me vient pas à la ceinture. **To come up to s.o.'s expectations**, répondre à, remplir, satisfaire, l'attente *f* de qn. (*To a horse*) **Come up!** allons, hop! (*h*) Égaler. *As a violinist he doesn't c. up to X*, comme violoniste il n'égale pas X, il ne vaut pas X. *His talents do not c. up to yours*, ses talents *m* n'égalent pas, ne valent pas, les vôtres. *See also* MARK[1] 6, SCRATCH[1] 3. (*i*) **To come up against sth.**, se heurter, se cogner, à, contre, qch. **To come up against a difficulty**, se heurter, se buter, à une difficulté. *To c. up against s.o.*, entrer en collision, en conflit, avec qn. (*j*) **To come up with s.o.**, rattraper, atteindre, rejoindre, qn. (*k*) **Paint comes up when varnished**, le vernis rehausse la peinture.

coming up, *s.* Ascension *f*; arrivée *f*; approche *f*.

come upon, *v.i.* (*Prepositional use*) (*a*) Tomber, fondre, s'abattre, sur (un adversaire, etc.). *Fear came upon him*, la peur l'envahit, le saisit, s'empara de lui. *The calamity that has c. upon us*, le malheur qui nous frappe. (*b*) **To come upon s.o. for a sum**, réclamer une somme à qn; s'adresser, s'en prendre, à qn pour une somme. *To c. upon s.o. for £20 damages*, attaquer qn en dommages-intérêts pour vingt livres. (*c*) **To come upon the parish**, tomber à la charge de la paroisse. (*d*) **To come upon s.o., sth.**, trouver qch., rencontrer qn, par hasard. *To c. upon a secret*, surprendre un secret. *I have just come upon him as he was crossing the street*, je viens de le rencontrer qui traversait la rue. (*e*) (*Of idea*) **To come upon s.o.**, venir à l'esprit, à la mémoire, de qn. *It came upon me that I had seen this man before*, j'eus le sentiment d'avoir déjà vu cet homme. *It came upon me that calamity lay ahead*, j'eus le pressentiment d'un malheur.

come within, *v.i.* (*Prepositional use*) Entrer dans (les fonctions de qn); appartenir à (la compétence de qn); être couvert par (une définition).

coming[1], *a.* 1. Qui vient, qui arrive, qui approche; futur. *The c. year*, l'année qui vient, l'année prochaine. *The c. storm*, l'orage *m* qui approche. *The c. generations*, les générations futures, à venir. *C. fashions*, la mode de demain. *His c. misfortunes*, les malheurs *m* qui vont lui arriver. **He is a coming man**, c'est un homme d'avenir; c'est l'homme de demain. *Sp: A c. player*, un joueur d'avenir; un coming man. *See also* HOME-COMING 1, ON-COMING[1]. 2. *A. & Lit:* Accueillant. **Sometimes coming, sometimes coy**, quelquefois accueillante, quelquefois farouche.

coming[2], *s.* Venue *f*, arrivée *f* (de qn); approche *f* (de la nuit, etc.); avènement *m* (du Messie). *I remember his c.*, je me rappelle sa venue, son arrivée. *I remember his c. one day . . .*, je me rappelle l'avoir vu venir un jour. . . . **Comings and goings**, allées et venues *f*. *C. to the throne*, avènement au trône. *See also* AGE[1] 1, CHANCE[1] 4, HOME-COMING 2.

'come-and-go, *s.* Va-et-vient *m*.

come-'at-able, *a.* *F:* (Endroit *m*) accessible; (homme *m*) abordable, accessible.

comedian [ko'mi:djən], *s.* 1. *Th:* (*a*) Comédien, -ienne. (*b*) Comique *m* (de music hall, etc.). 2. Auteur *m* de comédies; auteur comique; poète *m* comique.

comedienne [kɔme'djen], *s.f.* *Th:* Comédienne; actrice dont les emplois sont dans la comédie.

comedietta [komi:di'eta], *s.* Petite comédie; saynète *f*.

comedo, *pl.* **comedones** ['kɔmi:do, kɔmi:'douni:z], *s.* *Med:* 1. Comédon *m*; point noir. 2. Acné *f*.

comedy ['kɔmedi], *s.* 1. Comédie *f*; le genre comique. *High, low, c.*, la haute comédie; le bas comique. *C. of manners, social c.*, comédie de mœurs. **Domestic comedy** (*of Richard Steele, etc.*), comédie bourgeoise. *Musical c.*, comédie musicale. **Comedy-opera**, opéra *m* bouffe. **Comedy-tragedy**, tragi-comédie *f*. **Comedy and tragedy**, *Lit:* le socque et le cothurne. *See also* CHARACTER 5 (*a*), TENOR 3. 2. (*Play*) Comédie. *The comedies of Shakespeare*, les comédies de Shakespeare. *F:* **The human comedy**, la comédie humaine. *We weren't taken in by her little c.*, sa petite comédie n'a pas pris. **Comedy film**, ciné-comédie *f*. 3. *Ital.Lit:* **The Divine Comedy**, la Divine Comédie.

comeliness ['kʌmlinəs], *s.* 1. Mine avenante. 2. *A:* Bienséance *f*.

comely ['kʌmli], *a.* 1. (*Of pers.*) Avenant; (femme) fraîche et accorte. *Woman who is still c.*, *F:* femme pas trop abîmée. 2. *A:* (*Of behaviour, etc.*) Convenable, digne, bienséant.

comer ['kʌmər], *s.* 1. Arrivant, -ante; venant, -ante. **Comers and goers**, allants *m* et venants *m*; entrants *m* et sortants *m*. **Pleasant to all comers**, affable à tout le monde, à tout venant, à tous. 2. **First comer**, premier venu, premier arrivant, premier arrivé. *Latest c.*, dernier venu. *See also* CHANCE[1] 4, FRESH-COMER, LATE-COMER, NEW-COMER.

comestible [ko'mestibl], *s.* (*Usu. pl.*) *Lit. & Hum:* Comestible *m*.

comet ['kɔmet], *s.* Comète *f*. **The Comet year**, l'année *f* de la comète (1811). **Comet wine**, vin *m* de la comète.

cometary ['kɔmetəri], **cometic** [kɔ'metik], *a.* *Astr:* Cométaire; qui ressemble à une comète.

comfit ['kʌmfit], *s.* Bonbon *m*; fruit confit; dragée *f*. **Comfit-box**, bonbonnière *f*.

comfort[1] ['kʌmfərt], *s.* 1. Consolation *f*; motif *m* de consolation; soulagement *m*. **A grain of comfort**, un brin de consolation. *A few words of c.*, quelques paroles de réconfort. **Be of good comfort!** prenez courage! *To take c.*, se consoler. **That is cold comfort**, cela n'est guère consolant; c'est là une piètre consolation. *The remains of the supper were cold c.*, les restes *m* du souper, c'était peu réconfortant. *To be a great c. to s.o.*, être un grand sujet de consolation à qn. *She is a great c. to me*, elle me rend la vie douce. *Child who is a c. to his mother*, enfant qui donne de la satisfaction à sa mère. **It's a comfort to know, think, that . . .,** c'est une satisfaction que. . . . *It is a c. to tell one's woes*, on soulage ses maux à les raconter. *No one knows*, **that's one comfort,** personne ne le sait, c'est déjà une consolation. *F:* **A little drop of comfort,** un petit verre; une petite goutte de réconfort. **2.** (*Well-being*) Bien-être *m*. *I like c.*, j'aime mes aises *f*. **3.** (*a*) Confort *m*; confortable *m*; aisance *f*. (*At hotel, etc.*) **Every modern comfort,** tout le confort moderne. **To live in comfort,** vivre dans l'aisance, à l'aise. (*b*) *U.S:* **Public comfort station,** châlet *m* de nécessité; lieux *mpl* d'aisance; lavatory *m*. **4.** *pl.* (*a*) Commodités *f*. *The comforts of life*, les commodités, les agréments *m*, les douceurs *f*, de la vie. *To like one's comforts*, aimer le confortable, ses aises. *See also* CREATURE 8. (*b*) *Medical comforts*, cordiaux *m*. **5.** Couvre-pied *inv* piqué.

comfort[2], *v.tr.* **1.** Consoler, soulager. *To c. s.o.*, réchauffer le cœur de qn. *To c. s.o. for a loss*, consoler qn d'une perte. *To be comforted*, être consolé; se consoler. **2.** (*a*) (*Of beverage, etc.*) Réconforter. (*b*) Redonner du courage à (qn). *We were comforted at the sight of land*, à la vue de la terre nous reprîmes courage.

comforting, *a.* Réconfortant. *C. words*, paroles *f* de consolation, de réconfort.

comfortable ['kʌmfərtəbl], *a.* **1.** (*a*) (*Of bed, armchair, etc.*) Confortable; (*of dress*) commode, aisé; (*of warmth, sensation*) agréable, doux, *f.* douce. *These shoes are c.*, on est à l'aise dans ces chaussures. *To make s.o. c. in an armchair*, accommoder qn dans un fauteuil. *You will be more c. in this armchair*, vous serez mieux dans ce fauteuil. **To make oneself comfortable,** se mettre à son aise. *To be c.*, être à l'aise, à son aise. *To feel c.*, se trouver bien, à son aise; se sentir à l'aise. **It is so comfortable here,** on est si bien ici; il fait si bon ici. *We are quite c. here*, nous ne sommes pas mal ici. *We had a c. journey*, nous avons fait un bon voyage. *Seated by a c. fire*, assis auprès d'un bon feu. *C. car body*, carrosserie *f* logeable. *The hotel was very c.*, on était très bien à cet hôtel. (*b*) (*Of patient*) **To be comfortable,** ne pas souffrir. *He had a c. night*, la nuit a été bonne. **2. Comfortable income,** revenu suffisant; ample revenu. *To make s.o. c. for the rest of his days*, assurer la vie de qn pour le restant de ses jours. *To be in c. circumstances*, être fort aisé, dans l'aisance. **3.** (*Free from anxiety*) Sans inquiétude; tranquille; rassuré. *Make yourself c. about that*, tranquillisez-vous, rassurez-vous, là-dessus. **4.** *s.* *U.S:* = COMFORT[1] 5. **-ably,** *adv.* Confortablement, commodément, agréablement. **To be comfortably off,** avoir de quoi (vivre); être à l'aise; jouir d'une honnête aisance. *To live c.*, vivre à l'aise, à son aise. *To be c. housed, clad*, être logé, vêtu, commodément. *C. heated room*, pièce bien chauffée. *This carriage holds six people c.*, cette voiture tient bien six personnes; on tient à l'aise à six dans cette voiture. *We can get there c. in an hour*, une heure suffira amplement pour y aller; on peut y aller en une heure sans se presser.

comforter ['kʌmfərtər], *s.* **1.** Consolateur, -trice. *See also* JOB[4]. *Ecc:* **The Comforter,** le Consolateur; le Saint-Esprit. **2.** (*a*) Cache-nez *m inv* (de laine). (*b*) *U.S:* = COMFORT[1] 5. **3.** (*Baby's*) Tétine *f* (sur anneau); sucette *f*.

comfortless ['kʌmfərtləs], *a.* **1.** Incommode; sans commodité; dépourvu de confort. *I had to spend an hour in a c. waiting-room*, j'ai dû passer une heure dans une triste salle d'attente. **2.** Abandonné. *B: I will not leave you c.*, je ne vous laisserai point orphelins.

comfrey ['kʌmfri], *s.* *Bot:* Consoude *f*.

comfy ['kʌmfi], *a.* *F:* = COMFORTABLE 1 (*a*).

comic ['kɔmik]. **1.** *a.* Comique. *C. song*, chansonnette *f* comique. *C. paper*, journal amusant, journal pour rire. **To see the comic side of a situation,** voir le comique, le côté ridicule, d'une situation. **Comic opera,** opéra *m* bouffe. **2.** *s.* Comédien, -ienne (de music hall); comique *m*.

comical ['kɔmik(ə)l], *a.* Comique, risible; *P:* cocasse. *To have a c. face*, avoir du comique dans la figure; avoir une mine burlesque. *Her dress is rather c.*, sa toilette prête à rire. *The c. thing about it is . . .*, le (plus) plaisant de l'affaire c'est que. . . . *It is most c.*, c'est du dernier comique; *P:* c'est tout à fait cocasse. **What a comical idea!** quelle drôle d'idée! **-ally,** *adv.* Comiquement, d'une manière comique; drôlement.

comicality [kɔmi'kaliti], *s.* **1.** Caractère *m* comique; comique *m* (d'une situation). **2.** (*a*) *A speech full of comicalities*, un discours rempli de drôleries *f*. (*b*) *F:* **A queer little comicality,** un drôle de petit bonhomme; une drôle de petite bonne femme.

Comintern (the) [ðə'kɔmintəːrn], *s.* (*In Russia*) Le Komintern; le Parti communiste international.

comitadji [kɔmi'tadʒi], *s.* (*In the Balkans*) Comitadji *m*.

comitia [kɔ'miʃia], *s.pl.* *Rom.Ant:* Comices *m*.

comitial [kɔ'miʃiəl], *a.* Comitial, -aux.

comity ['kɔmiti], *s.* Courtoisie *f*, politesse *f*. *His c. of manner*, ses manières courtoises. **The comity of nations,** (i) le bon accord entre les nations; la courtoisie internationale; (ii) *F:* (par erreur d'interprétation) l'ensemble *m* des nations unies par des liens de courtoisie.

comma ['kɔma], *s.* **1.** (*a*) Virgule *f*. (*b*) **Inverted commas,** guillemets *m*. *To put a word in, between, inverted commas*, mettre un mot entre guillemets; guillemeter un mot; encadrer un mot de guillemets. *To begin, to close, the inverted commas*, ouvrir, fermer, les guillemets. *See also* BACILLUS. **2.** *Mus:* Comma *m*.

command[1] [kɔ'mɑːnd], *s.* **1.** Ordre *m*, commandement *m*. **To do sth. at, by, s.o.'s command,** agir d'après les ordres, suivant l'ordre, de qn. **To be at s.o.'s command,** être aux ordres de qn. **Word of command,** commandement. *At the word of c., on a gesture of c.*, au signal donné. **God's commands,** les commandements de Dieu. *To attend a ball at Court* **by royal command,** assister à un bal à la Cour sur l'ordre, sur l'invitation, du Roi. *Th:* **Command-performance,** représentation *f* de commande, commandée par le Roi. **2.** *Mil: etc:* (*a*) Commandement (*of*, de; *over*, sur); gouvernement *m* (d'une place forte). **To get a command,** être nommé à un commandement. *To be in, to assume, c. of a troop*, avoir, prendre, le commandement d'une troupe. *C. of an army, of an expedition*, conduite *f* d'une armée, d'une expédition. **Command-in-chief,** commandement en chef. **Second in command,** commandant *m* en second. *To be first, second, in c.*, commander en premier, en second. **In command of a battalion,** commandant un bataillon. **Under (the) command of . . .,** sous le commandement de. . . . *To enlist under the c. of . . .*, s'enrôler sous les ordres de. . . . **Sea-going command,** commandement à la mer. **The Higher Command** (*of the British army*), le commandement supérieur. **The High Command** (*of the German army*), le haut commandement. (*b*) (*Military region*) **The Southern Command,** le commandement territorial du Sud. (*c*) Troupes *f* (sous le commandement d'un chef). *He was adored by his c.*, il était adoré de ses troupes. **3.** (*a*) **To be in command of a pass, etc.,** commander, dominer, un défilé, etc. *Fort with low c.*, fort *m* de faible commandement. (*b*) **Command of a language,** connaissance *f*, maîtrise *f*, d'une langue. **To have several languages at one's command; to have a command of several languages,** avoir l'intelligence *f* de plusieurs langues; posséder plusieurs langues. **Command of language,** facilité *f* d'expression. *Com:* **Command of the world markets,** supériorité *f* sur les marchés mondiaux. (*c*) *Nau:* **Ship not under command,** navire *m* qui n'est pas maître de sa manœuvre. (*d*) **Command over oneself,** maîtrise de soi. *He has a wonderful c. over himself*, il se possède à merveille. *He has no c. over himself*, il ne sait pas se maîtriser. *See also* SELF-COMMAND. (*e*) **Command of the seas,** maîtrise des mers. (*f*) **The money at my command,** les fonds *m* à ma disposition, dont je peux disposer.

command[2], *v.tr.* **1.** Ordonner, commander (*sth.*, qch.; *s.o. to do sth.*, à qn de faire qch.). *He did what, as, I commanded him (to do)*, il a fait ce que je lui ai commandé, ordonné (de faire). *Abs. It is I who command*, c'est moi qui commande; c'est moi qui donne les ordres. **2.** (*a*) Commander (un navire, un régiment). *Abs.* **To command in chief,** commander en chef. (*b*) **To command oneself,** rester maître de soi. *To c. one's passions*, commander à ses passions; être maître de ses passions. *To c. one's temper*, se contenir. (*c*) *With money one commands the world*, avec de l'argent on est maître du monde. *See also* FILE[5] 2. **3.** Avoir (qch.) à sa disposition. *All the skill he could c.*, toute l'habileté qu'il possédait. *In an emergency I can c. a thousand pounds*, au besoin je pourrais disposer de mille livres. *You may c. me*, vous pouvez disposer de moi. **Yours to command,** à vos ordres; votre obéissant serviteur. **4.** (*a*) **To command respect, admiration,** commander, inspirer, le respect, l'admiration. **To command attention,** forcer l'attention. *He always commands the attention of his audience*, il est toujours maître de son auditoire. *To c. the market*, être maître du marché. (*b*) *To c. a high price*, se vendre à un haut prix. *See also* SALE 1. **5.** (*a*) (*Of fort, etc.*) Commander, dominer (une ville, l'entrée d'un détroit, etc.). *Battery that commands the defile*, batterie *f* qui défend le défilé. *Window that commands a view over the valley*, fenêtre *f* qui domine la vallée, qui a vue sur la vallée. (*b*) *Cards: To c. a suit*, avoir les cartes maîtresses d'une couleur; être maître dans une couleur.

commanding, *a.* **1. Commanding officer,** officier commandant; *Mil:* chef *m* de corps. **2.** *C. tone*, ton *m* d'autorité, de commandement. **3.** *C. presence*, air, port, imposant. *C. beauty*, beauté majestueuse. **4.** (Lieu) éminent. *C. position*, position dominante ou importante. *Shop in a c. position*, magasin admirablement situé. *C. spot*, éminence *f* (de terrain). **5.** *Nau:* **Commanding breeze,** brise *f* maniable.

commandant [kɔman'dant], *s.* **1.** Commandant *m* (d'une place forte, d'un arsenal, etc.). *See also* COLONEL 1. **2.** *Hist:* (*In S. Africa*) Chef *m* de commando.

commandantship [kɔman'dantʃip], *s.* Poste *m* de commandant.

commandeer [kɔman'diːər], *v.tr.* Réquisitionner.

commandeering, *s.* Réquisitionnement *m*, réquisition *f*.

commander [kɔ'mɑːndər], *s.* **1.** (*a*) *Mil:* Commandant *m*. **Commander-in-chief,** commandant en chef; généralissime *m*. *To be c.-in-chief of an army*, commander une armée en chef. (*b*) *Mil.Av:* **Wing commander,** lieutenant-colonel *m*, *pl.* lieutenants-colonels; commandant de groupe. (*c*) *Navy:* Capitaine *m* de frégate. *See also* LIEUTENANT-COMMANDER. *Aer:* Chef *m* de bord (d'un dirigeable). **2.** (*a*) (*Of knights*) Commandeur *m*. *See also* BATH[1] 1. (*b*) (*Of caliph*) **Commander of the Faithful,** commandeur des croyants. **3.** *Tls:* Dame *f*, demoiselle *f*; *Nau:* masse *f* (en bois); mailloche *f*.

commandership [kɔ'mɑːndərʃip], *s.* Commandement *m*; poste *m* de commandant ou de capitaine de frégate.

command(e)ry [kɔ'mɑːnd(ə)ri], *s.* *Hist:* Commanderie *f*.

commandment [kɔ'mɑːndmənt], *s.* Commandement (divin). **The ten commandments,** les dix commandements. *To break a c.*, violer un commandement. *To keep the commandments*, observer les commandements.

commando [kɔ'mando], *s.* (*In S. Africa*) Commando *m*.

commemorate [kɔ'memoreit], *v.tr.* Commémorer (qn, le souvenir de qn); solenniser, célébrer, rappeler, le souvenir de (qn, qch.). *Prize intended to c. s.o.*, prix destiné à honorer la mémoire de qn.

commemoration [komemo'reiʃ(ə)n], *s.* **1.** Commémoration *f*. *In c. of s.o., of sth.*, en commémoration, en mémoire, de qn, de qch. **2.** *Ecc:* Commémoraison *f*.

commemorative [kɔ'memoreitiv], *a.* Commémoratif (*of*, de). *Ecc:* **Commemorative prayer,** commémoraison *f*.

commence [kɔ'mens], *v.tr. & i.* **1.** Commencer (*sth.*, qch.). *To c. to do sth., to c. doing sth.*, commencer à, de, faire qch. *To c. by sth., by doing sth.*, commencer par qch., par faire qch. *C. work!* au travail! *Jur: To c. an action against s.o.*, intenter un procès contre qn. *Mil: To c. operations*, entamer les opérations. 2. *A. & F:* (*Pred.*) Débuter comme (professeur, etc.). *In* 1860 *he commenced politician*, en 1860 il fit son début dans la politique. *Sch:* **To commence B.A.**, prendre son grade de bachelier.

commencing, *a.* Qui commence. *His c. words*, ses premières paroles. **At a commencing salary of . . .**, aux appointements de début de. . . .

commencement [kɔ'mensmənt], *s.* 1. Commencement *m*, début *m*. *Ins:* **Commencement of a policy**, effet *m* d'une police. 2. *Sch:* Collation *f* des grades.

commend [kɔ'mend], *v.tr.* 1. (*a*) *To c. sth. to s.o., to s.o.'s care*, recommander, confier, qch. à qn, aux soins de qn; remettre qch. entre les mains de qn. *To c. one's soul to God*, recommander son âme à Dieu. *Hist: To c. a vassal to an overlord*, mettre un vassal sous la protection d'un suzerain. (*b*) *Ecc:* Commender (un bénéfice). 2. (*a*) Faire l'éloge de (qn); louer (qn, qch.); approuver. *To c. s.o. for his bravery*, louer qn de sa bravoure. *To c. one's wares*, faire valoir ses marchandises. *To c. s.o. for doing sth.*, applaudir, approuver, qn d'avoir fait qch. *She is to be commended for having persevered*, elle est louable d'avoir persévéré. *Conduct commended by . . .*, conduite *f* qui a obtenu l'approbation de. . . . (*b*) *If this view commends itself to the public*, si le public se range à cet avis. *A course of action that did not c. itself to me*, une ligne de conduite qui n'était pas à mon goût, à laquelle je ne pouvais pas donner mon approbation. 3. (*a*) *A:* **Commend me to him**, saluez-le de ma part. (*b*) *F:* **After a journey commend me to a good dinner**, après un voyage ce qui me plaît le plus, ce que je préfère, c'est un bon dîner; après un voyage rien de tel qu'un bon dîner.

commendable [kɔ'mendəbl], *a.* Louable; (action *f*) digne d'éloges. *He acted with c. promptness*, il a pris des mesures avec une louable promptitude. **-ably**, *adv.* Louablement, d'une manière louable.

commendam [kɔ'mendam], *s. Ecc: A:* Commende *f*. **To give a benefice in commendam**, commender un bénéfice.

commendation [kɔmen'deiʃ(ə)n], *s.* 1. Éloge *m*, louange *f*, approbation *f* (*of*, de). 2. **Letters of commendation**, lettres *f* de recommandation.

commendatory [kɔ'mendətəri], *a.* 1. Élogieux. 2. **Commendatory prayer**, prière *f* pour un mourant, pour un agonisant. 3. *Ecc:* (Abbé *m*, abbaye *f*) commendataire.

commensal [kɔ'mens(ə)l]. 1. *s. Esp. Biol:* Commensal *m*, -aux. 2. *a.* (*a*) Qui mange à la même table. (*b*) *Biol:* Commensal.

commensalism [kɔ'mensəlizm], *s. Biol:* Commensalisme *m*.

commensality [kɔmen'saliti], *s.* Commensalité *f* (de pensionnaires, etc.).

commensurability [kɔmenʃərə'biliti], **commensurableness** [kɔ'menʃərəblnəs], *s.* Commensurabilité *f* (*with*, avec).

commensurable [kɔ'menʃərəbl], *a.* 1. (*Of number, etc.*) Commensurable (*with, to*, avec). *Mind and space are not c.*, l'esprit *m* et l'espace *m* n'ont pas de commune mesure. 2. = COMMENSURATE 2.

commensurate [kɔ'menʃəret], *a.* 1. Coétendu (*with*, à). 2. Proportionné (*to, with*, à). *His success was not c. with his efforts*, son succès ne répondit pas à ses efforts. **-ly**, *adv.* Proportionnellement (*to, with*, à).

commensurateness [kɔ'menʃəretnəs], *s.* Commensurabilité *f*.

commensuration [kɔmenʃə'reiʃ(ə)n], *s. Mth:* Commensuration *f*.

comment[1] ['kɔment], *s.* (*a*) *A:* Commentaire *m*. (*b*) *Comments on a text*, observations *f* critiques, gloses *f*, sur un texte. *To make comments on a text*, commenter un ouvrage. *Comments on a work*, appréciation *f* d'un ouvrage. *C. is needless*, voilà qui se passe de commentaire. *To make a c. on sth.*, faire des observations sur qch.; commenter sur qch. **No comments, please!** point d'observations, s'il vous plaît! **To call for comment**, provoquer des critiques, des commentaires. *Jur:* **The judge's comment**, l'appréciation du juge.

comment[2] ['kɔment, kɔ'ment], *v.i.* 1. *To c. on a text*, commenter un texte; faire le commentaire d'un texte. 2. *F: To c. on s.o.'s behaviour*, commenter (sur), critiquer, la conduite de qn. *Several people commented on his absence*, plusieurs firent des observations sur son absence. *Nobody commented on the fact of his coming back so soon*, son retour prématuré ne provoqua pas de commentaires.

commentary ['kɔmentəri], *s.* 1. (*a*) Commentaire *m*, glose *f*. (*b*) *Lt.Lit:* **Caesar's Commentaries, the Commentaries on the Gallic Wars**, les Commentaires de César, les Commentaires de la Guerre des Gaules. 2. **Running commentary**, (i) commentaire point par point; *Sch:* lecture expliquée; (ii) *W.Tp:* radio-reportage *m* (d'un match, etc.). *To keep up a running c. on a match*, commenter un match au fur et à mesure.

commentation [kɔmen'teiʃ(ə)n], *s.* (Ensemble *m* des) commentaires *m*.

commentator ['kɔmenteitər], *s.* 1. Commentateur, -trice; annotateur, -trice; glossateur *m*. 2. *W.Tp:* Radio-reporter *m*, *pl.* radio-reporters.

commerce ['kɔmərs], *s.* 1. Le commerce (en gros); les affaires *f*. **Chamber of Commerce**, Chambre *f* de Commerce. 2. *Jur:* Commerce; rapports sexuels. 3. *A:* **Man of good commerce**, homme *m* d'un commerce agréable.

'commerce-destroyer, *s.* Bâtiment armé en course.

'commerce-destroying, *s.* Guerre *f* au commerce, guerre de course. *To go out c.-d.*, aller en course; faire la course.

commercial [kɔ'məːrʃ(ə)l]. 1. *a.* (*a*) Commercial, -aux. *C. street, town*, rue, ville, commerçante; ville marchande. *C. school*, école *f* de commerce. *C. bank*, banque commerciale, de commerce. *C. car*, voiture *f* utilitaire; véhicule commercial; automobile industrielle. *C. sulphuric acid*, acide *m* sulfurique du commerce. **Commercial law**, droit commercial; le Code de commerce. **Commercial Court**, section *f* du Tribunal du Banc du Roi pour le règlement des contestations commerciales urgentes. *C. value* (*of effects, etc.*), valeur marchande, valeur vénale. *C. efficiency* (*of machine*), rendement *m* économique; effet *m* utile. **The commercial world**, le commerce. (*b*) (Esprit *m*, transaction *f*) mercantile. 2. *s.m. F:* = *Commercial traveller, q.v. under* TRAVELLER 2. **Commercial room**, salle réservée aux voyageurs de commerce (dans un hôtel). **-ally**, *adv.* Commercialement.

commercialese [kɔməːrʃə'liːz], *s.* Style *m* du commerce.

commercialism [kɔ'məːrʃəlizm], *s.* Esprit commercial; mercantilisme *m*.

commercialize [kɔ'məːrʃəlaiz], *v.tr.* Commercialiser.

commination [kɔmi'neiʃ(ə)n], *s.* 1. *Ecc:* Commination *f*. 2. *F:* Dénonciation *f*; menaces *fpl*.

comminatory ['kɔminətəri], *a.* Comminatoire.

commingle [kɔ'miŋgl]. 1. *v.tr.* Mêler ensemble; mélanger. 2. *v.i.* Se mêler (*with*, avec); se mélanger.

comminute ['kɔminjut], *v.tr.* 1. Pulvériser, porphyriser, réduire en fragments (du marbre, etc.); grenailler (un métal). *Surg:* Comminuer (un os). **Comminuted fracture**, fracture esquilleuse, comminutive; comminution *f*. 2. Morceler (une propriété).

comminution [kɔmi'njuːʃ(ə)n], *s.* 1. Comminution *f* (d'un os); pulvérisation *f*, porphyrisation *f* (du marbre). *Metalw:* Grenaillement *m*. 2. Morcellement *m*.

commiserate [kɔ'mizəreit], *v.tr. & i.* **To commiserate s.o.**, *F:* **with s.o.**, s'apitoyer sur le sort de qn; compatir à la misère de qn; témoigner de la commisération à qn.

commiseration [kɔmizə'reiʃ(ə)n], *s.* Commisération *f*, compassion *f* (*with*, pour).

commiserative [kɔ'mizərətiv], *a.* Compatissant. **-ly**, *adv.* Avec compassion.

commissar [kɔmi'sɑːr], *s. Russ.Adm:* Commissaire *m* (du peuple).

commissarial [kɔmi'sɛəriəl], *a.* Qui relève du délégué, de l'intendance, ou du vicaire général.

commissariat [kɔmi'sɛəriət], *s.* 1. *Mil:* (*a*) Intendance *f* (militaire). *Navy c.*, intendance maritime. (*b*) Les vivres *m*. *C. department*, administration *f* des vivres. 2. *Russ.Adm:* Service *m*; ministère *m*.

commissary ['kɔmisəri], *s.* 1. Commissaire *m*, délégué *m*. *C. for Foreign Affairs*, commissaire aux Affaires étrangères. 2. *Mil:* (*a*) Officier *m* d'intendance; intendant *m*. **Commissary general**, intendant général d'armée. (*b*) *U.S:* (i) Dépôt *m* de vivres; (ii) *pl.* vivres *m*. 3. *Ecc:* Grand vicaire (délégué par l'évêque).

commissaryship ['kɔmisəriʃip], *s.* 1. Fonctions *fpl* de commissaire, de délégué. 2. *Mil:* Intendance *f*.

commission[1] [kɔ'miʃ(ə)n], *s.* Commission *f*. 1. Délégation *f* (de devoirs, d'autorité). 2. (*a*) Brevet *m*, titre *m*. **Commission of the peace**, charge *f* de juge de paix. **Magistrate on the commission**, juge *m* de paix dans l'exercice de ses fonctions. **To have it in one's commission to do sth.**, être chargé par délégation de faire qch. *Navy:* **To have a roving commission**, avoir liberté de manœuvre, de croisière. (*b*) *Mil:* = Brevet (d'officier). **To resign, throw up, one's commission**, démissionner; donner sa démission. **Commission rank**, grade *m*, rang *m*, d'officier. 3. Ordre *m*, mandat *m*, commande *f*, mission *f*. *Work done* **on commission**, travail fait sur commande. *To carry out a c.*, s'acquitter d'une commission, d'un mandat, d'une mission. 4. Commission (parlementaire, etc.). *Sporting c.*, commission sportive. *Pol:* **Royal Commission**, commission d'enquête ordonnée par décret parlementaire. **To put an office into commission**, déléguer des fonctions à un comité. *See also* ECCLESIASTICAL. 5. *Nau:* Armement *m* (d'un navire). **To put a ship into commission**, armer un vaisseau. **Ship in commission**, vaisseau en commission, en armement. *Aeroplane in c.*, avion *m* en service. **To put a ship out of commission**, désarmer un vaisseau; mettre un vaisseau en réserve. (*Of ship*) *Out of c.*, désarmé, en réserve. *F: My car is in c. all the year round*, mon auto *f* marche, est en service, d'un bout de l'année à l'autre. 6. *Com:* Commission; pourcentage *m*; *F:* guelte *f* (sur ventes). *Sale on c.*, vente *f* à la commission. *Three per cent c.*, trois pour cent de commission. *To charge* 5% *c.*, prendre une commission de 5%. *To appoint s.o. as buyer on c.*, commissionner qn. *Illicit c.*, remise *f* illicite; *F:* pot *m* de vin. *See also* GUARANTEE-COMMISSION, HALF 2. 7. Perpétration *f* (d'un crime). *See also* OMISSION 2.

com'mission-agency, *s.* Maison *f* de commission.

com'mission-agent, *s.* Représentant *m* à la commission; commissionnaire *m* en marchandises. *Firm of commission-agents*, maison *f* de commission.

com'mission-day, *s. Jur:* Jour *m* de l'ouverture des assises (où il était autrefois donné lecture du mandat du juge).

commission[2], *v.tr.* 1. (*a*) Commissionner (qn). *To c. s.o. to do sth.*, charger qn de faire qch. *To c. s.o. to buy sth.*, donner à qn pleins pouvoirs pour acheter qch., la commission d'acheter qch. *To c. an artist to paint a portrait*, faire à un artiste la commande d'un tableau. *To be commissioned to do sth.*, être chargé, avoir mission, avoir la commission, de faire qch. (*b*) Préposer, déléguer, (qn) à une fonction; investir (qn) d'un pouvoir; nommer (un officier) à un commandement. (*c*) Commander (un livre, un tableau). *Work commissioned by the publisher*, ouvrage écrit sur la commande de l'éditeur. 2. *Nau:* (*a*) Armer (un navire). (*b*) *v.i.* (*Of ship*) Armer; entrer en armement.

commissioned, *a.* 1. Muni de pouvoirs; commissionné, délégué. 2. (Vaisseau) en commission, en armement; (vaisseau) armé. 3. *Mil:* **Commissioned officer**, officier *m*. *See also* NON-COMMISSIONED.

commissioning, *s.* 1. Délégation *f*. 2. Nomination *f* (d'un officier) à un commandement. 3. *Nau:* Armement *m*.

commissionaire [kɔmiʃə'nɛər], *s.* Commissionnaire *m*. 1. Chasseur *m* (d'hôtel). 2. Messager patenté (sociétaire du *Corps of Commissionaires*, association de vétérans d'une capacité et d'une probité éprouvées).

commissioner [kɔ'miʃənər], *s.* Commissaire *m*. (*a*) Membre *m* d'une commission. (*b*) Délégué *m* d'une commission. **Commissioner of police** = préfet *m* de police. **The Commissioners of**

Inland Revenue = le fisc. **The Civil Service Commissioners,** le corps chargé du recrutement des fonctionnaires (par voie de concours). **Commissioner for oaths,** officier ministériel (le plus souvent un *solicitor*) ayant qualité pour recevoir les déclarations sous serment. **Lord High Commissioner,** délégué de la Couronne à l'Assemblée générale de l'Église d'Écosse. **Wreck Commissioner,** commissaire des naufrages. *See also* AUDIT[1] 1, CHARITY 3, ECCLESIASTICAL.

commissionership [ko'miʃənərʃip], *s.* **1.** Nomination *f* aux fonctions de *commissioner*. **2.** Fonctions *fpl* de *commissioner*.

commissoria lex [kɔmi'sɔːriəleks], *s. Jur:* Clause *f*, pacte *m*, commissoire.

commissural [ko'miʃjur(ə)l], *a. Anat: etc:* Commissural, -aux.

commissure ['kɔmiʃjuər], *s.* Commissure *f* (des lèvres, etc.). **Optic commissure,** chiasma *m*. **The great commissure,** la grande commissure cérébrale.

commit [ko'mit], *v.tr.* **(committed) 1.** Commettre, confier, livrer, remettre (*s.o., sth., to s.o.'s care*, qn, qch., aux soins, à la garde, de qn). *To c. a body to the earth*, livrer un corps à la terre. *To c. a MS. to the flames*, livrer un MS. aux flammes; brûler un MS. **To commit one's soul to God,** remettre, résigner, rendre, son âme à Dieu. *To c. oneself to Providence*, s'abandonner à la Providence. **To commit sth. to writing,** coucher qch. par écrit. *See also* MEMORY 1. **2.** *Jur:* **To commit s.o. to prison,** *abs.* **to commit s.o.,** (i) délivrer un mandat de dépôt contre qn; (ii) envoyer qn en prison; écrouer qn. **To commit s.o. for trial,** (i) mettre qn en accusation; (ii) renvoyer (un prévenu) aux assises. *Committed for trial*, détenu préventivement; en état de prévention; renvoyé devant la cour d'assises. **3.** *Pol:* **To commit a bill,** renvoyer un projet de loi à une commission. **4.** (*a*) Engager (sa parole d'honneur, etc.). *His reputation as a doctor is committed*, il y va de sa réputation de médecin. (*b*) *To c. troops*, engager des troupes à fond. *The troops were too deeply committed to be withdrawn*, les troupes étaient trop engagées pour qu'il fût possible de les rappeler. (*c*) **To commit oneself,** se compromettre. *To stand, be, committed to sth., to do sth.*, être engagé à qch., à faire qch.; être tenu de faire qch. *I am too deeply committed to draw back*, je suis trop engagé pour reculer. **Without committing myself,** sans me compromettre; sous toutes réserves; sans m'engager. **5.** Commettre, *Jur:* perpétrer (un crime); commettre (une erreur, une indiscrétion). *See also* OFFENCE 4, SUICIDE[2].

commitment [ko'mitmənt], *s.* **1.** = COMMITTAL. **2.** Engagement financier. *My commitments do not allow me to . . .*, mes engagements ne me permettent pas de. . . .

committable [ko'mitəbl], *a.* **1.** Que l'on peut commettre. **2.** (Prévenu *m*) qu'il y a lieu de renvoyer aux assises.

committal [ko'mit(ə)l], *s.* **1.** Délégation *f* (d'une tâche, etc.) (*to*, à). **2.** (*a*) *C. of a body to the earth*, mise *f* en terre d'un cadavre. *C. to the flames*, incinération *f* (d'un cadavre). *C. to the deep*, immersion *f* (d'un cadavre). **Committal service, prayers,** service *m*, prières *f*, au bord de la tombe. (*b*) *Jur:* Emprisonnement *m*, mise en prison; incarcération *f*. **Committal order,** mandat *m* de dépôt (d'un prévenu). **Committal for trial,** détention préventive, mise en prévention; mise en accusation; renvoi *m* aux assises. **3.** Renvoi (d'un projet de loi) à une commission. **4.** Perpétration *f* (d'un délit). **5.** Engagement *m* (de sa parole).

committee [ko'miti], *s.* **1.** Comité *m*, commission *f*, conseil *m*. *To be on a c.*, **to sit on the committee,** être membre, faire partie, d'un comité, etc. **Committee meeting,** réunion *f* du comité, etc. **Executive committee** (*of an association*), bureau *m* (d'une société); (*of a political party, a union, etc.*) commission exécutive (d'un parti politique, d'un syndicat, etc.). *C. of management*, conseil d'administration. *Defence c.*, commission de défense. *Sp: etc: Organizing c.*, comité d'organisation. *Th: Selection c.*, comité de lecture. *See also* HANGING[2] 1. **The Stock Exchange Committee** = la Chambre syndicale des agents de change. *Jur:* **Committee of inspection,** délégation *f* de créanciers chargés de la surveillance d'une faillite. *Parl:* **The House resolves itself into committee, goes into committee,** la Chambre se constitue en comité. *To send a bill to a c.*, renvoyer un projet de loi à, devant, une commission. **Standing committee,** commission permanente. **Committee of ways and means, committee of supply** = Commission du budget. **Committee rooms** (*of parliamentary candidate*), permanence électorale. **Committee-man,** membre du comité; *Pej:* comitard *m*. **2.** *Jur:* [kɔmi'tiː] Tuteur, -trice, curateur, -trice, d'un dément ou d'un faible d'esprit (désigné(e) par le *Lord Chancellor*).

commix [ko'miks], *v.tr. Poet:* = COMMINGLE.

commixture [ko'mikstjər], *s.* Mélange *m*.

commodate ['kɔmodet], **commodatum** [kɔmo'deitəm], *s. Jur:* (*Scot.*) Commodat *m*; prêt *m* à usage.

commode [ko'moud], *s. Furn:* **1.** Commode *f*. **2. (Night) commode,** chaise percée; *A:* garde-robe *f*, *pl.* garde-robes.

commodious [ko'moudjəs], *a.* Spacieux. *We have c. apartments*, nous sommes logés spacieusement. **-ly,** *adv.* Spacieusement.

commodiousness [ko'moudjəsnəs], *s.* Amples dimensions *f* (d'une maison, d'une pièce, etc.).

commodity [ko'mɔditi], *s.* **1.** Marchandise *f*, denrée *f*, produit *m*; article *m* (d'usage journalier). *Primary c., basic c.*, produit de base. *Silks and other commodities*, les soieries *f* et autres marchandises. *Vegetables and other commodities*, les légumes *m* et autres denrées. *We still need pots and pans and other similar commodities*, il nous manque encore des pots et casseroles, et autres articles de ce genre. **2. Commodity credits,** crédits commerciaux.

commodore ['kɔmodɔːr], *s.* **1.** (*a*) *Navy:* Chef *m* de division (par intérim); (*Brit. & U.S:*) commodore *m*. (*b*) *Navy:* Le capitaine le plus ancien (d'un détachement). (*c*) Le capitaine le plus ancien d'une flotte marchande. (*d*) Le capitaine (d'un corps de pilotes, d'un yacht-club). **2.** *Mil. Av:* **Air-commodore,** général *m* de brigade. **3.** (*Ship*) Le vaisseau du commodore; le navire principal d'une flotte marchande.

Commodus ['kɔmodəs]. *Pr.n.m. Rom.Hist:* Commode.

common[1] ['kɔmən], *a.* Commun. **1.** (*a*) *Staircase c. to two flats*, escalier commun à deux appartements. *C. wall*, mur commun, mitoyen. *C. report*, rumeur publique; *Jur:* commune renommée. *C. property*, choses communes; propriété possédée en commun. *We have c. interests*, nous avons des intérêts communs; l'intérêt nous lie. *The c. opinion*, l'opinion courante. *It is a c. experience*, c'est une chose qui nous arrive à tous. *Let this be said to our c. praise*, ceci soit dit à notre louange à tous. *Gram:* **Common noun,** nom commun. *Mth:* **Common divisor,** commun diviseur. *See also* CAUSE[1] 3, CONSENT[1], FACTOR 2, GENDER 1, GOOD II. 1, GROUND[2] 5, KNOWLEDGE 1, MULTIPLE 2, OWNERSHIP, PRAYER[1] 1, SENSE[1] 4. (*b*) Public. **Common crier,** crieur public. **Common prostitute,** *c. woman*, fille publique. **The common gaol,** la maison d'arrêt (commune). **The common hangman,** le bourreau (au service de l'État). *See also* CARRIER 1, COMMONWEAL, JURY[1] 1, LAW[1] 3, LAWYER, LODGING-HOUSE 2, PLEA 1. **2.** (*a*) Ordinaire. *C. price*, prix courant. *C. occurrence*, chose fréquente, qui arrive souvent. *C. honesty*, la probité la plus élémentaire. **In common use,** d'usage courant. **In common parlance,** en langage ordinaire. (*Of news, etc.*) **To be common talk,** courir les rues. *He is no c. being*, ce n'est pas un être ordinaire; c'est un être à part. *It is c. to dine in the evening*, il est d'usage de dîner le soir. *The c. soldiery*, les simples soldats *m*. *C. salt*, sel commun, sel de cuisine. *C. or garden cabbage*, chou commun. *F:* **The common or garden way of setting about it,** la manière ordinaire de s'y prendre. *What's on at the theatre?—Only one of these c. or garden revues*, qu'y a-t-il au théâtre? —Rien qu'une de ces revues tout à fait banales. **They are as common as blackberries, as dirt,** les rues en sont pavées. *See also* FORM[1] 3, INFORMER, RUN[1] 7, TIME[1] 11. (*b*) De peu de valeur. *C. material*, étoffe *f* ordinaire. *The c. people*, les gens du peuple; le menu peuple; le vulgaire. *C. man*, homme *m* du commun. *See also* HERD[1]. **3.** Vulgaire, trivial. *C. manners*, manières vulgaires, communes. *C. accent*, accent faubourien, plébéien. *The duchess was rather c.*, la duchesse manquait de distinction. *I don't like these c. expressions*, ces expressions triviales, ces trivialités *f*, me déplaisent. *To put a c. touch to a thought*, embourgeoiser une pensée. **-ly,** *adv.* **1.** Communément, ordinairement, généralement; pour la plupart. *That c. happens*, ça c'est une affaire de tous les jours; ça arrive souvent. *What is c. known as . . .*, ce qu'en langage courant on est convenu d'appeler. . . . **2.** Vulgairement. *To dress c.*, s'habiller de façon vulgaire.

'common-room, *s. Sch:* **1.** Salle commune. **2.** (*a*) Salle des professeurs. (*b*) *F:* Le personnel enseignant.

common[2], *s.* **1.** (*a*) Pâtis *m*, lande *f*, friche *f*. (*b*) Terrain, pré, communal; *Jur:* vaine pâture. *The village c.*, le communal, les communaux, du village. (*c*) *Jur:* **Common (right), (right of) common,** (droits *mpl* de) servitude *f*; usage *m*; *esp.* droit de pâturage, de (vaine) pâture. **Common of pasture, of pasturage,** droit(s) de pâture, de pacage. *See also* ESTOVERS, PISCARY, TURBARY[1] 2. **2. To have sth. in common with s.o.,** avoir qch. en commun avec qn. *To have interests in c.*, avoir des intérêts communs. *They have nothing in c.*, ils n'ont rien de commun; *F:* ils ne se chauffent pas du même bois. *To put one's funds in c.*, faire bourse commune. **He is a man out of the common,** c'est un homme transcendant, hors ligne, comme on en voit peu. *It is out of the c.*, cela sort de l'ordinaire. *Situation out of the c.*, situation *f* peu ordinaire. **Nothing out of the common,** rien d'extraordinaire. **3.** *R.C.Ch:* **The common of martyrs,** le commun des martyrs.

commonage ['kɔmənedʒ], *s.* **1.** (*a*) (i) Droit *m* de vaine pâture; (ii) droit de parcours. (*b*) Vaine pâture. **2.** Communauté *f* (de jouissance, etc.). **3.** La bourgeoisie; le tiers état.

commonalty ['kɔmənəlti], *s.* **The commonalty,** (i) le commun des hommes, *F:* des mortels; la communauté (humaine); (ii) la bourgeoisie, le tiers état; *A:* les roturiers, la roture; (iii) corporation *f*, corps *m*.

commoner ['kɔmənər], *s.* **1.** Homme *m*, femme *f*, du peuple; bourgeois, -oise; *A:* roturier *m*. **2.** *Jur:* (*Having right of common*) Usager *m* d'une servitude, p. ex. du droit de vaine pâture. **3.** *Occ.* Membre *m* de la Chambre des Communes. *F:* **The First Commoner** = *the speaker, q.v. under* SPEAKER 3. *Hist:* **The Great Commoner,** Lord Chatham. **4.** *Sch:* Étudiant *m* ordinaire (à Oxford). (*Cf.* PENSIONER 3.) *See also* GENTLEMAN-COMMONER.

commonness ['kɔmənnəs], *s.* **1.** Fréquence *f* (d'un événement). **2.** Banalité *f* (de style); vulgarité *f* (d'une personne).

commonplace ['kɔmənpleis]. **1.** *s.* (*a*) Vérité *f* d'ordre général; lieu commun. (*b*) Banalité *f*, trivialité *f*. *Conversational commonplaces*, phrases *f* d'usage. *To write nothing but commonplaces*, n'écrire que des platitudes, des pauvretés. (*c*) **Commonplace-book,** mémorandum *m*; recueil *m* de faits notables, de citations, de lieux communs. **2.** *a.* Banal, -aux; terre-à-terre. *C. person*, personne médiocre. *He is a very c. kind of man*, c'est un homme très quelconque. *It is becoming c.*, cela tombe dans le banal. **In a commonplace manner,** banalement. *To make sth. c.*, banaliser qch.

commonplaceness [kɔmən'pleisnəs], *s.* Banalité *f*.

commons ['kɔmənz], *s.* **1.** (*a*) Le peuple; le tiers état. (*b*) **The House of Commons, la Chambre des Communes. He sits in the Commons,** il siège aux Communes. **2.** *Sch:* (*a*) Ordinaire *m* (de la table). *F:* **To be on short commons,** faire maigre chère; être réduit à une maigre pitance, à la portion congrue; *F:* se serrer le ventre, la ceinture. *To keep s.o. on short c.*, compter les morceaux à qn; mesurer la nourriture à qn. *During the siege we were on short c.*, pendant le siège nous étions rationnés. (*b*) (*At Oxford and Cambridge*) Portions à prix fixe délivrées aux étudiants par la dépense du collège. **3.** *A:* (*With sg. concord*) Table *f* de l'ordinaire. *See also* DOCTORS' COMMONS.

commonweal (the) [ðə'kɔmənwi:l], *s.* Le bien de la patrie; le bien public; la chose publique.

commonwealth ['kɔmənwelθ], *s.* **1.** État *m.* **The Commonwealth**, la chose publique. **2.** *Hist:* **The Commonwealth of England**, la République d'Angleterre (1649–60). **The Commonwealth of Australia**, le Commonwealth d'Australie. *F: The C. of learning*, la république des lettres. **3.** *A:* = COMMONWEAL.

commorientes [kɔmmɔri'enti:z], *s.pl. Jur:* Co-mourants *m.*

commotion [kə'mouʃ(ə)n], *s.* **1.** Confusion *f*, agitation *f*, commotion *f*, ébranlement *m. World c.*, secousse universelle. *In a state of c.*, en émoi. *The news made a great c.*, la nouvelle occasionna un grand branle-bas. *The c. in the streets*, le brouhaha de la rue. *To create a c.*, faire (de l')éclat. *F:* **To make a commotion (about sth.)**, (i) faire des histoires, des embarras (à propos de qch.); (ii) faire de l'esclandre. *To make a great c. about very little work*, faire plus de bruit que de besogne, plus de remous que de sillage. **2.** Troubles *mpl*; agitation (parmi le peuple). *Popular c.*, mouvement *m* populaire.

communal ['kɔmjun(ə)l], *a.* **1.** (*a*) *A:* (Moulin, four) banal. (*b*) Communal. *C. forest*, forêt communale. *C. life*, la vie commune, de communauté. *Jur:* **Communal estate**, communauté (conjugale). *To bring one's property into the c. estate*, ameublir ses immeubles. *Inclusion of realty in the c. estate*, ameublissement *m* d'immeubles. *See also* KITCHEN 1, TENURE 2. **2.** *Fr.Hist:* (1871) De la Commune.

communalism ['kɔmjunəlizm], *s.* Théorie *f* communaliste de l'État; théorie de la décentralisation des pouvoirs.

communalist ['kɔmjunəlist], *s. Fr.Pol:* Communaliste *mf.*

communalistic [kɔmjunə'listik], *a.* Communaliste.

commune[1] ['kɔmju:n], *s. Adm:* Commune *f.*

commune[2] [kə'mju:n], *v.i.* **1.** *Lit:* Converser, s'entretenir (*with s.o.*, avec qn). **To commune with oneself**, rentrer en soi-même; se recueillir (sur soi-même). **2.** *Ecc: U.S:* Communier.

communicability [kɔmju:nikə'biliti], **communicableness** [kə'mju:nikəblnəs], *s.* Communicabilité *f.*

communicable [kə'mju:nikəbl], *a.* Communicable. *Med:* Contagieux.

communicant [kə'mju:nikənt], *s.* **1.** Informateur, -trice. **2.** *Ecc:* Communiant, -ante. *To be a regular c.*, fréquenter les sacrements.

communicate [kə'mju:nikeit]. **1.** *v.tr. To c. (sth.) to sth., to s.o.*, communiquer (la chaleur, le mouvement, etc.) à qch.; communiquer, faire connaître, faire parvenir (une nouvelle, etc.) à qn; donner (une maladie) à qn. *To c. a document to s.o.*, donner communication d'un document à qn. **2.** *v.i.* (*a*) *To c. with s.o.*, communiquer avec qn; entrer en communication, en relations, en rapport, avec qn. *To c. with the police*, se mettre en rapport avec la police. *To c. by letter*, communiquer par lettre; (*of two pers.*) s'écrire; correspondre. (*b*) *Rooms that c. with one another*, chambres qui communiquent entre elles, qui se commandent. *Door that communicates with the garden*, porte *f* qui communique au, avec le, jardin, qui donne accès au jardin. *Bell that communicates with the porter's lodge*, sonnette *f* qui correspond à la loge. **3.** *Ecc:* (*a*) *v.tr.* Communier (qn). (*b*) *v.i.* Communier; recevoir la communion.

communicating, *a.* Communicant. *C. rooms*, chambres *f* communicables. *C. doors*, portes *f* de communication. *Mil: C. trench*, boyau *m*, tranchée *f*, de communication.

communication [kəmju:ni'keiʃ(ə)n], *s.* Communication *f.* **1.** (*a*) *C. of a piece of news to s.o.*, communication d'une nouvelle à qn. (*b*) *To read a c.*, lire une communication. *Please regard our c. as confidential*, veuillez bien considérer ces renseignements comme confidentiels. *You'll be getting another unpleasant c., F:* vous allez encore recevoir du papier timbré. **2.** **To get into communication, to effect a communication, with s.o.**, communiquer avec qn; se mettre, entrer, en communication, en relations, avec qn. *To be in c. with . . .*, être en relation avec. . . . *To be in close c. with one another*, être en relations suivies. *To be in (secret) c. with the enemy*, avoir des intelligences avec l'ennemi. *To break off all c. with s.o.*, rompre tout commerce, toutes relations, avec qn. **3.** Voie *f* d'accès. **Line of communication**, voie d'intercommunication. **Means of communication**, moyens *m* (i) de communication, (ii) de transport. *Rail:* **Communication cord**, corde *f* de signal d'alarme; corde de secours; sonnette *f* d'alarme. *See also* THROUGH-COMMUNICATION. *Mil:* **Communication lines**, lignes *f* de communication. *See also* TRENCH[1] 2.

communicative [kə'mju:nikətiv], *a.* **1.** Communicatif; expansif. **2.** *A:* Contagieux. **-ly**, *adv. To be c. disposed*, être disposé à l'expansion; être d'humeur bavarde, expansive.

communicativeness [kə'mju:nikətivnəs], *s.* Caractère communicatif, expansif; humeur bavarde.

communicator [kə'mju:nikeitər], *s.* **1.** (*Pers.*) Débiteur, -euse (de nouvelles). **2.** *Mec.E:* Communicateur *m* (de mouvement, etc.).

communion [kə'mju:njən], *s.* **1.** Communication *f*, commerce *m*, relations *fpl*, rapports *mpl* (*with s.o.*, avec qn). **To hold communion with s.o.**, être en communion d'esprit avec qn. **Self-communion**, recueillement *m.* **2.** Union *f* dans une même foi; communion *f. To belong to the same c.*, appartenir à la même communion. **The communion of saints**, la communion des saints. **3.** *Ecc:* **The (Holy) Communion**, la communion, la (Sainte) Cène; le banquet céleste. *The c. service*, la célébration de la communion; *R.C.Ch:* l'office *m* du saint Sacrement; la messe. **Communion cloth**, nappe *f* de communion. **Communion cup**, calice *m.* **The Communion table**, la Sainte Table. **Communion-rail** = ALTAR-RAIL. *To administer Holy C. to s.o.*, administrer la sainte communion à qn; donner la communion à qn; communier qn. *To take (Holy) C.*, communier; recevoir la sainte communion; s'approcher de la Sainte Table; (*in Prot. Ch*) faire la Cène. *To make one's Easter C.*, faire sa communion pascale; *F:* faire ses pâques.

communiqué [kə'mju:nike], *s.* Communiqué *m.*

communism ['kɔmjunizm], *s. Pol.Ec: Pol:* Communisme *m.*

communist ['kɔmjunist], *s.* **1.** *Pol.Ec: Pol:* Communiste *mf.* **2.** *Fr.Hist: F:* (1871) Communard *m.*

communistic [kɔmju'nistik], *a.* Communiste.

community [kə'mju:niti], *s.* **1.** Communauté *f* (de biens, d'intérêts, etc.); communité *f* (de biens); solidarité *f* (d'intérêts). **2.** Communauté, identité *f* (de goûts, etc.). **3.** *Ecc:* Communauté (religieuse); ordre *m* (monastique). **4.** (*a*) **The community**, l'État *m*, le public. *Harmful to the c.*, nuisible au public, à la communauté. *All classes of the c.*, toutes les classes de la société. (*b*) Société (de personnes); collectivité *f. The Jewish c.*, la communauté juive. (*c*) **Community singing**, chant *m* en commun; chant choral. (*d*) *U.S:* **Community centre**, salle *f* de récréation (d'une agglomération rurale, etc.). **Community chest**, fonds *m* de secours.

communize ['kɔmjuna:iz], *v.tr.* Répartir (les biens) en commun.

commutability [kɔmjutə'biliti], *s.* **1.** Permutabilité *f.* **2.** *Jur:* Commuabilité *f* (d'une peine).

commutable [kə'mju:təbl], *a.* **1.** Permutable; interchangeable. **2.** *Jur:* (Peine *f*) commuable. *Offences not c. by fine*, délits *m* dont la peine ne peut être commuée en amende.

commutate ['kɔmjuteit], *v.tr. El.E:* Commuter, permuter (le courant).

commutating, *s.* Commutation *f.* **Commutating-machine**, commutatrice *f*; machine *f* à courant redressé.

commutation [kɔmju'teiʃ(ə)n], *s.* **1.** (*a*) Commutation *f. Jur: C. of sentence*, commutation de peine. (*b*) *Jur: C. of an easement, of a right of user*, rachat *m* d'une servitude. *Hist:* **The Commutation Act** (1836), loi *f* autorisant la commutation en rente annuelle des dîmes payées en nature. **2.** *Rail: U.S:* **Commutation ticket**, carte *f* d'abonnement. **Commutation passenger**, abonné, -ée.

commutative [kə'mjutətiv, 'kɔmjuteitiv], *a.* Commutatif. *Esp. Jur:* **Commutative contract**, contrat commutatif.

commutator ['kɔmjuteitər], *s. El:* Commutateur *m*; collecteur *m. C. ring*, bague *f* de collecteur. *C. rectifier, rectifying c.*, permutatrice *f.* **Commutator-bar**, lame *f*, touche *f*, segment *m*, de collecteur.

commute [kə'mju:t], *v.tr.* **1.** Permuter, interchanger (des emplois). **2.** (*a*) Échanger (*for, into*, pour, contre); racheter (une servitude). *To c. an annuity into, for, a lump sum*, racheter une rente par un versement global. (*b*) *Jur: To c. a penalty into, for, another*, commuer une peine en une autre. (*c*) *Rail: U.S:* (i) **To commute a fare**, prendre un abonnement au lieu d'un billet quotidien. (ii) *Abs.* S'abonner; prendre un abonnement. **3.** *El.E:* = COMMUTATE.

commuter [kə'mju:tər], *s. Rail: U.S:* Abonné, -ée.

Como ['koumo]. *Pr.n. Geog:* Côme. **The Lake of Como**, le lac de Côme.

Comoro ['kɔmoro]. *Pr.n. Geog:* **The Comoro Islands**, les (îles) Comores *f.*

comose [kou'mous], *a.* = COMATE.

compact[1] ['kɔmpakt], *s.* Convention *f*, accord *m*, pacte *m*, contrat *m*, convention *f.* **The social compact**, le contrat social. **By general compact**, d'un commun accord. *Hist:* **The Family Compact**, le Pacte de famille (entre les Bourbons).

compact[2] [kəm'pakt], *a.* **1.** Compact; de faible encombrement; serré, resserré, tassé, ramassé; (terrain) liant; (style) concis. *The machine is c. without being cramped*, bien que resserrés tous les organes (de la machine) sont accessibles. *His c. little figure*, sa petite personne trapue. **2.** *Lit:* Formé, composé (*of*, de). *Mind c. of formulas*, esprit bourré, pétri, de formules. **-ly**, *adv.* D'une manière compacte.

compact[3] ['kɔmpakt], *s. Toil:* **1.** Poudre compacte; fard compact. **2.** Poudrier *m* (de sac à main); boîte *f* à poudre; montre *f* à poudre; clou *m.*

compact[4] [kəm'pakt], *v.tr.* **1.** Rendre (qch.) compact; unir (des éléments), tasser (de la neige). **2.** *To be compacted of . . .*, être formé, composé, de. . . .

compactness [kəm'paktnəs], *s.* Caractère compact, compacité *f* (d'une masse, etc.); concision *f* (de style).

compactum [kəm'paktəm], *s. Com:* = COMPACT[3].

companion[1] [kəm'panjən], *s.* **1.** (*a*) Compagnon, *f.* compagne. *Companions in distress*, compagnons d'infortune. *His faithful c.*, son fidèle Achate. *He was my c. in all my travels*, il m'a accompagné dans tous mes voyages. *Bad companions*, mauvaises fréquentations. *See also* BOON[2], STABLE-COMPANION. (*b*) **(Lady-) companion**, dame *f* ou demoiselle *f* de compagnie. (*c*) Compagnon (d'un ordre). *See also* BATH[1] 1. **2.** (*a*) (*As title of book*) Manuel *m*, vade-mecum *m.* (*b*) **Lady's companion**, nécessaire *m* à ouvrage. **3.** Pendant *m* (à un livre, un tableau, etc.). *This is a c. picture to the other*, ce tableau fait pendant à l'autre. **4.** *Attrib.* **Companion crops**, cultures associées.

com'panion-in-arms, *s.* Compagnon *m* d'armes.

com'panion-screw, *s.* Vis femelle; vis creuse.

companion[2]. **1.** *v.tr.* Tenir compagnie à (qn); accompagner (qn, qch.). **2.** *v.i. To c. with s.o*, tenir compagnie à qn; fréquenter qn. *To c with sth.*, aller de pair avec qch.

companion[3], *s. Nau:* **1.** **Companion(-hatch, -head)**, capot *m* (de descente, d'échelle); dôme *m.* **2.** **Companion(-ladder)**, (i) échelle *f* d'honneur, de commandement; (ii) échelle des cabines. **Companion(-way)**, (i) entrée *f* de capot; (ii) escalier *m* des cabines. **Main companion**, escalier central.

companionable [kəm'panjənəbl], *a.* Sociable; d'une société agréable. **-ably**, *adv.* Sociablement.

companionableness [kəm'panjənəblnəs], *s.* Sociabilité *f.*

companionate [kəm'panjənet], *a. U.S:* **Companionate marriage**, union *f* libre (et stérile).

companionship [kəm'panjənʃip], *s.* **1.** (*a*) Compagnie *f. I enjoyed his c. during the whole journey*, je l'ai eu comme compagnon pendant tout le voyage. *We lived in close c.*, nous vivions entre nous. *C. of one's fellows*, société *f* de ses semblables. (*b*) Camaraderie *f*. **2.** *Typ:* Commandite *f*; équipe *f* travaillant en commandite. **3.** Dignité *f* de compagnon (d'un ordre).

company[1] ['kʌmpəni], *s.* **1.** (*Companionship*) Compagnie *f*. *To walk in c.* (*with s.o.*), marcher de compagnie (avec qn). *Nau:* **To sail in company**, naviguer de conserve. **To be in s.o.'s company**, être en compagnie de qn. *To go with s.o.* **for (the sake of) company**, accompagner qn pour avoir le plaisir de sa société, pour ne pas rester seul. **To laugh, cry, for company**, s'associer aux rires, aux larmes, de qn. *We are often in each other's c.*, nous sommes souvent ensemble. **To bear, keep, s.o. company**, tenir compagnie à qn. *F:* (*Of lower class lovers*) **To keep company with s.o.**, courtiser une jeune fille; être courtisée par un jeune homme; sortir avec un jeune homme, une jeune fille. *They keep c.*, ils sortent ensemble. **To keep good company**, fréquenter la bonne compagnie. **He keeps his own company**, il voisine peu; il est peu accueillant; *F:* c'est un ours. *I like my own c.*, j'aime à être seul; *F:* je suis un peu ours. *If I am wrong*, **I am in good company**, si je me trompe, je ne suis pas le seul. **To part company (with s.o.)**, (i) se séparer (de qn); (ii) n'être plus d'accord (avec qn). **Mrs X requests the pleasure of your company at dinner . . .**, Mme X vous prie de lui faire le plaisir de venir dîner. . . . *Prov:* **Two's company, three's none**, deux s'amusent, trois s'embêtent. **2.** (*a*) (*Assemblage, party*) Assemblée *f*, compagnie; bande *f* (de promeneurs, etc.); troupe *f* (de lions). *A numerous c.*, une compagnie, une société, nombreuse. **Select company**, assemblée choisie. **Present company excepted**, les présents exceptés. **To know one's company**, connaître son monde; avoir l'expérience de son monde. (*b*) (*Guests*) Monde. *We have c. to dinner to-day*, nous avons du monde à dîner aujourd'hui. *We are expecting c.*, nous attendons des visites. *We see very little c.*, nous voyons très peu de monde. *The whole c. has arrived*, tous les invités sont arrivés. *F:* **To put on one's company face**, prendre sa figure, son sourire, des dimanches. **To put on one's company manners**, soigner sa tenue, son langage; s'observer; faire des embarras. *I have only seen her on her c. manners*, je ne l'ai vue que dans le monde, qu'en société. **It isn't done in company**, cela ne se fait pas devant le monde. **3.** (*Associates*) Compagnie, société *f*. *To keep low c.*, fréquenter des gens *m* de mauvaise compagnie. *We keep different c.*, nous ne fréquentons pas le même milieu. *Avoid bad c.*, prenez garde aux mauvaises fréquentations. **He is no fit company for you**, sa société n'est pas ce qu'il vous faut; ce n'est pas une fréquentation pour vous. **A man is known by his company**, dis-moi qui tu hantes, je te dirai qui tu es. *F:* **He is very good company**, il est fort amusant, d'un commerce très agréable; c'est un compagnon agréable. **He is poor company**, il ne dit pas grand'chose; il est peu liant. **4.** *Com: Ind:* (*a*) (i) (*Of wide public importance*) Compagnie; (ii) (*of more limited scope*) société (commerciale). *The Railway companies*, les compagnies de chemins de fer. **The General Steam Navigation Company**, la Compagnie générale de navigation (à vapeur). *Gas c.*, compagnie du gaz. **Private company**, société en nom collectif. **Joint stock company**, société par actions. **Limited (liability) company**, société (anglaise) à responsabilité limitée; *approx.* = société anonyme (par actions). **Smith and Company** (*usu.* **and Co.**), Smith et Compagnie; Smith et Cie. **Company's financial year**, exercice social; année sociale. *See also* INSURANCE 1. (*b*) Corporation *f* de marchands. **The City Companies**, les corporations de la Cité de Londres. *See also* LIVERY[1] 1. **5.** (*a*) *Th:* Troupe *f*. *The Odéon c.*, la troupe de l'Odéon. *Touring c.*, troupe ambulante; troupe en tournée. (*b*) *Nau:* **The ship's company**, l'équipage (au complet, y compris les officiers); tous les hommes du bord. **6.** *Mil:* Compagnie. **Half-company**, peloton *m* (de fantassins). **Company officer**, officier affecté à une compagnie. *See also* SERGEANT-MAJOR. *F:* **To get one's company**, être promu capitaine; recevoir le commandement d'une compagnie.

company[2], *v.i.* *To c. with s.o.*, (i) fréquenter qn; (ii) vivre, voyager, etc., en compagnie de qn.

comparability [kɔmpərə'biliti], *s.* Comparabilité *f*.

comparable ['kɔmpərəbl], *a.* Comparable (*with, to*, **avec, à**); assimilable (*to*, à). **-ably**, *adv.* Comparablement.

comparative [kom'parətiv], *a.* **1.** (*a*) Comparatif. *The c. method of investigation*, l'étude par la méthode comparative. *Gram: C. adverb*, adverbe comparatif. *C. degree*, le comparatif. *s.* **Adjective in the comparative**, adjectif au comparatif. (*b*) **Comparative grammar, philology**, la grammaire, la philologie, comparée. *See also* ANATOMY 4. **2.** Relatif. *C. advantages*, avantages relatifs. *This would be c. wealth*, ce serait l'aisance relative. *You are a c. stranger*, comparativement, comparé aux autres, vous êtes un étranger. **-ly**, *adv.* **1.** Comparativement, par comparaison (*to*, à). **2.** Relativement. *The next examination is c. easy*, l'examen *m* qui suit est relativement facile.

comparator ['kɔmpəreitər], *s.* *Meas:* Comparateur *m*. *Dial c.*, comparateur à cadran.

compare[1] [kom'pɛər], *s.* *Poet. & Hum:* **Beyond, past, compare**, sans comparaison; hors de comparaison; hors de pair; incomparable. *Beauty without c.*, beauté sans pareille, *Hum:* à nulle autre pareille.

compare[2]. **1.** *v.tr.* (*a*) Comparer, rapprocher (des faits, des idées); confronter (des résultats, etc.). *To c. sth. to sth.*, comparer, assimiler, qch. à qch. *To c. sth. with sth.*, comparer qch. avec qch. *To c. s.o. with s.o.*, mettre qn en parallèle avec qn. *C. the two things!* faites la comparaison! **Not to be compared to . . .**, pas comparable à . . ., qui ne peut être comparé à. . . . *They are not to be compared*, on ne saurait les comparer. *Magnificent work, nothing to be compared with it*, œuvre *f* magnifique, il n'y a rien à mettre auprès. **(As) compared with, to . . .**, en comparaison de . . ., à côté de . . ., auprès de. . . . *He is short as compared with his brother*, il est de petite taille si on le compare à son frère. *He is wealthy compared with the remainder of the inhabitants*, il est riche par rapport au reste des habitants. *My troubles are small compared with yours*, mes maux sont petits à côté des vôtres. *It is little compared with what I had hoped for*, c'est peu de chose au prix de ce que j'espérais. *To c. a copy with the original*, comparer, confronter, une copie avec l'original. *To c. two documents*, collationner, conférer, deux documents. *Com: To c. the books*, collationner les livres, les écritures. *F:* **To compare notes**, échanger ses impressions; échanger des idées, des opinions, avec qn. (*b*) *Gram: To c. an adjective, an adverb*, former les degrés de comparaison d'un adjectif, d'un adverbe. **2.** *v.i.* Être comparable (*with*, à, avec). *He can't c. with you*, il ne vous est pas comparable. *He can c. with the best*, il peut rivaliser, s'aligner, avec les meilleurs. **To compare favourably with sth.**, ne le céder en rien à qch. *His plays cannot c. with those of his father*, ses pièces ne supportent pas la comparaison avec celles de son père.

comparing, *s.* Comparaison *f* (de deux personnes, de deux choses); rapprochement *m* (de faits); confrontation *f* (de résultats, de documents); collationnement *m* (de documents).

comparison [kom'parisən], *s.* Comparaison *f*; (*of documents, etc.*) collation *f*, conférence *f*, confrontation *f*. *To make, draw, a c. between sth. and sth.*, faire la comparaison de qch. avec qch. **In, by, comparison**, en comparaison. *In c. with . . .*, en comparaison de . . ., par rapport à . . ., à côté de . . ., auprès de. . . . *It is nothing in c. with . . .*, ce n'est rien au prix de. . . . *To bear, stand, c. with . . .*, soutenir, supporter, la comparaison avec. . . . **Without comparison; out of, beyond, all comparison**, sans comparaison. **Comparisons are odious**, comparaison n'est pas raison. *Gram:* **Degrees of comparison**, degrés *m* de comparaison.

compart [kom'pɑːrt], *v.tr.* Diviser (une surface, etc.) en compartiments; compartimenter.

compartment [kom'pɑːrtmənt], *s.* **1.** (*a*) Compartiment *m*. *N.Arch:* **Watertight compartment**, compartiment étanche. *F: Each department is kept in a watertight c.*, il y a des cloisons étanches entre les différents services. *N.Arch:* **Cellular compartment**, tranche *f* cellulaire. *Rail: Smoking c.*, compartiment fumeurs. **Sleeping compartment**, compartiment couchette; coupé-lit *m*, *pl.* coupés-lits. **Compartment car**, wagon-lit *m*, *pl.* wagons-lits. (*b*) *For:* Parcelle *f* (de forêt). **Sub-compartment**, sous-parcelle *f*. **2.** Case *f* (d'un tiroir, etc.). **3.** *Parl:* Section *f* (d'un projet de loi). *Esp.* **To closure a bill by compartments**, appliquer la clôture à un projet de loi par sections successives.

com'partment-'bulkhead, *s.* *N.Arch:* Cloison *f* étanche.

compass[1] ['kʌmpəs], *s.* **1. (A pair of) compasses**, un compas. *Proportional compasses*, compas à, de, réduction. *Elliptic compasses*, compas d'ellipse; compas elliptique. **Compass point**, pointe *f* de compas. *Compasses with pencil point*, compas porte-crayon. *See also* BEAM-COMPASS, BOW-COMPASS, DRAUGHT-COMPASSES, HAIR-COMPASSES, PEN-COMPASS, QUADRANT, SCRIBING-COMPASS. **2.** (*a*) Limite(s) *f(pl)*, borne(s) *f(pl)* (d'un endroit). (*b*) *C. of a building*, pourtour *m* d'un bâtiment. **To be twenty kilometres in compass**, avoir vingt kilomètres de tour. **To fetch, go, take, a compass**, faire un détour. **3.** (*a*) Étendue *f* (d'un endroit, du savoir); espace *m* (de temps); portée *f* (de l'esprit); étendue, portée (de la voix). *Within the c. of a day*, dans l'espace d'un jour. **Knowledge within, beyond, my compass**, connaissances *f* à la portée de mon esprit, à ma portée, au-dessus de ma portée. *Beyond the c. of the human mind*, que l'esprit humain ne saurait embrasser. **In small compass**, sous un volume restreint; sur une petite échelle; dans des limites étroites. (*b*) *Mus:* Étendue, diapason *m*, registre *m* (de la voix); clavier *m* (de la clarinette, etc.). **4.** *Nau: Surv: etc:* (*With moving needle*) Boussole *f*; (*with moving card*) compas. **Pocket compass, marching compass**, boussole de poche; (*in hunter case*) boussole savonnette. **Mariner's compass**, compas (de mer). **Steering compass**, compas de route. *Standard c.*, compas étalon. *Binnacle c.*, compas d'habitacle. *Fluid c., liquid c.*, compas liquide. *Azimuth c.*, compas de relèvement. *Amplitude c.*, compas à variation. **Disturbed compass**, compas affolé. **The points of the compass**, les aires *f* de vent. *Surv:* **To set (the plane table) by the compass**, décliner la planchette. *Nau:* **To take a compass bearing**, prendre un relèvement au compas. *See also* BOX[3] 1, ERROR 1, GYRO-COMPASS, TRANSIT-COMPASS, TROUGH-COMPASS, VARIATION.

'compass-brick, *s.* *Const:* Brique *f* circulaire.

'compass-card, *s.* Rose *f* des vents.

'compass-plane, *s.* *Carp:* Rabot cintré, à semelle cintrée.

'compass-platform, *s.* *Navy:* Passerelle *f* de navigation.

'compass-saw, *s.* *Carp:* Scie *f* à guichet, à contourner, à chantourner; égoïne *f*, égohine *f*; passe-partout *m inv.*

'compass-timber, *s.* Bois *m* courbe; bois courbant.

'compass-window, *s.* *Arch:* Fenêtre *f* en saillie ronde.

compass[2], *v.tr.* **1.** Faire le tour de (qch.). **2. To compass sth. (about, round) with sth.**, entourer, environner, qch. de qch. *Compassed about by, with, enemies*, entouré d'ennemis. **3.** Embrasser (par l'esprit); comprendre; saisir. **4.** *Jur:* Comploter (la mort, la ruine, de qn). **5.** Atteindre (son but); en venir à (ses fins); accomplir (une tâche). *To resort to every stratagem in order to c. one's ends*, recourir à tous les stratagèmes pour arriver à ses fins, à son but. **6.** *Carp: N.Arch:* Courber, cintrer (une membrure, etc).

compassable ['kʌmpəsəbl], *a.* Que l'on peut atteindre. **Town within compassable distance of the sea**, ville *f* relativement proche de la mer.

compassion [kom'paʃ(ə)n], *s.* Compassion *f*. **To have compassion on s.o.**, avoir compassion de qn; avoir pitié de qn; avoir de la compassion pour qn; s'apitoyer sur le sort de qn. *To arouse c.*, faire pitié; exciter la compassion. **To do sth. out of compassion for s.o.**, faire qch. par compassion pour qn.

compassionate[1] [kom'paʃənet], *a.* Compatissant (*to, towards*, à, pour); porté à l'apitoiement; (regard) attendri. **-ly,** *adv.* Avec compassion. *To look c. at s.o.*, regarder qn d'un œil de pitié.

compassionate[2], *v.tr.* Compatir (aux malheurs de qn); témoigner de la commisération à (qn).

compassionateness [kəm'pæʃənətnəs], *s.* Caractère compatissant.

compatibility [kəmpæti'biliti], *s.* Compatibilité *f.*

compatible [kəm'pætibl], *a.* Compatible (*with*, avec). *Pleasure c. with duty*, plaisir *m* compatible avec le devoir. *C. ideas*, idées compatibles. *Heat is c. with moisture*, la chaleur peut aller avec l'humidité. **-ibly,** *adv.* D'une manière compatible (*with*, avec).

compatriot [kəm'pætriət, -'pei-], *s.* Compatriote *mf.*

compear [kəm'piːər], *v.i. Jur:* (*Scot.*) Comparaître.

compearance [kəm'piːərəns], *s. Jur:* (*Scot.*) Comparution *f.*

compeer [kəm'piːər], *s.* **1.** *Lit:* Égal *m*, pair *m*. **2.** (*a*) Compère *m*, compagnon *m*. *Compeers in arms*, compagnons d'armes. (*b*) *Pej:* Compère, acolyte *m*.

compel [kəm'pel], *v.tr.* (**compelled; compelling**) Contraindre, astreindre, forcer, obliger. **To compel s.o. to do sth.**, contraindre, forcer, obliger, qn à, *occ.* de, faire qch.; violenter qn pour lui faire faire qch.; mettre qn dans la nécessité de faire qch. *To c. s.o. to obedience*, contraindre, astreindre, qn à l'obéissance. *To c. s.o. to beg pardon*, réduire qn à demander pardon. *To be compelled to do sth.*, être contraint, être astreint, se voir forcé, obligé, dans l'obligation, de faire qch. **To compel admiration, respect, from s.o.**, forcer, commander, l'admiration, le respect, de qn; se faire admirer, respecter, de qn. *He compels respect*, il impose le respect. *He compels applause from his very opponents*, ses adversaires mêmes sont forcés d'applaudir. *The election has compelled the parties to come together*, l'élection *f* a imposé l'union des partis.

compelling, *a. C. force*, force compulsive. **Compelling curiosity,** curiosité irrésistible, aiguillonnante.

compellable [kəm'peləbl], *a.* Contraignable (*to sth.*, *to do sth.*, à qch., à faire qch.).

compeller [kəm'pelər], *s.* **Zeus, the cloud-compeller,** Zeus, l'assembleur *m* de nuées.

compendious [kəm'pendiəs], *a.* **1.** Abrégé, succinct, concis, sommaire; *A:* compendieux. **2.** *The c. value of gold*, le peu d'encombrement de l'or en tant que valeur. **-ly,** *adv.* **1.** En abrégé, succinctement. **2.** Sous un petit volume.

compendiousness [kəm'pendiəsnəs], *s.* **1.** Forme succincte; concision *f*. **2.** Peu *m* d'encombrement (d'une substance).

compendium, *pl.* **-ums** [kəm'pendiəm(z)], *s.* **1.** Abrégé *m*, précis *m*, compendium *m* (d'une science, etc.). *C. of laws*, recueil *m* des lois. *He wrote a c. of science*, il a écrit un abrégé de toutes les sciences. **2.** *Com:* (*a*) Pochette *f* (de papeterie). (*b*) **Compendium of games,** malle *f* de jeux.

compensate ['kɔmpənseit]. **1.** *v.tr.* (*a*) **To compensate s.o. for sth.,** dédommager, indemniser, qn de qch. *To c. a workman for his injuries*, dédommager un ouvrier pour blessures. (*b*) Rémunérer (qn). (*c*) *Mec:* Compenser (un pendule, etc.). *To c. torque reaction*, neutraliser l'effort de torsion. *These errors c. one another*, ces erreurs *f* se compensent. **2.** *v.i.* **To compensate for sth.,** (i) remplacer, racheter, qch.; (ii) compenser qch. *Skill may c. for lack of strength*, l'adresse *f* peut compenser, racheter, le manque de force. *To c. for errors of workmanship*, corriger, racheter, les erreurs d'exécution. *Mec.E: To c. for wear*, compenser, rattraper, rappeler, l'usure.

compensating, *a.* **1.** Qui compense. **Compensating errors,** erreurs *f* qui se compensent. *C. qualities*, qualités *f* qui rachètent les défauts. **2.** Compensateur, -trice. **Compensating spring,** ressort compensateur. **Compensating coupling,** manchon *m* élastique. **Compensating gear,** engrenage différentiel. *El.E:* **Compensating magnet,** aimant correcteur, de correction. **Compensating winding,** enroulement *m* de compensation, enroulement compensateur. *C. coil*, bobine compensatrice, de compensation.

compensation [kɔmpən'seiʃ(ə)n], *s.* **1.** Compensation *f*; (*for loss, injury*) dédommagement *m*; (*for damage*) indemnité *f*. *Jur:* Réparation civile; composition *f*. *Pecuniary c.*, réparation pécuniaire; rétribution *f*. *To pay s.o. c. in cash*, indemniser qn en argent. **Workmen's Compensation Act,** loi *f* sur les accidents du travail. *C. for industrial diseases*, indemnité pour maladies industrielles. **By way of compensation,** en compensation, en dédommagement (*for*, de). *F:* **In compensation,** en revanche. *Mec.E: C. for wear*, compensation, rattrapage *m*, de l'usure; système *m* rattrape-jeu. *C. bar*, palonnier *m*. *Ph: C. for temperature*, compensation en température. *See also* PENDULUM. **2.** *U.S:* = SALARY[1].

compensative [kəm'pensətiv], *a.* Compensateur, -trice; compensatif.

compensator ['kɔmpənseitər], *s. El: Ph:* Compensateur *m*. *Aut:* Palonnier *m* (du frein). *I.C.E:* **Compensator(-jet),** compensateur (du carburateur).

compensatory [kəm'pensətəri], *a.* Compensatoire; compensateur, -trice; compensatif.

compère ['kɔmpɛər], *s. Th:* Compère *m*.

compete [kəm'piːt], *v.i.* **1.** **To compete with s.o.,** faire concurrence à qn; concurrencer qn; aller, courir, sur les brisées de qn. *Com: We cannot c. successfully with . . .*, nous ne pouvons pas soutenir la concurrence de . . .; nous ne pouvons pas lutter contre. . . . *To c. with one another*, se faire concurrence. **2.** *To c. for a prize*, concourir pour un prix. *To c. with s.o. for a prize*, disputer un prix à qn. *I intend to c.*, j'ai l'intention de me mettre sur les rangs. **The cup will be competed for to-morrow,** la coupe se courra demain. **Non competing,** hors concours. **3.** **To compete with s.o. in virtue, talent, grace, ardour,** le disputer en vertu, en talent, avec qn; rivaliser de grâce, d'ardeur, avec qn.

competence ['kɔmpetəns], **competency** ['kɔmpetənsi], *s.* **1.** Suffisance *f* de moyens d'existence. **To have, enjoy, a competency,** avoir de quoi vivre · jouir d'une honnête aisance; avoir un revenu raisonnable. *He has a small c.*, c'est un petit rentier. **To have a bare competency,** avoir tout juste de quoi vivre. *He had acquired a modest c.*, il s'était acquis une modeste indépendance. **2.** **Competence in a subject,** compétence *f* en un sujet. **Competence for sth., to do sth.,** aptitude *f* à (faire) qch.; capacité *f* pour (faire) qch. *See also* CERTIFICATE[1] 2. **3.** Attributions *fpl* (d'un fonctionnaire); *Jur:* compétence. **This lies within his competence,** cela rentre dans ses attributions. **To be within, beyond, the competence of a court,** être, ne pas être, de la compétence, du ressort, d'un tribunal. *To fall within the c. of . . .*, rentrer dans la compétence de. . . . *It lies beyond my c.*, cela dépasse ma compétence; c'est en dehors de mon pouvoir. **To disclaim competence,** se récuser.

competent ['kɔmpetənt], *a.* **1.** Capable. *I am looking for a c. manager*, je cherche un gérant capable. **2.** (*a*) Compétent (*in a matter*, en une matière). *C. to do sth.*, capable de faire qch.; compétent, qualifié, pour faire qch. *I am not c. to speak on the matter*, je ne suis pas compétent dans la matière. (*b*) *Jur: C. to inherit*, habile à succéder. **3.** *Jur:* (Tribunal) compétent. **4.** *Lit:* **It is competent to him to accept or decline,** il lui est loisible d'accepter ou de refuser. **5.** **Competent knowledge of English,** connaissance suffisante de l'anglais. **-ly,** *adv.* **1.** Avec compétence; d'une manière capable. **2.** Convenablement; d'une manière suffisante.

competition [kɔmpe'tiʃ(ə)n], *s.* **1.** Rivalité *f*, concurrence *f*. **I don't want to come, to enter, into competition with you,** je ne voudrais pas vous concurrencer; je ne voudrais pas vous faire concurrence. *There was keen c. for it*, il y avait un grand nombre de concurrents. **2.** Concours *m*, épreuve *f*; meeting (sportif). *Chess c.*, tournoi *m* d'échecs. *C. for a prize*, concours pour un prix. **To win a prize in open competition,** remporter un prix au concours, de haute lutte. **To throw a post open to competition,** mettre un emploi au concours. *The place will be filled by open c.*, le poste sera mis au concours. **Not for competition,** hors concours. *Aut: Endurance c.*, course *f* d'endurance. *Open c.*, course ouverte. *See also* GO IN 2. **3.** *Com:* Concurrence. **Unfair competition, fraudulent competition,** concurrence déloyale.

compe'tition-wallah, *s.* (*In India*) Fonctionnaire admis après concours.

competitive [kəm'petitiv], *a.* **1.** *C. spirit*, esprit *m* de concurrence, de rivalité. **2.** *C. design*, dessin *m* de concours. *See also* EXAMINATION 2. **3.** (*a*) Résultant du jeu normal des lois de la concurrence. (*b*) Qui permet d'affronter la concurrence. *C. power*, capacité de concurrence. **-ly,** *adv. Place obtained c.*, place obtenue au concours.

competitor, -tress [kəm'petitər, -tres], *s.* (*a*) Concurrent, -ente; rival, -ale, -aux, -ales. *My competitors in trade*, mes concurrents. *The competitors in the race*, les concurrents. (*b*) *The competitors for the prize*, les compétiteurs, -trices, pour le prix. *To be a c.*, être sur les rangs.

compilation [kɔmpi'leiʃ(ə)n], *s.* **1.** Compilation *f* (d'un dictionnaire, etc.); confection *f* (d'un inventaire). **2.** Compilation, recueil *m*.

compile [kəm'pail], *v.tr.* Compiler, composer (un dictionnaire, un recueil); recueillir (des matériaux pour une œuvre). *To c. a catalogue*, dresser un catalogue. *Compiled from . . .*, établi d'après . . ., extrait de. . . . *F:* **To compile a large score** (*at cricket*), arriver à un fort total (de *runs* marqués); marquer un grand nombre de points.

compiler [kəm'pailər], *s.* Compilateur, -trice.

complacence [kəm'pleisəns], **complacency** [kəm'pleisənsi], *s.* **1.** Satisfaction *f*, contentement *m*. **2.** Contentement de soi-même; suffisance *f*; *F:* béatitude *f*.

complacent [kəm'pleisənt], *a.* **1.** (*Of pers.*) Content de soi-même; suffisant. *C. air*, air suffisant, de suffisance. *C. optimism*, optimisme béat. **2.** = COMPLAISANT. **-ly,** *adv.* **1.** (*a*) Avec contentement, avec satisfaction. (*b*) D'un air, d'un ton, suffisant; avec suffisance. **2.** = COMPLAISANTLY.

complain [kəm'plein], *v.i.* **1.** Se plaindre (*of*, de). *To c. that . . .*, se plaindre que + *sub. or ind.*, de ce que + *ind.* *He complained that he was not paid punctually*, il se plaignait qu'on ne le payait pas exactement, qu'on ne le payât pas exactement, de ce qu'on ne le payait pas exactement. *He complains of the heat, of rheumatism*, il se plaint de la chaleur, de rhumatismes. *She complained of giddiness*, (i) elle se disait sujette à des étourdissements; (ii) elle se plaignit d'un étourdissement. *I have nothing to c. of*, je n'ai pas à me plaindre; je n'ai à me plaindre de rien. **What have you to complain of?** de quoi vous plaignez-vous? *That is what I am complaining about*, voilà ce dont je me plains, voilà de quoi je me plains. **2.** Formuler une plainte; adresser une réclamation (*to*, à); porter plainte (*against s.o.*, contre qn); se plaindre (*to*, à); réclamer (*against sth.*, contre qch.). **What have you to complain of? what do you complain of?** sur quoi porte votre plainte? *Domitius complained before the Senate*, Domitius porta plainte devant le Sénat. **3.** *Poet:* (*Lament*) Pousser des plaintes; se lamenter; geindre.

complainant [kəm'pleinənt], *s. Jur:* Plaignant, -ante.

complainer [kəm'pleinər], *s.* **1.** (*a*) Réclamant, -ante; réclameur, -euse. (*b*) *Jur:* = COMPLAINANT. **2.** Mécontent, -ente; grondeur, -euse; *F:* ronchonneur *m*.

complaint [kəm'pleint], *s.* **1.** *A. & Lit:* (*a*) Plainte *f*, doléances *fpl*. **To make complaint,** se plaindre, se lamenter. (*b*) *Lit.Hist:* Complainte *f* (chanson populaire). **2.** (*a*) Grief *m*; sujet *m* de plainte. *The complaints by the employers of the scarcity of labour*, les plaintes formulées par les patrons sur la rareté de la main-d'œuvre. **I have no cause of complaint, no ground of complaint,** je n'ai aucun sujet de plainte, aucun motif de plainte. *Let us hear your complaints*, exposez vos griefs. **What is your complaint?** de quoi vous plaignez-vous? (*b*) Plainte, réclamation *f*. **To lodge, make, a complaint against s.o.,** porter plainte, dresser une plainte, déposer, formuler, une plainte, contre qn. *To lodge a c. with s.o.*, réclamer auprès de qn. *To remove a cause of c.*, faire droit à une réclamation. *Adm: Com:* **The Complaints Office,** le Service des réclamations. (*c*) *Jur: U.S:* Plainte en justice; instance *f* en justice. **3.** Maladie *f*, mal *m*, affection *f*. *Liver c.*, maladie de foie; affection du foie. *Bowel c.*, affection intestinale. **Childish complaints**, maladies de l'enfance. **What is your complaint?** de quoi souffrez-vous? quel est votre mal?

complaisance [kəm'pleizəns], *s*. Complaisance *f*, obligeance *f*; *Pej:* facilité *f*. *To do sth. out of c.*, faire qch. par complaisance.

complaisant [kəm'pleizənt], *a*. (*a*) Complaisant, obligeant. (*b*) *Pej:* **Complaisant husband**, mari complaisant. **-ly**, *adv*. Complaisamment, avec complaisance.

-complected [kəm'plektid], *a*. *U.S:* = -COMPLEXIONED.

complement[1] ['kɔmplimənt], *s*. **1.** (*a*) Plein *m*. *Brains that lack their c. of wit*, cerveaux *m* qui n'ont pas leur plein de jugement. *Ship that has taken in its c. of fuel*, vaisseau *m* qui a fait son plein de combustibles. *When the tram had received its full c. of passengers . . .*, lorsque le tramway eut pris sa charge complète de voyageurs. . . . (*b*) *Navy: etc:* Effectif *m*. *Full c.*, effectif complet. *To have its full c.*, être au grand complet; (*of ship*) avoir son effectif au complet. *Ship with a full c. of officers and men*, navire au complet en officiers et en hommes. (*c*) Personnel *m*. **Engine-room complement**, personnel des machines. **2.** (*a*) Complément *m* (d'un verbe, d'un angle, d'un logarithme, etc.). (*b*) *Bio-Ch:* Complément. **Complement deviation, deviation of the complement**, déviation *f* du complément (d'un sérum).

complement[2] [kɔmpli'ment], *v.tr*. Compléter; être, faire, le complément de (qch.).

complementary [kɔmpli'mentəri], *a*. (Angle *m*, etc.) complémentaire. *The two books are c. to one another*, les deux volumes se complètent (l'un l'autre).

complete[1] [kəm'pliːt], *a*. **1.** (*a*) Complet, entier, total. *C. success*, succès complet. *C. circuit*, circuit total. *To have c. charge of the business*, avoir l'entière direction de la maison. *Two opinions at c. variance with one another*, deux opinions *f* en contradiction absolue. *C. rest*, repos complet. *C. surprise*, surprise complète, absolue. *C. knowledge*, connaissance intégrale. *Is the pack c.?* le jeu est-il complet? *My happiness is c.*, rien ne manque à mon bonheur; mon bonheur est au comble. *The staff is c.*, le personnel est au complet. *Give the sentence c.*, donnez la phrase en entier. **To give a complete account**, donner tout le détail. (*b*) Terminé. *My report is not yet c.*, mon rapport n'est pas encore achevé. **2.** Parfait, achevé, accompli. **The complete angler**, le pêcheur accompli; le parfait pêcheur. *F:* **He is the complete cashier**, c'est le parfait caissier; il a tout du caissier. *A c. scoundrel*, un chenapan consommé; un fieffé coquin. **-ly**, *adv*. Complètement, totalement, absolument. *To re-slate, re-tile, re-shingle, a house c.*, remanier une maison à bout.

complete[2], *v.tr*. **1.** Compléter, parachever (qch.); parfaire, achever, terminer (un travail, etc.); accomplir (son apprentissage). *To c. the sense*, compléter le sens; *F:* aider à la lettre. *Twenty cars completed the distance, the trip*, vingt voitures *f* ont achevé le parcours. *He has completed his twentieth year*, il a vingt ans accomplis, révolus. **To complete payment**, parfaire le payement; solder l'achat. *To c. s.o.'s sufferings*, mettre le comble aux maux de qn. **To complete the misfortune . . .**, pour comble de malheur. . . . *See also* CIRCUIT[1] 4. **2.** Compléter (une collection, un nombre); rapparier (une paire); rappareiller (un service de thé). *To c. a battalion, a crew*, compléter un bataillon, un équipage. *Abs. Nau:* **To complete with provisions**, faire le plein des vivres; se ravitailler en vivres. **3.** *To c. a form, a questionnaire*, remplir une formule, un questionnaire.

completing, *s*. **1.** Achèvement *m*, parachèvement *m*. **2.** *Nau:* Ravitaillement *m*.

completeness [kəm'pliːtnəs], *s*. État complet; perfection *f*; plénitude *f* (d'une victoire, d'un succès).

completion [kəm'pliːʃ(ə)n], *s*. **1.** Achèvement *m*, parachèvement *m* (d'un ouvrage); complètement *m* (d'une collection). *Mch: C. of the power stroke*, fin *f* de la course de détente. **In process of completion**, en (cours d')achèvement. *Near c.*, près d'être achevé. *To reach c.*, s'achever. **Date of completion of a mandate**, terme *m* d'un mandat. **Occupation** (*of property*) **on completion** (*of contract*), prise *f* de possession dès la signature du contrat. **2.** Accomplissement *m* (d'un vœu, d'une prophétie); pleine réalisation (d'un désir, etc.).

completive [kəm'pliːtiv], *a*. Complétif.

complex ['kɔmpleks]. **1.** *a*. Complexe. *Gram: C. sentence*, phrase *f* complexe. *Mth:* **Complex quantity** (*involving an imaginary*), quantité *f* complexe. **2.** *s*. (*a*) Tout (formé de parties). (*b*) *Psy:* Complexe *m*. **The Œdipus complex**, le complexe d'Œdipe. **Inferiority complex**, complexe d'infériorité. **-ly**, *adv*. D'une manière complexe, compliquée.

complexion [kəm'plekʃ(ə)n], *s*. **1.** Teint *m*. *To have a fine c.*, avoir un joli teint, de belles couleurs. *Com:* **Complexion requisites**, produits *m* de beauté. **Complexion cream**, crème *f* de beauté. **2.** *F:* **The affair has assumed a serious complexion**, l'affaire *f* a pris, a revêtu, un caractère grave. *The c. of affairs has altered*, les affaires ont changé d'aspect. *If that be so*, **his conduct wears another complexion**, s'il en est ainsi, sa conduite se présente sous un nouvel aspect. **To put a good complexion on an act**, présenter une action sous un jour favorable, sous son meilleur jour. *To put a good c. on the facts*, camoufler les faits; maquiller la vérité. *To put a false c. on a remark*, prendre une observation à rebours. *To put a good, a bad, c. upon everything*, tourner tout en bien, en mal. *That puts a new c. upon the matter*, voilà qui change la thèse!

-complexioned [kəm'plekʃ(ə)nd], *a*. (*With adj. prefixed, e.g.*) **To be fair-, dark-complexioned**, être blond, brun; avoir le teint clair, bronzé. **Fresh-complexioned**, au teint frais.

complexity [kəm'pleksiti], *s*. Complexité *f*. *Question of the greatest c.*, question très compliquée.

compliance [kəm'plaiəns], *s* **1.** Action *f* de conformer (*with*, à); acquiescement *m* (*with*, à). **In compliance with your wishes**, en conformité *f* de vos désirs; conformément à, pour me conformer à, vos désirs; d'après, suivant, vos désirs. **To refuse compliance with an order**, refuser d'obéir à un ordre. **2.** *Pej:* (**Base**) **compliance**, basse complaisance; soumission (abjecte). *All politics necessitate questionable compliances*, la politique ne va pas sans des complaisances d'une moralité douteuse. *This is no time to show c.*, ce n'est pas le moment de courber l'échine.

compliant [kəm'plaiənt], *a*. **1.** Complaisant, obligeant, accommodant. **2.** D'une complaisance servile; souple. **-ly**, *adv*. **1.** Complaisamment. **2.** Avec une complaisance servile; servilement.

complicacy ['kɔmplikəsi], *s*. *Lit:* Complexité *f*.

complicate ['kɔmplikeit], *v.tr*. Compliquer (*with*, de). *That complicates matters*, cela complique la situation; voilà qui embrouille tout.

complicated, *a*. Compliqué. (*Of situation, etc.*) **To become complicated**, se compliquer. *A c. business*, une affaire embrouillée, compliquée, difficile à démêler.

complication [kɔmpli'keiʃ(ə)n], *s*. Complication *f*. *C. of circumstances*, engrenage *m* de circonstances. *Med: If no complications set in*, s'il ne survient pas de complications. *Pneumonia is always a serious c.*, la pneumonie est toujours une complication grave.

complicity [kəm'plisiti], *s*. Complicité *f* (*in*, à); connivence *f*.

compliment[1] ['kɔmplimənt], *s*. **1.** (*a*) Compliment *m*. **To pay a compliment to s.o.**, faire, adresser, un compliment à qn. *To pay compliments to a lady*, dire des galanteries *f* à une dame. *To exchange compliments*, faire échange de politesses. *F:* **To return s.o. the compliment**, répondre à qn sur le même ton, du tac au tac. *Iron: Then compliments began to fly*, il y eut alors un échange d'aménités *f*. **To pay one's compliments to s.o.**, faire une visite (de politesse) à qn. *Mil: Navy:* **To pay compliments**, rendre les honneurs *m*. (*b*) **Do me the compliment of listening**, faites-moi la politesse, le plaisir, l'honneur, d'écouter. *Your presence is a great c. to us*, votre présence *f* est un grand honneur pour nous. **2.** (*At end of letter*) **To present, send, one's compliments to s.o.**, se rappeler au bon souvenir de qn; présenter ses hommages *m* à (une dame). *Give my compliments to your brother*, faites, présentez, mes amitiés *f*, mes civilités *f*, à votre frère. *My respectful compliments to . . .*, veuillez bien présenter mes respects *m* à. . . . **Compliments of the season**, meilleurs souhaits de nouvel an; souhaits de bonne année. **With the author's, publisher's, compliments**, hommage, envoi *m*, de l'auteur, de l'éditeur. **It's a mere compliment**, ce n'est qu'une galanterie, qu'une formule de politesse. **Out of compliment**, à titre gracieux.

compliment[2] ['kɔmpliment, kɔmpli'ment], *v.tr*. **1.** Complimenter, féliciter (qn); faire des compliments à (qn) (*on*, de; *on doing sth.*, d'avoir fait qch.). *Abs. I never c.*, je ne fais jamais de compliments. **2.** *He was complimented with a seat in the royal box*, il eut l'honneur d'être invité à prendre place dans la loge royale.

complimentary [kɔmpli'mentəri], *a*. Flatteur, -euse. *A c. allusion to . . .*, une allusion flatteuse à. . . . *Your c. remarks*, les compliments *m* que vous avez bien voulu m'adresser. *To give s.o. a c. dinner*, donner un dîner en l'honneur de qn. *Publ:* **Complimentary copy**, hommage *m* de l'éditeur; exemplaire *m* en hommage. *See also* TICKET[1] 1.

complin(e) ['kɔmplin], *s*. (*Occ. pl.* **complines** ['kɔmplinz]) *Ecc:* Complies *fpl*.

comply [kəm'plai], *v.i*. **1.** *To c. with* (*sth.*), se conformer à, remplir, accomplir (une clause d'un traité, une formalité, etc.); se soumettre à (la loi); observer (une règle, les bienséances); satisfaire à (une règle); accéder, répondre, faire droit, à (une demande); déférer à (un désir); obéir à, obtempérer à (un ordre). *To c. with a clause in a contract*, respecter une clause d'un contrat. *To c. with the public taste*, se plier au goût du public. *He complied gracefully*, il s'exécuta avec grâce. **In order to comply with s.o.'s wishes**, par complaisance pour qn. *Your wishes have been complied with*, vos désirs ont reçu satisfaction. *Ready to c. with every wish of his master*, souple, soumis, à toutes les volontés de son maître. **2.** *A:* (*Of result, etc.*) *To c. with the formula*, répondre à la formule. *The Jewish year did not c. with the Solar year*, l'année juive ne répondait pas à l'année solaire.

compo ['kɔmpo], *s*. *Const: F:* (*Composition*) Stuc *m*.

component [kəm'pounənt]. **1.** *a*. Composant, constituant, constitutif. **Component parts**, parties constituantes, composantes. *Mec:* **Component forces**, forces composantes. **2.** *s*. (*a*) Composant *m*; partie composante. *Mec:* Composante *f* (d'une force, etc.). (*b*) Organe *m* (d'une machine). (*c*) *Opt:* Lentille *f* (d'objectif). **Four-component lens**, objectif *m* à quatre lentilles.

comport [kəm'pɔːrt]. **1.** *v.i*. S'accorder, convenir (*with*, à). *This would not c. with his position*, cela n'irait pas avec sa position (sociale). **2.** *v.pr*. **To comport oneself**, se comporter, se conduire. *He comported himself well*, il s'est bien comporté.

comportment [kəm'pɔːrtmənt], *s*. *A:* Conduite *f*, maintien *m*, comportement *m*.

compose [kəm'pouz], *v.tr*. **1.** (*a*) Composer (un poème, une symphonie, etc.). (*b*) Mettre (des paroles) en musique. (*c*) *Typ: To c. a line*, composer une ligne. **2.** Constituer, composer. *The parts that c. the whole*, les parties *f* qui composent l'ensemble. *To be composed of sth.*, se composer, être composé, de qch. *The persons of whom our family is composed*, les personnes *f* qui composent, qui constituent, notre famille. *An engine is composed of many parts*, un moteur se compose, est composé, de nombreux organes. *Jur: Estate composed of wood and meadow-land*, propriété consistante en bois et prés, en consistance de bois et prés. **3.** *Art: To c. the figures in a picture*, arranger, agencer, les personnages d'un tableau. **4.** Arranger, accommoder, ajuster, régler (un différend, etc.). **5.** (*a*) *To c. one's features*, se composer le visage. *To c. one's thoughts for action*, se recueillir avant d'agir. *To c one's self to sleep*, se disposer au sommeil, à dormir. (*b*) Calmer, tranquilliser, remettre, rasseoir (l'esprit). **Compose yourself!** calmez-vous!

composed, *a.* **1.** Calme, tranquille. **2. Composed manner, countenance,** manière composée, visage composé.

composing[1], *a. Med:* **Composing draught,** potion calmante; calmant *m.*

composing[2], *s.* Composition *f. Typ:* **Composing-frame,** casse *f* de compositeur. **Composing-rule,** filet *m* de composition. **Composing-machine,** composeuse *f.* **Composing-stick,** composteur *m.*

composedly [kɔm'pouzidli], *adv.* Tranquillement; avec calme.

composedness [kɔm'pouzidnəs], *s.* Tranquillité *f,* calme *m.*

composer [kɔm'pouzər], *s.* **1.** Celui qui compose, qui a composé (une œuvre). *He was a c. of great tragedies,* il est, fut, l'auteur de grandes tragédies. **2.** (*Usual sense*) Compositeur, -trice (de musique).

compositae [kɔm'pɔzitiː], *s.pl. Bot:* Composées *f,* synanthérées *f.*

composite ['kɔmpozit]. **1.** *a.* (*a*) *Bot:* (Fleur) composée. *Arch:* (Base *f,* chapiteau *m*) composite. *C. arch,* arc *m* en lancette. (*b*) *Nau:* (Navire *m*) composite, mixte (en bois et en fer). *Rail:* (Train *m*) mixte. **Composite coach,** voiture *f* mixte. *Geol:* **Composite cone,** cône *m* mixte. *See also* CANDLE[1] **1.** (*c*) *Cin:* **Composite shot,** impression combinée. **2.** *s.* Composé *m*; corps composé. *Esp. Bot:* Composée *f,* synanthérée *f.*

composition [kɔmpo'ziʃ(ə)n], *s.* **1.** (*a*) Action *f* de composer; composition *f* (de qch.). *An ode, a sonata, of his own c.,* une ode, une sonate, de sa composition. *Mec: C. of forces,* la composition des forces. *Mus: The rules of c.,* les règles *f* de la composition. *Typ:* **Hand composition,** composition à la main. *Machine c.,* composition mécanique. (*b*) Composition, constitution *f* (de l'air, de l'eau, etc.). *Ingredients that enter into the c. of sth.,* ingrédients *m* qui entrent dans la composition de qch., qui composent qch. *There is a touch of madness in his c.,* il y a un brin de folie dans son caractère. (*c*) *Art:* (Distribution des figures, arrangement des draperies, etc.) Composition. **2.** (*a*) Mélange *m,* composé *m,* composition. *C. of vinegar and molasses,* mélange de vinaigre et de mélasse. *C. of selfishness and generosity,* mélange, composé *m,* d'égoïsme et de générosité. **Non-conducting composition,** enduit *m* calorifuge. **A composition cricket-ball,** une balle de cricket en composition spéciale (c.-à-d. balle à bon marché non gainée de cuir). *Typ:* **Roller composition,** pâte *f* à rouleaux. *See also* BOILER-COMPOSITION. (*b*) *Const:* Stuc *m*; simili-marbre *m.* **3.** (*a*) **A musical composition,** une composition musicale. (*b*) *Sch:* Dissertation *f,* rédaction *f,* narration *f. He was first in English c.,* il a été premier en dissertation anglaise, en composition anglaise. (*c*) *Sch:* (*Translation from mother tongue into a foreign language*) Thème *m. To do a paper in French c.,* composer en thème français. **4.** (*a*) Accommodement *m,* entente *f* (avec ses ennemis, etc.). **To enter into a composition with s.o. over sth.,** entrer en composition, composer, avec qn sur qch. *To make a c. with one's conscience,* capituler avec sa conscience. **To come to a composition,** venir à composition; arriver à une entente. (*b*) Transaction *f.* **Composition for stamp duty,** (taxe *f* d')abonnement *m* au timbre. **Composition tax,** impôt forfaitaire fixé par voie d'abonnement. (*c*) *Com:* Atermoiement *m* (avec ses créanciers). (*d*) Arrangement *m,* accommodement (avec des créanciers); concordat préventif (à la faillite). **To make a composition,** composer. *C. of ten shillings in the pound,* décharge *f* de cinquante pour cent.

compositive [kɔm'pɔzitiv], *a.* Synthétique.

compositor [kɔm'pɔzitər], *s. Typ:* Compositeur *m,* typographe *m. See also* JOB-COMPOSITOR, MACHINE-COMPOSITOR, PIECE-COMPOSITOR.

compos (mentis) ['kɔmpɔs ('mentis)], *adj. Lt.phr. Jur:* Sain d'esprit. **Non compos (mentis),** aliéné. *F: To be completely c. m.,* avoir toute sa tête.

compost[1] ['kɔmpɔst], *s. Hort:* Compost *m*; terreau *m* de feuilles.

compost[2], *v.tr.* Composter, terreauter (un parterre, etc.).

composure [kɔm'pouʒjər], *s.* Calme *m,* quiétude *f*; sang-froid *m*; recueillement *m* d'esprit. *To act with the utmost c.,* agir avec le plus grand calme. *To retain one's c.,* garder son sang-froid. *To regain one's c.,* retrouver son sang-froid; se calmer. *We seek peace and c.,* nous recherchons la paix et le recueillement.

compote ['kɔmpout], *s.* **1.** Compote *f* (de fruits). **2. Compote(-dish),** compotier *m.*

compound[1] ['kɔmpaund]. **I.** *a.* (*a*) Composé. *C. microscope,* microscope composé. *Arch: C. order,* ordre *m* composite. *Gram: C. word,* mot composé. *Mus: C. time,* mesure composée. *Book-k: C. entry,* article composé, collectif, récapitulatif. *Fin:* **Compound interest,** intérêts composés. *Min: C. wedge,* coin *m* multiple. *See also* ENGINE[1], FRACTURE[1] **1,** GIRDER, HOUSE-HOLDER **2,** LETTER[1] **1,** SWITCH[1] **2.** (*b*) Complexe. *Ar:* **Compound number,** nombre *m* complexe. *C. addition, subtraction,* addition *f,* soustraction *f,* des nombres complexes. *See also* FRACTION **3.** *Gram:* **Compound subject,** sujet *m* complexe. (*c*) Compound *inv. Metall:* **Compound steel,** acier *m* compound. *El.E: C. winding,* enroulement *m* compound. *C. wound,* à enroulement compoundé, à double enroulement.

II. **compound,** *s.* **1.** (Corps *m*) composé *m. Chemical c.,* composé chimique. **2.** *Tchn:* Composition *f,* mastic *m,* pâte *f,* compound *m. See also* INSULATING. **3.** *Gram:* Mot composé.

compound[2] [kɔm'paund]. **1.** *v.tr.* (*a*) Composer, mélanger (une boisson, etc.); combiner (des éléments); composer, préparer (une drogue). (*b*) Accommoder, arranger (un différend); régler (un différend) à l'amiable. **To compound a debt,** passer, faire, une transaction pour le règlement d'une dette. (*c*) *Jur:* **To compound a felony,** fermer les yeux sur un crime; pactiser avec un crime; entrer en composition avec le coupable. (*d*) *El.E:* Compounder (une dynamo, le courant). **2.** *v.i.* (*a*) S'arranger, composer (*with s.o.,* avec qn); entrer en arrangement, en composition (avec qn); venir à composition (avec qn); transiger (avec qn, avec sa conscience). **To compound for a tax,** (i) payer un impôt à forfait; (ii) se rédimer d'un impôt. (*b*) *Com:* Composer, transiger, concorder, arriver à un concordat, faire un compromis, s'accommoder, s'arranger (avec ses créanciers). (*c*) *Rac:* (*Of horse*) Flancher.

compounding, *s.* **1.** Composition *f*; confection *f* (de drogues). **2.** Capitulation *f* (de conscience). **3.** *El.E:* Compoundage *m.*

compound[3] ['kɔmpaund], *s.* (*In India, China*) Enceinte fortifiée (protégeant un immeuble, un comptoir, etc., affectés aux Européens); compound *m. Mil: etc:* Camp *m* de concentration.

compoundable [kɔm'paundəbl], *a.* (Différend *m,* dette *f*) qui peuvent s'arranger à l'amiable, sur lesquels on peut entrer en composition, venir à composition.

compounder [kɔm'paundər], *s.* **1.** (*Pers.*) (*a*) *Jur:* Compositeur *m* à l'amiable. (*b*) *Hist:* Partisan *m* d'une transaction avec Jacques II. **2.** *Gasm:* Combinateur *m.*

comprador [kɔmprə'dɔːr], *s. Com:* Comprador *m, pl.* -ores.

comprehend [kɔmpri'hend], *v.tr.* Comprendre. **1.** *To c. s.o., to c. what is said,* comprendre qn, ce qui est dit; saisir ce qui est dit. **2.** *Class that comprehends a number of species,* classe *f* qui comprend, englobe, embrasse, renferme, un certain nombre d'espèces.

comprehensibility [kɔmprihensi'biliti], *s.* Compréhensibilité *f,* intelligibilité *f.*

comprehensible [kɔmpri'hensibl], *a.* **1.** Compréhensible, intelligible. **2.** Qui peut être contenu, renfermé, englobé (*in,* dans). **-ibly,** *adv.* D'une manière compréhensible, intelligible.

comprehension [kɔmpri'henʃ(ə)n], *s.* Compréhension *f.* **1.** (*a*) Entendement *m. Phil:* Intellection *f.* **It is above, beyond, my comprehension; it passes my comprehension,** cela passe mon entendement; *F:* cela me dépasse. *Knowledge within the c. of a child,* connaissances *f* accessibles à un enfant. (*b*) *For the clearer c. of what follows . . .,* pour l'intelligence *f* de ce qui va suivre . . .; pour bien comprendre ce qui va suivre. . . . **2.** Portée *f,* étendue *f. Words of the widest c.,* mots *m* d'une portée très étendue. *Log:* **Term of wide comprehension,** terme *m* d'une compréhension très étendue, très large. **3.** *Ecc.Hist:* Politique *f* de tolérance et d'inclusion des sectes dissidentes dans l'Église établie.

comprehensive [kɔmpri'hensiv], *a.* Compréhensif. **1.** *Phil:* **The comprehensive faculty,** la faculté de comprendre, de concevoir; l'entendement *m.* **2. Comprehensive study,** étude *f* d'ensemble; étude complète. *C. knowledge,* vastes connaissances *fpl. C. view,* vue *f* d'ensemble. *C. term,* terme au sens très large; terme compréhensif. *C. offer,* offre *f* qui embrasse toutes les matières en discussion. *C. programme,* programme détaillé et complet. *To take a more c. view of sth.,* envisager qch. de plus haut. **-ly,** *adv.* Dans un sens très étendu; largement.

comprehensiveness [kɔmpri'hensivnəs], *s.* **1.** *Phil:* Compréhensivité *f*; faculté *f* de compréhension. **2.** Étendue *f,* portée *f* (d'un mot, d'une offre).

compress[1] ['kɔmpres], *s. Surg:* Compresse *f.*

compress[2] [kɔm'pres], *v.tr.* **1.** (*a*) Comprimer (un gaz, l'air, etc.); bander (un ressort); (*of compressor*) refouler (l'air, etc.). (*b*) (*With passive force*) (*Of gas, etc.*) Se comprimer; (*of spring*) fléchir. **2.** (*Condense*) Condenser (un discours, ses pensées, etc.); resserrer (un récit); concentrer (son style).

compressed, *a.* Comprimé. *Husb:* **Compressed fodder,** biscuit *m* de fourrage. *Geol:* **Compressed fold,** pli serré. *She stood with c. lips,* elle se tenait là les lèvres serrées, pincées.

compressing, *a.* Comprimant. *Mec.E:* **Compressing fan,** ventilateur soufflant, foulant.

compressibility [kɔmpresi'biliti], *s.* Compressibilité *f.*

compressible [kɔm'presibl], *a.* Compressible, comprimable.

compression [kɔm'preʃ(ə)n], *s.* **1.** Compression *f* (d'un gaz, d'un ressort, etc.); bande *f,* bandé *m* (d'un ressort). *Gas under high c.,* gaz surpressé. *C. of bellows,* foulée *f* d'un soufflet. *Force of c.,* effort *m* de compression. *I.C.E:* **Compression tap,** robinet *m* de décompression, robinet décompresseur; purgeur *m.* **Compression stroke,** (temps *m* de) compression. **Compression ratio,** compression volumétrique. *Lack of c., poor c.,* défaut *m* de compression, d'étanchéité. *Mec.E:* **Member in compression,** pièce comprimée. **2.** Concentration *f* (de la pensée, du style).

com'pression-pump, *s.* Pompe *f* de compression.

com'pression-test, *s. Mec.E:* Essai *m* à la compression.

compressive [kɔm'presiv], *a.* Compressif. *Mec.E:* **Compressive strain,** déformation due à la compression. **Compressive stress,** effort *m* de compression. **Compressive strength,** résistance *f* à l'écrasement.

compressor [kɔm'presər], *s.* **1.** Compresseur *m* (de gaz, d'air, etc.). **Motor air-compressor,** motocompresseur *m.* **2.** (*a*) *Nau:* Étrangloir *m* (de câble); stoppeur *m.* (*b*) *Artil:* (*Buffer*) Frein *m. To set up the compressors,* régler les freins.

comprisable [kɔm'praizəbl], *a.* Qui peut être compris, renfermé, englobé (*in,* dans).

comprise [kɔm'praːiz], *v.tr.* Comprendre, contenir, renfermer. *The house comprises three public rooms and five bedrooms,* la maison comprend trois salles et cinq chambres à coucher.

compromise[1] ['kɔmpromaːiz], *s.* Compromis *m,* transaction *f. C. with one's conscience,* transaction avec sa conscience; capitulation *f* de conscience. *To agree to a c.,* accepter une transaction; consentir à transiger. *To effect a c., to arrive at a c.,* composer (*with s.o.,* avec qn); arriver à une solution transactionnelle; transiger. **Policy of compromise,** politique *f* de compromis, d'accommodements. *Policy of no c.,* politique intransigeante. *A c. between two widely different opinions,* moyen terme entre deux opinions très différentes. *C. agreement arrived at by the parties,* arrangement intervenu entre les parties.

compromise[2]. **1.** *v.tr.* (*a*) Compromettre (qn, son honneur, etc.). *To c. oneself with s.o.,* se compromettre avec qn; *F:* (*of woman*) se laisser aller avec qn. (*b*) Arranger (un différend); transiger sur (un différend). **2.** *v.i.* Compromettre, transiger, composer; *F:* couper la poire en deux. *To c. with s.o.,* s'accommoder avec qn.

To c. with one's conscience, pactiser avec sa conscience. *If he agrees to c.*, s'il accepte un compromis.

compromising[1], *a.* Compromettant.

compromising[2], *s.* **1.** Compromission *f* (de son honneur). **2.** Composition *f* (d'un différend).

comptometer [kɔmp'tɔmetər], *s.* Machine *f* à calculer.

comptroller [kɔn'troulər], *s.* *Adm:* **1.** Administrateur *m* (d'une maison royale, etc.). **2.** Contrôleur *m*; vérificateur *m* (de comptes).

compulsion [kəm'pʌlʃ(ə)n], *s.* Contrainte *f.* **Under compulsion, on compulsion,** par contrainte. *To be under c. to do sth.*, être astreint à faire qch. *To obey only under c.*, n'obéir qu'à son corps défendant; n'obéir que contraint et forcé, que si on y est contraint; céder à la contrainte. *To pay under c.*, payer à son corps défendant.

compulsionist [kəm'pʌlʃənist], *s.* Partisan *m* du service militaire obligatoire.

compulsive [kəm'pʌlsiv], *a.* = COMPULSORY 2. **-ly,** *adv.* Par force, par contrainte.

compulsory [kəm'pʌlsəri], *a.* **1.** Obligatoire, forcé, par contrainte. *C. loan, liquidation*, emprunt forcé, liquidation forcée. *C. school attendance*, scolarité *f* obligatoire; obligation *f* scolaire. *Sch: C. Latin*, latin obligatoire. **2.** Coercitif. *Magistrate invested with c. powers*, magistrat investi de pouvoirs coercitifs. **-ily,** *adv.* Obligatoirement. *Adm:* **To be compulsorily retired,** être mis à la retraite d'office.

compunction [kəm'pʌŋ(k)ʃ(ə)n], *s.* Componction *f*; remords *m.* *F:* **Without compunction,** sans (aucune) componction; sans scrupule. **To be seized with compunction,** avoir un retour de conscience.

compunctious [kəm'pʌŋ(k)ʃəs], *a.* Plein de componction. **-ly,** *adv.* Avec un air de componction.

compurgation [kɔmpər'geiʃ(ə)n], *s.* *Jur:* *A:* Témoignage justificateur (porté par les amis de l'accusé); justification *f* (de l'accusé).

compurgator ['kɔmpərgeitər], *s.* *Jur:* *A:* Témoin justificateur.

compurgatory [kəm'pəːrgətəri], *a.* *Jur:* *A:* **Compurgatory oath,** serment prêté par un témoin justificateur.

computable [kəm'pjuːtəbl], *a.* Calculable.

computation [kɔmpju'teiʃ(ə)n], *s.* (*a*) Compte *m*, calcul *m*, supputation *f*, estimation *f*. *To make a c. of sth.*, faire le calcul de qch.; calculer qch.; estimer (les dépenses, etc.). **At the lowest computation,** *it will cost . .* , en mettant les choses au plus bas, cela va coûter. . . . **Beyond computation,** incalculable. (*b*) *Ecc:* Comput *m* (du temps).

compute [kəm'pjuːt], *v.tr.* Computer, compter, calculer, évaluer, estimer, supputer. *Computed distance, horse-power, etc.*, distance estimée, chevaux-vapeur estimés, etc. *The population has been computed at* 7000, on a estimé la population à 7000.

computing, *s.* Évaluation *f*, estimation *f*. *Av:* **Computing scale** = COMPUTER.

computer [kəm'pjuːtər], *s.* *Av:* (Appareil) computateur *m* (de distances).

comrade ['kɔmred], *s.* (*a*) Camarade *m*, compagnon *m*; *F:* compère *m*. *Comrades in arms, in exile*, compagnons d'armes, d'exil. (*b*) (*As term of address between Communists*) Camarade.

comradeship ['kɔmredʃip], *s.* Camaraderie *f.*

Comstockery ['kʌmstɔkəri], *s.* *Art:* Pudibonderie *f* en matière d'art (du nom de l'Américain Anthony Comstock, adversaire du nu).

con[1] [kɔn], *v.tr.* **(conned)** Étudier (une leçon, un rôle). **To con over,** repasser, répéter (une leçon, etc.).

conning, *s.* Étude *f.* **Conning over,** répétition *f*.

con[2], *v.tr.* *Nau:* Gouverner (un navire). *To con the ship*, diriger, commander, la manœuvre.

'conning-tower, *s.* *Navy:* Blockhaus *m*, tourelle *f* de commandement, de contrôle, de veille (d'un cuirassé); capot *m*, kiosque *m* (d'un sous-marin).

con[3], *prep. & s.* Abréviation de (i) CONTRA[1]; (ii) *contradicente*. *See also* NEM. CON., PRO[1] 4.

conation [ko'neiʃ(ə)n], *s.* *Phil:* Volition *f*; mise *f* en action de la volonté.

conative ['kɔnətiv], *a.* *Phil:* Volitif.

concatenate [kɔn'katineit], *v.tr.* Enchaîner, lier (des idées).

concatenation [kɔnkati'neiʃ(ə)n], *s.* Concaténation *f*, chaîne *f*; enchaînement *m* (d'idées, de causes et d'effets); concours *m* (de circonstances).

concave ['kɔnkeːiv]. **1.** *a.* Concave, incurvé. **Double-concave,** biconcave; concavo-concave. **2.** *s.* *A. & Lit:* Surface *f* concave. *The c. of heaven*, la voûte des cieux. **-ly,** *adv.* En se creusant.

concavity [kɔn'kaviti], *s.* Concavité *f.*

concavo-concave [kɔnkeivo'kɔnkeiv], *a.* Biconcave; concavo-concave; double-concave.

concavo-convex [kɔnkeivo'kɔnveks], *a.* Concavo-convexe; concave-convexe.

conceal [kɔn'siːl], *v.tr.* (*a*) Cacher (qn, qch.); celer, dissimuler (la vérité, son chagrin, etc.); masquer (ses projets, une fenêtre); voiler (ses pensées, ses desseins); tenir secret (un projet, etc.). *They concealed the fact that they had had a part in the business*, ils dissimulèrent qu'ils eussent (*occ.* avaient) participé à l'affaire. **I do not conceal the fact that it is so,** je ne dissimule pas qu'il en est ainsi, qu'il n'en soit ainsi. *To c. one's intentions, F:* cacher, déguiser, son jeu; masquer ses batteries. *To c. s.o.'s physical defects*, dissimuler les défauts de conformation; sauver les défauts de la taille. *To c. one's talents, F:* enfouir ses talents. *To c. sth. from s.o.*, cacher qch. à qn; taire qch. à qn. *To c. one's movements from the enemy*, dérober sa marche à l'ennemi. (*b*) *Jur:* Recéler (un malfaiteur, un enfant, un objet volé).

concealed, *a.* Caché, dissimulé, invisible, masqué. **Concealed turning,** virage masqué. *Geol:* **Concealed outcrop,** affleurement masqué. *Aut:* **Concealed hood,** capote *f* à éclipse.

concealable [kɔn'siːləbl], *a.* Que l'on peut cacher. *Ind: etc:* (Pièce *f*) escamotable, éclipsable.

concealer [kɔn'siːlər], *s.* **1.** *Jur:* Receleur, -euse. **2.** Écran *m*. *See also* FLASH-CONCEALER.

concealment [kɔn'siːlmənt], *s.* **1.** Dissimulation *f*, déguisement *m* (de ses sentiments, etc.). **2.** *Jur:* (*a*) Cel *m*, recel *m*, recèlement *m* (de malfaiteurs, d'objets volés). (*b*) Réticence *f*; dissimulation (de certains faits, p. ex. fait de cacher un défaut de la marchandise) (donnant lieu à rescision du contrat). **Concealment of birth,** recel d'enfant; suppression *f* d'enfant; non-présentation *f* d'enfant. **3.** Action *f* de cacher ou de se cacher. *To keep s.o.* **in concealment,** tenir qn caché. *To keep in c.*, se tenir caché. *To find a* **place of concealment,** trouver une cachette, une retraite. **4.** Retraite (cachée). *The hills offered safe c. to the fugitives*, les montagnes *f* offraient aux fugitifs des retraites sûres.

concede [kɔn'siːd], *v.tr.* **1.** Concéder (un privilège, etc.). *I will c. nothing*, je ne ferai aucune concession. *Games: To c. points to one's adversary*, donner, rendre, des points à son adversaire. **2.** *To c. that one is wrong*, concéder, admettre, qu'on a tort.

concededly [kɔn'siːdidli], *adv.* *U.S:* = ADMITTEDLY.

conceit [kɔn'siːt], *s.* **1.** Vanité *f*, suffisance *f*; affectation *f*. **I'll take the conceit out of him,** je vais le remettre à sa place; je vais le dégonfler. **Eaten up with conceit,** pétri, *F:* pourri, d'amour-propre. *See also* SELF-CONCEIT. **2.** *A:* Opinion *f* favorable; jugement *m* favorable. *Still used in a few phr.* **He is a very big man in his own conceit,** il se croit un très grand homme. *He has got a very good c. of himself*, il est très satisfait de sa petite personne; il se croit quelqu'un; il se gobe. **To be out of conceit with sth., with oneself,** être dégoûté, mécontent, de qch., de soi. *To put s.o. out of c. with his own work*, dégoûter qn de son propre travail. **3.** *A. & Lit:* Trait *m* d'esprit; bon mot (entaché d'affectation). *pl.* **Conceits,** concetti *m*.

conceited [kɔn'siːtid], *a.* Suffisant, vaniteux; infatué de soi-même; prétentieux; (air) suffisant, affecté, avantageux. *He looks very c.*, il a l'air bien fat. *He is unbearably c.*, il est d'une suffisance insupportable. **A conceited ass,** un maître aliboron. *A c. puppy*, un jeune prétentieux. *A c. little hussy*, une petite mijaurée. *See also* SELF-CONCEITED. **-ly,** *adv.* Avec suffisance, avec vanité; d'un air suffisant, avantageux.

conceitedness [kɔn'siːtidnəs], *s.* Suffisance *f*, vanité *f*.

conceivability [kɔnsiːvə'biliti], **conceivableness** [kɔn'siːvəblnəs], *s.* Conceptibilité *f*.

conceivable [kɔn'siːvəbl], *a.* Concevable, imaginable. *It is c. that . . .*, il est concevable que + *sub.* *Every means c.*, tous les moyens imaginables. **It is the best conceivable,** c'est le mieux que l'on puisse imaginer. **-ably,** *adv.* D'une façon concevable. *He may c. have reached the summit*, il est concevable qu'il ait pu atteindre jusqu'au sommet.

conceive [kɔn'siːv], *v.tr.* **1.** (*a*) Concevoir (un enfant); *abs.* concevoir; devenir enceinte. (*b*) (*Of child*) *To be conceived*, être conçu. *Who was conceived by the Holy Ghost*, qui a été conçu du Saint-Esprit. **2.** (*a*) Concevoir (un projet, de l'amour). **To conceive a great friendship for s.o.,** concevoir une grande amitié pour qn; se prendre d'une vive amitié pour qn. **To conceive a dislike for s.o.,** prendre qn en aversion. *The hopes that I had conceived of you*, les espérances que j'avais conçues à votre sujet. (*b*) *I cannot c. its being the question of an intelligent man*, je ne conçois pas qu'un homme intelligent ait posé une question pareille. *I cannot c. why you should allow it*, je n'imagine pas, ne conçois pas, pourquoi vous le permettriez. *I conceived that some difficulties might arise*, je concevais bien qu'il pourrait se présenter quelques difficultés; j'envisageais bien quelques difficultés. **3.** (*Of document*) **Conceived as follows,** ainsi conçu; rédigé dans les termes suivants, comme suit. **4.** *v.i.* (*a*) **To conceive of sth.,** (s')imaginer, comprendre, qch. *When we c. of things clearly*, quand nous nous représentons bien les choses; quand nous nous faisons une idée exacte des choses. (*b*) *That is not the case, as you may well conceive*, vous pouvez bien vous imaginer qu'il n'en est pas ainsi.

concentrate[1] [kɔn'sentret, 'kɔnsentret], *s.* *Min:* Minerai concentré; concentré *m*.

concentrate[2] ['kɔnsentreit]. **1.** *v.tr.* Concentrer (des troupes, son attention, un liquide, etc.); *Ch: Ind:* déflegmer (l'alcool); grouper (des efforts). *Mil: To c. the fire of a battery*, faire converger les feux d'une batterie. *Concentrated fire*, tir convergent. *Concentrated milk*, lait concentré. *Ind: Concentrated sulphuric acid*, acide sulfurique concentré. *With concentrated fury*, avec une fureur concentrée. *Art: Concentrated composition, painting*, composition, peinture, ramassée. **2.** *v.i.* (*a*) Se concentrer. *Population tends to c. in cities*, la population tend à se concentrer dans les villes. *Interest concentrates on the fourth act*, l'intérêt se concentre sur le quatrième acte. (*b*) **To concentrate on sth., on doing sth.,** concentrer son attention sur qch.; porter toute son attention sur qch; s'appliquer à faire qch. *You must learn to c.*, il faut apprendre à appliquer votre pensée, à vous concentrer.

concentration [kɔnsen'treiʃ(ə)n], *s.* **1.** (*a*) Concentration *f* (d'une solution, des troupes, etc.); *Mil:* convergence *f* (des feux); *Ch: Ind:* déflegmation *f* (de l'alcool). *C. of effort*, convergence des efforts. **Concentration camp,** camp *m* de concentration. *Aut: Sp:* **Concentration point,** parc *m* d'étape (de course sur routes). (*b*) *Ch:* **(Degree of) concentration,** titre *m* (d'un acide, etc.). **At high concentration,** concentré. **2.** Concentration, application *f* (de l'esprit). **Power of concentration,** faculté *f* de concentration, d'application. **3.** **Hostile concentration,** rassemblement ennemi. *The large urban concentrations*, les grandes agglomérations urbaines.

concentrative ['kɔnsentreitiv], *a.* Qui tend à la concentration. *Psy: C. act*, acte *m* de concentration, d'application (de l'esprit).

concentrator ['kɔnsentreitər], *s.* *Ch: Min: etc:* (Appareil *m* ou dispositif *m*) concentrateur *m*.

concentre [kɔn'sentər], *v.* *A. & Lit:* **1.** *v.tr.* Attirer vers un centre commun; réunir (des rayons, etc.) en un centre commun; concentrer (son attention, etc.). **2.** *v.i.* Se réunir; se concentrer.

concentric [kɔn'sentrik], *a.* (*Of circles, cable, lens, etc.*) Concentrique; (*of lens*) homocentrique. **-ally,** *adv.* Concentriquement.

concentricity [kɔnsen'trisiti], *s.* Arrangement *m* concentrique; concentricité *f.*

concept ['kɔnsept], *s. Phil:* Concept *m*; idée générale.

conceptacle [kɔn'septəkl], *s. Bot:* Conceptacle *m.*

conception [kɔn'sepʃ(ə)n], *s.* **1.** Conception *f* (d'un enfant, d'une idée, etc.). **Conception control,** procédés anticonceptionnels. **2. Conceptions of a writer,** conceptions, imaginations *f,* d'un auteur. *To have a high c. of one's duty,* avoir une haute idée de son devoir. *To have a clear c. of sth.,* se représenter clairement qch. par la pensée. *F:* **I haven't the remotest conception,** je n'en ai pas la moindre idée.

conceptional [kɔn'sepʃən(ə)l], *a.* Conceptionnel.

conceptive [kɔn'septiv], *a.* Conceptif.

conceptual [kɔn'septjuəl], *a. Phil:* Conceptuel.

conceptualism [kɔn'septjuəlizm], *s. Phil:* Conceptualisme *m.*

conceptualist [kɔn'septjuəlist], *s. Phil:* Conceptualiste *m.*

conceptualistic [kɔnseptjuə'listik], *a. Phil:* Conceptualiste.

conceptualize [kɔn'septjuəla:iz], *v.tr. Phil:* Concevoir; former un concept, une idée, de (qch.).

concern¹ [kɔn'sə:rn], *s.* **1.** (*a*) Rapport *m.* **To have no concern with sth.,** n'avoir pas de rapport avec qch. (*b*) Intérêt *m* (*in,* dans). **To have a concern in sth.,** avoir part à qch. **It's not my concern; it's no concern of mine,** cela ne me regarde pas; cela ne me concerne pas; ce n'est pas mon affaire; je ne me soucie pas de cela. *It's no c. of yours,* cela ne vous intéresse pas; vous n'avez rien à y voir; ne vous en mêlez pas. *To meddle in s.o.'s concerns,* se mêler des affaires de qn. **2.** (*a*) Souci *m. My c. for your welfare,* le souci que j'ai de votre bien-être. *My only c. has been to ensure . . .,* ma seule préoccupation a été d'assurer. . . . (*b*) Souci, anxiété *f,* inquiétude *f. He showed great c. about you,* il s'est montré inquiet à votre égard. **He enquired with concern . . .,** il demanda avec sollicitude *f.* . . . *He showed deep c. at the news,* il s'est montré très affecté de cette nouvelle; au reçu de cette nouvelle il a manifesté une vive inquiétude. **3.** (*a*) *Com: Ind:* Entreprise *f,* affaire *f,* exploitation *f;* maison *f* de commerce, etc.; fonds *m* de commerce. *The whole c. is for sale,* toute l'entreprise est mise en vente. *His works is a very big c.,* son usine est une grosse affaire. *See also* GOING¹ 1. (*b*) *F:* **I'm sick of the whole concern, fed up with the whole concern,** *P:* j'en ai marre de toute la boutique, de tout le bataclan. (*c*) *F:* Appareil *m,* machin *m,* truc *m. Behind the engine he has fixed up a tin c. which he says is a filter,* en arrière du moteur il a installé un machin en fer blanc qui, paraît-il, serait un filtre.

concern², *v.tr.* **1.** (*a*) Concerner, regarder, toucher, intéresser (qn, qch.); se rapporter à (qn, qch.). *This does not c. you,* (i) ceci ne vous concerne pas, ne vous touche pas; (ii) ceci n'est pas votre affaire; vous n'avez rien à y voir. *Action that concerns me alone,* action *f* qui est mon affaire à moi seul; action dont seul j'ai à connaître. **That does not concern me,** cela ne me regarde pas, ne m'intéresse pas, ne me touche pas, ne touche pas à mes intérêts. *You are the most closely concerned,* c'est vous le premier intéressé. **It concerns him to know . . .,** il lui importe de savoir. . . . *Treaty concerning a country,* traité relatif à un pays. *Law that concerns Alsace,* loi *f* qui affecte l'Alsace. *Such things as c. the public,* choses *f* qui intéressent le public. **As concerns . . .,** quant à . . ., pour ce qui est de. . . . **To all whom it may concern,** à tous ceux qu'il appartient. (*b*) **To concern oneself with, about, in, sth.,** s'intéresser à, s'occuper de, se mêler de, qch. **2. To be concerned.** (*a*) **To be concerned in, with, sth.,** s'intéresser à, s'occuper de, qch.; être en cause. *Question in which the whole world is concerned,* question *f* qui intéresse le monde entier. *To be concerned in a plot,* être impliqué dans un complot. *You are in no way concerned in the business,* vous n'entrez pour rien dans l'affaire. *His honour is concerned,* il s'agit de son honneur; son honneur est en jeu. **The parties, persons, concerned,** les intéressés. *To notify the persons concerned,* aviser qui de droit. *Action disgraceful to all concerned,* action qui déshonore tous ceux qui y ont participé. *All the treaties concerned,* tous les traités envisagés. **As far as I am concerned,** en ce qui me concerne; en ce qui me regarde; quant à moi; pour mon compte. *Well, that's all right as far as he is concerned,* enfin, passe pour lui. *As far as this question is concerned . . .,* en ce qui touche à cette question. . . . *We are not particularly concerned to trace their history,* nous n'avons pas à tâche de retracer leur histoire. *Optics is concerned with the laws of light,* l'optique *f* a pour objet les lois de la lumière. *This art is not concerned with truth,* cet art n'a rien à voir avec la vérité. (*b*) **To be concerned about s.o., sth.,** s'inquiéter, être inquiet, de qn, de qch. *I am concerned to hear that . . .,* j'apprends avec regret, avec peine, que. . . : *I am concerned for his health,* l'état *m* de sa santé me donne des inquiétudes *f. He looked very much concerned,* il avait l'air très inquiet, très soucieux. *He didn't look in the least concerned,* (i) il n'avait l'air aucunement inquiet; (ii) cela a paru le laisser indifférent. *I feel concerned for his safety,* je crains qu'il ne lui arrive, ne lui soit arrivé, quelque chose. *I feel concerned about the matter,* cette affaire me cause de l'inquiétude, me donne du souci. *I feel concerned at his failure,* son échec me donne du souci. *I am not concerned about what they say,* je ne m'inquiète guère de ce qu'on dit.

concerning, *prep.* Concernant, touchant, en ce qui concerne, au sujet de, à l'égard de (qn, qch.); relatif à (qn, qch.). *I have heard much c. this,* j'ai appris beaucoup de choses à ce sujet.

concernedly [kɔn'sə:rnidli], *adv.* Avec inquiétude; d'un air soucieux.

concernment [kɔn'sə:rnmənt], *s.* **1.** *A:* Affaire *f. Our daily concernments,* nos affaires quotidiennes. **2.** (*a*) *A:* Intérêt *m. A matter of general c.,* une affaire d'intérêt général. (*b*) Importance *f.* **Of vital concernment,** d'une importance capitale. **3.** Interposition *f,* participation *f* (*in,* à). **4.** Inquiétude *f;* souci *m* (*at,* de); sollicitude *f* (*for,* pour).

concert¹ ['kɔnsərt], *s.* **1.** Concert *m,* accord *m.* (*a*) **To sing in concert,** chanter à l'unisson *m.* **To act in concert (with s.o.),** agir de concert, d'accord, de compagnie (avec qn); agir d'ensemble; se concerter (avec qn). (*b*) **The Concert of Europe,** le concert européen. **2.** *Mus:* Concert; séance musicale. **Sacred Concert,** concert spirituel. *A Wagner c.,* un festival Wagner. *W.Tel:* **Wireless concerts,** auditions musicales. **Concert performer,** concertant, -ante; concertiste *mf. See also* FLUTE¹ 1.

'concert-'grand, *s. Mus:* Piano *m* à grande queue; piano de concert.

'concert-hall, *s.* Salle *f* de concert.

'concert-pitch, *s.* Diapason *m* de concert anglais (la = 878 vibrations). *F:* **To keep up to concert-pitch,** se maintenir en forme.

concert² [kɔn'sə:rt]. **1.** *v.tr.* Concerter (des mesures, etc.). *We had concerted a code of signals,* nous avions arrangé d'avance un code de signaux. **2.** *v.i.* Se concerter, tenir conseil (*with,* avec).

concerted, *a.* Concerté. *To act with no c. plan,* agir sans plan concerté. *Mus:* **Concerted piece,** morceau *m* d'ensemble; morceau concertant.

concertante [kɔntʃə:r'tanti], *a. Mus:* **Concertante part,** partie concertante.

concertina¹ [kɔnsər'ti:nə], *s.* **1.** *Mus:* Accordéon hexagonal; concertina *m.* **2.** *Rail:* **Concertina vestibule** (*joining coaches*), soufflet *m.*

concertina², *v.i.* (**concertinaed**) Se fermer en accordéon.

concerto [kɔn'tʃə:rto, kɔn'sə:rto], *s. Mus:* Concerto *m. Piano, violin, c.,* concerto pour piano, pour violon.

concessible [kɔn'sesibl], *a.* Concessible.

concession [kɔn'seʃ(ə)n], *s.* Concession *f* (de terrain, d'opinion, etc.). *Mining c.,* concession minière. *To make concessions,* faire des concessions. *To make concessions to the prejudices of the time,* sacrifier aux préjugés de l'époque. *We must make some c. to the weakness of old age,* il faut savoir déférer quelque chose à la faiblesse des vieillards.

concession(n)aire [kɔnseʃə'nεər], *s.* Concessionnaire *m.*

concessionary [kɔn'seʃənəri]. **1.** *a.* (*a*) (Compagnie *f,* etc.) concessionnaire. (*b*) (Subside, etc.) concédé. **2.** *s.* = CONCESSION(N)AIRE.

concessive [kɔn'sesiv], *a.* Concessif. *Gram: C. clause, conjunction,* proposition, conjonction, concessive.

concetti [kɔn'tʃeti], *s.pl. Lit.Hist:* Concetti *m.*

concettism [kɔn'tʃetizm], *s. Lit.Hist:* Abus *m* des concetti; préciosité *f.*

conch [kɔŋk], *s.* **1.** Conque *f* (de mollusque). *Triton's c.,* la conque de Triton. **2.** = CONCHA. **3.** *Nau: P:* Natif *m* des Lucayes.

concha ['kɔŋka], *s.* **1.** *Anat:* Conque *f* (de l'oreille); oreille *f* externe. **2.** *Arch:* (*a*) Voûte *f* d'abside; *A:* conque. (*b*) Abside *f.* (*c*) Plafond *m* en voûte.

conchifera [kɔŋ'kifərə], *s.pl. Moll:* Conchifères *m.*

conchiferous [kɔŋ'kifərəs], *a.* Conchifère.

conchiform ['kɔŋkifɔ:rm], *a.* Conchiforme.

conchoid ['kɔŋkɔid]. **1.** *a.* Conchoïde. **2.** *s. Geom:* Conchoïde *f.*

conchoidal [kɔŋ'kɔid(ə)l], *a. Geom: etc:* Conchoïdal, -aux; conchoïde.

conchologist [kɔŋ'kɔlədʒist], *s.* Conchyliologiste *m.*

conchology [kɔŋ'kɔlədʒi], *s.* Conchyliologie *f.*

conchy ['kɔntʃi], *s. P:* = *conscientious objector, q.v. under* CONSCIENTIOUS.

conciliar [kɔn'siliər], *a.* Conciliaire. *Ecc.Hist:* **Conciliar records and decrees,** conciles *m.*

conciliate [kɔn'silieit], *v.tr.* **1.** Concilier, réconcilier (des théories contraires, des intérêts opposés). *Can the theatre be conciliated with morality?* peut-on réconcilier le théâtre avec la morale? **2.** *To c. s.o.'s goodwill, s.o.'s favour,* se concilier la bonne volonté, la faveur, de qn. **3.** *To c. s.o. to one's side,* gagner qn à son parti.

conciliation [kɔnsili'eiʃ(ə)n], *s.* Conciliation *f. Jur:* **Court of conciliation,** bureau *m* de conciliation. **Conciliation board** (*in industrial dispute*), conseil *m* d'arbitrage, = conseil des prud'hommes.

conciliative [kɔn'siliətiv], *a.* Conciliant.

conciliator [kɔn'silieitər], *s.* Conciliateur, -trice.

conciliatory [kɔn'siliətəri], *a.* Conciliatoire, conciliant. *C. spirit,* esprit *m* de conciliation. **-ily,** *adv.* D'un air conciliant.

concinnity [kɔn'siniti], *s. Lit:* Élégance *f* (de style).

concise [kɔn'sais], *a.* (Style, écrivain) concis; (style) serré, ramassé. *F: A c. repast,* un repas sommaire. **-ly,** *adv.* Avec concision, brièvement. **To put it concisely . . .,** en un mot comme en cent.

conciseness [kɔn'saisnəs], *s.* Concision *f.*

concision [kɔn'siʒ(ə)n], *s.* Concision *f. To aim at c.,* serrer son style.

conclave ['kɔnkle:iv], *s.* **1.** (*a*) *R.C.Ch:* Conclave *m* (le lieu d'assemblée ou l'assemblée des cardinaux). *F:* **Solemn conclave of Christendom,** assises solennelles de la Chrétienté. (*b*) *F:* **The conclave,** les cardinaux *m.* **2.** *F:* (*a*) Assemblée *f,* réunion *f* (à huis clos). (*b*) Conseil (tenu à huis clos). **To be in conclave with s.o.,** tenir conseil avec qn. (*c*) *Decisions arrived at in c.,* décisions prises en assemblée plénière.

conclude [kɔn'klu:d], *v.tr. & i.* **1.** Conclure (une affaire, la paix, un traité, etc.); arranger, régler (une affaire). *See also* AGREEMENT 1. **2.** (*a*) Terminer, conclure, finir, achever (un discours, un ouvrage); clôturer (une session). **To conclude by saying . . .,** dire en terminant. . . . *To c. with a joke,* finir par un bon mot. **To conclude,** *I shall ask you to pass a vote of thanks to . . .,* en conclusion, je vous demanderai de voter des remerciements à. . . . **To be concluded in our next,** la fin au prochain numéro. (*At foot of serial story instalment*) Concluded, suite et fin. (*b*) *v.i. The evening concluded with patriotic songs,* la soirée se termina par des chants patriotiques. *The report concludes as follows*, le rapport aboutit à la conclusion suivante; le rapport se termine comme il suit. **3.** (*Infer*) **From this I conclude that . . .**, de ceci je conclus, je juge, j'estime, que. . . . **4. To conclude in favour of a course of action**, conclure à une ligne de conduite. *To c. in favour of rigorous measures*, conclure aux mesures de rigueur. *U.S:* **To conclude to do sth.**, conclure à faire qch.; décider de faire qch.

concluding, *a.* (Mot, chapitre) final, *pl.* -als.

conclusion [kɔn'kluːʒ(ə)n], *s.* **1.** Conclusion *f* (de la paix, d'un traité, etc.). **2.** Fin *f*, conclusion (d'une lettre, d'un ouvrage, etc.); clôture *f* (d'une session, etc.). **In conclusion**, pour conclure; en conclusion; finalement. **To bring a business to a successful conclusion**, mener une affaire à bonne fin, à bon terme; faire aboutir une affaire. **3.** (*a*) *Log:* Conséquent *m*, conclusion (d'un syllogisme). (*b*) *Without coming to a c., to conclusions*, sans rien conclure. **Conclusions arrived at** (*at a meeting*), décisions prises (par une assemblée). **To draw a conclusion from sth.**, tirer une déduction, une conclusion, de qch. **To come to a conclusion as to a matter**, (i) arriver à une décision, (ii) se prononcer, sur une question. **To come to the conclusion that . . .**, conclure que. . . . *To come to the c. that the scheme is impossible*, conclure à l'impossibilité du projet. *It was a foregone c.*, l'issue n'était pas douteuse; c'était prévu. *F:* **To try conclusions with s.o.**, se mesurer, lutter, avec, contre, qn. *See also* JUMP[2] I. 1.

conclusive [kɔn'kluːsiv], *a.* (*Of argument*) Concluant, décisif; (*of test*) probant. **-ly**, *adv.* D'une manière concluante, décisive, probante.

conclusiveness [kɔn'kluːsivnəs], *s.* Évidence *f* (d'un argument, etc.); caractère probant (d'une épreuve).

concoct [kɔn'kɔkt], *v.tr.* **1.** Mixtionner (une potion); composer (un cocktail, etc.); confectionner (un plat). **2.** Imaginer, inventer, combiner (un plan); tramer, machiner (un complot). *To c. a lie, a charge against s.o.*, forger un mensonge, une accusation contre qn.

concoction [kɔn'kɔkʃ(ə)n], *s.* **1.** (*a*) Confectionnement *m*, confection *f* (d'un plat, etc.). (*b*) Mixtion *f*; *esp.* boisson *f*, potion *f*. **2.** (*a*) Conception *f*, élaboration *f* (d'un plan); machination *f* (d'un complot). (*b*) *I have never heard such a c. of lies*, jamais je n'ai entendu un pareil tissu de mensonges. *The whole story was a c.*, l'histoire était inventée à plaisir.

concoctor, -er [kɔn'kɔktər], *s.* **1.** Confectionneur, -euse (d'un plat). **2.** Auteur *m* (d'un projet, etc.); machinateur, -trice (d'une intrigue).

concolorous [kɔn'kʌlərəs], *a.* *Nat.Hist:* De couleur uniforme.

concomitance [kɔn'kɔmitəns], *s.* (*a*) Concomitance *f*. (*b*) *Theol:* *The Body is present in the wine by c.*, le Corps est sous le vin par concomitance.

concomitant [kɔn'kɔmitənt]. **1.** *a.* Concomitant (*with*, de). **2.** *s.* Accessoire *m*, accompagnement *m*. *These infirmities are the concomitants of old age*, ces infirmités *f* forment le cortège de la vieillesse. **-ly**, *adv.* Concomitamment; (i) en même temps; (ii) accessoirement.

concord[1] ['kɔnkɔːrd, 'kɔŋ-], *s.* **1.** Concorde *f*, bonne entente, harmonie *f* (entre personnes). **To live in concord**, vivre en bon accord, de bon accord (*with*, avec). **2.** *Gram:* Concordance *f*. **The concords**, les règles *f* d'accord. **To be in concord with . . .**, s'accorder avec. . . . **3.** *Mus:* Accord.

concord[2] [kɔn'kɔːrd], *v.i.* Concorder, s'accorder, être d'accord.

concordance [kɔn'kɔːrdəns], *s.* **1.** Concordance *f*, accord *m* (*with*, avec); harmonie *f*. *The c. of the evidence*, la concordance des témoignages. **2.** Index *m*, concordance (de la Bible, des œuvres d'un auteur).

concordant [kɔn'kɔːrdənt], *a.* **1.** Qui s'accorde, concordant (*with*, avec). *C. depositions*, témoignages concordants. **2.** *Mus:* Consonant, harmonieux.

concordat [kɔn'kɔːrdat], *s.* Concordat *m* (entre l'État et l'Église).

concordatory [kɔn'kɔːrdətəri], *a.* Concordataire.

concourse ['kɔnkɔːrs, 'kɔŋ-], *s.* **1.** (*a*) Foule *f*, rassemblement *m*, affluence *f*, concours *m* (de personnes). (*b*) Convergence *f* d'allées (dans une forêt, etc.); carrefour *m*. (*c*) *U.S:* Hall *m* (de gare). **2. Fortuitous concourse of atoms**, concours fortuit d'atomes. *Unforeseen c. of circumstances*, concours inattendu de circonstances. **3.** *Jur:* (*Scot.*) Homologation *f* (d'un procès au criminel intenté par un particulier).

concrescence [kɔn'kres(ə)ns], *s.* *Biol:* Concrétion *f*.

concrete[1] ['kɔnkriːt]. **1.** *a.* Concret, -ète. *Gram:* *Log:* **Concrete term**, terme concret. *Jur:* **Concrete case**, cas *m* d'espèce. *To take a c. case*, concréter, concrétiser, un cas. **2.** *s.* *A. & Lit:* Agrégation *f* (de faits, d'éléments disparates). **3.** *s.* *Civ.E:* *Const:* (*a*) Béton *m* (de ciment). *To face a wall with c.*, bétonner une paroi. **Reinforced concrete, armoured concrete**, béton armé; ciment armé. *See also* HOOP[2]. **Concrete block**, bloc *m* de, en, béton. **Concrete mixer**, malaxeur *m* de béton; bétonnière *f*. **Concrete work**, bétonnage *m*. (*b*) **Tar concrete**, béton de goudron et cailloux. **-ly**, *adv.* D'une manière concrète; sous forme concrète.

concrete[2] [kɔn'kriːt]. **1.** *v.tr.* (*a*) Concrétiser (une idée, un cas). (*b*) Concréter, solidifier (une matière). (*c*) *Civ.E:* *Const:* Bétonner (une paroi, etc.). **2.** *v.i.* Se solidifier; se concréter; se prendre en masse.

concreting, *s.* Bétonnage *m*.

concreteness [kɔn'kriːtnəs], *s.* Caractère concret (d'un exemple, etc.).

concretion [kɔn'kriːʃ(ə)n], *s.* *Med:* *Geol:* *etc:* Concrétion *f*. *Med:* **Biliary concretions**, concrétions biliaires.

concretionary [kɔn'kriːʃənəri], *a.* *Geol:* Concrétionné.

concubinage [kɔn'kjubinedʒ], *s.* Concubinage *m*.

concubinary [kɔn'kjubinəri]. **1.** *a.* Concubin. **2.** *s.* Concubinaire *m*.

concubine ['kɔŋkjubain], *s.f.* **1.** Concubine. **2.** Seconde femme (chez les polygames).

concupiscence [kɔn'kjuːpisəns], *s.* Concupiscence *f*.

concupiscent [kɔn'kjuːpisənt], *a.* Libidineux.

concupiscible [kɔn'kjuːpisibl], *a.* (Appétit *m*, etc.) concupiscible.

concur [kɔn'kəːr], *v.i.* (**concurred**) **1.** (*a*) (*Of events*) Concourir, se rencontrer, coïncider. (*b*) **To concur in a result**, concourir à un résultat. *To c. to produce a result*, contribuer à produire un résultat. **2.** (*Of pers.*) Être d'accord (*with s.o.*, avec qn); (*of two pers.*) s'accorder ensemble (*in doing sth.*, pour faire qch.). *I c. in your opinion; I c. with you*, je suis de votre avis; je partage votre opinion; je me rallie à votre opinion. *All c. in the belief that . . .*, tous s'accordent à croire que. . . . **3.** *Jur:* (*Of rights*) Se heurter, s'opposer.

concurrence [kɔn'kʌrəns], *s.* **1.** (*a*) Concours *m* (de lignes, de circonstances); coopération *f* (de personnes). *Geom:* **Point of concurrence**, point *m* de concours. (*b*) Simultanéité *f*. **2.** (*Of pers.*) (*a*) Accord *m*, concours. *Their mutual c. in doing good*, leur accord à faire le bien. (*b*) Assentiment *m*, consentement *m* (*in*, à); approbation *f*. **3.** (*a*) *Jur:* Conflit *m*, concurrence *f* (de droits). (*b*) *Occ.* (*As a Gallicism*) Concurrence (entre personnes).

concurrent [kɔn'kʌrənt], *a.* **1.** (*a*) Concourant. *Geom:* **Concurrent lines**, lignes concourantes. *Mec:* *C. forces*, forces concourantes. *Jur:* **Concurrent powers**, pouvoirs communs. **Concurrent fire insurance**, Assurance-Incendie répartie à conditions identiques entre plusieurs assureurs. (*b*) (*In time*) Simultané; coexistant. *Jur:* **Concurrent lease**, bail sujet à la servitude d'une autre fin de bail à courir. (*c*) **Concurrent cause**, cause contribuante. **2.** (*In agreement*) Unanime, concordant, d'accord. *The c. views of several experts*, les opinions concordantes de plusieurs experts. **3.** (*a*) *Jur:* (*Of rights*) Qui se heurtent; opposés. (*b*) *Occ.* *s.* (*Of pers., as a Gallicism*) Concurrent *m*. **-ly**, *adv.* Concurremment (*with*, avec). *Jur:* *The two sentences to run c.*, avec confusion des deux peines.

concuss [kɔn'kʌs], *v.tr.* **1.** (*a*) Ébranler, secouer (qch.). (*b*) *Med:* Commotionner (le cerveau). **2.** *Jur:* Intimider (qn). **To concuss s.o. into doing sth.**, faire commettre une action à qn sous le coup de l'intimidation.

concussion [kɔn'kʌʃ(ə)n], *s.* Secousse *f*, choc *m*, ébranlement *m*. *Med:* Commotion (cérébrale). **Suffering from concussion**, commotionné. *Artil:* **Concussion fuse**, fusée percutante.

condemn [kɔn'dem], *v.tr.* Condamner. **1.** (*a*) *To c. s.o. to death, to be beheaded*, condamner qn à (la) mort, à être décapité. **Condemned cell**, cellule *f* des condamnés. *Man condemned to death*, condamné à mort. *Theol:* *Condemned by God's decree*, réprouvé. *The condemned man* (*on the scaffold*), le patient. (*b*) *The doctor has condemned him*, le médecin l'a condamné. *F:* *Condemned to lead a hopeless existence*, condamné à vivre sans espoir. **2.** *To c. defective provisions*, condamner des vivres en mauvais état. *To c. slum dwellings*, condamner des taudis à être démolis, *F:* à la pioche. *To c. stores*, condamner, réformer, du matériel. **3.** Déclarer coupable. *He was condemned of high treason*, il fut convaincu de haute trahison. *F:* **His looks condemn him**, sa mine, rien que son apparence *f*, le condamne, le trahit. **4.** Censurer, blâmer. *A fault in reasoning which Aristotle condemns*, faute de raisonnement condamnée par Aristote.

condemnable [kɔn'demnəbl], *a.* Condamnable, blâmable.

condemnation [kɔndem'neiʃ(ə)n], *s.* **1.** (*a*) Condamnation *f* (d'un coupable). (*b*) *His silence was his c.*, son silence le condamnait. *B:* *This is the c.*, or c'est ici le sujet de la condamnation. (*c*) Censure *f*, blâme *m*. *I did not deserve his c.*, je ne méritais pas sa condamnation. **2.** Condamnation (de vivres, etc.). *Mil:* Réforme *f* (du matériel).

condemnatory [kɔn'demnətəri], *a.* (Silence *m*, etc.) condamnatoire.

condensability [kɔndensə'biliti], *s.* Condensabilité *f*.

condensable [kɔn'densəbl], *a.* Condensable.

condensate [kɔn'denset], *s.* **1.** *Mch:* Eau *f* de condensation. **2.** *F:* *A c. of learning salted with common sense*, un comprimé de science assaisonnée de bon sens.

condensation [kɔnden'seiʃ(ə)n], *s.* **1.** *Ph:* *Ch:* *Meteor:* *etc:* Condensation *f* (de la vapeur, d'un gaz, d'un produit synthétique, d'un discours, d'idées, etc.). **2.** Liquide condensé; (*of water*) eau *f* de condensation. *A slight c. on the inside of the flask*, une rosée sur la paroi interne de l'ampoule.

condense [kɔn'dens]. **1.** *v.tr.* (*a*) Condenser (un gaz, un produit, une pensée, un discours, etc.); serrer (son style); concentrer (un produit). *To c. a chapter into a single paragraph*, condenser, resserrer, un chapitre en un seul paragraphe. (*b*) *To c. a beam of light*, concentrer un faisceau de rayons. **2.** *v.i.* Se condenser.

condensed, *a.* Condensé. **Condensed milk**, lait concentré, condensé.

condensing[1], *a.* Condensant; condensateur, -trice. **Condensing-engine**, machine *f* à vapeur à condensation. *See also* NON-CONDENSING.

condensing[2], *s.* Condensation *f*.

condenser [kɔn'densər], *s.* **1.** (*a*) *Mch:* *Gasm:* *etc:* Condenseur *m*. *Surface c.*, condenseur par surface. *Jet c.*, condenseur à jet. *C. of a still*, réfrigérant *m*. (*b*) *Nau:* **Fresh-water condenser**, distillateur *m*. **2.** *El:* Condensateur *m*. **Plate condenser**, condensateur à plaques, à plateaux. *Air-dielectric c.*, condensateur à air. *Mica c.*, condensateur isolé au mica. *Sliding c.*, condensateur à armatures *f* mobiles. *W.Tel:* **Tuning condenser**, condensateur d'accord, de syntonisation. *Variable c., adjustable c.*, condensateur (à capacité *f*) réglable; condensateur variable. *Ganged condensers*, condensateurs à blocs combinés. *See also* GANG[1] 3, GRID I. **3.** *Opt:* Condensateur; lentille condensatrice (d'une lanterne à projection). **Abbe** ['abe] **condenser**, condensateur d'Abbe, éclaireur *m* d'Abbe (d'un microscope).

condescend [kɔndi'send], *v.i.* **1.** Condescendre (*to sth., to do sth.*, à qch., à faire qch.); accepter (de faire qch.), s'abaisser, descendre (à, jusqu'à, faire qch.). *To c. to praise*, pousser la condescendance jusqu'à la louange. **2.** (*a*) Se montrer condescendant (*to s.o.*, envers qn); user de condescendance (envers qn). (*b*) *I won't be condescended to*, je n'aime pas qu'on me traite de haut en bas. (*c*) *To c. to one's public*, s'abaisser au niveau de son public; s'accommoder à son public. **3.** *Jur:* (*Scot.*) (*Of pursuer*) *To c. upon particulars*, spécifier les détails de sa plainte.

condescending, *a.* Condescendant (*to*, envers). **Haughty but condescending**, hautain mais débonnaire. **-ly**, *adv.* Avec condescendance; du haut de sa grandeur. *To treat s.o. c.*, traiter qn de haut en bas.

condescendence [kɔndi'sendəns], *s.* **1.** = CONDESCENSION. **2.** *Jur:* (*Scot.*) Spécification *f* (par le plaignant) des détails (d'une action au criminel).

condescension [kɔndi'senʃ(ə)n], *s.* **1.** Condescendance *f* (*to*, envers, pour). **2.** Complaisance *f*. **Out of condescension to s.o.**, par déférence *f* pour qn.

condign [kon'dain], *a.* (Châtiment) mérité, exemplaire. *C. punishment*, juste punition *f*. *This reverse of fortune was c. punishment for his crimes*, ce revers de fortune fut la juste récompense de ses crimes. *He was brought to c. punishment as a traitor*, il subit le châtiment mérité des traîtres. **-ly**, *adv.* (Puni) justement, exemplairement.

condiment ['kɔndimənt], *s.* Condiment *m*; assaisonnement *m*. *To add condiments to a sauce*, relever une sauce.

condition[1] [kon'diʃ(ə)n], *s.* Condition *f*. **1.** *To impose conditions on s.o.; to lay down conditions to s.o.*, poser des conditions à qn. *Conditions of sale*, conditions de vente. *Conditions laid down in an agreement*, stipulations *f* d'un contrat. **Conditions of the contract**, cahier *m* des charges. *Fin: Terms and conditions of an issue*, modalités *f* d'une émission. *Jur:* **Express condition**, condition expresse. **Implied condition**, condition tacite. **On condition that . . .**, à (la) condition, avec condition, que. . . . *On that c. I accept*, à cette condition, à ces conditions, j'accepte. *I accept, but on c. that I may do as much for you some other time*, j'accepte, mais à charge de revanche. **2.** (*a*) État *m*, situation *f*; état d'entretien (de marchandises, etc.). *The c. of the workers*, la situation des travailleurs. **In condition**, en (bonne) condition. *In* (*a*) *good, bad, c.*, en bon, mauvais, état. *Goods in fair c.*, marchandises *f* acceptables. *To be in a* (*fit*) *c. to do sth.*, être à même, en état, de faire qch. *Not in a c. to do sth.*, hors d'état de faire qch. *Machine in c. of service*, machine *f* en ordre de marche. *C. of a road*, état de viabilité d'une route. (*Of athlete*) **To keep oneself in condition**, se maintenir en forme *f*, en haleine *f*. *Horse in c.*, cheval *m* en chair *f*, en condition. *F:* **She is in an interesting, in a certain, condition**, elle est dans une situation intéressante. **Out of condition**, (*of goods*) en mauvais état; mal conditionné; (*of athlete, etc.*) pas en forme. (*b*) État (civil). **To change one's condition**, changer d'état; se marier. (*c*) **People of humble condition**, gens *m* de simple condition. **3.** *pl.* **Weather conditions, atmospheric conditions**, conditions atmosphériques, ambiantes. *Climatic conditions*, régime *m* climatérique. **Under these conditions . . .**, dans ces conditions. . . . *To travel under the best conditions*, voyager dans les meilleures conditions. *Normal working conditions* (*of machine*), régime de marche normal.

condition[2], *v.tr.* **1.** *To c. to do sth., that sth. be done*, stipuler de faire qch., qu'on fasse qch. **2.** Soumettre (qch.) à une condition; imposer des conditions à (qch.). *Man's life is conditioned by natural laws*, la vie de l'homme dépend des lois naturelles. *Factors that c. each other*, considérations *f* solidaires. *The receipts are conditioned by the capacity of the hall*, les recettes *f* dépendent de la capacité de la salle. **3.** *Ind: Com:* (*a*) Conditionner (la soie, la laine, l'air d'un cinéma, etc.). (*b*) Vérifier l'état (d'humidité, etc.) (d'une marchandise, particulièrement des soieries).

conditioned, *a.* Conditionné. **1. If I were so conditioned**, si j'étais (i) dans une position semblable, (ii) soumis à de telles conditions. *Psy: Med:* **Conditioned reflex**, réflexe conditionné. *See also* ILL-CONDITIONED, WELL-CONDITIONED. **2.** (*Of proposition, etc.*) Conditionné. **3.** *Ind:* **Air-conditioned**, climatisé.

conditioning, *s.* Conditionnement *m* (des textiles, etc.). *Cin:* **Air-conditioning**, conditionnement de l'air; climatisation *f*.

conditional [kon'diʃənəl]. **1.** *a.* Conditionnel. (*a*) *My promise was c.*, ma promesse était soumise à certaines réserves. *Ecc:* **Conditional absolution**, absolution *f* à cautèle. (*b*) **Conditional on sth.**, dépendant de qch. *My promise is c. on his satisfactory answer, on his getting married*, ma promesse est valable dans le cas où il répondrait d'une manière satisfaisante, à (la) condition qu'il se mariera. *Cheapness is c. upon abundance*, le bon marché est fonction de l'abondance. (*c*) *Gram:* **Conditional clause**, proposition conditionnelle. **Conditional mood**, mode conditionnel. **2.** *s. Gram:* **Verb in the conditional**, verbe au conditionnel. **-ally**, *adv.* Conditionnellement; sous condition; sous certaines conditions; *F:* sous bénéfice d'inventaire. **Conditionally on . . .**, à la condition que. . . .

conditionalism [kon'diʃənəlizm], *s. Theol:* Conditionnalisme *m*.

conditionality [kondiʃə'naliti], *s.* État conditionnel; limitation *f* par certaines conditions.

conditioner [kon'diʃənər], *s. Ind:* Appareil *m* à conditionner (la soie, etc.); régulateur *m* d'air (d'un cinéma, etc.).

condolatory [kon'doulətəri], *a.* (Lettre *f*, etc.) de condoléance.

condole [kon'doul], *v.i.* **To condole with s.o.**, partager la douleur de qn; s'affliger avec qn; (*formally*) faire, exprimer, ses condoléances à qn.

condolence [kon'douləns], *s.* Condoléance *f*. *To offer s.o. one's condolences*, présenter ses condoléances à qn; faire des compliments de condoléance à qn.

condominium [kɔndo'minjəm], *s.* Condominium *m*.

condonable [kon'dounəbl], *a.* (Faute *f*) excusable, rémissible.

condonation [kɔndo'neiʃ(ə)n], *s.* Pardon *m* (*of an offence*, d'une faute); indulgence *f* (*of*, pour). *Jur:* **Condonation (of matrimonial infidelity)**, (i) pardon d'une offense conjugale; (ii) réconciliation *f* (des époux).

condone [kon'doun], *v.tr.* **1.** Trouver des excusea pour (qch.); pardonner (un adultère). **2.** (*Of action*) Racheter (une offense). *That fact alone would c. many shortcomings*, ce fait à lui seul rachète bien des défaillances.

condoning[1], *a.* Indulgent.

condoning[2], *s.* = CONDONATION.

condor ['kɔndɔːr], *s. Orn:* Condor *m*.

condottiere, *pl.* **-ri** [kɔndo'tjɛəre, -ri], *s. Hist:* Capitaine *m* (de bande, de mercenaires); condottiere, *pl.* -ri.

conduce [kon'djuːs], *v.i.* (*Of action or thg*) Contribuer, tendre (*to*, à). *To c. to a result*, conduire à un résultat. *Virtues that c. to success*, vertus *f* qui favorisent le succès, qui mènent au succès.

conducive [kon'djuːsiv], *a.* Qui contribue (à qch.); favorable (à qch.). *Trades c. to consumption*, métiers *m* qui prédisposent à la phtisie, qui engendrent la phtisie. *Your assistance was greatly c. to the success of the undertaking*, votre aide *f* a contribué pour beaucoup au succès de l'entreprise.

conduct[1] ['kɔndʌkt], *s.* Conduite *f*. **1.** (*a*) *C. of affairs*, conduite, gestion *f*, maniement *m*, des affaires. *To be under the c. of s.o.*, être sous la conduite, la direction, de qn. *C. of a play, of a poem, etc.*, conduite d'une pièce, d'un poème, etc. **Editorial conduct of a newspaper**, direction, rédaction *f*, d'un journal. *See also* SAFE-CONDUCT. (*b*) *Art:* Conduite (d'un tableau). **2.** Allure *f*, manière *f* de se conduire (d'une personne). *C. towards s.o.*, conduite à l'égard de, avec, envers, qn. *Laxity of c.*, inconduite *f*. *Insolent c.*, insolence *f*. **To lay down a line of conduct to s.o.**, tracer une ligne de conduite à qn. *Mil: Navy: C. book*, (i) registre *m* de punitions, (ii) (*private*) livret *m* matricule. *See also* GOOD-CONDUCT.

'conduct-money, *s. Jur:* Frais *mpl* de déplacement, indemnité *f* de voyage (d'un témoin).

'conduct-sheet, *s. Mil:* Feuille *f* des punitions.

conduct[2] [kon'dʌkt], *v.tr.* **1. To conduct s.o.**, conduire, (a)mener, qn. *To c. s.o. back*, reconduire qn. **Conducted tours**, excursions accompagnées. **2.** (*a*) Mener, gérer (des affaires); diriger (des opérations); effectuer, mener (une expérience). *To c. the correspondence* (*of a firm*), rédiger la correspondance. *To c. a controversy*, soutenir une controverse. *To c. a campaign against s.o.*, mener une campagne contre qn. *Who will c. the negotiations?* qui va mener les négociations? *Ecc: To c. a service*, diriger un office. *Jur: To c. one's own case*, plaider soi-même sa cause. *Ind: To c. a test*, exécuter un essai. (*b*) *Mus: To c. an orchestra*, diriger un orchestre. *Abs. Mr X will c.*, l'orchestre sera sous la direction de M. X. **3. To conduct oneself**, se comporter, se conduire (bien, mal). *He has always conducted himself well*, il a toujours eu une bonne conduite; il s'est toujours bien conduit. *He cannot c. himself properly*, il n'a pas de conduite. **4.** *Ph:* Être conducteur de. . . . *Substance that conducts heat, electricity*, substance conductrice de la chaleur, de l'électricité.

conducting[1], *a.* Conducteur, -trice. *El: The c. parts*, les organes conducteurs. **Current-conducting ring**, bague *f* d'amenée de courant.

conducting[2], *s.* **1.** Conduite *f* (de touristes, etc.). **2.** Exécution *f* (d'un essai, etc.); conduite (d'une entreprise, d'une expérience).

conduct[3] ['kɔndʌkt], *s. Sch:* (*At Eton*) Aumônier *m*.

conductance [kon'dʌktəns], *s. El:* Conductivité *f* spécifique; conductance *f*.

conductibility [kondʌkti'biliti], *s. Ph:* Conductibilité *f*.

conductible [kon'dʌktibl], *a. Ph:* Conductible.

conduction [kon'dʌkʃ(ə)n], *s.* **1.** *Ph:* (*a*) Conduction *f*, transmission *f* (de la chaleur). (*b*) *El:* **Conduction current**, courant *m* de conduction, courant conduit. **2.** Conduite *f* (d'un liquide par tubes, etc.).

conductive [kon'dʌktiv], *a.* Conducteur, -trice. *El: Highly c.*, de haute conductibilité; bon conducteur.

conductivity [kondʌk'tiviti], *s. Ph:* Conductivité *f*, conductibilité *f*, conductance *f*. *Thermal c.*, conductibilité calorique. *Electric c.*, conductivité électrique. *C. of an electrolyte*, conductance d'un électrolyte.

conductor [kon'dʌktər], *s.* **1.** (*Pers.*) (*a*) Conducteur *m*, guide *m* (de personnes); accompagnateur *m* (de touristes); directeur *m* (d'une entreprise). (*b*) Receveur *m*, (receveur-)encaisseur *m* (d'un tramway, d'un autobus); *Rail: U.S:* chef *m* de train. (*c*) *Mus:* Chef d'orchestre. **Deputy conductor**, sous-chef *m*. **2.** Conducteur (de la chaleur, de l'électricité, etc.). *El:* **Earthed, grounded, conductor**, conducteur au sol. *Attrib.* **Conductor wire**, fil conducteur. *See also* EQUALIZING[2] 2, LIGHTNING-CONDUCTOR, NEUTRAL 1, NON-CONDUCTOR, RAIL[1] 4.

conductorship [kon'dʌktərʃip], *s.* Direction *f* (d'un orchestre).

conductress [kon'dʌktres], *s.f.* Conductrice, directrice (d'une entreprise); receveuse (d'un tramway, d'un autobus).

conduit ['kʌndit, 'kɔnd(w)it], *s.* Canalisation *f*. **1.** (*a*) *Hyd.E:* **Conduit(-pipe)**, conduit *m*; tuyau conducteur; (tuyau de) conduite *f*. **Water conduit**, aqueduc *m*. (*b*) *Mch: etc:* Tuyau de communication. (*c*) *El.E:* **Cable-conduit**, tube *m* guide-fils; gaine *f* ou carter *m* de câbles; manchon *m* pour câbles. **2.** (*Of electric trains*) Caniveau (souterrain). **Electrical conduits**, canalisation électrique. **3.** Passage souterrain, secret. **4.** *A:* Fontaine (jaillissante); jet *m* d'eau.

Condy ['kɔndi]. *Pr.n.m. Med:* **Condy's fluid**, solution aqueuse de permanganate de soude ou de potasse.

condylar ['kɔndilər], *a. Anat:* Condylien.

condyle ['kɔndil], *s. Anat:* Condyle *m*.

condyloid ['kɔndilɔid], *a. Anat:* Condyloïde.

condyloma, *pl.* **-ata** [kɔndi'louma, -ata], *s. Med:* Condylome *m*; *pl. F:* grappes *f*.

cone[1] [koun], *s.* **1.** (*a*) *Geom:* Cône *m*. **Truncated cone**, cône tronqué; tronc *m* de cône. (*b*) *Ball:* **Cone of fire, of dispersion**, cône de dispersion; gerbe *f* (de dispersion). *Ind:* **White cone** (*of* *the oxidizing flame*), panache *m* (de chalumeau). *Inner c. of a flame,* noyau *m* d'une flamme. *See also* ROD 7. **2.** (*a*) **Atomizer cone, atomizing cone,** champignon (pulvérisateur). *Mec.E: Male, female, c.,* cône mâle, femelle. *Mec.E: Expanding c.,* cône extensible. *Gearing c.,* cône d'entraînement. *Metall: Blast-furnace c.,* cloche *f*, trémie *f*, de haut-fourneau. *Mch: Steam c.,* ajutage *m* à vapeur. *See also* CLUTCH[1] 2, FRICTION-CONE, SPEED-CONE, SPRAY-CONE, STEP-CONE, TUNING-CONE. (*b*) *Cer:* **Clay cone,** cône pyrométrique. (*c*) *Meteor: Nau:* (*Signal*) Cône. *See also* STORM-CONE. **3.** *Bot:* Pomme *f*, cône (de pin); strobile *m* (de houblon, de pin). **4.** *Conch:* Cône. **5.** *Geol:* (*a*) Cône (d'un volcan). *Parasitic c.,* cône adventif; cratère adventif. **Ringed cone, cone-in-cone, nested cones,** cônes emboîtés. (*b*) **Alluvial cone,** cône de déjection. **6.** *pl. Agr:* **Cones** = CONE-WHEAT.

'cone-anchor, *s. Nau:* Cône-ancre *m, pl.* cônes-ancres.

'cone-bearing, *a. Bot:* Conifère, strobilifère.

'cone-delta, *s. Geol:* Cône *m* de déjection.

'cone-nose, *s. Ent: U.S:* Conorhine *m*.

'cone-pulley, *s.* Poulie étagée; cône-poulie *m, pl.* cônes-poulies; cône *m* de vitesse, de transmission; poulie à cône.

'cone-shaped, *a.* En forme de cône; côné, conique; *Bot:* strobiliforme. *See also* LOUD-SPEAKER.

'cone-wheat, *s. Agr:* Blé poulard.

'cone-wheel, *s. Mec.E:* Roue *f* conique (à friction).

cone[2]. **1.** *v.tr.* (*a*) *Mec.E:* Côner (une surface). (*b*) Bobiner (la soie, etc.) sur un cône. **2.** *v.i.* (*Of conifer*) Produire des cônes, des pommes.

coney ['kouni], *s.* = CONY.

confab[1] [kon'fab], *s. F:* = CONFABULATION. *There's a family c. going on in the dining-room,* toute la famille est en train de conférer, est assemblée en conseil, en conclave, dans la salle à manger.

confab[2], *v.i. F:* = CONFABULATE.

confabulate [kon'fabjuleit], *v.i.* Tenir un colloque; causer.

confabulation [konfabju'leiʃ(ə)n], *s.* Causerie *f* intime; entretien familier; colloque *m*. *To have a c. with an old crony,* tailler une bavette avec une vieille connaissance.

confection[1] [kon'fekʃ(ə)n], *s.* **1.** Confectionnement *m*, confection *f* (de qch.). **2.** (*a*) *Pharm:* Confection. (*b*) *Cu: A:* Confit *m*, friandise *f*, bonbon *m*, sucrerie *f*; (= *preserve*) conserve *f*. **3.** *Dressm:* Confection.

confection[2], *v.tr.* **1.** Confectionner (des vêtements). **2.** *A:* Confire (des fruits); fabriquer (des bonbons).

confectionary [kon'fekʃənəri], *a. A:* De confection.

confectioner [kon'fekʃənər], *s.* Confiseur, -euse. **Confectioner and ice-cream vendor,** glacier-confiseur *m, pl.* glaciers-confiseurs.

confectionery [kon'fekʃənəri], *s.* **1.** Confiserie *f*, bonbons *mpl.* **2.** (*Trade, shop*) Confiserie.

confederacy [kon'fedərəsi], *s.* **1.** Confédération *f* (d'États). *U.S.Hist:* **The Southern Confederacy,** les (États) Confédérés (1860-65). **2.** (*a*) Conspiration *f*. (*b*) **They are in confederacy,** il y a entente entre eux; *F:* ils sont de mèche.

confederate[1] [kon'fedəret]. **1.** *a.* Confédéré (*with,* avec). *U.S.Hist:* **The Confederate States,** les États confédérés (1860-65). **2.** *s.* (*a*) Confédéré *m*. (*b*) *Jur:* Complice *m* (*with,* de). (*c*) *F:* Compère *m*, *F:* acolyte *m*; allumeur *m* (d'un tricheur). *Conjuror's c.,* comparse *m*.

confederate[2] [kon'fedəreit]. **1.** *v.tr.* Confédérer (des États). *To c. oneself with . . .,* se liguer avec. . . . **2.** *v.i.* (*a*) Se confédérer (*with,* avec); former une confédération. (*b*) Conspirer, comploter (*with, against,* avec, contre).

confederating, *a.* Confédérateur, -trice.

confederation [konfedə'reiʃ(ə)n], *s.* Confédération *f*.

confer [kon'fəːr], *v.* (**conferred; conferring**) **1.** *v.tr.* Conférer (*a title on s.o.,* un titre à qn). *To c. a favour on s.o.,* accorder une faveur à qn. *To c. a benefit on s.o.,* (i) faire du bien à qn; (ii) attribuer un avantage à qn. *To c. a reward on s.o.,* adjuger une récompense à qn. **2.** *v.i.* Conférer, entrer en consultation (*with s.o. on sth., about sth.,* avec qn sur qch.). *Counsel and solicitor conferred,* l'avocat et le *solicitor* ont conféré. **3.** *v.tr. A:* = COMPARE, COLLATE *Now used only as an abbreviated imperative:* **cf.,** "voir," "comparer," "se reporter à."

conferring, *s.* **1.** = CONFERMENT. **2.** Consultation *f*.

conference ['kɔnfərəns], *s.* **1.** Conférence *f*, entretien *m*, consultation *f*. (*a*) *C. of doctors,* consultation entre médecins. **To hold a conference,** tenir conférence; conférer. **To be in conference with one's colleagues,** être en conférence, en consultation, avec ses collègues. *U.S: Mr Smith is in c.,* M. Smith est occupé. (*b*) *Jur:* Conférence avec un seul avocat. *Cf.* CONSULTATION 2 (*b*) **2.** (*a*) **Educational conference,** congrès *m* de l'enseignement. (*b*) **Industrial conference,** comice industriel. (*c*) *Ecc:* **The Conference,** la conférence annuelle (des sociétés méthodistes).

conferment [kon'fəːrmənt], *s.* **1.** Collation *f* (d'un titre, d'un grade). *C. of a title on s.o.,* anoblissement *m* de qn. *See also* PEERAGE. **2.** Octroi *m* (d'une faveur).

conferrable [kon'fəːrəbl], *a.* Que l'on peut conférer; accordable.

conferva, *pl.* **-ae** [kon'fəːrva, -iː], *s. Algae:* Conferve *f*.

confess [kon'fes], *v.tr.* **1.** (*a*) Confesser, avouer (une faute). *Pred. To c. oneself* (*to be*) *guilty,* s'avouer coupable. *He confessed himself the man who had written the article,* il avoua être l'auteur de l'article. *Science confesses her inability to answer,* la science s'avère impuissante à répondre. **I was wrong, I confess,** j'admets que j'ai eu tort; j'ai eu tort, je l'avoue, j'en conviens. *Prov:* **A fault confessed is half redressed,** péché avoué est à demi pardonné; une faute avouée est à demi pardonnée. (*b*) *Abs.* (*Of criminal*) Faire des aveux. (*c*) *v.ind.tr.* **To confess to a crime,** avouer un crime. *To c. to* (*having*) *a dread of . . .,* avouer avoir peur de. . . . *To c. to a liking for . . .,* avouer avoir un penchant, un faible, pour. . . . **2.** *Ecc:* (*a*) *To c. one's sins,* confesser ses péchés; se confesser de ses péchés. **To confess (oneself),** se confesser (*to s.o.,* à qn, auprès de qn). (*b*) (*Of priest*) Confesser (un pénitent). **3.** *A. & Poet:* Attester. **To confess the faith,** confesser, attester, sa foi.

confessed, *a.* (Crime) confessé, avoué; (pénitent) confessé. **A confessed difficulty,** une difficulté reconnue. *The c. murderer of . . .,* le meurtrier avoué de. . . . **To stand confessed as . . .,** se révéler, s'accuser, se faire reconnaître, comme. . . .

confessant [kon'fesənt], *s. Ecc:* Confessant, -ante; pénitent, -ente (à confesse).

confessedly [kon'fesidli], *adv.* **1.** De l'aveu général. **Confessedly difficult,** reconnu comme difficile. **2.** De son propre aveu; ouvertement. *To become c. an enemy of s.o.,* s'avouer franchement ennemi de qn.

confession [kon'feʃ(ə)n], *s.* **1.** Confession *f*, aveu *m* (de qch.). **To make a full confession,** faire des aveux complets. **On their own confession,** de leur propre aveu. **By general confession,** de l'aveu de tout le monde. **2.** *Jur:* **Confession of defence, of plea; confession and avoidance,** désistement *m*. **3.** *Ecc:* **(Auricular) confession,** confession (auriculaire, privée). **The seal of confession,** le secret de la confession; le secret du confessionnal. **To go to confession,** aller à confesse; se confesser. **To hear s.o.'s confession,** confesser qn; faire la confession de qn. **4.** (*a*) **Confession of faith,** confession (de foi). **The Confession of Augsburg,** la Confession d'Augsbourg. (*b*) *The various confessions of the European people,* les confessions diverses des peuples de l'Europe. **5.** *Archeol:* Confession, tombe *f* (d'un martyr, d'un confesseur).

confessional [kon'feʃən(ə)l]. **1.** *a.* Confessionnel. **2.** *s. Ecc:* Confessionnal *m*. **The secrets of the confessional,** les secrets du confessionnal.

confessionary [kon'feʃənəri]. **1.** *a.* Confessionnaire. **2.** *s. A:* = CONFESSION 5.

confessionist [kon'feʃənist], *s. Rel.Hist:* Confessionniste *m*; luthérien *m*.

confessor [kon'fesər], *s.* **1.** Personne *f* qui avoue (un crime); *Ecc:* personne qui se confesse; pénitent, -ente. **2.** *Ecc:* (*Priest*) Confesseur *m*. *See* FATHER[1] 5. **3.** Confesseur (de sa foi). *Hist:* **Edward the Confessor,** Édouard le Confesseur.

confetti [kon'fetti], *s.pl.* Confetti *m*.

confidant, *f.* **confidante** [kɔnfi'dant], *s.* Confident, -ente; affidé, -ée.

confide [kon'faid]. **1.** *v.tr.* Confier. (*a*) *To c. a secret to s.o.,* confier un secret à qn. *He confided to me that . . .,* il m'avoua en confidence que. . . . *To c. one's intentions to s.o.,* s'ouvrir de ses intentions à qn. (*b*) *To c. the execution of a plan to s.o.,* confier l'exécution d'un projet à qn. *To c. sth. to s.o.'s care,* confier qch. à la garde de qn. **2.** *v.i.* (*a*) **To confide in s.o.,** se fier à qn; se confier, se livrer, à qn; compter sur qn; mettre sa confiance en qn. (*b*) **To confide in s.o. about one's private affairs,** confier ses affaires personnelles à qn; parler de ses affaires personnelles à qn. *To c. in s.o. about a love affair,* s'ouvrir à qn d'une affaire de cœur. *I have not one friend to c. in,* je n'ai pas un ami à qui je puisse confier un secret.

confiding, *a.* Confiant; sans soupçons. *To be of a c. nature,* être peu soupçonneux, peu méfiant, de caractère. **-ly,** *adv.* Avec confiance; sans soupçons; d'un air, d'un ton, confiant.

confidence ['kɔnfidəns], *s.* **1.** (*a*) Confiance *f* (*in,* en). *To place, put, repose, one's c. in s.o.,* placer, mettre, sa confiance en qn; donner, accorder, sa confiance à qn; faire confiance à qn. **To have every confidence in s.o.,** faire toute confiance à qn. *He had implicit c. in his star,* il était confiant dans son étoile. **To place confidence in the people,** faire confiance au peuple. *To lose the c. of the public,* perdre toute créance. *Well-placed c.,* confiance bien placée. *The c. placed in me,* la confiance qui m'a été témoignée. *To deserve s.o.'s c.,* répondre à la confiance de qn. *To restore* (*public*) *c.,* faire renaître la confiance. *Parl:* **Vote of confidence,** vote de confiance. *To ask for a vote of c.,* poser la question de confiance. *To receive a vote of c.,* se voir accorder un vote de confiance. (*b*) Assurance *f*, confiance, hardiesse *f*. **To act with confidence,** agir avec confiance, avec assurance. *To answer with c.,* répondre avec assurance, avec hardiesse. **To gather confidence,** prendre confiance. **I have every confidence that he will succeed,** j'ai l'assurance qu'il réussira. *See also* SELF-CONFIDENCE. **2.** Confidence *f*. **To be in s.o.'s confidence,** (i) partager (tous) les secrets de qn; (ii) être dans le secret. **To take s.o. into one's confidence,** se confier à qn; mettre qn dans le secret. **I was warned in confidence that . . .,** on m'a prévenu confidentiellement que. . . . *To tell s.o. sth. in c.,* dire qch. à qn en confidence. **In strict confidence,** à titre essentiellement confidentiel. **3. To make a confidence to s.o.,** faire une confidence à qn. *Guilty of repeating a c.,* coupable d'avoir répété une chose dite en confidence. **4. Confidence-trick,** *U.S:* **confidence game,** vol *m* à l'américaine, *P:* à la goure; *P:* charriage *m*. *To play the c.-trick on s.o.,* voler qn à l'américaine; *P:* charrier qn. **Confidence crook, man,** escroc *m*; chevalier *m* d'industrie.

confident ['kɔnfidənt]. **1.** *a.* (*a*) Assuré, sûr (*of,* de); confiant. *To be c. of the future,* avoir foi en l'avenir. *C. of success,* sûr de réussir. **Feeling confident that . . .,** convaincu, assuré, que . . .; dans la conviction que. . . . **In a confident tone,** d'un ton assuré; d'un ton plein d'assurance. *C. hope,* ferme espoir *m*. *Com.Corr:* **We are confident that . . .,** nous sommes persuadés que + *ind.*; nous ne doutons pas que . . . (ne) + *sub.* (*b*) *Pej:* Plein de hardiesse; effronté. **2.** *s.* Confident, -ente. **-ly,** *adv.* **1.** Avec confiance; en toute confiance. *To rely c. on sth., on s.o.,* avoir pleine confiance en qch.; se reposer sur qn. **2.** Avec assurance; d'un ton assuré.

confidential [kɔnfi'denʃ(ə)l], *a.* **1.** (Avis, etc.) confidentiel. **2.** *To be c.* (*with s.o.*), faire des confidences (à qn). *He became quite c. with me,* il s'ouvrit tout entier à moi. **3. Confidential clerk, post,** homme *m*, poste *m*, de confiance. *C. secretary,* secrétaire particulier. *C. agent,* homme de confiance; *Pej:* affidé *m*.

C. friend, ami intime. **-ally**, *adv.* Confidentiellement; en confidence; à titre confidentiel.

confidentiality [kɔnfidenʃi'æliti], **confidentialness** [kɔnfi'denʃəlnəs], *s.* Caractère confidentiel (de qch.).

configuration [kɔnfigju'reiʃ(ə)n], *s.* **1.** Configuration *f* (de la terre, etc.); profil *m* (d'une route, etc.). **2.** *Astrol:* Configuration (des planètes).

configure [kon'figər], *v.tr.* Configurer (qch.).

confine [kon'fain]. **1.** *v.tr.* (*a*) *A:* (*Banish*) Confiner (*s.o. to a place*, qn dans un lieu). (*b*) (R)enfermer (qn dans une prison, etc.). *Confined within four walls*, renfermé entre quatre murs. *See also* BARRACK[1] 1. (*c*) (Re)tenir (un malade dans son lit); cantonner (des animaux malades). **To be confined to one's room, to the house,** (être obligé de) garder la chambre, la maison; être confiné au logis. *To be confined to bed*, être obligé de garder le lit; être alité; *F:* être cloué au lit. (*d*) *Happiness is not confined to any particular class*, le bonheur ne se limite pas à une seule classe, n'est pas l'apanage d'une seule classe. *To c. the use of a word*, restreindre l'usage d'un mot. **To confine oneself to sth., to doing sth.,** se borner, se limiter, s'en tenir, se restreindre, à qch., à faire qch. *To c. oneself to a field of study*, se cantonner dans un champ d'études. *To c. oneself to one's instructions*, s'en tenir à ses instructions. *To c. oneself to facts*, s'en tenir aux faits; se retrancher derrière les faits. *Poet who confines himself to imitation of the ancients*, poète confiné, cantonné, dans l'imitation des anciens. (*e*) Resserrer (une rivière dans son lit, etc.). **To be confined (for space),** être à l'étroit. *Confined air*, air confiné, renfermé. *Confined space*, espace resserré, restreint. *See also* CRIB[2] 1. (*f*) (*Of woman*) **To be confined,** faire ses couches; accoucher. *She has just been confined*, elle relève de (ses) couches. **2.** *v.i. Occ. To c. with, on, to, a country*, confiner à un pays; être limitrophe d'un pays.

confinement [kon'fainmənt], *s.* **1.** Emprisonnement *m*, encellulement *m*, réclusion *f*. *Three months' c.*, trois mois *m* de prison *f*. *Solitary c.*, prison cellulaire, emprisonnement cellulaire, encellulement; *Jur:* réclusion. *Three months' solitary c.*, trois mois de cellule *f*. **To be in confinement,** être renfermé; en prison, en cellule; être étroitement gardé. **In close confinement, in solitary confinement,** au secret; dans une réclusion rigoureuse. *See also* BARRACK[1] 1. **2.** (*a*) *C. to one's bed*, obligation *f* de garder le lit; alitement *m*. (*b*) Couches *fpl*, accouchement *m*. *Her c. was expected from day to day*, on attendait son accouchement de jour en jour. (*Of doctor*) *To attend a c.*, faire un accouchement. **3.** Limitation *f*, restriction *f* (*to*, à).

confines ['kɔnfainz], *s.pl.* (*a*) *Lit:* Confins *m* (d'un lieu, etc.). *Within the c. of Judea*, en deçà des confins de la Judée. *On the c. of the city and the Temple*, aux confins de la cité et du Temple. *At the extreme c. of the earth*, aux derniers confins de la terre. *The utmost c. of space*, les dernières limites de l'espace. (*b*) Eaux *f* (d'un port).

confirm [kon'fəːrm], *v.tr.* **1.** *Lit:* (*Strengthen*) (R)affermir, assurer (son pouvoir); fortifier (une résolution, des soupçons); confirmer, affermir (qn dans une opinion); consolider (la paix, une alliance). *Example that confirms the reading*, exemple *m* qui sanctionne la leçon. **2.** (*Ratify*) Confirmer (un traité, un privilège, etc.); approuver (une nomination); adhérer à, entériner (une décision); valider (une élection). *Jur:* Homologuer (un arrêt). **To confirm s.o. in a title,** assurer un titre à qn. **3.** (*Corroborate*) Confirmer, corroborer (une nouvelle, des soupçons). **Confirming my letter,** en confirmation de ma lettre. **4.** *Ecc:* Confirmer; donner la confirmation à (qn). **To be confirmed,** recevoir la confirmation.

confirmed, *a.* (Habitude *f*) invétérée; (ivrogne) incorrigible, fieffé. **Confirmed bachelor,** célibataire endurci. **Confirmed invalid,** valétudinaire *mf* de longue date.

confirmation [kɔnfər'meiʃ(ə)n], *s.* **1.** (R)affermissement *m* (de l'autorité de qn); confirmation *f* (d'un traité, d'une nouvelle, etc.); corroboration *f* (d'un témoignage, etc.). *Jur:* Homologation *f* (d'un concordat). **In confirmation of . . .,** à l'appui de . . .; pour confirmer. . . . **2.** *Ecc:* Confirmation.

confirmative [kon'fəːrmətiv], *a.* Confirmatif (*of*, de). **-ly**, *adv.* D'une manière confirmative; affirmativement.

confirmatory [kon'fəːrmətəri], *a.* Confirmatoire (*of*, de).

confirmee [kɔnfəːr'miː], *s. Ecc:* Confirmé, -ée.

confirmer [kon'fəːrmər], *s.* Confirmateur, -trice.

confiscable [kon'fiskəbl], *a.* Confiscable.

confiscate ['kɔnfiskeit], *v tr.* Confisquer (*from s.o.*, à qn).

confiscation [kɔnfis'keiʃ(ə)n], *s.* Confiscation *f*.

confiscator ['kɔnfiskeitər], *s.* Confiscateur, -trice.

confiscatory [kon'fiskətəri], *a.* (Mesures *f*, etc.) de confiscation.

confiteor [kɔn'fitiɔːr], *s. Ecc:* Confiteor *m*.

conflagration [kɔnflə'greiʃ(ə)n], *s.* (*a*) Conflagration *f*, embrasement *m*. (*b*) Incendie *m*; sinistre *m* (par incendie).

conflict[1] ['kɔnflikt], *s.* **1.** Conflit *m*, lutte *f* (de personnes); conflit, antagonisme *m*, contradiction *f* (de lois, de sentiments, d'intérêts). **To come into conflict with s.o., with s.o.'s opinions,** entrer en conflit, en lutte, avec qn, avec les opinions de qn; froisser les opinions de qn. **To be in conflict with s.o.,** être en conflit, en désaccord, avec qn. **To bring interests into conflict,** mettre des intérêts aux prises. **2.** *A:* Entrechoquement *m* (de deux masses).

conflict[2] [kon'flikt], *v.i.* **1.** *A:* Lutter (*with*, contre). *He had to c. with great difficulties*, il eut à lutter contre de grandes difficultés. **2.** Être en conflit, en contradiction, en désaccord (*with sth.*, avec qch.). *Duties that c. with each other*, fonctions *f* incompatibles. *When interests c.*, lorsque les intérêts se heurtent; lorsqu'il y a un heurt d'intérêts.

conflicting, *a.* Opposé (*with*, à); incompatible (*with*, avec). *C. passions*, passions opposées, contradictoires. *C. evidence*, témoignages discordants, contradictoires.

confliction [kon'flikʃ(ə)n], *s. Lit:* Incompatibilité *f*, antagonisme *m* (de deux textes, etc.).

confluence ['kɔnfluəns], *s.* **1.** *Geog:* Confluent *m* (de cours d'eau, etc.). *C. of roads*, confluent de voies, de voies ferrées; carrefour *m* (de routes); jonction *f* (de voies). **2.** *A. & Lit:* Affluence *f*, concours *m* (de monde). **3.** *Med:* Confluence *f* (de la petite vérole).

confluent ['kɔnfluənt]. **1.** *a.* (*a*) (*Of streams*) Qui confluent; (*of roads, valleys*) qui se rejoignent, se réunissent; (*of marks, spots*) qui se confondent. *Med:* **Confluent smallpox,** petite vérole confluente, variole confluente. (*b*) *Bot:* (*Of leaves, etc.*) Confluent. **2.** *s.* (*a*) Confluent *m* (de deux rivières en une seule). (*b*) *F:* Affluent *m* (d'un fleuve).

conflux ['kɔnflʌks], *s. A. & Lit:* = CONFLUENCE, *esp.* CONFLUENCE 2.

conform [kon'fɔːrm]. **1.** *v.tr.* Conformer (*sth. to sth.*, qch. à qch.). *To c. one's life to certain principles*, conformer sa vie à certains principes. **2.** *v.pr. To c. oneself to a custom*, se conformer à un usage. **3.** *v.i.* Se conformer (*to, with, sth.*, à qch.). (*a*) *To c. to fashion*, suivre la mode; *F:* sacrifier à la mode. *To c. with an order*, se conformer, se soumettre, à un ordre. *To c. to a discipline, to the law*, se plier à une discipline; obéir aux lois. *To make a law c. to a principle*, mettre une loi d'accord avec un principe. *Not to c. to a principle, to a clause*, déroger à un principe, à un article (du traité). *This does not c. with our arrangements*, cela ne va pas avec les dispositions que nous avons prises. (*b*) (*Of a part*) *To c.* (*in shape*) *to another part*, épouser la forme d'une autre pièce; s'adapter à une autre pièce. (*c*) *Rel.Hist: Abs.* **To conform,** faire acte de soumission à la religion d'État; faire acte de conformité.

conformability [konfɔːrmə'biliti], *s. Geol: etc:* Conformité *f*.

conformable [kon'fɔːrməbl], *a.* **1.** (*a*) (*Of thg*) Conforme (*to*, à). *C. to reason*, compatible avec la raison. (*b*) Auquel l'on peut se conformer, s'accommoder. *To make matters somewhat c. for the old knight . . .*, afin de mettre le vieux chevalier à son aise. . . . **2.** (*Of pers.*) (*a*) Accommodant, complaisant. (*b*) Docile, soumis (*to*, à). *In the meantime be humble and c.*, pour l'instant montrez-vous humble et soumis. (*c*) *Rel.Hist:* Soumis, rallié, à la religion d'État. **3.** *Geol:* **Conformable stratification,** stratification conforme, concordante. **-ably**, *adv.* **Conformably to . . .,** conformément à, en conformité de (vos désirs, etc.).

conformance [kon'fɔːrməns], *s.* Conformité *f*; soumission *f* (*to*, à).

conformation [kɔnfɔr'meiʃ(ə)n], *s.* **1.** Action *f* de rendre conforme (*to*, à). *The c. of our lives to the duties of morality*, le devoir qui nous incombe de vivre conformément à la morale. **2.** Conformation *f*, structure *f* (d'un corps, etc.); configuration *f* (des montagnes, d'une route, etc.); profil *m*.

conformator ['kɔnfɔrmeitər], *s.* Conformateur *m* (de chapelier).

conformist [kon'fɔːrmist], *s. Rel.Hist:* Conformiste *m*; adhérent *m* de la religion d'État, de l'Église anglicane.

conformity [kon'fɔːrmiti], *s.* **1.** Conformité *f* (*to, with*, à). **In conformity with . . .,** en conformité de . . ., conformément à . . ., à l'avenant de. . . . *In c. with your instructions*, d'après vos instructions; conformément à vos ordres. *Action in c. with the law*, action *f* conforme à la loi. *To bring a law into c. with a principle*, mettre une loi d'accord avec un principe. **2.** *Rel.Hist:* Conformisme *m*, conformité; orthodoxie *f*; soumission *f* à la religion d'État.

confound [kon'faund], *v.tr.* **1.** Confondre, déconcerter, renverser (les plans de qn). *Events often c. our hopes*, souvent les événements *m* réduisent à rien nos espérances. **2.** (*a*) Bouleverser, troubler, confondre (qn). (*b*) *A:* Rendre (qn) confus; couvrir (qn) de confusion. *B: To be confounded*, être confus. **3.** *Lit:* (*a*) Mêler, brouiller; mettre la confusion, le désordre, dans (les choses). (*b*) *To c. sth. with sth.*, confondre qch. avec qch.; prendre qch. pour qch. d'autre. *I confounded you with your brother*, je vous ai confondu avec votre frère; je vous ai pris pour votre frère. **4.** *F:* Envoyer (qn) au diable. **Confound him!** que le diable l'emporte! *C. it!* diantre! bigre! zut alors! *C. me for a fool!* imbécile que je suis!

confounded, *a.* *F:* Maudit, satané, sacré. *These c. cards!* ces cartes *f* de malheur! *That c. business*, cette damnée affaire. *My c. gout*, ma scélérate de goutte. *Keep hold of that c. dog of yours!* ne lâchez pas votre satané chien! **-ly**, *adv.* *F:* Furieusement, diablement, diantrement. *It was c. cold*, il faisait bigrement froid.

confraternity [kɔnfrə'təːrniti], *s.* **1.** Confrérie *f*. **2.** *Treaty of c.*, traité *m* de confraternité.

confront [kon'frʌnt], *v.tr.* **1.** *To c. s.o., sth.*, être en face, se trouver en présence, de qn, de qch. *Many difficulties c. us*, nous avons bien des difficultés à envisager. **To be confronted by, with, a difficulty,** se trouver en face, en présence, d'une difficulté; se trouver devant une difficulté. **2.** *To c. the enemy, a danger*, affronter, faire face à, l'ennemi, un danger; tenir tête à l'ennemi. **3.** *To c. s.o. with witnesses*, confronter qn avec des témoins. *To c. s.o. with sth.*, mettre qn en présence de qch. *To c. two witnesses*, mettre deux témoins face à face; confronter deux témoins. **4.** Confronter, comparer (des documents, etc.).

confronting, *a.* *C. armies*, armées opposées, se faisant front.

confrontation [kɔnfrʌn'teiʃ(ə)n], *s.* Confrontation *f* (de témoins, etc.).

Confucian [kon'fjuːʃjən], *a. & s.* Confucien, -ienne; confucianiste *mf*.

Confucianism [kon'fjuːʃjənizm], *s.* *Hist. of Phil:* Confucianisme *m*.

Confucianist [kon'fjuːʃjənist], *a. & s.* Confucianiste (*mf*).

confuse [kon'fjuːz], *v.tr.* **1.** Mêler, brouiller; mettre la confusion, le désordre, dans (les choses). *To c. accounts*, embrouiller des comptes. *See also* ISSUE[1] 6. **2.** *To c. sth. with sth.*, confondre qch. avec qch. *I confused you with your brother*, je vous ai confondu avec votre frère. *To c. dates*, confondre des dates. **3.** (*a*) Embrouiller (qn). **To get confused,** s'embrouiller; *F:* perdre le nord. *To be utterly confused*, avoir la raison à l'envers. *My memory is getting confused*, ma mémoire se brouille. (*b*) Confondre, bouleverser, ahurir, dérouter, troubler (qn). (*c*) Rendre (qn) confus. **To get confused,** se troubler; devenir confus.

confused, *a.* **1.** (*a*) Embrouillé. *C. mind, conscience,* esprit *m* trouble; conscience *f* trouble. *I have only a c. memory of the facts,* je n'ai plus qu'un souvenir confus des faits, qu'un vague souvenir des faits. (*b*) Bouleversé, ahuri. (*c*) Confus, interdit, honteux. **2.** (*Of thg*) Confus, enchevêtré. *C. speech,* discours confus, embrouillé, entortillé. *C. voices,* voix confuses; *F:* voix babéliques. *A c. mass of twisted girders,* un enchevêtrement de poutres tordues. *Nau:* **Confused sea,** mer tourmentée.

confusing, *a.* Embrouillant. **It is very confusing,** c'est à ne pas s'y reconnaître; on s'y perd.

confusedly [kon'fju:zidli], *adv.* **1.** Confusément. **2.** (Regarder qn) avec confusion, d'un air confus, interdit.

confusedness [kon'fju:zidnəs], *s.* Confusion *f.*

confusion [kon'fju:ʒ(ə)n], *s.* **1.** *A:* Déconfiture *f,* ruine *f. Still so used in* **To drink to the confusion of one's enemies,** boire à la déconfiture de ses ennemis. **2.** (*Of pers.*) Confusion *f.* (*a*) *She heard herself thus praised with some c.,* elle était assez confuse de s'entendre louer de la sorte. (*b*) **To put s.o. to confusion,** couvrir qn de confusion, de honte; confondre qn. **3.** (*a*) Action *f* de brouiller. **The confusion of tongues,** la confusion des langues. (*b*) Confusion, désordre *m,* désarroi *m,* remue-ménage *m.* **Everything was in confusion,** tout était en désordre; tout était sens dessus dessous; tout était pêle-mêle. *This event threw the household into utter c.,* cet événement mit la maison aux cent coups. *To throw the army into c.,* mettre la confusion, le désarroi, dans l'armée; jeter le désordre dans l'armée. **To spread confusion everywhere,** jeter partout le désordre; mettre tout en confusion. *To retire in c.,* se retirer en désordre, à la débandade. **To fall into confusion,** se désorganiser, se désordonner. **Confusion worse confounded,** le comble de la confusion. **4.** **Confusion of sth. with sth.,** confusion de qch. avec qch. *The c. of knowledge with wisdom,* la confusion du savoir avec la sagesse. *There has been a c. of names,* il y a eu confusion de noms. **5.** Mélange *m,* fondu *m. Opt: Phot:* **Circle of confusion,** cercle *m* de diffusion *f.*

confutable [kon'fju:təbl], *a.* Réfutable.

confutation [kɔnfju'teiʃ(ə)n], *s.* Réfutation *f.*

confute [kon'fju:t], *v.tr.* **1.** Convaincre (qn) d'erreur; démolir les arguments de (qn). **2.** Réfuter (un argument).

confuter [kon'fju:tər], *s.* Réfutateur *m.*

congé ['kɔndʒi, kɔ̃:'ʒe], *s.* **1.** Congé *m.* **To give s.o. his congé,** signifier son congé à qn. **2.** *Arch:* Congé (d'une colonne); apophyge *f.*

congeal [kon'dʒi:l]. **1.** *v.tr.* (*a*) Congeler, geler. (*b*) Coaguler; cailler (le sang); figer (l'huile, le sang); concréter (l'huile, etc.). **2.** *v.i.* (*a*) Se congeler; geler. (*b*) (*Of oil, blood*) Se figer; (*of blood*) se coaguler; (*of jelly, milk*) se prendre; (*of oil, etc.*) se concréter.

congealable [kon'dʒi:ləbl], *a.* Congelable; concrescible.

congealableness [kon'dʒi:ləblnəs], *s.* Congélabilité *f.*

congealment [kon'dʒi:lmənt], **congelation** [kɔndʒe'leiʃ(ə)n], *s.* Congélation *f.*

congee[1] ['kɔndʒi], *s.* (*In India*) Eau *f* de riz. *Mil: F:* (*In India*) Congee-house, prison *f* (où les détenus sont nourris d'eau de riz).

congee[2], *s.* = CONGÉ.

congener ['kɔndʒenər]. **1.** *s.* Congénère *m* (*of,* de). **2.** *a.* Congénère (*to,* de).

congeneric [kɔndʒe'nerik], *a.* Congénère.

congenerous [kon'dʒenərəs], *a. Anat:* (Muscles *m*) congénères.

congenial [kon'dʒi:njəl], *a.* **1.** (*a*) *C. with sth.,* du même caractère, de la même nature, que qch. *We have c. tastes,* nous avons des goûts en commun. *My tastes are c. with yours,* mes goûts s'accordent avec les vôtres. (*b*) **Congenial spirit,** esprit *m* sympathique, aimable. *Theirs were c. spirits,* ils étaient faits pour s'entendre. *C. surroundings,* entourage *m* sympathique. *C. employment,* travail *m* agréable. **2.** Propre, convenable, qui convient (*to,* à). *If I could find some c. employment,* si je pouvais trouver un emploi qui me convienne. *Work c. to an old soldier,* travail qui convient, qui conviendrait, à un ancien soldat. **-ally,** *adv.* Agréablement; d'un ton aimable.

congeniality [kɔndʒi:ni'æliti], *s.* **1.** Accord *m* de sentiments, d'humeur. *C. of tastes,* communauté *f* de goûts. **2.** *The c. of my employment,* le caractère agréable de mon travail.

congenital [kon'dʒenit(ə)l], *a.* Congénital, -aux. *C. hernia,* hernie congénitale. **Congenital idiot,** (i) idiot de naissance; (ii) *F:* parfait idiot. **-ally,** *adv.* De naissance.

conger ['kɔŋgər], *s. Ich:* **Conger(-eel),** congre *m*; anguille *f* de mer.

congeries [kon'dʒerii:z, -'dʒi:əri:z], *s.* Entassement *m,* amas *m,* accumulation *f,* masse *f* (d'objets disparates, etc.). *The poem is but a c. of ballads,* ce poème n'est qu'un ramassis de poésies populaires.

congest [kon'dʒest]. **1.** *v.tr.* (*a*) *Med:* Congestionner; engorger. (*b*) Encombrer, embouteiller (la circulation, les rues, etc.). **2.** *v.i.* (*a*) *Med:* Se congestionner. (*b*) (*Of traffic, etc.*) S'accumuler, s'embouteiller.

congested, *a.* **1.** *Med:* Congestionné, hyperémié; injecté (de sang). **2.** (*Of traffic, etc.*) Encombré, embarrassé, embouteillé. **Congested area,** région surpeuplée. *C. streets,* rues surchargées de circulation; rues encombrées, embouteillées. *The c. state of the goods traffic,* l'encombrement *m* dans le transport des marchandises.

congestion [kon'dʒestʃ(ə)n], *s.* **1.** *Med:* Congestion *f*; engorgement *m,* injection *f* (des capillaires, etc.). **Congestion of the brain, of the lungs,** congestion cérébrale, pulmonaire. **To relieve the congestion in the lungs,** *etc.,* décongestionner les poumons, etc. **2.** (*a*) Encombrement *m* de rue, de circulation; presse *f. C. at the gates of a town, F:* embouteillage *m* aux portes d'une ville. (*b*) (*Overcrowding*) Surpeuplement *m.*

congestive [kon'dʒestiv], *a. Med:* Congestif.

congius ['kɔndʒiəs], *s. Meas:* **1.** *Rom.Ant:* Conge *m.* **2.** *Pharm:* = GALLON.

conglobate[1] ['kɔnglobeit], *a. Nat.Hist:* Conglobé.

conglobate[2], **conglobe** [kon'gloub]. **1.** *v.tr.* Conglober. **2.** *v.i.* Se conglober.

conglomerate[1] [kon'glɔmərət]. **1.** *a.* Congloméré. *Anat:* **Conglomerate glands,** glandes conglomérées, glandes en grappes. **2.** *s. Geol:* Conglomérat *m,* aggloméré *m.*

conglomerate[2] [kon'glɔməreit]. **1.** *v.tr.* Conglomérer. **2.** *v.i.* Se conglomérer. *Geol:* S'agglomérer.

conglomeration [konglɔmə'reiʃ(ə)n], *s.* Conglomération *f*; agrégation *f* (de roches, etc.).

conglutinate[1] [kon'glu:tinet], *a.* Conglutiné.

conglutinate[2] [kon'glu:tineit]. **1.** *v.tr.* Conglutiner. **2.** *v.i.* Se conglutiner; adhérer.

conglutination [konglu:ti'neiʃ(ə)n], *s.* Conglutination *f,* adhésion *f.*

conglutinative [kon'glu:tineitiv], *a.* Conglutinant.

conglutinator [kon'glu:tineitər], *s. Med: A:* Conglutinant *m.*

Congo ['kɔŋgo]. *Pr.n.* **1.** *Geog:* Le Congo. **(The) Belgian Congo,** le Congo belge. **2.** *Dy:* **Congo red, Congo yellow,** rouge Congo, jaune Congo.

Congoese [kɔŋgo'i:z], **Congolese** [kɔŋgo'li:z], *a. & s. Geog:* Congolais, -aise; congolan, -ane.

congou [kɔŋ'gu:], *s.* (Thé) congou *m*; thé noir (de Chine).

congratulate [kon'gratjuleit], *v.tr. To c. s.o. on sth.,* féliciter qn de qch.; complimenter qn sur qch., de qch.; *A. & F:* congratuler qn. **I congratulate you,** je vous en félicite; (je vous en fais) mes compliments. *Allow me to c. you,* permettez-moi de vous offrir mes félicitations. *To c. s.o. on having done sth.,* féliciter qn d'avoir fait qch., pour avoir fait qch., de ce qu'il a fait qch. *To c. oneself on sth., on having done sth.,* se féliciter, s'applaudir, se louer, de qch., d'avoir fait qch.

congratulation [kongratju'leiʃ(ə)n], *s.* Félicitation *f*; *A. & F:* congratulation *f.* **Congratulations!** je vous en fais mes félicitations! je vous en félicite! *To offer s.o. one's congratulations on sth.,* faire (son) compliment, adresser ses compliments, à qn de, sur, qch. *See also* HEARTY 1.

congratulator [kon'gratjuleitər], *s.* Congratulateur, -trice.

congratulatory [kon'gratjulətəri], *a.* De félicitation; *A:* congratulatoire. *C. letter,* lettre *f* de félicitations.

congreganist [kɔŋ'gregənist], *a. & s. Ecc:* (*In Fr.*) Congréganiste (*m*).

congregate ['kɔŋgregeit]. **1.** *v.tr.* Rassembler, réunir. **2.** *v.i.* Se rassembler, s'assembler.

congregation [kɔŋgre'geiʃ(ə)n], *s.* **1.** Rassemblement *m.* **2.** (*Body of people*) (*a*) *A. & Lit:* Assemblée *f. R.C.Ch:* **Consistorial Congregation,** congrégation *f* consistoire. **The Congregation de propaganda fide,** la Congrégation de la propagande. *B: All the c. of Israel,* toute l'assemblée d'Israël. **The congregation of saints,** l'assemblée des saints. (*b*) (*In church*) L'assemblée des fidèles; l'assistance *f,* les paroissiens *m. To preach to a large c.,* prêcher devant une nombreuse assistance, devant un grand auditoire. (*c*) *Sch:* L'assemblée générale des professeurs ou des membres de l'université. **3.** Assemblage *m,* amas *m* (de choses).

congregational [kɔŋgre'geiʃən(ə)l], *a. Ecc:* **1.** En assemblée. *C. worship,* culte public. **2.** *Rel.Hist:* **The Congregational Church,** l'Église *f* congrégationaliste.

congregationalism [kɔŋgre'geiʃənəlizm], *s. Rel.Hist:* Congrégationalisme *m.*

congregationalist [kɔŋgre'geiʃənəlist], *s. Rel.Hist:* Congrégationaliste *mf.*

congress ['kɔŋgres], *s.* **1.** Réunion *f* (d'atomes, de personnes, etc.). *Nat.Hist: A:* **Birds of congress,** oiseaux *m* grégaires. **2.** (*a*) Congrès *m* (de l'enseignement, d'une Église, d'hommes d'État, etc.). *Hist:* **The Congress of Vienna,** le Congrès de Vienne. (*b*) *Parl:* (*In Fr. & U.S.*) Congrès (du Sénat et de la Chambre). (*c*) *U.S:* Session *f* du Congrès. *See also* PITCH[3] 6 (*a*).

'congress-boots, *s.pl.* Bottines *f* à élastiques.

congressional [kɔŋ'greʃən(ə)l], *a.* (Réunion *f,* etc.) du congrès; congressionnel.

congressman, *pl.* **-men** ['kɔŋgresmən, -men], *s.m. U.S:* Membre du Congrès; congressiste.

congruence ['kɔŋgruəns], **congruency** ['kɔŋgruənsi], *s.* **1.** Conformité *f,* convenance *f* (*with,* avec). **2.** *Mth:* Congruence *f* (de nombres ou de lignes).

congruent ['kɔŋgruənt], *a.* **1.** Conforme (*with,* à). **2.** *Mth:* Congruent (*with,* à). *Geom:* **Congruent figures,** figures *f* conformes.

congruity [kɔŋ'gruiti], *s.* = CONGRUENCE 1.

congruous ['kɔŋgruəs], *a.* = CONGRUENT 1. **-ly,** *adv.* Congrûment, convenablement, conformément (*to, with,* à).

conic(al) ['kɔnik(əl)], *a. Geom:* Conique. **Conic sections,** sections *f* coniques. **Conical gearing,** engrenage *m* conique.

conicity [ko'nisiti], *s.* Conicité *f.*

conico-cylindrical ['kɔnikosi'lindrik(ə)l], *a.* Cylindro-conique.

conics ['kɔniks], *s.pl.* (*Usu. with sg. const.*) *Mth:* Sections *f* coniques.

conifer ['kounifər], *s. Bot:* Conifère *m.*

coniferous [ko'nifərəs], *a. Bot:* Conifère. *C. forest,* forêt résineuse.

coniform ['kounifɔ:rm], *a.* Coniforme.

coni(i)ne ['koun(i)ain], *s. Ch:* Conine *f,* conicine *f,* conéine *f,* cicutine *f.*

coniroster [kouni'rɔstər], *s. Orn:* Conirostre *m.*

conirostral [kouni'rɔstr(ə)l], *a. Orn:* Conirostre.

conjecturable [kon'dʒektjurəbl], *a.* Qui peut être conjecturé. **It is easily conjecturable that . . .,** l'on peut bien conjecturer, s'imaginer, que. . . .

conjectural [kon'dʒektjur(ə)l], *a.* Conjectural, -aux. *These emendations are entirely c.,* ces variantes qui ont été proposées reposent entièrement sur des conjectures. **-ally,** *adv.* Conjecturalement; par conjecture.

conjecture[1] [kon'dʒektjər], *s.* Conjecture *f.* **To hazard a conjecture,** risquer une hypothèse, une supposition. *To be reduced to c.,* être réduit à des conjectures. *To be right in a c.,* supposer juste.
conjecture[2], *v.tr.* Conjecturer. *The truth was such as I had conjectured,* la vérité était bien telle que je l'avais supposée, que je l'avais soupçonnée.
conjee ['kɔndʒi], *s.* = CONGEE[1].
conjoin [kon'dʒɔin]. **1.** *v.tr.* Conjoindre. **2.** *v.i.* S'unir; se joindre ensemble; s'associer.
conjoined, *a.* Conjoint. *Her:* Accolé. *Astr:* (Planètes *f*) en conjonction.
conjoint [kon'dʒɔint], *a.* Conjoint, associé. *The c. labour of . . .,* le travail en commun de. . . . *Mus:* **Conjoint degrees,** degrés conjoints. **-ly,** *adv.* Conjointement, ensemble; l'un avec l'autre. *To act. c. with s.o.,* agir conjointement, de concert, avec qn. **To inherit conjointly,** cohériter.
conjugal ['kɔndʒug(ə)l], *a.* Conjugal, -aux. **Conjugal rights,** droits conjugaux. **-ally,** *adv.* Conjugalement.
conjugate[1] ['kɔndʒuget], *a.* Conjugué. *Opt:* **Conjugate mirrors, foci,** miroirs, foyers, conjugués. *Mth:* **Conjugate point,** point conjugué, acnodal. *Bot:* **Conjugate leaflets,** folioles accolées, conjuguées. *See also* DEVIATION.
conjugate[2] ['kɔndʒugeit]. **1.** *v.tr.* (*a*) *Lit:* Conjuguer, unir. (*b*) *Gram:* Conjuguer (un verbe). **2.** *v.i.* (*a*) *Biol:* (*Of cells*) Se conjuguer; s'unir par conjugaison. (*b*) S'unir charnellement; s'accoupler.
conjugation [kɔndʒu'geiʃ(ə)n], *s.* **1.** *Gram:* Conjugaison *f.* **2.** *Biol:* Conjugaison, zygose *f.*
conjugational [kɔndʒu'geiʃən(ə)l], *a.* Conjugatif.
conjunct [kon'dʒʌnkt]. **1.** *a.* Conjoint, associé. *Ling:* **Conjunct letter, consonant,** lettre conjointe, consonne conjointe (en sanscrit). *Mus:* **Conjunct degrees,** degrés conjoints. **2.** *s.* (*a*) Associé, -ée. (*b*) Chose liée (à une autre). **-ly,** *adv.* Conjointement.
conjunction [kon'dʒʌŋ(k)ʃ(ə)n], *s.* **1.** Conjonction *f.* **In conjunction with s.o.,** conjointement, de concert, avec qn. **Conjunction of circumstances,** concours *m* de circonstances. *Astr:* **Planets in conjunction,** planètes *f* en conjonction. **2.** *Gram:* Conjonction.
conjunctional [kon'dʒʌŋ(k)ʃən(ə)l], *a.* Conjonctionnel.
conjunctiva [kɔndʒʌŋk'taivə], *s. Anat:* Conjonctive *f* (de l'œil).
conjunctive [kon'dʒʌŋ(k)tiv]. **1.** *a.* (Tissu, etc.) conjonctif. **2.** *a. & s. Gram:* (Mode) conjonctif (*m*). *C. particle,* particule conjonctive. **-ly,** *adv.* **1.** Conjointement. **2.** *Gram:* *Words used c.,* locution conjonctive.
conjunctivitis [kɔndʒʌŋkti'vaitis], *s. Med:* Conjonctivite *f.* **Granular conjunctivitis,** conjonctivite granuleuse; trachome *m.*
conjuncture [kon'dʒʌŋ(k)tjər], *s.* Conjoncture *f,* circonstance *f,* occasion *f.* **At this conjuncture,** dans cette conjoncture. *What could be done in such a c.?* que faire en pareille rencontre?
conjuration [kɔndʒu'reiʃ(ə)n], *s.* Conjuration *f.* **1.** *A:* Prières *f,pl*; supplications *f.* **2.** (*a*) Évocation *f* (des démons). (*b*) Incantation *f.*
conjure, *v.* **1.** [kon'dʒuər], *v.tr.* Conjurer (*s.o. to do sth.,* qn de faire qch.). **2.** ['kʌndʒər] (*a*) *v.tr.* Conjurer (un démon). **To conjure up,** évoquer (un esprit, un démon). *F:* *To c. up ideas, memories,* évoquer des idées, des souvenirs. *Spot that conjures up old memories,* lieu évocateur d'anciens souvenirs. *He conjures up visions of cloudless bliss,* il se forge une félicité sans nuage. **To conjure s.o. away,** faire disparaître qn (comme par enchantement). *To c. sth. away from s.o.,* escamoter qch. à qn. *To c. a rabbit out of a top-hat,* (faire) sortir un lapin d'un chapeau haut de forme. *Fear conjured this reflexion into a ghost,* la peur transforma ce reflet en fantôme. *F:* **A name to conjure with,** un nom tout-puissant; un nom évocateur. (*b*) *v.i* Faire des tours de passe-passe.
conjuring, *s.* **1.** Conjuration *f* (des esprits). **Conjuring up,** évocation *f.* **2.** Prestidigitation *f,* escamotage *m*; tours *mpl* de passe-passe. *See also* TRICK[1] 3.
conjurer, conjuror ['kʌndʒərər] *s.* **1.** *A. & Lit:* Conjurateur *m* (d'esprits). **2.** Prestidigitateur *m,* escamoteur *m,* illusionniste *mf.* *A man, without being a c., might guess that . .,* point n'est besoin d'être sorcier pour deviner que. . . . *F:* **He's no conjuror,** il n'a pas inventé la poudre.
conk[1] [kɔŋk], *s. P:* **1.** Nez *m*; *P:* blair *m,* nase *m,* pif *m.* **2.** Tête *f.*
conk[2], *v.i. Aut: P:* (*Of engine*) Flancher; avoir des ratés. **To conk out,** (se) caler.
conker ['kɔŋkər], *s.* **1.** Marron *m* d'Inde **2.** *pl.* **To play at conkers,** jouer à qui démolira le marron de son adversaire (chacun des joueurs tenant son marron suspendu au bout d'une ficelle).
conky ['kɔŋki], *a. P:* Au nez fort; *P:* piffard.
connate ['kɔneit], *a.* **1.** (*a*) Inné. *Esp.* **Connate ideas,** idées innées. (*b*) **Connate with . . .,** né en même temps, à la même date, que. . . . **2.** *Bot: Z:* Conné, coadné.
connect [ko'nekt]. **1.** *v.tr.* (*a*) (Re)lier, (ré)unir; rattacher, joindre (*sth. with, to, sth.,* qch. à qch.); faire communiquer; mettre en communication (avec). **Train that connects up fifteen small towns,** train *m* qui dessert quinze petites villes. *A system of railways connects Paris with all the large towns,* un réseau de voies ferrées relie Paris à toutes les grandes villes. **Connected by telephone,** relié par téléphone. *Tp:* *To c. two subscribers,* mettre deux abonnés en communication. *To c. pipes,* joindre, raccorder, des tuyaux. *El:* *To c. to earth,* relier, connecter, à la terre. *To c. circuits,* interconnecter des circuits. *To c. a lamp to a plug,* brancher une lampe sur une prise de courant. *To c (up) the cells,* (ac)coupler, assembler, monter, grouper, la batterie. (*Of power stations*) **Connected up,** interconnectés. *Mec.E:* *To c. (up) two parts (of a machine),* connecter, mettre en communication, deux pièces d'une machine. *To c. two shafts,* embrayer deux arbres. (*b*) Associer (*s.o., sth., with s.o., sth.,* qn, qch., avec qn, à qch.); relier (des idées). **To be connected with . .,** (*of pers*) avoir des relations, des rapports, avec . . .; (*of thg*) se lier, se rattacher, se rapporter, à. . . . *The traditions that connect the present with the past,* les traditions *f* qui relient le présent au passé. *Questions connected with a matter,* questions relatives à un sujet. (*c*) (*Of pers.*) **To be connected with a family,** être allié à, avec, une famille; être parent d'une famille; être apparenté à, avec, une famille. *To c. two families by marriage,* unir deux familles par le mariage; apparenter deux familles. **2.** *v.i.* Se lier, se relier, se joindre, s'unir (*with,* à); se réunir, se raccorder. *Rail: etc:* **To connect with a train, a boat,** faire correspondance, assurer la correspondance, avec un train, un bateau. *The two train services c. at Crewe,* les deux services *m* correspondent à Crewe. *Side streets that c. with the main arteries,* rues latérales qui vont rejoindre les grandes voies.
connected, *a.* **1.** (*a*) *C. speech,* discours suivi, conséquent, cohérent. *Arguments that are c.,* arguments *m* qui se suivent bien. (*b*) *Two closely c. trades,* deux métiers affins, connexes, proches voisins. *The high seas and all the waters c. therewith,* les hautes mers et toutes les eaux attenantes. **2.** (*Of pers.*) **To be well connected,** être bien apparenté; être de bonne famille; appartenir à une bonne famille. **3.** *Bot: Jur: etc:* Connexe. **-ly,** *adv.* *To think c.,* penser avec suite; avoir de la suite dans les idées.
connecting[1], *a.* Qui sert à joindre, à unir. **Connecting link,** (i) trait *m* d'union (*between . . and,* entre . . et); (ii) fausse maille (de chaîne). *Harn:* **Connecting piece,** alliance *f.* **Connecting wire,** fil *m* de connexion. **Connecting pipe,** tuyau *m* de communication, de jonction. *El.E:* **Connecting box,** boîte *f* de raccordement (pour câbles). *C. gear,* embrayage *m.* *See also* FILE[5] 1.
con'necting-rod, *s.* (i) *Mec.E:* Bielle *f,* tiraille *f,* tige *f,* tringle *f,* barre *f,* de connexion; (ii) *Mch: I.C.E:* bielle motrice; (iii) *El:* tige conductrice. *Articulated c.-r.,* biellette articulée. *Back-acting c.-r.,* bielle renversée. *C.-r. shank, body,* corps *m* de bielle. *C.-r. bearings,* embiellage *m.*
connecting[2], *s.* **1.** Association *f* (de piles, etc.). **2.** *El:* **Connecting up,** (i) montage *m*; (ii) mise *f* en circuit.
connectedness [ko'nektidnəs], *s.* Suite *f* (dans les idées).
connecter [ko'nektər], *s.* **1.** (*a*) *Ch:* Ajutage *m.* (*b*) Raccord *m* (de pompe à graisse, de gonfleur de pneus, etc.). (*c*) *Rail:* Attelage *m.* (*d*) Articulation *f.* *See also* DRAG-LINK 1. **2.** *El.E:* (*a*) **(Cable-)connecter,** pince *f* de raccordement, attache-fil(s) *m inv.* **Forked connecter,** chape *f.* (*b*) **Connecter of a battery, cell-to-cell connecter,** bande *f* de connexion des éléments; lame *f* de jonction; pont *m* polaire; étrier *m* de raccordement.
connectible [ko'nektibl], *a.* Qui peut se lier, se raccorder, se joindre (*with,* à).
connection [ko'nekʃ(ə)n], *s.* **1.** (*a*) Rapport *m,* liaison *f* (des choses); connexité *f* (entre deux cas); connexion *f,* suite *f* (des idées). *Close c. between two facts,* relation étroite entre deux faits; connexité de deux faits. **To have a connection with . . .,** avoir rapport à. . . *This question has no c. with . . .,* cette question n'a rien à voir avec. . . . **In connection with . . .,** à propos de . . ., relativement à . . ., relatif à. . . . **In this connection,** à ce propos; à cet égard; dans cet ordre d'idées. **In another connection,** d'autre part; par ailleurs. (*b*) **Tank in connection with another,** citerne en communication avec une autre. **2.** (*Intercourse*) (*a*) *C. of s.o. with s.o.,* relations *fpl,* rapports *mpl,* commerce *m,* liaison, de qn avec qn. **To form a connection with s.o.,** établir des rapports avec qn. **To break off a connection,** rompre des relations, rompre une attache. *I have broken off all c. with him,* j'ai cessé toutes relations avec lui. (*b*) **Sexual connection,** coït *m.* **3.** (*a*) (*Relationship*) Parenté *f*; apparentage *m*; liens *mpl* de famille. *To form a c. by marriage with a good family,* s'allier à, avec, une bonne famille. (*b*) Parent, -ente; (*by marriage*) allié, -ée; *Jur:* affin *m.* *He, she, is a c. of mine,* c'est un(e) de mes parent(e)s. (*c*) *Coll.* *The whole c. attended the funeral,* toute la famille a assisté aux obsèques. **4.** *Ecc:* (= DENOMINATION) Secte *f.* *Esp.* **The Methodist connection,** la secte méthodiste, l'Église *f* méthodiste. **5.** *Com:* Clientèle *f.* **Wide connection,** belle clientèle; belles relations d'affaires; achalandage *m* considérable. *Commercial traveller with a wide c.,* commis voyageur bien relationné. *To open up a business c. with a firm,* entrer en relations d'affaires avec une maison. **6.** *Rail: etc:* Correspondance *f*; train correspondant; bateau correspondant. **To run in connection with . . .,** être en correspondance, assurer la correspondance, avec. . . . *I missed my c. at Crewe,* j'ai manqué, *F:* raté, ma correspondance à Crewe. **7.** (*a*) *Mec.E: etc:* Connexion; assemblage *m,* raccordement *m,* réunion *f* (de deux tuyaux, fils, etc.); embrayage *m,* engrenage *m* (des organes d'une machine). **Hinged connection,** assemblage par articulation. (*b*) *El.E:* Raccordement, connexion. **Bridge connection,** montage *m* en pont. **Apparatus in connection with the earth,** appareil *m* en connexion avec la terre. **Wrong connection,** (i) *El.E:* fausse connexion; (ii) *Tp:* fausse communication. *You have been given the wrong c.,* on vous a mal branché. *See also* SERIES 2. **8.** (*a*) Raccord *m* (entre deux tuyaux). **Pipe-connections,** tuyauteries *f.* *Rubber c.,* raccord en caoutchouc. (*b*) *El.E:* Contact *m*; prise *f* de courant. **Earth connection,** (i) prise de terre; (ii) *Aut: etc:* mise *f* à la masse. (*c*) *Civ.E:* Point *m* d'attache. *Connections of a frame-work,* attaches *f* d'un système articulé.
connective [ko'nektiv]. **1.** *a.* Connectif. *Anat:* **Connective tissue,** tissu cellulaire, connectif, conjonctif. **2.** *s.* (*a*) *Bot:* Connectif *m.* (*b*) *Gram:* Conjonction *f*; particule ou locution conjonctive.
connector [ko'nektər], *s.* = CONNECTER.
connexion [ko'nekʃ(ə)n], *s.* = CONNECTION.
connexity [ko'neksiti], *s.* Connexité *f* (de faits, de cas).
connivance [ko'naivəns], *s.* Connivence *f,* collusion *f.* *C. at, in, a crime,* complicité *f* dans un crime; participation *f* à un crime. **To be in connivance with s.o.,** être de connivence, d'intelligence, avec qn; *F:* être de mèche avec qn. *This was done with his c.,* cela s'est fait de connivence, d'intelligence, avec lui.
connive [ko'naiv], *v.i.* **1.** To connive at an abuse, fermer les yeux

sur un abus; tolérer un abus; *A:* conniver à un abus. **2.** *Occ. To c. at a crime,* être de connivence dans un crime; être complice d'un crime; être fauteur d'un crime.

connivent [kə'naivənt], *a. Anat: Bot: Ent:* Connivent. **Connivent valves,** valvules connivents (de l'intestin). **Connivent wings,** ailes conniventes (d'un insecte).

connoisseur [kɔnə'səːr], *s.* (Bon) connaisseur (*of, in,* en). *To be a c. of paintings,* se connaître en peinture, en tableaux.

connotation [kɔno'teiʃ(ə)n], *s.* **1.** (*a*) Connotation *f* (d'un terme). (*b*) *F:* Signification *f* (d'un mot). **2.** *Phil:* Totalité *f* des idées qu'enferme un nom générique; compréhension *f* (d'un nom générique).

connotative [ko'noutətiv], *a.* Connotatif. **-ly,** *adv.* Par connotation; par implication.

connote [ko'nout], *v.tr.* **1.** *Log:* Connoter. **2.** Comporter (des conséquences, une signification secondaire, etc.). **3.** *F:* Signifier, vouloir dire; donner à entendre; impliquer.

connubial [ko'njuːbiəl], *a.* Conjugal, -aux; matrimonial, -aux; du mariage. **-ally,** *adv.* Conjugalement.

connubiality [konjuːbi'aliti], *s.* **1.** État conjugal. **2.** (*a*) Pratique *f* du mariage. (*b*) Droit *m* de se marier. **3.** *pl. F:* **Connubialities,** manifestations *f* d'amour conjugal; échange *m* de tendresses conjugales.

conoid ['kounɔid], *a.* & *s.* **1.** *Geom:* Conoïde (*m*). **2.** *Anat:* **The conoid (gland),** la glande pinéale.

conoidal [ko'nɔid(ə)l], *a.* Conoïde, conoïdal, -aux.

conquer ['kɔŋkər], *v.tr.* **1.** Conquérir (un pays, l'amour de qn). *To c. all hearts,* subjuguer tous les cœurs. *The land conquered from the waves,* le territoire conquis sur les flots. **2.** Vaincre (un ennemi, une difficulté, sa timidité); surmonter (une difficulté, sa timidité); vaincre, dompter (ses passions).

conquering, *a.* **1.** Conquérant. **2.** Victorieux. *The c. hero,* le héros triomphant.

conquerable ['kɔŋkərəbl], *a.* Qui peut être vaincu ou conquis; (passion *f*) domptable.

conqueror ['kɔŋkərər], *s.* **1.** Conquérant *m* (d'un pays). *Eng.Hist:* **The Conqueror,** Guillaume le Conquérant. **2.** Vainqueur *m.* **3.** *Cards:* **To play the conqueror,** jouer la belle.

conquest ['kɔŋkwest], *s.* **1.** Conquête *f* (d'un pays, d'un cœur). *Hist:* **The (Norman) Conquest,** la conquête de l'Angleterre (1066). **2.** Conquête, pays de conquête. **To administer one's conquests,** administrer ses conquêtes. *F:* **To make a conquest of s.o., of s.o.'s heart,** faire la conquête de qn, du cœur de qn.

con-rod ['kɔnrɔd], *s. I.C.E: F:* (= *connecting-rod*) Bielle motrice.

consanguine [kɔn'saŋgwin), **consanguineous** [kɔnsaŋ'gwiniəs], *a.* **1.** Consanguin; parent du côté du père. **2.** *F:* Parent.

consanguinity [kɔnsaŋ'gwiniti], *s.* **1.** Consanguinité *f*; parenté *f* du côté du père. **2.** *F:* Parenté.

conscience ['kɔnʃəns], *s.* **1.** Conscience *f.* **To have a good, easy, clean, clear, conscience,** avoir la conscience nette, tranquille, pure. **With a clear, clean, conscience,** en (toute) sûreté de conscience. *To have a bad, guilty, burdened, c.,* avoir une mauvaise conscience; avoir la conscience chargée; n'avoir pas la conscience tranquille. **To have sth. on one's conscience,** avoir qch. sur la conscience. *Something is weighing, lying, on his c.,* quelque chose lui pèse sur la conscience. **To have no conscience,** n'avoir point de conscience; être sans conscience. **Point of conscience,** cas *m* de conscience. **It is a matter of conscience,** c'est une affaire de conscience. **I shall make it a matter of conscience to . . .,** je prendrai à tâche de. . . . **For conscience(') sake,** par acquit de conscience. *I did it for c. sake,* je l'ai fait par acquit de conscience. **Upon my conscience,** sur ma conscience; en conscience; (par) ma foi; (sur) ma parole; la main sur la conscience. **In (all) conscience,** en vérité, assurément, certes; Dieu sait (si . . ., que . . .). *I can assure you upon my c., in all c., that . . .,* je peux vous assurer, la main sur la conscience, que. . . . **I would not have the conscience to do it,** cela irait contre ma conscience de le faire. *You don't mean to say you had the c. to . . .,* n'allez pas me dire que vous avez eu l'audace de. . . . **Liberty of conscience,** liberté *f* de conscience. **Conscience doth make cowards of us all,** à conscience troublée, jambes molles. *See also* ACQUITTAL 1. **2.** *Tls:* = BREAST-PLATE 2.

'conscience-clause, *s.* (*In an act*) Article *m* sauvegardant la liberté de conscience (de ceux qui auraient des scrupules à se conformer à la loi).

'conscience-money, *s.* Somme restituée au fisc par remords de conscience; restitution *f* anonyme (d'une somme due au fisc).

'conscience-stricken, *a.* Pris de remords; atteint, bourrelé, de remords.

conscienceless ['kɔnʃənsləs], *a.* Sans scrupule; sans conscience; incapable de remords.

conscientious [kɔnʃi'enʃəs], *a.* **1.** (Travailleur, travail) consciencieux; (travail) fait en conscience. **2. Conscientious scruple,** scrupule *m* de conscience. **Conscientious objector,** réfractaire *m*; objecteur *m* de conscience (en matière de service militaire, de vaccination). *C. objection,* objection *f* de conscience. **-ly,** *adv.* Consciencieusement. *To perform a task c.,* s'acquitter en conscience d'une tâche.

conscientiousness [kɔnʃi'enʃəsnəs], *s.* Conscience *f*; délicatesse *f* de conscience; droiture *f. His c. in all his work,* la conscience qu'il apporte à tout son travail.

conscious ['kɔnʃəs], *a.* **1.** (*a*) **To be conscious of sth.,** avoir conscience de qch.; être conscient, avoir le sentiment, de qch.; savoir, sentir, qch. *I was c. of faces watching me,* j'avais conscience de visages qui m'épiaient. *I was not c. of having moved,* je n'avais pas conscience d'avoir bougé. **To become conscious of sth.,** s'apercevoir de qch. *I was, became, c. of a smell of fish,* mon odorat était, fut, affecté par une odeur de poisson. *I was c. that he was looking at me,* je sentais qu'il me regardait. *C. of being capable of . . .,* se sachant capable de. . . . (*b*) **Conscious movement,** mouvement conscient. *His c. superiority,* le sentiment qu'il a de sa supériorité. *The dog wore an air of c. guilt,* on voyait bien à la mine du chien qu'il se savait coupable. (*c*) (= SELF-CONSCIOUS) **Conscious pride,** orgueil mêlé de confusion. (*d*) *Phil:* Conscient. *Man as a c. being,* l'homme en tant qu'être conscient. **2. To be conscious,** avoir sa connaissance; être en pleine connaissance. *To become c.,* reprendre connaissance; reprendre ses sens; revenir de son évanouissement. **-ly,** *adv.* Consciemment, d'une façon consciente; sciemment.

consciousness ['kɔnʃəsnəs], *s.* **1.** (*a*) Conscience *f*, sentiment *m* (*of,* de). *To act in full c. of the consequences,* agir avec la pleine conscience des conséquences. *The c. of being watched,* le fait de savoir qu'on vous regarde; le sentiment qu'on vous regarde. *When I awoke to the c. of my misfortune . . .,* lorsque j'ai, j'eus, pris conscience de mon malheur. . . . (*b*) Sentiment intime, persuasion *f* intime. *The c. that all was not well kept me awake,* un pressentiment de malheur m'empêchait de dormir. *See also* CLASS[1], SELF-CONSCIOUSNESS. **2.** *Phil:* (*a*) Conscience (de l'être conscient). (*b*) **Moral consciousness,** conscience morale. **3.** Connaissance *f.* **To lose consciousness,** perdre connaissance; s'évanouir; tomber en défaillance. **To regain consciousness,** reprendre connaissance; revenir à soi; reprendre ses esprits, ses sens.

conscribable [kon'skraibəbl], *a.* Conscriptible.

conscribe [kon'skraib], *v.tr.* = CONSCRIPT[2].

conscript[1] ['kɔnskript], *a.* & *s.* Conscrit (*m*). *Rom.Hist:* **Conscript fathers,** pères conscrits.

conscript[2] [kon'skript], *v.tr.* Enrôler, engager, (des troupes) par la conscription.

conscription [kon'skripʃ(ə)n], *s.* Conscription *f.* **Seaboard conscription for the Navy,** inscription *f* maritime. *C. of wealth,* conscription des fortunes.

consecrate[1] ['kɔnsekret], *a.* Consacré (*to,* à).

consecrate[2] ['kɔnsekreit], *v.tr.* **1.** (*a*) *Ecc:* Consacrer (une église, l'hostie, le calice); bénir (le pain, un cimetière, un drapeau); sacrer (un roi, un évêque). *Pred. He was consecrated Bishop of London,* il fut sacré évêque de Londres. (*b*) *Custom consecrated by time,* coutume consacrée par le temps. **2.** *To consecrate one's life to a work,* consacrer, vouer, sa vie à un travail; se vouer à un travail.

consecrated, *a.* (*Of church, phrase, etc.*) Consacré; (*of bread*) bénit. *C. taper,* cierge bénit. **In consecrated ground,** en terre sainte, en terre bénite.

consecration [kɔnse'kreiʃ(ə)n], *s.* **1.** (*a*) Consécration *f* (d'une église, de l'hostie, du vin, etc.); bénédiction *f* (d'une cloche, d'un drapeau); sacre *m* (d'un roi, d'un évêque). (*b*) *F: This phrase has received the c. of time, of custom,* le temps, l'usage, a consacré cette locution, a sanctionné cette locution; c'est une expression consacrée. **2.** *The c. of a whole life to a single object,* le dévouement d'une vie entière à un seul but.

consecrator ['kɔnsekreitər], *s.* Consacrant *m.*

consecution [kɔnse'kjuːʃ(ə)n], *s.* **1.** Consécution *f. Mus: C. of thirds,* suite *f* de tierces. **2.** *Gram:* Concordance *f* (des temps).

consecutive [kon'sekjutiv], *a.* Consécutif. **1.** *pl.* Qui se suivent. *On three c. days,* trois jours consécutifs; trois jours de suite, *F:* d'affilée. *Mus: C. fifths,* quintes consécutives **2.** *Gram:* **Consecutive clause,** proposition consécutive. **-ly,** *adv.* Consécutivement, de suite; par ordre de date.

consecutiveness [kon'sekjutivnəs], *s.* Succession *f*, suite *f*, enchaînement *m.*

consensual [kon'senʃuəl, -sjuəl], *a.* **1.** *Jur:* **Consensual contract,** contrat consensuel. *C. obligation,* obligation consensuelle. **2.** *Physiol: C. reflexes,* réflexes consensuels.

consensus [kon'sensəs], *s.* **1.** Consensus *m*, unanimité *f* (d'opinions, de témoignages, etc.); accord *m* pour ainsi dire unanime. **2.** *Physiol:* Consensus, sympathie *f* (de plusieurs organes).

consent[1] [kon'sent], *s.* Consentement *m*, assentiment *m*, approbation *f*, acquiescement *m. C. to a request,* agrément donné à une requête. *To give one's c. to sth.,* donner son consentement à qch. *To obtain s.o.'s c. to do sth.,* obtenir le consentement, l'aveu, la permission, de qn pour faire qch. **By common consent,** d'une commune voix; de l'aveu, au dire, de tout le monde. **With one consent,** d'un commun accord; à l'unanimité; unanimement. **By mutual consent,** de gré à gré; (divorce *m*) par consentement mutuel. *See also* SILENCE[1]. *Jur:* **Age of consent,** âge *m* nubile

consent[2], *v.i.* **To consent to sth., to do sth.,** consentir à qch., à faire qch. **I consent,** j'y consens; je veux bien. *To c. to sth. being done,* consentir à ce que qch. se fasse. *He has consented to being president,* il a accepté la présidence. *Com: To c. to a reduction in price,* consentir une réduction de prix.

consentient [kon'senʃjənt], *a.* **1.** D'accord; d'un même sentiment; unanime (*in,* sur). **2.** *Consentient forces,* forces concourantes. **3.** Consentant (*to,* à).

consequence ['kɔnsekwəns], *s.* **1.** (*a*) Conséquence *f*; suites *fpl. The c. is that . . .,* il en résulte, il s'ensuit, que . . . *The c of all that will be to vex him,* tout cela aura pour effet de le fâcher. **In consequence,** par conséquent. **In consequence of . . .,** par suite de . ., en conséquence de. . . . **To take the consequences, to put up with the consequences,** subir, accepter, les conséquences. *F: Hang the consequences!* je me fiche pas mal des conséquences! *The thing is done and we must face the consequences,* le vin est tiré, il faut le boire. (*b*) *Log:* Conséquent *m* (d'un syllogisme). **2.** Importance *f*; *F:* conséquence. **It is of no consequence,** cela n'a pas d'importance; cela ne tire pas à conséquence; n'importe; cela ne signifie rien; cela ne fait rien. **He is of no consequence,** il ne compte pas. **To set up for a man of consequence,** faire l'homme d'importance; faire l'important. *All the people of c. in the town,* toutes les personnalités de la ville.

consequent[1] ['kɔnsekwənt], *s.* **1.** Conséquence *f.* **2.** (*a*) *Mth:* Conséquent *m.* (*b*) *Log:* Conclusion *f.*

consequent[2], *a.* **1.** Résultant; qui suit. **Consequent upon sth.,**

qui est la conséquence de qch.; qui résulte de, qui découle de, qui vient à la suite de, qch. *Infirmity c. on a wound*, infirmité consécutive à une blessure. **2.** *Log:* Conséquent (*from*, de). **3.** (*Consistent*) Conséquent. *To be c., he ought to have shown that . . .*, pour être logique il aurait dû démontrer que. . . . **-ly.** **1.** *adv. & conj.* Par conséquent, conséquemment; dès lors . . .; il en résulte que . . .; donc. . . . **2.** *adv.* Logiquement; avec suite.

consequential [kɔnse'kwenʃ(ə)l], *a.* **1.** Conséquent (*to*, à); dû (*to*, à); consécutif (*to*, à). *Jur:* *C. effects of an action*, répercussions *f* d'une action. **Consequential damages,** dommages *m* indirects. **2.** (*Of pers.*) Suffisant, important, plein de soi; plein d'importance. *To put on a c. air*, se donner des airs d'importance; faire l'important. **-ally,** *adv.* **1.** Indirectement, secondairement. **2.** Avec importance; d'un air important; d'un air d'importance.

consequentiality [kɔnsekwenʃi'aliti], *s.* **1.** *Log:* Conséquence *f*, suite *f* (dans les idées). **2.** (*Of pers.*) Importance *f*, suffisance *f*.

conservancy [kon'sə:rvənsi], *s.* **1.** Commission *f* de conservation (d'une forêt, d'un fleuve, etc.). **The Thames Conservancy,** la Commission fluviale (de la Tamise). **2.** Conservation *f*, protection *f*, préservation *f* (des forêts, etc.); gardiennage *m* (des ports). **Fire-conservancy,** protection contre le feu. **Conservancy staff,** personnel préposé aux mesures de protection.

conservation [kɔnsər'veiʃ(ə)n], *s.* Conservation *f*. *Measures of c.*, mesures *f* conservatoires; mesures de protection. *C. of forests*, conservation forestière. *Ph:* **Conservation of energy, of force,** conservation de l'énergie. *Astr:* *C. of areas*, conservation des aires.

conservatism [kon'sə:rvətizm], *s.* *Pol:* Conservatisme *m*.

conservative [kon'sə:rvətiv]. **1.** *a.* (*a*) Préservatif; préservateur, -trice; conservateur, -trice. *The c. virtues of lock and key*, les vertus préservatrices d'une serrure. (*b*) **Conservative estimate,** évaluation prudente. *The distances quoted are c.*, les distances citées sont plutôt en deçà de la vérité. *At a c. estimate*, au minimum; au bas mot. *On c. lines*, selon la méthode consacrée par l'usage. (*c*) *Pol:* Conservateur, -trice. **2.** *s.* *Pol:* Conservateur, -trice.

conservatoire [konsə:rva'twa:r], *s.* Conservatoire *m* (de musique).

conservator ['kɔnsərveitər], *s.* (*a*) Conservateur, -trice. *Esp. Adm:* *C. of a forest, of a river*, conservateur d'une forêt, d'un cours d'eau. *For:* *Deputy c.*, inspecteur *m*. *Assistant c.*, inspecteur adjoint. *C. of a museum*, conservateur d'un musée. (*b*) *Jur:* *The Conservators of the Peace*, les Gardiens *m* de la paix (le Roi, le Chancelier, et les juges).

conservatory [kon'sə:rvətəri]. **1.** *a.* (*a*) (Principe, etc.) conservateur, préservateur. (*b*) (Fonctions *f*) de conservateur. **2.** *s.* (*a*) *Hort:* Serre *f*. (*b*) *U.S:* = CONSERVATOIRE.

conserve[1] [kon'sə:rv], *s.* **1.** *Pharm:* Conserve *f*; préparation sucrée. **2.** *pl.* *Cu:* **Conserves,** confiture(s) *f*, conserves (de fruits).

conserve[2], *v.tr.* Conserver, préserver (un monument ancien, etc.).

conshie, conshy ['kɔnʃi], *s.* *P:* = *conscientious objector, q.v. under* CONSCIENTIOUS.

consider [kon'sidər], *v.tr.* **1.** *A:* (*Look at*) Considérer, contempler. **2.** (*a*) (*Reflect upon*) Considérer (une question); songer à, réfléchir à (qch.) *To c. the facts*, interroger les faits. *To c. a possibility*, envisager une possibilité. *Among the measures considered up to the present time . . .*, parmi les mesures envisagées jusqu'ici. . . . *I will c. it*, j'y réfléchirai; j'y songerai. *To c. one's actions*, composer ses actions; agir avec délibération. **Considered opinion,** opinion motivée, réfléchie. **All things considered,** tout bien considéré; tout compte fait; (toute) réflexion faite; à tout prendre; eu égard aux circonstances; en fin de compte; en dernière analyse. (*b*) *To c. an offer*, prendre une offre en considération. *To c. a proposal*, étudier, examiner, une proposition. *The jury retired to c. its verdict*, le jury se retira pour délibérer. **3.** (*a*) **To consider s.o.'s feelings,** avoir égard à la sensibilité de qn. *To c. the expense*, regarder à la dépense. *We must c. him a little*, il faut lui montrer de la considération, le ménager. *He is a man to be considered*, c'est un homme dont il faut tenir compte. (*b*) *When one considers that he is only twenty . . .*, quand on pense qu'il n'a que vingt ans. . . . **4.** (*a*) *Pred:* *I c. him (to be) crazy*, je le considère, regarde, comme fou; je le tiens pour fou. *The doctor considers his case hopeless*, le médecin le juge perdu. **Consider it as done,** tenez cela pour fait. *C. yourself dismissed*, tenez-vous pour congédié; considérez-vous comme congédié. *I c. the book bad*, je trouve le livre mauvais. *He is considered rich*, il passe pour riche; on le dit riche. *To consider oneself happy*, s'estimer heureux. *I consider it my duty to . . .*, j'estime qu'il est de mon devoir de. . . . *The measures considered to be necessary*, les mesures *f* dont on envisage la nécessité. (*b*) *We consider that he ought to do it*, à notre avis il doit le faire. (*c*) *Sophonisba considers whether she shall kill herself to avoid slavery*, Sophonisbe délibère si elle se tuera pour éviter l'esclavage.

considering, *prep.* Eu égard à (qch.). *C. his age*, étant donné son âge. *C. the circumstances*, vu les circonstances. *Conj.phr.* **Considering that . . .,** vu, attendu, que. . . . *C. (that) he is so young*, vu, attendu, étant donné, qu'il est si jeune. *F:* (*Elliptically*) **It is not so bad considering,** ce n'est pas si mauvais après tout, malgré tout, vu les circonstances; somme toute, ce n'est pas si mal.

considerable [kon'sidərəbl], *a.* Considérable. **1.** (*a*) Digne d'attention. (*b*) (*Of pers.*) Notable, grand, important. **2.** Grand, fort. *A c. section of the country*, une bonne partie du pays. *A c. number of . . .*, un nombre considérable de, un grand nombre de, pas mal de. . . . *To a c. extent*, dans une forte mesure. *C. difference*, différence *f* sensible. *adv.* *U.S:* *A c. long time ago*, il y a assez longtemps; il y a pas mal de temps. **-ably,** *adv.* Considérablement; bien, fort, beaucoup, dans des proportions considérables. *The patient has improved c.*, il y a un mieux sensible dans l'état du malade.

considerate [kon'sidəret], *a.* **1.** (*a*) **Considerate (towards, to, s.o.),** attentif (à qn), prévenant, plein d'égards, bon, attentionné (pour, envers, qn). *It is very c. of you*, c'est très aimable de votre part, très aimable à vous. (*b*) *If you had shown yourself more c.*, si vous aviez tenu compte des circonstances . . ., de son état, etc. . . .; si vous aviez montré plus de discrétion . . ., plus de délicatesse. . . . **2.** *A:* (*Of conduct, etc.*) Considéré, réfléchi; (*of pers.*) avisé, prudent. **-ly,** *adv.* **1.** Avec considération, avec égards, avec prévenance, avec bonté. *He acted very c.*, il a agi avec beaucoup de considération, avec une grande délicatesse. **2.** *A:* D'une manière réfléchie; considérément, prudemment.

considerateness [kon'sidəretnəs], *s.* **1.** Attentions *fpl*, égards *mpl*, délicatesse *f* (*to, for*, envers, pour). **2.** *A:* Caractère réfléchi; prudence *f*.

consideration [konsidə'reiʃ(ə)n], *s.* **1.** Considération *f*. (*a*) **To take sth. into consideration,** prendre qch. en considération; tenir compte de qch.; faire entrer qch. en ligne de compte. *To take into c. that . . .*, tenir compte (de ce) que. . . . *Taking all things into c.*, tout bien considéré, pesé. **To leave a point out of consideration,** faire abstraction d'un point. *A fact that has been left out of c.*, un fait auquel on n'a pas pris garde. *Leaving patriotism out of c., I should like to . . .*, patriotisme à part, je voudrais. . . . **In consideration of . . .,** en considération de . . ., eu égard à . . ., attendu. . . . *He was let off in c. of his youth*, on lui fit grâce en faveur de sa jeunesse. **In consideration of the payment of a sum,** moyennant paiement d'une somme; en retour d'une somme. **This requires consideration,** ceci exige de la réflexion. **Question under consideration,** question envisagée, en délibération, à l'examen, à l'étude. *To give c. to a question*, mettre une question à l'étude. *To take a request into favourable c.*, faire bon accueil à une demande. **After due consideration,** à la réflexion; après mûre réflexion; tout bien considéré; toute réflexion faite; après délibération. *See also* FURTHER[1] II. 2. *A matter for our c.*, une affaire digne d'examen. *A list for your kind c.*, une liste que nous vous prions de bien vouloir examiner. *To act without due c.*, agir hâtivement; sans réfléchir; à la légère. (*b*) *These considerations made me pause*, ces considérations m'arrêtèrent. *There is another c.*, il y a autre chose dont il faut tenir compte. *Money is always the first c.*, la question d'argent vient toujours en premier. *From considerations of kindness*, par bonté. *To rise above material considerations*, s'élever au-dessus des préoccupations matérielles. **On no consideration . . .,** à aucun prix . . ., pour rien au monde. . . . **2.** (*Reward*) Compensation *f*, rémunération *f*, prix *m*. **For a consideration,** contre espèces *fpl*; *F:* moyennant finance. *He will do it for a small c.*, il le fera si vous lui donnez la pièce, si vous lui donnez un pourboire. *Jur:* **For a valuable consideration,** à titre onéreux. **For good consideration,** (i) à titre amical; (ii) à titre onéreux. **3.** *Jur:* *Fin:* *Com:* Cause *f*, provision *f* (*for*, de). *To give c. for a bill*, provisionner une lettre de change. *C. given for a bill of exchange*, cause d'un billet. **4.** = CONSIDERATENESS 1. *To have no c. for anyone*, n'avoir de considération pour personne. **Out of consideration for s.o.,** par égard, par considération, pour qn. *A little c. would have cost you nothing*, un peu d'égards *m* ne vous auraient rien coûté. *To treat s.o. with c.*, ménager qn. *He showed me no c.*, il n'a gardé aucun ménagement à mon égard. **5.** (*Importance*) **Of great, of no, consideration,** de grande importance; de nulle, d'aucune, importance. *Man of no c.*, homme sans consistance. **A man of the first consideration,** un homme de première importance. *He is well off, and money is no c.*, il est à l'aise, et l'argent n'entre pas en ligne de compte, et la question d'argent n'a pas d'importance.

consign [kon'sain], *v.tr.* **1.** *Com:* Consigner, envoyer, expédier (des marchandises) (*to s.o.*, à qn, à l'adresse de qn); envoyer (des marchandises) en consignation (à qn). **2.** Confier, remettre, livrer (*sth. to s.o.'s care*, qch. à qn, entre les mains de qn). **To consign sth. to oblivion,** ensevelir qch. dans l'oubli; livrer qch. à l'oubli. *To c. s.o. to the scaffold*, livrer qn à l'échafaud, à la mort. *To c. a body to the grave*, livrer un corps à la tombe. *To c. a picture to the attic*, reléguer un tableau au grenier. **3.** Déposer, consigner (de l'argent dans une banque).

consignation [kɔnsig'neiʃ(ə)n], *s.* Consignation *f*. **1.** *To ship goods to the c. of s.o.*, consigner des marchandises à qn; envoyer des marchandises en consignation à qn. **2.** Dépôt *m* en banque.

consignee [kɔnsai'ni:], *s.* Consignataire *m*; destinataire *m*.

consignment [kon'sainmənt], *s.* **1.** (*a*) Envoi *m*, expédition *f* (de marchandises). *Goods for c. to the provinces and abroad*, articles *m* à destination de la province et de l'étranger. **Consignment note,** (i) lettre *f* de voiture; note *f*, bordereau *m*, de consignation; (ii) *Rail:* récépissé *m*. *See also* DEPOSIT[1] 1. (*b*) *Com:* **On consignment,** en consignation, en dépôt (permanent). *To send s.o. goods on c.*, livrer à qn une marchandise en dépôt permanent. **2.** (*Goods sent*) Envoi, arrivage *m* (de marchandises). *Your c. of books has duly come to hand*, votre envoi de livres nous est bien parvenu. *I am expecting a heavy c. of . . .*, j'attends un fort arrivage de. . . .

consignor [kon'sainər], *s.* *Com:* Consignateur *m*, expéditeur *m*.

consist [kon'sist], *v.i.* **1.** (*a*) **To consist of sth.,** consister en, dans, se composer de, qch. *His fortune consisted of consols*, sa fortune consistait en rentes sur l'État. *Life consists of what we put into it*, la vie est faite de ce que nous y mettons. *Jur:* *Inheritance consisting of a house*, héritage *m* en consistance d'une maison, consistant en une maison. (*b*) *True happiness consists in desiring little*, le vrai bonheur consiste à modérer ses désirs. *All the difficulty consists in this, that . . .*, toute la difficulté réside en ceci, que. . . . **2.** *A:* **To consist with sth.,** s'accorder, être compatible, avec qch. **3.** *B:* **By him all things consist,** toutes choses subsistent par lui.

consistence [kon'sistəns], *s.* Consistance *f* (d'un sirop, de l'esprit, etc.); compacité *f* (du sol, etc.).

consistency [kon'sistənsi], *s.* **1.** = CONSISTENCE. **2.** Uniformité *f* (de conduite, etc.). *Your actions lack c.*, vos actions manquent de suite *f*, de logique *f*.

consistent [kon'sistənt], *a.* **1.** (*Of pers.*) Consistant, conséquent;

(*of conduct, etc.*) uniforme, logique. *Ideas that are not c.*, idées *f* qui ne se tiennent pas. **2.** Compatible, d'accord (*with*, avec). *Action c. with the law*, action *f* conforme à la loi. *Theory that is not c. with the facts*, théorie *f* qui ne s'accorde pas avec les faits. *Conduct not c. with his nature*, conduite *f* qui n'est pas en harmonie avec son caractère. *It would not be c. with my honour to . . .*, mon honneur *m* ne me permettrait pas de. . . . **-ly**, *adv.* **1.** Conséquemment, uniformément. *To act c.*, être conséquent dans sa conduite ; agir avec conséquence, avec logique. **2.** *C. with one's principles*, conformément à, en conformité avec, ses principes.

consistorial [kɔnsis'tɔːriəl], *a.* *Ecc:* Consistorial, -aux.

consistory [kɔn'sistəri], *s.* *Ecc:* **1.** Consistoire (pontifical). **2.** **Consistory Court**, tribunal *m* ecclésiastique (d'un diocèse).

consolable [kɔn'souləbl], *a.* Consolable.

consolation [kɔnso'leiʃ(ə)n], *s.* Consolation *f.* (*a*) **Words of consolation**, paroles consolatrices. (*b*) **That's one consolation**, c'est déjà une consolation. (*c*) *Games: Sp:* **Consolation prize**, prix *m* de consolation. **Consolation match, race**, match *m*, course *f*, pour les perdants ; match ou course de consolation.

consolatory [kɔn'sɔlətəri], *a.* Consolant ; consolateur, -trice ; consolatoire.

console[1] ['kɔnsoul], *s.* **1.** *Arch:* Console *f*, arc-boutant *m* (d'un balcon, etc.), *pl.* arcs-boutants ; aileron *m* (d'un portail, etc.). **2.** Console (d'orgue). *Com: Wireless c.*, meuble *m* pour T.S.F.

'console-table, *s.* Console *f* ; table *f* console.

console[2] [kɔn'soul], *v.tr.* Consoler (*s.o. for a loss*, qn d'une perte).

consoling, *a.* Consolant, consolateur, -trice.

consoler [kɔn'soulər], *s.* **1.** Consolateur, -trice. **2.** **Baby's consoler**, sucette *f*, tétine *f*.

consolidate [kɔn'sɔlideit]. **1.** *v.tr.* (*a*) Consolider, (r)affermir (des fondements, un empire, etc.) ; cimenter (une alliance). *To c. the road surface*, tasser la chaussée. *Mil: To c. a position*, consolider une position. *Abs: P:* **To consolidate**, s'affermir dans sa position ; cultiver les chefs. (*b*) Consolider, unir, réunir (deux propriétés, deux entreprises, etc.). *Jur:* Joindre (des instances). (*c*) *Fin:* Consolider, unifier (une dette). **The consolidated annuities**, les fonds consolidés ; *F:* les consolidés. **2.** *v.i.* Se consolider ; (*of road, etc.*) se tasser. *F: Opinions have consolidated*, les opinions se sont tassées.

consolidation [kɔnsɔli'deiʃ(ə)n], *s.* **1.** Consolidation *f*, (r)affermissement *m* (de fondements, de sa position, de pouvoir, etc.) ; tassement *m* (de terres, de l'opinion publique). *Mil:* Colmatage *m* (d'une position). **2.** Consolidation, unification *f* (des lois, de la dette publique, etc.). *Jur:* **Consolidation of actions**, jonction *f* d'instances.

consolidator [kɔn'sɔlideitər], *s.* Auteur *m* d'une consolidation. **1.** (R)affermisseur *m.* **2.** Unificateur *m.*

consolidatory [kɔn'sɔlideitəri], *a.* Consolidant ; consolidatif.

consols [kɔn'sɔlz], *s.pl.* *Fin:* (Fonds) consolidés *m.* **Consols certificate**, titre consolidé.

consonance ['kɔnsonəns], *s.* **1.** *Mus: Ling:* Consonance *f* ; *Mus:* accord *m.* **2.** Accord, conformité *f*, communion *f* (d'idées, de sentiments, etc.). *This action is not in c. with his character*, cette action ne s'accorde pas, n'est pas en harmonie, avec son caractère. **3.** *Ph:* Résonance *f.*

consonant[1] ['kɔnsonənt], *a.* **1.** *Mus: Ling:* Consonant. *Mus:* Harmonieux. **2.** **Consonant with one's duty**, conforme à, d'accord avec, qui s'accorde avec, son devoir. *Part c. with your dignity*, rôle *m* en rapport avec votre dignité. **-ly**, *adv.* *C. to, with*, d'accord avec, en conformité avec, conformément à (qch.).

consonant[2], *s.* *Ling:* Consonne *f.* *Breath c.*, consonne soufflée. *Back c.*, vélaire *f.* *See also* LIP[1] 1, MUTE[1] 2, SHIFT[1] 1.

consonantal [kɔnso'nant(ə)l], *a.* *Gram:* (Lettre *f*) consonne.

consonantism ['kɔnsonantizm], *s.* *Ling:* Consonantisme *m.*

consort[1] ['kɔnsɔːrt], *s.* **1.** (*a*) Époux, -ouse. **Prince consort, queen consort**, prince consort, reine consort(e). (*b*) *Nau:* (*Ship*) Conserve *f.* **2.** (*a*) **To act in consort with s.o.**, agir d'accord, de concert, avec qn. (*b*) *Nau:* **To sail in consort**, naviguer de conserve.

consort[2] [kɔn'sɔːrt], *v.i.* **1.** (*Of pers.*) **To consort with s.o.**, s'associer avec qn ; frayer avec qn ; fréquenter qn. **2.** (*Of thg*) **To consort with sth.**, s'accorder avec qch.

consortium [kɔn'sɔːrʃiəm], *s.* *Com: Fin:* Consortium *m.*

conspectus [kɔn'spektəs], *s.* (*a*) Aperçu général ; vue *f* d'ensemble ; étude *f* d'ensemble. (*b*) Tableau *m* synoptique.

conspicuity [kɔnspi'kjuːiti], *s.* = CONSPICUOUSNESS.

conspicuous [kɔn'spikjuəs], *a.* **1.** (*a*) Visible, apparent, manifeste ; qui donne dans la vue. **In a conspicuous position**, bien en évidence ; dans une situation très en relief. *To be c.* (*in a crowd, etc.*), être en évidence ; attirer les regards, l'attention. *F:* **To be conspicuous by one's absence**, briller par son absence. (*b*) (*Of monument, landmark or seamark*) Voyant. **2.** Remarquable, frappant, marquant ; éminent, insigne. **To make oneself conspicuous**, se faire remarquer ; se singulariser ; se signaler (*by, through*, par). *She flaunts these hats in order to make herself c.*, elle affiche ces chapeaux par désir de se singulariser. **To play a conspicuous part**, jouer un rôle marquant. *Mentioned in dispatches for c. gallantry*, cité à l'ordre du jour pour un acte de bravoure insigne. *C. personality*, personnalité *f* en vue. *To cut a c. figure*, (i) marquer ; (ii) se faire remarquer. *C. violation of a rule*, manquement *m* manifeste, insigne, à une règle. **-ly**, *adv.* **1.** Visiblement, manifestement ; en évidence. *C. propped up against a tree*, appuyé bien en évidence contre un arbre. **2.** Remarquablement, éminemment.

conspicuousness [kɔn'spikjuəsnəs], *s.* **1.** Évidence *f*, visibilité *f* (de qch.) ; éclat *m*, voyant *m* (d'un uniforme, etc.). **2.** Caractère *m* insigne (d'une action) ; éminence *f.*

conspiracy [kɔn'spirəsi], *s.* **1.** Conspiration *f*, conjuration *f*, complot *m*, coalition *f.* *C. of silence*, conspiration du silence. *To be in the c.*, être dans le complot. *There is a c. between you to baulk me of success*, vous vous êtes entendus pour m'empêcher de réussir. **2.** *Jur:* Entente délictueuse ; coalition.

conspirator, -tress [kɔn'spirətər, -tres], *s.* Conspirateur, -trice ; conjuré *m.*

conspire [kɔn'spaiər]. **1.** *v.i.* (*a*) Conspirer (*against*, contre). **To conspire together**, se conjurer. *To c. with s.o.*, agir de concert avec qn. **To conspire to do sth.**, comploter de faire qch. ; s'entendre pour faire qch. ; conspirer (un acte). *His enemies c. to ruin him*, ses ennemis *m* concourent à le ruiner. (*b*) (*Of events, etc.*) Contribuer, concourir, conspirer (à produire un effet). *Everything conspired to keep him late*, tout a contribué à le mettre en retard. *Everything conspires to exaggerate the incident*, tout conspire à grossir l'incident. **2.** *v.tr.* *A:* Méditer, conspirer, comploter (la ruine de qn).

conspiring, *s.* Conspiration *f.* *Jur:* Association *f.*

conspue [kɔn'spjuː], *v.tr.* Conspuer (qn, une politique).

constable ['kʌnstəbl], *s.* **1.** (*a*) *Hist:* Connétable *m.* (*b*) **Constable of the Tower of London, of Windsor Castle, of Dover Castle**, gouverneur *m* de la Tour de Londres, du château de Windsor, du château de Douvres. **2.** (*a*) (**Police**) **constable**, gardien *m* de la paix ; policeman *m.* **Chief constable** = commissaire (central) de police ; officier *m* de paix. **Special constable**, citoyen assermenté faisant fonction d'agent de police. *C., could you show me . . .*, monsieur l'agent, pourriez-vous m'indiquer. . . . *See also* OUTRUN 2, OVERRUN[2] I. 2. (*b*) **Rural constable** = garde *m* champêtre.

constabulary [kɔn'stabjuləri]. **1.** *a.* Qui se rapporte aux gardiens *m* de la paix. **2.** *s.* *Coll.* La police. *The mounted c.*, la police montée, à cheval. **The county constabulary** = la gendarmerie.

Constance ['kɔnstəns]. *Pr.n.f.* Constance.

constancy ['kɔnstənsi], *s.* **1.** (*a*) Constance *f*, fermeté *f* (de caractère, d'une personne). (*b*) Fidélité *f* (d'un ami). **2.** (*a*) Constance (d'un élément de pile, de la température). (*b*) Régularité *f* (du vent, etc.).

constant ['kɔnstənt]. **1.** *a.* (*a*) Constant, qui ne varie pas ; (équilibre *m*) stable. *C. pressure*, pression constante, invariable. *El: C. current*, courant continu, constant. *Hyd.E: To give a river a c. regime*, régler une rivière. *See also* LOAD[1] 2, MESH[1] 2. (*b*) Incessant, continuel ; (soin, travail) assidu, soutenu. *C. rain*, pluie continuelle. (*c*) Constant, ferme (dans le malheur, etc.). (*d*) (Ami) constant, loyal, -aux ; (au cœur) fidèle. *To remain c. to one's principles*, rester fidèle à ses principes. **2.** *s.* *Mth: Ph:* Constante *f.* **Time-constant**, constante de temps. **-ly**, *adv.* Constamment, continuellement ; à tous coups, à tout coup.

constant-'level, *attrib. a.* (Réservoir, etc.) à niveau constant.

constantan ['kɔnstəntan], *s.* *Metall: El.E:* Constantan *m.*

Constantia [kɔn'stanʃjə]. **1.** *Pr.n.* Constance *f.* **2.** *s.* Vin *m* du Cap genre bourgogne ; Constantia *m.*

Constantine ['kɔnstəntain]. *Pr.n.* **1.** *Rom.Hist:* Constantin *m.* **2.** *Geog:* Constantine *f.*

Constantinopolitan ['kɔnstantino'pɔlitən], *a.* & *s.* *Geog:* Constantinopolitain, -aine.

constellate ['kɔnsteleit]. **1.** *v.tr.* Consteller (*with*, de). **2.** *v.i.* (*a*) Se former en constellations. (*b*) *Lit: F:* Se grouper (*into*, en).

constellation [kɔnste'leiʃ(ə)n], *s.* Constellation *f.*

consternated ['kɔnstərneitid], *a.* Consterné (*by . . .*, de la mort de qn, etc., par une nouvelle, etc.) ; atterré.

consternation [kɔnstər'neiʃ(ə)n], *s.* Consternation *f* ; atterrement *m.* *Look of c.*, air consterné. *They looked at each other in c.*, ils se regardaient atterrés. *To strike s.o. with c.* ; *to cause great c. to s.o.*, jeter qn dans la consternation ; consterner qn.

constipate ['kɔnstipeit], *v.tr.* *Med:* Constiper.

constipated, *a.* Constipé.

constipating, *a.* Constipant ; échauffant.

constipation [kɔnsti'peiʃ(ə)n], *s.* Constipation *f.*

constituency [kɔn'stitjuənsi], *s.* **1.** Collège (électoral) ; électeurs *mpl.* *The member and his c.*, le député et ses mandants. *My c.*, mes électeurs. **2.** Circonscription électorale.

constituent [kɔn'stitjuənt]. **1.** *a.* (*a*) Constituant, constitutif, composant. *The c. elements of air, of water*, les éléments constitutifs de l'air, de l'eau. *A c. part of our social life*, un des éléments de notre vie sociale. *See also* ASH[2] 1. (*b*) *Fr.Hist:* **The Constituent Assembly**, l'Assemblée constituante ; la Constituante. **2.** *s.* Élément constitutif ; composant *m.* *The constituents of happiness*, les éléments du bonheur. **3.** *s.* (*Pers.*) (*a*) *Jur:* Constituant *m* (d'un fondé de pouvoirs) ; commettant *m.* (*b*) *Pol: Constituents of an M.P.*, les mandants, commettants, d'un député. *My constituents*, mes électeurs.

constitute ['kɔnstitjuːt], *v.tr.* Constituer. **1.** (*a*) *To c. a tribunal*, constituer un tribunal. **Constituted authority**, les autorités constituées. (*b*) *Pred.* *To c. s.o. arbitrator*, constituer, nommer, qn arbitre. *F: He has constituted himself my mentor*, il s'est constitué mon conseiller. *See also* SELF-CONSTITUTED. **2.** *To c. s.o.'s happiness*, constituer, faire, le bonheur de qn. *Factors that c. an offence*, éléments constitutifs d'un délit. **3.** (*a*) *To be so constituted that . . .*, être ainsi fait que. . . . (*b*) *To be strongly constituted*, être fortement constitué ; *F:* avoir une santé de fer.

constitution [kɔnsti'tjuːʃ(ə)n], *s.* **1.** Constitution *f*, composition *f* (de qch.). *The c. of the air, of the solar spectrum*, la constitution de l'air, du spectre solaire. **2.** Complexion *f*, constitution (du corps). *To have a good, strong, c.*, avoir une bonne constitution ; être d'une complexion solide. *To have an iron c.*, avoir une santé, une constitution, un tempérament, de fer. *Of* (*a*) *delicate c.*, de complexion délicate. *Mental c.*, idiosyncrasie *f.* **3.** *Pol:* Constitution (d'un État). *Monarchic c.*, constitution monarchique. *The economic c. of France*, le statut économique de la France. **The written constitution**, la constitution écrite. **4.** *pl.* **Constitutions**, arrêts *m.* **The Clementine Constitutions** (*of Pope Clement V*), les Clémentines *f.*

constitutional [kɔnsti'tjuːʃən(ə)l]. **1.** *a.* (*a*) (Monarchie, régime) constitutionnel. (*b*) *Med:* (Affection) diathésique, constitutionnelle. **2.** *s.* Promenade *f* hygiénique ; promenade quotidienne. *To go for an hour's c.*, faire une heure de footing. **To take one's**

constitutional, faire sa promenade quotidienne; *F:* faire son petit tour de santé. **-ally,** *adv.* Constitutionnellement. **1.** Conformément à la constitution (de l'État). **2.** Par tempérament. *Froude was c. inaccurate,* Froude était inexact par nature.

constitutionalist [kɔnsti'tju:ʃənəlist], *s.* **1.** Spécialiste *m* ou historien *m* des constitutions politiques. **2.** *Pol:* (*a*) Constitutionnel *m.* (*b*) *Eng.Hist:* = Conservateur *m.*

constitutionality [kɔnstitjuʃə'naliti], *s.* Constitutionnalité *f*; légitimité *f* (d'un décret, etc.).

constitutionalize [kɔnsti'tju:ʃənəla:iz]. **1.** *v.tr.* Rendre constitutionnel; légitimer (un décret, etc.). **2.** *v.i.* *F:* Faire une promenade hygiénique; faire sa promenade quotidienne.

constitutive ['kɔnstitjutiv], *a.* Constitutif. *The c. elements of the human body,* les éléments constitutifs du corps humain.

constitutor ['kɔnstitjutər], *s.* Fondateur *m*, ouvrier *m* (d'un nouveau régime, etc.).

constrain [kon'strein], *v.tr.* **1. To constrain s.o. to do sth.,** contraindre, forcer, qn à, de, faire qch.; faire faire qch. à qn. *To find oneself, to feel, constrained to do sth.,* se voir, être, dans la nécessité, dans l'obligation, de faire qch. **2.** (*a*) (*Of clothing, etc.*) Contraindre (le corps, les mouvements); (*of corset, etc.*) comprimer (le corps). (*b*) Retenir (qn) de force; contenir (qn); tenir (qn) en contrainte. *Planets constrained in their orbits,* planètes contenues, renfermées, dans leurs orbites. (*c*) *A:* Enfermer, emprisonner (qn).

constrained, *a.* **1.** *C. manner,* air gêné. *C. voice,* voix forcée. *C. smile,* sourire forcé, embarrassé, bridé. **2.** *Mec:* **Constrained movement,** mouvement commandé.

constrainedly [kon'streinidli], *adv.* **1.** Par contrainte. **2.** *To smile c.,* sourire d'un air gêné, d'un air contraint.

constraint [kon'streint], *s.* **1.** (*a*) Contrainte *f.* (*b*) Contrainte par corps. **To put s.o. under constraint,** retenir qn de force; enfermer, interner (un aliéné, etc.). **2.** (*a*) (*Of manner*) Gêne *f*, contrainte. (*b*) *You should show some c.,* vous devriez observer une certaine retenue. *He writes to me* **without constraint,** il m'écrit d'un ton entièrement dégagé, à cœur ouvert.

constrict [kon'strikt], *v.tr.* **1.** Resserrer, étrangler, rétrécir (une ouverture). **2.** (*a*) Brider, serrer, gêner. *Collar that constricts the neck,* faux col qui bride le cou. *Constricted figure,* taille étranglée par le corset. (*b*) *Physiol:* Resserrer (les fibres, les tissus).

constriction [kon'strikʃ(ə)n], *s.* Resserrement *m*, étranglement *m*, rétrécissement *m.* *Med:* Constriction *f*, strangulation *f*; angustie *f* (du cœur, des artères). *Physiol:* Constriction (des fibres, des pores).

constrictive [kon'striktiv], *a.* Constrictif.

constrictor [kon'striktər], *s.* **1.** *Anat:* (Muscle) constricteur (*m*). **2.** = *boa-constrictor, q.v. under* BOA. **3.** *Surg:* (*Instrument*) Compresseur *m.*

constringe [kon'strindʒ]. **1.** *v.tr.* *Physiol:* = CONSTRICT 2 (*b*). **2.** *v.i.* *Lit. & Physiol:* Se resserrer.

constringent [kon'strindʒənt], *a.* Constringent. *Med:* Astringent.

construct[1] ['kɔnstrʌkt], *s.* Construction *f* ((i) de l'esprit, (ii) géométrique).

construct[2] [kon'strʌkt], *v.tr.* Construire (une machine, une phrase, un triangle, etc.); bâtir (un édifice); *F:* confectionner, charpenter (un drame, un roman). *To c. a dam, a railway,* établir un barrage, un chemin de fer. *Badly constructed sentences,* phrases mal agencées. *Well constructed play,* pièce de théâtre bien charpentée. *Light so constructed as to show a beam,* feu disposé, établi, de manière à projeter un rayon.

constructible [kon'strʌktibl], *a.* Constructible.

construction [kon'strʌkʃ(ə)n], *s.* **1.** Construction *f.* (*a*) Réalisation *f*, établissement *m* (d'une machine, d'un édifice, etc.). **All-steel construction,** construction tout en acier. **Under construction, in course of construction,** en construction. **Director of naval construction,** directeur *m* du génie maritime. (*b*) Manière *f* dont une machine, etc., a été réalisée. *The compact c. of my wireless set,* la réalisation peu encombrante de mon poste. (*c*) (*Thing constructed*) Construction, édifice *m.* *A huge c. of reinforced concrete,* un bâtiment énorme en béton armé. **All-steel construction,** construction toute en acier. **2.** (*a*) *Gram:* Construction (de la phrase). (*b*) Interprétation *f.* **To put a good, bad, construction on s.o.'s words,** interpréter en bien, en mal, les paroles de qn. *To put a false c. on sth.,* mésinterpréter qch.; interpréter, prendre, entendre, qch. de travers. *To put a wrong c. on an action, on s.o.'s words,* tourner une action en mal; prendre le contre-sens des paroles de qn. *To put another c. on s.o.'s words,* interpréter autrement les paroles de qn. *This is a charitable c. of his action,* c'est interpréter son action avec beaucoup de charité.

constructional [kon'strʌkʃən(ə)l], *a.* De construction. *C. defect,* vice *m* de construction. **Constructional engineering,** construction *f* mécanique. *See also* IRONWORK.

constructive [kon'strʌktiv], *a.* **1.** Constructif. *C. criticism,* critique constructive. *C. mind,* esprit créateur. **2.** *Ind:* Constructeur, -trice; de construction. *See also* WORK[1] 6. **3.** *Jur:* Par interprétation; par déduction. **Constructive treason,** trahison *f* implicite. *See also* LOSS 1. **-ly,** *adv.* Par interprétation, par induction.

constructor [kon'strʌktər], *s.* Constructeur *m.* **Naval constructor,** ingénieur *m* des constructions navales, du génie maritime.

construe[1] ['kɔnstru:], *s.* = CONSTRUING.

construe[2] ['kɔnstru:, kon'stru:], *v.tr.* **1.** (*a*) *Sch:* Faire le mot à mot (d'un passage); analyser, décomposer (une phrase). *To c. Homer,* expliquer Homère. (*With passive force*) *Sentence that does not c.,* phrase *f* qui manque de construction, qui pèche contre la grammaire. (*b*) *Gram:* *Preposition that is construed with the dative,* préposition qui gouverne le datif, qui est suivie du datif. **2.** Interpréter (les paroles de qn); expliquer (la conduite de qn). *To c. an unskilfully drawn will,* interpréter les volontés du testateur d'après un testament mal rédigé.

construing, *s.* (*a*) *Gram:* Décomposition *f*, mot à mot *m*, analyse *f* (d'une phrase). (*b*) *C. of a Greek author,* explication *f* d'un auteur grec.

consubstantial [kɔnsəb'stanʃ(ə)l], *a.* *Theol:* Consubstantiel. *The Son is c. with the Father,* le Fils est consubstantiel au Père, avec le Père.

consubstantiality [kɔnsəbstanʃi'aliti], *s.* *Theol:* Consubstantialité *f* (*with,* avec).

consubstantiate [kɔnsəb'stanʃieit]. *Theol:* **1.** *v.tr.* Unir (qch.) dans une seule et même substance (*with,* à). **2.** *v.i.* S'unir en une seule et même substance.

consubstantiation [kɔnsəbstanʃi'eiʃ(ə)n], *s.* *Theol:* Consubstantiation *f.*

consuetude ['kɔnswitjud], *s.* **1.** *Jur:* (*Scot.*) Coutume *f*; usage local. **2.** *Lit:* Relations sociales.

consuetudinary [kɔnswi'tju:dinəri]. **1.** *a.* *Jur:* (Droit) coutumier. **2.** *s.* *Esp. Ecc:* Recueil *m* de la coutume (d'un couvent, d'une abbaye); coutumier *m.*

consul ['kɔnsəl], *s.* **1.** *Rom. & Fr.Hist:* Consul *m.* *The C. Regulus,* le consul Régulus. **2.** *Adm:* *Com:* Consul. *The French C. in London,* le consul de France à Londres.

consulage ['kɔnsjuledʒ], *s.* *Adm:* *Com:* Droits *m* consulaires.

consular ['kɔnsjulər], *a.* Consulaire.

consulate ['kɔnsjulet], *s.* **1.** (*a*) *Rom.Hist:* Consulat *m.* (*b*) *Fr.Hist:* **The Consulate,** le Consulat (1799–1804). **2.** *Adm:* *Com:* Consulat. *The British C. in Paris,* le consulat de Grande-Bretagne, *F:* le consulat d'Angleterre, à Paris.

consulship ['kɔnsəlʃip], *s.* *Rom.Hist:* *etc:* Consulat *m* ((i) fonctions de consul, (ii) durée du mandat d'un consul).

consult [kon'sʌlt]. **1.** *v.tr.* (*a*) Consulter (*s.o. on, about, sth.,* qn sur qch.). *To c. a dictionary, one's pillow,* consulter un dictionnaire, son oreiller, *A:* son chevet. *To c. history,* interroger l'histoire. *Abs.* *We have consulted about the matter,* nous avons consulté un homme de loi sur cette affaire. (*b*) *To c. one's own interests, one's own safety,* consulter ses intérêts; pourvoir à son propre salut. *To c. s.o.'s feelings,* avoir égard à la sensibilité de qn; ménager qn. **2.** *v.i.* Consulter (avec qn). *To c. together,* délibérer; se consulter. *We have consulted about the matter,* nous nous sommes consultés, nous avons conféré, sur cette affaire.

consulting[1], *a.* **Consulting physician,** médecin consultant. **Consulting chemist, engineer,** chimiste *m* conseil, ingénieur *m* conseil.

consulting[2], *s.* Consultation *f.*

con'sulting-hours, *s.pl.* Heures *f* de consultation.

con'sulting-room, *s.* Cabinet *m*, salon *m*, de consultation.

consultable [kon'sʌltəbl], *a.* Consultable.

consultant [kon'sʌltənt], *s.* **1.** Consultant *m* (qui interroge un oracle, etc.). **2.** (*a*) Médecin ou chirurgien consultant. (*b*) *Ind:* Expert *m* conseil.

consultation [kɔnsəl'teiʃ(ə)n], *s.* **1.** Consultation *f* (d'un dictionnaire, etc.). **2.** (*a*) Consultation, délibération *f* (entre médecins, etc.). *After c. with my colleagues,* après accord avec mes collègues; d'accord avec mes collègues; agissant de concert avec mes collègues. **To hold a consultation,** consulter, délibérer, conférer. *The doctors held a c.,* il y a eu consultation. (*b*) *Jur:* Consultation entre plusieurs avocats. *Cf.* CONFERENCE 1.

consultative [kon'sʌltətiv], *a.* Consultatif.

consulter [kon'sʌltər], *s.* Consultant *m* (d'un oracle, d'un médecin, etc.).

consumable [kon'sju:məbl], *a.* **1.** Consumable (par le feu). **2.** (*a*) (Aliment *m*) consommable. (*b*) *s.pl.* **Consumables,** aliments *m*, comestibles *m*, denrées *f.*

consume [kon'sju:m]. **1.** *v.tr.* (*a*) (*Of fire*) Consumer, dévorer. *The town was consumed by fire,* la ville fut la proie des flammes. *See also* SMOKE[1] 1. (*b*) Consommer (des vivres). *The English c. a great deal of meat,* les Anglais consomment beaucoup de viande. (*c*) *Engine that consumes a ton of coal per hour,* machine *f* qui consomme, qui brûle, une tonne de charbon par heure. (*d*) *To c. one's life, one's time* (*in doing sth.*), (i) perdre, gaspiller, (ii) passer, dépenser, sa vie, son temps (à faire qch.). *He had consumed the best years of his life in prison,* il avait passé en prison les meilleures années de sa vie. (*e*) *To be consumed with thirst,* être consumé par la soif. *To be consumed with desire, jealousy,* brûler de désir; être dévoré, rongé, de jalousie; être miné par l'envie. *To be consumed with impatience, with boredom,* sécher d'impatience, d'ennui. (*f*) Épuiser (ses vivres, etc.). *Gambling has consumed his fortune,* le jeu a absorbé sa fortune. **2.** *v.i.* Se consumer.

consuming, *a.* *C. fire,* feu dévorant.

consumedly [kon'sju:midli], *adv.* Excessivement, énormément. *To laugh c.,* se pâmer de rire.

consumer [kon'sju:mər], *s.* Consommateur, -trice (d'une denrée, etc.). *The consumers of gas, of electricity,* les abonnés au gaz, à l'électricité. *Pol.Ec:* *Producers and consumers,* producteurs *m* et consommateurs.

consummate[1] [kon'sʌmet], *a.* (*a*) (Art, artiste) consommé, achevé, parfait, complet. *To be a c. master or mistress of one's craft,* connaître à fond son métier; être passé(e) maître(sse) dans son métier. (*b*) *F:* *C. liar, hypocrite,* menteur, hypocrite, achevé; menteur fieffé; fieffé menteur. *One of the most c. of rogues,* un fripon entre les fripons. **-ly,** *adv.* Parfaitement, complètement; avec une maîtrise achevée.

consummate[2] ['kɔnsəmeit], *v.tr.* Consommer (un mariage, un sacrifice, un crime).

consummation [kɔnsə'meiʃ(ə)n], *s.* **1.** Consommation *f* (d'un mariage, d'un crime, etc.). **2.** Consommation, achèvement *m*, fin *f.* *The c. of the world, of all things, the final c.,* la consommation, la fin, des temps, des siècles, du monde. **3.** Perfection *f* (d'un art, etc.). **4.** Fin; but *m*; comble *m* (des désirs). *The c. of a splendid life,* le couronnement d'une belle vie. ***This is a c. devoutly to be wished,*** puisse cette fin se réaliser!

consumption [kən'sʌm(p)ʃ(ə)n], *s.* **1.** (*a*) Consommation *f* (des denrées, etc.). *Increased price causes a decreased c.*, la hausse des prix abaisse la consommation. *Pol.Ec:* **Home consumption,** consommation intérieure. *See also* OFF[1] III.4, ON[1] III.3. (*b*) Consommation, dépense *f* (de chaleur, de charbon, de vapeur). **2.** (*a*) Destruction *f*. *Till the c. of the world*, jusqu'à la fin du monde. *C. of a fortune*, gaspillage *m* d'une fortune. (*b*) *Med:* **(Pulmonary) consumption,** phtisie *f*; consomption *f* pulmonaire. **To go into consumption,** devenir phtisique, poitrinaire. *To be dying of c.; to be in the last stages of c.*, s'en aller de la poitrine. *See also* GALLOPING[1] 2.

consumptive [kən'sʌm(p)tiv], *a.* **1.** (*a*) (Pouvoir *m*, etc.) de consommation. (*b*) *Work too c. of time*, travail *m* qui prend, gaspille, trop de temps. **2.** Destructeur, -trice (*of*, de); destructif. **3.** *a.* & *s.* *Med:* Poitrinaire (*mf*), phtisique (*mf*), tuberculeux, -euse. *A c. cough*, une toux de poitrinaire. **-ly,** *adv.* *C. inclined*, prédisposé à la phtisie, à la tuberculose. *To cough c.*, tousser en poitrinaire.

consumptiveness [kən'sʌm(p)tivnəs], *s.* Prédisposition *f* à la tuberculose, à la phtisie.

contabescence [kɔntə'besəns], *s.* *Bot:* *Med:* Contabescence *f*.

contabescent [kɔntə'besənt], *a.* Contabescent.

contact ['kɔntakt], *s.* Contact *m*. **1.** (*a*) Attouchement *m*, touche *f*; portée *f* (d'une dent de roue). **Point of contact,** point *m* de contact, de tangence, d'attouchement (de deux courbes, etc.). *See also* MINE[1] 3. (*b*) Rapport *m*. **To be in contact with s.o.,** être en contact, en rapport, avec qn. *To bring s.o. into c. with s.o.*, mettre qn en contact, en rapport, avec qn. *To come into c. with s.o.*, entrer, se mettre, en contact, en rapports, avec qn. *I have come into c. with them*, j'ai eu des rapports avec eux. *Mil:* *To establish, lose, c. with the enemy*, prendre, perdre, le contact avec l'ennemi. **2.** *El:* (*a*) Contact. *C. to earth*, contact avec la terre; mise *f* à terre. **To make contact,** établir le contact. **To break contact,** rompre le contact; interrompre le courant; couper le circuit. *Av:* **To ask the pilot for contact,** demander le contact au pilote. (*b*) **Contact(-piece),** contact, touche *f*; (*button*) goutte-de-suif *f*, *pl.* gouttes-de-suif; (*stud*) plot *m*; prise *f* de courant. *Platinum-tipped c.*, contact platiné. *Moving c.* (*of mercury interrupter*), mouillette *f* (d'interrupteur à mercure). **Floor contact,** pédale *f* de parquet. **Bulb contact,** plot de lampe. **Single-contact bulb,** lampe *f* à un plot. *Tg:* **Back contact** (*of sender key*), contact de repos; enclumette *f*, enclumeau *m*. *See also* ALARM[1] 3, SLIDE-CONTACT. **3.** *Med:* **Immediate contact without vehicle,** contage immédiat sans agent vecteur.

'contact-breaker, *s.* *El.E:* Dispositif *m*, levier *m*, de rupture; (inter)rupteur *m*; trembleur *m*.

'contact-maker, *s.* *El.E:* Contacteur *m*.

'contact-pin, -plug, *s.* *El.E:* Cheville *f* de contact; toucheau *m*.

'contact-printing, *s.* *Phot:* Tirage *m* par contact.

'contact-screw, *s.* *El.E:* Vis *f* de contact.

'contact-shoe, *s.* *Tramways:* Sabot *m* de prise de courant.

contactor [kən'taktər], *s.* *El:* Contacteur *m*; interrupteur *m* automatique.

contagion [kən'teidʒ(ə)n], *s.* **1.** Contagion *f*. **2.** Maladie contagieuse, contagion.

contagious [kən'teidʒəs], *a.* **1.** (*Of disease, laughter, etc.*) Contagieux; (*of laughter*) communicatif. *To communicate a c. disease to s.o.*, contagier qn. **2.** *Vet:* **Contagious disease,** épizootie *f*. **-ly,** *adv.* (*a*) Par contagion. (*b*) *To laugh c.*, rire d'une façon contagieuse.

contagiousness [kən'teidʒəsnəs], *s.* Contagiosité *f*. *F:* *The c. of laughter*, la contagion du rire.

contagium [kən'teidʒiəm], *s.* *Med:* Contage *m*; virus *m* de contagion.

contain [kən'tein], *v.tr.* **1.** (*a*) (*Hold*) Contenir. *All the land contained within the limits of the estate*, toute la terre contenue entre les bornes du domaine. (*b*) (*Comprise, include*) Contenir, renfermer, comprendre, comporter. *Book that contains many truths*, livre *m* qui contient, qui (r)enferme, beaucoup de vérités. *Country that contains ten provinces*, pays *m* qui comprend dix provinces. *Machine that contains all the latest improvements*, machine *f* qui comporte tous les derniers perfectionnements. *Substance that contains arsenic*, substance *f* qui renferme, où il entre, de l'arsenic. *Rock that contains a high percentage of iron*, roche *f* à forte teneur en fer. **2.** (*Restrain*) Contenir, maîtriser (son indignation); retenir, refouler (ses sentiments). *I could not c. my admiration*, je ne pus me tenir d'admirer. *He could not contain himself*, il ne pouvait pas se contenir. *He cannot c. himself for joy*, il ne se sent pas de joie, ne se tient plus de joie. **3.** *Mil:* Contenir, maintenir (l'ennemi). **Containing force,** corps de troupes destiné à contenir l'ennemi, à arrêter l'ennemi. **4.** *Ar:* (*Of number*) Être divisible par (un nombre). *Fifteen contains three and five*, quinze est divisible par trois et par cinq.

contained, *a.* (*Of passions, behaviour*) Retenu. *See also* SELF-CONTAINED.

containable [kən'teinəbl], *a.* Qui peut être contenu, maintenu, maîtrisé.

container [kən'teinər], *s.* (*a*) Récipient *m*; réservoir *m*. *El:* Bac *m* (d'accumulateur), vase *m*. *C. of a vacuum bottle*, ampoule *f* d'une bouteille isolante. **(Oil-)container** (*of lamp*), lamperon *m*. (*b*) *Com:* Boîte *f*, récipient, logement *m*.

containment [kən'teinmənt], *s.* Retenue *f* (dans la conduite).

contaminate [kən'tamineit], *v.tr.* Contaminer; corrompre; souiller. *To breathe contaminated air*, respirer un air vicié.

contaminating, *a.* Viciateur, -trice.

contamination [kəntami'neiʃ(ə)n], *s.* **1.** Contamination *f*, souillure *f*. **2.** *Anthr:* *Ling:* *Lit.Hist:* Contamination.

contango[1], *pl.* **-oes** [kən'taŋgo(z)], *s.* *St.Exch:* Intérêt *m* de report. **Payer of contango,** reporté *m*.

con'tango-day, *s.* *St.Exch:* Jour *m* des reports.

con'tango-rate, *s.* *St.Exch:* Prix *m* du report.

contango[2], *v.tr.* & *i.* Reporter (une position).

contangoing, *s.* Report *m*.

contangoable [kən'taŋgoəbl], *a.* *St.Exch:* Reportable.

contemn [kən'tem], *v.tr.* *A.* & *Lit:* Mépriser; traiter (qn, qch.) avec mépris. *B:* *They contemned the counsel of the Most High*, ils ont méprisé, rejeté par mépris, le conseil du Souverain.

contemner [kən'temnər], *s.* (*a*) *A.* & *Lit:* Contempteur, -trice. (*b*) *Jur:* Celui qui s'est rendu coupable d'une offense à la Cour.

contemplate ['kɔntempleit], *v.tr.* **1.** (*a*) Contempler, considérer (qn, qch.). *To c. bygone ages*, planer sur les siècles passés. (*b*) *v.i.* Se recueillir; méditer. **2.** (*a*) Prévoir, envisager, s'attendre à (qch.), avoir (qch.) en vue. (*b*) **To contemplate sth., doing sth.,** projeter, méditer, se proposer, qch.; projeter de, se proposer de, songer à, faire qch. *To c. suicide*, songer au suicide. *To c. a journey*, projeter un voyage. *That was never contemplated*, il n'a jamais été question de cela. *I do not c. staying here*, je n'ai pas l'intention de rester ici; il ne rentre pas dans mes vues de rester ici.

contemplation [kɔntem'pleiʃ(ə)n], *s.* **1.** (*a*) Contemplation *f* (d'un tableau, d'une vitrine, etc.). *I found him in c. before . . .*, je le trouvai en contemplation devant. . . . (*b*) Recueillement *m*, méditation *f*, contemplation. **2.** (*a*) **To have sth. in contemplation,** avoir qch. en vue; projeter qch. *It is as yet only in c.*, ce n'est encore qu'à l'état de projet; ce n'est encore qu'un projet. *That was never in c.*, il n'a jamais été question de cela. (*b*) *They had taken precautions* **in contemplation of an attack,** ils avaient pris des mesures en prévision *f* d'une attaque, dans l'attente *f* d'une attaque.

contemplative ['kɔntempleitiv], *a.* (*Of character, religious life, etc.*) Contemplatif, recueilli. *C. eyes*, regard songeur, pensif. **-ly,** *adv.* Contemplativement. *He looked at me c.*, il me regarda pensivement.

contemplator ['kɔntempleitər], *s.* Contemplateur, -trice.

contemporaneous [kɔntempo'reinjəs], *a.* Contemporain (*with*, de). **-ly,** *adv.* **Contemporaneously with . . .,** au même temps que . . . ; à la même époque que. . . .

contemporaneousness [kɔntempo'reinjəsnəs], **contemporaneity** [kɔntempora'ni:iti], *s.* Contemporanéité *f*.

contemporary [kən'tempərəri]. **1.** *a.* Contemporain (*with*, de). *If Hesiod was c. with Homer . . .*, si Hésiode fut contemporain d'Homère. . . . **Contemporary events,** événements actuels. **2.** *s.* *Our contemporaries*, nos contemporains. *Journ:* **Our contemporary, one of our contemporaries,** notre confrère *m*, un de nos confrères.

contempt [kən'tem(p)t], *s.* **1.** Mépris *m*; dédain *m*. *To have a c. for sth.*, avoir le dédain de qch. *To show c. for s.o.*, témoigner du dédain à qn. *To treat s.o. with c.*, *F:* traiter qn par dessous la jambe. **To hold s.o. in contempt,** mépriser qn; tenir qn en mépris. *To hold s.o. in sovereign c.*, avoir un souverain mépris pour qn. *He had nothing but c. for reviewers*, pour les critiques il n'avait que du mépris; il tenait les critiques en médiocre estime *f*. **To bring s.o., sth., into contempt,** faire tomber qn, qch., dans le mépris; faire mépriser qn, qch. *To incur s.o.'s c.*, subir le mépris de qn. **To fall into contempt,** tomber dans le mépris. **In contempt of . . .,** au, en, mépris de. . . . **Conduct beneath contempt,** conduite tout ce qu'il y a de plus méprisable. *Accusation beneath c.*, accusation *f* trop vile pour qu'on y fasse attention; accusation que je dédaigne, que nous dédaignons. *See also* FAMILIARITY 1. **2.** (*a*) *Jur:* **Contempt of court,** (i) outrage *m* ou offense *f* à la Cour, aux magistrats; désobéissance *f*; (ii) (*non-appearance*) défaut *m*; refus *m* de comparaître; contumace *f*. (*b*) (*At meeting, etc.*) **Contempt of the Chair,** manquement *m* à l'autorité du président.

contemptible [kən'tem(p)tibl], *a.* Méprisable. *He made a c. apology*, il fit de plates excuses. *C. conduct*, conduite *f* indigne. *Hist:* **The Old Contemptibles,** les survivants *m* de "la misérable petite armée britannique" de 1914. **-ibly,** *adv.* D'une manière méprisable; platement; bassement. *To behave c.*, se conduire d'une façon indigne.

contemptibleness [kən'tem(p)tiblnəs], *s.* Caractère *m* méprisable; platitude *f*, bassesse *f* (d'une action).

contemptuous [kən'tem(p)tjuəs], *a.* **1.** **Contemptuous of sth.,** dédaigneux de qch. *He was c. of praise*, il faisait peu de cas des louanges. **2.** (Air) méprisant, (geste *m*, parole *f*) de mépris. *With an air of c. indifference*, d'un air d'indifférence dédaigneuse. **-ly,** *adv.* Avec mépris; avec dédain; d'un air, d'un ton, méprisant.

contemptuousness [kən'tem(p)tjuəsnəs], *s.* Mépris *m*; caractère méprisant.

contend [kən'tend]. **1.** *v.i.* Combattre, lutter (*with, against*, contre); disputer, discuter (*with s.o. about sth.*, avec qn sur qch.). *To have a powerful enemy to c. with*, avoir affaire à forte partie. *This theory has been contended for by several scientists*, cette théorie a été soutenue par plusieurs savants. **To contend with s.o. for sth.,** disputer, contester, qch. à qn. *To c. with a difficulty, with one's passions*, combattre, lutter contre, une difficulté; combattre ses passions. *The difficulties with which I have to c.*, les difficultés avec lesquelles je suis aux prises. **2.** *v.tr.* **To contend that . . .,** prétendre, soutenir, affirmer, que + *ind.* *I have always contended that . . .*, j'ai toujours soutenu que. . . .

contending, *a.* **Contending parties,** contestants *m*, partis *m* en lutte, partis en présence. *The c. armies*, les armées opposées; les combattants *m*.

content[1] ['kɔntent, kən'tent], *s.* **1.** (*a*) Contenu *m*, volume *m* (d'un solide); contenance *f*, capacité *f* (d'un vase); contenance, superficie *f* (d'un champ). (*b*) *pl.* **Contents,** contenu (d'une bouteille, d'un livre, d'une lettre, etc.). (*Of book*) **(Table of) contents,** table *f* des matières. **2.** *Ch:* *Miner:* *etc:* Teneur *f*, titre *m*. **Gold-content,** teneur en or. **Heat-content of a mixture,** contenance *f* thermique d'un mélange. *Moisture c. of a gas*, teneur en humidité d'un gaz. *Med: Bacterial c.*, teneur en germes; teneur microbienne.

content[2] [kon'tent], *s.* **1.** (*a*) Contentement *m*, satisfaction *f*. *See also* HEART[1] 2. (*b*) *A: To take sth. upon c.*, accepter (une affirmation, etc.) sans examen. **2.** (*In House of Lords*) (*a*) Vote affirmatif; voix *f* pour. (*b*) Membre *m* qui a voté pour la motion.

content[3] [kon'tent], *a.* **1.** Satisfait (*with*, de). **To be content to do sth.**, s'accommoder de qch.; consentir à faire qch. *I am c. to live at home*, je n'en demande pas davantage que de vivre à la maison. *I am c.*, (i) je veux bien, je consens; (ii) cela me suffit. **To cry content with sth.**, être satisfait de qch. *To be c. with sth.*, se contenter de qch. *I am not c. with your explanation*, je ne trouve pas votre explication satisfaisante, suffisante. *I am not c. with guesses*, je ne me satisfais pas de conjectures. *Not c. with robbing us, he is now bringing an action against us*, comme si ce n'était pas assez de nous voler, voilà qu'il nous cite en justice! *Cards:* **Content!** je m'y tiens! ça va! **2.** (*In House of Lords*) **Content, not content**, oui, non. *The House then divided:* *Content* 84, *Not content* 23, la Chambre procéda au vote: pour, 84, contre, 23.

content[4] [kon'tent], *v.tr.* **1.** Contenter, satisfaire (qn). **2. To content oneself with sth., with doing sth.**, se contenter de qch., de faire qch.; se borner à faire qch.

contented, *a.* Satisfait, content (*with*, de). *I try to keep the lodgers contented*, je tâche de donner satisfaction aux pensionnaires. **-ly,** *adv.* Avec contentement; sans se plaindre. *To live c.*, vivre content, heureux.

contentedness [kon'tentidnəs], *s.* Contentement *m* de son sort.

contention [kon'tenʃ(ə)n], *s.* **1.** Lutte *f*, dispute *f*, discussion *f*, démêlé *m*, débat *m*. **Bone of contention**, pomme *f* de discorde; sujet *m* de dispute. *To be a bone of c.*, être un sujet de dispute, de désaccord, une pomme de discorde; donner lieu à des contestations *f*. **The bone of contention**, l'objet *m* du litige. **2.** Émulation *f*, rivalité *f*. **3.** Affirmation *f*, prétention *f*. **My contention is that . . .**, je soutiens que + *ind.*; ce que j'affirme, c'est que. . . .

contentious [kon'tenʃəs], *a.* **1.** (*Of pers., humour*) Disputeur, -euse; querelleur, -euse; disputailleur, -euse; chicaneur, -euse; chicanier, -ière. **2.** (*Of issue, etc.*) Contentieux. **3. Contentious jurisdiction**, droit *m* d'intervention entre plaideurs. **-ly,** *adv.* **1.** En chicanant. **2.** *Jur:* Contentieusement.

contentiousness [kon'tenʃəsnəs], *s.* Humeur querelleuse, chicanière.

contentment [kon'tentmənt], *s.* = CONTENTEDNESS. *Prov:* **Contentment is better than riches**, contentement passe richesse.

conterminous [kon'təːrminəs], *a.* **1.** Limitrophe, voisin (*with, to*, de); attenant, contigu (*with, to*, à). **2.** De même étendue (*with*, que). **3.** De même durée (*with*, que).

contest[1] ['kɔntest], *s.* (*a*) Combat *m*, lutte *f* (*with*, avec, contre; *between*, entre). (*b*) (*Competition*) Concours *m*, épreuve *f*, match *m*, partie *f*. *Sp:* Critérium *m*. *Musical c.*, concours de musique. *Aut: Touring c.*, épreuve, critérium, de tourisme. *Speed c.*, course *f* de vitesse. *F: C. of eloquence*, joute *f* oratoire. (*c*) *Lit:* Controverse *f*, débat *m*, contestation *f*. *A noisy c. arose between the spectators*, il s'éleva entre les assistants une contestation bruyante. **Beyond contest** [kon'test], sans contestation possible; sans conteste.

contest[2] [kon'test]. **1.** *v.tr.* (*a*) Contester, disputer, débattre (une question) (*with, against*, avec). (*b*) *To c. s.o.'s right to do sth.*, contester à qn le droit de faire qch. *To c. the victory, the day, with s.o.*, disputer la victoire à qn. *Sp: To c. a race*, se mettre sur les rangs. *See also* WELL[3] I. 1. (*c*) **To contest a seat in Parliament**, disputer un siège au Parlement; se poser candidat pour un siège au Parlement. (*d*) *Jur:* Attaquer (un testament); contester (une succession, une dette). **2.** *v.i.* (*a*) Se disputer, entrer en discussion (*with, against*, avec). (*b*) *To c. for a prize*, disputer un prix; se mettre sur les rangs (pour remporter un prix).

contesting, *a.* Contestant.

contestable [kon'testəbl], *a.* Contestable; (question *f*) débattable; (testament *m*) attaquable.

contestant [kon'testənt], *s.* **1.** Contestant, -ante. **2.** Compétiteur, -trice; concurrent *m* (d'un concours agricole, etc.).

contestation [kɔntes'teiʃ(ə)n], *s.* **1.** (*a*) Contestation *f* (d'un droit, etc.). *Matters* **in contestation**, matières *f* en contestation, en litige *m*. (*b*) Affirmation *f*, prétention *f*. *His c. was that . . .*, il soutenait que. . . . **2.** *A:* Témoignage *m*. **3.** *Ecc: A:* Contestation (de la messe).

context ['kɔntekst], *s.* Contexte *m*. *F:* **In this context . . .**, à ce propos. . . .

contextual [kon'tekstjuəl], *a.* (Interprétation *f*, etc.) d'après le contexte. **-ally,** *adv.* (Interpréter) d'après le contexte.

contexture [kon'tekstjər], *s.* **1.** (Con)texture *f* (des os, etc.); texture (d'un tissu). **2.** Contexture, facture *f* (d'un discours, d'un poème, etc.).

contiguity [kɔnti'gjuːiti], *s.* Contiguïté *f*; proximité immédiate. **In contiguity**, contigu, -uë (*with*, à).

contiguous [kon'tigjuəs], *a.* **1.** (*a*) **Contiguous to sth.**, contigu, -uë, à qch., avec qch.; attenant à qch.; (terres *f*, maisons *f*) d'un seul tenant, d'une seule tenue. (*Of gardens, etc.*) *To be c.*, se toucher. *Geom:* **Contiguous angles**, angles adjacents. (*b*) *C. moments of time*, moments *m* dans le temps qui se suivent immédiatement. **2.** *F:* Tout proche, voisin (*to*, de). **-ly,** *adv.* En contiguïté (*to*, avec).

continence ['kɔntinəns], *s.* Continence *f*; chasteté *f*.

continent[1] ['kɔntinənt], *a.* Continent, chaste. **-ly,** *adv.* **To live continently**, vivre dans la continence.

continent[2], *s.* *Geog:* (*a*) Continent *m*. *See also* DARK 1. (*b*) *F:* **The Continent**, l'Europe continentale. *We went for a long trip to the C.*, nous avons fait une grande randonnée en Europe, outre-Manche.

continental [kɔnti'nent(ə)l]. **1.** *a.* Continental, -aux. *Hist:* **The Continental System**, le Blocus continental. *See also* SHELF[1] 3. **2.** *s.* (*a*) Continental, -e; habitant de l'Europe (continentale). (*b*) *U.S.Hist:* Billet, assignat, émis par le Congrès continental (1774-76). *F:* **It's not worth a continental**, ça ne vaut pas un sou. *Not to care a c. about sth.*, se moquer de qch. comme d'une guigne, comme de rien.

continentalize [kɔnti'nentəlaiz], *v.tr.* Continentaliser.

contingence [kon'tindʒəns], *s.* *Geom:* **Angle of contingence**, angle *m* de contingence *f*.

contingency [kon'tindʒənsi], *s.* **1.** Contingence *f* (d'événements); éventualité *f* (d'un événement). **2.** (*a*) Éventualité; (cas) imprévu *m*; événement incertain. **Should a contingency arise; in case of a contingency**, en cas d'imprévu; en cas d'accident. *Prepared for all contingencies*, préparé à tous les événements, à toutes les éventualités. *Result depending on contingencies*, résultat *m* aléatoire. (*b*) *Ind: Com:* **Contingencies**, faux frais divers. *To provide for, allow for, contingencies*, parer à l'imprévu; tenir compte de l'imprévu.

contingent [kon'tindʒənt]. **1.** *a.* (*a*) *Phil:* Contingent. *Log:* **Contingent matter**, proposition contingente. (*b*) Éventuel, fortuit, accidentel, aléatoire. *C. expenses*, dépenses imprévues. *C. profit*, profit *m* aléatoire. *Still c. second edition*, seconde édition encore problématique. (*c*) Conditionnel. *C. on sth.*, sous (la) réserve de qch. (*Of event*) *To be c. upon sth.*, dépendre de qch. *Jur:* **Contingent condition**, condition casuelle. *See also* LIABILITY 2. **2.** *s.* (*a*) *A:* Événement fortuit. (*b*) *Mil:* Contingent *m*. *The annual c.* (*of recruits*), le contingent annuel; *F:* la classe. **-ly,** *adv.* **1.** Éventuellement, accidentellement, fortuitement, aléatoirement. **2.** *C. upon an event*, à condition qu'un cas survienne, se produise.

continuable [kon'tinjuəbl], *a.* (*a*) Qui peut être continué. (*b*) *St.Exch:* (*Of stock*) Reportable.

continual [kon'tinjuəl], *a.* Continuel. *C. complaints*, plaintes incessantes. *See also* APPROACH[1] 3. **-ally,** *adv.* Continuellement; sans cesse, sans arrêt.

continuance [kon'tinjuəns], *s.* **1.** (*a*) Continuation *f* (d'une action); perpétuation *f* (de l'espèce). (*b*) *Jur:* Ajournement *m* (d'un procès). **2.** (*a*) Continuation, persistance *f*, durée *f*. **Of short continuance**, de courte durée. **Of long continuance**, continu, prolongé; de longue durée. (*b*) **Continuance in a place**, (continuation de) séjour *m* (dans un endroit).

continuant [kon'tinjuənt]. *Ling:* **1.** *a.* Continu. **2.** *s.* (Consonne) continue *f*.

continuation [kontinju'eiʃ(ə)n], *s.* **1.** Continuation *f* (de l'espèce, d'une route, d'une histoire, etc.). *Sch:* **Continuation courses**, cours *m* postscolaires. *See also* SCHOOL[1] 3. **2.** (*a*) Prolongement *m* (d'un mur); suite *f* (d'un roman). *This story is a c. of . . .*, cette histoire fait suite à. . . . *Min: C. of a vein*, sillage *m* (de charbon). (*b*) *pl. F:* **Continuations**, (i) guêtres *f*; (ii) pantalon *m*, *P:* grimpant *m*. **3.** *St.Exch:* Report *m*.

continu'ation-day, *s.* *St.Exch:* Jour *m* des reports.

continu'ation-rate, *s.* *St.Exch:* Prix *m* du report.

continuative [kon'tinjuətiv], *a.* Qui sert à continuer. **Continuative education**, enseignement *m* postscolaire.

continuator [kon'tinjueitər], *s.* Continuateur, -trice (d'un roman, etc.).

continue [kon'tinjuː]. **1.** *v.tr.* (*a*) Continuer (un ouvrage, sa carrière, etc.); prolonger (une droite); poursuivre (un travail); continuer, reprendre (une conversation). *Journ:* **'To be continued,'** "à suivre." *See also* NEXT I. 2. (*b*) Perpétuer (la race, une tradition). *To c. s.o. in an office*, continuer, maintenir, qn dans un emploi. (*c*) **To continue one's way,** *v.i.* **to continue on one's way,** continuer son chemin; se remettre en marche. (*d*) **To continue to do sth.**, continuer à, de, faire qch. *C. to be my friend*, conservez-moi votre amitié. *He continued whistling*, il continua à siffler. *He continued smiling*, il garda le sourire. (*e*) *Jur:* Ajourner (un procès). *St.Exch:* Reporter (des titres). **2.** *v.i.* (*a*) (Se) continuer, se soutenir; (*of line*) se prolonger. (*b*) *To c. impenitent*, rester, demeurer, impénitent. *To c. in sin*, persévérer dans le mal. *To c. in office*, garder sa charge. *Kingdom which will not c.*, royaume *m* qui ne durera pas. *His ill-luck continues*, ses malheurs *m* se poursuivent; la malchance ne le quitte pas. (*c*) **To continue in, at, a place**, continuer son séjour, séjourner, dans un endroit. *I shall c. in Paris for a time*, je vais rester à Paris pendant quelque temps.

continued, *a.* *C. existence of a race*, permanence *f* d'une race. *C. interest*, intérêt soutenu. *Med:* **Continued fever**, fièvre continue, continente, continuelle. *Mth:* **Continued fraction**, fraction continue. **Continued proportion**, proportion continue.

continuity [kɔnti'njuːiti], **continuousness** [kon'tinjuəsnəs], *s.* **1.** Continuité *f*. **Solution of continuity**, solution *f* de continuité. **To break the continuity of s.o.'s ideas**, rompre la chaîne, couper le fil, des idées de qn. *El: C. of the current*, uniformité *f* du courant. *Phil:* **The principle of continuity**, la loi de continuité. *See also* BREAK[1] 1, DISCONTINUITY 1. **2.** *Cin:* (*a*) **Continuity**, scénario *m*. (*b*) **Continuity title**, titre *m* de liaison *f*. **Continuity man**, découpeur *m*.

continuous [kon'tinjuəs], *a.* Continu. **Continuous succession of visits**, suite continue, ininterrompue, de visites. *C. studies*, études suivies. *Mth:* **Continuous function**, fonction continue. *El:* **Continuous waves**, ondes entretenues, non amorties. *Cin:* **Continuous performance**, spectacle permanent. *Nau: Jur: Ins:* **Continuous voyage**, continuité *f* du voyage. *Rail:* **Continuous brake**, freins continus. **-ly,** *adv.* Continûment; sans interruption.

continuum, *pl.* **-ua** [kon'tinjuəm, -juə], *s.* *Ph: Phil:* Continu *m*. *Mth:* **Metrical continuum**, continuum *m* métrique.

cont-line ['kɔntlain], *s.* *Nau:* **1.** Vide *m* entre les torons (d'une corde). **2.** Vide d'arrimage (entre barriques rangées côte à côte).

contorniate [kon'tɔːrniet], **contorniated** [kon'tɔːrnieitid], *a.* *Num:* (Médaille *f*) contorniate.

contort [kon'tɔːrt], *v.tr.* Tordre, contourner (les traits, la taille, etc.); dévier (un organe, etc.). *Face contorted by vexation*, visage contracté par le dépit. *Face contorted by pain*, visage tordu par la douleur. *An evil smile contorted his face*, un sourire mauvais lui crispait le visage. *To c. a word from its proper meaning*, dévier un mot de son sens propre.

contorted, *a.* **1.** Contorsionné, contourné, déformé, tors, tourmenté. **2.** *Bot:* (*Of petal*) Contorté.

contortae [kən'tɔːrtiː], *s.pl. Bot:* Contortées *f*.

contortion [kən'tɔːrʃ(ə)n], *s.* **1.** Contorsion *f* (des traits, etc.). **2.** *These contortions can hardly be called dancing*, ces contorsions méritent à peine le nom de danse.

contortionist [kən'tɔːrʃənist], *s.* Contorsionniste *m*; *F:* homme-caoutchouc *m*, *pl.* hommes-caoutchouc; disloqué *m*; homme-serpent *m*, *pl.* hommes-serpents; femme-serpent *f*, *pl.* femmes-serpents.

contour[1] ['kɔntuər], *s.* Contour *m* (d'un objet, d'une colonne); profil *m* (du terrain); tracé *m* (d'un plan). *The c. of the earth*, le profil terrestre. *Mapm:* **Contour intervals**, équidistances *f*. *Irregular c.*, profil irrégulier.

'contour-feathers, *s.pl. Orn:* Pennes *f*.

'contour-line, *s. Surv: Mapm:* Courbe *f* de niveau; courbe hypsométrique.

'contour-map, *s.* **1.** Carte *f* en courbes de niveau; carte hypsométrique. **2.** *Aut: etc:* Carte des profils *m* de la route.

contour[2], *v.tr.* **1.** *Surv:* Lever les courbes de niveau de (la région, etc.). *See also* SURVEY[1] 2. **2.** *Civ.E:* Construire (une route) en corniche.

contra[1] ['kɔntrə]. **1.** *prep.* (*Frequently abbreviated to* **con.**) Contre. *See also* PRO. **2.** *s. Book-k:* **Per contra**, par contre. **As per contra**, en contre-partie, porté ci-contre. *Settlement per c.*, compensation *f*. *To settle a debt per c.*, compenser une dette avec une autre. **Contra entry**, article *m* inverse, écriture *f* inverse; contre-écriture *f*. *See also* ACCOUNT[1] 2.

contra[2], *v.tr. Book-k:* Contre-passer (des écritures, etc.).

contra-ing, *s.* Contre-passation *f* (des écritures, etc.).

contra-, *pref.* **1.** Contre-. *Contra-variant*, contrevariant. **2.** Contra-. *Contraposition*, contraposition. *Contragredient*, contra-grédient.

contraband ['kɔntrəband], *s.* Contrebande *f*. *C. of war*, contrebande de guerre. *Attrib.* **Contraband goods**, marchandises *f* de contrebande. **Contraband vessel**, vaisseau contrebandier.

contrabandist ['kɔntrəbandist], *s.* Contrebandier *m*.

contrabass ['kɔntrəbeis], *s. Mus:* (*a*) Contrebasse *f* (à cordes). (*b*) **Contrabass tuba**, bombardon *m*; contrebasse en si bémol.

contra-bassoon ['kɔntrəbəsuːn], *s. Mus:* Contrebasson *m*.

contraception [kɔntrə'sepʃ(ə)n], *s.* Recours *m* aux procédés, aux appareils, aux moyens, anticonceptionnels; *F:* malthusianisme *m*.

contraceptive [kɔntrə'septiv]. **1.** *a.* Anticonceptionnel. **2.** *s.* Procédé ou produit anticonceptionnel.

contract[1] ['kɔntrakt], *s.* **1.** (*a*) Pacte *m*, contrat *m*, convention *f*. **Marriage contract**, contrat de mariage. *Jur:* **Contract of benevolence**, contrat unilatéral. *To bind oneself by c.*, s'engager par contrat, contractuellement. (*b*) Acte *m* de vente; contrat translatif de propriété. *Jur:* **Contract of record**, contrat enregistré, ou résultant d'une décision judiciaire. *See also* SIMPLE 1. **Contract note**, note *f*, bordereau *m*, de contrat, d'achat ou de vente; *St.Exch:* avis *m* d'exécution. **By private contract**, à l'amiable; de gré à gré. **2.** *Ind: Com:* Entreprise *f*; soumission *f* ou adjudication *f*; convention forfaitaire; marché *m*. *To make a c. for a supply of coal*, passer marché pour une fourniture de charbon. *C. for a bridge, etc.*, entreprise d'un pont, etc. **Contract work, work on contract**, travail *m* à l'entreprise, à forfait. **Contract price**, prix *m* à forfait; *Adm:* prix de série. **To enter into a contract**, (i) (*of pers.*) passer (un) contrat (*with*, avec); (ii) (*of thg*) faire partie d'un contrat. **To put some work up to contract**, mettre un travail en adjudication. **To put work out to contract**, mettre un travail à l'entreprise. *To place, give out, the c. for an undertaking*, concéder, adjuger, l'exécution d'une entreprise; passer un contrat à qn pour l'exécution d'une entreprise. **To tender for a contract**, soumissionner à une adjudication. **To get, secure, a contract for sth.**, être déclaré adjudicataire de qch. **The conditions of contract**, le cahier des charges. *Conditions as per c.*, conditions contractuelles. **Contract date**, date contractuelle. **Breach of contract**, rupture *f* de contrat. *Jur: Action for breach of c.*, action *f* en rescision pour inexécution d'un contrat; action contractuelle. *Action for specific performance of c.*, action en exécution de contrat. *Penalty for non-fulfilment of c.*, peine contractuelle. **Contract labour**, main-d'œuvre contractuelle; travailleurs engagés sur contrat. *See also* UNDERWRITING. **3.** *Rail: U.S:* (Carte *f* d')abonnement *m*. **4.** *Cards:* (*Bridge*) Déclaration *f*; contrat. **To make one's contract**, réaliser son contrat. *See also* BRIDGE[3].

contract[2] [kən'trakt], *v.* I. **1.** *v.tr.* (*a*) (*Make smaller*) Contracter (les métaux, les muscles, etc.); contracter, crisper (les traits); rétrécir (un tissu, une ouverture); resserrer (les tissus); froncer (les sourcils). *The rails had been contracted by the cold*, les rails s'étaient contractés, raccourcis, sous l'influence du froid. (*b*) *Ling:* *To c. 'shall not' into 'shan't,'* contracter "shall not" en "shan't." **2.** *v.i.* (*a*) Se contracter, se resserrer, se rétrécir. *The pupil contracts in the daylight*, la prunelle se contracte, s'étrécit, au grand jour. (*b*) *Ling:* *'Cannot' contracts into 'can't,'* "cannot" se contracte en "can't."

II. **contract.** **1.** *v.tr.* (*a*) (*Incur*) Contracter (une obligation, un mariage, une maladie); prendre, contracter (une habitude). **To contract an acquaintance with s.o.**, lier connaissance avec qn. **To contract a friendship with s.o.**, se lier d'amitié avec qn. *To c. a liking, a taste, for sth.*, prendre goût à qch.; s'affriander de qch. (*b*) *Com:* **To contract to do sth.**, entreprendre de faire qch.; s'engager par traité à faire qch. (*c*) **To contract oneself out of an obligation**, se dégager d'une obligation par entente préalable, par contrat. **2.** *v.i.* *Com:* *To c. for a supply of sth.*, entreprendre une fourniture de qch. **To contract for work**, entreprendre des travaux à forfait. *To c. with s.o. for sth.*, traiter avec qn pour qch.; faire, passer, (un) marché avec qn pour qch. *Ind: Adm:* **To contract out**, renoncer par contrat, par entente préalable, à certaines dispositions de la loi ou d'un traité.

contracted, *a.* **1.** (*Of features, etc.*) Contracté; (*of outlook*) rétréci. **2.** *Gram:* **Contracted article**, article contracté.

contracting[1], *a.* (*a*) Contractant. **High contracting parties**, hautes parties contractantes. (*b*) *Com: Ind:* **Contracting party**, contractant *m*; *esp.* partie *f* adjudicataire.

contracting[2], *s.* Affermage *m* (pour annonces, etc.).

contractable [kən'traktəbl], *a.* Contractable.

contractibility [kəntrakti'biliti], *s.* Contractilité *f*.

contractible [kən'traktibl], *a.* Contractile; susceptible de contraction.

contractile [kən'traktail], *a.* **1.** Contractile. **2.** **Contractile force**, force *f* de contraction.

contractility [kɔntrak'tiliti], *s.* Contractilité *f*.

contraction [kən'trakʃ(ə)n], *s.* **1.** (*a*) Contraction *f*; striction *f*, rétrécissement *m*; rétraction *f*, raccourcissement *m*, resserrement *m*. *C. of cooling metals*, retrait *m* des métaux lors du refroidissement. *C. of the pupil*, contraction, rétrécissement, de la pupille. *C. of a muscle*, contraction d'un muscle. *Mec.E:* **Contraction of area** (*of bar under tension test*), striction. *Metalw:* **Contraction rule**, mètre *m* à retrait. (*b*) *Com:* **Contraction of credit**, amoindrissement *m* de crédit. **2.** *Ling:* (*a*) Contraction (de deux mots en un seul, etc.). (*b*) Mot contracté; contraction. **3.** (*Contracting*) *C. of a habit*, prise *f* d'une habitude. *C. of debts*, endettement *m*. *C. of marriage*, mariage *m*.

contractive [kən'traktiv], *a.* (*Of force, etc.*) Contractif.

contractor [kən'traktər], *s.* **1.** Entrepreneur *m*, pourvoyeur *m*; (*of public works*) adjudicataire *m*. *C. to the Government*, fournisseur *m*, entrepreneur, du gouvernement. *Army c.*, fournisseur de l'armée. *Labour c.*, embaucheur *m*. *See also* CARMAN. *Carting c.*, commissionnaire *m* de roulage. **2.** *Anat:* (i) (Muscle) fléchisseur *m*. (ii) Constricteur *m*.

contractual [kən'traktjuəl], *a.* Contractuel.

contracture [kən'traktjər], *s.* **1.** *Med:* Contracture *f* (des muscles, des articulations). **2.** *Arch:* Contracture (d'une colonne).

contradict [kɔntrə'dikt], *v.tr.* Contredire (qn); démentir (qn, un bruit). *To c. oneself*, se contredire, se démentir; *F:* se couper. *To c. a statement*, opposer, donner, un démenti à une déclaration. *There's no contradicting it*, il n'y a pas de contradiction possible. *The statements of the witnesses c. each other*, les dépositions *f* des témoins se contredisent.

contradictable [kɔntrə'diktəbl], *a.* Que l'on peut démentir.

contradiction [kɔntrə'dikʃ(ə)n], *s.* Contradiction *f*. **1.** Démenti *m* (d'une nouvelle, d'un mensonge). *To give a flat c. to a statement*, démentir formellement une assertion; donner un démenti formel à une assertion. **2.** *Phil:* Antinomie *f*, contradiction, incompatibilité *f* (entre deux principes). **In contradiction with . . .**, en contradiction, en désaccord, avec . . .; incompatible avec. . . . **Contradiction in terms**, contradiction dans les termes. *You involve yourself in strange contradictions*, vous vous donnez d'étranges démentis.

contradictious [kɔntrə'dikʃəs], *a.* *F:* Contredisant; raisonneur, -euse; ergoteur, -euse. *C. spirit*, esprit *m* de contradiction; esprit contrariant. **-ly**, *adv.* Par esprit de contradiction.

contradictiousness [kɔntrə'dikʃəsnəs], *s.* Esprit *m* de contradiction.

contradictor [kɔntrə'diktər], *s.* Contradicteur *m*.

contradictoriness [kɔntrə'diktərinəs], *s.* **1.** Nature *f* contradictoire; contradiction *f*. **2.** Esprit *m* de contradiction.

contradictory [kɔntrə'diktəri], *a.* **1.** (*a*) (*Of statement, etc.*) Contradictoire; opposé (*to*, à). *The c. nature of precedents makes it impossible to appeal to them*, la contrariété des précédents fait qu'on ne saurait les invoquer. (*b*) *Log:* **Contradictory propositions**, *s.* **contradictories**, propositions *f* contradictoires; contradictoires *f*. **2.** = CONTRADICTIOUS. **-ily**, *adv.* **1.** *Log:* Contradictoirement. **2.** D'un ton de contradiction.

contradistinction [kɔntrədis'tiŋ(k)ʃ(ə)n], *s.* Opposition *f*, contraste *m*. **In contradistinction to . . .**, par opposition à, par contraste avec, au contraire de. . . .

contradistinguish [kɔntrədis'tiŋgwiʃ], *v.tr.* *Lit:* Distinguer (*from*, de); contraster (*from*, avec). *The gift of speech, which contradistinguishes man from beast*, le don du langage, par lequel l'homme se distingue nettement de la bête.

contragredience [kɔntrə'griːdjəns], *s.* *Mth:* Contra-grédience *f* (de deux systèmes de variables).

contragredient [kɔntrə'griːdjənt], *a.* *Mth:* Contra-grédient. *Transformations c. to one another*, transformations contra-grédientes l'une de l'autre.

contra-indicate [kɔntrə'indikeit], *v.tr.* *Med:* Contre-indiquer (un régime, etc.).

contra-indication [kɔntrəindi'keiʃ(ə)n], *s.* *Med:* Contre-indication *f*.

contralto [kən'tralto], *s.* *Mus:* Contralto *m*, contralte *m*.

contraposition [kɔntrəpo'ziʃ(ə)n], *s.* **1.** *Log:* Contraposition *f*. **2.** Antithèse *f*, opposition *f*.

contrapositive [kɔntrə'pɔzitiv], *a.* Contrapositif, inverse.

contraption [kən'trapʃ(ə)n], *s.* *F:* Dispositif *m*, machin *m*, truc *m*, fourbi *m*; invention *f* baroque.

contrapuntal [kɔntrə'pʌnt(ə)l], *a.* *Mus:* (Morceau *m*, accompagnement *m*, etc.) en contrepoint.

contrapuntist [kɔntrə'pʌntist], *s.* *Mus:* Contrapontiste *m*, contrapuntiste *m*, contrepointiste *m*.

contrariety [kɔntrə'raiəti], *s.* Contrariété *f* (d'intérêts, d'opinions).

contrariness [kən'treərinəs], *s.* *F:* Disposition *f* à tout contrarier; esprit contrariant; esprit de contradiction, de contrariété.

contrarious [kən'treəriəs], *a.* *A. & Dial:* **1.** (*Of event, etc.*) Contrariant; (*of pers.*) indocile; revêche; qui prend plaisir à contrarier. 2. (*Of weather, wind*) Contraire. **-ly,** *adv.* Avec perversité; pour le plaisir de contrarier.

contrariousness [kon'treəriəsnəs], *s.* = CONTRARINESS.

contrariwise ['kɔntrəriwaːiz], *adv.* 1. Au contraire; d'autre part. 2. En sens opposé; à contre-biais. *To do c.*, faire l'opposé, le contraire. 3. *F:* [kon'treəriwaːiz] = CONTRARIOUSLY.

contrary[1] ['kɔntrəri]. 1. *a.* (*a*) Contraire (*to*, à); (*of interests, etc.*) opposé (à), en opposition (avec). **In a contrary direction,** en sens opposé; à contre-sens. *In a c. direction to sth.*, en sens inverse de qch. **Contrary to nature,** contre (la) nature. *Construction c. to the rules of the language*, construction *f* qui pèche contre les règles de la langue. *Theory that is c. to reason*, théorie *f* qui répugne à la raison, qui choque la raison, contraire à la raison. *His behaviour is c. to reason*, il se conduit en dépit du bon sens. *Log:* **Contrary propositions,** propositions *f* contraires. (*b*) (*Unfavourable*) **Contrary winds,** vents *m* contraires. (*c*) *F. & Dial:* [kon'treəri] = CONTRARIOUS 1. 2. *s.* (*a*) Contraire *m.* **Quite the contrary,** bien le contraire; tout au contraire; c'est tout l'opposé. **On the contrary,** au contraire. **By rule of contraries,** par raison des contraires. *The direct c. of, to, sth.*, l'antithèse *f* de qch. **Notification to the contrary,** contre-avis *m.* **Unless you hear to the contrary,** à moins d'avis contraire; sauf contre-avis; sauf contre-ordre; sauf avis contraire. *For anything I know to the c., he is still in London*, il est encore à Londres, autant que je sache. **I have nothing to say to the contrary,** je n'ai rien à objecter; je n'ai rien à dire contre, à l'encontre. *I know nothing to the c.*, je ne sais rien qui contredise ces faits, cette nouvelle, etc. **Dreams go by contraries,** il faut interpréter les rêves à rebours. (*b*) *pl. Paperm:* **Contraries,** impuretés *f*; corps étrangers. 3. *adv.* Contrairement (*to*, à); en opposition (*to*, à, avec); à contre-pied (*to*, de); à, au, rebours (*to*, de). *To act c. to s.o.'s views, to one's principles*, agir en opposition avec la manière de voir de qn; faire violence à ses principes. **To act contrary to instructions,** contrevenir aux ordres reçus. **Contrary to accepted opinions,** à l'encontre des idées reçues; contrairement aux idées reçues. *C. to my expectation*, contre mon attente. *C. to his usual custom*, contre son habitude, contrairement à son habitude. *C. to the statements of the papers . . .*, quoi qu'en aient dit les journaux. . . . *The one brother*, **contrary to the other,** *was of an easy-going nature*, l'un des frères, à la différence de l'autre, était facile à vivre. **-ily,** *adv.* 1. Contrairement (*to*, à). 2. *F. & Dial:* [kon'treərili] = CONTRARIOUSLY.

contrary[2], *v.tr. U.S:* Contrarier (les inclinations de qn, etc.).

contrast[1] ['kɔntrɑːst], *s.* Contraste *m* (*between*, entre). *To give c. to one's style*, donner du relief à son style. **In contrast with sth.,** par contraste avec qch. *The c. between light and shade*, le contraste de la lumière et de l'ombre. **Colours in contrast,** couleurs *f* en opposition. *Colours in strong c.*, couleurs antithétiques. **To put colours in contrast,** contrarier, contraster, des couleurs; mettre des couleurs en contraste. **To form a contrast to . . .,** faire contraste avec. . . . *As a c. to . . .*, comme contraste à. . . . **To stand out in sharp contrast to sth.,** (i) se détacher nettement sur, contre, qch.; (ii) *Pej:* jurer avec qch. *Phot:* **Contrast picture,** image contrastée. **Contrast range,** intervalle *m* de noircissement (de l'émulsion). **Contrast filter,** écran *m* pour contrastes.

contrast[2] [kon'trɑːst]. 1. *v.tr.* Faire contraster, mettre en contraste (*with*, avec). *Art:* Contraster (ses personnages, etc.). **To contrast vice with virtue,** opposer le vice à la vertu. 2. *v.i.* Contraster, faire contraste (*with*, avec). **To contrast strongly,** trancher (*with*, sur).

contrasting, *a.* Qui fait contraste. **Contrasting colours,** tons opposés.

contrasty [kon'trɑːsti], *a. Phot:* **Contrasty negative,** cliché heurté. *C. paper*, papier *m* à contrastes; papier contraste. *C. print*, épreuve contrastée.

contrate ['kɔntreit], *a. Clockm:* **Contrate wheel,** roue *f* de champ.

contra tempo ['kɔntra'tempo], *adv.phr. Mus:* A contre-temps.

contravallation [kɔntrava'leiʃ(ə)n], *s. Fort:* Contrevallation *f.*

contra-variant [kɔntra'veəriənt], *a. Mth:* Contrevariant.

contravene [kɔntra'viːn], *v.tr.* 1. Transgresser, enfreindre (la loi, etc.). **To contravene the regulations,** contrevenir aux règlements; être en contravention avec les règlements. 2. Aller à l'encontre de (qch.). *Laws that c. the first principles of equity*, lois *f* qui violent les premiers principes de l'équité; lois en opposition avec les premiers principes de l'équité. *To c. a statement*, opposer un démenti à une affirmation. *To c. s.o.'s plans*, aller à l'encontre de, contrarier, les projets de qn.

contravener [kɔntra'viːnər], *s.* Transgresseur *m* (*of*, de). *Jur:* Contrevenant (*of*, à).

contravention [kɔntra'venʃ(ə)n], *s. C. of a law*, contravention *f*, infraction *f*, à la loi. **To act in contravention of a rule, a right,** agir en violation d'une règle, en opposition avec un droit.

contribute [kon'tribjut], *v.tr. & i.* **To contribute one's share,** payer sa (quote-)part. *To c. a sum of money*, contribuer pour une somme. **To contribute to a work of charity,** contribuer à, souscrire pour, une bonne œuvre. **To contribute newspaper articles,** écrire des articles pour un journal. *To c. to a newspaper*, collaborer à un journal. **To contribute to the success,** aider au succès. *Everything contributed to make him happy*, tout contribuait, concourait, à le rendre heureux. *Bridge and wireless c. equally to the pleasure of the evenings*, les soirées sont animées par le double appoint du bridge et de la radio. *An end to which everybody can c.*, un but auquel tout le monde peut apporter son appoint. *Ecc:* **Everybody is expected to contribute according to his means,** l'offrande *f* est à dévotion.

contribution [kɔntri'bjuːʃ(ə)n], *s.* 1. (*a*) Contribution *f* (à une œuvre de bienfaisance, etc.); cotisation *f*. **To pay one's contribution,** payer sa cotisation. *We made a handsome c. to it*, nous y avons contribué pour une bonne part. *F: This was no slight c. to his success*, cela n'a pas nui à son succès. *C. pro rata*, quote-part *f*, *pl.* quotes-parts. *Fin:* **Contribution of capital,** apport *m* de capitaux. *C. to the capital of a company*, contribution, versement *m*, à la masse sociale d'une compagnie. *Jur: C. of each party in a marriage settlement*, apport des époux. (*b*) *Mil: etc:* Contribution; réquisition *f*. **Forced contributions** (*by inhabitants of occupied territory*), impôts *m* de guerre. *The whole country has been laid under c.*, on a fait contribuer tout le pays. *F:* **To lay one's friends under contribution,** mettre ses amis *m* à contribution; faire contribuer ses amis; invoquer l'aide *f* de ses amis. 2. **Contribution to a newspaper,** article écrit pour un journal.

contributive [kon'tribjutiv], *a.* Contributif; qui contribue (*to*, à).

contributor [kon'tribjutər], *s.* 1. (*a*) *A:* Contribuant *m*, contributaire *mf.* (*b*) *Fin:* **Contributor of capital,** apporteur *m* de capitaux. 2. Collaborateur, -trice (*to a paper*, d'un journal). *A regular c. to the 'Times,'* un collaborateur régulier du *Times.*

contributory [kon'tribjutəri]. 1. *a.* Contribuant, contributif. *C. causes*, causes contribuantes. *Blunder on their part that was c. to their own destruction*, erreur *f* de leur part qui a contribué à leur propre perte. *Jur: Ins:* **Contributory negligence,** manque *m* de précautions, imprudence *f*, de la part de l'accidenté, du sinistré, de la victime. 2. *s.* (*a*) Contributaire *mf.* (*b*) Actionnaire *mf* qui doit, en cas de liquidation de la société, contribuer au paiement des dettes.

contrite ['kɔntrait], *a.* Contrit, pénitent, repentant. **-ly,** *adv.* D'un air contrit, pénitent; avec contrition.

contrition [kon'triʃ(ə)n], *s.* Contrition *f*, pénitence *f*; *Theol:* brisement *m* de cœur; contrition.

contrivable [kon'traivəbl], *a.* Que l'on peut inventer, arranger, combiner; réalisable.

contrivance [kon'traivəns], *s.* 1. (*a*) Invention *f* (d'un appareil, etc.); combinaison *f*, adaptation *f* (d'un moyen). **Beyond human contrivance,** qui dépasse l'invention humaine; au-delà de l'invention humaine. *He was ready in c.*, il était toujours prêt à combiner quelque chose. (*b*) *To escape by the c. of one's friends*, s'échapper grâce à (l'ingéniosité de) ses amis. 2. (*a*) Invention, projet *m*; artifice *m*, combinaison *f*. *The contrivances by which orchids are fertilized*, les artifices adoptés pour la fertilisation des orchidées. (*b*) *Pej:* Machination *f*; manigance *f*. 3. Appareil *m*, dispositif *m*, engin *m*; *F:* truc *m*. *He had fixed up a c. to open the door from his bed*, il avait établi un dispositif, inventé un truc, pour ouvrir la porte sans quitter son lit.

contrive [kon'traːiv], *v.tr.* (*a*) (*Devise*) Inventer, concevoir, imaginer, combiner. (*b*) (*Effect*) Arranger, pratiquer, ménager. **To contrive a means to do sth.,** trouver moyen de faire qch. **To contrive to do sth.,** trouver moyen de, s'ingénier à, s'arranger pour, parvenir à, réussir à, venir à bout de, faire qch. *He contrived to persuade me*, il est arrivé à me persuader. *He only contrived to get himself into hot water*, il fit tant et si bien qu'il se mit dans une vilaine affaire. *I contrived to warn him in time*, j'ai pu l'avertir à temps. *I shall c. to be there*, je m'arrangerai pour être là; je trouverai moyen d'être là. *At last he contrived to get rid of it*, il trouva enfin moyen de s'en débarrasser. (*c*) *Pej:* Machiner, ourdir (un complot, etc.). (*d*) *Abs.* Se débrouiller; se tirer d'affaire; s'arranger. *I don't know how she contrives*, je ne sais pas comment elle se débrouille. *Can you c. without it?* pouvez-vous (vous arranger pour) vous en passer?

contriver [kon'traivər], *s.* (*a*) Inventeur, -trice (de qch.); auteur *m* (d'une combinaison, etc.); combinateur, -trice; agenceur, -euse. *He is a good c.*, c'est un débrouillard; il a de la ressource. *She is a good c.*, elle est bonne ménagère. (*b*) *Pej:* Machinateur *m*, ourdisseur *m* (d'un complot, etc.).

control[1] [kon'troul], *s.* 1. (*a*) Autorité *f*. **He has control over** *a whole province, Adm: over several departments*, il administre toute une province, plusieurs services. *His c. extended to the Nile*, son autorité s'exerçait jusqu'au Nil. *To have c. of an undertaking*, être à la tête d'une entreprise; avoir une entreprise sous sa coupe. *She has no c. over the children*, elle n'a aucune autorité sur les enfants; elle ne sait pas tenir ses élèves. (*b*) Maîtrise *f*, contrainte *f*. **Circumstances beyond our control,** circonstances indépendantes de notre volonté, en dehors de notre action, qui ne dépendent pas de nous. *These things are beyond our c.*, ces choses-là *f* ne se commandent pas. **To break loose from all control; to get out of control,** échapper à toute autorité; s'affranchir de toute autorité; *F:* s'émanciper. **To have one's horse under control,** avoir son cheval bien en main. *To have a horse well under the c. of the hand and legs*, renfermer un cheval. *The brigade had the flames under c.*, les pompiers étaient maîtres du feu. *To hold s.o. under c.*, tenir, surveiller, qn de près. **To have absolute control over s.o.,** avoir un empire absolu, un énorme ascendant, sur qn; avoir la haute main sur qn. **To keep one's feelings under control,** contenir ses sentiments. **To have no control over one's actions,** n'être pas maître de ses actions. **To lose control of oneself,** perdre tout empire sur soi-même; ne plus se maîtriser; n'être plus maître de soi. *He has lost c. of himself*, il ne se connaît plus. **To regain control of oneself,** se ressaisir. *See also* SELF-CONTROL. *Mil: Regaining of c.*, reprise *f* en main. *Mil: Navy:* **Control signals,** commandements *m* au geste. *Adm: Aut:* **Control signals,** signalisation routière; signalisation des rues; signalisation assurant la circulation. *See also* BIRTH-CONTROL. (*c*) Gouverne *f*, manœuvre *f* (d'un train, d'un navire, etc.). *To retain c. of one's car*, rester maître de sa voiture. *The driver had lost c. of the train*, le mécanicien n'était plus maître du train. **Ship out of control,** navire *m* qui n'est plus maître de sa manœuvre. *Av:* **The plane gets out of control,** l'appareil *m* s'engage. *Mil: Navy:* **Gunnery control, control of fire,** conduite *f*, direction *f*, du tir. *Navy:* **Fore control,** poste *m* de direction de tir. **After control,** poste de direction de tir arrière. (*d*) Surveillance *f*. **Under government control,** assujetti au contrôle du gouvernement. *Fin:* **Control of exchanges,** réglementation *f* du trafic des changes. *See also* FOOD 1. *Metall:* **Control assay,** essai *m* contradictoire. (*e*) *C. of a* *mechanism*, asservissement *m*, commande *f*, d'un mécanisme. *To bring a mechanism under c.*, asservir un mécanisme. **Control mechanism, wheel,** appareil *m*, roue *f*, de commande. *C. lever*, levier *m* de commande, d'asservissement; *Aut:* manette *f* de commande. *Av:* **Control column,** levier de commande; *F:* manche *m* à balai. *Aut:* **Gas-control pedal,** pédale *f* de commande des gaz. *I.C.E:* *C. of the mixture*, dosage *m* du mélange. (*f*) **Mosquito control,** lutte préventive contre les moustiques. **2.** *Tchn:* Commande; organe *m* de commande. *I.C.E:* **Ignition control,** commande d'allumage. *Av:* **Altitude control,** commande altimétrique. *W.Tel:* **Volume control,** contrôle *m* de volume, volume-contrôle *m*; modérateur *m* de son. *Automatic volume c.*, dispositif *m* antifading. *Delayed automatic volume c.*, antifading retardé, différé. **Remote control,** commande à distance; dispositif *m* (de commande) à distance. *See also* DUAL 1, GEAR[1] 3, LOCK[2] 2, THROTTLE-CONTROL. **3.** *Sp:* (*In reliability run, etc.*) **Control point,** contrôle (du passage des voitures, etc.). *Med:* **Control case,** cas *m* témoin. **4.** *Psychics:* Contrôleur, -euse (d'un médium); esprit contrôleur.

control[2], *v.tr.* **(controlled; controlling)** **1.** *A:* Vérifier, contrôler (des comptes). **2.** (*Be in authority over*) Diriger, réglementer (des affaires, la production); régler (la dépense, le cours des événements); commander (aux éléments, le mouvement d'une machine). **To control men, one's fate,** commander aux hommes, au destin. *He cannot c. his boys*, il ne sait pas tenir ses élèves. *To c. an undertaking*, avoir une entreprise sous sa dépendance, sous sa coupe. *Industry that controls the economic life of a region*, industrie *f* qui détient la vie économique d'une région. *Artil: etc:* **To control the fire,** diriger le feu, le tir. **A British-controlled state,** un État dans la sphère d'influence anglaise, relevant de la Grande-Bretagne. **Controlled finance,** économie dirigée; dirigisme *m*. **Controlled currency,** monnaie dirigée. *Adm:* *To c. the traffic*, réglementer la circulation. (*In street*) **Controlled crossing,** passage réglementé (par un agent de police). *Automatically controlled crossing-signals*, signalisateurs *m* à commande automatique. **Controlled point,** point réglementé par un agent pivot, par un agent vigie. **3.** (*Restrain*) Maîtriser, tenir, gouverner (un cheval); réprimer (un soulèvement); contenir (des hordes sauvages); gouverner, refréner, dompter, commander à (ses passions). *To c. the rise in the cost of living*, enrayer la hausse du coût de la vie. **To control one's tears,** retenir ses larmes. **To control oneself,** se maîtriser, se surmonter, se retenir, se commander, se contraindre, se dominer. **Control yourself!** voyons! modérez-vous! retenez-vous! *To try to c. oneself*, faire un effort sur soi-même.

controlling[1], *a.* **1.** Qui gouverne, dirige. **Controlling power,** puissance dirigeante. *Mec:* **Controlling force,** force *f* antagoniste. *Ind:* **Controlling operation,** opération *f* d'enclenchement. **2.** Répressif.

controlling[2], *s.* **1.** *A:* Vérification *f* (de comptes). **2.** Direction *f* (des affaires); réglementation *f* (de la circulation, etc.); commande *f* (de mécanisme). **3.** Maîtrise *f* (des passions, etc.); domination *f* (de soi-même).

controllability [kontroulə'biliti], *s.* Maniabilité *f*, manœuvrabilité *f* (d'une auto, d'un navire, etc.); docilité *f* (d'un cheval, etc.).

controllable [kon'trouləbl], *a.* **1.** *A:* (Témoignage *m*, etc.) vérifiable, contrôlable. **2.** Qui peut être gouverné; (machine *f*, vaisseau *m*) maniable, manœuvrable. **3.** (Passion *f*, cheval *m*) maîtrisable; *Ch:* (réaction) qui peut être freinée.

controller [kon'troulər], *s.* **1.** (*Pers.*) (*a*) Contrôleur, -euse. (*b*) = COMPTROLLER. *See also* FOOD 1. **2.** (Appareil) contrôleur *m*; commande *f*. *El.E:* Combinateur *m* de couplage, contrôleur (d'un tramway, etc.). *Twenty-point c.*, contrôleur à vingt plots.

controllership [kon'troulərʃip], *s.* Place *f*, office *m*, de contrôleur.

controlment [kon'troulmənt], *s.* = CONTROL[1] 1.

controversial [kɔntro'vəːrʃ(ə)l], *a.* **1.** (Question *f*, opinion *f*) controversable. **2.** (Esprit *m*) de controverse. **3.** (*Of pers.*) Enclin à la controverse, à la polémique; disputailleur. **-ally,** *adv.* **Controversially inclined,** enclin à la polémique; chicaneur.

controversialist [kɔntro'vəːrʃəlist], *s.* Controversiste *m*, polémiste *m*. **To shine as a controversialist,** briller dans l'argumentation.

controversy ['kɔntrovəːrsi], *s.* Polémique *f*; (*religious, philosophical*) controverse *f*. **Press controversy,** polémique de presse. **To hold, carry on, a controversy (with, against, s.o.) on sth.,** soutenir une polémique, une controverse, (contre qn) au sujet de qch. **The fact is beyond controversy,** le fait ne souffre pas de discussion, est hors de controverse. **Question that has given rise to much controversy,** question fort controversée.

controvert ['kɔntrovəːrt], *v.tr.* **1.** Controverser (une question). **2.** Disputer, mettre en doute (la vérité de qch.); disputer, discuter (un droit).

controvertible [kɔntro'vəːrtibl], *a.* Controversable.

controvertist ['kɔntrovəːrtist], *s.* = CONTROVERSIALIST.

contumacious [kɔntju'meiʃəs], *a.* **1.** (*a*) Entêté, rebelle, récalcitrant. *C. assembly*, assemblée *f* réfractaire. (*b*) *Jur:* Contumace, contumax, rebelle. **2.** (Ton *m*) rogue. **-ly,** *adv.* Avec entêtement; obstinément.

contumaciousness [kɔntju'meiʃəsnəs], **contumacy** ['kɔntjuməsi], *s.* (*a*) Entêtement *m*, obstination *f*, opiniâtreté *f*. (*b*) *Jur:* Contumace *f*; désobéissance *f*; rébellion *f*.

contumelious [kɔntju'miːljəs], *a.* *Lit:* **1.** (*Of words, actions*) Injurieux, outrageant. **2.** (*Of pers.*) Dédaigneux, insolent. **-ly,** *adv.* Avec mépris; avec un dédain insolent; insolemment, outrageusement.

contumely ['kɔntjumili], *s.* *Lit:* **1.** Insolence *f*, injure *f*, outrage *m*. *To treat s.o. with c.*, traiter qn avec un souverain mépris; ravaler qn. **2.** Honte *f*. *To cast c. on s.o.*, couvrir qn de honte.

contuse [kon'tjuːz], *v.tr.* Contusionner, meurtrir. **Contused wound,** plaie contuse.

contusion [kon'tjuːʒ(ə)n], *s.* Contusion *f*; meurtrissure *f*; *Surg:* coup *m* orbe.

contusive [kon'tjuːziv], *a.* (Coup, instrument) contondant.

conundrum [ko'nʌndrəm], *s.* **1.** Devinette *f*. **2.** Énigme *f*. *To speak in conundrums*, parler par énigmes.

conurbation [kɔnəːr'beiʃ(ə)n], *s.* Agglomération *f* d'unités urbaines.

convalesce [kɔnvə'les], *v.i.* (*a*) Entrer en convalescence. (*b*) Relever de maladie. (*c*) *He is convalescing at Brighton*, il est en convalescence à Brighton.

convalescence [kɔnvə'les(ə)ns], *s.* Convalescence *f*.

convalescent [kɔnvə'les(ə)nt], *a.* & *s.* **1.** Convalescent, -ente. **2.** **Convalescent home,** maison *f* de convalescence.

convallaria [kɔnvə'lɛəriə], *s.* *Bot:* Convallaire *f*.

convection [kon'vekʃ(ə)n], *s.* *Ph:* *El:* Convection *f* (de la chaleur, d'un courant électrique). **Convection currents,** courants *m* de convection.

convectional [kon'vekʃən(ə)l], *a.* (Courant *m*, etc.) de convection; (chauffage *m*) par convection.

convector [kon'vektər], *s.* Appareil *m* de chauffage par convection.

convenable [kon'viːnəbl], *a.* Sujet à convocation; qui peut être assemblé. *Committee not easily c. at short notice*, comité *m* qu'il serait difficile de réunir à bref délai.

convene [kon'viːn]. **1.** *v.tr.* (*a*) Convoquer, réunir (une assemblée); réunir, assembler (une conférence, etc.). (*b*) *Jur:* **To convene s.o. before a court,** citer qn devant un tribunal. **2.** *v.i.* (*a*) S'assembler, se réunir, se rencontrer. (*b*) *A:* S'accorder, s'harmoniser.

convener [kon'viːnər], *s.* Membre *m* (du bureau, de la commission) à qui il incombe de convoquer ses collègues.

convenience [kon'viːnjəns], *s.* **1.** Commodité *f*, convenance *f*. **Marriage of convenience,** mariage *m* de convenance, de raison. *I await your c.*, j'attends votre bon plaisir. **For the sake of convenience,** pour la commodité, pour plus de commodité. **At your convenience,** à votre convenance, à votre bon plaisir. *Do it at your c.*, faites-le à loisir. **At your earliest convenience,** à la première occasion; au premier moment favorable; le plus tôt (qu'il vous sera) possible; d'urgence. *Does that meet your c.?* cela vous va-t-il? cela fait-il votre affaire? **This is a great convenience,** cela nous est bien commode. **It is a great convenience to be able to . . .,** c'est bien commode, pratique, de pouvoir. . . . **To make a convenience of s.o.,** abuser de la bonté de qn. **2.** **(Public) convenience,** cabinets *m* d'aisances; chalet *m* de nécessité; *F:* édicule *m*, lavatory *m*. **3.** *pl.* Commodités *f*, facilités *f*, agréments *m*. **Rooms fitted with all modern conveniences,** chambres installées avec tout le confort moderne.

convenient [kon'viːnjənt], *a.* **1.** Commode. **To be convenient to s.o. to do sth.,** convenir à qn de faire qch. *If it is c. to you*, si cela vous agrée; si cela ne vous dérange pas; si vous n'y voyez pas d'inconvénient. *If it is not c. for you to come*, s'il ne vous est pas loisible de venir. **To make it convenient to do sth.,** s'arranger de manière à faire qch. **To find a convenient opportunity to do sth.,** trouver l'occasion *f* de faire qch. **2.** *F:* **Convenient to the hand,** à portée de la main. *Dial:* *He lives c. to the church*, il demeure tout près de l'église, à proximité de l'église. **-ly,** *adv.* Commodément. *If you can c. wait till to-morrow*, si cela ne vous dérange pas d'attendre jusqu'à demain. *Have all your tools c. at hand*, ayez tous vos outils à portée de la main, sous la main. *Can you c. lend me . . .?* pouvez-vous sans inconvénient me prêter. . . ?

convent ['kɔnvənt], *s.* Couvent *m*; *esp.* couvent de femmes. **To enter a convent,** entrer au couvent.

conventicle [kon'ventikl], *s.* **1.** Conventicule *m*, conciliabule *m*. *Esp. Ecc.Hist:* Conventicule de dissidents (pendant les persécutions de Charles II et de Jacques II). **2.** *F:* *Pej:* Lieu *m* de réunion; temple *m* (de dissidents).

convention [kon'venʃ(ə)n], *s.* **1.** (*a*) Convention *f* (*on*, relative à). **The Hague Conventions,** les conventions, les actes *m*, de la Haye. **The Berne Convention,** la Convention de Berne. *Cards:* *The conventions of bridge*, les conventions du bridge. (*b*) Accord *m*, contrat *m*. *See also* LEONINE[1] 2. **2.** *Usu. pl.* Convenances *fpl*, bienséances *fpl*, décorum *m*. **Social conventions,** les conventions sociales, la civilité, le protocole. **To defy convention(s),** braver les convenances. **To be a slave to convention,** être l'esclave (i) des conventions sociales, (ii) du poncif. **3.** *Hist:* Assemblée *f*, convention. *Fr.Hist:* **The Convention,** la Convention (nationale) (1792).

conventional [kon'venʃən(ə)l], *a.* **1.** Conventionnel, -elle; de convention. **Conventional propriety,** les convenances admises. *Art:* *C. design*, dessin stylisé. *Cards:* *C. play*, jeu *m* d'après les conventions. **2.** (*a*) Courant, normal, ordinaire, classique. *The c. type of car*, la voiture ordinaire, classique. *We have only c. designs in stock*, nous n'avons en magasin que les modèles courants. (*b*) *Pej:* Sans originalité. *Art:* **The conventional,** le poncif. **3.** *Hist:* *Pol:* **Conventional assembly,** assemblée conventionnelle; convention *f*. **-ally,** *adv.* **1.** Conventionnellement. **2.** Normalement. **3.** Sans originalité.

conventionalism [kon'venʃənəlizm], *s.* **1.** Les conventions (sociales); le respect des convenances. **2.** *Art:* (Culte *m* du) poncif *m*; formalisme *m*.

conventionalist [kon'venʃənəlist], *s.* **1.** *Art:* Formaliste *m*. **2.** *Hist:* Conventionnel *m*.

conventionality [konvenʃə'naliti], *s.* **1.** (*a*) Convention *f*; usage admis. (*b*) Les conventions (sociales); les bienséances *f*. **2.** (*a*) Caractère conventionnel, ordinaire (du dernier Salon, etc.). (*b*) *Art:* *Lit:* Le poncif; le banal.

conventionalize [kon'venʃənəlaiz], *v.tr.* (*a*) Rendre conventionnel. *Art:* Styliser (des décorations, etc.). *Conventionalized flowers*, fleurs stylisées. (*b*) Banaliser (son style, son coloris, etc.).

conventual [kon'ventjuəl]. **1.** *a.* Conventuel, -elle. **2.** *s.* Religieux, -euse; conventuel, -elle.

converge [kon'vəːrdʒ]. **1.** *v.i.* Converger (*on*, sur). *The main railway systems c. on London*, les grands réseaux de chemins de fer aboutissent à Londres. *Three armies were converging on Paris*, trois armées convergeaient sur Paris. **2.** *v.tr.* Faire converger (des rayons lumineux, etc.).

converging, *a.* **1.** Convergent, concourant. **Converging point**, point *m* de concours. **2.** *Opt:* **Converging lens**, lentille convergente.

convergence [kon'vəːrdʒəns], *s.* Convergence *f* (de lignes, d'opinions, *Nat.Hist:* d'espèces).

convergent [kon'vəːrdʒənt], *a.* Convergent. *Mth: C. series*, série convergente.

conversable [kon'vəːrsəbl], *a.* De bonne conversation; sociable; de commerce agréable.

conversance ['kɔnvərsəns], **conversancy** ['kɔnvərsənsi], *s.* Familiarité *f* (*with*, avec); connaissance *f*, habitude *f* (*with*, de). *His c. with the locality*, sa familiarité avec les lieux.

conversant ['kɔnvərsənt], *a.* **1.** **Conversant with s.o.**, familier, intime, avec qn. **Conversant with sth.**, versé dans, au courant de, qch. *C. with finance*, compétent en matière de finance. **2.** *Science c. in, with, about, a subject*, science *f* qui traite, s'occupe, d'un sujet.

conversation [kɔnvər'seiʃ(ə)n], *s.* **1.** Conversation *f*, entretien *m*. *To have a twenty minutes' c. with s.o.*, avoir une conversation, un entretien, de vingt minutes avec qn. **To hold a conversation with s.o.**, s'entretenir avec qn. **To carry on the conversation**, continuer la conversation. **To change the conversation**, changer de conversation, de propos; détourner la conversation. **To take part, to join, in the conversation**, être à la conversation; prendre part à la conversation. **To enter, fall, into conversation (with s.o.)**, entrer en conversation (avec qn); lier, nouer, conversation (avec qn); engager une conversation, entrer en propos (avec qn). **To feed the conversation, to make conversation**, alimenter la conversation. **To be the subject of conversation**, défrayer la conversation; faire les frais *m* de la conversation. *Meanwhile I made c. with the guests*, pendant ce temps j'ai entretenu les invités. *He is only making c.*, il parle pour ne rien dire, pour dire quelque chose. *Art:* **Conversation piece**, scène *f* d'intérieur; tableau *m* de genre. **2.** *A:* Commerce *m*. *Jur:* **Criminal conversation**; *F:* **crim. con.**, "conversation criminelle"; adultère *m*.

conversational [kɔnvər'seiʃən(ə)l], *a.* **1.** De (la) conversation. **In a conversational tone**, sur le ton de la conversation. **Person of great conversational powers**, personne *f* qui cause facilement, qui excelle dans la causerie, dans la conversation. **2.** (*Of pers.*) Qui aime à causer; loquace. **-ally**, *adv.* **1.** En manière de conversation. *He writes c.*, il écrit sur le ton de la conversation, comme s'il vous causait. **2.** **To learn English conversationally**, apprendre l'anglais par la conversation, en conversant.

conversation(al)ist [kɔnvər'seiʃən(əl)ist], *s.* Conversationniste *mf*. *A good c.*, un homme de bonne conversation.

conversazione, *pl.* **-es, -i** [kɔnvərsatsi'ouni, -iz, -iː], *s.* Réunion *f* (littéraire, artistique).

converse[1] ['kɔnvəːrs], *s.* *A:* **1.** = CONVERSATION 1. **2.** Commerce *m*, relations *fpl*, rapports *mpl* (*with*, avec).

converse[2] [kon'vəːrs], *v.i.* Causer. **To converse with s.o. on, about, sth.**, converser avec qn sur qch.; parler, s'entretenir, avec qn de qch.

converse[3] ['kɔnvəːrs], *a.* & *s.* **1.** *Log:* (Proposition) converse (*f*). **2.** *Mth:* (Proposition) réciproque (*f*).

conversely [kon'vəːrsli], *adv.* Réciproquement; vice versa.

conversion [kon'vəːrʃ(ə)n], *s.* **1.** Conversion *f* (de qn). *C. to Christianity*, conversion au christianisme. **2.** (*Transformation*) Conversion. (*a*) *C. of water into steam*, conversion de l'eau en vapeur. *Metall:* **Conversion of iron into steel**, conversion, transformation *f*, du fer en acier; affinage *m* au convertisseur. **Conversion pig**, fonte *f* d'affinage. *Fin:* **Conversion of 4% stock into 3½ per cents**, conversion, convertissement *m*, de la rente 4% en 3½%. *Jur:* **Conversion (of realty) into personalty**, ameublissement *m* (de biens immeubles). *C. of funds to one's own use; improper c. of funds*, détournement *m* de fonds. *Log:* **Conversion of a proposition**, conversion, transformation, d'une proposition. (*b*) **Conversion of timber**, façonnage *m*, débit *m*, du bois en grume. (*c*) **Conversion of a room to office use**, accommodation *f* d'une salle aux usages d'un bureau. **3.** *Mil: A:* Conversion; changement *m* de front.

convert[1] ['kɔnvərt], *s.* Converti, -ie. **To become a convert to sth.**, se convertir à qch. **To make a convert of s.o.**, convertir qn. **The new converts**, les nouveaux convertis, les nouvelles converties.

convert[2] [kon'vəːrt], *v.tr.* **1.** Convertir (qn) (à une religion). **To be converted to Christianity**, se convertir au christianisme. *F: To c. s.o. to an opinion*, convertir, amener, qn à une opinion. **2.** Transformer, changer, convertir (*sth. into sth.*, qch. en qch.). (*a*) **To convert a defeat into a rout**, changer une défaite en déroute. *To c. a tourer into a closed car*, transformer une torpédo en conduite intérieure. (*With passive force*) **Car that converts**, voiture *f* qui se transforme, qui se décapote; voiture décapotable. *Metall: To c. iron into steel*, convertir le fer en acier; effectuer l'affinage (au convertisseur). *Log:* **To convert a proposition**, convertir, transformer, une proposition. *Jur:* **To convert one's realty into personalty**, ameublir ses biens immeubles. *See also* GOAL 1, TRY[1] 2. (*b*) **To convert timber**, débiter, façonner, le bois en grume. (*c*) **To convert a room to office use**, accommoder une salle aux usages d'un bureau. *Converted cowshed*, étable aménagée. **3.** **To convert funds to another purpose**, affecter des fonds à un autre usage, à d'autres fins. *Jur: To c. funds to one's own use*, détourner des fonds.

converting, *s.* = CONVERSION 1, 2.

converter [kon'vəːrtər], *s.* **1.** (*Pers.*) Convertisseur, -euse (des infidèles, etc.). **2.** (Appareil) convertisseur *m*. (*a*) *Metall:* **Steel converter, Bessemer converter**, convertisseur Bessemer. *See also* PIG[1] 2. (*b*) *El.E:* **Static converter**, convertisseur, transformateur *m*. **Rotary converter, converter unit**, commutatrice *f*; groupe convertisseur. *C. to direct current*, transformateur alternatif-continu. *C. to alternating current*, transformateur continu-alternatif.

convertibility [kɔnvəːrti'biliti], *s.* Convertibilité *f*.

convertible [kon'vəːrtibl], *a.* **1.** (*Of pers.*) Convertissable (*to*, à). **2.** (*Of thg*) Convertible, convertissable (*into*, en). *Phot:* (Objectif *m*) dédoublable. **Convertible car**, auto *f* décapotable, transformable. **3.** **Convertible terms**, termes *m* synonymes, interchangeables, réciproques. **-ibly**, *adv.* Convertiblement, réciproquement.

convex ['kɔnveks], *a.* **1.** Convexe. **Double convex**, biconvexe. **2.** *C. road*, chaussée bombée, convexe. *C. lid* (*of box, etc.*), couvercle *m* en bahut.

convexity [kon'veksiti], *s.* Convexité *f*.

convexo-concave [kon'vekso'kɔnkeːiv], *a.* *Opt:* Convexo-concave.

convey [kon'vei], *v.tr.* **1.** Transporter, porter, conduire (qch., qn); (a)mener (qn); voiturer (des marchandises). *They were conveyed to the station in a bus*, un omnibus les mena, les transporta, à la gare. **To convey** (*passengers*) **across** (*the river, etc.*), passer (des voyageurs). *A fast motor boat conveys you across the estuary*, la traversée de l'estuaire se fait en vedette, est assurée par une vedette. *Luggage conveyed by these coaches is charged for*, le transport des bagages par ces autocars est à la charge des voyageurs. *To c. s.o. beyond the reach of justice*, soustraire qn aux recherches de la justice. *An aqueduct conveys the water to Paris*, un aqueduc amène les eaux à Paris. *To c. the crude oil to the refinery*, acheminer le pétrole brut sur la raffinerie. **2.** (*a*) (*Of air, etc.*) Transmettre (le son, une odeur). (*b*) *To c. a disease*, servir de véhicule à la contagion d'une maladie. *To c. a disease to s.o.*, contagionner, contagier, qn. **3.** Transmettre (un ordre, des remerciements); donner (une idée); communiquer (une nouvelle) (*to*, à). *Please c. my sincere good wishes to the young couple*, veuillez transmettre, présenter, tous mes vœux aux jeunes époux. *To c. an author's meaning*, rendre, donner, le sens d'un auteur. **To convey one's meaning**, communiquer, rendre, sa pensée. **To convey the suggestion that . . .**, donner à penser que. . . . **To convey to s.o. that . . .**, faire comprendre à qn que. . . . *These words c. nothing to me*, ces paroles *f* n'ont pas de sens pour moi. *The name conveys nothing to me*, ce nom ne me dit rien. *Superfluous words that c. nothing*, mots superflus qui ne disent rien, qui n'expriment rien. **4.** *Jur:* (*a*) Faire cession (d'un bien); transmettre, transférer, céder (un bien) (*to*, à). (*b*) (*Of solicitor*) Dresser, rédiger, l'acte de cession (d'une terre, etc.), ou l'acte translatif de propriété.

conveying, *s.* **1.** Transport *m*, charriage *m*, transmission *f*. *Ind:* **Conveying belt**, courroie *f* de transport. **Conveying screw**, transporteur *m* à vis. **2.** Transmission, communication *f* (de qch. à qn). *Mec.E: C. of movement*, transmission du mouvement. **3.** *Jur:* = CONVEYANCE 2 (*c*).

conveyable [kon'veiəbl], *a.* **1.** Transportable, portable. **2.** Communicable. **3.** *Jur:* Transférable, cessible.

conveyance [kon'veiəns], *s.* **1.** Transport *m*; moyens *m* de transport; charriage *m*, transmission *f*. **Public means of conveyance**, les transports en commun. *We have no means of c.*, nous ne disposons d'aucun moyen de transport. *El.E: Long-distance c. of power*, transport d'énergie à grande distance. **2.** (*a*) Transmission, communication *f* (de qch. à qn). (*b*) *Ph: C. of sound, of heat*, transmission du son, de la chaleur. (*c*) *Jur:* Transmission, translation *f*, transfert *m*, cession *f*, disposition *f* (de biens). **Conveyance of actual chattels**, apport effectif. **Conveyance of real estate**, transport d'immeubles. *C. of a patent*, transmission de propriété d'un brevet. **3.** *Jur:* Acte translatif de propriété; acte de transmission, de cession; contrat translatif de propriété. **4.** Véhicule *m* (de transport); voiture *f*. *Jur:* **Public conveyance**, véhicule de transport(s) en commun; voiture publique.

conveyancer [kon'veiənsər], *s.* *Jur:* *Solicitor m* qui se consacre spécialement à la rédaction des actes translatifs de propriété; = notaire *m*.

conveyancing [kon'veiənsiŋ], *s.* *Jur:* **1.** Rédaction *f* des actes de cession, des actes translatifs de propriété. **Conveyancing-lawyer** = CONVEYANCER. **2.** Procédure translative de propriété.

conveyor, conveyer [kon'veiər], *s.* **1.** (*Pers.*) (*a*) Porteur, -euse (d'une lettre, d'un paquet). (*b*) Voiturier *m*. **2.** *Ind:* (Appareil) transporteur *m*; transporteuse *f*; convoyeur *m*. **Coal conveyer**, transporteur à charbon. **Conveyer-belt, belt-conveyer**, bande transporteuse; courroie *f* de transport; ruban roulant; transporteur à ruban, à courroie, à bande. **Bucket conveyer**, transporteur à godets, à augets; noria *f*. **Spiral conveyer, screw conveyer**, hélice, vis, transporteuse; spirale transporteuse; transporteur à vis (sans fin); vis de transport, d'Archimède. **Shaker conveyer**, couloir *m* à secousses. *See also* SUCTION-CONVEYOR, TROUGH-CONVEYOR. *Mec.E:* **Assembly conveyor**, chaîne *f* de montage; tapis roulant. *Work on the c. belt*, travail *m* à la chaîne. *Min:* **Conveyer trough**, rigole *f* de chargement. **3.** Conducteur *m* (d'électricité).

convict[1] ['kɔnvikt], *s.* **1.** *A:* Condamné *m*. **2.** (*a*) Forçat *m*. **Gang of convicts**, équipe *f* de forçats. **Convict prison** = maison centrale. *See also* FORMER[1] 1. (*b*) *A:* (i) Déporté *m*; (ii) (*on the hulks*) bagnard *m*, galérien *m*. **Convict station**, pénitencier *m*. **Convict colony**, colonie *f* pénitentiaire, colonie de déportation. **Gang of convicts**, chiourme *f*. *See also* SHIP[1] 1.

convict[2] [kon'vikt], *v.tr.* (*a*) *To c. s.o. of a crime*, convaincre qn d'un crime; déclarer qn coupable d'un crime. *He was convicted*, il fut déclaré, reconnu, coupable; il fut condamné. (*b*) *To c. s.o. of error*, convaincre qn d'erreur. *To be convicted of lying*, être convaincu de mensonge. (*c*) *You stand convicted by your own words*, vos propres paroles vous condamnent. *B: They, being convicted by their own conscience, went out one by one*, étant condamnés par leur conscience, ils sortirent un à un.

conviction [kon'vikʃ(ə)n], *s.* **1.** Condamnation *f*. *Jur: Previous convictions*, condamnations antérieures; dossier *m* du prévenus

2. Persuasion *f*, conviction *f*. **To be open to conviction,** être accessible à la persuasion, à la conviction; ne demander qu'à être convaincu. 3. (*Belief*) Conviction. **To act up to one's convictions,** agir d'après ses convictions. **To act from conviction,** agir par conviction. (*Of evidence, etc.*) **To carry conviction,** emporter conviction. *The c. forced itself upon me that . . .,* la conviction que . . . s'imposa dans mon esprit. *It is my c. that he is innocent,* je suis persuadé qu'il est innocent. *That is his firm c., F:* il ne sort pas de là; il n'en sort pas. *See also* COURAGE.

convictive [kon'viktiv], *a. Jur:* Convictionnel.

convince [kon'vins], *v.tr.* Convaincre, persuader (*s.o. of sth., that . . .,* qn de qch., que . . .). *I am convinced that he is still alive,* j'ai la conviction, je suis persuadé, qu'il est encore vivant. *To allow oneself to be convinced,* se laisser convaincre; se laisser persuader à la raison.

convinced, *a.* Convaincu. *I am c. of his innocence,* je suis convaincu de son innocence.

convincing, *a.* (*a*) (Argument) convaincant; (langage) persuasif. (*b*) *His rendering of the part is quite c.,* son interprétation du rôle emporte conviction, est saisissant de vérité. **-ly,** *adv.* D'une façon convaincante; d'un ton, d'un air, qui emporte conviction.

convincedly [kon'vinsidli], *adv.* D'un air, d'un ton, convaincu.

convincible [kon'vinsibl], *a.* Disposé à se laisser convaincre.

convincingness [kon'vinsiŋnəs], *s.* Force *f* (d'un argument, d'une preuve); vérité évidente (des paroles de qn); vérité (d'une interprétation).

convivial [kon'viviəl], *a.* Qui a rapport aux plaisirs de la table. 1. **Convivial evening,** dîner *m* entre camarades; soirée passée à table ou à boire. **Man of convivial habits,** amateur *m* des plaisirs de la table; bon vivant (entre convives); bon convive. *Lit:* **Convivial verse,** vers *m* anacréontiques. *C. songs,* chansons *f* à boire, chansons de table. 2. (*Of pers.*) Joyeux, jovial (à table), bon convive. **-ally,** *adv.* Joyeusement, jovialement. *The two teams spent the evening c.,* les deux équipes *f* ont fraternisé dans un banquet auquel a présidé la plus franche gaieté.

conviviality [konvivi'aliti], *s.* 1. Franche gaieté (dans un repas); esprit *m* de société. 2. **Convivialities,** noces *f* et festins; soirées passées à table, à banqueter.

convocation [kɔnvo'keiʃ(ə)n], *s.* 1. Convocation *f* (d'une assemblée, d'un comité); *Ecc:* indiction *f* (d'un concile). 2.(*a*) *Ecc:* Assemblée, synode *m* (du clergé d'un diocèse). **The Convocation of Canterbury, of York,** le synode de Cantorbéry, d'York. (*b*) *Sch:* (*At Oxford*) Assemblée délibérante des maîtres ès arts de l'Université.

Convo'cation-house, *s. Ecc:* 1. Lieu *m* d'assemblée du synode. 2. Le synode.

convocator ['kɔnvokeitər], **convoker** [kon'voukər], *s.* Convocateur, -trice.

convoke [kon'vouk], *v.tr.* Convoquer (une assemblée).

convolute ['kɔnvoljuːt]. 1. *a.* (*a*) *Bot:* Convoluté, contourné, contorté. (*b*) *Conch:* Contourné. 2. *s. Nat.Hist: etc:* Enroulement *m.*

convoluted ['kɔnvoljutid], *a. Nat.Hist:* Convoluté. *Anat:* Circonvolutionnaire.

convolution [kɔnvo'ljuːʃ(ə)n], *s.* Circonvolution *f.* 1. **The convolutions of the coast,** les replis *m*, sinuosités *f*, de la côte. *Anat:* **Cerebral convolutions,** circonvolutions cérébrales, du cerveau. 2. Enroulement *m*, spire *f.*

convolvulaceous [konvɔlvju'leiʃəs], *a. Bot:* Convolvulacé, convolvulé.

convolvulus, *pl.* **-uses** [kon'vɔlvjuləs, -əsiz], *s. Bot:* Volubilis *m*, convolvulus *m*, liseron *m*; belle-de-jour *f*, *pl.* belles-de-jour.

convoy¹ ['kɔnvɔi], *s. Mil: Nau:* Convoi *m*, escorte *f.* **Convoy-ship,** (bâtiment) convoyeur *m*; (bâtiment d')escorte. **Ship under convoy,** bâtiment convoyé. **To sail, proceed, under convoy,** naviguer de conserve, en convoi.

convoy² [kon'vɔi], *v.tr. Mil: Nau:* Convoyer, escorter. **Ship convoyed by . . .,** vaisseau *m* sous l'escorte de. . . .

convoyer [kon'vɔiər], *s. Navy:* (Bâtiment) convoyeur *m.*

convulse [kon'vʌls], *v.tr.* 1. Convulsionner, bouleverser (un État); bouleverser (qn, la vie de qn); ébranler (la terre). 2. *Med:* Convulsionner; convulser (un muscle); donner des convulsions à (qn). **To be convulsed,** être convulsé. 3. **To be convulsed with laughter, with pain,** se tordre de rire, de douleur; se pâmer de rire. *Scene that convulses the audience,* scène *f* qui fait tordre de rire toute la salle. *See also* LAUGHTER. *Face convulsed by, with, terror, with anger,* visage convulsé, décomposé, par la terreur, par la colère.

convulsion [kon'vʌlʃ(ə)n], *s.* 1. *Med:* (*Usu. pl.*) Convulsion *f.* **To throw s.o. into convulsions,** donner des convulsions à qn. *Infantile convulsions,* convulsions des enfants. 2. **To be seized with convulsions of laughter,** se tordre de rire; rire à se tordre. 3. **Political convulsions,** convulsions, bouleversements *m*, politiques. 4. Agitation violente (de la mer); bouleversement, commotion *f* (de la terre).

convulsionary [kon'vʌlʃənəri]. 1. *a.* Convulsionnaire. 2. *s. Fr.Hist:* Convulsionnaire *mf* (de Saint-Médard).

convulsive [kon'vʌlsiv], *a.* 1. (Mouvement, etc.) convulsif. *C. movements* (*of the limbs*), soubresauts *m.* 2. *Disturbances c. to the State,* troubles *m* qui bouleversent l'État, qui convulsionnent l'État. **-ly,** *adv.* Convulsivement.

cony ['kouni], *s.* 1. *A. & U.S:* Lapin *m. Her:* Connil *m.* 2. *Com:* **Cony(-skin),** peau *f* de lapin. *See also* SEAL¹ 2.

coo¹ [kuː]. 1. *s.* Roucoulement *m.* 2. *int. P:* Tiens! mazette!

coo², *v.i.* (*Of dove, F: of pers.*) Roucouler; (*of baby*) gazouiller. *See also* BILL³.

cooing, *s.* Roucoulement *m.*

co-obligant [ko'ɔbligənt], **co-obligor** [ko'ɔbligər], *s. Jur:* Co-obligé, -ée.

cooee, cooey ['kui], *int.* (*In Austr.*) = Ohé! laïtou!

cook¹ [kuk], *s.* (*a*) Cuisinier, -ière. **Head cook,** chef *m*; *A. & Hum:* maître *m* queux. **First-rate cook,** *F:* cordon bleu. **Plain cook,** cuisinière bourgeoise. **Cook-general,** cuisinière et bonne à tout faire. *Prov:* **Too many cooks spoil the broth,** trop de cuisinières gâtent la sauce. (*b*) *Nau:* Cuisinier; maître-coq *m*, *pl.* maîtres-coqs. **Cook's-mate,** matelot *m* coq; second coq. *See also* BOTTLE-WASHER, PASTRY-COOK.

'cook-house, *s.* (*a*) *Mil: Nau:* Cuisine *f*. (*b*) *Nau:* (*On wharf*) Coquerie *f.*

'cook-room, *s. U.S:* Cuisine *f.*

'cook-shop, *s.* 1. *A:* Rôtisserie *f.* 2. *F:* Gargote *f*, popote *f.*

'cook-stove, *s. U.S:* = COOKING-STOVE.

cook². 1. *v.tr.* (*a*) (Faire) cuire (de la viande, etc.). *Abs.* Faire la cuisine; cuisiner. *She is (busy) cooking,* elle apprête à manger; elle apprête le repas. *Who is going to c. the dinner?* qui est-ce qui va faire le dîner? qui va s'occuper du dîner? *Nicely cooked vegetables,* légumes bien accommodés, bien apprêtés. *See also* HALF-COOKED, READY-COOKED. *F:* **To cook s.o.'s goose,** (i) renverser, bouleverser, les projets de qn; contrecarrer qn; (ii) faire son affaire à qn; tuer ou ruiner qn. *His goose is cooked,* il a son compte; il est flambé. *He has cooked his goose,* il s'est coulé. *P:* **He is cooked,** (i) (*thoroughly drunk*) il a sa cuite; (ii) (*of athlete, etc.*) il est à bout de forces; il n'en peut plus; il est à plat. *I am cooked!* je suis éreinté! (*b*) *F:* **To cook accounts,** falsifier les comptes; cuisiner, fricoter, truquer, tripatouiller, arranger, faire cadrer, les comptes; donner le coup de pouce aux comptes. (*c*) *Chess:* **To cook a solution,** démontrer le mal fondé de la solution (d'un problème). (*d*) *Phot: U.S:* Trop développer (un film). 2. *v.i.* (*Of food*) Cuire. *My cakes have cooked too fast,* le feu a surpris mes gâteaux.

cook up, *v.tr. F:* Inventer, imaginer (une excuse, etc.); forger (un mensonge).

cooking, *s.* 1. Cuisson *f* (de la viande, etc.). (*Of food*) *To take a lot of c.,* être dur à cuire. 2. Cuisine *f.* **Plain cooking,** cuisine bourgeoise. **To do the cooking,** faire la cuisine; *F:* faire la popote. **Cooking utensils,** articles *m* de cuisine. *See also* OIL¹ 2. 3. **Cooking of accounts,** falsification *f*, trucage *m*, des comptes; irrégularités *fpl* d'écriture; tripotages *mpl* de caisse.

'cooking-range, 'cooking-stove, *s.* Fourneau *m* de cuisine; cuisinière *f.*

cook³, *s. Chess:* Problème vicié par une solution alternative (et non prévue par l'auteur).

cooker ['kukər], *s.* 1. (*a*) (*Kitchen stove*) Cuisinière *f*, cuiseur *m*; cuisine *f* poêle. **Electric cooker, oil-cooker,** cuisinière, fourneau *m*, électrique, au pétrole; cuiseur *m* électrique. **Gas-cooker,** cuisinière à gaz; réchaud *m* à gaz (à plusieurs feux); réchaud-four *m*, *pl.* réchauds-fours. *See also* FIRELESS. (*b*) **Double cooker,** marmite *f* étuve (à double compartiment). *See also* PRESSURE-COOKER, VEGETABLE 2. 2. (*a*) Légume *m* qui se cuit facilement; fruit *m* à cuire. (*b*) Pomme *f* à cuire. 3. *F:* **Cooker of accounts,** falsificateur, -trice, des comptes.

cookery ['kukəri], *s.* (L'art de la) cuisine. **Cookery-book,** livre *m* de cuisine.

cookie ['kuki], *s.* 1. *Scot:* Petit pain au lait. 2. *U.S:* Galette *f.*

cooky [kuki], *s.f. F:* (*Pers.*) Cuisinière.

cool¹ [kuːl]. 1. *a.* (*a*) Frais, *f.* fraîche. **Cool wind,** vent frais. **Cool drink,** boisson rafraîchissante. **To get cool,** se rafraîchir, se refroidir. **It is cool,** il fait frais. **It is getting cool,** le temps se rafraîchit. **The weather has turned cooler,** le temps s'est rafraîchi. *Com: etc:* **'To be kept in a cool place,'** "craint la chaleur"; "tenir au frais"; "à mettre au frais." (*b*) Tiède. *To leave one's soup to get c.,* laisser refroidir sa soupe. (*c*) Calme; de sang-froid. *To be very c.,* avoir un grand flegme; être d'un grand flegme. **To keep cool (and collected), to keep a cool head,** garder son sang-froid; conserver sa tête. *F:* **As cool as a cucumber,** avec un sang-froid imperturbable; tranquille comme Baptiste. **Keep cool!** calmez-vous! du calme! *F:* ne vous emballez pas! (*d*) Froid, tiède. **To be cool towards s.o.,** être froid, tiède, envers qn. *To grow c. towards s.o.,* se refroidir à l'égard de qn. **To give s.o. a very cool reception,** faire un accueil très froid à qn. (*e*) *F:* Hardi; sans gêne; peu gêné. **I call that cool!** ça, c'est du toupet! quelle audace! *Well, you're a c. customer, a c. fish!* eh bien, vous avez de l'aplomb! vous ne vous gênez pas! *P:* vous en avez un culot! vous ne manquez pas de toupet, de culot! **He is a cool hand, a cool customer, a cool one,** il ne se laisse pas démonter; il a de l'aplomb; il est sans gêne; il en prend à son aise; *P:* il a du culot; il n'est pas bileux. **He answered as cool as you please,** il répondit sans se laisser démonter. (*f*) *F:* **I lost a cool thousand,** j'ai perdu mille livres bien comptées, rien (de) moins que mille livres. *It cost me a c. hundred,* je l'ai payé cent livres, pas un sou de moins. (*g*) *Ven:* **Cool scent,** voie légère. 2. *s.* Frais *m*, fraîcheur *f.* **In the cool,** au frais. *To keep food in the c.,* tenir des aliments au frais. **In the cool of the evening,** dans la fraîcheur du soir; à la fraîche. *To enjoy the c. of the evening,* prendre le frais. **-lly,** *adv.* 1. Fraîchement. 2. (Agir) avec calme, de sang-froid, de sens rassis, à tête reposée. 3. (Recevoir qn) avec froideur, froidement. 4. Hardiment, effrontément; sans gêne.

cool-'headed, *a.* (Personne *f*) de sang-froid, calme, à l'esprit calme, que rien ne démonte; imperturbable.

cool-'headedness, *s.* Sang-froid; imperturbabilité *f.*

cool². 1. *v.tr.* Rafraîchir, refroidir, réfrigérer (l'eau, l'air); rafraîchir (le sang); refroidir, attiédir (qn, le zèle de qn). *Mec.E:* **To cool a bearing,** rafraîchir un portage. *See also* AIR-COOLED, FAN-COOLED, HEEL¹ 1, WATER-COOLED. 2. *v.i.* (*Of liquid*) Se rafraîchir, (se) refroidir; (*of anger, friendship, etc.*) se refroidir; tiédir, s'attiédir. *To put the wine to c. in the cellar,* mettre le vin à rafraîchir à la cave. *His anger soon cooled,* sa colère a vite passé.

cool down, *v.i.* (*After exertion*) Se rafraîchir; (*after anger*) s'apaiser, se calmer, se modérer. *His anger is cooling down,* sa colère se détend.

cool off, *v.i.* (a) **To let bread cool off,** laisser ressuer le pain. (b) *F: (Of affection, enthusiasm)* Se refroidir, tiédir.

cooling¹, *a.* (a) Rafraîchissant. *Med:* **Cooling medicine,** rafraîchissant *m.* **Cooling draught,** breuvage *m* apyrétique. (b) *Ind: etc:* Réfrigérant, refroidissant.

cooling², *s.* Rafraîchissement *m,* refroidissement *m* (de la température, etc.), attiédissement *m* (d'un liquide); *Ind:* réfrigération *f. I.C.E: etc:* **Air cooling,** refroidissement par courant d'air. *Mch: etc:* **Cooling water,** eau *f* de refroidissement. *Cin:* **Cooling tank,** cuvette *f* de refroidissement; cuve *f* à eau. *See also* FLANGE¹ 2, JACKET¹ 2. **Shower cooling,** rafraîchissement par ruissellement, à pluie. **Surface cooling,** rafraîchissement superficiel. *Ind:* **Cooling tower,** tour *f* de réfrigération; réfrigérant *m* à cheminée; refroidisseur *m.*

cooler ['ku:lər], *s.* **1.** (a) (Appareil) rafraîchisseur *m;* rafraîchissoir *m;* réfrigérateur *m.* **Butter-cooler,** beurrier *m. See also* WATER-COOLER, WINE-COOLER. (b) *Ind:* Réfrigérant *m,* réfrigérateur, refroidisseur *m.* **Surface cooler,** réfrigérant à ruissellement. **Forced-draught cooler,** réfrigérant soufflé. *Mch:* **Oil-cooler,** refroidisseur d'huile. **2.** *F: (Drink)* Boisson rafraîchissante. **3.** *P:* Déception *f; F:* douche *f. That's a c.!* voilà qui vous refroidit!

coolie ['ku:li], *s.* Homme *m* de peine ou portefaix *m* (aux Indes et en Chine); coolie *m,* couli *m.* **Coolie labour,** (emploi *m* de la) main-d'œuvre indigène.

coolish ['ku:liʃ], *a.* **1.** Un peu frais, *f.* fraîche. *It is c. this morning,* il fait frisquet ce matin. **2.** **A coolish reception,** un accueil tiède, plutôt froid.

coolness ['ku:lnəs], *s.* **1.** Fraîcheur *f* (de l'air, du soir). **2.** (a) Calme *m,* sang-froid *m,* flegme *m.* (b) *F:* Aplomb *m; P:* culot *m;* toupet *m.* **3.** Froideur *f* (de qn, d'un accueil). *There is a c. between them,* ils sont en froid; il y a du froid entre eux; ils se boudent.

Coomassie [ku'masi]. *Pr.n.* = KUMASSI.

coomb [ku:m], *s. Ph.Geog:* **1.** Combe *f,* vallon *m.* **2.** Cirque *m.*

coon [ku:n], *s. U.S:* **1.** = RACOON. **2.** *F:* (a) *(Fellow)* Type *m.* **He's a gone coon,** c'(en) est fait de lui; *P:* il est fichu; c'est un type fichu. (b) Un malin. **3.** *F:* Nègre *m* (des plantations). **Coon songs,** chansons *f* nègres.

coop¹ [ku:p], *s.* (a) Cage *f* à poules; mue *f.* **Fattening coop,** cageot *m* d'engraissement; épinette *f;* séminaire *m.* (b) Poussinière *f. F:* **To live in a real coop,** vivre dans une cage à mouches. (c) *Fish:* Casier *m.*

coop², *v.tr.* Enfermer (des poules) dans une mue. *F:* **To coop s.o. up,** tenir qn enfermé; claquemurer, parquer, cloîtrer, qn. **To feel cooped up, cooped in,** se sentir à l'étroit.

coop³, *s. Cin: etc: F:* Lampe *f* à vapeur de mercure (de la marque Cooper-Hewitt).

co-op [ko'ɔp], *s. F:* = *co-operative stores, q.v. under* CO-OPERATIVE.

cooper¹ ['ku:pər], *s.* **1.** Tonnelier *m,* cerclier *m,* barilleur *m.* **Dry cooper,** fabricant de caques, de barils pour solides; boisselier *m.* **Wet cooper,** fabricant de tonneaux, de fûts pour liquides; tonnelier *m.* **White cooper,** boisselier. **Cooper's wood,** bois *m* de tonnellerie; merrain *m.* **2.** = WINE-COOPER. **3.** *F:* Mélange *m* de porter et de stout.

cooper², *v.tr.* Réparer, remettre à neuf (les tonneaux). *F:* **To cooper (sth.) up,** réparer, raccommoder, rafistoler (qch.).

cooperage ['ku:pəredʒ], *s.* Tonnellerie *f,* barillage *m.* **White cooperage,** boissellerie *f.* **Household cooperage,** vaissellerie *f.*

co-operate [ko'ɔpəreit], *v.i.* **1.** Coopérer *(with s.o. in sth.,* avec qn à qch.). *To c. to the success of sth.,* coopérer au succès de qch. **To co-operate in attaining an end,** agir en commun pour atteindre un résultat. **2.** *(Of thgs)* Concourir, contribuer *(in,* à).

co-operation [koɔpə'reiʃ(ə)n], *s.* **1.** (a) Coopération *f.* (b) Concours *m (in,* à). **2.** *Pol.Ec:* Coopération, coopératisme *m.*

co-operative [ko'ɔpərətiv], *a.* **1.** Coopératif. **Co-operative society,** société coopérative. **Co-operative (supply) stores,** société coopérative de consommation; *F:* coopérative *f.* **2.** *C. forces,* forces concurrentes. **-ly,** *adv.* Coopérativement.

co-operator [ko'ɔpəreitər], *s.* Coopérateur, -trice.

coopery ['ku:pəri], *s.* Tonnellerie *f.*

co-opt [ko'ɔpt], *v.tr.* Coopter. *The co-opted members,* les membres cooptés (du conseil, etc.).

co-optation [koɔp'teiʃ(ə)n], **co-option** [ko'ɔpʃ(ə)n], *s.* Cooptation *f.*

co-ordinate¹ [ko'ɔ:rdinet]. **1.** *a.* (a) Égal, -aux *(with,* à); de même rang *(with,* que). (b) *Gram:* **Co-ordinate clauses,** propositions coordonnées. **2.** *s.* (a) *A. & Hist:* Égal *m* (par le rang ou l'importance). (b) *Mth:* Coordonnée *f. Polar co-ordinates,* coordonnées polaires. *Mil: Co-ordinates of a position,* cotes *f* d'une position (sur une carte quadrillée). **-ly,** *adv.* Au même rang; également.

co-ordinate² [ko'ɔ:rdineit], *v.tr.* Coordonner *(with,* à).

co-ordinating, *a.* **1.** Coordonnateur, -trice. **2.** *Gram: (Of conjunction, etc.)* Coordonnant.

co-ordination [koɔrdi'neiʃ(ə)n], *s.* Coordination *f. Efforts that lack c.,* efforts qui auraient besoin d'être coordonnés, qui manquent de coordination.

co-ordinative [ko'ɔ:rdineitiv], *a.* Coordonnateur, -trice.

co-ordinator [ko'ɔ:rdineitər], *s.* Coordonnateur, -trice.

coot [ku:t], *s.* **1.** *Orn:* **(Common or bald-)coot,** foulque noire; *F:* macroule *f,* morelle *f,* judelle *f. See also* BALD 1. **2.** *U.S: F:* Niais *m,* nigaud *m,* serin *m.*

cootie, cooty [kuti], *s. Mil: P:* Toto *m,* pou *m, pl.* poux.

co-owner [kou'ounər], *s.* Copropriétaire *mf.*

co-ownership [kou'ounərʃip], *s.* Copropriété *f.*

cop¹ [kɔp], *s. Tex:* Cannette *f* de fil. **Cop-yarn,** fil *m* de coton sur cannettes. *See also* WINDER².

cop², *s. P:* = COPPER³. *See also* SPEED-COP.

cop³, *s. P:* **1.** **It's a fair cop!** je suis, vous êtes, pris sur le fait. **2.** **It's no cop, not much cop,** ça ne vaut pas grand'chose; ça ne me tente pas; ce n'est pas le Pérou.

cop⁴, *v.tr. P:* Attraper, piger, pincer (qn). **To get copped,** se faire pincer (par la police, par le maître, etc.). *To cop five years' hard labour,* écoper de cinq ans de travaux forcés. **To cop it,** (i) attiger; se faire attiger; écoper; recevoir une blessure, être touché; (ii) recevoir un savon; en prendre pour son rhume.

copaiba [ko'paibə], **copaiva** [ko'paivə], *s. Pharm: etc:* Copahu *m.* **Copaiba balsam,** baume *m* de copahu.

copal ['koupəl], *s.* (Gum) **copal,** copal *m.* **Copal varnish,** vernis *m* au copal. *See also* FOSSIL 2, JACKASS-COPAL.

copalm ['koupɑ:m], *s. Pharm:* **Copalm balsam,** (baume *m*) copalme *m. Bot:* **Copalm balsam-tree,** copalme.

coparcenary [kou'pɑ:rsənəri], *s. Jur:* **1.** Copartage *m* (d'une succession); indivision *f.* **2.** Copropriété *f.*

coparcener [kou'pɑ:rsənər], *s. Jur:* Copartageant, -ante; cohéritier, -ière; propriétaire indivis; indivisaire *m.*

copartner [kou'pɑ:rtnər], *s. Com:* Coassocié, -ée; coparticipant *m.*

copartnership [kou'pɑ:rtnərʃip], **copartnery** [kou'pɑ:rtnəri], *s.* Coassociation *f;* coparticipation *f;* société *f* en nom collectif. **Industrial copartnership,** actionnariat ouvrier.

cope¹ [koup], *s.* **1.** *Ecc:* Chape *f;* pluvial *m, pl.* pluviaux. **2.** **The cope of heaven,** la voûte céleste; *F:* la calotte des cieux. **Under the cope of night,** sous le voile de la nuit; sous le manteau de la nuit. **3.** *Const:* = COPING. **4.** *Metall:* Dessus *m,* chapeau *m* (de châssis, de moulage).

'cope-stone, *s.* Couronnement *m* (d'un mur, *F:* d'une carrière); comble *m* (des misères, etc.). **To put the cope-stone to one's work,** parachever son travail; y mettre la dernière main.

cope². **1.** *v.tr.* (a) Mettre la chape à (un évêque). **Coped and mitred,** chapé et mitré. (b) *Const:* Chaperonner (un mur); mettre un couronnement à (un mur). *Hort:* Abriter (un espalier) d'un chaperon. *F: Hill coped with a fortress,* colline couronnée d'une forteresse. (c) Recouvrir d'une voûte. *The night which coped the earth,* la nuit qui couvrait la terre de son voile, de son manteau. **2.** *v.i. (Of course of bricks, etc.)* **To cope over,** faire saillie; surplomber.

coping, *s. Const: etc:* Chaperon *m,* couronnement *m* (d'un mur, d'une paroi en pierre); chaperon d'abri (d'un espalier).

'coping-stone, *s.* **1.** Chaperon *m,* tablette (d'un mur). **2.** = COPE-STONE.

cope³, *v.i.* (a) *To c. with s.o., with the enemy,* tenir tête à qn, à l'ennemi. (b) *To c. with a situation,* faire face à une situation. *To c. with one's task,* être égal à sa tâche; être à la hauteur de sa tâche. **To cope with a danger, with an evil,** conjurer un danger, un mal. *To c. with a difficulty,* venir à bout d'une difficulté. *He can't c. with everything,* il ne peut suffire à tout.

cope⁴, *v.tr. Dial:* = BARTER² (a).

copeck ['koupek], *s. Num:* Copeck *m.*

Copenhagen [koupən'heigən]. *Pr.n.* Copenhague *f.*

copepod ['koupipɔd], *s. Crust:* Copépode *m.*

coper¹ ['koupər], *s. See* HORSE-COPER.

coper², *s. (In North Sea)* Cabaret flottant.

Copernican [ko'pə:rnikən], *a.* Copernicien. **The Copernican system** *or* **theory,** le système de Copernic.

Copernicus [ko'pə:rnikəs]. *Pr.n.m.* Copernic.

copier ['kɔpiər], *s.* **1.** Copiste *mf; F:* scribe *m.* **2.** Copiste, imitateur, -trice.

co-pilot ['kou'pailət], *s. Av:* Pilote *m* de relève (à bord de l'avion).

copious ['koupjəs], *a.* (a) Copieux, abondant, ample. *To take c. notes,* prendre des notes abondantes. **Copious author,** auteur abondant. (b) **Copious language, style,** langue *f* riche, style *m* riche. **-ly,** *adv.* Copieusement, abondamment, amplement.

copiousness ['koupjəsnəs], *s.* Abondance *f,* profusion *f;* ampleur *f* (de style).

co-plaintiff [kou'pleintif], *s. Jur:* Codemandeur, -eresse.

coplanar [kou'pleinər], *a. Mth:* Coplanaire.

copper¹ ['kɔpər], *s.* **1.** (a) Cuivre *m* (rouge). *Miner:* **Red copper,** cuivre vitreux rouge; cuprite *f.* **Copper ore,** minerai *m* de cuivre. **Blue copper ore,** azurite *f. Metall:* **Phosphor copper,** cuivre phosphoreux. **Manganese copper,** cuivre manganésé, au manganèse. *Soft c.,* cuivre doux. **To turn the colour of copper,** se cuivrer. *See also* RUBY 1. (b) *pl. St.Exch: F:* **Coppers,** valeurs *f* cuprifères. **2.** (a) *Dom.Ec:* Cuve *f* à lessive; lessiveuse *f,* chaudron *m. Brew:* Brassin *m.* (b) *F: (Coin)* Pièce *f* de deux sous; penny *m. pl.* Petite monnaie; sous *mpl; F:* quincaille *f,* mitraille *f. To give a beggar a c.,* donner deux sous à un mendiant. (c) *P:* **To have hot coppers,** avoir la gueule de bois. **To cool one's coppers,** se rafraîchir (le gosier); se rincer le gosier. **3.** *Attrib.* (a) De cuivre, en cuivre; (mine *f*) ærifère. **Copper wire,** fil *m* de cuivre. *Ind: etc:* **Copper fittings,** cuivreries *f. See also* BATH¹ 3, BIT¹ 2, GLANCE³, SULPHATE¹ 1, VITRIOL. (b) *(C.-coloured)* Cuivré, cuivreux. *C. complexion,* teint cuivré. **Copper-skinned,** au teint cuivré, bronzé. *See also* BEECH, INDIAN 2.

'copper-as'bestos, *a. Ind: Mec.E:* **Copper-asbestos material,** matière *f* métallo-plastique.

'copper-bearing, *a.* Ærifère.

'copper-blende, *s. Miner:* Kupferblende *f.*

copper-'bottomed, *a.* A fond de cuivre; *Nau:* doublé en cuivre.

'copper-captain, *s. F:* Faux capitaine.

'copper-py'rites, *s.* Pyrite cuivreuse; chalcopyrite *f.*

'copper-smith, *s.* Chaudronnier *m* en, de, cuivre.

copper-'solder, *v.tr. Metalw:* Braser au cuivre.

'copper-top, *s. F:* **1.** Cheveux roux. **2.** *(Of pers.)* Roux, *f.* rousse; *P:* rouquin, -ine.

'copper-ware, *s.* Dinanderie *f.*

'copper-works, *s.* Fonderie *f* de cuivre; cuivrerie *f*.
copper², *v.tr.* **1.** *Metalw:* Cuivrer (un métal). **2.** *N.Arch:* Doubler (un navire).
coppering, *s.* **1.** Cuivrage *m*. **2.** Doublage *m*.
copper³, *s. P:* (*Policeman*) Sergot *m*, flic *m*, cogne *m*.
copperas ['kɔpərəs], *s.* *Miner:* **1.** (Green) copperas, couperose verte, vitriol vert, sulfate ferreux. **2.** *A:* White copperas, couperose blanche, vitriol blanc, sulfate de zinc. Blue copperas, vitriol bleu, sulfate de cuivre.
copperhead ['kɔpərhed], *s.* *Rept:* Trigonocéphale *m*; *F:* mocassin *m*.
copperplate¹ ['kɔpərpleit], *s.* **1.** Plaque *f* de cuivre; cuivre *m* en plaque(s); tôle *f* de cuivre. **2.** *Engr:* Taille-douce *f*. Copperplate engraving, (gravure *f* en) taille-douce, gravure sur cuivre. Copperplate printing, impression *f* en creux, en taille douce. *C. printer*, taille-doucier *m*, *pl.* taille-douciers. *F:* Copperplate writing, écriture moulée, calligraphiée.
copperplate², *v.tr.* Cuivrer (un métal).
copperplating, *s.* **1.** (*Action*) Cuivrage *m*. **2.** (*Material*) Cuivrure *f*.
copperskin ['kɔpərskin], *s. U.S:* Peau-Rouge *m*, *pl.* Peaux-Rouges.
coppery ['kɔpəri], *a.* Cuivreux. To turn coppery, se cuivrer.
coppice ['kɔpis], *s.* Taillis *m*, hallier *m*, gaulis *m*. *Ven:* Breuil *m*. Coppice wood, bois *m* de taille. *C. with standards*, taillis sous futaie. *See also* BARK-COPPICE.
'coppice-clump, *s.* Cépée *f*.
copra ['kɔpra], *s.* *Com:* Copra *m*.
copremia [ko'priːmia], *s.* *Med:* Coprémie *f*.
coprolite ['kɔprolait], *s.* *Geol:* Coprolit(h)e *m*.
coprology [ko'prɔlodʒi], *s.* *Art:* *Lit:* *F:* Scatologie *f*.
co-property [kou'prɔpərti], *s.* *Jur:* Copropriété *f*.
coprophagan [ko'prɔfagən], *s.* *Ent:* Coprophage *m*.
coprophagous [ko'prɔfagəs], *a.* *Ent:* Coprophage, merdivore.
coprophilous [ko'prɔfiləs], *a.* *Ent:* Coprophile.
co-proprietor [koupro'praiətər], *s.* *Jur:* Copropriétaire *m*.
cops(e) [kɔps], *s.* *Harn:* *etc:* Fer *m* en U.
copse¹ [kɔps], *s.* = COPPICE.
copse², *v.tr.* Planter (un terrain) en taillis.
Copt [kɔpt], *s.* Copte *mf*.
Coptic ['kɔptik]. **1.** *a.* Coptique, copte. **2.** *s.* *Ling:* Le copte.
copula ['kɔpjula], *s.* **1.** *Gram:* *Log:* Copule *f*. **2.** (*Of organ*) Pédale *f* d'accouplement.
copulate ['kɔpjuleit], *v.i.* S'accoupler.
copulation [kɔpju'leiʃ(ə)n], *s.* *Physiol:* Copulation *f*; coït *m*; accouplement *m* (des animaux).
copulative ['kɔpjulətiv, -leitiv]. **1.** *a.* (*a*) *Gram:* *Log:* Copulatif. (*b*) *Physiol:* *Anat:* Copulateur, -trice. **2.** *s.* *Gram:* Copulative *f*. **-ly,** *adv.* Copulativement.
copulatory ['kɔpjulətəri], *a.* *Physiol:* *Anat:* Copulateur, -trice; (organe *m*) de copulation.
copy¹ ['kɔpi], *s.* Copie *f*. **1.** (*Imitation*) This picture is only a copy, ce tableau n'est qu'une copie, qu'une reproduction. *Ind:* *etc:* Traced copy, tissue copy, calque *m*. **2.** (*a*) (*Transcription*) Copie, transcription *f* (d'une lettre, d'un texte, d'un devoir). Rough copy, brouillon *m*. *Jur:* *etc:* Fair copy, copie (au net). *Sch:* Fair-copy book, cahier *m* de net. *To make, write, a fair c. of a letter, of an exercise*, mettre une lettre, un devoir, au net. To take a copy of a letter, prendre copie d'une lettre. *Each competitor should submit five copies of his work*, chaque concurrent doit présenter son ouvrage en cinq exemplaires *m*. (*b*) *Jur:* Expédition *f* (d'un acte, d'un titre). Certified copy, copie authentique; ampliation *f*. '*Certified true c.*,' "pour copie conforme"; copie certifiée (conforme); copie authentique. 'True copy,' "pour ampliation." To make a copy of a deed, expédier un acte. First authentic copy, grosse *f* exécutoire, première expédition. (*c*) *Jur:* Extrait *m* du livre censier, du rôle de la cour seigneuriale (tenant lieu de titre de propriété terrienne). **3.** Modèle *m* (de dessin); exemple *m*, modèle (d'écriture). **4.** Exemplaire *m* (d'un livre); numéro *m* (d'un journal). *Only 500 copies of the book were printed*, le livre n'a été tiré qu'à 500 exemplaires. *See also* PRESS-COPY, REVIEW¹ 4, SECOND-HAND² 2. **5.** *Typ:* (*a*) Manuscrit (destiné à l'impression); copie. To wait copy, to be out of copy, manquer de copie; être à court de copie. (*b*) *Journ:* Matière *f* à reportage; sujet *m* d'article. This would make good copy, voilà un bon sujet d'article, de reportage. *The supernatural is always good c.*, les articles sur le surnaturel plaisent toujours, se lisent toujours. *He would make c. out of his grandmother*, pour gagner cent sous il ferait du reportage sur sa grand'mère. Copy-writer, articlier *m*.
'copy-book, *s.* Cahier *m* d'écriture. *F:* Copy-book maxims, maximes banales; lieux communs. To blot one's copy-book, ternir sa réputation.
'copy-cat, *s.f.* *F:* Imitatrice (d'une autre); singe *m*.
'copy-holder, *s.* **1.** *Typ:* *Typewr:* Porte-copie *m inv.* **2.** *Typ:* (*Reader's assistant*) Teneur *m* de copie. *Cp.* COPYHOLDER.
copy², *v.tr.* Copier. **1.** (*a*) Imiter, reproduire (une œuvre d'art, etc.). *Copied from the original in the Louvre*, copié sur l'original, qui est au Louvre. *To c. a plan*, suivre un dessin. (*b*) *To c. s.o.*, se modeler, se calquer, sur qn. *To c. s.o.'s walk, s.o.'s style*, imiter la démarche, le style, de qn. *Art:* *Lit:* *Mus:* *To c. s.o.'s style*, copier, pasticher, le style de qn. (*c*) *Abs. Sch:* To copy, copier (sur un autre élève). (*d*) *Journ:* (*Of announcement*) 'Australian papers please copy,' "les journaux d'Australie sont priés de reproduire"; "prière d'insérer dans les journaux australiens." **2.** To copy (out) *a letter, etc.*, copier, transcrire, une lettre, etc. *To c. out a passage from a book*, extraire un passage d'un livre. To copy sth. from nature, copier qch. d'après nature. *See also* FAIR-COPY.
copying¹, *a.* Copying clerk, expéditionnaire *m*; *F:* gratte-papier *m inv.*
copying², *s.* Transcription *f*, imitation *f*. Copying machine, duplicateur *m*. Copying paper, papier *m* pelure pour copies de lettres. *See also* INK¹.
'copying-lathe, *s.* Tour *m* à copier, à singer; tour à gabarit.
'copying-press, *s.* Presse *f* à copier.
copyhold ['kɔpihould], *s.* *A:* **1.** Tenure *f* en vertu d'une copie du rôle de la Cour seigneuriale; tenure censitaire. **2.** Copyhold (estate), terre occupée en vertu d'une copie du rôle.
copyholder ['kɔpihouldər], *s.* *A:* Censitaire *m*. Copyholder tenure, tenure censuelle.
copyist ['kɔpiist], *s.* Copiste *mf*; scribe *m*.
copyright¹ ['kɔpirait], *s.* Droit *m* d'auteur; propriété *f* littéraire; copyright *m*. Out of copyright, (tombé) dans le domaine public. *Jur:* Copyright case; action for infringement of copyright, procès *m* en contrefaçon. The International Copyright Union, l'Union internationale de Berne. 'Copyright reserved,' "tous droits réservés"; "droit de publication réservé."
'copyright-'notice, *s.* *Publ:* Mention *f* de réserve; *Journ:* mention d'interdiction.
copyright², *v.tr.* *Publ:* Déposer (un livre).
copyrighting, *s.* Dépôt légal (d'une publication).
copyright³, *a.* (Livre) qui est protégé par des droits d'auteur; (article *m*) dont le droit de reproduction est réservé; (livre) qui n'est pas dans le domaine public. 'Copyright (in all countries),' "tous droits de reproduction et de traduction réservés (pour tous pays)."
coquetry ['koukətri], *s.* Coquetterie *f*. *He disliked these coquetries on her part*, ces coquetteries, ces avances *f*, ces chatteries *f*, de sa part lui déplaisaient.
coquette¹ [ko'ket], *s.* **1.** Coquette *f*; *F:* célimène *f*. **2.** *Orn:* Coquet *m*.
coquet(te)², *v.i.* Faire la coquette; flirter; *A:* coqueter. To coquet(te) with s.o., faire des coquetteries, des avances, à qn; faire la coquette, flirter, avec qn. To coquet(te) with an idea, jouer avec une idée; caresser une idée.
coquetting, *s.* Coquetteries *fpl*.
coquettish [ko'ketiʃ], *a.* **1.** Flirteuse. **2.** (*a*) (Petit chapeau, etc.) coquet. (*b*) (Sourire) provocant, agaçant, *F:* aguichant; (œillade) assassine. **-ly,** *adv.* D'un air provocant.
coquilla-nut [ko'kilanʌt], *s.* *Bot:* Attalée *f* à cordes.
coquito [ko'kiːto], *s.* *Bot:* Jubéa *m*.
Cora [kɔːra]. *Pr.n.f.* Corinne, Cora.
coracle ['kɔrəkl], *s.* Coracle *m*. (Canot *m* à carcasse en osier recouverte de toile imperméable. Employé par les pêcheurs d'Irlande).
coraco-clavicular ['kɔrakokla'vikjulər], *a.* *Anat:* Coraco-claviculaire.
coracoid ['kɔrakɔid], *a.* *Anat:* Coracoid process, apophyse *f* coracoïde.
coral ['kɔrəl], *s.* **1.** Corail, *pl.* coraux *m*. Organ-pipe coral, orgue *m* de mer; tubipore *m*. Coral fisher, corailleur *m*. Coral fishery, la pêche du corail. *Attrib.* Coral island, île corallienne, de corail; atoll *m*. Coral-reef, récif corallien, de corail. Coral-shoal, banc *m* de corail. Coral red, corallin. *F:* Coral lips, lèvres *f* de corail. Coral necklace, collier *m* de corail. *Geol:* Coral limestone, calcaire *m* coralligène. **2.** Hochet *m* ou anneau *m* de corail (pour bébés qui font leurs dents). **3.** Œufs *mpl* de homard.
'coral-plant, *s.* *Bot:* Aveline purgative.
'coral-rag, *s.* *Geol:* Coralrag *m*.
coralliferous [kɔra'lifərəs], *a.* Corallifère, coralligère.
coralliform [ko'ralifɔːrm], *a.* Coralliforme.
coralligerous [kɔra'lidʒərəs], *a.* Coralligère.
coralline¹ ['kɔralain], *s.* **1.** Coralline *f*. **2.** *F:* Bryozoaire *m*. *Oc:* Coralline zone, zone *f* des bryozoaires (30 à 100 m.).
coralline², *a.* (*a*) Corallien; corailleux. (*b*) (*Pinkish-red*) Corallin.
corallite ['kɔralait], *s.* **1.** *Paleont:* Corallite *m*. **2.** *Geol:* Marbre corallin.
coralloid ['kɔralɔid], *a.* Coralloïde, corallaire.
coralwort ['kɔrəlwəːrt], *s.* *Bot:* Dentaire *f*.
Coran ['kɔːran, ko'rɑːn], *s.*, **Coranic** [ko'ranik, '-rɑːnik], *a.* = KORAN, KORANIC.
corbel¹ ['kɔːrbəl], *s.* **1.** *Arch:* Corbeau *m*, console *f*. **2.** *Const:* Corbel(-block), chapeau *m* (de montant), semelle *f* (d'encastrement de poutre).
'corbel-table, *s.* Encorbellement *m*.
corbel², *v.tr.* *Const.* Encorbeller. *Arch:* *Civ.E:* To be corbelled out, *v.i.* to corbel out, porter en saillie; former un encorbellement.
corbelled, *a.* *Arch:* En encorbellement.
corbelling, *s.* Encorbellement *m*.
corbiculum [kɔːr'bikjuləm], *s.* Corbeille *f* (d'abeille).
corbie ['kɔːrbi], *s.* *Scot:* Corbeau *m*. *Arch:* Corbie-gable, pignon *m* à redans.
corbie-'stepped, *a.* *Arch:* Corbie-stepped gable, = *corbie-gable, q.v. under* CORBIE.
corbie-'steps, *s.* *Arch:* Redans *mpl* (d'un pignon crénelé).
Corcyra [kɔːr'saira]. *Pr.n.* *A.Geog:* Corcyre *f*.
cord¹ [kɔːrd], *s.* **1.** (*a*) Corde *f* (mince); cordon *m*; ficelle *f*. Stranded, twisted, cord, cordon câblé. Laid cord, ficelle tordue. (*b*) *El.E:* Conducteur *m* souple; cordon. Armoured cord, cordon armé. *Twine c.*, cordon double. (*c*) Bandereau *m* (de trompette). *Dressm:* *Tail:* Ganse *f* (de couture de vêtement). Silk cord, rondelette *f*. *Bookb:* Nerf *m* (de dos de livre). (*d*) *Anat:* The vocal cords, les cordes vocales. The spinal cord, le cordon médullaire; la moelle épinière. The umbilical cord le cordon ombilical. (*e*) *Lit:* Lien *m*. The cords of discipline, les liens de la discipline. **2.** *Meas:* Corde (de bois de chauffage). **3.** (*a*) *Tex:* Côte *f* (de velours à grosses côtes, etc.). *See also* BEDFORD. (*b*) *pl.* Cords = *corduroys, q.v. under* CORDUROY¹.
'cord-drill, *s.* *Tls:* Foret *m* à archet.

'**cord-eye**, *s. Av: Nau:* Passe-fils *m inv.*
'**cord-shaped**, *a. Miner: etc:* Funiforme.
'**cord-wood**, *s.* Bois *m* de stère; bois à brûler; *A:* bois de corde.

cord², *v.tr.* 1. Corder; attacher, lier, avec une corde; ligoter (un fagot, etc.). 2. *Meas:* Corder, mesurer (du bois de chauffage). 3. *Bookb:* Mettre (un livre) en presse (entre deux ais).
corded, *a.* 1. (*a*) *Tex:* Côtelé, à côtes; vergé. **Corded fabric**, étoffe croisée. (*b*) *Knitting: etc:* **Corded cotton**, coton perlé. 2. *Aut: etc:* **Corded tyre**, pneu *m* à cordes. 3. *F:* **Old hands with corded veins**, vieilles mains cordées de veines.
cording, *s.* 1. Encordage *m*, cordage *m* (d'un paquet, etc.). 2. *Coll. Tex:* **Cording and healds of a loom**, encordage d'un métier.

cordage ['kɔːrdedʒ], *s.* (*a*) Cordage *m*, filin *m.* (*b*) *Coll.* Cordages, filin. *Nau: The c. store*, la soute à filin.

cordate ['kɔːrdet], *a. Bot: etc:* Cordé, cordiforme; en forme de cœur. *With c. leaves*, cordiforme.

cordelier [kɔːrdə'liːər], *s. Ecc:* Cordelier *m.*

cordelière [kɔːrdəl'jɛːər], *s. Her:* Cordelière *f* (de saint François d'Assise).

cordial ['kɔːrdjəl]. 1. *a.* (Accueil) cordial, chaleureux. *They were very c.*, ils ont été très cordiaux; ils m'ont fait un accueil chaleureux. 2. *s.* Cordial *m.* **-ally**, *adv.* Cordialement, chaleureusement; de tout cœur; de grand cœur; de bon cœur. **To be received cordially by s.o.**, trouver un chaleureux accueil chez qn.

cordiality [kɔːrdi'aliti], *s.* Cordialité *f.* *Exchange of cordialities*, échange *m* de cordialités.

cordiform ['kɔːrdifɔːrm], *a. Anat: etc:* Cordiforme.

Cordillera [kɔːrdi'ljɛəra]. *Pr.n. Geog:* **The Great Cordillera**, la Cordillère des Andes.

cordite ['kɔːrdait], *s. Exp:* Cordite *f.*

cordon ['kɔːrdən], *s.* 1. (*a*) *Dressm:* Cordon *m*, tresse *f.* (*b*) [kɔr'dɔ̃] Cordon (d'un ordre de chevalerie). **The Blue Cordon**, le Cordon bleu (de l'ordre du Saint-Esprit). 2. *C. of police, of troops*, cordon de police, de troupes. *Hyg:* **Sanitary cordon**, cordon sanitaire. 3. *Arch:* Cordon (de corniche). 4. *Hort:* **Cordon(-tree)**, (arbre en) fuseau *m*; cordon.
cordoned, *a. Arch:* Cordonné.

Cordova ['kɔːrdova]. *Pr.n. Geog:* Cordoue *f.*

Cordovan ['kɔːrdovən]. 1. *a. & s. Geog:* Cordouan, -ane; de Cordoue. 2. *s. Leath: A:* Cuir *m* de Cordoue, d'Espagne; cordouan *m.*

corduroy¹ ['kɔːrdjurɔi], *s. & a. Tex:* Velours (de coton) côtelé. *Cost:* **Corduroy trousers, breeches**, *s.* **corduroys**, pantalon *m* ou culotte *f* de velours à côtes. *See also* VELVET 1. *F:* **Corduroy road**, chaussée formée de troncs d'arbres; chemin de rondins; piste *f* en rondins; route fascinée.

corduroy², *v.tr. U.S:* Garnir (un chemin) de rondins; fasciner (un chemin).

cordwain ['kɔːrdwein], *s. A:* = CORDOVAN 2.

cordwainer ['kɔːrdweinər], *s. A:* Cordonnier *m.* **The Cordwainers' Company**, une des *livery companies* (*q.v.*) de la Cité de Londres.

core¹ ['kɔər], *s.* Centre *m*, partie centrale (d'une masse). 1. Cœur *m* (du bois, etc.); trognon *m* (d'une pomme, etc.); tripe *f* (de cigare). *F:* **To get to the core of a matter**, approfondir une affaire. **Selfish to the core**, d'un égoïsme foncier. *French to the c.*, Français jusqu'au fond du cœur. *See also* FALSE 2, ROTTEN 1. **To touch s.o. to the core**, toucher qn profondément. **In my heart's core**, au plus profond de mon cœur. 2. (*a*) Bourbillon *m* (d'un abcès); cornillon *m* (d'un cor). (*b*) *Vet:* (i) Bouteille *f* (des moutons); (ii) cachexie aqueuse, pourriture *f* (des moutons). 3. (*a*) *Geol: Metall:* Noyau *m.* *Metall:* **False cores**, pièces *f* de rapport. **Core frame**, armature *f* de noyau. *Min:* **Core(-sample)**, carotte *f*, témoin *m.* (*b*) *El:* Noyau (d'un aimant). *El.E:* **Core losses**, pertes *f* dans le noyau. *See also* TRANSFORMER 2. (*c*) Mèche *f*, âme *f* (d'un câble).
'**core-box**, *s. Metall:* Boîte *f* à noyau(x).
'**core-wall**, *a. Hyd.E:* Âme *f* imperméable (d'un barrage).

core², *v.tr.* 1. **To core an apple**, enlever le cœur d'une pomme; vider une pomme. 2. **To core out** (*a casting, etc.*), enlever le noyau (d'une pièce de fonte, etc.). *To c. out a mould*, noyauter, creuser, évider, un moule. **To core up a mould**, remmouler un moule.
cored, *a.* 1. Évidé. 2. *Metall:* Pourvu d'un noyau. *El.E:* **Cored carbon**, charbon *m* à mèche.
coring, *s. Metall:* Noyautage *m* (d'un moule).

Corea [ko'riːa]. *Pr.n.* = KOREA.

coreopsis [kɔri'ɔpsis], *s. Bot:* Coréopsis *m.*

co-regency [kou'riːdʒənsi], *s.* Corégence *f.*

co-regent [kou'riːdʒənt], *s.* Corégent *m*; corégnant *m.*

co-regnant [kou'regnənt], *a.* Corégnant.

co-religionist [kouri'lidʒənist], *s.* Coreligionnaire *m.*

corer ['kɔːrər], *s.* = APPLE-CORER.

co-respondent [koure'spɔndənt], *s. Jur:* Complice *m* de la femme (en adultère); codéfendeur *m* (en adultère).

corf, *pl.* **corves** [kɔːrf, -vz], *s.* 1. *Min:* Berline *f*, banne *f*, benne *f*, manne *f*, wagonnet *m* (d'extraction). 2. *Fish:* Banneton *m.*

Corfiot ['kɔːrfiət], *a. & s. Geog:* Corfiote.

Corfu [kɔːr'fuː, -'fjuː]. *Pr.n. Geog:* Corfou *m.*

corgy ['kɔːrdʒi], *s.* Chien *m* de petite taille (de race galloise).

coriaceous [kɔri'eiʃəs], *a.* Coriace. *Nat.Hist:* Coriacé.

coriander [kɔri'andər], *s. Bot:* Coriandre *f.* **Coriander seed**, semences *fpl* de coriandre.

Corinna [ko'rina]. *Pr.n.f. Gr.Lit:* Corinne.

Corinth ['kɔrinθ]. *Pr.n. A.Geog:* Corinthe *f.*

Corinthian [ko'rinθiən]. 1. *a. & s. A.Geog:* Corinthien, -ienne. *Arch:* **The Corinthian order**, l'ordre corinthien. 2. *s.* (*a*) *A:* Viveur *m.* (*b*) *A. & U.S:* Gentleman amateur d'un sport; sport(s)man *m*, *pl.* sport(s)men; yachtman *m*, *pl.* yachtmen. (S'emploie aussi comme nom de quelques clubs sportifs.) **The Corinthian Football Club**, *F:* **the Corinthians**, le principal club d'amateurs jouant le football-association.

Coriolanus [kɔrio'leinəs]. *Pr.n.m. Rom.Hist:* Coriolan.

corium ['kɔːriəm], *s.* 1. *Anat:* C(h)orion *m.* 2. *Ent:* Corion.

cork¹ [kɔːrk], *s.* 1. (*a*) *Arb: Bot:* Liège *m.* *Male c.*, liège mâle, vierge. *Female c.*, liège femelle. *Attrib.* **Cork sole**, semelle *f* de, en, liège. **Cork jacket**, corset *m* de liège; ceinture *f* ou gilet *m* de sauvetage; cuirasse marine, flottante. (*b*) *Miner: F:* **Fossil cork**, liège de montagne; amiante *m.* 2. (*For float, bottle-stopper*) Bouchon *m* (de liège). **To draw the cork of a bottle**, déboucher une bouteille; (*of champagne, etc.*) faire sauter le bouchon. *See also* CROWN-CORK, WIRE¹ 1. *Box: P:* **To draw a cork**, faire saigner le nez de l'adversaire.
'**cork-board**, *s.* Liège aggloméré.
'**cork-cutter**, *s.* (*Pers.*) Bouchonnier *m.*
'**cork-drawer**, *s. Tls:* Débouchoir *m.*
'**cork-elm**, *s. Bot:* Orme-liège *m*, *pl.* ormes-lièges.
'**cork-'leg**, *s. F:* Jambe artificielle.
'**cork-oak**, *s. Bot:* Chêne-liège *m*, *pl.* chênes-lièges.
'**cork-penny**, *s.* (Jeu *m* de) bouchon *m.*
'**cork-'tipped**, *a.* *C.-t. cigarettes*, cigarettes *f* à bouts de liège.
'**cork-tree**, *s.* Chêne-liège *m*, *pl.* chênes-lièges.

cork², *v.tr.* 1. (*a*) **To cork (up) a bottle**, boucher une bouteille. *F:* **To cork up one's feelings**, étouffer ses sentiments. *P:* **To cork s.o. up**, clore le bec à qn. (*b*) Garnir (un filet, etc.) de bouchons. 2. **To cork one's face**, se grimer avec un bouchon brûlé; se noircir le visage au bouchon.
corked, *a.* (*Of wine*) Qui sent le bouchon; qui a un goût de bouchon.
corking¹, *a. P:* Épatant, fameux; bath.
corking², *s.* 1. Bouchage *m.* **Bottle-corking machine**, bouche-bouteilles *m inv.* 2. (Détérioration *f* du vin qui prend un) goût de bouchon.

corkage ['kɔːrkedʒ], *s.* (*In restaurants, etc.*) Droit *m* (de débouchage) sur un vin qui n'est pas de la maison, qui a été apporté par les consommateurs.

corker ['kɔːrkər], *s. P:* 1. (*a*) Mensonge *m*, blague *f.* **That's a corker!** ça, c'est un peu fort (de café)! (*b*) Réponse *f* qui vous en bouche un coin, qui vous clôt le bec. **That's a corker!** bien répondu! 2. **He's a corker**, c'est un type épatant. **It's a corker**, c'est le dernier cri.

corkscrew¹ ['kɔːrkskruː], *s.* Tire-bouchon *m*, *pl.* tire-bouchons. *Hairdr:* **Corkscrew curl**, tire-bouchon; boudin *m*; anglaise *f.* *Hair in c. curls*, cheveux tire-bouchonnés. *See also* STAIRCASE.

corkscrew². 1. *v.tr.* **To corkscrew a line**, tracer une ligne en spirale. 2. *v.i.* (*a*) (*Of wire, etc.*) Vriller, vrillonner. (*b*) (*Of stair, etc.*) Tourner en vrille. (*c*) *P:* **To corkscrew away at s.o.**, essayer d'arracher un aveu, etc., à qn; essayer de tirer les vers du nez de qn.

corkwood ['kɔːrkwud], *s. Bot:* Bois *m* de liège.

corky ['kɔːrki], *a.* 1. Semblable au liège. *Bot:* *C. layer*, couche subéreuse. *The c. character of the tissues*, la subérosité des tissus. 2. (Vin *m*) qui sent le bouchon. 3. *F:* Joyeux, enjoué; plein d'entrain.

Corliss ['kɔːrlis]. *Pr.n. Mch:* **Corliss valve**, distributeur *m* Corliss. **Corliss engine**, machine *f* à vapeur Corliss.

corm [kɔːrm], *s. Bot:* Tige souterraine bulbeuse.

cormorant ['kɔːrmorənt], *s.* 1. *Orn:* Cormoran *m*; *F:* corbeau *m* de mer, d'eau. **Green cormorant**, cormoran huppé. 2. *F:* Homme *m* d'une rapacité de cormoran; grippe-sou *m*, *pl.* grippe-sou(s); affameur *m.* *He's a regular c.*, il a les doigts crochus, les mains crochues; il n'en a jamais assez.

corn¹ [kɔːrn], *s.* 1. Grain *m* (de blé, de poivre, de poudre à fusil, etc.). 2. (*Coll. sg.*) Grains *mpl*, blé(s) *m(pl)*, céréales *fpl.* **Winter corn**, semis *m* d'hiver, hivernage *m.* *Husb:* **Mixed corn** (*for feeding*), farrago *m.* **Corn bin**, coffre *m* à grain. **Corn crops**, céréales. *Hist:* **The corn laws**, les lois *f* sur les céréales; les lois céréales. **Corn trade**, commerce *m* des grains, des céréales. *F:* **There's corn in Egypt**, les provisions *f* ne manquent pas. *See also* EXCHANGE¹ 3, HARD-CORN, MARIGOLD 3, POPPY 1. 3. **Indian corn**, *U.S:* **corn**, maïs *m*; blé *m* de Turquie; turquet *m.* *U.S:* **Corn states**, états producteurs de maïs. *See also* BELT¹ 3, POP-CORN. 4. *Esp. Scot:* Avoine *f.* *To give a horse a* **feed of corn**, donner un picotin à un cheval.
'**corn-bottle**, *s. Bot:* = CORNFLOWER 1.
'**corn-chandler**, *s. Com:* Blatier *m*; marchand *m* de blé, de grains; grainetier *m*, grainier *m*, grènetier *m.* *C.-c.'s shop*, grèneterie *f.*
'**corn-cob**, *s.* 1. Épi *m* de maïs. 2. Pipe *f* en épi de maïs.
'**corn-cockle**, *s. Bot: See* COCKLE¹ 1.
'**corn-dealer, -merchant**, *s.* Marchand *m* de blé, de grains; grainetier *m* en gros.
'**corn-fed**, *a.* Nourri de grain, *U.S:* de maïs. *C.-f. pullet*, poulet *m* de grain.
'**corn-field**, *s.* Champ *m* de blé, *U.S:* de maïs.
'**corn-land**, *s.* Terre *f* à blé.
'**corn-moth**, *s. Ent:* (Fausse) teigne des blés, des grains; alucite *f.*
'**corn-rattle**, *s. Bot: See* RATTLE¹ 1.
'**corn-salad**, *s. Bot:* Mâche *f*; salade *f* de blé; *F:* bourcette *f*, boursette *f*, doucette *f*, clairette *f*, valérianelle *f*; miroir *m* de Vénus.
'**corn-stalk**, *s.* 1. Tige *f* de maïs. 2. *F:* (*Of pers.*) Grand échalas, grande perche.
'**corn-whiskey**, *s. U.S:* Whisky *m* de maïs.

corn², *s.* 1. *Med:* Cor *m* (à l'orteil); oignon *m* (au pied); durillon *m* (sous le pied). **Soft corn**, œil-de-perdrix, *pl.* œils-de-perdrix. **Corn cure, corn-plaster**, coricide *m*; remède *m* contre les cors. **Corn**

silk, toile *f* anticor. **Corn-knife, -razor,** coupe-cors *m inv.* **Corn-plane,** rabot *m* coupe-cors. *F:* **To tread on s.o.'s corns,** marcher sur les pieds de qn; toucher, blesser, qn à l'endroit sensible; froisser qn. **2.** *Vet:* Bleime *f.*

'corn-cutter, *s.* **1.** (*Pers.*) Pédicure *m.* **2.** (*Instrument*) Coupe-cors *m inv.*

corn³, *v.tr.* (*a*) Saler (du bœuf). **Corned beef,** bœuf salé; bœuf à mi-sel; bœuf de conserve. (*b*) Grainer, grener (le métal, etc.); granuler (la poudre).

cornbrash ['kɔːrnbraʃ], *s. Geol:* Cornbrash *m.*

corncrake ['kɔːrnkreik], *s. Orn:* Râle *m* des genêts. *F:* **Corn-crake voice,** voix *f* de crécelle.

cornea ['kɔːrnia], *s. Anat:* Cornée *f* (de l'œil).

corneal ['kɔːrniəl], *a. Anat:* Cornéal, -aux; cornéen.

cornel(-berry, -cherry) ['kɔːrnəl(bəri, -tʃeri)], *s. Bot:* Corne *f*, cornouille *f.*

cornel(-tree) ['kɔːrnəl(triː)], *s. Bot:* Cornouiller *m.*

Cornelia [kɔːr'niːlja]. *Pr.n.f.* Cornélie.

cornelian [kɔːr'niːljən], *s. Lap:* Cornaline *f.*

corneous ['kɔːrniəs], *a. Nat.Hist:* Corné.

corner¹ ['kɔːrnər], *s.* **1.** Coin *m*, angle *m*; carre *f* (d'un champ); carne *f* (d'une pierre). **To turn down the corner of a visiting card,** corner, faire une corne à, une carte de visite. *Rear c.* (*of a car body*), coin arrière; pied cornier. *Swept rear c.*, pied cornier plein-cintre. *Const:* **Stone corner,** jambe *f* d'encoignure. *F:* **To rub the corners off a boor,** décrasser, dégourdir, dégrossir, un rustaud. *See also* BINDING² 2 (*b*). **2.** (*a*) Coin; encoignure *f* (d'une salle, etc.); commissure *f* (des lèvres, de l'œil). *To look out of the c. of one's eye,* regarder du coin de l'œil. **To put a child in the corner,** mettre un enfant en pénitence, au coin. **To drive s.o. into a corner,** (i) acculer, *F:* rencogner, qn; (ii) *F:* mettre qn au pied du mur; enfermer qn dans un dilemme, dans une impasse. *Driven into a c.*, (i) (*of animal*) à l'accul; (ii) (*of pers.*) au pied du mur. *We have him in a c.*, le voilà acculé; il n'en sortira pas. **This was not done in a (hole and) corner,** cela s'est fait au vu et au su de tous. *See also* HOLE-AND-CORNER. **Corner seat** (*in railway compartment*), place *f* de coin; coin. **Chimney corner,** coin du feu. *See also* PUSS 1, TIGHT I. 2. (*b*) *Retired c. of Brittany,* coin retiré de la Bretagne. **Nooks and corners,** coins et recoins. *To search every c. of the house,* chercher dans tous les coins et recoins. *See also* FOUR. (*c*) *Fb:* **Corner(-kick),** coup *m* de pied de coin; corner *m.* **3.** (*a*) Coin, angle (de rue). *Premises situated at a c.*, local situé en coin. **Corner house,** maison *f* du coin; maison qui fait le coin, l'angle, de la rue. *C. shop,* boutique *f* d'angle. *To take a c. shop,* prendre boutique à une encoignure. *He lives round the c.*, (i) il habite dans la rue qui fait le coin; (ii) *F:* il habite tout à côté, tout près. *You will find the grocer's round the c.*, vous trouverez l'épicerie en tournant le coin. *The carriage appeared round the c.*, la voiture apparut au tournant de la rue. *P.N:* **'Slowly round the corner,'** "contour au pas." **To turn the corner,** (i) tourner le coin; (ii) *F:* franchir le passage difficile; passer le moment critique. *He has turned the c.*, (i) le plus difficile est fait; (ii) (*of invalid*) il a surmonté la crise; il est hors de danger. *Turf:* **The Corner** = TATTERSALL's (jadis à Hyde Park Corner). (*b*) (*Bend*) Tournant; *Aut: Sp:* virage *m. He disappeared round the c.*, il a disparu au tournant. **Dangerous corner,** tournant brusque; casse-cou *m inv. Aut:* **Blind corner,** tournant encaissé; virage masqué; virage sans visibilité. **To cut off a corner,** prendre le plus court. *It cuts off a c.*, cela évite un détour. *Aut:* **To take a corner,** virer; prendre un virage. *To cut a c. close,* (i) prendre un virage à la corde; (ii) virer court. **4.** *Com:* Monopole *m*; trust *m* d'accapareurs. **To make a corner in wheat,** accaparer le blé. **5.** = CORNER-PLATE.

'corner-boy, *s.m. U.S: F:* Voyou.

'corner-brace, *s. Tls:* Vilebrequin *m* d'angle.

'corner-chair, *s. Furn:* Coin *m* de feu.

'corner-cupboard, *s.* Encoignure *f.*

'corner-flag, *s. Fb:* Piquet *m* de coin.

'corner-iron, *s. Const:* Harpe *f* de fer.

'corner-man, *pl.* **-men,** *s.m.* **1.** = CORNER-BOY. **2. Corner-men,** les deux comiques à gros effets de bouffonnerie qui occupent les deux extrémités de la ligne de chanteurs, dans une troupe de CHRISTY MINSTRELS.

'corner-mark, *s. U.S:* Borne *f* de délimitation.

'corner-piece, *s.* Coin *m. Constr:* Écoinçon *m.*

'corner-plate, *s.* Équerre *f* en fer, en tôle.

'corner-post, *s.* Poteau cornier; poteau d'angle; borne *f.*

'corner-rafter, *s. Const:* Arêtier *m.*

'corner-stone, *s.* **1.** *Const:* Pierre *f* angulaire; écoinçon *m*; pierre *f* de refend. *Corner-stones* (*of brick-work, etc.*), chaîne *f* d'encoignure. *F: The c. of civilization,* la pierre angulaire de la civilisation. **2.** *Surv: etc:* Borne *f.*

'corner-tile, *s. Const:* Tuile cornière.

'corner-tooth, *s. Farr:* (Dent *f* de) coin *m* (du cheval).

'corner-tree, *s. For:* Pied cornier.

corner², *v.tr.* **1.** (*a*) Mettre (qch.) dans un coin. (*b*) Acculer, coincer (qn); mettre (un animal) à l'accul. (*c*) *F:* Mettre (qn) au pied du mur, dans une impasse; mettre (qn) à quia. **2. Building cornered with pillars,** bâtiment *m* avec des piliers aux angles. **3.** *To c. timber,* biseauter le bois. **4.** *Com:* Accaparer (une denrée, le marché). **5.** *Abs. Aut: etc:* Prendre un virage; virer. **To corner sharply,** virer court. **6.** *v.i. The house corners on the market-place,* la maison fait angle sur la place du marché.

-cornered, *a.* (*With a. or num. prefixed, e.g.*) **Sharp-cornered,** à angles saillants. **Three-cornered,** à trois coins; triangulaire. *See also* THREE-CORNERED, ROUND-CORNERED.

cornering, *s.* **1.** (*a*) Acculement *m* (d'un animal). (*b*) Mise *f* à quia (de qn). **2.** Accaparement *m* (d'une denrée). **3.** *Aut:* Virage *m.*

cornerwise ['kɔːrnərwaːiz], *adv.* Diagonalement; en diagonale; en coin.

cornet¹ ['kɔːrnet], *s.* **1.** *Mus:* (*a*) Cornet *m* à pistons; piston *m.* **Soprano cornet** (*in E flat*), petit bugle. (*b*) (*Organ stop*) Cornet. (*c*) (*Pers.*) Cornettiste *m*, piston. **2.** (*Paper*) *cornet*, cornet (en papier). **3.** *Bot:* Cornet (de l'enveloppe florale). **4.** (*a*) Oublie *f*, plaisir *m* (en cornet). (*b*) Glace (servie dans un plaisir).

cornet², *s.* **1.** (*a*) *A.Cost:* Cornette *f.* (*b*) *Ecc:* Cornette (de religieuse). **2.** *Mil: A:* Étendard *m* (de cavalerie). **3.** *Mil: A:* (*Pers.*) Cornette *m* (qui portait l'étendard).

cornetcy ['kɔːrnetsi], *s. Mil: A:* Grade *m* de cornette.

cornetist ['kɔːrnetist], *s. Mus:* Cornettiste *m.*

cornfactor ['kɔːrnfaktər], *s.* Négociant *m*, commissionnaire *m*, en blé, en grains.

cornflag ['kɔːrnflag], *s. Bot:* Glaïeul *m.*

cornflour ['kɔːrnflauər], *s.* Farine *f* de maïs. **Cornflour pudding,** pouding *m* à la crème de maïs.

cornflower ['kɔːrnflauər], *s. Bot:* **1.** Bleuet *m*, bluet *m*, barbeau *m*; centaurée *f* bluet. **Cornflower blue,** bleu centaurée *inv*; bleu barbeau *inv.* **2.** Coquelicot *m.*

cornice ['kɔːrnis], *s.* **1.** *Arch:* Corniche *f.* **2.** *Furn:* (*a*) Galerie *f* (cachant la tête des rideaux). (*b*) Chapiteau *m* (d'armoire). **3.** *Mountaineering:* Corniche (de neige).

'cornice-pole, *s.* (Grosse) tringle (pour rideaux).

corniced ['kɔːrnist], *a.* A corniche.

cornicle ['kɔːrniki], *s. Biol: Ent:* Cornicule *f.*

corniculate [kɔːr'nikjulet], *a.* Corniculé.

corniform ['kɔːrnifɔːrm], *a.* Corniforme.

cornigerous [kɔːr'nidʒərəs], *a.* Cornigère.

Cornish ['kɔːrniʃ]. **1.** *a. Geog:* Cornouaillais (du sud-ouest de l'Angleterre); cornique. **2.** *s. Ling:* (Le) cornique.

Cornishman, *pl.* **-men** ['kɔːrniʃmən, -men], *s. Geog:* Cornouaillais *m* (du sud-ouest de l'Angleterre).

cornopean [kɔːr'noupiən], *s. Mus: A:* Cornet *m* à pistons.

cornstone ['kɔːrnstoun], *s. Geol:* Calcaire gréseux.

cornucopia, *pl.* **-as** [kɔːrnju'koupia, -əz], *s.* Corne *f* d'abondance.

Cornwall ['kɔːrnwəl]. *Pr.n. Geog:* (Le comté de) Cornouailles.

corny ['kɔːrni], *a.* (Pays) abondant en blé.

corolla [ko'rɔla], *s. Bot:* Corolle *f.*

corollaceous [kɔro'leiʃəs], *a. Bot:* Corollacé.

corollary [ko'rɔləri], *s.* (*a*) *Log: Mth:* Corollaire *m.* (*b*) Conséquence *f* (découlant d'un fait).

corollate ['kɔroleit], *a. Bot:* Corollé.

corolliferous [kɔro'lifərəs], *a. Bot:* Corollifère.

corollifloral [kɔrɔli'flɔːr(ə)l], **corolliflorous** [kɔrɔli'flɔːrəs], *a. Bot:* Corolliflore.

corolline [ko'rɔlain], *a. Bot:* Corollaire, corollin.

corolliform [ko'rɔlifɔːrm], *a.* Corolliforme.

corona, *pl.* **-ae** [ko'rouna, -iː], *s.* **1.** (*a*) *Astr: Bot: Mus: etc:* Couronne *f. Ecc:* Couronne de lumière (suspendue à la voûte). *Astr:* **Solar corona,** couronne solaire. *C. of a tooth,* couronne d'une dent. *El.E: C. round the conductor,* couronne électrique; gaine lumineuse. (*b*) *Meteor:* Halo *m* (du soleil, de la lune). **2.** *Arch:* Larmier *m* (de corniche).

coronach ['kɔronaχ], *s. Scot: Irish:* Coronach *m*; chant *m* funèbre.

coronal¹ ['kɔronəl], *s.* **1.** = CORONET 1. **2.** Guirlande *f*, couronne *f* (de fleurs). **3.** *Archeol:* Frette *f* (de lance). *See also* LANCE¹ 1.

coronal² [ko'roun(ə)l], *a.* **1.** *Anat:* Coronal, -aux **The coronal bone,** l'os coronal; le coronal. **2.** *Astr:* (*Of light, atmosphere*) Coronal.

coronary ['kɔronəri]. **1.** *a. Anat: etc:* Coronaire. *Vet:* **Coronary cushion, ring,** bourrelet *m* (de pied de cheval). **2.** *a. & s. Anat:* **Coronary (artery),** artère *f* coronaire.

coronate(d) ['kɔroneit(id)], *a. Bot:* Couronné; à couronne.

coronation [kɔro'neiʃ(ə)n], *s.* Couronnement *m*, sacre *m. Attrib.* **Coronation day,** le jour du sacre.

coroner ['kɔronər], *s. Jur:* Coroner *m* (officier civil chargé d'instruire, assisté d'un jury, en cas de mort violente ou subite). *See also* INQUEST.

coronership ['kɔronərʃip], *s. Jur:* Office *m* de coroner.

coronet ['kɔronet], *s.* **1.** (*a*) (Petite) couronne, cercle *m.* **Earl's coronet,** couronne de comte. *Ducal c.*, couronne ducale. *Baron's c.*, tortil *m* de baron. *See also* HEART¹ 2. (*b*) (*Lady's*) Diadème *m* ou bandeau *m.* **2.** Fraise *f* (de bois de cerf). **3.** *Farr:* Couronne (du pâturon). *Vet: Swelling under the c.*, javart encorné.

coroneted ['kɔronetid], *a.* Couronné; portant une couronne (de pair d'Angleterre).

coroniform [ko'rounifɔːrm], *a.* Coroniforme.

coronilla [kɔro'nila], *s. Bot:* Coronille *f.*

coronoid ['kɔronɔid, ko'rounɔid], *a. Anat:* Coronoïde. *C. process,* apophyse *f* coronoïde.

corozo [ko'rouzo], *s. Bot:* **Corozo(-palm),** corozo *m*; ivoire végétal; arbre *m* à ivoire. **Corozo-nut,** graine *f* d'arbre à ivoire.

corporal¹ ['kɔːrpor(ə)l], *a.* Corporel. *C. defect,* défectuosité *f* physique. *A:* **Corporal oath,** serment prêté en appuyant la main sur un objet sacré. *See also* PUNISHMENT. **-ally,** *adv.* (Punir qn) corporellement.

corporal², *s. Ecc:* (*also* **corporal-cloth**) Corporal *m*, -aux.

corporal³, *s. Mil.* (*Of infantry*) Caporal *m*, -aux; (*of cavalry, artillery*) brigadier *m. Nau:* **Ship's corporal,** caporal d'armes. *See also* LANCE-CORPORAL.

corporality [kɔːrpo'raliti], *s.* **1.** Corporéité *f.* **2.** *pl.* Besoins matériels.

corporate¹ ['kɔːrporet], *a.* **1.** Constitué (en corps); formant (un) corps. *Jur:* **Body corporate, corporate body,** corps constitué; corporation *f*; personne morale, civile, juridique. *Status of body c.*, personnalité civile. **Corporate town,** municipalité *f.* **2.** De corporation, de corps. **Corporate feeling,** esprit *m* de corps.

Jur: **Corporate name,** titre sous lequel une société est enregistrée; raison sociale. **-ly,** *adv.* Corporativement; collectivement.
corporate[2] ['kɔːrporeit], *v.i.* Faire corps (*with*, avec).
corporation [kɔːrpo'reiʃ(ə)n], *s.* **1.** (*a*) Corporation *f*; corps constitué. (*b*) *Hist:* Corps de métier. **2.** *Com:* Société enregistrée; compagnie *f*. **3.** *Jur:* Personne morale, personne civile. **Corporation aggregate,** personne morale formée par plusieurs individus. **Corporation sole,** personne morale constituée par un seul individu. **4.** **Municipal corporation,** conseil municipal; corps municipal; municipalité *f*. *Fin:* **Corporation stocks,** emprunts *mpl* de ville. **5.** *F:* Bedaine *f*, bedon *m*; gros ventre, ventre rebondi; abdomen *m*. *He is beginning to show, get, develop, a c.*, il commence à prendre du ventre, à bedonner.
corporative ['kɔːrporətiv], *a.* Corporatif.
corporator ['kɔːrporeitər], *s.* Membre *m* du corps municipal.
corporeal [kɔːr'pɔːriəl], *a.* **1.** Corporel, matériel. **2.** *Jur: C. hereditament*, biens matériels transmissibles par héritage. **-ally,** *adv.* Corporellement.
corporeality [kɔːrpɔːri'aliti], *s.* *Phil: Theol:* Matérialité *f*.
corporealize [kɔːr'pɔːriəlaːiz], *v.tr.* Corporifier, matérialiser.
corporeity [kɔːrpo'riːiti], *s.* Corporéité *f*.
corposant ['kɔːrpozant], *s.* Feu *m* de Saint-Elme.
corps [kɔːr, *pl.* kɔːrz], *s.* (*Inv. in pl.*) Corps *m*. **1.** **Army corps,** corps d'armée. *The diplomatic c.*, le corps diplomatique. **2.** (*From Fr.*) **The corps de ballet** [də'balei], le corps de ballet.
corpse [kɔːrps], *s.* **1.** (*a*) Cadavre *m*; corps (mort). (*b*) (*At a burial*) Dépouille mortelle. **2.** *Rac: P:* Cheval *m* qui n'a aucune chance de gagner, qui ne compte pas; *P:* navet *m*.
'corpse-candle, *s.* Feu follet (des cimetières, annonçant une mort prochaine).
corpulence ['kɔːrpjuləns], **corpulency** ['kɔːrpjulənsi], *s.* Corpulence *f*, obésité *f*.
corpulent ['kɔːrpjulənt], *a.* Corpulent, obèse.
corpus ['kɔːrpəs], *s.* **1.** (*a*) Corpus *m*, recueil *m* (d'inscriptions, etc.). **Corpus juris,** corpus juris. (*b*) *Jur:* **Corpus delicti** [di'liktai], le Corps du délit. **2.** *Anat:* **Corpus striatum,** corps strié. **Corpora quadrigemina,** les tubercules quadrijumeaux (de la moelle allongée). **3.** *Ecc:* (*R.C.Ch.*) **Corpus Christi** ['kristi], la Fête-Dieu.
corpuscle ['kɔːrpʌsl], **corpuscule** [kɔːr'pʌskjul], *s.* **1.** Corpuscule *m*. **Blood corpuscules,** globules sanguins. **2.** *Ph: F:* = Atome *m*, molécule *f*, etc.
corpuscular [kɔːr'pʌskjulər], *a.* Corpusculaire.
corral[1] [kɔ'ral], *s.* Corral *m*, *pl.* -als.
corral[2], *v.tr.* **1.** Renfermer (des bestiaux, chevaux, etc.) dans un corral. **2.** Parquer (les chariots) en rond (en guise de clôture). **3.** *U.S: P:* S'emparer de (qch.); mettre la main sur (qch.); *P:* barboter (qch.).
correct[1] [ko'rekt], *v.tr.* **1.** Relever les fautes (d'un thème, etc.); corriger (une épreuve d'imprimerie, un thème, etc.). *To c. a bad habit*, corriger une mauvaise habitude. **2.** Rectifier (une erreur); modifier, redresser (le réglage d'un instrument). *Av: Route corrected for drift*, route corrigée de la dérive. *Ph:* **Volume corrected for temperature and pressure,** volume ramené aux conditions normales de température et de pression. *Book-k:* **Correcting entry,** écriture *f* de redressement. *Com: Corrected invoice*, facture rectificative. **3.** (*a*) Reprendre, admonester (qn); faire la leçon à (un enfant, etc.). **To correct s.o. for his faults, to correct s.o.'s faults,** reprendre les fautes de qn; corriger qn de ses fautes. **To stand corrected,** reconnaître son erreur, ses torts; avouer qu'on a tort. **To correct oneself,** se reprendre. (*b*) Punir, châtier, infliger une correction à (un coupable, etc.). **4.** Neutraliser, contrebalancer, annuler (une influence, un goût).
correct[2], *a.* **1.** Correct, exact. **Correct style,** style correct, pur. *C. description*, description correcte, exacte, conforme à la vérité. *A c. statement*, une déclaration exacte. *C. answer*, réponse *f* juste. *C. working* (*of a machine*), marche régulière, normale (d'une machine). *C. weight*, poids exact, juste. *C. to a millimetre*, exact à un millimètre près. **Correct taste,** bon goût. **All is correct,** tout est en (bonne) règle. *His prediction proved c.*, sa prédiction s'est vérifiée. *Events have proved our views c.*, les événements ont donné raison à nos prévisions, ont prouvé l'exactitude de nos prévisions. **If my memory is correct,** si j'ai bonne mémoire. *See also* CARD[1] 2. **2.** Bienséant, correct, conforme à l'usage. *Strictly c. conduct*, conduite *f* d'une correction irréprochable. **It's the correct thing to . . .,** il est de rigueur de . . ., la politesse veut que. . . . **It's the correct thing,** c'est l'usage. *C. young man*, jeune homme bien élevé, comme il faut. **-ly,** *adv.* **1.** Correctement, exactement, justement. *To speak c.*, parler correctement, avec correction. *Or to put it more c. . . .*, ou pour mieux dire. . . **2.** Conformément à l'usage; suivant la bienséance.
correction [ko'rekʃ(ə)n] *s.* **1.** Correction *f* (d'une épreuve, d'un devoir d'école, etc.); rectification *f* (d'une erreur, d'astigmatisme, etc.); redressement *m* (d'un compte). **Under correction,** (i) sauf erreur, sauf correction; (ii) en train d'être corrigé. **To speak under correction, subject to correction,** avancer (qch.) sous toutes réserves, sauf correction. **2.** Correction, châtiment *m*, punition *f*. **House of correction,** maison *f* de correction. **3.** *Ph: Meteor: etc:* Correction (d'une cote, d'un système optique, etc.). *See also* INDEX[1] 2.
correctional [ko'rekʃən(ə)l], *a.* Correctionnel.
correctitude [ko'rektitjuːd], *s.* Correction *f* (diplomatique, etc.).
corrective [ko'rektiv]. **1.** *s.* *Med: etc:* Correctif *m*. **2.** *a.* (*a*) Correctif, rectificatif. (*b*) Punitif; de correction. **-ly,** *adv.* Correctivement.
correctness [ko'rektnəs], *s.* Correction *f*, convenance *f* (de tenue, etc.); exactitude *f*, justesse *f*, précision *f* (d'une description); pureté *f* (de style); justesse (d'une balance); rectitude *f* (de jugement). **Correctness of ear,** justesse de l'oreille.
corrector [ko'rektər], *s.* **1.** (*Pers.*) (*a*) Correcteur, -trice. (*b*) *Typ:* **Corrector of the press,** correcteur *m* (d'épreuves); corrigeur *m*. **2.** *Tchn:* (Appareil, dispositif) correcteur. *Artil:* **Corrector gear** (*of fuse-setting*), corrigeur.
Correggio [kɔ'redʒio]. *Pr.n.m. Hist. of Art:* Le Corrège.
correlate[1] ['kɔreleit], *s.* Corrélatif *m*.
correlate[2]. **1.** *v.i.* Correspondre, être corrélatif (*with*, *to*, à); être en corrélation (*with*, avec). **2.** *v.tr.* Mettre (qch.) en corrélation (*with*, avec); mettre (deux choses) en corrélation.
correlation [kɔre'leiʃ(ə)n], *s.* Corrélation *f*.
correlative [ko'relətiv], *a.* & *s.* Corrélatif (*m*); en corrélation (*with*, avec). **-ly,** *adv.* Corrélativement.
correspond [kɔres'pɔnd], *v.i.* **1.** (*a*) (*Be in harmony*) Correspondre, être conforme (*with*, *to*, à). *His actions do not c. with his words*, ses actions *f* ne s'accordent pas avec ses paroles. *Com:* **To correspond to sample,** être conforme à l'échantillon. (*b*) (*Be similar*) Correspondre (*to*, avec). *The two windows do not c.*, les deux fenêtres ne correspondent pas, ne se répondent pas, ne sont pas symétriques (l'une avec l'autre). **2.** (*Communicate*) Correspondre (*with s.o.*, avec qn). *They correspond*, ils s'écrivent. *We have corresponded on this matter*, nous avons échangé des lettres sur cette question, à ce sujet.
corresponding, *a.* Correspondant. **1.** **Corresponding to the original,** conforme à l'original. *Book-k:* **Corresponding entry,** écriture *f* conforme; écriture de conformité. *Geom:* **Corresponding angles,** angles correspondants. **2.** **Corresponding member of a society,** membre correspondant d'une société. **-ly,** *adv.* Également, à l'avenant.
correspondence [kɔres'pɔndəns], *s.* **1.** Correspondance *f* (*with*, *to*, avec). *The c. between cause and effect*, la correspondance, le rapport, entre la cause et l'effet. **2.** (*a*) Correspondance, commerce *m* de lettres. **To be in correspondence, have correspondence, with s.o.,** être en relations, en correspondance, en commerce de lettres, en rapport, avec qn. *There has been some c. between us*, nous avons échangé quelques lettres. *To keep up a secret c. with s.o.*, entretenir des intelligences avec qn. (*b*) Correspondance, courrier *m*. **To do, attend to, the correspondence,** faire la correspondance. *Com:* **Correspondence clerk,** correspondancier *m*. *Mil: etc:* **Correspondence section,** le courrier (d'un état-major). *Sch:* **Correspondence class, course,** classe *f*, cours *m*, par correspondance.
correspondent [kɔres'pɔndənt]. **1.** *s.* (*a*) Correspondant *m*. *Journ:* **Answers to correspondents,** la petite poste. **From our special correspondent,** de notre envoyé spécial. *See also* FOREIGN 2, WAR-CORRESPONDENT. (*b*) *Com:* Correspondant (à l'étranger). **2.** *a.* **To be correspondent to, with, sth.,** correspondre, s'accorder avec qch.; être conforme à qch. **-ly,** *adv.* D'une manière correspondante.
corridor ['kɔridɔːr], *s.* **1.** Couloir *m*, corridor *m*. *Rail:* **Corridor carriage,** wagon *m* à couloir, wagon-couloir *m*, *pl.* wagons-couloirs. *C. train*, train *m* à intercirculation, à intercommunication. *Geog:* **The Polish Corridor,** le Corridor Polonais; le Couloir de Dantzig. **2.** *Geol:* (*Gully*) Couloir.
corrie ['kɔri], *s.* *Geol: Ven:* (*Scot.*) Cirque *m* (au flanc d'une montagne); entonnoir *m*, creux *m* (où gîte le cerf).
corrigendum, -da [kɔri'dʒendəm, -da], *s.* *Typ:* Erratum *m*, *pl.* errata *m*. *Adm: C. to a circular*, rectificatif *m* d'un bulletin.
corrigible ['kɔridʒibl], *a.* Corrigible.
corroborant [ko'rɔbərənt]. **1.** *a.* (*Of proof, etc.*) Corroborant, corroboratif. **2.** *a.* & *s.* *Med:* Corroborant (*m*); confortant (*m*); fortifiant (*m*).
corroborate [ko'rɔboreit], *v.tr.* Corroborer, confirmer (une déclaration). **To corroborate s.o. in his statement,** confirmer le dire de qn. *The facts c. his statements*, les faits *m* témoignent en faveur de son dire, viennent à l'appui de ce qu'il dit.
corroboration [korɔbo'reiʃ(ə)n], *s.* Corroboration *f*, confirmation *f*. **In corroboration of . . .,** à l'appui de. . . .
corroborative [ko'rɔborətiv], *a.* Corroboratif, corroborant.
corroborator [ko'rɔboreitər], *s.* Témoin *m* à l'appui; personne *f*, chose *f*, qui corrobore.
corrobatory [ko'rɔbərətəri], *a.* Corroboratif.
corroboree[1] [ko'rɔboriː], *s.* *Ethn:* (i) Danse *f*, (ii) chant *m*, des indigènes de l'Australie.
corroboree[2], *v.i.* (*In Austr.*) **1.** Danser un *corroboree*. **2.** *F:* Danser, sauter.
corrode [ko'roud]. **1.** *v.tr.* Corroder, attaquer (le métal); ronger (le métal, le cœur). **2.** *v.i.* Se corroder.
corrodent [ko'roudənt], *s.* *Ch: Med:* Corrodant *m*.
corrosion [ko'rouʒ(ə)n], *s.* Corrosion *f*. *Electrolytic c.*, corrosion électrolytique. *C. on battery terminals*, sulfatage *m* des bornes.
corrosive [ko'rousiv], *a.* & *s.* Corrosif (*m*), corrodant (*m*). *C. power*, pouvoir corrosif. **Non-corrosive,** inoxydable. *See also* SUBLIMATE[1]. **-ly,** *adv.* Corrosivement.
corrosiveness [ko'rousivnəs], *s.* Corrosiveté *f*; action corrosive; mordant *m*, mordacité *f* (d'un acide).
corrugate ['kɔrjugeit]. **1.** *v.tr.* Strier de nervures; rider, plisser (une surface); strier (le verre); onduler (la tôle); gaufrer (le papier). **2.** *v.i.* Se plisser, se rider; onduler.
corrugated, *a.* Ridé, plissé, rugueux. *C. glass*, verre strié, cannelé. **Corrugated iron,** tôle ondulée, ridée. *C. iron roof*, toit en tôle ondulée. *C. paper*, papier plissé, gaufré. *C. cardboard*, carton ondulé. **Corrugated lens,** lentille *f* à gradins; lentille prismatique de Fresnel. *C. mirror*, miroir cannelé.
corrugating, *s.* Gaufrage *m* (du papier).
corrugation [kɔrju'geiʃ(ə)n], *s.* Plissement *m*, ondulation *f*, cannelure *f*, striure *f*, strie *f*, gaufrage *m*, rugosité *f*. **Honeycomb corrugation,** gaufrage en nid d'abeilles.
corrugator ['kɔrjugeitər], *s.* *Anat:* (Muscle) corrugateur *m* (du front); (muscle) sourcilier *m*.
corrupt[1] [ko'rʌpt], *a.* Corrompu. (*a*) **Corrupt practices,** (i) tractations malhonnêtes; brigues *f*; abus *m*; (ii) trafic *m* d'influence.

C. press, presse vénale. *C. administration* (*of funds, etc.*), déprédation *f.* (*b*) *C. text*, texte corrompu, altéré. **-ly,** *adv.* D'une manière corrompue; par corruption; vénalement.

corrupt². **1.** *v.tr.* Corrompre, altérer (la viande, un texte, le caractère, etc.); démoraliser (qn); suborner (un témoin). *To c. youth*, dépraver, dévoyer, la jeunesse. *To c. the electorate*, corrompre, soudoyer, acheter, les électeurs. *To c. the world with unsound doctrines*, empoisonner le monde de mauvaises doctrines. **2.** *v.i.* Se corrompre. (*a*) Se putréfier. (*b*) Se dépraver. (*c*) (*Of language, etc.*) S'altérer.

corrupting, *a.* **1.** (*a*) Corrompant; corruptif; corrupteur, -trice. (*b*) Dépravant. **2.** En train de se putréfier; en putréfaction.

corrupter [ko'rʌptər], *s.* Corrupteur, -trice, démoralisateur, -trice.

corruptibility [korʌpti'biliti], *s.* Corruptibilité *f*; vénalité *f.*

corruptible [ko'rʌptibl], *a.* Corruptible; vénal, -als, -aux.

corruption [ko'rʌpʃ(ə)n], *s.* **1.** (*a*) Corruption *f*, putréfaction *f.* (*b*) Corruption, dépravation *f.* **2.** Action *f* de corrompre; corruption. *Jur:* **Corruption of witnesses,** subornation *f* de témoins. **Proof against corruption,** incorruptible. **Bribery and corruption,** corruption, subornation. *Jur: A:* **Corruption of blood,** corruption du sang; mort civile.

corruptive [ko'rʌptiv], *a.* Corruptif.

corruptness [ko'rʌptnəs], *s.* Corruption *f*; vénalité *f* (des juges, etc.).

corsage ['kɔːrsedʒ], *s.* **1.** *Cost:* Corsage *m.* **2.** *U.S:* Bouquet (porté au corsage).

corsair ['kɔːrsɛər], *s.* **1.** Corsaire *m* (vaisseau ou marin). **2.** Flibustier *m*, pirate *m.*

corsak ['kɔːrsak], *s.* *Z:* Karagan *m*, corsac *m.*

corse [kɔːrs], *s.* *Poet: A:* = CORPSE I.

'corse-present, *s.* *Ecc: A:* Droit *m* mortuaire.

corselet ['kɔːrslet], *s.* **1.** *Archeol: Ent:* Corselet *m.* **2.** *Cost:* Gaine-combinaison *f*, *pl.* gaines-combinaisons.

corset¹ ['kɔːrsət], *s.* (*Often pl.*) *Cost:* Corset *m.* **Corset-belt,** corset ceinture.

'corset-maker, *s.* Corsetier, -ière.

corset², *v.tr.* Corseter (qn).

corsetry ['kɔːrsətri], *s.* **1.** Fabrique *f* ou vente *f* de corsets. **2.** *Coll.* Corsets *mpl.*

Corsica ['kɔːrsika]. *Pr.n. Geog:* La Corse.

Corsican ['kɔːrsikən], *a.* & *s.* Corse (*mf*). *Hist:* **The Corsican,** Napoléon Bonaparte.

corslet ['kɔːrslet], *s.* = CORSELET.

Cortes ['kɔːrtes], *s.pl.* Les Cortès *f* (d'Espagne, du Portugal).

cortex, *pl.* **-ices** ['kɔːrteks, -isiːz], *s.* **1.** *Bot:* Enveloppe subéreuse; écorce *f* (d'un arbre). **2.** *Anat:* Substance corticale. **Cortex of the brain,** substance corticale du cerveau.

cortical ['kɔːrtik(ə)l], *a.* *Bot: Anat:* Cortical, -aux.

corticate ['kɔːrtiket], **corticated** ['kɔːrtikeitid], *a.* Couvert d'écorce.

corticin ['kɔːrtisin], *s.* *Bot: Ch:* Corticine *f.*

corticose ['kɔːrtikous], **corticous** ['kɔːrtikəs], *a.* Cortiqueux.

corticiferous [kɔːrti'sifərəs], *a.* *Bot:* Corticifère.

corticiform [kɔːr'tisifɔːrm], *a.* Corticiforme.

corundum [ko'rʌndəm], *s.* *Miner:* Corindon *m*; spath adamantin. *Ind:* **Corundum wheel,** meule *f* en corindon.

Corunna [ko'rʌna]. *Pr.n. Geog:* La Corogne.

coruscant [ko'rʌskənt], *a.* = CORUSCATING.

coruscate ['korəskeit], *v.i.* Briller; scintiller.

coruscating, *a.* Coruscant, scintillant.

coruscation [korəs'keiʃ(ə)n], *s.* **1.** *Meteor: etc:* Coruscation *f* (de l'aurore boréale, etc.). **2.** (*a*) Vif éclat; (*of metals*) éclair *m* d'argent. (*b*) **Coruscations of wit,** paillettes *fpl* d'esprit.

corvette [kɔːr'vet], *s.* *Nau:* Corvette *f.*

corvine ['kɔːrvain], *a.* *Orn:* Corvin.

Corybant, *pl.* **Corybants, Corybantes** ['koribant(s), kori'bantiːz], *s.* Corybante *m*; prêtre *m* de Cybèle.

Corybantic [kori'bantik], *a.* Corybantique.

Corycia [ko'risia], *Pr.n. A.Geog:* Coryce.

Corycian [ko'risiən], *a.* & *s.* *A.Geog:* Corycien, -ienne.

Corydon ['koridən]. *Pr.n.m. Lit.* & *F:* Corydon; berger (de pastorale).

corymb ['korimb], *s.* *Bot:* Corymbe *m.*

corymbiferous [korim'bifərəs], *a.* *Bot:* Corymbifère, corymbiflore.

corymbiform [ko'rimbifɔːrm], *a.* Corymbiforme.

corymbose [korim'bous], **corymbous** [ko'rimbəs], *a.* *Bot:* Corymbé, corymbeux.

coryphaeus [kori'fiːəs], *s.* **1.** Coryphée *m* (du théâtre antique). **2.** *F:* Coryphée; chef *m* d'école, de secte, de parti.

coryza [ko'raːiza], *s.* *Med:* Coryza *m*; *F:* rhume *m* de cerveau.

Cos [kos]. *Pr.n. A.Geog:* (L'île *f* de) Cos. *Hort:* **Cos lettuce,** *F:* **cos,** laitue romaine; romaine *f*; *F:* chicon *m.*

cose [koːuz], *v.i.* *F:* Se douilletter (au coin du feu, etc.); lézarder (au soleil).

cosecant [kou'siːkənt], *s.* *Trig:* Cosécante *f.*

coseismal [kou'saizm(ə)l], *a.* *Meteor:* Cosismal, -aux.

cosh¹ [koʃ], *s.* *P:* Matraque *f*, assommoir *m*; nerf *m* de bœuf. **Cosh carrier,** souteneur *m*; *P:* marlou *m.*

cosh², *v.tr.* *P:* Frapper (qn) avec un assommoir; asséner un coup sur la tête de (qn).

cosher¹ ['koʃər], *v.tr.* *F:* Dorloter, chouchouter, gâter, douilletter (qn).

cosher², *a.* & *s.* = KOSHER.

co-signatory [kou'signətəri], *a.* & *s.* Cosignataire (*mf*).

Cosimo ['kosimo]. *Pr.n.m. Ital.Hist:* Cosme.

cosine ['kousain], *s.* *Trig:* Cosinus *m.* **Cosine curve,** cosinusoïde *f.*

cosiness ['kouzinəs], *s.* Confortable *m* (d'un fauteuil, d'un petit coin intime); chaleur *f* agréable (du coin du feu, etc.).

Cosmas ['kosməs]. *Pr.n.m. Ecc.Hist:* Cosme.

cosmetic [koz'metik], *a.* & *s.* Cosmétique (*m*). *To put cosmetics on one's hair*, se cosmétiquer les cheveux.

cosmic(al) ['kozmik(əl)], *a.* Cosmique. *Ph:* **Cosmic rays,** rayons *m* cosmiques. *Astr:* **Cosmical rising, setting, of a star,** lever *m*, coucher *m*, cosmique d'une étoile. *See also* EXTRA-COSMICAL. **-ally,** *adv.* Cosmiquement.

cosm(o)- ['kozmo, koz'mo], *comb.fm.* Cosm(o)-. *'Cosmocrat*, cosmocrate. *Cosmo'graphic*, cosmographique. *Cos'mogony*, cosmogonie.

cosmogonic(al) [kozmo'gonik(əl)], *a.* Cosmogonique.

cosmogony [koz'mogoni], *s.* Cosmogonie *f.*

cosmographer [koz'mogrəfər], *s.* Cosmographe *m.*

cosmographic(al) [kozmo'grafik(əl)], *a.* Cosmographique.

cosmography [koz'mogrəfi], *s.* Cosmographie *f.*

cosmological [kozmo'lodʒik(ə)l], *a.* Cosmologique.

cosmology [koz'molodʒi], *s.* Cosmologie *f.*

cosmopolitan [kozmo'politən], *a.* & *s.* Cosmopolite (*mf*).

cosmopolit(an)ism [kozmo'polit(ən)izm], *s.* Cosmopolitisme *m.*

cosmopolis [koz'mopolis], *s.* Cité *f* cosmopolite.

cosmopolite [koz'mopolait]. **1.** *s.* Cosmopolite *mf.* **2.** *Occ. a.* = COSMOPOLITAN.

cosmos ['kozmos], *s.* **1.** Cosmos *m.* **The cosmos,** l'univers *m.* **2.** *Bot:* Cosmos.

Cossack ['kosak], *a.* & *s.* **1.** Cosaque (*mf*). *Mil:* **Cossack post,** avant-poste *m* à la Cosaque. **2.** *pl. Com:* **Cossacks,** pantalon (bouffant).

cosset¹ ['koset], *s.* Agneau élevé au biberon; agneau favori.

cosset², *v.tr.* *F:* Dorloter, choyer, gâter, câliner, chouchouter (qn).

cossette [ko'set], *s.* *Sug.-R:* Cossette *f* (de betterave).

cossus ['kosəs], *s.* *Ent:* Cossus *m.*

cost¹ [kost], *s.* **1.** Coût *m*, frais *mpl.* **Cost of living,** coût de la vie; dépense *f* de bouche; prix *m* de l'existence. *Increased c. of living*, renchérissement *m* de la vie. **To bear the cost of an undertaking,** faire les frais d'une entreprise; défrayer une entreprise. **Costs to be borne by . . .,** frais à la charge de. . . . **To live at s.o.'s cost,** vivre aux frais, aux dépens, aux crochets, de qn. **At the cost of one's life,** au prix de sa vie. *At the c. of honour*, aux dépens de l'honneur. *At the c. of much time, trouble*, au prix de beaucoup de temps, de peine; avec beaucoup de peine. **At little cost,** à peu de frais. **At great cost,** à grands frais; au prix de dépenses énormes. *At such great c.*, si coûteusement. **At any cost, at all costs,** à tout prix; à toute force; coûte que coûte, vaille que vaille. *Without c.*, sans frais, sans dépens. *I learnt it* **to my cost,** je l'ai appris à mes dépens, à mon détriment, pour mon malheur; j'ai payé, je suis payé, pour le savoir. *I tried to help him, to my c.*, j'ai voulu l'aider, mais il m'en a coûté. **They spare no cost,** ils ne regardent pas à la dépense. *Ind: Com:* **First cost, prime cost, net cost,** prix de revient, prix coûtant, prix initial, prix d'achat. **To sell at cost,** vendre au prix coûtant. **Cost, insurance and freight,** coût, assurance, fret; c.a.f. **Cost keeping,** comptabilité *f* de prix coûtants. *St.Exch:* **Cost of a share,** valeur *f* d'achat d'une action. *See also* ACTUAL I, BONUS, PRICE¹. **2.** *pl. Jur:* Frais d'instance; dépens *mpl.* *Court costs*, frais de justice. **To carry costs,** entraîner les dépens. **To allow costs,** accorder les frais et dépens. **To pay costs,** payer, acquitter, les condamnations, les frais et dépens. *They were ordered to pay costs, costs were given against them*, ils furent condamnés aux frais. **Order to pay costs,** exécutoire *m* de dépens. **Untaxable costs,** faux frais. *See also* FINE² 2.

'cost-account, *s.* *Book-k:* Compte *m* des charges.

'cost-book, *s.* Livre *m* de(s) charges.

cost². **1.** *v.i.* (*p.t.* **cost**; *p.p.* **cost**) Coûter. *How much does it c.?* combien cela coûte-t-il? *It costs five pounds*, cela coûte cinq livres. *His house has cost him 50,000 francs*, sa maison lui revient à 50,000 francs. *That will c. him a great deal of money, of trouble*, cela lui coûtera beaucoup d'argent, beaucoup de peine. *The ten pounds which the clock cost me*, les dix livres que la pendule m'a coûté. *It costs me* (= *it pains me*) *much to tell you so*, il m'en coûte de vous le dire. *The attempt cost him his life*, cette tentative lui coûta la vie. *The battle cost 2000 men their lives*, la bataille coûta la vie à 2000 hommes. *It cost him an arm*, il lui en a coûté un bras. **To cost s.o. dearly,** coûter cher à qn. **Cost what it may,** coûte que coûte. *It costs me a little civility*, j'en suis quitte pour une petite politesse. *See also* FORTUNE 2, PENNY 3. **2.** *v.tr.* (*p.t.* **costed**; *p.p.* **costed**) *Com: Ind:* **To cost an article,** établir le prix de revient d'un article. *To c. a job*, évaluer le coût d'une entreprise, d'un travail.

costing, *s.* Établissement *m* du, des, prix de revient. *Ind:* **The costing department,** le bureau de prix.

costal ['kostəl], *a.* *Anat:* Costal, -aux. *C. respiration*, respiration costale.

costard ['kostərd], *s.* *Hort:* Grosse pomme côtelée.

costate ['kosteit], *a.* *Nat.Hist:* A côtes.

costean [kos'tiːn], *v.i.* *Min:* (*In Cornwall*) Opérer des trous de prospection, des sondages.

coster(monger) ['kostər(mʌŋgər)], *s.* Marchand ambulant (de fruits, de poisson, etc.); marchand des quatre saisons. **Coster's cart,** baladeuse *f*; voiture *f* à bras.

costerdom ['kostərdəm], *s.* *Coll.* Les petits commerces ambulants (des grandes villes).

costive ['kostiv], *a.* **1.** (*a*) Constipé. (*b*) *F:* Au travail laborieux. **2.** *F:* Ladre, pingre; dur à la détente.

costiveness ['kostivnəs], *s.* **1.** (*a*) Constipation *f.* (*b*) *F:* Manque *m* de facilité. **2.** *F:* Pingrerie *f.*

costless ['kostləs], *a.* Qui ne coûte rien; sans frais; gratis *inv.*

costliness ['kostlinəs], *s.* **1.** Richesse *f*, somptuosité *f* (de l'ameublement, etc.). **2.** Haut prix, prix élevé, cherté *f.*

costly ['kostli], *a.* **1.** (*a*) Précieux, de grand prix. (*b*) (Ameublement, etc.) riche, somptueux; de luxe. **2.** Coûteux, dispendieux, cher.

costmary ['kɔstmɛəri], *s. Bot:* Balsamite *f*; baume *m* des jardins; herbe *f* au coq; menthe-coq *f*.
costo-abdominal ['kɔstoab'dɔminəl], *a. & s.* Costo-abdominal (*m*), *pl.* costo-abdominaux.
costume[1] ['kɔstjum], *s.* Costume *m.* **1.** *National c.*, costume national. **Costume ball,** bal costumé. *Th:* **Costume play, piece,** pièce *f* historique. **2.** (*With pl.* **costumes**) (**Lady's tailor-made**) **costume,** costume tailleur. *Bathing c.*, costume de bain.
costume[2], *v.tr.* Costumer (qn, *Th:* une pièce).
costumed, *a.* (Acteur *m*, etc.) en costume (*as*, de).
costum(i)er [kɔs'tju:m(i)ər], *s.* Costumier *m. Theatrical c.*, costumier de théâtre.
cosy ['kouzi]. **1.** *a.* (*Of place, thg*) Chaud, confortable, commode; (*of pers.*) bien au chaud; installé douillettement; à l'aise. **The cosy comfort of the room,** le bien-être intime de la pièce. *Quiet and c. room,* pièce calme et douillette; chambre *f* intime. *It is c., cosier, here,* il fait bon, meilleur, ici. *F:* **A cosy little job,** un lit de plumes; une sinécure; un filon; un bon petit fromage. **2.** *s.* (*a*) = EGG-COSY, TEA-COSY. (*b*) *Furn:* Causeuse *f.* **-ily,** *adv.* Confortablement; bien au chaud; douillettement. **Cosily wrapped up,** enveloppé frileusement.
cot[1] [kɔt], *s.* **1.** *Poet:* (*Cottage*) Chaumière *f*, chaumine *f*, cabane *f*. **2.** (*a*) Abri *m.* **Bell-cot,** abri en porte-à-faux pour cloches. (*b*) = SHEEPCOTE.
cot[2], *s.* **1.** (*a*) Lit *m* d'enfant, lit à galerie; couchette *f.* **To endow a cot,** fonder un lit dans un hôpital pour enfants. *See also* SWING-COT. (*b*) **Basket cot,** moïse *m. Basket cot on wheels,* berceau alsacien. **2.** (*a*) Lit de campement; lit pour le camping. (*b*) *Nau:* Cadre *m*, couchette; hamac *m* à cadre, à l'anglaise.
cot[3], *s.* (*In Ireland*) Embarcation grossière (du genre pirogue).
cotangent [kou'tandʒənt], *s. Trig:* Cotangente *f.*
cote [kout], *s.* (*Esp. in compounds*) Abri *m.* **Dove-cote,** colombier *m*, pigeonnier *m.* **Hen-cote,** poulailler *m.* **Bell-cote** = *bell-cot, q.v. under* COT[1] 2. *See also* SHEEPCOTE.
co-tenant [kou'tenənt], *s.* Colocataire *mf.*
coterie ['koutəri], *s.* Coterie *f*; *Lit: Art: F:* petite église, petite chapelle (de disciples); cénacle *m* (littéraire, etc.).
cothurnus [ko'θə:rnəs], *s.* Cothurne *m.*
co-tidal [kou'taid(ə)l], *a.* Cotidal, -aux; (ligne *f*) des marées simultanées.
cotill(i)on[1] [ko'tiljən], *s. Danc:* **1.** Cotillon *m.* **2.** *U.S:* Quadrille *m.*
cotill(i)on[2], *v.i.* **1.** Cotillonner. **2.** *U.S:* Danser le quadrille.
cotinga [ko'tiŋga], *s. Orn:* Cotinga *m.*
cotise ['kɔtis], *s. Her:* Cotice *f.*
co-trustee [koutrʌs'ti:], *s. Jur:* Coadministrateur *m.*
cottage ['kɔtedʒ], *s.* **1.** Chaumière *f.* **Swiss cottage,** chalet *m.* **2.** (**Country**) **cottage,** villa *f*; petite maison de campagne; cottage *m*, chalet. **Week-end cottage,** maison de plaisance. **Cottage hospital,** (i) hôpital *m* de petite ville; (ii) hôpital réparti en villas ou chalets. *See also* FARMING[2] 2, LOAF[1] 1, LOVE[1] 1, PIANO[2].
cottager ['kɔtedʒər], *s.* Paysan, -anne; villageois, -oise.
cottar[1], **cotter**[1] ['kɔtər], *s. Scot:* **1.** = COTTAGER. **2.** Valet *m* de ferme (locataire d'une des chaumières de la propriété).
cottar[2], **cotter**[2], *s. Mec.E: etc:* Clavette *f*, goupille *f. See also* FILE[1] 1. *C(-shaped) cotter,* goupille en C. **Split cotter,** goupille fendue; clavette à fourche. *To remove the c. from a nut,* dégoupiller un écrou.
'**cotter-bolt,** *s.* Boulon *m* à clavette.
'**cotter-driver,** *s. Tls:* Chasse-clavette *m*, *pl.*-clavettes.
'**cotter-joint,** *s.* Agrafe *f* à clavette.
'**cotter-pin,** *s.* = COTTAR[2].
'**cotter-plate,** *s.* Bride *f.*
'**cotter-puller,** *s. Tls:* Arrache-clavettes *m inv.*
'**cotter-wire,** *s.* Fil *m* pour goupilles.
cotter[3], *v.tr. Mec.E:* Claveter; goupiller; caler (une pièce). *To c. a pin into a slot,* claveter une goupille dans une mortaise. *Cottered joint,* assemblage *m* par clavette en coin. *To c. a nut,* goupiller un écrou.
cottering, *s.* Clavet(t)age *m*; goupillage *m*; calage *m.*
cotterpin ['kɔtərpin], *v.tr. Mec.E:* Claveter, goupiller.
Cottian ['kɔtjən], *a. Geog:* (Alpes) Cottiennes.
cottier ['kɔtjər], *s.* (*In Ireland*) = COTTAGER. **Cottier tenure,** tenure *f* d'une petite propriété à bail renouvelable chaque année.
cottise ['kɔtis], *s. Her:* = COTISE.
cotton[1] [kɔt(ə)n], *s.* **1.** (*a*) *Bot:* Cotonnier *m.* (*b*) Coton *m. Black-seed c., long-staple c.,* coton en longue soie. *Green-seed c., short-staple c.,* coton (en) courte soie. *Raw c.,* coton en laine. **Cotton growing,** culture *f* du coton; cotonnerie *f. The c. regions,* les régions cotonnières. **Cotton industry,** industrie cotonnière. *C. trade,* commerce *m* des cotons. *Pharm:* **Absorbent cotton,** coton hydrophile. *See also* BELT[1] 3, GUN-COTTON, WASTE[2] 4. **2.** *Tex:* (*a*) **Cotton yarn,** coton filé; fil *m* de coton. (*b*) **Cotton goods, stuffs,** tissus *m* de coton; cotonnades *f.* **Cotton(-cloth),** (toile *f* de) coton; cotonnade *f*, percale *f*, percaline *f. Coarse c.,* rouennerie *f.* **Printed cotton,** coton imprimé; indienne *f. C. canvas,* cotonnerie. *See also* FLANNEL, SILK-COTTON. **3.** *Dom.Ec:* **Sewing-cotton,** fil à coudre; fil d'Écosse; fil de coton. *Sewing-machine c.,* câblé *m. Embroidery c.,* coton à broder. *See also* CORDED 1, DARNING-COTTON, MENDING 1.
'**cotton-cake,** *s. Husb:* Tourteau *m* (de graines de coton).
'**cotton-covered,** *a. El.E:* (Fil) à guipage en coton, guipé coton.
'**cotton-gin,** *s. Tex:* Machine *f* à égrener le coton.
'**cotton-grass,** *s. Bot:* Linaigrette *f*; lin *m* des marais.
'**cotton-jenny,** *s. Tex:* Machine *f* à filer le coton.
'**cotton-lapped,** *a.* = COTTON-COVERED.
'**cotton-mill,** *s.* Filature *f* de coton; cotonnerie *f.*
'**cotton-mouth,** *s. Rept:* Mocassin *m* d'eau.
'**cotton-patch,** *s. U.S:* Cotonnerie *f*; région cotonnière.
'**cotton-plant,** *s. Bot:* Cotonnier *m.*
'**cotton-plantation,** *s.* Cotonnerie *f.*
'**cotton-printer,** *s. Tex:* Rouennier *m.*
'**cotton-seed,** *s.* Graine *f* de coton. **Cotton-seed oil,** huile *f* de coton.
'**cotton-spinner,** *s.* **1.** (*Owner*) Filateur *m* de coton. **2.** (*Worker*) Fileur, -euse, de coton; cotonnier, -ière.
'**cotton-spinning,** *s.* Filature *f*, filage *m*, du coton.
'**cotton-tail,** *s. U.S:* Lapin *m* (de garenne).
'**cotton-thistle,** *s. Bot:* Chardonnette *f*; chardon *m* aux ânes.
'**cotton-tree,** *s. Bot:* Bombax *m*, fromager *m.*
cotton-'wool, *s.* Ouate *f* (de coton); coton *m* (en laine). *Medicated c.-w., absorbent c.-w.,* coton hydrophile. *F:* **To bring up a child in cotton-wool,** élever un enfant dans du coton, dans une boîte.
cotton[2], *v.i.* **1.** (*Of material, etc.*) (Se) cotonner. **2.** *F:* **To cotton (with s.o.), to cotton together,** s'accorder, faire bon ménage (avec qn). **3.** **To cotton up to s.o.,** faire des avances à qn. **4.** (*a*) **To cotton (on) to s.o.,** se sentir attiré par qn; avoir un béguin pour qn; prendre qn en amitié. *I cottoned to him at once,* il me fut tout de suite sympathique. (*b*) *To c. (on) to (sth.),* s'accommoder à (qch.); mordre à (l'algèbre, etc.).
Cottonian [kɔ'tounjən], *a.* **The Cottonian Library,** la collection Cotton (du British Museum).
cottonocracy [kɔtə'nɔkrasi], *s. F:* Les grands intérêts cotonniers.
Cottonopolis [kɔtə'nɔpolis]. *Pr.n. F:* Manchester *m.*
cottonweed ['kɔtnwi:d], *s. Bot:* Cotonnière *f.*
cottonwood ['kɔtnwud], *s.* **1.** *Bot: U.S:* (Variété *f* de) peuplier *m. Esp. River c., swamp c.,* peuplier des marais. *Black c.,* peuplier du Canada. **2.** Bois *m* de peuplier.
cottony ['kɔtəni], *a.* Cotonneux.
cottus ['kɔtəs], *s. Ich:* Cotte *m.*
cotula ['kɔtjula], *s. Bot:* Cotule *f.*
cotyle ['kɔtili], *s. Anat:* Cotyle *f.*
cotyledon [kɔti'li:dən], *s. Bot:* **1.** Cotylédon *m.* **2.** *pl.* **The Cotyledons,** les cotylédons.
cotyledonary [kɔti'li:dənəri], *a.* Cotylédonaire.
cotyledonous [kɔti'li:dənəs], *a.* Cotylédoné.
cotyligerous [kɔti'lidʒərəs], *a.* Cotylifère.
cotyloid ['kɔtilɔid], *a. Anat: Ent:* Cotyloïde. *Anat:* **The cotyloid cavity,** la cavité cotyloïde (où s'emboîte l'os du fémur).
couch[1] [kautʃ], *s.* **1.** *Lit: Poet:* Lit *m*, couche *f.* **2.** *Furn:* Canapé *m*, divan *m*; chaise-longue *f*, *pl.* chaises-longues; lit de repos. **S-shaped couch,** vis-à-vis *m inv.* **3.** *Brew:* Couche, lit (de grains).
couch[2]. **1.** *v.tr.* (*a*) *Lit:* (*Of pers., animal*) **To be couched on the ground,** être couché par terre. (*b*) *Brew:* Coucher (le grain); mettre (le grain) en couche. *Paperm:* Coucher (une feuille) sur les feutres. *Needlew: Couched threads,* fils couchés. *A: Garment couched with gold,* vêtement brodé d'or. (*c*) Mettre (sa lance) en arrêt. (*d*) *Surg:* Abaisser (une cataracte). *To c. s.o.'s eye, to c. s.o.,* abaisser la cataracte de l'œil de qn. (*e*) *A. & Adm:* **To couch a request in writing,** coucher une demande par écrit. *To c. a demand in certain terms,* rédiger une réclamation en certains termes. *The letter was couched in these terms,* la lettre était ainsi conçue, ainsi rédigée. (*f*) **To couch one's meaning under a metaphor,** envelopper sa pensée dans une métaphore. **2.** *v.i.* (*a*) (*Of animal*) Se coucher, être couché (dans sa tanière, etc.); se terrer; gîter. (*b*) (*Of dog, pers.*) Se tapir (devant qn); (*of pers.*) courber l'échine; s'aplatir. (*c*) (*Of animal, pers.*) Se tapir (pour se dérober à la vue); (*of pers.*) se tenir embusqué.
couched, *a. Her:* Couché.
couching, *s.* **1.** *Surg:* Réclinaison *f* (d'une cataracte). **2.** *Needlew:* Broderie *f* sur fils couchés.
couch[3]**(-grass)** ['kautʃ(gra:s), 'ku:tʃ-], *s. Bot:* Chiendent *m* (officinal, des boutiques).
couchant ['kautʃənt], *a. Her:* Couché.
couché ['kuʃei], *a. Her:* (Chevron) couché.
coucher ['kautʃər], *s. Paperm:* (*Pers. or device*) Coucheur *m.*
Coué ['ku:ei], *v.tr. F:* **To Coué oneself out of sth.,** se guérir de qch. par le Couéisme.
Couéism ['ku:eiizm], *s. Med:* Couéisme *m.*
cougar ['ku:gər], *s. Z:* Couguar *m*, puma *m*; lion *m* d'Amérique.
cough[1] [kɔf], *s.* Toux *f.* **To have a cough,** tousser. *To have a bad c.,* avoir une mauvaise toux. **Dry cough,** toux sèche. **Loose cough,** toux grasse. **He gave a cough** *to warn me,* il toussa pour m'avertir. **Cough mixture,** potion *f* béchique. *See also* CHURCH-YARD, HOOPING-COUGH.
'**cough-drop, -lozenge,** *s.* **1.** Pastille pectorale; pastille contre la toux. **2.** *P:* **He's a cough-drop,** c'est un numéro, un drôle de type.
cough[2]. **1.** *v.i.* (*Of pers., of animal, F: of engine*) Tousser. **2.** *v.tr.* (*a*) **To cough out sth.,** cracher qch. (en toussant). **To cough up phlegm,** cracher des glaires; tousser gras. *To c. up blood,* cracher du, le, sang. *P: To c. up money, abs.* **to cough up,** payer, *P:* cracher. *I had to c. up a hundred francs,* il m'a fallu cracher cent francs. *To c. up a secret,* accoucher d'un secret; cracher dans le bassin. **Cough it up!** mais accouche donc! (*b*) **To cough down a speaker,** réduire un orateur au silence par des toussements répétés.
coughing, *s.* Toux *f.* **Fit of coughing,** accès *m*, quinte *f*, de toux.
could [kud]. *See* CAN[3].
coulee, coulie [ku:'li:], **coulée** [ku'lei], *s. Geol:* **1.** Coulée *f* de lave. **2.** *U.S:* Ravin *m.*
couloir ['ku:lwa:r], *s. Ph.Geog:* Couloir *m*, ravin *m. Torrent flowing in deep couloirs,* torrent encaissé dans de profonds couloirs.
coulomb [ku'lɔm], *s. El.Meas:* Coulomb *m*; ampère-seconde *m*, *pl.* ampères-secondes.

coulter ['koultər], *s. Agr:* Coutre *m* (de charrue).
coulterneb ['koultərneb], *s. Orn:* = PUFFIN.
coumarin ['ku:mərin], *s. Ch:* Coumarine *f*.
council ['kaunsil], *s.* **1.** Conseil *m*. **Town-council, city-council, municipal council,** conseil municipal. **The Court of Common Council,** le conseil municipal de la Cité de Londres. **County council** = conseil général ou conseil départemental. **To hold council; to be, meet, in council,** tenir conseil; *F:* tenir chapitre. **Council of State,** Conseil d'État. **The King, Queen, Crown, in Council,** le Conseil privé. **The Army Council,** le Conseil supérieur de la Guerre. *Hist:* **The Supreme War Council,** le Conseil supérieur interallié. (*Of higher command, & F:*) **To hold a council of war,** se réunir en conseil; délibérer. *See also* BOROUGH, CABINET 2, ORDER[1] 11, PRIVY I. 2. **2.** (*a*) *Ecc:* Concile *m* (œcuménique, etc.). **The Council of Trent,** le concile de Trente. *See also* NICENE. (*b*) *B:* (Le) conseil.
'council-board, *s.* **1.** Table *f* du conseil. **2.** Le conseil (réuni pour délibérer).
'council-chamber, -house, *s.* Chambre *f*, salle *f*, du conseil.
'council-school, *s.* = École municipale.
councillor ['kaunsilər], *s.* Conseiller *m*; membre *m* du conseil.
councillorship ['kaunsilərʃip], *s.* **1.** Dignité *f* de conseiller. **2.** Période *f* d'exercice des fonctions de conseiller.
counsel[1] ['kauns(ə)l], *s.* **1.** Délibération *f*; consultation *f*. **To take counsel with s.o.,** (i) prendre conseil de qn; (ii) délibérer, consulter, avec qn; se concerter avec qn (*as to,* sur). *To take c.* (*together*), se consulter, se concerter. **2.** Conseil *m*, avis *m*. *Theol: Evangelical counsels, counsels of perfection,* les conseils évangéliques, les conseils de perfection. *F:* **Counsel of perfection,** idéal *m* difficile à atteindre. *See also* PILLOW[1] 1. **3.** Dessein *m*, intention *f*. **To keep one's (own) counsel,** garder ses projets pour soi; garder le secret; observer le silence; ne pas parler; ne pas bavarder; se taire. *Keep your own c.,* (i) n'en parlez à personne; (ii) laissez dire. **4.** *Jur:* (*a*) Avocat *m*; conseil *m*; avocat-conseil *m*, *pl.* avocats-conseils. **To hear counsel on both sides,** entendre les avocats des deux parties. **To act as counsel for s.o.,** plaider la cause de qn. **To be represented by counsel,** comparaître par avoué. **Counsel in chambers, chamber-counsel,** avocat consultant. *See also* DEFENCE 3, JUNIOR 2, OPINION, OPPOSING. (*b*) **King's (Queen's) counsel,** conseiller du Roi (conseiller de la Reine, lorsqu'une reine occupe le trône); conseiller de la Couronne. (Titre conféré à des membres éminents du barreau de Londres. *Cf.* SILK 2.) (*c*) *Coll.* (i) Le barreau; les avocats. (ii) **The King's Counsel,** le Conseil de la Couronne.
counsel[2], *v.tr.* **(counselled)** *Lit:* **1.** Recommander (une ligne de conduite). *He counselled patience,* il (me, nous) recommanda la patience. **2.** *To c. s.o. to do sth.,* conseiller, recommander, à qn de faire qch.
counsellor ['kaunsələr], *s.* Conseiller *m* (qui offre des conseils). *He proved a wise c.,* ses conseils m'ont été précieux; je me suis trouvé bien d'avoir suivi ses conseils; les événements ont démontré la sagesse de ses conseils.
count[1] [kaunt], *s.* **1.** (*a*) Compte *m*, calcul *m*; (*of votes*) dépouillement *m*; (*of people*) dénombrement *m*. **To keep count of . . .,** compter, énumérer . . .; tenir le compte de. . . . **To lose count,** perdre le compte; s'embrouiller. **To lose count of time,** perdre la notion du temps; oublier les heures. *They lost all c. of time while chatting,* elles s'oublièrent à causer. **To put s.o. out of count,** embrouiller qn (dans son énumération). **To ask for a count,** demander le scrutin. *Med:* **Blood counts,** dénombrement des hématies. (*b*) Total *m*. *This is short of the c.,* cela ne fait pas le compte; le total n'y est pas. **2.** *Jur:* **Counts of an indictment,** chefs *m* d'accusation. *The most important c.,* le premier chef. **3.** (*House of Commons*) **Count out,** ajournement *m* (quand il y a moins de quarante membres présents). **4.** *Tex:* Numéro *m* (du fil). **5.** *Box:* Compte (de dix secondes). **To take the count (out),** rester sur le plancher pour le compte.
count[2]. **1.** *v.tr.* (*a*) Compter. **To count the cost,** compter, calculer, la dépense. *Abs. To c. up to ten,* compter jusqu'à dix. **To count up sth.,** compter, faire le compte de, qch. *To c. one's flocks,* dénombrer, prendre le nombre de, ses troupeaux. *See also* CHICKEN 1. **To count the votes** (*at election*), compter, recenser, les votes; dépouiller le scrutin. **Without counting . . .,** sans compter. . . . **Counting from to-morrow . . .,** à compter de demain. . . . (*b*) **To count s.o. among one's friends,** compter qn parmi ses amis. *To c. s.o. among the greatest writers,* mettre qn au rang des plus grands écrivains. (*c*) *Pred.* **To count s.o., sth., (to be) sth.,** tenir qn, qch., pour qch. *To c. s.o. as dead,* compter qn pour mort. *To c. sth. for a sin to s.o.,* imputer qch. à péché à qn. *To be counted as a member,* être compté au nombre des membres. *I c. it an honour to serve you,* je regarde comme un honneur de vous servir. **2.** *v.i.* (*a*) *A:* Faire des projets. *See* HOST[2]. (*b*) **To count on, upon, s.o., sth.,** compter sur qn, qch.; faire son compte de qch.; faire fond sur qch. *I am counting on you to help me,* je compte sur vous pour m'aider. **To count upon human foolishness,** compter, faire fond, sur la bêtise humaine. *I can count on his protection,* sa protection m'est acquise. **To count on doing sth.,** compter faire qch. **3.** *v.i.* (*a*) *He counts among my best friends,* il compte parmi, il est au nombre de, mes meilleurs amis. *Cards: Card that counts,* (carte) marquante *f*. *Bill: A cannon counts two,* pour un carambolage on compte deux. **This person counts as two,** cette personne compte pour deux. *He doesn't c. for much,* il ne compte guère. *He doesn't c.,* il ne compte pas; (*of young child playing with older ones*) il compte pour du beurre. (*b*) Avoir de l'importance. *Every vote counts,* chaque voix fait nombre, a son importance. *Every minute counts,* il n'y a pas une minute à perdre. *Every penny counts,* il faut regarder à chaque sou. *Everything counts,* tout fait somme. *Money counts with him more than anything,* l'argent *m* fait sur lui plus que tout.
count in, *v.tr.* Comprendre (qn, qch.) (dans un total); faire entrer en ligne de compte. *You haven't counted in Jones,* vous avez oublié de compter Jones. *Don't c. me in,* ne me mettez pas du nombre.
count out, *v.tr.* **1.** Compter (de l'argent, etc.) pièce par pièce. *The clerk counted me out twenty one-pound notes,* l'employé me compta un à un vingt billets d'une livre. **2.** *Pol:* **To count out the House,** ajourner la Chambre (le total des membres présents s'étant abaissé à moins de quarante. *Cf.* COUNT[1] 3). **3.** *Box:* **To be counted out,** rester sur le plancher pour le compte; *F:* être compté dehors. **4.** (*a*) *Games:* **To count out the players,** éliminer les joueurs en récitant une comptine. (*b*) *F:* **You can count me out of that show,** je ne prendrai aucune part dans cette affaire; ne comptez pas sur moi dans cette affaire.
counting out, *s.* Élimination *f* (des joueurs, etc.). **Counting(-out) rhyme,** comptine *f*.
counting, *s.* Compte *m*, calcul *m*; dépouillement *m* (du scrutin); dénombrement *m* (de personnes).
'counting-frame, *s.* Boulier compteur.
'counting-house, *s. Com:* Bureau *m*, service *m*, de la comptabilité; la comptabilité.
'counting-mechanism, *s.* Mécanisme compteur (de tours, etc.); minuterie *f* (d'enregistrement) (d'un compteur à gaz, etc.).
count[3], *s.m.* Comte (français, italien, etc. *Cp.* EARL). *The Count of Monte Cristo,* le comte de Monte Cristo. *Hist: The Counts Palatine,* les comtes palatins.
countenance[1] ['kauntinəns], *s.* **1.** Expression *f* du visage; visage, figure *f*, mine *f*, air *m*, maintien *m*, contenance *f*. **To change countenance,** changer de visage, de contenance. **To keep one's countenance,** (i) ne pas se laisser décontenancer; (ii) se donner, se faire, une contenance; garder son sérieux. **To keep myself in countenance . . .,** pour me donner une contenance . . .; par contenance . . .; pour me donner un maintien. . . . *To compose one's c.,* composer son visage. *To assume an appropriate c.,* se composer une figure (de circonstance). **To put s.o. out of countenance,** décontenancer qn. **To lose countenance,** se décontenancer; perdre contenance. **To stare s.o. out of countenance,** dévisager qn; faire baisser les yeux à qn; faire perdre contenance à qn. **To keep s.o. in countenance,** soutenir qn; aider qn à faire bon visage (lors d'une entrevue, etc.). *His c. fell,* son visage, sa figure, s'allongea. *B:* **The light of His countenance,** la clarté de son visage. *A: To do sth. in the light of s.o.'s c.,* faire qch. sous la protection de qn. *F: To give a ceremony the light of one's c.,* honorer une cérémonie de sa présence. *See also* KNIGHT[1] 1. **2.** Faveur *f*, appui *m*, encouragement *m*. **To give, lend, countenance to s.o., to sth.,** appuyer, favoriser, encourager, qn, qch.; accréditer (une nouvelle, etc.).
countenance[2], *v.tr.* **1.** Autoriser, approuver, sanctionner (une action). *To c. a fraud,* se prêter à une fraude. **2.** Encourager, appuyer, soutenir (qn) (*in,* dans).
counter[1] ['kauntər], *s.* **1.** (*Pers.*) Compteur, -euse. **2.** *Mec.E:* Compteur *m*. **Speed counter, revolution counter,** compteur de tours, compte-tours *m inv*. **Set-back counter,** compteur avec remise à zéro. **3.** *Games:* (i) (*Square*) Fiche *f* (en os, etc.). (ii) (*Round*) Jeton *m*. *Ind:* Jeton. **4.** (*a*) (*In bank, etc.*) Guichets *mpl*; caisse *f*. **Payable over the counter,** payable à ses guichets. (*b*) (*In shop*) Comptoir *m*; (*in public-house*) *P:* zinc *m*. **Sold over the counter,** vendu (au) comptant. *To have a glass at the c.,* prendre un verre sur le zinc. *See also* NAIL[2] 1.
'counter-hand, *s. Com:* Vendeur, -euse.
'counter-jumper, *s. Com: F:* (*Of pers.*) Commis *m* (de magasin); calicot *m*.
counter[2], *s.* **1.** Poitrail *m* (d'un cheval). **2.** *N.Arch:* Voûte *f* d'arcasse; voûte arrière. **3.** Creux *m* (d'un poinçon, etc.). **4.** Contre-poinçon *m*.
counter[3], *s. Bootm:* Contrefort *m*.
counter[4]. **1.** *s.* (*a*) *Fenc:* Contre *m*. (*b*) *Box:* Parade *f* d'un bras et riposte simultanée de l'autre; coup *m* d'arrêt; contre. *See also* CROSS-COUNTER. **2.** *a.* (*a*) Contraire, opposé (*to,* à). (*b*) *In compounds often translated by* contre-. **3.** *adv.* En sens inverse; à contre-sens. **To run, go, act, counter to one's orders,** agir contrairement à ses instructions; aller à l'encontre de ses instructions. **To run counter to a prejudice,** heurter de front un préjugé. **To run counter to the law,** aller à l'encontre de la loi; contrarier la loi. *To run c. to interests, all conventions,* heurter des intérêts, toutes les idées reçues. *Tendency that runs c. to modern evolution,* tendance *f* qui va à l'encontre de l'évolution moderne. *Ven:* **To hunt, run, go, counter,** suivre, prendre, le contre-pied.
counter-[5], *comb.fm.* Opposé; contre-.
'counter-ad'vice, *s.* Contre-avis *m*.
counter-'agent, *s.* = COUNTERACTIVE 2.
'counter-ap'proaches, *s.pl. Fort:* Contre-approches *f*.
'counter-arch, *s. Arch:* Voûtin *m*.
'counter-'argument, *s.* Argument *m* contraire.
'counter-at'tack[1], *s. Mil:* Contre-attaque *f*; retour offensif.
'counter-at'tack[2], *v.tr. & i.* Contre-attaquer.
'counter-at'traction, *s.* **1.** Attraction opposée. **2.** Attraction destinée à faire concurrence au clou de la fête, etc.
'counter-'batter, *v.tr. Mil:* Contre-battre.
counter-battering, *s. Mil:* Contre-batterie *f*.
'counter-'battery, *s. Mil:* Contre-batterie *f*.
'counter-bloc'kade, *v.tr.* Contre-bloquer (un port, etc.).
'counter-bond, *s. Jur:* Contre-promesse *f*.
'counter-bore[1], *s. Tls:* **1.** = COUNTERSINK[1] 1. **2.** Outil *m* à repercer; alésoir *m*; mèche *f* d'alésage.
'counter-bore[2], *v.tr. Mec.E:* **1.** = COUNTERSINK[2] 1. **2.** Réaléser, sur-aléser, contre-aléser; agrandir (un trou).
counter-boring, *s.* Contre-alésage *m*.

'counter-brace[1], *s.* *Civ.E:* Contre-tirant *m*; entretoise *f*; raidisseur *m*.
'counter-brace[2], *v.tr.* Entretoiser, contre-brasser; raidir.
counter-bracing, *s.* Entretoisement *m*, contre-appui *m*, raidissement *m*.
'counter-charge, *s.* Contre-accusation *f*.
'counter-charm, *s.* Contre-charme *m*.
'counter-check, *s.* *Mec:* Force opposée; force antagoniste.
'counter-cheers, *s. pl.* Contre-applaudissements *m*, contre-acclamations *f*.
'counter-claim[1], *s.* *Jur:* Demande reconventionnelle, compensatoire; reconvention *f*; contre-demande *f*; défense *f* au contraire.
'counter-claim[2], *v.tr.* *Jur:* Faire, opposer, une demande reconventionnelle (en dommages-intérêts, etc.).
'counter-'clockwise, *adv.* En sens inverse des aiguilles d'une montre; à l'envers, à l'encontre, des aiguilles d'une montre; à gauche; sinistrorsum.
'counter-'criticism, *s.* Contre-critique *f*.
'counter-'current, *s.* Contre-courant *m*.
'counter-decla'ration, *s.* Contre-déclaration *f*.
'counter-deed, *s.* *Jur:* Contre-lettre *f*.
'counter-demon'stration, *s.* Contre-manifestation *f*.
'counter-'demonstrator, *s.* Contre-manifestant, -ante.
'counter-disen'gage, *v.tr.* & *i.* *Fenc:* Contre-dégager.
'counter-disen'gagement, *s.* *Fenc:* Contre-dégagement *m*.
'counter-draw, *v.tr.* *Engr:* Contre-tirer (une gravure).
'counter-'effort, *s.* Contre-effort *m*.
'counter-en'quiry, *s.* *Jur:* Contre-enquête *f*.
'counter-'espionage, *s.* Contre-espionnage *m*.
'counter-'faced, *a.* *Her:* Contre-barré.
'counter-fire, *s.* *Fort:* Contre-feu *m*.
'counter-flow, *s.* *El:* Contre-courant *m*.
'counter-'fracture, *s.* *Surg:* Contre-fracture *f*.
'counter-fugue, *s.* *Mus:* Contre-fugue *f*.
'counter-gear(ing), *s.* *Mec.E:* Renvoi *m* de mouvement.
'counter-in'quiry, *s.* *Jur:* Contre-enquête *f*.
'counter-'irritant, *a.* & *s.* *Med:* (Médicament) révulsif (*m*), dérivatif (*m*); contre-stimulant (*m*); émollient (*m*).
'counter-irri'tation, *s.* *Med:* Révulsion *f*, dérivation *f*.
'counter-lath[1], *s.* *Const:* Contre-latte *f*.
'counter-lath[2], *v.tr.* *Const:* Contre-latter.
counter-lathing, *s.* Contre-lattage *m*.
'counter-ma'nœuvre, *s.* Contre-manœuvre *f*.
'counter-'melody, *s.* *Mus:* Contre-chant *m*.
'counter-'motion, *s.* *Mec.E:* Transmission secondaire, intermédiaire; renvoi *m* de mouvement.
'counter-'movement, *s.* Mouvement *m* contraire.
'counter-note, *s.* *Dipl:* Contre-note *f*.
'counter-nut, *s.* Contre-écrou *m*.
'counter-o'ffensive, *s.* *Mil:* Contre-offensive *f*.
'counter-'paddle, *s.* *Hyd.E:* Contre-aube *f*.
'counter-pe'tition[1], *s.* Contre-pétition *f*.
counter-pe'tition[2], *v.i.* Contre-pétitionner.
counter-pe'titioner, *s.* Contre-pétitionnaire *mf*.
'counter-plea, *s.* *Jur:* Réplique *f*.
'counter-prepa'ration, *s.* *Mil:* Contre-préparation *f*.
'counter-'project, *s.* Contre-projet *m*.
'counter-proof, *s.* *Engr:* Contre-épreuve *f*. *To take a c.-p. of an engraving*, contre-tirer une gravure.
'counter-pro'posal, 'counter-propo'sition, *s.* Contre-proposition *f*.
'counter-prove, *v.tr.* *Engr:* Contre-épreuver.
'counter-punch, *s.* *Tls:* Contre-poinçon *m*.
'counter-'quartered, *a.* *Her:* Contre-écartelé.
'counter-'reason, *s.* Contre-raison *f*.
'counter-refor'mation, *s.* Contre-réformation *f*.
'counter-revo'lution, *s.* Contre-révolution *f*.
'counter-revo'lutionary, *a.* & *s.* Contre-révolutionnaire.
'counter-revo'lutionist, *s.* Contre-révolutionnaire *mf*.
'counter-revo'lutionize, *v.tr.* Contre-révolutionner.
'counter-ri'poste, *s.* *Fenc:* Contre-riposte *f*.
'counter-'sample, *s.* *Com:* Contre-type *m*.
'counter-sea, *s.* *Nau:* Mer *f* à contre vent.
'counter-seal[1], *s.* Contre-sceau *m*.
'counter-seal[2], *v.tr.* Contre-sceller.
'counter-se'curity, *s.* *Jur:* Contre-sûreté *f*.
'counter-siege, *s.* *Mil:* *To conduct a c.-s. against s.o.*, contre-assiéger qn.
'counter-'signal, *s.* *Mil:* *Navy:* Contre-signal *m*, *pl.* contre-signaux. *Tp:* Contre-appel *m*.
'counter-'signature, *s.* **1.** Contreseing *m*. **2.** Approuvé *m*.
'counter-'sortie, *s.* Contre-sortie *f*.
'counter-spring, *s.* Contre-ressort *m*.
'counter-spy, *s.* Contre-espion *m*.
'counter-'statement, *s.* *Jur:* Contre-mémoire *m*.
'counter-'stratagem, *s.* Contre-finesse *f*; contre-ruse *f*.
'counter-stroke, *s.* *Mil:* Retour offensif.
'counter-'surety, *s.* *Jur:* Contre-sûreté *f*.
'counter-'tenor, *s.* *Mus:* Haute-contre *f*, *pl.* hautes-contre; alto *m*.
'counter-term, *s.* *Rh:* Antonyme *m*.
'counter-threat, *s.* *Threats and counter-threats*, menaces *f* de part et d'autre.
'counter-tide, *s.* Contre-marée *f*.
'counter-valu'ation, *s.* Contre-expertise *f*.
'counter-verifi'cation, *s.* *Adm:* Contre-épreuve *f* des voix (à une élection).
counter[6], *v.tr.* **1.** Aller à l'encontre de, contrarier (qn, qch.). *To c. s.o.'s designs*, aller à l'encontre des desseins de qn; contrecarrer les desseins de qn. **To counter an opinion,** prendre le contre-pied d'une opinion. *Mec.E:* *To c. a motion*, arrêter, stopper, un mouvement. *Box:* **To counter** (*a blow*), parer, bloquer (un coup) et riposter en même temps. *Chess:* *To c. a move*, contrer un coup; riposter à un coup. **2.** *Mec.E:* Renvoyer (le mouvement).
countering, *s.* **1.** Parade *f* et riposte *f*. **2.** *Mec.E:* **Countering of a motion,** stoppage *m* d'un mouvement.
counteract [kauntə'rakt], *v.tr.* **1.** Contrarier, contrecarrer, déjouer (un projet). *To c. an influence*, riposter à une influence. **2.** Neutraliser (une influence), parer à (un résultat), riposter à, contrecarrer (un effet).
counteraction [kauntə'rakʃ(ə)n], *s.* **1.** Action *f* contraire; mouvement opposé; opposition *f*. *The action and c. of wealth and poverty*, l'antagonisme *m* réciproque entre les riches et les pauvres. **2.** Neutralisation *f* (d'une influence, etc.).
counteractive [kauntə'raktiv]. **1.** *a.* Tendant à agir en opposition; contraire, opposé (*to*, à). **2.** *s.* Tendance opposée; action *f* contraire.
counterbalance[1] ['kauntərbaləns], *s.* Contrepoids *m*. *Tchn:* Contre-balancier *m*, équilibrier *m*.
counterbalance[2] [kauntər'baləns], *v.tr.* Contre-balancer; faire contrepoids à (qch.); compenser (une force, etc.); faire équilibre à (une force). **Forces that counterbalance each other,** forces qui s'annulent. **Counterbalanced lever,** levier équilibré par contrepoids.
counterbalancing, *s.* Équilibrage *m*.
counterblast ['kauntərblɑːst], *s.* Réplique *f*, riposte *f* (*to*, à).
countercharge ['kauntərtʃɑːrdʒ], *s.* *Jur:* Contre-accusation *f*; contre-plainte *f*.
counterfeit[1] ['kauntərfiːt]. **1.** *a.* Contrefait; faux. **Counterfeit coin,** fausse monnaie. *C. emotions*, émotions simulées. **2.** *s.* Contrefaçon *f*; (*of document*) faux *m*.
counterfeit[2], *v.tr.* **1.** Contrefaire (la monnaie, etc.). **2.** Simuler, feindre (une passion, etc.). **To counterfeit poverty,** faire le pauvre.
counterfeiting, *s.* **1.** Contrefaction *f*; contrefaçon *f*. **2.** Simulation *f*.
counterfeiter ['kauntərfiːtər], *s.* **1.** Contrefacteur *m*; faux monnayeur. **2.** Simulateur, -trice.
counterfoil ['kauntərfɔil], *s.* Souche *f*, talon *m* (de chèque, de quittance). **Counterfoil book,** cahier *m*, carnet *m*, registre *m*, livre *m*, à souche.
counterfort ['kauntərfɔːrt], *s.* **1.** *Arch:* Éperon *m* (d'un mur, etc.). **2.** *Ph.Geog:* Contrefort *m*.
counterguard ['kauntərgɑːrd], *s.* *Fort:* Contre-garde *f*.
countermand[1] [kauntər'mɑːnd], *s.* Contremandement *m*, contre-ordre *m*, contre-avis *m*.
countermand[2], *v.tr.* Contremander; décommander (une grève, etc.); révoquer, rappeler, annuler (un ordre). *Com:* *To c. the order for sth.*, décommander qch. **Unless countermanded,** sauf contre-ordre, sauf contre-avis.
countermanding, *s.* Contremandement *m*, décommandement *m*; révocation *f*, rappel *m* (d'un ordre).
countermarch[1] ['kauntərmɑːrtʃ], *s.* Contremarche *f*.
countermarch[2]. **1.** *v.i.* Contremarcher. **2.** *v.tr.* Faire contremarcher (des troupes).
countermark[1] ['kauntərmɑːrk], *s.* *Com:* *Farr:* *etc:* Contremarque *f*.
countermark[2], *v.tr.* Contremarquer.
countermine[1] ['kauntərmain], *s.* Contre-mine *f*.
countermine[2] [kauntər'main], *v.tr.* & *i.* Contre-miner (une mine, *Navy:* une passe, etc.).
counterminer [kauntər'mainər], *s.* Contre-mineur *m*.
countermure[1] ['kauntərmjuːər], *s.* *Mil:* Contre-mur *m*.
countermure[2] [kauntər'mjuːər], *v.tr.* *Mil:* Contre-murer.
counterpane ['kauntərpein], *s.* Courtepointe *f*; couvre-lit *m*, *pl.* couvre-lits; couvre-pied(s) *m*.
counterpart ['kauntərpɑːrt], *s.* **1.** Contre-partie *f*; analogue *m*; pendant *m* (d'un tableau, etc.); *F:* sosie *m*, ménechme *m* (d'une personne). *Phot:* Contre-type *m* (positif ou négatif). **To be the counterpart of . . .,** aller de pair avec . . .; faire pendant à. . . . **2.** Duplicata *m*, double *m* (d'un document); contre-partie. *Tally c.*, souche *f* (d'un reçu).
counterpierce ['kauntərpiːərs], *v.tr.* Contrepercer.
counterplot[1] ['kauntərplɔt], *s.* Contre-ruse *f*, contre-trame *f*.
counterplot[2]. **1.** *v.i.* Inventer une contre-ruse (*against s.o.*, contre qn). **2.** *v.tr.* Frustrer (qn); déjouer (un dessein) par une contre-ruse.
counterpoint ['kauntərpɔint], *s.* *Mus:* Contrepoint *m*. *See also* FLORID.
counterpoise[1] ['kauntərpɔiz], *s.* **1.** Contrepoids *m*; masse *f* d'équilibrage. **Counterpoise bridge,** pont *m* à bascule. *See also* BARRIER[1]. **2.** Équilibre *m*. **In counterpoise,** en équilibre.
counterpoise[2], *v.tr.* Contre-balancer; faire contrepoids à (qch.).
counterscarp ['kauntərskɑːrp], *s.* *Fort:* Contrescarpe *f*.
countershaft ['kauntərʃɑːft], *s.* *Mec.E:* Arbre *m* intermédiaire, de renvoi; renvoi *m* de mouvement. *Aut:* Contre-arbre *m*.
countersign[1] ['kauntərsain], *s.* **1.** Contreseing *m*. **2.** *Mil:* *etc:* Mot *m* d'ordre; mot de ralliement; consigne *f*. **'Advance and give the countersign,'** "avance à l'ordre." *F:* *To give the c.*, montrer patte blanche.
countersign[2] [kauntər'sain], *v.tr.* Contresigner, signer en second, viser, *F:* contre-griffer (un ordre, etc.); ratifier (un ordre).
countersink[1] ['kauntərsiŋk], *s.* **1.** *Tls:* Fraise *f*; foret *m* conique. **Countersink bit,** fraisoir *m*, louche *f*. *See also* ROSE[1] 6. **2.** **Countersink (hole),** (i) avant-trou *m* (de perçage); (ii) fraisure *f* (d'un trou); noyure *f* (pour tête de vis).
countersink[2], *v.tr.* (*Conj. like* SINK) *Carp:* *Mec.E:* *etc:* **1.** Fraiser, ébiseler, chanfreiner. *Nau:* gourbiller. **2.** Encastrer (la tête d'un rivet); noyer (la tête d'une vis). **Countersunk rivet,** rivet *m* à tête encastrée, fraisée. *Flat countersunk rivet*, rivet à tête noyée.

Countersunk screw, vis à tête noyée, à tête perdue. *Screw with countersunk head,* vis à tête plate.

counterslope ['kauntərsloup], *s.* Contre-pente *f.*

countersloped ['kauntərsloupt], *a.* (Mur) recoupé.

countersubject ['kauntərsʌbdʒekt], *s. Mus:* Partie conséquente (d'une fugue); conséquent *m*; contre-sujet *m.*

countervail [kauntər'veil]. **1.** *v.tr. Lit:* Contre-balancer, compenser. **2.** *v.i.* Prévaloir (*against*, contre).

counterweigh [kauntər'weːi], *v.tr.* **1.** Contre-balancer; avoir plus de poids (qu'un autre argument, etc.). **2.** Comparer les poids de (deux objets); peser (deux arguments) l'un contre l'autre.

counterweight[1] ['kauntərweit], *s.* Contrepoids *m.* **Door counterweight,** valet *m. El.E:* **Counterweight cable,** câble *m* de contrepoids.

counterweight[2], *v.tr.* Contre-balancer; équilibrer; munir (un appareil) d'un contrepoids.

counterwork[1] ['kauntərwərk], *s.* **1.** Contre-ruse *f.* **2.** *pl. Fort:* Contre-attaques *f.*

counterwork[2], *v.tr.* **1.** Contrarier, frustrer, contrecarrer. **2.** *Fort:* Contre-attaquer.

countess ['kauntes], *s.* Comtesse *f* (femme d'un COUNT, *q.v.*, ou d'un EARL, *q.v.*).

countless ['kauntləs], *a.* Innombrable. *C. races inhabit India,* un nombre incalculable de races habite les Indes.

countrified, countryfied ['kʌntrifaid], *a.* Aux allures campagnardes, provinciales, agrestes. *In a c. manner,* agrestement. **To become countrified,** se provincialiser. *They are very c.,* ils sont très province.

country ['kʌntri], *s.* **1.** (*a*) Pays *m*, contrée *f*, région *f. A rich, fertile, c.,* un pays, une contrée, riche, fertile. *See also* HILL[1] 1. *Wine of the c.,* vin *m* du pays, de l'endroit, du cru, du terroir. **To go up country,** remonter vers l'intérieur du pays, vers le centre du pays, vers l'intérieur; pénétrer dans le pays. *See also* ACROSS 2, CROSS-COUNTRY. **To appeal, go, to the country,** en appeler au pays; consulter le corps électoral. **God's (own) country,** (i) un paradis terrestre; (ii) *U.S:* les États-Unis. **To carry war into the enemy's country,** porter la guerre chez l'ennemi. **Broken country, rough country,** pays accidenté. **Level country,** pays de plaine. **Open country,** rase campagne; pays libre. (*b*) (*Native country*) Patrie *f. To betray one's c.,* trahir sa patrie, son pays. *He loves his c.,* il aime son pays. **To die for King and country,** mourir pour la patrie. **2.** (*a*) (*Opposed to capital*) Province *f*; *Adm:* les comtés *m.* **Country town,** petite ville de province; ville de marché. **Country bank,** banque *f* de province; banque provinciale. *C. note,* billet émis par une banque de province. **In the country,** en province. **Country cousin,** cousin de province; *F:* un nouveau débarqué. *Servant fresh from the c.,* bonne nouvellement débarquée de province. *P:* **Country cousins,** menstrues *f. Her c. cousins have come,* elle a ses affaires, ses anglais. (*b*) (*Opposed to town*) Campagne *f*; *Lit: Poet:* sillons *mpl.* **In the country,** (i) à la campagne; (ii) *Cr: F:* près des bornes du terrain; (balle envoyée) au diable. **Surrounding country,** pays d'alentour, à l'entour; (*of large town*) banlieue *f.* **Country life,** vie de, à la, campagne; vie champêtre, rurale. **Country girl,** (jeune) paysanne *f. A hefty c. wench,* une grosse rustaude. *C. gentleman,* gentilhomme propriétaire, campagnard. *To do sth. c.-fashion,* faire qch. à la paysanne. **To spend a day in the country,** faire une partie de campagne. *Some beg in the large towns, others in the c.,* les uns mendient dans les grandes villes, les autres dans les campagnes. *I am taking a day off in the c.,* aujourd'hui je prends la clef des champs. *Pol:* **The Country party,** le parti agricole.

country-'box, *s.* Cassine *f*; pied-à-terre *m inv* à la campagne.

country-'club, *s.* Club (sportif, etc.) occupant un site agreste, un château.

country 'dance, *s.* Danse *f* rustique.

'country-folk, *s.pl.* Gens *m* de la campagne, gens de village; paysans *m.*

country-'house, -'seat, *s.* **1.** Maison *f* de campagne, pied-à-terre *m inv* à la campagne; maison de plaisance. **2.** Château *m. C.-h. life,* vie *f* de château.

'country-rock, *s. Min:* Stampe *f* (entre les veines métallifères); roche encaissante.

country-'side, *s.* **1.** (Les) campagnes *f*; la région. **2.** La population de la région.

countryman, *pl.* **-men** ['kʌntrimən, -men], *s.m.* **1.** Compatriote, concitoyen. **2.** Paysan, campagnard.

countrywoman, *pl.* **-women** ['kʌntriwumən, -wimen], *s. f.* **1.** Compatriote, concitoyenne. **2.** Paysanne, campagnarde.

countship ['kauntʃip], *s.* Dignité *f* de comte; comté *m.*

county ['kaunti], *s.* Comté *m.* **1.** (*a*) *Hist:* Territoire *m* sous la haute juridiction d'un comte. (*b*) **The counties palatine,** les comtés palatins (Cheshire, Lancashire, et *A:* Durham). **2.** (*a*) Division territoriale et administrative (i) de la Grande-Bretagne et de l'Irlande, (ii) *U.S:* d'un *State. The c. of Kent,* le comté de Kent. (*In Ireland no article*) **County Mayo,** le comté de Mayo. *U.S:* **Chester County, New York County,** le comté de Chester, de New York. (*b*) *F:* Les habitants *m* du comté. *The whole c. desires it,* tout le comté en a émis le vœu. **County town,** chef-lieu *m* de comté, *pl.* chefs-lieux. County court = tribunal *m* d'arrondissement, de première instance. **A county family,** une des familles terriennes du comté. **County society, the county set,** l'aristocratie et la haute bourgeoisie du comté. *F: They're very nice people, but* **not 'county,'** ce sont des gens très bien, mais ils ne font pas partie du "monde" du comté. *Cr:* **The county team,** l'équipe *f* qui joue pour le comté. **County cricket,** les grands matches entre les équipes de comté. **County cricketer,** membre *m* de l'équipe du comté. *See also* COUNCIL 1. **3.** **County corporate** = *county borough, q.v. under* BOROUGH 1.

'county-court, *v.tr. F:* Citer, assigner (un débiteur).

coup [kuː], *s.* **1.** (*a*) Coup (audacieux). **To bring off a coup,** faire un coup, réussir un coup. (*b*) L'anglais a emprunté du français: **coup d'état, coup de grâce, coup de main, coup d'œil, coup de théâtre.** **2.** *Bill:* Envoi *m* de la bille dans une des blouses, sans avoir touché une des deux autres billes. (L'adversaire marque 3 points.)

coupé ['kuːpe], *s. Veh:* Coupé *m. Aut:* **Sports coupé** coupé sport. *See also* DROP-HEAD.

coupee [ku'piː], *s. Danc:* Coupé *m.*

couple[1] [kʌpl], *s.* **1.** Couple *f* (d'attache, pour chiens de chasse). **2.** (*a*) Couple *f* (de pigeons, d'œufs, etc.). *A c. of seconds,* deux secondes. **To work in couples,** se mettre à deux pour travailler. *P:* **To have had a couple** (*of drinks*), être gris. (*b*) *El:* **Astatic couple,** couple *m*, paire *f*, d'aiguilles astatique. **3.** (*a*) Couple *m* (de chiens de chasse). **Thirty couple of dogs,** trente couples de chiens. *F:* **To go, hunt, run, in couples,** être toujours ensemble. (*b*) Couple *m* (d'époux, de danseurs). **The married couple,** les deux époux *m.* **The newly married couple,** les nouveaux mariés; le nouveau ménage. *The young c.,* les deux jeunes époux. *'Respectable c. wanted,'* "on demande un ménage recommandable." *Danc:* (*Quadrille*) **Top couple,** couple numéro un. *Bottom c.,* couple numéro deux. *Side top c.,* couple numéro trois. *Side bottom c.,* couple numéro quatre. **4.** *Const:* Paire *f* de chevrons; moise *f. See also* BARGE-COUPLE. **5.** *Mec:* Couple *m* (de torsion, de rotation); couple moteur. **6.** = THERMO-COUPLE. *Copper-constantan c.,* élément *m* cuivre-constantan.

couple[2]. **1.** *v.tr.* (*a*) Coupler, accoupler (des bœufs, deux idées); accoupler, apparier (le mâle et la femelle); associer, accoler (des noms, etc.); relier (des personnes, des objets). *Ven: To c. hounds* (*in fours or sixes*), harder des chiens courants (par quatre ou par six). *Organ: To c. two manuals,* accoupler deux claviers. *Arch:* **Coupled columns,** colonnes accouplées. *Coupled posts,* poteaux jumelés, accolés. (*b*) *Mec.E: etc:* Engrener, embrayer (une machine); conjuguer (des mouvements); raccorder (des tuyaux); emmancher, assembler (des tiges de sonde). *Coupled direct to the motor,* en prise directe avec le moteur. **Coupled brakes,** freinage conjugué. (*c*) *El:* Associer, grouper, accoupler (des piles); faire communiquer, assembler, brancher (des organes). *Coupled direct to the condenser,* en communication directe avec le condenseur. (*d*) *Rail:* **To couple up, couple on,** *a carriage,* atteler, accrocher, un wagon. *The dining car is coupled up at Leeds,* le wagon-restaurant est accroché à Leeds. **2.** *v.i.* (*Of male and female*) S'accoupler.

coupling, *s.* **1.** Accouplement *m* (de deux choses); appariement *m* (des animaux); association *f* (d'idées, etc.); accolement *m* (de deux noms). **2.** *Tchn:* (*a*) Accouplement, assemblage *m*, couplage *m* (de deux roues, etc.); emmanchage *m*, emmanchement *m* (de deux tuyaux). **Coupling-box, coupling-sleeve,** manchon *m* d'accouplement. (*b*) *Rail:* Attelage *m*, accrochage *m* (des wagons). (*c*) *El:* Couplage, association *f*, groupement *m* (d'éléments de pile, etc.). *C. in parallel,* couplage en parallèle. *C. in series,* couplage en série, en tension. **Induction coupling,** couplage par induction. *W.Tel:* **Close coupling, tight coupling,** accouplement serré. **Loose coupling,** accouplement lâche; connexion inductive. **3.** (*Coupling device*) Accouplement, assemblage; raccord *m*; (*for transmitting motion*) embrayage *m. Rail:* Attelage *m. Aut: etc: Grease-connection c.,* raccord de graissage. **Flexible coupling,** (i) manchon *m* élastique; (ii) entraîneur *m* flexible. **Bayonet coupling,** raccord à baïonnette. **Cone coupling,** accouplement par cônes. **Pawl coupling,** accouplement à cliquet. **Shaft coupling,** tourteau *m* d'assemblage. *See also* BUFFER[1] 1, CLAW-COUPLING, COMPENSATING 2, FLANGE[1], FRICTION-COUPLING, JOINTED 1, JUMP-COUPLING, MUFF-COUPLING, PIN COUPLING, SCREW-COUPLING, SLEEVE-COUPLING, THIMBLE-COUPLING.

'coupling-band, *s. Artil:* Sousbande *f*, sous-bande *f* (d'essieu).

'coupling-chain, *s. Rail:* Chaîne *f* d'attelage.

'coupling-hook, *s. Rail:* Crochet *m* d'attelage, de traction.

'coupling-lever, *s. Rail:* Levier *m* de décrochage.

'coupling-pin, *s. Rail:* Boulon *m* d'attelage, cheville *f* d'attelage.

'coupling-rod, *s. Mch:* (*a*) Allonge *f.* (*b*) Bielle *f* d'accouplement (de roues de locomotive).

coupler ['kʌplər], *s.* **1.** *Organ:* (i) Tirant *m* à accoupler; (ii) pédale *f* d'accouplement. **Pedal coupler,** tirasse *f.* **'Draw the coupler,'** "tirant à accoupler." *See also* OCTAVE-COUPLER. **2.** (*a*) *Rail:* Attelage *m.* (*b*) *El.E:* **Wire coupler,** attache-fils *m inv.*

couplet ['kʌplət], *s. Pros:* Distique *m*; couplet *m.*

coupon ['kuːpɔn], *s.* **1.** Coupon *m. Post:* **International reply coupon,** coupon-réponse international, *pl.* coupons-réponse. *Com:* **Free-gift coupon,** bon-prime *m*, *pl.* bons-primes. *Hist: Meat c., sugar c.,* coupon de carte alimentaire. *Fin: Interest c.,* coupon d'intérêts. **2.** *Pol:* Recommandation officielle donnée à un candidat par le chef d'un parti. **Coupon candidate,** candidat recommandé.

courage ['kʌredʒ], *s.* Courage *m.* **To have courage,** avoir du cœur, *F:* du cran. *To have the c. to do sth.,* avoir le courage de faire qch. **To have the courage of one's convictions,** avoir le courage de ses opinions. **To take, pluck up, screw up, muster up, courage,** prendre son courage à deux mains; s'enhardir; s'armer de courage; faire appel à tout son courage. *To put c. into s.o.,* enhardir qn; donner du cœur à qn. *To put fresh c. into s.o.,* renhardir qn. **To put s.o. out of courage,** décourager qn. *To restore s.o.'s c.,* rencourager qn. **Keep up your courage!** ne perdez pas courage! **Courage!** du courage! *My c. is not equal to it,* je ne m'en sens pas le courage. *My c. failed me,* le courage me manqua. *See also* DUTCH[1].

courageous [kə'reidʒəs], *a.* Courageux. **-ly,** *adv.* Courageusement; avec courage.

courier ['kuriər], *s.* **1.** Courrier *m*, messager *m.* **2.** *A:* Valet *m* de place; courrier (qui devançait son maître à l'étape). **3.** *Journ: The Northern C.,* le Courrier du Nord.

courlan ['kuərlən], *s. Orn:* Courlan *m.*

course[1] [kɔːrs], *s.* **1.** (*a*) Cours *m* (d'un fleuve, du temps); courant *m* (des affaires, etc.); cours, ordre *m*, marche *f* (des événements); cours, trajet *m* (d'une balle, d'une artère, etc.). *Geol:* Direction *f* (d'un filon). **In the course of the sitting,** au cours de la séance. *In the c. of conversation,* au cours de la conversation. *In the c. of the morning, of the week, of the year,* au cours de la matinée, de la semaine; dans la matinée, dans la semaine; dans le courant de l'année. *In the c. of centuries,* dans la suite des siècles. **In (the) course of time,** avec le temps; dans la suite, le cours, des temps; à la longue. **In the course of nature, in the ordinary course of things,** normalement. *In the c. of his inquiry he discovered that . . .,* il découvrit, au cours de son enquête, que. . . . **To do sth. in due course,** faire qch. en temps voulu, en temps utile, en temps et lieu. *We shall write to you in due c.,* nous vous écrirons en temps utile. **In due course . . .,** quand les temps furent révolus . . .; le moment arriva où. . . . **Building in course of construction,** bâtiment *m* en cours de construction. **The fever must run its course,** il faut que la fièvre suive son cours. *The sun had run its c.,* le soleil avait terminé sa carrière. **To let nature take her course,** donner libre cours à la nature. *Justice will take its c.,* la justice suivra son cours. **Let things take their course,** *F:* laissez couler l'eau; laissez faire. *Jur:* **By course of law,** d'après, suivant, la loi. *Nothing could stop Napoleon in his c.,* rien n'arrêtait Napoléon dans sa course, dans sa carrière. *See also* EVENT 2. (*b*) **Of course,** bien entendu, naturellement; *F:* bien sûr. *Have you seen it?—Of c. I have, F: course I have,* l'avez-vous vu? —Si je l'ai vu! parbleu! *May I come in?—Why, of c.,* puis-je entrer?—Mais comment donc! *Of c. I shall pay you interest,* comme de juste je vous paierai des intérêts. (*c*) **That is a matter of course,** cela va sans dire; cela va de soi. **As a matter of course,** comme de juste, tout naturellement, comme de raison. *You will be my best man as a matter of c.,* tu es mon garçon d'honneur obligé. **It is a matter of course that . . .,** il va de soi que. . . . **2.** (*a*) *Sch:* Cours. *C. of public lectures,* cours public; série *f* de conférences. *General c. of education,* programme *m* d'instruction générale. **To give a course of lectures,** professer un cours. **To go through a course,** (i) suivre un cours (de physique, etc.); (ii) (*of nurse, etc.*) faire son stage. *He has published a c. in French,* il a publié une méthode de français. (*b*) *Med:* Traitement *m*, régime *m*. *To take a c. of three treatments at the doctor's,* aller faire un traitement de trois séances chez le médecin. *A c. of injections,* une série de piqûres. (*c*) *Agr:* Assolement *m*. **Four-course rotation, four-field course,** assolement quadriennal. **3.** (*a*) Route *f*, direction *f*. **To hold (on) one's course,** suivre la voie que l'on s'est tracée; continuer sa route; suivre tout droit son chemin; *Nau:* se soutenir dans sa route. **To keep one's course,** ne pas dévier de sa route; *Nau:* maintenir son cap; conserver le même cap; se soutenir dans sa route. *Ship that will not keep her c.,* vaisseau *m* qui ne tient pas en route. **To change one's course,** changer de direction; *Nau:* changer le cap. *Nau:* **To shape, set, the course** (*on the chart*), tracer la route (sur la carte). *See also* SHAPE[2] 1. **The course,** la route à faire. **To steer a course,** suivre une route. *Ships steering the same c.,* navires *m* faisant la même route. **Compass course,** route au compas. **True course,** route vraie, corrigée. *What c. are we steering?* quel est notre cap? **To alter course,** changer de route. *To alter the c., direct one's c., to starboard,* venir sur tribord. (*Of ship*) **To be driven out of its course,** être drossé, dépalé. *The hurricane drove us out of our c.,* l'ouragan nous fit dévier. (*b*) *pl. Nau:* **The courses,** les aires *f* du vent. (*c*) **To take a course of action,** prendre un parti; adopter une ligne de conduite. *To take a drastic c.,* employer de grands moyens. **To take one's own course,** agir à sa guise. **There is only one course open,** il n'y a qu'un parti à prendre. *It is the only c. open to me,* c'est la seule voie que je puisse suivre, c'est ma seule ressource. *There was no c. open to me but flight,* je n'avais d'autre ressource que la fuite. *To hesitate between two courses,* hésiter entre deux partis. *You are entering upon a dangerous c.,* vous vous engagez dans une voie dangereuse. **The better course to take,** ce qu'il y a de mieux à faire. *The c. to adopt,* la marche à suivre. *I always take, adopt, this c.,* c'est le parti que je prends toujours. **The best course, the right course,** le parti le plus sûr; la bonne voie. *Evil courses,* vie déréglée, désordonnée. **To be given over to evil courses,** avoir une mauvaise conduite. *See also* MIDDLE[1] 1. (*d*) *Mch:* **Upward course** *of a piston,* course ascendante, ascensionnelle, d'un piston. **Downward course,** course descendante. **4.** (*Of meal*) Service *m*, plat *m*. **Four-course dinner,** dîner *m* à quatre services. *Three courses and a sweet,* trois plats et un dessert. **First course,** entrée *f*. **5.** *Sp:* (*a*) Champ *m*, terrain *m* (de courses). (*Of horse, etc.*) **To be down the course,** *F:* être dans les choux. *See also* GOLF-COURSE, RACE-COURSE. (*b*) Piste *f*. *Golf:* **The course,** le parcours. (*c*) **Closed course,** circuit *m* (sur piste, sur route, dans l'air, etc.). **6.** (*a*) Lit *m* (d'un cours d'eau); canal *m*. *The river left its c.,* la rivière avait quitté son lit. *See also* MILL-COURSE, WATERCOURSE. (*b*) *Geol:* Filon *m*. (*c*) *Min:* Galerie *f*. **Ventilating course,** galerie d'aérage. *See also* CROSS-COURSE. **7.** *Const:* Assise *f*. *C. of bricks, of timber,* assise de briques, de charpente. *C. of large stones,* assise de grand appareil. **Last course, levelling course** (*of bricks or stones*), arasement *m* (des briques ou des pierres). *See also* DAMP-COURSE, END[1] 1 (*a*), HEADING 6, LINTEL 1. **8.** *Fin:* **Course of exchange,** cote *f* des changes. **9.** *Nau:* Basse voile, voile basse. **Main-course,** basse voile du grand mât. **Fore-course,** basse voile de misaine. **10.** *pl. Physiol:* **Courses,** menstrues *f*.

course[2]. **1.** *v.tr.* (*a*) *Ven:* Courir (un lièvre). *Abs.* Courir le lièvre. (*b*) Faire courir (un chien, un cheval). **2.** *v.i.* (*Of liquids*) Courir, couler. *The blood courses through the veins,* le sang circule dans les veines. *The tears coursed down her cheeks,* les larmes couraient, coulaient, sur, le long de, ses joues, lui coulaient le long des joues.

coursing, *s.* **1.** *Ven:* Chasse *f* à courre au lièvre; chasse au lévrier. **To go coursing,** chasser au lièvre. **2.** *Sp:* Concours *m* de vitesse entre lévriers lâchés sur un lièvre en champ clos; coursing *m*.

coursed [kɔːrst], *a.* *Const:* **Coursed work,** maçonnerie *f* par assises; assises réglées. *See also* RUBBLE 2.

courser ['kɔːrsər], *s.* *Poet:* Coursier *m*.

court[1] [kɔːrt], *s.* **1.** (*a*) = COURTYARD. (*At Cambridge*) = QUADRANGLE 2. *B:* *The C. of Solomon's temple,* le parvis du temple de Salomon. *Poet:* **The courts of heaven,** les célestes parvis. (*b*) Nom donné aux maisons de rapport avec corps de bâtiment en retrait de cour dans certains quartiers fashionables de Londres. (*c*) *A:* Château *m*, manoir *m*. **Hampton Court,** (le château construit à Hampton par le cardinal Wolsey) Hampton Court. (*d*) (*Off street*) Ruelle *f*, cul-de-sac *m*, *pl.* culs-de-sac, impasse *f*. **2.** (*a*) Cour (royale). **The King will hold a court,** il y aura réception à la cour. *Coll. The c. has gone to Windsor,* la cour vient de se rendre à Windsor. **The Court of St James's,** la cour du Roi d'Angleterre. *See also* AMBASSADOR. *Lit:* **Court epic,** épopée courtoise. *See also* CIRCULAR 2, FAVOUR[1] 1, FRIEND 2, PLASTER[1] 1, SHOE[1] 1. (*b*) **To make, pay, court to s.o.,** faire la cour à qn. **3.** *Jur:* (*a*) Cour, tribunal *m*. **Court(-room),** (salle *f* d')audience *f*; auditoire *m* de tribunal. **Law court, court of law, court of justice,** tribunal; cour de justice. **The Law Courts,** le palais de justice. **Police court,** tribunal de simple police. **Civil court,** tribunal civil. **Criminal Court,** tribunal criminel. **The Central Criminal Court,** *see* BAILEY 2. **Commercial court,** tribunal de commerce. *See also* MAGISTRATE. **The High Court of Justice,** la Haute Cour de Justice (siégeant à Londres). **High Court of Parliament,** Haute Cour du Parlement. *See also* ARBITRATION, ARCH[1] 1, COUNCIL 1, COUNTY 2, JUVENILE 1, PRIZE[3], SESSION 4, SUPREME. *To misconduct oneself in c.,* se mal conduire devant le tribunal, en plein tribunal. **In open court,** en plein tribunal, en pleine audience; à huis ouvert. *Case before the c.,* affaire *f* en cause. **To come before the court,** comparaître devant le tribunal; paraître à la barre. *To bring s.o. into c.,* amener qn devant la cour. **To arrange, settle, a case out of court,** arranger une affaire à l'amiable. *The case was settled out of c.,* la plainte a été retirée. **To be ruled, put, out of court,** être mis hors de cour; être débouté de sa demande. **To rule** (*a plaintiff, an argument*) **out of court,** mettre (un demandeur, un argument) hors de cour. **Sale by order of the court,** vente *f* judiciaire. *Barrister, expert, appointed by the c.,* avocat, expert, nommé d'office. *See also* LAUGH[2] 2, PAY[2] 3. (*b*) *Mil:* *Navy:* **Court of inquiry,** conseil *m* d'enquête, commission *f* d'enquête (sur une question de discipline). **4.** (*a*) (i) Jeu *m* de paume. (ii) Terrain *m* (de jeu de paume). (*b*) (i) Tennis *m*. (ii) Court *m* (de tennis). **Grass court,** court sur gazon. **Hard court,** court dur. (iii) **Service-court,** rectangle *m* de service.

'court-card, *s.* *Cards:* Figure *f*; carte peinte.

'court-day, *s.* Jour *m* de palais; jour d'audience.

'court-dress, *s.* (*a*) Habit *m* de cour. (*b*) (*Of lady*) Robe *f* de cour.

'court-hand, *s.* *Jur:* *A:* (Écriture *f* en) grosse *f*.

'court-house, *s.* Palais *m* de justice; tribunal *m*.

'court-'marker, *s.* *Ten:* Marqueur *m* à chaux.

court-'martial[1], *s.* (*pl.* **courts-martial,** *F:* **court-martials**) *Mil:* Conseil *m* de guerre. **To be tried by court-martial,** passer en conseil de guerre. **Drum-head court-martial,** conseil de guerre prévôtal (en campagne). *Regulations for field courts-martial,* procédure *f* militaire en campagne. *See also* TRIAL 1.

court-martial[2], *v.tr.* (**court-martialled; court-martialling**) Faire passer (qn) en conseil de guerre. **To be court-martialled,** être traduit, passer, en conseil de guerre.

'court-'train, *s.* Queue *f* de robe de cour.

court[2], *v.tr.* **1.** Courtiser; faire la cour à (une femme). **2.** Briguer, rechercher (une alliance, etc.); (re)chercher, solliciter (l'amitié de qn, les applaudissements, etc.). *To c. s.o.'s favour,* briguer la faveur de qn. *To c. popularity,* chercher à se faire bien voir. *To c. praise, applause,* rechercher les éloges. **To court danger, defeat,** s'offrir au danger; aller au-devant du danger, d'une défaite. **To court death,** braver la mort. **To court disaster,** courir à un échec; aller au-devant d'un échec. *To c. disappointment,* se ménager une déception; aller au-devant d'une déception. *To c. one's own ruin,* chercher sa ruine. **3.** *A:* Attirer, allécher (qn). **To court s.o. into doing sth.,** amener qn à faire qch.

courting, *s.* **To go a-courting,** aller faire sa cour.

courteous ['kɔːrtjəs, 'kəːrt-], *a.* Courtois, poli, gracieux (*to, towards,* envers). **-ly,** *adv.* Courtoisement.

courteousness ['kɔːrtjəsnəs, 'kəːrt-], *s.* Courtoisie *f*, politesse *f*.

courtesan ['kɔːrtizan], *s.* Courtisane *f*.

courtesy ['kɔːrtəsi, 'kəːrtəsi], *s.* **1.** Courtoisie *f*, politesse *f*. **Common courtesy,** *F:* la civilité puérile et honnête. **By courtesy, as a matter of courtesy,** à titre gracieux. *He did me the c. to ask my leave,* il eut la courtoisie, la bonté, de me demander ma permission. *May I, through the c. of your columns, enquire . . .,* je me permets de solliciter l'hospitalité de vos colonnes pour demander. . . . *C. of the road,* chevalerie *f* de la route (entre automobilistes, etc.). **Exchange of courtesies,** échange *m* de bons procédés. **By courtesy of . . .,** (à livrer) par les soins de. . . . **Courtesy title,** titre *m* de courtoisie. *A:* **Arms of courtesy,** armes courtoises. **2.** *A:* = CURTSY. **3.** *Jur:* *A:* **The Courtesy of England, droit** *m* d'usufruit par le veuf de certains biens de l'épouse.

courtier ['kɔːrtiər], *s.* Courtisan *m*.

courtliness ['kɔːrtlinəs], *s.* **1.** Courtoisie *f*. **2.** Élégance *f*; grand air.

courtly ['kɔːrtli], *a.* **1.** (*a*) Courtois; d'une politesse raffinée. (*b*) Élégant; à l'air digne et aristocratique. **2.** *A:* Obséquieux, servile.

courtship ['kɔːrtʃip], *s.* Cour (faite à une femme). *After two years of c. . . .,* après lui avoir fait la cour pendant deux ans. . . .

courtyard [kɔːrt'jɑːrd], *s.* Cour *f* (de maison, de château, de ferme).

couscous ['kuskus], *s. Cu:* Couscous *m.*

cousin [kʌzn], *s.* **1.** Cousin, -ine. **First cousin, full cousin, cousin german,** cousin(e) germain(e). **Second cousin,** cousin(e) issu(e) de germain; cousin(e) au second degré; petit(e)-cousin(e). *C. once, twice, removed,* cousin au cinquième, au sixième degré. *First c. once removed,* (i) oncle *m,* tante *f,* à la mode de Bretagne; (ii) neveu *m,* nièce *f,* à la mode de Bretagne. *Distant c.,* arrière-cousin(e). *F:* **To call cousins with s.o.,** se dire, se prétendre, parent de qn. *See also* COUNTRY 2, KING[1] 1. **2.** *Hist:* (*Term of address used by sovereign, etc.*) Cousin(e). *Our c. the King of Scots,* notre cousin le roi d'Écosse.

cousinhood ['kʌznhuːd], *s.* **1.** *Coll.* Tout le cousinage. **2.** = COUSINSHIP.

cousinly ['kʌznli], *a.* (Conduite *f,* etc.) de bon cousinage.

cousinship ['kʌznʃip], *s.* Cousinage *m;* parenté *f.*

coussinet ['kusinet], *s. Arch: Civ.E:* Coussinet *m* (de colonne ionique, de pied-droit).

covariant [kou'vɛəriənt], *s. Mth:* Covariant *m.*

co-variation [kouvɛəri'eiʃ(ə)n], *s. Biol: Mth:* Covariation *f* (de deux espèces, etc.).

cove[1] [koːuv], *s.* **1.** *Ph.Geog:* (*a*) Anse *f;* petite baie; havre *m.* (*b*) *U.S:* (i) Dépression *f* de terrain; cuvette *f;* (ii) gorge *f,* passe *f.* **2.** *Arch:* (*a*) Grande gorge. (*b*) Voûte *f* (de plafond).

cove[2], *v.tr.* **1.** Cintrer, voûter (un foyer de cheminée, etc.). **2.** Raccorder (un plafond) avec une grande gorge. **Coved ceiling,** (i) plafond voûté; (ii) plafond plan à grandes gorges.

coving, *s. Arch:* Voussure *f.*

cove[3], *s. P:* Type *m,* individu *m; P:* gonze *m.*

covenant[1] ['kʌvənənt], *s.* **1.** *Jur:* Convention *f,* contrat *m.* **2.** *Pol:* Pacte *m,* traité *m.* **The Covenant of the League of Nations,** le Pacte de la Société des Nations. **3.** (*a*) *B:* Alliance *f* (entre Dieu et les Israélites). *See also* ARK 2, PROSELYTE[1]. (*b*) *Eng.Rel.Hist:* Pacte, covenant *m. See also* LEAGUE[2].

covenant[2]. **1.** *v.tr.* (*a*) Promettre, accorder, (qch.) par contrat. (*b*) Stipuler (une somme). (*c*) *To c. to do sth., that sth. shall be done,* convenir de, s'engager à, faire qch.; convenir que qch. se fera. **2.** *v.i. To c. with s.o. for sth.,* convenir (par contrat) de qch. avec qn. *B: They covenanted with him for thirty pieces of silver,* ils lui comptèrent trente pièces d'argent.

covenanted, *a.* Stipulé par contrat; contractuel. **The Covenanted Service** = *the Indian Civil Service, q.v. under* SERVICE[1] 3.

covenantee [kʌvənan'tiː], *s. Jur:* Créancier *m.*

covenanter ['kʌvənəntər], *s.* **1.** (*a*) Partie contractante. (*b*) Débiteur *m.* **2.** *Eng.Rel.Hist:* [kʌvə'nantər] Covenantaire *m.*

co-vendor [kou'vendər], *s. Jur:* Covendeur, -euse; colicitant *m.*

Covent Garden ['kɔv(ə)nt 'gɑːrdən]. *Pr.n.* **1. Covent Garden Market,** les Halles *f* de Londres (fruits, fleurs, légumes). **2. Covent Garden Theatre,** théâtre (de Londres) aujourd'hui consacré au grand opéra.

Coventry ['kʌvəntri]. *Pr.n.* **1.** *Geog:* Ville industrielle du comté de Warwick (automobiles et bicyclettes). **2.** *F:* **To send s.o. to Coventry,** mettre qn en quarantaine, au ban; frapper qn d'ostracisme.

cover[1] ['kʌvər], *s.* **1.** Couverture *f* (de lit, de cheval, etc.); tapis *m* (de table); dessus *m* (de buffet, de toilette); fourreau *m* (de parapluie); bâche *f* (d'automobile); *Nau:* étui *m* (de canot, de voile). **Loose cover** (*of chair*), housse *f.* *Aut: etc:* **Outer cover of tyre,** enveloppe *f* de pneu. *Spare-wheel c.,* housse de la roue de secours. *Av: Propeller c.,* housse d'hélice. *See also* GUN-COVER. **2.** (*a*) Couvercle *m* (de marmite, etc.); cloche *f* (pour plat); tampon *m* (d'égout); capuchon *m* (de ventilateur); calotte *f* (d'une pompe); fond *m,* plateau *m* (de cylindre à vapeur). *Metall:* Cône *m* (de haut fourneau). *Nau:* Capot *m* (de cheminée, de panneau, de cabestan). **Steel hatch-cover,** opercule *m* d'acier. *Ind: Mec.E: etc:* **Protection cover,** chape protectrice. **Chain cover,** carter *m* de chaîne. *I.C.E:* **Timing-case cover,** couvercle de distribution. **Breech-cover** (*of gun*), coiffe *f* de culasse. *Mil:* **Cap-cover,** manchon *m* de képi. *Nau: White cap-c.,* coiffe blanche. *See also* DISH-COVER, GILL-COVER, VALVE-COVER. (*b*) *Bot:* Involucre *m.* **3.** Couverture (d'un livre); *Bookb:* les plats *m.* **To read a book from cover to cover,** lire un livre d'un bout à l'autre. *See also* DUST-COVER. **4.** *Post:* Enveloppe *f,* pli *m.* **Under separate cover,** sous pli séparé. **5.** (*a*) Abri *m.* **To give s.o. cover,** abriter qn. **To seek, take, cover,** se mettre à l'abri; s'abriter. *To take c. from an explosion,* se garer d'une explosion. *Take c.!* garez-vous! **To be under cover,** être à couvert, à l'abri. **Under cover of a tree,** à l'abri d'un arbre. (*b*) *Ven:* (i) Abri, couvert *m,* fourré *m,* hallier *m;* (ii) gîte *m,* retraite *f,* remise *f.* (*Of winged game*) **To take cover,** se remiser. **To break cover,** (i) sortir de son terrier, d'un bois, d'un fourré; débucher; (ii) *F:* (*of pers.*) sortir de son terrier, de sa retraite. **To force** (*an animal*) **from cover,** faire débucher, faire bouquer (un animal). **Breaking of cover,** débucher *m.* (*Of stag*) **To turn back to cover,** s'embûcher, se rembucher. **To drive** (*stag, etc.*) **to cover,** embûcher, rembucher, un cerf. *For:* **Trees that grow in thick cover,** arbres *m* qui croissent en massif. (*c*) *Mil:* Abri, couvert. **Cover from fire,** couvert contre les feux. *To take c. from the enemy's fire,* se défiler du feu de l'adversaire. *Approach under c.,* cheminement défilé. (*d*) *To place troops under c.,* embusquer des troupes. *To take c.,* s'embusquer. *F: She took c. behind her fan,* (i) elle s'embusqua derrière son éventail; (ii) elle se retrancha derrière son éventail. **6.** Couvert, voile *m,* masque *m.* **Under (the) cover of darkness, under cover of the night,** sous le couvert de la nuit; sous le manteau de la nuit; à la faveur de la nuit. *Under (the) c. of friendship, of religion,* sous le masque de l'amitié, sous de faux semblants d'amitié; sous le voile, sous le couvert, de la religion. *Under c. of his name,* à l'abri de son nom. *He wrought injustice under c. of the law,* il fit servir les lois à l'injustice. **7.** *Com: Ins:* Couverture, provision *f,* marge *f,* garantie *f.* **To operate with, without, cover,** opérer avec couverture, à découvert. *Fin: Call for additional c.,* appel *m* de marge. *Ins:* **Full cover,** garantie totale. *Jur: Com:* **To lodge stock as cover,** déposer des titres en nantissement. **8.** (*At table*) Couvert. *Covers were laid for four,* la table était de quatre couverts; on avait mis quatre couverts.

'cover-band, *s. Mec.E:* Bride *f* de fermeture.

'cover-glass, -slip, *s.* (Lamelle *f*) couvre-objet *m* (d'une préparation microscopique), *pl.* couvre-objets. *To remove the c.-g. from a preparation,* décoiffer une préparation.

'cover-plate, *s.* Plaque *f* de couverture; tôle *f* de recouvrement; plaque-couvercle *f, pl.* plaques-couvercles.

cover[2], *v.tr.* **1.** (*a*) Couvrir (qn, qch.) (*with,* de). *Covered with snow,* couvert de neige, par la neige. *Cards:* **To cover a card,** couvrir une carte. *Balcony covering the pavement,* balcon *m* en surplomb sur le trottoir. *To c. one's head,* se couvrir (la tête), se coiffer. **To stand covered,** se tenir la tête couverte; rester couvert. **To be well covered,** (i) être bien couvert, chaudement vêtu; (ii) *F:* être bien en chair. (*b*) **To cover s.o. with ridicule,** couvrir, larder, cribler, qn de ridicule. *Covered with shame, with confusion,* couvert de honte, de confusion. **2.** (*a*) (*Protect*) *The frontier is covered by a chain of forts,* la frontière est protégée, défendue, par une chaîne de forts. *The cavalry covered the retreat,* la cavalerie couvrait la retraite. *Navy: The flag covers the cargo,* le pavillon couvre la marchandise. *Mil: To c. a battery from fire,* dérober une batterie aux coups. *Ten:* (*Of player*) **To cover as much of the court as possible,** couvrir autant de terrain qu'il est possible. (*b*) (*Support*) *Cr:* **To cover a fielder,** se tenir en arrière, en soutien, d'un autre chasseur (pour attraper les balles qu'il n'aurait pu arrêter). **3.** Couvrir, recouvrir, gainer, envelopper, revêtir. *The walls are covered with yellow paper,* un papier jaune tapisse les murs. *Wall covered with advertisements, with ivy,* mur tapissé d'affiches, de lierre. *To c. a book,* recouvrir un livre (de papier gris). *Abs.* **Paint that covers well,** peinture *f* qui s'étale bien, qui couvre bien. *Tube covered with morocco,* tube gainé, recouvert, enveloppé, de maroquin. *El.E: etc:* **To cover a wire,** guiper, recouvrir, un fil conducteur. *To c. a cable,* chemiser un câble. *Covered dynamo,* dynamo cuirassée. *See also* COTTON-COVERED, LEAD-COVERED, PAPER-COVERED, RUBBER-COVERED, *etc.* **4. To cover a distance,** couvrir, franchir, parcourir, une distance. *To c. three miles on foot,* abattre une lieue à pied. *See also* GROUND[2] 5. **5.** Couvrir, dissimuler (son inquiétude, etc.). *He laughed to c. his confusion,* il riait pour dissimuler sa confusion. **6. To cover s.o. with a rifle, with a pistol,** mettre ou tenir qn en joue; braquer un pistolet sur qn. **7.** Comprendre, englober, embrasser. *This explanation does not c. all the facts,* cette explication n'embrasse pas tous les faits, ne tient pas compte de tous les faits. *In order to c. all eventualities . . .,* pour parer à toute éventualité. . . . **8.** (*a*) Couvrir (un risque, son banquier). (*Of creditor*) **To be covered,** être à couvert. *To c. a bill,* faire la provision d'une lettre de change. *St.Exch:* **To cover short sales, shorts,** se racheter. (*b*) **To cover (one's) expenses,** couvrir, *F:* faire, ses frais; couvrir ses dépenses. **To cover the requirements of . . .,** répondre aux besoins de. . . . *To c. a deficit,* combler un déficit. *Journ:* **To cover a meeting,** assurer le compte rendu d'une réunion. **9.** *Breed:* Couvrir, saillir, aligner (la femelle); sauter, monter (la jument).

cover in, *v.tr.* Recouvrir (une canalisation sous terre, etc.); remplir (la tranchée).

cover off, *v.tr.* *Mil:* **To cover off one's front-rank man,** couvrir son chef de file.

cover over, *v.tr.* Recouvrir; fermer (un puits, etc., à la surface).

cover up, *v.tr.* Couvrir entièrement, recouvrir; dissimuler (la vérité). *To c. up a picture,* cacher un tableau. *Med: To c. up the symptoms of a disease,* blanchir une maladie. *See also* TRACK[1] 1.

covering up, *s.* **1.** Recouvrement *m* (de qch. à protéger). **2.** Dissimulation *f* (de la vérité).

covering[1], *a.* **1. Covering letter,** lettre confirmative (d'une autre); lettre d'introduction, de couverture; lettre annexe; lettre d'envoi. *Com:* **Covering note,** garantie *f.* **2.** *Mil:* **Covering forces,** troupes *fpl* de couverture. **3.** *St.Exch:* **Covering purchases,** rachats *mpl.*

covering[2], *s.* **1.** Action *f* de couvrir; recouvrement *m* (de qch.). **Covering plate,** plaque *f* de recouvrement. **2.** (*a*) Couverture *f,* enveloppe *f,* revêtement *m,* recouvrement *m,* gainage *m.* *El.E:* Guipage *m* (d'un câble, etc.). *Lead c.,* gaine *f* en plomb. *Fabric c.,* entoilage *m* (d'une auto, etc.). (*b*) *Nau: etc:* Bâche *f.* *Iron c.,* bâche de fonte (d'une turbine, etc.). (*c*) *Furn:* Housse *f.*

'cover-point, *s. Cr:* Joueur qui double celui qui est posté à droite du guichet.

coverer ['kʌvərər], *s.* **1.** Couvreur, -euse; habilleur, -euse (de cartonnage de livre); couseur, -euse (de parapluies). **2.** Prête-nom *m inv* (d'un médecin sans diplôme).

coverlet ['kʌvərlət], *s.* Couvre-lit *m, pl.* couvre-lits; dessus *m* de lit; couvre-pied(s) *m inv.*

Coverley ['kʌvərli]. *Pr.n.m. See* ROGER.

covert[1] ['kʌvərt], *a.* **1.** (*Of threat, glance, etc.*) Caché, voilé. **Covert attack,** attaque indirecte. *C. enemy,* ennemi couvert, secret. **2.** *Jur: See* FEME. **3.** *Occ.* Abrité. *Fort:* **Covert way,** chemin couvert. **-ly,** *adv.* Secrètement; en secret, en cachette.

covert[2], *s.* **1.** *Ven:* = COVER[1] 5 (*b*). **2.** *Orn:* **Tail-coverts, wing-coverts,** plumes tectrices de la queue, des ailes. *Upper tail-coverts,* plumes sus-caudales. *Lower tail-coverts,* plumes sous-caudales.

'covert-coat, *s. Tail:* Paletot *m* en cover-coat (pour équitation).

'covert-'coating, *s. Tex:* Cover-coat *m.*

coverture [ˈkʌvərtjər], *s.* **1.** *A. & Lit:* Refuge *m*, abri *m*. **2.** *Jur:* **Under coverture**, en puissance de mari.
covet [ˈkʌvet], *v.tr.* (**coveted**; **coveting**) (*a*) Convoiter. (*b*) Ambitionner (qch.), aspirer à (qch.). *Appointments that are becoming more and more coveted*, postes qui sont de plus en plus brigués.
covetable [ˈkʌvetəbl], *a.* Convoitable.
coveter [ˈkʌvetər], *s.* Convoiteur, -euse.
covetous [ˈkʌvetəs], *a.* **1.** Avide (*of gain*, de gain). *C. man*, homme *m* avare, cupide. **2.** *To be c. of another's property*, convoiter les biens d'autrui. *C. glance*, regard *m* de convoitise. *To cast c. eyes on sth.*, convoiter qch. des yeux; regarder qch. d'un œil de convoitise; *F:* reluquer qch. *To arouse c. desires*, allumer des convoitises. **-ly**, *adv.* Avec convoitise; avidement. *To look c. at sth.*, regarder qch. d'un œil de convoitise.
covetousness [ˈkʌvetəsnəs], *s.* **1.** Cupidité *f*, avidité *f*. **2.** Convoitise *f*.
covey [ˈkʌvi], *s.* **1.** Compagnie *f*, vol *m* (de perdrix ou de coqs de bruyère). **2.** *F:* Troupe *f*, bande *f* (de personnes).
covin [ˈkʌvin], *s.* **1.** *A. & Jur:* Collusion *f*. **2.** *A. & Scot:* Bande *f* (de sorcières, etc.).
cow[1] [kau], *s.* (*pl.* **cows**, *A:* **kine** [kain]) **1.** Vache *f*. *Milking cow*, vache laitière. *Cow with calf*, vache pleine. **The time of the lean kine**, l'ère *f* des vaches maigres. *F: Milk from the cow with the iron tail*, lait *m* qui vient de la pompe. **Wait till the cows come home**, attendez-moi sous l'orme; attendez jusqu'à la semaine des quatre jeudis. (*Of horse*) **Cow kick**, coup *m* de pied en vache. *See also* EYE[1] 1, MILCH-COW, POX 2. **2.** (*Of elephant, whale, seal, etc.*) Femelle *f*. *A cow rhinoceros*, un rhinocéros femelle. *See also* BUFFALO[1] 1. *Cf.* BULL[1] 1.
ˈ**cow-bane**, *s.* *Bot:* Cicutaire *f* aquatique; ciguë vireuse, ciguë aquatique.
ˈ**cow-bell**, *s.* **1.** Clochette *f*, sonnette *f* (pour bétail). **2.** *Bot: U.S:* Silène enflé; béhen blanc.
ˈ**cow-berry**, *s.* *Bot:* Myrtille *f* rouge; airelle ponctuée.
ˈ**cow-boy**, *s.m.* **1.** Jeune vacher. **2.** *U.S:* Cowboy.
ˈ**cow-catcher**, *s.* *U.S:* Chasse-bestiaux *m inv*, fender *m*, chasse-corps *m inv* (de locomotive).
ˈ**cow-fish**, *s.* **1.** *Z:* Lamantin *m*; vache marine. **2.** *Ich:* Coffre *m*; chameau marin.
ˈ**cow-grass**, *s.* *Bot:* Trèfle *m* des prés.
ˈ**cow-ˈheel**, *s.* *Cu:* Pied *m* de vache en gelée.
ˈ**cow-hide**[1], *s.* **1.** *Leath:* Peau *f* de vache; cuir *m* de vache; vache *f*. *Soft c.-h.*, vache souple. *Grained c.-h.*, vache maroquinée. **2.** *U.S:* Gros fouet en cuir de vache.
ˈ**cow-hide**[2], *v.tr.* *U.S:* Administrer une volée de coups de fouet à (qn).
ˈ**cow-hocked**, *a.* (Cheval, chien) clos de derrière, serré du derrière. *C.-h. mare*, jument *f* panard.
ˈ**cow-hocks**, *s.pl.* (*Of horse, dog*) Jarret clos.
ˈ**cow-house**, *s.* Vacherie *f*, étable *f*.
ˈ**cow-keeper**, *s.* Nourrisseur *m*.
ˈ**cow-lick**, *s.* *F:* Épi *m* (de cheveux).
ˈ**cow-man**, *pl.* **-men**, *s.m.* Vacher.
ˈ**cow-paps**, *s.* *Coel:* Alcyon *m*.
ˈ**cow-parsley**, *s.* *Bot:* Cerfeuil *m* sauvage.
ˈ**cow-parsnip**, *s.* *Bot:* Berce *f*; acanthe *f* d'Allemagne; angélique *f* sauvage; branc-ursine *f*.
ˈ**cow-puncher**, *s.m.* *U.S:* Cowboy; conducteur de bestiaux.
ˈ**cow-skin**, *s.* = COW-HIDE[1].
ˈ**cow-spanker**, *s.* (*In Australia*) = COW-BOY.
ˈ**cow-tree**, *s.* *Bot:* Galactodendron *m*; arbre *m* à la vache.
ˈ**cow-weed**, *s.* *Bot:* = COW-PARSLEY.
ˈ**cow-wheat**, *s.* *Bot:* Mélampyre *m* des champs; *F:* blé *m* des vaches; rougeole *f*; rouget *m*; queue-de-renard *f*; queue-de-loup *f*; cornette *f*.
cow[2], *v.tr.* **1.** Intimider, dompter (qn). *To be cowed in s.o.'s presence*, être, se sentir, intimidé en présence de qn. *To look cowed*, *F:* avoir l'air d'un chien battu. **2.** Accouardir (un chien, etc.).
cowage [ˈkauedʒ], *s.* *Bot:* **1.** Mucune *f*. **2.** **Creeping cowage**, tragie *f*. **3.** **Cowage cherry**, moureiller *m*; cerisier *m* des Antilles.
coward [ˈkauərd], *s. & a.* **1.** Lâche (*mf*); *A:* couard, -e; *F:* capon, -onne. *Her:* **Lion coward**, lion couard. *To turn a man, an animal, into a c.*, accouardir un homme, un animal. **To turn coward**, s'accouardir. *See also* CONSCIENCE. **2.** *F: I'm a terrible c. in the dark*, je suis très poltron quand il fait nuit.
cowardice [ˈkauərdis], **cowardliness** [ˈkauərdlinəs], *s.* Lâcheté *f*; *A. & Lit:* couardise *f*.
cowardly [ˈkauərdli]. **1.** *a.* Lâche; *A. & Lit:* couard. **2.** *adv.* Lâchement; en lâche.
cower [ˈkauər], *v.i.* **1.** Se blottir, se tapir (à terre); se faire tout petit. **2.** **To cower before s.o.**, trembler, se faire tout petit, devant qn.
cowhage [ˈkauedʒ], *s.* = COWAGE.
cowherd [ˈkauhəːrd], *s.* Vacher *m*; bouvier *m*.
cowl[1] [kaul], *s.* **1.** *Ecc:* (*a*) Capuchon *m*, capuce *m* (de moine). **Penitent's cowl**, cagoule *f*. *Prov:* **The cowl does not make the monk**, l'habit ne fait pas le moine. **To take the cowl**, prendre le capuchon. (*b*) Têtière *f* (d'un capuchon de moine). **2.** (*a*) Capuchon, capote *f*, chapeau *m*, champignon *m*, mitre *f*, abat-vent *m inv*, tabourin *m*, gueule-de-loup *f*, *pl.* gueules-de-loup (de cheminée, de ventilateur). *Rotating, revolving, c.*, girouette *f* à fumée; *F:* église *f*. (*b*) *Av: Nau:* Capot *m* (de moteur, de cheminée). *See also* VENTILATING-COWL.
ˈ**cowl-shaped**, *a.* Cuculliforme.
cowl[2], *v.tr.* Capuchonner (une cheminée, etc.).
cowled, *a.* Capuchonné, encapuchonné.
cowling, *s.* **1.** Capuchonnement *m* (d'une cheminée). **2.** Capot *m*, capotage *m* (de moteur).
Cowper-Temple [kuːpərˈtempl]. *Pr.n.* *Sch:* **The Cowper-Temple Clause**, article de la Loi sur l'enseignement de 1870, par lequel il est décrété que dans les écoles subventionnées par l'État l'instruction religieuse ne sera entachée d'aucune tendance confessionnelle.
cowrie [ˈkauri], *s.* **1.** *Conch: Moll:* Porcelaine *f*; *F:* pucelage *m*. **2.** (*Money*) Cauri(s) *m*.
cowslip [ˈkauslip], *s.* *Bot:* (Fleur *f* de) coucou *m*; primevère commune; primevère des champs.
cowslipping [ˈkauslipiŋ], *s.* Cueillette *f* des fleurs de coucou.
cowy [ˈkaui], *a.* (Goût *m*, odeur *f*, etc.) de vache.
cox[1] [kɔks], *s.* *F:* = COXSWAIN[1].
cox[2], *v.tr.* *Nau: Row:* Diriger, gouverner (un canot).
coxa [ˈkɔksa], *s.* **1.** *Anat:* (*a*) Hanche *f*. (*b*) Ischion *m*. **2.** *Ent:* Hanche (d'un insecte).
coxal [ˈkɔksəl], *a.* *Anat:* Coxal, -aux.
coxalgia [kɔksˈaldʒia], *s.* *Med:* Coxalgie *f*.
coxalgic [kɔksˈaldʒik], *a.* *Med:* Coxalgique.
coxcomb [ˈkɔkskoum], *s.* Petit-maître *m*, *pl.* petits-maîtres; fat *m*, freluquet *m*, avantageux *m*.
coxswain[1] [ˈkɔkswein, kɔksn], *s.* **1.** *Nau:* Patron *m* (d'une chaloupe, d'un canot). *Admiral's c.*, patron de la vedette de l'amiral. **2.** *Row:* Barreur *m*.
coxswain[2], *v.tr.* = COX[2].
coy [kɔi], *a.* **1.** (*Of girl*) (*a*) Timide, réservée, modeste, farouche, sauvage. *Not over-coy*, peu farouche. *See also* COMING[1] 2. (*b*) Qui fait la Sainte-Nitouche. **2.** **Coy of speech**, réservé en paroles. **-ly**, *adv.* Modestement, timidement; avec réserve.
coyness [ˈkɔinəs], *s.* Timidité *f*, modestie *f*, réserve *f*.
coyote [kɔiˈjout], *s.* **1.** *Z:* Coyote *m*. **2.** *F:* Fripouille *f*, vaurien *m*.
coyp(o)u [ˈkɔipu], *s.* *Z:* Coypou *m*; castor *m* du Chili.
coz [kʌz], *s.* *A: F:* = COUSIN.
coze[1] [koːuz], *s.* *F:* Causerie *f* intime (entre amis); causette *f*.
coze[2], *v.i.* *F:* S'entretenir familièrement; faire la causette.
cozen [kʌzn], *v.tr.* *A:* Tromper, duper (qn). **To cozen s.o. out of sth.**, dépouiller qn de qch.; filouter qch. à qn. **To cozen s.o. into doing sth.**, user d'artifices pour amener qn à faire qch.
cozenage [ˈkʌznedʒ], *s.* *A:* Fourberie *f*, tromperie *f*.
cozener [ˈkʌznər], *s.* *A:* Fourbe *m*; trompeur *m*.
cozy [ˈkouzi], *a.* = COSY.
crab[1] [krab], *s.* **1.** (*a*) *Crust:* Crabe *m*, cancre *m*. **Shore crab, green crab**, crabe commun; carcin (enragé). **Edible crab**, (crabe) tourteau *m*, poupart *m*, houvet *m*. **Swimming crab**, crabe laineux; crabe anglais; étrille *f*. *See also* BOX-CRAB, FIDDLER-CRAB, HERMIT 2, KING-CRAB, LAND-CRAB, SOLDIER[1] 2, SPIDER-CRAB, TREE-CRAB. *F:* (*Rowing*) **To catch a crab**, (i) engager un aviron; (ii) attaquer en sifflet ou faire fausse rame. (*b*) *P:* = CRAB-LOUSE. **2.** *Astr:* = CANCER 2. **3.** *Ind: etc:* Treuil (roulant, portatif); chèvre *f*, singe *m*. **Crane crab**, chariot *m* de pont roulant. **Ceiling crab**, chariot (transporteur) à poutre de plafond. **Bracket-crab**, treuil d'applique. *See also* CAPSTAN. **4.** *Gaming:* **To throw crabs**, amener deux as. *F:* (*Of enterprise, etc.*) **To turn out crabs**, échouer.
ˈ**crab-clutch**, *s.* Clabot *m*.
ˈ**crab-eater**, *s.* *Orn:* Crabier *m*.
ˈ**crab-louse**, *s.* Pou *m* du pubis; *P:* morpion *m* (*not in decent use*).
ˈ**crab-plover**, *s.* *Orn:* Drome *m* ardéole.
ˈ**crab-pot**, *s.* **1.** Nasse *f*, casier *m* (à crabes). **2.** *Aer:* **Crab-pot** (-valve), clapet *m*, valve *f*, manchon *m* (de dirigeable).
ˈ**crab's-eyes**, *s.pl.* *A.Med: etc:* Yeux *m* d'écrevisse, pierres *f* d'écrevisse.
ˈ**crab-winch, -windlass**, *s.* Treuil *m* à manivelle; (*with vertical barrel*) vindas *m*, vindau *m*.
crab[2] (**crabbed**). **1.** *v.tr.* *Av:* Faire avancer (l'appareil) diagonalement. **2.** *v.i.* *Nau:* Marcher en dépendant.
crab[3], *s.* **1.** *Bot:* Crab(-apple), pomme *f* sauvage. **Crab-tree**, pommier *m* sauvage. **2.** *F:* (*a*) = CRAB-STICK 2. (*b*) *U.S:* Rabat-joie *m inv*.
ˈ**crab-stick**, *s.* **1.** Bâton épineux. **2.** *F:* Personne *f* revêche, maussade; bâton épineux; *P:* bâton merdeux.
crab[4], *s.* *F:* Critique *f*. *My crab to them is . . .*, ce que je leur reproche, c'est . . . **That's the crab!** voilà le chiendent!
crab[5], *v.tr.* (**crabbed**; **crabbing**) **1.** (*Of hawks*) **To crab each other**, se griffer, se battre. **2.** *F:* (*a*) Critiquer, décrier, déprécier, dénigrer (qn, qch.); *P:* chiner, débiner, charrier (qn). (*b*) Mettre des bâtons dans les roues à (qn). *To c. a scheme*, se mettre en travers d'un projet; faire échouer un projet.
crabbed [ˈkrabid], *a.* **1.** (*Of pers., character*) Maussade, grognon, grincheux, revêche, rêche, rechigné, aigre; *F:* grinchu; (*of woman*) acariâtre. **Crabbed face**, visage renfrogné. *You're very c. to-day!* comme vous êtes désagréable aujourd'hui! **2.** **Crabbed style**, style pénible, difficile, entortillé, rébarbatif. *C. writing*, écriture *f* illisible, en pattes de mouche. **-ly**, *adv.* **1.** D'un ton bourru, d'un air revêche; aigrement, maussadement. **2.** *To write c.*, (i) avoir une écriture difficile à lire; (ii) avoir le style pénible.
crabbedness [ˈkrabidnəs], *s.* Humeur *f* aigre, acariâtre; maussaderie *f*, âpreté *f*, aspérité *f*.
crabber [ˈkrabər], *s.* Ronchonneur, -euse.
crabby [ˈkrabi], *a.* = CRABBED 1.
crablike [ˈkrablaik], *a.* De crabe; comme un crabe.
crabwise [ˈkrabwaːiz], *adv.* Comme un crabe. *To walk c.*, marcher de biais, à la façon d'un crabe. *Nau: To edge away c.*, s'éloigner en dépendant.
crack[1] [krak]. **I.** *s.* **1.** (*a*) Craquement *m* (de branches, de glace, etc.); claquement *m*, clic-clac *m* (de fouet); détonation *f*, coup sec (de fusil). *F:* **In a crack**, en un clin d'œil. *See also* DOOM[1] 3. (*b*) *F:* **Crack on the head**, (i) coup sec sur la tête; (ii) taloche *f*. **2.** (*a*) Fente *f*, fissure *f*; (*in skin, wood, metal*) gerçure *f*, crevasse *f*; (*in stone*) flache *f*; (*in wrought steel, etc.*) tapure *f*, criqûre *f*, crique *f*

(de chauffage); (*in wall, ground*) crevasse, lézarde *f*, bâillement *m*; (*in cliff*) avalure *f*; (*in varnish, enamel*) craquelure *f*, trésaillure *f*; (*in glass, pottery, bell, cylinder-head, etc.*) fêlure *f*. **Radial crack** (*in glass, etc.*), étoile *f*. **Heat-crack** (*in wood, ground*), fente de sécheresse. *Ground showing numerous cracks*, terrain crevassé de nombreuses fissures. *F: The cracks in the social structure*, les fissures de l'édifice social. *U.S: F:* **To walk the crack**, marcher le long d'une fente entre les ais du plancher (comme preuve qu'on n'est pas ivre). *See also* FIRE-CRACK, FROST-CRACK, SAND-CRACK, SHRINKAGE-CRACK, TOE-CRACK. (*b*) Entre-bâillement *m* (d'une porte, etc.). *F:* **Open the window a crack**, ouvrez la fenêtre un petit peu. *I.C.E: To open the butterfly throttle just a c.*, ouvrir légèrement le papillon des gaz. **3.** *Scot:* Causerie *f*, causette *f*. **To have a crack with s.o.**, tailler une bavette avec qn. **4.** *F:* Cheval *m*, joueur *m*, etc., de premier ordre. *Sp:* Crack *m*. **5.** *P:* (*a*) Cambrioleur *m*. (*b*) Cambriolage *m*. **6.** *U.S: P:* Observation déplacée; gaffe *f*.

II. **crack,** *a. F:* Fameux; d'élite; de première force; *F:* de la première volée. **Crack shot**, fin tireur; tireur de premier ordre; tireur d'élite. **Crack regiment**, régiment *m* d'élite. *Sp:* **Crack club**, club *m* vedette. *C. horse or player*, crack *m*. **Crack player, etc.**, as *m*. *He is a c. tennis player*, il est d'une belle force au tennis. *Aut: C. racing driver*, as du volant.

'crack-'brained, *a.* Au cerveau timbré, fêlé, piqué; à l'esprit fêlé. *A c.-b. fellow, F:* un échappé de Charenton. *C.-b. notion*, idée folle; *A:* billevesée *f*.

'crack-voiced, *a.* A la voix fêlée; à la voix qui mue.

crack², *int.* Clac! crac! pan!

crack³. I. *v.tr.* **1.** Faire claquer (un fouet); faire craquer (ses doigts, etc.). **2.** (*a*) Fêler (une cloche, un verre); gercer, crevasser (la peau); lézarder, crevasser (un mur, la terre); fendre, fendiller (une pierre, etc.); fracturer (un os). *F: To c. s.o.'s credit*, entamer la réputation de qn. (*b*) (i) Casser (une noisette); (ii) croquer (une noisette) sous la dent. **To crack one's skull**, se casser la tête. *F:* **To crack a bottle of wine (with s.o.)**, déboucher une bouteille de vin; vider, boire, une bouteille (avec qn). (*c*) *P:* **To crack a crib**, cambrioler une maison. *See also* NUT. (*d*) *Ind:* Fractionner, "craquer" (une huile lourde). **3.** **To crack a joke**, faire, lâcher, lancer, une plaisanterie. **To crack jokes**, débiter des drôleries; dire des facéties, des joyeusetés. *To c. jokes at s.o.'s expense*, s'amuser aux dépens de qn; prendre qn comme tête de Turc.

II. **crack,** *v.i.* **1.** Craquer; (*of whip*) claquer. *A rifle cracked*, un coup de fusil partit; on entendit un coup de fusil. **2.** Se fêler; se fissurer; se crevasser; (*of wall*) se lézarder, travailler; (*of skin*) se gercer; se fendre, se fendiller, se craqueter; (*of steel*) s'égrener; (*of steel under the smith's hammer*) criquer. *F: The social structure is cracking*, l'édifice social est en train de craquer. **3.** (*a*) (*Of voice*) Se casser, se fausser; (*at puberty*) muer. (*b*) *Rac:* (*Of horse*) S'effondrer. **4.** *Scot:* Causer, faire la causette (avec qn). **5.** *U.S:* (*Of dawn*) Poindre.

crack on, *v.tr. Nau:* **To crack on sail**, faire force de voiles. **Cracking on**, couvert de toile; à toc de toile. *U.S: F: To c. on another tax*, imposer une nouvelle taxe.

crack up. 1. *v.tr.* (*a*) Mettre (qch.) en morceaux. (*b*) *F:* **To crack (s.o., sth.) up (to the nines)**, vanter, prôner (qn, qch.); préconiser (un remède, etc.); faire mousser (qch.). **2.** *v.i.* (*Of empire, etc.*) Se démembrer; (*of firm, etc.*) faire faillite; (*of bank*) faire un crach. *F:* (*Of pers.*) *He is cracking up*, il n'y a plus d'huile dans la lampe.

cracked, *a.* **1.** Fêlé, fendu; (*of wall*) lézardé; (*of tree, timber*) gerçuré. *Tree, stone, c. by frost*, arbre gélif, pierre gélive. **Cracked voice**, voix cassée. *To sound c.*, sonner le fêlé. *Vet:* **Cracked heel**, crevasses *fpl* (au pied du cheval); mule traversière, mule traversine. **2.** *F:* Timbré, toqué; *P:* loufoque, maboul, marteau, dingue. **To be cracked**, avoir le cerveau, le timbre, le coco, fêlé. *To be slightly c.*, avoir un grain, une fêlure; être un peu toc-toc.

cracking¹, *a. P:* Bath, chouette.

cracking², *s.* **1.** Claquement *m*, craquement *m*, clic-clac *m*. **2.** Fendillement *m*; craquelure *f* (de la peinture); décollements *m pl* (dans les papiers couchés); fissuration *f*. **3.** Fractionnement *m*, craquage *m*, "cracking" *m* (d'une huile lourde). **4.** *Vet:* **Cracking off of a horse's hoof**, avalure *f* du sabot d'un cheval.

'crack-jaw, *a.* (Nom, etc.) impossible à prononcer; *F:* (nom) à vous décrocher la mâchoire.

crackajack ['krakədʒak]. *U.S: F:* **1.** *s.* Gros bonnet, grosse légume. **2.** *a.* Rupin, chouette.

cracker ['krakər], *s.* **1.** (*Pers.*) (*a*) **Cracker of jokes**, faiseur, -euse, de plaisanteries. (*b*) **Cracker of cribs**, cambrioleur *m*. (*c*) **Cracker-up**, prôneur, -euse. (*d*) *U.S: P:* = *poor white, q.v. under* WHITE¹ II. 4. **2.** *F:* Mensonge *m*, craque *f*; fanfaronnade *f*. **3.** (*a*) *Pyr:* Pétard *m*. **Jumping cracker**, crapaud *m*. (*b*) **(Christmas-)cracker**, diablotin *m*; papillote *f* à pétard. *F:* **Cracker-poetry**, vers *mpl* de mirliton. (*c*) Mèche *f* (de fouet). **4.** **(Nut-)crackers**, casse-noisette(s) *m inv*, casse-noix *m inv*. **5.** *U.S:* Biscuit (dur); craquelin *m*, croquet *m*. **6.** *P:* (*Hair-curlers*) **Crackers**, papillotes. *Hair in crackers*, cheveux en papillotes; cheveux empapillotés. **7.** *F:* **To go a cracker**, (i) flancher; (ii) aller d'un train d'enfer.

'cracker-box, *s. U.S:* Boîte *f* à biscuits.

crackle¹ [krakl], *s.* **1.** Craquement *m*, crépitement *m*, crépitation *f*; cri *m* (de l'étain). *W.Tel:* Crachements *mpl*; friture *f*. **2.** Fendillement *m*; trésaillure *f* (de peinture, de porcelaine). **3.** *Cer:* **Crackle(-ware)**, craquelé *m*.

crackle². **1.** *v.i.* (*a*) Craqueter; (*of shots, salt on fire, etc.*) crépiter; (*of snow, of sth. frying*) grésiller; (*of fire*) pétiller. (*b*) Se fendiller. **2.** *v.tr.* Fendiller.

crackled, *a.* **1.** (*Of oil painting*) Fendillé, faïencé; (*of painting, china ware*) tresaillé; (*of china*) truité. **2.** *Cer:* Craquelé.

crackling¹, *a.* Pétillant, crépitant, grésillant. *Tp: W.Tel:* **Crackling noise**, friture *f*.

crackling², *s.* **1.** = CRACKLE¹ 1, 2. **2.** *Cu:* (*a*) Peau croquante (du porc rôti); couenne *f*. (*b*) *pl. Dial:* **Cracklings**, cretons *m*, fritons *m*.

crackler ['kraklər], *s. Crust:* Craquelot *m*, craquelin *m*.

cracknel ['kraknəl], *s.* (*Biscuit*) Craquelin *m*, croquignole *f*.

cracksman, *pl.* **-men** ['kraksmən, -men], *s.m. F:* Cambrioleur.

cracky ['kraki], *a. F:* **1.** Fendillé. **2.** Fragile, cassant. **3.** (*Of pers.*) **To be a bit cracky**, avoir le cerveau, le timbre, fêlé. **4.** *Scot:* Causeur, -euse; bavard, -arde.

Cracovian [kra'kouviən], *a.* & *s. Geog:* Cracovien, -ienne.

Cracow ['krakou, 'krɑː-]. *Pr.n. Geog:* Cracovie *f*.

-cracy [krəsi], *s.suff.* -cratie *f*. *Plutocracy*, plutocratie, ploutocratie. *F: Snobocracy*, snobocratie. *Mobocracy*, voyoucratie.

cradle¹ [kreidl], *s.* **1.** (*a*) Berceau *m* (d'un enfant, d'une science, d'un art, d'une civilisation). **Wicker cradle**, moïse *m*. **Child in the cradle**, enfant au berceau. *To have been changed in the c.*, avoir été changé en nourrice. **From the cradle**, dès le berceau. *I have known this from my c.*, j'ai appris cela au berceau. *From the c. to the grave*, du berceau au tombeau. *See also* CAT'S-CRADLE, VAULT¹ 1. (*b*) *Nau:* Cadre *m* (d'hôpital). **2.** *Ind:* Berceau (d'une machine, etc.); cadre. *N.Arch:* Ber *m* (de lancement). *Nau:* **Boat cradle**, chantier *m*. *Nav.Av:* **Starting cradle**, chariot *m* de lancement (d'un avion à bord). *Artil:* **Cradle mounting**, affût *m* à berceau. **3.** (*a*) *Const: Min:* Échafaud(age) volant; pont volant. **Cradle-iron, cradle-stirrup**, étrier *m* d'échafaudage. (*b*) Sellette *f* (de peintre, de calfateur). **4.** (*a*) *Gold-min:* **Cradle (-rocker)**, berceau, cradle *m*; sas *m* mobile. (*b*) *Cin:* **Cradle-head**, trépied *m* à bascule (pour prise de vues). **5.** *Agr:* Râteau *m*, crochets *mpl* (d'une faux). **6.** *Engr:* Berceau (pour donner du grain à la planche). **7.** *Surg:* (*a*) (*Splint*) Gouttière *f* (de contention). (*b*) (*Over bed*) Cerceau *m*, arceau *m*, archet *m*. **8.** *Vet:* Chapelet *m* (pour empêcher un cheval de se lécher).

'cradle-scythe, *s.* Faux *f* à râteau.

'cradle-song, *s.* Berceuse *f*.

cradle², *v.tr.* **1.** Mettre, coucher, (qn) dans un berceau; bercer (qn). **2.** Mettre (un navire) dans le ber. **3.** *Agr:* Faucher (le blé) (avec la faux à râteau).

cradle out, *v.tr. Gold-min:* Extraire (de l'or) au berceau.

cradling, *s. Const:* Cintre *m* (de voûte).

craft [krɑːft], *s.* **1.** (*a*) *A:* Habileté *f*, adresse *f*. *See also* NEEDLE-CRAFT, RING-CRAFT. (*b*) *Pej:* Ruse *f*, artifice *m*; fourberie *f*. **2.** (*a*) (i) Métier manuel; (ii) profession *f*. *Questions relating to crafts*, questions artisanales. *Prov:* **Every man to his craft**, chacun son métier. *Painter, sculptor, who is master of his c.*, peintre *m*, sculpteur *m*, qui a du métier. *See also* ART², GENTLE¹ I. 1, HANDICRAFT. **Craft-bowl**, bol ouvré. (*b*) *Sch: A:* **The seven crafts**, les sept arts (des universités du moyen âge). **3.** (*a*) Corps *m* de métier. (*b*) **The Craft**, la franc-maçonnerie. **4.** *Coll.* (*With pl. construction*) *Nau:* Embarcations *f*; petits navires. **Small craft**, canots *mpl*, petits bâtiments, petits bateaux. *Hundreds of small craft*, des centaines *f* d'embarcations. *Navy:* **Harbour craft**, bâtiments de servitude. *See also* SEA-CRAFT 2. **5.** *Nau:* Outillage *m* de pêche (à la baleine, etc.).

'craft-union, *s.* Corps *m* de métier.

craftiness ['krɑːftinəs], *s.* Ruse *f*, astuce *f*, sournoiserie *f*; *F:* roublardise *f*.

craftsman, *pl.* **-men** ['krɑːftsmən, -men], *s.m.* **1.** Artisan, ouvrier; homme de métier. **2.** Artiste dans son métier. *That great c. William Morris*, William Morris, ce grand artiste dans tous les métiers qu'il exerça.

craftsmanship ['krɑːftsmənʃip], *s.* **1.** Dextérité manuelle; art consommé. *Old furniture of marvellous c.*, vieux meubles d'une exécution merveilleuse. *Bad c.*, travail *m* indigne d'un bon ouvrier. *A wonderful piece of c.*, un chef-d'œuvre merveilleux. **2.** (*In writer, etc.*) Connaissance *f* du métier; "métier."

crafty ['krɑːfti], *a.* Artificieux, astucieux, sournois, rusé, cauteleux; *F:* roublard. **-ily,** *adv.* Artificieusement, astucieusement, avec ruse, cauteleusement, subtilement.

crag [krag], *s.* **1.** (*a*) Rocher ou flanc de montagne escarpé; rocher à pic. *Overhanging c.*, rocher en surplomb. (*b*) (*From the climber's point of view*) Varappe *f*. **2.** *Geol:* Crag *m*.

cragged ['kragid], *a.* Rocailleux, anfractueux. *Mountains with c. sides*, montagnes *f* aux flancs rocailleux, aux flancs escarpés.

craggedness ['kragidnəs], **cragginess** ['kraginəs], *s.* Aspect anfractueux, rocailleux (d'une montagne, etc.); anfractuosité(s) *f(pl)*.

craggy ['kragi], *a.* = CRAGGED.

cragsman, *pl.* **-men** ['kragzmən, -men], *s.m.* Ascensionniste de rochers, de varappes; varappeur.

crake¹ [kreik], *s.* **1.** *Orn:* Râle *m*. **Water crake, spotted crake**, râle marouette. *See also* CORNCRAKE. **2.** Cri *m* du râle.

crake², *v.i.* (*Of corncrake*) Crier.

cram¹ [kram], *s.* **1.** (*a*) *Husb: Dial:* Gavée *f*. (*b*) *Sch: F:* Chauffage *m* (pour un examen). **2.** *F:* Presse *f* à étouffer, foule serrée (à une réunion mondaine, etc.). *I never was in such a c.*, jamais je ne me suis trouvé dans une cohue pareille. **3.** *F:* Mensonge *m*, craque *f*, blague *f*.

'cram-'full, *a.* Tout plein, regorgeant (*of*, de). *To be c.-f. of sth.*, regorger de qch.

cram², *v.* (**crammed; cramming**) **1.** *v.tr.* (*a*) Fourrer (*sth. into sth.*, qch. dans qch.). *The 146 prisoners were crammed into a small guard-room*, les 146 prisonniers furent entassés dans un étroit corps de garde. *To c. sth. down one's throat*, se fourrer qch. dans le gosier. *To c. one's hat over one ear*, enfoncer son chapeau sur l'oreille. **Book crammed with quotations**, livre *m* qui regorge de citations. *Th: The house was crammed*, la salle était bondée. **Room crammed to suffocation**, pièce tellement bondée que l'on y suffoque; salle *f* où l'on s'étouffe. *Cupboards crammed with linen*, armoires bourrées de linge. (*b*) *To c. s.o. with sth.*, bourrer qn de qch. *F:* **To cram s.o. (up) with lies**, faire avaler des mensonges à qn. (*c*) *Husb:* Empâter, appâter, gaver, engraisser, emboquer, gorger (de la volaille). (*d*) *F:* Empiffrer (qn) de nourriture. *To c. oneself with food*, s'empiffrer, se bâfrer. *He crammed them with good things to eat*, il les creva de bonne chère. *To c. a child with sweets*, fourrer des bonbons à un enfant. (*e*) *Sch:* Chauffer (un candidat pour un examen). *To c. a pupil with Greek*, bourrer, gaver, farcir, un élève de grec. *He crams me with Latin and Greek*, il me fourre du latin et du grec. (*f*) *F:* **To cram a horse**, forcer un cheval. **2.** *v.i.* *F:* (*a*) S'entasser. *We all crammed into a luggage van*, nous nous sommes entassés dans un fourgon à bagages. (*b*) Se gorger de nourriture; s'empiffrer, se gaver (*with*, de). (*c*) *Sch:* *To c. for an examination*, préparer un examen; *F:* se bourrer le crâne en vue d'un examen; (*in Fr.*) bachoter. *v.tr.* **To cram maths**, potasser ferme les mathématiques; bûcher les mathématiques. (*d*) Mentir; blaguer.

cramming, *s.* **1.** Entassement *m*. **2.** *Husb:* Gavage *m*. **3.** *Sch:* Chauffage *m* (pour un examen). *F:* **Cramming shop**, boîte *f* à bachot.

crambo ['krambo], *s.* Bouts-rimés; corbillon *m*. **Dumb crambo**, charade mimée.

crammer ['kramər], *s.* **1.** *Husb:* (*a*) (*Pers.*) Gaveur *m*. (*b*) (*Appliance*) Gaveuse *f*. **2.** *Sch:* (*a*) Chauffeur *m*, préparateur *m*, colleur *m*. (*b*) Directeur *m*, *F:* patron *m*, de "boîte à bachot." **3.** *F:* = CRAM[1] 3.

cramp[1] [kramp], *s.* *Med:* Crampe *f*. *To be seized with c.*, être pris, saisi, d'une crampe. *See also* TENNIS-CRAMP, WRITER 1.

'cramp-fish, *s.* *Ich:* Torpille *f*, crampe *f*.

cramp[2], *s.* **1.** (*a*) *Const:* *etc:* Happe *f*, agrafe *f*, crampon *m*. (*b*) *Tls:* Serre-joint *m*, *F:* sergent *m*; presse *f* à vis; bride *f* de serrage, bride à capote. **Joiner's cramp**, étau *m* d'ébéniste. *See also* FLOORING-CRAMP, HOOP-CRAMP. (*c*) *Typ:* Cornière *f*. **2.** *F:* Entrave *f*; contrainte *f*. *How can one act under the c. of fear?* comment agir sous le coup de la peur, lorsqu'on est paralysé par la peur?

'cramp-iron, *s.* *Const:* Crampon *m*, happe *f*, agrafe *f*, ancre *f*, tirant *m*, ancrure *f*. *Carp:* Clameau *m*, clampe *f*, crochet *m* d'assemblage. *Small c.-i.*, cramponnet *m*.

cramp[3], *a.* = CRAMPED.

cramp[4], *v.tr.* **1.** Donner des crampes à (qn). *Usu. in the passive.* **Limbs cramped by the cold**, membres engourdis par le froid. **2.** Gêner (les mouvements, l'esprit, etc.). *To be cramped up in a small space*, être à l'étroit. *F:* **To cramp s.o.'s style**, priver qn de ses moyens; enlever les moyens à qn. **3.** (*a*) *Const:* Cramponner, agrafer (des pierres, etc.). **To cramp down a beam**, retenir une poutre. (*b*) *Carp:* *etc:* Presser, serrer (à l'étau, au serre-joint).

cramped, *a.* A l'étroit; gêné. **Cramped position**, fausse position; position étriquée. **To be, feel, cramped for room**, être, se sentir, à l'étroit; n'avoir pas les, ses, coudées franches. *C. courtyard*, cour étriquée. **Cramped handwriting**, écriture gênée; pattes *fpl* de mouche. *His handwriting was c. to the last degree*, son écriture était presque indéchiffrable. *C. style*, style contraint.

crampon ['krampən], *s.* **1.** Crampon *m* à glace. **2.** *Bot:* Crampon.

cramponnee [kram'pɔni], *a.* *Her:* Cramponné.

cran [kran], *s.* *Fish:* Cran *m* (de harengs).

cranage ['kreinedʒ], *s.* Droits *mpl* de grue; frais *mpl* de grue.

cranberry ['kranbəri], *s.* *Bot:* Canneberge *f*; airelle *f* cousinette. *U.S:* *P:* **Cranberry eye**, œil injecté (des ivrognes).

cranberrying ['kranbəriiŋ], *s.* Cueillette *f* des airelles.

crane[1] [krein], *s.* **1.** *Orn:* (*a*) Grue *f*. *Young c.*, gruau *m*. **Common crane**, grue cendrée. **Crown crane, Numidian crane**, demoiselle *f* de Numidie. **Balearic crane, crowned crane**, oiseau royal, oiseau trompette; grue couronnée. **Manchurian crane**, grue blanche de Mandchourie. *See also* ADJUTANT-CRANE. (*b*) *Dial:* (i) Cigogne *f*; (ii) héron *m*. **2.** *Mec.E:* Grue. **Hand crane**, grue à bras. *Giant c., Titan c.*, grue Titan. *Pillar c.*, grue à colonne, à fût. *Swing(ing) c., slewing c., revolving c.*, grue pivotante, à pivot. *Locomotive c., travelling c.*, grue mobile, transportable, roulante. *Aut:* *Salvage c.*, grue dépanneuse, de dépannage. *Hydraulic c.*, grue hydraulique. **Bridge-crane, overhead travelling crane**, pont-grue *m*, *pl.* ponts-grues; pont roulant (à voie aérienne); (chariot *m*) transporteur *m*; grue à chariot, à pont roulant. **Mast-crane**, mât-grue *m*, *pl.* mâts-grues; bigue *f*. **Dock-crane**, crône *m*. *Floating c.*, ponton-grue *m*, *pl.* pontons-grues. *Metall:* *Pouring-c.*, pont de coulée. *Cin:* **Light crane**, chariot porte-lampes (de studio). *See also* BRIDGE[1] 1, GANTRY, GOLIATH 2, JIB-CRANE, STEAM-CRANE, WALL-CRANE, WATER-CRANE 2. **3.** (*a*) Siphon *m*. (*b*) *Rail:* = WATER-CRANE 1. **4.** Console *f* en fer (de crémaillère de cheminée). **5.** *Veh:* **Crane(-neck)**, cou *m* de cygne.

'crane-fly, *s.* *Ent:* Tipule *f*.

'crane-post, *s.* Arbre *m*, fût *m*, de grue.

'crane's-bill, *s.* *Bot:* Bec-de-grue *m*, *pl.* becs-de-grue; géranium *m*. *Meadow c.-b.*, géranium des prés. *Alpine c.-b.*, géranium à feuilles d'aconit.

'crane-tower, *s.* *Const:* Sapine *f* (pour grue).

'crane-way, *s.* Voie *f* pour grues.

crane[2]. **1.** *v.tr.* (*a*) Lever, hisser, ou descendre, décharger, (des fardeaux) au moyen d'une grue. (*b*) Tendre, allonger (le cou). **To crane one's neck to see sth.**, se hausser pour voir qch. **2.** *v.i.* (*a*) **To crane forward**, allonger le cou, la tête, en avant. (*b*) *Equit:* (*Of horse*) **To crane at a hedge**, refuser (devant une haie). *F:* **To crane at a difficulty**, hésiter, reculer, devant une difficulté.

craner ['kreinər], *s.* **1.** Gruetier *m* (qui actionne la grue). **2.** Cheval enclin à refuser.

crang [kraŋ], *s.* Carcasse de baleine dépouillée du lard.

crani(o)- [kreini(ɔ), -(o)], *comb.fm.* Crani(o)-. *Anat:* *Med:* *Craniectomy*, craniectomie. *Craniology*, craniologie. *Cranio'metric*, craniométrique.

cranial ['kreiniəl], *a.* Cranien. *Anthr:* **Cranial index**, indice *m* céphalique.

craniology [kreini'ɔlədʒi], *s.* Cran(i)ologie *f*.

craniometry [kreini'ɔmetri], *s.* Craniométrie *f*, céphalométrie *f*.

cranium, *pl.* **-ia** ['kreiniəm, -*ia*], *s.* Crâne *m*.

crank[1] [kraŋk], *s.* **1.** *Mec.E:* (*a*) Manivelle *f*; cigogne *f* (de meule à aiguiser). *Cin:* **Crank hand-drive camera**, appareil *m* à manivelle. *See also* BELL-CRANK, DISK-CRANK, DUPLEX, FLY-CRANK, THROW-CRANK, TREADLE-CRANK, WHEEL-CRANK. (*b*) Coude *m*. **2.** Bascule *f* (d'une cloche).

'crank-arm, *s.* *Mec.E:* Bras *m*, corps *m*, flasque *m or f*, de manivelle.

'crank-axle, *s.* **1.** Essieu coudé. **2.** *Cy:* Axe pédalier.

'crank-case, -chamber, *s.* *I.C.E:* Carter *m* (du moteur). *Dummy c.-c.*, faux carter. *Upper, lower, c.-c.*, demi-carter supérieur, inférieur.

'crank-disk, *s.* *Mec.E:* Plateau-manivelle *m*, *pl.* plateaux-manivelles.

'crank-head, *s.* *Mch:* Tête *f* de bielle.

'crank-lever, *s.* *Mch:* *etc:* Cigogne *f*.

'crank-pin, *s.* *Mch:* *etc:* Tourillon *m*, soie *f*, bouton *m*, maneton *m*, de manivelle. *Sm.a:* Vilebrequin *m* (de mitrailleuse). *I.C.E:* *Crank-pins of the crank-shaft*, manetons du vilebrequin.

'crank-pit, *s.* *Mec.E:* Cuvette *f* de l'arbre coudé.

'crank-shaft, *s.* Vilebrequin *m*; arbre-vilebrequin *m*, *pl.* arbres-vilebrequins; arbre-manivelle *m*, *pl.* arbres-manivelles; arbre coudé. *Five-bearing c.-s.*, vilebrequin à cinq paliers.

'crank-web, *s.* Bras *m*, flasque *m*, joue *f*, de manivelle.

crank[2], *v.tr.* **1.** *Mec.E:* Couder (un essieu). **2.** **To crank up a motor car**, lancer une auto à la main; mettre en route une auto à la manivelle. **To crank up the engine**, décoller le moteur à la manivelle; lancer le moteur. **To crank away**, continuer à tourner la manivelle de mise en marche.

cranked, *a.* Coudé, bicoudé.

crank[3], *s.* *F:* **1.** (*a*) Marotte *f*, manie *f*. (*b*) Mot plaisant; paradoxe *m*; *pl.* extravagances *f*, originalités *f*. *See esp.* QUIP. **2.** (*Pers.*) Maniaque *mf*, excentrique *mf*, original *m*. *He's a fresh air c.*, il a la manie d'ouvrir toutes les fenêtres.

crank[4], *a.* (*Of machinery, apparatus*) Qui fonctionne mal ou irrégulièrement; détraqué; délabré.

crank[5], *a.* **Crank(-sided) ship**, navire faible de côté, volage, jaloux, instable, rouleux, chavirable, mal équilibré.

crank[6], *v.i.* (*Of wheels, etc.*) Grincer.

crankiness ['kraŋkinəs], *s.* **1.** (*a*) Humeur *f* difficile. (*b*) *A:* Excentricité *f*. **2.** (*a*) Mauvais fonctionnement (d'une machine); état délabré. (*b*) Chavirabilité *f*, instabilité *f* (d'un navire).

cranky ['kraŋki], *a.* **1.** (*Of pers.*) (*a*) D'humeur difficile; au caractère épineux; capricieux. (*b*) *A:* Excentrique; maniaque. **2.** (*a*) = CRANK[4]. (*b*) = CRANK[5]. **-ily**, *adv.* **1.** (*Of pers.*) D'un ton maussade; avec humeur. **2.** (La machine fonctionne) par à-coups, en geignant, capricieusement.

crannog ['kranɔg], *s.* *Archeol:* (*In Scot. & Irel.*) Crannoge *m*; habitation *f* lacustre.

cranny[1] ['krani], *s.* (*a*) Fente *f*, lézarde *f*, crevasse *f*. (*b*) Enfoncement *m*, niche *f*.

cranny[2], *v.i.* (*Of wood*) Se gercer; se fissurer.

crannied ['kranid], *a.* Lézardé, crevassé.

cranny[3], *s.* *Anglo-Indian:* **1.** (*In Bengal*) Clerc *m* qui sait écrire en anglais. **2.** Métis, -isse.

crapaudine [krapo'diːn], *s.* Crapaudine *f* (de porte, etc.).

crape[1] [kreip], *s.* *Tex:* **1.** Crêpe noir (de soie ou de rayonne). **Crape band** (*round the arm*), brassard *m* de crêpe. *U.S:* *P:* **Crape-hanger**, rabat-joie *m inv*. **2.** **Canton crape, oriental crape**, crêpe de Chine.

crape[2], *v.tr.* Draper ou garnir de crêpe (en signe de deuil).

craped[1], *a.* Portant le crêpe; habillé ou garni de crêpe. **Craped flag, flag furled and craped**, drapeau *m* en berne.

crape[3], *v.tr.* Crêper (les cheveux).

craped[2], *a.* (Cheveux) crêpés, frisés.

craps [kraps], *s.pl.* *U.S:* **To shoot craps**, jouer aux dés.

crapulence ['krapjuləns], *s.* Crapule *f*; crapulerie *f*; débauche *f*.

crapulent ['krapjulənt], **crapulous** ['krapjuləs], *a.* **1.** Crapuleux, *P:* arsouille. **2.** Adonné à la boisson; abruti par la boisson.

crapulosity [krapju'lɔsiti], **crapulousness** ['krapjuləsnəs], *s.* **1.** Crapulerie *f*. **2.** Ivrognerie *f*.

crapy ['kreipi], *a.* **1.** Ressemblant à du crêpe. **2.** *Poet:* *A:* = CRAPED[1].

crash[1] [kraʃ], *s.* **1.** (*a*) Fracas *m*. *To fall with a c.*, tomber et se briser avec fracas. *The c. of thunder*, le fracas du tonnerre. *A c. of thunder*, un coup de tonnerre. (*b*) *Ven:* Cri *m* de la meute au débucher. **2.** Catastrophe *f*, débâcle *f*, chute *f*, effondrement *m*. *Fin:* Krach *m*; *P:* pouf *m*. *The final c.*, l'effondrement final, la catastrophe finale. **3.** Écrasement *m*; chute. *Av:* Atterrissage brutal. *Aut:* Collision *f*, accident *m*. *Railway c.*, accident, catastrophe, de chemin de fer. **4.** *int.* Patatras! **Crash went the vase!** le vase tomba avec un grand fracas. *He went, drove*, **crash into the wall**, il alla s'emboutir contre le mur.

'crash-dive[1], *s.* *Navy:* Plongée *f* raide (d'un sous-marin).

'crash-dive[2], *v.tr.* *Navy:* Faire plonger raide (un sous-marin).

'crash-helmet, *s.* *Av:* *etc:* Serre-tête *m inv*; casque protecteur.

crash[2]. **1.** *v.i.* (*a*) Retentir; éclater avec fracas. **The thunder crashed**, (i) il y eut un violent coup de tonnerre; (ii) le tonnerre retentissait. (*b*) **To crash (down)**, tomber avec fracas; s'abattre. *The vase crashed to the ground*, le vase tomba et se brisa avec fracas. *The mast came crashing down*, le mât s'abattit. **The roof crashed in**, le toit s'effondra. **To crash into a shop-window**, enfoncer une vitrine. **The seats crashed over**, les bancs *m* se renversèrent. **To crash through sth.**, passer à travers qch. avec fracas. (*With cogn. acc.*) *The herd crashed its way through the jungle*, le troupeau avançait à travers la jungle, brisant tout sur son passage. *Aut: To c. into a tree*, s'emboutir sur un arbre; *F:* tamponner un arbre, entrer dans un arbre. *The two cars crashed head-on*, les deux voitures se sont tamponnées de front, par l'avant, se sont heurtées de front. (*c*) *Av:* (i) (*Of plane*) S'écraser sur le sol; *P:* se retourner les pinceaux. (ii) (*Of pilot*) Atterrir brutalement; *F:* casser du bois, faire de la casse; se mettre en boule; bousiller son appareil; louper son atterrissage. **2.** *v.tr.* Briser, fracasser. *Av:* Écraser (son appareil) sur le sol.

crash[3], *s. Tex:* Toile *f* à serviettes (de toilette).

crasher ['kraʃər], *s. F:* **1.** (*a*) Coup retentissant. (*b*) Coup accablant. *The news was a c. for him*, cette nouvelle fut pour lui un rude coup. **2.** = GATE-CRASHER.

crasis ['kreisis], *s. Gr.Gram:* Crase *f*.

crass [kras], *a.* Épais, -aisse; grossier. *Now only in a few phr., esp.* **Crass minds**, esprits épais. **Crass stupidity**, stupidité grossière. **Crass ignorance**, ignorance *f* crasse. **-ly**, *adv.* Grossièrement, stupidement. *C. ignorant*, d'une ignorance crasse.

crassitude ['krasitju:d], **crassness** ['krasnəs], *s.* Épaisseur *f* (d'esprit); profondeur *f* (de l'ignorance).

crassula ['krasjula], *s. Bot:* Crassule *f*.

crassulaceae [krasju'leisii:], *s.pl. Bot:* Crassulacées *f*.

-crat [krat], *s.suff.* -crate *mf*. *Aristocrat*, aristocrate. *Bureaucrat*, bureaucrate. *Democrat*, démocrate. *Plutocrat*, plutocrate, ploutocrate.

crataegin [kra'ti:dʒin], *s. Ch:* Cratégine *f*.

crate[1] [kreit], *s.* Caisse *f* ou cadre *m* à claire-voie, en voliges; cageot *m*, cageotte *f*; (*for glass, bicycle, etc.*) harasse *f*. **Wicker crate**, mannequin *m*.

crate[2], *v.tr.* Emballer (des marchandises) dans une caisse à claire-voie.

crating, *s.* Emballage *m* (de bicyclettes, etc.).

crateful ['kreitful], *s.* (Plein une) harasse (de marchandises, etc.).

crater[1] ['kreitər], *s.* **1.** *Geol:* Cratère *m* (de volcan). **Ringed crater, nested crater**, cônes emboîtés. **2.** (*Shell-hole*) Entonnoir *m*, cratère. **3.** Cratère (de l'arc électrique).

crater[2]. **1.** *v.i.* (*Of carbon rod*) Se creuser (en cratère). **2.** *v.tr. Mil:* (*Of artillery*) Défoncer (une route).

cratered, *a.* Couvert de cratères.

crateriform ['kreitərifɔ:rm], *a.* Cratériforme.

-cratic(al) [kratik(əl)], *a.suff.* -cratique. *Aristocratic*, aristocratique, aristocrate. *Plutocratic*, plutocratique. *F: Snobocratic*, snobocratique.

Cratippus [kra'tipəs]. *Pr.n.m. Gr.Hist:* Cratippe.

cratur ['kreitər], *s. See* CREATURE 7.

cravat [kra'vat], *s.* **1.** *A:* Cravate *f*. *F: He will come some day to a hempen c.*, on lui passera un de ces jours une cravate de chanvre; il finira par être pendu. **2.** Foulard *m*.

cravatted [kra'vatid], *a.* (*a*) Portant une cravate; cravaté. (*b*) Portant un foulard.

crave [kre:iv], *v.tr. & i.* **1.** *To c. sth. from s.o., of s.o.*, demander avec instance qch. à qn; implorer qch. de qn. **To crave s.o.'s pardon**, demander pardon à qn. *To c. the attention of the audience*, solliciter l'attention du public. *To c. indulgence*, solliciter l'indulgence. **2. To crave for, after, sth.**, désirer ardemment, réclamer, qch.; être affamé de qch. *Soul that craves for affection*, âme affamée d'affection. *The more you drink the more you c.*, plus on boit plus on a envie de boire.

craving[1], *a.* **Craving appetite**, appétit dévorant; boulimie *f*. *C. desire*, désir ardent.

craving[2], *s.* Désir ardent, obsédant; besoin *m* irrésistible, appétit *m* insatiable (*for*, de). *To have a c. for praise*, être assoiffé de louanges; avoir soif de louanges, avoir la soif des louanges. *C. for strong drink*, passion *f* de l'alcool; besoin d'alcool.

craven [kreivn], *a. & s. Lit:* Poltron (*m*), lâche (*m*). **To cry craven**, se rendre; mettre les pouces. **-ly**, *adv.* Lâchement, couardement.

cravenness ['kreivnnəs], *s.* Lâcheté *f*, couardise *f*.

craw [krɔ:], *s.* Jabot *m* (d'un oiseau).

crawfish[1] ['krɔ:fiʃ], *s.* = CRAYFISH.

crawfish[2], *v.i. U.S: F:* Se dérober; *P:* caner.

crawl[1] [krɔ:l], *s.* **1.** (*a*) *Pisc:* Vivier *m*, bordigue *f*, serre *f*, bouchot *m*. (*b*) Parc *m* (à tortues, à homards). **2.** *A:* = KRAAL.

crawl[2], *s.* **1.** Rampement *m* (d'un serpent). **2.** Mouvement traînant (d'une personne). *F:* **Cab on the crawl**, taxi *m* en maraude. *See also* PUB-CRAWL[1]. **3.** *Swim:* **Crawl(-stroke)**, crawl *m*; nage rampée. **Back-crawl**, crawl sur le dos; dos crawlé.

'crawl-swimmer, *s.* Crawleur *m*.

crawl[3], *v.i.* **1.** (*Of serpent, etc.*) Ramper. **To crawl in, out**, entrer, sortir, en rampant. *To c. into a hole*, se glisser dans un trou; s'introduire dans un trou en rampant. *To c. to the door*, gagner la porte en rampant. *F:* **To crawl to, before, s.o.**, ramper, s'aplatir, devant qn; faire le chien couchant auprès de qn. *To c. into s.o.'s favour*, se faufiler, s'insinuer, dans la faveur de qn. **2.** (*a*) (*Of pers.*) **To crawl (along)**, se traîner. *He crawled to the ditch*, il se traîna jusqu'au fossé. (*He is so weak that*) **he can hardly crawl**, il ne peut pas mettre un pied devant l'autre. *To c. on one's hands and knees*, aller à quatre pattes. (*b*) Avancer lentement. (*Of taxi*) Marauder. **3.** (*a*) **To crawl with vermin, to be crawling with vermin**, grouiller de vermine. *The floor was crawling with insects*, le plancher fourmillait d'insectes. (*b*) *F:* **To crawl all over**, se sentir des fourmillements par tout le corps. *See also* FLESH[1] 1. **4.** *U.S:* = CREEP[2] 4.

crawling[1], *a.* **1.** Rampant. **2. Crawling cab**, taxi *m* en maraude. **3.** Grouillant (*with*, de). *Cheese c. with maggots*, fromage *m* qui grouille de vers.

crawling[2], *s.* **1.** (*a*) *Z:* Reptation *f*. (*b*) = CRAWL[2]. **2.** *Cer:* Retirement *m* (de la glaçure).

crawler ['krɔ:lər], *s.* **1.** (*a*) Reptile *m*. (*b*) *F:* Plat valet. (*c*) Traînard, -arde. *See also* PUB-CRAWLER. (*d*) *Swim:* Crawleur *m*. **2.** Taxi *m* en maraude; maraudeur *m*. **3.** *P:* Pou *m*, toto *m*. **4.** *pl. Cost:* **Crawlers**, tablier-combinaison *m*; barboteuse *f* (pour enfants).

crawly ['krɔ:li], *a.* **1.** (*Of pers.*) Qui se sent des fourmillements. **2. Crawly feeling**, (i) fourmillement *m*; (ii) chair *f* de poule. *See also* CREEPY-CRAWLY.

crayfish ['kreifiʃ], *s. Crust:* **1. (Fresh-water) crayfish**, écrevisse *f*. **2.** *F: Com:* **(Sea) crayfish** (= *spiny lobster*), langouste *f*, palinure *m*; homard épineux.

crayon[1] ['kreiɔn], *s.* **1.** (i) Craie *f* à dessiner; pastel *m*; crayon *m* de pastel; (ii) fusain *m*. **Conté crayon**, crayon conté. *Drawn* **in crayon**, dessiné au pastel, au crayon conté, ou au fusain; pastellé. **2.** Dessin *m* au pastel ou au crayon conté; pastel. **3.** *El:* Crayon (d'une lampe à arc).

'crayon-holder, *s.* Porte-fusain *m inv*.

crayon[2], *v.tr.* **1.** Dessiner (qch.) au pastel, au crayon conté. **2.** Crayonner (une esquisse); esquisser (un portrait, etc.). *F:* **To crayon out a plan**, esquisser un projet.

craze[1] [kre:iz], *s.* Manie *f*, toquade *f* (*for sth.*, de qch.). **The wireless craze**, l'engouement *m* pour la T.S.F. *She has a c. for travelling*, elle a la fureur des voyages. **Cross-word puzzles are all the craze**, les mots croisés font fureur.

craze[2]. **1.** *v.tr.* (*a*) Rendre (qn) fou; déranger (l'esprit). (*b*) *Cer:* Fendiller, craqueler (la porcelaine). **2.** *v.i. Cer:* Se fendiller, se craqueler.

crazed, *a.* **1.** = CRAZY 1. **2.** *Cer:* Fendillé, craquelé.

crazily ['kreizili], *adv. See* CRAZY.

craziness ['kreizinəs], *s.* **1.** (*Of pers.*) Folie *f*, démence *f*. **2.** (*Of building, furniture, etc.*) Délabrement *m*, décrépitude *f*.

crazy ['kreizi], *a.* **1.** (*Of pers.*) Fou, *f.* folle (à lier); toqué. *C. with grief*, fou de douleur. *C. with fear*, affolé (de terreur). *C. idea*, idée folle, saugrenue. *F:* **To go crazy**, perdre la tête; devenir fou (*with anger*, de colère); (*of wind, torrent, etc.*) se déchaîner. **To drive, send, s.o. crazy**, rendre qn fou; affoler qn; *F:* faire tourner qn en bourrique, faire damner qn. **To be crazy over, about, s.o., sth.**, être fou de qn, de qch. *He is c. about music*, il ne rêve que musique. **To be crazy to do sth.**, brûler de faire qch. *You are c.*, vous êtes fou, vous divaguez, vous extravaguez. *He was half c.*, il n'avait plus sa tête à lui. *U.S: F:* **The crazy bone** = *the* FUNNY-BONE. **2.** (*a*) (*Of building, etc.*) Délabré; qui menace ruine. *C. furniture*, meubles branlants, boiteux. **Crazy ship**, navire *m* hors d'état de tenir la mer; *F:* craquelin *m*. (*b*) (*Of machinery, etc.*) = CRANK[4]. **3.** Composé de morceaux rapportés; irrégulier. **Crazy path**, allée couverte de dalles rapportées (de formes irrégulières). **Crazy paving**, dallage irrégulier en pierres plates. **Crazy quilt**, courtepointe *f* en pièces rapportées de toutes les couleurs. **-ily**, *adv.* Follement.

creak[1] [kri:k], *s.* Cri *m*, grincement *m* (de gonds, etc.); craquement *m* (du bois, de chaussures neuves, etc.).

creak[2], *v.i.* (*Of hinge, etc.*) Crier, grincer; (*of timber, shoes*) craquer. *The door creaks*, la porte grince, crie, chante, sur ses gonds. *The carriage creaked up the hill*, la voiture montait la colline en grinçant, en gémissant.

creaking[1], *a.* Qui crie, qui grince. **Creaking shoes**, chaussures *f* qui craquent. *Prov:* **A creaking gate hangs long**, tout ce qui branle ne tombe pas; pot fêlé dure longtemps.

creaking[2], *s.* **1.** = CREAK[1]. **2.** *Med:* **Dry-leather creaking**, bruits *mpl* de parchemin (du poumon).

creaky ['kri:ki], *a.* = CREAKING[1].

cream[1] [kri:m], *s.* **1.** (*a*) Crème *f* (du lait). **Clotted cream, Devonshire cream**, crème caillée (par échaudage). **Cream bun, cream puff**, chou *m* à la crème; mirliton *m*; puits *m* d'amour. *To take the c. off the milk*, écrémer le lait. *See also* CHEESE[1], SEPARATOR. (*b*) *F:* (Le) meilleur; (le) dessus du panier; *F:* la fleur des pois. **The cream of society**, la crème de la société. *The c. of s.o.'s works*, la fleur des œuvres de qn. **The cream of the joke, of the business, is that . . .**, le plus beau, le plus drôle, le piquant, de l'histoire, de l'affaire, c'est que. . . . *To take the c. of sth.*, écrémer qch. **2.** (*a*) **Coffee cream**, crème au café. *See also* CHOCOLATE 1, ICE-CREAM. (*b*) **Cream of tartar**, *Com:* crème de tartre; *Ch:* bitartrate *m* de potasse. (*c*) **Shoe cream, boot cream**, crème à chaussures. **Furniture cream**, encaustique *f* en pâte. (*d*) Crème (de toilette, de beauté). *See also* COLD-CREAM. **3.** *Attrib.* **Cream(-coloured)**, (dentelles) crème *inv*; (cheval) soupe-au-lait *inv*, soupe-de-lait *inv*; (cheval) isabelle *inv*.

'cream-faced, *a.* Blême (de peur).

'cream-jug, *s.* Pot *m* à crème; crémière *f*.

'cream-'laid, -'wove, *a. See* LAID 1, WOVE.

cream[2]. **1.** *v.tr.* (*a*) **To cream (off)**, écrémer (le lait; *F:* une bibliothèque, les œuvres d'un auteur, etc.). (*b*) Ajouter de la crème à (son café, etc.). (*c*) Battre (du beurre) en crème. (*d*) *Toil:* Étendre de la crème sur (la peau, etc.). **2.** *v.i.* (*Of milk*) Se couvrir de crème; crémer; (*of ale, etc.*) mousser.

creamed, *a.* **1.** (Lait) écrémé. **2.** *Cu:* (Poulet, etc.) à la crème. **3.** (Teint) velouté.

creaming, *a.* (Vin) crémant.

creamer ['kri:mər], *s.* **1.** (*Pan*) Crémeuse *f*. **2.** Écrémeuse *f* centrifuge.

creamery ['kri:məri], *s.* **1.** Crémerie *f*. *Bought at the c.*, acheté chez le crémier, à la crémerie. **2.** Consortium laitier. **Creamery butter**, beurre fabriqué industriellement.

creaminess ['kri:minəs], *s.* **1.** Abondance *f* en crème. **2.** Velouté *m* (de la peau, de la voix).

creamy ['kri:mi], *a.* **1.** Crémeux. **2.** *Rich c. voice*, voix veloutée. *C. complexion*, teint velouté. *F: The creamiest of opportunities*, une riche occasion.

crease[1] [kri:s], *s.* **1.** (Faux) pli *m*; (*in paper, etc.*) fronce *f*. *Tex:* Ancrure *f*. *To remove the creases from material*, éclancher l'étoffe. *Linen that shows creases*, linge *m* qui plisse mal. *Dressm: etc:* **Crease-edge**, cassure *f* (du col, du revers).

2. *Cr:* Ligne blanche; ligne de limite. *Batting c.*, limite *f* du batteur. **Out of one's crease**, hors limite. *See also* BOWLING, POPPING-CREASE.

crease². **1.** *v.tr.* (*a*) Plisser, faire des (faux) plis à, faire des fronces à (qch.). **Well-creased trousers**, pantalon avec un pli impeccable, bien marqué d'un pli. (*b*) Friper, chiffonner, froisser (une robe, etc.). (*c*) *Metalw:* Suager (le fer blanc); tomber (un bord). **2.** *v.i.* (*a*) Se plisser; prendre un faux pli. (*b*) Se friper, se chiffonner, se froisser.

creasing, *s.* **1.** Plissement *m*; froncement *m*. **2.** Pli *m*.

'creasing-hammer, -tool, *s. Metalw:* Suage *m*.

crease³, *s.* = CREESE.

creaseless ['kri:sləs], *a.* **1.** Sans faux plis. **2.** (Cravate *f*, etc.) infroissable.

creaser ['kri:sər], *s. Tls: Metalw:* Suage *m*.

creasy ['kri:si], *a.* Chiffonné, froissé.

create [kri'eit], *v.tr.* **1.** Créer (le monde, un pair, *Th:* un rôle). *Pred.* **To create s.o. a knight, an earl,** créer qn chevalier, comte. **2.** (*a*) Créer, faire naître, susciter (une difficulté); faire, produire (une impression); provoquer (un rire); faire, susciter (des ennemis). **To create a vacuum,** faire, produire, le vide. *To c. a draught*, provoquer un appel d'air. **To create a scandal,** (i) causer un scandale; (ii) faire de l'esclandre. **To create a disturbance,** troubler l'ordre public. (*Hence*) *Abs. P:* **To create,** faire du tapage, de l'esclandre; faire une scène, rouspéter (*about*, à propos de). *To c. at s.o.*, faire une scène à qn; s'en prendre à qn. (*b*) *Com:* *To c. a fashion*, créer, lancer, une mode. *Costume created by So-and-so*, création de la maison une telle.

creatine ['kri:ətain], *s. Ch:* Créatine *f*.

creation [kri'eiʃ(ə)n], *s.* **1.** Création *f* (du monde, d'un titre, d'un rôle). *Phantasms of their own c.*, fantômes *m* qu'ils se créent, qu'ils se forgent, eux-mêmes. **2.** (*Created beings*) Création. **The brute creation,** l'espèce animale; les bêtes *fpl*. *F:* **That beats creation!** ça dépasse tout au monde! ça c'est fort! *When* **in all creation** *will you have finished?* quand diable aurez-vous fini? **3.** (*Thing created*) Création, produit *m*, œuvre *f*. *Her dress was a c. by Venus & Co.*, sa robe était une création de chez Vénus et Cie. *The latest creations*, les dernières modes.

creative [kri'eitiv], *a.* Créateur, -trice; créatif. **-ly,** *adv.* D'une façon créatrice.

creativeness [kri'eitivnəs], *s.* Faculté *f* de créer; puissance créatrice.

creator [kri'eitər], *s.* (*f. occ.* **creatress** [kri'eitres]) Créateur, -trice. **The Creator,** le Créateur. *Th:* *C. of a part*, créateur, -trice, d'un rôle.

creature ['kri:tjər], *s.* **1.** *A:* Création *f*, produit *m*, œuvre *f*. *See also* DAY 6. **2.** Créature *f*, être *m*; *esp.* être vivant. **3.** Animal *m*, bête *f*. **Dumb creatures,** les bêtes, les animaux. **4.** (*Of pers.*) *Vile, pretty, c.*, vile, jolie créature. **Poor creature!** le pauvre homme! la pauvre femme! le, la, pauvre enfant! *Not a c. was to be seen*, il n'y avait personne en vue; on ne voyait âme qui vive. **5.** *To be the c. of some great man*, être la créature, l'âme damnée, d'un homme puissant. **Creature of the Government,** homme vendu au gouvernement; instrument *m* du gouvernement. **6. Man is the creature of circumstances,** l'homme dépend des circonstances. *We are creatures of habit*, nous sommes tels que nous fait l'habitude. **7.** *P:* **The creature,** (*Irish*) **the cratur** ['kreitər], l'eau-de-vie *f*; le whisky. **8.** *Attrib.* **To make provision for s.o.'s creature comforts,** assurer l'aisance matérielle à qn.

crèche [kre:ʃ], *s.* Crèche *f*; asile *m* de jour pour bébés; pouponnière *f*.

credence ['kri:dəns], *s.* **1.** Créance *f*, croyance *f*, foi *f*. **To give, attach, credence to sth.,** ajouter foi à qch.; donner créance à qch. **Worthy of credence,** digne de foi. **Letter of credence,** lettre *f* de créance. **2.** *Ecc.* **Credence(-table),** crédence *f*.

credentialled [kre'denʃəld], *a.* Pourvu de lettres de créance.

credentials [kre'denʃəlz], *s.pl.* **1.** (*a*) Lettres *fpl* de créance. (*Of delegate*) *To come without full c.*, se présenter sans pouvoirs réguliers. (*b*) Certificat *m* (d'un domestique, etc.). **To show one's credentials,** (i) montrer ses pouvoirs; (ii) exhiber son certificat. *F:* *To grant my daughter's hand to* **a man of no credentials!** donner la main de ma fille à un je ne sais qui! **2.** Papiers *m* d'identité; pièces justificatives d'identité. *Car credentials*, les papiers de la voiture.

credenza [kre'dentsa], *s. Furn:* Buffet *m*, crédence *f*.

credibility [kredi'biliti], *s.* Crédibilité *f*.

credible ['kredibl], *a.* Croyable; digne de foi, de créance. *It is hardly c. that . . .*, il n'est pas vraisemblable que + *sub.* **-ibly,** *adv.* D'une façon qui inspire la confiance. **To be credibly informed of sth.,** tenir qch. de bonne source.

credit¹ ['kredit], *s.* **1.** Croyance *f*, créance *f*, foi *f*. **To give credit to a report,** ajouter foi à un bruit. (*Of report*) **To gain credit,** s'accréditer. *Rumour that is gaining c.*, bruit qui prend de la consistance. *Facts that* **lend credit** *to a rumour*, faits *m* qui accréditent un bruit. **2.** Crédit *m*, influence *f*, réputation *f* (*with*, auprès de). **To use one's credit in s.o.'s favour,** employer son crédit en faveur de qn; s'employer pour qn. **He has credit at court,** il est bien en cour. **He has lost credit** *with the public*, son crédit a décliné; il a perdu sa réputation; *F:* c'est un saint qu'on ne fête plus. *He is losing his c.*, *F:* ses actions sont en baisse. *John Gilpin was a citizen of c. and renown*, John Gilpin était un citoyen estimé, dont la renommée s'étendait au loin. **3.** Mérite *m*, honneur *m*. **To take credit for an action,** s'attribuer le mérite d'une action. *He takes the c for it*, *F*· il s'en donne les gants. **To take credit to oneself for generosity, for doing sth.,** se flatter de générosité, d'avoir fait qch. *To get c. for another's work*, se voir attribuer le mérite du travail d'autrui. **To acquit oneself with credit,** s'acquitter honorablement. *He came out of it with c.*, il en est sorti à son honneur. *Sch:* **To pass an examination with credit,** être reçu à un examen avec mention assez bien. *I gave him c. for more sense*, je lui croyais, lui supposais, plus de jugement. *I give him c. for his good intentions*, je lui tiens compte de ses bonnes intentions. *To give s.o. full c. for a discovery*, rendre à qn l'hommage d'une découverte. *To give s.o. c. for his zeal*, rendre justice au zèle de qn. **Be it said, it must be said, to his credit that . . .,** on doit dire à son honneur, il faut dire à son mérite, que. . . . *That is all to his c.*, c'est tout à son honneur. **It does him credit, it reflects great credit on him,** cela lui fait (grand) honneur. *Step that does you c.*, démarche *f* qui vous honore. **This does not redound to your credit,** cela ne vous fait point honneur. **He is a credit to the school,** il fait honneur à l'école. **4.** (*a*) *Com: Fin:* Crédit. **To give s.o. credit,** faire crédit à qn. **To sell on credit,** vendre à crédit, à terme. *Long c.*, crédit à long terme. **Credit note,** note *f*, facture *f*, d'avoir, de crédit; bordereau *m* de crédit. **Credit slip,** bulletin *m* de versement. *Bank:* **Letter of credit,** lettre de crédit; lettre accréditive; accréditif *m*. *Permanent c.*, accréditif permanent. **To enter, put, a sum to s.o.'s credit,** porter une somme au crédit, à l'actif, de qn. *To pay in a sum to s.o.'s c.*, payer une somme à la décharge de qn. *See also* BLANK I. 1 (*b*). **To open a credit** (*with a bank*), loger un accréditif. **Credit balance,** solde créditeur. *Account showing a c. balance*, compte *m* bénéficiaire. **Credit account,** compte créditeur. *To open a c. account with s.o.*, ouvrir un crédit chez qn. *To open a c. account in s.o.'s favour*, ouvrir un crédit à qn. *To give s.o. a bank c.*, ouvrir un crédit en banque à qn. **Credit circulation,** circulation *f* fiduciaire. **Credit insurance,** assurance *f* contre les mauvaises créances. *F:* *Another good action to your c.*, encore une bonne action à votre actif. (*b*) *Book-k:* **Credit side,** avoir *m*. **5.** *Com:* Réputation de solvabilité; crédit. *His c. is good*, on lui fait toute confiance. **6.** *Parl:* = Douzième *m* provisoire. **To pass a credit vote,** voter un douzième provisoire.

credit², *v.tr.* **1.** Ajouter foi à, attacher foi à, donner croyance à, donner, accorder, créance à, croire (un bruit); croire (qn). *These stories are no longer credited*, ces récits *m* ne trouvent plus créance. **2.** (*a*) (*Attribute*) Attribuer, prêter (*s.o. with a quality*, une qualité à qn). *I credited you with more sense*, je vous croyais, supposais, plus de jugement. *I didn't c. him with so much energy*, je ne pensais pas qu'il eût tant d'énergie; je ne lui croyais pas tant d'énergie. *He is credited with genius*, on lui attribue du génie. **To be credited with having done sth.,** passer pour avoir fait qch. *I have been credited with this discovery*, on m'a fait l'honneur de cette découverte. *To c. s.o. with an intention*, prêter une intention à qn. *He has not the talents you c. him with*, il n'a pas les talents que vous lui prêtez. *I am credited with speeches of which I am guiltless*, on me prête des discours dont je suis innocent. *He hasn't as much money as people c. him with*, il n'a pas la grosse fortune qu'on lui prête. *People had credited him with being a miser*, on lui avait fait une réputation d'avare. (*b*) *To c. s.o. with a quality*, reconnaître une qualité à qn. **3.** *Com:* **To credit a sum to s.o., to credit s.o. with a sum,** créditer qn d'une somme; créditer une somme à qn; porter une somme au crédit de qn; mettre une somme à l'actif de qn; bonifier une somme à qn.

creditable ['kreditəbl], *a.* (Action *f*) estimable, honorable, digne d'éloges. *That is c. to him*, cela lui fait honneur. **-ably,** *adv.* Honorablement; avec honneur.

creditor ['kreditər], *s.* **1.** Créancier, -ière. *To be s.o.'s c. for 1000 francs*, être en avance avec qn de 1000 francs. *Simple-contract c.*, créancier chirographaire. **Creditor of a creditor** (*in bankruptcy*), créancier en sous-ordre. **2.** *Book-k:* **Creditor side** (*of balance*), compte créditeur; compte avoir. *Pol.Ec:* **Creditor nation,** nation *f* créditeur.

credo ['kri:do], *s. Ecc:* Credo *m*.

credulity [kre'dju:liti], *s.* Crédulité *f*.

credulous ['kredjuləs], *a.* Crédule. **-ly,** *adv.* Crédulement; avec crédulité.

credulousness ['kredjuləsnəs], *s.* Crédulité *f*.

creed [kri:d], *s.* **1.** *Theol:* Credo *m*, symbole *m*; confession *f* de foi. **The (Apostles') Creed,** le symbole des Apôtres. *See also* ATHANASIAN, NICENE. **2.** Croyance *f*, foi (confessionnelle). *School open to every c.*, école ouverte à toutes les confessions. **3.** *F:* Profession *f* de foi. *Political c.*, credo politique.

creek [kri:k], *s.* **1.** Crique *f*, anse *f*. *Nau:* Accul *m*, alise *f*. **2.** *U.S: etc:* (*a*) Ruisseau *m*, petit cours d'eau; affluent *m*. (*b*) Petite vallée; cluse *f*. **3.** *pl. Ethn:* **Creeks,** Creeks *m*, Muskogies *m*.

creel [kri:l], *s.* **1.** *Fish:* (*a*) Panier *m* de pêche; glène *f*, gline *f*. (*b*) Casier *m* à homards. (*c*) *Fishwife's c.*, manne *f* à marée. **2.** *Tex:* Râtelier *m* (à bobines); porte-bobines *m inv.*

creep¹ [kri:p], *s.* **1.** *pl. F:* Chair *f* de poule. **To give s.o. the creeps,** donner la chair de poule à qn. *P:* *It fair gives me the creeps*, ça me met les nerfs en pelote, en boule. **2.** *Min:* Gonflement *m*, boursouflement *m* (de la sole). **3.** (*a*) Action *f* de ramper. (*b*) Cheminement *m* (*Geol:* des couches; *Rail:* des rails); glissement *m* (d'une courroie de transmission); glissement, cheminement (d'un pneu sur la jante). **4.** = CREEP-HOLE 2.

'creep-hole, *s.* **1.** Trou *m* de refuge; abri souterrain. **2.** Passage étroit, trou (dans une haie, etc.).

creep², *v.i.* (*p.t.* **crept** [krept]; *p.p.* **crept**) **1.** (*Of insect, animal, plant*) Ramper; (*of roots*) tracer; (*of pers.*) se traîner, se glisser; *F:* ramper (devant les grands). *To c. into bed*, se glisser dans son lit. *He crept into the room*, il entra tout doucement, furtivement, à pas de loup, dans la chambre. *To c. into a hole*, se couler dans un trou. *To c. into s.o.'s favour*, s'insinuer dans la faveur de qn. *Abuse that has crept into the State*, abus qui s'est introduit furtivement dans l'État. *A feeling of uneasiness creeps over me*, une inquiétude commence à me gagner; un sentiment de gêne s'insinue en moi. *See also* FLESH¹ 1. **2.** (*a*) *Min:* (*Of floor*) Gonfler, se boursoufler. (*b*) (*Of rails, geological strata, etc.*) Cheminer; (*of transmission belt*) glisser, ramper; (*of tyre*) glisser, cheminer, sur la jante. **3.** *Nau:* **To creep for an anchor,** draguer une ancre. **4.** (*a*) (*Of plant*) Grimper. (*b*) (*Of liquid, esp. of acid*) Grimper.

creep along, *v.i.* S'avancer en rampant, furtivement; *F:* marcher à pas de loup. *To c. along the ditch on all fours*, ramper à quatre pattes dans le fossé. *To c. along the wall*, se faufiler le long du mur.

creep away, *v.i.* **1.** S'éloigner en rampant. **2.** S'éloigner à pas de loup.

creep down, *v.i.* Descendre en rampant, doucement.

creep on, *v.i.* Avancer lentement. **Old age is creeping on,** la vieillesse s'approche à pas lents. *Time creeps on*, le temps passe insensiblement.

creep up, *v.i.* **1.** Se traîner jusqu'en haut. **2.** S'approcher en rampant; avancer lentement. *The speedometer needle crept up to* 80, l'aiguille *f* de l'indicateur de vitesse avança lentement, monta tout doucement, jusqu'à 80.

creeping[1], *a.* **1.** (*Of animal, plant*) Rampant; (homme) rampant, servile; (brouillard *m*) qui s'avance au ras du sol. *See also* BARRAGE[1] 2, JENNY 3, PARALYSIS, THISTLE. **2. Creeping salts,** sels grimpants (d'un accumulateur, etc.).

creeping[2], *s.* **1.** Rampement *m*; *Z:* reptation *f*. *Mch: etc:* **Creeping speed,** grand ralenti. **2.** Grimpement *m*, ascension *f* capillaire (de l'acide d'un accu, des sels d'une solution, etc.). **3.** (*Of skin*) Chair *f* de poule. **4.** = CREEP[1] 2, 3 (*b*).

creepage ['kri:pedʒ], *s.* = CREEPING[2] 2.

creeper ['kri:pər], *s.* **1.** *Bot:* Plante rampante ou grimpante. *See also* VIRGINIA 1. **2.** *Orn:* Grimpereau *m*, échelette *f*. **3.** *Nau:* Grappin *m* à main; *F:* chatte *f*. **4.** *Ind:* Vis *f* de transport. **5.** *pl. U.S: P:* **Creepers,** chaussons *m*, ou souliers *m* à semelles de crêpe. **6.** Élève planteur dans les théeries du Ceylan.

creepie ['kri:pi], *s. Scot: F:* Petit escabeau.

creepy ['kri:pi], *a. F:* **1.** Rampant. *I could feel c. things on my leg*, je sentais sur ma jambe des choses qui rampaient. **2. To feel creepy,** avoir la chair de poule. *C. story*, récit *m* qui donne la chair de poule.

'creepy-'crawly, *a. F:* **1. Creepy-crawly feeling,** (i) fourmillement *m*; (ii) chair *f* de poule. **2.** (*Of pers.*) Rampant, servile.

creese [kri:s], *s.* Criss (malais).

cremate [kre'meit], *v.tr.* Incinérer, crémer (un mort).

cremation [kre'meiʃ(ə)n], *s.* Incinération *f*; crémation *f*.

cremator [kre'meitər], *s.* **1.** Personne *f* qui incinère (les cadavres). **2.** (Four *m*) crématoire *m*.

crematorium [kremə'tɔ:riəm], **crematory[1]** ['kremətəri], *s.* Crématorium *m*, (four *m*) crématoire *m*.

crematory[2], *a.* Crématoire.

Cremona[1] [kre'mouna]. **1.** *Pr.n. Geog:* Crémone *f*. **2.** *s. Mus:* (*Violin*) Violon *m* de Crémone; crémone *m*.

cremona[2], *s.* = CROMORNE.

crenate ['kri:neit], **crenated** ['kri:neitid], *a. Bot: Z:* Crénelé, créné.

crenation [kre'neiʃ(ə)n], **crenature** ['krenatjuər, 'kri:-], *s. Bot: Z:* Crénelure *f*.

crenel ['krenəl], **crenelle** [kri'nel], *s.* Créneau *m*, meurtrière *f*.

crenel(l)ate ['kreneleit], *v.tr.* Créneler (une muraille).

crenel(l)ation [krene'leiʃ(ə)n], *s.* Crénelure *f*, crénelage *m*.

crenelling ['kreneliŋ], *s. Bot:* Crénelure *f*.

creole ['kri:oul]. **1.** *a. & s.* (*a*) **Creole (white),** créole (*mf*). (*b*) *A:* **Creole (black),** nègre *m* créole, négresse *f* créole. (*c*) *U.S:* (Descendant, -ante) des colons français ou espagnols de la Louisiane. **2.** (*Of animals and plants*) Acclimaté (aux Indes occidentales).

Creon ['kri:ən]. *Pr.n.m. Gr.Lit:* Créon.

creosol ['kri:osɔl], *s. Ch:* Créosol *m*.

creosote[1] ['kri:osout], *s. Ch:* Créosote *f*. **Coal-tar creosote,** créosote de houille; huile lourde de houille; *Com:* acide *m* carbolique.

creosote[2], *v.tr.* Créosoter, injecter (le bois) à la créosote.

creosoting, *s.* Créosotage *m*.

crêpe [kre:p], *s.* **1.** *Tex:* Crêpe (blanc ou de couleur, mais non noir), ou simili-crêpe *m*. **Satin crêpe,** crêpe satin. **Crêpe de Chine,** crêpe de Chine. **2. Crêpe(-rubber) soles,** semelles *f* (de) crêpe. **3. Crêpe paper** = *crinkled paper, q.v. under* CRINKLE[2] 1.

crêpeline ['kreipəlin], *s. Tex:* Crêpeline *f*.

crepis ['kri:pis], *s. Bot:* Crépide *m*, crépis *m*.

crepitant ['krepitənt], *a.* Crépitant.

crepitate ['krepiteit], *v.i.* Crépiter.

crepitation [krepi'teiʃ(ə)n], *s.* Crépitation *f*.

crêpoline ['kreipəlin], *s. Tex:* Crêpeline *f*.

crépon ['krepɔn], *s. Tex:* Crépon *m*.

crept [krept]. *See* CREEP[2].

crepuscular [kre'pʌskjulər], *a.* (Lumière *f*, papillon *m*, etc.) crépusculaire.

crepuscularia [krepʌskju'lɛərja], *s.pl. Ent:* Crépusculaires *m*.

crescendo[1] [kre'ʃendo]. **1.** *adv. Mus:* Crescendo; en augmentant. **2.** *s.* Crescendo *m*.

crescendo[2], *v.i.* (*Of sound*) Aller en augmentant; aller crescendo.

crescent ['kres(ə)nt]. **1.** *s.* (*a*) Le premier quartier de la lune. (*b*) Croissant *m* (de la lune qui croît ou décroît). (*c*) *Her: etc:* Croissant. *The Turkish C.*, le croissant turc. *Mus:* **Turkish crescent,** pavillon chinois. *Abs. Hist:* **The Crescent,** l'Empire turc; le Croissant. (*d*) Rue *f* ou côté *m* de rue en arc de cercle; maisons *fpl* formant demi-lune. (Souvent nom de rue, *e.g. Mornington Crescent.*) **2.** *a.* (*a*) Croissant. **The crescent moon,** le croissant de la lune; la lune dans son croissant. (*b*) **Crescent(-shaped),** en forme de croissant, de demi-lune. *U.S:* **The Crescent City,** la Nouvelle-Orléans.

cresol ['kresɔl, 'kri:sɔl], *s. Ch:* Crésol *m*.

cress [kres], *s. Bot:* Cresson *m*. **Garden cress, go'den cress,** cresson alénois; passerage cultivée. *See also* MUSTARD 2, WALL-CRESS, WATER-CRESS, WINTER-CRESS

'cress-bed, *s.* Cressonnière *f*.

cresset ['kreset], *s. A:* Torchère *f*, fanal *m*, -aux (d'une tour, des anciens phares, etc.).

Cressy ['kresi]. *Pr.n. Geog: Hist:* Crécy *m*.

crest[1] [krest], *s.* **1.** Crête *f* (de coq, de reptile); huppe *f* (d'alouette); aigrette *f* (de paon). **2.** Cimier *m*, crête (de casque). **3.** (*a*) Crête, sommet *m*, arête *f* (de colline); crête, sommet (d'une vague); houppe *f* (d'un arbre). **Crest line,** ligne *f* de faîte. (*b*) *Ph:* Crête, point haut (d'une onde). **4.** *Arch:* Crête, faîte *m*, faîtage *m*. *Fort:* Crête (d'un parapet). **5.** *Anat:* Crête, arête (d'un os). **6.** (*a*) Crête du cou (d'un animal). (*b*) Crinière *f* (de cheval). **7.** (*a*) *Her:* (*On helmet*) Cimier; (*on escutcheon*) timbre *m*. (*b*) (*On seal, note-paper, etc.*) Armoiries *fpl*; écusson *m*; emblème *m* héraldique. **Car crest,** écusson de voiture.

'crest-fallen, *a.* (*Of pers.*) Abattu, découragé; (*of look*) déconfit, penaud. **To look crest-fallen,** baisser l'oreille, la crête; avoir l'oreille basse; *F:* faire un nez (long d'une aune).

'crest-tile, *s.* (Tuile *f*) faîtière *f*.

crest[2]. **1.** *v.tr.* Orner (qch.) d'un cimier, d'une crête; mettre une crête à (un mur); mettre un faîte à (un comble). **2.** *v.tr.* (*a*) Gravir (une colline) jusqu'à la crête; surmonter (une colline). (*b*) Franchir la crête (d'une vague). **3.** *v.i.* (*Of wave*) Monter en crête; moutonner.

crested, *a.* **1.** *Orn: etc:* A crête, à huppe, huppé, houppé. *Bot:* Cristé. **Crested tit,** mésange huppée. *See also* KINGLET 2, LARK[1], WREN[1] 2. **White-crested waves,** vagues *f* aux crêtes blanches. **2.** (*a*) (*Of helmet*) Orné d'un cimier; panaché; (*of escutcheon*) timbré. (*b*) *F:* Armorié; orné d'un écusson.

cresyl ['kresil, 'kri:-], *s. Ch:* Crésyl *m*. *To disinfect with c.*, crésyler.

cretaceous [kre'teiʃəs]. *Geol:* **1.** *a.* Crétacé, crayeux. **2.** *s.* Crétacé *m*.

Cretan ['kri:tən], *a. & s.* Crétois, -oise.

Crete [kri:t]. *Pr.n. Geog:* La Candie; l'île de Candie; *A.Geog:* la Crète.

cretic ['kri:tik], *a. & s. Pros:* Crétique (*m*).

cretification [kri:tifi'keiʃ(ə)n], *s. Med:* Crétification *f*; dégénération *f* calcaire.

cretin ['kri:tin, 'kre-], *s.* Crétin *m*.

cretinism ['kri:tinizm, 'kre-], *s.* Crétinisme *m*.

cretinize ['kri:tinaiz, 'kre-], *v.tr.* Crétiniser.

cretinoid ['kri:tinɔid, 'kre-], *a. Med:* Crétinoïde.

cretinous ['kri:tinəs, 'kre-], *a.* Crétineux.

cretonne [krə'tɔn], *s. Tex:* Cretonne *f*. *Tapestry c.*, cretonne d'ameublement.

Creusa [kri'ju:za]. *Pr.n.f. A.Lit:* Créuse.

crevasse[1] [krə'vas], *s.* **1.** Crevasse *f* (glaciaire). **2.** *U.S:* Crevasse, fissure *f* (dans une levée de fleuve).

crevasse[2], *v.i.* (*Of ice, embankment*) Se crevasser, se fissurer.

crevassing, *s.* Fissuration *f*.

crevice ['krevis], *s.* Fente *f*; crevasse *f*, lézarde *f* (de mur); fissure *f* (de rocher); avalure *f* (dans une falaise).

creviced ['krevist], *a.* (Mur) lézardé; (roc) fissuré.

crew[1] [kru:], *s.* **1.** *Nau:* Équipage *m*; les hommes *m*; l'armement *m*; (*of rowing boat*) équipe *f*; les canotiers *m*. *Nau:* **The crew space,** le poste d'équipage. **2.** (*a*) (*Gang*) Équipe. *Artil:* **Gun crew,** servants *mpl* d'une pièce. *Rail: The engine c.*, l'équipe de la locomotive. (*b*) *Rail: Esp. U.S:* **The train crew,** le personnel du train. **3.** *Pej:* Bande *f*, troupe *f*. **Sorry crew!** triste engeance *f*! *All the c. of jobbers and swindlers*, toute la bande noire.

crew[2]. *See* CROW[4].

crewel ['kru:əl], *s.* Laine *f* à broder ou à tapisserie.

'crewel-needle, *s.* Aiguille *f* à tapisserie.

'crewel-work, *s.* Tapisserie *f* (sur canevas).

Cri (the) [ðə'krai]. *P:* = CRITERION 2.

crib[1] [krib], *s.* **1.** (*a*) *Husb:* Mangeoire *f*, râtelier *m*. (*b*) *U.S:* Huche *f*, coffre *m* (pour le maïs, le sel, etc.); armoire *f* (à outils). **2.** (*a*) Cabane *f*, hutte *f*; bicoque *f*. (*b*) *P:* Habitation *f*, maison *f*. *See also* CRACK[3] I. 2. **3.** (*a*) Lit *m* d'enfant; couchette *f*. *Ecc:* Crèche *f*. (*b*) *Occ.* Berceau *m*. **4.** (*a*) *Hyd.E: Min:* Cadre porteur; roue *f*, rouet *m*, de fondation (de revêtement de puits). (*b*) *Civ.E:* Encoffrement *m* en charpente; boisage *m*. **5.** *Fish:* Sac *m* (d'un verveux). **6.** *F:* (*a*) Plagiat *m*. (*b*) *Sch:* Traduction *f* (d'auteur), corrigé *m* (de thèmes, etc.) (employés subrepticement). **7.** *F:* Emploi *m*, place *f*. *He's got a good c. with a City firm*, il a une bonne situation dans une maison de la Cité.

'crib-biter, *s.* (Cheval) tiqueur; (jument) tiqueuse.

'crib-biting, *s.* (*Of horse*) Tic rongeur.

'crib-cracker, *s. P:* Cambrioleur *m*.

crib[2], *v.tr.* (**cribbed; cribbing**) **1.** *A:* Claquemurer, enfermer. **To be cribbed, cabined, and confined,** (i) être à l'étroit; (ii) être enfermé (dans les limites d'un sujet, etc.). **2.** *Min:* Boiser, bâcher (un puits). **3.** *F:* Voler, chiper (*sth. from s.o.*, qch. à qn). *To c. some ground from a neighbour*, empiéter sur le terrain d'un voisin. **4.** *F:* (*a*) *To c. from an author*, plagier un auteur. *To c. from the works of others*, fourrager dans les œuvres d'autrui. (*b*) *Sch:* *To c. an exercise from another boy*, copier un devoir sur un camarade. *Abs.* **To crib,** se servir de traductions ou de corrigés; *F:* tuyauter. **5.** *v.i.* (*Of horse*) Tiquer.

cribbing, *s.* **1.** Boisage *m* (d'un puits). **2.** *Sch:* Emploi déloyal de traductions, de corrigés; *F:* tuyautage *m*. **3.** = CRIB-BITING.

cribbage ['kribedʒ], *s. Cards:* Cribbage *m*.

cribellated ['kribeleitid], *a. Arach:* Cribellate.

cribellum [kri'beləm], *s. Arach:* Cribellum *m*.

cribriform ['kribrifɔ:rm], *a. Nat.Hist:* Cribriforme.

Crichton ['kraitən], *s. F:* **An Admirable Crichton,** un phénix; un homme universel; un prodige de science. (D'après James Crichton, 1560-1582.)

crick[1] [krik], *s.* **1.** Crampe *f*. **Crick in the neck,** torticolis *m*. **2.** Effort *m*, foulure *f*. **Crick in the back,** tour *m* de reins.

crick[2], *v.tr.* *To c. one's neck*, se donner le torticolis. *To c. one's back*, se donner un tour de reins.

cricket[1] ['kriket], *s.* *Ent:* Grillon *m*; *F:* cricri *m*; cri-cri *m*, *pl.* cri-cris. **The cricket on the hearth**, le grillon du foyer. *See also* FIELD-CRICKET, HOUSE-CRICKET, MERRY[2], MOLE-CRICKET.

cricket[2], *s.* *Games:* Cricket *m*. *F:* **That's not cricket**, cela n'est pas de jeu; cela passe le jeu; cela n'est pas loyal; ce n'est pas juste; cela ne se fait pas. **To play cricket**, (i) jouer au cricket; (ii) *F:* agir loyalement.

'cricket-field, -ground, *s.* Terrain *m* de cricket; terrain de jeu.

'cricket-shirt, *s.* Chemise blanche à col ouvert.

cricketer ['kriketər], *s.* Cricketeur *m*; joueur *m* de cricket.

cricket-seat ['kriketsi:t], *s.* Strapontin *m* (d'un taxi).

cricoid ['kraikɔid], *a.* & *s.* *Anat:* (Cartilage *m*) cricoïde *m*.

crier ['kraiər], *s.* **1.** (*a*) Crieur *m* (à une vente, etc.). (*b*) **Public crier, town-crier**, crieur public, municipal; (*in Fr.*) tambourineur *m*. (*c*) **Court crier**, audiencier *m* (du tribunal); huissier audiencier. **2. Crier up**, prôneur, -euse.

crikey ['kraiki], *int.* *P:* Mazette! Mince alors! Cristi! Sapristi!

crim. con. ['krim'kɔn]. *See* CONVERSATION 2.

crime[1] [kraim], *s.* (*a*) Crime *m*. *The blackest of crimes*, le plus grand des crimes; le plus noir des crimes. *F:* *It is a c. to touch up these pictures*, c'est un meurtre de retoucher ces tableaux. *Victim of a c.*, victime *f* d'un attentat. *They are linked by a c.*, il y a un cadavre entre eux. *See also* POVERTY 1. (*b*) Délit *m*. *Punishment out of all proportion to the c.*, châtiment *m* hors de proportion avec la faute. *See also* FIT[4] I. 3. (*c*) *Mil:* Manquement *m* à la discipline; infraction *f*, faute *f*. **Crime sheet**, feuille *f* de punitions.

crime[2], *v.tr.* *Mil:* **1.** Accuser (qn) d'un délit. **2.** Condamner (un accusé).

Crimea [krai'mi:ə]. *Pr.n.* *Geog:* La Crimée.

Crimean [krai'mi:ən], *a.* & *s.* Criméen, -éenne. *Hist:* **The Crimean War**, la guerre de Crimée.

crimeless ['kraimləs], *a.* Exempt de crime; innocent.

crimes ['kraimz], *int.* Mazette!

criminal ['krimin(ə)l]. **1.** *a.* Criminel. (*a*) *C. act, behaviour*, action, conduite, criminelle. *See also* CONVERSATION 2. (*b*) (*Relating to crime*) **Criminal action**, action *f* au criminel. **To take criminal proceedings against s.o.**, poursuivre qn criminellement, au criminel. **Criminal law**, droit criminel. *C. jurist*, criminaliste *m*. *C. lawyer*, avocat *m* au criminel. **The Criminal Investigation Department**, *F:* **the C.I.D.** [si:ai'di:], la Sûreté, la (police) secrète. *See also* COURT[1] 3, PROCEDURE 2, RECORD[1] 5. (*c*) (*Of pers.*) *Actions that render us c. in the sight of God*, actes *m* qui nous rendent criminels aux yeux de Dieu. **2.** *s.* (*a*) Criminel, -elle. **Habitual criminal**, repris *m* de justice; récidiviste *mf*. (*b*) *F:* Le coupable. **-ally**, *adv.* Criminellement.

criminalist ['kriminəlist], *s.* Criminaliste *m*.

criminality [krimi'naliti], *s.* Criminalité *f*.

criminate ['krimineit], *v.tr.* **1.** Incriminer, accuser (qn). **2.** Convaincre (qn) d'un crime. **To criminate oneself**, fournir des preuves contre soi-même. **3.** Blâmer, incriminer (qch.).

crimination [krimi'neiʃ(ə)n], *s.* Incrimination *f*.

criminative ['kriminətiv], *a.* Criminatif.

criminatory ['kriminətəri], *a.* Criminatoire.

crimine ['krimini], *int.* *F:* Mâtin! Mazette!

criminologist [krimi'nɔlodʒist], *s.* Criminaliste *m*.

criminology [krimi'nɔlodʒi], *s.* Criminologie *f*.

criminous ['kriminəs], *a.* *Jur:* **Criminous clerk**, prêtre *m* coupable.

criminy ['krimini], *int.* *F:* = CRIMINE.

crimp[1] [krimp], *s.* Racoleur *m*, embaucheur *m* (de marins, etc.).

crimp[2], *v.tr.* Racoler, embaucher (des marins, etc.).

crimping[1], *s.* Racolage *m*, embauchage *m*.

crimp[3], *s.* **1.** Gaufrage *m*; pli *m* (d'un drap); frisure *f* (des cheveux); gaufrage, sertissage *m* (d'une cartouche, etc.). *U.S:* *P:* **To put a crimp in a scheme**, mettre des bâtons dans les roues. **2.** Sertissure *f* (d'une cartouche).

crimp[4], *v.tr.* **1.** (*a*) Gaufrer (à la paille), plisser, crêper, friser (de l'étoffe, etc.). (*b*) Friser, frisotter, onduler, crêper (les cheveux). *Crimped hair*, cheveux crêpelés, à gaufrures. (*c*) Onduler (la tôle). **2.** (*a*) Sertir (une cartouche). (*b*) Emboutir (les empeignes de chaussures). **3.** Taillader (le poisson fraîchement pêché).

crimping[2], *s.* **1.** (*a*) Plissement *m*, gaufrage *m*, crêpage *m*. (*b*) Frisage *m*, crêpage (des cheveux). **2.** (*a*) Sertissage *m* (de cartouches). (*b*) Emboutissage *m* (du cuir).

'crimping-tool, *s.* Sertisseur *m* (de cartouches).

crimpy ['krimpi], *a.* Frisé, crêpé.

crimson[1] [krimz(ə)n], *a.* & *s.* Cramoisi (*m*); pourpre (*m*). *He turned c.*, il devint pourpre; le pourpre lui monta au visage. *The sky was turning c.*, le ciel s'empourprait.

crimson[2]. **1.** *v.tr.* Teindre (qch.) en cramoisi. **2.** *v.i.* Devenir cramoisi, pourpre; (*of cheeks, sky, etc.*) s'empourprer.

cringe[1] [krindʒ], *s.* **1.** Mouvement craintif (pour se dérober). **2.** Courbette servile, obséquieuse.

cringe[2], *v.i.* **1.** Se faire tout petit; se tapir, se blottir (de peur); se dérober (par crainte d'un coup). *He did not c.*, il n'a pas bronché, n'a pas sourcillé. **2.** S'humilier, ramper, s'aplatir, se mettre à plat ventre, faire des courbettes, courber l'échine, courber les épaules (*to, before, s.o.*, devant qn); *F:* faire le chien couchant (auprès de qn). *See also* FAWN[3].

cringing, *a.* **1.** (Geste) craintif. **2.** Servile, obséquieux. **-ly**, *adv.* **1.** Craintivement. **2.** Servilement, obséquieusement; en courbant l'échine.

cringle [kriŋgl], *s.* *Nau:* Patte *f* de bouline; andaillot *m*. *Iron c.*, anneau *m* en fer. *See also* REEF-CRINGLE.

crinite[1] ['krainait], *a.* *Nat.Hist:* Velu, chevelu.

crinite[2], *s.* *Paleont:* Encrine *f*.

crinkle[1] [kriŋkl], *s.* Pli *m*, ride *f*. *Tchn:* Fronce *f* (dans le papier).

crinkle[2]. **1.** *v.tr.* Froisser, chiffonner (du papier); ratatiner (du parchemin). **Crinkled paper**, papier plissé, ondulé, bourdonné, gaufré; papier crêpe, crêpé. **2.** *v.i.* (*a*) Se froisser, se ratatiner. (*Of felt*) **To crinkle (up)**, grigner. (*b*) Rendre un son de parchemin.

crinkling, *s.* Plissage *m*, froissement *m*, gaufrage *m*.

crinkly ['kriŋkli], *a.* **1.** Ratatiné; plein de rides. **2.** *C. sound*, frou-frou *m*; son *m* de parchemin froissé.

crinoid ['krinɔid]. **1.** *a.* Crinoïde; en forme de lis. **2.** *s.* *Echin:* *Paleont:* Crinoïde *m*; lis *m* à bras; lis de mer; encrine *f*.

crinoidal [kri'nɔid(ə)l], *a.* Crinoïde.

crinoidea [kri'nɔidiə], *s.pl.* *Echin:* Crinoïdes *m*.

crinoline ['krinoli:n], *s.* **1.** Crinoline *f*. **2.** *Navy:* Ceinturage *m* de filets métalliques (défense contre torpilles).

cripes [kraips], *int.* *P:* Mazette! sapristi!

cripple[1] [kripl], *s.* **1.** Estropié, -ée; boiteux, -euse; impotent, -ente; infirme *m*. **War cripples**, mutilés *m* de guerre. *An old c.*, *F:* un béquillard. **2.** Échafaud volant (de peintre en bâtiment, etc.).

cripple[2]. **1.** *v.tr.* (*a*) Estropier (qn). (*b*) Disloquer (une machine, un système); paralyser (l'industrie, la volonté); désemparer (un navire); condamner (une industrie) à dépérir. **2.** *v.i.* **To cripple along**, avancer en boitant; se traîner sur ses béquilles.

crippled [kripld], *a.* **1.** Estropié. **The men crippled in the war**, les mutilés de guerre. **Crippled with rheumatism**, perclus de rhumatismes. **To have a crippled foot**, être estropié du pied. *He is c. in the left arm*, il est infirme du bras gauche. **2. Crippled ship**, vaisseau désemparé. *When c. a ship makes little headway*, avec des avaries un vaisseau avance lentement.

crisis, *pl.* **crises** ['kraisis, -i:z], *s.* Crise *f* (d'une maladie, etc.). *The present acute c.*, la crise qui sévit actuellement. *Cabinet c.*, crise ministérielle. **Things are coming, drawing, to a crisis**, le moment décisif approche. *To pass through a c.*, passer par une crise. *To end a c.*, mettre fin à, dénouer, résoudre, une crise.

crisp[1] [krisp]. **1.** *a.* (*a*) (Cheveux) crêpés, crépus, frisés. (*b*) (Biscuit, etc.) croquant, croustillant, cassant. **Crisp almond**, praline *f*. *The snow was c. under foot*, la neige craquait sous nos pas. (*c*) (Style) nerveux; (ton) tranchant. *C. touch* (*on the piano*), doigté nerveux et perlé. (*d*) *The c. air of an autumn morning*, l'air vif d'une matinée d'automne. **2.** *s.* (*a*) *F:* **Crisps**, billets *m* de banque. (*b*) **Cooked to a crisp**, rôti à point pour croustiller, croquer, sous la dent. (*c*) *Cu:* **Potato-crisps**, croustilles *f*; pommes *f* chip. **-ly**, *adv.* (Parler) d'un ton tranchant.

crisp[2]. **1.** *v.tr.* (*a*) Crêper (les cheveux); froncer (du crêpe). (*b*) Donner du croustillant, du croquant, à (des biscuits, etc.); praliner (des amandes, etc.). **2.** *v.i.* (*a*) (*Of hair, cloth, etc.*) Se crêper. (*b*) (*Of leaves, etc.*) Se dessécher, se parcheminer.

crispate ['krispet], *a.* *Nat.Hist:* Crépu; aux bords crépus.

crispation [kris'peiʃ(ə)n], *s.* **1.** Frisure *f* (des cheveux). **2.** Crispation *f* (des nerfs); chair *f* de poule. **3.** *Ph:* Ondulation *f*.

crispifolious [krispi'fouliəs], *a.* *Bot:* Crispifolié.

Crispin ['krispin]. **1.** *Pr.n.m.* Crépin. **2.** *s.* *A:* Cordonnier *m*.

crispness ['krispnəs], *s.* **1.** Crêpure *f* (des cheveux). **2.** Qualité croustillante (d'un gâteau, etc.); dureté *f* (de la neige); état parcheminé (du papier, etc.). **3.** Netteté *f* (de style, d'articulation, *Mus:* d'exécution). **4.** Froid vif (de l'air).

crispy ['krispi], *a.* **1.** (*Of hair*) Crépu. **2.** (Biscuit) croquant. **3.** (Air) frisquet, (matinée) frisquette.

criss-cross[1] ['kriskrɔs]. **1.** *a.* (*a*) Entre-croisé, intriqué, treillissé. (*b*) (Humeur, personne) revêche, hargneuse. **2.** *adv.* *Everything went c.-c. from the start*, dès le commencement tout a marché de travers. **3.** *s.* Entre-croisement *m*. *C.-c. of wires*, enchevêtrement *m* de fils de fer. *Riddled with a c.-c. of footpaths*, couvert d'un réseau de sentiers. *F:* *C.-c. due to lack of co-operation between the ministries*, malentendus dus au manque de coopération entre les départements.

'criss-cross-'row, *s.* *A:* Croix *f* de par Dieu; alphabet *m*.

criss-cross[2]. **1.** *v.tr.* Entre-croiser (des fils, etc.). *Brow criss-crossed with wrinkles*, front craquelé de rides. **2.** *v.i.* S'entre-croiser.

cristate ['kristet], *a.* *Nat.Hist:* Crêté, cristé.

criterion, *pl.* **-ia** [krai'tiəriən, -iə]. **1.** *s.* Critérium *m*, critère *m*; *F:* pierre *f* de touche. *The criteria of truth*, les critériums de la vérité. **2.** *Pr.n.* **The Criterion**, théâtre *m* et restaurant *m* du *West End* de Londres.

critic ['kritik], *s.* (*a*) Critique *m* (littéraire, dramatique, etc.). **Severe critic**, critique acerbe; Aristarque *m*. *Ill-natured c.*, *carping c.*, criticailleur *m*; *F:* Zoïle *m*. *F:* **Armchair critic**, critique en chambre. *Pot-house c.*, critique d'estaminet. *Journ:* *C. of first-night performances, dramatic c.*, soiriste *m*. (*b*) Censeur *m* (de la conduite d'autrui, etc.); critiqueur *m*.

critical ['kritik(ə)l], *a.* Critique. **1.** Qui aime à censurer, à blâmer; exigeant. *To play before a c. audience*, jouer devant des auditeurs critiques, exigeants. *C. mind*, esprit *m* critique. **To look on sth. with a critical eye**, regarder qch. d'un œil (de) connaisseur, d'un œil scrutateur, d'un œil sévère. *He is c. on the point of honour*, il raffine sur le point d'honneur. **2. Critical treatise**, dissertation *f* critique. *C. study of Homer*, étude *f* critique d'Homère. *Textual and critical notes*, remarques littérales et critiques. **3. Critical situation**, situation critique, dangereuse, pleine de risque. *Med:* *In a c. state*, dans un état dangereux. *At a c. moment*, à un moment critique, décisif. **The critical age**, l'âge *m* critique. *C. year*, année climatérique. *She is going through a c. time*, elle subit, traverse, une crise en ce moment. **4.** *Mth:* *Ph:* *etc:* (Point *m*) de transition. *Ph:* **Critical temperature**, température critique; point *m* de transformation. *Opt:* **Critical angle**, angle *m* limite. **5.** *Opt:* **Critical definition**, netteté *f*. **-ally**, *adv.* **1.** *To look at sth. c.*, considérer qch. en critique; regarder qch. d'un œil (de) connaisseur, d'un œil scrutateur, d'un œil sévère. **2. Critically ill**, dangereusement malade. *C. circumstanced, situated*, dans une situation critique.

criticaster ['kritikastər], *s.* Un Zoïle.
criticism ['kritisizm], *s.* Critique *f.* (*a*) *No c. was passed on . . .*, on n'a fait aucune critique. *F:* aucune glose, sur. . . . *See also* OPEN[1] 3. (*b*) **Bible criticism,** critique biblique, exégèse *f* biblique. *Historical c., higher c.,* critique des sources. *Textual c., verbal c.,* critique des textes; critique verbale. (*c*) *Phil:* Criticisme *m.*
criticizable ['kritisaizəbl], *a.* Critiquable.
criticize ['kritisa:iz], *v.tr.* **1.** Critiquer, faire la critique de (qch.). **2.** Censurer, blâmer, *F:* commenter (sur); faire le procès à (qn). *To c. sth. severely,* se répandre en critiques sur qch. *To c. the defects of a work,* relever les fautes d'un ouvrage.
criticizer ['kritisaizər], *s.* Critiqueur, -euse; censeur *m.*
critique [kri'ti:k], *s.* **1.** Critique *f*; article *m* critique (sur une œuvre littéraire, etc.). (*Kant's*) **Critique of Pure Reason,** Critique de la raison pure. **2.** L'art *m* de la critique.
Crito ['kraito]. *Pr.n.m. Gr.Lit:* Criton.
critter ['kritər], *s. F:* = CREATURE 4.
croak[1] [krouk], *s.* Coassement *m* (de grenouille); croassement *m* (de corbeau).
croak[2], *v.i.* **1.** (*Of frog*) Coasser; (*of raven*) croasser. **2.** *F:* (*Of pers.*) (*a*) Grogner, ronchonner; croasser, groller. (*b*) Voir l'avenir en noir. **3.** *P:* (*a*) Mourir, claquer; avaler sa langue, sa cuiller. (*b*) *v.tr.* Assassiner, estourbir (qn).
croaking, *s.* **1.** Coassement *m*; croassement *m.* **2.** *F: The croakings of envy,* les croassements de l'envie.
croaker ['kroukər], *s.* **1.** Ronchonneur *m*; grogneur, -euse; grognon *mf*; pessimiste *mf.* **2.** Prophète *m* de malheur; prêche-malheur *mf inv*; (*in war*) défaitiste *mf.*
croaky ['krouki], *a.* (Voix) enrouée, rauque. **-ily,** *adv.* D'une voix enrouée, rauque.
Croat ['krouat], *a. & s. Geog: Ethn:* Croate (*mf*).
Croatia [kro'eiʃja]. *Pr.n. Geog:* La Croatie. **Croatia-Slavonia,** la Croatie-Slavonie.
Croatian [kro'eiʃjən]. **1.** *a. & s. Geog:* Croate (*mf*). **2.** *s.Ling:* Le croate.
croc [krɔk], *s. F:* Crocodile *m.*
croceate ['krousiet], *a.* Safrané; jaune safran *inv.*
crochet[1] ['krouʃei, -ʃi], *s.* **1.** (Travail *m* au) crochet *m. Art c.,* crochet d'art. **Crochet wool,** laine perlée. **2.** Ouvrage *m*, dentelle *f*, au crochet.
'crochet-hook, -pin, *s.* Crochet *m.*
crochet[2], *v.tr.* (*p.p. & p.t.* **crocheted** ['krouʃeid, -ʃid]) Faire (qch.) au crochet. *Abs.* Faire du crochet.
crocheting ['krouʃeiiŋ, -ʃiiŋ], *s.* Crochet *m*; travail *m* au crochet.
crocidolite [kro'sidolait], *s. Miner:* Crocidolite *f.*
crock[1] [krɔk], *s.* **1.** (*a*) Cruche *f.* (*b*) Pot *m* de terre. **2.** *Hort:* Tesson *m* (pour couvrir le trou d'un pot de fleurs).
crock[2], *s. P:* **1.** (*a*) Cheval claqué; vieille rosse; cagne *f.* (*b*) *Scot:* Vieille brebis finie. **2.** (*Of bicycle, motor car, etc.*) Vieux clou; (*of pers.*) bonhomme fini, claqué; patraque *f. I'm too much of an old c. to play football,* le football n'est plus de mon âge.
crock[3]. **1.** *v.i. P:* **To crock (up),** tomber malade. **2.** *v.tr.* Mettre (un athlète) hors de combat; claquer, abîmer (un cheval). *I crocked my leg on Saturday,* je me suis abîmé la jambe samedi. *To get badly crocked (up),* se faire abîmer.
crocked, *a.* Abîmé; (cheval) claqué; hors de combat.
crockery ['krɔkəri], *s.* Faïence *f*, poterie *f.*
crocket ['krɔket], *s. Arch:* Crochet *m* (de pignon gothique, etc.).
crocodile ['krɔkodail], *s.* **1.** (*a*) Crocodile *m.* **Crocodile tears,** larmes *f* de crocodile, de commande; pleurs *m* de commande. (*b*) *Hum:* (i) Jeunes filles d'un pensionnat marchant deux à deux, en rang(s) d'oignons. (ii) Procession *f*, défilé *m* (d'automobiles). **2.** *Attrib.* **Crocodile spanner,** clef *f* à mâchoires dentées; clef crocodile. *Metalw:* **Crocodile shears,** cisailleuse *f* à guillotine. *See also* SQUEEZER 2.
'crocodile-bird, *s. Orn:* Pluvian *m.*
crocodilian [krɔko'diliən], *a.* Crocodilien.
crocoite ['kroukoait], *s. Miner:* Plomb *m* rouge.
crocus, *pl.* **-uses** ['kroukəs, -əsiz], *s.* **1.** *Bot:* Crocus *m.* **Crocus sativus,** safran *m.* **Autumn crocus,** safran cultivé, safran officinal. **2.** *Ch:* Rouge *m* à polir.
Croesus ['kri:səs]. *Pr.n.m.* Crésus.
croft[1] [krɔft], *s.* **1.** Petit clos, closerie *f.* **2.** Petite ferme.
croft[2], *v.tr. Tex:* Herber (des toiles).
crofter ['krɔftər], *s.* (*a*) Petit fermier. (*b*) (*In N. of Scot.*) Fermier d'une terre divisée entre affermataires.
cromlech ['krɔmlek], *s. Archeol:* Dolmen *m.*
cromorne [kro'mɔ:rn], *s. Mus:* **1.** *A:* Cromorne *m*, tournebout *m.* **2.** (*Organ stop*) Cromorne.
crone [kroun], *s.* **1.** Vieille (femme); commère *f*; *P:* vieille taupe. **2.** Vieille brebis.
cronk [krɔŋk], *a. P:* (*In Australia*) **1.** *Turf:* (Cheval *m*) hors de forme. **2.** (*Of business, financier, transaction*) Véreux. *C. fortune,* fortune mal acquise. *Turf: C. race,* course déloyale.
crony ['krouni], *s.* Compère *m*, commère *f.* **An old crony,** un ami intime, un vieil ami; *F:* un vieux copain; *P:* un frère, un pote.
crook[1] [kruk], *s.* **1.** (*a*) Croc *m*, crochet *m. See also* HOOK[1] 1. (*b*) Houlette *f* (de berger); crosse *f* (d'évêque). (*c*) *Mus:* Ton *m* de rechange, corps *m* de rechange (d'un cor d'harmonie). **2.** (*a*) Angle *m* ou courbure *f*; (*of river, path, etc.*) détour *m*, coude *m.* (*b*) *F:* **To get sth. on the crook,** obtenir qch. par fraude, malhonnêtement. **3.** *A:* Action *f* de courber, de plier. *C. of the knee,* flexion *f* du genou; génuflexion *f.* **4.** *U.S: F:* (*Of pers.*) Escroc *m*; chevalier *m* d'industrie.
'crook-back, *s.* Bossu, -ue.
'crook-backed, *a* Bossu; qui a le dos voûté.

crook[2]. **1.** *v.tr.* Courber, recourber. *P:* **To crook the little finger, the elbow,** lever le coude. **2.** *v.i.* Se courber, se recourber.
crooked ['krukid], *a.* **1.** (*a*) Courbé (en crosse); crochu; tordu, recourbé; (*of wood*) courbant, tors; (*of path*) tortueux; (*of limb, tree*) contourné, déjeté. *C. nose,* nez crochu ou de travers. *C. legs,* jambes torses. *A c. little man,* un petit homme difforme. *To wear one's hat c.,* porter son chapeau de travers. (*b*) Tortueux; malhonnête, déshonnête. **Crooked reasoning,** raisonnement tortu. **Crooked counsels,** conseils pervers. *C. means,* moyens *m* obliques. *To resort to c. means in order to attain an end,* prendre des détours *m* pour arriver à un but. *B: A perverse and c. generation,* une génération perverse et revêche. **2.** [krukt] (Canne *f*, etc.) à béquille. **-ly** ['krukidli], *adv.* **1.** Tortueusement; d'une façon tortueuse, perverse. **2.** De travers.
crookedness ['krukidnəs], *s.* **1.** Sinuosité *f* (d'un sentier, etc.). **2.** (*a*) Perversité *f.* (*b*) Manque *m* de franchise, de droiture, de loyauté. **3.** Difformité *f* (de stature); déjettement *m* (de la colonne vertébrale).
Crookes [kru:ks]. *Pr.n. Ph:* **Crookes tube,** tube *m* de Crookes.
croon[1] [kru:n], *s.* (*a*) Chanson *f* à demi-voix; fredonnement *m.* (*b*) Plainte *f*, gémissement plaintif.
croon[2], *v.tr.* Chantonner; fredonner (une chanson); chanter à demi-voix.
crooner ['kru:nər], *s.* **1.** Fredonneur, -euse. **2.** *Ich:* (*Scot.*) Grondin gris.
crop[1] [krɔp], *s.* **1.** Jabot *m*; *F:* gave *f* (d'un oiseau). **2.** Manche *m* (d'un fouet). **Hunting-crop,** stick *m* de chasse. **3.** (*a*) Récolte *f*, moisson *f*, (*of apples, etc.*) cueillette *f.* **Under crop, in crop,** (terres *fpl*) en culture. **Out of crop,** en friche, en jachère. **Second crop,** regain *m.* **The crops,** la récolte. *Food crops,* récoltes vivrières. *Bread crops,* céréales *f* panifiables. *If there is a good c. of wheat this year,* si les blés donnent cette année. *F:* **A crop of lies,** un tas de mensonges. *A fine c. of hair,* une belle chevelure; *F:* une forêt de cheveux. *See also* CATCH-CROP, GROWING[1] 1, MANURE[1], SNATCH-CROP, STANDING[1] 1. (*b*) *For:* Peuplement *m.* **Crop density,** consistance *f* du peuplement. **4.** Coupe *f* (des cheveux). **To give s.o. a close crop,** tondre les cheveux de qn. **Eton crop,** cheveux *mpl* à la garçonne; cheveux garçon. **5.** Bout coupé, morceau coupé. *See also* LOP[1]. **6.** *Butchery:* Paleron *m. See also* NECK[1] 1. **7.** *Tan:* Crop(-hide), (i) peau entière; (ii) cuir fort, gros cuir.
'crop-eared, *a.* **1.** Courtaud, bretaudé, essorillé. **2.** *Hist:* (Têtes-rondes) aux cheveux coupés ras, aux oreilles apparentes.
crop-'end, *s.* Bout affranchi, chute *f* au bout (d'une barre de fer).
crop[2] (**cropped; cropping**) **1.** *v.tr.* (*a*) Tondre, tailler, couper (une haie, les cheveux, etc.); émarger (un livre); affranchir (une barre de fer); écourter, couper (les oreilles, la queue); bretauder (un cheval); essoriller (un chien). *Tex:* Tondre, raser (une étoffe). *Hair cropped close,* cheveux coupés ras. (*b*) (*Of cattle*) Brouter, paître (l'herbe). *The sheep were cropping the grass,* les brebis tondaient l'herbe. **2.** (*a*) *v.i.* (*Of land*) Donner une récolte. (*b*) *v.tr.* Cultiver (les pommes de terre, etc.). *To c. land with corn,* mettre une terre en blé; emblaver une terre.
crop out, *v.i.* **1.** *Geol:* (*Of seam, etc.*) Affleurer. **2.** *F:* (*Of taint, vice, etc.*) Réapparaître, pointer.
crop up, *v.i.* **1.** *Geol:* Affleurer. **2.** (*a*) *Once the hay is in, these plants c. up full of life,* la fenaison faite, ces plantes surgissent pleines de vie. (*b*) *F:* Se produire, se présenter, survenir, surgir. *A question has cropped up,* une question a surgi. *These questions c. up of themselves,* ces questions se posent d'elles-mêmes. *The question has cropped up again,* la question est revenue en discussion.
cropping, *s.* **1.** Tondage *m*; affranchissement *m* (d'une barre de fer). *Tex:* Affinage *m* (des draps). **Cropping flock,** (bourre *f*) tontisse *f.* **2.** Mise *f* en culture, emblavage *m* (d'une terre).
cropper[1] ['krɔpər], *s.* **1.** (*a*) (*Pers.*) Tondeur *m* (de drap). (*b*) *Metalw:* Cisailleuse *f.* **2.** (Pigeon *m*) boulant *m.* **3.** *Agr:* (*a*) (*Pers.*) Cultivateur *m. Esp. U.S:* (**Share-**)**cropper,** métayer *m.* (*b*) **Good, bad, cropper,** plante *f* qui donne de bonnes, de mauvaises, récoltes, qui donne bien, mal. **4.** *F:* **To come a cropper,** (i) faire une chute (de cheval, de bicyclette); faire la culbute; *P:* ramasser une pelle, une gamelle, une tape, une bûche, un bouchon; s'aplatir, s'allonger, se flanquer, par terre; prendre un billet de parterre; se casser le nez, le cou; (ii) (*of merchant*) faire faillite; *F:* faire la culbute; boire un bouillon; (iii) se heurter à un obstacle imprévu; *P:* tomber sur un bec de gaz. *To come a heavy c.,* faire une violente culbute. *He comes a c. at the least obstacle,* il se noierait dans une goutte d'eau. *I came a c. in history,* j'ai flanché, j'ai été collé, en histoire. *He came rather a nasty c. over some gambling debts,* il s'est attiré une histoire à propos de dettes de jeu.
cropper[2], *s. Typ:* (*Jobbing machine*) Minerve (imaginée par H. S. Cropper, 1866).
croquet[1] ['kroukei, -ki], *s.* **1.** (Jeu *m* de) croquet *m.* **2.** Coup roqué. **Tight croquet,** coup croqué.
croquet[2], *v.tr.* (**croqueted** ['kroukeid, -kid]) **To (tight-)croquet,** croquer (la boule). **To (loose-)croquet,** roquer (la boule).
croquette [kro'ket], *s. Cu:* Croquette *f.*
crore [krɔ:r], *s.* Crore *m* (de roupies) (dix millions).
crosier ['krouʒjər], *s. Ecc:* **1.** *A:* (*a*) Porte-croix *m inv.* (*b*) Porte-crosse *m inv.* **2.** Crosse *f* (d'évêque ou d'abbé).
cross[1] [krɔs], *s.* **1.** Croix *f.* (*a*) **The stations of the Cross,** le chemin de la Croix. **The descent from the Cross,** la descente de Croix. *F:* **To bear one's cross,** porter sa croix. *Each must bear his own c.,* à chacun sa croix. **No cross no crown,** nul bien sans peine. **The sign of the cross,** le signe de la croix. *To make the sign of the c.,* tracer, faire, le signe de la croix, un signe de croix; se signer. *See also* HOLY 1. (*b*) *Processional c.,* croix processionnelle. **Fiery cross,** croix de feu, croix sanglante. **Market cross,** croix de la place du marché. (*Of crusader*) **To take the cross,** prendre la croix; se croiser. (*c*) **St Andrew's cross,** croix de

Saint-André. **St Anthony's cross,** croix de Saint-Antoine; croix en tau. **Maltese cross,** croix de Malte. **Greek cross,** croix grecque. **The Red Cross,** la Croix rouge (de Genève). **The Victoria Cross, the V.C.,** la croix de Victoria (croix de bronze décernée pour acte d'héroïsme sur le champ de bataille). **The Cross of the Legion of Honour,** la croix de la Légion d'honneur. **The Military Cross,** la Croix de Guerre. *See also* MOLINE 2, SOUTHERN. (*d*) **To sign with a cross,** signer d'une croix. **2.** Contrariété *f*, ennui *m*. *He had known crosses and disappointments*, il avait connu les revers *m* et les déceptions *f*. *The slightest c. puts him out of humour*, la moindre contrariété le met de mauvaise humeur. **3.** *Husb:* (*a*) Croisement *m* (de races) (*between . . . and . . .*, entre . . . et . . .). (*b*) Métis, -isse; produit *m* de croisement. *F: To be a c. between sth. and sth.*, être un mélange de qch. et de qch. **4.** *Nau:* **Cross in the hawse,** demi-tour *m* dans les chaînes. **5.** Carrefour *m*. **6.** (*a*) (*Of stuff*) Biais *m*. **On the cross,** en biais. (*b*) *F:* **He has been on the cross all his life,** il a toujours vécu d'escroquerie. *He got it on the c.*, il l'a eu par escroquerie. **7.** *Box:* Arrangement *m* illicite (entre adversaires); *P:* combine *f*. *The fight was a c.*, leur match était du chiqué.

'cross-bearer, *s.* Porte-croix *m inv.*

'cross-shaped, *a.* En forme de croix.

'cross-staff (head), *s. Surv:* Équerre *f* d'arpenteur.

'cross-stitch, *s. Needlew:* Point croisé.

'cross-stone, *s. Miner:* Pierre *f* de croix; croisette *f*, harmotome *m*, macle *f*.

'cross-trees, *s.pl. Nau:* Barres (de hune) traversières; barres de travers. **Top cross-trees,** barres de perroquet. *See also* JACK[1] III. 7.

cross[2]. **I.** *v.tr.* (*a*) Croiser (deux bâtons, etc.). **To cross one's legs,** croiser les jambes. *See also* SWORD. (*b*) *Ecc:* **To cross oneself,** faire le signe de la croix; se signer. *F:* **To cross a fortune-teller's palm with silver,** donner une pièce d'argent à une diseuse de bonne aventure. (*c*) Barrer (un chèque); mettre les barres à (ses t). *See also* I[1]. *To c. one's correspondence*, écrire ses lettres en travers (des lignes déjà écrites). (*d*) Passer (la mer, un fleuve); traverser (la rue, la mer, une salle); franchir (le seuil, la frontière, une salle). *He crossed the street (again)*, il (re)passa de l'autre côté de la rue. *The bridge that crosses the river*, le pont qui traverse la rivière. *To c. a bridge*, passer (sur) un pont. *The river is easy to c.*, la rivière est de passage facile. *He had not crossed the door for two years*, il y avait deux ans qu'il n'avait passé la porte, qu'il n'avait franchi le pas de la porte. *Wood crossed by numerous paths*, bois sillonné de nombreux sentiers. *Nau:* **To cross the line,** passer l'équateur; *Nau:* couper la ligne. (*Of thought*) **To cross s.o.'s mind,** se présenter à l'esprit de qn; passer par, traverser, l'esprit de qn. *See also* RUBICON. (*e*) **To cross a horse, a saddle,** enfourcher un cheval; monter à cheval; monter en selle. *F: He'll never c. a saddle again*, on ne le reverra jamais en selle. (*f*) Croiser (qn dans la rue). *F:* **To cross s.o.'s path,** se trouver sur le chemin de qn; se mettre en travers de la volonté, des visées, de qn. (*g*) *Polo: etc:* **To cross an opponent,** couper un adversaire. *F:* **To cross s.o., s.o.'s plans,** contrarier, contrecarrer, qn, les desseins de qn; se jeter à la traverse de qn, des desseins de qn; susciter des difficultés à qn; aller à l'encontre des visées, des projets, de qn. *He crosses me in everything I do*, il se met à travers de tout ce que je fais. *He has been crossed in love*, il a été contrarié dans ses amours, dans son amour; son amour a été contrarié. (*h*) *Husb: Biol:* **To cross breeds,** croiser, métisser, des races; faire des croisements (de races). (*i*) *Mec.E:* **To cross a screw,** fausser une vis. **2.** *v.i.* (*a*) (*Of roads, letters, breeds, etc*) Se croiser; (*of lines*) se croiser, s'entrecroiser; (*of wires*) chevaucher. *Ships crossing*, navires *m* se coupant la route. (*b*) Passer (d'un lieu à un autre). **To cross (over)** *from Dover to Calais*, faire la traversée de Douvres à Calais.

cross off, out, *v.tr.* Biffer, barrer, rayer, raturer (un mot, une phrase). *To c. out words in a sentence*, faire des ratures à une phrase.

crossing off, out, *s.* Radiation *f*, biffage *m*, biffure *f* (d'un nom, etc.).

cross over, *v.i.* **To cross over** (*the street, etc.*), passer de l'autre côté (de la rue, etc.); traverser (la rue, etc.). *To c. over to England again*, repasser en Angleterre.

'cross-over, *s.* **I.** Croisement *m*. *C.-o. of the current*, renvoi *m* du courant vers l'autre rive (d'un cours d'eau) *Mec.E: etc:* **Cross-over bend,** coude *m* de croisement (d'un tube, d'une canalisation). *Rail:* **Cross-over (road),** voie *f* de croisement, de passage; voie diagonale; diagonal *m*; (voie de) jonction *f*; traversée *f*, bretelle *f*. **2.** *Cost:* Croisure *f* (d'un habit).

crossing, *s.* **I.** Barrement *m*, barrage *m* (d'un chèque). **2.** *Ecc:* Signe *m* de croix. **3.** (*a*) Traversée *f* (de la mer); passage *m* (d'un fleuve, des Alpes). *We had a fine c.*, nous avons eu, fait, une belle traversée. *This is my first Channel c.*, c'est la première fois que je traverse la Manche; c'est ma première traversée en Manche. (*b*) **(Street-)crossing,** passage (d'un trottoir à l'autre). *Pedestrian c.*, passage pour piétons. **Studded crossing,** passage clouté. **Overhead crossing,** passage supérieur. **Underground crossing,** passage souterrain. **4.** Croisement *m*, entrecroisement *m* (de lignes, de fils, etc.). **5.** (*a*) (*Of roads, railway lines*) Croisement de voies, intersection *f* de voies; (*of two railway lines*) traversée *f*. *See also* DIAMOND-CROSSING. (*b*) *Rail:* **Level crossing,** *U.S:* **grade crossing,** passage à niveau. **6.** **Crossing of s.o.,** opposition *f* à qn; contradiction *f* de qn. **7.** *Breed:* Croisement, mélange *m* (de deux espèces).

'crossing-place, *s.* Passage *m*.

'crossing-sweeper, *s.* Balayeur *m* des rues.

cross[3]. **I.** *a & comb.fm.* (*a*) Transversal, -aux; oblique; mis en travers. (*b*) (*Intersecting*) (Entre-)croisé. **Cross lines,** lignes *f* qui se croisent. *Tex:* **Cross fabric,** tissu *m* droit fil. (*c*) (*Opposed*) Contraire, opposé (*to*, à). *Nau:* **Cross sea,** mer contraire, hachée; mer battue, houle battue; mer de différentes directions. **2.** *a. F:* (*Of pers.*) Maussade, de mauvaise humeur, fâché. **To be as cross as two sticks, as a bear (with a sore head),** être d'une humeur massacrante, de méchante humeur, d'une humeur de chien; être comme un crin; *P:* être crin; n'être pas abordable. *He looks very c.*, il a l'air fâché. **Don't be cross with me,** il ne faut pas m'en vouloir. *He is c. with me for being late*, il est de mauvaise humeur parce que je suis en retard. *You never hear a c. word*, jamais on n'entend un mot vif. (*Cp.* CROSS-WORD.) **-ly,** *adv.* Avec (mauvaise) humeur; d'un air ou d'un ton maussade, fâché.

'cross-action, *s. Jur:* Action contraire, reconventionnelle; reconvention *f*, opposition *f*.

'cross-arm, *s.* Traverse *f* (d'un poteau télégraphique, etc.); verge *f* (d'une presse à balancier); croisillon *m*.

'cross-bar, *s.* (*a*) (Barre *f* de) traverse *f*, entretoise *f*; (*of window*) croisillon *m*; (*of door*) épar(t) *m*; (*of sword*) quillon *m*. *Lower c.-b.*, sommier *m* (d'une grille). (*b*) *Aut:* Barre d'accouplement, de connexion (des roues avant). *Artil:* Traverse (de la hausse). (*c*) *Fb:* Barre (de but).

'cross-beam, *s.* **I.** *Const:* Sommier *m*, traverse *f*. *Hip cross-beams* (*of roof*), herses *f* de (la) croupe. **2.** (*a*) *N.Arch:* Barrotin *m*. (*b*) *Civ.E:* Chapeau *m* (de pilotis, etc.). **3.** *Gym:* Portique *m*.

'cross-'bearings, *s.pl. Nau:* Relèvements croisés, simultanés. **To take cross-bearings,** faire le point par relèvements.

'cross-bedding, *s. Geol:* Stratification entrecroisée, oblique.

'cross-belt, *s. Mil: etc:* Bandoulière *f*.

'cross-bench, *s.* Banquette transversale. *Parl:* **To sit on the cross-benches,** être (un député) du Centre. *F:* **The Cross-benches,** les membres *m* du Centre. *C.-b. opinions*, opinions modérées.

'cross-bencher, *s. Parl:* Membre *m* du Centre.

'cross-bones, *s.pl.* Os *m* en croix; os de mort. *See also* SKULL.

'cross-bow, *s.* Arbalète *f*.

'cross-brace[1], *s.* Entretoise *f*; croisillon *m*.

cross-'brace[2], *v.tr.* Entretoiser; croisillonner.

'cross-'bred, *a.* Métis, -isse. **Cross-bred horse,** échappé *m*.

'cross-'breed[1], *s.* **I.** *Husb: etc:* Race croisée; produit *m* d'un croisement. **2.** *F:* Métis, -isse.

'cross-'breed[2], *v.tr.* (*p.t. & p.p.* **cross-bred**) Croiser, métisser (des races, etc.).

'cross-'breeding, *s.* Croisement *m* de races; hybridation *f*; métissage *m*.

'cross-'bun, *s.* **Hot cross-bun,** petit pain au lait légèrement épicé que l'on mange le vendredi saint. (Le dessus est marqué d'une croix.)

'cross-'bunker, *s. Nau:* Soute transversale.

'cross-'buttock[1], *s. Wr:* Ceinture *f* à rebours; ceinture arrière; tour *m* de hanche.

'cross-'buttock[2], *v.tr. Wr:* Tomber (son adversaire) par une ceinture à rebours.

'cross-'capers, *s.pl. Danc:* Entrechats *m*.

'cross-'carling, *s. N.Arch:* Barrotin *m*.

'cross-'check, *s. Surv: etc:* Recoupement *m*.

'cross-con'nect, *v.tr. El.E:* Raccorder transversalement.

'cross-con'nection, *s.* Raccordement transversal.

'cross-'counter, *s. Box:* Cross *m*.

'cross-'country, *attrib. a.* (Chemin *m*, promenade *f*, etc.) à travers champs; (vol *m*, etc.) à travers la campagne. *Sp:* **Cross-country running,** le cross. *C.-c. runner*, crossman *m*, *pl.* crossmen.

'cross-course, *s. Geol: Min:* (Filon) croiseur *m*.

'cross-cracks, *s.pl. Metall:* Travers *m*.

'cross-current, *s.* Renvoi *m* de courant.

'cross-cut[1], *s.* **I.** (*a*) Coupe *f* en travers. (*b*) Contre-taille *f*. **Cross-cut file,** lime *f* à taille croisée. *See also* CHISEL[1] 2, SAW[1]. **2.** Accourcie *f*, traverse *f*; chemin *m* de traverse. **3.** *Min:* Travers-banc *m inv.*

'cross-cut[2], *v.* (**cross-cut; cross-cutting**) **I.** *v.tr.* (*a*) Couper, scier, (le bois) en travers, de travers; traverser. (*b*) Couper (une étoffe) de biais, en biais. (*c*) Contre-tailler (une lime, etc.). **2.** *v.i. Min:* Percer en travers-banc.

'cross-'drift, -'drive, *s. Min:* Recoupe *f*.

'cross-dyke, -dike, *s. Hyd.E:* Duit *m* (dans un cours d'eau).

'cross entry, *s. Book-k:* Contre-passation *f*.

cross-exami'nation, *s. Jur:* Interrogatoire *m* contradictoire. *F:* **To be under cross-examination,** être sur la sellette.

cross-ex'amine, *v.tr. Jur:* Interroger (qn) contradictoirement; *F:* mettre, tenir, (qn) sur la sellette.

cross-ex'aminer, *s.* Interrogateur, -trice.

'cross-eye, *s. Med:* Strabisme *m*.

'cross-eyed, *a.* Louche, qui louche; strabique. *To be c.-e.*, loucher.

'cross-fault, *s. Geol:* Faille *f* oblique; (*dip fault*) faille de plongement.

'cross-feed, *s. Mec.E:* Avance transversale. **Cross-feed screw** (*of lathe*), vis *f* d'avance transversale.

cross-fertili'zation, *s. Bot:* Fécondation croisée; pollinisation croisée; hybridation *f*.

'cross-'fertilize, *v.tr. Bot:* Hybrider (deux espèces).

'cross-file, *s. Tls:* Lime double demi-ronde; feuille-de-sauge *f*, *pl.* feuilles-de-sauge.

'cross-'fingering, *s. Mus:* Fourchu *m*, doigté fourchu (sur instruments à vent).

'cross-fire, *s.* Feu croisé. **Exposed to cross-fire,** pris entre deux feux.

'cross-girder, *s.* Poutre transversale.

'cross-grain, *s. Carp: etc:* **I.** Fibre torse. **2.** Coupe transversale.

'cross-grained, *a.* **I.** (*Of wood*) Aux fibres irrégulières; à fibres torses; tortillard, tortillart. **2.** *F:* (*Of pers.*) (*a*) Revêche, rêche, grincheux; qui a l'esprit mal tourné, à rebours; (*of woman*) acariâtre. *He's a c.-g. fellow*, c'est un fagot d'épines. (*b*) Bourru, ronchonneur.

'cross-hairs, *s.pl. Opt:* Fils *m* en croix, fils d'araignée; réticule *m.*

'cross-hatch¹, *s. Engr:* Contre-taille *f.*

cross-hatch², *v.tr. Engr:* Contre-hacher, contre-tailler.

cross-hatching, *s.* **1.** Contre-hachure *f.* **2.** *Typ:* (*As a defect in half-tone work*) Moirage *m.*

'cross-'head, *s.* **1.** *Mch:* Pied *m* de bielle; crosse *f*, crossette *f*, tête *f* (de piston). *C.-h. guide*, guide *m* de la tête du piston. **2.** (Barre *f* de) traverse *f. Mch:* Joug *m.* **3.** *Journ:* (*In article*) Sous-titre *m.*

cross-'heading, *s.* **1.** *Min:* Recoupe *f* d'aérage; galerie transversale. **2.** *Journ:* = CROSS-HEAD 3.

'cross-jack, *s. Nau:* (*a*) Voile de fortune, voile barrée; *F:* fortune *f* (d'un sloop). (*b*) **Cross-jack (yard)**, vergue barrée.

'cross-'jetted, *a. Tail:* (Poche *f*) sans patte.

'cross-'keys, *s.pl. Her: etc:* Clefs *f* en sautoir.

'cross-'legged, *a.* Les jambes croisées. *To sit c.-l.*, être assis en tailleur, à la Turque.

'cross-'light, *s. Art:* Faux jour (par rapport à l'éclairage principal du tableau); rayon *m* oblique, de côté. *F: His memoirs throw interesting cross-lights upon the period*, ses mémoires nous intéressent par le jour nouveau dont ils éclairent certains traits de cette époque.

cross-'lighting, *s. Th: etc:* Éclairage *m* à feux croisés.

'cross-'line, *s.* **1.** Ligne transversale. **2.** *Engr:* Contre-taille *f.* **3.** *pl. Opt:* **Cross-lines**, fils croisés (de viseur, etc.).

'cross-'member, *s. Civ.E: Aut: etc:* Traverse *f*, entretoise *f* (de châssis, etc.).

'cross-patch, *s. F:* (*Usu. f.*) Grincheux, -euse; grognon *mf*; pelote *f* d'épingles; bâton épineux. *A little c.-p.*, une petite fille grognon, *occ.* grognonne.

'cross-piece, *s.* (Barre *f* de) traverse *f*; entretoise *f*; moise *f*; potence *f. W.Tel:* Gabie *f* (d'antenne).

'cross-'pin, *s.* **Cross-pin Cardan joint**, joint *m* de Cardan à croisillon.

'cross-'points, *s.pl. Rail:* Pointe *f* de croisement.

'cross-polli'nation, *s. Bot:* Pollinisation croisée.

'cross-'purposes, *s.pl.* **1.** Buts *m* contraires, desseins opposés; malentendu *m*, quiproquo *m.* **We are at cross-purposes**, (i) il y a malentendu; (ii) nous nous contrecarrons. *We were from first to last at c.-purposes*, nous ne fîmes que nous contrarier tout du long. **2.** *Games:* Propos interrompus.

cross-'question¹, *s.* **1.** *Jur:* Question (faite au témoin) par la partie adverse. **2.** *Games:* **Cross-questions and crooked answers**, propos interrompus. *F: He never gives you a straight reply, it's all cross-questions and crooked answers with him*, il ne répond jamais franchement; il ne fait que chicaner et barguigner.

cross-'question², *v.tr.* = CROSS-EXAMINE.

'cross-ratio, *s. Mth:* Rapport *m* anharmonique.

cross-'reference¹, *s.* Renvoi *m.*

cross-'reference², *v.tr.* **1.** Numéroter (des lettres). *To c.-r. a book*, établir les renvois d'un livre. **2.** *To c.-r. all allusions to subjects treated elsewhere*, mettre des renvois à toutes les allusions aux sujets traités ailleurs.

'cross-'ride, *s. For:* Layon *m.*

'cross-'ripple, *s. Nau:* Revolin *m* de lame.

'cross-riveting, *s. Metalw:* Rivetage *m* en quinconce.

'cross-road, *s.* **1.** Chemin *m* de traverse. **Main cross-road** (*between highways*), chemin de grande communication. **2. Cross-roads**, (i) carrefour *m*, croisement *m* de routes, croisée *f* de chemins; (ii) *U.S:* amorce *f* de bourg (à un carrefour). *At the cross-roads*, à la croisée des chemins. (*Occ. with sg. const.*) *When you come to a cross-roads . . .*, quand vous arriverez à un croisement de routes. . . . *F: We are now at the cross-roads*, c'est l'heure des décisions irrévocables. *Democracy is at the cross-roads*, la démocratie va décider de son sort.

'cross-rule, *v.tr.* Quadriller (du papier, une carte).

cross-ruling, *s.* Quadrillage *m.*

'cross-saddle, *s. Harn:* Selle *f* d'homme. *adv.* **To ride cross-saddle**, monter à califourchon.

'cross-'section¹, *s.* Coupe *f* en travers; coupe, section, transversale; coupe droite; profil transversal; profil en travers, vue *f* en coupe; carre *f* (d'une planche); *Geom.Draw:* section droite. *Rod of uniform c.-s.*, tige *f* à section constante.

'cross-'section², *v.tr.* **1.** Couper (qch.) en travers. **2.** Établir le profil en travers de (qch.).

'cross-'sectional, *a.* En coupe. *C.-s. drawing*, vue *f* en coupe.

'cross-'slide, *s. Mec.E:* Coulisseau *m*; chariot transversal (de tour, etc.).

'cross-'street, *s.* (*a*) Rue latérale. (*b*) Rue transversale, rue traversière, rue de traverse.

'cross-'summons, *s. Jur:* Contre-citation *f*, citation *f* au contraire.

'cross-'talk, *s.* **1.** Répliques *fpl.* **2.** *Tp:* Interférence *f* entre les circuits téléphoniques; mélange *m* des conversations.

'cross-'thread, *v.tr. To c.-t. a bolt*, fausser le filetage d'un boulon.

'cross-'threads, *s.pl. Opt:* Fils *m* en croix.

'cross-'tie, *s.* **1.** *Const: etc:* Ventrière *f*; tirant *m.* **2.** *Rail: U.S:* Traverse *f.*

'cross-'valley, *s. Geol:* Coupure transversale; cluse *f.*

'cross-'voting, *s. Pol:* Votes éparpillés.

'cross-'wall, *s. Const:* Mur *m* de refend.

'cross-way, *s.* = CROSS-ROAD.

cross-wind¹ ['krɔs'wind], *s.* Vent *m* contraire.

cross-wind² ['krɔs'waind], *v.tr.* Bobiner (la laine, etc.) à fils croisés.

'cross-'wires, *s.pl. Opt:* Fils *m* en croix, fils d'araignée; réticule *m.*

'cross-'word, *s.* **'Cross-word puzzle, 'cross-'words**, mots croisés, en croix, en damier.

crossbill ['krɔsbil], *s. Orn:* Bec-croisé *m*, *pl.* becs-croisés; bec-en-croix *m*, *pl.* becs-en-croix.

crossbowman, *pl.* **-men** ['krɔsbouman, -men], *s.m. A:* Arbalétrier.

crosse [krɔs], *s. Sp:* Crosse *f* (du jeu de la crosse).

crosslet ['krɔslet], *s. Her:* Petite croix; croisette *f.*

crossness ['krɔsnəs], *s.* Mauvaise humeur; maussaderie *f.*

crosswise ['krɔswaːiz], *adv.* En croix, en travers; en sautoir. *Bus with seats arranged c., adj.* **with crosswise seats**, omnibus *m* avec places disposées en travers.

crosswort ['krɔswəːrt], *s. Bot:* Croisette *f*, crucianelle *f*, rubéole *f.*

crotalum ['krɔtaləm], *s. Gr.Ant:* Crotale *m.*

crotalus ['krɔtaləs], *s. Rept:* Crotale *m*; serpent *m* à sonnettes.

crotch [krɔtʃ], *s.* **1.** Fourche *f*, enfourchure *f* (d'un arbre). **2.** *Tail:* Fourche, fourchet *m* (du pantalon). **3.** *Nau:* = CRUTCH¹ 2 (*c*).

crotched [krɔtʃt], *a. U.S:* Fourchu.

crotchet ['krɔtʃet], *s.* **1.** Crochet *m.* **2.** *Mus:* Noire *f. See also* REST¹ 2. **3.** *F:* (*a*) Lubie *f*, caprice *m*, toquade *f. To be full of crotchets, F:* avoir des lubies. (*b*) Idée *f* fixe; manie *f.* (*c*) *pl.* Préjugés *m.*

crotchetiness ['krɔtʃətinəs], *s.* Caractère capricieux; inégalité *f* d'humeur.

crotchety ['krɔtʃəti], *a.* Sujet à des lubies; capricieux, fantasque, maniaque; (esprit) biscornu; (humeur *f*) difficile.

croton ['kroutən], *s. Bot:* Croton *m. Pharm:* **Croton oil**, huile *f* de croton. **Croton seed**, pignon *m* d'Inde.

Crotona [kro'touna]. *Pr.n. A.Geog:* Crotone *f.*

Crotoniat [kro'touniət], *a. & s. A.Geog:* Crotoniate (*mf*).

crouch¹ [krautʃ], *s.* Accroupissement *m.*

crouch², *v.i.* Se blottir, se tapir, s'accroupir. *Tiger crouching for a spring*, tigre accroupi avant de sauter. **To crouch before springing**, se raccourcir, se ramasser, ramasser son corps, avant de sauter.

croup¹ [kruːp], *s.* Croupe *f* (de cheval, etc.); croupion *m* (d'un oiseau). *See also* DROOPING¹.

croup², *s. Med:* Croup *m*; angine striduleuse. **False croup**, faux croup, laryngite striduleuse.

croupier ['kruːpiər, kru'piːər], *s.* Croupier *m.*

croupous ['kruːpəs], **croupy** ['kruːpi], *a.* (*a*) (Enfant) croupeux. (*b*) (Toux) croupale.

crow¹ [krou], *s.* **1.** (*a*) *Orn:* Corneille *f*; *F:* graille *f.* **The crows** (*as a class*), les corbeaux *m.* **Carrion crow**, corneille noire; corbine *f.* **Hooded crow, Royston crow, grey(-back) crow**, corbeau gris, mantelé; corneille mantelée, cendrée; meunière *f.* **Red-legged crow**, crave *m. F:* **As the crow flies**, à vol d'oiseau; en ligne droite. *F:* **He's the white crow**, c'est le merle blanc. **To have a crow to pluck with s.o.**, avoir maille à partir avec qn. *See also* PICK³ 3. *U.S: P:* **To eat crow**, avaler des couleuvres. *See also* BLACK¹ I. 1, SADDLE-BACK 1. (*b*) *Dial:* (*In N. of Engl., Scot.*) = ROOK¹ 1 (*a*). (*c*) *P:* Ecclésiastique *m*; *P:* corbeau. **2.** = CROW-BAR.

'crow-bar, *s. Tls:* Pince *f* (à levier); levier *m*, anspect *m*, pied-de-biche *m*, *pl.* pieds-de-biche, bec-de-corbin *m*, *pl.* becs-de-corbin; loup *m.*

'crow-bill, *s. Surg:* Tire-balle *m inv.*

'crow-flight, *s.* Vol *m* d'oiseau.

'crow-foot, *s.* = CROW'S-FOOT.

'crow-footed, *a.* = CROW'S-FOOTED.

'crow-pick, *v.tr. Coal-Min:* Ramasser les pierres dans (la houille).

'crow-picker, *s. Coal-Min:* Ramasseur *m* de pierres.

'crow-quill, *s.* **1.** Plume *f* de corbeau (pour écrire). **2.** Plume tubulaire de dessinateur.

'crow's-foot, *pl.* **-feet,** *s.* **1.** Patte *f* d'oie (au coin de l'œil). **2.** *Mil: A:* Chausse-trape *f*, *pl.* chausse-trapes. **3.** *Tls: Min:* Caracole *f* (pour extraire les tiges de sonde). **4.** Araignée *f* (d'une tente, d'un hamac).

'crow's-'footed, *a.* (Yeux) éperonnés.

'crow-'silk, *s. Algae:* Conferve *f.*

'crow's-nest, *s.* **1.** *Nau:* Nid *m* de corbeau, de pie; hune *f* de vigie. **2.** *Bot:* Balai *m* de sorcière.

'crow-step, *s. Arch:* Redent *m*, redan *m* (d'un pignon).

'crow-stepped, *a.* A redents, à redans.

crow², *s. Cu:* Fraise *f*, toilette *f* (de porc).

crow³, *s.* **1.** Chant *m* du coq; *F:* coquerico *m*, cocorico *m. See also* COCK-CROW. **2.** = CROWING 2.

crow⁴, *v.i.* (*p.t.* **crowed** [kroud], *Lit.* **crew** [kruː]; *p.p.* **crowed**) **1.** (*Of cock*) Chanter; *F:* faire cocorico; coqueriquer. *F:* **To crow over s.o.**, chanter victoire sur qn; narguer qn; traiter qn avec jactance. **2.** (*Of infant*) Gazouiller; pousser de petits cris de joie.

crowing, *s.* **1.** (*a*) Chant *m* (du coq). (*b*) *Med:* **Child-crowing**, faux croup, laryngite striduleuse. **2.** Gazouillement *m* (de bébé).

crowberry ['kroubəri], *s. Bot:* Camarine noire; empêtre *m* à fruits noirs.

crowd¹ [kraud], *s.* **1.** (*a*) Foule *f*, affluence *f*, rassemblement *m*; *F:* cohue *f.* **To come in a crowd, in crowds**, venir en foule. *A great c. gathered*, il se forma un grand attroupement. *To force one's way through the c.*, fendre la presse. *It is not good but* **it might, would,** pass **in a crowd**, ce n'est pas bon mais cela passerait. *See also* DRAW² I. 2. (*b*) **To rise above the crowd**, s'élever au-dessus de la foule, du vulgaire. *He has risen above the c.*, il s'est mis hors pair. **2.** *F:* Grande quantité, tas *m* (de choses). *A c. of boats*, un fourmillement d'embarcations. *She has a whole c. of cousins*, elle a une foule de cousins. *Come along to help to make up a c.*, venez pour faire nombre. *The whole c. of us went*, nous y sommes allés toute la bande. *The whole c. of share-holders*, le ban et l'arrière-ban des actionnaires. **3.** *F:* (*a*) Bande *f*, troupe *f*, groupe *m* (de personnes). *She came in with all her c., F:* elle entra avec toute sa bande. *Pej: I don't belong to that c.*, je ne suis pas de ce monde-là. *They stick to their own little c.*, ils s'en tiennent à leur clique *f*; ils font bande à part. (*b*) *Th: Cin:* **The crowd**, les figurants *m*, les cachets *m*. **Crowd artist**, figurant, cachet. *Cin:* **Crowd scene**, scène *f* de masses. **4.** *Nau: The crowd of sail made her heel over dangerously*, la voilure trop chargée lui donnait une bande dangereuse. **Under a crowd of sail**, toutes voiles dehors.

crowd². **I.** *v.tr.* (*a*) Serrer, (en)tasser, *F:* empiler (des personnes, des choses). *Crowded together*, pressés, serrés, l'un contre l'autre. *We are too crowded here*, on est gêné ici. *Three families crowded into one small room*, trois familles entassées dans une seule petite pièce. *The boats are crowded together in a corner of the harbour*, les bateaux se tassent dans un coin du port. *The crowded events of that day*, les nombreux événements de cette journée. *To c. a great many facts into a few lines*, faire tenir beaucoup de faits en peu de lignes. (*b*) Remplir, bourrer, encombrer (*with*, de). *Room crowded with furniture*, pièce encombrée de meubles. *The hall was crowded with people*, la salle regorgeait de monde, était bondée. *The streets were crowded*, il y avait foule dans les rues; les rues étaient encombrées. *Crowded train*, train très chargé. **Crowded cities**, cités populeuses, à population dense, surpeuplées. *Everywhere was crowded*, la foule se pressait partout; partout il y avait un monde fou. *Th: etc:* **Crowded house, audience**, salle comble, bondée. **Crowded profession**, profession encombrée. *Streets crowded with traffic*, rues *f* à circulation intense. *Memory crowded with facts*, mémoire bourrée de faits. (*c*) *Sp:* **To crowd a competitor**, entraver la marche d'un concurrent. *To c. another car*, serrer une autre voiture. *U.S: His horse crowded him against the wall*, son cheval l'a froissé contre le mur. (*d*) *U.S: To c. matters*, presser les affaires. *To c. a debtor*, importuner, relancer, un débiteur. *To c. s.o. into doing sth.*, amener, forcer, qn à faire qch. (*e*) Forcer. *To c. one's hat down on one's head*, enfoncer son chapeau sur sa tête. *To be crowded off the pavement*, être forcé de quitter le trottoir. (*f*) *Nau:* **To crowd sail**, *see* CROWD ON. **2.** *v.i.* (*a*) **To crowd (together)**, se presser en foule; s'attrouper; se serrer, s'entasser, se tasser, se pelotonner; *F:* s'empiler (dans un compartiment, etc.). **To crowd round s.o.**, se presser, faire foule, autour de qn; entourer qn en foule; assiéger qn. *They crowded into the square*, ils arrivèrent en foule sur la place. *They crowded through the gates*, on s'étouffait pour passer les barrières. *People were crowding to board the bus*, on se pressait à la montée de l'autobus. *U.S:* (*Of pers.*) *To c. into a thronged place*, s'introduire de force dans un endroit bondé. **To crowd to a place**, affluer à, dans, un endroit. *Here memories c. on me, upon my mind*, ici des souvenirs *m* se pressent dans ma mémoire, des souvenirs m'assaillent en foule, une foule de souvenirs se présente(nt) à mon esprit. (*b*) *Nau:* Se hâter, se presser; (*of sailing ship*) courir à toutes voiles.

crowd down, *v.i.* Descendre en foule.

crowd in, *v.i.* Entrer en foule.

crowd off, *v.tr.* *Nau:* **To crowd a ship off**, prendre le large à toutes voiles.

crowd on, *v.tr.* *Nau:* **To crowd (on) sail**, faire force de voiles, de toile; augmenter de toile; forcer de toile; se couvrir de toile.

crowd out. **I.** *v.i.* Sortir en foule. **2.** *v.tr.* (*a*) Ne pas laisser de place à (qn, qch.). *There was an overflow meeting for those who were crowded out*, il y a eu une réunion supplémentaire pour ceux qui n'avaient pu entrer. *Your article was crowded out*, la publication de votre article a été retardée par suite de l'abondance de matières. *Journ:* **Matter crowded out**, matière restée sur le marbre. (*b*) *U.S:* Évincer (qn).

crowd up. **I.** *v.i.* Monter en foule. **2.** *v.tr.* *U.S:* Faire hausser, surélever (les prix).

crowdy ['kraudi], *a.* Surpeuplé.

crowfoot ['kroufut], *s.* **I.** *Bot:* Renoncule *f* (âcre). *Water c.*, renoncule flottante; grenouillette *f*. *Creeping c.*, renoncule rampante. *Glacier c.*, renoncule glaciaire. **Celery-leaved crowfoot**, scélérate *f*; mort *f* aux vaches. **2.** *Nau:* Araignée *f* (d'une tente, d'un hamac).

crown¹ [kraun], *s.* **I.** (*a*) Couronne *f* (de fleurs, d'or). *The martyr's c.*, la couronne du martyre. *See also* CROSS¹ I, NAVAL. (*b*) **Royal crown**, couronne royale. *To assume the c.*, prendre la couronne. **To come to the crown**, monter sur le trône. (*c*) La Couronne (symbole de l'État monarchique). **Crown lands, estates**, terres domaniales, terres relevantes de la Couronne; *A:* biens *m* de la Cassette. **Crown timber**, bois *mpl* de la Couronne, de l'État; bois domaniaux. **Crown law**, droit criminel. **Crown lawyer**, avocat *m* du Gouvernement. *See also* CASE¹ 3. *Jur:* **The Crown office**, les services administratifs de la Cour suprême. **Crown prince**, prince héritier, prince royal, prince impérial, (*of Germany, Prussia*) Kronprinz *m*. **Crown princess**, princesse royale, impériale. **2.** (*Coin*) (*a*) Couronne (de cinq shillings). **Half a crown**, une demi-couronne. (*b*) *A:* (*French*) Écu *m*. **3.** Sommet *m*, haut *m* (de la tête). *F:* **From crown to toe**, de la tête aux pieds. *See also* BREAK² I. I. **4. Crown of a hat**, (*outside*) calotte *f*, forme *f*, carre *f*, (*inside*) fond *m*, d'un chapeau. **5.** Couronne (de dent); sommet, clef *f* (de voûte); bombement *m*, heurt *m* (d'un pont, d'une chaussée); cime *f* (d'un arbre); crête *f* (de colline); faîte *m* (de toit); croisée *f*, diamant *m*, collet *m*, encolure *f* (d'ancre); table *f*, aire *f* (d'enclume); couronne, arche *f*, voûte *f* (de fourneau). *Mch: Fire-box c.*, plafond *m*, ciel *m*, de la boîte à feu. **Crown bar** *of the fire-box*, ferme *f* du ciel du foyer. *N.Arch: C of the deck*, tonture *f* du pont. *Aut: etc: To drive on the c. of the road*, conduire sur l'axe *m* de la chaussée. **6.** Couronnement *m* (de la vie, d'une carrière); comble *m* (des bonheurs, des malheurs). **7.** *Paperm:* **Crown paper**, papier *m* couronne. **8.** *Nau:* **(Wall and) crown knot**, tête *f* d'alouette.

'crown-'borer, *s.* *Min:* Perforatrice *f* à rotation.

'crown-'colony, *s.* Colonie *f* de la Couronne.

'crown-'cork, *s.* Capsule *f* (métallique) de bouteille (tenant lieu de bouchon). **Crown-cork opener**, décapsulateur *m*.

'crown-gate, *s.* *Hyd.E:* Porte *f* d'amont (d'une écluse de canal).

'crown-gear, *s.* *Mec.E:* = CROWN-WHEEL.

'crown(-glass), *s.* Crown-glass *m*, crown *m*, verre *m* à boudine.

'crown-green, *s.* *Bowls:* Terrain bombé (de jeu de boules).

'crown-im'perial, *s.* *Bot:* Couronne impériale.

'crown-'jewels, *s.pl.* Joyaux *m* de la Couronne.

'crown-lens, *s.* *Opt:* Lentille *f* en crown-glass (d'une lentille achromatique).

'crown-post, *s.* *Const:* Poinçon *m* (de faîte).

'crown-saw, *s.* *Tls: Min:* Trépan *m* (à couronne).

'crown-wheel, *s.* *Mec.E:* Roue dentée sur une surface latérale; roue de champ; couronne *f*; hérisson *m* de côté.

'crown-work, *s.* **I.** *Fort:* Couronnement *m*. **2.** *Dent:* (*a*) Travail *m* des couronnes. (*b*) Les couronnes *f*.

crown², *v.tr.* **I.** Couronner (qn, la tête de qn) (*with*, de). *Pred.* **To crown s.o. king**, couronner, sacrer, qn roi. *Crowned with roses*, couronné de roses. *F: Building crowned with statues*, édifice couronné de statues. *Column crowned by a cross*, colonne surmontée d'une croix. **2.** (*a*) Couronner, récompenser (les efforts de qn); combler, couronner (les désirs, le bonheur, de qn); *F:* mettre le sceau à (la réputation de qn). *To c. s.o.'s wishes*, exaucer les vœux de qn. (*b*) *F:* **To crown all**, pour comble de malheur, de bonheur; pour y mettre le comble. **That crowns all!** il ne manquait plus que cela! **3.** (*At draughts*) Damer (un pion). **4.** Couronner (une dent, etc.). **5.** (*a*) Bomber (une route). (*b*) *v.i.* (*Of road, etc.*) Avoir de la cambrure; bomber. **6.** *Nau:* Faire une tête d'alouette sur (un cordage).

crowning¹, *a.* Final, -als; suprême; qui met le comble. *That would be the c. mistake, offence, etc.*, il ne manquerait plus que cela! cela serait le comble! **As a crowning folly . . .**, pour comble de folie . . .; *F:* pour renfort de potage. . . . *As a c. happiness*, pour surcroît de bonheur.

crowning², *s.* **I.** Couronnement *m* (d'un prince, etc.). **2.** Bombement *m* (d'une poulie, d'une route, etc.). **Crowning-tool**, outil *m* à bomber.

-crowned [kraund], *a.* (*With adj. prefixed, e.g.*) High-, low-, **crowned hat**, chapeau haut, bas, de forme. *See also* HIGH-CROWNED. *Small-c. tree*, arbre *m* à cime peu développée.

croze¹ [kro:uz], *s.* **I.** *Coop:* Jable *m*, peigne *m* (de fût). **2.** *Tls:* Jabloir *m*.

croze², *v.tr.* *Coop:* Jabler (une douve).

'croze-iron, *s.* Peigne *m* à jabler.

crozer ['krouzər], *s.* *Tls:* Jabloir *m*.

crozier ['krouʒjər], *s.* = CROSIER.

crucial ['kru:ʃjəl, 'kru:ʃ(ə)l], *a.* **I.** (Point, etc.) décisif, critique, crucial, -aux. *The c. test*, l'épreuve décisive. **2.** (*a*) *Anat:* (Ligaments *m*) cruciformes. (*b*) *Surg:* (Incision) cruciale, en croix.

crucian ['kru:ʃən], *s.* *Ich:* Carrassin *m*.

cruciate ['kru:ʃiet], *a.* *Bot: Z:* En forme de croix; croisé, cruciforme.

crucible ['kru:sibl], *s.* **I.** *Ch: Ind:* Creuset *m*; pot *m*. *Metall: Case-hardening c.*, creuset de cémentation. *F: To be tested in the c. of adversity*, passer par le creuset de l'adversité. **2.** *Metall:* Ouvrage *m*, creuset (de haut fourneau); cassetin *m* (de four catalan, etc.).

'crucible-steel, *s.* Acier (fondu) au creuset.

crucifer ['kru:sifər], *s.* **I.** *Ecc:* Porte-croix *m inv.* **2.** *Bot:* Crucifère *f*.

cruciferous [kru'sifərəs], *a.* **I.** Portant une croix; orné d'une croix; (colonne *f*, etc.) crucifère. **2.** *Bot:* Crucifère.

crucifix ['kru:sifiks], *s.* Crucifix *m*, christ *m*. **Roadside crucifix**, calvaire *m*.

crucifixion [kru:si'fikʃ(ə)n], *s.* Crucifixion *f*, crucifiement *m*; mise *f* en croix. *Art:* **The Crucifixion**, le Crucifiement.

cruciform ['kru:sifɔ:rm], *a.* Cruciforme. *C. iron, girder*, fer *m*, poutre *f*, en croix.

crucify ['kru:sifai], *v.tr.* Crucifier (qn, la chair, etc.); mettre (qn) en croix; mortifier (la chair).

crude [kru:d], *a.* **I.** (*a*) (*Of metal, material, etc.*) (A l'état) brut. *C. petroleum*, pétrole non rectifié. *See also* OIL¹ 4, PARAFFIN¹ I. (*b*) (*Of fruit*) Vert, aigre; (*of colour*) cru, aigre. *C. colouring, c. lights, of a picture*, tons crus, *F:* lumières zinguées, d'un tableau. *C. expression*, expression crue, malsonnante. (*c*) (*Of method, idea, style, etc.*) Informe, grossier. *C. manners*, manières *f* frustes, rudes. *C. statement of the facts*, exposition brutale des faits; énumération des faits sans rien gazer. *She had made a c. attempt at a brioche*, elle s'était essayée, sans grand succès, à confectionner une brioche. (*d*) (*Of literary work*) Indigeste; qui manque de fini. *C. opinions*, opinions sommaires, à peine ébauchées. **2.** (*a*) *Physiol:* (Aliment) non assimilé, non digéré; (suc, etc.) non élaboré. (*b*) *Med:* (*Of disease*) Non encore développé. **3.** *Gram: C. form* (*of a word*), forme sans désinence, sans inflexions. **-ly**, *adv.* **I.** Crûment, grossièrement. **2.** D'une manière fruste.

crudeness ['kru:dnəs], *s.* **I.** Crudité *f* (de l'eau, d'expression, *Art:* de tons). **2.** Nature grossière, informe, fruste (de la pensée, du style).

crudity ['kru:diti], *s.* **I.** = CRUDENESS. **2.** *Med: A:* Crudité *f* (d'estomac). **3.** *Book full of crudities*, livre rempli (i) de crudités, de choses malsonnantes, (ii) de choses mal digérées, d'idées indigestes.

cruel ['kruəl], *a.* Cruel. (*a*) *A c. and ambitious policy*, une politique cruelle et ambitieuse. *C. disposition*, naturel brutal. (*b*) *A c. death, fate*, une mort cruelle, un destin cruel. *P: She carried on* **something**

cruel, elle nous a fait une scène terrible. *adv. P:* **It was cruel hard on him,** ç'a été bien dur pour lui. **-lly,** *adv.* Cruellement.

cruelty ['kruəlti], *s.* (*a*) Cruauté *f* (*to, towards,* envers). **Society for the prevention of cruelty to animals, to children,** société protectrice des animaux, de l'enfance. **A piece of cruelty, an act of cruelty,** une cruauté. (*b*) *Jur:* Sévices *mpl* (*to one's wife,* envers sa femme). **Extreme cruelty** (*within the home circle*), sévices graves.

cruet ['kruet], *s.* (*a*) Burette *f* (à huile). *Ecc:* *Altar c.,* burette. (*b*) **Cruet(-stand),** ménagère *f,* huilier *m.* *See also* VINEGAR-CRUET.

cruise¹ [kru:z], *s.* *Nau:* Croisière *f.* **To go for a cruise,** (i) faire une croisière; (ii) *F:* faire un voyage (en mer). *Pleasure c.,* excursion *f,* voyage d'agrément (en mer). **On a cruise, on the cruise,** en croisière. *Navy:* *Long c.,* campagne *f.* *Distant c.,* campagne lointaine.

cruise², *v.i.* **1.** *Nau:* Croiser; être en croisière. *To c. about,* battre la mer, faire des croisières; (*of yachts*) faire des promenades en mer. *Navy:* *To be cruising* (*in . . .*), tenir croisière (dans. . .). **2.** *F:* (*Of taxicab*) Marauder; faire la maraude.

cruising¹, *a.* **1.** En croisière. **Cruising fleet,** croisière *f.* **2.** *F:* (*Of taxicab*) En maraude.

cruising², *s.* **1.** Croisière(s) *f(pl).* *See also* SPEED¹ 1. **2.** *F:* (*Of taxicab*) Maraude *f.*

cruiser ['kru:zər], *s.* *Nau:* **1.** Croiseur *m.* **Armed merchant cruiser,** croiseur auxiliaire. *See also* ARMOURED, BATTLE-CRUISER, BELTED, LAND-CRUISER, PROTECTED. **2.** Yacht *m* de plaisance, de croisière.

'cruiser-weight, *s.* *Box:* Poids mi-lourd.

cruive [kru:v], *s.* *Fish:* (*Scot.*) Nasse *f* à saumon.

cruller ['krʌlər], *s.* *Cu:* *U.S:* Roussette *f.*

crumb¹ [krʌm], *s.* **1.** (*a*) Miette *f* (de pain). *He didn't leave a c.,* il n'en a pas laissé une miette. *F:* **Crumb of comfort,** fiche *f,* brin *m,* de consolation; petit dédommagement. *The King delegates to him a c. of his authority,* le roi lui délègue une parcelle de son autorité. *To live on the remaining crumbs of a fortune,* vivre des miettes d'une fortune. (*b*) *Cu:* **Bread crumbs,** chapelure *f.* *Fried in bread crumbs,* pané. **2.** (*Opposed to crust*) Mie *f* (de pain). **3.** *pl.* *P:* **Crumbs,** vermine *f* (du corps); *P:* mie *f* de pain mécanique.

'crumb-cloth, *s.* Couvre-tapis *m inv* (de plancher).

'crumb-scoop, *s.* Ramasse-miettes *m inv.*

crumb², *v.tr.* **1.** *A:* Émietter. **2.** *Cu:* Paner (des côtelettes, etc.); couvrir de chapelure.

crumble [krʌmbl]. **1.** *v.tr.* Émietter (du pain); désagréger, effriter (les pierres). *To c. glass,* gruger le verre. **To crumble sth. up,** réduire qch. en miettes. *To c. up an estate,* morceler un domaine. **2.** *v.i.* (*Of bread*) S'émietter; (*of stone, etc.*) se déliter, se désagréger, s'épaufrer, s'effriter, brésiller; (*of masonry*) s'écrouler; (*of earth*) s'ébouler; (*of empire*) se désagréger, crouler. *Wood that crumbles into dust,* bois *m* qui s'effrite en poudre. *Everything is crumbling to dust,* tout tombe, s'en va, en poussière. *The empire crumbled into a number of small kingdoms,* l'empire *m* se morcela, s'émietta, en une multitude de petits royaumes. *His influence was crumbling away,* son influence *f* s'en allait.

crumbling¹, *a.* Qui s'écroule, qui s'éboule, qui s'effrite. **Crumbling walls,** murs croulants, qui tombent en ruine. **Crumbling empire,** empire *m* qui croule.

crumbling², *s.* **1.** Émiettement, effritement *m,* désagrégation *f.* **2.** Éboulement *m;* écroulement *m.*

crumbly ['krʌmbli], *a.* Friable, ébouleux.

crumby ['krʌmi], *a.* (Pain *m*) qui s'émiette trop, qui a beaucoup de mie.

crummy ['krʌmi], *a.* *F:* **1.** (*a*) (Femme) bien en chair, *P:* gironde. (*b*) (Femme) avenante. **2.** Riche; *F:* galetteux.

crump¹ [krʌmp], *s.* *F:* **1.** Coup violent. **2.** Chute *f;* *P:* pelle *f.* **3.** Obus *m* qui éclate. **Crump hole,** entonnoir *m.*

crump², *v.tr.* *F:* (*a*) Frapper violemment, cogner dur. (*b*) *Mil:* Bombarder, *P:* marmiter (une position).

crumpet ['krʌmpet], *s.* **1.** (*a*) Sorte de crêpe peu sucrée (pour le thé). (*b*) *F:* *You stupid little c.!* petite sotte! **2.** *P:* Tête *f,* caboche *f.* **Off one's crumpet,** maboul, loufoque. *See also* BALMY 3.

crumple [krʌmpl]. **1.** *v.tr.* Friper, froisser (du drap, etc.). **To crumple (up) paper,** (i) chiffonner, froisser, du papier, (ii) faire une boule avec du papier. *Aut:* *Crumpled (up) mudguard,* aile *f* en accordéon. *The car was simply crumpled up,* la voiture a été broyée. **2.** *v.i.* **To crumple (up).** (*a*) Se friper, se froisser, se chiffonner, se bouchonner, s'écraser; (*of leaves, parchment*) se recroqueviller, se ratatiner. (*b*) (*Of opposition, etc.*) S'effondrer. *Sp:* (*Of pers., horse*) S'effondrer, lâcher. (*c*) (*Of mudguard, car*) Se mettre en accordéon; (*of railway coaches*) se télescoper.

crumpled, *a.* Fripé, froissé, chiffonné, recroquevillé. **Cow with crumpled horns,** vache *f* à cornes recourbées.

crumpling, *s.* **1.** Froissement *m,* chiffonnage *m;* ratatinement *m.* *Ph:* **Crumplings in the Einsteinian space,** rides *f* de l'espace einsteinien. **2.** Écrasement *m.*

crunch¹ [krʌnʃ], *s.* **1.** Coup *m* de dents. *He disposed of each sweet at one c.,* il broyait chaque bonbon d'un seul coup de dents. **2.** Bruit *m* de broiement; craquement *m,* grincement *m.* *The c. of the gravel under the wheels,* le crissement du sable sous les roues.

crunch². **1.** (*a*) *v.tr.* Croquer, broyer (qch. avec les dents); broyer (des pierres, etc.); écraser (la neige durcie). (*b*) *v.i., or with cogn. acc.* *We crunched (our way) through the snow to the station,* nous avons gagné la gare à travers la neige qui s'écrasait sous nos pas. **2.** *v.i.* Crier, craquer, grincer, crisser. *The hard snow crunches under foot,* la neige durcie craque, s'écrase, crisse, sous les pieds.

crunching, *s.* = CRUNCH¹ 2.

crunchy ['krʌnʃi], *a.* **1.** Croquant. **2.** Qui craque (sous les pas).

cruor ['kru:ɔ:r], *s.* *Physiol:* *Med:* Sang figé.

crupper ['krʌpər], *s.* **1.** *Harn:* Croupière *f,* culière *f.* **2.** (*a*) Croupe *f* (de cheval). **To take s.o. up on the crupper,** prendre qn en croupe. (*b*) *F:* Fesses *fpl,* derrière *m,* cul *m.*

'crupper-loop, *s.* *Harn:* Culeron *m.*

crural ['kruərəl], *a.* *Anat:* Crural, -aux.

crusade¹ [kru'seid], *s.* **1.** Croisade *f.* **To go on a crusade,** partir en croisade. **2.** *F:* Campagne *f* (contre le vice, etc.). *To start a c. against ignorance,* lancer une croisade, partir en campagne, contre l'ignorance.

crusade², *v.i.* **1.** Aller ou être en croisade. **2.** *F:* Mener une campagne, une croisade (*against,* contre).

crusader [kru'seidər], *s.* Croisé *m.*

cruse [kru:z], *s.* *A.* & *B:* Pot *m,* cruche *f,* jarre *f.* *B:* *Neither did the c. of oil fail,* l'huile *f* de la fiole ne tarit point. *F:* **It's like the widow's cruse,** c'est une source intarissable.

crush¹ [krʌʃ], *s.* **1.** (*a*) Écrasement *m.* (*b*) *Min:* Écrasée *f.* **2.** (*a*) Presse *f,* foule *f,* cohue *f;* bousculade *f.* *F:* *An awful c.,* un monde fou. *There was a dreadful c. at the gates,* on s'écrasait aux portes. (*b*) *F:* Réunion mondaine (où l'on s'étouffe, où l'on s'écrase). *I'm invited to Lady X's c.,* j'ai reçu une invitation pour la soirée de Lady X. **3.** *U.S:* *P:* **To have a crush on s.o.,** avoir un béguin pour qn; être entiché de qn; en pincer pour qn.

'crush-'hat, *s.* (*a*) (Chapeau) claque *m;* gibus *m;* chapeau mécanique. (*b*) *U.S:* Chapeau mou, souple.

'crush-room, *s.* *Th:* Foyer *m* (du public).

crush². **1.** *v.tr.* (*a*) Écraser (qn, qch.); aplatir (un chapeau); pressurer (des fruits); détriter (des olives, etc.). (*Of boa-constrictor*) Enserrer (sa victime). *To c. one's leg in falling,* se froisser la jambe en tombant. *To c. people together,* tasser les gens. *To c. sth. into a box,* enfoncer, fourrer, qch. dans une boîte. *We were nearly crushed to death,* la presse était à mourir. *A:* **To crush a cup of wine,** vider, avaler, une coupe de vin. (*b*) *F:* *To c. the enemy,* écraser, anéantir, l'ennemi. *To be crushed by the news,* être atterré par la nouvelle. **Crushed with grief,** accablé de douleur; terrassé par le chagrin. (*c*) Froisser (une robe). *Crushed spot (on velvet),* écrasure *f.* (*d*) *Min:* *etc:* Broyer, concasser, bocarder, briser, désintégrer (du minerai, des pierres). *See also* ORB. **2.** *v.i.* Se presser en foule, se bousculer (pour entrer dans un endroit); s'entasser (dans un endroit). *People crushed in,* on s'étouffait pour entrer. *With cogn. acc.* **To crush one's way through the crowd,** fendre la foule; se frayer un chemin à travers la foule. *F:* **Please crush up a little,** voudriez-vous vous serrer un peu, vous tasser un peu (pour faire de la place)?

crush out, *v.tr.* **1.** Exprimer (le jus de raisins, etc.). **2.** *To c. out a revolt,* étouffer, réprimer, écraser, une révolte. **3.** = CROWD OUT 2.

crushing¹, *a.* **1.** (*Of roller, etc.*) Concasseur. **2.** (*Of news, defeat, etc.*) Écrasant; (*of news*) terrassant, atterrant. *Mr X made a c. reply,* M. X a fait une réponse qui a aplati ses adversaires. *To treat s.o. with c. contempt,* *F:* souffleter qn de son mépris. *C. news, c. blow,* *F:* coup *m* de massue; *P:* casse-bras *m inv.* **-ly,** *adv.* (Répondre, parler) d'un ton écrasant.

crushing², *s.* **1.** Forte pression; aplatissage *m,* écrasement *m;* détritage *m* (des olives). **2.** Broyage *m* (du minerai, de la pierre); bocardage *m,* concassage *m* (du minerai).

'crushing-mill, *s.* **1.** Détritoir *m* (d'olives). **Grain crushing-mill,** aplatisseur *m.* **2.** **Ore crushing-mill,** bocard *m,* broyeur *m.*

crusher ['krʌʃər], *s.* **1.** *Min:* *etc:* Broyeur *m,* écraseur *m;* bocardeur *m,* concasseur *m.* *Gypsum c.,* concasseur à plâtre. *Ore-c.,* pileur *m* de minerai, moulin *m* à minerai; désintégrateur *m.* *Oil-c.,* moulin à huile. *Mec:* **Crusher gauge,** dynamomètre *m* à écrasement. *See also* BEETLE-CRUSHERS, CLOD-CRUSHER, STONE-CRUSHER. **2.** *F:* Malheur accablant; *F:* coup *m* de massue; coup d'assommoir. **What a crusher!** quelle tuile!

Crusoe ['kru:sou]. *Pr.n.m.* *Lit:* **Robinson Crusoe,** Robinson Crusoé.

crusoeing ['krusoiŋ], *s.* *F:* **To go crusoeing,** s'en aller vivre seul comme Robinson Crusoé.

crust¹ [krʌst], *s.* **1.** (*a*) Croûte *f* (de pain, de pâté). *Not a c. to eat,* pas une croûte à manger. *To beg for crusts,* mendier son pain. (*b*) **Piece of crust,** croûton *m.* *See also* KISSING-CRUST. **2.** Écorce *f,* croûte (terrestre); carapace *f* (de homard, etc.); paroi *f* (de sabot de cheval); croûte, couche *f* (de rouille). *F:* *A c. of selfishness and ignorance,* une croûte, une carapace, d'égoïsme et d'ignorance. **The upper crust,** la fine fleur de la société; *P:* la haute, le gratin. **3.** Dépôt *m* (de vin en bouteille). **4.** Croûte (d'une plaie); escarre *f.* *Do not touch the burn till the c. comes off,* ne touchez pas à la brûlure avant que la croûte tombe. *See also* MILK-CRUST. **5.** *P:* **He's got a crust!** il en a une couche! il a du toupet!

crust². **1.** *v.tr.* Encroûter; couvrir d'une croûte (de rouille, de sel, etc.). **2.** *v.i.* Se couvrir d'une croûte. (*a*) S'incruster (de rouille, etc.). (*b*) (*Of wound, etc.*) Faire croûte.

crusted, *a.* **1.** **Crusted over,** couvert d'une croûte. *F:* **Crusted ignorance,** croûte d'ignorance. *C. prejudices,* préjugés invétérés. *C. conservatives,* conservateurs encroûtés, de la vieille roche, aux opinions surannées. **2.** (Vin *m*) qui a du dépôt. *Old c. port,* vieux porto de derrière les fagots, qui a des années de bouteille. *F:* **Fine old crusted joke,** plaisanterie *f* qui a de la bouteille.

crusta ['krʌsta], *s.* **1.** *Med:* Croûte *f;* escarre *f.* **2.** *Crust:* Carapace *f.*

crustacea [krʌs'teiʃja], *s.pl.* *Z:* Crustacés *m.*

crustacean [krʌs'teiʃjən]. **1.** *a.* Crustacéen. **2.** *s.* Crustacé *m.*

crustaceous [krʌs'teiʃəs], *a.* **1.** *Bot:* *Z:* Crustacé; à carapace. **2.** = CRUSTACEAN 1.

crustation [krʌs'teiʃ(ə)n], *s.* Incrustation *f.*

crustiness ['krʌstinəs], *s.* **1.** (*a*) Dureté *f* de croûte (du pain). (*b*) Texture croustillante, appétissante (d'un pâté, etc.). **2.** Humeur bourrue.

crusty ['krʌsti], *a.* **1.** *Cu:* (*a*) (Pain *m*) qui a une forte croûte.

(*b*) (Pâté, biscuit) croustillant, qui croque sous la dent. (*c*) = CRUSTED 2. **2.** *F:* (*Of pers.*) (*a*) Bourru. **A crusty old chap,** un vieux bourru. (*b*) Hargneux, irritable. *He's a c. fellow,* c'est un ours, un fagot d'épines. **-ily,** *adv.* (*a*) D'un ton bourru. (*b*) Avec humeur.

crutch[1] [krʌtʃ], *s.* **1.** Béquille *f.* **To go about, walk, on crutches,** marcher avec des béquilles. *See also* HANDLE[1], HANDLED[2] 2. **2.** (*a*) *Ind: Const: etc:* Support *m*, soutien *m*; béquille; étançon *m.* (*b*) *Equit:* Corne *f* d'arçon, fourche *f* (d'une selle de femme). (*c*) *Nau:* Support, chandelier *m* (à fourche); chantier *m* (d'une embarcation à bord). *See also* BOOM-CRUTCH. (*d*) *Row:* Tolet *m* à fourche. (*e*) *Cy:* Support arrière (de motocyclette). **3.** *Tail:* Fourche, fourchet *m* (du pantalon); entre-jambes *m inv.*

'crutch-bridge, *s. Civ.E:* Pont *m* à béquilles.

'crutch-key, *s.* Béquille *f* (d'un robinet).

crutch[2], *v.tr.* Étayer, soutenir, étançonner.

crutched [krʌtʃt], *a.* **1.** *With a c. handle,* (canne *f*) à bec de corbin, à béquille; (bêche *f*) à poignée à croisillon. **2.** *Ecc:* **Crutched friar,** frère *m* de la Sainte-Croix.

crux [krʌks], *s.* Nœud *m* (d'une difficulté, *Lit:* d'une pièce de théâtre, etc.); point capital, crucial (d'une discussion, etc.). **The crux of the matter,** le nœud de la question.

cry[1] [krai], *s.* **1.** Cri *m* (d'une personne, d'un animal). **Within cry,** à portée de voix. **To give, set up, raise, utter, a cry,** pousser un cri. **It is a long, a far, cry from here to . . .,** il y a loin d'ici à. . . . *Hunting cries,* cris de chasse. **The (street-)cries of London,** les cris de Londres. *Battle-cry,* (i) cri de bataille; (ii) cri de ralliement. *War-cry,* cri de guerre. (*Of hounds*) **To be in full cry,** donner de la voix. *The pack is in full cry,* toute la meute aboie. *F: The thief fled with the street in full cry after him,* le voleur détala, avec toute la rue à ses trousses. *F:* **To follow the cry,** suivre la meute, le mouvement. *See also* HUE AND CRY. **Much cry and little wool,** beaucoup de façons pour rien; la montagne qui accouche; grand bruit et petite besogne; il fait, vous faites, plus de remous que de sillage. *To start a cry for economy in public affairs,* donner le branle à un mouvement en faveur d'une politique d'économie. *There was a cry for peace,* l'opinion *f* réclamait la paix. **2.** Cri (de douleur); plainte *f.* **3.** Action *f* de pleurer; pleurs *mpl.* **To have a good cry,** donner libre cours à ses larmes. **To have one's cry out,** pleurer tout son content. *When she had had her cry out . . .,* quand elle eut bien pleuré. . . .

cry[2], *v.* (**cried** [kraid]; **cried**) **1.** *v.tr. & i.* (*a*) Crier; pousser un cri, des cris. *To cry aloud,* pousser de grands cris. *To cry (un)to God,* crier vers Dieu; implorer Dieu; invoquer Dieu. **To cry for help,** crier au secours. **To cry (for) mercy,** demander grâce, crier grâce. *Evil that cries for a remedy,* mal *m* qui réclame un remède. **To cry shares,** réclamer sa part. *See also* HOUSE-TOP, MURDER[1], POVERTY, QUARTER[1] 4, QUITS, SHAME[1] 1, WOLF[1] 1. (*b*) **To cry fish,** *etc.* (**for sale**), crier son poisson, etc. (dans la rue). *F:* **To cry stinking fish,** dénigrer, déprécier, décrier, sa propre marchandise; dire du mal de ses propres affaires ou de ses parents; décrier les siens. (*c*) **To have sth. cried,** faire crier un objet perdu; publier qch. à son de caisse. *To cry a lost ring,* tambouriner une bague perdue. (*d*) *Ven:* (*Of hounds*) Donner de la voix; aboyer. **2.** S'écrier. "*That is false!*" *he cried,* "c'est faux!" s'écria-t-il **3.** (*a*) *v.i.* Pleurer; verser des larmes. *To cry over sth.,* pleurer, verser des pleurs, sur qch. **To cry for joy,** pleurer de joie. *To cry for sth.,* demander qch. en pleurant. (*b*) *v.tr.* **To cry one's eyes out,** pleurer toutes les larmes de ses yeux; se perdre les yeux, se brûler les yeux, à force de pleurer; pleurer à chaudes larmes; pleurer comme une Madeleine. **To cry oneself to sleep,** s'endormir en pleurant, à force de pleurer; s'endormir dans les larmes. *See also* FILL[1] 1, LAUGH[2] 1, MILK[1] 1, MOON[1] 1.

cry down, *v.tr.* Décrier, déprécier (qn, qch.).

cry off, *v.* **1.** *v.i.* Se dédire, se récuser; se faire excuser; *F:* retirer son enjeu, quitter la partie; renoncer à un projet. **2.** *v.tr.* **To cry off a deal or a bargain,** annuler une affaire.

cry out. **1.** *v.tr. To cry out a name,* crier un nom. **2.** *v.i.* (*a*) Pousser des cris; s'écrier. *To cry out again,* pousser de nouveaux cris. *He cries out before he is hurt,* il crie avant qu'on l'écorche. (*b*) *To cry out for sth.,* demander qch. à grands cris. (*c*) *To cry out against s.o., sth.,* se récrier, crier, contre qn, qch. *To cry out on s.o.,* dénoncer qn (à grands cris).

cry up, *v.tr.* Prôner, vanter (qn, qch.).

crying[1], *a.* **1.** Criant. **Crying injustice,** injustice criante. *C. evil,* abus scandaleux, qui réclame l'attention. *To supply the c. wants of the people,* subvenir aux besoins les plus urgents du peuple. *It is a c. shame that . . .,* il est scandaleux que + *sub.* **2.** Pleurant, qui pleure.

crying[2], *s.* **1.** **Public crying of an event,** *etc.*, annonce publique d'un événement; ban *m* d'un événement; tambourinage *m* (d'un objet perdu). **2.** Cri(s) *m(pl)*; clameur *f.* **3.** Pleurs *mpl*, larmes *fpl.* **Fit of crying,** crise *f* de larmes.

'cry-baby, *s.* Pleurard, -arde; pleurnicheur, -euse; enfant douillet. *P:* Chialeur, -euse.

cryogen ['kraiodʒen], *s. Ph:* Cryogène *m*; réfrigérant *m.*

cryogenic [kraio'dʒenik], *a. C. laboratory,* laboratoire *m* pour l'étude des cryogènes, du froid artificiel.

cryolite ['kraiolait], *s. Miner:* Cryolit(h)e *f.*

cryometer [krai'ɔmetər], *s. Ph:* Cryomètre *m.*

cryophorous [krai'ɔfɔrəs], *a. Ph:* Cryophore.

cryoscopy [krai'ɔskopi], *s. Ph:* Cryoscopie *f.*

crypt [kript], *s.* **1.** *Ecc.Arch: etc:* Crypte *f.* **2.** *Anat:* Crypte folliculaire *m.*

crypt(o)- ['kripto, krip'tɔ], *comb.fm.* Crypt(o)-. *Cryp'tonymous,* cryptonyme. *Cryp'torchidism,* cryptorchidie *f. Cryp'tography,* cryptographie *f. 'Crypto-Calvinist,* crypto-calviniste. *F: Crypto-insolence,* insolence voilée.

cryptaesthesia [kriptes'θi:zia], *s. Psy:* Cryptesthésie *f.*

cryptal ['kriptəl], *a. Anat:* Cryptique; en forme de crypte.

cryptanalysis [kripta'nalisis], *s.* Lecture *f* des messages dont on ne connaît pas le chiffre; décryptement *m.*

cryptic ['kriptik], *a.* Secret, caché, occulte. *Author who makes a point of remaining c.,* auteur *m* qui s'attache à être hermétique. *To maintain a c. silence,* se renfermer dans un silence énigmatique. **-ally,** *adv.* (Parler) à mots couverts, comme l'Apocalypse.

cryptobranchiate [kripto'brankiet], *s. Z:* Cryptobranche *m.*

cryptogam ['kriptogam], *s. Bot:* Cryptogame *f.*

cryptogamic [kripto'gamik], **cryptogamous** [krip'tɔgaməs], *a. Bot:* Cryptogamique.

cryptogamy [krip'tɔgami], *s. Bot:* Cryptogamie *f.*

cryptogenetic ['kriptodʒe'netik], *a. Med:* (Maladie *f*) cryptogénétique.

cryptogram ['kriptogram], *s.* Cryptogramme *m.*

cryptographic [kripto'grafik], *a.* Cryptographique.

cryptography [krip'tɔgrəfi], *s.* Cryptographie *f.*

cryptomnesia [kriptɔm'ni:zia], *s.* Cryptomnésie *f.*

crypton ['kriptɔn], *s. Ch:* Crypton *m.*

crystal ['krist(ə)l], *s.* **1.** *Ch: Miner:* Cristal *m*, -aux. *Right-left-handed c.,* cristal droit, gauche. (*Optically*) *positive c.,* cristal attractif. (*Optically*) *negative c.,* crystal répulsif. **Twin(ned) crystal,** macle *f.* *F:* **Crystal clear,** clair comme le jour. *See also* BIAXIAL, ROCK-CRYSTAL. **2.** (*a*) **Crystal(-glass),** cristal. **Crystal (-glass) making, factory,** cristallerie *f.* (*b*) *a.* Clair, limpide, cristallin. *The c. waters of the fountain,* les eaux cristallines, limpides, de la source. **3.** (*a*) *U.S:* Verre *m* de montre. (*b*) *pl.* Pendeloques *f* (d'un lustre). **4.** *Psychics:* Boule *f* de cristal (pour auto-hallucination). **5.** *W.Tel: A:* Galène *f*, cristal. **Crystal set,** poste *m* à galène.

'crystal-elec'tricity, *s.* Piézo-électricité *f.*

'crystal-gazer, *s.* Voyant, -ante, qui pratique la divination par le cristal.

'crystal-gazing, *s.* Divination *f* par la boule de cristal; vision *f* dans le cristal.

crystalliferous [krista'lifərəs], *a.* Cristallifère.

crystalline ['kristalain], *a.* Cristallin. *A.Astr:* **The crystalline circles** *or* **spheres,** les cristallins *m. See also* LENS 2.

crystallite ['kristalait], *s. Miner:* Cristallite *f.*

crystallizable [krista'laizəbl], *a.* Cristallisable.

crystallization [kristalai'zeiʃ(ə)n], *s.* Cristallisation *f. See also* TWIN[1] 3.

crystallize ['kristala:iz]. **1.** *v.tr.* (*a*) Cristalliser. (*b*) *To c. sugar,* faire candir du sucre. **Crystallized fruits,** fruits candis, fruits au candi. **2.** *v.i.* (*a*) (Se) cristalliser. *F: His views on politics began to c.,* ses opinions *f* politiques commencèrent à se fixer. (*b*) (*Of sugar*) Se candir.

crystallize out, *v.i.* Se dissocier en cristaux; (*of salt*) se séparer à l'état cristallin.

crystallogenesis [kristalo'dʒenesis], *s.* Cristallogénie *f.*

crystallographic(al) [kristalo'grafik(əl)], *a.* Cristallographique.

crystallography [krista'lɔgrəfi], *s.* Cristallographie *f.*

crystalloid ['kristalɔid], *a. & s.* Cristalloïde (*m*).

crystallometry [krista'lɔmetri], *s.* Cristallométrie *f.*

csardas ['tʃa:rdaʃ], *s. Danc:* Csardas *f*; czardas *f.*

ctenoid ['ti:nɔid], *a. Z:* Cténoïde, pectiné.

ctenophora [te'nɔfora], *s.pl. Coel:* Cténophores *mpl.*

cub[1] [kʌb], *s.* **1.** Petit *m* (d'un animal); (*of fox*) renardeau *m*; (*of bear*) ourson *m*; (*of lion*) lionceau *m*; (*of wolf*) louveteau *m.* **2.** *F:* (*a*) Apprenti; blanc-bec *m*, *pl.* blancs-becs. (*b*) Jeune homme mal appris. **Unlicked cub,** ours mal léché. **3.** *Scouting:* Louveteau. **Cub mistress,** chef(e)taine *f.*

'cub-hunting, *s. Ven:* Chasse *f* au renardeau.

cub[2], *v.tr.* (**cubbed; cubbing**) Mettre bas (des petits). *Abs.* Faire des petits; (*of wolf*) louveter.

cubbing, *s.* **1.** Mise-bas *f.* **2.** Chasse *f* au renardeau.

cubage ['kjubedʒ], **cubature** ['kjubatjər], *s.* Cubage *m.*

Cuban ['kju:bən], *a. & s. Geog:* Cubain, -aine.

cubbish ['kʌbiʃ], *a. F:* Mal léché; gauche.

cubby-hole ['kʌbihoul], *s.* **1.** Retraite *f*, cachette *f*, abri *m.* **2.** (*a*) Placard *m.* (*b*) *Aut:* Niche *f* à côté de la planche de bord.

cube[1] [kju:b], *s.* **1.** *Mth: Geom:* Cube *m.* **Cube root,** racine *f* cubique. *Expressed by the c. root,* sous-triplé. **2.** Morceau *m* cubique (de sucre); tablette *f* (de soupe); dé *m* (de pain, etc.).

cube[2], *v.tr.* **1.** *Mth:* Cuber; élever (un nombre) au cube. **2.** (*Measure*) Cuber (du bois, etc.). **3.** Couvrir (une rue, etc.) de pavés cubiques; paver (une rue).

cubeb ['kjubeb], *s. Bot:* Cubèbe *m*; *F:* poivre *m* à queue. *Pharm:* Cubèbe.

cubic ['kjubik], *a.* **1.** (*Cube-shaped*) Cubique. *See also* SALTPETRE. **2.** *Meas:* **Cubic foot,** pied *m* cube. *C. measurement,* cubage *m. C. contents,* cubage; contenance *f* cubique; volume *m. C. capacity,* volume; *Mch:* cylindrée *f.* **Cubic measures,** mesures *f* de volume. **3.** *Mth:* **Cubic equation,** équation *f* du troisième degré. *C. curve, s.* **cubic,** courbe *f* cubique; cubique *f.*

cubical ['kjubik(ə)l], *a.* Cubique, en (forme de) cube.

cubicle ['kjubikl], *s.* **1.** Compartiment cloisonné, alcôve *f*, box *m* (d'un dortoir). *Cubicles,* alcôves de dortoir. **2.** Cabine *f* (d'une piscine, etc.). (*Tailor's*) *trying-on c.,* cabine d'essayage. *El.E: Switch-gear c.,* guérite *f* de la distribution.

cubiform ['kjubifɔ:rm], *a.* Cubique; en (forme de) cube.

cubism ['kjubizm], *s. Art:* Cubisme *m.*

cubist ['kjubist], *s. Art:* Cubiste *m.*

cubit ['kjubit], *s. A.Meas:* Coudée *f.*

cubital ['kjubit(ə)l], *a.* Cubital, -aux. **1.** *Anat:* De l'avant-bras. **2.** *A:* Long d'une coudée.

cubito-radial ['kjubito'reidiəl], *a. & s. Anat:* Cubito-radial (*m*); *pl.* cubito-radiaux.

cubitus ['kjubitəs], *s. Anat:* Cubitus *m.*

cubo-cubo-cube ['kjubo'kjubo'kju:b], *s. A.Arith:* Neuvième puissance *f*; *A:* cubocube *m.*

cuboid ['kjubɔid], *a.* & *s.* **1.** *Geom:* Cuboïde (*m*). **2.** *Anat:* *The c. bone*, **the cuboid**, l'os *m* cuboïde, le cuboïde (du pied).

cucking-stool ['kʌkiŋstu:l], *s.* *A:* Sellette *f* de correction, chaise percée (pour la punition des mégères et des marchands malhonnêtes).

cuckold[1] ['kʌkəld], *s.* Cocu *m*; *P:* cornard *m.*

cuckold[2], *v.tr.* Cocufier; tromper (un mari).

cuckoo[1] ['kuku:], *s.* **1.** (*a*) *Orn:* Coucou *m.* (*b*) *int.* Coucou! **2.** *F:* Niais *m*, benêt *m.* *U.S:* *P:* **To go cuckoo**, devenir loufoque, maboul; perdre la boule.

'cuckoo('s)-bread, *s.* *Bot:* Pain *m* de coucou.

'cuckoo-clock, *s.* (Pendule *f* à) coucou *m.*

'cuckoo-flower, *s.* *Bot:* Cardamine *f* des prés; cresson élégant, cresson des prés.

'cuckoo-pint, *s.* *Bot:* **1.** Arum maculé; pied-de-veau *m*; gouet *m.* **2.** Lychnide *f* des prés, fleur *f* de coucou.

'cuckoo-spit, *s.* *Ent:* Crachat *m* de coucou, de grenouille; écume printanière.

cuckoo[2], *v.i.* Coucouer, coucouler.

cucullate(d) ['kju:kʌleit(id)], *a.* *Nat.Hist:* Cucullifère, capuchonné, encapuchonné.

cuculliform [kju'kʌlifɔ:rm], *a.* Cuculliforme.

cucumber ['kju:kʌmbər], *s.* **1.** (*a*) *Hort:* Concombre *m.* *See also* COOL[1] 1. (*b*) *Bot:* **Squirting cucumber**, giclet *m.* *See also* BITTER-CUCUMBER. **2.** *Echin:* *See* SEA CUCUMBER.

'cucumber-tree, *s.* *Bot:* Carambolier *m* cylindrique.

cucurbit [kju'kə:rbit], *s.* **1.** *A:* Cucurbite *f* (d'un alambic). **2.** *Bot:* Courge *f.*

cucurbitaceae [kjukə:rbi'teisii:], *s.pl.* *Bot:* Cucurbitacées *f.*

cucurbitaceous [kjukə:rbi'teiʃəs], *a.* *Bot:* Cucurbitacé.

cud [kʌd], *s.* Bol *m* alimentaire (d'un ruminant). **To chew the cud**, (i) ruminer; (ii) *F:* (*of pers.*) ruminer une idée; méditer. *To chew the c. of bitter reflection*, ruminer d'amères pensées.

cudbear ['kʌdbeər], *s.* *Bot:* *Dy:* Orseille *f* de terre.

cuddle[1] [kʌdl], *s.* *F:* Étreinte *f*, embrassade *f*; *P:* papouilles *fpl.*

cuddle[2]. *F:* **1.** *v.tr.* Serrer (qn) doucement dans ses bras; s'appuyer amoureusement contre (qn); *F:* peloter (qn). **2.** *v.i.* (*a*) Se peloter (l'un l'autre). (*b*) **To cuddle up to s.o.**, se blottir, se pelotonner, contre qn. (*c*) Se mettre en chien de fusil (dans son lit). (*To child*) **Cuddle down** *and go to sleep*, enfonce-toi bien sous la couverture et fais dodo.

cuddling, *s.* Pelotage *m.*

cuddlesome ['kʌdlsəm], **cuddly** ['kʌdli], *a.* *F:* (Enfant, etc.) qui invite aux caresses; (femme) gironde; (poupée *f*, etc.) qu'on peut serrer dans ses bras.

cuddy[1] ['kʌdi], *s.* **1.** *Nau:* Tille *f*; cabine *f* arrière; (*of barge*) rouf(le) *m.* **2.** (*a*) Armoire *f*, placard *m.* (*b*) Cabinet *m*, buffet *m.*

cuddy[2], *s.* *Scot:* *F:* **1.** Bourricot *m.* **2.** Sot *m*, bêta *m*, nigaud *m.*

cudgel[1] ['kʌdʒəl], *s.* Bâton *m*, gourdin *m*, trique *f.* *F:* **To take up the cudgels for s.o., on s.o.'s behalf**, prendre fait et cause pour qn; prendre querelle pour qn; prendre la défense de qn; prendre, épouser, le parti de qn; livrer bataille pour qn; se mettre en campagne pour qn.

'cudgel-play, *s.* Jeu *m* du bâton; le bâton.

cudgel[2], *v.tr.* (**cudgelled**) Bâtonner; donner des coups de bâton à (qn). *To c. s.o. to death*, assommer qn à coups de gourdin, de trique; faire périr qn sous le bâton. *See also* BRAIN[1] 2.

cudgelling, *s.* (Volée *f* de) coups *mpl* de bâton.

cudweed ['kʌdwi:d], *s.* *Bot:* *F:* (i) Filage *m*, cotonnière *f*; (ii) gnaphale *m*; (iii) pied-de-chat *m.*

cue[1] [kju:], *s.* **1.** (*a*) *Th:* Fin *f* de tirade; **réplique** *f.* **To take (up) one's cue**, donner la réplique. **To give s.o. his cue**, donner la réplique à qn. (*b*) Avis *m*, mot *m*, indication *f.* **To give s.o. the cue**, (i) donner le mot à qn; (ii) faire la leçon à qn. *To give s.o. a cue*, mettre qn sur la voie. **To take one's cue from s.o.**, régler sa conduite sur celle de qn; prendre exemple sur qn. *Humanity always takes its cue from French thought*, l'humanité attend toujours le mot d'ordre de la pensée française. (*c*) *Mus:* Indication *f* de rentrée (d'un instrument). **2.** *A:* Rôle *m*; interprétation *f* de rôle. *My cue is haughty arrogance*, dans mon rôle je dois montrer une arrogance hautaine. **3.** *A:* Humeur *f*, veine *f.* *I am not in the cue for reading*, je n'ai aucune envie de lire.

cue[2], *s.* **1.** *A:* Queue *f* (de cheveux, de perruque). **2.** Queue (de billard).

'cue-rack, *s.* *Bill:* Porte-queues *m inv.*

'cue-tip, *s.* *Bill:* Procédé *m.*

cueist ['kju:ist], *s.* Joueur *m* de billard.

cuff[1] [kʌf], *s.* **1.** Poignet *m* (de chemise); (*starched*) manchette *f.* *Dressm:* Mancheron *m*, manchette, poignet. **Double-cuff, turn-back cuff, gauntlet cuff**, manchette mousquetaire, à revers. **Cuff protector**, poignet de manche; garde-manche *m, pl.* garde-manches. *See also* LINK[1] 1. **2.** (*Of coat sleeve*) Parement *m.* *Double c.*, parement mousquetaire. **3.** *U.S:* **Cuffs of trousers**, bords relevés; bas américains. **4.** *See* HANDCUFFS, THUMB-CUFFS.

cuff[2], *s.* Taloche *f*, calotte *f*; *P:* baffe *f.*

cuff[3], *v.tr.* Talocher, calotter (qn); flanquer une taloche, une calotte, des taloches, à (qn).

cuffing, *s.* Volée *f* de taloches, de calottes; échange *m* de taloches. *He gave him such a c. that . . .*, il lui frotta si bien les oreilles que. . . .

-cuffed [kʌft], *a.* (*With adj. prefixed, e.g.*) **Double-cuffed**, à manchettes doubles.

Cufic ['kjufik], *a.* & *s.* *Pal:* (Alphabet *m*) koufique.

cui bono ['kwi'bouno], *interr.Lt.phr.* **1.** *Jur:* Qui en a profité? à qui cela profitera-t-il? **2.** *F:* A quoi bon? dans quel but?

cuirass [kwi'ras], *s.* **1.** Cuirasse *f* (de cuir, d'acier). **2.** *Ich:* *N.Arch:* *etc:* Cuirasse.

cuirassier [kwira'si:ər], *s.* *Mil:* Cuirassier *m.*

cuisse [kwis], **cuish** [kwiʃ], *s.* *Archeol:* Cuissard *m.*

cul-de-sac ['kydsak, 'kyldəsak], *s.* (*pl.* **culs-de-sac**) Cul-de-sac *m*, *pl.* culs-de-sac; impasse *f.*

-c(u)le [kjul, kl], *s.suff.* (*diminutive*) -cule *m.* *Animalcule*, animalcule. *Corpuscule, corpuscle*, corpuscule. *Versicle*, versicule. *Fascicle, fascicule*, fascicule. *F:* *Poeticule*, poétaillon *m.*

culet ['kjulet], *s.* *Lap:* = COLLET[3].

culicicide [kju'lisisaid], *s.* Insecticide *m* (contre les culicidés).

culicidae [kju'lisidi:], *s.pl.* *Ent:* Culicidés *m.*

culicifuge [kju'lisifju:dʒ], *s.* *Pharm:* Préparation *f* anti-moustiques.

culinary ['kju:linəri], *a.* De cuisine; culinaire; (*of vegetables*) potager.

cull[1] [kʌl], *s.* **1.** *Husb:* Bête *f* à éliminer du troupeau. **2.** *pl.* *U.S:* **Culls**, déchet *m*, rebut *m* (de bois en grume, etc.).

cull[2], *v.tr.* *Lit:* **1.** Choisir, recueillir (*from*, dans). **2.** Cueillir (des fleurs, des fruits).

cull[3], *s.* *F:* *A:* = CULLY.

cullender ['kʌləndər], *s.* = COLANDER.

cullet ['kʌlet], *s.* *Glassm:* Calcin *m*, grésil *m*, groisil *m*; rognures *fpl* de verre.

cully ['kʌli], *s.* *F:* *A:* Nigaud *m*, benêt *m*, jobard *m.*

culm[1] [kʌlm], *s.* **1.** (*a*) Poussier *m* d'anthracite. (*b*) *Dial:* Anthracite *m.* **2.** *Geol:* Gisements *m* anthracifères (du North Devon).

culm[2], *s.* *Bot:* Chaume *m*, stipe *m*, tige *f* (des graminées).

culmiferous [kʌl'mifərəs], *a.* *Bot:* (Plante *f*) culmifère.

culminant ['kʌlminənt], *a.* **1.** *Astr:* (Astre) culminant, au méridien. **2.** *F:* (Point) culminant, (point) le plus haut.

culminate ['kʌlmineit], *v.i.* **1.** *Astr:* (*Of star, etc.*) Culminer; passer au méridien. **2.** *F:* Atteindre son plus haut point, son apogée. **To culminate in sth.**, se terminer en qch.; finir par qch. **Culminating point**, (i) point culminant, sommet *m*; (ii) *Med:* (*of illness or fit*) paroxysme *m.* *The culminating point of the drama*, le moment culminant du drame.

culmination [kʌlmi'neiʃ(ə)n], *s.* **1.** *Astr:* Culmination *f*; passage *m* au méridien. **2.** *F:* Point culminant; sommet *m*; apogée *m* (de la gloire, etc.).

culpability [kʌlpə'biliti], *s.*, **culpableness** ['kʌlpəblnəs], *s.* Culpabilité *f.*

culpable ['kʌlpəbl], *a.* **1.** (Faiblesse *f*, négligence *f*, etc.) coupable. *See also* HOMICIDE[2]. **2.** *A:* (Personne *f*) coupable. *Still so used in* **To hold s.o. culpable**, tenir qn pour coupable. **3.** *Jur:* **Culpable of punishment, of death**, digne de punition, de mort. **-ably**, *adv.* Coupablement; d'une manière coupable.

culprit ['kʌlprit], *s.* **1.** *Jur:* Accusé, -ée; prévenu, -ue. **2.** Coupable *mf.*

cult [kʌlt], *s.* (*a*) *Ecc:* Culte *m* (*of*, de). (*b*) *F:* *The Wordsworth c.*, le culte de Wordsworth. *F:* **To make a cult of sth.**, avoir un culte pour qch.

cultivable ['kʌltivəbl], *a.* Cultivable.

cultivate ['kʌltiveit], *v.tr.* **1.** (*a*) Cultiver, exploiter (la terre, un champ); mettre (des terres) en valeur. *Badly cultivated fields*, champs mal exploités. (*b*) Cultiver (des légumes, etc.). (*c*) *Agr:* Travailler (le sol) avec un cultivateur, un extirpateur, ou autre engin. **2.** *To c. a bacillus*, faire une culture (sur bouillon) d'un bacille. **3.** (*a*) *To c. one's friends, s.o.'s friendship, s.o.'s acquaintance*, cultiver ses amis, l'amitié de qn, la connaissance de qn. *This is a connection that should be cultivated*, c'est une relation à cultiver. *To c. the Muses*, se vouer au culte des Muses; cultiver les Muses. (*b*) *To c. an art*, cultiver un art. **To cultivate an easy manner**, arrondir ses manières. *To c. bluntness*, afficher une franchise bourrue.

cultivated, *a.* (Voix *f*, etc.) qui dénote, accuse, une bonne éducation; (esprit) cultivé. *His c. mind*, la culture de son esprit.

cultivation [kʌlti'veiʃ(ə)n], *s.* Culture *f.* **Field in, under, cultivation**, champ cultivé, en culture. *Fields under c.*, cultures *fpl.* **To bring land into cultivation**, défricher du terrain; mettre des terres en valeur.

cultivator ['kʌltiveitər], *s.* **1.** *Agr:* Cultivateur *m*, extirpateur *m*, binot *m.* **Motor cultivator**, auto-cultivateur *m.* **Power-driven cultivator**, motoculteur *m.* **2.** (*Occ. of pers.*) *A c. of the arts, of the Muses*, un ami des arts, des Muses.

cultrate ['kʌltret], *a.* *Nat.Hist:* Cultellaire, cultriforme.

cultriform ['kʌltrifɔ:rm], *a.* *Nat.Hist:* Cultriforme.

cultrirostral [kʌltri'rɔstrəl], *a.* *Orn:* Cultrirostre.

cultual ['kʌltjuəl], *a.* Cultuel.

cultural ['kʌltjurəl], *a.* **1.** (*Pertaining to agriculture*) Cultural, -aux. **2.** (*Pertaining to intellectual culture*) Culturel.

culture ['kʌltjər], *s.* **1.** Culture *f* (des champs, des abeilles, d'un bacille, de l'esprit). **2.** *Bac:* (*Product of culture*) Culture. **Culture tube**, tube *m* à culture. *See also* MEDIUM I. 2, SUB-CULTURE. **3.** *The c. of his mind*, la culture de son esprit; son esprit cultivé. *He lacks c.*, il n'a aucune culture.

cultured ['kʌltjərd], *a.* Cultivé, lettré. *His c. mind*, son esprit cultivé; la culture de son esprit. **Highly cultured man**, homme *m* de forte culture. **The cultured**, les gens cultivés.

culturist ['kʌltjurist], *s.* **1.** (*a*) Cultivateur *m.* (*b*) Éleveur *m*; pisciculteur *m.* **2.** Partisan *m* de l'instruction générale.

culver ['kʌlvər], *s.* *Orn:* (Pigeon *m*) ramier *m.*

culverin ['kʌlvərin], *s.* *A.Artil:* Coulevrine *f.*

culvert ['kʌlvərt], *s.* **1.** *Civ.E:* (*a*) Ponceau *m*; pont dormant, aqueduc *m.* (*b*) Canal *m*, -aux. **Open culvert**, canal (à ciel) ouvert; rigole *f*, cassis *m.* **Closed culvert**, canal (à ciel) couvert. **2.** *El.E:* Conduit souterrain.

Cumae ['kju:mi:]. *Pr.n.* *A.Geog:* Cumes *f.*

Cumaean [kju'mi:ən], *a.* *A.Geog:* Cuméen, -éenne.

cumber[1] ['kʌmbər], *s.* Embarras *m*, encombrement *m*, obstacle *m.*

cumber[2], *v.tr.* Embarrasser, encombrer, gêner (*with*, de). *To c. s.o. with parcels, F:* charger qn de paquets. *B:* *Why cumbereth it the ground?* pourquoi occupe-t-il inutilement la terre?

cumbersome ['kʌmbərsəm], *a.* Embarrassant, encombrant, gênant, incommode; peu facile à remuer; lourd.

cumbersomeness ['kʌmbərsəmnəs], *s.* Incommodité *f* (d'un objet lourd ou encombrant); lourdeur *f* (d'un carrosse, etc.).
Cumbrian ['kʌmbriən], *a.* & *s.* *Geog:* Cumbrien, -ienne; du Cumberland.
cumbrous ['kʌmbrəs], *a.* = CUMBERSOME. **-ly,** *adv.* D'une manière encombrante; lourdement.
cumbrousness ['kʌmbrəsnəs], *s.* = CUMBERSOMENESS.
cumene ['kju:mi:n], *s.* *Ch:* Cumène *m.*
cumin ['kʌmin], *s.* *Bot:* Cumin *m.* *Wild c.,* cumin bâtard.
cuminic [kju'minik], *a.* *Ch:* (Acide *m,* etc.) cuminique.
cummer ['kʌmər], *s.f.* *A.* & *Dial:* (*Scot.*) **1.** Commère (marraine ou vieille bavarde). **2.** La mère (une telle); sage-femme; vieille sorcière. **3.** Femme ou jeune fille (en général).
cummerbund ['kʌmərbʌnd], . Large ceinture *f* (de mousseline, etc.) (portée aux Indes); ceinture turban. **Cummerbund vest,** ceinture giletière.
cummin ['kʌmin], *s.* *Bot:* = CUMIN.
cummings ['kʌmiŋz], *s.pl.* *Brew:* Touraillon *m.*
cumulate[1] ['kjumjulet], *a.* (Ac)cumulé.
cumulate[2] ['kjumjuleit], *v.tr.* & *i.* (Ac)cumuler. *Jur:* *To c. proofs,* cumuler les preuves. *Cumulated clouds,* cumulus *mpl*; nuages amoncelés.
cumulative ['kjumjulətiv], *a.* Cumulatif. *Fin:* *C. preference shares,* actions privilégiées cumulatives. *Jur:* *C. evidence,* accumulation *f* de témoignages. **Cumulative voting,** faculté *f* de réunir sur un seu candidat toutes les voix dont on dispose. **-ly,** *adv.* Cumulativement.
cumulo-nimbus ['kjumjulo'nimbəs], *s.* *Meteor:* Cumulo-nimbus *m inv.*
cumulo-stratus ['kjumjulo'streitəs], *s.* *Meteor:* Cumulo-stratus *m inv.*
cumulous ['kjumjuləs], *a.* *Meteor:* (Nuage) amoncelé en cumulus.
cumulus, *pl.* **-li** ['kjumjuləs, -lai], *s.* *Meteor:* Cumulus *m.*
Cunarder [kju'nɑ:rdər], *s.* Paquebot *m* de la Compagnie Cunard.
cunctator [kʌŋk'teitər], *s.* Cunctateur *m.*
cuneate ['kju:niet], *a.* *Bot:* *etc:* Cunéaire. *Anat:* **Cuneate lobule** (*of the brain*), coin *m.*
Cunegond ['kjunigənd]. *Pr.n.f.* Cunégonde.
cuneiform ['kjuniifɔ:rm]. **1.** *a.* (Os *m,* écriture *f*) cunéiforme. **2.** *s.* *Anat:* Os cunéiforme; cunéiforme *m.*
cunning[1] ['kʌniŋ], *s.* **1.** (*Guile*) (*a*) Ruse *f,* finesse *f,* art *m.* (*b*) *Pej:* Fourberie *f,* astuce *f,* sournoiserie *f.* *Man of low c.,* homme plein d'astuce. *Piece of c.,* (i) finasserie *f*; (ii) *Pej:* fourberie. *To play c.,* finasser. **2.** (*Skill*) Adresse *f,* habileté *f.* **His hand has not lost its cunning,** il n'a rien perdu de son adresse.
cunning[2], *a.* **1.** Rusé; malin, *f.* maligne; fin, madré, artificieux; *F:* roublard; (*of child*) futé; (*of look*) sournois. *See also* FOX[1]. **2.** (*a*) *A:* Adroit, habile, expérimenté. (*b*) *C. device,* dispositif ingénieux. **3.** *U.S:* *F:* (*Of child, small animal, etc.*) Mignon, -onne; gentillet, -ette; intéressant. **-ly,** *adv.* **1.** Avec ruse, avec finesse; astucieusement, sournoisement. **2.** *A:* Adroitement, habilement.
cup[1] [kʌp], *s.* **1.** (*a*) Tasse *f.* **Tea-cup,** tasse à thé. *Cup of tea,* tasse de thé. *See also* FEEDING-CUP. (*b*) *Cu:* *U.S:* Demi-pinte *f.* **2.** (**Metal**) **cup,** gobelet *m,* timbale *f.* **3.** (*a*) *Lit:* Coupe *f.* *Ecc:* Calice *m* (du saint Sacrement). **To drink a parting cup,** boire le coup de l'étrier. *See also* STIRRUP-CUP. **To drain the cup of pleasure to the dregs,** vider la coupe des plaisirs jusqu'à la lie. *See also* DRINK[2] 1. *To drink a bitter cup,* vider un calice amer. *To drain the cup* (*of sorrow*) *to the dregs,* boire le calice jusqu'à la lie; épuiser tous les chagrins. **B:** **My cup is full, runs over,** ma coupe est comble, déborde. *Prov:* **There's many a slip 'twixt the cup and the lip,** il y a loin de la coupe aux lèvres; il arrive beaucoup de choses entre la bouche et le verre; vin versé n'est pas avalé. *Devotee of the cup,* adorateur *m* de la dive bouteille. *F:* **To be in one's cups,** être pris de boisson, de vin; être dans les vignes du Seigneur; être gris. **Over one's cups,** en buvant. *To be quarrelsome in one's cups,* avoir le vin mauvais. (*b*) *Sp:* = CHALLENGE-CUP. *To win a cup,* remporter une coupe. **4.** *See* CIDER-CUP, CLARET-CUP. **5.** (*Cup-shaped object*) (*a*, *Bot:* (i) Calice (d'une fleur); (ii) = CUPULE. *W.Tel:* *A:* *Cup of the crystal,* cupule *f,* capsule *f,* de la galène. *See also* ACORN-CUP, HONEY-CUP. (*b*) *Anat:* Emboîture *f* (d'un os). (*c*) *See* EGG-CUP. (*d*) **Cup-and-ball,** (jeu *m* de) bilboquet *m.* *Mec.E:* **Cup-and-ball joint,** joint *m* à rotule. *See also* SET[1] 5 (*c*). (*e*) *Artil:* **Gas-check cup,** coupelle *f* (de douille d'obus). *See also* FUSE-CUP. (*f*) *Paint:* *Tchn:* Godet *m.* *Mec.E:* Godet cuvette *f.* *Oil-retainer cup,* cuvette d'étanchéité d'huile. *Cups of a wind-gauge,* coquilles *f* d'un anémomètre. *Lubricating cup,* godet graisseur. *See also* BAROMETER, DRAIN-CUP, OIL-CUP. (*g*) *Med:* (i) **Dry cup,** ventouse sèche. **Wet cup,** ventouse scarifiée; sangsue artificielle. (ii) (*For blistering*) Cloche *f.* **6.** (*a*) Creux *m* de terrain; cuvette. (*b*) *Golf:* Trou dans le sol (dû à un coup de crosse).
  'cup-bearer, *s.* Échanson *m.*
  'cup-final, *s.* *Fb:* Finale *f* du championnat.
  'cup-moss, *s.* *Bot:* Cladonie *f.*
  'cup-shake, *s.* *Arb:* Roulure *f.*
  'cup-shaped, *a.* *Bot:* Cupulaire, cupuliforme.
  'cup-tie, *s.* *Fb:* Match *m* éliminatoire; match de coupe.
  'cup-valve, *s.* Soupape *f* à cloche.
cup[2], *v.tr.* (**cupped; cupping**) **1.** *Surg:* Ventouser (qn); appliquer, faire, des ventouses à (qn). **2.** *Golf:* Entamer (le sol) d'un coup de crosse. **3.** **With her chin cupped in her hand,** le menton dans le creux de la main. *To cup one's hand behind one's ear,* mettre sa main en cornet. *To cup one's hand round one's mouth,* mettre la main en porte-voix. **4.** *Ind:* Rendre convexe, bomber (une tôle, etc.).
  cupped, *a.* **1.** En forme de tasse, de cuvette; évasé. **2.** *Golf:* **Cupped ball,** balle prise dans un trou.
  cupping, *s.* **1.** Application *f* de ventouses. **Cupping glass,** ventouse *f.* **2.** (*a*) Taillage *m* en forme de cuvette; évasement *m.* (*b*) Bombement *m* (d'une tôle, etc.).
cupboard ['kʌbərd], *s.* **1.** Armoire *f*; (*in wall*) placard *m.* *Corner cupboard,* armoire de coin. **Store-cupboard,** armoire à provisions. **Staircase cupboard,** caveau *m,* soupente *f* d'escalier. *F:* **Cupboard love,** amour intéressé. *See also* AIRING, GLASS-CUPBOARD, PEDESTAL 4, SKELETON[1] 1. **2.** *A:* Buffet *m.*
cupel[1] ['kju:pəl], *s.* *Metall:* Coupelle *f* (d'essai); têt *m* de coupellation.
cupel[2], *v.tr.* (*p.t.* & *p.p.* **cupelled** ['kju:pəld]) *Metall:* Coupeller (l'or, l'argent).
cupellation kjupe'leiʃ(ə)n], *s.* *Metall:* Coupellation *f* (de l'argent, etc.).
cupful ['kʌpful], *s.* Pleine tasse, pleine coupe (*of,* de). *Add two cupfuls of milk* . . ., ajouter deux tasses de lait. . . .
Cupid ['kju:pid]. **1.** *Pr.n.m.* Cupidon. *Lit:* **Doctor Cupid,** l'Amour Médecin. *Miner:* **Cupid's darts,** flèches *f* d'amour. **2.** *s.* *To paint little Cupids,* peindre des petits Amours. *Chubby little Cupids,* Amours joufflus.
cupidity [kju'piditi], *s.* Cupidité *f*; convoitise *f.* *To arouse c.,* faire naître, allumer, des convoitises.
cupola ['kju:pola], *s.* *Arch:* Coupole *f,* dôme *m.* *Navy:* *C. of a gun-turret,* coupole de tourelle cuirassée.
  'cupola(-furnace), *s.* *Metall:* Cubilot *m.*
cupped [kʌpt], *a.* *See* CUP[2].
cupper ['kʌpər], *s.* *Med:* Ventouseur, -euse.
cuprammonium [kjupra'mounjəm], *s.* *Ch:* *Paperm:* *etc:* Cuproammoniaque *f*; liqueur ammoniacale de cuivre; liqueur cuproammoniacale; réactif *m* de Schweitzer. *Ind:* **Cuprammonium silk,** rayonne *f* à la liqueur ammoniacale de cuivre.
cuprate ['kju:pret], *s.* *Ch:* Cuprate *m.*
cuprea [kju'pri:a], *s.* *Pharm:* **Cuprea bark,** écorce *f* de rémijia.
cupric ['kju:prik], *a.* *Ch:* Cuivrique; (acide *m*) cuprique.
cupriferous [kju'prifərəs], *a.* Cuprifère.
cuprite ['kju:prait], *s.* *Miner:* Cuprite *f.*
cupro-ammonia [kjuproa'mounja], *s.* = CUPRAMMONIUM.
cupro-ammoniacal [kjuproamo'naiək(ə)l], *a.* *Ch:* Cupro-ammoniacal, -aux.
cupro-nickel [kjupro'nik(ə)l], *s.* *Metall:* Cupro-nickel *m.*
cupro-silicon [kjupro'silikən], *s.* *Metall:* Cuivre *m* au silicium.
cuprous ['kju:prəs], *a.* *Ch:* Cuivreux.
cuproxide [kju'prɔksaid], *s.* Cuproxyde *m.* *El.E:* **Cuproxide valve,** valve redresseuse au cuproxyde; valve cuproxyde.
cupular ['kjupjulər], *a.* *Bot:* Cupulaire.
cupulate ['kjupjulet], *a.* Cupulé.
cupule ['kjupjul], *s.* *Bot:* *Z:* Cupule *f.*
cupuliferous [kjupju'lifərəs], *a.* *Bot:* Cupulifère.
cupuliform ['kjupjulifɔ:rm], *a.* Cupuliforme.
cur [kə:r], *s.* **1.** Cabot *m,* roquet *m*; chien *m* sans race. **2.** *F:* (*Of pers.*) Homme *m* méprisable; cuistre *m,* malotru *m,* sale type *m*; vilain cabot.
curability [kjuərə'biliti], *s.* Curabilité *f.*
curable ['kjuərəbl], *a.* Guérissable; (mal) curable.
curaçao, curaçoa kjuəra'sou], *s.* Curaçao *m.*
curacy ['kjuərəsi], *s.* *Ecc:* Vicariat *m,* vicairie *f.*
curare [kju'ra:ri], *s.* Curare *m.*
curarize ['kjuərəraiz], *v.tr.* Curariser (un animal, etc.).
curassow ['kjuərasou], *s.* *Orn:* Hocco *m.* *Crested c.,* hocco commun. *Galeated c.,* hocco à casque.
curate ['kjuəret], *s.* **1.** Vicaire *m.* **Curate in charge,** desservant *m.* **Perpetual curate,** vicaire titulaire d'une église succursale. *See also* ASSISTANT 1, EGG[1] 1. **2.** *Hum:* Petit tisonnier (plus maniable que celui de la garniture de foyer).
curative ['kjuərətiv]. **1.** *a.* Curatif; médicateur, -trice; (onguent *m*) sanatoire. **2.** *s.* Remède *m.*
curator [kju'reitər], *s.* **1.** Conservateur *m* (de musée); curateur *m* (d'université). **2.** *Jur:* (*Scot.*) Tuteur, -trice, curateur (d'un dément).
curatorship [kju'reitərʃip], *s.* Fonction *f* de conservateur, de curateur.
curb[1] [kə:rb], *s.* **1.** *Harn:* Gourmette *f.* *F:* **To put a curb on one's passions,** refréner ses passions; mettre un frein à ses passions. *See also* BRACELET 1, TONGUE[1] 1, WATCH-CHAIN. **2.** (*a*) **Curb(-stone),** bord *m,* bordure *f,* garde-pavé *m* (de trottoir); rebord *m* de trottoir; margelle *f,* murette *f* (de fontaine, de puits). *Aut:* *To strike the c.,* heurter le trottoir. (*b*) *St.Exch:* *F:* *U.S:* **The Curb(-stone) market,** le marché hors cote; la coulisse. **Curb-stone broker,** coulissier *m.* **3.** *Hyd.E:* *Min:* = CRIB[1] 4 (*a*). **4.** *Vet:* Tumeur osseuse (à la jambe d'un cheval); courbe *f.*
  'curb-bit, *s.* *Harn:* Mors *m* de bride, mors à gourmette.
  'curb-chain, *s.* *Harn:* Tranchefil *m.*
  'curb-reins, *s.pl.* *Harn:* Rênes *f* de mors.
  'curb-roof, *s.* *Arch:* Comble brisé; toit *m,* comble, en mansarde.
curb[2], *v.tr.* **1.** Gourmer, mettre la gourmette à (un cheval). **2.** Réprimer, refréner, contenir, retenir (sa colère); assujettir, maîtriser, brider, refréner (ses passions); commander à, modérer (son impatience). *See also* TONGUE[1] 1. **3.** (*More usu.* KERB, *q.v.*) Border (un puits, un trottoir); mettre la bordure à (un trottoir).
  curbing, *s.* **1.** Mise *f* de la gourmette à (un cheval). **2.** Refrènement *m* (des instincts).
curcuma ['kə:rkjuma], *s.* **1.** *Bot:* Curcuma *m.* **2.** = TURMERIC 2. *Ch:* **Curcuma paper,** papier *m* curcuma.
curd [kə:rd], *s.* **1.** (Lait) caillé *m*; caillebotte *f.* **Curds and whey,** lait caillé sucré. *See also* LEMON-CURD. **2.** **Soap curds,** grumeaux *m* de savon.
curdle [kə:rdl]. **1.** *v.tr.* (*a*) Cailler (le lait); figer, coaguler (un liquide); *F:* glacer, figer (le sang). *See also* BLOOD-CURDLING.

(*b*) Engrumeler (le savon, etc.). **2.** *v.i.* (*a*) (*Of milk*) Se cailler, se caillebotter, prendre; (*of blood*) se figer. *F: My blood curdled,* mon sang se figea, se glaça. (*b*) (*Of soap*) Se grumeler, s'engrumeler; se mettre en grumeaux; former des grumeaux.

curdled, *a.* **1.** Coagulé; figé. **2.** Grumeleux.

curdy ['kəːrdi], *a.* Caillebotté; ressemblant à du lait caillé.

cure¹ ['kjuər], *s.* **1.** Guérison *f*; *A:* cure *f*. *To effect, ensure, a c. you must . . .,* pour réaliser, assurer, la guérison il faudra. . . . **To effect cures,** opérer des guérisons. **2.** (*a*) Cure. **Milk cure,** cure de lait. *Grape c.,* cure de raisins. **To take a cure** faire une cure, suivre un traitement. *A three weeks' c. at Vichy,* une saison, une cure, de trois semaines à Vichy. *See also* REST-CURE, WATER-CURE. (*b*) Remède *m*. **Past cure,** (*of pers.*) incurable; (*of thg*) irrémédiable, irréparable. **The cure is worse than the evil,** le remède est pire que le mal. *There is a c. for everything but death,* il y a remède à tout fors la mort. *See also* PREVENTION 2. **3.** Vulcanisation *f* (du caoutchouc). *Hot-c., cold-c.,* vulcanisation à chaud, à froid. **4.** *Ecc:* **Cure of souls,** cure, charge *f*, d'âmes. *Benefice with c. of souls,* bénéfice *m* avec cure.

cure², *v.tr.* **1.** *To c. s.o. of an illness, of bad habits,* guérir qn d'une maladie; corriger qn de ses mauvaises habitudes. *To c. an evil,* remédier à un mal; porter remède à un mal. *It has cured my head-ache,* cela a fait passer mon mal de tête. *He is too far gone to be cured,* sa maladie est trop avancée pour qu'il puisse en guérir. *Prov:* **What can't be cured must be endured,** il faut souffrir ce qu'on ne peut empêcher; où il n'y a pas de remède il faut se résigner. **2.** (*a*) Saler, fumer, boucaner (la viande, etc.); sécher (la viande); confire (des sardines); saurer (des harengs). *Well-cured ham,* jambon *m* d'un bon sel. (*b*) *Leath:* Saler (les peaux). (*c*) Vulcaniser, "cuire" (le caoutchouc). *v.i.* (*Of rubber*) Se vulcaniser.

curing, *s.* **1.** Guérison *f*. **2.** (*a*) Salaison *f*, boucanage *m*; confiserie *f* (à l'huile). (*b*) Vulcanisation *f*, "cuisson" *f* (du caoutchouc).

'curing-house, *s.* *Sug.-R:* Purgerie *f*.

'cure-all, *s.* Panacée *f*.

cure³, *s.* (= CURIOSITY 3 (*b*)) *P:* Drôle de garçon, drôle de fille; original *m*. **He's a cure!** c'est un numéro!

curer ['kjuərər], *s.* **1.** Guérisseur. **2.** Saleur *m* (de viande, etc.); confiseur *m* (de sardines). **Herring curer,** caqueur, -euse.

curettage [kjuə'retedʒ], *s.* *Surg:* Curettage *m*.

curette¹ [kjuə'ret], *s.* *Surg:* Curette *f*.

curette², *v.tr.* *To c. the ear, the womb,* opérer le curettage de l'oreille, de l'utérus.

curfew ['kəːrfjuː], *s.* Couvre-feu *m*. **To ring the curfew(-bell),** sonner le couvre-feu.

curia ['kjuəria], *s.* (*a*) *Rom.Hist: Ecc:* Curie *f*. (*b*) *Hist:* Cour *f* de justice.

curial ['kjuəriəl], *a.* *Rom.Hist: Ecc:* Curial, -aux.

Curiatii [kjuəri'eiʃiai, -'eitiai]. *Pr.n.m.pl. Rom.Hist:* Les Curiaces.

curie ['kjuəri], *s.* *Rad.-A. Meas:* Curie *f*.

curio ['kjuərio], *s.* Curiosité *f*; bibelot *m*; petit objet d'art. *Chinese c.,* chinoiserie *f*. *Japanese curios,* japonaiseries *f*. **Curio hunter,** bibeloteur *m*; dénicheur *m* de curiosités. **Curio-hunting,** bibelotage *m*. **To go curio-hunting,** aller bibeloter.

'curio-dealer, *s.* Antiquaire *m*; marchand *m* de curiosités.

curiosity [kjuəri'ɔsiti], *s.* **1.** Curiosité *f*. **Out of curiosity, from curiosity,** par curiosité. **I was dying of curiosity, burning with curiosity,** je brûlais d'en savoir plus long; j'étais fort intrigué. *See also* IDLE¹ 3. **2.** (*Curiousness*) *I referred to it* **as a matter of curiosity,** j'en ai fait mention pour la curiosité du fait, pour la singularité du fait, pour la rareté du fait. **3.** (*a*) (*Curious object*) Curiosité, rareté. *We were taken to see all the curiosities of the town,* on nous fit voir toutes les curiosités de la ville. **Old curiosities,** antiquités *f*, curiosités; bibelots *m* antiques. (*b*) (*Of pers.*) Original *m*, -aux; excentrique *m*.

curi'osity-shop, *s.* Magasin *m* de curiosités, d'antiquités, de bibelots d'art. **Old curiosity shop,** boutique *f* de bric-à-brac.

curious ['kjuəriəs], *a.* **1.** (*a*) (*Desirous of knowing*) Curieux. *To be c. to see sth.,* avoir la curiosité, être curieux, de voir qch. *I felt c. to know,* la curiosité me prit de savoir. *Have you ever been curious enough to . . .?* avez-vous jamais eu la curiosité de . . . ? (*b*) *Pej:* Curieux; indiscret, -ète. **2.** (*a*) (*Strange*) Curieux, singulier. *The c. part about it,* le curieux de l'affaire. *C. sight,* chose curieuse à voir. **A curious-looking object,** un objet d'un aspect bizarre, singulier. (*b*) (*In booksellers' catalogues*) **Curious books,** livres curieux (c.-à-d. occultes, érotiques). **3.** *C. inquiry,* examen exact, fait avec soin minutieux. **-ly,** *adv.* **1.** Curieusement, singulièrement, bizarrement. **Curiously enough . . .,** chose assez curieuse, assez singulière. . . . **2.** *C. wrought,* curieusement ouvré; d'une facture minutieuse.

curiousness ['kjuəriəsnəs], *s.* Curieux *m*, étrangeté *f*, singularité *f*, curiosité *f* (d'un lieu, d'un fait).

curl¹ [kəːrl], *s.* **1.** (*a*) Boucle *f* (de cheveux); frisure *f*, frison *m*; anneau *m* (de cheveux). *Large, loose curls,* boucles éparses. **Side curls,** *P:* guiches *f*. **To wear curls,** porter les cheveux en frisons; porter des frisures. **To arrange the hair in curls,** anneler les cheveux. (*Of hair*) **To fall in curls,** tomber en boucles. *False curls, F:* chichis *m*. (*b*) Spirale *f* (de fumée); crête recourbée, *F:* volute *f* (d'une vague); ondulation *f*, ronce *f* (dans le grain du bois). *Navy:* Boucle (du galon porté sur la manche). (*c*) *Metalw:* Bordure *f*, bordage *m* (d'une tôle, etc.). **Half-curl,** bordure rabattue à moitié. **Full-curl,** bordure terminée. **2.** (*a*) Action *f* de se recourber. **Curl of the lips,** moue *f* de dédain. *With a c. of the lips,* avec une moue dédaigneuse. (*b*) État bouclé. (*Of hair*) **In curl,** bouclé, frisé. **To go out of curl,** (i) (*of hair*) se défriser; (ii) *P:* (*of pers.*) perdre son énergie; se sentir (mou) comme une chiffe. *My hair is out of c.,* je suis toute défrisée. **3.** (*a*) *Agr:* Early blight *m* des pommes de terre; enroulement *m* des feuilles. (*b*) Cloque *f* du pêcher.

'curl-paper, *s.* Papillote *f*. *See also* PAPER¹ 2.

curl², **1.** *v.tr.* (*a*) Boucler, friser (les cheveux). *To c. the moustache,* donner un coup de fer à la moustache. *Why don't you get your hair curled?* pourquoi ne vous faites-vous pas friser? (*b*) Rider, faire onduler (les vagues). **To curl the lip, one's lip,** faire la moue, la lippe; abaisser ou retrousser les coins des lèvres (avec dédain). (*c*) *Metalw:* Border (une tôle, etc.). (*d*) *To c. sth. round sth.,* enrouler qch. autour de qch. **2.** *v.i.* (*a*) (*Of hair*) Boucler, friser; (*of paper*) se recroqueviller, se crisper. *F: Stories that make your hair c.,* histoires *f* qui vous donnent le frisson, qui font dresser les cheveux. *P: You drink that, it'll make your hair c.,* buvez-moi ça, ça vous ressuscitera, ça vous fouettera le sang. (*b*) (*Of smoke*) S'élever en spirales; tire-bouchonner, tourbillonner; (*of waves*) onduler ou déferler; (*of lip*) se relever, ou s'abaisser, avec dédain. *The smoke curls up(wards),* la fumée monte en spirales. (*c*) (*Of serpent, plant, etc.*) *To c. round sth.,* s'enrouler autour de qch. (*d*) *Agr:* (*Of potatoes*) Être atteint de l'early blight. **3.** *v.i.* *Games:* (*Scot.*) Jouer au *curling*.

curl up. **1.** *v.tr.* (*a*) **To curl up one's lip,** retrousser la lèvre. *To c. up one's moustache,* porter la moustache en croc. (*b*) *To c. (oneself) up,* se rouler en boule; (*of cat, etc.*) se mettre en rond. **To curl (oneself) up in an arm-chair,** se pelotonner, se blottir, dans un fauteuil. **Curled up in bed,** couché en chien de fusil. *Cat curled up on a sofa,* chat couché en rond sur un sofa. **2.** *v.i.* (*a*) (*Of leaves, paper, etc.*) S'enrouler; (*of nail, point*) se rebrousser; (*of thread, rope*) vriller. (*b*) (*Of hedgehog*) Se mettre en boule; *F:* (*of pers.*) se renfermer dans le silence. **When we mention it he curls up (like a hedgehog),** quand on lui en parle il se hérisse, se met en boule. (*c*) *He has a bitter tongue, and I have seen him make his opponent absolutely c. up,* il a une langue acérée, et je l'ai vu faire tortiller ses adversaires. (*d*) *Sp: etc: P:* (*Of pers.*) S'effondrer, être obligé de renoncer.

curled, *a.* **1.** (*a*) (*Of hair*) Frisé; (*of leaf*) crépu ou vrillé. (**Dog's**) **tail curled up,** queue *f* (de chien) en trompette. *The dog,* **curled up,** *is asleep,* le chien, en boule, dort. **Curled-up moustache,** moustache *f* en croc. (*b*) (Tôle) bordée. **2.** *Com:* **Curled maple,** (bois d')érable madré. **3.** *Agr:* (Pomme de terre) atteinte de l'early blight. *Arb:* (Pêcher) cloqué.

curling, *s.* **1.** (*a*) Frisure *f* (des cheveux); ondulation *f* (des vagues). *See also* PIN¹ 1. (*b*) *Metalw:* Bordage *m* (des tôles, etc.). **Curling-tool,** outil *m* de bordage. **2.** *Games:* Curling *m* (jeu écossais semblable au jeu de boules; se joue sur la glace en y lançant de grosses pierres plates (*curling-stones*) munies d'une poignée).

'curling-irons, -tongs, *s.pl.* Fer *m* à friser; frisoir *m*.

curler ['kəːrlər], *s.* **1.** = HAIR-CURLER. **2.** (*Wave*) Lame déferlante. **3.** *Scot:* Joueur *m* de *curling*.

curlew ['kəːrljuː], *s.* *Orn:* Courlis (cendré); courlieu *m*; charlot *m*. **Curlew-jack,** turlu(i) *m*.

curlicue ['kəːrlikjuː], *s.* **1.** (*With the pen*) Trait *m* de plume en parafe; enjolivure *f*. **2.** (*In skating*) Figure compliquée.

curliness ['kəːrlinəs], *s.* **1.** Frisure *f*. **2.** Ondulations *fpl*; sinuosité *f*.

curly ['kəːrli], *a.* **1.** Bouclé, frisé; en spirale; (laitue) frisée. *She had short c. hair,* elle était court bouclée. **2.** (Bois *m*) à grain ondulé; (chemin) sinueux. **3.** *Agr:* (Pomme de terre) atteinte de l'early blight. *Arb:* (Pêcher) cloqué.

'curly-headed, *a.* A la tête bouclée, aux cheveux frisés; (*of negro*) crépu.

'curly-pate, *s.* Personne *f* dont les cheveux frisent naturellement; frisé, -ée.

'curly-tailed, *a.* **1.** A queue en tire-bouchon. **2.** A queue recourbée.

curly-wurly ['kəːrliwəːrli], *a.* *F:* Contourné.

curmudgeon [kəːr'mʌdʒən], *s.* **1.** Bourru *m*. **2.** Grippe-sou *m*, *pl.* grippe-sou(s); pingre *m*.

currach, curragh¹ ['kʌrə], *s.* = CORACLE.

curragh², *s.* *Dial:* (*Irish*) Fondrière *f*; plaine marécageuse. **The Curragh,** grande plaine du comté de Kildare (centre *m* de camps militaires, champ *m* de courses).

currant ['kʌrənt], *s.* **1.** *Hort:* Groseille *f* (à grappes). **Red currant,** groseille rouge. *White c.,* groseille blanche. **Black currant,** cassis *m*. **Red currant jelly,** gelée *f* de groseilles. **2.** *Com:* Raisin *m* de Corinthe.

'currant-bush, *s.* Groseillier *m*.

currency ['kʌrənsi], *s.* **1.** Circulation *f*, cours *m* (de l'argent, des idées); vogue *f*, crédit *m* (des idées). **To give currency to a rumour,** mettre un bruit en circulation; répandre un bruit. (*Of news, etc.*) **To gain currency,** s'accréditer. **2.** Terme *m* d'échéance, échéance *f* (d'une lettre de change). **3.** Unité monétaire (d'un pays); numéraire *m*; monnaie *f*. **Payable in currency,** payable en espèces de cours. **Foreign currency,** (i) monnaie étrangère; (ii) devise étrangère. *Bill in foreign c.,* effet *m* en devise. **Legal (tender) currency,** monnaie légale, courante, libératoire. **Paper currency,** papier-monnaie *m*; papiers-valeur *mpl*; numéraire fictif; circulation fiduciaire. **Silver currency,** monnaie, numéraire, d'argent. **Currency note,** coupure *f* (de dix shillings ou d'une livre); currency-note *f*. *Questions of c.,* questions *f* monétaires.

current¹ ['kʌrənt], *a.* **1.** (*Of money, price, week, account, etc.*) Courant, en cours; (*of opinion, etc.*) courant, admis, reçu. *Money that is no longer c.,* monnaie qui n'est plus courante, en cours, de mise. **Current number** (*of a periodical*), dernier numéro (d'une publication); numéro du jour. *C. reports,* bruits *m* qui circulent, qui courent. *A c. opinion,* une opinion courante. **To be, pass, run, current,** être accepté; avoir cours; être de mise; être en vogue. **In current use,** d'usage courant; très usité. *The word is in c. use,* ce mot s'emploie couramment, est d'usage courant. **Current events,** actualités *f*. *Cin: Pictures of c. events,* vues *f* d'actualité; actualités. *See also* ACCOUNT¹ 2, LIABILITY 2. **2.** **Current handwriting,** (écriture *f*) courante *f*. **-ly,** *adv.* Couramment, ordinairement, généralement, communément. **It is currently reported that . . .**, le bruit court que. . . .

current[2], *s.* **1.** (*a*) Courant *m* (d'un cours d'eau, de la marée, etc.); fil *m* de l'eau. *Nau:* **Back current, reverse current,** revolin *m.* **Current of air,** courant d'air; *Ind:* jet *m* d'air. **To drift with the current,** se laisser aller au fil de l'eau; aller selon le vent; *Pej:* aller à vau-l'eau. *He goes whichever way the c. takes him,* il va comme on le pousse. *To go against the c.*, remonter le courant. *See also* CROSS-CURRENT, DRIFT-CURRENT, UNDERCURRENT. (*b*) Cours *m*, marche *f* (du temps, des affaires). **The current of events,** le cours des événements. **2. Electric current,** courant électrique; flux *m* électrique. *Constant c., closed-circuit c.*, courant permanent. **Break current,** *c. at breaking,* courant de rupture. *C. at making,* courant de fermeture. **Direct current,** courant continu, *F:* continu *m.* **Alternating current,** courant alternatif. *See also* ALTERNATING 2, DIRECT[2] 1, EDDY[1], EXTRA-CURRENT, IDLE[1] 1, NO-LOAD, PHASE[1] 2, POLYPHASE, WATT.

'current-meter, *s.* **1.** *Hyd.E:* Moulinet *m.* **2.** *El.E:* Compteur *m* de courant.

curricle ['kʌrikl], *s.* *A:* Voiture *f*, cabriolet *m*, à deux roues et à deux chevaux.

curriculum [kʌ'rikjuləm], *s.* *Sch:* Programme *m* d'études; plan *m* d'études. *The c. is too extensive,* le programme est trop étendu, embrasse trop de matières.

currier ['kʌriər], *s.* Corroyeur *m.*

currish ['kʌːriʃ], *a.* **1.** Qui ne vaut pas mieux qu'un roquet, qu'un cabot. *These c. flunkeys,* ces chiens *m* de domestiques. **2.** Hargneux. **-ly,** *adv.* **1.** Bassement. **2.** Hargneusement.

currishness ['kʌːriʃnəs], *s.* **1.** Bassesse *f* (d'esprit). **2.** Nature hargneuse, querelleuse.

curry[1] ['kʌri], *s.* *Cu:* (*Powder or dish*) Cari *m*, carry *m*, curry *m.*

curry[2], *v.tr.* *Cu:* *To c. eggs, etc.*, apprêter des œufs, etc., au cari, au curry. **Curried eggs,** œufs *m* à l'indienne.

curry[3], *v.tr.* **1.** (*a*) Étriller (un cheval). (*b*) *F:* *A:* Étriller, rosser (qn). **2.** Corroyer (le cuir). **3. To curry favour with s.o.,** s'insinuer dans les bonnes grâces de qn; chercher à plaire à qn; s'efforcer de gagner les bonnes grâces de qn; faire sa cour à qn.

'curry-comb, *s.* Étrille *f.*

curse[1] [kəːrs], *s.* **1.** (*a*) Malédiction *f*, anathème *m.* *A c. on the day when . . .!* maudit soit le jour où . . .! **To lie under a curse,** être sous le coup d'une malédiction. *To call down curses from heaven upon s.o.*, appeler les malédictions du ciel sur qn; lancer des imprécations *f* contre qn. **(Chickens and) curses come home to roost,** les malédictions se retournent contre leur auteur; quand on crache en l'air cela vous retombe sur le nez. (*b*) Chose maudite, abomination *f*. *B:* *I will make this city a c. to all nations,* je livrerai cette ville en malédiction à toutes les nations de la terre. (*c*) Imprécation; juron *m*; gros mot. *To utter a c.*, lâcher un juron. *Cf.* CUSS. **2.** *F:* Fléau *m*, calamité *f.* *Dicing was his c.*, il avait un malheureux penchant pour les dés. *Here the rabbits are a c.*, ici les lapins sont un fléau. *F:* **The curse of Scotland,** le neuf de carreau.

curse[2]. **1.** *v.tr.* (*a*) Maudire, anathématiser (qn, qch.). *Cursed* ['kəːrsid] *be this people!* anathème sur ce peuple! *Cursed be he who moves my bones!* maudit soit celui qui dérangera mes os! *To be cursed* [kəːrst] *by one's subjects,* encourir les malédictions de ses sujets. **To curse s.o. with bell, book, and candle,** invoquer les malédictions de Dieu et de tous les saints sur qn; fulminer une excommunication contre qn. *He is cursed with a violent temper,* il est affligé d'un mauvais caractère; il a pour son malheur un tempérament très violent. **Curse (it)!** malédiction! (*b*) *To c. God,* blasphémer le saint nom de Dieu; blasphémer contre Dieu. **2.** *v.i.* Blasphémer; sacrer, jurer. *To c. and swear,* jurer et sacrer.

cursed ['kəːrsid, kəːrst], *a.* **1.** Maudit. *The spot is c.*, ce lieu est maudit. **2.** *F:* *It is a c. nuisance,* c'est bigrement ennuyeux. *What c. weather!* quel fichu temps! quel sacré temps! quel temps abominable! **3.** *A:* (*Of pers.*) Acariâtre, méchant.

cursing, *s.* **1.** Malédiction(s) *f.* **2.** Blasphèmes *mpl.* **3.** *F:* Jurons *mpl*; gros mots *pl.*

cursedly ['kəːrsidli], *adv.* *F:* (*Intensive*) Diablement, bigrement; rudement (embêtant).

cursedness ['kəːrsidnəs], *s.* *F:* *The c. of things,* la contrariété des choses. *Cf.* CUSSEDNESS.

cursitor ['kəːrsitər], *s.* *Jur.Hist:* Greffier *m* de la Cour de Chancellerie.

cursive ['kəːrsiv], *a.* Cursif. *C. handwriting,* *s.* **cursive,** écriture coulante, cursive; cursive *f.*

cursor ['kəːrsər], *s.* Curseur *m* (de règle à calcul).

cursorial [kəːr'sɔːriəl], *a.* *Z:* **Cursorial birds,** (oiseaux) coureurs *m.*

cursoriness ['kəːrsərinəs], *s.* Rapidité *f*, caractère superficiel (d'un examen, d'un coup d'œil).

cursory ['kəːrsəri], *a.* (Coup d'œil) rapide, superficiel; (examen) rapide, hâtif, fait à la hâte. *At a c. glance . . .*, à première vue . . ., *F:* à vue de pays. . . . **-ily,** *adv.* Rapidement, à la hâte, en courant, superficiellement.

curst [kəːrst], *a.* *A:* = CURSED.

curt [kəːrt], *a.* (*Of manner, answer, etc.*) Brusque; sec, *f.* sèche; cassant; bref. *C. answer,* réponse sèche, brève. **To give s.o. a very curt reception,** faire un accueil très sec à qn. *He might have been a little less c.*, il aurait pu le prendre sur un ton moins cassant; il aurait pu montrer moins de brusquerie. **-ly,** *adv.* Brusquement, sèchement; d'un ton cassant; d'un ton péremptoire.

curtail [kər'teil], *v.tr.* **1.** Raccourcir, abréger; écourter (*of*, de); accourcir (une dissertation); tronquer (un ouvrage); *F:* amputer (un article, etc.). **2.** Diminuer, restreindre, amoindrir (l'autorité de qn); réduire, rogner, restreindre (ses dépenses). **3. To curtail s.o. of his privileges,** enlever ses privilèges à qn; priver qn de ses privilèges.

curtailment [kər'teilmənt], *s.* Raccourcissement *m*; restriction *f*, diminution *f* (d'autorité, etc.); réduction *f* (de dépenses); *F:* amputation *f* (d'un livre, etc.).

curtail-step ['kəːrtəlstep], *s.* *Const:* Marche *f* de départ (d'un escalier).

curtain[1] ['kəːrt(ə)n], *s.* **1.** (*a*) Rideau *m.* **To draw the curtain,** (i) tirer, ouvrir, (ii) tirer, fermer, le rideau. *F:* *It will be best to draw a c. over what followed,* mieux vaut tirer le rideau, jeter un voile, sur ce qui s'ensuivit. *Hung with curtains,* garni de rideaux. **Door-curtain,** portière *f.* *Nau:* *Awning curtains,* rideaux de tentes. *See also* MOSQUITO-CURTAIN, SUN-CURTAIN. (*b*) **Blind curtain,** store *m.* *Aut:* *etc:* **Spring-curtain,** store, rideau, à enroulement automatique. **2.** *Th:* Rideau, toile *f.* *To raise, drop, the c.*, lever, baisser, le rideau. **To ring down the curtain,** sonner pour le baisser du rideau. *F:* *Let us ring down the c. on this scene,* baissons le rideau sur cette scène. **The curtain rises at eight sharp,** rideau à huit heures précises. *The c. falls, drops,* le rideau tombe, se baisse. **Fire-proof curtain, safety curtain,** rideau métallique; rideau de fer. *Advertisement c.*, rideau-réclame *m*, *pl.* rideaux-réclame. *F:* (*In narrative*) **Curtain!** tableau! *See also* DROP-CURTAIN. **3.** (*a*) *Fort:* Courtine *f.* (*b*) **Curtain of troops,** rideau de troupes. **4.** *Locksm:* Cache-entrée *m inv* (de clef).

'curtain-call, *s.* *Th:* Rappel *m* (d'un acteur) devant le rideau. *To take three curtain-calls,* être rappelé trois fois.

'curtain-fall, *s.* *Th:* Chute *f* du rideau.

'curtain-fire, *s.* *Artil:* (Tir *m* de) barrage *m.*

'curtain-holder, -hook, *s.* *Furn:* Patère *f* à embrasse; rinceau *m.*

'curtain-lecture, *s.* Semonce conjugale; sermon *m* d'alcôve; mercuriale *f* entre deux draps.

'curtain-loop, *s.* Embrasse *f* de rideau.

'curtain-raiser, *s.* (*Short play*) Lever *m* de rideau; piécette *f.* *To act in the c.-raiser, F:* balayer les planches.

'curtain-ring, *s.* Anneau *m* de rideau.

'curtain-rod, *s.* Tringle *f* de rideau.

'curtain-roller, *s.* Enrouleur *m* (de store). *Spring c.-r.*, enrouleur automatique.

curtain[2], *v.tr.* **1.** Garnir (une alcôve, etc.) de rideaux. **2. To curtain off** *part of a room,* séparer une partie de la salle par des rideaux. *A recess was curtained off,* un renfoncement était fermé, dissimulé, par un rideau.

curtained, *a.* Garni ou entouré de rideaux; (porte) garnie d'une portière. **Red-curtained bed,** lit *m* à rideaux rouges.

curtana [kəːr'tɑːnə, -'teinə], *s.* Épée *f* d'armes à pointe émoussée, portée devant le roi à la cérémonie du sacre (comme symbole de clémence).

curtate ['kəːrtet], *a.* *See* CYCLOID.

Curt-hose ['kəːrthoːuz], *a.* *Hist:* **Robert Curt-hose,** Robert Courte-heuse.

curtilage ['kəːrtiledʒ], *s.* *Dial.* & *Jur:* Pièce *f* de terre attenant à une maison d'habitation; enclos *m* avec habitation.

curtness ['kəːrtnəs], *s.* Brusquerie *f* (de paroles); ton cassant.

curts(e)y[1] ['kəːrtsi], *s.* Révérence *f* (que fait une femme en pliant le genou). **To make, drop,** *A:* **dip, a curtsey to s.o.,** faire une révérence à qn; *F:* tirer sa révérence à qn.

curts(e)y[2]. (*Of woman*) **1.** *v.i.* (*a*) Faire une révérence (*to s.o.*, à qn); faire la, **sa, révérence** (à qn). (*b*) (*With cogn. acc.*) **To curtsey one's acquiescence,** signifier son consentement par une révérence. **2.** *v.tr.* **She curtsied herself out,** elle fit une révérence et sortit; elle sortit avec force révérences.

curule ['kjuərjuːl], *a.* *Rom.Ant:* **Curule chair, magistracy,** chaise *f* curule, magistrature *f* curule.

curvature ['kəːrvətjər], *s.* Courbure *f*; inflexion *f*; sphéricité *f* (de la terre, etc.). *Radius of c.*, rayon *m* de courbure; cintre *m.* *Med:* **Curvature of the spine,** déviation *f*, déjettement *m*, de la colonne vertébrale. *Accident that gave him c. of the spine,* accident *m* qui lui a dévié la colonne vertébrale. *Ph:* **Curvature of space,** courbure de l'espace. *Opt:* **Curvature of field,** courbure de champ.

curve[1] [kəːrv], *s.* **1.** (*a*) Courbe *f.* *C. of small radius,* courbe de faible rayon. *Sweeping c.*, courbe à grand rayon. *Flat c.*, courbe ouverte. *The engine should take curves of* 150 *metres without difficulty,* la machine devra s'inscrire sans difficultés en courbes de 150 mètres de rayon. *Taking of curves* (*by train*), inscription *f* des courbes. *C. of a beam,* cambrure *f* d'une poutre. *Arch:* *Const:* *C. of an arch,* voussure *f* d'une voûte. *Arch:* *To reverse the c. of a moulding,* contre-profiler une moulure. *Mth:* **Curve of the first, second, degree,** courbe du premier, du second, degré. **Curve-plotting,** tracé *m* des courbes. *See also* HARMONIC. (*b*) *C. in the road,* tournant *m*; *Aut:* *etc:* virage *m.* **2.** *Draw:* **French curve,** pistolet *m* (de dessinateur).

curve[2]. **1.** *v.tr.* Courber, recourber, cintrer, arquer; replier. *To c. the back,* courber le dos. *Const:* *To c. a plate,* cintrer une plaque. *Carp:* *To c. a timber,* dévirer une pièce de bois. **2.** *v.i.* Se courber; décrire une courbe. *The road curves round the castle,* la route décrit une (ligne) courbe autour du château. **To curve inwards,** s'infléchir.

curved, *a.* Courbé, courbe, cintré, arqué. *Com:* *C. timber,* bois courbe, courbant. **Curved nose,** nez busqué. *Deeply c.*, à courbure accentuée. *Bird with a c. beak,* oiseau *m* au bec retors.

curvet[1] [kər'vet], *s.* *Equit:* Courbette *f.*

curvet[2], *v.i.* (**curvet(t)ed**) *Equit:* Faire des courbettes, des sauts.

curvi- ['kəːrvi], *comb.fm.* Curvi-. *Nat.Hist:* *etc:* *Curvicaudate,* curvicaude. *Curvinervate,* curvinervé. *Curvirostral,* curvirostre. *Curvilinear,* curviligne.

curvicaudate [kəːrvi'kɔːdet], *a.* *Z:* Curvicaude.

curvidentate [kəːrvi'dentet], *a.* *Z:* Curvidenté.

curvifoliate [kəːrvi'fouliet], *a.* *Bot:* Curvifolié.

curvilinear [kəːrvi'liniər], *a.* Curviligne.

curvirostral [kəːrvi'rɔstrəl], *a.* *Orn:* Curvirostre.

curvometer [kəːr'vɔmetər], *s.* *Surv:* Curvimètre *m*, cartomètre *m.*

cuscus ['kʌskəs], *s. Bot:* Vétiver *m.*
cusec ['kjusek], *s. Hyd.E.Meas:* Pied *m* cubique par seconde.
cushat ['kʌʃət], *s. Orn:* (*Scot.*) Pigeon *m* ramier; ramier *m.*
cush-cush ['kʌʃkʌʃ], *s. Bot:* Colocase *f.*
cushion[1] ['kuʃ(ə)n], *s.* **1.** (*a*) Coussin *m.* **Leather cushion,** (i) coussin de cuir, (ii) (*on office-chair & F:*) rond *m* de cuir. *Plain c.,* coussin tendu. *Upholstered c.,* coussin capitonné. *F:* **Cushion of fat,** bourrelet *m* de graisse, de chair. *My pocket-book acted as a c. and deadened the blow,* mon portefeuille fit matelas et amortit le coup. *See also* AIR-CUSHION, KNEELING-CUSHION, LADY'S CUSHION, PINCUSHION. (*b*) **(Lace-)cushion,** métier *m,* carreau *m,* coussin, oreiller *m* (pour dentelle aux fuseaux). (*c*) (*Hair-pad*) Crépon *m.* **2.** *Bill:* Bande *f.* *The short cushions,* les petites bandes. *Square c.,* bande à arête vive. *Bevelled c.,* bande à arête abattue. **Off the cushion,** par la bande. *Stroke off the c.,* doublé *m.* *To play off the c.,* bricoler; jouer au doublé; jouer par la bande; faire des effets de bande. **3.** *Mch:* **Steam cushion,** matelas *m* de vapeur (dans le cylindre); contre-vapeur *f.* *See also* AIR-CUSHION 2. **4.** (i) Bourrelet, (ii) fourchette *f* (de sabot de cheval). **5.** *Cu:* Culotte *f* (de porc, etc.). **6.** *Arch: Civ.E:* Coussinet *m* (de colonne ionique, de pied-droit).
'cushion-tyre, *s. Cy: etc:* Bandage plein avec canal à air.
cushion[2], *v.tr.* **1.** (*a*) Garnir (un siège, etc.) de coussins. (*b*) Rembourrer (un siège, etc.). **2.** (*a*) Faire asseoir (qn) sur un coussin, des coussins. **To cushion s.o. up,** soutenir qn par des coussins. (*b*) *F:* Dorloter (qn). **3.** (*a*) Amortir (un coup). *Mch:* Matelasser (le piston). (*b*) Étouffer (une réclamation, une affaire). **4.** *Bill:* Acculer (une bille) à la bande.
cushioned, *a.* **1.** (*a*) Garni de coussins; (siège *m*) à coussins. (*b*) *Rail: etc:* **Cushioned seat,** banquette rembourrée. **Leather-cushioned,** (i) à coussins de cuir; (ii) garni en cuir. **2.** Installé sur des coussins. **3.** (Coup) amorti. *Tls: C. hammer,* marteau amorti. **4.** (Voix) ouatée.
cushioning[1], *a.* (Effet) amortisseur.
cushioning[2], *s.* **1.** (*a*) Garnissage *m* avec des coussins. (*b*) Garniture *f* de coussins. **2.** Amortissement *m* (des chocs, des cahots, etc.). **Air cushioning,** amortissement pneumatique, par air.
cushy ['kuʃi], *a. P:* (Emploi) facile et grassement rétribué; *P:* pépère. *He's got a c. job,* il a un poste tout à fait pépère; il a le filon, un lit de plume(s); sa place est une bague au doigt; il a les pieds chauds. *And your new job?—All very c.,* et ton nouveau poste?—Tout à fait pépère; je n'ai pas à me donner de mal. *Mil:* **A cushy wound,** la bonne blessure.
cusp [kʌsp], *s.* **1.** Pointe *f.* *Astr:* **Cusp of the moon,** corne *f* de la lune. **2.** *Geom:* Point *m* de rebroussement, sommet *m* (d'une courbe). **3.** *Arch:* Lobe *m.* **Foliated cusp,** redent *m.* *Gothic Arch:* **Cusp between ribs,** anneau *m,* couronne *f,* entre arêtes. **4.** *Bot:* Cuspide *f.*
cusped [kʌspt], *a.* (*Of moon*) A cornes; (*of arch*) à lobes.
cuspid ['kʌspid], *s.* Dent canine.
cuspidal ['kʌspid(ə)l], *a.* **1.** *Geom:* **Cuspidal edge** (*of developable curve*), arête *f* de rebroussement. **2.** = CUSPIDATE 2.
cuspidate ['kʌspidet], **cuspidated** ['kʌspideitid], *a.* **1.** *Bot:* (*Of leaf, etc.*) Cuspidé. **2.** **Cuspidate tooth,** dent canine.
cuspidor ['kʌspidɔːr], *s. U.S:* Crachoir *m.*
cuss [kʌs], *s. U.S: F:* (= *curse*) **1.** Malédiction *f*; juron *m.* **It isn't worth a (tinker's) cuss,** ça ne vaut pas un pet de lapin, le pet d'un âne mort; ça ne vaut pas chipette. **Cuss-word,** juron; gros mot. *See also* CARE[2] 1. **2.** (*Of pers.*) Individu *m,* type *m,* lascar *m,* zig(ue) *m.*
cussed ['kʌsid], *a. P:* = CURSED 2. **-ly,** *adv.* = CURSEDLY.
cussedness ['kʌsidnəs], *s. U.S: F:* (= *cursedness*) Perversité *f,* entêtement *m.* **Out of pure, sheer, cussedness,** par esprit de contradiction; rien que pour embêter le monde; de parti pris. *To blame the general c. of things,* donner pour cause que tout va mal.
custard ['kʌstərd], *s. Cu:* Crème *f* (au lait); œuf(s) *m* au lait. **Baked custard,** crème cuite au four; flan *m.* **Caramel custard,** crème brûlée, renversée, au caramel. *C. mould, c. shape,* crème renversée. **Custard powder,** préparation *f* d'œufs, etc., en poudre, pour la confection des crèmes; crème express.
'custard-apple, *s. Bot:* Anone réticulée, anone muriquée; *F:* cachiment *m,* corossol *m,* cœur-de-bœuf *m.*
'custard(-apple)-tree, *s. Bot:* Corossolier *m,* asiminier *m.*
custodial [kʌs'toudiəl]. **1.** *a.* (Fonctions *fpl,* responsabilité *f*) de gardien, de surveillance. **2.** *s. Ecc:* Custode *f* (recouvrant le saint ciboire, pour reliques, etc.).
custodian [kʌs'toudiən], *s.* Gardien, -ienne; (*of museum, etc.*) conservateur *m.*
custody ['kʌstədi], *s.* **1.** Garde *f* (d'enfants, etc.). **To have custody of s.o., of sth.,** avoir la garde de qn, de qch. *The children remain in the c. of their father,* les enfants demeurent à la garde du père. *To be in the c. of s.o.,* être confié à la garde de qn; être sous la garde de qn. *To leave a sum of money in s.o.'s c.,* laisser une somme d'argent à la garde de qn. **In safe custody,** sous bonne garde, en lieu sûr; *F:* sous les verrous. *To place securities in safe c.,* déposer des titres en garde; mettre des titres en dépôt. **Safe-custody receipt,** récépissé *m* de dépôt. **2.** Emprisonnement *m*; détention *f.* **To take s.o. into custody,** arrêter qn; mettre qn en état d'arrestation; constituer qn prisonnier. *To give s.o. into c.,* faire arrêter qn; remettre qn aux mains de la police. *To be in c.,* être en détention préventive; être détenu préventivement; être en état de prévention. *He was taken away in c.,* il fut emmené prisonnier.
custom ['kʌstəm], *s.* **1.** Coutume *f,* usage *m,* habitude *f.* **According to custom,** selon l'usage. *As is the c. among the great,* comme chez les grands on le voit usité. *It is the c. of the country,* c'est la pratique, la coutume, du pays. *It is becoming quite the c. to . . .,* la mode s'établit de. . . . *It has become the c. that . . .,* il est passé en usage que. . . . *It was a c. with him to . . .,* c'était sa coutume, son habitude, de. . . **The manners and customs** (*of a country*), les us *m* et coutumes. **2.** *Jur:* Droit coutumier, coutume (d'un pays). **3.** *pl. Adm:* **Customs,** douane *f.* **Customs station,** poste *m* de douane. *Customs broker,* agent *m* en douanes. **Custom(s) duties,** droits *m* de douane. **Customs declaration,** déclaration *f* de, en, douane. **Customs regime, tariff,** régime, tarif, douanier. **Customs union,** union douanière. **To pass, get through, the customs,** passer la douane, en douane, par la douane. *To clear one's luggage through the customs,* dédouaner ses bagages. **The customs examination, formalities,** la visite douanière; la visite de la douane; la visite en douane; la vérification en douane. **Customs clearance,** expédition douanière; expédition en douane. *To effect customs clearance,* procéder aux formalités de la douane. *Aut:* **International Customs Pass,** carnet *m* de passage en douane, de passages en douanes. **Customs permit,** acquit-à-caution *m, pl.* acquits-à-caution. **4.** *Com:* (*a*) (*Of shop*) Achalandage *m*; (*of business*) clientèle *f.* *The shop draws plenty of c.,* la boutique est bien achalandée. *We should lose all our c.,* nous perdrions toute notre clientèle; ça nous coulerait. (*b*) Patronage *m,* pratique *f* (du client). *We solicit your c.,* nous vous prions de nous honorer de votre patronage, de votre confiance. *I shall take my c. elsewhere,* je me fournirai ailleurs. (*c*) *U.S:* **Custom(-made, -built),** fait sur commande; *Ind:* hors série. *Aut:* **Custom body,** carrosserie spéciale. *Tail: C.-made clothes,* vêtements (faits) sur mesure.
'custom-house, *s.* (Bureau *m* de la) douane. **Custom-house officer,** douanier *m*; préposé *m* des douanes; *P:* gabelou *m.* *The c.-h. officials,* the Custom-House, l'Administration des douanes. **Custom-house permit** = *customs permit.* *See also* RECEIPT[1] 3.
customable ['kʌstəməbl], *a.* Soumis aux droits de douane.
customariness ['kʌstəmərinəs], *s.* Habitude *f,* fréquence *f.*
customary ['kʌstəməri]. **1.** *a.* (*a*) Accoutumé, habituel, ordinaire, d'usage. *A c. evil,* un mal habituel, coutumier. *The c. toasts were drunk,* on a porté les toasts rituels, les toasts d'usage *At the c. hour,* à l'heure accoutumée. **It is customary to . .,** il est de coutume, d'usage, de. . . . *It is c. to pay him a visit,* il est de règle de lui rendre visite, qu'on lui rende visite. **As is customary,** comme à l'accoutumée. (*b*) *Jur:* **Customary law,** droit coutumier; coutume *f* (d'une province, etc.). **Customary right,** droit *m* d'usage. **Customary clause,** clause *f* d'usage. **2.** *s. Jur:* (*Collection of customs*) Coutumier *m*; coutume *f* (d'un lieu). **-ily,** *adv.* Ordinairement, habituellement, d'habitude.
customer ['kʌstəmər], *s.* **1.** (*Of shop*) Chaland, -ande; pratique *f*; (*of business*) client, -ente; (*of restaurant*) client, consommateur *m*; habitué, -ée; (*of bank*) ayant-compte *m, pl.* ayants-compte; déposant *m.* *He is a c. of ours,* il se fournit chez nous. **2.** *F:* Individu *m,* bonhomme *m,* particulier *m,* type *m.* **A rum, queer, customer,** un drôle de corps, de client, de chaland, d'individu, d'oiseau, de citoyen, de paroissien, de numéro; un type à part. **Rough, ugly, customer,** vilain bonhomme, vilain compagnon; vilain matou; sale type; mauvais coucheur; dangereux adversaire; un brutal. **Sly, shifty, customer,** faux bonhomme. *See also* AWKWARD 4.
custos, *pl.* **-odes** ['kʌstɔs, kʌs'toudiːz], *s.* Gardien *m.* **Custos rotulorum,** garde *m* des archives (fonction exercée par le doyen des juges de paix du comté).
cut[1] [kʌt], *s.* **1.** (*a*) Coupe *f.* **To make a clean cut,** trancher nettement. **The first cut,** l'entame *f.* *See also* HAIR-CUT, SHOULDER-CUT. (*b*) Coupure *f* (dans une pièce de théâtre). *Journ: etc:* **To make cuts in an article,** *F:* faire des amputations dans un article; taillader un article. (*c*) *Com: etc:* Réduction *f* (de prix, de dépenses). **Wage cuts, cuts in wages,** réductions de salaires, sur le traitement. **To restore the cuts,** supprimer les réductions. (*d*) *Cards:* Coupe. **Cut for partners,** tirage *m* pour les places. (*e*) *Cr: Ten:* Coup tranchant. **Drive with a cut,** coup droit coupé. (*f*) *F:* **To give s.o. the cut direct,** passer près de qn sans le saluer; faire à qn l'insulte de ne pas le reconnaître. **2.** (*a*) Coup *m* (de couteau, d'épée); taillade *f.* *Sabre cut,* coup de sabre. *To go for s.o.* **cut and thrust,** attaquer qn d'estoc et de taille. *F: It was cut and thrust,* c'était une lutte acharnée. *See also* CUT-AND-THRUST. (*b*) *Cut with a whip,* coup de fouet; sanglade *f,* cinglon *m.* *To give s.o. a cut with one's whip,* sangler un coup de fouet à qn. *Cut with a cane,* coup de canne, de badine. (*c*) *F:* Coup, revers *m* (de fortune); trait acéré; sarcasme blessant. **The unkindest cut of all,** le coup de pied de l'âne. **3.** *Metalw: etc:* (*a*) Taille *f,* entaille *f* (d'une lime). **Rough cut,** grosse taille. *Single cut,* taille simple. *Second cut,* taille seconde, taille demi-douce. *Smooth cut,* taille douce. *Cross cut,* taille croisée. (*b*) Passe *f* (de machine-outil). *Heavy cut,* passe profonde; forte passe. *Finishing cut,* passe de finition, de finissage; dernière passe. *To make, take, a cut,* exécuter une passe; prendre une passe. *Depth of cut,* profondeur *f* de passe. (*c*) **Milling cut,** dressage *m* à la fraise. (*d*) **Saw cut,** trait *m* de scie. (*e*) *Min:* Havage *m.* **4.** (*a*) (*Wound, gash*) Coupure, estafilade *f*; balafre *f*; entaille. *The cut in the arm was very deep,* la coupure, l'entaille, au bras était très profonde. *The commonest wound in a sword fight is a cut in the fore-arm,* la blessure la plus commune dans le combat à l'épée, c'est une estafilade à l'avant-bras. *Cut across the cheek,* balafre à la joue. *The surgeon made a small cut in the finger,* le chirurgien fit une légère incision au doigt. (*b*) *Hort:* Enture *f.* (*c*) *Civ.E Rail:* Fouille *f,* saignée *f,* tranchée *f,* déblai *m.* *Mec.E:* Saignée (pour graissage). (*d*) *U.S:* = RAILWAY-CUTTING. **5.** (*a*) Illustration *f,* gravure *f,* vignette *f*; (*woodcut*) gravure sur bois; planche *f.* *Typ: Letter-press and cuts,* texte *m* et illustrations. (*b*) Diagramme *m,* schéma *m.* **6.** *Th:* Trappillon *m* (pour les fermes). **7.** Coupe (d'un vêtement, d'une voile); taille (d'une pierre précieuse). *See also* JIB[1] 1. **8.** (*a*) *F:* **To be a cut above s.o.,** être supérieur à qn; être au-dessus de qn. *She was a cut above the other girls,* elle appartenait à un niveau social, à un échelon social, au-dessus des autres. *That's a cut above me,* ça me dépasse; je ne suis pas à la hauteur; mon ambition ne va pas jusque-là. (*b*) **To draw cuts,** tirer à la courte paille. **9.** *Cu:* **Cut off the joint,** tranche *f,* morceau *m,* de rôti

Prime cut, morceau de (premier) choix. **10.** **Short cut**, raccourci *m*, chemin *m* de traverse, accourcie *f*. **To take a short cut**, couper au plus court; prendre (par) un raccourci. *I took the short cut*, j'ai pris par le plus court, j'ai pris la traverse. *This is a short cut to the town*, ce chemin est plus court pour la ville. **11.** *Danc:* Entrechat *m*. **12.** *P:* Absence *f* (d'une classe, etc.) sans permission.

cut², *v.tr. & i.* (*p.t.* **cut**; *p.p.* **cut**; *pr.p.* **cutting**) **1.** Couper, tailler; (*in slices*) trancher; hacher (le tabac, etc.). *To cut one's finger*, s'entailler, se couper, le doigt; se couper, se faire une entaille, au doigt. *To cut one's nails*, se couper les ongles. **To have one's hair cut**, se faire couper les cheveux; se faire tailler les cheveux. *The wind cut his face*, le vent lui coupait, lui cinglait, le visage. *This remark cut him to the quick*, cette parole le piqua au vif. *See also* HEART¹ 2. *To cut the hay*, couper, faucher, les foins. *Once the hay is cut*, une fois la fenaison faite. *Tool that cuts well*, outil *m* qui coupe, tranche, bien. *Knife that cuts like a razor*, couteau *m* qui tranche comme un rasoir. *With passive force.* **Cloth that cuts easily**, toile *f* qui se coupe facilement. **To cut and thrust**, frapper d'estoc et de taille. *F:* **That cuts both ways**, c'est une épée, un argument, à deux tranchants. **To cut and come again**, revenir au plat; y revenir; *P:* y repiquer. *To have enough to cut and come again*, en avoir à bouche que veux-tu. **To cut at s.o.**, décocher un coup d'épée, de fouet, etc., à qn. *To cut (away) at sth.*, coupailler qch. **To cut into a loaf**, entamer un pain. *To cut into a pie*, faire une brèche dans un pâté. *To cut the wedding cake*, entamer le gâteau de noces. *To cut into a tumour*, inciser une tumeur. *The work cuts into my free hours*, ce travail empiète sur mes heures de liberté. *The string is cutting (into) me*, le cordon me coupe la chair, me bride. *Bill:* **To cut the cloth**, faire un accroc au tapis. *Bookb:* **To cut the edges**, rogner les tranches. **To cut the boards**, rabaisser les cartons. *Com:* **To cut prices**, réduire les prix au plus bas, faire des prix de concurrence. **To cut a claim**, amputer une revendication. *Aut: etc:* **To cut a corner (close)**, prendre un virage à la corde. *To cut round a blind corner*, prendre un virage masqué à toute allure. *Sp:* **To cut a record**, battre un record. *To cut a piece to length*, couper une pièce à la longueur. *To cut wood to measure*, débiter du bois. *Metalw:* **To cut a piece to pattern**, profiler une pièce sur modèle. *Nau:* **To cut one's moorings**, couper, filer, ses amarres. **To cut and run**, (i) *Nau:* filer le câble; (ii) *F:* filer (en vitesse); se trotter; prendre ses jambes à son cou; montrer les talons, jouer des talons; décamper, se sauver. *P:* **To cut it**, se trotter; se la casser. *U.S:* **To cut loose**, s'émanciper. *To cut a connection with s.o.*, rompre les relations avec qn. *See also* FINE³ 6, GORDIAN, ICE¹ 1, LOSS 2, PAINTER², STICK¹ 1, THROAT 1. **2.** (*a*) **To cut sth. in two, in(to) pieces**, couper qch. en deux; couper qch. en, par, morceaux; dépecer (un poulet, etc.). *To cut an army to pieces*, mettre, tailler, une armée en pièces; écharper une armée. *The unfortunate passengers were cut to pieces*, les malheureux voyageurs ont été réduits en bouillie. *F:* *To cut a play to pieces*, soumettre une pièce à une critique sanglante; éreinter une pièce; faire chair à pâté d'une pièce. **To cut sth. to ribbons, to bits**, déchiqueter qch. **To cut an animal loose**, délier, détacher, une bête. *To cut oneself loose from sth.*, se séparer, se libérer, de qch. (*b*) **To cut an actor's part, lines**, faire des coupures dans le rôle d'un acteur. **To cut sth. short**, couper court à qch. *To cut a speech, a visit, short*, abréger un discours, une visite; raccourcir un discours; écourter une visite. *To cut s.o. short*, couper la parole à qn. **To cut the matter, a long story, short**, pour abréger; pour dire la chose en deux mots; pour le trancher net; en un mot comme en cent; pour (vous le) faire court, pour en finir; en fin de compte; à la fin du compte. *To cut a long story short she left him*, tant (il) y a qu'elle l'a quitté. *F:* **Cut it short!** abrégez vos observations! *P:* *Cut your clack!* assez jacassé! la ferme! *Cut your kidding*, assez de bêtises; ne fais pas la bête. **3.** (*a*) Couper, tailler, entailler (une pierre, du verre, etc.); percer, creuser (un canal); pratiquer (une ouverture); graver, ciseler, sculpter (des caractères sur le métal ou la pierre); couper, tailler (un habit). *See also* COAT¹ 1. *To cut an opening, a staircase, in a wall*, pratiquer une ouverture, un escalier, dans un mur. *There was a new name cut on his tombstone*, il y avait sur sa pierre un nouveau nom de gravé. (*b*) *To cut velvet*, ciseler le velours. (*c*) *To cut a screw*, fileter, décolleter, une vis. *To cut a screw-hole*, tarauder un trou. *To cut (a screw, etc.) by hand*, fileter, tarauder, à la volée. *To cut a new thread inside a nut*, retaper un écrou. (*d*) *Min:* Haver. **4.** (*a*) **To cut one's way through the wood**, se frayer, s'ouvrir, un chemin à travers le bois. **To cut across the fields, across country**, couper à travers champ(s). **To cut through sth.**, passer à travers qch.; transpercer qch. *To cut through the waves, the air*, fendre les eaux, l'air. *The place where the lines, the roads, cut one another*, l'endroit où les lignes, les routes, se croisent, se coupent. (*b*) **To cut into the conversation**, intervenir dans, interrompre brusquement, la conversation. (*c*) *P:* **Cut down, along, the street** *and see if he's there*, cours jusqu'au bout de la rue voir s'il est là. **Cut out** *and get some sausages*, cours acheter des saucisses. **5.** (*General meaning of 'to make'*) *See* CAPER² 1, DASH¹ 7, FIGURE¹ 2, TOOTH¹ 1. **6.** *Cards:* Couper (les cartes). **To cut for partners, for deal**, tirer pour les places, pour la donne. **7.** *Cr: Ten:* Trancher, couper (la balle). **8.** **To cut s.o. (dead)**, affecter, faire semblant, de ne pas voir qn; passer près de qn sans le saluer; tourner le dos à qn. *He cut me dead*, il m'a passé raide (sans me saluer). **9.** *F:* (*a*) Manquer exprès à (un rendez-vous). *Sch:* Sécher (un cours, une classe). **To cut school**, faire l'école buissonnière. (*b*) *To cut the whole concern*, abandonner l'affaire; renoncer à l'affaire. **10.** *Vet:* Châtrer (un cheval). **11.** *Abs.* (*Of horse*) Entre-tailler. **12.** *Danc:* *Abs.* Battre des entrechats.

cut about, *v.tr.* Abîmer, défigurer (une statue, etc.); mutiler (un manuscrit, etc.).

cut across, *v.tr. & i.* (*a*) Couper (qch.) en travers. (*b*) *This cuts across all my principles*, cela va à l'encontre de tous mes principes.

cut asunder, *v.tr.* Couper (qch.) en deux; trancher (qch.).

cut away¹. **1.** *v.tr.* (*a*) Couper, ôter, retrancher, élaguer. (*b*) Évider, entailler. *Wood-Engr:* Échopper. (*c*) Donner du dégagement à (une pièce). **2.** *v.i.* *F:* Décamper, déguerpir.

cut away². **1.** *a.* Entaillé; évidé. **2.** *a. & s.* **Cut-away (coat)**, jaquette *f*. **3.** *s.* **Cut-away**, dégagement *m* (d'une portière d'auto, d'une charnière, etc.).

cutting away, *s.* **1.** Enlèvement *m*, élagage *m*, retranchement *m*. **2.** Évidement *m*. *Engr:* Échoppage *m*.

cut back. **1.** *v.tr.* Élaguer, ébotter, recéper, ravaler, châtrer, rabaisser, rabattre (un arbre, une vigne, etc.). **2.** *v.i.* (*a*) *F:* S'en retourner; rebrousser chemin. (*b*) *Cin:* (*Of action*) Revenir à une époque antérieure; revenir en arrière.

cut-'back, *s.* **1.** *Cin:* Retour *m* de l'action à une époque antérieure; retour en arrière. **2.** *Arb:* Plant ravalé.

cutting back, *s.* Ravalement *m* (d'un arbre).

cut down, *v.tr.* **1.** (*a*) Couper, abattre (un arbre); couper (le blé). *I want that tree cut down*, je voudrais faire abattre cet arbre-là. (*b*) Sabrer, abattre (un adversaire); faucher (les troupes ennemies). **2.** Recéper (des arbustes); menuiser (le bois); abréger, élaguer, émonder (un discours, etc.); tronquer (un ouvrage); couper, réduire, restreindre, rogner (des dépenses). *Ind:* Restreindre (la production). **To cut down s.o.'s allowance or profits**, *F:* rogner les morceaux à qn. **To cut down expenses**, restreindre les dépenses; réduire les frais; *F:* mettre de l'eau dans son vin. **3.** *To cut down a man who is hanging*, couper la corde d'un pendu. **4.** *To cut down trousers (to make shorts)*, raccourcir un pantalon. *She cuts down her dresses for the child*, elle taille dans ses robes pour habiller la petite. **5.** *v.i.* *Sp:* *Turf:* *To cut down the field, abs.* **to cut down**, démarrer (et passer ses concurrents).

cutting down, *s.* **1.** Coupe *f*, abattage *m*. **2.** Rabattage *m*, élagage *m* (d'un arbre, etc.); menuisage *m* (du bois). *C. down of expenses*, réduction *f* des frais. *C. down of a book*, *F:* amputation *f* d'un livre. **3.** *N.Arch:* **Cutting-down line**, ligne *f* d'encolure (d'une varangue).

cut in, *v.i.* **1.** *Cards:* (R)entrer dans le jeu (à la place du joueur écarté au sort). (*Cf.* CUT OUT 4.) **2.** (*a*) Se mêler à la conversation; placer son mot; intervenir. (*b*) *Tp:* Faire intrusion (dans une conversation). **3.** *Danc:* Enlever la danseuse de qn. **4.** *Rac:* Couper la ligne; couper un concurrent. *Aut:* Couper la route à qn (après avoir doublé); croiser une voiture. *He cut in (on my car)*, son auto croisa, coupa, la mienne. **5.** *El.E:* (*a*) (*Of cut-out*) Se fermer; coller. *The cut-out cuts in too late*, le conjoncteur se ferme trop tard. (*b*) *v.tr.* **To cut in a resistance**, intercaler une résistance.

cut-'in, *s.* **1.** *Cin:* (*a*) Sous-titre *m*. (*b*) Scène *f* raccord. **2.** *El.E:* (*a*) Conjoncteur *m*. (*b*) *Cut-in action of the cut-out*, fermeture *f* du conjoncteur.

cutting in, *s.* **1.** Intervention *f*. **2.** *Aut:* Croisement *m* (d'une autre voiture après l'avoir doublée). **3.** *El.E:* Intercalage *m* (d'une résistance).

cut off. **1.** *v.tr.* (*a*) Couper, découper, trancher (un morceau); détacher (un coupon de rente). *To cut off a piece of sth. from sth.*, détacher, retrancher, un morceau de qch. de qch.; lever un morceau sur qch. *To cut off a sample*, prélever un échantillon. **To cut off s.o.'s head**, couper, trancher, abattre, la tête à qn. *To cut off a limb, s.o.'s limb*, amputer un membre; amputer qn. *To cut off one's finger*, se couper le doigt; (i) perdre un doigt, (ii) se mutiler d'un doigt. *To cut off the heads of piles*, couper, araser, les têtes des pieux. *To cut off some metal*, rogner du métal. *To cut off a rivet*, cisailler un rivet. *Lit:* **To be cut off in the prime of life, in one's prime**, être emporté, fauché, à la fleur de l'âge. *See also* CORNER¹ 3, NOSE¹ 1. (*b*) *To cut off s.o.'s retreat*, couper la retraite à qn. *To cut off the enemy*, couper la ligne de retraite, la route, de l'ennemi. *Army cut off from the sea*, armée coupée de ses communications avec la mer. *To be cut off from the main body*, être coupé du gros de l'armée; se trouver isolé. *To be cut off from all the enjoyments of life*, être privé de toutes les jouissances de la vie. **To cut oneself off from the world**, se retirer du monde, dans la solitude. *Paper cut off from news*, journal sevré d'informations. (*c*) *Tp:* Couper (qn). *Don't cut me off*, ne coupez pas. (*d*) Couper, supprimer, détendre, intercepter (la vapeur, etc.). *El:* *To cut off the current*, couper, interrompre, le courant. *I.C.E:* *To cut off the ignition*, couper l'allumage. **To cut off s.o.'s water, gas**, couper, supprimer, l'eau, le gaz, à qn. *Aut:* *To cut off the petrol*, couper l'arrivée de l'essence. *To cut off s.o.'s supplies*, couper, supprimer, les vivres à qn; priver qn d'approvisionnements. *To cut off wine from s.o.'s diet*, supprimer le vin à qn. *The doctor has cut off my coffee*, le médecin m'a supprimé le café. **To cut s.o. off with a shilling**, déshériter qn. (*e*) *To cut off the negotiations*, couper court aux négociations ((i) les interrompre, (ii) y mettre fin). **2.** *v.i.* *F:* Décamper, déguerpir. *I told him to cut off*, je lui ai dit de filer.

cut-'off, *s.* **1.** (*a*) *Ph.Geog:* *Esp. U.S:* Bras mort (d'une rivière); méandre recoupé; délaissé *m*, cut-off *m*. (*b*) *U.S:* Chemin *m* de traverse; raccourci *m*. **2.** *Mch:* (*a*) Obturateur *m* (du cylindre). (*b*) Fermeture *f* de l'admission; occlusion *f*, exclusion *f* (de la vapeur). **Cut-off valve**, soupape *f*, tiroir *m*, de détente. *Cut-off at 10% of stroke*, détente *f* au dixième. *I.C.E:* *Late cut-off*, retard *m* à la fermeture de l'admission. **3.** *Cin:* (*a*) Écran *m* de sûreté (d'un projecteur). (*b*) **Cut-off period**, intervalle *m* d'obscuration; phase *f* d'escamotage.

cutting off, *s.* **1.** Coupage *m*, découpage *m*, tranchage *m*; (*of a limb*) amputation *f*. *Ind:* **Cutting-off machine**, machine *f* à tronçonner. **2.** Exclusion *f*, séparation *f* (*from*, de). **3.** Suppression *f* (*of*, de).

cut out, *v.tr.* **1.** (*a*) Couper, enlever (qch.); retrancher (un passage d'un livre). *Surg:* Exciser (une loupe, etc.). *To cut out details*, élaguer des détails. (*b*) *F:* **To cut s.o. out**, couper l'herbe sous le pied de qn; supplanter qn; souffler la place à qn; éclipser qn. *He is trying to cut me out with my girl*, il voudrait m'évincer auprès de mon amie. *The big traders cut out the small, F:* les gros poissons mangent les petits. (c) (*In Austr.*) *To cut out cattle from a herd,* détacher des bêtes d'un troupeau. **2.** (a) *To cut out pictures from a book,* découper des images dans un livre. *To cut out a garment,* couper, tailler, découper, un vêtement. *To cut out a pattern, etc.* (*with stamping press*), frapper un patron. *F:* **To be cut out for sth.,** être fait, taillé, pour qch.; être né pour qch.; avoir des dispositions pour qch. *He is cut out for a teacher,* il a la vocation du professorat. *He is not cut out to be, for, a leader,* il n'est pas de taille à être chef; il n'est pas taillé, fait, pour commander; il n'a pas l'étoffe d'un grand capitaine. *See also* WORK[1] 2. (b) Échancrer une robe, etc.). (c) **To cut a statue out of wood,** tailler une statue dans le bois. **3.** (a) *Mec.E: etc:* **To cut out a part,** supprimer, retrancher, un organe; *El:* mettre un organe hors (de) circuit. *Ind: Nau: To cut out a boiler,* isoler une chaudière. *W.Tel: I can't cut out Droitwich,* je ne peux pas faire taire Droitwich. *Device for cutting out strays,* dispositif *m* anti-parasites. *F:* **To cut out superfluous details,** élaguer des détails superflus. *On Sundays we c. out luncheon,* les dimanches nous supprimons le second déjeuner. *To cut out everything that is not necessary,* retrancher le superflu. *To cut out luxuries,* se retrancher tout luxe. *To cut out smoking,* abandonner le tabac. *Cut out the threats!* pas de menaces! **Cut it out!** (i) n'en parlons plus, passons; (ii) pas de ça! (b) *v.i. El.E:* (*Of cut-out*) S'ouvrir; décoller. *To cut out too soon,* s'ouvrir trop tôt. **4.** *v.i. Cards:* Couper à qui se retirera du jeu (pour admettre un joueur qui attend son tour).

cut-'out, *s.* **1.** (a) Coupure *f* (d'une pièce de théâtre). (b) *Cin:* Déchet *m* de film. **2.** *Bookb:* Carton (détaché d'une feuille entière). **3.** *El.E:* Coupe-circuit *m inv,* brise-circuit *m inv.* (a) Conjoncteur-disjoncteur *m, pl.* conjoncteurs-disjoncteurs; interrupteur *m.* **Double cut-out,** interrupteur double. **Overload cut-out,** interrupteur à maximum, de surcharge; disjoncteur *m* à maximum. **Zero cut-out,** commutateur *m* à zéro. (b) Fusible *m* (de sûreté); plomb *m* (fusible, de sûreté). **4.** *I.C.E: Aut:* Clapet *m,* soupape *f,* d'échappement libre (du silencieux); échappement *m* libre. **5.** (a) *Th: Cin:* Décor découpé. (b) *Photo-Engr: etc:* Portrait détouré. **6.** *Rail:* (Voie *f* en) déblai *m.*

cutting out, *s.* **1.** Enlèvement *m,* excision *f.* **2.** Découpage *m,* taille *f. See also* OXYACETYLENE, SCISSOR[1] 1.

cut up, *v.tr.* **1.** Couper, débiter (le bois, la viande); détailler (une pièce d'étoffe, etc.); découper, dépecer, démembrer (une volaille, etc.); équarrir (un cheval, etc.); hacher (des légumes, etc.); défoncer, effondrer (un chemin, le terrain); tailler en pièces, défoncer (une armée); *F:* critiquer sévèrement, éreinter (un livre). *F:* (*Of pers., with passive force*) **To cut up well,** *P:* **to cut up fat,** laisser une fortune considérable. *To cut up the bread,* tailler le pain par morceaux; (*for soup*) tailler la soupe. *Crops cut up by the hail,* récoltes hachées par la grêle. *The army was badly cut up in the fight,* l'armée a souffert de fortes pertes, a été fort maltraitée, dans le combat. *A battalion has been cut up,* un bataillon a été taillé en pièces, *P:* a été zigouillé. *Cut-up road,* chemin défoncé. *Road cut up by the rains,* route ravinée par les pluies. *Coast cut up into deep bays,* côte découpée en golfes profonds, échancrée, dentelée, de golfes profonds. **2.** *F:* (a) **To be much cut up by a piece of news,** être démonté, profondément affecté, affligé, par une nouvelle. *Don't be so cut up about it,* ne vous affligez pas ainsi. *His wife was very cut up that he had forgotten,* sa femme était au désespoir qu'il eût oublié. (b) *v.i.* **To cut up rough,** se fâcher; se mettre en colère; grincher. *He cut up very rough* (*about it*), il a très mal pris la chose.

cut-'up, *s.* Critique *f* acerbe; bordée *f* de critiques; abattage *m*; *F:* éreintement *m.*

cutting up, *s.* **1.** Découpage *m,* dépècement *m,* dépeçage *m,* démembrement *m*; équarrissage *m*; (*of cloth, meat, etc.*) détail *m.* *C. up of a road by the rains,* défoncement *m,* défonçage *m,* rupture *f,* d'un chemin par les pluies. **2.** Éreintement *m,* éreintage *m* (d'un livre, etc.).

cut[3], *a.* **1.** **Cut glass,** cristal taillé. *Cut diamond,* diamant taillé. *Cut velvet,* velours ciselé. *Cut nail,* clou découpé, étampé. *See also* TOBACCO 2. **Well-cut suit,** complet *m* de bonne coupe, de bonne façon, bien taillé. **Low-cut dress,** robe décolletée. **Cut and dry, cut and dried, opinions, programme,** opinions toutes faites; programme arrangé, préparé, d'avance. *The work is cut and dry,* la besogne est toute taillée. *See also* SPLICE[1] 1. **2. Cut prices,** prix réduits.

cutting[1], *a.* **1. Cutting edge,** arête tranchante; coupant *m,* tranchant *m*; fil *m* (d'un outil). *C. point,* pointe coupante. **2. Cutting wind, rain,** vent cinglant, glacial; pluie cinglante; vent à vous couper la figure en quatre. **3. Cutting remark,** réponse mordante, blessante, piquante, caustique; cinglon *m*; coup *m* de langue. *C. criticism,* critique incisive. *C. way of saying things, c. tongue,* langue acérée. *C. words,* mots *m* à l'emporte-pièce. *He is very c.,* c'est un emporte-pièce. **-ly,** *adv.* Caustiquement; d'un ton caustique, piquant.

cutting[2], *s.* **1.** (a) Coupe *f,* coupage *m* (d'une branche, des foins, etc.). *Metalw:* Cisaillage *m,* cisaillement *m* (d'une barre de fer, etc.). *Bookb:* Rognage *m* (des bords). **Cable cutting,** coupe des câbles sous-marins. *C. of velvet,* ciselage *m* du velours. *Typewr: C. of wax stencils,* préparation *f* de clichés au stencil. *Mec.E:* **Cutting action,** cisaillement. *See also* HAIR-CUTTING, SCREW-CUTTING, SHAPE[1] 4, TOOTH[1] 1, WOOD-CUTTING 2. (b) Coupe, coupage, abattage *m* (des arbres). *For:* **Cutting area,** parterre *m* de la coupe. *To make periodical cuttings in a wood,* mettre un bois en coupe réglée. *See also* ADVANCE[1] 1. (c) Entaillage *m* (d'une coche, etc.); percement *m* (d'un canal). (d) Taille *f* (d'un diamant, d'un habit, d'une haie, d'un rosier, etc.). **File-cutting,** taillage *m* de limes. **Cutting of screw-threads,** filetage *m.* *See also* GLASS-CUTTING. (e) Découpage *m* (de la tôle, de la viande, d'un film, etc.). *Cin:* **Cutting and editing,** découpage et montage *m.* **Cutting (up) of timber,** débit *m* du bois. *C.* (*of timber*) *on the quarter,* débit sur maille, sur quartier. *Metalw:* **Blow-torch cutting,** découpage au chalumeau. (f) *Min:* Havage *m* (du charbon). (g) **Cutting of prices, wages,** réduction *f* des prix, des salaires; rabais *m* des prix. **2.** (*Piece cut off*) (a) Coupon *m,* bout *m* (d'étoffe, etc.). *C. from a newspaper,* coupure prise dans un journal. *Metalw: C. from the bar,* prise *f* dans la barre. *C. from the plate,* cisaille *f. See also* PRESS-CUTTING. (b) *pl.* **Cuttings,** copeaux *m,* rognures *f,* recoupe *f* (de bois, de métal, etc.). (c) *Hort:* Bouture *f*; (*of vine*) sarment *m.* **3.** (a) *Civ.E: etc:* Coupure *f,* tranchée *f,* excavation *f,* déblai *m*; voie *f* en tranchée. *Road running through a c.,* route encaissée. *See also* RAILWAY-CUTTING. (b) (*In forest*) Percée *f,* percé *m,* tranchée, laie *f,* layon *m.*

'cutting-angle, *s.* Angle *m* de coupe.

'cutting-bench, *s.* Banc *m* à couper.

'cutting-board, *s. Leath:* Écofrai *m,* écofroi *m.*

'cutting-machine, *s.* **1.** Machine-outil *f* à découper. **2.** Cisaille *f*; coupoir *m. See also* RAG-CUTTING, NAIL[1] 2.

'cutting-nippers, *s.pl.* Pinces coupantes.

'cutting-pliers, *s.pl.* Pince-cisaille *f, pl.* pinces-cisailles; pince *f* coupe-fil(s).

'cutting-press, *s.* **1.** *Bookb:* Balancier *m* découpoir; cisaille *f.* **2.** = CUTTING-MACHINE 1.

'cutting-tool, *s.* Outil coupant, outil tranchant; lame *f.*

'cut-and-'thrust, *a.* **1.** (*Of blade*) Fait pour frapper d'estoc et de taille. **2.** *F:* (Homme) batailleur, pourfendeur, ferrailleur, fanfaron. *See also* CUT[1] 2.

cutaneous [kju'teiniəs], *a.* Cutané.

cutch [kʌtʃ], *s. Com:* = CATECHU.

cutchery ['kʌtʃəri], **cutcherry** [kʌ'tʃeri], *s.* (*In India*) **1.** Palais *m* de justice; tribunal *m.* **2.** *Com:* Comptoir *m,* bureaux *mpl.*

cute [kjuːt], *a. F:* **1.** (a) (*Of pers.*) Malin, -igne; rusé, dégourdi, déluré. *He's as c. as a fox,* **he's a cute one,** c'est un fin renard; *P:* il a le nez creux. (b) **Cute idea,** idée originale. **2.** *U.S:* (*Of pers., thg*) Gentil, -ille, coquet, -ette. **-ly,** *adv. F:* Avec ruse, habilement; ingénieusement.

cuteness ['kjuːtnəs], *s. F:* Intelligence *f,* finesse *f.*

cutey ['kjuːti], *s.f. U.S: P:* Petite rusée; petite délurée.

Cuthbert ['kʌθbərt]. **1.** *Pr.n.m.* Cuthbert. **2.** *s. Mil: F:* Embusqué *m* (1914-18).

cuticle ['kjuːtikl], *s.* **1.** *Anat:* Épiderme *m,* cuticule *f. See also* SCISSOR[1] 1. **2.** *Bot: Biol:* Cuticule; pellicule *f* (du riz, etc.).

cuticular [kju'tikjulər], *a.* Cuticulaire, cuticuleux.

cutin ['kjuːtin], *s. Bot:* Cutine *f.*

cutinization [kjutini'zeiʃ(ə)n], *s. Bot:* Cutinisation *f.*

cutis ['kjuːtis], *s. Anat:* Derme *m.*

cutlass ['kʌtləs], *s.* **1.** *Nau:* Sabre *m* d'abordage. **2.** *U.S:* Couteau *m* de chasse.

'cutlass-fish, *s. Ich:* Ceinture *f* d'argent.

cutler ['kʌtlər], *s.* Coutelier *m. See also* SWORD-CUTLER.

cutlery ['kʌtləri], *s.* **1.** Coutellerie *f.* **2.** *Com:* Coutellerie et argenterie *f* de table. **Canteen of cutlery, cutlery cabinet,** coffre *m* de coutellerie et orfèvrerie de table; ménagère *f.*

'cutlery-basket, *s.* Ramasse-couverts *m inv.*

'cutlery-works, *s.* (Fabrique *f* de) coutellerie *f.*

cutlet ['kʌtlet], *s. Cu:* **1.** Côtelette *f* (de mouton); escalope *f* (de veau). **2.** Croquette *f* (de volaille, etc.) en forme de côtelette.

cutpurse ['kʌtpəːrs], *s.* Coupeur *m* de bourses; malandrin *m.*

cutter ['kʌtər], *s.* **1.** (*Pers.*) (a) Coupeur *m*; tailleur *m* (de pierre, etc.); abatteur *m* (d'arbres, de charbon). **Coal-cutter,** (i) haveur *m*; (ii) soucheveur *m.* **Gem-cutter,** tailleur, polisseur *m,* de pierres précieuses. *See also* FILE-CUTTER, GLASS-CUTTER 1, GLOVE-CUTTER, SCREW-CUTTER 1, WOOD-CUTTER. (b) *Tail:* Coupeur. (c) *Husb:* Châtreur *m.* (d) *Cin:* Découpeur, -euse (de films); monteur, -euse. **2.** *Tls:* Coupoir *m,* lame *f,* couteau *m.* **Anvil-cutter,** tranchet *m.* **Rotary cutter,** roue *f* à couteaux. **Milling-cutter, milled cutter,** fraise *f.* **Cutter spindle,** mandrin *m* de fraisage. **Coal-cutter,** haveuse *f,* houilleuse *f.* *Typ:* **Rule cutter,** coupoir pour filets. *See also* ARBOR[1], CHAFF-CUTTER, CHEESE-CUTTER, GLASS-CUTTER 2, NAIL-CUTTER, NET-CUTTER, PAPER-CUTTER, PIPE-CUTTER, PRINT-CUTTER, PROOF-CUTTER, SCREW-CUTTER 2, SOD-CUTTER, SUGAR-CUTTER, TAP-CUTTER, THREAD-CUTTER, TURF-CUTTER, WIRE-CUTTER. **3.** *Const:* Brique *f* tendre. **4.** *Nau:* (a) Canot *m* (d'un bâtiment de guerre). (b) **Revenue cutter,** patache *f* de la douane. (c) Cotre *m,* cutter *m.* **5.** *U.S:* Traîneau *m.* **6. Cutter-in.** (a) Automobiliste *m* qui coupe la route à un autre. (b) *Cards:* Rentrant, -ante.

cutthroat ['kʌtθrout], *s.* **1.** Coupe-jarret *m, pl.* coupe-jarrets; escarpe *m.* **Cutthroat den,** coupe-gorge *m inv*; égorgeoir *m.* *See also* RAZOR. **2.** *Orn: F:* Cou coupé. **3.** (a) **Cutthroat competition,** concurrence acharnée. (b) *Cards:* **Cutthroat (bridge),** bridge *m* à trois.

cuttle [kʌtl], *s. Moll:* **Cuttle(-fish),** seiche *f,* sèche *f,* sépia *f.*

'cuttle-bone, *s.* (*Also* **cuttle-fish bone**) Os *m* de seiche; biscuit *m* de mer.

cutty ['kʌti]. **1.** *a.* (a) (Fil, etc.) coupant. (b) *Scot:* Petit, court. **'Cutty sark,'** chemise (de femme) écourtée. **2.** *s. F:* Brûle-gueule *m inv.*

'cutty-stool, *s. Scot:* **1.** Petit escabeau. **2.** *Ecc: A:* Sellette *f.*

cutwater ['kʌtwɔːtər], *s.* **1.** *N.Arch:* (Taquet *m* de) taille-mer *m*; éperon *m*; guibre *f. C. stem,* étrave *f* à guibre. **2.** *Civ.E:* Bec *m* (d'une pile de pont). *Down-stream c.,* arrière-bec *m.* *Up-stream c.,* avant-bec *m.*

cutworm ['kʌtwəːrm], *s. Ent:* Agrotis *f* des moissons.

cwm [kum], *s. Ph.Geog:* (*In Wales*) (a) Vallon *m.* (b) Cirque *m.*

-cy [si], *s.suff.* -tie *f. Prophecy,* prophétie. *Idiocy,* idiotie. *See also* -ACY, -ANCY, -CRACY, -ENCY, -MANCY.

cyanamide ['saiənəmaid], *s. Ch:* Cyanamide *f.*

cyanate ['saiəneit], *s. Ch:* Cyanate *m.*

cyanhydric [saiən'haidrik], *a. Ch:* Cyanhydrique.
cyanic [sai'anik], *a. Ch:* Cyanique.
cyanidation [saianai'deiʃ(ə)n], *s. Gold-min:* Cyanuration *f.*
cyanide[1] ['saiənaid], *s. Ch:* Cyanure *m.* **Potassium cyanide,** cyanure de potassium; prussiate *m* de potasse. *C. solution,* dissolution cyanurée. **Cyanide process,** procédé *m* de cyanuration; extraction *f* de l'or par cyanuration. *Metall:* **Cyanide-hardening,** cyanuration *f* (de l'acier).
cyanide[2]. **1.** *v.tr.* Cyanurer (l'or, l'acier; *Hort:* une serre, etc.). **2.** *v.i.* Se cyanurer.
cyaniding, *s.* Cyanuration *f.*
cyanin ['saiənin], *s. Bot: Ch:* Cyanine *f.*
cyanine ['saiənain, 'saiəni:n], *s. Ch: Dy:* Cyanine *f.*
cyanite ['saiənait], *s. Miner:* Cyanite *m.*
cyanize ['saiəna:iz], *v.tr. Ch: Ind:* Cyanurer (des matières organiques).
cyan(o)- [sai'an(o), saiə'nɔ], *comb.fm.* Cyano-. *Miner: Ch: etc: Cya'nometer,* cyanomètre. *Cyan'hydrin,* cyanhydrine. *Cy'anamine,* cyanamine.
cyanogen [sai'anodʒen], *s. Ch:* Cyanogène *m.*
cyanogenesis [saiəno'dʒenesis], *s.* Cyanogénèse *f.*
cyanometer [saiə'nɔmetər], *s. Meteor:* Cyanomètre *m.*
cyanosis [saiə'nousis], *s. Med:* Cyanose *f*; maladie bleue; couperose bleue; ictère bleu.
Cybele ['sibili]. *Pr.n.f. Class.Myth:* Cybèle.
cycad ['saikad], *s. Bot:* Cycas *m.*
Cyclades (the) [ðə'sikladi:z]. *Pr.n.pl. Geog:* Les Cyclades *f.*
Cycladic [si'kladik], *a. Geog:* Des Cyclades.
cyclamen ['siklamen]. **1.** *s. Bot:* Cyclamen *m.* **2.** *a.* Rose cyclamen *inv.*
cyclas ['siklas], *s.* **1.** *Gr.Ant:* Cyclas *f,* tunique *f.* **2.** *Archeol:* Cotte *f* d'armes.
cycle[1] [saikl], *s.* **1.** Cycle *m* (de mouvements, de poèmes, etc.); *Geol:* période *f. Astr:* **Lunar, Metonic, cycle,** cycle lunaire. *Ph:* **Carnot's cycle,** le cycle de Carnot. *Reversible c.,* cycle réversible. *I.C.E:* **Four-stroke cycle,** cycle à quatre temps; cycle Beau de Rochas. **Bacterial life-cycle,** cycle d'évolution des bactéries. **2.** = BICYCLE[1]. **Cycle path,** piste *f* cyclable. *See also* MOTOR-CYCLE[1].
'cycle-car, *s.* Cyclecar *m,* tri-car *m,* tri-voiturette *f.*
'cycle-racing, *s.* Courses *fpl* de bicyclettes; épreuves *f* cyclistes. *C.-racing track,* vélodrome *m.*
cycle[2], *v.i.* Faire de la bicyclette; aller à bicyclette; *F:* pédaler.
cycling, *s.* Cyclisme *m. C. dress,* costume *m* (de) cycliste. *C. meeting,* réunion *f* cycliste. *C. paper,* journal *m* cycliste; journal de cyclisme. **Cycling track,** vélodrome *m.*
cycler ['saiklər], *s. U.S:* = CYCLIST.
cyclette [sai'klet], *s.* **Motor cyclette,** petite motocyclette à deux temps.
cyclic(al) ['siklik(əl)], *a.* (*Of movement, chemical compound, poem, poet, etc.*) Cyclique. *Mth:* **Cyclic permutations,** permutations *f* circulaires.
cyclist ['saiklist], *s.* Cycliste *mf*; pédaleur, -euse. *See also* MOTOR CYCLIST.
cyclo- ['saiklo, sai'klɔ], *comb.fm. Nat.Hist: etc:* Cyclo-. *'Cyclo-'branchiate,* cyclobranche. *'Cycloce'phalian,* cyclocéphalien. *'Cyclostome,* cyclostome. *Cy'clometer,* cyclomètre.
cyclograph ['saiklograf, -gra:f], *s. Draw:* Cyclographe *m.*
cycloid ['saiklɔid], *s. Geom:* Cycloïde *f,* roulette *f. Curtate c.,* cycloïde raccourcie. *Prolate c.,* cycloïde allongée.
cycloidal [sai'klɔid(ə)l], *a. Geom:* Cycloïdal -aux. **Cycloidal pendulum,** pendule cycloïdal. *Clock with c. pendulum,* horloge *f* à cycloïde. **Cycloidal curve,** anse *f,* cycloïde *f.*
cyclometer [sai'klɔmetər], *s.* Odomètre *m*; compteur *m* kilométrique (pour bicyclettes).
cyclometry [sai'klɔmetri], *s.* Cyclométrie *f*; mesure *f* des cercles.
cyclonal [sai'kloun(ə)l], *a. Meteor:* Cyclonal, -aux.
cyclone ['saikloun], *s. Meteor:* Cyclone *m. U.S:* **Cyclone cellar,** refuge *m,* abri *m,* contre les cyclones.
cyclonic(al) [sai'klɔnik(əl)], *a.* Cyclonal, -aux; cyclonique.
cyclopaedia [saiklo'pi:diə], *s.* = ENCYCLOPAEDIA.
Cyclopean [saiklo'pi:ən], **Cyclopian** [sai'kloupiən], *a.* Cyclopéen; *F:* gigantesque. *Archeol: C. masonry,* maçonnerie cyclopéenne.
Cyclops ['saiklɔps], *s. Myth:* Cyclope *m.*
cyclostyle[1] ['saiklostail], *s.* Appareil *m* à polycopier par stencils; autocopiste *m* (à stencils).
cyclostyle[2], *v.tr.* Polycopier, autocopier (au moyen d'un stencil).
cyclostyling, *s.* Autocopie *f.*
cygnet ['signet], *s. Orn:* Jeune cygne *m.*
cylinder ['silindər], *s.* **1.** *Geom:* Cylindre *m. Right c.,* cylindre droit. *Oblique c.,* cylindre oblique. **2.** Cylindre (de machine à vapeur, etc.); corps *m,* barillet *m* (de pompe); barillet (de revolver); rouleau *m* (de phonographe). *El:* Tambour *m* (de bobine électrique). *Typewr:* Rouleau porte-papier. *Tex:* Cochonnet *m* (pour impression d'indiennes, etc.). *Mus:* Cylindre (d'instrument à pistons). *C. of compressed gas,* bouteille *f,* cylindre, de gaz comprimé. *Min: etc:* **Sorting cylinder,** tambour à assortir. *I.C.E:* **Four-cylinder engine,** moteur *m* à quatre cylindres; *F:* un quatre-cylindres. *See also* ONE-CYLINDER. **A six-cylinder car,** *F:* une six-cylindres. **Cubic capacity of cylinder, cylinder charge, cylinder displacement,** cylindrée *f. See also* GAS-CYLINDER, MEASURING, ROUGHING-CYLINDER.
'cylinder-'barrel, *s. Mch:* Corps *m* du cylindre; cylindre.
'cylinder-'cover, *s. Mch:* Plateau *m* de cylindre.
'cylinder-dried, *a. Paperm:* Séché à la machine.
'cylinder-'head, *s. I.C.E:* Culasse *f,* calotte *f. Detachable c.-h.,* culasse rapportée, amovible. *Solid(-cast) c.-h.,* culasse venue de fonte avec le cylindre.
'cylinder-'jacket, *s.* Chemise *f,* enveloppe *f,* soufflage *m,* du cylindre.
'cylinder-'stove, *s.* Calorifère *m.*
cylinderful ['silindərful], *s.* Cylindrée *f.*
cylindrical [si'lindrik(ə)l], *a.* Cylindrique. *See also* GAUGE[1] 2, VAULT[1] 1.
cylindriform [si'lindrifɔ:rm], *a.* Cylindriforme.
cylindro-conical [silindro'kɔnik(ə)l], *a.* Cylindro-conique, *pl.* cylindro-coniques.
cylindroid [si'lindrɔid], *a. & s.* Cylindroïde (*m*).
cyma, *pl.* **-mas** ['saima(z)], *s.* **1.** *Arch:* Cimaise *f,* cymaise *f* (de corniche). **Cyma recta,** cimaise droite. **Cyma reversa, inversa,** cimaise renversée. **2.** *Bot:* = CYME.
cymbal ['simb(ə)l], *s.* Cymbale *f.* **Cymbal-player,** cymbalier *m.*
cymbalist ['simbəlist], *s.* Cymbalier *m.*
cymbalo ['simbəlo], *s. Mus: A:* Tympanon *m.*
cymbiform ['simbifɔ:rm], *a. Bot:* Cymbiforme.
cyme [saim], *s. Bot:* Cyme *f.*
cymene ['saimi:n], *s. Ch:* Cymène *m.*
cymometer [sai'mɔmetər], *s. W.Tel:* Cymomètre *m,* ondemètre *m.*
cymophane ['saimofein], *s. Miner:* Cymophane *f,* chrysobéryl *m.*
cymophanous [sai'mɔfanəs], *a.* Chatoyant.
cymoscope ['saimoskoup], *s. W.Tel:* Détecteur *m* d'ondes.
cymose [sai'mous], *a. Bot:* En cyme.
Cymric ['kimrik], *a.* Kymrique, cymrique; gallois.
cynanchum [si'naŋkəm], *s. Bot:* Cynanque *m.*
cynegetic [saini'dʒetik], *a.* Cynégétique.
cynegetics [saini'dʒetiks], *s.pl.* (*With sg. const.*) Cynégétique *f.*
cynic ['sinik], *a. & s.* **1.** (*a*) *Hist. of Phil:* Cynique (*m*). (*b*) *Med:* **Cynic spasm,** spasme *m* cynique. **2.** (*a*) *a.* = CYNICAL. (*b*) *s.* Censeur *m* caustique, sarcastique; railleur *m*; sceptique *m,* incrédule *m.*
cynical ['sinik(ə)l], *a.* **1.** *Hist. of Phil:* Cynique. **2.** (*a*) Sarcastique, railleur; sceptique, incrédule; blagueur, persifleur. (*b*) (Sourire *m,* comédie *f*) rosse. **-ally,** *adv.* (*a*) D'un ton sceptique; railleusement, caustiquement. (*b*) D'un ton rosse.
cynicism ['sinisizm], *s.* **1.** *Hist. of Phil:* Cynisme *m.* **2.** Scepticisme railleur; esprit *m* de blague. **3.** (*a*) Mot *m* caustique. (*b*) *Cynicisms,* rosseries *f.*
cynips ['sinips], *s. Ent:* Cynips *m.*
cynocephalous [saino'sefələs], *a. Z:* Cynocéphale.
cynocephalus [saino'sefələs], *s. Z:* Cynocéphale *m.*
cynoglossum [sino'glɔsəm], *s. Bot:* Cynoglosse *f.*
Cynoscephalae [saino'sefəli:]. *Pr.n. A.Geog:* (Les) Cyno(s)céphales *f.*
cynosure ['sainosjuər], *s. Astr:* Cynosure *f*; la Petite Ourse. *F:* **The cynosure of every eye,** le point de mire de tous les yeux.
cynosurus [saino'sjuərəs], *s. Bot:* Cynosure *f.*
cyperus ['saipərəs], *s. Bot:* Souchet *m. Sweet c.,* souchet long.
cypher ['saifər], *s.* = CIPHER.
cyphosis [sai'fousis], *s. Med:* Cyphose *f.*
cy pres [si:'pre:]. *Fr.adv.phr. Jur:* Aussi exactement que faire se pourra. (Autorisation donnée par la Cour de suivre d'aussi près que possible les intentions du testateur, en matière de fondations charitables.)
cypress ['saipres], *s. Bot:* Cyprès *m.* **Black, bald, cypress, deciduous cypress,** cyprès chauve; arbre *m* de Chypre. *See also* SPURGE.
'cypress-grove, -plantation, *s.* Cyprière *f.*
Cyprian[1] ['sipriən]. *Pr.n.m.* Cyprien.
Cyprian[2]. **1.** *a. & s. Geog:* Chypriot, -ote; cypriote (*mf*). *Lit:* **Cyprian Venus,** Cypris *f.* **2.** *A. & Lit:* (*a*) *a.* Débauché, dévergondé. (*b*) *s.f.* Courtisane; prostituée.
Cypriote ['sipriət], *a. & s. Geog:* Chypriot, -ote; cypriote (*mf*).
cypripedium [sipri'pi:diəm], *s. Bot:* Cypripède *m.*
Cypris ['saipris]. **1.** *Pr.n.f. A.Lit:* Cypris. **2.** *s. Crust:* Cypris *f.*
Cyprus ['saiprəs]. *Pr.n. Geog:* L'île de Chypre; la Chypre.
Cyrenaic [sairi'neiik], *a. & s. Hist. of Phil:* Cyrénaïque (*m*).
Cyrenaica [sairi'neiika]. *Pr.n. A.Geog:* La Cyrénaïque.
Cyrene [sai'ri:ni]. *Pr.n. A.Geog:* Cyrène *f.*
Cyril ['siril]. *Pr.n.m.* Cyrille.
Cyrillian [si'riliən], **Cyrillic** [si'rilik], *a.* (L'alphabet) cyrillien, cyrillique.
Cyropaedia (the) [ðəsairo'pi:dia, -pe'di:a], *s. Gr.Lit:* La Cyropédie.
cyst [sist], *s.* **1.** (*a*) *Biol: Anat:* Sac *m*; vésicule *f.* **Bile cyst,** vésicule du fiel. (*b*) *Bot:* Kyste *m.* **2.** *Med: Surg:* Kyste.
cyst-, cysti-, cysto- [sist(i, -o, -ɔ)], *comb.fm.* Cyst-, cysti-, cysto-. *Med: etc: Cys'talgia,* cystalgie. *Cysthe'patic,* cysthépatique. *'Cystitome,* cystitome. *Cys'totomy,* cystotomie. *Cystir'rhoea,* cystirrhée.
cystalgia [sis'taldʒia], *s. Med:* Cystalgie *f,* cystodynie *f.*
cystectomy [sis'tektəmi], *s. Surg:* Ablation *f* d'un kyste; kystectomie *f.*
cystic ['sistik], *a. Anat: Med:* Kystique, cystique.
cysticercus [sisti'sə:rkəs], *s. Ann:* Cysticerque *m.*
cystiform ['sistifɔ:rm], *a.* En forme de kyste.
cystin(e) ['sistain, 'sistin], *s. Ch:* Cystine *f.*
cystitis [sis'taitis], *s. Med:* Cystite *f*; inflammation *f* de la vessie; catarrhe vésical.
cystocarp ['sistoka:rp], *s. Bot:* Cystocarpe *m.*
cystocele ['sistosi:l], *s. Med:* Cystocèle *f*; hernie *f* de la vessie.
cystolith ['sistoliθ], *s. Bot: Med:* Cystolithe *m.*
cystoscope ['sistoskoup], *s. Surg:* Cystoscope *m.*
cystotome ['sistotoum], *s. Surg:* Lithotome *m.*
cytase ['saiteis], *s. Ch:* Cytase *f,* cellulase *f.*
-cyte [sait], *comb.fm.* -cyte *m. Biol: Leucocyte,* leucocyte. *Spermatocyte,* spermatocyte. *Phagocyte,* phagocyte.

Cythera [si'θiːərə]. *Pr.n. A.Geog:* Cythère *f.*
cytisus ['sitisəs], *s. Bot:* Cytise *m.*
cyto- ['saito], *comb.fm.* Cyto-. *Cytotheca*, cytothèque.
cytoblast ['saitoblɑːst], *s. Biol:* Cytoblaste *m.*
cytoid ['saitɔid], *a. Bot: Med:* Cytoïde.
cytology [sai'tɔlodʒi], *s. Biol:* Cytologie *f.*
cytolysis [sai'tɔlisis], *s. Physiol:* Cytolyse *f.*
cytoplasm ['saitoplazm], *s. Biol:* Cytoplasme *m.*
cytotoxin(e) [saito'tɔksin], *s. Ch:* Cytotoxine *f.*
cytozoa [saito'zouə], *s.pl. Prot:* Cytozoaires *m.*
Cyzicene ['sizisiːn], *a. & s. A.Geog:* Cyzicénien, -ienne.
Cyzicus ['sizikəs]. *Pr.n. A.Geog:* Cyzique.
czar [tsɑːr, zɑːr], *s.* Tsar *m*, czar *m.*
czarevitch ['tsɑːrevitʃ], *s.* **Tsarévitch *m*, czaréwitch *m*, césarévitch *m.***
czarina [tsɑ'riːnə, zɑ-], *s.f.* Tsarine, czarine.
Czech [tʃek], *a. & s.* Tchèque (*mf*).
Czecho-Slovak [tʃeko'slouvak], *s.* Tchécoslovaque *mf.*
Czecho-Slovakia [tʃekoslo'vakiə]. *Pr.n. Geog:* La Tchécoslovaquie.
Czigany [tsi'gɑːni], *s.* Tsigane *mf*, Tzigane *mf.*

D, d [diː], *s.* **1.** *(a)* (La lettre) D, d *m.* *Tp:* **D for David,** D comme Désiré. *Mch:* **D valve,** tiroir *m* en D. **D joint,** chape *f.* *See also* HANDLE[1]. *(b) P: D. and D. (Drunk and disorderly),* en état d'ivresse publique. **2.** *Mus:* Ré *m.* **3.** *(Abbr. for Lt. 'denarius')* Penny *m,* pence *mpl.* **4.** *F: (Abbr. for 'damn'; also d——d for 'damned') See* DAMN, DAMNED. *To use, let out, a big D,* lâcher un gros juron.

d'. *P:* = do. *D'ye know,* savez-vous. *See* DO[1] I.

'd. *F:* = *had, should, would. I'd (= I had) a letter from him,* j'ai reçu une lettre de lui. *I'd go (= I should go) if I could,* j'irais si je le pouvais. *He'd have come (= he would have come) if he'd known (= if he had known),* il serait venu s'il avait su.

dab[1] [dab], *s.* **1.** Coup léger, tape *f*; *(of bird)* coup de bec. **To give s.o. a dab in the eye,** donner à qn une tape dans l'œil. **2.** *(a)* Tache *f* (d'encre, de peinture); éclaboussure *f* (de boue). *A dab of butter,* un petit morceau de beurre. *(b)* Petit coup de tampon. *A little dab of rouge on her cheek,* un rien, une touche, de rouge sur sa joue.

dab[2], *v.tr.* **(dabbed; dabbing) 1.** Lancer un petit coup, une tape, à (qn). *(Of bird)* Lancer un coup de bec à (qch., qn). **2.** Tapoter, frapper légèrement; *(with pad)* tamponner. *To dab one's cheeks with powder, with a powder puff,* se tamponner les joues avec de la poudre; se tapoter les joues avec une houppette; se pomponner. *F:* **To dab it on thick,** (i) se poudrer à l'excès, s'en mettre jusqu'aux yeux; (ii) exagérer, *P:* cherrer. **To dab one's eyes with a handkerchief,** se tamponner, s'éponger, les yeux. *To dab paint on sth.,* **to dab on paint,** appliquer légèrement de la peinture sur qch. (au tampon, à coups de pinceau tenu verticalement).

dab[3], *s.* *Ich:* Limande *f,* calimande *f,* carrelet *m.* *See also* LEMON-DAB.

dab[4], *s.* *F:* **To be a dab (hand) at sth., at doing sth.,** s'entendre à qch., à faire qch.; être passé maître en qch., en l'art de faire qch.; s'y connaître en qch.; *P:* avoir le fion pour faire qch. *He's a dab at algebra,* il est à cheval sur l'algèbre; il est ferré sur l'algèbre; *P:* il est calé en algèbre. *I'm not a dab at poetry,* la poésie n'est pas mon fort.

dabber ['dabər], *s.* Tampon *m.* *Typ:* Balle *f.* *Engr:* Poupée *f.*

dabble [dabl]. **1.** *v.tr.* *(a)* Humecter, mouiller. *(b) To d. one's hands in the water,* tremper ses mains dans l'eau; faire éclabousser l'eau. **2.** *v.i.* *(a)* Barboter, tripoter (dans l'eau). *(b) F:* **To dabble in, at, law, medicine, etc.,** se mêler, s'occuper, un peu de droit; faire un peu de droit, etc.; étudier la médecine en amateur. **To dabble on the Stock Exchange,** boursicoter. *See also* POLITICS.

dabbler ['dablər], *s.* **To be a dabbler in sth.,** se mêler, s'occuper, un peu de qch.; faire qch. en amateur. *D. on the Stock Exchange,* boursicoteur *m,* boursicotier *m.*

dabchick ['dabtʃik], *s.* **1.** *Orn:* Castagneux *m*; petit grèbe. **2.** *Y:* Yacht qui jauge cinq tonneaux ou au-dessous.

dace [deis], *s.* *Ich:* Vandoise *f*; dard *m.*

dachshund ['dakshund], *s.* Dachshund *m.*

Dacia ['deiʃjə]. *Pr.n.* *A.Geog:* La Dacie.

Dacian ['deiʃjən], *a.* & *s.* *A.Geog:* Dace.

dacoit [da'kɔit], *s.* Dacoït *m* (brigand de l'Inde ou de la Birmanie).

dacoity [da'kɔiti], *s.* **1.** *(Armed-gang robbery in India)* Dacoïtisme *m.* **2.** *(Act of such robbery)* Dacoït *m.*

dacryolith ['dakrioliθ], *s.* *Med:* Dacryolithe *m.*

dacryon ['dakriən], *s.* *Anat:* Dacryon *m.*

dactyl ['daktil], *s.* *Pros:* Dactyle *m.*

dactylic [dak'tilik], *a.* (Hexamètre *m,* etc.) dactylique. *s. Written in dactylics,* composé en vers dactyliques.

dactylis ['daktilis], *s.* *Bot:* Dactyle *m*; *F:* patte-de-lièvre *f,* herbe *f* des vergers.

dactylogram ['daktilogram], *s.* Dactylogramme *m*; empreinte digitale.

dactylography [dakti'lɔgrəfi], *s.* **1.** Dactylographie *f,* dactylologie *f.* **2.** Dactyloscopie *f.*

dactylopterous [dakti'lɔptərəs], *a.* *Ich:* Dactyloptère.

dactylopterus [dakti'lɔptərəs], *s.* *Ich:* Dactyloptère *m.*

dactyloscopy [dakti'lɔskopi], *s.* Dactyloscopie *f,* étude *f* des empreintes digitales.

dad [dad], *s.* *F:* Papa *m*; petit père.

dada ['dɑːdɑ], *s.* *Art:* *Lit:* **The dada school,** le dada.

dadaism ['dɑːdaizm], *s.* *Art:* *Lit:* Dadaïsme *m.*

daddler ['dadlər], *s.* *P:* = FARTHING.

daddy ['dadi], *s.* **1.** = DAD. *See also* SUGAR-DADDY. **2.** *Th:* *F:* Le régisseur.

daddy-'long-legs, *s.* *F:* **1.** *Ent:* Tipule *f.* **2.** *Arach:* *U.S:* Faucheux *m.*

dado ['deido], *s.* **1.** *Arch:* *(a)* Dé *m* (de piédestal). *(b)* Cimaise *f.* **2.** Lambris *m* (d'appui) (d'une salle).

dadoed ['deidoud], *a.* *(Of room)* Lambrissé.

daedal ['diːd(ə)l]. **1.** *a.* *Poet:* *(a) (Of pers.)* Ingénieux, habile. *(b)* = DAEDALIAN. **2.** *s.* *Poet:* *(a) (Of pers.)* Émule *mf* de Dédale. *(b)* Labyrinthe *m,* dédale *m.*

Daedalian [di'deiliən], *a.* De Dédale, dédalien, dédaléen, dédalique, compliqué, inextricable.

Daedalus ['diːdələs]. *Pr.n.m.* *Gr.Myth:* Dédale.

daemon ['diːmən], **daemonic** [diː'mɔnik], *etc.* = DEMON, DEMONIC, *etc.*

daffodil ['dafodil]. **1.** *s.* *Bot:* Narcisse *m* sauvage, des bois, des prés; *F:* jeannette *f* jaune, coucou *m,* fleur *f* de coucou, chaudron *m.* *See also* SEA-DAFFODIL. **2.** *a.* *(Colour)* Jonquille *inv.*

daft [dɑːft], *a.* *Scot:* **1.** Écervelé, évaporé. **2.** Timbré, toqué, braque. *To go d. over sth., over s.o.,* s'enticher de qch., de qn. *He's gone clean d.,* il a perdu l'esprit, perdu la boule.

dagger ['dagər], *s.* **1.** Poignard *m,* dague *f.* *F:* **To be at daggers drawn,** être à couteaux tirés *(with,* avec). **To look daggers at s.o.,** lancer un regard furibond, fulgurant, foudroyant, à qn; foudroyer qn du regard. *They looked daggers at each other,* ils se mangeaient le blanc des yeux; ils avaient l'air de vouloir se manger. **2.** *Typ:* Croix *f,* obèle *m.* **Double dagger,** diésis *m.*

dago ['deigo], *s.* *P:* Sud-américain *m* (de race latine); métèque *m.*

daguerreotype[1] [də'gerotaip], *s.* Daguerréotype *m.*

daguerreotype[2], *v.tr.* Daguerréotyper.

daguerreotypy [də'gerotaipi], *s.* Daguerréotypie *f.*

dahabeeyah, -biah [dɑːhə'biːjə], *s.* Dahabieh *f* (bateau voilier du Nil).

dahlia ['deiljə], *s.* *Bot:* Dahlia *m.* *F:* **Blue dahlia,** chose rare ou inouïe; merle blanc.

Dahoman [də'houmən], *a.* & *s.* *Ethn:* Dahoméen, -éenne.

Dahomey [də'houmi]. *Pr.n.* *Geog:* Le Dahomey.

Dail Eireann [dɔil'ɛərən], *s.* Chambre *f* des Députés de l'État libre d'Irlande.

dailiness ['deilinəs], *s.* Régularité journalière (d'une tâche, etc.).

daily ['deili]. **1.** *a.* Journalier, quotidien, de tous les jours. **Our daily bread,** notre pain quotidien, de chaque jour. *D. consumption,* consommation journalière. **Daily task,** tâche quotidienne. **Daily paper,** (journal) quotidien *m.* *D. servant,* domestique *mf* à la journée. **Thing of daily occurrence,** chose *f* qui arrive journellement, qui se produit tous les jours. *D. experience,* l'expérience *f* de tous les jours. **2.** *adv.* *(a)* Journellement, quotidiennement, tous les jours. *(b) To expect sth. d.,* attendre qch. d'un jour à l'autre. **3.** *s.* *(a) Journ:* Quotidien *m.* **Our leading dailies,** nos grands quotidiens. *(b) F:* **We have a daily,** nous avons une femme à la journée.

daimio ['daimjo], *s.* *Hist:* Daïmio *m* (seigneur féodal du Japon).

daintiness ['deintinəs], *s.* Délicatesse *f,* raffinement *m* (de goût, de manières); recherche *f,* coquetterie *f* (de toilette); mignonnesse *f* (de forme, de taille).

dainty[1] ['deinti], *s.* Friandise *f*; mets délicat; gourmandise *f*; petit morceau de choix.

dainty[2], *a.* **1.** *(Of dish, food)* Friand, délicat. **2.** *(Of pers., thg)* Délicat; gentil, -ille; coquet, -ette; mignonnet, -ette. *She's a d. little thing,* elle est gentille à croquer; *F:* elle est mignonne. **3.** Délicat, friand, difficile. *To be d.,* faire le délicat, le difficile; faire la petite bouche. *D. feeder, F:* mangeur *m* de pain mollet. *These animals are d. feeders,* ces animaux (i) mangent très proprement, (ii) sont délicats sur la nourriture. *She was born with a d. tooth,* elle a toujours été friande de bonnes choses, difficile sur la nourriture. **-ily,** *adv.* *(a)* Délicatement, coquettement; d'une manière raffinée. *(b)* Avec friandise. *(c) To eat d.,* manger d'une manière délicate.

dairy ['dɛəri], *s.* **1.** Laiterie *f.* **Co-operative dairies,** coopérative laitière. *See also* CHEESE-DAIRY. **2.** *(Shop)* Laiterie; *(of small restaurant type)* crémerie *f.*

'dairy butter, *s.* Beurre *m* d'une laiterie particulière. *Cf.* CREAMERY 2.

'dairy-farm, *s.* (Ferme *f*) vacherie *f.*

'dairy-farming, *s.* La laiterie; l'industrie laitière.

'dairy herd, *s.* Troupeau *m* de vaches laitières.

'dairy-produce, *s.* Produits laitiers; laitages *mpl.*

dairying ['dɛəriiŋ], *s.* L'industrie laitière.

dairymaid ['dɛərimeid], *s.f.* Fille de laiterie.

dairyman, *pl.* **-men** ['dɛərimən, -men], *s.m.* **1.** *Husb:* Nourrisseur. **2.** *Com:* Laitier; crémier.

dais [deis, 'deiis], *s.* *(a)* Estrade *f* (d'honneur); dais *m.* *(b)* Dais (recouvrant l'estrade). *(c) Freemasonry:* **The dais,** les chefs *m* de l'atelier (qui occupent l'estrade).

daisied ['deizid], *a.* *Lit:* Couvert de pâquerettes; parsemé, émaillé, de pâquerettes.

daisy ['deizi], *s.* **1.** *Bot:* Marguerite *f.* **Common daisy,** pâquerette *f.* **Paris daisy,** chrysanthème frutescent. **Daisy-chain,** guirlande *f* de pâquerettes, de marguerites. *See also* GLOBE-DAISY, MICHAELMAS 2, OX-EYE 2. *P:* **To be pushing daisies, to push up the daisies,** être mort et enterré; *P:* manger les pissenlits par les racines, les choux par les trognons. *See also* FRESH I. 4. **2.** *P:* Personne, chose, épatante. **She's a daisy,** c'est une perle.

'daisy-cutter, *s.* **1.** *Equit:* Cheval *m* qui rase le turf. **2.** *Cr:* *Ten:* Balle *f* qui rase le sol.

dâk [dɔːk], *s.* *(In India)* Service *m* des postes et des transports. **Dâk bungalow,** station *f* d'attente et de relais. *To travel dâk,* voyager par relais ou en palanquin.

dakhma ['dakmə], *s.* *(In India)* Dakhma *m*; tour *f* du silence.

dale[1] [deil], *s.* (*In N. of Eng. & Lit:*) Vallée *f*, vallon *m*. **Dale-land,** basses terres (d'une région). *See also* HILL.

dale[2], *s. Nau:* Dalot *m* de pompe.

dalesman, *pl.* **-men** ['deilzmən, -men], *s.m.* Habitant des vallées (du nord de l'Angleterre).

dalliance ['daliəns], *s. Lit:* **1.** Flirtage *m*; échange *m* de tendresses; badinage *m*. **2.** *A:* Lanternerie *f*, baguenauderie *f*.

dally ['dali], *v.i. Lit:* **1.** (*a*) Folâtrer, folichonner (*with s.o.*, avec qn). **To dally with an idea,** caresser une idée. *People still dallying with the ideas of yesterday*, gens attardés à des conceptions d'hier. *He dallied with several professions*, il essaya (sans ardeur) de plusieurs professions. (*b*) Badiner, flirter (*with*, avec). (*c*) Se jouer, se moquer (*with s.o.*, de qn). **2.** Tarder, lambiner, baguenauder, traînasser. *To d. over sth.*, s'attarder à qch. *v.tr.* **To dally the time away,** gaspiller son temps (en s'amusant, etc.).

Dalmatia [dal'meiʃa]. *Pr.n. Geog:* La Dalmatie.

Dalmatian [dal'meiʃ(ə)n], *a. & s.* **1.** *Geog:* Dalmate (*mf*). **2. Dalmatian (dog),** petit danois, chien *m* de Dalmatie.

dalmatic [dal'matik], *s. Ecc.Cost:* Dalmatique *f*.

Daltonian [dɔl'touniən], *s. Med:* Daltonien, -ienne.

daltonism ['dɔltənizm], *s. Med:* Daltonisme *m*.

dam[1] [dam], *s.* **1.** *Hyd.E:* (*a*) Barrage *m* de retenue (d'un lac, d'un grand réservoir); digue *f* (de canal); bâtardeau *m*, décharge *f* (de rivière). **Filter dam,** barrage criblant. (*Of lake*) *To burst its dam*, débonder; rompre le barrage. (*b*) *F:* Eau retenue (par un barrage); retenue *f*. *He was drowned in the dam*, il s'est noyé dans le réservoir. (*c*) **Floating dam,** bâtardeau mobile (de cale sèche). **2.** *Min:* Serrement *m*, serrage *m* (pour retenir l'eau); estouffée *f* (contre l'incendie).

'dam-plate, *s. Metall:* (Plaque *f* de) dame *f*.

'dam(-stone), *s. Metall:* Dame *f* (de haut fourneau).

dam[2], *v.tr.* **(dammed; damming) To dam (up),** contenir, endiguer (un cours d'eau, un lac); construire un barrage en aval (d'une vallée); obstruer (un caniveau, etc.). *F: To dam up the torrent of s.o.'s eloquence*, opposer une digue aux flots d'éloquence de qn.

damming (up), *s.* Barrage *m*, endiguement *m*.

dam[3], *s.* **1.** Mère *f* (en parlant des animaux). *The cubs with their sires and their dams*, les petits *m* avec leurs pères et leurs mères. **2.** *Pej: That devil's dam*, cette femme (sortie de l'enfer). *The Devil and his dam*, le diable et sa mère; l'enfer déchaîné.

damage[1] ['damedʒ], *s.* **1.** Dommage(s) *m(pl)*, dégâts *mpl*; (*to engine, ship, etc.*) avarie(s) *f(pl)*. *To do great d.*, causer de grands dégâts, de grands dommages. *D. wrought by a storm*, méfaits *mpl* d'un orage. *To suffer d.*, souffrir des dégâts; subir une avarie, des avaries. *D. in transit*, avarie(s) en cours de route. *Ins:* **Damage survey,** expertise *f* des dégâts, des avaries; expertise d'avarie. *D. by sea-water*, avarie de mer. *Serious d.*, dégâts importants; avaries sérieuses, majeures. **To pay for the damage,** payer les dégâts, les détériorations. *Prov:* **The culprit must pay for the damage,** qui casse les verres les paye. *To estimate the d.*, évaluer les dégâts. *Jur:* **Cattle damage feasant,** bétail trouvé en dommage. *F: There's no great d. done*, il n'y a pas grand mal. *See also* ASSESS **1**. **2.** Préjudice *m*, tort *m*. **To cause s.o. damage,** porter préjudice, faire du tort, à qn. *This press campaign has done our cause irreparable d.*, cette campagne de presse a fait à notre cause un tort irréparable. *This report was spread abroad* **to my great damage,** ce bruit se répandit à mon grand préjudice. **3.** *pl. Jur:* Dommages-intérêts *m*, indemnité *f*. **To sue s.o. for damages, to bring an action for damages against s.o.,** poursuivre qn en dommages-intérêts. (*In criminal case*) *Plaintiff claiming damages*, partie civile. **To be liable for damages,** être tenu des dommages-intérêts; (*in respect of act committed by third party*) être civilement responsable. *To pay the damages*, payer, acquitter, les condamnations. **4.** *F:* Prix *m*, frais *mpl*. **What's the damage?** à combien se monte la note? c'est combien?

damage[2], *v.tr.* **1.** Endommager; avarier (une marchandise, une machine); abîmer, détériorer (qch.); faire subir des dégâts, des avaries, à (qch.); *P:* amocher (qch.). *The damp has damaged the fruit*, l'humidité *f* a taré les fruits. *The hail has damaged the corn*, la grêle a gâté le blé. *The vines have been damaged by the frost*, les vignes *f* ont souffert de la gelée. **2.** Faire tort, nuire, à (qn); léser, heurter (des intérêts); porter atteinte à, tarer (la réputation de qn, etc.).

damaged, *a.* **1.** Avarié, endommagé, abîmé, taré; (*of fruits*) gâcheux. **2.** (*Of pers., as a euphemism*) Avarié. **'Damaged Goods,'** "les Avariés" (de Brieux).

damaging, *a.* Préjudiciable, nuisible. *D. admission*, aveu *m* préjudiciable. *This was a most d. admission*, cet aveu était de nature à lui faire beaucoup de tort.

damageable ['damedʒəbl], *a.* Susceptible de s'avarier; avariable.

Damascene[1] [dama'si:n], *a. & s. Geog:* (Originaire, natif,) de Damas; damascène. **Damascene work,** damasquinage *m*, damasquinure *f*. *A:* **Damascene plum** = DAMSON.

damascene[2], *v.tr. Metalw:* Damasquiner.

damascening, *s.* Damasquinage *m*, damasquinerie *f*, damasquinure *f*.

damascener [dama'si:nər], *s. Metalw:* Damasquineur *m*.

Damascus [da'maskəs]. *Pr.n. Geog:* Damas *m*.

damask[1] ['damәsk], *a. & s.* **1.** *Tex:* **Damask (silk, linen),** damas *m*; soie damassée, linge damassé; soierie *f*, linge, de Damas. *D. linen manufacture or trade*, damasserie *f*. **Damask weaver,** damasseur, -euse. **2.** *Metall:* **Damask steel,** acier damassé. **Damask (blade),** (lame *f* de) damas *m*; lame damasquinée. **3. Damask rose,** (i) *Bot:* rose *f* de Provins; (ii) *Hort:* rose de Damas, rose incarnate. **4. Damask (colour),** rose foncé *m inv*; incarnat *m*. *Her d. cheeks*, l'incarnat de ses joues; ses joues vermeilles.

'damask-work, *s.* Damassure *f*; damasquinage *m*.

damask[2], *v.tr.* **1.** *Tex:* Damasser (une étoffe). **2.** = DAMASCENE[2].

damaskeen [damas'ki:n], *v.tr.* = DAMASCENE[2].

damassin ['damasin], *s. Tex:* Damassin *m*.

dame [deim], *s.* **1.** *A: Poet: F:* = *Lady. F: An old d.*, une vieille dame. **Dame Nature,** dame Nature. *D. Trot and her cat*, dame Trot et son chat. **2.** (*a*) *Jur:* (*Title of wife of knight or baronet*) Dame *f*. (*b*) *Ecc:* Sœur professe; dame. **3.** *Sch:* (*a*) *A:* Maîtresse *f* (d'école enfantine). (*b*) Maître *m* ou femme à la tête d'un des pensionnats du collège d'Eton.

'dame-school, *s.* École enfantine (tenue par une femme).

dame's-'violet, *s. Bot:* Julienne *f* des dames; cassolette *f*, damas *m*.

damfool [dam'ful], *s. P:* (= *damned fool*) Sacré idiot; imbécile *mf*; crétin *m*. *That's a d. reason!* en voilà une raison!

damfoolishness [dam'fuliʃnəs], *s. P:* Ineptie *f*.

Damietta [dami'eta]. *Pr.n. Geog:* Damiette *f*.

dammar ['damər], *s.* **1.** *Com:* **Dammar(-resin),** (résine *f*) dammar *m*. **2.** *Bot:* **Dammar(-pine, -tree),** dammara *m*.

dammara ['damara], *s. Bot:* Dammara *m*.

damme ['dami], *int. A:* Dieu me damne!

dammer ['damər], *s. Hyd.E:* Constructeur *m* de barrages.

dammit ['damit], *int. P:* Sacristi! sacrebleu!

damn[1] [dam], *s.* (*Often written* **d——**) Juron *m*; gros mot. **Not to be worth a (tuppenny) damn,** ne pas valoir un pet de lapin, ne pas valoir chipette. *See also* CARE[2] **1**.

damn[2], *v.tr.* **1.** (*a*) Condamner, critiquer défavorablement (un livre, etc.); éreinter (une pièce de théâtre). **To damn a work with faint praise,** assommer une œuvre avec des fleurs; éreinter une œuvre sous couleur d'éloge. (*b*) Perdre, ruiner (qn, un projet); tomber (une pièce). **2.** (*a*) *Theol:* Damner; (*of God*) réprouver. (*b*) *F:* (*Profane?*) **Well, I'm damned** [damd]! ça c'est fort! **I'm damned, I'll be damned, I'll be d——d,** *if* . . ., jamais de la vie. . . . *I'll see him damned first!* qu'il aille au diable! *Be damned to you!* zut pour vous! va te faire fiche! **3.** (*Profane*) (*a*) Jurer après (qn); maudire (qn); envoyer (qn) au diable; sacrer contre (qn). **Damn you! damn your eyes! damn your impudence!** que le diable vous emporte! (*b*) *int.* Sacristi! sacrebleu! sacré nom d'un chien! **Damn it!** zut!

damned, *a.* **1.** Damné, réprouvé. **The damned,** les damnés. *See also* LUCK **2**. **2.** *F:* (*Often written* **d——d**) (*a*) Sacré, satané. *You d——d fool!* sacré imbécile! **One damn(ed) thing after another,** tout le diable et son train. (*b*) *adv.* (*Intensive*) Diablement, bigrement, rudement, joliment. *It's d. hot!* il fait bigrement chaud! (*c*) *s.* **To do one's damnedest,** ['damdəst], faire tout son possible. *You can do your damnedest!* je me moque bien de vos menaces!

damning[1] ['damniŋ, 'damiŋ], *a.* Portant condamnation; qui condamne, qui perd. *These are d. facts*, ce sont là des faits accablants. **Damning evidence,** preuves écrasantes, accablantes, confondantes.

damning[2] ['damiŋ], *s.* **1.** Condamnation *f*. **2.** Damnation *f*. **3.** Jurons *mpl*; gros mots.

damn[3], *a. P:* = DAMNED **2**.

damnable ['damnəbl], *a.* **1.** Damnable. **2.** *F:* Maudit, odieux, détestable. **-ably,** *adv.* **1.** Damnablement. **2.** Odieusement, détestablement; diablement (mauvais, etc.).

damnation [dam'neiʃ(ə)n], *s.* **1.** Damnation *f*. *Theol: Eternal d.*, la peine du dam. **2.** Éreintement *m* (d'une pièce de théâtre, d'un auteur, etc.). **3.** *int. F:* Sacrebleu!

damnatory ['damnətəri], *a.* **1.** = DAMNING[1]. **2.** *Theol:* Qui a rapport à la damnation.

damnification [damnifi'keiʃ(ə)n], *s. Jur: A:* Lésion *f*.

damnify ['damnifai], *v.tr. Jur: A:* Léser, faire du tort à (qn); nuire à (qn).

Damocles ['damokli:z]. *Pr.n.m. A.Hist:* Damoclès. **The sword of Damocles,** l'épée *f* de Damoclès.

damp[1] [damp], *s.* **1.** (*a*) Humidité *f* (de l'air, d'un logement, etc.); moiteur *f* (de la peau). *The morning mist and the evening d.*, les brumes *f* du matin et l'humidité du soir, et le serein. *To catch a chill in the evening d.*, prendre froid au serein; prendre le serein. *Don't sit in the d.*, ne vous asseyez pas sur le sol humide. (*b*) Refroidissement *m* d'ardeur; nuage *m* de tristesse, d'abattement. **To strike a damp into the company,** jeter un froid sur la compagnie. **To cast a damp over s.o.,** assombrir, décourager, qn. **2.** *Min:* **(Black) damp** = CHOKE-DAMP. *See also* FIRE-DAMP.

'damp-course, -coursing, *s. Const:* Couche *f* d'isolement; couche isolante, hydrofuge; plaques isolatrices.

'damp-mark, -stain, *s.* Mouillure *f*; tache *f* d'humidité.

'damp-proof, *a.* Hydrofuge; imperméable; étanche à l'eau.

'damp-proofing, *s.* **Damp-proofing compound,** isolant *m*.

damp[2], *v.tr.* **1.** Mouiller; humecter (le linge, etc.); amoitir (la peau); madéfier (un emplâtre, etc.). **2.** Étouffer (le feu); étouffer, assourdir (un son). **To damp down** *a furnace*, boucher un haut fourneau. **3.** *Ph: Mec: etc:* (*a*) **To damp (out) an oscillation,** amortir, éteindre, une oscillation. **Damped waves,** ondes amorties. *To d. the spring reaction*, freiner l'action des ressorts. *El: To d. a magnetic needle*, modérer une aiguille aimantée. *To d. the strings of a piano, one's footsteps*, étouffer les cordes d'un piano; étouffer, feutrer, ses pas. (*b*) *v.i. The oscillations d. down*, les vibrations *f* s'amortissent. **4.** (*a*) (*Of dish, unpleasant sight, etc.*) **To damp the appetite,** couper l'appétit (à qn). (*b*) Abattre, affaiblir (le zèle, le courage, de qn); rabattre, troubler (la joie de qn); refroidir (la sympathie de qn). *To d. the ardour of a passion*, amortir, diminuer, l'ardeur d'une passion. **To damp s.o.'s spirits,** décourager qn; abattre le courage de qn; déprimer qn. *To d. initiative*, étouffer l'initiative. *To d. the general high spirits*, glacer la gaieté générale.

damp off, *v.i. Hort:* (*Of seedlings, etc.*) Périr de moisissure d'excès d'humidité.

damping, *s.* **1.** (*a*) Humectation *f*; mouillage *m* (du linge à repasser, etc.); madéfaction *f* (d'un emplâtre). (*b*) *A general d. of* *spirits*, un froid général jeté sur la compagnie. **2.** Amortissement *m*. (*a*) *Mec.E:* **Damping device**, amortisseur *m*. (*b*) *El.E:* **Spark damping**, amortissement des étincelles. **Damping grid**, amortisseur. **Damping winding**, enroulement *m* d'amortisseur. *Cin: etc:* **Sound damping**, amortissement acoustique; insonorisation *f*.

damp³, *a*. Humide; (*of skin*) moite. *To sleep in a d. bed*, coucher dans un lit humide. *His hands are always d.*, il a toujours les mains moites. *She had been washing up, and her hands were still d.*, elle venait de laver la vaisselle, et ses mains étaient encore humides. *D. heat*, chaleur *f* humide, moite. *This house is d.*, cette maison est humide. *The powder was d. and the gun missed fire*, la poudre était humide, mouillée, et le fusil rata. *See also* SQUIB¹ 1. **-ly**, *adv*. Humidement. *It was d. cold*, il faisait un froid humide.

dampen ['dampən]. **1.** *v.tr.* *Esp. U.S:* = DAMP² 1, 4 (*b*). **2.** *v.i.* (*a*) Devenir humide ou moite. (*b*) (*Of ardour, etc.*) Se refroidir.

dampener ['dampənər], *s*. **1.** *U.S:* Mouilleur *m* (pour linge, etc.). **2.** *F:* Douche froide (sur l'enthousiasme, etc.).

damper ['dampər], *s*. **1.** *F:* (*a*) (*Pers.*) Rabat-joie *m inv*. (*b*) Événement déprimant, décourageant; douche froide (sur l'enthousiasme, etc.). **To put a damper on the company**, jeter un froid sur la compagnie. (*c*) *P:* Quelque chose à boire; une consommation. *Let's have a d.*, si on se mouillait le gosier? **2.** (*In Austr.*) Pain *m* en galette, sans levain, et cuit sous la cendre. **3.** *Mus:* (*Of piano, sound*) Étouffoir *m*. **4.** (*a*) Registre *m* (de foyer, de cheminée); soupape *f* de réglage, à papillon (d'un tuyau de poêle). *Sliding d.*, registre à guillotine. (*b*) *Ind:* Registre, barrette *f*, tirette *f* (de fourneau); clapet *m* (de cendrier). *Mch:* **Expansion damper**, papillon *m* de la détente. **5.** (*a*) *Mec.E:* *El.E:* *Aut:* Amortisseur *m*; étouffoir *m*; frein *m*; modérateur *m* (d'une aiguille aimantée). *W.Tel:* Sourdine *f*. **Vibration damper**, étouffeur *m* de vibration (pour les tuyauteries rigides). *Aut:* **Steering damper**, frein de direction. (*b*) *F:* Plat bourrant; abat-faim *m inv*; *F:* plat bourratif. **6.** Mouilleur *m* (pour timbres, enveloppes); mouille-étiquettes *m inv*.

'damper-lid, *s*. Couvre-feu *m inv*.

'damper-pedal, *s*. Grande pédale (du piano).

dampish ['dampiʃ], *a*. Un peu humide; (chaleur *f*, peau *f*) moite.

dampness ['dampnəs], *s*. Humidité *f*; moiteur *f* (de la peau).

damsel ['damzəl], *s.f*. **1.** *A. & Lit:* Demoiselle, jeune fille. **2.** *U.S:* *P:* Étudiante.

damson ['damzən]. **1.** *s*. (*a*) Prune *f* de Damas. (*b*) **Damson(-tree)**, prunier *m* de Damas. **2.** *a*. (*Colour*) Prune *inv*.

Dan¹ [dan]. *Pr.n.* *B.Geog:* Dan *m*. *F:* **From Dan to Beersheba**, d'un bout à l'autre du pays.

Dan². *Pr.n.m.* (*Dim. of Daniel*) Daniel.

Danaë ['daneii:]. *Pr.n.f.* *Gr.Myth:* Danaé.

Danaid ['daneiid]. **1.** *s.f.* *Gr.Myth:* Danaïde. **The Danaides** [da'neiidi:z], les Danaïdes. **2.** *s*. *Ent:* Danaïde *f*.

dance¹ [dɑːns], *s*. **1.** (*a*) Danse *f*. **Dance music**, musique *f* de danse. **To join the dance**, entrer en danse. *To lead, begin, the d.*, mener la danse. *Solo d.*, pas seul. *F:* **To lead s.o. a dance**, (i) en faire voir de grises, de bleues, de toutes les couleurs, à qn; donner du fil à retordre à qn; faire valser qn; (ii) faire voir bien du chemin à qn. **The Dance of Death**, la danse macabre. *Th:* **Song and dance artist**, chanteur-gambilleur *m*, chanteur gambillard. *See also* COUNTRY DANCE, FIGURE-DANCE, FOLK-DANCE, VITUS, TOE-DANCE, WAR-DANCE. (*b*) (Air *m* de) danse. **2.** Bal *m*, *pl*. bals; soirée dansante. *Informal d., carpet d., parlour d.*, sauterie *f*. *To go to a d.*, aller au bal; aller danser.

'dance-frock, *s*. Robe *f* de bal.

'dance-hall, *s*. Bal public; dancing *m*.

dance². **1.** *v.i.* (*a*) Danser. *To d. with s.o.*, danser avec qn; faire danser qn. *F:* **To dance to s.o.'s piping**, (i) se laisser mener par qn; (ii) s'accommoder aux désirs de qn. **I'll make him dance to a different tune!** je vais le faire chanter sur un autre ton. **I shall make him dance to my tune**, je lui tiendrai la dragée haute. (*b*) **To dance for joy**, danser de joie. *To d. with rage*, piétiner, trépigner, de colère. *P:* **To dance on nothing**, être pendu; danser en l'air. **To dance along, in, out**, avancer, entrer, sortir, en dansant. *See also* GENTLEMAN 5. **2.** *v.tr.* (*a*) Danser (une valse, etc.). *The polka is no longer danced*, la polka ne se danse plus. (*b*) Faire danser (un ours, un pantin). *To d. a baby on one's knee*, faire danser, faire sauter, un bébé sur son genou. *F:* *He had danced himself into a position at court*, ses talents de danseur lui avaient valu une position à la cour. (*c*) **To dance attendance on s.o.**, (i) faire antichambre, faire le pied de grue, chez qn; (ii) être toujours aux côtés de qn; faire l'empressé auprès de qn; faire les trente-six volontés de qn; faire le cavalier servant auprès d'une dame. (*d*) *Const:* **To dance a step**, (faire) balancer une marche; faire le balancement d'une marche.

dance about, *v.i.* Sauter, gambader.

dance away. **1.** *v.i.* (*a*) Continuer à danser. (*b*) Partir, sortir, en dansant. **2.** *v.tr.* **To dance away the time**, passer le temps à danser. *To d. away one's good name*, perdre sa réputation en dansant.

dancing¹, *a*. **1.** Dansant. **Dancing dervish**, derviche tourneur. **2.** *Tchn:* (*a*) **Dancing seat of a valve**, siège branlant d'une soupape. (*b*) *Const:* **Dancing step**, marche balançante, marche balancée.

'dancing-girl, *s.f*. **1.** Bayadère, almée. **2.** Jeune fille passionnée pour la danse.

dancing², *s*. Danse *f*. *See also* TOE-DANCING.

'dancing-hall, *s*. Salle *f* de danse, de bal; bal public; dancing *m*.

'dancing-master, *s*. **1.** Maître *m* de danse. **2.** *P:* Boxeur *m* qui ne tient pas en place.

'dancing-partner, *s*. **1.** (*At private dance*) Cavalier *m*, dame *f*; partenaire *mf*; danseur, -euse. **2.** (*In dancing-halls, etc.*) Partenaire rétribué(e). **3.** *Pej:* Gigolo *m*.

'dancing-party, *s*. Bal *m*, sauterie *f*; soirée dansante.

'dancing-saloon, *s*. *U.S:* Dancing *m*.

'dancing-shoes, *s.pl*. Souliers *m* de bal; (*for men*) escarpins *m*.

danceable ['dɑːnsəbl], *a*. Dansable.

dancer ['dɑːnsər], *s*. Danseur, -euse. *See also* BALLET-DANCER. *F:* **The merry dancers**, l'aurore boréale.

dandelion ['dandilaiən], *s*. *Bot:* Pissenlit *m*. *F:* **Dandelion clock**, boule *f*, aigrette *f*, de pissenlit; *F:* chandelle *f*, voyageur *m*.

dander¹ ['dandər], *s*. *F:* **To get s.o.'s dander up, to raise s.o.'s dander**, mettre qn en colère; faire sortir qn de ses gonds. *To get one's d. up*, prendre la mouche. *He got his d. up*, la moutarde lui a monté au nez.

dander², *s*. *Scot:* = SAUNTER¹.

Dandie Dinmont ['dandi'dinmənt], *s*. (Chien) terrier Dandie Dinmont *m*.

dandified ['dandifaid], *a*. (*a*) (*Of pers.*) Vêtu en dandy; adonisé. *D. young man*, (i) jeune gommeux; (ii) jeune fat; jeune homme qui fait des manières. (*b*) (*Of style*) Affecté, recherché, maniéré.

dandle [dandl], *v.tr*. **1.** (*a*) Faire danser, faire sauter (un enfant, sur ses genoux). (*b*) Dodeliner, dandiner (un enfant). **2.** Câliner, choyer, dorloter (qn).

dandruff ['dandrəf], *s*. Pellicules *fpl* (du cuir chevelu).

dandy¹ ['dandi]. **1.** *s*. (*a*) (*Pers.*) Dandy *m*, gommeux *m*, élégant *m*; *A:* gandin *m*. (*b*) *F:* **To wear sth. for dandy**, porter qch. pour être dans le train. **2.** *s*. (*a*) *Nau:* Dindet *m*, dinguet *m*; sloop *m* à tapecu. (*b*) *Ind:* Brouette *f* (de fonderie, etc.). **3.** *a*. *U.S:* Épatant, admirable, excellent, chic, chouette. *s*. *The race was a d.*, la course a été épatante.

'dandy-brush, *s*. *Farr:* Brosse *f* de pansage.

'dandy(-cart), *s*. Voiture *f* de laitier.

'dandy-roll, -roller, *s*. *Paperm:* Rouleau égoutteur; rouleau vergeur, filigraneur.

dandy²(-fever) ['dandi(fiːvər)], *s*. *Med:* Dengue *f*.

dandyish ['dandiiʃ], *a*. Élégant, gommeux, fashionable.

dandyism ['dandiizm], *s*. Dandysme *m*; recherche *f* d'élégance.

Dane [dein], *s*. **1.** *Ethn:* *Geog:* Danois, -oise. **2.** (*Dog*) (Great) Dane, (grand) danois. **Harlequin Dane**, arlequin *m*. **Lesser Dane**, petit danois; chien *m* de Dalmatie.

'dane-flower, *s*. *Bot:* Coquelourde *f*.

Danegeld ['deingeld], *s*. *Hist:* L'impôt danois; le Danegeld.

danewort ['deinwəːrt], *s*. *Bot:* Sureau *m* hièble; petit sureau.

dang [daŋ], **danged** [daŋd]. *P:* = DAMN² 3, DAMNED.

danger ['deindʒər], *s*. Danger *m*, péril *m*. **To be in danger**, courir un danger. *Out of danger*, hors de danger; *F:* hors d'affaire. *To keep out of d.*, rester à l'abri du danger. *To run into d.*, s'exposer au danger. *To be in d. of falling*, courir le risque, être en danger, de tomber. **In danger of (losing) his life**, en danger de mort. *In d. of fever*, menacé de la fièvre. *Building in d. of falling down*, bâtiment *m* qui menace ruine. *Territory in d. of invasion*, territoire menacé d'invasion. *He is in d. of becoming ridiculous*, il s'expose à devenir ridicule. *To avert, ward off, a d.*, écarter un danger. *A d. to national security*, un danger pour la sécurité nationale. *Rock that is a d. to navigation*, écueil dangereux pour la navigation. *He realized his d.*, il se rendait compte du danger qu'il courait. **There is some danger lest . . .**, il y a quelque danger que . . . (ne) + *sub*. **There was no danger of Clara getting stout**, il n'y avait pas de danger que Clara engraissât. **'Danger, road up,'** "attention aux travaux." *Rail:* **Signal at danger**, signal *m* à l'arrêt. *See also* BOARD¹ 1, BUOY¹, LIST³.

'danger-point, *s*. Point *m* d'alerte (sur une échelle de marée, etc.).

'danger-signal, *s*. *Rail:* Arrêt *m*.

'danger-zone, *s*. *Mil: etc:* Zone dangereuse.

dangerous ['deindʒərəs], *a*. (*a*) Dangereux, périlleux. *A d. opponent*, un dangereux adversaire. *D. illness*, maladie *f* grave. *It's not so d. as all that*, est bien malade qui en meurt. *F:* *To go to d. lengths*, passer la mesure. *F:* **You are on dangerous ground**, vous êtes sur un terrain brûlant. *D. situation*, mauvais pas. *The river is d. to bathe in*, c'est une rivière qui est dangereuse pour les baigneurs. *A d. river to cross*, une rivière dangereuse à traverser. (*b*) *D. example, maxim*, exemple pernicieux, maxime pernicieuse. **-ly**, *adv*. Dangereusement.

dangle [daŋgl]. **1.** *v.i.* Pendiller, pendre, (se) balancer, brimbaler. **With one's legs dangling**, les jambes ballantes. *F:* **To dangle after, round, a woman**, être pendu aux trousses, aux jupes, d'une femme; tournailler autour d'une femme. *He's been dangling round her, about her, after her, for a week*, voilà huit jours qu'il tourne autour d'elle. **2.** *v.tr.* Balancer (qch. au bout d'un cordon, etc.); faire pendiller. *To d. one's glasses*, jouer avec son lorgnon. *To d. one's arms*, laisser baller ses bras. *F:* **To dangle a prospect before s.o.'s eyes**, faire miroiter une perspective aux yeux de qn.

dangling, *a*. Pendillant, pendu; (*of arms, legs*) ballant.

dangler ['daŋglər], *s*. **Dangler after a woman**, homme pendu aux jupes d'une femme; soupirant *m*.

dangles [daŋglz], *s.pl*. *F:* Pendeloques *f*, boucles *f* d'oreille, etc.

Daniel ['danjəl]. **1.** *Pr.n.m.* Daniel. **2.** *s*. *F:* Juge *m* intègre; homme *m* au jugement infaillible. (Allusion au passage du "Marchand de Venise".)

Daniell ['danjel]. *Pr.n.m.* *Ph:* **Daniell hygrometer**, hygromètre *m* de Daniell. *El:* **Daniell cell**, pile *f* de Daniell.

Danish ['deiniʃ]. **1.** *a*. Danois. **2.** *s*. *Ling:* Le danois.

dank [daŋk], *a*. (Temps, cachot) humide (et froid); (humidité *f*) désagréable.

Dantean [dan'tiːən], *a*. Dantesque.

Dantesque [dan'tesk], *a*. Dantesque.

Danube (the) [ðə'danjub]. *Pr.n.* *Geog:* Le Danube.

Danubian [da'njubiən], *a*. *Geog:* Danubien, -ienne; du Danube.

dap [dap]. **1.** *v.i.* (*a*) *Fish:* Faire trembloter l'appât à la surface de l'eau; pêcher à la trembleuse. (*b*) (*Of ball*) Rebondir.

2. *v.tr.* (*a*) *Fish:* *To dap the bait*, faire sauter l'appât. (*b*) *To dap a ball*, faire rebondir une balle (du sol à la main).

dapping, *s.* Pêche *f* à la trembleuse.

Daphne ['dafni]. **1.** *Pr.n.f.* *Myth:* Daphné. **2.** *s.* *Bot:* Daphné *m.* (*a*) (*Mezereon*) Bois gentil; malherbe *f.* (*b*) (*Spurge laurel*) Lauréole *f.*

dapper ['dapər], *a.* **1.** Pimpant, coquet, correct. *A d. little man*, un petit homme bellot, tiré à quatre épingles, bien troussé. **2.** Vif, éveillé, sémillant.

dapple[1] [dapl], *s.* **1.** (*a*) Tache *f* de couleur (sur la robe d'un cheval, etc.). (*b*) Tacheture *f.* **2.** Cheval pommelé, cheval (bai) miroité, à miroir.

'dapple-'grey, *a.* & *s.* (Cheval) gris pommelé.

dapple[2]. **1.** *v.tr.* Tacheter. **2.** *v.i.* Se tacheter; (*of sky*) se pommeler.

dappled, *a.* Tacheté; (*of horse, sky*) pommelé; (*of horse*) miroité, à miroir; (*of black horse*) miroutte.

darbies ['dɑːrbiz], *s.pl.* *P:* Menottes *f.*

Darby ['dɑːrbi]. *Pr.n.m.* *F:* **Darby and Joan,** Philémon et Baucis; Monsieur et Madame Denis; Robin et Marion.

dare ['dɛər], *v.* **1.** *Modal aux.* (*3rd sing.pr.* **he dare;** *p.t.* **durst** [dəːrst], *occ.* **dared, dare;** *no p.p.* **Dare not, durst not,** *are often contracted to* **daren't** ['dɛərnt], **durstn't** ['dəːrsnt].) Oser. *He dare not, daren't, speak to me*, il n'ose (pas) me parler. *If he durst speak*, s'il osait parler. *He knew it was true, but he dare not say so*, il savait que c'était vrai, mais il n'osait pas le dire. *He dared not contradict me*, il n'osa (pas) me contredire. *Don't you d. touch him!* n'ayez pas l'audace de le toucher! *He did not d. turn his head*, il n'osa pas tourner la tête. **I dare say that . . .,** (i) j'ose affirmer que . . .; (ii) je suppose que. . . . **I dare say,** sans doute; peut-être bien; je (le) crois bien; c'est fort probable. *I dare say he will come*, sans doute, il est probable, qu'il viendra. **2.** *v.tr.* (*3rd sg.pr.* **he dares;** *p.t.* **dared;** *p.p.* **dared**) (*a*) Oser. *To d. to do sth.*, oser faire qch. *He did not d. to contradict me*, il n'osa (pas) me contredire; il n'eut pas la hardiesse de me contredire. *No one dared to propose it*, personne n'osait le proposer; *Lit:* nul ne l'osait proposer. *If he dares to go alone*, s'il ose y aller seul. **How dare you!** vous avez cette audace! *Let him do it if he dare(s)!* qu'il le fasse s'il l'ose! *To d. all things*, tout oser. (*b*) Braver, affronter (le danger, la mort, etc.). *To d. the perils of a journey*, affronter, risquer, les périls d'un voyage. (*c*) **To dare s.o. to do sth.,** défier qn de faire qch. *If he dares me to contradict him*, s'il me met au défi de le contredire. *I am not to be dared by any*, je ne souffre de défi de personne.

daring[1], *a.* (i) Audacieux, hardi; (ii) téméraire. *Wearing a d. dress*, audacieusement vêtue. **Greatly daring,** bien osé, fort osé. **-ly,** *adv.* Audacieusement, témérairement, hardiment.

daring[2], *s.* (i) Audace *f*, hardiesse *f*; (ii) témérité *f.* *To lose one's d.*, perdre de son audace; s'accouardir. *See also* DEED[1] 1.

'dare-devil. 1. *s.* Casse-cou *m inv*; cervelle brûlée; téméraire *m*; risque-tout *m inv.* **2.** *a.* Qui ne craint ni Dieu ni diable.

Darfur [dɑr'fuər]. *Pr.n.* *Geog:* Darfour *m.*

dariole ['dariəl], *s.* *Cu:* Dariole *f.*

Darjeeling [dɑːr'dʒiːliŋ]. *Pr.n.* *Geog:* Darji(e)ling *m.*

dark[1] [dɑːrk], *a.* **1.** Sombre, obscur, noir. **It is dark,** il fait nuit, il fait noir. *It is getting, growing, d.*, il commence à faire sombre, à faire nuit. *The sky grew d.*, le ciel se rembrunit. *It was very d. in the room*, il faisait très sombre dans la pièce. *See also* PITCH-DARK. *To make sth. dark(er)*, rembrunir qch. *Everything became d.*, tout s'assombrit. *D. dungeon, d. forests*, cachot ténébreux, forêts ténébreuses. *Th:* *F:* *The theatre will be d. for a month*, il y aura un mois de relâche. **2.** (*Of colour*) Foncé, sombre. **Dark blue** (*dresses*), (des robes *f*) bleu foncé. *To draw a picture of the situation in the darkest colours*, peindre la situation sous les couleurs les plus sombres. **3.** (*Of pers.*) Brun; (*of complexion*) basané, brun. (*Of hair*) *To become d.*, brunir. *She has d. hair*, elle est brune. *A d. beauty*, une belle brune. **4. The dark race,** la race nègre. **5.** (*a*) Sombre, triste. *D. future*, sombre avenir *m*; noire destinée. **To look on, to see, the dark side of things,** envisager, voir, les choses par leur mauvais côté; voir tout en noir. *See also* SIDE[1] 3. *D. thoughts*, pensées grises. (*b*) Ténébreux, mauvais, sinistre. *D. thoughts*, pensées ténébreuses. *To harbour d. designs*, nourrir de noirs desseins. *To utter d. threats*, proférer de sourdes menaces. **6.** Mystérieux; secret, -ète. *D. saying*, mot mystérieux; énigme *f.* *Heraclitus was called the Dark Philosopher*, on appelait Héraclite le philosophe ténébreux. *A d. hero of romance*, un Beau Ténébreux. *D. words*, paroles obscures. **To keep sth. dark,** tenir qch. secret. *Keep it d.!* gardez le secret! *To keep one's intentions d.*, cacher son jeu. **To keep dark,** se tenir caché. **Dark horse,** (i) *Turf:* cheval *m* dont on ne sait rien, mais qui pourrait bien être un gagnant; tocard *m* qui a des chances; cheval dont la victoire a surpris tout le monde; (ii) *F:* concurrent inconnu mais dangereux; concurrent que l'on ne croyait pas dangereux. **7. The Dark Ages,** l'âge des ténèbres, de l'ignorance; les premiers siècles du moyen âge. **The Dark Continent,** le Continent noir; l'Afrique *f.* *To live in the darkest ignorance*, croupir dans l'ignorance. **-ly,** *adv.* **1.** (*a*) Obscurément. (*b*) **To look darkly at s.o.,** regarder qn (i) d'un air sombre, (ii) d'un air menaçant. *To speak d.*, parler d'une façon mystérieuse; parler ténébreusement. **2.** *D. dressed*, vêtu sombrement; vêtu de noir. **3.** *He, she, was d. handsome*, c'était un beau brun, une belle brune.

'dark-'eyed, *a.* Aux yeux noirs.

'dark-'lantern, *s.* Lanterne sourde.

'dark-room, *s.* *Phot:* Chambre noire (pour manipulations); cabinet noir.

'dark-'skinned, *a.* **1.** A peau brune; qui a la peau brune; brun. **2.** (Race *f*) nègre.

'dark-slide, *s.* *Phot:* Châssis négatif; châssis à plaques.

dark[2], *s.* **1.** (*a*) Ténèbres *fpl*, obscurité *f.* **In the dark,** dans l'obscurité. *To look for sth. in the d.*, chercher qch. à l'aveuglette, à tâtons. **After dark,** après la tombée de la nuit; après la nuit venue; une fois la nuit tombée; à la nuit faite; à (la) nuit close. *Until d.*, jusqu'à la tombée de la nuit. **The dark of the moon,** la nouvelle lune. *P:* **To be in the dark,** être en prison; *P:* être à l'ombre. (*b*) *Darks of a picture*, ombres *f* d'un tableau; noirs *m* d'une gravure. **2. To be (kept) in the dark,** être (laissé) dans l'ignorance. *We are in the d. about, as to, his plans*, nous ignorons ses projets. *He is entirely in the d.*, il ne sait rien de rien (de l'affaire). *Subject at which scientists are still working in the d.*, sujet auquel les savants travaillent encore à l'aveugle. *See also* LEAP[1] 1.

darken ['dɑːrk(ə)n]. **1.** *v.tr.* Obscurcir (la chambre, etc.); assombrir, rembrunir (le ciel, l'avenir, le front de qn); brunir (le teint); foncer (une couleur); ternir (l'éclat de qch.); attrister (la vie de qn); troubler (la raison). *Fears that d. the future*, craintes *f* qui embrument l'avenir. *A cloud darkened the sun*, un nuage voila la face du soleil. **Never darken my doors again!** ne remettez plus les pieds chez moi! *We were shown into a darkened room*, on nous fit entrer dans une pièce (i) à volets clos, (ii) à rideaux tirés. **2.** *v.i.* S'obscurcir; (*of sky, brow*) s'assombrir, se rembrunir; (*of colour*) se foncer. *His brow darkened*, son front s'obscurcit, s'assombrit. *The future is darkening*, l'avenir *m* s'assombrit. *These pictures have darkened*, ces tableaux ont tiré au noir, ont poussé au noir (avec le temps).

darkening, *s.* (*a*) Assombrissement *m*; noircissement *m* (d'un tableau, d'un cliché, etc.). (*b*) **At the darkening,** à la tombée de la nuit.

darkey, darkie ['dɑːrki], *s.* *F:* Nègre, *f.* négresse; *F:* moricaud, -aude.

darkish ['dɑːrkiʃ], *a.* Un peu sombre; (*of hair*) plutôt brun.

darkle [dɑːrkl], *v.i.* *Lit:* **1.** S'assombrir. **2.** Se dissimuler à l'ombre.

darkling ['dɑːrkliŋ], *a.* *Lit:* **1.** Sombre, obscur. **2.** Dans l'obscurité.

darkness ['dɑːrknəs], *s.* **1.** (*a*) Obscurité *f*, ténèbres *fpl.* *The room was in complete d.*, il faisait tout à fait noir dans la salle. **The Prince of Darkness,** le prince des ténèbres. *D. descended upon his mind*, sa raison sombra; la nuit se fit dans son esprit. **The darkness of death,** les affres *f* de la mort. (*b*) *D. of a prophecy*, caractère obscur, obscurité, d'une prophétie. **2.** (*Of colour*) Teinte foncée. *D. of complexion*, teint bronzé, basané. **3.** Ignorance *f* (*as to*, de). *I am in complete d. as to his plans*, j'ignore entièrement ses projets; je ne sais rien de ses projets.

darky ['dɑːrki], *s.* *F:* = DARKEY.

darksome ['dɑːrksəm], *a.* *A.* & *Lit:* Sombre.

darling[1] ['dɑːrliŋ], *s.* & *a.* Favori, -ite; chéri, -ie; bien-aimé, -ée. **His darling sin,** son péché mignon. **My darling!** ma chérie! *F:* mon chou! mon petit chat! ma petite chatte! mon coco! mon petit mimi! *P:* ma zozotte! *She's a little d.*, c'est un petit amour. *She was a perfect d. over the affair*, elle a été très chic dans cette affaire. *A mother's d.*, un enfant gâté. *Fortune's d.*, l'enfant gâté de la Fortune. *A d. little place*, un petit endroit charmant, délicieux. *The d. of the people*, l'idole *f* du peuple.

Darling[2]. *Pr.n.* *Geog:* Darling *m.* (*In Austr.*) **Darling shower,** tourbillon *m* de poussière.

darn[1] [dɑːrn], *s.* Reprise *f*, passefilure *f*; *Nau:* (*in sail*) videlle *f.*

darn[2], *v.tr.* Raccommoder, ravauder, repriser; passefiler (des bas); remplir (un trou). *See also* FINE-DARN.

darning, *s.* Reprise *f*, reprisage *m*, ravaudage *m*, passefilage *m.* *See also* FINE-DARNING, INVISIBLE, MUSHROOM 3, STITCH[1] 1.

'darning-ball, -egg, -last, *s.* Boule *f*, œuf *m*, à repriser, à passefiler.

'darning-'cotton, *s.* Coton plat, à repriser.

'darning-'needle, *s.* **1.** Aiguille *f* à repriser. **2.** *Ent:* **Devil's darning-needle,** demoiselle *f*, libellule *f.*

'darning-wool, *s.* Laine *f* à repriser.

darn[3], *s.* *P:* *Euphemism for* DAMN[1].

darn[4], *v.tr.* *P:* *Euphemism for* DAMN[2] 3.

darned, *a.* *P:* *Euphemism for* DAMNED 2.

darn[5], *int.* *Euphemism for* DAMN[2] 3 (*b*).

darnation [dɑːr'neiʃ(ə)n], *int.* *U.S:* = DAMNATION 3.

darnel ['dɑːrnəl], *s.* *Bot:* Ivraie (enivrante).

darner ['dɑːrnər], *s.* **1.** (*Pers.*) Repriseur, -euse, ravaudeur, -euse. *See also* FINE-DARNER. **2.** (*a*) Aiguille *f* à repriser. (*b*) = DARNING-BALL.

dart[1] [dɑːrt], *s.* **1.** (*a*) Dard *m*, trait *m*, javelot *m.* *Mil:* **Aerial dart,** fléchette *f* d'avion. *Lit:* *The lightning's vivid darts*, les traits aveuglants de la foudre. *See also* CUPID 1, STRAIGHT I. 1. (*b*) *Games:* Fléchette. (*c*) Dard (de serpent, d'abeille, de sarcasme). (*d*) *Dressm:* Pince *f*, suçon *m.* **2.** Mouvement soudain en avant; élan *m.* **To make a sudden dart on sth.,** foncer, se précipiter, sur qch. *The child made a d. after the ball*, l'enfant s'élança pour rattraper la balle.

'dart-moth, *s.* *Ent:* Agrotide *f*, agrotis *f*, des moissons.

dart[2]. **1.** *v.tr.* (*a*) Darder (des rayons, un aiguillon); lancer, darder (un harpon, un regard); lancer, décocher (un sarcasme). *His eyes darted triumph*, un regard de triomphe jaillit de ses yeux. (*b*) *A:* *To d. a whale*, darder une baleine. **2.** *v.i.* Se précipiter, s'élancer, foncer (*at, upon, s.o., sth.*, sur qn, qch.). *He darted down, across, the road*, il descendit, traversa, la rue comme une flèche, comme un bolide. **To dart in, out, away, off,** entrer, sortir, partir, vivement, comme une flèche, comme un trait. **To dart up,** (i) se lever d'un bond; (ii) accourir à toute vitesse. *A deer darted out of the copse*, un cerf s'élança du taillis. **3.** *v.tr.* *Dressm:* Suçonner (un pli).

darter ['dɑːrtər], *s.* **1.** *Ich:* Toxote *m*, archer *m.* **2.** *Orn:* (*a*) Anhinga *m.* (*b*) *pl.* (*Genus*) **The Darters,** les plotinés *m.*

Dartmoor ['dɑːrtməːr, -muər]. *Pr.n.* *Geog:* Plateau *m* du Devonshire (centre d'élevage des **Dartmoor poneys;** prison pour forçats à Princetown). *F:* *To be sent to D.*, être condamné aux travaux forcés.

dartre ['dɑːrtər], *s.* *Med:* (*a*) Dartre *f.* (*b*) Affection *f* herpétique.

dartrous ['dɑːrtrəs], *a.* Dartreux; herpétique.
Darwinian [dɑːr'winjən], *a.* Darwinien.
Darwinism ['dɑːrwinizm], *s.* Darwinisme *m.*
Darwinist ['dɑːrwinist], *s.* Darwiniste *m.*
dash[1] [daʃ], *s.* **1.** Coup *m*, heurt *m*, choc *m*; choc, floc *m* (sur l'eau). *I could hear the d. of oars*, j'entendais le choc des avirons sur l'eau. *A d. of cold water will revive her*, un verre d'eau froide au visage la ranimera. **2.** Soupçon *m*, goutte *f*, larme *f* (de cognac, etc.); pointe *f* (de vanille, etc.); filet *m* (de vinaigre). *To have a d. of good blood in one's veins*, avoir un peu, un tantinet, de sang noble dans les veines. *Coffee with a d. of spirits*, café additionné d'un doigt d'eau-de-vie, d'une goutte d'eau-de-vie. *Add a d. of lemon*, ajoutez-y un filet de citron. **3. Dash of colour**, tache *f* de couleur (dans le paysage, etc.); touche *f* de couleur (dans un tableau). **4.** (*a*) Trait *m* (de plume, de l'alphabet Morse). *Typ:* (i) Tiret *m*; (ii) moins *m*. *Mth:* **A dash** (A′), a prime. *A double d.* (A″), a seconde. *See also* DOT[1] 1. (*b*) Tiret (remplaçant un mot peu convenable, p. ex. *damn*). **Who the dash has done that?** qui diable a fait ça? **5.** (*a*) (i) Attaque soudaine; (ii) course *f* à toute vitesse; élan *m*; ruée *f*. **To make a dash forward,** s'élancer en avant. *To make a d. at sth.*, se précipiter, se ruer, sur qch.; foncer (sur l'ennemi). *D. for liberty*, évasion *f*. *To make a d. for liberty*, saisir l'occasion de s'enfuir. *The d. for the Pole*, la course au Pôle. *Hist: The d. for the Channel ports*, la ruée sur les ports de la Manche. *D. across the desert*, raid *m* à travers le désert. *Fb: A d. by the forwards*, une descente des avants. (*b*) *F:* **To have a dash at sth.,** tenter, essayer (un examen, etc.). *To have a d. at it*, essayer le coup; essayer. (*c*) *Sp: U.S:* Course sans épreuves éliminatoires. **6.** Élan, impétuosité *f*, fougue *f*, entrain *m*, allant *m*. **Troops full of dash,** troupes pleines d'allant, qui ont du cran. *The troops showed much d.*, les troupes firent preuve d'un très bel allant. *Artist full of d.*, *F:* artiste qui a du chien, plein(e) de brio *m*. *Mus: To play with d.*, jouer avec brio. **7.** *F:* **To cut a dash,** faire (brillante) figure; faire de l'effet; faire florès; *Pej:* farauder, fringuer, faire le fringant; faire de l'épate. **8.** (*a*) = DASH-BOARD 2. *Aut:* **Dash control-knob,** bouton *m* sur tablier. **Dash-controlled,** commandé du tablier. (*b*) *Aut:* Auvent *m*.
'dash-board, *s.* **1.** *Veh:* Garde-crotte *m inv*, garde-boue *m inv*, pare-boue *m inv*. **2.** *Aut:* Tablier *m*; planche *f* de bord; planche porte-appareils; planche tablier. **Dash-board light** *or* **lamp,** lanterne *f* ou lampe *f* de bord, de tablier.
'dash-pot, *s. Mec.E: Aut:* Dashpot *m*; amortisseur *m*. *Oil d.-p.*, amortisseur à huile.
'dash-tank, *s. Aut:* Nourrice *f* (d'alimentation d'essence).
dash[2]. **1.** *v.tr.* (*a*) Heurter, choquer, lancer, violemment (qch. contre qch.); jeter, *F:* flanquer (qch. par terre). *The ship was dashed against a rock*, le navire fut jeté sur un écueil, contre un rocher. **To dash sth. to pieces,** fracasser qch.; briser qch. en morceaux. *To d. one's head against sth.*, se casser la tête contre qch. *Plants dashed by the rain*, plantes abattues par la pluie. (*b*) *To d. water over sth., at s.o.*, jeter, flaquer, de l'eau sur qch., à la figure de qn. (*c*) *To d. sth. with mud*, éclabousser qch. de boue. *Dashed with colour*, rehaussé de touches *f* de couleur; bariolé. (*d*) *To d. water with spirits*, ajouter à l'eau une goutte d'eau-de-vie. *Wine dashed with water*, vin coupé d'eau. *Cream dashed with vanilla*, crème *f* avec une pointe de vanille. *Love dashed with interest*, amour *m* avec un tantinet d'intérêt. (*e*) Déconcerter, confondre (qn); anéantir, détruire, renverser (les espérances); refroidir (l'enthousiasme). **To dash s.o.'s spirits,** abattre le courage, l'entrain, de qn; abattre qn. *He saw his hopes dashed*, il vit sombrer ses espérances. *See also* GROUND[2] 5. *He was somewhat dashed by the news*, la nouvelle ne laissa pas de le déconcerter. *I was in no wise dashed* (*in spirit*) *by my failure*, je ne me laissai pas abattre par mon échec. *I was greatly dashed at the news*, cette nouvelle m'a démonté. (*f*) *int. P: Euphemism for* DAMN[2] 3 (*b*). **2.** *v.i.* (*a*) **To dash against sth.,** se heurter, se jeter, se cogner, donner, contre qch. (*Of car*) **To dash into a wall,** *etc.*, s'emboutir contre un mur, etc. (*b*) (*Meaning little more than 'move precipitately'*) **To dash at s.o., at sth.,** se précipiter, s'élancer, sur qn, qch. *To d. into the sea*, se jeter, se précipiter, dans la mer. *To d. down the street*, descendre la rue à toute vitesse, comme un bolide. *To d. down the hill*, dévaler la pente à toute vitesse. *To d. up, down, the stairs*, monter, descendre, l'escalier quatre à quatre. *To d. into the room*, entrer précipitamment, en trombe, en coup de vent, dans la salle. *To d. out of the room*, s'élancer hors de la pièce. *To d. through France*, traverser la France au galop, à la galopade, à la galope.
dash along, *v.i.* Avancer, filer, à grand train, à fond de train. *Carriage dashing along*, voiture lancée au galop.
dash aside. **1.** *v.tr.* = DASH AWAY 1. **2.** *v.i.* Se jeter de côté; éviter le coup.
dash away. **1.** *v.tr.* Écarter violemment (qch.). *He dashed away a tear*, il essuya furtivement, hâtivement, une larme. **2.** *v.i.* S'éloigner en coup de vent; (*of rider*) enlever son cheval.
dash down, *v.tr.* Déposer (qch.) d'un mouvement violent; jeter (qch.) à terre; *F:* flanquer (qch.) par terre.
dash in. **1.** *v.tr.* Mettre, esquisser, rapidement (les détails d'un croquis). **2.** *v.i.* Entrer en trombe, précipitamment.
dash off. **1.** *v.tr.* Dessiner (un croquis) en un tour de main; bâcler, enlever (une lettre, etc.); expédier (qch.) en vitesse; faire (qch.) à la six-quatre-deux. *To d. off a piece* (*on the piano*), enlever un morceau. **2.** *v.i.* = DASH AWAY 2.
dash out. **1.** *v.tr.* **To dash out one's brains,** se fracasser la cervelle. **2.** *v.i.* S'élancer dehors.
dash up, *v.i.* Arriver au grand galop.
dashed, *a. Euphemism for* DAMNED 2.
dashing, *a.* (*Of pers.*) Impétueux; plein d'élan; qui a de l'allant; (*of horse*) fougueux, fringant. *D. young man*, beau cavalier. *He's a d. fellow*, il a du panache. *Sp: D. player*, joueur brillant, plein d'allant, mais peu prudent. **-ly,** *adv.* (S'habiller) avec une élégance tapageuse.
dasher ['daʃər], *s.* **1.** *F:* (*a*) *A:* Élégant *m*, gommeux *m*. (*b*) *Pej:* Épateur *m*. **2.** *Husb:* Batte *f* à beurre; babeurre *m*; palette *f* (de baratte); barat(t)on *m*. **3.** *Veh: U.S:* = DASH-BOARD.
dastard ['dastərd], *s. Lit:* **1.** Lâche *m*. **2.** Personnage *m* ignoble.
dastardliness ['dastərdlinəs], *s.* **1.** Lâcheté *f*. **2.** Caractère *m* infâme, ignoble (d'une action).
dastardly ['dastərdli], *a.* **1.** Lâche. **2.** (Crime *m*, etc.) infâme, ignoble.
data ['deita], *s.* **1.** *See* DATUM. **2.** *U.S:* = DATUM.
datable ['deitəbl], *a.* Datable, qu'on peut dater (*from*, à partir de).
dataller ['deitələr], *s. Ind:* Ouvrier *m* à la journée; journalier *m*.
date[1] [deit], *s. Bot:* **1.** Datte *f*. **2.** = DATE-PALM.
'date-palm, *s.* Dattier *m*.
'date-plum, *s.* = PERSIMMON.
date[2], *s.* **1.** (*a*) Date *f*; (*on coins, books*) millésime *m*; (*of month*) quantième *m*. *A letter bearing d. the 4th inst.*, une lettre datée du 4 ct. **Under the date of June 4th,** en date du 4 juin. *We'll fix the d. later*, nous conviendrons d'un jour par la suite. *What is the d. of this paper?* de quand est ce journal? **To be up to date,** être au courant des méthodes modernes, au niveau des derniers progrès; être dans le mouvement, dans le train; être de son temps; *F:* être à la page; être du dernier bateau. *Cinderella up to d.*, une Cendrillon nouveau siècle. *To be up to d.* (*in sth.*), être au courant (de qch.). *To be up to d. with one's work*, être à jour pour, dans, son travail. **To bring up to date,** remettre au point (une question, etc.). *Bringing up to d. of the fleet*, modernisation *f* de la flotte. *To bring, keep, one's diary up to d.*, mettre, tenir, son journal à jour. *Your father is quite* **out of date,** votre père est de la vieille école. *Your car is out of d.*, votre voiture date un peu trop; votre voiture est démodée. *This theory is out of d.*, cette théorie a fait son temps. *See also* EARLY I.3, OUT-OF-DATE, UP-TO-DATE. (*b*) *Com: etc:* **To keep the books, a catalogue, up to date,** tenir à jour les écritures, un catalogue. *To bring a list up to d.*, mettre une liste à jour. **Interest to date,** intérêts *m* à ce jour. *To d. we have received fifty orders*, à ce jour nous avons reçu cinquante commandes. *See also* DUE[1] 1, EVEN[2] 5, FINAL 1. (*c*) *Com:* **Date of a bill,** terme *m*, échéance *f*, d'un billet. **Three months after date, at three months' date,** à trois mois de date, d'échéance. *To pay at fixed dates*, payer à échéances fixes. (*d*) *U.S: F:* **To have a date with s.o.,** avoir rendez-vous avec qn. *To make a d.*, fixer un rendez-vous. *Heavy d.*, rendez-vous très important. **2.** *A. & Poet:* Durée *f* (de la vie, de la gloire etc.). **3.** Terme *m*, fin *f*. *All has its d. below*, tout ici-bas a son terme.
'date-cancel, *v.tr.* (**-cancelled**) Oblitérer (un timbre mobile) avec le timbre dateur.
'date-line, *s. Geog:* Ligne *f* de changement de date (le méridien 180°).
'date-marker, 'date-stamp, *s.* Dateur *m*; timbre *m* à date.
date[3]. **1.** *v.tr.* (*a*) Dater (une lettre, etc.); composter (un billet). *Dating and numbering machine*, composteur *m*. *Coin dated . . .*, pièce *f* au millésime de. . . . *See also* LONG-DATED, SHORT-DATED. (*b*) *Work of art that is difficult to d.*, œuvre d'art à laquelle il est difficile d'assigner une date. (*c*) *We may d. from this period the improvements that have taken place*, c'est à partir de cette époque que nous pouvons constater des améliorations. (*d*) *Abs. U.S: F:* **I can date back to . . .,** mes souvenirs *m* remontent jusqu'à. . . . **2.** *v.i.* (*a*) Dater (*from*, de). **Church dating from, dating back to, the XIIIth century,** église *f* qui remonte au XIIIe siècle, qui date du XIIIe siècle. *The house dates as far back as the reign of Elizabeth*, la maison remonte au règne d'Élisabeth. *This debt dates back several years*, cette dette remonte à plusieurs années. (*b*) *His style has dated, his car is beginning to date*, son style, sa voiture, commence à dater.
dating, *s.* Compostage *m* (de billets de chemin de fer, etc.).
dateless ['deitləs], *a.* **1.** (*Of letter, etc.*) Sans date, non daté. **2.** *Lit: Poet:* (*Of fame, etc.*) (*a*) Éternel. (*b*) Immémorial, -aux.
dater ['deitər], *s.* Dateur *m*; timbre-dateur *m*, *pl.* timbres-dateurs; composteur *m*.
dation ['deiʃ(ə)n], *s. Jur:* Dation *f* (d'une tutelle, etc.).
dative ['deitiv], *a. & s.* **1.** *Gram: D.* (*case*), (cas) datif *m*. **In the dative,** au datif. **2.** *Jur:* **Tutory dative,** tutelle dative.
datum, *pl.* **data** ['deitəm, 'deita], *s.* **1.** Donnée *f*; élément *m* d'information. *Experimental data*, données expérimentales. **Survey data,** indications *f* topographiques. **2.** (*a*) *Surv:* **Datum-level, -plane,** plan *m* de comparaison. **Datum-line,** ligne *f* de repère; base *f* (d'opérations); ligne *f* d'opérations; ligne de niveau; ligne de terre; plan de niveau. **Datum-point,** point *m* de repère; repère *m*. **Ordnance datum,** repère établi par le Service cartographique. (*b*) *Mec.E: etc:* (Point de) repère.
datura [da'tjuəra], *s. Bot:* Datura *m*. *Esp.* **Datura stramonium,** stramoine *f*; pomme épineuse.
daub[1] [dɔːb], *s.* **1.** (*a*) Enduit *m*, barbouillage *m*. (*b*) *Const:* Torchis *m*, gobetage *m*, enduit. **2.** (*Of picture*) Croûte *f*, barbouillage. *To paint a d. of s.o.*, *F:* peinturer qn.
daub[2], *v.tr.* **1.** (*a*) Barbouiller, enduire (*with*, de). *The tables were daubed with green paint*, les tables étaient grossièrement enduites de vert, étaient barbouillées de vert. *She daubs her face with red*, elle se plâtre le visage de rouge. (*b*) *Wherever there is a flaw, they* **daub on** *the paint*, partout où se montre une fêlure, on plâtre de la couleur. (*c*) *To daub a wall* (*with clay, etc.*), gobeter, torcher, un mur. *Wall daubed with clay*, mur enduit de torchis. *See also* HONEY 1. **2.** *Art: F:* Peintur(lur)er, barbouiller (une toile).
dauber ['dɔːbər], **daubster** ['dɔːbstər], *s. Art: F:* Barbouilleur, -euse; peintur(lur)eur, -euse; peintraillon *m*.
dauby ['dɔːbi], *a.* **1.** Gluant, visqueux, poisseux. **2.** (*Of picture, etc.*) Barbouillé. *On the walls were some d. pictures*, les murailles étaient agrémentées de quelques croûtes *f*.

daughter ['dɔːtər], *s.f.* Fille (par rapport au père et à la mère). *F:* **A daughter of Eve,** une fille d'Ève.

'daughter-in-law, *s.f.* Belle-fille, *pl.* belles-filles; bru.

'daughter-land, *s.* Colonie *f.*

daughterly ['dɔːtərli], *a.* Filial, -als, -aux.

daunt [dɔːnt], *v.tr.* Intimider, décourager, abattre (qn); *F:* démonter (qn). *He is never daunted,* il ne se décourage jamais; rien ne le démonte. **Nothing daunted,** intrépide(ment); nullement, aucunement, intimidé; sans se laisser abattre; sans se laisser intimider.

dauntless ['dɔːntləs], *a.* Intrépide; sans peur. **-ly,** *adv.* Intrépidement; sans peur.

dauntlessness ['dɔːntləsnəs], *s.* Intrépidité *f.*

Dauphin, Dauphiness ['dɔːfin, -ines], *s. Fr.Hist:* Dauphin, -ine.

Dauphiny ['doufini]. *Pr.n. Geog:* Le Dauphiné.

davenport ['davənpɔːrt], *s.* **1.** Petit bureau-pupitre, *pl.* bureaux-pupitres; secrétaire *m* (de salon). **2.** *U.S:* Canapé *m*, divan *m.*

David ['deivid]. *Pr.n.m.* David.

davit ['davit, 'deivit], *s.* (*a*) *Nau:* Bossoir *m*, davier *m* (d'embarcation); portemanteau *m*, pistolet *m.* **The davit sockets,** les supports *m* de bossoir. (*b*) *Artil:* **Loading davit,** potence *f*, grue *f* (de chargement).

'davit-guys, *s.pl.* Bras *mpl* de bossoir.

davy[1] ['deivi], *s. F:* (*Affidavit*) **To take one's davy that . . .,** donner sa parole que. . . . *I'll take my d. on it,* je vous en donne mon billet.

Davy[2]. *Pr.n.m.* (*Dim. of David*) David.

Davy Jones ['deivi'dʒounz]. *Pr.n. Nau: F:* Le Génie de la mer; l'Océan. *Esp. in* **Davy Jones's locker,** le fond de la mer, la (grande) Baille. **To go to Davy Jones's locker,** boire à la grande tasse.

Davy[3]**(-lamp),** *s. Min:* Lampe *f* Davy; lampe de mineur.

daw [dɔː], *s. Orn:* = JACKDAW.

dawdle [dɔːdl]. **1.** *v.i.* Flâner, musarder, muser, traîner, traînasser, lambiner. *To d. on the way,* s'amuser en chemin. *To d. along,* avancer (i) en se dandinant, (ii) en traînant le pas. **2.** *v.tr.* **To dawdle away one's time, one's life,** passer son temps, sa vie, à flâner; gaspiller le temps.

dawdling[1], *a.* Flâneur, musard, lambin. *D. step,* pas traînard.

dawdling[2], *s.* Flânerie *f*, musarderie *f*, traînerie *f.*

dawdler ['dɔːdlər], *s.* Flâneur, -euse; musard, -arde; lambin, -ine; traînard, -arde.

dawk [dɔːk], *s.* = DÂK.

dawn[1] [dɔːn], *s.* **1.** Aube *f*, aurore *f.* *Rosy-fingered d.,* l'aurore aux doigts de rose. **At dawn,** au point du jour; aux premières lueurs du jour. **At early dawn, at the first streak of dawn,** à la pointe du jour; *F:* dès le patron-jaquet, dès le patron-minet. *It is almost d.,* le jour va paraître. **2.** *F:* Aurore, aube (de la vie, de l'histoire); commencement *m* (de la civilisation); naissance *f* (d'une idée). *The news brought a d. of hope,* cette nouvelle apportait une lueur d'espoir. *Since the d. of the motoring age,* depuis l'avènement de l'automobile.

dawn[2], *v.i.* (*Of day, morning*) Poindre; (commencer à) paraître; naître. *Day is dawning,* le jour se lève. *As soon as ever the morning dawned,* dès que le jour se fit; dès le point du jour. *F: Prosperity is dawning upon him,* la fortune commence à luire pour lui. *At length it dawned on me that . . .,* enfin il me vint à l'esprit que . . ., je commençai à avoir conscience que . . ., je commençai à me rendre compte que. . . . *The truth dawned on him,* il entrevit la vérité; la vérité se fit jour dans son esprit. *I saw a smile dawning on her lips,* je vis poindre un sourire sur ses lèvres.

dawning[1], *a.* **1.** (Jour, espoir) naissant. **2.** *Underneath the d. hills,* au bas des collines qui s'éclairaient du jour naissant, qui commençaient à se dessiner aux premières lueurs du jour.

dawning[2], *s.* **1.** = DAWN[1]. **The first dawnings,** les premières lueurs (de l'aube, de la civilisation, etc.). **2.** *Poet:* L'Orient *m.*

day [dei], *s.* **1.** (*a*) Jour *m*; (*whole day in regard to work, earnings, etc.*) journée *f.* *It's a fine day,* il fait beau aujourd'hui. *It has been a sunny day,* il a fait une journée de soleil. **To work day and night,** travailler nuit et jour. **To work all day (long), all the day,** travailler toute la journée, tout le long du jour. *He does nothing all day long,* il ne fait rien de la journée. **To work by the day,** travailler à la journée. *F:* **It's all in the day's work,** ça fait partie de ma routine; j'en vois bien d'autres! *It's a day's journey* (*distant*), c'est à un jour de voyage. *An eight-hour day,* une journée de huit heures. *See also* RUN[1] 2, WORK[1] 2. **In the course of the day,** dans la journée. **Twice a day,** deux fois par jour. *This day,* ce jour-ci, aujourd'hui. *This day of all days,* ce jour entre tous. *I remember it* **to this day,** je m'en souviens encore aujourd'hui. **This day week,** (d')aujourd'hui en huit. *This day* (*next*) *year,* dans un an jour pour jour; l'an prochain à pareil jour, à pareille date. *This day* (*last*) *week,* il y a aujourd'hui huit jours. *This day* (*last*) *year,* l'an dernier à pareil jour, à pareille date; il y a aujourd'hui un an. *It was ten years ago to this very day,* il y a de cela dix ans jour pour jour. **The day before sth.,** la veille de qch. *Two days before sth.,* l'avant-veille *f* de qch. *See also* BEFORE 1. **The day after (sth.),** le lendemain (de qch.). *Two days after, later,* deux jours après; le surlendemain. *The case was adjourned for two days,* la cause fut renvoyée au surlendemain. **Every other day, day about,** tous les deux jours; de deux jours l'un; un jour sur deux. **Day after day,** un jour après l'autre; tous les jours; de jour en jour. *Day after day passed,* les jours se succédaient. **Day in day out,** du matin au soir; sans trêve. **Day by day,** jour par jour; de jour en jour. **From day to day,** de jour en jour; d'un jour à l'autre; du jour au lendemain. *To live from day to day,* vivre au jour le jour. *Day-to-day loans,* prêts *m* au jour le jour. *From that day to this,* à partir de ce jour; (i) dès lors, (ii) depuis lors. *He is sixty if he is a day,* il a soixante ans bien sonnés. *See also* FAIR[1] 1, GOOD I. 1, HAPPY. (*b*) **Day of battle, of carnage,** journée de bataille, de carnage. **To carry, win, the day,** gagner la journée, la bataille; remporter la victoire; être victorieux; (*in lawsuit*) avoir gain de cause. *To lose the day,* perdre la bataille. *The day is ours,* la victoire est à nous. *It was a great day,* ce fut un beau jour, une grande journée. **2.** (*a*) (*Dawn*) **Before day,** avant le jour. **At (break of) day,** au point du jour. *Day stood distinct in the sky when he awoke,* le ciel portait la claire empreinte du jour lorsqu'il s'éveilla. (*b*) (*Daylight*) *To travel, etc., by day, in the day,* voyager, etc., le jour, de jour, pendant le jour. **It was broad day,** il faisait grand jour. *F: In the blaze of day, in the full light of day,* en plein midi. *See also* EYE[1] 1. **3.** (*Twenty-four hours*) **Solar, astronomical, day,** jour solaire; jour moyen, astronomique. **4.** (*Point of time*) (*a*) **Day of the month,** quantième *m* du mois. *What is the day of the month?* c'est le combien (du mois) aujourd'hui? *The fourth day of June,* le quatre juin. *He kept his day,* il fut fidèle au rendez-vous. *F:* **To pass the time of day with s.o.,** échanger quelques paroles de politesse avec qn. TIME[1] 6. **One summer day,** par un jour d'été. **One day, some day, one of these (fine) days,** un jour ou l'autre; un de ces (beaux) jours; *F:* un de ces quatre matins. *I shall write to you in a day or so,* je vous écrirai incessamment. *I saw him* **the other day,** je l'ai vu l'autre jour. **Come any day,** venez n'importe quel jour. *He may arrive any day,* il peut arriver d'un jour à l'autre, du jour au lendemain. **It will be a long day before I go there again,** il fera beau quand j'y retournerai. *It will be many a long day before anything is done,* d'ici à ce que cela se fasse, on a le temps d'attendre. *It is many a long day since you did that,* il y a beau jour, *F:* belle lurette, que vous n'avez (pas) fait cela, que vous ne faites plus cela. **To have a day, an at-home day,** avoir un jour. *Thursday is my* (*at-home*) *day,* mon jour (de réception) est le jeudi. **Day off,** jour de congé (d'un employé). *The servant's* **day out,** le jour de sortie de la bonne. *To take, get, a day off,* prendre, obtenir, un jour de congé. *See also* OFF[1] II. *The wedding day,* le jour du mariage, de la noce. *F:* **To name the day,** fixer le jour du mariage. *Prov:* **The better the day the better the deed,** bon jour bonne œuvre. **The last day, the day of judgment,** le jour du jugement. *See also* DYING[1, 2], EXPIATION, JUDGMENT-DAY, NAME-DAY, NUMBER[1] 1, RAINY, RETURN[1] 1, WASHING-DAY, WEEKDAY. (*b*) Fête *f.* **All Saints' Day,** la fête de la Toussaint. **Easter Day,** le jour de Pâques. *F:* **Let's make a day of it!** nous allons faire fête, faire la noce, aujourd'hui. *See also* HIGH I. 5, LADY-DAY, RED-LETTER. **5.** (*Period of time*) **The good old days,** le bon vieux temps. *In the days of . . .,* au temps de . . ., du temps de. . . . *In my young days,* dans mon jeune temps; du, au, temps de ma jeunesse. **In the days of old,** autrefois; au temps jadis; du temps que Berthe filait. **In those days,** en ce temps-là. *Life in those days,* la vie d'alors. **In these days, in our days,** de nos jours; de notre temps; par le temps qui court. *F: Art,* **these days,** *is a poor trade,* faire de l'art, à l'heure actuelle, par le temps qui court, c'est un pauvre métier. *In these enlightened days,* en ce siècle de lumières. *In the days of Queen Anne,* du vivant de la reine Anne. *I was a student in those days,* j'étais étudiant à ce moment-là, à cette époque. *In his day,* de, en, son vivant. *He ended his days in the poor-house,* il finit ses jours, il mourut, à l'hospice. *He was a great man in his day,* ce fut un grand homme dans son temps. *On his day he was an excellent player,* dans ses bons jours c'était un joueur excellent. *She was a beauty in her day,* elle eut son temps de beauté. **At, to, this (very) day,** encore aujourd'hui. **In days to come,** dans un temps futur. *Of other, former, days,* d'autrefois. *Of the present day,* de nos jours, d'à présent; actuel, contemporain. *See also* PRESENT-DAY. *The novels of the day,* les romans du jour, les romans en cours. *To be the man of the day,* être l'homme du jour. (*Of theory, etc.*) **To have had its day,** avoir fait son temps; être passé de vogue. *I have had my day,* mes beaux jours sont passés. *This fashion had its day,* cette mode a eu son heure. *Prov:* **Everything has its day,** tant va la cruche à l'eau qu'à la fin elle se brise; chaque chose a son temps. *The day of individualism is gone,* les jours de l'individualisme sont révolus. *Their beauty is but for a day,* leur beauté n'est que d'un jour; leur beauté est éphémère. **She was the creature of a day,** elle eut son heure de popularité, de gloire, de célébrité. *Woman who has seen her best days,* femme passée. *See also* BETTER[1], DOG[1] 1, EVER 2, EVIL 1, LATE II. 1, SALAD DAYS, SUFFICIENT.

'day-blind, *a.* Nyctalope.

'day-blindness, *s.* Nyctalopie *f.*

'day-boarder, *s. Sch:* Demi-pensionnaire *mf.*

'day-book, *s. Com:* (Livre) journal *m*, -aux; sommier *m*, mémorial *m*, -aux; main courante, brouillard *m.*

'day-boy, *s.m. Sch:* Externe.

'day-break, *s.* Point *m* du jour; lever *m* du jour; aube *f* (du jour). **At day-break,** au jour levant.

'day-dream[1], *s.* Rêverie *f*, songerie *f*, rêvasserie *f.* *To lose oneself in day-dreams,* se perdre dans le bleu, dans les nues.

'day-dream[2], *v.i.* Rêver tout éveillé; rêver creux; rêvasser, songer.

day-dreaming, *s.* Rêverie *f*, songerie *f.* *Given to d.-d.,* porté au rêve et à la paresse.

'day-dreamer, *s.* Rêveur, -euse; songe-creux *m inv*; songeur, -euse; visionnaire *mf.*

'day-drift, *s. Min:* Fendue *f.*

'day-flower, *s. Bot: U.S:* Commélyne *f.*

'day-fly, *s. Ent:* (*a*) Éphémère *m.* (*b*) *pl.* (*Genus*) **Day-flies,** éphémérides *m.*

'day-girl, *s.f. Sch:* Externe.

'day-gown, *s. Cost:* Robe *f* de jour.

'day-'labour, *s.* Travail *m* à la journée.

'day-'labourer, *s.* Journalier *m*; ouvrier *m* à la journée.

'day-lily, *s. Bot:* Hémérocalle *f.*

'day-mark, *s. Nau:* Amer *m.*

'day-nurse, *s.* **1.** Bonne *f* d'enfants. **2.** Infirmière *f* qui est de service pendant le jour.

'**day-nursery**, *s.* **1.** Salle *f* des enfants. **2.** *Adm:* Pouponnière *f*; garderie *f* (d'enfants); crèche *f*.
'**day-owl**, *s. Orn:* Chouette épervière.
'**day-room**, *s. Sch:* Salle occupée pendant le jour.
'**day-scholar**, *s. Sch:* Externe *mf*.
'**day-school**, *s. Sch:* Externat *m*.
'**day-shift**, *s. Ind:* Équipe *f* du jour.
'**day-spring**, *s. Poet:* Jour naissant, aurore *f*, aube *f*.
'**day-star**, *s. Poet:* **1.** L'étoile *f* du matin. **2.** L'astre *m* du jour; le soleil.
'**day-student**, *s.* Externe *mf*.
'**day-taler** ['deitələr], *s.* = DATALLER.
'**day-ticket**, *s. Rail:* (Billet *m* d')aller et retour *m* valable pour un jour.
'**day-time**, *s.* Le jour, la journée. **In the day-time**, pendant la journée; de jour.

daylight ['deilait], *s.* **1.** (*a*) Jour *m*; lumière *f* du jour. **By daylight**, de jour, le jour. *To work by d.*, travailler à la lumière du jour. *F:* **To burn daylight**, gâcher son temps. **In broad daylight**, en plein jour; au grand jour; en plein midi; au su et au vu de tous. *It is broad d.*, il fait grand jour. *See also* CLEAR[1] I. 1, PLAIN I. 2. *Adm:* **Daylight saving**, économie *f* de lumière par l'adoption de l'heure d'été. *U.S:* **Daylight-saving time**, l'heure *f* d'été. *Phot:* **Daylight loading**, chargement *m* (de l'appareil) en plein jour, en pleine lumière. *See also* PRINTING 3. (*b*) L'aube *f*; le point du jour. **Before daylight**, avant le jour. **2.** (*Open space, opening*) Espace *m* libre; ouverture *f* (d'une machine-outil, etc.); jour, intervalle *m*. *Equit:* **To show daylight** *when trotting*, faire du trot enlevé; trotter à l'anglaise. *Min:* **Daylight colliery**, houillère *f* à ciel ouvert. *F:* **To (begin to) see daylight through a piece of work**, (i) apercevoir la fin du travail; approcher du but; (ii) voir jour dans une affaire. **To let daylight into s.o.**, poignarder ou fusiller qn. *See also* SHOW[2] I. 1 (*a*). **3.** *pl. P:* **The daylights**, les yeux *m*; *P:* les mirettes *f*.

daylong ['deilɔŋ]. **1.** *a.* Qui dure toute la journée. *During his d. work*, pendant ses longues heures de travail. **2.** *adv.* Toute la journée, tout le long du jour.

daze[1] [deːiz], *s.* **1.** Étourdissement *m*, stupéfaction *f*, ahurissement *m*. **To be in a daze**, être hébété, stupéfait, *F:* ahuri. *He acts as if he was in a d.*, il agit comme un hébété. **2.** *Miner: F:* Mica *m*.

daze[2], *v.tr.* **1.** (*a*) (*Of drug, etc.*) Stupéfier, hébéter. (*b*) (*Of blow*) Étourdir. (*c*) *F:* Abasourdir, ahurir, méduser (qn). **2.** = DAZZLE[2].
dazed, *a.* **1.** (*a*) Stupéfié (par un narcotique); hébété. (*b*) Tout étourdi (par un coup). (*c*) *F:* Abasourdi, ahuri, sidéré. *I am absolutely d. by what has happened*, *F:* je suis abasourdi, tout abruti, de ce qui vient de se passer. *D. expression*, expression ahurie. *D. condition*, ahurissement *m*. *F:* **He looks half-dazed**, il a l'air de revenir de Pontoise. **2.** = DAZZLED.

dazedly ['deizidli], *adv.* D'un air, d'un ton, hébété, ahuri.

dazzle[1] [dazl], *s.* **1.** Éblouissement *m*; aveuglement *m*. *Aut:* **Dazzle lamps, lights**, phares éblouissants. *See also* ANTI-DAZZLE. **2.** *Navy:* Camouflage *m*.

dazzle[2], *v.tr.* **1.** (*a*) Éblouir, aveugler. (*b*) *P:* Épater. *Dazzled with, by, the light*, ébloui, aveuglé, par la lumière. *Dazzled by such a brilliant prospect*, ébloui par une si brillante perspective. **2.** *Navy:* **To dazzle(-paint) a ship**, camoufler un navire. *Dazzled, dazzle-painted*, camouflé.
dazzled, *a.* Ébloui.
dazzling, *a.* Éblouissant, aveuglant. *D. sky*, ciel radieux. *D. success*, succès éclatant. *F: Ladies in d. get-up*, dames *f* en toilettes éblouissantes. **-ly**, *adv.* D'une manière éblouissante. *D. beautiful*, d'une beauté éblouissante.

dazzlement ['dazlmənt], *s.* Éblouissement *m*.

dazzler ['dazlər], *s. P:* **1.** Personne, robe, etc., épatante. **2.** Épateur, -euse.

de- [diː], *pref.* **1.** (*Privative*) *To dehusk*, décortiquer. *To demobilize*, démobiliser. *To dechristianize*, déchristianiser. *To defrock*, défroquer. **2.** (*Doubly*) *Decomposite*, *Bot:* décomposé; *Ling:* surcomposé.

deacon[1] ['diːkən], *s. Ecc:* **1.** Diacre *m*. **2.** (*a*) (*Presbyterian Ch.*) Membre *m* du Conseil de fabrique. (*b*) (*Congregational Ch.*) = ELDER[1] 2 (*c*). **3.** *Leath: U.S:* **Deacon hide**, veau mort-né.

deacon[2], *v.tr. U.S: P: To d. a basket of apples*, mettre les plus belles pommes en dessus. *To d. wine*, frelater le vin.

deaconess ['diːkənes], *s.f.* Diaconesse.

deaconry ['diːkənri], *s. Ecc:* **1.** Diaconat *m*. **2.** La maison du diacre. **3.** *Coll.* Les diacres.

deaconship ['diːkənʃip], *s. Ecc:* Diaconat *m*; office *m* de diacre.

dead [ded]. I. *a.* **1.** Mort. (*a*) *He is d.*, il est mort, décédé. **The dead man, woman**, le mort, la morte. *If you move you are a d. man*, si vous bougez vous êtes un homme mort. *He is practically a d. man*, il est condamné. *El.Rail:* **Dead man's handle**, poignée de contrôle (sur laquelle il faut exercer une pression continuelle). *See also* FINGER[1] 1, SHOE[1] 1. *Prov:* **Dead men tell no tales, dead dogs do not bite**, les morts ne parlent pas; morte la bête mort le venin; chien mort ne mord pas. *See also* FLOG. **To strike, kill, s.o. (stone) dead**, tuer qn raide. **To drop down dead**, tomber mort. *To fall (stone) d.*, tomber raide mort. *To shoot s.o. dead*, tuer qn raide, net (d'un coup de fusil, de revolver). *F:* **Dead as a doornail, dead as mutton**, mort et bien mort. *His operas are as d. as mutton*, ses opéras sont tombés dans un oubli complet. **Dead and gone, dead and buried**, mort et enterré. *He is d. and buried*, *F:* il est parti pour le royaume des taupes. *Half-d. with fright*, plus mort que vif. **Dead to the world**, mort pour le monde. *U.S: P:* **Dead above the ears**, sans cervelle. *F:* **He's dead and done for**, il est flambé, fichu, fini; c'en est fait de lui; son compte est réglé; son affaire est faite. *Rac: P:* **A dead one**, cheval *m* qui ne peut pas gagner, qui sera empêché de gagner. (*Of regulation*) **To become a dead letter**, tomber en désuétude. *Law that remains a d. letter*, loi qui n'est pas appliquée, qui reste lettre morte. *Post:* **Dead letters**, lettres tombées au rebut; lettres de rebut. *D.-letter office*, bureau *m* des rebuts. **Dead language**, langue morte. *See also* WOOL 1. (*b*) *D. tree, wood, etc.*, arbre, bois, etc., mort. **Dead hedge**, haie morte. (*c*) (Doigt) mort, engourdi par le froid. (*Of limb*) **To go dead**, s'engourdir. (*d*) *P:* (*Bottle emptied convivially*) **Dead man, dead marine**, bouteille *f* vide; *P:* cadavre *m*. **2.** (*Hardened against*) **Dead to honour**, mort à tout sentiment d'honneur; insensible à l'honneur. *D. to reason*, sourd à la raison. **3.** (*Extinct*) **Dead fire**, feu mort. *D. coal*, charbon éteint. **Dead colour**, (i) couleur *f* terne; (ii) première couche de couleur. **Dead white**, blanc mat. *D. gold*, or mat. *D. sound*, son sourd, mat. *A d. ache*, une douleur sourde. **Dead well**, puits perdu. *El.E:* **Dead wire**, fil *m* (i) hors courant, (ii) sans tension, sans courant. *Mch:* **Dead steam**, vapeur *f* d'échappement. *Metall:* **Dead sand**, sable brûlé. *El:* **Dead cell**, pile épuisée. **Going dead** *of the battery*, mise *f* à plat de l'accu. *Min:* **Dead lode**, filon épuisé. **Dead ground**, mort-terrain *m*, *pl.* morts-terrains. *Typ:* **Dead matter**, composition devenue inutile; types *mpl* à distribuer. **4.** (*Inactive*) **Dead season**, morte-saison, *pl.* mortes-saisons. **The dead hours**, (i) la nuit; (ii) *Ind: etc:* les heures creuses. **The Dead Sea**, la Mer Morte. **Dead city**, ville morte. *P:* **Dead 'house**, maison inhabitée. *The wind falls d.*, le vent tombe complètement. *D. tennis court*, terrain *m* de tennis qui manque d'élasticité, qui ne rend pas. *Mec.E: D. spring*, ressort *m* qui a perdu son élasticité; ressort détendu. **Dead axle**, essieu *m* fixe. **Dead bolt**, pêne dormant. **Dead window**, fausse fenêtre; fenêtre feinte, aveugle. **Dead hole**, trou aveugle, borgne. *Civ.E:* **Dead load**, poids mort; charge constante. *Fb:* **Dead ball**, ballon mort. *Bowls:* **Dead bowl**, boule noyée. *Mil:* **Dead angle, ground**, angle, terrain, privé de feu, mort. *Fin:* **Dead money**, argent mort, qui dort. **Dead loan**, emprunt *m* irrécouvrable. *Com:* **Dead market**, marché mort. *Metalw: etc:* **Dead acid**, acide décomposé. *Ph:* **Dead beat**, oscillation amortie. *See also* FREIGHT[1] 2, SHEAVE[1] 1. **5.** (*Abrupt, complete, exact*) **Dead stop**, arrêt *m* brusque, halte *f* subite. *To come to a d. stop*, s'arrêter net. *To bring the enemy, etc., to a d. stop*, arrêter net l'ennemi, etc. *Nau:* **Dead calm**, calme plat. **Dead silence**, silence *m* de mort. **Dead secret**, profond secret. *D. level*, niveau parfait; *Med:* (*of disease*) plateau *m*, point mort. *On a d. level*, absolument de niveau; à franc niveau. **To be dead on time**, être à la minute. *D. wall*, mur orbe; mur blanc. **Dead loss**, perte sèche. **To be in dead earnest**, être tout à fait sérieux. *U.S: P:* **On the dead**, *I wish . . .*, sérieusement, je voudrais. . . . **He's a dead shot**, il ne manque, ne rate, jamais son coup; c'est un tireur sûr de son coup. *Golf:* (*Of ball*) **To lie dead**, être au bord du trou. *El:* **Dead earth**, contact parfait avec le sol. *Nau:* **Dead wind**, vent *m* debout. *See also* CERT, CERTAINTY, FAILURE 3, FAINT[3], FROST[1] 2, HEAT[1] 5, NEAP[1], NUT 1, RECKONING 1, SET[1] 2, SPIT[3] 1.
II. **dead**, *s.* **1.** *pl.* **The dead**, les morts *m*; les trépassés. *Ecc:* **The Office for the dead**, l'office *m* des morts. **To rise from the dead**, ressusciter des morts. *Bring out your d.!* sortez vos morts! **2.** **At dead of night**, au plus profond, dans le silence, au milieu, de la nuit. **In the dead of winter**, au cœur, au (plus) fort, de l'hiver. **3.** *pl. Min:* **Deads**, stériles *m* de mine; déchets *m*, déblais *m*, de mine. *Metall:* Gangue *f*.
III. **dead**, *adv.* (*a*) Absolument. **Dead drunk**, ivre mort. *D. asleep*, profondément endormi. *D. tired*, mort de fatigue; éreinté; fourbu. *D. sure*, absolument certain. *The road was d. solitary*, la route était absolument déserte. *F:* **Dead broke**, fauché; complètement ruiné; absolument décavé. *Nau:* **To sail dead south**, faire route droit vers le sud. **To go dead slow**, marcher aussi lentement que possible. *Aut: To take a corner d. slow*, prendre un virage au grand ralenti. (*b*) **To stop dead**, s'arrêter net. (*c*) *With the tide running d. against us*, avec le courant en plein contre nous. (*Of pers.*) **To be dead against sth.**, être absolument opposé à qch. (*d*) *Piece that fits d. true, d. square*, pièce *f* à ajustage parfait. *D. smooth surface*, surface parfaitement plane. *D. smooth file cut*, taille *f* de lime très douce. *Cr:* **Dead on the middle stump**, en plein sur le piquet du milieu.
'**dead(-and)-a'live**, *a.* Mort, triste, sans animation. *A d.-and-a. little place*, un petit trou à moitié mort.
'**dead-'beat**[1], *attrib. a. El:* (Instrument *m*) apériodique; (galvanomètre *m*) à oscillations amorties. *Clockm:* **Dead-beat escapement**, échappement *m* à repos.
'**dead-'beat**[2]. **1.** *a. P:* Rendu, épuisé, éreinté, exténué, fourbu, moulu; recru de fatigue; brisé de fatigue; (cheval) fourbu. *I'm d.-b.*, je n'en puis plus; je suis anéanti; je tombe de faiblesse. **2.** *s. U.S: P:* (*a*) Chemineau *m*. (*b*) Tapeur *m*, quémandeur *m*.
'**dead-'beatness**, *s. F:* Épuisement *m*.
'**dead-'block**, *s. Rail:* Tampon sec (de wagon de marchandises).
'**dead-'centre**, *s.* **1.** *Mch:* Point mort (du piston). *Top d.-c.*, haut *m* de course; point mort haut. *Bottom d.-c.*, fond *m* de course; point mort bas. **2.** (*Of lathe*) Pointe *f* de la poupée mobile; contre-pointe *f*; centre *m* fixe.
dead-'end, *s.* **1.** Cul-de-sac *m*, *pl.* culs-de-sac; impasse *f*; (*of pipe*) bout aveugle, fermé, *Min:* accul *m*. **2.** *El: W.Tel:* Bout mort, spires mortes (d'un enroulement).
'**dead-eye**, *s Nau:* Cap *m* de mouton; moque *f*.
'**dead-fall**, *s.* **1.** *Ven:* (Piège *m*) assommoir *m*; traquenard *m*. **2.** Enchevêtrement *m* d'arbres morts (dans une forêt). **3.** *U.S:* (*Low tavern*) Assommoir.
'**dead-fire**, *s.* Feu *m* de Saint-Elme.
dead-'hand, *s. Jur:* Mainmorte *f*.
'**dead-head**, *s.* **1.** (*a*) *Metall:* Masselotte *f*. (*b*) (*Of lathe*) Contre-pointe *f*, contre-poupée *f*. **2.** *F: Th: Rail: etc:* Personne *f* en possession d'un billet de faveur; spectateur *m* qui entre gratuitement, *P:* qui entre à l'œil.
'**dead-house**, *s.* = MORTUARY 2 (*a*), (*b*).

'dead-leaf, *a.* **1.** (Couleur) feuille-morte *inv.* **2.** *Av:* **Dead-leaf descent,** descente *f* en feuille morte.

'dead-light, *s.* **1.** *Nau: F:* (*a*) Contre-sabord *m,* mantelet *m* de sabord, tape *f* de hublot, opercule *m* de hublot. (*b*) Couvercle *m* de panneau, panneau *m* de claire-voie. (*c*) Faux hublot. **2.** *Const:* Fausse fenêtre. **3.** *Dial:* (*Scot.*) Feu follet (de cimetière).

'dead-line, *s.* **1.** (*a*) Ligne *f* de délimitation; limites *fpl* (d'une prison pour forçats, d'un camp de prisonniers de guerre). (*b*) *F:* Bornes *fpl* que l'on ne saurait franchir. **2.** *Typ:* Ligne de repère (du marbre d'une presse à cylindre).

'dead-lock, *s.* **1.** Serrure *f* à pêne dormant. **2.** Impasse *f*; point mort; situation *f* inextricable, insoluble. *To come to a d.-l.,* aboutir à une impasse (au cours de négociations, etc.).

'dead 'march, *s. Mus:* Marche *f* funèbre.

'dead-'nettle, *s. Bot: See* NETTLE[1].

'dead 'pan, *s. Th: Cin: U.S:* Acteur, -trice, sans expression, sans mimique du visage.

'dead-plate, *s. Mch:* Table *f* de foyer.

'dead-waggon, *s. U.S:* Voiture *f* mortuaire.

'dead-'water, *s. Nau:* Remous *m* de sillage.

'dead-'weight, *s.* **1.** Poids mort, poids inerte; *F:* poids accablant (de dettes, etc.). *To be a d.-w.,* faire poids (inutile). *F:* **He's a dead-weight on the business,** c'est un boulet au pied de l'entreprise. *To throw away all d.-w.,* jeter tout ce qui fait poids. **2.** *Nau:* Portée *f* en poids, chargement *m* en lourd, port *m* en lourd. *See also* TONNAGE 1.

'dead-wood, *s.* **1.** Bois mort, bois chablis. *F:* **To cut out the dead wood from the staff,** élaguer, déblayer, le personnel. **2.** *N.Arch:* Massif *m*; bois *m* de remplissage.

'dead-work, *s.* **1.** *Min:* Travaux *mpl* de premier établissement, travaux préparatoires. **2.** *pl. Nau:* Œuvres mortes.

deaden [dedn]. **1.** *v.tr.* (*a*) Amortir (un coup, un choc, les vibrations, les passions); assourdir, étouffer, amortir (un son); hourder (un plancher, une cloison); émousser, assoupir, aveulir, abrutir (les sens); (a)matir (l'or, etc.). *To d. one's footsteps,* ouater, feutrer, ses pas. *Nau:* **To deaden a ship's way,** amortir l'erre d'un bâtiment. (*b*) Éventer (la bière). **2.** *v.i.* (*a*) S'amortir; (*of sound*) s'assourdir; (*of senses*) s'émousser. (*b*) (*Of beer*) S'éventer.

deadening[1], *a.* (*Of experience, etc.*) Aveulissant. *See also* SOUND-DEADENING.

deadening[2], *s.* Amortissement *m*; assourdissement *m* (du bruit, d'un son).

deadener ['dednər], *s.* **Sound deadener,** amortisseur *m* de son.

deader ['dedər], *s. P:* Cadavre *m*; *P:* macchabée *m.*

deading ['dediŋ], *s. Tchn:* Enveloppe *f*, garniture *f*.

deadliness ['dedlinəs], *s.* Nature mortelle (d'un poison, etc.).

deadly ['dedli]. **1.** *a.* (*a*) (*Of poison, blow, etc.*) Mortel. *D. weapon,* arme meurtrière. **Deadly hatred,** haine mortelle, implacable. *D. combat,* combat meurtrier, à mort. **Deadly insult,** insulte mortelle, sanglante. *D. epigram,* épigramme assassine, virulente. *D. evidence,* témoignage accablant. *D. scourge,* fléau redoutable, meurtrier. **Deadly sin,** péché mortel. **The seven deadly sins,** les sept péchés capitaux. *See also* AMANITA, ENEMY, NIGHTSHADE. (*b*) = DEATHLIKE. (*c*) *F: To be in d. haste to do sth.,* avoir une hâte extrême de faire qch. (*d*) **The men had a good time, but the women's lives were deadly,** les hommes s'amusaient, mais les femmes s'ennuyaient mortellement. **2.** *adv.* Mortellement, comme la mort. **Deadly pale,** d'une pâleur mortelle. *It was d. cold,* il faisait un froid mortel, un froid de loup. *See also* DULL[1] 5.

deadness ['dednəs], *s.* **1.** (*a*) Torpeur *f*; engourdissement *m* (des membres); stagnation *f* (des affaires); matité *f* (des couleurs). (*b*) Évent *m* (de la bière, du cidre). **2.** Indifférence *f*, insensibilité *f* (*to,* envers).

deaf [def], *a.* **1.** Sourd. *D. in one ear,* sourd d'une oreille. **Deaf and dumb,** sourd-muet. (*Cf.* DEAF-MUTE.) **Deaf as a (door-)post, as an adder,** sourd comme un pot, comme une bécasse. *See also* STONE-DEAF. *D. to entreaties,* sourd aux supplications. *Prov:* **There are none so deaf as those that will not hear,** il n'y a pire sourd que celui qui ne veut (pas) entendre. **To turn a deaf ear to s.o., to entreaties,** faire la sourde oreille à ce que dit qn, refuser d'écouter qn; rester sourd aux prières. *I have not turned a d. ear to your words,* e ne suis pas resté sourd à vos paroles. *To preach to d. ears,* prêcher dans le désert; parler aux murs. **2.** (Noisette *f*) vide, sans amande.

'deaf-adder, *s. Rept:* Orvet *m*; serpent *m* de verre.

'deaf-'dumbness, *s.* Surdi-mutité *f*.

'deaf-'mute, *s.* Sourd-muet, *f.* sourde-muette, *pl.* sourds-muets, sourdes-muettes.

'deaf-'muteness, 'deaf-'mutism, *s.* Surdi-mutité *f*.

deafen [defn], *v.tr.* **1.** Assourdir (qn); rendre (qn) sourd. *You are deafening me, F:* vous me percez les oreilles; vous me cassez la tête. **2.** *A:* Étouffer (la voix, un son). **3.** *Const:* Hourder (un plancher, une cloison).

deafening, *a.* Assourdissant. *The din became d.,* ce fut à ne plus s'entendre; on n'aurait pas entendu Dieu tonner. *The waves broke with a d. roar,* les vagues déferlaient avec fracas.

deafness ['defnəs], *s.* Surdité *f*. *Temporary d.,* assourdissement *m.* *Tone d.,* surdité musicale. *Word d.,* surdité tonale.

deal[1] [di:l], *s* (*Usu.* **a great deal, a good deal**) (Grande) quantité, beaucoup. **I have a good deal,** *F*· **a deal, to do,** j'ai beaucoup à faire, j'ai bien des choses, des masses de choses, à faire. *A good d. of the paper is damaged,* une bonne partie du papier est avariée. *There's a great d. of truth in that,* il y a beaucoup de vrai là-dedans. **That's saying a good deal,** ce n'est pas peu dire. *I felt it a good d.,* cela m'a fait quelque chose. *I think a great d. of you,* (i) je pense beaucoup à vous; (ii) je vous estime beaucoup. *adv.* **He is a good deal better,** *F:* **a deal better,** il va beaucoup mieux. *He is a great d. wiser than you,* il est de beaucoup plus sage que vous. *You are a good d. too zealous,* vous êtes par trop zélé. *He's a good d. of a fakir,* il a pas mal du charlatan.

deal[2], *s.* **1.** *Cards:* La donne; la main. **Whose deal is it?** à qui de faire, de donner? à qui la main? *Your d.!* à vous la donne! à vous de faire! (*At baccarat, etc.*) **To pass the deal,** passer la main. **2.** *Com: F:* Affaire *f*, marché *m.* **To do a deal with s.o.,** faire une affaire, conclure un marché, avec qn. *F:* **To wet the deal,** arroser le marché. *F:* **It's a deal,** tope là! *D. on the Stock Exchange,* coup *m* de Bourse. *Big d.,* grosse affaire. *F:* **To give s.o. a fair deal, a square deal,** agir loyalement envers qn. *See also* EVEN[2] 3, SQUARE[1] II. 4. *Pol: Pej:* **Deal between parties,** tractation *f* entre partis. *Ministerial deals,* tractations ministérielles.

deal[3], *v.* (*p.t.* **dealt** [delt]; *p.p.* **dealt**) I. *v tr.* **1.** **To deal out provisions, gifts,** distribuer, répartir, partager, des vivres, des dons (*to, among,* entre). *To d. out alms,* dispenser la charité. *To d out justice,* rendre la justice. **2.** **To deal a blow,** donner, porter, allonger, asséner, un coup. **To deal a blow at s.o., to deal s.o. a blow,** porter, lancer, un coup à qn. **3.** Donner, distribuer (les cartes). *I was dealt eight trumps,* j'ai reçu huit atouts.

II. **deal,** *v.i.* **1.** (*a*) **To (have to) deal with s.o.,** avoir affaire à, avec, qn. *Man easy to d. with,* homme commode, accommodant, de bonne composition; bonne pâte d'homme. *Difficult to d. with,* peu accommodant, pas commode. *I refuse to d. with him,* je refuse d'avoir aucun rapport avec lui; je refuse de traiter avec lui. (*b*) **To deal with a subject,** traiter, s'occuper, d'un sujet. *The matter dealt with in your letter,* la question dont vous parlez dans votre lettre. *Letter dealing with . . .,* lettre *f* qui traite de . . ., lettre concernant. . . . *Before dealing with this problem . . .,* avant d'aborder ce problème. . . . *Resolution dealing with a matter,* résolution *f* portant sur une question. *Article in the treaty under which a case is dealt with,* article *m* du traité qui prévoit un cas. **2.** (*a*) **To deal with a piece of business,** conclure, terminer, une affaire. *To d. with a difficulty,* venir à bout d'une difficulté. *The difficulties I have to d. with,* les difficultés avec lesquelles je suis aux prises. **To (take steps to) deal with a situation,** aviser à une situation. *F:* **All right, I'll deal with it,** bon, j'en fais mon affaire. *Jur: To d. with a grievance,* connaître d'un grief. *To d. with a case,* statuer sur un cas. *Com: To d. with an order,* donner suite à une commande. (*b*) **To deal with s.o.,** prendre des mesures à l'égard de qn. *To d. with a culprit,* disposer d'un coupable; faire justice à un coupable. *Let me d. with him,* laissez-moi en user à ma guise avec lui. *I know how to d. with him,* je sais comment m'y prendre avec lui; je sais comment il faut le traiter. *To d. leniently with s.o.,* traiter qn avec indulgence. *To d roughly with s.o.,* agir rude ment envers qn. **To deal well, badly, by s.o.,** bien, mal, traiter qn; en user bien, mal, avec qn. *I have been hardly dealt with, dealt by,* on m'a traité avec dureté, avec rigueur, avec peu de générosité. **3.** *Com:* **To deal with s.o.,** traiter, négocier, commercer, avec qn. *To d. with such and such a grocer,* se fournir, se servir faire ses achats, chez tel ou tel épicier. **To deal in leather, in wool,** *etc.,* faire le commerce des cuirs, des laines, etc.; *F*· faire les cuirs, les laines, etc. *He deals in toilet requisites in a small way,* il fait un petit commerce d'objets de toilette. *I don't d. in that line,* je ne fais pas cet article. *Wheat was being dealt in at a hundred francs a quintal,* le blé se traitait à cent francs le quintal. *F: To d. in politics,* se mêler, s'occuper, de politique. *To d in lies,* faire métier et marchandise de mensonges. **4.** *Cards:* Faire la donne; donner; *F:* faire.

dealing, *s.* **1.** **Dealing (out),** distribution *f* (de dons, etc.); distribution, donne *f* (de cartes) **2.** *Com:* **Dealing in wool, in wines,** commerce *m* des laines, des vins. **3.** *pl.* (*a*) Relations *f*, rapports *m.* *To have dealings with s.o.,* avoir des relations, des rapports, entretenir des relations, avec qn; être en relations d'affaires, faire des affaires, traiter d'affaires, avec qn. *I am glad to get out of further dealings with them,* je suis heureux de n'avoir plus rien à faire avec eux, de n'avoir plus affaire à eux. *See also* HORSE-DEALING. (*b*) *Pej:* Accointances *f*, tractations *f* (*with,* avec); tripotage *m.* **Underhand dealings,** menées sourdes, sournoises. *To have dealings with the enemy,* avoir, pratiquer, des intelligences avec l'ennemi. **4.** (*a*) Conduite *f*, procédé *m*, manière *f* d'agir. **Fair, square, dealing(s),** loyauté *f*, honnêteté *f* (en affaires); procédés honnêtes; probité *f*; bonne foi. *See also* DOUBLE-DEALING. (*b*) **Dealing with s.o.,** traitement *m* de qn; conduite *f* envers qn. **One's dealings with the world,** le commerce de la vie.

deal[4], *s.* **1.** (*a*) Madrier *m.* (*b*) Planche *f* (à planchéier); sapine *f*. *F:* **He can see through a deal board,** il a des yeux de lynx. **2.** (Bois *m* de) pin *m* ou de sapin *m*; *esp.* **white deal,** sapin blanc, bois blanc. **Red deal,** sapin rouge. *D. furniture,* meubles *mpl* en bois blanc.

dealer ['di:lər], *s.* **1.** *Cards:* Donneur *m*· serveur, -euse. **2.** *Com:* (*a*) Négociant *m* (*in,* en); distributeur *m* (*in,* de). *Aut:* Stockiste *m.* (*b*) Marchand, -ande, fournisseur *m* (*in,* de). *Picture-d.,* marchand de tableaux. *See also* HORSE-DEALER, RETAIL[1], WHOLESALE 2. (*c*) *St.Exch:* = JOBBER 4. (*d*) *See* DOUBLE-DEALER, PLAIN I. 3.

deambulation [diambju'leiʃ(ə)n], *s.* Déambulation *f*, promenade *f*.

deambulatory [di'ambjulətəri], *a.* Déambulatoire.

de-ammunition [di:amju'niʃ(ə)n], *v.tr. Nau:* Désarmer (un vaisseau).

dean [di:n], *s.* **1.** *Ecc:* Doyen *m* (de la cathédrale, du chapitre, *R.C.Ch:* du Sacré collège). **Rural dean,** doyen rural. **2.** *Sch.* Doyen (de faculté, de collège universitaire).

deanery ['di:nəri], *s.* *Ecc:* **1.** Doyenné *m.* **2.** Résidence *f* du doyen.

deanship ['di:nʃip], *s.* **1.** Doyenné *m*, décanat *m.* **2.** *Hum: See* -SHIP.

dear ['di:ər]. I *a.* (*a*) Cher (*to,* à). *He is d to me,* il m'est cher. **To hold s.o. dear,** chérir, aimer qn. *I hold life d.,* la vie m'est chère. *All that I hold d.,* tout ce qui m'est cher. *F:* **My dear fellow,** mon cher; mon ami. *My d. child,* mon cher enfant, ma chère enfant. (*In letters*) **Dear Sir,** Monsieur; *occ.* Monsieur et cher

Confrère, Monsieur et cher Collègue. **Dear Madam,** Madame, Mademoiselle. *D. Mr Smith,* Cher Monsieur. *My d. Smith,* Mon cher Smith. *My dearest Mary, Jane, etc.,* ma chérie. *F: D. old Mr Todgers,* ce bon M. Todgers. **To run, work, for dear life,** courir, travailler, de toutes ses forces, aussi vite, aussi fort, que possible. *What a d. child!* quel amour d'enfant! (*b*) Cher, coûteux. *D. year,* année chère. *These cigars are too d.,* ces cigares sont trop chers. (*Of food, etc.*) **To get dear, dearer,** enchérir, renchérir. *To make sth. dearer,* renchérir qch. *Dearer petrol would soon reduce the traffic,* une augmentation du prix, du coût, de l'essence amènerait bientôt une diminution de la circulation. **-ly,** *adv.* **1.** Cher, chèrement. *They sold their lives d.,* ils vendirent chèrement leur vie. *You shall pay d. for this,* cela vous coûtera cher. *See also* PAY FOR 1. **2. Dearly loved,** tendrement aimé(e), bien aimé(e). *I love him d.,* je l'aime tendrement. *You know how d. I love you,* vous savez l'amour que je vous porte. *He d. loves his house,* il est fort attaché à sa maison. *He d. loves to play jokes upon people,* il trouve tout son plaisir à jouer des tours aux gens. *Ecc:* **Dearly beloved brethren,** mes bien chers frères.

II. **dear,** *s.* Cher, *f.* chère; chéri, chérie. **My dear,** cher ami, chère amie, mon ami(e), mon petit chou; *P:* zozotte *f.* (*My*) *dearest,* (mon) chéri, (ma) chérie. *F: Come with me,* **there's a dear,** viens avec moi, ça sera gentil de ta part, tu seras bien gentil(le); sois bien gentil(le) et viens avec moi. **Your doctor's an old dear,** j'adore votre vieux bonhomme de médecin. *Your aunt's a d.,* votre tante *f* est un ange.

III. **dear,** *adv.* **1.** (Vendre, acheter, coûter, payer) cher. **2. He sold his life dear,** il vendit chèrement sa vie.

IV. **dear,** *int.* **Dear dear! dear me!** mon Dieu, mon Dieu! vraiment? pas possible! **Oh dear!** (i) oh là là! (ii) hélas! **Oh dear no!** (oh) que non! certainement pas! **Oh dear me!** oh, mon Dieu!

dearie ['diːəri], *s. F:* Mon (petit) chéri, ma (petite) chérie.

dearish ['diːəriʃ], *a.* Assez cher; chérot.

dearness ['diːərnəs], *s.* **1.** Cherté *f* (des vivres, etc.). **2.** Tendresse *f,* affection *f* (entre personnes).

dearth [dəːrθ], *s.* Disette *f,* pénurie *f* (de vivres, d'idées, de livres, etc.); dénuement *m,* stérilité *f,* pauvreté *f* (d'idées). *In times of d. and famine,* par les temps de disette et de famine. *There is a d. of young women in the colony,* les jeunes filles manquent dans la colonie; il y a un manque de jeunes filles. *F: There was* **no great dearth** *of young men,* les jeunes gens *m* ne manquaient pas.

deary ['diːəri], *s. F:* = DEARIE.

death [deθ], *s.* **1.** Mort *f*; *Lit:* trépas *m.* *Lingering d.,* lente agonie. *See also* LIVING[1] 1. *In the hour of d.,* à l'heure suprême; au moment de mourir. **At the point of death, on the verge of death** = *at death's door, q.v. under* 3. *We do not know the manner of his d.,* on ne sait pas comment il mourut. **To die a violent death,** mourir de mort violente, *Lit:* de malemort. *See also* DIE[2] 1. *On his father's d. he returned to France,* à la mort de son père il rentra en France. *At (the time of) his d. he was the owner of the estate,* à sa mort la propriété lui appartenait. **Till death,** pour la vie. **Faithful unto death,** fidèle jusqu'au tombeau. **You will catch your death** *if you go out in this weather,* vous allez attraper la mort si vous sortez par ce temps. *You are running to certain d.,* vous courez à la mort. *He fell 200 ft to his d.,* il fit une chute mortelle de 200 pieds. *To seek d.,* se faire tuer. *It was d. to enter the temple,* quiconque entrait dans le temple mourait sur le champ. *F:* **He'll be the death of me,** (i) il me fera mourir; il me mettra au tombeau; (ii) il me fait mourir de rire. *To let out the secret would be the d. of him,* révéler le secret ce serait sa mort. *F:* **To be death on sth.,** ne pas souffrir qch. *She was d. on dust,* elle pourchassait la poussière. **To put s.o. to death,** mettre qn à mort; exécuter qn; faire périr qn. **To do s.o. to death,** faire souffrir une mort cruelle à qn; brutaliser qn jusqu'à ce que (la) mort s'ensuive; *F:* égorger qn; assommer qn à coups de massue, à coups de gourdin. *He was done to d. by . . .,* il fut tué, il mourut, il succomba, sous les coups de. . . . *F:* **Meat done to death,** viande carbonisée, charbonnée, en charbon. **Fashion that has been done to death,** mode qui a été copiée jusqu'à la nausée. **She was dressed to death,** elle était dans tous ses atours. **Man condemned to death, under sentence of death,** condamné à mort. *Wounded* **to the death,** blessé à mort, mortellement. *Gored to d.,* tué d'un coup de corne. **To be sick (un)to death,** être malade à mourir. **War to the death,** guerre *f* à mort, à outrance. **To drink oneself to death,** se tuer à force de boire. **He died the death,** il fut exécuté. **Death to the traitors!** à mort les traîtres! **To be in at the death,** (i) *Ven:* être à la curée, à l'hallali; (ii) *F:* être présent au bon moment, pour le bouquet, pour le grand moment; être là pour voir aboutir l'affaire. *See also* BLACK[1] I. 1, BURN[2] 1, COLD[2] 2, CONDEMN, DROWNING[2] 1, FIGHT[1] 1, FREEZE[2], FRIGHTEN, FRIGHTENED, KNELL[1], LIFE 1, PALE[3], PENALTY 1, RIDE[2] 2, SENTENCE[1] 1, STILL[1] 1, STONE[2] 1, STRUGGLE[1], SURE 2, TICKLE[2] 1, TIRED, WORK[2] II. 2, WORRY[2] 1. **2.** *Jur:* Décès *m.* **To notify a death,** notifier un décès. *Register of deaths,* registre *m* mortuaire. *Adm: Jur:* **Proof of death,** constatation *f* de décès. *There were three deaths on board,* il y a eu trois cas de mort, trois décès, à bord. **Death notices** (*in newspaper*), avis *m* mortuaires. *Journ:* **Deaths,** Nécrologie *f.* *See also* CERTIFICATE[1] 3. **3.** La mort. **To snatch s.o. from the jaws of death,** arracher qn à la mort, des bras de la mort. **To be at death's door,** être à toute extrémité; être au plus mal, sur le point de mourir, à l'article de la mort, à deux doigts de la mort, aux portes du tombeau; agoniser; être à l'agonie. *He has been at d.'s door,* il revient de loin. *He has looked d. in the face,* il a vu la mort de près. **To meet death calmly,** affronter la mort avec calme; bien mourir. *See also* DANCE[1] 1, GRIM. **4.** *Jur:* **Civil death,** mort civile. **5.** *int. A:* Mordieu!

'death-adder, *s. Rept:* Acanthophis *m.*

'death-bed, *s.* Lit *m* de mort. *Long-protracted d.-b.,* lente agonie. **Death-bed confession,** aveu fait au lit de mort.

'death-bell, *s.* Glas *m.*

'death-blow, *s.* Coup mortel, fatal. *To give the d.-b. to one's opponent,* porter le coup mortel à son adversaire. **To strike a death-blow to s.o.'s hopes,** porter un coup mortel aux espérances de qn.

'death-chamber, *s.* Chambre *f* mortuaire.

'death-cup, *s. Fung:* = *deadly amanita, q.v. under* AMANITA.

'death-dealing, *a.* (Engin *m*) meurtrier.

'death-duty, *s. Adm:* Droit *m* de mutation par décès; droit de succession; taxe successorale.

'death-mask, *s.* Masque *m* mortuaire.

'death-place, *s. His d.-p.,* l'endroit *m,* la ville, où il mourut; son lieu de mort.

'death-rate, *s.* Mortalité *f*; taux *m* de la mortalité.

'death-rattle, *s.* Râle *m,* râlement *m* (de la mort).

'death-roll, *s.* Liste *f* des morts; nécrologe *m.*

'death's-head, *s.* Tête *f* de mort. *Ent:* **Death's-head moth,** (sphinx *m*) atropos *m*; *F:* tête de mort.

'death-stricken, *a.* Frappé de mort.

'death-trance, *s. Med:* Léthargie *f.* *To sink into the d.-t.,* tomber en léthargie.

'death-trap, *s.* Endroit dangereux pour la vie; coupe-gorge *m inv,* casse-cou *m inv.* *Aut: etc:* Croisement *m* de routes dangereux.

'death-warrant, *s. Jur:* Ordre *m* d'exécution; arrêt *m* de mort. *To sign s.o.'s d.-w.,* signer l'ordre d'exécution de qn. *F: To sign the d.-w. of an enterprise,* prononcer l'arrêt de mort d'une entreprise; condamner une entreprise.

'death-watch(-beetle), *s. Ent:* Psoque *m,* atropos *m,* anobion *m,* anobie *f*; *F:* horloge *f* de la mort, vrillette *f.*

'death-wound, *s.* Blessure mortelle.

deathless ['deθləs], *a.* Impérissable, immortel. **-ly,** *adv.* Immortellement.

deathlessness ['deθləsnəs], *s.* Immortalité *f.*

deathlike ['deθlaik], *a.* De mort; semblable à la mort. *D. pallor,* pâleur *f* de mort; pâleur sépulcrale; teint cadavéreux. *D. stillness, sleep,* silence *m,* sommeil *m,* de mort.

deathly ['deθli]. *Lit:* **1.** *a.* (*a*) = DEADLY 1 (*a*). (*b*) = DEATHLIKE. **2.** *adv.* Comme la mort. *D. pale,* d'une pâleur de mort; d'une pâleur mortelle.

deb [deb], *s.f. U.S: P:* Débutante.

débâcle, debacle [di'bɑːkl], *s.* Débâcle *f.*

debar [di'bɑːr], *v.tr.* **(debarred; debarring) 1. To debar s.o. from sth.,** exclure, priver, qn de qch.; interdire qch. à qn. *Countries debarred from commerce,* pays fermés au commerce. **To debar s.o. from doing sth.,** défendre, interdire, à qn de faire qch. *His age debars him from competing,* son âge l'empêche de concourir. *Jur:* **Debarred from succeeding, from inheriting,** indigne de succéder; exclu d'une succession pour cause d'indignité. **2. To debar s.o. a right,** refuser un droit à qn; priver qn d'un droit. **3.** *A:* Empêcher, interdire (qch.).

debark [di'bɑːrk], *v.* = DISEMBARK.

debarkation [dibɑːr'keiʃ(ə)n], *s.* = DISEMBARKATION.

debase [di'beis], *v.tr.* **1.** Avilir, ravaler, dégrader (qn); rabaisser, trivialiser (son style, la langue); altérer (la langue). *I would not d. myself as far as to . . .,* je ne m'abaisserais pas jusqu'à. . . . **2.** (*a*) Altérer, adultérer (la monnaie). (*b*) Déprécier (la monnaie).

debasing[1], *a.* Avilissant.

debasing[2], *s.* = DEBASEMENT.

debasement [di'beismənt], *s.* **1.** Avilissement *m,* dégradation *f,* abrutissement *m* (de qn). **2.** Altération *f,* adultération *f* (des monnaies).

debaser [di'beisər], *s.* Altérateur *m,* adultérateur *m* (de la monnaie).

debatable [di'beitəbl], *a.* Contestable, discutable, débattable; (frontière *f,* etc.) en litige.

debate[1] [di'beit], *s.* (*a*) Débat *m,* discussion *f,* délibération *f*; conférence *f* contradictoire. **The question in debate, under debate,** la question en discussion. *After much d. . . .,* après de longues discussions. . . . *F: Full-dress d.,* grand débat (à la Chambre, etc.). (*b*) (*As training in public speaking*) Parlot(t)e *f.*

debate[2]. **1.** *v.tr.* (*a*) Débattre contradictoirement, discuter, agiter (une question, etc.). *To d. a subject,* mettre un sujet en discussion. *The question is being, has been, debated anew,* la question est revenue en discussion. *A much debated question,* une question fort controversée. **I was debating with myself, in my mind, whether I would go or not,** je délibérais si j'irais ou non. (*b*) *Lit: A:* Disputer (la victoire, etc.). **2.** *v.i.* Discuter, disputer (*with s.o. on sth.,* avec qn sur qch.).

debating, *s.* **Debating society,** association *f* ayant pour but l'organisation de débats ou conférences contradictoires où les jeunes gens puissent s'exercer à la parole; parlot(t)e *f.* **Debating point,** matière *f* à controverse.

debater [di'beitər], *s.* Orateur *m* (qui brille dans les débats).

debauch[1] [di'bɔːtʃ], *s.* **1.** La débauche. **2.** *To have a d.,* faire une débauche, une orgie; faire la noce.

debauch[2], *v.tr.* Débaucher, corrompre (qn); séduire, débaucher (une femme); corrompre, vicier (le goût).

debauched, *a.* Débauché, corrompu.

debauchable [di'bɔːtʃəbl], *a.* Corruptible.

debauchee [debɔː'(t)ʃiː], *s.* Débauché *m.*

debaucher [di'bɔːtʃər], *s.* Corrupteur, -trice (des gens ou mœurs); séducteur *m* (de femmes).

debauchery [di'bɔːtʃəri], *s.* **1.** Débauche *f*; dérèglement *m* de mœurs. *To turn to d.,* se débaucher, se galvauder. *Jur:* **Debauchery of youth,** corruption *f* de mineurs. **2.** *A:* Débauchement *m,* débauchage *m* (des troupes, etc.).

debenture [di'bentjər], *s.* **1.** *Cust:* Certificat *m* de drawback. **2.** *Fin:* Obligation *f.* **Mortgage debenture,** obligation hypothécaire. *Unissued debentures,* obligations à la souche.

de'benture-'bond, *s.* Titre *m* d'obligation.
de'benture-'capital, *s.* Capital-obligations *m.*
de'benture-'holder, *s.* *Fin:* Porteur, -euse, d'obligations; obligataire *m.*
de'benture-'stock, *s.* Obligations *fpl* sans garantie.
debilitant [di'bilitənt], *a.* & *s.* *Med:* Débilitant (*m*).
debilitate [di'biliteit], *v.tr.* Débiliter.
debilitating, *a.* Débilitant.
debilitation [dibili'teiʃ(ə)n], *s.* *Med:* Débilitation *f.*
debility [di'biliti], *s.* **1.** *Med:* Débilité *f,* asthénie *f.* **2.** *F:* *D. of purpose,* faiblesse *f* de caractère; irrésolution *f.*
debit[1] ['debit], *s.* *Book-k:* Débit *m,* doit *m.* (*a*) **Debit(-entry),** article *m* au débit. *Every d. has a corresponding credit,* chaque débit a un crédit correspondant. (*b*) **To enter sth. to the debit(-side) of an account,** porter qch. au débit, au doit, d'un compte. **Debit note,** note *f,* bordereau *m,* de débit. **Debit account,** compte débiteur. **Debit balance,** solde débiteur. *Account showing a d. balance,* compte *m* déficitaire. *Account that shows a d. balance of so much,* compte qui se balance de tant au passif.
debit[2], *v.tr.* *Book-k:* **1.** Débiter (un article, un compte). *To whom shall I d. the amount?* au débit de qui dois-je porter le montant? **2.** *To d. s.o. with a sum,* inscrire, porter, une somme au débit de qn; débiter (le compte de) qn d'une somme.
debitable ['debitəbl], *a.* *Charge d. to the profit and loss account,* charge *f* à porter au débit du compte profits et pertes.
debonair [debo'nɛər], *a.* *Lit:* **1.** Jovial, -aux. **2.** *A:* Débonnaire.
Deborah ['debora]. *Pr.n.f.* Débora.
debouch [di'bu:ʃ], *v.i.* Déboucher. *The army debouched into the plain,* l'armée déboucha dans la plaine. *Roads debouching into the market place,* rues *f* qui débouchent sur la place du marché.
debouchment [di'bu:ʃmənt], *s.* **1.** Débouchement *m* (de troupes, d'un fleuve). **2.** Débouché *m,* sortie *f* (d'un défilé, etc.).
Debrett [di'bret]. *Pr.n.* **Debrett's Peerage, Debrett's Baronetcy,** almanachs nobiliaires inaugurés par John Debrett en 1802 et 1808 respectivement. *F:* **To look s.o. up in Debrett,** chercher qn dans l'almanach nobiliaire.
debris ['debri:], *s.* Débris *mpl*; détritus *m* (géologiques).
debt [det], *s.* Dette *f*; créance *f.* **Bad debts,** mauvaises créances, créances véreuses, irrécouvrables. *Good debts,* bonnes créances. *D. due,* créance exigible. *Secured d.,* créance garantie. *Privileged d.,* dette privilégiée. *D. owed by us, by the firm,* dette passive. *D. owed to us,* dette active; créance *f.* **Debt of honour,** dette d'honneur. *See also* BOOK-DEBT, PLAY-DEBT. **To be in debt,** être endetté; avoir des dettes. *He is in d. to everybody,* il doit à tout le monde. *F:* **To be head over ears, up to the eyes, in debt,** devoir à Dieu et au diable; être criblé, accablé, cousu, de dettes; avoir des dettes par-dessus la tête; être dans les dettes jusqu'au cou; être perdu de dettes. *See also* RUN INTO. *I shall always be in your d.,* je serai toujours votre obligé; je vous serai toujours redevable. *I am no longer in your d.,* je suis quitte envers vous. *To be twenty francs in d.,* avoir vingt francs de dettes; être endetté de vingt francs. **To be out of debt,** être quitte de dettes; n'avoir plus de dettes; avoir ses dettes réglées. *To get out of d.,* se désendetter; s'acquitter de ses dettes; payer ses dettes. *To be out of s.o.'s d.,* être quitte envers qn. **The Public Debt, the National Debt,** la Dette publique, nationale. **The National Debt Register,** le Grand-Livre de la Dette publique. **Funded debt, consolidated debt,** fonds consolidés; dette publique en rentes sur l'État. **Floating debt,** dette publique flottante, non consolidée; dette courante. *F:* **To pay the debt of, to, nature,** payer sa dette, le tribut, à l'humanité, à la nature.
'debt-collector, *s.* *Com:* Agent *m* de recouvrements.
debtor ['detər], *s.* **1.** Débiteur, -trice. *A:* *Debtors' prison,* prison *f* pour dettes. *See also* ATTACHED 2. *I am your d. for £100, for many services,* je vous suis redevable de £100, de bien des services rendus. **2.** *Book-k:* **Debtor side,** débit *m,* doit *m.* **Debtor account,** compte débiteur. **Debtor and creditor account,** compte par doit et avoir.
debunk [di'bʌŋk], *v.tr.* *P:* **1.** Débronzer (un grand nom, un idéal); faire descendre (un grand homme) de son piédestal; déboulonner (un grand homme). '*Napoleon debunked,*' "Napoléon dégonflé." **2.** Pénétrer le mystère (d'un sujet d'effroi); ramener (une nouvelle alarmiste, etc.) à ses justes proportions.
debunking, *s.* *P:* Dégonflement *m* (d'une réputation, etc.); déboulonnage *m.*
debus [di:'bʌs], *v.tr.* & *i.* (**debused** [di:'bʌst]) (Faire) débarquer (des troupes, etc.) des autocars.
début ['debu:, de'by:], *s.* Début *m*; (*in society*) entrée *f* dans le monde. **To make one's début,** faire son début, ses débuts; débuter.
débutante [deby'tant], *s.f.* Débutante.
dec(a)- ['deka], *comb.fm.* Déc(a)-. *Meas:* *Decametre,* décamètre. *Decalitre,* décalitre. *Bot:* *Z:* *Decacanthous,* décacanthe. *Decadactylous,* décadactyle.
decadal ['dekad(ə)l], *a.* *Fr.Hist:* Décadaire.
decade ['dekəd, -keid, di'keid], *s.* **1.** (*a*) Période *f* de dix ans. (*b*) *Fr.Hist:* (*Period of ten days*) Décade *f* (du calendrier républicain). **2.** *Lt.Lit:* (*Set of ten*) **The Decades of Livy,** les Décades de Tite-Live. **3.** *Ecc:* Dizain *m* de chapelet.
decadence ['dekədəns, di'keidəns], *s.* Décadence *f.*
decadent ['dekədənt, di'keidənt]. **1.** *a.* En décadence; décadent. **2.** *s.* *Hist. of Lit. & Art:* Décadent *m.*
decagon ['dekəgən], *s.* *Geom:* Décagone *m.*
decagonal [de'kagən(ə)l], *a.* *Geom:* Décagonal, -aux; décagone.
decagram ['dekagram], *s.* *Meas:* Décagramme *m.*
decahedral [deka'hi:drəl, -'hedrəl], *a.* *Geom:* Décaèdre.
decahedron [deka'hi:drən, -'hedrən], *s.* Décaèdre *m.*
decalcification [di:kalsifi'keiʃ(ə)n], *s.* *Med:* *Geol:* Décalcification *f.*
decalcify [di'kalsifai], *v.tr.* *Med:* *Geol:* Décalcifier (les os, une roche).
decalcomania [dikalko'meinia], *s.* *Cer:* *etc:* Décalcomanie *f.*
decalitre ['dekali:tər], *s.* *Meas:* Décalitre *m.*
decalogue ['dekalɔg], *s.* Décalogue *m.*
Decameron (the) [ðəde'kamərən], *s.* *Lit:* Le Décaméron *m.*
decametre ['dekami:tər], *s.* *Meas:* Décamètre *m.*
decamp [di'kamp], *v.i.* **1.** *Mil:* Lever le camp; *A:* décamper. **2.** *F:* Détaler, décamper, filer; prendre la poudre d'escampette; prendre, fiche(r), le camp; prendre la clef des champs; prendre le large; ne pas demander son reste; *P:* se carapater.
decampment [di'kampmənt], *s.* *Mil:* Levée *f* du camp.
decanal [di'kein(ə)l], *a.* *Ecc:* (*a*) Décanal, -aux. (*b*) *The* **decanal side** *of the choir,* le côté sud du chœur (où se trouve la stalle du doyen).
decani [di'keinai], *adj.* *Ecc.Mus:* (Partie de l'antienne à chanter) du côté du doyen.
decant [di'kant], *v.tr.* Décanter, transvaser (un liquide); tirer (un liquide) au clair. *To d. a bottle of wine,* décanter une bouteille de vin dans une carafe. *F:* *The motor coach travellers are decanted in front of the hotel,* l'autocar déverse les voyageurs en face de l'hôtel. **To decant slum-dwellers,** faire faire un stage dans des logements provisoires aux habitants expulsés des taudis.
decanting, *s.* = DECANTATION.
decantation [di:kan'teiʃ(ə)n], *s.* Décantation *f,* décantage *m*; transvasement *m.*
decanter [di'kantər], *s.* Carafe *f* (à liqueur, à vin). *Small d.,* carafon *m.* **Decanter stand,** porte-carafe *m,* *pl.* porte-carafes.
decanterful [di'kantərful], *s.* Pleine carafe (de qch.).
decapetalous [deka'petələs], *a.* *Bot:* Décapétale.
decapitate [di'kapiteit], *v.tr.* Décapiter (qn, *F:* une fleur, etc.); couper la tête à (qn).
decapitation [dikapi'teiʃ(ə)n], *s.* Décapitation *f*; *occ.* décollation *f.*
decapod ['dekapɔd], *s.* *Crust:* Décapode *m.*
decapoda [de'kapoda], *s.pl.* *Crust:* Décapodes *m.*
decapodal [de'kapɔd(ə)l], **decapodous** [de'kapodəs], *a.* *Crust:* Décapode.
Decapolis [de'kapolis]. *Pr.n.* *A.Geog:* La Décapole.
decapsulation [di:kapsju'leiʃ(ə)n], *s.* *Surg:* Décapsulation *f* (d'un rein).
decarbonization [di:kɑ:rbənai'zeiʃ(ə)n], *s.* **1.** *Metall:* *Ind:* Décarburation *f,* décarbonisation *f* (de l'acier, etc.). **2.** *I.C.E:* Décarbonisation, décalaminage *m,* détartrage *m,* décrassage *m* (du moteur).
decarbonize [di:'kɑ:rbəna:iz], *v.tr.* **1.** *Metall:* *Ind:* Décarburer, décarboniser (la fonte, l'acier, etc.). **2.** *I.C.E:* **To decarbonize a cylinder,** décarboniser, décalaminer, détartrer, désencrasser, un cylindre; gratter la calamine d'un cylindre.
decarbonizing[1], *a.* *Metall:* *Ind:* Décarburant.
decarbonizing[2], *s.* = DECARBONIZATION.
decarbonizer [di:'kɑ:rbənaizər], *s.* **1.** *Ch:* *Ind:* Décarburant *m.* **2.** *I.C.E:* Décalaminant *m.*
decarburization [di:kɑ:rbjurai'zeiʃ(ə)n], *s.* *Ind:* = DECARBONIZATION 1.
decarburize [di:'kɑ:rbjura:iz], *v.tr.* *Ind:* = DECARBONIZE 1.
decarburizer [di:'kɑ:rbjuraizər], *s.* *Ind:* = DECARBONIZER 1.
decastere ['dekasti:ər], *s.* *Meas:* Décastère *m.*
decasualize [di:'kaʒjuəla:iz], *v.tr.* *Ind:* **To decasualize labour,** remédier, parer, à l'aléatoire *m* du travail.
decasyllabic [dekasi'labik], *a.* Décasyllabe, décasyllabique.
decasyllable [deka'siləbl], *a.* & *s.* *Pros:* Décasyllabe (*m*).
decathlon [de'kaθlən], *s.* *Sp:* Décathlon *m.*
decatholicize [di:ka'θolisa:iz], *v.tr.* Décatholiciser (un pays, etc.).
decatize ['dekata:iz], *v.tr.* *Tex:* Décatir (des étoffes).
decay[1] [di'kei], *s.* **1.** Décadence *f,* déchéance *f* (d'une famille, d'un pays, d'un art, du commerce); décrépitude *f* (d'une nation); déclin *m* (de la beauté, d'une fortune); caducité *f,* ruine *f,* délabrement *m* (d'un bâtiment, d'un état); délabrement (de la santé, d'un vêtement); dépérissement *m* (d'une plante, de la morale); affaiblissement *m* (du corps, de la vue, du pouvoir). *D. of intellectual power,* affaiblissement, *F:* avachissement *m,* de l'esprit. **Senile decay,** affaiblissement sénile; gâtisme *m.* *In senile d.,* gâteux, -euse. *Abbeys glorious in d.,* abbayes *f* aux ruines superbes. **To fall into decay,** (*of house*) tomber en ruine, se délabrer; (*of state*) tomber en décadence; (*of custom*) tomber en désuétude. *Houses falling into d. for want of upkeep,* maisons *f* qui dépérissent faute d'entretien. *House showing patches of d., F:* maison plaquée de dartres *f.* *To be in a state of d.,* être en ruine, en décadence. *The Empire was already in d.,* l'Empire déclinait déjà. *Seeds of d.,* germes *mpl* de déchéance, de mort. *Idleness leads to moral d.,* l'oisiveté amène la déchéance individuelle. *Ling:* **Phonetic decay,** usure *f* phonique. **2.** (*a*) Pourriture *f,* corruption *f,* décomposition *f,* putréfaction *f* (du bois, etc.); altération *f* (du caoutchouc, etc.). *Prevention of d.,* imputrescibilisation *f.* (*b*) Pourriture; carie *f* (des os, des dents).
decay[2]. **1.** *v.i.* (*a*) (*Of nation, family, commerce, art*) Tomber en décadence; (*of building*) tomber en ruine; se délabrer; (*of race, tree, plant*) dépérir; (*of empire*) décliner; (*of beauty, flowers*), (se) passer, se flétrir; (*of health*) décliner, se délabrer; (*of eyesight*) s'affaiblir; (*of custom*) se perdre; (*of hope*) s'évanouir; (*of friendships*) s'en aller une à une. (*b*) (*Of meat, fruit*) Se gâter, s'altérer, s'avarier, pourrir; (*of timber*) pourrir; (*of teeth*) se carier; (*of rubber*) s'altérer. **2.** *v.tr.* Pourrir (le bois, etc.); carier (les dents).
decayed, *a.* **1.** (Famille) déchue, ruinée; (fleur, beauté) passée, flétrie; (maison, fortune) délabrée. *A face d. more by sorrow than time,* un visage rongé par les chagrins plus que par le temps. **Decayed gentlewoman,** dame (bien née) tombée dans la gêne. **2.** (Bois) pourri; (fruit) gâté. **Decayed tooth,** dent gâtée, cariée, malade.
decaying, *a.* **1.** (Nation) en décadence; (arbre) dépérissant; (maison) caduque. **2.** En pourriture; en train de s'avarier, de se carier.
decease[1] [di'si:s], *s.* *Jur:* *Adm:* Décès *m.*

decease[2], *v.i.* *Jur:* *Adm:* Décéder. *He deceased without heirs*, il est décédé sans laisser d'héritiers.

deceased. **1.** *a.* (*a*) Décédé. *Son of* **Mary Smith, deceased,** fils de feue Mary Smith. *Son of parents d.*, fils de père et mère décédés, défunts. (*b*) D'un décédé. **Deceased estate,** succession *f*. **2.** *s.* Le défunt, la défunte. *The house of the d.*, la maison mortuaire.

decedent [di'si:dənt], *a.* & *s.* *Jur:* *U.S:* = DECEASED.

deceit [di'si:t], *s.* **1.** Tromperie *f*, duperie *f*, fourberie *f*. *Jur:* Fraude *f*, dol *m*. **A piece of deceit,** une supercherie. **2.** = DECEITFULNESS.

deceitful [di'si:tful], *a.* **1.** Trompeur, -euse; fourbe; faux, *f.* fausse; (regard) mensonger. **2.** (*Of thg, appearance*) = DECEPTIVE (*a*). **-fully,** *adv.* **1.** Frauduleusement; par supercherie. **2.** Faussement; avec duplicité.

deceitfulness [di'si:tfulnəs], *s.* Nature trompeuse; fausseté *f*.

deceivable [di'si:vəbl], *a.* Décevable; facile à tromper.

deceive [di'si:v], *v.tr.* (*a*) Tromper, abuser, décevoir (qn); induire (qn) en erreur; en imposer à (qn); *F:* en conter à (qn); *P:* faire marcher (qn). *To d. oneself*, se tromper, s'abuser; se faire illusion à soi-même. *To d. oneself with a fond hope*, se leurrer d'un espoir. *I have been deceived in you*, je me suis abusé sur votre compte. *To d. s.o.'s hopes*, tromper, décevoir, les espérances de qn. *Our senses d. our reason*, les sens abusent la raison. *I thought my eyes were deceiving me*, *F:* j'ai cru avoir la berlue. *Abs. It was not done to d.*, je n'ai, il n'a, voulu tromper personne. (*b*) Tromper (son mari, sa femme); *F:* faire des traits à (sa femme). *Deceived husband*, mari trompé; *F:* cocu *m*.

deceiving, *a.* Trompeur, -euse; décevant. **-ly,** *adv.* Trompeusement.

deceiver [di'si:vər], *s.* Trompeur, -euse; attrapeur, -euse; fourbe *m*. **An arch-deceiver,** un maître en fourberie.

decelerate [di:'seləreit]. **1.** *v.tr.* *Rail:* *etc:* Ralentir (un service, etc.). **2.** *v.i.* *U.S:* Ralentir; modérer son allure.

deceleration [di:selə'reiʃ(ə)n], *s.* **1.** Ralentissement *m* (des trains, etc.). **2.** *Mec:* Accélération négative; contre-accélération *f*. *Aut:* *etc:* Freinage *m*.

decelerator [di:'seləreitər], *s.* *Mec.E:* Frein *m* de ralentissement.

December [di'sembər], *s.* Décembre *m*, (*contracted*) X^{bre}. **In December,** au mois de décembre, en décembre. **(On) the first, the seventh, of December,** le premier, le sept, décembre.

decemvir [di'semvər], *s.* *Rom.Hist:* Décemvir *m*. *The decemvirs*, les décemvirs.

decemvirate [di'semviret], *s.* Décemvirat *m*.

decency ['di:sənsi], *s.* **1.** Décence *f*, bienséance *f* (de costume, etc.). **2.** Bienséance, convenance(s) *f*(*pl*), décence, honnêteté *f*. **The decencies, common decency,** les convenances (sociales); le respect humain. **For decency's sake,** par convenance; pour garder les convenances. *Ordinary d. demands that . . .*, la simple honnêteté exige que + *sub.* **In common decency,** *he ought to have written to her*, la simple politesse, le simple savoir-vivre, exigeait qu'il lui écrivît. *I can't with d. refuse*, je ne peux pas décemment refuser. **3. (Sense of) decency,** pudeur *f*.

decennary [di'senəri]. **1.** *a.* = DECENNIAL. **2.** *s.* = DECENNIUM.

decennial [di'senjəl], *a.* Décennal, -aux. **-ally,** *adv.* Tous les dix ans.

decennium [di'senjəm], *s.* (Période *f* de) dix ans.

decent ['di:sənt], *a.* **1.** (*a*) Bienséant, convenable. (*b*) Décent, honnête, modeste. **2.** *F:* Passable; assez bon. *To have a d. competence*, avoir une honnête aisance. *The wine is quite d.*, le vin est très buvable, très acceptable. *The food is d. enough*, la nourriture n'est pas mauvaise. **3.** *F:* **A very decent (sort of) fellow,** un très bon garçon; un brave garçon; *P:* un chic type. *They are quite d. people*, ce sont des gens très comme il faut. *It's awfully d. of you*, c'est trop aimable à vous; c'est très gentil de votre part. **4.** *adv.* *F:* (*In compound adjs*) **Decent-sized house,** maison *f* d'une grandeur raisonnable. **-ly,** *adv.* **1.** Décemment, convenablement, honnêtement; avec bienséance, avec décence. **2.** Passablement. *He is doing very d.*, il travaille assez bien.

decentralization [di:sentrəlai'zeiʃ(ə)n], *s.* Décentralisation (administrative, etc.).

decentralize [di:'sentrəla:iz], *v.tr.* Décentraliser (l'administration, etc.).

decentralizing, *a.* Décentralisateur, -trice.

decentre [di:'sentər], *v.tr.* *Opt:* *etc:* Décentrer.

decentring, *s.* Décentrage *m*, décentration *f*, décentrement *m*.

deception [di'sepʃ(ə)n], *s.* **1.** Tromperie *f*, duperie *f*; fraude *f*. *He is incapable of d.*, il est incapable de tromper. **2.** Erreur *f*, duperie. **3. (Piece of) deception,** supercherie *f*.

deceptive [di'septiv], *a.* (*a*) (*Of thg, appearance*) Trompeur, -euse; décevant, mensonger; menteur, -euse. *Prov:* **Appearances are deceptive,** les apparences sont trompeuses. (*b*) *Mus:* **Deceptive cadence,** cadence (inter)rompue. **-ly,** *adv.* Trompeusement, mensongèrement.

deceptiveness [di'septivnəs], *s.* Caractère mensonger, trompeur (d'un mirage, etc.).

dechristianize [di:'kristjəna:iz], *v.tr.* Déchristianiser.

deci- ['desi], *comb.fm.* Déci-. *Meas:* *Decimetre*, décimètre. *Decilitre*, décilitre.

Decian ['di:ʃjən], *a.* *Hist:* **The Decian persecution,** la persécution de Décius.

decibel ['desibel], *s.* *Ph:* Décibel *m* (unité de transmission du son).

decidable [di'saidəbl], *a.* Que l'on peut décider.

decide [di'said]. **1.** *v.tr.* (*a*) (*To settle, judge*) Décider (une question, une querelle); trancher (une question); juger (un différend); statuer sur (une affaire). *The matter is decided*, c'est une affaire jugée, délibérée. *Only a long trial will decide which of the two processes is the better*, seule une longue pratique pourra dire lequel des deux procédés vaut le mieux. (*b*) (*To settle, fix*) Décider de (qch.). *To d. s.o.'s fate*, décider du sort de qn. *Event that decided his career*, événement *m* qui décida de sa carrière. *His fate is now being decided*, son sort se décide maintenant. *The artillery decided the battle*, l'artillerie *f* décida du sort de la bataille. *Nothing has been, is, decided yet*, il n'y a rien de décidé pour le moment; il n'y a encore rien de décidé. (*c*) **To decide s.o. to do sth.,** décider qn à faire qch. *That decided me* (*to depart*), cela me décida (à partir). (*d*) (*To make up one's mind*) **To decide to do sth.,** se décider, se résoudre, à faire qch.; décider, résoudre, de faire qch.; prendre le parti de faire qch. *Impers. It was decided to await his reply*, on décida d'attendre sa réponse. *I have not yet decided what I shall do, what answer I shall give, whether I shall go*, je n'ai pas encore décidé ce que je ferai, quelle réponse je ferai, si j'irai. *I have decided what I shall do, which course I shall adopt*, mon parti est pris. *If you d. to . . .*, si vous faites tant que de. . . . **2.** *v.i.* **To decide (up)on sth.,** se décider à qch.; conclure à qch. *Have you decided?* avez-vous pris un parti? êtes-vous décidé? *To d. on doing sth.*, se décider à, décider de, faire qch. *To d. on sth. being done*, opiner pour que, à ce que, qch. se fasse. *To d. on a line of action*, arrêter un plan de conduite. *To d. upon a method of work*, déterminer une méthode de travail. *To d. upon a day, upon the necessary purchases*, fixer un jour, les achats nécessaires. *The Assembly decided upon war*, l'Assemblée décida, résolut, la guerre, vota pour la guerre. **To decide for, in favour of, s.o.,** se décider pour, en faveur de, qn; donner raison à qn. *To d. against sth., s.o.*, se prononcer contre qch.; donner tort à qn. *To d. between opinions*, départager des opinions.

decided, *a.* **1.** (*a*) (*Of pers.*) Décidé. *They are quite d. about it*, ils sont tout à fait décidés (à agir, etc.). (*b*) *D. opinion*, opinion arrêtée. *D. manner*, allure décidée. *In a d. tone*, d'un ton net, résolu, tranchant. *A d. refusal, a d. 'no,'* un refus, un "non," catégorique. **2.** Incontestable, indéniable, prononcé, décidé, très marqué. *To have a d. superiority over s.o.*, avoir une supériorité marquée sur qn. **A decided difference,** une différence marquée. *D. alteration for the better*, amélioration marquée, sensible, positive. *A d. success*, un succès indéniable, incontestable. *This is a d. step forward*, c'est un progrès très marqué. **-ly,** *adv.* **1.** (Agir, répondre) résolument, avec décision. **2.** Incontestablement, décidément; d'une façon marquée. *He is d. the best*, c'est lui le meilleur, sans contredit. *He is d. better*, il va décidément mieux; il y a un mieux très marqué.

deciding, *a.* Décisif. **The deciding game, set, rubber,** la belle.

decider [di'saidər], *s.* **1.** (*Pers.*) Arbitre *m*, juge *m* (*of*, de). **2.** (*a*) *Games:* La belle. (*b*) *Sp:* (*After dead heat*) Course *f* de décision.

decidua [di'sidjuə], *s.* *Obst:* Membrane caduque; caduque *f*.

deciduous [di'sidjuəs], *a.* **1.** (*a*) *Bot:* Décidu; caduc, *f.* caduque. *D. leaf*, feuille décidue. *D. tree*, arbre *m* à feuillage caduc, à feuilles caduques. (*b*) **Deciduous forest,** forêt feuillue. **2.** *Z:* (*Of antlers, etc.*) Caduc. *Obst:* **Deciduous membrane,** membrane caduque; caduque *f*. *Ent:* *D. insects*, insectes *m* à ailes caduques. **3.** *F:* Éphémère.

deciduousness [di'sidjuəsnəs], *s.* Caducité *f*.

decigram ['desigram], *s.* *Meas:* Décigramme *m*.

decilitre ['desili:tər], *s.* *Meas:* Décilitre *m*.

decillion [di'siljən], *s.* Million *m* à la dixième puissance; $10^6 \times 10$.

decimal ['desim(ə)l]. **1.** *a.* (*Of numeration, fraction, system, coinage, etc.*) Décimal, -aux; dénaire. *Mth:* **Decimal point** = virgule *f*. **2.** *s.* (*a*) Décimale *f*. **Recurring decimal,** fraction *f* périodique. **Correct to five places of decimals,** exact jusqu'à la cinquième décimale. (*b*) *pl.* **Decimals,** le calcul décimal. *I can't do decimals*, je ne comprends rien à la notation décimale. **-ally,** *adv.* Selon le système décimal; par multiples de dix ou par dixièmes.

decimalization [desiməlai'zeiʃ(ə)n], *s.* Décimalisation *f*.

decimalize ['desiməla:iz], *v.tr.* Décimaliser.

decimate ['desimeit], *v.tr.* Décimer (des mutinés, etc.). *F:* *The plague decimated the population*, la peste décima le peuple.

decimation [desi'meiʃ(ə)n], *s.* Décimation *f*.

decimetre ['desimi:tər], *s.* *Meas:* Décimètre *m*. *Square d.*, décimètre carré. *Cubic d.*, décimètre cube.

decimo-octavo ['desimoək'teivo], *s.* *Typ:* In-dix-huit *m*.

decinormal [desi'nɔ:rm(ə)l], *a.* *Ch:* (*Of solution*) Décinormal, -aux.

decipher[1] [di'saifər], *s.* Déchiffrement *m*; transcription *f* en clair.

decipher[2], *v.tr.* **1.** Déchiffrer (des hiéroglyphes); déchiffrer, transcrire en clair (une dépêche chiffrée); décrypter (un cryptogramme). **2.** *F:* *Handwriting difficult to d.*, écriture *f* difficile à déchiffrer, à débrouiller.

deciphering, *s.* Déchiffrement *m*; transcription *f* en clair; décryptement *m*.

decipherable [di'saifərəbl], *a.* Déchiffrable.

decipherment [di'saifərmənt], *s.* Déchiffrement *m* (des hiéroglyphes, des inscriptions).

decision [di'siʒ(ə)n], *s.* **1.** (*a*) Décision *f* (d'une question, d'une affaire); vote *m* (sur une question); délibération *f* (d'une assemblée). **To bring a question to a decision,** décider, dénouer, une question. **To make known a decision,** faire connaître une décision. (*b*) Décision, jugement *m*, arrêt *m*, arrêté *m*. *To give a d. on a case*, décider, statuer sur, un cas. *The d. of the Commission of Arbitration*, la sentence de la Commission arbitrale. **2.** Décision, résolution *f*. **To come to, make, arrive at, reach, a decision** (*as to, regarding, sth.*), arriver à une décision, prendre une décision, un parti (quant à, touchant, qch.); se décider, se prononcer. *Not to know what d. to make*, ne savoir quel parti prendre. *To abide by one's d.*, s'en tenir à sa décision. *To reverse one's d.*, revenir sur sa décision; se déjuger. *Jur:* **Judicial decisions,** réponses *f* de droit. **3.** Résolution (de caractère); fermeté *f*. **Decision of character,** fermeté, décision, de caractère. *Look of d.*, air décidé, résolu. *To act with d.*, agir avec décision.

decisive [di'saisiv], *a.* **1.** (*Of question, battle, etc.*) Décisif; (*of experiment, etc.*) concluant. *D. proof*, preuve victorieuse. *This incident was d. of his fate*, cet incident décida de son sort. *Jur:* **Decisive**

oath, serment *m* décisoire. **2.** (*a*) *D. manner, tone*, allure décidée; ton tranchant, net. (*b*) = DECIDED 2. **-ly,** *adv.* **1.** Décisivement; d'une façon décisive; affirmativement; d'un ton décidé. **2.** *Occ.* = DECIDEDLY.

decisiveness [di'saisivnəs], *s.* **1.** Caractère décisif, concluant (d'une expérience, etc.). **2.** *Occ.* = DECISION 3.

decistere ['desistiːər], *s.* *Meas:* Décistère *m.*

Decius ['diːsiəs]. *Pr.n.m.* *A.Hist:* Decius, *A:* Dèce.

decivilize [diː'sivilaiz], *v.tr.* Déciviliser.

deck[1] [dek], *s.* **1.** (*a*) *Nau:* Pont *m*; (*of merchant vessel also*) tillac *m.* **Flush deck,** franc tillac; pont de bout en bout; pont entier, pont continu, pont ras; pont de plain-pied. **Flush-deck ship,** navire *m* à pont ras. **Foremast deck,** pont (de) teugue. **Aft(er)-deck,** pont arrière. **Lower deck,** pont inférieur; premier pont. **Middle deck,** pont intermédiaire; pont de la deuxième batterie (dans un vaisseau à trois ponts). **Upper deck,** premier pont; pont supérieur; pont des gaillards. **To come, go, on deck,** monter sur le pont. *Navy:* **The lower-deck ratings,** *F:* **the lower deck,** le personnel non officier. **Upper-deck ratings,** hommes *m* du pont. **The mess decks,** les aménagements *m* d'équipage. *See also* ANCHOR-DECK, ARMOURED, AWNING-DECK, BATTERY 2, BETWEEN-DECKS, BOAT-DECK, CLEAR[2] I. 3, FORE-DECK, GUN-DECK, HALF-DECK, HAND[1] 3, HURRICANE-DECK, LANDING-DECK, MAIN-DECK, OFFICER[1], ORLOP, PASSENGER, PROMENADE DECK, QUARTER-DECK, SHELTER-DECK, SPAR-DECK, WELL-DECK. (*b*) *Veh:* Plate-forme *f.* **Top deck** (*of omnibus, etc.*), impériale *f.* **Single-deck bus,** autobus *m* sans impériale. **2.** *Av:* Plan *m* (d'avion). **3.** *Civ.E:* Tablier *m*; plancher *m* (d'un pont). **4.** *Const:* Faux comble (de comble en mansarde). **5.** *Min:* Plancher (d'une cage d'extraction). **6.** *A. & U.S:* **Deck of cards,** paquet *m* de cartes.

'deck-bolt, *s.* *N.Arch:* Boulon *m* de pont; cervelle *f.*

'deck-boy, *s.m.* Mousse de pont.

'deck-bridge, *s.* *Civ.E:* Pont *m* à tablier supérieur.

'deck-cargo, *s.* *Nau:* Pontée *f.*

'deck-chair, *s.* (*a*) Chaise longue (de bord). (*b*) **(Hammock) deck-chair,** transatlantique *m*; *F:* transa(t) *m.*

'deck-erection, -fittings, *s.(pl.)* *N.Arch:* Superstructure *f.*

'deck-flat, *s.* *N.Arch:* Bordé *m* du pont.

'deck-hand, *s.* Homme *m* de pont, matelot *m* de pont.

'deck-house, *s.* *Nau:* Rouf *m*, roufle *m*, teugue *f.*

'deck-light, *s.* *Nau:* Lentille *f* de pont; jour *m*; claire-voie *f*, *pl.* claires-voies (dans le pont).

'deck-line, *s.* *N.Arch:* Livet *m.*

'deck-load, *s.* *Nau:* Pontée *f.*

'deck-nail, *s.* (Clou *m* de) carvelle *f.*

'deck-plank, *s.* *Nau:* Bordé *m* de pont.

deck[2], *v.tr.* **1.** Parer, orner, agrémenter (*sth. with sth.*, qch. de qch.). *Balcony decked with flowers*, balcon fleuri. *To d. a house with flags*, *F:* pavoiser une maison. **To deck oneself out,** s'endimancher; se mettre sur son trente et un. *To be all decked out*, être dans ses plus beaux atours. *She was decked out in all her bravery*, elle était parée de ses plus beaux atours. *Decked out in their Sunday best*, revêtus de leurs habits du dimanche; tout endimanchés. *Decked out in a large feathered hat*, attifée d'un grand chapeau à plumes. *See also* FINERY[2]. **2.** (*a*) *N.Arch:* **To deck (over, in) a ship,** ponter un navire. (*b*) *Civ.E:* Poser le tablier, le plancher (d'un pont). **3.** *Min:* Encager (les wagons).

-decked, *a.* (*With number, etc., prefixed, e.g.*) *Nau:* **Two-, three-decked,** à deux, à trois, ponts. *See also* HALF-DECKED, WELL-DECKED.

decking, *s.* **1.** **Decking (out),** décoration *f*; pavoisement *m* (des rues); endimanchement *m* (de qn). **2.** (*a*) Pontage *m* (d'un navire). (*b*) *Civ.E:* Pose *f* du tablier, du plancher (d'un pont). **3.** *Coll.* (*a*) (Les) ponts *m* (d'un navire). (*b*) *Civ.E:* = DECK[1] 3.

-decker ['dekər], *s.* (*With number, etc., prefixed, e.g.*) *Nau:* **A three-decker,** un vaisseau à trois ponts; un trois-ponts. *See also* DOUBLE-DECKER, WELL-DECKER.

deckle [dekl], *s.* *Paperm:* Cadre volant, rebord *m* (de la forme).

'deckle edge, *s.* Barbes *fpl* (du papier); bords baveux; témoins *mpl.*

'deckle-'edged, *a.* (Papier *m* à (la) forme) à bords non ébarbés; (papier) à bords déchiquetés, à bords moyen âge.

deckled [dekld], *a.* *Paperm:* **1.** (Bord) non ébarbé, déchiqueté. **2.** = DECKLE-EDGED.

declaim [di'kleim]. **1.** *v.i.* Déclamer (*against*, contre). **2.** *v.tr.* Déclamer (des vers, etc.).

declaimer [di'kleimər], *s.* Déclamateur, -trice.

declamation [deklə'meiʃ(ə)n], *s.* Déclamation *f.*

declamatory [di'klamətəri], *a.* (Style) déclamatoire, déclamateur.

declarant [di'klɛərənt], *s.* *Jur:* Déclarant, -ante.

declaration [deklə'reiʃ(ə)n], *s.* (*a*) Déclaration *f.* **Declaration of war,** déclaration de guerre. *D. of the poll*, proclamation *f* du résultat du scrutin. *Hist:* **The Declaration of Rights,** la Déclaration des droits. (*b*) **Customs declaration,** déclaration de, en, douane. **False declaration of income,** fausse déclaration de revenu. (*c*) *Cards:* Annonce *f.* (*d*) *St.Exch:* **Declaration of options,** réponse *f* des primes.

declare [di'klɛər]. **1.** *v.tr.* (*a*) Déclarer (*sth. to s.o.*, qch. à qn); assurer (*sth. to s.o.*, qch. à qn, qn de qch.). *He declared he had seen nothing*, il déclara, affirma, n'avoir rien vu. *B:* **The heavens declare the glory of God,** les cieux *m* proclament la gloire de Dieu. **To declare war,** déclarer la guerre (*on, against*, à). *The text of the treaty declares that . . .*, le texte du traité porte que. . . . (*At the customs*) **Have you anything to declare?** avez-vous quelque chose à déclarer? *To d. a strike*, proclamer la grève. *Bill:* *To d. a shot*, annoncer le coup qu'on va jouer. *St.Exch:* **To declare an option,** répondre, donner la réponse, à une prime. *Fin:* *To d. a dividend of ten per cent*, déclarer un dividende de dix pour cent. *F:* **Well, I declare!** par exemple! *See also* POLL[1] 2. (*b*) *Pred.* *To d. s.o., oneself, (to be) guilty*, déclarer qn, se déclarer, coupable. *He was declared to have done the best*, il fut proclamé vainqueur. *To d. s.o. King*, déclarer qn roi. *To d. s.o. a deserter*, porter qn déserteur. *Jur:* *To d. s.o. a lunatic*, interdire qn en démence. *F:* **To declare the bargain off,** rompre le marché. *The whole thing has been declared off*, on ne donnera pas suite au projet; *F:* l'affaire est tombée dans l'eau. *Cr:* **To declare an innings closed,** *abs.* **to declare,** fermer son jeu (avant la chute des dix guichets); s'annoncer satisfait du nombre des points marqués. *Abs.* *Turf:* **To declare,** déclarer forfait. (*c.*) *Cards:* **To declare trumps, a suit,** appeler l'atout, une couleur. *Abs.* **To declare,** annoncer son jeu. *F:* **To declare one's hand,** avouer ses intentions. (*d*) **To declare oneself,** (i) prendre parti; (ii) (*of lover*) faire sa déclaration. *He declared himself for war*, il se déclara pour la guerre, en faveur de la guerre. (*Of disease*) *To d. itself*, se déclarer, éclater. **2.** *v.i.* (*a*) **To declare for, against, sth.,** se déclarer, se prononcer, pour, contre, qch. *To d. in favour of sth.*, conclure à qch. (*b*) **To declare off,** se retirer, y renoncer.

declared, *a.* Ouvert, avoué, déclaré. *D. enemy*, ennemi juré, déclaré. *He is a d. Socialist*, il est socialiste de son plein aveu.

declaredly [di'klɛəridli], *adv.* Ouvertement; (i) formellement, (ii) franchement, de son propre aveu.

declarer [di'klɛərər], *s.* **1.** Déclarateur, -trice. **2.** (*At bridge*) Déclarant, -ante.

declension [di'klenʃ(ə)n], *s.* **1.** Décadence *f*, déclin *m*, dépérissement *m* (d'un empire); altération *f* (du caractère, etc.). **2.** *Gram:* Déclinaison *f.*

declinable [di'klainəbl], *a.* *Gram:* Déclinable.

declination [dekli'neiʃ(ə)n], *s.* **1.** (*a*) *A:* Déclin *m*, pente *f.* (*b*) *Astr:* Déclinaison *f.* **Declination circle,** cercle *m* de déclinaison. *Magn:* *Magnetic d.*, déclinaison magnétique. **Declination compass,** déclinomètre *m.* **2.** *U.S:* Refus *m.*

declinatory [di'klainətəri], *a.* *Jur:* *A:* **Declinatory plea,** déclinatoire *m.*

decline[1] [di'klain], *s.* **1.** Déclin *m* (du jour, de la vie, d'un empire). *D. in prices*, baisse *f* de prix. *D. of business*, ralentissement *m* des affaires. **To be on the decline,** être sur le déclin; décliner; (*of pers.*) être sur le retour (d'âge); (*of fame*) être à son couchant; (*of prices*) être en baisse, baisser. *These shares have experienced a d.*, ces actions ont éprouvé une baisse. *Idleness leads to d. of power*, l'oisiveté amène la déchéance individuelle. *The Roman Empire was on the eve of its d.*, l'Empire romain penchait vers son déclin. **'The Decline and Fall of the Roman Empire,'** "la Décadence et la chute de l'Empire romain." **2.** *Med:* Maladie *f* de langueur; marasme *m*; consomption *f*, étisie *f.* **To be in a decline,** être atteint d'une maladie de langueur; *esp.* être atteint, attaqué, de la poitrine. **To go into a decline,** entrer en consomption.

decline[2]. I. *v.tr.* **1.** *A:* Pencher (la tête, etc.). **2.** (*a*) Refuser courtoisement (une invitation, une offre); décliner (un honneur). *Abs.* S'excuser; se faire excuser. *Iron:* **I declined with thanks,** je le remerciai. (*b*) Refuser; repousser (l'intervention de qn). *Mil:* **To decline battle,** refuser le combat. *Chess:* *To d. a gambit*, refuser un gambit. *To d. to do sth., to d. doing sth.*, (i) s'excuser; (ii) refuser de faire qch. *F:* *I d. to be intimidated*, on ne m'intimide pas. **3.** *Gram:* Décliner (un nom, etc.).

II. **decline,** *v.i.* **1.** (*a*) (*Of ground, etc.*) S'incliner, pencher; être en pente. (*b*) *A:* S'écarter (*from*, de); dévier (*from*, de). *Still so used in* **To decline from virtue,** se détourner de la vertu. **2.** (*a*) (*Of day, sun, etc.*) Décliner; (*of day*) tirer à sa fin; baisser, tomber. (*b*) (*Of health, influence, etc.*) Décliner, baisser; (*of empire*) tomber en décadence; (*of tree, plant*) dépérir. *Com:* (*Of prices*) Fléchir, baisser; être en baisse. *Business is declining daily*, les affaires diminuent de jour en jour.

declining[1], *a.* Sur son déclin. *D. sun*, soleil couchant, baissant. *The d. day*, le jour à son déclin. **In one's declining years,** sur le penchant de l'âge; au déclin de la vie. *D. power*, *F:* soleil couchant.

declining[2], *s.* **1.** Refus *m* (d'une invitation, etc.). **2.** Dépérissement *m.* **3.** *Gram:* Déclinaison *f.*

declinometer [dekli'nɔmetər], *s.* *Magn:* Déclinomètre *m.*

declivitous [di'klivitəs], *a.* Déclive; en pente abrupte; escarpé.

declivity [di'kliviti], *s.* Déclivité *f*, pente *f.* *A steep d.*, une descente rapide.

declivous [di'klaivəs], *a.* En pente; incliné.

declutch [diː'klʌtʃ], *v.i.* *Aut:* Débrayer, désembrayer. *See also* DOUBLE-DECLUTCH.

declutching, *s.* Débrayage *m.*

decoction [di'kɔkʃ(ə)n], *s.* **1.** (*Process*) Décoction *f.* **2.** (*Resultant liquid*) Décoction. *Pharm:* Décocté *m.*

decode [diː'koud], *v.tr.* Déchiffrer, traduire, transcrire en clair (une dépêche).

decoded, *a.* En clair.

decoding, *s.* Déchiffrement *m*; transcription *f* en clair.

decohere [diːko'hiːər], *v.tr.* *W.Tel:* *A:* Décohérer.

decoherence [diːko'hiːərəns], *s.* Décohésion *f* (magnétique).

decoherer [diːko'hiːərər], *s.* *W.Tel:* *A:* Décohéreur *m.*

decoke [diː'kouk], *v.tr.* *F:* = DECARBONIZE 2.

decollate [di'kɔleit], *v.tr.* Décoller, décapiter (qn).

decollation [diːko'leiʃ(ə)n], *s.* (*a*) Décollation *f* (de saint Jean-Baptiste). (*b*) *Obst:* Décollation (du fœtus).

décolletage [de'kɔltɑːʒ], *s.* Décolleté *m.* *Square d.*, décolleté carré. *V d.*, décolleté en pointe. *See also* BATEAU.

décolleté [de'kɔltei]. **1.** *a.* (Vêtement) décolleté; (personne) décolletée. **2.** *s.* Décolletage *m.* *A modest, immodest, d.*, un décolletage modeste, inconvenant.

decolo(u)rization [diːkʌlərai'zeiʃ(ə)n], *s.* Décoloration *f.*

decolo(u)rize [diː'kʌləraiz], *v.tr.* Décolorer.

decomplex ['diːkɔmpleks], *a.* Complexe (et composé de parties complexes).

decomposable [diːkɔm'pouzəbl], *a.* (*a*) Décomposable (*into*, en). (*b*) *Ch:* (*Of double salts*) Dédoublable.

decompose [diːkɔm'poːuz]. **1.** *v.tr.* (*a*) Décomposer, analyser (un composé, une force, la lumière, une pensée, etc.). *Ch:* Dédoubler (un sel double). (*b*) Décomposer, corrompre (la matière). **2.** *v.i.* (*a*) Se décomposer. (*b*) Entrer en décomposition; pourrir.

decomposing, *a.* **1.** (*Of force, agent*) Décomposant. **2.** (Matières *fpl*) en décomposition, en putréfaction.

decomposer [diːkɔm'pouzər], *s.* Force décomposante.

decomposite [diː'kɔmpozit]. **1.** *a.* (*a*) Surcomposé. (*b*) *Bot:* Décomposé. **2.** *s. Ling:* Mot surcomposé, doublement composé.

decomposition [diːkɔmpo'ziʃ(ə)n], *s.* Décomposition *f.* **1.** Résolution *f* en parties simples. *Ch:* **Double decomposition,** dédoublement *m.* **2.** Altération *f*, désintégration *f*; putréfaction *f*. *The d. of society*, la désintégration de la société.

decompound ['diːkɔmpaund], *a.* = DECOMPOSITE 1.

decompress [diːkɔm'pres], *v.tr.* Décomprimer (un gaz, etc.). *Civ.E:* *To d. a workman*, faire séjourner un ouvrier dans le sas de décompression.

decompression [diːkɔm'preʃ(ə)n], *s. Mch: etc:* Décompression *f.* *Civ.E:* Séjournement *m* (d'un ouvrier) dans le sas de décompression. *Surg:* Soulagement *m* de l'hypertension cérébrale.

decompressor [diːkɔm'presər], *s. I.C.E:* Décompresseur *m.*

deconsecrate [diː'kɔnsekreit], *v.tr.* Prononcer l'exécration (d'une église); séculariser, désaffecter (une église).

deconsecration [diːkɔnse'kreiʃ(ə)n], *s.* Exécration *f* (d'une église, etc.); sécularisation *f*, désaffectation *f*.

decontrol [diːkon'troul], *v.tr.* Libérer (le commerce, etc.) des contraintes du gouvernement.

décor [de'kɔːr], *s. Th:* Décor *m.*

decorate ['dekoreit], *v.tr.* **1.** (*a*) Décorer, orner, agrémenter (*sth. with sth.*, qch. de qch.); pavoiser (une rue, un édifice). (*b*) Peindre et tapisser, décorer (un appartement). *See also* RE-DECORATE. **2.** Médailler, décorer (un soldat, etc.); remettre une décoration à (qn).

decorated, *a.* (*a*) Décoré. (*b*) *Arch:* **Decorated period,** époque *f* du gothique rayonnant.

decoration [deko'reiʃ(ə)n], *s.* **1.** (*a*) Décoration *f*; parement *m* (d'une façade, etc.), pavoisement *m* (des rues, etc.); peinture *f* et collage *m* de la tapisserie, décoration (d'une salle). *U.S:* **Decoration day,** le 30 mai, jour où l'on fleurit les tombes de ceux qui tombèrent sur les champs de bataille de la Guerre civile. (*b*) Remise *f* d'une décoration (à qn). **2.** (*a*) *Usu. pl.* (Les) décorations (d'une ville en fête, etc.); décor *m* (d'un appartement, etc.). (*b*) Décoration, médaille *f*. *Holders of war decorations*, décorés de guerre. (*c*) *Pyr:* Garniture *f* (de fusée volante).

decorative ['dekorətiv], *a.* Décoratif. *D. arts*, arts décoratifs. *D. drawing*, dessin *m* d'ornement. **Decorative artist,** artiste décorateur; ensemblier *m.* **-ly,** *adv.* Décorativement.

decorator ['dekəreitər], *s.* Décorateur *m.* **(House) decorator,** peintre décorateur (d'appartements); tapissier *m.*

decorous [de'kɔːrəs, 'dekərəs], *a.* Bienséant, convenable; comme il faut; approprié aux circonstances. *D. conduct*, conduite *f* modeste, convenable. **-ly,** *adv.* Avec bienséance; convenablement; comme il faut; avec dignité. *To do sth. d.*, faire qch. dans les formes.

decorticate [di'kɔːrtikeit], *v.tr.* Décortiquer (le riz, etc.).

decortication [dikɔːrti'keiʃ(ə)n], *s.* Décortication *f*.

decorum [de'kɔːrəm], *s.* Décorum *m*, bienséance *f*, retenue *f* honnête. **A breach of decorum,** une inconvenance. *To have a sense of d.*, avoir de la tenue, de la dignité dans le maintien. **With decorum,** avec dignité. **With due decorum,** dans les formes.

decouple [diː'kʌpl], *v.tr. W.Tel:* Découpler (une lampe, le poste).

decoupling, *s. W.Tel:* Découplage *m.* **Decoupling condenser,** condensateur *m* de découplage.

decoy[1] [di'kɔi], *s.* **1.** (*a*) Appât *m*, piège *m*, leurre *m*, amorce *f*. **Decoy(-bird),** oiseau *m* de leurre; appeau *m*, moquette *f*; (oiseau) appelant *m*; appeleur *m*; *F:* chanterelle *f*. **Decoy-duck,** (i) canard privé; (ii) = 2 (*a*). *Ap:* **Decoy-comb,** amorce. *Navy:* **Decoy-ship,** bateau-piège *m*, *pl.* bateaux-pièges. (*b*) **Decoy(-pond),** canardière *f*. **2.** (*a*) Compère *m* (d'un escroc); *P:* allumeur *m.* (*b*) Amorceur, -euse (d'une maison de débauche, etc.).

decoy[2], *v.tr.* **1.** Piper, leurrer (des oiseaux). **2.** Leurrer, amorcer (qn). *To d. s.o. into a trap*, entraîner, attirer, qn dans un piège. *He had been decoyed across the frontier*, on lui avait fait passer la frontière à son insu; on l'avait attiré de l'autre côté de la frontière. *To d. s.o. into doing sth.*, entraîner qn à faire qch. *Jur:* *To d. a girl under age*, attirer, dévoyer, séduire, une mineure.

decrease[1] ['diːkriːs], *s.* Diminution *f*, décroissement *m*, décroissance *f*, amoindrissement *m.* **Decrease in value,** diminution de valeur; moins-value *f*. *D. in speed*, ralentissement *m.* *The d. in wheat*, la raréfaction du blé. *El:* *D. in current*, déperdition *f*, abaissement *m*, de courant. *D. of load*, diminution de charge. **Our imports are on the decrease,** nos importations sont en décroissance.

decrease[2] [di'kriːs]. **1.** *v.tr.* (*a*) Diminuer, faire décroître. *Age decreases strength*, l'âge amoindrit les forces. (*b*) *Abs.* (*Knitting*) Fermer des mailles; diminuer. **2.** *v.i.* Diminuer; décroître; s'amoindrir; aller en diminuant, en décroissant. *Our imports are decreasing*, nos importations sont en décroissance.

decreasing, *a.* Décroissant, diminuant. *Mth:* **Decreasing series,** progression descendante. **-ly,** *adv.* De moins en moins.

decree[1] [di'kriː], *s.* **1.** *Adm:* Décret *m*, édit *m*, arrêté *m*; ordonnance (royale). **To pass a decree,** prendre un arrêté. **To issue a decree,** promulguer un décret, un édit. **2.** *Theol: Ecc:* Décret. **The decrees of God, of Providence,** les décrets de Dieu, de la Providence. *The Decrees of the Popes, of the Councils*, les décrets des Papes, des Conciles; les décrétales *f* des Papes. **3.** *Jur:* Décision *f*, arrêté, arrêt *m*, jugement *m*; ordonnance (de divorce, etc.). **Decree nisi** ['naisai], jugement provisoire (en matière de divorce). **Decree in bankruptcy,** jugement déclaratif de faillite.

decree[2], *v.tr.* **1.** Décréter, ordonner; *Jur:* arrêter *It had been decreed that . . .*, il avait été décrété que. . . . Décerner, accorder par décret (des honneurs, un prix) (*to*, à).

decrement ['dekrimənt], *s.* **1.** Décroissement *m*, décroissance *f*. *Her:* **Moon in decrement,** croissant contourné. **2.** (*a*) Perte *f*, diminution *f*. *Sound d.*, atténuation *f* des sons; amortissement *m* acoustique. (*b*) *Mth:* *El.E:* Décrément *m.*

decrepit [di'krepit], *a.* **1.** (*Of pers.*) Décrépit; caduc, -uque. *D. old age*, la vieillesse décrépite. **2.** (*Of thg*) Vermoulu; qui tombe en ruine.

decrepitate [di'krepiteit]. **1.** *v.tr.* Calciner (un sel, etc.). **2.** *v.i.* (*Of salt, etc.*) Décrépiter; pétiller (au feu).

decrepitation [dikrepi'teiʃ(ə)n], *s.* **1.** Calcination *f* (d'un sel, etc.). **2.** Décrépitation *f*.

decrepitude [di'krepitjud], *s.* **1.** Décrépitude *f*; caducité *f* (d'une personne). **2.** Vermoulure *f*; *F:* misère *f* (d'un mobilier, etc.).

decrescendo [deːkre'ʃendo], *adv.* & *s. Mus:* Decrescendo (*m*).

decrescent [di'kres(ə)nt], *a.* Décroissant; en décroissance. *Her:* **Decrescent moon,** croissant contourné.

decretal [di'kriːtəl], *s. R.C.Ch:* Décrétale *f*. **The Gregorian Decretals,** les Décrétales de Grégoire.

decry [di'krai], *v.tr.* (*a*) Décrier, déprécier, dénigrer (qn, qch.). (*b*) Conspuer (qn).

decrying, *s.* Dénigrement *m*, dépréciation *f*.

decubitus [di'kjuːbitəs], *s.* **1.** Décubitus (ventral, latéral, etc.). *Dorsal d.*, décubitus dorsal. **2.** (*Bed sore*) **Decubitus (ulcer),** eschare *f*, décubitus.

decumbent [di'kʌmbənt], *a. Nat.Hist:* Décombant, couché.

decuple[1] ['dekjupl], *a.* & *s.* Décuple (*m*).

decuple[2]. **1.** *v.tr.* Décupler. **2.** *v.i.* Se décupler.

decurion [de'kjuəriən], *s. Rom.Ant:* Décurion *m.*

decury ['dekjuri], *s. Rom.Ant:* Décurie *f*.

decussate[1] [di'kʌset], *a.* Croisé en X. *Bot:* Décussé.

decussate[2] [di'kʌseit]. **1.** *v.tr.* Disposer en croix de Saint-André, en X, en sautoir. **2.** *v.i.* (*Of nerves, etc.*) Se croiser (en forme d'X).

decussation [diːkʌ'seiʃ(ə)n], *s.* Décussation *f*.

dedendum, *pl.* **-da** [di'dendəm, -də], *s. Mec.E:* Creux *m* de l'engrenage au-dessous de la circonférence primitive. **Dedendum-line, -circle,** ligne *f* de racine; cercle intérieur, cercle de pied, cercle de racine (d'une roue dentée).

dedicate ['dedikeit], *v.tr.* **1.** (*a*) Dédier, consacrer (une église). *To d. a temple to a god*, vouer un temple à un dieu. *Church dedicated to Saint Peter*, église sous le vocable de saint Pierre. *To d. oneself, one's life, to s.o., to sth.*, se vouer à qn, à qch.; se consacrer à qch. *To d. one's pen to the truth*, vouer sa plume à la vérité. *F:* *To d. a day to pleasure*, dédier un jour au plaisir. (*b*) *U.S:* Inaugurer (un édifice, etc.). **2.** Dédier (un livre, etc.) (*to*, à). **3.** *Jur:* **To dedicate a highway,** rendre publique une voie privée (par des actes dont il ressort une intention manifeste).

dedicatee [dedikei'tiː, -kə'tiː], *s.* Dédicataire *mf.*

dedication [dedi'keiʃ(ə)n], *s.* **1.** Dédicace *f*, consécration *f* (d'une église). **2.** Dédicace (d'un livre). *To write a d. in a book*, dédicacer un livre.

dedicative ['dedikeitiv], *a.* Dédicatoire.

dedicator ['dedikeitər], *a.* Dédicateur, -trice.

dedicatory [dedi'keitəri], *a.* (Épître *f*, etc.) dédicatoire.

deduce [di'djuːs], *v.tr.* **1.** Retracer, suivre, (l'histoire d'un peuple, etc.) en partant des origines. *To d. one's descent, one's family, from the Conquest to the present day*, établir sa descendance à partir de la Conquête jusqu'à nos jours. *To d. one's descent from a Norman stock*, faire remonter sa descendance à une souche normande. **2.** Déduire, inférer, conclure (*from*, de). *The knowledge of causes is deduced from their effects*, la connaissance des causes se déduit de leurs effets. *To d. sth. from a fact*, arguer qch. d'un fait. *Other evidence may be deduced from his work*, de son travail on peut tirer encore d'autres preuves.

deducible [di'djusibl], *a.* Que l'on peut déduire (*from*, de).

deduct [di'dʌkt], *v.tr.* Déduire, défalquer, retrancher (*from*, de). *To d. sth. from the price*, rabattre qch. sur le prix. *To d. a sum*, compter une somme en moins. *You may d. that*, vous compterez cela en moins. *To d. the discount* (*before payment*), retenir l'escompte. *To d. 5% from the wages*, faire une retenue de 5% sur les salaires. **After deducting . . .,** après déduction de. . . . *Sum that falls to be deducted from the total*, somme *f* qui entre en déduction du total. *From the total number must be deducted that of the missing*, du nombre total il faut défalquer, retrancher, celui des disparus.

deduction [di'dʌkʃ(ə)n], *s.* **1.** Déduction *f*, défalcation *f* (*from a quantity*, sur une quantité); (*of pay*) retenue *f*. *Previous d.* (*of sum of money*), prélèvement *m*. *D. of a sum from a quota*, imputation *f* d'une somme sur une quantité. *Adm:* **Deduction (of tax) at the source,** stoppage *m.* **2.** (*a*) Raisonnement déductif; déduction. (*b*) Déduction, conclusion *f* (*from*, tirée de).

deductive [di'dʌktiv], *a. Log:* (Raisonnement) déductif; (méthode) déductive. **-ly,** *adv.* Déductivement, par déduction.

dee [diː], *s.* (*a*) La lettre d. (*b*) **Dee(-ring),** dé *m*, enchapure *f* (d'une courroie, d'un ceinturon).

deed[1] [diːd], *s.* **1.** (*a*) Action *f*, acte *m.* *To do a good d. every day*, faire chaque jour une bonne action. **Man of deeds,** homme *m* d'action, d'exécution. **Bold in word and deed,** audacieux en paroles et en actions. *I must have deeds not words*, il me faut des actes (*or* des effets) et non des paroles, et non de vaines promesses. *See also* WILL[1] 1. (*b*) **Deed of valour,** haut fait; exploit *m.* *I could not tell you all his deeds of daring*, je ne saurais vous conter toutes ses bravoures. *Lit:* *Tell me of thy glorious deeds*, conte-moi tes glorieux travaux, tous tes faits glorieux. (*c*) **Foul deed,** forfait *m.* *It is he who has done this d.*, c'est lui qui a commis cette action, ce forfait;

F: c'est lui qui a fait le coup. *See also* ILL I. 1. (*d*) Fait. **In very deed . . .,** dans le fait . . ., par le fait . . ., de fait . . ., en réalité . . ., en vérité. . . . **He was ruler in deed,** *though not in name*, c'était lui, dans le fait, qui était le chef, bien qu'il n'en portât pas le titre. *Cf.* INDEED. **2.** *Jur:* Acte notarié, sur papier timbré, et signé par les parties. *D. privately executed by the parties*, **private deed,** acte sous seing privé. *D. executed by a solicitor, etc.*, acte authentique. *D. of arrangement*, contrat *m* d'arrangement. **Deed of transfer,** feuille *f* de transfert. *To draw up a d.*, rédiger un acte. *See also* GIFT[1], INDENTED[1] 3, PARTNERSHIP, PURCHASE-DEED, TITLE-DEED, TRUST-DEED.

'deed-box, *s.* Coffret *m* à documents.

'deed-'poll, *s.* *Jur:* Acte unilatéral; contrat *m* à titre gratuit.

deed[2], *v.tr.* *U.S:* Transférer (qch.) par un acte.

deem [di:m], *v.tr.* *Lit:* Juger, estimer, croire. *I do not d. it necessary to . . .*, je ne juge pas, ne crois pas, nécessaire de. . . . *I deemed it proper to depart, I deemed that we should depart*, je jugeai convenable, à propos, de partir. *I deemed that he was an American*, je jugeai qu'il était Américain. *I d. it an honour to serve you*, je regarde comme un honneur de vous servir. *He was deemed (to be) unfortunate*, (i) il fut considéré, regardé, comme malheureux; (ii) il passait pour (être) malheureux; il était censé être malheureux; il était réputé malheureux. **To deem highly of s.o.,** avoir une haute opinion de qn. *To d. s.o. clever*, tenir qn pour habile. *Answer deemed final*, réponse considérée comme définitive. *See also* ADVISABLE 2.

deemster ['di:mstər], *s.* Juge *m* (dans l'île de Man. Ils sont au nombre de deux.)

deemstership ['di:mstərʃip], *s.* Office *m* de *deemster*.

deep [di:p]. **I.** *a.* **1.** (*a*) Profond. *D. well*, puits profond. **To be ten feet deep,** avoir dix pieds de profondeur, avoir une profondeur de dix pieds; être profond de dix pieds. *In water ten feet d.*, par dix pieds de fond. *See also* WATER[1] 3. **Deep end,** bout le plus profond (de la piscine). *P:* **To go (in) off the deep end,** (i) se mettre en colère, prendre la mouche; monter, s'emporter, comme une soupe au lait; (ii) prendre les choses au tragique; s'affoler. *D. valley*, vallée profonde, encaissée, enfoncée. *A shady valley lies d. between the hills*, un vallon ombrageux se creuse entre les collines. *Min:* **Deep boring,** sondage *m* à grande profondeur. **The roads were three feet deep in snow,** les routes étaient enfouies sous trois pieds de neige. **Deep in debt, in love, in study, in meditation, in thought,** criblé de dettes; éperdument amoureux; absorbé, plongé, enfoncé, dans l'étude; plongé dans la méditation; abîmé dans ses pensées. *He was d. in his book, in his paper*, il était absorbé dans la lecture de son livre; il était plongé dans son journal. *See also* ANKLE, DEVIL[1] 1, KNEE-DEEP, NECK-DEEP, SKIN-DEEP, WAIST-DEEP. (*b*) *D. cave*, caverne profonde. *D. wound*, blessure profonde. (*Of weapon*) **To inflict a deep wound,** pénétrer très avant. *D. wrinkles*, rides très accusées. *His eyes are very d. in his head*, ses yeux sont très enfoncés. *D. insight into human nature*, connaissance profonde de la nature humaine. (*c*) *D. shelves*, rayons *m* larges. *D. hem*, ourlet *m* large, large ourlet. *Man d. in the chest*, homme *m* à forte poitrine. *Mil:* **Two, four, deep,** sur deux, quatre, rangs. **Form two deep!** par deux, marche! **The crowd on the pavement was twelve deep,** sur le trottoir la foule formait une haie d'une douzaine de rangs. *P:* **I am engaged three deep for this afternoon,** j'ai des engagements à n'en plus finir pour cet après-midi. (*d*) *D. sigh*, profond soupir, long soupir. *D. bow*, profonde révérence. *D. arguments*, arguments abstrus. *D. thinker*, penseur profond. *His d. learning*, ses connaissances profondes. *There was d. drinking*, on buvait abondamment, copieusement. *D. drinker*, fort buveur, grand buveur. *D. gambling*, gros jeu. *D. gambler*, gros joueur. **2.** (*a*) (*Of colour*) Foncé, sombre. *D. blue*, bleu foncé, bleu intense. (*b*) (*Of sound*) Profond, grave. *The d. notes of the bassoon*, les notes *f* graves du basson. **In a deep voice,** d'une voix profonde; d'une voix de basse-taille. **3.** (*a*) **The deep veins of the body,** les veines profondes du corps. (*b*) (*Of emotion, etc.*) *D. sorrow, despair*, chagrin profond, profond désespoir. *D. concern*, vive préoccupation. *To listen with d. interest*, écouter avec un intérêt profond, avec un vif intérêt. *I have deeper reasons for refusing*, j'ai pour refuser des raisons plus profondes. *The deeper causes of the social unrest*, les causes profondes du malaise social. *See also* MOURNING[2] 2. (*c*) (*Of conduct*) Difficile à pénétrer; (*of pers.*) rusé, malin, ténébreux, astucieux, sournois. *He's a d. one*, c'est un malin! *D. scheme*, projet ténébreux. **-ly,** *adv.* Profondément. *To go d. into sth.*, pénétrer, entrer, creuser, fort avant dans qch.; approfondir qch. **To be deeply indebted to s.o.,** être extrêmement redevable à qn. *To fall d. in love with s.o.*, tomber profondément amoureux de qn. *D. interesting*, profondément, fort, intéressant. *D. offended*, grièvement, vivement, offensé. *See also* READ[3] 2.

II. **deep,** *adv.* **1.** Profondément. *Secret hidden d. in his heart*, secret caché au plus profond de son cœur. *Hands stuck d. in one's pockets*, les mains enfoncées dans les poches. *The difference goes d.*, il y a une profonde différence. **Deep-lying causes,** causes profondes. *The deepest-lying facts of life*, les réalités primordiales de la vie humaine. *Prov:* **Still waters run deep,** il n'y a pire eau que l'eau qui dort. **2.** *The harpoon sank d. into the flesh*, le harpon pénétra très avant dans les chairs. *To work d. into the night*, travailler très avant dans la nuit. **3.** *To play d.*, jouer gros jeu. *To drink d.*, boire copieusement, largement, à longs traits, à plein verre, à tire-larigot. *He had drunk d. of the pleasures of life*, il s'était abreuvé des plaisirs de cette vie. *To breathe d.*, respirer profondément, à pleine poitrine, à pleins poumons.

III. **deep,** *s.* **1.** **The deep.** (*a*) Les profondeurs *f*, l'abîme *m*, le gouffre. *Oc:* **Ocean deep,** fosse *f*. *The ocean deeps*, les grands fonds; *Oc:* la région abyssale. *The unfathomed d.*, les abîmes insondables de l'océan. *B:* **Deep calleth to deep,** un abîme appelle un autre abîme. (*b*) L'océan *m*; les plaines profondes. **To commit a body to the deep,** immerger un mort. *Committal to the d.*, immersion *f*. *See also* MONSTER. **2.** **In the deep of winter,** au plus profond, au plus fort, de l'hiver. *In the d. of night*, au milieu de la nuit; en pleine nuit. **3.** *Nau:* Brassiage *m* intermédiaire entre deux marques de la ligne de sonde.

'deep-'bosomed, *a.* (Femme) à forte poitrine, à forte gorge.

'deep-'chested, *a.* (Homme) à forte poitrine.

'deep-draught, *attrib. a.* *Nau:* (Navire) à fort tirant d'eau, qui a du pied dans l'eau.

'deep-'drawn, *a.* (Soupir) profond.

'deep-'laid, *a.* (Complot) ténébreux, habilement ourdi, *F:* habilement combiné.

'deep-level, *attrib. a.* (Mine *f*) à grande profondeur.

'deep-mouthed, *a.* (*Of hound*) A l'aboi profond.

'deep-'rooted, *a.* Profondément enraciné; (arbre) à enracinement profond; (affection) aux racines profondes; (préjugé) vivace. *Idea d.-r. in the mind, F:* idée ancrée dans la tête. *The change is even deeper-rooted than that*, le changement tient à des causes encore plus profondes.

'deep-'sea, *attrib. a.* **Deep-sea fishery,** (i) pêche hauturière; (ii) grande pêche (de Terre-Neuve, etc.). *D.-s. animal, plant*, animal pélagien, plante pélagienne. **Deep-sea lead,** grande sonde. *D.-s. current*, courant sous-marin. *See also* ANCHOR[1], PILOT[1] 1.

'deep-'seated, *a.* Profond, enraciné, fermement établi. **Deep-seated conviction,** conviction *f* intime. *Geol:* **Deep-seated rocks,** roches *f* d'intrusion; roches sous-jacentes. *Med:* *D.-s. abscess*, abcès profond. *D.-s. cough*, toux bronchiale. *D.-s. cold*, rhume *m* de poitrine.

'deep-'set, *a.* (Yeux) enfoncés, creux, caves; (fenêtre) profonde.

'deep-'toned, *a.* Sonore; au ton grave.

'deep-'waisted, *a.* (Navire) haut de gaillard.

'deep-water, *attrib. a.* (*a*) (Navire) hauturier. (*b*) (Port *m*) en eau profonde, de toute marée.

deepen [di:pn]. **1.** *v.tr.* (*a*) Approfondir, creuser (un chenal, un puits, etc.). (*b*) Augmenter (les sentiments); rendre (un sentiment) plus intense. *This only deepened his love, his resentment*, cela ne fit qu'augmenter son amour, son ressentiment. (*c*) Foncer (une couleur); rendre (un son) plus grave, plus sonore. (*d*) Rendre (les ténèbres) plus épaisses. **2.** *v.i.* (*a*) Devenir plus profond, s'approfondir. *The river deepens below London*, le fleuve prend de la profondeur en aval de Londres. (*b*) (*Of colour*) Devenir plus foncé; (*of sound*) devenir plus grave. (*c*) *The shadows deepen*, les ombres s'épaississent; la nuit devient plus profonde. *The silence deepened*, le silence devint plus profond. *The evening had deepened into starlight*, la nuit s'était faite, et les étoiles brillaient.

deepening[1], *a.* **1.** Qui s'approfondit. **2.** (Couleur) qui se fonce; (son) qui devient plus grave; (ténèbres) qui s'épaississent; (nuit) qui se fait.

deepening[2], *s.* **1.** Approfondissement *m*. **2.** Augmentation *f* de profondeur, d'intensité.

deepish ['di:piʃ], *a.* Assez profond.

deepness ['di:pnəs], *s.* **1.** Profondeur *f* (de la voix, etc.). *Mus:* Gravité *f* (d'un son). **2.** Astuce *f* (d'une personne).

deer ['di:ər], *s.inv. in pl.* **(Red) deer,** (i) cerf commun; (ii) *Coll.* cervidés *mpl*. **Fallow deer,** daim *m*. *Wild d.*, bêtes *fpl* fauves. **The deer tribe,** les cervidés. *A. & F:* **Small deer,** petites bêtes; bestioles *f*; menu fretin. *See also* BARKING DEER, HEAD[1] 7, JACKASS-DEER, MUSK-DEER, REINDEER, ROB[1], RUN[2] I. 1.

'deer-forest, *s.* Chasse gardée pour le cerf.

'deer-hound, *s.* Limier *m*; lévrier *m* d'Écosse.

'deer-lick, *s.* *U.S:* Roches couvertes de sel (qui attirent les daims).

'deer-neck, *s.* Encolure *f* de cerf (d'un cheval).

'deer-stalker, *s.* **1.** Chasseur *m* (de cerf) au fusil, à l'affût; affûteur *m* (de cerfs). **2.** *Cost:* Chapeau *m* de chasse (en drap, et à petits bords).

'deer-stalking, *s.* Chasse *f* (du cerf) au fusil, à l'affût.

deerskin ['di:ərskin], *s.* Peau *f* de daim; *Com:* daim *m*. *D. gloves*, gants *m* de daim.

deevey ['di:vi], *a.* *A: F:* (= *divine*) Adorable.

deface [di'feis], *v.tr.* **1.** Défigurer (qch.); mutiler (une statue); dégrader (une porte, un mur); lacérer (une affiche). *To d. the coinage*, défigurer la monnaie. **2.** Effacer, oblitérer. *To d. a stamp*, oblitérer un timbre.

defacing, *s.* = DEFACEMENT.

defacement [di'feismənt], *s.* **1.** Défiguration *f*, mutilation *f* (d'une statue, etc.); dégradation *f*; lacération *f* (d'une affiche). **2.** Effacement *m*, oblitération *f*.

defacer [di'feisər], *s.* Mutilateur *m*; l'auteur *m* du méfait.

defalcate [di'falkeit], *v.i.* Détourner des fonds; commettre des détournements (de fonds).

defalcation [di:fal'keiʃ(ə)n], *s.* **1.** Détournement *m* de fonds. **2.** Fonds manquants; déficit *m* (de caisse). *To make up defalcations to the extent of £1000*, combler un déficit de caisse de £1000.

defalcator ['di:falkeitər], *s.* Détourneur *m* de fonds; (*of public money*) concussionnaire *m*.

defamation [di:fa'meiʃ(ə)n], *s.* Diffamation *f*; injures *fpl*.

defamatory [di'famətəri], *a.* Diffamatoire, diffamant, infamant.

defame [di'feim], *v.tr.* Diffamer (qn); salir le nom de (qn).

defamer [di'feimər], *s.* Diffamateur, -trice; avilisseur, -euse.

defatted [di:'fatid], *a.* Dégraissé.

default[1] [di'fɔ:lt], *s.* **1.** (*a*) Manquement *m* (à un engagement). *The defaults of Germany*, les manquements de l'Allemagne. (*b*) *St.Exch:* Déconfiture *f*. **2.** *Jur:* Défaut *m*; non comparution *f*; (*criminal law*) contumace *f*. **To make default,** faire défaut; être en état de contumace. **Judgment by default,** jugement *m*, arrêt *m*, par défaut, par contumace; défaut contre partie. *To deliver judgment by d.*, juger par défaut. *Sp:* **Match won by default**

match gagné par forfait. **3.** Carence *f.* (*a*) *Com:* **Default in paying,** défaut de paiement. **Default interest,** intérêts *mpl* pour défaut de paiement. (*b*) *Jur:* **Default of heirs,** déshérence *f.* (*c*) *Prep.phr.* **In default of . . .,** à, au, défaut de . . .; faute de. . . .

default². **1.** *v.i.* (*a*) *Jur:* Faire défaut, être en état de contumace; ne pas comparaître. (*b*) *St.Exch:* Ne pas faire face à ses engagements; manquer, faillir, à ses engagements; tomber en déconfiture. **2.** *v.tr. Jur:* Condamner (qn) par défaut, par contumace.

defaulting¹, *a.* **1.** *St.Exch: etc:* Défaillant; en défaut. **2.** *Jur:* (Témoin, etc.) défaillant, qui n'a pas comparu.

defaulting², *s.* **1.** (*Of debtor, etc.*) Manquement *m* **à ses** engagements. **2.** *Jur:* Non comparution *f.*

defaulter [di'fɔːltər], *s.* **1.** (*a*) Délinquant, -ante. (*b*) *Jur:* Défaillant, -ante; contumace *mf.* **2.** *Mil: Navy:* (*a*) Retardataire *m,* réfractaire *m.* (*b*) (*Undergoing punishment*) Consigné *m*; homme puni. *Defaulters' book,* cahier *m* des punitions. *See also* SQUAD¹. **3.** Auteur *m* de détournements de fonds; (*of public money*) concussionnaire *m.* **4.** *St.Exch:* Défaillant *m,* failli *m,* retardataire *m*; agent *m* en défaut.

defeasance [di'fiːzəns], *s. Jur:* **1.** (*a*) Annulation *f,* abrogation *f.* (*b*) Contre-lettre *f.* **2. Defeasance clause,** clause *f* résolutoire (de contrat).

defeasibility [difiːzi'biliti], *s. Jur:* Annulabilité *f.*

defeasible [di'fiːzibl], *a. Jur:* Annulable.

defeat¹ [di'fiːt], *s.* **1.** (*a*) Défaite *f,* écrasement *m* (**d'une armée**). (*b*) **To suffer, sustain, a defeat,** essuyer une défaite. *See also* ACKNOWLEDGE 1. **2.** (*a*) Renversement *m* (d'un projet, d'une espérance); insuccès *m* (d'une entreprise). (*b*) Échec *m* (d'une mesure). **3.** *Jur:* Annulation *f.*

defeat², *v.tr.* **1.** (*a*) Battre, défaire, vaincre, mettre en déroute (une armée). (*b*) *To d. s.o. of his hopes, of his plans,* frustrer les espérances de qn; faire échouer les projets de qn. **2.** Renverser, détruire, déjouer, faire échouer (un projet); frustrer, renverser, ruiner (une espérance). *To be defeated in one's plans,* voir échouer, voir avorter, ses projets. *Such a development would d. the ends of the scheme,* si les choses tournaient ainsi, cela irait contre les intentions de l'entreprise. *To d. the ends of justice,* contrarier la justice. *To d. one's own object,* aller contre, à l'encontre de, ses propres intentions. **3.** *Jur:* Annuler.

defeatism [di'fiːtizm], *s.* Défaitisme *m.*

defeatist [di'fiːtist], *s.* Défaitiste *mf.*

defecate ['defekeit], *v.tr.* **1.** Déféquer, purifier, clarifier (un liquide). **2.** (*a*) Extraire, expulser, ôter (des impuretés). (*b*) *Abs. Physiol:* Décharger son ventre.

defecation [defe'keiʃ(ə)n], *s. Ind: Physiol:* Défécation *f.*

defecator ['defekeitər], *s. Sug.-R:* **1.** (*Operative*) Défécateur *m.* **2.** Défécateur; chaudière *f* à défécation.

defect [di'fekt], *s.* **1.** Défaut *m,* insuffisance *f,* manque *m* (*of,* de). *To supply a d.,* suppléer, remédier, à un défaut, à une insuffisance. **2.** Défaut, imperfection *f,* défectuosité *f* (de construction). (*In a horse*) Tare *f.* *To have the defects of one's qualities,* avoir les défauts de ses qualités. **Defect of eyesight,** trouble visuel. *D. in pronunciation,* défaut, vice *m,* de prononciation. **Physical defect,** défaut, vice de conformation. *D. in wood,* malandre *f.* *D. due to warping,* défaut de déformation. *El: D. in insulation,* défaut d'isolement. *Metall: D. in a casting,* loup *m* d'une pièce coulée; chambre *f* de fonderie. **3.** *A:* Manquant *m,* déficit *m.*

defection [di'fekʃ(ə)n], *s.* **1.** Défection *f*; (*from religion*) apostasie *f.* **2.** *A: D. of memory, of courage,* défaillance *f* de mémoire, de courage.

defective [di'fektiv]. **1.** *a.* (*a*) Défectueux, imparfait; (*of formation, development*) vicieux. *D. child,* enfant anormal. **To be defective in sth.,** manquer de qch.; fauter par un endroit. *D. memory,* mémoire *f* infidèle *See also* MENTALLY. **Defective brakes,** freins en mauvais état; freins mauvais. *Ind: D. piece,* pièce loupée. (*b*) *Gram:* (Verbe, etc.) défectif. **2.** *s.* **Mental defective,** *see* MENTAL¹. **-ly,** *adv.* Défectueusement.

defectiveness [di'fektivnəs], *s.* **1.** État défectueux; défectuosité *f,* imperfection *f.* **2.** *Gram:* Défectivité *f.*

defence [di'fens], *s.* Défense *f.* **1.** Protection *f.* **To fight in defence of one's country,** combattre pour la défense de son pays. *To put up a stubborn d.,* se défendre obstinément. **The science, art, of defence,** (i) la boxe; (ii) *A:* l'escrime *f.* *See also* SELF-DEFENCE. **Weapons of offence and defence,** armes offensives et défensives. *Mil:* **Line of defence,** ligne *f* de défense. *Hist:* **The Defence of the Realm Act,** l'Ordonnance *f* du mois d'août 1914, pour l'extension des pouvoirs du Gouvernement. *See also* DORA 2. **2.** (*a*) Ouvrage *m* ou barrière *f* de défense (*against,* contre). *pl. Mil:* **Defences,** défenses. (*b*) *Mil: etc:* Les défenseurs *m.* **3.** (*a*) Défense, justification *f,* apologie *f.* **To speak in defence of s.o.,** défendre qn; faire l'apologie de qn. (*b*) *Jur:* Défense. **Counsel for the defence,** défenseur *m*; (*in civil law*) avocat *m* du défendeur, de la défense. **Witness for the defence,** témoin *m* à décharge. **To set up a defence,** établir, présenter, une défense. *To reserve one's d.,* réserver ses moyens *m* de défense. *To conduct one's own d.,* défendre soi-même sa cause. **In his defence** *it may be said that . . .,* l'on pourrait dire, à sa décharge, que. . . .

defenceless [di'fensləs], *a.* Sans défense. **1.** (*a*) Sans protection. (*b*) Trop faible pour se défendre; incapable de se défendre. **2.** Désarmé; sans moyen de défense. *To strike a d. opponent,* frapper un adversaire désarmé. **-ly,** *adv.* Sans défense.

defencelessness [di'fensləsnəs], *s.* Incapacité *f* de se défendre; faiblesse *f.*

defend [di'fend], *v.tr.* **1.** Défendre, protéger (*from, against,* contre). **2.** (*a*) Faire l'apologie de (qn). (*b*) Défendre, justifier (une opinion). **3.** *Jur:* Défendre (un accusé); assumer, soutenir, la défense de (qn). **4.** *A:* (i) Écarter (un danger); (ii) défendre, interdire. *Still so used in* **God defend!** que Dieu nous en préserve! à Dieu ne plaise!

defendant [di'fendənt], *a.* & *s.* *Jur:* (*a*) Défendeur, -eresse. *Defendant denied the words,* le défendeur nia avoir prononcé ces paroles. (*b*) (*On appeal*) Intimé, -ée. (*c*) (*In criminal case*) Accusé, -ée.

defender [di'fendər], *s.* **1.** (*a*) Défenseur *m.* **Defender of the Faith,** Défenseur de la foi. (*b*) *Sp:* Détenteur, -trice (d'une coupe). **2.** *Jur:* (*Scot.*) = DEFENDANT.

defenestration [diːfene'streiʃ(ə)n], *s. Hist:* Défénestration *f.*

defensibility [difensi'biliti], *s.* **1.** (*Of frontier, etc.*) Susceptibilité *f* d'être défendu, d'être mis en état de défense; possibilités *fpl* de défense. **2.** Caractère *m* justifiable (d'une opinion); bien-fondé *m* (d'une action).

defensible [di'fensibl], *a.* **1.** (Frontière *f,* cause *f*) défendable; (position *f*) tenable. **2.** (Opinion *f*) justifiable, soutenable. **-ibly,** *adv.* D'une manière justifiable.

defensive [di'fensiv]. **1.** *a.* Défensif. *D. position, alliance, war,* position, alliance, guerre, défensive. *Psy:* **Defensive neuroses,** névroses *f* de défense. **2.** *s.* Défensive *f.* **To be, stand, on the defensive,** se tenir, rester, sur la défensive; garder la défensive. *Fenc:* **To remain entirely on the defensive,** parer au mur. **-ly,** *adv.* Défensivement.

defer¹ [di'fəːr], *v.* (**deferred; deferring**) **1.** *v.tr.* Différer, ajourner, remettre, renvoyer, retarder (une affaire); remettre, arriérer, reculer (un payement); suspendre (un jugement). *To d. doing sth.,* différer à, de, faire qch. **To defer sth. to a later date,** remettre reporter, qch. à plus tard. *It is only a pleasure deferred, F:* c'est partie remise. **2.** *v.i.* Différer. *Without deferring any longer,* sans plus tarder.

deferred, *a.* (*Of share, etc.*) Différé. *Deferred stock,* actions différées. *D. calls on shares,* appels différés sur actions. *D. results,* résultats *m* à longue échéance. **Deferred payment,** paiement *m* par versements échelonnés. *Our goods can be supplied on d. payments,* nous livrons nos marchandises avec facilités *fpl* de payement. *Sale on the d. payment system,* vente *f* à tempérament. **Deferred annuity,** rente *f* à payement différé. *Post:* **Deferred telegram,** télégramme différé. *D. rate,* tarif *m* des télégrammes différés. **Deferred pay,** *Mil: Navy:* arriéré *m* de solde (payable lors de la libération); *Adm: etc:* rappel *m* de traitement.

defer², *v.i.* Déférer (*to custom,* à l'usage). *To d. to s.o.'s will, decision,* se soumettre à la volonté, à la décision, de qn; s'incliner devant la volonté, etc., de qn. **To defer to s.o.'s opinion,** déférer, se rendre, à l'avis, à l'opinion, de qn.

deference ['defərəns], *s.* Déférence *f.* **To pay, show, deference to s.o., to an opinion,** témoigner de la déférence à, envers, qn, pour une opinion; traiter qn avec respect. *To be wanting in d. to s.o.,* manquer de respect à qn. **In, out of, deference to . . .,** par déférence pour. . . . *In d. to your request . . .,* comme suite à votre demande. . . . **With all due deference to you,** avec tout le respect que je vous dois; sauf votre respect; sauf le respect que je vous dois. *With all due d. to your father,* n'en déplaise à monsieur votre père. *With all due d. I think that . . .,* sauf meilleur avis je crois que. . . . (*Undue*) *d. to public opinion,* souci *m* du qu'en dira-t-on.

deferent ['defərənt]. **1.** *a.* (*a*) *Anat:* **Deferent duct,** canal déférent. (*b*) *Occ.* = DEFERENTIAL. **2.** *s. A.Astr:* (Cercle) déférent *m.*

deferential [defə'renʃ(ə)l], *a.* (Air *m,* ton *m*) de déférence; respectueux; plein de déférence. *To be d. to s.o.,* se montrer plein de déférence pour, envers, qn; avoir de la déférence pour qn. **-ally,** *adv.* Avec déférence.

deferment [di'fəːrmənt], *s.* Ajournement *m,* remise *f* (d'une affaire).

defiance [di'faiəns], *s.* Défi *m.* **To bid defiance to s.o., to hurl defiance at s.o.,** lancer, porter, jeter, un défi à qn; lancer des provocations *f* à qn. **To set s.o. at defiance,** défier, braver, narguer, qn; aller à l'encontre des ordres de qn. *To set the law at d.,* aller à l'encontre de la loi; passer outre, faire échec, à la loi. **In defiance of the law, of an order,** au mépris d'un ordre, de la loi. *In d. of s.o.,* en dépit de qn. *To act in d. of the law, of plighted faith, of common sense,* agir au mépris de la loi, de la foi jurée, du bon sens.

defiant [di'faiənt], *a.* **1.** (*a*) Provocant; (regard *m,* parole *f*) de défi. *D. against Hell itself,* prêt à braver l'Enfer même. *To be insolently d. to s.o.,* braver qn avec insolence. (*b*) Qui repousse les avances; intraitable; réfractaire. **2.** *Occ.* Méfiant, défiant. **-ly,** *adv.* D'un air, d'un ton, provocant; d'un air de défi. *To look d. at s.o., F:* regarder qn sous le nez.

deficiency [di'fiʃənsi], *s.* **1.** Manque *m,* insuffisance *f,* défaut *m* (*of,* de). *See also* MENTAL¹. **2.** Défaut *m,* faiblesse *f,* imperfection *f.* *Art has supplied the deficiencies of nature,* l'art *m* a remédié aux imperfections, aux insuffisances, de la nature. **3.** (*a*) Manquant *m,* déficit *m.* *Com:* Découvert *m.* **To make up a deficiency,** combler un déficit. (*b*) Déficit budgétaire; découvert. **Deficiency bills,** avances *f* provisoires. **4.** *Med:* Carence *f* (*in, of,* de); déficience *f.* *A physical d.,* une déficience physique. **Deficiency diseases,** maladies *f* de, par, carence.

deficient [di'fiʃənt], *a.* (*a*) Défectueux, insuffisant, incomplet. *Mth:* **Deficient hyperbola,** hyperbole défective. *To be d. in sth.,* manquer de qch., être dépourvu de qch. *He is d. in courage,* le courage lui manque. (*b*) (Personne *f*) à petite mentalité. *s.* **A mental deficient,** un(e) déficient(e). *See also* MENTAL¹, MENTALLY. (*c*) *Ar:* **Deficient number,** nombre déficient. (*d*) *A.Chr:* **Deficient month, year,** mois *m* cave, année *f* cave. **-ly,** *adv.* Défectueusement, insuffisamment, incomplètement.

deficit ['defisit, 'diːfisit], *s.* *Fin: Com:* Excédent *m* de dépenses; déficit *m*; découvert *m.* *Budget that shows a d.,* budget *m* en déficit, budget déficitaire. **To make good, make up, the deficit,** combler le déficit.

defier [di'faiər], *s.* **1.** Provocateur, -trice (*of,* de). **2.** *The d. of my order,* celui qui a bravé, qui bravera, mon ordre.

defilade¹ ['defileid], *s.* *Fort:* Défilement *m.*

defilade², *v.tr.* *Fort:* Défiler (un ouvrage).
defilading, *s.* Défilement *m.*
defile¹ ['di:fail], *s.* *Ph.Geog:* Défilé *m*; cavée *f*, cavin *m*; gorge *f* (entre montagnes).
defile² [di'fail], *v.i.* *Mil: etc:* (*Of troops, procession*) Défiler.
defiling, *s.* Défilé *m* (des troupes, de la procession).
defile³ [di'fail], *v.tr.* **1.** Souiller, salir, tacher. *Hands defiled with the blood of martyrs*, mains souillées du sang des martyrs. *To d. a sacred place*, polluer, profaner, un lieu saint. *They have defiled the priesthood*, ils ont souillé la sacrificature. *To d. the marriage bed*, souiller, déshonorer, la couche nuptiale. **2.** *A. & B:* Débaucher, déflorer. *He had defiled Dinah*, il avait violé Dina.
defilement [di'failmənt], *s.* **1.** Souillure *f*; profanation *f*, pollution *f* (d'un lieu saint). **2.** Souillure, salissure *f*, tache *f*. **Free from defilement**, sans tache, sans souillure.
defiler [di'failər], *s.* Celui qui salit, qui souille; profanateur, -trice (d'un lieu saint).
definable [di'fainəbl], *a.* Définissable; déterminable.
define [di'fain], *v.tr.* **1.** Définir (un mot, un objet). *Gram:* **Defining clause**, incidente déterminative. **2. To define one's position**, préciser son attitude (politique, etc.); formuler sa position. **3.** Déterminer (l'étendue, les limites, de qch.); délimiter (un territoire, des pouvoirs). *Well-defined limits*, limites bien déterminées. *See also* ILL-DEFINED. **4.** (*a*) Dessiner, dégager (les formes de qn, de qch.). *Esp. in passive.* **Well-defined outlines**, contours nettement dessinés, nettement dégagés. (*b*) *The properties which define this species*, les propriétés qui distinguent cette espèce.
definite ['definit], *a.* **1.** Défini; bien déterminé. *At a d. hour*, à une heure déterminée. *There is no d. frontier*, il n'y a pas de frontière bien déterminée. *D. answer*, réponse précise, catégorique. *D. situation*, situation *f* de fait. *D. intentions*, intentions bien arrêtées. *To come to a d. understanding*, s'entendre clairement; arriver à une entente qui ne laisse aucune imprécision. *To answer d. needs*, répondre à des besoins précis. *To give s.o. d. information as to one's intentions*, fixer qn sur ses intentions. *You are not d. enough*, vous ne précisez pas assez. *Com:* **Definite order, sale**, commande *f* ferme, vente *f* ferme. **2.** *Gram:* **Definite article**, article défini. **Past definite**, passé défini. **-ly**, *adv.* D'une manière précise, bien déterminée; précisément, exactement, nettement, catégoriquement. *He has been d. forbidden to . . .*, il lui est formellement interdit de. . . . *He is d. coming*, nous avons l'assurance formelle qu'il viendra. *He is d. going*, il est décidé qu'il ira. *He is d. better*, il va décidément mieux. *He is d. mad*, il est fou à n'en pas douter; sa folie est bien établie. *Quite d. things are improving*, il n'y a pas de doute qu'il y a une amélioration. *This book is d. pacifist*, ce livre est nettement pacifiste. *D. superior*, nettement supérieur.
definiteness ['definitnəs], *s.* Nature définie, déterminée (*of*, de); précision *f*, exactitude *f*, netteté *f*.
definition [defi'niʃ(ə)n], *s.* **1.** Définition *f*. *To give the d. of sth.*, donner la définition de qch. *Homicide that falls under the d. of murder*, homicide *m* qualifiable de meurtre. **2.** *Ecc: etc:* Décision *f*, définition. *The definitions of the councils*, les définitions des conciles. **3.** *Opt: etc:* Netteté *f* (de l'image). *Phot:* *Negative with fine d.*, cliché très fouillé. *Bad d.*, manque *m* de netteté; flou *m*. **4.** *A:* Délimitation *f*.
definitive [de'finitiv], *a.* (Jugement, résultat) définitif; (réponse) définitive. **Definitive edition**, édition *f* ne varietur. **-ly**, *adv.* Définitivement; en définitive.
deflagrate ['deflagreit]. *Ch:* **1.** *v.tr.* Faire déflagrer (du salpêtre, etc.). **2.** *v.i.* Déflagrer, fuser.
deflagration [defla'greiʃ(ə)n], *s.* *Ch:* Déflagration *f*.
deflagrator ['deflagreitər], *s.* (Appareil) déflagrateur *m*, inflammateur *m*.
deflate [di'fleit]. **1.** *v.tr.* (*a*) Dégonfler (un ballon, un pneu). *Cy: Aut:* **Deflated tyre**, pneu aplati, à plat. *To become deflated*, s'aplatir. (*b*) *Pol.Ec:* *To d. the currency*, *abs.* **to deflate**, amener la déflation de la monnaie; diminuer la circulation du papier-monnaie. **2.** *v.i.* (*Of tyre, etc.*) Se dégonfler.
deflation [di'fleiʃ(ə)n], *s.* **1.** Dégonflement *m* (d'un ballon, d'un pneu); aplatissage *m*, crevaison *f* (d'un pneu). **2.** *Fin:* Déflation *f*. **3.** *Geol:* Enlèvement *m* par le vent des parties meubles de la terre; érosion due au vent.
deflationary [di'fleiʃənəri], *a.* *Pol.Ec:* (Politique, etc.) de déflation.
deflationist [di'fleiʃənist], *s.* *Pol.Ec:* Partisan *m* de la déflation.
deflator [di'fleitər], *s.* Dégonfleur *m* (de pneus, etc.).
deflect [di'flekt]. **1.** *v.tr.* (*a*) (Faire) dévier; détourner, défléchir. *To d. a needle (on a dial)*, faire dévier, défléchir, une aiguille. *Aut:* *To d. the front wheels*, braquer les roues avant. *To d. a stream*, détourner un cours d'eau. *Artil:* (*Of projectile*) *To be deflected*, dériver. (*b*) Incurver, cintrer. **2.** *v.i.* (*a*) (Se) dévier, se détourner, défléchir. (*b*) S'incurver, se cintrer; faire flèche.
deflecting, *a.* **Deflecting force**, (i) force *f* de déviation; force déviatrice; (ii) force fléchissante (d'une poutre). *El:* *D. action of a current*, action déviatrice d'un courant. **Deflecting field**, champ *m* de déviation.
deflection, deflexion [di'flekʃ(ə)n], *s.* **1.** Déflexion *f* (de la lumière, d'un rayon); déviation *f* (de l'aiguille sur le cadran, de l'aiguille du compas). *Mch:* **Angle of deflection** *of the arms of the governor*, écart *m*, angle *m* d'écartement, des boules du régulateur. **2.** Déjettement *m*, déformation *f*. (*Sag*) Flèche *f*, flexion *f*; fléchissement *m* (d'un ressort). *Elastic d.*, déformation élastique. *D. under load*, flexion, affaissement *m*, sous charge. *Mec.E:* *D. for a given load*, flèche, affaissement, correspondant à la charge. **3.** *Nav.Artil:* **Deflection in knots**, (i) dérive *f* (du projectile); (ii) correction *f* de dérive. **4.** *Aut:* Braquage *m* (des roues avant).
deflector [di'flektər], *s.* (Dispositif) déflecteur *m*. *I.C.E: etc:* Chicane *f*. *Mec.E:* **Oil deflector**, renvoi *m* d'huile. *See also* SOUND-DEFLECTOR.
defloration [deflɔ'reiʃ(ə)n], *s.* Défloration *f*, séduction *f*, *F:* dépucelage *m* (d'une vierge).
deflower [di'flauər], *v.tr.* **1.** Déflorer, *F:* dépuceler (une vierge). **2.** Déflorer, défleurir, gâter (un sujet, le paysage, etc.). **3.** Défleurir (une plante, etc.).
defluent ['defluənt]. **1.** *a.* Découlant. **2.** *s.* Partie découlante (d'un glacier).
defoliate [di:'foulieit], *v.tr.* Défeuiller (un arbuste, etc.).
defoliation [di:fouli'eiʃ(ə)n], *s.* Défoliation *f*, défeuillaison *f*.
deforce [di'fɔːrs], *v.tr.* *Jur:* **1.** (*a*) *To d. sth. from its owner*, usurper qch. sur son propriétaire. (*b*) *To d. s.o. of a right*, usurper un droit sur qn. **2.** (*Scot.*) *To d. an officer of the law*, entraver un huissier, etc., dans l'exercice de ses fonctions.
deforcement [di'fɔːrsmənt], *s.* *Jur:* Usurpation *f*; détention illégale.
deforest [di:'fɔrest], *v.tr.* **1.** Déboiser. **2.** Défricher.
deforestation [di:fɔres'teiʃ(ə)n], *s.* **1.** Déboisement *m*. **2.** Défrichement *m*.
deform [di'fɔːrm], *v.tr.* **1.** Défigurer, enlaidir (qn, qch.). **2.** Déformer, contourner. *Mec.E:* Fausser (une poutre, etc.); déformer (un ressort). *Body deformed by illness*, corps contrefait par la maladie.
deformed, *a.* **1.** (*Of pers.*) Contrefait, difforme. **2.** *W.Tel:* **Deformed wave**, onde faussée, déformée.
deformation [di:fɔːr'meiʃ(ə)n], *s.* **1.** Défiguration *f*. **2.** Déformation *f* (d'un os, d'une surface, etc.). *Lateral d.*, déviation latérale. *El:* **Field deformation**, torsion *f* de champ. **3.** Changement *m* en mal, altération *f*. **4.** *Ling:* Déformation, altération.
deformity [di'fɔːrmiti], *s.* (*a*) Difformité *f*. (*b*) *A:* Laideur *f* (de caractère).
defraud [di'frɔːd], *v.tr.* **1.** Frauder (le fisc, etc.). **2.** (*a*) *Jur:* Léser (qn). (*b*) **To defraud s.o. of sth.**, frustrer qn de qch.; escroquer qch. à qn; faire tort à qn de qch.
defrauding, *s.* **1.** Fraude *f*. **2.** Frustration *f* (de ses créanciers, etc.).
defrauder [di'frɔːdər], *s.* **1.** Fraudeur *m* (du fisc). **2.** Frustrateur *m*.
defray [di'frei], *v.tr.* **To defray s.o.'s expenses**, défrayer qn; fournir aux dépenses de qn; rembourser les frais de qn. **To defray the cost of sth.**, couvrir les frais de qch.; subvenir, pourvoir, aux frais de qch.; prendre à sa charge toutes les dépenses (de la noce, etc.).
defrayable [di'freiəbl], *a.* A la charge (*by*, de). *The upkeep of the roads is d. by the town*, l'entretien des routes est à la charge de la ville. *Expenses d. out of local contributions*, frais *m* imputables à la localité.
defrayal [di'freiəl], *s.* Payement *m*, remboursement *m* (des frais).
defrock [di:'frɔk], *v.tr.* Défroquer (un prêtre).
defrost [di:'frɔst], *v.tr.* **1.** Déglacer (un réfrigérateur, etc.). **2.** Décongeler (de la viande frigorifiée).
deft [deft], *a.* Adroit, habile. *With a d. hand*, d'une main exercée; d'une main preste. **-ly**, *adv.* Adroitement, prestement; d'une main exercée, d'une main preste.
deftness ['deftnəs], *s.* Adresse *f*, habileté *f*, dextérité *f*, prestesse *f*. *Art:* *D. of touch*, prestesse dans le maniement du pinceau.
defunct [di'fʌŋkt], *a.* Défunt, -e; décédé, -ée. *s.* **The defunct**, le défunt, la défunte.
defy [di'fai], *v.tr.* Défier (qn); mettre (qn) au défi; braver (qn, un ordre, la loi). **I defy you to do so**, je vous mets au défi, je vous défie, de le faire. *We d. anyone to do as much*, nous défions bien qu'on en fasse autant. **To defy description**, défier toute description. *The fortress defied every attack*, la forteresse résista à toutes les attaques. *Constitution that defies every climate*, tempérament *m* qui résiste à tous les climats; tempérament à l'épreuve de tous les climats. *Goods that defy competition*, marchandises *f* qui ne craignent pas la concurrence.
degeneracy [di'dʒenərəsi], *s.* Dégénération *f*, abâtardissement *m*.
degenerate¹ [di'dʒenəret], *a.* & *s.* Dégénéré, -ée; abâtardi, -ie. **To render degenerate**, abâtardir.
degenerate² [di'dʒenəreit]. **1.** *v.i.* Dégénérer (*from*, de; *into*, en); s'abâtardir. **To cause to degenerate**, abâtardir. *Thrift that degenerates into avarice*, économie *f* qui tourne à l'avarice. **2.** *v.tr. A:* Occasionner la dégénérescence de (qn).
degeneration [didʒenə'reiʃ(ə)n], *s.* Dégénérescence *f*, dégénération *f*; appauvrissement *m* (d'une race); abâtardissement *m*. *Diseases consequent on d.*, maladies *f* de dégénérescence. *Med:* **Black degeneration**, mélanose *f*. **Waxy degeneration**, amylose *f* (du foie, etc.). **Fatty degeneration**, dégénérescence graisseuse; stéatose *f*. *See also* AMYLOID.
deglutition [di:glu'tiʃ(ə)n], *s.* *Physiol:* Déglutition *f*; action *f* d'avaler.
degradation [degra'deiʃ(ə)n], *s.* **1.** Dégradation *f*; cassation *f* (d'un officier, etc.). **2.** Avilissement *m*, dégradation, abrutissement *m*. *To live a life of d.*, *F:* vivre dans la fange. *The d. of the workhouse*, la dégradation, la honte, de l'asile des pauvres. **3.** (*a*) *Ph:* Dégradation (de l'énergie). (*b*) *Geol:* Dégradation, effritement *m*, désagrégation *f* (des roches). **4.** *Art:* Dégradation (des teintes).
degrade [di'greid]. **1.** *v.tr.* (*a*) Dégrader, casser (un officier, etc.); dépouiller (qn) de ses dignités, de ses titres, de son rang. (*b*) Avilir, dégrader (qn); profaner (ses talents). *To d. man to the level of the beasts*, réduire, ravaler, les hommes à l'état des animaux. *To d. thought*, encanailler la pensée. (*c*) *Ph:* Dégrader (l'énergie). (*d*) *Geol:* Désagréger, effriter, dégrader (des roches). (*e*) *Art: Paint:* Dégrader (les teintes). **2.** *v.i.* (*a*) (*Of race, etc.*) Dégénérer. (*b*) *Geol:* (*Of rock*) Se dégrader, s'effriter. **3.** *v.i.* *Sch:* (*At Cambridge*) Remettre d'un an son examen du *Tripos*.
degrading, *a.* Avilissant, dégradant. *D. affair*, affaire infamante, honteuse.
degree [di'gri:], *s.* **1.** *A:* Degré *m*, marche *f* (d'autel, etc.).

Ecc: **Song of degrees,** psaume graduel. **2.** (*a*) **To some degree,** à un certain degré; (jusqu')à un certain point. *To, in, a high d.*, éminemment. **In the highest degree,** au plus haut degré, au suprême degré, au dernier degré; par excellence; au plus haut point. *Beautiful in the highest d.*, d'une suprême beauté. *Wise in the highest d.*, extrêmement savant, on ne peut plus savant. *The highest d. of insolence, glory*, le comble de l'insolence, de la gloire; *Lit:* le plus haut période de la gloire. **In some degree,** jusqu'à un certain point; dans une certaine mesure. *In a lesser d.*, dans une plus faible mesure. *Not in the slightest d.*, pas le moins du monde. *F:* **To a degree,** au plus haut degré; éminemment. **Scrupulous to a degree,** scrupuleux au superlatif, au possible, au plus haut degré, au suprême degré, à l'excès. *To such a d. that . . .*, à tel point que. . . . *To the last d.*, au dernier degré, au dernier point. *Each useful in its d.*, ayant chacun son utilité. **By degrees,** par degrés; peu à peu; petit à petit; insensiblement. *The fire spreads by degrees*, le feu s'étend de proche en proche. (*Of pers.*) *To rise by degrees*, monter par échelons. **By slow degrees,** graduellement, lentement. *Gram:* **Degree of comparison,** degré de comparaison. **Adverb of degree,** adverbe quantitatif. *Mec.E: Metall:* **Degree of hardness,** degré de dureté. *Ph:* **Degree of humidity,** titre *m* d'eau, d'humidité; teneur *f* en eau. *Jur:* **Degree of relationship,** degré de parenté. *D. of consanguinity or affinity*, degré de parenté ou d'alliance. **Marriage within the prohibited, forbidden, degrees,** mariage *m* entre parents ou alliés au degré prohibé. *See also* MURDER[1], PRINCIPAL II. 1. (*b*) (i) (*Freemasonry*) **Third degree,** troisième degré. (ii) *U.S: F:* **Third degree,** "chambre *f* des aveux spontanés"; passage *m* à tabac; cuisinage *m*. *To put a prisoner through the third d.*, passer un accusé à tabac; cuisiner un prisonnier. (*c*) *Ph: Geog: etc:* Degré (d'un cercle, de latitude, de température). **Angle of 30 degrees,** angle *m* de 30 degrés. *Ten degrees of frost*, dix degrés de froid. *There were eight degrees of frost*, il a gelé à huit degrés. *The thermometer registers 15 degrees centigrade*, le thermomètre marque 15 degrés centigrades. *We were 30° North*, nous étions par 30 degrés de latitude nord. *Twenty degrees west of Greenwich*, sous le méridien de vingt degrés à l'ouest de Greenwich. (*d*) *Mth:* **Equation of the second, of the third, degree,** équation *f* du second, du troisième, degré. **3.** *Mus:* Échelon *m* (de la gamme); degré (de la portée). **4.** *A. & Lit:* Rang *m*, condition *f*. *Better bred than most girls of her d.*, mieux élevée que la plupart des jeunes filles de sa condition. **Of high degree,** de haut rang, de haut lignage. **Of low degree,** de bas étage. **5.** *Sch:* Grade *m* (universitaire). **To take one's degree,** prendre ses grades. *To take one's M.A. d.*, être reçu maître ès arts. **Bachelor's degree,** (i) baccalauréat *m* (en droit, en médecine); (ii) = licence *f* (ès lettres, ès sciences). **Degree-granting university,** université *f* qui confère des grades.

degression [di'greʃ(ə)n], *s.* Diminution progressive du rapport de l'impôt au revenu.

degressive [di'gresiv], *a.* **Degressive taxation,** impôt progressif.

dehair [di:'hɛər], *v.tr.* = UNHAIR.

dehisce [di'his], *v.i. Bot:* (*Of seed-vessel, etc.*) S'ouvrir (le long d'une suture préexistante); s'entr'ouvrir.

dehiscence [di'his(ə)ns], *s. Bot:* Déhiscence *f*.

dehiscent [di'his(ə)nt], *a. Bot:* Déhiscent, bâillant.

dehorn [di:'hɔ:rn], *v.tr.* Décorner (un bœuf, etc.).

dehumanize [di:'hju:mənaiz], *v.tr.* Déshumaniser.

dehumidifier [di:hju'midifaiər], *s. Ind:* Déshydratant *m*.

dehydracetic [di:haidrə'si:tik], *a. Ch:* Déhydracétique.

dehydrate [di:'haidreit], *v.tr. Ch: Ind:* Déshydrater.

dehydration [di:hai'dreiʃ(ə)n], *s. Ch: Ind:* Anhydrisation *f*, déshydratation *f*.

dehydrogenated [di:hai'drɔdʒeneitid], *a. Ch:* Déshydrogéné.

dehydrogenation [di:haidrɔdʒe'neiʃ(ə)n], *s. Ch:* Déshydrogénation *f*.

dehypnotise [di:'hipnətaiz], *v.tr.* Réveiller (un hypnotisé).

Deianira [di:ə'naira]. *Pr.n.f. Gr.Myth:* Déjanire.

deicide[1] ['di:isaid], *s.* (*Pers.*) Déicide *mf*.

deicide[2], *s.* (Crime *m* de) déicide *m*.

deification [di:ifi'keiʃ(ə)n], *s.* Déification *f*; apothéose *f*.

deify ['di:ifai], *v.tr.* Déifier (qn, l'argent, etc.); apothéoser.

deign [dein], *v.tr.* **1.** **To deign to do sth.,** daigner faire qch.; condescendre à faire qch. *Without deigning to look at me*, sans daigner me regarder. **2.** *Usu. neg.* **He did not deign me an answer, a reply,** il ne daigna pas me répondre; il ne m'accorda pas de réponse.

de-ionization [di:aiɔnai'zeiʃ(ə)n], *s. Ph:* Désionisation *f*.

deism ['di:izm], *s.* Déisme *m*.

deist ['di:ist], *s.* Déiste *m*.

deistic [di:'istik], *a.* Déiste.

deity ['di:iti], *s.* **1.** Divinité *f* (de Jésus-Christ, etc.). **2.** (*a*) Dieu *m*, déesse *f*; déité *f*, divinité. *The pagan deities*, les divinités païennes. (*b*) *Theol:* **The Deity,** la Divinité; Dieu *m*; l'Être *m* suprême.

deject [di'dʒekt], *v.tr.* Abattre, décourager, déprimer (qn).

dejected, *a.* Triste, abattu, déprimé, affaissé, découragé, morne. *To become d.*, se décourager; perdre sa gaieté; se laisser abattre. **-ly,** *adv.* D'un air abattu, découragé; tristement.

dejecta [di'dʒektə], *s.pl. Med:* Déjections *f*, excréments *m*. *Geol:* Déjections (d'un volcan).

dejection [di'dʒekʃ(ə)n], *s.* **1.** Découragement *m*, accablement *m*; tristesse *f*, abattement *m*; affaissement *m*; mélancolie *f*; *F:* cafard *m*. *Deep d.*, un profond abattement. *He went away in d.*, *F:* il se retira le dos rond. **2.** (*a*) *Med:* Déjection *f*; évacuation *f* (du ventre). (*b*) *pl.* = DEJECTA.

dekko ['deko], *s. Mil: P:* Regard *m*, coup *m* d'œil. *Let's have a d.*, faites voir. **Dekko!** pige-moi ça!

delaine [di'lein], *s. Tex:* Mousseline *f* de laine.

delate [di'leit], *v.tr.* Dénoncer (qn, un méfait, etc.).

delation [di'leiʃ(ə)n], *s.* Délation *f*; dénonciation *f*.

delator [di'leitər], *s.* Délateur *m*.

delay[1] [di'lei], *s.* **1.** Sursis *m*, remise *f*; délai *m*, retard *m*; *pl. F:* lenteurs *f*, atermoiements *m*, atermoîments *m*. *Start without d.*, partez sans délai, tout de suite, *F:* de suite. **Without further delay,** sans plus tarder. *See also* GIVE[2] I. 1. *Your long d. in replying*, le retard prolongé que vous avez apporté à répondre. **An hour's delay,** une heure de retard. *There is danger in d.*, il y a péril en la demeure. **To make no delay,** ne pas traîner, ne pas tarder (*in doing sth.*, à faire qch.). *The law's delays*, les lenteurs, longueurs *f*, de la loi. *Jur:* **To obtain a delay of payment,** obtenir un atermoiement, un délai. **2.** Retardement *m*, arrêt *m*, entrave *f* (du progrès). *Excusable d.*, retard justifié. *Rail:* **Claim for delay in transit,** réclamation *f* pour retard. *See also* FUSE[1] 1.

delay[2]. **1.** *v.tr.* (*a*) Différer, retarder, remettre, ajourner (une affaire); arriérer (un payement). *To d. one's departure*, différer, remettre, son départ. *The King's return is still being delayed*, le retour du roi est toujours reculé. *These payments have long been delayed*, ces payements ont subi un long retard. **Delayed-action fuse,** fusée *f* à retard. (*b*) Retenir, arrêter, retarder (qn); entraver, retarder (le progrès). *Ship delayed by adverse winds, by bad weather*, navire retenu par des vents contraires, retardé par le mauvais temps. *To d. the traffic*, gêner, entraver, la circulation (publique). **2.** *v.i.* (*a*) Tarder, différer (*in doing sth.*, à faire qch.). *Mil:* **Delaying action,** combat *m* d'attente. (*b*) S'attarder; *F:* lambiner.

del credere [del'kreidəri], *a. & s. Com:* **Del credere (commission),** ducroire *m*.

dele[1] ['di:li]. *Lt.imp. & s. Typ:* Deleatur (*m*).

dele[2], *v.tr. Typ: F:* Marquer (une lettre, etc.) d'un deleatur; supprimer (une lettre); indiquer la suppression (d'une lettre).

delectable [di'lektəbl], *a. Lit. & Hum:* Délectable, délicieux. *D. reading*, une savoureuse lecture. *See also* DUCHY 2. **-ably,** *adv.* Délectablement.

delectableness [di'lektəblnəs], *s. Lit:* Nature délicieuse (de qch.); délices *fpl* (d'un endroit, etc.).

delectation [di:lek'teiʃ(ə)n], *s.* Délectation *f*. *Novels written for the d. of the servants' hall*, romans écrits pour faire les délices de l'antichambre, de l'office.

delectus [di'lektəs], *s. Sch:* Recueil *m* de versions latines ou grecques.

delegacy ['deligəsi], *s.* Délégation *f* ((i) action de déléguer; (ii) pouvoirs de délégué; (iii) corps des délégués).

delegate[1] ['deliget], *s.* Délégué *m*.

delegate[2] ['deligeit], *v.tr.* **1.** Déléguer (qn). *To d. s.o. to do sth.*, députer, déléguer, qn pour faire qch. **2.** *To d. powers*, déléguer des pouvoirs.

delegation [deli'geiʃ(ə)n], *s.* **1.** (*a*) Délégation *f*, subrogation *f* (de droits, etc.). (*b*) Délégation (de qn); nomination *f*, désignation *f* (de qn comme délégué). **2.** **The German Peace Delegation,** la Délégation allemande de la Paix. *Hist:* **The Delegations,** les Délégations austro-hongroises.

delete [di'li:t], *v.tr.* Effacer, raturer, rayer (un mot, etc.); *F:* biffer (un mot). *Typ:* **'Delete,'** "à supprimer."

deleterious [dele'ti:əriəs], *a.* **1.** Nuisible à la santé; *A:* nuisible aux mœurs. **2.** (Gaz *m*, etc.) délétère. **-ly,** *adv.* D'une manière nuisible.

deletion [di'li:ʃ(ə)n], *s.* **1.** Rature *f*, annulation *f*; suppression *f* (d'un passage). **2.** Passage effacé, raturé, supprimé, *F:* biffé.

delf(t) [delf(t)], *s. Cer:* Faïence *f* de Delft; hollande *f*. **Delft blue,** bleu *m* de faïence.

Delhi [deli]. *Pr.n. Geog:* Delhi. *See also* SORE[2] 1.

Delian ['di:liən], *a. & s. A.Geog:* Délien, -ienne; *a.* déliaque. *Geom:* **The Delian Problem,** le problème déliaque.

deliberate[1] [di'libəret], *a.* **1.** Délibéré, prémédité, réfléchi, intentionnel, voulu. *D. trap*, piège tendu à dessein. *D. insolence*, insolence calculée. **Deliberate insult,** insulte préméditée. **2.** (*Of pers.*) (*a*) Réfléchi, circonspect, avisé. *D. action*, action réfléchie. (*b*) Lent, sans hâte. *His d. tread*, son pas mesuré. *He is d. in all his movements*, tous ses mouvements sont mesurés. **-ly,** *adv.* **1.** De propos délibéré; de parti pris; de sang-froid; à dessein; par calcul; avec intention; exprès; à bon escient. **2.** (Agir) posément, sans hâte, sans précipitation, délibérément. *To answer d.*, répondre sans se presser.

deliberate[2] [di'libəreit], *v.tr. & i.* Délibérer (*on*, de, sur); réfléchir, *F:* tenir chapitre (*on*, sur). **To deliberate over, on, a question,** délibérer une question, d'une question. *I was deliberating if, as to whether, I would go or not*, je délibérais si j'irais ou non.

deliberateness [di'libəretnəs], *s.* **1.** Intention marquée, bon escient (d'une insulte, etc.). **2.** Sage lenteur *f*, mesure *f* (dans les actions).

deliberation [dilibə'reiʃ(ə)n], *s.* **1.** (*a*) Délibération *f*. *After due d.*, après mûre délibération; après mûre réflexion. *After two hours' d.*, après avoir délibéré pendant deux heures. *The time for d. is past*, le temps de délibérer est passé. (*b*) *The deliberations of an assembly*, les débats *m* d'une assemblée. **2.** (*a*) *To act with d.*, agir avec circonspection, après réflexion. (*b*) Sage lenteur *f*; mesure *f*. *With d.*, posément, avec lenteur, sans se hâter, sans hâte. *He always speaks with d.*, il prend toujours le temps de mesurer ses paroles, de peser ses paroles. *D. in answering*, lenteur réfléchie à répondre.

deliberative [di'libərətiv], *a.* (*Of function*) Délibératif. **1.** (*a*) *A:* **Deliberative voice,** voix délibérative; droit *m* de vote. (*b*) **Deliberative assembly,** assemblée délibérante. **2.** *In a d. moment*, dans un temps de délibération, de réflexion. **-ly,** *adv.* **1.** Par délibération. **2.** En assemblée délibérante.

delicacy ['delikəsi], *s.* Délicatesse *f*. **1.** (*a*) *D. of a design*, délicatesse, finesse *f*, d'un dessin. *D. of hearing, of the ear*, finesse *f* de l'ouïe; délicatesse, sensibilité *f*, de l'oreille. *D. of a precision instrument*, sensibilité d'un instrument de précision. (*b*) Délicatesse, faiblesse *f* (de santé); mièvrerie *f* (d'un enfant). *Art:* Morbidesse *f* (de teintes carnées). (*c*) Légèreté *f* (de touche, de pinceau, de doigté). (*d*) *To have no sense of d.*, manquer de délicatesse, de tact *m*. **To outrage s.o.'s delicacy,** faire outrage à la délicatesse, à la pudeur, à la modestie, de qn. **To feel a delicacy about doing sth.,** se faire scrupule de faire qch. (*e*) *Negotiations of the utmost d.*, négociations très délicates. **2. Table delicacies,** délicatesses, friandises *f*, de table; petits plats soignés; mets délicats.

delicate ['deliket], *a*. Délicat. **1.** (*a*) *D. pink*, rose délicat, doux, tendre. *D. features*, traits fins, délicats. **To have a delicate touch,** avoir de la légèreté de touche, de doigté; (*of painter*) avoir un pinceau léger, délicat; (*of sculptor*) avoir un ciseau délicat. **To have a delicate wit,** avoir l'esprit fin. *To have a d. ear*, avoir l'oreille délicate, fine, sensible. *D. piece of machinery*, mécanisme délicat. (*b*) *D. feelings*, sentiments délicats, raffinés; sentiments de délicatesse. (*c*) *A*: Efféminé. **2.** Difficile. *To handle a d. situation*, manier une situation délicate, difficile. *D. question*, question épineuse. *F*: **To tread on delicate ground,** toucher à des questions délicates; *F*: marcher sur des œufs. *You are on d. ground*, vous risquez d'être indiscret; n'insistez pas. **3.** *D. health*, santé délicate, faible. *D. child*, enfant mièvre, chétif. *D. from childhood*, délicat dès son enfance. *To be d.*, être délicat; ne pas avoir de santé. *F*: **To be in a delicate condition, in a delicate state of health,** être dans un état intéressant. *Art*: *D. flesh-tints*, chairs *f* morbides. **-ly,** *adv*. Délicatement; avec délicatesse. *B*: *Agag came d. to him*, Agag vint à lui faisant le gracieux.

delicateness ['deliketnəs], *s*. = DELICACY 1.

delicious [di'liʃəs], *a*. **1.** (Paysage) ravissant. **2.** (Mets) délicieux, exquis; (odeur) exquise. **-ly,** *adv*. Délicieusement.

deliciousness [di'liʃəsnəs], *s*. Goût délicieux (d'un mets); délices *fpl* (de l'oisiveté).

delict [di'likt], *s*. *Jur*: Délit *m*. *Used only in the phr*. **In flagrant delict,** en flagrant délit.

delight[1] [di'lait], *s*. **1.** Délices *fpl*, délice *m*, délectation *f*, bonheur *m*, plaisir *m*. *Sensual d.*, volupté *f*. *The fragrance of the flowers was a sheer d.*, le parfum des fleurs caressait délicieusement l'odorat. *It is a d. to hear him talk*, c'est un délice de l'entendre parler. *It is such a d. to . . .*, c'est si bon de . . . . **To be s.o.'s delight,** faire les délices, le bonheur, de qn. *See also* TURKISH DELIGHT. **2.** Joie *f*. **Much to the delight of . . ., to the great delight of . . .,** au grand plaisir de . . ., à la grande joie de. . . . *To my great d. I was allowed to . . .*, à ma grande joie on me permit de. . . . **3. To take delight in sth., in doing sth.** = *to delight in sth., in doing sth., q.v. under* DELIGHT[2] 2.

delight[2]. **1.** *v.tr*. Enchanter, ravir, réjouir (qn); faire les délices de (qn). *To d. s.o.'s ears, eyes*, réjouir, charmer, les oreilles, les regards, de qn. *It delights the eye*, cela flatte le regard. **2.** *v.i*. **To delight in sth.,** se délecter à (l'étude), dans (le péché); se délecter (d'un spectacle); prendre du plaisir à qch.; faire ses délices de qch.; trouver son bonheur dans qch.; aimer beaucoup qch.; se complaire en, dans, qch. *To d. in doing, to do, sth.*, se faire un plaisir, une joie, de faire qch.; se complaire à faire qch.; mettre son bonheur à faire qch. *She delights in her garden*, elle aime passionnément son jardin. *The books delighted in by the many*, les livres qui font les délices de la foule, dont la foule se délecte.

delighted, *a*. Enchanté, ravi. **To be delighted with s.o., with, at, sth.,** être enchanté, ravi, de qn, de qch. *You will be delighted with it*, vous en serez charmé; *F*: vous m'en direz des nouvelles. *She was delighted*, *F*: elle était enchantée, charmée, ravie, aux anges. *To be delighted to do sth.*, être enchanté, ravi, de faire qch.; se faire un plaisir de faire qch. **I shall be delighted** (*to do so*), je ne demande pas mieux. **-ly,** *adv*. Avec enchantement; avec délices; avec joie. *He looked at us d.*, il nous contempla d'un œil ravi.

delightful [di'laitful], *a*. Délicieux, ravissant; enchanteur, -eresse; charmant. *A d. voice*, une voix enchanteresse. *A d. sight*, un spectacle à ravir. *It is d. to live like this*, c'est un délice de vivre ainsi. **-fully,** *adv*. Délicieusement. *She sings d.*, elle chante à ravir.

delightsome [di'laitsəm], *a*. *A. & Lit*: (Lieu *m*) délectable.

Delilah [di'laila]. *Pr.n.f*. Dalila.

delimit [di'limit], **delimitate** [di'limiteit], *v.tr*. Délimiter (un terrain, des pouvoirs); aborner (une frontière).

delimitation [dilimi'teiʃ(ə)n], *s*. Délimitation *f*; abornement *m* (d'une frontière).

delineate [di'linieit], *v.tr*. **1.** Tracer, décrire, dessiner au trait (un triangle, etc.). **2.** Esquisser (un projet); donner un exposé sommaire (d'un procédé, etc.). **3.** Dessiner, peindre (un paysage, les traits de qn); délinéer (un profil). *Mountains clearly delineated on the horizon*, montagnes *f* qui se détachent clairement à l'horizon. **4.** Tracer, décrire, peindre (verbalement) (le portrait de qn, etc.).

delineation [dilini'eiʃ(ə)n], *s*. **1.** Délinéation *f*. *D. of a character*, description *f*, peinture *f*, d'un caractère. **2.** Tracé *m*, dessin *m*.

delineator [di'linieitər], *s*. **1.** (*Pers*.) Dessinateur *m*, délinéateur *m*. **2.** Instrument traceur.

delinquency [di'linkwənsi], *s*. **1.** Culpabilité *f*. **2.** Délit *m*, faute *f*; écart *m* de conduite.

delinquent [di'linkwənt], *a*. & *s*. **1.** Délinquant, -ante; coupable (*mf*), contrevenant, -ante. **2.** *U.S*: **Delinquent taxes,** impôts non payés.

deliquesce [deli'kwes], *v.i*. **1.** *Ch*: Tomber en déliquescence. **2.** *F*: Fondre; s'en aller en eau.

deliquescence [deli'kwes(ə)ns], *s*. Déliquescence *f*. *Hum*: *The room was so hot that we were all in a state of d.*, la salle était tellement surchauffée qu'on fondait à vue d'œil.

deliquescent [deli'kwes(ə)nt], *a*. Déliquescent.

deliquium [de'likwiəm], *s*. *Ph*: *A*: Déliquium *m*.

delirious [di'liriəs], *a*. (Malade) en délire, dans le délire; délirant; (divagations) du délire. **To be delirious,** avoir le délire; être dans le délire; délirer. *To become d.*, être pris de délire; tomber en délire. *F*: *D. with joy*, ivre, fou, délirant, de joie. *D. joy*, joie délirante. **-ly,** *adv*. *F*: Frénétiquement. *D. happy*, fou de joie, délirant de joie.

delirium [di'liriəm], *s*. Délire *m*. *Fit of d.*, accès *m* de délire; transport *m* au cerveau. *Fever accompanied by d.*, fièvre délirante. **Delirium tremens,** delirium *m* tremens; folie *f* des ivrognes.

delitescence [deli'tes(ə)ns], *s*. *Med*: Délitescence *f* (d'une tumeur, etc.).

delitescent [deli'tes(ə)nt], *a*. Caché, latent.

deliver [di'livər], *v.tr*. **1.** Délivrer (*s.o. from sth.*, qn de qch.). **To deliver s.o. from death,** sauver qn de la mort; arracher qn à la mort. **To deliver s.o. from, out of, captivity,** (re)tirer qn de (la) captivité; mettre qn en liberté. *To d. s.o. from his enemies*, délivrer qn de ses ennemis. **2.** (*a*) *Obst*: **To deliver a woman (of a child),** (faire) accoucher une femme; (*of a child or the afterbirth*), délivrer une femme. (*b*) **To be delivered of a child,** accoucher d'un enfant. *F*: *To be delivered of a sonnet, of an epigram*, accoucher d'un sonnet, d'une épigramme. (*c*) **To deliver oneself of an opinion,** émettre, lancer, exprimer, une opinion. *When he had delivered himself thus . . .*, après s'être exprimé en ces termes. . . . *I have already delivered myself against the bill*, j'ai déjà dit tout ce que j'avais à dire contre ce projet. **3.** (*a*) **To deliver s.o., sth., (up, over) to s.o.,** livrer, délivrer, qn, qch., à qn. **To deliver s.o. into the hands of the enemy,** livrer qn aux mains de l'ennemi. *They were delivered over to execution*, ils furent livrés au bourreau, au supplice. *Hunger compelled them to d. the fortress*, la faim les contraignit à rendre la place. *They were made to d. over their revolvers*, ils durent rendre, livrer, leurs revolvers. *See also* STAND[2] I. 3. (*b*) **To deliver up,** restituer, rendre (*to*, à). *The fox delivered up its prey and fled*, le renard rendit, abandonna, sa proie et s'enfuit. *The servant promptly delivered up the stolen rings*, la domestique se hâta de restituer les bagues volées. (*c*) **To deliver over,** céder, transférer, transmettre (un bien, etc.) (*to*, à). *To d. over an estate to one's son*, se défaire d'un bien en faveur de son fils; transmettre un bien à son fils. **4.** (*a*) Remettre, rendre, délivrer (un paquet, un télégramme, etc.); distribuer (des lettres); livrer (des marchandises); rendre (des marchandises) à destination. *Jur*: Signifier (un acte). *To d. sth. into s.o.'s charge*, confier qch. à qn, à la garde de qn, aux mains de qn. **To deliver a message,** faire une commission; s'acquitter d'une commission; délivrer un message. *To d. sth. at s.o.'s house*, livrer qch. à domicile, fournir qch. chez qn. *To d. milk at the door*, porter le lait à domicile. *Com*: **Delivered free,** rendu à domicile; livraison franco. *Delivered on board*, rendu à bord. *Goods delivered at any address*, livraison *f* à demeure, à domicile. *Rail*: *To d. luggage*, remettre les bagages à domicile. *See also* GOOD II. 2, SITE[1] 2. (*b*) (*Of machine, dynamo, etc*.) Débiter, fournir (du courant); (*of pump*) refouler (l'eau). (*Of engine*) *To d. normal power*, développer sa puissance normale. *To d. current to a machine*, alimenter une machine de courant. (*c*) *Abs*: *Road that delivers into the main square*, rue *f* qui aboutit à la grande place. **5.** Porter, donner (un coup); faire, lancer (une attaque); livrer (bataille). **To deliver an assault on the enemy,** livrer un assaut à l'ennemi; déclancher une offensive contre l'ennemi. *Navy*: *To d. a broadside*, envoyer, lâcher, une bordée. (*At games*) *To d. the ball*, lancer la balle. *To d. the harpoon*, lancer le harpon. **6.** Faire, prononcer (un discours); faire (une conférence). *Jur*: Prononcer, rendre (un jugement). **To deliver a long harangue,** débiter une longue harangue. **7.** *Cer*: *Metall*: *To d. a pattern from the mould*, sortir un modèle du moule. (*With passive force*) (*Of mould*) **To deliver easily,** offrir de la dépouille.

deliverable [di'livərəbl], *a*. *Com*: Livrable.

deliverance [di'livərəns], *s*. **1.** Délivrance *f*, libération *f* (*from*, de). **2.** Déclaration *f*, expression *f* (d'opinion). **3.** *Jur*: (*Scot*.) (*a*) Prononcé *m*, jugement *m*. (*b*) Verdict *m* (du jury).

deliverer [di'livərər], *s*. **1.** Libérateur, -trice; sauveur *m*. **2.** Distributeur, -trice (de prospectus, etc.); livreur, -euse (de marchandises). **3.** *The d. of this opinion*, celui qui a émis cette opinion.

delivery [di'livəri], *s*. **1.** *Obst*: Accouchement *m*, délivrance *f* (d'une femme). **2.** *A*: = DELIVERANCE 1. **3.** *Mil*: **Delivery of a town, of a prisoner,** reddition *f* d'une ville, d'un prisonnier. *See also* GAOL-DELIVERY. **4.** (*a*) *D. of a message*, exécution *f* d'une commission. (*b*) Livraison *f*, délivrance, remise *f* (d'un paquet, etc.); remise (d'une lettre); distribution *f* (des lettres). *Jur*: *D. of a writ*, signification *f* d'un acte. **Charge for delivery,** (frais *m* de) port *m* (d'un télégramme, etc.). *Post*: **Times of delivery,** heures *f* d'arrivée. *U.S*: **The General Delivery,** la Poste restante. *D. of goods*, livraison, (*from railway*) factage *m*, de marchandises. *The parcels awaiting d.*, les colis *m* en souffrance. **Delivery note,** bulletin *m* de livraison. **Certificate of delivery,** vu-arriver *m inv*. *D. of luggage*, remise de bagages à domicile. **For immediate delivery,** à livrer de suite. **Free delivery,** livraison franco. *D. within a month*, délai *m* de livraison, un mois. **Delivery-man, -boy, -girl,** livreur, -euse. **To pay on delivery,** payer à, sur, livraison; payer au reçu. **Payment on, before, delivery,** livraison contre remboursement. *Adm*: *Ind*: **To accept delivery of sth.,** prendre qch. en recette. *See also* AWAIT (*a*), CASH[1], EXPRESS[1] 1, PARCEL(S) DELIVERY, VAN[4] 1. (*c*) *Fin*: **Delivery of stocks,** cession *f* de titres. **To take delivery of stocks,** prendre livraison des titres. (*Of stocks*) **For delivery,** au comptant. **To sell for delivery,** vendre à couvert. **Sale for delivery,** vente *f* à livrer. (*d*) *Jur*: Tradition *f* (d'un bien, d'une marchandise); délivrance (d'un legs, etc.) (*to*, à). **5.** (*At games*) **Delivery of the ball,** (i) lancement *m*, envoi *m* (de la balle); (ii) manière *f* de lancer la balle. **6.** (*a*) **Delivery of a speech,** prononciation *f* d'un discours. (*b*) Débit *m*, diction *f* (d'un orateur). **To have a good delivery,** avoir un bon débit. *His d. is calm*, il a la parole calme. *He had a very rapid d.*, il parlait toujours très vite. **7.** (*a*) Distribution (de courant électrique, etc.). (*b*) Débit (d'eau, de courant, etc.); refoulement *m* (d'une pompe). **Delivery valve,** soupape *f* de refoulement, de décharge. **Delivery pipe,** tuyau *m*, conduite *f*, d'amenée, d'arrivée, de refoulement.

Mch: I.C.E: etc: **Delivery tube,** ajutage *m,* ajutoir *m. I.C.E:* **Delivery space,** conque *f. Tex:* **Delivery roll,** cylindre délivreur; cylindre de décharge. *Cin:* **Delivery spool,** bobine débitrice, dérouleuse. *Typ:* **Delivery of the sheets** (*from the press*), sortie *f* des feuilles. *Metall:* **Delivery of the pattern** (*from the mould*), sortie du modèle.

dell [del], *s.* Vallon *m,* combe *f,* traîne *f.*

delocalize [diːˈloukəlaːiz], *v.tr.* **1.** Délocaliser (des intérêts, etc.). **2.** Déplacer, envoyer au loin (des archives, etc.).

Delos [ˈdiːlɔs]. *Pr.n. A.Geog:* Délos *f.*

delouse [diːˈlaus], *v.tr.* Oter les poux de (qch., qn); épouiller (qn).

delousing, *s.* Épouillage *m. Adm: Mil:* **Delousing station,** poste *m* d'épouillage.

Delphi [ˈdelfai]. *Pr.n. A.Geog:* Delphes *f.*

Delphian [ˈdelfiən], **Delphic** [ˈdelfik], *a.* **1.** Delphien, -ienne; delphique; de Delphes. **The Delphic Oracle,** l'Oracle *m* de Delphes. **2.** *Lit:* Obscur, sibyllin.

Delphin [ˈdelfin], *a.* **The Delphin classics,** les dauphins *m. D. edition,* édition dauphine, édition des dauphins; édition *ad usum Delphini.*

delphinidae [delˈfinidiː], *s.pl. Z:* Delphinidés *m.*

delphinin(e) [ˈdelfinin], *s. Ch:* Delphinine *f.*

delphinium [delˈfiniəm], *s. Bot:* Delphinium *m,* delphinette *f; F:* pied-d'alouette *m, pl.* pieds-d'alouette.

delta [ˈdelta], *s.* **1.** *Gr.Alph:* Delta *m inv.* **2.** *Geog:* Delta *m, pl.* deltas. *See also* CONE-DELTA, FAN[1] 2. **3.** *El:* Triangle *m,* delta. **Delta connection,** montage *m* en triangle, en delta. *Star d. connection,* montage en étoile-triangle; groupement *m* en étoile-triangle. **4.** *Ph:* **Delta rays,** rayons *m* delta. **5.** *Metall:* **Delta metal,** métal *m* delta (cuivre, zinc, et fer).

deltaic [delˈteiik], *a.* Deltaïque.

deltoid [ˈdeltɔid]. **1.** *a.* Deltoïde, deltaïque; (feuille *f*) en delta. **2.** *a. & s. Anat:* (Muscle *m*) deltoïde *m.*

delude [diˈljuːd], *v.tr.* **1.** Abuser, tromper (qn); induire (qn) en erreur. *To d. s.o. with vain promises,* abuser, bercer, qn de vaines promesses, par de fausses promesses. *His promises deluded us,* ses promesses nous ont fait illusion. *To d. oneself,* s'abuser, se faire illusion, s'illusionner; se leurrer d'illusions. **To delude oneself with false hopes,** se bercer, s'illusionner, se leurrer, de vaines espérances. *To d. oneself into the belief that . . .,* s'abuser au point de croire que. . . . **2.** Duper (qn); en faire accroire à (qn). *To d. s.o. into a belief that . . .,* faire (ac)croire à qn que. . . . *To d. the public,* tromper le public.

deluge[1] [ˈdeljudʒ], *s.* Déluge *m.* (*a*) *A d. of rain,* une pluie diluvienne. *B:* **The Deluge,** le Déluge. (*b*) *F:* **A deluge of words, of tears,** un déluge de paroles, de larmes. *A d. of letters, of tradesmen's bills,* une avalanche de lettres, de notes de fournisseurs.

deluge[2], *v.tr.* (*a*) Inonder (*with,* de). (*b*) *F: Deluged with tears,* inondé(e) de larmes. *To be deluged with letters, with bills, with requests,* être accablé de lettres, de notes; être assailli de demandes.

delusion [diˈljuːʒ(ə)n], *s.* **1.** Illusion *f,* hallucination *f,* erreur *f.* **To be under a delusion,** se faire illusion; s'abuser; être dans l'erreur; s'illusionner. *To suffer from delusions,* être sujet à des hallucinations. **A fond delusion,** une douce illusion. *See also* LABOUR[2] 1 (*c*). **2.** Action *f* de tromper, de duper. *For the better d. of his subjects . . .,* pour mieux tromper ses sujets. . . .

delusive [diˈljuːsiv], *a.* Illusoire, illusionnant; trompeur, -euse. **-ly,** *adv.* Illusoirement; trompeusement.

delusiveness [diˈljuːsivnəs], *s.* Caractère illusoire, trompeur (d'une apparence, d'une promesse).

delusory [diˈljuːsəri], *a. Lit:* = DELUSIVE.

delve[1] [delv], *s. Lit:* Creux *m,* cavité *f* (du sol); antre *m* (d'une bête).

delve[2]. **1.** *v.tr. A. & Lit:* (*a*) Fouiller, creuser (le sol). (*b*) **To delve up, out,** déterrer, exhumer (un trésor, des faits). **2.** *v.i.* (*a*) *A. & Lit:* Fouiller le sol. (*b*) (*Of path, etc.*) S'abaisser. (*c*) *F:* **To delve into one's pocket for one's handkerchief,** fouiller dans sa poche pour y prendre son mouchoir. *To d. into the past,* fouiller, remonter, dans le passé.

demagnetization [diːmagnətaiˈzeiʃ(ə)n], *s.* Démagnétisation *f;* désaimantation *f.*

demagnetize [diːˈmagnətaːiz]. **1.** *v.tr.* Démagnétiser; désaimanter. **2.** *v.i.* Se démagnétiser; se désaimanter.

demagnetizing, *s.* = DEMAGNETIZATION.

demagogic [deməˈgɔgik, -dʒik], *a.* Démagogique.

demagogism [ˈdeməgɔgizm], *s.* Démagogisme *m.*

demagogue [ˈdeməgɔg], *s.* Démagogue *m.*

demagoguery [ˈdeməgɔgri], *s. U.S:* = DEMAGOGISM.

demagogy [ˈdeməgɔgi, -dʒi], *s.* Démagogie *f.*

demand[1] [diˈmaːnd], *s.* **1.** Demande *f,* réclamation *f,* revendication *f,* requête *f; Jur:* sommation *f. To put down one's demands in writing,* coucher par écrit ses réclamations. *The demands of Labour,* les revendications ouvrières; ce que réclament les travaillistes. **Payable on demand,** payable sur demande, à vue, à bureau ouvert, à présentation. *Promissory note payable on d.,* billet *m* payable à volonté. **Demand note** (*for rates, taxes*), feuille *f* de contributions; avertissement *m. Com:* **Demand bill,** traite *f* à vue. **2.** *Pol.Ec:* Demande. **Supply and demand,** l'offre *f* et la demande. **To be in (great, little) demand,** être (très, peu) demandé, recherché. *There is little d. for these goods,* ces marchandises *f* ont peu de vente, peu de débit. *There is a great d. for this line,* cet article a un écoulement considérable. **3.** *pl.* **Demands. The demands of the case,** les nécessités *f* du cas. *The demands of etiquette, etc.,* les exigences *f* de l'étiquette, etc. *Moderate in one's demands upon s.o.,* modéré envers qn. **To make great demands upon s.o.'s energy, upon s.o.'s good nature,** exiger de qn beaucoup d'énergie, de bonhomie. *You make too great demands upon my patience,* vous abusez de ma patience. *I have many demands upon my time,* je suis très pris. *His excessive demands,* ses prétentions excessives.

demand[2], *v.tr.* **1. To demand sth. of, from, s.o.,** demander (formellement), réclamer, qch. à qn; exiger qch. de qn. *To d. to do sth.,* demander absolument à faire qch. *To d. to know whether . . .,* insister pour savoir si. . . . *To d. that . . .,* demander, exiger, que + *sub. I demanded that the money be returned to me,* j'ai réclamé mon argent. *I d. it,* je le veux absolument. *To d. assistance,* requérir aide et assistance. **2.** (*Of thg*) Demander, exiger. *The matter demands great care,* l'affaire *f* demande, exige, réclame, beaucoup de soin. *The care which the situation demands,* les soins *m* que comporte la situation. *Elementary prudence demands that . . .,* la simple prudence veut que + *sub. See also* ATTENTION 1. **3.** *A:* Demander; s'enquérir de (qch.). *Ecc: Then the priest shall d. the name of the child,* puis le prêtre demandera le nom de l'enfant.

demandable [diˈmaːndəbl], *a.* Exigible.

demandant [diˈmaːndənt], *s. Jur:* Demandeur, -eresse; plaignant, -ante; réclamant, -ante.

demander [diˈmaːndər], *s.* **1.** *Pol.Ec:* Acheteur, -euse; demandeur, -euse, preneur, -euse. **2.** *Jur:* = DEMANDANT.

demarcate [ˈdiːmaːrkeit], *v.tr.* **1.** Délimiter (un terrain); aborner (une frontière). **2.** *To d. one subject from another,* tracer une ligne de démarcation entre un sujet et un autre.

demarcating, *a.* Démarcatif.

demarcation [diːmaːrˈkeiʃ(ə)n], *s.* Démarcation *f;* délimitation *f;* abornement *m* (d'une frontière). **Line of demarcation,** ligne démarcative; ligne de démarcation.

demarcator [ˈdiːmaːrkeitər], *s.* Délimitateur, -trice.

dematerialize [diːməˈtiːəriəlaːiz], *v.tr. & i.* (Se) dématérialiser.

deme [diːm], *s. Biol:* Dème *m.*

demean[1] [diˈmiːn], *v.pr. A. & Lit:* **To demean oneself honourably, like a man of honour,** *etc.,* se conduire, se comporter, en homme d'honneur, etc.

demean[2], *v.tr.* (*Usu. v.pr., and usu. with an ignorant affectation of grandiloquence*) **To demean oneself,** s'abaisser, se dégrader, s'avilir, se ravaler. *To d. oneself so far as to do sth.,* s'abaisser (jusqu')à faire qch.

demeanour [diˈmiːnər], *s.* Façon *f* de se comporter; air *m,* tenue *f,* maintien *m. To have a fine d.,* avoir bon air, belle allure. *His supercilious d.,* son attitude hautaine. *Her goddess-like d.,* son port, son air, de déesse.

dement [diˈment], *v.tr.* Rendre fou (qn); faire perdre la raison à (qn).

demented, *a.* Fou, *f.* folle; dément; en démence. *To become d.,* tomber en démence. *F:* **He was running like one demented,** il courait comme un fou. *A poor d. creature,* un pauvre dément, une pauvre démente. **-ly,** *adv.* Comme un fou; comme un affolé.

dementia [diˈmenʃiə], *s. Med:* Démence *f.* **Dementia praecox,** démence précoce.

Demerara [deməˈrɛərə]. *Pr.n. Geog:* Demerara. *See also* SUGAR[1] 1.

demerit [diːˈmerit], *s.* Démérite *m. The merits and demerits of the case,* le pour et le contre.

demesh [diːˈmeʃ]. **1.** *v.tr.* Désengrener. **2.** *v.i.* Se désengrener (*from,* d'avec).

demesmerization [diːmezməraiˈzeiʃ(ə)n], *s.* Démagnétisation *f* (d'un hypnotisé).

demesmerize [diːˈmezməraːiz], *v.tr.* Démagnétiser (un hypnotisé).

demesne [diˈmiːn, -ˈmein], *s.* **1.** *Jur:* Possession *f.* **To hold sth. in demesne,** posséder qch. (en toute propriété). **2.** Domaine *m.* **Demesne of the Crown, Royal demesne,** domaine de la Couronne. *State d.,* domaine de l'État. *Attrib.* **Demesne lands,** terres domaniales. **3.** = DOMAIN.

Demeter [diˈmiːtər]. *Pr.n.f. Myth:* Déméter.

Demetrius [diˈmiːtriəs]. *Pr.n.m.* Démétrius.

demi- [ˈdemi], *pref.* (*To-day less usual than* SEMI, *q.v.*) Demi-. *Demigod,* demi-dieu. *Demilune,* demi-lune. *Demibastion,* demi-bastion. *Demi-devil,* demi-diable.

demi-circle [ˈdemisəːrkl], *s. Surv:* Demi-cercle *m.*

demigod [ˈdemigɔd], *s.* Demi-dieu *m.*

demijohn [ˈdemidʒɔn], *s. Ind: etc:* Dame-jeanne *f,* bombonne *f,* bonbonne *f;* bouteille clissée (d'une contenance de 15 à 25 litres); tourie *f;* jacqueline *f;* bac *m* à acide.

demilitarization [diːmilitəraiˈzeiʃ(ə)n], *s.* Démilitarisation *f.*

demilitarize [diːˈmilitəraːiz], *v.tr.* Démilitariser.

demilune [ˈdemiluːn], *s. Fort:* Demi-lune *f.*

demi-monde [dəmiˈmɔ̃ːd, ˈdemimɔnd], *s. F:* Demi-monde *m.*

demi-rep [ˈdemirep], *s.f. A:* Femme dont la chasteté est suspecte; *F:* grue. *I don't mix with demi-reps,* je ne fraye pas avec des créatures *f.*

demisable [diˈmaizəbl], *a. Jur:* **1.** (*Of land*) Affermable. **2.** Cessible; transmissible.

demise[1] [diˈmaːiz], *s.* **1.** *Jur:* Affermage *m* (d'un terrain); cession *f* à bail. **2.** *Jur:* Cession, transmission *f* (par testament, etc.); transfert *m* (d'un titre, etc.). **Demise of the crown,** transmission de la couronne. **3.** *F:* Décès *m,* mort *f* (de qn).

demise[2], *v.tr. Jur:* **1.** Céder à bail, affermer (une terre, etc.). **2.** (*a*) Céder, transmettre (un bien, un titre, la couronne). (*b*) Léguer (un bien).

demisemiquaver [ˈdemiˈsemiˈkweivər], *s. Mus:* Triple croche *f. See also* REST[1] 2.

demission [diˈmiʃ(ə)n], *s.* **1.** Abdication *f* (*of,* de). **2.** Démission *f.*

demit [diˈmit], *v.tr.* (demitted; demitting) **To demit office,** se démettre de ses fonctions; résigner sa charge, ses fonctions; remettre sa charge. *Abs.* Se démettre (de sa charge); démissionner. **They must either submit or demit,** il leur faudra se soumettre ou se démettre.

demiurge [ˈdemiəːrdʒ, ˈdiː-], *s. A.Phil:* Démiurge *m.*

demnition [dem'niʃ(ə)n], *a. U.S: P:* = DAMN³, DAMNED 2.
demob [di:'mɔb], *v.tr.* (**demobbed**) *P:* = DEMOBILIZE.
demobilization [di:moubilai'zeiʃ(ə)n], *s.* Démobilisation *f.*
demobilize [di:'moubila:iz], *v.tr. Mil:* Démobiliser.
democracy [de'mɔkrəsi], *s.* Démocratie *f. To tend towards d.*, se démocratiser.
democrat ['demokrat], *s.* **1.** Démocrate *mf.* **2.** *Veh: U.S:* **Democrat (waggon)**, charrette anglaise à deux chevaux.
democratic [demo'kratik], *a.* Démocratique. **-ally**, *adv.* Démocratiquement.
democratism [de'mɔkratizm], *s.* Démocratisme *m.*
democratization [demɔkratai'zeiʃ(ə)n], *s.* Démocratisation *f.*
democratize [de'mɔkrata:iz]. **1.** *v.tr.* Démocratiser. **2.** *v.i.* Se démocratiser.
Democritus [de'mɔkritəs]. *Pr.n.m. Gr.Phil:* Démocrite.
demodex ['di:modeks], *s. Arach: Med:* Démodex *m.*
Demogorgon [di:mo'gɔ:rgən]. *Pr.n.m. Myth:* Démogorgon.
demographer [de'mɔgrəfər], *s.* Démographe *m.*
demographic [demo'grafik], *a.* Démographique.
demography [de'mɔgrəfi], *s.* Démographie *f.*
demoiselle [dəmwa'zel], *s.* **1.** *Orn:* Demoiselle *f* de Numidie. **2.** *Ent:* Libellule *f*, demoiselle.
demolish [di'mɔliʃ], *v.tr.* Démolir; démanteler (des fortifications, etc.). *To d. s.o.'s arguments*, démolir les arguments de qn; *F:* démonter les batteries de qn. *F: He had soon demolished most of the pie*, il eut bientôt avalé, dévoré, les trois quarts du pâté.
demolisher [di'mɔliʃər], *s.* Démolisseur, -euse (*of*, de).
demolition [demo'liʃ(ə)n, di:-], *s.* Démolition *f.*
demon ['di:mən], *s.* **1.** (*a*) *Gr.Myth:* Démon *m*, esprit *m.* (*b*) *Myth:* Démon, génie *m.* **2.** (*a*) Démon, diable *m.* **The Demon**, le Démon, l'Esprit malin. *F: The d. of jealousy*, le démon de la jalousie. *That child is a little d.*, cet enfant est un petit démon. (*b*) (*Intensive*) *F:* **He's a demon for work**, c'est un travailleur acharné; c'est un cheval à l'ouvrage, un bœuf pour le travail. *He's a d. at tennis*, il est de première force au tennis.
 'Demon star (the), *s. Astr:* Algol *m.*
demonetization [di:mɔnitai'zeiʃ(ə)n], *s.* Démonétisation *f.*
demonetize [di:'mɔnita:iz], *v.tr.* Démonétiser (une monnaie).
demoniac [di'mounjak], *a. & s.* Démoniaque (*mf*). *F: D. frenzy*, frénésie démoniaque, diabolique.
demoniacal [di:mo'naiək(ə)l], *a.* Démoniaque. *D. possession*, possession *f* diabolique. *D. fury*, fureur *f* diabolique.
demonic [di'mɔnik], *a.* **1.** Démoniaque, diabolique; du Démon, de l'Esprit malin. **2.** Génial, -aux.
demonism ['di:monizm], *s. Hist. of Rel:* Démonisme *m.*
demonist ['di:monist], *s.* Démoniste *m.*
demonology [di:mo'nɔlodʒi], *s.* Démonologie *f.*
demonry ['di:mənri], *s. Hist. of Rel:* Pratique *f* du Démon; sorcellerie *f.*
demonstrability [dimɔnstrə'biliti], *s.* Démontrabilité *f.*
demonstrable [di'mɔnstrəbl], *a.* Démontrable; susceptible de démonstration. *Log: Phil:* **Clearly demonstrable proposition**, proposition *f* apodictique. **-ably**, *adv. Statement d. true, false*, affirmation *f* dont la vérité, la fausseté, est susceptible de démonstration, peut être prouvée; affirmation dont la vérité s'impose.
demonstrate [di'mɔnstreit, 'demonstreit]. **1.** *v.tr.* (*a*) Démontrer (une vérité). (*b*) Décrire, expliquer (un système). *To d. an apparatus*, donner une démonstration pratique du fonctionnement d'un appareil. *Com: To d. a car*, montrer une voiture à un client. (*c*) *A:* Manifester, témoigner (son émotion, etc.). **2.** *v.i.* (*a*) *Pol:* Manifester; faire une manifestation; prendre part à une manifestation. (*b*) *Mil:* Faire une démonstration (pour dérouter l'ennemi).
demonstration [demon'streiʃ(ə)n], *s.* **1.** (*a*) Démonstration *f* (d'une vérité). **Proved to demonstration**, prouvé sans contredit, indiscutablement. (*b*) **Practical demonstration** (*of an apparatus*), démonstration pratique (d'un appareil). **Demonstration car, flight**, voiture *f*, vol *m*, de démonstration. (*c*) *Sch:* **Demonstration (class, lecture)**, (séance *f* de) démonstration. **Demonstration farm, forest**, ferme *f*, forêt *f*, d'étude. *See also* SCHOOL¹ **1.** **2.** *F:* **Demonstrations of love**, témoignages *m*, démonstrations, effusions *f*, de tendresse. **3.** (*a*) Manifestation *f* (politique). *To make a d.*, manifester. (*b*) *Mil: To make a d.* (*in order to mislead the enemy*), faire une démonstration (pour dérouter l'ennemi).
demonstrative [di'mɔnstrətiv], *a.* **1.** (Argument, etc.) démonstratif. *Action d. of a generous character*, action *f* qui démontre un caractère généreux. **2.** (*Of pers.*) Démonstratif, expansif. **3.** *Gram:* (Adjectif, etc.) démonstratif. **4.** (Vérité *f*, etc.) démontrable. **-ly**, *adv.* **1.** (Prouver, etc.) démonstrativement. **2.** (Accueillir qn) avec de grandes démonstrations d'amitié, avec effusion.
demonstrativeness [di'mɔnstrətivnəs], *s.* **1.** Caractère démonstratif, expansif (de qn); expansivité *f.* **2.** Démonstrations *f* de joie, d'amitié (de qn); sauts *m* de joie (d'un chien, etc.).
demonstrator ['demonstreitər], *s.* **1.** (*a*) Démonstrateur *m.* (*b*) *Sch:* Préparateur *m* (d'un professeur de sciences, etc.). *D. in, of, anatomy*, démonstrateur en anatomie; prosecteur *m.* **2.** Manifestant *m* (politique).
demoralization [dimɔrəlai'zeiʃ(ə)n], *s.* Démoralisation *f. The army was in a state of utter d.*, l'armée était complètement démoralisée.
demoralize [di'mɔrəla:iz], *v.tr.* **1.** Dépraver, corrompre. **2.** Démoraliser (les troupes, etc.). *F: The market has become demoralized*, le marché a perdu toute confiance; *P:* le marché est dans la purée.
Demos ['di:mɔs], *s.* Le peuple; Démos *m.*
Demosthenes [di'mɔsθəni:z]. *Pr.n.m. Gr.Hist:* Démosthène.
Demosthenic [demos'θenik], **Demosthenian** [demos'θi:niən], *a.* (Dans le style) de Démosthène; démosthénien; démosthénique.
demote [di'mout], *v.tr. Mil: Adm: Sch: U.S:* Réduire à un grade inférieur, à une classe inférieure; faire descendre d'une classe.
demotic [di'mɔtik], *a.* **1.** Du peuple. **2.** *Pal:* (Écriture *f*) démotique (des Égyptiens). *s.* **Written in demotic**, écrit en cursive *f* populaire.
demotion [di'mouʃ(ə)n], *s. Mil: Adm: U.S:* Réduction *f* à un grade inférieur, à une classe inférieure.
demulcent [di'mʌlsənt], *a. & s. Med:* Adoucissant (*m*), émollient (*m*).
demultiplying [di:'mʌltiplaiiŋ], *a. Mec.E:* (*Of gearing*) Démultiplicateur, -trice.
demur¹ [di'mə:r], *s.* Hésitation *f.* **To make no demur**, ne faire aucune difficulté, aucune objection; ne pas hésiter. **Without demur**, sans faire d'objection; sans hésitation. *He made no further d.*, il n'opposa plus d'objection.
demur², *v.i.* (**demurred**) **1.** (*a*) Faire des difficultés; manifester des scrupules; soulever des objections (*at, to*, contre); hésiter (devant); s'opposer (à); se refuser (à). *Without demurring*, sans y regarder à deux fois. (*b*) *v.tr. I d. the inference*, je n'accepte pas cette conclusion. **2.** *Jur:* Opposer, produire, une exception.
demure [di'mjuər], *a.* (*Used chiefly of young women*) **1.** Posé(e), grave, sérieux, -euse; modeste, réservé(e). **2.** D'une modestie affectée. *D. manner, countenance*, manière composée, visage composé. *D. look*, petit air de Sainte-Nitouche. **-ly**, *adv.* **1.** D'un air posé, modeste; gravement; avec réserve. **2.** Avec une modestie affectée; *F:* sans vouloir avoir l'air; d'un air de Sainte-Nitouche.
demureness [di'mjuərnəs], *s.* **1.** Gravité *f* de maintien (d'une jeune fille). **2.** Modestie affectée; air *m* de Sainte-Nitouche.
demurrable [di'mʌrəbl], *a. Jur:* Opposable.
demurrage [di'mʌredʒ], *s.* **1.** *Nau:* (*a*) Surestarie(s) *f*(*pl*) (*b*) Indemnité *f* de, pour, surestaries. **2.** *Rail:* (*a*) Magasinage *m.* (*b*) Droits *mpl* de magasinage. **3.** *Fin:* Retenue pour frais de fabrication (perçue sur l'or en barres versé à la Banque d'Angleterre).
demurrer [di'mʌrər], *s. Jur:* Exception *f* péremptoire; fin *f* de non-recevoir.
demy [di'mai], *s.* **1.** *Paperm:* Coquille *f*; (format) carré *m.* **2.** *Sch:* Boursier *m* (de Magdalen College, Oxford) (qui autrefois avait droit à des demi-portions).
den [den], *s.* **1.** Tanière *f*, antre *m*, repaire *m* (de bêtes féroces); repaire, caverne *f*; *F:* nid *m* (de brigands). *B:* **Den of lions**, fosse *f* aux lions. *See also* BEARD². *Lit:* **Den of thieves**, retraite *f* de voleurs; coupe-gorge *m inv.* **2.** *F:* Petite chambre privée; cabinet *m* de travail ou fumoir *m*; *P:* turne *f.* **3.** *F:* Bouge *m*, bauge *f*, taudis *m. See also* GAMBLING, OPIUM DEN.
denarius [di'nɛəriəs], *s.* **1.** *Rom.Ant:* Denier *m.* **2.** (*Abbreviated* **d.**) = PENNY.
denary ['di:nəri], *a. Ar:* (Système *m*) dénaire; décimal, -aux.
denatant [di:'neitənt], *a.* (Poisson *m*) qui nage dans le courant.
denationalization [di:naʃənəlai'zeiʃ(ə)n], *s.* Dénationalisation *f.*
denationalize [di:'naʃənəla:iz], *v.tr.* **1.** Dénationaliser (qn). **2.** Aliéner (une propriété) du domaine public.
denaturalization [di:natjərəlai'zeiʃ(ə)n], *s.* Dénaturalisation *f.*
denaturalize [di:'natjərəla:iz], *v.tr.* **1.** Dénaturer (qch.). **2.** **To denaturalize oneself**, se dénaturaliser, se dénationaliser.
denaturant [di:'neitjərənt], *s.* Dénaturant *m* (de l'alcool, etc.).
denaturate [di:'neitjəreit], *v.tr.* = DENATURE.
denaturation [di:neitjə'reiʃ(ə)n], *s.* Dénaturation *f* (de l'alcool, etc.).
denature [di:'neitjər], **denaturize** [di:'neitjəra:iz], *v.tr.* Dénaturer (un produit). *See also* ALCOHOL.
 denaturing¹, *a.* Dénaturant.
 denaturing², *s.* Dénaturation *f.*
dendriform ['dendrifɔ:rm], *a.* Dendriforme.
dendrite ['dendrait], *s. Miner: Cryst:* Arborisation *f*, dendrite *f.*
dendritic [den'dritik], *a. Miner:* Dendritique; (*of agate, etc.*) arborisé, herborisé. *D. markings*, arborisations *f* (de cristaux, etc.). *See also* AGATE.
dendroeca [den'dri:ka], *s. Orn:* Dendroïque *m.*
dendroid ['dendrɔid], *a.* Dendroïde.
dendrology [den'drɔlodʒi], *s.* Dendrologie *f.*
dene¹ [di:n], *s.* Dune(s) *f*(*pl*).
dene², *s.* Vallon *m.*
denegation [di:ne'geiʃ(ə)n], *s. A:* Dénégation *f.*
dene-hole ['di:nhoul], *s. Archeol:* Puits artificiel qui débouche dans une caverne souterraine dans le calcaire.
dengue ['deŋgi], *s. Med:* **Dengue(-fever)**, la dengue.
deniable [di'naiəbl], *a.* Niable.
denial [di'naiəl], *s.* **1.** (*Refusal*) Déni *m*, refus *m.* **Denial of justice**, déni de justice. *The d. of a hearing to Mr X was a serious blunder*, le refus d'entendre M. X a été une grosse faute. *I will take no d.*, il faut absolument que vous veniez, que vous le fassiez, etc. *See also* SELF-DENIAL. **2.** Dénégation *f*, démenti *m* (de la vérité de qch.). *D. of responsibility*, dénégation de responsabilité. *Absolute d.*, dénégation absolue. *To give a formal d. to a statement*, opposer un démenti formel à une affirmation. *See also* FLAT² I. 2. **3.** *B:* **Peter's denial**, le reniement de saint Pierre.
denier [di'naiər], *s.* Dénégateur, -trice.
denigrate ['denigreit], *v.tr. Lit:* (*a*) Noircir (la réputation de qn); diffamer (qn). (*b*) Dénigrer (qn, un projet).
denigration [deni'greiʃ(ə)n], *s. Lit:* (*a*) Diffamation *f.* (*b*) Dénigrement *m.*
denigrator ['denigreitər], *s. Lit:* (*a*) Diffamateur *m.* (*b*) Dénigreur *m.*
denim [di'nim], *s. Tex: U.S:* Étoffe croisée de coton.
denitrate [di:'naitreit], *v.tr. Ch: Ind: Agr:* Dénitrifier, désazoter (la terre, etc.).
denitration [di:nai'treiʃ(ə)n], **denitrification** [di:naitrifi'keiʃ(ə)n], *s. Ch: Ind: Agr:* Dénitrification *f*, désazotation *f.*
denitrify [di:'naitrifai], *v.tr. Ch: Ind: Agr:* Dénitrifier, désazoter.

denization [deni'zeiʃ(ə)n], *s. A:* Octroi *m* (à un étranger) de petites lettres de naturalisation.

denizen[1] ['deniz(ə)n], *s.* **1.** *Poet:* Citoyen, -enne; habitant, -ante. *Denizens of the forest,* hôtes *m*, habitants, des bois. **2.** *A:* Étranger admis à la "denization"; titulaire *m* de petites lettres de naturalisation. **3.** (*a*) Animal acclimaté, plante acclimatée. (*b*) Mot (étranger) naturalisé, adopté dans la langue.

denizen[2], *v.tr. A:* Accorder à (qn) les droits de "denization"; donner le droit de cité à (un étranger).

denizenship ['denizənʃip], *s. A:* État *m* de demi-naturalisé; bénéfice *m* de la "denization."

Denmark ['denmɑːrk]. *Pr.n. Geog:* Le Danemark.

Dennis ['denis]. *Pr.n.m.* Denis.

denominate [di'nɔmineit], *v.tr.* Dénommer.

denominating, *s.* Dénommement *m.*

denomination [dinɔmi'neiʃ(ə)n], *s.* **1.** Dénomination *f*, dénommement *m. They were known under all these denominations,* on leur attribuait tous ces noms, toutes ces dénominations. **2.** (*Sect*) Culte *m*, communion *f*, secte *f*, confession *f. Meeting attended by all sects and denominations,* réunion à laquelle ont assisté des membres de toutes les sectes et de toutes les confessions. **3.** (*a*) (*Class, category*) *Mth:* **To reduce fractions to the same denomination,** réduire des fractions au même dénominateur. *Fin: Fractional shares in denominations of multiples of ten pounds,* coupures *f* de dix livres et multiples. **Money of small denominations,** (i) petite monnaie, (ii) coupures. *Coins of all denominations,* pièces *f* de toutes valeurs. (*b*) Unité *f* (de poids, de mesure, etc.). *In measures of length the smallest d. is the inch,* dans les mesures de longueur la plus petite unité est le pouce.

denominational [dinɔmi'neiʃən(ə)l], *a.* Confessionnel, sectaire. *D. school,* école confessionnelle.

denominative [di'nɔminətiv], *a.* Dénominatif.

denominator [di'nɔmineitər], *s. Mth:* Dénominateur *m.* **Common denominator,** dénominateur commun.

denotation [diːno'teiʃ(ə)n], *s.* **1.** Indication *f*; désignation *f* (*of sth. by sth.,* de qch. par qch.). **2.** *Denotations of an uneasy conscience,* signes *m*, indices *m*, d'une conscience troublée. **3.** (*a*) Signification *f* (d'un mot). (*b*) *Log:* Extension *f* (d'un terme).

denotative [di'noutətiv], *a.* **1.** (Signe, etc.) indicatif (*of,* de). *Blush d. of guilt, of an uneasy conscience,* rougeur *f* qui était un signe de culpabilité, qui indiquait une conscience inquiète. **2.** *Log:* (*Of meaning, etc.*) Extensif.

denote [di'nout], *v.tr.* **1.** Dénoter, marquer, montrer. *Face that denotes energy,* visage *m* qui dénote l'énergie. *Signs that d. that a crisis is approaching,* signes qui annoncent une crise, qui indiquent, dénotent, qu'une crise se prépare; signes avant-coureurs d'une crise. *Here everything denotes peace,* ici tout respire la paix. *His face denotes the coarseness of his life,* son visage révèle la grossièreté de sa vie. **2.** (*a*) Signifier. (*b*) *Log:* (*Of term*) S'étendre à (plusieurs objets, etc.).

dénouement [de'nuːmɑ̃], *s.* Dénouement *m.*

denounce [di'nauns], *v.tr.* **1.** (*a*) Dénoncer (un criminel, un crime). *To d. one's accomplices,* dénoncer, informer contre, ses complices. *To d. s.o. to the authorities,* déférer qn à la justice, en justice; signaler qn à la justice. (*b*) Démasquer (un imposteur, etc.); dévoiler (une fourberie). (*c*) *Pred. To d. s.o. as an impostor,* taxer qn d'imposture. *This doctrine is denounced as erroneous,* on taxe d'erreur cette doctrine. *To d. s.o. as an upstart,* traiter qn de parvenu. **2.** Invectiver contre, tonner contre (une hérésie, etc.); s'élever contre (un abus); faire le procès (d'un ministre, etc.); condamner (l'art moderne, etc.); exposer (qn) à la vindicte publique. **3.** *A:* Annoncer, prédire (un malheur); prononcer (une peine, un jugement); crier (vengeance). **4.** **To denounce a treaty, a truce,** dénoncer un traité, une trêve.

denouncement [di'naunsmənt], *s.* = DENUNCIATION.

denouncer [di'naunsər], *s.* Dénonciateur, -trice.

de novo [diː'nouvou], *Lt.adv.phr.* A nouveau.

dense [dens], *a.* **1.** *Ph:* (*Of body, metal, etc.*) Dense. **2.** (*Of smoke, etc.*) Épais, -aisse. *D. darkness,* obscurité profonde. *D. fog,* brouillard épais; *F:* brouillard à couper au couteau. *D. crowd,* foule compacte. *D. population,* population nombreuse, dense. *Cloth of d. texture,* étoffe *f* à trame serrée. *For: D. crop,* peuplement serré. **3.** Stupide, bête. *D. ignorance,* ignorance crasse. *D. mind,* esprit lourd, obtus, bouché. *I am no more d. than anyone else, F:* je ne suis pas plus bouché qu'un autre. **4.** *Phot: D. negative,* cliché *m* opaque, dense, intense. **-ly,** *adv.* **1.** *D. wooded country,* pays couvert de forêts épaisses. *D. crowded streets,* rues *f* où se presse une foule compacte. *D. populated region,* région très peuplée. **2.** *D. ignorant,* d'une ignorance crasse.

denseness ['densnəs], *s.* = DENSITY 2, 3.

densher ['denʃər], **denshire** ['denʃər], *v.tr. Agr:* Brûler, écobuer (le sol). (Pratique originaire du Devonshire.) *Patch of denshered land,* brûlis *m.*

denshering, *s.* Brûlage *m*, écobuage *m.*

densimeter [den'simetər], *s.* Densimètre *m* (à gaz, etc.).

densimetric [densi'metrik], *a.* Densimétrique.

densimetry [den'simetri], *s.* Densimétrie *f.*

density ['densiti], *s.* **1.** *Ph: El:* Densité *f* (d'un corps, d'un gaz, etc.); *El:* d'un courant). **2.** Épaisseur *f* (du brouillard, de la fumée, etc.); compacité *f* (du sol, etc.); densité (de la population); encombrement *m* (de la circulation urbaine, etc.). **3.** Épaisseur de l'intelligence; stupidité *f.* **4.** *Phot:* Densité, opacité *f* (d'un cliché); intensité *f* de noircissement. **Density law,** loi *f* des noircissements.

dent[1] [dent], *s.* (*a*) Marque *f* de coup; bossellement *m*, bosselure *f* (d'une théière, etc.); creux *m*, renfoncement *m*; fistule *f* (dans la boiserie). *To remove the dents from an object,* débosseler un objet. (*b*) Brèche *f*, hoche *f* (dans une lame). *F:* **To make a dent in one's fortune,** faire une brèche à sa fortune.

dent[2], *v.tr.* (*a*) Bosseler, bossuer, cabosser (*b*) Ébrécher, hocher (une lame).

dented, *a.* **1.** Bosselé, cabossé. *Aut: D. wing,* aile bossuée, bosselée, faussée. **2.** (*a*) Ébréché. (*b*) Dentelé.

dental ['dent(ə)l], *a.* **1.** Dentaire. **Dental surgery,** chirurgie *f* dentaire. **Dental surgeon,** chirurgien *m* dentiste. *See also* MECHANIC 2. **2.** *a.* & *s. Ling:* Dental, -aux. **Dental (consonant),** (consonne) dentale *f. Dental r,* r cacuminale.

dentaria [den'tɛəria], *s. Bot:* Dentaire *f.*

dentary ['dentəri], *a. Anat:* (Arcade *f*, etc.) dentaire.

dentate ['denteit], *a.* **1.** *Z:* Denté. **2.** *Bot:* Dentelé, denté.

dentation [den'teiʃ(ə)n], *s.* Dentelure *f.*

denticle ['dentikl], *s.* **1.** (*Small tooth*) Denticule *f.* **2.** *Arch:* Denticule *m.*

denticular [den'tikjulər], **denticulate** [den'tikjulet], **denticulated** [den'tikjuleitid], *a.* Denticulé, découpé; garni de denticules.

denticulation [dentikju'leiʃ(ə)n], *s.* Dentelure *f.*

dentiform ['dentifɔːrm], *a.* Dentiforme.

dentifrice ['dentifris], *s.* Dentifrice *m.*

dentil ['dentil], *s. Arch:* Denticule *m.* **Dentil-moulding, -band, -cornice,** denticules.

dentine ['dentiːn], *s. Anat:* Dentine *f*; substance éburnée.

dentist ['dentist], *s.* Dentiste *m. See also* SURGEON-DENTIST.

dentistry ['dentistri], *s.* Art *m* du dentiste, art dentaire; dentisterie *f.*

dentition [den'tiʃ(ə)n], *s.* **1.** *Physiol:* (*Teething*) Dentition *f.* **2.** *Anat:* Dentition; arrangement *m* des dents.

denture ['dentjər], *s.* **1.** *Z:* Denture *f.* **2.** (*Of artificial teeth*) Dentier *m*; pièce *f* dentaire; denture artificielle; *F:* râtelier *m.*

denudation [denju'deiʃ(ə)n], *s.* Dénudation *f*; mise *f* à nu. *Geol:* Érosion *f*, ablation *f. For: etc:* Enlèvement *m* de la couverture; dénudation du terrain.

denudative [di'njuːdətiv], *a.* Dénudant, de dénudation.

denude [di'njuːd], *v.tr.* Dénuder (qch.); mettre (qch.) à nu. *Tree denuded of leaves,* arbre dégarni, dépourvu, de feuilles; arbre dépouillé de ses feuilles; arbre dénudé. *Denuded mountains,* montagnes mises à nu, dénudées, pelées.

denunciation [dinʌnsi'eiʃ(ə)n], *s.* **1.** Dénonciation *f*, délation *f* (d'un complice, etc.); dévoilement *m* (d'une fourberie). **2.** (*a*) Condamnation *f* (d'un abus, de l'art moderne, etc.). (*b*) Accusation publique (de qn). **3.** *A:* Prédication *f*, annonce *f* (du malheur, etc.). **4.** Dénonciation (d'un traité, d'une trêve).

denunciative [di'nʌnsieitiv], **denunciatory** [di'nʌnsiətəri], *a.* **1.** (Écrit *m*, etc.) dénonciateur, -trice. **2.** (Discours *m*, etc.) condamnatoire. *Ecc: Jur:* (Décret *m*, etc.) comminatoire.

denunciator [di'nʌnsieitər], *s.* **1.** Dénonciateur, -trice (d'un coupable, etc.). **2.** Condamnateur *m* (des abus).

deny [di'nai], *v.tr.* **1.** Nier (un fait, une vérité); démentir (une nouvelle). *Jur:* Dénier (un crime); repousser (une accusation). *To d. a statement,* opposer un démenti à une déclaration. **I don't, cannot, deny it,** je n'en disconviens pas; je n'en déconviens pas; je ne m'en défends pas. *The accused denies the charge,* l'accusé nie. *Defendant denied the words,* le défendeur nia avoir prononcé ces paroles. *To d. having done sth.,* nier avoir fait qch.; se défendre d'avoir fait qch. *To d. that this is so, to d. this to be so,* nier qu'il en soit ainsi; disconvenir que cela (ne) soit. *To d. that s.o. has any talent,* refuser tout talent à qn. *I don't d. that he is clever,* je ne disconviens pas qu'il est intelligent, qu'il ne soit intelligent. *I do not d. that we have common interests,* je ne nie pas que nous avons, que nous ayons, des intérêts communs. *I cannot d.* (*but*) *that you are right,* je ne saurais nier que vous n'ayez raison. **There is no denying the fact,** c'est un fait indéniable. **I do not deny the fact that . . .,** j'apprécie le fait que. . . . **There's no denying it,** il n'y a pas à le nier; il n'y a pas de contradiction possible. **There's no denying that . . .,** pas moyen de nier, on ne saurait nier, que. . . . *These concessions can hardly be denied to be dangerous,* on ne saurait nier que ces concessions soient dangereuses. **2.** (*a*) Renier (qn, sa foi). *To d. God,* nier Dieu; nier l'existence de Dieu. *Those who d. Providence,* les négateurs *m* de la Providence. (*b*) *To d. one's signature,* démentir, désavouer, sa signature. *To d. an agreement,* renier un contrat; *A:* plaider contre sa cédule. **3.** **To deny s.o. sth., sth. to s.o.,** refuser qch. à qn. *To d. the door to s.o.,* fermer sa porte à qn. *To d. one's door to visitors, F:* s'enfermer au verrou. *I was denied the door,* j'ai trouvé porte close. *To d. a request,* refuser une prière. **If I am denied . . .,** si l'on m'oppose un refus. . . . *To be denied one's request,* se voir refuser sa demande. *To be denied a right,* se voir frustré d'un droit. *The honours of sepulture were denied to his remains,* on refusa à ses restes les honneurs de la sépulture. *This was denied* (*to*) *me, I was denied this,* on me refusa ceci. *He was denied access to the Queen,* on ne le laissa pas approcher de la Reine. **He is not to be denied,** il le veut à tout prix; il n'acceptera pas de refus. *See also* ADMITTANCE. **4.** (*a*) **To deny oneself sth.,** se refuser qch.; se priver de qch. *To d. oneself nothing,* ne se faire faute de rien. (*b*) **To deny oneself,** faire abnégation de soi-même. *To d. oneself for one's children,* se priver pour ses enfants.

deobstruant [diːɔb'struənt], *a.* & *s. Med:* Désobstruant (*m*), désobstructif, -ive.

deoch-an-dorris ['diɔxən'dɔris], *s.* = DOCH-AN-DORRIS.

deodar ['diːodɑːr], *s. Bot:* Déodore *m*; cèdre *m* de l'Himalaya.

deodorant [di'oudorənt], *s.* = DEODORIZER.

deodorization [dioudorai'zeiʃ(ə)n], *s.* Dé(s)odorisation *f*; enlèvement des odeurs malsaines.

deodorize [di'oudoraːiz], *v.tr.* Dé(s)odoriser.

deodorizing, *s.* = DEODORIZATION.

deodorizer [di'oudoraizər], *s.* Dé(s)odorisateur *m*, dé(s)odorisant *m.*

deontological [diːɔnto'lɔdʒik(ə)l], *a. Phil:* Déontologique.

deontology [diːɔn'tɔlodʒi], *s. Phil:* Déontologie *f.*

deoxid(iz)ation [diːɔksidai'zeiʃ(ə)n, diːɔksi'deiʃ(ə)n], *s. Ch:* Désoxydation *f*, désoxygénation *f.*

deoxidize [diː'ɔksidaiz], *v.tr. Ch: Ind:* Désoxyder, désoxygéner. *Deoxidizing agent* = DEOXIDIZER.

deoxidizer [diː'ɔksidaizər], *s.* Désoxydant *m.*

depart [di'pɑːrt], *v.i.* **1.** (*a*) S'en aller, partir; (*of train*) partir. *To d. from s.o., from a place*, quitter qn, un lieu; s'éloigner de qn, d'un lieu. *You may d.*, vous pouvez vous retirer; vous pouvez nous laisser. *To be on the point of departing*, être sur son départ. (*b*) Mourir. **To depart (from) this life,** quitter cette vie; quitter ce monde; sortir de la vie; partir de ce monde; *Lit:* passer de vie à trépas; trépasser. **2.** (*Diverge*) *To d. from one's duty*, se départir, s'écarter, de son devoir. *To d. from a rule*, sortir d'une règle; se départir d'une règle. *To d. from a custom*, déroger à un usage. *To d. from one's subject*, sortir de son sujet. *To d. from one's reserve*, se dépouiller de sa réserve. *Without ever departing from one of his principles*, sans jamais démordre d'un de ses principes.

departed, *a.* **1.** (*Of glory, etc.*) Passé, évanoui. **2.** Mort, défunt. **The departed,** (i) le défunt, la défunte; le décédé; (ii) *pl.* les morts, les trépassés, les décédés. *To pray for the souls of the d.*, prier pour les âmes des trépassés.

departer [di'pɑːrtər], *s.* Partant *m.*

department [di'pɑːrtmənt], *s.* **1.** (*a*) *Adm: etc:* Département *m*, service *m*; branche *f* (d'une compagnie d'assurances, etc.). (*Capital-*)*issue d.*, service des émissions. *Appointments d.*, service du personnel. *Surgical d.* (*of a hospital*), service de chirurgie. *The different departments*, les différents bureaux (d'une administration). *To solve a problem between the departments concerned*, résoudre un problème interdépartementalement. *Heads of departments*, chefs *m* de service. (*b*) *Ind:* Service (dans une usine, etc.). (*c*) *Com:* (*In shop*) Rayon *m*, comptoir *m*. *The ladies' hand-bag d.*, le rayon des sacs de dame. *U.S:* **Department store,** grand magasin. (*d*) *F: This is my d.*, c'est mon rayon. *In the various departments of literature*, dans les différents genres littéraires. **2.** *U.S:* Ministère *m* (du Gouvernement). **The War Department,** le Ministère de la Guerre; *F:* la Guerre. **3.** *Fr.Geog:* Département.

departmental [dipɑːrt'ment(ə)l], *a.* **1.** (*a*) Départemental, -aux; qui se rapporte à un service. (*b*) *D. committee*, commission ministérielle. *See also* MANAGER 1, ORDER[1] 11. **2.** *Com: U.S:* **Departmental stores,** grand magasin. **-ally,** *adv.* Départementalement.

departure [di'pɑːrtjər], *s.* **1.** Départ *m* (de qn, d'une voiture, d'un train). **To take one's departure,** s'en aller; partir; prendre congé; s'excuser. *See also* ANGLE[1], ARRIVAL 1, LINE[2] 2, PLATFORM 2. **2.** (*a*) *D. from a principle, from a law*, déviation *f* d'un principe, dérogation *f* à une loi. *D. from discipline*, infraction *f*, manquement *m*, à la discipline. *D. from the truth*, manquement à la vérité; *F:* entorse *f* à la vérité. *That is an obvious d. from the truth*, c'est s'écarter manifestement de la vérité. *A d. from his usual habits*, action *f*, procédé *m*, contraire à ses habitudes. (*b*) *Ind: Maximum d.* (*from a standard*), écart *m* maximum. **3. A new departure,** (i) une nouvelle tendance; une nouvelle direction; une nouvelle orientation; une nouveauté; un pas en avant; (ii) *F:* un nouvel usage; une nouvelle règle. *To make a new d. in physics*, ouvrir de nouveaux horizons sur la physique; donner une orientation nouvelle à la physique. *This date marks a d.*, cette date marque une ère nouvelle. **4.** (*a*) *Nau:* Chemin *m* est et ouest. (*b*) Point *m* de départ. **To take (a bearing of) the departure,** prendre le point de départ.

depauperate [diː'pɔːpəreit], *v.tr.* Appauvrir.

depauperation [diːpɔːpə'reiʃ(ə)n], *s.* Appauvrissement *m* (d'une région, etc.).

depauperize [diː'pɔːpəraiz], *v.tr.* **1.** (*a*) (Re)tirer (qn) de l'indigence. (*b*) Abolir l'indigence, le paupérisme, dans (une région). **2.** = DEPAUPERATE.

depend [di'pend], *v.i.* **1.** *A. & Poet:* Pendre (*from*, à); être suspendu (à). **2.** Dépendre (*on*, de). *It depends on you whether you succeed*, il dépend de vous de réussir, que vous réussissiez. **That depends entirely on you,** cela ne tient qu'à vous. **That depends, it all depends,** cela dépend; *F:* c'est selon. *See also* CIRCUMSTANCE 1. *This question depends on another*, cette question se rattache à une autre. *The service depends on the number of travellers*, le service est subordonné au nombre des voyageurs. *The whole of human life depends on chance*, toute la vie humaine roule sur des probabilités. *It depends on whether you are in a hurry or not*, cela dépend: dites-nous d'abord si vous êtes pressé ou non. **3.** (*a*) **To depend on s.o.,** vivre sous la protection, aux frais, de qn; se trouver à la charge de qn; être à charge à qn; recevoir une pension de qn. (*b*) *To d. on foreign supplies*, être tributaire de l'étranger. *She depends on her piano for her livelihood*, elle n'a que son piano pour vivre. *He must d. upon himself for success*, il appartient à lui de réussir. *To d. on oneself*, *F:* voler de ses propres ailes. **4.** (*Rely*) **To depend upon s.o., sth.,** compter sur, se reposer sur, s'appuyer sur, faire fond sur, se fier à, avoir confiance en, qn, qch. *I can d. on him*, je suis sûr de lui. *He is not to be depended upon to . . .*, on ne peut pas compter sur lui, on ne peut pas se fier à lui, pour. . . . *You can never d. on his being up to time*, on ne peut jamais se fier à sa ponctualité. *You can never d. on what he says*, on ne peut pas se fier à ce qu'il dit, à son dire; son dire est sujet à caution. *You can always d. on his work being well done*, vous pouvez vous attendre en toute confiance à ce que son travail soit bon. *You may d. upon him to help you*, vous pouvez compter sur lui pour vous aider; vous pouvez compter qu'il vous aidera. *If I had depended on you!* si j'avais fait fond sur vous! *You may d. upon his coming*, vous pouvez compter qu'il viendra. *You may d. upon it that what I say is true*, vous pouvez vous fier à la vérité de mes paroles; soyez certain que je dis la vérité; *F:* je vous promets que c'est vrai. **(You may) depend upon it,** comptez là-dessus, soyez-en sûr, croyez-le bien; vous pouvez m'en croire. **5.** *Jur:* (*Of suit, bill*) Être pendant.

dependability [dipendə'biliti], **dependableness** [di'pendəbləns], *s.* Confiance *f* que l'on inspire. *D. of a machine*, sécurité *f* (de fonctionnement) d'une machine.

dependable [di'pendəbl], *a.* (*Of pers.*) Digne de confiance; (*of information*) sûr, bien fondé. *D. machine*, machine d'un fonctionnement sûr, d'une sécurité absolue, de tout repos. *He is not d.*, on ne peut pas se fier à lui; on ne peut pas compter sur lui. *The news is not d.*, la nouvelle est sujette à caution. **-ably,** *adv.* D'une manière (i) digne de confiance, (ii) digne de foi.

dependant [di'pendənt]. **1.** *s.* Protégé, -ée; pensionnaire *mf* (de qn). *pl.* **Dependants,** (i) domesticité *f*; (ii) charges *f* de famille. **2.** *a.* = DEPENDENT 1.

dependence [di'pendəns], *s.* **1.** (*a*) *D. on s.o., on sth.*, dépendance *f* de qn, de qch.; sujétion *f* à qn, à qch. *D. of an effect upon a cause*, subordination *f* d'un effet à une cause. *He aimed at freeing the Crown from its d. upon Parliament*, il visait à affranchir la Couronne de toute dépendance du Parlement. (*b*) *D. on s.o.*, le fait d'être à la charge de qn. **2.** Confiance *f* (*on*, en). **To place dependence on s.o., on s.o.'s word,** se fier à qn, aux paroles de qn. *Her chief d. was on her brother*, elle se reposait surtout sur son frère.

dependency [di'pendənsi], *s.* **1.** = DEPENDENCE 1, 2. **2.** Dépendance *f*; annexe *f* (d'une ville, d'un état). *The parish and its dependencies*, la commune et ses écarts *m*. **Dependencies of a house, of an estate,** dépendances d'une maison, d'une terre.

dependent [di'pendənt]. **1.** *a.* (*a*) Dépendant (*on*, de); sujet (*on*, à); *Jur:* relevant (*on*, de). *To be d. on s.o., on sth.*, dépendre, relever, de qn, de qch. *He is entirely d. on himself*, il ne peut compter que sur lui-même. *To be d. on alms*, subsister d'aumônes. *To be d. upon foreign supplies*, être tributaire de l'étranger. *Ind:* **Dependent process,** opération enclenchée. *Mth:* **Dependent variable,** variable dépendante. (*b*) *Gram:* **Dependent clause,** proposition dépendante, subordonnée. (*c*) *To be d. on s.o.*, vivre sous la protection, aux frais, de qn; être à la charge de qn; être à charge à qn; recevoir une pension de qn. *Mil: Man who has a family entirely d. upon him*, soutien *m* de famille. (*d*) *A. & Poet:* Pendant; qui pend; suspendu (*from*, à). **2.** *s.* = DEPENDANT 1.

dephase [diː'feiz], *v.tr. El.E:* Déphaser (le courant).

dephasing, *s. El.E:* Déphasage *m*.

dephlegmate [diː'flegmeit], *v.tr. A.Ch:* Déflegmer.

dephlegmation [diːfleg'meiʃ(ə)n], *s. A.Ch:* Déflegmation *f*.

dephosphorization [diːfɔsforai'zeiʃ(ə)n], *s. Metall:* Déphosphoration *f*.

dephosphorize [diː'fɔsforaiz], *v.tr. Metall:* Déphosphorer (le fer).

depict [di'pikt], *v.tr.* Peindre, dépeindre, décrire, représenter. *The terror depicted in his face*, la terreur peinte sur son visage. *Bible scenes depicted in tapestry*, scènes de l'histoire sainte représentées en tapisserie.

depicter, depictor [di'piktər], *s.* Peintre *m*, descripteur *m*.

depiction [di'pikʃ(ə)n], *s.* Peinture *f*, description *f*.

depilate ['depileit], *v.tr.* Dépiler, épiler; peler (des peaux).

depilation [depi'leiʃ(ə)n], *s.* Dépilation *f*, épilation *f*.

depilatory [de'pilətəri]. *Toil:* **1.** *a.* Dépilatoire; (pommade *f*, pâte *f*) épilatoire; (onguent) dépilatif. **2.** *s.* Dépilatoire *m*.

deplane [diː'plein], *v.i.* Descendre d'avion.

deplenish [di'pleniʃ], *v.tr.* **1.** Dégarnir (une maison, etc.); démunir (*of*, de). **2.** Vider, désemplir (ses poches, etc.).

deplete [di'pliːt], *v.tr.* **1.** (*a*) Épuiser (des provisions, des munitions, etc.). (*b*) *To d. a garrison of troops*, démunir une garnison de ses troupes. **2.** *Med: To d. the system*, décongestionner le réseau sanguin.

depletion [di'pliːʃ(ə)n], *s.* **1.** (*a*) Épuisement *m* (des ressources, etc.). (*b*) Dégarnissement *m* (d'une place forte, etc.). **2.** *Med:* Déplétion *f*.

deplorable [di'plɔːrəbl], *a.* Déplorable, lamentable. **-ably,** *adv.* Déplorablement, lamentablement; d'une façon lamentable.

deplorableness [di'plɔːrəblnəs], *s. The d. of these incidents*, ce que ces incidents offrent de déplorable.

deplore [di'plɔːr], *v.tr.* Déplorer; regretter vivement (une méprise, etc.). *To d. one's ignorance*, se lamenter de son ignorance. *To d. one's fate*, lamenter son sort; se lamenter sur son sort.

deploy [di'plɔi]. *Mil: Navy:* **1.** *v.tr.* Déployer (une colonne, une armée); faire prendre (aux troupes, aux navires) leurs postes de déploiement. **2.** *v.i.* Se déployer.

deployment [di'plɔimənt], *s. Mil: Navy:* Déploiement *m*.

deplumation [diːplu'meiʃ(ə)n], *s.* Perte *f* du plumage; mue *f*.

deplume [di'pluːm], *v.tr.* Déplumer.

depoetize [diː'pouetaiz], *v.tr.* Dépoétiser.

depolarization [diːpoulərai'zeiʃ(ə)n], *s. Opt: El:* Dépolarisation *f*.

depolarize [diː'pouləraiz], *v.tr.* **1.** *Opt: El:* Dépolariser. **2.** *F:* Ébranler, bouleverser (les opinions de qn).

depolarizer [diː'pouləraizər], *s. El:* Dépolarisant *m*.

depone [di'poun], *v.tr. & i. Jur:* = DEPOSE 2.

deponent [di'pounənt], *a. & s.* **1.** *Gram:* (Verbe) déponent (*m*). **2.** *Jur:* (Témoin) déposant *m*.

depopulate [di'pɔpjuleit]. **1.** *v.tr.* Dépeupler. *Region depopulated through dearth of food*, région *f* où la disette a fait le vide. **2.** *v.i.* Se dépeupler.

depopulation [dipɔpju'leiʃ(ə)n], *s.* Dépopulation *f* (d'un pays); dépeuplement *m* (d'une forêt, d'un canton de chasse, etc.).

depopulator [di'pɔpjuleitər], *s.* Dépopulateur, -trice.

deport [di'pɔːrt]. **1.** *v.tr.* (*a*) Expulser (un étranger). (*b*) (*In India*) Mettre (qn) en détention préventive. (*c*) *Fr.Jur:* Déporter (un condamné politique). **2.** *v.pr.* **To deport oneself,** se comporter, se conduire (bien, mal). *He deported himself so prudently that . . .*, il se comporta avec tant de prudence que. . . .

deportation [diːpɔːr'teiʃ(ə)n], *s.* **1.** Expulsion *f* (d'un étranger). *D. order*, arrêté *m* d'expulsion. **2.** (*In India*) Détention préventive. **3.** *Fr.Jur:* Déportation *f* (d'un condamné politique).

deportee [diːpɔːr'tiː], *s.* (*In India*) Détenu, -e.
deportment [di'pɔːrtmənt], *s.* **1.** (*a*) Tenue *f*, maintien *m*. *Lessons in d.*, leçons *f* de maintien. (*b*) Conduite *f*; manière *f* d'agir. **2.** *Ch:* Action *f* (d'un métal).
depose [di'poːuz], *v.tr.* **1.** (*a*) *A:* Poser, déposer (qch.). (*b*) Déposer (un roi, etc.). **2.** *Jur:* (*a*) Affirmer, déposer, témoigner, attester (*that*, que + *ind.*). (*b*) *v.i.* Faire une déposition; déposer. **To depose to a fact,** témoigner d'un fait.
deposit¹ [di'pɔzit], *s.* **1.** *Banking:* Dépôt *m*. *Bank d.*, dépôt en banque. **On deposit,** en dépôt. **Deposit account,** compte *m* de dépôts (à terme). **Deposit for a fixed period,** dépôt à échéance fixe; argent *m* en dépôt à terme. *Jur:* **Deposit and Consignment Office,** Caisse *f* de dépôts et consignations. **2.** (*Pledge*) Consignation *f* (d'une somme); cautionnement *m*; arrhes *fpl*; (*on hiring*) denier *m* à Dieu. **To leave a deposit on sth.,** verser une somme, un acompte, en garantie de qch.; laisser une somme en gage pour qch. **To leave ten pounds as deposit,** laisser dix livres comme arrhes. **To pay a deposit,** verser une provision, des provisions, une caution; verser une somme par provision; donner des arrhes. *To pay a d. on goods*, arrher des marchandises. **3.** (*a*) (*Sediment*) Dépôt(s) *m(pl)*; précipité *m*, sédiment *m*. *Geol:* Gisement *m*, gîte *m*, couche *f*. *See also* SUPERFICIAL 2. **River deposits,** alluvions *f*, apports *m*. *Mineral d.*, gîte minéral. *To form a d.*, se déposer. *Salty d.*, grumeaux *mpl* de sel. *Lime d.*, *hard d.*, dépôt calcaire. *Med:* *Chalky d.*, encroûtement *m* calcique; dépôt calcique. *I.C.E:* *Carbon d.*, encrassement charbonneux; dépôt charbonneux; *F:* calamine *f*. (*b*) *Electrolytic metal d.*, précipité, dépôt, de métal électrolytique. *D. of silver*, précipité d'argent.
deposit², *v.tr.* **1.** Déposer, poser (*sth. on sth.*, qch. sur qch.). *These insects d. their eggs in the ground*, ces insectes déposent leurs œufs dans la terre. **2.** (*a*) **To deposit money with s.o.,** déposer, consigner, de l'argent chez qn. *To d. documents with a bank*, mettre des documents en dépôt dans une banque. *To d. duty copies of a book* (*for copyright*), déposer des exemplaires d'un livre. (*b*) *To d.* £100, laisser cent livres comme arrhes, comme provision. *Cust:* *To d. the duty* (*repayable*), cautionner les droits. **3.** (*Of liquid*) *To d. matter held in suspension*, *abs.* **to deposit,** déposer un sédiment; déposer.
depositing, *s.* Dépôt *m*. *Jur:* *D. of documents* (*in a suit*), apport *m* de pièces.
depositary [di'pɔzitəri], *s.* Dépositaire *m*, consignataire *m*. *Jur:* Séquestre *m* (de biens séquestrés). *F:* *She was the d. of all his troubles*, c'est à elle qu'il confiait tous ses ennuis.
deposition [diːpo'ziʃ(ə)n], *s.* **1.** Déposition *f* (d'un roi, etc.). **2.** Déposition, témoignage *m*. **3.** Dépôt *m* (d'un sédiment). **4.** *Art:* **The Deposition from the Cross,** la Déposition, la Descente de Croix.
depositor [di'pɔzitər], *s.* *Bank:* Déposant *m*. *Depositor's book*, livret nominatif.
depository [di'pɔzitəri], *s.* **1.** Dépôt *m*, magasin *m*, entrepôt *m*. **Furniture depository,** garde-meubles *m inv.* **2.** = DEPOSITARY.
depot ['depou, di'pou], *s.* **1.** *Mil:* *Navy:* Dépôt *m*. (*a*) *Supply d.*, dépôt d'approvisionnement; intendance *f*. *Navy:* **Depot ship,** (transport) ravitailleur *m*. (*b*) *Regimental d.*, dépôt de corps de troupe. **2.** (*a*) *Com:* *etc:* Dépôt, entrepôt *m*. *Fuel-oil d.*, parc *m* à mazout. *Timber d.*, *forest d.*, chantier *m*. *See also* COAL-DEPOT. (*b*) *Tramway d.*, garage *m*, dépôt, de(s) tramways. **3.** ['diːpou] *U.S:* Gare *f* (de chemin de fer). *Freight d.*, gare de marchandises. *Shunting d.*, gare de triage.
depravation [diːprə'veiʃ(ə)n, dep-], *s.* Dépravation *f* (de l'âme, du bon goût, etc.).
deprave [di'preːiv], *v.tr.* Dépraver.
depraved, *a.* (Homme, goût) dépravé.
depravity [di'praviti], *s.* **1.** (État *m* de) dépravation *f*; perversité *f*. **2.** *Theol:* **Total depravity,** état de corruption entière et originelle (de l'homme).
deprecate ['deprekeit], *v.tr.* **1.** *A:* Chercher à écarter (la colère divine, etc.) par des prières. **2.** Désapprouver, désavouer, déconseiller (une action).
deprecating, *a.* Désapprobateur, -trice; (sourire *m*, etc.) de désapprobation. **-ly,** *adv.* D'un air ou d'un ton de désapprobation.
deprecation [depre'keiʃ(ə)n], *s.* **1.** *Theol:* *A:* Déprécation *f*. **2.** Désapprobation *f*, désaveu *m* (*of*, de).
deprecative ['deprekeitiv], *a.* = DEPRECATORY 1.
deprecatory ['deprekeitəri], *a.* **1.** *Theol:* *A:* Déprécatoire, déprécatif. **2.** (Rire *m*, etc.) qui va au-devant des reproches, de la critique.
depreciate [di'priːʃieit]. **1.** *v.tr.* (*a*) Déprécier, rabaisser (la valeur de qch.); avilir (les marchandises). *To d. the franc*, déprécier, dévaloriser, le franc. (*b*) Déprécier, dénigrer, rabaisser, ravaler (qn); parler avec mépris de (qn, qch.). (*c*) *Com:* *Ind:* Amortir (le mobilier, l'outillage, etc.). **2.** *v.i.* Se déprécier; diminuer de valeur; (*of prices, shares, etc.*) baisser.
depreciatingly [di'priːʃieitiŋli], *adv.* D'un air de dépréciation, de mépris, de dénigrement.
depreciation [dipriːʃi'eiʃ(ə)n], *s.* **1.** (*a*) Dépréciation *f* (de l'argent, *Ind:* du matériel, etc.); moins-value *f*; avilissement *m* (des marchandises); dévalorisation *f* (de la monnaie). *Shares that show a d.*, actions *f* qui ont enregistré une moins-value, une baisse (de prix). (*b*) *Ind:* *Book-k:* *Annual d.*, dépréciation annuelle, amortissement *m* annuel. **2.** Dépréciation, dénigrement *m* (d'une bonne action, de qn).
depreciative [di'priːʃiətiv], **depreciatory** [di'priːʃiətəri], *a.* Dépréciateur, -trice. *Ling:* **Depreciatory suffix,** suffixe dépréciatif.
depreciator [di'priːʃieitər], *s.* Dépréciateur, -trice; dénigreur, -euse (du mérite de qn).
depredation [depre'deiʃ(ə)n], *s.* Déprédation *f*, pillage *m*.
depredator ['depredeitər], *s.* Déprédateur, -trice; pillard *m*.
depredatory [depre'deitəri], *a.* (Habitudes *fpl*, etc.) de déprédation.
depress [di'pres], *v.tr.* **1.** (*a*) Abaisser; diminuer la hauteur de (qch.); baisser (qch.). *Artil:* Abaisser (un canon). *Aut:* *etc:* *To d. the pedal*, appuyer sur la pédale; enfoncer la pédale. *To d. fully*, appuyer à fond sur (la pédale, etc.). (*b*) *Mth:* Abaisser (une équation). (*c*) *To d. one's voice*, baisser le ton (de la voix). **2.** (*a*) Abattre (les forces); faire languir, faire végéter (le commerce); faire baisser (le prix de qch.). (*b*) Attrister, décourager, accabler, oppresser, affaisser (qn); *F:* donner le cafard à (qn).
depressed, *a.* **1.** (*a*) *Arch:* (Arc) surbaissé, déprimé. (*b*) *Orn:* (Bec) aplati. **2.** *Com:* (Marché) languissant, déprimé, dans le marasme. **3.** Triste, abattu, déprimé; (malade) affaissé. *To become d.*, se laisser abattre; se déprimer. *He looks d.*, il a l'air abattu. *To be easily d.*, se laisser facilement aller au découragement. *He is easily d.*, un rien l'abat. *To feel d.*, *F:* avoir le cafard.
depressing, *a.* Attristant, contristant. *D. landscape*, paysage *m* triste, maussade. *D. book*, livre décourageant.
depressant [di'presənt]. *Med:* **1.** *a.* Déprimant, sédatif. **2.** *s.* Sédatif *m*.
depression [di'preʃ(ə)n], *s.* **1.** (*a*) Abaissement *m* (de qch.). *Aut:* *Full d. of the pedal*, enfoncement total de la pédale. (*b*) *Artil:* Pointage négatif. **Angle of depression,** angle *m* de dépression, angle de site négatif. (*c*) *Astr:* Dépression *f* (d'un astre, de l'horizon). **2.** Abaissement (d'un son, du mercure). *Meteor:* Dépression, baisse *f*; zone *f* dépressionnaire. **Squall depression** (*in isobar*), crochet *m* de grain. **3.** (*a*) Dépression, dénivellement *m*, enfoncement *m*, creux *m* (de terrain); cuvette *f*; *Agr:* baissière *f*. (*b*) Affaissement *m*, consentement *m* (d'un rail, etc.). (*c*) Trou *m*, godet *m*, poche *f* (dans une plaque, etc.). **4.** *Com:* Crise *f*, affaissement, marasme *m*, stagnation *f* (des affaires). *Business d.*, dépression économique. **5.** Découragement *m*, affaissement, abattement *m*; *F:* affalement *m*, marasme; *P:* le cafard. *He found her in a state of deep d.*, il la trouva dans un état de profond découragement, de profond abattement.
depressor [di'presər], *s.* **1.** *Anat:* (Muscle) abaisseur *m*. **2.** *Surg:* Dépressoir *m*, dépressoire *f*. *See also* TONGUE-DEPRESSOR. **3.** *El.E:* Survolteur *m* (de circuit de terre).
deprivable [di'praivəbl], *a.* (Emploi *m*, fonctionnaire *m*) amovible, révocable.
deprival [di'praivəl], *s.* Privation *f* (*of*, de).
deprivation [depri'veiʃ(ə)n], *s.* **1.** Privation *f*, perte *f* (de droits, etc.). *D. of civil rights*, (i) (*temporary*) interdiction légale, civile, judiciaire; (ii) (*permanent*) dégradation civique. **2.** Dépossession *f* (d'un office); destitution *f*, révocation *f* (d'un ecclésiastique, etc.). *Adm:* *Mil:* **Deprivation of office,** retrait *m* d'emploi.
deprive [di'praːiv], *v.tr.* **1.** *To d. s.o. of sth.*, priver qn de qch., enlever qch. à qn, supprimer qch. à qn; dénantir (un créancier de ses nantissements). *To d. a man of a week's pay*, suspendre la solde d'un homme pour huit jours. *To d. s.o. of a title*, déqualifier qn. *To d. s.o. of food*, priver qn de nourriture; affamer qn. **To deprive oneself,** s'infliger des privations, des jeûnes. *Paper deprived of news*, journal sevré d'informations. **2.** Déposséder (qn) d'une charge; destituer (un prêtre).
depth [depθ], *s.* **1.** Profondeur *f* (d'une rivière, de la pensée, des sentiments, etc.). *Perpendicular d.*, profondeur perpendiculaire; *Mth:* abattement *m*. **In depth,** en profondeur, dans le sens de la profondeur. *The pond is five feet in d.*, l'étang *m* a cinq pieds de profondeur. *At a d. of 50 fathoms*, par 50 brasses de fond. *The lack of d. of the river*, le peu de profondeur de la rivière. **2.** Fond *m*, hauteur *f* (de l'eau). **To go, get, beyond, out of, one's depth,** (i) perdre pied; perdre fond, perdre terre; ne pas avoir pied; (ii) *F:* sortir de sa sphère, de sa compétence; parler de ce qu'on ignore. **To be out of one's depth,** (i) avoir perdu pied; (ii) *F:* n'être pas à la hauteur du sujet traité (par le conférencier, etc.); n'être plus sur son terrain. *To get back into one's d.*, reprendre pied; reprendre terre. *To be within one's d.*, avoir pied. *Nau:* **To try the depth(s),** (essayer de) prendre le fond; trouver le fond. **3.** Hauteur (d'un piston, d'un faux col, d'une frange, etc.); épaisseur *f* (d'une couche). *D. of a bridge arch*, hauteur d'une arche de pont. *Mec.E:* *D. of tooth*, hauteur de dent (d'une roue). *D. of thread of a screw*, hauteur, profondeur, du filet d'une vis. *Mil:* *D.* (*of formation*) *of a battalion*, profondeur d'un bataillon. **4.** (*a*) Gravité *f* (d'un son). (*b*) Portée *f* (de l'intelligence). (*c*) Vigueur *f*, intensité *f* (de coloris). **5.** Fond (d'une forêt, d'une caverne, etc.); milieu *m* (de la nuit). **In the depth of winter,** au cœur, au milieu, de l'hiver; au gros de l'hiver; en plein hiver; au plus fort de l'hiver. **6.** *Tchn:* (*a*) *Mec.E:* **Depth of cut,** (i) avancement *m*; (ii) profondeur de passe, de coupe (d'une machine-outil). (*b*) *Opt:* **Depth of focus,** profondeur de foyer. (*c*) *N.Arch:* Creux *m* (d'un navire). **Moulded depth,** creux sur quille. **7.** *pl.* **The depths.** (*a*) *Lit:* L'abîme *m*, le gouffre. *The depths of unrecorded time*, l'abîme des temps qui n'ont pas laissé d'histoire. *B:* *Out of the depths have I cried unto thee, O Lord*, O Éternel, je t'invoque des lieux profonds. (*b*) Profondeurs (de l'océan, etc.); ténèbres *f* (de l'ignorance, etc.); abîme (de l'affliction). **In the depths of despair,** dans le plus profond désespoir. **The lowest depths,** le dernier degré, le plus profond, *F:* le fin fond, le comble (de la honte, etc.).
'depth-bomb, -charge, *s.* *Navy:* Grenade sous-marine.
'depth-finder, *s.* *Oc:* *Nau:* Sondeur *m*. *See also* SONIC.
depurant [di'pjuərənt, 'depjurənt], *a.* & *s.* *Med:* Dépuratif (*m*).
depurate ['depjureit], *v.tr.* *Med:* Dépurer, purifier (le sang).
depuration [depju'reiʃ(ə)n], *s.* *Med:* Dépuration *f*.
depurative [de'pjuərətiv, 'depjureitiv], *a.* & *s.* *Med:* Dépuratif (*m*); dépuratoire.
deputation [depju'teiʃ(ə)n], *s.* **1.** Députation *f*, délégation *f* (de qn). **2.** *Coll.* Députation (composée de délégués). *To send a d. to confer with s.o.*, envoyer une députation pour conférer avec qn.

depute [di'pju:t], *v.tr.* **1.** Déléguer (*powers to s.o.*, des pouvoirs à qn). **2.** *To d. s.o. to do sth.*, députer, déléguer, qn pour faire qch.

deputize ['depjuta:iz], *v.i.* *To d. for s.o.*, faire l'intérim de qn, remplacer qn; remplir une suppléance; *Th:* doubler (un acteur absent). *The Home Secretary, deputizing for the Premier, replied . . .*, le Ministre de l'Intérieur, qui remplaçait le Premier Ministre, a répondu. . . .

deputy ['depjuti], *s.* Fondé *m* de pouvoir; représentant *m* (de qn). **1.** Substitut *m*, suppléant *m* (d'un juge, etc.); délégué *m* (d'un fonctionnaire). *To act as d. for s.o.*, suppléer qn. *To find a d.*, se faire suppléer. **Ambassador's deputy**, chargé *m* d'affaires. **Deputy-chairman**, vice-président *m*. **Deputy-governor**, sous-gouverneur *m*. **Deputy-judge**, juge *m* suppléant. **Deputy-manager**, sous-directeur *m*. *Sch:* *D. lecturer, master, or mistress*, chargé(e) de cours. *D. chief clerk*, sous-chef *m*. *See also* CONDUCTOR, MAYOR. **2.** (*a*) Délégué, *F:* ambassadeur (d'une association, du peuple, etc.). (*b*) *Fr.Pol:* Député *m*.

deputyship ['depjutiʃip], *s.* Suppléance *f*, délégation *f*.

deracinate [di'rasineit], *v.tr.* Déraciner, extirper (une plante, un préjugé).

deracination [dirasi'neiʃ(ə)n], *s.* Déracinement *m*, extirpation *f*.

derail [di'reil]. *Rail:* **1.** *v.tr.* Faire dérailler (un train). *To be derailed*, sortir des rails; dérailler. **2.** *v.i.* Dérailler; quitter la voie.

derailment [di'reilmənt], *s.* Déraillement *m*.

derange [di'reindʒ], *v.tr.* **1.** Déranger, dérégler, détraquer, fausser (une machine). **2.** (*a*) Déranger (qn, la santé). *To d. s.o.'s plans*, déranger, désorganiser, bouleverser, les projets de qn. (*b*) Aliéner (l'esprit); déranger le cerveau de (qn); jeter le trouble dans l'esprit de (qn).

deranged, *a.* **1.** (*Of machine, etc.*) *To become d.*, se déranger, se dérégler, se détraquer, se fausser. **2.** (*Of pers.*) **To be deranged**, avoir le cerveau dérangé. *His mind is d.*, il a le cerveau détraqué, il n'a plus sa raison, il a perdu l'esprit; c'est un détraqué.

derangement [di'reindʒmənt], *s.* **1.** Déréglage *m* (d'un appareil). *Apparatus liable to d., subject to d.*, appareil susceptible de se détraquer. **2.** (*a*) **Derangement of mind**, dérangement *m* d'esprit; aliénation mentale, confusion mentale; dérèglement *m* d'esprit. (*b*) *D. of digestion*, troubles *mpl* de digestion.

derate [di:'reit], *v.tr.* Dégrever (une industrie).

derating, *s.* Dégrèvement *m*.

deratization [di:ratai'zeiʃ(ə)n], *s.* Dératisation *f* (d'une ferme, etc.); extermination *f* des rats.

Derby ['dɑ:rbi]. **1.** *Pr.n. Geog:* Derby (chef-lieu de comté). **2.** *s. Sp:* **The Derby**, la course classique du Derby (pour poulains entiers de trois ans, courue à Epsom); le Derby. *F:* **Derby dog**, (i) le chien fatal qui traverse la piste au moment psychologique; (ii) observation mal venue; (iii) incident fâcheux et imprévu qui survient à la dernière minute. **3.** *s. Cost:* *U.S:* ['də:rbi] Chapeau *m* melon.

'Derby porcelain, *s.* Porcelaine fabriquée à Derby à partir de 1750. (La variété marquée d'une couronne est dénommée *Crown Derby*, dont le *Derby Crown* est une imitation moderne.)

'Derby recruit, *s.* *Hist:* Soldat recruté sous le régime introduit par Lord Derby (1915).

Derbyshire ['dɑ:rbiʃər]. *Pr.n. Geog:* Le comté de Derby. *Med:* **Derbyshire neck**, goitre *m*. *Miner:* **Derbyshire spar**, = FLUOR-SPAR.

deregister [di:'redʒistər], *v.tr.* Radier (qn, une société, etc.); rayer (qn, etc.) du registre.

deregistration [di:redʒis'treiʃ(ə)n], *s.* Radiation *f* (de qn, d'une association, etc.).

derelict ['derelikt]. **1.** *a.* Abandonné, délaissé, à l'abandon. **Derelict land**, relais *m*. **2.** *s.* (*a*) Objet abandonné; bien *m* sans maître; *Jur:* épave *f*. *Esp. Nau:* Navire abandonné (en mer); épave. (*b*) Délaissé, -ée; épave humaine. **3.** *a. U.S:* (*Of pers.*) To **be derelict (in one's duty)**, être, se montrer, négligent de son devoir.

dereliction [dere'likʃ(ə)n], *s.* **1.** Abandon *m*, délaissement *m*. **2.** Retrait *m*, recul *m* (de la mer). **3.** Négligence *f*, oubli *m* (de son devoir). **Dereliction of duty**, négligence dans le service; manquement *m* au devoir.

derestrict [di:re'strikt], *v.tr.* *Adm: Aut:* **To derestrict a road**, libérer une route de toute restriction de vitesse.

deride [di'raid], *v.tr.* Tourner (qn, qch.) en dérision; bafouer, railler, ridiculiser (qn); se moquer, se rire, se gausser (de qn, de qch.).

derider [di'raidər], *s.* Moqueur, -euse, railleur, -euse.

deridingly [di'raidiŋli], *adv.* = DERISIVELY.

derision [di'riʒ(ə)n], *s.* **1.** Dérision *f*. **Object of derision**, objet *m* de risée. **To hold s.o. in derision**, se moquer de qn. *To be held in d. by all*, être l'objet de la risée universelle. *To bring s.o. into d.*, tourner qn en dérision, en ridicule. *To say, do, sth. in d.*, dire, faire, qch. par dérision. **2.** Objet *m* de dérision. *He became the d. of the whole nation*, il devint la risée de toute la nation.

derisive [di'raisiv], *a.* **1.** Moqueur, ironique. *D. laughter*, rires moqueurs. *D. cheers*, acclamations *f* ironiques. **2.** *D. offer*, offre *f* dérisoire, à faire rire, à se moquer du monde. **-ly**, *adv.* D'un air moqueur; ironiquement.

derisory [di'raisəri], *a.* = DERISIVE.

derivable [di'raivəbl], *a.* **1.** Dérivable; (mot *m*, etc.) que l'on peut tirer, que l'on peut dériver (*from*, de). **2.** *Income d. from an investment*, revenu *m* que l'on peut tirer d'un placement.

derivation [deri'veiʃ(ə)n], *s.* Dérivation *f*. **1.** (*a*) *D. of a doctrine from a source*, emprunt *m* d'une doctrine à une source. *D. of a word from Latin*, dérivation d'un mot du latin. *To find the d. of a word*, trouver la dérivation, l'origine *f*, d'un mot. (*b*) (*Thing derived*) *Doctrine that is but a d. of an old heresy*, doctrine *f* qui n'est qu'un rejeton d'une ancienne hérésie. **2.** *Mth:* *D. of a function*, dérivation d'une fonction. **3.** *Med:* *A:* *D. of the blood from a part*, dérivation du sang d'un organe.

derivative [di'rivətiv]. **1.** (*a*) *a. & s. Gram:* (Mot) dérivé (*m*). (*b*) *a. Geol:* **Derivative rocks**, roches dérivées. **2.** *s.* (*a*) *Ch: Ind:* Dérivé *m*. *Petroleum d.*, dérivé du pétrole. (*b*) *Mth:* Dérivée *f*. *pl.* **Derivatives**, dérivées continues. (*c*) *Mus:* Accord dérivé. (*d*) *Med:* Dérivatif *m*. **-ly**, *adv.* Par dérivation.

derive [di'ra:iv], *v.tr. & i.* **1.** (*a*) *To d. sth. from sth.*, tirer (son origine, etc.) de qch.; devoir (son bonheur, etc.) à qch.; tirer, retirer (des revenus, des renseignements, etc.) de qch.; tenir (des nouvelles) de qch.; trouver, prendre (du plaisir) à qch. *Income derived from an investment*, revenu *m* provenant d'un placement. *To d. an idea from an author*, puiser une idée chez un auteur. *The moon derives its light from the sun*, la lune reçoit, emprunte, sa lumière du soleil. *To d. consolation from religion*, puiser des consolations dans la religion. *He derived much glory from this campaign*, il a rapporté beaucoup de gloire de cette campagne. *Doctrine from which one derives keen satisfaction*, doctrine *f* où l'on goûte de vives satisfactions. *See also* BENEFIT[1] 2. (*b*) *Ch:* *To d. one compound from another*, dériver un composé d'un autre. (*c*) *Ling:* *To d. a word from Latin*, dériver, faire dériver, tirer, un mot du latin. *Word derived from Latin*, mot qui vient du latin. **2. To be derived**, *v.i.* **to derive**, dériver, tirer son origine, (pro)venir, émaner (*from*, de). *Obligations that are derived from a clause*, obligations *f* qui émanent d'une clause. *Consequences that d. from a principle*, conséquences *f* qui découlent d'un principe. **3.** *Med:* *A:* Dériver (le sang).

derm(a) ['də:rm(a)], *s.* *Anat:* Derme *m*.

dermal ['də:rm(ə)l], **dermic** ['də:rmik], *a.* *Anat:* **1.** Cutané. **2.** Dermique.

dermatitis [də:rma'taitis], *s.* *Med:* Dermite *f*, dermatite *f*. *See also* X-RAY.

dermatologist [də:rma'tələdʒist], *s.* Dermatologiste *m*; spécialiste *m* des maladies de peau.

dermatology [də:rma'tələdʒi], *s.* Dermatologie *f*.

dermatosis [də:rma'tousis], *s.* Dermatose *f*.

dermographia [də:rmo'grafia], **dermographism** [də:r'məgrəfizm], *s.* *Med:* Dermographie *f*, dermographisme *m*.

dern [də:rn], *s.*, *v.tr.*, *& int.* *U.S:* *P:* = DARN[3, 4, 5].

derned ['də:rnd], *a.* *U.S:* *P:* = DARNED.

derogate ['derogeit], *v.i.* **1.** *A:* *To d. from a right, from a liberty, etc.*, porter atteinte à un droit, à une liberté, etc. *To d. from s.o.'s authority*, diminuer l'autorité de qn; déprécier la compétence de qn. **2.** *To d.* (*from one's dignity, position, etc.*), déroger (à sa dignité, à son rang, etc.). *Vulgarisms d. from the dignity of tragedy*, les termes *m* vulgaires dérogent à la dignité de la tragédie.

derogation [dero'geiʃ(ə)n], *s.* **1.** *D. of a law*, dérogation *f* à une loi. **2.** (*a*) *D. from a right, from a privilege*, atteinte portée à un droit, à un privilège. (*b*) *Papal usurpations to the d. of the Crown*, usurpations *f* de la papauté au détriment de la Couronne. **3.** Abaissement *m*, ravalement *m* (de qn). **Without derogation**, sans déroger (*from dignity, etc.*, à la dignité, etc.).

derogatory [di'rəgətəri], *a.* **1.** (*a*) Dérogatoire (*from*, à). (*b*) *D. to, from, a right*, attentatoire, qui porte atteinte, à un droit. **2.** Dérogeant, qui déroge (*to*, à). *Actions d. to the nobility*, actions dérogeantes à la noblesse. *Conduct d. to his rank*, conduite *f* indigne de son rang. *To do sth. d. to one's position*, se manquer à soi-même. **3.** Dépréciateur, -trice; qui abaisse, déprécie (*to s.o.*, qn).

derrick ['derik], *s.* **1.** *A:* (*a*) (*Pers.*) Bourreau *m*. (*b*) Potence *f*. **2.** (*a*) Derrick *m*; (grue *f* de) chevalement *m*; potence, écoperche *f*, chèvre *f*. *Oil-well d.*, chevalement de sondage. (*b*) *Nau:* Mât *m* de charge. **Derrick chain**, chaîne *f* de charge. **Derrick span**, martinet *m* du mât de charge.

derring-do ['deriŋ'du:], *s.* Bravoure *f*. **Deeds of derring-do**, hauts faits; bravoures. *To tell of one's deeds of d.-d.*, raconter ses vaillantises *f*.

derringer ['derindʒər], *s.* *Sm.a:* *U.S:* Derringer *m*; pistolet *m* de gros calibre.

dervish ['də:rviʃ], *s.* Derviche *m*. *See also* DANCING[1] 1, HOWLING[1] 1.

desai ['desai], *s.* (*In India*) Percepteur *m*.

desaxé [diz'akse], *a.* *Mec.E:* Désaxé.

descant[1] ['deskant], *s.* **1.** *A.Mus:* (*a*) Déchant *m*. (*b*) Dessus *m*. **2.** *A:* Mélodie *f*, harmonie *f*; prélude *m*.

descant[2] [des'kant], *v.i.* **1.** *A.Mus:* Accompagner (les notes du plain-chant) en déchant. **2.** Discourir, faire des discours, disserter, s'étendre (*on*, sur). *He descanted on the beauty of the bride*, il s'étendit longuement sur la beauté de la mariée.

descend [di'send]. **1.** *v.i.* (*a*) Descendre; (*of rain*) tomber. *The angel descended from heaven*, l'ange est descendu du ciel. *The Spirit of God has descended upon him*, l'Esprit de Dieu a descendu sur lui. *These ancestors whose spirit has descended into you*, ces ancêtres *m* dont l'esprit est passé en vous. *A feeling of sadness descended upon him*, un sentiment de tristesse s'empara de lui; une tristesse s'abattit sur lui. (*b*) **To descend on s.o.**, s'abattre, tomber, sur qn. *The Goths descended upon Rome*, les Goths descendirent sur Rome. (*c*) **To descend to s.o.'s level, to doing sth.**, s'abaisser au niveau de qn, (jusqu')à faire qch. *To d. to lying*, descendre jusqu'au mensonge. (*d*) **To descend, be descended, from s.o.**, descendre de qn; être le descendant de qn; tirer son origine (d'une maison royale, etc.); être issu (de sang royal); sortir, venir (d'une bonne famille). (*e*) (*Of property, privilege*) *To d. from s.o. to s.o.*, passer de qn à qn. **2.** *v.tr.* Descendre, dévaler (une colline, un escalier).

descended, *a.* **Well descended**, de bonne famille.

descending, *a.* **1.** Descendant. *Mus:* *D. scale*, gamme descendante. *Mth:* *D. series*, série descendante. **2.** *D. stair, d. motion*, escalier *m*, mouvement *m*, de descente. *Min:* **Descending shaft**, descente *f* de mine; descenderie *f*. **3.** *Typ:* (Lettre) à queue inférieure.

descendance, -ence [di'sendəns], *s.* **1.** = DESCENT 6 (*a*). **2.** Descendance *f*, postérité *f*, descendants *mpl*.

descendant, -ent [di'sendənt], *s.* Descendant, -ante. *pl.* **Descendants**, descendance *f*, postérité *f*. *To leave no descendants*, ne point laisser de race, de descendants.

descendible [di'sendibl], *a.* 1. Que l'on peut descendre. 2. (*Of property, etc.*) Transmissible (*to*, à).

descensional [di'senʃən(ə)l], *a.* Descensionnel.

descent [di'sent], *s.* 1. Descente *f* (d'un alpiniste, d'un aéronaute, etc.). *Av: Forced d.*, atterrissage forcé. *Theol:* **The Descent**, la descente de Jésus-Christ aux enfers. *Art:* **The Descent from the Cross**, la Descente de Croix. *See also* ANGLE[1] 1. 2. (*Declivity*) Descente, pente *f*. *Sharp d.*, descente rapide, brusque. 3. (*Attack*) Descente, irruption *f* (*on*, dans, à, sur). *The police made a d. upon the night club*, la police fit une descente, a descendu, dans la boîte de nuit. 4. Déchéance *f* (d'une famille, etc.). 5. Abaissement *m*, chute *f* (de température). 6. (*a*) (*Lineage*) Descendance *f*. *Person of noble d.*, personne *f* de haut parage. **To trace one's descent back to William the Conqueror**, faire remonter sa famille à Guillaume le Conquérant. *To boast a long d.*, se vanter d'une longue généalogie. (*b*) Génération *f*. *This land was theirs during four descents*, cette terre leur appartint pendant quatre générations. 7. *Jur:* Transmission *f* (d'un bien) par droit de succession, par héritage.

describable [dis'kraibəbl], *a.* Descriptible.

describe [dis'kraib], *v.tr.* 1. (*a*) Décrire, dépeindre (qn, qch.). *Words cannot d. the scene*, la parole est impuissante à dépeindre la scène. (*b*) *Pred. To d. s.o., sth., as . . .*, qualifier qn, qch., de . . ., représenter qn comme. . . . *To d. oneself as an actor*, se représenter comme acteur; se prétendre acteur. *My decision has been described as arbitrary*, on a qualifié ma décision d'arbitraire. (*c*) *Jur:* Désigner (des titres de propriété, des marchandises, etc.). (*d*) Signaler (un déserteur, un homme recherché par la police). (*e*) **To describe an escutcheon heraldically**, blasonner un écu. 2. Décrire (une courbe, un cercle). *To d. a circle about a polygon*, circonscrire un cercle à un polygone. *To d. a triangle upon a line*, tracer un triangle sur une ligne.

describer [dis'kraibər], *s.* Descripteur *m*.

description [dis'kripʃ(ə)n], *s.* 1. (*a*) Description *f* (de qn, de qch.). *To give a true d. of s.o.*, dépeindre qn tel qu'il est. **Beyond description**, indescriptible. *D. of the morals of the period*, peinture *f* des mœurs de l'époque. *The sittings have been stormy beyond d.*, les séances ont été orageuses, c'était quelque chose d'indescriptible. *See also* BEGGAR[2] 2, DEFY. (*b*) (*Formally*) (i) (*For police purposes*) Signalement *m*. (ii) (*On passports, etc.*) Profession *f*, qualité *f*. **To answer to the description**, répondre au signalement. (iii) *Com:* Désignation *f* (de marchandises). 2. *F:* Sorte *f*, espèce *f*, genre *m*. **People of this description**, les gens *m* de cette espèce, de cette sorte. *Some d. of carriage*, une espèce de voiture. *He is a man of your d.*, c'est un homme dans votre genre. *A scoundrel of the worst d.*, le pire des coquins. **A woman of a certain description**, une femme d'un certain monde.

descriptive [dis'kriptiv], *a.* 1. (*a*) Descriptif. **Descriptive geometry**, géométrie descriptive. *D. catalogue*, catalogue raisonné. *See also* ZOOLOGY. (*b*) *Adm:* Signalétique. *Esp. Mil:* **Descriptive return**, état *m* signalétique. 2. *D. talent*, talent *m* de description.

descry [dis'krai], *v.tr.* Apercevoir, aviser, découvrir, distinguer. *We descried a house in the distance*, on discernait une maison dans le lointain; dans le lointain nous avons reconnu une maison.

Desdemona [dezde'mouna]. *Pr.n.f.* Desdémone.

desecrate ['desekreit], *v.tr.* 1. Profaner (un lieu saint); outrager (l'hospitalité); violer (une sépulture). 2. Profaner; rendre à un usage profane. *Sacred vessels must be desecrated before they are repaired*, pour réparer les vases sacrés il faut d'abord les profaner. 3. *To d. a spot to Satan*, consacrer un lieu à Satan.

desecration [dese'kreiʃ(ə)n], *s.* Profanation *f*. *D. of a grave*, violation *f* de sépulture.

desecrator ['desekreitər], *s.* Profanateur, -trice.

desensitize [di:'sensitaiz], *v.tr.* *Phot:* Désensibiliser (une plaque).

desensitizing[1], *a.* Désensibilisateur, -trice.

desensitizing[2], *s.* Désensibilisation *f*.

desensitizer [di:'sensitaizər], *s.* *Phot:* Désensibilisateur *m*; réducteur *m* de sensibilité.

desert[1] [di'zə:rt], *s.* 1. Mérite *m*. *Each shall be given a place according to his d.*, chacun sera placé en son rang selon son mérite. 2. *Usu. pl.* Mérites; ce qu'on mérite; dû *m*. **According to one's deserts**, selon ses mérites. *To everyone according to his deserts*, à chacun son dû. *To deal with s.o. according to his deserts*, faire justice à qn. **To get, meet with, come by, one's deserts**, avoir ce que l'on mérite; être récompensé selon ses mérites. *He has only got his deserts*, il n'a que ce qu'il mérite. *See also* EACH 2 (*a*).

desert[2] ['dezərt]. 1. *a.* (Région *f*, flore *f*) désertique; (contrée) déserte; (sujet *m*, étude *f*) aride, stérile. *Av: The d. air*, le vide de l'air. 2. *s.* Désert *m*. **The Sahara Desert**, le désert du Sahara. *The deserts of Africa*, l'Afrique *f* désertique. *See also* SHIP[1].

desert[3] [di'zə:rt], *v.tr.* (*a*) Déserter, quitter (un lieu); déserter (son poste). *Abs. Mil:* Déserter. *To d. from the army*, déserter l'armée. (*b*) Abandonner, délaisser (qn). *His friends are deserting him*, ses amis l'abandonnent. *His courage deserted him*, son courage l'abandonna. *Poetry made him d. the bar*, la poésie l'enleva au barreau. *Pol: To d. one's party*, faire défection; *F:* tourner casaque.

deserted, *a.* (*Of pers.*) Abandonné; (*of place*) désert.

deserter [di'zə:rtər], *s.* Déserteur *m*. *D. to the other side*, (i) transfuge *m*; (ii) *Pol: F:* saxon *m*. *See also* DECLARE 1.

desertion [di'zə:rʃ(ə)n], *s.* 1. Abandon *m*, délaissement (de qn). *Jur:* **Wife desertion**, abandon criminel de l'épouse et des enfants. 2. *Mil:* Désertion *f*. *Pol: D. of one's party*, défection *f*.

deserve [di'zə:rv], *v.tr.* Mériter (qch.). *He deserves to be punished*, il mérite d'être puni, qu'on le punisse. *To d. hanging*, être digne, mériter, d'être pendu. *To d. praise*, être digne d'éloges. *To d. one's victory*, to win a deserved victory, remporter une victoire bien méritée. *The penalties which these crimes d.*, la peine due à ces forfaits. **He richly, thoroughly, deserves it!** *F:* il ne l'a pas volé! *Abs.* **To deserve well of s.o., of one's country**, bien mériter de qn, de sa patrie. *As you d.*, selon vos mérites. *See also* TURN[1] 5.

deserving, *a.* (*Of pers.*) Méritant, de mérite; (*of action*) méritoire. *The least d. candidate*, le candidat le moins méritant. *However d. he may be*, quel que soit son mérite. *He is d. of our esteem*, il mérite notre estime. **Deserving case**, cas *m* digne d'intérêt. **-ly**, *adv.* D'une manière méritoire.

deservedly [di'zə:rvidli], *adv.* Justement, dignement; à juste titre, à bon droit.

deservedness [di'zə:rvidnəs], *s.* Justice *f* (d'une punition).

desexualize [di:'seksjuəlaiz], *v.tr.* 1. Désexualiser. 2. Châtrer.

desiccate ['desikeit], *v.tr.* Dessécher, sécher; charquer (la viande à conserver).

desiccation [desi'keiʃ(ə)n], *s.* Dessiccation *f*; dessèchement *m*.

desiccative ['desikeitiv, di'sikətiv], *a.* & *s.* Siccatif (*m*); dessiccatif (*m*).

desiccator ['desikeitər], *s.* 1. (*Pers.*) Sécheur, -euse. 2. (*Apparatus*) Dessiccateur *m*, dessécheuse *f*, séchoir *m*.

desiderate [di'sidəreit], *v.tr.* Soupirer après (qch.); sentir le besoin de (qch.). *The reforms desiderated by the public*, les réformes *f* que réclame le public.

desiderative [di'sidərətiv], *a.* & *s.* *Gram:* (Verbe) désidératif (*m*), méditatif.

desideratum, *pl.* **-a** [disidə'reitəm, -a], *s.* Desideratum *m*, *pl.* desiderata.

Desiderius [desi'di:əriəs]. *Pr.n.m.* Désiré.

design[1] [di'zain], *s.* 1. (*a*) Dessein *m*, intention *f*, projet *m*. *What is your d.?* quel est votre dessein? **By design**, à dessein. *I have a d. for . . .*, j'ai une idée pour. . . . **To have designs on s.o.**, avoir des desseins, des projets, sur qn; *esp.* avoir des vues matrimoniales sur qn. *To have designs on sth.*, avoir des desseins sur qch.; *F:* jeter son dévolu sur qch. *Phil:* **Argument from design**, preuve *f* des causes finales. (*b*) (*End*) But *m*. *What is your d.?* quel est votre but? **With this design . . .**, dans ce but. . . . *The designs of France*, les visées *f* de la France. 2. (*a*) (**Decorative**) **design**, dessin *m* d'ornement; (*in embroidery*) modèle *m*. (*b*) *Tex:* Armure *f*. 3. (*a*) Plan *m* (d'un roman, etc.); grandes lignes, ébauche *f* (d'un tableau, etc.). (*b*) *Ind:* Étude *f*, avant-projet *m* (d'une machine, etc.); calcul *m* (d'un organe). 4. (*a*) Dessin, représentation *f*, forme *f* (d'une machine, etc.). *Machine of well worked out d.*, machine bien établie. *Machine* **of faulty design**, machine mal étudiée, de construction fautive. *In marketing an article d. is as important as construction*, pour le lancement d'un article sur le marché la présentation a autant d'importance que la fabrication. (*b*) Type *m*. *Battleships of different designs*, cuirassés de types différents. *See also* ONE-DESIGN. (*c*) *Com: Our latest designs*, nos derniers modèles. *Car of the latest d.*, voiture *f* dernier modèle.

design[2], *v.tr.* 1. Destiner (*for*, à). (*a*) *To d. a gift, etc., for s.o.*, destiner un cadeau, etc., à qn. *I had designed this bedroom for you*, c'est à votre intention que j'avais aménagé cette chambre; je vous réservais cette chambre. (*b*) *To d. s.o. for the church, for the bar*, destiner qn à la prêtrise, au barreau. (*c*) *To d. sth. for a purpose*, destiner qch. à un usage. *Boats designed for river traffic, for a speed of 20 knots*, bateaux destinés à la navigation fluviale, établis en vue d'une vitesse de 20 nœuds. **Designed speed** (*of a ship*), vitesse prévue, vitesse contractuelle. *Machine designed for a special purpose*, machine construite, étudiée, dans un but spécial. *Vessel designed to launch torpedos*, bâtiment conçu pour lancer des torpilles. 2. *Jur:* (*Scot.*) = DESIGNATE[2] 1 (*a*). 3. Projeter, se proposer (qch.). *To d. to do, doing, sth.*, projeter, se proposer, avoir le dessein, de faire qch. *I d. to winter in Algiers*, j'ai l'intention, je me propose, de passer l'hiver à Alger. 4. (*a*) Préparer (un projet); combiner (un coup). *They had designed (a plan) to delay his arrival by two hours*, ils avaient combiné un coup pour, avaient combiné de, retarder de deux heures son arrivée. (*b*) Dessiner d'original (un bâtiment, une robe, une œuvre d'art, des ornements); établir le plan (d'un bâtiment, d'un avion, etc.); créer, inventer (une robe, un chapeau); établir, dimensionner (un mécanisme, un avion, etc.). *Tex: To d. a cloth*, mettre une étoffe en carte. *Binding designed by . . .*, reliure établie par. . . . *Well designed premises*, local bien agencé. *The new model is much better designed*, le nouveau modèle est bien mieux compris.

designing[1], *a.* Artificieux, intrigant. **-ly**, *adv.* Artificieusement; avec ruse.

designing[2], *s.* Dessin *m*, création *f*, étude *f* (d'une machine, d'un navire, etc.); dessin, création (d'une robe, d'un chapeau). *Tex:* Mise *f* en carte (d'une étoffe). *Ind:* **The designing department**, l'atelier *m* d'études, le service d'études (d'une usine, etc.).

designate[1] ['dezignet], *a.* **Bishop designate**, évêque désigné.

designate[2] ['dezigneit], *v.tr.* 1. (*a*) Désigner, nommer (*s.o. to an office*, qn à une fonction). (*b*) *To d. s.o. as, for, one's successor*, désigner qn pour, comme, son successeur. 2. Désigner, nommer, appeler. *Designated by the name of . . .*, désigné sous le nom de. . . . *He has been designated (as) the most generous man of his age*, il a été représenté comme, il a été appelé, l'homme le plus généreux de son époque. *Rulings designated as arbitrary*, décisions qualifiées d'arbitraires. 3. (*Of things*) Indiquer (qch.). *His dress designated (that he was) a person of importance*, son costume indiquait (qu'il était) un homme d'importance.

designation [dezig'neiʃ(ə)n], *s.* 1. Désignation *f* (d'une personne, d'une marchandise). *The d. shall include a statement of profession and residence*, la désignation devra mentionner la profession et le domicile. 2. Désignation, nomination *f* (d'un successeur). *D. to a post*, nomination à un emploi. 3. Désignation, nom *m*, dénomination *f*. *Known under several designations*, connu sous plusieurs noms.

designedly [di'zainidli], *adv.* A dessein, avec dessein; de dessein prémédité; avec préméditation, avec intention; de propos délibéré; intentionnellement.

designer [di'zainər], *s.* **1.** (*a*) *Art: Ind: Com:* Dessinateur, -trice (qui établit les types d'une invention, d'un article de commerce, etc.). **Garden designer,** architecte *m* de jardins. *Th:* **Stage designer,** décorateur *m* de théâtre. *See also* DRESS-DESIGNER. (*b*) Auteur *m*, inventeur, -trice (d'un projet). *The d. of the plot,* le machinateur du complot. **2.** Intrigant, -ante. **3.** *Tex:* Metteur, -euse, en carte.

desilverize [di:'silvəraiz], *v.tr.* Désargenter. *Desilverized lead,* plomb désargenté. **Pattinson's desilverizing process** (*for lead*), pattinson(n)age *m*.

desipience [di'sipiəns], *s. Lit:* Manque *m* de sérieux; frivolité *f*.

desirability [dizaiərə'biliti], **desirableness** [di'zaiərəblnəs], *s.* Caractère *m* désirable; avantage *m* (d'une ligne de conduite, etc.); attrait *m* (d'une femme).

desirable [di'zaiərəbl]. **1.** *a.* Désirable. (*a*) A désirer; souhaitable, à souhaiter; opportun; avantageux. *It is most d. to know . . .*, il serait opportun de savoir. . . , il importe de savoir. . . . *It is most d. that he should do it,* il y a le plus haut intérêt à ce qu'il le fasse; il est grandement à désirer qu'il le fasse. *Com: This d. property to be sold or let,* belle maison de maître à vendre ou à louer. (*b*) (*Of pers., esp. of woman*) Attrayant; *P:* (femme) qui a de ça. **2.** *s. Usu. pl.* (*a*) *Adm:* **The desirables and the undesirables,** les désirables et les indésirables. (*b*) *F: Young Jones was one of the 'desirables,'* le jeune Jones était parmi les bon partis. **-ably,** *adv.* D'une manière désirable; avantageusement.

desire[1] [di'zaiər], *s.* **1.** (*a*) Désir *m*, souhait *m*. *To have a d. to do sth.*, désirer faire qch.; avoir le désir, avoir envie, de faire qch. *I feel no d. to . . .*, je n'éprouve aucune envie de. . . . *All my desires have been met,* on a déféré à tous mes désirs; tous mes désirs ont été comblés. (*b*) Appétit (charnel); appétence *f*; désir. *Consumed with d.*, consumé par le désir. **2.** Demande *f*, prière *f*. **At, by, s.o.'s desire,** à, sur, la demande de qn; sur, selon, le désir de qn.

desire[2], *v.tr.* **1.** Désirer (qch.); avoir envie de (qch.); vouloir (qch.). *To d. to do sth.*, désirer faire qch.; avoir envie de faire qch. *To d. that . . .*, désirer que + *sub. It is to be desired that . . .*, il est souhaitable que + *sub. If you d. your child to live . . .*, si vous désirez que votre enfant vive. . . . *I d. to know whether . . .*, je tiens à savoir si . . ., je suis désireux de savoir si. . . . **Since you desire it . . .,** puisque vous y tenez. . . . **It leaves much to be desired,** cela laisse beaucoup à désirer. **2.** (*a*) *To d. sth. of s.o.*, demander qch. à qn; désirer qch. de qn. *Mrs Brown desired a peach,* Mme Brown demanda qu'on lui servît une pêche. (*b*) *To d. s.o. to do sth.*, prier qn de faire qch. *I was desired to withdraw for a few minutes,* l'on me pria de me retirer (pour) quelques minutes.

desirous [di'zaiərəs], *a.* Désireux (*of*, de). *To be d. of sth., of doing sth.*, désirer qch.; désirer faire qch.; avoir envie de qch., de faire qch.; être désireux de faire qch. *If I had been d. of a title . . .*, si j'avais ambitionné un titre. . . .

desist [di'zist], *v.i. Lit:* **1.** Cesser (*from doing sth.*, de faire qch.). **2.** *To d. from sth.*, renoncer à qch.; se désister de qch. *To d. from a candidature,* se désister d'une candidature; se désister.

desistance [di'zistəns], *s.* Désistement *m* (*from*, de).

desk [desk], *s.* **1.** (*a*) Pupitre *m*; (*in office*) bureau *m*; (*schoolmaster's*) chaire *f*. *Fixed-top d.*, pupitre à dessus fixe. *Flat-top d.*, bureau plat. **Pedestal desk,** bureau à deux corps de tiroirs; bureau ministre. *See also* READING-DESK, ROLL-TOP. (*b*) *Journ: U.S:* **The desk,** le secrétariat de la rédaction. **2.** = PAY-DESK. **Pay at the desk!** payez à la caisse! **3.** *El.E:* **Switch desk,** pupitre de distribution.

desman ['desmən], *s. Z:* Desman *m*.

desmine ['desmin, -i:n], *s. Miner:* Stilbite *f*.

desolate[1] ['desolet], *a.* Désolé. **1.** Solitaire, abandonné; laissé seul. **2.** (Lieu) désert, vide, ravagé. *D. of inhabitants,* vide d'habitants. **3.** (*a*) Affligé; plongé dans l'affliction. (*b*) *D. cry,* cri *m* de désolation. **-ly,** *adv.* **1.** (Vivre) seul, dans la solitude. **2.** D'un air désolé; avec désolation.

desolate[2] ['desoleit], *v.tr.* Désoler. **1.** (*a*) Ravager (un pays, etc.). *The civil wars that desolated Germany,* les guerres *f* civiles qui désolèrent l'Allemagne. (*b*) (*Of epidemic, etc.*) Dépeupler (une ville). **2.** Affliger (qn); mettre (qn) dans la désolation.

desolateness ['desoletnəs], *s.* = DESOLATION 2 (*a*).

desolation [deso'leiʃ(ə)n], *s.* **1.** Désolation *f*, dévastation *f* (d'un pays vaincu, etc.). **2.** (*a*) Désolation, état désolé (d'un paysage, etc.). **The desolation of the times,** la misère des temps. (*b*) Désolation, chagrin *m*, affliction *f*.

despair[1] [dis'pεər], *s.* **1.** Désespoir *m*; *Lit:* navrance *f*, désespérance *f*. **To be in despair,** être au désespoir; se désespérer. *A dumb d.*, un accablement muet. *To give up* (*the attempt*) *in d.*, y renoncer en désespoir de cause. **To drive s.o. to despair,** désespérer qn; réduire qn au désespoir. *These forms to be filled up drive me to d.*, ces formules *f* à remplir font mon désespoir. **To give way to despair,** se livrer au désespoir. *To sink into d.*, tomber dans le désespoir. **Act of despair,** coup *m* de désespoir. **2.** *F: Child who is the d. of his parents,* enfant qui fait le désespoir des siens.

despair[2], *v.i.* (*a*) Désespérer (*of*, de). *To d. of doing sth.*, désespérer de faire qch. *I d. of his succeeding,* je désespère de le voir réussir. **His life is despaired of,** on désespère de sa vie; on n'a plus d'espoir. *To d. of the future,* envisager l'avenir sans espoir. *Yesterday he was despaired of,* hier on désespérait de le sauver. (*b*) *Abs.* Perdre espoir; (se) désespérer.

despairing, *a.* Désespéré. *In a d. tone,* d'un ton de désespoir. **-ly,** *adv.* Désespérément; avec désespoir. *He clung on d.*, il s'accrochait en désespéré.

despatch [dis'patʃ], *s. & v.* = DISPATCH[1, 2].

desperado [despə'reido], *s.m.* Homme capable de tout; cerveau brûlé; risque-tout *inv.*

desperate ['despəret], *a.* **1.** (*a*) (*Of condition, malady, etc.*) Désespéré. *A d. wound,* une blessure désespérée, terrible, mortelle. (*b*) **Desperate remedy,** remède *m* héroïque. **Desperate cases require desperate remedies,** aux grands maux les grands remèdes. (*c*) *He's a d. fellow,* c'est un homme capable de tout. **2.** (*a*) *A d. man,* un désespéré; un homme aux abois, poussé à bout. (*b*) *D. energy,* l'énergie *f* du désespoir. *D. conflict,* combat acharné; lutte désespérée; lutte à outrance. *D. resistance,* résistance acharnée, éperdue. **To do something desperate,** *F:* faire un malheur. **3.** (*Intensive*) (*a*) Terrible. *A d. earthquake,* un tremblement de terre affreux, épouvantable. (*b*) *F: These ladies are d. tea drinkers,* ces dames sont des buveuses de thé enragées. *He's a d. fool,* il est complètement fou. (*c*) *adv. P:* **He's desperate fond of you,** il vous aime rudement. **-ly,** *adv.* **1.** (Lutter, etc.) désespérément, en désespéré, avec acharnement, avec fureur, à outrance. *To rush d. into the fight,* se jeter à corps perdu dans la mêlée. *Men fighting d. against each other,* hommes acharnés les uns contre les autres. **2. Desperately wounded,** atteint de blessures terribles, d'une blessure terrible; blessé à mort. **3.** (*Intensive*) *F: D. in love,* éperdument amoureux (*with*, de). *She was d. in love with him,* elle l'aimait à en mourir, à la folie. *I was d. afraid,* j'avais un trac terrible. *He is d. fond of you,* il vous aime rudement.

desperateness ['despəretnəs], *s.* **1.** État désespéré. *The d. of his condition, of his position,* son état désespéré; sa position désespérée. **2.** *The d. of such an attempt,* la folie d'une pareille tentative.

desperation [despə'reiʃ(ə)n], *s.* (Outrance *f* du) désespoir *m*. **To drive s.o. to desperation,** pousser qn à bout. **In desperation** *I wrote to my uncle,* en désespoir de cause, j'écrivis à mon oncle. **I was in desperation,** j'étais aux cent coups. *The people rose in d.*, poussé à bout, le peuple se souleva.

despicable ['despikəbl], *a.* (Conduite *f*, action *f*) méprisable, mesquine, digne de mépris. *D. apology,* excuses plates, abjectes, basses. *The d. populace,* la vile populace. **-ably,** *adv.* Bassement, abjectement. *To behave d.*, se conduire en pleutre, en goujat; (*of woman*) se conduire comme la dernière des dernières.

despise [dis'pa:iz], *v.tr.* (*a*) Mépriser (qn, qch.); faire mépris de (qch.); faire fi (d'une menace). *B: He is despised and rejected of men,* il est le méprisé et le rejeté des hommes. (*b*) Dédaigner (qch.). *These things are not to be despised,* cela n'est pas à dédaigner.

despiser [dis'paizər], *s.* Contempteur, -trice; dénigreur, -euse.

despisingly [dis'paiziŋli], *adv.* Avec mépris.

despite [dis'pait]. **1.** *s.* (*a*) *A:* Outrage *m*. (*b*) *A:* Aversion *f*, rancune *f*. (*c*) *Lit:* Sentiment *m* de colère; dépit *m*. **2.** (*a*) *prep. & prep.phr.* **Despite, despite of, in despite of** (**sth.**), en dépit de, malgré (qch.). *D. what she says . . .*, en dépit de ce qu'elle dit . . ., quoi qu'elle en dise. . . . (*b*) *He has become prominent* **in his own despite,** il est devenu éminent, un homme marquant, malgré lui.

despoil [dis'pɔil], *v.tr.* Dépouiller, piller, spolier (qn, qch.). *To d. s.o. of sth.*, dépouiller, spolier, qn de qch. *To d. a tomb,* violer, spolier, un tombeau.

despoiler [dis'pɔilər], *s.* Spoliateur, -trice.

despoilment [dis'pɔilmənt], **despoliation** [dispouli'eiʃ(ə)n], *s.* Spoliation *f*.

despond[1] [dis'pɔnd], *s. A:* Désespérance *f*, découragement *m*. *Still used in* **The slough of despond,** le bourbier du découragement; l'abîme *m* du désespoir.

despond[2], *v.i.* Perdre courage; se décourager, se laisser abattre; voir tout en noir. *To d. of the future,* envisager l'avenir sans espoir; voir l'avenir en noir.

despondency [dis'pɔndənsi], *s.* Découragement *m*, abattement *m*, accablement *m*, affaissement *m*, mélancolie *f*. *To fall into d.*, tomber dans l'accablement.

despondent [dis'pɔndənt], *a.* Découragé, abattu. *He does not allow himself to become d. on account of failure,* il ne se laisse pas abattre par l'insuccès. *To feel d.*, se sentir déprimé; voir tout en noir. *D. gesture,* geste *m* de découragement. *D. sinner,* pécheur accablé de remords. **-ly,** *adv.* D'un air découragé, abattu; avec découragement.

despondingly [dis'pɔndiŋli], *adv.* = DESPONDENTLY.

despot ['despɔt], *s.* **1.** *Hist:* Despote *m*. **2.** *F:* Despote, tyran *m*.

despotic [des'pɔtik], *a.* **1.** (Gouvernement *m*, pouvoir *m*) despotique. **2.** (*Of pers.*) Arbitraire, despote. **-ally,** *adv.* Despotiquement, arbitrairement.

despotism ['despotizm], *s.* Despotisme *m*. *Under iron d., F:* sous un sceptre de fer.

desquamate ['deskwəmeit]. **1.** *v.tr. A:* Desquamer. **2.** *v.i.* Se desquamer, s'exfolier.

desquamation [deskwə'meiʃ(ə)n], *s.* Desquamation *f*, exfoliation *f*.

dessert [de'zə:rt], *s.* **1.** Dessert *m*. **Dessert wine,** vin *m* de liqueur. **2.** *U.S:* Entremets sucré.

des'sert-plate, *s.* Assiette *f* à dessert.

des'sert-spoon, *s.* Cuiller *f* à dessert.

destination [desti'neiʃ(ə)n], *s.* Destination *f*. *To forward a letter to its d.*, faire suivre une lettre à son adresse. *Bus d. sign,* écriteau *m* de direction d'un autobus. (*When touring, etc.*) **To reach destination,** arriver à l'étape *f*, à destination. *We have reached our d.*, nous voilà rendus.

destine ['destin], *v.tr.* **1.** Destiner (*s.o. to a calling,* qn à une carrière). *He was destined for the church,* il fut destiné à l'église. **2.** (*Usu. in pass.*) *I was destined to be unhappy,* j'étais destiné à être malheureux. *He was destined to succeed,* il lui était réservé de réussir. *He was destined never to see her again,* il ne devait plus la revoir. *It was destined that . . .*, il était écrit que. . . . *The destined hour,* l'heure fatale; l'heure marquée par le destin. **3.** *Lit: To be destined for a place,* être en route pour un endroit; être sur le point de partir pour un endroit. *The ship was destined for the Cape,* le vaisseau était en partance pour le Cap.

destiny ['destini], *s.* **1.** Destin *m*, destinée *f*; le sort. *Such was his d.*, telle fut sa destinée. *Carried along by ruthless d.*, emporté par un sort impitoyable. **The Man of Destiny,** l'Homme de la destinée; Napoléon. **2.** *Myth:* (*a*) Le Destin. (*b*) **The Destinies,** les Parques *f*.

destitute ['destitjut], *a.* **1.** Dépourvu, dénué (*of*, de). *A barren waste d. of trees*, un désert aride et dénué d'arbres. *D. of common sense*, dénué de bon sens. **2.** Indigent; sans ressources; souffreteux; *F:* sans le sou, sans un sou vaillant. *The d. indigents*, *s.* **the destitute,** les pauvres, les indigents, les miséreux. *To be utterly d.*, manquer de tout; être dans un dénûment complet. *These losses have left him absolutely d.*, ces pertes *f* l'ont laissé sans le sou. *In my d. condition*, dans le dénûment où je me trouvais. *The most d. were assisted*, les plus dénués furent secourus.

destitution [desti'tju:ʃ(ə)n], *s.* **1.** Dénûment *m*, dénuement *m*, indigence *f*; la misère. *We were never reduced to d. in food and clothing*, nous n'en fûmes jamais réduits au manque de nourriture et de vêtements. **2.** *A:* (*Deprivation of office*) Destitution *f*.

de-store [di:'stɔ:ər], *v.tr.* *Nau:* Désarmer (un vaisseau).

destrier ['destriər], *s.* *A. & Lit:* Destrier *m*; cheval *m* de bataille.

destroy [dis'trɔi], *v.tr.* **1.** Détruire, annihiler (qch.); anéantir (des espérances, etc.). *Artil:* *To d. an obstacle*, disperser un obstacle. *The house was destroyed by the flames*, la maison fut la proie des flammes. *The bad weather had destroyed everything*, *F:* le mauvais temps avait tout vendangé. *Excesses that d. our powers of resistance to disease*, excès *m* qui mettent à bas la résistance vitale. *To d. one's eyes by reading*, user ses yeux à (force de) lire. *To d. the discipline of troops*, démoraliser des troupes; saper la discipline. **2.** Tuer, abattre (un animal). *To d. an injured horse*, abattre un cheval blessé. **To destroy oneself,** se suicider; se détruire.

destroying, *a.* Destructeur, -trice.

destroyable [dis'trɔiəbl], *a.* Destructible.

destroyer [dis'trɔiər], *s.* **1.** Destructeur, -trice. **2.** *Navy:* **(Torpedo-boat) destroyer,** (contre-)torpilleur *m*, *pl.* (contre-)torpilleurs; destroyer *m*.

destructible [dis'trʌktibl], *a.* Destructible.

destruction [dis'trʌkʃ(ə)n], *s.* **1.** (*a*) Destruction *f*, anéantissement *m* (de qch.); consomption *f* (de qch. par le feu); déperdition *f* (de tissu). *D. of a road by a torrent*, rupture *f* d'une route par un torrent. *Malicious d.* (*of property*), sabotage *m*. (*b*) *He is rushing to his own d.*, il court à sa perte. *For the soul to avoid utter d. . . .*, pour échapper à la perdition. . . . *See also* SELF-DESTRUCTION. **2.** *The d. caused by the fire, by the storm*, les ravages *m* du feu, de la tempête. **3.** (*Cause of destruction*) **Gambling was his destruction,** le jeu fut sa ruine, causa sa perte. *Drink was his d.*, c'est la boisson qui l'a perdu.

destructional [dis'trʌkʃən(ə)l], *a.* *Geol:* (Agent *m*) de dénudation.

destructive [dis'trʌktiv], *a.* Destructeur, -trice; destructif. *D. effect of . . .*, effet destructeur de. . . . *D. criticism*, critique destructive. *D. of, to, health*, qui ruine la santé; fatal à la santé. *A d. child*, *F:* un brise-tout *inv.* **-ly,** *adv.* D'une façon funeste. *These drugs act d. upon the health*, ces drogues ruinent la santé, sont fatales à la santé.

destructiveness [dis'trʌktivnəs], *s.* **1.** Effet destructeur, pouvoir destructeur (d'un explosif, etc.). **2.** (*Of child, etc.*) Penchant *m* à détruire, à tout briser; (*in phrenology*) destructivité *f*.

destructor [dis'trʌktər], *s.* **1.** Destructeur, -trice. **2.** *Tchn:* **Refuse destructor,** destructeur *m* de déchets; incinérateur *m* (d'ordures).

desuetude ['deswitju:d], *s.* Désuétude *f*. **To fall into desuetude,** tomber en désuétude. *Jur:* *Law fallen into d.*, loi caduque, tombée en désuétude, désuète.

desulphurization [di:sʌlfərai'zeiʃ(ə)n], *s.* *Ch:* *Ind:* Désulfuration *f*, désoufrage *m*.

desulphurize [di:'sʌlfəraiz], *v.tr.* *Ch:* *Ind:* Désulfurer, désoufrer, dessoufrer.

desultoriness ['desəltərinəs], *s.* Manque *m* de suite, de méthode. *The d. of my reading*, le décousu de mes lectures.

desultory ['desəltəri], *a.* Qui saute d'un sujet à un autre; décousu, sans suite. *D. conversation*, propos interrompus; conversation *f* à bâtons rompus. *To engage in d. conversation*, causer à bâtons rompus; parler de choses et d'autres. *D. reading*, lectures décousues; lecture sans méthode. *In my d. reading*, au hasard de mes lectures. *D. reader*, *F:* lisailleur, -euse. **-ily,** *adv.* D'une manière décousue; sans suite, sans méthode, à bâtons rompus.

detach [di'tatʃ], *v.tr.* **1.** Détacher, séparer (*from*, de); dételer, désatteler (des wagons); décoller (un timbre, etc.). *To d. s.o. from his party*, détacher qn de son parti. *One cannot d. a great man from his times*, on ne peut abstraire un grand homme de son époque. *To d. oneself from the world*, se détacher du monde. **2.** *Mil:* *Navy:* Détacher (des troupes, une lettre, etc.); envoyer (des troupes) en détachement. **3.** *Mus:* *To d. the notes*, détacher les notes.

detached, *a.* Détaché. **1.** Séparé (*from*, de); à part. *One cannot judge the work from d. extracts*, on ne saurait juger de l'œuvre d'après des extraits détachés. *D. house*, maison détachée, isolée. *See also* SEMI-DETACHED. *Fort:* **Detached works,** ouvrages détachés. *Mil:* **Detached post,** poste isolé. *See also* SERVICE[1] 1. **2.** (*a*) (*Of pers.*) Désintéressé; sans préjugés. (*b*) *D. manner*, manière *f* désinvolte; air détaché, indifférent, nonchalant. *In a d. manner*, *F:* sans avoir l'air d'y toucher. *In a d. tone*, d'un ton insouciant, détaché. **3.** *To live d. from the world*, vivre loin du monde.

detachability [ditatʃə'biliti], *s.* Amovibilité *f* (d'une pièce).

detachable [di'tatʃəbl], *a.* Détachable; (*of parts of machine*) amovible, mobile. *D. cover*, couvercle *m* amovible, enlevable. *D. lens*, objectif *m* mobile. *Vice with d. jaws*, étau *m* à mâchoires rapportées. *I.C.E:* *Engine with d. head*, moteur *m* à culasse rapportée. *Aut:* *D. rim*, jante *f* amovible.

detachableness [di'tatʃəblnəs], *s.* Amovibilité *f* (des pièces d'une machine).

detachedly [di'tatʃidli], *adv.* **1.** Séparément; à part. **2.** D'un air insouciant, détaché.

detachedness [di'tatʃtnəs], *s.* **1.** Séparation *f*, isolement *m*, éloignement *m* (*from*, de). **2.** Insouciance *f*, détachement *m*.

detachment [di'tatʃmənt], *s.* **1.** (*a*) Action *f* de détacher; séparation *f* (*from*, de); dételage *m*, désattelage *m* (de wagons). (*b*) Action de se détacher; décollement *m* (d'un timbre, etc.). *Med:* **Detachment of the retina,** décollement de la rétine. **2.** (*a*) Détachement *m* (de l'esprit) (*from*, de); liberté *f* d'esprit; désintéressement *m*. (*b*) Indifférence *f* (*from*, envers); incuriosité *f*; insouciance *f*. (*c*) *D. from the world*, détachement du monde. **3.** *Mil:* Détachement. *Gun d.*, peloton *m* (des servants). **On detachment,** détaché.

detail[1] ['di:teil, di'teil], *s.* **1.** Détail *m*, particularité *f*. **To go, enter, into all the details,** donner, entrer dans, s'étendre sur, tous les détails; raconter les choses par le menu. *To enter into the smallest details*, descendre jusqu'aux plus petits détails. *To go too deeply into details*, descendre dans trop de détails. *Without going* (*further*) *into details*, sans rien préciser. **In detail,** en détail. **In every detail,** de point en point. *In the fullest d.*, dans le plus grand détail. *To tell sth. in d.*, *in greater d.*, raconter qch. par le menu, plus particulièrement. *To do sth. with minute d.*, faire qch. avec minutie. *To do the d. work*, exécuter les détails. **Minor details,** (i) menus détails; (ii) l'accessoire *m*, les accessoires. *I cannot give you any details*, je ne peux vous donner aucune précision. *Let us have the exact details*, précisons. **But that's a detail,** mais c'est là un détail. *There are points of d. to be settled*, il y a des questions de détail à régler. *Mil:* **War of detail,** guerre *f* de détail. *Art:* **To paint with care for detail,** faire soigné. **2.** Organe *m*, pièce composante (d'une machine). **3.** *Mil:* Extrait *m* de l'ordre du jour. *pl.* **Details,** l'ordre *m* du jour. **4.** *Mil:* Détachement *m* (de corvée, etc.).

'detail-drawing, *s.* *Mec.E:* *etc:* Épure *f*.

detail[2], *v.tr.* **1.** Détailler; raconter en détail. *To d. the facts*, énumérer les faits. **2.** *Mil:* *etc:* *To d. s.o. for a duty*, désigner, détacher, qn pour un service; affecter qn à un service.

detailed, *a.* Détaillé; (récit) circonstancié, détaillé. *Surv:* **Detailed survey,** levé *m* de détail. *Phot:* *etc:* *D. work*, travail très fouillé. *See also* ACCOUNT[1] 2.

detain [di'tein], *v.tr.* **1.** Détenir (qn en prison). **2.** (*a*) Retenir, retarder, arrêter (qn); empêcher (qn) de partir. *Ship detained by ice*, navire retenu par les glaces. *This question need not d. us*, cette question ne nous retiendra pas. (*b*) Consigner (un élève). **3.** Retenir, détenir (l'argent de qn, etc.).

detainer [di'teinər], *s.* *Jur:* **1.** Détention (illégale) (d'un objet). **Forcible detainer,** prise *f* de possession (d'un immeuble) sans autorisation légale. **2.** **(Writ of) detainer,** ordre *m* d'incarcération; mandat *m* de dépôt.

detainment [di'teinmənt], *s.* Détention *f* (de qn, d'une somme).

detect [di'tekt], *v.tr.* **1.** Découvrir (le coupable). **To detect s.o. in the act,** surprendre qn sur le fait; prendre qn en flagrant délit. *I have detected several mistakes*, j'ai découvert plusieurs erreurs. *To d. a fault in s.o.*, surprendre un défaut chez qn. **2.** Apercevoir. *To d. a ray of hope*, entrevoir une lueur d'espoir. *To d. a noise*, percevoir un bruit. *Object easy to d.*, but *m* facile à discerner. *Speech in which jealousy could be detected*, discours *m* où perçait la jalousie. **3.** (*a*) *To d. a leakage of gas*, (i) localiser, (ii) chercher, une fuite de gaz. *I.C.E:* *To d. a knock*, vérifier un cognement; ausculter le moteur. (*b*) *W.Tel:* Détecter.

detecting, *a.* Détecteur, -trice. *W.Tel:* **Detecting valve,** lampe détectrice.

detectable, -ible [di'tektəbl], *a.* Que l'on peut découvrir; discernable.

detection [di'tekʃ(ə)n], *s.* **1.** Découverte *f*. **To escape detection,** (i) se dérober aux recherches; (ii) (*of mistake, etc.*) passer inaperçu. *To avoid d.*, éviter de se faire prendre, d'être découvert. **2.** *Tchn:* *D. of air leaks, etc.*, vérification *f* des entrées d'air, etc. **3.** *W.Tel:* Détection *f*.

detective [di'tektiv]. **1.** *a.* Révélateur, -trice; (appareil) révélateur (de fuites, etc.). *See also* POLICE[1]. **2.** *s.* Agent *m* de la police secrète; agent de la sûreté; policier *m*. **Private detective,** détective *m*. **Detective novel,** roman policier. *See also* FORCE[1] 3. *Phot:* *A:* **Detective camera,** appareil *m* détective; détective *m*.

detector [di'tektər], *s.* **1.** (*Pers.*) Découvreur, -euse (d'erreurs, etc.). **2.** *Tchn:* (*a*) Détecteur *m* (de grisou); indicateur *m* (de gaz); délateur *m* (d'une serrure). *W.Tel:* Détecteur (d'ondes). *A:* **Crystal detector,** détecteur à cristaux, à galène. *El:* **Pole detector,** chercheur *m* de pôles. *Tg:* **Linesman's detector,** galvanoscope *m*. *See also* FAULT-DETECTOR, GAS-DETECTOR, LEAK-DETECTOR, SOUND-DETECTOR. (*b*) Signal *m* d'alarme (d'incendie, etc.); avertisseur *m*.

detent [di'tent], *s.* *Mec.E:* Détente *f*; (dispositif *m* d')arrêt *m*; ergot *m*; linguet *m*; cliquet *m*; chien *m* (d'arrêt). **Detent-pin,** pivot *m* ou goupille *f* d'arrêt.

détente [de'tɑ:nt], *s.* Détente *f* (dans les relations politiques).

detention [di'tenʃ(ə)n], *s.* **1.** (*a*) Détention *f* (en prison). *D. on suspicion*, *d. awaiting trial*, détention préventive. **House of detention,** maison *f* d'arrêt, de détention. **Detention barrack,** locaux *m* disciplinaires; prison *f* militaire. **Detention camp,** camp *m* d'internement. (*b*) *Sch:* Consigne *f*, retenue *f*. *To give a boy d.*, mettre un élève en retenue; consigner un élève. **2.** (*a*) Retard *m* (inévitable); arrêt *m*. *Mil:* **Detention allowance,** indemnité journalière. (*b*) *Nau:* Arrêt (d'un vaisseau). *To order the d. of a ship*, mettre arrêt sur un navire. **3.** *Jur:* Détention (d'une somme due, etc.).

deter [di'tə:r], *v.tr.* **(deterred; deterring)** Détourner, décourager, empêcher (*s.o. from doing sth.*, qn de faire qch.) (à cause du danger). **Nothing will deter him,** rien ne le fera hésiter.

deterge [di'tə:rdʒ], *v.tr.* *Med:* Déterger (une plaie, etc.).

detergent [di'tə:rdʒənt], *a. & s.* Détersif (*m*), détergent (*m*), abluant (*m*).

deteriorate [di'ti:ərioreit]. **1.** *v.tr.* (*a*) Détériorer, altérer, avarier. (*b*) Déprécier, avilir; enlever de la valeur à (une terre, etc.). **2.** *v.i.* (*a*) (Se) détériorer, s'altérer, s'avarier, se tarer. *Grain deteriorates with age*, le grain perd en vieillissant. (*b*) Diminuer de valeur; perdre de sa valeur. (*c*) (*Of race, etc.*) Dégénérer. *Art is deteriorating*, les arts *m* dégénèrent.

deterioration [ditiːərio'reiʃ(ə)n], *s.* (*a*) Détérioration *f*, altération *f*; dépérissement *m* (de l'outillage); *F:* avachissement *m*. *D. in quality, in morals,* baisse *f* de qualité, de la moralité. (*b*) Diminution *f* de valeur. (*c*) Dégénération *f* (d'une race); déchéance *f* (des arts).

deteriorative [di'tiːərioreitiv], *a.* Nuisible (*to*, à). *Drugs d. to health,* drogues *f* qui abîment la santé.

determent [di'təːrmənt], *s.* Action *f* de détourner (qn) (*from an action,* d'une action). *They had set man-traps for the d. of poachers,* ils avaient tendu des pièges à loups pour arrêter, effrayer, tenir à distance, les braconniers.

determinable [di'təːrminəbl], *a.* **1.** (*a*) (Quantité *f*) déterminable. *Ch: etc:* (Constituant *m*) dosable. (*b*) (Conditions, etc.) que l'on peut préciser, que l'on peut fixer. **2.** *Jur:* (Contrat *m*) résoluble.

determinant [di'təːrminənt]. **1.** *a.* Déterminant. *D. of sth.,* qui détermine qch. **2.** *s.* (*a*) Cause déterminante (*of*, de). (*b*) *Mth:* Déterminant *m*. (*c*) *Biol:* Déterminant.

determinate [di'təːrminet], *a.* **1.** (*a*) Déterminé; précis; bien défini. *In a d. sense,* dans un sens déterminé. (*b*) Définitif. **2.** *Occ.* = DETERMINED 2. **-ly,** *adv.* **1.** Avec précision. **2.** *Occ.* = DETERMINEDLY.

determination [ditəːrmi'neiʃ(ə)n], *s.* **1.** (*a*) Détermination *f* (d'une date, de la position d'un astre). *D. of compensation,* fixation *f* des indemnités. *D. of penalty,* application *f* de peine. *See also* SELF-DETERMINATION. (*b*) Délimitation *f* (d'une frontière). (*c*) *Ch:* **Quantity determination** (*of ingredients*), dosage *m*. **2.** (*Of pers.*) (*a*) Détermination, résolution *f*. *His d. to build,* son intention arrêtée de bâtir. **To come to a determination,** se décider; arriver à une décision; prendre une détermination. **Air of determination,** air résolu, décidé, déterminé. (*b*) *Phil:* Détermination. **3.** *Jur:* (*a*) Décision *f* (d'une affaire). (*b*) Arrêt *m*, décision, sentence *f*. **4.** (*a*) *Jur:* Résolution, résiliation *f*, résilîment *m* (d'un contrat, etc.). (*b*) Expiration *f* (d'un contrat, etc.). **5.** (*a*) *Ph: etc:* Détermination, tendance *f* (*towards*, vers). (*b*) *Physiol:* *D. of blood to the head,* détermination, afflux *m*, du sang à la tête.

determinative [di'təːrminətiv]. **1.** *a.* Déterminant. *An incident d. of his career,* incident *m* qui décida de sa carrière. **2.** *a.* & *s.* *Gram:* Déterminatif (*m*); (pronom, etc.) démonstratif.

determine [di'təːrmin], *v.tr.* & *i.* **1.** (*a*) Déterminer, fixer (une date, des règles, etc.). *Conditions to be determined,* conditions *f* à définir. *The price is determined by the amount on the market,* le prix est réglé, fixé, par l'offre. (*b*) Déterminer, délimiter (une frontière). (*c*) Déterminer, constater (la nature, les dimensions, de qch.); déterminer (une famille de plantes); apprécier (une distance, etc.). **2.** Décider, résoudre (une question, etc.); régler (un point en litige). *To d. s.o.'s fate,* décider du sort de qn. *This incident determined the whole of his career,* cet incident décida de toute sa carrière. **3.** (*a*) *To d. to do sth., to d. on doing sth.,* décider, résoudre, de faire qch.; se décider, se déterminer, se résoudre, à faire qch. *To d. that . . .,* décider, résoudre, que. . . . (*b*) **We had determined on a piano,** nous avions décidé que nous aurions un piano. **4.** *To d. s.o. to do sth.,* décider, déterminer, qn à faire qch. *This letter determined him not to see her again,* cette lettre le détermina à ne plus la revoir. *These reflexions determined me,* ces réflexions *f* me décidèrent à agir. **5.** *Jur:* (*a*) *v.tr.* Résoudre, résilier (un contrat, un bail). (*b*) *v.i.* (*Of lease, agreement, etc.*) Prendre fin; expirer (à telle ou telle date).

determined, *a.* **1.** (Prix) déterminé; (limite) déterminée. **2.** (*Of pers.*) Déterminé, résolu, volontaire. *D. character,* caractère décidé. *D. chin,* menton *m* volontaire. **3.** **To be determined to do sth.,** être résolu à, vouloir à toute force, vouloir absolument, faire qch. *He is more d. than ever,* il est plus décidé que jamais; il se raffermit dans sa résolution. *To be d. on sth.,* vouloir absolument qch. **-ly,** *adv.* Résolument; d'un air décidé; avec détermination.

determining, *a.* Déterminant.

determiner [di'təːrminər], *s.* **1.** Personne *f* qui détermine, qui décide (une question); arbitre *m* (des modes, etc.). **2.** Vérificateur *m* (*of*, de).

determinism [di'təːrminizm], *s.* *Phil:* Déterminisme *m*.

determinist [di'təːrminist], *s.* Déterministe *mf*.

deterrent [di'terənt]. **1.** *a.* (*a*) (Effet) préventif (d'une peine). (*b*) *We were kept in port by d. weather,* nous étions retenus au port sous la menace de gros temps. **2.** *s.* (*Of penalty, etc.*) *To act as a d. of crime,* servir de préventif *m*, exercer un effet préventif, contre le crime.

detersion [di'təːrʃ(ə)n], *s.* *Med:* Détersion *f*.

detersive [di'təːrsiv], *a.* & *s.* *Med:* Détersif (*m*).

detest [di'test], *v.tr.* Détester. *Detested by all,* détesté de tous. *I d. being interrupted,* je déteste être dérangé; je déteste qu'on vienne me déranger.

detestable [di'testəbl], *a.* Détestable. **-ably,** *adv.* Détestablement.

detestableness [di'testəblnəs], *s.* Caractère *m* détestable (de qch.).

detestation [diːtes'teiʃ(ə)n], *s.* **1.** Détestation *f* (*of*, de). **To have, hold, sth. in detestation,** avoir qch. en horreur; détester qch. **2.** Chose *f* détestable; (objet *m* d')horreur *f*; abomination *f*. *He had become the d. of his party,* il était devenu la bête noire de son parti.

detester [di'testər], *s.* Ennemi, -ie (*of*, de).

dethrone [di'θroun], *v.tr.* Détrôner.

dethronement [di'θrounmənt], *s.* Détrônement *m*, déposition *f*.

dethroner [di'θrounər], *s.* Détrôneur *m*.

detin [diː'tin], *v.tr.* *Metalw:* Désétamer.

detinning, *s.* Désétamage *m*.

detinue ['detinjuː], *s.* *Jur:* Détention (illégale). *Used only in* **Action of detinue,** action *f* en revendication, en restitution.

detonate ['diːtoneit, 'detoneit]. **1.** *v.tr.* Faire détoner (un explosif). *To d. a fog signal,* faire éclater un pétard. **2.** *v.i.* (*a*) Détoner. (*b*) *I.C.E:* (*Of engine*) Cogner.

detonating, *a.* & *s.* Détonant, explosif. *D. mixture,* mélange détonant. *I.C.E: etc:* **Non-detonating mixture,** mélange anti-détonant. *D. gas,* gaz tonnant. *D. aptitude,* aptitude *f* à la détonation. *D. temperature,* température *f* de détonation. *D. wave,* onde explosive. *Ph:* **Detonating bulb,** larme *f* batavique; bombe-chandelle *f*, *pl.* bombes-chandelles.

detonation [diːto'neiʃ(ə)n, de-], *s.* **1.** Détonation *f*, explosion *f*. **2.** *I.C.E:* Cognement *m*, cliquetis *m* (du moteur).

detonator ['diːtoneitər, 'de-], *s.* **1.** Détonateur *m* (d'une torpille, etc.); amorce *f*, capsule *f*. *Fulminating d.,* amorce fulminante. **2.** *Rail:* Pétard *m*.

detour[1] [di'tuər], **détour** ['deituər], *s.* (*a*) Détour *m*. (*b*) *U.S:* Déviation *f* (d'itinéraire, etc.). *Rail:* **Detour ticket,** billet *m* de changement d'itinéraire.

detour[2], *v.* *U.S:* **1.** *v.tr.* Dévier (la circulation). **2.** *v.i.* *Aut:* *To d. to the right round an island,* contourner à droite un refuge.

detoxicate [diː'tɔksikeit], *v.tr.* *Med:* Désintoxiquer.

detoxication [diːtɔksi'keiʃ(ə)n], *s.* *Med:* Désintoxication *f*.

detract [di'trakt]. **1.** *v.i.* **To detract from s.o.'s merit, reputation, etc.,** rabaisser, amoindrir, le mérite de qn; nuire, porter atteinte, à la réputation de qn. **2.** *v.tr.* (*a*) *To d. something, much, from s.o.'s pleasure,* diminuer un peu, de beaucoup, le plaisir de qn. (*b*) *A:* Déprécier, dénigrer (qn); *A:* détracter (qn).

detractingly [di'traktiŋli], *adv.* Par dénigrement; d'un air dénigreur.

detraction [di'trakʃ(ə)n], *s.* (*a*) Détraction *f*, dénigrement *m*. (*b*) *This is no d. from his merits,* ceci n'enlève rien à son mérite.

detractive [di'traktiv], *a.* **1.** (Esprit) détracteur. **2.** *D. from s.o.'s merit, reputation,* qui rabaisse le mérite de qn; qui nuit à la réputation de qn.

detractor [di'traktər], *s.* Détracteur, -trice; avilisseur, -euse; dénigreur, -euse.

detrain [di'trein]. **1.** *v.tr.* Débarquer (des troupes) d'un train. **2.** *v.i.* (*Of troops*) Débarquer (du train).

detraining, *s.* Débarquement *m* (d'un train). *See also* STATION[1] 3.

detrainment [di'treinmənt], *s.* = DETRAINING.

detriment ['detrimənt], *s.* Détriment *m*, dommage *m*, préjudice *m*. **To the detriment of . . .,** au détriment, au préjudice, de. . . . **Without detriment to . . .,** sans préjudice de (mes droits, etc.); sans nuire à. . . .

detrimental [detri'ment(ə)l], *a.* Nuisible, préjudiciable (*to*, à). *It would be d. to my interests,* cela desservirait mes intérêts. **-ally,** *adv.* Nuisiblement; d'une manière préjudiciable, nuisible (*to*, à).

detrital [di'trait(ə)l], *a.* *Geol:* (Dépôt *m*, etc.) détritique.

detrited [di'traitid], *a.* **1.** (*Of coin, etc.*) Usé. **2.** *Geol:* (Terrain *m*, etc.) détritique.

detrition [di'triʃ(ə)n], *s.* *Geol:* Détrition *f*; usure *f*; frottement *m*.

detritus [di'traitəs], *s.* **1.** *Geol:* Détritus *m*(*pl*). *Drift d.,* détritus charriés. **2.** *F:* *Loose d. of lost traditions,* les débris épars de traditions perdues.

deuce[1] [djuːs], *s.* **1.** (*Of dice, dominoes, cards*) Deux *m*. **2.** *Ten:* A deux; égalité *f* (à quarante); quarante A; (*after one player has had advantage*) avantage détruit.

'deuce-ace, *s.* (Coup *m* de dés de) deux et un.

'deuce-set, *s.* *Ten:* Partie *f* où il y a cinq partout, où il y a eu cinq partout.

deuce[2], *s.* *F:* Diantre *m*, diable *m*. **Deuce take . . .!** *A:* au diantre soit . . .! **Go to the deuce!** allez vous promener! va-t'en au diable! **What the deuce** *does he mean?* que diable veut-il dire? *It's snowing* **like the deuce,** il neige que c'est une bénédiction. **To play the deuce with s.o., with sth.,** perdre, ruiner, qn; gâcher qch. *Life out there played the d. with his health,* la vie là-bas a ruiné, ravagé, sa santé. **He's the deuce of a liar,** c'est un satané menteur. **A deuce of a mess,** un joli gâchis. *That was a d. of a time ago,* il y a diantrement, diablement, longtemps de cela. (*Cf.* DEVIL[1] 1 (*b*).)

deuced ['djuːsid]. **1.** *a.* *F:* *A d. lot of trouble,* une peine du diable. *What d. bad weather!* quel diable de temps! *I was in a d. mess!* j'étais dans de beaux draps! **2.** *adv.* *What d. bad luck!* quelle fichue guigne! **-ly,** *adv.* Diablement, diantrement.

deurbanize [diː'əːrbanaiz], *v.tr.* Enlever son caractère urbain à (une région, l'Angleterre, etc.).

deuteragonist [djuːtə'ragonist], *s.* *Gr.Th:* Deutéragoniste *m*.

deuterocanonical [djuːtərokə'nɔnik(ə)l], *a.* *B.Hist:* Deutérocanonique.

deuterograph ['djuːtərograf, -grɑːf], *s.* Passage *m* double (de l'Ancien Testament).

Deuteronomy [djuːtə'rɔnomi], *s.* *B:* Deutéronome *m*.

deutzia ['djuːtsiə, 'dɔitsiə], *s.* *Bot:* Deutzie *f*.

devalorization [diːvalorai'zeiʃ(ə)n], *s.* *Pol.Ec:* Dévalorisation *f*.

devalorize [diː'valoraiz], *v.tr.* Dévaloriser (la monnaie).

devaluate [diː'valjueit], *v.tr.* *Pol.Ec:* Dévaluer (le dollar, etc.). *F:* *To d. s.o.'s worth,* déprécier le mérite de qn.

devaluation [diːvalju'eiʃ(ə)n], *s.* *Pol.Ec:* Dévaluation *f* (de la livre, du franc). *Advocate of d.,* dévaluateur *m*.

devalue [diː'valju], *v.tr.* *Fin:* = DEVALUATE.

devastate ['devəsteit], *v.tr.* Dévaster, ravager. *The war had devastated the whole country,* la guerre avait dévasté, ravagé, tout le pays. *The storm devastated everything,* la tempête a tout moissonné.

devastating, *a.* **1.** (*Of storm, etc.*) Dévastateur, -trice; ravageur, -euse; destructeur, -trice. **2.** *F:* (Argument) accablant; (charme) fatal. *D. vulgarity,* vulgarité désespérante. **-ly,** *adv.* *F:* Devastatingly funny, d'un comique à se tordre.

devastation [devəs'teiʃ(ə)n], *s.* **1.** Dévastation *f*. **2.** *Jur:* Dilapidation *f* (d'une succession par le curateur).

devastator ['devəsteitər], *s.* Dévastateur, -trice.

devastavit [diːvas'teivit], *s. Jur:* Action *f* en dilapidation (contre un curateur); action en maladministration (des biens d'un mineur).

develop [di'veləp], *v.* (**developed** [di'veləpt]; **developing** [di'veləpiŋ]) I. *v.tr.* **1.** *Geom: Mth:* Développer (une surface, une fonction). **2.** (*a*) Développer (les facultés, etc.). *Gymnastics d. the body,* la gymnastique développe le corps. (*b*) Développer, exposer graduellement, amplifier, élargir (une pensée, etc.). (*c*) *Mil: To d. an attack,* développer une attaque. (*d*) *Chess: To d. one's game, one's pieces,* déployer son jeu. **3.** *To d. a district, a coal area, etc.,* exploiter, mettre en valeur, faire valoir, une région, un bassin houiller, etc.; développer les ressources d'une région. **4.** *To d. heat,* engendrer de la chaleur. *Heat developed,* chaleur développée, engendrée. **5.** (*a*) Contracter (une maladie). *To d. fever, whooping cough, F:* faire de la fièvre, de la coqueluche. *He developed a tumour,* il lui est venu une tumeur. (*b*) *F:* Contracter (une mauvaise habitude); manifester (une tendance à . . .). *At school he developed a great gift for mathematics,* à l'école il se révéla très doué pour les mathématiques. **6.** (*a*) *Phot:* Révéler, développer (une plaque, une épreuve). *See also* OVER-DEVELOP. (*b*) *U.S: The enquiry has developed some new facts,* l'enquête *f* a mis à jour, a révélé, a fait connaître, des faits nouveaux.

II. **develop,** *v.i.* **1.** (*a*) (*Of the body, the faculties, etc.*) Se développer. *Young man whose character is developing,* jeune homme qui se fait. *Fully developed horse,* cheval fait. *We must let the scheme d., let things d.,* il faut laisser couver le projet, laisser dérouler les choses. *They had met but the acquaintance had not developed,* ils s'étaient rencontrés mais sans entrer en relations suivies. *Bot:* (*Of plant*) *To d. imperfectly,* avorter. (*b*) *London developed into the general mart of Europe,* Londres devint peu à peu le grand marché de l'Europe. **2.** Se manifester, se révéler; (*of crisis*) se produire. (*a*) *Fever developed,* la fièvre se déclara. *An abscess had developed,* il s'était formé un abcès. (*b*) *U.S: A new feature of the case developed to-day,* l'affaire a pris aujourd'hui une nouvelle tournure. *It developed to-day that . . .,* nous apprenons aujourd'hui que. . . .

developing[1], *a.* **1.** Développant. **2.** Qui se développe, qui fait des progrès, qui se fait.

developing[2], *s.* **1.** Développement *m,* exploitation *f,* mise *f* en valeur (d'une région, etc.). *Chess:* Déploiement *m* (des pièces). **2.** *Phot:* Développement. *D. of prints,* tirage *m* par développement. **Developing bath,** (bain) révélateur *m*; bain de développement. **Developing dish, developing tray,** cuvette *f.* **Developing tank,** cuve *f* à développement. *Cin:* **Developing rack,** châssis *m,* cadre *m,* de développement. **Developing (out) paper,** papier *m* à image latente.

developable [di'veləpəbl], *a. Geom:* (Surface *f*) développable.

developer [di'veləpər], *s.* **1.** (*a*) Personne *f* qui développe, qui met en valeur (une région, etc.). (*b*) *Phot:* (*Pers.*) Développeur *m.* **2.** *Phot:* (Agent) révélateur *m.* **3.** *Gym:* Sandow *m,* exerciseur *m.*

development [di'veləpmənt], *s.* **1.** *Geom: Mth:* (*a*) Développement *m* (d'une surface, d'une fonction). (*b*) Développée *f* (d'une spirale). **2.** (*a*) Développement (du corps, des facultés). (*b*) Développement, amplification *f* (d'un sujet); élargissement *m* (d'une idée). (*c*) *Chess: D. of one's game, of one's pieces,* déploiement *m* de ses pièces. **3.** Exploitation *f,* mise *f* en valeur (d'une région, etc.). *D. of building ground,* lotissement *m* d'un terrain à bâtir. *D. companies,* sociétés *f* d'exploitation. **4.** *Phot:* Développement. **5.** (*a*) Développement, progrès *m*; déroulement *m* (des événements, etc.). (*b*) Évolution *f* (des événements, de la pensée, des animaux). **6.** Fait nouveau. *A new d. occurred,* un nouveau fait se produisit. *To await further developments,* attendre pour voir quelle tournure prendront les choses; attendre les événements.

developmental [diveləp'ment(ə)l], *a.* Qui appartient au développement, à l'évolution. *D. ailments,* troubles *m* de croissance.

deviate ['diːvieit], *v.i.* Dévier, s'écarter (*from,* de). *Ph:* (*Of beam*) S'infléchir. *Ball:* (*Of projectile*) Dériver. *To d. from one's duty,* se départir, s'éloigner, sortir, de son devoir; s'écarter du devoir. *El: etc:* **Deviating power,** force *f* de déviation.

deviation [diːvi'eiʃ(ə)n], *s.* **1.** Déviation *f* (*from,* de); écart *m.* *D. from one's instructions,* dérogation *f* à ses instructions. *Med:* **Conjugate deviation of the eyes,** déviation conjuguée des yeux. *Nau:* **Deviation of the compass,** déviation. *Ball:* **Lateral deviation,** dérivation *f.* **Vertical deviation,** écart en hauteur. **2.** *Com: Ins:* Déroutement *m* (d'un navire, entraînant l'annulation des polices d'assurance et de la charte-partie).

deviatory ['diːviətəri], *a.* Déviateur, -trice.

device [di'vais], *s.* **1.** (*a*) Expédient *m,* moyen *m.* *Temporary devices,* moyens temporaires. (*b*) *Esp. pl.* Inclination *f,* caprices *mpl.* **To leave s.o. to his own devices,** abandonner qn à ses propres moyens; laisser qn s'occuper comme bon lui semble; livrer qn à lui-même. (*c*) Stratagème *m,* ruse *f*; *F:* ficelle *f.* *Through this d. he put the police off the scent,* grâce à cette ruse il put dépister la police. **2.** Dispositif *m,* appareil *m,* mécanisme *m,* invention *f,* arrangement *m*; *F:* truc *m.* *Ignition d.,* dispositif d'allumage. *Lubricating devices,* appareils de graissage. *Mil: Light and smoke devices,* artifices *mpl.* *F: A new d.,* un nouveau système; *P:* un nouveau truc. **3.** (*a*) *A:* Forme *f,* figure *f,* image *f,* dessin *m.* (*b*) Emblème *m,* devise *f.* *A banner with a strange d.,* une bannière portant une devise étrange. (*c*) *Her:* Devise ou meuble *m* (de l'écu).

devil[1] ['dev(i)l], *s.* **1.** (*a*) Diable *m.* *Jesus was tempted by the d.,* Jésus fut tenté par le diable. **The devil's advocate,** l'avocat *m* du diable. *F:* **The devil on two sticks,** le diable boiteux. **To be between the devil and the deep sea,** se trouver entre des alternatives également désespérées; être entre l'enclume et le marteau; être entre Charybde et Scylla; avoir affaire au curé et aux paroissiens. **Talk of the devil and his horns will appear, and he's sure to appear,** quand on parle du loup, on en voit la queue. **To paint the devil blacker than he is,** faire le diable plus noir qu'il n'est. **The devil rebuking sin,** le diable qui s'est fait ermite. **Devil take it!** que le diable l'emporte! **To send s.o. to the devil,** envoyer qn au diable, à tous les diables; *P:* envoyer dinguer qn. **To go to the devil,** se ruiner, se perdre, se couler. **Go to the devil!** allez vous promener! *P:* va te faire fiche! **To play the devil,** faire le diable à quatre. **To play the (very) devil with s.o., sth.,** faire un mal du diable à qn; mettre la confusion dans qch.; ruiner qch. *Drinking has played the d. with his health,* la boisson a ruiné sa santé. **To raise the devil about sth.,** faire un boucan, un bacchanal, de tous les diables au sujet de qch.; faire un bruit infernal. **He's the devil incarnate,** c'est un vrai démon; c'est un diable incarné, un diable à quatre. **He has a bit of the devil in him** = *he's a bit of a devil, q.v. under* 2. *The devil's in it!* le diable s'en mêle! **The devil's bones,** les dés *m.* **The devil's picture book,** les cartes *f.* *Cards:* **The devil's bedpost,** le quatre de trèfle. *Mil: F:* **The Devil's Own,** (i) *A:* le 88ième régiment d'infanterie; (ii) les *Inns of Court volunteers.* *See also* CANDLE[1] 1, COACH-HORSE 2, DARNING-NEEDLE 2, DUE[2] 1, HINDMOST, LIMB[1] 2, LUCK 2, NEEDS, PULL[2] 2, TATTOO[1]. (*b*) *F:* **What the devil are you doing?** que diable faites-vous là? **How the devil . . .?** comment diable . . .? **To work like the devil,** travailler avec acharnement. *To run like the d.,* courir comme un dératé. **There'll be the devil to pay,** les conséquences seront sérieuses; *F:* après ça, quelle note à payer! gare la danse! (*Of a task, etc.*) **It's the devil,** c'est le diable; c'est le diable à confesser. **It's the devil and all to get him to consent,** c'est la croix et la bannière pour le faire consentir. *It's the d. of a way,* c'est au diable vauvert. *A d. of a wind,* un vent du diable. *A d. of a business,* une diable d'affaire. *A d. of a row, of a job,* un vacarme, un bruit, un travail, de tous les diables. *He is a d. of a fellow,* c'est un garçon terrible. *He has a d. of a temper,* il a le caractère mal fait; il est mauvais coucheur. *To be in the, a, d. of a funk,* avoir une frousse, un trac, de tous les diables. **Devil a one!** pas un! personne! **Devil a bit!** pas du tout! pas le moins du monde! **2.** (*a*) Démon *m.* **She-devil,** (i) diablesse *f*; (ii) *F:* mégère *f.* *Prince of devils,* prince *m* des démons. *To raise a d.,* évoquer un démon. *F:* **To raise the devil in s.o.,** évoquer les pires passions chez qn; mettre qn dans une colère folle; mettre qn en humeur de tout casser. *To cast out a d.,* chasser un démon. *F:* **Blue devils,** diables bleus; humeur noire; le cafard. *F:* **Poor devil!** pauvre diable! **He's a bit of a devil,** (i) c'est une tête brûlée; (ii) il est quelque peu rageur. *See also* SEA-DEVIL. (*b*) *Cu:* **Devils on horseback** = *angels on horseback, q.v. under* ANGEL 4. **3.** *F:* (*a*) Nègre *m* (d'un écrivain, d'un avocat). (*b*) *Typ:* **Printer's devil,** apprenti imprimeur. **4.** (*a*) Pot *m* à feu; brasero *m.* (*b*) Lampe *f* (de peintre en bâtiments). **5.** *Ind:* Nom de dispositifs divers à dents ou à pointes. *Tex: Paperm:* Dérompoir *m,* effilocheuse *f.* **6.** (*In Africa*) (**Dust-**)**devil,** tourbillon *m* de poussière.

'devil-carriage, -cart, *s. Artil:* Triqueballe *m*; trique-balle *m, pl.* trique-balles.

'devil-dodger, *s. P:* Ecclésiastique *m,* prêtre *m.*

'devil-fish, *s.* **1.** *Ich:* = ANGLER 2. **2.** *Moll:* Pieuvre *f,* poulpe *m.*

'devil-in-the-'bush, *s. Bot:* Nigelle *f.*

'devil-like, *a.* (Cruauté *f,* etc.) diabolique.

'devil-may-'care, *a.* & *s.* *D.-m.-c.* (*person*), cerveau brûlé; tête brûlee; casse-cou *m inv*; un j'm'en-fichiste. *D.-m.-c. spirit,* esprit (i) téméraire, (ii) insouciant.

'devil's-'bit. *See* SCABIOUS 2.

'devil's claw, *s. Mec.E:* Tendeur *m* à pouce articulé; chien *m.*

'devil's-guts, *s. Bot:* Cuscute *f.*

'devil's-milk, *s. Bot:* **1.** Euphorbe *f* réveille-matin. **2.** Grande chélidoine.

'devil-worship, *s. Anthr:* Démonolâtrie *f.*

devil[2], *v.* (**devilled; devilling**) **1.** *v.i. F:* **To devil for s.o.,** servir de nègre à (un avocat, etc.). **2.** *v.tr.* (*a*) *Cu:* Faire griller et poivrer fortement (de la viande). **Devilled grill,** grillade *f* au feu d'enfer. (*b*) *Paperm: etc:* Effilocher (des chiffons, etc.). (*c*) *U.S: F: To d. s.o. with questions,* harceler qn de questions.

devilish ['devliʃ]. **1.** *a.* (*a*) Diabolique. *A d. plot to ruin you,* un complot diabolique pour vous perdre. (*b*) *F:* De diable, du diable, maudit, satané. **2.** *adv. F: It's d. hot!* il fait rudement chaud! il fait une chaleur du diable. **-ly,** *adv.* **1.** Diaboliquement. **2.** *F: D. pretty,* diablement joli. *D. glad,* rudement content; *P:* bougrement content.

devilishness ['devliʃnəs], *s.* Nature *f* diabolique (d'une invention, etc.).

devilism ['devlizm], *s.* Satanisme *m.*

devilment ['devlmənt], **devilry** ['devlri], *s.* **1.** (*a*) Diablerie *f.* (*b*) Magie (noire). **2.** *To be full of d.,* avoir le diable au corps; avoir le cerveau brûlé.

deviltry ['devltri], *s. Scot.* & *U.S:* = DEVILRY.

devious ['diːviəs], *a.* **1.** (*Of course, way*) Détourné, tortueux, oblique. *F: To take d. ways to achieve one's end,* prendre des voies détournées pour arriver à son but. **2.** *A:* (*Of place*) Écarté, détourné. **3.** (*Of spirit*) Errant, vagabond. **-ly,** *adv.* D'une façon détournée; par des détours.

deviousness ['diːviəsnəs], *s.* Détours *mpl,* tortuosité *f* (d'un sentier, de la pensée).

devirilize [diː'viriləiz], *v.tr.* Efféminer.

devisable [di'vaizəbl], *a.* **1.** Imaginable. **2.** *Jur:* (Bien immobilier) disponible (par testament).

devise[1] [di'vaːiz], *s. Jur:* **1.** Dispositions *f* testamentaires de biens immobiliers. **2.** Legs (immobilier).

devise[2], *v.tr.* **1.** Combiner (un projet); inventer, imaginer, trouver (un appareil, un expédient); tramer (un complot). *To d. some good plan,* s'aviser d'un bon expédient. *If you can d. how to do it,* si vous pouvez trouver le moyen de le faire. *Speech devised* *to impress*, discours destiné à frapper les esprits. **2.** *Jur:* Disposer par testament de (biens immobiliers); léguer (des biens immobiliers).

devising, *s.* **1.** Invention *f* (d'un appareil, etc.). *The plot of the play is of his own d.*, il a inventé, imaginé, lui-même l'intrigue de la pièce. **2.** *Jur:* Disposition *f* par testament.

devisee [divai'zi:], *s. Jur:* Institué, -ée; légataire *mf*; héritier ou héritière testamentaire.

deviser [di'vaizər], *s.* Inventeur *m* (d'un appareil, etc.).

devisor [di'vaizər], *s. Jur:* Testateur, -trice.

devitalize [di:'vaitəla:iz], *v.tr.* Dévitaliser (une dent, etc.).

devitrification [di:vitrifi'keiʃ(ə)n], *s.* Dévitrification *f* (du verre).

devitrify [di:'vitrifai], *v.tr.* Dévitrifier (le verre).

devoid [di'vɔid], *a.* **1.** Dénué, dépourvu (*of*, de). *D. of sense*, dépourvu de sens, vide de sens. **2.** *D. of cares*, exempt de soucis.

devoir ['devwa:r], *s.* Devoir *m. Esp. in the phr.* **To pay one's devoirs to s.o.**, rendre ses devoirs à qn.

devolution [devo'lju:ʃ(ə)n], *s.* **1.** *Biol:* Dégénération *f* (d'une espèce); dégénérescence *f.* **2.** *Jur:* (*a*) Dévolution *f*; transmission *f* par succession. *Hist:* **The War of Devolution**, la Guerre de Dévolution. (*b*) Déchéance *f* (d'un droit) (en faveur de l'ultime propriétaire). *Ecc:* Dévolution, dévolu *m* (d'un bénéfice). **3.** *Pol:* (*a*) Délégation *f* (de pouvoir). (*b*) Décentralisation administrative.

devolve [di'vɔlv]. **1.** *v.tr.* (*a*) *To d. a duty, a responsibility, to, upon, s.o.*, se décharger sur qn d'un devoir, d'une responsabilité. (*b*) *To d. duties, powers, to s.o.*, déléguer, transmettre, des fonctions, des pouvoirs, à qn. **2.** *v.i.* (*a*) Revenir, incomber, échoir (*on, upon*, à). *The responsibility that devolves on the tenant*, la responsabilité qui incombe au locataire. *The duty devolved upon me to . . .*, le devoir m'échut de. . . . *Upon him would d. the chief labour*, c'est à lui que reviendrait la partie la plus importante du travail. *It devolves upon me to . . .*, c'est à moi (qu'il incombe) de. . . . *All the responsibility devolves on me*, toute la responsabilité retombe sur moi. (*b*) *Jur:* (*Of property*) *To d. to, upon, s.o.*, être dévolu à qn. *The estate devolved upon him*, c'est lui qui a hérité.

Devon ['devən]. *Pr.n.* = DEVONSHIRE.

Devonian [di'vounjən], *a.* & *s.* **1.** (Habitant *m*, natif *m*) du Devon. **2.** *Geol:* Dévonien. **Middle-Devonian**, mésodévonien.

Devonshire ['devənʃər]. *Pr.n. Geog:* Le Devonshire; le comté de Devon. **Devonshire cream**, crème caillée. *See also* SPLIT[1] 4.

devote [di'vout], *v.tr.* Vouer, consacrer (*s.o., sth., to sth.*, qn, qch., à qch.); consacrer, dévouer (son temps, son argent, etc., à qn, à qch.); affecter, appliquer (une somme à qch.); accorder (du temps à qch.); vouer, condamner (qch. à la destruction). *To d. one's life to helping the poor*, dépenser sa vie à secourir les pauvres. *To d. all one's energies to doing sth.*, employer toute son énergie à faire qch. *District devoted to industry*, région consacrée, donnée, à l'industrie. *Review specially devoted to history and geography*, revue spéciale à l'histoire et à la géographie. *Two columns are devoted to book criticism*, deux colonnes sont affectées aux revues littéraires. *To d. oneself to sth.*, se vouer, se consacrer (à Dieu, à une occupation); se dévouer (à sa patrie); se livrer (au plaisir); s'adonner, se livrer (à l'étude, etc.). *To d. oneself to the Muses*, se vouer au culte des Muses. *To d. oneself anew to business*, se redonner aux affaires.

devoted, *a.* **1.** Dévoué, attaché (*to*, à). *A few d. friends*, quelques amis dévoués. *To be wholly d. to s.o., to s.o.'s cause*, être tout acquis, entièrement acquis, à qn; *A. & Lit:* être à la dévotion de qn. *A tribute from a few d. admirers*, un hommage de quelques fervents admirateurs. *They are d. to each other*, ils sont dévoués l'un à l'autre. *D. to work*, assidu au travail. **2.** *A. & Lit:* Voué au malheur; condamné à la ruine. **Blows fell thick and fast upon his devoted head**, il courbait la tête sous les coups du malheur. **-ly**, *adv.* Avec dévouement. *D. attached to s.o.*, dévoué à qn; profondément attaché à qn. *To be d. attached to the flag, to tradition*, avoir le culte du drapeau, de la tradition. *To serve one's master d.*, servir son maître avec (un sincère) dévouement.

devoting, *s.* Consécration *f* (de sa vie à qch., etc.); affectation *f* (d'une somme à qch.).

devotee [devo'ti:], *s.* **1.** *A. & Lit:* (*a*) Dévot, -ote. *From a profligate he became a d.*, il passa du libertinage à la dévotion. (*b*) *D. of a faith*, adepte *m* d'un culte. **2.** Fervent, -ente, fanatique *m* (*of sport, etc.*, du sport, etc.). *He is a d. to sport, to music*, il pratique avec ferveur les sports; c'est un fervent de la musique; c'est un passionné des sports, de la musique. *Surrounded by his devotees*, entouré de thuriféraires *m*.

devotion [di'vouʃ(ə)n], *s.* **1.** Dévotion *f* (à Dieu). *To show special d. to a saint*, avoir dévotion à un saint. **Feast of devotion**, fête *f* de dévotion. **2.** Prière *f. Morning, evening, d.*, prière du matin, du soir. *Used esp. in the pl.* **To be at one's devotions**, faire ses dévotions, ses prières. **3.** Dévouement *m*, dévoûment *m* (*to s.o.*, à, pour, qn). *D. to science*, dévouement à la science. *D. to duty*, dévouement. *D. to work*, assiduité *f* au travail. *D. to pleasure*, amour *m* du plaisir. **4.** = DEVOTING.

devotional [di'vouʃən(ə)l], *a.* (Livre, etc.) de dévotion; (livre) dévot, de piété; (esprit) religieux, pieux. *D. attitude*, attitude *f* de prière; attitude dévote. *D. helps*, aides *f* à la dévotion, à la prière. **Devotional articles**, articles *m* de piété. **-ally**, *adv.* **1.** Avec dévotion. **2.** *To be d. inclined*, être porté à la dévotion.

devotionalist [di'vouʃənəlist], *s.* Personne confite en dévotion; bigot, -ote.

devour [di'vauər], *v.tr.* (*Of beast, pers.; of fire*) Dévorer. *His body was devoured by vultures*, son corps servit de pâture aux vautours. *F: To d. s.o. with one's eyes*, dévorer, avaler, qn des yeux. *To d. a fortune*, manger une fortune. *To d. a book*, dévorer un livre. *Machine that devours coal*, machine *f* qui mange le charbon. *Lit:* (*Of horse, etc.*) **To devour the way**, dévorer la route, l'espace. **Devoured by anxiety**, dévoré d'inquiétude; en proie aux plus vives inquiétudes. *Abs. They sat and devoured*, ils mangeaient avec voracité; ils dévoraient.

devouring, *a.* Dévorant; dévorateur, -trice. **-ly**, *adv.* Avidement; avec voracité.

devourer [di'vauərər], *s.* Dévorateur, -trice (*of*, de).

devout [di'vaut], *a.* **1.** Dévot, pieux. **2.** (*Of wish, etc.*) Fervent, sincère. **-ly**, *adv.* **1.** Dévotement, pieusement. **2.** Sincèrement. *F: It is d. to be hoped that . . .*, on ne saurait trop espérer que. . . .

devoutness [di'vautnəs], *s.* Dévotion *f*, piété *f*.

devulgarize [di:'vʌlgəra:iz], *v.tr.* Dévulgariser.

dew[1] [dju:], *s.* **1.** Rosée *f*; *Ven:* aiguail *m. Evening dew*, serein *m*; rosée du soir. *The morning dew*, la rosée du matin; *Poet:* les perles *f* de l'aurore. *Dew is falling*, il tombe de la rosée. **2.** (*a*) *See* HONEY-DEW. (*b*) *F:* **Mountain dew**, whisky *m* de contrebande (distillé sous le couvert des montagnes).

'dew-berry, *s. Bot:* (*a*) (*The fruit*) Mûre *f* des haies. (*b*) (*The shrub*) Ronce bleue.

'dew-claw, *s. Z:* Ergot *m* (des chiens, etc.).

'dew-clawed, *a.* (Chien, etc.) bien ergoté.

'dew-fall, *s.* Serein *m*.

'dew-point, *s. Ph: Meteor:* Point *m* de rosée, de condensation. **Dew-point hygrometer**, hygromètre *m* à condensation.

'dew-pond, *s.* Mare artificielle (au sommet d'une colline) qui s'alimente de rosée.

'dew-ret, *v.tr.* (**-retted**) *Tex:* Rouir (le lin) sur pré.

'dew-worm, *s. Ann:* Ver *m* de terre.

dew[2], *v.tr.* **1.** Humecter (l'herbe, etc.) de rosée. **2.** Arroser, mouiller (*with*, de). *Esp. in passive.* **Brow dewed with sweat**, front perlé de sueur. *Eyes dewed with tears*, yeux mouillés de larmes; yeux où perlent des larmes.

de-water [di:'wɔ:tər], *v.tr.* Assécher (un bassin de radoub); dénoyer (une mine).

dewdrop ['dju:drɔp], *s.* **1.** (*a*) Goutte *f* de rosée; (*on leaves*) aiguail *m*. (*b*) *F:* Goutte au bout du nez; roupie *f.* **2.** Petite perle de verre.

dewlap ['dju:lap], *s.* **1.** Fanon *m* (de la vache). **2.** *F:* Peau flasque et pendante (sous le menton de qn); double menton.

dewlapped ['dju:lapt], *a.* **1.** (Bœuf *m*, vache *f*) à fanon. **2.** *F:* (Personne *f*) dont la peau forme des replis pendants sous le menton; qui a un double menton.

dewy ['dju:i], *a.* Couvert de rosée, humide de rosée, humecté de rosée.

dexter ['dekstər], *a.* **1.** Droit. **2.** *Her:* Dextre.

dexterity [deks'teriti], *s.* Dextérité *f*, doigté *m*; habileté *f*, adresse *f*, art *m*. *D. in doing sth.*, adresse, dextérité, à faire qch. *Manual d.*, habileté manuelle.

dext(e)rous ['dekst(ə)rəs], *a.* **1.** Adroit, habile (*in doing sth.*, à faire qch.). **2.** Droitier, -ière. **-ly**, *adv.* Avec dextérité; adroitement, habilement; *A. & Lit:* dextrement.

dexterwise ['dekstərwa:iz], *a.* & *adv. Her:* Adextré. *With a star d.*, adextré d'une étoile.

dextral ['dekstrəl], *a.* **1.** (*Of pers.*) Droitier, -ière. **2.** Situé à droite. *Her:* Dextre. **3.** *Conch:* Dextrorsum *inv.*

dextrin(e) ['dekstrin, -i:n], *s. Ch: Ind:* Dextrine *f.*

dextro- ['dekstro], *comb.fm.* Dextro-. *Dextrogyrous*, dextrogyre. *Dextro-racemic*, dextroracémique. *Dextro-glucose* = DEXTROSE. *Dextro-rotation*, rotation *f* dextrorsum.

dextro-compound ['dekstro'kɔmpaund], *s. Ch:* Composé *m* dextrogyre.

dextrogyre ['dekstrodʒaiər], **dextrogyrous** [dekstro'dʒairəs], **dextrorotatory** [dekstro'routətəri], *a.* Dextrogyre.

dextrorse [deks'trɔ:rs], *a.* & *adv.* Dextrorsum *inv.*

dextrose ['dekstrous], *s.* Dextrose *f* (*in Ch: usu. m*).

dextrous, -ly. *See* DEXTEROUS.

Dey [dei], *s. Hist:* Dey *m*.

dhan [dɑn], *s.* Paddy *m*; grain *m* de riz.

d(h)ow [dau], *s. Nau:* Dhaw *m*.

dhurra ['dʌrɑ], *s.* = DURRA.

di- [dai], *pref.* **1.** *Nat.Hist:* Di-. *Dicotyledon*, dicotylédone. *Dichromatic*, dichromatique. **2.** *Ch:* Di-, bi-. *Dibasic*, dibasique, bibasique. *Diallyl*, diallyle. *Dibenzyl*, dibenzyle.

di(a)- ['dai(ə), dai'a], *pref.* Di(a)-. *Diameter*, diamètre. *Diapason*, diapason. *Diapedesis*, diapédèse. *Diaphanous*, diaphane. *Diorama*, diorama. *Dioptric*, dioptrique.

diabase ['daiəbeis], *s. Miner:* Diabase *f.*

diabetes [daiə'bi:ti:z], *s. Med:* Diabète *m.* (*a*) *In common use* = **diabetes mellitus**, diabète sucré; glucosurie *f*, méliturie *f.* (*b*) **Diabetes insipidus**, diabète insipide.

diabetic [daiə'bi:tik], *a.* & *s. Med:* Diabétique (*mf*).

diablerie [di'ɑ:bləri], *s.* Diablerie *f.*

diabolic [daiə'bɔlik], *a.* (Rire *m*, grimace *f*, etc.) diabolique.

diabolical [daiə'bɔlik(ə)l], *a.* (Cruauté *f*) diabolique, atroce; (complot) infernal, -aux. *D. grin*, ricanement *m* satanique. **-ally**, *adv.* Diaboliquement.

diabolism [dai'abolizm], *s.* **1.** Diablerie *f*, magie noire; sorcellerie *f.* **2.** Satanisme *m*.

diabolist [di'abolist], *s.* Joueur, -euse, de diabolo.

diabolo [di'abolo], *s. Games:* Diabolo *m*.

diacaustic [daiə'kɔ:stik], *a.* & *s. Opt:* (Courbe) diacaustique *f.*

diacetic [daiə'si:tik], *a. Ch:* (Acide *m*) diacétique.

diacetonuria [daiasi:to'njuəriə], **diaceturia** [daiasi'tjuəriə], *s. Med:* Diacéturie *f.*

diachylon, -lum [dai'akilən, -ləm], *s. Pharm:* Diachylon *m*, diachylum *m*. **Diachylum plaster**, emplâtre *m* diachylum.

diacid [dai'asid], *a. Ch:* Diacide, biacide.

diaconal [dai'akon(ə)l], *a. Ecc:* Diaconal, -aux.

diaconate [dai'akonet], *s. Ecc:* **1.** Diaconat *m.* **2.** Le corps des diacres.

diacritic [daia'kritik], *a. & s. Gram:* (Signe) diacritique *m*; accent grammatical.

diacritical [daia'kritik(ə)l], *a.* **1.** *Gram:* (Signe *m*) diacritique. **2.** *D. mind*, esprit *m* capable d'apprécier les distinctions; esprit qui juge avec discernement; esprit fin.

diactinic [daiak'tinik], *a. Opt:* Perméable aux rayons actiniques.

diadelphian [daia'delfiən], **diadelphous** [daia'delfəs], *a. Bot:* Diadelphe.

diadem ['daiədem], *s.* Diadème *m*, bandeau *m*. *Lit: To assume the d.*, ceindre le diadème.

diaeresis, *pl.* **-eses** [dai'i:əresis, -esi:z], *s.* **1.** *Ling:* Diérèse *f*. **2.** *Gram:* Tréma *m*. **3.** *Surg:* Diérèse.

diagnosable [daiag'nouzəbl], *a. Med:* Susceptible d'un diagnostic.

diagnose [daiag'no:uz], *v.tr.* Diagnostiquer (une maladie, *F:* une panne du moteur, etc.); faire le diagnostic (d'une maladie).

diagnosis, *pl.* **-oses** [daiag'nousis, -ousi:z], *s.* **1.** *Bot:* Diagnose *f* (d'une plante). **2.** *Med:* (*a*) Diagnostic *m* (d'une maladie). (*b*) (*The art*) Diagnose.

diagnostic [daiag'nɔstik]. **1.** *a.* Diagnostique. **2.** *s. Med:* (*a*) Signe *m* diagnostique; symptôme *m*. (*b*) *pl.* **Diagnostics,** la diagnose.

diagnostician [daiagnɔs'tiʃ(ə)n], *s.* Médecin expert à diagnostiquer; médecin fort sur le diagnostic.

diagonal [dai'agon(ə)l]. **1.** *a. Geom:* Diagonal, -aux. *Const:* (*Of beam, etc.*) En écharpe. *D. stay*, étai *m* en sautoir. *See also* BRACE[1] 1. *Tex:* **Diagonal cloth,** *s.* **diagonal,** diagonale *f*. **2.** *s. Geom:* Diagonale *f*. **-ally,** *adv.* Diagonalement, en diagonale; en écharpe; obliquement.

diagram[1] ['daiagram], *s.* **1.** Diagramme *m*, tracé *m*, schéma *m*; figure *f* ou dessin *m* schématique; plan *m* ou dessin graphique; épure *f*. *Geometrical d.*, figure géométrique. *El.E: etc:* **Connexion diagram, wiring diagram,** schéma des connexions; schéma de montage; plan de pose. *Bot:* **Floral diagram,** diagramme d'une fleur. *See also* VALVE-DIAGRAM. **2.** (*a*) *Ph: etc:* Graphique *m*, courbe *f* (de température, de pression, etc.). (*b*) *Mec.E: Mch:* **Indicator diagram,** diagramme d'indicateur. *Engine d.*, diagramme, caractéristique *f*, de la machine, du moteur.

diagram[2], *v.tr.* Représenter schématiquement (un appareil, etc.).

diagrammatic [daiagrə'matik], *a.* Schématique. **-ally,** *adv.* Schématiquement.

diagrammatize [daia'gramata:iz], *v.tr.* Représenter (qch.) par un diagramme; schématiser; représenter schématiquement (un appareil, etc.). *This arrangement, which is diagrammatized by arrows in the figure . . .*, cette disposition, schématisée par des flèches sur la figure. . . .

diagraph ['daiagraf, -gra:f], *s. Draw:* Diagraphe *m*.

dial[1] ['daiəl], *s.* **1.** (*a*) (*Of clock, watch, gas-meter, wireless set, etc.*) Dial(-plate), cadran *m*. *See also* SEVEN DIALS. (*b*) *Nau:* **Compass dial,** rose *f* des vents. *Floating d.*, rose mobile. (*c*) *Tp:* Tabulateur *m*. *To work the d.*, faire aller le tabulateur. **2.** *Min:* Boussole *f*. **3.** = SUN-DIAL. **4.** *Artil:* (*Dial of dial-sight*) Cercle *m* de pointage. **5.** *P:* Tête *f*, visage *m*; *P:* museau *m*, trombine *f*, trogne *f*, gueule *f*.

'dial-case, *s.* Cartel *m* (d'une pendule).

'dial-sight, *s. Artil:* Hausse *f* à cadran; hausse circulaire; goniomètre *m*.

'dial-'telephone, *s.* Téléphone *m* automatique.

'dial-work, *s. Clockm:* Cadrature *f*.

dial[2], *v.tr.* (dialled; dialling) **1.** *Min:* **To dial the surface,** faire le levé de la mine (au moyen de la boussole). **2.** *Tp:* **To dial a number** (*with the automatic exchange*), composer un numéro.

dialling, *s.* **1.** *Min:* Levé *m* à la boussole. **2.** *Tp:* Composition *f* du numéro. **Dialling tone,** signal *m* de numérotage *m*.

dialect ['daialekt], *s.* Dialecte *m*, parler *m*, idiome *m*. *Provincial d.*, patois *m*.

dialectal [daia'lekt(ə)l], *a. Ling:* Dialectal, -aux; dialectique. *D. differences between the counties*, différences *f* de dialectes entre les comtés.

dialectic(s)[1] [daia'lektik(s)], *s.* (*pl.*) (*Usu. with sg. const.*) *Phil:* Dialectique *f*; l'art *m* de discuter.

dialectic[2], *a.* **1.** *Phil:* Dialectique. **2.** *Ling:* = DIALECTAL. **-ally,** *adv.* Dialectiquement.

dialectician [daialek'tiʃ(ə)n], *s.* Dialecticien, -ienne.

dialectologist [daialek'tɔlodʒist], *s. Ling:* Dialectologue *m*.

dialectology [daialek'tɔlodʒi], *s. Ling:* Dialectologie *f*; étude *f* des dialectes.

dialogic(al) [daia'lɔdʒik(əl)], *a.* (Traité *m*, etc.) dialogique, en forme de dialogue.

dialogue ['daialɔg], *s.* Dialogue *m*.

dialysable [daia'laizəbl], *a. Ch:* Dialysable.

dialyse ['daiala:iz], *v.tr. Ch:* Dialyser.

dialyser ['daialaizər], *s. Ch:* Dialyseur *m*.

dialysis, *pl.* **-es** [dai'alisis, -i:z], *s. Ch: Surg: Rh:* Dialyse *f*.

dialytic [daia'litik], *a. Ch:* Dialytique.

diamagnetic [daiamag'netik], *a.* Diamagnétique.

diamagnetism [daia'magnətizm], *s.* Diamagnétisme *m*.

diamanté [di:a'ma:nte], *s.* Broderie diamantée.

diamantiferous [daiaman'tifərəs], *a.* (Sable *m*) diamantifère.

diameter [dai'ametər], *s.* (*a*) Diamètre *m*. **Wheel 60 inches in diameter,** roue *f* qui a 60 pouces de diamètre. *Outside d.* (*of a screw, etc.*), diamètre extérieur. *Throat d.* (*of a screw*), diamètre intérieur; diamètre à fond de gorge. *Mec.E:* **Pitch diameter, effective diameter,** diamètre primitif (d'une roue dentée). **Internal diameter,** calibre *m* (d'un tube); *I.C.E: etc:* alésage *m* (d'un cylindre, etc.). **Double-diameter cylinder,** cylindre à deux alésages. *Tls:* **Diameter-gauge** (*for standing timber*), compas forestier. (*b*) *Opt:* Unité *f* de grossissement (d'une lentille, d'un télescope). *Glass with a magnification of eight diameters*, lunette *f* avec un grossissement de huit fois.

diametral [dai'ametrəl], *a. Geom: Cryst:* Diamétral, -aux. *D. plane*, plan diamétral (d'un solide). **-ally,** *adv.* Diamétralement.

diametrical [daia'metrik(ə)l], *a.* **1.** *Geom:* = DIAMETRAL. **2.** *I hold opinions in d. opposition to his*, j'ai des opinions diamétralement opposées aux siennes. **-ally,** *adv.* Diamétralement. *Pieces of evidence d. opposed to one another*, témoignages diamétralement opposés, directement contradictoires. *Opinions d. opposed to ours*, des opinions à rebours des nôtres. *To take up a d. opposite view to that of s.o., F:* rompre en visière avec qn. *That is d. opposed to the truth*, c'est le rebours de la vérité; cela est en contradiction absolue avec la vérité.

diamidophenol [daia'maido'fi:nɔl, dai'amido-], *s. Ch:* Diamidophénol *m*.

diamond[1] ['dai(ə)mənd], *s.* **1.** Diamant *m*. *D. of the first water*, diamant de première eau. *Rough d., uncut d.*, diamant brut, qui n'est pas taillé. *F:* **He's a rough diamond,** c'est un homme très capable (ou un excellent homme) sous des dehors frustes, un peu rudes. *Cut d.*, diamant taillé. *Point d.*, diamant à pointes naïves. *Rose(-cut) d.*, diamant (taillé) en rose. *Table(-cut) d.*, diamant en table. *Brown d.*, diamant savoyard. *Black d.*, diamant noir; carbonado *m*. *F:* **Black diamonds,** la houille. *F:* **Diamond cut diamond,** fin contre fin; à fourbe fourbe et demi; à malin malin et demi; à bon chat, bon rat. *Hands loaded with diamonds*, mains endiamantées. *See also* SEED-DIAMONDS. *D. necklace, d. ring*, collier *m*, bague *f*, de diamants. **Diamond merchant,** négociant *m* en diamants. **Diamond cutting,** taille *f* du diamant. (*Pers.*) *D. cutter*, tailleur *m* de diamants; diamantaire *m*. **Diamond-dust,** poussière *f* de diamant; *Ind:* égrisée *f*. *Mec.E:* **Diamond grinding-tool,** outil *m* diamant (pour rectification). *Tls:* **(Cutting) diamond,** diamant de vitrier. **Diamond fragments,** boort *m*. *Fin:* **Diamond shares,** *F:* **diamonds,** valeurs *f* diamantifères. *U.S: F:* **The Diamond State,** le Delaware. **2.** *Miner:* **Bristol diamond, Cornish diamond,** cristal *m* de quartz. **3.** (*a*) Losange *m*, rhombe *m*. **Diamond pattern,** dessin *m* en losanges. **Diamond panes,** vitres *f* en forme de losange. **Diamond nail,** clou *m* à tête de diamant. *Cy:* **Diamond frame,** cadre *m* (de bicyclette). **Diamond-frame bicycle,** machine *f* à cadre. (*b*) *Cards:* Carreau *m*. *The five of diamonds*, le cinq de carreau. **To play a diamond, to play diamonds,** jouer du carreau. (*c*) *Sp: U.S:* Terrain *m* de baseball. **4.** *Typ:* Corps *m* quatre; perle *f*. **Diamond edition,** édition imprimée en corps quatre.

'diamond-bearing, *a.* Diamantifère, gemmifère.

'diamond-beetle, *s. Ent:* Entime *m*.

'diamond-'crossing, *s. Rail:* Traversée *f* oblique; croisement *m* oblique; coupement *m* de voie.

'diamond-drill, *s. Min:* Perforatrice diamantée, à diamants.

'diamond-field, *s.* Champ *m* diamantifère.

'diamond-knot, *s. Nau:* Pomme *f* (de tire-veille).

'diamond-mine, *s.* Mine *f* de diamants.

'diamond-mining, *s.* Exploitation *f* de mines de diamants. *D.-m. industry*, industrie minière diamantifère.

'diamond-pipe, *s. Geol: Min:* Cheminée *f* diamantifère; puits *m* à diamants.

'diamond-point, *s.* **1.** (*a*) Pointe *f* de diamant. (*b*) Outil *m* à pointe de diamant. *See also* CHISEL[1] 1. **2.** *pl. Rail:* = DIAMOND-CROSSING.

'diamond-shaped, *a.* En losange.

'diamond-snake, *s. Rept:* Morélie *f*.

'diamond-spar, *s. Miner:* Corindon *m*.

'diamond-switch, *s. Rail:* Traversée-bretelle *f*, *pl.* traversées-bretelles.

'diamond-tool, *s.* Outil *m* diamant (pour rectification de meules, etc.).

'diamond-'wedding, *s.* Noces *fpl* de diamant.

'diamond-yielding, *a.* Diamantifère.

diamond[2], *v.tr.* **1.** Orner, parsemer, (une robe, etc.) de diamants. **2.** *F: To d. oneself*, se parer de diamants; porter des diamants.

diamondiferous [dai(ə)mən'difərəs], *a.* Diamantifère.

Diana [dai'ana]. **1.** *Pr.n.f. Myth:* Diane. **2.** *s.f.* (*a*) *Lit: F:* Amazone; chasseresse. (*b*) *Poet:* Diane; la lune.

diandrous [dai'andrəs], *a. Bot:* Diandrique, diandre.

diapason [daia'peizən], *s. Mus:* **1.** (*a*) *A. & Lit:* Accord *m*, harmonie *f*; *esp.* crescendo harmonieux. (*b*) Diapason *m*, étendue *f* (de la voix, d'un instrument). **2.** (*Pitch*) Diapason, (hauteur *f* du) ton *m* (d'un instrument). **3.** Principaux jeux de fond (d'un orgue) (prestant *m*, diapason, montre *f*, etc.).

diaper[1] ['daiapər], *s.* **1.** *Tex:* Linge ouvré; damassé *m*; toile diaprée ou gaufrée. **2.** (*a*) Serviette (ouvrée). (*b*) Serviette hygiénique. (*c*) (*For babies*) Couche *f*. **3.** *Arch:* Motif *m* (d'ornementation) en losanges.

diaper[2], *v.tr.* **1.** *Needlew:* Ouvrer (le linge). *Tex:* Gaufrer (la toile). **2.** Losanger (une surface).

diapered, *a.* **1.** (*Of linen*) Ouvré ou gaufré. **2.** (*Of pattern, wall*) Découpé en losanges. **3.** *Her:* (Champ) diapré.

diaphaneity [daiafa'ni:iti], *s.* Diaphanéité *f*.

diaphanous [dai'afanəs], *a.* Diaphane.

diaphoresis [daiafɔ'ri:sis], *s. Med:* Diaphorèse *f*.

diaphoretic [daiafɔ'retik], *a. & s. Med:* Diaphorétique (*m*).

diaphragm[1] ['daiafram], *s.* **1.** *Anat:* Diaphragme *m*. **2.** (*a*) Diaphragme, membrane *f*; cloison *f*. *Porous d.*, membrane poreuse. *Tp: D. of a telephone*, membrane (vibrante), plaque vibrante, d'un téléphone. *Gramophones: D. of the sound-box*, membrane du diaphragme. *See also* CASE[2] 3. (*b*) *Phot:* **Iris diaphragm,** diaphragme iris. *D. aperture*, ouverture *f* du diaphragme. *See also* SHUTTER[1] 2.

diaphragm[2], *v.tr. Opt: Phot:* **To diaphragm (down) a lens,** diaphragmer une lentille ou un objectif.

diaphragmatic [daiafrag'matik], *a. Anat: Med:* Diaphragmatique.

diaphysis [dai'afisis], *s. Anat: Bot:* Diaphyse *f.*
diaplegia [daia'pli:dʒja], *s. Med:* Diaplégie *f.*
diarchic [dai'ɑːrkik], **diarchal** [dai'ɑːrk(ə)l], *a.* Dyarchique.
diarchy ['daiɑrki], *s.* Dyarchie *f.*
diarist ['daiarist], *s.* Auteur *m* d'un journal (particulier).
diarize ['daiaraːiz]. **1.** *v.i.* Tenir son journal; noter dans son carnet les événements du jour. **2.** *v.tr.* Noter (qch.) dans son journal.
diarrhoea [daia'riːa], *s. Med:* Diarrhée *f*; dérangement *m* de corps. *To have an attack of d.*, être pris d'un dévoiement, de diarrhée.
diarrhoeic [daia'riːik], **diarrhoeal** [daia'riːəl], *a.* Diarrhéique.
diarthrosis [daiɑr'θrousis], *s. Anat:* Diarthrose *f.*
diary ['daiari], *s.* **1.** Journal (particulier). **2.** (*Memorandum book*) Agenda *m*; almanach *m*. *Com:* **Bill diary,** carnet *m* d'échéances; échéancier *m*.
diastaltic [daia'staltik], *a. Physiol:* (Réflexe *m*) diastaltique.
diastase ['daiasteis], *s. Bio-Ch:* Diastase *f.*
diastasis [dai'astasis], *s. Surg:* Diastase *f.*
diastatic [daia'statik], *a. Bio-Ch:* Diastatique.
diastole [dai'astoli], *s. Physiol:* Diastole *f.*
diastolic [daia'stolik], *a. Physiol:* Diastolique.
diathermancy [daia'θəːrmənsi], *s. Ph:* Diathermanéité *f.*
diathermanous [daia'θəːrmənəs], **diathermic** [daia'θəːrmik], *a. Ph:* Diathermique, diathermane.
diathermy ['daiaθəːrmi], *s. Med:* Diathermie *f*. *Treatment by d.*, (d')arsonvalisation *f*.
diathesis, *pl.* **-eses** [dai'aθesis, -esiːz], *s. Med:* Diathèse *f.* *Sanguine d.*, diathèse sanguine. *Arthritic d.*, prédisposition *f* à l'arthrite; tempérament *m* arthritique. *See also* NERVOUS 3.
diathetic [daia'θetik], *a. Med:* Diathésique.
diatom ['daiatəm], *s. Algae:* Diatomée *f.*
diatoma [daia'touma], *s.pl. Algae:* Diatomées *f.*
diatomic [daia'təmik], *a. Ch:* **1.** Diatomique, biatomique. **2.** *Occ.* = DIVALENT.
diatomite [dai'atomait], *s. Geol:* Terre *f* d'infusoires.
diatonic [daia'tɔnik], *a. Mus:* (Gamme *f*, chant *m*) diatonique.
diatribe ['daiatraib], *s.* Diatribe *f*; *F:* catilinaire *f* (*against*, contre).
dib [dib], *v.* (**dibbed**; **dibbing**) = DAP I (*a*).
dibasic [dai'beisik], *a. Ch:* Bibasique, dibasique.
dibber ['dibər], **dibble**[1] [dibl], *s. Tls:* Plantoir *m*.
dibble[2]. **1.** *v.tr.* (*a*) Faire des trous dans (la terre) avec le plantoir. (*b*) Semer (des graines), repiquer (des plantes), au plantoir. (*c*) *Fish:* = DAP 2 (*a*). **2.** *v.i.* Se servir du plantoir; semer ou repiquer au plantoir.
dibbling, *s.* Semis *m* en poquets.
dibs [dibz], *s.pl.* **1.** (*Game*) Osselets *mpl*. **To play at dibs,** jouer aux osselets. **2.** *Games:* Jetons *m*. **3.** *F:* Argent *m*; *P:* auber(t) *m*, pognon *m*, galette *f*, pépette *f*. **He's got the dibs,** c'est un richard.
dicast ['dikast], *s. Gr.Hist:* Dicaste *m*.
dicastery [di'kastəri], *s. Gr.Hist:* Dicastère *m*.
dice[1] [dais], *s.pl. See* DIE[1] I.
'dice-box, *s.* Cornet *m* à dés. *See also* INSULATOR 1. *F: Addicted to the d.-b.*, adonné au jeu.
dice[2]. **1.** *v.i.* Jouer aux dés. **2.** *v.tr.* (*a*) **To dice away** *a fortune*, perdre une fortune au jeu. (*b*) *Cu:* Couper (des légumes) en cubes. (*c*) Quadriller (l'étoffe).
dicing, *s.* (*a*) Le jeu de dés. (*b*) *F:* Les dés *m*, le jeu.
dicer ['daisər], *s.* Joueur de dés. *See also* OATH 1.
dichlamydeous [daikla'midiəs], *a. Bot:* A double périanthe.
dichloride [dai'klɔːraid], *s. Ch:* = BICHLORIDE.
dichogamous [dai'kɔgaməs], *a. Bot:* Dichogame.
dichotomic [daiko'tɔmik], *a.* Dichotomique.
dichotomize [dai'kɔtomaːiz], *v.tr. & i.* (Se) dichotomiser.
dichotomous [dai'kɔtoməs], *a.* **1.** *Nat.Hist:* Dichotome; bifurqué. **2.** *Log: etc:* Dichotomique.
dichotomy [dai'kɔtomi], *s. Astr: Bot: Log: etc:* Dichotomie *f*.
dichroic [dai'krouik], *a.* **1.** (Cristal *m*) dichroïque. **2.** *Phot:* **Dichroic fog,** voile *m* dichroïque; voile jaune.
dichroism ['daikroizm], *s. Cryst:* Dichroïsme *m*.
dichromate [dai'kroumet], *s. Ch:* = BICHROMATE.
dichromatic [daikro'matik], *a.* **1.** Dichromatique. **2.** = DICHROIC.
dichromic [dai'kroumik], *a. Med:* **Dichromic vision,** vision affectée de daltonisme dichromatique.
Dick[1] [dik]. *Pr.n.m.* (*Dim. of Richard*) Richard. *See also* SPOTTED 3, TOM 1.
dick[2], *s. F:* **1. To take one's dick that . . .,** jurer, affirmer, que. . . . **2. Up to dick,** (i) malin, rusé; (ii) très bien, à la hauteur.
dickens ['dikənz], *s. F: Euphemism for* DEVIL, DEUCE, (*q.v.*) *in such phrases as* **What the dickens . . .?** **A dickens of a row,** *etc.*
Dickensian [di'kensiən]. **1.** *a.* (*a*) (Caractère, etc.) qu'on dirait tiré d'un roman de Dickens. (*b*) **Dickensian Society,** cercle *m* pour l'étude des œuvres de Dickens. **2.** *s.* Admirateur, -trice, de Dickens; membre *m* d'une *Dickensian Society*.
dicker[1] ['dikər], *s. Com:* Dizaine *f* (de peaux, de cuirs).
dicker[2], *v.tr. & i. U.S: F:* Marchander.
dicky[1], **dickey** ['diki], *s. F:* **1.** Bourricot *m*, âne *m*. **2. Dicky(-bird),** petit oiseau. **3.** (*Shirt-front*) Plastron *m* mobile, faux plastron (de chemise). **4.** (*a*) *Veh:* **Dicky(-seat),** (i) siège *m* du cocher; (ii) siège de derrière (pour les valets). (*b*) *Aut:* Spider *m*. *Two-seater with a d.*, spider.
dicky[2], *a. F:* (*a*) Défectueux, peu solide, peu sûr. *The furniture is in a d. condition*, les meubles sont délabrés, boiteux, peu solides. (*b*) Malade, indisposé. **To feel dicky,** se sentir tout chose; n'être pas dans son assiette; se sentir peu solide.
dicotyledon [daikɔti'liːdən], *s. Bot:* Dicotylédone *f*, dicotylédonée *f*.
dicotyledonous [daikɔti'liːdonəs], *a. Bot:* Dicotylédone, dicotylédoné.
dicrotic [dai'krɔtik], *a. Med:* (Pouls *m*) dicrotique.
dicrotism ['daikrotizm], *s. Med:* Dicrotisme *m* (du pouls).
dictagraph ['diktagraf, -grɑːf], *s.* = DICTOGRAPH.
dictaphone ['diktafoun], *s.* Machine *f* à dicter.
dictate[1] ['dikteit], *s.* Ordre *m*, commandement *m*, précepte *m*. **The dictates of conscience,** la voix, le dictamen, de la conscience. *To follow the dictates of one's conscience*, écouter sa conscience. *You must follow the dictates of your conscience*, votre conscience vous dictera votre devoir.
dictate[2] [dik'teit]. **1.** *v.tr.* (*a*) Dicter (une lettre, un passage). (*b*) Dicter (des conditions de paix, etc.). *Abs. F:* Faire la loi. (*c*) *His words are dictated by wisdom*, c'est la sagesse qui dicte, qui inspire, ses paroles. *To d. a line of action*, prescrire, indiquer, une ligne de conduite. **2.** *v.i. F: To d. to s.o.*, régenter qn; faire la loi, la leçon, à qn. *I won't be dictated to*, je n'ai pas d'ordres à recevoir; on ne me régente pas.
dictation [dik'teiʃ(ə)n], *s.* **1.** Dictée *f*. (*a*) *To write at, from, to, s.o.'s d.*, écrire sous la dictée de qn. *Passage taken down from d.*, passage dicté. (*b*) *Sch:* **To do dictation,** faire la dictée. **2.** Étalage *m* d'autorité; ordres *mpl*. *It would be unsafe to attempt d. or repression*, il serait dangereux de faire acte d'autorité ou de répression. *These people won't submit to d.*, on ne fait pas la loi à ces gens-là.
dictator [dik'teitər], *s.* **1.** Personne qui dicte. *Who was the d. of this letter?* qui est-ce qui a dicté cette lettre? **2.** *Pol:* Dictateur *m*. *F: They are the dictators of dress and fashion*, ce sont eux les dictateurs du costume et de la mode.
dictatorial [dikta'tɔːriəl], *a.* **1.** (Pouvoir) dictatorial, -aux. **2.** (Ton) impérieux, autoritaire, de dictateur. *To be d.*, avoir le verbe haut. **-ally,** *adv.* Dictatorialement, impérieusement; autoritairement.
dictatorship [dik'teitərʃip], *s.* Dictature *f*.
diction ['dikʃ(ə)n], *s.* **1.** Style *m* (d'un orateur). **2.** *Esp. U.S:* Diction *f*.
dictionary ['dikʃənəri], *s.* Dictionnaire *m*; glossaire *m*. *D. style*, style pédant, pédantesque. *F:* **Walking dictionary, living dictionary,** dictionnaire ambulant, vivant.
'dictionary-maker, *s.* Lexicographe *m*.
'dictionary-making, *s.* Lexicographie *f*.
dictograph ['diktograf, -grɑːf], *s.* Dictagraphe *m*.
dictum, *pl.* **-ums, -a** ['diktəm, -əmz, -a], *s.* **1.** Affirmation *f*, dire *m*. *See also* OBITER. **2.** Maxime *f*, sentence *f*, dicton *m*, mot *m*. **3.** *Jur:* (*a*) Opinion prononcée par un juge. (*b*) *Hist:* Dictum *m*, *pl.* dictums; jugement *m*, arrêt *m*.
did [did]. *See* DO[1].
didactic [dai'daktik, di-], *a.* Didactique. **-ally,** *adv.* Didactiquement.
didactician [daidak'tiʃ(ə)n, di-], *s.* Didacticien, -ienne.
didacticism [dai'daktisizm, di-], *s.* Le didactique.
didactics [dai'daktiks, di-], *s.pl.* (*Usu. with sg. const.*) La didactique.
didapper ['daidapər], *s. Orn:* = DABCHICK 1.
diddle [didl], *v.tr. P:* Duper, refaire, rouler, carotter (qn). **To diddle s.o. out of his money,** soutirer son argent à qn; tirer une carotte à qn. *He diddled me out of £1000*, il m'a refait, roulé, de £1000; il m'a soufflé £1000.
diddler ['didlər], *s. P:* Carotteur, -euse.
diddums ['didəmz], *int.* (*To child*) Pauvre petit! tu t'es fait mal? ça t'a fait bobo?
didelphia [dai'delfia], *s.pl. Z:* Didelphes *m*.
Dido[1] ['daido]. *Pr.n.f. Lt.Lit:* Didon.
dido[2], *s. U.S: F:* Frasque *f*.
didst [didst]. *See* DO[1].
Didyma ['didima]. *Pr.n. A.Geog:* Didyme *f*.
didymium [di'dimiəm], *s. Ch:* Didyme *m*, didymium *m*.
didymous ['didiməs], *a. Bot:* Didyme.
Didymus ['didiməs]. *Pr.n.m. B.Hist:* Didyme.
die[1] [dai], *s.* I. *pl.* **dice** [dais]. **1.** Dé *m* (à jouer); (*with twelve faces*) cochonnet *m*. *The cast of the die*, le coup de dés. **The die is cast,** le sort, le dé, en est jeté. *See also* STRAIGHT I. 2. **2.** *pl.* **To play dice,** jouer aux dés. **To cast the dice,** jeter les dés. *Dice were his downfall*, c'est le jeu qui l'a perdu.
II. **die,** *pl.* **dies** [daːiz]. **1.** *Arch:* Dé, tympan *m*. **2.** *Minting:* Coin *m*. *See also* RING-DIE. **3.** *Metalw:* (*a*) Matrice *f*, dé. **Master die,** matrice type. **Stamping die,** étampe *f*. **Cutting dies,** matrices à découper, matrices pour découpage. **Die forging,** pièce forgée à dé. (*b*) (*For hand punching*) Poinçonneuse *f* (à main). (*c*) *Riveting die*, bouterolle *f*. (*d*) **Wire-drawing die,** filière *f* (à étirer). (*e*) *Screw-cutting die*, mère *f* (de filet de vis); filière, coussinet *m*, lunette *f* (à fileter, à tarauder). *To run a die over a bolt*, fileter un boulon. **4.** *Min:* Dé (de bocard).
'die-cast[1], *v.tr. Metall:* Couler sous pression.
'die-cast[2], *a.* Coulé sous pression; matricé. **Die-cast moulding,** moulage matricé.
'die-casting, *s.* Moulage *m* mécanique, sous pression.
'die-holder, *s. Metalw:* (*a*) Semelle *f* porte-matrice; porte-matrice *m inv.* (*b*) Porte-filière *m inv.*
'die-nut, *s. Metalw:* Écrou taraudeur.
'die-plate, *s. Metalw:* Filière *f* simple, filière à truelle, à cage.
'die-sinker, *s.* (*Pers.*) Graveur *m* d'étampes, de matrices; médailleur *m*.
'die-stamp, *s. Bookb:* Balancier *m*.
'die-stock, *s. Metalw:* Porte-filière *m*.
die[2], *v.i.* (*p.t.* **died** [daid]; *pp.* **died**; *pr.p.* **dying** ['daiiŋ]) **1.** Mourir; *Lit:* rendre l'âme, partir de ce monde, quitter ce monde; (*prematurely or by violence*) périr; (*of animals*) crever. *To be dying*, se mourir; être à l'agonie. *When did he die?* quand est-il mort? *He died yesterday*, il est mort hier. *He died in my arms*, il a passé dans mes bras. *It is five years since he died*, il y a cinq ans qu'il est mort. *When about to die*, au moment de mourir. *I feel that I am dying*, je sens que je meurs. *He'll die there, F:* il y laissera

ses os. **To die in one's bed,** (*with cogn. acc.*) **to die a natural death,** mourir dans son lit; mourir de maladie, de mort naturelle, de sa belle mort. *F: This fashion died a natural death,* cette mode a passé tout doucement. *To die before one's time,* mourir avant l'âge. **To die in one's boots, in one's shoes,** (i) mourir debout, d'un accident, de mort violente; (ii) être pendu; (iii) *U.S: A:* mourir en pleine activité de travail. *Ecc:* **To die well,** faire une bonne mort, une bonne fin. *See also* DEATH 1, FAITH 1, HARNESS[1] 1. *Pred. To die a martyr to the cause,* mourir martyr pour une cause. *To die rich, to die a millionaire,* mourir riche, millionnaire. *They died like heroes,* ils moururent en héros; ils se firent tuer en braves. (*With cogn. acc.*) **To die a glorious death,** périr d'une mort glorieuse. **To die of grief,** mourir de chagrin. *To die from, of, a wound,* mourir des suites d'une blessure. *To die through neglect,* mourir faute de soins. *To die of starvation,* mourir de faim, d'inanition. *To die poisoned,* mourir empoisonné; *Lit:* succomber au poison. **To die by the sword, by s.o.'s hand,** périr par le fer, périr de la main de qn. **To die by one's own hand,** périr de sa propre main. **To die by inches,** mourir à petit feu. **To die hard,** (i) (*of pers.*) vendre chèrement sa vie; vendre cher sa peau; se défendre jusqu'à la dernière minute, jusqu'à la dernière cartouche; (*of an abuse, etc.*) être dur à tuer; (ii) (*of pers.*) se montrer irréductible. *This superstition will die hard,* cette superstition aura la vie dure. *Prov:* **Old habits die hard,** toujours souvient à Robin de ses flûtes. *See also* DIE-HARD, DITCH[1] 1. **Never say die!** il ne faut pas jeter le manche après la cognée; il ne faut jamais désespérer; tenez bon! courage! *I shall carry on to the end,* **live or die,** j'irai jusqu'au bout, quitte à en mourir. *See also* DO[1] I. 1 (*a*). **2. To die of, with, laughing,** mourir de rire. **We nearly died with laughter,** c'était à mourir de rire; nous faillîmes mourir de rire; nous mourions de rire; nous avons ri à nous pâmer. *To be dying of love,* languir d'amour. *I am dying with sleep,* je tombe de sommeil. **To be dying to do sth.,** brûler, mourir d'envie, de faire qch. *I am dying to go with you,* je meurs d'envie de vous accompagner. *She is dying to go on the stage,* elle est entichée du théâtre. *I am dying to know,* je meurs d'impatience; vous me faites mourir d'impatience. **3.** *Day is dying,* le jour s'en va. **His fortune dies with him,** sa fortune s'éteindra avec lui. **His secret died with him,** il emporta son secret dans le tombeau. **My heart dies within me,** le cœur me manque. *My heart died within me at the news,* à cette nouvelle mon cœur se serra, mon cœur défaillit, mon courage s'évanouit. *Theol:* **To die to sin, to the world,** mourir au péché, au monde.

die away, *v.i.* (*Of sound*) S'affaiblir, s'assourdir, s'assoupir; s'en aller en mourant; s'évanouir; (*of voice*) s'éteindre, expirer (peu à peu); (*of colour, etc.*) disparaître, s'effacer, se dissiper; (*of jealousy, etc.*) s'éteindre peu à peu; (*of wind*) s'apaiser, tomber. *Mth:* (*Of curve, etc.*) Décroître. *The sound died away in the distance,* le son alla se perdre au loin. *Mus: To let the sound die away,* éteindre le son.

'die-away, *a.* **1.** *F: D.-a. manner,* air langoureux. **2.** *Mth:* **Die-away curve, factor,** courbe *f*, facteur *m*, de décroissance.

dying away, *s.* Affaiblissement *m*, assourdissement *m* (d'un son).

die down, *v.i.* (*Of fire, etc.*) Baisser, tomber; (*of wind*) mollir, s'apaiser, tomber; (*of sound*) s'éteindre; (*of plant*) perdre ses feuilles; (*of excitement*) se calmer. *The agitation is dying down,* l'agitation *f* se calme. *The storm has died down,* le temps s'est calmé.

dying down, *s.* Effeuillaison *f* (d'une plante).

die off, *v.i.* (*Of leaves*) Se faner; (*of race, family, etc.*) s'éteindre; mourir les uns après les autres.

die out, *v.i.* **1.** (*Of fire*) S'éteindre; (*of custom, etc.*) disparaître; (*of race, family*) dépérir, s'éteindre; se faire rare. *Nau: etc: To let the fires die out,* laisser tomber, mourir, les feux. **2.** *Facts that have died out of our remembrance,* faits qui se sont effacés de notre souvenir.

dying out, *s.* Extinction graduelle (d'une race); raréfaction *f* (d'un animal).

dying[1], *a.* Mourant, moribond, agonisant. *In a d. voice,* d'une voix éteinte. **The dying day,** le jour expirant. **The dead and the dying,** les morts *m* et les moribonds *m*. **Prayers for the dying,** prières *f* des agonisants. *See also* DUCK[1] 1.

dying[2], *s.* Agonie *f*, mort *f*. *F:* **Dying bed,** lit *m* de mort. **To one's dying day,** jusqu'au jour de la mort; jusqu'à la dernière heure; jusqu'à son dernier jour; jusqu'au dernier soupir. *I shall remember it to my d. day,* je m'en souviendrai jusqu'à la mort. **Dying words,** dernières paroles. **Dying declaration,** déclaration faite (par un meurtrier) sur son lit de mort. *See also* BREATH.

'die-hard, *s.* **1.** *Pol:* Conservateur *m* à outrance; immobiliste *m*; intransigeant *m*; misonéiste endurci; réactionnaire *m* à fond, à tous crins; jusqu'auboutiste *m*. **The die-hards,** les irréductibles *m*; les enragés; le parti immobiliste; les ultras *m*. *D.-h. policy,* (politique *f* d')immobilisme *m*; politique outrancière. **2.** *Hist:* **The Die-hards,** le 57e régiment d'infanterie. **3.** Scottish-terrier *m*.

dielectric [daii'lektrik], *a. & s. El:* Diélectrique (*m*). *Air d.,* diélectrique à air. **Dielectric constant,** pouvoir inducteur spécifique.

Diesel [di:zl], *a. I.C.E:* **Diesel engine,** moteur *m* Diesel; diesel *m*. **Diesel-operated bus,** autobus *m* à moteur Diesel. *Nau: etc:* **Diesel-electric propulsion,** propulsion *f* électrique par diesel.

diesis, *pl.* **-eses** [dai'i:sis, -'i:si:z], *s.* **1.** *Mus:* **Enharmonic diesis,** dièse *m* enharmonique. **2.** *Typ:* Diésis *m*.

dies non ['daii:z'nɔn], *s. Jur:* **1.** Jour férié. **2.** Jour dont il n'est pas tenu compte.

diet[1] ['daiet], *s.* **1.** Alimentation *f*, nourriture *f*. *The d. of this tribe consists mainly of fish,* la nourriture de cette tribu se compose essentiellement de poisson. *He needs an abundant d.,* il lui faut une nourriture abondante. **2.** *Med:* (*Way of feeding*) (*a*) Régime *m* (alimentaire). **To be on a diet,** être au régime. **To put s.o. on a diet,** mettre qn au régime. *To go on a milk d.,* se mettre au lait. *Milk d.,* régime lacté, diète lactée. *Milk and vegetable d.,* régime lacto-végétarien. **Diet-bread,** pain *m* de régime. (*b*) **Short diet,** diète *f*. **To be on short diet,** être à la diète. *Starvation d.,* diète absolue; régime affamant.

diet[2], *v.tr.* Mettre (qn) au régime. *To d. oneself,* se mettre au régime; *A:* vivre de régime.

diet[3], *s. Pol:* Diète *f*. *Hist:* **The Diet of Worms,** la Diète de Worms.

dietarian [daiə'tɛəriən], *s.* Personne *f* au régime.

dietary ['daiətəri]. **1.** *s.* Régime *m* (alimentaire) (d'un malade, d'une prison, etc.). **2.** *a.* Diététique. *D. survey,* enquête *f* alimentaire.

dietetic [daiə'tetik], *a.* Diététique.

dietetician [daiəte'tiʃ(ə)n], *s.* Diététicien *m*; expert *m* en matière d'alimentation.

dietetics [daiə'tetiks], *s.pl.* (*Usu. with sg. const.*) Diététique *f*, sitiologie *f*.

diethylenic [daieθi'li:nik], *a. Ch:* Diéthylénique.

dietist ['daiətist], *s.* Expert *m* en diététique.

diff [dif], *s. U.S: P:* = DIFFERENCE[1].

differ ['difər], *v.i.* **1.** Différer (*from,* de); être différent (de). *To d. from s.o. in age,* différer de qn par l'âge. *Your opinion does not d. much from mine,* votre opinion *f* ne s'éloigne pas beaucoup de la mienne. *See also* TASTE[1] 2. **2.** (*Disagree*) **To differ in opinion,** différer d'opinion, d'avis. *To d.* (*in opinion*) *from, with, s.o.,* n'être pas de l'avis de qn; être en désaccord avec qn. **To differ about sth.,** ne pas s'accorder sur qch. *They d. on this point,* ils diffèrent (entre eux) sur ce point. **I beg to differ,** permettez-moi d'être d'un autre avis. **To agree to differ,** garder chacun son opinion. *The witnesses d.,* les témoins *m* ne sont pas d'accord; les témoins sont en désaccord.

difference[1] ['difərəns], *s.* **1.** Différence *f*, écart *m* (*between,* entre). *D. between one thing and another,* différence entre une chose et une autre, d'une chose à une autre, d'une chose et d'une autre. *I don't quite see the d.,* je ne saisis pas la nuance. **Point of difference between sth. and sth.,** distinction *f* de qch. d'avec qch. *The d. lies in the climate,* la différence consiste dans le climat. **What a difference from . . .,** quelle différence avec. . . . **Difference in level, in age, etc.,** différence de niveau, d'âge, etc. **Differences of opinion,** différences, discordances *f*, d'opinion. *D. in temperature,* écart de température. *D. in expansion,* inégalité *f* de dilatation. **With a slight, trifling, difference,** à peu de chose près. **With this difference that . . .,** à la différence que. . . . *To make a d.,* faire une différence. *That makes a d., F:* cela change la note. *To make a d. between people,* faire, mettre, de la différence entre des personnes. **To make no difference,** *F:* **not to make two straws' difference, a ha'p'orth of difference,** ne faire aucune différence; revenir absolument au même. *It makes no d.* (*to me*), cela ne (me) fait rien; il importe peu; cela m'est parfaitement égal; c'est tout un. *It will make no d., F:* cela ne fera ni chaud ni froid. *It won't make much d.,* cela ne fera pas grande différence. **That makes all the difference,** voilà qui change les choses du tout au tout. *See also* DISTINCTION 1. **2.** Différence (entre deux nombres). *Com: etc:* **To split the difference,** partager le différend; *F:* couper la fève, la paille, la poire, en deux. *Rail:* **To pay the difference,** payer le supplément. *St.Exch: D. between cash and settlement prices,* report *m*. *See also* LEVEL[1] I. 2, PHASE[1] 2, POTENTIAL 2. **3.** Dispute *f*, désaccord *m*, différend *m*, contestation *f*, querelle *f*. **To have a difference with s.o. about sth.,** avoir un différend avec qn au sujet de qch. *Differences arose amongst them,* des démêlés *m* survinrent entre eux. **To settle a difference,** régler, vider, un différend. *Settle your differences,* mettez-vous d'accord; *F:* ajustez vos flûtes; accordez vos flûtes. **4.** *Her:* Brisure *f*. **Arms without any difference,** armes pleines.

difference[2], *v.tr.* **1.** Différencier (*from,* de). **2.** *Her:* Briser (des armoiries).

different ['difərənt], *a.* **1.** Différent (*from, to,* de). *They are d. in race and in speech,* ils sont différents, ils sont différents, de race et d'idiome. *I feel a d. man,* je me sens tout autre; je ne me sens plus le même. *Quite a d. woman,* une tout autre femme. *That dress makes you look d.,* cette robe vous change. *I have d. ideas, my ideas are d.,* j'ai des idées autres. *She had very d. ideas,* elle avait de bien autres idées. *To do sth. quite d.,* faire tout autre chose. *Very d., much d., from . . .,* très différent de. . . . *His method of begging is d. in large cities from what it is in the country,* sa manière de mendier diffère, dans les grandes villes, de celle qu'il emploie dans les campagnes. *The desire to be d. from other people,* l'envie *f* d'être singulier, de se singulariser. *To do sth. out of a desire to be d. from other people,* faire qch. par esprit de singularité. *D. nature of two things,* différence *f* de nature de deux choses. *I set about it in quite a d. way,* moi, je m'y prends tout autrement, d'une façon tout(e) autre. *I saw it* **in quite a different way than before,** je voyais l'affaire sous un tout autre jour qu'auparavant. **That's quite a different matter,** ça, c'est une autre affaire. *He wears a d. suit every day,* il met tous les jours un nouveau costume. **2.** Divers, différent. *D. colours,* couleurs diverses, variées. *D. kinds of . . .,* diverses espèces de. . . . *D. people saw him,* différentes personnes l'ont vu. **At different times,** à différentes reprises, à diverses reprises. **3.** *F:* Au-dessus de l'ordinaire. *If you want a tobacco that is d. . . .,* si vous désirez un tabac qui sort de l'ordinaire. . . .

-ly, *adv.* **1.** Différemment. *He speaks d. from you,* il parle autrement que vous. *He acts d. from the way he speaks,* il agit autrement qu'il ne parle. **2.** Diversement. *A group of girls, d. costumed,* un groupe de jeunes filles, diversement costumées, aux costumes divers.

differentia, *pl.* **-iae** [difə'renʃia, -ii:], *s. Log:* Différence *f* spécifique; attribut distinctif. *See also* GENUS 1.

differential [difə'renʃ(ə)l]. **1.** *a.* (*a*) (*Of tariff charges, diagnosis,* *etc.*) Différentiel. *Mth:* **Differential calculus,** calcul différentiel. *Mec.E: D. action,* action différentielle. **Differential gear,** (i) train *m* d'engrenages épicycloïdal sphérique; *Aut: F:* engrenage différentiel; (ii) *Turb:* compensateur différentiel. **Differential screw,** vis *f* à filets différentiels. *See also* BLOCK[1] 6. (*b*) Distinctif. **2.** *s.* (*a*) *Mth:* Différentielle *f.* **To obtain the differential of an equation,** différentier une équation. (*b*) *Aut:* Différentiel *m. Bevel-gear d.,* différentiel à couple conique, à pignons d'angle. *Helical-gear d.,* différentiel à pignons hélicoïdaux. *Worm-gear d.,* différentiel à, par, vis sans fin. **-ally,** *adv.* **1.** *Mec.E: etc:* Par action différentielle. **2.** Distinctivement.

differentiate [difə'renʃieit]. **1.** *v.tr.* (*a*) Différencier (*sth. from sth.,* qch. de qch.). *Reason differentiates man from other animals,* la raison distingue l'homme des autres animaux. *Abs. To d. between two things,* faire la différence, différencier, établir les distinctions, entre deux choses. *Psy:* **Inability to differentiate,** indifférenciation *f.* (*b*) *Mth:* Différentier (une fonction). **2.** *v.i. Biol: etc:* Se différencier.

differentiation [difərenʃi'eiʃ(ə)n], *s.* **1.** Différenciation *f* (d'espèces, etc.). *Psy: Lack of differentiation,* indifférenciation *f.* **2.** *Mth:* Différentiation *f* (d'une équation).

difficult ['difikəlt], *a.* (*a*) (Travail, chemin) difficile, malaisé, ardu, pénible; (digestion) laborieuse; (accouchement) laborieux. *A d. question,* une question difficile. *A d. matter,* une question ardue. *The most d. part is done,* le plus fort est fait. *There's nothing d. in that,* cela ne présente aucune difficulté. *F: It's not so very d.,* ce n'est pas le diable; ce n'est pas une grosse affaire. *There's nothing very d. about that,* ce n'est pas bien sorcier. *Only the beginning is d.,* il n'y a que le premier pas qui coûte. *Hill d. to climb,* colline *f* difficile à gravir. *Question d. to answer,* question à laquelle il est difficile de répondre. *Truths d. to impart,* vérités *f* difficilement transmissibles. *Person d. of approach,* personne *f* difficile d'accès, d'accès difficile. **It is difficult to deny that . . .,** on ne saurait nier que. . . . **I find it difficult, it is difficult for me, to . . .,** j'ai (de la) peine à . . ., j'ai du mal à. . . . *It is d. to believe* that . . ., on a peine à croire que + *sub. It is d. for young pupils to express their ideas,* il est difficile pour les, aux, jeunes élèves d'exprimer leurs idées. *This pecuniary loss has made things d. for us,* cette perte d'argent nous a gênés. (*b*) (*Of pers., character*) Difficile, peu commode, difficultueux. **Person difficult to get on with,** personne *f* difficile à vivre, d'un caractère difficile. *They are d. people* (*to deal with*), ce sont des gens *m* pas commodes, des gens difficiles.

difficulty ['difikəlti], *s.* Difficulté *f.* **1.** *Work of some d.,* travail *m* assez difficile. **To have difficulty in doing sth.,** éprouver de la difficulté à faire qch.; avoir du mal, de la peine, à faire qch. *To have d. in breathing,* avoir de la gêne dans la respiration. *I had the utmost d. in finding it,* j'ai eu toutes les peines du monde à le trouver. *There will be no d. in getting you a copy,* il n'y aura aucune difficulté à vous en procurer un exemplaire. *There will be no d. about that, F:* cela ne fera pas un pli. **The difficulty is to . . .,** le difficile, c'est de. . . . *D. of a path, of a question,* arduité *f* d'un chemin, d'une question. *I realize the d. of answering this question,* je me rends compte combien il est difficile de répondre à cette question. *The d. of choice,* l'embarras *m* du choix. **With difficulty,** avec difficulté, avec peine, difficilement. *With great d.,* à grand'peine. *Business that progresses without d., F:* affaire *f* qui va de plain-pied. *To act under circumstances of the greatest d.,* agir dans les circonstances *f* les plus difficiles. **2.** Obstacle *m,* encombre *m,* anicroche *f,* accroc *m. I see no d. about it,* je n'y vois pas d'obstacle, d'inconvénient. **To raise, make, difficulties,** soulever des objections *f*; faire, élever, susciter, des difficultés; *F:* chercher la petite bête; *P:* faire des chichis *m.* **To make no difficulty about doing sth.,** ne faire aucune difficulté pour exécuter qch. *There's the d.! F:* voilà le chiendent! *To surmount, to get over, to overcome, a d.,* surmonter une difficulté; triompher d'un obstacle; supprimer un inconvénient. *To remove a d.,* lever, aplanir, une difficulté. *To get round, evade, a d.,* tourner une difficulté. *To look for difficulties where there are none, F:* chercher midi à quatorze heures. **3.** Embarras *m,* ennui *m.* **To be in a difficulty,** être dans l'embarras, dans une situation difficile. **Ship in difficulties,** navire *m* en détresse. *To add to s.o.'s difficulties,* ajouter aux embarras de qn. *Pecuniary difficulties,* embarras pécuniaire, financier; pénurie *f* d'argent; soucis *mpl* d'argent; la gêne. **To lead s.o. into difficulties,** attirer des désagréments *m* à qn. *To involve oneself in difficulties, to get into difficulties,* (i) se créer des ennuis; s'attirer des ennuis; (ii) se mettre dans un mauvais pas, *P:* dans le pétrin. **To do sth. under difficulties,** accomplir qch. dans des circonstances difficiles, au milieu de toutes sortes de difficultés. *If you knew the difficulties I was under!* si vous saviez les difficultés que j'ai eues à surmonter! **To get out of one's difficulties,** se tirer d'affaire. *He knows how to get out of a d.,* il sait se retourner; il sait se débrouiller.

diffidence ['difidəns], *s.* Manque *m* de confiance en soi-même; manque d'assurance; défiance *f* de soi-même; modestie excessive. *Speaking with d., I imagine that . . .,* si j'ose hasarder une conjecture, je croirais volontiers que. . . .

diffident ['difidənt], *a.* Qui manque d'assurance, de confiance en soi-même. *To be d.,* se défier de soi-même. *I was d. about speaking to him,* j'hésitais à lui parler. *D. smile,* sourire embarrassé, timide. *D. tone,* ton hésitant. **-ly,** *adv.* Timidement; en hésitant; avec quelque hésitation.

diffluent ['difluənt], *a.* (*Of tumour, etc.*) Diffluent.

diffformed [di'fɔːrmd], *a. Bot:* De forme anormale.

diffract [di'frakt], *v.tr. Opt:* Diffracter.

diffracting, *a.* = DIFFRACTIVE.

diffraction [di'frakʃ(ə)n], *s. Opt:* Diffraction *f. See also* GRATING[1] 2.

diffractive [di'fraktiv], *a. Opt:* Diffractif, diffringent.

diffuse[1] [di'fjuːs], *a.* (*Of light*) Diffus; (*of style*) diffus, prolixe. *Med:* (*Of aneurism, etc.*) Diffus. **-ly,** *adv.* **1.** De tous côtés, partout. **2.** (Parler, écrire) d'une manière diffuse; diffusément, avec prolixité.

diffuse[2] [di'fjuːz]. **1.** *v.tr.* Répandre (la lumière, une nouvelle, la gaieté, etc.); diffuser (la lumière). *W.Tel: To d. news,* diffuser des nouvelles. **2.** *v.i.* Se répandre; (*of light*) se diffuser.

diffused, *a.* Diffus, diffusé. *Phot:* **Diffused-focus lens,** objectif *m* anachromatique. *Ill:* **Diffused lighting,** éclairage diffusé.

diffusedly [di'fjuːzidli], *adv.* En tout lieu, de tous côtés.

diffuseness [di'fjuːsnəs], *s.* Prolixité *f,* caractère diffus (du style).

diffuser [di'fjuːzər], *s. El: I.C.E: etc:* Diffuseur *m. See also* SPRAY-DIFFUSER.

diffusible [di'fjuːzibl], *a.* Diffusible.

diffusion [di'fjuːʒ(ə)n], *s.* Diffusion *f* (d'un fluide, du style, etc.). *Ph:* Dispersion *f* (des rayons). *W.Tel:* Diffusion (de nouvelles). *Phot:* **Diffusion screen,** écran diffuseur.

diffusive [di'fjuːsiv], *a.* **1.** Diffusif. **2.** (Style) diffus, prolixe. *He is less d. and more pointed than usual,* il est moins prolixe et plus mordant qu'à son ordinaire.

dig[1] [dig], *s. F:* **1.** *I've been having a dig in, at, the garden,* je viens de donner un coup de bêche au jardin. **2.** (*a*) **To give s.o. a dig in the ribs,** enfoncer son doigt, son coude, dans les côtes, dans le flanc, de qn; cogner qn du coude. *He gave me a dig in the ribs with his stick,* du bout de sa canne il me donna une bourrade dans les côtes. (*b*) **To have a dig at s.o.,** donner un coup de patte, de bec, à qn; envoyer un trait à qn; lancer un sarcasme à qn. *Digs at s.o.,* allusions *f,* quolibets *m,* à l'adresse de qn; critiques dirigées contre qn. *To have a sly dig at s.o.,* faire une allusion voilée, ironique, à qn; *F:* pincer qn sans rire. *That's a dig at you,* cette remarque est à votre intention; c'est un coup de griffe, de patte, à votre adresse; c'est une pierre dans votre jardin. (*c*) *P: To have a dig at sth.,* essayer qch. *I've learnt French and I'm going to have a dig at Spanish,* j'ai appris le français et je vais m'essayer à l'espagnol, et je vais piocher l'espagnol. **3.** *Sch: U.S: F:* (*Of pers.*) Piocheur, -euse.

dig[2], *v.* (*p.t.* **dug** [dʌg]; *p.p.* **dug**; *pr.p.* **digging**) **1.** *v.tr.* (*a*) Bêcher, retourner (la terre); labourer (la terre) à la bêche; (*with a pick*) piocher (la terre). *To dig the earth again,* repiocher la terre. (*b*) **To dig (up) potatoes,** arracher des pommes de terre. *To dig coal,* extraire, tirer, de la houille. *To dig peat,* piquer de la tourbe. (*c*) Creuser (un trou, un puits, etc.). *To dig a grave,* creuser une fosse. (*d*) *Abs.* Travailler la terre; fouir. **To dig for gold, for information,** fouiller, faire des fouilles, pour trouver de l'or, des renseignements. *To dig into, through, sth.,* creuser, percer, qch. *To dig into an author's works,* faire des recherches dans les œuvres d'un auteur. **To dig into a pie,** faire une brèche à un pâté. (*Of wheels of tractor, etc.*) **To dig into the snow,** mordre dans la neige. **2.** *v.tr.* Enfoncer (*sth. into sth.,* qch. dans qch.). *To dig one's spurs into one's horse,* éperonner, talonner, son cheval; piquer des deux. *To dig one's fork or spoon into the dish,* pêcher au plat. **To dig s.o. in the ribs** = (i) *to give s.o. a dig in the ribs,* (ii) *to have a dig at s.o., q.v. under* DIG[1] 2. **3.** *v.i. F:* (*a*) Loger en garni. (*b*) *Sch: U.S:* Piocher, bûcher. *He's digging at maths,* il bûche les mathématiques.

dig in, *v.tr.* Enterrer (le fumier, etc.). **To dig one's toes in,** (i) s'assurer; se tenir de pied ferme; (ii) *F:* s'enfermer dans son opiniâtreté. *Mil:* **To dig oneself in,** s'enterrer, se terrasser, se terrer. *F: Can't we get rid of him?—No, he has dug himself in too securely,* est-ce qu'on ne peut pas s'en débarrasser?—Non, il s'est ancré trop solidement.

dig out, *v.tr.* (*a*) Extraire, déterrer (qch.). *We had to dig the car out of the snow,* il a fallu des bêches pour tirer la voiture de la neige. (*b*) *F:* Déterrer (qn de sa solitude, un secret, de vieux manuscrits, etc.). *Documents dug out of the archives,* documents exhumés des archives. *See also* DUG-OUT.

dig round, *v.i. For:* Cerner (un arbre).

dig up, *v.tr.* Déraciner (une plante, etc.); mettre à jour (un trésor); retourner (la terre); piocher (la rue, etc.); désenterrer (de vieux griefs).

digging, *s.* **1.** (*a*) Bêchage *m* (de la terre), labour *m* à la bêche; creusement *m,* terrassement *m* (des fossés, etc.); excavation *f* (d'un puits). (*b*) Fouilles *fpl*; mise *f* à découvert (des monuments antiques). (*c*) Piquage *m* (de la tourbe, etc.). **2.** *pl.* **Diggings.** (*a*) *Min:* Placer *m*; gisements *m* alluvionnaires; minière *f. See also* GOLD-DIGGING. (*b*) (*Often abbr. to* digs) *F:* Logement *m,* garni *m*; *P:* carrée *f.* **To live in digs, in diggings,** loger en garni. *I called at his digs,* je suis passé chez lui.

digamma [dai'gama], *s. Gr.Alph:* Digamma *m.*

digamous ['digəməs], *a.* Remarié(e).

digamy ['digəmi], *s. Jur:* Remariage *m.*

digastric [dai'gastrik], *a. & s. Anat:* (Muscle) digastrique (*m*).

digest[1] ['daidʒest], *s.* **1.** Sommaire *m,* abrégé *m,* aperçu *m,* résumé *m* (d'une science). **2.** Digeste *m*; codification *f* (des lois); recueil *m* de lois. *Esp.* **The Digest,** le Digeste (de Justinien).

digest[2] [di'dʒest, dai-], *v.tr.* **1.** (*a*) Mettre en ordre, *A:* digérer (des faits); faire un digeste de (la législation). (*b*) Résumer (un compte rendu), faire un résumé de (qch.). **2.** Digérer, élaborer (un projet). *Ill-digested schemes,* plans mal digérés. **3.** (*a*) *Physiol:* Digérer (les aliments). *Food that is difficult to d.,* **that does not digest** (*easily*), nourriture *f* qui se digère mal, d'une digestion laborieuse. (*b*) *F:* **To digest an insult,** digérer, avaler, une insulte, un affront. (*c*) *To d. what one reads,* digérer, s'assimiler, ce qu'on lit. *Well-digested knowledge,* connaissances bien ordonnées. **4.** (*a*) *Ch: Pharm:* (Faire) digérer (une substance dans l'alcool, etc.). (*b*) *Cheese digests all other foods,* le fromage fait digérer, facilite la digestion de, tous les autres aliments.

digester [di'dʒestər, dai-], *s.* **1.** Rédacteur *m* d'un digeste, d'un résumé. **2.** (*Of pers.*) *To be a bad d.,* avoir (un) mauvais estomac; mal digérer. **3.** *Ch: Pharm: Cu:* Digesteur *m*; marmite *f* autoclave; autoclave *m*. **Papin's digester**, marmite de Papin. **4.** *Med: etc:* Aide *f* à la digestion; digestif *m*.

digestibility [didʒesti'biliti], *s.* Digestibilité *f*.

digestible [di'dʒestibl, dai-], *a.* Digestible.

digestion [di'dʒestʃ(ə)n, dai-], *s.* **1.** (*a*) Digestion *f*; *Physiol:* coction *f* (des aliments). (*Of food*) **To be easy, hard, of digestion**, être facile, difficile, à digérer; être d'une digestion facile, difficile. *F: The d. of a philosophical treatise*, la digestion, l'assimilation *f*, d'un traité de philosophie. (*b*) (*Of pers.*) **Sluggish digestion**, digestion laborieuse. *Exercise that is good for the d.*, exercice *m* qui aide à digérer. **To spoil one's digestion**, s'abîmer l'estomac. *Disorders of d.*, troubles *m* de digestion, troubles digestifs. *F: To have the d. of an ostrich*, avoir un estomac d'autruche. **2.** *Ch: etc:* Digestion (d'une substance). *Phot: D. of the emulsion*, maturation *f* de l'émulsion.

digestive [di'dʒestiv, dai-]. **1.** *a.* Digestif. **Digestive system**, appareil digestif. **2.** *s. Pharm:* (*a*) Digestif *m*. (*b*) Suppuratif *m*.

digger ['digər], *s.* **1.** (*a*) (*With spade*) Bêcheur *m*; piqueur *m* (de la houille, de la tourbe); terrassier *m* (de fossés); fouilleur *m* (de monuments). *See also* GRAVE-DIGGER, WELL-DIGGER. (*b*) *U.S:* Indien *m* qui se nourrit de racines. (*c*) (i) (*Austr.*) = GOLD-DIGGER **1**. (ii) *P:* Soldat australien ou néo-zélandais (1914-18). (iii) *P:* Australien. **2.** (*a*) *Tls:* Truelle *f*, plantoir *m*. (*b*) *Agr:* Défonceuse *f*, arrachoir *m*. **3.** *Ent:* **Digger(-wasp)**, fouisseur *m*; guêpe fouisseuse.

dight [dait], *a. A. & Poet:* Paré, orné (*with, in*, de).

digit ['didʒit], *s.* **1.** (*a*) Doigt *m*. (*b*) Doigt de pied; orteil *m*. **2.** *Meas: A:* (Grandeur *f* d'un travers de) doigt; trois quarts de pouce. **3.** *Mth:* Chiffre *m* (arabe). *The ten digits*, les neuf chiffres et le zéro. **4.** *Astr:* Doigt, douzième partie *f* (du diamètre du soleil ou de la lune).

digital ['didʒit(ə)l]. **1.** *a.* Digital, -aux. **2.** *s. Mus:* Touche *f* (du piano ou de l'orgue).

digitalin ['didʒitəlin], *s. Ch: Pharm:* Digitaline *f*.

digitalis [didʒi'teilis], *s.* **1.** *Bot:* Digitale *f*. *Purple d.*, digitale pourprée; *F:* claquet *m*. **2.** *Pharm:* Digitaline *f*.

digitate ['didʒitet], **digitated** ['didʒiteitid], *a. Bot: Z:* Digité. **Digitate-leaved**, digitifolié.

digitation [didʒi'teiʃ(ə)n], *s. Z:* Digitation *f*.

digitiform ['didʒitifɔ:rm], *a.* Digitiforme.

digitigrade ['didʒitigreid], *a. & s. Z:* Digitigrade (*m*).

digitinervate, -nerved ['didʒiti'nə:rvet, -'nə:rvd], *a. Bot:* Digitinervé, digitinerve.

diglyph ['daiglif], *s. Arch:* Diglyphe *m*.

dignify ['dignifai], *v.tr.* Donner de la dignité à (qch.); revêtir (qch.) d'un air de majesté. *Hum: To d. a small shop with the name of stores*, conférer à une petite boutique le titre de grands magasins; décorer une boutique du titre de grands magasins.

dignified, *a.* Plein de dignité; (air *m*) digne. *To have d. manners*, avoir de la dignité, de la tenue. **To assume a dignified air**, se draper dans sa dignité. *D. hills*, collines *f* de fier aspect.

dignitary ['dignitəri], *s.* Dignitaire *m*.

dignity ['digniti], *s.* **1.** Dignité *f*. (*a*) **To preserve one's dignity**, soutenir sa dignité. **To be, stand, on one's dignity (with s.o.)**, se tenir sur son quant-à-soi; se retrancher derrière sa dignité; le prendre de haut (avec qn). **It is beneath your dignity to accept**, vous ne pouvez pas vous abaisser (jusqu')à accepter; ce serait indigne de vous d'accepter. (*b*) *The d. of labour*, la dignité du travail. **2.** Dignité, haut rang. *D. of chancellor*, dignité de chancelier. *It does not accord with our d. to be looked upon as . . .*, il n'est pas de notre dignité que l'on nous considère comme. . . . *To maintain the d. of one's (official) position*, représenter. **3.** = DIGNITARY.

digraph ['daigraf, -grɑ:f], *s. Gram: Typ:* Digramme *m*.

digress [dai'gres, di-], *v.i.* **1.** Faire une digression, des digressions (*from*, de); s'écarter (du sujet); digresser; se lancer dans une digression; *F:* embarder. **2.** *Occ.* S'écarter de son chemin. *I digressed into Soho*, je poussai une pointe dans Soho.

digression [dai'greʃ(ə)n, di-], *s.* **1.** Digression *f*, écart *m*. **This by way of digression**, ceci soit dit en passant. *To engage in a d.*, se lancer dans une digression; ouvrir une parenthèse. *To ramble off into, to lose oneself in, a d.*, se lancer, se perdre, dans une digression. *D. from the subject, F:* embardée *f* hors du sujet. **2.** *Astr: Ph:* Digression, élongation *f*.

digressive [dai'gresiv, di-], *a.* Digressif; (*of pers.*) enclin aux digressions.

digs [digz], *s.pl. See* DIGGING **2** (*b*).

digynous ['daidʒinəs], *a. Bot:* Digyne.

dihedral [dai'hi:drəl, -'hedrəl]. **1.** *a.* (Angle *m*) dièdre. **2.** *s.* Angle *m* dièdre.

dihedron [dai'hi:drən, -'hedrən], *s. Geom:* Dièdre *m*.

dike[1] [daik], *s.* **1.** (*a*) *Hyd.E:* Digue *f*, levée *f*. *Strengthening d.*, contre-digue *f*. *See also* CROSS-DIKE. (*b*) Chaussée surélevée, en remblai, sur talus. **2.** *A:* Fossé *m*; chenal, -aux, *m*. **3.** *Geol: Min:* Veine *f* de substance pierreuse; filon *m* d'injection; dyke *m*. **4.** *Scot:* Mur *m* de clôture en pierres sèches.

'dike-reeve, *s. Adm:* Garde *m*, inspecteur *m*, des digues et écluses (des marécages de l'Est-Anglie).

dike[2], *v.tr.* **1.** Protéger (un terrain) par des digues *f*. **2.** Rouir (le lin ou le chanvre).

dike[3], *s. U.S: P:* **To be out on a dike**, être sur son trente et un.

dike[4], *v.i. U.S: P:* S'attifer; se mettre sur son trente et un. *Diked out*, endimanché.

dilacerate [di'lasəreit, dai-], *v.tr.* Déchirer (une victime, etc.).

dilaceration [dilasə'reiʃ(ə)n, dai-], *s.* Déchirement *m*.

dilapidate [di'lapideit]. **1.** *v.tr.* (*a*) Délabrer, dégrader (un édifice, etc.). (*b*) Dilapider (une fortune). **2.** *v.i.* Se délabrer, se dégrader; tomber en ruines.

dilapidated, *a.* (*Of building, etc.*) Délabré, décrépit; dans un état de délabrement; *F:* calamiteux. **Dilapidated-looking car**, auto décrépite. *D. hat*, chapeau dépenaillé. *D. fortune*, fortune dilapidée. *D. abode*, logis *m* qui crie misère.

dilapidation [dilapi'deiʃ(ə)n], *s.* **1.** (*a*) Délabrement *m*, dépérissement *m*, dégradation *f* (d'un mur, etc.). (*b*) *pl. Jur:* **Dilapidations**, détériorations *f*, dégradations. *The outgoing tenant is liable for all dilapidations*, les dégradations sont à la charge du locataire sortant. **2.** Dilapidation *f* (d'une fortune, etc.). **3.** *Geol:* Éboulement *m*; désagrégation *f*.

dilatability [daileitə'biliti, di-], *s.* Dilatabilité *f*, expansibilité *f*.

dilatable [dai'leitəbl, di-], *a.* Dilatable, expansible.

dilatation [dailə'teiʃ(ə)n, di-], **dilation** [dai'leiʃ(ə)n, di-], *s.* Dilatation *f*. *Med:* Élargissement *m* (du cœur, etc.).

dilatator [dailə'teitər], *s.* = DILATOR.

dilate [dai'leit, di-]. **1.** *v.tr.* Dilater. **2.** *v.i.* (*a*) (*Of eyes, etc.*) Se dilater. (*b*) **To dilate (up)on a topic**, s'étendre sur un sujet.

dilator [dai'leitər, di-], *s.* **1.** *Anat:* Dilatateur *m*. **2.** *Surg:* (*Instrument*) Dilatateur.

dilatoriness ['dilətərinəs], *s.* Lenteur *f* (à agir, etc.). *D. in answering*, lenteur à répondre.

dilatory ['dilətəri], *a.* **1.** (*Of pers.*) Lent (à agir); *F:* lambin; (*of action*) tardif. **2.** *D. methods*, moyens *m* dilatoires. *Jur:* **Dilatory exception**, exception *f* dilatoire.

dilemma [dai'lemə, di-], *s.* **1.** *Log:* Dilemme *m*. **To be reduced to a dilemma**, être enfermé dans un dilemme. *See also* HORN[1] **1**. **2.** *F:* Embarras *m*. **To be in a dilemma**, être fort embarrassé; *F:* être entre l'enclume *f* et le marteau.

dilemmatic [dailə'matik, di-], *a. Log:* Dilemmatique.

dilettante, *pl.* **-ti** [dile'tante, -ti], *s.* Dilettante *m*. *To work in a d. fashion*, travailler en amateur, en dilettante.

dilettantish [dile'tantiʃ], **dilettantist** [dile'tantist], *a.* De dilettante.

dilettantism [dile'tantizm], *s.* Dilettantisme *m*.

diligence ['dilidʒəns], *s.* **1.** Assiduité *f*, application *f*, diligence *f*, soin *m*. *The d. of the bee*, l'industrie *f* de l'abeille. **2.** *Jur:* (*Scot.*) (*a*) Saisie-arrêt *f*, *pl.* saisies-arrêts. (*b*) Assignation, citation (signifiée à un témoin).

diligent ['dilidʒənt], *a.* (*Of pers. or work*) Assidu, appliqué, diligent. *To be d. at sth., in doing sth.*, être assidu à qch., à faire qch. **-ly**, *adv.* Avec assiduité, avec application; diligemment, assidûment.

dill [dil], *s. Bot:* Aneth odorant; fenouil bâtard. *Pharm:* **Dill water**, eau *f* d'aneth.

dilly-dallier ['dili'daliər], **dilly-dally**[1] ['dilidali], *s. F:* Lanternier, -ière.

dilly-dally[2], *v.i. F:* Lanterner, traînasser, barguigner; *P:* pivoter.

dilly-dallying, *s.* Lanternerie *f*, barguignage *m*.

dilogy ['dilodʒi], *s. Rh:* Dilogie *f*.

diluent ['diljuənt], *a. & s.* Délayant (*m*), diluant.

dilute[1] [dai'lju:t, di-], *a.* **1.** (*Of acid, etc.*) Dilué, étendu. **2.** (*Of colour*) Délayé, adouci. **3.** Atténué; (socialisme *m*, etc.) à l'eau de rose.

dilute[2], *v.tr.* **1.** Diluer, étendre (un acide); mouiller, arroser (le vin, le lait); allonger (une sauce) (*with*, de). *To d. wine with water*, étendre, couper, du vin avec de l'eau; *F:* baptiser le vin. *Wine diluted with water*, vin trempé; eau rougie. *To become diluted*, se diluer. *Ind:* **To dilute (skilled) labour**, adjoindre de la main-d'œuvre non professionnelle au travail spécialisé. **2.** Délayer, adoucir (une couleur). **3.** Atténuer, édulcorer (une doctrine, etc.). *Diluted radicalism*, radicalisme *m* à l'eau de rose.

dilutee [dailju'ti:], *s. Ind:* Manœuvre *m* adjoint à un ouvrier spécialisé.

dilution [dai'lju:ʃ(ə)n, di-], *s.* **1.** Dilution *f*; réduction *f* (d'un acide); délayage *m*, délayement *m* (d'une couleur); arrosage *m*, arrosement *m* (du vin, etc.); mouillage *m* (du vin). **2.** **Dilution of labour**, adjonction *f* de main-d'œuvre non professionnelle.

diluvial [di'lju:viəl], **diluvian** [di'lju:viən], *a. Geol:* Diluvien; diluvial, -aux. *Diluvial deposits, formations*, dépôts, terrains, diluviens; sédiments diluviaux. *Diluvian epoch*, première époque du champlainien.

diluvium [di'lju:viəm], *s. Geol:* Diluvium *m*.

dim[1] [dim], *a.* (**dimmer, dimmest**) (*Of light*) Faible, pâle, indistinct, obscur; (*of colour*) effacé, terne, mat; (*of sight*) faible, trouble; (*of forest, room, lighting*) sombre; (*of sound*) sourd, mat; (*of outline, memory*) incertain, indécis, imprécis, vague, faible, indistinct, estompé; (*of intelligence*) vague, obtus, confus. *The dim light of dawn*, le jour douteux de l'aube. **Eyes dim with tears**, yeux obscurcis par les larmes; yeux voilés, brouillés, de larmes. *Dim forebodings*, d'obscurs pressentiments. *I caught a dim sight of trees through the fog*, j'entrevis des arbres dans le brouillard. *The fire was dim*, le feu brûlait faiblement. **To grow dim**, (*of light, faculties*) baisser, s'éteindre; (*of recollection*) s'effacer; (*of understanding*) s'affaiblir; (*of sight*) se troubler, s'obscurcir; (*of colour*) s'effacer, pâlir, se ternir; (*of outline*) s'effacer, s'estomper. *Light that is getting dimmer*, lumière *f* qui décroît, qui s'atténue. *These memories have grown dim*, ces souvenirs se sont effacés. *Aut: To switch on the dim lights*, se mettre en code. **-ly**, *adv.* (Brûler) faiblement, sans éclat; (apercevoir) faiblement, obscurément, imparfaitement, à peine; (sentir, se souvenir) vaguement, indistinctement. *D. lit room*, salle mal éclairée, faiblement éclairée.

'dim-'lighted, *a.* (Cheval) qui a la vue grasse.

'dim-'sighted, *a.* Qui a la vue trouble ou faible. *To be d.-s.*, voir trouble.

dim[2], *v.* (**dimmed; dimming**) **1.** *v.tr.* (*a*) Obscurcir, *A:* offusquer (la vue); troubler, affaiblir (la mémoire, l'intelligence); ternir (la beauté de qn, la surface d'un miroir). **Eyes dimmed with weeping, with tears**, yeux ternis de pleurs, troublés de larmes, obscurcis par les larmes. (*b*) Atténuer, réduire (la lumière). *Rail:* **To dim the lights**, mettre l'électricité en veilleuse. *Aut:* **To dim the head-lights**, mettre les phares en veilleuse; baisser les phares;

se mettre en code. *Dimmed light*, éclairage réduit. (*c*) Rejeter dans l'ombre (la gloire de qn). *His great deeds were dimmed by those of his son*, ses hauts faits ont été éclipsés, obscurcis, par ceux de son fils. **2.** *v.i.* (*Of light*) Baisser; s'éteindre; (*of eyes*) s'obscurcir; (*of polished surface, of beauty*) se ternir; (*of outlines*) s'effacer, s'estomper. *His glory has dimmed*, sa gloire a perdu de son lustre, s'est délustrée, s'est obscurcie.

dimming, *s.* **1.** (*a*) Obscurcissement *m*; atténuation *f* (de la lumière); ternissement *m* (d'un miroir); affaiblissement *m* (de la mémoire, de la vue, etc.). (*b*) Mise *f* en veilleuse (d'une lampe, etc.). (*c*) *Aut:* Mise en code (des phares). **2.** Baisse *f* (de la lumière, p. ex. par insuffisance du courant).

dime [daim], *s. U.S:* Dime *f* (= un dixième de dollar). *F:* **Dime novels**, romans *m* à quatre sous.

dimension[1] [dai'menʃ(ə)n, di-], *s.* **1.** Dimension *f*; étendue *f*; *Ind:* cote *f*. **Linear dimension**, dimension linéaire. **Over-all dimensions**, encombrement *m* hors tout; cotes d'encombrement. **Of large dimensions**, largement dimensionné; de grandes dimensions. *To reduce sth. to the required dimensions*, (i) (*on plan*) réduire qch. au tracé nécessaire; (ii) (*on lathe, etc.*) réduire une pièce aux cotes requises; mettre une pièce à dimension. **Dimension figures of a machine**, cotes d'une machine. **Specified dimension**, cote de dessin. **Dimension line**, ligne *f* de cote; trait *m* de cote. **2.** *Ind: Const: etc:* Échantillon *m*. *Com:* **Dimension-timber, -stone**, bois *m* d'échantillon, pierre *f* d'échantillon. **3.** *Mth:* Dimension. **The fourth dimension**, la quatrième dimension.

dimension[2], *v.tr. Ind:* **1.** Déterminer, calculer, les dimensions (d'une machine, etc.). **2.** Coter (un dessin, etc.).

dimensioned, *a.* **1.** Dimensionné. **Two-, three- dimensioned**, à deux, à trois, dimensions *f*. **2.** *Ind:* (Dessin, etc.) coté.

dimensional [dai'menʃənəl, di-], *a.* Dimensionnel. **Two-, three-dimensional space**, espace *m* à deux, à trois, dimensions *f*. **Fourth-dimensional**, de la quatrième dimension; surnaturel.

dimensionless [dai'menʃənləs, di-], *a.* **1.** Sans dimensions. **2.** Illimité.

dimerous ['dimərəs], *a. Bot: Ent:* (Feuille *f*, tarse *m*) dimère.

dimeter ['dimetər], *s. Pros:* Dimètre *m*.

dimethyl [dai'meθil], *s. Ch:* Éthane *m*.

dimethylbenzene ['daimeθil'benzi:n], *s. Ch:* Diméthylbenzène *m*.

dimidiate [di'midiet, dai-], *a. Nat.Hist:* Dimidié.

diminish [di'miniʃ]. **1.** *v.tr.* (*a*) Diminuer, réduire, amoindrir, atténuer. *Country diminished in power*, pays amoindri dans sa puissance. *To d. the light*, baisser la lumière. (*b*) *Carp: Metalw:* Amincir (une tige, etc.). **2.** *v.i.* Diminuer, s'amoindrir, s'atténuer, décroître; aller en diminuant; subir une diminution. *His business has diminished*, ses affaires ont reculé, ont baissé.

diminished, *a.* Diminué, amoindri. *Arch:* **Diminished column**, colonne diminuée. *Mus:* **Diminished interval**, intervalle diminué. **Diminished fifth**, quinte diminuée; fausse quinte. *F:* **To hide one's diminished head**, baisser la tête (honteusement); baisser pavillon; être tout penaud.

diminishing[1], *a.* **1.** Qui diminue, qui va en diminuant; (*of value, etc.*) baissant. **Diminishing scale**, échelle fuyante. *N.Arch:* **Diminishing planks**, bordages *m* de diminution. *Pol.Ec:* **Law of diminishing returns**, loi *f* du rendement non-proportionnel. **2. Diminishing glass**, lunette *f* qui rapetisse les objets; lentille concave, divergente. **-ly**, *adv.* En diminuant; de moins en moins.

diminishing[2], *s.* Diminution *f*; atténuation *f*.

diminishable [di'miniʃəbl], *a.* Que l'on peut diminuer.

diminuendo [diminju'endo], *adv.* & *s. Mus:* Diminuendo (*m*); "cédez."

diminution [dimi'nju:ʃ(ə)n], *s.* Diminution *f*; réduction *f*; amoindrissement *m*; abaissement *m*. *Request for d. of taxes or rates*, demande *f* en dégrèvement d'impôt. *Our takings show a considerable d.*, nos recettes accusent une baisse sensible.

diminutive [di'minjutiv]. **1.** *a.* & *s. Gram:* Diminutif (*m*). **2.** *a. F:* Tout petit; minuscule; mince; exigu, -uë. *He was small, almost d., in stature*, il était de taille médiocre, presque exiguë. **-ly**, *adv. Ending used d.*, terminaison employée comme diminutif.

diminutiveness [di'minjutivnəs], *s.* Petitesse *f*, exiguïté *f*.

dimissory [di'misəri], *a. Ecc:* **Dimissory letter; letters dimissory**, lettres dimissoriales; dimissoire *m* (octroyé par l'évêque).

dimity ['dimiti], *s. Tex:* Basin *m*, brillanté *m*.

dimmer ['dimər], *s. El.E:* Résistance *f*; interrupteur *m* à gradation de lumière; régulateur *m* de tension; réducteur *m* d'éclairage. *Aut:* Dispositif anti-éblouissant; réducteur "code"; sourdine *f*. *Cin:* Obscurateur *m* de salle; gradateur *m*. **Dimmer bulb**, lampe *f* satellite; ampoule *f* veilleuse. *Th:* **Stage-dimmer**, régulateur d'éclairage de scène.

dimness ['dimnəs], *s.* **1.** Faiblesse *f* (d'éclairage, de la vue); obscurité *f* (d'une salle); aspect *m* terne (d'une couleur, d'une surface polie). **2.** Imprécision *f*, vague *m* (d'un contour, d'un souvenir).

dimorphic [dai'mɔ:rfik], **dimorphous** [dai'mɔ:rfəs], *a. Cryst: Biol: etc:* Dimorphe.

dimorphism [dai'mɔ:rfizm], *s. Cryst: Biol: etc:* Dimorphisme *m*, dimorphie *f*.

dimple[1] [dimpl], *s.* **1.** (*On cheek, chin*) Fossette *f*. **2.** (*On water, ground*) Ride *f*, ondulation *f*.

dimple[2]. **1.** *v.tr.* (*a*) (*Of smile*) Former, creuser, des fossettes *f* dans (les joues de qn). (*b*) (*Of wind*) Rider (la surface de l'eau). **2.** *v.i.* (*Of cheeks*) Se former en fossettes; (*of water*) onduler. *She dimpled with laughter*, son rire lui mettait des fossettes aux joues.

dimpled, *a.* (Joue *f*) à fossette.

din[1] [din], *s.* Tapage *m*, tumulte *m*, fracas *m*, vacarme *m*; *F:* boucan *m*, tintamarre *m*; *P:* barouf(le) *m*. *The din of war, of battle*, le bruit de la guerre, le fracas de la bataille. *F:* **To kick up a din, no end of a din**, faire du foin; faire un charivari, un tapage, de tous les diables; charivariser. *What a din!* quel vacarme!

din[2], *v.* (**dinned; dinning**) **1.** *v.tr.* (*a*) Assourdir, étourdir (les oreilles de qn). *I had my ears dinned by hooters*, j'étais assourdi par les sirènes. (*b*) **To din sth. into s.o.'s ears**, corner qch. aux oreilles à qn; rebattre les oreilles à qn de qch. *You have to din it into his ears*, il faut le lui crier dans les oreilles, le lui enfoncer à coups répétés dans la tête. *To din a part into s.o.*, seriner un rôle à qn. **2.** *v.i.* (*Of voice, etc.*) **To din in s.o.'s ears**, résonner à l'oreille, retentir dans l'oreille, de qn.

Dinah ['dainə]. *Pr.n.f. B:* Dina. *P:* **My Dinah**, ma petite amie.

dinar [di:'nɑ:r], *s. Num:* Dinar *m*.

Dinaric [dai'narik], *a. Geog:* **The Dinaric Alps**, les Alpes *f* Dinariques.

dine [dain]. **1.** *v.i.* Dîner. **To dine on, off, sth.**, dîner de, *F:* avec, qch. *To d. at a place, at s.o.'s house*, dîner à un endroit, chez qn. **To dine out**, dîner en ville. **To dine in**, dîner à la maison. *F:* **To dine with Duke Humphrey**, dîner par cœur; *P:* dîner avec les chevaux de bois. **2.** *v.tr.* (*a*) *All these people will have to be dined*, il faudra donner, offrir, à dîner à tout ce monde; il faudra faire dîner tout ce monde. *A well-dined company*, convives bien repus. (*b*) *The table, car, dines twenty*, la table, le wagon, tient vingt dîneurs; on peut dîner à vingt autour de la table, dans le wagon.

dining, *s.* Dîner *m*.

'dining-car, *s. Rail:* Wagon-restaurant *m*, *pl.* wagons-restaurants.

'dining-coat, *s. Cost: U.S:* Smoking *m*.

'dining-hall, *s.* Salle *f* à manger. *Esp. Ecc: Sch:* Réfectoire *m*.

'dining-room, *s.* Salle *f* à manger.

diner ['dainər], *s.* **1.** Dîneur, -euse. **2.** *Rail:* = DINING-CAR.

diner-out ['dainər'aut], *s.* (*a*) Personne *f* qui dîne souvent en ville. (*b*) *Pej:* Coureur, -euse, de dîners.

ding [diŋ]. **1.** *v.i.* Résonner, retentir. **2.** *v.tr.* = DIN[2] 1 (*b*).

ding-dong ['diŋ'dɔŋ]. **1.** *adv.* Digue-din-don. **2.** *s.* Tintement *m* (des cloches); digue-din-don *m inv.* **3.** (*a*) *s. The d.-d. of public argument*, l'échange *m* de ripostes des discussions en public. (*b*) *a. D.-d. match*, partie où l'avantage passe constamment d'un côté à l'autre; partie durement disputée.

dinge[1] [dindʒ], *s. F:* **1.** = DINGINESS. **2.** *The event threw a d. over the whole company*, l'événement *m* jeta un voile de tristesse sur, assombrit, la compagnie.

dinge[2], *s.* = DENT[1].

dinge[3], *v.tr.* = DENT[2].

dingey, dinghy ['diŋgi], *s. Nau:* Canot *m*, youyou *m*. **Collapsible dinghy**, berthon *m*.

dinginess ['dindʒinəs], *s.* Aspect sombre, enfumé (d'une ville, d'une maison); couleur *f* terne; manque *m* de fraîcheur (du mobilier, des rideaux); propreté douteuse (d'une maison, du mobilier, des vêtements).

dingle [diŋgl], *s.* Vallon (boisé).

dingo[1] ['diŋgo], *s.* Dingo *m*; chien *m* sauvage (de l'Australie).

dingo[2], *a. P:* Un peu toqué; dingo, *f.* dingote.

dingy ['dindʒi], *a.* **1.** Qui manque d'éclat, de fraîcheur; (*of room, furniture, etc.*) défraîchi, enfumé; (*of colour*) terne, sale; (*of sky*) fuligineux; (*of linen*) crasseux. *D. hotel, linen*, hôtel *m*, linge *m*, d'une propreté douteuse. *D. white*, d'un blanc sale. *The d. towns of the Midlands*, les villes enfumées des comtés du centre. *His clothes were getting dingier and dingier*, ses vêtements se défraîchissaient de plus en plus. *All these d. acquaintances sponged on him*, tous ces déchards, ces décheux, le tapaient tant et plus. **2.** (*Of mind*) Sombre. **-ily**, *adv. They lived d. in lodgings*, ils occupaient un garni crasseux.

dinitrophenol [dainaitro'fi:nɔl], *s. Ch:* Dinitrophénol *m*.

dinkum ['diŋkəm]. **1.** *s. P:* (*In Austral.*) (*a*) Travail éreintant; *F:* corvée *f*. (*b*) Australien *m*. **2.** *a.* (*Of pers.*) Franc, *f.* franche; sincère; (*of goods*) authentique.

dinky ['diŋki], *a. U.S: F:* Coquet, mignon, gentil. *A d. little hat*, un petit chapeau coquet.

dinner ['dinər], *s.* Dîner *m*. *I have s.o. in to d.*, j'ai quelqu'un à dîner. **To be at dinner**, être à table. *We were having d.*, nous étions en train de dîner. *To finish d.*, sortir de table. *To have a good d.*, faire un bon dîner. *After a good d. . . .*, après avoir bien mangé. . . . **To go out to dinner**, dîner (i) en ville, (ii) chez des amis. *Mil:* **Regimental dinner**, repas *m* de corps. **Public dinner**, banquet *m*. *Rail:* **Second dinner**, deuxième service *m*. **Dinner wine**, vin *m* de table. *See also* BELL[1] 1, EAT[2] 1, SERVE[2] I. 5.

'dinner-call, *s.* Visite *f* de digestion.

'dinner-can, *s.* Potager *m* (d'ouvrier).

'dinner-dance, *s.* Dîner suivi de bal.

'dinner-hour, *s.* L'heure *f* du dîner.

'dinner-jacket, *s.* (Veston *m*) smoking *m*.

'dinner-lift, *s.* Monte-plats *m inv.*

'dinner-mat, *s.* Dessous *m* de plat; rond *m* de table; garde-nappe *m*, *pl.* garde-nappe(s).

'dinner-pail, *s.* = DINNER-CAN.

'dinner-party, *s.* **1.** Dîner *m* par invitations; dîner prié. **To have a dinner-party**, avoir du monde à dîner. *We have a big d.-p. this evening*, nous avons ce soir un grand dîner. *To have a small d.-p.*, *F:* dîner en petit comité. *Dolls' d.-p.*, dînette *f* (de poupées). **2.** Les convives *m*. *The whole d.-p. rose to drink the toast*, tous les convives se levèrent pour porter le toast.

'dinner-service, -set, *s.* Service *m* de table.

'dinner-speech, *s.* Discours *m* d'après-dîner.

'dinner-time, *s.* L'heure *f* du dîner. *What is your d.-t.?* à quelle heure dînez-vous?

'dinner-wagon, *s. Furn:* Servante *f*.

dinnerless ['dinərləs], *a.* Sans avoir dîné. **To go dinnerless**, manger par cœur; *P:* dîner avec les chevaux de bois.

dinoceras [dai'nɔsərəs], *s. Paleont:* Dinocéras *m*.

dinornis [dai'nɔːrnis], *s. Paleont:* Dinornis *m.*
dinosaur ['dainosɔːr], **dinosaurian** [daino'sɔːrjən], *s. Paleont:* Dinosaurien *m.*
dinosauria [daino'sɔːrja], *s.pl. Paleont:* Dinosauriens *m.*
dinotherium [daino'θiːərjəm], *s. Paleont:* Dinotherium *m.*
dint[1] [dint], *s.* **1.** = DENT[1]. **2.** *A:* Violence *f*, force *f*. *Still so used in the prep. phr.* **By dint of . . .**, à force de. . . . *By d. of failure we achieved success*, à force d'échouer, après bien des échecs, nous sommes arrivés au succès.
dint[2], *v.tr.* = DENT[2].
dintless ['dintləs], *a. Lit:* **1.** Sans marques de coups; sans brèches. **2.** *D. rocks*, rocs *m* rebelles à l'empreinte.
diocesan [dai'ɔsisən]. *Ecc:* **1.** *a.* Diocésain. **Diocesan centre**, siège épiscopal. **2.** *s.* Diocésain *m*, évêque *m*.
diocese ['daiosi(ː)s], *s.* Diocèse *m.*
Diocletian [daio'kliːʃən]. *Pr.n.m.* Dioclétien.
diode ['daioud], *s. W.Tel:* (Lampe *f*) diode *f*.
dioecious [dai'iːʃjəs], *a. Bot: Z:* Dioïque.
Diogenes [dai'ɔdʒeniːz]. *Pr.n.m.* Diogène. **Diogenes' tub**, le tonneau de Diogène. **The lantern of Diogenes**, la lanterne de Diogène. *F:* **To drink out of the Diogenes cup**, boire dans le creux de la main.
Diomede(s) ['daiomiːd, daio'miːdiːz]. *Pr.n.m. Gr.Lit:* Diomède.
dionaea [daio'niːa], *s. Bot:* Dionée *f*; *F:* attrape-mouche(s) *m inv.*
Dionysia [daio'nisia], *s.pl. Gr.Ant:* Dionysies *f*.
Dionysiac [daio'nisiak], *a. Gr.Ant:* Dionysiaque.
Dionysius [daio'naisiəs, -'niʃiəs]. *Pr.n.m. Gr.Ant:* Denys (le Tyran).
Dionysus [daio'naisəs]. *Pr.n.m. Gr.Myth:* Dionysos.
Diophantine [daio'fantin, -ain], *a. Mth:* **Diophantine analysis**, analyse *f* diophantine.
Diophantos [daio'fantəs]. *Pr.n.m. Hist. of Mth:* Diophante.
diopter [dai'ɔptər], *s. Opt.Meas:* Dioptrie *f*.
dioptric [dai'ɔptrik]. **1.** *a.* Dioptrique. **2.** *s. Opt.Meas:* Dioptrie *f*.
dioptrics [dai'ɔptriks], *s.pl.* (*Usu. with sg. const.*) Dioptrique *f*.
diorama [daio'rɑːma], *s.* Diorama *m.*
dioramic [daio'ramik], *a.* Dioramique.
diorite ['daiorait], *s. Geol:* Diorite *f*. **Diorite-sand**, marne *f*.
Dioscuri (the) [ðədaiɔs'kjuːrai]. *Pr.n.m. pl. Gr.Myth:* Les Dioscures.
dioxide [dai'ɔksaid], *s. Ch:* Bioxyde *m. See also* CARBON 1, MANGANESE, NITRIC, SULPHUR[1].
dioxytartaric [daiɔksitɑːr'tarik], *a. Ch:* Dioxytartrique.
dip[1] [dip], *s.* **1.** (*a*) Plongement *m*, immersion *f*, plongée *f*, plongeon *m* (de qch. dans un liquide). *Metalw:* **Hot dip**, immersion à chaud. (*b*) Plongement de la main, d'une cuiller, etc., dans un liquide, etc. *See also* LUCKY-DIP. *F: To have a dip into a book*, jeter un coup d'œil dans un livre. (*c*) Tirant *m* d'eau (d'un navire); hauteur *f* d'immersion (d'une roue à aubes). **2.** (*a*) Inclinaison *f* (de l'aiguille aimantée). (*b*) Inclinaison (d'un filon); abaissement *m*, dépression *f*, creux *m*, pente *f*, dénivellement *m*, dénivellation *f*, plongée (du terrain); déclivité *f* (de terrain). *Agr:* Baissière *f*. *Min:* Vallée *f*. *Geol: Min:* Pendage *m* (d'un gisement). *The dips in the mountains*, les déclivités des montagnes. *Aut: Dip of the chassis*, plongée du châssis. (*c*) *Mth:* **Dip in a curve**, inflexion *f* dans une courbe; flèche *f*. (*d*) Dépression (de l'horizon). **3.** *Nau:* Salut *m* (avec le pavillon). **Flag at the dip**, pavillon à mi-drisse. **4.** Baignade *f*, plongeon. *Dip in the sea*, baignade en mer. **To have a dip**, faire trempette; se baigner. **The daily dip**, la trempette quotidienne. *I'm going for a dip*, je vais me baigner. **5.** (*a*) *Ind:* Solution *f*, bain *m* (de décapage, de dorure, etc.). (*b*) **(Sheep-)dip**, bain parasiticide (pour moutons, etc.). **6.** Chandelle *f* à la baguette; chandelle plongée. *A: Farthing dip*, chandelle à deux pour un sou. *See also* RUSH-DIP.
'dip-circle, -compass, -needle, *s.* Boussole *f*, aiguille *f*, d'inclinaison.
'dip-cup, *s.* Pincelier *m* (de peintre).
'dip-fault, *s. Geol:* Faille *f* de plongement.
'dip-head, *s. Min:* Vallée *f*.
'dip-pipe, -trap, *s. Plumb:* Coupe-air *m inv*; siphon *m*.
'dip-rod, -stick, *s. Aut:* Réglette-jauge *f*, *pl.* réglettes-jauges; pige *f* de niveau d'huile.
'dip-splint, *s. A:* Allumette soufrée.
dip[2], *v.* (**dipped**; **dipping**) I. *v.tr.* **1.** Plonger, tremper (les mains etc., dans l'eau); tremper (une plume dans l'encre, etc.). *To dip one's face into the basin*, se plonger la figure dans la cuvette. *To dip one's feet in the stream*, baigner ses pieds dans le ruisseau. *F: I am always dipping my hand into my pocket*, je suis toujours à débourser; ce sont des déboursements continuels. **2.** (*a*) *Ind:* Traiter par immersion; immerger, décaper, dérocher (un métal); teindre (la laine, l'étoffe). *Husb: To dip the sheep*, baigner, laver, les moutons (dans un bain parasiticide). *Metalw: To dip a wire*, étamer un fil métallique. *Tan: To dip the skins*, confire les peaux. (*b*) *To dip candles*, plonger des chandelles. **3.** Baisser (qch.) subitement. *To dip the scale pan*, faire pencher la balance. *Aut:* **To dip the head-lights**, faire basculer les phares; baisser les phares. **To 'dip and switch,'** se mettre en code. *Nau:* **To dip a flag, a signal**, marquer, faire marquer, un pavillon, un signal. **To dip one's flag**, *abs.* **to dip, to a ship**, saluer un vaisseau avec son pavillon; *abs.* saluer. *See also* CURTSEY[1]. **4. To dip up** *water from a tank*, puiser, prendre, de l'eau dans une citerne avec une écope, avec ses mains; écoper de l'eau dans une citerne. *He dipped his spoon into the pot*, il puisa dans la marmite avec sa cuiller.
II. **dip**, *v.i.* **1.** Plonger (dans l'eau, etc.). *Mec.E:* (*Of gear, etc.*) *To dip in oil*, barboter dans l'huile. **2.** (*Of sun*) Baisser; descendre à l'horizon. *The sun dipped below the sea*, le soleil s'enfonça dans la mer. **3.** (*Of compass-needle*) Incliner; (*of scale*) pencher; (*of suspended wire, etc.*) faire flèche; (*of strata*) s'incliner; (*of ground*) s'abaisser, descendre. *The road dips sharply*, la route plonge brusquement. **4.** *Aut:* (*Of head-lights*) Basculer. **5.** (*Of bird in flight, Av: of machine*) Piquer. **6. To dip into a book, into a subject**, feuilleter un livre, effleurer un sujet. **To dip into one's capital, into one's purse**, prendre dans son capital, puiser dan sa bourse. **To dip deep into the past**, sonder le passé. *If I could dip into the future*, si je pouvais pénétrer l'avenir.
dipped, *a.* (*Of chair-seat, etc.*) Surbaissé.
dipping[1], *a.* Incliné; plongeant. *Min: Steeply d. seam or lode*, dressant *m. Aut: D. head-lamps*, phares basculants.
'dipping-needle, *s.* = DIP-NEEDLE.
dipping[2], *s.* **1.** Plongée *f*, immersion *f*; *Metalw:* dérochage *m*, décapage *m*. **Dipping liquid**, bain *m* de dérochage. **2.** (*a*) *Aut:* Mouvement *m* de bascule (des phares). (*b*) *Nau:* **Dipping of the flag**, salut *m* du pavillon.
'dipping-net, *s. Fish:* Pêchette *f*; épuisette *f*; (*square*) carrelet *m*.
'dipping-rolls, *s.pl. Paperm:* Rouleaux *m* d'immersion.
diphase ['daifeːiz], **diphasic** [dai'feizik], *a. El.E:* (Circuit, etc.) diphasé.
diphenyl [dai'fenil], *s. Ch:* Diphényle *m*.
diphtheria [dif'θiːəria], *s. Med:* Diphtérie *f*; angine couenneuse.
diphtherial [dif'θiːəriəl], **diphtheric** [dif'θerik], *a. Med:* Diphtérique.
diphtheritic [difθə'ritik], *a.* Atteint de diphtérie. **Diphtheritic membrane**, membrane couenneuse.
diphthong[1] ['difθɔŋ], *s. Ling:* Diphtongue *f*.
diphthong[2], *v.tr.* Diphtonguer.
diphthongal [dif'θɔŋg(ə)l], *a. Ling:* Diphtongal, -aux.
diphthongization [difθɔŋgai'zeiʃ(ə)n], **diphthongism** ['difθɔŋgizm], *s. Ling:* Diphtongaison *f*.
diphthongize ['difθɔŋgaːiz]. **1.** *v.tr.* Diphtonguer, diphtonguifier. **2.** *v.i.* (*Of vowel*) Se diphtonguer.
diplegia [dai'pliːdʒia], *s. Med:* Diplégie *f*; paralysie bilatérale.
diplex ['daipleks], *a. & s. Tg:* Diplex.
dipl(o)- ['dipl(o)], *comb.fm.* Dipl(o)-. *Diplograph*, diplographe. *Diploneural*, diploneure. *Diplocephaly*, diplocéphalie.
diplococcus, *pl.* **-cocci** [diplo'kɔkəs, -'kɔksai], *s. Bac:* Diplocoque *m*.
diplodocus [di'plɔdokəs], *s. Paleont:* Diplodocus *m*.
diplogen ['diplodʒən], *s. Ch:* Hydrogène lourd; deutérium *m*.
diploma, *pl.* **-as**, *occ.* **-ata** [di'plouma, -əz, -əta], *s.* **1.** Diplôme *m*. *Sch: Teacher's d., d. in education*, certificat *m* d'aptitude (à l'enseignement). **2.** *Hist: Pal:* Diplôme, charte *f*.
diplomacy [di'plouməsi], *s.* (*a*) Diplomatie *f*. (*b*) *F:* Diplomatie, adresse *f*, tact *m*. *To attain one's ends by d.*, faire de la diplomatie, user d'adresse, pour atteindre son but.
diploma'd, diplomaed [di'ploumәd], *a.* Diplômé.
diplomat ['diplomat], *s.* Diplomate *m*. *F: The colonel's wife was a real d.*, la colonelle était un vrai diplomate.
diplomatic[1] [diplo'matik], *a.* **1.** Diplomatique. **The diplomatic body**, le corps diplomatique. *To enter* **the diplomatic service**, entrer dans la diplomatie, *F:* dans la Carrière. *He is in the d. service*, *F:* il est de la Carrière. **2.** Politique, adroit, prudent, diplomatique. *D. answer*, réponse *f* politique. **-ally**, *adv.* **1.** Diplomatiquement. **2.** Avec adresse; avec tact; en usant de subterfuges.
diplomatic[2], *a. Pal:* Diplomatique. **Diplomatic copy**, copie exacte de l'original.
diplomatics [diplo'matiks], *s.pl.* (*Usu. with sg. const.*) Diplomatique *f*; étude *f* des anciens documents, des chartes.
diplomatist [di'ploumatist], *s.* Diplomate *m*.
diplomatize [di'ploumataːiz], *v.i.* Agir en diplomate; faire de la diplomatie.
diplopia [di'ploupia], *s. Med:* Diplopie *f*.
dipnoi [dip'nouai], *s.pl. Ich:* Dipnoïques *m*, dipneustes *m*.
dipodous ['dipodəs], *a. Biol:* Dipode.
dipolar [dai'poulər], *a.* (Aimant *m*) bipolaire.
dipper ['dipər], *s.* **1.** (*Pers.*) Plongeur, -euse; (*in pottery, glazing, etc.*) trempeur *m*. *Paperm:* Puiseur *m*, plongeur. **2.** *Rel.H: F:* Baptiste *m*, anabaptiste *m*. **3.** *Orn: F:* (*a*) Merle *m* d'eau, cincle plongeur. (*b*) Martin-pêcheur *m*, *pl.* martins-pêcheurs. **4.** (*a*) *U.S:* Cuiller *f* à pot; louche *f*. (*b*) *Astr: U.S:* **The (Great) Dipper**, la Grande Ourse. **The Little Dipper**, la Petite Ourse. **5.** (*a*) *I.C.E:* **Oil dipper**, plongeur *m*, cuiller *f* d'huile (de tête de bielle); mentonnet lubrificateur. (*b*) *Aut:* = DIP-ROD. (*c*) *Paint:* Pincelier *m*. **6.** *Aut:* Basculeur *m* (pour phares).
dippy ['dipi], *a.* **1.** *P:* Maboul, loufoque, timbré. **2.** *Med: F:* Délirant; en délire.
dipsomania [dipso'meinia], *s.* Dipsomanie *f*.
dipsomaniac [dipso'meiniak], *a. & s.* Dipsomane (*mf*).
dipter ['diptəːr], *s. Ent:* Diptère *m*.
diptera ['diptəra], *s.pl. Ent:* Diptères *m*.
dipteral ['diptər(ə)l], *a. Arch:* (Temple *m*) diptère.
dipteran ['diptərən], *s. Ent:* Diptère *m*.
dipterous ['diptərəs], *a. Ent:* Diptère.
diptych ['diptik], *s.* **1.** *Ant:* Diptyque *m*, diptyques *mpl.* **2.** *pl. Ecc:* **Diptychs**, diptyques.
dire ['daiər], *a.* Désastreux, néfaste, terrible, affreux. **Dire necessity**, dure nécessité, nécessité implacable. *D. poverty, d. penury*, misère noire. *D. news*, nouvelle *f* lugubre; affreuse nouvelle. *D. forebodings*, pressentiments *m* lugubres. **To be in dire want, distress, straits**, se trouver dans la dernière misère, dans la plus grande détresse. *Exposed to the direst dangers*, exposé aux pires dangers. *See also* SISTER 1. **-ly**, *adv.* Désastreusement, affreusement; lugubrement.
direct[1] [dai'rekt, di-], *v.tr.* **1.** Adresser (une lettre, des observations) (*to s.o.*, à qn). *Letter directed to s.o.*, lettre à l'adresse de qn. **2.** Gouverner (sa conduite); conduire (une armée, ses affaires, un orchestre); diriger, mener, gérer, régir, administrer (une entreprise). *Abs. There was none to d.*, il n'y avait personne pour commander.

3. (*a*) *To d. s.o.'s attention to sth.*, appeler, attirer, l'attention de qn sur qch. *To d. one's attention to sth.*, diriger son attention sur qch. *To d. one's gaze towards sth.*, porter ses regards vers qch. *To d. a telescope towards a point*, orienter, braquer, une lunette sur un point. *W.Tel: To d. the aerial towards a station*, orienter l'antenne vers un poste. (*b*) *Accusation directed against s.o.*, accusation *f* visant qn. *To d. measures against sth.*, prendre des mesures contre qch. (*c*) **To direct one's course, one's steps, towards . . .**, diriger ses pas, se diriger, vers . . . ; *A:* adresser ses pas vers. . . . *To d. one's efforts to(wards) an end*, orienter ses efforts vers un but. 4. **To direct s.o. to, towards, the station,** indiquer la gare à qn; acheminer qn sur, vers, la gare. *Will you d. me to . . .?* voulez-vous m'indiquer le chemin pour me rendre à . . .? voulez-vous me dire comment me rendre à . . .? 5. (*a*) **To direct s.o. to do sth.,** ordonner à qn, dire à qn, charger qn, de faire qch. **As directed,** (i) conformément aux ordres; (ii) selon les instructions; selon les indications données. *I was directed to proceed abroad*, je reçus l'ordre de partir pour l'étranger. *I will d. that it shall be done*, je vais donner ordre, ordonner, qu'on le fasse. *Be directed by your conscience*, votre conscience vous dictera votre devoir. *Do as duty directs*, faites ce que le devoir vous ordonne. (*b*) *Jur:* (*Of judge*) **To direct the jury,** instruire le jury (sur un point de droit).

directing, *a.* Directeur, -trice; dirigeant; directif.

direct². I. *a.* (*a*) (*Of road, lineage, tax, etc.*) Direct. **Direct cause,** cause immédiate. **Direct taxation,** contributions directes. **To be a direct descendant of s.o.,** descendre de qn en ligne directe. *To have a d. interest in sth.*, avoir un intérêt personnel dans qch. **In direct contradiction,** en contradiction directe. **The direct opposite of sth.,** juste l'opposé *m* de qch. *Gram:* **Direct object,** complément direct. **Direct narration,** discours direct. *Artil:* **Direct fire, hit,** tir, coup, direct, de plein fouet; plein-fouet *m*. *Jur:* **Direct evidence,** preuve directe. *Pol:* **Direct action,** action directe. *Ind:* **Direct labour,** travail *m* en régie. (*b*) (*Of pers.*) Franc, *f.* franche; ouvert. *I want a d. answer*, il me faut une réponse sans ambages, sans détours. (*c*) Absolu, formel, exprès. *D. answer*, réponse *f* catégorique. *See also* LIB¹. (*d*) *El:* **Direct current,** courant continu. *Fed with d. current*, alimenté en continu. **Direct-current dynamo,** machine *f* à courant(s) continu(s). *Metalw:* **Direct casting,** coulée *f* en première fusion. *Dy:* **Direct dyeing,** teinture *f* sans mordant. *Phot:* **Direct(-vision) finder,** viseur direct, clair; viseur à cadre (sans lentille); viseur iconométrique. *See also* DRIVE¹ 3, NEGATIVE¹ II. 2. 2. *adv.* (Aller) directement, tout droit. **To dispatch goods direct to s.o.,** expédier des marchandises directement à qn. *I shall communicate with you d.*, je vous écrirai directement. **-ly.** I. *adv.* (*a*) (Aller, conduire) directement, tout droit, sans détours. *To go d. to the point*, aller droit au fait. **To be directly descended from . . .,** descendre en droite ligne de. . . . *To be d. under s.o.'s influence*, être soumis immédiatement à l'influence de qn. *I am not d. concerned*, cela ne m'intéresse pas personnellement. *See also* AFFECT² I. (*b*) Absolument, complètement, nettement. *D. contrary*, diamétralement opposé, nettement opposé (*to*, à). **A directly opposite effect,** un effet exactement contraire. *The land lies d. to the north*, le terrain se trouve juste au nord. *He lives d. opposite the church*, il demeure juste en face de l'église, directement en face de l'église. (*c*) Tout de suite, tout à l'heure, immédiatement. *I am coming d.*, je viens tout de suite. *I am going d.*, j'y vais de ce pas. *The doctor came d.*, le médecin vint aussitôt. 2. *conj. F:* Aussitôt que, dès que. *I will come d. I've finished*, je viendrai dès que j'aurai fini.

di'rect-'acting, *attrib.a.* **Direct-acting engine,** machine *f* à bielle directe, à connexion directe.

di'rect-'actionist, *s.* Personne *f* qui préconise l'action directe; partisan, -ane, de l'action directe.

di'rect-'coupled, *a.* I. *Mec.E:* En prise directe. 2. *W.Tel:* (*Of aerial*) Monté en direct.

di'rect-'reading, *attrib.a.* (Instrument *m*) à lecture directe.

di'rect-'spark, *a.* *I.C.E:* **Direct-spark ignition,** allumage *m* par magnéto (à haute tension).

direction [dai'rekʃ(ə)n, di-], *s.* I. (*a*) Direction *f*, administration *f* (d'une société, etc.); conduite *f* (des affaires). **Under the direction of . . .,** sous la conduite de. . . . *To take the d. of affairs*, *F:* prendre le timon (des affaires). (*b*) *D. of the traffic*, réglementation *f* de la circulation. (*See also* 3 (*a*)). 2. Adresse *f* (d'une lettre). 3. (*a*) Direction, sens *m*. **In the direction of . . .,** dans la direction de. . . . *To go in the d. of Paris*, se diriger du côté de Paris; se diriger vers Paris. **In every direction,** en tous sens; dans tous les sens; de-ci, de-là. *To run about in all directions*, courir de côté et d'autre. **In the opposite direction,** en sens inverse. *In which d.?* de quel côté? *D. of the traffic*, sens de la circulation. (*See also* I (*b*).) *To put s.o. in the right d.*, mettre qn dans la bonne voie. *You are not looking in the right d.*, vous ne regardez pas du bon côté. **To lose one's sense of direction,** perdre le sens de l'orientation *f*. *Change of d.*, changement *m* de direction; *Aer: Nau:* changement de cap *m*. *Mth:* **Positive direction,** sens direct. **Negative direction,** sens rétrograde. (*b*) *Improvements in many directions*, améliorations *f* sous bien des rapports *m*. 4. (*a*) (*Usu. pl.*) Instruction(s) *f(pl)*. *To furnish useful directions*, donner d'utiles instructions. *I acted according to directions*, j'ai agi selon mes instructions. *Sailing directions*, instructions nautiques. *You have been given wrong directions*, on vous a mal renseigné. **Stage direction,** indication *f* scénique. *Directions for carrying out an experiment*, mode *m* opératoire. *Mil: General directions* (*for an operation*), directives *f*. *See also* USE¹ I. (*b*) *Jur:* **Direction to the jury,** exposé de la loi fait par le juge (lorsque le jury doit se prononcer sur un point de droit).

di'rection-board, -plate, *s.* Plaque indicatrice (de route).

di'rection-finder, *s.* *W.Tel:* Radiogoniomètre *m*; cadre *m* radiogoniométrique.

di'rection-finding¹, *a.* Radiogoniométrique.

di'rection-finding², *s.* Radiogoniométrie *f*.

di'rection-indicator, *s.* I. *Aut:* Signalisateur *m* de direction; flèche lumineuse indicatrice de direction. 2. *El:* Indicateur *m* du sens du courant.

di'rection-post, *s.* Poteau indicateur; colonne *f* itinéraire.

directional [dai'rekʃən(ə)l, di-], *a.* I. De direction. **Directional wireless,** radiogoniométrie *f*. *Position by d. findings*, position donnée par gonio, par relèvements *m* radiogoniométriques. **Directional-finding station,** station *f* radiogoniométrique. *W.Tel:* **Directional aerial,** (i) antenne dirigeable, (ii) (*fixed for one station*) antenne dirigée, orientée. *D. loop*, cadre *m* radiogoniométrique. 2. (*Of committee, authority, etc.*) Dirigeant; de direction.

directive [dai'rektiv, di-], *a.* Directif. *D. function*, fonction directrice.

directness [dai'rektnəs, di-], *s.* I. (*a*) Franchise *f* (d'une réponse, etc.). (*b*) Franchise bourrue. *His d. of speech*, son parler carré. (*c*) *D. of look*, droiture *f* de regard; (son) regard franc. 2. *The d. of my information*, la source directe à laquelle je dois ce renseignement.

director [dai'rektər, di-], *s.* I. (*Pers.*) (*a*) Administrateur *m*, directeur *m* (d'une société, etc.); chef *m* ou gérant *m* (d'une entreprise). **Director of music,** (i) *Ecc:* maître *m* de chapelle, (ii) *Mil: etc:* chef de musique. *Adm: D. of studies, approx.* = inspecteur d'Académie. *Th: D. of (operatic) chorus*, répétiteur *m*. *See also* BOARD¹ 3, MANAGING I. (*b*) *Fr.Hist:* Directeur; membre *m* du Directoire. (*c*) *R.C.Ch:* Directeur de conscience. (*d*) *Jur: D. of public prosecutions, approx.* = chef de parquet. (*e*) *Th: Cin: U.S:* Metteur *m* en scène. *Cin:* Directeur écraniste; réalisateur *m*. **Assistant director,** régisseur *m*. 2. (*a*) *Geom:* Directrice *f*. **Director circle** (*of ellipse, hyperbola*), cercle directeur. (*b*) *Navy:* **Director top,** hune *f* de télépointage; le télépointage. (*c*) Appareil *m* de visée (de torpille). (*d*) *Mec.E: etc:* Guide *m* (d'un mouvement).

directorate [dai'rektəret, di-], *s.* I. Fonctions *fpl* d'administrateur, directorat *m*. 2. (Conseil *m* d')administration *f*; direction *f* (des chemins de fer, etc.).

directorial [dairek'tɔːriəl, di-], *a.* Directorial, -aux.

directorship [dai'rektərʃip, di-], *s.* I. Directorat *m*; poste *m* ou fonctions *fpl* de directeur, d'administrateur. 2. *During my d.*, au cours de mon administration.

directory¹ [dai'rektəri, di-], *a.* Directeur, -trice.

directory², *s.* I. Répertoire *m* d'adresses; (*in France*) le Bottin; annuaire *m* (des téléphones, etc.). *Commercial d.*, annuaire du commerce. 2. (*a*) *Fr.Hist:* **The Directory,** le Directoire. (*b*) *U.S:* Conseil *m* d'administration (d'une compagnie, etc.). 3. *Ecc:* (*Book*) Directoire (des offices).

directress [dai'rektres, di-], *s.* I. (*Pers.*) Directrice *f*. 2. *Geom:* = DIRECTRIX.

directrix, *pl.* **-ices** [dai'rektriks, di-, -isiːz], *s.* *Geom:* Directrice *f* (d'une conique).

direful ['daiərful], *a.* *Poet:* = DIRE. **-fully,** *adv.* Désastreusement, affreusement; lugubrement.

direness ['daiərnəs], *s.* Horreur *f*; caractère désastreux, funeste, ou lugubre (*of*, de).

dirge¹ [dəːrdʒ], *s.* Hymne *m* ou chant *m* funèbre.

dirge². I. *v.tr.* Chanter (qch.) comme un hymne funèbre. 2. *v.i.* Chanter un hymne funèbre.

dirigibility [diridʒi'biliti], *s.* Dirigeabilité *f*.

dirigible ['diridʒibl], *a.* & *s.* *Aer:* **Dirigible balloon,** *F:* **dirigible,** (ballon) dirigeable (*m*). *Scouting d.*, éclaireur *m*.

diriment ['dirimənt], *a.* *Jur:* **Diriment impediment** (*to marriage*), empêchement dirimant de mariage; cause dirimante de mariage.

dirk¹ [dəːrk], *s.* Poignard *m* (des Écossais, des aspirants de marine).

dirk², *v.tr.* Poignarder.

dirt [dəːrt], *s.* Saleté *f*. I. (*a*) Boue *f*, crotte *f*, fange *f*; (*body dirt*) crasse *f*; (*from drains*) curure *f*; (*excrement*) ordure *f*. **Hands ingrained with dirt,** mains encrassées. (*Of material*) **To show the dirt,** être salissant. *F:* **To throw dirt at s.o.,** éclabousser la réputation de qn; calomnier qn; couvrir qn de boue; *Lit:* traîner qn dans la boue. **To treat s.o. like dirt, to look on s.o. as so much dirt,** mépriser qn comme la boue de ses souliers; traiter qn comme le dernier des derniers. *P:* **To eat dirt,** être forcé de faire des excuses, de se rétracter; *F:* avaler des couleuvres. *P:* **Yellow dirt,** de l'argent, du pognon, de la braise. *U.S:* **Dirt waggon** = DUST-CART. *See also* CHEAP I, COMMON¹ 2. (*b*) *Ind: etc: D. in the machinery, in the solutions, etc.*, présence *f* de corps étrangers dans la mécanique, d'impuretés *fpl* dans les solutions, etc. *I.C.E: D. in the carburettor*, encrassement *m* du carburateur. (*c*) *Min:* Terre *f* aurifère; alluvion *f* aurifère. (*d*) *U.S:* **Dirt floor,** plancher *m* en terre battue. **Dirt roof,** toiture *f* en tourbe. **Dirt road,** chemin non macadamisé. 2. Malpropreté *f*. (*a*) *To live in a state of d.*, vivre dans la saleté. (*b*) *F:* **To talk dirt,** dire des saletés, des malpropretés; user d'un langage ordurier.

'dirt-band, *s.* *Geol:* Bande boueuse.

'dirt-eating, *s.* *Med:* Géophagie *f*.

'dirt-proof, *a.* I. Insalissable. 2. A l'abri de la saleté, de l'encrassement.

'dirt-track, *s.* *Sp:* Piste *f* en cendrée; dirt-track *m*. **Dirt-track racing,** courses *f* motocyclistes sur cendrée.

dirtily ['dəːrtili]. *See* DIRTY.

dirtiness ['dəːrtinəs], *s.* I. Saleté *f*, malpropreté *f*. 2. *F:* (*Of speech*) Saleté; (*of action*) bassesse *f*.

dirty¹ ['dəːrti], *a.* I. Sale, malpropre, souillé, crasseux; (*with mud*) fangeux, crotté; (*of valves, pistons, etc.*) encrassé. *D. hands*, mains *f* sales. *D. face*, visage barbouillé. *D. old frock-coat*, vieille redingote crasseuse. *D. shoes*, souliers crottés. *D. streets*, rues fangeuses. *Med: D. wound*, plaie *f* septique. *El: D. contact*, contact encrassé. *See also* LINEN 2, SHIRT I. *Don't get your gloves d.*, ne salissez pas vos gants. *The streets are very d.*, il fait bien sale dans les rues. 2. **Dirty weather,** mauvais, vilain, temps; *F:* sale temps; *Nau:* gros temps, *F:* temps de bran. *We are going to have d. weather*, le temps se barbouille. 3. *D. mind*, esprit tourné vers la saleté, vers l'obscénité. *D. language,* langage sale, grossier; discours ordurier. **Dirty story,** histoire sale, graveleuse. *To tell d. stories,* raconter des saletés. **4.** (*a*) **Dirty trick,** sale tour *m*; saleté, vilenie *f*; *P:* saloperie *f*, vacherie *f*. **To play s.o. a dirty trick,** jouer un vilain tour à qn; faire une avanie à qn; *F:* tirer dans les jambes de qn. **It's a dirty business,** c'est une sale affaire. (*b*) **A dirty fellow,** un sale individu; un sale type. *P:* **To do, play, the dirty on s.o.,** faire une saleté, une crasse, à qn; jouer un sale coup à qn. **There's been dirty work at the cross-roads,** c'est un sale coup. *See also* DOG¹ 3, WORK¹ 1. **-ily,** *adv.* Salement. **1.** Malproprement. **2.** Bassement. **3.** Grossièrement.

dirty 'Allan, *s. Orn:* Stercoraire *m* parasite.

dirty². **1.** *v.tr.* Salir, crotter, encrasser, *F:* souillonner (ses habits, etc.). *To d. one's hands,* se salir les mains. **2.** *v.i.* Se souiller, se salir. (*Of stuff*) *To d. easily,* se salir facilement.

dis [dis], *v.tr. Typ: F:* (= *distribute*) Distribuer (la composition).

dis- [dis], *pref.* (*Privative*) Dis-, dés-, dé-, des-. **1.** (*Forming compound vbs*) *Discontinue,* discontinuer. *Disinfect,* désinfecter. *Disaccustom,* désaccoutumer. *Displace,* déplacer. *Disarrange,* déranger. *Disseize,* dessaisir. **2.** (*Forming vbs from nouns*) (*a*) (*Deprive of*) *Dispowder,* dépoudrer. *Disfoliage,* défeuiller. *Disfrock,* défroquer. *Discrown,* découronner. (*b*) (*Expel, dislodge, from*) *Disgorge,* dégorger. *Disbar,* rayer du barreau. (*c*) (*Deprive of character, title*) *Disprince,* priver de son titre de prince. *Disminister,* priver de son rang de ministre. **3.** (*Forming compound nouns*) *Dishonour,* déshonneur. *Displeasure,* déplaisir. *Disadvantage,* désavantage. *Disease,* (i) *A:* malaise; (ii) maladie. **4.** (*Forming compound adjs*) *Disagreeable,* désagréable. *Dissimilar,* dissemblable. *Disobedient,* désobéissant.

disability [disə'biliti], *s.* **1.** (*a*) Incapacité *f*, impuissance *f* (*to do, for doing, sth.,* de faire qch.). *Under a d.,* incapable. (*b*) **Physical disability,** infirmité *f*. (*c*) *Adm:* Invalidité *f*. **Disability pension,** pension *f* d'invalidité. **2.** *Jur:* (*a*) Incapacité légale; inhabilité *f* (à faire qch.). (*b*) (*Imposed on property*) Servitude *f*.

disable [dis'eibl], *v.tr.* **1.** Mettre (qn) hors de combat; estropier (qn); désemparer (un navire, un canon); mettre (une machine) hors de service. *Man disabled in the war,* réformé *m* de guerre. **Disabled soldier,** soldat estropié; invalide *m*. **Disabled ex-service men,** mutilés *m* de guerre; réformés de guerre avec invalidité. *To d. s.o. from doing sth.,* mettre qn dans l'impuissance, mettre qn hors d'état, de faire qch. (*Of machine, ship*) **To be disabled,** avoir des avaries, être avarié; être en panne; être désemparé; être hors de service. *Nau: Disabled propeller,* hélice immobilisée. **2.** *Jur: To d. s.o. from doing sth.,* prononcer qn incapable de, inhabile à (tester, etc.).

disablement [dis'eiblmənt], *s.* **1.** Mise *f* hors de combat. **2.** Invalidité *f*, incapacité *f* de travail. *Adm:* **Degree of disablement,** coefficient *m* d'invalidité. **Permanent disablement,** incapacité permanente. *See also* INSURANCE 1.

disabuse [disə'bju:z], *v.tr.* Désabuser (*of,* de); désaveugler (qn).

disaccord¹ [disə'kɔ:rd], *s.* Désaccord (*with,* avec).

disaccord², *v.i.* Être en désaccord (*with,* avec).

disaccustom [disə'kʌstəm], *v.tr.* Désaccoutumer, déshabituer (*s.o. to sth., to doing sth.,* qn de qch., de faire qch.).

disadjustment [disə'dʒʌstmənt], *s. Mec.E: etc:* Déréglage *m*.

disadvantage¹ [disəd'vɑ:ntedʒ], *s.* Désavantage *m*, inconvénient *m*. *It is no d. to be young,* ce n'est pas un désavantage d'être jeune. **To take s.o. at a disadvantage,** prendre qn dans de mauvaises conditions, au dépourvu; surprendre qn dans un moment embarrassant. *To see s.o. at his d.,* voir qn à son désavantage. *To be at a d. owing to sth.,* être désavantagé par qch. **To be seen, to show oneself, at a disadvantage, to disadvantage,** être vu, se montrer, à son désavantage, sous un jour désavantageux. *To sell at a d.,* vendre à perte. **To labour, lie, under a disadvantage, under the disadvantage of . . .,** avoir le désavantage (de). . . .

disadvantage², *v.tr.* Désavantager (qn).

disadvantageous [disadvən'teidʒəs], *a.* Désavantageux, défavorable (*to,* à).

disaffect [disə'fekt], *v.tr.* *A:* Désaffectionner (qn); aliéner (une tribu).

disaffected, *a.* Mal disposé (*to, towards,* à l'égard de, envers); mécontent; dissident; désaffectionné. *D. tribes,* tribus *f* en dissidence.

disaffectedness [disə'fektidnəs], **disaffection** [disə'fekʃ(ə)n], *s.* Désaffection *f* (*to, towards,* à l'égard de, envers); mécontentement *m*.

disaffiliate [disə'filieit], *v.tr.* Désaffilier.

disaffiliation [disəfili'eiʃ(ə)n], *s.* Désaffiliation *f*.

disaffirm [disə'fə:rm], *v.tr. Jur:* Annuler, rapporter, casser (un jugement); défaire (une convention); dénoncer (un contrat).

disaffirmation [disafər'meiʃ(ə)n], *s. Jur:* Annulation *f*, cassation *f*.

disafforest [disə'fɔrest], *v.tr.* **1.** Déboiser (une terre). **2.** *Jur:* Déclarer (un terrain, un bois) hors du régime forestier.

disafforestation [disəfɔres'teiʃ(ə)n], *s.* Déboisement *m* (d'une terre).

disagree [disə'gri:], *v.i.* **1.** (*a*) Être en désaccord, n'être pas d'accord (*with,* avec). *The accounts d.,* les récits *m* diffèrent, sont en désaccord, ne concordent pas. *The witnesses d.,* les témoins *m* ne sont pas d'accord. (*b*) *To d. with s.o.,* donner tort à qn. *Those who d. with the author,* ceux qui se trouvent en désaccord avec l'auteur. **I disagree,** je ne suis pas de cet avis. **2.** (*a*) (*Quarrel*) Se brouiller (*with,* avec). (*b*) *They had always disagreed,* ils avaient toujours vécu en mésintelligence. **3.** Ne pas convenir (*with,* à). *The climate disagrees with him,* le climat ne lui convient pas, ne lui va pas. *Wine disagrees with him,* le vin lui est contraire. *The salmon disagreed with me,* je n'ai pas digéré le saumon; le saumon n'a pas passé, m'est resté sur l'estomac.

disagreeable [disə'gri:əbl]. **1.** *a.* (*a*) Désagréable (*to,* à); déplaisant (*to,* à). *D. smell,* odeur *f* désagréable, qui déplaît. (*b*) Fâcheux, incommode. *A d. incident,* un incident fâcheux. (*c*) Désagréable, maussade. *How d. you are to-day!* comme vous êtes désagréable aujourd'hui! *D. person,* personne désobligeante. **2.** *s.pl.* Désagréments *m*. *The small disagreeables of life,* les petits ennuis de la vie. **-ably,** *adv.* Désagréablement; fâcheusement; d'un ton désobligeant.

disagreeableness [disə'gri:əblnəs], *s.* **1.** Désagrément *m*; ce que qch. a de désagréable, de fâcheux. *The d. of the weather kept me at home,* le mauvais temps m'a tenu à la maison. **2.** (*a*) Mauvaise humeur; maussaderie *f*. (*b*) Désobligeance *f* (*to,* envers).

disagreement [disə'gri:mənt], *s.* **1.** Différence *f* (*between,* entre); discordance *f*. **2.** Désaccord *m* (*with s.o. on, about, sth.,* avec qn sur qch.); conflit *m* d'opinions. *To be in d. with s.o.,* ne pas partager l'avis de qn. **3.** (*a*) Brouille *f*, différend *m*, querelle *f*. (*b*) Mésintelligence *f*, mésentente *f* (*between,* entre).

disalignment [disə'lainmənt], *s.* Défaut *m* d'alignement; désalignement *m*; (*vertically*) dénivellation *f*. *Veh: etc:* Non-parallélisme *m* (des roues).

disallow [disə'lau], *v.tr.* **1.** Ne pas admettre, ne pas reconnaître (une réclamation, un article d'un compte, une hypothèse, etc.); rejeter (un article d'un compte); refuser (un privilège). *Jur:* Rebuter, rejeter (un témoignage). **2.** Ne pas permettre; interdire.

disallowance [disə'lauəns], *s.* Refus *m* de reconnaître la validité (d'une réclamation, etc.); rejet *m*. *Jur: D. of a plea, of costs,* rejet d'une défense, de frais.

disannexed [disə'nekst], *a.* (Territoire) désannexé.

disannul [disə'nʌl], *v.tr.* (**disannulled**) = ANNUL.

disannulment [disə'nʌlmənt], *s.* = ANNULMENT.

disappear [disə'pi:ər], *v.i.* Disparaître (*from a place,* d'un endroit); (*of difficulties*) s'aplanir. *Ling:* (*Of sound*) S'amuïr. *He disappeared from our sight,* il disparut à nos yeux. *To d. in the darkness,* s'enfoncer dans l'ombre. *To d. in, into, the crowd,* se couler, se perdre, dans la foule. *Thereupon she disappeared,* là-dessus, elle s'éclipsa. *To d. to America,* filer sur l'Amérique. *Since he disappeared,* depuis sa disparition. *F: All this money has disappeared into thin air,* tout cet argent a passé au bleu.

disappearing, *a.* (Cible *f*, etc.) à éclipse; escamotable. *D. handle,* manivelle *f* d'escamotage. *Aut: D. ash-tray,* cendrier *m* escamotable.

disappearance [disə'pi:ərəns], *s.* Disparition *f*. *Ling:* Amuïssement *m* (d'un son). *Geol:* Perte *f* (d'une rivière). *To return after a year's d.,* revenir après une éclipse d'un an.

disappoint [disə'pɔint], *v.tr.* (*a*) Désappointer (qn); (*after promising*) manquer de parole à (qn). *Don't d. me,* ne manquez pas à votre parole, à votre promesse; je compte sur vous; ne me faites pas faux bond. (*b*) Décevoir, chagriner (qn). *He was rather disappointed at not being invited,* il fut un peu déçu de ce qu'on ne l'invitait pas. *Are you disappointed?* c'est une déception? *He was sorely disappointed,* il a eu un grave mécompte. **To be disappointed in love,** avoir des chagrins d'amour. *To commit suicide out of disappointed love,* se tuer par désespoir d'amour. *Disappointed ambition,* ambition déçue. (*c*) Tromper, décevoir (les espérances de qn); tromper (l'attente de qn). **I am disappointed in, with, you,** vous avez trompé, démenti, mon espoir, mes espérances. **To be disappointed in sth.,** trouver du décompte à qch. *I was much disappointed in it, with it,* cela m'a beaucoup déçu; cela ne répondait aucunement à mon attente. *I was agreeably disappointed in it,* je l'ai trouvé meilleur que je ne m'y attendais.

disappointing, *a.* **1.** Décevant; qui ne répond pas ou n'a pas répondu à l'attente. **2.** *How d.!* quel contretemps! **-ly,** *adv.* *D. slow,* d'une lenteur décourageante. *Sch: D. weak paper,* composition *f* d'une faiblesse décourageante.

disappointedly [disə'pɔintidli], *adv.* D'un ton, d'un air, désappointé, déçu.

disappointment [disə'pɔintmənt], *s.* Déception *f*, désappointement *m*; contretemps *m*, mécompte *m*. *Keen d.,* vive contrariété; crève-cœur *m inv*. *This is a d. to my expectations,* c'est un démenti à mes espérances. *This year's Salon leaves a feeling of d.,* le Salon de cette année nous laisse un sentiment de découragement. **Disappointment in love,** chagrin *m* d'amour. *To suffer many disappointments,* essuyer bien des déboires *m*.

disapprobation [disapro'beiʃ(ə)n], *s.* Désapprobation *f* (*of,* de).

disapprobative [dis'aprobeitiv], **disapprobatory** [dis'aprobeitəri], *a.* Désapprobateur, -trice; improbateur, -trice.

disapproval [disə'pru:vəl], *s.* Désapprobation *f* (*of,* de); improbation *f*. *Look of d.,* regard désapprobateur, improbateur.

disapprove [disə'pru:v]. **1.** *v.tr.* Désapprouver (qn); réprouver, blâmer (qn, un usage); trouver mauvais (un usage, etc.). **2.** *v.i.* (*a*) **To disapprove of sth.,** désapprouver qch.; trouver à redire à qch. *To d. of sth. being done,* désapprouver, trouver mauvais, que l'on fasse qch. *Abs. I have heard of her engagement, and entirely d.,* j'ai appris ses fiançailles, et je suis absolument contre. (*b*) *She disapproves of her son-in-law,* son gendre n'est pas à son goût.

disapprovingly [disə'pru:viŋli], *adv.* Avec désapprobation; d'un air ou d'un ton désapprobateur.

disarm [dis'ɑ:rm]. **1.** *v.tr.* Désarmer (un prisonnier, une nation, la critique, etc.). *To d. s.o. of his rifle,* désarmer qn de son fusil. **2.** *v.i.* Désarmer.

disarmed, *a.* Désarmé. *Her:* **Lion disarmed,** lion morné.

disarming¹, *a.* (Confession *f*, franchise *f*, etc.) qui vous désarme. **-ly,** *adv.* *He was d. frank,* il montrait une franchise qui vous désarmait.

disarming², *s.* Désarmement *m*.

disarmament [dis'ɑ:rməmənt], *s.* Désarmement *m*. **The Disarmament Conference,** la Conférence du désarmement.

disarrange [disə're:indʒ], *v.tr.* Déranger, désajuster; mettre (qch.) en désordre; dérégler (des habitudes, etc.); désagencer (une machine, etc.). *Disarranged hair,* cheveux défaits *To d. s.o.'s plans,* déranger, bouleverser, les projets de qn.

disarrangement [disə'reindʒmənt], *s.* Dérangement *m*, désajustement *m*, désordre *m*, désagencement *m*.
disarray[1] [disə'rei], *s.* (*a*) Désarroi *m*; désordre *m*. (*b*) (*Of pers.*) **In disarray,** à demi vêtu, à demi habillé.
disarray[2], *v.tr.* **1.** *Lit:* (*a*) Mettre (des troupes) en désarroi, en déroute. (*b*) Mettre en désordre. **2.** *A. & Poet:* Mettre le désordre dans les vêtements de (qn); dévêtir (qn).
disarticulate [disɑː'tikjuleit], *v.tr.* **1.** Désarticuler; démembrer (un poulet, etc.). **2.** Disjoindre, démonter (un mécanisme, etc.).
disarticulation [disɑːrtikju'leiʃ(ə)n], *s.* **1.** Désarticulation *f*; démembrement *m*. **2.** Démontage *m*.
disassemble [disə'sembl], *v.tr.* Démonter, désassembler, démembrer (une machine, etc.).
disassembling, *s.* Démontage *m*, désassemblement *m*.
disassembler [disə'semblər], *s.* *Ind:* Démonteur, -euse.
disassembly [disə'sembli], *s.* = DISASSEMBLING.
disassociate [disə'souʃieit], *v.tr.* = DISSOCIATE 1.
disaster [di'zɑːstər], *s.* Désastre *m*; (*by shipwreck, fire, flood*) sinistre *m*. *Public d.*, calamité publique. *Railway d.*, accident *m*, catastrophe *f*, de chemin de fer. *Villages that have suffered d.*, villages sinistrés. *F:* *Our journey was* **a record of disaster,** notre voyage n'a été qu'une suite de malheurs *mpl*. **To scent disaster,** sentir le cadavre. *He is heading for d.*, il court à sa perte. *See also* COURT[2] 2.
disastrous [di'zɑːstrəs], *a.* Désastreux; néfaste, funeste. **-ly,** *adv.* Désastreusement.
disavow [disə'vau], *v.tr.* Désavouer, répudier (une doctrine, un enfant, etc.); renier (sa foi, une action).
disavowal [disə'vauəl], *s.* Désaveu *m*, répudiation *f* (d'une obligation, etc.); reniement *m* (de sa foi, etc.).
disband [dis'band]. **1.** *v.tr.* Licencier, congédier (des troupes, des partisans). *The commission was disbanded*, la commission a cessé ses travaux, s'est séparée. **2.** *v.i.* (*Of troops*) (*a*) Se débander; se disperser (à la débandade). (*b*) Être licencié. *The army disbanded*, l'armée *f* se sépara; les hommes *m* rentrèrent dans leurs foyers.
disbanding, *s.* Licenciement *m*.
disbandment [dis'bandmənt], *s.* Licenciement *m*.
disbar [dis'bɑːr], *v.tr.* **(disbarred)** Rayer (un avocat) du barreau, du tableau de l'ordre.
disbarment [dis'bɑːrmənt], *s.* Radiation *f* (d'un avocat) du tableau de l'ordre, de la liste du barreau.
disbelief [disbi'liːf], *s.* **1. Disbelief in sth.,** incrédulité *f* à l'égard de qch.; refus *m* de croire à qch. **2.** *Theol:* Incrédulité, mécréance *f*.
disbelieve [disbi'liːv]. **1.** *v.tr.* Ne pas croire, refuser de croire (qn, qch.); refuser créance à (qn). *To d. every word*, ne pas en croire un seul mot. *Abs. I neither believe nor d., F:* je ne crois ni ne décrois. **2.** *v.i. To d. in s.o., in sth.*, ne pas croire à qn, à qch.
disbeliever [disbi'liːvər], *s.* Incrédule *mf*.
disbench [dis'benʃ], *v.tr.* Radier (qn) du tableau des *benchers*, *q.v.*
disbranch [dis'brɑːnʃ], *v.tr.* Ébrancher (un arbre).
disbud [dis'bʌd], *v.tr.* **(disbudded; disbudding)** *Arb:* Ébourgeonner, escionner, épincer, éborgner (un arbre fruitier).
disbudding, *s.* Ébourgeonnement *m*, escionnement *m*, épinçage *m*, ébourgeonnage *m*, éborgnage *m*.
disburden [dis'bəːrdn], *v.tr.* **1.** Décharger, soulager (*s.o. of sth.*, qn de qch.). *To d. one's mind of a secret*, décharger sa conscience d'un secret; se décharger la conscience. *To d. one's heart to s.o.*, ouvrir son cœur à qn. **2.** Déposer, mettre bas (un fardeau). *To d. one's wrath upon s.o.*, décharger sa colère sur qn.
disbursal [dis'bəːrsəl], *s.* = DISBURSEMENT 1.
disburse [dis'bəːrs], *v.tr.* Débourser (de l'argent). *Adm: etc: Disbursing official*, payeur *m*.
disbursing, *s.* = DISBURSEMENT 1.
disbursement [dis'bəːrsmənt], *s.* **1.** Déboursement *m*. *Heavy d.*, gros payement. **2.** *pl.* **Disbursements,** déboursés *m*, frais *mpl*. *Com:* Débours *mpl*.
disc [disk], *s.* = DISK.
discalceate(d) [dis'kalsieit(id)], **discalced** [dis'kalst], *a.* *Ecc:* (Moine, etc.) déchaussé, *A:* déchaux.
discant[1, 2] ['diskant, dis'kant], *s. & v.i.* *A.Mus:* = DESCANT[1, 2].
discard[1] [dis'kɑːrd], *s.* **1.** *Cards:* (*a*) (*At cribbage, etc.*) Écart *m* (action ou carte). (*b*) (*At bridge, etc.*) Défausse *f*. **2.** *Ind: etc: U.S:* Pièce *f* de rebut; déchet *m*.
discard[2], *v.tr.* **1.** *Cards:* (*a*) (*At cribbage, etc.*) Écarter (une carte). (*b*) (*At bridge, etc.*) *To d. a suit*, se défausser d'une couleur; se faire une renonce à une couleur. *To d. a sequence*, filer les cartes. *Abs.* **To discard,** se défausser. **2.** Mettre, laisser, (qch.) de côté; se défaire de (qch.); mettre (une pièce) au rebut; abandonner (un projet); quitter (une habitude); renoncer à (une croyance); mettre (une théorie) au rancart. *To d. one's winter clothing*, laisser de côté ses vêtements d'hiver. *To d. the unessential*, laisser tomber ce qui n'est pas essentiel. *To d. an old hat*, mettre au rebut un vieux chapeau. **3.** Renvoyer, congédier, supprimer (une partie de ses domestiques, etc.).
discarding, *s.* **1.** *Cards:* (*a*) Écart *m*. (*b*) (*At bridge*) Défausse *f*. **2.** Mise *f* de côté (de qch.); abandon *m* (d'un projet); mise au rancart (d'une théorie). **3.** Renvoi *m*, congédiement *m* (d'un domestique, etc.).
discarnate [dis'kɑːrnet], *a.* *A. & Lit:* *D. bones*, os décharnés. *D. soul*, âme libérée du corps.
discarnation [diskɑːr'neiʃ(ə)n], *s.* Séparation *f* de l'âme de sa dépouille mortelle.
discern [di'zəːrn, di'səːrn], *v.tr.* (*a*) Distinguer, discerner, reconnaître, apercevoir, percevoir. *To d. a distant object*, discerner, reconnaître, un objet dans le lointain. *To d. no difference*, ne percevoir aucune différence. (*b*) *To d. good and bad, good from bad, between good and bad*, discerner le bien du mal, d'avec le mal; faire la distinction, le départ, entre le bien et le mal.
discerning[1], *a.* (*Of pers.*) Éclairé, judicieux; plein de discernement; (*of intelligence*) pénétrant, subtil; (*of taste*) sûr, délicat.
discerning[2], *s.* = DISCERNMENT 1.
discernible [di'zəːrnibl, di'səːrnibl], *a.* Perceptible. *A touch of fatuity is d. in these memoirs*, une pointe de fatuité perce à travers ces mémoires. **-ibly,** *adv.* Perceptiblement.
discernment [di'zəːrnmənt, di'səːrn-], *s.* **1.** Discernement *m* (*between . . . and . . .*, de . . . et de . . .). **2.** Discernement; intelligence pénétrante; clairvoyance *f*; jugement *m*. *D. of character*, pénétration *f* des caractères.
discharge[1] [dis'tʃɑːrdʒ], *s.* **1.** Déchargement *m* (d'un navire); déchargement, débarquement *m*, débardage *m* (d'une cargaison); défournage *m* (du coke). **2.** Décharge *f* (d'artillerie); départ *m* (d'une arme à feu); décochement *m* (d'une flèche); volée *f* (de flèches). **3.** (*a*) Décharge, déversement *m*, vidange *f*, vidage *m*, évacuation *f*, dépense *f*, épanchement *m* (d'eau, etc.); décharge, dégagement *m* (de gaz); échappement *m* (de vapeur); débit *m*, refoulement *m* (d'une pompe). *D. of a stream, of a weir*, débit, portée *f*, écoulement *m*, d'un cours d'eau, d'un déversoir. **Discharge pipe,** tuyau *m* de décharge, de débit, d'évacuation, de vidange. **Discharge pump,** pompe *f* d'extraction, d'épuisement. (*b*) *El:* Décharge (d'électricité). **Brush discharge, silent discharge,** décharge en brosse, en aigrette; décharge rayonnante; aigrette *f*, effluve *m*. *Dark d.*, décharge obscure. *Cin:* **Discharge lamp,** lampe *f* à luminescence, à lueur (pour enregistrement sonore). *See also* GLOW-DISCHARGE, SPARK[1]. (*c*) *El:* Décharge (d'une pile, d'un accumulateur). (*d*) *Med:* (i) Écoulement *m*, perte *f*; (ii) suppuration *f*. **4.** (*a*) Renvoi *m*, congé *m* (d'un employé). (*b*) Libération (temporaire ou définitive); congé; (*after active service*) démobilisation *f*. *Navy:* Débarquement *m*. *Mil: Navy:* **To take one's discharge,** prendre son congé. *Navy:* **Discharge note,** ordre *m* de débarquement. (*c*) *Mil: Navy:* (*For unfitness*) Réforme *f*. *D. with allowance*, réforme No 1. *D. without allowance*, réforme No 2. (*d*) (*From hospital*) Exéat *m*. **5.** *Jur:* (*a*) Mise *f* en liberté, libération, élargissement *m*, relaxation *f*, relaxe *f* (d'un prisonnier). *D. from prison*, levée *f* d'écrou. (*b*) Acquittement *m* (d'un accusé). (*c*) **Discharge in bankruptcy, order of discharge,** réhabilitation *f* (d'un failli). *To apply for, to get, one's d.*, demander, obtenir, sa réhabilitation. **6.** Accomplissement *m* (d'un devoir, d'un vœu). *Jur:* Solution *f* (d'une obligation). *D. of, from, an engagement*, acquit *m* d'un engagement. *In the d. of his duty*, en faisant son devoir. **In the discharge of his duties,** dans l'exercice *m* de ses fonctions. **7.** (*a*) Payement *m* (d'une dette). (*b*) Quittance *f*, décharge, libération, acquit. **In full discharge . . .,** pour acquit. **Final discharge,** quitus *m*. *See also* RECEIPT[1] 3. **8.** *Arch:* Décharge. **9.** *Dy:* (*a*) Décoloration *f* (d'un tissu). (*b*) Décolorant *m*.
discharge[2]. I. *v.tr.* **1.** (*a*) Décharger (un navire, un réservoir, etc.). (*b*) *Arch:* *To d. a beam*, décharger une poutre. **Discharging arch,** arc *m* en décharge. **2.** (*a*) Décharger, tirer, faire partir (une arme à feu). (*b*) *El:* Décharger (une pile, etc.). **Discharged battery,** accu *m* à vide, *F:* à plat. **3.** (*a*) Décharger, débarquer, débarder (une cargaison). (*b*) (*Of vehicle*) *To d. passengers*, déposer des voyageurs. **4.** (*a*) Congédier, renvoyer, remercier (un employé); débaucher (un ouvrier); destituer (un fonctionnaire). (*b*) Licencier (des troupes); congédier, mettre en congé (un militaire, etc.); donner son congé à, désenrôler (un militaire); libérer (un homme) du service militaire; renvoyer (un homme) dans ses foyers. *Navy:* Débarquer (un homme, un équipage). *To be discharged from the force*, être congédié. (*c*) *Mil: Navy:* (*For unfitness*) Réformer (un homme). (*d*) **To discharge a patient** (*from hospital*), renvoyer un malade guéri. *He was discharged from hospital yesterday*, il est sorti de l'hôpital hier. (*e*) *Jur:* **To discharge the jury,** congédier les jurés. **5.** *Jur:* (*a*) Libérer, élargir, mettre en liberté (un prisonnier). (*b*) Acquitter, renvoyer (un accusé). *He was discharged*, il a bénéficié d'une ordonnance de non-lieu. *To d. the accused on every count*, relaxer l'accusé des fins de toute poursuite. **6.** (*a*) **To discharge s.o. of an obligation,** décharger, libérer, acquitter, qn d'une obligation. *Jur:* *To d. a surety*, libérer un garant. (*b*) *Jur:* Réhabiliter, décharger (un failli). **Discharged bankrupt,** failli réhabilité. **7.** (*a*) Lancer (un projectile, une torpille); décocher (une flèche, un trait). *See also* VOLLEY[1] 1. (*b*) (*Of abscess*) *To d. pus*, jeter du pus. *Abs.* **To discharge,** (*of abscess*) se dégorger, jeter du pus; (*of wound*) suppurer. (*c*) (*Of chemical reaction, etc.*) Dégager, émettre (un gaz); dégager (de la vapeur). (*Of gland*) *To d. hormones*, sécréter des hormones. (*d*) (*Of reservoir, etc.*) Déverser (de l'eau); (*of pump*) débiter, refouler (de l'eau). *River that discharges its water, itself, abs. that discharges, into a lake*, rivière *f* qui se jette, s'évacue, se déverse, se décharge, dans un lac, qui déverse ses eaux dans un lac, qui débouche à un lac. (*e*) *Dy:* *The stuff discharges its colour, abs. the stuff discharges*, l'étoffe *f* décharge (sa couleur); l'étoffe se décolore. **8.** (*a*) Accomplir (un devoir); s'acquitter de (son devoir); remplir, s'acquitter de (ses fonctions). (*b*) Acquitter, liquider, solder (une dette); payer (une dette, une amende, un compte); apurer (un compte, une obligation); faire l'apurement (d'un compte). *To d. one's liabilities in full*, acquitter intégralement le montant de son passif. *Jur:* **Until discharged in full,** jusqu'à parfaite solution; jusqu'à libération complète. **9.** *Jur:* **To discharge an order of the court,** réformer, annuler, un arrêt.
II. **discharge,** *v.i.* **1.** (*a*) (*Of ship, etc.*) Se décharger; être en déchargement. (*b*) *El:* **Discharging accumulator,** accu *m* en décharge. **2.** (*Of gun*) Partir, se décharger.
discharging, *s.* Décharge *f*, déchargement *m*. *See also* PERMIT[1] 2, ROD 6.
dischargeable [dis'tʃɑːrdʒəbl], *a.* **1.** (*a*) (Soldat *m*) congédiable. (*b*) (*For unfitness*) Réformable. **2.** (Failli *m*) réhabilitable. **3.** (Dette *f*) acquittable, payable.
dischargee [distʃɑːr'dʒiː], *s.* Soldat (i) congédié, (ii) réformé.
discharger [dis'tʃɑːrdʒər], *s.* *El:* (*Device*) **1.** Excitateur *m*. **2.** *W.Tel:* Éclateur *m*.
disciple [di'saipl], *s.* Disciple *m*.

discipleship [di'saipl∫ip], *s.* État *m*, qualité *f*, de disciple.
disciplinable ['disiplinəbl], *a.* **1.** Disciplinable. **2.** Soumis à la discipline; docile. **3. Disciplinable offence,** infraction *f* à la discipline; délit *m*.
disciplinarian [disipli'nɛəriən], *s.* **1.** Disciplinaire *m*. *He is a good d.*, il a une bonne discipline; il a de la discipline. *He is a strict d.*, il est strict en matière de discipline. *He is no d.*, il n'a pas de discipline. **2.** Partisan *m* d'une forte discipline.
disciplinary ['disiplinəri], *a.* **1.** (Punition *f*, etc.) disciplinaire; (établissement, régiment, etc.) de discipline. **2.** *An excellent d. instrument for the formation of character*, un excellent instrument de discipline pour former le caractère. **-ily,** *adv.* Disciplinairement.
discipline[1] ['disiplin], *s.* Discipline *f*. (*a*) *Iron d.*, discipline de fer, à la prussienne. *To put, keep, the children under d.*, soumettre les enfants à la discipline. *To keep* (*strict*) *d., to enforce d.*, maintenir la discipline, une discipline rigoureuse. *He cannot keep d.*, il ne sait pas maintenir la discipline. *To undermine, destroy, the d. of the troops*, démoraliser les troupes. (*b*) *A:* (*Branch of learning*) *Educated in the stern d. of Greek and Latin*, élevé dans la forte discipline du grec et du latin. (*c*) *A:* Châtiment *m*. (*d*) *Ecc:* (*Penitential scourge*) Discipline.
discipline[2], *v.tr.* **1.** (*a*) Discipliner (des élèves, des troupes). (*b*) Former (le caractère). *Disciplined in the school of adversity*, formé, élevé, à l'école de l'adversité. **2.** (*a*) *A:* Discipliner, châtier (un religieux). (*b*) *R.C.Ch:* **To discipline oneself** (= *scourge oneself*), se donner la discipline.
disciplining, *s.* Disciplinement *m*.
discipular [di'sipjulər], *a.* De disciple.
disclaim [dis'kleim], *v.tr.* **1.** *Jur:* Se désister de, renoncer à (un droit, etc.). **2.** Refuser d'admettre, désavouer (qch.). *To d. all intention of doing sth.*, se défendre d'avoir l'intention de faire qch.; se défendre de la moindre intention de faire qch. *To d. all responsibility*, dénier toute responsabilité. **3.** Rejeter, renier (l'autorité de qn).
disclaimer [dis'kleimər], *s.* **1.** (*a*) *Jur:* Désistement *m*. *D. of a right*, renonciation *f* à un droit. (*b*) *D. of authorship* (*of a work*), désaveu *m* (d'une œuvre). *D. of responsibility*, déni *m*, dénégation *f*, de responsabilité. *To send a d. to the press*, envoyer un démenti à la presse. **2.** Personne *f* qui désavoue, qui renie.
disclose [dis'klo:uz], *v.tr.* **1.** Découvrir, laisser voir, mettre à découvert, révéler (qch.). *To d. one's point of view*, se découvrir; déclarer sa pensée; laisser voir sa pensée. **2.** Divulguer, déceler, dévoiler (un secret, etc.).
disclosure [dis'klouʒər], *s.* **1.** Mise *f* à découvert (d'un trésor, etc.); révélation *f* (de sa pensée, de son amour, etc.). **2.** Divulgation *f* (d'un secret).
discobolus [dis'kɔbələs], *s.* *Gr.Ant:* *Ich:* Discobole *m*.
discoid(al) ['diskɔid, dis'kɔid(ə)l], *a.* Discoïde.
discolour [dis'kʌlər]. **1.** *v.tr.* (*a*) Décolorer. (*b*) Ternir, délaver (un tissu, etc.). *To become discoloured*, (i) se décolorer; changer de teinte; (ii) se ternir. **2.** *v.i.* (*a*) Se décolorer. (*b*) Se ternir.
discolo(u)ration [diskʌlə'rei∫(ə)n], *s.* **1.** Décoloration *f*. **2.** (*a*) Ternissement *m*. (*b*) Ternissure *f*.
discomfit [dis'kʌmfit], *v.tr.* **1.** *Lit:* Déconfire, défaire (une armée). **2.** *F:* Décontenancer, contrarier, déconcerter (qn). *Discomfited lover*, amoureux bafoué.
discomfiture [dis'kʌmfitjər], *s.* **1.** *Lit:* Déconfiture *f*, déroute *f* (d'une armée). **2.** (*a*) Mise *f* à quia (de qn). (*b*) Déconvenue *f* (de qn).
discomfort[1] [dis'kʌmfərt], *s.* **1.** *A:* Chagrin *m*, inquiétude *f*. **2.** (*a*) Manque *m* de confort. (*b*) Malaise *m*, gêne *f*, incommodité *f*.
discomfort[2], *v.tr.* **1.** *A:* Chagriner, affliger, attrister. **2.** Incommoder, gêner. *The speaker was discomforted by the smoke and by a tight collar*, l'orateur était incommodé par la fumée et gêné par un faux col trop étroit.
discommode [diskə'moud], *v.tr.* **1.** Incommoder, gêner (qn). **2.** Importuner (qn).
discommon [dis'kɔmən], *v.tr.* **1.** *Sch:* *To d. a tradesman*, retirer la permission donnée à un marchand de fournir les étudiants. **2.** *Jur:* Enclore (des terrains communaux).
discompose [diskəm'po:uz], *v.tr.* Déranger, troubler, agiter (qn). **Discomposed countenance,** visage décomposé, défait, altéré.
discomposedly [diskəm'pouzidli], *adv.* Avec agitation.
discomposingly [diskəm'pouziŋli], *adv.* De façon inquiétante.
discomposure [diskəm'pouʒər], *s.* Trouble *m*, agitation *f*; perturbation *f* (d'esprit); altération *f* (des traits).
disconcert [diskən'sə:rt], *v.tr.* **1.** Déconcerter; déranger (un projet, etc.). **2.** Déconcerter, troubler, interloquer, *F:* démâter (qn). *It completely disconcerted him*, cela lui a fait perdre contenance. *He is not so easily disconcerted*, *F:* il ne se démonte pas pour si peu. *Abs. Attitude that surprises and disconcerts*, attitude surprenante et déconcertante.
disconcerting, *a.* Déconcertant, troublant. **-ly,** *adv.* D'une manière déconcertante.
disconcertedly [diskən'sə:rtidli], *adv.* D'un air déconcerté.
disconcertment [diskən'sə:rtmənt], *s.* **1.** Action *f* de déconcerter; mise *f* à quia (de qn). **2.** Embarras *m*, trouble *m*, confusion *f*.
disconnect [diskə'nekt], *v.tr.* **1.** Désunir, disjoindre, séparer, détacher (*sth. with, from, sth.*, qch. de qch.); désaccoupler, désassembler (des raccords, etc.); décrocher (des wagons); débrayer, désembrayer, affoler (une machine). *Aut:* *To d. the engine*, supprimer l'action du moteur; supprimer l'accouplement. *To d. the dynamo*, débrayer la dynamo. **2.** *El:* Mettre (un accumulateur, etc.) hors circuit; débrancher (un accu, etc.); ouvrir, rompre (un circuit); déconnecter (un secteur, etc.). *To d. a telephone line*, couper, rompre, la communication.
disconnected, *a.* **1.** (*a*) Détaché, isolé. (*b*) *Tchn:* Débrayé; déconnecté, hors circuit. **2.** (*Of speech, style, etc.*) Décousu, sans suite, sans cohésion; (histoire *f*) sans queue ni tête; (conversation *f*) à bâtons rompus. **-ly,** *adv.* (Parler, penser) confusément, sans suite, d'une façon décousue; à bâtons rompus.
disconnecting, *s.* **1.** Désunion *f* (des parties d'une machine); désassemblage *m* (des raccords, etc.); décrochage *m* (d'un wagon, etc.); débrayage *m*, désembrayage *m* (d'une machine). *Aut:* *etc:* **Disconnecting clutch,** manchon *m* de débrayage. **2.** *El:* Mise *f* (d'un accu, etc.) hors circuit, coupe *f* du circuit. **Disconnecting plug,** bouton disjoncteur. **Disconnecting switch,** sectionneur *m*.
disconnectedness [diskə'nektidnəs], *s.* Incohérence *f*, nature décousue, manque *m* de suite (des idées). *The d. of his conversation*, les sauts et ressauts de sa conversation; sa conversation à bâtons rompus.
disconnection, disconnexion [diskə'nek∫(ə)n], *s.* **1.** = DISCONNECTING. **2.** Séparation *f* (*between*, entre). **3.** = DISCONNECTEDNESS.
disconsolate [dis'kɔnsolet], *a.* **1.** Tout triste; inconsolable; désolé. *D. cry*, cri *m* de désolation. **2.** (*Of landscape, light, etc.*) Triste, maussade, morne. **-ly,** *adv.* Tristement; d'un air ou d'un ton désolé.
discontent[1] [diskən'tent]. **1.** *s.* (*a*) Mécontentement *m*. *General d.*, mécontentement général; fermentation *f* des esprits. (*b*) Sujet *m* de mécontentement; grief *m*. **2.** *a.* Mécontent (*with*, de); peu satisfait (de). *D. to remain a lawyer's clerk*, décidé à ne pas rester clerc de notaire.
discontent[2], *v.tr.* Mécontenter.
discontented, *a.* (*a*) Mécontent (*with*, de); peu satisfait (de son sort, etc.); aigri. (*b*) *D. spirits*, esprits factieux. **-ly,** *adv.* Avec mécontentement. *She lived d. on her two hundred a year*, elle vivotait sans joie de ses deux cents livres par an. *To work d.*, travailler en rechignant; rechigner au travail.
discontentedness [diskən'tentidnəs], *s.* Mécontentement *m* (de son sort, etc.).
discontiguous [diskən'tigjuəs], *a.* *Jur:* (*Scot.*) (Bien) morcelé.
discontinuance [diskən'tinjuəns], *s.* **1.** Discontinuation *f*, cessation *f* (de fabrication, des études, des travaux); renoncement *m* (*of sth.*, à qch.); désabonnement *m* (à un journal). **2.** *Jur:* Abandon *m* (d'un procès).
discontinue [diskən'tinju:]. **1.** *v.tr.* (*a*) **To discontinue sth., doing sth.,** discontinuer qch., de faire qch.; cesser de faire qch. *To d. one's visits*, cesser ses visites; mettre fin à ses visites. *To d. a habit*, rompre avec une habitude. *To d. the use of sth.*, cesser de se servir de qch. *The performances will be discontinued after Saturday next*, les représentations *f* finiront samedi prochain. *To d. a newspaper*, se désabonner à un journal, cesser de recevoir un journal; cesser son abonnement. *To d. a subscription* (*to a charity, etc.*), cesser de souscrire; cesser sa cotisation. (*b*) *Jur:* Abandonner (un procès). **2.** *v.i.* Cesser; prendre fin. *Publication will d. at the end of June*, le journal cessera de paraître à la fin de juin, fin juin.
discontinuity [diskənti'njuiti], *s.* **1.** Discontinuité *f*. *Phil:* *The concepts of continuity and d.*, les concepts *m* du continu et du discontinu. *D. of ideas*, manque *m* de suite dans les idées. **2.** Solution *f* de continuité; intervalle *m*.
discontinuous [diskən'tinjuəs], *a.* (i) Discontinu; (ii) intermittent. *Mth:* **Discontinuous quantity,** quantité discrète. **Discontinuous function,** fonction discontinue. **-ly,** *adv.* Sans continuité; de façon intermittente. *Function that varies d.*, fonction discontinue.
discord[1] ['diskɔ:rd], *s.* **1.** Discorde *f*, désunion *f*, désaccord *m*. *To bring d. into a family*, mettre la division, semer la discorde, apporter la dissension, la désunion, du trouble, dans une famille. *Civil d.*, dissensions civiles. *See also* SEED[1] 1, SOW[1]. **2.** Bruit discordant; discordance *f*, désaccord *m* (des voix, etc.). **3.** *Mus:* (i) Dissonance *f* (de deux notes); (ii) dissonance, accord dissonant, faux accord; (iii) intervalle dissonant; (iv) note dissonante. *To resolve a d.*, résoudre une dissonance.
discord[2] [dis'kɔ:rd], *v.i.* **1.** (*a*) (*Of pers.*) Être en désaccord (*with, from*, avec). (*b*) (*Of actions, etc.*) Être en désaccord, discorder. **2.** (*Of sounds*) Dissoner, discorder. *Mus:* Former une dissonance.
discordance [dis'kɔ:rdəns], *s.* **1.** Discordance *f* (des sons). **2.** *D. of opinions*, désaccord *m* d'opinions. *The d. between the custom and the law*, le désaccord entre l'usage et la loi.
discordant [dis'kɔ:rdənt], *a.* **1.** (*a*) (*Of sound*) Discordant; peu harmonieux. *D. voice*, voix criarde. (*b*) *Mus:* Dissonant. **2.** (Faction, etc.) en désaccord. *D. opinions*, opinions opposées. *His views are d. to, from, with, mine*, ses opinions ne s'accordent aucunement avec les miennes. **3.** *Geol:* *D. stratification*, stratification discordante. **-ly,** *adv.* **1.** (Sonner, etc.) d'une manière discordante. **2.** (Vivre, etc.) en désaccord.
discount[1] ['diskaunt], *s.* **1.** *Com:* Remise *f*, rabais *m*. **To sell sth. at a discount,** vendre qch. au rabais. *D. for quantities*, réductions *fpl* sur la quantité. *D. for cash*, **cash discount,** escompte *m* au comptant; escompte de caisse; rabais en cas de payement comptant. **Trade discount,** remise sur les marchandises. *Additional d.*, surremise *f*. *See also* ALLOW 3. **2.** *Fin:* Escompte. **Bank discount,** escompte en dehors. **True discount,** escompte en dedans. *See also* RATE[1] 2. (*Of shares*) **To be, stand, at a discount,** être en perte; accuser une perte; se trouver en moins-value. *F:* **Sentiment is at a discount,** la sensiblerie est en défaveur, est peu estimée. *Politeness is at a d.*, on fait peu de cas de la politesse.
'discount bank, *s.* Comptoir *m* d'escompte.
'discount price, *s.* *Com:* Prix *m* faible.
discount[2] [dis'kaunt, 'diskaunt], *v.tr.* **1.** *Fin:* Escompter; prendre (un effet) à l'escompte; faire l'escompte (d'un effet). **2.** (*a*) Ne pas tenir compte de (qn, qch.). (*b*) *F:* Faire peu de cas de (l'avis de qn, un avertissement). *To d. news*, faire la part de l'exagération dans une nouvelle. *You must d. half of what he says*, il faut rabattre la moitié de ce qu'il dit. *This unfortunate occurrence had already been discounted*, on avait déjà envisagé cet événement malencontreux.

My gains are largely discounted by my previous losses, en calculant mes profits il faut tenir largement compte de mes pertes antérieures.

discountable [dis'kauntəbl], *a.* **1.** Escomptable. **2.** (Nouvelle *f*, etc.) dont il faut rabattre la moitié.

discountenance [dis'kauntinəns], *v.tr.* **1.** Décontenancer, déconcerter (qn); faire rougir (qn). **2.** Décourager (un projet); désapprouver, s'opposer à (qch.); être contre (qch.); se montrer défavorable à (un projet).

discourage [dis'kʌredʒ], *v.tr.* **1.** Décourager, abattre (qn). **To become discouraged**, se décourager, s'abattre, se rebuter. *She was utterly discouraged, F:* les bras lui tombaient. *Don't be discouraged by one or two failures*, ne vous laissez pas rebuter par un ou deux échecs; ne vous découragez pas pour un ou deux échecs. **2.** (*a*) Décourager (un projet, etc.); rebuter (un soupirant, la critique, etc.). (*b*) *To d. s.o. from sth., from doing sth.*, décourager, détourner, qn de qch.; décourager qn de faire qch.

discouraging, *a.* Décourageant. **-ly**, *adv.* D'une manière décourageante; d'un ton décourageant.

discouragement [dis'kʌredʒmənt], *s.* **1.** Découragement *m*, écœurement *m*; *F:* affalement *m*. *He has never known d.*, il n'a jamais connu le découragement. **To meet with discouragement**, essuyer des déboires *m*. **2.** Désapprobation *f* (d'un projet, etc.).

discourse[1] ['diskɔːrs], *s.* **1.** *Lit:* (*a*) Discours *m*. (*b*) Discours, dissertation *f* (*on*, sur). **2.** *A:* Entretien *m*, conversation *f*. *Lit. & Hum:* **To hold discourse with s.o.**, s'entretenir avec qn (*on*, de).

discourse[2] [dis'kɔːrs]. *Lit:* **1.** *v.i.* (*a*) Discourir, disserter (*on*, *of*, sur). *He discoursed on Eastern affairs*, il a parlé des affaires de l'Orient. (*b*) Causer, s'entretenir (de). **2.** *v.tr. A:* Faire entendre (de la musique).

discourser [dis'kɔːrsər], *s.* Discoureur, -euse.

discourteous [dis'kəːrtiəs, -'kɔːr-], *a.* Discourtois, impoli. **-ly**, *adv.* Discourtoisement; (parler) brusquement. *To behave d. to s.o.*, faire une impolitesse à qn.

discourtesy [dis'kəːrtəsi, -kɔːr-], *s.* Discourtoisie *f*, impolitesse *f*.

discover [dis'kʌvər], *v.tr.* **1.** Découvrir, trouver. (*a*) *To d. a new gas, the cause of an illness, an island*, découvrir un gaz nouveau, la cause d'une maladie, une île. *He set out to d. the North-West passage*, il se lança à la découverte du passage nord-ouest. *To d. a secret*, découvrir, surprendre, un secret. *F: We have discovered a good chauffeur*, nous avons déniché un bon chauffeur. (*b*) *I discovered too late that . . .*, je m'aperçus trop tard que . . .; je me rendis compte trop tard que. . . . *He told her she was cold. She discovered it to be true*, il lui dit qu'elle avait froid. Elle s'aperçut que c'était vrai. *She discovered her aunt to be a little better*, elle trouva sa tante un peu mieux. *He had been discovered to be well fitted for the medical profession*, on lui avait découvert des aptitudes pour la médecine. **2.** (*a*) *A. & Lit:* Révéler, laisser voir (qch.); divulguer (un secret). *To d. oneself*, se révéler, se faire connaître. *To d. a secret to one's friends*, dévoiler un secret à ses amis. (*b*) *Th:* **To be discovered at the rise of the curtain**, être en scène au lever du rideau. (*c*) *Chess:* **Discovered check**, échec *m* à la découverte.

discoverable [dis'kʌvərəbl], *a.* Que l'on peut découvrir. *Its effects are d. everywhere*, on en découvre partout les effets; les effets en sont partout visibles.

discoverer [dis'kʌvərər], *s.* **1.** Découvreur, -euse (de l'Amérique, etc.). **2.** *A:* Révélateur *m* (d'un complot, etc.).

discovert [dis'kʌvərt], *a.* *Jur:* Qui n'est pas en puissance de mari; (femme) (i) non mariée, (ii) veuve.

discovery [dis'kʌvəri], *s.* **1.** Découverte *f*. (*a*) *The d. of Australia*, la découverte de l'Australie. **Voyage of discovery**, voyage *m* d'exploration *f*. (*b*) **To make a discovery**, faire une découverte. *The d. of argon*, la découverte de l'argon. *A great d.*, (i) une grande découverte; (ii) *F:* (*of a find*) une trouvaille. **2.** (*a*) *Jur:* **To give discovery of documents**, donner communication, donner connaissance, de pièces, de documents. (*b*) *A. & Lit:* Révélation *f* (d'un secret); divulgation *f*. *He made a d. of the whole plot*, il divulgua tout le complot. (*c*) *Th:* Révélation qui mène au dénouement; dénouement; la découverte.

discredit[1] [dis'kredit], *s.* **1.** Doute *m*. **To throw discredit upon a statement**, mettre en doute une affirmation. **2.** (*a*) Discrédit *m* (de qn, de qch.); déconsidération *f* (de qn). **To bring discredit on s.o.'s authority**, discréditer l'autorité de qn; décréditer qn. *To bring d. on oneself*, se discréditer, se décréditer. *To throw d. on s.o.*, jeter le discrédit sur qn; décréditer, discréditer, qn. *To reflect d. on . . .*, jeter du discrédit sur. . . . **To fall into discredit**, se décréditer, se discréditer; se perdre de réputation; tomber dans un discrédit absolu. *This brand has fallen into d.*, cette marque a perdu sa réputation. (*b*) *Com:* Discrédit (d'un billet, d'un commerçant).

discredit[2], *v.tr.* **1.** Ne pas croire (un bruit); ne pas ajouter foi à (un bruit); mettre en doute (un bruit). *To d. s.o.'s evidence*, nier, contester, la véracité du témoignage de qn. **2.** Discréditer (qn, une opinion); déconsidérer (qn); décréditer (l'honneur de qn). *His conduct has discredited him with the public*, sa conduite lui a fait perdre la considération du public. *Discredited science*, science déconsidérée, tombée en déconsidération.

discreditable [dis'kreditəbl], *a.* **1.** Peu digne, peu honorable. *Conduct d. to a barrister*, conduite *f* indigne d'un avocat. *D. acquaintances, profession*, connaissances *f* interlopes, profession *f* interlope. **2.** *D. examination-paper*, composition *f* qui ne fait pas honneur au candidat. *Her performance was far from d.*, elle ne s'est pas mal acquittée; elle ne s'en est pas mal tirée. **-ably**, *adv.* De façon indigne, déshonorante.

discreet [dis'kriːt], *a.* **1.** Avisé, prudent, judicieux, sage. *D. young man*, jeune homme sage. *A d. smile*, un petit sourire contenu. **2.** Discret, -ète. *To maintain a d. silence*, observer un silence discret, plein de réserve. *He is an absolutely d. person, F:* c'est le tombeau des secrets. **-ly**, *adv.* **1.** Avec réserve, avec retenue, prudemment. **2.** Discrètement; avec discrétion.

discrepancy [dis'krepənsi, 'diskripənsi], *s.* Désaccord *m*, opposition *f*, écart *m*, antinomie *f*. *D. between two accounts*, contradiction *f* entre deux récits. *There is a d. between the two stories*, les deux récits *m* ne cadrent pas.

discrepant ['diskripənt, dis'krepənt], *a.* Différent (*from*, de). *D. accounts*, récits contradictoires, opposés, qui ne cadrent pas.

discrete [dis'kriːt], *a.* **1.** (*a*) *Mth:* Discret, -ète; discontinu. *D. quantity*, quantité discrète. (*b*) *Med:* **Discrete smallpox**, variole discrète. **2.** *Phil:* Abstrait.

discretion [dis'kreʃ(ə)n], *s.* **1.** (*Liberty of action*) Discrétion *f*. **I shall use my own discretion**, je ferai comme bon me semblera, comme je jugerai à propos. *To have full d. to act*, avoir toute latitude pour agir. *It is within my d. to go or not*, je suis libre d'y aller ou non. **To leave sth. to s.o.'s discretion**, laisser qch. à la discrétion, à l'arbitraire, de qn. *The method of recording accidents might be left to the d. of each country*, il vaudrait mieux laisser chaque pays libre de déterminer comme il l'entend le mode de recensement des accidents. **At your discretion**, comme vous voudrez. *Jur: Fine at, left to, the d. of the judge*, amende *f* arbitraire. *Mil:* **To surrender at discretion**, se rendre à discrétion. **2.** (*Judgment*) Sagesse *f*, jugement *m*, prudence *f*, entregent *m*. **To use discretion**, agir avec discrétion. **At the age, at years, of discretion**, en âge de connaissance; à l'âge de discrétion, de discernement, de raison. *To come to years of d.*, atteindre l'âge de raison. *The better part of valour is d.*, l'essentiel du courage c'est la prudence. *F:* **He thought discretion the better part of valour**, (i) il abandonna le champ à de plus dignes; (ii) il resta coi. *To have an air of d.*, avoir un air diplomatique. **3.** Discrétion, réserve *f*; silence judicieux.

discretionary [dis'kreʃənəri], *a.* *Jur:* (Pouvoir *m*) discrétionnaire; (peine *f*) arbitraire. *To give s.o. d. powers to act*, faire confiance à qn pour toute action à poursuivre. *St.Exch:* **Discretionary order**, ordre *m* à appréciation.

discriminant [dis'kriminənt], *a. & s.* *Mth:* Discriminant (*m*).

discriminate[1] [dis'krimineit]. **1.** *v.tr.* Distinguer (*from*, de, d'avec). *His great stature discriminated him from his companions*, sa haute taille le distinguait, le faisait distinguer, de ses compagnons. **2.** *v.i.* (*a*) Distinguer, établir une distinction, faire le départ (*between*, entre); faire la différence (entre deux choses, d'une chose avec une autre); discerner (qch. de qch.). *To d. between A and B*, distinguer, faire la distinction, entre A et B. (*b*) **To discriminate in favour of s.o., against s.o.**, faire des distinctions en faveur de qn, contre qn. *To d. against other candidates*, évincer d'autres concurrents.

discriminating, *a.* **1.** (Signe, etc.) distinctif. **2.** (*Of pers.*) Plein de discernement; capable de juger; judicieux. *D. purchaser*, acheteur avisé, averti. *D. ear*, oreille fine, délicate. **3.** (Loi) qui fait la distinction des personnes. *Adm:* **Discriminating duty, tariff**, droit, tarif, différentiel. **-ly**, *adv.* Avec discernement.

discriminate[2] [dis'kriminet], *a.* (*Of action, conduct*) Judicieux.

discrimination [diskrimi'neiʃ(ə)n], *s.* **1.** Discernement *m* (*between . . . and*, entre . . . et). *D. between error and truth*, la séparation de l'erreur et de la vérité. **2.** Jugement *m*, discernement. *Man of d.*, homme judicieux. **3.** Distinction *f*. *D. in favour of non-union men*, préférence donnée aux ouvriers non-syndiqués.

discriminative [dis'krimineitiv], *a.* = DISCRIMINATING.

discrown [dis'kraun], *v.tr.* Découronner, ôter la couronne à (qn); déposer (un roi).

disculpate [dis'kʌlpeit], *v.tr.* Disculper.

discursive [dis'kəːrsiv], *a.* **1.** (*a*) Qui passe agréablement d'un sujet à un autre. (*b*) (Style, etc.) décousu, sans suite. *He is too d.*, il ne s'attache pas assez à son sujet. **2.** *Log:* Discursif, déductif. **-ly**, *adv.* **1.** (*a*) En passant d'un sujet à un autre. (*b*) D'une manière décousue; sans suite. **2.** *Log:* Par déduction.

discursiveness [dis'kəːrsivnəs], *s.* Tendance *f* à s'écarter du sujet.

discus ['diskəs], *s.* *Gr.Ant:* Disque (lancé par le discobole).

discuss [dis'kʌs], *v.tr.* **1.** Discuter, débattre (un problème, etc.); délibérer (d'une question); agiter (une question). *Much discussed question*, question très débattue. *I know they were discussing me*, je sais qu'on parlait de moi. *We are discussing who should be invited*, nous sommes en train de débattre la liste des invités. *D. the matter with him*, concertez-vous avec lui là-dessus. **2.** *F: Usu. Hum:* **To discuss a bottle**, déguster, vider, une bouteille. *To d. a pie*, tâter d'un pâté, expédier un pâté. **3.** *Jur:* Discuter (le débiteur principal). **4.** *Med: A:* Résoudre, dissoudre (une tumeur).

discussible [dis'kʌsibl], *a.* Discutable.

discussion [dis'kʌʃ(ə)n], *s.* **1.** Discussion *f*; agitation *f* (d'une question). *Oral d.*, débat *m*. *Open-air d.*, parlotte *f* en plein air. *D. on a question*, délibération *f* touchant une affaire. **Question under discussion**, question *f* en discussion, en dispute; question qu'on discute. *To start a d.*, entamer une discussion. **After much discussion of sth.**, après avoir longtemps discuté, débattu, qch. **The question will come up for discussion to-morrow**, la question sera discutée, débattue, demain; on abordera cette question demain. *This question needs d.*, cette question demande à être débattue, à être ventilée. **2.** *F:* **An hour was spent over the discussion of a bottle of port**, on passait une heure à boire, à déguster, une bouteille de porto. **3.** *Jur:* **Benefit of discussion**, bénéfice *m* de discussion.

disdain[1] [dis'dein], *s.* Dédain *m* (*of*, de); mépris (altier).

disdain[2], *v.tr.* Dédaigner (qn, qch.). **To disdain to do, doing, sth.**, dédaigner de faire qch.

disdainful [dis'deinful], *a.* Dédaigneux (*of*, de). **-fully**, *adv.* Dédaigneusement.

disease [di'ziːz], *s.* **1.** Maladie *f*. **To die of disease**, mourir de maladie. **2.** (*a*) Maladie, mal *m*, affection *f*. *Diseases of the mind*, maladies mentales. *F:* **Blue disease**, cyanose *f*; maladie bleue. *See also* BARLOW, BRIGHT, FOOT-AND-MOUTH DISEASE, GRAVES, HIP-DISEASE, PARKINSON, POTT, SKIN-DISEASE. (*b*) **Potato disease**, maladie des pommes de terre. *Diseases of wines*, maladies des vins. **3.** *Usu.* **dis-ease** [dis'iːz]. Malaise *m*; sentiment *m* de gêne.

diseased [di'ziːzd], *a.* **1.** Malade. **Diseased in body and mind**, malade d'esprit et de corps. *D. liver*, foie atteint, malade. **2.** *D. meat*, viande contaminée, malsaine. *D. wine*, vin *m* malade. **3.** Morbide.

disembark [disem'bɑːrk], *v.tr.* & *i.* Débarquer (*from*, de).

disembarkation [disembɑːr'keiʃ(ə)n], *s.* Débarquement *m*.

disembarrass [disem'barəs], *v.tr.* **1.** Débarrasser (*s.o., sth., of sth.*, qn, qch., de qch.). **2.** (*Disentangle*) Dégager, démêler (*sth. from sth.*, qch. de qch.).

disembodiment [disem'bɔdimənt], *s.* **1. Disembodiment of the soul**, affranchissement *m* de l'âme de sa dépouille mortelle. **2.** *Mil:* Désincorporation *f*, licenciement *m* (de troupes).

disembody [disem'bɔdi], *v.tr.* **1. To disembody the soul**, dépouiller, affranchir, l'âme du corps. **Disembodied spirit**, esprit désincarné. **2.** *Mil:* Désincorporer, licencier (des troupes).

disembogue [disem'boug]. **1.** *v.i.* (*a*) (*Of river*) Déboucher. (*b*) (*Of ship*) Débouquer. **2.** *v.tr. The river disembogues its waters, itself, into the lake*, la rivière verse ses eaux, débouche, dans le lac. *F: The cinemas were just disemboguing their audiences into the streets*, les cinés *m* étaient en train de déverser leurs spectateurs dans les rues.

disembosom [disem'buːzəm], *v.pr. To d. oneself*, ouvrir son cœur.

disembowel [disem'bauəl], *v.tr.* Éventrer; éviscérer.

disembroil [disem'brɔil], *v.tr. Lit:* Débrouiller (un sujet, une question).

disenchanted [disen'tʃɑːntid], *a.* Désenchanté, désensorcelé.

disenchantment [disen'tʃɑːntmənt], *s.* Désenchantement *m*, désensorcellement *m*.

disencumber [disen'kʌmbər], *v.tr.* (*a*) Débarrasser (*sth. of, from, sth.*, qch. de qch.); désencombrer (qn, qch.). *Disencumbered of his armour*, débarrassé de son armure. (*b*) *Jur:* Dégrever, déshypothéquer (une propriété); purger l'hypothèque sur (une terre).

disendow [disen'dau], *v.tr.* Priver (une Église, etc.) de ses dotations, de ses biens.

disendowment [disen'daumənt], *s.* Sécularisation *f* des biens et dotations (d'une Église).

disengage[1] [disen'geidʒ], *s. Fenc:* Dégagement *m*.

disengage[2]. **1.** *v.tr.* (*a*) Dégager, débarrasser, dépêtrer (*s.o., sth., from sth.*, qn, qch., de qch.). (*b*) *A:* Dégager, libérer, délier (*s.o. from a pledge*, qn d'une promesse). (*c*) *Mec.E: To d. a catch*, déclencher un déclic. **To disengage a toothed wheel**, désengrener une roue dentée. **To disengage a part**, débrayer, désembrayer, un organe. (*d*) *Ch:* **To disengage oxygen, hydrogen, *etc.***, dégager de l'oxygène, de l'hydrogène, etc. (*e*) *Abs. Fenc:* Dégager (le fer). **2.** *v.i.* (*a*) Se dégager. (*b*) Se déclencher, se défaire.

disengaged, *a.* **1.** (*Of pers.*) (*a*) Libre, inoccupé, visible. (*b*) Sans engagement. **2.** (*Of seat, room, etc.*) Libre, pas occupé. *Navy:* **Disengaged side** (*of ship in battle*), bord non engagé. **3.** *Mec.E: etc:* (*Of part*) Hors fonction.

disengaging[1], *a.* *Mec.E:* **Disengaging coupling**, accouplement *m* débrayable ou amovible.

disengaging[2], *s.* **1.** Dégagement *m* (de gaz). **2.** Débrayage *m* (d'un organe); désengrenage *m* (de roues dentées).

disen'gaging-gear, *s. Mec.E:* Accouplement *m* à débrayage; appareil *m* de débrayage; modificateur *m*.

disen'gaging-lever, *s.* **1.** *Mec.E:* Levier *m* de débrayage. **2.** *Rail:* Désengageur *m*.

disengagement [disen'geidʒmənt], *s.* **1.** Détachement *m*, dégagement *m* (*from*, de). **2.** = DISENGAGING[2] 1, 2. **3.** Dégagement, détachement (de l'esprit); air dégagé. **4.** Rupture *f* de fiançailles. **5.** *Fenc:* Dégagement.

disenslave [disen'sleːiv], *v.tr.* Libérer (qn) de l'esclavage; affranchir. *Disenslaved from the Roman yoke*, affranchi du joug de Rome.

disentail [disen'teil], *v.tr. Jur:* Libérer (une propriété substituée).

disentangle [disen'taŋgl]. **1.** *v.tr.* Démêler. (*a*) Débarrasser, *F:* dépêtrer (*s.o., sth., from sth.*, qn, qch., de qch.). (*b*) Débrouiller, désenchevêtrer, désentortiller (une ficelle); dénouer (un différend, une intrigue, une situation). **2.** *v.i.* Se démêler, se débrouiller, se désenchevêtrer. *This skein won't d.*, cet écheveau ne veut pas se démêler.

disentanglement [disen'taŋglmənt], *s.* Débrouillement *m*, dégagement *m*; dénouement *m*, démêlement *m* (d'une intrigue); démêlage *m* (d'un écheveau).

disenthral(l) [disen'θrɔːl], *v.tr.* (**disenthralled**) Affranchir (qn); tirer (qn) de l'esclavage; libérer (qn).

disenthralment [disen'θrɔːlmənt], *s.* Affranchissement *m*; délivrance *f* de l'esclavage.

disentomb [disen'tuːm], *v.tr.* Désensevelir, exhumer; tirer (un cadavre, une momie) de sa tombe.

disentombment [disen'tuːmmənt], *s.* Exhumation *f*.

disequilibrium [disekwi'libriəm], *s.* Déséquilibre *m* (politique, etc.).

disestablish [dises'tabliʃ], *v.tr.* Séparer (l'Église) de l'État.

disestablishment [dises'tabliʃmənt], *s.* **Disestablishment of the Church**, séparation *f* de l'Église et de l'État.

diseur, *f.* **diseuse** ['diːzəːr, 'diːzəːz], *s. Th:* Diseur, *f.* diseuse.

disfavour[1] [dis'feivər], *s.* **1.** Défaveur *f*. **To fall into disfavour**, tomber en disgrâce, en défaveur. **To be in disfavour with s.o.**, être mal vu de qn. **In s.o.'s disfavour**, au désavantage de qn. **At the risk of incurring s.o.'s disfavour**, au risque de déplaire à qn. **2.** Désapprobation *f* (*of* de).

disfavour[2], *v.tr.* Désapprouver (qch.); voir (qch.) avec défaveur; se montrer défavorable à (un projet).

disfeature [dis'fiːtjər], *v.tr.* = DISFIGURE.

disfiguration [disfigju'reiʃ(ə)n], *s.* = DISFIGUREMENT.

disfigure [dis'figər], *v.tr.* Défigurer (qn, une statue, etc.); désembellir (une jeune fille, etc.); déparer, enlaidir (le visage); déshonorer (la réputation). *Factory chimneys that d. the view*, cheminées *f* d'usine qui gâtent, abîment, le paysage. *Style disfigured by foreign idioms*, style défiguré, gâté, par des idiotismes étrangers.

disfigured, *a.* Défiguré; au visage ravagé (par une blessure, etc.); *F:* au visage abîmé.

disfigurement [dis'figərmənt], *s.* Défiguration *f* (de qn, d'une statue); enlaidissement *m*. **To be a disfigurement to sth.**, défigurer qch. *These factories are a d. to our country-side*, ces usines *f* déparent nos campagnes. *She goes out very little since her d.*, depuis cet accident qui l'a enlaidie, elle sort très peu.

disforest [dis'fɔrest], *v.tr.* **1.** = DISAFFOREST. **2.** Déboiser (une région).

disfranchise [dis'franʃaiz], *v.tr.* **1.** Priver (qn) du droit électoral, de ses droits civiques; priver (un bourg pourri, etc.) de ses droits de représentation. **2.** *Countries in which the mind has been disfranchised*, pays *m* où les esprits ont été privés de leur liberté de jugement.

disfranchisement [dis'franʃizmənt], *s.* **1.** Privation *f* du droit de vote, des droits civiques. *Hist:* **The disfranchisement of the rotten boroughs**, l'abolition *f* des bourgs pourris. **2.** *D. of the mind*, privation de la liberté de jugement.

disfrock [dis'frɔk], *v.tr. Ecc:* Défroquer.

disgorge [dis'gɔːrdʒ], *v.tr.* **1.** (*a*) Dégorger, rendre, vomir (la nourriture). *To make a bird d. its prey*, faire dégorger un oiseau. (*b*) *River that disgorges itself, its waters, into . . ., abs. river that disgorges into . . .*, rivière *f* qui décharge ses eaux, qui se décharge, dans. . . . (*c*) *F:* Dégorger, regorger (ce qu'on a volé, etc.). *Abs.* **To make s.o. disgorge**, faire rendre gorge à qn; faire dégorger qn. **2.** Dégorger, faire dégorger (des sangsues).

disgorger [dis'gɔːrdʒər], *s.* **1.** *Wine-m:* (*Pers.*) Dégorgeur *m* (de vins mousseux). **2.** *Fish:* Dégorgeoir *m*.

disgrace[1] [dis'greis], *s.* **1.** Disgrâce *f*, défaveur *f*. **To fall into disgrace (with s.o.)**, tomber en disgrâce, en défaveur (auprès de qn). **To be in disgrace**, être dans la disgrâce; (*of child*) être en pénitence *f*. *To be in deep d.*, être couvert d'opprobre *m*. **He was sent away in disgrace**, (i) il fut renvoyé en disgrâce; (ii) l'enfant fut envoyé en pénitence. **To bring s.o. into disgrace**, faire tomber qn en disgrâce, faire disgracier (un courtisan), attirer une disgrâce à qn; faire punir (un enfant). **2.** (*a*) Honte *f*, déshonneur *m*, infamie *f*. **There is no disgrace in doing that**, il n'y a pas de honte à faire cela; il n'est pas infamant de faire cela. *To bring d. on one's family*, déshonorer sa famille. *See also* POVERTY 1. (*b*) Honte. **To be a disgrace to, the disgrace of, one's family**, être la honte de sa famille; faire honte à sa famille. *These slums are a d. to the town*, ces taudis *m* sont la honte de la ville. *To be a d. to mankind*, être l'opprobre du genre humain.

disgrace[2], *v.tr.* **1.** Disgracier (un courtisan, etc.). (*Esp. in passive*) *He was disgraced for refusing to betray his friends*, il fut disgracié pour avoir refusé de trahir ses amis. **2.** Déshonorer; faire déshonneur à (qn); faire affront à (qn); *A. & Lit:* perdre (qn) d'honneur.

disgraceful [dis'greisful], *a.* Honteux, déshonorant, infâme, ignoble. *It is d. that he has not yet settled his debts*, il est scandaleux qu'il n'ait pas encore payé ses dettes. *An action d. to all concerned*, action *f* qui déshonore tous ceux qui y ont participé. **-fully**, *adv.* Honteusement; d'une manière scandaleuse. *He acted d.*, sa conduite a été indigne.

disgracefulness [dis'greisfulnəs], *s.* Honte *f*, ignominie *f*, infamie *f*. *The d. of the whole proceedings*, la façon indigne dont a été menée toute l'affaire.

disgruntled [dis'grʌntld], *a. U.S: F:* Contrarié, mécontent (*at*, de); maussade; de mauvaise humeur.

disguise[1] [dis'gaːiz], *s.* **1.** Déguisement *m*; travestissement *m*. **In disguise**, déguisé. *He came in the d. of a clown*, il est venu déguisé, travesti, en clown. *See also* BLESSING. *To strip, relieve, s.o. of his d.*, désaffubler qn de son déguisement. **2.** Feinte *f*; fausse apparence. *Under the d. of charity*, sous le masque de la charité. **To throw off all disguise**, laisser tomber le masque, lever le masque.

disguise[2], *v.tr.* **1.** Déguiser, travestir (qn). *To d. oneself as a clown, with a false beard*, se travestir en clown; se déguiser à l'aide d'une fausse barbe. **2.** (*a*) Déguiser (sa pensée, ses sentiments). **To disguise one's voice, one's handwriting**, déguiser, contrefaire, sa voix, son écriture. *To d. a smell*, masquer une odeur. *To d. a motor-car*, maquiller une auto. (*b*) *To d. the truth, the facts*, déguiser, *F:* farder, la vérité, les faits. **There is no disguising the fact that . . .**, il faut avouer que. . . . (*c*) *To d. one's sorrow, one's feelings*, dissimuler son chagrin, ses sentiments. **3. Disguised in liquor**, pris de boisson; gris.

disguisement [dis'gaizmənt], *s.* = DISGUISE[1].

disgust[1] [dis'gʌst], *s.* **1.** Dégoût profond; aversion *f*, répugnance *f* (*at, for, towards*, pour). **To hold sth. in disgust**, avoir un profond dégoût pour qch., de qch. **2.** Profond mécontentement. **He resigned in disgust**, dégoûté, écœuré, il donna sa démission. **To the disgust of** *all decent people*, au grand scandale des gens de bien. *To her great d., she was given a walking-on part*, à son grand dépit, on lui attribua un rôle de figurante.

disgust[2], *v.tr.* Dégoûter; inspirer du dégoût à (qn). **1.** Donner la nausée à (qn). *Remedies that d. the palate*, remèdes *m* qui répugnent au goût, qui donnent la nausée; remèdes dégoûtants. **2.** Indigner, écœurer. *His business methods d. me*, ses procédés en affaires me dégoûtent, me révoltent. *Such language disgusts me*, un pareil langage m'écœure. **To be disgusted at, with, by, sth.**, être profondément mécontent de qch.; être écœuré de qch. *I am disgusted with you*, vous me faites mal au cœur. **He is disgusted that . . .**, il est indigné, révolté, scandalisé, que + *sub.*, de ce que + *ind.*

disgusting, *a.* Dégoûtant. **1.** Qui répugne au goût, à l'odorat, à la vue; répugnant. **2.** Révoltant, écœurant. *All that's d.*, tout ça c'est de la dégoûtation. *It's d.!* c'est du propre! *F:* c'est à faire vomir! **-ly,** *adv.* D'une manière dégoûtante. *He is d. mean,* il est d'une ladrerie dégoûtante. *He was d. drunk,* il était dans un état d'ivresse dégoûtant.

disgustedly [dis'gʌstidli], *adv.* Avec dégoût.

disgustful [dis'gʌstful], *a.* = DISGUSTING.

dish[1] [diʃ], *s.* **1.** *(a)* Plat *m*; *(deep earthenware)* terrine *f*. **Vegetable dish,** légumier *m*. **To wash (up) the dishes,** laver la vaisselle. *See also* BUTTER-DISH, JAM-DISH, SOAP DISH. *(b)* **A dish of tea,** (i) *Dial:* une tasse de thé; (ii) *Hum:* un whisky à l'eau, un cocktail, etc. **2.** *Cu:* Plat (de viande, de légumes, etc.); mets *m*. **Dainty dish,** mets délicat. **Standing dish,** plat de fondation, de tous les jours. **Made dish,** plat apprêté. *See also* SIDE-DISH. **3.** Récipient *m*. *(a) A:* Écuelle *f* (de mendiant). *(b) Min:* Écuelle; bat(t)ée *f*. *(c) Ch:* Capsule *f*. **Evaporating dish,** capsule d'évaporation. *(d) Phot:* Cuvette *f*. **4.** *(a)* Creux *m*, dénivellement *m* (dans un champ, etc.). *(b) Veh:* Écuanteur *f* (d'une roue).

'dish-cloth, *F:* **'dish-clout,** *s.* **1.** Torchon *m*, lavette *f*. **2.** *Tex:* Dish-cloth, serpillière *f*.

'dish-cover, *s.* **1.** Couvercle *m* (de plat). **2.** Cloche *f*, chape *f*. *Wire d.-c.,* cloche garde-manger, *pl.* cloches garde-manger.

'dish-warmer, *s.* Chauffe-plat *m* (électrique, etc.), *pl.* chauffe-plats; chaufferette *f* (de table).

'dish-wash, *s.* = DISH-WATER.

'dish-washer, *s.* Laveur, -euse, de vaisselle; *(in restaurant) F:* plongeur *m*.

'dish-water, *s.* **1.** Eau *f* de vaisselle; eau grasse; lavure *f*. *Dish that tastes of d.-w.,* mets *m* qui sent le graillon. **2.** *F: (Thin soup, etc.)* Lavasse *f*.

dish[2], *v.tr.* **1.** **To dish (up) meat, etc.,** apprêter, servir, dresser, la viande, etc. *F: I'll d. up some excuse or other,* je lui servirai une excuse quelconque. **To dish up well-known facts in a new form,** donner un réchauffé de faits bien connus. *To d. up the contents of a book in another form,* démarquer un livre. *To d. up the same subject in every shape,* accommoder un même sujet à toutes les sauces. **2.** *F:* Achever, désarçonner, enfoncer (qn). *To d. one's opponents,* rouler, enfoncer, ses adversaires. *The publication of the letter dished all his chances,* la publication de cette lettre ruina toutes ses chances de succès. **To dish oneself,** s'enferrer. **3.** Donner une forme concave ou convexe à (une surface); bomber (une plaque de métal, etc.). *Metalw:* Tomber le bord (d'une tôle). *Veh:* **To dish a wheel,** désaxer une roue; donner de l'écuanteur *f* à une roue. **4.** *v.i.* *(Of horse)* Faucher.

dished, *a.* **1.** En forme d'assiette; (i) *(inwards)* en cuvette; (ii) *(outwards)* ventru, en bahut. *D. end (of boiler, etc.),* fond convexe, bombé. *Veh:* **Dished wheel,** roue désaxée. *D. hub,* moyeu déporté. *Metalw:* **Dished plate,** tôle emboutie; tôle à bord tombé; tôle bombée. *El:* **Dished electrode,** électrode capsulée, à capsule. **2.** *F:* Flambé, fini, *P:* fichu.

dishing, *s.* *Metalw:* Bombage *m* (d'une tôle). *Veh:* Écuanteur *f* (d'une roue).

dishabille [disa'bi:l], *s.* **1.** Déshabillé *m*. **In dishabille,** en déshabillé, en négligé. **2.** *Cost:* Négligé *m*, peignoir *m*.

dishabituate [disha'bitjueit], *v.tr.* Déshabituer *(s.o. for sth.,* qn de qch.).

disharmonious [dishɑːr'mouniəs], *a.* **1.** (Opinions, etc.) en désaccord. **2.** (Son) discordant.

disharmony [dis'hɑːrməni], *s.* **1.** Désaccord *m*; manque *m* d'harmonie. **2.** *(Of sound)* Dissonance *f*.

dishearten [dis'hɑːrt(ə)n], *v.tr.* Décourager, abattre, démoraliser, rebuter. **To become disheartened,** s'abattre, se rebuter. *Don't get disheartened,* ne vous laissez pas abattre; ne perdez pas courage.

disheartening, *a.* Décourageant, désespérant. *D. work,* travail rebutant, ingrat.

disheartenment [dis'hɑːrtənmənt], *s.* Découragement *m*, abattement *m*.

disherison [dis'herizən], *s.* *Jur:* Exhérédation *f*.

dishevel [di'ʃev(ə)l], *v.tr.* Ébouriffer; mettre (les cheveux) en désordre.

dishevelled, *a.* **1.** *(a) (Of pers.)* Échevelé, dépeigné; les cheveux en désordre; les cheveux ébouriffés. *(b) (Of hair)* En désordre; (cheveux) ébouriffés. **2.** *(Of pers.)* Aux vêtements chiffonnés, en désordre.

dishevelment [di'ʃevəlmənt], *s.* Désordre *m* des cheveux ou des vêtements.

dishful ['diʃful], *s.* Platée *f*; plein un plat *(of,* de).

dishonest [dis'ɔnest], *a.* Malhonnête, peu honnête; déloyal, -aux; (caissier) indélicat, peu délicat. **Dishonest business,** commerce *m* interlope. *To engage in a d. lawsuit,* engager un procès malhonnête. **-ly,** *adv.* Malhonnêtement.

dishonesty [dis'ɔnesti], *s.* Improbité *f*, déloyauté *f*, malhonnêteté *f*, mauvaise foi. *She was dismissed for d.,* nous l'avons renvoyée parce qu'elle nous volait. **Piece, act, of dishonesty,** malhonnêteté.

dishonour[1] [dis'ɔnər], *s.* **1.** *(a)* Déshonneur *m*. **To bring dishonour on one's family,** déshonorer sa famille. *To reap everlasting d.,* se tarer à jamais, pour toujours. *(b) A:* Insulte *f*, affront *m*. *Offer him no d.,* ne lui faites pas d'affront. **2.** Chose déshonorante. **3.** Non-paiement *m* (d'un chèque); non-acceptation *f* (d'un effet de commerce).

dishonour[2], *v.tr.* **1.** *(a)* Déshonorer. **He stands dishonoured,** il a fait banqueroute à l'honneur. *(b)* **To dishonour a woman,** déshonorer, séduire, une femme. **2.** *(a) To d. one's word, one's promise,* manquer à sa parole. *(b) Com:* **To dishonour a bill,** ne pas honorer, ne pas accepter, un effet; laisser protester un effet; refuser de payer un effet. **Dishonoured cheque,** chèque impayé.

dishonourable [dis'ɔnərəbl], *a.* **1.** *(Of pers.)* Sans honneur; infâme; dépourvu d'honneur. **2.** *(Of action)* Déshonorant, honteux, indigne. **To think it dishonourable to . . .,** considérer comme déshonorant de . . .; *Lit:* tenir à déshonneur de. . . . **-ably,** *adv.* D'une façon peu honorable.

dishonourableness [dis'ɔnərəblnəs], *s.* Caractère déshonorant (d'une action).

dishorn [dis'hɔːrn], *v.tr.* Décorner, écorner (un taureau, etc.).

dishouse [dis'hauz], *v.tr.* Priver (qn) de sa demeure. *To build tenements for the population dishoused from the slums,* bâtir des habitations ouvrières pour la population délogée des taudis.

disillusion[1] [disi'ljuːʒ(ə)n], *s.* Désillusion *f*, désabusement *m*, désenchantement *m*.

disillusion[2], **disillusionize** [disi'ljuːʒənaːiz], *v.tr.* Désillusionner, désabuser, désenchanter; *F:* dégriser.

disillusioned, *a.* (Esprit) désabusé du monde.

disillusionment [disi'ljuːʒənmənt], *s.* Désillusionnement *m*, désenchantement *m*; *F:* dégrisement *m*.

disincarnate [disin'kɑːrnet], *a.* *Psychics:* Désincarné.

disinclination [disinkli'neiʃ(ə)n], *s.* Répugnance *f*, aversion *f* *(for, to,* pour). **To have, show, a disinclination to do sth.,** n'être pas disposé, ne pas tenir, à faire qch.; montrer peu d'empressement à faire qch. *He has a d. for work,* il a le travail en aversion. *His d. to meet people,* sa répugnance à frayer avec le monde.

disincline [disin'klain], *v.tr.* *To d. s.o. to, for, sth., to do sth.,* rendre qn peu disposé à qch., à faire qch.; éloigner, détourner, qn de qch. *This hot weather disinclines you for meat, for work,* par cette chaleur on a le dégoût de la viande, on se sent peu disposé au travail, à travailler.

disinclined, *a.* Peu disposé *(for, to, sth., to do sth.,* à qch., à faire qch.).

disincorporate [disin'kɔːrporeit], *v.tr.* Dissoudre (une société, etc.).

disinfect [disin'fekt], *v.tr.* Désinfecter; assainir; étuver (des vêtements, la correspondance d'un hôpital, etc.).

disinfecting, *s.* = DISINFECTION.

disinfectant [disin'fektənt], *a.* & *s.* Désinfectant *(m)*.

disinfection [disin'fekʃ(ə)n], *s.* Désinfection *f*; assainissement *m*; purge *f* (de marchandises); étuvage *m* (des vêtements, etc.).

disinfector [disin'fektər], *s.* Désinfecteur *m*.

disingenuous [disin'dʒenjuəs], *a.* **1.** *(Of pers.)* Sans franchise, insincère, finaud, dissimulé, faux, *f.* fausse. *D. excuses,* mauvaises excuses; *F:* excuses à la noix (de coco). **2.** *(Of scheme, etc.)* Secret, sournois. *D. tricks,* finauderies *f*. **-ly,** *adv.* Sans franchise.

disingenuousness [disin'dʒenjuəsnəs], *s.* Manque *m* de franchise; dissimulation *f*, sournoiserie *f*; mauvaise foi.

disinherit [disin'herit], *v.tr.* Déshériter; *Jur:* exhéréder.

disinheriting, *s.* = DISINHERITANCE.

disinheritance [disin'heritəns], *s.* Déshéritement *m*; *Jur:* exhérédation *f*.

disintegrate [dis'integreit]. **1.** *v.tr.* *(a)* Désagréger; désintégrer (le minerai); effriter (la pierre). *(b) Sug.-R:* Défibrer (les cannes). **2.** *v.i.* *(a) (Of stone)* Se désagréger, se désintégrer, s'effriter, se déliter. *(b) F: (Of political party, etc.)* Se désagréger.

disintegration [disinte'greiʃ(ə)n], *s.* *(a)* Désagrégation *f*, désintégration *f*; effritement *m*, délitation *f*, détrition *f* (de la pierre). *(b) Sug.-R:* Défibrage *m* (des cannes). *(c)* Désagrégation (de la société, etc.).

disintegrator [dis'integreitər], *s.* **1.** *(a) Civ.E:* (Appareil) désintégrateur *m*, broyeur *m*; casse-pierres *m inv.* *(b) Tex:* Défibreur *m*. *Paperm:* Concasseur *m*. **2.** *F: Modern industry has been a great d. of family life,* l'industrie *f* moderne a contribué fortement à rompre les liens de la vie de famille.

disinter [disin'təːr], *v.tr.* **(disinterred; disinterring)** Déterrer, exhumer, désenseveIir (un mort, des antiquités).

disinterest [dis'intərest], *v.tr.* Désintéresser. **To disinterest oneself in a question,** se désintéresser d'une question.

disinterested, *a.* **1.** Désintéressé. *His action is not entirely d., F:* ce qu'il en fait ce n'est pas pour vos beaux yeux. *Public house under d. management,* débit *m* de boissons dont le gérant ne tire aucun bénéfice des consommations. **2.** Non intéressé *(in,* dans); indifférent *(in,* à). **-ly,** *adv.* Avec désintéressement.

disinterestedness [dis'int(ə)restidnəs], *s.* **1.** Désintéressement *m*. **To establish one's disinterestedness,** faire preuve de désintéressement. **2.** Détachement *m*, indifférence *f*.

disinterment [disin'təːrmənt], *s.* Déterrement *m*; exhumation *f*.

disjoin [dis'dʒɔin]. **1.** *v.tr.* Disjoindre, déjoindre, désunir, séparer, détacher. **2.** *v.i.* Se disjoindre, se déjoindre, se séparer, se détacher, se désunir.

disjoint [dis'dʒɔint], *v.tr.* Disjoindre, désassembler; démembrer (une volaille). *Surg:* Désarticuler (l'épaule, etc.).

disjointed, *a.* Disjoint, disloqué; (discours) sans suite, incohérent; (style) haché, décousu. **-ly,** *adv.* *To speak, think, d.,* parler, penser, de façon décousue, à bâtons rompus. *(Of author) He writes d.,* il va par sauts et par bonds.

disjointing, *s.* Disjonction *f*, désassemblage *m*; démembrement *m* (d'une volaille). *Surg:* Désarticulation *f* (de l'épaule, etc.).

disjointedness [dis'dʒɔintidnəs], *s.* Incohérence *f* (d'un discours); manque *m* de suite.

disjunct [dis'dʒʌŋkt], *a.* *Mus:* (Mouvement) disjoint. *D. interval,* degré disjoint; saut *m*.

disjunction [dis'dʒʌŋ(k)ʃ(ə)n], *s.* Disjonction *f*, séparation *f* *(from,* de).

disjunctive [dis'dʒʌŋ(k)tiv]. **1.** *a.* *Gram: Log: etc:* Disjonctif. *D. proposition,* proposition disjonctive. *D. conjunction,* conjonction, particule, disjonctive. **2.** *s.* *Gram: Log:* Disjonctive *f*.

disk [disk], *s.* **1.** *(a)* Disque *m* (de la lune, etc.). *Archeol:* **Winged disk,** disque ailé. *(b)* Disque, plateau *m*; rondelle *f* (en carton, etc.); *Mec.E:* manchon *m* (d'excentrique). *Mil: etc:* **Identity disk, identification disk,** plaque *f* d'identité. *Tp:* **Call indicator disk,** volet *m* d'appel. **Calling disk** *(of automatic service),* disque d'appel. **Gramophone disk,** disque de phonographe. **Recording disk,** disque d'enregistrement. *Rail:* **Disk signal,** disque. *Aut:* **Disk-wheel,** roue *f* à voile plein; roue pleine; roue disque. *Steel d.-wheel,* roue en tôle d'acier. **Wheel-disk,** flasque *m*, blindage *m*. *See also* BLOOD-DISK, CRANK-DISK, FRICTION-DISK. **2.** Gâteau *m* (de coton-poudre, etc.).

'disk-crank, *s*. *Mec.E:* Manivelle *f* à plateau; plateau-manivelle *m*, *pl*. plateaux-manivelles.

'disk-harrow, *s*. *Agr:* Pulvérisateur *m*.

'disk-shaped, *a*. En forme de disque; discoïde.

'disk-winding, *s*. *El.E:* Enroulement *m*, bobinage *m*, en disque.

dislike[1] [dis'laik], *s*. Aversion *f*, dégoût *m*, répugnance *f* (*to*, *of*, *for*, pour). **To take, conceive, a dislike to s.o.,** prendre qn en grippe, en aversion. *To conceive a d. for sth.*, prendre qch. en dégoût. **To have a strong dislike for, of, sth.,** ne pas pouvoir sentir qch. *I have a particular d. for him*, il a le privilège de me déplaire. *I have a d. for waste*, je n'aime pas à rien gâcher. *See also* LIKE[2].

dislike[2], *v.tr.* Ne pas aimer; détester. *He dislikes you*, vous lui déplaisez; vous lui êtes antipathique. *I don't d. him*, il ne me déplaît pas. **To dislike doing sth.,** détester, ne pas aimer, faire qch. *To d. living in Paris*, se déplaire à Paris. *I d. his coming so often*, je n'aime pas, je trouve mauvais, qu'il vienne si souvent. *To be disliked by all*, être mal vu de tous. **You'll get yourself disliked!** (i) vous allez vous mettre tout le monde à dos; (ii) *P:* en voilà assez! tu nous fais suer!

dislocate ['dislokeit], *v.tr.* (*a*) Disloquer (une machine, l'écorce terrestre, *F:* un projet, etc.); désorganiser (la circulation, les affaires); bouleverser, dérouter (les projets de qn); démembrer (un empire). (*b*) Luxer, déboîter, démancher, démettre, disloquer (un membre). *To d. one's jaw*, se décrocher la mâchoire. (*Of horse*) *To d. its hip*, se déhancher.

dislocation [dislo'keiʃ(ə)n], *s*. (*a*) Dislocation *f* (d'une machine, de l'écorce terrestre); bouleversement *m* (d'un projet, etc.); désorganisation *f* (de la circulation, des affaires). (*b*) Luxation *f*, déboîtement *m*, dislocation, désarticulation *f* (d'un membre). *Vet: D. of the hip*, déhanchement *m*.

dislodge [dis'lɔdʒ], *v.tr.* **1.** Déloger, débusquer, chasser (*from*, de). *Ven:* Débucher, faire débucher (un cerf). **To dislodge a fox,** faire sortir un renard de son terrier; dégîter un renard. *The enemy were easily dislodged from the hill*, on parvint sans peine à déloger, à débusquer, l'ennemi de la colline. **2.** Détacher. *In climbing the cliff he dislodged a stone with his foot*, en escaladant la falaise il détacha une pierre avec son pied. *Several bricks had become dislodged*, plusieurs briques s'étaient détachées.

dislodg(e)ment [dis'lɔdʒmənt], *s*. **1.** Délogement *m*, débusquement *m* (de l'ennemi, etc.). *Ven:* Débucher *m*. **2.** *The d. of a single stone may start a landslide*, une seule pierre qui se détache peut amener un éboulement.

disloyal [dis'lɔiəl], *a*. Infidèle (à son roi, à l'amitié); perfide, déloyal, -aux. *A d. act*, une déloyauté. **-ally,** *adv*. Infidèlement, perfidement, déloyalement.

disloyalty [dis'lɔiəlti], *s*. Infidélité *f*, perfidie *f*, déloyauté *f*.

dismal ['dizməl]. **1.** *a*. Peu gai, sombre, triste; (paysage *m*, avenir *m*) morne. *D. face*, *F:* figure *f* de carême; visage *m* de croquemort. **A dismal Jemmy,** un geignard. (Personnage des *Pickwick Papers*.) *F:* **The dismal science,** l'économique *f*. **2.** *s*. *F:* **To have the dismals, to be in the dismals,** avoir le cafard. **-ally,** *adv*. Lugubrement, tristement.

dismalness ['dizməlnəs], *s*. Tristesse *f*; air *m* lugubre, morne.

dismantle [dis'mantl], *v.tr.* **1.** (*a*) Dégarnir, dépouiller (*of*, de). *Houses dismantled of their roofs*, maisons dépouillées de leurs toits. (*b*) Raser, démolir (des murs). **2.** (*a*) Démanteler (une forteresse, un vaisseau de guerre); désarmer, dégréer (un navire). (*b*) Démonter, déséquiper, dégréer (une grue, etc.); démonter (une machine, un fusil, un lit, etc.).

dismantling, *s*. = DISMANTLEMENT.

dismantlement [dis'mantlmənt], *s*. Dégarnissement *m* (d'une chambre, etc.); démantèlement *m* (d'une forteresse); désarmement *m*, dégréement *m* (d'un navire); démontage *m* (d'une machine, etc.).

dismast [dis'mɑːst], *v.tr.* Dématér. *Dismasted vessel*, bâtiment ras, bâtiment rasé.

dismasting, *s*. Dématage *m*, dématement *m*.

dismay[1] [dis'mei], *s*. Consternation *f*, atterrement *m*; épouvante *f*, effroi *m*; effarement *m*, trouble *m*. **To strike s.o. with dismay,** consterner qn. **To be seized with dismay,** demeurer consterné. **In (blank) dismay,** consterné, atterré. **Exclamation of dismay,** exclamation effarée.

dismay[2], *v.tr.* Consterner, effarer, épouvanter. *We were dismayed at the news*, cette nouvelle nous jeta dans la consternation. *Courage that nothing can d.*, courage *m* que rien ne peut ébranler, *F:* que rien ne peut démonter. *Lit: Be not dismayed*, n'ayez point de crainte.

dismember [dis'membər], *v.tr.* **1.** Démembrer (un poulet, un royaume, etc.). *His body was dismembered*, son corps fut écartelé. **2.** Rayer (qn) des rôles (d'une société, etc.).

dismembering, *s*. = DISMEMBERMENT.

dismemberment [dis'membərmənt], *s*. **1.** Démembrement *m* (d'une volaille, d'un royaume). **2.** Radiation *f* des rôles (d'une société, etc.).

dismiss[1] [dis'mis], *s*. *Mil:* **To sound the dismiss,** sonner la breloque.

dismiss[2], *v.tr.* **1.** Congédier, remercier (qn); donner congé, signifier son congé, à (qn); *F:* dégommer, mettre à pied (un employé); chasser (un domestique); révoquer, destituer (un fonctionnaire); relever (un fonctionnaire) de ses fonctions; démettre (un ministre) de ses fonctions. **To be, get, dismissed,** recevoir son congé. *Mil:* **To dismiss s.o. from the service,** (i) rayer qn des rôles *m* de l'armée; (ii) réformer qn. *Mil: Navy:* **To be dismissed the service,** être renvoyé du service. *Navy:* **Dismissed his ship,** cassé de son grade. **2.** (*a*) Congédier (aimablement) (qn); donner à (qn) la permission de se retirer. *The prince dismissed us with a few gracious words*, le prince nous congédia avec quelques paroles aimables. (*b*) Congédier, éconduire (un importun, etc.). (*c*) Dissoudre (une assemblée). (*d*) *To d. troops, reservists (after service or training)*, renvoyer des troupes, des réservistes, dans leurs foyers. **3. To dismiss sth. from one's thoughts,** bannir, chasser, éloigner, qch. de ses pensées. *To d. the memory of sth. from one's mind*, chasser le souvenir de qch. *To d. any personal feeling*, écarter tout sentiment personnel. *To d. all thoughts of revenge*, écarter de son esprit toute pensée de vengeance. *To d. a threat*, ne tenir aucun compte d'une menace. **4.** Quitter, abandonner (un sujet de conversation, etc.). **Let us dismiss the subject,** n'en parlons plus; brisons là. *To d. a subject in a few words*, toucher quelques mots d'un sujet avant de passer outre. *The subject is not lightly to be dismissed*, l'on ne saurait écarter cette question aussi légèrement. **5.** (*a*) Écarter (une proposition). *Jur:* Rejeter (une demande, un appel). **To dismiss a case,** (i) classer une affaire; (ii) rendre une fin de non-recevoir. **To dismiss a charge,** rendre une ordonnance de non-lieu. **To dismiss s.o.'s appeal,** débouter qn de son appel. (*b*) **To dismiss the accused,** acquitter l'inculpé. *See also* CAUTION[1] 3. **6.** *Mil:* **To dismiss a parade,** faire rompre les rangs *m* (aux troupes). **Dismiss!** rompez (les rangs)! *Navy: To d. a boat's crew*, désarmer un canot. **7.** *Cr:* (*Of batsman*) **To dismiss a ball to the boundary, for four,** chasser la balle hors des limites. (*Of bowler*) **To dismiss a batsman for ten runs,** mettre le batteur hors jeu quand il n'a marqué que dix points.

dismissal [dis'misəl], *s*. **1.** Congédiement *m*, renvoi *m* (d'un employé); révocation *f*, destitution *f* (d'un fonctionnaire); renvoi (d'un ministre). **Dismissal from the army,** (i) réforme *f* (d'un officier) par mesure de discipline; (ii) dégradation *f* militaire. **Subject to dismissal,** (fonctionnaire) destituable, révocable. *He threatened him with d.*, il menaça de le renvoyer. **2.** *Jur:* (*a*) Fin *f* de non-recevoir; rejet *m* (d'une demande, d'un appel). (*b*) Acquittement *m* (de l'inculpé); ordonnance *f* d'acquit.

dismissible [dis'misibl], *a*. Renvoyable; (fonctionnaire *m*) destituable, révocable, amovible.

dismount[1] [dis'maunt], *s*. Descente *f* (de cheval); manière *f* de descendre (de cheval).

dismount[2]. **1.** *v.i.* To dismount (*from a horse*, *A: from a carriage*), descendre (de cheval, de voiture); mettre pied à terre; sauter à terre. *v.tr.* **To dismount one's horse,** descendre de cheval. **2.** *v.tr.* (*a*) Démonter, désarçonner (un cavalier); faire descendre (qn) (de cheval). (*b*) *Mil:* Mettre à pied (des troupes montées). **3.** *v.tr.* Démonter (un canon, une machine).

dismounted, *a*. **1.** (*Of pers.*) Démonté; à pied. *Mil:* **Dismounted action,** combat *m* à pied. **2.** (*Of gun, machine*) Démonté.

dismounting, *s*. **1.** (*a*) Descente *f* (de cheval, *A:* de voiture). (*b*) Mise *f* à pied (d'une troupe montée). **2.** Démontage *m* (d'une machine, etc.).

dismountable [dis'mauntəbl], *a*. Démontable.

disobedience [diso'biːdjəns], *s*. Désobéissance *f* (*to s.o.*, à qn; *of a rule*, à une règle). **An act of disobedience, a disobedience,** une désobéissance.

disobedient [diso'biːdjənt], *a*. Désobéissant; (enfant) mutin. **To be disobedient to s.o.,** désobéir à qn. *Stubbornly d. horse*, cheval rétif. **-ly,** *adv*. En désobéissant; malgré les ordres donnés.

disobey [diso'bei], *v.tr.* Désobéir (à qn, à un ordre); enfreindre (un ordre); violer, enfreindre (la loi). *My orders were disobeyed*, mes ordres ont été désobéis. **He won't be disobeyed,** il ne veut pas être désobéi; il ne veut pas qu'on lui désobéisse.

disoblige [diso'blaidʒ], *v.tr.* Désobliger (qn).

disobliging, *a*. Désobligeant, peu complaisant (*to*, envers). **-ly,** *adv*. Désobligeamment.

disobligingness [diso'blaidʒiŋnəs], *s*. Désobligeance *f*; manque *m* de complaisance (*to*, envers).

disorder[1] [dis'ɔːrdər], *s*. **1.** Désordre *m*, confusion *f*, dérangement *m*. **In disorder,** en désordre. **To throw the ranks into disorder,** mettre le désordre, la confusion, dans les rangs. **To fall into disorder,** se désordonner. *They fled in d.*, ils s'enfuirent à la débandade. *Nau: The convoy was falling into d.*, le convoi se mettait en pagaille, en pantenne. **2.** (*Tumult*) Désordre, trouble *m*, tumulte *m*; *F:* anarchie *f*. *Serious d. has broken out*, de graves désordres ont éclaté. **3.** *Med:* Désordre (dans les fonctions du corps); affection *f*; troubles (de digestion, etc.). **Nervous disorder,** troubles nerveux, affection nerveuse. *Disorders of the mind*, dérangement d'esprit.

disorder[2], *v.tr.* **1.** Déranger; mettre (qch.) en désordre; mettre le désordre, la confusion, dans (les rangs, etc.); jeter le trouble dans (le commerce, les esprits, etc.). **2.** Déranger (l'estomac); affecter, *F:* détraquer (la santé, le foie, etc.).

disordered, *a*. **1.** (*a*) (*Of plans, ambition, etc.*) Désordonné. (*b*) *D. hair*, cheveux *mpl*, coiffure *f*, en désordre. **2.** (Estomac) dérangé; (foie, esprit) malade, *F:* détraqué. **Disordered imagination,** imagination désordonnée, troublée, délirante.

disorderliness [dis'ɔːrdərlinəs], *s*. Désordre *m*. **1.** Manque *m* d'ordre (dans un ménage, etc.). **2.** Conduite *f* contraire aux bonnes mœurs; dérèglement *m*. *D. in a public place*, délit *m* contre l'ordre public. **3.** Turbulence *f*; esprit *m* de trouble (parmi le peuple, etc.).

disorderly [dis'ɔːrdərli], *a*. **1.** Qui manque d'ordre; désordonné; en désordre, en confusion. *This d. rabble was all that remained of a crack battalion*, cette cohue était tout ce qui restait d'un de nos meilleurs bataillons. **2.** (*Of mob, etc.*) Turbulent, tumultueux. *The d. spirit now prevailing*, l'esprit d'émeute qui règne actuellement. **3.** (*Of pers., behaviour*) Désordonné, déréglé. *To lead a d. life*, vivre dans le dérèglement, dans l'inconduite; *F:* mener une vie de bâton de chaise. *See also* DRUNK 1. **4.** *Jur:* **Disorderly house,** (i) maison *f* de débauche; (ii) maison de jeu.

disorganization [disoːrgənai'zeiʃ(ə)n, -ni'zeiʃ(ə)n], *s*. Désorganisation *f*, désagencement *m*.

disorganize [dis'ɔːrgənaːiz], *v.tr.* Désorganiser. **To become disorganized,** se désorganiser.

disorientate [dis'ɔːrienteit], *v.tr.* **1.** Mal orienter, ne pas orienter (une église). **2.** Désorienter (qn).

disown [dis'oun], *v.tr.* **1.** Désavouer (une œuvre); renier (l'autorité de qn). *To d. one's signature,* renier sa signature. **2.** *A:* Refuser d'admettre, nier (un fait).

disowner [dis'ounər], *s.* Négateur, -trice (de la Providence, etc.).

disparage [dis'paredʒ], *v.tr.* **1.** Déprécier, décrier, dénigrer, ravaler (qn, qch.); battre (qn) en brèche. *To d. everything,* peindre tout en laid. **2.** Déshonorer, discréditer (qn, qch.).

disparaging, *a.* **1.** (Terme *m*) de dénigrement; dépréciateur, -trice. **2.** Désavantageux; peu flatteur, -euse; déshonorant. *A comparison disparaging to . . .,* une comparaison qui rabaisse . . ., qui n'est pas à l'avantage de. . . . **-ly,** *adv.* D'un ton, d'un air, dépréciateur. **To speak disparagingly of s.o.,** tenir des propos désobligeants pour qn; parler de qn en termes de mépris.

disparagement [dis'paredʒmənt], *s.* **1.** Dénigrement *m*, dépréciation *f*, ravalement *m*. *To refer to s.o. in terms of d.,* faire une allusion méprisante à qn. *This is not written in d. of his work,* ceci n'est pas pour déprécier son œuvre. **2.** (*a*) *A:* Mésalliance *f*. (*b*) Déshonneur *m*. *To his everlasting d. he signed the decree,* à son déshonneur éternel, il signa le décret.

disparager [dis'paredʒər], *s.* Dénigreur, -euse; détracteur, -trice.

disparate ['disparet]. **1.** *a.* Disparate. **2.** *s.pl.* **Disparates,** disparates *f*.

disparity [dis'pariti], *s.* **1.** Inégalité *f*, disconvenance *f* (*of,* de). **Disparity of age, in age, in years,** inégalité, différence *f*, d'âge. *In spite of their d. in position,* malgré la différence de leurs positions (sociales). **2.** Disparité *f*, disparate *f*, écart *m* (*between,* entre).

dispart¹ ['dispɑːrt], *s.* *Artil:* Écart *m* (d'épaisseur) entre la bouche et la plate-bande de culasse (d'un canon). **Dispart-sight,** fronteau *m* de mire.

dispart² [dis'pɑːrt], *v.* *A. & Lit:* **1.** *v.tr.* (*a*) Fendre, diviser. (*b*) Départir, distribuer. **2.** *v.i.* Se fendre; se séparer. *The heavens disparted,* les cieux *m* s'entr'ouvrirent.

dispassionate [dis'paʃənet], *a.* **1.** Exempt de passion; sans passion; calme. **2.** Impartial, -aux. *To take a d. view of things,* juger impartialement les choses. **-ly,** *adv.* **1.** Sans passion; avec calme. **2.** Sans parti pris; avec impartialité.

dispassionateness [dis'paʃənetnəs], *s.* **1.** Calme *m*. **2.** Impartialité *f*.

dispatch¹ [dis'patʃ], *s.* **1.** Expédition *f*; envoi *m* (de qn, de qch.). *Com:* **Dispatch service,** service *m* des expéditions (d'une maison de commerce). **Dispatch note,** bulletin *m* ou bordereau *m* d'expédition. *Post:* **Office of dispatch,** bureau *m* d'origine. **2.** Mise *f* à mort; exécution *f* (d'un condamné). **Happy dispatch,** hara-kiri *m*. **3.** (*a*) Expédition (d'une affaire). *There is always somebody at the office for the d. of current business,* il y a une permanence pour l'expédition des affaires courantes. (*b*) Promptitude *f*, célérité *f*, diligence *f*. **With dispatch,** promptement. **With all possible dispatch, with the utmost dispatch,** en toute diligence; en toute hâte; au plus vite; avec la plus grande célérité; avec toute la promptitude possible. *To work with the greatest possible d.,* travailler avec la plus grande activité. *Nau:* **Dispatch money,** somme donnée ou prime stipulée à l'affréteur pour presser le travail de chargement ou de déchargement. **4.** Dépêche *f* (diplomatique, télégraphique). *Mil:* **To be mentioned in dispatches,** être cité à l'ordre (du jour); être l'objet d'une citation; *F:* être cité. **To mention s.o. in dispatches,** citer qn à l'ordre (du jour). **Mention in dispatches,** citation à l'ordre (du jour). **5.** Bureau *m* de messageries. **6.** *Nau:* **Dispatch(-boat, -vessel),** aviso *m*.

dis'patch-box, *s.* (*a*) Valise *f* diplomatique. (*b*) Buvard *m* de voyage.

dis'patch-case, *s.* **1.** Enveloppe *f*. **2.** = DISPATCH-BOX.

dis'patch-rider, *s.* *Mil:* Estafette *f*; *esp.* motocycliste (attaché à l'état-major).

dispatch², *v.tr.* **1.** Dépêcher (un courrier); expédier (une lettre, des marchandises); envoyer (qn, une dépêche); faire partir (des troupes, etc.). *To d. goods to a place,* acheminer des marchandises sur, vers, un endroit. *Goods dispatched to Nantes,* marchandises acheminées sur Nantes. *To d. a convoy,* mettre en route un convoi. **2.** (*a*) **To dispatch a wounded person or animal,** achever qn, un animal; donner le coup de grâce à un animal; *Ven:* servir un animal au couteau. *He was knocked senseless and dispatched with a revolver,* il fut assommé puis achevé à coups de revolver. (*b*) Expédier (qn) dans l'autre monde; tuer, égorger. *The executioner soon dispatched the prisoners,* le bourreau eut vite fait d'expédier les prisonniers. **3.** Expédier, *F:* trousser (une affaire). *To d. current business,* expédier les affaires courantes. **4.** *F:* Expédier (un repas). *We soon dispatched our dinner,* nous eûmes bientôt expédié, avalé, notre dîner.

dispatcher [dis'patʃər], *s.* Expéditeur, -trice; envoyeur, -euse.

dispauper [dis'pɔːpər], *v.tr.* *Jur:* Rayer (un plaideur) de la liste des indigents ayant droit à l'assistance judiciaire.

dispel [dis'pel], *v.tr.* (**dispelled; dispelling**) Chasser, dissiper (les nuages, les illusions, les craintes). *Work dispels boredom,* le travail chasse l'ennui.

dispensable [dis'pensəbl], *a.* **1.** Dont on peut se passer. **2.** *Ecc:* (Vœu *m*, etc.) dispensable.

dispensary [dis'pensəri], *s.* **1.** (*a*) (**Charitable, public) dispensary,** dispensaire *m*, policlinique *f*. **Milk dispensary,** (œuvre *f* de) la goutte de lait. (*b*) (*In a hospital*) Dépense *f*. **2.** (*a*) Officine *f* (d'une pharmacie). (*b*) Pharmacie *f*.

dispensation [dispen'seiʃ(ə)n], *s.* **1.** Dispensation *f*, distribution *f* (des récompenses, des aumônes). **2.** Dispensation, administration *f* (des choses humaines). **3.** Décret *m*, arrêt *m*, coup *m* (de la Providence). **4.** *Rel.Hist:* Lois *fpl* (de Moïse, de l'Évangile). **The Mosaic dispensation,** la loi mosaïque. **5.** *Jur:* *Ecc:* **Dispensation from sth., from doing sth.,** dispense *f* de qch., de faire qch. *D. from fasting,* dispense du jeûne. **6. Dispensation from sth., with sth.,** fait *m* d'être dispensé ou de se dispenser de qch. *He craved d. from the usual ceremonial visits,* il demanda à être dispensé des visites de cérémonie habituelles.

dispensatory [dis'pensətəri], *s.* Pharmacopée *f*.

dispense [dis'pens]. **1.** *v.tr.* (*a*) Dispenser, distribuer (des aumônes); départir (des bienfaits, des faveurs). (*b*) Administrer, rendre (la justice); administrer (les derniers sacrements). (*c*) *Pharm:* Préparer (des médicaments). **To dispense a prescription,** exécuter une ordonnance. **Dispensing chemist,** pharmacien diplômé (autorisé à exécuter les ordonnances). **2.** *v.tr.* **To dispense s.o. from sth., from doing sth.,** dispenser, exempter, qn de qch., de faire qch. *Ecc:* *To d. s.o. from fasting,* dispenser qn du jeûne. *This bequest dispensed him from the necessity of earning his living,* ce legs le dispensa d'avoir à gagner sa vie. *Mil:* *Dispensed from all fatigues,* dispensé, exempté, de toutes corvées. *Abs. The bishop may d.,* l'évêque peut accorder une dispense. **3.** *v.i.* (*a*) **To dispense with s.o., with sth.,** se passer de qn, de qch. *To d. with hand-labour,* supprimer la main-d'œuvre. (*b*) *Jur:* *To d. with an oath, with the signature of a witness,* ne pas exiger un serment, l'attestation d'un témoin.

dispensing, *s.* **1.** Dispensation *f*, distribution *f* (des aumônes, etc.). **2.** *Pharm:* Préparation *f*, composition *f* (des ordonnances). (*In large stores, etc.*) **Dispensing department,** rayon *m* d'ordonnances médicales.

dispenser [dis'pensər], *s.* **1.** (*a*) Dispensateur, -trice, distributeur, -trice (d'aumônes, etc.). (*b*) (*In hospital*) Dépensier, -ière. (*c*) Pharmacien *m*. **2.** Administrateur *m* (des lois, etc.).

dispeople [dis'piːpl], *v.tr.* Dépeupler (une région, etc.).

dispermic [dai'spəːrmik], *a.* *Biol:* Dispermique.

dispersal [dis'pəːrsəl], *s.* = DISPERSION.

disperse [dis'pəːrs]. **1.** *v.tr.* (*a*) Disperser, éparpiller, faire fuir (l'ennemi, une foule); dissiper, chasser (les nuages, l'obscurité); égailler (des oiseaux, *F:* des navires, etc.). (*b*) Disperser (ses troupes, une belle collection, etc.). *Artil:* *To d. the fire,* disperser le tir. *Our troops were too much dispersed,* nos troupes étaient trop éparpillées. (*c*) Répandre, disséminer (des nouvelles, des plaintes). (*d*) *Med:* Résoudre, dissoudre (une tumeur). (*e*) *Opt:* (*Of prism, etc.*) Disperser (la lumière). **2.** *v.i.* (*a*) (*Of crowd*) Se disperser, s'éparpiller, s'écouler; (*of light*) se disperser; (*of darkness*) se dissiper. *The rebels dispersed to their homes,* les insurgés se débandèrent et rentrèrent dans leurs familles. (*b*) *Mil:* Rompre les postes de combat. **The 'disperse,'** la breloque.

dispersedly [dis'pəːrsidli], *adv.* Dispersés; par-ci, par-là; çà et là.

dispersion [dis'pəːrʃ(ə)n], *s.* (*a*) Dispersion *f*. *Rel.H:* **The Dispersion,** la dispersion des Juifs. (*b*) Dispersion, diffusion *f* (de la chaleur, etc.). (*c*) *Opt:* Dispersion (d'un rayon lumineux).

dispersive [dis'pəːrsiv], *a.* *Opt:* *etc:* (Prisme, etc.) dispersif.

dispirit [dis'pirit], *v.tr.* Décourager, abattre, rebuter (qn).

dispirited, *a.* Découragé, abattu. **-ly,** *adv.* D'un air ou d'un ton découragé; d'un air abattu.

dispiriting, *a.* Décourageant.

dispiteous [dis'pitiəs], *a.* *Lit:* Impitoyable; sans merci.

displace [dis'pleis], *v.tr.* **1.** Déplacer (qch.). *Someone had displaced the chair,* on avait déplacé la chaise; on avait changé la chaise de place. *Weight of water displaced by a body,* poids *m* de l'eau déplacée par un corps; *Nau:* déplacement *m* (d'un navire). *El.E:* **To displace the brushes,** décaler les balais. **2.** (*a*) Déplacer, destituer (un fonctionnaire, etc.). (*b*) Remplacer (*by,* par). *The territorials were displaced by regulars,* les territoriaux furent remplacés par des troupes régulières. (*c*) Évincer (qn). **To displace s.o. in s.o.'s affections,** supplanter qn. (*d*) *St.Exch:* **Displaced shares,** actions déclassées.

displaceable [dis'pleisəbl], *a.* **1.** Qui peut être déplacé; mobile. **2.** (Fonctionnaire *m*, etc.) amovible.

displacement [dis'pleismənt], *s.* **1.** (*a*) Déplacement *m* (de qch.); changement *m* de place. *El.E:* Décalage *m* (des balais). *Med:* Ectopie *f* (d'un organe). *Geol:* Décrochement *m*, dislocation *f*. *Psy:* **Affective displacement,** déplacement affectif. (*b*) *St.Exch:* Déclassement *m* (d'actions). (*c*) **Volumetric displacement,** déplacement volumétrique; *N.Arch:* déplacement, poids *m* (d'un navire); tonnage *m* (d'un navire de guerre). **Displacement light, light displacement,** déplacement à vide; déplacement lège. **Load displacement, displacement loaded,** déplacement en charge. **Ship of five thousand tons displacement,** vaisseau *m* d'un déplacement de 5000 tonnes; vaisseau qui déplace 5000 tonnes. *See also* CENTRE¹ 1, CYLINDER 2. **2. Displacement of A by B,** remplacement *m* de A par B; substitution *f* de B à A.

display¹ [dis'plei], *s.* **1.** Exposition *f*, exhibition *f* (d'objets); étalage *m*, déploiement *m* (de marchandises); manifestation *f* (de colère). **Air display,** fête *f* aéronautique. *Com:* **Display case,** boîte *f*, coffret *m*, d'étalage. *D. of courage, of forces,* déploiement de courage, de forces. **2.** Étalage (de luxe, d'érudition); parade *f*, apparat *m*, faste *m*, montre *f*, spectacle *m*, appareil *m*; *F:* affichage *m* (d'opinions, etc.). *Adm:* **(Official) display,** représentation *f*. **To make a display of wealth,** faire étalage, parade, montre, de luxe. *To make a great d. of sorrow, of affection,* faire montre de douleur, d'affection; afficher sa douleur, son affection. *To make a great d. of finery, etc., F:* faire du fla-fla, du tralala. *To have a horror of d.,* avoir l'ostentation *f* en horreur. **To be fond of display,** donner dans le grand. **3.** *Typ:* Lignes *fpl*, matières *fpl*, en vedette. **Display-work,** composition *f* des titres, etc.; mise *f* en vedette.

display², *v.tr.* **1.** Exhiber, montrer, étaler, exposer (des marchandises); mettre (des marchandises) en montre; déployer (un drapeau). **To display a notice,** afficher un avis. **That action displays him to a T,** cette action le peint bien, l'achève de peindre. *A motor car must d. three lighted lamps,* une automobile doit être signalée par trois feux. **2.** Montrer, manifester (du courage, de la colère); faire preuve de (courage, générosité); déployer (de l'énergie). *He displayed no sign of the emotion he was feeling*, il ne laissait rien voir des émotions qu'il éprouvait. **To display a taste for . . .**, témoigner d'un goût pour. . . . **3.** Étaler, afficher (son luxe); faire étalage, faire parade, de (son savoir, son esprit); faire montre de (son luxe, son érudition); faire briller (ses charmes). **4.** Découvrir, révéler (son ignorance). **5.** *Typ:* Mettre (une ligne, etc.) en vedette. **6.** *Her:* **Displayed,** (oiseau de proie) éployé.

displease [dis'pli:z], *v.tr.* Déplaire à (qn); fâcher, contrarier, mécontenter, offenser (qn). *Abs.* Déplaire. **To be displeased at, with, s.o., sth.,** être mécontent de qn, de qch.; être fâché contre qn, de qch. *He is displeased that you come so often*, il est mécontent, cela lui déplaît, que vous veniez si souvent. *I accept your invitation so that you may not be displeased*, j'accepte votre invitation pour ne pas vous désobliger, pour ne pas vous contrarier.

displeasing, *a.* Déplaisant, désagréable (*to*, à). **-ly,** *adv.* Déplaisamment, désagréablement.

displeasedly [dis'pli:zidli], *adv.* D'un air ou d'un ton mécontent, fâché; avec mécontentement.

displeasure [dis'pleʒər], *s.* Déplaisir *m*, mécontentement *m*; *Lit:* courroux *m*. **To incur s.o.'s displeasure,** s'attirer le courroux, la disgrâce, de qn.

displume [dis'plu:m], *v.tr. Poet:* Déplumer.

disport[1] [dis'pɔ:rt], *s. A:* Divertissement *m*, jeu *m*, ébats *mpl.*

disport[2], *v. pr. & i.* **To disport (oneself),** (i) se divertir, s'amuser; (ii) s'ébattre, prendre ses ébats; folâtrer.

disposability [dispouzə'biliti], *s.* Disponibilité *f.*

disposable [dis'pouzəbl], *a.* Disponible. *D. (budget) surplus*, surplus *m* disponible. *Jur:* **Disposable portion of property,** biens *m* disponibles par testament.

disposal [dis'pouzəl], *s.* **1.** (*a*) Action *f* de disposer (de qn, de qch.). **The disposal of the corpse presented some difficulty,** il était assez difficile de se débarrasser du cadavre. *As to the d. of his money . . ., of the prisoner . . .*, quant à ce qu'il faut faire de son argent . . ., du prisonnier. . . . *D. of household refuse*, destruction *f* des ordures ménagères et des déchets. *D. of vessels of war*, déclassement *m* des bâtiments de guerre. *D. of a piece of business*, expédition *f* d'une affaire. **Disposal of a question, of a difficulty,** résolution *f* d'une question, d'une difficulté. (*b*) **At s.o.'s disposal,** à la disposition, à la discrétion, de qn. **To place, put, sth. at s.o.'s disposal,** mettre qch. à la disposition de qn. *To put one's purse at s.o.'s d.*, obliger qn de sa bourse. *To put oneself at s.o.'s d.*, se mettre aux ordres de qn. **I am at your disposal,** vous pouvez disposer de moi. *It is quite at your d.*, c'est tout à votre service. **The means at my disposal,** les moyens *m* dont je dispose. *He has large capital at his d.*, il dispose de gros capitaux. *To have a ship at one's d.*, avoir la jouissance d'un bateau. **To have entire disposal of an estate,** avoir la libre disposition d'un bien. **2.** (*a*) Dispensation *f* (d'emplois); disposition *f*, vente *f*, cession *f* (de biens). **For disposal,** à vendre. (*b*) *Jur:* **Disposal of property,** dispositions testamentaires. **3.** *Com:* Délivrance *f* (de marchandises). **4.** Disposition (des troupes sur le champ de bataille, etc.); arrangement *m* (des objets).

dispose [dis'pouz], *v.tr. & i.* **1.** (*a*) Disposer, arranger, distribuer (des objets); aménager, ordonner (une maison, etc.). *God disposes all things according to His will*, Dieu ordonne toutes choses selon sa volonté. *Abs. Prov:* **Man proposes, God disposes,** l'homme propose et Dieu dispose. (*b*) **To dispose of one's time,** disposer de, employer, son temps. *To d. of s.o.'s fate*, décider, ordonner, du sort de qn. **2. To dispose of sth., of s.o.,** se défaire, se débarrasser, de qch., de qn; tuer, expédier, qn. *Two capital ships have to be disposed of*, deux bâtiments de ligne doivent être déclassés. **To dispose of an opponent,** vaincre un adversaire. *To d. of an interrupter*, réduire un interrupteur au silence; river, clouer, le bec à un interrupteur. **To dispose of a question,** résoudre, trancher, une question. *To d. of a matter*, régler une affaire. *To d. of an amendment*, statuer sur un amendement. *Sch: To d. of a paper*, répondre à toutes les questions (d'une composition). *That disposes of all objections*, voilà qui supprime toutes les objections. *A young critic disposed of him in a couple of articles*, un jeune critique l'exécuta en deux articles. *F:* **To dispose of a meal,** expédier un repas. *Dinner was soon disposed of*, le dîner fut vite expédié. *Adm: Permission to d. of a body*, permis *m* d'inhumer. **3.** *Com:* (*Sell*) **To dispose of goods, of an article,** écouler des marchandises; vendre, placer, un article. *To d. of one's business, of a lease*, céder son fonds, un bail. **To be disposed of,** à vendre, à céder. **Goods easily disposed of,** marchandises *f* d'un écoulement facile, de vente facile. *Article difficult to d. of*, article *m* difficile à écouler, à placer. **4.** Disposer, incliner, porter (*s.o. to sth., to do sth.*, qn à qch., à faire qch.). **5. To dispose oneself to sleep, to meditation,** se disposer à dormir, à la méditation.

disposed, *a.* **1.** Intentionné, disposé. **Well, ill, disposed to s.o., towards s.o.,** bien, mal, intentionné envers, pour, qn, à l'égard de qn. *So long as the army is well d. . . .*, tant que l'armée a un bon esprit. . . . **To be friendly disposed,** être d'humeur affable. **If you feel so disposed,** si le cœur vous en dit. **2.** (*a*) **Disposed to sth.,** enclin, porté, à qch. *To be d. to pity*, incliner à la pitié. *I am d. to believe that . . .*, j'incline à croire que. . . . *I am not d. to indulgence, to show indulgence*, je ne suis pas disposé, enclin, porté, à l'indulgence, à montrer de l'indulgence. **He is disposed to obesity,** il a une tendance à l'obésité. (*b*) **Disposed to do sth.,** disposé à faire qch. *I am d. to help you*, je suis (tout) disposé à vous aider.

disposedly [dis'pouzidli], *adv.* D'un air digne, compassé.

disposer [dis'pouzər], *s.* **1.** Dispensateur, -trice, ordonnateur, -trice, arbitre *m* (des choses humaines, etc.). **2.** Dispensateur, -trice (de bienfaits, etc.). *This minister, sovereign d. of royal favours*, ce ministre, souverain dispensateur des faveurs royales. **3.** *Jur:* Vendeur, -euse.

disposition [dispo'ziʃ(ə)n], *s.* **1.** (*a*) Disposition *f*, groupement *m*, arrangement *m*; agencement *m* (d'une maison, des mots dans une phrase, etc.). *Mil:* Disposition (des troupes); assiette *f* (d'un campement). (*b*) (*Usu. pl.*) *To take one's dispositions to withstand an attack*, prendre des dispositions pour résister à une attaque. *God has the supreme d. of all things*, Dieu dispose de tout en dernier arbitre. (*c*) *Jur:* Disposition (testamentaire). **2.** = DISPOSAL 1 (*b*). **3.** Caractère *m*, naturel *m*, nature *f*, complexion *f*, humeur *f*, aptitude *f*. **Child of a nice disposition,** enfant *mf* d'un bon naturel. *He is of a kindly d.*, c'est une bonne nature. **4.** (*a*) **Disposition to do sth.,** désir *m*, intention *f*, de faire qch.; inclination *f* à faire qch. *There was a general disposition to remain*, tous étaient disposés à rester. *He was in a d. to admire everything*, il était disposé, il était d'humeur, à tout admirer. (*b*) Penchant *m*, tendance *f* (*to sth., to do sth.*, à qch., à faire qch.). **To have a natural disposition to catch cold,** avoir une prédisposition à s'enrhumer.

dispossess [dispo'zes], *v.tr.* **1.** (*a*) Déposséder (qn). (*b*) Exproprier (qn). *To d. s.o. of sth.*, déposséder, *Jur:* dessaisir, qn de qch. **2.** *A:* **To dispossess s.o. (of an evil spirit),** délivrer qn d'un démon.

dispossession [dispo'zeʃ(ə)n], *s.* (*a*) Dépossession *f*; *Jur:* dessaisissement *m*. (*b*) Expropriation *f*.

dispossessor [dispo'zesər], *s.* Expropriateur, -trice.

dispraise[1] [dis'preiz], *s.* **1.** Dépréciation *f*, ravalement *m*, dénigrement *m*. **2.** Blâme *m*.

dispraise[2], *v.tr.* **1.** Déprécier, ravaler, dénigrer (qn, qch.). **2.** Trouver mauvais; blâmer.

dispraising, *a.* Dénigrant; dépréciateur, -trice. **-ly,** *adv.* **1.** D'un ton de dénigrement. **2.** D'un ton de reproche.

disproof [dis'pru:f], *s.* Réfutation *f*.

disproportion [dispro'pɔ:rʃ(ə)n], *s.* Disproportion *f*, défaut *m* de proportion (*between*, entre). *D. in age*, disconvenance *f* d'âge (*between . . . and . . .*, entre . . . et . . .).

disproportionate [dispro'pɔ:rʃənet], *a.* Disproportionné (*to*, à), hors de proportion (*to*, avec). **-ly,** *adv.* D'une façon disproportionnée; hors de toute proportion (*to*, avec).

disproportionateness [dispro'pɔ:rʃənetnəs], *s.* Défaut *m* de proportion, disproportion *f* (*between*, entre).

disproportioned [dispro'pɔ:rʃənd], *a.* Disproportionné, mal proportionné (*to*, à); hors de toute proportion (*to*, avec).

disprove [dis'pru:v], *v.tr.* (*p.p.* **disproved,** *Jur:* **disproven** [dis'prouvn]) Réfuter (un dire); démontrer la fausseté (d'un dire).

disputable ['dispjutəbl], *a.* Contestable, controversable, disputable, douteux. **-ably,** *adv.* Contestablement; douteusement.

disputant ['dispjutənt], *s.* Discuteur, -euse; controversiste *m*; *esp. Sch: A:* disputant *m*.

disputation [dispju'teiʃ(ə)n], *s.* (*a*) Discussion *f* (d'un sujet, etc.). (*b*) Discussion, controverse *f*, débat *m*. *Sch: A:* Disputation *f*.

disputatious [dispju'teiʃəs], *a.* Disputeur, -euse; chicanier, -ière; *F:* disputailleur, -euse.

dispute[1] [dis'pju:t], *s.* **1.** Contestation *f*, discussion *f*, controverse *f*, débat *m*. **The matter in dispute,** (i) l'affaire contestée, en contestation; (ii) l'affaire dont il s'agit. **Beyond dispute, past dispute,** incontestable, indiscutable; hors de dispute, hors de contestation, hors de controverse. *The fact is beyond d.*, le fait ne souffre pas de discussion. **Without dispute,** sans contredit. *Jur:* **Dispute at law,** litige *m*. **Case under dispute,** cas *m* en litige. *To settle a d.*, trancher, vider, un débat ou un litige. **2.** Querelle *f*, dispute *f*, altercation *f*, différend *m*, conflit *m* (*as to*, relatif, -ive, à). *To settle a d.*, régler une querelle.

dispute[2]. **1.** *v.i.* (*a*) **To dispute with, against, s.o. about, on, sth.,** (i) débattre qch. avec qn; (ii) se disputer avec qn sur, au sujet de, qch. (*b*) Se disputer, se quereller. **2.** *v.tr.* (*a*) Débattre, discuter (une question); controverser (un point de doctrine, etc.); contester (une affirmation, etc.). (*b*) **To dispute (the possession of) sth. with s.o.,** disputer qch. à qn. *To d. every inch of the ground*, disputer le terrain. *I don't d. that you may have heard it*, je ne conteste pas que vous n'ayez pu l'entendre. *See also* CLAIM[1] 4.

disputer [dis'pju:tər], *s.* **1.** Disputeur, -euse; discuteur, -euse; argueur *m*, controversiste *mf*. **2.** Contestant, -ante (*of*, pour).

disqualification [diskwɔlifi'keiʃ(ə)n], *s.* **1.** (*a*) Incapacité *f*; *Jur:* inhabilité *f* (*to act*, à agir). (*b*) *D. of a director*, déchéance *f* d'un administrateur. **2.** Cause *f* d'incapacité (*for*, à). **3.** (*a*) Mise *f* en état d'incapacité. *Why should a degree be a d. for business?* pourquoi un diplôme vous rendrait-il inapte aux affaires? (*b*) *Sp:* Disqualification *f*; exclusion *f* (d'un concours). *Rac:* Distancement *m* (du gagnant).

disqualify [dis'kwɔlifai], *v.tr.* **1.** Rendre incapable (*for sth.*, de faire qch.). *His timidity disqualified him for a profession*, sa timidité le rendait incapable d'exercer une profession, le mettait dans l'incapacité d'exercer une profession. **2.** (*a*) *Jur:* Frapper (qn) d'incapacité. *Disqualified from making a will*, incapable de tester, inhabile à tester. (*b*) *To be disqualified from a competition*, être exclus d'un concours. **3.** *Sp:* Disqualifier (un joueur). *Rac:* Distancer (le gagnant).

disqualifying[1], *a.* **1.** (*a*) Qui rend incapable, inhabile (à tester, etc.). (*b*) Qui entraîne l'exclusion. **2.** *Box:* (Coup) disqualificatif.

disqualifying[2], *s.* = DISQUALIFICATION 1 (*b*), 3 (*b*).

disquiet[1] [dis'kwaiet]. **1.** *a. A:* Inquiet; agité. **2.** *s.* Inquiétude *f*; agitation *f*.

disquiet[2], **disquieten** [dis'kwaietən], *v.tr.* Inquiéter; troubler. *Disquieted by apprehensions*, tourmenté, agité, par des appréhensions.

disquieting, *a.* Inquiétant, peu rassurant; troublant. **-ly,** *adv.* *D. high percentage of errors*, pourcentage de fautes inquiétant.

disquietude [dis'kwaietju:d], *s.* **1.** Inquiétude *f*, anxiété *f*. **2.** Manque *m* de calme; agitation *f*, malaise *m* (parmi le peuple, etc.).

disquisition [diskwi'ziʃ(ə)n], *s.* **1.** *A:* Recherches *fpl*, étude *f*, examen *m*, enquête *f*. **2.** Dissertation *f* (*on*, sur).

Disraelian [dis'reiliən], *a.* A la manière de Disraeli. *D. Tory*, conservateur *m* de l'école de Disraeli.

disrate [dis'reit], *v.tr. Navy:* Déclasser (un homme); réduire (un gradé) à un grade inférieur; rétrograder (un gradé).

disrating, *s. Navy:* Déclassement *m*; réduction *f* (à un grade inférieur); rétrogradation *f*.

disregard¹ [disri'gɑːrd], *s.* Indifférence *f*, insouciance *f*, négligence *f* (*of, for,* à l'égard de); dédain *m* (pour). *D. of a rule*, désobéissance *f* à une règle. *D. of the law*, inobservation *f* de la loi. *D. for one's parents*, manque *m* d'égards envers ses parents.

disregard², *v.tr.* Faire peu de cas de, ne tenir aucun compte de, ne pas faire attention à (qn, qch.); négliger (qn, qch.); méconnaître (un devoir); ne pas s'inquiéter de, faire abstraction de (qch.). *To d. an objection*, passer outre à une objection. *Mil:* **To disregard an order,** enfreindre un ordre; manquer à la consigne; forcer la consigne. **Disregarding details . . .,** abstraction faite des détails. . . .

disregardful [disri'gɑːrdful], *a.* Insouciant, dédaigneux, négligent (*of*, de); indifférent (*of*, à).

disrelish¹ [dis'reliʃ], *s.* Dégoût *m*, répugnance *f*, aversion *f* (*for*, pour). *Boys have a d. to be praised for their goodness*, les garçons *m* détestent qu'on les loue de leur sagesse.

disrelish², *v.tr.* Éprouver du dégoût pour (qch.); ne pas goûter (qch.); trouver (qch.) mauvais.

disremember [disri'membər], *v.tr. U.S:* Oublier.

disrepair [disri'pɛər], *s.* Délabrement *m* (d'une maison, etc.). **To fall into disrepair,** tomber en ruines; se délabrer, se dégrader. **Walls in disrepair,** murs dégradés.

disreputable [dis'repjutəbl], *a.* **1.** (*Of action*) Déshonorant; peu honorable; honteux. *Incidents d. to his character as a clergyman*, incidents *m* qui portent atteinte à sa qualité d'ecclésiastique. **2.** (*a*) (*Of pers.*) De mauvaise réputation; taré, perdu d'honneur. (*b*) *D. house*, maison mal famée; maison louche, borgne. **3.** (*Of garments, etc.*) Minable. *He was wearing a d. old hat*, il portait un vieux chapeau digne d'un chiffonnier. **-ably,** *adv.* Honteusement; d'une façon peu honorable.

dis'reputable-looking, *a.* (Homme *m*, maison *f*) de mauvaise mine, d'aspect louche.

disreputableness [dis'repjutəblnəs], *s.* **1.** Mauvaise réputation (de qn, d'un lieu). **2.** Aspect *m* sordide.

disrepute [disri'pjuːt], *s.* Discrédit *m*, déshonneur *m*, déconsidération *f*; mauvaise réputation. **To bring s.o., sth., into disrepute,** perdre qn de réputation; ruiner la réputation de qn; discréditer qch.; faire tomber qn dans le discrédit. **To fall into disrepute,** tomber dans le mépris, dans l'inconsidération, dans le décri.

disrespect [disris'pekt], *s.* Irrévérence *f*, irrespect *m*; manque *m* d'égards, de respect (*for*, envers). **To treat s.o., sth., with disrespect,** manquer de respect à qn, pour qch.

disrespectful [disris'pektful], *a.* Irrespectueux, irrévérencieux. **To be disrespectful to s.o.,** manquer de respect à qn. **-fully,** *adv.* Irrespectueusement, irrévérencieusement. **To speak disrespectfully of s.o.,** parler de qn avec irrévérence.

disrobe [dis'roub]. **1.** *v.tr.* Dévêtir, déshabiller (qn); dépouiller (qn) de ses vêtements; *esp.* aider (un magistrat, un prêtre) à se dévêtir de sa robe. **2.** *v.i.* Se dévêtir, se déshabiller; *esp.* (*of judge, clergyman, etc.*) se dévêtir de sa robe.

disroot [dis'ruːt], *v.tr.* **1.** Déraciner. **2.** *F:* Déloger (qn, qch.) (*from*, de).

disrupt [dis'rʌpt], *v.tr.* **1.** Faire éclater (la pierre, etc.); rompre, briser. *Disrupted ground*, terrain bouleversé. *Ground disrupted by the earthquake*, terrain disloqué par le tremblement de terre. **2.** Démembrer (un empire); faire crouler (un édifice, une administration, etc.); rompre (une coalition, l'unité nationale).

disrupter [dis'rʌptər], *s.* Briseur *m*. **Disrupters of society,** chambardeurs *m* de l'ordre social.

disruption [dis'rʌpʃ(ə)n], *s.* **1.** Rupture *f*, éclatement *m*; dislocation (violente). **2.** Démembrement *m* (d'un empire). **3.** *Hist:* **The Disruption,** la scission qui eut lieu dans l'Église d'Écosse en 1843 et qui eut pour résultat la création de l'Église libre.

disruptive [dis'rʌptiv], *a.* Disruptif. **Disruptive explosives,** explosifs brisants. *Mec:* *D. strength*, résistance disruptive; résistance à la perforation.

disruptor [dis'rʌptər], *s.* **1.** = DISRUPTER. **2.** *El.E:* *I.C.E:* Disrupteur *m* (d'allumage); amplificateur *m* d'étincelles.

dissatisfaction [dissatis'fakʃ(ə)n], *s.* Mécontentement *m* (*with*, *at*, de).

dissatisfy [dis'satisfai], *v.tr.* Mécontenter; ne pas satisfaire.

dissatisfied, *a.* Mécontent, mal satisfait (*with, at*, de).

dissect [di'sekt], *v.tr.* **1.** Disséquer (une plante, un cadavre; *F:* un compte, un ouvrage littéraire, etc.). **2.** Découper. *Games:* **Dissected map,** carte *f* de patience. **3.** *Surg:* **To dissect out,** exciser (une tumeur, etc.).

dissecting, *s.* **1.** Dissection *f*. **2.** *Surg:* **Dissecting out,** excision *f*.

dissection [di'sekʃ(ə)n], *s.* **1.** Dissection *f*. **2.** (*a*) Découpage *m*. (*b*) Découpures *fpl*.

dissector [di'sektər], *s.* **1.** (*Pers.*) Dissecteur *m*, disséqueur *m*. **2.** *Tls:* Scalpel *m*.

disseise, disseize [dis'siːz], *v.tr. Jur:* Déposséder. **To disseise s.o. of an estate,** déposséder, dessaisir, qn d'une terre; évincer qn.

disseisee, disseizee [dissiː'ziː], *s. Jur:* Personne évincée, dépossédée.

disseisin, disseizin [dis'siːzin], *s. Jur:* Dépossession (illégale); dessaisissement *m*; éviction *f*.

dissemble [di'sembl], *v.tr.* Dissimuler, cacher, déguiser (ses sentiments, etc.); passer (un fait) sous silence. *Abs.* Dissimuler; user de dissimulation; déguiser sa pensée. *Dissembled thought*, arrière-pensée *f*, *pl.* arrière-pensées. *It is useless to attempt to d. the fact that . . .*, il serait vain de vouloir se dissimuler que. . . .

dissembling, *s.* Dissimulation *f*.

dissembler [di'semblər], *s.* Dissimulateur, -trice; hypocrite *mf*.

disseminate [di'semineit], *v.tr.* Disséminer, semer (le grain); propager, répandre, disséminer (des opinions, etc.).

dissemination [disemi'neiʃ(ə)n], *s.* Dissémination *f*; propagation *f* (de la vérité, de l'Évangile, etc.).

disseminator [di'semineitər], *s.* Disséminateur, -trice, propagateur, -trice (d'idées nouvelles, etc.); semeur, -euse (de faux bruits).

dissension [di'senʃ(ə)n], *s.* Dissension *f*. **To sow dissension,** semer la dissension, le désaccord, *F:* la zizanie. *Dissensions within the Church*, dissensions dans le sein de l'Église.

dissent¹ [di'sent], *s.* **1.** Dissentiment *m*; avis *m* contraire. *See also* MINUTE¹ 4. **2.** *Ecc:* (*a*) Dissidence *f*. (*b*) *Coll.* Les dissidents *m*.

dissent², *v.i.* **1.** Différer (*from s.o. about sth.*, de qn sur qch.). *To d. from s.o.'s opinion*, différer d'opinion avec qn; n'être pas du même avis que qn. **2.** *Ecc:* Être dissident.

dissenting, *a.* Dissident.

dissenter [di'sentər], *s.* Dissident, -ente; *esp. Ecc:* personne qui n'appartient pas à l'Église anglicane; personne opposée en principe à une Église d'État.

dissentient [di'senʃjənt]. **1.** *a.* Dissident; opposé (*from*, à). *There was not one d. voice*, pas une voix ne s'éleva contre. *Passed without a d. voice*, voté à l'unanimité des voix, sans soulever la moindre objection. *With one d. vote*, à l'unanimité moins une voix. **2.** *s.* Dissident, -ente; opposant, -ante (*from*, de).

dissepiment [di'sepimənt], *s. Anat:* *Bot:* Cloison *f*, septum *m*.

dissert [di'səːrt], **dissertate** ['disərteit], *v.i. Lit:* Disserter (*on*, sur).

dissertation [disər'teiʃ(ə)n], *s.* Dissertation *f*; discours *m*, mémoire *m*. *To deliver a d. upon sth.*, faire une dissertation, disserter, sur qch. *A D. concerning Man*, Dissertation sur l'Homme.

dissertationist [disər'teiʃ(ə)nist], **dissertator** ['disərteitər], *s. Lit:* Dissertateur *m*.

disserve [dis'səːrv], *v.tr.* Desservir, messervir (qn); mal servir les intérêts de (qn); rendre un mauvais service à (qn).

disservice [dis'səːrvis], *s.* Mauvais service rendu. *To do s.o. a d.*, desservir, messervir, qn. *The spreading of these ideas has been of infinite d.*, la propagation de ces idées a fait infiniment de mal.

dissever [di'sevər]. **1.** *v.tr.* Séparer, désunir. **2.** *v.i.* Se séparer, se désunir.

dissidence ['disidəns], *s.* Dissidence *f*; divergence *f* d'opinions; désaccord *m*.

dissident ['disidənt], *a.* & *s.* (*a*) Dissident, -ente. *D. tribes*, tribus *f* en dissidence. (*b*) Membre dissident (d'un parti). *Hist:* **The Polish Dissidents,** les dissidents de Pologne.

dissimilar [di'similər], *a.* Dissemblable (*to*, *occ. from*, *with*, à, de); différent (*to*, de).

dissimilarity [disimi'lariti], *s.* Dissemblance *f*, dissimilarité *f*, dissimilitude *f* (*to*, de; *between*, entre).

dissimilate [di'simileit], *v.tr. Ling:* Dissimiler (deux sons identiques).

dissimilation [disimi'leiʃ(ə)n], *s.* **1.** *Ling:* Dissimilation *f*. **2.** *Biol:* Catabolisme *m*.

dissimile [di'simili], *s. Rh:* Dissimilitude *f*.

dissimilitude [disi'militjuːd], *s.* Dissimilitude *f*, diversité *f*, dissemblance *f*.

dissimulate [di'simjuleit], *v.tr.* (*a*) Dissimuler; cacher (un fait). (*b*) *Abs.* Feindre.

dissimulation [disimju'leiʃ(ə)n], *s.* Dissimulation *f*.

dissimulator [di'simjuleitər], *s.* Dissimulateur, -trice.

dissipate ['disipeit]. **1.** *v.tr.* Dissiper (les nuages, une fortune, etc.); gaspiller (une fortune). *To d. one's efforts*, disperser ses efforts. **2.** *v.i.* (*a*) (*Of cloud, heat, etc.*) Se dissiper. *Ph:* (*Of energy*) Se dégrader. (*b*) (*Of pers.*) Se dissiper; (i) mener une vie dissipée, une vie de plaisir; (ii) se distraire, se divertir.

dissipated, *a.* Dissipé. *To live a d. life*, mener une vie dissipée; vivre dans la dissipation. *To fall into d. ways*, se dissiper; s'adonner au plaisir. *D. man, woman*, noceur, noceuse.

dissipation [disi'peiʃ(ə)n], *s.* **1.** (*a*) Dissipation *f* (du brouillard, de la chaleur, de ses biens); gaspillage *m* (d'une fortune). (*b*) Dispersion *f* (de la chaleur, de l'électricité). *Ph:* Dégradation *f* (de l'énergie). (*c*) *D. of mind*, distraction *f*. **2.** Divertissement *m*. *To allow oneself a little d.*, se permettre un peu de distraction. **3.** Dissipation, vie désordonnée; le plaisir, les plaisirs.

dissipative ['disipeitiv], *a.* Dispersif.

dissipator ['disipeitər], *s. Ind:* *etc:* **Heat dissipator,** évacuateur *m* de chaleur.

dissociable [di'souʃjəbl], *a. Ch:* Dissociable (*from*, de).

dissocialize [di'souʃəlaiz], *v.tr.* Rendre insociable.

dissociate [di'souʃieit]. **1.** *v.tr.* (*a*) Désassocier, dissocier (des personnes) (*from*, de). **To dissociate oneself from a question,** se désintéresser d'une affaire. (*b*) *Ch:* Dissocier (un composé, etc.). **2.** *v.i. Ch:* Se dissocier.

dissociated, *a. Psy:* **Dissociated personality,** personnalité simultanée; dédoublement *m* de personnalité.

dissociation [disouʃi'eiʃ(ə)n, -si'eiʃ(ə)n], *s.* **1.** Désassociation *f*, dissociation *f*. **2.** *Ch:* Dissociation. **Coefficient of dissociation,** constante *f* de dissociation, d'affinité. **3.** *Psy:* Dédoublement *m* de la personnalité.

dissolubility [disɔlju'biliti], *s. Ph:* *etc:* Dissolubilité *f*.

dissoluble [di'sɔljubl], *a.* **1.** *Ph:* *etc:* Dissoluble (*in*, dans). **2.** (Mariage *m*, etc.) dissoluble.

dissolute ['disoljut], *a.* Dissolu, débauché. *D. conduct*, conduite licencieuse; déportements *mpl*. *D. life*, vie désordonnée, déréglée. *To lead a d. life*, vivre dans la dissolution, dans la débauche, dans le dérèglement. **-ly,** *adv.* Dissolument, licencieusement; (vivre) dans la débauche.

dissoluteness ['disoljutnəs], *s.* Dérèglement *m*, débauche *f*.

dissolution [diso'ljuːʃ(ə)n], *s.* **1.** Dissolution *f*, fonte *f*, liquéfaction *f*. **2.** Dissolution (d'une société, d'une assemblée, d'un mariage). *The signs of his approaching d.*, les signes *m* de sa dissolution prochaine, de sa mort prochaine. *Hist:* **The Dissolution of the Monasteries,** la suppression des monastères.

dissolvable [di'zɔlvəbl], *a.* **1.** (Assemblée *f*, etc.) dissoluble, dont on peut prononcer la dissolution; (association commerciale) terminable. **2.** *A:* (Substance *f*) dissoluble ou liquéfiable.

dissolve[1] [di'zɔlv], *s. Cin:* Fondu *m.* **Dissolve-in, -out,** ouverture *f*, fermeture *f*, en fondu.

dissolve[2]. **1.** *v.tr.* (*a*) Dissoudre, faire dissoudre, faire fondre (qch.); déprendre (une substance coagulée). *F:* **To be dissolved in tears,** être tout en larmes; *F:* pleurer comme une Madeleine. *His features were dissolved in fat*, ses traits *m* disparaissaient dans la graisse. (*b*) Dissiper (un nuage); dissoudre, dissiper (une illusion). (*c*) Dissoudre, disperser (une société, le parlement); dissoudre (un mariage). *Hist:* **To dissolve the monasteries,** supprimer les monastères. (*d*) *Cin: To d. a scene into the succeeding one*, fondre une scène dans la suivante. **2.** *v.i.* (*a*) Se dissoudre; fondre. *F:* **To dissolve in tears,** fondre en larmes. (*b*) Se dissiper; (*of crowd*) se disperser, se séparer. (*c*) (*Of Parliament*) Se dissoudre.

dissolving, *a.* **1.** **Dissolving views,** (i) *A:* tableaux fondants, (ii) *Cin:* vues fondantes; fondus *m.* **2.** *Ch:* **Dissolving agents,** solvants *m.*

dissolvent [di'zɔlvənt]. **1.** *a. A:* Dissolvant. **2.** *s. Ph: etc:* Dissolvant *m.*

dissolver [di'zɔlvər], *s.* **1.** *Cin:* Écran *m* ou obturateur *m* à bords dentelés (pour vues fondantes). **2.** = DISSOLVENT 2.

dissonance ['disonəns], *s.* **1.** *Mus:* Dissonance *f.* **2.** Désaccord *m* (*between*, entre).

dissonant ['disonənt], *a.* **1.** *Mus:* Dissonant. **2.** En désaccord (*from, to*, avec).

dissuade [di'sweid], *v.tr.* **To dissuade someone from sth., from doing sth.,** dissuader, détourner, qn de qch., de faire qch.; déconseiller qch. à qn.

dissuasion [di'sweiʒ(ə)n], *s.* Dissuasion *f* (*from*, de). *No d. could keep him from attempting the journey*, c'est en vain que l'on voulut le dissuader de ce voyage.

dissuasive [di'sweisiv], *a.* Dissuasif; (air, ton) peu encourageant.

dissyllabic [disi'labik], *a.*, **dissyllable** [di'siləbl], *s.* = DISYLLABIC, DISYLLABLE.

dissymetrical [dissi'metrik(ə)l], *a.* Dissymétrique, asymétrique.

dissymetry [dis'simetri], *s.* Dissymétrie *f*, asymétrie *f.*

distaff ['distɑːf], *s.* Quenouille *f.* **The distaff side** (*of a family*), le côté maternel. **Kingdom that falls to the distaff side,** royaume *m* qui tombe en quenouille.

distal ['distəl], *a. Anat:* Distal, -aux.

distance[1] ['distəns], *s.* **1.** (*a*) Distance *f*, éloignement *m. At a d. of three miles*, à une distance de trois milles; à trois milles de distance. **Town within walking distance,** ville *f* où l'on peut se rendre à pied. (*At*) *ten minutes' walking d. from here*, à dix minutes de marche d'ici. **It is within ten minutes' walking distance,** vous en avez pour dix minutes de marche; c'est à moins de dix minutes de marche. **Within speaking distance,** à portée de voix. *It is quite a short d. away*, le trajet n'est pas long. **It is no distance (away),** *F:* ce n'est qu'une promenade. **To see sth. at a distance,** voir qch. de loin. *One could see nothing at that d.*, on ne voyait rien à cette distance. *Seen from a d.*, vu de loin. **Distance lends enchantment to the view,** tout paraît beau (vu) de loin. **Products from a distance,** produits *m* de pays lointains. *Customers who come from a d.*, clients venus du dehors. *Mil:* **Distance-judging,** appréciation *f* des distances. (*b*) Lointain *m.* **To see sth. in the distance,** voir qch. au loin, de loin, dans le lointain, dans l'éloignement. **Away in the distance,** dans le lointain; tout là-bas. *Art:* **The distances** (*of a picture*), les lointains. **Middle-distance,** second plan; plan intermédiaire; mi-distance *f.* (*c*) **At this distance of time,** après cet intervalle (de temps). *The d. that separates his visits*, les longs intervalles entre ses visites. **2.** Trajet *m. To go part of the d. on foot*, faire une partie du trajet à pied. **To hire a car by distance,** louer une voiture à la course. *Sp:* **Middle-distance race,** (course *f* de) demi-fond *m. See also* LONG-DISTANCE. **3.** (*a*) Distance, intervalle. *To follow s.o. at a d., at a short d.*, suivre qn à distance, à peu de distance. **To keep one's distance,** se tenir à distance; observer les distances; se tenir sur son quant-à-soi. *Keep your d. please! F:* nous n'avons pas gardé les cochons ensemble! **To keep s.o. at a distance,** tenir qn à distance. *To keep a (safe) d. from s.o.*, se tenir à une distance respectueuse de qn. *Turf:* **'The distance,'** (i) *A. & U.S:* la distance éliminatoire à partir du cheval gagnant, dans une course d'élimination (p.ex. 220 yards sur un parcours de 3 milles); (ii) distance fixe de 240 yards. (*b*) *Tchn: D. between girders*, écartement *m* des poutres. *Rail: D. between rails*, écartement de voie; largeur *f* de la voie. **4.** **Distance of manner,** air distant; réserve *f*, hauteur *f.*

'distance-block, -piece, *s. Const: etc:* Entretoise *f*, entretoisement *m*; pièce *f* d'écartement.

distance[2], *v.tr.* **1.** (*a*) Éloigner (*from*, de). *Knowledge distances those who possess it from those who possess it not*, le savoir établit la distance entre ceux qui le possèdent et ceux qui ne le possèdent pas. (*b*) Faire paraître éloigné; reculer. *Mountains distanced by the evening haze*, montagnes reculées par les vapeurs du soir. **2.** = OUTDISTANCE.

distanced, *a. Turf: A. & U.S:* (Cheval) éliminé (pour avoir fini à plus de la DISTANCE[1] 3 derrière le gagnant).

distant ['distənt], *a.* **1.** **Three miles distant,** distant de trois milles; à trois milles de distance. *The town is five miles d.*, la ville est à (une distance de) cinq milles, est éloignée de cinq milles. **Not far distant from . . .,** à peu de distance de. . . . **2.** (*a*) (Endroit, objet, parent) éloigné; (pays) lointain. **To have a distant view of sth.,** voir qch. de loin. *Rail:* **Distant signal,** signal à distance; signal avancé. *D. allusion*, allusion indirecte. **Distant look,** regard perdu dans le vague. **Distant likeness,** faible, vague, ressemblance *f.* (*b*) (*In time*) Éloigné, reculé. *D. age*, époque éloignée, reculée. *D. recollection*, souvenir lointain. **That day is still far distant,** ce jour est encore loin. **In the distant future,** dans un avenir lointain, reculé. **3.** (*Of pers., manner*) Réservé, froid, hautain, distant. **To be distant with s.o.,** tenir qn à distance; se montrer réservé avec qn. *To treat s.o. in a markedly d. manner*, traiter qn avec un éloignement marqué. **-ly,** *adv.* **1.** De loin. **Distantly related,** d'une parenté éloignée. **2.** Avec hauteur, avec réserve, avec froideur; froidement. **Distantly polite,** d'une politesse hautaine.

distaste [dis'teist], *s.* Dégoût *m* (*for*, de); aversion *f*, répugnance *f* (*for*, pour). **To conceive a distaste for sth.,** prendre qch. en dégoût, en aversion. *He felt a d. for life*, il ressentait un dégoût de la vie.

distasteful [dis'teistful], *a.* **1.** (*Of food, etc.*) Désagréable au goût. **2.** Désagréable, déplaisant, antipathique (*to*, à). *To be d. to s.o.*, répugner à qn. **It is distasteful to me to . . .,** cela me déplaît de. . . . *However d., I must . . .*, malgré que j'en aie, il faut que je. . . .

distastefulness [dis'teistfulnəs], *s.* Caractère désagréable ou répugnant (d'une tâche, etc.).

distemper[1] [dis'tempər], *s.* **1.** (*a*) *A:* Maladie *f* (du corps ou de l'esprit). (*b*) *Vet:* Maladie des chiens. **2.** *A:* Désordre *m* (dans l'État).

distemper[2], *v.tr. A:* Rendre (qn) malade; déranger, troubler (l'esprit). *Still used in* **Distempered mind,** esprit dérangé, troublé.

distemper[3], *s.* **1.** *Art:* Détrempe *f*; peinture *f* à la colle. *To paint in d.*, peindre en détrempe. **2.** (*For house-decoration*) Détrempe, badigeon *m.*

distemper[4], *v.tr.* **1.** *Art:* Peindre (un tableau) en détrempe. **2.** Peindre (un mur) en détrempe; badigeonner (un mur) en couleur.

distempering, *s.* **1.** Peinture *f* en détrempe. **2.** Badigeonnage *m* en couleur.

distend [dis'tend]. **1.** *v.tr.* (*a*) Dilater, gonfler (un ballon); enfler, gonfler (les joues); dilater (les narines). (*b*) Distendre, dilater, ballonner (l'estomac); *Vet:* météoriser (l'estomac). **2.** *v.i.* (*a*) Se dilater, enfler, se gonfler. *F: His heart distends with pride*, son cœur se gonfle d'orgueil. (*b*) (*Of stomach*) Se ballonner, se distendre.

distended, *a.* (*a*) Dilaté, gonflé. (*b*) (Estomac) ballonnant, ballonné, tendu.

distensible [dis'tensibl], *a.* Dilatable.

distension [dis'tenʃ(ə)n], *s.* (*a*) Dilatation *f*, distension *f*, gonflement *m.* (*b*) *Med:* Ballonnement *m*, distension, dilatation, météorisation *f* (de l'estomac).

distich ['distik], *s. Pros:* Distique *m.*

distichous ['distikəs], *a. Bot:* Distique.

distil [dis'til], *v.* (**distilled; distilling**) **1.** *v.tr.* (*a*) *Ch: Ind:* Distiller (de l'eau, du vin, des grains); raffiner (le pétrole). *To d. sth. from sth.*, extraire qch. de qch. par distillation. *To d. sth. into sth.*, changer qch. en qch. par la distillation. **To distil sth. off, out,** chasser qch. par la distillation. *F: To d. a doctrine*, extraire l'essence d'une doctrine. (*b*) Laisser tomber goutte à goutte; (*of tree, etc.*) distiller (du suc). *F:* **To distil poison into s.o.'s mind,** faire couler du poison dans l'âme de qn. **2.** *v.i.* (*a*) *Ch: Ind:* **To distil (over),** se distiller, passer. (*b*) (*Of liquid, secretion, etc.*) Distiller, tomber goutte à goutte, couler doucement (*from*, de).

distilling, *s.* = DISTILLATION. *D. of oil*, raffinage *m* du pétrole. *D. apparatus*, appareil *m* de distillation. *Nau:* **Distilling condenser** = DISTILLER 2.

distillate ['distilet], *s. Ch: Ind:* (Produit *m* de) distillation *f.*

distillation [disti'leiʃ(ə)n], *s.* **1.** Distillation *f. Fractional d.*, distillation fractionnée. *Dry d.*, distillation sèche. **2.** (Produit *m* de) distillation.

distillatory [dis'tilətəri], *a.* Distillatoire.

distiller [dis'tilər], *s.* **1.** (*Pers.*) *Ind:* Distillateur *m.* **2.** *Nau:* Appareil *m* distillatoire; distillateur; bouilleur *m.*

distillery [dis'tiləri], *s. Ind:* Distillerie *f. Oil d.*, raffinerie *f.*

distinct [dis'tiŋ(k)t], *a.* **1.** (*Different*) Distinct, différent (*from*, de). *To keep two things d.*, distinguer entre deux choses. **Town life as distinct from country life,** la vie des grandes villes, à la différence de celle de la campagne. **Man as distinct from animals,** l'homme en tant qu'il diffère des animaux. **2.** (*Clear*) Distinct, net, clair; (dessin, etc.) tranché. *D. refusal*, refus net. *D. memory*, souvenir clair, net, précis. *My recollection of it is d.*, j'en ai le souvenir encore récent. *D. utterance*, débit clair, bien articulé. *D. idea*, idée distincte, précise. *D. orders*, ordres formels, précis. *D. promise*, promesse formelle. *In d. terms*, en termes précis. **The coast becomes more and more d.,** la côte se précise. **3.** Caractérisé, marqué. *D. preference, inclination*, préférence, inclination, marquée. **-ly,** *adv.* **1.** (*a*) (Parler, entendre, voir) distinctement, clairement. (*b*) *I told him d.*, je le lui ai dit expressément. *To promise d.*, promettre formellement. **2.** (*Unmistakably*) Indéniablement, décidément, incontestablement. *A d. revolutionary paper*, journal *m* nettement révolutionnaire. *He is d. better*, il y a un mieux indéniable, sensible. *Let it be d. understood that . . .*, il est bien entendu que. . . .

distinction [dis'tiŋ(k)ʃ(ə)n], *s.* **1.** (*Difference*) Distinction *f* (*between*, entre). **To make a distinction between two things,** faire une distinction entre deux choses. *That is making a d. without a difference*, c'est couper un cheveu en quatre. **Without distinction (of persons),** sans distinction des personnes. *Without d. of rank, of age*, sans distinction de rang, d'âge. **2.** (*Honour conferred*) *Academic distinctions*, distinctions académiques. **3.** (*a*) (*Excellence*) Distinction. **To gain distinction,** se distinguer. *Man of d.*, homme distingué, de marque, de distinction. *Sch:* **With distinction,** avec mention. (*b*) *The book has d.*, ce livre a de la personnalité. *The want of any d. in his dress*, le manque de distinction de sa toilette.

distinctive [dis'tiŋ(k)tiv], *a.* Distinctif. **Distinctive number,** numéro *m* d'identification (d'une auto, etc.). **-ly,** *adv.* Distinctivement.

distinctiveness [dis'tiŋ(k)tivnəs], *s.* Caractère particulier, distinctif (*of*, de).

distinctness [dis'tiŋ(k)tnəs], *s.* **1.** (*Of outline, sound, etc.*) Clarté *f*, netteté *f*. **2.** *D. of sth. from sth.*, caractère nettement différent de deux choses. **3.** *The d. of his refusal*, la netteté de son refus.

distinguish [dis'tiŋgwiʃ]. **1.** *v.tr.* (*a*) Distinguer, discerner, démêler (un objet, un son). *I could not d. him among the crowd*, je n'ai pu le distinguer, le reconnaître, l'apercevoir, parmi la foule. (*b*) Distinguer, différencier (*from*, de). *Reason distinguishes man from the other animals*, la raison distingue, sépare, l'homme des autres animaux. *Man*, **as distinguished from the other animals**, *has the gift of speech*, l'homme se distingue des autres animaux par le don de la parole. **Distinguishing mark**, signe distinctif. *The flowers may be distinguished by their scent*, on peut distinguer les fleurs à leur parfum. (*c*) **To distinguish oneself by . . .**, se distinguer, se signaler, se faire remarquer, par. . . . *He will d. himself*, il ira loin.

distinguished, *a.* **1.** Distingué; qui s'est distingué. *D. writer*, écrivain *m* de distinction. *D. people*, personnages *mpl* de marque. *He is d. for his strength*, il est remarquable par sa force. *Mil:* **The Distinguished Service Order, the D.S.O.**, ordre auquel sont admis les officiers qui se sont distingués sur le champ de bataille. **Distinguished Conduct Medal, D.C.M.**, médaille décernée aux gradés et simples soldats qui se sont distingués sur le champ de bataille. **2. To look distinguished**, avoir l'air distingué; avoir bon air. *Of d. birth*, de haute naissance.

distinguishable [dis'tiŋgwiʃəbl], *a.* **1.** Que l'on peut distinguer (*from*, de). *He is d. from his twin brother by the colour of his eyes*, il se distingue de son jumeau par la couleur de ses yeux. **2.** Distinguable; reconnaissable. *Hardly d. sound*, son *m* à peine saisissable, à peine perceptible. *The coast was hardly d. through the haze*, c'est à peine si l'on distinguait la côte à travers la brume.

distinguo [dis'tiŋgwo], *s.* Distinguo *m*, distinction *f*.

distort [dis'tɔːrt]. **1.** *v.tr.* (*a*) Tordre, contourner (qch.); décomposer, déformer, défigurer (les traits, le visage); distordre (les membres). *Tchn:* Déformer (le champ électrique, le champ visuel, la réception radiophonique, etc.); dévier la direction (du champ magnétique); fausser, déjeter (une tige, une surface). (*b*) Altérer, fausser, déformer, défigurer (la vérité); fausser, dénaturer (les faits, des paroles); altérer (un texte). *To d. the meaning of a text*, dénaturer un texte; *F:* faire une entorse au sens d'un texte. **2.** *v.i.* Se déformer, se fausser, se déjeter; gauchir.

distorted, *a.* Tordu, contourné, tourmenté. *Face d. by rage*, visage convulsé par la fureur. *D. limbs*, membres tors, distors, tordus, *F:* bistournés. *D. ideas*, idées biscornues. *Geol:* **Distorted seam**, couche tourmentée. *Phot:* **Distorted image**, image déformée. *Ac:* **Distorted sound**, son déformé. *El:* **Distorted field**, champ tors, tordu, déformé, décalé. *Mec.E:* *D. design*, type (de moteur) anormal.

distortion [dis'tɔːrʃ(ə)n], *s.* **1.** (*a*) Distorsion *f*; décomposition *f*, altération *f* (des traits). (*b*) Contorsion *f* (du corps). (*c*) Altération (d'un texte); déformation *f* (des faits, de la vérité). **2.** (*a*) *Opt:* Déformation, distorsion. **Barrel-shaped distortion**, distorsion en barillet. **Pincushion distortion, pillow distortion**, distorsion en coussinet, en croissant. (*b*) *Mec.E:* (i) Distorsion (d'un organe); torsion *f*, déformation *f*; fléchissement *m*; voile *m*. *Permanent d.*, déformation permanente. (ii) *D. of the design*, déformation anormale, exagération *f*, du modèle. (*c*) *W.Tel:* Déformation (de la réception). (*d*) Déviation *f*, décalage *m* (du champ magnétique).

distortionist [dis'tɔːrʃ(ə)nist], *s.* Contortionniste *mf*.

distortionless [dis'tɔːrʃənləs], *a.* *W.Tel:* (Réception *f*) sans déformation.

distract [dis'trakt], *v.tr.* **1.** (*a*) Distraire, détourner, éloigner (*the mind, the attention, from*, l'esprit, l'attention, de). (*b*) Brouiller, distraire (l'esprit); diviser (l'attention). **2.** Troubler, tourmenter, affoler (qn). *Distracted between hope and fear*, déchiré entre l'espoir et la crainte.

distracted, *a.* Affolé, bouleversé; hors de soi; fou, *f*. folle; éperdu. *I was well nigh, almost, d.*, j'en perdais presque la tête. *I shall go d.*, je deviendrai fou. *Like one d.*, comme un affolé, comme un fou. **-ly**, *adv.* **1.** Comme un affolé; comme un fou. **2.** (Aimer qn) follement, éperdument, à la folie.

distracting, *a.* Affolant, tourmentant. **-ly**, *adv.* A rendre fou.

distraction [dis'trakʃ(ə)n], *s.* **1.** Distraction *f*. (*a*) Divertissement *m*. *He is seeking d.*, il cherche à se distraire. *He finds a wholesome d. in golf*, il trouve dans le golf un salutaire dérivatif, une saine distraction. (*b*) Interruption *f* (au milieu du travail, etc.). **2.** Confusion *f*, trouble *m*, désordre *m*. **3.** Folie *f*, démence *f*, affolement *m*. **To drive s.o. to distraction**, rendre qn fou; mettre qn hors de soi, aux cent coups; faire perdre la tête à qn. **To love s.o. to distraction**, aimer qn éperdument, à la folie.

distrain [dis'trein], *v.i.* *Jur:* **To distrain upon s.o.'s belongings**, saisir les meubles de qn; opérer la saisie des meubles de qn. **To distrain upon s.o.**, contraindre qn par saisie de biens; exercer la contrainte par saisie de biens. *To d. upon a debtor*, exécuter un débiteur.

distrainable [dis'treinəbl], *a.* *Jur:* Saisissable; (biens *m*) exploitables.

distrainee [distrei'niː], *s.* *Jur:* (Débiteur) saisi *m*.

distrainer, distrainor [dis'treinər], *s.* *Jur:* Saisissant *m*.

distraint [dis'treint], *s.* *Jur:* Saisie *f*, (saisie-)exécution *f*, *pl.* (saisies-)exécutions. **Distraint of property** (*of debtor*), discussion *f* de biens; mainmise *f* sur les biens. *To levy a d.*, opérer une saisie. *Furniture* **under distraint**, meubles gagés, saisis.

distraught [dis'trɔːt], *a.* *A. & Lit:* = DISTRACTED.

distress[1] [dis'tres], *s.* **1.** (*Anguish*) Détresse *f*, angoisse *f*, affliction *f*, désolation *f*. *To become filled with d.*, s'angoisser. **2.** (*Want*) Misère (profonde); gêne *f*. *To be in d.*, être dans la peine. **Distress committee**, comité *m* de bienfaisance. **3.** (*Straits*) Détresse, embarras *m*, gêne. **Companions in distress**, compagnons *m* d'infortune. *Nau:* **Ship in distress**, vaisseau en détresse; vaisseau désemparé. *Ship in imminent d.*, vaisseau en perdition. **Flag of distress**, pavillon *m* de détresse. **Distress signal**, signal *m* de détresse. *F:* *Cars in d.*, voitures *f* en panne. *I cannot leave him in d.*, je ne peux pas le laisser dans la peine, *F:* en panne. **4.** (*Exhaustion*) Épuisement *m*, essoufflement *m*. **To show signs of distress**, commencer à donner des signes d'épuisement; flancher. **5.** *Jur:* (*a*) = DISTRAINT. (*b*) Biens saisis.

dis'tress-gun, *s.* *Nau:* Canon *m* de détresse.

dis'tress-sale, *s.* Vente publique de biens saisis.

dis'tress-warrant, *s.* *Jur:* Mandat *m* de saisie; ordre *m* de saisie.

distress[2], *v.tr.* **1.** Affliger, angoisser, désoler, chagriner, peiner; faire de la peine à (qn). *Your letter has deeply distressed me*, votre lettre *f* m'a pénétré de douleur; votre lettre m'a désolé. **2.** Épuiser, excéder.

distressed [dis'trest], *a.* **1.** Affligé, désolé. *I am d. to hear . . .*, je suis désolé d'apprendre. . . . *To be d. about sth.*, s'affliger de qch.; être désolé d'apprendre qch. **2.** Dans la détresse, dans la misère. **Distressed gentlewomen**, dames réduites à la misère. **Distressed areas**, régions frappées par le chômage, ruinées par la crise économique. **3.** (Navire *m*) en détresse. **4.** Épuisé, essoufflé. *D. breathing*, respiration douloureuse. **5.** *Jur:* Saisi.

distressing, *a.* Affligeant, angoissant, désolant, pénible; douloureux à entendre ou à voir. *What is there so d. about that?* qu'y a-t-il d'affligeant à cela? **-ly**, *adv.* Péniblement, douloureusement.

distressful [dis'tresful], *a.* *Lit:* **1.** = DISTRESSING. **2.** *A:* = DISTRESSED 1.

distributable [dis'tribjutəbl], *a.* Distribuable, répartissable, partageable.

distributary [dis'tribjutəri]. **1.** *a.* (Canal *m*, etc.) de distribution; distributeur, -trice. **2.** *s.* (*a*) Ruisseau *m* qui s'écoule d'un fleuve. (*b*) Canal de distribution.

distribute [dis'tribjut], *v.tr.* **1.** Distribuer, répartir, partager; faire la distribution de (qch.); aménager (des provisions, etc.); répandre (de l'argent, l'aumône, etc.); départir (des faveurs). *To d. a dividend*, répartir un dividende. **2.** Disperser ou répartir (sur une surface, etc.). *To d. water evenly over a surface*, épandre de l'eau uniformément sur une surface. *Load evenly distributed*, charge uniformément répartie. *El.E:* *Distributed inductance*, inductance répartie. **3.** *Typ:* **To distribute the type**, mettre la composition en casse; distribuer la composition. **4.** *Log:* Employer (un terme) dans le sens distributif.

distributing, *a. & s.* *El.E:* **Distributing board**, tableau *m* de distribution. **Distributing box**, boîte *f* de branchement, de dérivation. *Hyd.E:* **Distributing canal**, canal distributeur. *Typ:* **Distributing table**, encrier *m* (d'une machine à imprimer).

distributer [dis'tribjutər], *s.* = DISTRIBUTOR.

distribution [distri'bjuːʃ(ə)n], *s.* **1.** (Mise *f* en) distribution *f*; répartition *f*, partage *m*. *Prize d.*, distribution des prix. *I.C.E:* **Distribution gear**, pignon *m* de commande de la distribution. **Distribution of debts** (*of bankrupt*), répartition des dettes. *See also* EQUAL[1] 1. **2.** *D. of the flora of a region*, répartition de la flore d'une région. *Cards:* *D. of trumps*, partage des atouts. *Pol.Ec:* **Distribution of wealth**, distribution, répartition, des richesses. **3.** *Typ:* Mise en casse. **4.** *Log:* Emploi *m* (d'un terme) dans le sens distributif.

distributive [dis'tribjutiv]. **1.** *a. & s.* *Log:* *Gram:* (Terme, pronom) distributif (*m*). **2.** *a.* **Distributive justice**, justice distributive. *See also* FAULT[1] 5. **-ly**, *adv.* Distributivement.

distributor [dis'tribjutər], *s.* **1.** (*a*) Distributeur, -trice; délivreur, -euse. (*b*) Concessionnaire *m* (d'une marque d'automobiles, etc.). **2.** *Tchn:* (Appareil ou dispositif) distributeur *m*. *El.E:* *I.C.E:* Distributeur de courant, d'allumage. *Mch:* **Steam distributor**, distributeur de vapeur. *Mch:* *Mec.E:* **Oil distributor**, rampe *f* à huile.

district[1] ['distrikt], *s.* **1.** Région *f*, contrée *f*, territoire *m*, district *m*. *Mining d.*, région minière, district minier, bassin houiller. *See also* LAKE[1]. **2.** *Adm:* (*a*) District, arrondissement *m*, secteur *m*. *Electoral d.*, circonscription électorale. **Postal district**, circonscription du bureau de poste; secteur postal, *pl.* secteurs postaux. (*In London*) **Maternity district**, division urbaine avec centre d'accouchement. *Med:* *F:* **To be on the district**, faire ses six mois de pratique des accouchements. *See also* POST-OFFICE. (*b*) Quartier *m* (d'une ville). (*c*) **The Metropolitan and District Railway**, *F:* **the District**, le Métro (de Londres, à niveau peu profond; ne fait pas partie des "Tubes"). (*d*) *U.S:* **Congressional district**, circonscription électorale.

district-'nurse, *s.f.* Infirmière d'hygiène sociale; infirmière visiteuse.

district-'nursing, *s.* **1.** Profession *f* d'infirmière d'hygiène sociale. **2.** (Soins *mpl* d')hygiène sociale.

district-'officer, *s.* *Mil:* *D.-o. of engineers*, chef *m* du génie.

district-'visiting, *s.* Visite *f* des pauvres. *To do d.-v.*, visiter les pauvres.

district-'visitor, *s.f.* Dame de charité; visiteuse des pauvres.

district[2], *v.tr.* Diviser en districts; *U.S:* diviser (une région) en circonscriptions.

distringas [dis'triŋgas], *s.* *Jur:* Ordre *m* de saisie.

distrust[1] [dis'trʌst], *s.* Méfiance *f*, défiance *f* (*of*, de); soupçons *mpl*.

distrust[2], *v.tr.* Se méfier, se défier, de (qn, qch.); avoir de la méfiance envers, à l'égard de (qn). *To d. one's own eyes*, n'en pas croire ses propres yeux.

distrustful [dis'trʌstful], *a.* **1.** Défiant, méfiant (*of*, de); soupçonneux. *A d. person*, un soupçonneur, une soupçonneuse. **2.** Qui manque de confiance en soi; timide. *He was d. of his own capa-*

bilities, il manquait de foi en ses propres capacités. **-fully,** *adv.* Avec méfiance, avec défiance, d'un air défiant; soupçonneusement. **To eye s.o. distrustfully,** regarder qn avec méfiance.

disturb [dis'tə:rb], *v.tr.* **1.** Déranger (qn); troubler (le repos, etc.); agiter, remuer (une surface, la terre); déranger (des papiers, des projets). *Don't d. him,* ne le dérangez pas. *I'm afraid of disturbing you,* je crains de vous être importun. **Please don't disturb yourself,** ne vous dérangez pas. *To d. a ceremony,* porter le trouble dans une cérémonie. *St.Exch:* **Disturbed market,** marché agité. *See also* PEACE 2. **2.** *Ph:* Ébranler (l'éther); amener de la perturbation dans (le champ magnétique); affoler (l'aiguille aimantée). *See also* COMPASS[1] 4. **3.** (*a*) Inquiéter, troubler (qn). *To d. s.o.'s mind,* jeter le trouble dans l'esprit de qn. *He was much disturbed by what he heard,* il était fort ébranlé par ce qu'il apprenait. (*b*) *Jur:* Inquiéter, troubler, (qn) dans la jouissance d'un droit ou d'un bien.

disturbing, *a.* Perturbateur, -trice. (*a*) *D. factors,* éléments *m* d'instabilité; éléments perturbateurs; causes *f* de trouble. (*b*) *D. news,* nouvelle fâcheuse.

disturbance [dis'tə:rbəns], *s.* **1.** Trouble *m* (dans le fonctionnement d'une machine, etc.); dérangement *m*, perturbation *f*. *Atmospheric d.,* perturbation atmosphérique; dérangement atmosphérique; ébranlement *m* de l'atmosphère. *Magnetic d.,* perturbation magnétique. *D. of broadcast reception,* perturbation de la radio-réception. **2.** (*a*) Bruit *m*, vacarme *m*, tumulte *m*, tapage *m*, remuement *m*; *F:* affaire *f*. (*b*) Bagarre *f*, soulèvement *m*, émeute *f*. *Political d.,* troubles *mpl* politiques; soulèvement. **To make, create, raise, a disturbance,** troubler l'ordre public; (i) *F:* faire du chambard; chambarder; (ii) soulever des troubles, le désordre. *See also* CREATE 2. **3.** Agitation *f*, trouble (d'esprit), inquiétude *f*. **4.** *Jur:* Trouble de jouissance.

disturber [dis'tə:rbər], *s.* **1.** Dérangeur, -euse. **2.** Perturbateur, -trice (de l'ordre, etc.). *See also* PEACE 2.

distyle ['daistail], *a.* & *s.* *Arch:* Distyle (*m*).

distylous [dai'stailəs], *a.* *Bot:* Distyle.

disulphide [dai'sʌlfaid], *s.* *Ch:* Bisulfure *m*. **Carbon disulphide,** carbosulfure *m*; sulfure *m* de carbone. **Disulphide of tin,** or mussif.

disunion [dis'ju:njən], *s.* **1.** Désunion *f*, séparation *f*. **2.** Désunion, brouille *f*.

disunite [disju'nait]. **1.** *v.tr.* (*a*) Désunir, séparer. (*b*) *To d. a family,* jeter la désunion, la brouille, dans une famille. **2.** *v.i.* Se désunir.

disuse[1] [dis'ju:s], *s.* **1.** Désuétude *f* (d'un terme, etc.). **2.** Abandon *m*, *F:* mise *f* au rancart (d'une machine, etc.). **To fall into disuse,** (i) (*of word, custom*) tomber en désuétude; (*of law*) s'abroger; (ii) (*of object*) être abandonné, être mis au rancart. *Institutions, customs, that are falling into d.,* institutions *f* qui s'oblitèrent; usages *m* qui se perdent.

disuse[2] [dis'ju:z], *v.tr.* Cesser de se servir de (qch.); cesser d'employer (qch.).

disused, *a.* Hors d'usage; (*of public building*) désaffecté; (*of door, window*) condamné; (*of word*) désuet, vieilli.

disyllabic [disi'labik, dai-], *a.* (Mot *m*) dissyllabe; (vers *m*) dissyllabique.

disyllable [di'siləbl, dai-], *s.* Dissyllabe *m*.

ditch[1] [ditʃ], *s.* **1.** Fossé *m*; (*along the roadside also*) rigole latérale; caniveau *m*; (*between fields*) douve *f*. **Drainage ditch,** saignée *f*; rigole d'écoulement, d'assèchement. *Rac:* **Open ditch,** douve. *F:* **To die in a ditch,** mourir sur le bord de la route, sur un fumier. **To die in the last ditch,** résister jusqu'à la dernière extrémité. **2.** *Bowls:* Rigole qui délimite le terrain. **3.** *P:* **The Ditch** = Shoreditch (quartier de l'East End de Londres).

'ditch-water, *s.* Eaux stagnantes (d'un fossé). *F:* **It's as clear as ditch-water,** c'est la bouteille à l'encre. *See also* DULL[1] 5.

ditch[2]. **1.** *v.tr.* (*a*) Entourer (un champ) de fossés; creuser des fossés, faire des saignées, dans (un champ). (*b*) *Aut:* *To d. one's car,* verser son auto dans le fossé; aller au fossé. *U.S:* *P:* **To be ditched,** (i) échouer; (ii) être dans le pétrin. (*c*) *U.S:* Faire dérailler (un train). **2.** *v.i.* (*a*) Curer les fossés; veiller à l'entretien des fossés. (*b*) *Aut:* *P:* Se jeter dans le fossé; *P:* entrer dans le décor.

ditching, *s.* Curage *m* de fossés. **Hedging and ditching,** entretien *m* des haies et fossés.

ditcher ['ditʃər], *s.* Cureur *m* de fossés. *See also* LAST-DITCHER.

dite [dait], *s.* *P:* **I don't care a dite** = *I don't care a button, etc., q.v. under* CARE[2] 1.

dither[1] ['diðər], *s.* *F:* **To be all of a dither,** (i) être tout agité, tout bouleversé; ne plus savoir où donner de la tête; (ii) (*also* **to have the dithers**) être tout tremblant.

dither[2], *v.i.* *F:* **1.** Branler, trembloter; trembler. **2.** S'agiter sans but.

'dithering-grass, *s.* *Bot:* Brize moyenne; *F:* amourette *f*; pain *m* d'oiseau.

dithery ['diðəri], *a.* *P:* **To feel dithery,** se sentir agité, nerveux; être tout tremblant; se sentir tout chose.

dithionate [dai'θaionet], *s.* *Ch:* Hyposulfate *m*.

dithyramb ['diθiram(b)], *s.* *Lit:* Dithyrambe *m*.

dithyrambic [diθi'rambik], *a.* Dithyrambique.

ditone ['daitoun], *s.* *Mus:* Diton *m*.

dittany ['ditəni], *s.* *Bot:* **1.** **Cretan dittany,** dictame *m* de Crète. **2.** Dictame, fraxinelle *f*.

ditto[1] ['dito], *a.* & *s.* (*Abbr.* **do.**) Idem; de même. *Com:* Dito *m inv.* *Three white ties and six black d.,* trois cravates blanches et six dito noires. *F:* *He's been very foolish, and you d.,* il a agi très sottement, et vous de même, pareillement. **To say ditto,** être du même avis; opiner du bonnet. *F:* *Suit of dittos,* complet *m*.

ditto[2], *v.i.* *F:* Faire, dire, la même chose.

dittography [di'tɔgrəfi], *s.* Dittographie *f*.

ditty ['diti], *s.* Chanson *f*, chansonnette *f*. **Old ditties,** vieux refrains, vieilles chansons.

ditty-bag, -box ['ditibag, -bɔks], *s.* *Nau:* Nécessaire *m* de marin.

diuresis [daiju'ri:sis], *s.* *Med:* Diurèse *f*.

diuretic [daiju'retik], *a.* & *s.* *Med:* Diurétique (*m*).

diurnal [dai'ə:rn(ə)l]. **1.** *a.* (*a*) *Astr:* *D. motion,* mouvement *m* diurne. (*b*) *Nat.Hist:* (Oiseau *m*, papillon *m*, etc.) diurne. (*c*) *A:* Journalier. **2.** *s.* (*a*) *Ecc:* *A:* Diurnal *m*, -aux. (*b*) *A:* Journal *m*, -aux. **-ally,** *adv.* **1.** De jour. **2.** *A:* Journellement; tous les jours.

diva ['di:va], *s.f.* *Th:* Diva, cantatrice.

divagate ['daivageit], *v.i.* Divaguer. **1.** Errer çà et là. **2.** S'écarter de son sujet.

divagation [daiva'geiʃ(ə)n], *s.* Divagation *f*.

divalent ['daivələnt], *a.* *Ch:* Divalent, bivalent.

divan [di'van], *s.* **1.** *Hist:* (*a*) Divan *m*, conseil *m* (d'un sultan). (*b*) Divan, salle *f* du conseil. **2.** *Furn:* Divan, ottomane *f*. **Divan bed,** sommier-divan *m*, *pl.* sommiers-divans; lit-divan *m*, *pl.* lits-divans; lit *m* de repos. **3.** *A:* (*a*) Fumoir *m*. (*b*) Débit *m* de tabac.

divaricate[1] [dai'variket], *a.* *Nat.Hist:* Divariqué.

divaricate[2] [dai'varikeit], *v.i.* Diverger, divariquer; (se) bifurquer.

divarication [daivari'keiʃ(ə)n], *s.* Divergence *f*, divarication *f*, bifurcation *f*.

divaricator [dai'varikeitər], *s.* *Z:* (Muscle) diducteur *m* (chez les brachiopodes, etc.).

dive[1] [da:iv], *s.* **1.** (*a*) Plongeon *m*. **High dive,** plongeon de haut vol. *D. to the bottom,* plongeon en canard. *See also* JACK-KNIFE 2. (*b*) *Nau:* Plongée *f* (d'un sous-marin, d'un scaphandrier). (*c*) *Av:* Vol piqué. *Vertical d.,* descente piquée; piqué *m*. *Spinning d.,* descente en vrille. *Dead-leaf d.,* (descente en) feuille-morte *f*. *See also* NOSE-DIVE[1], TAIL-DIVE. (*d*) *F:* **To make a dive into one's pocket,** plonger la main dans sa poche; fouiller dans sa poche. **2.** *U.S:* *P:* (*a*) Cabaret *m* borgne (en sous-sol); bouge *m*; trou *m* borgne. (*b*) Gargote *f* (en sous-sol). (*c*) **Opium-smoking dive,** fumerie *f* d'opium.

dive[2], *v.i.* (*p.t.* **dived,** *U.S:* *F:* **dove** [do:uv]; *p.p.* **dived**) **1.** (*a*) Plonger (*into,* dans); (*head first*) piquer une tête. *To d. in again,* replonger. **To dive for sth.,** plonger à la recherche de qch. *To d. for pearls, for coral,* pêcher des perles, du corail. *Nau:* *F:* (*Of ship*) *To d. into it,* piquer du nez; mettre le nez dans la lame, dans la plume. (*b*) *Av:* **To (nose-)dive,** piquer (du nez). **To dive down on an enemy,** piquer de haut sur un ennemi. (*c*) (*Of submarine*) Plonger, effectuer une plongée. (*d*) *F:* *To d. into a mystery,* chercher à pénétrer, à approfondir, un mystère. *To d. into an argument,* se jeter dans une discussion. **To dive into one's pocket,** plonger (la main) dans sa poche; enfoncer la main dans sa poche; fouiller dans sa poche. **2.** *F:* Entrer précipitamment, s'engouffrer (*into,* dans). *To d. into the street,* s'enfoncer dans la rue.

diving, *s.* **1.** Action *f* de plonger. *I'm not good at d.,* je manque de pratique pour ce qui est de piquer une tête; je ne suis pas très fort pour plonger; mes plongeons *m* manquent de chic. *See also* PEARL-DIVING. **2.** *Av:* Vol piqué.

'diving-beetle, *s.* *Ent:* Dytique *m*.

'diving-bell, *s.* Cloche *f* à, de, plongeurs.

'diving-board, *s.* Plongeoir *m*. **High diving-board,** *F:* girafe *f*.

'diving-dress, -suit, *s.* Scaphandre *m*.

'diving-gear, *s.* Appareils *mpl* à plonger.

'diving-pump, *s.* Pompe *f* de scaphandre.

'diving-stage, *s.* = DIVING-BOARD.

diver ['daivər], *s.* **1.** (*a*) Plongeur *m*. *See also* CARTESIAN, PEARL-DIVER. (*b*) (*In diver's dress*) Scaphandrier *m*. *Diver's helmet,* casque *m* de scaphandre. *Med:* **Diver's paralysis,** mal *m* des caissons. **2.** *Orn:* Plongeon *m*. **Black-throated diver,** (plongeon) lumme *m*; huard *m*. **Red-throated diver,** (plongeon) catmarin *m*. **Great northern diver,** plongeon glacial; imbrim *m*.

diverge [dai'və:rdʒ]. **1.** *v.i.* (*Of roads, lines, etc.*) Diverger, s'écarter. *To d. from the beaten track,* s'écarter, dévier, du chemin battu; quitter le chemin battu. **2.** *v.tr.* Faire diverger (des rayons, etc.).

diverging, *a.* Divergent.

divergence [dai'və:rdʒəns], **divergency** [dai'və:rdʒənsi], *s.* Divergence *f*. *D. between two results,* écart *m* entre deux résultats. *Biol:* *D. from type,* variation *f* des espèces.

divergent [dai'və:rdʒənt], *a.* Divergent. *We take d. views on certain points,* nos opinions *f* divergent, diffèrent, sur certains points. *Med:* **Divergent squint,** strabisme divergent. **-ly,** *adv.* Dans des sens contraires. *To think d.,* avoir des opinions contraires, opposées.

divers ['daivərz]. **1.** *a.pl.* *A.* & *Hum:* Divers, plusieurs, quelques. **On divers occasions,** en diverses occasions; à diverses reprises. **2.** *s.pl.* *D. of them,* quelques-uns d'entre eux.

diverse [dai'və:rs, di-], *a.* **1.** Divers, différent. **2.** Divers, varié, changeant. **-ly,** *adv.* Diversement.

diverseness [dai'və:rsnəs, di-], *s.* Diversité *f*.

diversicoloured [dai'və:rsikʌlərd, di-], *a.* *Bot:* Diversicolore.

diversiform [dai'və:rsifɔ:rm, di-], *a.* Diversiforme.

diversify [dai'və:rsifai, di-], *v.tr.* Diversifier, varier.

diversion [dai'və:rʃ(ə)n, di-], *s.* **1.** Détournement *m* (de la circulation, etc.); dérivation *f* (d'un cours d'eau); déviation *f* (d'une route, du commerce). **2.** *Mil:* Diversion *f*. **3.** (*a*) Diversion (de l'esprit). **To create, make, a diversion,** faire diversion. *To seek d. from sth.,* chercher à se distraire de qch. (*b*) Amusement *m*, divertissement *m*, délassement *m*, distraction *f*, amusette *f*. *Indoor diversions,* amusements de salon. *Out-door diversions,* jeux *m* de plein air.

diversity [dai'və:rsiti, di-], *s.* Diversité *f*.

divert [dai'və:rt, di-], *v.tr.* **1.** Détourner, dériver, rompre (un cours d'eau); parer, écarter (un coup); détourner (la circulation, l'attention, de l'argent) (*from,* de); dévoyer (un tuyau, etc.). *Bus routes are diverted via . . .,* les itinéraires d'autobus sont détournés par. . . . *El:* *To d. the current,* dévier le courant.

To divert the conversation, détourner la conversation; orienter la conversation sur d'autres sujets; *F:* aiguiller la conversation sur une autre voie. *To d. s.o.'s attention, s.o.'s thoughts,* distraire l'attention, la pensée, de qn. **2.** (*a*) Divertir, amuser, réjouir (qn). (*b*) Divertir, distraire (qn). *To d. oneself by doing sth.,* s'amuser à faire qch.; faire qch. pour se distraire.

diverting¹, *a.* Divertissant, amusant. **-ly**, *adv.* D'une façon amusante.

diverting², *s.* **1.** Détournement *m* (d'un cours d'eau, etc.). **2.** Amusement *m* (de qn).

divertimento [divəːrti'mento], *s. Mus:* Divertissement *m.*

Dives ['daiviːz], *s.* **1.** *B:* Le mauvais riche. **2.** *Jur:* **Dives costs,** frais taxés au taux supérieur.

divest [dai'vest, di-], *v.tr.* **1.** To divest s.o. of his clothes, ôter, retirer, les habits à qn; dévêtir qn; débarrasser qn de ses vêtements. **2.** (*a*) Dépouiller, priver, dénuer (qn de qch.). *To d. oneself of one's authority, of an office, of a right,* se dépouiller, se dévêtir, de son autorité; se désinvestir d'une fonction; renoncer à un droit. (*b*) *Jur:* Déposséder (qn) (*of*, de).

divestiture [dai'vestitjər, di-], *s. Jur:* Dessaisissement *m*, dépossession *f.*

divestment [dai'vestmənt, di-], *s.* **1.** Dévêtement *m.* **2.** *Jur:* = DIVESTITURE.

dividable [di'vaidəbl], *a.* = DIVISIBLE.

divide¹ [di'vaid], *s. Geol: U.S:* Ligne *f* de partage des eaux; ligne divisoire des eaux. **The Great Divide,** la ligne divisoire des eaux des Andes.

divide². **1.** *v.tr.* (*a*) (*Split into parts*) Diviser (un héritage, etc.); scinder (une proposition, une question). *To d. in two,* couper, diviser, en deux. *To d. into parts,* diviser en parties; sectionner, fractionner. **Animals which divide the hoof,** animaux *m* qui ont l'ongle divisé. *To d. a town into wards,* diviser une ville en, par, arrondissements. *Tourists divided into five parties,* touristes répartis en cinq groupes. *Divided between hatred and pity,* partagé entre la haine et la pitié. *Navy: To d. the men into messes,* partager les hommes. *Pol:* **To divide the House,** faire voter la Chambre; aller aux voix; voter. *Hort: To d. the roots,* sectionner, éclater, les racines. (*b*) (*Share out*) Partager, répartir, diviser (*among*, entre). *To d. the profits,* répartir les bénéfices. *To d. one's property amongst one's heirs,* départir ses biens entre ses héritiers. *We d. the work among us,* nous nous partageons le travail. (*c*) *Mth:* Diviser. *To d. one number by another,* diviser un nombre par un autre. *Two divides all even numbers,* deux divise exactement tous les nombres pairs. (*With passive force*) **Twelve divides by three,** douze est divisible par trois. (*d*) Séparer (*from*, de). *The mountains that d. France from Spain,* les montagnes *f* qui divisent, séparent, la France d'avec l'Espagne. (*e*) Diviser (une famille); mettre le désaccord dans (une famille); désunir (une famille). *House, army, divided against itself,* maison, armée, désunie. (*f*) **Opinions are divided,** les avis sont partagés. *A divided mind,* un esprit indécis. *Provinces divided in feelings and in interests,* provinces divisées de sentiments et d'intérêts. **To pay s.o. divided attention,** accorder une attention distraite à qn. **2.** *v.i.* (*a*) Se diviser, se partager (*into*, en); se séparer; se ramifier; (*of political party*) se scinder; (*of road*) faire fourche, fourcher. (*b*) *Pol:* Aller aux voix; procéder au scrutin.

divide off, *v.tr.* Séparer.

divide out, *v.tr.* Partager, répartir. *Jur: To d. out the costs between the parties,* compenser les dépens.

divide up, *v.tr.* Démembrer (un royaume); détailler (de la viande, etc.); morceler (un terrain); aménager (des provisions, etc.).

divided, *a.* (*a*) **Divided tongue,** langue fourchue. *I.C.E:* **Divided exhaust,** échappement bifurqué. *See also* SKIRT¹ 1. (*b*) (*Of scale, thermometer, etc.*) Gradué.

dividing¹, *a.* (Ligne *f*) de démarcation; (machine *f*) à diviser. **Dividing wall,** mur mitoyen; mur de séparation; mur de cloison. *Ph.Geog:* **Dividing ridge,** croupe *f* de partage.

dividing², Division *f*, partage *m*, répartition *f*. *D.* (*up*) *of work,* répartition du travail.

dividend ['dividend], *s.* **1.** *Mth:* Dividende *m.* **2.** *Fin:* Dividende. (*a*) *D. on shares,* dividende d'actions. **Interim dividend,** dividende par intérim; dividende provisoire; acompte *m* de, sur, dividende. **Final dividend,** solde *m* de dividende. **Cum dividend,** *U.S:* **dividend on,** avec le dividende; coupon attaché. *Cum d.* 1900, exercice 1900 attaché. **Ex dividend,** *U.S:* **dividend off,** ex-dividende; sans intérêt. **Dividend-warrant,** chèque-dividende *m*, *pl.* chèques-dividendes; coupon *m* d'arrérages. *See also* SHARE² 3. **To draw one's dividends,** toucher ses arrérages. (*b*) (*To creditors of insolvent estate*) Somme *f* à répartir; répartition *f*. **Dividend paid to each creditor,** dividende payé à chaque créancier.

divider [di'vaidər], *s.* **1.** Personne (i) qui divise, partage; (ii) qui désunit. **2.** *Tls: Coop:* Départoir *m* (pour fendre le merrain). **3.** *pl.* **Dividers,** compas *m* à pointes sèches; compas droit (à pointes); compas de mesure. **Dividers with arc, wing dividers,** quart *m* de cercle. **Proportional dividers,** compas de proportion, de réduction.

dividual [di'vidjuəl], *a.* **1.** Séparé, distinct, particulier. **2.** Partagé en commun. **-ally,** *adv.* Séparément.

divination [divi'neiʃ(ə)n], *s.* Divination *f*.

divine¹ [di'vain]. **1.** *a.* (*a*) Divin. **The divine afflatus,** le souffle poétique. *See also* RIGHT¹ II. 2, SERVICE¹ 6. (*b*) *F:* Divin, admirable, parfait. *You look d. in that dress,* vous êtes divine, adorable, dans cette robe. **2.** *s.* (*a*) Théologien *m.* (*b*) *A:* Ecclésiastique *m.* **-ly,** *adv.* Divinement; *F:* adorablement.

divine². **1.** *v.tr.* Deviner (l'avenir, l'intention de qn); pressentir (un malheur). *To d. what will be the future of . . .,* prédire quel sera l'avenir de. . . . **2.** *v.i.* Prédire; faire de la divination.

divining¹, *a.* Divinateur, -trice.

divining², *s.* Divination *f*.

di'vining-rod, *s.* Baguette *f* divinatoire; baguette de sourcier.

diviner [di'vainər], *s.* Devin *m*, devineresse *f*; divinateur, -trice. *See also* WATER-DIVINER.

divinity [di'viniti], *s.* **1.** (*a*) (*Divine nature*) Divinité *f* (*of*, de). (*b*) Divinité, dieu *m.* *F: One of the divinities of the music halls,* une divinité des cafés-concerts. (*c*) **The Divinity,** la Divinité, Dieu. **2.** (*a*) Théologie *f*. **Doctor of Divinity,** docteur *m* en théologie. **Divinity course,** cours *m* de théologie. *See also* BACHELOR 3. (*b*) *Sch:* Enseignement religieux; histoire sainte.

di'vinity calf, *s. Bookb:* Reliure en veau dorée à froid.

divinization [divinai'zeiʃ(ə)n], *s.* Divinisation *f*.

divinize ['divinaiz], *v.tr.* Diviniser.

divisi [di'viːziː], *adv. Mus:* A deux.

divisibility [divizi'biliti], *s.* Divisibilité *f*.

divisible [di'vizibl], *a.* Divisible (*by*, par); partageable. *Fin: D. profits,* profits *m* répartissables.

division [di'viʒ(ə)n], *s.* **1.** (*Dividing*) (*a*) Division *f*, partage *m* (*into*, en); scission *f* (d'un parti); morcellement *m* (des terres); sectionnement *m.* *Hort:* Éclatage *m* (des racines). (*b*) Graduation *f* (d'une échelle, d'un thermomètre, etc.). **2.** (*Distribution*) Répartition *f*, partage (des bénéfices, etc.). *Pol.Ec: D. of labour,* division du travail. **3.** (*Discord*) Division, désunion *f*, discorde *f*. *To bring d. into a family,* mettre la division, amener la désunion, dans une famille. **4.** *Log: Mth:* Division. *Ar:* **Short division,** division par un diviseur inférieur à treize. **Long division,** division par un diviseur supérieur à douze. **5.** *Parl:* Vote *m.* *There will be a d.,* on ira aux voix. **To challenge a division,** provoquer un vote. **To come to a division,** voter; aller aux voix. **On a division,** en allant aux voix. **Without a division,** sans aller aux voix; sans scrutin. **6.** (*Section*) (*a*) Division (d'un livre, d'un pays); subdivision *f* (d'un casier, etc.). *Jur:* **The first, second, third, division,** les trois degrés de sévérité de l'incarcération. (*b*) *Biol:* Groupe *m*, classe *f*. (*c*) *Geol:* Étage *m.* **The Argovian division,** l'étage argovien. (*d*) *Jur:* Section *f*, chambre *f* (de la cour). (*e*) *Mil:* Division. *Navy:* (i) Division (de la flotte); (ii) compagnie *f* (d'hommes). (*f*) *Pol:* **Parliamentary division,** circonscription électorale. (*g*) *Rail: U.S:* Section de ligne. (*h*) (*Of scale*) Degré *m* (d'une échelle, du thermomètre, etc.). **7.** Cloison *f*.

di'vision-plate, *s. Mec.E:* Plateau diviseur; plateau de division.

divisional [di'viʒən(ə)l], *a. Mil: etc:* Divisionnaire. *Jur:* **Divisional court,** tribunal composé de deux ou plus de deux juges, prononçant sur les appels et en révision des décisions judiciaires antérieures.

divisor [di'vaizər], *s. Mth:* Diviseur *m.*

divisory [di'vaizəri], *a. Jur:* (Action *f*) divisoire.

divitism ['divitizm], *s.* Divitisme *m.*

divorce¹ [di'vɔːrs], *s.* **1.** *Jur:* Divorce *m.* **To sue for a divorce,** demander le divorce. *He wishes to obtain a d.,* il veut divorcer. **To take, start, divorce proceedings,** intenter une action en divorce; introduire une instance en divorce. *Their d. proceedings are taking place,* ils sont en instance de divorce. **2.** *F:* Divorce, séparation *f* (*between sth. and sth.,* de qch. et de qch.).

divorce², *v.tr. Jur:* (*a*) (*Of judge*) Divorcer (deux époux); prononcer le divorce (des époux). (*b*) (*Of husband or wife*) **To be divorced from s.o., to divorce s.o.,** divorcer d'avec qn. *They have been divorced,* ils sont divorcés; ils ont divorcé. (*c*) *F:* Séparer (*from*, de). *To d. Church from State,* séparer l'Église et l'État. *Passage divorced from the context,* passage détaché, isolé, du contexte.

divorcee [divɔːr'siː], *s.* Divorcé, -ée.

divorcement [di'vɔːrsmənt], *s.* Divorce *m.* *B:* **Bill of divorcement,** lettre *f* de divorce. *F: The d. of the written from the spoken language,* le divorce de la langue écrite et de la langue parlée.

divorcer [di'vɔːrsər], *s.* L'époux en instance de divorce.

divot ['divət], *s. Golf:* (*Scot.*) Motte *f*, touffe *f* (de gazon).

divulgation [divʌl'geiʃ(ə)n, dai-], **divulgement** [di'vʌldʒmənt, dai-] **divulgence** [di'vʌldʒəns, dai-], *s.* Divulgation *f*.

divulge [di'vʌldʒ, dai-], *v.tr.* Divulguer.

divvers ['divərz], *s. Sch: F:* (= *divinity exam*) (*At Oxford*) Premier examen du baccalauréat en théologie.

divvy¹ ['divi], *a. P:* (= *divine*) Divin, parfait.

divvy², *s. P:* (= *division*) **1.** Portion donnée en partage. **2.** *Mil:* Division *f*.

divvy³, *v.tr. P:* (= *divide*) Diviser, partager.

Dixie¹ ['diksi]. *Pr.n. U.S:* **Dixie land, les** États *m* du Sud (région habitée par les nègres).

dixie², **dixy**, *s. Mil: F:* Gamelle *f*; marmite *f* (de campement); bouteillon *m.*

dizzily ['dizili], *adv. See* DIZZY.

dizziness ['dizinəs], *s.* Étourdissement *m*, vertige(s) *m*(*pl*). **Fit of dizziness,** éblouissement *m.*

dizzy¹ ['dizi], *a.* **1.** Pris d'étourdissement; pris de vertige, de vertiges. **To feel dizzy,** avoir le vertige, des vertiges. *To make s.o. d.,* étourdir qn; donner le vertige à qn. *My head is d.,* la tête me tourne. **2.** *F:* (*Of height, speed, etc.*) Vertigineux. **3.** *F:* (*Of wheel, stream, etc.*) Tournoyant, tourbillonnant. **-ily,** *adv.* **1.** Avec un sentiment de vertige, d'étourdissement. **2.** D'une manière vertigineuse; vertigineusement.

Dizzy². *Pr.n. Hist: F:* = (Benjamin) Disraeli, Lord Beaconsfield.

Djibouti [dʒi'butiː]. *Pr.n. Geog:* Djibouti *m.*

do¹ [duː]. I. *v.tr.* (*pr. ind. sg. 1st pers.* **do**; *2nd pers.* **doest** ['duest], *as aux.* **dost** [dʌst]; *3rd pers.* **does** [dʌz], *A:* **doth** [dʌθ], **doeth** ['dueθ]; *pl.* **do**; *past ind.* **did, didst, did,** *pl.* **did**; *pr. sub. sg. & pl.* **do**; *p.p.* **done** [dʌn]; *in the aux. use* **don't** [dount], **didn't** [didnt] *are common for* **do not, did not; doesn't,** *F:* **don't for does not; d'you** *for* **do you.**) **1.** (*a*) (*Perform*) Faire (un travail, une bonne action, son devoir, des affaires). *Our family doesn't need to do things,* notre famille *f* n'a pas besoin de travailler. *What do you do?* qu'est-ce que vous faites? quel est votre état? *What are you doing?* (i) qu'est-ce que vous faites? qu'est-ce que vous êtes en train de faire? (ii) où avez-vous la tête! **To do good, evil,** faire le bien, le mal. *To do right,* bien faire; bien agir. *To do wrong,* mal faire; mal agir. **He did brilliantly at his examination,** il s'est acquitté brillamment à son examen. **You would do well to . . .,** vous feriez bien de. . . . *To do s.o.'s bidding,* exécuter, remplir, les ordres de qn; obéir. *See also* PLEASE 3. **To do one's duty, a task,** s'acquitter de son devoir, d'une tâche. *The amount of work he has done,* la somme de travail qu'il a fournie. *I did the trip in ten days,* j'ai effectué le voyage en dix jours. *To do one's military service,* faire son service militaire. *To do one's lessons,* étudier ses leçons; faire ses devoirs. **He is doing medicine,** il fait sa médecine. *Are you doing German at school?* faites-vous de l'allemand à l'école? *I can't do Latin,* je ne mords pas au latin. *P: I could do a beer,* je boirais bien un verre de bière. **To do three miles on foot,** faire, abattre, trois milles à pied. *The car was doing sixty,* l'auto *f* faisait du soixante, *F:* filait à soixante. *This model can do a hundred miles an hour,* ce modèle peut atteindre cent milles à l'heure. *To do ten years (in prison),* faire dix ans de prison. *See also* TIME[1] 3. *What do you do when it is wet?* (i) comment vous arrangez-vous, (ii) à quoi vous occupez-vous, quand il pleut? *Are you doing anything to-morrow?* avez-vous quelque chose en vue pour demain? **Those things are not done;** *F:* **it isn't done,** cela ne se fait pas; ces choses-là ne se font pas. *It is quite commonly done,* c'est de pratique courante. *That is how it is usually done here,* voilà comment cela se pratique ici. *It is as good as done,* c'est comme si c'était fait; c'est une affaire faite ou autant vaut; cela vaut fait. *That is so much done,* c'est autant de fait. *I am building a summer-house for something to do,* je bâtis un petit pavillon pour m'occuper. *It gives me something to do,* cela me donne de l'occupation. *He makes her do anything he wants,* il la fait marcher au doigt et à l'œil; il la fait passer par où il veut; il la mène par le bout du nez. *I can't do it just now,* je ne peux pas m'y mettre à présent. *Prov:* **What is done cannot be undone,** à chose faite point de remède. *I shall do nothing of the sort, I shall do no such thing,* je n'en ferai rien. *What is there to do?* qu'est-ce qu'il y a à faire? *There is nothing to do here,* il n'y a rien à faire ici. *What is to be done?* que faire? qu'y faire? *How is it to be done?* comment faire? le moyen? *It cannot be done,* cela n'est pas possible; c'est (chose) impossible. *F:* **It can't be done!** pas moyen! *There is nothing to be done,* il n'y a rien à faire, il n'y a pas de remède; on n'y peut rien. *She did nothing but cry,* elle ne faisait que pleurer. *I don't know what to do,* je ne sais que faire. *Try what kind words will do,* essayez l'effet de bonnes paroles. *He has done much for me,* il m'a été d'un grand secours; il m'a rendu de grands services. *By so doing you will save a good deal of money,* vous économiserez de la sorte pas mal d'argent. *We must do it (however reluctantly),* il faut nous y résoudre. *F:* **You must either do it or get out,** il faut passer par là ou par la porte. *What shall I do if I have lost my money?* qu'est-ce que je vais devenir si j'ai perdu mon argent? *What can I do for you?* *can I do anything for you?* qu'y a-t-il pour votre service? en quoi puis-je vous servir? puis-je vous être utile en quelque chose? en rien? **What, how, do you do for water?** comment faites-vous pour vous procurer de l'eau? *What are you going to do about it?* que vous proposez-vous de faire? quelles mesures allez-vous prendre? comment allez-vous y porter remède? *You shouldn't do so much,* vous vous dépensez trop. *I had much to do in getting him to come,* j'ai eu bien de la peine à le faire venir. *See also* ALL I. 1. *You must do as others do,* il faut faire comme les autres. *Do what we would . . .,* malgré tous nos efforts . . .; en dépit de tous nos efforts. . . . **Let us do or die,** agissons ou mourons. *To do or die,* vaincre ou mourir. **Do-or-die air,** attitude *f* de détermination inébranlable. **When at Rome do as the Romans do,** il faut hurler avec les loups. **Well done!** très bien! bravo! à la bonne heure! *See also* CREDIT[1] 3, DEATH, GO[2] 5, GOOD II. 1, FAVOUR[1] 2, HARM[1], JUSTICE 1, KINDNESS 3, SERVICE[1] 5, UP[1] I. 4. (*b*) (*With passive force*) *He came to see what was doing,* il est venu voir ce qui se faisait. *Com:* **There is nothing doing,** les affaires *f* ne vont pas; le marché est mort, est nul; c'est le marasme; c'est la morte-saison. *F:* **Nothing doing!** rien à faire! ça ne prend pas! *P:* tu peux te gratter, te taper! on ne me la fait pas! macache! bernique! des nèfles! des dattes! du flan! il n'y a pas plan! *A. & Lit:* point d'affaire! *There was nothing doing,* il n'a rien voulu savoir. *Nothing doing under a thousand francs,* je ne marche pas à moins de mille francs. **2.** (*a*) (*Deal with*) Faire (la correspondance, une chambre, les cheveux à qn). **He does repairs,** il se charge des réparations. (*At hairdresser's, etc.*) **I will do you next, sir,** à votre tour, monsieur. *See also* HAIR[1] 1. (*b*) Cuire, faire cuire (de la viande). *Meat well done,* viande bien cuite, pas saignante. **Done to a turn,** cuit à point. *They are best done with . . .,* ils s'accommodent mieux à, avec. . . . *See also* UNDERDONE. (*c*) *To do a sum, a problem,* faire un calcul; résoudre un problème. (*d*) Faire (une traduction). **Book done into English,** livre traduit, rendu, en anglais. *See also* COMPOSITION 3 (*b*). (*e*) (*Act a part*) Faire (Hamlet, etc.). *F:* **To do the polite, the agreeable,** faire l'aimable. **To do the interpreter,** faire l'interprète. *See also* GRAND 4. (*f*) *F:* **To 'do' a town, the Continent, a picture-gallery,** visiter, faire, une ville, le Continent, un musée. (*g*) *F:* (*Cheat*) Refaire, faire, enfoncer, voler, attraper (qn); mettre (qn) dedans. **I've been done (in the eye)!** j'ai été roulé! **To do s.o. out of sth.,** soutirer, filouter, carotter, *P:* ratiboiser, qch. à qn; frustrer, refaire, qn de qch. *I have been done out of my money,* on m'a refait mon argent. *He has done me out of two thousand pounds,* il m'a filouté deux mille livres; il m'a mis dedans pour deux mille livres. *See also* BROWN[1] 1. *To do s.o. out of a job,* supplanter qn. (*h*) **They do you very well at this hotel,** on est très bien nourri, on mange très bien, à cet hôtel. *How much do they do you for here?* la pension est de combien ici? *P: To do oneself well,* faire bonne chère; se soigner; dîner plantureusement; *P:* s'appuyer un bon dîner. *He does himself well,* il se traite bien. *Cigars! your friend does himself well,* des cigares! il se met bien, votre ami! *To do oneself well at a wedding feast,* se goberger à une noce. *You have done us well!* vous nous avez traités en prince! nous avons dîné somptueusement. (*i*) *Com: F:* **We can do you this article at . . .,** nous pouvons vous faire cet article à. . . . **3.** (*In perfect tenses and past participle*) (*Make an end of*) (*a*) **To have done,** avoir fini. *One more question and I have, am, done,* encore une question et j'ai fini. *Be more precise or we shall never have done,* soyez plus précis ou nous n'en sortirons pas. *It is done,* c'est fini, c'est fait; *F:* ça y est. *See also* END[1] 1. **The day is done,** le jour est à son déclin; la journée tire à sa fin. *When you have, are, done, we'll go out,* quand vous aurez fini nous sortirons. *Haven't you done eating yet?* est-ce que vous n'avez pas encore fini de manger? *Have done (with) crying!* finissez de pleurer! assez de larmes! *F:* **Have you done!** quand vous aurez fini! *Will he never have done!* il n'en finira donc pas! **Be done! have done!** finissez donc! en voilà assez! *U.S: P:* **Have you done supper?** avez-vous soupé? avez-vous fini votre souper? (*b*) *P:* (*Of pers.*) **To be done (to the world, to the wide),** être éreinté, exténué; n'en pouvoir plus. (*c*) (*After a bargain made*) **Done!** tope là! c'est entendu! c'est convenu! c'est marché fait! **c'est une affaire conclue!** ça y est! ça me va. **4.** (*Fare*) **How do you do?** **comment vous portez-vous?** comment allez-vous? **comment cela va-t-il?** *F:* comment va? ça va? **To be doing well,** (*of pers.*) être en bonne voie, faire de bonnes affaires, faire son chemin, prospérer; (*of invalid*) être en voie de guérison; (*of business*) bien aller, réussir; (*of plant*) bien pousser, réussir. *Vines do well on hillsides,* la vigne se plaît sur les coteaux. *How is he likely to do?* comment pense-t-on qu'il s'en tirera, qu'il s'en acquittera? *We are doing pretty well,* ça ne marche pas si mal. *He is a lad who will do well,* c'est un garçon qui réussira; **c'est un garçon d'avenir.** **5.** (*To serve, suffice*) **That will do,** (i) c'est bien (comme cela); c'est bon; cela va; cela ira; cela fera l'affaire; (ii) cela suffira; ça suffit; c'est assez; **assez comme ça;** en voilà **assez!** *This room will do for the office,* cette pièce ira bien pour le bureau. *That will not do,* cela ne va pas; **cela n'ira pas;** cela ne fera pas l'affaire; cela ne peut pas aller, marcher, comme ça. *That will not do for me,* (i) cela ne me va pas, ne me convient pas; cela ne fera pas mon affaire; (ii) cela ne prend pas avec moi. **That won't do here,** cela ne passe pas ici. *That will never do,* cela n'ira jamais, ça n'ira pas du tout; ce n'est pas permis, tolérable. *Will that do?* (i) cela va-t-il? cela fera-t-il l'affaire? est-ce bien comme cela? (ii) cela suffit-il? *"Please, ma'am," asked the maid,* **"will I do?"** "Pardon, madame," demanda la bonne, "suis-je bien comme ça? ça va-t-il comme ça?" *It would hardly have done to . . .,* il n'aurait pas été convenable de. . . . **I will make it do,** je m'en arrangerai. *You must* **make do** *with what you have,* il faut vous arranger de, avec, ce que vous avez. *To be just able to make do,* vivre bien juste. *Have you anything you can make do with?* disposez-vous de moyens de fortune? **To have just enough to do on,** avoir tout juste de quoi vivre. *F: I have just enough to do me till the end of the year,* j'ai juste assez pour suffire à mes besoins jusqu'à la fin de l'année. **That will do me,** cela fera mon affaire. *A flat in town would do me all right,* un appartement en ville m'irait, m'accommoderait. *Nothing would do,* rien n'y fit. *Nothing would do but I must go home with him,* il a fallu absolument que je rentre avec lui. **It would never do for them to see me,** il ne faudrait pas que je les rencontre.

II. **do,** *verb substitute.* **1.** (*Replacing v.tr. or i.*) *I replied as the others had done,* j'ai répondu comme avaient fait les autres. *They pursue their duty as did their fathers,* ils s'attachent à leur devoir, comme le firent leurs pères. **Why act as you do?** pourquoi agir comme vous le faites? *He writes better than he did,* il écrit mieux qu'autrefois. *He writes better than I do,* il écrit mieux que moi. *He acquitted himself much better than I could have done,* il s'en est acquitté beaucoup mieux que je n'aurais pu le faire. *The church can be seen from afar, standing as it does on the cliff,* l'église est visible de loin, située comme elle l'est sur la falaise. **2.** (*Replacing v.tr. and taking its construction*) **He envies me as much as I do him,** il me porte autant d'envie que je lui en porte. **3.** (*Replacing v.tr. and obj.*) **If you understood the question as well as I do,** si vous compreniez la question aussi bien que moi, aussi bien que je la comprends. **4.** (*Elliptical auxiliary*) **May I open these letters?—Please do,** puis-je ouvrir ces lettres?—Faites donc! Je vous en prie! *Did you see him?—I did,* l'avez-vous vu?—Oui (, je l'ai vu). *Do you think of him?—Yes, I do,* pensez-vous à lui?—Oui, j'y pense. *Do you like her?—I do not,* l'aimez-vous?—Non (, je ne l'aime pas). *He said he would sell the house, and he did,* il avait dit qu'il vendrait la maison, et il l'a vendue en effet. *I like coffee; do you?* j'aime le café; et vous? *I don't like tea; do you?* je n'aime pas le thé; et vous? *They travel a good deal.—Do they? They do?* ils voyagent beaucoup.—Vraiment? *You like him, don't you?* vous l'aimez, n'est-ce pas? *You had a disturbed night, didn't you?* vous avez eu une nuit troublée, n'est-ce pas? *You like him,* do *you?* vous l'aimez, alors? *He said so, did he?* il a dit cela, ah vraiment? *He lives here, doesn't he?* il demeure ici, n'est-ce pas? *That does you good, doesn't it?* ça fait du bien, hein? **Don't!** ne faites pas cela! finissez! **He likes a wee drop, does the doctor,** il aime bien un petit verre, le docteur. *He needs to be taught manners, he does* ['hiː dʌz], il a besoin d'apprendre à vivre, cet homme-là. **5.** (*With 'so', 'it', 'which'*) **I wanted to see him and I did so,** j'ai voulu le voir, et je l'ai vu. *You like Paris?* **so do I,** vous aimez Paris? moi aussi. *They have always existed, and do so still,* ils ont toujours existé, et existent encore. *In passing through the square, which he seldom did,* en traversant la place, ce qu'il faisait rarement. *If you want to speak to him, do it now,* si vous désirez lui parler, faites-le maintenant.

III. **do,** *v.aux.* (*Used with infin. for simple pres. and past*)

1. (*a*) (*For emphasis*) **He 'did go,** il y est bien allé. *That's just what people 'did say,* c'est bien là en effet ce que disait le monde. *I 'do believe he is a thief,* je crois vraiment que c'est un voleur. *He threatened to go, and he 'did go, and go he 'did,* il menaça de partir, et il partit en effet. *The wisest men do say foolish things at times,* les plus sages, en effet, disent quelquefois des sottises. *He was determined not to fail, but fail he did,* il était résolu à ne pas échouer; il échoua cependant. *It doesn't matter.—It 'does matter!* ça ne fait rien.—Si, ça fait quelque chose! *Why don't you work?—I 'do work!* pourquoi ne travaillez-vous pas?—Mais si, je travaille! *You saved me; oh yes, you did!* vous m'avez sauvé; si, si, vous m'avez sauvé. *He couldn't have said that.—But he 'did,* il n'a pas pu dire cela.—Mais si, il l'a dit; je vous dis que si. *He said so.—'Did he?* il a dit cela.—Vraiment? *He never did do that!* cela, il ne l'a jamais fait! *'Did he indeed?* non vraiment? **Do sit down,** veuillez (donc) vous asseoir; asseyez-vous donc! *Do tell me!* dites-le-moi donc! *Do repeat it!* allons, répétez-le! *Do give it me!* donnez-le moi, je vous en prie! *Do finish!* finissez donc! finissez, je vous en prie! *Do shut up!* voulez-vous bien vous taire! mais taisez-vous donc! *Do 'you go rather!* allez-y plutôt, vous! *The way you have done your hair does alter you!* ce que ça vous change, cette coiffure! *I do go to his house, but only on business,* je vais chez lui en effet, mais seulement pour affaires. *I did live in Paris, but I have removed,* je demeurais à Paris, en effet, mais j'ai déménagé. *Yes, people 'did live there,* oui, des gens ont vécu là. *I do not say that . . ., but I 'do say that . . .,* je ne dis pas que . . ., mais j'affirme que. . . . *I don't like coffee, but I do like tea,* je n'aime pas le café, mais je raffole du thé. (*b*) *Lit:* (*In sentences restricted by 'but'*) *The newcomers* **do but poorly replace** *those that have gone,* les nouveaux venus remplacent mal ceux qui sont partis. *He did but follow the bent of his mind,* il n'a fait que suivre le penchant de son esprit. **2.** (*Inversion*) **Never did I spend such a night,** jamais je n'ai passé une nuit pareille. *Rarely does it happen that . . .,* il arrive rarement que. . . . **3.** *Ecc. & Jur: All the earth doth worship Thee, the Father everlasting,* toute la terre t'adore, ô Père d'éternité. *Charged that he did on the 15th of August utter threats . . .,* accusé d'avoir, le 15 août, proféré des menaces. . . . **4.** (*Usual form in questions and negative statements except with 'have', but cf.* HAVE, BE, *and modal verbs; also in negative commands*) **Do you, did you, see him?** le voyez-vous? l'avez-vous vu? *Do you dare ask him for it?* osez-vous le lui demander? **We do not know,** nous ne le savons pas. **Do not speak!** ne parlez pas! *Don't do it!* n'en faites rien! *Don't be afraid,* n'ayez pas peur. *F: D'you mind?* ça ne vous fait rien? *D'you see!* vous voyez!

IV. **do** *with certain prepositions.* **1. Do by.** *To do well, badly, by s.o.,* bien, mal, agir, se bien, mal, conduire, envers qn. **He has been hard done by,** il a été traité durement, avec une sévérité excessive. *Do as you would be done by,* agissez envers les autres comme vous voudriez qu'on agisse envers vous, comme vous voudriez qu'ils fissent envers vous; ne faites pas à autrui ce que vous ne voudriez pas qu'on vous fît. **2.** *F:* **Do for.** (*a*) (*Manage*) **To do for s.o.,** faire, tenir, le ménage de qn. *He can do for himself,* il peut se subvenir à lui-même. (*b*) (*Kill*) Tuer (qn); faire son affaire à (qn); régler son compte à (qn). **I'm done for,** j'ai mon compte; je suis perdu; *P:* je suis cuit. *He's done for,* c'est un homme mort. *Another stroke would do for him,* une nouvelle congestion lui réglerait son compte. *See also* DEAD 1. (*c*) (*Ruin*) Détruire, ruiner, couler (qn); mettre (qn) à bas; venir à bout de (qn). **This scandal has done for him,** ce scandale l'a coulé. *He is done for,* c'est un homme brûlé, coulé; *F:* il est flambé, frit, fichu. *But for you, I was done for,* sans vous j'étais perdu, j'étais fichu. **3. Do with.** (*a*) **What is to be done with him?** que faire de lui? *What did you do with my umbrella?* qu'avez-vous fait de mon parapluie? **She didn't know what to do with herself,** elle ne savait que faire, à quoi s'occuper; (*for joy*) elle ne se tenait pas de joie; (*for awkwardness*) elle était fort embarrassée de sa personne. **Tell me what you did with yourself yesterday,** dites-moi à quoi vous avez passé le temps hier. (*b*) **To have to do with s.o.,** avoir affaire à qn; avoir à démêler avec qn. **To have to do with sth.,** (*of pers.*) être mêlé à qch.; avoir à voir dans, à, qch.; (*of thg*) avoir rapport à, avec, qch.; avoir du rapport avec qch.; concerner qch. *To have something to do with a matter,* (*of pers.*) être pour quelque chose dans une affaire; n'être pas étranger à une affaire; (*of thg*) avoir rapport à, avoir quelque rapport avec, une affaire. *His description of everything to do with the engine,* sa description de tout ce qui regarde le fonctionnement du moteur. *To have nothing to do with a matter,* (*of pers.*) n'être pour rien dans, être étranger à, n'avoir rien à voir avec, une affaire; (*of thg*) n'avoir pas de rapport à, avec, une affaire. *You have nothing to do with it; it's nothing to do with you,* vous n'avez rien à voir là-dedans; vous n'avez rien à y voir. **It is nothing to do with drink,** la boisson n'a rien à y voir; la boisson n'y est pour rien, n'en est pas cause. *I had nothing to do with it,* je n'y suis pour rien; j'ai les mains nettes. *I am sure she has something to do with it,* je suis sûr qu'elle y est pour quelque chose; elle y est sûrement pour quelque chose. *I am sure she has nothing to do with it,* je suis sûr qu'elle n'y est pour rien. *Jealousy has a lot to do with it,* la jalousie y est pour beaucoup. *Favouritism has a great deal to do with promotion,* la faveur joue un très grand rôle dans l'avancement. (*c*) **To have done with sth.,** en avoir fini avec qch. *Let us have done with it!* finissons-en! *Be more precise or we shall never have done with it,* soyez plus précis ou nous n'en sortirons pas. **Have done with compliments!** trêve de compliments! *Have done with teasing him!* cessez de le taquiner! *Have done with your lamentations!* cessez vos jérémiades! **I have done with politics,** je ne me mêle plus de politique. *When my mother died, I determined to have done with teaching,* lorsque ma mère mourut, je résolus de lâcher l'enseignement. *If you have an old house you have never done with repairs,* à une vieille maison il y a toujours à refaire. *We've done with laughter,* c'est fini de rire. *To have done with love,* avoir renoncé à l'amour; en avoir assez de l'amour. **To have done with s.o.,** (i) n'avoir plus besoin de qn; (ii) avoir rompu avec qn; en avoir fini avec qn; ne plus s'occuper de qn. *He has done with her,* il ne veut plus entendre parler d'elle. *I haven't done with him yet!* je n'en ai pas encore fini avec lui! **That's all over and done with!** c'est fini, tout ça! (*d*) **Man difficult to do with,** homme difficile à vivre, peu accommodant. *I cannot do with any noise,* je ne peux pas supporter le bruit. **He does with very little food,** il s'accommode de très peu de nourriture. *He can do with anything,* il s'arrange de tout. *I can do with little,* je sais me contenter de peu. (*e*) **How many can you do with?** combien en désirez-vous? combien vous en faut-il? *I think I can do with six,* je pense qu'il m'en faut six. *I could do with more sleep,* je dormirais volontiers davantage. *I could do with a cup of tea,* je prendrais bien une tasse de thé. *I could do with a drink,* je boirais bien quelque chose. *We can do with your help,* vous n'êtes pas de trop. **4. Do without,** se passer de (qn, qch.). *I must do without,* il faut que je m'en passe. *I can do without it,* je peux m'en passer. *To do without food,* se passer de nourriture. *I could do without him,* (i) je me passerais bien de lui; (ii) *P:* je ne le gobe pas.

do again, *v.tr.* **1.** Refaire (qch.). *This must be done again,* c'est à refaire. **2.** *I won't do it again,* je ne le ferai plus, je ne recommencerai plus. *Don't do it again!* ne recommencez pas! *I shall never do it again,* cela ne m'arrivera plus. *He has played me a trick, but wait till he does it again!* il m'a joué un tour, mais qu'il n'y revienne pas!

do away, *v.* **To do away with,** abolir, proscrire, abandonner (un usage); supprimer, éliminer (des frais, etc.); détruire, faire disparaître (un édifice); tuer, *F:* supprimer (qn); se défaire de (qn). *The museum has been done away with,* on a fait disparaître le musée. *Practice that has since been done away with,* usage qu'on a aboli depuis. *They had to do away with their old dog,* ils ont dû se défaire de leur vieux chien.

doing away, *s.* Suppression *f*, abandon *m*, proscription *f* (*with sth.*, de qch.).

do down, *v.tr. P:* Enfoncer (qn); mettre (qn) dedans; damer le pion à (qn). *I've been done down,* j'ai été roulé; on m'a roulé.

do in, *v.tr. P:* **1.** Arrêter (qn); fourrer (qn) au bloc. **2.** Moucharder (qn) (à la police). **3.** (*a*) Tuer, assassiner (qn); *F:* faire son affaire à (qn); faire un sort à (qn); *P:* estourbir, zigouiller, suriner (qn). (*b*) Éreinter (qn). *I'm feeling absolutely done in,* je me sens absolument fourbu, vanné.

do off, *v.tr.* **1.** *U.S:* Cloisonner (une chambre); séparer (une chambre) par une cloison. **2.** *A. & Lit:* = DOFF 1.

do on, *v.tr. A. & Lit:* = DON[2].

do out, *v.tr.* Faire, nettoyer (une chambre, une salle).

doing out, *s.* Nettoyage *m* (d'une salle, d'une chambre).

do over, *v.tr.* **1.** Couvrir, enduire (de peinture, etc.). *The seats had been done over with green paint,* on avait repeint les sièges en vert. **2.** *F: Esp. U.S:* Refaire, remanier (un ouvrage).

do up, *v.tr.* **1.** (*a*) Réparer (qch.); remettre (qch.) à neuf; rapetasser (un vêtement); retaper (un chapeau); décorer (une maison, etc.). *F:* **To do up one's face,** se farder; se maquiller. *To do oneself up,* faire toilette. *F:* **Done up to kill,** sur son grand tralala. (*b*) Blanchir (le linge). **2.** *Cu:* Accommoder (un plat, des restes). **Veal done up with a white sauce,** veau accommodé à la sauce blanche. **3.** Faire, envelopper, ficeler (un paquet); emballer, empaqueter (des marchandises); fermer, cacheter (une lettre); mettre (un journal) sous bande; boutonner, agrafer (un vêtement). *To do a baby up again,* remmailloter un enfant. *Dress that does up at the back,* robe *f* qui s'agrafe par derrière. *See also* HAIR[1] 1. **4.** *F:* (*Of pers., horse*) **To be done up,** être éreinté, fourbu, vanné, rompu, flapi, rendu; être sur le flanc. *I am done up,* je n'en puis plus; j'ai les jambes rompues.

doing up, *s.* Remise *f* à neuf; réparations *fpl* (à une maison); réfection *f* (d'une maison, etc.); retapage *m* (d'un chapeau, etc.).

doing, *s.* **1.** (*a*) *D. of sth.*, action *f* de faire qch. **There is a great difference between doing and saying,** il y a loin du faire au dire. *Talking is one thing, d. is another,* autre chose est de parler, autre chose d'agir. **That requires some doing,** ça ne se fait pas en un tour de main; ce n'est pas facile. *See also* WELL-DOING[2], WRONG-DOING. (*b*) **This is so-and-so's doing,** cela est du fait d'un tel. *All this is your d.*, c'est vous qui êtes la cause de tout cela; tout cela c'est votre ouvrage. *It was none of my d.*, ce n'est pas à moi qu'il faut s'en prendre. **2.** (*Usu. in pl.*) Ce qu'on fait. (*a*) *Pej:* Agissements *mpl* (de qn). **To be informed of s.o.'s doings,** être au courant des faits et gestes de qn. *Fine doings these!* une jolie conduite! en voilà du joli! *That's some of Tom's doings!* c'est encore Tom qui a fait des siennes! *They had queer doings with witches,* elles tenaient un étrange commerce avec des sorcières. *Underhand doings,* menées secrètes. *I do not like these doings,* je n'aime pas ces façons *f* de faire. (*b*) *Doings and sayings,* faits *m* et dits *m*. **Great doings in the Balkans,** grands événements, grande activité, dans les Balkans. *There have been great doings at their house,* il y a eu bien du mouvement, de grandes fêtes, des réjouissances *f*, chez eux. *F: I was there at all the doings,* j'ai assisté à tout le tralala. **3.** *P:* **To give s.o. a doing,** faire une semonce à qn. **4.** *P:* **The doings,** le machin, le truc; les machins, les trucs. *Have you brought the doings?* as-tu apporté les outils, etc.?

V. **do,** *s.* **1.** (*a*) **The do's and do nots of society,** les obligations *f* et les défenses *f* du monde; ce qui se fait et ce qui ne se fait pas dans le monde. (*b*) *All talk and no do,* beaucoup de palabres *f* et aucun résultat. (*c*) *F:* Manière *f* de traiter qn. *Hotel where you get a poor do,* hôtel *m* où l'on fait maigre chère. *P: That's not fair do's,* c'est pas juste! **2.** *F:* Attrape *f*, fourberie *f*, escroquerie *f*; attrape-niais *m inv*, attrape-nigaud *m*, *pl.* attrape-nigauds. **It's a do,** c'est une attrape; on nous a mis dedans. **3.** *F:* (*a*) Affaire *f*. *Mil:* **To take part in a big do,** prendre part à une grosse affaire. (*b*) Soirée *f* (de réception); réception *f*; réunion *f*. **4.** *See* TO-DO.

'do-all, *s. A. & F:* Factotum *m.*
'do-little, 'do-nothing, *a. & s.* Fainéant, -ante.
do² [dou], *s. Mus:* **1.** (*Fixed do*) Do *m*, ut *m*. **2.** (*Movable do, in tonic solfa* doh) La tonique.
do³ ['dito] = DITTO.
doable ['du:əbl], *a.* Faisable.
doat [dout], *v.i.* = DOTE.
dobbie ['dɔbi], *s.* = DOBBY.
dobbin ['dɔbin], *s. F:* Cheval *m* de trait, de labour.
dobby ['dɔbi], *s. Tex:* Ratière *f.*
'dobby-card, *s. Tex:* Carte *f*, carton *m*, de dessin.
Dobrudja (the) [ðədo'bru:dʒa]. *Pr.n. Geog:* La Dobroudja; la Dobroutcha.
doc [dɔk], *s. U.S: F:* = DOCTOR¹.
doch-an-dorrach ['dɔχən'dɔrɔχ], **doch-an-dorris** ['dɔχən'dɔris], *s. Scot:* Coup *m* de l'étrier; *P:* galopin *m.*
dochmiac ['dɔkmiak], *a. & s. Pros:* Dochmiaque (*m*).
docile ['dousail], *a.* **1.** Docile; (animal *m*) sage. **2.** (*Of matter*) Facile à travailler; souple; pliant. *D. ore,* minerai *m* docile. **-ely,** *adv.* Docilement.
docility [do'siliti], *s.* Docilité *f.*
dock¹ [dɔk], *s. Bot:* Patience *f. Bloody d.,* patience rouge. *Yellow d.,* parelle *f.* **Sour dock,** oseille *f.* **Water dock,** oseille aquatique. *See also* FLEA-DOCK, PATIENCE-DOCK, SPATTER-DOCK.
dock², *s.* **1.** Tronçon *m*, partie charnue (de la queue d'un cheval ou d'un chien). **2.** *Harn:* **Dock(-piece),** culeron *m*, trousse-queue *m inv.*
dock³, *v.tr.* **1.** (*a*) *To d. a horse, a dog, a horse's tail, a dog's tail,* couper la queue à, écourter, écouer, un cheval, un chien. (*b*) *A:* Couper les cheveux à (qn). **2.** (*a*) Diminuer, rogner, ou supprimer (le traitement de qn). *To d. sth. off a sum,* retrancher qch. sur une somme. (*b*) **To dock s.o. of his ration,** retrancher sa ration à qn. (*c*) *Jur:* **To dock an entail,** annuler une substitution.
'dock-tailed, *a.* **Dock-tailed horse,** courte-queue *m*, *pl.* courtes-queues; courtaud *m.*
dock⁴, *s.* **1.** *Nau:* (*a*) Bassin (d'un port). **Outer dock,** avant-bassin *m.* **Inner dock,** arrière-bassin *m.* **Flooding dock, wet dock,** bassin à flot; (*in S. of Fr.*) darse *f.* **Tidal dock,** bassin d'échouage. **To go into dock,** entrer au bassin. **To leave dock,** sortir du bassin. **The docks,** les docks *m. Nau: Mil: P:* **In dock,** hospitalisé, à l'hôpital (surtout pour traitement d'une maladie vénérienne). (*b*) **Dry dock, graving dock,** cale sèche; bassin de radoub, de carénage; forme *f* de radoub; dock de carénage. *Ship in dry d.,* navire *m* en radoub. **To go into dry dock,** entrer en cale sèche. *P:* (*Of pers.*) **To be in dry dock,** être sans emploi. (*c*) **Floating dock,** dock flottant; bassin flottant; chantier *m* à [illegible]. (*d*) *pl.* **Naval docks** = DOCKYARD. (*e*) *F:* (*Wharf*) **Loading dock,** embarcadère *m.* **Unloading dock,** débarcadère *m.* **2.** (*a*) (*On river or canal*) Gare *f* (d'eau). (*b*) *Rail:* Quai *m* en cul-de-sac; quai de terminus. **3.** *See* SCENE-DOCK.
'dock-dues, *s.pl.* Droits *m* de bassin, de dock.
'dock-glass, *s.* Grand verre à déguster.
'dock-master, *s.m.* Maître de port; le directeur des docks.
'dock-warrant, *s. Com:* Warrant *m.*
dock⁵. **1.** *v.tr.* (*a*) *Nau:* Faire entrer (un navire) au bassin, au dock; faire passer (un navire) au(x) dock(s). (*b*) Faire entrer (un navire) en cale sèche. (*c*) (*On canal, river*) Garer (une péniche, etc.). (*d*) *Rail:* Garer (un train). **2.** *v.tr.* Fournir (un port) de docks. **3.** *v.i.* (*Of ship*) Entrer, passer, (i) au bassin, aux docks, (ii) en cale sèche.
docking, *s.* Mise *f*, entrée *f*, au bassin; (*for repairs*) radoubage *m*, carénage *m.*
'docking basin, *s.* Bassin *m* de desserte.
dock⁶, *s. Jur:* Banc *m*, box *m*, des accusés, des prévenus. **To be in the dock,** être au banc des prévenus.
'dock brief, *s.* Entreprise *f* de la défense d'un prévenu indigent par un membre du barreau présent à l'audience.
dockage ['dɔkedʒ], *s. Adm:* Droits *mpl* de bassin.
docker ['dɔkər], *s.* **1.** Travailleur *m* aux docks; déchargeur *m*, docker *m*, débardeur *m.* **2.** (*a*) Marin *m* du port. (*b*) *F:* Habitant *m* du quartier des docks.
docket¹ ['dɔket], *s.* **1.** *Jur:* (*a*) Registre *m* des jugements rendus. (*b*) *U.S:* Rôle *m* des causes. (*c*) Bordereau *m* (des pièces d'un dossier). **2.** Étiquette *f*, extrait *m*, fiche *f* (d'un document, d'une lettre). *Ind: etc:* **Wages docket,** bordereau de paye. **3.** *Adm:* Récépissé *m* de douane.
docket², *v.tr.* **1.** *Jur:* (*a*) Enregistrer (un jugement rendu). (*b*) *U.S:* Porter (une cause) sur le rôle des causes. **2.** Étiqueter, classer (des papiers).
docketing, *s.* Classement *m.*
dockization [dɔkai'zeiʃ(ə)n], *s.* Construction *f* de docks (le long d'un fleuve).
dockize ['dɔka:iz], *v.tr.* Construire des docks (le long d'un fleuve).
Dockland ['dɔkland]. *Pr.n.* Les quartiers *m* des docks.
docksman, *pl.* **-men** ['dɔksmən, -men], *s.m.* Ouvrier aux docks.
dockyard ['dɔkjɑ:rd], *s.* Chantier *m* de construction de navires. *Esp.* **Naval dockyard,** arsenal *m* maritime, port *m* militaire. *Navy:* **Dockyard staff,** maistrance *f.*
dockyardman, *pl.* **-men** ['dɔkjɑ:rdmən, -men], *s.m.* Ouvrier d'un arsenal maritime.
doctor¹ ['dɔktər], *s.* **1.** *A:* (*Learned man*) Docteur *m.* **The doctors of the Church,** les docteurs de l'Église. **2.** *Sch:* **Doctor of Divinity,** docteur en théologie. **Doctor of Science,** docteur ès sciences. **Doctor of Medicine,** docteur en médecine, docteur-médecin. *He has taken his doctor's degree,* il a passé son doctorat. *See also* LAW¹ 3. **3.** Docteur, médecin *m.* **Woman doctor,** docteur femme; femme médecin; *F:* doctoresse *f.* **Doctor** (*abbr.* **Dr**) **Smith,** (Monsieur) le docteur Smith. **To call in a doctor,** appeler un médecin. **Come in, Doctor,** entrez, docteur. *Adm:* **Ship's doctor,** médecin sanitaire maritime. *See also* HORSE-DOCTOR, WITCH-DOCTOR. **4.** *F:* Raccommodeur, -euse (de parapluies, de stylos, etc.). **5.** *Tchn: Typ:* Raclette *f* (d'une presse rotative). *Tex: etc:* Racle *f*, racloir *m*, essuyeur *m* (d'une machine à rouleau). *See also* SAW-DOCTOR. **6.** *Fish:* Variété *f* de mouche artificielle.
'Doctors' Commons, *s. Jur: A:* **'Doctors' 'Commons,** *s. Jur: A:* Collège *m* des docteurs en droit civil.
doctor², *v.tr.* **1.** *F:* Conférer le grade de docteur à (qn); recevoir (qn) docteur. **2.** (*a*) Soigner, *F:* droguer, *Pej:* médicamenter (un malade). (*b*) *Turf: Pej:* Droguer, doper (un cheval). **3.** *F:* Réparer, raccommoder, retaper, rafistoler (un objet). **4.** *F:* Falsifier, fausser, truquer, tripatouiller (des comptes, un texte); frelater, droguer (du vin, etc.); frelater (un aliment).
doctoring, *s.* **1.** Soins (*of s.o.,* donnés à qn). **2.** *F:* Profession *f* de médecin. *To go in for d.,* se faire médecin.
doctoral ['dɔktor(ə)l], *a.* Doctoral, -aux; de docteur.
doctorand ['dɔktorand], *s.* Candidat *m* au doctorat.
doctorate ['dɔktoret], *s. Sch:* Doctorat *m.*
doct(o)ress ['dɔkt(o)res], *s.f. F:* **1.** Femme médecin, doctoresse. **2.** *The doctor and d.,* monsieur le docteur et madame (sa femme).
doctorial [dɔk'tɔ:riəl], *a.* = DOCTORAL.
doctrinaire [dɔktri'nεər], **doctrinarian** [dɔktri'nεəriən]. **1.** *s.* (*a*) *Fr.Hist:* Doctrinaire *m.* (*b*) *Pol: etc:* Pédant *m*; théoricien dépourvu de sens pratique; idéologue *m.* **2.** *a.* (Spéculations *f*, etc.) d'idéologue, de théoricien.
doctrinal [dɔk'train(ə)l, 'dɔktrin(ə)l], *a.* Doctrinal, -aux.
doctrine ['dɔktrin], *s.* Doctrine *f.* **It is a matter of doctrine that . . .,** il est de doctrine que. . . .
document¹ ['dɔkjumənt], *s.* Document *m*, pièce *f*, titre *m*; *F:* papier *m*; *pl.* écritures *f. Legal d.,* acte *m* authentique. *Commercial documents,* papiers d'affaires. *Jur:* **Documents pertaining to the case before the court,** dossier *m* (d'une affaire); pièces *f* en instance. **Documents of title,** titres de propriété. **To draw up a document,** dresser, rédiger, un acte. *F:* **Human document,** document humain. *See also* FILE⁴ 1.
document² ['dɔkjument], *v.tr.* **1.** Documenter (une opinion); appuyer (une opinion) sur des documents. *Well documented novel,* roman bien documenté. **2.** Munir (qn) de documents; fournir des documents à (qn). **3.** *Nau:* Munir (un navire) des papiers nécessaires. *Ships documented under the laws of a foreign country,* navires munis de papiers de bord conformes aux lois d'un pays étranger.
documental [dɔkju'ment(ə)l], = DOCUMENTARY.
documentary [dɔkju'mentəri], *a.* Documentaire. *Com: D. bill,* traite documentaire; traite accompagnée de documents. *These maps have no d. authority,* ces cartes *f* ne font pas loi, ne font pas autorité. *See also* EVIDENCE¹ 3.
documentation [dɔkjumen'teiʃ(ə)n], *s.* Documentation *f.*
dodder¹ ['dɔdər], *s. Bot:* Cuscute *f*; *F:* cheveux *mpl* du diable, barbe-de-moine *f*, teigne *f.*
dodder², *v.i.* (*Of aged pers.*) Trembloter; marcher d'un pas branlant. **To dodder along,** (i) marcher en branlant bras et jambes; (ii) *Aut: etc: F:* aller, rouler, à la papa.
doddering, *a.* **1.** *D. gait, head,* démarche, tête, branlante. **2.** (*Of pers.*) Gaga *inv*, gâteux.
'dodder-grass, *s. Bot:* Brize *f*, amourette *f.*
dodderer ['dɔdərər], *s. F: An old d.,* un vieux gâteux; **un vieux gaga.**
doddery ['dɔdəri], *a. F:* Tremblant, branlant, tremblotant.
dodec(a)- ['doudek(a)], *comb.fm.* Dodéc(a)-. *Dodecapartite,* dodécaparti. *Dodecahedron,* dodécaèdre.
dodecagon [dou'dekagən], *s. Geom: Cryst:* Dodécagone *m.*
dodecagonal [doude'kagon(ə)l], *a.* Dodécagonal, -aux.
dodecahedral [doudeka'hi:drəl, -'hedrəl], *a.* Dodécaèdre, dodécaédrique.
dodecahedron [doudeka'hi:drən, -'hedrən], *s.* Dodécaèdre *m.*
Dodecanese (the) [ðə'doudeka'ni:z]. *Pr.n. Geog:* Le Dodécanèse.
dodecapartite [doudeka'pɑ:rtait], *a.* Dodécaparti, -ite.
dodecasyllable [doudeka'siləbl], *s. Pros:* Vers *m* de douze syllabes; alexandrin *m.*
dodge¹ [dɔdʒ], *s.* **1.** Mouvement *m* de côté; saut *m* de côté. *Box: Fb:* Esquive *f*, évite *f.* **2.** (*a*) Ruse *f*, artifice *m*; *F:* manigance *f. It was a d. to catch him out,* c'était une feinte pour le surprendre. *P:* **He tried to come the religious dodge over me,** il a essayé de me la faire à la religion. **An old dodge,** un coup classique. (*b*) Truc *m*, ficelle *f*, tour *m* de main. **Trade dodges,** recettes *f* de métier. **To be up to all the dodges,** connaître tous les trucs; la connaître dans les coins. *To discover the d. of doing sth.,* trouver le joint pour faire qch. (*c*) *P:* **After a year on the dodge,** après une année de filouterie. *People on the d.,* chevaliers *m* d'industrie. **3.** *F:* Invention ingénieuse; *F:* truc ingénieux.
dodge². **1.** *v.i.* (*a*) Se jeter de côté, s'esquiver. **To dodge behind a tree,** se jeter derrière un arbre. **To dodge about, in and out,** faire des tours et des détours. (*b*) *Box: Fb:* Esquiver, éviter. (*c*) Biaiser, ruser, user d'artifices. **2.** *v.tr.* (*a*) Se jeter de côté pour éviter (un coup); esquiver (un coup); éviter (qn); esquiver, tourner, éluder (une difficulté); *Fb:* dépister (un joueur); *P:* couper à (une punition). **To dodge a question,** éluder, escamoter, une question; *F:* s'échapper par la tangente. **Don't dodge the issue!** ne prenez pas par la venelle! **To dodge military service,** se soustraire, *F:* couper, au service militaire. **To dodge the law,** se dérober à l'atteinte de la loi; éluder la loi. *Nau: To d. a sea,* défier de la lame. (*b*) Lanterner (qn); se jouer de (qn). (*c*) **To dodge sth. about,** promener qch. çà et là.
dodger ['dɔdʒər], *s.* **1.** *F:* **An artful dodger,** un malin, un fin matois, un rusé compère, un fin roublard. *An old d.,* un vieux malin; un vieux renard. **2.** *Nau:* Toile *f* (de passerelle de commandement). **3.** *U.S: F:* Prospectus *m.*
dodgy ['dɔdʒi], *a. F:* Roublard.

dodo, *pl.* **-oes, -os** ['doudou, -z], *s.* **1.** *Orn:* Dodo *m*, dronte *m*. *F:* **As old as the dodo**, vieux comme Hérode. **2.** *F:* Personne *f* vieux jeu; vieux fossile, vieille fossile.

Dodona [dou'douna]. *Pr.n. A.Geog:* Dodone *f*.

Dodonaean [doudo'ni:ən], *a. & s. A.Geog:* Dodonéen, -enne.

doe [dou], *s. Z:* **1.** Daine *f*. **2.** (*Of rabbit*) Lapine *f*; (*of wild rabbit and hare*) hase *f*.

doeglic ['dɔ:glik], *a. Ch:* (Acide *m*) doéglique.

doegling ['dɔ:gliŋ], *s. Z:* Rorqual *m*, -als, à bec. **Doegling oil**, huile *f* du rorqual à bec.

doer ['duər], *s.* **1.** Faiseur, -euse. *See also* TALKER 3. **2.** Auteur *m* (d'une action). *See also* EVIL-DOER, WRONG-DOER.

does [dʌz], **doest** [duəst]. *See* DO[1].

doeskin ['douskin]. **1.** *s.* (*a*) Peau *f* de daim. (*b*) *Tex:* Drap *m* imitant la peau de daim; simili-daim *m*. **2.** *Attrib.* En peau de daim.

doeth ['duəθ]. *See* DO[1].

doff [dɔf], *v.tr.* **1.** *Lit:* Enlever, ôter (un vêtement, son chapeau). **2.** *Tex:* (i) Enlever (le ruban de la cardeuse); (ii) faire la levée (d'une bobine).

'doffing-cylinder, *s. Tex:* Peigneuse *f* enleveuse; (cylindre) délivreur *m*.

'doffing-knife, *s.* = DOFFER.

doffer ['dɔfər], *s. Tex:* (*Of carding-machine*) Peigne *m* d'abattage.

dog[1] [dɔg], *s.* **1.** Chien *m*. (S'emploie le plus souvent aussi au sens de "chienne," afin d'éviter le terme '*bitch*'.) **House-dog**, chien de garde, d'attache, de basse-cour. **Sporting dog**, chien de chasse. **Gun dog**, chien d'arrêt. *Mil: Ambulance-dog*, chien sanitaire. *Message-carrying dog*, chien-estafette *m*, *pl.* chiens-estafettes. **Dog racing**, courses *fpl* de lévriers. *See also* FANCY[1] II, LAP-DOG, SHEEP-DOG, SLEIGH-DOG, WATCH-DOG. *F:* **To go to the dogs**, gâcher sa vie; se dégrader, se débaucher; marcher à la ruine; mal tourner; se couler; (*of business*) aller à la ruine; aller à vau-l'eau. **To lead a dog's life**, mener une vie de chien, de galère, de galérien. **He gave, led, me a dog's life**, il m'a fait mener une vie de chien. **To throw discretion to the dogs**, mettre de côté toute discrétion. **To die like a dog, to die a dog's death**, mourir comme un chien. **To follow s.o. like a dog**, suivre qn comme un chien. **To help a lame dog over a stile**, aider qn dans l'embarras; tirer qn d'un mauvais pas. **To take a hair of the dog that bit you**, reprendre du poil de la bête. *U.S: F:* **To put on dog**, poser, plastronner; faire de l'épate. *Provs:* **Every dog has his day**, tout vient à point à qui sait attendre; à chacun son tour. **Give a dog a bad name and hang him**, qui veut noyer son chien l'accuse de la rage; le bruit pend l'homme. **A live dog is better than a dead lion**, chien en vie vaut mieux que lion mort. **Dog does not eat dog**, les loups ne se mangent pas entre eux. *See also* BARKING[2], CAT AND DOG, CHANCE[1] 2, DEAD I. 1, DERBY, LICENCE[1], LOVE[2], SLEEPING[1] 1, SPOTTED 3, SUN-DOG, WAR[1], WORD[1] 1. **2.** Mâle *m* (de certains animaux). **Dog-fox**, renard *m* mâle. **Dog-hyena**, hyène *f* mâle. **3.** *F:* **Sly dog**, rusé coquin, fin renard. **Lucky dog!** (le) veinard! (l')heureux gaillard! l'heureux coquin! il est verni! **Gay old dog**, (i) vieux rigolo; (ii) (*given to stalking women*) vieux marcheur. **Jolly dog**, gai luron. **Gay dog**, (i) *Pej:* coureur *m* (de femmes); viveur *m*, noceur *m*, fêtard *m*; (ii) joyeux gaillard; loustic *m*; (iii) bon vivant, bon compagnon. **Sad dog**, triste sujet; mauvais sujet. *P:* **Dirty dog**, sale type *m*; saligaud *m*; vilain merle; chameau *m*, pignouf *m*. **You dog!** coquin! *See also* SEA-DOG, TOP-DOG, UNDERDOG. **4.** *Astr:* **The Greater, Lesser, Dog**, le Grand, le Petit, Chien. **5.** *Tchn:* (*a*) (*Pawl*) Chien, cliquet *m*, détente *f*. **Stop-dog**, cliquet *d*'arrêt. **Dog movement**, entraînement *m* à batteur. *Aut: Starting-handle dogs*, encliquetage *m* de la manivelle de mise en marche. (*b*) (*Of lathe*) Toc *m* (d'entraînement); doguin *m*; (*of lathe-plate face*) poupée *f*, mordache *f*. (*c*) *Aut:* **Direct-drive dogs**, griffes *f* de prise directe. (*d*) *Metall:* Agrafe *f*, serre *f* (de châssis de moulage). (*e*) Valet *m*, sergent *m* (d'établi); sergent (de tonnelier). (*f*) Bride *f* de couvercle (d'un trou d'homme). (*g*) *Civ.E: etc:* = DOG-SPIKE. (*h*) *Min:* (i) **Landing-dogs** (*of cage or shaft*), taquets *m*, clichage *m*. (ii) **Safety dog** (*of waggon*), chambrière *f*. (*i*) = DOG-HOOK. **6.** (**Fire-**)**dog**, chenet *m*.

'dog-biscuit, *s.* Biscuit *m*, gâteau *m*, de chien; pain *m* de cretons; creton *m*.

'dog-cart, *s. Veh:* Dog-cart *m*, *pl.* dog-carts; charrette anglaise.

'dog-chuck, *s.* (*Of lathe*) Plateau *m* à toc; mandrin *m* à toc.

'dog-club, *s.* Société canine.

'dog-clutch, *s. Aut:* (*Of direct drive*) Clabot *m*, crabot *m*, clabotage *m*.

'dog-collar, *s.* **1.** Collier *m* de chien. **2.** *F:* (*a*) Carcan *m*. (*b*) Faux col d'ecclésiastique.

'dog-coupling, *s. Mec.E:* = CLAW-COUPLING.

'dog-days, *s.pl.* (La) canicule; jours *m* caniculaires.

'dog-ear, *v.tr.* = DOG'S-EAR[2].

'dog-faced, *a. Z:* Cynocéphale. *See also* BABOON.

'dog-fall, *s. Wr:* Chute *f* ensemble (des deux adversaires).

'dog-fennel, *s. Bot:* Maroute *f*; camomille puante.

'dog-fight, *s.* **1.** Combat *m* de chiens. **2.** *F:* Mêlée générale.

'dog-fish, *s. Ich:* Chien *m* de mer, cagnot *m*, roussette *f*, milandre *m*, squale *m*. **Large spotted dog-fish**, roussette à grandes taches, roussette rochier. **Small spotted dog-fish**, roussette à petites taches, gatangier *m*. **Picked, spiny, dog-fish**, aiguillat *m*.

'dog-headed, *a.* Cynocéphale.

'dog-hole, *s. F:* Taudis *m*, cagna *f*, chenil *m*.

'dog-hook, *s. Tls:* Griffe *f* de serrage; *Nau: etc:* renard *m*.

'dog-in-the-manger, *s. F:* Chien *m* du jardinier, qui ne mange pas de choux et n'en laisse pas manger aux autres.

'dog-iron, *s. Civ.E: etc:* Clameau *m*, clampe *f*, happe *f*; crochet *m* d'assemblage.

'dog-keeper, *s.* Valet *m* de chiens.

'dog-kennel, *s.* **1.** Niche *f* à chien. **2.** Chenil *m*.

dog-'Latin, *s.* Latin *m* de cuisine.

'dog-lead, *s.* Laisse *f* (pour chiens).

'dog-leg(ged), *a.* **1.** *Tls:* **Dog-legged chisel**, butte-avant *m inv*, pousse-avant *m inv* (de graveur sur bois). **2.** **Dog-legged stair**, escalier *m* à limons superposés, en zigzag, sans jour médian.

'dog-like. **1.** *a.* **Dog-like devotion**, fidélité *f* de chien, de caniche. **2.** *adv.* Comme un chien.

'dog-lover, *s.* Amateur, -trice, de chiens; cynophile *mf*.

'dog-loving, *a.* Qui aime les chiens; cynophile.

'dog-nail, *s.* = DOG-SPIKE.

'dog-plate, *s. Mec.E:* Table *f* (de tour) à poupée.

'dog-rose, *s. Bot:* **1.** Églantine *f*; rose *f* de chien. **2.** (*Bush*) Rosier *m* sauvage, rosier de chien; églantier commun.

'dog's-bane, *s. Bot:* **1.** Apocyn *m*. **2.** Aconit *m* tue-chien.

'dog's-ear[1], *s.* **1.** Corne (faite à la page d'un livre). **2.** *Bookb:* (*a*) Larron *m*. (*b*) Témoin *m*.

'dog's-ear[2], *v.tr.* Corner (la page d'un livre). *Dog's-eared pages*, pages recoquillées, cornées.

'dog('s)-grass, *s. Bot:* Chiendent *m*.

'dog-shore, *s. N.Arch:* Colombier *m*, poulain *m* (du ber).

'dog-show, *s.* Exposition canine.

'dog-skin. **1.** *s.* Peau *f* de chien. **2.** *Attrib.* En peau de chien.

'dog-sleep, *s.* Sommeil léger; *F:* sommeil de gendarme.

'dog's-leg, *s.* Double courbure *f* (dans un tuyau, etc.).

'dog's letter (the), *s.* La lettre r.

'dog's meat, *s.* **1.** Pâtée *f* (pour chiens). **2.** Déchets *mpl* de viande.

'dog's nose, *s. F:* Mélange *m* de bière et de genièvre.

'dog-spike, *s.* **1.** Clou *m* à large tête. **2.** *Civ.E:* Clameau *m*, clampe *f*. **3.** *Rail:* Crampon *m*.

'dog's tail, *s. Bot:* **Dog's-tail (grass)**, cynosure *f*, crételle *f*. *Crested d.-t.*, crételle des prés.

'Dog-star (the), *s. Astr:* La Canicule; Sirius *m*; l'étoile *f* du Grand Chien.

'dog's-tooth, *s.* **1.** *Bot:* (*a*) **Dog's-tooth (violet)**, érythrone *m*; dent-de-chien *f*; *F:* vioulte *f*. (*b*) **Dog's-tooth grass**, chiendent *m*; pied-de-poule *m*. **2.** *Tls:* Dent-de-chien, *pl.* dents-de-chien.

'dog-stopper, *s. Nau:* Barbarasse *f*.

'dog-team, *s.* Attelage *m* de chiens.

'dog-'tired, *a. F:* Éreinté, vanné, esquinté, claqué, rendu, fourbu; exténué, accablé, mort, brisé, de fatigue; n'en pouvant plus; las comme un chien. *I am d.-t.*, les jambes me rentrent dans le corps.

'dog-tooth. **1.** *s.* (*a*) Dent *f* de chien. (*b*) *Arch:* Dent-de-chien *f*, *pl.* dents-de-chien. **2.** *Attrib.* En dent de chien.

'dog-vane, *s. Nau:* Penon *m*; plumet *m* de pilote.

'dog-violet, *s. Bot:* Violette *f* des chiens.

'dog-watch, *s. Nau:* (*a*) Petit quart, quart de deux heures. (*b*) Petite bordée.

'dog-wheel, *s.* Roue *f* à rochet, à cliquet.

'dog-whip, *s.* Fouet *m* à chien.

dog[2], *v.tr.* (**dogged**; **dogging**) **1.** Suivre (qn) à la piste; traquer, filer (qn). **To dog s.o.'s footsteps**, suivre qn pas à pas; s'attacher aux pas de qn; marcher sur les pas, sur les talons, de qn; talonner qn. *He dogs my footsteps*, il est attaché à mes pas. **He is dogged by ill fortune**, il est poursuivi par la guigne; le malheur le poursuit; le malheur s'acharne après lui. **2.** Serrer, assujettir, ou saisir, (qch.) avec un clameau.

dogging, *s. D. of s.o., of s.o.'s footsteps*, filature *f* de qn.

dogate ['dougeit], *s. Hist:* Dogat *m* (dignité *f* de doge ou durée *f* de cette magistrature).

dogbane ['dɔgbein], *s. Bot:* = DOG'S-BANE.

dogberry[1] ['dɔgbəri], *s. Bot:* **1.** Cornouille *f*. **2.** **Dogberry(-tree)**, cornouiller *m*.

Dogberry[2], *s.* Fonctionnaire ignorant qui veut faire l'important. (Personnage de "Beaucoup de bruit pour rien", de Shakespeare.)

doge [doudʒ], *s. Hist:* Doge *m*. **Doge's wife**, dogaresse *f*.

dogeate ['doudʒeit], *s.* = DOGATE.

dogged ['dɔgid], *a.* **1.** Obstiné, résolu, persévérant, tenace, opiniâtre. *D. adherence to sth.*, attachement *m* inébranlable à qch. *To meet with a d. resistance*, rencontrer une résistance obstinée. *F:* **It's dogged (as) does it**, il faut persister, persévérer; il ne faut pas lâcher (le morceau). **2.** *A:* Maussade. **-ly**, *adv.* Obstinément; sans lâcher; avec ténacité, avec opiniâtreté; opiniâtrement. *To work d.*, travailler sans relâche.

doggedness ['dɔgidnəs], *s.* Obstination *f*, entêtement *m*, résolution *f*; courage *m* tenace; persévérance *f*, persistance *f*.

dogger ['dɔgər], *s. Nau:* **Dogger(-boat)**, dogre *m*.

Dogger Bank (the) [ðə'dɔgər'baŋk]. *Pr.n. Geog:* Le Dogger-bank.

doggerel ['dɔgərəl], *a. & s.* (i) (Poésie *f*) burlesque, (ii) (vers *mpl*) de mirliton.

doggie ['dɔgi], *s. F:* **1.** Toutou *m*, chienchien *m*. **2.** *Navy: P:* Aide *m* de camp.

doggish ['dɔgiʃ], *a. F:* Qui ressemble à un chien; qui a un air de chien.

doggo ['dɔgo], *adv. F:* **To lie doggo**, (i) rester coi; se tenir coi; faire le mort; *P:* se tenir peinard; (ii) ne pas montrer son jeu; (iii) faire l'ignorant.

doggy ['dɔgi]. **1.** *a.* (*a*) Canin, de chien. (*b*) Qui se connaît en chiens. (*c*) *F:* Chic. (*d*) *With a d. air*, avec un petit air crâne, cascadeur, ou folichon. **2.** *s. F:* = DOGGIE.

dogma, *pl.* **-as** ['dɔgma, -əz], *s.* Dogme *m*.

dogmatic [dɔg'matik], *a.* **1.** Dogmatique. **Dogmatic theology**, la dogmatique. **2.** *F:* Autoritaire, tranchant, positif. **To be very dogmatic**, trancher sur tout. **-ally**, *adv.* D'un ton autoritaire, tranchant, décisif, positif.

dogmatics [dɔg'matiks], *s.pl.* (*Usu. with sg. const.*) Théologie *f* dogmatique; la dogmatique.

dogmatism [ˈdɔgmatizm], *s.* **1.** Dogmatisme *m.* **2.** *F:* Tour d'esprit autoritaire, positif.
dogmatist [ˈdɔgmatist], *s.* **1.** Dogmatiste *m.* **2.** *F:* Individu positif, qui tranche sur tout.
dogmatize [ˈdɔgmataːiz], *v.i.* Dogmatiser. *I am not prepared to d. on the subject*, je ne voudrais pas dogmatiser, trancher, sur ce sujet.
dogwood [ˈdɔgwud], *s.* **1.** *Arb:* Cornouiller *m. Red d.*, cornouiller sanguin; sanguin *m*; sanguinelle *f*; bois punais. **2.** *Com:* Cornouiller.
doh [dou], *s.* = DO² 2.
doily [ˈdɔili], *s.* **1.** Petit napperon; garde-nappe *m inv*; serviette *f* de dessert. **2.** Dessus *m* d'assiette.
doit [dɔit], *s.* **1.** *A:* Pièce *f* de monnaie hollandaise d'une valeur infime. *F:* **He shall pay to the last doit,** il payera jusqu'au dernier liard. **2.** *F: A:* Bagatelle *f*, rien *m. I don't care a d. for . . .*, je me moque bien de. . . .
dokhma [ˈdɔkma], *s.* = DAKHMA.
dolabriform [doˈlabrifɔːrm], *a. Nat.Hist:* Dolabriforme. *Bot:* (Feuille *f*) en doloire.
doldrums [ˈdɔldrəmz], *s.pl.* **The doldrums,** (i) le cafard; idées noires; (ii) *Nau:* la Zone des calmes; le pot au noir. **To be in the doldrums,** (i) (*of pers.*) broyer du noir; avoir le cafard; (ii) *Nau:* être encalminé; être dans les calmes équatoriaux, dans le pot au noir. *F: Business is in the d.*, les affaires sont dans le marasme.
dole¹ [doul], *s.* **1.** *A:* (*a*) Portion échue en partage. (*b*) Sort *m*, destinée *f*. **2.** (*a*) Aumône *f*; don *m* charitable; charité *f*. *To live on doles*, vivre de charités, être à la charité. (*b*) *Adm: F:* Allocation (faite par l'assistance publique). **Unemployment dole,** secours *m*, allocation, ou indemnité *f* de chômage. **To be on the dole,** être à la charge de l'assistance publique. **To go on the dole,** s'inscrire au chômage; recevoir, toucher, une indemnité de chômage.
dole², *v.tr.* **To dole out sth.,** distribuer parcimonieusement qch. *He doled out the candles*, il distribuait les chandelles avec parcimonie.
dole³, *s. Poet:* **1.** Douleur *f*, chagrin *m.* **2.** **To make dole,** se lamenter.
doleful [ˈdoulful], *a.* (Mine *f*) lugubre; (cri) dolent, douloureux, plaintif; (*of pers.*) triste, larmoyant, affligé, dolent. **Doleful news,** nouvelles contristantes. **-fully,** *adv.* Tristement, douloureusement, dolemment, plaintivement, lugubrement.
dolefulness [ˈdoulfulnəs], *s.* **1.** Tristesse *f*, chagrin *m.* **2.** Caractère contristant (d'une nouvelle, etc.).
dolerite [ˈdɔlərait], *s. Miner:* Dolérite *f*.
dolichocephalic [dɔlikoseˈfalik], **dolichocephalous** [dɔlikoˈsefələs], *a. Anthr:* Dolichocéphale.
dolichocephalism [dɔlikoˈsefəlizm], **dolichocephaly** [dɔlikoˈsefəli], *s. Anthr:* Dolichocéphalie *f*.
dolina [doˈliːna], *s. Geol:* Doline *f*.
doll¹ [dɔl], *s.* **1.** Poupée *f*. **Stuffed doll,** poupée en étoffe. **Dutch doll,** poupée de bois. **Baby-doll,** *U.S:* **doll-baby,** (poupée) bébé *m. See also* RAG-DOLL, WAX DOLL. *To play with a d.*, jouer à la poupée. **Too old to play with dolls,** trop âgée pour jouer à la poupée. **Doll's house,** maison *f* de poupée. *F: Pretty d. of a woman*, femme gentillette; jolie poupée. *She has a doll's face, a face like a d.*, elle a un visage de poupée. *She is a handsome d.*, c'est une belle image. **2.** *U.S: P:* Jeune fille *f*; étudiante *f*.
doll², *v.tr.* **To doll up a child, a woman,** poupiner un enfant, une femme. **To doll oneself up,** (*of woman*) se bichonner, se pomponner; (*of man*) se mignarder. *To be all dolled up*, être sur son tralala, en grand tralala.
dollar [ˈdɔlər], *s. Num:* **1.** *A:* Thaler *m* (d'Allemagne, etc.). **2.** *U.S:* Dollar *m.* **Dollar king,** financier américain; roi *m* du dollar. **The almighty dollar,** le dollar qui ouvre toutes les portes. **To worship the almighty dollar,** faire un dieu de l'argent. **3.** *P:* Pièce *f* de cinq shillings. *See also* BOTTOM¹ 6, HALF-DOLLAR.
ˈdollar store, *s. U.S:* Magasin *m* à prix unique (d'un dollar).
dollish [ˈdɔliʃ], *a.* Poupin; (visage *m*, etc.) de poupée.
dollop [ˈdɔləp], *s. P:* Morceau *m* (informe); motte *f* (de qch. de mou). *She put a d. of butter on my bread*, elle mit un gros morceau de beurre sur ma tranche de pain. *P:* **There are dollops of it,** il y en a des tas.
dolly¹ [ˈdɔli], *s.* **1.** *F:* (*a*) (*Toy*) Poupée *f*. *Attrib. F:* **Dolly shot,** coup *m* facile. (*b*) (*Bandaged finger*) Poupée. **2.** *Laund: Min:* Agitateur *m* (pour le linge, le minerai). **Dolly-tub,** (i) baquet *m* à lessive; (ii) *Min:* cuve *f* à rincer (l'or). **3.** *Metalw:* (*a*) Contre-rivoir *m*; tas *m* à river (de riveur); mandrin *m* d'abattage. (*b*) Bouterolle *f* (de riveur). (*c*) Tête bouterollée (de rivet). (*d*) Étampe *f* (de forgeron). **4.** *Civ.E:* Avant-pieu *m.* **5.** *Metalw:* Brosse *f*, tampon *m*, de brunissage. **6.** *Rail:* (*Shunting engine*) Chameau *m.*
ˈdolly-shop, *s. P:* **1.** Petite boutique de fournitures pour la marine. **2.** (*a*) Boutique de fripier; magasin *m* de chiffons. (*b*) Boutique interlope de prêt sur gages.
dolly², *v.tr.* **1.** *Laund: Min:* Agiter (le linge) dans le baquet, (le minerai) dans la cuve. **2.** *Metalw:* Maintenir (un rivet) appuyé. *Abs.* Tenir coup aux chocs.
Dolly³. *Pr.n.f.* (*Dim. of Dorothy*) Dorothée. **Dolly Varden hat,** chapeau de paille garni de fleurs (tel que celui que portait Dolly Varden, personnage du *Barnaby Rudge* de Dickens).
ˈdolly-bag, *s.* = DOROTHY BAG.
dolman [ˈdɔlmən], *s. Cost:* **1.** (*Turkish*) Doliman *m.* **2.** (*Of hussar, etc.*) (*a*) Dolman *m.* (*b*) Pelisse portée à la fourragère. **3.** *A:* Dolman ou pelisse (de femme).
dolmen [ˈdɔlmen], *s. Archeol:* Dolmen *m.*
dolomite [ˈdɔlomait]. **1.** *s. Miner:* Dolomi(t)e *f*; calcaire magnésien; spath perlé. **2.** *Pr.n.pl. Geog:* **The Dolomites,** les Dolomites *f*; les Alpes *f* Dolomitiques.
dolomitic [dɔloˈmitik], *a. Miner:* Dolomitique.
dolorous [ˈdɔlərəs], *a. A. & Poet:* **1.** Douloureux. **2.** Triste, plaintif. **-ly,** *adv.* **1.** Douloureusement. **2.** Tristement, plaintivement.
dolose [doˈlous], **dolous** [ˈdouləs], *a. Jur:* Dolosif.
dolour [ˈdɔlər], *s. Poet:* Douleur *f*, chagrin *m. The Feast of the Seven Dolours of the B.V.M.*, la fête de Notre-Dame des Sept Douleurs.
dolphin [ˈdɔlfin], *s.* **1.** (*a*) *Z: Her:* Dauphin *m.* (*b*) *Ich:* Dorade *f*, coryphène *m.* **2.** *Hyd.E:* Patte *f* d'oie (d'un pilier de pont). **3.** *Nau:* (*a*) Baderne *f*; bourrelet *m* de défense (de mât). (*b*) Bouée *f* de corps-mort. **To moor to a dolphin,** s'amarrer sur un corps-mort. (*c*) Poteau *m* d'amarrage. (*d*) *A:* Anse *f* (de canon).
ˈdolphin-striker, *s. Nau:* Arc-boutant *m* de martingale, *pl.* arcs-boutants.
dolt [doult], *s.* Sot *m*, benêt *m*; lourdaud *m*, nigaud *m*, butor *m*; *P:* buse *f*, bûche *f*, cruche *f*, souche *f*.
doltish [ˈdoultiʃ], *a.* Sot, lourdaud, bête, stupide.
doltishness [ˈdoultiʃnəs], *s.* Sottise *f*, stupidité *f*.
dom [dɔm], *s.* (*Title*) Dom *m.*
-dom [dəm], *s. suff. denoting:* **1.** (*a*) *State, condition. Thraldom, serfdom*, esclavage, servage. *Boredom*, ennui. *Topsy-turvydom*, le monde à l'envers. *Race with a good admixture of savagedom*, race qui n'est pas sans sauvagerie. *Reduced to a condition of puzzledom*, réduit à quia. (*b*) *Rank, dignity. Dukedom*, dignité de duc. *Earldom*, dignité de comte. *To rise to stardom*, devenir une vedette de l'écran. '*The way to millionairedom*,' "comment devenir millionnaire." **2.** *Domain, realm.* (*a*) *Christendom*, la chrétienté. *Heathendom*, le monde païen. *Pendom*, le monde des écrivains. *Kingdom*, royaume. *Filmdom*, le monde de l'écran, du ciné. *He was the pride of football fandom*, il faisait l'orgueil des passionnés du football. (*b*) *Pej: Officialdom*, bureaucratie. *Popedom*, la papauté; le papisme. *Parsondom*, la calotte. *Squiredom*, les petits hobereaux. *Fogeydom*, les vieilles perruques. *Villadom*, la banlieue. *Newspaperdom*, la presse.
domain [doˈmein], *s.* Domaine *m.* **1.** (*a*) Terres *fpl*; propriété *f*. (*b*) **Question within the domain of astronomy,** question *f* qui est du domaine de l'astronomie. *It does not come within my d.*, cela n'est pas de mon domaine. **2.** Possession *f* en toute propriété. *Jur:* **Eminent domain,** (droit *m* de) domaine éminent.
domanial [doˈmeiniəl], *a. Jur:* Domanial, -aux.
dome¹ [doum], *s.* **1.** *Poet:* Édifice *m.* **2.** *Arch:* Dôme *m.* **Dome roof,** comble *m* en dôme. **Semi-dome,** cul-de-four *m* (d'abside), *pl.* culs-de-four. **3.** (*a*) *Metall:* Dôme, voûte *f*, couronne *f* (de fourneau). (*b*) *Mch:* = STEAM-DOME. **4.** (*a*) *F:* Dôme, calotte *f* (des cieux); dôme (de verdure); sommet arrondi (d'une colline); calotte (du crâne). (*b*) *U.S: P:* Le crâne; un "genou." **5.** Calotte (d'un bouton). *Furn:* **Domes of silence,** dômes du silence; patins *m* de chaise. *See also* FASTENER.
ˈdome-cap, *s. I.C.E:* **Carburettor dome-cap,** coiffe à capuchon du carburateur.
ˈdome-lamp, -light, *s.* Lampe *f* de plafonnier; plafonnier *m* (électrique).
ˈdome-shaped, *a.* Hémisphérique, bombé; en forme de dôme.
dome², *v.tr.* **1.** (*a*) Couvrir (un espace) d'un dôme. (*b*) Construire (un comble) en dôme. **2.** Arrondir.
domed, *a.* (*a*) (Édifice *m*) à dôme. (*b*) En forme de dôme.
domelike [ˈdoumlaik], *a.* En dôme.
Domesday Book [ˈduːmzdeibuk], *s. Hist:* (Livre *m* du) cadastre de l'Angleterre (établi en 1086 sur l'ordre de Guillaume le Conquérant); le Grand Livre cadastral.
domestic [doˈmestik]. **I.** *a.* **1.** (Vertu *f*, malheur *m*) domestique; (drame *m*, charbon *m*) de ménage. **Domestic duties, arrangements,** les affaires *f* du ménage; le ménage. *D. cares*, les soins *m*, les soucis *m*, du ménage. **Domestic quarrels,** scènes *f* de ménage. **Domestic life,** la vie de famille, la vie d'intérieur. *A model father in d. life*, un père modèle au sein de sa famille. **Domestic servant,** domestique *mf. See also* SERVANT. **Domestic arts,** les arts ménagers. **Domestic science,** enseignement ménager. **Domestic workshop,** atelier *m* à domicile. *Water for d. use*, eau ménagère. **Non-domestic water,** eau impropre à la consommation. **2.** (*a*) (Commerce) intérieur. (*b*) (Plante *f*, etc.) indigène. (*c*) *U.S:* **Domestic woollens,** laines *f* du pays. *Com:* **Domestics,** articles *m* de ménage. (*d*) *Pol:* **Domestic quarrels,** dissensions intérieures, querelles intestines. **Domestic warfare,** guerres intestines, civiles, domestiques. (*e*) **Domestic animal,** animal *m* domestique. **3.** **Domestic economy,** l'économie *f* domestique. **4.** (*Of pers.*) Casanier; (femme *f*) d'intérieur. **-ally,** *adv.* (Vivre) domestiquement, dans le domestique.
II. domestic, *s.* Domestique *mf.* **Domestic agency,** bureau *m* de placement.
domesticate [doˈmestikeit], *v.tr.* **1.** Domestiquer, apprivoiser (un animal); apprivoiser, civiliser (un sauvage). *Animal that can be domesticated*, animal apprivoisable. **2.** (*a*) Naturaliser (un étranger, *F:* un mot). (*b*) Acclimater (un animal, une plante). **3.** Rendre (qn) casanier; accoutumer (qn) à la vie d'intérieur. **Domesticated woman,** femme *f* d'intérieur.
domestication [domestiˈkeiʃ(ə)n], *s.* **1.** Domestication *f*, apprivoisement *m* (d'un animal); civilisation *f* (d'une race sauvage, etc.). **2.** Acclimatation *f* (d'un animal, d'une plante). **3.** Attachement *m* à la vie d'intérieur, au foyer domestique.
domesticity [domesˈtisiti], *s.* **1.** Domesticité *f* (d'un animal). **2.** (*a*) Attachement *m* au foyer; goûts *m* domestiques. (*b*) Vie casanière; vie de famille. (*c*) Simplicité *f* (d'un intérieur). **3.** *pl.* Choses *f* domestiques, du ménage; affaires *f* domestiques; affaires de ménage.
domett [ˈdɔmet], *s. Tex:* Domet *m.*
domicile¹ [ˈdɔmisail], *s. Com: Jur:* Domicile *m.* **To elect domicile at a place,** élire domicile dans un endroit. *See also* BREACH¹ 1.

domicile[2]. **1.** *v.tr.* (*a*) *Com:* Domicilier (un effet). **Bills domiciled in France,** traites *f* payables en France. (*b*) Établir (qn) (dans un pays, dans un endroit). **2.** *v.i.* (*a*) Se domicilier, s'établir (dans un endroit). (*b*) Résider. *Domiciled at Leeds*, domicilié, demeurant, à Leeds.

domiciliary [dɔmi'siljəri], *a.* (Visite *f*, etc.) domiciliaire.

domiciliate [dɔmi'silieit], *v.tr. & i.* = DOMICILE[2].

domiciliation [dɔmisili'eiʃ(ə)n], *s.* *Com:* Domiciliation *f* (d'un effet).

dominance ['dɔminəns], *s.* Dominance *f* (d'une maladie, etc.); prédominance *f* (d'une race, d'une passion).

dominant ['dɔminənt]. **1.** *a.* Dominant; dominateur, -trice. *D. height*, hauteur *f* qui domine le paysage. *D. passion*, passion maîtresse. *Biol:* *D. character*, caractère dominant. *Jur:* **Dominant land, dominant tenement,** fonds dominant. **2.** *s.* *Mus:* Dominante *f.* *a.* **Dominant chord,** accord *m* de dominante. **Dominant seventh,** septième *f* de dominante. **-ly,** *adv.* D'une manière dominante; principalement.

dominate ['dɔmineit], *v.tr. & i.* **1.** **To dominate (over) s.o., a people,** dominer (sur) qn, un peuple. *To be dominated by s.o.*, subir la loi de qn. *Heart dominated by ambition*, cœur *m* sous l'empire de l'ambition, en proie à l'ambition. *To d. one's passions*, se dominer. **2.** (*Of mountain, etc.*) **To dominate (over) a place,** dominer un endroit. *The fortress dominates the town*, la forteresse commande la ville.

dominating, *a.* Dominant.

domination [dɔmi'neiʃ(ə)n], *s.* **1.** Domination *f* (*over*, sur). **2.** *pl.* *Theol:* Dominations (d'anges).

dominative ['dɔmineitiv], *a.* Dominatif; dominateur, -trice.

dominator ['dɔmineitər], *s.* Dominateur, -trice.

domineer [dɔmi'ni:ər], *v.i.* **1.** Se montrer autoritaire, tyrannique. **2.** **To domineer over s.o.,** tyranniser qn; régenter qn.

domineering, *a.* (*Of pers., character, etc.*) Dominateur, -trice, impérieux, autoritaire, tyrannique. **-ly,** *adv.* Autoritairement, impérieusement.

Dominic ['dɔminik]. *Pr.n.m.* Dominique.

Dominica [dɔ'minika]. *Pr.n.* *Geog:* La Dominique.

dominical [dɔ'minik(ə)l], *a.* *Ecc:* Dominical, -aux. **Dominical letter,** (lettre *f*) dominicale *f*. **The Dominical year,** le premier an de notre Seigneur.

Dominican [dɔ'minikən], *a. & s.* **1.** *Ecc:* Dominicain, -aine; (religieux, -euse) de l'ordre de Saint-Dominique. **2.** *Geog:* **The Dominican Republic,** la République Dominicaine.

dominie ['dɔmini], *s.m.* *F:* (*Scot.*) Maître d'école, magister. *He looks like a d.*, il a un petit air pion.

dominion [dɔ'minjən], *s.* **1.** Domination *f*, maîtrise *f*, autorité *f*, empire *m*, ascendant *m*. **To hold dominion over . . .,** exercer son empire sur. . . . **To be under s.o.'s dominion,** être soumis à l'empire, au pouvoir, de qn; être sous l'autorité de qn. **2.** *Theol:* **Dominions of angels,** dominations d'anges. **3.** (*Often in pl.*) Possessions *fpl* (d'un État); colonie(s) *f*; dominion(s) *m*. **The Dominion of Canada,** *F:* **the Dominion,** le Dominion (du Canada). *U.S:* **The Old Dominion,** la Virginie. **4.** *Jur:* Possession *f* (en toute propriété).

domino, *pl.* **-oes** ['dɔmino, -ouz], *s.* **1.** (*a*) *Cost:* Domino *m* (de bal masqué). **In a domino,** en domino. (*b*) (*Pers.*) Domino. **2.** (*a*) *Games:* Domino. **To play (at) dominoes,** jouer aux dominos. **Game of dominoes,** partie *f* de dominos. *Draw game of dominoes*, domino à la pioche, en pêchant, à la pêche. *Passing game of dominoes*, domino en boudant. **To call 'domino,' to make (the) domino,** faire domino. *P:* **It is domino with him,** il est fichu. (*b*) *P:* **Box of dominoes,** piano *m*. **To rattle the dominoes,** taquiner l'ivoire. (*c*) *P:* **The dominoes,** les dents *f*, les dominos. *The d. box*, la bouche.

'domino-paper, *s.* *A:* Domino *m*.

dominoed ['dɔminoud], *a.* En domino (de bal).

Domitian [dɔ'miʃən]. *Pr.n.m.* *Hist:* Domitien.

don[1] [dɔn], *s.m.* **1.** (*a*) (*Spanish title*) Don. *F:* *A:* **A Don Juan,** un Don Juan; un homme à bonnes fortunes. *To act the Don Juan with a woman*, libertiner avec une femme. *See also* QUIXOTE. (*b*) *A:* Gentilhomme (espagnol). **2.** (*a*) *Sch:* *F:* Professeur (d'université). (*b*) *F:* **He was a great don at philology,** il était grand docteur en philologie. *He's a don (at tennis, etc.)*, c'est un as.

don[2], *v.tr.* (**donned; donning**) Revêtir, endosser (un uniforme, etc.); mettre, coiffer (un chapeau). *To don one's uniform again*, rendosser l'uniforme. *Lit:* **To don the buskin,** chausser le cothurne.

dona ['douna], *s.f.* **1.** = DOÑA. **2.** *P:* (*Also spelt* **donah**) Femme, typesse, gonzesse. *He's out with his d.*, il est sorti avec sa poule.

doña ['dɔnja], *s.f.* (*Spanish title*) Doña.

donate [do'neit], *v.tr.* **1.** Faire un don de (qch.). *To d. s.o. with sth.*, faire don de qch. à qn. **2.** *U.S:* Donner (*to*, à).

donation [do'neiʃ(ə)n], *s.* Donation *f*, don *m*; *Jur:* don. *To make a d. of sth. to s.o.*, faire don de qch. à qn.

donative ['dounətiv]. **1.** *s.* Don *m*, donation *f*, présent *m*, largesse *f*. **2.** *a. & s.* *Ecc:* (Bénéfice) qui peut être conféré par celui qui en dispose sans présentation du bénéficiaire à l'évêque.

donator [do'neitər], *s.m.* = DONOR 1.

donatory ['dounətəri], *s.* Donataire *mf*.

donatrix [do'neitriks], *s.f.* *Jur:* Donatrice.

Donatus [do'neitəs]. *Pr.n.m.* Donat.

done [dʌn]. *See* DO[1].

donee [dou'ni:], *s.* *Jur:* Donataire *mf*.

donga ['dɔŋga], *s.* (*In S. Africa*) Ravin *m*.

dongarees [dʌŋgə'ri:z], *s.pl.* = DUNGAREES.

donjon ['dɔndʒən, 'dʌndʒən], *s.* *Archeol:* = DUNGEON 1.

donjuanesque [dɔndʒuən'esk], *a.* Donjuanesque.

donjuanism [dɔn'dʒuənizm], *s.* Donjuanisme *m*.

donkey ['dɔŋki], *s.* **1.** Âne, *f.* ânesse; baudet *m*; bourricot, *f.* bourrique; *F:* grison *m*. **To ride a donkey,** aller à âne. **Donkey ride,** promenade *f* à âne. *F:* **He, she, would talk the hind leg off a donkey,** il a un bagout de commis voyageur; elle est bavarde, elle jase comme une pie borgne. **Donkey work,** travail *m* de routine, *I want someone to do the d. work*, il me faut un nègre. *See also* STUBBORN 1, STUPID 2, YEAR. **2.** *F:* Imbécile *mf*, âne *m*. **3.** *Nau:* = DONKEY-ENGINE.

'donkey-boiler, *s.* *Nau:* Chaudière *f* auxiliaire.

'donkey-boy, -driver, *s.* Un ânier.

'donkey-engine, *s.* **1.** *Mch:* Petit-cheval *m*, *pl.* petits-chevaux; machine *f* auxiliaire; machine de renfort. **2.** Treuil *m* ou guindeau *m* à vapeur.

'donkey-load, *s.* Une ânée.

'donkey-man, *pl.* **-men,** *s.m.* **1.** = DONKEY-DRIVER. **2.** Homme de petite chaudière.

'donkey-pump, *s.* *Mch:* Pompe *f* alimentaire, d'alimentation; petit-cheval *m* alimentaire, *pl.* petits-chevaux.

'donkey-race, *s.* Course *f* d'ânes.

'donkey-winch, *s.* Treuil *m* à vapeur.

donna ['dɔna], *s.f.* (*Italian title*) Donna. *See also* PRIMA DONNA.

donnish ['dɔniʃ], *a.* Pédant, guindé, suffisant.

Donnybrook Fair ['dɔnibruk'fɛər], *s.* *F:* **1.** Réunion houleuse, agitée; tumulte *m*; scène *f* de désordre. **2.** Échauffourée *f* (qui rappelle l'ancienne foire de Donnybrook, dans la banlieue de Dublin).

donor ['dounər], *s.* **1.** *Jur:* Donateur, -trice. **2.** *Surg:* **Donor of blood,** donneur, -euse, de sang.

don't [dount]. *See* DO[1].

doocid ['du:sid]. *P:* *A:* = DEUCED.

doodah ['du:dɑ:], *s.* *P:* **1.** Truc *m*, machin *m*. **2.** **To be all of a doodah,** avoir le trac.

doodle [du:dl], *s.* *P:* Le membre viril.

doodle-doo [dudl'du], *s.* = COCK-A-DOODLE.

doolie, dooly ['du:li], *s.* (*Anglo-Indian*) Civière *f*, brancard *m*. **Doolie-bearer,** brancardier *m*.

doom[1] [du:m], *s.* **1.** Destin *m* (funeste); sort (malheureux). **He met his doom at . . .,** il trouva la mort à. . . . **2.** Perte *f*, ruine *f*. **His doom is sealed,** sa perte est arrêtée, assurée; c'en est fait de lui. **3.** **The Day of doom,** le jugement dernier. **Until the crack of doom,** jusqu'au jugement dernier; jusqu'à la fin des temps. *See also* DOOMSDAY. **4.** *Hist:* Statut *m*, loi *f*, décret *m*. **5.** *A:* Jugement, sentence *f*, condamnation *f*.

doom[2], *v.tr.* **1.** *Lit:* Condamner (*to*, à). *Esp. in p.p.* **Doomed town,** ville condamnée. **Doomed man,** homme perdu. *Attempt doomed to failure*, tentative condamnée à l'insuccès. *Hopes doomed to disappointment*, espoirs destinés à être déçus. *Poem doomed to oblivion*, poème voué à l'oubli. **2.** *A:* Arrêter, décréter, décider (la mort de qn, etc.).

doom[3], *s.* *Bot:* Doom(-palm), doum *m*.

doomsday ['du:mzdei], *s.* Le (jour du) jugement dernier. **Till doomsday,** (i) jusqu'à la fin du monde; (ii) *F:* indéfiniment. *F:* **To put off sth. till doomsday,** renvoyer qch. aux calendes grecques. **You may wait for me till doomsday,** attendez-moi sous l'orme. *Hist:* **Doomsday Book** = DOMESDAY BOOK.

door ['dɔ:ər], *s.* **1.** Porte *f* (de maison, etc.). **Doors of a wardrobe,** portes, battants *m*, d'une armoire. **Entrance-door,** *usu.* **street-door, front-door,** porte de devant, porte d'entrée, porte de (la) rue. **Outer door,** avant-porte *f*. **Inner door,** contre-porte *f*. **Side-door,** porte latérale. *See also* BACK-DOOR. **Carriage-door,** porte cochère. **Double** *or* **folding door,** porte brisée, porte à brisures; porte à deux battants, à deux vantaux. **Sliding door,** porte à coulisse, à glissières; porte roulante, glissante. **Revolving door,** porte-revolver *f*, *pl.* portes-revolvers; tambour *m*. *Nau:* **Cargo door,** sabord *m* de charge. **Watertight door,** porte étanche. **With, within, closed doors,** (à) portes closes; *Jur:* à huis clos. *See also* OPEN[1] 1. **Two doors away, two doors off,** deux portes plus loin. **To show s.o. the door,** éconduire qn; montrer la porte à qn. **To show s.o. to the door,** conduire qn jusqu'à la porte; reconduire qn. **To keep within doors,** se tenir chez soi; rester à la maison. **It happened within doors,** cela eut lieu dans la maison. **To turn s.o. from the door,** fermer la porte, sa porte, à qn. **To turn s.o. out of doors,** mettre qn à la porte. *To play, take one's meals, out of doors*, jouer, manger, dehors, en plein air. *See also* OUT-OF-DOORS. **To be denied the door,** trouver porte close. *F:* **To open a door to abuses,** prêter aux abus. **To open the door to a settlement,** rendre possible un arrangement. **To close the door upon s.o.,** fermer la porte derrière qn. **To close the door to, against, s.o.,** fermer sa porte à qn; empêcher qn d'entrer. *F:* **To close the door upon any discussion, to a settlement,** empêcher, rendre impossible, aucune discussion; rendre impossible tout arrangement. **I shall pay for these articles at the door,** je vous réglerai cet envoi à domicile. *F:* **To lay a charge at s.o.'s door,** imputer qch. à qn; faire retomber une accusation sur qn; mettre qch. sur le compte de qn; s'en prendre à qn. *Do not lay the blood of these men at our d.*, ne faites pas retomber sur nous le sang de ces hommes. *The fault lies at my d.*, la faute en est à moi, la faute retombe sur moi, la faute m'est imputable. *To lay a crime at someone else's d.*, rejeter un crime sur quelqu'un d'autre. *See also* BAFFLE-DOOR, DEATH 3, FIRE-DOOR, HANGING[1], JIB-DOOR, KNOCKER 2, SCREEN[1] 1, SHUT 1, SOOT-DOOR, STABLE[1] 1, SWING-DOOR, TRAP-DOOR, WOLF[1] 3. **2.** Portière *f* (de wagon, de voiture, d'auto, etc.).

'door-bell, *s.* **1.** (*Swinging*) Sonnette *f*. **2.** (*Fixed*) Timbre *m*.

'door-case, -casing, -frame, *s.* Dormant *m*, bâti (dormant); chambranle *m*, châssis *m*, de porte; huisserie *f*.

'door-handle, *s.* Poignée *f*, bouton *m*, de porte, de portière. *Aut:* *D.-h. with locking device*, poignée à condamnation.

'door-keeper, *s.* Portier *m*; concierge *mf*.

'door-knob, *s.* Poignée (ronde) de porte; bouton *m*.

'door-mat, *s.* Paillasson *m* (d'entrée); essuie-pieds *m inv.*
'door-money, *s.* Entrées *fpl.*
'door-nail, *s.* Clou *m* de porte. *See also* DEAD I. 1.
'door-plate, *s.* Plaque *f* de porte.
'door-porter, *s. Furn:* Entrebâilleur *m.*
'door-post, *s.* Montant *m* de porte, poteau *m* d'huisserie.
'door-scraper, *s.* Décrottoir *m*; gratte-pieds *m inv.*
'door-sill, *s.* Seuil *m*, traverse *f* (de la porte).
'door-spring, *s.* Ferme-porte *m inv* (automatique).
'door-step, *s.* 1. Seuil *m*, pas *m* (de la porte). **Sitting on the door-step,** assis sur le pas de la porte. *F: He is never off our d.-s.,* il est toujours fourré chez nous. 2. *F:* Grosse tartine (de pain beurré).
'door-window, *s.* Porte-fenêtre *f*, *pl.* portes-fenêtres; porte-croisée *f*, *pl.* portes-croisées.
'door-yard, *s. U.S:* Arrière-cour *f*, *pl.* arrière-cours.
-doored ['dɔːərd], *a.* (*In compounds*) **Low-doored,** à porte basse. **Many-doored,** à nombreuses portes, à portes nombreuses.
doorman, *pl.* **-men,** ['dɔːərmən, -men], *s.m.* 1. Portier. 2. Aide de maréchal ferrant.
doorway ['dɔːərwei], *s.* (Baie *f* de) porte, encadrement *m* de la porte; portail *m.* **In the doorway,** sous la porte; dans l'encadrement de la porte.
dope[1] [doup], *s.* 1. (Liquide visqueux) *Av:* Enduit *m. Aut:* Enduit, laque *f* (de carrosserie). *P:* **Dope finish** (*for the face*), maquillage *m.* 2. *Exp:* Absorbant *m.* 3. *F:* (*a*) Stupéfiant *m*, narcotique *m.* (*b*) *Med:* Anesthésique *m.* 4. (*a*) *Turf:* Doping (administré à un cheval). (*b*) *I.C.E:* Doping (du combustible). *Av: etc: Anti-detonating dopes,* produits anti-détonants. 5. *U.S: P:* (*a*) *Rac: etc:* Renseignement *m*, tuyau *m.* **Hand us the dope,** dites-nous ce qui en est; mettez-nous au courant. (*b*) Faux renseignements; bourrage *m* de crâne. **To hand out the dope,** faire circuler de faux renseignements.
'dope-fiend, *s.* Morphinomane *mf*, toxicomane *mf.*
'dope-habit, *s.* Toxicomanie *f.*
dope[2], *v.tr.* 1. *Av:* Enduire (les ailes). *Aut:* Laquer (la carrosserie). 2. (*a*) Faire prendre, administrer, un narcotique à (qn). *Turf:* Doper (un cheval). *F:* **To dope (oneself),** prendre des stupéfiants; être cocaïnomane, etc. (*b*) *Med: F:* Anesthésier (qn). 3. *Aut: Av:* (*a*) **To dope the engine,** introduire de l'essence dans les cylindres. (*b*) *To d. the fuel,* doper le combustible. **Doped fuel,** carburant dopé; carburant additionné d'anti-détonant. 4. (*a*) Mêler un narcotique à (un verre de vin); narcotiser (le vin de qn, une cigarette, etc.). (*b*) Falsifier, sophistiquer (une boisson, etc.). 5. *U.S: Rac: etc: P:* (Se procurer des tuyaux). **He knows how to dope out the winners,** il a le flair pour désigner les gagnants. *How did you d. it out?* comment avez-vous deviné ça? comment as-tu pigé cette combine-là?
doping, *s.* 1. Enduisage *m* (des ailes d'un avion, etc.). 2. (Pratique *f* du) doping.
dopy ['doupi], *a. P:* Stupéfié, hébété (par un narcotique).
dor [dɔːr], *s.* = DOR-BEE, DOR-BEETLE.
Dora ['dɔːra]. *Pr.n.f.* 1. (*Dim. of Dorothy*) Dorothée 2. *F. & Hum:* (= *Defence of the Realm Act, q.v. under* DEFENCE 1) = *F:* Anastasie *f.*
dorado [do'rɑːdo], *s.* 1. *Ich:* Dorade *f*, coryphène *m.* 2. *Pr.n. Astr:* La Dorade.
dor-bee ['dɔːrbiː], *s. Ent: F:* Bourdon *m*, faux bourdon, ou frelon *m.*
dor-beetle ['dɔːrbiːtl], *U.S:* **dor-bug** ['dɔːrbʌg], *s. Ent:* 1. Géotrupe *m*, stercoraire *m*, bousier *m.* 2. Hanneton *m.*
Dorcas[1] ['dɔːrkəs]. *Pr.n.f. B:* (*Acts* ix. 36) Dorcas. **Dorcas-society,** œuvre *f* charitable, ouvroir *m* de dames, pour la confection de vêtements destinés aux pauvres de la paroisse.
dorcas[2], *s. Z:* Dorcas *m*, gazelle africaine.
Dorian ['dɔːriən], *a. & s. A.Geog:* Dorien, -ienne; (habitant) de la Doride. *Mus:* **Dorian mode,** mode dorien.
Doric ['dɔrik]. 1. *a. & s.* = DORIAN. 2. *a. & s. Arch:* Dorique. **The Doric (order),** l'ordre *m* dorique, le dorique. 3. (*a*) *s. Ling:* Dorien *m.* (*b*) *a. & s. F:* (Parler *m*) rustique; dialecte *m.* **Broad Doric,** fort accent de terroir, ou dialecte très prononcé.
Doris ['dɔris]. 1. *Pr.n.f. Gr.Myth:* Doris. 2. *Pr.n. A.Geog:* La Doride. 3. *s. Moll:* Doris *f.*
Dorking ['dɔːrkiŋ], *s. & attrib. Husb:* Poule *f* ou coq *m* Dorking.
dormancy ['dɔːrmənsi], *s. Z:* **Summer dormancy** (*of snakes, etc.*), estivation *f.*
dormant ['dɔːrmənt], *a.* 1. (*a*) (*Of passion, etc.*) Assoupi, endormi. **To lie dormant,** sommeiller, dormir. *The passions d. in his heart,* les passions endormies, qui dorment, dans son cœur. (*b*) *Bot:* **Dormant bud,** œil dormant. (*c*) (Volcan) en repos, assoupi. 2. (Titre) tombé en désuétude. **Dormant law,** loi inappliquée. *Jur:* **Dormant warrant,** mandat *m* en blanc. *Com:* **Dormant balance,** solde inactif. **Dormant partner,** (associé) commanditaire *m. Mec.E:* **Dormant bolt,** pêne dormant. *Const:* **Dormant-tree,** imposte *f.* 3. *Her:* Dormant.
dormer(-window) ['dɔːrmər(windo)], *s.* Lucarne *f*; (fenêtre *f* en) mansarde *f.*
dormitory ['dɔːrmitəri], *s.* 1. Dortoir *m. F:* **The 'dormitory' region** (*of a large town*), la grande banlieue. 2. *U.S:* Maison *f* où logent les étudiants; maison d'étudiants.
dormouse, *pl.* **-mice** ['dɔːrmaus, -mais], *s. Z:* **Fat dormouse,** loir *m*, muscardin *m*; *F:* croque-noix *m inv*; croque-noisette *m*, *pl.* croque-noisettes. **Garden dormouse,** lérot *m.*
dormy ['dɔːrmi], *a. Golf:* **To be dormy one, three, four, etc.,** être sur le velours.
doronicum [do'rɔnikəm], *s. Bot:* Doronic *m.*
Dorothea [dɔro'θiːa], **Dorothy** ['dɔroθi]. *Pr.n.f.* Dorothée.
'Dorothy bag, *s.* Sac (de dame) fermé par un cordon; aumônière *f.*
'Dorothy 'Perkins, *s. Hort:* Variété *f* de rosier grimpant.
dorsal ['dɔːrsəl], *a. Nat.Hist:* Dorsal, -aux. **Dorsal fin** (*of fish*), nageoire dorsale. **-ally,** *adv.* Sur, vers, par, le dos.
dorsibranchiate [dɔːrsi'brankiet], *a. & s. Ann:* Dorsibranche (*m*).
dorso-costal [dɔːrso'kɔstəl], *a. Anat:* Dorso-costal, -aux.
dorso-lateral [dɔːrso'latərəl], *a.* Dorso-latéral, -aux.
dory[1] ['dɔːri], *s. Ich:* **(John) Dory,** zée *m* forgeron; dorée *f*, dorade *f*; *F:* (Jean-)doré *m.*
dory[2], *s. Nau:* Youyou *m*; doris *m.*
dosage ['dousedʒ], *s.* 1. Administration *f* d'un médicament. 2. Dosage *m* (d'un médicament).
dose[1] [dous], *s.* 1. *Med: Pharm:* Dose *f* (de médecine). **Dose of aspirin,** cachet *m*, prise *f*, d'aspirine. 2. *P:* **To give s.o. a dose** (*of venereal infection*), plomber qn. *To get, cop, a d.,* (i) attraper quelque chose; se faire plomber; (ii) écoper de la prison.
dose[2], *v.tr.* 1. Doser (un médicament). **To dose out a drug to s.o.,** administrer une drogue à qn par petites doses. 2. Médicamenter, droguer, médeciner (*s.o. with sth.*, qn de qch.). **To dose oneself with quinine,** se soigner à la quinine. 3. *Winem:* Doser, alcooliser (le vin).
dosing, *s.* 1. Administration *f* d'un médicament (*of s.o.*, à qn). 2. Dosage *m* (du vin).
dosimeter [do'simetər], *s. Ch: etc:* Dispositif *m* de dosage; doseur *m.*
dosimetry [do'simetri], *s.* Dosimétrie *f.*
doss[1] [dɔs], *s. P:* 1. Lit *m* (dans un asile de nuit). 2. Lit; *P:* pieu *m.*
'doss-house, *s. P:* Asile *m* de nuit. **To sleep in a doss-house,** (i) coucher à l'asile de nuit; (ii) dormir à la corde.
doss[2], *v.i. P:* 1. (*a*) Coucher à l'asile de nuit. (*b*) Dormir à la corde. 2. **To doss out,** coucher à la belle étoile. **To doss down,** se coucher; *P:* se pieuter. *Where are you going to d. down to-night?* où allez-vous coucher ce soir?
'doss-down, *s. P:* Lit *m* de fortune; lit par terre.
dossal ['dɔsəl], *s. Ecc:* Tenture *f* de fond de chœur.
dosser[1] ['dɔsər], *s.* Hotte *f.*
dosser[2], *s. P:* Habitué *m* des asiles de nuit.
dosserful ['dɔsərful], *s.* Hottée *f.*
dossier ['dɔsiər], *s.* Dossier *m*, documents *mpl* (d'une affaire).
dossil ['dɔsil], *s.* 1. *Surg:* Bourdonnet *m.* 2. *Typ:* Tampon *m* (pour essuyer la plaque dans la gravure en taille douce).
dossy ['dɔsi], *a. P:* Chic; bien nippé(e).
dost [dʌst]. *See* DO[1].
dot[1] [dɔt], *s.* 1. (*a*) Point *m* (d'un trait pointillé). *Tg:* **Dots and dashes,** points et traits *m*; brèves *f* et longues *f. Dot-and-dash line,* (ligne *f* en) trait mixte. *F:* **He arrived on the dot,** il est arrivé à l'heure tapante. **To pay on the dot,** payer argent comptant, recta. (*b*) Point (d'un i ou d'un j). (*c*) Point (de ponctuation). *Three dots,* trois points; plusieurs points; points de suspension. 2. *Mus:* (*a*) Point d'augmentation. (*b*) **Staccato dots,** points détachés. 3. *F:* Tout petit enfant; mioche *mf. Band of tiny dots,* bande *f* de mioches. 4. *P:* **Off one's dot** = DOTTY 2 (*a*).
dot[2], *v.tr.* (dotted; dotting) 1. Mettre un point sur (un i). *See also* I[1]. 2. Marquer (une surface) avec des points; pointiller (une ligne, un dessin). **Feathers dotted with black (spots),** plumage parsemé de taches noires, piqueté de noir. *The meadow is dotted with flowers,* **flowers are dotted about, over, the meadow,** la prairie est semée de fleurs; les fleurs émaillent la prairie. *Hillside dotted with chalets,* coteau parsemé de chalets. *The islands are dotted all round the coast,* les îles sont éparpillées, s'éparpillent, tout autour de la côte. **Dotted line of lights,** égrènement *m* de lumières. *A dotted line of lights runs along the quay,* des lumières s'égrènent le long du quai. 3. *Mus:* Pointer (une note). **Dotted quaver,** croche pointée, croche suivie d'un point. 4. **To dot and carry one,** (i) *Ar: A:* poser et retenir; reporter un chiffre; (ii) *F:* boiter (en marchant); clopiner; *F:* faire cinq et trois font huit. **To dot off,** s'en aller clopin-clopant. 5. *P:* **To dot him one,** flanquer une beigne, un pain, à qn.
dotted, *a.* 1. (Contour) pointillé. **Dotted line,** (ligne *f* en) pointillé *m*; ligne pointillée; trait pointillé. *Engr:* **Dotted manner,** manière pointillée. 2. *Mus:* **Dotted note,** note pointée.
dotting, *s.* Pointillage *m.*
'dotting-pen, *s.* 1. Traulet *m.* 2. Tire-ligne *m* de pointillé, *pl.* tire-lignes.
'dotting-wheel, *s.* Roue *f* à pointiller.
dotage ['doutedʒ], *s.* 1. Radotage *m*; seconde enfance; gâtisme *m.* **To fall into one's dotage,** tomber dans le gâtisme. 2. = DOTING[2].
dotal ['doutəl], *a.* Dotal, -aux.
dotard ['doutərd], *s.* (Vieillard) radoteur; *F:* gâteux *m*; *P:* gaga *m*; vieux birbe.
dote [dout], *v.i.* 1. Radoter; tomber dans la sénilité; retomber en enfance. 2. **To dote (up)on s.o.,** aimer qn à la folie; se passionner pour qn; raffoler, être fou, folle, de qn; adorer qn.
doting[1], *a.* 1. Qui radote; radoteur, sénile. 2. Qui montre une tendresse ou une indulgence ridicule. **Doting mother,** mère *f* qui aime follement ses enfants, qui gâte ses enfants. **-ly,** *adv.* 1. En radoteur. 2. Avec une tendresse ou une indulgence ridicule.
doting[2], *s.* Raffolement *m* (*upon*, de); engouement *m* (pour).
doth [dʌθ]. *See* DO[1].
Dotheboys Hall ['duːðəbɔiz'hɔːl], *s. F:* Pensionnat *m* de la pire espèce (dans *Nicholas Nickleby* de Dickens). *He was a boarder at a D. H.,* il était pensionnaire chez un marchand de soupe.
dott(e)rel ['dɔt(ə)rel], *s. Orn:* (Pluvier *m*) guignard *m.*
dottle [dɔtl], *s. F:* Culot *m* (de pipe).
dotty ['dɔti], *a.* 1. Marqué de points; moucheté; (dessin) pointillé. 2. *P:* (*a*) Toqué, piqué, maboul, timbré, loufoque. *To be d.,* avoir un coup de marteau. **To go dotty,** déménager; perdre la boule. (*b*) **To be dotty on one's legs,** être peu solide sur ses jambes.
double[1] [dʌbl]. I. *a.* 1. (*a*) Double. **Double chin,** double menton *m*;

F: menton à double étage. **Double daffodil,** narcisse *m* double. *N.Arch:* **Double bottom,** double fond *m* (d'un vaisseau). **With a double meaning,** à deux sens, à double sens. **To give a double knock,** frapper (à la porte) d'un coup redoublé; frapper deux coups à la porte. **Double bedroom,** chambre *f* à grand lit. **'All' is spelt 'a, double l,'** "all" s'écrit "a, deux l." **To reach double figures,** atteindre les deux chiffres. *Ch:* **Double salt,** sel *m* double. *Dicing: Dominoes:* **Double six,** le double six. *Rail:* **Double track,** double voie *f*; ligne *f* à deux voies. *Tg:* **Double pole,** poteaux jumelés. *Turf: etc: To bet on the* **double event,** jouer les deux courses. *F:* **Double event,** double mariage *m*, naissance *f* de jumeaux, etc. **To play a double game,** jouer double jeu; jouer deux rôles à la fois; ménager la chèvre et le chou. **To lead a double life,** (i) (*of Raffles, etc.*) mener une vie double; (ii) avoir deux ménages. **To run in double harness,** (i) (*of horse*) être dressé à l'attelage en couple; être attelé en couple; (ii) *F:* être marié. *Ecc:* **Double feast,** fête *f* double. *Med:* **Double pneumonia,** pneumonie *f* double. **Double vision,** double vision *f*. *See also* BED[1] 1, -CHINNED, CUFF[1] 1, 2, -CUFFED, DOOR, ENTRY 4, FLOW[1] 1, HIT[1] 1, LOCK[2] 1, SAUCEPAN. (*b*) De grandeur ou de force double. **Double whisky, double Scotch,** double consommation *f* de whisky. **Double ale,** bière *f* double. **Double traitor,** doublement traître. *See also* BASSOON. **2.** (*Of material, etc.*) (Plié) en deux. *To fold a sheet d.*, plier une feuille en deux. (*Of pers.*) **Bent double,** courbé en deux. **3. Double the number,** le double, deux fois autant. **To pay double the value,** payer le double de la valeur. *To be d. the length of sth.*, avoir une longueur double de qch. **I am double your age,** je suis deux fois plus âgé que vous. **4. Double time,** pas redoublé. *In d. time*, au pas redoublé, au pas gymnastique. *Mil:* **Double time,** (*as a command*) **double march!** pas de course (!).

II. **double,** *adv.* **1. Double as long as . . .,** deux fois plus long que. . . . **2. To see double,** voir double. **3. To sleep double,** coucher à deux.

III. **double,** *s.* **1.** Double *m*, deux fois *f* autant. **To toss double or quits,** jouer (à) quitte ou double. **2.** (*a*) (*Of spirit*) Double *m* (d'un vivant). (*b*) (*Of pers.*) Double; *F:* sosie *m*, ménechme *m* (de qn). **3.** *F:* Chambre *f* à deux personnes. **4.** Détour *m* (d'un animal poursuivi, d'un fleuve); crochet *m* (d'un animal poursuivi). **5.** *Mil:* **To break into the double,** prendre le pas de course. **At the double,** au pas de course, de charge; au pas gymnastique. *To come up at the d.*, arriver au pas de course. **6.** *Ten:* (*a*) **Men's, women's, mixed, doubles,** double *m* messieurs, double dames, double mixte. (*b*) **Double (fault),** seconde faute, double faute. **7.** *Turf:* Coup *m* de deux. **8.** *Cards:* (*At bridge*) Contre *m*. **9.** *Typ:* (*Doubled letter or passage*) Doublon *m*.

'double-ace, *s.* Double-as *m*, *pl.* doubles-as.

'double-'acting, 'double-'action, *a.* *Mec.E:* (Cylindre *m*, machine *f* à vapeur) à double effet.

'double-bank, *v.tr.* *Nau:* Doubler (les avirons).

double-banked, *a.* *Nau:* (Canot) armé à couple. **Double-banked oars,** avirons de couple, avirons doublés.

'double-'barrelled, *a.* (Fusil *m*) à deux coups. *D.-b. air-pump*, machine *f* pneumatique à deux corps. *F:* **Double-barrelled name,** patronymique *m* double (p.ex. *Mr J. Smith-Jones*); nom *m* double; nom à rallonge, à tirette.

'double-bass [beis], *s.* *Mus:* Contrebasse *f* (à cordes).

'double-'bedded, *a.* (Chambre *f*) à deux lits.

'double-bitt, *v.tr.* *Nau:* **1.** Prendre deux tours (de câble) à la bitte; prendre deux tours de bitte. **2.** Bitter (le câble) sur deux bittes.

'double-'breasted, *a.* (Gilet, pardessus) croisé.

double-'coated, *a.* *Phot:* (Film *m*, etc.) à couche double.

double-'concave, *a.* Biconcave.

'double-cross, *v.tr.* *U.S:* *F:* Duper, tromper (un autre membre de sa bande, un camaro).

'double-dealer, *s.* Homme *m* à deux visages; fourbe *m*, trompeur *m*.

'double-dealing. **1.** *s.* Duplicité *f*, fourberie *f*, fausseté *f* de conduite. **2.** *a.* Fourbe, trompeur, -euse; (homme) faux.

'double-'decker, *s.* **1.** *Av:* Biplan *m*. **2.** *Nau:* Deux-ponts *m inv.* **3.** *F:* Autobus *m*, etc., à double étage, à impériale.

'double-de'clutch, *v.i.* *Aut:* Débrayer deux fois (pour changer de vitesse); exécuter un double débrayage.

'double 'Dutch, *s.* *F:* **To talk double Dutch,** baragouiner, parler un langage inintelligible. *That's all d. Dutch to me*, (i) je ne puis rien comprendre à ce baragouin; (ii) c'est de l'hébreu pour moi.

'double-dye, *v.tr.* Teindre deux fois.

double-dyed, *a.* **1.** *Tex:* (Étoffe *f*) bon teint *inv.* **2.** *F:* **Double-dyed scoundrel,** gredin fieffé.

'double-'eagle, *s.* *U.S:* Pièce *f* de vingt dollars.

'double-edged, *a.* (Épée *f*, compliment *m*, argument *m*) à deux tranchants.

'double-faced, *a.* **1.** *Tex:* (Étoffe *f*) sans envers, à double envers. **2.** (Homme) à double face, à deux visages, fourbe, faux, hypocrite.

'double-fault, *v.i.* *Ten:* Faire une double faute.

'double-'flanged, *a.* A deux rebords. **Double-flanged wheel,** roue *f* à gorge.

'double-ganger, *s.* (*Spirit*) Double *m* (d'un vivant).

'double-geared, *a.* *Mec.E:* **1.** A double démultiplication. **2.** A deux vitesses.

'double-gild, *v.tr.* Surdorer.

double-gilding, *s.* Surdorure *f*.

double-gilt, *a.* Surdoré.

'double-graft[1], *s.* *Hort:* Contre-greffe *f*, surgreffage *m*.

'double-graft[2], *v.tr.* *Hort:* Contre-greffer, surgreffer.

double-grafting, *s.* Surgreffage *m*.

'double-handed, *a.* **1.** A deux poignées. **2.** A deux usages.

'double-headed, *a.* A deux têtes; bicéphale. *Rail:* **Double-headed rail,** rail *m* à double champignon. **Double-headed train,** train *m* à deux locomotives, avec deux locomotives en tête. *See also* EAGLE 2.

'double-iron, *v.tr.* Mettre des fers aux deux jambes de (qn).

'double-'jointed, *a.* *F:* (*Of pers., limb*) Désarticulé.

'double-'leaded, *a.* *Journ:* **Double-leaded article,** article *m* à forts interlignes (pour attirer l'attention).

double-'lock, *v.tr.* Fermer (une porte, etc.) à double tour.

'double-'meaning. **1.** *s.* Ambiguïté *f*, équivoque *f*; double entente *f*. **2.** *a.* Ambigu, à double sens, à double entente.

'double-mesh, *v.tr.* *Fish:* Contre-mailler (un filet).

'double-op'posed, *a.* *I.C.E:* (Moteur *m*) à deux cylindres opposés.

'double-pole, *attrib.a.* *El.E:* **Double-pole switch,** interrupteur *m* bipolaire; inverseur *m* bipolaire.

'double-quick. **1.** *s.* Pas *m* gymnastique. **2.** *a.* & *adv.* **In double-quick time, double-quick,** (i) au pas gymnastique; (ii) *F:* en moins de rien, en vitesse. *To do sth. in d.-q. time, F:* mettre les bouchées doubles.

'double-'reading, 'double-scale, *attrib.a.* **Double-reading ammeter, double-scale ammeter,** ampèremètre *m* à deux échelles, à deux graduations.

double-'reef, *v.tr.* *Nau:* Prendre deux ris à, dans (une voile).

double-'scull[1], *s.* *Nau:* Aviron *m* à couple.

double-'scull[2], *v.i.* Nager à, en, couple.

double-sculling, *s.* Nage *f* à, en, couple.

double-'sculler, *s.* *Row:* Double-scull *m*, *pl.* doubles-sculls.

'double-'seated, *a.* (Pantalon *m*) à double fond.

'double-'stitched, *a.* (Bords *m*) à double couture.

'double-'stop, *v.i.* *Mus:* (*Violin, etc.*) Faire des doubles-cordes.

double-stopping, *s.* Double-corde *f*.

'double-'tongue, *v.i.* *Mus:* Faire des doubles coups de langue sur la flûte, etc.

double-tonguing, *s.* Double coup *m* de langue.

double-'tongued, *a.* (*Of pers.*) Faux, fausse; peu sincère; fourbe; menteur, -euse.

'double-'width, *a.* **Double-width cloth,** étoffe *f* grande largeur.

'double-'wound, *a.* (Électro-aimant *m*, etc.) à deux enroulements.

double[2]. I. *v.tr.* **1.** (*a*) Doubler (un nombre, etc.); porter (un chiffre) au double. *Even if it were doubled the salary would not be generous*, même porté au double le traitement ne serait pas généreux. *Nau:* **To double a rope,** mettre une manœuvre en double. *Mus:* **To double a note,** doubler, redoubler, une note (à l'octave). *Th:* **To double parts,** jouer deux rôles. *Gaming:* **To double one's stake** (*after a loss*), martingaler. *He doubled his stakes and lost*, il fit faux paroli. *See also* BLOOM[3]. (*b*) *Tex:* Doubler (le fil). **2.** *Nau:* **To double a cape,** doubler un cap. **3. To double (up) paper, material, etc.,** plier en deux, replier, doubler, du papier, de l'étoffe, etc. **To double (up) one's fist,** serrer le poing. **4.** *Cards:* (*At bridge*) Contrer; dire contre. **5.** *Bill:* **To double the red,** mettre la bille rouge dans la blouse en la faisant rebondir contre la bande; faire la rouge au doublé; doubler la rouge. **6.** *F:* *To d. s.o. (up) with s.o. (in bedroom, cabin)*, faire partager une chambre, une cabine, à qn avec qn. *To d. (up) two passengers*, mettre des passagers à deux.

II. **double,** *v.i.* **1.** (*Of population, etc.*) Doubler, se doubler. **2.** *Mil: etc:* Prendre le pas gymnastique, le pas de course; courir au pas gymnastique. **3.** (*a*) (*Of pers., hunted animal, etc.*) **To double (back),** faire un brusque crochet; doubler ses voies; revenir sur ses pas. (*b*) (*Of river, etc.*) Faire un détour, un crochet.

double back, *v.tr.* Replier, rabattre (une couverture, etc.).

double down, *v.tr.* Plier, faire une corne à (une page); replier (une page).

double over. **1.** *v.i.* Se plier. **2.** *v.tr.* Replier, rabattre.

double up. **1.** *v.i.* (*a*) Se plier (en deux); se courber (en deux), se replier. **To double up with laughter,** se tordre de rire; *P:* se gondoler. *Doubled up with his knees to his chin*, ployé les genoux au menton. (*b*) Accourir au pas gymnastique. *F:* **Double up!** dépêchez-vous! **2.** *v.tr.* (*a*) Replier (qch.). (*b*) (*Of blow, etc.*) Faire plier (qn) en deux; asseoir (qn) par terre. **3.** *v.i.* *To d. up with s.o.*, partager une chambre, une cabine, avec qn.

doubling, *s.* **1.** (*a*) Doublement *m* (d'un nombre, etc.). (*b*) *Mus:* Redoublement *m* (d'une note dans un accord). **2.** (*a*) Doublage *m* (d'une étoffe, etc.). (*b*) *Esp. Her:* Doublure *f* (de l'étoffe). **3.** Détour *m*, crochet *m*.

'doubling-frame, *s.* *Tex:* Doubleuse *f*.

double entendre [du:bl ɔn'tɔ:ndr], *s.* *Usu. Pej:* Mot *m* ou expression *f* à double entente, à double sens.

doubler ['dʌblər], *s.* **1.** *Tex:* (*Pers.*) Doubleur, -euse (de laine, etc.). **2.** *El:* Duplicateur *m* électrique. *Revolving d.*, duplicateur rotatif.

doublet ['dʌblet], *s.* **1.** *A.Cost:* Pourpoint *m*, doublet *m*. **2.** *Ling:* Doublet. **3.** *B.Criticism:* Passage de la Bible qui en double un autre. **4.** *Phot:* **Doublet (lens),** (i) objectif *m* double; (ii) objectif dédoublable. **5.** *pl.* **Doublets** (*at dice*), doublet. **6.** *Shooting:* Doublé *m*; coup *m* double.

doubleton ['dʌbltən], *s.* *Cards:* Deux cartes *f* d'une couleur.

doubloon [dʌb'lu:n], *s.* *Num:* Doublon *m*.

doubly ['dʌbli], *adv.* Doublement. *See also* BENT 1.

doubt[1] [daut], *s.* Doute *m*. **To be in doubt,** être en doute, dans le doute, dans l'incertitude *f*. *When in d. . . .*, dans le doute. . . . *The matter hangs in d.*, l'affaire reste douteuse, en suspens. **To cast doubts on sth.,** mettre qch. en doute. **To have one's doubts, to entertain doubts, about, as to, sth.,** avoir des doutes sur, au sujet de, à l'endroit de, qch. **To raise doubts,** soulever des doutes. *In order that there may be no d. as to . . .*, pour qu'il n'y ait pas d'équivoque sur. . . . *I have my doubts whether he will come*, je ne suis pas sûr qu'il viendra ; je doute qu'il vienne. *I have my doubts as to this being true*, je doute que cela soit vrai. *It became a matter of d. whether . . .*, on commença à ne pas trop savoir si. . . . **There is no room for doubt,** le doute n'est pas permis. *It is a matter of some d. with me whether I could . . .*, je doute de pouvoir. . . . *Of that time's coming he had no d.*, que ce temps dût venir, cela ne faisait pour lui aucun doute. *There is no d. of his adherence*, son adhésion ne fait pas question, ne fait pas de doute. *The result ceased to be a matter of d.*, le résultat cessa d'être douteux. **Beyond (a) doubt,** hors de doute ; sans le moindre doute ; à n'en pas douter ; indiscutablement. *Facts beyond d.*, faits avérés. *Reputation beyond d.*, réputation indiscutée. **No doubt he will come,** il viendra sans doute ; sans doute qu'il viendra. *I have no d. I shall see him before long*, je ne doute pas de le voir bientôt. *There is, seems to be, no d.* (*but*) *that . . .*, il n'est pas douteux, il n'est pas à douter, il ne semble faire aucun doute, que . . . (ne) + *sub.*, *more usu.* que + *ind.* **Without (a) doubt,** sans aucun doute. **There is no doubt about it,** il n'y a pas à dire ; cela ne fait point de doute. *Make no d. about it*, soyez-en certain. *See also* BENEFIT[1] 2, MANNER 6.

doubt[2]. I. *v.tr.* Douter. (*a*) **To doubt s.o., s.o.'s word,** douter de qn, de la parole de qn ; mettre en doute la parole de qn. **I doubt it,** j'en doute. *There was no doubting the sincerity of their welcome*, on ne pouvait mettre en doute la sincérité de leur accueil. **To doubt one's own eyes,** ne pas en croire ses yeux. *I d. whether, if, he will come*, je doute qu'il vienne, s'il viendra ; je me demande s'il viendra. *I do not d., Lit:* **I doubt not,** (*but*) *that he will come*, je ne doute pas qu'il ne vienne. *Do you d. that I can do it?* doutez-vous que je puisse le faire ? *I d. having said . . .*, je doute avoir dit. . . . (*b*) *Dial:* **I doubt we are too late,** je crains (bien) que nous (ne) venions trop tard, que l'heure (ne) soit passée. 2. *v.i.* (*a*) *He doubted no longer*, il n'hésita plus. (*b*) *We never doubted of your success*, nous n'avons jamais douté de votre succès.

doubter ['dautər], *s.* Douteur, -euse, incrédule *mf*, sceptique *mf*.

doubtful ['dautful], *a.* I. (*Of thg*) (*a*) Douteux. *The result remains d.*, le résultat reste douteux, indécis, incertain. *Pros:* **Doubtful syllable, vowel,** syllabe, voyelle, douteuse. *It is d. whether*, il est douteux, il est à douter, si. . . . (*b*) *Com:* **Doubtful debt,** dette véreuse. *Jur:* (*Of debt, proof*) *To become more and more d.* (*with the passing of time*), dépérir. 2. (*Of pers.*) (*a*) Indécis, incertain. *I was still d. about speaking to him*, j'hésitais encore à lui parler. (*b*) *To be d. of, as to, sth.*, douter de qch. ; avoir des doutes sur qch. *I am d. about his succeeding*, je doute qu'il réussisse, s'il réussira. 3. (*Questionable*) (Caractère) équivoque, suspect ; (question *f*) discutable. **In doubtful taste,** d'un goût douteux. **Doubtful society,** compagnie *f* louche. **Story of doubtful authenticity,** histoire *f* apocryphe. *A d. outline on the horizon*, un vague contour à l'horizon. **-fully,** *adv.* I. D'un air de doute. 2. En hésitant ; d'une façon indécise ; d'un ton indécis. 3. Vaguement.

doubtfulness ['dautfulnəs], *s.* I. Ambiguïté *f* ; caractère incertain (d'un texte, etc.). 2. Incertitude *f* (du temps, de l'avenir). 3. Irrésolution *f*, indécision *f*.

doubtless ['dautləs], *adv.* I. Sans aucun doute. 2. Sans doute ; très probablement.

douceur [du:'sə:r], *s.* I. Gratification *f*, pourboire *m*, cadeau *m*. 2. *Pej:* Pot-de-vin *m*, *pl.* pots-de-vin.

douche[1] [du:ʃ], *s. Esp. Med:* I. Douche *f*. 2. Bock *m*, irrigateur *m*.

douche[2]. I. *v.tr.* Doucher. 2. *v.i.* Se doucher.

doucin ['du:sin], *s. Hort:* **Doucin stock,** porte-greffes *m* doucin.

doucine [du'si:n], *s. Arch:* Doucine *f*.

dough [dou], *s.* I. Pâte *f* (à pain). *Heavy d.*, pâte mate. 2. *U.S: P:* Argent *m* ; *P:* galette *f*, pognon *m*.

'**dough-bird,** *s. Orn: U.S:* Courlis *m* du nord.

'**dough-boy,** *s. U.S:* I. *Cu:* = DUMPLING I. 2. *P:* (*a*) Simple soldat, tourlourou *m*. (*b*) (*In the War*, 1917-18) **The Dough-boys,** les Américains.

'**dough-face,** *s. U.S:* Homme qui manque de caractère ; homme mou.

'**dough-knife,** *s.* Coupe-pâte *m inv.*

doughiness ['douinəs], *s.* I. *Cu:* Manque *m* de cuisson, mauvaise cuisson (du pain) ; lourdeur *f* (d'un gâteau, etc.). 2. *F:* Teint terreux (du visage).

doughnut ['dounʌt], *s. Cu:* Pet *m* de nonne.

doughtiness ['dautinəs], *s. A. & Hum:* Vaillance *f*.

doughty ['dauti], *a. A. & Hum:* Vaillant, preux. **Doughty deeds,** hauts faits. **-ily,** *adv.* Vaillamment ; (s'acquitter) en preux chevalier.

doughy ['doui], *a.* I. (Pain) pâteux, mat. 2. *F:* **Doughy countenance,** visage terreux.

Doukhobors ['du:kobɔ:rz], *s.pl. Rel.H:* Doukhobors *m*.

doum [du:m], *s. Bot:* **Doum(-palm),** doum *m*.

dour ['duər], *a. Scot:* I. Austère, froid, sévère ; peu démonstratif. 2. Obstiné ; (caractère *m*) qui se bute ; buté. **-ly,** *adv.* I. Avec une austérité froide. 2. Avec obstination.

dourine ['duəri:n], *s. Vet:* Dourine *f*, mal *m* de coït.

dourness ['duərnəs], *s. Scot:* I. Sévérité *f*, austérité *f* (de visage, de paroles). 2. Obstination *f*.

douro ['duəro], *s. Num:* Douro *m*.

douse[1] [daus], *v.tr. F:* I. Plonger, tremper, (qch.) dans l'eau. 2. Arroser, asperger, (qn) d'eau ; doucher (qn) ; administrer une douche à (qn).

dousing, *s.* (*a*) Plongeon *m*. (*b*) Douche *f*. *He got a d.*, il a été trempé.

douse[2], *v.tr. Nau:* I. (*a*) Amener rondement, ramasser (une voile). (*b*) Fermer (un sabord). 2. *P:* Éteindre. **Douse the glim!** éteignez ! souffle la camoufle !

douser ['dausər], *s. Cin:* Écran *m* de sûreté (du projecteur) ; écran pare-feu *inv.*

dove[1] [dʌv]. I. *s.* (*a*) *Orn:* Colombe *f* ; *F:* pigeon *m*. *See also* MILD, RING-DOVE, ROCK-DOVE, STOCK-DOVE, TURTLE-DOVE, WOOD-DOVE. (*b*) *F:* **My dove!** ma colombe ! ma chérie (*occ.* mon chéri) ! ma mie ! 2. *a.* **Dove(-coloured, -grey),** colombin ; gorge-de-pigeon *inv.*

'**dove-eyed,** *a.* Aux yeux de colombe.

'**dove-hawk,** *s. Orn:* = HEN-HARRIER.

'**dove-party,** *s. U.S:* Réunion *f* intime de femmes de pasteurs.

'**dove's-foot,** *s. Bot:* Bec-de-grue *m*, *pl.* becs-de-grue.

dove[2] [do:uv]. *See* DIVE[2].

dovecot(e) ['dʌvkɔt], *s.* Colombier *m*, pigeonnier *m* ; fuie *f*. *See also* FLUTTER[1] 2.

dovelike ['dʌvlaik]. I. *a.* (Douceur *f*, etc.) de colombe. 2. *adv.* Comme une colombe.

Dover ['douvər]. *Pr.n. Geog:* Douvres *m*. **The Straits of Dover,** le Pas de Calais.

dovetail[1] ['dʌvteil], *s. Carp:* Queue-d'aronde *f*, *pl.* queues-d'aronde ; adent *m*. *Lapped, blind, concealed, secret, d.*, queue-d'aronde recouverte, à recouvrement. *Countersunk d.*, embrèvement *m* à queue-d'aronde. *See also* JOINT[1] I.

dovetail[2], *v.tr.* I. Assembler à queue-d'aronde ; adenter. **Dovetailed joint,** joint *m* à, en, adent ; assemblage endenté, à queue-d'aronde. 2. (*a*) *F:* *To d. two schemes together, into each other*, opérer le raccord entre deux entreprises. (*b*) *v.i.* (*Of schemes, etc.*) Se rejoindre, se raccorder.

dovetailing, *s.* I. Endentement *m* ; assemblage *m* à queue-d'aronde. 2. *F:* Raccordement *m*.

dowager ['dauədʒər], *s.f.* I. Douairière. **Princess-dowager, queen-dowager,** princesse douairière, reine douairière. **Dowager-duchess,** duchesse douairière. 2. *F:* Dame âgée (et d'aspect digne) ; douairière.

dowd [daud], *s.* Femme peu élégante ; caricature *f*.

dowdiness ['daudinəs], *s.* Manque *m* d'élégance, de chic (dans la toilette d'une femme).

dowdy ['daudi], *a.* (Femme ou toilette) peu élégante, sans élégance, qui manque de chic. **Her dress makes her look dowdy,** sa toilette la dépare. *D. get-up, F:* fagotage *m*. **An old dowdy,** une vieille dame mal fagotée ; une vieille caricature. *A shy, d. young woman*, une jeune femme timide et mal habillée. *A dress d. with age*, une robe fripée et passée de mode. *They were a d. lot*, elles étaient toutes habillées, *F:* fichues, comme quatre sous. **-ily,** *adv.* (Vêtue) sans élégance, sans goût.

dowel[1] ['dauel], *s. Carp:* Goujon *m* (d'assemblage) ; goujon perdu ; agrafe *f* ; cheville *f* (en bois) ; goupille *f*.

'**dowel-hole,** *s.* Enlaçure *f*.

'**dowel-pin**[1], *s.* = DOWEL[1].

'**dowel-pin**[2], *v.tr.* Goupiller ; goujonner ; assembler (des pièces) au moyen de goujons.

'**dowel-wedge,** *s. Nau: etc:* Épite *f*.

'**dowel-wood,** *s.* Fenton *m*.

dowel[2], *v.tr.* (dowelled) Goujonner, agrafer (des planches) ; enlacer (un joint à mortaise). **Dowelled joint,** enlaçure *f*.

dowelling, *s.* Agrafage *m*.

dower[1] ['dauər], *s.* I. (*Widow's*) Douaire *m*. 2. *A. & Lit:* = DOWRY I. 3. *F:* Don *m*, apanage *m*.

dower[2], *v.tr.* I. Assigner un douaire à (une veuve). 2. Doter (une jeune fille). 3. *F:* *Dowered with the most brilliant talents*, doué des plus brillantes qualités.

dowerless ['dauərləs], *a.* Sans dot.

dowlas ['dauləs], *s. Tex:* Toile commune, toile grossière ((i) *A:* de lin, (ii) de coton).

down[1] [daun], *s.* I. Dune *f*. 2. *pl.* (*In Sussex, etc.*) **The North Downs, the South Downs,** les hautes plaines crayeuses et accidentées ; les Downs *m*. *See also* SOUTHDOWN. 3. *Geog:* **The Downs,** la rade au large de Deal. *Hist:* **The Battle of the Downs,** la Bataille (navale) des Dunes (1639).

down[2], *s.* I. (*On birds*) Duvet *m*. *D. pillow*, oreiller *m* de plume. *See also* SWAN'S DOWN, THISTLE-DOWN. 2. (*On pers.*) Duvet, poil follet ; cheveux follets. 3. (*On plants*) Poil, coton *m*, duvet ; (*on buds*) bourre *f* ; (*on fruit*) duvet, velouté *m*, fleur *f*.

down[3]. I. *adv.* I. (*Motion*) Vers le bas ; (de haut) en bas ; à terre, par terre. (*a*) **To go down,** aller en bas ; descendre. *See also* GO DOWN 2. **To lay down one's arms,** mettre bas les armes ; rendre les armes. **To shoot down, bring down, an aeroplane,** abattre, *F:* descendre, un avion. **To fall down,** tomber (i) à terre, (ii) par terre. *Instead of growing up, the child's growing d.!* au lieu de grandir cet enfant rapetisse ! *See also* CAST DOWN, COME DOWN 2, GET DOWN, LET DOWN, LIE DOWN, TAKE DOWN. **Music transposed one tone down,** musique transposée d'un ton au-dessous. **Money down, cash down,** argent (au) comptant, sur table ; *F:* donnant, donnant. *See also* PAY DOWN I. **Down from the tree,** du haut de l'arbre. *D. to the ground*, jusqu'à terre. *See also* GOING[1] 4, GROUND[2] 5, UP[1] I. I. (*b*) (*Elliptical = imperative*) **Down with the traitors!** à bas les traîtres ! conspuez les traîtres ! (*Of medicine, etc.*) **Down with it!** avalez ! **Down with you!** descendez ! (*To a dog*) **Down!** à bas ! couché ! *D., sir!* à bas les pattes ! *Nau:* **Down (with the) helm!** la barre dessous ! **Hard down!** amenez ! **Down masts!** dématez ! 2. (*Position*) **Down below,** (i) en bas, en contre-bas ; (ii) *F:* en enfer. **Down there,** là-bas (en contre-bas). **Further down,** plus bas. **Down in the country,** (au loin) à la campagne, en province. *He is d. at Leeds*, il est parti à Leeds. *See also* SOUTH[1] 2. **Down here,** ici, dans ces parages. **Down under,** aux antipodes. *A man from d. under*, un voyageur des antipodes. **The blinds were down,** les stores étaient baissés, tirés. *The curtains are d.*, on a enlevé les rideaux. **To lay sth. face down,** placer qch. face en dessous, à l'envers. **Head down,** la tête en bas. *See also* UPSIDE DOWN. **To be down,** (i) être tombé (par terre) ; (ii) (*of university student*) être rentré chez soi (à la fin du trimestre) ; (iii) (*of student*) n'être plus à l'université. **He is not down (from his bedroom) yet,** il n'est pas encore descendu. **To hit a man when he**

is down, frapper un homme à terre. *That's hitting a man when he's d.*, c'est le coup de pied de l'âne. **Motion down for to-day**, motion portée à l'ordre du jour. **He is down for £20**, il est inscrit pour (une cotisation de) 20 livres. **He is £20 down**, il a un déficit de £20. **Many are down with fever**, beaucoup sont alités, frappés, par la fièvre; beaucoup sont malades de la fièvre. *She is d. with a sick headache*, une migraine la retient au lit. *He is d. with influenza*, il est grippé; il est victime de la grippe. **The sun is down**, le soleil est couché. *The wind is d.*, le vent est tombé, s'est apaisé. *The tide is d.*, la mer est basse. *The sea is d.*, la mer s'est calmée. *The river is d.*, la rivière est basse, est rentrée dans son lit. **Bread is down**, le pain a baissé. **The clock is down, has run down**, on n'a pas remonté l'horloge; l'horloge est à bout (de remonte). *See also* RUN DOWN I. **Her hair is down**, ses cheveux sont dénoués, défaits. *Aut: etc:* **Your tyres are down**, vos pneus sont dégonflés, à plat; *F:* vous êtes à plat. *Cr:* **The wicket is down**, le guichet est renversé. *Games:* **To be ten points down**, avoir dix points de moins; être en perte de dix points. *Golf:* **Two down and three to play**, deux de moins et trois à jouer. *Cards:* **To be two down**, avoir deux de chute; avoir chuté de deux levées. *Nau:* **Hull down**, coque noyée (sous l'horizon). **Ship down by the head, by the bows**, navire sur le nez, qui pique du nez; navire enfoncé par l'avant. (*Of ship*) *To go d. by the bows*, piquer de l'avant. *D. by the stern*, enfoncé par, de, l'arrière; sur cul. **A funnel was down**, une cheminée était démâtée. *One of our masts is d.*, nous avons un mât par terre. *See also* UNION 4. *Artil:* (*In range finding*) **Down 300!** plus près 300! **3.** (*Order, time*) **From prince down to pedlar**, du prince jusqu'au colporteur. **He had eaten everything down to his boots**, il avait mangé jusqu'à ses souliers. **Down to recent times**, jusqu'au temps présent; jusqu'à présent. *D. to date, d. to here, we have heard nothing*, jusqu'ici nous n'avons rien appris. *D. to here*, (en descendant) jusqu'ici. *D. to where?* (en descendant) jusqu'où? **4.** *Miscellaneous phrases.* **To be down on s.o.**, en vouloir à qn; être toujours sur le dos de qn. *F: To be d. on s.o. like a hammer*, (i) rembarrer vertement qn; (ii) tomber raide sur qn. *Everyone is d. on him*, tout le monde lui tombe dessus; tout le monde est contre lui. **To be down in the mouth**, être découragé, abattu, déprimé, tout triste. *He soon gets d. in the mouth*, il se déprime facilement. *He looks d. in the mouth*, il a l'air abattu, découragé. *F:* **To be down and out**, être ruiné, vidé, décavé; être au bout de son rouleau, à bout de ressources, sur la paille, à fond de cale. **The down-and-outs**, les vaincus du sort; les clochards *m*. *See also* HAND[1] 2, HEEL[1] 1, LUCK 1.

II. **down**, *prep.* **To lower s.o. down a precipice**, descendre qn le long d'un précipice. *To slide d. the wall*, se laisser couler le long du mur. **The tears ran down his face**, les larmes lui coulaient le long des joues. **Her hair is hanging down her back**, les cheveux lui pendent dans le dos. **To go down the street, down a hill**, descendre la rue, une colline. **To go down the river**, descendre le fleuve; aller en aval. *He lives d. the river*, il demeure en aval (de chez moi). **To fall down the stairs**, tomber en bas de l'escalier. **Down town**, en ville. *I'm going d. town*, je me rends en ville. *Ven:* (*Of game, etc.*) **To fly down the wind**, aller à vau-vent. *Rail:* **Down the line**, en aval. *See also* UP[1] II. 2.

III. **down**, *a.* **1.** **Down leap**, saut *m* en bas, à terre. **2.** *Rail:* **Down train, down platform**, train montant, train d'aller; quai montant. **Down road, down line**, voie montante, voie impaire. **3.** *W.Tel:* **Down lead** [liːd], descente *f* d'antenne. **4.** *Mus:* **Down beat**, temps fort; frappé *m*. *Violin:* **Down bow!** tirez! *With the d. bow*, en tirant. **5.** *F:* = DOWN-HEARTED.

IV. **down**, *s.* **1.** *Used only in the phr.* **Ups and downs**, *q.v. under* UP[1] IV. **2.** *P:* **To have a down on s.o.**, en vouloir à qn; nourrir de la rancune contre qn; avoir une dent contre qn.

down-at-'heel, *a.* (Soulier) éculé; (*of pers.*) râpé, *F:* décheux.

'down-draught, *s.* (*a*) Courant d'air descendant; *Ind:* tirage inférieur. *I.C.E:* **Down-draught carburettor**, carburateur à tirage descendant, à tirage en bas; carburateur inversé. (*b*) Succion *f* (d'un navire qui coule, etc.).

'down-grade, *s.* **1.** *Rail: etc:* Pente descendante; descente *f*, déclivité *f*. **2.** Décadence *f*. **To be on the down-grade**, baisser, être sur le déclin, *F:* sur le retour. *Nation on the d.-g.*, nation *f* en déchéance, en décrépitude. *At fifty a man is on the d.-g.*, à cinquante ans on est sur l'autre versant. *His business, civilization, is on the d.-g.*, ses affaires *f* périclitent; la civilisation recule.

'down-haul, *s.* *Nau:* Hale-bas *m inv*, calebas *m*.

down-'hearted, *a.* Découragé; déprimé, abattu. **Don't be down-hearted**, ne perdez pas courage. *To become d.-h.*, se décourager; perdre courage. **-ly**, *adv.* Avec découragement.

down-'heartedness, *s.* Abattement moral; découragement *m*.

'down-'runner, *s.* *Metall:* (Trou *m*, jet *m*, de) coulée *f*.

'down-'stage, *adv.* & *a.* *Th:* Sur le devant (de la scène).

'down-'stream. **1.** *adv.* En aval, à l'aval. **To go, drop, drift, down-stream**, aller en aval; suivre le courant. *Going d.-s.*, avalage *m*. *Velocity d.-s.*, vitesse *f* à l'aval. **2.** *a.* ['daunstriːm] D'aval. *See also* CUTWATER 2.

'down-striking, *a.* *Civ.E:* *Const:* **Down-striking apparatus**, appareil *m* de décintrement.

'down-stroke, *s.* **1.** (*In writing*) Jambage *m*, plein *m*. **2.** *Mch:* Course descendante; mouvement *m* de descente (du piston).

down[4], *v.tr.* **1.** (*a*) **To down s.o.**, terrasser, abattre, qn. **To down an aeroplane**, 'descendre' un avion. *Box: etc:* **To down an opponent**, abattre un adversaire. *His horse had downed him three times*, son cheval l'avait désarçonné trois fois. (*b*) *P:* Battre, vaincre (qn). **2.** *Ind:* **To down tools**, cesser le travail; mettre bas les outils; se mettre en grève; *P:* poser ses clous. **A down-tools policy**, politique *f* d'action directe. **3.** *P:* *To d. a drink*, s'enfoncer une consommation, un verre.

downing, *s.* **1.** Descente *f* (d'un avion) (par un canon anti-aérien, etc.). **2.** **Downing of tools**, mise *f* bas des outils; cessation *f* du travail.

downcast[1] ['daunkɑːst], *a.* **1.** (*Of pers.*) Abattu, déprimé. **To look downcast**, avoir l'air découragé. **2.** (*Of look, etc.*) Baissé (vers la terre).

downcast[2], *s.* **1.** *Geol: Min:* = DOWNTHROW. **Downcast fault**, renfoncement *m*. **2.** *Min:* (*a*) Courant d'air descendant. (*b*) **Downcast(-shaft)**, puits *m* d'appel (d'air); puits d'entrée (d'air).

downcome ['daunkʌm], *s.* **1.** Déchéance *f*, débâcle *f*. **2.** *Metall:* Prise de gaz latérale.

downcomer ['daunkʌmər], *s.* **1.** = DOWNPIPE. **2.** = DOWNCOME 2.

downfall ['daunfɔːl], *s.* **1.** Chute *f* (de neige, etc.). **2.** Chute, ruine *f* (d'une personne); écroulement *m*, effondrement *m* (d'un empire, etc.). **Downfall of all my hopes**, écroulement de toutes mes espérances. *The d. of the ministry*, l'effondrement du ministère. *D. of a financier*, *F:* dégringolade *f* d'un financier. **Drink was his downfall**, la boisson l'a perdu. **3.** *Ven:* (*Trap*) Assommoir *m*.

downhill ['daunhil]. **1.** *s.* Descente *f*, déclivité *f*, pente *f*. **The downhill of life**, le déclin de la vie. **2.** ['daunhil], *a.* En pente, incliné. *F: The d. side of life*, le déclin de la vie. **3.** [daun'hil], *adv.* **To go downhill**, (*of road*) aller en descendant; (*of cart, etc.*) descendre (la côte); *F:* (*of pers.*) être sur le déclin.

downily. *See* DOWNY[2].

downiness ['dauninəs], *s.* Duveté *m*; velouté *m*. *Bot:* Pubescence *f*.

Downing Street ['dauniŋstriːt], *s.* **1.** Rue *f* où se trouve la résidence du premier ministre d'Angleterre. **2.** *F:* Le Gouvernement.

downmost ['daunmoust]. **1.** *a.* Le plus bas, la plus basse. **2.** *adv.* (La tête) en bas.

downpipe ['daunpaip], *s.* Tuyau *m* de descente; descente *f* d'eau; gouttière *f*.

downpour ['daunpɔːər], *s.* Forte pluie; pluie battante; pluie torrentielle; déluge *m* de pluie. *Sudden d.*, grosse averse. *What a d.!* quelle tombée! *F:* quelle rincée!

downright ['daunrait; daun'rait, *if placed after word it qualifies or at end of clause.*] **1.** *adv.* (*a*) Tout à fait, complètement, foncièrement. *F:* **This is 'downright good of you!** c'est vraiment trop de bonté de votre part! (*b*) Nettement, catégoriquement, carrément. *He refused down'right*, il a refusé catégoriquement. **2.** *a.* (*a*) (*Of pers., language*) Direct; franc, *f.* franche; carré. **He's a plain, 'downright fellow**, c'est un homme qui n'a ni si ni mais. *To be d. in business*, être carré en affaires. (*b*) Complet, absolu, véritable, vrai. **'Downright lie**, mensonge éclatant. *The statement is a d. lie*, le fait est absolument faux. *D. swindle*, véritable escroquerie *f*. *D. fool*, sot fieffé, sot achevé, sot en trois lettres, sot renforcé, franc imbécile. *D. scoundrel*, franche canaille. *A d. no*, un non catégorique. *The d. truth*, la pure vérité.

downrightness [daun'raitnəs], *s.* Franchise *f*, droiture *f*. *D. of speech*, parler carré.

downstairs [daun'stɛərz]. **1.** *adv.* (*a*) En bas (de l'escalier). **To come, go, downstairs**, descendre (l'escalier). *To fall, tumble, d.*, rouler en bas de l'escalier; tomber du haut de l'escalier; débouler du haut en bas de l'escalier; dégringoler, *F:* dégouliner, l'escalier. *To kick s.o. d.*, faire dégringoler l'escalier à qn. (*b*) En bas. *Our neighbours d.*, nos voisins (i) de l'étage au-dessous, (ii) du rez-de-chaussée; nos voisins d'en bas. **2.** *a.* **Downstair(s)** ['daunstɛər(z)]. *The d. rooms*, les pièces *f* d'en bas, du bas, du rez-de-chaussée.

downtake ['daunteik], *s.* **1.** *Metall:* = DOWNCOME 2. **2.** *Mch:* **Downtake-flue**, carneau *m* de descente.

downthrow ['daunθrou], *s.* *Geol:* *Min:* Rejet *m* en bas. *Geol:* **Downthrow side** (*of fault*), lèvre affaissée.

downtrodden ['dauntrɔdn], *a.* **1.** (*Of grass, etc.*) Foulé aux pieds; piétiné. **2.** (*Of people*) Opprimé, tyrannisé.

downward ['daunwərd]. **1.** *a.* (Mouvement, sentier) descendant; (regard) dirigé en bas. **Downward tendency** (*of prices*), tendance *f* à la baisse. *F:* **The downward path**, la pente fatale, la pente du mal. *To be on the d. path*, être sur le penchant de sa ruine. *Heavenly body on its d. course*, astre penchant. *Artil:* **Downward fire**, tir fichant, surbaissé. **2.** *adv.* = DOWNWARDS.

downwards ['daunwərdz], *adv.* (*a*) De haut en bas; vers le bas, en descendant; (*on river*) en aval. **To look downwards**, regarder en bas. *Hanging head d.*, pendu la tête en bas. *To lay sth. face d.*, placer qch. face en dessous. **The road runs downwards**, la route va en descendant. **Measurement taken downwards**, mesure prise en contre-bas. (*b*) **From the twelfth century downwards**, à partir du douzième siècle; depuis le douzième siècle. (*c*) *Children of five and d.*, enfants *mpl* de cinq ans et au-dessous.

downy[1] ['dauni], *a.* *Ph.Geog:* (Terrain) qui ressemble aux Downs; (terrain) ondulant.

downy[2], *a.* **1.** (*a*) De duvet, duveteux, duveté; couvert de duvet. *Bot: etc:* Lanugineux, pubescent; tomenteux. (*b*) (*Of fruit*) Velouté, pelucheux; (*of chin*) cotonné. **Chin that is getting downy**, *F:* menton *m* qui commence à fleurir. (*c*) Mou, molle; (lit) douillet, moelleux. *s. P:* **To seek the downy**, aller au plumard. (*d*) *P:* **A downy little bit**, un gentil brin de fille; une petite jeunesse séduisante. **2.** *F:* **He's a downy bird**, c'est un malin, un rusé. **-ily**, *adv.* Avec ruse; d'un ton ou d'un air malin.

dowry ['dauri], *s.* **1.** Dot *f*. *Jur:* Apport dotal. **2.** = DOWER[1] 3.

dowse[1] [dauz], *v.i.* Employer la baguette de sourcier (pour reconnaître la présence de l'eau souterraine, etc.); faire de l'hydroscopie, de la radiesthésie.

dowsing, *s.* Hydroscopie *f*; radiesthésie *f*; art *m* du sourcier.

'dowsing-rod, *s.* Baguette *f* divinatoire, de sourcier.

dowse[2], *v.tr.* = DOUSE[1, 2].

dowser ['dauzər], *s.* **1.** Sourcier *m*; hydroscope *m*; homme *m* à baguette; tourneur *m* de baguette. **2.** = DOUSER.

doxology [dɔk'sɔlədʒi], *s.* *Ecc:* Doxologie *f*.

doxy[1] ['dɔksi], *s.f.* **1.** *A:* Catin; maîtresse. **2.** *Dial:* Bonne amie.

doxy[2], *s.* *F:* Opinion (religieuse).

doyen ['dwaiən], *s.m.* Doyen (du corps diplomatique).
doyenne (pear) ['dwaien('pɛər)], *s. Hort:* (Poire *f* de) doyenné *m.*
doyley ['dɔili], *s.* = DOILY.
doze[1] [douz], *s.* Petit somme. **To have a doze,** faire un petit somme. **To fall into a doze,** s'assoupir. *I found him in a d.,* je le trouvai en train de faire un petit somme; je le trouvai assoupi.
doze[2]. **1.** *v.i.* Sommeiller, somnoler; *F:* dormailler; être assoupi. **To doze off,** s'assoupir. *To d. over one's work,* s'endormir sur son ouvrage. **2.** *v.tr.* **To doze away the time,** passer le temps à sommeiller.
dozing, *s.* Assoupissement *m.*
dozen [dʌzn], *s.* Douzaine *f.* **1.** (*Inv. in pl.*) **A dozen eggs,** une douzaine d'œufs. *Half a d.,* une demi-douzaine. **Six dozen bottles of wine,** *occ.* **six dozen of bottles of wine,** six douzaines de bouteilles de vin. *How many d. do you require?* combien de douzaines en voulez-vous? **I'll give you a dozen reasons,** je vous donnerai vingt raisons. **Some dozen people were there,** il y avait environ douze personnes. *In about ten years he produced a couple of d. (of) comedies,* en une dizaine d'années il écrivit deux douzaines de comédies. **2.** (*pl.* **dozens**) **To sell articles in (sets of) dozens, by the dozen,** vendre des articles à la douzaine. *They are to be had by the dozen, by dozens,* on les a par douzaines. *They arrived in their dozens,* ils arrivèrent par douzaines. *Some dozens of their regular customers were unable to obtain admission,* quelques douzaines d'habitués n'ont pu se faire admettre. **Dozens of people think as I do,** des douzaines de gens pensent comme moi. **Dozens and dozens of times,** maintes et maintes fois. **A long dozen, a round dozen, a baker's, printer's, dozen, thirteen to the dozen,** une bonne douzaine; treize douze; treize à la douzaine. *To sell eggs in bakers' dozens,* vendre des œufs à la treizaine, par treizaines, par demi-quarterons. *F:* **To talk thirteen, fifteen, nineteen, to the dozen,** parler avec volubilité; caqueter dru; bavarder, jaser, comme une pie borgne; avoir la langue bien pendue.
dozenth ['dʌzənθ], *a. F:* **Let me tell you for the dozenth time . . .,** laissez-moi vous dire pour la douzième fois. . . .
drab[1] [drab], *s.f.* **1.** Souillon. **2.** (*Prostitute*) Traînée, guenipe.
drab[2], *a. & s.* **1.** (*a*) Gris (*m*) ou brun (*m*); écru; beige. *See also* OLIVE-DRAB. (*b*) *F:* **To lead a drab existence,** mener une existence terne, décolorée, veule. *s.* **The drab of his life,** la monotonie de sa vie. **2.** *Tex:* Drap *m* beige; toile bise, écrue.
drabbet ['drabit], *s. Tex:* Grosse toile bise croisée.
drabble [drabl]. **1.** *v.i.* (*a*) Patauger, patouiller (*through the mud,* dans la boue); se crotter. (*b*) *Fish:* Pêcher (le goujon, etc.) en traînant la ligne au fond. **2.** *v.tr.* Traîner (qch.) dans la boue; crotter (qch.).
drabbling, *s.* **1.** Pataugeage *m.* **2.** *Fish:* Pêche *f* (au goujon, etc.) en traînant la ligne au fond.
'drabble-tail, *s.f. F:* = DRAGGLE-TAIL.
dracaena [drə'si:nə], *s. Bot:* Dracéna *m*; dragonnier *m.*
drachm [dram], *s.* **1.** *Num:* = DRACHMA. **2.** *Pharm.Meas:* Drachme *f,* gros *m.*
drachma, *pl.* **-mas, -mae** ['drakmə, -məz, -mi:], *s. Num:* Drachme *f.*
Draco[1] ['dreiko], **Dracon** ['drakən]. *Pr.n.m. Gr.Hist:* Dracon.
Draco[2], *s. Astr:* Le Dragon.
Draconian [drə'kounjən], **Draconic** [drə'kɔnik], *a.* (*a*) Draconien. (*b*) (*Of law, rule, etc.*) Draconien, sévère, rigoureux.
draff [draf], *s.* **1.** *A:* (*a*) Lie *f* (de vin, etc.). (*b*) Lavure *f,* rinçure *f.* **2.** *Brew: Dist:* Drêche *f.*
draft[1] [drɑ:ft], *s.* I. **1.** *Mil:* (*a*) Détachement *m* (de troupes); contingent *m* (de recrues). (*b*) Membre *m* d'un détachement, d'un contingent. (*c*) *U.S:* Conscription *f.* **2.** *Com:* (*a*) Tirage *m* (d'un effet). (*b*) Traite *f*; lettre *f* de change; mandat *m,* disposition *f,* effet *m*; bon *m* (sur une banque). **Draft at sight,** effet à vue. *To make a d. on s.o.,* faire traite, disposer, tirer, sur qn. *See also* BANKER[1]. **3.** *Arch: Mec.E: etc:* Dessin *m* schématique; plan *m,* tracé *m*; ébauche *f,* esquisse *f.* *Rough d. (of map, etc.),* canevas *m.* **Drafts and estimates,** plans et devis *m.* **4.** Projet *m* (de loi); avant-projet *m* (de traité); minute *f* (d'un acte); brouillon *m* (de lettre). **Draft (of an) agreement,** projet de contrat, de convention. *D. scheme for a railway,* projet de chemin de fer. *First d. of a novel,* premier jet d'un roman. **5.** *Stonew:* Plumée *f* (d'une pierre de taille).
II. **draft,** *s.* = DRAUGHT[1] I.
draft[2], *v.tr.* **1.** *Mil:* Détacher, envoyer en détachement (des troupes). **To draft troops into . . .,** incorporer, faire passer, des troupes dans. . . . **2.** **To draft s.o. to a post,** désigner qn à, pour, un poste, un service. **3.** Rédiger (un acte, un procès-verbal, un projet); minuter, faire la minute (d'un contrat, d'une lettre); faire le brouillon (d'une lettre). *To d. a bill,* établir un projet de loi. **4.** *Stonew:* Appareiller (des pierres de taille). **5.** *Tex:* **To draft the warp,** armer la lisse.
drafting, *s.* **1.** Rédaction *f* (d'un acte, etc.). **Drafting committee,** comité *m* de rédaction. **2.** *Stonew:* Appareillage *m.*
drafter ['drɑ:ftər], *s.* Rédacteur *m* (d'un acte).
draftsman, *pl.* **-men** ['drɑ:ftsmən, -men], *s.* **1.** = DRAUGHTSMAN 1. **2.** = DRAFTER.
drag[1] [drag], *s.* **1.** (*a*) *Agr:* Herse *f.* (*b*) Traîneau (grossier). (*c*) *Ropem:* Traîne *f.* **2.** *Veh:* Drag *m,* mail-coach *m* (à quatre chevaux). **3.** (*a*) (*For dredging*) Drague *f.* *See also* PEAT-DRAG. (*b*) (*For retrieving lost object*) Araignée *f*; *Nau:* chatte *f,* grappin *m* à main. (*For drowning persons*) Gaffe *f* de sauvetage. (*c*) *Fish:* = DRAG-NET. **4.** (*a*) Sabot *m,* patin *m* (d'enrayage); enrayure *f.* **To put a drag on a wheel,** enrayer une roue. *F:* (*Of pers.*) **To put on the drag,** enrayer. *See also* WHEEL-DRAG. (*b*) Entrave *f.* **To be a drag on s.o.,** entraver qn; être un boulet au pied de qn. *His wife has been a d. on him all his life,* toute sa vie sa femme a été un obstacle à son avancement. *Boy who is a d. on the class,* élève *m* qui ralentit le travail de la classe. (*c*) *Nau:* = DRAG-ANCHOR. **5.** *Aer:* Guide-rope *m, pl.* guide-ropes. **6.** (*a*) Tirage *m,* résistance *f* (à l'avancement); frottement excessif. *There is a slight d.,* il y a une légère résistance. (*b*) *Av:* Traînance *f*; effort *m,* force *f,* de traînée; résistance avant, à l'avancement. **Drag axis,** axe *m* de traînance. *To set the blades of a propeller in the position of minimum drag,* mettre les pales en drapeau. (*c*) *Bill:* Effet *m* rétrograde; *F:* rétro *m.* (*d*) **To walk with a drag,** marcher en traînant la jambe. (*e*) Ralentissement *m* (d'un moteur à ressort, etc.). **7.** *Ven:* Drag *m*; (i) voie artificielle (hareng saur, etc.); (ii) chasse *f* à courre où la meute suit une voie artificielle.
'drag-anchor, *s. Nau:* Ancre flottante, ancre de cape; cône-ancre *m, pl.* cônes-ancres.
'drag-bar, *s.* Barre *f* d'attelage, d'accouplement (de wagons, etc.).
'drag-bench, *s.* = DRAW-BENCH.
'drag-chain, *s.* **1.** Chaîne *f* d'attelage (de wagons). **2.** Chaîne d'enrayage (d'une charrette, etc.).
'drag-hook, *s.* **1.** Crochet *m* de traction. **2.** Crochet de chaîne d'enrayage. **3.** Gaffe *f.*
'drag-link, *s.* **1.** (*a*) = DRAG-BAR. (*b*) *Aut:* Bielle *f* de commande de direction; barre *f* (de connexion) de direction. **Drag-link connector,** boîte *f* à rotule de la barre de direction. **2.** *Mch:* (*a*) Tringle *f* de relevage, d'entraînement; barre de rappel. (*b*) (Barre d')accouplement *m.*
'drag-net, *s.* **1.** *Fish:* Drague *f,* chalon *m,* chalut *m,* seine *f,* gabare *f,* traîne *f,* traîneau *m,* tramail *m,* bâche volante, bâche traînante; salabre *m*; filet *m* à la trôle; (*large*) hallope *m.* **2.** *Ven:* Traîneau, traînasse *f,* tirasse *f,* tramail, pantène *f,* pantière *f.*
'drag-rope, *s.* **1.** *Artil:* (*For field-gun*) Bricole *f,* combleau *m.* **2.** *Fish:* Fune *f* (d'une seine).
'drag-saw, *s.* Scie alternative à tronçonner.
'drag-screw, *s.* Vis *f* de rappel.
'drag-seine, *s. Fish:* Seine *f.*
'drag-shoe, *s. Veh:* Sabot *m,* lugeon *m,* patin *m.*
'drag-wire, *s. Av:* Câble *m* de recul, de traînée.
drag[2], *v.* (**dragged** [dragd]; **dragging**) **1.** *v.tr.* (*a*) Traîner, tirer (qn, qch.); entraîner (qn) (contre sa volonté). **To drag one's feet,** traîner les pieds. *I could scarcely d. one foot after the other,* je pouvais à peine mettre un pied devant l'autre. *I cannot d. my feet another step,* je ne peux pas me traîner plus loin; je ne peux pas faire un pas de plus. **To drag s.o. from his home,** arracher qn de, à, son foyer. *F:* **We had to drag him here,** il a fallu le traîner ici; il n'est venu qu'à son corps défendant. **The partridge was dragging a wing,** la perdrix traînait l'aile, traînait de l'aile. *See also* HEAD[1] 1. (*b*) *Nau:* (*Of ship*) **To drag her anchor,** chasser sur son ancre, sur ses ancres; draguer son ancre; déraper. (*c*) Draguer (un étang, un fleuve). *To d. a pond (for fish),* pêcher un étang. (*d*) *Agr:* Herser (le terrain). (*e*) Enrayer (une roue, une charrette). **2.** *v.i.* (*a*) (*Of pers.*) Traîner, rester en arrière; (*of thg*) traîner (à terre); (*of lawsuit, etc.*) traîner en longueur; (*of conversation, action*) traîner, languir, s'éterniser; (*of garment*) gêner. *To have sth. dragging behind one,* avoir qch. à la traîne. **The conversation drags,** la conversation traîne, manque d'entrain. *Th:* **Scene that drags,** scène *f* qui traîne en longueur. *St.Exch:* **Rubber dragged,** les caoutchoucs *m* ont langui. *Med:* **Dragging pain,** douleur gravative. (*b*) Offrir de la résistance; (*of brakes*) frotter (sur les poulies). (*c*) *Nau:* (*Of anchor*) Raguer le fond, labourer le fond. **The anchor is dragging,** le navire chasse. (*d*) (i) Draguer (*for sth.,* à la recherche de qch.). *Nau:* **To drag for an anchor,** draguer une ancre. (ii) *Fish:* Pêcher à la drague. *To d. for oysters,* pêcher les huîtres à la drague.
drag about. **1.** *v.tr.* Traîner, *F:* trimbaler (qn, qch.). **2.** *v.i.* **To drag about the streets,** traîner ses talons par les rues.
drag along, *v.tr.* Traîner, entraîner (qn, qch.).
drag away, *v.tr.* **1.** (*a*) Entraîner, emmener, (qn) de force. (*b*) Arracher (qn) (*from,* à, de). **2.** (*a*) Traîner (qch.) dehors, hors de la salle, etc. (*b*) Arracher (qch.) (*from,* de).
drag down, *v.tr.* Tirer, entraîner, (qn, qch.) en bas; faire descendre (qn) de force. **He has dragged me down with him,** il m'a entraîné dans sa chute, dans sa perte. *She helped to d. him down,* elle a contribué à sa déchéance.
drag in, *v.tr.* **1.** Faire entrer de force (qn, qch.). *F:* **To drag a subject in** (*to a conversation, etc.*), amener un sujet à toute force. **2.** Traîner (un colis, etc.) jusque dans la salle, etc.
drag off, *v.tr.* = DRAG AWAY.
drag on. **1.** *v.tr.* (*a*) Entraîner (qn, qch.). (*b*) **To drag on a miserable existence,** traîner une existence misérable, une vie de misère. (*c*) Prolonger, *F:* éterniser (une discussion, etc.). **2.** *v.i.* (*Of affair, etc.*) Traîner en longueur; s'éterniser. *To let a matter d. on,* laisser traîner une affaire; *F:* s'endormir sur une affaire. **Time drags on,** les heures *f* se traînent.
drag out, *v.tr.* **1.** Faire sortir (qn, qch.) de force; arracher (qch.). **To drag s.o. out of bed,** tirer qn de son lit. **To drag the truth out of s.o.,** arracher la vérité à qn. **2.** **To drag out an affair,** faire traîner une affaire. **3.** **To drag out a wretched existence,** poursuivre, traîner, jusqu'à sa fin une existence misérable. *He dragged out his life for another ten years,* pendant dix ans encore il traîna une vie pénible. *Another hour to d. out before lunch,* encore une heure à tirer d'ici le déjeuner.
drag up, *v.tr.* **1.** Entraîner, tirer, (qn, qch.) jusqu'en haut. **2.** Repêcher (un cadavre, etc.) à la drague. *F:* **Why do you drag up that old story?** pourquoi ressortir cette vieille histoire? **3.** *F:* (*Of child*) **Dragged up,** élevé à la diable, à la va-comme-je-te-pousse, tant bien que mal. *These slum children are dragged up,* ces enfants des taudis poussent tout seuls.
dragging, *s.* **1.** Traînage *m,* traînement *m* (d'un fardeau derrière soi, etc.). *Nau:* **Dragging of the anchor,** dérapage *m.* **2.** (*a*) Dragage *m* (d'un étang, etc.) (*for a dead body,* à la recherche d'un cadavre). (*b*) *Fish:* (Pêche *f* à la) trôle.

draggle [dragl]. **1.** *v.tr.* Traîner (sa jupe, etc.) dans la boue; crotter (ses vêtements). **2.** *v.i.* (*a*) (*Of skirt, etc.*) Traîner (par terre). (*b*) (*Of pers.*) Traîner, rester en arrière. *To d. at the heels of the army*, traîner à la suite de l'armée.

'draggle-tail, *s.f.* *F:* Femme qui laisse traîner le bas de sa jupe; femme sans soin dans sa mise, toujours crottée; souillon; traînée.

'draggle-tailed, *a.* (Femme) malpropre (dans sa mise), aux jupes qui traînent.

'draggle-tailedness, *s.* (*Of woman*) Négligence *f* de mise; malpropreté *f*.

dragoman, *pl.* **-mans** ['dragomən, -mənz], *s.* Drogman *m*, dragoman *m*, trucheman *m*.

dragon ['dragən], *s.* **1.** (*a*) *Myth:* Dragon *m*. *F:* **Dragon of virtue,** dragon de vertu; femme *f* d'une vertu farouche. *D. of watchfulness*, dragon de vigilance. *P:* **To water the dragon,** pisser. (*b*) *A: F:* Duègne *f*, dragon. (*c*) *Astr:* **The Dragon,** le Dragon. **2.** *Mil:* Tracteur *m*.

'dragon-fly, *s.* *Ent:* Libellule *f*, agrion *m*; *F:* demoiselle *f*.

'dragon's-'blood, *s.* *A.Pharm:* Sang(-de)-dragon *m*.

'dragon-tree, *s.* *Bot:* Dragonnier *m*, dracéna *m*.

dragonet ['dragənet], *s.* **1.** *Myth:* Petit dragon. **2.** *Ich:* Callionyme *m*, doucet *m*; *F:* souris *f* de mer.

dragon(n)ade [dragə'neid], *s.* *Hist:* Dragonnade *f*.

dragonné, dragony ['dragoni], *a.* *Her:* Dragonné.

dragoon[1] [drə'gu:n], *s.* **1.** *Mil:* Dragon *m*. *See also* SADDLE[1] 1. **2.** *Orn:* (Pigeon *m*) dragon.

dragoon[2], *v.tr.* **1.** *Hist:* Dragonner (le peuple); persécuter (le peuple) par des dragonnades. **2.** *F:* Tyranniser (qn). **To dragoon s.o. into doing sth.,** contraindre, forcer, qn à faire qch.

drail [dreil], *s.* *Fish:* Traînée *f*, ligne *f* de fond.

drain[1] [drein], *s.* **1.** (*a*) Canal *m*, -aux (de décharge); tranchée *f*, caniveau *m*, rigole *f*, fossé *m*, d'écoulement; (*leading from source of water*) fossé de dérivation; *Agr:* fossé d'assainissement; échau *m*. **Open drain,** (i) tranchée à ciel ouvert; (ii) (*across road*) cassis *m*. **Covered drain,** conduit souterrain; aqueduc *m*. *Outlet d.*, colateur *m*. **French drain,** puits absorbant. *See also* CATCH-WATER, SURFACE-DRAIN, WELL-DRAIN. (*b*) *Civ.E:* Cunette *f* (d'égout). **2.** (*a*) Égout *m*. *Smell of drains*, odeur *f* d'égouts. *F:* **To throw money down the drain,** jeter son argent par la fenêtre; gâcher son argent. (*b*) **The drains of a house,** la canalisation sanitaire (d'une maison. **3.** (*a*) *Mec.E: etc:* Tuyau *m* d'écoulement, de vidange; *Mch:* tuyau de purge. **Box drain,** tuyau d'écoulement à section rectangulaire. (*b*) *Surg:* Drain *m*. (*c*) Orifice *m* de trop-plein. **4.** Perte *f*, fuite *f* (d'énergie, etc.). **Drain of money, of bullion,** drainage *m* de capitaux; drainage, retrait *m*, d'or en lingots. *D. on the resources*, cause *f* d'épuisement des ressources. *Constant d. on the resources*, saignée continuelle; *F:* ver rongeur. *The upkeep of two houses was too great a d. upon my purse*, l'entretien de deux maisons était trop fort pour ma bourse.

'drain-canal, *s.* *Civ.E:* Canal *m*, -aux, d'évacuation.

'drain-cock, *s.* Robinet *m* purgeur; purgeur *m*; robinet de purge, de vidange.

'drain-cup, *s.* Cuvette *f* d'égouttage; poche *f* de vidange.

'drain-hole, *s.* *Arch:* Chantepleure *f*, barbacane *f*, canonnière *f*.

'drain-pipe, *s.* Tuyau *m* d'écoulement, d'échappement, de drainage; drain *m*; gouttière *f*.

'drain-plug, *s.* *I.C.E: etc:* Bouchon *m* de vidange.

'drain-shaft, *s.* Puits *m* de drainage.

'drain-tank, *s.* Puisard *m*.

'drain-tap, *s.* Robinet *m* de vidange, de soutirage.

'drain-tile, *s.* Tuile *f* de drainage; boisseau *m*.

'drain-trap, *s.* Siphon *m* (d'égout).

'drain-well, *s.* Puits absorbant; puits perdu; puisard *m*.

drain[2]. **1.** *v.tr.* (*a*) **To drain water (away, off),** (i) évacuer, faire écouler, des eaux; (ii) faire égoutter l'eau. *F:* **To drain the wealth of a country,** drainer, épuiser, les richesses d'un pays. (*b*) Boire (un liquide) jusqu'à la dernière goutte, *Lit:* jusqu'à la lie; vider (un fût, une coupe). *See also* CUP[1] 3. (*c*) Assécher (un terrain); dessécher, mettre à sec, vider (un étang); drainer, essorer, (faire) égoutter (un terrain); assainir (un champ, un terrain boisé); saigner (un fossé); assécher, drainer, épuiser (une mine); désamorcer (une pompe); purger (un cylindre); (faire) égoutter (des bouteilles, des légumes); essorer (le linge, etc.). *Leath:* Écouler (des peaux). *I.C.E:* **To drain the sump,** vidanger le carter. *See also* ABSCESS. (*d*) Épuiser, *F:* saigner (qn, la bourse); mettre (qn, etc.) à sec. **To drain a country of money,** épuiser l'argent d'un pays. *To d. one's purse*, mettre sa bourse à sec. *To d. s.o. of his strength*, épuiser les forces de qn. *F:* **To drain s.o. dry,** saigner qn à blanc; sucer qn jusqu'au dernier sou. *To d. s.o. body and soul*, vider qn. **Writer who has drained himself dry,** écrivain *m* qui a épuisé sa veine. **2.** *v.i.* (*a*) (*Of water, etc.*) **To drain (away),** s'écouler. (*b*) (*Of thg*) (S')égoutter.

draining, *s.* **1.** Écoulement *m*, épuisement *m* (des eaux); assèchement *m*, dessèchement *m* (d'un marais); drainage *m*, égouttement *m*, assainissement *m* (d'un terrain); purge *f* (d'un cylindre); égouttage *m*, égouttement (des bouteilles, etc.); vidange *f* (d'un tonneau, d'un carter, etc.). *See also* PLUG[1] 1. *Surg:* Drainage (d'une plaie). *Leath:* Écoulage *m* (des peaux). **(Sunk) draining-trap,** puisard *m*. **2.** *pl.* **Drainings,** égoutture *f* (d'un verre, etc.).

'draining-arch, *s.* Arche *f* de décharge (d'un pont).

'draining-board, *s.* Égouttoir *m*.

'draining-channel, *s.* Barbacane *f* (d'un pont).

'draining-engine, *s.* Machine *f* d'épuisement; épuise *f*.

'draining-rack, *s.* Égouttoir *m*. **Bottle-draining rack,** égouttoir à bouteilles; if *m*, hérisson *m*.

'draining-spade, *s.* Louchet *m*.

'draining-tank, *s.* *Paperm: etc:* Caisse *f* d'égouttage.

drainable ['dreinəbl], *a.* Drainable.

drainage ['dreinedʒ], *s.* **1.** = DRAINING 1. *Min:* **Drainage level,** galerie *f* d'assèchement. *See also* DITCH[1], GALLERY 3. **2.** *Civ.E:* (i) Système *m* d'écoulement des eaux; (ii) système d'égouts. **Direct-to-sewer-drainage, main-drainage,** tout-à-l'égout *m*. **3.** (i) Eaux *f* de surface; *Min: etc:* eaux d'assèchement; (ii) eaux d'égout.

'drainage-area, -basin, *s.* *Ph.Geog:* *Hyd.E:* Bassin *m* hydrographique; aire *f* de drainage, d'alimentation.

'drainage-hole, -opening, *s.* Bonde *f* (de lac artificiel).

'drainage-tube, *s.* *Surg:* Drain *m*.

drainer ['dreinər], *s.* **1.** (*a*) Égouttoir *m*. **Bottle drainer,** égouttoir à bouteilles, hérisson *m*, if *m*. *See also* CHEESE-DRAINER. (*b*) Vide-fûts *m inv*. *Air-pressure d.*, vide-fûts à air comprimé. **2.** *Husb:* (*Pers.*) Draineur *m*.

drake[1] [dreik], *s.* *Ent: Fish:* Éphémère *m* vulgaire; manne *f* des poissons.

drake[2], *s.* Canard *m* mâle. **Wild drake,** malard *m*, malart *m*. *See also* DUCK[1] 1.

dram [dram], *s* **1.** *Pharm.Meas:* Drachme *f*, gros *m* (= un seizième d'once = 1.77 gramme). **2.** *F:* Goutte *f* (à boire); petit verre. **To take a dram,** prendre un petit verre. *He likes a d.*, il aime la goutte.

'dram-shop, *s.* *P:* Débit *m* d'alcool; *P:* bistrot *m*.

drama ['drɑ:mə], *s.* **1.** *Th. & F:* Drame *m*. **2.** **The drama,** l'art *m* dramatique, le théâtre. *Racine added lustre to the French d.*, Racine a illustré la scène française.

dramatic [drə'matik], *a.* **1.** (Ouvrage, style, situation) dramatique. **The dramatic works of Corneille,** le théâtre de Corneille. **Story told with a view to dramatic effect,** récit poussé à l'effet théâtral. **2.** *He invited a d. friend*, il invita un ami, habitué du théâtre. **-ally,** *adv.* Dramatiquement.

dramatics [drə'matiks], *s.pl.* (*Usu. with sg. const.*) Le théâtre.

dramatist ['dramətist], *s.* Auteur *m* dramatique; dramaturge *m*.

dramatization [dramətai'zeiʃ(ə)n], *s.* Dramatisation *f*; adaptation *f* (d'un roman, etc.) à la scène.

dramatize ['dramətaiz], *v.tr.* (*a*) Dramatiser; produire (un ouvrage) sur la scène; adapter (un roman) à la scène; tirer une pièce (d'un roman). (*b*) (*With passive force*) *Novel that would d. well*, roman qui s'adapterait bien à la scène.

dramatizing, *s.* Dramatisation *f*.

dramaturgic [dramə'tə:rdʒik], *a.* Dramaturgique.

dramaturgist ['dramətə:rdʒist], *s.* Dramaturge *m*.

dramaturgy ['dramətə:rdʒi], *s.* Dramaturgie *f*.

drank [draŋk]. *See* DRINK[2].

drape [dreip]. **1.** *v.tr.* (*a*) Draper, tendre (*with, in*, de). *Gown draped with lace*, robe drapée de dentelle, ornée de dentelles. (*Of church-door, etc.*) *Draped in black, in mourning*, drapé (de noir). *The church was draped in black*, l'église était tendue de noir, de voiles noirs. *Black-draped horses*, chevaux caparaçonnés de noir. (*b*) *Art:* Draper (une étoffe). **2.** *v.i.* (*Of hangings, etc.*) Se draper.

draping[1], *a.* (*Of coverings, etc.*) Drapé.

draping[2], *s.* Drapement *m*.

draper ['dreipər], *s.* Marchand, -ande, d'étoffes, de nouveautés; *A:* (marchand) drapier. **Draper's shop,** magasin *m* d'étoffes, de nouveautés. *You will find it at the draper's*, vous trouverez cela dans un magasin de nouveautés. *See also* LINEN-DRAPER.

draperied ['dreipərid], *a.* Couvert de draperies.

drapery ['dreipəri], *s.* Draperie *f*. **1.** Commerce *m* des étoffes. **Drapery and fancy goods store,** magasin *m* de nouveautés. *See also* LINEN-DRAPERY. **2.** Tentures *fpl*; vêtements drapés; atours *mpl*. **3.** *Art:* (*a*) Draperie (d'une statue, etc.). (*b*) Disposition harmonieuse des draperies.

drappy ['drɑpi], *s.* *Scot: F:* **Wee drappy,** petit verre, goutte *f* (de whisky).

drastic ['drastik], *a.* **1.** *Med:* (*a*) *a. & s.* Drastique (*m*). (*b*) (Remède *m*) énergique, de cheval. **2.** **To take drastic measures,** prendre des mesures énergiques, rigoureuses; *F:* trancher dans le vif. *To make a d. cut in expenses, in personnel*, *F:* faire des coupes sombres dans les dépenses, dans le personnel. *Com:* **Drastic reductions,** réductions colossales, incroyables, formidables. **-ally,** *adv.* Énergiquement, rigoureusement.

drat [drat], *v.tr.* *F:* (*Used only in third pers. sing. sub.*) **Drat (it)!** sacristi! nom de nom! bon sang! *D. the child!* au diable cet enfant! quel sacré mioche!

dratted, *a.* *F:* Maudit, sacré (mioche, etc.).

draught[1] [drɑ:ft], *s.* I. **1.** (*a*) Traction *f*, tirage *m*. *Oxen pull with a steadier d. than horses*, les bœufs *m* donnent une traction moins saccadée que les chevaux. **Draught animal,** bête *f* de trait, d'attelage. *See also* HORSE[1] 1. (*b*) (*Way of harnessing*) Attelage *m*. **Pole draught,** attelage à l'allemande, à timon. **2.** *Fish:* Coup *m* de filet; pêche (contenue dans le coup de filet). *B:* **The miraculous draught of fishes,** la pêche miraculeuse. **3.** (*Drinking*) Trait *m*, coup *m*, gorgée *f*. **At a draught,** d'un seul trait, d'un seul coup; d'une gorgée; *P:* d'une lampée. *You must drink it in one d., in three draughts*, il faut le boire en une fois, en trois fois. *In long draughts*, à longs traits; à grands traits. **4.** *Med:* Potion *f*, breuvage *m*. *Poisoned d.*, potion empoisonnée; *F:* bouillon *m* d'onze heures. **Black draught,** purgatif *m*, médecine noire. *See also* COOLING[1], HORSE-DRAUGHT, SLEEPING DRAUGHT. **5.** (*a*) *Nau:* Tirant *m* d'eau (d'un vaisseau). **Load draught,** tirant d'eau en charge; calaison *f*. **Light draught,** tirant d'eau en lège. *Shallow-d. ship*, navire *m* à faible tirant d'eau. *Deep-d. ship*, vaisseau à, de, grand tirant d'eau. **Draught marks,** piétage *m*. (*b*) *Hyd.E:* (i) Aire *f* (d'une vanne). (ii) Aire des orifices d'entrée (d'une turbine). **6.** *Tex:* (*a*) Étirage *m* (d'un banc d'étirage). (*b*) Armure *f* (de la lisse). **7.** *Metall:* Dépouille *f* (d'un modèle). **8.** *pl.* **Draughts,** (jeu *m* de) dames *fpl*. *To play a game of draughts*, faire une partie de dames. **Draught-board,** damier *m*. **9.** (*a*) (*In room*) Courant *m* d'air. *I am sitting in a d., I feel a d.*, je suis dans un courant d'air. *Slight d.*, vent *m* coulis. *To make* *a d. with a fan*, faire du vent avec un éventail. *F: A firm that reduces its advertising will soon feel a d.*, une maison qui diminue sa publicité ne tarde pas à s'en ressentir. (*b*) **(Induced) draught** (*of chimney, etc.*), tirage; appel *m* d'air. (*c*) *Ind: etc:* Entrée *f* d'air; venue *f* du vent; aérage positif. **Forced draught, artificial draught**, tirage forcé, soufflé. *See also* BACK-DRAUGHT, COOLER 1, DOWN-DRAUGHT. **10. Beer on draught, draught-beer**, bière au tonneau, à la pompe, détaillée du fût. *Champagne on d.*, champagne *m* à la coupe, au détail.

II. **draught**, *s.* = DRAFT[1] I.

'**draught-compasses**, *s.pl.* Compas *m* à pointes changeantes.

'**draught-engine**, *s.* *Min:* Machine *f* d'extraction.

'**draught-excluder**, *s.* = DRAUGHT-TUBE.

'**draught-gauge**, *s.* *Mch:* Indicateur *m* du tirage.

'**draught-harness**, *s.* Harnais *m* d'attelage.

'**draught-hole**, *s.* Aspirail *m*; (*of furnace*) ventouse *f*, regard *m*.

'**draught-net**, *s.* Drague *f*.

'**draught-preventer**, *s.* = DRAUGHT-TUBE.

'**draught-regulator**, *s.* *Mch: etc:* Registre (régulateur) de tirage.

'**draught-screen**, *s.* Paravent *m*.

'**draught-tube**, *s.* Bourrelet *m* de porte; brise-bise *m inv.*

draught[2], *v.tr.* = DRAFT[2].

draughtiness ['drɑːftinəs], *s.* Courants *mpl* d'air (d'une pièce, d'un coin de rue).

draughtsman, *pl.* **-men** ['drɑːftsmən, -men], *s.* **1.** *Ind:* Dessinateur *m*, traceur *m* (de plans, d'épures, etc.). *Mechanical d.*, traceur mécanicien. *N.Arch:* **Ship's draughtsman**, gabarieur *m*. *He is a good d.*, il est bon dessinateur; il dessine bien. **2.** = DRAFTER. **3.** *Games:* Pion *m* (du jeu de dames).

draughtsmanship ['drɑːftsmənʃip], *s.* **1.** L'art *m* du dessin industriel; *Ind:* le dessin. **2.** Talent *m* de dessinateur.

draughtswoman, *pl.* **-women** ['drɑːftswumən, -wimen], *s.f.* *Ind:* Dessinatrice.

draughty ['drɑːfti], *a.* **1.** Plein de courants d'air ou de vents coulis. **2.** (Coin de rue, etc.) exposé à tous les vents.

Dravidian [drə'vidiən], *a. & s.* *Ethn: Ling:* Dravidien (*m*).

draw[1] [drɔː], *s.* **1.** (*a*) Tirage *m*. *See also* DOMINO 2. (*b*) *F:* Mots prononcés pour inviter qn à parler, à enfourcher son dada. *This was meant as a d., but he did not rise to it*, ceci était dit pour l'attirer sur ce sujet, mais il laissa passer l'occasion, mais il n'a pas mordu. **2.** (*a*) Tirage au sort. (*b*) *Sp:* Tableau *m* des concurrents à chaque tour d'une série d'épreuves de championnat, etc. (*c*) Loterie *f*, tombola *f*. **3.** *F:* Attraction *f*; clou *m* (de la fête, etc.); *Th:* pièce *f* qui fait recette; pièce à succès; *Com:* marchandise *f* en réclame. (*Of play, etc.*) **To be a draw**, faire recette; attirer un grand public. *Com: This month's d.*, la réclame du mois. **4.** *Sp:* Partie nulle; résultat nul; match *m* sans résultat. **The game ended in a draw**, la partie resta indécise. *To call a match a d.*, prononcer match nul. **5.** *Metall:* Dépouille *f* (d'un modèle). **6.** *Metall:* Étirage *m*. *First d.*, premier étirage. **7.** *Ph.Geog: U.S:* Ravin *m*, couloir *m*.

draw[2], *v.* (*p.t.* **drew** [druː]; *p.p.* **drawn** [drɔːn]) I. *v.tr.* **1.** (*Pull*) (*a*) Tirer (un verrou, un rideau); hâler (un filet) à bord; lever (un pont-levis). **To draw the curtains slightly aside**, entr'ouvrir les rideaux. *To d. the blinds*, baisser les stores. *To d. one's hat over one's eyes*, ramener son chapeau sur ses yeux. *To d. one's hand across one's forehead*, passer la main sur son front. *Mus:* (*Organ*) '**Draw . . .**,' "mettez. . . ." **To draw a bow**, bander, tendre, un arc. *See also* BEAD[1] 4, BOW[1] 1, REIN[1], VEIL[1] 3. **To draw the ball**, (i) *Cr:* tirer la balle à gauche; (ii) *Golf:* tirer la balle, le coup, trop à gauche. **Astringents draw the mouth**, les astringents crispent la bouche. (*b*) Tirer, traîner (une voiture, une remorque, etc.). *Coach drawn by four horses*, carrosse attelé de quatre chevaux. *See also* HORSE-DRAWN. *Drawn by a locomotive*, remorqué par une locomotive. *A:* **To draw a criminal**, traîner un criminel (à l'échafaud) sur une claie. *Sentenced to be drawn, hanged, and quartered*, condamné à être tiré sur une claie, pendu, et démembré. *Cp.* 4 (*a*). **2.** (*a*) (*Take in*) Tirer, aspirer (l'air dans ses poumons). *To d. acid up into a pipette*, aspirer de l'acide dans une pipette. *See also* BREATH, SIGH[1]. (*b*) (*Attract*) Attirer. *A pretty girl drew his eye*, une jolie fille attira ses regards. **To draw a crowd, crowds**, attirer une foule; provoquer un rassemblement. *Actor who draws the whole of Paris*, acteur *m* qui fait courir tout Paris. *Abs.* **To draw**, attirer la foule, le public. *The play draws well*, la pièce fait de grosses recettes. *The play did not draw*, la pièce n'a pas pris. *In order to d. customers*, pour attirer, amadouer, les clients. **To draw s.o. into conversation**, entamer une conversation avec qn. **To draw s.o. into the conversation**, mêler qn à la conversation; faire entrer qn dans la conversation. *To d. s.o. into a conspiracy*, engager, entraîner, qn dans une conspiration. **To draw s.o. from a course**, détourner qn d'un projet. **To draw s.o. into doing sth.**, amener qn à faire qch. **To draw vengeance upon oneself**, attirer la vengeance sur soi. **To feel drawn to s.o.**, se sentir attiré vers qn; se sentir de l'attrait pour qn; avoir de la sympathie, *F:* du sentiment, pour qn; sentir quelque chose pour qn. *I feel drawn to him*, il m'est sympathique. *See also* ATTENTION 1. **3.** (*a*) Tirer, retirer, ôter (*sth. from, out of, sth.*, qch. de qch.); ôter (une vis); retirer, tirer, faire sauter (un bouchon). **To draw (one's sword)**, tirer l'épée; dégainer. *See also* SWORD. **To draw a card** (*from the pack*), tirer une carte. **To draw (cards) for partners**, tirer pour établir les partenaires. *Dominoes:* **To draw** (*from the pool*), pêcher, piocher. **To draw (lots) for sth., to draw sth. by lot**, tirer qch. au sort; tirer au sort pour qch. *Drawn by lot from amongst . . .*, tiré au sort parmi. . . . *The number that is, was, drawn*, le numéro sortant. *Number five was drawn*, le numéro cinq sortit au tirage. **To draw a prize at a lottery**, gagner un lot à une loterie. *Fin:* (*Of bonds*) **To be drawn**, sortir au tirage. *These bonds have not been drawn yet*, ces bons ne sont encore sortis à aucun tirage. **To draw a blank**, (i) tirer un numéro blanc; (ii) *F:* éprouver une déception; ne pas avoir de chance, de veine; faire chou blanc; échouer. *Cp.* 4 (*c*). **To draw straws**, tirer à la courte paille. (*b*) Arracher (un clou, une dent, etc.). *To d. a confession from s.o.*, arracher un aveu à qn. **To draw tears from s.o.**, tirer des larmes à qn, arracher des larmes à qn. *F:* **To draw s.o.'s teeth**, mettre qn hors d'état de nuire. (*c*) *To d. coal from a mine*, tirer, extraire, du charbon d'une mine. *To d. water from the river*, puiser, tirer, de l'eau à la rivière. **To draw wine** (*from a barrel*), tirer du vin (d'un tonneau). *See also* BLOOD[1] 1, MILD 4, NEW-DRAWN. *To d. consolation from sth.*, tirer consolation de qch.; puiser des consolations dans (la religion, etc.). *To d. strength from within oneself*, puiser des forces en soi-même. *To d. profit from sth.*, (re)tirer (du) profit de qch. *To d. a conclusion from sth.*, tirer, déduire, une conclusion de qch. (*d*) Toucher (de l'argent, un salaire). *Mil:* **To draw rations**, toucher des rations. *To d. a commission on a transaction*, prélever une commission sur une opération. *To d.* (*one's*) *supplies from s.o.*, tirer des approvisionnements de qn. *To d. one's supplies from abroad*, être tributaire de l'étranger. *Abs.* **To draw on, upon, one's savings, the reserves**, prendre sur ses économies; mettre à contribution les réserves; *F:* taper dans les réserves. *F:* **To draw upon one's memory, on one's imagination**, faire appel à sa mémoire; faire jouer son imagination. (*e*) *Tchn:* *To d. the fire*(*s*), mettre bas les feux; décharger, sortir, éteindre, les feux. *To d. the furnace*, décharger les feux du fourneau. *Cer:* *To d. a batch of pottery*, défourner une fournée de poterie. *Metall:* *To d. a casting*, démouler un modèle. (*f*) *Ven:* **To draw a fox**, lancer, mettre sur pied, un renard. *Cards:* **To draw a card, the trumps**, faire tomber une carte, les atouts. *Mil:* **To draw the enemy's fire**, attirer sur soi le feu de l'ennemi; se désigner au feu de l'ennemi. **To try to draw the enemy**, tâter l'ennemi. *F:* *To try to d. s.o.*, essayer de faire parler qn; plaider le faux pour savoir le vrai. *That drew him*, cela le fit sortir de son silence; là-dessus il s'emballa. **4.** (*a*) Vider, habiller, effondrer (une volaille). *A:* **To be hanged, drawn and quartered**, être pendu, éviscéré et écartelé (tiré à quatre chevaux). *Cp.* 1 (*b*). (*b*) Pêcher (un étang) au filet. (*c*) *Ven:* **To draw a covert**, battre un taillis. *Abs.* **To draw**, faire le bois. **To draw a blank**, (i) faire buisson creux; (ii) *F:* revenir bredouille. *Cp.* 3 (*a*). **5.** (*Causative*) (*a*) **To draw the tea**, faire infuser le thé. (*b*) *Med:* **To draw an abscess**, faire mûrir, faire aboutir, un abcès. **6.** *Metall:* (*a*) Étirer, tirer (du fil, des tubes, etc.); tréfiler, fileter (un métal). *See also* COLD-DRAW, WIRE-DRAW. (*b*) **To draw steel to the temper**, recuire l'acier après trempe; faire revenir l'acier. **7.** (*a*) (*Trace*) Tracer (un cercle, un plan); tirer, mener (une ligne); construire (des figures géométriques). *Geom:* *To d. a line between two points*, mener une ligne entre deux points. *See also* LINE[2] 3, SCALE[5] 1. (*b*) **To draw a map**, (i) (*of surveyor*) dresser une carte; (ii) (*of schoolboy*) faire, dessiner, une carte. (*c*) Dessiner (un paysage, une figure). **To draw sth. in ink, in pencil**, dessiner qch. à l'encre, au crayon. *To d. a picture of s.o.*, faire le portrait de qn. *See also* PICTURE[1] 1. *To d. s.o. as a Roman emperor*, représenter qn en empereur romain. (*d*) **To draw a distinction between two things**, faire, établir, une distinction entre deux choses. *To d. comparisons*, faire, établir, des comparaisons. **8. To draw a cheque**, libeller, rédiger, formuler, un chèque. *To d. a cheque on a bank*, tirer, souscrire, un chèque sur une banque. **To draw a bill**, *abs.* **to draw**, (up)on **s.o. for £ . . .**, tirer sur qn pour £ . . .; émettre, fournir, sur qn une traite de £ . . .; faire traite sur qn pour £ . . . . *To d. three months' bills on London*, fournir à trois mois sur Londres. *To d. on s.o. at sight*, tirer à vue sur qn. *See also* BLANK[1] II. 1. **9.** *Nau:* (*Of ship*) *To d. twenty feet of water*, tirer, jauger, caler, vingt pieds d'eau; avoir vingt pieds de tirant d'eau. **10. To draw (a game) with s.o.**, faire partie nulle, match nul, avec qn; *Golf:* égaliser la partie. *The battle was drawn*, la bataille resta indécise. **11.** *Tex:* *To d. the warp*, armer la lisse.

II. **draw**, *v.i.* **1.** (*Move*) (*a*) **To draw near to s.o., close to s.o.**, se rapprocher de qn; s'approcher de qn. *When they drew near . . .*, à leur approche. . . . *He drew towards the door*, il se rapprocha de la porte; il se dirigea furtivement vers la porte. *On drawing near the mountains*, à leur approche des montagnes. **The crowd drew to one side**, la foule se rangea (de côté). **The train drew into the station**, le train entra en gare. *See also* AHEAD, LEVEL[1] II. 1. **To draw round the table**, s'assembler autour de la table. (*b*) (*Of the day, of a play, etc.*) **To draw to an end**, tirer, toucher, à sa fin. **2.** (*a*) (*Of chimney, pipe, etc.*) Tirer; (*of pump*) aspirer. *The pump is drawing*, la pompe est prise, est chargée; la pompe marche. (*b*) *Med:* (*Of plaster*) Tirer. **3.** *Nau:* (*Of sail*) Porter. *The sails were drawing well*, les voiles *f* portaient plein. **4.** (*Of tea*) Infuser. **To let the tea draw**, laisser infuser le thé.

draw along, *v.tr.* Traîner, entraîner (qn, qch.).

draw apart. **1.** *v.tr.* Séparer, écarter. **2.** *v.i.* Se séparer, s'écarter.

drawing apart, *s.* Séparation *f*, éloignement *m*.

draw aside. **1.** *v.tr.* (*a*) Détourner, écarter (qch.); tirer, écarter, entr'ouvrir (les rideaux). (*b*) Tirer, prendre, (qn) à l'écart. **2.** *v.i.* S'écarter; se ranger.

draw away. **1.** *v.tr.* (*a*) Entraîner (qn). (*b*) Détourner (*s.o. from sth.*, qn de qch.). **2.** *v.i.* S'éloigner. *Sp:* *To d. away from a competitor*, prendre de l'avance sur un concurrent. *To d. away from the start*, prendre le départ.

drawing away, *s.* Séparation *f*, éloignement *m*.

draw back. **1.** *v.tr.* (*a*) Tirer (qch., qn) en arrière; retirer (sa main). *To d. back one's fist*, ramener le poing (en arrière). *To d. back the body*, rentrer le corps. (*b*) Tirer, ouvrir (les rideaux). **2.** *v.i.* (*a*) (Se) reculer; se retirer en arrière. *Box: Fenc:* Rompre. *To d. back against the wall*, se ranger contre le mur. (*b*) Se dédire; reprendre sa parole. *It is too late to d. back now*, *F:* le vin est tiré, il faut le boire.

drawing back, *s.* Retraite *f*; *F:* défaite *f*.

draw down, *v.tr.* **1.** Tirer (qn, qch.) en bas; faire descendre (qn, qch.); baisser (les stores). **To draw down wrath from heaven,** s'attirer la colère divine. *To d. down one's hat over one's eyes,* renfoncer son chapeau sur ses yeux. **2.** *Metall:* Dégrossir, étirer (une barre de fer, etc.).

draw forth, *v.tr.* **1.** Tirer (qn, qch.) en avant; faire sortir (qn); sortir (qch.). **2.** Soulever, exciter (les rires, les éloges); provoquer (les protestations); tirer (des larmes); arracher (des aveux).

draw forward, *v.i.* **1.** (*Of pers.*) S'avancer, s'approcher. **2.** *Nau:* (*Of wind*) Refuser.

draw in. **1.** *v.tr.* (*a*) Faire entrer (qn, qch.) (en tirant); (*of cat, etc.*) rentrer, rétracter (ses griffes); (*of horseman*) serrer (la bride). *See also* CLAW[1] 1 (*a*), HORN[1] 1. (*b*) Aspirer (l'air) (à pleins poumons). (*c*) *Mil:* Replier (un poste avancé). (*d*) *Abs.* Réduire sa dépense; faire des économies. **2.** *v.i.* **The day is drawing in,** le jour baisse. **The days are drawing in,** les jours décroissent, diminuent, (se) raccourcissent.

drawing in, *s.* Décroissement *m*, (r)accourcissement *m* (des jours).

draw off. **1.** *v.tr.* (*a*) Retirer, ôter (ses gants). (*b*) Retirer (des troupes); ramener (des troupes) en arrière. (*c*) Détourner (l'attention). (*d*) Soutirer (un liquide). *Mch: To d. off the sludge from a boiler,* décharger la boue d'une chaudière. **Draw-off plug,** bouchon *m* de vidange. **Draw-off cock,** robinet *m* de purge. **2.** *v.i.* Se retirer.

drawing off, *s.* Soutirage *m* (du vin).

draw on. **1.** *v.tr.* (*a*) Mettre (ses gants); passer, enfiler (un vêtement). *She drew on her gloves,* elle se ganta. (*b*) **To draw s.o. on to do sth.,** entraîner qn à faire qch. **2.** *v.i.* (*a*) S'avancer. *The ship drew on,* le bâtiment s'avançait. (*b*) **Evening was drawing on,** la nuit approchait. *As the summer drew on his health improved,* au cours de l'été sa santé s'améliora.

drawing on, *s.* Approche *f* (de la nuit, etc.).

draw out, *v.tr.* **1.** Sortir, retirer (qch. de qch.); arracher (un clou, une dent); tirer, ouvrir (un tiroir). **To draw out money from the bank,** retirer de l'argent de la banque. **2.** *F:* Encourager (qn) à sortir de sa réserve; provoquer l'expansion de (qn); faire parler (qn); faire briller (qn). *Though he was shy I managed to d. him out,* malgré sa timidité j'arrivai à le faire parler. **3.** (*a*) Allonger (un cordage); étirer (le fer); étendre (l'or). (*b*) Prolonger (un repas, un discours); tirer (une affaire) en longueur; (faire) traîner (une affaire); délayer (un discours). **4.** Tracer (un plan).

drawn out, *a.* **1.** (*a*) Étiré. (*b*) Effilé. **2.** *D. out tale,* récit prolongé; conte *m* à n'en plus finir. *The third act is a terribly d. out affair,* le troisième acte est interminable. *See also* LONG-DRAWN-OUT.

drawing out, *s.* **1.** Arrachage *m* (des dents, etc.). **2.** Étirage *m*, étirement *m* (du fer, etc.). **3.** Prolongation *f* (d'un repas, d'un discours).

draw to, *v.tr.* Tirer, fermer (les rideaux).

draw together. **1.** *v.tr.* (*a*) Rassembler, réunir, rapprocher (des personnes, des choses). *The child's illness had drawn them together,* la maladie de l'enfant les avait rapprochés. (*b*) = DRAW TO. **2.** *v.i.* Se rassembler; se rapprocher; se mettre en groupe.

drawing together, *s.* Réunion *f*, rapprochement *m*.

draw up. **1.** *v.tr.* (*a*) Tirer (qn, qch.) en haut; faire (re)monter (qn, qch.); lever (un store); relever (ses manches); tirer, aspirer (de l'eau). *He drew the blankets up to his chin,* il ramena les couvertures jusqu'à son menton. **To draw oneself up (to one's full height),** se (re)dresser (de toute sa hauteur). *Cat that draws itself up to spring,* chat *m* qui se raccourcit pour bondir. *Nau: To d. up a boat (on the beach),* tirer un bateau à sec. *To d. up the nuts,* serrer les écrous. *Nuts drawn up tight,* écrous serrés à refus. (*b*) *To d. up a chair (to the table),* approcher une chaise (de la table). (*c*) Arrêter (une voiture). (*d*) Ranger, aligner (des troupes). *Chairs drawn up along the pavement,* chaises *f* en bordure du trottoir. (*e*) Dresser, rédiger, minuter, libeller, instrumenter (un document); établir (un compte, un budget). *Document drawn up before a lawyer,* acte passé devant (un) notaire. (*f*) Dresser, rédiger, arrêter (un programme); indiquer (une procédure); former, établir, élaborer (un projet). *To d. up an itinerary,* établir un itinéraire. **2.** *v.i.* (*a*) *To d. up to the table,* s'approcher de la table. **To draw up with . . .,** arriver à la hauteur de (qn); *Nau:* venir bord à bord avec (un bâtiment). (*b*) (*Of carriage, etc.*) S'arrêter, stopper. *To d. up at the kerb,* se ranger, ranger la voiture, le long du trottoir. (*c*) (*Of troops*) Se ranger, s'aligner. *To d. up in a line,* se mettre en ligne; s'aligner.

drawing up, *s.* **1.** Rédaction *f*, dressement *m*, confection *f*, passation *f* (d'un acte); relèvement *m* (d'un compte). **2.** Élaboration *f* (d'une constitution); indication *f* (d'une procédure). **3.** (*a*) Arrêt *m* (d'une voiture, etc.). (*b*) Alignement *m* (de troupes, etc.).

drawn, *a.* **1.** **With drawn curtains,** les rideaux tirés. **2.** **With drawn swords,** sabre au clair. *See also* DAGGER 1. **3.** (*a*) *Metalw:* **Drawn tube,** tube étiré. *See also* HARD-DRAWN, WIRE-DRAWN. (*b*) (Visage) hagard, abattu, altéré. **Drawn features,** traits tirés, contractés. **4.** **Drawn battle,** bataille indécise. *D. match,* partie égale, nulle, remise. **5.** **Well-, ill-drawn picture,** tableau bien, mal, dessiné.

'drawn(-thread)-work, *s.* Ouvrage *m* (de lingerie) à fils tirés; broderie *f* à fils tirés; ouvrage à jour(s) (sur toile).

drawing, *s.* **1.** (*a*) Tirage *m*; (*of water*) puisage *m*, puisement *m*; (*of teeth, nails*) arrachage *m*, extraction *f*; (*of lots*) tirage. *Cu:* **Drawing of a fowl,** vidage *m* d'une volaille. (*b*) Attraction *f* (*towards*, vers). **Drawing power,** pouvoir attractif, attirant. (*c*) *Metall:* Démoulage *m* (des modèles). (*d*) *Metalw:* Étirage *m*, filetage *m* (des métaux). (*e*) *Min:* (i) Roulage *m*, her(s)chage *m*; (ii) extraction, remontée *f* (du charbon, etc.). (*f*) *Fin:* Tirage (de chèques, d'effets); traite *f* (d'effets). **Drawing on s.o.,** disposition *f* sur qn. **2.** *pl. Com: Fin:* **Drawings,** prélèvements *m*, levées *f*; prises *f*. **3.** (*a*) Dessin *m*. **To learn drawing,** apprendre le dessin. **Freehand drawing,** dessin à main levée. **Out of drawing,** mal dessiné. **Mechanical drawing, geometrical drawing,** dessin industriel, géométrique. (*b*) **Pencil, pen, drawing,** dessin au crayon, à la plume. **Rough drawing,** ébauche *f*, croquis *m*. *Sectional d.,* (vue *f* en) coupe *f*; vue en section. *See also* LOFT[1] 4, PEN[3] 2, TINT-DRAWING, WASH[1] 3. (*c*) *Ind:* Épure *f*. **Wash drawing,** épure au lavis.

'drawing-bench, *s.* = DRAW-BENCH.

'drawing-block, *s.* **1.** *Metalw:* Bobine *f* de tirerie. **2.** *Art:* Bloc *m* à dessin.

'drawing-board, *s.* Planche *f* à dessin; (*with stretching reglets*) stirator *m*.

'drawing-book, *s.* Cahier *m* de dessin; album *m* à dessin.

'drawing-engine, *s.* *Min:* Machine *f* d'extraction.

'drawing-frame, *s.* **1.** *Tex:* Banc *m* d'étirage (des rubans cardés). **2.** *Metalw:* = DRAW-BENCH.

'drawing-knife, *s.* *Tls:* Plane *f*, plaine *f* (de charron). *Straight d.-k.,* plane droite.

'drawing-master, *s.m.* Professeur de dessin.

'drawing-mill, *s.* *Metalw:* Tréfilerie *f*.

'drawing-office, *s.* *Ind:* Salle *f* de dessin; atelier *m* d'études.

'drawing-paper, *s.* Papier *m* à dessin.

'drawing-pen, *s.* Tire-ligne *m*, *pl.* tire-lignes.

'drawing-pin, *s.* Punaise *f* (pour papier à dessin).

'drawing-road, *s.* *Min:* Galerie *f* de traînage; allée *f* de roulage.

'drawing-teacher, *s.* Professeur *m* de dessin.

draw[3]-, *comb.fm.* Action *f* de tirer, d'étirer, de puiser, etc.

'draw-bar, *s.* *Rail: Aut: etc:* Barre *f* d'attelage, de tirage; crochet *m* de traction. *Rail:* Tendeur *m*.

'draw-bench, *s.* *Metalw:* Banc *m* à étirer, à tréfiler; machine *f* à étirer; banc d'étirage; étireur *m*, étireuse *f*; argue *f*. **Draw-bench worker,** étireur *m*.

'draw-bucket, *s.* Seau *m* à puiser.

'draw-chain, *s.* *Rail:* Chaîne *f* d'attelage.

'draw-file, *v.tr.* *Metalw:* Donner un coup de lime longitudinal à (qch.); limer (une pièce) en long.

draw-filing, *s.* Limage *m* en long.

'draw-gear, *s.* Attelage *m*; appareil *m* de traction.

'draw-hole, *s.* *Metall:* Trou *m* de coulée; trou de gueuse; œil *m* (de haut-fourneau).

'draw-hook, *s.* Crochet *m* d'attelage.

'draw-knife, *s.* *Tls:* = DRAWING-KNIFE.

'draw-latch, *s.* (*Of door*) Chaînette *f* de porte.

'draw-lid, *s.* Couvercle *m* à coulisse.

'draw-net, *s.* = DRAG-NET.

'draw-plate, *s.* *Metalw:* Filière *f* (à étirer); plaque *f* filière.

'draw-screw, *s.* *Mec.E:* Vis *f* de rappel.

'draw-shave, *s.* = DRAWING-KNIFE.

'draw-sheet, *s.* *Med:* Alèse *f*, alèze *f*.

'draw-slide, *s.* *Opt:* Tube *m* à tirage, tube de réglage, coulant *m* (d'un télescope, d'un microscope, etc.).

'draw-spring, *s.* Ressort *m* de traction.

'draw-step, *s.* *Danc:* Pas *m* en arrière.

'draw-stop, *s.* *Mus:* (*Organ*) Bouton *m* d'appel, registre *m* (d'un jeu).

'draw-table, *s.* Table *f* à rallonge(s).

'draw-tongs, *s.pl.* *Metalw:* Pinces *f* à tirer; baguettes *f*.

'draw-tube, *s.* *Opt:* = DRAW-SLIDE.

'draw-vice, *s.* Étau tendeur, étau tenseur (de fils téléphoniques, etc.); mâchoire *f* à tendre.

'draw-well, *s.* Puits *m* à poulie.

drawback ['drɔːbak], *s.* **1.** Inconvénient *m*, désavantage *m*. **A drawback to sth.,** un obstacle, un empêchement, à qch. *There are drawbacks to her coming,* il y a des inconvénients à ce qu'elle vienne. **A drawback of landscape lenses is distortion of the field,** l'inconvénient des objectifs simples c'est qu'ils déforment le champ. **2.** (*a*) *Cust:* Remboursement (à la sortie) des droits d'importation; prime *f* d'exportation ou de réexportation; drawback *m*. (*b*) *A:* Déduction *f* (*from*, de); remise *f*. **3.** *Metall:* Tiroir *m*, pièce de rapport, pièce rapportée (de moule). **4.** *Mch: Mec.E:* **Drawback piston, drawback spring,** piston *m*, ressort *m*, de rappel. *See also* LOCK[2] 1.

drawbridge ['drɔːbridʒ], *s.* **1.** Pont-levis *m*, *pl.* ponts-levis. **2.** *Civ.E:* Pont basculant, pont à bascule, pont-levis, pont levant. **Lever drawbridge,** pont-levis à fléau, à balancier.

Drawcansir [drɔː'kansər], *s.* Rodomont *m*; *F:* coupeur *m* d'oreilles. (Personnage de *The Rehearsal* du duc de Buckingham.)

drawee [drɔː'iː], *s.* *Com:* Tiré *m*, accepteur *m*, payeur *m* (d'une lettre de change).

drawer ['drɔːər], *s.* **1.** (*Pers.*) (*a*) Tireur, -euse; (*of water*) puiseur, -euse; (*of teeth, nails*) arracheur, -euse. *See also* HEWER 1, WIRE-DRAWER. (*b*) (i) Tireur de vin, de bière; (ii) *A:* garçon *m* de cabaret. (*c*) *Min:* Rouleur *m*, traîneur *m*, her(s)cheur *m*, meneur *m*. (*d*) *Com:* Tireur, souscripteur *m* (d'une lettre de change). (*e*) Dessinateur *m*, traceur *m*. (*f*) **Drawer (up)** *of a document,* rédacteur *m* d'un document. (*g*) *Tex:* **Drawer-in,** passeur, -euse, de chaînes. *See also* WARP-DRAWER. **2.** (*Instrument*) Extracteur *m*. *See also* BULLET-DRAWER, BUNG-DRAWER, CORK-DRAWER, NAIL-DRAWER, PILE-DRAWER. **3.** (*a*) Tiroir *m*. **Chest of drawers,** commode *f*. **Nest of drawers,** (i) (*in home*) chiffonnier *m*; (ii) (*in office*) classeur *m* à tiroirs. *F: Here is something for your* **bottom drawer,** voici quelque chose pour votre trousseau (de mariage). (*b*) *Com:* **Cash-drawer,** tiroir-caisse *m*, *pl.* tiroirs-caisses. **4.** *pl. Cost:* (*a*) (*Underwear*) **(Pair of) drawers,** (*for men*) caleçon *m*; (*for women*) pantalon *m*. **(Men's) short drawers,** caleçon court. (*b*) **Running drawers,** culotte *f* (de coureur); **short** *m*. *See also* BATHING-DRAWERS.

drawerful [ˈdrɔːərful], *s.* Plein tiroir (de papiers, etc.).

drawing-room [ˈdrɔːiŋrum], *s.* **1.** (*a*) Salon *m*; salle *f* de réception. *Mus:* **Drawing-room piece,** morceau élégant. *See also* SONG 2. **It is not a drawing-room story,** ce n'est pas une histoire pour les jeunes filles. (*b*) *Rail: U.S:* Voiture *f* salon ou compartiment *m* salon. **2.** (*At Court*) Réception *f*. *When Their Majesties hold a d.-r.*, lorsqu'il y a réception à la cour.

drawl[1] [drɔːl], *s.* Voix traînante; ton traînant; débit traînant. **To speak with a fashionable drawl,** traîner la voix avec affectation.

drawl[2]. **1.** *v.i.* Traîner la voix en parlant; parler d'une voix traînante, languissante; traîner ses paroles. **The speaker drawled on, drawled away,** l'orateur *m* continuait à traîner son discours. **2.** *v.tr.* **To drawl out sth.,** dire, prononcer, qch. d'une voix traînante, avec une nonchalance affectée.

drawling[1], *a.* (*Of voice, etc.*) Traînant.

drawling[2], *s.* Affectation *f* de langueur dans le débit.

dray [drei], *s.* *Veh:* **1.** (*a*) Camion *m*, haquet *m* (de brasseur). (*b*) Fardier *m*. **2.** *U.S:* Traîneau allemand, schlitte *f* (pour le transport du bois abattu).

'dray-horse, *s.* Cheval *m* de camion, de charrette, de roulage.

'dray-road, *s.* *U.S:* Chemin *m* de schlitte.

drayman, *pl.* **-men** [ˈdreimən, -men], *s.m.* Livreur de brasserie; camionneur; haquetier.

dread[1] [dred], *s.* Crainte *f*, terreur *f*, épouvante *f*, appréhension *f*; *F:* phobie *f*. **He was an object of dread to his enemies,** il était la terreur de ses ennemis. **In dread of doing sth.,** dans la crainte, de crainte de faire qch. **To be, stand, in dread of s.o., of sth.,** craindre, redouter, qn, qch. (comme le feu). *F: To be in daily d. of the telephone,* avoir une phobie du téléphone.

dread[2], *v.tr.* Redouter, appréhender, craindre (qn, qch.); avoir la terreur de (qch.). **To dread that . . .,** redouter que (ne) + *sub*. *To d. falling ill; to d. to fall ill,* redouter de tomber malade. *I d. nothing more than to . . .*, je redoute surtout de. . . . *I d. to think of it,* j'ai horreur d'y penser.

dread[3], *a.* *Lit: Poet:* **1.** = DREADFUL 1. **2.** Vénérable, auguste.

dreadful [ˈdredful], *a.* **1.** Terrible, redoutable. **2.** (*a*) (Douleur *f*, bruit *m*, etc.) atroce, épouvantable. **It is something dreadful,** c'est quelque chose d'affreux. *A d. thing, F:* une affreuseté. *It is d. that nothing can be done,* c'est affreux qu'on ne puisse rien faire. (*b*) *F:* (*Intensive*) **What a dreadful time you've been!** vous y avez mis le temps! *It's a d. bore!* c'est assommant! c'est une scie! *I've been hearing d. things about you,* on m'a raconté des atrocités, des horreurs, sur votre compte. *See also* PENNY DREADFUL. **-fully,** *adv.* **1.** Terriblement, affreusement, horriblement, atrocement. *I was d. frightened,* j'avais horriblement peur; j'avais une peur atroce. **2.** *F:* (*Intensive*) **Dreadfully ugly,** affreusement laid. *I am d. sorry,* je regrette énormément, infiniment. *He was d. clumsy!* il était d'une maladresse!

dreadfulness [ˈdredfulnəs], *s.* Nature *f* terrible (d'une action); caractère *m* redoutable (d'une éventualité); *F:* affreuseté *f*.

dreadnought [ˈdrednɔːt], *s.* **1.** (*a*) *Cost:* Paletot-pilote *m*, *pl.* paletots-pilote. (*b*) *Tex:* Frise *f*. **2.** *Navy:* (Cuirassé *m* du type) Dreadnought *m*. **Super-dreadnought,** super-dreadnought *m*.

dream[1] [driːm], *s.* Rêve *m*. (*a*) Songe *m*. **To have a dream,** *Lit:* **to dream a dream,** faire un rêve, un songe. *To have beautiful dreams,* faire de beaux rêves; *F:* rêver beau. *To have bad dreams,* avoir de mauvais rêves. **Sweet dreams!** faites de beaux rêves! **To see sth. in a dream,** voir qch. en songe. *Prov:* **An ill that is passed is but a bad dream,** mal passé n'est qu'un songe. *See also* MIDSUMMER. (*b*) **Waking dream, day-dream,** rêve, rêverie *f*, rêvasserie *f*, songerie *f*. **To cherish a dream,** caresser un rêve. **To be in a dream,** être dans un rêve. *All things of this world are but idle dreams,* toutes les choses de ce monde ne sont que fumée. *He was the husband of her dreams,* c'était pour elle le mari rêvé. *F:* **It's a dream,** c'est le rêve. **It's a dream of a hat!** c'est un chapeau idéal; c'est le chapeau rêvé. *See also* LOVE[1] 1.

'dream-book, *s.* Clef *f* des songes.

'dream-child, *s.* L'enfant de nos rêveries; l'enfant qui aurait pu être.

'dream-reader, *s.* Interprète *m* des rêves.

dream[2], *v.tr.* & *i.* (*p.t.* & *p.p.* **dreamed** [driːmd], *occ.* **dreamt** [dremt]) **1.** (*During sleep*) **To dream of, about, s.o., sth.,** rêver de qn, de qch. **What did you dream about last night?** qu'avez-vous rêvé cette nuit? *You must have been dreaming; you must have dreamt it!* vous l'avez rêvé! *I dreamt (that) you were home,* j'ai rêvé que vous étiez de retour. **2.** Laisser vaguer ses pensées; rêver creux; rêvasser. **To dream of one's youth,** rêver à sa jeunesse. **To dream of marriage,** rêver mariage. **To dream empty dreams,** se nourrir d'illusions; rêver creux. **3. I shouldn't dream of doing it,** jamais je ne m'aviserais de faire cela; je n'ai aucune intention de faire cela. *No one dreamt, would have dreamt, of suspecting him,* personne ne songeait, n'aurait songé, à le soupçonner. *I shouldn't have dreamt that . . .*, j'etais à mille lieues de supposer que. . . . **Little did I dream that . . .,** je ne me doutais guère que . . .; je ne songeais guère que. . . . *I should never have dreamt of meeting you here!* c'est un rêve que de vous voir ici!

dream away, *v.tr.* Passer (son temps) à rêver.

dreaming, *s.* Rêves *mpl*, songes *mpl*. *See also* DAY-DREAMING.

dreamer [ˈdriːmər], *s.* **1.** Rêveur, -euse. **2.** *F:* Rêveur; (esprit) songeur *m*. **3.** *Pej:* Cerveau creux; visionnaire *mf*; songe-creux *m inv*; idéologue *m*. *See also* DAY-DREAMER.

dream-hole [ˈdriːmhoul], *s.* *Arch: A:* Rayère *f*.

dreaminess [ˈdriːminəs], *s.* (État *m* de) rêverie *f*; état d'esprit songeur. *The d. of her eyes,* ses yeux rêveurs.

dreamland [ˈdriːmland], *s.* Le pays, le monde, des rêves; le pays des songes, du bleu.

dreamless [ˈdriːmləs], *a.* (Sommeil *m*) sans rêves.

dreamy [ˈdriːmi], *a.* **1.** *Lit:* (*Of sleep*) Plein de rêves. **2.** (*Of pers., mood, look*) Rêveur, -euse; songeur, -euse; langoureux, -euse. *Soft and d. eyes,* yeux *m* d'une douceur rêveuse. *D. look,* (i) air rêveur; (ii) *Pej:* air de songe-creux. **3.** (*Of idea, memory, etc.*) Vague, indistinct. **-ily,** *adv.* **1.** D'un air ou d'un ton rêveur; rêveusement. *To think d. of the future,* rêvasser à l'avenir. **2.** Comme dans un rêve.

drear [ˈdriːər], *a.* *Lit.* & *Poet:* = DREARY.

dreariness [ˈdriːərinəs], *s.* Tristesse *f* (de l'existence, etc.); aspect *m* morne (d'un paysage, etc.); manque *m* d'éclat, platitude *f* (d'un livre, d'un discours, etc.).

dreary [ˈdriːəri], *a.* (Temps *m*, paysage *m*) triste, morne, lugubre. *D. outlook,* triste perspective *f*. **Dreary speech,** discours morne, ennuyeux. *D. moor,* lande désolée. **-ily,** *adv.* Tristement; d'un air ou d'un ton morne; lugubrement.

dredge[1] [dredʒ], *s.* **1.** *Fish:* Drague *f*. **2.** = DREDGER[1] 2 (*b*).

'dredge-boat, *s.* Bateau-drague *m*, *pl.* bateaux-dragues; bateau vasier; (*on canal*) revoyeur *m*.

'dredge-bucket, *s.* Godet *m*, hotte *f*, de drague.

'dredge-chain, *s.* Chaîne dragueuse.

'dredge-net, *s.* *Fish: Nau:* Filet *m* de drague.

dredge[2], *v.tr.* & *i.* Draguer, curer, dévaser (une rivière, un chenal, un canal). **To dredge for sth.,** draguer à la recherche de qch.; ramasser (des huîtres) à la drague.

dredge away, *v.tr.* Enlever (la vase) avec la drague.

dredge out, up, *v.tr.* Draguer (qch.); pêcher, recueillir, (qch.) avec la drague.

dredging[1], *s.* Dragage *m*. **Maintenance dredging,** dragage d'entretien.

'dredging-machine, *s.* Machine *f* à draguer; drague *f*.

dredge[3], *v.tr.* *Cu:* **To dredge meat,** *etc.*, **with flour, to dredge flour over meat,** *etc.*, saupoudrer la viande, etc., de farine; fariner la viande.

dredging[2], *s.* Saupoudrage *m*.

'dredging-box, *s.* Boîte *f* à saupoudrer; saupoudroir *m*.

dredger[1] [ˈdredʒər], *s.* **1.** (*Pers.*) (Ouvrier) dragueur *m*; pêcheur *m* à la drague. **Oyster dredger,** dragueur d'huîtres. **2.** (*a*) = DREDGE-BOAT. (*b*) (*Machine*) Drague *f*; cure-môle *m*, *pl.* cure-môles. **Pump dredger,** drague suceuse. **Bucket dredger,** drague à godets. *See also* GRAB-DREDGER, LADDER-DREDGER, SHOVEL-DREDGER, SUCTION-DREDGER.

dredger[2], *s.* Boîte *f* à saupoudrer; saupoudroir *m* (à sucre, etc.).

dree [driː], *v.tr.* *A.* & *Scot:* (*Only in*) **To dree one's weird,** se résigner à son sort; subir sa destinée.

dreg [dreg], *s.* (*Usu. pl.*) **1.** *The dregs of the cup,* la lie, le fond, de la coupe. **To drink the cup to the dregs,** boire la coupe jusqu'à la lie. *F:* **The very dregs of the population,** la lie du peuple. **The dregs of society,** les bas-fonds, le rebut, de la société. *He has but the dregs of his fortune,* il n'a que les restes *m* de sa fortune. **Dregs of an illness,** reliquat *m* d'une maladie. *F:* **There is not a dreg of black blood in him,** il n'y a en lui aucune trace de sang nègre. **2. Dregs of tar,** rache *f* (de goudron).

dreggy [ˈdregi], *a.* Plein de lie; (breuvage *m*) trouble.

drench[1] [drenʃ], *s.* **1.** *Vet:* Breuvage *m*, purge *f*. **2.** *Med: A:* Potion *f*, breuvage. **3. Drench of rain,** grosse averse; *F:* saucée *f*. **4.** *Tan:* Jusée *f*.

drench[2], *v.tr.* **1.** Tremper, mouiller (*with*, de). **To get drenched** (*with rain*), *F:* se faire saucer. **Drenched to the skin,** trempé jusqu'aux os; trempé comme une soupe. **Drenched in blood,** noyé dans le sang. *Flowers drenched with dew,* fleurs lavées de rosée. **2.** (*a*) Arroser abondamment, abreuver (le sol). (*b*) *Tan:* Tremper (les peaux). **3.** *Vet:* Donner un breuvage à (une bête); administrer, faire avaler, une médecine à (une bête).

drenching[1], *a.* **Drenching rain,** pluie battante, diluvienne.

drenching[2], *s.* **1.** Trempage *m* (des peaux, etc.). **2.** *F:* Saucée *f*. *We got a d.*, nous avons été saucés.

drencher [ˈdrenʃər], *s.* **1.** Grosse averse; *F:* saucée *f*. **2.** *Vet:* Bouteille *f* ou seringue *f* (pour administrer un breuvage à une bête).

Dresden [ˈdrezdən]. *Pr.n.* *Geog:* Dresde *f*. **Dresden China,** porcelaine *f* de Saxe.

dress[1] [dres], *s.* **1.** (*a*) (*Attire*) Habillement *m*; habits *mpl*; vêtements *mpl*, costume *m*; toilette *f*, mise *f*, tenue *f*; *Pej.* & *F:* accoutrement *m*. **Articles of dress,** effets *m* d'habillement. **In full dress,** en grande toilette; en grand costume; en tenue de cérémonie; en grande tenue. **Morning dress,** (i) (*of women*) négligé *m*; (ii) tenue de ville. *In morning d.*, en tenue de ville. **Evening dress,** tenue de soirée. **It's a dress affair,** il faudra se mettre en tenue de soirée. **Travelling dress,** costume de voyage. *See also* FATIGUE-DRESS. **Faultless dress,** mise irréprochable. **She is very fond of dress,** elle aime beaucoup la toilette, la parure; elle fait beaucoup de toilette. *She spends too much on d.*, elle dépense trop pour son entretien. **To talk dress,** causer chiffons. *He was wearing* (*a*) *Turkish d.*, il était habillé en Turc. **Dress-materials,** étoffes *f* pour vêtements, pour robes, pour costumes. *See also* HEAD-DRESS, REHEARSAL 2, SHIRT 1, SWORD. (*b*) **Bird in its winter dress,** oiseau *m* dans son plumage d'hiver. **2.** (*Single garment*) Robe *f*, costume, toilette. **Walking dress,** robe de ville; costume trotteur; robe trotteuse. **Ball dress,** robe de bal. **Bathing dress** = BATHING-COSTUME. *Com:* **Ladies' dresses,** modes *f*. *See also* GOING AWAY, HIGH-NECKED, LENGTH 6, LOW-NECKED, WEDDING 2. **3.** (*Form*) **In a polished dress,** sous une forme élégante. **4.** *Tex:* Apprêt *m*.

'dress-basket, *s.* Panier *m* de voyage pour dames.

'dress-'circle, *s.* *Th:* (Premier) balcon; la corbeille. *D.-c. seats,* fauteuils *m* de (premier) balcon.

'dress-clip, *s.* *Cost:* Page *m* de robe; relève-jupe *m inv.*

'dress-'coat, *s.* Habit *m* (de soirée); habit à queue; frac *m*.

'dress-designer, *s.* Dessinateur, -trice, de robes; modelliste *mf*.

'dress-guard, *s.* *Cy:* Garde-jupe *m inv.*

'dress-hanger, *s.* Porte-robe *m*, *pl.* porte-robes; cintre *m*.

'dress-holder, *s.* Relève-jupe *m inv.*

'dress-improver, *s.* *Cost: A:* Tournure *f*.

'dress-preserver, -shield, *s. Cost:* Dessous *m* de bras; sous-bras *m inv.*

'dress-stand, *s. Com:* Mannequin *m* (de vitrine, etc.).

'dress-'suit, *s.* Habit *m* (de soirée, de cérémonie); complet *m* de soirée.

'dress-trunk, *s.* Malle bombée; chapelière *f.*

dress[2], *v.tr.* (dressed [drest]) **1.** *(a)* Habiller, vêtir (qn). **To be dressed in black, in silk,** être vêtu de noir, de soie. *To be dressed in furs,* porter des fourrures. **Well dressed,** bien habillé, bien mis; élégant. *Meticulously well dressed,* d'une correction de toilette méticuleuse. *She was faultlessly but simply dressed,* elle était élégante sans recherche. **To be plainly dressed,** avoir une mise simple. **Badly dressed,** mal habillé; mal mis. *See also* KILL[2] 1. *Th:* **To dress a play,** costumer une pièce. *(b) v.pr. & i.* **To dress (oneself),** s'habiller, faire sa toilette. *She is dressing,* elle est à sa toilette. *To d. in black,* s'habiller de noir. *To d. with taste,* se mettre avec goût. *To d. with care,* soigner sa toilette, sa mise. **To dress (for dinner),** (i) *(of man)* se mettre en habit, (ii) se mettre en toilette du soir (pour dîner). **2.** Orner, parer *(sth. with sth.,* qch. de qch.). *Com:* **To dress the window,** faire la vitrine; faire l'étalage. *Nau:* **To dress a ship,** pavoiser un navire; faire parade. *To d. a ship over all, rainbow fashion,* mettre, hisser, le grand pavois. **To dress ship,** pavoiser. **3.** *Mil:* Aligner (des troupes, des tentes). *v.i.* *(Of troops)* S'aligner. **To dress the ranks,** rectifier l'alignement; rectifier les rangs. **Right dress!** à droite alignement! **To dress back,** se reculer pour se mettre à l'alignement; rentrer le corps. **4.** *Med:* Panser (une blessure, un blessé); faire un pansement à (un blessé). **5.** *(a) Tchn:* Apprêter (une surface); corroyer (le cuir); apprêter, habiller, chamoiser (les peaux); mégir (des peaux délicates); dresser, tailler, parer, piquer (des pierres); (r)habiller, repiquer, ribler (une meule); dresser, corroyer (le bois); habiller, sérancer (le lin); appareiller (des bas); préparer mécaniquement, trier (le minerai); préparer (une matière première, le coton, la laine, etc.). *Metall:* Nettoyer, dessabler (une pièce coulée). **To dress timber roughly,** dégrossir le bois. **To dress cloth,** (i) apprêter, (ii) lainer, garnir, l'étoffe. *Typ:* **To dress a form,** garnir une forme. *Tex:* **To dress** (= *size*) **the warp,** basser la chaîne. *(b)* **To dress s.o.'s hair,** accommoder, arranger, une coiffure; coiffer qn. *To d. one's hair,* se coiffer. *(c) Cu:* (i) Habiller (une volaille, la viande); (ii) apprêter, accommoder, arranger (des mets); assaisonner, garnir (une salade). **Dish that can be dressed with . . .,** mets *m* accommodable à. . . . *(d) Agr: Hort:* Donner une façon à (un champ). **Well-dressed soil,** terre amoureuse. *See also* TOP-DRESS. **To dress a fruit-tree with limewash,** traiter un arbre fruitier avec du lait de chaux. *(e) Hort:* Tailler (un arbre fruitier, une vigne).

dress down, *v.tr.* **1.** *F:* *(a)* Flanquer une raclée, une volée, une peignée, à (qn). *(b)* Chapitrer (qn); donner un savon, un suif, à (qn); laver la tête à (qn). **2.** *Metalw: etc:* Dégrossir, dresser, roder (une pièce).

dressing down, *s.* **1.** *F:* (i) Raclée *f*, volée *f*, tannée *f*, rincée *f*; (ii) verte semonce; savon *m.* **To give s.o. a dressing-down,** (i) flanquer une raclée à qn; (ii) semoncer qn, *P:* suiffer qn; laver la tête à qn; donner un savon, *P:* un suif, à qn. *I gave him a good d.-d.,* je l'ai arrangé, tancé, de la belle manière; *P:* je lui en ai donné d'une. **2.** Dégrossissage *m*, dressage *m*, rodage *m.*

dress out, *v.tr.* Parer, orner (qn); *F:* attifer, harnacher (qn). **Dressed out in all her finery,** parée de tous ses atours.

dress up. **1.** *v.tr.* Habiller, parer, *F:* attifer (qn); poupiner (un enfant). **To dress oneself up,** *v.i.* **to dress up, as a soldier,** s'habiller, se costumer, en soldat. **To dress up for a part,** se costumer pour un rôle. *To d. (oneself) up,* (i) se mettre en travesti; (ii) se faire beau, belle; s'attifer. *P:* **To be dressed up to the nines, to the knocker,** être tiré à quatre épingles; être parée de tous ses atours; être sur son trente et un, sur son tralala, en grand tralala. **All dressed up,** tout attifé, tout endimanché. **2.** *v.i. Mil:* Avancer à l'alignement.

dressing up, *s.* Attifage *m*, attifement *m.*

dressed, *a. Geol:* **Dressed rocks,** roches moutonnées. *See also* HAMMER-DRESSED.

dressing, *s.* **1.** *(a)* Habillement *m*, toilette *f.* *To be long over one's d.,* être long à sa toilette. *(b)* Accommodage *m*, arrangement *m* (des cheveux). *(c) Agr: Hort:* Façon *f.* *To give the soil a d.,* donner une façon à la terre. *Vit:* **First dressing,** sombrage *m.* *To give the first d. to the vineyard,* sombrer la terre du vignoble. *Hort:* *D. of a fruit-tree with lime,* traitement *m* à la chaux d'un arbre fruitier. *(d) Cu:* Habillage *m* (d'une volaille); accommodage, apprêt *m*, assaisonnement *m* (des mets). *(e) Med:* Pansement *m* (d'une blessure). *See also* FORCEPS. *(f) Mil:* Alignement *m* (des troupes). *(g) Nau:* Pavoisement *m* (d'un navire). *(h) Tchn:* Apprêt, habillage, corroyage *m*, chamoisage *m* (des peaux); apprêtage *m*, apprêt (des étoffes); dressage *m*, taille *f* (des pierres); piquage *m* (du granit); dressage, corroyage, aplanissage *m*, aplanissement *m* (du bois); préparation *f* mécanique (du minerai); préparation (du coton, etc.); rhabillage *m* (d'une meule). *Metall:* Nettoyage *m*, dessablage *m* (d'une pièce coulée). **Cotton-dressing machine,** machine *f* à préparer le coton. *See also* FLAX-DRESSING, LEATHER-DRESSING, WINDOW-DRESSING. **2.** *(a) Cu:* **(Salad-)dressing,** assaisonnement *m* (pour la salade) genre sauce mayonnaise. *(b)* Produit *m* d'entretien; enduit *m* (pour cuirs, etc.); graisse *f* (pour courroies). *Agr: Hort:* Fumages *mpl*, fumades *fpl*, fumures *fpl*, fumaisons *fpl.* **Light dressing,** engrais légers. *Surface d., top d.,* engrais en couverture, couche *f* d'engrais. *To give the ground a second d.,* biner la terre. *(c) Med:* Pansement, appareil *m.* **To apply a dressing,** faire un pansement. *After the first d. has been applied,* après l'application d'un premier pansement. *See also* FIELD-DRESSING. *(d) Tex:* Apprêt, empois *m*, chas *m*, cati *m.* *(e) pl. Arch:* **Dressings,** moulures *f*, saillies *f.* *(f) Nau:* Pavois *m.*

'dressing-bell, *s.* Coup *m* de cloche d'avertissement qu'il est l'heure de s'habiller pour le soir (une demi-heure avant le dîner).

'dressing-case, *s.* **1.** Nécessaire *m*, sac *m*, trousse *f* (de toilette, de voyage). **2.** **Surgical dressing-case,** trousse de pansement.

'dressing-gown, *s.* Robe *f* de chambre; *(for women)* peignoir *m*, saut-de-lit *m*, *pl.* sauts-de-lit.

'dressing-jacket, *s.* Camisole *f*, casaquin *m.*

'dressing-room, *s.* **1.** Cabinet *m* de toilette. **2.** *Th: Cin:* Loge *f* (d'acteur, d'actrice). **Dressing-rooms,** loges des artistes.

'dressing-station, *s.* *Mil:* Poste *m* de secours. **Main dressing-station,** ambulance *f.*

'dressing-stick, *s.* *Typ:* Composteur *m* d'apprêt.

'dressing-table, *s.* (Table *f* de) toilette *f*; coiffeuse *f.*

dresser[1] ['dresər], *s.* *Furn:* **1.** Buffet *m* de cuisine; dressoir *m*; panetière *f*; vaisselier *m.* **2.** *U.S:* Commode-toilette *f*, *pl.* commodes-toilettes.

dresser[2], *s.* **1.** *Ind:* Apprêteur, -euse; broyeur *m* (de cuirs, d'étoffes); dresseur, -euse (de gants); appareilleur *m* (de bas); équarrisseur *m* (de pierres); piqueur *m* (de granit); préparateur *m* (de pierres lithographiques). *Metall:* Dessableur *m* (de pièces coulées). *See also* FLAX-DRESSER, FLOOR-DRESSER, LEATHER-DRESSER, VINE-DRESSER, WINDOW-DRESSER. **2.** *Th:* Habilleur, -euse. **3.** *Med: Surg:* Externe *m* (des hôpitaux); panseur, -euse; assistant, -ante. **4.** *F:* *A good d.,* personne *f* qui s'habille bien. **5.** *(Instrument)* *(a)* Batte *f*, batte-plate *f* (de plombier), *pl.* battes-plates; rabattoir *m*, bourseau *m.* *(b) Min:* Pointerolle *f.* *(c)* Décrasse-meule *m*, *pl.* décrasse-meules.

dressership ['dresərʃip], *s.* *Med:* Externat *m* (des hôpitaux).

dressiness ['dresinəs], *s.* Recherche *f* dans sa mise, dans sa toilette.

dressmaker ['dresmeikər], *s.* *(a)* Couturière *f.* **Dressmaker's hand** *or* **apprentice,** cousette *f*, arpette *f.* *(b)* Couturier *m.*

dressmaking ['dresmeikiŋ], *s.* **1.** Couture *f.* **She has gone in for dressmaking,** elle est dans la couture. *To know d. and tailoring,* savoir faire le flou et le tailleur. **2.** Confections *fpl* pour dames; confection de robes.

dressy ['dresi], *a.* **1.** *(Of pers.)* Mis avec recherche, luxueux dans sa mise; *(of woman)* qui aime la toilette, portée à la toilette; coquette; *P:* *(of man)* gommeux. **2.** *(Of clothes, etc.)* Chic, élégant. **A dressy gown,** une robe habillée.

drew [dru:]. *See* DRAW[2].

dribble[1] [dribl], *s.* **1.** *(a)* *(Of water, etc.)* Dégouttement *m*, égouttage *m.* *F:* *He managed to live on a small d. of trade,* il arrivait à vivre d'un mince filet d'affaires. **Dribble glass,** verre baveur. *(b)* *(Of child)* Bave *f.* **2.** *Fb:* Dribbling *m*, dribble *m.*

dribble[2]. **1.** *v.i.* *(a)* *(Of water, etc.)* Dégoutter, tomber goutte à goutte. *F:* *The men came dribbling back,* les ouvriers *m* revenaient par deux ou trois, par petits groupes. *(b)* *(Of child, idiot)* Baver. *(c)* Pissoter. *(d) Bill:* *(Of ball)* **To dribble into the pocket,** rouler doucement dans la blouse. **2.** *v.tr.* *(a)* **To dribble (out) a liquid,** laisser dégoutter un liquide; laisser couler un liquide goutte à goutte. *F:* *He dribbled out a few inane remarks,* il nous a sorti quelques observations idiotes. *(b) Fb:* Dribbler (le ballon). *(c) Bill:* *To d. the ball into the pocket,* faire rouler tout doucement la bille dans la blouse.

dribbling, *s.* **1.** Dégouttement *m*, égouttage *m* (d'un liquide). **2.** *Fb:* Dribbling *m.*

dribbler ['driblər], *s.* **1.** Baveux, -euse. **2.** *Fb:* Dribbleur *m.*

drib(b)let ['driblet], *s.* **1.** Petite somme (d'argent). *To pay in driblets,* payer sou par sou, petit à petit. **2.** Petite quantité, chiquet *m.* *In, by, driblets, F:* chiquet à chiquet. *To dole out provisions in driblets, F:* mesurer les provisions au compte-gouttes. **3.** = DRIBBLE[1] 1 *(a).*

dried [draid]. *See* DRY[2].

drier[1] ['draiər], *s.* = DRYER.

drier[2], driest, *a.* *See* DRY[1].

drift[1] [drift], *s.* **1.** *(a) A:* Impulsion *f.* *(b) Jur:* Rassemblement *m* (à date fixe) du bétail (pour un recensement, etc.). **2.** *(a)* Mouvement *m.* *Ph:* **Ether drift,** mouvement relatif de la terre et de l'éther. **The drift of labour into the towns,** le mouvement progressif de la main-d'œuvre vers les villes. *(b)* (i) Direction *f*, sens *m* (d'un courant); (ii) vitesse *f* (d'un courant). *Esp.* **Drift of the tide,** vitesse de la marée. *(c)* Cours *m*, marche *f* (des affaires, des événements). **3.** *(a) Artil:* Dérivation *f* (d'un projectile). *(b) Av: Nau:* Dérive *f* (d'un avion, d'un navire). *Av:* **Drift indicator,** dérivomètre *m.* *See also* WIRE[1] 1. *F:* **Policy of drift,** politique *f* de laisser-faire. *(c) Civ.E:* Déviation *f*, dérive (d'un trou de sonde). **4.** But *m*, tendance *f*, sens général, portée *f* (des paroles, des écrits, de qn). **I see his drift,** je vois où il veut en venir. *What is the d. of these questions?* où tendent ces questions? *What is the d. of all this?* où aboutira tout cela? **5.** *(a)* **A drift of rain, of falling snow,** une rafale de pluie, de neige. *D. of clouds,* traînée *f* de nuages. *(b)* *(In S. Africa)* Gué *m.* **6.** Amoncellement *m*, monceau *m* (de neige, de sable). *See also* SAND-DRIFT. **7.** *(a)* *(In water)* Objet flottant. *(b) Geol:* Apport(s) *m(pl)*; terrain *m* erratique. **River drift,** diluvium *m*; apports fluviaux. **Glacial drift,** moraine *f*; apport des glaciers. *See also* DETRITUS. **8.** *Fish:* = DRIFT-NET. **9.** *Min:* Galerie chassante; recoupe *f.* *See also* MONKEY-DRIFT. **10.** *Tls:* *(a)* **Drift (punch),** chasse-clef *m*, *pl.* chasse-clef(s), chasse-clavette *m*, *pl.* chasse-clavette(s); chasse-rivet(s) *m*, *pl.* chasse-rivet(s); chassoir *m*, poinçon *m*, repoussoir *m*, refouloir *m.* *(b)* *(For rivet-holes)* Broche *f* d'assemblage, mandrin *m.* *(c)* *(Broach)* Alésoir *m.*

'drift-anchor, *s.* *Nau:* Ancre flottante.

'drift-bolt, *s.* *Tls:* Chasse-boulon *m*, *pl.* chasse-boulons; repoussoir *m.*

'drift-boulder, *s.* *Geol:* Caillou roulé.

'drift-current, *s.* *Nau:* Courant *m* de surface.

'drift-ice, *s.* Glaces flottantes; glaçons *mpl* en dérive.

'drift-mining, *s. Gold-min:* Exploitation *f* par galeries.
'drift-net, *s.* Filet traînant, filet dérivant, filet flottant; manet *m*, traîne *f*.
'drift-pin, *s. Tls:* Broche *f* (d'assemblage); mandrin *m*.
'drift-sand, *s.* Sable mouvant.
'drift-slot, *s. Mec.E:* Rainure *f* pour chasse-clavette.
'drift-wood, *s.* Bois flottant, bois flotté. *D.-w. of wrecked vessels*, débris *mpl* de navires naufragés.

drift[2]. I. *v.i.* (a) Flotter; être charrié, entraîné. *Nau:* Dériver, aller en dérive; *Av:* déporter, marcher en crabe; *Ball:* (*of projectile*) dériver. *Nau: To d. to leeward*, être dépalé, drossé. **To drift on shore,** abattre à la côte; se laisser dépaler. **To drift down-stream,** dériver à vau-l'eau. **To drift with the current,** se laisser aller au fil de l'eau. *Much broken ice was drifting down the river*, le fleuve charriait de nombreux glaçons. *Boats drifting on the waves*, barques *f* errant sur les flots. **Wisps of smoke drift across the sky,** des fumées *f* se traînent dans le ciel. (b) **To drift into vice,** se laisser aller au vice; être entraîné vers le vice. *To d. into pessimism*, se laisser aller au pessimisme. *To d. into an idle, aimless, way of living, F:* s'acagnarder. **To let oneself drift, to let things drift,** se laisser aller; laisser aller les choses. *He's just drifting*, il ne sait plus de quel bois faire flèche. *Things are allowed to d.*, cela va comme il plaît à Dieu. **To drift apart,** se perdre peu à peu de vue. (c) *F:* (*Of pers.*) **To drift along,** flâner; marcher nonchalamment. **To drift around,** flâner, se balader. *To d. round to the town library*, pousser (une pointe) jusqu'à la bibliothèque de la ville. **To drift in,** entrer en passant; s'amener (chez qn). (d) (*Of snow, etc.*) S'amonceler, s'amasser. (e) *Min:* Chasser; percer en direction. (f) (*Of questions, events*) Tendre (vers un but). 2. *v.tr.* (a) Flotter (du bois); (*of current*) charrier, entraîner (qch.). *Nau:* (*Of wind, current*) Drosser (le navire). *Fish:* Laisser aller (la mouche) au fil de l'eau. (b) (*Of wind*) Amonceler, entasser (la neige, le sable). (c) (*Of wind, etc.*) *To d. the fields with snow*, recouvrir les champs de neige, d'amoncellements de neige. (d) *Mec.E:* Brocher, mandriner (un trou de rivet).
drifting[1], *a.* En dérive; dérivant. **Drifting clouds,** nuages traînants; nuages voguant dans le ciel. **Drifting mine,** mine dérivante.
drifting[2], *s.* 1. Entraînement *m* par le courant, par le vent. 2. (a) Amoncellement *m* (des neiges). (b) *Geol:* Charriage *m*. 3. *Mec.E:* Brochage *m*, mandrinage *m*. 4. *Min:* Chassage *m*; percement *m* (des galeries) dans la direction du filon.

driftage ['driftedʒ], *s.* 1. *Geol:* (a) Charriage *m*. (b) Terrains, etc., charriés. 2. *Nau:* Dérive *f*.

drifter ['driftər], *s.* 1. *Gold-min:* Mineur *m* au rocher. 2. *Nau:* (a) Pêcheur *m* au filet traînant; chalutier *m*. (b) Bateau *m* faisant la pêche au filet traînant; chalutier, cordier *m*. 3. Vent *m* qui amoncelle la neige. 4. *He was developing into a d.*, il commençait à se laisser aller à vau-l'eau.

driftway ['driftwei], *s.* 1. *Min:* Galerie *f* (en direction). 2. *Nau:* Dérive *f*. 3. Accotement *m* (d'une route).

drill[1] [dril], *s.* 1. (a) *Tls:* Foret *m*, pointe *f* à forer, mèche *f*; perforateur *m*, perce *f*, perçoir *m*, perceuse *f*. *Min:* Fleuret *m*, burin *m*, pistolet *m*, sonde *f*. **Wall-drill** (*for plugging*), tamponnoir *m*. *See also* BURR[2] 3, SPOON-DRILL, TWIST-DRILL. (b) *Tls:* Vilebrequin *m*. **Hand-drill,** drille *f*, chignol(l)e *f*, perceuse à main, vilebrequin à engrenage. **Electric drill,** perceuse électrique. *See also* AIR-DRILL, BREAST-DRILL, FIDDLE-DRILL, FOOT-DRILL, HAMMER-DRILL, PROSPECTING, ROCK-DRILL, STOP-DRILL, TURRET 3. 2. (a) *Mil: Navy: etc:* Exercice(s) *m(pl)*, manœuvre(s) *f(pl)*. *Gun d., rifle d.*, exercice du canon, du fusil. *Arms d.*, travail *m* d'armes. **Company drill,** école *f* de compagnie. **Company at drill,** compagnie *f* à l'exercice. **To do punishment drill,** faire la pelote. *See also* FIRE-DRILL, GROUND[2] 5, PACK-DRILL, RECRUIT[1]. (b) *Sch: F:* **Verb drill,** exercices oraux sur le verbe.
'drill-book, *s.* 1. Livret *m* d'exercices. 2. *Mil:* Théorie *f* (du soldat).
'drill-bow, *s. Tls:* (Fleuret *m* à) archet *m*; archet de foret.
'drill-brace, *s. Tls:* Vilebrequin *m* pour forerie; cliquet *m*, drille *f*.
'drill-chain, *s. Min:* Chaîne *f* d'allongement.
'drill-chuck, *s.* Mandrin *m* (de tour) porte-mèche; mandrin porte-foret.
'drill-core, *s. Min:* Témoin *m*, carotte *f*.
'drill-ground, *s. Mil:* Terrain *m* d'exercice, de manœuvres.
'drill-hall, *s. Mil:* Salle *f* d'exercice.
'drill-holder, *s. Tls:* Porte-foret *m*, *pl.* porte-forets.
'drill-hole, *s.* 1. Sondage *m*. 2. *Min:* Trou *m* de mine.
'drill-pin, *s.* Broche *f* (de serrure).
'drill-plate, *s. Tls:* Disque *m* de perceuse; plastron *m*.
'drill-press, *s.* Machine à percer montée sur colonne; forerie *f* sur colonne.
'drill-rod, *s. Min:* Tige *f* de sonde.
'drill-sergeant, *s. Mil:* Sergent instructeur.

drill[2]. 1. *v.tr.* (a) Forer (un puits, etc.); perforer (une plaque); percer (un trou). *Min:* Perforer, bosseyer (la roche, etc.). **To drill (metal) through a template,** contrepercer. (b) *Dent:* **To drill a tooth,** buriner une dent. 2. *v.tr. Mil: Navy: etc:* Faire faire l'exercice à (des hommes); instruire, exercer, faire manœuvrer (des soldats, etc.). *Nau: Well-drilled crew*, équipage bien exercé. *F:* **To drill s.o. in what he has to say or to do,** faire la leçon à qn. *Sch: To d. the boys in French verbs*, faire faire aux élèves des exercices oraux sur les verbes français. 3. *Rail: U.S:* Trier, classer (des wagons). 4. *v.i.* (*Of soldiers, etc.*) Faire l'exercice; manœuvrer.
drill through, *v.tr.* Percer, perforer (une plaque, etc.).
drilling[1], *s.* 1. (a) *Metalw:* Forage *m*, perçage *m*, percement *m* (d'un trou); (*through template*) contreperçage *m*. *Min:* Perforation *f* (des roches, etc.). **Machine drilling,** perforation mécanique. (b) *Min:* Forage, sondage *m* (d'un puits). **Drilling rope,** câble *m* de sondage. **Rope-drilling,** sondage à la corde; sondage chinois. 2. *Mil:* Exercices *mpl*, manœuvres *fpl*. 3. *Rail: U.S:* Triage *m*, classement *m* (des wagons).
'drilling-machine, *s.* 1. *Mec.E:* Machine *f* à percer; perceuse *f*, foreuse *f*, forerie *f*, aléseuse *f*, alésoir *m*. *Multiple-spindle d.-m.*, perceuse à plusieurs broches. *Min:* **Rock-drilling machine,** perforatrice *f* mécanique; perforateur *m*. 2. *Min:* Sondeuse *f*, sonde *f*.
'drilling-mill, *s. Mec.E:* = DRILLING-MACHINE 1.
'drilling-pillar, *s. Mec.E:* Forerie *f* à colonne.
'drilling-spindle, *s. Mec.E:* Arbre *m* porte-foret; broche *f* porte-mèche.

drill[3], *s. Agr: Hort:* 1. Ligne *f*, rayon *m*, sillon *m*. *To sow the grain in drills*, semer la graine en lignes, par sillons. 2. Semeuse *f* (à cuillers); semoir *m* en lignes; rayonneur *m*. **Drop drill,** semoir en poquets.
'drill-harrow, *s.* Herse *f* à semer.
'drill-hoe, *s. Agr:* Rigoleur *m*.
'drill-planting, *s.* Plantation *f* en lignes.
'drill-plough, *s. Agr:* Sillonneur *m*.

drill[4], *v.tr. Agr:* Semer (des navets, un champ) en lignes, en rayons; rayonner (un champ).
drilling[2], *s.* Semis *m* par lignes, par rayons; rayonnage *m*.

drill[5], *s. Z:* Dril(l) *m*; singe *m* drill.

drill[6], *s. Tex:* Coutil *m*, treillis *m*.

driller ['drilər], *s.* 1. (*Pers.*) (a) Perceur *m*. (b) Foreur *m*, sondeur *m*. 2. = DRILLING-MACHINE. *See also* GANG[1] 3.

drily ['draili], *adv.* = DRYLY.

drink[1] [driŋk], *s.* 1. (*Liquid drunk*) (a) Boire *m*. **Food and drink,** (i) le boire et le manger; (ii) à boire et à manger. *F:* **Tobacco is meat and drink to me,** le tabac me tient lieu de tout. (b) **To give s.o. a drink,** donner à boire à qn; faire boire qn. **To have a drink,** se désaltérer. *To have a long d.*, boire un bon coup. *Give me a d. of water*, donnez-moi un peu d'eau à boire. (c) Consommation *f*. **To have a drink,** prendre quelque chose; boire un coup. *He had been seen having a d. in a bar*, on l'avait vu consommer dans un bar. *P:* **Long drink,** consommation à l'eau. **Short drink,** consommation sans eau ou avec très peu d'eau. *To pay for the drinks*, payer les consommations. **(Will you) have a drink?** voulez-vous boire quelque chose? prenez-vous un verre? **To stand s.o. a drink,** payer à boire à qn. *To finish one's d.*, vider son verre. (d) *Med: F:* Potion *f*. (e) *Nau: P:* **The drink,** la mer; la grande tasse. 2. (*Beverage*) Boisson *f*, breuvage *m*. **Strong drink,** liqueurs fortes; spiritueux *mpl*. **Soft drinks,** boissons sans alcool; sirops *m*, limonades *f*, etc. 3. Boisson; ivrognerie *f*. **To take to drink,** s'adonner à la boisson, se mettre à boire. *To be addicted to d.*, être adonné à la boisson. *The poverty due to d.*, la misère imputable à l'alcoolisme *m*. **The drink question,** la question de l'alcoolisme. **To be in drink, the worse for drink, under the influence of drink,** avoir trop bu; être ivre, soûl, pris de vin, dans l'ivresse, sous l'empire de la boisson; *Jur:* être en état d'ébriété. *To drive a car while under the influence of d.*, conduire en état d'ébriété. **He died of drink,** il s'est tué à force de boire. **To drive s.o. to drink,** pousser qn à l'ivrognerie. *He nearly drove me to d.*, il s'en est fallu de peu que je me mette à boire. **To smell of drink,** puer l'alcool.
'drink-money, *s.* Pourboire *m*.
'drink-offering, *s. Ant:* Libation *f*.
'drink-sodden, *a.* Abruti par la boisson.

drink[2], *v.tr.* (*p.t.* **drank**; *p.p.* **drunk**, *Poet:* **drunken**) Boire. 1. (a) *To d. water, wine*, boire de l'eau, du vin. **To drink the waters,** prendre les eaux. *He never drinks tea*, il ne prend jamais de thé. **Will you have something to drink?** voulez-vous boire quelque chose? voulez-vous vous rafraîchir? *F:* voulez-vous prendre quelque chose? **Fit to drink,** bon à boire; buvable, potable; (vin) en boite, de bonne boite. **To drink (of) the cup of joy, (of) the cup of sorrow,** boire, s'abreuver, à la coupe des plaisirs, à la coupe des tristesses. *F:* **You must drink as you have brewed,** comme on fait son lit on se couche. **To drink (to) s.o.'s health,** boire à la santé de qn; porter la santé de qn. *See also* HEALTH 2. **We drink the King,** nous buvons à la santé du Roi. **To drink success to s.o., to drink to s.o.'s success,** boire au succès de qn. (b) *F:* **To drink one's wages,** boire ses gages. **To drink oneself into debt, out of a situation,** s'endetter à force de boire; se faire renvoyer pour ivrognerie. **To drink oneself drunk,** se soûler. *A:* **To drink s.o. under the table,** mettre qn sous la table. *See also* BLIND[1] 1, DEATH, FILL[2] I. 4. 2. *Abs.* Être adonné à la boisson. *He has taken to drinking*, il s'est mis à boire. **To drink hard, heavily,** (i) boire sec, raide; (ii) s'alcooliser. **To drink like a fish,** boire comme un trou, comme une éponge. *He drinks like a fish*, il boirait la mer et ses poissons. *He drinks too freely*, il boit trop. *See also* DEEP II. 3.
drink away, *v.tr.* Boire (sa fortune); noyer (ses soucis, etc.).
drink down, *v.tr.* 1. Boire, avaler (un breuvage). 2. *F: They soon drank down their quarrel*, leurs libations leur firent bientôt oublier leur querelle. 3. *A:* Mettre (qn) sous la table (à consommations égales).
drink in, *v.tr.* 1. Absorber, boire (l'eau); s'imbiber (d'eau). *F: The earth drinks in the heat of the sun*, la terre se pénètre de la chaleur du soleil. 2. *F:* Boire (les paroles de qn). *To d. in the beauties of the countryside*, boire des yeux les beautés du paysage. 3. *F: He drank it all in*, il a avalé ça doux comme lait.
drink off, *v.tr.* Boire (un verre) d'un coup, d'un trait; avaler, sabler (une coupe de champagne).
drink up, *v.tr.* 1. Achever de boire; avaler; boire (qch.) jusqu'à la dernière goutte; vider (un verre). *Abs.* **Drink up!** videz vos verres! 2. (*Of plants, etc.*) = DRINK IN 1.
drunk. 1. *Pred. a.* (a) Ivre, gris; soûl (*with*, de). **To be drunk,** être pris de boisson; *P:* être schlass; avoir sa cuite, une cuite,

sa pistache. **To get, drink oneself, drunk,** s'enivrer, se griser, se soûler, s'aviner; *P:* se cuiter; prendre la cuite, une cuite; se culotter, prendre une culotte. *To make s.o. d.*, griser, *F:* soûler, qn. **Dead drunk,** ivre-mort, *pl.* ivres-morts. **Blind drunk,** soûl perdu. **As drunk as a fiddler, as a lord, as a loon, as a Dutchman,** soûl comme une grive; ivre comme un Polonais, comme une soupe; plein comme une huître. *Jur:* **Drunk and disorderly, drunk and incapable,** en état d'ivresse manifeste. (*b*) Enivré, grisé (*with opium, with success*, par l'opium, par le succès). **Drunk with blood, with carnage, with joy,** ivre de sang, de carnage, de joie. **2.** *s.* (*Police-court term & F:*) Homme pris de boisson. *The Saturday-night drunks*, les ivrognes *m* du samedi soir. **3.** *s. F:* Soûlographie *f*; ribote *f*.

drinking¹, *a.* **Drinking man,** grand buveur. **Hard-drinking,** adonné à la boisson.

drinking², *s.* **1.** Boire *m*. **After drinking,** après boire. *You should try eating without d.*, essayez donc des repas sans boisson. **2.** Ivrognerie *f*, alcoolisme *m*; la boisson. **Drinking habits,** habitudes *f* de buveur, d'ivrognerie.

'drinking-bout, *s.* Soûlerie *f*, soûlographie *f*, ribote *f*. *To have a d.-b.*, faire ribote; tirer une bordée.

'drinking-fountain, *s.* (*a*) Borne-fontaine *f*, *pl.* bornes-fontaines; fontaine publique. (*b*) *Ind: etc:* Poste *m* d'eau potable.

'drinking-glass, *s.* Verre *m* à boire.

'drinking-saloon, *s.* Débit *m* de boissons.

'drinking-song, *s.* Chanson *f* à boire; chanson bachique.

'drinking-tank, *s.* *Nau:* Charnier *m*.

'drinking-trough, *s.* Abreuvoir *m*.

'drinking-water, *s.* Eau *f* potable; eau de boisson.

drinkable ['driŋkəbl]. **1.** *a.* (*a*) Buvable. (*b*) (Eau *f*) potable. **2.** *s.pl.* *F:* *We've forgotten the drinkables*, nous avons oublié la boisson. *See also* EATABLE 2.

drinker ['driŋkər], *s.* Buveur, -euse. **1.** *Water drinkers*, buveurs d'eau. **2. Hard drinker,** buveur intrépide; grand buveur. **Habitual drinker, heavy drinker,** alcoolique *mf*.

drip¹ [drip], *s.* **1.** Dégouttement *m*; égout *m* (des eaux des toits, etc.). **The drip-drop from a tap,** le bruit que fait l'eau qui tombe goutte à goutte d'un robinet; l'égouttement *m* d'un robinet. **Drip coffee-pot,** percolateur *m*. *Jur:* **Right of drip,** droit *m* de laisser s'écouler les eaux pluviales sur le fonds du voisin. *Mch: etc:* **Drip receiver,** godet *m*. **2.** Goutte; *pl.* égoutture *f*, dégoutture *f*. *A d. fell on my nose*, une goutte me tomba sur le nez. *The drips from the trees*, les dégouttures, l'égoutture, des arbres. **3.** *Arch:* Larmier *m* (de corniche); jet *m* d'eau.

'drip-cock, *s.* *Mch:* (Robinet) purgeur *m*.

'drip-cup, *s.* *Mch: etc:* Cuvette *f* d'égouttage; poche *f* de vidange.

'drip-feed, *s.* *Mch:* Distributeur *m* compte-gouttes (d'huile). *D.-f. lubricator*, (graisseur *m*) compte-gouttes *m*.

'drip-flap, *s.* *Av:* Rejéteau *m*, bavette *f*.

'drip-glass, *s.* Bobèche *f* (de bougeoir).

'drip-'moulding, *s.* Rejéteau *m*, jet *m* d'eau (de fenêtre, de porte); siccité *f* (d'une fenêtre); larmier *m*. *Aut:* Chéneau *m* d'écoulement de pluie.

'drip-pan, *s.* *Mec.E:* Attrape-gouttes *m inv*; cuvette *f* à huile.

'drip-pump, *s.* *Mch:* Pompe *f* de purge.

'drip-stone, *s.* **1.** *Arch:* Capucine *f*; larmier *m*. **2.** *Nau:* Pierre *f* à filtrer.

drip², *v.* (**dripped; dripping**) **1.** *v.i.* Dégoutter, égoutter, s'égoutter; tomber goutte à goutte. *Your umbrella is dripping*, l'eau dégoutte de votre parapluie. *Wall that drips*, mur *m* qui suinte. *The water was dripping down the stairs*, *F:* l'eau dégoulinait le long de l'escalier. *The perspiration was dripping from his forehead*, la sueur lui dégouttait du front; son front ruisselait de sueur. **2.** *v.tr.* Faire dégoutter (du liquide); laisser tomber (du liquide) goutte à goutte.

dripping¹, *a.* Ruisselant, stillant; (roche *f*, robinet *m*) qui pleure. **To be dripping wet,** être trempé (comme une soupe); être tout ruisselant. **Dripping joint,** (i) rôti *m* qui jute; (ii) *Com: F:* article *m* d'écoulement lent, mais assuré. **Dripping with perspiration, with blood,** ruisselant de sueur, de sang.

dripping², *s.* **1.** Dégouttement *m*, égouttement *m*; stillation *f*. **Constant dripping wears away a stone,** l'eau *f* qui tombe goutte à goutte use, creuse, la pierre. **2.** *The drippings from the trees, from the roof*, l'égoutture *f* des arbres; les dégouttures *f* du toit; les gouttes *f* qui tombent des arbres, du toit. **3.** *Cu:* Graisse *f* de rôti. **Bread and dripping,** tartine *f* à la graisse.

'dripping-pan, *s.* *Cu:* Lèchefrite *f*.

'dripping-tube, *s.* Pipette *f* compte-gouttes; compte-gouttes *m inv*.

drive¹ [draːiv], *s.* **1.** Promenade *f* en voiture; course *f*. *A d. of two miles*, un parcours, un trajet, de deux milles. *It is an hour's d. away*, c'est à une heure en voiture. **To go for a drive,** aller faire une promenade, *F:* un (petit) tour, en voiture. *Aut:* **Trial drive,** conduite *f* d'essai. **2.** (*a*) *Ven:* Battue *f* (du gibier). (*b*) *D. of floated timber*, flot *m* de bûches. **3.** (*a*) *Mec.E:* (Mouvement *m* de) propulsion *f*; (i) attaque *f* (d'un organe); (ii) commande *f* (par un organe); transmission *f*, entraînement *m*, actionnement *m*. **Belt drive,** entraînement par courroie. **Bevel drive,** transmission par pignons. **Cardan drive,** transmission à cardan. **Slow-motion drive,** commande à mouvement lent. *Smooth d.*, entraînement régulier. *Av:* *Supercharger d.-ratio*, rapport *m* d'entraînement du compresseur centrifuge. *See also* GEAR-DRIVE, INDIVIDUAL 1. (*b*) *Aut:* **Direct drive,** prise directe, attaque directe. *Speed on direct d.*, vitesse en prise (directe). **Car with front wheel drive,** voiture *f* à traction avant, à roues avant motrices. **Differential drive,** (i) attaque du différentiel (par la transmission); (ii) commande (des roues arrière) par le différentiel. (*c*) *Aut:* **Rear drive,** pont *m* arrière. **4.** *Sp:* (*a*) *Golf:* Crossée *f* de départ. (*b*) *Ten:* Drive *m*. (**Fore-arm**) **drive,** (drive de) coup droit. (*c*) *Cr:* Coup droit (long et appuyé). *See also* LEG¹ 5. **5.** (*a*) *D. of business*, urgence *f* des affaires. (*b*) (*Of pers.*) **To have plenty of drive,** avoir de l'énergie; être énergique; être très entreprenant, aller toujours de l'avant. *To be lacking in d.*, manquer de force, d'énergie. (*c*) *U.S:* Campagne *f* de propagande. (*d*) *U.S:* *P:* Moment d'exaltation, coup de fouet (dû à la cocaïne, à un stupéfiant). **6.** (*a*) Avenue *f* (dans une forêt). (*b*) = CARRIAGE-DRIVE. **7.** *Min:* Galerie *f* en direction. **8. Bridge, whist, drive,** tournoi *m* de bridge, de whist. **9.** *Equit:* Chasse *f* (du bipède postérieur).

'drive-pin, *s.* *W.Tel:* Tige *f* (de haut-parleur).

'drive-pipe, -tube, *s.* **1.** Tube perforateur (de sondage). **2. Drive-pipe,** conduite *f* d'eau motrice.

'drive-way, *s.* *U.S:* = CARRIAGE-DRIVE.

'drive-well, *s.* Puits abyssinien; puits instantané.

'drive-wheel, *s.* = DRIVING-WHEEL.

drive², *v.* (*p.t.* **drove** [droːuv]; *p.p.* **driven** [drivn]) **I.** *v.tr.* **1.** (*a*) Chasser, pousser, faire aller (devant soi). *To d. cattle to the fields*, conduire, mener, le bétail aux champs. *To d. the enemy down the hill*, (re)pousser l'ennemi jusqu'au bas de la colline. **To drive s.o. from, out of, the house,** chasser qn de la maison. *To d. the enemy from his positions*, déloger l'ennemi. *F:* **To drive sth. out of s.o.'s head,** faire oublier qch. à qn. *The wind is driving the rain against the window panes*, le vent chasse la pluie contre les vitres. *The wind is driving the tide*, la brise chasse la marée, *Nau:* vente la marée. *The waves drove the ship upon the rocks*, les vagues ont poussé, jeté, le navire contre les rochers. *To be driven out of one's course*, être entraîné hors de sa route. *To be driven ashore*, être chassé, drossé, poussé, à la côte. **To drive water into a boiler,** refouler de l'eau dans une chaudière. *See also* PILLAR¹. (*b*) *Ven:* **To drive the game,** rabattre le gibier. *Shooting of driven birds*, tir *m* du gibier rabattu sur les chasseurs. **To drive the country (for game),** battre la campagne. (*c*) **To drive a hoop,** faire courir, faire aller, un cerceau; jouer au cerceau. **2.** (*a*) Faire marcher (une grue ou autre machine); conduire (un cheval, une auto, une locomotive). *To d. three horses abreast*, mener trois chevaux de front. *Abs.* **Can you drive** (*a carriage, a car*)? savez-vous conduire? *Are you going to d.?* vous allez conduire? *Aut:* vous allez prendre le volant? *My brother was driving*, mon frère tenait (i) les guides, (ii) le volant. *To d. recklessly*, conduire avec imprudence, *F:* comme un fou. *F:* **To drive like mad,** filer à fond de train. *Adm:* **'Drive with caution,'** "allure modérée prescrite à tous les véhicules." *Aut:* **'Drive yourself' service,** service de location sans chauffeur. *F:* **He drives his carriage,** il a cheval et voiture. *See also* COACH¹ 1. (*b*) **To drive s.o. to a place,** conduire qn en voiture, en auto, quelque part. *To d. s.o. into the palace yard*, conduire qn jusque dans la cour du palais. **3.** (*a*) Pousser (qn à une action); contraindre (qn à faire qch.). *To d. s.o. into doing sth., to do sth.*, pousser, contraindre, qn à faire qch. *I was driven to resign, to beg*, force me fut de démissionner, de mendier. **He was driven to it,** on lui a forcé la main. *He won't be driven*, on ne le mène pas comme on veut. *See also* DRINK¹ 3, LEAD⁴ I. 2, NEEDS, WALL¹. (*b*) Réduire (qn au désespoir, etc.). **To drive s.o. out of his senses,** rendre qn fou; affoler qn. *Pred.* **To drive s.o. wild,** mettre, pousser, qn à bout; faire sortir qn de ses gonds. *See also* FRANTIC, MAD 1, MIND¹ 5. **4.** Surcharger (qn) de travail; exploiter, excéder (qn); surmener (ses employés). **5.** Enfoncer, chasser, refouler, ficher (un clou); foncer, enfoncer, battre, ficher (un pieu); serrer (une vis). *To d. a pipe into an opening*, engager un tube dans une ouverture. *To d. a knife into s.o.'s back*, enfoncer un couteau dans le dos à qn. **To drive a peg home,** enfoncer une cheville à fond, encocher une cheville; battre, enfoncer, une cheville (jusqu')à refus. *F:* **To drive the matter home,** faire aboutir l'affaire. *Mil:* *To d. a charge home*, faire une charge à fond. *F:* **I can't drive that into his head,** je ne peux pas lui enfoncer cela dans la tête. **6.** (*a*) Percer, forer, pousser, avancer (un tunnel, une galerie); pratiquer (une galerie). (*b*) *To d. a railway through the desert*, tracer, construire, une ligne de chemin de fer à travers le désert. **7.** (*a*) **To drive a trade,** exercer un métier; faire un métier. (*b*) **To drive a bargain,** faire, conclure, passer, un marché. *See also* BARGAIN¹ 1. **8.** *Sp:* **To drive the ball,** *abs.* **to drive,** *Cr:* chasser la balle; *Ten:* jouer un drive; *Golf:* jouer une crossée. **9.** (*a*) *Mec.E:* *Mch:* Actionner, faire fonctionner, faire marcher, commander, animer, mouvoir (une machine). *To d. machines by steam*, actionner des machines par la vapeur. *Driven by compressed air*, commandé par l'air comprimé. *This stream drives the mill*, ce cours d'eau sert le moulin. (*Of part*) *To d. another part*, actionner, entraîner, attaquer, un organe. (*b*) (*Of pers.*) **To drive a pen, a quill,** écrire; manier la plume; faire le métier de gratte-papier; gratter le papier. *He drove his pen across the page*, d'un trait de plume il barra toute la page.

II. **drive,** *v.i.* **1.** (*a*) (*Of clouds, etc.*) **To drive before the wind,** chasser, être charrié, devant le vent. *The rain driving against the window panes*, la pluie qui fouette les vitres. **To let drive at s.o.,** décocher un coup à qn. *To let d. at s.o. with a stone*, lancer une pierre à qn. (*b*) (*Of snow*) S'amonceler. (*c*) *Nau:* (*Of ship*) Dériver. **Driving ashore,** dérivant à la côte. *To d. on to another ship*, tomber sur un autre navire. *To d. before the storm*, fuir devant la tempête. **2. To drive along the road,** rouler sur la route. **To drive to a place,** se rendre en voiture, en automobile, à un endroit. *We were driving*, nous étions en voiture. *You will have some miles to d. from the station*, de la gare vous aurez quelques milles à faire en voiture. *Will you walk or d.?* voulez-vous faire le trajet à pied ou en voiture? *Aut:* *We were driving by the map*, nous nous dirigions avec la carte; nous roulions suivant les indications de la carte. *I don't like to d. at night*, je n'aime pas conduire, voyager, la nuit. *To d. slowly*, marcher, rouler, à petite allure. *To d. on the right side of the road*, circuler à droite; tenir la droite. *To d. over s.o., over a dog*, passer sur le corps à qn; écraser qn, un chien. **3.** (*With passive force*) **Nail that won't drive,** clou qui ne se laisse pas enfoncer. *Pile that won't d.*, pieu qui refuse le mouton.

drive along. 1. *v.tr.* Chasser, pousser (qn, qch.). 2. *v.i.* Cheminer (en voiture); rouler. *I was driving along at 50 miles an hour*, je filais à 80 à l'heure; je roulais à 80.

drive at, *v.i.* 1. Travailler à (qch.) sans relâche; *F:* bûcher (qch.). 2. **What are you driving at?** quel but poursuivez-vous? à quoi voulez-vous en venir? où tendent ces questions? *I see what you are driving at*, je comprends où vous voulez en venir; *F:* je vous vois venir.

drive away. 1. (*a*) *v.tr.* Chasser, éloigner, écarter, repousser (qn, qch.). (*b*) *v.i.* Partir en voiture; s'en aller en voiture; *Aut:* démarrer. 2. *v.i.* **To drive away at one's work,** travailler d'arrache-pied; travailler comme un nègre, comme un cheval.

drive back. 1. *v.tr.* (*a*) Repousser, refouler, faire reculer (qn, qch.). *To d. back an instinct into the unconscious*, refouler un instinct dans l'inconscient. (*b*) Reconduire, ramener, (qn) en voiture. 2. *v.i.* Rentrer, revenir, retourner, en voiture.

drive down. 1. *v.tr.* (*a*) *To d. s.o. down to, into, the country*, conduire qn (en voiture) à la campagne. (*b*) *To d. down an aeroplane*, forcer un avion à descendre. 2. *v.i.* Se rendre en voiture (de la ville à la campagne, de Londres en province). *We shall d. down for the Sunday*, nous viendrons (en voiture) passer la journée du dimanche.

drive in. 1. *v.tr.* (*a*) Enfoncer, renfoncer, brocher (un clou); visser (une vis); caler, chasser (une clavette). (*b*) (*Of coachman, chauffeur, etc.*) Faire entrer (qn). 2. *v.i.* Entrer (en voiture).

drive off, *v.tr. & i.* = DRIVE AWAY 1.

drive on. 1. *v.tr.* (*a*) Pousser, entraîner (qn). (*b*) Serrer (les cercles d'un tonneau). 2. *v.i.* Continuer sa route; s'avancer. **Drive on!** vous pouvez continuer!

drive out. 1. *v.tr.* Chasser (qn, qch.); faire sortir (qn). *To d. out a nail*, chasser, déchasser, refouler, un clou. 2. *v.i.* (*a*) Sortir (en voiture). (*b*) *Typ:* (*Of matter*) Chasser.

driving out, *s.* Chassage *m*, refoulement *m* (d'une goupille, etc.).

drive over. 1. *v.tr.* *Typ:* Faire sauter, chasser (un mot). 2. *v.i.* Venir, se rendre, (à un endroit) en voiture.

drive through. 1. *v.tr.* **To drive one's sword through s.o.'s body,** passer son sabre à travers le corps à qn. *To d. one's fist through the window-pane*, enfoncer la vitre d'un coup de poing. 2. *v.i.* Traverser, passer par, (une ville) en voiture. *We are merely driving through*, nous ne faisons que passer.

drive under, *v.tr.* Refouler (un sentiment).

drive up. 1. *v.i.* S'approcher. *A carriage drove up to the door*, une voiture vint s'arrêter devant la porte. 2. *v.tr.* (*a*) Faire monter (un piston, etc.). (*b*) *To d. the tyre up against the rim*, coincer l'enveloppe sur la jante.

driven, *a.* 1. **Tempest-driven ship,** vaisseau battu par les tempêtes. *See also* SNOW[1] 1, WIND-DRIVEN. 2. *Mch: Mec.E:* **Driven shaft,** arbre commandé, arbre mené, arbre récepteur, arbre secondaire. *D. wheel*, roue menée. *D. side (of belt)*, brin conduit, brin mené, brin mou. *D. end (of shaft)*, bout *m* d'entraînement. **Electrically driven,** actionné par l'électricité; à commande électrique; (voiture *f*) électromobile. **Belt-driven,** à entraînement par courroie. *See also* CHAIN-DRIVEN, GEAR-DRIVEN, MOTOR-DRIVEN, POWER-DRIVEN, SCREW-DRIVEN, STEAM-DRIVEN, TIDE-DRIVEN. 3. *Hyd.E:* **Driven well** = DRIVE-WELL.

driving[1], *a.* 1. *Mec.E:* (*Of wheel, etc.*) Moteur, -trice, menant. *D. portion of pulley-belt*, brin menant, tendu; brin conducteur. *See also* AXLE 1, FLY-WHEEL, ROD 6, SHAFT[1] 5. **Driving force,** force motrice. *F: The d. force behind a scheme*, le moteur d'un projet. *See also* POWER 4 (*b*). 2. **Driving rain,** pluie battante.

driving[2], *s.* 1. Conduite *f* (d'une voiture, etc.). *The efficient d. of a car*, l'art *m* de bien conduire une auto. *Jur:* **Driving to the public danger,** infraction *f* au code de la route. *Charge of d. on the wrong side of the road*, inculpation *f* de gauche non suivie. **Driving lessons,** (i) leçons *fpl* de guide; (ii) *Aut:* leçons de conduite. *To take d. lessons*, apprendre à conduire. *See also* LICENCE 1, MIRROR[1]. 2. *Mch: Mec.E:* Commande *f*, transmission *f*, attaque *f*. 3. (*a*) Enfoncement *m* (d'un clou); enfoncement, battage *m* (d'un pieu); serrage *m* (d'une vis). (*b*) *Min:* Percement *m*, chassage *m* (d'une galerie).

'driving-band, -belt, *s.* 1. Courroie *f* de commande, d'entraînement, de transmission; courroie menante. 2. *Artil:* **Driving-band,** ceinture *f* de, à, forcement (d'un obus).

'driving-block, *s.* *Min:* Bloc *m* de battage.

'driving-bolt, *s.* *Tls:* Repoussoir *m*.

'driving-box, *s.* 1. *Veh:* Siège *m* (du cocher). 2. *Mch:* Boîte *f* d'essieu moteur (d'une locomotive).

'driving-chain, *s.* *Mec.E:* Chaîne *f* de transmission.

'driving-gear, *s.* *Mec.E:* (Engrenage(s) *m(pl)* de) transmission *f*; commande *f*.

'driving-iron, *s.* *Golf:* Grand fer.

'driving-pinion, *s.* *Mec.E:* Pignon *m* d'attaque.

'driving-pulley, *s.* *Mec.E:* Poulie conductrice, pignon *m* de commande, poulie menante; poulie de commande, d'attaque.

'driving-test, *s.* *Aut:* Examen *m* pour permis de conduire. **To pass one's driving-test,** passer son permis de conduire.

'driving-wheel, *s.* 1. Roue motrice (de locomotive, etc.). 2. Roue de transmission.

drivel[1] [drivl], *s.* 1. Bave *f*. 2. *F:* Radotage *m*; rabâchage *m*, bêtises *fpl*, balivernes *fpl*, sottises *fpl*. **To talk drivel,** radoter.

drivel[2], *v.i.* (drivelled) 1. Baver. 2. *F:* Radoter. *What is he drivelling about? P:* qu'est-ce qu'il bave? *He drivelled on, away*, il continuait de radoter.

drivelling, *a.* *F:* Radoteur, -euse; imbécile. *Such d. nonsense*, un pareil radotage. *You d. idiot!* espèce *f* d'imbécile!

driveller ['drivələr], *s.* 1. Baveur, -euse. 2. *F:* Radoteur, -euse.

driver ['draivər], *s.* 1. (*a*) Mécanicien *m*, mécanicien-conducteur *m*, *pl.* mécaniciens-conducteurs (de locomotive); mécanicien, wattman *m* (de tramway); conducteur *m* (d'autobus); conducteur, -trice, chauffeur, -euse (d'automobile); cocher *m* (de voiture); voiturier *m* (de charrette). *Artil:* Conducteur. **He is a good driver,** il conduit bien; *Aut:* il tient bien le volant; (*of horse-driver*) il tient bien les guides. *Aut:* **Racing driver,** coureur *m*. *Private d.*, chauffeur amateur. *See also* OWNER 1. (*b*) Conducteur (de bestiaux). (*c*) Surveillant *m* (d'esclaves). (*d*) *F:* Homme, femme, qui fait marcher, qui fait trimer, son personnel, qui surmène ses employés. 2. *U.S:* Cheval *m* d'attelage. 3. *Tls:* (*a*) (*Punch*) Poinçon *m*, poussoir *m*. (*b*) (*Key-drift*) Chasse-clavette *m*, *pl.* chasse-clavette(s); chasse-clef *m*, *pl.* chasse-clef(s). (*c*) (*Drift-pin*) Broche *f*, mandrin *m*. (*d*) (*Cooper's driver*) Chassoir *m*. 4. *Mec.E:* (*a*) = DRIVING-WHEEL. (*b*) = DRIVING-PULLEY. (*c*) Tige *f*, doigt *m*, d'entraînement; (tige) pousse-toc *m*, *pl.* pousse-tocs; doguin *m* (de tour). (*d*) *I.C.E:* Heurtoir *m* (d'une soupape). (*e*) *Tex:* Tacot *m*, taquet *m* (du battant).

drizzle[1] [drizl], *s.* Bruine *f*, brouillasse *f*, crachin *m*; pluie fine et pénétrante. *The rain came down in a steady d.*, il pleuvait dru et menu.

drizzle[2], *v.i.* 1. Bruiner, brouillasser, crachiner; pleuvoir à petites gouttes; *F:* pleuvotter, pluviner. *It was drizzling*, il bruinait; il faisait de la bruine. 2. *A:* Parfiler des galons d'or.

drizzling[1], *a.* 1. (Pluie) fine et pénétrante. 2. (Temps) bruineux, de bruine.

drizzling[2], *s.* 1. Bruinement *m*. 2. *A:* Parfilage *m*.

drizzly ['drizli], *a.* = DRIZZLING[1] 2.

drogue [droug], *s.* *Nau:* Cône-ancre *m*, *pl.* cônes-ancres; ancre flottante, ancre de cape.

droit [drɔit], *s.* *Jur:* Droit *m*. *A:* **Droits of Admiralty,** droits provenant de la vente des prises ennemies.

droll [droul]. 1. *s.* *A. & Lit:* Bouffon *m*, triboulet *m*. 2. *a.* Drôle, drolatique, bouffon, plaisant; *P:* cocasse. *s.* **He was a master of the droll,** c'était un maître en drôlerie *f*, un maître humoriste. *A d. fellow*, (i) un drôle de corps; (ii) un farceur. *Lit: Balzac's 'Droll Stories,'* les "Contes drolatiques" de Balzac.

drollery ['drouləri], *s.* 1. Drôlerie *f*, plaisanterie *f*, bouffonnerie *f*. *He was up to all sorts of drolleries*, il nous sortait toutes sortes de drôleries. 2. = DROLLNESS.

drollness ['droulnəs], *s.* Caractère *m* drôle (de qch.).

drolly ['droulli], *adv.* Drôlement; d'une manière drôle, cocasse.

dromas ['drouməs], *s.* *Orn:* Drome *m*, dromas *m*.

drome [droum], *s.* *F:* = AERODROME.

dromedary ['drʌmədəri, 'drɔm-], *s.* Dromadaire *m*. **Racing dromedary,** méhari *m*; dromadaire coureur.

drone[1] [droun], *s.* 1. (*a*) *Ent:* Abeille *f* mâle; faux-bourdon, *pl.* faux-bourdons. (*b*) *F:* Fainéant *m*, parasite *m*, frelon *m*. **The drones,** les inutiles *m*. 2. (*a*) Bourdonnement *m* (des abeilles). *F:* **The parson's endless drone,** le débit monotone, la psalmodie intarissable, du pasteur. *One can hear the noise of Paris subdued to a d.*, on entend en sourdine la rumeur de Paris. *Av:* **Drone of the engine,** ronronnement *m*, vrombissement *m*, du moteur. (*b*) *Mus:* (i) Bourdon *m* (de cornemuse). (ii) **Drone-bass,** bourdon.

drone[2]. 1. *v.i.* (*a*) (*Of bee, etc.*) Bourdonner. *F:* **To drone through a sermon,** ânonner un sermon. (*b*) Fainéanter. 2. *v.tr.* (*a*) **To drone (out) sth.,** débiter (une prière, etc.) d'un ton monotone. (*b*) **To drone one's life away,** vivre dans l'oisiveté; passer sa vie à ne rien faire, à fainéanter.

droning[1], *a.* Bourdonnant; traînant. **-ly,** *adv.* D'une voix traînante, monotone.

droning[2], *s.* 1. (*a*) Bourdonnement *m*. (*b*) Psalmodie *f*, récit *m* monotone (de qn). (*c*) Ronronnement *m* (d'un moteur, etc.); vrombissement *m* (d'un avion). 2. Fainéantise *f*.

drool[1, 2] [dru:l], *s. & v.i.* *U.S:* = DRIVEL[1, 2].

droop[1] [dru:p], *s.* 1. (*a*) Attitude penchée (de la tête). (*b*) Abaissement *m* (des paupières). 2. Langueur *f*, abattement *m*, affaissement *m*.

droop[2]. 1. *v.i.* (*a*) (*Of head, etc.*) (Se) pencher; (*of eyelids*) s'abaisser; (*of feathers*) pendre, retomber; (*of curve*) décroître. (*b*) (*Of flower*) Pencher, languir. (*c*) (*Of pers.*) Languir, s'alanguir; décliner, s'affaiblir, s'affaisser. *Lit:* **My spirits droop,** j'ai l'esprit abattu. 2. *v.tr.* Baisser, pencher, laisser tomber (la tête); baisser (les yeux); abaisser (les paupières); (*of bird*) laisser pendre (les ailes). *Mil: U.S:* **To droop the colour,** saluer du drapeau.

drooping[1], *a.* (*a*) (*Of feather*) Retombant, pendant; (*of shoulders*) tombant; (*of moustache*) tombant, pendant; (*of head*) baissé, penché; (*of eyelids*) abaissé. *Farr:* **Drooping croup** (*of horse*), croupe avalée. (*b*) (*Of flower, pers.*) Languissant. *F: To stand or recline like a d. lily*, prendre des airs penchés. *To revive the d. spirits (of a party)*, remonter les esprits abattus. *To revive s.o.'s d. spirits*, remonter le courage à qn. **-ly,** *adv.* Languissamment; d'un air languissant, abattu.

drooping[2], *s.* = DROOP[1].

drop[1] [drɔp], *s.* 1. (*a*) Goutte *f* (d'eau, de pluie, de sang, de sueur). *Water falling* **drop by drop,** eau qui tombe goutte à goutte; eau stillante. **The last drop, which overflowed the cup,** la goutte qui fit déborder le vase. *Cold drops of sweat*, sueur froide. *F:* **It's only a drop in the bucket, in the ocean,** ce n'est qu'une goutte d'eau dans la mer. *To drink the few drops remaining*, boire les égouttures *f* (d'une bouteille). **To drink to the last drop,** *F:* faire rubis sur l'ongle. *See also* DEWDROP, LUBRICATOR. (*b*) *pl.* *Pharm:* **Drops,** gouttes. **I am having drops in my eyes,** on me met des gouttes dans les yeux. (*c*) *F:* **A drop of wine,** un coup, un doigt, une larme, de vin. *To take just a d. of rum in one's coffee*, prendre une larme de rhum dans son café. *I could do with a d. of something hot*, je prendrais bien une goutte de quelque chose de chaud. *Cu:* **A drop, a few drops, of vinegar,** un filet de vinaigre. (*d*) *F:* **To take a drop,** boire la goutte. **He has had a drop too much,** il a bu un coup de trop; il a trop bu; il a sa pointe. *He's had a little d.*, il a sa pointe; il est un peu en train, un peu gris. *He likes a* **wee drop,** il aime bien prendre la goutte. **He has a drop in his**

eye, il a un verre de trop dans le nez. (*e*) (*Of necklace, chandelier, etc.*) Pendant *m*, pendeloque *f*. *Arch:* Goutte. *See also* BAR-DROP, RUPERT, SULPHUR[1] I. (*f*) **Peppermint, chocolate, drop,** pastille *f* de menthe, de chocolat. *See also* ACID I. **2.** (*a*) Chute *f* ((i) mouvement *m* de chute; (ii) dénivellation *f*). **Path bordered by a drop of a hundred feet,** chemin qui contourne une chute de cent pieds **The hangman gave him a six foot drop,** le bourreau lui a menage une chute de six pieds. **Drop of a steam hammer,** (i) hauteur *f* de chute, (ii) chute, d'un pilon. *Hyd.E:* **Drop of a lock,** chute d'un bief. *Geol: Surv:* **Drop in the ground,** dénivellation du terrain. *Nau:* **Drop of a signal,** guindant *m* d'un pavillon. *U.S: P:* **To get the drop on s.o.,** prendre qn sans défense, au dépourvu. *See also* WRIST-DROP. (*b*) Chute, baisse *f*, abaissement *m*. **Drop in prices,** chute, baisse, de prix. *Considerable d. in prices,* baisse sensible de prix. **Heavy drop in cottons,** débâcle *f* des cotons. *Sales show a d. of* 10%, les ventes accusent une régression de 10%, sont en régression de 10%. *Fin:* **Drop in value, in takings,** moins-value *f*. *El.E:* **Drop in voltage,** perte *f* de charge. *Inductive armature d.*, chute inductive de tension dans l'enduit. *Potential d.*, variation *f* brusque de potentiel. *Ph:* **Adiabatic drop,** chaleur *f* de la détente adiabatique. **3.** (*a*) (*Of lock*) Cache-entrée *m inv*. (*b*) *Th:* = DROP-CURTAIN. **Act-drop,** rideau *m* d'entr'acte. (*c*) (*In gallows*) Bascule *f*, trappe *f*. (*d*) *P:* La potence, le gibet. **4.** *Fb:* = DROP-KICK.

'drop-arch, *s. Arch:* Arc-ogive surbaissé, *pl.* arcs-ogives.
'drop-arrow, *s. Surv:* Fiche plombée.
'drop-bolt, *s. N.Arch:* Prisonnier *m*, cervelle *f*.
'drop-bottle, *s.* Flacon *m* compte-gouttes.
'drop-bottom, *s.* Fond *m* mobile.
'drop-curtain, *s. Th:* Rideau *m* d'entr'acte.
'drop-forge, *v.tr. Metalw:* Étamper, estamper; emboutir; forger à la presse; forger en matrices.
drop-forging, *s.* **1.** Estampage *m*; matriçage *m*. **Drop-forging press,** presse *f* hydraulique a estamper. **2.** Piece emboutie, étampée; pièce matricée.
'drop-gate, *s. Hyd.E:* Porte *f* à trappe.
'drop-grate, *s. Mch: etc:* Jette-feu *m inv*.
'drop-hammer, *s.* Marteau-pilon *m* à friction, *pl.* marteaux-pilons; mouton *m*.
'drop-head, *s. Aut:* Capote *f* rabattable. *D.-h. coupé,* coupé *m* à capote rabattable; coupé avec capote pliante; coupé décapotable.
'drop-indicator, *s. Tp: etc:* Indicateur *m* à volets.
'drop-keel, *s. Nau:* Dériveur *m*; aile *f* de dérive, (quille *f* de) dérive *f*.
'drop-kick, *s. Fb:* Coup tombé; coup de pied à ras de terre.
'drop-lamp, *s.* Suspension *f* électrique.
'drop-letter, *s.* **1.** *Typ:* Lettre *f* de deux-points. **2.** *U.S:* Lettre adressée à une personne habitant la localité.
'drop-press, *s.* = DROP-HAMMER.
'drop-scene, *s.* **1.** *Th:* (*a*) Toile *f* de fond. (*b*) = DROP-CURTAIN. **2.** *F:* Dernier acte (d'un drame de la vie réelle, etc.).
'drop-shutter, *s. Phot:* Obturateur *m* à guillotine.
'drop-side, *s.* (*a*) Paroi *f* à rabattement. (*b*) **Settee with drop-sides,** divan avec accotoirs *m* réversibles.
'drop-stamp, *s. Metall:* Martinet *m*.
'drop-stitch, *s. Tex:* Maille sautée.
'drop-stroke, *s. Ten:* Volée amortie; *F:* carotte *f*.
'drop-table, *s.* Abattant *m*.
'drop-test, *s. Mec.E:* Essai *m* au choc; épreuve *f* par choc.
'drop-tin, *s.* Étain *m* en larmes, en grains.
'drop-title, *s. Typ:* Titre *m* de départ abaissé.
'drop-valve, *s. I.C.E:* Soupape renversée.

drop², *v.* (dropped [drɔpt]; dropping) I. *v.i.* **1.** (*a*) (*Fall in drops*) Tomber goutte à goutte, dégoutter (*from*, de); s'égoutter. (*b*) *F:* (*Of pers.*) **To drop at the nose,** avoir la roupie au nez. **2.** (*a*) Tomber; (*of pers.*) se laisser tomber; (*of ground*) s'abaisser. *Med:* (*Of womb, etc.*) Descendre. *A bomb dropped among the crowd,* une bombe tomba, s'abattit, au milieu de la foule. *The book dropped from, out of, his hands,* le livre lui tomba des mains. *The grapes are dropping from the vine,* les raisins s'égrènent. **A remark dropped from him,** il laissa échapper une remarque. **His jaw dropped,** son visage s'allongea. **To drop into a chair,** s'écrouler sur une chaise; s'affaler dans un fauteuil. *F:* **He almost dropped** (*with surprise*), il pensa tomber de son haut. **To work till one drops,** continuer de travailler jusqu'à ce qu'on meure, jusqu'à son dernier souffle; mourir à la tâche. **I am ready to drop,** je tombe de fatigue; je n'en puis plus; je ne me soutiens plus. *He is ready to d.* (*with fatigue*), il ne tient plus sur ses jambes. *She is ready to d. with sleep,* elle tombe de sommeil. *See also* PIN[1] I. (*b*) *Typ:* (*Of letters*) **To drop out of place,** chevaucher. (*c*) *Ven:* (*Of setter*) Tomber en arrêt. **3.** (*Of prices, temperature, etc.*) Baisser; (*of wind*) tomber, s'apaiser, se calmer, faiblir. *Fin:* **Receipts have dropped,** les recettes ont baissé, ont accusé une moins-value. **4. There the matter dropped,** l'affaire en resta là. *Mary came in, and the conversation dropped,* à l'entrée de Mary la conversation prit fin, en resta là. **5.** (*a*) **To drop to the rear,** rester en arrière; se laisser dépasser. (*Of boat*) **To drop downstream,** naviguer en aval; avaler. *See also* ASTERN. (*Of pers., car, etc.*) **To drop into place,** prendre sa place (dans la file); prendre la file. (*b*) **To drop into the habit, the way, of . . .,** prendre l'habitude de. . . . *You will soon d. into our ways,* vous vous ferez bientôt à nos habitudes. *To d. into Scotch,* retomber dans le dialecte. **6.** (*a*) **To drop into** *one's club, etc.*, entrer en passant à son cercle, etc. (*b*) **To drop upon, across, s.o.,** rencontrer qn par hasard. *To d. on to a secret,* surprendre un secret. *U.S: F:* **To drop to a fact,** se rendre compte d'un fait. **7.** *F:* **To drop (up)on s.o. (like a ton of bricks),** (i) (*scold*) attraper qn; laver la tête à qn; (ii) (*snub*) rembarrer qn.

II. **drop,** *v.tr.* **1.** Verser (une larme). **To drop oil into sth.,** verser de l'huile goutte a goutte dans qch. **2.** (*a*) Laisser tomber; lâcher (qch.); baisser (un voile, un rideau); lancer, larguer (une bombe); (*in knitting*) sauter (une maille), laisser échapper (une maille). (*To dog*) **Drop it!** lâche ça! *Rugby:* **To drop a goal,** marquer un but sur coup tombé. *See also* GOAL. *Cards:* **To drop the king,** (i) (*of holder of king*) se trouver forcé de jouer le roi sur l'as; (ii) (*of his opponent*) faire tomber le roi. *Nau:* **To drop the pilot,** débarquer le pilote. *To d. one's coil,* filer sa glene. *Geom:* **To drop a perpendicular to, on, a line,** abaisser une perpendiculaire à une ligne. *See also* ANCHOR[1], BRICK[1] I. (*b*) (*Of sheep, etc.*) Mettre bas (des petits). (*c*) Laisser échapper (une observation). **To drop a word in s.o.'s ear,** couler, glisser, un mot à l'oreille de qn. *See also* HINT[1]. (*d*) *To d. a letter into the pillar-box,* jeter une lettre à la poste. *F:* **To drop s.o. a line, a card,** envoyer, écrire, un mot, une carte, à qn. *See also* LINE[2] 4. **3.** Perdre (de l'argent) (*over sth.*, sur qch.). *It cost me a lot, but I wouldn't mind dropping a bit on it,* je l'ai payé cher, mais je consentirais a perdre quelque chose dessus. **4.** (*a*) (*Lower*) *To d. the frame* (*of a car*), surbaisser le châssis. *To d. the cricket-seat* (*of a taxi*), rabattre le strapontin. (*b*) (*Cause to drop*) Abattre (qn, une piece de gibier, un avion) (d'un coup de feu). **5.** (*Set down*) Déposer, descendre, (qn) (de voiture). **I shall drop you at your door,** je vous déposerai chez vous en passant. *Will you d. this parcel at Mrs Smith's,* voulez-vous avoir l'obligeance de remettre ce paquet chez madame Smith. **6.** (*a*) Omettre, supprimer (une lettre, une syllabe). *Cases in which the article is dropped,* cas où l'on supprime l'article. (*b*) Ne pas prononcer (les r, etc.). **To drop one's aitches,** ne pas aspirer les h. *See also* AITCH. **7.** Baisser, laisser retomber (les yeux); baisser, laisser tomber (la voix). **8.** (*Of woman*) **To drop a curtsey,** faire, tirer, une révérence. **9.** (*a*) Abandonner, délaisser (un travail); cesser, lâcher (une poursuite); quitter (une habitude), se départir (d'une habitude). **To drop Latin,** *F:* lâcher le latin. **To drop the idea of doing sth.,** renoncer à (l'idée de) faire qch. *I have dropped politics,* j'ai lâché la politique. **Let us drop the subject,** laissons ce sujet! ne parlons plus de cela! brisons là! qu'il n'en soit plus question. *F:* **Drop it!** finissez! cessez donc! en voilà assez! (*b*) **To drop s.o.'s acquaintance,** *F:* **to drop s.o.,** cesser de voir qn; cesser ses relations avec qn; *P:* laisser tomber qn. *We have dropped them,* nous ne les voyons plus. *F:* **To drop s.o. like a hot potato, like a hot chestnut,** cesser du jour au lendemain toutes relations avec qn.

drop away, *v.i.* **1.** (*Of pers.*) S'en aller l'un après l'autre. *The members of the family have dropped away,* (i) la famille s'est égrénée, s'est égaillée; (ii) les membres de la famille sont morts, ont disparu, un à un. **2.** (*Of members, receipts*) Diminuer. *The attendance at this class never drops away,* l'assiduité à ce cours ne se dément jamais. **3.** *Rac: etc:* Se laisser distancer.

drop back, *v.i.* **1.** Retomber. **2.** Retourner en arrière. *To d. back towards the base,* se rabattre vers la base.

drop behind, *v.i.* Rester en arrière; se laisser dépasser; se laisser distancer; se laisser devancer.

drop down, *v.i.* **1.** Tomber par terre. *See also* DEAD I. 1. **2.** *F:* **To drop down on s.o.,** flanquer un savon a qn. *The robbers dropped down on us,* les brigands nous tombèrent sur le dos. **3.** (*Of flap, etc.*) S'abaisser; basculer.

'drop-down, *a. Sm.a:* (Fusil) à bascule.

drop in. 1. *v.tr.* Ajouter (qch.) goutte à goutte; glisser, laisser tomber, (qch.) dedans. **2.** *v.i.* Entrer en passant. **To drop in on s.o.,** (i) faire une petite visite, un bout de visite, à qn; (ii) venir en visite chez qn (sans être attendu). *I've just dropped in for a moment,* je ne fais qu'entrer et sortir. *Do d. in some day,* passez donc nous dire un petit bonjour. *Visitors who d. in,* visiteurs *m* de raccroc.

dropping in, *s.* (*Of visitors*) Arrivée inattendue.

drop off, *v.i.* **1.** (*Of leaves, etc.*) Tomber, se détacher. **2.** *F:* **To drop off (to sleep),** s'assoupir, s'endormir. *As soon as he was in bed he dropped right off,* aussitôt couché il s'endormit profondément. **3.** *P:* **To drop off (the hooks),** mourir. **4.** = DROP AWAY.

dropping off, *s.* **1.** (*Of leaves*) Chute *f*. **2.** (*Of numbers*) Diminution *f*.

drop out. 1. *v.tr.* (*a*) Laisser tomber (qch.) dehors. (*b*) Omettre, supprimer (une syllabe); omettre (un nom dans une liste, etc.). **2.** *v.i.* (*a*) Tomber dehors. (*b*) **To drop out** (*of a contest*), se retirer. *Two of the runners dropped out,* deux des coureurs ont renoncé. *Mil:* (*Of man unable to keep up with his troop*) Sortir des rangs; rester en arriere. (*c*) **The letter s has dropped out,** la lettre s a disparu, est tombée. *It has dropped out of my mind,* cela m'est sorti de l'esprit.

drop-'out, *s. Fb:* (*Rugby*) Coup *m* de renvoi; coup de vingt-deux mètres.

dropped, *a.* **1.** *See* EYELID, WRIST I. **2.** *Aut: etc:* **Dropped axle,** *etc.*, essieu, etc., surbaissé. **Dropped handle-bar** (*of bicycle*), guidon renversé.

dropping, *s.* **1.** (*a*) Dégouttement *m* (d'un liquide). (*b*) Descente *f*, chute *f* (d'un objet); abaissement *m*, baisse *f*, chute (des prix); suppression *f* (d'un mot); abandon *m* (d'un projet). *Med:* Descente, abaissement (de la matrice). *Typ:* Chevauchage *m* (des caractères). (*c*) *Husb:* **Dropping (of young),** part *m*, mise *f* bas; agnelage *m*, vêlage *m*, etc. (*d*) *Aut: etc:* *D. of the body, of the frame,* surbaissement *m* du châssis. **2.** *pl.* **Droppings,** (*a*) Gouttes *fpl*; égoutture *f*. (*b*) (*Of animals*) Fiente *f*; (*of boars, wolves*) laissées *fpl*; (*of stags*) fumées *fpl*; (*of deer*) moquette *f*; (*of sheep*) crottes *fpl*.

'dropping-bottle, *s.* = DROP-BOTTLE.
'dropping-tube, *s.* Pipette *f*, compte-gouttes *m inv*; *Cu:* stilligoutte *m*.

droplet ['drɔplet], *s.* Gouttelette *f*.

dropper ['drɔpər], *s.* **1.** *Ch: Med: Phot:* Compte-gouttes *m inv*; *Cu:* stilligoutte *m*. **2.** *Fish:* Bout *m* de ligne. **3.** *U.S: P:* (*Pers.*) = GUNMAN I (*b*).

dropper-in ['drɔpər'in], *s.* Visiteur inattendu.

dropsical ['drɔpsik(ə)l], *a. Med:* Hydropique.

dropsied ['drɔpsid], *a. F:* Hydropique.
dropsy ['drɔpsi], *s. Med:* Hydropisie *f.* **Abdominal dropsy,** ascite *f.*
dropwort ['drɔpwə:rt], *s. Bot:* Filipendule *f.* **Water dropwort,** ciguë aquatique, ciguë vireuse; œnanthe *m.*
drosera ['drɔsərə], *s. Bot:* Drosère *f.* drosera *m,* rossolis *m,* rossolie *f.*
droshky ['drɔʃki], *s. Veh:* Droschki *m.*
dross[1] [drɔs], *s.* **1.** (*a*) *Metall:* Scories *fpl,* crasse *f,* écume *f,* laitier *m, P:* chiasse *f* (du métal en fusion); (*at bottom of furnace*) cochon *m,* mâchefer *m,* crasses. (*b*) **Anvil dross,** battitures *fpl.* **2.** (*a*) Impuretés *fpl* (de toutes sortes); déchet *m.* (*b*) *F:* Rebut *m* (de la production littéraire, etc.).
dross[2], *v.tr. Metall:* Écrémer, écumer (le métal en fusion).
drossing, *s.* Écrémage *m* (du métal en fusion).
drossy ['drɔsi], *a.* **1.** *Metall:* Plein de scories; écumeux. **2.** (*a*) Impur. (*b*) Sans valeur; de rebut.
drought [draut], *s.* **1.** Sécheresse *f;* disette *f* d'eau; rareté *f* des pluies. *Meteor:* **Absolute drought,** quinze jours sans pluie. **Partial drought,** un mois avec moins de 7 millim. de pluie. **2.** *A:* Soif *f.*
droughty ['drauti], *a.* **1.** Sec, *f.* sèche; aride. **2.** *F: A:* Qui a soif, altéré.
drouth [drauθ, *Scot:* druθ], *s.* **1.** *A.* & *U.S:* = DROUGHT 1. **2.** *Scot:* (*a*) Soif *f.* (*b*) *F:* Soif d'ivrogne.
drouthy ['drauθi, *Scot:* 'druθi], *a.* **1.** *A:* = DROUGHTY 1. **2.** *Scot:* (*a*) Qui a soif; altéré. (*b*) *F:* Ivrogne.
drove[1] [dro:uv], *s.* **1.** (*a*) Troupeau *m* (de bœufs, etc.) en marche. (*b*) *F:* Flots *mpl,* multitude *f,* foule *f* (de personnes en marche). **They walk about in droves,** ils se promènent en, par, grandes bandes. **2.** *Tls:* Ciseau *m* large (de tailleur de pierres).
drove[2]. *See* DRIVE[2].
drover ['drouvər], *s.* Conducteur *m* de bestiaux; toucheur *m.*
drown [draun], *v.tr.* **1.** Noyer. **To drown oneself,** se noyer; se jeter à l'eau. **To be drowned,** *v.i.* **to drown** (*by accident*), se noyer; être noyé. *Drowned at sea,* noyé en mer. *He was nearly drowned,* il a failli se noyer; *F:* il a bu une goutte. *F:* **To drown one's sorrow in drink,** noyer son chagrin dans la boisson, dans son verre; s'étourdir dans la boisson. *They soon drowned their quarrel,* leurs libations leur firent bientôt oublier leur querelle. *F:* **To drown the miller,** mettre trop d'eau dans son vin; noyer son vin, son whisky. **2.** (*a*) Inonder, submerger (une prairie). *F: Eyes drowned in tears,* yeux noyés de larmes. (*b*) **To be drowned out,** être chassé (de sa demeure, etc.) par l'inondation. **3.** Étouffer, couvrir (un son). *The noise of the waterfall drowns the voice,* le bruit de la cascade couvre la voix.
drowned, *a.* **1.** Noyé. **A drowned man,** un noyé. *F:* **He came home like a drowned rat,** il est rentré trempé comme une soupe. **2. Drowned lands,** terrains noyés, inondés. *Ph.Geog:* **Drowned valley,** vallée enfoncée.
drowning[1], *a.* **A drowning man,** un homme qui se noie; *F:* un noyé. *Prov:* **A drowning man clutches, catches, at a straw,** un homme qui se noie s'attache à un brin de paille, se retient à tout.
drowning[2], *s.* **1.** (**Case of**) **drowning,** noyade *f.* **Death by drowning,** asphyxie *f* par submersion. *To save s.o. from d.,* sauver qn qui se noyait. **2.** Inondation *f* (des champs).
drowse [drɑ:uz]. **1.** *v.i.* Somnoler, s'assoupir. **To drowse away, off,** s'assoupir. *F: The nations drowsed in peace,* les nations somnolaient dans la paix. **2.** *v.tr.* (*a*) Assoupir (qn). (*b*) **To drowse the time away,** passer le temps à dormir, à somnoler.
drowsiness ['drauzinəs], *s.* Somnolence *f,* assoupissement *m.*
drowsy ['drauzi], *a.* Assoupi, somnolent. **To grow drowsy,** s'assoupir. *To be, feel, d.,* avoir envie de dormir; avoir sommeil; *P:* taper de l'œil. **To make s.o. drowsy,** assoupir qn. **Drowsy afternoon,** après-midi lourd. **-ily,** *adv.* D'un air ou d'un ton somnolent; à demi endormi.
'drowsy-head, *s. F:* Endormi, -ie.
drub [drʌb], *v.tr.* (**drubbed; drubbing**) (*a*) Battre, rosser (qn, l'ennemi); moudre (qn de coups); *F:* flanquer une raclée, une tripotée, à (qn); *A:* frotter l'échine à (qn). (*b*) **To drub sth. into s.o., out of s.o.,** faire entrer qch. de force dans la tête de qn; tirer qch. de qn à coups de bâton.
drubbing, *s.* (*a*) Volée *f* de coups (de bâton, de poing); *F:* tripotée *f; P:* peignée *f,* trempée *f.* (*b*) Défaite *f.* **To give s.o. a drubbing,** (i) flanquer, administrer, une raclée à qn; bourrer qn de coups; *P:* secouer les puces à qn; (ii) battre (qn, l'ennemi) à plates coutures; infliger (à l'ennemi) une défaite écrasante.
drudge[1] [drʌdʒ], *s.* Femme *f,* homme *m,* de peine; *F:* cheval *m* de bât. *To lead the life of a d.,* mener une vie d'esclave. **The drudge of the household,** le chien, le souffre-douleur *inv,* de la maison; la cendrillon. "*Lexicographer:* **a harmless drudge,**" "lexicographe: gratte-papier *inv* inoffensif."
drudge[2], *v.i.* Trimer, peiner; *P:* turbiner. *F:* **To drudge and slave,** mener une vie de forçat, de galérien. *v.tr.* **To drudge away** *the best years of one's life,* sacrifier les meilleures années de sa vie à un travail ingrat.
drudgery ['drʌdʒəri], *s.* Travail pénible, ingrat; besognes fastidieuses; corvée(s) *f(pl);* métier *m* d'esclave; *P:* sale turbin *m.* **To go back to drudgery,** reprendre le collier de misère. *The d. of the office,* l'esclavage *m* du bureau.
drug[1] [drʌg], *s.* **1.** Produit *m* pharmaceutique; drogue *f. Med: F: To be doing drugs,* faire ses études de pharmacologie; *F:* faire sa pharmacie. **2.** (**Narcotic**) **drug,** narcotique *m,* stupéfiant *m. F:* **To take drugs,** faire usage de stupéfiants; s'adonner aux stupéfiants; se droguer. *Pej: To deal in drugs,* trafiquer en stupéfiants. **3.** *F:* (*Of goods*) **To be a drug in the market,** être invendable; être passé de mode.
'drug-addict, *F:* **'drug-fiend,** *s.* Morphinomane *mf* ou cocaïnomane *mf;* toxicomane *mf.*
'drug-evil, -habit, *s.* Morphinomanie *f* ou cocaïnomanie *f;* toxicomanie *f,* narcomanie *mf.*
'drug-store, *s. U.S:* Pharmacie *f.*
'drug-traffic, *s. Pej:* Trafic *m* des stupéfiants.
drug[2], *v.tr.* (**drugged; drugging**) **1.** Donner, administrer, faire prendre, un narcotique, des stupéfiants, à (qn); *F:* endormir (qn); doper (un cheval). **To drug oneself,** (i) prendre un narcotique; (ii) (*habitually*) faire usage de stupéfiants; s'adonner aux stupéfiants. **2. They had drugged his wine,** on avait mis, mêlé, un narcotique à son vin; *F:* on avait mis quelque chose dans son vin. **Drugged cigarette,** cigarette narcotisée. **3.** *Lit:* Rassasier. *Drugged with pleasure,* rassasié de plaisirs.
drugget ['drʌget], *s. Tex:* **1.** Droguet *m.* **2.** *A:* Bure *f.*
druggist ['drʌgist], *s.* **1.** *Scot.* & *U.S:* Pharmacien *m.* **2. Wholesale druggist,** pharmacien en gros; droguiste *m.*
Druid ['dru:id], *s.m.* Druide.
Druidess ['dru:ides], *s.f.* Druidesse.
Druidical [dru'idik(ə)l], *a.* Druidique.
Druidism ['dru:idizm], *s.* Druidisme *m.*
drum[1] [drʌm], *s.* **1.** (*a*) *Mus:* Tambour *m,* caisse *f.* **Big drum, bass drum,** grosse caisse. **Long drum, tenor drum,** caisse roulante. *See also* KETTLE-DRUM, SIDE-DRUM. *Muffled d.,* tambour voilé. *D. parchment,* peau *f* de tambour. *Mil:* **The drums,** la batterie. **To play the drum,** battre du tambour. **To beat the drum,** battre le tambour. *F:* **To beat, bang, the big drum,** battre la (grosse) caisse; faire de la réclame; (*in front of travelling booth*), battre la chamade. **With drums beating,** tambour(s) battant(s). **Beat on the drum,** coup *m* de tambour. **To announce a fact by beat of drum,** annoncer un fait au son du tambour. *See also* FOLLOW[2] I. 1, ROLL[2] II. 4. (*b*) *Z:* Caisse sonore (du singe hurleur). **2.** (*a*) Tambourinage *m.* (*b*) *The d. of the bittern,* le cri du butor. **3.** *Anat:* (Caisse, membrane *f,* du) tympan *m; A:* tambour (de l'oreille). **4.** (*a*) Tonneau *m* en fer, tonnelet *m,* récipient *m* cylindrique (pour fruits, etc.); gonne *f* (à goudron); bidon *m,* tambour, estagnon *m* (à huile). (*b*) *Meteor: Nau:* (*Storm-signal*) = STORM-DRUM. **5.** (*a*) *Arch:* Tambour (d'une colonne); vase *m* (d'un chapiteau). (*b*) *Mec.E: etc:* Tambour, cylindre *m,* touret *m* (de treuil). **Capstan drum,** tambour, cloche *f,* de cabestan. **Cable drum,** tambour, bobine *f,* dévidoir *m,* touret (de câble électrique). *Wire d.,* bobine à fil. **Spring drum,** barillet *m* de ressort, de mouvement d'horlogerie. *Mch: D. of the pressure gauge,* barillet de l'indicateur de pression. **Steam drum** (*of tubular boiler*), collecteur (supérieur). **Water drum,** collecteur inférieur. *Tex:* **Warp-folding drum,** tambourin *m. Dy:* **Steaming drum,** tonneau de vaporisage. *Civ.E: Const:* **Concrete mixing drum,** tonneau mélangeur à béton. *Civ.E: Min:* **Sizing drum, sorting drum,** tambour à assortir; trommel classeur. *See also* BRAKE-DRUM, PULLEY-DRUM, RECORDER 3, WINDING-DRUM. (*c*) *Tan:* Turbulent *m.* **6.** *A:* Assemblée *f,* raout *m.*
'drum-armature, *s. El.E:* Induit *m* à tambour.
drum-'corporal, *s. Mil:* Caporal-tambour *m, pl.* caporaux-tambours.
'drum-fire, *s. Artil:* Tir *m* de barrage; feu roulant.
'drum-fish, *s. Ich:* Tambour *m.*
'drum-head, *s.* **1.** (*a*) Peau *f* de tambour. (*b*) Dessus *m* de tambour. *Mil:* **Drum-head service,** office divin en plein air. *See also* COURT-MARTIAL[1]. **2.** *Nau:* Tête *f,* chapeau *m* (de cabestan).
drum-'major, *s. Mil:* Tambour-major *m, pl.* tambours-majors.
'drum-winding, *s. El.E:* Enroulement *m* en tambour.
'drum-wound, *a. El.E:* Enroulé en tambour.
drum[2], *v.* (**drummed; drumming**) **1.** *v.i.* (*a*) Tambouriner; battre du tambour. *F:* (*Of pers., rain*) **To drum on the window-panes,** tambouriner sur les vitres. *Her fingers were drumming on the table-cloth,* ses doigts pianotaient, tapotaient, sur la nappe; elle battait le rappel sur la nappe. (*b*) (*Of insects*) Bourdonner. (*Of bittern*) Crier. (*c*) (*Of car, etc.*) Ferrailler, tambouriner. (*d*) *U.S:* **To drum for customers,** (i) voyager pour le commerce; (ii) faire de la réclame. **2.** *v.tr.* (*a*) *To d. a tune on sth.,* tambouriner un air sur qch. *To d. one's feet on the floor,* tambouriner sur le plancher avec les pieds. **To drum sth. into s.o.'s head,** enfoncer, fourrer, qch. dans la tête de qn. **To drum sth. into s.o.'s ears,** corner qch. aux oreilles de qn; seriner qch. à qn. *To d. a child into sullenness,* abrutir, buter, un enfant. (*b*) **To drum together** *the natives of a district,* rassembler les indigènes d'une région au son du tambour.
drum out, *v.tr. Mil:* **To drum s.o. out,** expulser qn au son du tambour; dégrader qn.
drumming out, *s. Mil:* Expulsion *f* (de qn) au son du tambour.
drum up, *v.tr.* **1.** Racoler (des partisans). *To d. up recruits,* faire du recrutement. *U.S: To d. up customers,* rechercher de la clientèle; racoler des clients. **2.** = *Drum together, q.v. under* DRUM[2] 2.
drumming up, *s.* Racolage *m,* recrutement *m.*
drumming, *s.* **1.** (*a*) Tambourinage *m,* bruit *m* de tambour. (*b*) Bourdonnement *m* (d'un insecte, des oreilles). (*c*) *F:* Ferraillement *m,* tambourinement *m,* bruit de ferraille (d'une vieille auto, etc.). **2.** *U.S:* (*a*) Métier *m* de commis-voyageur. (*b*) Recherche *f* de la clientèle; racolage *m* des clients.
drummer ['drʌmər], *s.* **1.** (*a*) Tambour *m* (qui joue du tambour; *Mus:* qui fait la partie de tambour). *Mil: P:* Tapin *m.* **Big drummer,** joueur *m* de grosse caisse; *F:* la grosse caisse. *See also* KETTLE-DRUMMER. (*b*) Tambourineur *m* (de nouvelles, etc.). **2.** *Com: U.S:* Commis voyageur; (*town traveller*) placier *m.*
'drummer-boy, *s.* Petit tambour.
Drummond light ['drʌmənd'lait], *s.* = LIMELIGHT[1].
drumstick ['drʌmstik], *s.* **1.** *Mus:* Baguette *f* de tambour. **Bass-drumstick,** tampon *m,* mailloche *f.* **Kettle-drumstick,** baguette

de timbale. **2.** *Cu:* Pilon *m*, (bas *m* de la) cuisse (d'une volaille). **3.** *pl. F:* **Drumsticks,** jambes fluettes; *F:* allumettes *f*.

drunk [drʌŋk]. *See* DRINK[2].

drunkard ['drʌŋkərd], *s.* Alcoolique *mf*; ivrogne, *f.* ivrognesse; *F:* pochard *m*, poivrot *m*. *See also* INCURABLE 1.

drunken ['drʌŋk(ə)n], *a.* **1.** *A:* Ivre. **2.** Ivrogne. *D. man*, (i) *A:* homme ivre; (ii) ivrogne *m*, soûlard *m*. **Drunken brawl,** querelle *f* d'ivrognes. **3.** *D. state*, état *m* d'ivresse, d'ébriété. **4.** *Mec.E:* **Drunken screw,** excentrique *m* à gorge hélicoïdale. **Drunken cutter,** porte-lames *m inv* elliptique. **-ly,** *adv.* En ivrogne, comme un ivrogne.

drunkenness ['drʌŋkənnəs], *s.* **1.** Ivresse *f*. **2.** (*Habitual*) Intempérance *f*, ivrognerie *f*.

drupaceous [dru'peiʃəs], *a. Bot:* Drupacé.

drupe [dru:p], *s. Bot:* Drupe *m*.

drupel [dru:pl], **drupelet** ['dru:plet], *s. Bot:* Drupéole *m*, fructule *m*.

Drury Lane ['druərilein]. *Pr.n.* **1.** Très ancienne rue de Londres (quartier W.C.), aristocratique au XVIIe siècle. **2.** Théâtre *m* de Londres à très grande scène. (Correspond au Châtelet.)

druse[1] [dru:z], *s. Geol:* Druse *f*, craque *f*, géode *f*; poche *f* à cristaux.

Druse[2], *s. Ethn: Geog:* Druse *m*, Druze *m*.

dry[1] [drai], *a.* (**drier, driest**) Sec, *f.* sèche. **1.** (*a*) (*Of well, etc.*) Tari, à sec; (*of pump*) désamorcé; (*of country*) aride. **Dry land,** terre *f* ferme. **Dry harbour,** port asséchant à basse mer. *See also* DOCK[4] 1. **Dry cow,** vache sèche. **To pump a well dry,** épuiser l'eau d'un puits; assécher un puits. **The pump is dry,** la pompe est franche. *To make a valve quite dry*, rendre une soupape étanche. *To boil a liquid dry*, (faire) bouillir un liquide jusqu'à évaporation complète. **To wring linen dry,** essorer le linge. **To run dry, to go dry,** (*of channel*) se dessécher, (s')assécher; (*of spring, well*) **s'épuiser,** (se) tarir; (*of pump*) se désamorcer; (*of machinery*) manquer d'huile; manquer de graissage. *Well run dry*, puits à sec. (*Of speaker, writer*) **He soon runs dry,** il a l'haleine courte. *At the end of five minutes he had run dry*, au bout de cinq minutes il était à sec, au bout de son rouleau. **Dry weather,** temps sec. *It has been dry (weather) for a week*, il fait sec depuis huit jours. *Meteor:* **Dry spell,** suite de quinze jours dont aucun n'a eu plus d'un millimètre de pluie. *s.* **To stay in the dry,** rester au sec, à couvert. *Com:* **Dry wine,** vin sec. *Extra dry champagne*, champagne brut. **Dry juice,** suc concret. **Dry toast,** rôtie *f* sans beurre. *See also* CUT[3] 1, FLY-FISHING, HIGH I. 8, MEASURE[1] 1, MONSOON, SAND[1] 1, SUCK[2] 1, TREE[1] 1, WIPE[2] 1. (*b*) *Ind: etc:* **Dry process,** procédé par voie sèche. **Dry crushing,** broyage *m* à sec. **Dry masonry,** maçonnerie à sec. *See also* SHAMPOO[1], WALL[1]. (*c*) *To put on dry clothing*, mettre des vêtements secs. *Dry bread*, pain sec. (*Of goods, etc.*) **'To be kept dry,'** "craint l'humidité"; "craint la pluie"; "à préserver de l'humidité." *F:* **As dry as a chip, as a bone, as tinder,** sec comme une allumette. *See also* BONE-DRY, EYE[1] 1. (*d*) *F:* (*Of pers.*) **To be, feel, dry,** avoir le gosier sec, la gorge sèche; avoir soif. **Dry work,** travail qui donne soif. **2.** *U.S: F:* **Dry country,** pays "sec" (où les boissons alcooliques sont prohibées). *These States are dry*, ces États ont le régime sec. **To go dry,** prohiber la consommation des boissons alcooliques. *s. F:* **A dry,** un prohibitionniste. **3.** (*a*) Aride, fade, sans intérêt. *A dry subject*, un sujet aride. (*b*) **The dry facts,** les faits purs et simples; les simples faits. **4.** (*a*) *He has a dry manner*, il est peu communicatif. (*b*) *Dry smile*, sourire teinté d'ironie. *He gave a dry laugh*, il eut un petit rire ironique. *To answer with dry sarcasm*, répondre d'un air de pince-sans-rire. **Dry humour,** esprit caustique, mordant. *A man of dry humour*, un pince-sans-rire. (*c*) *Dry reception*, accueil peu cordial. *He was very dry with us*, il a été plutôt distant; il a manqué de cordialité. **5.** *Com:* (*a*) **Dry money,** argent sec, liquide. (*b*) *U.S:* **Dry goods,** articles *m* de nouveauté; étoffes *f*, tissus *m*; mercerie *f*. **Dry-goods store,** magasin *m* de nouveautés. **-ly,** *adv.* **1.** D'un ton sec; sèchement. **2.** Avec une pointe d'ironie contenue. **To answer dryly,** répondre d'un air de pince-sans-rire.

'dry-bulb, *attrib. a.* **Dry-bulb thermometer** (*of hygrometer*), thermomètre à boule sèche; thermomètre sec.

'dry-'clean, *v.tr.* Nettoyer à sec; dégraisser (des vêtements).

dry-cleaning, *s.* Nettoyage *m* à sec; dégraissage *m*.

'dry-'cure, *v.tr.* Saler et fumer (la viande).

'dry-'dock. **1.** *v.tr.* Mettre (un navire) en cale sèche. **2.** *v.i.* (*Of ship*) Entrer, passer, en cale sèche.

'dry-'eyed, *a.* **To look on dry-eyed,** regarder d'un œil sec.

'dry-'fallen, *a. For:* **Dry-fallen wood,** bois mort.

'dry-foot(ed), *a. & adv.* A pied sec.

'dry-'grind, *v.tr.* (*Conj. like* GRIND) Broyer à sec.

'dry-'nurse[1], *s.* Nourrice sèche; sevreuse *f*.

'dry-nurse[2], *v.tr.* **1.** Élever (un enfant) au biberon. **2.** *F:* Servir de mentor à (qn).

'dry-'plate, *s. Phot:* Plaque sèche.

'dry-'point[1], *s. Engr:* **1.** *Tls:* Pointe sèche. **2.** (*Process or etched engraving*) Gravure *f* à la pointe sèche; pointe-sèche *f*, *pl.* pointes-sèches.

'dry-'point[2], *v.tr.* Exécuter (une gravure) à la pointe sèche.

'dry-'rot, *s.* (*a*) Carie sèche, pourriture sèche (du bois). (*b*) *F:* **Political dry-rot,** désintégration *f*.

'dry-'rotten, *a.* (*a*) (Bois) affecté de pourriture sèche. (*b*) *F:* (*Of administration*) Qui ne tient plus.

'dry-'shod, *a. & adv.* A pied sec.

'dry-'salt, *v.tr.* = DRY-CURE.

'dry-'topped, *a.* (Arbre) mort en cime, couronné.

dry[2], *v.* (**dried** [draid]; **drying**) **I.** *v.tr.* Sécher (qch.); faire sécher (le linge); essorer (des vêtements); ressuyer (la chaux, etc.); charquer (la viande à conserver); délaiter (le beurre). *Ind: To dry by heat, by electricity*, sécher par le chauffage, électriquement. **To dry sth. with a cloth,** essuyer qch. avec un torchon. **To dry (up) the dishes,** essuyer la vaisselle, les plats. *Abs. It's my turn to dry (up)*, c'est à moi d'essuyer la vaisselle. **To dry one's eyes,** s'essuyer les yeux. **To dry (away) one's tears,** sécher ses larmes. **The wind has dried (up) the roads,** le vent a séché, essuyé, ressuyé, les chemins. *Wind that dries (up) the skin*, vent qui dessèche, ratatine, la peau. *To dry (up) secretions*, épuiser, supprimer, des sécrétions. *To dry (up) land*, étancher le terrain. *To dry (up) a pump, a spring*, (i) tarir une pompe, une source; (ii) désamorcer une pompe. *Husb:* **To dry (off) a cow,** faire tarir, faire sécher, une vache. **2.** *v.i.* (*a*) (Se) sécher, se dessécher; (*of road, etc.*) se ressuyer. **To put sth. out to dry,** mettre qch. à sécher dehors. *Ink that dries black*, encre qui vire au noir en séchant. *The streets have dried (up)*, les rues sont sèches. (*b*) *Husb:* (*Of cow*) Tarir; se sécher.

dry off, *U.S:* **dry out. 1.** *v.tr.* Faire évaporer (l'eau, etc.). **2.** *v.i.* (*Of moisture*) S'évaporer, sécher.

dry up, *v.i.* **1.** (*Of well, pool, etc.*) Se dessécher, (s')assécher, tarir. *The well has dried up*, le puits est à sec. **Little dried-up man,** petit homme sec. **2.** *F:* Cesser de parler, se taire; rester court; *F:* rester en carafe. *He never dries up on this subject*, il est intarissable sur ce sujet. *P:* **Dry up!** la ferme! ta bouche!

dried, *a.* Séché, desséché. **Dried fruits,** fruits secs. *D. apples, pears*, pommes, poires, tapées.

drying[1], *a.* **1.** (Vent, etc.) desséchant. **2.** **(Quick-)drying oil, varnish,** huile siccative, vernis siccatif.

drying[2], *s.* **1.** Séchage *m*; assèchement *m*, dessèchement *m*; essorage *m* (du linge); (*with a cloth*) essuyage *m*. *Ind:* Dessiccation *f* (du bois, de la viande, etc.). *Husb:* Délaitement *m* (du beurre). *D. in the open air*, séchage à l'air. **Vacuum drying,** séchage par le vide. *Preliminary d.*, préséchage *m*. **Drying apparatus,** séchoir *m*, sécherie *f*, sécheuse *f*; (*wringer*) essoreuse *f*; *Husb:* délaiteuse *f* (de beurre). **Drying-room,** (i) *Laund:* séchoir *m* à linge; étendoir *m* à linge; (ii) *Ind:* chambre chaude; étuve *f* (à sécher); (iii) *Husb:* (*for cheeses*) haloir *m*. *Tan:* *Drying house*, penderie *f* (des peaux). **Drying ground, drying yard,** sécherie *f*, étendage *m*, étendoir. *Dy:* **Drying-pole,** tendoir *m*. *Laund:* **Drying line,** tendoir (pour lessive); corde *f* à linge. *Ind:* **Drying cupboard, drying closet,** étuve; chambre chaude. **Drying rack, drum,** châssis *m*, tambour *m*, de séchage. **Drying factory** (*for fruit, etc.*), séchage. **Drying barn** (*for tobacco*), suerie *f*. *Paperm:* **Hot drying cylinders,** cylindres sécheurs. **2.** **Drying quality** (*of a varnish, etc.*), siccativité *f*.

dryad ['draiad], *s.f. Myth:* Dryade.

dryas ['draiəs], *s. Bot:* Dryade *f*.

dryasdust ['draiazdʌst]. **1.** *s.* Auteur prolixe et ennuyeux; pédant *m*. **2.** *Attrib. a.* Sec, aride, dépourvu d'intérêt.

dryer ['draiər], *s.* **1.** *Ind:* Sécheur *m*, séchoir *m*, dessécheur *m*, dessécheuse *f*, dessiccateur *m*; (*place*) sécherie *f*. **Centrifugal dryer,** essoreuse *f* centrifuge, extracteur *m* centrifuge. *Hairdr:* **(Electric) dryer,** séchoir, sèche-cheveux *m inv*. *Phot:* **Plate-dryer,** sèche-cliché *m*, *pl.* sèche-clichés. *Laund:* **Clothes dryer,** séchoir de plafond. **Steam dryer,** (i) *Ind:* sécheuse *f*, séchoir, *m*; (ii) *Mch:* sécheur de vapeur. *See also* VACUUM-DRYER. **2.** *Paint:* Siccatif *m*.

dryness ['drainəs], *s.* **1.** Sécheresse *f* (d'une région, d'un dessin); aridité *f* (du sol); sécheresse (du temps). **2.** Sécheresse, sévérité *f* (de ton); aridité (d'un discours); causticité *f* (de l'esprit). **3.** *To evaporate a solution to d.*, évaporer une solution jusqu'à siccité *f*.

drysalter ['draisɔltər], *s.* (*a*) Marchand *m* de salaisons, de conserves au vinaigre, etc. (*b*) Marchand de produits chimiques, de couleurs; droguiste *m*.

drysaltery ['draisɔltəri], *s.* **1.** Produits *mpl* chimiques. **2.** Droguerie *f*.

D.T.'s [di:'ti:z], *s.pl. P:* Delirium *m* tremens. *To have the D.T.'s*, avoir une crise de delirium tremens; être en proie au delirium tremens.

dual ['djuəl]. **1.** *a.* Double. *I.C.E:* **Dual ignition,** double allumage *m*. *Aut:* **Dual tyres,** pneus jumelés. *Av: etc:* **Dual control,** double commande *f*. **Dual-control machine,** avion *m* à double commande. *Cin:* **Dual programme,** programme *m* double, à deux longs métrages. *Psy:* **Dual personality,** dédoublement *m* de la personnalité; personnalité simultanée. **2.** *a. & s. Gram:* **Dual (number),** duel (*m*).

dual-'purpose, *a.* (Voiture *f*, etc.) mixte, à deux fins.

dualin ['djuəlin], *s. Exp:* Dualine *f*.

dualism ['djuəlizm], *s.* **1.** Dualité *f*. **2.** *Phil:* Dualisme *m*.

dualist ['djuəlist], *s.* Dualiste *m*.

dualistic [djuə'listik], *a.* Dualiste.

duality [dju'aliti], *s.* Dualité *f*; dédoublement *m* (de la personnalité).

dub[1] [dʌb], *s. U.S: P:* Nourriture *f*; *P:* boustifaille *f*, boulot *m*.

dub[2], *v.tr.* (**dubbed; dubbing**) **1.** *Pred.* (*a*) **To dub s.o. (a) knight,** armer, adouber, qn chevalier; donner l'accolade à qn. (*b*) *F:* **To dub s.o. a quack,** qualifier qn de charlatan. *Dubbed the Hunchback*, connu sous le sobriquet de Bossu. **2.** *Leath:* Préparer (le cuir) avec le dégras. **3.** *Fish:* **To dub a fly,** monter une mouche (artificielle).

dubbing[1], *s.* **1.** = DUBBIN. **2.** *Fish:* Matériel *m* de montage (de mouches artificielles).

dub[3], *v.tr. Cin: U.S:* Doubler (un film) en langue étrangère.

dubbing[2], *s.* Doublage *m*.

dubbin ['dʌbin], *s. Leath:* Dégras *m*.

dubby ['dʌbi], *a.* Courtaud, trapu.

dubiety [dju'baiəti], *s.* (Sentiment *m* de) doute *m*; incertitude *f* (*regarding*, à l'égard de).

dubious ['dju:biəs], *a.* **1.** Douteux. (*a*) Incertain, vague. *D. result*, résultat incertain. *D. light*, lumière douteuse, vague. *D. advantage*, avantage *m* contestable. (*b*) Équivoque, louche. *D. honour*, honneur *m* équivoque. *D. company*, compagnie douteuse, louche.

Financiers of d. character, financiers véreux. *Brandy of d. composition, F:* cognac *m* peu catholique. *Fin:* **Dubious paper,** papier *m* de valeur douteuse. *Shabby clothes and d. linen*, habits râpés et linge douteux. **2.** Hésitant; qui doute. **Dubious expression,** air de doute. *D. as to what he should do*, incertain de, ne sachant trop, ce qu'il devait faire. *To be d. of s.o.'s honesty*, douter de la probité de qn. *I was d. (as to) whether I should interfere*, je me demandais si je devais intervenir. *I am d. about the weather*, je suis incertain du temps qu'il va faire. **-ly,** *adv.* D'un air ou d'un ton de doute.

dubiousness [ˈdjuːbiəsnəs], *s.* **1.** Incertitude *f* (du résultat, etc.). **2.** Caractère douteux, équivoque *f* (d'un compliment, etc.). *Fin: etc:* Valeur douteuse (d'un billet, etc.). **3.** = DUBIETY.

dubitable [ˈdjuːbitəbl], *a. Lit:* Douteux.

dubitation [djuːbiˈteiʃ(ə)n], *s. Lit:* Doute *m*, indécision *f*.

dubitate [ˈdjuːbiteit], *v.i. Lit:* Hésiter; rester incertain, indécis.

dubitative [ˈdjuːbiteitiv], *a.* **1.** Dubitatif, plein de doute, hésitant. **2.** Qui exprime le doute. *Gram:* Dubitatif. **-ly,** *adv.* Dubitativement.

Dubs [dʌbz], *s.pl. F:* Les *Royal Dublin Fusiliers*.

ducal [ˈdjuːk(ə)l], *a.* Ducal, -aux; de duc. *D. coronet*, couronne ducale; couronne de duc.

ducat [ˈdʌkət], *s. Num:* Ducat *m*.

ducatoon [dʌkəˈtuːn], *s. Num:* Ducaton *m*; ducat *m* d'argent.

duchess [ˈdʌtʃes], *s.f.* **1.** Duchesse. **2.** *P:* (*a*) Grande dame. (*b*) **My old duchess, my old dutch,** ma femme; *F:* ma moitié, ma vieille, la bourgeoise. (Expression des marchands des quatre-saisons de Londres.) (*c*) **The duchess,** maman.

duchesse lace [ˈdʌtʃesˈleis], *s.* (Guipure *f*) duchesse *f*.

duchesse satin [ˈdʌtʃesˈsatin], *s. Tex:* (Satin *m*) duchesse *f*.

duchesse table [ˈdutʃesˈteibl], *s. Furn:* Coiffeuse *f*.

duchesse (toilet) set [ˈdutʃes(ˈtɔilet)set], *s.* Garniture *f* de coiffeuse (en dentelles, etc.).

duchy [ˈdʌtʃi], *s.* **1.** Duché *m*. **2.** **The Duchies,** les duchés de Cornouaille et de Lancastre. **The delectable Duchy,** la Cornouaille. **Duchy land,** domaine *m* appartenant aux duchés de Cornouaille ou de Lancastre.

duck[1] [dʌk], *s.* **1.** *Orn:* (*a*) (*Female of drake*) Cane *f*. (*b*) (*Generic*) Canard *m*. **Tufted duck,** morillon *m*. **Wild duck,** canard sauvage. **Arctic duck,** garrot *m*. **Ruddy-duck,** *U.S:* **fool-duck,** érismature roux. **Muscovy duck,** canard musqué. **Grey duck,** ridenne *f*, chipeau *m*. *See also* MUSK-DUCK, MUSSEL-DUCK, PINTAIL, SHOVELLER 2, SPOONBILL 2, SURF-DUCK. *Cu:* **Duck and green peas,** canard aux petits pois. *F:* **To turn up one's eyes like a dying duck in a thunderstorm,** faire la carpe pâmée. **To take to Latin, etc., like a duck to water,** mordre au latin, etc. (*Of advice, criticism*) **It glances off him like water off a duck's back,** ça glisse sur le parapluie de son indifférence. **Fine weather for the ducks,** temps de pluie; beau temps pour les grenouilles. **To play at ducks and drakes,** faire des ricochets (sur l'eau). **To play (at) ducks and drakes with one's money, with one's life,** gaspiller son argent, jeter son argent par les fenêtres; gâcher sa vie. *See also* DECOY[1] 1, SHAKE[1] 1. **2.** *F:* (*a*) **A lame duck,** (i) un(e) faible; une épave (de la vie); (ii) personne *f* dont les affaires périclitent, vont mal; *St.Exch:* spéculateur *m* insolvable; un failli, un décavé; (iii) *U.S:* fonctionnaire mis à pied (après une élection). (*b*) **A duck of a child, of a hat,** un enfant joli à croquer; un amour de chapeau. *What a d. of a child!* quel amour d'enfant! **You are a duck!** tu es bien gentille! (*c*) *Cr:* **Duck (egg), duck's egg,** zéro *m*. **To make a duck,** faire chou blanc. **To break one's duck,** marquer son premier point.

'duck-bill[1], *s.* **1.** *Agr:* Blé poulard. **2.** *Z:* Ornithor(h)ynque *m*.

'duck-bill[2], -billed, *a.* **1.** *Z:* **Duck-billed platypus,** platypus *m* à bec de canard, ornithor(h)ynque *m*. **2.** *Metalw:* **Duck-bill(ed) tongs,** tenaille *f* à bec recourbé, à cornières.

'duck-boarded, *a.* (Allée) couverte de caillebotis.

'duck-boards, *s.pl. Mil: etc:* Caillebotis *m*, plancher non glissant.

'duck-farm, *s.* Canarderie *f*.

'duck-gun, *s. Sm.a:* Canardière *f*.

'duck-hawk, *s. Orn:* **1.** Busard *m* des marais. **2.** *U.S:* Faucon commun; pèlerin *m*.

'duck-mole, *s. Z: F:* Ornithor(h)ynque *m*.

'duck-pond, *s.* Canardière *f*.

'duck-shooting, *s.* Chasse *f* aux canards (sauvages).

'duck-shot, *s.* Plomb *m* à canard.

'duck-shover, *s. Austr: P:* Conducteur *m* de taxi en maraude; maraudeur *m*.

'duck-walk, *s.* Caillebotis *m*.

duck[2], *s. Tex:* Coutil *m*; toile fine (pour voiles); toile légère. **Cotton duck,** toile à voile coton. **Duck trousers,** *pl. F:* **ducks,** pantalon blanc, pantalon de coutil, de toile. *The crew were in ducks*, l'équipage était en blanc.

duck[3], *s.* **1.** Plongeon *m*, bain (inattendu ou involontaire). **2.** Mouvement instinctif de la tête (pour se dérober à un coup, etc.). *Box:* Esquive *f*.

duck[4]. **1.** *v.i.* (*a*) Plonger dans l'eau; faire le plongeon. (*Of water-fowl*) Replonger. (*b*) Baisser la tête, se baisser (subitement, instinctivement), faire une courbette (pour se dérober à un coup, etc.). *Mil:* Saluer (les balles, les obus). *Box:* Esquiver, éviter, de la tête. (*c*) *Cards:* (*At bridge, etc.*) Esquicher. **2.** *v.tr.* (*a*) Plonger (qn) dans l'eau, faire faire le plongeon à (qn); *Nau: A:* donner la cale à (un matelot). (*b*) Baisser subitement (la tête).

ducking, *s.* (*a*) Plongeon *m* (involontaire); bain forcé. **To give s.o. a ducking,** *F:* faire boire une tasse à qn. (*b*) *Nau: A:* (*As punishment*) Supplice *m*, peine *f*, de la cale.

'ducking-stool, *s. A:* Sellette à plongeon (destinée aux mégères).

ducker [ˈdʌkər], *s. Orn:* (*a*) Cincle plongeur. (*b*) Petit grèbe.

duckling [ˈdʌkliŋ], *s. Orn:* Canardeau *m*; (*drake*) caneton *m*; (*duck*) canette *f*. *See also* UGLY.

duckweed [ˈdʌkwiːd], *s. Bot:* Lentille *f* d'eau, lenticule *f*, lemna *f*, lemne *f*.

ducky [ˈdʌki]. **1.** *s. F:* **(My) ducky,** mon petit chat, ma petite chatte, mon petit chou, mon petit mimi, ma poupoule, ma cocotte. **2.** *a. F:* Mignon, -onne; coquet, -ette; chic.

duct [dʌkt], *s.* **1.** Conduit *m*, conduite *f*; caniveau *m*; *El.E:* canalisation *f* (pour câbles, etc.); tube *m* (de câble). *See also* AIR-DUCT, ELBOW[1] 2, OIL-DUCT. **2.** *Anat:* Canal *m*, vaisseau *m*, voie *f*. *Bile d.*, canal biliaire, voie biliaire. *Auditory d.*, conduit auditif. *The choledoch d.*, le canal cholédoque. *See also* SWEAT-DUCT. **3.** *Bot:* Trachée *f*, canal. *Resin d.*, canal résinifère.

ductile [ˈdʌktail, -til], *a.* **1.** Ductile; malléable. (*a*) **Ductile metals,** métaux *m* ductiles. (*b*) **Ductile character,** caractère *m* docile, malléable, souple. **2.** **Ductile clay,** argile *f* plastique.

ductility [dʌkˈtiliti], *s.* **1.** (*a*) Ductilité *f* (d'un métal); malléabilité *f*. (*b*) Docilité *f*, souplesse *f* (de caractère). **2.** Plasticité *f* (de l'argile).

ductless [ˈdʌktləs], *a. Anat:* **Ductless glands,** glandes closes, endocrines, à sécrétion interne.

ductor [ˈdʌktər], *s. Tex. Printing:* Essuyeur *m*; rouleau essuyeur.

dud [dʌd]. *P:* **1.** *s.pl.* **Duds,** frusques *fpl*; nippes *fpl*. **2.** *s. & a.* (*a*) Incapable. **He's a dud,** (i) c'est un type nul; (ii) c'est un raté. **I'm a dud at history,** je suis nul en histoire. **He's a dud of a doctor,** il ne vaut rien comme médecin. **Dud artist,** artiste *mf* à la manque. **The duds,** (i) les élèves peu intéressants; les crétins *m*; (ii) les fruits secs (de la vie). (*b*) Mauvais; *P:* moche. *Artil:* **Dud (shell),** obus *m* qui a raté, qui n'a pas éclaté. *Com:* **Dud stock,** marchandises *fpl* hors de vente; rossignols *mpl*. **Dud cheque,** chèque *m* sans provision. **Dud note,** faux billet de banque. *The note was a dud*, le billet était faux. **The weather was very dud,** le temps était mauvais. **It's a dud show,** c'est nul, moche, comme spectacle. **3.** *s. Sch: U.S:* Travailleur *m*, bûcheur *m*.

dude [djuːd], *f.* **dudine** [djuˈdiːn], *s. U.S: F:* **1.** Gommeux *m*, miché *m*; poseur, -euse. **2.** *Sch:* Type, typesse; étudiant, -ante.

dudeen [djuˈdiːn], *s. Irish:* Brûle-gueule *m inv*.

dudgeon [ˈdʌdʒən], *s.* Colère *f*, ressentiment *m*. **In high, deep, dudgeon,** fort en colère; exaspéré, indigné.

due[1] [djuː]. **1.** *a.* (*a*) (*Owing*) *Com: Fin:* (*Of debt*) Exigible; (*of bills*) échéant, échéable, échu. *Bill due on 1st May*, effet *m* payable le premier mai. *Contributions still due*, cotisations *f* à percevoir. *The balance due to us*, le solde qui nous revient. **Balance due to us** (*from Mr Smith*), redoit M. Smith. *The person from whom it is due*, la personne qui en est débitrice. **Debts due to us, to the firm,** dettes actives; créances *f*. **Debts due by us, by the firm,** dettes passives. *Sums due from banks, due to banks*, créances sur les banques, sommes dues aux banques. (*Of bill, etc.*) **To fall, become, due,** échoir, devenir payable, venir à (l')échéance. **Falling due,** échéance *f*. **When due,** à l'échéance. **Due date,** échéance. *See also* BEFORE 2. (*b*) (*Merited, proper*) Dû, juste, mérité. *The first place is due to Milton*, la première place revient à Milton. *It is due to him to say . . .*, il n'est que juste envers lui de dire. . . . **The reward due to his services, the due reward of his services,** la récompense que méritent ses services. **To give s.o. due warning,** avertir qn dans les formes. *To take all due measures*, prendre toutes les mesures requises. *With due care*, avec tout le soin requis. *He was received with due ceremony*, il fut reçu avec tout le cérémonial qui lui était dû. **In due form,** dans les formes voulues; en bonne forme; en règle; dans les règles. *Contract drawn up in due form*, contrat rédigé en bonne et due forme. *Receipt in due form*, quittance régulière. **Within due limits,** dans les limites prescrites, raisonnables. **After due consideration,** après mûre réflexion; tout bien considéré. *See also* COURSE[1] 1, DEFERENCE, HONOUR[1] 1, REFLECTION 4, RESPECT[1] 3, TIME[1] 5. (*c*) (*In consequence of*) **Due to . . .,** dû à . . ., occasionné, causé, par . . ., attribuable à. . . . **It is due to him, to his negligence,** c'est lui, c'est sa négligence, qui en est (la) cause. *Losses due to the bayonet*, pertes causées par l'arme blanche. *These advantages are due to . . .*, ces avantages découlent de. . . . *His authority is due to your support*, son autorité tient à votre appui. **What is it due to?** à quoi cela tient-il? *Lack of compression due to a bent valve*, manque *m* de compression imputable à une soupape faussée. *This situation is due to the fact that . . .*, cette situation s'explique par le fait que . . ., trouve son explication dans ce fait que. . . . *The circumstances to which his return was due*, les circonstances qui ont motivé son retour. *This chapter of accidents is due to you*, ce chapitre de malheurs est votre ouvrage. *Prep.phr. U.S:* (= *owing to*) **Due to . . .,** par suite de. . . . *Due to fog the boat arrived late*, par suite du brouillard, le bateau est arrivé en retard. *Due to unfounded rumours these shares crashed*, sous le coup de faux bruits ces actions ont subi une forte baisse. (*d*) (*Expected*) **The train is due** (*to arrive*), **is due in, at two o'clock,** le train arrive à deux heures. *The train was due to start at ten*, le train partait à dix heures. *He is due to arrive this evening*, il doit arriver ce soir; on l'attend ce soir. *I was due to start early*, je devais me mettre en route de bonne heure. **2.** *adv.* **Due north, east,** droit vers le nord, vers l'est; nord franc, est franc.

'due-bill, *s. U.S:* Reconnaissance *f* de dette.

'due-date, *v.tr.* Coter (un effet).

due[2], *s.* **1.** Dû *m*. **To give s.o. his due,** donner à qn ce qui lui est dû, ce qui lui revient; rendre justice à qn; être juste à, envers, pour, qn. **One must give the devil his due,** il faut faire la part du diable; à chacun son dû; à tout seigneur tout honneur. To pay one's dues, payer ce qu'on doit; payer ses redevances *f*. **To claim one's dues,** réclamer son dû. **2.** *pl.* Dues. (*a*) Droits *mpl*, frais *mpl*. **Taxes and dues,** impôts *m* et taxes *f*. **Market dues,** hallage *m*. **Town dues,** (droits d')octroi *m*. *Nau:* **Port dues,** droits de port. *See also* DOCK-DUES, EASTER, FERRY[1] 1, PIER 1.

(*b*) *U.S:* (*Club subscription*) Cotisation annuelle. **3.** *Adv.phr. Nau:* **For a full due,** (arrimé, etc.) définitivement.

duel[1] ['djuəl], *s.* **1.** Duel *m*; affaire *f* d'honneur; rencontre *f*; réparation *f* par les armes. **To fight a duel,** se battre en duel; aller sur le terrain; *F:* **s'aligner sur le terrain. Duel to the death,** duel à mort. *Pistol d.*, duel au pistolet. *D. with swords*, duel à l'épée. **2.** Lutte *f*, contestation *f*.

duel[2], *v.i.* (**duelled; duelling**) Se battre en duel.

duelling, *s.* Le duel. *See also* PISTOL[1], SWORD.

dueller ['djuələr], **duellist** ['djuəlist], *s.* Duelliste *m*.

duenna [dju'enə], *s.f.* Duègne. *F: Guarded by a dragon-like d.*, surveillée par un vrai dragon.

duet [dju'et], *s.* Duo *m*; (*for piano*) morceau *m* à quatre mains. **Duet-stool,** banquette *f* de piano.

duettist [dju'etist], *s.* Duettiste *mf*.

duff[1] [dʌf], *s.* **1.** *Dial:* Pâte *f* (à pain). **2.** *See* PLUM-DUFF.

duff[2], *v.tr.* *F:* **1.** Retaper (les vieux vêtements). **2.** (*a*) = FAKE[4]. (*b*) (*Austr.*) **To duff cattle,** altérer les marques du bétail volé.

duff[3], *v.tr.* *F:* Rater, *P:* bousiller (son coup, une affaire).

duffel [dʌfl], *s.* **1.** *Tex:* Drap molletonné; molleton *m*. **2.** *U.S:* **Vêtements** *mpl* de rechange (pour le camping).

duffer ['dʌfər], *s.* **1.** (*a*) Colporteur *m* qui fait passer sa camelote pour des objets de valeur volés ou importés en contrebande. (*b*) Colporteur. **2.** *F:* (*a*) Bousilleur, -euse; *F:* savetier *m*. *Sch:* Cancre *m*, croûte *f*, cruche *f*. *Sp:* Maladroit, -oite, mazette *f*. **Well, you *are* a duffer!** *P:* ce que tu es noix! **To be a duffer at sth.,** n'entendre rien à qch. *To be a d. at dancing*, danser comme une savate. *A perfect d. at history*, un élève nul en histoire. **An old duffer,** une ganache. (*b*) Godiche *mf*, gourde *f*, lourdaud *m*, ballot *m*, empoté *m*. **3.** (*a*) Article mauvais, retapé, moche; œuvre d'art fausse; fausse pièce (de monnaie). (*b*) *Min:* (*Austr.*) Placer improductif, sans valeur.

duffle [dʌfl], *s.* = DUFFEL.

dug[1] [dʌg], *s.* (*a*) Mamelle *f* (d'un animal); pis *m* (de vache). (*b*) Trayon *m*, tétin *m*. (*c*) *pl. Pej:* (*Of woman*) **Dugs,** seins *m*; *P:* calebasses *f*.

dug[2]. *See* DIG[2].

dugong ['du:gɔŋ], *s.* *Z:* Dugong *m*; vache marine.

dug-out ['dʌgaut], *s.* **1.** Canot creusé dans un tronc d'arbre; pirogue *f*. **2.** *Mil:* Abri (blindé); *P:* cagna *f*. **Deep dug-out,** abri-caverne *m*, *pl.* abris-cavernes. **3.** *Mil:* *P:* (1914–18) Officier en retraite rappelé en activité; vieille baderne; vieille culotte de peau.

duk-duk ['dʌkdʌk], *s.* Douk-douk *m*.

duke [dju:k], *s.* **1.** Duc *m*. **My Lord Duke,** monsieur le duc. *See also* DINE 1. **2.** *P:* Poing *m*.

dukedom ['dju:kdəm], *s.* **1.** Duché *m*. **2.** Titre *m* ou dignité *f* de duc.

Dukeries ['dju:kəriz], *s.pl.* *Geog:* La région de Sherwood Forest, dans le comté de Nottingham, où se trouvent plusieurs domaines ducaux.

dulcet ['dʌlset], *a.* (Son) doux, suave, agréable.

dulcification [dʌlsifi'keiʃ(ə)n], *s.* Dulcification *f*.

dulcify ['dʌlsifai], *v.tr.* Dulcifier; adoucir.

dulcimer ['dʌlsimər], *s.* *Mus:* Tympanon *m*.

dulcin ['dʌlsin], *s.* *Ch:* Dulcine *f*.

Dulcinea [dʌlsi'ni:ə]. *Pr.n.f.* Dulcinée. (Un des personnages de "Don Quichotte.")

dulcite ['dʌlsait], *s.* *Ch:* Dulcine *f*.

dulcitone ['dʌlsitoun], *s.* *Mus:* Typophone *m*.

dulia [dju'laiə], *s.* *R.C.Ch:* Dulie *f*.

dull[1] [dʌl], *a.* **1.** (*Of pers.*) Lent, lourd; à l'esprit obtus, engourdi, épais. **Dull sense of touch, dull hearing,** toucher *m*, ouïe *f*, peu sensible. **Dull look, eye,** regard *m* atone. **To be dull of sight, of hearing,** avoir la vue faible; avoir l'oreille dure, être dur d'oreille. *To be d. of comprehension*, être lent d'esprit; avoir l'esprit obtus, épais, l'intelligence lourde. *Sch:* **The dull boys,** les élèves peu brillants; *F:* les cancres *m*. *Prov:* **All work and no play makes Jack a dull boy,** à toujours travailler les enfants s'abrutissent. **2.** (*a*) (*Of pain*) Sourd. **A dull ache,** une douleur sourde. (*b*) (Bruit) sourd, étouffé, mat. *I heard a d. blow*, j'entendis un coup sourd. *His heel gave a d. sound*, son talon sonna mat *inv*. **3.** *Com:* *Fin:* (Marché) calme, inactif, lourd, plat, inanimé, languissant. **The dull season,** la morte-saison. **Business, the market, is dull,** les affaires languissent; le marché est alourdi, sans activité; les affaires sont dans le marasme. **4.** (*Depressed*) Triste, morne, déprimé. **I feel dull,** je m'ennuie; j'ai le cafard. **In a dull mood,** maussade. **5.** (*Tedious*) Triste, ennuyeux, peu intéressant. *D. occupation*, occupation assoupissante. *D. life*, vie *f* monotone, atone. **As dull as ditch-water,** triste comme un bonnet de nuit, comme un enterrement; ennuyeux comme la pluie, comme un jour de pluie. *A deadly d. task*, une besogne abrutissante, assommante. *They find the work deadly d.*, ce travail les rebute. *It is deadly d. here, this is a deadly d. hole*, on s'ennuie à mourir ici; c'est mortellement ennuyeux ici. *I find it rather d. living here by myself*, je m'ennuie un peu à vivre ici tout seul. *A d. little town*, une petite ville sans mouvement. **A thoroughly dull evening,** une soirée tout à fait assommante. *To spend two d. hours waiting for s.o.*, passer deux heures d'ennui à attendre qn. **6.** (*Blunt*) Émoussé. (*Of tool, etc.*) *To become d.*, s'émousser. *See also* EDGED 2. **7.** (*Of colour*) Terne, mat; (*of wine*) plat, mou, pâteux. **Dull surface,** surface *f* terne, mate. **Dull style,** style *m* terne. **Dull jewels,** bijoux sans éclat. **Dull eyes,** yeux morts, sans regard, sans éclat. **A dull fire,** un feu triste; un pauvre feu. *The d. glow of the fire*, la rougeur sombre du feu. *The fire is getting d.*, le feu baisse. (*Of paint*) **To become dull,** s'emboire. *See also* EMITTER 2. **8.** (*Of weather*) Lourd, triste, sombre, couvert. **-lly,** *adv.* **1.** Lourdement, lentement. **2.** Ennuyeusement; (vivre) dans l'ennui; tristement. **3.** Sourdement, faiblement; sans éclat. **To burn dully,** donner peu de flamme.

'dull-'brained, *a.* A l'esprit lourd, obtus, lent, épais; à la tête dure; pauvre d'esprit.

'dull-'browed, *a.* **1.** Au front peu intelligent. **2.** Au front renfrogné.

'dull-'eyed, *a.* Au regard terne.

'dull-'finish, *attrib.a.* (Papier, etc.) mat, non satiné.

'dull-'sighted, *a.* A la vue faible.

'dull-'witted, *a.* = DULL-BRAINED.

dull[2]. I. *v.tr.* **1.** (*a*) Hébéter (qn). (*b*) Engourdir, alourdir, appesantir (l'esprit); émousser (les sens). **2.** Émousser (un outil). *See also* EDGE[1] 1. **3.** (*a*) Amortir, assourdir (le son); ternir, amatir (les couleurs, un miroir); dépolir (une surface); mater (un métal). (*b*) Amortir (une douleur); rendre moins vif (le plaisir). **To dull pain by narcotics,** endormir la douleur au moyen de narcotiques. *Sorrow is dulled by the passage of time*, le temps émousse la douleur. *Enjoyment is dulled by anxiety*, l'anxiété émousse le plaisir.

II. **dull,** *v.i.* **1.** (*Of senses, etc.*) S'hébéter, s'engourdir, s'alourdir. **2.** (*Of colour*) Se ternir; (*of metal, etc.*) se dépolir. *The varnish dulls*, le vernis devient mat, perd son lustre.

dulling, *s.* **1.** Alourdissement *m* (de l'esprit). **2.** Émoussage *m* (d'un tranchant). **3.** (*a*) Ternissage *m* (d'une couleur, etc.); dépolissement *m* (d'une surface); assourdissement *m* (du son). (*b*) Apaisement *m* (de la douleur).

dullard ['dʌlərd], *s.* Lourdaud *m*. *Sch:* Cancre *m*, crétin *m*.

dullish ['dʌliʃ], *a.* **1.** Un peu lourd (d'esprit). **2.** Un peu triste. **3.** Un peu terne, un peu sombre. **4.** Quelque peu monotone; qui manque d'entrain.

dul(l)ness ['dʌlnəs], *s.* **1.** Lenteur *f*, pesanteur *f*, de l'esprit; épaisseur *f* de l'intelligence; émoussement *m* (des sens). **Dul(l)ness of hearing,** dureté *f* d'oreille. *Increasing d. of the mind*, appesantissement *m* de l'esprit. **2.** Matité *f* (d'un son). *Med:* **Dul(l)ness at the base of the lung,** matité à la base du poumon. **3.** Ennui *m*, tristesse *f*; monotonie *f*, prosaïsme *m* (de la vie, d'un discours). **4.** *Com:* *Fin:* Stagnation *f*, langueur *f*, marasme *m* (des affaires); inactivité *f*, inaction *f*, peu *m* d'activité (du marché). **5.** Manque *m* de tranchant, de fil (d'une lame, d'un outil); émoussement *m* (d'une pointe, d'un tranchant). **6.** Manque d'éclat (d'une couleur); ternissure *f*; faiblesse *f* (d'un son, d'une lumière); bruit sourd (d'un coup).

dulosis [dju'lousis], *s.* *Ent:* Esclavagisme *m*.

dulotic [dju'lɔtik], *a.* *Ent:* (Fourmis) qui pratiquent l'esclavagisme.

dulse [dʌls], *s.* Algue *f* comestible.

duly ['dju:li], *adv.* **1.** Dûment, justement; comme de juste; convenablement. **Members duly appointed,** membres régulièrement désignés. *Com:* **I duly received your favour of . . .,** j'ai bien reçu votre lettre du. . . . **2.** En temps voulu; en temps utile. *Rent d. paid*, loyer payé exactement.

duma ['du:mə], *s.* *Russ.Hist:* Douma *f*.

dumb[1] [dʌm], *a.* **1.** Muet, *f.* muette. **Deaf and dumb,** sourd-muet, *f.* sourde-muette. **Born dumb,** muet de naissance. *F:* **Dumb as a fish, as an oyster,** muet comme un poisson, comme une carpe. *Pol:* *F:* **The dumb millions,** les millions qui n'ont pas de voix. **Dumb animals,** les bêtes, les animaux. **Our Dumb Friends League,** Société *f* pour la protection de nos frères inférieurs. *Question on which history is d.*, question sur laquelle l'histoire se tait. **To strike s.o. dumb,** (i) frapper qn de mutisme; (ii) *F:* rendre qn muet; réduire qn au silence; abasourdir, *F:* sidérer, qn. **I was struck dumb with astonishment,** la stupeur me rendit muet. *We were struck d. by the news*, nous restâmes abasourdis, interdits, de la nouvelle. **Dumb with fear,** muet de terreur; rendu muet par la peur. **Dumb show,** pantomime *f*; jeu muet; langage *m* mimique. *Th:* **Dumb-show performance,** pantomime, mimodrame *m*. *In d. show*, en pantomime; par (des) signes. *To act a scene in d. show*, mimer une scène. *To express one's sorrow, joy, in d. show*, mimer sa douleur, sa joie. *Invitation conveyed in d. show*, invitation gesticulée. *See also* CHARADE 2, CRAMBO. **2.** (*Wanting some essential detail*) **Dumb piano,** piano *m* sans cordes; clavier *m* (pour l'étude du doigté, etc.). *Nau:* **Dumb craft,** bateaux *mpl* sans voiles; chalands *mpl*. *D. barge*, chaland (sans mât ni voiles). *Med:* *U.S:* **Dumb fever, dumb ague,** fièvre intermittente. *See also* SHEAVE[1] 1, WELL[1] 1. **3.** *U.S:* Bête; sot, *f.* sotte; (garçon, esprit) bouché. **-ly,** *adv.* Sans rien dire, sans mot dire; en silence.

'dumb-bell, *s.* **1.** Haltère *m*. **2.** *U.S:* *P:* Sot *m*, imbécile *m*.

'dumb-drift, *s.* *Min:* Galerie *f* en cul-de-sac.

'dumb-'furnace, *s.* *Min:* Foyer *m* d'aérage.

'dumb-head, *s.* *U.S:* *P:* = DUNDERHEAD.

'dumb-iron, *s.* *Aut:* Main *f* (de ressort). **Front, back, dumb-irons,** main(s) avant, main(s) arrière.

'dumb-'jockey, *s.* Cavalier *m* de bois, homme *m* de bois; jockey *m*.

'dumb-plate, *s.* *Mch:* *etc:* Plaque *f* d'avant-foyer.

'dumb-'waiter, *s.* **1.** *Furn:* Servante *f*, desserte *f*. **2.** *U.S:* Monte-plats *m inv*.

dumb[2], *v.tr.* Amortir, assourdir (un son).

dumbfound [dʌm'faund], *v.tr.* Interdire, abasourdir, stupéfier, ahurir, confondre, ébahir, *F:* anéantir (qn); jeter (qn) dans l'étonnement; *P:* visser, asseoir (qn). *The news dumbfounded me*, la nouvelle m'a cassé les bras.

dumbfounded, *a.* Abasourdi, ahuri, stupéfié, ébahi, confondu, (*at*, de). **To be dumbfounded,** (penser) tomber de son haut; tomber de sa hauteur; être muet de stupeur; *P:* en rester baba. **I am dumbfounded,** je n'en reviens pas; les bras m'en tombent. *We were d. at the news*, nous restâmes abasourdis de la nouvelle; la nouvelle nous frappa de stupeur.

dumbfounding, *a.* Abasourdissant; ahurissant; *F:* désarçonnant.

dumbness ['dʌmnəs], *s.* **1.** Mutisme *m*. *See also* DEAF-DUMBNESS. **2.** *F:* Silence *m*.

dumdum ['dʌmdʌm], *s.* *Mil:* **Dumdum bullet,** (balle) dum-dum *f*.

dummy ['dʌmi], *s.* **1.** (*a*) *F:* Muet, -ette. (*b*) *U.S: P:* Croque-mort *m*, *pl.* croque-morts. **2.** (*a*) Homme *m* de paille; prête-nom *m inv.* (*b*) Sot *m*, lourdaud *m*, niais *m*. **3.** (*a*) *Dressm: Tail:* Mannequin *m*, poupée *f*; (*in shop window*) figure *f* de cire. *P:* **To chuck a dummy,** perdre connaissance; **se** trouver mal; *P:* piquer une crise. *Fb:* **To give, sell, the dummy,** faire une feinte de passe. (*b*) Chose *f* factice, faux paquet. *Mil:* Simulacre *m* (de grenade, etc.). *Publ:* Maquette *f* (d'un livre). *These doors are dummies,* **ces** portes sont fausses. (*c*) **(Baby's) dummy (teat),** sucette *f*; tétine *f* sur anneau. **4.** *Cards:* (*At bridge, whist*) Mort *m*. **To be, play, dummy,** faire le mort. **Dummy bridge,** bridge *m* **à** trois (personnes). **Dummy whist,** whist *m* avec un mort. **5.** *Attrib.* (*a*) Postiche; faux, fausse. **Dummy cartridge,** fausse cartouche; *Artil:* gargousse *f* sans poudre. *Artil:* **Dummy charge,** charge sans poudre. *Navy:* **Dummy head** *of a torpedo,* cône d'exercice d'une torpille. *I.C.E:* **Dummy crank-case,** faux carter. *Aut:* *D. hub,* faux moyeu. *D. box* (*of chocolates, etc.*), boîte *f* factice. *Shop window dressed with d. boxes,* devanture toute en fausses boîtes. *Mil:* **Dummy tank,** simulacre de char d'assaut. **Dummy work,** trucage *m*. (*b*) (*In ciphers*) **Dummy letter,** nul *m*.

dump[1] [dʌmp], *s.* **1.** Personne boulotte. **2.** *Games:* (*a*) Jeton *m* (en plomb). (*b*) Palet *m* (en plomb). **3.** Gros bonbon en boule. **4.** *P:* (*a*) Liard *m*. **It is not worth a dump,** cela ne vaut pas un patard, un rond, deux sous. (*b*) *pl.* **Dumps,** argent *m*, galette *f*. **5.** *N.Arch:* Clou *m* ou boulon *m* à bordage; gros clou de pont.

dump[2], *s.* **1.** Coup sourd (d'une masse qui tombe). **2.** Tas *m*, amas *m* (de déchets, de déblais, de minerai, etc.). *Min:* Halde *f*, terris *m*, terril *m*. **Ore on the dump,** minerai sur la halde. *Ind:* **Slag dump,** remblai *m*, halde, de scories. **3.** Chantier *m* de dépôt; dépôt *m* des déblais; (lieu *m* de) décharge *f*; déversement *m*. **Town (nightsoil) dump,** dépotoir *m*. *See also* REFUSE[1] 1. **Dump-cart, -lorry,** charrette *f*, camion *m*, à bascule. **4.** Dépôt (de vivres, etc.). *Mil:* **Ammunition dump,** dépôt de munitions; stockage *m* de munitions. **5.** = DUMPING 2. **6.** *U.S: P:* (*a*) Asile *m* de nuit. (*b*) Auberge *f*, gargote *f*. (*c*) Lieu *m*, endroit *m*.

dump[3], *v.tr.* **1.** (*a*) Décharger, déverser, chavirer (une charretée de sable, de matériau, etc.). *To d. the contents of a lorry,* vider un camion (basculant). *To d. the refuse,* jeter les ordures à la voirie. (*b*) **To dump (down),** déposer, jeter, culbuter, (qch.) (avec un bruit sourd); laisser tomber lourdement (un ballot, etc.); *v.i.* tomber lourdement. **2.** Faire un dépôt de (vivres, etc.). **3.** *Com:* **To dump goods on a foreign market,** écouler à perte des marchandises à l'étranger; se débarrasser à l'étranger d'articles en surproduction; faire du dumping. **4.** (*Austr.*) Mettre (la laine) en balles à la presse hydraulique.

dumping, *s.* **1.** (*a*) Basculage *m*, basculement *m* (d'un camion, etc.). *Lorry in d. position,* camion en position de vidange. *U.S:* **Dumping-body,** benne basculante. **Dumping-cart,** charrette *f*, wagon *m*, à bascule. (*b*) Dépôt *m*. **Dumping-ground,** (lieu *m* de) décharge *f*; déversement *m*; (*for refuse*) dépotoir *m*. *F: My class is the d.-ground for the whole school,* ma classe est le dépotoir de toute l'école. **2.** *Com:* Déversement au dehors (même à perte) du trop-plein de la production; dumping *m*.

dumper ['dʌmpər], *s.* **1.** (*a*) Déchargeur *m* (de minerai, d'ordures, etc.). (*b*) *Com:* Exportateur *m* à vil prix du trop-plein de la production. **2.** Wagon *m* ou camion *m* à bascule.

dumpiness ['dʌmpinəs] *s.* Taille trapue, apparence boulotte (de qn).

dumpish ['dʌmpiʃ], *a.* Déprimé; mal en train; abattu; maussade.

dumpling ['dʌmpliŋ], *s.* **1.** *Cu:* (*a*) Boulette (de pâte) bouillie (servie avec le bœuf bouilli, etc.). (*b*) **Apple dumpling,** pomme enrobée (dans de la pâte, et cuite au four); *Dial:* rabote *f*; petit bourdelot. *F:* **Little dumpling,** petit boulot (d'enfant). *She's a regular little d.,* c'est une petite boule de suif. *See also* NORFOLK. **2.** *Civ.E:* Dame *f*, témoin *m*.

dumps [dʌmps], *s.pl. F:* Cafard *m*; idées noires. **To be (down) in the dumps, to have the dumps,** broyer du noir, avoir le spleen; se sentir déprimé; avoir le cafard.

dumpy[1] ['dʌmpi]. **1.** *a.* (*a*) Trapu, boulot, ragot, replet, -ète. *A d. little man,* un petit homme replet; un courtaud. *D. horse,* ragot *m*. (*b*) *Surv:* **Dumpy level,** niveau *m* à lunette (fixe). **2.** *s.* (*a*) (*Umbrella*) Tom-pouce *m*, *pl.* tom-pouces. (*b*) *Furn:* Pouf *m*. (*c*) = *dumpy level.* (*d*) *pl. Mil: F:* **The Dumpies,** le dix-neuvième régiment de Hussards.

dumpy[2], *a.* = DUMPISH.

dun[1] [dʌn]. **1.** *a.* (*a*) Brun foncé. (*b*) *Poet:* Sombre, obscur. **2.** *a.* & *s.* (Cheval) gris louvet *m*. **Yellow-dun,** bai doré, louvet. **3.** *Fish:* (*a*) Subimago *m* (d'insecte). (*b*) Reproduction *f* d'éphémère, etc., à l'état de subimago. *Blue dun,* subimago grisâtre.

'dun-bird, *s. Orn:* Milouin *m*.

'dun-diver, *s. Orn:* Harle *m* bièvre.

dun[2], *s.* **1.** (*a*) Créancier importun. (*b*) Agent *m* de recouvrement (de dettes). **2.** Demande pressante (de payement).

dun[3], *v.tr.* **(dunned; dunning)** Importuner, harceler, pourchasser, relancer, assiéger, talonner (un débiteur); réclamer de l'argent à (un débiteur). **To be dunned on all sides,** être accablé de dettes criardes. *Dunned by his creditors,* pressé par ses créanciers. *His creditors are dunning him,* ses créanciers le tourmentent.

dunning, *a.* (Créancier) criard.

dunce [dʌns], *s.* Ignorant, -ante; *F:* crétin, -ine; âne *m*, ânon *m*. *Sch: F:* Cancre *m*, crétin. **Dunce's cap,** bonnet *m* d'âne. *To put a d.'s cap on a child,* faire porter le bonnet d'âne à un enfant.

dunderhead ['dʌndərhed], *s. F:* (*a*) Lourdaud, -aude; malavisé, -ée. (*b*) *F:* Imbécile *mf*. *You d.!* espèce d'idiot!

dunderheaded ['dʌndərhedid], *a. F:* Stupide.

dundreary [dʌn'driːəri], *a.* & *s. F: A:* **Dundreary whiskers, dundrearies,** longs favoris (tels que les portait le personnage Lord Dundreary dans *Our American Cousin* (1858) par Tom Taylor).

dune [djuːn], *s.* **(Sand-)dune,** dune *f*.

Dunedin [dʌn'iːdin]. *Pr.n.* **1.** *Lit.* & *Poet:* Édimbourg. **2.** *Geog:* Dunedin (en Nouvelle-Zélande).

dung[1] [dʌŋ], *s.* **1.** (*a*) Fiente *f*, crotte *f*; fumée *f* (de daim); bouse *f* (de vache); crottin *m* (de cheval). *Dy:* Bouse. (*b*) *P:* (*Not in decent use*) Merde *f*. **2.** *Agr:* Fumier *m*, engrais *m*.

'dung-bath, *s. Dy:* Bain *m* de bouse.

'dung-beetle, *s. Ent:* Bousier *m*; stercoraire *m*, escarbot *m*.

'dung-eating, *a. Z:* Merdivore, scatophage.

'dung-fork, *s. Agr:* Fourche *f* à fumier.

'dung-fly, *s. Ent:* Scatophage *m*.

dung[2]. **1.** *v.tr.* (*a*) *Agr:* Fumer (un champ). (*b*) *Dy:* Bouser (une étoffe). **2.** *v.i.* (*a*) (*Of animal*) Bouser. (*b*) *P:* (*Not in decent use*) Chier.

dunging, *s.* **1.** *Agr:* Fumure *f*. **2.** *Dy:* Bousage *m*.

dungaree [dʌŋgə'riː], *s.* **1.** *Tex:* Étoffe de coton grossière (de l'Inde); cotonnade *f*, treillis *m*. **2.** *pl. Ind:* **Dungarees,** combinaison *f*; *F:* salopette *f*; bleus *mpl* (de mécanicien). *Mil:* (Jeu *m* de) treillis.

dungeon ['dʌndʒən], *s.* **1.** Cachot *m* (d'un château du moyen âge). **The deepest dungeon,** le cul de basse-fosse. **Bottle-dungeon,** cachot en cul de basse-fosse. **2.** *A:* = DONJON.

dunghill ['dʌŋhil], *s.* Tas *m* de fumier; pailler *m*, fumier *m*. *F:* **To raise s.o. from the dunghill,** tirer qn de la poussière. **To be on one's own dunghill,** être sur son pailler. *See also* COCK[1] 1.

'dunghill-cock, -hen, *s.* Coq *m*, poule *f*, de basse-cour.

Dunkirk [dʌn'kəːrk]. *Pr.n. Geog:* Dunkerque.

dunlin ['dʌnlin], *s. Orn:* Bécasseau *m* cincle; alouette *f* de mer.

dunnage[1] ['dʌnedʒ], *s. Nau:* (*a*) Fardage *m*, calage *m*, grenier *m*; parquet *m* de chargement. **To lay the dunnage,** faire son grenier. **Dunnage-mats,** nattes *f* d'arrimage. **Dunnage-wood,** bois *m* de fardage, d'arrimage. (*b*) *F:* Effets personnels; sac *m* (de marin).

dunnage[2], *v.tr.* & *i. Nau:* Faire un grenier. *To d. the floors well,* faire un bon grenier dans les cales.

dunno [dʌ'nou], *P:* Corruption de (*I*) *don't know. See* KNOW[2].

dunnock ['dʌnək], *s. Orn:* Mouchet *m*; fauvette *f* d'hiver; traîne-buisson *m inv.*

duodecennial [djuode'senjəl], *a.* Duodécennal, -aux.

duodecimal [djuo'desim(ə)l]. **1.** *a.* Duodécimal, -aux. **2.** *s.pl. Ar:* **Duodecimals,** multiplication duodécimale; calcul *m* par le système duodécimal.

duodecimo [djuo'desimo], *s. Typ:* In-douze *m inv.*

duodenal [djuo'diːn(ə)l], *a. Anat:* Duodénal, -aux. *Med:* **Duodenal ulcer,** ulcère *m* au duodénum.

duodenary [djuo'diːnəri], *a. Mth:* Duodécimal, -aux.

duodenum [djuo'diːnəm], *s. Anat:* Duodénum *m*.

duologue ['djuolɔg], *s.* **1.** Dialogue *m*. **2.** *Th:* Duodrame *m*.

dupable ['djupəbl], *a.* Facile à duper, à tromper; mystifiable.

dupe[1] [djuːp], *s.* Dupe *f*. **To be the ready dupe of s.o.,** se laisser facilement duper par qn.

dupe[2], *v.tr.* Duper, tromper; *F:* dindonner, piper (qn). *To be duped,* se laisser duper; *F:* être le dindon de la farce.

dupery ['djupəri], *s.* Duperie *f*.

duple [djuːpl], *a. Mus:* **Duple time,** mesure *f* à deux temps; mesure binaire.

duplex ['djupleks], *a.* Double. **Duplex crank,** manivelle *f* double. **Duplex engine,** moteur *m* bicylindrique. **Duplex lamp,** lampe à deux mèches. **Duplex steam-engine,** machine à vapeur jumelle. **Duplex pump,** pompe *f* duplex *inv*, jumelle. **Duplex telegraphy,** télégraphie *f* duplex. *Paperm:* **Duplex paper, card,** papier *m* ou carton *m* duplex, bicolore. *See also* LATHE[1].

duplicate[1] ['djupliket]. **1.** *a.* Double. *D. set of tools, etc.,* outils, etc., de rechange, en double. *D. parts,* pièces de rechange. **Duplicate receipt,** duplicata *m* de reçu; reçu *m* en duplicata. *Jur:* **Duplicate document,** document ampliatif. **2.** *s.* (*a*) Double *m*, répétition *f* (d'une œuvre d'art, etc.). *Phot: Cin:* Contre-type (positif ou négatif) d'un film, etc. (*b*) (i) Duplicata (d'un chèque égaré, etc.); double, contre-partie *f* (d'un écrit); ampliation *f* (d'un acte). *Duplicates* (*of machine parts*), pièces *f* de rechange, en double. **In duplicate,** (en) double; en, par, duplicata; en double exemplaire, en double expédition. *To draw a bill of exchange in d.,* tirer une lettre de change par duplicata. (ii) Reconnaissance *f* (de prêteur sur gages). (iii) *Com:* Seconde *f* de change. (*c*) Synonyme *m*.

duplicate[2] ['djuplikeit], *v.tr.* & *i.* **1.** (*a*) Faire le double de (qch.); copier (un document); reproduire (un document) en double exemplaire; répéter, reproduire (une pièce). *Typ:* Surmouler (un cliché). *Book-k:* (*Of entry*) **To duplicate with another,** faire double emploi avec un autre. (*b*) Tirer un certain nombre de copies (d'un document) à l'autocopiste. **2.** *Ecc:* **To duplicate (masses),** biner.

duplicating, *s.* **1.** Duplication *f*. *Typ:* Surmoulage *m* (de clichés). **2.** Reproduction *f* à l'autocopiste.

'duplicating-book, *s.* Carnet *m* multicopiste.

'duplicating-machine, *s.* Duplicateur *m*, autocopiste *m*.

duplication [djupli'keiʃ(ə)n], *s.* **1.** Duplication *f*; répétition *f*, reproduction *f*. *Book-k:* Double emploi *m* (d'une écriture). **2.** *Opt:* Doublement *m* (de l'image); dédoublement *m*. **3.** *Ecc:* Binage *m*.

duplicative ['djuplikeitiv], *a.* Duplicatif.

duplicator ['djuplikeitər], *s.* *Typewr: etc:* Duplicateur *m*.

duplicature ['djuplikatjər], *s. Anat: Mth:* Duplicature *f*.

duplicity [dju'plisiti], *s.* Duplicité *f*; mauvaise foi.

durability [djuərə'biliti], **durableness** ['djuərəblnəs], *s.* Durabilité *f*; durée *f* (d'une étoffe, etc.); stabilité *f* (d'une administration); longévité *f*; *Ind:* résistance *f* (des matériaux, etc.).

durable ['djuərəbl], *a.* Durable; résistant; inusable; d'un bon user. *D. cloth,* étoffe résistante; étoffe de durée, qui fait de l'usage.

D. shoes, F: chaussures *f* inusables. **-ably,** *adv.* D'une façon durable.

duralumin [djuə'raljumin], **duraluminium** [djuəralju'miniəm], *s. Metall:* Duralumin *m*, duraluminium *m*.

dura mater ['djuəra'meitər], *s. Anat:* Dure-mère *f*.

duramen [djuə'reimən], *s.* Duramen *m*; cœur *m* du bois, bois *m* de cœur; bois parfait.

durance ['djuərəns], *s. Lit:* Captivité *f*. *Esp. in the phr.* **In durance vile,** dans un vil cachot; *Lit:* sur la paille humide des cachots.

duration [dju'reiʃ(ə)n], *s.* Durée *f*; étendue *f* (de la vie). **Duration of copyright,** délai *m*, durée, du droit d'auteur. *D. of a patent,* durée d'un brevet. *Mil: F:* **For the duration,** (i) pour la durée de la guerre; (ii) *P:* pendant un temps invraisemblable; jusqu'à la Saint-Glinglin. *The peace was of short d.*, la paix fut de courte durée.

durative ['djuərətiv], *a. Gram:* Duratif, -ive.

durbar ['də:rbɑ:r], *s.* (*In India*) Durbar *m* (la réception ou le local de la réception).

duress [djuə'res], *s.* **1.** Emprisonnement *m*. **2.** *Jur:* Contrainte *f*, coercition *f*, violence *f*. **To act under duress,** agir à son corps défendant; céder à la force.

durian [du'ri:ən, 'djuəriən], *s. Bot:* **1.** (*Fruit*) Durione *f*. **2.** (*Tree*) Durion *m*.

during ['djuəriŋ], *prep.* Pendant, durant. **During his life,** pendant (toute) sa vie; sa vie durant. *D. the whole week,* tout le long de la semaine; d'un bout à l'autre de la semaine. **During the winter,** au cours de l'hiver. *D. the march,* en cours de route. *D. the last year,* dans le courant de l'année dernière. *Killed d. a brawl,* tué au cours d'une rixe. **During that time,** (i) pendant ce temps; *Lit:* cependant; (ii) sur ces entrefaites.

durmast ['də:rmɑ:st], *s. Bot:* **Durmast(-oak),** (i) chêne pubescent, chêne blanc; (ii) chêne à fleurs sessiles.

durn [də:rn]. *P:* = DARN[3, 4, 5].

durometer [dju'rɔmetər], *s. Mec.E:* Duromètre *m*.

durra ['dʌra], *s. Agr:* Doura *m*.

durst [də:rst]. *See* DARE.

dusk[1] [dʌsk]. **1.** *a.* (*a*) *A. & Poet:* = DUSKY. (*b*) **It is growing dusk,** la nuit tombe. **2.** *s.* (*a*) Obscurité *f*, ténèbres *fpl*. (*b*) Crépuscule *m*. **At dusk,** à la brune, à la nuit tombante; entre chien et loup. **In the dusk,** dans la demi-obscurité.

dusk[2], *v. Lit:* **1.** *v.tr.* Assombrir, obscurcir. **2.** *v.i.* S'assombrir, s'obscurcir.

duskiness ['dʌskinəs], *s.* **1.** (*a*) Obscurité *f*. (*b*) Demi-jour *m*. **2.** (*Of complexion*) (*a*) Teint brun, bistré. (*b*) Teint noiraud.

dusky ['dʌski], *a.* **1.** Sombre, obscur. **2.** (*a*) (*Of complexion*) Brun foncé *inv*; bistré. (*b*) Noirâtre; (*of pers.*) noiraud, moricaud.

dust[1] [dʌst], *s.* **1.** Poussière *f*; *Poet:* poudre *f*. **Storm of dust, dust-storm,** tourbillon *m* de poussière. **Dust laying,** fixation *f* de la poussière (des routes, etc.). **To raise a cloud of dust,** soulever un nuage de poussière. **To raise the dust,** (i) faire de la poussière; (ii) *Ven:* (*of hunted hare*) poudrer. (*Of bird*) *To take a d. bath,* s'ébrouer dans la poussière; faire la poudrette. **To humble oneself in the dust,** s'humilier dans la poussière. *See also* HUMBLE[2], LAY[4] I. 2, SHAKE OFF. **To trample s.o. in the dust,** fouler qn aux pieds. **To reduce sth. to dust,** mettre, réduire, qch. en poussière. *Lit:* **To bite, lick, the dust,** mordre la poussière. *F:* **To throw dust in s.o.'s eyes,** jeter de la poudre aux yeux de qn. **To kick up a dust, to raise a dust,** faire une scène; *P:* faire du barouf; faire du raffût, du train; faire un train de tous les diables; faire de l'esclandre; rouspéter. **Marble dust,** sciure *f* de marbre. **Stone dust,** poussier *m*. *See also* BORE-DUST, BRICK-DUST, COAL-DUST, CRUMBLE 2, DIAMOND[1] I, EMERY, FLOUR[1] I, GLASS-DUST, GOLD-DUST, MILL-DUST, STAR-DUST. **2.** Poussière fécondante, pollen *m* (des fleurs). **3.** Cendres *fpl* (d'un mort). *Ashes to ashes,* **dust to dust,** cendres aux cendres, poudre à la poudre. **4.** *U.S: P:* (= *gold-dust*) Argent *m*; *P:* pognon *m*. **Down with the dust!** payez! casquez! *P:* aboule la galette, le pèze!

'dust-bag, *s.* **1.** Sac *m* à poussière(s). **2.** *Metall:* Poncis *m* (de moule).

'dust-brand, *s. Agr:* Charbon *m* du blé; rouille *f*.

'dust-cap, *s.* **1.** *Cost:* Bonnet *m* anti-poussière; chapeau *m* à poussière; toquet *m*. **2.** *Mec.E: etc:* Cache-poussière *m inv*; pare-poussière *m inv*; tamis *m* anti-poussière *inv* (de carburateur, etc.). *Roller d.-c.*, contre-galets *m inv*.

'dust-cart, *s.* Tombereau *m* aux ordures; voiture *f* de boueur.

'dust-casing, *s.* = DUST-COVER 2 (*b*).

'dust-catcher, *s.* Appareil *m* capteur de poussières.

'dust-coat, *s. Cost:* Cache-poussière *m inv*, pare-poussière *m inv*.

'dust-collector, *s.* (Appareil *m*) collecteur *m* de poussières.

'dust-colour(ed), *a.* Cendré.

'dust-cover, *s.* **1.** *Bookb:* Chemise *f* (d'un livre); couvre-livre *m*, *pl.* couvre-livres; protège-livre *m*, *pl.* protège-livres; couverture *f* (en papier). *To put a d.-c. on a book,* enchemiser un livre. *Putting on a d.-c.*, enchemisage *m*. **2.** *Mec.E: etc:* (*a*) = DUST-CAP 2. (*b*) Blindage *m* cache-poussière *inv*. *Aut: etc:* Blindage de roue.

'dust-destructor, *s.* Incinérateur *m* d'ordures; destructeur *m* de déchets.

'dust-exhauster, *s. Ind:* Aspirateur *m* de poussière(s).

'dust-exhausting, *attrib.a. Ind: D.-e. plant,* installation *f* d'aspiration des poussières.

'dust-guard, *s.* Pare-poussière *m inv*; garde-poussière *m inv*; écran *m* contre la poussière. *I.C.E:* Cache-soupape(s) *m inv* (de soupape).

'dust-hole, *s.* Trou *m* aux ordures.

'dust-jacket, *s.* = DUST-COVER 1.

'dust-pan, *s.* **1.** Pelle *f* à main, à poussière, à ordures; ramasse-poussière *m inv*. **2.** Tôle *f* de protection.

'dust-prevention, *s.* Mesures préventives contre la poussière; défense *f* contre la poussière.

'dust-proof, *a.* Étanche, imperméable (à la poussière) l'abri de la poussière.

'dust-screen, *s. Aut: etc:* Pare-poussière *m inv*.

'dust-sheet, *s.* Toile *f* de protection contre la poussière (pendant le nettoyage, etc.); housse *f*.

'dust-sheeting, *s.* = DUST-COVER 2 (*b*).

'dust-shield, *s.* Plaque *f* ou grille *f* anti-poussière.

'dust-shoot, *s.* Lieu *m* de décharge; dépotoir *m*.

'dust-shot, *s. Sm.a:* Cendrée *f*, menuisaille *f*; petit plomb.

'dust-sleeve, *s. Mec.E: etc:* (Manchon *m*, manche *f*) cache-poussière *m inv*.

'dust-trap, *s.* Attrape-poussières *m inv*.

'dust-veil, *s.* Pare-poussière *m inv*.

'dust-wrapper, *s.* = DUST-COVER 1.

dust[2], *v.tr.* **1.** (*a*) Saupoudrer (un gâteau, etc.) (*with,* de). (*b*) *Metall:* Tamponner (un moule, etc.). **2.** Couvrir (qch.) de poussière. **3.** Épousseter (une pièce, un meuble); housser (un meuble). *To be for ever dusting,* pourchasser la poussière. *F:* **To dust s.o.'s jacket, s.o.'s coat,** flanquer une raclée, une frottée, à qn; secouer les puces à qn; *A:* frotter l'échine à qn. **4.** *v.i.* (*Of bird*) S'ébrouer dans la poussière; prendre un bain de poussière.

dust out, *v.i. U.S: P:* Battre en retraite; se cavaler.

dusting, *s.* **1.** (*a*) Saupoudrage *m* (d'un gâteau, etc.); *Phot:* poudrage *m*. (*b*) *Metall:* Tamponnement *m* (d'un moule). **2.** (*a*) Époussetage *m* (d'une pièce, d'un meuble, etc.). (*b*) *F:* Frottée *f*, raclée *f*, tripotée *f*. **3.** *Nau: F:* Gros temps; *F:* tour *m* de danse; coup *m* de tabac.

dust-'up, *s.* *F:* **1.** Querelle *f*; *F:* coup *m* de torchon; prise *f* de bec. **To have a dust-up with s.o.,** se chamailler, se quereller, avec qn. *They had a d.-up,* il y a eu une scène. **2.** *Sp:* Pointe *f* de vitesse; *Row:* enlevage *m*.

dustbin ['dʌstbin], *s.* Boîte *f* ou bac *m* à, aux, ordures (ménagères); (*in France*) poubelle *f*. **Dustbin raker,** chiffonnier, -ière.

duster ['dʌstər], *s.* **1.** Chiffon *m* (à épousseter); torchon *m*. **Feather duster,** plumeau *m*, époussette *f*. *See also* PLATE-DUSTER. **2.** *Nau: P:* Pavillon *m*. **Red duster** = pavillon marchand. **3.** *U.S:* = DUST-COAT. **4.** *U.S: P:* (*Pers.*) Voleur *m* (des lignes de chemin de fer).

dustiness ['dʌstinəs], *s.* État poudreux, poussiéreux. *D. of the road,* poudroiement *m* de la route.

dustman, *pl.* **-men** ['dʌstmən, -men], *s.m.* **1.** Boueur, boueux. **2.** *F:* (*Of sleepy child*) **The dustman is coming,** le marchand de sable a passé.

dusty ['dʌsti], *a.* **1.** (*a*) Poussiéreux, poudreux; recouvert de poussière. *It is very d.*, il fait beaucoup de poussière. *To get d.*, se couvrir de poussière. (*b*) *Ch: etc:* Pulvérulent. **2.** Aride, dépourvu d'intérêt. **3.** *P:* **It's not so dusty,** ce n'est pas si mauvais; c'est très passable; *F:* c'est pas mal du tout; *P:* c'est pas piqué des vers.

dusty 'miller, *s.* **1.** *Bot:* Auricule *f*. **2.** (*a*) *Ent:* Teigne *f*. (*b*) *Fish:* Variété *f* de mouche artificielle.

Dutch[1] [dʌtʃ]. **1.** *a.* (*a*) Hollandais; de Hollande. *The D. Government,* le Gouvernement néerlandais. **Dutch cheese,** fromage de Hollande. **Dutch metal,** tombac *m*. **Dutch garden,** jardin régulier à bordures de buis taillé. *F:* **Dutch courage,** bravoure après boire; courage arrosé, courage puisé dans la bouteille. **Dutch treat,** régal *m*, fête *f*, où chacun paye son écot. **Dutch comfort,** piètre consolation *f*. **Dutch concert,** charivari *m*. *See also* AUCTION[1], BARGAIN[1], CLOCK[1], DOLL[1], GOLD, HOE[1], MYRTLE 2, OVEN, TILE[1] 3, UNCLE 1. (*b*) *A:* **High Dutch,** haut allemand, *f.* haut allemande. **Low Dutch,** bas allemand, *f.* bas allemande. (*c*) *U.S:* Allemand. **2.** *s.* (*a*) **The Dutch** (*people*), les Hollandais. *P:* **That beats the Dutch!** pas possible! (*b*) *Ling:* (i) Le hollandais. *See also* DOUBLE DUTCH. (ii) *Hist:* **High Dutch,** haut allemand. **Low Dutch,** bas allemand.

dutch[2], *s. P:* = DUCHESS 2 (*b*).

Dutchie ['dʌtʃi], *s. U.S: P:* **1.** Hollandais, -aise. **2.** Allemand, -ande.

Dutchman, *pl.* **-men** ['dʌtʃmən, -men], *s.* **1.** Hollandais *m*. *P:* **Well, I'm a Dutchman!** pas possible! **I'm a Dutchman if . . .,** traite-moi de tous les noms si. . . . *You'll pay for it or I am a D.*, vous me le payerez, je vous en donne ma parole. *See also* DRUNK. **2.** (*a*) *U.S:* Allemand *m*. (*b*) *Nau:* Matelot étranger. (*c*) *A:* Vaisseau hollandais. *See also* FLYING[1] 5. **3.** *Carp: etc:* (*a*) Morceau rapporté; flipot *m*. (*b*) Cale *f* d'ajustage; garniture *f* d'ajustage.

'Dutchman's 'breeches, *s.* **1.** *Bot: U.S:* Adlumia *m*. **2.** *Nau:* Éclaircie *f* (annonçant la fin d'une tempête).

'Dutchman's 'pipe, *s. Bot:* Aristoloche *f* siphon; *F:* pipe *f* de tabac.

Dutchy ['dʌtʃi], *s. F:* = DUTCHIE.

duteous ['dju:tjəs], *a.* = DUTIFUL. **-ly,** *adv.* = DUTIFULLY.

dutiable ['dju:tiəbl], *a. Cust:* (*Of goods*) Soumis aux droits de douane; taxable; *F:* déclarable.

dutiful ['dju:tiful], *a.* (*Of child, etc.*) Respectueux, déférent, soumis. *D. and loyal subjects of the King,* sujets dévoués et fidèles du roi. **A dutiful husband,** un mari plein d'égards pour sa femme. **With all dutiful respect . . .,** sauf le respect que je vous dois. . . . **-fully,** *adv.* Avec soumission; suivant son devoir.

dutifulness ['dju:tifulnəs], *s.* Obéissance *f*, soumission *f*.

duty ['dju:ti], *s.* **1.** Obéissance *f*, respect *m*. **To pay one's duty to s.o.,** présenter ses respects, ses hommages, à qn. **In duty to your wishes . . .,** par déférence pour vos désirs . . ., conformément à vos désirs. . . . **2.** Devoir *m* (*to,* envers). *One's d. as a citizen,* nos devoirs de citoyen. **To do one's duty,** s'acquitter de son devoir; faire son devoir. *I know where my d. lies,* je sais ce qui est de mon devoir. **To do one's duty by, to, s.o.,** remplir son devoir, ses obligations, envers qn. **Do your duty come what may,**

fais ce que dois, advienne que pourra. *I shall make it my d. to . . .*, *I shall make it* **a point of duty** *to . . .*, je considérerai de mon devoir, je prendrai à tâche, de. . . . *He thought it his d. to retire*, il crut devoir se retirer. **To fail in one's duty**, manquer à son devoir. *It is my d. to make sure that . . ., to me falls the d. of making sure that . . .*, il m'appartient, c'est mon devoir, il m'incombe, de m'assurer que. . . . **As in duty bound**, comme il est de mon devoir; comme de juste. *See also* BOUND[1], BOUNDEN, PLAIN I. 2. **From a sense of duty**, par devoir. **To pay a duty call**, faire une visite obligée, une visite de politesse. (*Of mutineer, etc.*) **To return to duty**, rentrer dans le devoir. *That does not relieve you of the d. of keeping clear of another ship*, cela ne vous affranchit pas de l'obligation de vous écarter de la route d'un autre navire. **3.** Fonction(s) *f(pl)*, tâche *f*. **Duties of various officials**, attributions *fpl* de divers fonctionnaires. *The chief duties* (*of military aeroplane*), les principales missions. *In the course of my duties I was able to . . .*, au cours de ma carrière, à l'occasion de mon service, j'ai pu. . . . **To enter upon, take up, one's duties**, entrer en fonctions, en charge. *Taking up of one's duties*, entrée *f* en fonctions, en charge. **To do duty for s.o.**, remplacer qn. *Ecc:* **To take s.o.'s duty**, officier pour qn. *F: Settee that does d. for a bed*, canapé qui tient lieu de lit, qui sert de lit. **4.** *Mil: Navy: Sch: etc:* Service *m*. **Duty covered by orders**, service commandé. **To be on duty**, être de service, de garde *f*; *Navy:* être de corvée *f*; *Nau:* être de quart *m*; (*in factory, playground, etc.*) exercer la surveillance. **To be on sentry duty**, être en faction *f*. **To be off duty**, être libre, en dehors du service; ne pas être de service. *At what time do you go on, come off, d.?* à quelle heure prenez-vous, quittez-vous, votre service? *Mil:* **To come off duty**, descendre de garde. **Doing duty**, en service. *Duties in barracks*, service intérieur. **Duty list**, tableau *m* de service. *Navy:* **Duty men**, hommes *mpl* de corvée. *F:* **I am never off duty**, mon travail est assujettissant. *See also* POINT-DUTY. **5.** Droit *m*. (*a*) **Customs duty**, droit(s) de douane, droits d'entrée. **Liable to duty**, passible de droits; soumis aux droits. *D. on silk*, droits d'entrée sur les soieries. **Duty paid**, franc de douane; douané. *To take the d. off goods*, exonérer une marchandise. *See also* DEATH-DUTY, HOUSE-DUTY, IMPORT[1] 3, TRANSIT-DUTY. (*b*) **Stamp duties**, droit de timbre. **6.** *Mec.E:* Rendement *m*, débit *m* (d'une machine). **Heavy-duty engine**, machine à fort rendement, de grande puissance. *Heavy-d. jack*, cric *m* pour poids lourds. (*Of propeller, etc.*) *D. under service conditions*, rendement d'appropriation.

'duty-'free, *a*. *Cust:* Exempt de droits; franc de tout droit; (importé) en franchise. *D.-f. articles* (*of personal apparel, etc.*), effets usagers.

duumvir, *pl.* **-s, -viri**, [dju'ʌmvər, -z, -virai], *s.m.* *Rom.Hist:* Duumvir.

duumvirate [dju'ʌmviret], *s*. Duumvirat *m*.

duvetyn [djuvə'tiːn], *s*. *Tex:* Duvetine *f*.

dux [dʌks], *s*. *Sch:* (*Scot.*) Premier *m* (de la classe); élève *mf* qui a remporté le prix d'excellence; *F:* prix d'excellence.

duxeen [dʌk'siːn], *s*. *Bookb:* Papier *m* similitoile.

dwale [dweil], *s*. *Bot: Poet:* Belladone *f*; *F:* belle-dame *f*, *pl.* belles-dames.

dwarf[1] [dwɔːrf], *s. & a.* (*Of pers.*) Nain, -e; nabot, -ote; (*of plant, etc.*) (i) nain; (ii) rabougri. *See also* PALM[1] 1, UMBRELLA 1, WALL[1].

'dwarf-tree, *s*. Arbre nain.

dwarf[2], *v.tr.* **1.** Empêcher (qn, qch.) de croître; rabougrir ou naniser (une plante). **2.** Rapetisser (par contraste). *Tower that dwarfs the main building*, tour dont la hauteur écrase le corps de bâtiment.

dwarfed, *a*. (Arbre, arbuste) rabougri.

dwarfing, *s*. Nanisme *m*.

dwarfish ['dwɔːrfiʃ], *a*. (De) nain; chétif; (*of pers.*) nabot, -ote.

dwarfishness ['dwɔːrfiʃnəs], **dwarfism** ['dwɔːrfizm], *s*. Petite taille; nanisme *m*.

dwell[1] [dwel], *s*. *Mec.E:* Arrêt momentané (du mouvement).

dwell[2], *v.i.* (*p.t.* **dwelt**; *p.p.* **dwelt**) **1.** **To dwell in a place**, habiter (dans) un lieu; demeurer, résider, dans un lieu; être domicilié dans un lieu. *To d. in the country*, habiter (à) la campagne. **2.** Rester; se fixer; être fixé. **Her memory dwells with me**, son souvenir reste présent à ma mémoire. *This hope dwells within our hearts*, cet espoir repose dans notre cœur. **Day on which my memory loves to dwell**, journée sur laquelle mon souvenir aime à s'attarder. **To let one's thoughts dwell on sth.**, penser à qch. *To let one's glance, one's eye, d. on s.o.*, appuyer son regard, arrêter son regard, sur qn. **3.** **To dwell on** (sth.), insister sur, s'étendre sur, s'appesantir sur (un sujet); appuyer sur (une syllabe, etc.); faire ressortir (les difficultés). *To d. on a fact*, arrêter sa pensée, s'arrêter, sur un fait. **We will not dwell on that**, glissons là-dessus. *Mus:* **To dwell on a note**, appuyer (sur) une note; *F:* pauser sur une note. **4.** *Equit:* (*Of horse*) S'arrêter, hésiter (avant de sauter ou après le saut).

dwelling, *s*. **1.** (*a*) Séjour *m*, habitation *f*, résidence *f* (dans un endroit). (*b*) Insistance *f* (sur un fait, sur une note). **2.** Lieu *m* de séjour; domicile *m*, habitation, logis *m*, demeure *f*.

'dwelling-house, *s*. Maison *f* d'habitation.

'dwelling-place, *s*. Demeure *f*, résidence *f*.

dweller ['dwelər], *s*. **1.** Habitant, -ante (*in, on*, de). *See also* CAVE-DWELLER, LAKE-DWELLER, TREE-DWELLER, VAN-DWELLERS. **2.** *Equit:* Cheval *m* qui s'arrête, qui hésite, avant de sauter.

dwindle [dwindl], *v.i.* **To dwindle (away)**, diminuer, dépérir, s'affaiblir; (*of political party*) s'amenuiser. **To dwindle to nothing**, venir à rien; se réduire à rien.

dwindling[1], *a*. Diminuant, faiblissant. *The d. production of wheat*, la raréfaction du blé.

dwindling[2], *s*. Diminution *f*, dépérissement *m*, affaiblissement *m*; amenuisement *m* (d'un parti politique). *Fin:* Déperdition *f* (de capital).

dwine [dwain], *v.i.* *Scot:* Languir.

dyad ['daiad], *s*. Dyade *f*. *Esp. Ch:* Radical divalent.

Dyak ['daiak], *s*. *Ethn:* Dayak *m*.

dye[1] [dai], *s*. **1.** (*a*) *Dy:* Teinture *f*, teint *m*. **Fast dye**, bon teint, grand teint. **Fading dye**, petit teint. *See also* FIX[2] 2. *Ind:* **To give the last dye**, parachever la teinture. (*b*) Teinte *f*. *Esp. F:* **Villain of the deepest dye**, coquin fieffé; triple coquin; coquin de la plus belle eau, de la pire espèce. *See also* BLACK[1] I. 2. **2.** Matière colorante; teinture, colorant *m*. *Phot:* **Dye solution**, bain colorant. *Synthetic dyes*, matières colorantes de synthèse.

'dye-house, *s*. Teinturerie *f*.

'dye-stuff, *s*. Matière colorante; matière tinctoriale.

'dye-wood, *s*. Bois *m* de teinture; bois tinctorial. **Red dye-wood**, bois de Brésil.

'dye-works, *s*. Teinturerie *f*.

dye[2]. **1.** *v.tr.* (*a*) Teindre. *To d. sth. black*, teindre qch. en noir. **To have a dress dyed**, faire teindre une robe. *See also* DOUBLE-DYED, WOOL 1. (*b*) Teinter (un film, etc.). **2.** *v.i.* (Se) teindre. **Material that dyes well**, tissu qui prend bien la teinture.

dyeing, *s*. **1.** (*a*) Teinture *f* (d'étoffes, des cheveux). (*b*) Teintage *m*. **2.** **Dyeing(-trade)**, la teinturerie.

dyer ['daiər], *s*. **1.** Teinturier *m*. **Dyer and cleaner**, teinturier dégraisseur. **2.** *Bot:* **Dyer's moss**, orseille *f*. **Dyer's (green)weed**, (réséda *m*) gaude (*f*); réséda des teinturiers; genêt *m* des teinturiers; genestrolle *f*; *F:* herbe *f* à jaunir; cornéole *f*; fleur *f* du soleil. *See also* ALKANET, BROOM 1, BUGLOSS 3.

dying. *See* DIE[2].

dyke[1, 2] [daik], *s. & v.tr.* = DIKE[1, 2].

dynamic [dai'namik], *a*. **1.** (Force *f*) dynamique. *D. unit*, unité *f* dynamique. (*Of force, etc.*) *To become d.*, se dynamiser. **2.** (*a*) *D. energy*, énergie actuelle. (*b*) *F:* **Dynamic force**, (i) force vive, (ii) (*of pers.*) dynamisme *m*. *D. personality*, caractère *m* énergique. **3.** *Med:* (Trouble) fonctionnel.

dynamical [dai'namik(ə)l], *a*. (Principe *m*) dynamique. *D. electricity*, électricité *f* dynamique. **-ally**, *adv*. Dynamiquement.

dynamics [dai'namiks], *s.pl.* (*Usu. with sg. const.*) Dynamique *f*.

dynamism ['dainəmizm], *s*. Dynamisme *m*.

dynamist ['dainəmist], *s*. Dynamiste *m*.

dynamitard ['dainəmitɑːrd], *s*. = DYNAMITER.

dynamite[1] ['dainəmait], *s*. Dynamite *f*, nobélite *f*. **Gelatine dynamite**, nitrogélatine *f*. *D. outrage*, attentat *m* à la dynamite. **Dynamite store, magazine**, dépôt *m* de dynamite; dynamitière *f*. **Dynamite factory**, dynamiterie *f*. *See also* GUM-DYNAMITE.

dynamite[2], *v.tr.* Faire sauter (des roches, etc.) à la dynamite; dynamiter (un édifice, etc.).

dynamiter ['dainəmaitər], *s*. Dynamiteur *m*.

dynamo, *pl.* **-os** ['dainəmo, -ouz], *s*. Dynamo *f*; génératrice *f*, générateur *m* (de courant). *See also* DIRECT[2] 1, EXCITING 2. **Dynamo lighting**, éclairage par dynamo. *Nau:* **Dynamo room**, compartiment *m* des dynamos. *The d. room watch-keeper*, l'homme de quart aux dynamos.

'dynamo-e'lectric, *a*. *El:* Dynamo-électrique.

'dynamo-meta'morphism, *s*. *Geol:* Dynamo-métamorphisme *m*.

dynamograph ['dainəmogrɑːf, -graf], *s*. Dynamographe *m*.

dynamometer [dainə'mɔmetər], *s*. **1.** *Mec:* Dynamomètre *m*. **2.** *Opt:* Dynamomètre, dynamètre *m*.

dynamotor ['dainəmoutər], *s*. *Aut:* Dynamo-démarreur *f*, *pl.* dynamos-démarreurs; dynastart *f*; dynamoteur *m*.

dynast ['dainast, 'di-], *s*. Dynaste *m*.

dynastic [di'nastik], *a*. Dynastique.

dynasty ['dinəsti], *s*. Dynastie *f*.

dyne [dain], *s*. *Ph.Meas:* Dyne *f*. **A million dynes**, mégadyne *f*.

dyno ['daino], *s*. *U.S: P:* Boisson *f* alcoolique; spiritueux *m*.

dys- [dis], *pref*. Dys-. *Med: etc: Dyschromatopsia*, dyschromatopsie. *Dyskinesia*, dyscinésie. *Dyslaly*, dyslalie. *Dysgenesis*, dysgénèse.

dyskrasia [dis'kreizia], *s*. *Med:* Dyscrasie *f*.

dysenteric [disen'terik], *a*. *Med:* Dysentérique.

dysentery ['disntri], *s*. Dysenterie *f*. *See also* AMOEBIC.

dysgenic [dis'dʒenik], *a*. Contraire à l'eugénisme.

dyslogistic [dislo'dʒistik], *a*. De désapprobation; péjoratif.

dysmenorrhoea [dismeno'riːa], *s*. *Med:* Dysménorrhée *f*.

dyspepsia [dis'pepsia], *s*. *Med:* Dyspepsie *f*. *Acid d.*, ardeur *f* d'estomac; acidisme *m*; *F:* brûlures *fpl* d'estomac.

dyspeptic [dis'peptik], *a. & s.* Dyspepsique (*mf*), dyspeptique (*mf*).

dyspnoea [dis'pniːə], *s*. *Med:* Dyspnée *f*.

dyspnoeal [dis'pniːəl], **dyspnoeic** [dis'pniːik], *a*. *Med:* Dyspnéique.

dystrophy ['distrofi], *s*. Dystrophie *f*.

dysuria [dis'juəria], **dysury** ['disjuri], *s*. *Med:* Dysurie *f*.

dysuric [dis'juərik], *a*. *Med:* Dysurique.

dytiscid [di'tisid], *a*. *Ent:* Dytique.

dytiscus [di'tiskəs], *s*. *Ent:* Dytique *m*.

dziggetai ['dʒigətai, 'dzi-], *s*. *Z:* Hémione *m*.

Dzungaria [(d)zuŋ'gɑːria], *s*. *Geog:* La Dzoungarie.

E, e [i:], *s.* **1.** (La lettre) E, e *m.* *Tp:* **E for Edward,** E comme Édouard. **2.** *Mus:* Mi *m.* **Key of E flat,** clef *f* de mi bémol.

'e [i], *pron. P:* = HE. *Wot's 'e doin'?* quoi qu'il fait?

each [i:tʃ]. **1.** *a.* Chaque. **Each man, each woman,** chaque homme, chaque femme. *E. day,* chaque jour; tous les jours. *Between e. course we dance,* entre chaque plat on danse. **Each elector has two votes,** chaque électeur, tout électeur, a deux voix. *They came in in twos,* **each lad with his girl,** *F:* ils entrèrent deux par deux, chacun avec sa chacune. **Each one of us,** chacun, chacune, de nous, d'entre nous. (*Emphatic*) *He gives figures to prove* **each and every** *statement,* il cite des chiffres à l'appui de chacune de ses affirmations; pas une affirmation qu'il n'ait appuyée sur des chiffres. **2.** *pron.* (*a*) Chacun, -une. **Each of us,** (*emphatic*) **each and all of us,** chacun de nous; chacun d'entre nous. *E. brought his offering,* chacun a apporté son offrande; ils ont apporté chacun leur offrande. *To e. let it be given according to his deserts,* à chacun selon ses mérites. *E. of them went on his way,* ils s'en allèrent chacun de leur côté; chacun s'en alla de son côté. *E. of them was handed a nosegay,* on leur remit à chacun un bouquet. *E. of them carried on his own conversation,* ils causaient chacun de leur côté. *E. of them works for herself,* chacune d'elles travaille pour elle-même. *After e. of us had swallowed a cup of coffee we set out,* après avoir avalé chacun une tasse de café, nous partîmes. *They stood still, e. gazing at the other,* ils restèrent immobiles à se regarder. (*b*) **We each earn one pound, we earn one pound each,** nous gagnons une livre chacun. *Peaches that cost a shilling e.,* pêches qui coûtent un shilling chacune, un shilling pièce, *F:* un shilling chaque. *A little of e., F:* un peu de chaque. **Ten shares at 100 fr. each,** dix actions au prix de 100 fr. l'une. **Three groups of ten men each,** trois groupes de chacun dix hommes. (*c*) **Each other,** l'un l'autre, l'une l'autre; les uns les autres, les unes les autres. **For each other,** l'un pour l'autre. *We call* **on each other,** on va les uns chez les autres. *They are afraid* **of each other,** ils ont peur l'un de l'autre. *Separated* **from each other,** séparés l'un de l'autre. **To fight each other,** s'entre-battre. *To strike against e. other,* s'entre-choquer. *They flatter e. other,* ils se flattent réciproquement. (*d*) *Geom:* *Triangles equal* **each to each,** triangles égaux chacun à chacun; triangles respectivement égaux.

eager ['i:gər], *a.* (*a*) Ardent, passionné. **Eager student of . . .,** (étudiant) passionné de. . . . *The public was e. and receptive,* le public se montra vibrant et réceptif. **Eager for gain,** âpre au gain. *E. for, after, fame,* avide, assoiffé, de gloire. *He was e. for praise,* il avait soif d'éloges. *E. for knowledge,* avide de tout savoir. **Eager in pursuit of the enemy,** ardent à poursuivre l'ennemi. **To be eager to do sth.,** être impatient de faire qch., avoir une grande impatience de faire qch., ambitionner de faire qch., désirer ardemment faire qch.; marquer un grand empressement à faire qch.; *F:* brûler de faire qch. *E. to start,* impatient de partir. *To be e. to please,* être désireux, avoir un vif désir, de plaire; désirer vivement plaire. *To be too e. to accept,* montrer trop d'empressement à accepter. **To be eager for sth.,** ambitionner qch.; désirer ardemment qch. **Passionately eager** *to undertake this journey,* passionné d'entreprendre ce voyage. (*b*) **Eager glance,** œillade *f* avide. **Eager pursuit,** âpre poursuite *f.* *Pack in e. pursuit,* meute acharnée à la poursuite. *E. desire,* vif désir. *E. hopes,* (i) espérances *f* avides; (ii) ardent espoir; vif espoir, vives espérances. (*c*) *A:* **Eager air,** air *m* (d'un froid) piquant. *The e. morning air,* l'air âpre du matin. **-ly,** *adv.* Ardemment, passionnément, avidement. *To read sth. e.,* lire qch. avidement. **To desire sth. eagerly,** désirer qch. passionnément. **To listen eagerly,** écouter avidement, avec avidité, avec empressement. *To look at sth. e.,* regarder qch. d'un œil avide, d'un œil de convoitise. *E. pursuing the game,* poursuivant âprement le gibier; poursuivant le gibier avec acharnement.

eagerness ['i:gərnəs], *s.* Ardeur *f* (au travail, etc.); impatience *f* (de voir qn); empressement *m* (à se rendre utile, etc.); vif désir (d'apprendre qch., etc.). *E. in the pursuit of the enemy,* ardeur à poursuivre l'ennemi. **To show eagerness** *in doing sth.,* montrer un intérêt très vif à faire qch. **Eagerness to succeed,** ardent désir de réussir. *E. for praise,* soif *f* d'éloges.

eagle [i:gl], *s.* **1.** *Orn:* (*a*) Aigle *mf.* **Golden eagle,** aigle royal. **Harrier eagle,** Jean-le-blanc *m inv*; blanche-queue *f, pl.* blanches-queues. **Imperial eagle,** aigle impérial. **Harpy eagle, crested eagle,** harpie *f.* **Booted eagle,** aigle botté. **Rough-footed eagle,** aigle criard. **Eagle nose,** *F:* **eagle's beak,** nez aquilin, en bec d'aigle. (*b*) *See* SEA-EAGLE. **2.** *Her:* Aigle *f.* **Double-headed eagle,** double aigle; aigle à deux têtes. **Eagle displayed,** alérion *m.* **Eagle displayed sable,** aigle de sable éployée. *See also* SPREAD-EAGLE[1]. **3.** *Ecc:* Aigle *m.* **To read from the eagle,** lire à l'aigle. **4.** (*a*) **The Roman Eagles,** les aigles romaines. (*b*) **The Black Prussian Eagle,** l'Aigle noir de Prusse. *Fr.Hist:* **The Imperial Eagle,** le drapeau impérial; l'aigle impérial. **5.** *U.S:* (= 10 *dollars*) Aigle *m.* **Double-eagle,** pièce *f* de vingt dollars. **6.** *Golf:* Deux coups *m* au dessous de la normale du trou.

'eagle-coloured, *a.* (Cheval) aquilain, aquilant.

'eagle-eyed, *a.* Aux yeux d'aigle; au regard d'aigle. *To be e.-e.,* avoir des yeux d'aigle.

'eagle-fern, *s. Bot:* = BRACKEN.

'eagle-owl, *s. Orn:* Grand-duc *m, pl.* grands-ducs.

'eagle-ray, *s. Ich:* Aigle *m* de mer.

'eagle-stone, *s. Geol:* Pierre *f* d'aigle; aétite *f,* ætite *f.*

'eagle-winged, *a.* A vol d'aigle.

'eagle-wood, *s.* Bois *m* d'aloès, calambac *m.*

eaglet ['i:glet], *s.* **1.** Aiglon *m.* **2.** *Her:* Aiglette *f.* *See also* SPREAD-EAGLET.

eagre ['eigər, 'i:gər], *s.* = BORE[5].

-ean [iən], *a.* & *s. suff.* -éen, *f.* -éenne; -ien, *f.* -ienne. *Herculean,* herculéen. *Protean,* protéen. *Pygmean,* pygméen. *Tyrrhenean,* tyrrhénien. *Shakespearean,* shakespearien.

ear[1] ['i:ər], *s.* **1.** Oreille *f.* (*a*) *Anat:* **The external ear,** (i) (*also* **the outer ear**) l'oreille externe; (ii) le pavillon de l'oreille; la conque. **The middle ear,** l'oreille moyenne; le barillet. **The internal ear,** l'oreille interne; le labyrinthe. *Med:* **Ear specialist,** auriculiste *m,* auriste *m.* (*b*) *To wear rings in one's ears,* porter des anneaux aux oreilles. *A smile from ear to ear,* un sourire épanoui jusqu'aux deux oreilles. *To clip the ears of a dog,* écourter (les oreilles d') un chien. **To speak in(to) s.o.'s ear,** parler à l'oreille de qn. (*Of words*) **To go in at one ear and out at the other,** entrer par une oreille et sortir par l'autre. **Your ears must have burned, must have been tingling,** les oreilles ont dû vous corner, vous tinter. **To cock one's ears,** dresser, tendre, l'oreille; ouvrir de grandes oreilles. *With his ears cocked . . .,* l'oreille tendue. . . . *See also* PRICK UP. *F:* **To be up to the ears, head over ears, over head and ears, in work,** être accablé, surchargé, débordé, de travail; avoir du travail par-dessus la tête. *See also* DEBT, LOVE[1] 1. **The ceiling fell about our ears,** le plafond nous tomba sur la tête, s'écroula sur nous. *Our plans fell about our ears,* tous nos plans s'écroulèrent. *To bring a storm about one's ears,* s'attirer une tempête de reproches, de protestations. *To have everyone about one's ears,* avoir tout le monde sur le dos. *See also* HORNET. **I would give my ears for it, to have it,** je me ferais couper les oreilles pour l'avoir. **To set people by the ears,** brouiller les gens; mettre des personnes à couteaux tirés, aux prises; mettre la discorde, semer la dissension, entre les gens, dans un groupe. **To send s.o. away with a flea in his ear,** (i) renvoyer qn avec un refus net et catégorique; (ii) éconduire qn avec une verte semonce; lui dire ses quatre vérités. *He went off with a flea in his ear,* il est parti l'oreille basse, tout penaud. *P:* **To give s.o. a thick ear,** flanquer une gifle, une taloche, à qn. *To get a thick ear from s.o.,* recevoir une gifle de qn. *See also* BOX[5] 1. *Prov:* **Walls have ears,** les murs ont des oreilles; les murailles parlent. *U.S:* *F:* **To get s.o. up on his ears,** fâcher qn. *See also* BEAR'S-EAR, DOG'S-EAR[1], ELEPHANT'S-EAR. (*c*) **To have sharp ears,** avoir l'oreille, l'ouïe, fine. *To have a keen, sensitive, ear,* avoir l'oreille sensible, l'ouïe fine. *See also* PITCHER[1] 1. **To have an ear, a fine ear, for music;** **to have a good ear,** avoir l'oreille musicienne, musicale, juste; avoir de l'oreille. *To have a poor ear, no ear (for music),* n'avoir pas d'oreille. **To play by ear,** jouer d'oreille. **To listen with all one's ears, with both ears,** écouter de toutes ses oreilles. **To keep one's ears open,** être, se tenir, aux écoutes. *She keeps her ears open for scandal, F: she has itching ears,* elle est toujours à l'affût du scandale. *See also* STRAIN[2] I. 1. **To have s.o.'s ear,** avoir, posséder, l'oreille de qn. **To gain s.o.'s ear,** (i) s'assurer l'attention bienveillante de qn; (ii) obtenir une audience avec qn. **To give ear, lend an ear, lend one's ear, to s.o.,** prêter l'oreille à qn. *To give ear to s.o.'s petition,* écouter la requête de qn. **To give a cold ear to a request,** refuser d'entendre une requête. **To turn a sympathetic ear, a ready ear, to s.o.'s request,** prêter une oreille complaisante aux prières de qn. **To close one's ears to the truth,** fermer l'oreille à la vérité. **It has come to my ear that . . .,** il m'est venu à l'oreille, aux oreilles, que. . . . *If it should come to the ears of . . .,* si cela parvient aux oreilles de. . . . *You might drop this hint into his ear,* glissez-lui à l'oreille cet avis; dites-lui-en un mot dans le creux de l'oreille. *See also* DEAF, GREET[1], MEET[3] I. 6. **2.** *Tchn:* (*a*) Anse *f,* oreille (de vase); anse, mentonnet *m* (d'une bombe); anse (de cloche); orillon *m* (d'une écuelle, etc.); happe *f* (d'une chaudière); languette *f* (d'une pièce de verrouillage, etc.). (*b*) *Conch:* Oreillette *f* (d'un coquillage). (*c*) *Mec.E:* Ouïe *f* (de ventilateur, etc.). (*d*) *Nau:* Gibelot *m* (de canot).

'ear-ache, *s.* Mal *m,* maux *mpl,* d'oreille(s); douleur *f* d'oreille; *Med:* otalgie *f.* **To have ear-ache,** avoir mal à l'oreille, aux oreilles; avoir des douleurs d'oreille.

'ear-chair, *s. Furn:* Fauteuil *m* à oreillettes.

'ear-drop, *s.* Pendant *m* d'oreille; pendeloque *f.*

'ear-drum, *s.* (Caisse *f* du) tympan *m*; *A:* tambour *m* de l'oreille.

'ear-flap, *s.* **1.** Lobe *m* de l'oreille. **2.** Oreillette *f* (de casquette).

'ear-hole, *s.* Trou *m* de l'oreille. *P: Plug him one in the e.-h.,* flanque-lui un pain sur l'oreille.

'ear-mark[1], *s.* **1.** *Husb:* Marque à l'oreille (à laquelle on reconnaît les moutons, etc.). **2.** *Adm:* *etc:* Marque particulière, distinctive.

'ear-mark[2], *v.tr.* **1.** *Husb:* Marquer (les moutons, etc.) en leur coupant ou en leur fendant l'oreille. **2.** (*a*) **To ear-mark a**

document, a cheque, faire une marque au coin d'un document, d'un chèque. (*b*) **To ear-mark funds,** spécialiser des fonds; donner à des fonds une affectation spéciale, déterminée. *To e.-m. funds for a purpose,* assigner, affecter, des fonds à un projet, à une entreprise. *Funds ear-marked for sth.,* fonds *m* applicables à qch. *Fin: To e.-m. securities,* mettre sous dossier des titres pour le compte d'une autre banque, sans déplacement effectif. *F: To e.-m. sth. for oneself,* s'approprier qch.; se réserver qch.

'ear-marking, *s.* Affectation *f,* assignation *f* (de fonds). *Fin: E.-m. transaction,* transfert *m,* dépôt *m*; mise *f* sous dossier.

'ear-minded, *a. Psy:* Sensible aux impressions auditives; "auditif."

'ear-pendant, *s.* Pendant *m* d'oreille.

'ear-phone, *s. W.Tel:* = HEAD-PHONE.

'ear-pick, *s.* Cure-oreilles *m inv.*

'ear-piece, *s. Tp:* Écouteur *m,* pavillon *m* (de récepteur).

'ear-piercing, *a.* (Cri) qui vous perce les oreilles, déchirant.

'ear-protector, *s.* **1.** Protège-tympan *m inv* (d'aviateur, etc.). *Artil:* Bonnet *m,* béguin *m,* protecteur *m* auriculaire (de canonnier). **2.** *Fb:* Protège-oreilles *m inv.*

'ear-ring, *s.* Boucle *f* d'oreille. **Stud ear-ring,** dormeuse *f.*

'ear-scoop, *s.* Cure-oreilles *m inv.*

'ear-shaped, *a.* Auriforme.

'ear-shell, *s. Conch:* Oreille *f* de mer; ormeau *m.*

'ear-shot, *s.* **Within ear-shot,** à portée de voix, de l'ouïe, de l'oreille. **Out of ear-shot,** hors de portée de la voix.

'ear-splitting, *a.* (Cri) qui vous fend les oreilles. **Ear-splitting noise,** bruit à briser le tympan, à fendre la tête; casse-tête *m inv. E.-s. chatter,* caquetage *m* à vous fendre les oreilles.

'ear-trumpet, *s.* Cornet *m* acoustique.

'ear-wax, *s. Physiol:* Cérumen *m.*

'ear-witness, *s.* Témoin *m* auriculaire.

ear[2], *v.tr.* Mettre une anse à (qch.); pourvoir (qch.) d'une anse.

eared[1], *a.* **1.** *Bot:* Auriculé. **2.** **Long-eared, short-eared,** aux oreilles longues, courtes. **Quick-eared,** à l'oreille fine. *To listen* **open-eared,** écouter de toutes ses oreilles. *See also* LONG-EARED, LOP-EARED, ONE-EARED, OWL, PRICK-EARED.

ear[3], *s.* Épi *m* (de blé, de maïs). **Corn in the ear,** blé en épi.

'ear-cockle(s), *s.* (*pl.*) *Agr:* (= *purples*) Nielle *f* (des blés).

'ear-corn, *s. Agr: U.S:* Maïs *m.*

ear[4], *v.i.* (*Of corn*) Monter en épi; épier.

eared[2], *a.* A épis. **Eared corn,** blé garni d'épis; blé en épi; blé épié. **Full-eared,** à épis pleins.

earing ['iːəriŋ], *s. Nau:* Empointure *f.* **Head earing,** raban *m* d'empointure. *See also* REEF-EARING.

earl [əːrl], *s.* (*f.* **countess,** *q.v.*) Comte *m. F:* **She wanted to marry an earl,** elle voulait se marier dans la noblesse; *F:* elle voulait épouser un Monsieur De.

'Earl 'Marshal, *s. Her:* Comte-maréchal *m, pl.* comtes-maréchaux; grand maréchal; président *m* du Collège des hérauts.

earldom ['əːrldəm], *s.* Comté *m*; titre *m* de comte.

earless[1] ['iːərləs], *a.* **1.** Sans oreilles. **2.** Sans oreille (pour la musique, etc.).

earless[2], *a. Bot:* Sans épis.

earlet ['iːərlet], *s. Z:* Oreillon *m* (de chauve-souris).

earliness ['əːrlinəs], *s.* **1.** (*a*) Heure peu avancée (du jour). (*b*) Heure prématurée (de la mort de qn). **2.** Précocité *f* (d'un fruit, de l'hiver).

Earlswood ['əːrlzwud]. *Pr.n.* Nom d'une maison de santé située dans le Surrey.

early ['əːrli]. I. *a.* **(earlier, earliest) 1.** Qui appartient au commencement (du jour, de l'année, de la vie, etc.). (*a*) *The e. cock,* le coq matinal. *At this e. hour,* à cette heure matinale. **In the early morning,** de bon matin; de grand matin. *E. morning tea,* tasse de thé prise au réveil. *E. morning walk,* promenade matinale. *In the e. quiet one could hear . . .,* dans le silence matinal on entendait. . . . **In the early afternoon,** au commencement de l'après-midi. *To have an e. dinner,* dîner de bonne heure. *Tuesday is my e. evening,* le mardi je rentre de bonne heure. *The e. rising habit,* l'habitude de se lever de bonne heure. **To be an early riser,** *F:* **an early bird,** être (un) matineux; être toujours matinal; se lever (de bon) matin, de grand matin. *See also* BIRD 1, RISER 1. *Med:* **Early case,** malade encore légèrement atteint. **An early train,** un des premiers trains. **To keep early hours,** se coucher tôt et se lever tôt, de bonne heure. *In* (*the*) *e. summer, in the e. part of summer,* dans les premiers jours de l'été; aux premiers jours de l'été; au commencement de l'été; à l'entrée de l'été. *A cold morning* **in early spring,** une froide matinée du début du printemps. *During the earlier months of the year,* pendant les premiers mois de l'année. *Th:* **Early door,** admission une demi-heure avant l'heure officielle (contre payement supplémentaire). *Com: etc:* **Early closing day,** jour où l'on ferme, où les magasins sont fermés, l'après-midi. **It is early days yet** *to make up one's mind,* il est encore trop tôt, bien tôt, pour se décider; il serait prématuré de se décider. *I.C.E:* **Early admission,** admission anticipée; avance *f* à l'admission. *E. release,* échappement anticipé; avance à l'émission. (*b*) **Early ages,** premiers âges. *The earliest times,* les temps les plus reculés. **The early Church,** l'Église primitive. **Early Christians,** les premiers chrétiens. *E. writers,* les anciens écrivains. *Our e. poets,* nos vieux poètes. **An early Victorian,** un Victorien de la première époque; un des premiers Victoriens. *In the e. nineteenth century,* au début du XIXe siècle. **In the early 'sixties,** un peu après 1860; dans les années qui suivirent 1860. *In the e. history of the Church,* dans l'histoire des premiers temps de l'Église. *In the e. existence of Britain,* dans l'existence primitive de la Grande-Bretagne. **In early days,** (i) dans l'ancien temps; (ii) de bonne heure (dans le passé). *The e. days of the Revolution,* la Révolution commençante. *Costumes of an e. date,* costumes d'une époque reculée. **At an early date,** de bonne heure (dans le passé). *Cp.* 3. **From the earliest times,** de toute ancienneté. *The earliest legends,* les premières légendes. *Hist. of Art:* **The early masters,** les primitifs. (*c*) **Early youth,** première jeunesse. *In his earliest youth,* dans sa toute jeunesse; dans sa prime jeunesse. **Early age,** âge tendre, bas âge, jeune âge, premier âge. *At an e. age,* tout jeune; dès l'enfance. *From the earliest age,* dès l'âge le plus tendre; dès la plus tendre enfance. *His genius manifested itself at an e. age,* son génie se manifesta de bonne heure. **Early remembrances,** souvenirs d'enfance. **My earliest recollections,** mes souvenirs les plus lointains. **Early errors,** erreurs de jeunesse. *To retain one's e. freshness and youth,* conserver sa fraîcheur et sa jeunesse premières. *The poverty of his e. days,* sa pauvreté première. *He received his e. education at . . .,* il reçut sa première éducation à. . . . **2.** Précoce, hâtif. **Early death,** mort prématurée. **Early beans,** (i) haricots précoces, hâtifs; (ii) haricots de primeur. *E. flowers,* fleurs hâtives. *E. vegetables, e. fruit, e. produce,* primeurs *fpl. An e. spring,* un printemps précoce. *We have an e. winter,* l'hiver est précoce, commence de bonne heure. *See also* GRAVE[1]. **3.** Prochain, rapproché. **At an early date,** prochainement; à une date rapprochée, prochaine; sous peu; bientôt. *Cp.* 1 (*b*). *At an earlier date,* (i) à une date antérieure; (ii) à une date plus rapprochée. *To take an e. opportunity to do sth.,* ne pas tarder à saisir l'occasion de faire qch.; faire qch. à la première occasion, aussitôt que possible. *I was warned of the e. arrival of the police,* on me prévint de l'arrivée prochaine de la police. **At the earliest possible moment,** dans le plus bref délai possible; au plus tôt. *It will be next week* **at the earliest,** ce sera la semaine prochaine au plus tôt. *See also* CONVENIENCE 1.

II. **early,** *adv.* **1.** (*a*) De bonne heure; tôt. **Earlier,** de meilleure heure; plus tôt. *To make a meal earlier,* avancer l'heure d'un repas. **Too early,** trop tôt; de trop bonne heure. *To arrive five minutes too e.,* arriver avec cinq minutes d'avance. **Too early in the morning,** trop matin. *It is too e. to go to bed,* il est de trop bonne heure pour aller se coucher. *It was very e. (in the day),* il était grand matin. **Early in the morning,** le matin de bonne heure; de grand matin. *It was e. in the afternoon,* c'était au commencement de l'après-midi. **Early in the evening,** très tôt dans la soirée; à une heure peu avancée de la soirée. **To rise early,** se lever (toujours) de bonne heure; se lever (de bon) matin; être matineux, toujours matinal. *U.S: F:* **Bright and early,** de bon matin, de bonne heure. *F:* **They got up a bit early for you,** ils sont trop malins pour vous; on vous a roulé. **Early enough,** à temps. *E. in the winter,* dans, dès, les premiers jours de l'hiver; à l'entrée de l'hiver. *E. in the year,* au commencement, au début, de l'année. *F: He was ill* **early on in the year,** il a été malade dans les commencements de l'année. *E. in (his) life,* dans ses jeunes années; dans sa jeunesse. *E. in his career,* au début, dans le début, de sa carrière. **As early as the tenth century,** dès le dixième siècle. **As early as possible,** aussitôt que possible. *As e. as five o'clock,* dès (les) cinq heures; pas plus tard que cinq heures. *See also* LATE II. 2. (*b*) **To die early,** (i) mourir jeune; (ii) mourir prématurément. *This species of flower blooms very e.,* cette espèce de fleur est à floraison très précoce. **2.** **Early in the list,** tout au commencement de la liste.

earn [əːrn], *v.tr.* **1.** Gagner (de l'argent). **To earn one's living by writing,** gagner sa vie à écrire, en écrivant. *She earned a little by knitting,* elle se faisait un peu d'argent en tricotant. *Ind:* **Earning capacity,** productivité financière, rapport *m* (d'une entreprise). **2.** Mériter, gagner (des éloges, l'affection de qn). *To e. fame,* acquérir la renommée. *His conduct earned him universal praise,* sa conduite lui valut les éloges de tous. **To earn a character for audacity,** se faire, s'acquérir, une réputation d'audace. *This is what earned him this favour,* voilà ce qui lui a mérité cette faveur.

earnest[1] ['əːrnest]. **1.** *a.* (*a*) (*Of pers.*) Sérieux. *E. worker,* ouvrier consciencieux. *With an e. air,* d'un air pénétré, délibéré, grave. (*b*) *An e. Christian,* un chrétien sincère et convaincu; un chrétien fervent. (*c*) **Earnest request,** demande pressante. *E. prayer,* prière fervente. *E. effort,* sérieux effort; effort soutenu. *E. desire,* profond désir. **2.** *s.* **In earnest,** sérieusement; pour de bon; tout de bon; *F:* pour tout de bon. *This reproach was not meant in e.,* ce reproche n'était pas fait sérieusement. **To be in earnest,** être sérieux; ne pas plaisanter. **I am in earnest,** *F:* c'est (pour) de vrai; c'est pour de bon. **Are you in earnest?** parlez-vous sérieusement? c'est sérieux? *F:* vous dites cela pour de vrai? *You are not in e.,* vous voulez rire. *To speak in e.,* parler sérieusement. *I thought you were in e.,* je vous ai pris au sérieux. *He was only half in e.,* il ne l'a dit qu'à moitié sérieusement. *To work in real, good, e.,* travailler sérieusement. *To set to work in e.,* se mettre sérieusement à l'ouvrage. **It is raining in real earnest,** il pleut pour (tout) de bon. **He is in real earnest,** il est de bonne foi. **He is very much in earnest,** (i) il est terriblement convaincu; (ii) il prend son rôle à cœur. *See also* DEAD I. 5, JEST[1]. **-ly,** *adv.* (Parler) sérieusement, d'un ton convaincu, d'un ton sérieux; (travailler) de bon cœur, avec ardeur, avec zèle. *We e. hope that . . .,* nous espérons bien sincèrement que. . . . **To entreat s.o. earnestly,** prier qn instamment; *F:* implorer qn à mains jointes. *He gazed e. at her,* il la regarda longuement.

earnest[2], *s.* **1.** *Com: etc:* Arrhes *fpl.* **To give an earnest** *to s.o.* (*for goods, etc.*), arrher qn; donner des arrhes à qn. **Earnest money,** dépôt *m* de garantie; arrhes. **2.** *F:* Gage *m,* garantie *f. To give an e. of one's talent,* laisser entrevoir son talent. **An earnest of one's good intentions,** une preuve, un gage, de ses bonnes intentions. **An earnest of more to come,** (i) un gage pour l'avenir; (ii) *F:* un avant-goût de ce que l'avenir nous réserve.

earnestness ['əːrnestnəs], *s.* Caractère sérieux (d'une discussion, etc.); gravité *f,* sérieux *m* (de ton); ardeur *f,* ferveur *f* (d'une prière).

earnings ['əːrniŋz], *s.pl.* **1.** Fruit *m* du travail; salaire *m,* gages *mpl. My earnings are sufficient for our wants,* ce que je gagne suffit à nos besoins. **2.** Profits *mpl*, bénéfices *mpl* (d'une entreprise). **Gross earnings** *of a railway*, bénéfices bruts, recettes brutes, d'une ligne de chemin de fer.

earth[1] [ə:rθ], *s.* **1.** Terre *f.* (*a*) Le monde; le globe terrestre. **The earth's crust,** l'écorce *f* terrestre. **The face of the earth,** la face du globe. *He is just back* **from the ends of the earth,** il revient du bout du monde. **On earth,** sur terre. *B:* **In earth as it is in Heaven,** sur la terre comme dans le ciel. *F:* **Where on earth have you been?** où diable êtes-vous allé? **Why on earth . . .?** pourquoi diable . . .? **There is no reason on earth,** il n'y a absolument aucune raison. **Nowhere on (God's) earth,** nulle part sur terre. *See also* BOWEL, HEAVEN, NOTHING I, SALT[1] I. 1. (*b*) Le sol. *Av:* **To drop to earth,** atterrir. *F:* **To come back to earth,** retomber des nues; sortir de sa rêverie. **2.** (*a*) *Agr: etc:* Terre. **To till the earth,** cultiver la terre. *Fat, heavy, e.*, terre(s) grasse(s); terrain gras; terroir gras. *Full of the fragrance of the e.*, plein de l'odeur parfumée du terroir. *See also* GREEN EARTH, HEAVY-EARTH. *To fill a pit with e.*, remplir, combler, une fosse avec de la terre. (*b*) *Ch:* **Aluminous earth,** terre d'alumine. **Alkaline earths,** terres alcalines. **Rare earths,** terres rares. *See also* FULLER'S EARTH. **3.** *El.E:* (*a*) Terre, perd-fluide *m inv.* **Earth-cable, -wire,** câble *m*, fil *m*, de terre; prise *f* de terre; (*in engine, car, etc.*) fil de masse. **Earth-connection, -leakage,** contact *m* à la terre, perte *f* à la terre. **Earth-return,** retour *m* par la terre. **Main earth-lead,** collecteur *m* de terre. **Earth-current,** courant tellurien. (*b*) Mise *f* à la terre. **Earth-arrester,** court-circuiteur *m* de mise à la terre. **Dead earth,** mise à terre franche; contact parfait avec le sol. **Earth to frame** (*of a car, etc.*), contact à la masse. **4.** Terrier *m*, tanière *f* (de renard); renardière *f.* *Ven:* (*Of fox*) **To go to earth,** se terrer. **To run to earth,** (i) chasser (un renard) jusqu'à son terrier; dépister (le gibier); (ii) *F:* découvrir la source, l'origine (d'une citation, d'une erreur de calcul, etc.); dépister, dénicher (qn); découvrir la retraite de (qn). **To drive the fox to earth,** mettre le renard à l'accul. **To stop an earth,** boucher un terrier.

'earth-board, *s.* *Agr:* Versoir *m*, oreille *f* (de charrue).

'earth-born, *a.* (*Of pers.*) De naissance terrestre; (*of thoughts, etc.*) terrestre, terre à terre *inv.*

'earth-bound, *a.* *Lit:* Terre à terre *inv.*

'earth-closet, *s.* *Hyg:* Garde-robe *f* où la terre pulvérisée remplace la chasse d'eau, *pl.* garde-robes.

'earth-fall, *s.* *Geol:* Éboulement *m* de terres.

'earth-light, *s.* *Astr:* Lumière cendrée (de la lune).

'earth-nut, *s.* *Bot:* **1.** Gland *m* de terre; carvi *m*, noix *f* de terre; terre-noix *f inv*; châtaigne *f* de terre; bunion bulbeux. **2.** = PEANUT. **Earth-nut oil,** huile *f* d'arachide. *See also* PEA[1] 2.

'earth-pillar, *s.* *Geol:* Nonne *f*, demoiselle *f*; colonne coiffée.

'earth-plate, *s.* *El.E:* Prise *f* de terre; plaque *f* de masse; fiche *f* de terre.

'earth-shine, *s.* = EARTH-LIGHT.

'earth-slope, *s.* *Civ.E:* Talus naturel; pente naturelle de tassement.

earth[2]. **1.** *v.tr.* (*a*) *Hort:* **To earth** (up), butter, terrer, chausser (une plante). (*b*) *El:* Mettre, relier, (le courant) à la terre, au sol; (*in car, etc.*) relier à la masse. (*c*) *Ven:* Poursuivre, chasser, (un renard) jusqu'à son terrier. **2.** *v.i.* (*Of fox*) Se terrer.

earthed, *a.* *El:* Mis à la terre, au sol; (*in engine, etc.*) relié à la masse. **Earthed conductor,** conducteur au sol.

earthing, *s.* **1.** Buttage *m* (d'une plante). **2.** *El:* Mise *f* à la terre, à la masse. **Earthing resistance,** résistance *f* de mise à la terre.

earthen ['ə:rθən], *a.* De terre. *E. pot*, marmite *f* en, de, terre (cuite).

earthenware ['ə:rθənwɛər], *s.* Poterie *f* (de terre); argile cuite. **Glazed earthenware,** (i) faïence *f*; (ii) grès flambé. *E. pot*, marmite *f* en, de, terre (cuite).

earthliness ['ə:rθlinəs], *s.* **1.** Terrestréité *f*, caractère *m* terrestre. **2.** Mondanité *f*; attachement *m* aux choses de ce monde.

earthly ['ə:rθli], *a.* **1.** Terrestre. *See also* PARADISE 1. **2.** *F:* **There is no earthly reason for . . .,** il n'y a pas la moindre raison du monde pour. . . . **For no earthly reason,** à propos de rien; à propos de bottes; comme à plaisir. **It is of no earthly use to me,** ça n'a pour moi aucune utilité; ça ne me sert, ne me servirait, à rien. (*Of remedy*) **It's no earthly use,** c'est mettre un emplâtre sur une jambe de bois. **He hasn't an earthly chance,** *P:* **he hasn't an earthly,** il n'a pas la moindre chance; il n'a pas l'ombre d'une chance (de réussir). **3.** **Earthly-minded,** attaché aux choses d'ici-bas, aux choses de ce monde; terre à terre *inv.*

earthquake ['ə:rθkweik], *s.* **1.** Tremblement *m* de terre; *Tchn:* séisme *m.* *E. due to underground subsidence*, séisme par effondrement. **Earthquake shock,** secousse *f* de tremblement de terre; secousse sismique. **2.** *F:* Convulsion *f*, bouleversement *m* (politique, etc.); *P:* chambardement *m* (social, etc.).

earthwork ['ə:rθwə:rk], *s.* **1.** (Travaux *mpl* de) terrassement *m.* *E. embankment*, terrassement en remblai. *E. contractor*, terrassier *m*; entrepreneur *m* de terrassements. *E. labourer*, terrassier. **2.** *pl.* *Civ.E:* *Mil.E:* **Earthworks,** travaux en terre; terres *f* d'apport.

earthworm ['ə:rθwə:rm], *s.* *Ann:* Lombric *m*; *F:* ver *m* de terre.

earthy ['ə:rθi], *a.* **1.** Terreux. **Earthy taste,** goût *m* de terre. **To have an earthy smell,** sentir la terre. *Miner:* *E. material, e. ore*, matières terreuses, minerai terreux. **Earthy cobalt,** cobalt oxydé noir. **2.** (*Of pers.*) **Of the earth earthy,** (i) *B:* tiré de la terre, terrestre; (ii) *F:* matériel, grossier; terre à terre *inv.*

earwig[1] ['i:ərwig], *s.* *Ent:* **1.** Forficule *f*; *F:* perce-oreille *m*, *pl.* perce-oreilles. **2.** *U.S:* *F:* Mille-pieds *m inv.*

earwig[2], *v.tr.* *F:* *A:* **1.** Harceler (qn) de requêtes. **2.** S'insinuer auprès de (qn).

earwigging, *s.* *P:* = EAVESDROPPING.

ease[1] [i:z], *s.* **1.** (*a*) Tranquillité *f* (d'esprit); repos *m*, bien-être *m*, aise *f* (du corps). **A moment's ease,** un moment de calme. **To be at ease,** avoir l'esprit tranquille. *See also* ILL III. 3. **To be at one's ease,** (i) être à son aise; (ii) être tranquille. **To set s.o. at ease,** (i) mettre qn à son aise; faire prendre ses aises à qn; (ii) tranquilliser qn. **To set s.o.'s mind at ease,** tirer qn de son inquiétude; dissiper les inquiétudes de qn. **Set your mind at ease,** rassurez-vous; soyez tranquille. **To take one's ease,** prendre ses aises; se mettre à l'aise; paresser. *To like one's e.*, aimer ses aises. *Mil: etc:* **To stand at ease,** se mettre, se tenir, au repos; se tenir dans la position hanchée; se hancher. *To be standing at e.*, être au repos. **Stand at ease!** (en place,) repos! *Tail:* *Dressm:* *A little more e. in the arm-holes*, un peu plus d'ampleur *f* dans les entournures. (*b*) **Ease from pain,** adoucissement *m* de douleur; soulagement *m.* *See also* CHAPEL. **2.** (*a*) Loisir *m.* **To write at ease,** écrire à tête reposée. (*b*) Oisiveté *f.* **To live a life of ease,** vivre dans l'oisiveté, vivre une vie de loisirs. *To live a life of e. and luxury*, vivre dans la mollesse. *Pecuniary e.*, aise pécuniaire, aisance *f.* *See also* ELEGANT. **3.** (*a*) Aisance (de manières, etc.); moelleux *m* (des mouvements). **With great ease of manners,** avec une grande désinvolture. *To give e. to one's style*, dégager son style; donner de l'aisance à son style. (*b*) Facilité *f* (d'élocution, etc.); simplicité *f* (de réglage); douceur *f*, facilité (de manœuvre). *E. of transport*, facilités de transport. **With ease,** facilement; aisément; avec aisance. *With the utmost e.*, avec la plus grande facilité. *To do sth. with great e.*, faire qch. en se jouant.

ease[2], *v.tr.* **1.** (*a*) Adoucir, calmer, alléger, atténuer (la souffrance); soulager, apporter du soulagement à (un malade). *v.i.* *The pain has eased*, la douleur s'est atténuée. (*b*) Calmer, tranquilliser (l'esprit). *To e. s.o.'s anxiety*, calmer les inquiétudes de qn; tranquilliser qn. **2.** Débarrasser, délivrer (*s.o. of, from, sth.*, qn de qch.). *To e. oneself of a burden*, se soulager d'un fardeau. *F:* **To ease s.o. of his purse,** soulager qn de son porte-monnaie; subtiliser son porte-monnaie à qn. **3.** (*a*) Détendre, relâcher, soulager (un cordage, un ressort); desserrer (une vis); *Nau:* larguer (une amarre); mollir (une manœuvre); *Mch: etc:* modérer, soulager (la pression); ralentir (la vitesse). **To ease (the strain on) a girder,** alléger, soulager, une poutre. *To e. the congestion in a street*, décongestionner la circulation d'une rue. **This has eased the situation,** *v.i.* **the situation has eased,** une détente s'est produite; la situation s'est détendue. *Nau:* **Ease the engines!** lentement la machine! **Ease her!** doucement! **To ease the helm (down),** mettre moins de barre; mettre la barre dessous, en douceur; mollir la barre. *Row:* **Ease all!** stop(pe)! *Equit:* **To ease both reins,** rendre la bride, la main (au cheval). (*b*) *Dressm:* Donner plus d'ampleur à (une robe). *To e. the elbows*, donner de l'aisance aux coudes. *To e. the collar on to the neck*, répartir le surplus du col. *Mec.E:* *To e. a part*, faciliter le jeu d'un organe; donner du jeu à un organe. *Civ.E:* *To e. a curve*, adoucir une courbe. **4.** Déplacer doucement. *To e. a load off a cart*, faire glisser à terre la charge d'une charrette.

ease down. **1.** *v.tr.* Relâcher, diminuer (la vitesse, l'effort). **2.** *v.i.* Diminuer de vitesse; (*of effort*) se relâcher.

ease off. **1.** *v.tr.* (*a*) *Nau:* Filer, choquer (un cordage). **Ease off the cable!** filez de la chaîne! *E. off the jib-sheet*, filez le foc. (*b*) Dégager (une surface d'appui, etc.). **2.** *v.i.* (*a*) = EASE UP 2 (*a*). (*b*) *St.Exch:* (*Of rates*) Se détendre. (*c*) *Nau:* S'éloigner un peu du rivage.

easing off, *s.* Relâchement *m* (*from work*, du travail). *St.Exch:* Détente *f* (des reports).

ease up. **1.** *v.tr.* *Nau:* Soulager (le gui, un palan). **2.** *v.i.* (*a*) *F:* Se relâcher; moins travailler; *F:* détendre le câble, dételer. (*b*) Diminuer la vitesse, l'allure; ralentir.

easing. **1.** (*a*) Soulagement *m*, adoucissement *m* (de la souffrance). (*b*) Allègement *m*, déchargement *m* (d'une poutre, etc.). **2.** *Civ.E:* Adoucissement (d'une courbe). **3.** **Easing of the tension** *in diplomatic circles*, détente *f* dans les milieux diplomatiques. *E. of the capital market*, détente, amélioration *f*, du marché des capitaux.

easeful ['i:zful], *a.* **1.** (*a*) (Repos *m*) tranquille, paisible. (*b*) Calmant. **2.** *E. sense of accomplishment*, la douce sensation d'avoir accompli sa tâche.

easel [i:zl], *s.* Chevalet *m* (de peintre, etc.). *Art:* **Easel-picture, -piece,** tableau *m* de chevalet. *Phot:* **Enlarging easel,** (panneau *m*) porte-papier *m inv*; chevalet d'agrandissement.

easeless ['i:zləs], *a.* **1.** Qui manque d'aise, de confortable. **2.** Que l'on ne saurait soulager.

easement ['i:zmənt], *s.* **1.** *Jur:* Servitude *f*; service foncier; droit *m* d'usage. **Affirmative easement,** servitude active. **Negative easement,** servitude passive. *Easements are extinguished by non-user during thirty years*, les servitudes s'éteignent par le non-usage pendant trente ans; il y a prescription pour les servitudes après trente ans de non-usage. **2.** *Rail:* Raccordement *m* (entre deux voies). **3.** *A:* Soulagement *m* (de la douleur).

easily ['i:zili], *adv.* *See* EASY.

easiness ['i:zinəs], *s.* **1.** Bien-être *m*, commodité *f.* **2.** Aisance *f*, grâce *f* (des manières, du style, etc.). *See also* FREE-AND-EASINESS. **3.** Indifférence *f*, insouciance *f.* **4.** (*a*) Facilité *f* (d'un travail). (*b*) *E. of belief*, facilité à croire. **5.** (*a*) Complaisance *f*, humeur *f* facile, souplesse *f* de caractère (de qn). (*b*) Jeu *m* facile (d'une machine); douceur *f* (de roulement).

east [i:st]. **1.** *s.* (*a*) Est *m*, orient *m*, levant *m.* *House facing (the) e.*, maison exposée à l'est. **On the east, to the east,** à l'est (*of*, de). *Province on the e. of the Rhine*, province à l'est du Rhin. *Look to the e.*, regardez vers l'est. (*b*) **The East,** l'Orient, le Levant. **The Near East,** le proche Orient. **The Far East,** l'extrême Orient. **The Middle East,** l'Orient moyen. (*c*) **To live in the east of England,** demeurer dans l'est de l'Angleterre. *U.S:* **The East,** les États *m* de l'Est. **2.** *adv.* (*a*) A l'est, à l'orient. **To travel east,**

voyager vers l'est. *The town lies e. of the Rhine*, la ville est située à l'est du Rhin. **The wind blows east**, le vent vient, souffle, de l'est; le vent est (d')est. *Nau:* **To sail due east**, aller droit vers l'est; avoir le cap à l'est; faire de l'est. **East by north**, est-quart-nord-est. **East by south**, est-quart-sud-est. *Prov:* **Too far east is west**, les extrêmes se touchent. (*b*) To go **East**, aller (i) dans l'Est, (ii) dans le Levant, en Orient. **3.** *adj.* Est; (vent *m*) d'est; (pays) de l'est, oriental; (mur, fenêtre) qui fait face à l'est. **East aspect**, exposition à l'est. **East coast**, côte *f* est. **The East Indies**, les Indes orientales. *A:* **East Indiaman**, navire *m* qui faisait le service des Indes orientales. *See also* INDIES.

'East-'Anglia. *Pr.n. Geog:* L'Est-Anglie *f*.

'East-'Anglian, *a. & s.* (Originaire, natif) de l'Est-Anglie.

'east-bound, *a.* (Train *m*) allant vers l'est; (*on underground*) en direction de la banlieue est.

'East-'End (the), *s.* Quartiers pauvres et populeux de la partie est de Londres.

'East-'Ender, *s.* Habitant, -ante, de l' "*East-End*"; prolétaire *m*.

Easter ['i:stər], *s.* Pâques *m*. **Easter day**, le jour, le dimanche, de Pâques. **Easter Monday**, le lundi de Pâques. **Thursday before Easter**, le jeudi saint. **Easter week**, la semaine de Pâques. **Easter egg**, œuf *m* rouge; œuf de Pâques. **To do one's Easter duty**, faire ses Pâques. **Easter dues, Easter offering**, offrande de Pâques (faite au prêtre de la paroisse).

Easter 'Island. *Pr.n. Geog:* L'île *f* de Pâques.

easterly ['i:stərli]. **1.** *a.* **Easterly wind**, vent (d') est; vent d'amont, qui vient de l'est. *E. current*, courant qui se dirige vers l'est. **Easterly point**, point situé à, vers, l'est. *The e. region of a country*, la région est d'un pays. *See also* NORTH-EASTERLY. **2.** *adv.* Vers l'est. **3.** *s.* Vent *m* d'est.

eastern ['i:stərn]. **1.** *a.* (*a*) Est, de l'est; oriental, -aux. **The Near-Eastern question**, la question du proche Orient. **The Eastern question**, la question d'Orient. **The Eastern Church**, l'Église d'Orient; l'Église grecque (orthodoxe). *E. style*, style oriental. *E. trade*, commerce avec l'Orient. *E. voyages*, voyages en Orient. (*b*) Du nord-est des États-Unis. **The Eastern Shore**, les côtes de l'Est (du Maryland). *See also* NORTH-EASTERN, SAGE[1] 2. **2.** *s.* (*a*) Oriental, -ale. (*b*) Membre *m* de l'Église grecque orthodoxe.

easternism ['i:stərnizm], *s.* Orientalisme *m*.

Eastertide ['i:stərtaid], *s.* Pâques *m*.

easting ['i:stiŋ], *s. Nau:* Marche *f*, route *f*, vers l'est; chemin *m* est.

eastward ['i:stwərd]. **1.** *s.* Est *m*. **To the eastward**, vers l'est. **2.** *a.* (*a*) A l'est; dans l'est. (*b*) Du côté de l'est. *Ecc:* **Eastward position**, position du célébrant quand il se tourne vers l'est. **3.** *adv.* = EASTWARDS.

eastwards ['i:stwərdz], *adv.* A l'est; vers l'est; vers l'orient.

easy[1] ['i:zi] (easier, easiest) I. *a.* **1.** (*a*) A l'aise. **To feel easier**, se sentir plus à son aise, se sentir mieux. *My cough is getting easier*, ma toux est moins sèche; ma toux se dégage. *Mil:* **Stand easy!** (en place,) repos! (*b*) Tranquille, sans inquiétude. *To make oneself, one's mind, e. about sth.*, se tranquilliser, se rassurer, sur qch. **Make yourself easy about it**, soyez tranquille; tranquillisez-vous là-dessus. **To be easy in one's mind**, avoir l'esprit tranquille. **With an easy conscience**, en toute tranquillité de conscience; la conscience tranquille. **Easy life**, vie sans souci, sans tracas; *F:* vie de chanoine. *F:* **To be in easy street**, être dans l'aisance *f*. *See also* CIRCUMSTANCE 1. **2.** (*a*) (*Of manners, etc.*) Aisé, libre, dégagé. **In an easy manner**, d'un air dégagé. **Easy style**, style facile, naturel, coulant, aisé, inapprêté. (*b*) **Coat of an easy fit**, veston ample, dans lequel on est à l'aise. (*c*) **Easy movement**, mouvement moelleux. **Easy stream**, cours *m* d'eau tranquille. *Nau:* **Easy rolling**, roulis doux. **Tenon that is too easy in its mortise**, tenon trop lâche, trop gai, dans sa mortaise. *Mec.E:* **Easy fit**, ajustage *m* lâche, à jeu. **3.** (*a*) **Easy task**, travail facile, aisé. **Easy of digestion**, facile à digérer; de digestion facile. **That is easy to see**, cela se voit; il y paraît. *It is e. for him to . . .*, il lui est facile de. . . . *It is e. to say . . .*, on a vite fait de dire . . ., il est aisé de dire. . . . *It is e. for you to say so*, vous en parlez bien à votre aise. *From which it is e. to deduce that . . .*, d'où l'on déduit facilement que. . . . *E. method*, méthode *f* simple. *This way will make your task easier*, ce procédé facilitera votre tâche. **It is only too easy to yield to temptation**, on a bientôt fait de céder à la tentation. *E. starting* (*of an engine*), facilité *f* de lancement, de mise en train. **Easy to fix**, d'une mise en place facile. *The harbour is e. to enter*, le port est d'un accès facile. *House* **within easy distance, within easy reach**, *of . . .*, maison à distance commode de. . . . *F:* **As easy as A B C**, *P:* **as easy as shelling peas, as easy as falling off a log, as easy as winking, as easy as** easy, simple comme bonjour. **It isn't easy**, ce n'est pas facile; *F:* ça ne va pas tout seul. *See also* MATTER[1] 5. *F:* **Easy money**, argent gagné sans peine. *Fb: To miss an e. goal*, rater un but tout fait. *P: Esp. U.S:* (*Of pers.*) **Easy mark**, jobard *m*. (*b*) (*Of pers.*) Facile, accommodant, coulant, complaisant; de bonne composition; débonnaire. **He is not easy to deal with**, il n'est pas accommodant. **Easy person to get on with**, personne d'un commerce facile. **Easy to live with**, commode à vivre; facile à vivre. *See also* FREE[1] I. 5, VIRTUE 1. (*c*) **To travel by easy stages**, voyager à petites étapes. **At an easy pace**, à petite vitesse, à une allure raisonnable. **At an easy trot**, au petit trot. (*Of pers.*) **Easy gait**, pas *m*, allure *f*, désinvolte. *Horse of e. gait*, cheval coulant, d'allure coulante. **The road grows easier**, la route s'aplanit. *Com:* **By easy payments, on easy terms**, avec facilités *f* de payement. *Nau:* **To keep under easy sail**, faire peu de toile. *Sp: etc:* **To come in an easy first**, arriver bon premier. *F:* **To have an easy time**, se la couler douce. **4.** *Com:* **Easy market**, marché tranquille, calme. *Easier market*, marché moins soutenu. **Prices are (getting) easier**, les prix fléchissent; on accuse une détente dans les prix. (*The price of*) *corn is getting easier*, le blé mollit. **Cotton was easier**, le coton a accusé une détente. **5.** *Cards: F:* **Honours easy**, honneurs partagés. **-ily,** *adv.* **1.** Tranquillement, à son aise, paisiblement. *The patient rests e.*, le malade repose paisiblement. *To live e.*, vivre à l'aise, dans l'aisance. **To take things, life, easily**, prendre le temps comme il vient; se laisser vivre; *P:* se la couler douce, bonne. **2.** (*a*) Doucement, sans secousse, sans effort. *The door shuts e.*, la porte se ferme sans effort. (*b*) Avec confort. **These shoes fit me easily**, je suis à l'aise dans ces souliers. *The car holds six people e.*, on tient à l'aise six dans cette voiture. **3.** Facilement, sans difficulté, avec aisance. *To speak e.*, parler avec facilité. *The remedy is very e. used*, ce remède est d'un emploi des plus faciles. *You can e. imagine my disappointment*, vous concevez sans peine ma déception. *He is not e. satisfied*, il n'est pas facile, aisé, à satisfaire. *E. moved*, facile à émouvoir. **He came in easily first, last**, il est arrivé bon premier, bon dernier. **He is easily forty**, il a bien quarante ans; il a une bonne quarantaine.

II. **easy,** *adv. F:* **1. I can do it easy**, cela me sera facile. *I can do it easier than you*, cela m'est plus facile qu'à vous. **Easier said than done**, c'est plus facile, plus aisé, à dire qu'à faire; c'est bientôt dit (mais pas sitôt fait); c'est bon à dire. *See also* COME 1. **2.** (*a*) **To take things easy**, prendre les choses en douceur. **To take it easy**, en prendre tout à son aise; se donner du bon temps; prendre les choses en douceur; ne pas se fouler la rate; *P:* faire qch. en peinard, en pénard; ne pas se la fouler; se la couler douce. **Take it easy!** ne vous faites pas de bile! *P:* ne vous en faites pas! **I'll take it easy**, je ne me fatiguerai pas. *You'll have* to go easy *for a bit*, il va falloir freiner un peu. **To take life easy**, se laisser vivre. **To go easy with sth.**, ménager qch. **Easy does it!** hâtez-vous lentement! (allez-y) doucement! allez-y en douceur! **Easy-riding car**, voiture bien suspendue. (*b*) *Nau: Row:* **Easy** (ahead)! (en avant) doucement! **Easy all!** stop(pe)! **To pull easy**, endurer. *See also* RIDE[2] I. 1.

III. **easy,** *s. Row:* Halte *f*.

'easy-chair, *s.* Fauteuil *m*; bergère *f*; confortable *m*. **Study easy-chair**, liseuse *f*.

'easy-going, *a.* **1.** (*Of horse*) A l'allure douce; coulant; d'allure coulante. **2.** (*Of pers.*) (*a*) Qui prend les choses tranquillement, comme elles viennent; insouciant; qui ne se fait pas de bile; *P:* qui se la coule douce. **He is inconceivably easy-going**, il est d'un sans-souci inconcevable. **He's a plain, easy-going chap**, *P:* c'est un type tout à la flan. (*b*) (*Not fussy*) Accommodant, coulant; peu exigeant; peu tracassier. (*c*) (*Good-tempered*) D'humeur facile. **An easy-going man**, une bonne pâte d'homme; un homme de bonne composition, à la bonne franquette; un bon garçon; un va-comme-je-te-pousse. (*d*) (*In matters of conscience*) Qui a la conscience élastique.

easy[2], *v.i. Row:* Cesser de nager.

eat[1] [i:t], *s. U.S: F:* **1. To be always on the eat**, être toujours à manger. **2.** *pl.* **Eats**, le manger; *P:* la boustifaille. **Plenty of eats** *but nothing to drink*, amplement de quoi manger mais rien à boire. *The accustomed eats were no longer obtainable*, on ne pouvait plus obtenir les plats, les mets, accoutumés.

eat[2], *v.tr.* (*p.t.* ate [et]; *p.p.* eaten [i:tn]) **1.** (*a*) Manger (du pain, de la soupe, etc.). *To eat again*, remanger. *To eat one's breakfast, dinner, supper*, déjeuner, dîner, souper. *To eat a good dinner*, faire un bon dîner. *See also* CAKE[1], FLESH[1]. *To have nothing to eat*, n'avoir rien à manger, rien à se mettre sous la dent. *To ask for something to eat*, demander à manger. **Fit to eat**, bon à manger; mangeable. **To eat next to nothing**, se nourrir de rien, avec rien. *To eat quickly*, mettre les bouchées doubles. **To eat like a wolf, like a horse**, manger comme un ogre; dévorer. **To eat oneself sick**, manger à se rendre malade. *See also* FILL[1] 1. **To eat one's heart out**, se ronger le cœur, *P:* les foies; se ronger dans l'inactivité. *Abs.* **To eat of a dish**, manger d'un plat. **The birds come and eat out of his hand**, les oiseaux viennent lui manger dans la main. *F: He eats out of my hand*, il fait tout ce que je veux; il m'obéit comme un chien. **To eat off plate**, manger dans de l'argenterie. *F:* **I thought he was going to eat me**, j'ai cru qu'il allait m'avaler. **To eat one's words**, (i) se rétracter; ravaler, rétracter, ses paroles; (ii) bafouiller, manger ses mots. *I shall make him eat his words*, je lui ferai rentrer les paroles dans la gorge, dans le ventre. **To eat s.o. out of hearth and home, out of house and home**, ruiner qn en nourriture; manger jusqu'au dernier sou à qn; manger la laine sur le dos de qn, à qn; gruger qn sans merci. (*With passive force*) **Cheese eats well with apples**, le fromage se mange bien, va bien, avec les pommes. (*Of insect, worm*) **To eat into wood**, ronger, mouliner, le bois. *Jur: F:* **To eat one's dinners, one's terms**, faire ses études de droit. *See also* DIRT 1, HAT[1], HUMBLE PIE, LEEK, WORM-EATEN. (*b*) *U.S:* Prendre ses repas; dîner. *We eat at seven*, nous dînons à sept heures. **2.** *U.S: F:* Donner à manger à (cent personnes, etc.). *Boarding-house that sleeps six and eats twelve*, pension qui loge six personnes et en nourrit douze. **3.** *U.S: F:* **What's eating you?** quelle mouche vous prend, vous pique?

eat away. 1. *v.i.* **To eat away steadily**, manger à belles dents; dévorer. **2.** *v.tr.* (*a*) Ronger, éroder, miner (des roches, une falaise); saper (des fondations). **The sea eats away the coastline, the cliffs**, la mer échancre le littoral, mine les falaises. (*b*) (*Of acid*) Mordre, dissoudre, attaquer (un métal). *Phot:* **Fixing-bath that eats away the details**, fixateur qui ronge les détails.

eating away, *s.* Corrosion *f* (du métal); érosion *f* (du littoral).

eat off, *v.tr.* **1. To eat its head off**, (*of horse, etc.*) s'engraisser à ne rien faire; coûter plus à nourrir qu'il ne vaut; (*of factory*) ne pas payer; marcher à vide. *F:* (*Of pers.*) *To eat one's head off*, chômer faute d'ouvrage. **2. To eat off a field**, (i) (*of flock*) manger toute l'herbe dans un champ; (ii) (*of farmer*) paître des troupeaux dans un champ.

eat up, *v.tr.* **1.** Manger jusqu'à la dernière miette (un gâteau, etc.); achever de manger (qch.). **Eat up your bread!** finis ton pain! *He ate it all up* (*i.e. the chicken, etc.*), il le mangea en entier; il n'en a fait qu'une bouchée. *F: His opponent simply ate him up,* son adversaire n'en a fait qu'une bouchée. (*Of motor car, etc.*) **To eat up the miles,** dévorer la route. **2.** Réduire à néant les provisions de bouche (d'un pays); épuiser les provisions de (qn). **3.** Consumer (qch.) sans profit. **Stove that eats up the coal,** poêle qui mange beaucoup de charbon. **To eat up all s.o.'s time,** faire perdre inutilement tout son temps à qn. **4.** *F:* **To be eaten up (with sth.),** être dévoré (d'orgueil); être confit (de vanité), miné (par l'envie), consumé (par l'ambition), accablé, criblé (de dettes), perclu (de rhumatismes). *See also* SELF-CONCEIT.

eating, *s.* Manger *m.* **Pheasants are good eating, excellent eating,** les faisans sont bons à manger, sont un mets excellent. **Eating chocolate,** chocolat à croquer. *E. fruit,* fruits de dessert. *E. cherries,* cerises de table. *See also* APPLE I.

'eating-hall, *s. U.S:* Réfectoire *m.*

'eating-house, *s.* Restaurant *m. Cheap e.-h.,* gargote *f. E.-h. keeper,* (i) restaurateur *m*; (ii) *Pej:* gargotier *m. To keep an e.-h.,* donner à manger; tenir un restaurant ou une gargote.

eatable ['iːtəbl]. **1.** *a.* Mangeable, bon à manger. *Fruit that is quite e.,* fruit qui se laisse manger. **2.** *s.pl.* **Eatables,** provisions *f* de bouche; comestibles *m.* **Eatables and drinkables,** le boire et le manger.

eater ['iːtər], *s.* **1.** Mangeur, -euse; dîneur, -euse. *Small e., great e.,* petit mangeur, gros mangeur. **He is not a big eater,** il ne mange pas beaucoup. *Great e. of meat,* grand mangeur de viande. *See also* FIRE-EATER, LOTUS-EATER, MAN-EATER, OPIUM-EATER, TOAD-EATER. **2.** (*With passive force*) **A good eater,** fruit *m* qui est bon à manger, qui se laisse manger.

eau-de-Cologne ['oudəko'loun], *s. Toil:* Eau *f* de Cologne.

eaves [iːvz], *s.pl. Const:* Égout *m* (du toit); avance *f* (du toit); avant-toit *m*; gouttières *fpl*; *Tchn:* subgronde *f.* **Eaves-slate,** ardoise *f* de chéneau. **Eaves-board,** chanlat(t)e *f.*

eavesdrop ['iːvzdrɔp], *v.i.* (**eavesdropped**) Écouter aux portes, à la porte; être aux écoutes.

eavesdropping, *s.* Fait *m* d'écouter aux portes.

eavesdropper ['iːvzdrɔpər], *s.* Écouteur, -euse, aux portes; indiscret, -ète.

ebb[1] [eb], *s.* **1.** Reflux *m,* jusant *m*; baisse *f,* déchalement *m* (de la marée). **The ebb and flow,** le flux et le reflux. **Set of the ebb,** direction *f* du jusant. **Slack of the ebb,** étale *m* du jusant. **The tide is on the ebb,** la marée baisse; la mer, la marée, refoule. **When is the tide at its lowest ebb?** quelle est l'heure de la marée basse? *Nau:* **Ebb anchor,** ancre de jusant. **2.** *F:* Déclin *m* (de la fortune, de la vie). *The patient is* **at a low ebb,** le malade est très bas, est aussi mal que possible. *At the lowest ebb of fortune,* au plus bas degré de la fortune. *To be at one's lowest ebb,* être à bout de ressources. *His business is at a low ebb,* ses affaires périclitent; *F:* les eaux sont basses chez lui. *His influence, popularity, is on the ebb, F:* **ses actions sont en baisse.**

'ebb-'tide, *s.* Marée descendante; marée de jusant; reflux *m.* **Set of the ebb-tide,** direction *f* du jusant. **Slack of the ebb-tide,** étale *m* du jusant.

ebb[2], *v.i.* **1.** (*Of tide*) Baisser, descendre; refluer, refouler. **To ebb and flow,** monter et baisser; fluer et refluer. *The tide is ebbing,* la marée baisse; *F:* la marée perd. **2.** *F:* (*Of life, etc.*) Décliner; être sur le déclin; décroître, baisser. *Daylight was ebbing fast,* la nuit tombait vite. **To ebb away,** s'écouler. *His life was rapidly ebbing away,* il baissait de jour en jour, d'heure en heure.

ebbing[1], *a.* (*a*) (Eaux) qui refluent. (*b*) (Vie) sur le déclin. **Ebbing strength,** forces diminuantes, qui s'en vont.

ebbing[2], *s.* **1.** Reflux *m,* jusant *m*; baissant *m* (de l'eau). **2.** Déclin *m.*

Ebenezer [ebe'niːzər]. **1.** *Pr.n.m.* (*a*) *B:*Ében-hézer. (*b*) (*Baptismal name*) Ebenezer. **2.** *s. F:* (*a*) Pierre commémorative. (*b*) *Iron:* Petit temple (de secte dissidente).

ebon ['ebən]. **1.** *a. Poet:* D'ébène. **2.** *s. U.S:* Nègre, négresse.

ebonite ['ebənait], *s.* Ébonite *f*; caoutchouc durci; vulcanite *f.*

ebonize ['ebənaiz], *v.tr.* Ébéner (le bois). **Ebonized wood,** bois noirci.

ebony ['ebəni], *s.* **1.** (*a*) Ébène *f*; bois *m* d'ébène. *Com:* **Red ebony,** bois d'ébène rouge; grenadille *f.* **Ebony box,** boîte en bois d'ébène. *F:* **Ebony complexion,** teint (d'un noir) d'ébène. *See also* BLACK[1] I. 1. (*b*) **Ebony (tree),** ébénier *m*; plaqueminier ébénier. **2.** *U.S:* Nègre, négresse.

ebracteate [i'braktiet], *a. Bot:* Ébracté.

ebriety [iː'braiəti], *s.* Ébriété *f,* ivresse *f.*

ebrious ['iːbriəs], *a.* En état d'ébriété; ivre; *occ.* ébrieux.

Ebro ['iːbro]. *Pr.n. Geog:* L'Èbre *m.*

ebullience [i'bʌliəns], **ebulliency** [i'bʌliənsi], *s.* Bouillonnement *m,* effervescence *f* (de la colère, de la jeunesse, etc.).

ebullient [i'bʌliənt], *a.* **1.** Qui bout; bouillonnant, en ébullition. **2.** *F:* (Sentiment) débordant, enthousiaste, exubérant; (homme) plein de vie.

ebullioscope [i'bʌlioskoup], *s. Ph:* Ébullioscope *m.*

ebullition [ebʌ'liʃ(ə)n], *s.* **1.** Ébullition *f,* bouillonnement *m* (d'un liquide). **2.** **Ebullition of feeling,** transport *m. E. of wrath,* débordement *m* de colère. **Ebullition of the populace,** insurrection *f* du peuple; mouvement *m* populaire.

eburnation [ibəːr'neiʃ(ə)n], *s. Med:* Éburnation *f.*

eburnean [i'bəːrniən], *a.* Éburnéen; éburné.

Eburones [ebju'rouniːz], *s.pl. Hist:* Éburons *m.*

écarté [e'kɑːrte], *s. Cards:* Écarté *m.*

écartelé [e'kɑːrtəle], *a. Her:* Écartelé.

ecbolic [ek'bɔlik], *a.* & *s.* = ABORTIFACIENT.

eccentric [ek'sentrik]. **1.** *a.* (*a*) *Geom: Astr:* (Cercle *m,* etc.) excentrique. (*b*) *Mec.E:* **Eccentric cam,** came désaxée. **Eccentric catch,** demi-lune *f.* **Eccentric load,** charge décentrée. **Eccentric shaft,** arbre à excentrique(s); arbre excentré. **Eccentric bushing,** douille excentrique, excentrée. **Eccentric clamp,** levier *m* de coincement. (*c*) *F:* (*Of pers.*) Excentrique; original, -aux. **2.** *s.* (*a*) *Mec.E:* Excentrique *m.* **Eccentric rod,** tige d'excentrique. *See also* FORE[1] I, FORWARD[1] I. 1. (*b*) *F:* (*Of pers.*) Excentrique *mf*; original, -ale. **-ally,** *adv.* **1.** *Mec.E:* **Eccentrically bored spindle,** broche excentrée. **2.** *F:* (*Of pers.*) Excentriquement, originalement.

eccentricity [eksen'trisiti], *s.* **1.** (*a*) Excentricité *f* (d'une ellipse). (*b*) *Mec.E:* Excentricité, désaxage *m,* décentrement *m.* **2.** (*a*) Excentricité (de caractère); bizarrerie *f,* originalité *f* (*in,* de). (*b*) **To bear with s.o.'s eccentricities,** supporter les excentricités de qn.

ecchymosed ['ekimousd], *a. Med:* Ecchymosé.

ecchymosis [eki'mousis], *s.* Ecchymose *f.*

Eccles cake ['eklz'keik], *s. Cu:* Petit gâteau aux raisins secs (originaire d'Eccles, dans le Lancashire).

ecclesia [e'kliːziə], *s. Gr.Ant:* Ecclésie *f.*

ecclesiarch [e'kliːziɑːrk], *s.* Chef *m* (de l'Église).

Ecclesiast (the) [ðie'kliːziast]. *Pr.n.m. B:* L'Ecclésiaste (auteur du Livre).

Ecclesiastes [ekliːzi'astiːz]. *Pr.n. B:* L'Ecclésiaste *m* (le Livre saint).

ecclesiastic [ekliːzi'astik], *a.* & *s.* Ecclésiastique (*m*).

ecclesiastical [ekliːzi'astik(ə)l], *a.* Ecclésiastique. *E. warehouse,* maison d'articles religieux. **The ecclesiastical body,** le sacerdoce. *Adm:* **Ecclesiastical matters,** les Cultes *m.* **The Ecclesiastical Commission,** la Commission d'administration des biens de l'Église anglicane.

ecclesiasticism [ekliːzi'astisizm], *s.* Esprit clérical; cléricalisme *m.*

Ecclesiasticus [ekliːzi'astikəs]. *Pr.n.m. B.Lit:* L'Ecclésiastique.

echelon[1] ['eʃəlɔn], *s. Mil:* Échelon *m.* **In echelon,** en échelon. *Movement in e.,* mouvement en tiroir. *Opt:* **Echelon lens,** lentille à échelons.

echelon[2], *v.tr. Mil:* Échelonner (des troupes).

echeloned ['eʃələnd], *a. Mil:* En échelon.

echeloning ['eʃəlɔniŋ], *s. Mil:* Échelonnement *m.*

echidna [i'kidnə], *s. Z:* Échidné *m.*

echinite ['ekinait], *s. Paleont:* Échinide *m*; oursin *m* fossile.

echinoderm [e'kainodəːrm, 'ekinodəːrm], *s. Z:* Échinoderme *m.*

echinops ['ekinɔps], *s. Bot:* Échinops *m,* échinope *m.*

echinus [i'kainəs], *s.* **1.** *Echin:* Oursin *m.* **2.** *Arch:* Échine *f* (de chapiteau).

echo[1] ['eko], *s.* **1.** (*pl.* **echoes**) Écho *m.* **To applaud to the echo,** applaudir à tout rompre, à outrance. *See also* SOUNDER[2]. **2.** *Pr.n.f. Gr.Myth:* Écho.

'echo organ, *s. Mus:* Écho *m.*

echo[2]. **1.** *v.tr.* Répéter (en écho). **To echo s.o.'s opinions, s.o.'s words,** se faire l'écho des opinions de qn; faire écho aux paroles de qn. **To echo back a shout,** faire écho à un cri. **2.** *v.i.* (*a*) Faire écho. **The woods echoed with the songs of birds,** les bois retentissaient des chants des oiseaux. *Room that does not e.,* pièce sourde. *He made the valleys e. as he sang,* il réveillait de ses chants les échos des vallons. (*b*) Retentir. *His voice echoed through the hall,* sa voix retentit, résonna, dans le vestibule.

echolalia [eko'leiliə], *s. Med:* Écholalie *f.*

echoless ['ekoləs], *a.* Sans écho. *Cin:* **Echoless studio,** studio complètement sourd.

eclair [e'kleər], *s. Cu:* Éclair *m* (à la crème, etc.). *Chocolate e.,* éclair au chocolat.

eclampsia [e'klampsiə], *s. Med:* Éclampsie *f.*

éclat [e'klɑː], *s.* Éclat *m,* gloire *f. He acquitted himself with e.,* il s'en tira avec éclat; il remporta un succès éclatant.

eclectic [ek'lektik], *a.* & *s.* Éclectique (*m*). **-ally,** *adv.* Éclectiquement.

eclecticism [ek'lektisizm], *s.* Éclectisme *m.*

eclimeter [ek'limetər], *s. Surv:* Éclimètre *m.*

eclipse[1] [i'klips], *s.* **1.** (*a*) *Astr:* Éclipse *f. Solar e., lunar e.,* éclipse de soleil, de lune. **Total, partial, eclipse,** éclipse totale, partielle. (*b*) *Nau:* **The flash and the eclipse of a light,** l'éclat et l'éclipse d'un phare. (*c*) *F: His fame is becoming established after suffering an e.,* sa renommée s'affirme après avoir subi une éclipse. **To be under an eclipse,** être éclipsé; se trouver relégué à l'arrière-plan, dans l'ombre. **2.** *Orn:* **Bird in eclipse,** oiseau qui a mué sa robe de noces; oiseau dans son plumage d'hiver.

eclipse[2], *v.tr.* Éclipser (la lune, la lumière d'un phare, etc.). *F:* Éclipser, surpasser, faire pâlir (la gloire de qn); faire ombre à (qn).

ecliptic [i'kliptik], *a.* & *s. Astr:* Écliptique (*f*).

eclogue ['eklɔg], *s. Lit:* Églogue *f.*

ecological [iːko'lɔdʒik(ə)l], *a.* = OECOLOGICAL.

ecology [iː'kɔlodʒi], *s.* = OECOLOGY.

economic [iːko'nɔmik], *a.* Qui se rapporte à l'économie politique; (problème *m*) économique. *The e. system of Europe,* l'économie *f* de l'Europe.

economical [iːko'nɔmik(ə)l], *a.* **1.** *A:* = ECONOMIC. **2.** (*a*) (*Of pers.*) Économe, ménager. *To be e. with sth.,* ménager, épargner, économiser, qch. (*b*) (*Of method, apparatus, etc.*) Économique. **Economical speed** (*of a ship, etc.*), vitesse *f* économique (d'un vaisseau, etc.). **-ally,** *adv.* Économiquement. *To use sth. e.,* ménager qch.

economics [iːko'nɔmiks], *s.pl.* (*Usu. with sg. const.*) **1.** (La science) économique *f*; l'économie *f* politique. **2.** *The e. of a country,* le régime économique d'un pays.

economist [i(ː)'kɔnomist], *s.* **1.** *A:* (*a*) Économe *m,* administrateur *m.* (*b*) Ménagère *f.* **2.** Personne *f* économe (*of,* de). **3.** **(Political) economist,** économiste *m.* **Rural economist,** économiste rural; agronome *m.*

economization [i(ː)kɔnomi'zeiʃ(ə)n], *s.* Économie *f* dans l'emploi (de qch.); ménagement *m* (des ressources, etc.).

economize [i(:)'kɔnomaːiz], *v.tr.* Économiser, épargner, ménager (le temps, l'argent, etc.). *Abs.* Économiser, faire des économies. **To economize on sth.,** économiser sur qch.

economizer [i(:)'kɔnomaizər], *s.* **1.** Personne *f* économe; économiseur, -euse. **2.** *Ind:* (*Device*) Économiseur *m.* *Fuel e.*, économiseur de combustible.

economy [i(:)'kɔnomi], *s.* **1.** Économie *f* (d'argent, de temps, etc.). *E. in fuel consumption*, économie de, en, combustible. **To practise economy,** économiser. *To practise strict e.*, observer une stricte économie; se montrer extrêmement économe; vivre à l'étroit. *Drawing showing great e. of line*, dessin *m* très sobre. *A good article is an e. in the long run*, on regagne le prix d'un article de bonne qualité. *Aut:* **Economy run,** concours *m* de consommation. **2.** (*a*) **Political economy,** économie politique. (*b*) **To disturb the economy of Europe,** déranger l'économie, le régime économique, de l'Europe.

écraseur [ekrɑ'zəːr], *s.* *Surg:* Écraseur *m* (pour polypes, etc.).

ecru ['ekryː], *a.* & *s.* *Tex:* Écru (*m*).

ecstasied ['ekstəsid], *a.* Extasié, en extase.

ecstasize ['ekstəsaːiz]. **1.** *v.tr.* Ravir (qn). **2.** *v.i.* S'extasier (*over sth.*, devant qch.).

ecstasy ['ekstəsi], *s.* **1.** Transport *m* (de joie); joie délirante; ravissement *m.* **To be in an ecstasy of joy,** se pâmer de joie. *E. of mirth*, accès *m* de fou rire. *E. of terror*, accès de terreur folle. **To go into ecstasies over sth.,** s'extasier devant qch. **2.** (*a*) *Med:* Extase *f.* (*b*) Extase (religieuse, prophétique, poétique, etc.).

ecstatic [ek'statik], *a.* Extatique. **-ally,** *adv.* Avec extase, d'une manière extatique. *E. happy*, heureux jusqu'au ravissement. **To gaze ecstatically at s.o.,** tomber en extase devant qn; contempler qn d'un air extasié.

ectasis ['ektasis], *s.* **1.** *Gram:* Ectase *f.* **2.** *Med:* Ectasie *f.*

ecto- ['ekto], *pref.* Ecto-. *Ectodermal*, ectodermique. *Ectoplasm*, ectoplasme. *Ectozoon*, ectozoaire.

ectoderm ['ektodəːrm], *s.* *Anat:* Ectoderme *m.*

ectodermal [ekto'dəːrm(ə)l], **ectodermic** [ekto'dəːrmik], *a.* Ectodermique.

ectopia [ek'toupiɑ], *s.* *Med:* Ectopie *f.*

ectoplasm ['ektoplazm], *s.* *Biol:* Ectoplasme *m.*

ectropion [ek'troupiən], *s.* *Med:* Ectropion *m*; éversion *f* (de la paupière).

Ecuador [ekwa'dɔːr]. *Pr.n.* *Geog:* (La République de) l'Équateur *m.*

Ecuadorian [ekwa'dɔːriən], *a.* & *s.* *Geog:* Écuadorien, -ienne; équatorien, -ienne.

ecumenical [iːkju'menik(ə)l], *a.* = OECUMENICAL.

eczema ['ekzimɑ], *s.* *Med:* Eczéma *m.* *Moist e.*, *weeping e.*, eczéma humide.

eczematous [ek'zemətəs], *a.* Eczémateux.

edacious [i'deiʃəs], *a.* Vorace; glouton, -onne.

edacity [i'dasiti], *s.* Voracité *f*, gloutonnerie *f.*

Edam ['iːdam]. *Pr.n.* **Edam cheese,** fromage *m* de Hollande.

Edda ['edɑ], *s.* *Norse Lit:* Edda *f.* *The Older, Poetic, E.*, l'Edda poétique. *The Younger, Prose, E.*, l'Edda en prose.

eddy[1] ['edi], *s.* **1.** (*Of water, wind*) Remous *m*; tourbillon *m*; tournoiement *m.* *Nau:* Retour *m* de courant, revolin *m.* *Aut:* *Av:* **Eddy current,** remous de courant. **2.** *El:* **Eddy currents,** courants *m* de Foucault; courants parasites. *E.-current circuit*, circuit *m* des courants parasites.

'**eddy-chamber,** *s.* Chambre *f* aérodynamique pour l'étude des remous.

'**eddy-wind,** *s.* *Nau:* Revolin *m*; renvoi *m* de vent.

eddy[2]. **1.** *v.i.* (*Of water*) Faire des remous; (*of wind*) tourbillonner, tournoyer. **2.** *v.tr.* Faire tourbillonner.

eddying[1], *a.* (*Of water*) Qui fait des remous, tournoyant; (*of wind*) tourbillonnant.

eddying[2], *s.* Tourbillonnement *m* (du vent); tournoiement *m*, remous *mpl* (de l'eau).

edelweiss ['eːdlvais], *s.* *Bot:* Édelweiss *m*; immortelle *f* des neiges.

Eden [iːdn]. *Pr.n.* *B:* **(The Garden of) Eden,** l'Éden; le Paradis terrestre.

edentata [eden'teitɑ], *s.pl.* *Z:* Édentés *m.*

edentate [i'dentet], *a.* & *s.* *Z:* Édenté (*m*).

Edessa [e'desɑ]. *Pr.n.* *A.Geog:* Édesse *f.*

Edgar ['edgər]. *Pr.n.m.* Edgar.

edge[1] [edʒ], *s.* **1.** (*a*) Fil *m*, tranchant *m*, taillant *m*, coupant *m*, arête tranchante, coupante (d'une lame); angle *m* (d'un outil). **Thin edge** (*of wedge*), tranchant (de coin). *F:* **It's the thin edge of the wedge,** c'est le premier pas (qui mène à une mauvaise habitude, etc.). **To give the edge of one's tongue to s.o.,** dire son fait à qn; laver la tête à qn. *See also* SWORD, WIRE EDGE. (*b*) *Knife with an e., a keen e., on it*, couteau à tranchant aigu, acéré. **To put an edge, a new edge, a fine edge, to a tool, on a blade,** (re)donner du fil à un outil; aiguiser, affiler, acérer, aviver, un outil; (re)mettre le tranchant à une lame. *This knife has no e.*, ce couteau est émoussé, ne coupe plus. *To take the e. off a knife, to turn the e. of a knife*, émousser un couteau. *F:* **To take the edge off, to dull the edge of, one's appetite,** (i) émousser l'appétit; (ii) étourdir la grosse faim; casser une croûte (pour attendre le repas). *To take the e. off pleasure*, gâter, gâcher, émousser, le plaisir. *To take the e. off an argument*, couper tout l'effet d'un argument. **To give an edge to one's style,** acérer son style. **Words with an edge,** paroles mordantes, caustiques. **Not to put too fine an edge upon it,** pour dire les choses carrément; pour ne pas mâcher les mots. **2.** (*a*) Arête, angle (d'un cristal, d'une pierre, etc.); carne *f* (d'une pierre); crête *f* (d'une chaîne de montagnes); accore *f* (d'un banc de sable, d'un écueil). **Square edge,** bord *m* rectangulaire. **Sharp edge,** arête vive. **Rounded edge, blunted edge,** arête mousse. *See also* FEATHER-EDGE. *The e. of the kerb*, l'arête vive du trottoir. (*b*) *Skating:* Carre *f* (de patin). **Inside edge,** dedans *m.* **Outside edge,** dehors *m.* **To cut, do, the inside edge,** glisser sur les carres intérieures; faire des dedans (*c*) *Mil:* **Outside edge of a trench,** revers *m* d'une tranchée (*d*) Lèvre *f* (d'une plaie, d'une coupure). (*e*) *Tls:* *Carp:* **Straight edge,** limande *f.* **3.** Bord *m*, rebord *m* (de table, de vase); tranche *f*, can *m*, carne, rive *f*, champ *m*, chant *m* (d'une planche); ourlet *m* (d'un cratère); tranche *f* (d'une médaille, d'une pièce de monnaie); tranchant (d'une raquette); rive (d'une feuille de papier). *Aut:* Accrochage *m* (de la jante d'une roue). *Astr:* Limbe *m* (du soleil, de la lune). *Bookb:* Tranche (de livre). **Gilt edges,** tranches dorées. *With g. edges*, doré sur tranches. *Gilt top e.*, tête dorée. *Back e.* (*of page*), petit fond. *See also* FORE-EDGE. **To set two boards edge to edge,** affronter deux planches; mettre deux planches bord à bord. **On edge,** (i) (*of brick*) de champ, de can, sur can; (ii) *F:* (*of teeth*) agacé; (*of pers.*) énervé. **To set on edge,** (i) mettre de champ, de can, sur can; canter (des briques); (ii) *F:* agacer, faire grincer (les dents à qn); agacer, crisper (les nerfs); crisper, énerver, horripiler (qn). *Stones set on e.*, pierres posées de, sur, champ. **Brick-on-edge course,** assise *f* de champ. **It sets my teeth on edge,** cela m'agace les dents; cela me crispe. **To have one's nerves on edge,** avoir les nerfs agacés, les nerfs à vif; avoir ses nerfs en pelote. *My nerves are all on e.*, j'ai les nerfs à fleur de peau; j'ai les nerfs à cran, à vif. *The least worry puts him all on e.*, le moindre tracas lui donne sur les nerfs. *She is on e. to-day*, elle est nerveuse, elle a ses nerfs, aujourd'hui. *U.S:* *F:* **To have an edge on s.o.,** (i) avoir une dent contre qn; (ii) être avantagé par rapport à qn. *See also* FOLLOWING[1] 1, LEADING[2] 3, MILLED, TRAILING[1] 1. **4.** Lisière *f*, bordure *f*, orée *f* (d'un bois); bord, rive (d'une rivière); marge *f* (d'un chemin, d'un fossé); limite *f* (d'une plaine); pourtour *m* (d'une came, etc.); liséré *m*, bord (d'une étoffe, etc.). *Phot:* *etc:* **White edge** (*of a print*), liséré blanc. **The edge of the road,** la bordure de la route. *Houses built along, by, the e. of the road*, maisons bâties en bordure du chemin. **At the water's edge,** au ras, au niveau, de l'eau. *At the e. of a precipice*, au bord d'un précipice. *On the e. of winter*, au seuil de l'hiver. *See also* SAFE[2] 2.

'**edge-bone,** *s.* *Cu:* *F:* = AITCH-BONE.

'**edge-coals,** *s.pl.* *Min:* Dressants *m* de houille.

'**edge-finishing,** *s.* *Metalw:* Ébarbage *m*, ébarbement *m.* *E.-f. press*, presse *f* à ébarber.

'**edge-rail,** *s.* *Rail:* (*a*) Rail posé de champ. (*b*) (*Guard-rail*) Contre-rail *m*, *pl.* contre-rails.

'**edge-ring,** *s.* Cordon *m* (d'une pièce de monnaie).

'**edge-runner,** *s.* *Min:* Broyeur *m* à meules verticales.

'**edge-saw,** *s.* *Carp:* Scie *f* à écorner.

'**edge-seam,** *s.* *Min:* Dressant *m.*

'**edge-'tool,** *s.* Outil tranchant, coupant. **Edge-tools,** taillanderie *f.* *E.-t. maker*, taillandier *m.* *E.-t. making*, taillanderie. *F:* **To play with edge-tools** = *to play with edged tools, q.v. under* EDGED 1.

'**edge-tree,** *s.* *For:* Pied cornier.

'**edge-trimmer,** *s.* *Tls:* *Hort:* Coupe-bordure *m*, *pl.* coupe-bordure(s).

edge[2], *v.tr.* & *i.* **1.** (*a*) Affiler, aiguiser, donner un tranchant à (un couteau); affûter (un outil). *F:* **To edge the appetite,** aiguiser l'appétit. (*b*) *To e. a grinding-wheel*, repiquer une meule. (*c*) *Metalw:* Tomber (un bord de tôle). **2.** (*a*) Border (une étoffe, la route) (*with*, de); lisérer (une jupe). *Road edged with poplars*, route bordée de peupliers. *Engr:* **To edge the plate with chalk,** marger la planche avec du blanc d'Espagne. (*b*) (*Clip*) Déborder (une tôle, un verre de lunette, etc.). **3.** **To edge (one's way) into, out of, a room; to edge in, out,** se faufiler, se glisser, dans une pièce; s'introduire doucement, de guingois, dans une pièce; sortir tout doucement d'une pièce; se dérober; *P:* se défiler. *To e. one's way into a job*, s'ingérer dans un emploi. **To edge in a word,** placer son mot; glisser un mot. *To e. a product out of the market*, faire disparaître insensiblement un produit du marché. *To e. s.o. out of a job*, évincer qn. **To edge one's chair nearer,** rapprocher, avancer, sa chaise peu à peu, tout doucement. *Nau:* **To edge to the north,** incliner la route vers le nord. *To e. to starboard*, obliquer sur tribord. *To e. to(wards) the right*, obliquer vers la droite. **4.** *A:* **To edge s.o. on** = *to egg s.o. on, q.v. under* EGG[2].

edge away, *v.i.* (*a*) S'éloigner, se reculer, s'écarter, tout doucement (*from s.o.*, de qn). (*b*) *Nau:* S'éloigner, laisser porter, en dépendant.

edge down, *v.i.* *Nau:* **To edge down upon a boat,** gouverner, arriver, (sur un bateau) en dépendant. *To clear a point edging down*, doubler une pointe en dépendant.

edge off. **1.** *v.tr.* (*a*) Amincir (une lame, etc.). (*b*) *Engr:* Ébarber (une planche). **2.** *v.i.* = EDGE AWAY.

edged, *a.* **1.** (*Of tool, etc.*) Tranchant, acéré. *F:* **To play with edged tools,** jouer avec le feu; jouer un jeu dangereux. **2.** (*a*) A tranchant, qui a un tranchant. **Chisel-edged,** taillé en lame. **Two-edged sword,** épée à deux tranchants, à double tranchant. *See also* DOUBLE-EDGED. (*b*) **Dull-edged,** à arêtes arrondies; (bois) flacheux, (poutre) flacheuse. **Gilt-edged,** doré sur tranches. *See also* FEATHER-EDGED, GILT-EDGED, KEEN-EDGED, SHARP-EDGED.

edging, *s.* **1.** (*a*) Pose *f* d'un liséré, d'un cordonnet, d'une ganse (à une robe, etc.); entretien *m*, taillage *m*, de la bordure (d'une pelouse, etc.). (*b*) (*Clipping*) Débordage *m* (d'une tôle, d'un verre de lunette). **2.** *Dressm:* *Furn:* *etc:* Liséré *m*, cordonnet *m*, passement *m*, ganse *f*; garniture *f.* *Mil:* Contour *m* (d'épaulette). *Nau:* Gaine *f* (d'une voile). *Hort:* Bordure *f* (de parterre, etc.). *See also* BOX[1].

'**edging-iron, -tool,** *s.* *Hort:* Coupe-gazon *m inv*, tranche-gazon *m inv*, molette *f.*

'**edging-shears,** *s.pl.* *Hort:* Cisaille *f* à bordures.

'**edging-strip,** *s.* Bordure *f* (métallique, etc.).

edgeless ['edʒləs], *a.* **1.** (*Of sword, etc.*) Émoussé. **2.** Dépourvu de bords.

edgeways ['edʒweiz], **edgewise** ['edʒwaiz], *adv.* **1.** (Vu) latéralement, de côté. **2.** De champ, sur champ, de côté. *To lay, set, a plank e.*, placer une planche de champ, de can, sur can; canter une planche. *F:* **I can't get a word in edgeways**, impossible de placer, de glisser, un mot (dans la conversation). **3.** (*Of two things*) Côte à côte; (*of two boards*) affronté.
edginess ['edʒinəs], *s. F:* Nervosité *f.*
edgy ['edʒi], *a.* **1.** (*Of rock, etc.*) Aux arêtes vives; (*of picture*) aux contours tranchés; aux lignes dures. **2.** *F:* (*Of pers.*) (*a*) Au caractère anguleux. (*b*) Énervé. **-ily,** *adv.* D'un air agacé.
edibility [edi'biliti], *s.* Comestibilité *f.*
edible ['edibl]. **1.** *a.* Comestible; bon à manger; mangeable. **2.** *s.pl.* **Edibles,** comestibles *m.*
edict ['i:dikt], *s. Hist:* Édit *m. Hist:* **The Edict of Nantes,** l'Édit de Nantes.
edictal [i'dikt(ə)l], *a.* Édictal, -aux.
edification [edifi'keiʃ(ə)n], *s. Usu. Iron:* Édification *f* (de la jeunesse, etc.); instruction *f. I may mention, for your e., that . . .,* pour votre gouverne, vous saurez que. . . .
edifice ['edifis], *s.* Édifice *m. F: The whole e. of his hopes collapsed,* tout l'édifice de ses espérances s'écroula.
edifier ['edifaiər], *s. Usu. Iron: The edifiers of modern youth,* ceux qui se chargent de l'édification de la jeunesse moderne; les mentors *m* de la jeunesse moderne.
edify ['edifai], *v.tr.* **1.** *A:* Édifier, bâtir, construire. **2.** Édifier (qn).
edifying, *a.* Édifiant.
Edinburgh ['edinb(ə)rə], *Pr.n. Geog:* Édimbourg. **(Native, inhabitant) of Edinburgh,** édimbourgeois, -oise.
edit ['edit], *v.tr.* **1.** (*a*) Préparer (un texte) pour la publication; annoter, éditer (le texte d'un auteur); accompagner (un texte) de remarques; donner un texte critique, une édition annotée (d'une œuvre); diriger (une série de textes, etc.). (*b*) Rédiger, diriger (un journal, une revue). **Edited by . . .,** (série, journal, etc.) sous la direction de. . . . *See also* SUB-EDIT. **2.** *F:* **To edit news for the public,** accommoder les nouvelles du jour pour le grand public; donner aux nouvelles un tour tendancieux.
editing, *s.* **1.** (*a*) Préparation *f*, annotation *f* (d'un texte). (*b*) *Book that would have been improved by careful e.*, livre qui aurait gagné à être revu soigneusement par un tiers. **2.** Rédaction *f*, direction *f* (d'un journal).
Edith ['i:diθ]. *Pr.n.f.* Édith(e).
edition [i'diʃ(ə)n], *s. Publ:* Édition *f* (d'un ouvrage). **Limited edition,** édition à tirage limité. **Definitive edition,** édition ne varietur. **Popular edition, cheap edition,** édition populaire, à bon marché; *F:* édition torchon. *Book in its fourth e.*, livre à sa quatrième édition. *F:* **He is a second edition of his father,** il est le double, l'image *f*, de son père. *Child who is a small e. of her mother,* enfant qui est l'image de sa mère en plus petit.
editor ['editər], *s.* **1.** Annotateur *m*, éditeur *m* (d'un texte); auteur *m* (d'une édition critique). **2.** (*a*) Surveillant *m* de la publication. **Editor of a series, of a dictionary,** directeur *m* d'une série, d'un dictionnaire. (*b*) Rédacteur *m* en chef, directeur (d'une revue, d'un journal). **Managing editor,** rédacteur gérant. *See also* PRISON-EDITOR, SUB-EDITOR. (*c*) *Journ: U.S:* Titulaire *m* d'une rubrique. *Dramatic e.*, critique *m* dramatique. *Sporting e.*, rédacteur sportif.
editorial [edi'tɔ:riəl]. **1.** *a.* Éditorial, -aux. **Editorial office,** (salle *f* de) rédaction *f. The e. staff,* la rédaction. **2.** *s. Journ:* Article *m* de fond, de tête; éditorial *m*; (*in Paris*) premier-Paris, *pl.* premiers-Paris. **-ally,** *adv.* En qualité de rédacteur, de directeur.
editorship ['editərʃip], *s.* **1.** Rôle *m* d'annotateur (d'un texte). **2.** Rôle de surveillant (de la publication). *Series published under the e. of . . .,* série publiée sous la direction de. . . . **3.** Fonctions *fpl* de rédacteur en chef; direction *f* (d'un journal). *See also* SUB-EDITORSHIP.
editress ['editres], *s.f.* **1.** Éditrice, annotatrice (d'un texte). **2.** Rédactrice, directrice (d'un journal).
Edmund ['edmənd]. *Pr.n.m.* Edmond.
Edones [e'douni:z], **Edoni** [e'douni], *s.pl. Hist:* Édoniens *m.*
educability [edjukə'biliti], *s.* Éducabilité *f.*
educable ['edjukəbl], *a.* Éducable.
educand ['edjukand], *s.* Élève *mf.*
educatability [edjukeitə'biliti], *s.* Éducabilité *f.*
educatable ['edjukeitəbl], *a.* Éducable.
educate ['edjukeit], *v.tr.* **1.** *A:* Élever; *F:* éduquer. **2.** (*a*) Donner de l'instruction à, instruire (qn). *He was educated in France,* il a fait ses études en France. *He is entirely self-educated,* il s'est instruit entièrement par lui-même; c'est un autodidacte. (*b*) Faire faire ses études à (son enfant). **To educate one's son for the bar,** diriger son fils vers le barreau. *Widow who has great difficulty in educating her children,* veuve qui a beaucoup de mal à pourvoir à l'instruction de ses enfants. **3.** Former (qn, le goût de qn). **To educate s.o., oneself, to like sth.,** former le goût à qn, se former le goût, pour qch. *To e. one's memory,* s'exercer, se fortifier, la mémoire. **4.** Dresser, éduquer (les animaux).
educated, *a.* **1. Educated man,** homme instruit, lettré; esprit cultivé. *He is well e.*, il a reçu une forte éducation, une bonne instruction. *He is only half-e.*, il a reçu une éducation rudimentaire; il n'a pas beaucoup d'instruction; il n'est que peu instruit. *See also* SELF-EDUCATED. **2.** (*Of dog, etc.*) Savant.
education [edju'keiʃ(ə)n], *s.* **1.** Éducation *f. A man without e.*, un homme sans éducation. *A liberal e.*, une éducation libérale. *Hunting was part of his e.*, la chasse faisait partie de son éducation. **2.** Enseignement *m*, instruction *f*, études *fpl.* **Compulsory education,** enseignement obligatoire; l'obligation *f* scolaire. **Elementary education,** enseignement primaire. **Central school education,** enseignement primaire supérieur. **Secondary education,** enseignement secondaire. **Tertiary, university, education,** enseignement supérieur; études supérieures. **Non-State education,** enseignement libre. **Board of Education** = Ministère *m* de l'Éducation nationale. **Education Act,** loi *f* sur l'enseignement. *Commercial e.*, études commerciales. *He has had a classical e.*, il a fait ses études classiques. *He has had a good e.*, il a reçu une bonne instruction; il a fait de fortes études. **3.** Dressage *m* (des animaux).
educational [edju'keiʃən(ə)l], *a.* (Maison, ouvrage) d'éducation, d'enseignement; (ouvrage) éducateur; (programme *m*) scolaire, des études; (procédé) éducatif, pédagogique. *E. film,* film éducatif; film d'enseignement. *The e. side of the cinema,* le cinéma éducateur. *For e. purposes,* pour l'enseignement. *U.S:* **Educational Act,** loi *f* sur l'enseignement.
education(al)ist [edju'keiʃən(əl)ist], *s.* Éducateur, -trice; pédagogue *m*; spécialiste *mf* en matière d'enseignement.
educative ['edjukətiv], *a.* Éducateur, -trice, éducatif.
educator ['edjukeitər], *s.* Éducateur, -trice. *His educators were two Jesuit fathers,* il eut pour maîtres deux pères jésuites.
educe [i'dju:s, i:-], *v.tr.* **1.** (*a*) Dégager, faire sortir, extraire (*out of*, de). (*b*) *Ch:* Dégager (un gaz, etc.) (*from*, de). **2.** Induire, inférer, déduire. **3.** Évoquer (des actions, etc.).
educible [i'dju:sibl, i:-], *a.* Qui peut s'extraire, se déduire (*from*, de).
educt ['i:dʌkt], *s.* **1.** *Ch:* Produit *m* de décomposition. **2.** *Phil:* Déduction *f.*
eduction [i'dʌkʃ(ə)n, i:-], *s.* **1.** (*a*) Extraction *f.* (*b*) *Phil:* Déduction *f.* **2.** *Mch:* *A:* Échappement *m* (de vapeur, etc.). **Eduction-pipe, -port, -valve** = EXHAUST-PIPE, -PORT, -VALVE.
edulcorate [i'dʌlkoreit, i:-], *v.tr.* Édulcorer.
edulcoration [idʌlko'reiʃ(ə)n, i:-], *s.* Édulcoration *f.*
Edward ['edwərd]. *Pr.n.m.* Édouard.
Edwardian [ed'wɔ:rdiən], *a.* Qui a rapport à l'époque (i) des rois Édouard I, II, III, (ii) du roi Édouard VI, (iii) du roi Édouard VII. **The Edwardian Prayer-Book,** le Livre de prières (anglican) autorisé par Édouard VI.
Edwin ['edwin]. *Pr.n.m.* Edwin. *F: A:* **Edwin and Angelina,** les deux jeunes tourtereaux; Estelle et Némorin; Paul et Virginie. (Voir la ballade, *The Hermit*, de Goldsmith.)
-ee, *s.suff.* **1.** (*Denoting the indirect object, occ. the direct object, of the verb from which the word is derived*) (*a*) *Jur: etc: Indorsee,* porteur (d'un chèque). *Vendee,* acheteur. *Payee,* bénéficiaire, preneur. *Legatee,* légataire. *Lessee,* locataire à bail. *Patentee,* titulaire du brevet. *Trustee,* administrateur. (*b*) *Hum: Sendee,* destinataire. *The educators and the educatees,* les éducateurs et les éduqués. *The laughers and the laughees,* les rieurs et leurs victimes. *The biographer and the biographee,* le biographe et son sujet. **2.** (*Words adopted from modern Fr.*) -(i)é *m*, (i)ée *f. Employee,* employé. *Refugee,* réfugié. *Debauchee,* débauché. **3.** (*Diminutive*) *Bootee,* chausson d'enfant. *Coatee,* habit à courtes basques. **4.** (*Of vague meaning*) *Devotee,* (i) dévot; (ii) fanatique. *Bargee,* batelier. *Goatee,* (barbe de) bouc. *Settee,* causeuse.
eel [i:l], *s. Ich:* **1.** Anguille *f.* **Eel-skin,** peau *f* d'anguille. *Cu:* **Stewed eel,** matelote *f* d'anguille; anguille à la matelote. *Small pickled eel,* anguillette *f.* **Boiled eels,** anguille(s) au bleu. *F:* **To be as slippery as an eel,** être souple, glissant, comme une anguille. *He is as slippery as an eel,* il vous glisse entre les doigts. *See also* CONGER. **2. Electric eel,** gymnote *m*; anguille électrique. **3.** *See* HAIR-EEL, SAND-EEL, VINEGAR-EEL.
'eel-basket, *s.* Nasse *f* à anguilles; bosselle *f.*
'eel-bed, *s.* Anguillère *f.*
'eel-buck, *s.* = EEL-BASKET.
'eel-grass, *s. Bot:* **1.** Vallisnérie spirale. **2.** *U.S:* Zostère *f.*
'eel-'pie, *s. Cu:* Pâté *m* d'anguille.
'eel-pond, *s.* Anguillère *f.*
'eel-pot, *s.* = EEL-BASKET.
'eel-pout, *s. Ich:* Lotte (commune); barbot *m.*
'eel-preserve, *s.* Anguillère *f.*
'eel-prong, -spear, *s.* Foène *f*, fouëne *f*, fouine *f.*
'eel-trap, *s.* = EEL-BASKET.
'eel-worm, *s. Ann:* Anguillule *f.*
e'en [i:n], *adv. Poet:* = EVEN[3].
e'er [ɛər], *adv. Poet:* = EVER.
-eer [i:ər], *s.suff.* (*Agent*). **1.** -ier *m. Muleteer,* muletier. *Cannoneer,* canonnier. *Pioneer,* pionnier. *Buccaneer,* boucanier. **2.** -aire *m. Volunteer,* volontaire. *Musketeer,* mousquetaire. *Pej: Pamphleteer,* pamphlétaire. **3.** *Auctioneer,* commissaire-priseur. *Fictioneer,* romancier. *Mountaineer,* alpiniste. *Engineer,* ingénieur. *Pulpiteer,* prédicateur. *Sonneteer,* auteur de sonnets.
eerie, eery ['i:əri], *a.* Étrange, fantastique, mystérieux, surnaturel; qui inspire la peur; qui donne le frisson. **-ily,** *adv.* Étrangement; d'une façon fantastique, mystérieuse, à donner le frisson.
eeriness ['i:ərinəs], *s.* Étrangeté mystérieuse, surnaturelle (d'un lieu, d'un son, etc.).
efface [e'feis], *v.tr.* (*a*) Effacer; faire disparaître; oblitérer (une inscription, la mémoire de qch., etc.). *Inscriptions that are becoming effaced,* inscriptions qui s'effacent. (*b*) Effacer, éclipser (qn); faire ombre à (qn). (*c*) **To efface oneself,** s'effacer; **se tenir à l'écart.**
effaceable [e'feisəbl], *a.* Effaçable.
effacement [e'feismənt], *s.* Effacement *m. Self-e.*, effacement (de soi-même).
effect[1] [e'fekt], *s.* **1.** (*a*) Effet *m*, action *f*, influence *f*; résultat *m*, conséquence *f* (d'un fait). **The effect of heat upon metals,** l'action de la chaleur sur les métaux. *The e. of a lever,* l'action d'un levier. *No e. without a cause,* point d'effet sans cause. **My warning had the desired effect,** mon avertissement produisit l'effet voulu. *That will have the e. of making him go,* cela aura pour conséquence, pour effet, de le faire partir. *What will be the e. of it?* qu'en résultera-t-il? qu'est-ce que cela aura pour conséquence? *That was the e. of it,* voilà ce qui en a résulté, ce qu'il en est résulté. *The evil effects of*

cold, les atteintes *f* du froid. **To feel the effects of an illness**, ressentir les effets d'une maladie; se ressentir d'une maladie. *To feel the effects of the slump*, subir les effets de la crise; se ressentir de la crise. **To have an effect on s.o., on sth.**, faire, produire, de l'effet sur qn, sur qch.; affecter qn, qch. *To have a good, a great, e. on s.o.*, produire un bon effet, agir puissamment, sur qn. **To be of no effect; to have, produce, no effect**, ne faire, ne produire, aucun effet, n'avoir pas d'action, rester sans action. *To produce an e. on s.o.'s mind*, exercer une influence sur l'esprit de qn. **Nothing has any effect on it**, rien n'y fait. **It has little effect**, cela ne fait pas grand'chose. *Habitual effects of an abuse*, aboutissements habituels d'un abus. *See also* AFTER-EFFECT. (*b*) Réalisation *f*. **To take effect**, (i) faire (son) effet; (ii) (*of regulation, etc.*) entrer en vigueur; (iii) (*of drugs*) agir, opérer; (*of vaccination*) prendre; (iv) (*of shot*) porter. **Law that takes effect, comes into effect**, *from to-day*, loi qui entre en vigueur à partir d'aujourd'hui. **Coming into effect**, entrée *f* en vigueur. *Adm:* **To take effect on January 1st**, à compter du 1er janvier. *Rule to take e. from 1st January*, règlement *m* applicable à partir du premier janvier. **Of no effect**, (i) sans effet, inutile, inefficace; (ii) *Jur:* non avenu. **To no effect**, en vain, sans résultat. **To give effect to (sth.)**, rendre (qch.) efficace; exécuter (un décret); donner suite à (une décision). *To give e. to a law*, mettre une loi en vigueur. **To bring to effect, carry into effect**, mettre (qch.) à exécution; exécuter, effectuer, accomplir, réaliser (qch.). *To carry a treaty into e.*, mettre un traité en œuvre. **Carrying into effect**, mise *f* en vigueur, en œuvre. *Plan that is being carried into e.*, projet en voie de réalisation. (*c*) Sens *m*, teneur *f* (d'un document). *I received a telegram* **to the same effect**, j'ai reçu une dépêche dans le même sens. *With a proviso to the e. that . . .*, avec une clause conditionnelle portant que . . ., dont la teneur est que. . . . *We have made provisions to this e.*, nous avons pris des dispositions dans ce sens. *That is what he said*, **or words to that effect**, voilà ce qu'il a dit, ou quelque chose d'approchant. (*d*) *W.Tel: etc:* **Edison effect** (*of valve*), effet Edison. **2.** (*a*) **Moonlight effect**, effet de lune. *Th:* **Stage effects**, effets scéniques, jeux *m* scéniques. *See also* SOUND-EFFECTS. (*b*) **Words meant for effect**, phrases à effet. *To do sth. for e.*, faire qch. pour se faire remarquer, pour se donner un genre, pour se distinguer. *To wear a monocle for e.*, porter un monocle par genre, par chic. **It has a good effect**, cela fait bon effet. **3. In effect**, en fait, en réalité. *That is in e. a refusal*, c'est de fait un refus; de fait cela est un refus; cela équivaut à un refus. *Sparta was in e. a camp*, Sparte était proprement un camp. **4.** *pl.* **(Personal) effects**, effets, biens (personnels). **The dead man's effects were returned to the family**, les effets du mort furent rendus à la famille. *Banking:* **'No effects,'** pas de provision; "défaut de provision." *See also* MOVABLE.

effect², *v.tr.* Effectuer, accomplir, faire, opérer, réaliser, exécuter (qch.). **To effect one's purpose**, atteindre son but, accomplir son dessein. **To effect an entrance**, forcer la porte; entrer de force. *Com:* *To e. the collections for a firm*, faire les encaissements d'une maison. **To effect a payment**, effectuer un payement. *Mil:* **To effect a retreat**, opérer une retraite. *The retreat was effected in good order*, la retraite s'est opérée en bon ordre. *To e. a settlement between two parties*, arriver à un accord entre deux parties; réussir à mettre les deux parties d'accord. **To effect an insurance, a policy of insurance**, prendre, souscrire, une police d'assurances. *To e. improvements in sth.*, apporter des améliorations à qch. *Meanwhile a great change has been effected*, un grand changement est intervenu. **To effect a cure**, *you will have to . . .*, pour réaliser la guérison, il vous faudra. . . . *Book-k:* **To effect a corresponding entry**, passer une écriture conforme.

effective [e'fektiv]. **1.** *a.* (*a*) Efficace; qui fait, produit, de l'effet. *E. shot*, coup qui porte. *E. protection*, protection efficace. *The most e. method of doing sth.*, le meilleur moyen, le moyen le plus efficace, de faire qch. *The medicine was e.*, la médecine a produit son effet. *To render a machine more e.*, augmenter le rendement d'une machine. (*b*) (*Actual*) Effectif. **Effective blockade**, blocus effectif. *Mec.E:* **Effective power**, rendement *m*; puissance effective; puissance au frein; effet *m* utile. *Hyd.E:* **Effective head**, chute effective, réelle. *Ball:* **Effective range**, portée *f* utile (d'une arme à feu). *Opt:* **Effective aperture**, ouverture *f* utile (d'un objectif). *Fin:* **Effective money**, monnaie effective, réelle. (*c*) *F:* Frappant. **Effective phrase**, expression heureuse, qui fait image. *To have a gift for e. phrases*, avoir le don de la formule. *E. contrast*, contraste frappant, saisissant. *E. retort*, réponse pleine d'à-propos. *E. picture, speech*, tableau, discours, qui fait, qui produit, de l'effet. *The trumpet part is very e.*, la partie de trompette fait beaucoup d'effet. *E. speaker*, orateur dont les paroles portent. *E. style*, style vigoureux, à effets. (*d*) *Mil:* **Effective troops**, troupes *f* valides. (*e*) *U.S:* (*Of decree, etc.*) **To become effective**, entrer en vigueur. *Order e. on October* 12, ordonnance *f* applicable à partir du 12 octobre. **2.** *s.pl. Mil:* **Effectives**, effectifs *m*. **-ly**, *adv.* **1.** Avec effet, efficacement, utilement. **2.** Effectivement, en réalité. **3.** Avec beaucoup d'effet; d'une façon frappante.

effectiveness [e'fektivnəs], *s.* **1.** Efficacité *f*. *The e. of the remedy*, les bons effets du remède. **2.** L'impression frappante (produite par un tableau, etc.). *The e. of the decorations*, l'effet produit par les décorations.

effectual [e'fektjuəl], *a.* **1.** Efficace. **2.** (Contrat *m*) valide; (règlement) en vigueur. **-ally**, *adv.* Efficacement.

effectuate [e'fektjueit], *v.tr.* *Lit:* Effectuer (une guérison, etc.); réaliser, accomplir, opérer.

effectuation [efektju'eiʃ(ə)n], *s.* Accomplissement *m*, réalisation *f*.

effeminacy [e'feminəsi], *s.* Caractère efféminé, mœurs efféminées; effémination, féminilité *f*, mollesse *f*.

effeminate¹ [e'feminet], *a.* & *s.* Efféminé (*m*). *To render s.o. e.*, efféminer qn. *To grow e.*, s'amollir. **-ly**, *adv.* D'une manière efféminée; avec mollesse.

effeminate² [e'femineit], *v.tr.* Efféminer, amollir; rendre (qn) efféminé.

effeminating¹, *a.* (Luxe) amollissant, énervant.

effeminating², *s.* Effémination *f*.

effeminateness [e'feminetnəs], *s.* = EFFEMINACY.

effendi [e'fendi], *s.* (*In Turkey, Egypt*) Efendi *m*; "monsieur" *m*.

efferent ['efərənt], *a.* *Physiol:* Efférent.

effervesce [efər'ves], *v.i.* (*a*) Être ou entrer en effervescence; faire effervescence; (*of drinks*) mousser; (*of gas*) se dégager (avec effervescence). (*b*) (*Of pers.*) Pétiller de joie, d'animation; bouillonner de colère.

effervescing, *a.* = EFFERVESCENT.

effervescence [efər'ves(ə)ns], *s.* (*a*) Effervescence *f* (d'un liquide); dégagement *m* (d'un gaz). (*b*) Pétillement *m* (de la jeunesse, etc.); bouillonnement *m*, fermentation *f* (des esprits); effervescence.

effervescent [efər'ves(ə)nt], *a.* **1.** Effervescent. *E. beverages*, boissons gazeuses. **2.** (*Of pers.*) Effervescent, bouillonnant.

effete [e'fiːt], *a.* (*a*) (*Of material things*) Épuisé, usé. (*b*) (*Of civilization, method, etc.*) Caduc, -uque. *An e. aristocracy*, une aristocratie qui a fait son temps.

effeteness [e'fiːtnəs], *s.* (*a*) Épuisement *m*; état *m* d'une chose usée. (*b*) Caducité *f* (d'une civilisation, d'une méthode, etc.).

efficacious [efi'keiʃəs], *a.* Efficace; (médicament) agissant. **-ly**, *adv.* Efficacement; avec efficacité.

efficaciousness [efi'keiʃəsnəs], **efficacity** [efi'kasiti], **efficacy** ['efikəsi], *s.* Efficacité *f*; énergie *f* (d'un remède); rendement *m* (d'une machine, etc.). *Theol:* Efficace *f* (de la grâce).

efficiency [e'fiʃənsi], *s.* **1.** (*a*) Efficacité *f* (d'un remède, etc.). (*b*) *Work accomplished with increasing e.*, œuvre accomplie avec une efficacité, avec une compétence, toujours croissante. **2.** (*a*) *Mec.E:* Rendement (industriel); effet *m* utile; coefficient *m* de rendement, d'effet utile. **Mean efficiency**, rendement moyen. **Commercial efficiency**, rendement économique. *Aut:* **Actual efficiency**, rendement à la jante. **Hill-climbing efficiency**, rendement en côte. **High-efficiency engine, machine**, moteur, machine, à grand, bon, rendement; moteur poussé. (*b*) Bon fonctionnement (d'une administration, etc.). (*c*) Débit *m* (d'une machine). **3.** (*Of pers.*) Capacité *f*; valeur *f*. *E. of the workmen*, capacité professionnelle des ouvriers. *Troops in a high state of e.*, troupes *f* d'attaque; *F:* troupes fin prêtes. *Fighting e. of a fleet*, puissance offensive et défensive d'une flotte. *Ind:* **Efficiency wages**, salaire proportionné à la production. *Mil:* **Efficiency pay**, prime payée aux hommes qui ont fait leurs classes.

efficient [e'fiʃənt]. **1.** *a.* (*a*) *A.* & *Phil:* Efficient. *Esp.* **Efficient cause**, cause efficiente. (*b*) (*Of method, work*) Effectif, efficace. *E. bicycle*, bicyclette qui remplit son office. *E. working* (*of apparatus*), bon fonctionnement (d'un appareil). (*c*) *Mec.E:* **Efficient machine**, (i) machine à bon rendement; (ii) machine d'un fonctionnement sûr. (*d*) (*Of pers.*) Capable, compétent, habile. **Army in an efficient state**, armée prête, parée. *To be e. at doing sth.*, s'entendre à faire qch. **To be efficient in one's work**, être à la hauteur de sa tâche; se montrer capable dans son travail. **2.** *s.* *Mil:* Homme *m* qui a fait ses classes. **-ly**, *adv.* **1.** Efficacement. *To be e. educated*, recevoir une éducation solide. **2.** *Work e. done*, travail exécuté avec compétence.

effigy ['efidʒi], *s.* Effigie *f*. *Coin bearing the e. of . . .*, monnaie frappée à l'effigie de. . . . **To burn, hang, s.o. in effigy**, brûler, pendre, qn en effigie.

effloresce [eflɔ'res], *v.i.* **1.** *Lit:* Fleurir. **2.** *Ch:* (S')effleurir; tomber en efflorescence; former une efflorescence.

efflorescence [eflɔ'res(ə)ns], *s.* **1.** *Bot:* Efflorescence *f*, fleuraison *f*, effloraison *f*. **Second efflorescence**, arrière-fleur *f*. **2.** *Ch:* Efflorescence, délitescence *f*.

efflorescent [eflɔ'res(ə)nt], *a.* **1.** *Bot:* Efflorescent; en voie de fleurir; en floraison. **2.** *Ch:* Efflorescent, délitescent.

effluence ['efluəns], *s.* Émanation *f*, effluence *f*.

effluent ['efluənt]. **1.** *a.* Effluent. **Effluent drain**, canalisation *f* de sortie (d'un collecteur d'eaux d'égout, etc.). **2.** *s.* (*a*) Cours d'eau dérivé (d'un lac, d'une rivière, etc.). (*b*) Effluent *m* (de collecteur d'eaux d'égout).

effluvium, *pl.* **-ia** [e'fluːviəm, -iə], *s.* (*a*) Effluve *m*, émanation *f*. (*b*) *Pej:* Émanation désagréable, fétide; exhalaison *f*.

efflux ['eflʌks], *s.* Flux *m*, écoulement *m* (de liquide); dégagement *m*, émanation *f* (de gaz). *Hyd.E:* *E. of water* (*in a given time*), dépense *f* d'eau.

effluxion [e'flʌkʃ(ə)n], *s.* **1.** *A.* & *Lit:* = EFFLUX. **2.** *Jur:* **Effluxion of time**, expiration *f* du terme.

effort ['efərt], *s.* **1.** (*a*) Effort *m*. *Sustained e.*, effort soutenu. *Without e.*, sans effort. *To make an e. to do sth.*, faire (un) effort pour faire qch.; s'efforcer de faire qch. *F:* **Make an effort!** (i) essayez toujours! (ii) secouez-vous! *To use every e. to do sth.*, faire tous ses efforts pour faire qch.; s'évertuer à faire qch. **Wasted effort**, peine perdue. **To make a special effort**, *F:* donner un coup de collier. **To make a great effort, desperate efforts**, *F:* faire feu des quatre pieds. *To make countless efforts*, tenter mille efforts. *His efforts at elucidating the mystery, his efforts at elucidation*, les efforts qu'il a faits pour élucider ce mystère. **He spares no effort**, il ne s'épargne pas; rien ne lui coûte. *It required considerable e.*, cela a demandé un effort considérable. *We had to make an e. to let him go*, il nous en a coûté beaucoup de le laisser partir. *He does everything as if it were an e.*, tout est une corvée pour lui; tout lui coûte. *Hospital financed by voluntary e.*, hôpital subventionné par l'initiative privée. (*b*) *F:* **You've seen his last effort?** vous avez vu son dernier ouvrage? sa dernière œuvre? *This e. of oratory fell flat*, ce morceau oratoire, ce déploiement d'éloquence, n'a pas produit d'effet. **That's not a bad effort, it's rather a good effort**, ça n'est pas si mal; ce n'est pas mal réussi. **2.** *Mec:* Effort (de traction, etc.); poussée *f*, travail *m*. *See also* CENTRE¹ 1.

effortful ['efərtful], *a.* **1.** Plein d'effort. **2.** Qui exige de grands efforts.
effortless ['efərtləs], *a.* **1.** Qui ne fait aucun effort. **2.** (*a*) Sans effort. (*b*) Facile.
effrontery [e'frʌntəri], *s.* Effronterie *f*, cynisme *m*; *F:* toupet *m.*
effulgence [e'fʌldʒəns], *s.* Éclat *m*, splendeur *f*, rayonnement *m*; *Lit:* effulguration *f*. *E. of youth*, pétillement *m* de la jeunesse.
effulgent [e'fʌldʒənt], *a.* Resplendissant, éclatant. *To be e. with light*, resplendir. *To be e. with joy*, rayonner de joie.
effuse[1] [e'fju:s], *a.* *Bot:* (Panicule *f*, etc.) ample et lâche.
effuse[2] [e'fju:z]. **1.** *v.tr. Lit:* Verser (un liquide); déverser, répandre (la lumière). **2.** *v.i.* Se répandre, se déverser; (*of blood, etc.*) s'extravaser, s'épancher.
effusion [e'fju:ʒ(ə)n], *s.* **1.** (*a*) Effusion *f*, épanchement *m* (du sang, etc.). (*b*) *To be guilty of e. of blood*, avoir répandu le sang. **2.** (*a*) Effusion (de tendresse, etc.); épanchement de cœur. (*b*) *F:* **Poetical effusions,** effusions poétiques. *Have you ever read such an e.?* avez-vous jamais lu une tartine pareille?
effusive [e'fju:siv], *a.* **1.** Démonstratif, expansif. *E. style*, style exubérant. *E. compliments*, compliments sans fin. *To be e. in one's compliments*, se répandre en compliments. *To deliver an e. speech*, parler avec effusion; *F:* se laisser aller. **To be effusive in one's thanks,** se confondre en remercîments. **2.** *Geol:* Effusif. **Effusive rock,** roche d'épanchement. **-ly,** *adv.* Avec effusion, avec expansion. **To thank s.o. effusively,** se confondre en remercîments auprès de qn. *To receive s.o. e.*, faire à qn un accueil empressé, exubérant.
effusiveness [e'fju:sivnəs], *s.* Effusion *f*; volubilité *f*. *The e. of his thanks*, l'effusion avec laquelle il m'a remercié.
eft [eft], *s.* = NEWT (*esp. crested newt and smooth newt*).
eftsoon(s) [eft'su:n(z)], *adv. Poet:* *A:* Tout de suite (après); sur l'heure.
egad [i'gad], *int. A:* Parbleu! morbleu!
Egeria [i:'dʒi:əriə]. *Pr.n.f. Rom.Myth:* Égérie.
egest [i'dʒest], *v.tr. Physiol:* Évacuer.
egestion [i'dʒestʃ(ə)n], *s.* *Physiol:* Évacuation *f*, éjection *f*, expulsion *f*.
egg[1] [eg], *s.* **1.** (*a*) *Biol:* Œuf *m*. *F:* *The plot was as yet in the egg*, le complot n'était encore qu'en germe *m*, qu'en embryon *m*. **To kill a plot in the egg,** tuer un complot dans l'œuf; faire avorter un complot. (*b*) Œuf (d'oiseau); œuf de poule. *Cu:* **Boiled egg,** œuf à la coque. *Hard-boiled e.*, œuf dur. *Soft-boiled e.*, œuf mollet, à la mouillette. **Fried egg,** œuf sur le plat. **Poached egg,** œuf poché. **Scrambled eggs,** œufs brouillés. **Scotch eggs,** œufs durs entourés de chair à saucisse. **To boil an egg,** faire cuire un œuf à la coque. **The goose with the golden eggs,** la poule aux œufs d'or. *A bad egg*, un œuf pourri. *P:* **He's a bad egg,** c'est un homme peu sûr; c'est un propre à rien, un bon à rien, un vaurien, une gouape, une carne. *The scheme proved a bad egg*, le projet a raté. *P:* **Good egg!** bon! à la bonne heure! *P:* chouette! **I say, old egg!** dis donc, mon vieux! **It's like the curate's egg,** il y a à prendre et à laisser; ce n'est ni figue ni raisin; c'est excellent en partie, et en partie très mauvais. *Prov:* **Don't put all your eggs into one basket,** il ne faut pas mettre tous ses œufs dans le même panier, tout son rôt à une même broche. *See also* DUCK[1] 2, FULL[1] I. 1, NEST-EGG, SUCK[2] 1, SURE 2, WIND-EGG. (*c*) Œuf (d'insecte); lente *f* (de pou). **Silkworm's eggs,** *F:* graines *f* de vers à soie. **2.** *Arch:* Ove *m* (de chapiteau dorique, etc.). **Egg-and-anchor moulding,** godron *m* à oves. **3.** *Needlew:* **Darning egg,** œuf à repriser. **4.** *P:* Bombe *f* (d'avion).
'egg-and-'spoon race, *s.* *Games:* Course dans laquelle les coureurs doivent porter un œuf dans une cuiller.
'egg-beater, *s.* = EGG-WHISK.
'egg-boiler, *s.* Coquetière *f*.
'egg-cosy, *s.* Cosy *m* (pour œufs à la coque).
'egg-cup, *s.* Coquetier *m*.
'egg-cutter, *s.* *Cu:* Coupe-œufs *m inv.*
'egg-dealer, *s.* Marchand *m* d'œufs; coquetier *m*.
'egg-flip, *s.* Boisson chaude composée d'un œuf entier battu dans de la bière, du vin, de l'alcool, ou du lait; (*non-alcoholic*) lait *m* de poule.
'egg-fruit, *s.* *Hort:* Aubergine *f*.
'egg-holder, *s.* *Cu:* Œufrier *m* (en fil de fer); panier *m* à œufs.
'egg-laying[1], *a.* *Z:* Ovipare.
'egg-laying[2], *s.* Ponte *f*.
'egg-man, *pl.* **-men,** *s.m.* Coquetier; marchand d'œufs.
'egg-'nog, *s.* = EGG-FLIP.
'egg-plant, *s.* *Bot:* *Hort:* Aubergine *f*, mélongène *f*.
'egg-poacher, *s.* *Cu:* Pocheuse *f* à œufs; poche-œufs *m inv.*
'egg-powder, *s.* *Cu:* Œufs *mpl* en poudre.
'egg-scissors, *s.pl.* *Cu:* = EGG-CUTTER.
'egg-shaped, *a.* Ovoïde; ovoïdal, -aux.
'egg-shell, *s.* Coquille *f*, coque *f* (d'œuf). *Cer:* **Egg-shell china** *or* **ware,** coquille d'œuf. *Paint:* **Egg-shell finish,** fini *m* coquille d'œuf.
'egg-slice, *s.* *Cu:* Pelle *f* à trous (pour retirer les œufs de la poêle).
'egg-slicer, *s.* Coupe-œufs *m inv.*
'egg-spoon, *s.* Cuiller *f* à œufs.
'egg-stand, *s.* Œufrier *m* (en argenterie, en faïence) (pour la table).
'egg-timer, *s.* *Cu:* Sablier *m*.
'egg-trot, *s.* *F:* **At an egg-trot,** au petit trot.
'egg-whisk, *s.* Batteuse *f* à œufs; fouet *m*, verge *f*, à battre les œufs; fouet à œufs; moussoir *m*.
'egg-woman, *pl.* **-women,** *s.f.* Coquetière; marchande d'œufs.
egg[2], *v.tr.* To egg s.o. on (*to do sth.*), pousser, exciter, inciter, provoquer, encourager, qn (à faire qch.).
egger, *occ.* **eggar** ['egər], *s.* *Ent:* (**Oak**) **egger(-moth),** bombyx *m* du chêne; lasiocampe *m*.
eggy ['egi], *a.* *F:* Taché, souillé, de jaune d'œuf.
eglantine ['egləntain], *s.* *Bot:* **1.** Églantine *f*. **2. Eglantine(-bush),** églantier *m*.
ego ['ego], *s.* *Phil:* **The ego,** le moi.
egocentric [ego'sentrik], *a.* *Psy:* Égocentrique.
egocentrism [ego'sentrizm], *s.* *Psy:* Égocentrisme *m*.
egoism ['egoizm], *s.* **1.** *Phil:* Égoïsme *m*. **2.** Culte *m* du moi. **3.** = EGOTISM.
egoist ['egoist], *s.* **1.** *Phil:* Égoïste *m*. **2.** = EGOTIST.
egoistic(al) [ego'istik(əl)], *a.* **1.** Qui rapporte tout à soi. **2.** *F:* Vaniteux, -euse; entiché(e) de sa personne; rempli de sa propre importance. **-ally,** *adv.* Vaniteusement.
egomania [ego'meiniə], *s.* Manie *f* égocentrique.
egotism ['egotizm], *s.* Égotisme *m*. *E. is hateful*, le moi est haïssable.
egotist ['egotist], *s.* Égotiste *mf*.
egotistic(al) [ego'tistik(əl)], *a.* Égotique, égotiste.
egotize ['egotaiz], *v.i.* Rapporter tout à soi; mettre en avant son "moi."
egregious [i'gri:dʒjəs], *a.* *Pej:* (Sot, etc.) insigne, fieffé; fameux (sot). *E. blunder*, maladresse achevée, insigne, énorme. **-ly,** *adv.* D'une manière insigne.
egregiousness [i'gri:dʒjəsnəs], *s.* Énormité *f* (d'une maladresse).
egress ['i:gres], *s.* **1.** (*a*) Sortie *f*, issue *f*. *Right of free e.*, droit *m* de libre sortie; *F:* droit d'entrer et de sortir. *There is an e. into the lane*, il y a une sortie sur la ruelle. (*b*) *Mch:* *etc:* Échappement *m*. **2.** *Astr:* Émersion *f* (après une éclipse).
egression [i'greʃ(ə)n], *s.* **1.** Sortie *f*. **2.** *Mch:* *etc:* Échappement *m*.
egret ['egret, 'i:gret], *s.* **1.** *Orn:* Aigrette *f*; héron argenté. **2.** *Bot:* Aigrette (de chardon, etc.).
Egypt ['i:dʒipt]. *Pr.n.* *Geog:* L'Égypte *f*. *See also* FLESH-POTS, PLAGUE[1] 1.
Egyptian [i'dʒipʃ(ə)n], *a.* & *s.* Égyptien, -ienne; d'Égypte. *See also* LILY 1, PEA[1] 2, PRIVET 1, THORN 1.
Egyptologist [i:dʒip'tɔlodʒist], *s.* Égyptologue *m*.
Egyptology [i:dʒip'tɔlodʒi], *s.* Égyptologie *f*.
eh [ei], *int.* Eh! hé! hein?
eider(-duck) ['aidər(dʌk)], *s.* *Orn:* Eider *m*.
'eider-down, *s.* **1.** Duvet *m* d'eider; *A:* édredon *m*. **2. Eider-down (quilt),** édredon piqué, édredon américain.
eidograph ['aidogrɑ:f, -graf], *s.* *Draw:* Pantographe *m*.
eight [eit]. **1.** *num. a.* & *s.* Huit (*m*). *E. and twenty, twenty-e.*, vingt-huit. *Sixteen is* **eight times as much** *as two*, seize est l'octuple *m* de deux. *E. and six (pence)*, huit shillings six pence. *We breakfast at e. (o'clock)*, nous déjeunons à huit heures. *The e.-thirty train*, le train de huit heures et demie. **To be eight (years old),** avoir huit ans. **A boy of eight,** un garçon (âgé) de huit ans. **A mother of eight,** la mère de huit enfants. *E. of my pupils*, huit d'entre mes élèves. *There were e. of us*, nous étions huit. *Page e., chapter e.*, page huit, chapitre huit. **The eight of spades,** le huit de pique. **To take eights in gloves, in boots,** avoir huit de pointure (pour les gants); chausser du huit. *E. fives, five eights, are forty; e. times five are forty*, huit fois cinq, cinq fois huit, font quarante. **Eight days,** huit jours; *F:* une huitaine. *Jur:* **Remanded for eight days,** renvoyé à huitaine. *In e. days from now*, dans huit jours (d'ici); dans une huitaine (de jours). **Eight-day clock,** huitaine. *P:* **He's had one over the eight,** il a bu un coup de trop. *Aut:* **Eight-cylinder car,** *F:* **an eight,** voiture *f* à huit cylindres; *F:* une huit-cylindres. *Skating:* **To cut eights, figures of eight,** faire des huit. *See also* -POUNDER. **2.** *s.* *Sp:* *Row:* (i) Équipe *f* de huit rameurs; (ii) canot *m* à huit rameurs; huit de pointe. **The eights,** les régates *f* entre équipes de huit (à Oxford et Cambridge).
eighteen [ei'ti:n], *num. a.* & *s.* Dix-huit (*m*). *She is e. (years old)*, elle a dix-huit ans. **Eighteen** ['eiti:n] **houses,** dix-huit maisons. (*For other phrases, see* EIGHT.)
eighteenmo [ei'ti:nmo], *a.* & *s.* *Typ:* (Format, volume) in-dix-huit *m inv*, in-18 *m*.
eighteenth [ei'ti:nθ]. **1.** *num. a.* & *s.* (*a*) Dix-huitième. *The e. house*, la dix-huitième maison. (*b*) (*On*) *the e. (of May)*, le dix-huit (mai). **Louis the Eighteenth,** Louis Dix-huit. **2.** *s.* (*Fractional*) Dix-huitième *m*.
eightfold ['eitfould]. **1.** *a.* Octuple. **2.** *adv.* Huit fois autant. *To increase e.*, octupler.
eighth [eitθ]. **1.** *num. a.* & *s.* (*a*) Huitième. *He is e. in his class*, il est le huitième de sa classe. *In the e. place*, huitièmement. **You are the seventh or eighth** *who has asked me that question*, vous êtes le sept ou huitième qui me demandez cela. (*b*) **(On) the eighth (of April),** le huit (avril). **Henry the Eighth,** Henri Huit. **2.** *s.* (*Fractional*) Huitième *m*. *Three eighths*, trois huitièmes. **-ly,** *adv.* Huitièmement; en huitième lieu.
eightieth ['eitiəθ], *num. a.* & *s.* Quatre-vingtième (*m*).
eightsome ['eitsəm], *a.* & *s.* *Danc:* **Eightsome (reel),** danse écossaise pour huit personnes; "reel" à huit.
eighty ['eiti], *num. a.* & *s.* Quatre-vingts (*m*). **Eighty men,** quatre-vingts hommes. **Eighty-one,** quatre-vingt-un. *E.-first*, quatre-vingt-unième. **Page eighty,** page quatre-vingt. *In the eighties of last century*, entre 1880 et 1890 du siècle dernier. **The French novel of the eighties,** le roman français vers les années quatre-vingt du dix-neuvième siècle. *In the eighties*, dans les années quatre-vingt. **She is in the eighties,** elle a quatre-vingts ans passés. *Pol:* **The Eighty Club,** club de Libéraux fondé en 1880.
eikonogen [ai'kɔnodʒen], *s.* *Phot:* Iconogène *m*.
einkorn ['ainkɔ:rn], *s.* *Agr:* Engrain *m*; petit épeautre.
eirenicon [ai'ri:nikɔn], *s.* *Rel:* Proposition *f* irénique.
eisteddfodd [eis'teðvɔd], *s.* (*In Wales*) Eisteddfodd *m* (concours de poésie et de chant; jeux floraux).

either [ˈaiðər, ˈiːðər]. **1.** *a.* & *pron.* (*a*) (*Each of the two*) L'un(e) et l'autre, chaque, chacun(e). **On either side, on either of the sides,** de chaque côté; de chacun des deux côtés; des deux côtés. *They were sitting on e. side the fire,* ils étaient assis au coin du feu, chacun de leur côté; *F:* ils étaient assis de chaque côté du feu. *The enemy overlooked us on e. flank,* nous étions dominés par l'ennemi sur l'un et l'autre flanc, de part et d'autre. *He bowed coolly to e.,* il les salua froidement l'un et l'autre. (*b*) (*One or other of the two*) L'un(e) ou l'autre. **Either of them,** soit l'un(e), soit l'autre. *I don't believe e. of you,* je ne vous crois ni l'un ni l'autre. *E. of them will do it,* l'un ou l'autre le fera; ils le feront l'un ou l'autre. **Either candidate may win,** l'un ou l'autre candidat pourra l'emporter. *You can do it e. way,* vous pouvez le faire soit d'une manière, soit de l'autre, d'une manière ou de l'autre, des deux façons également. **There is no evidence either way,** les preuves manquent de part et d'autre. *Take e. cake, e. of the cakes,* prenez celui des gâteaux que vous voudrez. **Without taking either side,** sans prendre parti pour les uns ni pour les autres. **Do you want this one or that one?**—**Either,** voulez-vous celui-ci ou celui-là?—L'un ou l'autre; n'importe lequel. *I do not want e. of them,* je ne veux ni l'un(e) ni l'autre; je n'en veux aucun(e). *If e. borrowed from the other, the borrower was probably Dryden,* si l'un des deux a emprunté à l'autre, il est probable que l'emprunteur fut Dryden. **2.** *conj.* & *adv.* (*a*) **Either . . ., or . . .,** ou . . ., ou . . .; soit . . ., soit. . . . *E. you or your brother,* (ou) vous ou votre frère; soit vous, soit votre frère; soit vous ou votre frère. **Either come in or go out,** entrez ou sortez. **I don't believe he is either drunk or mad,** je ne crois pas qu'il soit ni soûl ni fou. (*b*) **Not . . . either,** ne . . . non plus. *If you do not go I will not go e.,* si vous n'y allez pas je n'irai pas non plus. **Nor I either!** ni moi non plus. *If John had told me so, or William e., I could have believed it,* si Jean me l'avait dit ou même, ou encore, Guillaume, j'aurais pu le croire. (*c*) *In a gruff tone*—**and not so very gruff either**—*he bade me enter,* d'un ton bourru—et pas si bourru que ça, vraiment—il me dit d'entrer. *F: She's caught cold, and she isn't very strong e.,* elle s'est enrhumée, elle qui n'est déjà pas si forte, avec ça qu'elle n'est pas bien forte.

ejaculate [iˈdʒakjuleit], *v.tr.* **1.** *Physiol:* Éjaculer (un fluide). **2.** *F:* Prononcer, proférer (une prière, une parole, etc.); pousser (un cri); lancer (un juron, etc.). *"What a misfortune!" he ejaculated,* "quel malheur!" fit-il, s'écria-t-il.

ejaculation [idʒakjuˈleiʃ(ə)n], *s.* **1.** *Physiol:* Éjaculation *f.* **2.** *Ecc:* Éjaculation, courte prière. **3.** Cri *m*, exclamation *f* (de joie, d'étonnement, etc.).

ejaculatory [idˈʒakjulətəri], *a.* **1.** *Physiol:* Éjaculateur, -trice. **2.** (Prière *f*) éjaculatoire.

eject [iˈdʒekt], *v.tr.* **1.** Jeter, émettre (des flammes, etc.); expulser, évacuer (de la bile). *Tchn:* Éjecter (de la vapeur, une cartouche). *The volcano ejects ashes,* le volcan projette des cendres. **2.** (*a*) *To e. an agitator from a meeting,* expulser un agitateur d'une réunion. (*b*) *Jur:* Évincer, expulser (un locataire); *F:* jeter (un locataire) à la rue. (*c*) Destituer (un fonctionnaire).

ejecting, *s.* = EJECTION 1.

ejecta [iˈdʒektə], **ejectamenta** (idʒektəˈmentə], *s.pl.* **1.** *Geol:* Éjections *f* volcaniques; rejets *m*, déjections *f.* **2.** *Med:* Matières vomies.

ejection [iˈdʒekʃ(ə)n], *s.* **1.** (*a*) Jet *m* (de flammes); éjection *f* (de la vapeur, d'une cartouche); rejet *m* (de lave); expulsion *f* (de qn, de la bile); évacuation *f* (de la bile). (*b*) Évincement *m*, éviction *f*, expulsion (d'un locataire). (*c*) Destitution *f* (de qn de son emploi). **2.** *Usu. pl.* Éjections, matières éjectées.

ejective [iˈdʒektiv], *a.* Expulsif, évacuant, évacuatif.

ejectment [iˈdʒektmənt], *s.* *Jur:* **1.** = EJECTION 1 (*b*). **2. Action of ejectment,** action *f* en revendication de son bien; réintégrande *f*. **Writ of ejectment,** réintégrande.

ejector [iˈdʒektər], *s.* **1.** Personne *f* qui expulse (qn), *Jur:* qui évince (un locataire, etc.). **2.** *Tchn:* (*a*) *Sm.a:* Éjecteur *m* (d'étuis vides). (*b*) *Mch:* **Steam-engine ejector,** éjecteur; exhausteur *m* à jet.

eke[1] [iːk], *v.tr.* **To eke out,** suppléer à l'insuffisance de, augmenter (ses revenus, etc.); ménager, économiser, faire durer (les vivres). *To eke out ink with water,* suppléer à l'insuffisance de l'encre en l'allongeant avec de l'eau. **To eke out the wine with cider,** suppléer à l'insuffisance de vin en buvant du cidre. *To eke out the soup, the sauce (with water),* allonger la soupe, la sauce. **To eke out facts with quotations,** faire du remplissage avec des citations pour parer à la pénurie des faits. *To e. out the meaning of words with gestures,* compléter le sens de ses paroles par des gestes. **To eke out a livelihood, a poor existence,** subsister pauvrement; gagner une maigre pitance. *To eke out a chapter, an article, F:* tirer à la ligne.

'eking-piece, *s.* Allonge *f*, ajoute *m.*

eke[2], *adv.* *A:* Aussi; de même; également.

ekker [ˈekər], *s.* *Sch: P:* Exercice *m* (physique).

el [el], *s.* *U.S: F:* (*Abbr. of elevated*) = (i) **elevated train,** train aérien; (ii) **elevated railroad,** voie ferrée aérienne.

elaborate[1] [iˈlaboret], *a.* (*Of tool, etc.*) Compliqué; (*of work*) soigné, fini; (*of style*) travaillé; (*of work of art*) fouillé, poussé; raffiné; (*of inspection, research, etc.*) minutieux. *E. toilet,* toilette recherchée, étudiée. *To make an e. study of an author,* faire une étude approfondie d'un auteur. *See also* OVER-ELABORATE[1]. **-ly,** *adv.* Avec soin; soigneusement; minutieusement; d'une manière fouillée, approfondie; laborieusement.

elaborate[2] [iˈlaboreit]. **1.** *v.tr.* (*a*) Élaborer (une théorie, un projet de loi, etc.); travailler, fouiller (son style); fouiller, pousser (une œuvre d'art); étudier (un projet) dans tous ses détails. *Just e. your proposals a little,* si vous vouliez bien entrer dans plus de détails. *He elaborates his style,* il écrit dans un style très fouillé. (*b*) *Physiol:* Élaborer (un suc, etc.) (*into*, en). **2.** *v.i.* Se compliquer.

elaborateness [iˈlaboretnəs], *s.* Fini *m* (d'un travail); soin *m*, minutie *f* (de recherches).

elaboration [ilaboˈreiʃ(ə)n], *s.* *Physiol: etc:* Élaboration *f.* *The e. of this plan took three months,* la préparation de ce projet, l'étude détaillée de ce projet, prit trois mois.

elaborative [iˈlaboreitiv], *a.* Élaborateur, -trice; élaborant.

elaeolite [eˈliːəlait], *s.* *Miner:* Éléolite *f.*

elaeometer [eliˈəmetər], *s.* Oléomètre *m*, éléomètre *m.*

Elagabalus [iːləˈgabələs]. *Pr.n.m.* *Rom.Hist:* Héliogabale, Élagabale.

Elamite [ˈiːləmait], *a.* & *s.* *A.Geog:* Élamite (*mf*).

eland [ˈiːlənd], *s.* *Z:* **1.** Élan *m* du Cap. **2.** *U.S:* Élan, orignac *m.*

elapse [iˈlaps], *v.i.* (*Of time*) S'écouler; (se) passer. *Years have elapsed since then,* des années ont passé depuis.

elasmosine [iˈlasmosiːn], *s.* *Miner:* Élasmose *f.*

elastic [iˈlastik]. **1.** *a.* (*a*) Élastique; (bois, métal, etc.) flexible, obéissant; (corps) à ressort. **Elastic band,** élastique *m*; bande *f* en caoutchouc *m.* *See also* STOCKING[2] 1. **To be elastic,** (i) faire ressort; (ii) *F:* (*of pers.*) avoir du ressort. (*b*) *F:* (Règlement *m*, etc.) élastique. *E. demand,* demande élastique. *Pej:* **Elastic conscience,** conscience élastique. **2.** *s.* Élastique *m.* **Elastic(-sided) boots,** *F:* **elastic-sides,** bottines *f* à élastiques. **Elastics,** jarretières *f* en élastique. **-ally,** *adv.* D'une manière élastique; avec élasticité. *E. supple,* d'une souplesse élastique.

elasticity [iːlasˈtisiti, el-], *s.* **1.** Élasticité *f* (des gaz, des membres, des règlements, de l'esprit); flexibilité *f*, obéissance *f* (du bois, d'un métal); ressort *m* (de caractère); souplesse *f* (de corps); *Med:* tonicité *f* (des muscles). *F:* *To lose one's e. of mind,* se racornir. *Mec:* **Modulus, coefficient, of elasticity,** module *m*, coefficient *m*, d'élasticité. **Tensile elasticity,** élasticité de traction. **2.** *F:* (*Laxity*) Élasticité (d'une règle, *Pej:* de conscience).

elate[1] [iˈleit], *v.tr.* Exalter, transporter. *To be elated with joy, with success,* être transporté de joie, enivré de succès.

elated, *a.* Transporté, exultant. *To feel e.,* se sentir plein de joie. **To be elated,** (i) exulter; (ii) *F:* avoir bu un coup de trop; avoir son plumet; être parti pour la gloire.

elate[2], *a.* *Lit. & Poet:* **1.** *A:* Haut, élevé. **2.** = ELATED. *An army e. with victory,* une armée exaltée par la victoire.

elatedness [iˈleitidnəs], *s.* = ELATION.

elater [ˈelətər], *s.* **1.** *Ent:* Élater *m*, élatère *m*; *F:* taupin *m*; scarabée *m* à ressort. **2.** *Bot:* Élatère *f.*

elaterid [iˈlatərid], *a.* & *s.* *Ent:* Élatéridé *m.*

elateridae [eləˈteridiː], *s.pl.* *Ent:* Élatéridés *m.*

elaterite [iˈlatərait], *s.* *Miner:* Élatérite *f*; caoutchouc minéral, caoutchouc fossile.

elaterium [eləˈtiːəriəm], *s.* **1.** *Bot:* Élatérion *m*; concombre *m* sauvage. **2.** *Pharm:* Élatérion.

elatine [iˈlatiniː], *s.* *Bot:* Élatine *f.*

elation [iˈleiʃ(ə)n], *s.* **1.** Exaltation *f*; ivresse *f* (du succès). **2.** Joie *f*, gaîté *f.*

Elba [ˈelbə]. *Pr.n.* *Geog:* **The island of Elba,** l'île *f* d'Elbe.

Elbe (the) [ðiˈelb]. *Pr.n.* *Geog:* L'Elbe *m.*

elbow[1] [ˈelbo], *s.* **1.** Coude *m* (du bras). *To rest one's e. on sth.,* s'accouder sur qch. *To lean on one's e.,* être accoudé; s'accouder; s'appuyer sur les coudes. **To fall into line elbow to elbow, to touch elbows,** s'accouder; se sentir les coudes. **To be at s.o.'s elbow,** être, se tenir, aux côtés de qn, tout à côté de qn. *F: To be up to the elbows in work,* avoir du travail jusqu'au cou, par-dessus la tête. **To be out at elbow(s),** (i) (*of coat*) être troué, percé, aux coudes; (ii) *F:* (*of pers.*) être loqueteux, déguenillé, en guenilles. *See also* OUT AT ELBOWS. *F:* **To crook the elbow to lift one's elbow,** lever, hausser, le coude; être adonné à la boisson. *Here the poor rub elbows with the rich,* ici les pauvres coudoient les riches. *F:* **To rub elbows with death,** frôler la mort. **2.** (*a*) Coude, tournant *m* (d'une route). (*b*) Coude, genou *m*, jarret *m* (d'un conduit, d'un tuyau); conduit coudé. **Square elbow,** genou vif. *I.C.E:* **Exhaust elbow-connexion,** pipe *f* de refoulement. *El.E:* **Elbow duct,** conduite *f* d'angle. *See also* UNION 3. (*c*) (*Corner piece*) Coude; pièce *f* d'angle. (*d*) *Nau:* **Elbow in the hawse,** tour *m* dans les chaînes.

'elbow-glove, *s.* Passe-coude *m*, *pl.* passe-coudes.

'elbow-grease, *s.* *F:* Huile *f* de coude, de bras; *P:* jus *m* de coude. **Put a bit of elbow-grease into it,** faites un petit effort; mettez-y un peu de nerf.

'elbow-height, *s.* Hauteur *f* d'appui.

'elbow-'high, *adv.* **1.** Jusqu'au coude. **2.** *Carp: Const:* A hauteur d'appui.

'elbow-joint, *s.* **1.** *Anat:* Articulation *f* du coude. **2.** *Mec.E: etc:* Joint articulé; (joint à) genou *m*; raccord coudé.

'elbow-pipe, *s.* = ELBOW[1] 2 (*b*).

'elbow-rest, *s.* Accoudoir *m*, accotoir *m.*

'elbow-room, *s.* Aisance *f* des coudes. **To have elbow-room,** avoir ses coudées franches; avoir du large, du champ; avoir de la place pour se retourner. *Give me e.-r.,* donnez-moi du champ; donnez-moi mes coudées franches.

'elbow-sleeve, *s.* *Dressm:* Demi-manche *f*, *pl.* demi-manches.

'elbow-tongs, *s.* *Tls:* Tenaille(s) *f*(*pl*) à bec recourbé, à cornières; badine(s) *f*(*pl*).

'elbow-'union, *s.* *Mec.E:* Raccord coudé, en équerre.

elbow[2]. **1.** *v.tr.* & *i.* (*a*) Coudoyer (qn); pousser (qn) du coude ou des coudes. **To elbow s.o. aside,** écarter qn d'un coup de coude. *To e. the crowd aside,* écarter la foule à coups de coude. **To elbow s.o. off, out of, sth.,** écarter, évincer, qn de qch. *F:* **To be elbowed into a corner,** être mis au rancart. (*b*) **To elbow (one's way) through the crowd,** s'ouvrir un passage, se frayer un passage, se frayer chemin, se faire jour, à travers la foule en jouant des coudes; jouer des coudes à travers la foule. **2.** *v.i.* (*Of road, river, etc.*) Faire coude.

elbowing, *s.* **1.** (*a*) Coudoiement *m.* (*b*) Bousculade *f.* **2.** Coup *m* de coude.

eld [eld], *s.* *A. & Poet:* **1.** Vieillesse *f.* **2.** Le temps jadis. *Druids of eld,* druides *m* d'autrefois, de jadis.

elder[1] ['eldər]. **1.** *a.* (*a*) Aîné, plus âgé (de deux personnes). *I was not an e. son*, je n'étais pas un fils aîné. *My e. brother*, mon frère aîné. **Pliny the Elder**, Pline l'Ancien. (*In Japan*) **The Elder Statesmen**, le Genro. (*b*) *Cards:* **Elder hand**, premier *m* en main. (*c*) **The elder girls (of the school)**, les grandes. **2.** *s.* (*a*) Aîné, -ée; plus âgé, -ée (de deux personnes). *He is my e. by two years*, il est de deux ans mon aîné. *Which is the e.?* quel est le plus vieux des deux? (*b*) *pl.* **Elders. Obey your elders!** obéissez à vos aînés! (*c*) *Hist: Ecc:* Ancien *m*.

elder[2], *s. Bot:* **1. Elder(-tree)**, sureau *m*. *Common, black-berried, e.*, sureau noir, sureau proprement dit. *Scarlet e.*, sureau rouge. *Dwarf e.*, sureau hièble; hièble *f*; petit sureau. *U.S: Red-berried e.*, sureau à grappes. *See also* BOX-ELDER. **2. Marsh elder, water elder**, sureau aquatique.

'elder-berry, *s. Bot:* Baie *f* de sureau. **Elder(-berry) wine**, vin *m* de sureau.

'elder-flower, *s.* Fleur *f* de sureau. **Elder-flower vinegar**, (vinaigre) surard *m*.

'elder-pith, *s.* Moelle *f* de sureau.

elderly ['eldərli], *a.* D'un certain âge; d'un âge respectable; d'un âge mûr; un peu âgé; assez âgé; *F:* entre deux âges. *Th:* **Elderly part,** rôle marqué.

eldership ['eldərʃip], *s. Ecc:* Dignité *f* d'ancien.

eldest ['eldəst], *a.* Aîné. *My e.* (*son, daughter*), mon (fils) aîné, ma fille aînée, mon aînée.

El Dorado [eldo'rɑːdo]. *Pr.n.* L'Eldorado *m*.

eldritch ['el(d)ritʃ], *a. Scot:* Affreux, effrayant, horrible, fantastique.

Elea ['iːlia]. *Pr.n. A.Geog:* Élée *f*.

Elean ['iːliən], *a.* & *s. A.Geog:* Éléen, -enne.

Eleanor ['eliənɔːr, 'elənər]. *Pr.n.f.* Éléonore.

eleatic [eli'atik]. *Hist. of Phil:* **1.** *a.* Éléatique. **2.** *s.* Éléate *m*, éléatique *m*.

Eleazar [eli'eizər]. *Pr.n.m. B.Hist:* Éléazar.

elecampane [elikam'pein], *s. Bot:* Au(l)née *f* hélène; inule *f*. *Pharm:* **Elecampane root**, racine *f* d'aunée.

elect[1] [i'lekt], *a.* Élu. **The bride elect**, la future. **The Lord Mayor elect**, le futur Lord Maire. *s. Theol:* **The elect**, les élus *m*. *F:* **I am not one of the elect**, je ne suis pas un des élus.

elect[2], *v.tr.* **1. To elect to do sth.**, choisir de faire qch.; se décider à, être d'avis de, faire qch. *He had elected to become a country priest*, il avait voulu être prêtre de campagne. **2.** (*a*) Élire (un député, etc.). **To elect s.o. (a) member, s.o. to be a member**, élire qn député. *To e. s.o. to the presidency*, élire qn à la présidence; nommer qn président. *He was elected to the Academy*, il fut élu de l'Académie. *The council elects the president from among its members*, le conseil élit le président dans son sein. **To be elected**, recueillir les suffrages. (*b*) *Jur:* **To elect domicile**, élire domicile. (*c*) *Theol: Those whom God elects*, ceux que Dieu met parmi les élus.

election [i'lekʃ(ə)n], *s.* **1.** Élection *f*. **Parliamentary elections**, élections législatives. **General election**, élection générale. *To hold an e.*, procéder à une élection. *To stand for an e.*, se présenter, poser sa candidature, se porter candidat, à une élection. *U.S:* **Special election** = BY-ELECTION. **Election poster**, affiche électorale. **Election committee**, comité électoral. **Election petition**, protestation *f* contre une élection législative. *See also* BY-ELECTION. **2.** *Sch:* (*At Eton*) Promotion *f*. **3.** *Jur:* (*Choice between rights*) Choix *m*, élection, option *f*. **4.** *Theol:* Élection.

electioneer [ilekʃə'niːər], *v.i.* Faire une campagne électorale; faire de la propagande électorale; solliciter des voix.

electioneering, *s.* Propagande électorale; manœuvres électorales. *E. agent*, agent électoral. *The e. art*, l'art *m* de bien mener une campagne électorale.

electioneerer [ilekʃə'niːərər], *s.* Agent électoral.

elective [i'lektiv], *a.* **1.** (*a*) Électif. *Hist:* **Elective kings**, rois électifs. (*b*) (*Of body, franchise, etc.*) Électoral, -aux. **2.** *Ch:* **Elective affinity**, affinité élective. **3.** *U.S:* (*Of course of study, etc.*) Facultatif. **-ly,** *adv.* **1.** Par (le) choix, par élection. **2.** Électivement.

elector [i'lektər], *s.* **1.** Électeur *m*, votant *m*. **The body of electors**, le Collège électoral. **2.** *Hist:* **The Elector of Brandenburg, of Saxony, *etc.*,** l'Électeur de Brandebourg, de Saxe, etc.

electoral [i'lektərəl], *a.* Électoral, -aux. *U.S:* **The Electoral College**, le Collège électoral (qui élit le Président). **-ally,** *adv.* Électoralement.

electorate [i'lektəret], *s.* **1.** *Hist:* Électorat *m* ((i) dignité *f* de prince électeur; (ii) territoires soumis à un électeur). **2.** *Pol:* Le corps électoral; les électeurs *m*; les votants *m*.

Electra [i'lektra]. *Pr.n.f. Gr.Lit:* Électre.

electress [i'lektres], *s.f.* Électrice.

electric [i'lektrik], *a.* Électrique. *E. cautery*, cautère *m* électrique; électrocautère *m*. *E. fire*, radiateur *m* électrique. *E. generating machine*, machine génératrice d'électricité; dynamo *f*. *E. generating set*, groupe électrogène, groupe générateur. *E. light*, lumière *f* électrique. *E. light installation*, jeu *m* d'électricité. *E. meter*, compteur *m* d'électricité. *E. motor*, moteur *m* électrique; électro-moteur; moteur électromagnétique. *E. wave*, onde *f* électrique, électromagnétique. *See also* CHAIR[1] 1, EEL 2, LIGHTING 2, RAY[3], SHOCK[4] 2. *Tex:* **Electric blue**, bleu électrique.

electrical [i'lektrik(ə)l], *a.* Électrique. (*a*) *E. attraction, resistance*, attraction *f*, résistance *f*, électrique. *E. bridge*, pont *m* de Wheatstone. *E. residue*, charge résiduelle. *E. welding*, électrosoudure *f*. *F:* **Electrical atmosphere**, atmosphère électrique, orageuse (d'une réunion, etc.). (*b*) **Electrical fitter**, monteur-électricien *m*, *pl.* monteurs-électriciens. *See also* ENGINEER[1] 1, ENGINEERING 1. **-ally,** *adv.* Électriquement, par l'électricité. *E. driven*, actionné par électromoteur. *E. controlled*, à commande électrique.

electrician [ilek'triʃ(ə)n], *s. Ind:* Monteur-électricien *m*, *pl.* monteurs-électriciens; *F:* électricien *m*.

electricity [ilek'trisiti], *s.* Électricité *f*; énergie *f* électrique. *Frictional e.*, électricité statique, de frottement. **Electricity works**, centrale *f* électrique; station génératrice; usine génératrice.

electrifiable [ilektri'faiəbl], *a.* (*Of substance, audience*) Électrisable.

electrification [ilektrifi'keiʃ(ə)n], *s.* **1.** Électrisation *f* (d'un corps, etc.). **2.** Électrification *f* (d'une voie de chemin de fer, d'une ligne de tramways, etc.).

electrifier [i'lektrifaiər], *s.* Électriseur *m*.

electrify [i'lektrifai], *v.tr.* **1.** Électriser (un corps, *F:* un auditoire). **2.** Électrifier (une ligne de chemin de fer, de tramways, etc.).

electrified, *a.* **1.** (*Of substance, F: of audience*) Électrisé. **2.** (*Of railway line*) Électrifié.

electrifying[1], *a.* Électrisant.

electrifying[2], *s.* **1.** Électrisation *f*. **2.** Électrification *f* (d'une ligne de transport, etc.).

electrization [ilektri'zeiʃ(ə)n], *s.* Électrisation *f*.

electrize [i'lektraːiz], *v.tr.* = ELECTRIFY 1.

electro [i'lektro], *s.* & *v.tr. F:* **1.** = ELECTRO-PLATE[1, 2]. **2.** = ELECTROTYPE[1, 2].

electro-, *pref.* Électro-. *Electro-'optics*, électro-optique. *Electro-'genesis*, électrogénèse. *Electro-ca'pillary*, électrocapillaire. *Electro-'positive*, électropositif.

e'lectro-bath, *s.* Bain *m* électrolytique.

e'lectro-'cardiogram, *s. Med:* Électrocardiogramme *m*.

e'lectro-'chemical, *a.* Électrochimique.

e'lectro-'chemistry, *s.* Électrochimie *f*.

e'lectro-de'posit[1], *s.* Dépôt *m* galvanoplastique; dépôt électrolytique; précipité *m* galvanique.

e'lectro-de'posit[2], *v.tr.* Faire déposer électriquement; déposer par électrolyse, par voie galvanique, électrolytiquement.

e'lectro-depo'sition, *s.* Galvanoplastie *f*.

e'lectro-dy'namic, *a.* (Haut-parleur *m*) dynamique.

e'lectro-en'graving, *s.* Électrogravure *f*.

e'lectro-'genesis, *s.* Électrogénèse *f*.

e'lectro-'gild, *v.tr.* Dorer par électrolyse, par procédés électrochimiques.

e'lectro-'gilt, *a.* Doré par électrolyse, par procédés électrochimiques.

e'lectro-'gilding, *s.* Dorure *f* électrochimique, électrolytique, galvanique, à la pile.

e'lectro-ki'netic, *a.* Électrocinétique.

e'lectro-'magnet, *s.* Électro-aimant *m*, *pl.* électro-aimants.

e'lectro-mag'netic, *a.* Électromagnétique.

e'lectro-'magnetism, *s.* Électromagnétisme *m*.

e'lectro-metal'lurgic, *a.* Électrométallurgique.

e'lectro-me'tallurgy, *s.* Électrométallurgie *f*.

e'lectro-'negative, *a.* Électronégatif.

e'lectro-physio'logical, *a.* Électrophysiologique.

e'lectro-physi'ology, *s.* Électrophysiologie *f*.

e'lectro-plate[1], *s.* (*a*) Articles plaqués; (métal) plaqué *m*; plaqué galvanique. (*b*) Articles argentés; couverts *mpl* en ruolz.

e'lectro-plate[2], *v.tr.* (*a*) Plaquer (un métal); faire déposer électriquement sur (qch.) une couche de métal. (*b*) Argenter. **Electroplated ware** = ELECTRO-PLATE[1].

e'lectro-'plating, *s.* (*a*) Plaqué *m*; revêtement *m* électrolytique. (*b*) Argenture *f* (galvanique). **Electro-plating bath**, bain *m* galvanique.

e'lectro-plater, *s.* **1.** Galvanoplaste *m*. **2.** Argenteur *m*.

e'lectro-'positive, *a.* Électropositif.

e'lectro-'technics, *s.pl.* (*Usu. with sg. const.*) Électrotechnique *f*.

e'lectro-thera'peutic(al), *a.* Électrothérapeutique.

e'lectro-thera'peutics, -'therapy, *s. Med:* Électrothérapie *f*.

e'lectro-'thermancy, e'lectro-'thermy, *s. Med:* Électrothermie *f*.

e'lectro-'thermic, -thermi'onic, *a.* Électrothermique.

electrobus [i'lektrobʌs], *s.* Électrobus *m*.

electrocautery [i'lektro'kɔːtəri], *s.* Électrocautère *m*.

electrocute [i'lektrokjut], *v.tr.* Électrocuter.

electrocuter [i'lektrokjutər], **electrocutioner** [i'lektro'kjuʃənər], *s.* Électrocuteur *m*.

electrocution [ilektro'kjuʃ(ə)n], *s.* Électrocution *f*.

electrode [i'lektroud], *s.* Électrode *f*. *E.-carbon*, charbon *m* polaire. *E.-furnace*, four *m* à électrodes. *E.-holder*, porte-électrodes *m inv*. *W.Tel:* **Three-electrode valve**, lampe *f* à trois électrodes.

electrodynamic(al) [i'lektrodai'namik(əl)], *a.* Électrodynamique.

electrodynamics [i'lektrodai'namiks], *s.pl.* (*Usu. with sg. const.*) Électrodynamique *f*.

electrodynamometer [i'lektrodainə'mɔmetər], *s.* Électrodynamomètre *m*.

electrogalvanic [i'lektrogal'vanik], *a. El:* Électrogalvanique.

electrolier [ilektro'liːər], *s.* Lustre *m* électrique; (*of ceiling type*) plafonnier *m* électrique; (*hanging*) suspension *f* électrique. *Three-light e.*, lumière *f* à trois feux; lustre à trois lampes.

electrolyse [i'lektrolaːiz], *v.tr.* Électrolyser.

electrolyser [i'lektrolaizər], *s.* Électrolyseur *m*.

electrolysis [ilek'trɔlisis], *s.* Électrolyse *f*.

electrolyte [i'lektrolait], *s. El:* Électrolyte *m*; liquide excitateur.

electrolytic [i'lektro'litik], *a.* Électrolytique.

electrolyze [i'lektrolaːiz], *v.tr.* = ELECTROLYSE.

electrometer [ilek'trɔmetər], *s.* Électromètre *m*. *See also* CALIBRATING.

electrometry [ilek'trɔmetri], *s.* Électrométrie *f*.

electromobile [i'lektro'moubail], *a. El:* Électromobile.

electromotive [i'lektro'moutiv]. **1.** *a.* **Electromotive force**, force électromotrice. **Back-, counter-electromotive force**, force contre-électromotrice. **2.** *s.* Locomotive *f* électrique.

electromotor [i'lektro'moutər], *s.* Électromoteur *m*; machine électromotrice.
electron [i'lektrɔn], *s.* Électron *m*.
electronic [ilek'trɔnik], *a.* Électronique.
electropathy [ilek'trɔpəθi], *s. Med:* Électrothérapie *f*.
electrophone [i'lektrofoun], *s.* Électrophone *m*.
electrophorus [ilek'trɔfərəs], *s.* Électrophore *m*.
electrophysics [i'lektro'fiziks], *s.pl.* (*Usu. with sing. const.*) Électrophysique *f*.
electroscope [i'lektroskoup], *s.* Électroscope *m*.
electrosiderurgy [i'lektro'sidərəːrdʒi], *s.* Électrosidérurgie *f*.
electrosmelting [i'lektro'smeltiŋ], *s.* Fusion *f* électrique.
electrostatic(al) [i'lektro'statik(əl)], *a.* Électrostatique.
electrostatics [i'lektro'statiks], *s.pl.* (*Usu. with sg. const.*) Électrostatique *f*.
electrotechnic(al) [i'lektro'teknik(əl)], *a.* Électrotechnique.
electrotherapist [i'lektro'θerəpist], *s. Med:* Électriseur *m*.
electrotonus [ilek'trɔtonəs], *s. Physiol:* Électrotonus *m*.
electrotype[1] [i'lektrotaip], *s.* **1.** Électrotype *m*; cliché *m* galvano; *F:* galvano *m*. **2.** = ELECTROTYPING.
electrotype[2], *v.tr.* Clicher (par électrotypie).
electrotyping, *s.* Électrotypie *f*, galvanoplastie *f*; clichage *m* (par électrotypie).
electrotyper [i'lektrotaipər], *s.* Électrotypeur *m*; clicheur *m* (d'électrotypes); galvanoplaste *m*.
electrum [i'lektrəm], *s. Miner:* Électrum *m*; or vert.
electuary [i'lektjuəri], *s. Pharm:* Électuaire *m*, condit *m*.
eleemosynary [elii'mɔsinəri], *a. Lit:* **1.** (*a*) (Don *m*, etc.) charitable, de charité. (*b*) Gratuit. **2.** Qui vit d'aumônes.
elegance ['eləgəns], **elegancy** ['eləgənsi], *s.* Élégance *f*.
elegant ['eləgənt], *a.* **1.** Élégant. *To have an e. figure, an e. shape,* avoir la taille élégante; être bien pris de taille, dans sa taille. *To lead a life of e. ease,* mener une vie luxueuse et raffinée. **2.** *U.S. & P:* Excellent; chic; de premier ordre. **-ly**, *adv.* Élégamment; avec élégance. *E. dressed,* (i) bien habillé; (ii) habillée avec élégance, avec recherche.
elegiac [ele'dʒaiək]. **1.** *a.* Élégiaque. **2.** *s.pl.* **Elegiacs,** vers *m* élégiaques.
elegist ['eledʒist], *s.* Poète *m* élégiaque.
elegy ['eledʒi], *s.* Élégie *f*.
element ['elemənt], *s.* Élément *m*. **1.** **The four elements,** les quatre éléments. *F:* **To brave the elements,** braver les éléments. *Water is the e. of the fish,* l'eau est l'élément du poisson. *F:* **To be in one's element,** être dans son élément, dans son milieu, sur son terrain, *F:* comme le poisson dans l'eau. **To be out of one's element,** être hors de son élément; être désorienté, dépaysé, hors de sa sphère, *F:* comme un poisson sur la paille. **2.** (*a*) Principe constitutif. **To reduce sth. to its elements,** réduire qch. à ses éléments. *E. of uncertainty,* élément d'incertitude. *Character in which there is an e. of avarice,* caractère où il entre de l'avarice. *Disturbing e.,* élément d'instabilité. **The personal element,** le facteur humain. (*b*) Partie *f* (d'un tout). *Battery of fifty elements,* batterie de cinquante éléments. *The elements of a three-electrode valve,* les électrodes *f* d'une lampe triode. *Const: The elements of a framework,* les membrières *f* d'un cadre. *See also* THREE-ELEMENT. (*c*) *Theol:* **The eucharistic elements,** les éléments de l'eucharistie. **3.** *Ch:* Corps *m* simple. **4.** *pl.* **Elements,** rudiments *m* (d'une science). *He is sound on the elements of the matter,* il possède le fond de cette matière; il connaît bien ses éléments. **Euclid's Elements,** les Éléments de Géométrie (d'Euclide).
elemental [ele'ment(ə)l], *a.* **1.** (Culte, etc.) des éléments. **Elemental spirits,** *s.* **elementals,** esprits *m* élémentaires. *E. war,* guerre *f* des éléments. *F: E. grandeur,* grandeur transcendante, surnaturelle. **2.** (*Of substance*) Élémentaire. **3.** *E. truths,* vérités premières.
elementary [ele'mentəri], *a.* Élémentaire. *Ch:* **Elementary body,** corps *m* simple. **Elementary school,** école *f* primaire. *Sch: E. algebra,* rudiments *mpl*, notions *fpl*, d'algèbre. *E. prudence demands that . . .,* la simple prudence veut que. . . .
elemi ['elemi], *s.* (Gum) **elemi,** élémi *m*; résine *f* d'amyris.
elench [i'leŋk], *s. Log:* Réfutation *f*.
elenchus, *pl.* **-i** [i'leŋkəs, -ai], *s.* **1.** *Log:* = ELENCH. **2.** *Phil:* **Socratic elenchus,** méthode *f* socratique du dialogue.
elephant ['elefənt], *s.* **1.** *Z:* (**Bull**) **elephant,** éléphant *m* (mâle). **Cow elephant,** éléphante *f*; éléphant femelle. *Calf e., e. calf, F:* **baby elephant,** éléphanteau *m*. **White elephant,** (i) éléphant blanc; (ii) *F:* objet *m*, cadeau *m*, d'une certaine valeur mais inutile et encombrant. *U.S: F:* **To see the elephant,** (i) visiter les monuments (d'une ville, etc.); (ii) voir le monde. *See also* PEANUT, SEA-ELEPHANT. **2.** *Paperm:* **Elephant(-paper)** = papier *m* grand jésus; aigle *m*. **Double-elephant,** grand aigle.
'elephant-driver, *s.* Cornac *m*.
'elephant's ear, *s. Bot:* Bégonia *m*.
'elephant's foot, *s. Bot:* Testudinaire *f* pied d'éléphant.
elephantiasis [elefan'taiəsis], *s. Med:* Éléphantiasis *f*, pachydermie *f*.
elephantine [ele'fantain], *a.* **1.** Éléphantin. *E. gambols,* gambades *f* gauches. **Elephantine wit,** esprit lourd. *To display an e. wit, F:* être fin comme une dague de plomb. **2.** (*Of proportions, etc.*) Éléphantesque.
eleusine [elju'saini], *s. Bot:* Éleusine *f*.
Eleusinia [elju'siniə], *s.pl. Gr.Ant:* Éleusinies *f*.
Eleusinian [elju'siniən], *a.* D'Éleusis. *E. mysteries,* éleusinies *f*.
Eleutheria [elju'θiːəriə], *s.pl. Gr.Ant:* Éleuthéries *f*.
eleutheropetalous [e'ljuːθərə'petələs], *a. Bot:* Éleuthéropétale.
eleutherophyllous [e'ljuːθərə'filəs], *a. Bot:* Éleuthérophylle.
elevate ['eleveit], *v.tr.* **1.** Élever (l'hostie, etc.); élever, agrandir (qch., l'esprit); relever (une pensée, son style); hausser, élever (la voix); lever (les yeux). *Artil:* Pointer (un canon) en hauteur. *Av:* Cabrer (l'avion). *To e. s.o. to a high rank,* élever qn à un haut rang. **2.** Exalter (qn). *Abs. The kind of sorrow that elevates,* la sorte de chagrin qui élève l'âme.
elevated, *a.* **1.** Élevé. *E. position,* position élevée. *E. thoughts, style,* hautes pensées, haut style. *E. personage,* personnage éminent. *F:* **To be slightly elevated,** être un peu gris, un peu parti (pour la gloire); être un peu en train; avoir bu un verre de trop; avoir son plumet. **2.** (*Overhead*) Surélevé. **Elevated railway,** *U.S:* **elevated railroad,** chemin de fer aérien; voie ferrée aérienne. *E. highway,* route surélevée.
elevating[1], *a.* **1.** (*Of discourse, etc.*) Qui élève l'esprit. *E. principles,* principes moralisateurs. **2.** *Tchn:* Élévatoire; élévateur; (organe *m*) de relevage. **Elevating screw** (*of gun*), vis *f* de pointage en hauteur; vis monte-et-baisse *inv*. *E. wheel* (*of gun*), volant *m* de pointage en hauteur; roue *f* élévatoire. *Av:* **Elevating power,** force ascensionnelle. *See also* PLANE[2] 2.
elevating[2], *s.* Élévation *f*; levage *m*; relevage *m*. *Av:* Cabrage *m* (de l'avion).
elevation [ele'veiʃ(ə)n], *s.* **1.** (*a*) Élévation *f* (de qn à un rang supérieur). (*b*) *Ecc:* **The Elevation of the Host,** l'élévation; le lever-Dieu *inv*. **2.** (*a*) **Elevation above sea-level,** altitude *f*, hauteur *f*, au-dessus du niveau de la mer. *E. of* 100 *feet above sea-level,* cote *f* de 100 pieds au-dessus du niveau de la mer. *The range rises to its highest e. at . . .,* la chaîne (de montagnes) atteint son point culminant à. . . . (*b*) Élévation (d'un astre). (*c*) *Artil:* Élévation; pointage positif; hausse *f*; pointage en hauteur (d'un canon). **Angle of elevation,** angle *m* d'élévation (d'une pièce); angle de site positif; angle de mire. **To fire at extreme, maximum, elevation,** tirer à portée extrême, à toute volée. **3.** (*a*) (*Hill*) Élévation, éminence *f*. (*b*) *Geol:* Exhaussement *m*. **4.** *Geom.Draw: Arch: etc:* Élévation (d'un édifice, etc.). **Sectional elevation,** coupe verticale; élévation-coupe *f*. **Front elevation,** façade *f* (d'un édifice); élévation antérieure. **5.** Élévation, dignité *f*, sublimité *f* (du style); élévation, noblesse *f*, grandeur *f* (du caractère). *The lack of any e. in his thought,* le terre à terre de sa pensée.
elevator ['eleveitər], *s.* **1.** (*a*) Élévateur *m*, convoyeur *m*; (*for goods*) monte-charge(s) *m inv*; (*for water, etc.*) pompe *f*, noria *f*. **Bucket elevator,** élévateur à godets, à augets; noria; patenôtre *f*. *Pneumatic e., sucking e.,* élévateur ou transporteur *m* pneumatique; aspirateur *m*. (*b*) *U.S:* Ascenseur *m*. (*c*) *U.S:* (**Grain-**)**elevator,** silo *m* à élévateur pneumatique. **2.** *Av:* Gouvernail *m* de profondeur, d'altitude. **3.** *Bootm:* Talonnette *f*. **4.** (*a*) *Surg:* Élévatoire *m*. (*b*) *Dent:* Élévateur *m*, langue-de-carpe *f*, *pl.* langues-de-carpe; trivelin *m*. **5.** *Anat:* (Muscle) élévateur (de la paupière).
elevatory ['elevətəri], *a. Geol:* (Force *f*, etc.) élévatoire.
eleven [e'levn]. **1.** *num.a. & s.* Onze (*m*). *They are only e.,* ils ne sont que onze, *F:* qu'onze. *The e. o'clock train,* le train d'onze heures. (*For other phrases see* EIGHT.) **2.** *s. Sp: Cr:* Équipe *f* de onze joueurs. **3.** *s.pl. P:* **Elevens(es),** casse-croûte *m inv*. *To have one's elevenses,* prendre une tasse de café ou un petit repas à onze heures.
eleventh [i'levnθ]. **1.** *num.a. & s.* Onzième. **At the eleventh hour,** (i) *B:* à la onzième heure; (ii) *F:* au dernier moment; à la dernière heure. **An eleventh-hour change** *in the programme,* un changement de programme au dernier moment. (*For other phrases see* EIGHTH.) **2.** *s.* (*Fractional*) Onzième *m*. **-ly**, *adv.* Onzièmement.
elf, *pl.* **elves** [elf, elvz], *s.* **1.** *Myth:* Elfe *m*; lutin *m*, lutine *f*; esprit follet. *Lit: The King of the elves,* le roi des aunes *m*. **2.** *F:* Enfant *mf* espiègle; petit lutin, petite lutine.
'elf-arrow, 'elf-bolt, *s.* **1.** Tête *f* de flèche en silex. **2.** Bélemnite *f*.
'elf-child, *s.* Enfant changé en nourrice par les fées.
'elf-land, *s.* Le royaume des elfes.
'elf-lock, *s.* (Mèche *f* de) cheveux emmêlés.
'elf-struck, *a.* Ensorcelé.
elfin ['elfin]. **1.** *a.* D'elfe, de lutin, de fée. *E. laugh,* rire *m* de lutin; rire espiègle. *E. landscape,* paysage *m* féerique. **2.** *s.* = ELF.
'elfin-tree, *s.* Arbre rabougri (des Alpes).
elfish ['elfiʃ], *a.* (*a*) Des elfes, de lutin. (*b*) (*Of child*) Espiègle.
Eli ['iːlai]. *Pr.n.m. B.Hist:* Héli.
Eliakim [i'laiəkim]. *Pr.n.m.* Éliacim, Éliakim.
Elian ['iːliən]. **1.** *a.* Qui appartient à Charles Lamb; (caractère) tiré des "Essais d'Élia." **2.** *s.* Admirateur, -trice, de Charles Lamb.
Elias [i'laiəs]. *Pr.n.m.* Élie.
elicit [i'lisit], *v.tr.* Tirer, faire jaillir (qch. de caché); découvrir (la vérité); déduire, mettre au jour, mettre en lumière (des vérités d'après des données). *To e. the facts,* tirer les faits au clair. *To e. a reply from s.o.,* tirer, obtenir, une réponse de qn. *To e. an admission from s.o.,* arracher un aveu à qn. *To e. universal admiration,* être l'objet de l'admiration universelle; s'attirer, provoquer, l'admiration universelle.
elide [i'laid], *v.tr.* Élider (une voyelle, etc.). **Elided letter** (*at end of word*), lettre apocopée. *E mute is elided before a vowel,* l'e muet s'élide, *F:* se mange, devant une voyelle.
Eliezer [eli'iːzər]. *Pr.n.m.* Éliézer.
eligibility [elidʒi'biliti], *s.* **1.** Éligibilité *f* (en droit). **2.** Acceptabilité *f* (d'un prétendant, etc.).
eligible ['elidʒibl], *a.* **1.** Éligible (en droit) (*to,* à). **2.** Digne d'être élu ou choisi; désirable; acceptable. *E. for an occupation,* admissible à un emploi. **Eligible young man,** jeune homme *m* acceptable; bon parti; parti sortable. *Small town with no e. men,* petite ville où il n'y a pas de partis, pas d'épouseurs. **Eligible investment,** placement avantageux.
eligibleness ['elidʒiblnəs], *s.* = ELIGIBILITY.
Eligius [e'lidʒiəs]. *Pr.n.m. Rel.Hist:* Éloi.
Elihu [e'laihjuː]. *Pr.n.m. B:* Élihu.
Elijah [e'laidʒə]. *Pr.n.m. B.Hist:* Élie.
eliminable [i'liminəbl], *a.* Éliminable.
eliminate [i'limineit], *v.tr.* **1.** Éliminer (des matières toxiques, des noms d'une liste, etc.); supprimer, écarter (des possibilités

d'erreur, etc.). *Mth:* **To eliminate x, y,** éliminer x, y; faire évanouir x, y. **2.** *F:* Tirer, extraire (de la nourriture du sol, etc.).

eliminating, *a.* Éliminateur, -trice. *Sp:* **Eliminating heats,** épreuves *f* éliminatoires.

elimination [ilimi'neiʃ(ə)n], *s.* Élimination *f.* *Sp:* **Elimination trial,** épreuve *f* éliminatoire; *F:* éliminatoire *f.*

eliminative [i'liminətiv], *a.* Éliminateur, -trice.

eliminator [i'limineitər], *s.* Éliminateur *m.* *Phot:* **Hypo-eliminator,** éliminateur d'hypo. *Aut:* **Shock eliminator,** amortisseur *m* (de chocs). *W.Tel:* **High-tension eliminator,** dispositif *m* de filtrage du courant du secteur (pour la haute tension).

eliminatory [i'liminətəri], *a.* Éliminatoire.

elinvar ['elinvɑːr], *s.* *Metall:* Élinvar *m.*

Elis ['iːlis]. *Pr.n.* *A.Geog:* Élide *f.*

Elisha [i'laiʃa]. *Pr.n.m.* *B.Hist:* Élisée.

elision [i'liʒ(ə)n], *s.* Élision *f* (d'une voyelle, etc.).

elixir [i'liksər], *s.* Élixir *m.* **The elixir of life,** l'élixir de longue vie.

Eliza [i'laiza]. *Pr.n.f.* Élise, Élisa.

Elizabeth [i'lizəbeθ]. *Pr.n.f.* Élisabeth.

Elizabethan [elizə'biːθən], *a.* & *s.* Élisabéthain (*m*); qui appartient au règne de la reine Élisabeth.

elk [elk], *s.* *Z:* (*Ven:* *Usu. inv. in pl.*) Élan *m.* **Canadian elk,** orignac *m*; orignal *m*, -aux; élan du Canada.

elkhound ['elkhaund], *s.* Chien *m* pour la chasse à l'élan.

ell[1] [el], *s.* *Meas:* (*a*) Aune *f.* See also INCH[1]. **Measuring by the ell,** aunage *m.* (*b*) Aunée *f* (de drap, etc.).

ell[2], *s.* **1.** La lettre l. **2.** *Ind:* **Ell (union),** raccord coudé en L. **3.** *U.S:* Aile *f* (d'un bâtiment) à angle droit avec le corps principal.

Ellen ['elən]. *Pr.n.f.* Hélène.

ellipse [e'lips], *s.* *Geom:* Ellipse *f.*

ellipsis, *pl.* **-ipses** [e'lipsis, -siz], *s.* *Gram:* Ellipse *f.*

ellipsograph [e'lipsogrɑːf, -graf], *s.* *Geom:* Ellipsographe *m*; compas *m* à ellipse, à ovale.

ellipsoid [e'lipsoid], *s.* *Geom:* Ellipsoïde *m.* *E. of revolution,* ellipsoïde de rotation, de révolution.

ellipsoidal [elip'sɔid(ə)l], *a.* Ellipsoïdal, -aux; ellipsoïde.

elliptic(al) [e'liptik(əl)], *a.* *Gram:* *Geom:* Elliptique. **-ally,** *adv.* Elliptiquement.

ellipticity [elip'tisiti], *s.* Ellipticité *f.*

elm [elm], *s.* *Bot:* Orme *m*; *F:* arbre *m* à pauvre homme. *Young elm,* ormeau *m.* **Common elm, English elm,** orme champêtre, à petites feuilles. **Cork elm, Dutch elm,** orme subéreux, orme liège. **Red elm,** orme de cèdre. **Dwarf elm,** orme tortillard. **Wych elm, witch-elm, Scotch elm,** orme blanc, de(s) montagne(s). **Broad-leaved elm,** orme tilleul *m*, orme à larges feuilles; ypréau *m.* See also YOKE-ELM. **Elm-sapling,** ormille *f.* **Elm-grove,** ormaie *f.* **Elm-wood,** (bois *m* d')orme.

Elmo ['elmo]. *Pr.n.m.* Elme. *Meteor:* **Saint Elmo's fire,** feu *m* Saint-Elme.

elmy ['elmi], *a.* D'ormes, planté d'ormes.

elocute [elo'kjuːt], *v.i.* *U.S:* *F:* Déclamer; réciter (en public).

elocution [elo'kjuːʃ(ə)n], *s.* Élocution *f*, diction *f.*

elocutionary [elo'kjuːʃənəri], *a.* D'élocution. *E. gifts,* dons *m* de déclamateur, dons de diction. *E. effects,* effets *m* oratoires.

elocutionist [elo'kjuːʃənist], *s.* (*a*) Déclamateur *m*; récitateur, -trice. (*b*) Professeur *m* d'élocution, de diction.

Elohim [e'louhim]. *Pr.n.* *B:* Élohim *m.*

Elohist [e'louhist], *s.* (*Biblical criticism*) Élohiste *m.*

elongate[1] ['iːlɔŋgeit]. **1.** *v.tr.* Allonger, étendre. **2.** *v.i.* (*a*) *Bot:* *etc:* S'allonger, s'étendre. (*b*) *Astr:* Se trouver en digression.

elongated, *a.* Prolongé, allongé.

elongate[2] [i'lɔŋget], *a.* *Nat.Hist:* Allongé.

elongation [iːlɔŋ'geiʃ(ə)n], *s.* **1.** *Astr:* Élongation *f*, digression *f.* **2.** (*a*) Allongement *m.* *Mec.E:* **Elongation at rupture,** élongation, allongement, de rupture. (*b*) Allonge *f*; prolongement *m* (d'une ligne).

elope [i'loup], *v.i.* (*Of daughter, wife*) S'enfuir de la maison paternelle, du domicile conjugal, avec un amant; se laisser enlever, se faire enlever (*with s.o.,* par qn). **They eloped,** ils ont pris la fuite.

elopement [i'loupmənt], *s.* Fuite *f* de la maison paternelle, du domicile conjugal; enlèvement (consenti).

eloper [i'loupər], *s.* Jeune fille *f* qui s'est fait enlever de chez ses parents; femme *f* qui a quitté le domicile conjugal. **The elopers,** les amoureux en fuite.

eloquence ['elokwəns], *s.* **1.** Éloquence *f.* See also CONTEST[1]. **2.** *A:* Rhétorique *f.* *Professor of e.,* professeur *m* de rhétorique.

eloquent ['elokwənt], *a.* Éloquent. **To be an eloquent speaker,** être éloquent, disert; avoir de l'éloquence. *E. gesture,* geste éloquent, parlant. *To have an e. tongue,* être grand, beau, parleur. **To be naturally eloquent,** être né orateur. **Eloquent look,** regard *m* qui en dit long. **To wax eloquent in support of . . .,** déployer toute son éloquence en faveur de. . . . *His whole attitude is e. of a generous nature,* toute son attitude annonce une nature généreuse.

else [els]. **1.** *adv.* Autrement; ou bien. *Get up,* **or else** *you'll be late,* lève-toi ou tu vas être en retard. *Come to-morrow or else it will be too late,* venez demain, autrement il sera trop tard. *He must be joking, or else he is mad,* il plaisante, ou bien il est fou. *Pay me my debt,* **or else!** payez-moi ma dette, ou sans cela! sans quoi! sinon! **I could not do else than look,** je ne pus m'empêcher de regarder. *I could not do else but accept,* il me fallut bien accepter. **2.** (*a*) *a. or adv.* (*With indef. or interr. pron. or adv.*) **Anyone else, anybody else,** (i) toute autre personne; tout autre, n'importe qui d'autre; un autre. *Anyone else would have missed that shot,* un autre aurait manqué le but. *He is no more stupid than anyone else,* il n'est pas plus bête qu'un autre. (ii) (*Interrog.*) *Can I speak to anyone else?* y a-t-il quelqu'un d'autre à qui je puisse parler? *Did you see anybody else?* avez-vous vu encore quelqu'un? **Anything else,** (i) n'importe quoi d'autre. *Anything else will do,* n'importe quoi d'autre fera l'affaire. *Say anything else, but not that,* dites tout ce que vous voudrez, mais pas cela. (ii) (*Interrog.*) *Have you anything else to do?* avez-vous autre chose à faire? *Com:* *Anything else, madam?* encore quelque chose, madame? et avec cela, madame? **Someone else, somebody else,** quelqu'un d'autre, un autre. *You are taking me for someone else,* vous me prenez pour quelqu'un d'autre, pour un autre. *He is engaged to someone else,* il est fiancé par ailleurs, il est fiancé à une autre. **Something else,** quelque chose *m* d'autre; autre chose *m.* *I was thinking of something else,* je pensais à autre chose; j'avais l'esprit ailleurs. *Let us speak of something else,* parlons d'autre chose; changeons de conversation. *He has something else to think about,* il a bien autre chose à quoi penser. **No one else, nobody else,** personne *m* d'autre, aucun autre, nul autre. *If it is not my business it is nobody else's,* si ce n'est pas mon affaire ce n'est celle de personne d'autre. *No one else could do it but he,* il n'y avait que lui qui pût le faire; il était le seul à pouvoir le faire. **Nothing else,** rien *m* d'autre. *Nothing else will do,* rien d'autre ne fera l'affaire. *Nothing else, thank you,* plus rien, merci. **Who else?** qui d'autre? qui encore? *Who else could have done it?* qui d'autre aurait pu l'accomplir? *Whose else can it be?* à qui d'autre, à quel autre, cela peut-il appartenir? **What else?** quoi encore? quoi de plus? *What else can I say?* qu'est-ce que je puis dire de plus? *What else can I do?* que puis-je faire d'autre, de mieux? *Are you a Londoner?—What else should I be?* êtes-vous Londonien?—Qu'est-ce que vous voulez que je sois? **Everything else,** tout le reste. *Have a chop, sir? Everything else is off,* monsieur prendrait-il une côtelette? Tous les autres plats sont épuisés. See also EVERYBODY, EVERYONE. **Little else,** pas grand'chose *m* d'autre. *Little else remains to be done,* à part cela, il ne reste plus grand'chose à faire. *He is fit for little else,* il n'est guère propre à autre chose. *He eats little else than bread,* il ne mange guère que du pain. **Much else,** encore beaucoup. *Much else remains to be done,* il reste encore beaucoup à faire. *In the moonlight one could distinguish many things else,* au clair de lune on distinguait encore bien d'autres choses. (*b*) **Where else?** (i) où encore? (ii) en quel autre lieu? **Everywhere else,** partout ailleurs. **Somewhere else,** autre part; ailleurs. **Nowhere else,** nulle autre part; nulle part ailleurs; en aucun autre lieu. **Anywhere else,** (i) n'importe où (ailleurs); partout ailleurs. (ii) (*Interrog.*) *Can I find some anywhere else?* puis-je en trouver ailleurs? **How else** *would you set about it?* de quelle autre manière vous y prendriez-vous?

elsewhere ['elshweər], *adv.* Ailleurs, autre part. *My thoughts were e.,* j'avais l'esprit ailleurs. *We shall refer to this again e.,* nous reviendrons là-dessus plus loin, d'autre part.

elsewhither ['elshwiðər], *adv.* *Lit:* (Aller, s'en aller) ailleurs, autre part.

elsewise ['elswaːiz], *adv.* *Lit:* = OTHERWISE.

Elsie ['elsi]. *Pr.n.f.* Élise, Élisa.

Elsinore [elsi'nɔːər]. *Pr.n.* *Geog:* Elseneur.

elucidate [i'ljuːsideit], *v.tr.* Élucider, éclaircir, tirer au clair, mettre en lumière (un fait, une question); porter la lumière dans (une question). *To e. a passage,* dégager le sens d'un passage.

elucidation [iljuːsi'deiʃ(ə)n], *s.* Élucidation *f*, éclaircissement *m* (*of,* de).

elucidative [i'ljuːsidətiv], *a.* Éclaircissant.

elucidator [i'ljuːsideitər], *s.* Éclaircisseur *m.*

elucidatory [i'ljuːsidətəri], *a.* Éclaircissant.

elude [i'ljuːd], *v.tr.* Éluder (une question, une promesse); tromper (la loi); esquiver, éviter (un coup, une difficulté); échapper à (la poursuite, la mort); se soustraire à (la justice, ses obligations). **To elude s.o.'s grasp,** échapper aux mains de qn. *To e. the vigilance of one's guardians,* tromper la vigilance de ses gardes.

elusion [i'ljuːʒ(ə)n], *s.* Esquivement *m* (d'une question, de la loi); dérobade *f.* *His e. of danger,* sa manière d'échapper au danger.

elusive [i'ljuːsiv], *a.* Insaisissable, intangible. *E. personality,* personnalité fuyante, flottante, qui se dérobe. *E. of sth.,* adroit à échapper à qch. **Elusive reply,** réponse évasive, artificieuse. **-ly,** *adv.* Évasivement.

elusiveness [i'ljuːsivnəs], *s.* Nature *f* insaisissable; caractère évasif.

elusory [i'ljuːsəri], *a.* **1.** Évasif. **2.** *An e. problem,* un problème qui vous échappe.

elutriate [i'ljutrieit], *v.tr.* Séparer (un dépôt, etc.) par la décantation. *Ch:* *Metall:* Départir (l'or, etc.).

elutriation [iljutri'eiʃ(ə)n], *s.* Séparation *f* (d'un dépôt, etc.) par la décantation. *Ch:* *Metall:* Départ *m.*

elvan ['elvən], *s.* *Geol:* (*a*) (*Also* **elvanite**) Elvan *m*; roches ignées d'intrusion. (*b*) Filon *m* d'elvan.

elves [elvz]. See ELF.

Elvira [el'vaira]. *Pr.n.f.* Elvire.

elvish ['elviʃ], *a.* = ELFISH.

elymus ['eliməs], *s.* *Bot:* Élyme *m.*

Elysian [i'liziən], *a.* *Myth:* Élyséen. **The Elysian fields,** les Champs *m* Élysées.

Elysium [i'liziəm]. *Pr.n.* *Myth:* L'Élysée *m.*

elytron, *pl.* **-tra** ['elitrɔn, -tra], *s.* **1.** *Ent:* Élytre *m.* **2.** *Anat:* Vagin *m.*

Elzevir ['elzivər]. *Pr.n.* Elzévir *m.* *Attrib.* **Elzevir edition,** édition elzévirienne. *E. type,* caractères elzéviriens. *The E. family,* les Elzévirs.

Elzevirian [elze'viːriən], *a.* Elzévirien, des Elzévirs.

em [em], *s.* (La lettre) m *m.* See also QUADRAT.

'em [əm], *pron.* *F:* = THEM.

em- [em], *pref.* See EN-.

emaciate [i'meiʃieit], *v.tr.* Amaigrir; faire maigrir; émacier, dessécher (le corps); appauvrir (le sol). *Body e. by illness,* corps desséché par la maladie, que la maladie a rendu squelettique.

emaciated, *a.* Émacié, amaigri, décharné, hâve, étique. *To become e.,* s'atténuer, s'atrophier.

emaciation [imeiʃi'eiʃ(ə)n], *s.* Amaigrissement *m*, émaciation *f*, dessèchement *m* (du corps); atrophie *f*. *Med:* Tabescence *f*.
emanate ['emaneit], *v.i.* Émaner, découler, tirer sa source, partir (*from*, de). *Letters emanating from the Holy See*, lettres émanant, émanées, du Saint-Siège.
emanation [ema'neiʃ(ə)n], *s.* Émanation (lumineuse, divine, du radium, etc.); effluve *m*.
emancipate [i'mansipeit], *v.tr.* Émanciper (un mineur, une épouse, les femmes, etc.); affranchir (un esclave). *Eng.Hist:* Réhabiliter (les catholiques).
emancipated, *a.* (Mineur, etc.) émancipé; (esclave) affranchi.
emancipation [imansi'peiʃ(ə)n], *s.* Émancipation *f* (d'un mineur); affranchissement *m*, émancipation (d'un esclave, etc.). *Eng.Hist:* **The Catholic Emancipation,** la réhabilitation des catholiques. *U.S:* **Emancipation day,** le premier janvier 1863 (date de la loi qui affranchit les noirs des États du Sud).
emancipationist [imansi'peiʃənist], *s.* (*a*) Partisan *m* de l'affranchissement des esclaves; anti-esclavagiste *mf*. *U.S.Hist:* Abolitionniste *mf*. (*b*) *Eng.Hist:* Partisan *m* de la réhabilitation des catholiques.
emancipator [i'mansipeitər], *s.* Émancipateur, -trice; affranchisseur *m*.
emancipatory [i'mansipətəri], *a.* Émancipateur, -trice; affranchissant.
emancipist [i'mansipist], *s.* *A:* (*Austr.*) Déporté(e) libéré(e); forçat libéré.
emarginate [i'mɑːrdʒinet], **emarginated** [i'mɑːrdʒineitid], *a.* *Bot:* Émarginé.
emasculate[1] [i'maskjulet], *a.* = EMASCULATED.
emasculate[2] [i'maskjuleit], *v.tr.* Émasculer; (i) châtrer (un animal); (ii) efféminer, énerver (son style, etc.). *To e. a literary work*, émasculer, châtrer, expurger, une œuvre littéraire.
emasculated, *a.* Émasculé, châtré; (style) énervé.
emasculating, *a.* Efféminant, abâtardissant.
emasculation [imaskju'leiʃ(ə)n], *s.* Émasculation *f* (d'un mâle, d'une œuvre littéraire, etc.); castration *f* (d'un animal).
embalm [em'bɑːm], *v.tr.* **1.** Embaumer (un cadavre). *F:* Conserver (la mémoire de qn, etc.). *His memory is embalmed in his works*, ses ouvrages le préserveront de l'oubli. **2.** Embaumer, parfumer (l'air, etc.).
embalming, *s.* = EMBALMMENT.
embalmer [em'bɑːmər], *s.* Embaumeur *m*.
embalmment [em'bɑːmmənt], *s.* Embaumement *m*.
embank [em'baŋk], *v.tr.* Encaisser, endiguer (un fleuve); remblayer, taluter (une route); terrasser (un jardin).
embanked, *a.* (*Of road, etc.*) Encaissé en remblai; (*of river*) endigué. *E. garden*, jardin *m* en terrasse.
embanking, *s.* Endiguement *m* (d'un fleuve); remblayage *m*, remblai *m* (d'une route, etc.); terrassement *m*.
embankment [em'baŋkmənt], *s.* **1.** = EMBANKING. **2.** (*a*) Digue *f*; levée *f* de terre. (*b*) (Terrassement *m* en) remblai *m*; talus *m*; remblai, banquette *f* (d'une route). **River embankment,** berge *f*, quai *m*, d'un fleuve.
embargo[1], *pl.* **-oes** [em'bɑːrgo, -ouz], *s.* Embargo *m*, séquestre *m*. *Nau:* Saisie *f*. *To lay an e. on a ship*, mettre l'embargo, l'arrêt, sur un navire; saisir un navire. *To take off an e. on a ship*, lever l'embargo, l'arrêt, sur un navire. (*Of ship, goods*) **To be under an embargo,** être séquestré. *F:* **To put an embargo on all public rejoicings,** défendre, interdire, toutes réjouissances publiques.
embargo[2], *v.tr.* **1.** Mettre l'embargo sur, séquestrer (un navire, des marchandises). **2.** Réquisitionner (un navire, etc.).
embark [em'bɑːrk]. **1.** *v.tr.* (*a*) Embarquer (des troupes, etc.). (*b*) (*Of ship*) Prendre à bord (des troupes, des marchandises, etc.). **2.** *v.i.* S'embarquer (à bord d'un navire, *F:* dans une mauvaise affaire). *To e. upon a dissertation about . . .*, s'embarquer dans, commencer, une dissertation sur. . . . *To e. on a business*, entreprendre un commerce. *To e. again upon a business*, se rembarquer dans une affaire. *To e. upon a quarrel with s.o.*, entamer une querelle avec qn.
embarkation [embɑːr'keiʃ(ə)n], *s.* Embarquement *m*. **Embarkation officer,** officier chargé de l'embarquement.
embarrass [em'barəs], *v.tr.* Embarrasser, gêner (qn, les mouvements de qn); déconcerter (qn). *To e. s.o. with indiscreet questions*, gêner qn par des questions indiscrètes. *To e. s.o. with parcels*, encombrer qn de paquets. *Embarrassed in his clothes, he was swimming with difficulty*, empêtré dans ses vêtements il avait grande peine à nager.
embarrassed, *a.* Embarrassé; dans l'embarras; gêné. *E. business*, affaires embarrassées. **Embarrassed estate,** propriété grevée d'hypothèques. **To be embarrassed,** être embarrassé; se sentir gêné. *To feel greatly e.*, se sentir extrêmement gêné; éprouver une grande confusion. **To become embarrassed** (*in a speech, in a viva voce exam*), *F:* patauger. **To be embarrassed for money; to be in embarrassed circumstances,** avoir des embarras d'argent; être gêné.
embarrassing, *a.* Embarrassant. *To be in an e. situation*, se trouver dans une situation embarrassante. **-ly,** *adv.* D'une manière embarrassante.
embarrassment [em'barəsmənt], *s.* Embarras *m*, gêne *f*. *There was e. on the maiden's part*, la jeune fille montra quelque confusion. *To be in pecuniary embarrassments*, avoir des embarras pécuniaires.
embassy ['embəsi], *s.* **1.** Ambassade *f* ((i) la fonction, (ii) l'hôtel de l'ambassadeur, (iii) l'ambassadeur et sa suite, et son personnel). *A ball at the French Embassy*, un bal à l'ambassade de France. **2.** **Special embassy,** mission spéciale.
embattle [em'batl], *v.tr.* **1.** *Lit:* Ranger (une armée) en bataille. **2.** *A:* Fortifier (un château). **3.** Garnir (des murailles) de remparts et de créneaux.
embattled, *a.* *Arch:* *Her:* Crénelé; *Her:* bastillé.
embay [em'bei], *v.tr.* *Nau:* Encaper. **To be embayed,** être encapé; être affalé sur la côte. *To get embayed on a lee-shore*, s'affaler à la côte.
embayment [em'beimənt], *s.* **1.** Baie *f*. **2.** *F:* Enfoncement *m*; partie *f* en retrait (d'une côte, d'une salle, etc.).
embed [em'bed], *v.tr.* (**embedded; embedding**) Enfoncer, noyer, enfouir (un clou dans un mur); poser (un câble dans le sable); encastrer, enchâsser, sceller (un châssis dans un mur). *Arch:* **Embedded column,** colonne adossée, engagée. **Embedded in concrete,** noyé dans le béton; enrobé de béton. *Stone embedded in mortar or cement*, pierre perdue. *The mortar embedding the stone*, le mortier dans lequel la pierre est noyée, qui enrobe la pierre.
embedding, *s.* Enfoncement *m*, encastrement *m*, noyage *m*.
embedment [em'bedmənt], *s.* **1.** = EMBEDDING. **2.** (*The material*) Encastrement *m* (mortier, terre, etc.); lit *m* (de matériau).
embellish [em'beliʃ], *v.tr.* Embellir, orner, agrémenter (qch.); enjoliver (une robe, un récit). *Frock embellished with embroidery*, robe agrémentée, enrichie, de broderies. **To embellish one's style,** orner, enjoliver, colorier, son style. **To embellish the story,** enjoliver l'histoire; *F:* aider à la lettre.
embellisher [em'beliʃər], *s.* Embellisseur, -euse; enjoliveur, -euse.
embellishment [em'beliʃmənt], *s.* Embellissement *m*, ornement *m*, agrément *m*; enjolivure *f* (de robe, etc.); fioritures *fpl* (de style). *Jur:* **Embellishments,** améliorations voluptuaires (apportées à un immeuble). *Expenses for e.*, dépenses *f* voluptuaires.
ember[1] ['embər], *s.* (*Usu. pl.*) Braise *f*; charbons (ardents); cendres ardentes. *Flying embers*, braisille *f*. *F:* **The embers of a dying passion,** les cendres d'une passion mourante.
Ember[2], *attrib.* *Ecc:* **Ember days,** les Quatre-Temps *m*. **Ember week,** semaine *f* des Quatre-Temps. **Ember eve,** vigile *f* des Quatre-Temps. *To observe the E. fast*, jeûner les Quatre-Temps.
ember[3] **(-diver, -goose)** ['embər(daivər, -guːs)], *s.* *Orn:* Plongeon glacial; imbrim *m*.
embezzle [em'bezl], *v.tr.* (*a*) Détourner, distraire, s'approprier (des fonds). *To e. a large sum*, commettre un important détournement. (*b*) *Abs.* Commettre des détournements.
embezzlement [em'bezlmənt], *s.* Détournement *m* (de fonds); appropriation *f* de fonds (par un salarié).
embezzler [em'bezlər], *s.* Détourneur *m* de fonds; auteur *m* d'un détournement; déprédateur, -trice.
embitter [em'bitər], *v.tr.* **1.** Rendre (un liquide) amer. **2.** *F:* Remplir d'amertume, enfieller (qn, le cœur); aigrir (le caractère); empoisonner (les plaisirs); envenimer, aggraver (une querelle, etc.). *To e. s.o. against s.o.*, exacerber, irriter, qn contre qn. **To embitter s.o.'s life,** rendre la vie amère à qn; empoisonner la vie de qn. *He is getting more embittered every day*, il s'aigrit de jour en jour.
embittered, *a.* Aigri (*by*, par); *F:* (cœur) ulcéré.
embittering[1], *a.* Qui vous remplit d'amertume, de rancune.
embittering[2], *s.* Aigrissement *m* (de qn); envenimement *m*, aggravation *f* (d'une querelle).
embitterment [em'bitərmənt], *s.* **1.** = EMBITTERING[2]. **2.** Amertume *f*.
emblazon [em'bleiz(ə)n], *v.tr.* **1.** Blasonner; décorer d'armoiries. *Emblazoned with the arms of the town*, peint aux armes de la ville. **2.** *Lit:* Exalter, porter aux nues, célébrer (la gloire, etc., de qn).
emblazoned, *a.* Blasonné.
emblazoner [em'bleizənər], *s.* Armoriste *m*; peintre *m* d'armoiries.
emblazonry [em'bleizənri], *s.* **1.** Blason *m*; science *f* héraldique. **2.** Blason, armoiries *fpl*. **3.** *F:* Ornement *m*, embellissement *m*.
emblem[1] ['emblem], *s.* **1.** Emblème *m*, symbole *m*. *The crown and sceptre are emblems of royalty*, la couronne et le sceptre sont des emblèmes, des attributs, de la royauté. *F:* **He was the emblem of honesty,** il était la probité incarnée. **2.** (*a*) *Her:* Emblème, devise *f*. (*b*) **Sporting emblem,** insigne sportif. *Aut:* **Radiator emblem,** écusson *m* de radiateur.
emblem[2], *v.tr.* **To emblem (forth),** symboliser; représenter d'une manière emblématique; être l'emblème (d'une vertu, etc.).
emblematic(al) [emble'matik(əl)], *a.* Emblématique, figuratif. *The lion is e. of strength*, le lion est l'emblème de la force, symbolise la force. **-ally,** *adv.* D'une manière emblématique; symboliquement.
emblematize [em'blemataːiz], *v.tr.* Symboliser, servir d'emblème à (qch.); représenter d'une manière emblématique.
emblements ['emblimənts], *s.pl.* *Jur:* Fruits *m* de la terre; fruits civils, naturels; récoltes *f* sur pied.
embodiment [em'bɔdimənt], *s.* Incorporation *f*; incarnation *f*; personnification *f*. **He is the embodiment of wisdom and kindness,** il est la sagesse et la bonté mêmes, la sagesse et la bonté incarnées. *The very e. of irresponsible gaiety*, l'incarnation même de l'insoucieuse gaîté.
embody [em'bɔdi], *v.tr.* (**embodied; embodying**) **1.** Incarner; revêtir (un esprit) d'un corps; unir (l'âme) au corps. **2.** Réaliser (une conception); mettre en application (un principe); personnifier (une qualité). **3.** Incorporer (un article dans une loi); renfermer, rédiger (ses principes dans un traité). *Article that embodies the following regulation . . .*, article *m* qui contient, renferme, les dispositions suivantes. . . . **4.** Réunir, rassembler, organiser (des troupes). **5.** Donner du corps à (une couleur).
embodied, *a.* **1.** Incarné. **Embodied spirit,** esprit incarné. *F:* *A tiny little man, scarcely embodied at all*, un tout petit homme, dont c'est tout juste si l'on peut dire qu'il avait un corps. **2.** Concrétisé. **Embodied art,** l'art mis en pratique. **3.** **Embodied troops,** troupes organisées. *E. army*, armée appelée en service.
embog [em'bɔg], *v.tr.* (**embogged; embogging**) Embourber (dans un marais). *F:* *Embogged in a morass of calculations*, embourbé, empêtré, dans un tas de calculs.
embolden [em'bouldən], *v.tr.* Enhardir (*s.o. to do sth.*, qn à faire qch.).

embolic [em'bɔlik], *a. Med:* Embolique.
embolism ['embolizm], *s.* **1.** *Chr:* Embolisme *m*; intercalation *f*. **2.** *Med:* Embolie *f*; obstruction *f* d'un vaisseau sanguin.
embolismic [embo'lizmik], *a. Chr:* (Mois *m*, etc.) embolismique, intercalaire.
embolus ['emboləs], *s. Med:* Embole *m*, embolus *m*; corps étranger (dans la circulation).
embosom [em'bu:zəm], *v.tr.* Serrer, presser, contre son sein; cacher dans son sein. *F: Village embosomed in trees*, village caché, enfoui, dans la verdure.
emboss [em'bɔs], *v.tr.* Graver en relief; relever en bosse; travailler en relief, en bosse; bosseler (le métal); repousser, estamper (le métal, le cuir); ciseler, frapper, gaufrer (le cuir); gaufrer, brocher (une étoffe); frapper (le velours, un papier tenture).
embossed, *a.* (Métal) gravé en relief ou travaillé en bosse; bosselé; (métal, cuir) estampé, repoussé; (cuir, papier) gaufré; (étoffe) gaufrée, brochée; (velours) frappé. **Embossed ornament,** bosselure *f*, bosse *f*. **Embossed work,** travail *m* en relief, en repoussé, en bosse; gaufrage *m*. *See also* STAMP[1] 4.
embossing, *s.* **1.** Bosselage *m* (du métal); estampage *m*, repoussage *m* (du métal, du cuir); gaufrage *m*, frappage *m* (du cuir); frappage (du velours); brochage *m* (des étoffes). *Phot:* Gaufrage (d'un film en couleurs). **Embossing iron,** ébauchoir *m*, talon *m* en fer. **Embossing punch,** repoussoir *m*. **Embossing loom,** brocheuse *f*. *Paperm:* **Embossing calender,** calandre gaufreuse, graineuse; laminoir *m* pour faux filigranage. *See also* PRESS[1] 2. **2.** Relief *m*, repoussé *m*, bosselure *f*.
embosser [em'bɔsər], *s.* **1.** Graveur *m* en relief. **2.** *(a)* Repousseur *m* (de métaux, de cuir, etc.). *(b) (Stamp-press operator)* Estampeur *m*, gaufreur *m* (de métaux, de cuir, etc.).
embossment [em'bɔsmənt], *s.* Relief *m*. *Paperm:* Filigrane ombré.
em'bossment-map, *s. Mapm:* Carte *f* en relief.
embouchure [ɑ̃bu'ʃy:r], *s.* Embouchure *f* ((i) d'un fleuve; (ii) d'un instrument à vent).
embowel [em'bauəl], *v.tr. A:* = DISEMBOWEL.
embower [em'bauər], *v.tr. Lit:* Abriter (dans un berceau de verdure, etc.).
embrace[1] [em'breis], *s.* *(a)* Étreinte *f*, embrassement *m*. *An e. of iron*, une étreinte de fer. *(b)* Étreinte amoureuse. *He held her in his e.*, il la tenait embrassée.
embrace[2], *v.tr.* **1.** Embrasser, étreindre; accoler (qn); donner une accolade à (qn); *F: A:* colleter (qn). *Abs.* **They embraced,** ils s'embrassèrent. *To e. the cross*, embrasser la croix. **2.** Embrasser (une carrière, la foi, une religion, une occasion); adopter (une cause, une doctrine); profiter de, saisir (une occasion). **To embrace s.o.'s cause,** se ranger sous les drapeaux de qn. **3.** *(Include)* Embrasser (*in*, dans); contenir, renfermer (*in*, dans); comporter, comprendre, englober (des sujets). *Estate that embraces several villages*, domaine *m* qui englobe plusieurs villages. *To e. all the cases in a single formula*, embrasser, renfermer, tous les cas dans une seule formule; faire entrer tous les cas dans une seule formule. **4.** **To embrace a situation,** envisager une situation sous tous ses aspects. *From the terrace the eye embraces the whole valley*, de la terrasse, la vue s'étend sur toute la vallée, embrasse toute la vallée.
embracing, *a.* Qui embrasse, qui renferme. **Embracing gesture,** geste ample, compréhensif. *See also* ALL-EMBRACING.
embrace[3], *v.tr. Jur:* Suborner (un juré).
embracement [em'breismənt], *s.* **1.** Embrassement *m*, embrassade *f*, étreinte *f*. **2.** Adoption *f*, acceptation *f* (d'une opinion, etc.).
embracer[1] [em'breisər], *s.* **1.** Embrasseur *m*. **2.** Celui qui adopte, embrasse (une religion, etc.).
embracer[2], *s. Jur:* Suborneur, -euse.
embracery [em'breisəri], *s. Jur:* Subornation *f* (d'un juré).
embracive [em'breisiv], *a.* Qui embrasse, renferme, tout.
embranchment [em'brɑ:nʃmənt], *s.* Embranchement *m*; bifurcation *f*.
embrangle [em'braŋgl], *v.tr.* Embrouiller, empêtrer (*in*, dans). *Embrangled in the briars*, pris dans les ronces.
embranglement [em'braŋglmənt], *s.* Embrouillement *m*, confusion *f*.
embrasure [em'breiʒjər], *s.* **1.** *Arch:* Embrasure *f*, ébrasement *m*. **2.** *Artil:* Embrasure, sabord *m*.
embrasured [em'breiʒjərd], *a.* **1.** *Arch:* Ébrasé, à embrasure. **2.** Muni d'embrasures.
embrocation [embro'keiʃ(ə)n], *s. Med:* Embrocation *f*.
embroider [em'brɔidər], *v.tr.* **1.** *Needlew:* *(a)* Broder. *(b) Abs.* Faire de la broderie. **2.** *F:* *(a)* Broder, amplifier, enjoliver (un récit). **To embroider the story,** broder l'histoire; broder sur le canevas. *Embroidered language*, langage fleuri. *(b) Meadows embroidered with flowers*, prairies émaillées de fleurs.
embroidering, *s.* **1.** *(a)* = EMBROIDERY. *(b)* **Embroidering machine,** machine *f* à broder; métier *m* à broder; brodeuse *f*. **2.** Enjolivement *m* (d'un récit).
embroiderer [em'brɔidərər], *s.* Brodeur, -euse.
embroideress [em'brɔidəres], *s.f.* Brodeuse.
embroidery [em'brɔidəri], *s.* **1.** *Needlew:* Broderie *f*. **Tulle embroidery,** broderie sur tulle. **Raised embroidery,** broderie à plumetis. **Embroidery scissors,** ciseaux *m* à broder. **Embroidery frame,** métier *m* à broder; tambour *m* à broder. **2.** *F:* *(a)* Broderie, enjolivure *f* (d'un récit). *(b) Fields with an e. of daisies*, champs *m* avec un émaillage de pâquerettes.
embroil [em'brɔil], *v.tr.* **1.** *(a)* Brouiller, embrouiller (une affaire). **To embroil matters,** brouiller les cartes. *(b)* **To embroil a nation in a war,** entraîner une nation dans une guerre. **2.** **To embroil s.o. with s.o.,** brouiller qn avec qn.
embroilment [em'brɔilmənt], *s.* **1.** Brouillement *m*, embrouillement *m* (d'une affaire). *Fearing new embroilments . . .*, dans la crainte de nouvelles complications. . . . **2.** Brouille (entre deux personnes).
embryo, *pl.* **-os** ['embrio, -ouz], *s. Biol:* Embryon *m*. **In embryo,** à l'état embryonnaire. *F:* **Barrister in embryo,** avocat en herbe. *Plans still in e.*, projets *m* embryonnaires, encore en germe *m*.
'embryo-sac, *s. Bot:* Sac *m* embryonnaire.
embryogenesis ['embrio'dʒenesis], **embryogeny** [embri'ɔdʒəni], *s. Biol:* Embryogénie *f*.
embryogenetic ['embriodʒe'netik], **embryogenic** ['embrio'dʒenik], *a.* Embryogénique.
embryologic(al) [embrio'lɔdʒik(əl)], *a.* Embryologique.
embryologist [embri'ɔlodʒist], *s.* Embryologiste *m*, embryologue *m*.
embryology [embri'ɔlodʒi], *s.* Embryologie *f*.
embryoma [embri'ouma], *s. Med:* Embryome *m*.
embryonary ['embrionəri], **embryonic** [embri'ɔnik], *a.* **1.** *Biol:* Embryonnaire. **2.** *F:* En germe.
embus [im'bʌs]. **1.** *v.tr.* Embarquer (des troupes) en autobus. **2.** *v.i.* S'embarquer dans un autobus.
emend [i'mend], **emendate** ['i:mendeit], *v.tr.* Corriger (un texte); apporter des émendations à (un texte).
emendation [i:men'deiʃ(ə)n], *s.* **1.** Émendation *f*, correction *f* (d'un texte). **2.** Variante proposée.
emendator ['i:mendeitər], *s.* Correcteur *m*.
emerald ['emərəld], *s.* **1.** Émeraude *f*. **Emerald mine,** mine *f* d'émeraudes. **The Emerald Isle,** l'île *f* d'Émeraude; la verte Erin, la verte Irlande. **2.** *Typ:* Caractère *m* de corps 6½ (entre la nonpareille et la mignonne).
'emerald-'green, *a.* & *s.* Vert (*m*) d'émeraude (*inv. as an adj.*). *E.-g. stone*, pierre smaragdine.
emerge [i'mə:rdʒ], *v.i.* **1.** Émerger (*from*, de); surgir, s'élever (de l'eau, etc.). *To e. again*, revenir sur l'eau. **2.** Déboucher (*from*, de); apparaître à l'orée (d'un bois); sortir (d'un trou, de la foule, de l'enfance, de l'obscurité). *The troops emerged from the pass*, les troupes *f* débouchèrent du défilé. *The moon emerges from behind the clouds*, la lune se dégage des nuages. *On emerging from boyhood . . .*, au sortir de l'adolescence. . . . *To e. into notice*, paraître, apparaître, se faire jour. **3.** *(a) (Of difficulty, etc.)* Se dresser; surgir. *(b) From these facts it emerges that . . .*, de ces faits il apparaît, il ressort, que. . . . *Two essential points emerged from, at, the discussion*, la discussion a permis de dégager deux points essentiels.
emergence [i'mə:rdʒəns], *s.* Émergence *f* (d'un rayon lumineux, d'une théorie, etc.); émersion *f* (d'un rocher, etc.); apparition *f* (d'une célébrité). *Tg:* **Point of emergence** (*of sea cable*), atterrissage *m*.
emergency [i'mə:rdʒənsi], *s.* Circonstance *f* critique; nécessité urgente, pressante; cas urgent, cas pressant, cas imprévu, cas de nécessité. *To be ready for every e.*, être prêt à toute éventualité. **To provide for emergencies,** parer aux éventualités, à l'imprévu. *To deal with an e.*, (i) s'occuper d'urgence d'une question; (ii) parer à un cas urgent. **To meet an emergency,** faire face à une situation critique. **To meet the emergency,** *F:* tenir le coup. **To rise to the emergency,** être, se montrer, à la hauteur de la situation, des circonstances. **In this emergency,** dans ces circonstances; en cette conjoncture; en cette occurrence; dans ce cas imprévu; dans cette situation critique. **In case of emergency,** au besoin; en cas d'imprévu; en cas de nécessité; en cas d'urgence; en cas d'événement. **Emergency means,** moyens *mpl* de fortune. **Emergency repairs,** réparations *f* d'urgence. **Emergency-brake,** frein *m* de secours. **Emergency-exit,** sortie éventuelle, de secours, de sûreté. *Cin: etc:* **Emergency light,** éclairage *m* de sécurité. *Av:* **Emergency landing-ground,** terrain *m* de secours. **Emergency bridge,** pont *m* de fortune. **Emergency-stock, -snack, -train, etc.,** en-cas, *m inv.* **Emergency fund,** masse *f* de secours. **Emergency tax,** impôt *m* de crise; impôt extraordinaire. **Emergency department,** service *m* de secours. **Emergency man,** (i) *Sp:* remplaçant *m*; (ii) (*in Ireland*) huissier *m*; agent *m* de poursuites. *Ind:* **Emergency hands,** ouvriers *m* supplémentaires (en cas d'urgence); extras *m*. *See also* OPERATION 3, RATION[1], SEAT[1] 1.
emergent [i'mə:rdʒənt], *a. Geol: Opt:* Émergent.
emeritus [i:'meritəs], *a.* (Professeur *m*) honoraire.
emersion [i'mə:rʃ(ə)n], *s.* **1.** Émersion *f*. **2.** *Astr:* Émersion (après éclipse).
Emersonian [emər'sounjən]. **1.** *a.* A la manière d'Emerson. **2.** *s.* Admirateur, -trice, d'Emerson.
emery ['eməri], *s.* Émeri *m*. **Emery paper,** papier émerisé; papier d'émeri. *Toil:* **Emery-board,** lime *f* émeri, papier émerisé (pour manucure); lime de carton. *Ind:* **Emery-cloth,** toile *f* (d')émeri. **Emery-dust, -powder,** potée *f* d'émeri; poudre *f* d'émeri. **Emery-grinder,** tour *m* à meuler. **Emery-machine,** polisseuse *f*. **Emery-stick,** rodoir *m* à l'émeri. **Emery-stopper,** bouchon *m* à l'émeri. **Emery-wheel,** meule *f* (en) émeri. *See also* FLOUR-EMERY.
emetic [i'metik], *a.* & *s. Med:* Émétique (*m*). *See also* TARTAR[1].
emeto-cathartic ['emitoka'θɑ:rtik], *a.* & *s.* Vomi-purgatif (*m*) *pl.* vomi-purgatifs.
emeu ['i:mju:], *s.* = EMU.
emigrant ['emigrənt], *a.* & *s.* *(a)* Émigrant, -ante. **Emigrant-ship,** navire *m* d'émigrants. *(b) Fr.Hist:* Émigré, -ée.
emigrate ['emigreit]. **1.** *v.i.* *(a)* Émigrer. *(b) U.S:* Aller s'établir dans un autre État de l'Union. **2.** *v.tr.* Faire émigrer (une population, etc.); assister l'émigration (d'une population).
emigrating, *a.* Émigrant.
emigration [emi'greiʃ(ə)n], *s.* Émigration *f*.
Emilia. **1.** [i'milia] *Pr.n.f.* Émilie. **2.** [e'mi:lia, i'milia] *Pr.n. Geog:* L'Émilie *f*.
Emilian [i'mi:liən], *a.* & *s. Geog:* Émilien, -ienne.
Emily ['emili]. *Pr.n.f.* Émilie.
eminence ['eminəns], *s.* **1.** *(a)* Éminence *f*, élévation *f* (de terrain); monticule *m*; hauteur *f*. *(b) Anat:* Éminence, saillie *f*. **2.** Éminence, élévation (de caractère, etc.); grandeur *f*, distinction *f*

d'une charge); position éminente. **To rise to eminence,** parvenir à une haute position, à un haut rang, à la célébrité; *F:* devenir un personnage. *The next Pope, the only Englishman to attain that e., was . . .,* le pape suivant, le seul Anglais à parvenir à cette haute dignité, fut. . . . **3.** *Ecc:* (*As title of cardinal*) Éminence. *Your E. will kindly allow me to . . .,* votre Éminence voudra bien me permettre de. . . .

eminent [ˈeminənt], *a.* Éminent. *E. doctor,* docteur célèbre, éminent. (*As title*) **Most Eminent,** (cardinal *m*) éminentissime. *Jur:* (*International law and U.S.*) **(Right of) eminent domain,** domaine éminent. **-ly,** *adv.* Éminemment; par excellence; au suprême degré. *An e. respectable family,* une famille des plus honorables. *E. worthy of . .,* digne au premier chef de. . . .

emir [eˈmiːər], *s.* Émir *m.*

emissary [ˈemisəri]. **1.** *s.* Émissaire *m*; messager, -ère. **2.** *a. Anat:* **Emissary vein,** émissaire. **3.** *s. Rom.Ant:* Canal *m* de vidange; émissaire.

emission [iˈmiʃ(ə)n], *s.* **1.** Émission *f,* dégagement *m* (de gaz, de chaleur, etc.); lancement *m* (de la vapeur); débordement *m* (d'étincelles). *Physiol:* Éjaculation *f. Ph:* **The Emission theory,** la théorie de l'émission. **2.** *Bank: etc: E. of bank-notes, etc.,* émission de billets de banque, etc.

emissivity [imiˈsiviti], *s. Ph:* (*a*) Pouvoir émissif, rayonnant (d'une source de lumière, etc.). (*b*) Coefficient *m* d'émission.

emit [iˈmit, iː-], *v.tr.* **1.** Dégager (de la chaleur, de la fumée, etc.); exhaler, dégager, répandre (une odeur); lancer (de la vapeur); lancer, jeter (des étincelles); laisser échapper (un cri); rendre (un son). **2.** (*a*) Émettre (du papier-monnaie). (*b*) Émettre (une opinion); rendre (un avis).

emitting, *a. W.Tel:* **Emitting station,** station émettrice, d'émission; poste *m* d'émission.

emitter [iˈmitər, iː-], *s.* **1.** (*Pers.*) Émetteur *m* (de papier-monnaie, etc.). **2.** *W.Tel:* **Dull emitter valve,** lampe *f* micro, de faible consommation, à filament obscur. **Emitter station** = *emitting station, q.v. under* EMITTING.

emma[1] [ˈemɑ], *s. Tg:* La lettre e. *See also* ACK EMMA, PIP 6.

Emma[2]. *Pr.n.f.* Emma, Émilie.

Emmanuel [eˈmanjuəl]. *Pr.n.m.* Emmanuel.

Emmaus [eˈmeiəs]. *Pr.n. A.Geog:* Emmaüs *m.*

emmenagogue [eˈmiːnəgɔg], *s. Med:* Emménagogue *m.*

emmet [ˈemet], *s. A. & Dial:* Fourmi *m.*

emmetrope [ˈemetroup], *s.* Emmétrope *mf.*

emmetropia [emeˈtroupiɑ], *s. Opt:* Emmétropie *f.*

emmetropic [emeˈtrɔpik], *a.* Emmétrope.

emollient [iˈmɔliənt], *a. & s. Med:* Émollient (*m*), adoucissant (*m*).

emolument [iˈmɔljumənt], *s.* (*Usu. pl.*) Émoluments *mpl,* appointements *mpl,* traitement *m. Emoluments of a Member of Parliament,* indemnité *f* parlementaire.

emotion [iˈmouʃ(ə)n], *s.* Émotion *f*; trouble *m,* attendrissement *m.* **To appeal to the emotions,** faire appel aux sentiments; *F:* toucher la corde, la note, sensible. *Without showing the least e.,* sans montrer le moindre signe d'émotion; *F:* **sans sourciller, sans broncher.** *Eyes brimming with e.,* yeux attendris. *Voice touched with e.,* voix émue. *Sudden e.,* soubresaut *m. To recall sth. with fond e.,* se souvenir de qch. avec attendrissement. *To look at s.o. with e.,* contempler qn d'un air ému. *To make a cheap display of e.,* faire de la sensiblerie.

emotional [iˈmouʃən(ə)l], *a.* **1.** Émotif. *Med: E. disturbances,* troubles émotifs. **2.** (*Liable to emotion*) Émotionnable. *To be e.,* s'attendrir facilement; être facile à émouvoir.

emotionalism [iˈmouʃənalizm], *s.* **1.** Sensiblerie *f*; émotivité *f.* **2.** Appel *m* aux émotions.

emotionalist [iˈmouʃənalist], *s.* **1.** Personne *f* émotionnable. **2.** Personne qui agit sur les émotions, sur la sensibilité (de la foule, etc.).

emotionality [imouʃəˈnaliti], *s.* Émotivité *f.*

emotionless [iˈmouʃənləs], *a.* Qui n'est pas susceptible d'émotion; indifférent; impassible.

emotionlessness [iˈmouʃənləsnəs], *s.* Caractère *m* peu émotionnable; impassibilité *f.*

emotive [iˈmoutiv], *a.* Émotif.

emotiveness [iˈmoutivnəs], **emotivity** [imouˈtiviti], *s.* Émotivité *f.*

empale [emˈpeil], *v.tr.* = IMPALE.

empanel [emˈpan(ə)l], *v.tr.* **(empanelled; empanelling)** *Jur:* **To empanel a jury,** former, dresser, la liste du jury; constituer le jury; former un tableau. *To e. a juror,* inscrire un juré sur la liste du jury.

Empedocles [emˈpedokliːz]. *Pr.n.m.* Empédocle.

empennage [emˈpenedʒ], *s. Av:* Empennage *m. Monoplane e.,* empennage monoplan.

emperor [ˈempərər], *s.* **1.** Empereur *m.* **The Emperor William,** l'empereur Guillaume. **2.** (*a*) *Ent:* **Purple emperor,** grand mars. **Emperor-moth, saturnie** *f*; *F:* paon *m* de nuit. (*b*) *Ich:* **Emperor(-fish),** holacanthe *m* empereur. (*c*) *Orn:* **Emperor(-penguin),** pingouin impérial. (*d*) *Rept:* **Emperor-boa,** empereur.

empetrum [ˈempitrəm], *s. Bot:* Empêtre *m.*

emphasis [ˈemfəsis], *s.* **1.** Force *f*; (énergie *f* d')accentuation *f. Oratorical e.,* accent *m* oratoire. **2.** *To ask with e.,* demander avec insistance. **To lay emphasis on a fact, on a word,** appuyer, insister, sur un fait; souligner, faire ressortir, un fait, un mot. **3.** *Ling:* Accent d'insistance (sur un mot ou une syllabe).

emphasize [ˈemfəsaiz], *v.tr.* Accentuer, appuyer sur, souligner, mettre en valeur, faire valoir (un mot, un fait); attirer l'attention sur (un fait); faire ressortir, mettre en relief (une qualité, une situation, etc.); faire sortir (un trait de caractère, un rôle). *Mus:* Marquer (la mélodie). *Mus: Each entry well emphasized,* chaque attaque assez en dehors.

emphatic [emˈfatik], *a.* **1.** (*a*) (Manière *f*) énergique (de s'exprimer); (dénégation) absolue, énergique; (ton *m*) autoritaire; (orateur) vigoureux; (refus) positif, net, absolu. *E. gesture,* geste *m* énergique. *E. action,* acte significatif. (*b*) **Emphatic syllable,** syllabe accentuée. **2.** *Rh:* (Style *m,* mot *m,* etc.) emphatique. **3.** *s. pl.* **Emphatics,** termes *m* énergiques. **-ally,** *adv.* **1.** Énergiquement, positivement. *To refuse e.,* refuser carrément, catégoriquement; refuser net. **2.** En termes pressants. **3.** (*Intensive*) *He is most e. a leader,* c'est un chef s'il en fut jamais.

emphysema [emfiˈsiːmɑ], *s. Med:* Emphysème *m.*

emphysematous [emfiˈsiːmətəs], *a.* Emphysémateux.

empire [ˈempaiər], *s.* Empire *m.* (*a*) **To establish one's empire over sth.,** établir son empire sur qch. (*b*) **The Indian Empire,** l'empire des Indes. **The Empire,** (i) l'Empire britannique; (ii) *Fr.Hist:* le premier Empire; (iii) *Hist:* le Saint Empire Romain. *Fr.Hist:* **The Second Empire,** le second Empire (1852–1870). *See also* MIDDLE EMPIRE. *Attrib.* **Empire day,** fête nationale de l'Empire britannique (célébrée le 24 mai). **Empire furniture,** meubles *m* Empire. *U.S:* **The Empire City, The Empire State,** la ville, l'État, de New York.

empiric [emˈpirik]. **1.** *a.* Empirique. **2.** *s.* (*a*) Empirique *m,* empiriste *m.* (*b*) *Pej:* Charlatan *m.*

empirical [emˈpirik(ə)l], *a.* Empirique. **-ally,** *adv.* Empiriquement.

empiricism [emˈpirisizm], *s.* Empirisme *m.*

empiricist [emˈpirisist], *s.* Empiriste *m.*

emplace [emˈpleis], *v.tr. Artil:* Mettre (un canon) en place.

emplacement [emˈpleismənt], *s. Mil:* Emplacement *m* (d'un canon).

emplane [emˈplein]. **1.** *v.i.* Monter en avion. **2.** *v.tr.* Faire monter (qn, des troupes) en avion.

employ[1] [emˈplɔi], *s.* Emploi *m. Out of e.,* sans emploi. *To be in s.o.'s e.,* être au service de qn; être employé par qn.

employ[2], *v.tr.* **1.** Employer (des moyens, son temps, etc.); se servir de, faire usage de (la force, etc.). *To e. a method again,* reprendre un procédé. *To e. one's time in sth., in doing sth.,* employer son temps à qch., à faire qch. **2.** Employer (qn) à son service. *To e. twenty workmen,* employer, occuper, vingt ouvriers. *To e. a man to look after the garden,* employer un homme pour entretenir le jardin. *Pred. To e. s.o. as secretary,* employer qn comme secrétaire. **3.** **To employ oneself (in doing sth.),** s'occuper (à faire qch.). *To be employed in doing sth.,* être occupé à faire qch. *To keep s.o. well employed,* donner de quoi faire à qn. *That part of the population employed in agriculture,* la partie de la population employée, adonnée, aux travaux agricoles.

employed, *a.* **Employers and employed,** le patronat et le salariat.

employable [emˈplɔiəbl], *a.* Employable.

employé [ɑ̃ˈplwaje], *U.S:* **employee** [emplɔiˈiː], *s.* Employé *m.*

employer [emˈplɔiər], *s.* **1.** *Ind:* Patron, patronne; maître, maîtresse. *The big employers of labour,* les grands employeurs de main-d'œuvre. *Body of employers,* patronat *m. Organization of employers,* **employers' association,** organisation patronale, syndicat patronal. **Chamber of employers,** chambre patronale. *See also* INSURANCE 1. **2.** *Jur:* (*a*) Employeur. (*b*) **Employer and his agent,** commettant *m* et son représentant.

employment [emˈplɔimənt], *s.* **1.** (*Use*) Emploi *m* (de l'argent, etc.). *Ind: E. of children,* admission *f* des enfants au travail. **2.** (*Occupation*) Emploi, travail *m*; place *f,* situation *f*; occupation *f.* **To be out of employment,** être sans emploi; chômer. **Thrown out of employment,** sans travail; *F:* mis à pied. *To find e. for s.o.,* placer, caser, qn. *To give s.o. e.,* donner de l'occupation à qn. **Employment agency,** bureau *m,* agence *f,* office *m,* de placement; (*for workmen*) service *m* d'embauche.

empoison [emˈpɔiz(ə)n], *v.tr. Lit:* Empoisonner (les sentiments, *A:* la viande, etc.). *To e. s.o., s.o.'s mind, against s.o.,* enfieller qn, le cœur de qn, contre qn; monter la tête à qn contre qn.

emporium [emˈpɔːriəm], *s.* **1.** Entrepôt *m*; centre *m* de commerce; marché *m.* **2.** *F:* Grand(s) magasin(s).

empower [emˈpauər], *v.tr.* **1.** *Jur:* Donner pouvoir, donner procuration, à (qn). **2.** *To e. s.o. to do sth.,* autoriser qn à faire qch.; permettre à qn de faire qch; donner, conférer, plein(s) pouvoir(s) à qn pour faire qch. *To be empowered to . . .,* recevoir ou avoir pleins pouvoirs pour. . . . *Company alone empowered to develop a district,* compagnie seule habilitée pour développer une région.

empress [ˈempres], *s.f.* Impératrice.

emprise [emˈpraiz], *s. A. & Poet:* Entreprise (courageuse); prouesse *f. Knights of bold e.,* preux chevaliers.

emptier [ˈem(p)tiər], *s.* Videur *m.*

emptiness [ˈem(p)tinəs], *s.* **1.** Vide *m* (d'une chambre, etc.). *F: To feel an e.,* se sentir l'estomac creux. *E. of mind,* nullité *f* d'esprit. **2.** Néant *m,* vanité *f* (des plaisirs, etc.).

emption [ˈempʃ(ə)n], *s. Jur:* Achat *m.* **Right of emption,** droit *m* d'emption; droit d'achat.

empty[1] [ˈem(p)ti]. **1.** *a.* Vide (*of,* de). (*a*) *E. street,* rue déserte. *E. purse,* bourse vide; *F:* bourse plate. *E. bottle,* bouteille *f* vide. *Bottle partly e.,* bouteille en vidange. *E. waggon,* wagon *m* vide, sans chargement. *Weight when e.,* poids *m* à vide. *To come back e.,* (*of carriage, etc.*) revenir à vide; (*of ship*) revenir sur lest. *Building standing e.,* immeuble inoccupé. *E. stomach,* estomac creux. **'To be taken on an empty stomach,'** "à prendre à jeun." **To feel empty,** se sentir l'estomac creux; avoir l'estomac dans les talons; *P:* n'avoir rien au fond de la caisse. *See also* BELLY[1] 1. (*b*) *F:* **To go empty away,** s'en aller les mains vides, *F:* bredouille, Gros-Jean comme devant. (*c*) *E. head, mind,* tête *f* vide; esprit creux, nul. (*d*) *E. words,* vaines paroles. *E. threats,* menaces en l'air, vaines menaces. *An e. shadow,* une ombre vaine. **To pay s.o. in empty words,** payer qn de mots; *F:* payer qn en monnaie de singe; donner à qn de l'eau bénite de cour. (*e*) **Word empty of meaning,** mot vide de sens; mot privé, dépouillé, dénué, de sens.

2. *s.* (*a*) *pl. Com:* **Empties,** caisses *f* vides; bouteilles *f* vides. **Returned empties,** emballages retournés vides; retournés *m* vides. **Empties are not taken back,** on ne reprend pas les vases, les caisses. (*b*) Maison inoccupée. (*c*) Taxi *m* libre (revenant à sa station).

empty-'handed, *a.* Les mains vides. **To return empty-handed,** *F:* revenir bredouille.

empty-'headed, *a.* A la tête creuse. *To be e.-h.*, avoir la tête vide, l'esprit creux; avoir une tête de linotte.

empty-'hearted, *a.* *To be e.-h.*, n'avoir rien dans le cœur; être sans cœur.

empty-'stomached, *a.* *To be e.-s.*, avoir l'estomac vide, le ventre creux; être à jeun.

empty[2]. **1.** *v.tr.* Vider (un verre, un tiroir, etc.) (*into*, dans); décharger, *Min:* verser (un wagon); dépeupler (les rues); débourrer (une pipe); assécher (un étang); épuiser (un puits); évacuer l'eau (d'une chaudière); vidanger (une fosse d'aisance, un carter); décombler (un fossé). *To get the crowd to e. the building*, faire écouler la foule. *F: They have emptied my shop*, ils ont dévalisé mon magasin. **2.** *v.i.* (*a*) (*Of river, etc.*) Se décharger, se déverser, se jeter, se vider, déboucher, tomber (*into*, dans). (*b*) (*Of theatre*) Se dégarnir, se vider.

emptying, *s.* **1.** Vidage *m* (d'un verre, d'un tiroir, etc.); vidange *f* (d'un tonneau, etc.); déchargement *m*, *Min:* versage *m* (d'un wagon); asséchement *m* (d'un étang); épuisement *m* (d'un puits); décomblement *m* (d'un fossé); dépeuplement *m* (des rues). *Ind:* **Gravity emptying device,** dispositif *m* de vidange par gravité. **2.** *pl.* **Emptyings,** fonds *m* (de verres, etc.). *F: The emptyings of gaols*, la lie des prisons, du peuple.

empurple [em'pəːrpl], *v.tr.* Empourprer.

empyema [empi'iːma], *s.* *Med:* Empyème *m*, pyothorax *m*.

empyreal [em'piriəl, empi'riːəl], *a.* Empyrée; empyréal, -aux.

empyrean [empi'riːən, em'piriən], *a. & s.* Empyrée (*m*).

empyreuma [empi'ruːma], *s.* Empyreume *m*.

empyreumatic(al) [empiru'matik(əl)], *a.* Empyreumatique. **Empyreumatic oil,** huile pyrogénée.

emu ['iːmjuː], *s.* *Orn:* Émeu *m*.

emulant ['emjulənt], *s.* = EMULATOR.

emulate ['emjuleit], *v.tr.* Être l'émule de, marcher après (qn); marcher de pair avec (qn); rivaliser avec, imiter (qn, qch.). *He has emulated your courage*, il a été votre émule en courage.

emulation [emju'leiʃ(ə)n], *s.* Émulation *f.* *In e. of each other*, à l'envi l'un de l'autre; à qui mieux mieux.

emulative ['emjulətiv], *a.* **1.** Plein d'émulation. **2.** *E. of s.o., sth.*, qui rivalise ou tente de rivaliser avec qn, avec qch.

emulator ['emjuleitər], *s.* Émule *mf* (*of*, de); émulateur, -trice.

emulgent [i'mʌldʒənt], *a.* *Physiol:* (Vaisseau, etc.) émulgent.

emulous ['emjuləs], *a.* Émulateur, -trice (*of*, de). *E. of honours*, ambitieux d'honneurs. *E. admirers*, émules *m*. *They worked with e. zeal*, ils travaillaient à qui mieux mieux. **-ly,** *adv.* Avec émulation; à l'envi; à qui mieux mieux.

emulsification [imʌlsifi'keiʃ(ə)n], *s.* *Med:* Émulsionnement *m*.

emulsifier [i'mʌlsifaiər], *s.* (*Device*) Émulseur *m*, émulsionneur *m*.

emulsify [i'mʌlsifai], *v.tr.* Émulsionner.

emulsion [i'mʌlʃ(ə)n], *s.* Émulsion *f.* *Pharm:* Looch *m*. *Phot:* **Plate emulsion,** émulsion pour plaques.

emulsionize [i'mʌlʃ(ə)naːiz], *v.tr.* Émulsionner.

emulsive [i'mʌlsiv], *a.* Émulsif.

emulsoid [i'mʌlsɔid], *s.* *Ch:* Émulsoïde *m*.

emunctory [i'mʌŋktəri], *a. & s.* *Physiol:* Émonctoire (*m*).

emyd ['emid], **emys** ['emis], *pl.* **emydes** ['emidiːz], *s.* *Rept:* Émyde *f*; tortue *f* palustre.

en [en], *s.* La lettre n. *See also* QUADRAT.

en- [en], (*before b, m, p*) **em-** [em], *v.pref.* *Usu. with corresp. Fr. pref.* **1.** *Joined to s. or v.* (= *to put in, on*) En-, em-. *Embalm*, embaumer. *Embark*, embarquer. *Embrace*, embrasser. *Enchain*, enchaîner. *Encircle*, encercler. *Enframe*, encadrer. *Engulf*, engouffrer. **2.** *With s. or adj.* (= *to render*) En-, em-. *Embolden*, enhardir. *Empurple*, empourprer.

-(e)n[1] [(ə)n], *suff. forming p.p. of strong verbs, many surviving only in adj. sense. Drunken*, ivre. *Graven*, gravé. *Open*, ouvert. *Shapen*, formé. *Sworn*, juré.

-en[2], *s.suff.* (*Diminutive*) *Chicken*, poussin. *Kitten*, chaton. *Maiden*, fille.

-(e)n[3], *a.suff. added to nouns.* (*Usu. denoting material*) *Brazen*, d'airain. *Golden*, en or. *Silken*, en soie; soyeux. *Silvern*, en argent. *Wooden*, en bois. *Woollen*, en laine.

-en[4], *v.suff.* (*Forming v. tr. or i.*) **1.** *Waken*, (s')éveiller. **2.** (*From adj.*) *Blacken*, noircir. *Deepen*, approfondir. *Fatten*, (s')engraisser. *Moisten, U.S: dampen*, humecter. *Shorten*, (se) raccourcir. **3.** (*From s.*) *Hearten*, encourager. *Heighten*, rehausser. *Lengthen*, (s')allonger. *Strengthen*, (se) fortifier.

enable [e'neibl], *v.tr.* **To enable s.o. to do sth.** (i) Rendre qn capable, mettre qn à même, mettre qn en état, permettre à qn, de faire qch. (ii) *Jur:* Habiliter qn à faire qch.; donner pouvoir à qn de faire qch. *To be enabled to do sth.*, être, se trouver, à même de faire qch. *This legacy enabled him to retire*, cet héritage lui permit, le mit à même, de prendre sa retraite. *This settlement enabled the work to be resumed*, cet arrangement permit de reprendre les travaux, rendit possible la reprise des travaux.

enabling, *a.* *Jur:* Habilitant. **Enabling act,** loi *f* qui habilite une personne juridique.

enact [e'nakt], *v.tr.* **1.** *Jur:* Rendre, décréter (une loi); ordonner, arrêter, décréter (une mesure). **As by law enacted,** aux termes de la loi. **Be it further enacted that . . .,** il est en outre ordonné, décrété, que. . . . **2.** *Lit:* Jouer, représenter (une tragédie); remplir (un rôle); procéder à, accomplir (une cérémonie). *While these things were being enacted*, pendant que ces événements se déroulaient.

enacting, *a.* *Jur:* **Enacting clauses of an act,** dispositif *m*, dispositions *fpl*, d'une loi.

enaction [e'nakʃ(ə)n], **enactment** [e'naktmənt], *s.* **1.** Établissement *m*, promulgation *f* (d'une loi). **2.** Loi, ordonnance *f*; décret (général, réglementaire); acte législatif. **By legislative enactment,** par un texte législatif.

enactive [e'naktiv], *a.* = ENACTING.

enactor [e'naktər], *s.* **1.** Auteur *m*, promoteur *m* (d'une loi). **2.** *A:* Acteur *m* (d'une tragédie, etc.); interprète *mf* (d'un rôle).

enallage [e'naladʒi], *s.* *Gram:* Énallage *f*.

enamel[1] [e'nam(ə)l], *s.* **1.** Émail *m*, *pl.* émaux. (*a*) *Art:* **Champlevé enamel,** émail champlevé. **Niello enamels,** émaux de niellure. **Cloisonné enamel,** émail cloisonné. *Poet: The green e. of the plain*, l'émail vert de la plaine. (*b*) *Anat: The e. of the teeth*, l'émail des dents. **2.** (*a*) Vernis *m*, émail, *pl.* émails; laque *f*. *Enamels for leather*, vernis pour cuir. *Black e. for iron*, vernis pour fer. **Enamel paint,** peinture *f* au vernis; *F:* ripolin *m*. **Japan enamel,** vernis-émail *m*, *pl.* vernis-émails. (*b*) **Baked(-on) enamel,** émail au four. *To finish a bicycle in baked e.*, émailler une bicyclette à chaud, au four. *See also* CELLULOSE 2. (*c*) *Toil:* Émaillage *m* (du visage). **3.** *Paperm: Com:* **Bright enamels,** papiers glacés, brossés, émaillés.

e'namel-painter, *s.* Peintre *m* en émail.

e'namel-painting, *s.* Peinture *f* en émail.

e'namel-ware, *s.* Ustensiles *mpl* en fer émaillé.

e'namel-work, *s.* **1.** Émaillure *f*, émaillerie *f*. **2.** Peinture *f* sur émail.

enamel[2], *v.tr.* (**enamelled; enamelling**) **1.** Émailler (la porcelaine, etc.). **2.** (*a*) Peindre (une porte, etc.) au ripolin; *F:* ripoliner; vernir, vernisser (le fer, le cuir); glacer (le papier); *Phot:* émailler, satiner (une épreuve). *Cer:* Vernisser (des briques, etc.). (*b*) *To e. one's face*, s'émailler le visage.

enamelled, *a.* **1.** Émaillé, d'émail, en émail. **Enamelled saucepan,** casserole *f* en fer émaillé. *E. tile*, carreau vernissé. *See also* STOVE-ENAMELLED. *F: Meadow e. with flowers*, pré émaillé de fleurs. **2.** Peint en émail; (cuir) verni, glacé. *White-e. furniture*, meubles laqués (de) blanc.

enamelling, *s.* **1.** (*a*) Émaillage *m*. (*b*) (*Art of enamelling*) Émaillure *f*, émaillerie *f*. (*c*) Peinture *f* en émail; vernissage *m* (du fer, du cuir, etc.); glaçage *m* (du papier, etc.). **Lacquer enamelling,** émaillage-vernissage *m*. **2.** = ENAMEL[1].

enamelist [e'naməlist], *s.* Émailleur *m*.

enameller [e'namələr], *s.* **1.** (*Pers.*) Émailleur, -euse. **2.** *Phot:* Presse *f* à satiner.

enamour [e'namər], *v.tr.* Enamourer (qn); rendre (qn) amoureux.

enamoured, *a.* Amoureux (*of*, de). **To be enamoured of, with, s.o.,** être amoureux, épris, de qn; *F:* être amouraché de qn. **To be enamoured of, with, sth.,** être passionné pour qch., être féru de qch.; avoir la passion de qch. **To become enamoured of s.o.,** s'éprendre, *F:* s'amouracher, de qn.

enarthrosis [enɑːr'θrousis], *s.* *Anat:* Énarthrose *f*.

encaenia [en'siːnia], *s.* **1.** *Ecc.Hist:* Encénie *f*. **2.** *Sch:* (*At Oxford*) Commémoration *f* des fondateurs.

encage [en'keːidʒ], *v.tr.* Encager; mettre (un animal) en cage.

encamp [en'kamp]. **1.** *v.tr.* (Faire) camper (une armée). **2.** *v.i.* Camper.

encampment [en'kampmənt], *s.* Campement *m*; camp *m*.

encase [en'keis], *v.tr.* **1.** Encaisser, enfermer (*in*, dans); mettre (un objet) dans un étui. **2.** (*a*) Munir (qch.) d'une enveloppe; blinder (une partie de machine, etc.). (*b*) *F:* Revêtir, recouvrir (*s.o. in sth.*, qn de qch.).

encasing, *s.* **1.** Mise *f* en caisse, en boîte, en étui. **2.** Recouvrement *m*; blindage *m*.

encasement [en'keismənt], *s.* **1.** Revêtement *m*; enveloppe *f*. **2.** *Anat:* Emboîtement *m* (de deux os).

encash [en'kaʃ], *v.tr.* **1.** Encaisser (un chèque, de la monnaie). *When encashed*, après encaissement. **2.** Toucher (un chèque, une somme).

encashable [en'kaʃəbl], *a.* Encaissable.

encashment [en'kaʃmənt], *s.* **1.** Encaissement *m*. **2.** Recette *f*, rentrée *f*.

encaustic [en'kɔːstik]. **1.** *a.* (*a*) *Art:* (Tableau *m*, etc.) à l'encaustique; (peinture *f*) encaustique. (*b*) *Cer:* **Encaustic tile,** carreau *m* céramique. **2.** *s.* *Art:* Encaustique *f*.

-ence [əns], *s.suff.* (*State or action*) **1.** -ence *f*. *Absence*, absence. *Audience*, audience. *Diligence*, diligence. *Impertinence*, impertinence. *Presence*, présence. **2.** -ance *f*. *Subsistence*, subsistance. *Condescendence*, condescendance. *Correspondence*, correspondance.

Enceladus [en'seladəs]. *Pr.n.m. Gr.Myth:* Encelade.

encephalic [ense'falik], *a.* *Anat:* Encéphalique.

encephalitis [ensefa'laitis], *s.* *Med:* Encéphalite *f*, cérébrite *f*.

encephalomalacia [en'sefaloma'leiʃja], *s.* *Med:* Encéphalomalacie *f*; ramollissement *m* du cerveau.

encephalon [en'sefalən], *s.* *Anat:* Encéphale *m*.

enchain [en'tʃein], *v.tr.* *Lit:* Enchaîner (une bête, les passions).

enchainment [en'tʃeinmənt], *s.* *Lit:* Enchaînement *m* (d'une bête, des passions).

enchant [en'tʃɑːnt], *v.tr.* **1.** Enchanter, ensorceler. **2.** *Lit:* Enchanter, charmer, ravir.

enchanted, *a.* **1.** Enchanté, ensorcelé. **2.** *Lit:* Enchanté, charmé (*with*, de).

enchanting, *a.* *Lit:* Enchanteur, -eresse; ravissant, charmant. **-ly,** *adv.* A ravir; d'une manière ravissante.

enchanter [en'tʃɑːntər], *s.* Enchanteur *m*. *See also* NIGHTSHADE.

enchantment [en'tʃɑːntmənt], *s.* Enchantement *m*. **1.** Ensorcellement *m*. **2.** Ravissement *m*. *See also* DISTANCE[1] 1.

enchantress [en'tʃɑːntres], *s.f.* Enchanteresse.

encharm [en'tʃɑːrm], *v.tr.* *A. & Lit:* Mettre (qn) sous un charme; ensorceler.

enchase [en'tʃeis], *v.tr.* **1.** (*a*) Enchâsser, sertir (une pierre) (*in*, dans). (*b*) *Ring enchased with diamonds*, bague sertie de diamants. **2.** *F:* Enchâsser, encastrer (un éloge dans son discours). **3.** (*a*) Ciseler, graver (une bague, etc.). (*b*) Incruster (une bague, etc.) (*with*, de).

enchylema [enki'li:ma], *s. Biol:* Enchyléma *m*; suc *m* nucléaire.

encipher [en'saifər], *v.tr. Lit:* **1.** Chiffrer (une dépêche). **2.** *To e. a letter with another*, combiner une lettre avec une autre (pour former un monogramme).

encircle [en'sə:rkl], *v.tr.* Ceindre, encercler; envelopper, cerner (une armée); entourer (une armée, la taille). *Art: To e. the faces (in a picture)*, bordoyer les figures. *Lit: To e. one's head with . . .*, se ceindre la tête de. . . . *The equator encircles the earth*, l'équateur embrasse la terre.

encircling, *s.* Encerclement *m. Mil: Navy: E. movement*, manœuvre *f* de débordement, d'enveloppement.

encirclement [en'sə:rklmənt], *s.* Encerclement *m.*

enclasp [en'klɑ:sp], *v.tr. Lit:* Embrasser, étreindre.

enclave[1] [en'kle:iv], *s.* **1.** Enclave *f.* **2.** Pièce *f* de terre en hache.

enclave[2], *v.tr.* Enclaver.

enclavement [en'kleivmənt], *s.* Enclavement *m*, enclavure *f.*

enclitic [en'klitik], *a. & s. Gram:* Enclitique (*f*).

enclose [en'klo:uz], *v.tr.* **1.** (*a*) Enclore, clôturer, clore, enceindre (un champ) (*with*, de); entourer, enserrer, investir (l'ennemi, une ville). *The skull encloses the brain*, le crâne renferme le cerveau. *Garden enclosed with, in, by, high walls*, jardin entouré de hauts murs. *The space enclosed in a parallelogram*, l'espace limité par un parallélogramme. (*b*) Blinder (un moteur électrique, etc.); enfermer (un mécanisme) dans un carter. **2.** *Ecc:* Cloîtrer (une femme). **3.** Inclure, renfermer, enfermer (*in*, dans). *To e. sth. in a letter*, joindre qch. à une lettre. *Letter enclosing a cheque*, lettre contenant un chèque. **Enclosed herewith**, sous ce pli. **Enclosed therewith**, sous le même pli. **Enclosed please find . . .**, veuillez trouver ci-inclus, ci-joint, sous ce pli. . . .

enclosed, *a.* **1.** (*a*) (*Of field, etc.*) Clos, enclos, clôturé, enceint; (*of army*) entouré, cerné, enserré; (*of city*) investi. *E. space*, (i) espace clos; (ii) enceinte *f. E. ground (under cultivation)*, clos *m.* (*b*) *Ecc: E. monk*, moine cloîtré; cloîtrier *m. E. nun*, nonne cloîtrée; moniale *f.* **2.** Recouvert, enfermé; en boîtier; en carter. *El: E. arc*, arc enfermé. *E. fuse*, fusible emboîté, renfermé; fusible sous couvercle. *Mec.E: E. gear*, engrenage blindé, recouvert d'une gaine protectrice; engrenage enfermé dans un carter. *E. dynamo*, dynamo blindée, cuirassée. *I.C.E: etc: E. condenser*, condensateur *m* à enveloppe étanche. *Av: E. pilot's cockpit*, poste de pilotage aménagé en conduite intérieure.

enclosing[1], *a.* (*a*) (Mur *m*, etc.) de clôture. (*b*) Qui renferme, qui recouvre. *Geol: E. matrix*, gangue enrobante, encaissante. (*c*) *Pros:* **Enclosing rhymes**, rimes embrassées.

enclosing[2], *s.* (*a*) Renfermement *m*; clôture *f* (d'un champ); entourage *m*, enserrage *m*, investissement *m* (de l'ennemi, d'une ville). (*b*) Inclusion *f* (de qch. dans une lettre).

enclosure [en'klouʒər], *s.* **1.** (*a*) Renfermement *m*, clôture *f. Ecc:* Clôture, claustration *f* (de religieuses). **Enclosure wall**, mur *m* de pourtour (d'une propriété, etc.). (*b*) Enceinte *f*, clôture. *Green enclosures*, haies vives. **2.** (*a*) Enclos *m*, clos *m*, enceinte. (*b*) *Turf:* Le pesage. **The public enclosures**, la pelouse. *The royal e.*, l'enceinte réservée pour le roi. **3.** (*a*) *Com:* Pièce annexée, incluse; annexe *f*; le document ci-joint. **Enclosures**, pièces jointes. (*b*) *Miner:* Inclusion *f.*

enclothe [en'klo:uð], *v.tr. Lit:* Revêtir (*with*, de).

encloud [en'klaud], *v.tr. Lit:* Voiler, assombrir (l'horizon, le ciel, etc.); envelopper de nuages. *Town enclouded in smoke*, ville voilée d'un nuage de fumée.

encoffin [en'kɔfin], *v.tr. Lit: A:* Mettre (qn) en bière.

encomiast [en'koumiast], *s.* Panégyriste *m*, louangeur *m.*

encomium, *pl.* **-ums** [en'koumiəm(z)], *s.* Panégyrique *m*, éloge *m*, louange *f. To bestow encomiums on s.o.*, décerner des louanges à qn; faire l'éloge de qn.

encompass [en'kʌmpəs], *v.tr.* **1.** (*a*) Entourer, environner, ceindre (*with*, de). (*b*) *Lit: The general encompassed by his guard*, le général entouré de sa garde. **2.** Envelopper, renfermer (*with, within*, dans). **3.** Méditer, comploter, ou consommer (la mort, la ruine, de qn).

encompassing, *a.* (Air) ambiant.

encore[1] [ɔŋ'kɔ:ər], *s. & int.* Bis *m. To call for a second e.*, trisser. *He had two encores*, on l'a redemandé, bissé, deux fois.

encore[2], *v.tr.* Bisser (un passage, un acteur). *Abs.* Crier bis. *To e. a second time*, trisser.

encounter[1] [en'kauntər], *s.* **1.** Rencontre *f* (d'amis, etc.). **2.** (*a*) Rencontre (hostile); combat *m.* **Encounter-battle**, bataille *f* de rencontre. (*b*) Duel *m.* (*c*) *F:* Lutte *f*, assaut *m. Esp.* **Encounter of wits**, assaut d'esprit.

encounter[2], *v.tr.* Rencontrer (qn, un obstacle); éprouver, essuyer (des difficultés); affronter, aborder (l'ennemi); trouver (de la résistance); essuyer (une tempête). *The greatest danger that remains to be encountered*, le plus grand danger auquel il reste à parer.

encourage [en'kʌredʒ], *v.tr.* **1.** Encourager, enhardir (qn). **2.** Encourager, inciter, animer (*s.o. to do sth.*, qn à faire qch.). *To e. s.o. in well-doing*, encourager qn au bien. **3.** Appuyer (une bonne œuvre, *Ven:* les chiens); favoriser (les arts); encourager (une croyance). *To e. production*, favoriser l'essor de la production.

encouraging, *a.* Encourageant. **-ly**, *adv.* D'une manière encourageante.

encouragement [en'kʌredʒmənt], *s.* Encouragement *m. To receive little e. to do sth.*, recevoir peu d'encouragement à faire qch.

encrimson [en'krimzən], *v.tr. Lit:* Empourprer (le ciel, etc.).

encrinite ['enkrinait], *s. Geol:* Encrinite *f.*

encrinus [en'krainəs], *s. Echin:* Encrine *f.*

encroach [en'kroutʃ], *v.i. To e. (up)on (sth.)*, empiéter sur (une terre, etc.); entamer (son capital); usurper, *Jur:* léser (les droits de qn); anticiper sur (ses revenus, les droits de qn); abuser de (la bonté de qn). *The sea is encroaching upon the land*, la mer gagne du terrain. *To e. upon s.o.'s time*, abuser du temps de qn.

encroaching, *a.* Qui empiète; usurpateur, -trice. *E. evil*, mal qui gagne de plus en plus. *E. cattle*, bétail *m* paissant sur les terres d'autrui.

encroacher [en'kroutʃər], *s. Every e. on my property*, tous ceux qui empiètent sur ma propriété. *E. on s.o.'s rights*, usurpateur *m* des droits de qn. *An e. on s.o.'s time*, un importun, un intrus.

encroachment [en'kroutʃmənt], *s.* Empiétement *m* (*on*, sur). **1.** *Jur:* (*a*) *E. upon s.o.'s rights*, usurpation *f* des droits de qn. (*b*) Anticipation *f* (sur la voie publique). **2.** (*a*) *E. of a forest by natural seeding*, accrue *f* d'une forêt. (*b*) Ingression *f* (de la mer).

encrust [en'krʌst]. **1.** *v.tr.* (*a*) Incruster. *To e. ebony with mother of pearl*, incruster de la nacre dans l'ébène. (*b*) Couvrir d'une croûte; encroûter, incruster (*with*, de). *Boiler encrusted with rust, with scale*, chaudière entartrée, incrustée de rouille, de tartre. **2.** *v.i.* Se couvrir d'une croûte; s'encroûter, s'incruster (*with*, de); s'entartrer.

encrusted, *a.* Encroûté; revêtu d'incrustations; (*of boiler*) incrusté de tartre; entartré.

encrustment [en'krʌstmənt], *s.* Croûte *f*, incrustation *f* (de tartre); entartrage *m.*

encumber [en'kʌmbər], *v.tr.* **1.** Encombrer (*with*, de); embarrasser, gêner (qn, le mouvement); entraver (le commerce); *Fin:* surcharger (le marché). *To e. s.o. with parcels*, *F:* empêtrer qn de paquets. *To be encumbered with a family*, être chargé, surchargé, de famille. **2.** **Encumbered estate**, propriété (i) grevée de dettes, obérée, (ii) grevée d'hypothèques.

encumbrance [en'kʌmbrəns], *s.* **1.** Embarras *m*, charge *f. To be an e. to s.o.*, occasionner, causer, de l'embarras à qn; être à charge à qn. *Man without (family) encumbrances*, homme sans charges de famille. *Free from all encumbrances*, libre de toute charge. **2.** *Jur:* (*a*) Charges (d'une succession). *To free an estate from encumbrances*, dégrever une propriété. (*b*) Servitude *f.*

encumbrancer [en'kʌmbrənsər], *s. Jur:* (Créancier) hypothécaire *m.*

-ency [ənsi], *s.suff.* (*Quality, state*) **1.** -ence *f. Coherency*, cohérence. *Excellency*, excellence. *Frequency*, fréquence. *Presidency*, présidence. *Regency*, régence. *Urgency*, urgence. **2.** -ance *f. Consistency*, consistance.

encyclic(al) [en'siklik(əl)], *a. & s. R.C.Ch:* Encyclique (*f*).

encyclopaedia [ensaiklo'pi:dia], *s.* Encyclopédie *f. F:* **Walking encyclopaedia**, bibliothèque vivante, encyclopédie vivante, répertoire vivant; homme universel; vrai bureau de renseignements.

encyclopaedic [ensaiklo'pi:dik], *a.* Encyclopédique.

encyclopaedism [ensaiklo'pi:dizm], *s.* Encyclopédisme *m.*

encyclopaedist [ensaiklo'pi:dist], *s.* Encyclopédiste *m.*

encyst [en'sist], *v.pr.* S'enkyster.

encysted, *a.* Enkysté.

encystation [ensis'teiʃ(ə)n], **encystment** [en'sistmənt], *s. Biol:* Enkystement *m.*

end[1] [end], *s.* **1.** (*a*) Bout *m*, extrémité *f* (d'un bâton, d'une rue, etc.); fin *f* (d'un livre); queue *f* (d'une procession, d'une pièce d'étoffe); chef *m* (d'une bande chirurgicale); about *m* (d'une poutre). *The free ends of a tie*, les pans *m* d'une cravate. *The upper end of the table*, le haut bout de la table. *The upper end of the church*, le fond de l'église. *At the ends of the line*, aux extrémités de la ligne. *Fb: To change ends*, changer de camp. *Ten:* **Service or end**, le service ou le côté. **The end house of the street**, la dernière maison de la rue. *The end carriage*, le wagon de queue. *The end arch of a bridge*, l'arche *f* de rive d'un pont. *The hauling end of a rope*, le bon bout d'un câble. *F:* **To have the right end of the stick**, tenir le bon bout. **To get, have, hold of the wrong end of the stick**, comprendre de travers, à rebours. **To begin, start, at the wrong end**, écorcher l'anguille par la queue; brider son cheval, l'âne, par la queue; prendre une affaire à contre-poil. *F:* **To keep one's end up**, (i) *Cr:* maintenir son guichet intact; (ii) *F:* résister (à toutes les attaques); ne pas se laisser démonter; tenir bon. *If only the civil population keeps its end up*, pourvu que les civils tiennent. *Keep your end up!* défendez-vous! *Adv.phrs.* **End to end**, bout à bout. *See also* JOIN[2] I. 1. **From end to end**, d'un bout à l'autre; de bout en bout. *Aut: F:* **The end-to-end run**, la randonnée de bout en bout (de la Grande Bretagne, c.-à-d. de Land's End à John o' Groats). *See also* BEGINNING. **To the very end**, *F:* **to the end of the chapter**, jusqu'au bout. **On end.** (i) (*Of barrel, etc.*) Debout, sur bout. *To set a box on (its) end*, dresser une boîte debout. *Const:* **Brick-on-end course**, assise *f* de bout; assise debout. **His hair stood on end**, ses cheveux se dressèrent sur sa tête, se hérissèrent. *To set s.o.'s hair on end*, faire dresser les cheveux sur la tête à qn. (ii) **Two hours on end**, (pendant) deux heures consécutives; deux heures de suite, à la file, d'affilée; deux heures d'arrache-pied; pendant deux heures sans discontinuer. **Straight on end, right on end**, (i) de suite, consécutivement; (ii) tout de suite, immédiatement. **End on**, bout à bout. *Nau:* (*Of ships*) **To meet end on**, se rencontrer nez à nez. *We were meeting end on*, nous faisions des routes directement opposées. *Two ships end on to one another*, deux navires à l'encontre l'un de l'autre. **To board a ship end on**, aborder un navire avec l'avant, par l'avant, debout au corps. **To steer end on to the wind**, gouverner droit debout au vent. **End on blow**, coup *m* sur le bout. *P:* **To beat s.o. all ends up**, battre qn à plate(s) couture(s). *See also* BITTER-END, BUTT-END, DEAD-END, DEEP I. 1, EAST-END, FAG-END, FINGER[1] 1, LOOSE[1] 1, MEET[3] II., ROPE'S-END[1], TAIL-END, TETHER[1], WEDGE[1], WEST END, WIT[1] 1. (*b*) *I.C.E:* **Big end**, tête *f* de bielle. **Small end**, pied *m* de bielle. (*c*) *Bootm:* **Shoemaker's end**, ligneul *m*, chégros *m*; fil poissé. (*d*) Tronçon *m* (de mât, de lance, etc.); tronche *f* (de câble). **Candle-end**, bout de chandelle. *Broken bottle end*, tesson *m* de bouteille. *Waste end (cut off board)*, tronçon de rebut; *Carp:* mouchure *f*. *See also* CIGAR, CIGARETTE, ODDS 4. **2.** Limite *f*, borne *f*. *The plain extends without end*, la plaine s'étend sans bornes. *To the ends of the earth*, jusqu'aux confins *m* de la terre; jusqu'au bout du monde. *Med:* **End point of effectiveness** (*of a vaccine, etc.*), limite d'efficacité. **3.** (*a*) Bout, fin (du mois); fin (de travail); issue *f* (d'une réunion); terme *m* (d'un procès, etc.). *The third from the end*, le troisième avant la fin. *The end of the adventure*, le dénouement de l'aventure. **We shall never hear the end of the matter**, cela va être des commérages sans fin. *I shall pay for it, and that will be the end of the matter*, je payerai, et tout sera dit. **And there's an end of it!** et voilà tout! tout est dit! **He won't accept, and that's an end of it!** il n'accepte pas, il n'y a plus rien à dire! voilà tout! *There is an end to everything*, il y a terme à tout; *F:* au bout de l'aune faut le drap. **There's no end to it**, c'est toujours à recommencer; cela n'en finit pas. *Be more precise or we shall never get to the end of it*, soyez plus précis, ou nous n'en sortirons pas. *We'll see the end when it comes*, *F:* au bout le bout. **To make an end of sth.; to put an end to sth.; to bring sth. to an end**, en finir avec qch.; achever qch.; mettre fin à (un abus, etc.); mettre (une entreprise) à fin; abolir, dissiper (la haine); éteindre (les dissensions); supprimer (la concurrence). *Death put an end to the conquests of Alexander*, la mort mit un terme aux conquêtes d'Alexandre. *These abuses were put an end to in* 1848, on mit fin à ces abus en 1848. *Put an end to my fears*, dissipez mes craintes. *We must make an end* (*of this*)! il faut en finir, en terminer! **To draw to an end**, tirer, toucher, à sa fin. **To come to an end**, prendre fin; arriver à son terme; (*of meeting, etc.*) se clore. *With this speech the meeting came to an end*, ce discours clôtura la séance. *The meeting came to an abrupt end*, la séance a pris fin, s'est terminée, abruptement. *At the end of the dinner, of the meeting*, en fin de dîner, de séance. *The sugar is coming to an end, is nearing its end*, le sucre touche à sa fin. **To be at an end**, (i) (*of resources*) être épuisé; (ii) (*of time*) être accompli; (iii) (*of action, state*) être terminé, fini, achevé. *The war was at an end*, c'en était fini de la guerre. *We are at the end of our petrol*, nous sommes à bout d'essence. *To be at the end of one's resources*, être au bout de ses ressources, à bout de ressources. *At the end of the month*, à la fin du mois; *Com:* fin courant. *Before the end of a fortnight*, en moins de quinze jours. *At the end of the year*, à la fin de l'année; *Com:* en fin d'année. *At the end of* (*the*) *winter*, au sortir de l'hiver. *At the end of this period, of the six months allowed*, à l'expiration de cette période; au délai de six mois. **In the end**, (i) à la longue, avec le temps; (ii) à la fin; enfin; en fin de compte. *In the end he became gate-keeper*, il finit par devenir portier. *F:* **No end**, à n'en plus finir; à gogo. *She was powdered no end*, elle était poudrée en veux-tu en voilà. **No end of . . .**, infiniment de . . .; une infinité de . . .; force. . . . *We saw no end of strange creatures*, nous avons vu des bêtes étranges à n'en plus finir. **It'll do you no end of good**, ça vous fera un bien énorme, énormément de bien. *We had no end of fun*, on s'est richement amusé. *I met no end of people*, j'ai rencontré je ne sais combien de gens. *No end of books*, des livres sans nombre, en quantité innombrable. *No end of money*, des sommes folles; un argent fou; de l'argent à gogo. *To cost no end of money*, coûter un prix fou. *It's no end of a job*, c'est toute une histoire. **To think no end of s.o.**, avoir une très haute idée de qn. *He thinks no end of himself*, il se gobe; il s'en fait accroire; il s'en croit; il se croit sorti de la cuisse de Jupiter; c'est un petit monsieur. *You're no end of a hero*, on porte aux nues votre héroïsme. *He is no end of a fellow*, c'est un type épatant. *See also* BACK-END, JOURNEY[1], WEEK-END[1]. (*b*) *End of the world*, fin, consommation *f*, du monde. *Till the end of time*, jusqu'à la fin des temps; jusqu'à la consommation des temps, des siècles. *I felt that this was the end of all things*, je me sentais sombrer. *See also* WORLD 1. (*c*) Fin, terme (de la vie). *To make a good end*, avoir une belle mort; mourir en beauté. **To come to a bad end**, mal finir. *To come to an untimely end*, mourir avant l'âge. **To meet one's end**, trouver la mort; rencontrer son destin. *P:* **To be the end of s.o.**, mettre fin à la vie de qn; faire son affaire à qn. **4.** (*Aim, purpose*) Fin, but *m*, dessein *m*. **Private ends**, intérêt(s) personnel(s). *To gain, attain, one's ends*, en arriver, en venir, parvenir, à ses fins; remplir son objet; atteindre son but. *See also* ATTAIN 1. *He achieved his end*, il en est venu, arrivé, à ses fins. **To serve an end**, répondre à des visées, à des vues. *What is the end in view?* à quoi vise tout cela? **With this end in view**, avec cet objectif en vue; dans ce but; à cet effet. **For, to, this end**, à cet effet; à cette fin; dans cette vue; dans ce but; dans ce dessein. **To the end that . . .**, afin que + *sub*. **To no end**, en vain; vainement. *Prov:* **The end justifies the means**, la fin justifie les moyens; le bois tortu fait le feu droit.

'end-frame, *s. Cin:* Titre final; fin *f*.

'end-man, *s.* = CORNER-MAN 2.

'end-paper, *s. Bookb:* Garde *f*. *Front e.-p.*, garde de tête, de front. *Off e.-p.*, garde de queue.

'end-play, *s. Mec.E:* Jeu longitudinal; jeu de bout; jeu en bout; chasse axiale.

'end-post, *s. Carp:* Montant *m* extrême.

'end-thrust, *s. Mec.E:* Poussée axiale, longitudinale.

'end-ways, 'end-wise, *adv.* **1.** (*a*) De champ, debout. (*b*) **End-ways on**, avec le bout en avant. **2.** (*End to end*) Bout à bout. **3.** Longitudinalement.

end[2]. **1.** *v.tr.* (*a*) Finir, achever, terminer (un ouvrage, sa vie); conclure, clore (un discours). *To end one's days in peace*, terminer ses jours en paix. *To end a quarrel*, vider une querelle. *To end war*, mettre un terme aux guerres. *To end a crisis*, mettre fin à, dénouer, résoudre, une crise. **To end off, up**, *a speech with a quotation*, conclure un discours avec une citation. **In order to end the matter**, pour en finir. **It is ended and done with**, (i) c'est fini et bien fini; (ii) il n'y a plus à revenir là-dessus. *See also* BE-ALL. (*b*) *Abs. I must end by thanking Mr . . .*, pour conclure je dois remercier M. . . . *Let us end* (*up*) *with a song*, finissons par une chanson. **2.** *v.i.* Finir, se terminer; aboutir (*at, in*, à, dans, en). *The first chapter ends with a murder*, le premier chapitre se termine par un meurtre. *This path ends at the high road*, ce sentier aboutit au grand chemin. *Term ending at Christmas*, trimestre qui finit, qui se termine, à Noël. *This state of things must end*, il faut mettre fin à cet état de choses; *F:* il faut que cela change. *I don't know how things will end*, je ne sais pas comment cela finira; je ne sais quelle en sera l'issue, à quoi cela aboutira. *The affair ended happily*, l'affaire a eu une issue heureuse. *All stories end* (*up*) *like that*, toutes les histoires finissent de cette manière. *He ended by insulting me*, il finit par m'injurier. *His extravagance ended in his ruin*, son extravagance aboutit à sa ruine. *All this generosity will end in your having no money of your own*, toute cette générosité aura pour fin que vous n'aurez plus un sou à vous. *To end in a point*, aboutir, se terminer, en pointe. *To end at a point*, aboutir, se terminer, à un point. *F:* **To end in smoke**, n'aboutir à rien; s'en aller en fumée; (*of plan*) avorter. *See also* WELL[3] II. 2. **3.** *v.tr.* Embouter (une canne, etc.).

ended, *a.* **1.** Fini, terminé. **2.** (*With adj. or num. prefixed*) **Round-ended**, à bout rond. **Two-ended**, à deux bouts. **Iron-ended**, à bout de fer.

ending[1], *a.* Final, -als; dernier. *E. word*, dernier mot. *See also* NEVER-ENDING.

ending[2], *s.* **1.** Terminaison *f*, achèvement *m*. **2.** Fin *f*, conclusion *f* (d'un ouvrage, d'un livre); terminaison. *Happy e.*, dénouement heureux. *To come to an abrupt e.*, terminer court. **3.** *Gram:* Désinence *f*, terminaison (d'un mot). *See also* CASE[1] 4.

endamage [en'damedʒ], *v.tr.* *A. & Lit:* **1.** Endommager. **2.** Porter préjudice à (qn, des intérêts).

endanger [en'deindʒər], *v.tr.* Mettre (qn, qch.) en danger; exposer, hasarder, risquer (sa vie, etc.); léser, compromettre (des intérêts). *To e. a country*, porter atteinte à la sécurité d'un pays. *To e. an undertaking*, faire péricliter une entreprise.

endear [en'diːər], *v.tr.* Rendre (qn, qch.) cher (*to*, à). *He has endeared himself to all*, il s'est fait universellement aimer.

endearing, *a.* **1.** Qui rend cher, qui inspire l'affection. *He has endearing qualities*, il a des qualités qui le rendent sympathique. **2.** Tendre, affectueux. *E. names*, termes d'amitié; mots doux. **-ly**, *adv.* Tendrement, affectueusement.

endearment [en'diːərmənt], *s.* **1.** Charme *m*, attrait *m*. **2.** *pl.* **Endearments**, caresses *f*; mots *m* tendres.

endeavour[1] [en'devər], *s.* Effort *m*, tentative *f*. *Constant e.*, préoccupation constante, effort constant. *It will be my e. to satisfy you*, je m'efforcerai de vous contenter. **To use, make, every endeavour to . . .**, faire tous ses efforts, tout son possible, tous les efforts possibles, faire l'impossible, pour . . .; prendre à tâche de. . . . *He made an e. to stop the blow*, il voulut arrêter le coup. **The Christian Endeavour Society**, cultuelle *f* pour les jeunes gens.

endeavour[2], *v.i.* *To e. to do sth.*, s'efforcer, tenter, essayer, tâcher, de faire qch.; chercher à faire qch., travailler à faire qch. *To e. to please s.o.*, s'étudier à faire plaisir à qn. *I shall e. to satisfy you*, je m'efforcerai de vous contenter. *We e. to let nothing escape us*, nous tâchons à ce que rien ne nous échappe.

endeavouring, *s.* Effort *m*, tentative *f*.

endeavourer [en'devərər], *s.* **Christian Endeavourer**, membre *m* de la *Christian Endeavour Society*.

endecagon [en'dekəgən], *s.* = HENDECAGON.

endemic [en'demik]. **1.** *a. Bot: Med:* Endémique. *See also* ULCER. **2.** *s. Med:* Endémie *f*; maladie *f* endémique.

endemicity [ende'misiti], *s.* Endémicité *f*.

endive ['endiv], *s. Bot: Hort:* **1.** Chicorée *f* endive. **(Curled) endive**, chicorée frisée. **Broad-leaved endive, Batavian endive**, endive *f*, chicorée de Bruxelles, (e)scarole *f*. **2.** *U.S:* = CHICORY 1.

endless ['endləs], *a.* **1.** (*In space*) (*a*) Sans fin. *E. journey*, voyage *m* sans fin, interminable. **Endless cable, endless screw**, câble *m*, vis *f*, sans fin. (*b*) Sans bornes, infini. **The endless space**, l'infini *m*. *To take e. pains to do sth.*, avoir une peine infinie à faire qch. *A man of e. resource*, un homme inépuisable en ressources. *E. speculation*, raisonnements à perte de vue. **2.** (*In time*) (*a*) Sans fin, éternel. **The conversation seemed endless**, l'entretien semblait s'éterniser. *E. discussions*, des discussions à n'en plus finir, sans fin, interminables. *It is an e. task, it is e.*, cela n'en finit pas; c'est à n'en plus finir. (*b*) (*Of pain, etc.*) Continuel, incessant; (*of chatter, etc.*) intarissable. **-ly**, *adv.* Sans fin; sans cesse, éternellement; perpétuellement, intarissablement.

endlessness ['endləsnəs], *s.* **1.** Perpétuité *f*; durée infinie. **2.** *The e. of her complaints*, ses plaintes *f* sans fin.

endo- ['endo], *comb.fm.* Endo-. *Endophragm*, endophragme *m*. *Endoplast*, endoplaste *m*. *Endothelial*, endothélial.

endoblast ['endoblast], *s. Biol:* Endoblaste *m*.

endocardial [endo'kɑːrdiəl], *a. Med:* (Murmure *m*, etc.) endocardiaque.

endocarditis ['endokɑːr'daitis], *s. Med:* Endocardite *f*.

endocardium [endo'kɑːrdiəm], *s. Anat:* Endocarde *m*.

endocarp ['endokɑːrp], *s. Bot:* Endocarpe *m*.

endocrane ['endokrein], **endocranium** [endo'kreiniəm], *s. Anat:* Endocrâne *m*.

endocrine ['endokrain], *a. & s. Anat:* (Glande *f*) endocrine, à sécrétion interne.

endocrinology [endokri'nɔlodʒi], *s. Physiol:* Endocrinologie *f*.

endoderm ['endodəːrm], *s. Biol: Bot:* Endoderme *m*.

endogamous [en'dɔgəməs], *a. Anthr:* (Mariage *m*, tribu *f*) endogame.

endogamy [en'dɔgəmi], *s. Anthr:* Endogamie *f*.

endogen ['endodʒən], *s. Bot:* Plante *f* endogène.

endogenetic [endodʒe'netik], *a. Biol:* Endogène. *Geol:* *E. rock*, roche *f* endogène.

endogenous [en'dɔdʒənəs], *a. Bot: Med:* (Plante *f*, contagion *f*) endogène.

endogeny [en'dɔdʒəni], *s. Biol:* Endogénèse *f.*
endometritis [endome'traitis], *s. Med:* Endométrite *f.*
endometrium [endo'metriəm], *s. Anat:* Endomètre *m.*
endomorph ['endomɔːrf], *s. Miner:* Endomorphe *m.*
endomorphic [endo'mɔːrfik], **endomorphous** [endo'mɔːrfəs], *a. Geol:* Endomorphe.
endonephritis [endone'fraitis], *s. Med:* Endonéphrite *f.*
endoparasite [endo'parasait], *s. Z:* Endoparasite *m.*
endoplasm ['endoplazm], *s. Biol:* Endoplasme *m.*
endopleura [endo'pluəra], *s. Bot:* Endoplèvre *f.*
endorse [en'dɔːrs], *v.tr.* **1.** Endosser (un document, un chèque, etc.); viser (un passeport). *To e. sth. on a document, to e. a document with sth.*, mentionner qch. au verso d'un document. *Post:* **Endorsed "not known,"** mention "inconnu." *Adm: To e. a motorist's licence*, inscrire les détails d'un délit au verso du permis de conduire. *Com: Fin: To e. a bill*, avaliser, avaler, donner son aval à, un effet. *To honour an order endorsed by s.o.*, payer sur le visa approbatif de qn. **To endorse a bill of exchange,** endosser une lettre de change. **To endorse over a bill to s.o.,** transmettre par voie d'endossement une lettre de change à qn. **To endorse back a bill to drawer,** contre-passer un effet au tireur. **2.** Appuyer, sanctionner, venir à l'appui de, donner son adhésion à, s'associer à (une opinion, une action); souscrire à (une décision, une opinion). *Jur:* Approuver (un appel). *I e. all you have done*, j'approuve tout ce que vous avez fait. *To rake up an accusation without endorsing it*, rappeler une accusation sans la faire sienne.
endorsee [endɔːr'siː], *s. Fin:* Endossataire *mf*; bénéficiaire *mf* (d'un billet par endos); tiers porteur *m. E. of a cheque*, porteur d'un chèque.
endorsement [en'dɔːrsmənt], *s.* **1.** (*a*) *Fin: etc:* Endossement *m*, endos *m* (d'un chèque, d'une lettre de change); aval *m* (d'un effet); (*on envelope*) mention *f*; (*on passport, etc.*) mention spéciale. **Blank endorsement,** endos en blanc. (*b*) *Ins:* Avenant *m.* **2.** *E. of an action*, approbation *f* d'une action. *E. of an opinion*, adhésion *f* à une opinion.
endorser [en'dɔːrsər], *s. Fin:* Endosseur *m*, cessionnaire *m* (d'un chèque, etc.); avaliste *m* (d'un effet). **Second endorser** (*of bill*), tiers porteur.
endoscope ['endoskoup], *s. Med:* Endoscope *m.* **Electric-light endoscope,** photophore *m.*
endoscopy [en'dɔskopi], *s. Med:* Endoscopie *f.*
endoskeleton [endo'skeletən], *s. Z:* Squelette intérieur (des vertébrés).
endosmometer [endos'mɔmetər], *s. Ph:* Endosmomètre *m.*
endosmose ['endɔsmous], **endosmosis** [endɔs'mousis], *s. Ph:* Endosmose *f.* **Electrical endosmosis,** action *f* cataphorique.
endosmotic [endɔs'mɔtik], *a. Ph:* Endosmotique.
endosperm ['endospəːrm], *s. Bot:* Endosperme *m.*
endospermic [endo'spəːrmik], *a. Bot:* Endospermé.
endospore ['endospɔər], *s. Bot:* Endospore *m.*
endostome ['endostoum], *s. Bot:* Endostome *m.*
endotheca [endo'θiːka], *s. Z: Bot:* Endothèque *f.*
endothelial [endo'θiːliəl], *a. Physiol:* Endothélial, -aux.
endothelium [endo'θiːliəm], *s. Physiol:* Endothélium *m.*
endothermic [endo'θəːrmik], *a. Ch:* (Réaction *f*) endothermique.
endow [en'dau], *v.tr.* **1.** Doter (qn, une église, une société) (*with*, de); assurer un revenu à (sa fille, sa femme, une religieuse, etc.). **To endow a bed in a hospital,** fonder un lit dans un hôpital. **2.** *Nature had endowed him with great talents*, la nature l'avait doué de grands talents. *Woman endowed with great beauty*, femme dotée d'une grande beauté. *He is poorly endowed by nature*, la nature l'a mal partagé.
endowed, *a.* (Hôpital, etc.) doté, renté.
endowment [en'daumənt], *s.* **1.** (*a*) Dotation *f* (l'action ou le fonds). (*b*) Fondation (léguée à un hospice, etc.). (*c*) *Ins:* (**Pure**) **endowment assurance,** assurance *f* en cas de vie; assurance à capital différé, à terme fixe, à dotation. (*Ordinary*) *e. assurance*, assurance mixte. **2.** Don (naturel); talent *m.*
endue [en'djuː], *v.tr. Lit:* **1.** (*a*) Revêtir (un vêtement). (*b*) Revêtir (qn) (*with*, de). **To endue s.o. with an office,** investir qn d'une fonction. (*In the Liturgy*) *Endue Thy ministers with righteousness*, revêts de justice tes ministres. **2.** Douer (*s.o. with sth.*, qn de qch.). *To be endued with all virtues*, être doué de toutes les vertus.
endurable [en'djuərəbl], *a.* **1.** Supportable, endurable. **2.** *Lit:* (*Lasting*) Durable.
endurance [en'djuərəns], *s.* **1.** (*a*) Résistance *f* (d'une personne, d'un animal). **To have great powers of endurance,** être dur à la fatigue, au mal, etc. **Beyond endurance,** insupportable, intolérable; au-delà de ce qu'on peut supporter. (*b*) *Ind: etc:* (*Resistance to fatigue*) Endurance *f.* **Endurance test,** (i) *Mec.E:* essai *m* de durée; (ii) *Sp:* épreuve *f* d'endurance. **2.** Patience *f*, longanimité *f.* **3.** *Lit:* Durée *f.*
endure [en'djuər]. **1.** *v.tr.* Supporter, endurer, souffrir avec patience (le mal, des insultes, etc.); soutenir (des reproches, etc.). *I can't e. being disturbed, to be disturbed*, je ne peux pas souffrir qu'on vienne me déranger. **He can't endure the brat,** il ne peut pas tolérer ce mioche. *See also* CURE[2] 1. **2.** *v.i.* Durer, rester. *Work that will e.*, ouvrage *m* qui vivra, qui restera.
enduring, *a.* **1.** Durable, qui dure, permanent; (paix *f*) stable. **Enduring evil,** mal persistant, qui persiste. **Enduring remorse,** remords *m* vivace. *The e. quality of these virtues*, la persistance de ces vertus. **2.** Patient, longanime, endurant. **-ly,** *adv.* D'une manière durable, permanente.
enduringness [en'djuəriŋnəs], *s.* Durabilité *f*, permanence *f.*
-ene [iːn], *s.suff. Ch:* -ène *m. Acetylene*, acétylène. *Benzene*, benzène. *Camphene*, camphène. *Methylene*, méthylène.
enema ['enema, e'niːma], *s. Med:* **1.** Lavement *m*; *A:* clystère *m.* **2.** Appareil *m* à lavements; irrigateur *m*, énéma *m*; clyso-injecteur *m*, *pl.* clyso-injecteurs; clysoir *m.*
enemy ['enəmi, -ni-]. **1.** *s.* (*a*) Ennemi, -e. **Man without an enemy,** homme sans ennemis. **To be one's own (worst) enemy,** se desservir soi-même; être le bourreau de soi-même. *He is no one's e. but his own*, il ne fait de tort qu'à lui-même. **They are deadly enemies,** ils sont à couteaux tirés. **To be an enemy to discipline,** être ennemi de la discipline. **The Enemy,** l'ennemi du genre humain. *U.S:* **Public enemy,** ennemi public; bandit *m. F:* **How goes the enemy?** quelle heure est-il? (*b*) *Coll.* **The enemy,** l'ennemi, l'adversaire *m.* **Enemy-occupied territories,** territoires occupés par l'ennemi. **2.** *a.* Ennemi. **The enemy fleet,** la flotte ennemie.
energetic [enər'dʒetik]. **1.** *a.* (Homme, nature, remède, mesure) énergique. *He is an e. man*, c'est un homme énergique, actif; *F:* c'est un homme à poigne, de poigne. **2.** *s.pl.* (*Usu. with sg. const.*) **Energetics,** l'énergétique *f*, l'énergétisme *m.* **-ally,** *adv.* Énergiquement; avec énergie; activement.
energize ['enərdʒaiz]. **1.** *v.tr.* (*a*) Donner de l'énergie à (qn); stimuler (qn). (*b*) *El:* Aimanter (l'âme d'une bobine, etc.); amorcer (une dynamo). **2.** *v.i.* (*a*) *El:* (*Of core of coil, etc.*) S'aimanter; (*of dynamo*) s'amorcer. (*b*) *Lit:* (*Of pers.*) Faire preuve d'énergie; agir avec vigueur.
energizing, *a.* **1.** Qui donne de l'énergie; stimulant, activant; (médicament *m*, nourriture *f*) énergétique. **2.** *El:* **Energizing circuit,** circuit *m* d'aimantation (d'une bobine); circuit d'amorçage (d'une dynamo).
energumen [enər'gjuːmən], *s.* Énergumène *m.* **1.** Démoniaque *m.* **2.** Fanatique *m.*
energy ['enərdʒi], *s.* **1.** Énergie *f*, force *f*, vigueur *f.* **To have no energy,** ne pas avoir d'énergie; *F:* ne pas avoir de sang dans les veines; manquer d'allant, de nerf. **Man of energy,** homme *m* énergique. *He even lacked the e. to go upstairs to bed*, il n'avait pas même l'énergie de monter se coucher. *E. in doing sth.*, énergie à faire qch. *To devote, bend, direct, apply, (all) one's energies to a task, to doing sth.*, **to throw all one's energy into a task,** consacrer, apporter, appliquer, ses efforts, toutes ses facultés, toute son énergie, à une tâche, à faire qch.; mettre en œuvre toute son industrie à faire qch. **To put forth, display, energy,** déployer de l'énergie; *F:* montrer de la poigne. *You must put some of your own e. into it*, il faut y mettre du vôtre. *E.-producing foods*, aliments *m* énergétiques. **2.** *Mec:* Énergie, travail *m*; travail mécanique; travail moteur. *E. consumed*, puissance absorbée. *Indicated e.*, travail indiqué. **Potential energy,** énergie potentielle. **Kinetic energy, active energy, actual energy,** puissance vive; force vive; énergie cinétique; énergie actuelle. **To store up energy,** emmagasiner du travail. *Ball:* **Muzzle energy,** énergie à la bouche. **Striking energy,** énergie au choc. **Expenditure of energy,** dépense *f* énergétique.
enervate[1] [i'nəːrvet], *a.* **1.** (*Of pers., character, style, etc.*) Sans force; sans vigueur; (style) énervé. **2.** *Bot:* (*Of leaf*) Énerve, énervé.
enervate[2] ['enərveit], *v.tr.* Affaiblir, amollir, énerver, aveulir (le corps, la volonté).
enervating[1], *a.* (Climat, etc.) amollissant, anémiant, débilitant, énervant, aveulissant.
enervating[2], *s.* = ENERVATION 1.
enervation [enər'veiʃ(ə)n], *s.* **1.** Affaiblissement *m*, aveulissement *m.* **2.** Mollesse *f.*
enface [en'feis], *v.tr. Fin:* **To enface the words . . . on a draft, to enface a draft with the words . . .,** inscrire les mots . . . au recto d'une traite. *St.Exch:* **Enfaced paper,** rentes indiennes (payables à Londres).
enfacement [en'feismənt], *s. Fin:* Formule inscrite, mots inscrits, au recto d'un effet de commerce.
enfeeble [en'fiːbl], *v.tr.* (*Of pain, age*) Affaiblir (qn, les facultés).
enfeeblement [en'fiːblmənt], *s.* Affaiblissement *m.*
enfeoff [en'fef], *v.tr. A:* **1.** Investir, ensaisiner, (qn) d'un fief. **2.** Inféoder (une terre).
enfeoffment [en'fefmənt], *s. A:* Inféodation *f*; acte *m* d'inféodation.
enfetter [en'fetər], *v.tr. A:* Enchaîner (qn, les passions, etc.).
enfilade[1] [enfi'leid], *s. Mil:* Enfilade *f.*
enfilade[2], *v.tr. Mil:* Enfiler, battre de flanc, battre d'enfilade (une tranchée, etc.).
enfilading, *a.* (Tir) d'enfilade.
enfold [en'fould], *v.tr.* Envelopper (*sth. in, with, sth.*, qch. dans qch.). **To enfold s.o. in one's arms,** étreindre, embrasser, qn. *Surg:* **To enfold a gastric ulcer,** envelopper un ulcère gastrique dans un pli de l'estomac.
enfolded, *a.* **1.** Enveloppé (*in, with*, dans). **2.** *Nat.Hist:* Plissé.
enfolding[1], *a.* (Mouvement) enveloppant.
enfolding[2], *s.* Enveloppement *m*; embrassement *m.*
enforce [en'fɔːrs], *v.tr.* **1.** Donner de la force à, faire valoir (un argument); appuyer (une demande, *Nau:* un signal). *Nau:* **To enforce the colours** (*by a shot*), assurer, appuyer, le pavillon (par un coup de canon). **2.** Mettre en vigueur, exécuter (une loi, etc.). **To enforce one's rights,** faire valoir ses droits. **To enforce the law,** faire respecter, faire obéir, la loi; appliquer la loi. **To enforce the blockade,** rendre le blocus effectif. **3.** *To e. (respect for) a rule*, imposer, faire observer, un règlement; tenir la main à l'observation d'une règle. **To enforce obedience,** se faire obéir. *To e. one's will on s.o.*, imposer sa volonté à qn. *To e. a certain line of conduct on s.o.*, obliger, contraindre, qn à une certaine conduite. **The wearing of a moustache is enforced,** le port de la moustache est de rigueur.
enforced, *a.* (Silence, travail) forcé.
enforceability [enfɔːrsə'biliti], *s. E. of a law*, possibilité *f* d'appliquer une loi.
enforceable [en'fɔːrsəbl], *a. Jur:* (Contrat *m*, jugement *m*) exécutoire.
enforcement [en'fɔːrsmənt], *s. Jur:* **1.** Exécution *f*, mise *f* en

vigueur, application *f* (d'une loi). *Recognizances admit of direct e.*, les obligations sont directement exécutoires. **2.** *A:* Sanction (pénale).

enframe [en'freim], *v.tr.* Encadrer (un tableau, etc.).

enfranchise [en'frantʃa:iz], *v.tr.* **1.** Affranchir (un esclave, une tenure). **2.** *Pol:* (*a*) Admettre au suffrage (un citoyen); accorder le droit de vote à (qn). (*b*) Conférer la franchise, des droits municipaux, à (une ville).

enfranchisement [en'frantʃizmənt], *s.* **1.** Affranchissement *m* (d'un esclave, d'une tenure). **2.** *Pol:* Admission *f* (d'un citoyen) au suffrage; concession *f* de droits municipaux (à une ville).

engage [en'ge:idʒ], *v.tr.* & *i.* **1.** (*a*) Engager (sa parole, son honneur). **To engage (oneself) to do sth.,** s'engager, s'obliger, à faire qch.; promettre formellement, se faire fort, de faire qch. (*b*) Promettre (qn) en mariage. **To be engaged (to be married),** être fiancé. *To become engaged*, se fiancer. (*c*) **To engage oneself for dinner,** accepter une invitation à dîner; promettre de dîner avec, chez, qn. **2.** (*a*) Engager, prendre, arrêter, retenir (un domestique); embaucher (des ouvriers). *Navy:* Recruter (des hommes). (*Of servant*) **To engage (oneself) for the season,** s'engager, se louer, pour la saison. *To e. a servant again*, rengager un domestique. (*b*) Retenir, réserver (une chambre, etc.); arrêter (un logement); louer (une voiture de place). (*c*) *Tp:* *To e. the line for ten minutes*, occuper la ligne pendant dix minutes. **3.** Occuper (qn); fixer (l'attention); attirer, gagner (l'affection, l'intérêt, de qn). **To engage s.o. in conversation,** lier conversation, entrer en conversation, avec qn. *To be engaged upon a novel*, être occupé à écrire un roman. *Engaged on the preparations for departure*, occupé aux, des, préparatifs du départ. **4.** *Mil:* **To engage the enemy,** en venir aux prises avec, attaquer, l'ennemi. (*Of combatants*) **To engage (with the enemy),** engager le combat; livrer bataille; en venir aux mains; donner. *The cavalry did not e.*, la cavalerie n'a pas donné. **5.** *Mec.E:* (*a*) Mettre en prise (un engrenage, *Aut:* une vitesse). *Aut:* **To engage the first gear,** mettre en première vitesse. *To e. the direct drive*, prendre la prise directe; mettre en prise (directe). (*b*) *v.i.* (*Of cog-wheel*) (S')engrener, s'enclencher, (s')engager, se mettre en prise (*with*, avec); quotter; s'embrayer. **6.** *Fenc:* **To engage the sword,** *abs.* to engage, engager l'épée.

engage for, *v.ind.tr.* Garantir, promettre (qch.). *It is more than I engaged for*, c'est plus que je n'ai garanti.

engage in, *v.i.* **To engage in battle,** engager le combat. **To engage in discussion, in conversation, with s.o.,** entrer en discussion, en conversation, avec qn; engager la conversation avec qn; lier conversation avec qn. *To be engaged in conversation*, être en conversation. **To engage in politics,** s'embarquer, se lancer, dans la politique. **To engage in business,** se mettre, entrer, dans les affaires. *To be engaged in business*, être dans les affaires. *To be engaged, to e., in an occupation*, se livrer à une occupation. **The nations who were engaged in war,** les nations qui ont pris part à la guerre. *I have been actively engaged in securing . . .*, je me suis préoccupé activement d'obtenir. . . .

engaged, *a.* **1.** Fiancé. **The engaged couple,** les fiancés. **2.** Occupé, pris. **Are you engaged?** êtes-vous occupé? (*to taxi-driver*) êtes-vous libre? *I shall be e. until three o'clock*, je ne serai pas visible avant trois heures. *There are hours when I am e.*, il y a des heures où je ne m'appartiens pas. *I am e. for to-night*, ma soirée est prise; je suis (déjà) invité, on m'a invité, pour ce soir. *I am e. for this waltz*, j'ai promis cette valse. **3. This seat is engaged,** cette place est retenue, réservée, prise, occupée. *Tp: etc:* **'(Line) engaged,'** "pas libre," "ligne occupée." **4.** (Combattants) aux prises, aux mains. **5.** *Mec.E:* (*Of gear-wheels, etc.*) En prise.

engaging, *a.* (Sourire, ton) engageant, attrayant, séduisant, attachant, attirant, qui attire; (ton) liant; (regard) sémillant. **To have an engaging manner,** avoir du liant. *E. child*, enfant gentillet. **-ly,** *adv.* D'une manière engageante, attrayante. **To smile engagingly,** (i) sourire gentiment; (ii) adresser un sourire provocant (*to s.o.*, à qn).

engagement [en'geidʒmənt], *s.* **1.** Engagement *m*. (*a*) Promesse *f*, obligation *f*. **To enter into an engagement,** prendre, contracter, un engagement. *To keep one's engagements*, être fidèle à, remplir, ses engagements. *Com:* **To carry out, meet, one's engagements,** faire face, faire honneur, à ses engagements; remplir ses engagements. (*b*) Rendez-vous *m*. **Owing to a previous engagement,** à cause d'une promesse antérieure. *Public e.*, engagement à paraître en public. **Social engagements,** invitations *fpl* dans le monde. **To have an engagement,** être pris, être occupé; ne pas être libre. **Engagement book,** agenda *m*. **2.** (*a*) Engagement (d'hommes, de domestiques); recrutement *m*. (*b*) Poste *m*, situation *f* (de domestique, de secrétaire). *She has found a lucrative e.*, elle a trouvé un poste bien payé. **3.** Fiançailles *fpl*. **Engagement ring,** anneau *m*, bague *f*, de fiançailles. **4.** *Mil:* *Navy:* Combat *m*, action *f*, affaire *f*. **5.** *Mec.E:* (*a*) Mise *f* en prise; emprise *f*; engrènement *m*; entraînement *m*; embrayage *m*; (*of dog-clutch*) clabotage *m*, crabotage *m*. *Gradual e.*, entraînement progressif. *Side e.*, emprise latérale. (*b*) Prise *f*, quottement *m* (d'un pignon avec une roue, etc.).

engarland [en'ga:rlənd], *v.tr.* *Lit:* Enguirlander.

engender [en'dʒendər], *v.tr.* **1.** *A:* Engendrer (un enfant). **2.** Faire naître, produire, causer (un effet); engendrer (une maladie, un sentiment).

engine[1] ['endʒin], *s.* **1.** (*a*) Machine *f*, appareil *m*, engin *m*. *E. for lifting loads*, engin de levage. *Min:* **Winding engine,** machine d'extraction, de hissage. **Pumping engine,** machine d'épuisement. *Mil:* *A:* **Engines of war,** engins de guerre. *See also* BEER-ENGINE, FIRE-ENGINE, MAN-ENGINE, RAG-ENGINE, WATER-ENGINE 2. (*b*) *A:* Instrument *m*, moyen *m*, agent *m*. *To employ every e. at one's disposal to attain one's end*, employer tous les moyens dont on dispose pour atteindre son but. **2.** (*a*) **(Steam-)engine,** machine à vapeur. *The e. of a locomotive*, la machine d'une locomotive. **Condensing steam-engine,** machine à vapeur à condensation. **Compound engine, double-expansion engine,** machine à double détente, à double expansion, à cylindres accouplés; machine compound. **Auxiliary engine,** petit cheval. *Agr:* **Transportable engine,** locomobile *f*; (*of thresher*) agromotive *f*. *See also* DONKEY-ENGINE, ROAD-ENGINE, STEERING-ENGINE, TRACTION-ENGINE. (*b*) *Rail:* Locomotive *f*. **Electric** *or* **motor engine,** automotrice *f*. *To uncouple the e.*, décrocher la locomotive, la machine. **To sit with one's face to the engine,** s'asseoir dans le sens (de la marche) du train. *See also* PILOT-ENGINE, SHUNTING 1, TANK-ENGINE. **3.** Moteur *m*. (*a*) **Hot-air engine,** moteur à air chaud. *See also* AIR-ENGINE, WATER-ENGINE 1, WIND-ENGINE. (*b*) **Internal-combustion engine,** moteur à combustion interne. **Gas engine,** moteur à gaz. **(Paraffin) oil engine,** moteur, machine, fonctionnant au pétrole lampant. **Petrol engine,** moteur à essence. **Two-stroke engine,** moteur à deux temps. **Four-stroke engine,** moteur à quatre temps. **Side-valve engine,** moteur à soupapes latérales, à soupapes en chapelle. **Overhead-valve engine,** moteur à clapets sur le dessus, à soupapes en tête. *Push-rod operated overhead-valve e.*, moteur à culbuteurs. *Ten-horse e.*, moteur de dix chevaux. *Front-wheel e.*, moteur attaquant directement l'essieu avant. **Bicycle engine,** vélomoteur *m*. *Av:* **Stationary engine,** moteur fixe. **Rotary engine,** moteur rotatif. **Radial engine,** moteur en étoile.

'engine-'bed, *s.* Bâti *m* du moteur, bâti moteur.

'engine-builder, *s.* Serrurier mécanicien.

'engine-driven, *a.* Actionné, entraîné, par machine à vapeur ou par moteur.

'engine-driver, *s.* Mécanicien *m*.

'engine-house, *s.* Bâtiment *m* des machines, des moteurs; machinerie *f*.

'engine-lathe, *s.* *Mec.E:* Tour *m* marchant au moteur.

'engine-man, *pl.* **-men,** *s.m.* Machiniste; mécanicien; chauffeur-mécanicien.

'engine-oil, *s.* Huile *f* à graisser.

'engine-room, *s.* **1.** Salle *f* des machines; hall *m* aux machines; halle *f* aux machines. **2.** Chambre *f* de la machine, du moteur; machinerie *f*. *Nau:* Chambre des machines. **Engine-room hand,** machiniste *m*.

'engine-set, *s.* *Mch:* Groupe moto-propulseur.

'engine-shed, *s.* Garage *m*, dépôt *m*, remise *f*, de machines, de locomotives.

'engine-sized, *a.* *Paperm:* (Papier) encollé à la machine.

'engine-turn, *v.tr.* *Metalw:* Guillocher. *Engine-turned watch-case*, boîtier de montre guilloché, vermiculé.

'engine-turner, *s.* Guillocheur *m*.

'engine-turning, *s.* Guillochage *m*.

engine[2], *v.tr.* **1.** Pourvoir (un navire) de machines; monter les machines (d'un navire). **2.** Pourvoir, munir, d'un moteur.

-engined, *a.* **Twin-engined,** (i) à deux machines; (ii) bimoteur. **Three-engined,** trimoteur. *Four-e.*, quadrimoteur. *Five-e.*, pentamoteur. *See also* MULTI-ENGINED.

engineer[1] [endʒi'ni:ər], *s.* **1.** Ingénieur *m*. **Consulting engineer,** ingénieur consultant; ingénieur conseil. **Civil engineer,** ingénieur civil. *Bridge and road e.*, ingénieur de ponts et chaussées. *Government civil e.*, ingénieur des ponts et chaussées. **Agricultural engineer,** ingénieur agronome. **Mining engineer,** ingénieur des mines. *Water-power e.*, ingénieur hydraulique. **Electrical engineer,** ingénieur électricien. *Electric-lighting e.*, *illuminating e.*, éclairagiste *m*. **Mechanical engineer,** ingénieur mécanicien. *Manufacturing e.*, constructeur *m* mécanicien. *Erecting e.*, constructeur. **Naval engineer,** ingénieur maritime, de la marine. *Superintending e.*, *chief e. in charge of production*, *managing e.*, directeur *m* technique; chef *m* de la production; ingénieur d'exploitation. **Engineers' stores,** fournitures *fpl* pour usines. **2.** (*a*) *Nau:* Mécanicien *m*. **Chief engineer,** chef mécanicien. (*b*) *Rail:* *U.S:* = ENGINE-DRIVER. **3.** *Mil:* Soldat *m* du génie. *The Royal Engineers* = le génie. *An e. officer*, un officier du génie. **4.** Combinateur, -trice; agenceur, -euse; *Pej:* ourdisseur, -euse; machinateur, -trice (d'un projet). *The chief e. of the scheme, of the plot*, le promoteur du projet, du complot.

engineer[2], *v.tr.* **1.** Construire (en qualité d'ingénieur) (des ponts, des routes). **2.** *F:* Arranger (un spectacle); machiner (un coup); manigancer (une affaire).

engineering, *s.* **1.** Art *m*, science *f*, de l'ingénieur; (i) le génie; (ii) la construction mécanique. **Civil engineering,** le génie civil. **Naval engineering,** le génie maritime. **Military engineering,** le génie militaire. **Mechanical engineering,** la construction mécanique; l'industrie *f* mécanique; l'art de la mécanique. **Electrical engineering,** la technique électrique. *Lighting e.*, la technique de l'éclairage. **Engineering college,** école *f* des arts et métiers. *E. department*, service *m* des constructions mécaniques. *See also* ILLUMINATING[2] 1. **2.** *F:* *Usu. Pej:* Manœuvres *fpl*, machinations *fpl*.

enginery ['endʒinri], *s.* **1.** (Les) machines *f*. **2.** *A:* = ENGINEERING 2.

engird [en'gə:rd], (*p.p.* **engirt**), **engirdle** [en'gə:rdl], *v.tr.* *Lit:* Ceindre (*with*, de); entourer (de).

England ['iŋglənd]. *Pr.n.* *Geog:* L'Angleterre *f*. *In E.*, en Angleterre. *To go to E.*, aller en Angleterre. *See also* NEW ENGLAND.

Englander ['iŋgləndər], *s.* *Pol:* **Little Englander,** partisan, -e, d'une "petite Angleterre"; opposant, -e, de l'impérialisme britannique. *See also* NEW ENGLANDER.

English[1] ['iŋgliʃ]. **1.** *a.* & *s.* Anglais, -aise. *E. history*, histoire *f* d'Angleterre. *E. products*, produits anglais. *E. girl*, jeune Anglaise *f*. *To adopt E. manners, to become E.*, s'angliciser. *pl.* **The English,** les Anglais *m*. *See also* CHANNEL[1] 2, NEW ENGLISH. *Arch:* **Early English style,** style anglais ancien; gothique *m* du XIIIe siècle. *Typ:* **English (type),** Saint-Augustin *m*; corps 13.

Old English, gothique *f*. **2.** *s. Ling:* L'anglais *m*; la langue anglaise. *To study E.*, étudier l'anglais. *To speak E.*, parler anglais. *In E.*, en anglais. *What is the E. for . . .?* comment dit-on, traduit-on, en anglais . . .? **The King's English**, l'anglais correct. **Old English**, l'ancien anglais (antérieur au XIIe siècle); l'anglo-saxon *m*. *Teacher, student, of E.*, angliste *mf*, angliciste *mf*, anglicisant *m*. *See also* MIDDLE ENGLISH, PLAIN I. 2, PIDGIN.

'English-'born, *a*. (Personne) d'origine, de naissance, anglaise. *He is E.-b.*, il est Anglais de naissance.

'English-'built, *a*. (Machine *f*, etc.) de construction anglaise.

'English-'manned, *a*. (Vaisseau *m*) ayant un équipage anglais.

'English-'speaking, *a*. (Peuple *m*, nation *f*) de langue anglaise.

English², *v.tr.* **1.** Traduire, rendre, (un livre) en anglais. **2.** Angliciser (un mot, une nation).

Englishman, *pl.* **-men** ['iŋgliʃmən, -men], *s*. **1.** Anglais *m*. **2.** *Nau:* Vaisseau anglais.

Englishwoman, *pl.* **-women** ['iŋgliʃwumən, -wimen], *s.f.* Anglaise.

engorge [en'gɔːrdʒ], *v.tr.* **1.** *Lit:* Dévorer, engloutir (des aliments). **2.** (*a*) *To be engorged*, être engorgé, rempli outre mesure. (*Of blast furnace, etc.*) **To become engorged**, s'engorger. (*b*) **Engorged (with blood)**, gonflé de sang; congestionné. (*Of blood vessels, etc.*) *To become engorged*, se congestionner.

engorgement [en'gɔːrdʒmənt], *s*. **1.** *Lit:* Engloutissement *m*. **2.** (*a*) Engorgement *m* (d'un haut fourneau, etc.). (*b*) *Med:* Congestion *f* (d'un organe, etc.).

engouled [en'guld], **engoulée** [ɔŋ'gule], *a*. *Her:* Engoulé.

engraft [en'grɑːft], *v.tr.* **1.** (*a*) *Hort:* Greffer (*into, upon*, sur). *Surg:* Implanter (de la peau, etc.). (*b*) *Norman French became engrafted into Anglo-Saxon*, le français des Normands se greffa sur l'anglo-saxon. *To e. one scheme into another*, opérer le raccord entre deux projets. **2.** *Sound principles had been engrafted in him from his earliest childhood*, dès sa première jeunesse on lui avait inculqué de bons principes.

engraftment [en'grɑːftmənt], *s*. **1.** (*a*) *Hort:* Greffage *m*. (*b*) Inculcation *f* (de principes, etc.). **2.** Greffe *f*; *A:* ente *f*.

engrail [en'greil], *v.tr.* **1.** *Her:* Engrêler (une pièce honorable). **2.** Cordonner (les monnaies).

engrailed, *a*. **1.** *Her:* Engrêlé. **2.** (*Of coin*) Cordonné.

engrain [en'grein], *v.tr.* Teindre (une étoffe, etc.) grand teint.

engrained, *a*. *A:* = INGRAINED.

engram ['engram], *s*. *Psy:* Engramme *m*.

engrave [en'greːiv], *v.tr.* Graver (des caractères, des formes). *To e. on wood*, graver sur bois. *To e. on metal*, graver au burin. *To e. on copper*, chalcographier. *Plates engraved by the best artists*, planches exécutées par les graveurs les plus célèbres. *Plate engraved with an inscription*, plaque *f* portant gravée une inscription. **Engraved on the memory**, gravé dans la mémoire.

engraving, *s*. (*Process or print*) Gravure *f*; (*print*) estampe *f*. *Wood e.*, gravure sur bois. *E. on copper*, taille-douce *f*; chalcographie *f*. *Steel e.*, gravure sur acier; gravure en taille dure. **Stippled engraving**, pointillé *m*. **Half-tone engraving**, similigravure *f*. **Engraving needle**, pointe *f* pour taille-douce. *Dealer in engravings*, marchand *m* d'estampes. *See also* COPPERPLATE¹ 2, LINE ENGRAVING, PROCESS-ENGRAVING.

engraver [en'greivər], *s*. **1.** (*Pers.*) Graveur *m*. **Plate-engraver**, graveur à l'outil, au burin. **Wood-engraver**, graveur sur bois. *E. on copper*, chalcographe *m*. *See also* GLASS-ENGRAVER, HALF-TONE I, PROCESS-ENGRAVER. **2.** *Tls:* (*a*) Machine *f*, tour *m*, à graver. (*b*) Burin *m* (de graveur).

engross [en'grous], *v.tr.* **1.** *Jur:* (*a*) Grossoyer, copier (un document); écrire (un document) en grosse. (*b*) Rédiger (un document). **2.** (*a*) *Com: A:* Accaparer (une denrée). (*b*) **To engross the conversation**, s'emparer de la conversation; accaparer la conversation. **3. To engross s.o., s.o.'s attention, s.o.'s time**, absorber, occuper, qn, l'attention, le temps, de qn. *His work engrosses him completely*, son travail l'absorbe entièrement; *F:* il travaille à en perdre le boire et le manger. **To be engrossed in one's work**, être tout entier à son travail. *Engrossed in her reading*, toute à sa lecture. *To become engrossed in sth.*, s'abstraire, s'absorber, dans qch.

engrossing¹, *a*. (*Of work, study, etc.*) Absorbant.

engrossing², *s*. = ENGROSSMENT.

engrosser [en'grousər], *s*. *Jur:* Rédacteur *m* d'une grosse.

engrossment [en'grousmənt], *s*. **1.** *Jur:* (*a*) Rédaction *f* de la grosse. (*b*) Grosse *f*. **2.** Absorption *f* (de l'esprit, de l'attention) (*in*, dans).

engulf [en'gʌlf], *v.tr.* Engloutir, engouffrer. *To be engulfed in the sea*, être englouti par les flots; s'engouffrer, sombrer, s'abîmer, dans les flots. **He saw his fortune engulfed**, il vit sombrer sa fortune.

engulfment [en'gʌlfmənt], *s*. Engouffrement *m*, engloutissement *m*.

enhance [en'hɑːns], *v.tr.* Rehausser (le mérite, le prix, de qch.); augmenter, accroître (le plaisir); mettre en valeur, relever (la beauté de qn); agrandir (la réputation). *To e. the price of goods*, enchérir, renchérir, des marchandises. *To e. the value of land*, mettre une terre en valeur.

enhancing, *s*. = ENHANCEMENT.

enhancement [en'hɑːnsmənt], *s*. Renchérissement *m*, rehaussement *m*, hausse *f* (de prix); embellissement *m* (de charmes); augmentation *f* (de plaisir, etc.).

enharmonic [enhɑːr'mɔnik], *a*. *Mus:* (Note *f*, gamme *f*) enharmonique. **Enharmonic change**, enharmonie *f*.

Enid ['iːnid]. *Pr.n.f.* Énide.

enigma [e'nigma], *s*. (*a*) Énigme *f*. **To solve the enigma**, trouver le mot de l'énigme. (*b*) Personne énigmatique, mystérieuse.

enigmatic(al) [enig'matik(əl)], *a*. Énigmatique; mystérieux. **-ally**, *adv.* Énigmatiquement, mystérieusement.

enisle [e'nail], *v.tr.* *Lit:* (*Of sea, etc.*) Entourer (un domaine, etc.).

enjambment [en'dʒambmənt], *s*. *Pros:* Enjambement *m*.

enjoin [en'dʒɔin], *v.tr.* **1.** Enjoindre, ordonner, prescrire, imposer. **To enjoin prudence (up)on s.o.**, recommander la prudence à qn. *To e. silence, penance, on s.o.*, enjoindre, imposer, le silence, la pénitence, à qn. **To enjoin (on) s.o. to do sth.**, enjoindre, ordonner, à qn de faire qch.; intimer à qn l'ordre de faire qch. *To e. (on) s.o. not to do sth.*, faire défense à qn de faire qch. **2.** *Jur: U.S:* Interdire, prohiber.

enjoinment [en'dʒɔinmənt], *s*. **1.** Injonction *f*. **2.** *Jur: U.S:* Prohibition *f*, interdiction *f*.

enjoy [en'dʒɔi], *v.tr.* **1.** Aimer, trouver bon, goûter; prendre plaisir à (qch.). **To enjoy one's dinner**, trouver le dîner bon. *I hope you will e. your dinner*, bon appétit! *To e. a meal at leisure*, savourer à loisir son repas. *To e. a pipe*, savourer une pipe. *To e. rest after toil*, goûter le repos après le labeur. **To enjoy the fine weather**, jouir du beau temps. *He enjoyed these trips abroad*, il goûtait fort ces voyages à l'étranger. **How did you enjoy your holidays?** avez-vous passé de bonnes vacances? *To e. music, s.o.'s conversation*, goûter, prendre plaisir à, aimer, la musique, la conversation de qn. *To e. the humour of the situation*, savourer le comique de la situation. *He enjoyed music and the theatre*, il était amateur de musique et de théâtre. **To enjoy oneself**, s'amuser, se divertir; s'en donner à cœur joie; se donner du bon temps, passer un bon moment; *P:* se pousser de l'agrément, se faire du bon sang. **He enjoys life**, il sait jouir de la vie. *We have enjoyed ourselves very much*, nous venons de passer un moment très agréable. **Enjoy yourself!** bon amusement! amusez-vous bien! **To enjoy a good laugh**, rire de bon cœur, tout son saoul. **To enjoy doing sth.**, aimer, prendre plaisir, trouver (du) plaisir, à faire qch. *He did not e. writing his books*, il écrivait ses livres sans plaisir. *I e. a break from work for half an hour*, j'aime bien interrompre mon travail pendant une demi-heure. *I see you e. it*, je vois que cela vous fait plaisir, que cela vous plaît. *Their mind enjoys these studies*, leur esprit se plaît à ces études. **2.** (*a*) Jouir de, posséder (une fortune, un droit, la confiance de qn). *Courtier who enjoys many favours*, courtisan gratifié de nombreuses faveurs. (*b*) **To enjoy good, radiant, health**, jouir d'une bonne santé; avoir une santé florissante. *F:* **To enjoy bad, wretched, health**, avoir peu de santé; avoir la santé faible, avoir une santé pitoyable; *F:* n'avoir pas de santé. **3.** *A:* Posséder (une femme).

enjoyable [en'dʒɔiəbl], *a*. (Chose) dont on peut jouir; (séjour *m*, excursion *f*) agréable. **We had a most enjoyable evening**, nous avons passé une excellente soirée. *E. sensation*, sensation *f* agréable. *E. food*, mets *mpl* savoureux. **-ably**, *adv.* Agréablement; avec plaisir.

enjoyableness [en'dʒɔiəblnəs], *s*. Agrément *m*.

enjoyment [en'dʒɔimənt], *s*. **1.** (*a*) *Jur:* Jouissance *f* (d'un droit, etc.). **Prevention of enjoyment**, trouble de jouissance. (*b*) **To be in the enjoyment of good health**, jouir d'une bonne santé. **2.** Plaisir *m*. *People who think only of enjoyment, who live only for e.*, gens qui ne pensent qu'à jouir, qui ne vivent que pour le plaisir.

enkindle [en'kindl], *v.tr.* *Lit:* Allumer (une flamme); enflammer, exciter (une passion, etc.).

enlace [en'leis], *v.tr.* Enlacer. *Tree enlaced with ivy*, arbre enlacé de lierre. **Lovers enlaced in each other's arms**, amants enlacés.

enlacement [en'leismənt], *s*. Enlacement *m*.

enlarge [en'lɑːrdʒ]. **1.** *v.tr.* (*a*) Agrandir; étendre (une propriété); accroître, augmenter (un nombre, sa fortune); dilater (un corps); élargir (un trou); (*ream out*) aléser (un trou). *Med:* Hypertrophier (le cœur, le foie). *Phot:* Agrandir (un cliché, etc.). *We are going to e. our premises*, *F:* nous allons nous agrandir. **Enlarged edition**, édition augmentée. *Enlarged copy*, reproduction *f* en grand. *Enlarged pores*, pores dilatés. *Med:* **Enlarged heart**, dilatation *f*, hypertrophie *f*, du cœur; cardiectasie *f*. *He has an enlarged heart*, il souffre d'une dilatation du cœur. *See also* TONSIL. (*b*) Développer, élargir (l'intelligence, etc.); amplifier (une idée). **Enlarged ideas**, idées libérales, larges. (*c*) *A. & U.S:* Élargir, relaxer (un prisonnier). (*d*) *Jur:* *To e. bail, a recognizance*, proroger une caution, un engagement. **2.** *v.i.* (*a*) S'agrandir, s'étendre, s'élargir. (*Of bore of gun*) S'évaser. (*b*) **To enlarge upon . . .**, s'étendre sur, discourir longuement sur (un sujet, les avantages, l'importance, de qch.).

enlargement [en'lɑːrdʒmənt], *s*. **1.** Agrandissement *m*; extension *f* (d'une propriété); accroissement *m* (d'une fortune); élargissement *m*, alésage *m* (d'un trou); augmentation *f*. **2.** *Phot:* Agrandissement. *Carbon e.*, agrandissement en charbon, au charbon. **3.** *Med:* Hypertrophie *f* (du cœur, de la rate). **4.** *A:* **Enlargement upon a subject**, développement *m*, amplification *f*, d'un sujet. **5.** *A. & U.S:* Élargissement, relaxation *f* (d'un prisonnier); mise *f* en liberté (d'un prisonnier, d'un animal).

enlarger [en'lɑːrdʒər], *s*. *Phot:* Agrandisseur *m*, amplificateur *m*. **Daylight enlarger, fixed-focus enlarger**, cône *m* d'agrandissement. **Condenser enlarger**, lanterne *f* d'agrandissement.

enlighten [en'laitn], *v.tr.* **1.** *Poet:* Illuminer. **2. To enlighten s.o. on a subject, as to sth.**, éclairer qn sur un sujet; ouvrir les yeux de qn, à qn, au sujet de qch.

enlightened, *a*. (*Of pers., mind*) Éclairé. **In these enlightened days**, en ce siècle de lumières.

enlightener [en'laitnər], *s*. (*Of pers.*) Illuminateur *m* (d'une question, d'un sujet).

enlightenment [en'laitnmənt], *s*. **1.** Éclaircissements *mpl* (*on*, sur). **2. Age of enlightenment**, siècle *m* de lumières.

enlink [en'liŋk], *v.tr.* Enchaîner, lier (*to, with*, à).

enlist [en'list]. **1.** *v.tr.* (*a*) *Mil:* Enrôler, engager (un soldat). (*b*) *F:* **To enlist supporters**, enrôler, recruter, *F:* racoler, des partisans. **To enlist the services of s.o.**, s'assurer le concours de qn; s'adjoindre qn. *I have enlisted him in my service*, je l'ai engagé à mon service. *To e. s.o. in support of a cause, etc.*, rattacher qn à une cause, etc. *To e. public interest in a matter*, intéresser le public à une affaire. **2.** *v.i. Mil:* (*Of soldier*) S'engager, s'enrôler; *F:* endosser l'uniforme.

enlisted, *a. Mil: U.S:* **Enlisted men,** les simples soldats (et les gradés); *F:* la troupe.

enlisting, *s.* = ENLISTMENT.

enlistment [en'listmənt], *s. Mil:* Engagement *m*, enrôlement *m*. **The Foreign Enlistment Act,** la loi sur les engagements à l'étranger.

enliven [en'laiv(ə)n], *v.tr.* (*a*) Animer, vivifier (qn, qch.). **To enliven a discussion,** animer une discussion. *To e. business*, stimuler les affaires. (*b*) Égayer (un tableau, une fête).

enlivening[1], *a.* **1.** (Musique) animante; (air, climat) vivifiant. **2.** (Récit) égayant.

enlivening[2], *s.* **1.** Vivification *f*; animation *f* (de la conversation, etc.). **2.** Égaiement *m*.

enmesh [en'meʃ], *v.tr.* **1.** (*a*) Prendre (des poissons, etc.) au filet. (*b*) *F:* Embarrasser, empêtrer (qn); prendre (qn) dans un piège. **2.** *Mec.E:* Engrener.

enmeshing, *s. Mec.E:* Engrènement *m*.

enmity ['enmiti], *s.* Inimitié *f*, haine *f*, hostilité *f*. **To be at enmity with s.o.,** être en inimitié déclarée, en guerre ouverte, avec qn.

ennead ['eniad], *s.* Ennéade *f*.

enneagon ['eniagən], *s. Geom:* Ennéagone *m*.

enneagonal [eni'agon(ə)l], *a.* Ennéagonal, -aux.

enneagynous [eni'adʒinəs], *a. Bot:* Ennéagyne.

enneandrous [eni'andrəs], *a. Bot:* Ennéandre.

enneapetalous [enia'petələs], *a. Bot:* Ennéapétale.

enneasyllabic [eniasi'labik], *a. Pros:* Ennéasyllabe.

ennoble [e'noubl], *v.tr.* **1.** Anoblir, faire noble (un roturier). *Family recently ennobled*, famille de noblesse récente. **2.** Ennoblir, rendre noble, grandir (qn, le caractère).

ennobling[1], *a.* (Principe, influence) qui ennoblit. *Work is e.*, le travail relève, ennoblit.

ennobling[2], *s.* = ENNOBLEMENT.

ennoblement [e'noublmənt], *s.* **1.** Anoblissement *m* (d'un roturier). **2.** Ennoblissement *m* (du caractère, etc.).

ennui [ɑ̃'nwi], *s.* Ennui *m*; lassitude morale.

Enoch ['iːnɔk]. *Pr.n.m.* Énoch.

enol ['iːnɔl], *s. Ch:* Énol *m*.

enophthalmus [enɔf'θalməs], *s. Med:* Énophtalmie *f*.

enormity [e'nɔːrmiti], *s.* (*a*) Énormité *f* (d'un crime, etc.). (*b*) *The enormities committed in the name of liberty*, les énormités, les atrocités, commises au nom de la liberté.

enormous [e'nɔːrməs], *a.* Énorme; colossal, -aux; monumental, -aux. **An enormous success,** un succès fou. *The e. extent of our purchases*, l'importance *f* considérable de nos achats. **-ly,** *adv.* Énormément, colossalement.

enormousness [e'nɔːrməsnəs], *s.* Énormité *f*; grandeur démesurée.

enough [i'nʌf]. **1.** *a. & s.* Assez. *E. potatoes, potatoes e., e. money, money e.*, assez de pommes de terre, assez d'argent. *E. food, e. wine, and e. of everything else*, assez de nourriture, assez de vin, et assez de toute autre chose. *Take e. of it to cover a sixpence*, prenez-en de quoi couvrir une pièce de six pence. *F:* **I have had enough of it, of them,** j'en ai assez; *P:* j'en ai ma claque; j'en ai marre. *I've had e. of him, P:* je le porte sur mon dos; il me scie le dos. *I've had e. of your insults*, en voilà assez de vos injures. *I've had e. to drink, to eat*, je n'ai plus soif, je n'ai plus faim. *That's e. for me*, cela me suffit. *That's e.*, (i) c'est assez, c'est suffisant, cela suffit; (ii) en voilà assez! **More than enough,** plus qu'il n'en faut; plus que suffisant; assez et au delà. *There was more than e.*, **enough and to spare,** il y en avait de reste. *Quite e.*, bien suffisant. **Talking is not enough,** c'est peu (que) de parler. *He cannot say e. about you*, il n'en finit pas de faire votre éloge. *To have* **not half enough** *money*, ne pas avoir à moitié près assez d'argent. **Have you enough to pay the bill?** avez-vous de quoi payer? *A hundred francs will be e., I shall have e. with a hundred francs*, j'aurai assez de cent francs. *A hundred pounds are not e. for him to live on*, cent livres ne lui suffisent pas pour vivre. **He has enough to live on,** il a de quoi vivre. **Enough said!** assez parlé! brisons là! *Come, you have drunk e.!* allons, assez bu! **Enough of this nonsense!** assez de ces bêtises! **Enough!** (i) il suffit! (ii) assez parlé! **To cry enough,** céder (à qn); mettre les pouces. *One word was e. to prove that . . .*, il a suffi d'un mot pour prouver que. . . . *It was e. to drive one crazy*, c'était à vous rendre fou. *This is e. to prevent the possibility of mistaking . . .*, cela suffit pour qu'on ne puisse se méprendre. . . . *Prov:* **Enough is as good as a feast,** assez vaut (un) festin; trop et trop peu n'est pas mesure; le trop ne vaut rien. *See also* MAD 1, SPARE[2] 2. **2.** *adv.* (*a*) **Good enough, foolish enough,** assez bon, assez sot. *It's a good e. reason*, c'est une raison comme une autre. *It is hardly cooked e.*, ce n'est pas tout à fait assez cuit. *She is not strong e. to go to school*, elle n'est pas assez forte pour aller à l'école. *He is wise e. to know what is expected of him*, il est assez sage pour savoir ce qu'on attend de lui. *To be near e. to see*, être assez près pour voir. (*b*) (*Intensive*) **You know well enough what I mean,** vous savez très bien ce que je veux dire. **Curiously enough,** *nobody knew anything about it*, chose curieuse, personne n'en savait rien. *You are telling me plainly e. that . . .*, c'est assez dire que. . . . *See also* ODDLY, SURE 2. (*c*) (*Disparaging*) **She sings well enough,** elle chante passablement. *The house is comfortable e.*, la maison est assez confortable. *It is well e. in its way, but . . .*, ce n'est pas si mal en son genre, mais. . . . *She is good-looking e.*, elle n'est pas mal.

enounce [i'nauns], *v.tr.* **1.** Énoncer (un axiome). **2.** Annoncer, déclarer (son opinion, etc.). **3.** Prononcer (un mot, une syllabe).

enouncement [i'naunsmənt], *s.* **1.** Énonciation *f*. **2.** Déclaration *f*.

enow [i'nau], *a., s., & adv. A. & Poet:* = ENOUGH.

en passant [ɑ̃ːpɑsɑ̃], *adv.* **1.** En passant, incidemment. **2.** *Chess:* To take a pawn en passant, prendre un pion en passant.

enplane [en'plein], *v.i. & tr.* = EMPLANE.

enplaning, *s. Av:* Embarquement *m*. **Enplaning ground,** aire *f* d'embarquement.

enquire [en'kwaiər], *v.* = INQUIRE.

enquiry [en'kwaiəri], *s.* = INQUIRY.

enrage [en'reːidʒ], *v.tr.* Rendre (qn) furieux; faire enrager (qn); exaspérer (qn). *It enrages us to see . . .*, nous enrageons de voir. . . . *Enraged beast*, bête furieuse.

enrapture [en'raptjər], *v.tr.* Ravir, enchanter, transporter (un auditoire, etc.). **To be enraptured with sth.,** s'extasier de, sur, devant, qch.; être en extase devant qch.

enraptured, *a.* **1.** Ravi, enchanté, transporté (d'admiration). **2.** Extasié, extatique.

enregiment [en'redʒimənt], *v.tr. Mil: etc:* **1.** Enrégimenter. **2.** Discipliner.

enrich [en'ritʃ], *v.tr.* Enrichir (qn, une collection, une langue, un livre, etc.); meubler (l'esprit); fertiliser, amender (la terre). *Enriched with gold*, rehaussé d'or. *Biography enriched with new facts*, biographie accrue de faits nouveaux. *I.C.E:* **To enrich the mixture,** enrichir le mélange.

enriching, *s.* Enrichissement *m*. *Agr:* Fertilisation *f*, amendement *m* (de la terre).

enrichment [en'ritʃmənt], *s.* Enrichissement *m*.

enring [en'riŋ], *v.tr. Poet:* Entourer, encercler (*with*, de).

enrobe [en'roub], *v.tr.* (*a*) Vêtir, revêtir (qn) (*with, in*, de). (*b*) *To e. s.o.*, revêtir qn de sa robe, de sa toge (pour une cérémonie).

enrol(l) [en'roul], *v.tr.* (**enrolled; enrolling**) **1.** *Mil: Nau: etc:* Enrôler, encadrer (des recrues); engager (des ouvriers); embrigader, embaucher (des balayeurs, etc.); immatriculer (des étudiants). *To e. (oneself) in the army, in a society*, s'enrôler, s'engager, dans l'armée; s'inscrire à une société. *To e. for a course of lectures*, se faire inscrire pour un cours. *Enrolled members*, membres inscrits. *To e. brains and talent*, s'adjoindre des capacités. **2.** *Jur:* Enregistrer (un acte juridique, un jugement).

enrolment [en'roulmənt], *s.* **1.** Enrôlement *m* (de soldats, etc.); engagement *m*, embauche *f* (d'ouvriers, etc.); embrigadement *m* (de balayeurs, etc.). **2.** *Jur:* Enregistrement *m*, inscription *f* sur registre officiel (d'un acte juridique, d'un jugement, etc.).

ensample [en'sɑːmpl], *s. A:* = EXAMPLE.

ensanguined [en'saŋgwind], *a. Lit:* Ensanglanté.

ensconce [en'skɔns], *v.tr.* **To ensconce oneself in a corner,** se blottir, se nicher, dans un coin; se rencogner dans un angle. *To e. oneself in an armchair*, se camper dans un fauteuil. *Statue ensconced in a recess*, statue nichée dans un enfoncement, abritée dans une niche.

ensellure [en'seljuər], *s. Anthr:* Ensellure *f*.

ensemble [ɑːn'sɑːmbl], *s. Cost: Mus: etc:* Ensemble *m*.

ensete [en'siːti], *s.* Banane *f* d'Abyssinie.

enshrine [en'ʃrain], *v.tr.* Enchâsser (une sainte relique, une image) (*in*, dans). *The casket that enshrined his bones*, la cassette qui enchâssait ses os. *Speech enshrined in print*, discours consacré par l'impression.

enshrinement [en'ʃrainmənt], *s.* Enchâssement *m*.

enshroud [en'ʃraud], *v.tr.* Ensevelir (comme dans un linceul); cacher (*in*, sous); recouvrir (*in*, de). *The country becomes enshrouded in fogs*, la campagne s'endeuille de brouillards, disparaît sous les brouillards.

ensiform ['ensifɔːrm], *a. Nat.Hist:* Ensiforme. *Bot:* **Ensiform-leaved,** ensifolié. *Anat:* **The ensiform cartilage,** le cartilage ensiforme, xiphoïde.

ensign ['ensain], *s.* **1.** Enseigne *f*. (*a*) Insigne *m*, symbole *m* (d'office, d'emploi). *Those ensigns of authority, the keys*, les clefs, ces symboles de l'autorité. (*b*) Étendard *m*, drapeau *m*. *Nau:* Pavillon national, de poupe; enseigne de poupe. **White ensign,** pavillon de la Marine anglaise et du Royal Yacht Squadron. **Red ensign** = pavillon marchand. **Blue ensign,** pavillon de la Marine de réserve. **2.** (*a*) *Mil: A:* Porte-drapeau *m inv*, enseigne *m*. (*b*) *U.S. Navy:* Enseigne *m*.

'ensign-fly, *s. Ent:* Évanie *f*.

ensigncy ['ensainsi], *s. Mil: A:* Grade *m* d'enseigne.

ensilage[1] ['ensiledʒ], **ensilation** [ensai'leiʃ(ə)n], *s. Husb:* **1.** Ensilage *m*, (en)silotage *m*. **2.** **Ensilage,** fourrage ensiloté.

ensilage[2], **ensile** [en'sail], *v.tr.* Ensiler, ensiloter (le fourrage, des grains, des racines, etc.).

enslave [en'sleːiv], *v.tr.* Réduire à l'esclavage; asservir; rendre (qn) esclave. *F:* **To enslave hearts, the senses,** captiver, enjôler, les cœurs, les sens. *To be enslaved to habit, to superstition*, être l'esclave d'une habitude, de la superstition. *Her beauty kept him enslaved*, il restait captif de sa beauté; sa beauté l'avait captivé, envoûté.

enslavement [en'sleivmənt], *s.* Réduction *f* (d'une nation, etc.) à l'esclavage; asservissement *m*; assujettissement *m* (de qn à son devoir, etc.).

enslaver [en'sleivər], *s. F:* Enjôleuse *f*, ensorceleuse *f*.

ensnare [en'snɛər], *v.tr.* Prendre (qn) au piège; *F:* (*of woman*) attraper, séduire, enjôler (un homme).

ensnarl [en'snɑːrl], *v.tr.* Enchevêtrer (des projets). (*Of plans, etc.*) *To become ensnarled*, s'enchevêtrer. *He was ensnarled in the plot*, il était mêlé au complot.

ensphere [en'sfiːər], *v.tr. Poet:* Envelopper, entourer (*with*, de).

enstool [en'stuːl], *v.tr.* (*In Africa*) Constituer (qn) chef (en le faisant asseoir sur le tabouret du chef de la tribu).

ensuant [en'sjuənt], *a.* **Ensuant on . . .,** à la suite de. . . . *Conditions e. on the war*, conditions qui découlent de la guerre.

ensue [en'sjuː]. **1.** *v.i.* S'ensuivre. *The evils that ensued on, from, this misunderstanding*, les maux qui se sont ensuivis, qui ont résulté, de ce malentendu. **A long silence ensued,** il se fit, il y eut, un long silence. *The following conversation ensued*, la conversation suivante s'engagea. **2.** *v.tr. B: Let him seek peace and e. it*, qu'il recherche la paix et qu'il tâche de se la procurer.

ensuing, *a.* (An, jour) suivant; (événement) subséquent. *In the (next) e. years*, au cours des années qui suivirent, qui suivront.
ensure [en'ʃuər], *v.tr.* **1.** Assurer, rendre sûr (qn, qch.) (*against, from*, contre); garantir (qn) (*against, from*, de). **2.** (*a*) *If success is to be ensured* . . ., pour assurer le succès. . . . *To e. a cure, you must* . . ., pour réaliser la guérison, il vous faudra. . . . *I have taken steps to e. that everything shall be done in an orderly fashion*, j'ai pris des mesures pour que tout se fasse en ordre. (*b*) *To e. s.o. enough to live on*, assurer à qn de quoi vivre. **3.** *A:* = INSURE.
enswathe [en'sweːið], *v.tr.* Emmailloter, envelopper (*in*, dans).
-ent [ənt], *a.* & *s.suff.* **1.** *a.* (*a*) -ent. *Diligent*, diligent. *Evident*, évident. *Innocent*, innocent. (*b*) -ant. *Persistent*, persistant. *Independent*, indépendant. **2.** *s.* (*a*) -ent. *Agent*, agent. *President*, président, -ente. *Regent*, régent. *Ingredient*, ingrédient. *Emollient*, émollient. (*b*) -ant. *Student*, étudiant, -ante. *Current*, courant. *Superintendent*, surintendant.
entablature [en'tablətjər], *s.* *Arch:* *Mec.E:* Entablement *m* (d'un édifice, d'un marteau-pilon, etc.).
entablement [en'teiblmənt], *s.* *Arch:* Table supérieure (d'un piédestal).
entail[1] [en'teil], *s.* *Jur:* **1.** Substitution *f* (d'héritiers). **2.** Bien substitué; majorat *m.* *F:* *An e. of stupidity*, un héritage inéluctable de stupidité.
entail[2], *v.tr.* **1.** *Jur:* **To entail an estate (on s.o.)**, substituer un bien (au profit de qn). *Entailed estate*, majorat *m*; bien substitué; bien indisponible, grevé, majoraté. **2.** (*Of actions*) Amener, entraîner (des dépenses, des conséquences); occasionner (des dépenses); imposer (beaucoup de travail) (*on*, à); comporter (des difficultés). **It entails trouble**, cela ne va pas sans peine. *Your ruin will e. mine*, votre ruine entraînera la mienne.
entailment [en'teilmənt], *s.* *Jur:* Substitution *f* (d'une propriété).
ental ['entəl], *a.* *Nat.Hist:* (*Of surface, etc.*) Intérieur.
entangle [en'taŋgl], *v.tr.* **1.** (*a*) Empêtrer. *To e. one's feet in a rope*, s'empêtrer les pieds dans un cordage. *To get, become, entangled in the seaweed*, s'empêtrer, s'empêcher, dans les algues. (*b*) Embarrasser, empêtrer, *F:* emberlificoter (qn). *To get entangled in a shady business*, se trouver entraîné, emberlificoté, dans une affaire louche. *To get entangled with a woman*, avoir une affaire avec une femme. *He had got entangled*, il s'était fourré dans le pétrin. **2.** Emmêler (les cheveux, du fil); enchevêtrer (du fil de fer); embrouiller (les idées). (*Of thread, etc.*) *To get entangled*, s'emmêler, s'enchevêtrer, **s'embrouiller.** *Hopelessly entangled style*, style *m* inextricable.
entangling, *a.* Empêtrant, enchevêtrant.
entanglement [en'taŋglmənt], *s.* **1.** Embrouillement *m*, enchevêtrement *m.* *Tp:* *etc:* **Entanglement of the wires**, mélange *m* des fils. *See also* WIRE[1] 1. **2.** Embarras *m* (de voitures, etc.). **3.** *He had had an e. with a woman*, il avait eu une affaire avec une femme, une affaire de femme.
entasis ['entəsis], *s.* *Arch:* Renflement *m* imperceptible (d'une colonne). **Pillar with entasis**, colonne renflée.
entelechy [en'teliki], *s.* *Phil:* Entéléchie *f.*
entente [ɑːn'tɑːnt], *s.* Entente *f*; *esp.* *Dipl:* entente cordiale. **The Little Entente**, la petite Entente.
ententophile [ɑːn'tɑːntofil], *s.* *Pol:* Ententophile *m.*
enter ['entər], *v.* (**entered**; **entering**) I. *v.i.* Entrer (*into, through, etc.*, dans, par, etc.). *Th:* (*Stage direction*) **Enter Hamlet**, entre Hamlet; Hamlet entre.
II. **enter,** *v.tr.* **1.** (*a*) Entrer, pénétrer, dans (une maison, un pays); monter dans (une voiture). *The army entered the pass*, l'armée s'engagea dans le défilé. *The bullet had entered his heart*, la balle lui était entrée, lui avait pénétré, dans le cœur. *The harbour is easy to e.*, le port est d'un accès facile. *See also* HEAD[1] 2, MIND[1] 4. (*b*) Faire entrer. *Artil:* **To enter the charge**, enfoncer la gargousse. **2. To enter the Army, the Navy**, entrer au service; se faire soldat, se faire marin. *To e. the Church*, entrer dans les ordres. *To e. a university, a convent*, entrer à une université, dans un couvent. *See also* FRAY[1] 2, LIST[1] 2, SERVICE[1] 4. **3.** (*a*) **To enter a name on a list**, inscrire, porter, un nom sur une liste. *To e. a seaman on the ship's books*, porter un homme au rôle de l'équipage; *Nau:* embarquer un homme. **To enter a student at a university**, admettre un étudiant à une université. **To enter a horse for a race**, engager un cheval dans une course. *Abs.* **To enter for a race**, se faire inscrire, s'engager, pour une course. *See also* EXAMINATION 2. *Jur:* *To e. a deposition on the record*, consigner un témoignage sur le procès-verbal. **To enter a deed, a judgment**, enregistrer, minuter, un acte, un jugement. *U.S:* **To enter land**, se faire inscrire comme acquéreur d'une terre. *Cust:* **To enter goods**, déclarer des marchandises en douane. **To enter a ship inwards, outwards**, faire la déclaration d'entrée, de sortie. (*b*) *Com:* **To enter (up) an item in the ledger**, inscrire, porter, un article au grand livre; faire écriture d'un article au grand livre. *To e. (up) an amount in the expenditure, in the receipts*, employer une somme en dépense, en recette. *To e. (sth.) to, against, s.o.*, porter, inscrire (qch.) au compte de qn. *E. that to me*, mettez cela à mon compte. (*c*) *Jur:* *etc:* **To enter an action against s.o.**, intenter un procès à qn. *To e. a protest*, faire une protestation par écrit, protester formellement. *F:* *To e. a mild protest*, protester mollement. *F:* **To enter an appearance**, faire acte de présence. **4.** Commencer le dressage (d'un chien, d'un cheval).
enter into, *v.i.* **1.** (*a*) **To enter into relations with s.o.**, entrer en relations avec qn; entamer des relations avec qn. **To enter into business**, entrer dans les affaires. **To enter into a bargain, an agreement, a contract**, conclure un marché, un engagement, passer un contrat (*with*, avec). *To e. into a binding agreement*, contracter une obligation irrévocable. **To enter into service**, entrer en service. *The pecuniary obligations into which he has entered*, les engagements pécuniaires par lui contractés. **To enter into explanations**, fournir des explications; **s'expliquer.** *See also* CONTRACT[1] 2, CONVERSATION 1, DETAIL[1] 1, JUDGEMENT 1, PARTNERSHIP. (*b*) Prendre part à (un complot, etc.). *When chance enters into it*, quand le hasard s'en mêle. *Subjects that do not e. into the question*, sujets *m* qui n'entrent pas en ligne de compte, qui sont en dehors de l'affaire. (*c*) *Jur:* **To enter into the rights of a creditor**, demeurer subrogé aux droits d'un créancier. **2. To enter into s.o.'s ideas, feelings**, entrer dans, partager, les idées, les sentiments, de qn. *To e. into the spirit of the game*, se laisser gagner par l'esprit du jeu; prendre la mentalité du jeu.
enter on, upon, *v.i.* **1.** Entrer en (fonctions, ménage, etc.); entreprendre (une tâche, une étude); débuter dans, embrasser (une carrière); commencer (une entreprise); s'engager dans (une guerre); entamer (des négociations); aborder, entamer (un sujet, une discussion). *To e. upon one's sixtieth year*, entrer dans sa soixantième année. **To enter upon a conversation**, entrer en conversation. **2.** *Jur:* **To enter upon a property**, entrer en possession, prendre possession, d'un bien.
entering[1], *a.* **1.** (Foule *f*) qui entre. **2.** (*a*) **Entering stream** (*of fluid*), courant *m* d'entrée. (*b*) *Av:* **Entering edge** (*of wing*), bord *m* d'attaque.
entering[2], *s.* **1.** Entrée *f* (dans un endroit). **2.** (*a*) Admission *f* (d'un étudiant); inscription *f* (de son nom); *Rac:* souscription *f* (d'un cheval engagé). (*b*) *Com:* **Entering (up)**, inscription, enregistrement *m*, comptabilisation *f.* **Entering clerk**, commis *m* aux écritures. **3. Entering tool**, outil *m* de pénétration.
enterable ['entərabl], *a.* *House e. through* . . ., maison *f* où l'on peut entrer, où l'on peut pénétrer, par (la fenêtre, etc.).
enteric [en'terik], *a.* *Med:* Entérique. **Enteric fever**, *s.* *F:* **enteric**, fièvre intestinale; fièvre typhoïde.
enteritis [ente'raitis], *s.* *Med:* Entérite *f.*
entero- ['entəro], *comb.fm.* *Med:* Entéro-. *Enterocele*, entérocèle. *Enterolith*, entérolithe.
enterocolitis ['enteroko'laitis], *s.* *Med:* Entérocolite *f.*
enteron, *pl.* **-a** ['entərən, -a], *s.* *Anat:* Canal *m* alimentaire; intestin *m.*
enteroptosis ['enterop'tousis], *s.* *Med:* Entéroptose *f.*
enterorrhagia [entero'reidʒia], *s.* *Med:* Entérorragie *f.*
enterotomy [ente'rɔtomi], *s.* *Surg:* Entérotomie *f.*
enterprise[1] ['entərpraiz], *s.* **1.** (*a*) Entreprise difficile, hardie. (*b*) = UNDERTAKING. **2.** Esprit entreprenant; hardiesse *f.* **To show enterprise**, faire preuve d'un esprit entreprenant. *Man of great e.*, homme entreprenant.
enterprise[2], *v.tr.* *A:* Entreprendre.
enterprising, *a.* (Marchand, esprit) entreprenant. **-ly,** *adv.* Hardiment, résolument.
enterpriser ['entərpraizər], *s.* Personne entreprenante.
entertain [entər'tein], *v.tr.* **1.** (*a*) Amuser, divertir (qn). *I was greatly entertained by it*, cela m'a beaucoup amusé, diverti. *To e. s.o. with a story*, raconter une histoire à qn pour le distraire. **To entertain the company**, réjouir la compagnie. (*b*) Faire la conversation à (qn). **2.** (*a*) Régaler, fêter (qn); faire fête à (un convive). **To entertain s.o. to dinner**, donner à dîner, offrir un dîner, à qn. *Abs.* **They entertain a great deal**, ils reçoivent beaucoup de monde (chez eux); ils reçoivent beaucoup. (*b*) Loger. *B:* *For thereby some have entertained angels unawares*, car, par elle, quelques-uns ont logé des anges, n'en sachant rien. *All summer Blackpool entertains*, Blackpool accueille des visiteurs tout l'été. **3.** Admettre, accueillir (une proposition, une opinion); faire bon accueil, faire un accueil favorable, à (une demande). **4.** Avoir (une opinion); concevoir (une idée, des doutes); éprouver (des craintes, des soupçons); nourrir (un espoir, une idée, une passion, un doute); chérir (une illusion); caresser (des espérances); choyer (un espoir); être animé (d'un sentiment). *To e. a high esteem for s.o.*, tenir qn en haute estime. *To e. a kindly feeling for s.o.*, être animé d'un sentiment bienveillant pour qn. *To e. hostile intentions regarding s.o.*, nourrir des intentions hostiles contre qn. **5.** *A.* & *Lit:* Entretenir (une correspondance). **To entertain a discourse upon sth.**, disserter sur qch.
entertaining[1], *a.* Amusant, divertissant. **-ly,** *adv.* (*a*) (Parler) d'une manière amusante, divertissante. (*b*) Agréablement; d'une manière intéressante.
entertaining[2], *s.* **1.** Divertissement *m.* **2.** Régal *m*, réception *f* (de convives). **3.** Admission *f* (d'une proposition, d'une idée).
entertainer [entər'teinər], *s.* **1.** Hôte *m*, hôtesse *f*; *F:* amphitryon *m.* **2.** Diseur, -euse (de monologues, de chansonnettes, etc.); comique *m*; amuseur, -euse.
entertainment [entər'teinmənt], *s.* **1.** (*a*) Divertissement *m*, amusement *m.* *Much to the entertainment of the crowd*, au grand amusement de la foule. (*b*) *Th:* Spectacle *m*, divertissement. *W.Tel:* *Light e.*, séances récréatives. **Entertainment tax**, taxe *f* sur les spectacles. (*c*) *To give an e.*, donner un spectacle varié. **2.** (*a*) Hospitalité *f*, hébergement *m.* *A:* **Good entertainment for man and beast**, ici on donne à boire et à manger; on loge à pied et à cheval. *Adm:* **Extra pay, extra sum, for (purposes of) entertainment**, frais *mpl* de représentation *f*; indemnité *f* de fonctions *fpl.* (*b*) Réception *f*, fête *f.* (*c*) *A:* Repas *m*, régal *m*, banquet *m.* **3.** Admission *f*, acceptation *f* (d'une idée, d'une proposition).
enthral(l) [en'θrɔːl], *v.tr.* (**enthralled**; **enthralling**) **1.** Captiver, charmer, ensorceler. **2.** *A.* & *Lit:* Asservir; rendre esclave; assujettir.
enthralling, *a.* (Spectacle, etc.) captivant.
enthralment [en'θrɔːlmənt], *s.* **1.** Charme *m*, ensorcellement *m.* **2.** *A.* & *Lit:* Assujettissement *m*, asservissement *m.*
enthrone [en'θroun], *v.tr.* (*a*) Introniser (un évêque). (*b*) Mettre (un roi) sur le trône. *To sit enthroned*, trôner.
enthronement [en'θrounmənt], **enthronization** [enθrounai'zeiʃ(ə)n], *s.* Intronisation *f.*
enthuse [en'θjuːz], *v.i.* *F:* Montrer de l'enthousiasme; s'enthousiasmer, s'exalter. **To enthuse over, about, sth.**, s'enthousiasmer, se passionner, de, pour, qch.

enthusiasm [enˈθjuːziazm], *s.* Enthousiasme *m* (*for, about,* pour); transports *mpl*; exaltation *f*. *This life had killed all his enthusiasms,* cette vie avait tué en lui tous les élans. **He is easily moved to enthusiasm,** il s'enthousiasme facilement. *Book that arouses e.,* livre qui passionne. *To receive s.o. without e.,* faire froide mine à qn. *See also* FIRE² I. 1.

enthusiast [enˈθjuːziast], *s.* Enthousiaste *mf* (*for,* de). **Wagner enthusiast,** enthousiaste de Wagner. *Golf e.,* fervent(e) du golf; *F:* enragé(e) de golf. *Music e.,* passionné(e) de musique.

enthusiastic [enθjuːziˈastik], *a.* Enthousiaste. **Enthusiastic fisherman,** pêcheur passionné, enragé, fanatique. *E. worker for a cause,* zélateur *m* d'une cause. **To become, wax, enthusiastic over sth.,** s'enthousiasmer sur qch. **-ally,** *adv.* (Parler) avec enthousiasme; (travailler) avec élan. *To accept e.,* accepter d'enthousiasme. *They were e. in favour of the new king,* ils se ralliaient d'enthousiasme au nouveau roi.

enthymeme [ˈenθimiːm], *s. Log:* Enthymème *m.*

entice [enˈtais], *v.tr.* Attirer, séduire, allécher, affriander (qn); amorcer (un animal, une personne). *To e. s.o. to do sth.,* entraîner qn à faire qch. *To e. s.o. away,* entraîner qn à sa suite. *To e. s.o. from his duty,* détourner qn de son devoir. *To e. s.o. into a place,* attirer qn dans un endroit. *To e. a bird into a trap,* attirer un oiseau dans un piège. *Jur:* **To entice women and girls,** embaucher des femmes et des filles.

enticing¹, *a.* (*Of offer, prospects*) Séduisant, tentant, attrayant, alléchant; (*of dish*) affriolant, affriandant, alléchant. *To make a dish e.,* affriander un mets. **-ly,** *adv.* D'une manière attrayante, séduisante.

enticing², *s. Jur:* Séduction *f*, embauchage *m.*

enticement [enˈtaismənt], *s.* **1.** Séduction *f*, entraînement *m*, allèchement *m.* **2.** Attrait *m*, charme *m. Novelist indifferent to the enticements of the screen,* romancier indifférent aux invites *f* de l'écran. **3.** Appât *m.*

enticer [enˈtaisər], *s.* Séducteur, -trice; tentateur *m.*

entire [enˈtaiər]. **1.** *a.* (*a*) Entier, tout. **The entire population,** la population (tout) entière. *The e. day,* toute la journée. (*b*) Entier, complet. **An entire delusion,** une illusion complète. **Not a window was left entire,** pas une vitre ne restait entière, intacte. *To enjoy s.o.'s e. confidence,* jouir de l'entière confiance de qn. *The evening was voted an e. success,* on déclara à l'unanimité que la soirée avait été un véritable succès. *To be e. master of one's property,* être maître absolu de ses biens. *To reproduce an article e.,* reproduire un article en entier. *Her:* **Cross entire,** croix qui touche aux bords de l'écu. (*c*) *Bot:* **Entire leaves,** feuilles entières. (*d*) **Entire horse,** cheval entier. **2.** *s.* (*a*) Cheval entier. (*b*) = PORTER² 3. **-ly,** *adv.* Entièrement, tout à fait, complètement. *To agree e. with s.o.,* être entièrement d'accord avec qn; être tout à fait du même avis que qn. *It is e. unnecessary,* c'est absolument inutile. *To be e. different,* différer du tout au tout. *That e. alters the case,* cela change les choses du tout au tout. *You are e. mistaken,* vous vous trompez du tout au tout. *Life e. given up to work,* existence toute de travail. *The invitation is e. formal,* l'invitation est de pure forme.

entireness [enˈtaiərnəs], *s.* Intégralité *f.*

entirety [enˈtaiərti], *s.* **1.** (*a*) Intégralité *f*, intégrité *f.* **In its entirety,** en entier; totalement. *To relate a story in its e.,* raconter une histoire dans son entier. *To fulfil an order in its e.,* exécuter intégralement une commande. (*b*) Totalité *f.* **The entirety of the estate** *amounts to a square mile,* la totalité du domaine se monte à un mille carré. **2.** *Jur:* **By entireties,** par indivis.

entitle [enˈtaitl], *v.tr.* **1.** Intituler (un livre, un chapitre). **2.** (*a*) Donner à (qn) le titre de (duc, prince, etc.). *The association shall be entitled . . .,* la société prendra le titre de. . . . (*b*) **To entitle oneself a baron,** se qualifier de baron; s'attribuer la qualification de baron. **3.** Donner à (qn) le droit (*to,* à). *To e. s.o. to do sth.,* donner (le) droit à qn de faire qch. **These discoveries entitle us to believe that . . .,** ces découvertes autorisent à penser que. . . . *This is what entitled him to this favour,* voilà ce qui lui a mérité cette faveur.

entitled, *a.* Ayant droit (*to,* à). **To be entitled to sth.,** avoir droit à qch. **To be entitled to do sth.,** être dans les conditions requises, avoir qualité, pour faire qch; être en droit de faire qch.; avoir le droit de faire qch.; *Jur:* être recevable à faire qch.; (*of ambassador*) avoir caractère pour faire qch. **To be entitled to say that . . .,** pouvoir dire à juste titre que. . . . *We are not e. to refuse them this right,* nous ne sommes pas fondés à leur refuser ce droit. *He is e. to . . .,* il lui est loisible de. . . . *To be e. to speak and vote,* avoir voix délibérative. *Company alone e. to develop a district,* compagnie seule habilitée pour développer une région. *Jur:* **To be entitled to inherit,** être apte à hériter; avoir habilité à hériter.

entity [ˈentiti], *s.* **1.** *Phil:* Entité *f.* **2. Legal entity,** personne morale, civile, juridique.

ento- [ˈento], *pref. Biol: Bot:* Ento-. *Entoderm,* entoderme *m. Entoparasite,* entoparasite *m*, endoparasite *m.*

entobranchiate [entoˈbraŋkiet], *a. Ich:* Entobranche.

entomb [enˈtuːm], *v.tr.* **1.** Mettre dans la tombe; mettre au tombeau; enterrer, ensevelir (un mort). **2.** Servir de tombeau à (un mort). *The cave that entombed him,* la caverne dans laquelle il était enseveli.

entombment [enˈtuːmmənt], *s.* Ensevelissement *m*, sépulture *f*; mise *f* au tombeau.

entomolin [enˈtɔməlin], *s. Ch: Z:* Chitine *f.*

entomological [entomoˈlɔdʒik(ə)l], *a.* Entomologique.

entomologist [entoˈmɔlodʒist], *s.* Entomologiste *m.*

entomology [entoˈmɔlodʒi], *s.* Entomologie *f.*

entomophagous [entoˈmɔfəgəs], *a. Nat.Hist:* Entomophage, insectivore.

entomophilous [entoˈmɔfiləs], *a. Bot:* Entomophile.

entophyte [ˈentofait], *s. Bot:* Entophyte *m.*

entoptic [enˈtɔptik], *a. Med:* (*Of visual sensation, etc.*) Entoptique.

entozoon, *pl.* **-oa** [entoˈzouɔn, -ouə], *s. Z:* Entozoaire *m.*

entrails [ˈentreilz], *s.pl.* Entrailles *f* (d'un animal, *A. & Lit:* de la terre, etc.).

entrain¹ [enˈtrein]. **1.** *v.tr.* Embarquer, faire embarquer (des troupes, etc.) en chemin de fer. **2.** *v.i.* S'embarquer (en chemin de fer).

entraining, *s.* Embarquement *m* (en chemin de fer).

entrain², *v.tr.* (*Of fluid*) Entraîner (qch.).

entrainment [enˈtreinmənt], *s.* = ENTRAINING.

entrammel [enˈtram(ə)l], *v.tr.* Entraver, embarrasser, empêtrer.

entrance¹ [ˈentrəns], *s.* **1.** Entrée *f.* (*a*) *To make one's e. into a room, etc.,* faire son entrée dans une salle, etc. **Actor's entrance on the stage,** entrée en scène d'un acteur. **To force an entrance into a house,** forcer l'entrée d'une maison. *E. into office, upon one's duties,* entrée en fonctions; initiation *f.* **Entrance gate,** barrière *f*; grille *f* d'entrée. *See also* DOOR. (*b*) Pénétration *f* (de la poussière, etc.). (*c*) Admission *f*, accès *m. To give e. to s.o., to sth.,* livrer passage à, donner accès à, laisser entrer, admettre, qn, qch. **To pay one's entrance,** payer son entrée. *See also* EXAMINATION 2. **2.** (*Way in*) *Wide, narrow, e.,* entrée large, étroite. **Main entrance,** entrée principale. **Side entrance,** entrée latérale; porte *f* de service. **Secret entrance, back-stair entrance,** porte dérobée; *F:* chatière *f.* **The entrance** (*to the 'bus, etc.*) **is at the rear,** l'entrée s'effectue par l'arrière. *The e. to the harbour is blocked,* l'entrée du port est bloquée. *See also* CARRIAGE-ENTRANCE, HALL 3. **3.** *Nau:* Formes *fpl* d'avant; façons *fpl* d'avant.

'entrance-fee, -money, *s.* (*a*) Prix *m* d'entrée; droit *m* d'entrée. (*b*) Droit d'inscription; cotisation *f* d'admission (à un club, etc.).

entrance² [enˈtrɑːns], *v.tr.* **1.** (*a*) Plonger (qn) dans l'hypnose ou dans un sommeil léthargique. (*b*) Plonger (un mystique, etc.) dans l'extase. (*c*) *F: To e. s.o. to his doom,* attirer qn à sa perte. **2.** Extasier, ravir, transporter (qn); griser (*with,* de). **To be, stand, entranced,** être dans le ravissement. *To be entranced by . . .,* s'extasier sur, être en extase devant. . . . *I was entranced with the music,* j'étais enchanté par la musique.

entrancing, *a.* (Rêve) enchanteur; (conte) passionnant. *E. melody,* mélodie ravissante. *E. beauty,* beauté enchanteresse. *E. landscape,* paysage d'une beauté féerique. *A sweet and* **soul-entrancing** *voice,* une voix douce et qui ravissait l'âme. **-ly,** *adv.* A ravir.

entrancement [enˈtrɑːnsmənt], *s.* Extase *f*, ravissement *m.*

entrant [ˈentrənt], *s.* (*a*) Débutant, -ante (dans une profession, etc.). (*b*) Inscrit, -ite (pour une course).

entrap [enˈtrap], *v.tr.* (**entrapped; entrapping**) Prendre (qn) au piège; attraper (par des artifices). *To e. s.o. to destruction,* attirer qn à sa perte. *To e. s.o. into doing sth.,* user d'artifices pour faire faire qch. à qn. *I had been entrapped into consenting, into buying it, etc.,* j'avais donné dans le panneau.

entreat [enˈtriːt], *v.tr.* **To entreat s.o. to do sth.,** *occ.* **to entreat of s.o. to do sth.,** prier, implorer, supplier, qn de faire qch.; demander en grâce à qn de faire qch.; demander instamment à qn de faire qch. *They entreated him to stay,* ils le prièrent, ils lui demandèrent avec instance, de rester. *Leave me alone, I e. you,* laissez-moi tranquille, je vous en prie. **I entreat your indulgence,** je réclame votre indulgence. *To e. sth. of s.o.,* demander (en grâce) qch. à qn. *He refused the permission I entreated of him,* il me refusa la permission que je lui demandais.

entreating, *a.* (Ton, regard) suppliant. **-ly,** *adv.* D'une voix suppliante; d'un air, d'un ton, suppliant; avec instance; instamment.

entreaty [enˈtriːti], *s.* Prière *f*, supplication *f. At the urgent entreaty of s.o.,* sur les vives instances, à la sollicitation pressante, de qn. **To be open to entreaty,** être accessible aux prières. **Look of entreaty,** regard suppliant.

entrée [ˈɔntrei, ˈɑ̃tre], *s.* **1.** Entrée *f* (*to, into,* dans). **To have the entrée of a house,** avoir ses entrées dans une maison; avoir ses entrées libres chez qn. **2.** *Cu:* Entrée. **Entrée dish,** plat *m* à entrées.

entrench [enˈtrenʃ]. **1.** *v.tr. Mil:* Retrancher (un camp, une ville). *Abs.* Faire des retranchements. *To e. oneself behind, in* (*sth.*), se retrancher, se terrer, derrière (des remparts, *F:* un prétexte); *F:* se cantonner dans (un travail, etc.). *These facts are not entrenched within the field of chemistry,* ces faits ne sont pas cantonnés dans la chimie. **2.** *v.i.* **To entrench upon,** empiéter sur, enfreindre (un privilège, etc.).

entrenching, *s.* Retranchement *m.* **Entrenching tool,** pelle-bêche *f*, *pl.* pelles-bêches; bêche portative.

entrenchment [enˈtrenʃmənt], *s. Mil:* Retranchement *m.*

entrepreneur [ɑːntr(ə)prəˈnəːr], *s.* **1.** *Mus: Th:* Imprésario *m.* **2.** *Pol.Ec:* Entrepreneur *m.*

entropion [enˈtroupiən], *s. Med:* Entropion *m.*

entropy [ˈentropi], *s. Ph:* Entropie *f.*

entrust [enˈtrʌst], *v.tr.* **To entrust s.o. with sth.,** charger qn (d'une tâche, etc.), investir qn (d'une mission). **To entrust (sth.) to s.o.,** confier (un secret, une direction, un enfant) à qn. *To e. s.o. with the care of sth., to e. the care of sth. to s.o.,* commettre qch. à la garde de qn; s'en remettre à qn du soin de qch.; laisser qch. aux soins de qn. *To e. s.o. with a sum, to e. a sum to s.o.,* remettre (en confiance) une somme à qn. *The position entrusted to him,* le poste à lui confié. *To be entrusted with the selling, with the sale, of sth.,* avoir charge de vendre qch.; être chargé de la vente de qch. *To e. a question to a tribunal,* renvoyer une question devant, à, une juridiction. *We have entrusted this matter to our correspondent,* nous avons chargé notre correspondant de s'occuper de cette affaire.

entry [ˈentri], *s.* **1.** (*a*) Entrée *f.* **Lines of entry into France,** voies *f* donnant accès en France. *See also* FREE¹ I. 3. *P.N:* **'No entry'**

(= *one way street*), "sens interdit." (*b*) **To make one's entry,** faire son entrée; entrer; (*of actor*) entrer en scène. **The entry of England on the scene,** l'entrée en scène de l'Angleterre. *The e. of the United States into world politics*, l'entrée des États-Unis dans la politique mondiale. (*c*) *Mus:* (i) Entrée (d'un instrument). (ii) Prise *f* (d'un sujet dans une fugue). (*d*) Début *m* (dans la politique, etc.). (*e*) *U.S:* Commencement *m* (d'une période). *The e. of the month*, le commencement du mois. (*f*) **The young entry,** (i) *Ven:* les jeunes chiens qui vont, qui viennent de, joindre la meute; (ii) *F:* la nouvelle génération. **2.** *Jur:* (*a*) Prise de possession; entrée en jouissance. (*b*) **Illegal entry (of a dwelling),** violation *f* de domicile. **3.** (*Way in*) (*a*) Entrée (*to a cave, to a mine*, d'une caverne, d'une mine); embouchure *f* (d'un fleuve, d'une vallée); embouquement *m* (d'une passe). (*b*) *Min:* Galerie principale. **Single entry,** galerie simple. (*c*) *U.S:* = ENTRANCE[1] 2. **4.** (*a*) Enregistrement *m* (d'un acte, etc.); inscription *f* (d'un nom sur une liste). (*b*) *Book-k:* (i) Passation *f* d'écriture; inscription (dans un livre de commerce). **Single, double, entry,** comptabilité *f* en partie simple, en partie double. *See also* BOOK-KEEPING. (ii) (*Item*) Article *m*, poste *m*, écriture *f*. **To make an entry,** insérer un article; porter un article à compte. *To make an e. of a transaction*, passer une transaction en écriture. **Wrong entry,** faux emploi. *See also* AGAINST, COMPOUND[1] I, POST-ENTRY, TRANSFER[1] I. (*c*) (*In cataloguing*) **Author entries,** fiches *f* auteur. **Subject entries,** fiches sujet. (*d*) *Nau:* **Entry in the log,** apostille *f* sur le journal du bord; élément *m* du journal. (*e*) *Cust:* **Custom-house entry,** passage *m* en douanes. *To make an e. of goods*, déclarer des marchandises à la douane. **(Bill of) entry, entry inwards,** déclaration *f* d'entrée (en douane). **Entry under bond,** acquit-à-caution *m*. **5.** *Sp:* (*a*) Liste *f* des inscrits, des engagés. (*b*) Engagement *m*, inscription (d'un concurrent). **Entry-form,** feuille *f* d'inscription. *There are twenty entries*, il y a vingt engagés.

'entry-book, *s. Navy:* Casernet *m*.

entwine [en'twain]. **1.** *v.tr.* (*a*) Entrelacer (des rameaux, les doigts, etc.). *To e. a crown of laurels for s.o.*, tresser une couronne de lauriers pour qn. **With arms entwined,** les bras entrelacés. *His interests are so entwined with my own*, ses intérêts sont si étroitement liés aux miens. (*b*) Enlacer (*with*, de); embrasser. *The ivy entwines the elms*, le lierre enlace, embrasse, les ormes. *A vine entwines the balcony*, une vigne enguirlande le balcon. *To e. a creeper round a pillar*, enlacer une plante grimpante autour d'une colonne. *To e. one's arms round s.o.'s waist*, enlacer la taille de qn. **2.** *v.i.* (*a*) S'entrelacer. (*b*) S'enlacer (*round*, autour de). *The young shoots e. round the strings*, les jeunes pousses s'entortillent autour des fils.

enucleate[1] [i'nju:klieit], *v.tr.* **1.** *Surg: etc:* Énucléer (les amygdales, une tumeur). **2.** **To enucleate a problem,** extraire le fond, faire ressortir l'essentiel, d'un problème; élucider un problème.

enucleate[2] [i'nju:kliet], *a.* Énucléé.

enucleation [inju:kli'eiʃ(ə)n], *s.* **1.** Énucléation *f*. **2.** Élucidation *f*.

enumerate [i'nju:məreit], *v.tr.* (*a*) Énumérer, détailler, dénombrer (les raisons, ses services). (*b*) *Jur:* Articuler (les faits).

enumeration [inju:mə'reiʃ(ə)n], *s.* (*a*) Énumération *f*, dénombrement *m*, recensement *m*. *For:* **Enumeration survey,** dénombrement (des arbres). (*b*) *Jur:* Articulation *f* (des faits).

enumerative [i'nju:mərətiv], *a.* Énumératif.

enumerator [i'nju:məreitər], *s.* *Adm:* (*Pers.*) Énumérateur *m*, recenseur *m*.

enunciate [i'nʌnʃieit], *v.tr.* **1.** Énoncer, exprimer, déclarer (une opinion, etc.). **2.** Prononcer, articuler (des sons). *Syllables easily enunciated*, syllabes qui s'énoncent, s'articulent, facilement. *Abs.* **To enunciate clearly,** articuler distinctement.

enunciation [inʌnsi'eiʃ(ə)n], *s.* **1.** Énonciation *f* (d'une opinion, etc.). *Mth:* Énoncé *m* (d'un problème). **2.** Prononciation *f* (d'un mot); articulation *f*, énonciation.

enunciative [i'nʌnʃiətiv], *a.* Énonciatif.

enunciator [i'nʌnʃieitər], *s.* Énonciateur, -trice.

enure [i'njuər]. **1.** *v.tr.* = INURE. **2.** *v.i. Jur:* (*Of act, etc.*) Entrer en vigueur; prendre effet; s'appliquer (*to*, à).

envelop [en'veləp], *v.tr.* (**enveloped; enveloping**) Envelopper (*in*, dans, de). *Scene enveloped in mist*, paysage enveloppé, voilé, de brume.

enveloping[1], *a.* Enveloppant. *Mil:* **Enveloping movement,** manœuvre *f* d'enveloppement, mouvement enveloppant.

enveloping[2], *s.* Enveloppement *m*.

envelope ['envəloup, 'ɔnvəloup], *s.* **1.** (*a*) (*Covering*) Enveloppe *f*. *Biol: Bot:* Tunique *f* (d'un organe). *Sm.a:* Chemise *f*, enveloppe (d'une balle). (*b*) Enveloppe (d'une lettre). **Adhesive envelope,** enveloppe gommée. **Window envelope,** enveloppe à fenêtre. *E. with metal fastener*, pochette *f*. *To put a letter in an e.*, mettre une lettre sous enveloppe. **In a sealed envelope,** sous pli cacheté. *E. addressing agency*, bureau *m* d'adresses, bureau d'écritures. **2.** *Mth:* Enveloppe, enveloppante *f*.

'envelope-file, *s.* Chemise *f* de carton.

envelopment [en'veləpmənt], *s.* **1.** Enveloppement *m*. **2.** *Biol: etc:* Enveloppe *f*.

envenom [en'venəm], *v.tr.* **1.** Empoisonner (une arme, l'air, l'esprit). **2.** Envenimer, aigrir (une discussion, une querelle). *Envenomed temper*, caractère envenimé, aigri.

envenoming, *s.* Envenimement *m* (d'une discussion, etc.).

enviable ['enviəbl], *a.* Enviable, digne d'envie. **-ably,** *adv.* D'une manière enviable.

envious ['enviəs], *a.* Envieux. *E. looks*, regards d'envie. *To be e. of s.o.*, être envieux de qn; porter envie à qn; être jaloux de qn. *To look at s.o. with e. eyes*, regarder qn d'un œil d'envie, d'un œil jaloux. *To make s.o. e. of sth.*, faire envier qch. à qn. (*Of things*) *To make s.o. e.*, faire envie à qn. **-ly,** *adv.* (Parler, penser) avec envie. *To look e. at sth.*, regarder qch. d'un œil d'envie.

environ [en'vaiərən], *v.tr.* Environner, entourer (qn, qch.) (*with*, de). **1.** Cerner (l'ennemi, etc.); investir (une ville). **2.** Se trouver tout autour de (qn, qch.). *The town is environed by, with, forests*, la ville est environnée, entourée, de forêts.

environment [en'vaiərənmənt], *s.* Milieu *m*, entourage *m*; milieu ambiant; influences ambiantes; ambiance *f*, environnement *m*.

environmental [envaiərən'ment(ə)l], *a.* (Conditions, etc.) du milieu. *E. changes*, modifications déterminées par le milieu, par l'environnement.

environs [en'vaiərənz], *s.pl.* Environs *m*, alentours *m* (d'une ville); abords *m*; voisinage *m*.

envisage [en'vizedʒ], *v.tr.* **1.** Envisager (une difficulté, un danger). *I had not envisaged the matter in that light*, je n'avais pas regardé l'affaire sous cet aspect. **2.** Regarder (un danger, etc.) en face; faire face à (un danger, etc.).

envisagement [en'vizedʒmənt], *s.* Envisagement *m*.

envision [en'viʒ(ə)n], *v.tr. Lit:* Voir (qch.) comme dans une vision.

envoy[1] ['envɔi], *s. Lit:* Envoi *m* (à la suite des stances d'une ballade).

envoy[2], *s.* (*Pers.*) Envoyé *m* (diplomatique). **Envoy Extraordinary and Minister Plenipotentiary,** Envoyé extraordinaire et Ministre plénipotentiaire. **The envoys,** la mission.

envy[1] ['envi], *s.* **1.** Envie *f*, jalousie *f*. **To excite, raise, envy,** exciter l'envie. *To feel e. at sth., of sth.*, éprouver de l'envie au sujet de qch.; être envieux de qch. **To be green with envy,** être dévoré d'envie. *To turn s.o. green with e., F:* faire loucher qn d'envie, de jalousie. *She turned green with e.*, elle devint verte d'envie. **2.** Objet *m* d'envie. **To be the envy of s.o.,** être l'objet d'envie de qn; être un objet d'envie pour qn; faire envie à qn; être envié par qn.

envy[2], *v.tr.* Envier, porter envie à (qn). **To envy s.o. sth.,** envier qch. à qn. *To be envied by s.o.*, faire envie à qn, s'attirer l'envie de qn. *Thing not to be envied*, chose qui n'est pas à envier, peu enviable. *It is better to be envied than pitied*, mieux vaut faire envie que pitié.

enwind [en'waind], *v.tr. Poet:* Entourer; s'enrouler autour de (qn, qch.).

enwrap [en'rap], *v.tr.* (**enwrapped; enwrapping**) **1.** Envelopper, enrouler (*in*, dans). **2.** *Lit:* **Enwrapped in slumber, in thought,** plongé dans le sommeil, dans ses pensées.

enwreathe [en'ri:ð], *v.tr.* (*a*) Couronner, enguirlander (*with flowers*, de fleurs). (*b*) Entrelacer (*with*, de).

enzootic [enzo'ɔtik]. *Vet:* **1.** *a.* (Maladie *f*) enzootique. **2.** *s.* Enzootie *f*.

enzyme ['enza:im], **enzym** ['enzim], *s. Ch:* Enzyme *f*, diastase *f*, zymase *f*.

eocene ['i:osi:n], *a.* & *s. Geol:* Éocène (*m*). **The lower eocene,** le paléocène.

Eolian [i:'ouliən], **Eolic** [i:'ɔlik], *a.* = AEOLIAN, AEOLIC.

eolith ['i:oliθ], *s. Archeol:* Éolithe *m*.

eolithic [i:o'liθik], *a.* Éolithique.

eon ['i:ɔn], *s.* = AEON.

eosin ['i:osin], *s. Ch:* Éosine *f*.

-eous [iəs], *a.suff.* **1.** -eux *m*, -euse *f*. *Ligneous*, ligneux. *Vitreous*, vitreux. *Courageous*, courageux. **2.** -é *m*, -ée *f*. *Instantaneous*, instantané. *Umbrageous*, ombragé. **3.** -ois *m*, -oise *f*. *Courteous*, courtois.

epacris [e'pakris], *s. Bot:* Épacride *f*.

epact ['i:pakt, 'epakt], *s. Astr: Chr:* Épacte *f*.

eparch ['epɑ:rk], *s.* Éparque *m* (gouverneur ou évêque d'une éparchie).

eparchean [epɑ:r'ki:ən], *a. Geol:* (*Of stratum*) Éparchéen, -enne.

eparchy ['epɑ:rki], *s. Gr.Adm., Hist.,* & *Ecc:* Éparchie *f*.

epaulet(te) ['epɔ:let], *s. Mil: Ent:* Épaulette *f*. (*Of private soldier*) **To win one's epaulettes,** arriver à, obtenir, l'épaulette. **Epaulette fringe,** tombant *m* d'épaulette; bouillon *m*.

epaulment [e'pɔ:lmənt], *s. Fort:* Épaulement *m*.

epeirid [e'pairid], *s. Arach:* Épeire *f*.

epeirogenic [epairo'dʒenik], *a. Geol:* Épirogénique.

epencephalon [epen'sefələn], *s. Anat:* Arrière-cerveau *m*.

ependyma [e'pendima], *s. Anat:* Épendyme *m*.

epenthesis [e'penθesis], *s. Ling:* Épenthèse *f*.

epenthetic [epen'θetik], *a. Ling:* (Son *m*, lettre *f*) épenthétique.

epergne [i'pə:rn], *s.* Surtout *m* (de table).

eph- [ef], *pref. See* EPI-.

ephah ['i:fɑ], *s. Jew.Meas: B:* Épha *m*, éphi *m*.

ephebe [e'fi:b], *s. Gr.Ant:* Éphèbe *m*.

ephedra [e'fi:dra], *s. Bot:* Éphèdre *f*; raisin *m* de mer.

ephedrin ['efedrin, i'fedrin], *s. Pharm:* Éphédrine *f*.

ephelis, *pl.* **-ides** [e'fi:lis, -idi:z], *s. Med:* Éphélide *f*; tache *f* de rousseur.

ephemera, *pl.* **-ae, -as** [i'femərə, -i:, -əz], *s.* **1.** *Ent:* Éphémère *m*. **2.** *F:* Chose *f* éphémère, qui ne dure pas.

ephemeral [i'femərəl], *a.* (Fièvre *f*, fleur *f*, insecte *m*) éphémère. *E. passion*, passion fugitive. *Their beauty is e.*, leur beauté n'est que d'un jour, est passagère, éphémère.

ephemeridae [ife'meridi:], *s.pl. Ent:* Éphéméridés *m*.

ephemeris, *pl.* **ephemerides** [i'feməris, ife'meridi:z], *s.* **1.** *Astr:* Éphéméride *f*, almanach *m*, annuaire *m*. **2.** *Ent:* = EPHEMERA 1.

ephemeron, *pl.* **-a, -ons** [i'femərən, -ə, -ənz], *s. Ent:* = EPHEMERA 1.

ephemerous [i'femərəs], *a.* = EPHEMERAL.

Ephesian [i'fi:ʒən], *a.* & *s. A.Geog:* Éphésien, -ienne.

Ephesus ['efesəs]. *Pr.n. A.Geog:* Éphèse *f*.

Ephialtes [efi'alti:z]. *Pr.n.m. Gr.Hist:* Éphialte.

ephod ['efɔd, 'i:fɔd], *s. Jew.Ant:* Éphod *m*.

ephor ['efɔ:r], *s. Gr.Ant:* Éphore *m*.

ephoralty ['efərəlti], **ephorate** ['eferet], *s. Gr.Ant:* Éphorat *m*, éphorie *f*.

ep(i), eph- [ep(i), ef], *pref.* Épi-, éph-. *Bot: Epicarpanthous,* épicarpanthe. *Anat: Epicolic,* épicolique. *Med: Ephidrosis,* éphidrose.
epiblast ['epiblɑːst], *s. Biol:* Épiblaste *m.*
epiboly [e'pibɔli], *s. Biol:* Épibolie *f.*
epic ['epik]. **1.** *a.* Épique; *F:* (combat *m*, etc.) légendaire. *F:* **To adopt an epic style,** emboucher, entonner, la trompette. **2.** *s.* Poème *m* épique; épopée *f. See also* COURT[1] 2.
epical ['epik(ə)l], *a.* Épique.
epicarp ['epikɑːrp], *s. Bot:* Épicarpe *m.*
epicedium, *pl.* **-ia** [epi'siːdjəm, -ja], *s.* Épicédion *m*; chant *m* funèbre.
epicene ['episiːn]. **1.** *a. Gram:* (Mot *m*) épicène, de genre commun. **2.** *s.* Hermaphrodite *m.*
epicentre ['episentər], **epicentrum** ['episentrəm], *s. Geol:* Épicentre *m* (d'un séisme).
epicontinental [epikɔnti'nent(ə)l], *a.* **Epicontinental sea,** mer bordière.
epicormic [epi'kɔːrmik], *a. For:* **Epicormic branch,** branche gourmande.
epicranial [epi'kreiniəl], *a. Anat:* Épicranien.
epicranium [epi'kreiniəm], *s. Anat:* Épicrâne *m.*
Epictetus [epik'tiːtəs]. *Pr.n.m. Gr.Phil:* Épictète.
epicure ['epikjuər], *s.* Gourmet *m*, gastronome *m.*
epicurean [epikju'riːən], *a. & s. Gr.Phil. & F:* Épicurien, -ienne.
epicureanism [epikju'riːənizm], **epicurism** ['epikjurizm], *s.* Épicurisme *m.*
Epicurus [epi'kjuərəs]. *Pr.n.m. Gr.Phil:* Épicure.
epicycle ['episaikl], *s. Astr:* Épicycle *m.*
epicyclic [epi'saiklik], *a. Mec.E:* (Engrenage, train) épicycloïdal, -aux.
epicycloid [epi'saiklɔid], *s. Geom:* Épicycloïde *f.*
epicycloidal [episai'klɔid(ə)l], *a. Geom: Mec.E:* Épicycloïdal, -aux.
Epidaurus [epi'dɔːrəs]. *Pr.n. A.Geog:* Épidaure *f.*
epidemic [epi'demik]. **1.** *a.* (Maladie *f*) épidémique. **2.** *s.* Épidémie *f.*
epidemical [epi'demik(ə)l], *a.* Épidémique. **-ally,** *adv.* Épidémiquement.
epidemicity [epide'misiti], *s.* Épidémicité *f.*
epidemiology [epidiːmi'ɔlodʒi], *s.* Épidémiologie *f.*
epidendrum [epi'dendrəm], *s. Bot:* Épidendron *m.*
epidermal [epi'dəːrm(ə)l], **epidermic** [epi'dəːrmik], *a.* Épidermique.
epidermis [epi'dəːrmis], *s. Anat:* Épiderme *m.*
epidermoid [epi'dəːrmɔid], **epidermoidal** [epidəːr'mɔid(ə)l], *a.* Épidermoïde.
epidermolysis [epidəːr'mɔlisis], *s. Med:* Épidermolyse *f.*
epidiascope [epi'daiaskoup], *s. Opt:* Épidiascope *m.*
epidiascopic [epidaia'skɔpik], *a.* Épidiascopique.
epidote ['epidout], *s. Miner:* Épidote *m*, schorl vert.
epidural [epi'djuərəl], *a. Anat:* Épidural, -aux.
epifocal [epi'fouk(ə)l], *a. Meteor:* Épifocal, -aux.
epigastric [epi'gastrik], *a. Anat:* Épigastrique.
epigastrium [epi'gastriəm], *s.* Épigastre *m.*
epigeal [epi'dʒiːəl], *a. Bot:* = EPIGEOUS.
epigene ['epidʒiːn], *a. Bot: Geol:* Épigène.
epigenesis [epi'dʒenesis], *s. Biol:* Épigénèse *f.*
epigenetic [epidʒe'netik], *a. Geol:* Épigénétique. **Epigenetic rivers,** rivières *f* épigénétiques; cours d'eau surimposés.
epigeous [epi'dʒiːəs], *a. Bot:* (Cotylédon, etc.) épigé.
epiglottic [epi'glɔtik], *a. Anat:* Épiglottique.
epiglottis [epi'glɔtis], *s.* Épiglotte *f.*
epigone ['epigoun], *s. Bot:* Épigone *m.*
Epigoni [e'pigonai], *s.pl.* **1.** *Gr.Myth:* Épigones *m.* **2.** *Lit.Hist: F:* Décadents *m.*
epigram ['epigram], *s.* Épigramme *f.*
epigrammatic [epigra'matik], *a.* Épigrammatique. **-ally,** *adv.* Épigrammatiquement.
epigrammatist [epi'gramatist], *s.* Épigrammatiste *mf.*
epigrammatize [epi'gramataiz], *v.i.* Faire des épigrammes; épigrammatiser.
epigraph ['epigrɑːf, -graf], *s.* Épigraphe *f.*
epigraphic [epi'grafik], *a.* Épigraphique.
epigraphist [e'pigrəfist], *s.* Épigraphiste *mf.*
epigraphy [e'pigrəfi], *s.* Épigraphie *f.*
epigynous [e'pidʒinəs], *a. Bot:* Épigyne.
epigyny [e'pidʒini], *s. Bot:* Épigynie *f.*
epilate ['epileit], *v.tr.* Épiler.
epilation [epi'leiʃ(ə)n], *s.* Épilation *f*, épilage *m.*
epilepsy ['epilepsi], *s.* Épilepsie *f*; *F:* haut mal, mal caduc.
epileptic [epi'leptik], *a. & s.* Épileptique (*mf*). **Epileptic fit,** crise *f* d'épilepsie, accès *m* épileptique. *See also* VERTIGO.
epilobium [epi'loubiəm], *s. Bot:* Épilobe *m.*
epilogist [e'pilodʒist], *s.* **1.** Auteur *m* de l'épilogue. **2.** Acteur, -trice, qui dit l'épilogue.
epilogue ['epilɔg], *s.* Épilogue *m.*
Epimenides [epi'menidiːz]. *Pr.n.m. Gr.Myth:* Épiménide (de Gnosse).
epinephalus [epi'nefələs], *s. Ich:* Épinéphèle *m.*
Epiphanes [e'pifaniːz]. *Pr.n.m. A.Hist:* Épiphane.
Epiphanius [epi'feiniəs]. *Pr.n.m. Rel.Hist:* Épiphane.
Epiphany [e'pifəni], *s. Ecc:* L'Épiphanie *f*; *F:* le jour, la fête, des Rois. *To celebrate the E. with s.o.,* faire, tirer, les Rois chez qn.
epiphenomenon, *pl.* **-mena** [epife'nɔminɔn, -mina], *s. Med:* Épiphénomène *m.*
epiphloem [epi'flouəm], *s. Bot:* Épiphléon *m*; enveloppe subéreuse.
epiphyllous [epi'filəs], *a. Bot:* Épiphylle.
epiphyllum [epi'filəm], *s. Bot:* Épiphylle *m.*
epiphysis [e'pifisis], *s. Anat:* Épiphyse *f.*
epiphytal [epi'fait(ə)l], **epiphytic** [epi'fitik], *a. Bot:* Épiphyte. **Epiphytic disease,** épiphytie *f.*
epiphytatism [epi'fitətizm], *s.* Épiphytie *f.*
epiphyte ['epifait], *s. Bot: Med:* Épiphyte *m.*
epiploic [epi'plouik], *a. Anat:* Épiploïque.
epiploon [e'piploɔn], *s. Anat:* Épiploon *m.*
epipodium [epi'poudiəm], *s.* **1.** *Bot:* Épipode *m.* **2.** *Z:* Épipodium *m.*
Epirote [e'paiərət], *a. & s. A.Geog:* Épirote (*mf*).
Epirotic [epai'rɔtik], *a. A.Geog:* Épirote.
epir(r)hizous [epi'raizəs], *a. Bot:* Épirrhize.
Epirus [e'pairəs]. *Pr.n. A.Geog:* L'Épire *f.*
episcopacy [e'piskopəsi], *s.* **1.** Gouvernement *m* de l'Église par les évêques. **2.** *Coll.* **The episcopacy of England,** l'épiscopat *m*, les évêques *m*, d'Angleterre.
episcopal [e'piskop(ə)l], *a.* Épiscopal, -aux. **Episcopal palace,** évêché *m.* **Episcopal ring,** anneau pastoral. (*In U.S. & Scot.*) **The Episcopal Church,** l'Église épiscopale. **-ally,** *adv.* Épiscopalement.
episcopalian [episko'peiljən], *a. & s.* (*U.S. & Scot.*) Épiscopalien, -ienne; épiscopal, -e, -aux; (membre *m*) de l'Église épiscopale.
episcopate [e'piskopet], *s.* **1.** (*a*) (*Office*) Épiscopat *m.* (*b*) *Coll.* **The Episcopate,** l'Épiscopat; les évêques *m.* **2.** (*See*) Évêché *m.*
episcope ['episkoup], *s. Opt:* Épiscope *m.*
episode ['episoud], *s.* Épisode *m* (de la tragédie grecque, de la vie de qn). *Lit.Hist:* **Comedy of episodes,** comédie *f* à tiroirs.
episodic(al) [epi'sɔdik(əl)], *a.* Épisodique. **Episodic(al) novel,** roman *m* à tiroirs. **-ally,** *adv.* Épisodiquement.
epispastic [epi'spastik], *a. & s. Med:* Épispastique (*m*).
episperm ['epispəːrm], *s. Bot:* Épisperme *m.*
epistasis [e'pistəsis], *s.* **1.** (*a*) *Med:* Arrêt *m* (d'une sécrétion). (*b*) *Biol:* Développement arrêté, arrêt de développement (d'un organisme). **2.** *Med:* Épistase *f* (qui surnage dans l'urine).
epistemology [epistiː'mɔlodʒi], *s. Phil:* Épistémologie *f.*
epistle [e'pisl], *s.* **1.** Épître *f. Ecc:* **Epistle-side (of altar),** côté *m* de l'épître. **2.** *F:* Épître, lettre *f. To write a long e. home,* écrire une longue épître à ses parents.
epistler [e'pislər], *s.* = EPISTOLER.
epistolarian [episto'lɛəriən]. **1.** *a.* Qui écrit beaucoup de lettres. **2.** *s.* Épistolier, -ière.
epistolary [e'pistoləri], *a.* (Style *m*, correspondance *f*) épistolaire.
epistoler [e'pistolər], *s. Ecc:* Ecclésiastique *m* qui fait la lecture de l'épître.
epistolographer [episto'lɔgrəfər], *s.* Épistolographe *mf.*
epistolography [episto'lɔgrəfi], *s.* Épistolographie *f.*
epistrophe [e'pistrofi], *s. Rh:* Épistrophe *f.*
epistyle ['epistail], *s. Arch:* Épistyle *m*, architrave *f.*
epitaph ['epitɑːf, -taf], *s.* Épitaphe *f.*
epitasis [e'pitasis], *s. Gr.Drama:* Épitase *f.*
epithalamium [epiθa'leimiəm], *s. Lit:* Épithalame *m.*
epithelial [epi'θiːliəl], *a. Anat: Bot:* Épithélial, -aux.
epithelioma [epiθiːli'ouma], *s. Med:* Épithélioma *m.*
epithelium [epi'θiːliəm], *s. Anat:* Épithélium *m.*
epithet ['epiθet], *s.* Épithète *f. Attrib. Gram:* **Epithet adjective,** adjectif qualificatif.
epithetic(al) [epi'θetik(əl)], *a.* Épithétique.
epitome [e'pitomi], *s.* Épitomé *m*, abrégé *m*, résumé *m* (d'un livre, etc.). **Epitome of French history,** précis *m*, résumé, d'histoire de France. *An e. of human suffering,* un raccourci de la misère humaine.
epitomize [e'pitomaiz], *v.tr.* **1.** Abréger, résumer (un discours, etc.); faire un précis (d'une correspondance, etc.). **2.** *The tribe epitomizes the nation,* la tribu est la nation en raccourci, est une image en petit de la nation.
epitrope [e'pitropi], *s. Rh:* Épitrope *f.*
epizoic [epi'zouik], *a. Z:* Épizoïque.
epizoon, *pl.* **-zoa** [epi'zouɔn, -'zoua], *s. Z:* Épizoaire *m.*
epizootic [epizo'ɔtik], *a. Vet:* (Maladie *f*) épizootique.
epizooty [epi'zouoti], *s. Vet:* Épizootie *f.*
epoch ['iːpɔk], *s.* Époque *f*, âge *m.* (*Of events*) *To be, make, an e.* (*in s.o.'s life*), faire époque (dans la vie de qn). **To make, mark, an epoch,** faire époque, faire date. *The different epochs of nature,* les différents âges de la nature.
'epoch-making, -marking, *a.* (Découverte, événement) qui fait époque.
epochal ['epɔkəl], *a.* **1.** Historique. **2.** = EPOCH-MAKING.
epode ['epoud], *s. Cl.Lit:* Épode *f.*
eponym ['epɔnim], *s.* Éponyme *m.*
eponymic [epo'nimik], *a.* Éponymique.
eponymous [e'pɔniməs], *a.* Éponyme.
eponymy [e'pɔnimi], *s.* Éponymie *f.*
epos ['epɔs], *s.* Épopée *f.*
eprouvette [epru'vet], *s.* **1.** *Exp:* Éprouvette *f.* **Pistol eprouvette,** éprouvette à roue dentée. **Vertical eprouvette,** éprouvette à crémaillère. **2.** *Metall:* Cuiller *f* à fondants, à essais; éprouvette.
epsilon [ep'sailɔn], *s. Gr.Alph:* Epsilon *m.*
Epsom ['epsəm]. *Pr.n. Geog:* Ville du comté de Surrey avec champ de courses où se court le Derby. **Epsom salts,** sulfate *m* de magnésie; sels *m* d'Epsom, sels anglais, sels d'Angleterre.
equability [iːkwə'biliti], *s.* Uniformité *f*, égalité *f.* **Equability of temper,** régularité *f* d'humeur. *E. of climate,* uniformité de climat.
equable ['iːkwəbl], *a.* Uniforme, régulier; égal, -aux. **Equable temperament,** humeur égale. *E. pulse,* pouls régulier.
equal[1] ['iːkwəl]. **1.** *a.* (*a*) Égal, -aux (*to, with,* à). *Two and two are e. to four,* deux et deux égalent quatre. *A louis was e. to twenty*

francs, un louis valait vingt francs. **On equal terms**, à conditions égales. *To fight on e. terms*, combattre à armes égales. *To be on e. terms with s.o.*, être sur un pied d'égalité avec qn. *See also* EYE[1] 1, FOOTING 2. **With equal ease**, avec la même facilité. *E. distribution of taxes*, péréquation *f* de l'impôt. *To contribute e. shares to the expense*, contribuer pour une part égale à la dépense. *He gave each of them an e. sum of money*, il leur donna à chacun une même somme d'argent. *Cinema e. to any in London*, cinéma à l'instar de Londres. **All things being equal**, toutes choses pareilles; toutes choses égales (d'ailleurs). *Sp:* **Equal in points**, à égalité (de points). *F:* **To get equal with s.o.**, se venger de qn; prendre sa revanche. (*b*) **To be equal to the occasion, to a task**, être à la hauteur de la situation, des circonstances, d'une tâche. **To feel equal to the contest**, se sentir de force à soutenir la lutte. *He was not e. to the test*, il n'a pas supporté l'épreuve. *He is no longer e. to the strain of business*, il ne peut plus soutenir le poids des affaires. **To be equal to doing sth.**, être de force à, de taille à, à même de, capable de, faire qch. *To be e. to any emergency*, être à même de faire face à toutes les éventualités. *I don't feel e. to (doing) it*, je ne m'en sens pas le courage, la force; je ne suis pas à même de le faire. *I am myself e. to all the expenses*, je pourrai à moi seul suffire à toutes les dépenses. **To be equal to s.o.'s expectation(s)**, répondre à l'attente de qn. (*c*) *A:* = EQUABLE. **2.** *s.* (*a*) Égal, -ale; pair *m.* **Your equals**, vos pareils, vos égaux. *He associated only with his equals*, il ne fréquentait que ses pareils. **You will not find his equal**, vous ne trouverez pas son semblable. **To treat s.o. as an equal**, traiter qn d'égal à égal, de puissance à puissance, *F:* de pair à compagnon. **To find one's equal**, *F:* trouver chaussure à son pied. *To live together as equals*, vivre en compagnons, sur un pied d'égalité. *He has risen above his equals*, il s'est tiré de pair; il s'est mis hors pair. (*b*) *pl. Mth:* **Equals**, quantités égales. **-ally**, *adv.* Également, pareillement. **Equally responsible**, responsable au même degré. *E. exhausted*, tout aussi éreintés. **Equally with s.o.**, à l'égal de qn; au même titre que qn. *E. divided opinions*, opinions mi-parties. *To contribute e. to the expense*, contribuer pour une part égale à la dépense. *Jur:* **Creditors who rank equally**, créanciers qui viennent en concurrence.

equal[2], *v.tr.* (**equalled; equalling**) Égaler, être égal à (qn, qch.) (*in*, en). **There is nothing to equal it**, il n'y a rien de tel. *Nothing can e. this splendour*, rien n'est égal à cette splendeur; rien ne saurait égaler cette splendeur. **Not to be equalled**, sans égal; qui n'a pas son égal.

equalitarian [ikwɔli'tɛəriən], *a.* & *s. Pol:* Égalitaire (*mf*).

equalitarianism [ikwɔli'tɛəriənizm], *s. Pol:* Principes *m* égalitaires.

equality [i'kwɔliti], *s.* Égalité *f* (*between two people*, entre deux personnes). *To demand e. of armaments with a neighbouring state*, demander l'égalité en armements avec un état voisin. **On a footing of equality, on an equality**, sur un pied d'égalité (*with*, avec); de puissance à puissance; d'égal à égal (*with*, avec). **In case of equality of points . . .**, en cas d'égalité de points . . .; en cas d'ex æquo. . . . *Jur:* **Creditors with equality of rights**, créanciers qui viennent en concurrence. *Typ:* (**Sign of**) **equality**, égalité.

equalization [i:kwəlai'zeiʃ(ə)n], *s.* **1.** Égalisation *f. Fin:* Régularisation *f* (de dividendes). *Adm:* Péréquation *f* (de contributions, de traitements). **2.** (*a*) Compensation *f. Adm:* **Equalization fund**, (i) (*for family allowances, etc.*) caisse *f* de compensation; (ii) *Fin:* fonds *m* de régularisation. (*b*) *Civ.E:* Compensation (de terrassements). *Mec.E:* Équilibrage *m.*

equalize ['i:kwəla:iz]. **1.** *v.tr.* (*a*) Égaliser (*sth. with sth.*, qch. avec qch.). *To e. wages*, faire la péréquation des salaires. *To e. dividends*, régulariser les dividendes. *Fortunes tend to become equalized through the breaking up of estates*, les fortunes tendent à se niveler par les partages. *Fb:* **To equalize the score**, *abs.* **to equalize**, marquer égalité de points; égaliser la marque; égaliser. (*b*) Compenser, équilibrer (des forces, etc.). **2.** *v.i.* (*a*) S'égaliser. (*b*) Se compenser, s'équilibrer.

equalizing[1], *a.* Compensateur, -trice. *El.E:* **Equalizing current**, courant compensateur. *Mec:* **Equalizing pressure**, pression *f* de compensation.

equalizing[2], *s.* **1.** Égalisation *f*; péréquation *f* (des salaires). *Tls:* **Equalizing file**, lime *f* à égaliser. **2.** Compensation *f*, équilibrage *m* (des forces). *Aut:* **Equalizing gear**, différentiel *m. El.E:* **Equalizing conductor**, fil *m* neutre, fil d'équilibre. *Mec.E:* **Equalizing spring**, ressort compensateur.

equalizer ['i:kwəlaizər], *s.* **1.** (*Pers.*) Égaliseur, -euse. **2.** (*a*) *El.E:* Égaliseur *m* de potentiel; compensatrice *f.* (*b*) *Mec.E:* Compensateur *m*, égalisateur *m*; équilibreur *m.* **Equalizer spring**, ressort compensateur. (*c*) *Veh:* Palonnier *m.*

equanimity [i:kwə'nimiti], *s.* Égalité *f* d'âme, de caractère; sérénité *f*; tranquillité *f* d'esprit; équanimité *f. To disturb s.o.'s e.*, troubler la sérénité de qn. **To recover one's equanimity**, se ressaisir; retrouver son calme; se rasséréner. **With equanimity**, d'une âme égale.

equate [i'kweit], *v.tr.* **1.** (*a*) Égaler (*to, with*, à). *To e. the expenses with the income*, égaler les dépenses au revenu; égaliser les dépenses et le revenu. (*b*) *Mth:* Mettre (deux expressions, etc.) en équation. **To equate an expression to, with, zero**, égaliser une expression à zéro. **2.** *To e. Jupiter with Zeus*, établir un parallèle entre Jupiter et Zeus; donner Jupiter comme l'équivalent de Zeus.

equating, *s.* **1.** Égalisation *f.* **2.** *Mth:* Mise *f* en équation.

equation [i'kweiʃ(ə)n], *s.* **1.** Égalisation *f* (des dépenses au revenu, etc.). *Com:* **Equation of payments**, échéance commune (de billets de change). **2.** (*a*) *Astr:* **Equation of time**, équation *f* du temps. (*b*) *Psy:* **Personal equation**, équation personnelle. **3.** *Mth:* Équation. **Simple, quadratic, equation**, équation du premier, du deuxième, degré. **To solve an equation**, résoudre une équation. *To find the e. of a problem*, mettre un problème en équation.

equator [i'kweitər], *s.* Équateur *m* (de la terre, d'un aérostat, etc.). **The magnetic equator**, la ligne aclinique. **At the equator**, sous l'équateur.

equatorial [ekwə'tɔ:riəl, i:k-], *a.* Équatorial, -aux. *E. doldrums*, calmes équatoriaux. **Equatorial telescope**, équatorial *m.* **-ally**, *adv.* Équatorialement.

equerry ['ekwəri], *s.m.* **1.** Écuyer. **2.** Officier de la maison du roi.

equestrian [i'kwestriən]. **1.** *a.* (*a*) (Statue *f*, etc.) équestre. **Equestrian performances**, exercices *m* d'équitation. (*b*) *Rom.Ant:* **The equestrian order**, l'ordre *m* équestre. **2.** *s.* (*a*) Cavalier, -ière. (*b*) Écuyer, -ère (de cirque).

equi- ['i:kwi], *comb.fm.* Équi-. *Equivalved*, équivalve. *Equiangular*, équiangle. *Equidifferent*, équidifférent. *Equipollence*, équipollence.

equiangular [i:kwi'aŋgjulər], *a. Geom:* Équiangle.

equidae ['i:kwidi:], *s.pl. Z:* Équidés *m.*

equidifferent [i:kwi'difərənt], *a. Mth:* Équidifférent.

equidistance [i:kwi'distəns], *s. Geom:* Équidistance *f.*

equidistant [i:kwi'distənt], *a. Geom:* Équidistant (*from*, de). *E. objects*, objets placés à écartement égal. **-ly**, *adv.* (Situés) à (une) distance égale, à écartement égal.

equilateral [i:kwi'latərəl], *a. Geom:* Équilatéral, -aux. *See also* ARCH[1] 1.

equilibrate [i:kwi'laibreit]. **1.** *v.tr.* (*a*) Équilibrer; mettre en équilibre. (*b*) Contre-balancer; faire contrepoids à (une force, etc.). **2.** *v.i.* (*a*) S'équilibrer; être en équilibre. (*b*) (*Of two forces, etc.*) Se faire contrepoids.

equilibrating, *a.* (Système, etc.) équilibreur, équilibrant.

equilibration [i:kwilai'breiʃ(ə)n], *s.* Équilibration *f* (*to, with*, avec); mise *f* en équilibre.

equilibrator [i:'kwilibreitər], *s. Av:* (*Device*) Équilibrateur *m.*

equilibratory [i:kwi'laibrətəri], *a.* (Poids, etc.) équilibreur.

equilibrist [i:'kwilibrist], *s.* Équilibriste *mf*; danseur, -euse, de corde; funambule *mf.*

equilibrium [i:kwi'libriəm], *s.* **1.** Équilibre *m*, aplomb *m. Body in stable e.*, corps *m* en équilibre stable. *To maintain, lose, one's e.*, garder, perdre, l'équilibre. **2.** *Mch:* *Mec.E:* **Equilibrium ring**, bague compensatrice.

equimultiple [i:kwi'mʌltipl], *s. Mth:* Équimultiple *m.*

equine ['i:kwain, 'ekwain], *a.* Équin, caballin; de cheval. *E. race*, race chevaline. *The e. species*, les solipèdes *m.*

equinoctial [i:kwi'nɔkʃ(ə)l, ekwi-]. **1.** *a.* (*a*) Équinoxial, -aux. *Astr:* **The equinoctial line**, la ligne équinoxiale. (*b*) **Equinoctial tides, equinoctial gale**, grandes marées; vent *m* d'équinoxe. **2.** *s.* (*a*) *Astr:* L'équateur *m* céleste; la ligne équinoxiale. (*b*) *pl.* **The equinoctials**, les vents ou les tempêtes *f* d'équinoxe.

equinox ['i:kwinɔks, 'ekwi-], *s.* Équinoxe *m.* **The vernal equinox**, le point vernal; l'équinoxe du printemps.

equip [i'kwip], *v.tr.* (**equipped; equipping**) **1.** Équiper, armer (un navire, un soldat). **2.** (*a*) Meubler, monter (une maison); installer, doter (une ferme, etc.); outiller, monter (une usine). (*b*) *To e. s.o. with sth.*, munir, équiper, pourvoir, qn de qch. *To e. a workman, a shop, with tools*, outiller un ouvrier, une usine. *To e. a works with new plant*, doter une usine d'un matériel neuf. *Aut:* **To equip the chassis**, habiller le châssis. *To e. a car with brakes*, munir une voiture de freins.

equipped, *a.* **Well-equipped**, bien équipé; (laboratoire, etc.) bien installé, bien agencé; (ménage) bien monté, bien pourvu; (magasin) bien approvisionné.

equipping, *s.* = EQUIPMENT 1.

equipage ['ekwipedʒ], *s.* **1.** Équipement *m* (pour un voyage, etc.). **2.** (*a*) (*Vehicle*) Équipage *m.* (*b*) *A:* Équipage, suite *f* (d'un noble).

equipment [i'kwipmənt], *s.* **1.** Équipement *m* (d'une expédition, d'une armée); aménagement *m* (d'une maison, etc.); armement *m*, équipement (d'un navire); outillage *m* (d'une usine); installation *f*, appareillage *m* (d'un laboratoire, etc.). **2.** (Objets *mpl* d')équipement; équipage *m*, les appareils *m*, les accessoires *m*; l'appareillage. *Electrical e. of a motor car*, appareillage électrique d'une auto. **Camping equipment**, matériel *m* de campement. **Tool equipment**, outillage; trousse *f* d'outils. *Mil:* **Siege equipment**, équipage de siège. *Bridging e.*, équipage de ponts. *A soldier's e.*, l'équipement, les effets *m*, le fourniment, d'un soldat. *Ind:* **Works with modern equipment**, usine *f* avec outillage moderne. *The e. of the national commissions*, les moyens *m* d'action des commissions nationales. *Pol.E:* **National capital equipment**, outillage national.

equipoise[1] ['i:kwipɔiz], *s.* (*a*) Équilibre *m*, poids égal. *To preserve the e. of sth.*, maintenir qch. en équilibre. (*b*) Contrepoids *m.*

equipoise[2], *v.tr.* **1.** Équilibrer, contre-balancer. **2.** *A:* Tenir (l'esprit) en suspens.

equipollence [i:kwi'pɔləns], **equipollency** [i:kwi'pɔlənsi], *s.* Équipollence *f*, équivalence *f.*

equipollent [i:kwi'pɔlənt], *a.* Équipollent, équivalent.

equipotential [i:kwipo'tenʃ(ə)l], *a. El:* Équipotentiel. *E. surface*, surface *f* de potentiel constant.

equisetum [ekwi'si:təm], *s. Bot:* Equisetum *m*; *F:* pesse *f*, pessereau *m*, queue-de-cheval *f.*

equitable ['ekwitəbl], *a.* Équitable, juste. *Jur:* **Equitable claim**, réclamation *f* en accord avec les principes de l'équité. **-ably**, *adv.* Équitablement; avec justice.

equitableness ['ekwitəblnəs], *s.* Équité *f.*

equitant ['ekwitənt], *a. Bot:* (*Of leaves*) Chevauchant.

equitation [ekwi'teiʃ(ə)n], *s.* Équitation *f. Riding-school e.*, manège *m.*

equity ['ekwiti], *s.* **1.** Équité *f*, justice *f. I cannot, in e., allow him to pay*, je ne peux pas, en toute justice, lui permettre de payer. **2.** *Jur:* Équité; recours *m* aux principes mêmes de la justice (lorsque celle-ci se trouve en conflit avec le droit commun ou écrit). **Equity of a statute**, esprit *m* d'une loi. *A:* **Court of equity**, cour *f* d'équité.

3. *Jur:* Droit *m* (équitable). **Equity of redemption,** droit de rachat, après forclusion, d'un bien hypothéqué. 4. *U.S:* (*a*) *Jur:* Part éventuelle à revenir au débiteur hypothécaire après forclusion. (*b*) *Fin:* Masse des profits qui reste à être répartie entre les actionnaires (lors d'une liquidation) après paiement des obligations. **Equity securities,** actions *f* ordinaires. 5. *Th:* Le syndicat des artistes de la scène.

equivalence [i'kwivələns], *s.* 1. Équivalence *f*; égalité *f* (de valeur, de force). *Fin:* **Equivalences of exchange,** parités *f* de change. 2. *Ch: Ph:* Équivalence.

equivalent [i'kwivələnt]. 1. *a.* Équivalent. **To be equivalent to sth.,** être équivalent, équivaloir, à qch. *Sum that shall be e. to a maximum of* 300 *million Austrian shillings,* somme *f* qui atteindra la contre-valeur de 300 millions de schellings autrichiens. 2. *s.* Équivalent *m.* *To drink the e. of a glass of wine,* boire la valeur d'un verre de vin. *Ph:* **Mechanical equivalent of heat, Joule's equivalent,** équivalent mécanique de la chaleur; équivalent calorifique. **-ly,** *adv.* Équivalemment.

equivocal [i'kwivok(ə)l], *a.* Équivoque. (*a*) Ambigu, -uë; (mot *m*) à double entente. **Without equivocal phrases,** sans phrases équivoques, ambiguës; *F:* sans ambages. *To give an e. answer,* répondre d'une façon équivoque; *F:* répondre en Normand. (*b*) Incertain, douteux. *See also* GENERATION 1. (*c*) Suspect, douteux. *Somewhat e. transactions,* affaires *f* un peu louches; affaires équivoques. **-ally,** *adv.* D'une manière équivoque.

equivocality [ikwivo'kaliti], *s.* 1. Caractère *m* équivoque; équivoque *f.* *In order to avoid all e.,* pour parer à toute équivoque. 2. (Expression *f*) équivoque, expression à double entente. *To misinterpret an e.,* prendre à faux une équivoque; se méprendre sur une équivoque.

equivocalness [i'kwivokəlnəs], *s.* Caractère *m* équivoque; équivoque *f.*

equivocate [i'kwivokeit], *v.i.* User d'équivoque, équivoquer, tergiverser.

equivocation [ikwivo'keiʃ(ə)n], *s.* 1. Équivocation *f*, tergiversation *f.* 2. *To resort to equivocations,* user de faux-fuyants *m*; tergiverser.

equivocator [i'kwivokeitər], *s.* Tergiversateur, -trice.

equivoque ['ekwivouk], *s.* 1. Équivoque *f*; jeu *m* de mots; calembour *m*; *Rh:* dilogie *f.* 2. = EQUIVOCALITY 2.

er [əːr], *int.* (*In hesitating speech*) Heu . . . heu. . . .

'er [əːr], *pron.* *P:* = HER. *Never mind 'er,* fais pas attention à elle.

-er[1] [ər], *s.suff.* (*From nouns and verbs*) (*Ref. to profession, occupation, etc.*) 1. (*a*) -eur *m*, -euse *f.* *Cataloguer,* catalogueur. *Dancer,* danseur. *Deserter,* déserteur. (*b*) -ier *m*, -ière *f.* *Hatter,* chapelier. *Plumber,* plombier. *Mercer,* mercier. *Draper,* drapier. *Gardener,* jardinier. *Trooper,* troupier. (*c*) -er *m*, -ère *f.* *Butcher,* boucher. *Baker,* boulanger. (*d*) -e. *Philosopher,* philosophe. *Biographer,* biographe. *Geographer,* géographe. (*e*) *Geog:* *Londoner,* Londonien. *Hamburger,* Hambourgeois. *Nuremberger,* Nurembergeois. *New-Yorker,* Newyorkais. 2. *Double suff.* *Caterer,* pourvoyeur. *Fruiterer,* fruitier. *Poulterer,* marchand de volaille. 3. (*Thgs, actions*) *Back-hander,* coup de revers. *Fiver,* billet de cinq livres. *Three-decker,* trois-ponts. *Poker,* tisonnier. *Cunarder,* navire de la Cie Cunard.

-er[2], *a. & adv. suff. forming comparatives.* *Lower,* plus bas. *Dearer,* plus cher. *Clearer,* plus clair. *Paler,* plus pâle. *Curlier,* plus frisé. *Prettier,* plus joli. *Sooner,* plus tôt. *Oftener,* plus souvent.

-er[3], *s.suff.* *Sch:* *P:* *Brekker* (= *breakfast*), déjeuner. *Footer* (= *football*), jeu de football. *Soccer* (= *Association football*), football association. *See also* BED-SITTER.

era ['iːərə], *s.* Ère *f.* **The Christian era,** l'ère chrétienne. **To mark an era,** faire époque.

eradiate [i'reidieit], *v.i.* *Lit:* Rayonner.

eradiation [ireidi'eiʃ(ə)n], *s.* Radiation *f*, rayonnement *m.*

eradicable [i'radikəbl], *a.* Extirpable.

eradicate [i'radikeit], *v.tr.* (*a*) Déraciner (une plante). (*b*) *F:* **To eradicate prejudices,** extirper, déraciner, faire disparaître, des préjugés. *Prejudice not easy to e.,* préjugé *m* tenace.

eradicating, *s.* = ERADICATION.

eradication [iradi'keiʃ(ə)n], *s.* (*a*) Déracinement *m* (d'un arbre). (*b*) Extirpation *f* (d'un préjugé, etc.).

eranthis [e'ranθis], *s.* *Bot:* Éranthe *f.*

erasable [i'reizəbl], *a.* Effaçable.

erase [i'reiz], *v.tr.* Effacer; raturer ou gommer (un mot, un chiffre); *F:* oblitérer (un souvenir). *To e. a word with a penknife,* gratter un mot.

erased, *a.* 1. Effacé. 2. *Her:* Arraché.

erasement [i'reizmənt], **erasion** [i'reiʒ(ə)n], *s.* 1. Effacement *m*, effaçage *m*, oblitération *f.* 2. Mot ou chiffre effacé, gratté.

eraser [i'reizər], *s.* 1. Effaceur *m.* 2. (*a*) Grattoir *m.* (*b*) Gomme *f* (à effacer). *Ink e.,* gomme à encre.

Erasmian [e'razmiən], *a. & s.* Érasmien (*m*); disciple *m* d'Érasme.

Erasmus [e'razməs]. *Pr.n.m.* Érasme.

Erastian [e'rastjən], *a. & s.* *Rel.Hist:* Érastien (*m*); disciple *m* d'Éraste.

Erastianism [e'rastjənizm], *s.* *Rel.Hist:* Érastianisme *m.*

Erastus [e'rastəs]. *Pr.n.m.* *Rel.Hist:* Éraste.

erasure [i'reiʒər], *s.* Rature *f*; effaçure *f*; grattage *m*; suppression *f.*

Eratosthenes [era'tɔsθeniːz]. *Pr.n.m.* Ératosthène.

erbium ['əːrbiəm], *s.* *Ch:* Erbium *m.*

Ercles ['əːrkliːz]. *Pr.n.m.* *Hum:* = HERCULES (comme le prononce Bottom dans *Le songe d'une nuit d'été*). *F:* **To be in the Ercles vein,** être sur ses grands chevaux; parler avec emphase ou en matamore.

ere [ɛər]. *A. & Poet:* 1. *prep.* Avant. **Ere night,** avant la nuit. *Ere this,* déjà. *Ere now,* auparavant, déjà. *See also* LONG[1] II. 2. 2. *conj.* Avant que + *sub.*

Erebus ['erebəs]. *Pr.n.* *Myth:* Érèbe *m.*

Erechtheus [e'rekθjuːs]. *Pr.n.m.* *Gr.Myth:* Érechthée.

erect[1] [i'rekt], *a.* (*Of pers.*) Droit, debout; (*of diameter*) **vertical;** (*of hair*) hérissé, dressé. **With tail erect,** la queue levée, dressée, en l'air. *With head e.,* la tête haute, relevée; le front haut, levé. **To stand erect,** se tenir droit; se redresser. **-ly,** *adv.* (Marcher) la taille redressée; (se tenir) droit.

erect[2], *v.tr.* 1. Dresser (le corps, les oreilles, un mât); arborer (un mât, etc.). 2. (*a*) Ériger, construire (un édifice); bâtir (un immeuble); élever, ériger (une statue) (*to,* à); dresser (un échafaudage, un échafaud, un autel); monter, installer (une machine); imaginer, édifier (une théorie, un système). (*b*) *To e. a perpendicular on a line,* élever une perpendiculaire à une ligne. (*c*) *Jur:* Instituer, ériger (un tribunal). 3. **To erect a barony into a dukedom,** ériger une baronnie en duché. 4. *Opt:* Redresser (une image renversée).

erecting, *s.* 1. = ERECTION 1. **Erecting shop,** atelier *m* de montage. 2. *Opt:* Redressement *m* (d'une image). **Erecting glass** = ERECTOR 3. **Erecting prism,** prisme redresseur. **Erecting eyepiece,** oculaire *m* à redressement.

erectile [i'rektail], *a.* *Physiol:* (Tissu *m*) érectile.

erectility [irek'tiliti], *s.* *Physiol:* Érectilité *f.*

erection [i'rekʃ(ə)n], *s.* 1. (*a*) Redressement *m* (du corps); dressage *m* (d'un mât, d'une colonne, des oreilles, etc.). (*b*) Construction *f*, érection *f* (d'un édifice); érection (d'une statue); montage *m*, assemblage *m*, installation *f* (d'une machine). (*c*) Érection (d'un tribunal). (*d*) *Physiol:* Érection (d'un organe). 2. Bâtisse *f*, construction, édifice *m.*

erectness [i'rektnəs], *s.* Attitude droite; position *f* perpendiculaire.

erector [i'rektər], *s.* 1. (*Pers.*) Constructeur *m* (de bâtiments), (ajusteur-)monteur *m* (de machines). *Const:* **Steelwork erector,** monteur de charpentes métalliques. 2. *Anat:* **Erector(-muscle),** muscle *m* érecteur; érecteur *m.* 3. *Opt:* Inverseur *m* (de télescope).

eremite ['eremait], *s.* *A. & Lit:* Ermite *m.*

eremitic [ere'mitik], *a.* Érémitique.

erethism ['ereθizm], *s.* *Med:* Éréthisme *m*, **excitation anormale** (d'un tissu érectile).

erewhile ['ɛərhwail], *adv.* *A. & Poet:* Naguère; jadis.

erg[1] [əːrg], *s.* *Geol:* Erg *m* (du Sahara).

erg[2], *s.* *Ph.Meas:* Erg *m*; dyne *f* centimètre.

ergastulum, *pl.* **-la** [əːr'gastjuləm, -lə], *s.* *Rom.Ant:* Ergastule *m.*

ergatocracy [əːrgə'tɔkrəsi], *s.* Gouvernement *m* par les ouvriers.

ergmeter ['əːrgmiːtər], *s.* *Ph:* Ergmètre *m.*

ergo ['əːrgo], *Lt.adv.* *Log:* Ergo, donc, par conséquent.

ergot ['əːrgət], *s.* *Agr:* Ergot *m* (des graminées). *Pharm:* Ergot de seigle.

ergoted ['əːrgətid], *a.* (Blé, seigle) ergoté.

ergotic [əːr'gɔtik], *a.* Ergotique. *Med:* **Ergotic poisoning,** ergotisme *m*; *A:* mal *m* des ardents.

ergotine ['əːrgətin], *s.* *Pharm:* Ergotine *f.*

ergotism ['əːrgətizm], *s.* *Med:* Ergotisme *m*; *A:* mal *m* des ardents.

ergotize ['əːrgətaiz], *v.tr.* Attaquer de l'ergot (le blé, le seigle).

ergotized, *a.* *Agr:* **Ergotized corn,** blé ergoté.

erianthous [eri'anθəs], *a.* *Bot:* Érianthe.

erianthus [eri'anθəs], *s.* *Bot:* Érianthe *m.*

Eric ['erik]. *Pr.n.m.* Érik. *Hist:* **Eric the Red,** Érik le Rouge.

ericaceae [eri'keisiiː], *s.pl.* *Bot:* Éricacées *f*, éricinées *f.*

ericaceous [eri'keiʃəs], *a.* *Bot:* Éricacé.

Erie ['iːəri]. *Pr.n.* *Geog:* **Lake Erie,** le lac Érié.

Erigena [e'ridʒinə]. *Pr.n.m.* *Hist:* Érigène.

erigeron [e'ridʒərən], *s.* *Bot:* Érigéron *m*, *F:* vergerette *f.*

Erin ['erin]. *Pr.n.* *A. & Poet:* L'Irlande *f.* **Erin go bragh!** vive l'Irlande!

erineum [e'riniəm], *s.* *Hort:* Érinéon *m*, érinose *f.*

Erinnyes (the) [ði e'riniiːz]. *Pr.n.f.pl.* *Gr.Myth:* Les **Érinnyes,** les Furies; les Euménides.

Eriphyle [e'rifili]. *Pr.n.f.* *Gr.Myth:* Ériphyle.

erismatura [erizmə'tjurə], *s.* *Orn:* Érismature *m.*

eristic [e'ristik], *a. & s.* *Phil:* Éristique (*f*); (école *f*) mégarique.

Eritrea [eri'triːə]. *Pr.n.* *Geog:* L'Érythrée *f.*

Eritrean [eri'triːən], *a. & s.* *Geog:* Érythréen, -enne.

eritrichium [eri'trikiəm], *s.* *Bot:* Mousse *f* d'azur.

Erl-king (the) [ði 'əːrl'kiŋ], *s.* *Myth:* *Lit:* Le Roi des Aulnes.

ermine ['əːrmin], *s.* 1. *Z:* Hermine *f.* 2. (*Fur*) Hermine, *Com:* roselet *m.* **Ermine tails,** mèches *f*, mouchetures *f*, d'hermine. *F:* **To rise to the ermine, to don the ermine,** être nommé juge. *Dispute between silk and e.,* dispute *f* entre avocat et juge. 3. *Her:* Hermine.

'ermine-moth, *s.* *Ent:* Yponomeute *f.*

ermined ['əːrmind], *a.* 1. (*a*) Fourré, garni, d'hermine. (*b*) (*Of pers.*) Revêtu d'hermine. 2. *Her:* Herminé.

erne [əːrn], *s.* *Orn:* 1. Orfraie *f*, pygargue *m*; grand aigle des mers. 2. Grand aigle, aigle royal, aigle doré.

Ernest ['əːrnest]. *Pr.n.m.* Ernest.

Ernestine ['əːrnestin]. *Pr.n.f.* Ernestine.

erode [i'roud], *v.tr.* (*Of acid, poison, rust, glacier, etc.*) Éroder (les rochers, etc.); ronger (l'estomac); (*of acid*) corroder (le fer, etc.); (*of water*) éroder, affouiller (les berges, etc.). *Cliffs eroded by the sea,* falaises rongées par la mer.

eroded, *a.* Érodé, affouillé.

erodent [i'roudənt], *a. & s.* *Pharm:* Érosif (*m*).

erogenous [e'rɔdʒənəs], **erogenic** [ero'dʒiːnik], *a.* *Physiol: etc:* Érogène.

Eros ['iːərɔs]. *Pr.n.m.* *Gr.Myth:* Érôs; l'Amour *m.*

erosion [i'rouʒ(ə)n], *s.* Érosion *f*; affouillement *m* (par la mer, etc.); usure *f* (d'une chaudière, etc.). *Wind e.,* érosion éolienne. *Land liable to e.,* terrain *m* affouillable. *See also* COLUMN.

erosive [i'rousiv], *a.* Érosif.
Erostratus [e'rɔstratəs]. *Pr.n.m. Gr.Hist:* Érostrate.
erotic [e'rɔtik]. **1.** *a.* Érotique. **2.** *s.* Poème *m* érotique.
eroticism [e'rɔtisizm], *s.* Érotisme *m.*
erotism ['erotizm], *s. Med:* Érotisme *m.*
erotomania [erouto'meinia], *s.* Érotomanie *f.*
erotomaniac [erouto'meiniak], *s.* Érotomane *mf*; érotomaniaque *mf.*
erotylus [e'routiləs], *s. Ent:* Zonaire *m.*
err [əːr], *v.i.* (*a*) S'égarer, s'écarter (*from*, de). **To err from the straight path,** s'égarer du droit chemin. (*b*) Pécher. **He does not err on the side of modesty,** il ne pèche pas par la modestie. *To err out of ignorance*, pécher par ignorance. (*c*) Errer; être dans l'erreur; faire erreur; se tromper. **The best of men may err at times,** il est permis de se tromper; *F:* il n'y a si bon cheval qui ne bronche.
erring, *a.* Dévoyé, égaré, tombé dans l'erreur. **-ly,** *adv.* D'une manière erronée; à faux; mal.
errancy ['erənsi], *s.* État *m* d'erreur.
errand ['erənd], *s.* Commission *f*, course *f*. **To go, run, (on) errands,** (aller) faire des commissions, des courses. *To run errands for s.o.*, faire les courses de qn. *I am on an e.*, je fais une commission; je suis en course. **What is your errand?** (i) quelle est votre mission? (ii) qu'est-ce qui vous amène? quel est le but de votre visite? *See also* FOOL[1] 3.
'errand-boy, *s.m.* Garçon de courses; petit commissionnaire; (*in lawyer's office*) petit clerc; *F:* saute-ruisseau *inv*; (*in hotel*) chasseur.
'errand-girl, *s.f.* Petit trottin; *P:* arpette *f*.
errant ['erənt]. **1.** *a.* (*a*) Errant. *E. tribes*, tribus errantes. *See also* KNIGHT-ERRANT. (*b*) Tombé dans l'erreur; dévoyé. **2.** *s. A:* Chevalier errant.
errantry ['erəntri], *s.* Vie errante (des chevaliers). *See also* KNIGHT-ERRANTRY.
errata [e'reita], *s.pl. See* ERRATUM.
erratic [e'ratik], *a.* **1.** *Geol: Med:* (Bloc *m*, douleur *f*) erratique. **2.** (*a*) Irrégulier. *E. working of a machine*, rendement inégal, irrégulier, d'une machine; fonctionnement intermittent; irrégularité *f* de marche. *See also* FIRING 3. (*b*) *Aut: etc: E. driving*, conduite mal assurée. **3.** (*Of pers.*) Excentrique, fantasque, capricieux, bizarre, velléitaire. *E. opinions*, opinions extravagantes. *E. life*, vie désordonnée. **-ally,** *adv.* Sans méthode, sans règle; excentriquement, capricieusement. *To work e.*, travailler à bâtons rompus, par boutades; (*of machine*) fonctionner irrégulièrement, par à-coups. *To drive a car e.*, zigzaguer, faire des zigzags, sur la route.
erratum, *pl.* **-ta** [e'reitəm, -ta], *s.* Erratum *m*, *pl.* errata.
erroneous [e'rouniəs], *a.* (Calcul) erroné, faux. *E. doctrine, spelling*, doctrine, orthographe, fausse. *Arguments resting on e. premises*, arguments *m* qui portent à faux. **-ly,** *adv.* Erronément, par erreur, à faux.
erroneousness [e'rouniəsnəs], *s.* Erreur *f*, fausseté *f* (d'une doctrine, d'une conclusion).
error ['erər], *s.* **1.** (*Mistake*) (*a*) Erreur *f*, faute *f*, méprise *f*. *An e. of calculation*, une erreur de calcul. *E. in estimating*, erreur d'évaluation. **Error of, in, judgment,** erreur de jugement. **Printer's error,** faute d'impression, *F:* coquille *f*. **Clerical error,** erreur de plume, d'écriture. *Com:* **Errors and omissions excepted,** sauf erreur ou omission. *Lit:* **The Comedy of Errors,** la Comédie des erreurs. **Zero error,** déviation *f*, déplacement *m*, du zéro (d'un appareil scientifique). *Astr: Nau: E. of the compass*, variation *f* du compas. **Chronometer error,** état absolu d'un chronomètre. *Mil: E. in range*, écart *m* en portée. *Vertical e.*, écart en hauteur. **To make, commit, an error,** faire, commettre, une erreur; commettre une méprise; se tromper. *It is an e. to suppose that . . .*, on aurait tort de croire que. . . . *P: He's a fool* **and no error,** c'est un imbécile, pas d'erreur! *See also* ALLOWANCE[1] 3, TRIAL 2. (*b*) *Jur:* Erreur judiciaire; mal-jugé *m*. **Writ of error,** lettres *fpl* de révision; renvoi *m* en révision (d'un procès au criminel). **2.** (*Mistaken condition*) (*a*) **To be in error,** être dans l'erreur; avoir tort. **To run, fall, into error,** tomber dans l'erreur, se tromper. *To lead s.o. into e.*, induire qn en erreur. **To catch s.o. in error,** prendre qn en faute. **Goods sent in error,** marchandises envoyées par erreur. (*b*) **He has seen the error of his ways,** il est revenu de ses égarements. **3.** Écart (de conduite). **Errors of youth,** erreurs, écarts, de jeunesse.
Erse [əːrs], *a. & s. Ling:* Erse (*m*). (Dialecte celtique (i) *A:* des Highlands d'Écosse, (ii) de l'Irlande.)
erstwhile ['əːrsthwail], *adv. A. & Poet:* Autrefois, jadis; *A:* naguère(s). *Her e. lover*, son prétendu d'autrefois, d'antan.
erubescence [eru'bes(ə)ns], *s.* Érubescence *f*.
erubescent [eru'bes(ə)nt], *a.* Érubescent.
eruct [i'rʌkt], **eructate** [i'rʌkteit], *v.tr. & i.* Éructer; *F:* roter.
eructation [iːrʌk'teiʃ(ə)n], *s.* Éructation *f*, renvoi *m*; *F:* rot *m*.
erudite ['erudait], *a.* Érudit, savant. **-ly,** *adv.* D'une manière érudite, savante; savamment, doctement.
erudition [eru'diʃ(ə)n], *s.* Érudition *f*. *Work of monumental e.*, vrai monument d'érudition; *F:* vrai travail de bénédictin.
erupt [e'rʌpt], *v.i.* **1.** (*Of teeth*) Percer. **2.** (*Of volcano*) Entrer en éruption; faire éruption.
eruption [e'rʌpʃ(ə)n], *s.* **1.** (*a*) Éruption *f* (d'un volcan, d'un geyser, des passions). (*b*) Éclat *m*, accès *m* (de colère, de gaieté, etc.). (*c*) *A:* Ruée *f* (de barbares, de hordes sauvages). **2.** (*a*) *Med:* Éruption, poussée *f* (de boutons); efflorescence *f* de la rougeole, etc.). (*b*) *Physiol:* Éruption (des dents).
eruptional [e'rʌpʃənəl], *a.* (*Of shock, tremor, etc.*) Qui se rapporte à l'éruption; dû à l'éruption.
eruptive [e'rʌptiv], *a. Med: Geol:* (*Of disease, rock, etc.*) Éruptif. **-ly,** *adv.* D'une manière éruptive.
eruptiveness [e'rʌptivnəs], *s.* Caractère éruptif (d'un volcan, etc.).
-(e)ry [(ə)ri], *s.suff.* -erie *f*. **1.** (*Class of goods, trade, occupation, place, etc.*) *Bakery*, boulangerie. *Cutlery*, coutellerie. *Drapery*, draperie. *Fishery*, pêcherie. *Pottery*, poterie. **2.** *Coll.* (*Of pers.*) *Artillery*, artillerie. *Cavalry*, cavalerie. *Infantry*, infanterie. *Jewry*, juiverie. **3.** (*Action or state, usu. Pej:*) *Bigotry*, cagoterie. *Coquetry*, coquetterie. *Flattery*, flatterie. *Knavery*, friponnerie. *Mockery*, moquerie. *Monkery*, moinerie.
Erymanthus [eri'manθəs]. *Pr.n. A.Geog:* Érymanthe *m*.
eryngium [e'rindʒiəm], *F:* **eringo** [e'riŋgo], *s. Bot:* Érynge *m*, *F:* panicaut *m*.
erysimum [e'risiməm], *s Bot:* Érysimon *m*.
erysipelas [eri'sipiləs], *s. Med:* Érysipèle *m*, érésipèle *m*.
erysipelatous [erisi'pelətəs], *a. Med:* Érysipélateux.
erythema [eri'θiːma], *s. Med:* Érythème *m*.
erythraea [eri'θriːa], *s. Bot:* Érythrée *f*, *F:* petite centaurée.
Erythraean [eri'θriːən], *a. Geog:* **The Erythraean Sea,** la mer Érythrée.
erythrin [e'riθrin], *s. Ch:* Érythrine *f*.
erythrite [e'riθrait], *s.* **1.** *Miner:* Érythrine *f*, cobaltocre *m*; cobalt arséniaté. **2.** *Ch:* Érythrite *f*.
erythrocarpous [eriθro'kɑːrpəs], *a. Bot:* Érythrocarpe.
erythronium [eri'θrouniəm], *s. Bot:* Érythrone *m*; *F:* dent-de-chien *f*.
erythrosine [e'riθrosin], *s. Ch:* Érythrosine *f*.
Erzerum ['ɛərzəruːm]. *Pr.n. Geog:* Erzeroum *f*.
Esau ['iːsɔː]. *Pr.n.m.* Ésaü.
escalade[1] [eska'leid], *s.* Escalade *f*.
escalade[2], *v.tr.* Escalader.
escalator ['eskaleitər], *s.* Escalier roulant à marches mobiles; trottoir roulant; *Rail:* escalator *m*. *See also* COMB[1] 2.
escallop [es'kɔləp], *s.*, **escalloped** [es'kɔləpt], *a.* = SCALLOP[1], *scalloped, q.v. under* SCALLOP[2].
escapade [eska'peid], *s.* Escapade *f*; *F:* frasque *f*, fredaine *f*.
escape[1] [es'keip], *s.* **1.** (*a*) Fuite *f*, évasion *f*; (*from enemy, etc.*) dérobade *f*. **To make, effect, one's escape,** s'échapper, se sauver. *To invent a plan of e.*, inventer, imaginer, un moyen de s'échapper, un moyen d'évasion. *To make good one's e.*, réussir, parvenir, à s'échapper. *Jur:* **Escape warrant,** mandat *m* d'arrestation d'un prisonnier échappé. (*b*) **To have a narrow escape,** l'échapper belle; en revenir d'une belle; (*of sick person*) revenir de loin. *He had a narrow e.*, il l'a eue chaude, il l'a échappé belle. *He had a narrow e. from falling*, il a failli tomber; il s'en est fallu de peu qu'il ne tombât, peu s'en faut, il s'en faut de peu, qu'il ne soit tombé. *To have a miraculous e.*, échapper comme par miracle. *I owe my e. to . . .*, je dois mon salut, ma délivrance, à. . . . *There is no* (*mode, way, of*) *e. from it*, il n'y a pas moyen d'y échapper, de s'y soustraire; il faut en passer par là. **Way of escape,** issue *f*. *Doom from which there is no e.*, destin *m* inéluctable. (*c*) Échappement *m*, fuite, dégagement *m*, déperdition *f* (de gaz, d'eau, etc.). *E. of light*, filtrée *f* de lumière. **2.** **(Fire-)escape,** échelle *f* de sauvetage. **3.** *Hyd.E:* Déversoir *m*. **4.** *Bot:* **Garden escape,** plante cultivée qui s'est propagée hors des jardins.
es'cape-gas, *s.* Gaz *m* d'échappement.
es'cape-pipe, *s.* Tuyau *m* d'échappement.
es'cape-valve, *s.* Soupape *f* d'échappement, de décharge; soupape de trop-plein; clapet *m* de sûreté; *Mch:* détendeur *m* (de pression, de vapeur).
es'cape-wheel, *s. Clockm:* Roue *f* de rencontre.
escape[2]. **1.** *v.i.* (*a*) Échapper, s'échapper, prendre la fuite. *To e. from, out of, prison*, s'échapper de prison; s'évader. *To e. from one's warders*, échapper à ses gardiens. *To e. to the mountains*, gagner les montagnes. **Escaped prisoner,** évadé, -ée. *An escaped convict*, un forçat évadé. (*b*) **To escape by the skin of one's teeth,** échapper de bien près; échapper tout juste; s'en tirer tout juste. *To e. uninjured, with a broken arm*, s'en tirer sans aucun mal, avec un bras cassé. *He escaped with a fright*, il en a été quitte pour la peur. (*c*) (*Of gases, fluids*) Se dégager; s'échapper, fuir; se perdre. **2.** *v.tr.* (*a*) (*Of pers.*) Échapper à (un danger, sa destinée). **To escape pursuit,** échapper aux poursuites; se dérober aux poursuites. *He narrowly escaped death*, il a échappé tout juste à la mort; il a frisé la mort; il a été bien près de la mort. *To e. doing sth.*, éviter de, se dispenser de, faire qch. **He just escaped being killed,** il s'en est fallu de bien peu qu'il ne fût tué; il a bien failli être tué; il a manqué (de) se faire tuer. *To e. observation*, se dérober aux regards. *To e. s.o.'s suspicions*, se soustraire aux soupçons de qn. *Doom that cannot be escaped*, sort inéluctable; sort auquel on ne peut échapper. (*b*) (*Of thgs*) **To escape notice,** échapper à l'attention; passer inaperçu. *It will not have escaped the notice of anyone that . . .*, il n'aura échappé à personne que. . . . *Fact that had hitherto escaped notice*, fait jusqu'alors inobservé. **That fact escaped me,** ce fait m'avait échappé. *See also* MEMORY 1. (*c*) **An oath, a cry, escaped him, escaped his lips,** il laissa échapper un juron, un cri. *Not a word escaped his lips; not a word escaped him*, pas un mot n'échappa, ne s'échappa, de ses lèvres. *This word escaped me, I admit*, ce mot m'est échappé, j'en conviens. *A tear escaped her*, une larme s'échappa de ses yeux.
escaping, *s.* Évasion *f* (d'un prisonnier); échappement *m* (de vapeur); dégagement *m* (de gaz).
escape[3], *s. Arch:* Congé *m* (d'une colonne).
escapee [eskei'piː], *s.* Évadé, -ée.
escapement [es'keipmənt], *s.* **1.** Déversoir *m* (du trop-plein d'énergie de qn, etc.). **2.** (*a*) *Clockm: etc:* Échappement *m* (d'une pendule, d'un piano, etc.). *Clockm:* **Hook escapement,** (échappement à) virgule *f*. (*b*) *Typewr:* Espacement *m*.
escarp[1] [es'kɑːrp], *s.* (*a*) *Fort:* Escarpe *f*. (*b*) Talus *m*.
escarp[2], *v.tr.* (*a*) *Fort:* Escarper (un glacis, etc.). (*b*) Escarper, taluter (un remblai, etc.).
escarpment [es'kɑːrpmənt], *s.* Escarpement *m*; talus *m*.
-escence ['esəns], *s.suff.* -escence *f*. *Effervescence*, effervescence. *Intumescence*, intumescence. *Putrescence*, putrescence.

-escent ['esənt], *a.suff.* -escent. *Alkalescent*, alcalescent. *Deliquescent*, déliquescent. *Effervescent*, effervescent. *Fluorescent*, fluorescent. *Iridescent*, iridescent.
eschar ['eskɑːr], *s. Med:* Escarre *f*; *A:* eschare *f*.
escharotic [eskə'rɔtik], *a. & s. Med:* Esc(h)arotique (*m*); caustique (*m*).
eschatocol [e'skatokɔl], *s.* Protocole final, eschatocole *m* (d'une charte).
eschatological [eskato'lɔdʒik(ə)l], *a. Theol:* Eschatologique.
eschatology [eskə'tɔlodʒi], *s. Theol:* Eschatologie *f*.
escheat¹ [es'tʃiːt], *s. Jur:* **1.** (*a*) Déshérence *f*; dévolution *f* d'héritage à l'État. **Right of escheat,** (droit *m* d') aubaine *f*. (*Of estate*) **To revert by escheat to s.o.,** échoir, obvenir, à qn. (*b*) *Hist:* (*Scot.*) Confiscation *f* de biens. **2.** Bien (tombé) en déshérence; succession dévolue à l'État.
escheat². **1.** *v.tr.* Confisquer (une succession, etc.). **To escheat an estate to s.o.,** faire échoir une succession à qn. **2.** *v.i. Jur:* (*a*) (*Of estate, etc.*) Tomber en déshérence; revenir à l'État, à la Couronne. *Escheated succession*, succession dévolue à l'État. (*b*) Échoir, obvenir (*to*, à).
escheatable [es'tʃiːtəbl], *a. Jur:* (*Of estate, property*) Susceptible de déshérence.
escheatment [es'tʃiːtmənt], *s. Jur:* Déshérence *f*; dévolution *f* (d'un héritage) à l'État.
eschew [es'tʃuː], *v.tr.* Éviter (qch.); renoncer à (qch.); s'abstenir de (qch.). *You will have to e. wine*, il vous faudra renoncer au vin, vous abstenir de boire du vin. *E. evil!* ne faites point le mal!
eschewing, *s.* Abstention *f* (*of*, de).
eschscholtzia [e'ʃɔltsiə], *s. Bot:* Eschscholzie *f*.
escort¹ ['eskɔːrt], *s. Mil: etc:* Escorte *f*; *F:* (*to a lady*) cavalier *m*. **Under the escort of . . .,** sous l'escorte de . . ., *F:* sous la conduite de. . . . *To conduct a prisoner under e.*, conduire un prisonnier sous escorte. *Mil:* **Special escort** (*of artillery*), soutien spécial. *Navy:* **Escort vessel,** vaisseau *m* d'escorte; escorteur *m*.
escort² [es'kɔːrt], *v.tr.* (*a*) Escorter, faire escorte à, servir d'escorte à (un général, un convoi). *To e. a lady*, servir de cavalier à une dame. *To e. a prisoner*, conduire un prisonnier sous escorte. *To e. s.o. on horseback*, suivre qn à cheval. *Escorted by the maid they go for a walk*, sous la conduite de la bonne ils font une promenade. *I will e. you home*, je vais vous reconduire, je vais vous accompagner jusque chez vous. (*b*) *U.S: F:* Courtiser (une jeune fille).
escribed [iːs'kraibd], *a. Mth:* **Escribed circle,** cercle exinscrit.
escritoire [eskri'twɑːr], *s. Furn:* Secrétaire *m*; bureau *m* (de salon); *A:* écritoire *f*, bonheur-du-jour *m*, *pl.* bonheurs-du-jour.
escrow [esk'rou], *s. Jur:* Engagement *m* sous seing-privé confié à un tiers pour être livré au destinataire lors de la réalisation de certaines conditions spécifiées.
esculent ['eskjulənt], *a. & s.* Comestible (*m*); esculent (*m*).
esculin ['eskjulin], *s. Ch:* Esculine *f*.
escutcheon [es'kʌtʃ(ə)n], *s.* **1.** (*a*) *Her:* Écu *m*, écusson *m*; cartel *m* d'armoiries. *To sully, besmirch, one's e.*, ternir, salir, son blason. (*b*) *N.Arch:* Écusson (de la poupe); tableau *m*. **2.** *Tchn:* Écusson, entrée *f* (de serrure); (rondelle *f*) cache-entrée *f inv*, rouet *m* (de serrure). **3.** *Husb:* **(Milk-)escutcheon,** écusson (d'une vache).
Esdras ['ezdrəs]. *Pr.n.m. B.Hist:* Esdras.
-ese ['iːz], *a. & s.suff.* **1.** (*a*) -ois *m*, -oise *f*. *Chinese*, Chinois. *Pekinese*, Pékinois. *Siamese*, Siamois. *Viennese*, Viennois. (*b*) -ais *m*, -aise *f*. *Japanese*, Japonais. *Milanese*, Milanais. *Portuguese*, Portugais. **2.** *F:* *Johnsonese*, style pompeux à la manière du docteur Johnson. *Journalese*, style de journaliste. *Telegraphese*, style télégraphique. *Translationese*, style de traduction.
Eskimo, *pl.* **-o(e)s** ['eskimo, -ouz], *a. & s.* (*pl. also* **Eskimo**) *Ethn: Geog:* Esquimau (*m*), -aux. *E. woman*, femme *f* esquimau. *E. dog*, chien *m* esquimau.
esoteric(al) [eso'terik(əl)], *a.* Ésotérique; secret. **-ally**, *adv.* D'une façon ésotérique; secrètement.
esoterism [e'sɔtərizm], *s.* Ésotérisme *m*.
espadrille [espə'dril], *s. Bootm:* Espadrille *f*.
espagnolette [espanjo'let], *s.* Espagnolette *f*; targette *f* à l'espagnole; crémone *f*, bascule *f* (d'une fenêtre).
espalier [es'paljər], *s.* Espalier *m* ((i) treillis, (ii) arbre). **On an espalier,** en espalier.
esparto(-grass) [es'pɑːrto(grɑːs)], *s. Bot: Ind:* Spart(e) *m*; alfa *m*; lygée *f*. *E.-grass products*, sparterie *f*. *E. slipper*, espadrille *f*.
especial [es'peʃ(ə)l], *a.* Spécial, -aux; particulier. *Of e. importance*, d'une importance toute particulière. **In especial,** surtout; en particulier. **-ally**, *adv.* Surtout, particulièrement. *You ought to go for a long voyage, (more) e. as you are well-to-do*, vous devriez faire un grand voyage, d'autant plus que, *F:* surtout que, vous êtes riche.
Esperantist [espe'rantist], *a. & s. Ling:* Espérantiste (*mf*).
Esperanto [espe'ranto], *s. Ling:* Espéranto *m*.
espial [es'paiəl], *s.* **1.** Espionnage *m* (par le trou de la serrure, etc.). **2.** Action *f* d'apercevoir (qn au loin).
espionage ['espionedʒ, espio'nɑːʒ], *s.* Espionnage *m*.
esplanade [esplə'neid], *s. Fort: etc:* Esplanade *f*.
espousal [es'pauz(ə)l], *s. A. & Lit:* **1.** *Usu. pl.* Épousailles *f*, accordailles *f*. **2.** **Espousal of a cause,** adoption *f* d'une cause; adhésion *f* à une cause.
espouse [es'pauz], *v.tr.* **1.** *Lit:* (*a*) Épouser (une femme). (*b*) *B:* **Espoused wife,** femme fiancée, promise. **2.** *A:* (*Of parent*) **To espouse one's daughter to s.o.,** marier sa fille à qn; donner sa fille en mariage à qn. **3.** *F:* Épouser, embrasser (une cause, un parti, une opinion).
espouser [es'pauzər], *s.* Défenseur, protecteur, -trice, partisan *m* (d'une cause, d'une doctrine).
esprit de corps [es'priːd(ə)'kɔːr], *s.* **To show esprit de corps,** faire preuve d'esprit de corps; soutenir l'honneur du corps.

espy [es'pai], *v.tr.* **1.** Apercevoir, aviser, entrevoir, (qn, qch.) au loin, dans le lointain. *In the field he espied a mare*, dans le champ il avisa une jument. **2.** Découvrir, remarquer (un défaut).
-esque ['esk], *a.suff.* -esque. *Arabesque*, arabesque. *Dantesque*, dantesque. *Donjuanesque*, donjuanesque. *Turneresque*, digne de Turner; à la manière du peintre Turner.
Esquiline ['eskwilain], *a. & s. A.Geog:* **The Esquiline (Hill),** le mont Esquilin.
Esquimo ['eskimo], *a. & s.* = Eskimo.
esquire [es'kwaiər], *s.* **1.** *A:* Écuyer *m* (servant). **2.** Titre *m* honorifique d'un "gentleman." (Le nom de famille doit être précédé du prénom, mais non de "*Mr*" ni d'aucun autre titre.) *John W. Smith, Esq.* = Monsieur John W. Smith.
ess, *pl.* **esses** [es, 'esiz], *s.* (La lettre) s. *See also* S.
-ess [es], *s.suff.* (*Forming fem. nouns from masc.*) **1.** -esse. *Hostess*, hôtesse. *Priestess*, prêtresse. *Mayoress*, *F:* mairesse. *F. & Hum:* *Fellow-citizeness*, concitoyenne. *Millionairess*, femme millionnaire. *Saints and saintesses*, saints et saintes. **2.** -euse. *Embroidress*, brodeuse. **3.** -ice. *Actress*, actrice. *Directress*, directrice. *Inspectress*, inspectrice. *Protectress*, protectrice. **4.** -(i)ère. *Adventuress*, aventurière. *Sorceress*, sorcière. **5.** -e. *Baroness*, baronne. *Giantess*, géante. *Jewess*, juive. *Lionesse*, lionne. *Patroness*, patronne.
essay¹ ['esei], *s.* **1.** Essai *m*, effort *m*; tentative *f* (*at*, de). **My first essay at authorship,** mes débuts comme écrivain. **2.** (*a*) *Lit:* Essai. (*b*) *Sch:* Dissertation *f*; composition *f* (littéraire).
essay² [e'sei], *v.tr. Lit:* **1.** Mettre (qn, qch.) à l'épreuve. **2.** Essayer (*sth., to do sth.*, qch., de faire qch.).
essayist ['eseiist], *s. Lit:* Essayiste *mf*; auteur *m* d'essais.
essence ['es(ə)ns], *s.* **1.** *Phil: Theol:* Essence *f*. *Metaphysics in conformity with the true e. of things*, métaphysique conforme à l'être, à l'essence, véritable des choses. **The essence of the matter,** le fond de l'affaire. *F:* *The e. of a book*, le suc, la moelle, d'un livre. *Money is the e. of business*, l'argent est l'âme des affaires. *His letter was the e. of nonsense*, sa lettre était la sottise même, le comble de l'absurdité. *Jur:* **Time is of the essence of the contract,** le temps est de l'essence du contrat; il est important de faire vite. *Jur:* **Essence of a crime,** qualité substantielle d'un crime. **2.** *Ch: Cu: etc:* Essence, extrait *m*. **Meat essence, extrait de viande.**
Essene [e'siːn], *s. B.Lit:* Essénien *m*.
Essenian [e'siːnjən], *a.* Essénien.
Essenism ['esənizm], *s.* Essénisme *m*, ascétisme *m*.
essential [e'senʃ(ə)l]. **1.** *a.* (*a*) (*Of difference, etc.*) Essentiel. (*b*) Essentiel, indispensable; capital, -aux. **Essential data,** données essentielles. **Essential foodstuffs,** denrées *f* de première nécessité. **Essential tool,** outil *m* de première utilité. **The essential point,** le point capital. *The e. part of a doctrine*, l'essence *f* d'une doctrine. **It is essential that . . .,** il est capital que, il importe (au premier chef) que, il est indispensable que + *sub*. *It is e. to do that*, il est de toute nécessité de faire cela. **The essential thing,** l'essentiel *m*. *Prudence is e.*, la prudence est de commande; la prudence s'impose. *The e. influence of climate*, l'influence capitale du climat. *The e. feature of this policy . . .*, le fond de cette politique. . . . *Ecc:* **The essential vows,** les vœux *m* de la religion, les vœux monastiques, les trois vœux. (*c*) *See* oil¹ 5. **2.** *s. Usu. pl.* **To fasten on to essentials,** s'attacher à l'essentiel. *One of the essentials of a business man*, une des qualités indispensables à un homme d'affaires. **-ally**, *adv.* Essentiellement; au premier chef.
essentiality [esenʃi'aliti], *s.* Essentialité *f*.
esses ['esiz], *s. Tp:* (La lettre) s.
-est [əst], *a. & adv. suff. forming superlatives.* **Hardest,** le plus dur. *Lightest*, le plus clair. *Longest*, le plus long.
establish [es'tabliʃ], *v.tr.* **1.** (*a*) Affermir (sa foi); asseoir (des fondements, son crédit, son pouvoir). **To establish a reign of Justice,** instaurer le règne de la justice. (*b*) *Jur:* Confirmer, ratifier (un testament). **To establish one's right,** faire apparoir son bon droit. **2.** Établir (un gouvernement); édifier (un système); fonder (une maison de commerce); créer, instituer (une agence); constituer (une société, un tribunal); mettre sur pied (une paix). *Sch:* **To establish a new chair,** créer une nouvelle chaire. *To e. a tax on tobacco*, mettre un impôt sur le tabac. *To e. close relations with s.o.*, nouer des relations avec qn. *To e. a reputation for scholarship*, se faire une réputation de savant. *To e. s.o.'s reputation* (*as an author, etc.*), poser qn. *The custom has been, has become, established to . . .*, la coutume s'est établie, s'est introduite, de. . . . *To e. a doctrine on . . .*, élever une doctrine sur. . . . **To establish s.o., oneself** (*in business, etc.*), établir qn, s'établir. *To e. oneself in the country*, s'installer à la campagne. *To e. oneself in a job*, s'ancrer dans un emploi. *To e. oneself in s.o.'s house*, s'introniser chez qn. **3.** Établir, avérer (un fait); démontrer (la vérité d'une proposition, l'identité de qn); constater (la réalité d'un fait). **To establish a charge, s.o.'s innocence,** établir une accusation, l'innocence de qn. *It was established that the parcel contained nothing suspicious*, le paquet fut reconnu ne contenir rien de suspect. *The enquiry has enabled me to e. the following facts*, l'enquête m'a amené aux constatations suivantes. *The facts established by the inquiry*, les faits qui résultent des informations. *The roll call establishes that* 200 *were present*, l'appel nominal constate deux cents présences. **4.** (*a*) Ériger (une Église) en Église d'État; établir (une Église). (*b*) **To establish a city as a free city,** constituer une ville en ville libre.
established [es'tabliʃt], *a.* Établi. **Established reputation,** réputation solide, bien établie. *Well-e. business, friendship*, maison *f*, amitié *f*, solide. **Established fact,** fait avéré; fait constant; fait acquis. *E. scientific fact*, fait acquis à la science. **Established bookseller,** *etc.*, libraire, etc., patenté. *Well-e. fortune*, fortune bien assise. **Man of established position,** homme *m* solide, considérable. *Jur:* **Witness of well-established position,** témoin patenté (commerçant ou membre d'une profession libérale). *See also* church¹ 2, religion.

establishing, *s.* = ESTABLISHMENT I.

establishment [es'tabliʃmənt], *s.* **1.** (*a*) Affermissement *m* (de sa foi); confirmation *f*, ratification *f* (d'un testament); constatation *f* (d'un fait, etc.). (*b*) Établissement *m* (d'un gouvernement, d'une industrie, d'une Église); création *f* (d'un système, d'un bureau); fondation *f* (d'une maison de commerce); constitution *f* (d'une société); assiette *f* (d'un impôt). **2.** Établissement, maison *f*. **Charitable establishment,** maison de charité. **Business establishment,** maison de commerce. **Establishment charges,** frais généraux, dépenses *f* de la maison. **Private establishment,** maison particulière. *He keeps a separate e.* (*for a mistress*), il a un ménage en ville. *He has enlarged his e.*, il a augmenté sa maison. **To keep up an establishment,** tenir maison; avoir un grand train de maison. *One must have tons of money to keep up such an e.*, il faut des mille et des cents pour supporter un train de maison pareil. **3.** (*a*) Personnel *m* (d'une maison); train *m* (de maison). **To be on the establishment,** (i) faire partie du personnel; (ii) *Typ:* être en conscience. *Typ:* **Establishment hand,** ouvrier *m* en conscience. (*b*) *Mil: Navy:* Effectif *m* (d'une unité, etc.). **War establishment, peace establishment,** effectifs de guerre; effectifs de paix, en temps de paix. *On a war, a peace, e.*, sur le pied de guerre, de paix. *To bring up a division to war e.*, porter une division à l'effectif de guerre. **4. The (Church) Establishment,** l'Église établie. **5.** *Astr:* **Establishment of a port,** établissement du port; établissement des marées (dans un certain port).

estate [es'teit], *s.* **1.** État *m*, condition *f*. **Man's estate,** l'âge viril; l'âge d'homme. *To have arrived at woman's e.*, être une femme faite. **The holy estate of matrimony,** le saint état de mariage. **2.** Rang *m*, condition. **Of high, low, estate,** de haut rang, d'humble condition. **To fall from one's high estate,** déchoir du rang que l'on a occupé. *Fallen from his high e.*, déchu de son ancienne splendeur. **3.** *Fr.Hist:* **The Estates (of the Realm),** les états, les ordres (de l'ancien régime). **The Third Estate,** le Tiers (État), la bourgeoisie. *F:* **The Fourth Estate,** le journalisme, la Presse; le quatrième pouvoir. **4.** *Jur:* (*a*) Bien *m*, domaine *m*, immeuble *m*. **Estate free from incumbrances,** immeuble sans servitudes, charges, ni hypothèques. **Personal estate,** biens mobiliers, biens meubles; biens personnels. **Life estate,** biens en viager. *See also* JOINT[3] I, REAL[2] I. 2. (*b*) Succession *f*, masse *f* des biens (d'un défunt). **Estate duty,** droits *mpl* de succession. (*c*) Actif *m* (d'un failli). **5.** (*a*) Terre *f*, propriété *f*, bien. **Country house and estate for sale,** à vendre château et domaine. (*b*) **New housing estates outside London,** nouvelles cités à la périphérie de Londres.

es'tate-agency, *s.* Agence *f* de location; agence immobilière; bureau *m* de vente d'immeubles, de lotissements.

es'tate-agent, *s.* **1.** Agent *m* de location, de vente d'immeubles; courtier *m* en immeubles; agent immobilier. **2.** Administrateur foncier.

es'tate-office, *s.* **1.** = ESTATE-AGENCY. **2.** Bureau *m* de l'administrateur foncier.

esteem[1] [es'tiːm], *s.* Estime *f*, considération *f*. **To hold s.o. in high esteem,** avoir qn en haute estime; estimer beaucoup qn. *To profess great e. for s.o.*, professer une haute, une grande, estime pour qn. *To hold s.o. in low e.*, mésestimer qn; estimer peu qn. *Held in no e.*, mal vu, peu estimé. **To rise, fall, in s.o.'s esteem,** monter, baisser, dans l'estime de qn.

esteem[2], *v.tr.* **1.** Estimer (qn); priser (qch.). **Much as I esteem you . . .,** si grande que soit pour vous mon estime . . .; quelque estime que j'aie pour vous. . . . *To e. sth. lightly*, faire peu de cas de qch. *Man highly esteemed*, homme fort estimé; homme considéré, bien vu. *Com:* **Your esteemed favour,** votre honorée. **2.** Estimer, regarder, considérer (*sth. as sth.*, qch. comme qch.). *To e. oneself happy*, s'estimer heureux.

ester ['estər], *s.* *Ch:* Éther composé; **ester** *m*. **Cellulose ester,** éther de cellulose.

Esther ['estər]. *Pr.n.f.* Esther.

Esthonia [es'θounia]. *Pr.n.* *Geog:* L'Est(h)onie *f*.

Esthonian [es'θouniən], *a.* & *s.* *Geog:* Est(h)onien, -ienne.

estimable ['estiməbl], *a.* Estimable, digne d'estime. *Not very e. person*, personne *f* peu recommandable.

estimate[1] ['estimet], *s.* **1.** Appréciation *f*, évaluation *f*, calcul *m* (des pertes, du contenu de qch., de la force de qch.). *To form a correct e. of sth.*, se former, se faire, une idée exacte de qch. *You have formed a wrong e. of my worldly circumstances*, vous vous êtes fait une idée fausse de ma situation de fortune. **Rough estimate,** évaluation en gros; approximation grossière. *These figures are only a rough e.*, ces chiffres sont très approximatifs. **On, at, a rough estimate,** par aperçu; *F:* à vue de nez, à vue d'œil. **At the lowest estimate,** au bas mot. *See also* OVER-ESTIMATE[1]. **2.** *Com:* Devis (estimatif); état estimatif; état appréciatif. *Building e.*, devis de construction. *Printing e.*, devis d'imprimerie. **Preliminary estimate, rough estimate,** devis de prévision; devis approximatif; avant-projet *m*. **Estimate on demand,** devis sur demande. **To put in an estimate,** donner un devis; soumissionner. **Estimate of expenditure,** chiffre prévu pour les dépenses. *Pol:* **The Estimates,** les prévisions *f* budgétaires; les crédits *m*. **Naval estimates, Navy estimates,** budget *m* de la marine. **Supplementary estimates,** crédits supplémentaires.

estimate[2] ['estimeit], *v.tr.* Estimer, évaluer, apprécier (les frais); apprécier (une distance, etc.); évaluer (une forêt, la production d'un puits à pétrole, etc.); mesurer (une influence). *To e. distance by the eye*, mesurer la distance à la vue. *To e. sth. at so much*, estimer, calculer, qch. à tant. *His fortune is estimated at . . .*, on évalue sa fortune à. . . . *The phenomenon was estimated to have lasted five minutes*, la durée du phénomène a été évaluée à cinq minutes. *I e. that it will take three years*, j'estime que cela prendra trois ans, qu'il faudra trois ans. **Estimated cost,** coût estimatif. *A fortune impossible to e.*, une fortune impossible à évaluer. *See also* OVER-ESTIMATE[2].

estimating, *s.* Estimation *f*, appréciation *f*, évaluation *f*, calcul *m* (des frais, etc.).

estimation [esti'meiʃ(ə)n], *s.* **1.** = ESTIMATING. **2.** (*a*) Jugement *m*. **In my estimation,** d'après moi; à mon avis; à mon idée. (*b*) Estime *f*, considération *f*. **To hold s.o. in estimation,** tenir qn en grande estime. *He is rising in the e. of the public*, il remonte dans l'estime du public; *F:* ses actions sont en hausse. *See also* FALL[2] 3 (*d*).

estimative ['estimətiv], *a.* Estimatif.

estimator ['estimeitər], *s.* Appréciateur *m*; estimateur *m*.

estimatory ['estimətəri], *a.* Estimatoire.

estivage ['estivedʒ], *s.* *Nau:* Estivage *m* (de la cargaison).

estival ['estivəl, es'taivəl], *a.* = AESTIVAL.

estop [es'tɔp], *v.tr.* (**estopped; estopping**) (*Usu. in passive*) *Jur:* Opposer une exception, une fin de non-recevoir, à (qn). **To be estopped from sth., from doing sth.,** être exclus de qch.; être empêché de faire qch.

estoppage [es'tɔpedʒ], *s.* *Jur:* Exclusion *f*, empêchement *m*.

estoppel [es'tɔpəl], *s.* *Jur:* Fin *f* de non-recevoir; exception *f*; non-recevabilité *f*, irrecevabilité *f*.

estovers [es'touvərz], *s.* *Jur:* **1.** Bois *m* nécessaire pour l'entretien de la maison et pour les besoins domestiques; portion affouagère. **Common of estovers,** droit *m* de couper le taillis; affouage *m*. *Section of forest conceded as e.*, portion affouagère. *Wood that may be taken by e.*, bois affouagé. **Allotment of estovers,** affouagement *m*. **2.** Pension *f* alimentaire d'une veuve, d'une femme séparée.

estrada [es'trɑːda], *s.* Sentier *m* (d'une plantation caoutchoutière).

estrade [es'trɑːd], *s.* Estrade (basse).

estrange [es'treindʒ], *v.tr.* (*a*) **To estrange s.o.,** s'aliéner l'estime, l'affection, de qn. *He has estranged all his relations*, il s'est aliéné tous ses parents. *His conduct estranged him from his friends*, sa conduite lui aliéna l'estime de ses amis. **To become estranged from s.o., sth.,** se détacher de qn, qch. *They have become estranged*, ils sont devenus des étrangers l'un pour l'autre; ils ne se connaissent plus. *To live estranged from the world*, vivre dans l'éloignement du monde, retiré du monde, dans la retraite. (*b*) *To e. s.o. from s.o.*, indisposer qn contre qn.

estranged, *a.* (Cœur, etc.) aliéné. *E. friends*, amis brouillés.

estrangement [es'treindʒmənt], *s.* Aliénation *f* (de qn); éloignement *m* (de deux personnes); brouille *f* (*between*, entre). *Temporary e.*, brouille passagère.

estreat [es'triːt], *v.tr.* *Jur:* Copier un extrait (d'amende, de condamnation pécuniaire) et l'adresser à la Cour de l'Échiquier.

Estremadura [estrema'duːra]. *Pr.n.* *Geog:* L'Estrémadure *f*.

estuary ['estjuəri], *s.* Estuaire *m*.

esurience [e'sjuərjəns], **esuriency** [e'sjuərjənsi], *s.* Cupidité *f* famélique.

esurient [e'sjuərjənt], *a.* Famélique et cupide.

eta ['iːta], *s.* *Gr.Alph:* Êta *m*.

'eta patch, *s.* *Aer:* Patte *f* d'oie.

etaerio [e'tiːərio], *s.* *Bot:* Étairion *m*.

etcetera [et'setəra]. **1.** *Lt.phr.* (*abbr.* **etc.**) Et cætera. **2.** *s.* (*pl.* **etceteras**) Et cætera *m inv*; extras *mpl*. *Roast turkey with all the etceteras*, dinde rôtie avec tout ce qui s'ensuit.

etch [etʃ], *v.tr.* **1.** Graver (un dessin, etc.) à l'eau-forte. **To etch a plate,** mordre, faire mordre, une planche; graver une planche. *To e. a metal*, attaquer, ronger, un métal à l'acide. **To etch away the metal,** (i) enlever le métal à l'eau-forte; (ii) (*of acid*) attaquer le métal. **To etch off** (*a blemish, etc.*) *from a plate*, toucher une planche à l'eau-forte. **2.** *Abs.* Faire de la gravure à l'eau-forte.

etching, *s.* **1.** (*a*) Art *m* de graver à l'eau-forte. (*b*) Attaque *f* à l'acide; gravure *f* à l'eau-forte; gravure chimique. **Etching away of a plate by the acid,** attaque d'une plaque ou d'une planche par l'acide. **Etching-needle,** pointe sèche (à graver); style *m*. **Etching-bath,** bain graveur. **Etching-ground,** enduit *m* à graver. **Etching-varnish,** vernis *m* de graveur. *Cryst:* **Etching-figure,** figure *f* de corrosion. *Ind:* **Etching test,** essai *m* par corrosion. **2.** Estampe gravée à l'eau-forte; gravure *f* à l'eau-forte; gravure en creux; eau-forte *f*, *pl.* eaux-fortes. *See also* DRY-POINT[1].

etcher ['etʃər], *s.* Graveur *m* à l'eau-forte; graveur d'eaux-fortes; aquafortiste *mf*. *See also* LINE-ETCHER, TONE-ETCHER.

Eteocles [e'tioklіːz]. *Pr.n.m.* *Gr.Lit:* Étéocle.

eternal [i'təːrn(ə)l, iː-]. **1.** *a.* (*a*) Éternel. **The Father Eternal,** le Père éternel. *E. life*, la vie éternelle. *See also* CITY I. (*b*) *F:* Continuel, sans fin; sempiternel. *E. bickerings*, querelles sans fin, incessantes. *See also* TRIANGLE I. **2.** *s.* **The Eternal,** l'Éternel *m*, Dieu *m*. **-ally,** *adv.* Éternellement. *F: I shall be e. grateful to you*, je vous en aurai une reconnaissance éternelle, je vous serai infiniment reconnaissant. *He is e. complaining*, il se plaint éternellement, sans cesse.

eternality [itəː'naliti, iː-], *s.* Nature éternelle (d'une vérité).

eternalize [i'təːrnəlaiz, iː-], *v.tr.* = ETERNIZE.

eternity [i'təːrniti, iː-], *s.* (*a*) Éternité *f*; l'éternité. *See also* LAUNCH[3] I. *F: He kept me waiting for an e.*, j'ai attendu pendant une éternité, pendant des heures. (*b*) *pl.* **The eternities,** les vérités éternelles.

eternize [i'təːrnaiz, 'iːtərnaiz], *v.tr.* Éterniser; rendre éternel. *F: To e. s.o.'s memory*, éterniser, immortaliser, la mémoire de qn.

eternizing, *s.* Éternisation *f*.

Etesian [e'tiːʒjən], *a.* *Nau:* (Vent) étésien.

ethane ['eθein], *s.* *Ch:* Éthane *m*.

Ethel ['eθ(ə)l]. *Pr.n.f.* Ethel.

ether ['iːθər], *s.* Éther *m*. **1.** (*a*) *Ch:* *Com:* **Sulphuric ether,** éther sulfurique, ordinaire. **Methyl ether,** éther méthylique. (*b*) *Med:* **Ether mania,** éthéromanie *f*. **Ether addict, maniac,** éthéromane *mf*. **2.** *Ph:* *Waves in the e.*, ondes *f* de l'éther. **3.** *A.* & *Poet:* **The ether,** la voûte éthérée; la voûte céleste.

ethereal [i'θiːəriəl], *a.* **1.** (*Of regions, love, etc.*) Éthéré; (*of form, vision*) léger, impalpable; qui n'est pas de ce monde. **2.** *Ch:* (*a*) (*Of

liquid) Éthéré, volatil. **Ethereal oil,** huile essentielle. (*b*) **Ethereal salt,** éther composé.
ethereality [iθiːəri'æliti], *s.* Légèreté éthérée (d'une vision, etc.).
etherealize [i'θiːəriəlaːiz], *v.tr.* Donner à (qch.) la légèreté de l'éther. *To e. a passion,* élever une passion au-dessus des choses de ce monde.
etherification [iːθərifi'keiʃ(ə)n], *s. Ch:* Éthérification *f.*
etherify ['iːθərifai], *v.tr. Ch:* Éthérifier.
etherism ['iːθərizm], *s. Med:* Éthérisme *m.*
etherization [iːθərai'zeiʃ(ə)n], *s. Med: Pharm:* Éthérisation *f. Med:* Anesthésie *f* (à l'éther).
etherize ['iːθəraːiz], *v.tr. Med: Pharm:* Éthériser (un malade, l'alcool); *Med:* endormir (un malade).
etheromania [iːθəro'meiniə], *s.* Éthéromanie *f.*
ethic(al) ['eθik(əl)], *a.* **1.** Moral, -aux. *To rise to a higher e. standard,* se moraliser. *Denial of all e. principles,* amoralisme *m.* **Ethical writer,** moraliste *m.* **2.** *Gram:* **Ethic dative,** datif *m* éthique. **-ally,** *adv.* D'après (les doctrines de) la morale.
ethics ['eθiks], *s.pl.* (*Usu. with sg. const.*) Éthique *f*, morale *f.*
ethionic [iːθi'ɔnik], *a. Ch:* (Acide *m*) éthionique.
Ethiopia [iːθi'oupiə]. *Pr.n. Geog:* L'Éthiopie *f.*
Ethiopian [iːθi'oupiən], *a. & s. Ethn: Geog:* Éthiopien, -ienne.
Ethiopianism [iːθi'oupiənizm], *s.* Éthiopianisme *m*; mouvement *m* qui vise à "l'Afrique aux Africains."
Ethiopic [iːθi'ɔpik], *a.* (Langue *f*, église *f*) éthiopique.
ethmoid ['eθmɔid], *a. Anat:* (Os) ethmoïde, spongieux, cribleux. **The ethmoid (bone),** l'(os) ethmoïde *m.*
ethnic(al) ['eθnik(əl)], *a.* **1.** *Rel.Hist:* (*Usu.* **ethnic**) Ethnique, gentil. **2.** Ethnique, ethnologique. **-ally,** *adv.* Du point de vue ethnologique.
ethnographer [eθ'nɔgrəfər], *s.* Ethnographe *mf.*
ethnographic(al) [eθno'grafik(əl)], *a.* Ethnographique.
ethnography [eθ'nɔgrəfi], *s.* Ethnographie *f.*
ethnological [eθno'lɔdʒik(ə)l], *a.* Ethnologique.
ethnologist [eθ'nɔlodʒist], *s.* Ethnologue *mf.*
ethnology [eθ'nɔlodʒi], *s.* Ethnologie *f.*
ethological [iːθo'lɔdʒik(ə)l], *a.* Éthologique.
ethologist [iː'θɔlodʒist], *s.* Éthologue *m.*
ethology [iː'θɔlodʒi], *s.* Éthologie *f*, éthographie *f.*
ethos ['iːθɔs], *s. Rh: A:* Éthos *m.* **Ethos and pathos,** l'éthos et le pathos.
ethyl ['eθil], *s. Ch:* Éthyle *m. E. oxide,* éther *m* sulfurique, ordinaire.
ethylamine ['eθilamin], *s. Ch:* Éthylamine *f.*
ethylene ['eθiliːn], *s. Ch:* Éthylène *m*; hydrure *m* d'éthyle. *E. hydrocarbons,* carbures *m* éthyléniques.
ethylic [e'θilik], *a. Ch:* Éthylique.
etiolate ['iːtioleit]. **1.** *v.tr.* Étioler (une plante, une personne). **2.** *v.i.* (*Of plants*) S'étioler.
etiolated, *a.* Étiolé; *F:* (*of person*) anémié.
etiolation [iːtio'leiʃ(ə)n], *s. Bot: etc:* Étiolement *m*, chlorose *f.*
etiology [iːti'ɔlodʒi], *s.* = AETIOLOGY.
etiquette ['etiket], *s.* (*a*) Étiquette *f*, cérémonial *m*, formes cérémonieuses; (les) convenances *f*; (*in diplomatic service*) le protocole. **Court etiquette,** le cérémonial de cour. *It is not e. to . . .*, il n'est pas d'étiquette, il n'est pas protocolaire, de. . . . *The exigencies of e., F:* les exigences *f* du protocole. (*b*) **The etiquette of the Bar,** les règles *f* du Barreau, de l'Ordre des avocats.
Etna ['etnə]. **1.** *Pr.n. Geog:* **Mount Etna,** le Mont Etna. **2.** *s.* Réchaud *m* à alcool; lampe *f* à esprit de bois.
Eton ['iːtən]. *Pr.n.* Eton. **Eton College,** l'école d'Eton (une des grandes "*public schools*"). *F:* **To go to Eton,** entrer à l'école d'Eton. *See also* COLLAR[1] 1, CROP[1] 4.
'Eton 'blue, *a. & s.* Bleu clair *inv.*
'Eton 'jacket, *s.* Veste noire courte et terminée en pointe dans le dos (portée par les élèves de l'école d'Eton).
Etonian [iː'tounjən], *s.m.* Élève (de l'école) d'Eton. **Old Etonian,** ancien élève d'Eton.
Etruria [i'truəriə]. *Pr.n. A.Geog:* L'Étrurie *f.*
Etrurian [i'truəriən], **Etruscan** [i'trʌskən], *a. & s. Geog:* Étrusque (*mf*); étrurien, -ienne.
Etruscologist [iːtrʌs'kɔlodʒist], *s.* Étruscologue *m.*
-ette ['et], *s.suff.* **1.** (*Forming diminutives*) *Cigarette,* cigarette. *Maisonnette,* petit appartement. *F: Sermonette,* petit sermon, courte allocution. *Widowette,* petite veuve. *Articlette,* petit article (de journal). **2.** (*Denoting a feminine*) *Brunette,* brune. *Suffragette,* suffragette. *F: Undergraduette,* étudiante. *The father is known as the Pumpkin, so his daughter is the Pumpkinette,* le père a été surnommé le Potiron, donc sa fille est la Potironne. **3.** (*Of imitation product*) (*a*) *Flannelette,* flanelle de coton. *Plushette,* peluche de coton. (*b*) *Often* simili-. *Leatherette,* similicuir.
etymological [etimo'lɔdʒik(ə)l], *a.* Étymologique. **-ally,** *adv.* Étymologiquement.
etymologist [eti'mɔlodʒist], *s.* Étymologiste *mf.*
etymologize [eti'mɔlodʒaːiz]. **1.** *v.tr.* Donner ou rechercher l'étymologie (d'un mot). **2.** *v.i.* Faire de l'étymologie.
etymology [eti'mɔlodʒi], *s.* Étymologie *f.*
etymon ['etimɔn], *s. Ling:* Racine *f*; mot *m* souche.
eu- [juː], *pref.* Eu-. *Eugenics,* eugénisme. *Euphony,* euphonie. *Eupeptic,* qui digère facilement, de digestion facile.
Euboea [ju'biːə]. *Pr.n. A.Geog:* L'Eubée *f.*
Euboean [ju'biːən], *a. & s. A.Geog:* Eubéen, -enne.
Euboic [ju'bouik], *a. A.Geog:* **The Euboic Sea,** la mer Euboïque.
eucaine ['juːkein, ju'kein], *s. Pharm:* Eucaïne *f.*
eucalyptol [jukə'liptɔl], *s. Ch:* Eucalyptol *m.*
eucalyptus [jukə'liptəs], *s.* **1.** *Bot:* Eucalyptus *m.* **2.** *Pharm:* **Eucalyptus oil,** *F:* **eucalyptus,** essence *f* d'eucalyptus.
eucharis ['juːkaris], *s. Bot:* **Eucharis(-lily),** eucharis *m.*
eucharist (the) [ði'juːkərist], *s. Ecc:* L'eucharistie *f.* **To receive the eucharist,** recevoir l'eucharistie, le saint sacrement.
eucharistic(al) [juːkə'ristik(əl)], *a.* Eucharistique. *See also* SACRIFICE[1] 2.
Euchite ['juːkait], *a. & s. Rel.Hist:* Messalien, -ienne; euchite *m.*
euchlorine [ju'klɔːriːn], *s. Ch:* Euchlorine *f.*
euchologion [juko'loudʒiən], **euchology** [ju'kɔlodʒi], *s. Ecc:* Euc(h)ologe *m.*
euchre[1] ['juːkər], *s. Cards:* Euchre *m.*
euchre[2], *v.tr.* **1.** *Cards:* (*At euchre*) Empêcher (son adversaire) de faire trois levées. **2.** *U.S: P:* **To euchre s.o.,** mettre qn dans une impasse; enfoncer qn. *To be euchred,* être dans une impasse, dans le pétrin.
Euclid ['juːklid]. **1.** *Pr.n.m.* Euclide. **2.** *s. F:* Géométrie (d'Euclide, euclidienne). *Paper in Euclid,* composition *f* de géométrie.
Euclidean [ju'klidiən], *a.* Euclidien; (géométrie) euclidienne.
eudemonism [ju'diːmənizm], *s.* Eudémonisme *m.*
eudemonist [ju'diːmənist], *s.* Eudémoniste *mf.*
eudiometer [juːdi'ɔmetər], *s. Ch:* Eudiomètre *m.*
eudiometric(al) [juːdio'metrik(əl)], *a.* Eudiométrique.
eudiometry [juːdi'ɔmetri], *s.* Eudiométrie *f.*
Eugene [ju'dʒiːn]. *Pr.n.m.* Eugène. *Hist:* **Prince Eugene,** le Prince Eugène.
eugenesis [ju'dʒenesis], *s.* Eugénésie *f.*
eugenic [ju'dʒenik], *a.* (Principe *m*) eugénésique; (question *f*) callipédique. **-ally,** *adv.* Du point de vue de l'eugénisme.
eugenics [ju'dʒeniks], *s.pl.* (*Usu. with sg. const.*) Eugénisme *m*, eugénique *f*, callipédie *f*; puériculture prénatale. *Treatise on e.*, traité *m* callipédique.
euhedral [ju'hiːdrəl], *a. Miner:* Automorphe.
Euhemerism [ju'hiːmərizm], *s. Gr.Phil:* Évhémérisme *m.*
Euhemerus [ju'hiːmərəs]. *Pr.n.m. Gr.Phil:* Évhémère.
Eulalia [ju'leiliə]. *Pr.n.f.* Eulalie.
Eulerian [ju'liːəriən], *a. Mth:* (Constante, intégrante) d'Euler.
eulogist ['juːlodʒist], *s.* Panégyriste *m.*
eulogistic(al) [juːlo'dʒistik(əl)], *a.* Élogieux.
eulogium [ju'loudʒiəm], **eulogy** ['juːlodʒi], *s.* Panégyrique *m.* **To pronounce a eulogy on s.o.,** faire l'éloge, le panégyrique, de qn.
eulogize ['juːlodʒaːiz], *v.tr.* (*a*) Faire l'éloge, le panégyrique, de (qn, qch.). (*b*) Adresser des éloges à (qn).
Eumenides (the) [ðiju'menidiːz]. *Pr.n.f.pl. Gr.Myth:* Les Euménides.
eumolpus-beetle [ju'mɔlpəs 'biːtl], *s. Ent:* Eumolpe *m*; *F:* gribouri *m*, écrivain *m.*
Eunice ['juːnis, *B:* ju'naisi]. *Pr.n.f.* Eunice.
eunuch ['juːnək], *s.* Eunuque *m*, castrat *m.*
euonymus [ju'ɔniməs], *s. Bot:* Fusain *m.*
eupad ['juːpad], *s. Pharm:* Mélange de chlorure de chaux et d'acide borique employé comme antiseptique. (Mot formé des lettres initiales de "Edinburgh University Pathological Department.")
eupatorium [juːpə'tɔːriəm], *s. Bot:* Eupatoire *f.*
Eupatrid, *pl.* **-ids, idae** [juː'patrid, -idz, -idiː], *s. Gr.Hist:* Eupatride *mf.*
eupepsia [juː'pepsiə], **eupepsy** [juː'pepsi], *s.* Eupepsie *f.*
eupeptic [juː'peptik], *a.* Eupeptique.
Euphemia [ju'fiːmjə]. *Pr.n.f.* Euphémie.
euphemism ['juːfemizm], *s. Rh:* Euphémisme *m.*
euphemistic [juːfe'mistik], *a. Rh:* Euphémique. **-ally,** *adv.* Euphémiquement; par euphémisme.
euphemize ['juːfemaːiz], *v.tr.* Dire, exprimer, (qch.) par un euphémisme. *Abs.* Parler euphémiquement; avoir recours à un euphémisme.
euphonic [juː'fɔnik], *a.* Euphonique. **-ally,** *adv.* Euphoniquement.
euphonious [juː'founiəs], *a.* Agréable à l'oreille, mélodieux, euphonique.
euphonium [juː'founjəm], *s. Mus:* Saxhorn *m* basse; basse *f* (des cuivres). **Euphonium player,** bassiste *m.*
euphonize ['juːfonaːiz], *v.tr.* Rendre (un mot, etc.) euphonique; donner de l'euphonie à (un mot, etc.).
euphony ['juːfoni], *s.* Euphonie *f.* **For the sake of euphony,** par euphonie.
euphorbia [juː'fɔːrbiə], *s. Bot:* Euphorbe *f*, épurge *f*; *F:* cierge *m*, herbe *f* au lait.
euphorbiaceae [juːfɔːrbi'eisiiː], *s.pl. Bot:* Euphorbiacées *f.*
euphorbium [juː'fɔːrbiəm], *s.* **1.** *Bot:* = EUPHORBIA. **2.** *Pharm:* Euphorbe *f.*
euphrasy ['juːfrəsi], *s. Bot:* Euphraise *f*, euphrasie *f*; *F:* casse-lunette(s) *m inv.*
Euphrates (the) [ðijuː'freitiːz]. *Pr.n. Geog:* L'Euphrate *m.*
Euphrosyne [juː'frɔsini]. *Pr.n.f. Gr.Myth:* Euphrosyne.
euphuism ['juːfjuizm], *s.* **1.** *Lit.Hist:* Euphuïsme *m.* **2.** *F:* Préciosité *f*; affectation *f* (de langage).
euphuist ['juːfjuist], *s.* Euphuïste *mf.*
euphuistic [juːfju'istik], *a.* Euphuïstique, euphuïste; (parler) précieux, affecté. **-ally,** *adv.* Euphuïstiquement; avec affectation.
euplocomus [ju'plɔkoməs], *s. Orn:* Euplocome *m*; *F:* houppifère *m.*
euquinine ['juːkwiniːn], *s. Pharm:* Euquinine *f.*
Eurafrican [juə'rafrikən], *s.* Métis, -isse, de races européennes et africaines.
Eurasia [juə'reiʃə]. *Pr.n.* L'Eurasie *f.*
Eurasian [juə'reiʃən], *a. & s.* **1.** Eurasien, -ienne; *esp.* métis, -isse, des Indes. **2.** **The Eurasian movement, doctrine,** mouvement *m*, doctrine *f*, qui regarde la Russie comme une unité indépendante et de l'Europe et de l'Asie.

eurhythmic [juːˈriθmik]. **1.** *a.* (*a*) Eurythmique. (*b*) (*Of building*) Bien proportionné. (*c*) (*Of pulse*) Régulier. **2.** *s.pl.* (*Usu. with sg.const.*) **Eurhythmics**, gymnastique *f* rythmique.

eurhythmy [juːˈriθmi], *s.* *Arch: Med: Mus:* Eurythmie *f.*

Euripides [juəˈripidiːz]. *Pr.n.m.* *Gr.Lit:* Euripide.

Euripus [juəˈraipəs]. *Pr.n.* *A.Geog:* L'Euripe *m.*

Europa [juəˈroupə]. *Pr.n.f.* *Gr.Myth:* Europe.

Europa Point [juəˈroupəˈpɔint]. *Pr.n.* *Geog:* **La** Pointe d'Europe.

Europasian [juəroˈpeiʃən], *a.* & *s.* = EURASIAN **2.**

Europe [ˈjuərəp]. *Pr.n.* *Geog:* L'Europe *f.*

European [juərəˈpiːən], *a.* & *s.* *Geog:* Européen, -éenne. *U.S:* **Hotel on the European plan,** hôtel *m* où l'on peut louer les chambres sans pension.

Europeanize [juərəˈpiːənaiz], *v.tr.* Européaniser. *To become Europeanized*, s'européaniser.

Euryalus [juˈraiələs]. *Pr.n.m.* *Lt.Lit:* Euryale.

Eurybiades [juəriˈbaiədiːz]. *Pr.n.m.* *Gr.Hist:* Eurybiade.

Eurycleia [juəriˈklaiə]. *Pr.n.f.* *Gr.Lit:* Euryclée.

Eurydice [juəˈridisi]. *Pr.n.f.* *Gr.Myth:* Eurydice.

euryscope [ˈjuəriskoup], *s.* *Phot:* (Objectif) grand angulaire.

Eurystheus [juəˈrisθiuːs]. *Pr.n.m.* *Gr.Myth:* Eurysthée.

Eusebian [juˈsiːbiən], *a.* & *s.* *Rel.Hist:* Eusébien (*m*).

Eusebius [juˈsiːbiəs]. *Pr.n.m.* *Rel.Hist:* Eusèbe.

Euskarian [jusˈkeəriən]. **1.** *a.* & *s.* *Geog:* Euscarien, -ienne; basque (*mf*). **2.** *s.* *Ling:* L'euscarien, le basque.

eusol [ˈjuːsɔl], *s.* Solution d'acide hypochloreux employée comme antiseptique. (Mot formé des lettres initiales de "Edinburgh University Solution.")

Eustace [ˈjuːstəs]. *Pr.n.m.* Eustache.

Eustachian [juːsˈteikiən], *a.* *Anat:* **The Eustachian tube,** la trompe d'Eustache.

eutectic [juˈtektik], *a.* & *s.* *Ch:* Eutectique (*m*).

Euterpe [juˈtəːpi]. **1.** *Pr.n.f.* *Gr.Myth:* Euterpe. **2.** *s.* *Bot:* Euterpe *f.*

Euterpean [juˈtəːpiən], *a.* (Société *f*) philharmonique.

eutexia [juˈteksiə], *s.* *Ch:* Eutexie *f.*

euthanasia [juːθəˈneiziə, -siə], *s.* Euthanasie *f.*

eutheria [juˈθiːəriə], *s.pl.* *Z:* Monodelphes *m.*

Eutropius [juˈtroupiəs]. *Pr.n.m.* *Lt.Lit:* Eutrope.

Eutyches [ˈjuːtikiːz]. *Pr.n.m.* *Rel.Hist:* Eutychès.

Eutychian [juˈtikiən], *a.* & *s.* *Rel.Hist:* Eutychien, -ienne; eutychéen, -éenne.

Euxine (the) [ðiˈjuːksain], *s.* *A.Geog:* Le Pont-Euxin.

Eva [ˈiːvə]. *Pr.n.f.* Éva, Ève.

evacuant [iˈvakjuənt], *a.* & *s.* *Med:* Évacuant (*m*), évacuatif (*m*).

evacuate [iˈvakjueit]. **1.** *v.tr.* (*a*) Évacuer (une forteresse, un hôpital, etc.). *See also* ZONE[1] **1.** (*b*) Expulser, refouler, balayer (les gaz brûlés d'un moteur, etc.). (*c*) Évacuer, décharger (le ventre); évacuer (les fèces). **2.** *v.i.* (*Of gas, etc.*) S'évacuer, s'échapper. **3.** *v.tr.* Évacuer (les blessés, etc.).

evacuation [ivakjuˈeiʃ(ə)n], *s.* **1.** Évacuation *f* (d'une ville, etc.). *U.S:* **Evacuation Day,** le 25 novembre (anniversaire de l'évacuation de New York par les Anglais en 1783). **2.** (*a*) Évacuation, décharge *f* (du ventre). (*b*) *Usu. pl.* **Evacuations,** déjections *f*, selles *f.* **3.** Évacuation (des blessés, etc.).

evacuative [iˈvakjuətiv], *a.* & *s.* *Pharm:* Évacuatif (*m*).

evadable [iˈveidəbl], *a.* Évitable; (*of question*) éludable.

evade [iˈveid], *v.tr.* **1.** Éviter (un coup, un danger); esquiver (un coup, ses créanciers); se soustraire à, éluder (un châtiment, la justice); éluder, tourner, *F:* contourner (un obstacle, une question, la loi); déjouer (la vigilance de qn). *To e. a duty*, se soustraire à un devoir. **2.** (*Of thgs*) Échapper à (l'intelligence).

evading, *s.* Évitement *m.*

evader [iˈveidər], *s.* Éludeur *m* (*of*, de).

evagination [ivadʒiˈneiʃ(ə)n], *s.* *Physiol:* Évagination *f* (d'une partie engainée).

evaluate [iˈvaljueit], *v.tr.* Évaluer (les dommages, *Mth:* une expression); estimer le montant (des dommages).

evaluation [ivaljuˈeiʃ(ə)n], *s.* Évaluation *f* (du dommage, *Mth:* d'une expression).

Evander [eˈvandər]. *Pr.n.m.* *Rom.Myth:* Évandre.

evanesce [evəˈnes], *v.i.* Disparaître, s'effacer; *F:* s'évanouir.

evanescence [evəˈnes(ə)ns], *s.* **1.** Disparition *f* (peu à peu); évanouissement *m.* **2.** Tendance *f* à disparaître; nature *f* éphémère.

evanescent [evəˈnes(ə)nt], *a.* **1.** (Sentiment) évanescent; (gloire *f*, etc.) éphémère. **2.** *Mth:* (*Of quantity*) Évanouissant; infinitésimal, -aux.

evangel [iˈvandʒel], *s.* *A:* Évangile *m.*

evangelic [iːvanˈdʒelik, ev-], *a.* *Ecc:* Évangélique; conforme à l'Évangile.

evangelical [iːvanˈdʒelik(ə)l, ev-]. **1.** *a.* = EVANGELIC. **2.** (*a*) *a.* Qui appartient à la religion réformée. (*b*) *s.* Membre *m* de la religion réformée; protestant *m* évangélique.

evangelicalism [iːvanˈdʒelikəlizm, ev-], *s.* *Ecc:* Évangélisme *m*; doctrine *f* de l'Église évangélique.

evangelism [iˈvandʒelizm], *s.* *Ecc:* Évangélisme *m.* **1.** Prédication *f* de l'Évangile. **2.** *Pej:* = EVANGELICALISM.

evangelist [iˈvandʒelist], *s.* Évangéliste *m.*

evangelization [ivandʒelaiˈzeiʃ(ə)n], *s.* Évangélisation *f.*

evangelize [iˈvandʒelaiz]. **1.** *v.tr.* Évangéliser; prêcher l'Évangile à (qn). **2.** *v.i.* Prêcher l'Évangile.

evangelizing, *s.* Évangélisation *f.*

evangelizer [iˈvandʒelaizər], *s.* Évangélisateur *m* (des races païennes, etc.).

evanish [iˈvaniʃ], *v.i.* *Poet:* Disparaître, s'évanouir.

evaporable [iˈvaporəbl], *a.* *Ph:* Évaporable.

evaporate [iˈvaporeit]. **1.** *v.tr.* (Faire) évaporer (un liquide). To evaporate down, réduire par évaporation. **2.** *v.i.* (*a*) (*Of liquids, perfumes, etc.*) S'évaporer, se vaporiser; (*of acid*) se volatiliser. (*b*) *F:* (*Of thg*) S'évaporer; (*of pers. or thg*) disparaître comme par enchantement; (*of pers.*) filer; se défiler.

evaporating, *s.* Évaporation *f.* **Evaporating dish, basin,** vase évaporatoire; vase évaporateur.

evaporation [ivapoˈreiʃ(ə)n], *s.* Évaporation *f*, vaporisation *f* (d'un liquide, d'un parfum); volatilisation *f* (d'un acide, etc.). *Ph:* **Evaporation point,** point *m* de vaporisation.

evaporative [iˈvaporeitiv], *a.* (Procédé) évaporatif; (pouvoir) vaporisateur (d'un combustible, etc.).

evaporator [iˈvaporeitər], *s.* *Ind:* Évaporateur *m*, vaporisateur *m*; bouilleur *m.* **Vacuum evaporator,** évaporateur à vide.

evaporimeter [ivapoˈrimetər], *s.* Évaporimètre *m*, atm(id)omètre *m.*

evasion [iˈveiʒ(ə)n], *s.* **1.** Évitement *m*; moyen *m* d'éluder (une question), d'éviter (un coup, etc.), d'échapper à (la poursuite). **2.** Subterfuge *m*, échappatoire *f*, faux-fuyant *m*, *pl.* faux-fuyants, biaisement *m*, *A:* défaite *f.* **To resort to evasions, to use evasions,** user de détours *m*; biaiser. *Without e.*, sans détours.

evasive [iˈveisiv], *a.* Évasif. *E. personality*, personnalité fuyante. **To give an evasive answer,** faire une réponse évasive; répondre évasivement; *F:* répondre en Normand. **-ly,** *adv.* (Répondre) évasivement.

evasiveness [iˈveisivnəs], *s.* Caractère évasif (d'une réponse, etc.).

Eve[1] [iːv]. *Pr.n.f.* *B.Hist:* Ève. *F:* **A daughter of Eve,** une fille d'Ève.

eve[2], *s.* **1.** *A.* & *Poet:* Soir *m.* **At eve,** le soir. **2.** (*a*) *Ecc:* Vigile *f* (de fête). (*b*) Veille *f.* **Christmas Eve,** la veille de Noël. **On the eve of . . .,** à la veille de. . . . *To be on the eve of success*, être à la veille du succès. *On the eve of starting*, sur le point de partir. *See also* NEW YEAR, TIB 2.

evection [iˈvekʃ(ə)n], *s.* *Astr:* Évection *f.*

even[1] [ˈiːv(ə)n], *s.* *Poet:* Soir *m.* **At even,** le soir.

even[2], *a.* **1.** (*a*) (*Of surface, ground, etc.*) Uni; plan; égal, -aux; uniforme, plat. (*b*) **To be even with sth.,** être au niveau de, à fleur de, à ras de, qch.; affleurer qch. (*c*) (*Of spacing, weights, etc.*) Égal, -aux. **To make even,** araser (les assises d'une construction); aplanir (une surface); affleurer (les bords de deux planches, etc.); égaliser (des entre-deux, etc.). *To make the water-level in two containers even*, ramener l'eau dans deux vases au même niveau. *Typ:* *To make the lines even*, **to make even,** espacer la composition, chasser (pour que la dernière ligne soit pleine). **Making even,** (i) arasement *m*, aplanissage *m*, aplanissement *m*, affleurement *m*; (ii) *Typ:* espacement *m* de la composition. *See also* KEEL[1] **1.** **2.** (Souffle, trot, pouls) égal, régulier, uniforme. *Even temperature*, température égale. *Even pace*, allure *f* uniforme. *Even colour*, couleur *f* uniforme. **Even temper,** caractère *m* calme; humeur égale. **3.** (*a*) **Even bet, even money,** pari *m* avec enjeu égal. *To lay an even wager, even odds*, *F:* **to lay evens,** parier à égalité. *See also* CHANCE[1] 2. *Fin:* **Even deal,** opération blanche. (*b*) *Games:* *To be even*, être but à but, manche à manche, tant à tant, point à point, *F:* point à. *It is an even match*, la partie se trouve égale. **To get even with s.o.,** (i) arriver, se mettre, à la hauteur de qn; (ii) *F:* rendre la pareille à qn, se venger de qn, prendre sa revanche sur qn. *To be even with s.o.*, être quitte avec qn. *I'll be even with him yet*, je le lui revaudrai, rendrai; il ne perdra rien pour attendre; *F:* il ne le portera pas loin, il ne l'emportera pas en paradis; *P:* je le rechoperai dans un tournant. (*c*) **Even bargain,** marché *m* équitable, juste. **4.** (*a*) (Nombre) pair. **Odd or even,** pair ou impair. (*b*) **Even money,** compte rond. *The debtor is bound to make up the e. money*, le débiteur est tenu de faire l'appoint. **5.** *Com:* **Of even date,** de même date. *Your letter of e. date*, votre lettre *f* de ce jour. **-ly,** *adv.* **1.** (Étendre) uniment. *E. spun thread*, fil filé uniment. **2.** (*a*) (Respirer, tourner) régulièrement; (diviser) également. (*b*) **Evenly matched,** de force égale. **3.** (Agir) impartialement, équitablement.

even-ˈaged, *a.* Du même âge.

even-ˈgrained, *a.* (Bois *m*) à fibres régulières.

ˈeven-ˈhanded, *a.* (*Of pers., justice, etc.*) Équitable; impartial, -aux. *E.-h. dealing*, équité *f.* *See also* EXCHANGE[1] **1.** **-ly,** *adv.* Équitablement; impartialement.

ˈeven-ˈnumbered, *a.* Portant un nombre pair; pair.

ˈeven-ˈtempered, *a.* D'humeur égale.

ˈeven-ˈtoed, *a.* *Z:* Paridigité.

even[3], *adv.* **1.** Même; (*with comparative*) encore; (*with negative*) seulement, même. **Or even . . .,** ou même . . ., voire même. . . . **Even the cleverest,** même les plus habiles. *Even the children knew*, les enfants *m* mêmes le savaient. *Even discipline has its charm*, il n'y a pas jusqu'à la discipline qui n'ait ses charmes. *To love even one's enemies*, aimer même ses ennemis. *To jest even on the scaffold*, plaisanter jusque sur l'échafaud. *A grand and even grandiloquent style*, un style grandiose jusqu'à l'emphase. *I never even saw it*, je ne l'ai même pas vu; je ne l'ai pas seulement vu. *You suspect even me of having done it!* vous me soupçonnez, moi, de l'avoir fait! *Even thou, Brutus!* et toi aussi, Brutus! *I have only one chisel, and even that is a blunt one*, je n'ai qu'un ciseau, encore est-il émoussé. *Even supposing that . . .*, même en supposant que. . . . **That would be even worse,** ce serait encore pis. *They know even less about it than I do*, ils en savent encore moins que moi. *He seemed even sadder than usual*, il paraissait encore plus triste que de coutume. *Without even speaking*, sans seulement parler. *He hasn't enough money even to pay his fare*, il n'a pas seulement de quoi payer son voyage. **Even if, even though, he failed,** même s'il échouait; alors même qu'il échouerait; quand même il échouerait. *Even though it were you*, quand ce serait vous, *Lit:* fût-ce même vous. *I'll do it, even if I'm scolded*, je le ferai quitte à être grondé. **If even** *one could speak to him*, encore, même, si on pouvait lui parler. *Even though I had known*, même si je l'avais su. *Even though he affirmed it, I would not believe it*, il l'affirmerait que je ne le croirais pas. *They had a drawing-room, even though they had to sleep in an attic*, elles avaient un salon, quitte à coucher dans une mansarde. **Even so,** mais cependant, quand même, encore. *There are omissions; but, even so, the book is a good one*, il y a des lacunes; mais tel quel le livre a de la valeur. **Even then** *he wouldn't believe me*, même alors, quand même, il ne voulait pas me croire. **2.** *A:* **Even as** *a shepherd guards his flocks*, **so . . .**, de même qu'un pasteur garde ses troupeaux, de même. . . . *B: Even so must the Son of Man be lifted up*, ainsi il faut que le Fils de l'homme soit élevé. **Even as,** précisément comme, tout comme. *It fell out even as he had foretold*, les choses se sont passées précisément comme il l'avait annoncé. **Even now,** à l'instant même. **Even then . . .,** dès cette époque. . . . *Even now, even then, the sun was rising*, déjà le soleil se levait.

even⁴, *v.tr.* **1.** Aplanir, niveler, égaliser (une surface, etc.); affleurer (deux planches, etc.); araser (les assises d'un mur). **2.** *Lit:* (*a*) Mettre (qn, qch.) de niveau (*to*, avec); égaler (qn, qch.) (*to, with*, à). (*b*) *I have a daughter who eveneth thee in beauty*, j'ai une fille qui t'égale en beauté. **3.** (*a*) Rendre égal. *Typ:* **To even (out) the spacing,** égaliser l'espacement. *F:* **That will even things up,** cela égalisera les choses; cela rétablira l'équilibre. (*b*) *U.S: P:* **To even up on s.o.,** (i) s'acquitter envers qn; (ii) rendre la pareille à qn.

evening¹, *s.* Nivellement *m*; égalisation *f*.

evenfall ['i:v(ə)nfɔ:l], *s. Poet:* Tombée *f* de la nuit.

evening² ['i:vniŋ], *s.* **1.** (*a*) Soir *m*; (*duration of e.*) soirée *f*. **To-morrow evening,** demain (au) soir. **In the evening,** le soir, au soir. *At nine o'clock in the e.*, à neuf heures du soir. (*On*) *that e.*, ce soir-là. (*On*) *the e. before*, (*on*) *the previous e.*, la veille au soir. *On the e. of the next day*, le lendemain soir. *On the e. of the first of May*, le premier mai au soir. *One, on a, fine summer e.*, (par) un beau soir d'été. *Every e.*, tous les soirs. *Every Monday e.*, tous les lundis soir. *All the e.*, toute la soirée. *During the e.*, pendant la soirée. *Long winter evenings*, longues veillées d'hiver. *To spend the e. at a friend's house*, passer la soirée chez un ami. *See also* GOOD I. 1 (*f*), TRAVELLER 1. **Evening paper,** journal *m* du soir. *Ecc:* **Evening prayer** = EVENSONG. *Th:* **Evening performance,** représentation de soirée, donnée en soirée. *To go to an e. performance of Macbeth*, aller voir Macbeth en soirée. *See also* CLASS¹ 2, PRIMROSE, STAR¹ 1. (*b*) *Lit: The e. of life*, le déclin de la vie. *In the e. of life*, au soir, au déclin, de la vie. **2.** (*Evening party*) Soirée. **Musical evening,** soirée musicale. **Dress for informal evenings,** robe *f*, toilette *f*, de petit soir.

'evening(-)'dress, *s.* **1.** Habit *m* (à queue), tenue *f* de soirée. *E.-d. suit*, complet *m* de cérémonie. **In evening dress,** en tenue de soirée. **2.** Robe *f* du soir. *Low(-cut) e.-d.*, robe de grand soir. **In evening dress,** en toilette de soirée. *In a low e.-d.*, **in full evening-dress,** en grand décolleté, *P:* en peau. **In semi-evening dress,** en petit décolleté.

'evening-'gun, *s. Navy:* Coup *m* de canon de retraite.

evenness ['i:vənnəs], *s.* **1.** Égalité *f*; régularité *f* (de mouvement). *Mus: E. of execution*, égalité de jeu. **2.** Sérénité *f*, calme *m* (d'esprit), égalité (d'humeur). **3.** Impartialité *f*.

evensong ['i:vənsɔŋ], *s. Ecc:* Vêpres *fpl* et salut *m*; office *m* du soir.

event [i'vent], *s.* **1.** Cas *m*. **In the event of** *his refusing*, au cas, dans le cas, où il refuserait; pour le cas où il refuserait; *A:* le cas advenant qu'il refuse. *In the e. of his death*, en cas de décès; advenant son décès. *In that unfortunate e.*, au cas où malheureusement cet événement se produirait. *Unforeseen e.*, occurrence imprévue. *Jur:* **Fortuitous event,** cas fortuit. **2.** Événement *m*. (*a*) *It's quite an e.*, c'est un véritable événement. *To act according to events*, agir selon les circonstances, selon les conjonctures. *To follow the course of events*, suivre le cours des événements. **In the course of events . . .,** au cours des événements . . ., par la suite. . . . *See also* CURRENT¹. (*b*) Issue *f*, résultat *m*. **In either event** *you will lose nothing*, dans l'un ou l'autre cas vous ne perdrez rien. **Wise after the event,** sage après coup. **At all events,** dans tous les cas; en tout cas; du moins; quoi qu'il arrive. **3.** *Sp:* (*a*) Réunion sportive. (*b*) Épreuve *f* (dans un programme de sport). *The long-jump e.*, le concours de saut en longueur. (*c*) Rencontre *f* (de boxe, à l'épée, etc.).

eventful [i'ventful], *a.* (*Of story, life*) Plein d'événements, d'incidents; mouvementé; (*of day*) mémorable, qui fait époque. *E. week*, semaine *f* fertile en événements. *E. year*, année *f* mémorable.

eventfulness [i'ventfulnəs], *s.* Abondance *f* d'événements, d'incidents, de faits remarquables (d'une journée, etc.).

eventide ['i:vəntaid], *s. Poet:* Soir *m*, *A:* vêpre *m*; *Poet:* la chute du jour.

eventless [i'ventləs], *s.* (Période *f*, règne *m*) sans événements; (journée *f*, voyage *m*) sans incidents.

eventual [i'ventjuəl], *a.* **1.** Éventuel. *He was reckoning on a share in the e. profits of this new business*, il comptait sur une part des profits éventuels de cette nouvelle affaire. **2.** Définitif, final, -aux. *His prodigality and his e. ruin*, sa prodigalité et sa ruine finale. *To leave out of account the e. injury caused by a prolonged strike*, laisser hors de compte le dommage qui résulte de toute grève prolongée. *He had foreseen these mistakes and the e. downfall of the government*, il avait prévu ces fautes, qui ne pouvaient aboutir qu'à la chute du ministère. **-ally,** *adv.* **1.** Éventuellement. **2.** En fin de compte, par la suite, dans la suite. *He will e. be the gainer by it*, en définitive, en fin de compte, c'est à lui que cela profitera. *He will do it e.*, il le fera un jour ou l'autre; il finira bien par le faire. *He e. became a judge*, il finit par être nommé juge.

eventuality [iventju'aliti], *s.* Éventualité *f*. *The eventualities of war*, les éventualités de la guerre.

eventualize [i'ventjuəlaiz], *v.i. U.S:* (*Of plan, etc.*) Aboutir.

eventuate [i'ventjueit], *v.i.* Se terminer (*in*, par); aboutir (*in*, à). *The negotiations eventuated in a new treaty*, les négociations *f* ont eu pour résultat un nouveau traité, ont abouti à un nouveau traité. *Sneezes that don't e.*, éternûments avortés, qui ne viennent pas, qui n'aboutissent pas. *These plans will soon e.*, ces projets entreront bientôt en voie d'exécution.

ever ['evər], *adv.* **1.** Jamais. (*a*) *The best mother* **that ever was,** *F: as good a mother* **as ever was,** la meilleure mère qui fût jamais. *I read seldom* **if ever,** je ne lis jamais, ou rarement. **Now if ever** *is the time to . . .*, c'est maintenant ou jamais le moment de. . . . **If ever I catch him,** si jamais je l'attrape. *If ever* (*a*) *master had a more faithful servant*, si jamais (un) maître eut un domestique plus fidèle. *Nothing ever happens*, il n'arrive jamais rien. *He* **hardly ever, scarcely ever,** *smokes*, il ne fume presque jamais. *Do you ever miss the train?* vous arrive-t-il (jamais) de manquer le train? *He is a liar* **if ever there was one,** c'est un menteur, s'il en fut jamais. *It started to rain* **faster than ever,** il se mit à pleuvoir de plus belle. *It is* **less than ever** *the time to . . .*, c'est moins que jamais le moment de. . . . *It is* **as warm as ever,** il fait toujours aussi chaud. *Without ever having thought of it*, sans jamais y avoir pensé. *F:* **Did you ever?** a-t-on jamais vu? par exemple! *See also* WORSE 3. (*b*) **Ever after.** *They lived happy ever after*, ils vécurent heureux à tout jamais; depuis lors, à partir de ce jour, ils vécurent toujours heureux. (*c*) **Ever since** (*then*), dès lors, depuis (lors). *It has rained ever since*, depuis il n'a pas cessé de pleuvoir. *I have been here ever since lunch*, je suis là depuis le déjeuner. (*d*) **Ever and anon, ever and again,** de temps en temps; de temps à autre. **2.** (*a*) Toujours. *The river grows ever wider*, le fleuve va s'élargissant. *Ever-increasing influence*, influence toujours plus étendue. *An ever-painful thought*, une pensée toujours pénible. *Corr:* **Yours ever, ever yours,** à vous de cœur; bien cordialement à vous; tout(e) à vous. (*b*) **For ever,** pour toujours; à toujours; à jamais; pour jamais; éternellement; à perpétuité. *To go away for ever*, partir sans retour. **For ever and ever,** *F:* **for ever and a day,** à tout jamais; éternellement; jusqu'à la fin des siècles. **Scotland for ever!** vive (à jamais) l'Écosse! *To live for ever*, vivre éternellement. *He could talk for ever on this subject*, il est intarissable sur ce sujet. **He is for ever grumbling,** il grogne sans cesse, sans discontinuer; *F:* il ne décesse pas de se plaindre. *They are for ever chattering*, elles ne font que bavarder. *Don't be for ever putting off*, ne remettez pas à l'infini. *To be for ever chopping and changing*, changer d'opinion à tout bout de champ. *To preserve for ever the memory of s.o.*, perpétuer le souvenir de qn. *Could we make this hour last for ever!* si nous pouvions éterniser cette heure! *The dismal chant went on for ever*, le chant lugubre s'éternisait. **3.** (*Intensive*) (*a*) **As quick as ever you can,** du plus vite que vous pourrez. *As soon as ever he comes home*, aussitôt qu'il rentrera (à la maison). *Before ever the match began*, même avant le commencement du match. **We are the best friends ever,** nous sommes les meilleurs amis du monde. *It was the funniest sight ever*, c'était à se tordre. **Ever so difficult,** difficile au possible; tout ce qu'il y a de plus difficile. *Ever so simple*, simple comme bonjour. *Ever so much easier*, infiniment plus facile. *Ever so long ago*, il y a bien, bien longtemps; *F:* il y a belle lurette. *I waited ever so long*, j'ai attendu je ne sais combien de temps; j'ai attendu un temps infini. *It'll do you ever so much good*, cela vous fera un bien énorme. *Ever so many times*, maintes et maintes fois; je ne sais combien de fois. **Thank you ever so much,** merci mille fois; merci infiniment. *I am ever so pleased* (*with it*)! j'en suis on ne peut plus content, on ne peut plus heureux. *He has ever so much more money than you*, il a infiniment plus d'argent que vous. *See also* LITTLE I. 2. **Be they ever so rich,** quelque riches, si riches, qu'ils soient. *No doctor, be he ever so skilful . . .*, aucun médecin, si habile soit-il. . . . *He is e. so entertaining*, il est amusant au possible. *You are ever so late*, vous arrivez à une heure impossible! *He is ever such a good swimmer*, jamais on n'a vu un nageur comme lui; c'est un nageur incomparable, comme il n'y en a pas un; pour un bon nageur, c'est vraiment un bon nageur. (*b*) **How ever** *did you manage?* comment diable avez-vous fait? *How ever you manage I don't know*, je me demande comment vous faites. **What ever** *shall we do?* qu'est-ce que nous allons bien faire? *What ever's the matter with you?* mais qu'est-ce que vous avez donc? *What ever has happened to him?* que lui est-il donc arrivé? *What ever can it be?* qu'est-ce que ça peut bien être? *What ever do you mean?* que diable voulez-vous dire? **When ever** *will he come?* quand donc viendra-t-il? **Where ever** *can he be?* où peut-il bien être? *Where ever are you going?* où diable allez-vous? *Where ever have you been?* mais d'où venez-vous? **Who ever** *told you that?* qui est-ce qui a bien pu vous dire cela? qui donc vous a dit cela? *Who ever can it be?* qui diable cela peut-il être? **Why ever** *not?* mais pourquoi pas? pourquoi pas, grand Dieu! *See also* HOWEVER, WHATEVER, WHENEVER, WHEREVER, WHOEVER.

'ever-sharp. **1.** *a.* (Porte-mine) **à** mine pointue. **2.** *s.* Porte-mine *m inv*; stylomine *m*.

everglade ['evərgleid], *s. U.S:* (*Usu. pl.*) Région marécageuse (du Sud de la Floride). *F:* **The Everglade State,** la Floride.

evergreen ['evərgri:n]. **1.** *a.* Toujours vert; *Bot:* à feuilles persistantes. *See also* OAK 1, THORN 1. *F:* **Evergreen topic,** question *f* toujours à l'ordre du jour, toujours d'actualité. **2.** *s.* (*a*) Arbre (toujours) vert, à feuilles persistantes. (*b*) *pl.* **Evergreens,** plantes vertes.

everlasting [evər'lɑ:stiŋ]. **1.** *a.* (*a*) Éternel. *The mighty God, the e. Father*, le Dieu tout-puissant, le Père éternel. (*b*) *Bot:* **Everlasting flower,** immortelle *f*. **Everlasting pea,** pois *m* vivace; pois de Chine; gesse *f* à larges feuilles. (*c*) (*Of stuffs, etc.*) Durable, inusable, solide. (*d*) *F:* Perpétuel, continuel; sempiternel. *I am tired of her e. complaints*, je suis las de ses plaintes sans fin. **2.** *s.* (*a*) Éternité *f*. **From everlasting, for everlasting,** de, pour, toute éternité. *F: He is for e. on the grouse*, il grogne sans cesse, sans discontinuer, sans arrêt. (*b*) *Bot:* Immortelle *f*. (*c*) *Tex:* Lasting *m*, everlasting *m*. **-ly**, *adv.* **1.** Éternellement. **2.** *F:* Sempiternellement; perpétuellement.

everlastingness [evər'lɑːstiŋnəs], *s.* Éternité *f*, pérennité *f*, durée perpétuelle.

everliving [evər'liviŋ], *a.* Immortel.

evermore [evər'mɔːər], *adv.* Toujours. **For evermore**, à jamais, pour jamais, pour toujours. *Their name liveth for e.*, leur nom vivra éternellement. *It will go on for e.*, cela va durer une éternité. *He would talk for e.*, il bavarderait jusqu'à demain.

eversion [i'vəːrʃ(ə)n], *s.* *Surg:* Éversion *f*, retournement *m* (d'un organe). **Eversion of the eyelid**, ectropion *m*; éraillement *m* de la paupière.

evert [i'vəːrt], *v.tr.* *Surg:* Renverser, retourner (une paupière, etc.).

every ['evri], *a.* (*a*) Chaque; tout; tous les. . . . *E. week*, toutes les semaines; chaque semaine; tous les huit jours. *E. word he says is false*, tout ce qu'il dit est mensonge. *I have copied e. word of it*, j'ai tout copié sans omettre un mot; je l'ai copié mot pour mot. *In e. Frenchman there is an idealist*, chez tout Français il y a un idéaliste. *He spends e. penny he earns*, il dépense tout ce qu'il gagne; il dépense jusqu'au dernier sou; autant il gagne, autant il dépense. *His desire to meet* **your every wish**, son désir d'aller au-devant de chacun de vos désirs. *The task will take up his e. spare moment*, cette tâche occupera tous ses loisirs. *His e. action, public and private, bears witness to . . .*, chacune de ses actions, tant publiques que privées, témoigne de. . . . **Every holiday** *I go to Scotland*, chaque fois que je prends des vacances, à toutes mes vacances, je vais en Écosse. **Every day**, chaque jour, tous les jours. *Confidence is increasing e. day*, la confiance s'accroît de jour en jour. *I am here by myself all day and e. day*, je reste seul(e) ici toute la journée et tous les jours. (*A thing like*) *that is not found e. day*, *F:* cela ne se trouve pas dans le pas d'un cheval. **Every other day, every second day**, tous les deux jours; un jour sur deux; de deux jours l'un. *E. other Sunday*, un dimanche sur deux. *E. second or third day*, tous les deux ou trois jours. *E. three days, e. third day*, tous les trois jours, un jour sur trois. *E. two or three minutes*, toutes les deux ou trois minutes. *E. third man was chosen*, on choisissait un homme sur trois. *For e. ten coupons you can get a gift*, on donne une prime pour dix bons, pour chaque dizaine de bons, par dizaine de bons. *To do sth. e. quarter of an hour*, faire qch. tous les quarts d'heure. **At every quarter past the hour**, toutes les heures, au quart. **Every here and there**, çà et là; par-ci par-là. *See also* NOW I. 1. **Every few months** *he would come on a visit*, tous les deux ou trois mois il venait en visite. **Every few minutes**, *F:* toutes les cinq minutes. **Every other minute**, à tout bout de champ. *I expect him* **every minute**, je l'attends d'un instant, d'un moment, à l'autre. *Once in e. week*, une fois par semaine. *E. time he comes*, chaque fois qu'il vient. **You win every time**, on gagne à tous les coups; à tous les coups l'on gagne. *F: Perseverance wins e. time*, la persévérance l'emporte toujours. (*b*) (*Intensive*) *F: He was* **every inch, every bit,** *a republican*, il était républicain jusqu'au bout des ongles, des doigts; c'était un républicain à tous crins. *He is e. inch a gentleman*, c'est un gentleman dans toute l'acception du terme. *He is e. bit of sixty*, il a soixante ans bien sonnés. *See also* INCH[1], WAY[1] 6. **I have every reason to believe that . . .,** j'ai toute raison, tout lieu, de croire que. . . . **Every bit as much . . .,** tout autant que. . . . *E. bit as good as . . .*, tout aussi bon que. . . . *He is e. bit as rich as you*, il est pour le moins aussi riche que vous. *I shall give you e. assistance*, je vous aiderai de tout mon pouvoir. **I wish you every success**, (i) je vous souhaite une pleine réussite; (ii) tous mes souhaits pour l'avenir. *I look forward with e. confidence to the future*, j'envisage l'avenir avec une pleine confiance. *See also* EACH 1. (*c*) **Every 'one**, chacun, chacune; tout le monde. *E. one of us*, tous tant que nous sommes, tous sans exception. *E. one of us was there*, nous étions tous là, nous étions au grand complet. *They are my friends, e. one of them*, ils sont tous mes amis. *Cf.* EVERYONE. **Every man for himself**, (i) chacun pour soi; (ii) (*in danger*) sauve qui peut! *Prov:* **Let every man stick to his trade**, chacun son métier. *E. person has this right*, chacun a ce droit. *F:* **Every man Jack of them**, tous sans exception. *E. man Jack*, **every mother's son**, *perished*, ils ont péri jusqu'au dernier. *Cf.* EVERYMAN. **Every Jack had his Jill**, il n'y avait pas de jeune homme qui n'eût sa bonne amie; *F:* chacun avait sa chacune. *See also* JOB[1] 2.

'every which way, *adv.phr.* *U.S: F:* **They ran every which way**, ils couraient de tous côtés.

everybody ['evribɔdi], *indef.pron.* Tout le monde. *E. has a way of his own*, *F: of their own*, chacun a sa manière à lui. **Everybody else**, tous les autres. *E. slanders everybody else*, chacun médit du tiers et du quart. *E. knows that*, tout le monde, le premier venu, n'importe qui, sait cela. *It is being done, worn, by e.*, cela tombe dans le commun. **Not everybody** *can be a Milton*, il n'est pas donné à tout le monde d'être un Milton. *Not e. can do this*, ce n'est pas tout le monde qui pourrait le faire. *See also* FRIEND 1 (*a*).

everyday ['evridei], *a.* **1.** Journalier, quotidien. *E. occurrence*, (i) fait journalier; (ii) fait banal. **Everyday life**, la vie quotidienne. **2.** De tous les jours. *My e. clothes*, mes vêtements *m* de la semaine. **3.** Banal, -aux; ordinaire, commun. **Everyday talk**, banalités *fpl.* *Words in e. use*, mots d'usage courant; mots très usités. *E. knowledge*, connaissances usuelles. *F: He's an e. young man*, c'est un jeune homme à la douzaine.

everydayness [evri'deinəs], *s.* **1.** Monotonie *f*; régularité journalière. **2.** Banalité *f* (d'un événement, etc.).

everyhow ['evrihau], *adv.* *F:* De toutes les façons.

Everyman ['evriman]. *Pr.n.m.* *Lit: Hist:* Tout-homme (dans la Moralité du XVe siècle). *F:* **Mr Everyman**, monsieur Tout-le-monde. **Everyman's Library**, la Collection Everyman (de la maison Dent); la Bibliothèque pour tous.

everyone ['evriwʌn], *indef.pron.* Chacun; tout le monde; tous. *E. has his hobby*, chacun a sa marotte. *As e. knows*, comme chacun (le) sait. *He is known to e.*, tout le monde le connaît; *F:* il est connu comme le loup blanc. **Everyone else knows it**, tous les autres le savent. *In a small town e. knows e. else*, dans une petite ville chacun se connaît. *E. we know is going*, tout notre cercle de connaissances y va; tous nos amis et connaissances y vont. *F: E. seemed to be enjoying themselves very much*, tout le monde semblait beaucoup s'amuser. *Cf.* EVERY (*c*).

everything ['evriθiŋ], *indef.pron.* (*a*) Tout. *He has eaten up e.*, il a tout mangé. *E. in its place*, chaque chose *f* à sa place. *We must show him e.*, il faut tout lui montrer; il faut lui tout montrer; il faut lui montrer tout. *E. good*, tout ce qu'il y a de bon. *E. in the way of games interests him*, tout ce qui est jeu l'intéresse. *They sell e.*, on y vend de tout; on peut y acheter n'importe quoi. *Com: E. for cyclists*, tout ce qui concerne le cyclisme. *Prov:* **There is mercy for everything**, à tout péché miséricorde. *F: He will give you* **everything and anything** *you want*, il vous donnera tout ce que vous pourrez désirer. *She spent her days doing* **everything but anything**, elle passait ses journées à s'occuper à tout sans jamais rien faire d'utile; elle consacrait ses journées à tout et à rien. *See also* WAIT[2] 1. (*b*) (*As predicate*) De première importance. **Money is everything**, l'argent *m* fait tout. *Money is not e.*, l'argent n'est pas tout. *She is very pretty.—Beauty isn't e.*, elle est très jolie. —Il n'y a pas que la beauté (qui compte). *Be punctual, that is e.*, soyez exact, c'est l'essentiel. **She is everything to me**, je ne vis que pour elle.

everyway ['evriwei], *adv.* De toutes les manières; sous tous les rapports.

everywhere ['evrihweər]. **1.** *adv.* Partout; en tout lieu; en tous lieux. *To look e. for s.o.*, chercher qn partout, de tous côtés. **Everywhere you go**, partout où vous allez. **Everywhere seemed quiet**, le calme régnait partout. *See also* ELSE 2, HERE 6. **2.** *s.* **The everywhere**, l'infini *m*.

evict [i'vikt], *v.tr.* **1.** (*a*) Évincer, expulser (un locataire) (*from*, de); *F:* faire déguerpir (un locataire); jeter (des locataires) à la rue, sur le pavé. **Evicted tenant**, locataire évincé. (*b*) *Irish Hist:* Expulser (les fermiers). **2.** *Jur:* **To evict property, title of property, of, from, s.o.**, récupérer légalement une propriété, un titre de propriété, des mains de qn.

evicting, *s.* Évincement *m* (de locataires); expulsion *f*.

eviction [i'vikʃ(ə)n], *s.* *Jur:* **1.** Éviction *f*, expulsion *f* (d'un locataire); dépossession *f*. *To threaten a tenant with e.*, menacer un locataire d'expulsion. **2.** Rentrée légale en possession, prise légale de possession (d'une propriété).

evictor [i'viktər], *s.* Expulseur *m*.

evidence[1] ['evidəns], *s.* **1.** Évidence *f*. (*a*) *To acknowledge the e. of the facts*, reconnaître l'évidence des faits. **To fly in the face of evidence**, se refuser à l'évidence. (*b*) *F:* (*Of pers., etc.*) **To be in evidence**, être en évidence. *His sister was not in e.*, sa sœur n'était pas là, n'était pas présente; *Hum:* sa sœur brillait par son absence. *A man much in e. at present*, un homme très en vue actuellement. **2.** Signe *m*, marque *f*. **To bear evidence(s) of, give evidence of, sth.**, porter la marque, les marques, de qch. *To give e. of intelligence*, (i) (*of action, etc.*) marquer l'intelligence; (ii) (*of pers.*) faire preuve d'intelligence. *Land that bears evidences of insufficient capital*, terre *f* où le manque de capitaux est manifeste. *Mec.E: There are evidences of overheating*, il y a des traces *f* d'échauffement. *There was no e. of his stay in the house*, rien ne marquait qu'il eût séjourné dans la maison. **3.** (*a*) Preuve *f*. **Internal evidence**, preuves intrinsèques, naturelles. **External evidence**, preuves extrinsèques, artificielles. *Theol:* **The Evidences (of Christianity)**, les preuves du christianisme. *See also* EYE[1] 1. (*b*) *Jur:* Preuve testimoniale; témoignage *m*. **Oral evidence**, preuve orale. **Written evidence, documentary evidence, evidence in writing**, document probant; preuve littérale, par écrit, documentaire. **Prima facie evidence**, commencement *m* de preuve. *To collect e.*, recueillir des témoignages. **To bear, give, evidence**, témoigner, déposer (en justice); faire une déposition; porter témoignage. *To give e. in s.o.'s favour*, témoigner en faveur de qn. **To call s.o. in evidence**, appeler qn en témoignage. **To take s.o.'s evidence**, recueillir la déposition, les témoignages, de qn. **To get evidence**, prendre des informations. *The hearing of e. of witnesses*, l'audition *f* des dépositions des témoins. *To put in e. that . . .*, invoquer à titre de preuve que. . . . **Evidence of indebtedness**, titre *m* de créance. *The e. was strongly against him*, les témoignages pesaient contre lui. **False evidence**, faux témoignage. **Common gossip is not evidence**, les commérages *m* ne sont pas admissibles en preuve. *F:* **The evidence of the senses**, le témoignage des sens. *See also* CIRCUMSTANTIAL 1, HEARSAY. **4.** *Jur:* (*Pers.*) Témoin(s) *m*(*pl*). **The evidence for the prosecution, for the defence**, les témoins à charge, à décharge. **King's evidence, State's evidence**, témoin dénonciateur de ses complices. **To turn King's evidence**, témoigner contre ses complices (sous promesse de pardon); *F:* dénoncer, vendre, ses complices.

evidence[2]. **1.** *v.tr.* Prouver, manifester, démontrer. *Circumstances that e. an intention*, circonstances *f* qui prouvent une intention. *His genius was evidenced in his first attempts*, son génie se manifesta dès ses premiers essais. *Their impatience was evidenced in loud interruptions*, leur impatience se manifestait par de bruyantes interruptions. **2.** *v.i.* Porter témoignage. *Her maid will e. against her*, sa bonne déposera contre elle.

evident ['evidənt], *a.* Évident. *E. marks of smallpox*, marques évidentes de petite vérole. *E. fact, truth*, fait patent, vérité patente. *He had taken too much, as was e. from his gait*, il avait trop bu, et il y paraissait à sa démarche. *The truth became e. to him*, la vérité lui apparut. *See also* SELF-EVIDENT. **-ly**, *adv.* Évidemment, manifestement, sans aucun doute. *He was e. afraid*, il était évident, manifeste, qu'il avait peur.

evidential [evi'denʃ(ə)l], *a.* **1.** (Christianisme) fondé sur les preuves. **2. Evidential of sth.**, indicateur, -trice, de qch. *Answer e.*

of intelligence, réponse *f* qui marque une certaine intelligence. **-ally,** *adv.* D'après l'évidence; en (se) fondant sur l'évidence.

evil [ˈiːv(i)l]. **I.** *a.* Mauvais. (*a*) *E. repute*, mauvaise réputation. *House of e. repute*, mauvais lieu; lieu mal famé. *There are e. reports afloat about him*, de mauvais bruits courent sur son compte. *E. tidings*, fâcheuses nouvelles. *Measure attended by e. consequences*, mesure *f* néfaste. *E. omen*, présage *m* de malheur. **Of evil omen,** de mauvais présage; sinistre. **Of evil memory,** de sinistre mémoire. **To have evil forebodings,** avoir de noirs pressentiments; voir noir. **An evil day,** un jour malheureux. **In an evil moment,** dans un moment funeste. **To fall on evil days,** tomber dans l'infortune, dans la peine, dans le malheur, *F:* dans la débine. (*b*) Méchant. *E. spirit*, esprit malfaisant, malin. **The Evil One,** le Mauvais, l'Esprit malin, le Malin. *To play an e. part*, jouer un rôle malfaisant. *To look for an e. intention in everything*, chercher à tout de sinistres interprétations; voir le mal partout. *E. influence*, influence néfaste, malfaisante. **Evil eye,** mauvais œil; (*in Italy*) jettature *f*. *To cast an e. eye on s.o.*, jeter le mauvais œil sur qn. **Evil tongue,** mauvaise langue; méchante langue. *To silence e. tongues*, faire taire la médisance. **To get into evil ways,** se dérégler. *To listen to e. counsels*, écouter de mauvais conseillers. **2.** *s.* Mal *m*, *pl.* maux. (*a*) *The e. wrought by typhus*, les ravages *m* du typhus. *A social e.*, une plaie sociale. **Of two evils one must choose the less,** entre deux maux il faut choisir le moindre. **To put one's finger on the evil,** mettre le doigt sur la plaie. *Prov:* **Evil be to him who evil thinks,** hon(n)i soit qui mal y pense. **To speak evil of s.o.,** dire du mal de qn. *See also* GOOD II. 1, IDLENESS 3, KNOWLEDGE 2, SUFFICIENT. (*b*) **The social evil,** la prostitution. *Med: F:* **The King's evil,** les écrouelles *f*, la scrofule. *See also* FOX-EVIL, HUNGRY 1. **3.** *adv.* Mal. *B: Wherefore hast thou so e. entreated this people?* pourquoi as-tu fait maltraiter ce peuple? *See also* EVIL-LIVING, EVIL-MINDED, EVIL-TONGUED. **-lly,** *adv.* **1.** To live evilly, vivre dans le vice. **To eye s.o. evilly,** regarder qn d'un mauvais œil, d'un air méchant. **2.** *U.S:* = ILL. *E. disposed*, mal disposé. *E. reputed spot*, endroit mal famé.

evil-ˈboding, *a.* De mauvais présage, de mauvais augure.

evil-ˈdoer, *s.* Malfaiteur, -trice. *Evil-doers*, les méchants *m*.

evil-ˈdoing, *s.* Mauvaises actions, méfaits *m*; la méchanceté; le vice; le crime.

evil-ˈeyed, *a. To be e.-e.*, (i) avoir le mauvais œil; (ii) avoir l'air méchant.

evil-ˈfaced, *a.* (Personne) à la mine méchante.

evil-ˈhearted, *a. See* -HEARTED.

evil-ˈliving, *a.* De mœurs dissolues.

ˈevil-looking, *a.* De mauvaise mine; qui ne dit rien de bon; (homme *m*) louche; (maison *f*) borgne. *He drew an e.-l. knife*, il tira un vilain couteau.

evil-ˈminded, *a.* Porté au mal; malintentionné, malveillant; malin, -igne.

evil-ˈsmelling, *a.* Nauséabond.

evil-ˈspeaking. **1.** *a.* Médisant. **2.** *s.* Médisance *f*.

evil-ˈtongued, *a. An e.-t. person*, une mauvaise langue, une langue de vipère.

evince [iˈvins], *v.tr.* **1.** *A:* Démontrer, prouver. **This evinces clearly that . . .,** cela démontre clairement que. . . . **2.** Montrer, témoigner, manifester, annoncer, faire preuve de (qch.). **To evince curiosity,** manifester de la curiosité. *To e. intelligence*, faire paraître de l'intelligence; faire preuve d'intelligence. *Act that evinces a kind heart*, action *f* qui indique, dénote, un bon cœur. **To evince a taste for . . .,** témoigner d'un goût pour . . .; montrer du goût pour. . . . *He evinced this taste at an early age*, ce goût s'annonça chez lui de bonne heure.

evincible [iˈvinsibl], *a. A:* Démontrable.

evincive [iˈvinsiv], *a.* (*Of action, etc.*) **To be evincive of sth.,** témoigner de qch.

evirate [ˈevireit, ˈiːv-], *v.tr. Lit:* Émasculer, châtrer, évirer.

eviration [eviˈreiʃ(ə)n], *s. Lit:* Émasculation *f*, castration *f*, éviration *f*.

eviscerate [iˈvisəreit], *v.tr.* **1.** Éviscérer, éventrer. **2.** *F:* Émasculer (une loi, un ouvrage littéraire, etc.).

evisceration [ivisəˈreiʃ(ə)n], *s.* Éviscération *f*, éventration *f*.

evitable [ˈevitəbl], *a.* Évitable.

evocable [ˈevokəbl], *a.* Évocable.

evocation [evoˈkeiʃ(ə)n], *s.* Évocation *f* ((i) d'un esprit, etc.; (ii) *Jur:* d'une affaire).

evocative [eˈvɔkətiv], *a.* Évocateur, -trice.

evocator [ˈevokeitər], *s.* Évocateur, -trice.

evocatory [eˈvɔkətəri], *a.* Évocatoire.

evoe [iˈvouei], *int. Gr.Ant:* Évo(h)é.

evoke [iˈvouk], *v.tr.* **1.** (*a*) Évoquer (les esprits, *F:* un souvenir). (*b*) **This remark evoked a smile,** cette observation évoqua, suscita, un sourire. **2.** *Jur:* Évoquer (une affaire) (d'un tribunal inférieur à un tribunal supérieur).

evolute[1] [ˈevoljut], *a.* & *s. Geom: etc:* **Evolute (curve),** développée *f*. **To describe the evolute of a curve,** dérouler une courbe.

evolute[2] [iːvoˈljut], *v.i. F:* Se développer; évoluer.

evolution [iːvoˈljuːʃ(ə)n, ev-], *s.* **1.** (*a*) *Biol:* Évolution *f*, développement *m* (d'une espèce, *F:* d'un projet, etc.). (*b*) *The e. of events*, le déroulement des événements. **2.** Évolution (d'un acrobate, d'une flotte, de troupes, etc.). **To carry out an evolution,** faire une évolution. **3.** (*a*) *Geom:* Tracé *m* d'une développante (de courbe); déroulement *m* (d'une courbe). (*b*) *Ar: Alg:* Extraction *f* de la racine. **4.** *Ch: Ph:* Dégagement *m* (de chaleur, de lumière).

evolutionary [iːvoˈljuːʃənəri, ev-], *a. Biol:* Évolutionnaire.

evolutionism [iːvoˈljuːʃənizm, ev-], *s. Biol:* Évolutionnisme *m*.

evolutionist [iːvoˈljuːʃənist, ev-], *s. Biol:* Évolutionniste *mf*.

evolve [iˈvɔlv]. **1.** *v.tr.* (*a*) Dérouler, développer (des projets). **To evolve a scheme from one's inner consciousness,** produire, élaborer, un projet dans son for intérieur. (*b*) Développer, déduire (une théorie, une vérité) (*from*, de). (*c*) *Ar: Alg:* **To evolve a surd,** extraire la racine d'une quantité irrationnelle. (*d*) *Ch:* Dégager (de la chaleur, un gaz, etc.). (*e*) Développer (par évolution). **2.** *v.i.* (*a*) (*Of events, etc.*) Se dérouler. (*b*) (*Of gas, heat, etc.*) Se dégager. (*c*) (*Of race, etc.*) Se développer, évoluer. *Everything evolves from it*, tout le reste en découle.

evolving, *s.* **1.** Déroulement *m*, élaboration *f* (d'un projet); développement *m* (d'une théorie). **2.** Dégagement *m* (d'un gaz, etc.).

evolvent [iˈvɔlvənt], *s. Geom:* Développante *f*.

evulse [iˈvʌls], *v.tr.* Arracher (une dent, etc.).

evulsion [iˈvʌlʃ(ə)n], *s. Surg: etc:* Évulsion *f*.

ewe [juː], *s.* Brebis *f*. *See also* LAMB[1] 1, MILCH-EWE, SPAY.

ˈewe-cheese, *s.* Fromage *m* de lait de brebis.

ˈewe-neck, *s.* (*Of horse*) Encolure renversée, encolure de cerf.

ˈewe-necked, *a.* (Cheval) à encolure de cerf, à encolure renversée.

ewer [ˈjuːər], *s.* Pot *m* à eau. *Com:* Broc *m* de toilette. *Ecc:* Aiguière *f*, aquamanile *m*.

ex[1] [eks], *prep.* **1.** *Com:* (*Out of*) **Ex ship,** transbordé. **Ex store,** en magasin. *See also* WHARF[1] 1. **2.** (*Without*) *Fin:* **Ex allotment,** ex-répartition. **Stock ex rights,** titre *m* ex-droit. **Ex coupon, ex dividend,** coupon détaché, ex-coupon. **Shares quoted ex dividend,** actions citées ex-dividende, sans intérêt. *This stock goes ex coupon on the first of August*, le premier août, cette action détache un coupon; le coupon de cette action se détache le premier août.

ex-[2], *pref.* (*Formerly*) Ancien; ex-. *Ex-Minister*, ex-ministre. *Ex-schoolmistress*, ancienne institutrice. *Ex-secretary to . . .*, ancien secrétaire de. . . . *Ex-monk*, moine défroqué.

exacerbate [eksˈasərbeit], *v.tr.* Irriter, exaspérer (qn, une douleur, etc.); aggraver (une douleur, etc.). *Exacerbated style*, langage acerbe, virulent, exacerbé.

exacerbation [eksasərˈbeiʃ(ə)n], *s.* Exaspération *f* (d'une douleur); irritation *f* (d'un mal, d'un sentiment, etc.). *Med:* Exacerbation *f*, paroxysme *m* (d'une fièvre).

exact[1] [egˈzakt], *a.* Exact. **1.** (*a*) Précis. **To give exact details,** donner des détails précis, des précisions *f*; préciser. *These are his e. words*, voici ses propres paroles. **To be more exact . . .,** pour mieux dire. . . . **Exact copy of a document,** copie conforme à un document, copie textuelle d'un document. *To make an e. replica of a drawing*, copier un dessin trait pour trait. **Exact to rule,** conforme à la règle. **The exact sciences,** les sciences exactes. (*b*) Juste. **The exact word,** le mot juste. *The e. fit of a screw*, la justesse d'une vis. **The public must tender the exact amount,** le public est tenu de faire l'appoint. (*c*) (*Of discipline, etc.*) Strict, rigoureux. **2.** **To be exact in one's payments,** être exact, ponctuel, dans ses payements. *To be e. in carrying out one's duties*, être exact à s'acquitter de ses devoirs. *E. in business*, strict en affaires. **To be exact in one's actions,** être régulier dans ses actions. **-ly,** *adv.* (*a*) Exactement, précisément, au juste, tout juste, justement; (*of time*) juste. *I know e. what you want*, je sais exactement ce qu'il vous faut. *I don't know e. what happened*, je ne sais pas au juste ce qui est arrivé. **Exactly!** précisément! parfaitement! vous l'avez dit! *E. so!* c'est précisément cela; c'est cela même; parfaitement! *Timber cut e. (to shape)*, pièce *f* de bois (allant) à la demande. *It is e. five*, il est cinq heures juste. *Three months e.*, trois mois jour pour jour. *He is* **not exactly** *a scholar*, il n'est pas à proprement parler, à vrai dire, un savant. (*b*) *To carry out one's duties e.*, s'acquitter de ses devoirs avec exactitude.

exact[2], *v.tr.* **1.** (*a*) Exiger (un impôt) (*from*, *of*, de). (*b*) Extorquer (une rançon à qn). **2.** Exiger, réclamer, requérir (l'obéissance, beaucoup de soins) (*from*, *of*, de).

exacting, *a.* (*Of pers.*) Exigeant; (*of work*) astreignant. *It would appear somewhat e. to demand . . .*, il y aurait quelque rigueur à exiger. . . . **To be too exacting,** se montrer trop exigeant. *To be too e. with s.o.*, en demander trop à qn. **Non-exacting work,** travail peu astreignant.

exactable [egˈzaktəbl], *a.* (Impôt *m*) exigible.

exaction [egˈzakʃ(ə)n], *s.* **1.** (*a*) Exaction *f* d'impôts. (*b*) Exaction, extorsion *f*, demande exorbitante (d'argent, etc.). **2.** **The people complained of his exactions,** le peuple se plaignait de ses exactions.

exactitude [egˈzaktitjuːd], *s.* Exactitude *f* (*in work*, dans le travail; *in doing sth.*, à faire qch.).

exactness [egˈzaktnəs], *s.* **1.** Exactitude *f*, précision *f*; justesse *f* (d'un raisonnement, d'un calcul). *To aim at e.*, viser à la précision. *E. of reasoning*, rigueur *f* de raisonnement. **2.** = EXACTITUDE. *His e. in carrying out his duties*, son exactitude à s'acquitter de ses fonctions.

exactor [egˈzaktər], *s.* **1.** Extorqueur, -euse. **2.** Exacteur *m* (de son droit, etc.).

exaggerate [egˈzadʒəreit], *v.tr.* Exagérer; grossir anormalement, exagérément; agrandir, amplifier (les fautes de qn, les traits de qn, etc.); grandir (un incident); outrer (une mode, des éloges); charger (un récit). *Abs.* Exagérer; forcer la note.

exaggerated, *a.* Exagéré. *E. praise*, éloges outrés. **To have an exaggerated opinion of oneself,** avoir une très haute opinion de soi-même; *F:* se gober. *To attach e. importance to sth.*, prêter une importance excessive à qch. **-ly,** *adv.* Exagérément.

exaggeration [egzadʒəˈreiʃ(ə)n], *s.* **1.** Exagération *f*. **2.** *To indulge in exaggerations*, se livrer à des exagérations.

exaggerative [egˈzadʒəreitiv], *a.* **1.** (Langage) exagératif. **2.** (*Of pers.*) Porté à l'exagération; exagéré.

exaggerator [egˈzadʒəreitər], *s.* Exagérateur, -trice.

exalt [egˈzɔlt], *v.tr.* **1.** Élever, placer haut (qn en rang, en dignité, etc.). *Memories that e. France*, souvenirs *m* qui grandissent la France. *To e. bribery to a system*, ériger la corruption en système. **2.** Exalter, louer, vanter, relever (les vertus de qn). **To exalt s.o. to the skies,** porter, élever, qn jusqu'aux nues. **3.** Exciter, exalter, enflammer (l'imagination). **4.** *A. & Lit:* Intensifier, rehausser (une couleur).

exalted, *a.* **1.** (Rang, sentiment) élevé. **Exalted personage,** haut personnage, personnage haut placé. **2.** (*a*) Exalté. **To speak in an exalted strain,** parler d'un ton élevé. (*b*) (*Of imagination, etc.*) Exalté, enflammé.

exaltation [egzɔl'teiʃ(ə)n], *s.* **1.** Élévation *f* (*to a dignity,* à une dignité); exaltation *f* (d'un pape). **2.** Exaltation, surexcitation *f*; émotion passionnée. **3.** *A:* Rehaussement *m* (d'une couleur, etc.). **4.** *Astrol:* **Planet in exaltation,** planète *f* en exaltation.

exam [eg'zam], *s.* *F:* = EXAMINATION 2.

examinable [eg'zaminəbl], *a.* *Jur:* (*Of case*) Qui peut être instruit.

examination [egzami'neiʃ(ə)n], *s.* Examen *m.* **1.** Inspection *f*, visite *f* (des machines, etc.); vérification *f* (de comptes); dépouillement *m* (d'un rapport); *Jur:* compulsation *f* (de dossiers, etc.). **On examination,** après examen, examen fait. *Upon a strict e. of my memory I have . . .,* en scrutant bien ma mémoire j'ai. . . . **This assertion will not bear examination,** cette assertion ne supporte pas l'examen. **Under examination,** à l'examen. *Jur: The case is under e.,* l'affaire s'instruit, est soumise à vérification. **To undergo a medical examination,** passer une visite médicale. *The doctor put me through a searching e.,* le médecin m'a examiné dans le plus grand détail, très minutieusement, *F:* sur toutes les coutures. *Nau:* **Examination of the bill of health,** arraisonnement *m* de la patente de santé. *See also* CUSTOM 3, POST-MORTEM, SELF-EXAMINATION. **2.** *Sch: etc:* **Entrance examination,** examen d'entrée. **Competitive examination,** concours *m.* *Competitive entrance e.,* concours d'admission. *Admitted by competitive e.,* admis au concours, après concours. *Written e.,* (i) épreuves écrites; (ii) épreuves d'admissibilité (à l'examen oral). *To pass in the written e.,* être admissible. *Viva voce e.,* épreuves orales; examen oral. *End-of-year e.,* (i) compositions *fpl* de fin d'année; (ii) examen de passage. **To go up, sit, enter, for an examination,** se présenter à un examen; passer, subir, un examen. *See also* GO IN 2, PAPER[1] 4, PASS[2] II. 1. **3.** *Jur:* (*a*) Interrogatoire *m* (d'un accusé, etc.); audition *f* (de témoins). **Examination-in-chief,** interrogatoire d'un témoin par la partie qui l'a fait citer. **To undergo examination,** *to be put under e.,* subir un interrogatoire. *To take the e. of a prisoner,* interroger, faire subir un examen à, un prévenu. *To put s.o. through a searching e.,* faire subir à qn un interrogatoire serré, minutieux, rigoureux. *See also* CROSS-EXAMINATION. (*b*) Instruction *f* (d'une cause).

examine [eg'zamin], *v.tr.* Examiner. **1.** Passer l'inspection de, inspecter (une machine); *Cust:* visiter (les bagages); vérifier (des comptes); contrôler, viser (un passeport); sonder (le terrain, la farine); scruter (les cœurs); compulser (des dossiers, etc.); dépouiller (un inventaire, un compte). **To examine oneself, one's conscience,** faire son examen de conscience; interroger son cœur; descendre, rentrer, en soi-même. *To e. a question thoroughly,* approfondir une question; examiner une question à fond. *To e. the sky for rain,* interroger le ciel pour savoir s'il va pleuvoir. **To get examined,** se faire examiner par le médecin. *El.E: To e. the contacts,* vérifier les contacts. *Nau:* **To examine the bill of health,** arraisonner la patente de santé. *To stop and e. a ship,* arraisonner un navire. *v.i. To e. into a matter, into a question,* faire une enquête sur une affaire; approfondir une question; mettre une question à l'étude; procéder à l'examen d'une question. **2. To examine a candidate in Latin,** *on his knowledge of Latin,* examiner un candidat en latin; interroger un candidat en latin, sur le latin. **3.** *Jur: etc:* (*a*) Interroger, faire subir un interrogatoire à (un prévenu, un témoin). *He was closely examined,* il a été interrogé minutieusement; *F:* il a passé au crible. *See also* CROSS-EXAMINE. (*b*) Instruire (une cause).

examining, *a.* Examinateur, -trice. **Examining body, jury** *m* d'examen. **Examining judge, magistrate,** juge *m* d'instruction, juge instructeur.

examinee [egzami'niː], *s.* *Sch:* Candidat *m.*

examiner [eg'zaminər], *s.* **1.** Inspecteur, -trice, visiteur, -euse (de machines, de bagages, etc.); compulseur *m* (de dossiers, etc.). *Ind:* Repasseur, -euse. *Tex: Skein e.,* repasseuse d'écheveaux. **2.** *Sch:* Examinateur, -trice. **The examiners,** le jury (d'examen). *See also* PRESIDING. **3.** *Jur:* **Examiner** (*in chancery*), juge *m* d'instruction. *See also* CROSS-EXAMINER.

example [eg'zɑːmpl], *s.* Exemple *m.* **1.** *To quote sth. as an e.,* citer qch. en exemple, à titre d'exemple. *Examples from Livy,* exemples tirés de Tite-Live. *He showed me some examples of his work,* il m'a montré des spécimens *m* de son travail. **Practical example,** cas concret. **For example, by way of example,** par exemple. *Large towns, as for e. London,* les grandes villes, telles que Londres (par exemple). *Sch:* **Examples for practice,** exercices *m* d'application (d'un théorème, d'une règle). **2.** Précédent *m.* **Beyond, without, example,** sans exemple, sans précédent. **3.** *To abstain from wine* **for example's sake,** s'abstenir de vin pour l'exemple. **To give, set, an example, the example,** donner l'exemple. *See also* SET[2] I. 19. **To make an example of s.o.,** faire un exemple de qn; infliger à qn un châtiment exemplaire. *To take s.o. as an e.,* prendre exemple sur qn; prendre qn pour exemple, pour règle; se régler sur qn. **To follow s.o.'s example,** suivre l'exemple de qn. **To take example by s.o.,** copier, imiter (l'exemple de) qn. **Following the example, after the example, of . . .,** à l'exemple de. . . .

exanimate [ek'sanimet, egz-], *a.* *Lit:* **1.** Inanimé, mort. **2.** *A:* Abattu, découragé.

exanthema, *pl.* **-ata** [eksan'θiːma, -ata], *s.* *Med:* Exanthème *m.*

exanthematous [eksan'θiːmatəs], *a.* *Med:* Exanthémateux; exanthématique.

exarch ['eksɑːrk], *s.* *A.Hist. & Ecc:* Exarque *m.*

exarchate ['eksɑːrket], *s.* *A.Hist:* Exarchat *m.*

exasperate [eg'zɑːspəreit], *v.tr.* **1.** Exaspérer, aggraver (la haine, une douleur, etc.). **2.** Exaspérer, irriter, exciter (qn, la colère de qn). *The sound exasperated her,* ce bruit lui donnait, portait, *F:* tapait, sur les nerfs. *To e. s.o. to evil,* exaspérer qn au point de lui faire commettre le mal. **Exasperated at, by, his insolence . . .,** exaspéré de son insolence . . .; poussé à bout par son insolence. . . .

exasperating, *a.* (Ton, enfant) exaspérant, irritant. **-ly,** *adv.* (Rire, agir) d'une manière exaspérante, irritante. *He is e. pessimistic,* il est d'un pessimisme exaspérant.

exasperation [egzɑːspə'reiʃ(ə)n], *s.* **1.** Exaspération *f*, aggravation *f* (d'une douleur, etc.). **2.** (*Of pers.*) Exaspération, irritation *f.* **To drive s.o. to exasperation,** pousser qn à bout.

ex cathedra [eks'kaθidra, ekska'θiːdra], *Lt.adv.phr.* *To talk, utter one's views, ex c.,* parler d'un ton doctoral; exprimer ses vues ex cathedra.

excavate ['ekskaveit], *v.tr.* Excaver, creuser (un tunnel, le sol); déblayer (un terrain); fouiller (la terre); approfondir (un canal); déterrer (des ruines, etc.); (*of waters*) affouiller (une berge). *Abs.* Faire des fouilles (dans un endroit).

excavating, *s.* Excavation *f*, creusement *m*, déblayement *m*, fouillement *m.*

excavation [ekska'veiʃ(ə)n], *s.* Excavation *f.* **1.** Fouillement *m* (de la terre, etc.); fouille *f*; déblaiement *m*, déblai *m*; approfondissement *m.* **2.** Terrain excavé; fouille. **The excavations at Pompeii,** les fouilles de Pompéi.

excavator ['ekskaveitər], *s.* *Civ.E:* Excavateur *m*; machine *f* à creuser; fouilleuse *f*; piocheuse-défonceuse *f*, *pl.* piocheuses-défonceuses.

exceed [ek'siːd]. **1.** *v.tr.* (*a*) Excéder, dépasser, outrepasser, aller au delà de (ses droits, etc.). *To e. a quantity by so much,* excéder une quantité de tant. **Not exceeding ten pounds,** ne dépassant pas dix livres; jusqu'à concurrence de (la somme de) dix livres. *To e. what is required, F:* pécher par excès. *To e. one's instructions,* dépasser ses instructions. *To e. one's rights,* sortir des limites de son droit; outrepasser ses droits. *To e. one's powers,* sortir de sa compétence. *Ship that does not e. fifteen knots,* bâtiment *m* qui ne marche pas à plus de quinze nœuds. *Aut:* **To exceed the speed limit,** dépasser la vitesse légale, réglementaire; commettre un excès de vitesse. *See also* INCOME. (*b*) Surpasser (qn, qch.) (*in,* en). *The outcome exceeded all our hopes,* le résultat a dépassé toutes nos espérances. *It exceeded my expectations,* cela a été au-dessus de mon attente; cela a été plus que je n'attendais. **2.** *v.i.* *Lit:* (*a*) Prédominer, être prépondérant. *Life that exceeds in pleasure,* vie *f* qui l'emporte en plaisirs. (*b*) Manger, boire, à l'excès.

exceeding, *adv.* *A:* Très, excessivement. **-ly,** *adv.* Très, extrêmement, excessivement. *To like s.o., sth., e.,* aimer beaucoup qn, qch. *I am e. grateful to you,* je vous en suis extrêmement reconnaissant.

excel [ek'sel], *v.* (**excelled; excelling**) **1.** *v.i.* Exceller (*in, at, sth., in doing sth.,* à qch., à faire qch.). **To excel in an art,** être éminent dans un art. *To e. at a game,* exceller à un jeu. **2.** *v.tr.* Surpasser (qn); l'emporter sur (qn). *To e. s.o. in, at, tennis,* surpasser qn au tennis. *To e. all one's rivals,* dépasser tous ses rivaux; l'emporter sur tous ses rivaux.

excellence ['eksələns], *s.* Excellence *f.* **1.** Perfection *f* (d'un ouvrage). **2.** Mérite *m*, qualité *f*, supériorité *f* (de qn, de qch.). *They failed to recognize his many excellences,* ses nombreuses qualités leur échappaient; ils méconnaissaient ses nombreuses qualités.

excellency ['eksələnsi], *s.* **1.** *A:* = EXCELLENCE. **2.** (*Title*) **Your Excellency,** votre Excellence. *It is I, your E., who . . .,* c'est moi, Excellence, qui. . . . *His E. the French Ambassador,* son Excellence l'ambassadeur de France. *U.S: His E. the Governor of Massachusetts,* son Excellence le gouverneur du Massachusetts.

excellent ['eksələnt], *a.* Excellent, parfait. *E. bargain, business,* marché *m*, affaire *f*, d'or. **-ly,** *adv.* Excellemment, parfaitement. *To do sth. most e.,* faire qch. on ne peut mieux.

excelsior [ek'selsiɔːr]. **1.** *int.* Excelsior. *Attrib: U.S:* **The Excelsior State,** l'État *m* de New York (dont "Excelsior" est la devise). **2.** *s.* *U.S:* Copeaux *mpl* (d'emballage, de rembourrage).

except[1] [ek'sept]. **1.** *v.tr.* Excepter, exclure (*from,* de). **Present company excepted,** les présents exceptés. **2.** *v.i.* *A:* **To except against** (*s.o., sth.*), faire des objections à (qn, qch.); *Jur:* récuser (un témoin, un témoignage); décliner (la compétence d'un tribunal).

excepting, *prep. & conj.* = EXCEPT[2]. **Not excepting, without excepting,** *my wife,* sans excepter ma femme.

except[2]. **1.** *prep.* (*a*) Excepté; à l'exception de; exception faite de; hormis; sauf. *Everyone was present e. my sister,* tout le monde était là excepté ma sœur, ma sœur exceptée. *He is everywhere e. where he ought to be,* il est partout si ce n'est où il devrait être. *He does nothing e. eat and drink,* il ne fait rien sinon manger et boire. *Nobody heard it e. myself,* il n'y a que moi qui l'aie entendu. *E. by agreement between the parties . . .,* sauf accord entre les parties. . . . **Except when . . .,** sauf quand. . . . (*b*) **Except for . . .,** à part . . .; si ce n'est. . . . *Everything is correct e. for the omission of . . .,* tout est correct à part l'omission de . . ., si ce n'est l'omission de . . ., à la réserve de l'omission de. . . . *The dress is ready, e. for the buttons,* la robe est prête, à l'exception des boutons. *They kept quiet,* **except for provoking** *a petty skirmish,* ils se sont tenus cois, si ce n'est qu'ils ont provoqué une mesquine échauffourée. **2.** (*a*) *conj.* *A. & Lit:* A moins que, si ce n'est que. *E. you told it, how could it have become known?* à moins que vous ne l'ayez raconté, comment cela se serait-il su? *E. a grain of wheat die . . .,* si le grain ne meurt. . . . *E. he be dead, he will return,* hors, hormis, qu'il soit mort, il reviendra. (*b*) *Conj.phr.* **Except that,** excepté que, hormis que, à cela près que, si ce n'est que, à la différence que, à la réserve que. *The cases are parallel e. that she is older than he,* les cas sont semblables excepté qu'elle est plus âgée que lui.

He is unhurt e. that he's lost his hat, il est indemne sauf qu'il a perdu son chapeau. *Nothing was decided there e. that peace was impossible,* rien n'y fut décidé sinon que la paix était impossible.

exception [ek'sepʃ(ə)n], *s.* **1.** Exception *f.* **To be an exception to a rule,** faire exception à une règle. **To make an exception to a rule,** faire une exception à une règle. *With that e. we are agreed,* à cela près nous sommes d'accord. **Without exception,** sans exception (aucune); sans aucune exception. **With the exception of . . .,** à l'exception de . . ., exception faite de . . ., sauf . . ., à part. . . . *With a few exceptions,* à peu d'exceptions près. *With certain exceptions,* sauf exceptions. *See also* PROVE I. 2. **2.** Objection *f.* **To take exception to sth.,** (i) trouver à redire à qch.; (ii) se formaliser, s'offenser, s'offusquer, se froisser, se choquer, de qch. *E. was taken to his youth,* on lui objecta sa jeunesse. *Jur: To take e. to a witness, to evidence,* récuser un témoin; reprocher un témoin, un témoignage. *Witness to whom e. can be taken,* témoin reprochable. *The question was solved without anyone taking e. to the decision,* la question a été résolue sans soulever la moindre objection. *To take e. to s.o.'s doing sth.,* trouver mauvais que qn fasse qch. **Subject, liable, to exception,** sujet à caution. *Authority, etc.,* **beyond exception,** autorité *f*, etc., irrécusable. **3.** *Jur:* Exception, fin *f* de non-recevoir. **Dilatory exception,** exception dilatoire.

exceptionable [ek'sepʃ(ə)nəbl], *a.* (*Usu. with a negative*) (Rien de) blâmable, critiquable, répréhensible. **To find nothing exceptionable in sth.,** ne rien trouver à redire à qch.

exceptional [ek'sepʃən(ə)l], *a.* **1.** (Talent, etc.) exceptionnel, hors ligne. **2. Jurisdiction of an exceptional court,** juridiction *f* d'exception. **-ally,** *adv.* Exceptionnellement. **1.** Par exception. **2.** (*Unusually*) Extraordinairement. *E. cheap,* d'un bon marché exceptionnel. *E. gifted child,* enfant supérieurement doué.

exceptionality [eksepʃə'naliti], *s.* Caractère exceptionnel (de qch.).

exceptive [ek'septiv], *a.* Exceptionnel. *Esp. Jur:* **Exceptive clause,** clause exceptionnelle.

excerpt[1] ['eksə:rpt], *s.* (*a*) Extrait *m*, citation *f*. *E. from a literary work,* emprunt *m* à une œuvre littéraire. (*b*) = OFF-PRINT.

excerpt[2] [ek'sə:rpt], *v.tr.* Extraire (un passage, etc.) (*from,* de).

excerption [ek'sə:rpʃ(ə)n], *s.* **1.** Extraction *f*, citation *f* (de passages, etc.). **2.** = EXCERPT[1].

excess[1] [ek'ses], *s.* **1.** (*a*) Excès *m* (de lumière, de zèle, etc.). *E. of precaution,* luxe *m* de précautions. **In excess, to excess,** (jusqu')à l'excès. **To be in excess,** redonder. *To eat, drink, to e.,* manger, boire, à l'excès, plus que de raison, outre mesure. *Wisdom may be carried to e.,* on peut se montrer trop sage; à force de sagesse on peut être blâmable. **Indulgence carried to excess,** indulgence outrée, poussée trop loin. *To act in e. of one's rights,* outrepasser ses droits. *If the subscriptions should be in e. of the sum required,* si les cotisations dépassent la somme requise. (*b*) **To commit excesses,** commettre des excès, des cruautés. *E. in eating,* excès de table. **2.** (*a*) Excédent *m* (de poids, de dépenses, etc.). *E. of expenditure over revenue,* excédent des dépenses sur les recettes. **Excess weight,** excédent de poids; surpoids *m*; *Num:* forçage *m* (d'une pièce de monnaie). **Sum in excess,** somme *f* en excédent, en surplus, de surplus. *Rail:* **Excess fare,** supplément *m*. *To pay the e.* (*on one's ticket*), prendre un supplément. **Excess luggage, luggage in excess,** excédent de bagages; bagages *mpl* en surpoids. *All luggage in e. of one cwt to be paid for,* les bagages au-dessus de, excédant, cinquante kilos doivent payer la taxe. *See also* TICKET[1] 1. (*b*) *Metalw: E. of metal,* surépaisseur *f* de métal.

ex'cess-'profits, *s.pl. Com:* (i) Surplus *m* des bénéfices; (ii) bénéfices *m* extraordinaires. **Excess-profits duty,** contribution *f* (extraordinaire) sur les bénéfices de guerre.

excess[2], *v.tr. Rail:* Percevoir un supplément sur (un billet).

excessive [ek'sesiv], *a.* (*Of price, heat, etc.*) Excessif; (*of zeal*) immodéré; (*of virtue, etc.*) outré, exagéré; (*of thirst*) extrême; (*of ambition*) démesuré. *E. rain,* pluie diluvienne. **To be an excessive drinker, smoker,** boire, fumer, à l'excès. *E. expenses,* folles dépenses. *To make an e. display of force,* faire un emploi abusif de la force. **-ly,** *adv.* (Souffrir, etc.) excessivement, extrêmement; (ambitionner) démesurément; (manger) avec excès, à l'excès. *To be e. generous,* être par trop généreux.

excessiveness [ek'sesivnəs], *s.* Excessivité *f*; manque *m* de modération, de mesure.

exchange[1] [eks'tʃe:indʒ], *s.* **1.** Échange *m* (de marchandises, de prisonniers, de coups, etc.). **Exchange and barter,** troc *m*. *E. of views between . . .,* échanges de vues entre. . . . **In exchange** (*for sth.*), en échange (de qch.); en retour (de qch.). **Money of exchange,** monnaie *f* de change. **Even-handed exchange,** troc pour troc. *Prov:* **Exchange is no robbery,** échange n'est pas vol. **Car,** *etc.,* **taken in part exchange,** reprise *f*. *Chess:* **To win, lose, the exchange,** gagner, perdre, l'échange. *Adm:* **Exchange of posts,** permutation *f* (de deux fonctionnaires). **2.** *Fin:* (*a*) **Foreign exchange,** change (extérieur, étranger). *Operations in foreign e.,* opérations *f* de change. *Dollar e.,* change du dollar, en dollars. **(Rate of) exchange,** cours *m*, taux *m*, du change. *At the current rate of e.,* au change du jour. **Exchange list,** bulletin *m* des changes. **Exchange premium, premium on exchange,** agio *m*; prix *m* du change. **(Foreign) exchange broker,** cambiste *m*, agent *m* de change. **Foreign exchange office,** bureau *m* de change. *E. centre,* place *f* cambiste. (*At top of foreign bill*) **Exchange for £ . . .,** bon pour livres. . . . (*b*) **Bill of exchange,** effet *m*, traite *f*; lettre *f* de change. **Foreign exchange,** effet étranger; effet, devise *f*, traite, sur l'étranger; lettre de change à l'extérieur; devise étrangère. *Short exchange,* papier court. **First of exchange,** première *f* de change; primata *m* de change. *Second of e.,* seconde *f* de change; copie *f* de change. (*c*) (*Bills of exchange*) Devises, effets de commerce, lettres de change, traites. **Foreign exchange,** devises étrangères, sur l'étranger; effets étrangers, sur l'étranger; lettres de change à l'extérieur. **3.** (*a*) Bourse *f* (des valeurs). **The Royal Exchange** (*of the City of London*) = la Bourse de Commerce. **Corn Exchange,** bourse des céréales; halle *f* aux blés. *See also* BALTIC 3, LABOUR-EXCHANGE, STOCK EXCHANGE. (*b*) *Tp:* **Telephone exchange,** bureau central; central *m*. **'Exchange, please!'** "la ville, S.V.P.!"

ex'change-bank, *s.* Banque *f* s'occupant d'opérations de change.

ex'change-value, *s.* **1.** Valeur *f* d'échange. **2.** *Fin:* Contre-valeur *f*.

exchange[2]. **1.** *v.tr.* Échanger (des marchandises, des coups, des paroles, des prisonniers); troquer (des denrées, etc.). **To exchange sth. for sth.,** échanger, troquer, qch. pour, contre, qch. **To exchange glances,** échanger un regard; se consulter de l'œil. *They had exchanged hats,* ils avaient changé de chapeau (l'un avec l'autre); ils avaient fait un échange de chapeaux. *Chess:* **To exchange bishops,** faire un échange de fous. *To e. pawns, men* (*at chess, draughts*), pionner. *Fenc:* **Exchanged hit,** coup fourré. *Adm:* **To exchange (posts) with s.o.,** permuter avec qn. **To exchange into a new post,** obtenir un nouveau poste par permutation. **2.** *v.i.* (*Of coins*) S'échanger (*for,* contre).

exchanging, *s.* Échange *m* (de marchandises, de prisonniers); troc *m* (de denrées); permutation *f* (de fonctionnaires).

exchangeability [ekstʃeindʒə'biliti], *s.* Échangeabilité *f*.

exchangeable [eks'tʃeindʒəbl], *a.* **1.** Échangeable (*for,* pour, contre). **2. Exchangeable value,** valeur *f* d'échange.

exchanger [eks'tʃeindʒər], *s.* **1.** Échangeur, -euse. *Fin:* Échangiste *m*. **2.** Permutant, -ante (d'un poste).

exchequer [eks'tʃekər], *s.* **1.** *Jur: A:* **The Court of Exchequer,** la Cour de l'Échiquier (une des trois Cours de droit commun). **2.** *Adm:* **The Exchequer,** (i) la Trésorerie, le fisc; (ii) le Trésor public; (iii) = le Ministère des Finances. **The Chancellor of the Exchequer,** le Chancelier de l'Échiquier, = le Ministre des Finances. **3.** *F:* Budget *m*, finances *fpl* (d'un particulier). *The impoverished state of my e.,* l'appauvrissement *m* de mes finances. *My e. is empty,* je ne suis pas en fonds.

ex'chequer-'bill, *s.* Bon *m* du Trésor (britannique).

excipient [ek'sipiənt], *s. Pharm:* Excipient *m*.

excisable [ek'saizəbl], *a. Adm:* Imposable; (*of goods*) soumis aux droits de régie; (*of pers.*) sujet aux droits de régie.

excise[1] [ek'sa:iz], *s. Adm:* **1.** Contributions indirectes. **2.** (*a*) Service *m* des contributions indirectes; la régie. **The Excise Office,** la Régie. **Excise Officer,** (i) receveur *m* des contributions indirectes; (ii) employé *m* de la régie. **Excise duties,** droits *m* de régie. *E. tax,* impôt indirect. (*b*) *U.S:* **Excise law,** loi *f* qui réglemente la vente des boissons alcooliques.

ex'cise-bond, *s. Cust:* Acquit-à-caution *m*; passe-debout *m inv.*

excise[2], *v.tr.* **1.** Imposer (qn, une denrée, etc.); frapper (qch.) d'un droit de régie; soumettre (qn) à un droit de régie. **2.** *F: A:* Écorcher (qn).

excise[3], *v.tr.* **1.** (*a*) *Surg:* Exciser, couper, retrancher (un organe). (*b*) Couper, retrancher (un passage d'un livre). **2.** Encocher, entailler, inciser.

excised, *a. Nat.Hist:* Encoché, entaillé.

exciseman, *pl.* **-men** [ek'saizmən, -men], *s.m.* Employé de l'excise, de la régie; *P:* rat *m* de cave.

excision [ek'siʒ(ə)n], *s.* **1.** Excision *f*, coupure *f*. *Surg:* Excision, abscission *f*, ablation *f*. **2.** Incision *f*, entaille *f*, encoche *f*.

excitability [eksaitə'biliti], *s.* **1.** Promptitude *f* à s'émouvoir; émotivité *f*. **2.** *El: Physiol:* Excitabilité *f*.

excitable [ek'saitəbl], *a.* **1.** (*Of pers., temper*) Émotionnable, surexcitable, prompt à s'émouvoir; émotif; (*of population*) mobile. *To be fearfully e.,* être vif comme la poudre. **2.** *El: Physiol:* Excitable.

excitant ['eksitənt, ek'saitənt], *a. & s. Med:* (*a*) Excitant (*m*), stimulant (*m*). (*b*) *Coffee is an e.,* le café est agitant.

excitation [eksi'teiʃ(ə)n], *s.* (*a*) *Physiol:* Excitation *f*. (*b*) *El:* Excitation, amorçage *m* (d'une dynamo, etc.). *Poor e.,* défaut *m* d'amorçage. *Pole e.,* création *f* de pôles.

excite [ek'sait], *v.tr.* **1.** (*a*) Provoquer, exciter, soulever, faire naître (une révolte, un sentiment); inspirer, allumer (un sentiment); susciter (de l'intérêt). **To excite s.o.'s curiosity,** piquer, chatouiller, la curiosité de qn; *F:* aguicher qn. *His fortune excites envy,* sa fortune attire l'envie. *To e. a customer's interest,* intéresser un client. (*b*) *Physiol:* Exciter, stimuler (un nerf). (*c*) *El:* Exciter, amorcer (une dynamo, etc.). (*d*) *Phot: A:* Sensibiliser (une plaque). **2.** (*a*) Exciter, animer, aiguiser, enflammer (un sentiment, une passion); stimuler (l'appétit, l'émulation). *To e. interest to the highest pitch,* porter l'intérêt à son comble. *To e. s.o. to (do) sth.,* exciter, pousser, qn à (faire) qch. (*b*) Agiter, énerver, animer, émouvoir, troubler, surexciter, échauffer (qn); mettre (qn) en émoi. *To e. the mob,* passionner la foule. **Easily excited,** surexcitable, émotionnable, prompt à s'émouvoir.

excited, *a.* **1.** *El: Physiol:* Excité. **2.** (*Of pers.*) (i) Ému, troublé; (ii) impatient, fiévreux; (iii) agité, énervé, surexcité. *E. voice,* voix (i) émue, (ii) animée. *E. crowd,* foule (i) surexcitée, en émoi, (ii) impatiente. **To get excited,** se monter la tête, perdre la tête, s'émotionner, s'énerver, s'animer; (*esp. with drink*) s'allumer; *P:* se monter le job. **Don't get excited!** ne vous montez pas la tête! gardez votre calme! gardez votre sang-froid! *F:* ne vous échauffez pas! ne vous frappez pas! du calme, voyons! *He gets e. over nothing, F:* il s'emballe pour un rien. *To be e. over a mystery,* être impatient, brûler, de connaître un mystère. *To get e. over one's holidays,* être fiévreux, impatient, en songeant à ses vacances. *To get e. in talking,* s'échauffer (la tête) à parler. *To be fearfully e.,* être dans tous ses états. **-ly,** *adv.* D'une manière agitée; avec agitation.

exciting, *a.* **1.** (*Of subject, story, etc.*) Passionnant, animant; (*of situation, scene*) sensationnel, émouvant, angoissant. *An e. novel,* un roman palpitant d'intérêt. *Sp: E. finish,* arrivée palpitante.

2. (*a*) *Med:* **Exciting cause,** cause excitatrice. *Coffee at night is too e. for me,* le café en fin de soirée m'excite trop, m'énerve trop. (*b*) *El:* **Exciting dynamo,** dynamo *f* d'excitation; (dynamo) excitatrice *f*. **Exciting battery,** batterie *f* d'excitation. *E. coil,* bobine inductrice; bobine de champ, d'inducteur. *E. voltage,* tension *f* d'excitation.

excitement [ek'saitmənt], *s.* **1.** *Physiol:* Surexcitation *f* (d'un organe). **2.** Agitation *f*, vive émotion, animation *f*, trouble *m*, surexcitation. *The thirst for e.,* la soif des sensations fortes. *The e. of suspense,* la fièvre de l'attente. *The e. of departure,* l'émoi *m* du départ. *The pleasurable excitements of a trip abroad,* les plaisirs excitants d'un voyage à l'étranger. **To cause great excitement,** faire (grande) sensation. *To be in a state of e.,* être dans tous ses états; être très énervé. *F:* **What's all the excitement about?** qu'est-ce qui se passe donc?

exciter [ek'saitər], *s.* **1.** (*Pers.*) Excitateur, -trice, instigateur, -trice, (de révolte, etc.). **2.** *El:* (*a*) (Static) **exciter,** excitateur *m*. (*b*) (Dynamo) excitatrice *f*. **Exciter coil,** bobine inductrice; bobine de champ, d'inducteur. **3.** *Med:* Excitant *m*, stimulant *m*.

excito-motory [ek'saito'moutəri], *a.* *Physiol:* Excito-moteur, -trice.

exclaim [eks'kleim]. **1.** *v.i.* S'écrier, s'exclamer. **To exclaim at, against, an injustice,** se récrier contre une injustice. *To e. with admiration, F:* pousser des ah! et des oh! **2.** *v.tr.* *He exclaimed that he would rather die,* il cria qu'il aimerait mieux mourir. *"Leave me alone," he exclaimed,* "laissez-moi," s'écria-t-il.

exclamation [ekskla'meiʃ(ə)n], *s.* Exclamation *f*. **Note, point, of exclamation,** *U.S:* **exclamation mark, exclamation point,** point *m* d'exclamation, point admiratif.

exclamative [eks'klamətiv], **exclamatory** [eks'klamətəri], *a.* Exclamatif. **-ly, -orily,** *adv.* *Gram:* Exclamativement.

exclave ['ekskle:iv], *s.* Partie détachée (d'un État).

exclude [eks'klu:d], *v.tr.* (*a*) Exclure (*from,* de). *To e. the sun, the air,* empêcher le soleil, l'air, d'entrer. *Aliens are excluded from these posts,* les étrangers ne sont pas admis à ces emplois. *Words excluded from polite conversation,* expressions proscrites de la conversation polie. *To e. s.o. from a society,* (i) bannir qn d'une société; (ii) refuser à qn l'entrée d'une société. *Ecc:* *To e. s.o. from the sacraments,* refuser les sacrements à qn. **Excluding . . .,** à l'exclusion de. . . . (*b*) Écarter (le doute, les soupçons). *This excludes all possibility of doubt,* le doute n'est plus admis.

excluding, *s.* = EXCLUSION.

exclusion [eks'klu:ʒ(ə)n], *s.* **1.** Exclusion *f* (*from,* de). **To the exclusion of . . .,** à l'exclusion de. . . . *Log:* **Method of exclusion(s),** méthode *f* d'exclusion. **2.** Refus *m* d'admission (*from,* à).

exclusive [eks'klu:siv], *a.* **1.** Exclusif, -ive. **To have an exclusive voice in the election of the pope,** avoir voix exclusive dans l'élection du pape. *Two qualities that are mutually e.,* deux qualités *f* qui s'excluent. **2.** (*a*) (Droit, etc.) exclusif. **To have the exclusive rights of, exclusive rights in, a production,** avoir l'exclusivité *f* d'une production. *Journ:* **Exclusive interview,** entrevue accordée exclusivement à un journal. *Com:* **Exclusive models,** modèles exclusifs. *Cin:* **Exclusive film,** film *m* en exclusivité. (*b*) Seul, unique. *The e. work of . . .,* l'œuvre seule de. . . . *It has been his e. occupation for ten years,* ç'a été son occupation unique pendant dix ans. (*c*) *U.S:* Choisi; de choix; "select." (*d*) *E. profession,* profession très fermée. *Very e. club, society,* cercle, monde, très fermé. **3.** *adv.* (*a*) Exclusivement. **Chapters one to twenty exclusive,** chapitres un à vingt exclusivement. (*b*) Sans compter les extras. **Rent** (*of lodgings*) **fifteen shillings a week, exclusive,** loyer (de chambres meublées) quinze shillings par semaine sans pension. *Rent (of a flat, etc.) £200 a year e.,* loyer (d'un appartement, etc.) £200 par an, contributions et charges en plus. (*c*) **Exclusive of wrappings,** sans compter, non compris, l'emballage. *Price of the dinner e. of wine,* prix *m* du dîner, vin non compris. **-ly,** *adv.* Exclusivement.

exclusiveness [eks'klu:sivnəs], *s.* **1.** Nature exclusive, caractère exclusif (de qch.). *E. of mind,* esprit *m* de caste. **Exclusiveness of a design,** exclusivité *f* d'un dessin. **2.** = EXCLUSIVISM.

exclusivism [eks'klu:sivizm], *s.* Exclusivisme *m*.

exclusivist [eks'klu:sivist], *s.* Exclusiviste *mf*.

excogitate [eks'kɔdʒiteit], *v.tr.* *Often Hum:* Imaginer, combiner (laborieusement) (un projet, etc.). *Pej:* Machiner (un complot, une combinaison).

excogitation [ekskɔdʒi'teiʃ(ə)n], *s.* **1.** Excogitation *f*, résolution *f* (d'un problème, etc.). **2.** *What is the outcome of his excogitations?* à quoi ont abouti ses longues réflexions, ses méditations *f*?

excommunicate[1] [eksko'mjuniket], *a.* & *s.* Excommunié, -ée.

excommunicate[2] [eksko'mjunikeit], *v.tr.* Excommunier.

excommunicating, *s.* Excommunication *f*.

excommunication [ekskomjuni'keiʃ(ə)n], *s.* Excommunication *f*; *F:* les foudres *m* de l'Église. *Lesser, greater, e.,* excommunication mineure, majeure.

excommunicative [eksko'mjunikeitiv], **excommunicatory** [eksko'mjunikətəri], *a.* (Décret, sentence) d'excommunication.

excommunicator [eksko'mjunikeitər], *s.* Fulminateur *m* de l'excommunication.

excoriate [eks'kɔrieit], *v.tr.* Excorier, écorcher (la peau, le doigt, etc.).

excoriation [ekskɔri'eiʃ(ə)n], *s.* Excoriation *f*, écorchure *f*.

excrement ['ekskrəmənt], *s.* Excrément *m*.

excremental [ekskrə'ment(ə)l], *a.* Excrémen(ti)tiel.

excrescence [eks'kres(ə)ns], *s.* Excroissance *f*, excrescence *f*. *Bot:* (*Round tree trunk*) Bourrelet *m*, loupe *f*. *Morbid e.,* production *f* morbide. *F:* *He considers unemployment as a morbid e. on the capitalist system,* il considère le chômage comme un développement morbide du capitalisme.

excrescent [eks'kres(ə)nt], *a.* **1.** Qui forme une excroissance. **2.** Superflu, inutile, redondant. **3.** *Ling:* (Consonne *f*) épenthétique.

excreta [eks'kri:ta], *s.pl.* Excréta *m*, excrétions *f*.

excrete [eks'kri:t], *v.tr.* Excréter; (*of plant*) sécréter (un suc, etc.).

excretion [eks'kri:ʃ(ə)n], *s.* Excrétion *f*; sécrétion *f* (d'une plante).

excretive [eks'kri:tiv], **excretory** [eks'kri:təri], *a.* *Anat:* Excréteur, -trice; excrétoire. *E. power,* pouvoir *m* d'excrétion.

excruciate [eks'kru:ʃieit], *v.tr.* *Lit:* Mettre (qn) au supplice; torturer.

excruciating, *a.* (*Of pain*) Atroce, affreux, horrible. *F:* *E. music,* musique *f* atroce. **-ly,** *adv.* Atrocement, cruellement, affreusement. *F:* *It's e. funny,* c'est à mourir, à crever, de rire; c'est à se tordre; c'est pouffant. *E. funny story, P:* histoire tordante, marrante, gondolante.

excruciation [ekskru:ʃi'eiʃ(ə)n], *s.* Torture *f*, supplice *m*, tourment *m*.

exculpate ['ekskʌlpeit], *v.tr.* Disculper, exonérer (*from,* de); justifier (qn).

exculpation [ekskʌl'peiʃ(ə)n], *s.* Disculpation *f*, exonération *f* (*from,* de); justification *f* (de qn).

exculpatory [eks'kʌlpətəri], *a.* Justificatif; qui disculpe. *E. letter,* lettre *f* d'excuses.

excurrent [eks'kʌrənt], *a.* **1.** (Sang) qui découle du cœur; (sang) artériel. **2.** (Canal, etc.) de sortie. **3.** *Bot:* (*Of stem, etc.*) Excurrent.

excursion [eks'kə:rʃ(ə)n], *s.* **1.** Excursion *f*; voyage *m* d'agrément; partie *f* de plaisir; sortie *f*. *Aut:* *Cy:* *etc:* Randonnée *f*. *School e.,* caravane *f* scolaire. *To be on an e.,* être en excursion. *To make an e.,* faire une excursion; *F:* excursionner. *Rail:* **Excursion train,** (i) (*short distance*) train *m* de plaisir, à prix réduit; (ii) (*long distance*) train d'excursion. **Excursion ticket,** billet *m* d'excursion. **2.** *F:* Excursion, digression *f* (dans un discours, etc.). **3.** *Mil:* *A:* Sortie *f*. *See also* ALARM[1] 1. **4.** *Astr:* Excursion (d'une planète).

excursionist [eks'kə:rʃənist], *s.* Excursionniste *mf*, touriste *mf*.

excursionize [eks'kə:rʃənaiz], *v.i.* *F:* Excursionner; faire des excursions.

excursive [eks'kə:rsiv], *a.* **1.** (*Of pers.*) Enclin à s'écarter du sujet, aux digressions. **2.** (Style) digressif, décousu. **3.** (Imagination) vagabonde. *Hum:* *E. sheep, cattle,* moutons vagabonds, bétail vagabond. **-ly,** *adv.* Sans suite, sans méthode; à bâtons rompus.

excursus, *pl.* **-uses** [eks'kə:rsəs, -əsiz], *s.* **1.** Excursus *m*; dissertation *f* en forme de digression (ajoutée en appendice à l'ouvrage). **2.** *F:* Digression *f*.

excurved [eks'kə:rvd], *a.* (*Of antennae, etc.*) Excurvé.

excusable [eks'kju:zəbl], *a.* Excusable, pardonnable. *E. for having done sth.,* excusable d'avoir fait qch. *See also* HOMICIDE[2]. **-ably,** *adv.* Excusablement.

excusableness [eks'kju:zəblnəs], **excusability** [ekskju:zə'biliti], *s.* Excusabilité *f*.

excusal [eks'kju:z(ə)l], *s.* Exemption *f* (des impôts locaux).

excuse[1] [eks'kju:s], *s.* **1.** Excuse *f*. **In excuse of** *his bad temper,* comme excuse de, pour excuser, sa mauvaise humeur. *There is nothing to be said in e. for him, his conduct admits of no e.,* il est inexcusable. **Ignorance of the law is no excuse,** nul n'est censé ignorer la loi. *That is no e. for his not writing,* cela ne l'excuse pas de ne pas avoir écrit. *There is no e. for his behaviour,* sa conduite est inexcusable. **2.** Excuse, prétexte *m*. *Poor, lame, e.,* mauvaise, faible, excuse; faux-fuyant *m*, *pl.* faux-fuyants. **To make excuses,** s'excuser. *Lit:* *They all began* **to make excuse,** ils commencèrent tous à s'excuser. *To look for an e.,* (i) chercher des excuses; (ii) (*in order not to do sth.*) chercher des faux-fuyants, une échappatoire. *To find an e. for sth.,* trouver une excuse à qch. **By way of excuse** *he alleged that . . .,* en guise d'excuse il allégua que. . . . *To make sth. one's e.,* s'excuser sur qch.; prendre qch. comme excuse; donner qch. pour excuse; prétexter qch. *To offer a reasonable e.,* alléguer valablement une excuse. *These are so many excuses for looking out of the window,* ce sont autant de prétextes à regarder par la fenêtre. *We have no valid e. for not accepting,* nous n'avons pas d'excuse valide pour ne pas accepter.

excuse[2] [eks'kju:z], *v.tr.* **1.** (*a*) Excuser, pardonner. *To e. s.o.'s laziness, to e. s.o. for his laziness, to e. s.o. his laziness, to e. s.o.'s being lazy,* excuser la paresse de qn. *E. my being late,* excusez-moi d'être en retard. *F:* **Excuse me yawning,** je vous demande pardon, pardonnez-moi, si je bâille. *To e. oneself on the ground that . . .,* s'excuser en donnant pour raison que . . .; alléguer comme excuse que. . . . *To e. the absence of s.o.,* excuser l'absence de qn; excuser qn. *E. me for hurrying away,* pardonnez-moi si je me sauve. *He may be excused for laughing,* il est excusable d'avoir ri. *If you will e. the expression,* si vous voulez me passer, me pardonner, l'expression. **Excuse me!** (i) excusez-moi! *F:* faites excuse! (ii) pardon! je vous demande pardon! pardonnez-moi! **Excuse my saying so,** pardonnez-moi ma hardiesse. *See also* BACK[1] I. 1 (*a*). (*b*) **To excuse s.o. from doing sth.,** excuser, exempter, dispenser, qn de faire qch. *To e. s.o. a fine,* faire remise, faire grâce, à qn d'une amende. *To e. s.o. from attendance,* excuser qn. *E. me from coming with you,* permettez-moi de ne pas vous accompagner. *F:* *E. me getting up,* pardonnez-moi si je ne me lève pas. *Mil:* *Navy:* **To be excused a fatigue,** être exempté d'une corvée. **On the excused list, excused from duty,** exempt de service. **2.** *His youth excuses him,* sa jeunesse l'excuse, peut lui servir d'excuse.

exeat ['eksiat], *s.* **1.** *Ecc:* Exeat *m*. **2.** *Sch:* Billet *m* de sortie; exeat.

execrable ['eksikrəbl], *a.* Exécrable, abominable, détestable. **-ably,** *adv.* D'une façon exécrable; abominablement, détestablement.

execrate ['eksikreit], *v.tr.* **1.** Exécrer, détester. **2.** *Abs.* Prononcer des malédictions; proférer des imprécations.

execration [eksi'kreiʃ(ə)n], *s.* Exécration *f*. **1.** Détestation *f* (*of,* de). **2.** Malédiction *f*. *To hold s.o. up to public e.,* vouer qn à la malédiction publique.

execratory ['eksikreitəri], *a.* (Discours *m*, etc.) exécratoire.

executable [ek'sekjutəbl], *a.* Exécutable.
executant [ek'sekjutənt, egz-], *s. Mus:* Exécutant, -ante.
execute ['eksikjut], *v.tr.* **1.** (*a*) Exécuter, parachever (un travail); mettre à exécution (un projet); s'acquitter (d'une tâche); accomplir (une opération); donner suite à, exécuter (un ordre). *Fin:* Effectuer (un transfert). *Mil: To e. a change of front*, exécuter un changement de front. *Jur:* **To execute a judgment,** exécuter un jugement. *To e. a deed*, souscrire, valider, un acte. **To execute a will,** exécuter un testament. (*b*) *Mus:* Exécuter, jouer (un morceau de musique). **2.** Exécuter (un criminel). *The executed criminals are buried at . . .*, on enterre les suppliciés à. . . .
executer ['eksikjutər], *s.* = EXECUTOR 1.
execution [eksi'kjuʃ(ə)n], *s.* **1.** (*a*) Exécution *f* (d'un projet, d'un contrat, d'un ordre); accomplissement *m* (d'un dessein, etc.). **To put, carry, a plan into execution,** mettre un projet à exécution. *The order was not carried into full e.*, l'ordre n'a pas été complètement exécuté. **In the execution of one's duty,** dans l'exercice de ses fonctions. *Picture of free and elegant e.*, tableau *m* d'une facture aisée et élégante. (*b*) *Jur:* Souscription *f*, validation *f* (d'un acte, etc.). **Execution of a will,** exécution d'un testament. (*c*) (i) Exécution (d'un morceau de musique); (ii) jeu *m* (d'un musicien). **2.** *Jur:* Saisie-exécution *f*, *pl.* saisies-exécutions. **Execution by sale of debtor's chattels,** saisie *f* des meubles d'un débiteur. **To put in an execution and levy** (*on s.o.'s goods*), faire, pratiquer, une saisie, faire une exécution (sur les biens de qn). **Writ of execution,** (titre) exécutoire *m*. *To issue e. for the amount of the costs*, délivrer un exécutoire pour le montant des dépens. **3.** *Artil:* (*Of guns*) **To do execution,** causer des ravages. *Every shot did e.*, tous les coups portaient. *F: To do great e. among the partridges*, faire un grand carnage de perdrix; massacrer les perdrix. *To do great e. among the sandwiches*, ravager les sandwichs; *F:* taper dans les sandwichs. *Her smile did great e.*, son sourire causait des ravages parmi les jeunes gens. **4.** (*a*) Exécution (d'un criminel); exécution capitale. (*b*) **Military execution,** exécution militaire; dévastation punitive (d'une ville, etc.).
executioner [eksi'kjuʃənər], *s.* Bourreau *m*; exécuteur *m* des hautes œuvres.
executive [eg'zekjutiv]. **1.** *a.* (*a*) Exécutif. *The Commission has e. powers*, la Commission a des pouvoirs exécutifs; les décisions *f* de la Commission sont exécutoires. *U.S:* **Executive order,** décret-loi *m*, *pl.* décrets-lois. *Mil: etc:* **Executive duties,** service *m* de détail. *Mil:* **Executive word of command,** commandement *m* d'exécution. *See also* COMMITTEE 1, OFFICER[1] 2. (*b*) *Pol: etc: U.S:* **Executive session,** séance *f* à huis clos. **2.** *s.* (*a*) Pouvoir exécutif, exécutif *m* (d'un gouvernement). (*b*) Bureau *m* (d'une association). (*c*) *Esp. U.S:* (i) Agents exécutifs; (ii) agent exécutif.
executor, *s.* **1.** ['eksikjutər] Exécuteur *m* (d'un ordre, d'un plan, etc.). **2.** [eg'zekjutər] *Jur:* Exécuteur, -trice, testamentaire (d'un testateur); ayant cause *m*, *pl.* ayants cause. **Literary executor,** exécuteur littéraire.
executory [ek'sekjutəri, egz-], *a.* *Jur:* **1.** (*a*) (Jugement *m*, etc.) exécutoire; (loi, etc.) en vigueur. *E. formula*, formule *f* exécutoire. (*b*) *E. details*, détails *m* d'exécution. (*c*) = EXECUTIVE 1 (*a*). **2.** Non encore exécuté. **Executory trust,** trust *m* sous forme de simples recommandations (en attendant la rédaction de l'acte définitif).
executrix, *pl.* **-trices** [eg'zekjutriks, -trisi:z], *s.f. Jur:* Exécutrice testamentaire.
exedra, *pl.* **-ae** ['eksedra, ek'si:dra, -i:], *s. Arch:* Exèdre *f*.
exegesis [eksi'dʒi:sis], *s. Theol:* Exégèse *f*.
exegete ['eksidʒi:t], *s.* Exégète *m*.
exegetic(al) [eksi'dʒetik(əl)]. **1.** *a.* Exégétique. **2.** *s.pl.* **Exegetics,** théologie *f* exégétique.
exegetist [eksi'dʒi:tist], *s.* = EXEGETE.
exemplar [eg'zemplər], *s. Lit:* Exemplaire *m*. (*a*) *The e. of an unselfish life*, l'exemplaire, le modèle, d'une vie d'abnégation. (*b*) *A true e. of the boastful soldier*, l'exemplaire, l'archétype *m*, du soldat fanfaron. (*c*) *It is difficult to find exemplars of such a state of affairs*, il est difficile de trouver dans l'histoire des exemples d'un tel état de choses.
exemplariness [eg'zemplərinəs], **exemplarity** [egzem'plariti], *s.* Exemplarité *f*.
exemplary [eg'zempləri], *a.* Exemplaire. **1.** *Man of e. life*, homme *m* de conduite exemplaire. **An exemplary husband,** un époux modèle. **2.** (*Of punishment*) Infligé pour l'exemple. *Jur:* **Exemplary damages,** dommages-intérêts *m* exemplaires. **3.** Qui fournit un exemple de qch.; typique. **-ily,** *adv.* Exemplairement, d'une manière exemplaire.
exemplification [egzemplifi'keiʃ(ə)n], *s.* **1.** Démonstration *f*, explication *f*, au moyen d'exemples. **2.** Exemple *m*. **3.** *Jur:* Ampliation *f*, copie *f* authentique (d'un acte).
exemplify [eg'zemplifai], *v.tr.* **1.** Expliquer, démontrer, par des exemples. *To e. a rule*, donner un exemple d'une règle. **2.** Servir d'exemple à (une règle, etc.). **3.** *Jur: A:* Faire une ampliation (d'un acte). **Exemplified copy,** copie *f* authentique; copie conforme.
exempt[1] [eg'zem(p)t]. **1.** *a.* Exempt, dispensé, exempté (*from*, de). *E. from taxation*, franc, *f.* franche, d'impôts. *Mil: To be e. from fatigues*, être dispensé des corvées. **2.** *s.* Exempté, -ée.
exempt[2], *v.tr.* **To exempt s.o. (from sth.),** exempter, exonérer, dispenser, qn (d'un impôt, du service militaire); affranchir qn (d'une autorité). *To e. oneself from a tax*, se rédimer d'un impôt. *To e. s.o. from doing sth.*, exempter qn de faire qch. *Mil: Conscript provisionally exempted*, conscrit *m* en sursis; sursitaire *m*.
exemption [eg'zem(p)ʃ(ə)n], *s.* **Exemption from sth.,** exemption *f*, exonération *f*, dispense *f* (d'un impôt, du service militaire); affranchissement *m* (d'une autorité).
exequatur [ekse'kweitər], *s. Jur: Hist:* Exequatur *m*.
exequies ['eksikwiz], *s.pl.* Convoi *m* funèbre; obsèques *fpl*; enterrement *m*.

exercisable ['eksərsaizəbl], *a.* (Droit) dont on peut user; (autorité) que l'on peut exercer.
exercise[1] ['eksərsa:iz], *s.* **1.** Exercice *m* (d'une faculté, d'un privilège, de ses fonctions). *The e. of this right created some surprise*, on le, les, vit avec surprise se prévaloir de ce droit. **In the exercise of one's duties,** dans l'exercice de ses fonctions. *Free e. of one's religion*, libre pratique *f*, libre exercice, de sa religion. *St.Exch:* **Exercise of an option,** levée *f* d'une prime. **2.** (*a*) **Mental exercise,** exercice de l'esprit. *Outdoor e.*, exercice au grand air. **To take exercise,** prendre de l'exercice; se donner du mouvement. **Exercise yard,** préau *m* (de prison). **Lack of exercise,** sédentarité *f*. (*b*) *Mil:* **Rifle exercise,** maniement *m* d'armes. *Mil: Navy:* **Tactical exercises,** évolutions *f* tactiques. (*c*) **School exercise,** exercice scolaire. *Written e.*, exercice écrit; devoir *m*. *The French e.*, le thème français; le devoir de français. *Piano exercises*, exercices pour piano. *Gym:* **Physical exercises,** exercices physiques; exercices d'assouplissement. *See also* GYMNASIUM. (*d*) **Religious exercises,** dévotions *f*; exercices religieux. (*e*) *pl. U.S:* Cérémonies *f*, célébrations *f* (scolaires, etc.).
'exercise-book, *s.* Cahier *m* (d'écolier, de devoirs).
exercise[2], *v.tr.* **1.** Exercer (un droit, une influence, ses fonctions); exercer, pratiquer, professer (un métier). *To e. a right*, user d'un droit. *To e. an influence upon s.o.*, agir sur qn. *To e. authority over s.o.*, exercer une autorité sur qn. *To e. one's will, one's authority*, faire acte de volonté, d'autorité. *To e. care in doing sth.*, apporter du soin à faire qch. *Fin:* **To exercise an option,** lever une prime. *See also* PATIENCE 1, SELF-RESTRAINT. **2.** (*a*) Exercer (le corps, l'esprit). **To exercise oneself,** prendre de l'exercice. *To e. oneself in doing sth.*, s'exercer, s'entraîner, à faire qch. *To e. troops*, faire faire l'exercice à des troupes. *To e. a horse*, promener un cheval. **To exercise one's wits** *in order to do sth., in order to please s.o.*, s'ingénier à faire qch., pour faire plaisir à qn. (*b*) *v.i.* (i) *A:* Prendre de l'exercice. (ii) S'entraîner; *Mil:* faire l'exercice. **3.** Tourmenter, tracasser; jeter (qn) dans la perplexité. *To e. s.o.'s patience*, mettre à l'épreuve la patience de qn. *The problem that is exercising our minds*, le problème qui nous préoccupe. **Exercised in his mind as to . . .,** l'esprit *m* perplexe quant à. . . . *I am exercised over his conduct*, sa conduite ne laisse pas de m'inquiéter; sa conduite m'intrigue, me donne du tracas.
exercising, *s.* Exercice *m* (d'un droit, d'une fonction, des membres); entraînement *m* (des troupes, etc.).
exerciser ['eksərsaizər], *s.* **1.** (*Pers.*) Exerçant *m* (d'un droit, etc.). **2.** (*Device*) *Gym:* Exercise(u)r *m*.
exercitation [egzə:rsi'teiʃ(ə)n], *s.* **1.** Exercice *m* (d'une faculté, etc.). **2.** *Lit:* Dissertation *f* critique ou exercice oratoire.
exergue ['eksə:rg, eg'zə:rg], *s. Num:* Exergue *m*.
exert [eg'zə:rt], *v.tr.* **1.** Employer, faire usage de (la force); mettre en œuvre (la force, son talent); déployer (son talent); exercer (une influence, une pression). *The pressure exerted on . . .*, la pression qui s'exerce sur. . . . **2.** **To exert oneself,** se remuer, s'employer; se donner du mal; se donner du mouvement. *To e. oneself to do sth.*, s'efforcer de faire qch.; faire des efforts, travailler, pour faire qch. *To e. oneself to the utmost to do sth.*, se multiplier, se dépenser, *F:* se mettre en quatre, pour faire qch.
exerting, *s.* Emploi *m*, exercice *m*, usage *m* (de la force, de l'autorité).
exertion [eg'zə:rʃ(ə)n], *s.* **1.** Usage *m*, emploi *m* (de la force, d'une faculté, d'un talent); contention *f* (d'esprit). *By a skilful e. of a minimum of strength . . .*, par l'emploi judicieux d'un minimum de force. . . . **2.** Effort *m*, efforts. *To attain one's end* **without great exertion,** arriver à ses fins sans grand effort, *F:* sans se fouler, sans secousse. *Being now unequal to the e. of travelling*, n'étant plus à même de soutenir la fatigue d'un voyage. *I shall use every e. to help you*, je vais faire tous mes efforts, tout mon possible, pour vous aider.
exes ['eksiz], *s.pl.* (*Abbr. of* '*expenses*') Dépenses *f*, frais *m*.
Exeter Hall ['eksitər'hɔ:l]. *Pr.n. Rel.Hist:* Salle de Londres (1830–1907) affectée d'abord aux concerts et par la suite aux assemblées évangéliques.
exeunt ['eksiʌnt]. *Lt.v.i. Th:* (*Stage direction*) (Un tel et un tel) sortent. **Exeunt omnes,** ils sortent tous; tous sortent.
exfoliate [eks'foulieit]. *Med: Bot: etc:* **1.** *v.tr.* Exfolier (un os, une plante, une roche, etc.); déliter (une pierre). **2.** *v.i.* (*Of bone, etc.*) S'exfolier; (*of rock*) se déliter.
exfoliation [eksfouli'eiʃ(ə)n], *s.* **1.** *Med: Bot:* Exfoliation *f*. *Med:* Desquamation *f* en écailles. *Geol:* Délitation *f* (d'une pierre). *Metalw:* Affouillement *m* (du métal). **2.** Squame *f* (d'un os).
exhalation [eksə'leiʃ(ə)n], *s.* **1.** (*a*) Exhalation *f* (de vapeurs, d'odeurs). (*b*) Expiration *f* (du souffle). **2.** (*a*) Effluve *m*, exhalaison *f*. (*b*) *Lit: F: An e. of wrath*, une bouffée, un mouvement, de colère.
exhale [eks'heil]. **1.** *v.tr.* (*a*) Exhaler, émettre (un gaz, des vapeurs, des odeurs). *The flowers exhaled their fragrance*, les fleurs *f* répandaient leurs parfums. *His whole person exhales elegance*, toute sa personne dégage un air d'élégance, respire l'élégance. (*b*) Exhaler (son dernier souffle, etc.). *To e. a prayer for mercy*, exhaler une prière de pitié. *To e. one's wrath*, exhaler sa rage; donner libre cours à sa rage. **2.** *v.i.* (*Of vapour, etc.*) S'exhaler.
exhaling, *s.* Exhalation *f*.
exhaust[1] [eg'zɔ:st], *s.* **1.** *Mch: I.C.E:* (*a*) Échappement *m*, évacuation *f* (de la vapeur, des gaz). *Mch:* **Exhaust-tank, -pit,** pot *m* d'échappement. *I.C.E:* **Exhaust box,** pot d'échappement; silencieux *m*. **Exhaust gear,** commande *f* d'échappement. *E. heat, steam*, chaleur *f*, vapeur *f*, d'échappement. *I.C.E:* **Exhaust stroke,** échappement, évacuation. **Open-exhaust engine,** moteur *m* à échappement libre. *Mch: I.C.E:* **Exhaust lead, lag,** avance *f*, retard *m*, à l'échappement. *See also* BOILER[1] 2, GAS[1] 1, LIFTER 2, MANIFOLD[1] 2. (*b*) Gaz *m*, etc., d'échappement. **2.** (*a*) Production *f*

du vide (dans un cylindre, etc.). (*b*) **Dust exhaust,** aspiration *f* de poussières. **Exhaust fan,** ventilateur aspirant, négatif; aspirateur *m*. **3.** (*a*) (*Apparatus*) Aspirateur. (*b*) = EXHAUST-PIPE.

ex'haust-pipe, *s.* **1.** *I.C.E:* Tuyau *m*, conduite *f*, d'échappement; échappement *m*. **2.** *Mch:* Tuyau d'évacuation, de refoulement, de décharge; déchargeoir *m*.

ex'haust-port, *s.* *I.C.E: etc:* Lumière *f*, fenêtre *f*, orifice *m*, d'échappement ou d'évacuation.

ex'haust-valve, *s.* *I.C.E:* Soupape *f* d'échappement.

exhaust[2]. **1.** *v.tr.* (*a*) Aspirer (l'air, un gaz, l'eau, la poussière). (*b*) Épuiser (les ressources, les réserves, d'un pays; les forces de qn; un sujet de conversation); tarir (une source, ses ressources). *To have exhausted one's mandate*, être arrivé au terme de son mandat. *See also* PATIENCE 1. (*c*) Vider (*sth. of sth.*, qch. de qch.). *To e. a bulb, a tube* (*of air*), faire le vide dans une ampoule, dans un tube. (*d*) *I.C.E:* *To e. the burned gases*, balayer, refouler, expulser, les gaz brûlés. (*e*) Épuiser, éreinter, exténuer (qn). *To e. oneself in useless efforts*, se consumer en efforts inutiles. **2.** *v.i. Mch: I.C.E:* (*Of steam, etc.*) S'échapper (*into*, dans).

exhausted, *a.* **1.** (*Of bulb, etc.*) Vide d'air. **2.** (*a*) Épuisé. *E. land*, terre usée, fatiguée, effritée. (*b*) (*Of pers., animal*) Épuisé, exténué, rendu (de fatigue); recru de fatigue; *F:* éreinté, fourbu; à bout de forces. *I am e.*, je n'en peux plus. *E. as I was . . .*, exténué comme je l'étais. . . .

exhausting[1], *a.* (Effort, travail, climat) épuisant; *F:* (travail) éreintant.

exhausting[2], *s.* **1.** Aspiration *f* (d'air, de gaz); épuisement *m* (d'une galerie de mine). *E. pipe*, tuyau *m* d'épuisement. *E. power of a chimney*, tirage *m* d'une cheminée. *See also* DUST-EXHAUSTING. **2.** Épuisement (de ressources, de forces, du sol).

exhauster [eg'zɔːstər], *s.* Aspirateur *m*. **Gas exhauster,** extracteur *m*, exhausteur *m*, de gaz. **Brake exhauster,** pompe *f* à vide (pour le freinage). *See also* AIR-EXHAUSTER, DUST-EXHAUSTER.

exhaustible [eg'zɔːstibl], *a.* Épuisable.

exhaustion [eg'zɔːstʃ(ə)n], *s.* **1.** *Ph:* Aspiration *f*, exhaustion *f* (d'un gaz). *To carry e. to the utmost*, pousser le vide à ses dernières limites. **2.** Épuisement *m* (du sol, des ressources). *Gradual e. of mineral oils*, raréfaction *f* des pétroles bruts. **3.** **(State of) exhaustion,** épuisement; *F:* affalement *m*, anéantissement *m*. *To be in a state of complete e.*, être complètement à bout de forces; *F:* être fourbu, vanné. *I was ready to drop with e.*, je tombais de fatigue, de faiblesse. **4.** *Mth: Log:* Éliminations successives (d'hypothèses). **Method of exhaustions,** méthode *f* d'exhaustion.

exhaustive [eg'zɔːstiv], *a.* **1.** Qui épuise toutes les hypothèses, toute la question; complet, -ète. *E. enquiry*, enquête approfondie. *To make an e. study of a subject*, traiter un sujet à fond; approfondir un sujet. **2.** *Log: Mth:* **Exhaustive method,** méthode *f* d'exhaustion. **-ly,** *adv.* *To treat a subject e.*, traiter un sujet à fond; épuiser un sujet. *To study a question e.*, étudier mûrement, longuement, une question. *To question s.o. e.*, interroger qn à fond.

exhedra, *pl.* **-ae** ['eksedra, ek'siːdra, -iː], *s.* *Arch:* Exèdre *f*.

exheredate [eks'heredeit], *v.tr.* *Jur:* Exhéréder, déshériter.

exheredation [ekshere'deiʃ(ə)n], *s.* Exhérédation *f*, déshéritement *m*.

exhibit[1] [eg'zibit], *s.* **1.** *Jur:* Pièce *f* à conviction (en procédure criminelle); pièce ou document *m* à l'appui. **2.** Objet, animal, etc., exposé (à une exposition, en vitrine). *There are several interesting exhibits*, il y a plusieurs envois intéressants. '*Do not touch the exhibits*,' "ne pas toucher aux objets exposés." *Th: Cin:* **Exhibits,** photos *f* pour réclame. **3.** = EXHIBITING.

exhibit[2], *v.tr.* **1.** Exhiber, montrer, faire voir (un objet); faire preuve (de courage, d'ignorance, de mauvaise volonté). *To e. one's passport*, présenter, exhiber, son passeport. *To e. large profits*, faire ressortir de gros bénéfices. **2.** Offrir, présenter (qch. à la vue). *The coast exhibited an unbroken line of cliffs*, la côte offrait une ligne ininterrompue de falaises. **3.** **To exhibit pictures, etc.** (*in public*), exposer des tableaux, etc. *To e. goods in shop windows*, mettre, exposer, des marchandises à l'étalage, en vitrine. *To e. performing animals*, exhiber des animaux savants. **4.** *Jur:* (*a*) Exhiber, produire (des pièces à l'appui). (*b*) Soumettre (une requête); intenter (une action). **5.** *Med: A:* Administrer (un médicament).

exhibiting, *s.* Exposition *f*, étalage *m* (d'objets, de marchandises). *Jur:* Exhibition *f* (de pièces à l'appui).

exhibition [eksi'biʃ(ə)n], *s.* **1.** (*a*) Exposition *f*, étalage *m* (de marchandises, etc.). *The late e. of unsuspected talents*, la manifestation tardive de talents insoupçonnés. *F:* **To make an exhibition of oneself,** se donner en spectacle; faire spectacle; se conduire d'une façon inepte. (*b*) Démonstration *f* (d'un procédé, etc.). (*c*) *Jur:* **Exhibition of documents,** exhibition *f*, production *f*, représentation *f*, des pièces. **2.** (*a*) Exposition. *Great international e.*, grande exposition internationale. **The Great Exhibition,** l'exposition de Londres de 1851. **The Motor Exhibition,** le Salon de l'Automobile. (*b*) *Com:* **Exhibition room,** salon d'exposition (d'automobiles, etc.). (*c*) *Sch: U.S:* Séance (musicale, etc.) donnée par les élèves, et à laquelle sont invités les parents. (*d*) *Cin:* Présentation *f* (d'un film). **3.** *Sch:* Bourse *f*. **4.** *Med: A:* Administration *f* (d'un médicament).

exhibitioner [eksi'biʃənər], *s.* *Sch:* Boursier, -ière (à une université).

exhibitionism [eksi'biʃənizm], *s.* *Psy:* Exhibitionnisme *m*.

exhibitionist [eksi'biʃənist], *s.* *Psy:* Exhibitionniste *mf*.

exhibitive [eg'zibitiv], *a.* **Exhibitive of sth.,** qui montre qch.; représentatif de qch.

exhibitor [eg'zibitər], *s.* **1.** Exhibiteur, -trice. **2.** (*At exhibition*) Exposant, -ante. **3.** *Cin:* Exploitant *m* d'une salle.

exhilarant [eg'zilərənt]. **1.** *a.* = EXHILARATING. **2.** *s.* (Médicament) exhilarant *m*.

exhilarate [eg'zilәreit], *v.tr.* Vivifier, ranimer, ragaillardir; mettre à (qn) la joie au cœur; *F:* ravigoter, émoustiller.

exhilarated, *a.* Ragaillardi, émoustillé.

exhilarating, *a.* Vivifiant, émoustillant. *E. wine*, vin capiteux. *E. news*, nouvelles *f* qui vous remontent le cœur; nouvelles réjouissantes.

exhilaration [egzilə'reiʃ(ə)n], *s.* Gaieté *f* de cœur, joie *f* de vivre.

exhilarative [eg'zilərətiv], *a.* = EXHILARATING.

exhort [eg'zɔːrt], *v.tr.* **1.** Exhorter, encourager (*s.o. to* (*do*) *sth.*, qn à (faire) qch.). **2.** Recommander ardemment, préconiser (une réforme, etc.).

exhorting, *s.* = EXHORTATION.

exhortation [egzɔːr'teiʃ(ə)n], *s.* Exhortation *f* (*to sth., to do sth.*, à qch., à faire qch.).

exhortative [eg'zɔːrtətiv], **exhortatory** [eg'zɔːrtətəri], *a.* Exhortatif, exhortatoire.

exhumation [ekshju'meiʃ(ə)n], *s.* Exhumation *f*.

exhume [eks'hjuːm], *v.tr.* Exhumer, désensevelir, désenterrer, déterrer.

exhumer [eks'hjuːmər], *s.* Déterreur *m*.

exigence ['eksidʒəns], **exigency** ['eksidʒənsi], *s.* **1.** Exigence *f*, nécessité *f*, besoin *m*. *To meet the exigencies of the time*, répondre aux exigences de l'époque. **2.** (*a*) Situation *f* critique; crise *f*; cas pressant. *In this e.*, dans cette situation critique, urgente; dans cette extrémité. (*b*) **To be reduced to exigency,** être dans le besoin.

exigent ['eksidʒənt], *a.* **1.** Urgent, pressant. **2.** Exigeant. *E. of praise*, qui exige, demande, les éloges.

exigible ['eksidʒibl], *a.* Exigible (*from, against*, de).

exiguity [eksi'gjuiti], **exiguousness** [eg'zigjuəsnəs], *s.* Exiguïté *f* (d'un logement, etc.); modicité *f* (d'un revenu, d'un résultat).

exiguous [eg'zigjuəs], *a.* Exigu, -uë; fort petit; (revenu *m*) modique.

exile[1] ['eksail], *s.* Exil *m*, bannissement *m*. **To send s.o. into exile,** envoyer qn en exil; bannir qn. **To go into exile,** s'en aller en exil; partir en exil, pour l'exil; s'exiler. *To sentence s.o. to temporary e.*, frapper qn d'un exil temporaire.

exile[2], *s.* Exilé, -ée; banni, -ie.

exile[3], *v.tr.* Exiler, bannir (*from*, de).

exility [ek'siliti], *s.* *Lit:* Ténuité *f*; subtilité *f*.

exist [eg'zist], *v.i.* Exister. **1.** Être. **I think, therefore I exist,** je pense, donc je suis. *To cease to e.*, cesser d'exister; (*of pers.*) cesser de vivre. **To continue to exist,** subsister. *Wherever these conditions e.*, partout où règnent ces conditions. **2.** Se maintenir en vie. *How do you manage to e. here?* comment parvenez-vous à vivre ici? comment suffisez-vous à votre existence ici?

existing, *a.* Existant, actuel, présent. *In e. circumstances*, dans les circonstances présentes, actuelles.

existence [eg'zistəns], *s.* **1.** Existence *f*. **To be in existence,** exister; être existant. *The oldest manuscript in e.*, le plus ancien manuscrit existant. *The firm has been in e. for fifty years*, la maison existe depuis cinquante ans. **To come into existence,** naître. **To call into existence,** faire naître. *To put out of e.*, anéantir. **To spring into existence,** naître soudainement. **2.** Existence, vie *f*. *The last hour of my e.*, la dernière heure de ma vie. *To lead a pleasant e.*, mener une existence agréable. **3.** *Phil:* Être *m*, entité *f*.

existent [eg'zistənt], *a.* **1.** Existant. **2.** D'aujourd'hui; actuel.

exit[1] ['eksit], *s.* **1.** Sortie *f*. (*a*) *Th:* **Sham exit,** fausse sortie. **To make one's exit,** (i) sortir; quitter la scène; (ii) *F:* mourir, quitter ce monde. (*b*) *The audience must have free e. at all times*, il faut que le public soit toujours libre de sortir, ait ses sorties libres. **Exit staircase,** escalier *m* de sortie. **2.** Sortie; (porte *f*, couloir *m*, de) dégagement *m* (d'un théâtre, d'une gare). *To provide for exits*, ménager des issues *f*. **Emergency exit,** sortie de secours. **Exit only,** porte exclusivement affectée à la sortie.

'exit-tube, *s.* Barillet *m* (d'un four de cokerie).

exit[2], *v.i.* (**exited**) **1.** *Th:* (*Stage direction*) **Exit Macbeth,** Macbeth sort. **2.** *F:* (*a*) Sortir; faire sa sortie. (*b*) Quitter ce monde; mourir.

ex-libris [eks'laibris], *s.* (*Also used as pl.*) Ex-libris *m*.

ex-librist [eks'laibrist], *s.* Collectionneur, -euse, d'ex-libris.

exmeridian [eksmə'ridiən], *s.* *Nau: Surv:* *To take several exmeridians*, prendre plusieurs circumméridiennes *f*.

exo- ['ekso], *pref.* Exo-. *Exospore*, exospore. *Exoderm*, exoderme. *Exoskeleton*, exosquelette.

exoascales [eksoa'skeiliːz], *s.pl.* *Fung:* Cloque *f* (du pêcher, etc.).

exocarp ['eksokɑːrp], *s.* *Bot:* = EPICARP.

exocoetus [ekso'siːtəs], *s.* *Ich:* Exocet *m*, gabot *m*.

exocrine ['eksokrain], *a.* *Physiol:* (Glande *f*) exocrine, à sécrétion externe.

exode ['eksoud], **exodium** [ek'soudiəm], *s.* *Gr.Lit:* Exode *m*.

exoderm ['eksodəːrm], *s.* *Physiol:* Exoderme *m*.

exodus ['eksodəs], *s.* Exode *m* (des Hébreux, etc.). *B:* **(The Book of) Exodus,** l'Exode. *F:* *After the Chairman's speech* **there was a general exodus,** après le discours du président il y eut une sortie générale. *E. of capital*, évasion *f* des capitaux.

ex(-)officio [ekso'fiʃio], *adv.phr.* **To act ex(-)officio,** agir d'office. **Ex(-)officio member,** membre *m* de droit, à titre d'office. *He is ex-o. responsible for . . .*, il est, de par ses fonctions, responsable de. . . .

exogamous [ek'sɔgəməs], *a.* *Anthr:* Exogame.

exogamy [ek'sɔgəmi], *s.* *Anthr:* Exogamie *f*.

exogen ['eksodʒen], *s.* *Bot:* Plante *f* exogène; exogène *m*.

exogenous [ek'sɔdʒenəs], *a.* *Bot: Geol:* Exogène.

exogynous [ek'sɔdʒinəs], *a.* *Bot:* Exogyne.

exomphalos [ek'sɔmfəlɔs], *s.* *Med:* Exomphale *f*; hernie ombilicale.

exon ['eksɔn], *s.* *Hist:* Exempt *m*. (Titre des quatre officiers des *Yeomen* qui appartenaient à la garde personnelle du souverain.)

exonerate [eg'zɔnəreit], *v.tr.* **1.** Exonérer, dispenser, décharger (*s.o. from an obligation*, qn d'une obligation). **2.** **To exonerate s.o.**

(from blame), disculper, justifier, absoudre, qn; *F:* mettre qn hors de cause. *Evidence that exonerates you,* témoignage *m* à votre décharge.

exoneration [egzɔnə'reiʃ(ə)n], *s.* **1.** Exonération *f*, décharge *f*, dispense *f* (*from*, de). **2. Exoneration from blame,** disculpation *f*, justification *f*.

exonerative [eg'zɔnərətiv], *a.* Qui exonère, qui décharge.

Exonian [ek'sounjən], *a. & s. Geog:* (Originaire, natif) d'Exeter.

exophthalmic [eksɔf'θalmik], *a. Med:* (Goitre *m*, etc.) exophtalmique.

exophthalmus [eksɔf'θalməs], *s. Med:* Exophtalmie *f*.

exoplasmic [ekso'plazmik], *a. Biol:* (Substance *f*) exoplasmique.

exorable ['eksɔrəbl], *a.* Exorable; accessible à la pitié.

exorbitance [eg'zɔːrbitəns], *s.* **1.** Exorbitance *f*, énormité *f*, extravagance *f* (des prix, etc.). **2.** *A: To commit exorbitances,* commettre des énormités.

exorbitant [eg'zɔːrbitənt], *a.* Exorbitant, exagéré, excessif, extravagant; (intérêt *m*) usuraire. **Exorbitant price,** prix exorbitant; *F:* prix salé. *To cost an e. price, F:* coûter les yeux de la tête. **Exorbitant bill,** compte exorbitant; *F:* mémoire *m* d'apothicaire. **-ly,** *adv.* D'une manière exorbitante; excessivement, extravagamment.

exorcism ['eksɔrsizm], *s.* Exorcisme *m*.

exorcist ['eksɔrsist], *s.* Exorciste *m*; exorciseur, -euse.

exorcize ['eksɔrsaːiz], *v.tr.* Exorciser (un démon, un possédé, etc.); adjurer (un esprit). **To exorcize a devil from, out of, s.o.,** chasser un diable de qn.

exorcizing, *s.* Exorcisation *f*, exorcisme *m*.

exorcizer ['eksɔrsaizər], *s.* Exorciseur, -euse, exorciste *m*.

exordial [eg'zɔːrdiəl], *a.* (Discours *m*, etc.) d'introduction, liminaire, préliminaire.

exordium, *pl.* **-iums, -ia** [eg'zɔːrdiəm, -iəmz, -*ia*], *s. Rh:* Exorde *m*.

exor(r)hiza [ekso'raiza], *s. Bot:* Plante *f* exor(r)hize.

exor(r)hizal [ekso'raizəl], *a. Bot:* Exor(r)hize.

exoskeleton [ekso'skeletən], *s. Z:* Exosquelette *m*.

exosmose ['eksosmous], **exosmosis** [eksɔs'mousis], *s. Ph:* Exosmose *f*.

exosmotic [eksɔs'mɔtik], *a. Ph:* Exosmotique.

exospore ['eksospɔːər], *s. Bot:* Exospore *m*.

exostome ['eksostoum], *s. Bot:* Exostome *m*.

exostosis [ekso'stousis], *s. Med: Bot:* Exostose *f*.

exoteric [ekso'terik], *a.* **1.** (Doctrine *f*, disciple *m*) exotérique. **2.** *F:* Populaire. *E. opinion is that he will resign,* l'avis populaire est qu'il donnera sa démission.

exothermic [ekso'θəːrmik], *a.* (Réaction *f*, etc.) exothermique.

exotic [ek'sɔtik]. **1.** *a.* Exotique. **2.** *s. Bot:* Plante *f* exotique.

exoticism [ek'sɔtisizm], *s.* Exotisme *m*.

expand [eks'pand]. **1.** *v.tr.* (*a*) Dilater (un gaz, l'air, un solide); étendre (les limites d'un empire); gonfler (un ballon); mandriner, renfler, dudgeonner (un tube de chaudière); développer (un abrégé, une formule algébrique, le corps, la poitrine); développer, amplifier (une idée); élargir (l'esprit); *F:* faire épanouir (l'âme, le cœur). *Mch:* Détendre (la vapeur). *To e. a short story into a full-length novel,* amplifier une nouvelle sous forme de grand roman. (*b*) Déployer (les ailes, etc.). *Metalw: To e. sheet-metal,* déployer la tôle. (*c*) *Veh: To e. the brake-shoes,* écarter les segments de frein. **2.** *v.i.* (*a*) (*Of solid, air, gas*) Se dilater; (*of balloon*) se gonfler; (*of steam*) se détendre; (*of chest*) se développer; (*of quicklime*) foisonner. *As the Empire expands,* à mesure que l'Empire se développe, grandit, s'étend. *His mind is expanding,* son esprit, son intelligence, se développe, s'épanouit. (*b*) (*Of sail, etc.*) S'étendre, se déployer; (*of flower*) s'épanouir, s'ouvrir. *Heart that expands with joy,* cœur *m* qui s'ouvre à la joie. (*c*) *Mec.E:* (*Of belt*) S'allonger. (*d*) *F:* (*Of pers.*) S'expansionner; devenir expansif.

expanded, *a.* **1.** Allongé; étendu. *Metalw:* **Expanded metal,** métal déployé. **2.** Évasé. **3.** *E. at the end,* renflé au bout.

expanding[1], *a.* **1.** (Gaz) qui se dilate; (ballon) qui se gonfle; (commerce) qui se développe, grandit. *The e. universe,* l'univers en expansion. **2. Expanding trunk,** malle *f* à soufflets. **Expanding bracelet,** bracelet *m* extensible. **Expanding bullet,** balle *f* dum-dum. *Mec.E:* **Expanding cone,** cône *m* extensible.

expanding[2], *s.* = EXPANSION.

expander [eks'pandər], *s.* **1.** *Gym:* **(Chest) expander,** extenseur *m*, sandow *m*. **2.** Mécanisme *m* d'expansion. **Wedge expander,** mécanisme à coins. *Aut:* **Rim expander,** (ciseau *m*) ouvre-jante *m*, *pl.* ouvre-jantes. *See also* TUBE-EXPANDER.

expanse [eks'pans], *s.* Étendue *f* (de pays, d'eau, etc.). **A vast expanse** *of desert,* une vastitude de désert. *Vast e. of sand,* mer *f* de sable. *Poet:* **The expanse,** le firmament.

expansibility [ekspansi'biliti], *s.* Expansibilité *f*. *Ph:* Dilatabilité *f*.

expansible [eks'pansibl], *a.* Expansible. *Ph:* Dilatable.

expansion [eks'panʃ(ə)n], *s.* **1.** (*Making larger*) Dilatation *f* (d'un gaz, d'un métal); mandrinage *m* (d'un tube de chaudière); développement *m* (d'un abrégé, de la poitrine, etc.); amplification *f* (d'un sujet); élargissement *m* (de l'intelligence). *Pol.Ec:* **Currency expansion,** expansion *f* monétaire. **2.** (*Becoming larger*) (*a*) Expansion (d'un solide, d'un liquide, du commerce); dilatation (d'un gaz, d'un rail de chemin de fer); foisonnement *m* (de la chaux vive); *Mch:* détente *f* (de la vapeur). **Colonial expansion,** expansion coloniale. *Mch:* **Triple expansion engine,** machine à triple détente. **Expansion valve,** (i) *Mch:* soupape *f* de détente; (ii) vanne *f* de réglage (de frigorifère). *Mec.E:* **Expansion reamer,** alésoir *m* extensible. **Expansion joint,** joint *m* de dilatation, à fourreau; joint compensateur; crabot *m*. **Expansion pipe,** tuyau compensateur; tube *m* de compensation. *See also* BEND[3], BOLT[1] 4, GLAND[2]. (*b*) Épanouissement *m* (d'une fleur, *F:* du cœur).

expansionism [eks'panʃənizm], *s. Pol.Ec:* Expansionnisme *m*.

expansionist [eks'panʃənist], *s.* **1.** *Pol.Ec:* Expansionniste *m*. **2. Colonial expansionist,** expansionniste colonial.

expansive [eks'pansiv], *a.* **1.** (*a*) (*Of force, etc.*) Expansif. (*b*) (*Of gas, etc.*) Expansible, expansif, dilatable. *Mch:* **Expansive working,** marche à la détente. **2.** (*Of pers.*) Expansif, démonstratif; qui s'épanche avec effusion; qui aime à communiquer ses sentiments. **To be in an expansive mood,** être en veine d'épanchement. **To become expansive,** s'ouvrir, s'expansionner. **3.** (*Extensive*) Large, étendu.

expansiveness [eks'pansivnəs], *s.* **1.** Expansibilité *f*; dilatabilité *f* (d'un gaz, etc.). **2.** Expansibilité, nature expansive (de qn).

ex parte [eks'pɑːrti]. *Lt.adv. & a.phr. Jur:* (Attestation, déclaration, témoignage) émanant d'une seule partie; unilatéral, -aux; (procédure) sur requête.

expatiate [eks'peiʃieit], *v.i.* **1.** *A:* Errer (sans contrainte); aller à son gré. **2.** Discourir (longuement), s'étendre, disserter (*on, upon,* sur). *To e. on what is merely hinted at,* développer ce qui n'est qu'indiqué. *To be for ever expatiating on . . .,* ne pas tarir sur. . .

expatiater, expatiator [eks'peiʃieitər], *s.* Discoureur, -euse (*upon,* sur).

expatiation [ekspeiʃi'eiʃ(ə)n], *s.* **1.** Dissertation *f*, long discours; *F:* laïus *m*. **2.** Prolixité *f*.

expatriate [eks'peitrieit], *v.tr.* Expatrier, bannir (qn). **To expatriate oneself,** (i) s'expatrier; (ii) renoncer à sa nationalité.

expatriation [ekspeitri'eiʃ(ə)n], *s.* **1.** Expatriation *f*. **2.** Renonciation *f* de sa nationalité.

expect [eks'pekt], *v.tr.* **1.** Attendre (qn, qch.); s'attendre à (un événement); compter sur (l'arrivée de qn, etc.). **To expect s.o. to dinner,** attendre qn à dîner. *She expects to be dismissed to-day,* elle s'attend à être renvoyée aujourd'hui. *I expected as much,* je m'y attendais. *I knew what to e.,* je savais à quoi m'attendre, à quoi m'en tenir. *If I knew what to e.,* si je savais sur quoi compter. **To expect the worst,** s'attendre au pire. **As one might expect,** comme on doit s'y attendre; *F:* comme de raison. *That is not the result I expected,* ce n'est pas là le résultat que j'avais rêvé. *It is not so difficult as I expected (it to be),* ce n'est pas aussi difficile que je le croyais. *He little expected that,* il ne s'attendait guère à cela. *I little expected that of him,* je n'attendais pas cela de lui; je ne m'attendais pas à ce qu'il fasse cela. *To e. that s.o. will do sth., that sth. will happen,* s'attendre à ce que qn fasse qch., à ce que qch. arrive. *Affair the failure of which was expected,* affaire que l'on prévoyait devoir échouer, dont l'échec était prévu. *It is to be expected that . . .,* il est vraisemblable que + *ind. It is hardly to be expected that . . .,* il y a peu de chances (pour) qué + *sub. I expected him to decline,* je m'attendais à un refus de sa part; je m'attendais à ce qu'il refusât. *I expected him to be waiting for me,* je comptais qu'il serait à m'attendre. *To e. to do sth.,* compter, espérer, penser, faire qch. *He is expected to arrive next week,* on l'attend la semaine prochaine. **Don't expect me till you see me,** ne m'attendez pas à date fixe. *He is not expected to recover,* on ne compte pas le sauver. *She was expected to outlive him,* on pensait qu'elle lui survivrait. *I hope and e. that . . .,* j'espère avec confiance que. . . *Abs. F:* (*Of woman*) **To be expecting,** attendre un bébé. *She is expecting next week,* elle attend ses couches pour la semaine prochaine. **2. To expect sth. from s.o.,** attendre, exiger, qch. de qn. *To e. from s.o. more than he can do,* demander à qn plus qu'il ne peut faire. *I e. you to be punctual,* je vous demanderai d'être exact; je tiens à ce que vous soyez exact. *What do you e. me to do?* qu'attendez-vous de moi? *How do you e. me to do it?* comment voulez-vous que je le fasse? *Am I expected to dress for dinner?* faut-il me mettre en habit pour dîner? *It is not expected of you,* vous n'êtes pas tenu de le faire. *The gentlemen are expected to hand round the cakes,* c'est aux messieurs à passer les gâteaux. **I know what is expected of me,** je sais ce qu'on attend de moi. **3.** *F:* Penser, croire (que). **I expect he'll pay,** je pense qu'il payera; sans doute qu'il payera. **I expect so,** je pense, je crois, que oui.

expected, *a.* Attendu, espéré. *s.* **It is not always the expected that happens,** le vraisemblable n'arrive pas toujours.

expecting, *s.* Attente *f* (de qn, d'un événement, etc.).

expectancy [eks'pektənsi], *s.* **1.** Expectance *f*, attente *f*. *Awaited with eager e.,* attendu avec une vive impatience. **2.** *Jur:* Expectative *f* (d'un héritage, etc.). **Estate, heir, in expectancy,** héritage *m*, héritier *m*, en expectative; héritage en espérance *f*.

expectant [eks'pektənt]. **1.** *a.* (*a*) Qui attend; expectant; qui est dans l'attente de qch. **To be expectant of sth.,** attendre qch.; avoir lieu d'espérer qch. *F:* **Expectant mother,** femme qui attend un bébé; future mère. (*b*) *Med:* **Expectant method** (*of treatment*), médecine expectante; expectation *f*. (*c*) *Jur:* (Bien, etc.) en expectative. **Expectant heir,** celui qui a un héritage en perspective; héritier en expectative. **2.** *s.* (*a*) *A:* Candidat *m*, aspirant *m* (à un poste); *A:* expectant *m*. (*b*) = *expectant heir.* **-ly,** *adv.* Dans l'expectative, dans l'attente. *To gaze at s.o. e.,* regarder qn avec l'air d'attendre qch., avec un air d'attente.

expectation [ekspek'teiʃ(ə)n], *s.* **1.** (*a*) Attente *f*, espérance *f*, prévision *f*. **To come up to, fall short of, s.o.'s expectations,** remplir, répondre à, tromper, l'attente de qn. **If my expectations are fulfilled,** si mes prévisions sont exactes. **To succeed beyond one's expectations,** réussir au delà de ses espérances; *F:* aller au delà du but. **Contrary to all expectations,** contrairement à toute attente; contre toute attente; contre toute prévision. **In (the) expectation of . . .,** dans l'attente de . . ., en prévision de. . . . **Expectation value,** valeur *f* d'attente (d'une récolte, etc.). (*b*) (*Expectancy*) *With eager e.,* avec une vive impatience. *See also* TIPTOE[1]. **2.** (*a*) *Jur:* Expectative *f* d'héritage. **Possessions in expectation,** biens en expectative, *F:* en espérance. (*b*) *pl.* **Expectations,** espérances. **Uncle, aunt, from whom one has expectations,** oncle *m*, tante *f*, à héritage. *To live up to one's expectations,* régler sa dépense sur ses espérances. **3.** Probabilité *f* (d'un événement). *What are the expectations of it?* quelles en sont les chances? *Ins:* **Expectation of life,** probabilités de la vie; vie moyenne, vie probable. *E. of life tables*, tables *f* de survie.

expectative [eks'pektətiv]. *Ecc: Jur:* **1.** *a.* Expectatif, -ive. *Theol:* **Expectative grace,** grâce expectative. **2.** *s.* (*a*) Expectative *f.* (*b*) *Theol:* Grâce expectative.

expecter [eks'pektər], *s.* Personne qui attend, espère.

expectorant [eks'pektərənt], *a. & s. Med:* Expectorant (*m*).

expectorate [eks'pektəreit], *v.tr.* Expectorer (des mucosités, etc.). *Abs.* Cracher.

expectoration [ekspektə'reiʃ(ə)n], *s.* Expectoration *f*; (i) crachement *m*; (ii) crachat *m*. *Blood-stained expectorations*, crachats sanguinolents.

expedience [eks'pi:djəns], **expediency** [eks'pi:djənsi], *s.* **1.** Convenance *f*, opportunité *f*, à-propos *m* (d'une mesure, etc.). **On grounds of expediency,** pour des raisons de convenance. **2.** *Pej:* **(Doctrine of) expedience,** opportunisme *m*.

expedient [eks'pi:djənt]. **1.** *a.* Expédient, convenable, avantageux, opportun, à-propos, pratique. *The only e. method by which it may be accomplished*, le seul moyen commode, pratique, de l'accomplir. *Do what you think e.*, faites ce que vous jugerez à propos. **It is expedient to . . .,** il est expédient, opportun, de. . . . *It is e. that you should stay*, il est expédient, convenable, que vous restiez. **2.** *s.* Expédient *m*, moyen *m*, ressource *f*, artifice *m*. **Man fertile in expedients,** homme de ressources, d'expédients. *To seek some e. to do sth.*, chercher un expédient, un biais, pour faire qch. **To resort to expedients** *in order to attain one's end*, user d'expédients, *F:* prendre des détours, pour arriver à son but. **-ly,** *adv.* Convenablement, avec avantage.

expedite ['ekspedait], *v.tr.* **1.** Activer, pousser, hâter (une mesure); accélérer (un procédé). **2.** Expédier, accomplir avec diligence, dépêcher (une affaire).

expediter ['ekspedaitər], *s.* **1.** Celui qui active ou a activé (une mesure), qui a accéléré (un procédé). **2.** Celui qui a expédié, dépêché (une affaire).

expedition [ekspe'diʃ(ə)n], *s.* **1.** *Mil: Navy: etc:* Expédition *f*. *E. to the South Pole*, expédition au pôle sud. **To be on an expedition,** être en expédition. *Fr.Hist:* **The Expedition to Egypt,** l'Expédition d'Égypte. **2.** Célérité *f*, promptitude *f*, diligence *f*. **To do sth. with (all) expedition, to use expedition in doing sth.,** faire qch. avec célérité, avec promptitude, en toute diligence. *They made such e. that all was ready on the morrow*, on se hâta tant, on fit si bien, que tout fut prêt le lendemain. **For the sake of expedition** *we shall dispense with . . .*, pour aller plus vite nous nous dispenserons de. . . .

expeditionary [ekspe'diʃənəri], *a. Mil: Navy:* (Corps *m*, armée *f*) expéditionnaire. **The British Expeditionary Force,** *F:* **the B.E.F.,** le corps expéditionnaire britannique.

expeditious [ekspe'diʃəs], *a.* (Procédé) expéditif; (trajet *m*) rapide; (réponse) prompte. *To be e. in business*, être expéditif, prompt, en affaires. *He is always e.*, il va toujours vite en besogne. *Equipped for e. travelling*, équipé pour voyager rapidement. **-ly,** *adv.* Expéditivement; avec célérité; promptement.

expeditiousness [ekspe'diʃəsnəs], *s.* Célérité *f*, promptitude *f*.

expel [eks'pel], *v.tr.* **(expelled; expelling)** (*a*) Expulser (un locataire); chasser, expulser (un corps étranger, l'ennemi, etc.); faire sortir (une balle d'une blessure); chasser, refouler (un liquide, un gaz). *To e. s.o. from a society*, bannir qn d'une société. *To e. a boy from school*, renvoyer, chasser, un élève (de l'école). *To e. a poison from the body*, éliminer un poison du corps. (*b*) *Adm: To e. an alien*, expulser, refouler, un étranger.

expelling[1], *a.* (*a*) Expulsif. (*b*) *Physiol: Med:* Expulseur, *f.* expultrice.

expelling[2], *s.* Expulsion *f*.

expend [eks'pend], *v.tr.* **1.** (*a*) **To expend money** (*on sth., on doing sth.*), dépenser de l'argent (pour qch., à faire qch.). (*b*) *To e. care, time, on sth., in doing sth.*, consacrer, employer, du soin, du temps, à qch., à faire qch. **2.** (*a*) Épuiser (ses ressources, ses forces). *Having expended all their cartridges . . .*, ayant épuisé leurs cartouches. . . . (*b*) *To e. too much ammunition*, consommer trop de munitions. *You are expending too much strength*, vous y mettez trop de force; vous vous dépensez trop. *Their enthusiasm expended itself in phrases*, leur enthousiasme s'évaporait en phrases. **3.** *Nau:* **To expend the end of a rope round a spar,** enrouler le surplus d'un cordage autour d'un épar(t).

expenditure [eks'penditjər], *s.* **1.** (*Spending*) Dépense *f* (d'argent, de chaleur, etc.); consommation *f* (de munitions, etc.). *A useless e. of time*, une dépense inutile de temps. **2.** (*Amount spent*) Dépense(s). *It entails a large e.*, cela entraîne une forte dépense, de fortes dépenses. *The national e.*, les dépenses de l'État. *See also* INITIAL[1] I.

expense [eks'pens], *s.* **1.** (*a*) Dépense *f*, frais *mpl*. **Regardless of expense,** sans regarder à la dépense. *Without a penny of e.*, sans dépenser un sou; sans rien débourser; sans aucuns frais; *F:* sans bourse délier. **Free of expense,** sans frais, franco. **Published at my expense,** publié à mes frais. **To go to expense,** faire de la dépense; se mettre en dépense; se mettre en frais. *To go to great e.*, faire beaucoup de dépense. **To put s.o. to expense,** faire faire des dépenses à qn; occasionner des frais à qn; *Jur:* constituer qn en frais, en dépenses. *Don't go, run, to any e., don't put yourself to any e., over the dinner*, ne vous mettez pas en frais pour le dîner. *I cannot go to that e.*, je ne peux pas faire cette dépense. *I cannot go to the e. of keeping a gardener*, je n'ai pas les moyens d'avoir un jardinier. *F:* **At the expense of his life,** au prix de sa vie. (*b*) *pl.* **Expenses,** dépenses, débours *mpl*, frais; *Com:* sorties *f*. **Travelling expenses,** frais de déplacement. *Running expenses (of a car)*, dépenses d'utilisation. *Com: Ind:* **Petty expenses,** menus frais; menus débours. **General expenses,** frais généraux. **Incidental expenses,** faux frais. **Household expenses,** dépenses du ménage. **Preliminary expenses** *of a company*, frais de constitution d'une société. *Legal expenses*, frais légaux. **To incur expenses,** faire des dépenses. *Total expenses incurred*, total *m* des frais effectués. *To increase one's expenses*, augmenter ses dépenses; charger, grever, son budget. *I pay expenses*, je me charge des frais; je règle les dépenses. **To have all expenses paid,** être défrayé de tout. *I have been, have gone, to considerable e.*, j'ai fait des dépenses, des frais, considérables. **Dividing (the) expenses,** à frais communs. *Com:* **No expenses,** exempt de frais; (*on bill*) (retour) sans frais, sans protêt. *See also* COVER[2] 8, CUT DOWN 2, OVERHEAD 2. **2.** Dépens *m*. *A laugh* **at my expense,** un éclat de rire à mes dépens. *To raise a laugh at s.o.'s e.*, faire rire aux dépens de qn. *To live at the e. of others*, vivre aux dépens, *F:* aux crochets, des autres; vivre sur le commun. *To get rich at s.o.'s e.*, s'enrichir aux dépens, au détriment, de qn; *F:* s'enrichir des dépouilles de qn. **3. To be a great expense to s.o.,** être une grande source de dépense, être une grande charge, pour qn. **4.** *pl.* **Expenses,** indemnité *f* (pour débours). **Travelling expenses,** indemnité de voyage. *To allow s.o. his expenses*, rembourser les débours de qn. *To offer s.o. £20 and expenses*, offrir à qn vingt livres, tous frais payés.

expensive [eks'pensiv], *a.* (Objet) coûteux, cher, de prix; (procédé, procès) dispendieux. **Expensive dress,** robe chère. **Expensive hobby,** passe-temps onéreux. **Expensive wife,** femme qui coûte cher à son mari. **Expensive car,** voiture *f* de luxe, de grand luxe. **To be expensive,** coûter cher *inv*. **That comes expensive,** cela revient cher *inv*. **Frightfully expensive,** hors de prix. *Little places that are not too e.*, petits trous pas chers. *A room not too e.*, une chambre dans les prix doux. *Travelling is e.*, les voyages coûtent. **-ly,** *adv.* (S'habiller) coûteusement; (construire) à grands frais, dispendieusement. *To live e.*, vivre sur un pied de grande dépense; mener la vie large.

expensiveness [eks'pensivnəs], *s.* Cherté *f* (d'une denrée, etc.); nature coûteuse (d'une guerre, etc.); prix élevé (de qch.).

experience[1] [eks'piəriəns], *s.* Expérience *f*. **1.** (*a*) Épreuve personnelle. *To go through painful experiences*, passer par de rudes épreuves. **Terrifying experience,** aventure effrayante. **(Varied) experiences,** *F:* avatars *m*. **To have a nasty experience,** (i) passer par un mauvais moment; *F:* **passer un mauvais quart d'heure**; (ii) faire une mauvaise rencontre. **It was a delightful experience,** ce fut un moment délicieux, une sensation délicieuse. *It was a new e. for them*, ce fut une nouveauté pour eux. *See also* FIRST I. 1. **To relate one's experiences,** raconter ce que l'on a vu et ressenti; raconter ses aventures. (*b*) *Usu.pl.* Expériences religieuses. **2. We profit by experience,** l'expérience nous rend habiles. *To learn (life) by e., to gain e. of life*, faire l'apprentissage de la vie. **Practical experience,** la pratique. *To have much e.*, avoir beaucoup d'expérience, d'acquis *m*. *E. in driving, driving e.*, expérience de la route; expérience routière; habitude *f* de conduire. **He still lacks experience,** il manque encore de métier, de pratique. **Facts within my experience,** faits *m* dont j'ai été témoin; faits à ma connaissance. *Long personal e. allows me to . . .*, une longue pratique me permet de. . . . *Man of ripe e.*, homme fait. *To know sth. from e.*, savoir qch. par expérience, pour l'avoir éprouvé, d'après son expérience personnelle. *It is an account of actual e.*, *F:* c'est du vécu. *I know from bitter e. that . . .*, je sais, pour l'avoir éprouvé cruellement, que. . . . *As far as my e. goes*, autant que je puisse dire d'après mon expérience personnelle. *To have e. of teaching*, avoir (acquis) l'expérience de l'enseignement, avoir déjà enseigné. *He has e. of these questions*, il a l'expérience de ces questions. **Have you had any previous experience?** avez-vous déjà travaillé dans cette partie? avez-vous déjà enseigné, pratiqué, etc.? *He has no e. of love*, il ne connaît pas l'amour. *He has had a wide e. of men*, il a une grande pratique des hommes. *I have enough business e. to . . .*, j'ai assez de pratique des affaires pour. . . . *Ins:* **Experience tables,** tables *f* d'expérience (de mortalité).

experience[2], *v.tr.* **1.** Éprouver; faire l'expérience de (qch.). *To e. a sensation of warmth*, éprouver une sensation de chaleur. **To experience insults,** recevoir, subir, essuyer, des insultes. *To e. difficult times, heavy trials*, passer par des temps difficiles, par de rudes épreuves. *These shares have experienced a fresh decline*, ces actions ont éprouvé une nouvelle baisse. *U.S:* **To experience religion,** se convertir. **2.** Apprendre (par expérience) (*that*, que).

experienced, *a.* **1.** (Effet) éprouvé, senti, subi. **2.** Qui a de l'expérience, du métier; (général) expérimenté; (observateur) averti; (conducteur) exercé, expérimenté; (œil) exercé (*in*, à); (musicien) consommé. **To be experienced in sth.,** avoir l'expérience de, avoir l'usage de, être rompu à, qch.; *F:* s'y connaître à qch. *E. in business*, rompu aux affaires.

experiential [ekspiəri'enʃəl], *a.* Fondé sur l'expérience; (philosophie *f*) empirique.

experiment[1] [eks'perimənt], *s.* Expérience *f*; essai *m*, épreuve *f*. *Chemical e.*, expérience de chimie. *To make, try, carry out, an e.*, faire, tenter, procéder à, une expérience. *Model experiments*, *Ind:* essais sur modèles; *N.Arch:* essais au bassin des carènes. *This is proved by e.*, la preuve en a été établie par des expériences. **As an experiment,** *by way of e.*, à titre d'essai, d'expérience; *F:* pour voir. **Experiment farm,** ferme *f* d'essai.

experiment[2], *v.i.* Expérimenter, faire une expérience, des expériences (*on, with*, sur, avec). *To e. upon dogs*, expérimenter sur les chiens.

experimenting, *s.* Expérimentation *f*.

experimental [eksperi'ment(ə)l], *a.* **1.** (Savoir) expérimental, -aux; fondé sur l'expérience. **2.** (Sujet) d'expérience. **Experimental target,** cible *f* d'épreuve. *Civ.E:* **Experimental road,** route *f* laboratoire. *Agr: etc: E. plot*, champ *m*, terrain *m*, d'essai. *E. forestry*, expérimentation forestière. *Ind: The e. department*, le service des essais. **-ally,** *adv.* **1.** (Savoir qch.) par expérience. **2.** (Découvrir, trouver) expérimentalement. **3.** Pour essayer; à titre d'essai.

experimentalism [eksperi'mentəlizm], *s.* Expérimentalisme *m.*
experimentalist [eksperi'mentəlist], *s.* Expérimentaliste *mf.*
experimentalize [eksperi'mentəlaɪz], *v.i.* = EXPERIMENT².
experimentation [eksperimen'teiʃ(ə)n], *s.* Expérimentation *f.*
experimenter [eks'perimentər], *s.* Expérimentateur, -trice.
expert¹ [eks'pəːrt], *a.* Habile, expert, adroit. **To be expert in, at, sth.,** être expert, connaisseur, en qch.; connaître à fond qch.; *Jur:* **être idoine en** qch. **-ly,** *adv.* Habilement, adroitement, expertement.
expert² ['ekspəːrt], *s.* (*a*) Expert *m*; spécialiste *m. Medical e.,* médecin-expert, *pl.* médecins-experts; *Jur:* médecin légiste. *Gliding e.,* spécialiste du vol à voile. *See also* AGRICULTURAL, LEGAL 2. *E. workman,* homme *m* de métier. **The experts,** les gens *m* du métier, les techniciens *m.* **To be an expert on, in, economics,** connaître à fond l'économie politique. *He is an e. in the matter,* il est expert dans la matière; *F:* il s'y connaît. **To pose as an expert, to set up for an expert,** se donner pour expert. **With the eye of an expert,** d'un regard connaisseur. **Expert's report,** expertise *f*; rapport *m* d'expert. **According to expert advice, to expert evidence,** à dire d'experts. (*b*) Expert en écriture.
expertise [ekspəːr'tiːz], *s.* **1.** Expertise *f.* **2.** = EXPERTNESS.
expertness [eks'pəːrtnəs], *s.* Adresse *f*, habileté *f* (*in,* à); connaissances *f* techniques.
expiable ['ekspiəbl], *a.* Expiable.
expiate ['ekspieit], *v.tr.* Expier (un péché, une faute).
expiation [ekspi'eiʃ(ə)n], *s.* Expiation *f. In e. of his crime,* pour expier son crime. *Jew.Hist:* **Day of expiation,** fête *f* de l'expiation.
expiatory ['ekspiətəri], *a.* Expiatoire, piaculaire. *E. of a sin,* qui sert à expier un péché.
expiration [ekspi'reiʃ(ə)n], *s.* Expiration *f.* **1.** *E. of air from the lungs,* expiration de l'air des poumons. **2.** Cessation *f* (d'un bail, d'une concession); échéance *f* (d'un marché à prime); fin *f*, terminaison *f* (d'un terme). *Date of e.,* date *f* d'expiration (d'une garantie, etc.). *Ins:* **Expiration of a policy,** déchéance *f* d'une police. *To repay before the e. of the period,* rembourser par anticipation.
expiratory [eks'paiərətəri], *a.* (Muscle) expirateur.
expire [eks'paiər]. **1.** *v.tr.* Expirer, exhaler (l'air des poumons). **2.** *v.i.* (*a*) Expirer, mourir, rendre l'âme; (*of lamp, fire*) s'éteindre; *F:* (*of hope*) s'évanouir. *He expired during the night,* il a expiré pendant la nuit. (*b*) (*Of term, law, treaty, etc.*) Expirer, cesser, prendre fin, se trouver épuisé. *My lease has expired; it expired last December,* mon bail est expiré; il a expiré en décembre dernier. *Com:* **Expired bill,** effet périmé. *Ins:* **Expired policy,** police déchue. *Bank: This letter of credit has expired,* cette lettre de crédit est expirée, périmée, ne reste plus en vigueur. *The validity of this passport expires on . . .,* ce passeport expire le. . . . *See also* TIME-EXPIRED.
  expiring¹, *a.* **1.** Expirant, qui se meurt; (feu, lampe) qui s'éteint; (espoir) qui s'évanouit. *The e. words of a dying man,* les derniers mots d'un mourant. *With an e. voice,* d'une voix mourante. **2.** (*Of term, lease, contract*) Qui expire; qui prend fin; qui est à son terme.
  expiring², *s.* Expiration *f.*
expiry [eks'paiəri], *s.* Expiration *f*, fin *f*, terminaison *f* (d'un terme); terme *m* (d'une période).
explain [eks'plein]. **1.** *v.tr.* (*a*) Expliquer, éclaircir, élucider (une règle de grammaire, une énigme, etc.). *I explained to them how I was placed, how I stood,* je leur ai exposé ma situation. *That explains matters,* voilà qui explique tout. *That is easily explained,* cela s'explique facilement. *To e. a passage to s.o.,* expliquer un passage à qn; donner à qn l'intelligence d'un passage. "*It is a local custom,*" *explained the guide,* "c'est une coutume du pays," dit le guide en explication. (*b*) Justifier, rendre raison de (sa conduite, etc.). **2.** **To explain (oneself),** (i) s'expliquer; (ii) se justifier, rendre raison de sa conduite. **Come now, explain,** allons, expliquez-vous. **3.** *v.i.* Donner des explications. *That will e. to your father,* cela en donnera l'explication à votre père.
  explain away, *v.tr.* Expliquer, donner une explication satisfaisante de (propos offensants, etc.).
explainable [eks'pleinəbl], *a.* (Phénomène *m*, conduite *f*) explicable; (conduite) justifiable.
explainer [eks'pleinər], *s.* Explicateur, -trice; expliqueur, -euse (de songes).
explanation [eksplə'neiʃ(ə)n], *s.* Explication *f*, éclaircissement *m. To give explanations,* fournir des explications. *To give an e. of one's conduct,* rendre raison de sa conduite. *To enter into long explanations,* entrer dans de longues explications. *To come to an e. with s.o. about sth.,* s'expliquer avec qn de qch.
explanative [eks'planətiv], *a.* = EXPLANATORY. **-ly,** *adv.* (Dit) en explication.
explanatory [eks'planətəri], *a.* Explicatif; explicateur, -trice. *E. note,* note interprétative. **Explanatory statement,** éclaircissement *m*; *Jur:* (*given in writing*) soutènement *m.*
expletive [eks'pliːtiv]. **1.** *a. Gram: etc:* Explétif. **2.** *s.* (*a*) *Gram: etc:* Particule explétive; explétif *m.* (*b*) *F:* Juron *m.* **-ly,** *adv.* Explétivement.
explicable ['eksplikəbl], *a.* Explicable.
explicableness ['eksplikəblnəs], *s.* Explicabilité *f.*
explicand [ekspli'kand], *s.* Chose *f* qu'il faut expliquer.
explicate ['eksplikeit], *v.tr. Log:* Développer (une notion, un principe, etc.).
explication [ekspli'keiʃ(ə)n], *s. Log:* Développement *m*, interprétation *f* (d'un principe, d'une notion).
explicative ['eksplikeitiv]. **1.** *a.* (*a*) Explicatif. (*b*) *Log:* Essentiel **2.** *s.* Mot explicatif.
explicatory ['eksplikətəri], *a.* Explicateur, -trice.
explicit [eks'plisit], *a.* (*a*) Explicite; formel, clair. *E. declaration,* déclaration formelle, catégorique. *To give more e. promises,* préciser ses promesses. *To be more e. in one's statements,* préciser ses affirmations. *Mth:* **Explicit function,** fonction explicite. *Theol:* **Explicit faith,** croyance *f* explicite. (*b*) (*Of pers.*) Qui a son franc parler. **-ly,** *adv.* Explicitement; catégoriquement. *Tell me more e.,* dites-le moi en termes plus clairs.
explicitness [eks'plisitnəs], *s.* Clarté *f*, netteté *f* (de langage).
explode [eks'ploud]. **1.** *v.tr.* (*a*) Démontrer la fausseté de (qch.); décréditer, discréditer (une théorie, une opinion); mettre (une théorie) au rancart. (*b*) Faire éclater (un obus); faire sauter (une mine); faire exploser (un gaz, une poudre). **2.** *v.i.* Faire explosion. (*a*) (*Of boiler, shell, etc.*) Éclater; (*of powder-magazine, mine, boiler*) sauter; (*of mine*) jouer. *F:* (*Of pers.*) **To explode with laughter,** éclater de rire. (*b*) (*Of gas, dynamite, gunpowder, etc.*) Exploser, détoner.
  exploded, *a.* **1.** **Exploded theory,** théorie abandonnée, reconnue pour fausse; théorie de rebut. *E. opinion,* opinion décriée, décréditée, discréditée. **2.** (Obus) éclaté; (mine) qui a sauté.
explodent [eks'ploudənt], *s. Ling:* (Consonne) explosive *f.*
exploder [eks'ploudər], *s.* **1.** *E. of a theory,* celui qui a le premier démontré la fausseté d'une théorie. **2.** (*Device*) *Min:* (*a*) Amorce *f*, détonateur *m.* (*b*) Exploseur *m* (électrique).
exploit¹ ['eksplɔit], *s.* Exploit *m*; haut fait.
exploit² [eks'plɔit]. **1.** *v.tr.* (*a*) Exploiter (une mine, une forêt, etc.). (*b*) *F:* Exploiter (qn, les talents de qn); *F:* mettre (qn) en coupe réglée. **2.** *v.i. To e. for petroleum, etc.,* mettre en exploitation un gisement pétrolifère, etc.
  exploiting, *s.* = EXPLOITATION.
exploitable [eks'plɔitəbl], *a.* Exploitable.
exploitation [eksplɔi'teiʃ(ə)n], *s.* Exploitation *f* (d'une mine, *F:* de qn).
exploiter [eks'plɔitər], *s.* Exploiteur, -euse.
exploration [eksplo'reiʃ(ə)n], *s.* **1.** (*a*) Exploration *f. Voyage of e.,* voyage *m* de découverte. (*b*) *E. of the ground,* reconnaissance *f* du terrain. **Exploration work,** travaux *m* de recherches. **2.** *Med:* Exploration (d'une plaie, du rectum, etc.).
explorative [eks'plɔːrətiv], *a.* Exploratif; explorateur, -trice.
exploratory [eks'plɔːrətəri], *a.* **1.** (Puits, sondage) d'exploration, de recherches. **2.** (Voyage) exploratif, de découverte.
explore [eks'plɔːər], *v.tr.* (*a*) Explorer (une région); aller à la découverte dans (un continent, une mer). *To e. a country,* faire l'exploration d'un pays. *To e. the country, F:* battre le pays. **To explore the ground,** reconnaître, *F:* tâter, le terrain. *To e. the archives of the town,* explorer, fouiller, les archives de la ville. **To explore for coal,** rechercher un filon houiller. *See also* AVENUE. (*b*) *Med:* **To explore an organ, a wound,** explorer un organe; explorer, sonder, une plaie. *F:* **To explore the human heart,** fouiller dans le cœur humain.
  exploring, *s.* = EXPLORATION. *Surg:* **Exploring needle, exploring trocar,** explorateur *m. El.E:* **Exploring coil,** bobine *f* d'exploration, d'essai.
explorer [eks'plɔːrər], *s.* **1.** (*Pers.*) Explorateur, -trice; voyageur, -euse. **2.** (*Apparatus*) Instrument explorateur, instrument de recherches; *esp. Med: Surg:* sonde *f.*
explosion [eks'plouʒ(ə)n], *s.* **1.** Explosion *f* (d'un mélange gazeux, d'un obus, etc.); déflagration *f* (d'un gaz). *Min:* **Fire-damp explosion,** coup *m* de feu; coup de grisou. **To cause an explosion,** provoquer une explosion. *I.C.E:* **Explosion engine,** moteur *m* à explosion. **Explosion stroke,** détente *f.* **Explosion chamber,** chambre *f* d'explosion (du cylindre). **2.** (*Resulting noise*) Détonation *f.* **3.** *F:* Débordement *m* (de fureur); explosion (de rires).
  ex'plosion-bomb, *s. Ph:* Bombe *f* calorimétrique.
explosive [eks'plousiv]. **1.** *a.* (Arme *f*, matière *f*) explosible; (mélange) tonnant, détonant, explosif. **Non-explosive,** (mélange, etc.) indétonant. *I.C.E:* **Explosive mixture,** gaz tonnant, mélange tonnant. *See also* GELATINE. *Exp: E. wave,* onde explosive. *Golf: E. shot,* coup explosif (pour faire sauter la balle d'un accident de terrain). *Ling:* **Explosive consonant,** consonne explosive. **2.** *s.* (*a*) Explosif *m*, détonant *m*; *F:* (*generic term*) poudre *f.* **High explosive,** explosif puissant, à grande puissance; grand explosif, haut explosif; explosif brisant, de rupture. *High e. shell,* obus *m* (à explosif) brisant; obus à haut explosif. *See also* NITRO-EXPLOSIVE. (*b*) *Ling:* (Consonne) explosive *f*, plosive *f.*
explosiveness [eks'plousivnəs], *s.* Nature explosive, tendance explosive (d'un gaz, d'une matière); explosibilité *f.*
exponent [eks'pounənt], *s.* **1.** Interprète *mf*, explicateur, -trice (d'un système, etc.). *Mus:* Interprète, exécutant, -ante (d'une œuvre). *E. of a sport,* protagoniste *m* d'un sport. **2.** (*a*) *Mth:* Exposant *m* (d'une quantité). (*b*) *F: Price is the e. of exchangeable value,* le prix représente la valeur d'échange, est l'indice *m* de la valeur d'échange.
exponential [ekspo'nenʃ(ə)l], *a. Mth:* Exponentiel. **Exponential function,** *s.* **exponential,** (fonction) exponentielle *f.* **Exponential loud-speaker,** haut-parleur (à pavillon) exponentiel.
export¹ ['ekspɔːrt], *s.* **1.** Marchandise exportée. *pl.* **Exports,** (i) articles *m* d'exportation; (ii) exportations *f* (d'un pays). **2.** Exportation *f*, sortie *f.* **Export trade,** commerce *m* d'exportation. *A flourishing e. trade,* une exportation florissante. **Export duty,** droit(s) de sortie. *Prohibition of exports,* prohibitions *fpl* de sortie. *Pol.Ec:* **Gold export point,** point *m* de sortie de l'or.
export² [eks'pɔːrt], *v.tr.* Exporter (des marchandises) (*from,* de).
  'exporting¹, *a.* (Marchand, etc.) exportateur, -trice.
  ex'porting², *s.* Exportation *f.*
exportable [eks'pɔːrtəbl], *a.* Exportable.
exportation [ekspɔːr'teiʃ(ə)n], *s.* Exportation *f*; sortie *f* (de marchandises).
exporter [eks'pɔːrtər], *s.* Exportateur, -trice.
expose [eks'pouz], *v.tr.* Exposer. **1.** (*a*) Laisser sans abri (une personne, une plante, etc.). *To e. a new-born child,* exposer, abandonner, un nouveau-né. *To e. sth. to the rain,* exposer qch. à la

pluie. **'Not to be exposed to the air,'** "ne pas laisser à l'air." (*b*) **To expose s.o., oneself, to danger,** exposer qn, s'exposer, s'offrir, au danger; courir au-devant du danger; s'aventurer. *To e. one's life,* exposer sa vie. *To e. one's flank to the enemy,* prêter le flanc à l'ennemi. **To expose oneself to ridicule,** s'exposer à la risée publique; se rendre ridicule. (*c*) *Phot:* Exposer (à la lumière) (une plaque sensible). *I exposed two plates,* j'ai exposé deux plaques; j'ai pris deux photos. *See also* OVER-EXPOSE. **2.** (*a*) Mettre (qch.) à découvert, à nu, à jour, en évidence; déchausser (des racines, des roches). **To expose one's ignorance,** afficher son ignorance. **To be exposed to view,** être exposé aux regards, à la vue de tous. (*b*) *To e. a painting,* exposer un tableau. *To e. goods for sale,* exposer, étaler, des marchandises pour la vente; mettre des marchandises en montre, à l'étalage; mettre des marchandises en vente. (*c*) *Ecc:* **To expose the Blessed Sacrament,** exposer le saint Sacrement. (*d*) *Jur:* **To expose oneself, one's person,** commettre un outrage public à la pudeur. **3.** Éventer (un secret); démasquer (un hypocrite, une fourberie); dévoiler (un crime); dénoncer (qn, un abus, un vice); livrer au ridicule (une manie, etc.).

exposed, *a.* **1.** (*a*) Exposé (à la vue, aux éléments). *E. goods,* marchandises étalées, en montre. *E. child,* nouveau-né abandonné (sur la voie publique). *Not e. to east winds,* abrité contre les vents de l'est. **Exposed gearing,** engrenages à découvert. *The e. parts of the engine,* les organes apparents de la machine. *Surface (of boiler, etc.) e. to the flames,* surface léchée par les flammes. *Mil:* **Exposed position,** endroit exposé. (*Of troops*) **To be exposed,** être en l'air. (*b*) (*Laid bare*) A nu; (*of root, etc.*) déchaussé. **2.** *Phot:* **Exposed plate,** plaque impressionnée, exposée.

exposition [ekspo'ziʃ(ə)n], *s.* **1.** Exposition *f* (d'un enfant, *Ecc:* du saint Sacrement). **2.** Exposition, exposé *m*, interprétation *f*, commentaire *m* (d'une œuvre littéraire). **3.** *U.S:* = EXHIBITION 2 (*a*).

expositive [eks'pɔzitiv], *a.* (Article, mot) d'exposition, expositoire.

expositor [eks'pɔzitər], *s.* Interprète *mf*, commentateur, -trice (d'une doctrine, d'un texte, etc.).

ex post facto [ekspoust'fakto], *Lt.adj.phr. Jur:* (*Of law, etc.*) Rétroactif.

expostulate [eks'pɔstjuleit], *v.i. To e. with s.o.,* faire des remontrances, des reproches, à qn, sermonner qn (*about, on,* sur, au sujet de); raisonner qn. *To e. with s.o. for doing sth.,* reprocher (amicalement) à qn de faire qch. ou d'avoir fait qch.

expostulation [ekspɔstju'leiʃ(ə)n], *s.* **1.** Remontrances *fpl.* **2.** Remontrance. *E. proved useless,* j'ai eu beau le raisonner.

expostulatory [eks'pɔstjulətəri], *a.* (Lettre, discours) de remontrance.

exposure [eks'pouʒər], *s.* **1.** (*a*) Exposition *f* (à l'air, au froid, à un danger). **To die of exposure,** mourir de froid. *Inured to e.,* endurci aux rigueurs des saisons. (*b*) *Phot:* (Temps *m* de) pose *f*. **Time-exposure,** pose. **Bulb-exposure,** demi-pose *f*. *See also* OVER-EXPOSURE, UNDER-EXPOSURE. **To make an exposure,** exposer une plaque; prendre un cliché, *F:* une photo. **Double exposure,** double impression *f*. **Exposure meter,** photomètre *m*, actinomètre *m*, posemètre *m*. *E. table,* tableau *m* de temps de pose. **2.** Exposition, abandon *m* (d'un nouveau-né). **3.** (*a*) *Min: etc:* Mise *f* à nu, à découvert (du minerai, etc.). (*b*) Exposition, étalage *m* (de marchandises) pour la vente. (*c*) *Jur:* **Indecent exposure,** délit puni par la loi sur les mœurs; outrage public à la pudeur. (*d*) Dévoilement *m* (d'un crime, d'une fourberie, etc.); dénonciation *f* (d'un escroc). *The fear of e.,* la crainte d'un éclat, d'un scandale. *To threaten s.o. with e.,* menacer qn d'un éclat. **4.** Exposition, orientation *f* (d'un lieu, d'un bâtiment). *Southerly, northerly, e.,* exposition au midi, au nord. *House with southerly e.,* maison exposée au sud.

expound [eks'paund], *v.tr.* **1.** Exposer (une doctrine, ses principes). **2.** Expliquer, interpréter (les Écritures saintes).

expounding, *s.* Exposition *f*, explication *f*, interprétation *f*.

expounder [eks'paundər], *s.* = EXPOSITOR.

express[1] [eks'pres]. **1.** *a.* (*a*) **Express image,** image exacte, fidèle (*of,* de). (*b*) (*Of law, stipulation, etc.*) Exprès; (*of order*) exprès, formel, explicite. *For this e. purpose,* dans ce but même. *See also* CONDITION[1] 1. (*c*) **Express train,** (train) express *m*, rapide *m*. *Mch:* **Express boiler,** chaudière aquatubulaire, à petits tubes. **Express delivery,** envoi *m* par exprès. **Express letter,** lettre *f* à remettre par exprès; (*in Paris*) pneumatique *m*, carte-télégramme *f*, *F:* petit bleu. **Express messenger,** exprès *m*; *Mil:* estafette *f*. **Express rifle,** fusil *m* express; fusil à tir rapide. *Post:* **By express messenger,** par exprès. (*d*) *U.S:* **Express company,** *s. F:* **the express,** compagnie *f* de messageries. **2.** *adv.* (*a*) **To go, send, express,** aller, envoyer, en toute hâte. (*b*) Sans arrêt. *Lift that goes e. to the twentieth floor,* ascenseur qui monte sans arrêt au vingtième palier. **3.** *s.* (*a*) (Messager) exprès *m*. (*b*) *Rail:* Express *m*, rapide *m*. *Pullman-car e.,* train *m* de luxe. *U.S:* **Express agent,** agent *m* de messageries. **Express car,** wagon *m* pour messageries.

express[2], *v.tr.* **1.** Exprimer (le jus, l'huile) (*out of, from,* de). **2.** Énoncer (un principe); exprimer, rendre (ses sentiments, une pensée); dire (son sentiment); manifester (sa volonté). **To express an opinion, a conclusion, a wish,** émettre une opinion; formuler une conclusion, un souhait. *Terms expressing a principle,* termes énonciateurs d'un principe. *To e. one's appreciation,* témoigner son appréciation. **To express one's heartfelt thanks to s.o.,** exprimer, présenter, ses remerciements sincères à qn. *To e. the author's meaning,* rendre le sens de l'auteur. *To e. one's thoughts on paper,* traduire ses pensées sur le papier. *Thought well, ill, expressed,* pensée bien, mal, rendue. *The word is not expressed,* on sous-entend ce mot. *Face that expresses nothing,* visage qui ne dit rien. *His face expressed energy,* son visage dénotait l'énergie, était empreint d'énergie. *Mth:* **To express one quantity in terms of another,** exprimer une quantité en termes d'une autre. **3.** **To express oneself** *in French, with ease,* **s'exprimer en français, avec facilité.** *He expressed himself strongly on this subject,* il s'est exprimé très carrément à ce sujet.

expressing, *s.* Expression *f*.

express[3], *v.tr.* **1.** *U.S:* Envoyer, expédier (un colis, etc.) par les messageries. **2.** Envoyer (une lettre, etc.) par exprès; expédier (un colis) en grande vitesse.

expressible [eks'presibl], *a.* (Pensée *f*, etc.) exprimable. *Mth: x is easily e. in terms of y,* x s'exprime facilement en fonction de y.

expression [eks'preʃ(ə)n], *s.* **1.** Expression *f* (du jus d'une orange, etc.). **2.** Expression, manifestation *f* (d'une pensée, de la joie, etc.). **Beyond expression, past expression,** au delà de toute expression; inexprimable. *Feelings that find e. in tears,* sentiments qui se traduisent par des larmes. **To give expression to one's will,** manifester sa volonté. *To give eloquent e. to one's feelings,* prêter à ses sentiments une expression éloquente. *To give e. to one's gratitude to s.o.,* témoigner sa reconnaissance à qn. **3.** (*a*) Expression, locution *f*. **Common expression,** expression commune, banale. *Exaggerated expressions,* grands mots. **Unguarded expression,** mot malheureux. (*b*) **Algebraical expression,** expression, formule *f*, algébrique. *To reduce a polynomial to the simplest e.,* réduire un polynome à sa plus simple expression. **4.** (*a*) Expression (du visage, des yeux). *Face that has much e.,* figure qui a beaucoup d'expression. *To listen with a delighted e.,* écouter avec un air charmé, d'un air ravi. (*b*) *Mus:* **To sing, play, with expression,** chanter, jouer, avec expression; (*violin*) flatter la corde. **Expression mark,** signe *m* d'expression. **Expression stop** (*of harmonium*), jeu *m* de l'expression.

expressionism [eks'preʃənizm], *s. Art:* Expressionnisme *m*.

expressionist [eks'preʃənist], *s.* Expressionniste *mf*.

expressionless [eks'preʃənləs], *a.* (Figure, voix, regard, musique) sans expression, qui n'exprime rien; (visage *m*) impassible; (symbole) qui n'a aucune signification. *To be e.,* manquer d'expression.

expressive [eks'presiv], *a.* (*a*) Expressif, plein d'expression. *To give s.o. an e. look,* regarder qn d'une manière significative, d'un air significatif. (*b*) *A speech e. of his admiration for . . .,* un discours où il exprimait son admiration de. . . . *Attitude e. of disdain,* attitude qui exprime le dédain. **-ly,** *adv.* Avec expression.

expressiveness [eks'presivnəs], *s.* Caractère expressif, force *f* d'expression (d'un visage, d'une langue, d'un mot).

expressly [eks'presli], *adv.* **1.** Expressément, formellement (défendu, etc.). *I told him e. that . . .,* je lui ai dit en termes exprès que. . . . **2.** *Here is a shawl which I bought e. for you,* voici un châle que j'ai acheté à votre intention. *I did it e. to please you,* je l'ai fait dans le seul but de vous plaire.

expropriate [eks'prouprieit], *v.tr.* Exproprier (un propriétaire, une propriété). *To e. s.o. from sth.,* exproprier qn de qch.

expropriating, *a.* Expropriateur, -trice.

expropriation [eksproupri'eiʃ(ə)n], *s.* Expropriation *f* (d'un propriétaire, d'une propriété); dépossession *f* (de qn).

expropriator [eks'prouprieitər], *s.* Expropriateur, -trice.

expulsion [eks'pʌlʃ(ə)n], *s.* Expulsion *f* (d'un élève, d'un étranger, des matières fécales, etc.). *Adm:* **Expulsion order,** arrêté *m* ordonnant à un étranger de quitter le pays; décret *m* d'expulsion ou de refoulement *m*; interdiction *f* de séjour.

expulsive [eks'pʌlsiv], *a.* (*Of force, etc.*) Expulsif, -ive.

expunge [eks'pʌndʒ], *v.tr.* **1.** Effacer, omettre, biffer, rayer (un nom d'une liste, un passage dans un livre). **2.** *To e. an offence,* purger une offense.

expunging, *s.* Effaçage *m*, omission *f*; radiation *f* (d'un nom).

expurgate ['ekspərgeit], *v.tr.* (*a*) Expurger (un livre); épurer (un texte); *F:* châtrer (une pièce de théâtre, etc.). **Expurgated edition,** édition expurgée. (*b*) Supprimer (un passage, etc.).

expurgation [ekspər'geiʃ(ə)n], *s.* (*a*) Expurgation *f* (d'un livre); épuration *f* (d'un texte, d'une association). (*b*) Suppression *f* (d'un passage).

expurgator ['ekspərgeitər], *s.* Celui, celle, qui expurge (un livre), qui épure (un texte).

expurgatory [eks'pəːrgətəri], *a.* (*R.C.Ch.*) **Expurgatory Index,** Index *m* expurgatoire.

exquisite ['ekskwizit]. **1.** *a.* (*a*) (Plat, vin, travail) exquis. *Woman with an e. figure,* femme d'un corps ravissant, *F:* faite au tour. (*b*) (*Of pleasure, pain, etc.*) Vif. **Exquisite torture,** supplice raffiné; tourment *m* atroce. *E. enjoyment,* jouissance délicieuse. *E. malice,* malice consommée. (*c*) Très sensible, délicat, subtil. (*Of musician*) **To have an exquisite ear,** avoir l'oreille délicate, très fine. **2.** *s. A:* Élégant *m*; petit-maître *m*, *pl.* petits-maîtres; dandy *m*, *pl.* dandys. **-ly,** *adv.* **1.** D'une manière exquise. (*Of needlework, musical execution, etc.*) *E. done,* perlé. *E. polite,* d'une politesse exquise. **2.** Excessivement, extrêmement. *E. minute, sensitive,* extrêmement petit, sensible.

exquisiteness ['ekskwizitnəs], *s.* **1.** Exquisité *f*, perfection délicate (d'une œuvre d'art). **2.** **The exquisiteness of his torments, of the pain,** ses tourments *m* atroces, l'acuité *f* de la douleur. *The e. of his pleasure,* son plaisir indicible; son vif plaisir. **3.** Finesse *f* (de l'oreille, etc.).

exsanguine [eks'saŋgwin], *a.* Exsangue, anémique.

exscind [ek'sind], *v.tr.* Couper, retrancher (une tumeur); extirper (de mauvaises habitudes, etc.).

exserted [eks'səːrtid], *a. Nat.Hist:* (Aiguillon, etc.) exsert.

ex-service man, *pl.* **men** [eks'səːrvismən, -men], *s.m.* Ancien combattant; ancien mobilisé. *See also* DISABLE 1.

exsiccate ['eksikeit], *v.tr.* Assécher, mettre à sec (un terrain); dessécher (la végétation); faire évaporer (une solution).

exsiccation [eksi'keiʃ(ə)n], *s.* Assèchement *m*, mise *f* à sec (d'un pays); exsiccation *f*, dessèchement *m* (des foins, etc.); évaporation *f* (d'une solution).

exsuction [eks'sʌkʃ(ə)n], *s.* Exsuccion *f*.

extant ['ekstənt, ek'stant], *a.* Existant; qui existe encore. *Still e.,* subsistant. *The earliest document e.,* le plus ancien document existant.

extemporaneous [ekstempo'reinjəs], *a.* **1.** (*Of prayer, speech*) Improvisé, impromptu. **2.** *Pharm:* (Médicament) extemporané. **-ly,** *adv.* = EXTEMPORE 1.

extemporary [eks'tempərəri], *a.* = EXTEMPORE 2.

extempore [eks'tempori]. **1.** *adv. To speak, pray, e.*, parler, prier, d'abondance, impromptu, sans préparation. *To speak e.*, improviser (un discours). **2.** *a.* (*a*) Improvisé, impromptu. **Extempore speech,** discours improvisé, impromptu. **To make an extempore speech,** improviser un discours. (*b*) *E. speaker*, orateur qui parle volontiers d'abondance.

extemporization [ekstemporai'zeiʃ(ə)n], *s.* Improvisation *f*; *F:* improvisade *f*.

extemporize [eks'tempəra:iz]. **1.** *v.tr.* Improviser (un discours); faire (une prière) à l'impromptu. **2.** *v.i.* (*a*) Improviser, parler à l'impromptu; parler d'abondance. (*b*) *Mus:* **To extemporize on the organ,** improviser à l'orgue.

extemporizer [eks'temporaizər], *s.* Improvisateur, -trice.

extend [eks'tend]. I. *v.tr.* **1.** (*a*) Étendre, allonger (le corps, les membres); prolonger (une ligne). *To e. the arm horizontally*, étendre le bras horizontalement. (*b*) **To extend shorthand,** transcrire de la sténographie. *Jur:* (*Scot.*) **To extend a deed,** grossoyer un acte. *Com:* **To extend an invoice,** donner les totaux partiels d'une facture. *To e. a balance*, transporter, reporter, une balance. (*c*) Étendre, déployer (des troupes). (*d*) *Sp: etc:* **To extend a horse, a runner, a ship,** faire rendre son maximum à, pousser, un cheval, un coureur, un navire. (*Of pers.*) *He does not e. himself*, il ne s'emploie pas. **2.** Prolonger (une période de temps, *Rail:* un billet); *Com:* proroger (l'échéance d'un billet); continuer (des recherches). *Mil:* *To e. a man's leave for three more days*, prolonger de trois jours la permission d'un homme; accorder à un homme une prolongation de trois jours. *Bank:* *To e. the validity of a credit to . . .*, proroger jusqu'à . . . la durée d'un accréditif. **3.** Étendre, porter plus loin (les limites, les dimensions); étendre (la signification d'un mot); accroître (des connaissances, un commerce); agrandir, augmenter (son pouvoir, ses terres). *To e. the frontiers of a state*, reculer les frontières d'un État. *We are going to e. our premises*, nous allons nous agrandir. **4.** (*a*) Tendre (la main). (*b*) *To e. indulgence, kindness, to, towards, s.o.*, étendre son indulgence, sa bonté, sur qn. *Esp. U.S:* **To extend a welcome to s.o.,** souhaiter la bienvenue à qn. *See also* THANK[1] 1. (*c*) *Jur:* **To extend a protest,** dresser un protêt. **5.** *Jur:* (*a*) Évaluer (des biens, en vue d'une saisie). (*b*) Saisir (les biens de qn).

II. **extend,** *v.i.* **1.** S'étendre, s'allonger (*to, over, across*, jusqu'à, au delà de). *Estate that extends to the sea*, propriété qui s'étend, qui va, qui continue, jusqu'à la mer. *The tapestry extends to nearly 200 feet*, la tapisserie mesure près de deux cents pieds. *Wound extending to the lungs*, blessure qui a gagné le poumon, qui intéresse le poumon. *In the distance a wall extended*, au loin un mur s'allongeait, se prolongeait. *A long passage extends from the door to the garden*, un long corridor règne de la porte jusqu'au jardin. **To extend beyond** *the wall, etc.*, saillir, faire saillie, au delà du mur, etc.; déborder le mur; s'avancer en dehors du mur. **2.** (*Of period of time*) Se prolonger, continuer. *Enquiries extending over a number of years*, demandes de renseignements prolongées pendant un grand nombre d'années.

extended, *a.* **1.** (*a*) (Corps, bras) étendu, allongé. *Typ:* **Extended letter,** lettre allongée. **Extended spring,** ressort *m* lège, déchargé. (*b*) *Mil:* **Extended troops,** troupes déployées. **In extended order,** en ordre dispersé; en tirailleurs. *Horsemen in e. order*, cavaliers dispersés en fourrageurs. *Charge in e. order*, charge *f* en fourrageurs. **2.** (*a*) (Bail, etc.) prolongé. (*b*) *U.S:* Long, prolongé. *To take an e. trip to Europe*, faire en Europe un voyage prolongé, un voyage de quelque durée. *An e. list of repairs*, une longue liste de réparations. **3.** Augmenté, agrandi; (commerce) accru. *Gram:* *Log:* **Extended meaning** (*of a word*), extension *f*. **4.** *Jur:* **Extended land,** (i) terre évaluée; (ii) terre saisie (pour dettes).

extending[1], *a.* (Table) à rallonges; (échelle) à coulisse.

extending[2], *s.* Extension *f*, allongement *m*, prolongation *f*, augmentation *f*.

extender [eks'tendər], *s.* *Paint:* Blanc *m* de charge (d'une couleur).

extendible [eks'tendibl], *a.* *Jur:* (Bien *m*) sujet à saisie.

extensibility [ekstensi'biliti], *s.* Extensibilité *f*.

extensible [eks'tensibl], *a.* Extensible, allongeable.

extensile [eks'tensail], *a.* *Nat.Hist:* Extensile. *Having an e. tongue*, extensilingue.

extension [eks'tenʃ(ə)n], *s.* **1.** (*a*) (*Extending*) Extension *f* (du bras, des muscles); prolongement *m*, allongement *m* (d'un canal, d'un chemin de fer, etc.); agrandissement *m*, extension (d'une usine, etc.). *Surg:* **Extension of a broken leg,** extension d'une jambe cassée. *Mec:* **Elastic extension,** allongement unitaire élastique. **Extension piece,** pièce *f* formant prolongement; (r)allonge *f* (de table, d'établi, de cric, etc.); clef *f* de rallonge (d'une clef en tube). **Extension ladder,** échelle *f* à coulisse. **Extension tripod,** trépied *m* extensible. *U.S:* **Extension bag,** valise *f* en accordéon, à soufflet. *See also* TABLE[1], UNIVERSITY. (*b*) *Phot:* Tirage *m* (du soufflet, d'un appareil). **Double-extension camera,** chambre *f* à double tirage. **Fixed extension,** tirage constant. (*c*) *Book-k:* Transport *m*, report *m* (d'une balance). (*d*) *Jur:* Dressement *m* (d'un protêt). **2.** (*Growing*) Extension, accroissement *m* (des affaires, etc.). *There has been a considerable e. of his business*, son commerce a pris une extension considérable. *E. of a forest by natural seeding*, accrue *f* d'une forêt. **3.** (*a*) (R)allonge (de table, etc.); allonge (de câble). *Rail:* *Line with extensions to . . .*, ligne avec prolongements jusqu'à. . . . (*b*) *U.S:* Annexe *f* (d'un bâtiment). (*c*) *Gram:* Complément *m* (du sujet, de l'attribut). **4.** (*Temporal*) Prolongation *f* (de congé, d'échéance, d'un billet de chemin de fer). **To get an extension of time,** obtenir un délai. **To arrange with one's creditors for an extension of time,** s'atermoyer avec ses créanciers. *Arrangement for an e. of time*, atermoiement *m*. *Bank:* **Extension of credit,** prolongation d'un accréditif. **5.** *Phil:* Étendue *f*, extension (de la matière). *Log:* *Terms must not be given a wider e. in the conclusion than in the premises*, les termes ne doivent pas être pris plus universellement dans la conclusion qu'ils ne l'ont été dans les prémisses.

extensive [eks'tensiv], *a.* **1.** Étendu, vaste, ample, considérable. *An e. sheet of water*, une nappe d'eau très étendue; une vaste nappe d'eau. *E. knowledge*, connaissances étendues; vastes connaissances. *E. researches*, travaux approfondis. *E. memory*, mémoire étendue. *Criminal of fairly e. activities*, criminel d'une certaine envergure. *To be e. in one's charity*, faire largement la charité. **2.** **Extensive agriculture,** l'agriculture extensive. **-ly,** *adv.* **To use sth. extensively,** se servir beaucoup, largement, considérablement, de qch.; faire un usage considérable de qch.

extensiveness [eks'tensivnəs], *s.* Étendue *f*.

extensometer [eksten'sɔmetər], *s.* *Mec.E:* Indicateur *m* d'extension; extensomètre *m*.

extensor [eks'tensər], *s.* *Anat:* (Muscle) extenseur *m*.

extent [eks'tent], *s.* **1.** (*a*) *Hist:* Estimation *f* de biens-fonds. (*b*) *Jur:* (i) Évaluation *f*; (ii) saisie *f* (des biens d'un débiteur). **Extent in chief,** saisie des biens d'un débiteur de la Couronne. **Extent in aid,** saisie des biens d'un débiteur par un créancier qui lui-même est un débiteur de la Couronne. **2.** Étendue *f*. **Vast extent of ground,** grande superficie, grande étendue, de terrain. *What is the e. of the park?* jusqu'où va le parc? *Track six kilometres in e.*, piste d'un développement de six kilomètres. **Extent of the damage,** importance *f* du dommage. *E. of a wound*, importance d'une blessure. *The e. of taxation relief*, la quotité du dégrèvement fiscal. *Credit to the e. of £50*, crédit jusqu'à concurrence de cinquante livres sterling. **To a certain extent, to some extent,** jusqu'à un certain point; dans une certaine mesure. *To be important to a certain e.*, avoir une certaine importance. *To a great e.*, considérablement; en grande partie. *If orders should go down to any great e.*, si les commandes diminuent dans de sérieuses proportions. **To such an extent that . . .,** à tel point que. . . . *To some slight e.*, quelque peu. **To the full extent of his power,** de tout son pouvoir. (*Of workmen*) *To work to the full e. of their powers*, travailler à plein rendement. **To what extent . . .?** dans quelle mesure . . .?

extenuate [eks'tenjueit], *v.tr.* **1.** *A:* Exténuer, amaigrir, affaiblir. *Extenuated by hunger*, amaigri par la faim. **2.** **To extenuate an offence, the guilt of s.o.,** *F:* **to extenuate s.o., s.o.'s conduct,** atténuer, amoindrir, la faute, la culpabilité, de qn.

extenuating, *a.* **Extenuating circumstance,** circonstance atténuante.

extenuation [ekstenju'eiʃ(ə)n], *s.* **1.** Exténuation *f*, affaiblissement *m* extrême (du corps). **2.** Atténuation *f* (d'une faute, d'un crime). *To plead sth.* **in extenuation of** *a crime*, alléguer qch. pour atténuer un crime. *Circumstances in e. of his fault*, circonstances *f* qui atténuent sa faute; circonstances atténuantes.

extenuatory [eks'tenjuətəri], *a.* Atténuant.

exterior [eks'ti:əriər]. **1.** *a.* Extérieur (*to*, à), en dehors (*to*, de). *Geom* **Exterior angle,** angle *m* externe. *We manufacture these articles without e. help*, nous fabriquons ces articles sans aide du dehors. **2.** *s.* (*a*) Extérieur *m*, dehors *mpl*. **On the exterior,** à l'extérieur. *House with an imposing e.*, maison aux dehors imposants. *Man of pleasant e.*, homme d'un physique agréable, aux dehors agréables. (*b*) *Th:* *Cin:* Extérieur. **-ly,** *adv.* Extérieurement; à l'extérieur; au dehors.

exterioration [eksti:əriə'reiʃ(ə)n], *s.* *Physiol:* *Psy:* Extérioration *f* (d'une sensation).

exteriority [eksti:əri'ɔriti], *s.* *Phil: etc:* Extériorité *f*.

exteriorization [eksti:əriərai'zeiʃ(ə)n], *s.* *Phil:* *Psy:* Extériorisation *f* (d'un état de conscience).

exteriorize [eks'ti:əriəra:iz], *v.tr.* Extérioriser.

exterminate [eks'tə:rmineit], *v.tr.* Exterminer (des insectes, une population, etc.); extirper (une hérésie). *They were exterminated off the face of the earth*, ils furent exterminés de la face de la terre.

exterminating[1], *a.* Exterminateur, -trice.

exterminating[2], *s.* = EXTERMINATION.

extermination [ekstə:rmi'neiʃ(ə)n], *s.* Extermination *f* (d'une population, etc.); extirpation *f* (d'une hérésie).

exterminative [eks'tə:rmineitiv], *a.* Qui tend à exterminer; funeste (*of*, à).

exterminator [eks'tə:rmineitər], *s.* **1.** (*Pers.*) Exterminateur, -trice; extirpateur, -trice. **2.** **Beetle-exterminator, ant-exterminator,** tue-cafards *m inv*, tue-fourmis *m inv*.

extern [eks'tə:rn], *s.* *Sch:* *Med:* Externe *mf*.

external [eks'tə:rnəl]. **1.** *a.* (*a*) (Médicament *m*, angle *m*) externe. *Med:* **For external application,** pour l'usage externe. *Anat:* *E. saphenous vein*, veine *f* saphène externe. *See also* SCREW[1] 1. (*b*) Extérieur; du dehors. *E. walls*, murs extérieurs. *Things e. to our own sphere*, choses en dehors de notre milieu. **External events,** affaires du dehors, de l'extérieur. *See also* EVIDENCE[1] 3. (*c*) (*Of trade, etc.*) Extérieur; étranger, -ère. **2.** *s.* (*Usu. in pl.*) (*a*) Extérieur *m*, formes extérieures, dehors *m*. **To judge by externals,** juger les choses d'après les dehors, d'après l'apparence *f*. *She was hardly conscious of externals*, elle avait à peine conscience du monde extérieur. (*b*) Choses pas essentielles, secondaires. **-ally,** *adv.* Extérieurement; à l'extérieur; au dehors; d'après les dehors.

externality [ekstə:r'naliti], *s.* *Phil:* *Psy: etc:* Extériorité *f*.

externalization [ekstə:rnəlai'zeiʃ(ə)n], *s.* Extériorisation *f*.

externalize [eks'tə:rnəla:iz], *v.tr.* *Phil:* *Psy:* Extérioriser.

externalizing, *s.* Extériorisation *f*.

exterritoriality [eksteritɔ:ri'aliti], *s.* = EXTRATERRITORIALITY.

extinct [eks'tiŋ(k)t], *a.* (*a*) (*Of fire, volcano, hope, passion*) Éteint. (*b*) (*Of race, of animals, plants*) Disparu, qui n'existe plus; (*of office,* *title*) aboli, tombé en désuétude. (*Of race, etc.*) **To become extinct,** s'évanouir, s'éteindre.

extinction [eks'tiŋ(k)ʃ(ə)n], *s.* Extinction *f* (d'un incendie, de la chaux, d'une race, d'une dette); anéantissement *m* (d'une espérance); amortissement *m* (d'une pension, etc.). *Race threatened with e.*, race *f* en passe de disparaître. *Opt:* **Two crossed nicols giving extinction,** deux nicols à l'extinction. *Jur:* **Extinction of an action** (*no step having been taken within the statutory time*), péremption *f* d'instance.

extinctive [eks'tiŋ(k)tiv], *a.* Extinctif.

extinguish [eks'tiŋgwiʃ], *v.tr.* Éteindre (le feu, un incendie, la lampe, la chaux, les passions); souffler (la chandelle); anéantir, mettre fin à, éteindre (une espérance); abolir (une institution, une loi, un droit); exterminer, éteindre (un peuple, une race); amortir, éteindre (une dette, etc.). *Jur: To be careful not to allow an easement to be extinguished*, veiller à ne pas laisser s'éteindre une servitude. *F:* **To be extinguished by s.o.,** être surpassé, éclipsé, excellé, par qn. *F:* **To extinguish an adversary,** réduire un adversaire au silence; damer le pion à un adversaire.

extinguishing[1], *a.* Extincteur, -trice.

extinguishing[2], *s.* = EXTINCTION.

extinguishable [eks'tiŋgwiʃəbl], *a.* Extinguible; que l'on peut éteindre.

extinguisher [eks'tiŋgwiʃər], *s.* **1.** (*Pers.*) Éteigneur, -euse. **2.** (*a*) Appareil *m* d'extinction; (appareil) extincteur *m* (d'incendie). Foam **extinguisher,** extincteur à mousse. *See also* FIRE-EXTINGUISHER. (*b*) (*For candle, lamp*) Éteignoir *m*. *F:* **To put the extinguisher on s.o.,** river le clou à qn.

extinguishment [eks'tiŋgwiʃmənt], *s.* Extinction *f* ((i) d'un incendie; (ii) d'un droit, d'une dette); suppression *f* (d'un emploi); abolition *f*, abolissement *m* (d'une loi).

extirpate ['ekstərpeit], *v.tr.* Extirper, déraciner (un arbre, une tumeur, un abus); exterminer, détruire entièrement (un peuple, etc.).

extirpating, *s.* = EXTIRPATION.

extirpation [ekstər'peiʃ(ə)n], *s.* Extirpation *f*, éradication *f* (d'un arbre, d'une tumeur, d'un vice); extermination *f*, destruction entière (d'un peuple, etc.).

extirpator ['ekstərpeitər], *s.* **1.** (*Pers.*) Extirpateur, -trice (de cors, d'abus). **2.** (*Machine*) *Agr:* Extirpateur *m*.

extol [eks'tɔl], *v.tr.* (**extolled; extolling**) Exalter, vanter, louer (à l'excès), prôner. *To e. s.o.'s merits*, exalter les mérites de qn. **To extol s.o. to the skies,** porter qn aux nues. *To e. the beauty of sth.*, célébrer, chanter, la beauté de qch.

extolling, *s.* = EXTOLMENT.

extoller [eks'tɔlər], *s.* Panégyriste *m*, prôneur, -euse. *Enthusiastic e. of s.o.*, thuriféraire *m* enthousiaste de qn.

extolment [eks'tɔlmənt], *s.* Louange *f*, panégyrique *m*.

extort [eks'tɔːrt], *v.tr.* Extorquer (une signature, etc.) (*from, out of, s.o.*, à qn). *To e. money out of s.o.*, extorquer de l'argent à qn; pressurer qn. *To e. a promise, a confession, from s.o., a meaning from a passage*, arracher une promesse, des aveux, à qn; extraire une signification d'un passage.

extorting, *s.* = EXTORTION.

extorter [eks'tɔːrtər], *s.* Exacteur *m* (*of*, de).

extortion [eks'tɔːrʃ(ə)n], *s.* Extorsion *f*, exaction *f* (d'impôts. etc.); arrachement *m* (d'une promesse, d'un aveu).

extortionary [eks'tɔːrʃənəri], *a.* (*Of pers.*) Extorsionnaire.

extortionate [eks'tɔːrʃənet], *a.* **1.** (*Of pers.*) Extorsionnaire, rapace. **2. Extortionate price,** prix extorsionnaire, exorbitant.

extortioner [eks'tɔːrʃənər], **extortionist** [eks'tɔːrʃənist], *s.* Extorqueur, -euse; exacteur *m*.

extortive [eks'tɔːrtiv], *a.* (Moyens, talents) d'extorsion.

extra ['ekstra]. **1.** *a.* (*a*) En sus, de plus; supplémentaire; d'extra. *E. dish*, plat *m* d'extra. *E. charge*, prix *m* en sus; supplément *m* de prix. *To make an e. charge*, percevoir un supplément. **Extra weight,** surcharge *f*. *Sch: E. task*, devoir *m* supplémentaire. **Extra pay,** salaire *m* supplémentaire; surpaye *f*, sursalaire *m*; *Mil: Navy:* haute paye, supplément de solde. *E. work*, (i) heures *f* supplémentaires; (ii) surcroît *m* de travail. *E. horse, engine*, cheval *m*, locomotive *f*, de renfort. *Rail: To put on an e. coach*, rajouter une voiture. **Extra fare,** supplément (de billet). **Extra luggage,** excédent *m*, supplément, de bagages. **Extra postage,** surtaxe *f* (d'une lettre). *Adm: E. sum for entertainment*, indemnité *f* de fonctions. *As an e. precaution*, pour plus de précaution. *Ins:* **Extra premium,** surprime *f*. *I.C.E: E. air*, air additionnel. *Sch: E. subject*, matière facultative. *To make an e. effort*, faire un surcroît d'effort. *To work an e. half-day*, travailler une demi-journée supplémentaire. *Typ:* **Extra sheets** (*of print*), main *f* de passe; simple passe *f*. (*b*) De réserve. *Aut: To carry e. plugs*, porter des bougies *f* de réserve, de rechange. (*c*) (*Of paper*) **Extra foolscap octavo,** pot in-8 extra grand. (*d*) De qualité supérieure; extra-fin, superfin, exceptionnel. **Extra binding,** reliure *f* de luxe. *Rope of e. strength*, corde *f* d'une solidité exceptionnelle; corde extra-solide. **2.** *adv.* (*a*) Plus que d'ordinaire; extra-. *E. strong binding*, reliure extra-solide. *E. white*, extra-blanc. *E. superfine*, extra-fin. *E. smart*, ultra-chic. *Aut: E. low car*, automobile très surbaissée. (*b*) En plus. *Meals taken in the bedroom are charged for e.*, on paye un supplément pour manger dans la chambre. *The wine is e.*, le vin est en plus. *This edition contains three maps e.*, cette édition a trois cartes en plus. *Packing e.*, emballage compté à part, non compris. **3.** *s.* (*a*) Supplément *m* (de menu); édition spéciale (d'un journal); numéro *m* supplémentaire (d'un programme varié). *Cr:* Point supplémentaire (non gagné sur un coup de batte). (*b*) *Th: Cin:* Figurant, -ante; cachet *m*. (*c*) *pl.* **Extras,** frais *m* ou dépenses *f* supplémentaires, extraordinaires; suppléments. *Sch:* Arts *m* d'agrément. *Typ:* Surcharge *f*. *Little extras*, les petits à-côtés.

extra-, *pref.* Extra-. **1.** En dehors de. *Extra-European*, extra-européen. *Extra-official*, en dehors des fonctions de qn. *Extra-cathedral hours*, heures en dehors du professorat. *Extra-tropical regions*, les régions en dehors des tropiques. **2.** (*Intensive*) *Extra-fine*, extra-fin. *Extra-hazardous*, qui présente des dangers tout particuliers. *Extra-strong*, extra-fort.

extra-atmospheric ['ekstraatmɔs'ferik], *a.* En dehors de notre atmosphère.

extra-axillary ['ekstraak'siləri], *a.* *Bot:* Extra-axillaire.

extra-canonical ['ekstraka'nɔnik(ə)l], *a.* Qui n'est pas classé parmi les livres canoniques.

extra-conjugal ['ekstra'kɔndʒug(ə)l], *a.* Extra-conjugal, -aux.

extra-cosmical ['ekstra'kɔzmik(ə)l], *a.* Qui agit au delà, en dehors, de notre monde.

extract[1] ['ekstrakt], *s.* **1.** Extrait *m*. (*a*) *Malt e.*, extrait de malt. **Beef extract,** extrait de bœuf; liebig *m*. (*b*) *Lit: Sch:* **Extracts,** morceaux choisis. *To make extracts from an author*, faire des extraits d'un auteur. **2.** *Jur:* (*Scot.*) Copie *f* authentique.

extract[2] [eks'trakt], *v.tr.* Extraire. (*a*) *To e. oil from shale*, extraire, (re)tirer, de l'huile du schiste. **Extracted honey,** miel extrait des rayons (par centrifugeuse). *To e. sounds from a musical instrument*, tirer des sons d'un instrument de musique. *To e. pleasure from sth.*, retirer du plaisir de qch.; prendre, trouver, plaisir à qch. *To e. a doctrine from . . .*, tirer, déduire, une doctrine de. . . . (*b*) *To e. a passage from a book*, extraire un passage d'un livre. **To extract a tooth,** extraire, arracher, une dent. *To e. a bullet from a wound*, retirer une balle d'une plaie. *To e. money, a confession, from s.o.*, arracher de l'argent, un aveu, à qn; tirer de l'argent, un aveu, de qn. *Funds extracted from dupes*, fonds soutirés à des dupes. (*c*) *Mth: To e. the roots of an equation*, extraire les racines d'une équation.

extracting, *s.* = EXTRACTION 1.

extractable [eks'traktəbl], *a.* Extractible.

extraction [eks'trakʃ(ə)n], *s.* Extraction *f*. **1.** (*a*) *E. of the juice from a lemon*, extraction, expression *f*, du jus d'un citron. *See also* GAS[1] 1. (*b*) *E. of stone from a quarry*, extraction, tirage *m*, de la pierre d'une carrière. (*c*) *E. of a nail*, arrachage *m* d'un clou. **Extraction of a tooth,** arrachement *m*, arrachage, extraction, avulsion *f*, d'une dent. **2.** Origine *f*. **Of low extraction,** de basse extraction; sans naissance. *To be of English e.*, être d'origine anglaise.

extractive [eks'traktiv]. **1.** *a.* (*a*) *Pol.Ec:* **Extractive industries,** industries extractives. (*b*) *Ch: Pharm:* (Principe) extractif. **2.** *s.* *Ch: Pharm:* Extractif *m*.

extractor [eks'traktər], *s.* **1.** (*Pers.*) Extracteur *m*, arracheur, -euse (de cors, de dents). **2.** (*a*) *Tls:* Pince *f*. *Artil:* Extracteur. *Dent:* Davier *m*. *Surg:* Extracteur (de calculs, etc.). *Sm.a:* (**Cartridge**) **extractor,** arrache-cartouche *m*, *pl.* arrache-cartouches; arrache-douille *m*, *pl.* arrache-douilles. **Bullet extractor,** tire-balle *m*, *pl.* tire-balles. *Mec.E:* **Pin extractor,** tire-goupille *m*, *pl.* tire-goupilles. **Padding extractor,** débourroir *m*. *See also* NAIL-EXTRACTOR. (*b*) (*Apparatus*) *Ind: etc:* **Centrifugal extractor,** toupie *f* mécanique. *Ap:* (**Honey**) **extractor,** extracteur. *Mch: etc:* **Oil-extractor, grease-extractor,** déshuileur *m*; récupérateur *m* d'huile; essoreuse *f* à huile. (*c*) **Lemon-juice extractor,** presse-citron *m*, *pl.* presse-citrons.

extra-current ['ekstrakʌrənt], *s.* *El:* Extra-courant *m*.

extraditable [ekstra'daitəbl], *a.* **1.** (*Of pers.*) Passible d'extradition. **2.** *E. crime*, crime qui justifie l'extradition.

extradite ['ekstradait], *v.tr.* *Jur:* **1.** Extrader (un criminel). **2.** Obtenir l'extradition (d'un criminel).

extradition [ekstra'diʃ(ə)n], *s.* Extradition *f*.

extrados [eks'treidɔs], *s.* *Arch:* Extrados *m*.

extradosed [eks'treidɔst], *a.* *Arch:* Extradossé.

extrajudicial [ekstradʒu'diʃ(ə)l], *a.* **1.** Extrajudiciaire; officieux; en dehors des débats. **2.** Extra-légal, -aux; injustifiable. **-ally,** *adv.* Extrajudiciairement.

extra-legal [ekstra'liːg(ə)l], *a.* Extra-légal, -aux.

extra-metropolitan [ekstrametro'pɔlitən], *a.* Situé en dehors de la métropole.

extramundane [ekstra'mʌndein], *a.* Situé en dehors, au delà, du monde matériel; extra-terrestre; qui appartient au monde de l'au-delà.

extramural [ekstra'mjuərəl], *a.* **1.** (Quartier, enterrement, etc.) extra-muros *inv.* **2.** *Sch:* (*Esp. Med:*) **Extramural lecturer,** conférencier en dehors de la Faculté accrédité pour certains cours.

extraneous [eks'treiniəs], *a.* Étranger (*to*, à). *To be e. to the matter in hand*, n'avoir rien à faire avec, ne pas se rapporter à, l'affaire. *E. considerations*, considérations *f* en dehors de la question, qui n'entrent pas en ligne de compte. *Mus:* **Extraneous modulation,** modulation *f* dans les tons éloignés.

extraneousness [eks'treiniəsnəs], *s.* Manque *m* de rapport (*to*, avec).

extraordinariness [eks'trɔːrdinərinəs], *s.* Caractère *m*, nature *f*, extraordinaire; singularité *f*.

extraordinary [eks'trɔːrdinəri]. **1.** *a.* Extraordinaire. (*a*) **Ambassador extraordinary,** ambassadeur *m* extraordinaire. *To take e. care over sth.*, faire qch. avec un soin tout particulier. *To have e. ability*, avoir des talents *m* remarquables, extraordinaires. *To call an e. meeting of the shareholders*, convoquer d'urgence les sociétaires. (*b*) *E. conduct*, conduite *f* extraordinaire. *The e. thing is that . . .*, ce qu'il y a d'étrange, de singulier, de surprenant, c'est que. . . . (*c*) *F:* Phénoménal, -aux; prodigieux. *His capacity for drink is e.*, c'est inouï ce qu'il boit. **2.** *s.pl.* *Mil:* **Extraordinaries,** rations *f* ou dépenses *f* extraordinaires; l'extraordinaire *m*. **-ily,** *adv.* Extraordinairement.

extra-parliamentary ['ekstrapɑːrlə'mentəri], *a.* *Pol:* Extra-parlementaire.

extra-parochial ['ekstrapə'roukiəl], *a.* Qui n'est pas de la paroisse; en dehors de la paroisse.

extrapolation ['ekstrapo'leiʃ(ə)n], *s.* *Mth:* Extrapolation *f*.

extra-special [ekstra'speʃəl]. **1.** *a.* & *s.* *Journ:* **Extra-special** (**edition**), deuxième édition spéciale (d'un journal du soir). **2.** *a.* *F:* *E.-s. wine*, du vin d'extra. *I have e.-s. reasons for wishing it*, j'ai des raisons toutes particulières pour le souhaiter. *Suit for e.-s. occasions*, costume *m* pour les grandes occasions. *To have sth. e.-s. for dinner*, faire de l'extra pour le dîner.

extra-spectral [ekstrə'spektrəl], *a. Ph:* En dehors du spectre solaire.

extra-terrestrial ['ekstrətə'restriəl], *a.* Extra-terrestre.

extraterritorial ['ekstrəteri'tɔ:riəl], *a.* (Privilège) d'exterritorialité.

extraterritoriality ['ekstrəteritɔ:ri'aliti], *s.* Exterritorialité *f.*

extravagance [eks'travəgəns], *s.* **1.** Extravagance *f*, exagération *f*. *The extravagances of a poet*, les outrances *f* d'un poète. **2.** Folles dépenses *fpl*, prodigalités *fpl*, gaspillage *m*. *A piece of e.*, une dépense inutile.

extravagant [eks'travəgənt], *a.* **1.** Extravagant. *E. claims*, prétentions exagérées, déraisonnables. *E. praise*, éloges outrés. *F: E. style*, style échevelé. **2.** (*Of pers.*) Dépensier, prodigue, gaspilleur. *To be e. in one's dress*, s'habiller au delà de ses moyens. *E. tastes*, goûts dispendieux. *E. recipe*, recette *f* de cuisine qui revient trop cher. **3.** (*Of price*) Exorbitant, prohibitif. *Furs at e. prices*, fourrures *f* hors de prix. **-ly**, *adv.* **1.** D'une façon extravagante. *To talk, act, e.*, dire, faire, des folies, des extravagances. **2.** Excessivement, à l'excès. *Clerks e. paid*, employés fort grassement payés. *House e. furnished*, maison meublée avec un luxe inouï. *She dresses e.*, elle s'habille au delà de ses moyens.

extravaganza [ekstravə'ganzə], *s.* **1.** *Lit: Mus:* Œuvre (musicale, littéraire) d'une extravagance bouffonne; œuvre fantaisiste. **2.** Histoire abracadabrante. **3.** (*Of conduct*) Folle équipée; folie *f*.

extravagate [eks'travəgeit], *v.i.* **1.** Vaguer loin, s'écarter (*from*, de); s'égarer, divaguer (*into*, dans). **2.** Extravaguer; dépasser toutes les bornes.

extravasate [eks'travəseit]. **1.** *v.tr.* Extravaser, épancher (le sang). **2.** *v.i.* S'extravaser, s'épancher.

extravasation ['ekstravə'seiʃ(ə)n], *s.* Extravas(at)ion *f*, épanchement *m*.

extravert ['ekstrəvə:rt], *s. Psy:* = EXTROVERT.

extreme [eks'tri:m]. **1.** *a.* Extrême. (*a*) (*Farthest*) *E. boundary*, frontière *f* extrême. *Mountains in the e. distance*, montagnes *f* dans l'extrême lointain. *At the e. end of the pier*, tout au bout du quai. **The extreme penalty**, le dernier supplice. *R.C.Ch:* **Extreme unction**, extrême-onction *f*. (*b*) *E. heat*, chaleur *f* extrême. *E. nationalism*, nationalisme outrancier. *To be in e. peril*, être en (très) grand danger. *They are in e. poverty*, ils sont dans une extrême misère. **To be extreme in one's views, to hold extreme opinions**, être outrancier dans ses opinions; avoir des opinions extrémistes. *To behave with e. awkwardness*, se conduire avec la dernière gaucherie. *E. old age*, extrême vieillesse *f*. *E. youth*, grande jeunesse. **An extreme case**, un cas exceptionnel. *The question is one of e. delicacy*, le problème est délicat entre tous. *See also* MEASURE[1] 4. **2.** *s.* (*a*) Extrême *m*. **To go from one extreme to the other**, aller d'un extrême à l'autre; *F:* aller de la cave au grenier, du grenier à la cave; aller du blanc au noir. **In the extreme**, à l'excès, au dernier degré. **Extremes meet**, les extrêmes se touchent. *To carry matters, to go, to extremes*, pousser les choses à l'extrême; se porter aux dernières extrémités. *To drive s.o. to extremes*, pousser qn à bout. *To be reduced to extremes*, être aux abois. (*b*) *Mth:* *The product of the means equals the product of the extremes*, le produit des moyens égale le produit des extrêmes. **-ly**, *adv.* Extrêmement; au dernier degré, au dernier point. *To be e. witty*, avoir énormément d'esprit. *The effects of these high-voltage currents are e. remarkable*, les effets *m* de ces courants intenses sont on ne peut plus remarquables.

extremism [eks'tri:mizm], *s. Pol: etc:* Extrémisme *m*.

extremist [eks'tri:mist], *s. Pol: etc:* Extrémiste *mf*; outrancier, -ière; ultra *m*.

extremity [eks'tremiti], *s.* **1.** (*a*) Extrémité *f*; point *m* extrême; bout *m* (d'une corde, d'une rue); sommité *f* (d'une plante, d'une branche). (*b*) *To drive s.o. to extremities*, pousser qn à bout, aux extrémités. *To push matters to the e. of a civil war*, aller jusqu'à la guerre civile. (*c*) *A: The e. of the weather*, la rigueur du temps. **2.** *pl.* **The extremities**, les extrémités (du corps). **3.** Extrémité, gêne *f*. *They are in great e.*, ils sont dans une grande gêne. *To be reduced to the last e.*, être réduit à l'extrémité, à la dernière extrémité; être aux abois.

extricable ['ekstrikəbl], *a.* Que l'on peut dégager.

extricate ['ekstrikeit], *v.tr.* **1.** Dégager, tirer (*s.o. from a critical position*, qn d'un mauvais pas). *To e. a carriage from the mud*, désembourber une voiture. *To e. oneself from a danger*, se tirer, sortir, d'un danger. *To e. oneself from difficulties*, se débrouiller; se tirer d'affaire. **2.** *Ch:* **To extricate a gas**, libérer un gaz.

extrication [ekstri'keiʃ(ə)n], *s.* **1.** Dégagement *m*, délivrance *f*. **2.** *Ch:* Libération *f* (d'un gaz).

extrinsic [eks'trinsik], *a.* Extrinsèque. *Questions e. to the subject under consideration*, questions *f* en dehors du sujet. **-ally**, *adv.* Extrinsèquement.

extrorse [eks'trɔ:rs], *a. Bot:* (Anthère *f*) extrorse.

extroversion [ekstro'və:rʃ(ə)n], *s.* **1.** *Med:* Extroversion *f* (de la vessie, de la paupière). **2.** *Psy:* Extroversion.

extrovert ['ekstrovə:rt], *s. Psy:* Extroverti, -ie.

extrude [eks'tru:d]. **1.** *v.tr.* (*a*) Expulser (*from*, de). (*b*) *Metalw:* Refouler (un métal). **Extruded metal**, métal venu par refoulement; métal refoulé; métal tréfilé; métal flué; métal propulsé en barres. **2.** *v.i. Geol:* (*Of volcanic rock*) S'épancher.

extruding, *s.* **1.** = EXTRUSION. **2.** *Metalw:* **Extruding-machine, -press**, presse *f* de refoulage.

extrusion [eks'tru:ʒ(ə)n], *s.* **1.** Expulsion *f* (de qn, de qch.). **2.** *Metalw:* Refoulement *m*, refoulage *m*, fluage *m*, extrudage *m* (d'un métal). **3.** *Geol:* Épanchement *m* (volcanique).

exuberance [eg'zju:bərəns], *s.* Exubérance *f*; richesse *f* (de végétation); surabondance *f* (d'idées).

exuberant [eg'zju:bərənt], *a.* (*Of temperament, child*) Exubérant, expansif; (*of vegetation*) riche, exubérant; (*of health, vitality, spirits*) surabondant, débordant. *In e. health*, exubérant, débordant de santé. **-ly**, *adv.* Avec exubérance. *E. healthy*, débordant de santé.

exuberate [eg'zju:bəreit], *v.i.* **1.** Abonder; déborder. **2.** (*Of pers.*) *To e. in* (*romance, etc.*), se livrer, s'adonner, sans contrainte (au romanesque, etc.).

exudation [eksju'deiʃ(ə)n], *s.* Exsudation *f* (de la résine, etc.) *Arb: E. of sap*, écoulement *m* de la sève.

exude [ek'sju:d]. **1.** *v.tr.* Exsuder. **2.** *v.i.* Exsuder, suinter. (*Of sap*) Couler, s'écouler.

exulcerate [eg'zʌlsəreit]. **1.** *v.tr.* (*a*) *Med: A:* Exulcérer. (*b*) *F:* Ulcérer (qn, le cœur). **2.** *v.i.* (*a*) *A:* S'exulcérer. (*b*) *F:* (*Of the feelings, etc.*) S'ulcérer.

exulceration [egzʌlsə'reiʃ(ə)n], *s.* **1.** *A:* Exulcération *f*. **2.** *F:* Ulcération *f* (du cœur, etc.).

exult [eg'zʌlt], *v.i.* **1.** Exulter, se réjouir (*at, in*, de). **2.** *To e. over s.o.*, triompher de qn; chanter victoire.

exulting, *a.* = EXULTANT. **-ly**, *adv.* = EXULTANTLY.

exultancy [eg'zʌltənsi], *s.* = EXULTATION.

exultant [eg'zʌltənt], *a.* (Sentiment) joyeux; (cri) triomphant, exultant. *To be e.*, exulter. **-ly**, *adv.* (Parler, sourire) avec une joie triomphante, d'un air de triomphe. *He spoke e.*, il exultait. *Her heart swelled e.*, son cœur exultait, était plein d'allégresse.

exultation [egzʌl'teiʃ(ə)n], *s.* Exultation *f*; joie triomphante.

exutory [eg'zju:təri], *s. Med:* Exutoire *m*.

exuviable [eg'zju:viəbl], *a. Nat.Hist:* Exuviable.

exuviae [eg'zju:vii:], *s.pl. Nat.Hist:* Dépouille(s) *f*(*pl*) (de serpent, d'insecte, etc.).

exuviate [eg'zju:vieit]. *Nat.Hist:* **1.** *v.i.* Changer de peau, de carapace; se dépouiller. **2.** *v.tr.* Dépouiller (sa peau, etc.).

ex-voto [eks'vouto], *s. Ecc:* (*Also* **ex-voto offering**) Ex-voto *m inv.*

eyas ['aiəs], *s. Orn:* Jeune faucon *m*; *A:* niais *m*.

eye[1] [ai], *s.* **1.** Œil *m*, *pl.* yeux. (*a*) *To have blue eyes*, avoir les yeux bleus. *Black eyes*, yeux noirs. *F:* **Black eye**, œil poché. **To give s.o. a black eye, to black s.o.'s eye**, pocher l'œil, un œil, à qn; coller à qn un œil au beurre noir. *To lose an eye*, perdre un œil; devenir borgne. **To put out s.o.'s eyes**, crever les yeux à qn; aveugler qn. **Glass eye**, (i) œil artificiel, œil de verre; (ii) *P:* monocle *m*; *P:* carreau *m*. *B:* **An eye for an eye, a tooth for a tooth**, œil pour œil, dent pour dent. *To open, close, one's eyes*, ouvrir, fermer, les yeux. *To close one's eyes in death*, *Poet:* fermer la paupière. *To close s.o.'s eyes* (*as a last duty*), fermer les paupières à qn. *To open one's eyes wide*, ouvrir de grands yeux; ouvrir ses yeux tout grands; écarquiller les yeux. *F: That made him open his eyes*, ç'a été pour lui une révélation, une véritable surprise. *They look on*, **with their eyes starting out of their heads**, ils regardent, les yeux exorbités. **To screw up one's eyes**, faire les petits yeux. **To do sth. with one's eyes open**, faire qch. les yeux ouverts, en connaissance de cause. *To keep one's eyes and ears open*, avoir l'œil et l'oreille au guet. **To have all one's eyes about one, to keep one's eyes open**, *F:* **peeled, skinned**, avoir l'œil ouvert; avoir l'œil américain; avoir les yeux ouverts; ouvrir l'œil (et le bon); être vigilant; être aux aguets. *He keeps his eyes skinned*, il n'a pas les yeux dans sa poche. *Keep your eyes open, skinned, peeled!* ouvrez l'œil! ayez l'œil! *I shall keep my eyes open*, j'y aurai l'œil. (*He was so sleepy that*) *he could not keep his eyes open*, il dormait debout. *See also* SLEEP[2] 1, WEATHER-EYE. **To open s.o.'s eyes (to sth.)**, éclairer, désabuser, qn; débrider les yeux à qn; arracher le bandeau des yeux de qn; dessiller les yeux à qn. *That opened his eyes to your motives*, cela lui a dessillé les yeux sur vos mobiles. *At the eleventh hour his eyes were opened*, à la onzième heure ses yeux se dessillèrent. *I have had my eyes opened*, je me suis rendu compte de la vérité; je suis revenu de mes illusions. **To shut, close, one's eyes to the evidence, to the faults of s.o.**, se refuser à l'évidence; être aveugle, s'aveugler, fermer les yeux, sur les défauts de qn. *To shut one's eyes to the truth*, se dissimuler la vérité. *One cannot shut one's eyes to the fact that . . .*, on ne se dissimule pas que . . .; on est bien obligé d'admettre que. . . . **To look s.o. straight, squarely, in the eye**, regarder qn dans le blanc des yeux, entre les deux yeux; regarder qn bien en face. **To have the sun, the light, in one's eyes**, avoir le soleil, la lumière, dans les yeux; être ébloui par le soleil, par la lumière. *The sun is in my eyes*, j'ai le soleil dans les yeux. **To be up to the eyes in work, in debt**, avoir du travail, des dettes, par-dessus la tête; être accablé de travail, de dettes; être dans les dettes jusqu'au cou. *Estate mortgaged up to the eyes*, bien couvert d'hypothèques. **To show the whites of one's eyes**, avoir, faire, des yeux de carpe pâmée; faire les yeux blancs. *He showed the whites of his eyes*, ses yeux chavirèrent. *P:* **To pipe one's eye(s)**, pleurer, pleurnicher. **With tears in one's eyes**, les larmes aux yeux. **To look on with dry eyes**, regarder d'un œil sec. *P:* **My eye! mince (alors)! That's all my eye (and Betty Martin)!** tout ça c'est de la blague, c'est de la poudre aux yeux, c'est de la poudre de perlimpinpin! tout ça c'est des histoires! tout ça c'est des excuses à la noix (de coco)! *Poet:* **The eye of day**, le soleil, l'astre *m* du jour. *Z:* **Simple eye**, ocelle *m*, stemmate *m*. *See also* APPLE 2, CAT'S-EYE, CIRCLE[1] 1, CRAB'S-EYES, CRY[2] 3, GREEN[1] 3, MIND[2] 4, PINK-EYE, RING[1] 3, SLIT[1], WALL EYE, WIPE[2] 1. (*b*) (*Of thg*) **To strike, catch, draw, the eye**, frapper, attirer, l'œil, les regards; donner dans la vue. (*Of pers., thg*) *To catch s.o.'s eye*, attirer l'attention de qn; se signaler à l'attention de qn. (*In Parliament*) **To catch the Speaker's eye**, obtenir la parole. *It leaps to the eye*, cela saute aux yeux. *It pleases, delights, the eye*, cela charme, réjouit, les yeux, les regards; cela flatte le regard. **He has eyes at the back of his head**, il a des yeux d'Argus. **To set eyes on sth.**, apercevoir, voir, qch. *As soon as I had set eyes on him*, dès que j'eus jeté les yeux sur lui. *To see sth. with one's own eyes*, voir qch. de ses propres yeux. *It took place before my eyes*, cela s'est passé sous mes yeux. **To see sth. in one's mind's eye,** voir qch. en imagination, en idée; s'imaginer très bien qch.; évoquer qch. *I see the scene in my mind's eye at this moment,* je vois encore la scène en ce moment. *I have a job in my mind's eye,* j'ai une situation en vue. **Where are your eyes?** êtes-vous aveugle? est-ce que vous avez les yeux dans votre poche? *To judge distance* **by the eye,** mesurer la distance à la vue. *Prov:* **No eye like the eye of the master,** il n'est pour voir que l'œil du maître; tant vaut l'homme, tant vaut la terre. *See also* BEAUTY, BELLY[1] I, CLAP[2] I, FEAST[2] 2, FIX[2] I, MEET[3] I. 6, NAIL[2] I, NAKED 2, SEE[1] I, STRAIN[2] I. I, TRY[2] I. I. (*c*) **With jealous eyes,** d'un œil jaloux. *To keep a jealous eye on s.o.,* observer qn d'un œil jaloux. *To cast a covetous eye on sth.,* regarder qch. d'un œil d'envie; *F:* reluquer qch. **To make eyes at s.o.,** *F:* **to give s.o. the glad eye,** lancer des œillades, faire de l'œil, à qn; aguicher qn; lorgner qn; jouer de la prunelle. **To make sheep's eyes at s.o.,** regarder qn tendrement; lancer des œillades amoureuses à qn; *F:* faire les yeux doux à qn. *To make cow eyes at s.o.,* regarder qn avec des yeux de carpe. *See also* GOO-GOO. **To see eye to eye with s.o.,** voir les choses du même œil, juger de la même façon, que qn. *She does not see eye to eye with me,* elle ne voit pas les choses comme moi. *We see eye to eye,* nous avons les mêmes vues *f*, les mêmes opinions *f*. *I look upon the problem with a different eye,* j'envisage le problème d'un autre œil. **To see sth. with half an eye,** voir qch. au premier coup d'œil. *You can see that with half an eye,* cela saute aux yeux; c'est évident. *If you had half an eye . . .,* si vous étiez tant soit peu observateur. . . . *Anyone can see with half an eye that she is in love with him,* il est de toute évidence qu'elle l'aime. **To run, cast, one's eye over sth.,** jeter un coup d'œil sur qch.; parcourir qch. des yeux. *He ran his eye greedily over the telegram,* il parcourut la dépêche d'un œil avide. *To cast one's eye round the room,* promener un regard circulaire sur la salle. *To cast one's eyes in the direction of . . .,* porter ses regards du côté de. . . . *To cast up one's eyes to Heaven in sorrow,* lever au ciel un regard attristé. *Mil:* **Eyes right, left!** tête (à) droite, (à) gauche! **Eyes front!** fixe! (*d*) **To give an eye to sth.,** surveiller qch., veiller à qch. *Give an eye to the child,* ayez l'œil sur l'enfant. **To have one's eye on s.o.; to keep an eye, a sharp eye, on s.o.,** avoir l'œil sur qn; surveiller, observer, qn; tenir qn en observation; *P:* reluquer, repérer, guigner, mirer, qn. *To keep a strict eye on s.o.,* exercer un contrôle sévère sur la conduite de qn; surveiller qn de près. *Golf: etc:* **To keep one's eye on the ball,** fixer la balle. *Keep your eye on him!* ne le quittez pas des yeux! **Under the eye of . . .,** sous la surveillance de. . . . *He went on working* **with one eye on the stranger,** il continua son travail sans quitter l'étranger de l'œil. *See also* TAKE OFF. **To have an eye to everything,** avoir l'œil à tout; *F:* être très sur l'œil. *He always has an eye to his own interest,* il ne perd jamais de vue son propre intérêt; il est toujours à la recherche de son propre intérêt. *See also* INTEREST[1] 2. *To have one's eye on a dowry, on a situation, F:* lorgner une dot, une place. **With an eye to . . .,** en vue de. . . . *To marry s.o. with an eye to her fortune,* épouser qn en vue de sa fortune. *To work with an eye to the future,* travailler en vue de l'avenir. *See also* CHANCE[1] I. **To be all eyes,** être tout yeux. (*As title to story, etc.*) **Eyes and no eyes,** ceux qui savent observer et ceux qui ne le savent pas. (*e*) **To have an eye for a horse,** s'y connaître en chevaux; être bon juge de chevaux; *F:* avoir l'œil pour les chevaux. *See also* PROPORTION[1] 2. *With the eye of a painter,* d'un œil de peintre; en peintre. *See also* EXPERT[2]. *Sp:* **To have one's eye well in,** (*at billiards, shooting, etc.*) avoir l'œil exercé; (*at tennis, etc.*) avoir la balle dans l'œil. *See also* ACCURATE. (*f*) *Equal* **in the eye(s) of** *the law,* égaux aux yeux de la loi; égaux devant la loi. *In the eyes of all he is guilty,* **aux** yeux de tous il est coupable. **To be very much in the public eye,** occuper une position très en vue; *F:* être à la cote. *Persons most in the public eye,* personnes *f* les plus en vue. *See also* FAVOUR[1] I. **2.** (*a*) **Bird's eyes** (*in mahogany*), tourbillons *m*. *See also* BIRD'S-EYE. *Eyes in a peacock's tail,* yeux, miroirs *m*, de la queue d'un paon. *See also* AGATE I. (*b*) *Hort:* (i) Œil, bourgeon *m*; germe *m* (de pomme de terre). (ii) (*In grafting*) Œilleton *m*. **3.** (*a*) Œil (d'un outil); œil, trou *m*, chas *m* (d'une aiguille); ancrure *f* (d'un tirant); emmanchure *f* (d'un marteau, etc.); toyère *f* (de fer de hache, etc.); œil, boucle *f* (d'un cordage); collet *m* (d'un étai); anneau *m* (pour tringle, etc.). **To pass through a needle's eye,** passer par le trou d'une aiguille. *See also* CORD-EYE. (*b*) Piton *m*. *See also* HOOK[1] I, SCREW-EYE. (*c*) *Veh:* **Spring eye,** rouleau *m* de ressort. **4.** (*a*) *Phot: etc:* Œilleton *m* (de viseur clair). (*b*) *Ind:* Orifice *m* d'évacuation (d'un tambour laveur, etc.). *Metall: etc:* Regard *m* (d'un fourneau, d'un cubilot, etc.). (*c*) *El.E:* (*Television, etc.*) **Electric eye,** cellule *f* photo-électrique; œil électrique. **5. In the eye of . . .,** dans la direction opposée à. . . . *Nau:* **In the wind's eye,** dans le lit, dans l'épi *m*, du vent; contre le vent; dans l'œil de la tempête. *To steam in the wind's eye,* avancer contre le vent. **6. The eyes of the ship,** l'avant *m*, les joues *f*, du navire.

'eye-ball, *s.* **1.** Bulbe *m*, globe *m*, de l'œil; globe oculaire. **2.** *A:* Pupille *f* de l'œil.

'eye-bath, *s. Med:* Œillère *f*; bassin *m* oculaire; bain *m* d'œil; gondole *f*.

'eye-becket, *s. Nau:* Ganse *f*.

'eye-bolt, *s.* **1.** Boulon *m* à œil, à bout percé; tire-fond *m inv.* **2.** Piton *m* à tige taraudée; anneau *m* à fiche, à piton; ficheron *m*.

'eye-bud, *s. Hort:* Œilleton *m*.

'eye-cup, *s.* = EYE-BATH.

'eye-doctor, *s. F:* Oculiste *m*.

'eye-glass, *s.* **1.** (*a*) (*Single*) Monocle *m*. *To wear an e.-g.,* porter monocle. (*b*) (*Pair of*) **eye-glasses,** binocle *m*, lorgnon *m*, pince-nez *m inv.* *Rimless eye-glasses,* pince-nez sans monture. *Coloured eye-glasses,* conserves *f*. **2.** = EYE-LENS.

'eye-guard, *s. Aut: etc:* Lunettes *fpl* de protection, de sécurité.

'eye-hospital, *s.* Hôpital *m* pour les maladies des yeux; hôpital ophtalmologique.

'eye-lash, *s.* Cil *m*.

'eye-lens, *s. Opt:* Lentille supérieure d'oculaire; verre *m* d'œil.

'eye-minded, *a.* Sensible aux impressions oculaires.

'eye-opener, *s.* Révélation *f*; surprise *f*. *That was an e.-o. for him,* cela lui a ouvert, dessillé, les yeux; ç'a été une révélation pour lui.

'eye-protector, *s.* = EYE-GUARD.

'eye-screw, *s.* = SCREW-EYE.

'eye-shade, *s.* Visière *f*; protège-vue *m inv*; garde-vue *m inv*, abat-jour *m inv.*

'eye-shaped, *a. Biol:* Oculiforme.

'eye-sketching, *s. Surv:* Levé *m* à vue, à coup d'œil.

'eye-splice, *s.* Épissure *f* à œillet; œil *m*.

'eye-stalk, *s. Crust:* Pédoncule *m* de l'œil.

'eye-strain, *s.* **To suffer from eye-strain,** avoir les yeux fatigués.

'eye-tooth, *s.* Dent œillère; dent canine. **To cut one's eye-teeth,** (i) faire ses œillères; (ii) *F:* sortir de sa première enfance, acquérir la sagesse que donne l'expérience. *F: He's cut his eye-teeth,* ce n'est plus un blanc-bec; c'est un malin.

'eye-ward, *s.* Salle *f* (d'hôpital) pour les maladies des yeux.

'eye-wash, *s.* **1.** *Pharm:* Collyre *m* liquide. **2.** *F:* **That's all eye-wash,** tout ça c'est du boniment, de la poudre aux yeux, du bourrage de crâne, de l'eau bénite de cour, de la frime. *Bill that is only e.-w.,* projet de loi qui n'est qu'un trompe-l'œil. *Dispenser of e.-w.,* endormeur *m*.

eye[2], *v.tr.* (**eyed; eyeing**) Regarder, observer (d'un œil jaloux, soupçonneux, avec dégoût); mesurer (qn, un obstacle, etc.) des yeux; *F:* reluquer (qn). **To eye s.o. up and down, from head to foot,** toiser qn (de haut en bas); mesurer qn des yeux. *He eyed me attentively,* son regard s'arrêta sur moi. *To eye s.o. rudely,* dévisager qn. *To eye sth. greedily,* avaler qch. des yeux.

eyebright ['aibrait], *s. Bot:* Eufraise *f*, euphrasie *f*; *F:* luminet *m*, casse-lunette(s) *m inv.*

eyebrow ['aibrau], *s.* **1.** Sourcil *m*. **To knit one's eyebrows,** froncer, serrer, le(s) sourcil(s). *F:* **He never raised an eyebrow,** il n'a pas sourcillé. *See also* PENCIL[1] 2. *P: He's hanging on by his eyebrows,* il se maintient tout juste (dans son poste, etc.); il tient à un fil; il est dans une position périlleuse. **2.** *Nau:* Gouttière *f* (de hublot).

eyed [aid], *a.* **1.** **-eyed** (*with adj. or numeral prefixed, e.g.*) **A brown-eyed boy,** un garçon aux yeux bruns. **Big-eyed,** aux grands yeux. **Bird-eyed,** à la vue perçante. **Blear-eyed,** aux yeux troubles, larmoyants. **Fierce-eyed,** aux yeux féroces, farouches. *See also* ARGUS-EYED, BLUE-EYED, DRY-EYED, EVIL-EYED, GOGGLE-EYED, GREEN-EYED, HOLLOW-EYED, KEEN-EYED, LYNX-EYED, MEEK-EYED, ONE-EYED, OPEN-EYED, PIG-EYED, PINK-EYED, ROUND-EYED, SKEW-EYED, SQUINT-EYED, WALL-EYED. **2.** (Poinçon, bouterolle, tige) à œil. **3.** (*Of feather*) Ocellé; (*of insect's wing, etc.*) ocellé, moucheté, tacheté.

eyehole ['aihoul], *s.* **1.** Cavité *f* de l'œil; orbite *m* de l'œil. **2.** Petite ouverture; judas *m* (d'une porte, etc.). **3.** Œillet *m*; petit trou.

eyeless ['ailəs], *a.* (i) Sans yeux; (ii) aveugle.

eyelet ['ailet], *s.* **1.** Œillet *m*; petit trou. **2.** Œillet (métallique). *Nau:* (*In rope*) Cosse *f*; (*in sail*) œil-de-pie *m*, *pl.* œils-de-pie. **3.** Ocelle *m* (d'aile de papillon, etc.).

'eyelet-hole, *s.* = EYELET I.

eyelid ['ailid], *s.* Paupière *f*. *P: To hang on by the eyelids = to hang on by the eyebrows, q.v. under* EYEBROW I. *To escape by one's eyelids,* échapper tout juste; l'échapper belle. *Med:* **Dropped eyelid,** chute *f* de la paupière; ptosis *f*.

eyepiece ['aipi:s], *s. Opt:* (*a*) Oculaire *m* (de télescope, etc.). (*b*) Viseur *m* (de théodolite, etc.). *See also* SOLAR.

eyesalve ['aisɑ:v], *s.* Onguent *m* pour les yeux; collyre mou.

eyeshot ['aiʃɔt], *s. Used only in* **Within, out of, eyeshot,** à portée, hors de portée, de la vue. *To come within e.* (*of s.o.*), venir à portée de vue (de qn); devenir visible; apparaître.

eyesight ['aisait], *s.* **1.** Vue *f*. *To have good e.,* avoir la vue bonne, une bonne vue, de bons yeux. *My e. is failing,* ma vue baisse. **2.** Portée *f* de la vue.

eyesore ['aisɔ:ər], *s.* Ce qui blesse la vue, qui offense les regards. *One of the eyesores of London,* une des horreurs de Londres. *To be an e. to s.o.,* être la bête noire de qn. *He is an e. to me,* je ne peux pas le voir en peinture.

eyespot ['aispɔt], *s.* Ocelle *m* (de mollusque, etc.).

eyespotted ['aispɔtid], *a. Nat.Hist:* Ocellé.

eyestrings ['aistriŋz], *s.pl. Anat:* Fibres *f* de l'œil.

eyewater ['aiwɔ:tər], *s.* **1.** *Anat:* (i) Humeur aqueuse, (ii) humeur vitrée (de l'œil). **2.** *Pharm:* = EYE-WASH I.

eyewitness ['aiwitnəs], *s.* Témoin *m* oculaire.

eyewort ['aiwə:rt], *s. Bot:* = EYEBRIGHT.

eyot [eit], *s.* Ilot *m*.

eyrie, eyry ['ɛəri], *s.* Aire *f* (d'un aigle).

Ezekiel [e'zi:kiəl]. *Pr.n.m. B.Hist:* Ézéchiel.

Ezra ['ezra]. *Pr.n.m. B.Hist:* Esdras.

F, f [ef], *s.* **1.** (La lettre) F, *f f. Tp:* **F for Frederick,** F comme François. *I.C.E:* **F-head cylinder,** cylindre *m* à culasse en F. **2.** *Mus:* Fa *m.* **F clef,** clef *f* de fa.

'f-hole, *s. Mus:* Esse *f* (de violon).

fa [fɑː], *s. Mus:* **1.** (*Fixed fa*) Fa *m.* **2.** (*Movable fa in tonic solfa*) La sous-dominante.

Fabian ['feibiən]. **1.** *a.* & *s. Rom.Hist:* Fabien, -ienne. **2.** *a.* (*a*) (Politique, etc.) de temporisation. (*b*) **The Fabian Society,** l'Association Fabienne (parti socialiste datant de 1884; préconise une évolution progressive).

Fabianism ['feibiənizm], *s.* Principes *mpl* de l'Association Fabienne; Fabianisme *m.*

fable [feibl], *s.* **1.** Fable *f*, conte *m*, histoire *f.* **Old wives' fables,** contes de bonne femme. *The region of f.,* le domaine de la légende. *To sort out fact from f.,* séparer le réel de l'imaginaire. *Is commercial honesty but a f.?* est-ce que la loyauté dans les affaires n'est qu'un mythe? *F: It's no good your telling me a f. like that!* qu'est-ce que vous me racontez là! *That story's a mere f.,* cette histoire est de pure invention. **2.** *Lit:* Fable, apologue *m* (d'Ésope, etc.). **3.** *Lit:* Argument *m*, résumé *m*, sujet *m* (d'une pièce de théâtre, etc.).

fabled [feibld], *a.* **1.** Célèbre dans la fable. **2.** Légendaire, fabuleux.

fabric ['fabrik], *s.* **1.** (*a*) Édifice *m*, bâtiment *m.* **The whole fabric of society,** tout l'édifice social. *F: The whole f. of his upbringing was giving way,* toute l'armature de son éducation craquait. *The whole f. of arguments,* tout l'échafaudage d'arguments. (*b*) *Ecc:* Fabrique *f. Upkeep of the f.,* entretien *m* de la fabrique. **2.** *Tex:* Tissu *m*; étoffe *f*, toile *f*, drap *m. Av:* Entoilage *m*, tissu. *Dress fabrics,* tissus pour robes. *Silk and woollen fabrics,* soieries *f* et lainages *m. F. gloves,* gants *m* en tissu. *Aut:* **Fabric body,** caisse *f* en toile. **3.** Structure *f*, fabrique (d'un édifice, d'un système); contexture *f* (d'un roman, etc.); texture *f* (d'une étoffe). **The fabric of law,** le réseau du droit. *The nervous f. of the retina,* l'appareil nerveux de la rétine. *Vocal organs of delicate f.,* appareil vocal finement construit. *F: Fools of every f.,* des sots *m* de toute espèce, de tout acabit.

'fabric-covered, *a.* (*a*) Revêtu de tissu. (*b*) (*Of aeroplane wing, etc.*) Entoilé.

fabricate ['fabrikeit], *v.tr.* **1.** *Occ.* Fabriquer (des marchandises, etc.); construire (un système, etc.). **2.** *F:* Inventer, controuver, fabriquer, forger (une nouvelle, un mensonge); fabriquer, contrefaire, forger (un document). *Fabricated account of amazing adventures,* récit *m* plus ou moins imaginaire d'aventures ébouriffantes.

fabrication [fabri'keiʃ(ə)n], *s.* **1.** *Occ.* Fabrication *f* (de marchandises, etc.); construction *f* (d'un gouvernement, etc.). **2.** *F:* Invention *f* (d'une nouvelle, etc.); fabrication (d'un passeport, etc.); contrefaçon *f* (d'un document). *It's pure f.,* c'est de la pure fabrication. **3.** (*a*) *A pure f.,* une histoire inventée à plaisir; une pure invention. (*b*) Supercherie *f* (littéraire). (*c*) Pièce contrefaite; contrefaçon.

fabricator ['fabrikeitər], *s.* **1.** *A:* Constructeur *m*, faiseur *m* (*of*, de). **2.** *F:* Inventeur *m*, fabricateur, -trice (de calomnies); forgeur *m* (d'une histoire, d'un mensonge); contrefacteur *m* (d'un document).

fabulist ['fabjulist], *s.* **1.** Fabuliste *m.* **2.** *F:* Menteur, -euse.

fabulous ['fabjuləs], *a.* **1.** (Conte, monstre, etc.) fabuleux; (personnage *m*) légendaire, mythique. **The fabulous ages,** les temps fabuleux. **2.** *F:* Prodigieux, excessif. **A fabulous price,** un prix fabuleux, incroyable; un prix fou. **-ly,** *adv.* Fabuleusement; prodigieusement (riche, etc.).

fabulousness ['fabjuləsnəs], *s.* Caractère fabuleux (de qch.).

façade [fa'sɑːd], *s. Arch:* Façade *f*; (*between pavilions*) courtine *f. F: Seated beneath a rocky f.,* assis au pied d'une muraille rocheuse.

face[1] [feis], *s.* **1.** Figure *f*, visage *m*, face *f. F: Pretty little f.,* joli minois; jolie petite frimousse. *To have a handsome f.,* être bien de figure. *P: What a f.!* quelle gueule! *See also* HYMN[1] 1. *Beery f.,* trogne *f* d'ivrogne. **To strike s.o. in the face,** (i) frapper qn au visage, en pleine figure; (ii) donner un soufflet à qn. *He threw the inkpot in my f.,* il me jeta l'encrier au nez. *I can never look him in the f. again,* je me sentirai toujours honteux devant lui. **He won't show his face here again!** il ne se risquera pas à remettre les pieds ici! *See also* DEATH 3, FACT 2. **Full-face portrait,** portrait *m* de face. *See also* SIDE-FACE. **Face front to the enemy,** face à l'ennemi. **Face to face,** face à face; en présence. *To bring the two parties f. to f.,* mettre les deux parties en présence. *To bring s.o. f. to f. with s.o.,* confronter qn avec qn. *To meet s.o. f. to f., to come f. to f. with s.o.,* se trouver vis-à-vis, nez à nez, cap à cap, avec qn. *See also* JOINT[1] 1. **To fall on one's face,** tomber à plat; tomber, se jeter, à plat ventre. **To set one's face against sth.,** s'opposer résolument, se refuser, à qch.; s'élever contre qch. *To set one's f. against doing sth.,* se refuser à faire qch. **To set one's face for home,** (re)prendre le chemin de la maison, du retour. *We shall set our faces to the south,* nous ferons route au sud. *The rain was beating full in our faces,* la pluie nous battait en plein visage. *See also* WIND[1] 1. **In the face of danger,** devant le danger; en présence du danger. *To make common cause in (the) f. of common danger,* faire cause commune en face de dangers communs. *To act in the f. of direct orders,* agir en dépit d'ordres formels. *To succeed in the f. of many difficulties,* réussir malgré de nombreuses difficultés. **To fly in the face of Providence,** aller contre, porter un défi à, la Providence. *To fly in the f. of facts, of truth,* nier, aller contre, l'évidence; outrager la vérité; *F:* plaider contre sa cédule. *To fly in the f. of treaties,* agir en violation des traités. *To fly in the f. of nature,* violer les lois de la nature. **I'll tell him so to his face,** je le lui dirai au nez, à sa barbe. *I told him so to his f., F:* je ne le lui ai pas envoyé dire. **In the face of all men,** au vu et au su de tous. *He did it before my face,* il l'a fait sous mes yeux. *B: When thou fleddest from the f. of Esau,* quand tu t'enfuyais de devant Ésaü. **Face massage,** massage facial. *Bot: F:* **Face-and-hood, three faces under a hood,** pensée *f* sauvage. **Face-in-hood** = MONK'S-HOOD. *See also* BLACK[1] I. 1, BLUE[1] I, FILM[1] 3, FORTUNE 2, LAUGH[2] 1, NOSE[1] 1, SHOW[2] I. 1, SHUT[1] 1, SLAP[1] I. 1, STARE[2]. **2.** (*a*) Mine *f*, physionomie *f. To be a good judge of faces,* être physionomiste. **To save (one's) face,** (i) se faire une contenance; (ii) sauver la face; sauver les apparences; s'épargner une humiliation. *In order to save his f.,* (i) pour se garantir contre la critique; (ii) pour sauver les apparences. **To lose face,** (i) perdre contenance; (ii) essuyer une humiliation. *Loss of f.,* (i) décontenancement *m*; (ii) humiliation; perte *f* de réputation. **To make, pull, faces** (*at s.o.*), faire des grimaces (à qn); grimacer. **To keep a straight face,** garder, tenir, son sérieux; montrer un front sérieux. **To put on a face to suit the occasion,** faire une tête de circonstance. *To put on a f. of importance,* prendre un air important. **To put a good, a brave, face on a bad business,** faire bonne contenance, bon cœur, contre mauvaise fortune; faire bonne mine à mauvais jeu. *We put the best f. we could on it,* (i) nous avons présenté l'affaire sous son meilleur jour; (ii) nous avons fait contre mauvaise fortune bon cœur. *U.S:* **To run one's face,** payer d'effronterie. *See also* BOLD 1. *Th:* **To go in on one's face,** entrer à l'œil. *See also* LONG[1] I. 1, PULL[2] 3. (*b*) Aplomb *m*, audace *f*, front, effronterie *f*, impudence *f*; *F:* toupet *m.* **He had the face to tell me so,** il a eu l'aplomb, le front, l'audace, le toupet, de me le dire. *How can you have the f. to come here?* de quel front osez-vous paraître ici? **3.** Apparence *f*, aspect *m* (de qch.). **On the face of things,** au premier aspect, à première vue. *His evidence is false on the face of it,* son témoignage est manifestement faux. **To put a new face on the business,** donner une autre tournure à l'affaire. **To put a good face on one's actions,** vernir ses actions. *F: His speech has two faces,* il parle d'une façon équivoque. **4.** Surface *f* (de la terre). *They disappeared off the f. of the earth,* ils disparurent de la surface du globe. *The f. of the waters,* la face des eaux. **5.** Surface frontale. (*a*) Face (d'une pièce de monnaie); endroit *m* (d'un tissu); recto *m* (d'un document). **Face up, face down,** face en dessus, face en dessous. *To lay the cards f. down on the table,* poser les cartes la face tournée vers la table. (*b*) Devant *m*, façade *f* (d'un bâtiment); face (d'une falaise); parement *m* (d'un talus, d'un mur, d'une pierre). *Min:* **Coal face,** front de taille (du charbon). *See also* WORKING[2] 2. (*c*) Face, plan *m*, facette *f* (d'un cristal); pan *m* (d'un écrou, d'un prisme). (*d*) Face (d'une crosse de golf, d'un marteau, etc.); tête *f*, plat *m*, aire *f* (d'un marteau); aire, table *f* (d'une enclume); semelle *f* (d'un rabot); *Mch:* glace *f*, table (du tiroir). (*e*) *Mec.E:* Plateau *m* (de tour). **Tail-stock face,** contre-plateau *m*, *pl.* contre-plateaux; plateau de la contre-pointe. (*f*) Cadran *m* (de montre). (*g*) *Typ:* Œil *m* (d'un caractère). **Small face,** petit œil. *See also* FULL-FACE.

'face-ache, *s.* Névralgie faciale.

'face-card, *s. Cards: U.S:* Figure *f.*

'face-cloth, *s.* **1.** = FACE-FLANNEL. **2.** *Tex:* = *faced cloth, q.v. under* FACE[2] 4.

'face-cream, *s. Toil:* Crème *f* de beauté.

'face-flannel, *s.* Gant *m* de toilette.

'face-glass, *s.* Glace *f* du milieu (de scaphandre).

'face-guard, *s. Ind:* Masque protecteur.

'face-harden, *v.tr. Metall:* Aciérer, cémenter.

'face-lathe, *s.* Tour *m* en l'air, à plateau; tour à facer.

'face-lifting, *s.* Ridectomie *f.*

'face-pack, *s. Toil:* Masque *m* anti-rides.

'face-plate, *s. Mec.E:* **1.** Plateau *m* (de tour). *Gear-driven f.-p.,* plateau à couronne. **2.** Tas *m* à planer; marbre *m* à dresser.

'face-powder, *s.* Poudre *f* de riz.

'face-towel, *s.* Serviette *f* de toilette.

'face-value, *s. Fin:* Valeur nominale; nominal *m* (d'un effet, etc.).

'face-wall, *s. Civ.E:* Mur *m* de revêtement.

'face-wash, *s.* Lotion faciale.

'face-wheel, *s. Mec.E:* Roue *f* de champ.

'face-work, *s. Const:* Façade *f.*

face[2], *v.tr.* **1.** Affronter, braver, faire face à, faire front à (un danger, l'ennemi); envisager (les faits, la possibilité, etc.). *The problem that faces us,* le problème qui nous confronte. *To be faced* *with a difficulty*, se heurter à une difficulté. *To be faced with bankruptcy*, être acculé à la faillite. *I was faced with a lawsuit*, je me voyais menacé d'un procès. *He dared not f. me*, il n'osa pas me rencontrer face à face. *F:* **To face the music,** tenir tête à l'orage; affronter la critique, la tempête; faire front; *P:* ne pas caler. *See also* IT[1] 2. **2.** (*a*) *v.tr.* Faire face à, se tenir devant (qn, qch.); se présenter de face devant (qn). *Sunflowers always f. the sun*, le tournesol regarde toujours le soleil. *Window that faces the garden*, fenêtre *f* qui donne sur le jardin, qui regarde sur le jardin. *Hotel facing the square*, hôtel *m* en façade sur la place. *House facing the church*, maison *f* qui fait face à l'église. *The picture facing page* 10, la gravure en regard de la page 10. *Facing each other*, l'un en face de l'autre; vis-à-vis l'un de l'autre. *Seats facing each other*, places *f*, sièges *m*, en vis-à-vis. *Rail: Seat facing the engine*, place *f* face à la route, dans le sens de la marche. *Stand facing the light*, tenez-vous en face de la lumière. (*b*) *v.i. Seat facing forward*, place (dans le train, etc.) face à la route. *To leave the garage facing forward*, sortir du garage en marche avant. *The house faces north*, la maison est exposée au nord, regarde le nord. *Terrace facing south*, terrasse orientée au sud. *Face this way!* tournez-vous de ce côté! **To face both ways,** (i) faire face des deux côtés; (ii) ménager la chèvre et le chou. **Mr Facing-both-ways,** M. l'Hypocrite. *Mil:* **Right face!** à droite, droite! **3.** *Cards:* Retourner (une carte). **4.** *Tchn:* (*a*) *Metalw:* Dresser, surfacer, usiner. *Faced surface*, surface dressée, usinée. *Tex:* **Faced cloth,** drap fin. (*b*) Revêtir, parer, parementer (un mur, etc.). *Deal faced with oak*, bois de sapin contre-plaqué de chêne. (*c*) Mettre les revers, les parements, à (un habit); parer (un habit, etc.). *Coat faced with silk, silk-faced coat*, habit *m* à revers de soie.

face about. **1.** *v.i. Mil:* Faire volte-face; faire demi-tour. *See also* ABOUT 2. **2.** *v.tr. To f. a company about*, faire faire demi-tour à une compagnie.

'face-about, *s.* Volte-face *f*; demi-tour *m*.

facing about, *s.* Volte-face *f*.

face down, *v.tr.* **1.** Décontenancer, intimider, dévisager (qn). **2.** *To f. down all objections*, s'élever au-dessus de toutes les objections; passer outre à toutes les objections. **3.** *To f. down unpopularity*, surmonter l'hostilité du public.

face-'off, *s. Games:* (*At lacrosse*) Engagement *m* du jeu.

face out, *v.tr.* **1.** (*a*) *To f. out a situation*, surmonter par soi-même les difficultés d'une situation. (*b*) Soutenir effrontément (un mensonge). **To face it out,** payer d'audace; ne pas broncher; soutenir ce qu'on a dit. **2. To face s.o. out of countenance,** décontenancer qn.

face round, *v.i.* Se retourner (vivement). *He faced round on his pursuers*, il se retourna contre ceux qui le poursuivaient.

face up. **1.** *v.i.* Affronter la tempête; faire front. **To face up to s.o., to a danger,** affronter qn, un danger. **2.** *v.tr.* Dresser (une surface plane).

facing, *s.* **1.** *Mil:* (*a*) Mouvement *m* de face, changement *m* de front, conversion *f* (à droite, à gauche, etc.). (*b*) *F:* **To put s.o. through his facings,** examiner, inspecter, qn; *F:* faire tourner et virer qn. *Send him to me and I'll put him through his facings*, envoyez-le-moi et je verrai ce qu'il sait faire. **2.** (*Smoothing*) Surfaçage *m*; dressage *m* (d'une surface). **3.** (*a*) Revers *m*, parement *m* (d'un habit, etc.). *Mil:* **Regimental facings,** parement (de la manche ou du col) qui sert à distinguer les différents corps. (*b*) Perré *m* (d'un talus, d'une tranchée); revêtement *m*, parement, chemise *f* (d'un mur, etc.). (*c*) *Mec.E: etc:* Surface *f* de portée. *Mch:* Glace *f* (du tiroir). (*d*) Revêtement, placage *m*. *To apply a f. of marble, etc., to a wall*, appliquer un placage de marbre, etc., sur une paroi. **Facing brick,** brique *f* de parement. (*e*) (*Lining*) Garniture *f*. **4.** *Metall:* Poncif *m*, poncis *m* (du moule).

'facing-machine, *s. Mec.E:* Machine *f* à dresser.

'facing-sand, *s. Metall:* Poussier *m* de moulage.

-faced [feist], *a.* (*With adj. or adv. prefixed*) (*a*) **Broad-faced,** à la figure large. **Round-faced,** à la figure ronde; mouflard. **Pleasant-faced,** au visage agréable, avenant. **Bold-faced,** effronté, audacieux. **Evil-faced,** à la mine méchante. *See also* BAREFACED, BRAZEN[1] 2, DOUBLE-FACED, FAIR-FACED, FAT-FACED, FULL-FACED, PALE-FACED, PASTY-FACED, PLAIN-FACED, PUDDING-FACED, RED-FACED, SHAMEFACED, SMOOTH-FACED, SMUG-FACED, TWO-FACED. (*b*) *Typ:* **Heavy-faced type,** caractères gras. *See also* LIGHT-FACED.

facer ['feisər], *s. F:* **1.** Gifle *f* ou coup *m* au visage. **2.** Difficulté soudaine à laquelle il faut parer d'urgence; obstacle inopiné. **That's a facer!** comment allons-nous nous tirer de là? *P:* quelle tuile!

facet[1] ['faset], *s.* **1.** Facette *f* (d'un diamant, *Ent:* de l'œil, etc.). *Cut in facets*, taillé à facettes. **2.** *Arch:* Listel *m*, côte *f* (de colonne).

facet[2], *v.tr.* Facetter (une pierre précieuse).

faceted, *a.* (Pierre) à facettes.

faceting, *s.* Facettage *m*.

facetiae [fa'siːʃiiː], *s.pl.* **1.** Facéties *f*. **2.** (*In booksellers' catalogues*) Livres curieux (c.-à-d. drolatiques ou graveleux).

facetious [fa'siːʃəs], *a.* Facétieux, plaisant, gouailleur. *F. style*, style bouffon. **-ly,** *adv.* Facétieusement.

facetiousness [fa'siːʃəsnəs], *s.* Caractère facétieux (d'un discours, etc.); bouffonnerie *f* (de conduite); plaisanterie *f*.

facia ['faʃia], *s.* = FASCIA 1 (*b*).

facial ['feiʃəl], *a.* (Nerf, etc.) facial, -aux. *F. expression, outline*, expression *f*, contour *m*, du visage. *Anthr:* **Facial angle,** angle facial.

-facient ['feiʃənt], *a. & s.suff.* -fiant (*m*). *Liquefacient*, liquéfiant. *Rubefacient*, rubéfiant. *Calorifacient*, calorifiant.

facies ['feiʃiiːz], *s.* Facies *m* (d'une plante, d'un groupe de strates). *Med:* **Facies hippocratica,** facies hippocratique; facies grippé.

facile ['fasil], *a. Usu.Pej:* **1.** (*Of work, wit, etc.*) Facile; qui a coûté peu d'efforts. *To have a f. pen*, avoir la plume facile. *To be f. in inventing lies, a f. liar*, être habile à controuver des mensonges; avoir du talent pour le mensonge; avoir le mensonge facile. **2.** (*Of pers.*) Accommodant, complaisant. *F. morals*, morale large, facile.

facilitate [fa'siliteit], *v.tr.* Faciliter (une action, le progrès de qch., etc.). *To f. s.o. in sth.*, faciliter qch. à qn.

facilitation [fasili'teiʃ(ə)n], *s.* Action *f*, fait *m*, de faciliter. *The f. of trade between the two countries has occasioned unexpected animosity*, en ajoutant aux facilités de commerce, en rendant plus libres les relations commerciales, entre ces deux pays, on a suscité des animosités inattendues.

facility [fa'siliti], *s.* Facilité *f*. **1.** (*a*) *F. in speaking, in writing*, facilité à parler, à écrire. *To speak with f.*, parler avec facilité. *F. with the pen*, souplesse *f* de plume. *To do sth. with great f.*, faire qch. avec une grande facilité. (*b*) **To offer facilities for payment,** offrir des facilités de payement. *To enjoy facilities for doing sth.*, avoir la facilité de faire qch. *To assure full facilities* . . ., assurer toutes facilités. . . . *They are allowed every f. for, of, improving their knowledge of French*, on leur accorde toutes facilités de se perfectionner en français. *There are no bathing facilities*, les conditions *f* ne sont pas favorables aux bains de mer. *Cooking facilities* (*at youth hostel, etc.*), possibilité *f* de faire la cuisine. *Facilities exist in the League of Nations for the supply of information*, la S.D.N. est en mesure de fournir des renseignements. **2.** Caractère *m* traitable; souplesse de caractère; complaisance *f*.

facsimile[1] [fak'simili], *s.* Fac-similé *m*, *pl.* fac-similés. *Jur:* Copie figurée (d'un testament, etc.). **Copy in facsimile,** copie fac-similaire. *To reproduce sth. in f., to make a f. of sth.*, fac-similer qch. *Typ:* **To set up a facsimile of the original,** composer 'chou pour chou.' *Attrib.* **Facsimile signature,** signature autographiée. **Facsimile telegraph,** téléautographe *m*.

facsimile[2], *v.tr.* Fac-similer (un document, une signature).

fact [fakt], *s.* **1.** Fait *m*, action *f*. (*In a few phrs, esp.*) **An accomplished fact,** un fait accompli. **Taken in the fact,** pris sur le fait; pris en flagrant délit. *See also* ACCESSORY 3. **2.** (*a*) Fait. *To bow before the facts*, s'incliner devant les faits; se rendre à l'évidence *f*. **To look facts in the face,** voir les choses telles qu'elles sont. *The ideal and the f.*, l'idéal *m* et la réalité. **Fact and fiction,** le réel et l'imaginaire *m*. *Scientific facts*, les vérités *f* scientifiques. **To stick to facts,** s'en tenir aux faits, aux réalités. *He is sure of his facts*, il parle en connaissance de cause; il est bien documenté. **The facts of a case,** les faits d'une cause. *I told him the facts of the case*, je lui ai dit ce qui en était. *If the f. be true* . . ., si la chose est vraie. . . . *The first is distinguished from the others* **by the fact that . . .,** le premier se distingue des autres par ce fait que. . . . *Owing to the f. that these things are rare*, du fait que ces choses sont rares. **To lay sth. down as a fact,** mettre, poser, qch. en fait. **It's a fact, an actual fact,** c'est un fait; c'est réel, c'est exact, c'est la vérité. *It is a f. that* . . ., il est de fait que. . . . **The fact remains that** *you threatened him*, il reste constant que vous l'avez menacé. *It is not a f. that he was put through the third degree*, il est inexact qu'il ait été cuisiné. **To accept a statement as fact,** ajouter foi à une déclaration. **Apart from the fact that . . .,** hormis que. . . . **To know for a fact that . . .,** savoir de science certaine que. . . . **The fact is,** *I have no money*, c'est que je n'ai pas d'argent. **In fact,** de fait. *King in name rather than in f.*, roi de nom plutôt que de fait. *I think so, in f. I am sure*, je le pense, et même j'en suis sûr. **In point of fact,** par le fait, au fait, en fait, en vérité. **As a matter of fact,** (i) à la vérité, en réalité, à vrai dire (il était ivre, etc.); (ii) en effet (le désastre se produisit, etc.). *As a matter of f., I read in the paper that* . . ., j'ai lu précisément dans le journal que. . . . *As a matter of f., I never saw him come in*, de fait, le fait est que, je ne l'ai pas vu entrer. *The f. of the matter is, that* . . ., cela revient à dire que. . . . *See also* ACQUAINT 2, FOUND[2] 1, KNOWN, MATTER-OF-FACT. (*b*) *Jur:* **The jury only decides issues of fact,** les jurés *m* ne sont juges que du fait. *See also* GUILTY.

faction ['fakʃ(ə)n], *s.* **1.** *Pol: etc:* Faction *f*, cabale *f*. **2.** (Esprit *m* de) discorde *f*, (esprit de) dissension *f*.

-faction, *s.suff.* **1.** -faction *f*. *Calefaction*, caléfaction. *Rarefaction*, raréfaction. *Satisfaction*, satisfaction. **2.** (*Through confusion; instead of -fication*) -fication *f*. *Petrifaction*, pétrification.

factional ['fakʃənəl], *a.* Ayant rapport à une faction; factieux.

factionalism ['fakʃənəlizm], *s.* Esprit *m* de discorde, de dissension.

factionary ['fakʃənəri], **factionist** ['fakʃənist], *s.* Factieux, -ieuse; partisan *m*.

factious ['fakʃəs], *a.* Factieux. **-ly,** *adv.* Factieusement.

factiousness ['fakʃəsnəs], *s.* Esprit factieux, de faction.

factitious [fak'tiʃəs], *a.* Factice, artificiel, contrefait; faux, *f.* fausse. *F. enthusiasm*, enthousiasme factice, simulé, contrefait. *F. value*, valeur factice; fausse valeur. **-ly,** *adv.* Facticement; d'une manière factice.

factitive ['faktitiv], *a. Gram:* (Verbe, etc.) factitif. *The f. object*, le régime du verbe factitif.

factor ['faktər], *s.* **1.** (*Pers.*) (*a*) *Com:* Agent *m* (dépositaire); consignataire *m*; courtier *m* de marchandises, commissionnaire *m* en gros. *See also* CORNFACTOR, FLOUR-FACTOR. (*b*) *Scot:* Régisseur *m*; intendant *m* (d'un domaine). (*c*) *Jur: U.S:* = GARNISHEE. **2.** (*a*) *Mth:* Facteur *m*, diviseur *m*. **Prime factor,** diviseur premier, facteur premier. **The greatest, highest, common factor,** le plus grand commun diviseur. (*b*) *Mec.E: etc:* **Factor of safety, safety factor,** facteur, coefficient *m*, de sûreté, de sécurité. *El:* **Reduction factor,** coefficient de réduction (pour passer d'un système d'unités à un autre). (*c*) *Phot:* **Development factor,** facteur de développement. **Watkins factor,** coefficient de Watkins. **3.** Facteur (concourant à un résultat). **Factor of evolution,** facteur d'évolution. *In geology, water is an important f.*, le rôle de l'eau, en géologie, est considérable. *Religion is an important f. in a nation's life*, la religion est un facteur important, tient une place importante, dans la vie d'une nation. *Factors that constitute an offence*, éléments constitutifs d'un délit. *One of the factors of happiness*, une des conditions du bonheur ; un des éléments constitutifs du bonheur. *The human f.*, l'élément humain. *See also* DISTURBING.

factorage ['faktəredʒ], *s. Com:* (*a*) Courtage *m* (en marchandises) ; commission *f*. (*b*) Droits *mpl* de commission.

factorial [fak'tɔːriəl]. *Mth:* **1.** *s.* Factorielle *f*. **2.** *a.* **Factorial x**, la factorielle de x.

factorization [faktərai'zeiʃ(ə)n], *s. Mth:* Factorisation *f*.

factorize ['faktəraːiz], *v.tr. Mth:* Décomposer (une quantité) en facteurs ; factoriser.

factorizing, *s.* Factorisation *f*.

factorship ['faktərʃip], *s.* **1.** *Com:* Office *m* de facteur, de courtier. **2.** *Scot:* Charge *f* de régisseur ; intendance *f* (d'un domaine).

factory ['faktəri], *s.* **1.** *Com:* Factorerie *f*, comptoir *m* (aux Indes, etc.). **2.** *Ind:* Fabrique *f*, usine *f*. **Spinning factory**, filature *f*. **Factory inspector, factory inspection**, inspecteur *m*, inspection *f*, du travail. **The Factory Acts**, la législation industrielle ; la loi sur les accidents du travail. *Nau:* **Floating factory**, navire *m* atelier.

'factory-girl, *s.f.* Ouvrière d'usine.

'factory-hand, *s.* Ouvrier, -ière, d'usine.

factotum [fak'toutəm], *s.* Factotum *m* ; homme *m* à tout faire ; *F:* maître Jacques. *To be a general f.*, vaquer à toutes les besognes.

factual ['faktjuəl], *a.* Effectif, réel, positif. *F. knowledge*, connaissance *f* des faits.

factum ['faktəm], *s. Jur:* Factum *m* ; exposé *m* des faits.

facula, *pl.* **-ae** ['fakjulə, -iː], *s. Astr:* Facule *f*.

facultative ['fakəlteitiv], *a.* **1.** (*Optional*) Facultatif, -ive. **2.** Qui peut arriver ou ne pas arriver ; contingent, casuel. **3.** (Activité, etc.) des facultés (physiques ou morales).

faculty ['fakəlti], *s.* **1.** (*a*) Faculté *f*, pouvoir *m*. **Mental faculties**, facultés morales, de l'esprit, de l'âme. *The f. of speech*, la faculté de parler ; le don de la parole. *F. of allurement*, don de séduction. **To be in possession of all one's faculties**, jouir de toutes ses facultés. (*b*) Facilité *f*, talent *m*. *To have a great f. for doing sth.*, avoir une grande facilité à faire qch., un grand talent pour faire qch. *To have the f. of observation*, savoir bien observer. **2.** *Sch:* (*a*) Faculté (de droit, des lettres, etc.). *The four faculties*, les facultés des lettres, des sciences, de droit et de médecine. *Abs.* **The (medical) Faculty**, la Faculté. *F:* **To die fortified by the ministrations of the Faculty**, mourir traité en règle par la médecine. (*b*) *U.S:* Professorat *m*, corps enseignant (d'une université, d'une école). (*c*) *Scot:* **The Faculty of advocates**, le Corps du barreau. **3.** *Jur:* (*a*) Faculté, liberté *f*, droit *m* (*to do sth.*, de faire qch.). (*b*) *Ecc:* Autorisation *f*, permission *f*.

'faculty tax, *s. U.S:* Impôt proportionnel à la situation de fortune des contribuables.

facundity [fa'kʌnditi], *s.* Faconde *f*.

fad [fad], *s.* Marotte *f*, lubie *f*, dada *m*. *All his fads*, toutes ses manies. **To be full of fads**, *F:* avoir un tas de marottes. *He has his little fads*, il a ses petites manies. *It's a fad with him to . . .*, c'est une manie chez lui de. . . . *She's got a fad for scarlet curtains*, elle a la passion des rideaux rouges. *It's only a passing fad*, c'est un caprice dont on reviendra.

faddiness ['fadinəs], *s.* Caractère capricieux ; maniaquerie *f*.

faddish ['fadiʃ], *a.* = FADDY.

faddist ['fadist], *s. F:* Maniaque *mf* ; homme, femme, à marotte. *Food f.*, (i) maniaque en fait de nourriture ; (ii) prôneur, -euse, d'un certain régime ; végétarien convaincu ; etc.

faddy ['fadi], *a.* Capricieux, maniaque. *He's f. about his food*, il est difficile sur la nourriture.

fade [feid]. **1.** *v.i.* (*a*) (*Of flowers, colour, etc.*) Se faner, se flétrir, se défraîchir ; (*of colour*) (se) passer : perdre son éclat ; s'altérer ; (*of pigment*) travailler ; (*of material*) se décolorer, se déteindre, blanchir. *Guaranteed not to f.*, garanti bon teint ; résistance au soleil garantie. *His glory has faded*, sa gloire a perdu de son lustre, s'est délustrée. (*Of colour, of the bloom of youth*) **It will soon fade**, *F:* c'est un déjeuner de soleil. (*b*) (*Of light*) **To fade (away, out)**, s'évanouir, s'affaiblir. *Daylight is fading (away)*, le jour s'éteint. *Her smile faded away*, son sourire s'éteignit. *Hope faded from his eyes*, l'espoir s'éteignit dans ses yeux. *Colours fading into each other*, couleurs dégradées, qui se fondent. *The day fades into night*, le jour baisse et la nuit se fait. *The beggar faded into the night*, le mendiant s'évanouit dans la nuit. *Summer fades into autumn*, peu à peu l'automne succède à l'été. *The coast faded from sight*, (i) la côte s'estompa ; (ii) la côte disparut aux regards, se perdit de vue. *To f. from memory*, s'effacer de la mémoire. *Impressions that f. away*, impressions qui se volatilisent. *Beliefs gradually fading*, croyances *f* qui s'amenuisent petit à petit. **She was fading away**, elle dépérissait. *F: When the police arrived he had faded away*, lorsque la police arriva il avait disparu, avait filé. *P:* **You just fade away!** fiche le camp ! (*c*) (*Of sound*) S'évanouir, s'amortir ; s'en aller en mourant. *The sound faded away in the distance*, le son alla se perdre dans le lointain. *W.Tel: To stop signals from fading away*, empêcher des signaux de s'évanouir. **2.** *v.tr.* (*a*) Faner, flétrir (une fleur, une couleur) ; décolorer (une étoffe). *Curtains faded by the sun*, rideaux décolorés par le soleil. (*b*) *Cin:* **To fade one scene into another**, opérer la fusion de deux scènes ; enchaîner deux scènes.

'fade-away, *s. F:* (i) Mort *f* ; (ii) *U.S:* disparition *f*. *To make a fade-away*, (i) mourir ; *F:* filer son nœud ; (ii) *U.S:* filer en douceur.

fade in. **1.** *v.i. Cin:* (*Of scene*) Arriver dans un fondu. **2.** *v.tr. Cin:* Faire arriver (une scène) dans un fondu. *W.Tel: To f. in an effect*, faire arriver un effet dans un fondu.

'fade-in, fading in, *s. Cin:* (Ouverture *f* en) fondu *m* ; passage progressif de l'obscurité à la pleine lumière.

fade out. **1.** *v.i.* (*a*) *See* FADE 1 (*b*). (*b*) *Cin:* (*Of scene*) Partir dans un fondu. **2.** *v.tr. Cin:* Faire partir (une scène) dans un fondu. *W.Tel:* Faire fondre (un air, etc.) dans le lointain.

'fade-out, fading out, *s.* **1.** *Cin: W.Tel:* Fondu *m*. *Cin:* Passage progressif de la pleine lumière à l'obscurité ; fermeture *f* en fondu. **2.** = FADE-AWAY.

faded, *a.* (*Of flower, colour, etc.*) Fané, flétri ; (*of stuff*) décoloré, passé de couleur. *F. curtains*, rideaux fanés. **Faded beauty**, beauté défraîchie, passée, qui a perdu de son éclat. *F. face*, visage éteint. *F. photograph*, photographie jaunie.

fading[1], *a.* (Fleur) qui se fane. **Fading light**, jour pâlissant, lumière pâlissante. *F. memory, glory*, souvenir, gloire, qui va en s'amoindrissant, qui s'efface. *The f. outline could still be seen*, on distinguait encore le contour de plus en plus estompé. *See also* DYE[1] 1.

fading[2], *s.* **1.** Flétrissure *f* (d'une plante) ; décoloration *f* (d'une étoffe) ; altération *f* (d'une couleur) ; affaiblissement *f* (de la lumière, d'une photographie). *W.Tel:* **Fading (effect)**, (effet *m* de) fading *m* ; chute *f* d'intensité (du son) ; évanouissement *m*. **2.** *Cin:* Fondu *m*.

fadeless ['feidləs], *a.* **1.** *Tex:* (Étoffe) bon teint *inv*. **2.** **Fadeless memory**, souvenir *m* ineffaçable, vivace. *F. glory*, gloire impérissable, immortelle.

fader ['feidər], *s. Cin: W.Tp:* Potentiomètre *m*, fader *m*.

faecal ['fiːk(ə)l], *a.* Fécal, -aux. **Faecal matter**, matières fécales ; déjections *fpl*.

faeces ['fiːsiːz], *s.pl.* **1.** *Ch:* Fèces *f*. **2.** *Physiol:* Fèces ; matières fécales.

faecula ['fekjulə], *s.* = FECULA.

faerie, faery ['fɛəri]. *A. & Poet:* **1.** *s.* Féerie *f*, le monde des fées. **2.** *a.* (Être *m*, pays *m*, etc.) féerique. **The Faerie Queene**, la Reine des fées.

fag[1] [fag], *s.* **1.** *F:* (*a*) Fatigue *f*, peine *f*, travail *m* pénible, corvée *f*. **What a fag!** quelle corvée ! *P:* quelle barbe ! ce que c'est rasoir ! *It's too much fag*, ça prend trop de peine ; c'est trop embêtant. (*b*) Surmenage *m*. *See also* BRAIN-FAG. **2.** *Sch:* "Petit" attaché au service d'un "grand." **3.** *P:* Cigarette *f* ; *P:* sèche *f*, sibiche *f*, cibiche *f*.

fag-'end, *s.* **1.** (*a*) Bout *m* (d'un morceau d'étoffe, etc.) ; bout décommis (d'un cordage) ; témoin *m* (d'un cordage neuf) ; (*cut off rope*) mouchure *f* ; *F:* restes *mpl* (d'un gigot, etc.). (*b*) Queue *f* (de l'hiver, d'une affaire, etc.) ; bribes *fpl* (d'une conversation). **2.** *F:* Mégot *m* (d'un cigare, d'une cigarette). *Collector of fag-ends*, ramasseur *m* de mégots.

fag[2], *v.* (**fagged**; **fagging**) **1.** (*a*) *v.i. & pron.* **To fag (oneself)**, trimer ; travailler dur ; *P:* s'échiner. **To fag (away) at sth., at doing sth.**, se fatiguer, se donner du mal, s'échiner, à qch., à faire qch. **To fag oneself out**, s'éreinter, s'épuiser. *F: I can't fag, be fagged, to do it*, ça me donne la flemme. (*b*) *v.tr.* (*Of occupation, etc.*) Fatiguer, donner du mal à (qn) ; *F:* éreinter (qn). **2.** *Sch:* (*a*) *v.i.* (*Of young pupil*) **To fag for a senior**, être au service d'un grand ; faire les corvées d'un grand. *Cr:* **To fag out**, tenir le champ pour renvoyer les balles. (*b*) *v.tr.* (*Of senior boy*) *To fag a junior*, se faire servir par un petit. **3.** *v.i. Nau:* (*Of rope*) **To fag (out), to become fagged**, se décommettre, s'étriper.

fagged, *a.* **1.** (*Of pers.*) Fatigué. **Fagged out**, éreinté, exténué, épuisé, rendu, fourbu, vanné ; recru de fatigue ; n'en pouvant plus ; *P:* claqué, flapi. *To be f. out*, n'avoir plus de jambes ; être à bout de forces. **2.** (*Of rope*) Étripé.

fagging[1], *a. F:* (Travail) éreintant, épuisant, échinant.

fagging[2], *s.* **1.** *F:* Fatigue *f* ; dur travail ; turbin *m*. **2.** *Sch:* Système d'après lequel les jeunes élèves font le service des grands.

faggot[1] ['fagət], *s.* **1.** (*a*) Fagot *m* ; bourrée *f* (de bois) ; (*large*) falourde *f* (de menu bois, de bois de chauffage). *Fort:* Fascine *f*. **Faggot-wood**, bois *m* à fagots ; fagotage *m*. **Faggot-maker, faggot-tier**, fagoteur, -euse. (*b*) *A:* Supplice *m* du bûcher. **2.** *Metall:* Paquet *m*, lopin *m*, faisceau *m*, trousse *f* (de fer en barres). **3.** *Cu:* Crépinette *f*, attignole *f*. **4.** *Needlew:* **Faggot-stitch(ing)**, (i) (*with drawn threads*) faisceaux *mpl* ; (ii) couture de raccord ajourée. **5.** *A:* Nom fictif sur la liste des électeurs, des effectifs militaires, etc. *Mil:* Passe-volant *m*, *pl.* passe-volants. *Hist:* **Faggot-vote**, vote *m* d'un électeur qualifié ad hoc comme censitaire.

'faggot-iron, *s. Metall:* Fer *m* de faisceau.

faggot[2], *v.tr.* (**faggoted**; **faggoting**) **1.** Fagoter, mettre en fagots (du bois à brûler, etc.) ; lier ensemble. *Metall:* Paqueter, mettre en faisceaux, en lopins (le fer, l'acier). *Abs.* Faire des fagots. **2.** *Needlew:* *To f. a hem*, faire des faisceaux dans un ouvrage ajouré. **To faggot on** *a strip of material*, ajouter une bande d'étoffe par raccord ajouré.

faggoting, *s.* **1.** Fagotage *m* (de menu bois). *Metall:* Paquetage *m*. **2.** *Needlew:* (i) Faisceaux *mpl* ; (ii) couture de raccord ajourée.

Fagin ['feigin]. *Pr.n.m.* Type du vieux juif receleur qui tient école de pickpockets. (Dans *Oliver Twist* de Dickens.)

fagmaster ['fagmɑːstər], *s. Sch:* "Grand" qui a un "petit" à son service.

fah [fɑː], *s. Mus:* = FA 2.

Fahrenheit ['farənhait], *a. Ph.Meas:* (Échelle *f*, thermomètre *m*) Fahrenheit. (Degrés F. -32) $\times \frac{5}{9}$ = degrés centigrades.

faience [fa'jɑ̃ːs], *s.* Faïence *f* ; poterie vernissée.

fail[1] [feil], *s.* Manque *m*. (*Used esp. in*) *adv.phr.* **Without fail**, (i) sans faute, sans remise, sans manque ; (ii) immanquablement, à coup sûr.

'fail-year, *s. U.S:* Mauvaise année (pour les récoltes).

fail[2]. **1.** *v.i.* (*a*) Manquer, faillir, faire défaut, faire faute. *Water often fails in the dry season*, l'eau manque souvent pendant la sécheresse. *When all else failed . . .*, en désespoir de cause. . . . **To fail in one's duty**, manquer, faillir, à son devoir. **To fail in respect for s.o.**, manquer de respect envers qn. **To fail to do sth.**, manquer de, faillir à, faire qch. *I shall not f. to do so.*, je n'y manquerai pas; je ne laisserai pas de le faire; je ne m'en ferai pas faute. *He did not f. to accomplish his destiny,* il n'a pas manqué à sa destinée. *He failed to come, to answer the invitation,* il n'est pas venu; il n'a pas répondu à l'invitation. *Owing to the Government's having failed to carry out the conditions,* faute par le Gouvernement d'avoir rempli les conditions. *I failed to hear this remark,* ce propos m'a échappé. *He failed to mention that . . .,* il a omis de faire remarquer que. . . . *We cannot f. to be conscious of it,* nous ne pouvons manquer d'en avoir conscience. *I had failed to notice it,* cela m'avait échappé. *Things that cannot f. to be seen,* choses qu'on ne peut manquer de voir, qui ne sauraient échapper aux regards. **To fail s.o.,** manquer à ses engagements envers qn. *He failed me at the last minute,* au dernier moment il m'a fait faux bond, il a manqué à sa promesse. *My strength is failing me,* mes forces m'abandonnent, me trahissent. *His heart failed him,* le cœur lui manqua. *His memory often fails him,* sa mémoire lui fait souvent défaut. *Your memory has failed you,* vos souvenirs vous ont mal servi. *His reason failed him utterly,* sa raison sombra complètement. *See also* WORD[1] I. (b) (*Of car, etc.*) Rester en panne; flancher; (*of pump*) se désamorcer. *The engine failed,* le moteur a eu une panne; le moteur s'est refusé à partir; le moteur a refusé de démarrer, de tourner. (c) Baisser, défaillir, déchoir. *Daylight is failing,* le jour baisse, s'éteint. *His sight is failing, is beginning to f.,* sa vue commence à baisser, à s'affaiblir, à faiblir. *His memory is failing* sa mémoire baisse. *Her looks are failing,* sa beauté décline. *He is failing, his health is failing,* sa santé baisse, devient chancelante. *His faculties begin to f.,* ses facultés *f* commencent à déchoir, à défaillir. *My breath was beginning to f.,* la respiration commençait à me manquer. (d) Ne pas réussir; échouer; manquer son coup; *F:* remporter une veste; (*of chemical experiment, etc.*) ne pas aboutir; *F:* rater; (*of play*) faire four, faire fiasco, chuter; (*of negotiations*) ne pas aboutir. **His visit had failed of its purpose,** sa visite avait manqué son but, n'avait abouti à rien. *If our hopes should f.,* si nos espérances ne se réalisent pas. *Enterprise which failed,* entreprise qui a échoué, qui a avorté. *To f. in one's undertakings,* échouer dans ses entreprises. *To f. with one's goal in sight,* faire naufrage au port. *He failed for want of foresight, F:* il s'est trouvé au pied du mur sans échelle. *To f. to win s.o. over,* échouer dans une tentative auprès de qn. **I fail to see why . . .,** je ne vois pas pourquoi. . . . *I failed to convince him,* je n'ai pas réussi à le convaincre. *Jur:* **To fail in a suit,** perdre un procès. *Sch:* **To fail in an examination,** être refusé, être ajourné, subir un échec, échouer, *F:* être recalé, *P:* être séché, se faire coller, se faire retoquer, à un examen. (e) *Com:* Faire faillite; tomber en faillite; *A:* faillir. *To f. for a million,* faire une faillite d'un million. **2.** *v.tr.* (a) *Sch:* Refuser, retoquer, coller (un candidat). (b) *A: I f. words to express my thanks,* je ne sais comment vous exprimer mes remercîments.

failed, *a. U.S:* **Failed firm,** maison *f* en faillite.

failing[1], *a.* (*Of sight, health, memory, etc.*) Faiblissant, défaillant, baissant. *He has been in f. health for some time,* depuis longtemps sa santé s'affaiblit. (*Of oil-well, etc.*) *F. yield,* débit *m* qui baisse. *See also* NEVER-FAILING.

failing[2], *s.* **1.** (a) Manquement *m. His f. in respect towards . . .,* son manque de respect envers. . . . *His f. to report the accident,* son silence sur l'accident. (b) Affaiblissement *m*, défaillance *f* (de forces, etc.); baisse *f* (de la vue, etc.). (c) Non-réussite *f*; échec *m*. (d) *Com:* = FAILURE 2 (b). **2.** Faible *m*, faiblesse *f*, défaut *m*. *With all his failings,* avec toutes ses faiblesses, tous ses défauts. *F. in s.o.,* faiblesse, défaut, chez qn. *His f. is his excessive shyness,* il pèche par trop de timidité. *Wine-bibbing is a f. of his,* la boisson est son faible.

failing[3], *prep.* A, au, défaut de. *F. payment within thirty days,* à défaut de paiement dans les trente jours. *F. a satisfactory reply,* faute de réponse satisfaisante. *F. which . . .,* faute de quoi . . .; à défaut de quoi. . . . *The chairman,* **failing whom** *the secretary,* **whom failing** *the secretary, shall sign,* le président, en son absence le secrétaire, signera. *F. your advice to the contrary,* sauf avis contraire de votre part. **Failing all else . . .,** en désespoir de cause. . . .

failure ['feiljər], *s.* **1.** (a) Manque *m*, manquement *m*, défaut *m*. *F. of justice,* manque de justice. *F. to answer the roll-call,* manquement à l'appel. *F. to observe a bye-law, to keep a promise,* inobservation *f* d'un règlement de police, d'une promesse; manquement à une promesse. *F. to pay a bill,* défaut de paiement d'un effet. *Alarm was felt at his f. to appear again,* on s'alarmait de ce qu'il ne reparaissait pas. (b) Non-fonctionnement *m*. *F. of electricity, of light, etc.,* panne *f*, défaillance *f*, d'électricité, d'éclairage, etc. *El.E:* **Current failure,** manque de courant. *Partial f. of a current,* fléchissement *m* d'un courant. *F. of an injector, of a pump, of a dynamo,* désamorçage *m* d'un injecteur, d'une pompe, d'une dynamo. *Aut: Av: F. of engine* (*through shortage of petrol*), panne sèche. *F. of the battery,* mise *f* à plat de la batterie; panne d'accu. *F. of the spark,* non-production *f* de l'étincelle; ratés *mpl* d'allumage. *See also* HEART-FAILURE. (c) = FAILING[2] I (b). **2.** (a) Insuccès *m*, non-réussite *f*; avortement *m* (d'un projet, etc.); échec *m* (dans un examen, dans une entreprise). *Th:* Four *m*, fiasco *m*; chute *f* (d'une pièce). *F. of a prophecy,* non-réalisation *f* d'une prophétie. *To bring about the f. of a plan,* faire échouer un projet. *It's a f.,* c'est raté. **To court failure,** aller au-devant d'une défaite, d'un échec. (b) *Com:* Faillite *f*, déconfiture *f*. **3.** (a) (*Of pers.*) Raté, -ée; *F:* fruit sec. *He is a f. as a doctor,* c'est un raté de la médecine. *He was a f. as a barrister,* il fit un mauvais avocat. *He is a social f.,* il ne brille pas dans le monde. *I don't say he's a f.,* je ne dis pas que ce soit un raté. *Sch:* (*In an examination*) Fruit sec, retoqué *m*. *Our school failures,* les déchets *m* de nos écoles. (b) *The play was a f.,* la pièce est tombée à plat, a fait four, a chuté. **A dead failure,** un four noir, un fiasco complet. *The experiment was, proved, turned out, a f.,* l'expérience *f* a manqué, n'a pas réussi, *F:* a raté. *His life was a f.,* ce fut une vie ratée. *Apples are a complete f. this year,* cette année les pommes font absolument défaut.

fain[1] [fein]. **1.** *Pred.a. A. & Lit:* (a) Trop heureux, contraint par la nécessité (*to do sth.,* de faire qch.). *Men were f. to eat horse-flesh,* on était trop heureux de manger de la viande de cheval. (b) Bien disposé; accueillant. **2.** *adv. A. & Lit:* Volontiers, avec plaisir. *I f. would be, I would f. be, a father to your children,* je serais trop heureux d'être un père pour vos enfants; je voudrais bien être, je serais volontiers, un père pour vos enfants. *I would f. have stayed at home,* j'aurais bien voulu rester à la maison.

fain[2], fains [feinz], *int. Sch:* **1.** Pouce! **2.** (*Claiming exemption*) *Fains I fielding!* c'est pas moi qui vais ramasser les balles! *Fains I goal-keeping!* je ne veux pas être le gardien de but!

faint[1] [feint], *a.* **1.** Timide. *Esp.* **Faint heart,** cœur *m* lâche, pusillanime. *Prov:* **Faint heart never won fair lady,** jamais honteux n'eut belle amie. **2.** (a) (*Of spirit, intention, etc.*) Faible, affaibli, alangui. *F. hope,* faible espoir *m*. *A f. attempt,* une faible tentative. *F. praise,* éloges *m* tièdes. *See also* DAMN[2] I. *To give a f. smile,* sourire du bout des lèvres. *To speak in a f. voice,* parler d'une voix faible, affaiblie, éteinte. (b) (*Of colour*) Pâle, délavé; (*of sound, breeze, touch, etc.*) léger, à peine perceptible; (*of smell, etc.*) faible, peu prononcé; (*of idea, etc.*) vague, peu précis; (*of mark, colour, etc.*) à peine visible, peu apparent. *A f. tinge of blue,* une légère nuance bleuâtre. *F. inscription,* inscription indistincte. *He hasn't the faintest chance of success,* il n'a pas la moindre chance de réussir. *I haven't the faintest idea,* je n'en ai pas la moindre idée. *F. action,* action *f* peu efficace, à peine sensible. *Sound that is growing fainter,* son *m* qui décroît. *The sound of the footsteps grew fainter,* le bruit des pas s'assourdit, s'affaiblit, s'éteignit. *Mus:* **'Growing fainter,'** "en s'éloignant." *See also* RESEMBLANCE. **3.** (a) = FEINT[3]. (b) *Jur:* **Faint action or pleading,** cause fictive. **4.** (a) **To feel faint,** se sentir mal; être pris d'une défaillance; avoir un malaise. *My heart felt f. within me,* mon cœur défaillait; le cœur me manquait. *See also* HUNGER[1]. (b) **Faint atmosphere,** atmosphère lourde, confinée. *F. perfume,* parfum fade, écœurant. **-ly,** *adv.* **1.** (a) Timidement; sans courage. (b) Faiblement, d'une manière languissante; mollement. *She answered f.,* elle répondit d'une voix éteinte. **2.** Légèrement, un peu. *I can hear it f.,* je l'entends faiblement. *She smiled f.,* elle esquissa un sourire. *F. reminiscent of . . .,* qui rappelle vaguement. . . . *F. sarcastic tone,* ton *m* légèrement sarcastique. *F. visible,* à peine visible. *The coast could be seen f. through the mist,* la terre s'estompait dans la brume.

faint-'hearted, *a.* Pusillanime, timide, peureux, lâche, sans courage. **-ly,** *adv.* Avec pusillanimité; timidement, lâchement.

faint-'heartedness, *s.* Pusillanimité *f*, timidité *f*, lâcheté *f*.

faint[2], *s.* Évanouissement *m*, syncope *f*, défaillance *f*. **To be in a (dead) faint,** être évanoui, être sans connaissance, être tombé en syncope. **To fall down in a faint,** tomber évanoui; tomber en faiblesse, en défaillance; avoir une syncope.

faint[3], *v.i.* **To faint (away),** s'évanouir, défaillir; tomber en syncope, en faiblesse; se trouver mal. *She nearly fainted,* il lui a pris une faiblesse. *I was fainting with hunger,* je défaillais, je mourais, de faim.

fainting[1], *a.* (*Of courage, voice, etc.*) Défaillant.

fainting[2], *s.* Évanouissement *m*, défaillance *f*. **Fainting fit** = FAINT[2].

faintness ['feintnəs], *s.* **1.** (*Of voice, smile, etc.*) Faiblesse *f*; (*of breeze, sound, etc.*) légèreté *f*. *The f. of the inscription,* le manque de lisibilité de l'inscription. **2.** Malaise *m*, faiblesse. *A feeling of f. came over her,* elle sentait qu'elle allait s'évanouir.

faints [feints], *s.pl. Dist:* Alcools *m* de tête, de queue; repasse *f*.

fair[1] ['fɛər], *s.* **1.** Foire *f*; grand marché. **Horse-fair,** foire aux chevaux. **World fair,** exposition universelle. *F:* **To come the day, a day, after the fair,** manquer le coche; arriver comme marée après carême; arriver trop tard (à la soupe). *It's a day after the f.,* c'est de la moutarde après dîner. *See also* FUN FAIR, JACK[1] I. 1, VANITY. **2.** **Fancy fair,** vente *f* de charité.

'fair-ground, *s.* Champ *m* de foire.

fair[2]. I. *a.* **1.** Beau, *f.* belle. **The fair sex,** le beau sexe. **My fair readers,** mes (aimables) lectrices *f.* *s. A. & Poet:* **A fair,** une belle. *See also* BRAVE[1] 1, CHARLES, FAINT[1] 1, PHILIP. **2.** (*Of speech, promise, etc.*) Spécieux, plausible. *A f. tongue,* une langue mielleuse. **To put s.o. off with fair speeches, with fair promises,** faire patienter qn avec de belles paroles, de belles promesses. *See also* WORD[1] I. **3.** (*Of pers., hair*) Blond; (*of skin, complexion*) blanc, *f.* blanche. **4.** (a) Net, sans tache. *F. writing, hand,* écriture nette, bien lisible. **A fair name,** un nom sans tache. *See also* COPY[1] 2. (b) (*Intensive*) *F:* **It's a fair swindle, a fair do,** c'est une pure, véritable, escroquerie. *See also* CATCH[1] 1, COP[3] 1. *Adv.phr. U.S:* **For fair** = FAIRLY 3. *You've put your foot in it for f.,* vous avez mis les pieds dans le plat, et pas d'erreur! (c) Juste, équitable; loyal, -aux. *To win in a f. fight,* vaincre après une lutte loyale. **Fair play,** (i) jeu loyal, franc jeu; (ii) traitement *m* juste. *It isn't f.* (*play*), cela n'est pas de jeu. *The umpire sees f. play,* l'arbitre *m* veille à ce que tout se passe dans les règles. *It is quite f., it is f. play,* c'est de bonne lutte, de bon jeu, de bonne guerre. *All I ask is* **a fair field and no favour,** je ne demande que la justice, sans faveur. **It is all fair and above-board,** il n'y a rien de louche là-dedans. *He is strict but f.,* il est sévère mais sans parti pris. *That's f. and proper,* ce n'est que juste. *F:* **It's not fair!** ce n'est pas bien, ce n'est pas de jeu, cela passe le jeu; *F:* c'est pas juste! *See also* DO V. 1. **As is, was, only fair,** comme de juste. *Nothing can be fairer,* rien de plus juste. *To charge a f. price,* prendre un prix convenable, raisonnable. *To make f. profits,* réaliser des bénéfices normaux. *Com:* **Fair trade,** libre échange basé sur des conditions de réciprocité. *Ind:* **Fair wages,** salaire *m* équitable. *He got his f. share of praise,* il a reçu sa bonne part d'éloges. **It is only fair to say that . . .,** il faut dire que . . .; il n'est que juste d'ajouter que. . . . *It is only f. to give him a hearing,* ce n'est que justice, il est de toute justice, de l'entendre. **If it's a fair question,** *why . . .?* sans indiscrétion, pourquoi. . . ? **By fair means,** par des moyens *m* licites; par des voies *f* honnêtes. **By fair means or foul,** d'une manière ou d'une autre; de gré ou de force; par tous les moyens, bons ou mauvais. *Jur:* **Fair and accurate report,** compte rendu loyal et exact. (*In libel case*) **To plead fair comment,** invoquer en défense le droit de commenter loyalement un fait d'intérêt général. *Prov:* **All's fair in love and war,** en amour la ruse est de bonne guerre. *See also* CHANCE[1] 2, DEALING 4, GAME[1] 2, WARNING[2] 2. **5.** Passable, assez bon. *F. handwriting,* écriture *f* passable. *In f. condition,* acceptable. *F. accuracy,* assez grande précision. *A f. number of . . .,* un nombre respectable de. . . . *House of f. size,* maison raisonnablement grande. *To have a f. amount of sense,* avoir assez de bon sens. **He has a fair chance of success,** il a des chances de réussir. **To obtain a fair mark** (*in an exam, etc.*), obtenir une note passable; avoir la mention "assez bien." **It is fair to middling,** c'est entre les deux; c'est passable. *How are you?—I'm f. to middling,* comment ça va?—Couci-couça. *I paid a f. price for it,* je l'ai payé assez cher. *Com:* **Good fair (quality),** bon courant. **6.** (*a*) (*Of wind, etc.*) Propice, favorable. *Nau:* **Fair channel,** chenal sain. *F. wind,* bon vent; vent portant. *See also* WAY[1] 10. (*b*) **Fair weather,** beau temps. **Set fair,** beau (temps) fixe. *The glass is at set f.,* le baromètre est au beau (fixe). **7. Fair lines** (*of a ship, a missile, etc.*), ligne fuselée. **-ly,** *adv.* **1.** (Juger, etc.) impartialement, équitablement, avec justice. *To treat s.o. f.,* traiter qn avec impartialité. **2.** (Agir, jouer, etc.) honnêtement, loyalement, franchement. *To come by sth. f.,* obtenir qch. par des moyens honnêtes, à bon titre, à juste titre. **Fairly drawn sample,** échantillon prélevé consciencieusement. **3.** (*a*) Bien. *Once the boat was f. under way . . .,* une fois le bateau en bonne route. . . . (*b*) *F:* Complètement, absolument. *We were f. caught in the trap,* nous étions bel et bien pris. *They f. screamed with delight,* ce fut une véritable explosion de cris de joie. *See also* STUMP[2] 2. **4.** Moyennement, passablement; assez (riche, habile, etc.). *F. good wine,* vin passablement bon. *It is f. certain that . . .,* il est à peu près certain que. . . . *To do sth. f. well,* faire qch. d'une façon passable.

II. **fair,** *adv.* **1. To speak (s.o.) fair,** (i) parler courtoisement, poliment (à qn); (ii) *F:* faire patte de velours; (iii) faire (à qn) de belles promesses. *F. and softly,* tout doucement. **2.** *F:* (*Honourably*) (Agir) loyalement, de bonne foi. **To play fair,** jouer loyalement; jouer beau jeu. *He didn't act f.,* il n'a pas agi loyalement. *To fight f.,* faire la bonne guerre. **3.** (*a*) *F:* (*Completely*) = FAIRLY 3 (*b*). (*b*) **Struck fair on the chin,** frappé en plein menton. **4.** (Écrit) au net, au propre, bien lisiblement. **5. To promise fair to do sth.,** avoir de grandes chances de faire qch. *See also* BID[2] 2.

'fair and 'square. 1. *a.* (*a*) (Coup de marteau, etc.) au beau milieu; bien asséné; (coup de fusil, etc.) de plein fouet. (*b*) Équitable, honnête. **Reputation for fair and square dealing,** réputation *f* de loyauté en affaires. **It's all fair and square,** c'est de bonne guerre. **2. Fair(ly) and square(ly),** *adv.* (*a*) **Struck fair(ly) and square(ly) by a shell,** frappé au plein milieu, de plein fouet, par un obus. (*b*) Loyalement. **I'll tell you fair(ly) and square(ly)** *how matters stand,* je vais vous dire carrément, sans détours, ce qui en est.

'fair-copy, *v.tr.* Mettre (un document) au net, au propre. (*Cf.* COPY[1] 2.)

'fair-dealing, *a.* (*Of tradesman, etc.*) De bonne foi; loyal, -aux.

'fair-faced, *a.* (*a*) Au teint clair. (*b*) Beau, belle; gentil, gentille. (*c*) Hypocrite; à deux visages.

'fair-haired, *a.* Blond; aux cheveux blonds.

'Fair Isle. *Pr.n. Geog:* Une des îles Shetland. **Fair Isle woollen goods,** bonneterie et tricots décorés de motifs en couleurs vives.

'fair-lead, *s. Nau:* **1.** Passage *m* libre (pour un cordage). **2.** = FAIR-LEADER 1.

'fair-leader, *s. Nau:* **1.** Conduit *m* de drisse. **2.** Pomme gougée; chaumard *m*; margouillet *m*.

'fair-maid, *s.* **1.** *Bot:* **February fair-maids,** perce-neige *m or f inv.* **Fair-maid-of-France,** renoncule *f* à feuilles d'aconit. **2.** *Fish:* Pilchard fumé.

'fair-'minded, *a.* Équitable, juste, impartial, -iaux.

'fair-'mindedness, *s.* Impartialité *f*.

'fair-seeming, *a.* (Aspect) spécieux.

'fair-shaped, *a. Aut: etc:* Fuselé; aux lignes carénées.

'fair-'sized, *a.* Assez grand; d'une grandeur raisonnable.

'fair-'spoken, *a.* **1.** (*a*) Qui parle courtoisement, doucement, poliment; à la parole courtoise. (*b*) A la parole mielleuse. **2.** Qui fait de belles promesses. *A f.-s. man,* un beau parleur.

'fair-weather, *attrib. a. Nau: etc:* (*Of craft, etc.*) Qui convient seulement pour le beau temps. *F:* **Fair-weather friends,** amis *m* des beaux jours, amis jusqu'à la bourse.

fair[3], *v.tr. N.Arch:* Effiler, finir, donner du fini à (la coque). *Aut: Av:* **To fair the lines of the body, of the fuselage,** profiler, caréner, la carrosserie, le fuselage.

faired, *a.* Fuselé; caréné.

fairing[1], *s.* **1.** *N.Arch:* Effilement *m*. *Av: Aut:* Profilage *m*; carénage *m*; capotage *m*. **2.** (*a*) Ajoute profilé. (*b*) Entoilage *m*, gaine *f* (du fuselage, etc.).

fairing[2] ['fɛəriŋ], *s. A:* Cadeau acheté à la foire. *To give s.o. sth. as a f., A:* donner sa foire à qn.

fairish ['fɛəriʃ], *a.* **1.** (*Of hair, etc.*) Plutôt blond. **2.** (*Moderate*) Passable, assez bon; comme ci comme ça.

fairlight ['fɛəlait], *s.* Vasistas *m*; imposte (vitrée).

fairness ['fɛənəs], *s.* **1.** *A. & Poet:* Beauté *f*. **2.** Couleur blonde (des cheveux); blancheur *f*, fraîcheur *f* (du teint, de la peau). **3.** Équité *f*, honnêteté *f*, impartialité *f*. *F. in trade,* loyauté *f* dans les affaires. **In all fairness,** en bonne conscience, en bonne justice, en toute justice, en toute impartialité.

fairway ['fɛəwei], *s.* **1.** *Nau:* Chenal *m*, passe *f*, passage *m*. *Depth of water in the f.,* profondeur *f* d'eau dans le passage. **2.** (*a*) *Golf:* Partie du parcours gazonnée, bien entretenue, et sans accident de terrain (où doivent tomber toutes les balles bien jouées); parcours normal. (*b*) *Ten: F:* Milieu *m* du court.

fairy ['fɛəri]. **1.** *s.* (*a*) Fée *f*. **The wicked fairy,** la fée Carabosse. *Th:* **Fairy play,** *Cin:* **fairy feature,** féerie *f*. (*b*) *Pej: P:* Vieille mégère; vieille fée. (*c*) *P:* = NANCY 2. **2.** *a.* (*a*) Féerique; de(s) fée(s). *F. fingers,* doigts *m* de fée. *F. forest,* forêt *f* de féerie. *He opened the door with a f. key,* il ouvrit la porte à l'aide d'une clef magique. **Fairy godmother,** (i) marraine *f* fée; (ii) *F:* marraine gâteau. *F. footsteps,* pas légers. *She was a f. figure in her flimsy dress,* elle avait l'air d'une sylphide dans sa robe diaphane. (*b*) *Hort:* **Fairy rose,** rose *f* pompon. **-ily,** *adv.* Féeriquement.

'fairy-cycle, *s.* Bicyclette *f* d'enfant.

'fairy-lamp, -light, *s.* Lampion *m* (pour décorations).

'fairy-like, *a.* Féerique; comme une fée. *F.-l. work,* ouvrage *m* de fée.

fairy-'queen, *s.f.* Reine des fées.

'fairy-ring, *s.* Cercle *m*, rond *m*, des fées (dessiné sur l'herbe par les champignons).

'fairy-story, -tale, *s.* **1.** Conte *m* de fées. **2.** *F:* (*a*) Conte invraisemblable; *esp.* histoire *f* de misère à raconter aux jobards. *What's this f.-t. you are telling me?* qu'est-ce que tu me chantes là? *That's all a f.-t.,* tout ça c'est de la blague. (*b*) Mensonge *m*; *F:* craque *f*.

fairyland ['fɛəriland], *s.* (*a*) Le pays, le royaume, des fées. (*b*) Féerie *f*. *At night the garden became a f.,* le soir, le jardin se transforma en pays enchanté.

faith [feiθ], *s.* Foi *f*. **1.** (*a*) Confiance *f*, croyance *f*. *F. is everything,* il n'y a que la foi qui sauve. **To have faith in s.o., in sth.,** avoir confiance en qn, en qch. *To have f. in God,* avoir foi en Dieu. *I have no f. in his promises,* je ne crois pas à ses promesses; je n'ajoute aucune foi à ses promesses. **To pin one's faith on, to, s.o., sth.; to put one's faith in s.o.,** accorder toute sa confiance à qn; s'en rapporter à qn; mettre ses espérances, tout son espoir, en qch.; se fier aveuglément à qn, à qch. *They had pinned their f. to this letter,* cette lettre était devenue leur évangile *m*. **To give faith to** *a piece of news, etc.,* donner croyance, ajouter foi, à une nouvelle, etc. *On the f. of your advice,* sur la foi de votre avis, m'appuyant sur votre avis, me fiant à votre avis. (*b*) Religion *f*, croyance. **The Christian faith,** la croyance des chrétiens; la foi chrétienne. **It is of faith that** *Jesus Christ became man,* il est de foi que Jésus-Christ s'est fait homme. *To belong to the same f.,* appartenir à la même communion. **To die in the faith, professing the faith,** mourir en religion; faire une bonne mort; bien mourir. *F:* **Political faith,** credo *m* politique. *See also* ACT[1] 1, ARTICLE[1] 2, DEFENDER 1. **2.** (*a*) Fidélité *f* à ses engagements. **To keep faith with s.o.,** tenir ses engagements envers qn. **To break faith with s.o.,** manquer de foi, de parole, à qn; abuser de la confiance de qn. **To give, pledge, one's faith,** engager sa foi. *See also* BREACH[1] 1. (*b*) **Good faith,** bonne foi, fidélité, loyauté *f*. *To say sth. in good f.,* dire qch. en toute bonne foi, en (bonne) conscience. *To do sth. in all good f.,* faire qch. en tout honneur. **Bad faith,** perfidie *f*, déloyauté *f*. **Punic faith,** la foi punique. *Com:* **Purchaser in good faith,** acquéreur *m* de bonne foi. **3.** *int. A:* **(In) faith! i' faith!** ma foi!

'faith-cure, *s.* (*a*) Guérison *f* par la prière faite avec foi. (*b*) Guérison par suggestion, par autosuggestion.

'faith-healer, *s.* Guérisseur *m* qui pratique la thérapeutique fondée sur la prière et sur la suggestion.

'faith-healing, *s.* Thérapeutique fondée sur la prière et sur la suggestion.

faithful ['feiθful]. **1.** *a.* Fidèle. (*a*) (*Of friend, discharge of duty, etc.*). Loyal, -aux. **To remain faithful to s.o., to one's opinions,** rester fidèle à qn, à ses opinions. *F:* **Faithful promise,** promesse formelle. *F. memory,* mémoire *f* fidèle. *F. in the observance of . . .,* fidèle à observer. . . . (*b*) (*Of report, copy, likeness, etc.*) Exact, juste, vrai. *F. translation,* traduction *f* fidèle. *F. in every detail,* exact jusqu'au moindre détail. **2.** *s.pl. Ecc:* **The faithful,** les fidèles *m*; (*Islam*) les croyants *m*. **The Father of the Faithful,** le chef des croyants; le calife. *See also* COMMANDER 2 (*b*). **-fully,** *adv.* **1.** Fidèlement, loyalement. *Corr:* **We remain yours faithfully,** agréez nos meilleures salutations; recevez l'expression de nos sentiments distingués. *F: To deal f. with s.o.,* régler son compte à qn. **He promised faithfully to come to-morrow,** il a promis formellement de venir demain; il a promis de venir demain sans faute; il (nous) a donné sa parole qu'il viendrait demain. **2.** (Traduire, copier, etc.) exactement, fidèlement.

faithfulness ['feiθfulnəs], *s.* Fidélité *f*. **1.** Loyauté *f* (*to,* envers). **2.** Exactitude *f* (d'un récit, d'un portrait, etc.).

faithless ['feiθləs], *a.* **1.** Infidèle, sans foi. **2.** Infidèle (*to,* à). **3.** Déloyal, -aux; perfide. **-ly,** *adv.* Déloyalement, perfidement.

faithlessness ['feiθləsnəs], *s.* **1.** Infidélité *f* (*to,* à). **2.** Déloyauté *f*; manque *m* de foi.

fake[1] [feik], *s. Nau:* Plet *m*, pli *m*, glène *f* (de manœuvre).

fake[2], *v.tr. Nau:* Lover (un cordage).

fake[3], *s. F:* Article faux, truqué, maquillé, ou camouflé; maquillage *m*. *It's a f.,* c'est du chiqué, du trucage, ou du toc. **Fake interview,** interview monté d'avance ou imaginaire.

fake[4], *v.tr. F:* Truquer (des calculs); maquiller (un meuble, etc.); altérer, adultérer (le vin, un texte, etc.); frelater (le vin); dissimuler les défauts (d'un chien, etc.); maquignonner (un cheval); cuisiner (des nouvelles). *Faked balance-sheet,* bilan truqué. *Faked cards,* cartes biseautées.

fake up, *v.tr.* **To fake up a story** *to explain one's conduct,* inventer une histoire pour expliquer sa conduite. *To f. up a piece of apparatus,* fabriquer un appareil de pièces et de morceaux. *Horse faked up for sale,* cheval maquignonné.

faking, *s.* Trucage *m*, maquillage *m*; altération *f*, adultération *f*; maquignonnage *m* (de chevaux); biseautage *m* (des cartes).

faker ['feikər], *s.* Truqueur *m*; maquilleur *m*; altérateur, -trice; faussaire *mf*.

fakir [fa'kiːər, 'feikiər], *s.* **1.** Fakir *m*. **2.** *U.S: F:* **Your doctor is a good deal of a fakir,** votre médecin a pas mal du charlatan.

Falashas [fa'laʃaz], *s.pl. Ethn:* Falaschas *m*.

falcate ['falkeit], *a. Nat.Hist:* Falciforme, falqué.

falchion ['fɔːlʃ(ə)n], *s.* **1.** *Archeol:* Fauchon *m*. **2.** (*a*) *A:* Cimeterre *m*. (*b*) *Poet:* Glaive *m*.

falciform ['falsifɔːrm], *a. Anat:* Falciforme.

falcon ['fɔː(l)kən], *s.* (*a*) *Orn:* Faucon *m*. (*b*) *Ven:* Faucon femelle. *Cf.* TERCEL, TIERCEL. *Young f.*, fauconneau *m*. **Peregrine falcon,** (faucon) pèlerin *m*. *Ven:* **Falcon house,** fauconnerie *f*. *See also* STONE FALCON.

falconer ['fɔːkənər], *s.* Fauconnier *m*.

falconet ['fɔːkənet], *s.* **1.** *Artil: A:* Fauconneau *m*. **2.** *Orn:* Falconelle *f*.

falconry ['fɔː(l)kənri], *s.* Fauconnerie *f*.

falderal [faldə'ral], **falderol** [fɔldə'rɔl]. **1.** (*Refrain*) Lanlaire. **2.** *s. A:* Babiole *f*; colifichet *m*.

faldstool ['fɔːldstuːl], *s. Ecc:* **1.** Siège *m* d'évêque (sans accoudoirs). **2.** Prie-dieu *m inv* (d'un souverain, lors du sacre).

Falerii [fa'liːəriai]. *Pr.n. A.Geog:* Falèries.

Falernian [fa'ləːrniən], *a. A.Geog:* De Falerne. *Rom.Ant:* **Falernian (wine),** falerne *m*.

Faliscan [fa'liskən], *a. & s. A.Geog:* Falisque (*mf*).

Falkland Islands ['fɔːklənd'ailəndz]. *Pr.n.pl. Geog:* Les (îles) Malouines *f*, les îles *f* Falkland.

fall[1] [fɔːl], *s.* **1.** (*a*) Chute *f* (d'un corps, d'un avion, etc.); descente *f* (d'un marteau, etc.). *Th:* Chute, baisser *m* (du rideau). **To have,** *F:* **to get, a fall,** faire une chute; tomber. *F:* **To ride for a fall,** (i) aller en casse-cou; (ii) (*of ministry, etc.*) aller au-devant de la défaite; ne demander qu'à tomber. **He is riding for a fall,** il court à un échec; au bout du fossé la culbute. *See also* PRIDE[1] 1. (*b*) *Wr:* (i) Chute (d'un lutteur); (ii) reprise *f* (d'assaut). *F:* **To try a fall with s.o.,** lutter avec, s'essayer contre, qn; *F:* rompre une lance avec qn. (*c*) **(Place of) fall,** point *m* de chute. *Golf: To watch, mark, the f. of the ball,* guetter le point de chute de la balle. (*d*) Quantité tombée (de neige, de pluie). *There has been a heavy f. of snow, of rain,* il est tombé beaucoup de neige, de pluie. (*e*) *Husb:* (i) Agnelage *m*, agnèlement *m*, mise *f* bas (d'agneaux). (ii) Agnelée *f*, ventrée *f*, portée *f*. **2.** (*a*) **The fall of day,** la chute du jour. *At f. of day,* à la tombée, au tomber, du jour. *The f. of the year,* le déclin de l'année; *Poet:* la chute des feuilles. (*b*) *A. & U.S:* **The fall,** l'automne *m or f*. **3.** (*a*) *Usu. pl.* Chute (d'eau); cascade *f*, cataracte *f*. *The Doubs Falls,* le saut du Doubs. *The Victoria Falls,* les chutes de Victoria. *See also* NIAGARA. (*b*) *Hyd.E:* Colonne *f* d'eau; hauteur *f* de chute (d'un barrage). *F. between the leat and the water-wheel,* saut *m* du moulin. **4.** (*a*) Décrue *f*, baisse *f* (des eaux); reflux *m*, jusant *m* (de la marée); pente *f*, inclinaison *f* (d'une route, etc.); diminution *f* (de poids, de pouvoir, etc.); baisse, descente *f*, chute (du baromètre, etc.); baisse, abaissement *m* (de la température); cadence *f* (de la voix). *El.E:* **Fall of potential,** baisse de potentiel (perte de charge ou chute de tension). (*b*) Dénivellation *f*. *N.Arch:* **Fall of the deck,** ravalement *m* du pont. (*c*) *Com: Fin:* Baisse (des prix, des actions). *Heavy f.*, forte baisse; débâcle *f*. *F. of the currency,* dépréciation *f* de la monnaie. *F. in wheat, in the bank rate,* baisse des blés, du taux officiel (d'escompte). *F. in prices,* abaissement, chute, de prix. *St.Exch:* **Dealing for a fall,** opération *f* à la baisse. *To buy on a f.*, acheter à la baisse. (*d*) *Med:* **Fall in resistance of the organism,** fléchissement *m* de l'organisme. **5.** Perte *f*, ruine *f* (de qn). **Fall from grace,** déchéance *f*. **The Fall,** la chute de l'homme. **6.** Chute (d'une place forte); déchéance (d'un empire, etc.); renversement *m* (d'un gouvernement, etc.). **The fall of Troy,** la chute de Troie. **7.** Éboulement *m*, éboulis *m*, écroulement *m*, tombée *f* (de terre, de rocher). **8.** (*a*) *Cost:* (i) Voile *m*, voilette *f*. (ii) **Fall of the collar,** tombant *m* du col. (*b*) *Furn:* Frange *f* en cuir (de rayon de bibliothèque). **9.** *Nau:* **The falls,** les garants *m* (des embarcations). **Man the falls!** élongez les garants! **10.** *For:* (i) **Fall(-notch),** entaille *f* de direction (désignant un arbre à abattre). (ii) Nombre *m* d'arbres abattus; abattis *m*.

'fall-block, *s. Nau:* Poulie *f* mobile (de palan).

'fall-leaf, *s. U.S:* Abattant *m* (de table).

'fall-piece, *s. Cost: U.S:* Pont *m* (de pantalon à pont).

'fall-pipe, *s. Const:* Descente *f* (de gouttière).

'fall-trap, *s. Ven:* Assommoir *m*.

fall[2], *v.i.* (*p.t.* **fell** [fel]; *p.p.* **fallen** [fɔːlən]. *Conj. with 'have' and Lit: with 'be'*) Tomber; *A:* choir. **1.** (*a*) **To fall to the ground** (*from on high*), tomber à terre. **To fall off a ladder, to fall (down) from a ladder,** tomber d'une échelle, de sur une échelle, à bas d'une échelle. **To fall down a precipice,** tomber du haut d'un précipice. *To f. down a well,* tomber dans un puits. **To fall out of the window,** tomber par la fenêtre. **To fall on one's feet,** (i) (re)tomber sur ses pieds; tomber d'aplomb; (ii) *F:* avoir de la chance, de la veine; (iii) trouver un emploi solide et durable. **To fall into a trap,** donner dans un piège. **To fall into s.o.'s hands,** tomber entre les mains de qn. *See also* CLUTCH[1] 1. *To f. again,* retomber. **To let fall** *a plate,* laisser tomber une assiette. *To let f. the curtain,* baisser le rideau. *To let f. a perpendicular to a line,* abaisser une perpendiculaire à une ligne. *To let f. a tear, a word,* laisser échapper une larme, un mot. **Night is falling,** la nuit tombe; il se fait nuit; le jour baisse. *When night had fallen,* à la nuit tombée. *Typ:* **Proof that falls well,** épreuve *f* qui repère bien. (*Of type*) **To fall out of place,** chevaucher. (*b*) *Astr:* (*Of star*) Filer. (*c*) (*Hang down*) *His hair fell to his shoulders,* ses cheveux *m* lui pendaient, lui descendaient, jusqu'aux épaules. *His beard falls over his chest,* sa barbe descend sur sa poitrine. *Collar that falls upon the shoulders,* col *m* qui se rabat sur les épaules. *Dress falling freely,* robe *f* à lignes tombantes. (*d*) *Husb:* (*Of lambs, calves*) Naître. (*e*) **Christmas falls on a Thursday,** Noël tombe un jeudi. **2.** (*From standing or perpendicular position*) (*a*) **To fall to the ground,** tomber par terre; (*of horse*) s'abattre. **To fall full length,** tomber de tout son long, de toute sa hauteur; *F:* s'aplatir par terre; se plaquer, s'affaler, par terre. **To fall in a heap,** s'affaisser. **To fall on one's knees,** tomber à genoux. **He fell at my feet,** il vint tomber à mes pieds. **To fall in a fit,** tomber en convulsions. *See also* HYSTERICS. **To fall on one's sword,** se jeter sur son épée. **To fall by the sword,** périr sous l'épée. *Those who fell at Agincourt,* ceux qui tombèrent à Azincourt. **Two elephants fell to my gun,** j'abattis deux éléphants. **To fall (to temptation),** succomber à la tentation. *See also* STAND[2] I. 4. (*b*) (*Of building*) Crouler, s'écrouler, s'effondrer. **To fall to pieces,** tomber en morceaux. *See also* PIECE[1] 1, RUIN[1] 1. *Cr: The first wicket fell at ten,* le premier guichet fut renversé à dix points. (*c*) *When Liége fell,* lorsque Liége capitula. *The Government has fallen,* le Ministère est tombé, a été renversé, *F:* a sauté, a fait la culbute. **3.** (*To sink or subside*) (*a*) (*Of tide, barometer, etc.*) Descendre, baisser; (*of wind*) tomber, s'apaiser, s'abattre; (*of sea*) (se) calmer, *Nau:* calmir; (*of flames, price, weight, etc.*) diminuer; (*of price, exchange, etc.*) baisser, se déprécier, subir une baisse; (*of value*) s'avilir. *F:* **His stock is falling,** son crédit est en baisse; ses actions baissent. *His temperature is falling,* sa température s'abaisse. *The thermometer has fallen ten degrees,* le thermomètre a descendu de dix degrés. (*b*) (*Of ground*) Aller en pente; s'incliner. *Mth:* (*Of curve*) Décroître. *The ground falls towards the river,* le terrain descend, s'abaisse, vers le fleuve. **Her eyes fell,** elle baissa les yeux, les paupières. **His face fell,** sa figure s'allongea. *My spirits fell,* je perdis tout courage. (*c*) *Nau:* (*Of ship*) **To fall to leeward,** tomber sous le vent. *See also* ASTERN 1. (*d*) **To fall from one's position,** déchoir de sa position. **To fall from one's high position,** retomber du faîte. *Having fallen from his high renown he withdrew from the world,* déchu de sa renommée il se retira du monde. **To fall in esteem,** déchoir dans l'estime (du public). **To fall in s.o.'s estimation,** perdre dans l'estime de qn. *B: How are the mighty fallen!* comment sont tombés les hommes forts! *See also* GRACE[1] 2. (*e*) (*Of adherents, etc.*) **To fall from s.o.,** abandonner qn; délaisser qn. **4.** (*a*) *A shadow fell on the wall,* une ombre se projeta sur le mur. *The light fell (up)on his face,* il avait le visage au jour, à la lumière. *The sunlight falls on the peaks,* le soleil donne sur les cimes. **A sound fell (up)on my ear,** un son frappa mon oreille. **The accent falls (up)on the last syllable,** l'accent tombe sur, frappe, la dernière syllabe. (*b*) **To fall upon s.o.'s neck, on one's food,** se jeter au cou de qn, sur la nourriture. **To fall (up)on the enemy,** fondre sur, attaquer, l'ennemi. (*c*) *The catastrophe fell on many people,* la catastrophe atteignit beaucoup de personnes. *Vengeance fell upon them,* la vengeance est tombée sur eux. **Suspicion fell on him,** les soupçons retombèrent sur lui. *His death will f. heavy upon his family,* sa mort sera un rude coup pour sa famille. (*d*) (*Of river*) Déboucher, se jeter (dans la mer, etc.). *The Churn falls into the Thames,* le Churn se jette, se déverse, tombe, dans la Tamise. **5.** (*To come by right, design, or chance*) (*a*) **To fall to s.o.'s share,** échoir (en partage) à qn. *Share that falls to the heirs on the father's side,* part dévolue à la ligne paternelle. *See also* LOT[1] 2. *Charges falling on a legatee,* charges imposées à un légataire. *The tennis championship falls to America,* le championnat de tennis échoit à l'Amérique. *Honour that falls to me (by right),* honneur *m* qui me revient (de droit). *The blame falls upon . . .,* le blâme retombe sur . . .; la faute doit en être imputée à. . . . *The responsibility falls on me,* toute la responsabilité retombe sur moi. *Duties that f. on s.o.,* devoirs *m* qui incombent à qn. *The duties that f. to the Court,* les fonctions *f* dont la cour est investie. **It falls on me to . . .,** c'est à moi qu'incombe la tâche de. . . . *It does not f. to me to . . .,* il ne m'appartient pas de. . . . *It fell to me to break the news to him,* le devoir m'échut de lui apprendre la nouvelle. *The most thankless task that can f. to s.o.,* la tâche la plus ingrate qui puisse échoir à qn. **These facts fall under another category,** ces faits entrent, se classent, se rangent, dans une autre catégorie. *The question falls naturally into four sections,* la question se divise en quatre parties. **This does not fall within my province,** ceci n'est pas de mon domaine, ne rentre pas dans mes fonctions. *That does not f. within our agreement,* cela n'entre pas, n'est pas compris, dans notre contrat. *It falls within article* 10, cela rentre dans, relève de, l'article 10. **Credits falling into the budget,** crédits afférents au budget. *The invasion period falls later,* la période des invasions vient plus tard. (*b*) (*Of pers.*) **To fall under s.o.'s displeasure,** encourir le déplaisir de qn. **To fall under s.o.'s power,** (i) tomber au pouvoir de qn; (ii) être assujetti au pouvoir de qn. **To fall under suspicion,** se trouver, devenir, l'objet des soupçons; devenir suspect. To fall **across s.o.,** rencontrer qn par hasard. **To fall on a means of doing sth.,** trouver un moyen de faire qch. **To fall into conversation with s.o.,** entrer en, lier, conversation avec qn. **To fall on evil days,** avoir des jours de malheur; *F:* tomber dans la débine. *See also* LINE[2] 4, STEP[1] 2. *B:* **And fell among thieves,** et il tomba entre les mains des voleurs. (*c*) **I soon fell into their ways,** (i) je me suis vite accoutumé à leur manière de faire, à leurs habitudes; (ii) j'eus bientôt appris la routine; j'eus vite fait de prendre le courant, de me mettre à la page. **To fall into a habit,** contracter une habitude. **To fall out of a habit,** perdre une habitude avec le temps. **To fall into error,** être induit en erreur. **The custom fell into abuse,** la coutume dégénéra en abus. *See also* ARREARS 1, DECAY[1] 1, DISUSE[1] 2, LOVE[1] 2. **6.** *Pred.* (*a*) **To fall** + *adj.* **To fall sick,** devenir malade, tomber malade. (*Of post*) **To fall vacant,** se trouver vacant. *See also* ASLEEP, DUE[1] 1, FLAT[2] I. 3, FOUL[1] I. 3, ILL I. 2, SHORT[1] III. 3. (*b*) **To fall a victim to . . .,** devenir victime de. . . . *See also* PREY[1] 1, VICTIM 2. **7.** (*To begin*) **To fall to sth., to doing sth.,** se mettre à qch., à faire qch. *They fell to work (again),* ils se (re)mirent au travail, à l'œuvre. *He fell to abusing me*, il se mit à m'injurier. *Lit: One night I fell (to) thinking of the past*, une nuit je me suis mis à réfléchir sur le passé, mes pensées se tournèrent vers le passé. *He fell again to thinking*, il se replongea dans ses pensées. *He fell a-sobbing*, il se mit à sangloter. **8.** *Tan: (Of hides)* S'assouplir.

fall about, *v.i.* Tomber de côté et d'autre.

fall away, *v.i.* **1.** *(a) (Of ground, etc.)* S'affaisser brusquement, s'abaisser; *(of hills, etc.)* cesser. *(b) F: After doing so well you must not f. away*, après avoir si bien travaillé il ne faut pas vous relâcher. **2.** *(a) (Of soldier, follower)* Déserter; faire défection. *Theol:* Apostasier. *To f. away from s.o., sth.*, se détacher de, abandonner, qn, qch. *(b) In such a crisis all prejudices f. away*, devant une telle crise, on laisse de côté, laisse là, tous ses préjugés. **3. To fall away in flesh,** maigrir. *His face has fallen away*, son visage s'est émacié; ses joues se sont creusées.

falling away, *s.* **1.** *(a)* Affaissement *m* brusque (de terrain). *(b) F: Let there be no f. away from this standard*, qu'on ne retombe pas à un niveau inférieur. **2.** Défection *f* (de partisans). *Theol:* Apostasie *f.* **3.** *F. away in flesh*, amaigrissement *m*, émaciation *f.*

fall back, *v.i.* **1.** Tomber en arrière, à la renverse. *To f. back on the cushions*, retomber sur les coussins. **2.** *(a) Mil: (Of outposts, of troops in combat)* Se replier; reculer. *To f. back upon a forest, in a southerly direction*, se rabattre sur une forêt, vers le sud. *To f. back a pace*, reculer d'un pas. *(b) F: Failing meat we fell back on vegetables*, faute de viande il nous a fallu nous rabattre, nous rattraper, sur les légumes. *To have a sum put by to f. back upon*, avoir une somme en réserve comme en-cas. *To f. back upon one's thoughts*, se replier sur soi-même. *To f. back on lies*, se réfugier dans les mensonges; recourir, avoir recours, au mensonge. *You can always f. back on me*, en dernière ressource vous pouvez compter sur moi. *He always falls back on that*, c'est son épée *f* de chevet.

falling back, *s. Mil:* Repli *m*, repliement *m*, reculade *f*, retraite *f.*

fall behind, *v.i.* **1.** S'arriérer; rester en arrière. *Rac:* Se laisser distancer. *As they were talking business, I fell behind*, comme ils parlaient affaires, je ralentis un peu ma marche. **2.** *(Prepositional use)* **To fall behind s.o.,** se laisser dépasser, se laisser devancer, se laisser distancer, par qn.

fall down, *v.i.* **1.** Tomber à terre, par terre. **To fall down before s.o.,** se prosterner devant qn. *Kings falling down before Thee*, les rois des nations devant toi prosternés. **2.** *(a) (Of building, etc.)* Crouler, s'écrouler, s'effondrer. *(b) U.S: F: (Of pers., plan, etc.)* Échouer, *(of plan)* faire la culbute; *(of play)* faire four. *Sch: I fell down in maths.*, j'ai été recalé pour les maths; j'ai séché en maths.

fall-'down, *s. U.S:* **1.** Abattant *m* (d'un piège, etc.). **2.** *(a)* Dégringolade *f*, culbute *f* (d'un financier, etc.). *(b)* Four *m*; échec *m.*

fall for, *v.i. (Prepositional use) U.S: F:* **1.** Tomber amoureux de (qn); adopter (un projet, etc.) avec enthousiasme. *He always falls for a pretty face*, il succombe toujours à l'attrait d'un joli minois. **2. He fell for the trick, for it,** il s'y laissa prendre.

fall in, *v.i.* **1.** *(a) (Of building, roof, etc.)* S'écrouler, s'effondrer; *(of trench)* s'ébouler. *(b) (Of mouth)* S'affaisser, rentrer; *(of cheeks)* se creuser. **2.** *Mil:* Former les rangs; se mettre en rangs; s'aligner; se rassembler. **Fall in!** à vos rangs! en rang! rassemblement! *(Of single soldier) To f. in again*, rentrer dans les rangs. *v.tr. F:* **To fall in a troop,** mettre les soldats en rang. **3.** *(a) (Of lease, etc.)* Expirer; *(of land)* devenir disponible. *(b) (Of debt)* Arriver à échéance. **4.** *(a)* **To fall in with,** rencontrer, faire la rencontre de (qn). *At Paris I fell in with X*, à Paris le hasard me fit rencontrer X. *(b)* **To fall in with s.o.'s opinion,** se ranger, se conformer, à l'avis de qn; entrer dans les vues de qn. *I am prepared to f. in with your way of thinking*, je veux bien m'en remettre à votre façon de voir. *To f. in with a request*, accéder, répondre, à une requête, à une demande. *To f. in with a proposal*, accepter une proposition. *To f. in with an arrangement*, se prêter à un accommodement. *(c) (Of plan, etc.) To f. in with . . .*, cadrer avec. . . . **5.** *F: I fell in for £100*, il m'est tombé du ciel £100 (comme part d'héritage, etc.).

'fall-in, *s. Mil:* Rassemblement *m.* **To beat, sound, the fall-in call,** battre, sonner, l'appel, le rassemblement.

falling in, *s.* **1.** Éboulement *m*, écroulement *m*, effondrement *m* (d'un bâtiment, d'une tranchée); affaissement *m* (de la bouche). **2.** *Mil:* Rassemblement *m*; formation *f* des rangs. *F. in directly in column of fours*, rassemblement en colonne par quatre. **3.** Expiration *f* (d'un bail, etc.); échéance *f* (d'une dette, etc.). **4.** *(a)* Rencontre *f* *(with s.o.*, avec qn). *(b)* Acquiescement *m* *(with sth.*, à qch.); acceptation *f* *(with sth.*, de qch.).

fall off, *v.i.* **1.** *His hat fell off*, son chapeau tomba. **2.** *Nau:* Abattre sous le vent; faire une abattée; arriver. *To f. off (the wind)*, tomber en travers du vent, sous le vent. **Let her fall off!** laissez arriver! **3.** *(Of followers, etc.)* Lâcher; faire défection. **4.** *(a) (Of profits, attendance)* Diminuer; *(of speed)* ralentir, décroître; *(of zeal)* se relâcher. *The takings are falling off*, les recettes *f* diminuent. *(b) (Deteriorate)* Décliner; *(of skill, talent)* baisser; *(of flowers, colours, beauty)* passer. *His talent is falling off*, son talent fléchit. *Industry that is falling off*, industrie *f* qui dépérit. *His popularity is falling off*, sa popularité baisse.

falling off, *s.* **1.** Chute *f* (des feuilles). **2.** *Nau:* Abattée *f*, arrivée *f.* **3.** Défection *f* (de partisans). **4.** Diminution *f*, décroissement *m* (de chiffres, de taux, etc.); ralentissement *m*, décroissance *f* (de vitesse); fléchissement *m* (de talent); déchéance *f*, déclin *m* (de pouvoir, de popularité); ralentissement, relâchement *m* (de zèle); dépérissement *m* (d'une industrie); ralentissement (de commandes, des affaires). *F. off of business*, (i) désachalandage *m*; (ii) ralentissement des affaires. *The number of passengers shows a slight f. off*, le nombre des passagers a un peu fléchi.

fall out, *v.i.* **1.** Tomber dehors. **2.** *(Of hair)* Tomber. **3.** *(a) Mil:* (i) Quitter les rangs, quitter son rang; (ii) rompre les rangs. **Fall out!** rompez (les rangs)! *v.tr. F:* **To fall out a man,** permettre à un homme de quitter les rangs. *(b) Navy:* Rompre les postes (de combat, etc.). **4.** Se brouiller, se fâcher *(with*, avec). *To have fallen out with s.o.*, être brouillé avec qn. *They have fallen out*, ils sont mal ensemble; ils sont fâchés. **5.** Se passer; advenir. *Things fell out well*, les choses se sont bien passées, ont bien tourné. *Impers. It (so) fell out that . . .*, il advint que . . .; il arriva que. . . .

falling out, *s.* **1.** Chute *f* (des cheveux). **2.** Querelle *f*, brouille *f*, brouillerie *f.*

fall over, *v.i.* **1.** *(Of pers.)* Tomber à la renverse; *(of thg)* se renverser, être renversé. **2.** *(Prepositional use)* **To fall over an obstacle,** buter contre un obstacle et tomber. *F: People were falling over each other in their desire to help him*, c'était à qui lui viendrait en aide. *Publishers were falling over each other for his new book*, les éditeurs se disputaient avec acharnement son prochain livre. *P: He was falling over himself in his anxiety to please her*, il faisait tant et plus, il se mettait en quatre, pour lui plaire.

fall through, *v.i. (Of scheme, etc.)* Ne pas aboutir; échouer, avorter; n'arriver à rien; s'effondrer; *F:* tomber à, dans, l'eau. *The duel fell through*, l'affaire a été arrangée.

falling through, *s.* Avortement *m*, effondrement *m* (d'un projet, etc.).

fall to, *v.i.* **1.** *(Of gate, etc.)* Se (re)fermer. **2.** *(a)* Se mettre à l'œuvre, au travail. *(b)* Entamer la lutte; s'y mettre (c.-à-d. à se battre). *(c)* S'attaquer au repas. **Now, gentlemen, fall to!** allons, messieurs, commençons (le repas); *F:* attaquons!

fallen. **1.** *a.* *(a) F. leaves*, feuilles tombées. *(b)* **Fallen humanity,** l'humanité déchue. **Fallen woman,** *F:* **fallen angel,** femme déchue, fille perdue. *(c) The f. king*, le roi déchu. **2.** *s.* **The fallen,** les morts *m* (sur le champ de bataille).

falling[1], *a.* *(Of darkness, lines of garment, etc.)* Tombant. *Ph:* **Falling body,** corps *m* en chute. *See also* STAR[1] 1. *F. temperature*, température *f* en baisse. *Com:* **Falling market,** marché orienté à la baisse, avec tendance à la baisse. *Av:* **Falling-leaf roll,** descente *f* en feuille morte.

'falling-sickness, *s. A:* Épilepsie *f*; mal caduc; haut mal.

falling[2], *s.* **1.** *(a)* Chute *f*; descente *f* (d'un marteau, etc.). *(b)* Abaissement *m* (de prix); baisse *f* (de prix, des eaux, du baromètre, etc.); avilissement *m* (de la valeur de qch.). **2.** *Med:* Descente (de la matrice). **3.** Éboulement *m*, écroulement *m* (de terre, etc.).

fallacious [fa'leiʃəs], *a.* *(Of argument, promise, etc.)* Fallacieux, trompeur, -euse; (espoir *m*, paix *f*) illusoire. *F. deduction*, déduction erronée. *F. syllogism*, sophisme *m.* **-ly,** *adv.* Fallacieusement, erronément, trompeusement.

fallaciousness [fa'leiʃəsnəs], *s.* Fausseté *f*, caractère erroné, illusoire (d'un argument, etc.).

fallacy ['faləsi], *s.* **1.** *Log:* Sophisme *m*, paralogisme *m*; faux raisonnement. *F:* **A current fallacy,** une erreur courante. *Art:* **The pathetic fallacy,** fausse interprétation de la nature lorsqu'on la contemple sous le coup de fortes émotions. **2.** = FALLACIOUSNESS.

fal-lals [fa'lalz], *s.pl. F:* Falbalas *m*, colifichets *m.*

fallen. *See* FALL[2].

faller ['fɔːlər], *s.* **1.** Celui qui tombe. **2.** *(a) Tex:* **Faller(-wire),** baguette *f* (d'un métier à filer). *(b) pl. Min:* **Fallers,** taquets *m* à abaissement (de cage).

fallibility [fali'biliti], *s.* Faillibilité *f.*

fallible ['falibl], *a.* Faillible.

Fallopian [fa'loupiən], *a.* *Anat:* (Ligament, trompe, etc.) de Fallope.

fallow[1] ['falo]. *Agr:* **1.** *s.* Jachère *f*, friche *f.* **2.** *a. (Of land)* Affriché; en friche; en jachère, en repos. **To lie fallow,** être en jachère; être, rester, en friche. *To become f.*, s'affricher. *To let a field lie, rest, f.*, affricher, laisser reposer, un champ. *To lay land f.*, mettre la terre en jachère. *(Of land) To be laid f.*, retomber en friche. *F: Mind that lies f.*, esprit incultivé, *F:* resté en friche. *To plough (up) f. land*, jachérer.

'fallow-break, *s. Agr:* Sole *f* en jachère.

fallow[2], *v.tr. Agr:* Écroûter, jachérer, défricher (un terrain).

fallowing, *s.* Écroûtage *m*, défrichage *m*, mise *f* en jachère (d'un terrain).

fallow[3], *a.* *(Of colour)* Fauve. *See also* DEER.

fallowness ['falonəs], *s.* Inculture *f.*

fallway ['fɔːlwei], *s.* Trou *m* de levage (dans un plancher).

false [fɔls], *a.* Faux, *f.* fausse. **1.** *(Incorrect) F. idea*, idée erronée, fausse. **False news,** fausses nouvelles. *The news has proved f.*, la nouvelle s'est avérée fausse, erronée, ne s'est pas confirmée. **False report,** *F:* canard *m. F. judgment*, jugement faux. **False modesty,** fausse délicatesse. **False shame,** fausse honte. **To take a false step,** faire un faux pas, *F:* un pas de clerc. **False weight,** poids inexact. *Ind:* **False motion,** fausse manœuvre. *F. stroke*, coup manqué, raté. *Turf: etc:* **False start,** faux départ. **To be in a false position,** se trouver dans une position fausse. *To put a f. interpretation on sth.*, interpréter qch. à faux; donner une fausse interprétation à qch. *Arb:* **False ring,** anneau incomplet. *Mus:* **False note,** fausse note; *F:* couac *m. See also* ALARM[1] 1, IMAGE[1] 2, IMPRISONMENT, LIGHT[1] 1, QUANTITY 3. **2.** *(Mendacious)* Perfide, infidèle; *(of promise, etc.)* mensonger. *F:* **False to the core,** faux comme un jeton. *F. to honour*, traître à l'honneur. *F. lover*, amant *m* perfide. *F. balance-sheet*, faux bilan. **To be false to one's husband,** tromper son mari. *He has been f. to his vows*, il a rompu ses vœux. **False witness,** faux témoin. **To bear false witness,** rendre faux témoignage. **False accusation,** *Jur:* dénonciation calomnieuse. *That's as f. as can be!* c'est faux et archifaux! **False swearing,** parjure *m. See also* COLOUR[1] 4, 5, PRETENCE 2. *adv.* **To play s.o. false,** trahir qn; faire une perfidie à qn; commettre une déloyauté. *Events played him f.*, les événements *m* trahirent ses espérances. *His memory* *played him f.*, sa mémoire l'a mal servi. *My memory never plays me f.*, j'ai la mémoire sûre. *See also* RING[2] I. **3.** (*Sham*) (*Of hair, etc.*) Artificiel, postiche; (*of action, tears, etc.*) feint, prétendu, simulé; (*of appearance*) menteur; (*of document, etc.*) forgé; (*of coin, seal, etc.*) contrefait. *Mil:* **False attack,** fausse attaque. **False gods,** faux dieux. **False teeth, hair,** fausses dents, faux cheveux. *Piece of f. hair*, chichi *m*. **False edge** (*of sword*), contre-pointe *f* (d'un sabre). **False bottom,** double fond (d'une boîte, etc.); faux fond; fond intermédiaire. *Civ.E:* **False works,** étaiement *m*, échafaudages *mpl*. *See also* COLOUR[1] 4, CORE[1] 3, FRONT[1] I. 3, HEM[1] 2, KEEL[1] I, MEMBRANE, OAT I, TOPAZ, TUCK[1] I. **-ly,** *adv.* Faussement. **1.** *To interpret sth. f.*, interpréter qch. à faux. **2.** Menteusement; perfidement.

false-'hearted, *a.* Perfide; traître, *f.* traîtresse.

false-'heartedness, *s.* Perfidie *f*.

falsehood ['fɔlshu:d], *s.* **1.** (*a*) Fausseté *f* (d'un bruit, etc.). (*b*) Le faux. *To distinguish truth from f.*, distinguer le vrai d'avec le faux; distinguer le vrai du faux. **2.** Mensonge *m*. *To tell a f.*, faire un mensonge; mentir. *To spread all sorts of falsehoods about s.o.*, faire courir toutes sortes de mensonges, de faussetés, sur le compte de qn.

falseness ['fɔlsnəs], *s.* **1.** Fausseté *f* (d'un rapport, etc.). **2.** (*a*) Infidélité *f* (d'un amant, etc.). (*b*) Fourberie *f*.

falsettist [fɔl'setist], *s.* *Mus:* (*Pers.*) Fausset *m*.

falsetto [fɔl'seto]. **1.** *s. & attrib.* *Mus:* **Falsetto (voice),** (voix *f*) de tête, de fausset. *F:* **To laugh in a high falsetto,** rire d'une voix de fausset. **2.** *s.* (*Singer*) Fausset *m*.

falsification [fɔlsifi'keiʃ(ə)n], *s.* Falsification *f* (des faits, des comptes); altération *f* (d'un texte).

falsifier ['fɔlsifaiər], *s.* Falsificateur, -trice (de comptes, etc.).

falsify ['fɔlsifai], *v.tr.* (**falsified; falsifying**) **1.** Falsifier (un document); fausser (un bilan); adultérer, altérer (un texte, etc.); dénaturer (des faits, etc.). **2.** (*a*) Prouver la fausseté de (qch.). (*b*) Tromper (un espoir). *To f. a prophecy*, rendre une prédiction vaine. *Our fears were falsified by the event*, l'événement *m* a démenti nos craintes.

falsity ['fɔlsiti], *s.* Fausseté *f* (d'une doctrine, etc.). *To plead the f. of a police report*, s'inscrire en faux contre un procès-verbal.

Falstaff ['fɔlstɑ:f]. *Pr.n.m.* *F:* **An old Falstaff,** un vieux paillard. (Personnage du *Henri IV* de Shakespeare.)

falter ['fɔltər]. **1.** *v.i.* (*a*) (*Of voice*) Hésiter, trembler, se troubler, s'altérer. *He faltered in his speech*, sa voix se troubla; il eut un moment d'hésitation. (*b*) (*Of pers.*) Vaciller, chanceler. (*c*) (*Of pers. or courage*) Défaillir; *F:* flancher. *Once he had made up his mind he never faltered*, une fois sa décision prise il n'hésita plus. **2.** *v.tr.* Dire (qch.) d'une voix hésitante, tremblante. **To falter out, forth** (*an excuse, etc.*), balbutier (une excuse, etc.). *"Yes," he faltered*, "oui," balbutia-t-il, dit-il d'une voix tremblante. *To f. through one's lesson*, bégayer sa leçon; ânonner sa leçon.

faltering[1], *a.* **1.** (*Of voice, etc.*) Hésitant, tremblant, troublé. *To speak in a f. voice*, parler d'une voix tremblante, mal assurée. **2.** (*Of legs*) Vacillant, chancelant, flageolant. *He came forward with f. steps*, **il s'avança** à pas chancelants, d'un pas mal assuré. **3.** (*Of courage, memory, etc.*) Défaillant. **-ly,** *adv.* **1.** (Parler, etc.) d'une voix tremblante, troublée; en hésitant. **2.** (Marcher, etc.) d'un pas vacillant, chancelant, mal assuré.

faltering[2], *s.* **1.** Altération *f* (de la voix); hésitation *f*. **2.** Vacillation *f*.

fame [feim], *s.* **1.** (*a*) Renom *m*, renommée *f*, réputation *f*. *Love of f.*, amour *m* de la célébrité. *The f. of his deeds*, le bruit de ses exploits. **To win fame,** se faire un grand nom; atteindre la gloire. *He had no f. at any game*, il ne brillait pas dans les sports. **Titles to fame,** titres *m* de gloire. **Ill fame,** mauvaise réputation. **Of good, ill, fame,** bien, mal, famé. **House of ill fame,** maison mal famée; lieu mal famé; mauvais lieu. (*b*) *Myth:* La Renommée. *Lit:* **The House of Fame,** le Temple de Mémoire. **2.** *A. & Lit:* La rumeur publique.

famed [feimd], *a.* **1.** Célèbre, renommé, fameux; bien connu, en renom. **To be famed for sth.,** être renommé, bien connu, pour qch. *He became f. as a weather prophet*, il s'est fait une réputation d'oracle du temps. **2. Well-famed,** bien famé. *See also* ILL-FAMED.

Famennian [fa'meniən], *a.* *Geol:* (Étage) famennien.

familial [fa'miliəl], *a.* *Med:* (*Of complaint*) Familial, -aux; de famille.

familiar [fa'miljər]. **1.** *a.* (*a*) Familier, intime. **To be familiar, on familiar terms, with s.o.,** être familier, vivre familièrement, en user familièrement, avoir des rapports d'intimité, avec qn. *To be on very f. terms with s.o.*, *F:* être à tu et à toi avec qn. *You are rather too f.*, vous prenez trop de privautés. (*b*) **Familiar spirit,** démon familier. (*c*) (*Of thg*) Familier, bien connu; de connaissance. **Familiar face,** figure *f* de connaissance. *Amid f. surroundings*, en pays de connaissance. *It strikes one as f.*, cela fait l'effet du déjà vu, du déjà entendu. *Experiment f. to engineers*, expérience familière aux ingénieurs, bien connue des ingénieurs. **Familiar phrase,** cliché *m*. **To be on familiar ground,** être sur son terrain. **His voice sounded familiar to me,** il me sembla reconnaître sa voix. (*d*) (*Of pers.*) **To be familiar with sth.,** être familier avec qch.; connaître qch. *I am not f. with this tool*, je n'ai pas l'habitude de cet outil. *I use books with which I am f.*, j'ai recours aux livres qui me sont familiers. *This author has made us f. with them*, cet auteur nous les a rendus familiers. **To grow familiar with sth.,** s'habituer à qch.; s'accoutumer à qch.; se familiariser avec qch. *To make oneself f. with a language*, se familiariser avec une langue. *To be f. with the customs*, être au fait, au courant, des usages. (*e*) *A:* (Cercle, etc.) familial, -aux, de (la) famille. **2.** *s.* (*a*) *Rel.Hist:* Familier *m* (de l'Inquisition). (*b*) Familier; ami ou amie intime. *One of his familiars*, une personne de son entourage. (*c*) Démon familier. **-ly,** *adv.* Familièrement, intimement. *To salute s.o. f.*, saluer qn **sans cérémonie.**

familiarity [famili'ariti], *s.* Familiarité *f*. **1.** Intimité *f*. *To treat s.o. with great f.*, traiter qn de pair à compagnon. *To be guilty of too much f. with s.o.*, prendre des libertés, des privautés, avec qn. *To be annoyed by s.o.'s familiarities*, être fâché des familiarités de qn. *Prov:* **Familiarity breeds contempt,** la familiarité engendre, fait naître, le mépris. **2.** Connaissance *f* (*with*, de). *His f. with French*, sa connaissance du français.

familiarization [familjərai'zeiʃ(ə)n], *s.* Accoutumance *f* (*with*, à); habitude *f* (*with*, de).

familiarize [fa'miljəraiz], *v.tr.* **1.** Familiariser (qch.); rendre (qch.) familier. **2. To familiarize s.o. with sth.,** faire connaître qch. à qn; habituer qn à qch. *To f. oneself with a language, with danger*, se familiariser avec une langue, avec le danger.

family ['famili], *s.* **1.** (*a*) Famille *f*. *Large f.*, famille nombreuse. *One's wife's or one's husband's f.*, *F:* sa belle-famille. *Has he any f.?* a-t-il de la famille? *How are all your f.?* comment va tout votre monde? comment va toute la famille? *The f. all live together*, ils vivent en famille. **The Smith family,** la famille Smith. **A friend of the family,** un ami, un familier, de la maison. **To be one of the family,** être de la maison. **Man of good family,** homme *m* de famille. *People of no f.*, personnes *fpl* sans naissance. **It runs in the family,** cela vient, cela tient, de famille; c'est de famille. *This talent runs in the f.*, il tient ce talent de la famille. *Courage runs in the f.*, ils sont tous courageux dans la famille. *Disease that runs in the f.*, maladie *f* héréditaire. *F:* **Happy family,** cage *f* où sont exhibés ensemble divers animaux naturellement ennemis. *See also* BOSOM I, FOUND[2] I. *Attrib.* **A family dinner,** un dîner en famille. **Family Bible,** Bible *f* de grand format pour dévotions en famille (et sur les feuillets de garde de laquelle sont consignés les naissances, mariages et décès intéressant la famille). **Family coach,** (i) *A:* grand carrosse fermé; (ii) jeu de salon enfantin. *F. likeness*, air *m* de famille. *F. quarrels*, disputes *f* de famille. **The family circle,** le cercle de (la) famille. *See also* CIRCLE[1] 4. *F. portraits*, portraits *m* d'ancêtres. **Family hotel,** hôtel *m* de famille. **Family living,** bénéfice *m* ecclésiastique dont la collation est la prérogative d'une certaine famille. **Family butcher,** boucher *m* qui livre à domicile. *F. life*, vie familiale. **Family man,** (i) père *m* de famille; (ii) homme d'intérieur. *Adm:* **Family allowance,** allocation familiale; indemnité *f* pour charges de famille. *F:* **She is in the family way,** *but we don't know who the father is*, elle est enceinte, mais nous ne savons pas de qui. *He discussed it with me in a f. way*, il m'en a causé sur un pied d'intimité. *See also* COMPACT[1], TREE[1] 2. (*b*) *Pol:* *U.S:* **The President's (official) family,** le Ministère; le Gouvernement du jour. **2.** Famille (de plantes, de mots, etc.).

famine ['famin], *s.* (*a*) Famine *f*. **To die of famine,** mourir de faim. (*b*) Disette *f*. **Water famine,** disette d'eau. *Copper f.*, disette de cuivre. **Produce at famine prices,** denrées *f* à des prix *m* inabordables, à des prix de famine.

'famine-fever, *s.* *Med:* **1.** Typhus *m*. **2.** Typhus à rechute; fièvre récurrente.

famish ['famiʃ]. **1.** *v.tr.* (*a*) Affamer (qn); faire souffrir (qn) de la faim. (*b*) Réduire (une famille, un pays) à la famine. **2.** *v.i.* Être affamé, souffrir de la faim, avoir grand'faim.

famished, *a.* Affamé. *F.-looking*, (à l'aspect) famélique. *To be f.*, *F:* mourir de faim.

famishing, *a.* Qui a grand'faim; affamé. *To be f.*, être affamé; *F:* avoir une faim de loup. *F:* *I was f.*, je mourais de faim.

famous ['feiməs], *a.* **1.** Célèbre, renommé, fameux, illustre, mémorable (*for*, pour, par). *F. in history*, fameux dans l'histoire. *To make oneself f.*, se rendre fameux. *Town f. for its monuments*, ville *f* célèbre par ses monuments. **2.** *F:* **That's famous!** c'est parfait, fameux, excellent! à la bonne heure! **-ly,** *adv.* *F:* Fameusement, à merveille. *We're getting on f.*, ça va comme sur des roulettes; ça avance à grand train.

famousness ['feiməsnəs], *s.* Célébrité *f*, renom *m*, renommée *f*.

famulus, *pl.* **-i** ['famjuləs, -ai], *s.* Assistant *m*, aide *m*, famulus *m* (d'un savant, d'un magicien).

fan[1] [fan], *s.* **1.** *Husb:* (*a*) *A:* Van *m*. (*b*) Tarare *m*, cribleur *m*; van mécanique. **2.** (*a*) Éventail *m*. *See also* FLIRT[2] I. *Navy:* *To arrange the fleet in fan order*, disposer la flotte en éventail. (*b*) *Geol:* **Alluvial fan, fan delta,** cône *m* d'éboulis. (*c*) *Z:* Nageoires *fpl* de la queue (d'une baleine). **3.** Ventilateur (rotatif, à ailes, soufflant); *Ind:* soufflet *m*. *Ceiling fan*, ventilateur de plafond. **Electric fan,** ventilateur électrique. *Rotary fan* (*of vacuum cleaner*), turbine *f*. *Aut:* **Radiator fan,** ventilateur. *Metalw:* **Fan forge,** forge *f* à ventilateur. **Fan draught,** soufflage *m* par ventilateurs. *See also* FIRE-FAN, PLENUM, PORT-HOLE, SIROCCO 2, SUCTION-FAN, VACUUM-FAN. **4.** (i) Aile *f*, pale *f*, d'hélice; (ii) hélice *f* (d'une torpille, etc.). **5.** Gouvernail *m* (d'un moulin à vent).

'fan-cooled, *a.* Refroidi par ventilateur. *I.C.E:* (Radiateur) soufflé.

'fan-light, *s.* (Fenêtre *f* en) éventail *m*; vasistas *m*, imposte *f* (au-dessus d'une porte).

'fan-maker, *s.* Éventailliste *m*.

'fan-palm, *s.* *Bot:* Palmier *m* à éventail. *Dwarf f.-p.*, palmier nain; palmette *f*.

'fan-shaped, *a.* En éventail.

'fan-tail, *s.* **1.** *Orn:* Pigeon *m* paon. **2.** *Carp:* *etc:* Queue-d'aronde *f*. **3.** Bec *m* (de gaz) en éventail. **4.** Gouvernail *m* (de moulin à vent).

'fan-tailed, *a.* **1.** *Orn:* **Fan-tailed pigeon,** pigeon *m* paon. **2.** *Carp:* (Assemblage, etc.) à queue-d'aronde.

'fan-tracery, *s.* *Arch:* Réseau *m* en éventail (d'une voûte); nervures *fpl* en éventail.

fan[2], *v.tr.* (**fanned; fanning**) **1.** *Husb:* Vanner (le grain). **2.** (*a*) Éventer (qn). *Terraces fanned by the cool sea-breezes*, terrasses rafraîchies par les brises de mer, sur lesquelles soufflent les vents frais de la mer. *Lit:* *Fortune fans his sails*, il a le vent en poupe. (*b*) **To fan away the dust on sth.,** chasser la poussière de qch. avec un éventail, avec un journal, etc. (c) **To fan (up) the fire,** souffler le feu. **To fan the passions to a heat,** attiser, aviver, exciter, les passions. **To fan a quarrel,** attiser, envenimer, une querelle. *See also* COAL[1] I. **3.** (*Of punkah, etc.*) Agiter (l'air). *Fish fanning the water with their tails,* poissons *m* battant l'eau avec leurs queues.

fan out. **1.** *v.tr.* (*a*) Étaler (qch.) en éventail. (*b*) Chasser (la poussière, etc.) avec un éventail. **2.** *v.i.* S'étaler en éventail.

fanning, *s.* **1.** *Husb:* Vannage *m,* ventage *m* (du grain). **2.** Soufflement *m* (du feu); attisage *m,* attisement *m* (d'une querelle).

fan[3], *s. F:* Passionné, -ée, enragé, -ée, fanatique *mf* (du ciné, etc.); fervent *m* (du sport, etc.). **Gramophone fan,** discophile *mf.* **Fan mail,** courrier *m* des admirateurs et admiratrices (d'une vedette, etc.). *See also* FILM[1] 3, WIRELESS[1].

fanariot [fa'nariət], *a.* & *s.* = PHANARIOT.

fanatic [fa'natik], *a.* & *s.* Fanatique (*m*). *F: He's a f.!* c'est un cerveau brûlé!

fanatical [fa'natik(ə)l], *a.* Fanatique. **-ally,** *adv.* Fanatiquement; en fanatique; avec fanatisme.

fanaticism [fa'natisizm], *s.* Fanatisme *m.*

fanaticize [fa'natisaːiz]. **1.** *v.tr.* Fanatiser (qn); rendre (qn) fanatique. **2.** *v.i.* Agir, se conduire, en fanatique.

fanciable ['fansiəbl], *a. F:* **1.** (*Of illness, etc.*) Imaginaire. **2.** (*Of dainty, etc.*) Séduisant, alléchant.

fancier ['fansiər], *s.* Amateur, -trice (de chiens, de fleurs, etc.); connaisseur, -euse (en chiens, etc.). **Dog-fancier,** (i) amateur de chiens; cynophile *mf*; (ii) éleveur *m* de chiens; (iii) marchand *m* de chiens. *See also* BIRD-FANCIER, PIGEON-FANCIER.

fanciful ['fansiful], *a.* **1.** (*a*) (*Of pers.*) Capricieux, fantasque. (*b*) (Travail *m,* etc.) fantaisiste, fantastique. *F. portrait,* portrait *m* de fantaisie. **2.** (Projet *m*) chimérique; (conte *m*) imaginaire; (revendications *f*) fantaisistes, de pure fantaisie. **-fully,** *adv.* (*a*) (Parler, etc.) capricieusement. (*b*) (Être habillé, etc.) d'une manière fantasque, fantaisiste.

fancifulness ['fansifulnəs], *s.* (*a*) Caractère capricieux (de qn). (*b*) Fantastique *m,* fantasque *m* (de qch.); caractère *m* fantaisiste (d'un costume, etc.).

fancy[1] [fansi]. **I.** *s.* **1.** (*a*) Imagination *f,* fantaisie *f*; *F:* la folle du logis. *To have a pretty f.,* avoir le talent d'imaginer des gentillesses. **The land, world, of fancy,** le pays des chimères, des idées. **In fancy** *I saw . . .,* en esprit, en imagination, je voyais . . .; je voyais en idée. . . . (*b*) Chose *f* imaginaire. *It's only f.!* c'est pure imagination! idées que tout cela! c'est une idée que vous vous faites! (*c*) Idée *f.* **I have a fancy that . . .,** j'ai idée que. . . . *Idle fancies,* vaines imaginations; chimères *f*; idées creuses. *To be full of idle fancies,* rêver tout éveillé. **2.** (*a*) Fantaisie *f,* caprice *m.* *He has strange fancies,* il a des lubies *f.* **The fancy took him to enlist,** il lui prit fantaisie de s'engager. *To amuse oneself as the f. takes one,* s'amuser à sa fantaisie. *Just as the fancy takes me,* comme l'idée me prend; *F:* comme ça me chante. (*b*) Fantaisie, goût *m.* **To take a fancy to sth.,** prendre goût à qch. **To take a fancy to s.o.,** prendre qn en affection; s'éprendre, s'enticher, se coiffer, se toquer, de qn. **He has taken your fancy,** il a (eu) l'heur de vous plaire; *F:* il a fait votre béguin. *It took my f. at once,* cela m'a séduit du premier coup. *What takes your f. most?* qu'est-ce qui vous attire le plus? **To please s.o.'s fancy,** séduire qn. **That suits my fancy,** cela me va. **To meet s.o.'s fancy,** être à la convenance de qn. *That is not to my f.,* cela ne me dit rien. **A house after my fancy,** une maison à mon goût. *We must let her marry* **according to her fancy,** il faut la laisser se marier à son idée. *When I was your age, my f. favoured a dragoon,* moi, à ton âge, mon idée c'était un dragon. **It's only a passing fancy,** ce n'est qu'une amourette. *To have a (passing) f. for s.o., for sth.,* avoir un caprice pour qn, pour qch.; avoir une passionnette, un petit béguin, pour qn. **To strike s.o.'s fancy,** donner, *P:* taper, dans l'œil à qn. **3. The fancy.** (*a*) (i) Les amateurs *m* de la boxe; (ii) la boxe. *He was dead keen on the f.,* c'était un fervent de la boxe. (*b*) Les éleveurs *m* d'animaux ou oiseaux d'agrément. *Birds which appeal to the f.,* oiseaux recherchés des amateurs. (*c*) *Turf: Box:* Le favori. **4.** = FANCYING. **5.** *P:* = FANCY MAN.

II. **fancy,** *a.* **1.** (*a*) De fantaisie. **Fancy bread,** pain *m* de fantaisie. **Fancy-cakes,** *F:* **fancies,** gâteaux *m* à la crème. *Box lined with f. silk,* boîte *f* avec intérieur de soie fantaisie. **Fancy goods,** nouveautés *f*; objets *m* de fantaisie, de luxe; articles *m* de Paris. **Fancy price, name, wine,** prix *m,* nom *m,* vin *m,* de fantaisie. **Fancy dress,** travesti *m,* déguisement *m.* **Fancy-dress ball, fancy ball,** bal travesti. *To go to a ball in f. dress,* aller au bal en travesti, en costume. *Mil: P:* **Fancy religion,** religion *f* de fantaisie (c.-à-d. autre que l'anglicanisme, le catholicisme, ou le presbytérianisme). *See also* FAIR[1] 2. (*b*) **Fancy dog, fancy breed,** chien *m,* race *f,* d'agrément, de luxe. **2.** Fantaisiste; d'imagination. *A f. portrait of an unknown benefactor,* portrait *m* de pure imagination d'un bienfaiteur inconnu.

'fancy-'free, *a.* (Cœur) inoccupé. (*Of pers.*) *To be f.-f.,* avoir le cœur libre.

'fancy man, *s.m. F:* **1.** Amant de cœur (d'une fille); greluchon. **2.** Souteneur (d'une fille); gigolo.

'fancy work, *s.* **1.** *Needlew:* Ouvrage(s) *m(pl)* d'agrément; broderie *f*; **travaux** *mpl* pour dames; ouvrages *mpl* pour dames. **2.** *F: Good tennis without f. w.,* du bon tennis sans fioritures, sans chiqué; jeu *m* classique.

fancy[2], *v.tr.* **1.** (*a*) S'imaginer, se figurer (qch.). *To f. all kinds of things,* s'imaginer toutes sortes de choses; se perdre en conjectures; *F:* se faire des idées. *He fancies he knows everything,* il se figure tout savoir. *F:* **Fancy now! just fancy! fancy (that)!** qui l'aurait dit? figurez-vous ça! songez donc! conçoit-on! *Just f. his astonishment,* imaginez un peu son étonnement. *F. meeting you!* je ne m'attendais guère à vous rencontrer! *F. anyone doing such a thing!* on n'a pas idée de faire une chose pareille! *F. her marrying a prince!* qui se serait attendu à ce qu'elle épouse un prince! *Can you f. him risking his skin?* concevez-vous qu'il risque (*sub.*) jamais sa peau? (*b*) Croire, penser. **That won't last long, I fancy,** cela ne durera pas, à ce qu'il me semble. *I f. he is out,* je crois bien, j'ai (l')idée, qu'il est sorti. *I fancy I have seen him before,* j'ai l'impression de l'avoir déjà vu. *He fancied he heard footsteps,* il crut entendre des pas. *I f. I see her yet,* il me semble encore la voir. **2.** (*a*) **To fancy sth.,** se sentir attiré vers qch. *I don't f. his looks,* sa figure ne me revient pas, n'est pas à mon goût. *I don't f. his offer,* son offre *f* ne me dit rien. **I could fancy a bit of chicken,** je mangerais volontiers un morceau de poulet. *The only thing I can f. is a chop,* la seule chose qui me dise ce serait une côtelette. *Let him eat anything he fancies,* il peut manger tout ce qui lui dira. (*b*) **To fancy s.o.,** se sentir attiré vers qn; être épris, entiché, de qn; se coiffer ou être coiffé de qn. (*c*) **To fancy oneself,** être fort content, être infatué, de sa petite personne; s'en faire accroire; *F:* se gober; *P:* faire sa poire. *He fancies himself a bit,* (i) il se croit quelqu'un; (ii) il est un peu poseur; *P:* il s'en croit. *He fancies himself as a speaker,* il se croit orateur. **He fancies his tennis,** *F:* il se croit de première force au tennis; il se croit fin joueur. **3.** Faire de l'élevage (d'oiseaux, de chiens de salon, etc.); faire de la culture de (plantes de fantaisie).

fancied, *a.* Imaginaire, imaginé.

fancying, *s.* Élevage *m* d'animaux ou d'oiseaux d'agrément; culture *f* de plantes de fantaisie, etc. *See also* PIGEON-FANCYING[2].

fandangle [fan'daŋgl], *s. F:* **1.** Oripeaux *mpl,* clinquant *m.* **2.** Sottises *fpl.*

fandango [fan'daŋgo], *s.* **1.** *Danc:* Fandango *m.* **2.** *U.S:* Sauterie *f,* bal *m.*

fane [fein], *s. Poet:* Temple *m.*

fanfare ['fanfɛər], *s.* **1.** (*a*) Fanfare (exécutée par des cors de chasse, des trompettes); sonnerie *f* (de trompettes). (*b*) *A:* = FANFARONADE. **2.** *Book-b:* **Fanfare binding,** reliure *f* à la fanfare.

fanfaronade [fanfaro'neid], *s.* Fanfaronnade *f,* vanterie *f.*

fang[1] [faŋ], *s.* **1.** (*a*) Croc *m* (de chien, etc.); défense *f* (de sanglier, etc.). (*b*) Crochet *m* (de vipère); dent *f* à venin. **2.** *Tls:* Soie *f* (d'un couteau, d'un outil). **3.** *Anat:* (Pointe *f,* prolongement *m,* de) racine *f* (d'une dent).

'fang-bolt, *s. Mec.E:* Boulon *m* avec écrou à ergots.

fang[2], *v.tr.* Amorcer (une pompe).

fanged [faŋd], *a.* **1.** (Animal) pourvu de crocs, de défenses, de crochets. **2.** (Outil) muni d'une soie; (couteau *m*) à soie. **3.** *Dent:* **Three-fanged molar,** molaire *f* à racine avec trois prolongements.

fangless ['faŋləs], *a.* **1.** (Animal) sans crocs, sans défenses; (serpent) sans crochets. *Old f. lion,* vieux lion édenté. **2.** (Outil) sans soie. **3.** (Dent) sans racine.

fango ['faŋgo], *s. Med:* Boue *f* des sources de Battaglia.

fanner ['fanər], *s.* **1.** *Husb:* Van *m* mécanique; tarare *m.* **2.** Ventilateur (soufflant, à ailes) (pour forges, etc.); soufflet *m.*

Fanny ['fani]. *Pr.n.f.* (*Dim. of Frances*) **1.** = Fanchon. **2.** *P:* (*a*) La vulve. (*b*) *U.S:* Le cul. **3.** *s. Nau: P:* Gamelle *f.*

Fanny Adams, *s. Nau: P:* Viande *f* de conserve; *P:* singe *m.*

fanon ['fanən], *s. Ecc.Cost:* Fanon *m,* manipule *m.*

fantad ['fantad], *s. F:* **To have the fantads,** (i) être de mauvaise humeur; (ii) avoir ses nerfs. *It gives me the fantads just to see it,* rien que de le voir, ça me donne sur les nerfs. *Don't get into a f. about it!* ne te monte pas la tête!

fantasia [fanta'ziːa, fan'tɑːzia], *s.* **1.** (*a*) *Mus:* Fantaisie *f.* (*b*) *Lit:* Fantasia *f.* **2.** (*Arab display*) Fantasia.

fantasist ['fantazist], *s. Art: Lit:* Fantaisiste *mf.*

fantast ['fantast], *s. A.* & *Lit:* Fantasque *mf*; rêveur, -euse.

fantastic [fan'tastik], *a.* (*Of pers., thg*) Fantasque, bizarre, excentrique, extraordinaire, extravagant; (*of pers.*) original, -aux; capricieux; (*of thg*) fantastique, grotesque. *Trip it . . . on the light f. toe,* dansez d'un pas léger et fantasque. *F. as a woman's mood,* aussi fantasque, aussi capricieux, que l'humeur d'une femme. **-ally,** *adv.* Capricieusement; d'une manière fantasque, fantastique, bizarre.

fantasticality [fantasti'kaliti], **fantasticalness** [fan'tastik(ə)lnəs], *s.* Bizarrerie *f.*

fantasy ['fantəzi], *s.* **1.** Fantaisie *f.* (*a*) Imagination capricieuse. (*b*) Caprice *m.* **2.** (*a*) Vision *f,* idée *f,* bizarre, fantastique. (*b*) Idée fantasque. *A thousand fantasies begin to throng into my memory,* mille visions se pressent dans ma mémoire. **3.** (*a*) Œuvre *f,* édifice *m,* etc., fantastique. (*b*) *Mus:* Fantaisie *f*; *Lit:* fantasia *f.*

Fantee ['fantiː]. **1.** *a.* & *s. Ethn:* Fanti, -ie. **To go fantee,** adopter la vie des indigènes; s'assimiler aux indigènes. **2.** *s. Ling:* Le fanti.

fantigue [fan'tiːg], *s. F:* **To be in a fantigue,** (i) être de mauvaise humeur; (ii) avoir ses nerfs.

fantoccini [fanto'tʃiːni], *s.pl.* Marionnettes *f.*

fantod ['fantɔd], *s.* = FANTAD.

far[1] [fɑːr], *adv.* (**farther, -est** ['fɑːrðər, -əst], **further, -est** ['fəːrðər, -əst], *q.v.*) I. Loin. **1.** (*Of place*) (*a*) *To go far,* aller loin; faire du chemin. **'Not so 'far,** pas si loin. (*Cp.* 2.) *To advance far into Africa,* pénétrer très avant dans l'Afrique. *To carry a canal* **as far as** *the sea,* conduire un canal jusqu'à la mer. *Gun that carries far,* fusil *m* qui porte loin. *To go too far,* aller trop loin; s'avancer trop. *Is it far from here?* est-ce loin d'ici? **How far is it from . . . to . . .?** combien y a-t-il de . . . à . . .? *How far did he follow them?* jusqu'où les a-t-il suivis? **'So far and no farther,** jusque-là et pas plus loin. **Thus far,** jusqu'ici; jusque-là. **As far as the eye can reach,** à perte de vue. *I cannot see as far as that,* ma vue n'atteint pas jusque-là. *To live* **far away, far off,** demeurer au loin. *I espied them far off,* je les découvris dans le lointain. *His thoughts were far away,* sa pensée était ailleurs; son esprit était absent. **Far and wide,** de tous côtés; partout; jusqu'au bout du monde. **Far and near,** partout. *Do you come from far?* est-ce que vous venez de loin? *People came from far and near,* on venait des quatre coins du monde.

A stake driven far into the ground, un pieu enfoncé profondément dans la terre. *Far from . . .*, loin de. . . . **Far from the madding crowd,** loin de la foule en délire. *Not far from . . .*, à peu de distance de . . .; non loin de. . . . *Nau: We are too far from the shore*, nous sommes trop au large. (*b*) **These facts go far to explain how . . .,** ces faits *m* expliquent dans une certaine mesure comment. . . . *That will go far towards making up for our loss*, cela aidera beaucoup, contribuera beaucoup, à nous dédommager de notre perte. *A pound does not go very far nowadays*, on ne va pas loin avec une livre de nos jours. **To make one's money go far,** faire bon usage de son argent. *Ten shillings will not carry you far*, vous n'irez pas loin avec dix shillings. *Modesty won't carry you far*, la modestie ne vous mènera pas loin. **To go so far as to do sth., as doing sth.,** aller jusqu'à faire qch. *I'll go so far as to say that . . .*, je vais jusqu'à dire que. . . . *They went so far as to claim . . .*, on a été jusqu'à prétendre. . . . *He went so far as to laugh*, il se laissa aller à rire. *Things went so far that . . .*, les choses sont allées si loin que . . .; tant il y a eu que. . . . *He has gone too far to withdraw*, il est trop engagé pour reculer; il s'est trop avancé pour reculer. **To let a disease go too far,** laisser s'invétérer une maladie. **That is going too far,** cela passe la mesure, les bornes. **To carry a joke too far,** pousser trop loin une plaisanterie. *To carry the praise of s.o. too far*, outrer l'éloge *m* de qn. *You are carrying things too far*, vous allez trop loin. *To carry modesty too far*, pousser trop loin la modestie; être modeste à l'excès. *How far is he sincere?* dans quelle mesure, jusqu'à quel point, est-il sincère? *How far have you got (in your reading, etc.)?* où en êtes-vous (de votre lecture, etc.)? *We haven't got so far as you*, nous n'en sommes pas aussi loin que vous. *We had proceeded this far in our task*, nous en étions là de notre tâche. **As far as I can judge . . .,** autant que je puis en juger . . .; à ce qu'il me paraît. . . . **As far as I know,** autant que je sache. *As far as feelings go . . .*, en matière de sentiment. . . . **As far as that goes . . .,** pour ce qui est de cela. . . . *I will help you as far as I can, as far as possible, as far as lies within my power*, je vous aiderai dans la mesure de mes forces, de mes moyens, du possible; je vous aiderai dans la mesure où cela me sera possible. *So far as circumstances permit*, autant que le permettront les circonstances. **So far so good,** c'est fort bien jusque-là; jusqu'ici ça va bien. **In so far . . .,** dans cette mesure. . . . **In so far as . . .,** dans la mesure où . . .; pour autant que. . . . *I am a Russian in so far as I was born in Russia*, je suis Russe en tant que (je suis) né en Russie. *Account far from the truth*, récit bien éloigné de la vérité. **To be far from believing sth.,** être à mille lieues de croire qch. *Far from admiring him I loathe him*, bien loin de l'admirer je le déteste. *Far from diminishing crime increases*, loin de diminuer les crimes augmentent; loin que les crimes diminuent ils augmentent. *So far from his having finished . . .*, tant s'en faut qu'il ait achevé, que. . . . **He is far from (being) happy,** il s'en faut de beaucoup qu'il soit heureux. **Far from it,** tant s'en faut; loin de là; il s'en faut! *Not far from it*, peu s'en faut. *If he is not dead, he is not far from it*, s'il n'est pas mort, il n'en vaut guère mieux. *I am not dissatisfied, far from it, but . . .*, je ne suis pas mécontent, bien loin de là, mais. . . . *Far be it from me to put pressure on you!* loin de moi l'idée de vous influencer! à Dieu ne plaise que je veuille vous influencer! *Far from us such a thought!* Dieu nous préserve (*sub.*) d'une telle pensée! **He is not far off sixty,** il approche de la soixantaine. *Judgments based upon not far from four decades of experience*, jugements fondés sur une expérience de près de quarante années. **By far the best,** de beaucoup le meilleur. *By far the best equipped*, le mieux équipé à beaucoup près. **2.** (*Of time*) **'So far,** jusqu'ici. *Have you seen him?*—**Not 'so far,** l'avez-vous vu?—Pas jusqu'ici; pas encore. (*Cp.* 1 (*a*).) *I am only a student so far*, je ne suis encore qu'étudiant. *As far back as I can remember*, aussi loin, du plus loin, que je puisse me rappeler; du plus loin qu'il me souvienne; d'aussi loin qu'il me souvienne. *As far back as* 1900, déjà en 1900; dès 1900. **As far as I can tell,** autant que je puisse prévoir. *Far back in the Middle Ages*, à une période reculée du moyen âge. *He did not look so far into the future*, il ne regardait pas si avant (dans l'avenir). **To work far into the night,** travailler bien avant dans la nuit.

II. **far.** (*With qualifying adjectives, adverbs, etc.*) Beaucoup, bien, fort. **It is far better,** c'est beaucoup mieux. *It is far more serious*, c'est bien autrement sérieux. *She looks far smarter than you*, elle est autrement chic que vous. *Far other results*, des résultats *m* tout autres. **Far and away the best,** de beaucoup le meilleur. *This is far and away better*, cela vaut infiniment mieux. *He is far and away above the others*, il est à cent pieds au-dessus des autres. *Far and away beyond anything else*, bien supérieur à tout autre. **The night was far advanced, far spent,** la nuit était fort avancée. *See also* SHORT[1] I. 3.

'far-away. **1.** *a.* (*Of land, period, etc.*) Lointain, éloigné, reculé. **His eyes had a far-away look,** il avait le regard vague, abstrait, distrait, perdu dans le vague, plongé dans le lointain; son regard nageait dans le vague. *F.-a. voice*, voix éteinte. **2.** *s. Cin:* Vue prise de loin; lointain *m*.

'far-be'tween, *pred. a.* (*With pl. nouns*) Espacés, rares. *Esp. Visits* **few and far-between,** visites rares et éloignées, rares et espacées, peu nombreuses et à de longs intervalles; *F:* visites rarissimes, rares comme les beaux jours. *Houses few and f.-b.*, maisons rares et espacées. *Islands f.-b.*, îles espacées. *Cf.* FEWER 2.

'far-'famed, *a.* Dont la renommée s'est étendue au loin; célèbre.

'far-'fetched, *a.* (*Of example, comparison, argument, etc.*) Forcé, outré; tiré par les cheveux, amené de bien loin. *The story is too f.-f. to be credible*, l'histoire est trop tirée par les cheveux pour que l'on puisse y ajouter foi.

'far-flung, *attrib.a.* (*Of empire, etc.*) Très étendu, vaste. *Criminal of far-flung activities*, malfaiteur *m* de grande envergure.

'far-gone, *a.* Dans un état avancé. *The f.-g. night*, la nuit avancée. *F.-g. lover*, amoureux fou. *See also* GONE 2.

'far-'off, *a.* (*Of place, time, etc.*) Lointain, éloigné, reculé. *A f.-o. city*, une ville éloignée. *A f.-o. cousin*, un cousin éloigné. **Far-off look** = *far-away look, q.v. under* FAR-AWAY.

'far-reaching, *a.* De grande envergure, d'une grande portée. **To have a far-reaching influence,** être un homme très influent; *F:* avoir les mains longues, le bras long. *Statement of f.-r. effect*, affirmation *f* d'une grande portée. *F.-r. consequences*, conséquences *f* d'une portée incalculable.

'far-'seeing, *a.* (*attrib.* **'far-seeing,** *pred.* **far-'seeing**) Prévoyant, avisé, clairvoyant, perspicace; prescient; prudent. *To be f.-s.*, voir loin; *F:* avoir bon nez; avoir le nez fin.

'far-'sighted, *a.* (*attrib.* **'far-sighted,** *pred.* **far-'sighted**) **1.** = FAR-SEEING. **2.** Presbyte, à la vue longue. **-ly,** *adv. F:* D'une manière prévoyante, avisée, prudente, presciente; avec clairvoyance; avec prescience.

far-'sightedness, *s.* **1.** Prévoyance *f*; prescience *f*; perspicacité *f*. **2.** Presbytie *f*; vue longue.

far[2], *a.* (**farther, -est** ['fɑːrðər, -əst], **further, -est** ['fəːrðər, -əst], *q.v.*) **1.** Lointain, éloigné, reculé. *A far country*, un pays lointain, un pays très loin. *See also* CRY[1] 1, EAST 1, WEST [1]1. **2.** (= *farther, further*) **The far end** (*of a plank, etc.*), le bout le plus éloigné (d'une planche, etc.). *I caught sight of him at the far end of the street*, je l'aperçus à l'autre bout de la rue. *The far bank of the river*, la rive opposée de la rivière.

farad ['farad], *s. El.Meas:* Farad *m*.

faradaic [fara'deiik], *a. El:* (Courant, etc.) faradique.

faradimeter [fara'dimetər], **faradmeter** ['faradmiːtər], *s. El:* Faradmètre *m*.

faradism ['faradizm], **faradization** [faradai'zeiʃ(ə)n], *s. Med:* Faradisation *f*.

faradometer [fara'dɔmetər], *s. El:* Faradmètre *m*.

farandole [faran'dɔl], *s. Danc:* Farandole *f*.

farce[1] [fɑːrs], *s.* **1.** *Th:* Farce *f*. **Knock-about farce,** grosse farce. *F:* **His examination was a farce,** on lui fit passer un examen pour rire. *The trial was a f.*, le procès a été une dérision, une pure farce, une pure comédie. **2.** *Cu: A:* Farce *f*.

farce[2], *v.tr.* **1.** *Cu: A:* Farcir (du veau, etc.). **2.** *Lit: Book farced with Latin tags*, livre farci de bribes de latin.

farcical ['fɑːrsik(ə)l], *a.* (*a*) *Th:* Tenant de la farce; bouffon, burlesque. *A f. play*, une farce. (*b*) *F:* (*Of incident*) Risible, absurde, bouffon, grotesque. *This accusation is f.*, cette accusation est grotesque. *A f. examination*, un examen pour rire. *F. figures*, chiffres ridiculement bas. **-ally,** *adv.* D'une manière risible, absurde, ridicule, grotesque. *F. low figures*, chiffres ridiculement bas.

farcied ['fɑːrsid], *a. Vet:* (Cheval) farcineux.

farcy ['fɑːrsi], *s. Vet:* Farcin *m*; morve *f* chronique.

'farcy-bud, -button, *s.* Bouton farcineux, de farcin.

fardel ['fɑːrdəl], *s.* **1.** *A:* Fardeau *m*. **2.** *Z:* Feuillet *m*, troisième estomac *m* (des ruminants).

fare[1] ['feər], *s.* **1.** (*a*) *Rail: etc:* Prix *m* du voyage, de la place; prix de la course (en taxi, etc.). **Adult fare,** plein tarif. **Full fare,** place entière. **Single fare,** (prix du) billet simple, (prix d')aller *m*. **Return fare,** (prix de l')aller et retour *m*. **Excess fare,** supplément *m*. *To pay one's f.*, payer sa course. (*In bus, etc.*) *Fares, please!* les places, s'il vous plaît! (*To taxi-driver, etc.*) *What is the fare?* je vous dois combien? *See also* HALF-FARE. (*b*) (*In hired vehicle*) Client *m*, voyageur, -euse. *F: My f. tipped me five bob*, mon bourgeois m'a donné cinq shillings de pourboire. **2.** Chère *f*, manger *m*. *Good f.*, bonne chère. *Ordinary f., everyday f.*, manger de tous les jours; l'ordinaire *m*. *Prison f.*, régime *m* de prison. *Lenten f.*, viandes *fpl* de carême. *The scanty f. of this institution*, la maigre nourriture de cet établissement. *Our only f. was bread*, nous n'avions que du pain pour tout festin. *We had but poor f.*, nous avons fait maigre chère; *F:* nous avons eu un maigre rata. *To be fond of good f.*, aimer la table. *See also* BILL[4] 4.

fare[2], *v.i.* **1.** *A. & Lit:* Voyager. *They fared through unknown seas*, ils naviguaient sur des mers inconnues. **To fare forth,** partir. **2.** (*a*) **To fare well, ill,** aller bien, mal; se trouver dans une bonne, mauvaise, situation. *In spite of his efforts he is faring no better*, malgré ses efforts ses affaires ne vont pas mieux. *I have called to ask how he is faring*, je viens demander comment il se porte. **To fare alike,** partager le même sort. *A:* **Fare well!** *A. & Poet:* **fare you well! fare thee well!** adieu! *See also* FAREWELL. (*b*) *Impers. How did it fare with him?* (i) est-ce que la Fortune lui a été propice? (ii) qu'est-il advenu de lui? *How fares it (with you)?* est-ce que ça marche? comment vous trouvez-vous? comment allez-vous? *See also* FURTHER[1] I. 1. **3.** Manger, vivre, se nourrir. *To f. sumptuously*, vivre somptueusement. *To f. badly*, faire maigre chère, mauvaise chère. *We fared well*, nous avons fait bonne chère.

farewell [feər'wel], *int. & s.* Adieu (*m*). **To bid farewell to s.o., to take a, one's, farewell of s.o.,** dire adieu, faire ses adieux, à qn. *F: I have said f. to all that*, j'ai dit adieu à tout cela; j'en ai fini avec tout cela. **Farewell to the holidays!** passées, les vacances! **A farewell call,** une visite d'adieu.

farina [fa'raina], *s.* **1.** (*a*) Farine *f*. (*b*) *Ch:* Fécule *f*. **2.** *Bot:* Pollen *m*. **3.** *Geol:* **Fossil farina,** farine fossile.

farinaceous [fari'neiʃəs], *a.* Farineux, farinacé. *F. food*, (aliment) farineux *m*.

farinose ['farinous], *a. Nat.Hist:* Farinacé, farineux.

farl [fɑːrl], *s. Cu:* (*Scot.*) (*a*) Quart *m* de SCONE, *q.v.* (*b*) = SCONE (fait de froment).

farm[1] [fɑːrm], *s.* **1.** (*a*) Ferme *f* (d'exploitation agricole); (*rented from landlord who stocks it*) métairie *f*. **Sheep-farm,** élevage *m* de moutons. *He was brought up on a f.*, il a été élevé aux champs, à la campagne. **Farm equipment,** matériel *m* agricole. *See also*

BABY-FARM, DAIRY-FARM, HOME-FARM, MUSSEL-FARM, OSTRICH-FARM, OYSTER-FARM, POULTRY-FARM, SEWAGE, STUD-FARM. (*b*) = FARM-HOUSE. **2.** *U.S:* Maison *f* de campagne.

'farm-boy, *s.m.* Garçon de ferme, valet de ferme.

farm-'buildings, *s.pl.* Bâtiments *m*, dépendances *f*, de la ferme.

'farm-hand, *s.* Valet *m* de ferme.

'farm-house, *s.* Ferme *f*; maison *f* de ferme, de fermier.

farm-'labourer, *s.* = FARM-HAND.

'farm-road, *s.* Chemin *m* de terre (menant à la ferme).

farm-'servant, *s.* Valet *m*, fille *f*, de ferme.

'farm-stead, *s.* Ferme *f*.

'farm-yard, *s.* Cour *f* de ferme; basse-cour *f*, *pl.* basses-cours.

farm², *v.tr.* **1.** Prendre à ferme, affermer (des impôts). **2. To farm (out).** (*a*) Donner à ferme, affermer (des impôts); amodier (une terre). *To f. native labour*, affermer la main-d'œuvre indigène. (*b*) Mettre (des enfants) en nourrice. **3.** (*a*) Cultiver, faire valoir (une propriété). *To f. a hundred acres*, exploiter cent arpents. (*b*) *Abs.* Être fermier; faire de la culture.

farming¹, *a.* *F. communities*, peuples cultivateurs.

farming², *s.* **1.** Affermage *m* (d'une propriété, des impôts). **2.** Exploitation *f* agricole; agriculture *f*, culture *f*; exploitation du sol, de la terre, d'une ferme. *F. on a large scale*, grande exploitation (agricole). *F. of small areas*, petite exploitation. *Cottage f.*, petite culture. **Dry farming,** culture à sec. **Stock farming,** élevage *m*. **Farming lease,** bail *m* à ferme. *Attrib.* **Farming implement,** instrument *m* aratoire. *See also* BABY-FARMING, DAIRY-FARMING, FUR-FARMING, OYSTER-FARMING, POULTRY-FARMING, SHEEP-FARMING.

farmer ['fɑːrmər], *s.* **1. Farmer of revenues,** fermier *m* des impôts. **2.** Fermier, cultivateur *m*. *The farmer's wife*, la fermière. **Tillage farmer,** laboureur *m*. **Stock farmer,** éleveur *m*. *U.S:* **Dirt farmer,** (i) fermier qui travaille la terre de ses propres mains; (ii) agriculteur *m* (par opposition à "éleveur"). **Produce-sharing farmer,** *U.S:* **farmer working on shares,** métayer *m*, colon *m*. **Farmer Giles,** le fermier Giles. *Prov:* **A good farmer makes a good farm,** tant vaut l'homme, tant vaut la terre. *See also* BABY-FARMER, GENTLEMAN-FARMER, POULTRY-FARMER, TENANT-FARMER.

farmer-'general, *s.* *Fr.Hist:* Fermier général, *pl.* fermiers généraux.

Farnese [fɑːr'neize]. *Pr.n.* *Ital. Hist:* Farnèse.

farness ['fɑːrnəs], *s.* **1.** Éloignement *m*. **2. Farness of sight,** (i) presbytisme *m*; (ii) clairvoyance *f*, perspicacité *f*.

faro ['fɛəro], *s.* *Cards:* Pharaon *m*.

Faroe Islands ['fɛəro'ailəndz, 'far-]. *Pr.n.pl.* *Geog:* Les îles *f* Féroé.

Faroese ['fɛərouiːz, 'far-], *a.* & *s.* *Geog:* (Natif, originaire) des îles Féroé.

farrago [fa'reigo], *s.* *Pej:* Farrago *m*, méli-mélo *m*, *pl.* mélis-mélos; olla-podrida *f inv*; macédoine *f*. *F. of useless knowledge*, fatras *m* de connaissances.

farrier ['fariər], *s.* **1.** Maréchal (ferrant). *Mil:* **Sergeant farrier,** maître *m* maréchal ferrant. **2.** Vétérinaire *m*.

farriery ['fariəri], *s.* **1.** Maréchalerie *f*. **2.** Art *m* vétérinaire.

farrow¹ ['faro], *s.* Portée *f* de cochons; cochonnée *f*. **Sow in, with, farrow,** truie pleine. *Sow that has had fifteen pigs at one f.*, truie qui a mis bas quinze petits en une cochonnée.

farrow². **1.** *v.tr.* Mettre bas (des cochons). **2.** *v.i.* (*Of sow*) Faire des petits; cochonner; mettre bas.

fart¹ [fɑːrt], *s.* (*Not in decent use*) Pet *m*.

fart², *v.i.* (*Not in decent use*) Péter; faire un pet; lâcher un pet.

farther ['fɑːrðər]. (*Comp. of* far) **1.** *adv.* (*a*) Plus loin (*than*, que). **Farther off,** plus éloigné; plus loin. **Farther on,** (i) plus en avant; plus loin; (ii) plus en avance. *F. on we shall see that . . .*, plus loin nous verrons que. . . . *He is f. on than you*, il est plus avancé que vous. *To penetrate f. into the country*, pénétrer plus avant dans le pays. *I can go no f.*, (i) je ne saurais aller plus loin; (ii) je n'en peux plus! *F:* **Anything he is told goes no farther,** ce qu'on lui dit ne va pas plus loin. **Nothing is farther from my thoughts,** rien n'est plus éloigné de ma pensée. *F. than a certain point*, au delà d'un certain point. *F:* **To wish s.o. farther,** envoyer qn au diable. *I'll see you f. first!* plus souvent! va-t'en voir si j'y suis! *See also* FEWER 2. (*b*) **Farther (back),** plus en arrière. *F. back than* 1500, antérieurement à 1500. (*c*) Davantage, de plus, aussi, encore. (*Further, q.v., is more usual in this sense.*) **2.** *a.* (*a*) Plus lointain, plus éloigné. *At the f. end of the room*, à l'autre bout de la salle; au fond de la salle. *On the f. bank of the river*, sur la rive opposée de la rivière. *A.Geog:* **Farther Calabria,** la Calabre ultérieure. (*b*) **Farther back,** antérieur (*than*, à). (*c*) En plus, de plus. (*Further, q.v., is more usual in this sense.*)

farthermost ['fɑːrðərmoust], *a.* (*Of place*) Le plus lointain, le plus éloigné, le plus reculé. *To the f. ends of the earth*, jusqu'aux extrémités *f* de la terre.

farthest ['fɑːrðəst]. (*Sup. of* far) **1.** *a.* (*a*) **Farthest (off),** le plus lointain, le plus éloigné, le plus reculé. **At (the) farthest,** (*of place*) au plus loin, (*of time*) au plus tard. *In f. Siberia*, au fin fond de la Sibérie. (*b*) (*Of way, distance, etc.*) Le plus long. *It was the f. piece of travel that we accomplished*, c'est le plus loin que nous ayons pénétré. (*c*) *The men f. in my confidence*, les hommes les plus avancés dans ma confiance, à qui je me suis le plus confié. **2.** *adv.* Le plus loin.

farthing ['fɑːrðiŋ], *s.* Quart *m* d'un penny; = *A:* liard *m*. *F:* **Not to have a farthing,** n'avoir pas le sou; n'avoir pas un sou vaillant; *P:* ne pas avoir un rond, un radis. **To pay to the uttermost, to the last, farthing,** payer jusqu'au dernier sou; payer ric-à-rac; payer rubis sur l'ongle. *To stake one's last f.*, jouer son va-tout. *To take s.o.'s last f.*, *F:* sucer qn jusqu'au dernier sou, jusqu'à la moelle des os. *I would have given my last f. to help him*, j'aurais donné mon dernier sou pour l'aider. *Not a f.!* pas un centime! **Not to be worth a brass farthing,** ne pas valoir un centime, un rouge liard; *P:* ne pas valoir un pet de lapin. *I don't care a brass f.*, je m'en moque absolument; je m'en moque comme de ma première chemise; je m'en moque comme de Colin-Tampon.

farthingale ['fɑːrðiŋgeil], *s.* *A.Cost:* Vertugadin *m*, bouffante *f*.

fasces ['fasiːz], *s.pl.* *Rom.Ant:* Faisceaux *m*; faisceau de verges (d'un licteur).

fascia, *pl.* **-iae** ['faʃia, -iiː], *s.* **1.** (*a*) *Arch:* Fasce *f*, bandelette *f*, bande *f*. (*b*) *Com:* Enseigne *f* en forme d'entablement. **Fascia writer,** peintre *m* en lettres. *See also* BOARD¹ 1. **2.** *Anat:* Fascia *m*, aponévrose *f*. **3.** *Her:* Fasce. **4.** *Nat.Hist:* Bande de couleur.

fascial ['faʃiəl], *a.* *Anat:* Fascial, -iaux, aponévrotique.

fasciated ['faʃieitid], *a.* (*a*) *Nat.Hist:* Rayé. (*b*) *Bot:* Fascié.

fasciation [faʃi'eiʃ(ə)n], *s.* *Nat.Hist:* Fasciation *f*.

fascicle ['fasikl], **fascicule** ['fasikjul], *s.* *Nat.Hist:* *Bookb:* *etc:* Fascicule *m*.

fascicled ['fasikld], **fascicular** [fa'sikjulər], **fasciculate** [fa'sikjulet], **fasciculated** [fa'sikjuleitid], *a.* *Nat.Hist:* Fasciculé, fasciculaire.

fasciculus [fa'sikjuləs], *s.* *Anat:* Trousseau *m* (de vaisseaux sanguins, etc.).

fascinate ['fasineit], *v.tr.* (*a*) (*Of serpent, etc.*) Fasciner, charmer (sa proie). (*b*) *F:* Fasciner, enchanter, séduire (qn).

fascinating, *a.* Fascinateur, -trice; enchanteur, -eresse; attachant; attrayant, séduisant; (enfant) prenant. *F. piece of work to undertake*, œuvre passionnante à entreprendre. *His voice is as f. as ever*, sa voix est aussi prenante que jamais.

fascination [fasi'neiʃ(ə)n], *s.* **1.** Fascination *f* (d'une proie). **2.** *F:* Fascination, charme *m*, attrait *m*, séduction *f*, attirance *f*. (*Of woman*) *To have f.*, exercer un charme; *P:* avoir du chien, avoir de ça.

fascinator ['fasineitər], *s.* **1.** Fascinateur, -trice. **2.** *Cost:* Fichu *m* de laine légère.

fascine¹ [fa'siːn], *s.* *Fort:* *Hyd.E:* Fascine *f*; (*small*) faguette *f*. *Fort:* Fagot *m* de sape. **Fascine work,** fascinage *m*.

fascine 'dwelling, *s.* *Archeol:* Habitation *f* lacustre.

fascine², *v.tr.* Fasciner (un fossé, etc.).

fascism ['faʃizm], *s.* *Pol:* Fascisme *m*.

fascist ['faʃist], *a.* & *s.* *Pol:* Fasciste (*mf*).

fash¹ [faʃ], *s.* *Metalw:* Bavure *f*.

fash², *s.* *Scot:* Tracas *m*, ennui *m*.

fash³, *v.tr.* *Scot:* Agacer, ennuyer (qn). **To fash oneself,** se tracasser, se tourmenter, se faire de la bile (*about*, à propos de).

fashion¹ ['faʃ(ə)n], *s.* **1.** Façon *f* (d'un habit, etc.); forme *f* (d'un objet); manière *f* (de faire qch.). **To do sth. army fashion,** faire qch. à la (manière) militaire. (*In the*) *French f.*, à la française. *Hair dressed (in) Greek f.*, coiffure *f* à la grecque. *Everyone does it in his own f.*, chacun le fait à sa mode, à sa façon. *Tripe cooked in the Caen f.*, tripes *f* à la mode de Caen. *To do sth. in a leisurely f.*, *F:* faire qch. à la papa. *To speak in a rude f.*, parler grossièrement. **After the fashion of . . .,** à la façon, à la manière, de. . . . *Novel after the f. of Galsworthy*, roman écrit à la Galsworthy, à la manière de Galsworthy. **After a fashion,** tant bien que mal; *F:* cahin-caha. *He is kind after a f.*, il est bon à sa manière. *A great man after a f.*, une façon de grand homme. *He can play (the piano) after a f.*, *F:* il tapote. **2.** Habitude *f*, coutume *f*. *He rose at six, as was his f.*, il se leva à six heures, selon sa coutume. **3.** (*Of clothes, customs, etc.*) Mode *f*, vogue *f*. **In (the) fashion,** à la mode, de mode, en vogue. **Out of fashion,** passé de mode; démodé. *It is no longer the f.*, *in f.*, cela n'est plus de mode. **In the latest fashion,** à la dernière mode; *F:* dernier cri. *In the reigning f.*, *in the f. of the day*, au goût du jour; à la mode en vogue. **To bring sth. into fashion,** mettre qch. à la mode; lancer la mode de qch. **To set the fashion,** faire école; lancer la mode. *To bring in the f. of doing sth.*, amener la mode de faire qch. **To come into fashion,** devenir de mode; entrer en vogue. *See also* GO OUT 2. *It became the f. to . . .*, il était devenu de mode de . . ., la mode s'établit de. . . . **To lead, set, the fashion,** donner la note, le ton; fixer, régir, mener, la mode. **A man of fashion,** un élégant. *A woman of f.*, une mondaine. *People of f.*, gens *m* de condition; le beau monde. *Vulgar follower of f.*, snob *m*; (*of girl*) snobinette *f*. *Devotion to f.*, snobisme *m*. *To think too much of f.*, être trop mondain; faire trop de genre. *Animated cartoons* **are all the fashion** *now*, les dessins animés sont la grande vogue à l'heure actuelle. *Com:* *The fashions trade*, la haute mode. *See also* HEIGHT 4, JOURNAL¹ 2.

'fashion-book, -magazine, *s.* Journal *m* de modes, *pl.* journaux de modes.

'fashion-piece, *s.* *N.Arch:* Estain *m*.

'fashion-plate, *s.* **1.** Gravure *f* de modes. **2.** *F:* Élégant, -ante.

fashion², *v.tr.* **1.** Façonner, former, configurer (une poterie, un bloc de marbre, etc.); confectionner (une robe, etc.); élaborer (une matière brute). *God fashioned man in His likeness*, Dieu a formé l'homme à son image. **To fashion a lump of clay into a jug,** donner la forme d'une cruche à un morceau d'argile. *Knitting:* **To fashion a stocking,** faire les diminutions *f* d'un bas. **2.** *A:* Adapter (*to*, à). *Doctrines fashioned to the varying hour*, doctrines accommodées au goût du jour.

fashioned, *a.* **1.** (*Of wood, marble, etc.*) Façonné, travaillé, ouvré. *See also* FULL-FASHIONED. **2. New-fashioned,** de nouvelle mode, à la mode (du jour). *See also* OLD-FASHIONED.

fashioning, *s.* Façonnement *m*, façonnage *m*, confectionnement *m*. *She would take refuge in a dream of her own f.*, elle cherchait un refuge dans un rêve qu'elle s'était forgé elle-même.

fashionable ['faʃənəbl]. **1.** *a.* A la mode, élégant, fashionable, en vogue. *Blue is very f. this year*, le bleu se porte beaucoup cette année. *The f. world*, la société, le beau monde; *F:* le monde chic. *A f. resort*, un endroit mondain. *A f. man*, un fashionable, un élégant. *F. custom*, coutume *f* en vogue. *F. dinner*, *F:* dîner chic. (*Ladies'*) *f. clothes*, modes *f*. **2.** *s. pl.* *A:* *Our fashionables*, nos élégants. *Our fair fashionables*, nos élégantes. **-ably**, *adv.* Élégamment, à la mode, fashionablement.

fashionableness [ˈfaʃənəblnəs], *s.* Élégance *f* (d'une toilette); recherche *f* (dans la tenue). *The f. of a custom*, la vogue d'une coutume.

Fashoda [faˈʃoudə]. *Pr.n. Geog:* Fachoda.

fast[1] [fɑːst], *s.* **1.** Jeûne *m.* *Ecc:* **The Lenten fast**, le jeûne du Carême. **To break one's fast**, (i) rompre le jeûne; (ii) déjeuner. *I have not yet broken my f.*, je suis encore à jeun. *To observe a rigorous f.*, observer un jeûne rigoureux. **2.** *Med:* Diète *f.*

'fast-day, *s.* *Ecc:* Jour *m* de jeûne, d'abstinence; jour maigre.

fast[2], *v.i.* **1.** (*a*) Jeûner; s'infliger des jeûnes, des privations; s'abstenir (*from*, de). (*b*) *Ecc:* Jeûner; faire maigre. *See also* LENT[1]. **2.** *Med: etc:* Être à la diète.

fasting[1], *a.* (*Of pers.*) A jeun. *Med:* **To be taken fasting**, à prendre le matin à jeun.

fasting[2], *s.* **1.** Jeûne *m.* *Life of constant f.*, vie *f* d'ascète. **2.** Diète *f.*

fast[3]. I. *a.* **1.** (*a*) (*Of stake, etc.*) Ferme, fixe, stable, solide; (*of grip, hold*) tenace; (*of knot, etc.*) serré. **Fast pulley**, poulie *f* fixe. *Feet f. in the mud*, pieds collés dans la boue. *The car was f. in the mud*, la voiture était embourbée. *Ship f. in the mud*, navire pris dans la vase. **To make** (*a post, etc.*) **fast**, assurer (un pieu, etc.). *Nau: etc:* **To make a rope fast**, tourner, encapeler, amarrer, un cordage. *To make a rope f. to a cable*, frapper un cordage sur un câble. **To have fast hold of sth.**, tenir qch. serré. *To hold a prisoner f.*, (i) tenir ferme un prisonnier; (ii) tenir un prisonnier à l'étroit. **Fast friends**, des amis sûrs, solides, fidèles. *See also* HARD AND FAST. (*b*) *Nau:* (*Of boat, etc.*) Amarré. *To make a boat f. to the shore*, amarrer un bateau à terre. *Abs.* **To make fast**, prendre le corps-mort; s'amarrer. *To make f. with two warps*, s'amarrer avec deux grelins. *To make f. with four warps*, s'amarrer à quatre. (*c*) (*Of door, window, lid, etc.*) (Bien) assujetti; bien fermé. **To make fast the doors**, fermer les portes. (*d*) *Dy:* (*Of colour*) Solide, résistant; bon teint *inv*; grand teint *inv.* *These colours are not f.*, ces couleurs ne résistent pas. (*e*) *Bac:* (Microbe) qui possède une grande résistance vitale. **2.** (*a*) (*Of horse, vehicle, journey, etc.*) Rapide. *Nau:* **Fast sailer**, fin voilier, bon marcheur. *F. runner, car, team*, coureur *m*, voiture *f*, équipe *f*, vite. *Fb: F. forwards*, avants *m* très vites. *You are a f. walker*, vous marchez vite. *Rail:* **Fast train**, rapide *m*, express *m*. **To send goods by fast train**, expédier des marchandises *f* en grande vitesse. *See also* FURIOUS. (*b*) *Games: etc:* **Fast billiard-table, tennis-court**, billard *m*, court *m*, qui rend bien. (*c*) *Phot:* **Fast lens**, objectif lumineux. **3.** (*a*) (*Of clock, watch*) En avance. **Fast of Greenwich**, en avance sur l'heure. *My watch is five minutes f.*, ma montre avance, j'avance, de cinq minutes. *To make a watch go faster*, avancer une montre. (*b*) *U.S:* (Balance *f*) qui exagère le poids, qui marque trop. **4.** *F:* (*Of pers.*) (*a*) Dissipé; de mœurs légères; *P:* cascadeur, -euse. **The fast set**, les viveurs *m*. *F. life*, vie *f* de plaisirs. *To lead a f. life, F:* mener une vie de bâton de chaise; rôtir le balai. *See also* LIVER[2]. (*b*) (Trop) émancipé. *F. girl*, jeune fille d'allures très libres. *She is a bit f. in her manners*, elle est un peu trop émancipée, un peu trop dans le mouvement.

II. **fast**, *adv.* **1.** (*a*) Ferme, solidement, fortement, bien. **To hold fast**, tenir ferme; tenir bon. *Stake fixed f. in the ground*, pieu solidement fixé, bien assujetti, dans la terre. **To stand fast**, tenir bon; rester inébranlable; ne pas bouger. *He sat f. in his chair*, il restait collé sur sa chaise; il ne bougeait pas de sa chaise. **To stick fast**, (i) bien tenir; (ii) rester pris, rester collé. *To stick f. to sth.*, (i) bien adhérer à qch.; (ii) ne pas lâcher qch. *The net got f. to a rock*, le filet s'est trouvé engagé par une roche. *Tex:* **Fast dyed**, grand teint *inv*. **Eyes fast closed**, yeux bien fermés. **To sleep fast**, dormir d'un profond sommeil, à poings fermés. *See also* ASLEEP 1. *Prov:* **Fast bind fast find**, méfiance est mère de sûreté. *F:* **To play fast and loose**, agir avec inconstance; manquer de droiture; jouer double jeu (*with s.o.*, avec qn). *To play f. and loose with s.o.'s affections*, se jouer, abuser, de l'affection de qn; trahir (une jeune fille). (*b*) **Fast beside, fast by** (**sth.**), tout près (de qch.). *See also* HEEL[1] 1. **2.** Vite, rapidement. **To run fast**, courir vite. **Fast-moving car**, (i) voiture lancée à toute vitesse; (ii) voiture rapide. **Not so fast!** pas si vite! doucement! (*to an interrupter*) permettez! **Bad news travels fast**, les mauvaises nouvelles courent vite, ont des ailes. *It is raining f.*, il pleut à verse. *It is snowing f.*, il neige dru. *He ran off* **as fast as he could, as fast as his legs could carry him**, il s'enfuit à toute vitesse; il prit ses jambes à son cou; il se sauva à toutes jambes. *He went up as f. as he could*, il est monté du plus vite qu'il a pu. *He drew back as f. as I advanced*, (au fur et) à mesure que j'avançais il reculait. *He'll do it f. enough if you pay him well*, il le fera promptement, il ne se fera pas prier, si vous le payez bien. *See also* BOIL[3] 1, LIVE[2] 1, THICK III. 2.

III. **fast**, *s.* *Nau:* Amarre *f.* *See also* SHORE-FAST.

fasten [fɑːsn]. **1.** *v.tr.* (*a*) (*Attach*) Attacher (*to, on*, à). *To f. s.o.'s hands together*, attacher, lier, les mains à qn. **To fasten papers together with a clip**, attacher des papiers (ensemble) avec une agrafe. *To f. a beam with dowels*, assujettir une poutre avec des chevilles de bois. **To fasten a stay**, ancrer un tirant. *To f. a boat to a post*, amarrer un bateau à un pieu. **To fasten sheep in a pen**, enfermer des moutons dans un parc. **To fasten one's eyes on s.o.**, attacher, fixer, les yeux sur qn; fixer qn. **To fasten s.o. with a reproachful eye**, fixer qn d'un œil plein de reproches. **To fasten a crime on s.o.**, imputer un crime à qn. *To f. a quarrel upon s.o.*, forcer qn à se quereller. *To f. the responsibility on s.o.*, mettre, rejeter, la responsabilité sur le dos de qn. *I know that this article has been fastened on to me*, je sais qu'on m'a imputé, m'a attribué, cet article. (*b*) (*Hold securely*) Fixer, assurer, assujettir. **To fasten a banging shutter**, fixer, arrêter, un volet qui bat. *To f. a door with a bolt*, fermer une porte au verrou. **To fasten (up) a parcel with string**, lier un colis avec une ficelle. *To f.* (*up*) *a garment, a corset*, agrafer, boutonner, un vêtement; agrafer un corset. (*c*) Cheviller (le bordé d'une embarcation, etc.). **2.** *v.i.* S'attacher, se fixer. (*a*) (*With passive force*) (*Of garment*) S'agrafer, se boutonner; (*of door, etc.*) se fermer. *Door that fastens with a bolt*, porte qui se ferme au verrou. *The tool fastens into the socket*, l'outil se fixe dans la douille. (*b*) *The crab fastened on to his leg*, le crabe s'accrocha à sa jambe. *His opponent fastened on to his leg*, son adversaire s'agrippa, se cramponna, à sa jambe. *My eyes fastened on the statue*, mes yeux s'arrêtèrent, s'attachèrent, sur la statue. **He fastened on me as an easy prey**, il s'attacha à moi, flairant un jobard. *He fastened* (*up*)*on me as the cause of the disorder*, il s'en prit à moi comme étant la cause du désordre. *To f.* (*up*)*on a pretext*, saisir un prétexte.

fasten down, *v.tr.* Assujettir (qch. à terre, le couvercle d'une boîte); fixer (qch.) à terre ou en place; sceller (une lettre). *To f. down the lid with screws*, visser le couvercle.

fasten off, *v.tr.* *Needlew:* *To f. off the stitches, abs.* **to fasten off**, arrêter le fil.

fasten up, *v.tr.* **1.** Attacher (solidement). *To f. up a dog*, mettre un chien à la chaîne. **2.** *To f. up one's hair*, relever ses cheveux (en chignon); nouer ses cheveux.

fastening, *s.* **1.** Attache *f*, attachement *m*; fixage *m*, fixation *f* (de qch. sur qch., d'un outil dans une douille, etc.); assujettissement *m* (d'une porte, etc.); liaison *f*, chevillage *m* (de pièces d'assemblage, etc.); ancrage *m* (d'un tirant, etc.); amarrage *m* (d'un bateau à un pieu, etc.); agrafage *m* (d'un vêtement, etc.). *F. with bolts*, boulonnage *m*. **2.** = FASTENER. **Fastenings**, attaches; *Mec.E: etc:* pièces *f* d'assemblage.

fastener [ˈfɑːsnər], *s.* Attache *f*; (*of garment*) agrafe *f*; (*of book, purse*) fermoir *m*; (*of window, etc.*) fermeture *f*; (*of French window*) espagnolette *f*, patte *f*. **Door fastener**, targette *f*. *Aut:* **Bonnet fastener**, attache-capot *m inv*; attache de capot; crochet *m* ou tirette *f* de fermeture. **Sliding fastener, lightning fastener**, fermeture curseur (d'un sac à main, d'une blague à tabac, etc.); fermeture éclair *inv*. **Patent fastener, dome fastener, snap fastener**, fermoir pression, bouton *m* (à) pression; (*of glove, etc.*) attache à fermoir. *See also* BELT-FASTENER, PAPER-FASTENER, ZIP[1] 3.

faster[1] [ˈfɑːstər], *s.* Jeûneur, -euse.

faster[2], *a. & adv. Comp. of* FAST[3].

fasti [ˈfastai], *s.pl. Rom. Ant:* Fastes *m.*

fastidious [fasˈtidiəs], *a.* Difficile, délicat, exigeant (*about sth.*, sur qch.); dégoûté, blasé, difficile à contenter. **To be fastidious**, être difficile à contenter; faire le difficile, le délicat. *Don't be so f., F:* ne faites pas la petite bouche. *To be very f. in, about, one's dress*, être d'une coquetterie méticuleuse, avoir de la coquetterie (pour sa tenue). **To be fastidious about grammar**, être à cheval sur la grammaire. **-ly**, *adv.* D'un air de dégoût; avec une délicatesse exagérée; d'un air blasé; dédaigneusement.

fastidiousness [fasˈtidiəsnəs], *s.* Goût *m* difficile; délicatesse exagérée.

fastigiate [fasˈtidʒiet], *a. Bot:* Fastigié.

fastness [ˈfɑːstnəs], *s.* **1.** (*a*) Fermeté *f*, stabilité *f* (d'un pieu, d'un nœud, etc.); solidité *f* (d'une couleur, etc.). (*b*) Rapidité *f*, vitesse *f* (d'un train, etc.). (*c*) Liberté *f* d'allures, légèreté *f* de conduite (d'une jeune fille, etc.). **2.** *Lit:* (*a*) Forteresse *f*, place forte. **Mountain fastness**, repaire *m* (de voleurs, etc.). (*b*) *F:* Rempart *m* (de la liberté, etc.).

fat[1] [fat], *a.* (**fatter; fattest**) **1.** (*a*) (*Of pers.*) Gros, *f.* grosse; gras, *f.* grasse; corpulent; (*of animal, meat*) gras; (*of tissue*) adipeux. *F:* **As fat as a pig, as a monk**, gras à lard; gras comme un moine. *To get, grow, fat*, engraisser; devenir corpulent; prendre de l'embonpoint. *To make* (*s.o., an ox*) *fat*, engraisser (qn, un bœuf). **Fat laugh**, rire gras. *To give a fat laugh*, rire gras. **Fat volume**, gros tome. *P:* **To cut it fat**, (i) exagérer; (ii) faire de l'épate. *See also* CUT UP 1. (*b*) **Fat stroke**, plein *m* (d'une lettre). *Typ:* **Fat type**, caractères gras. *Paint:* **Fat edge**, excès de couleur laissé sur une arête. *Aut:* **Fat spark**, étincelle nourrie. (*c*) (*Of clay, lime, etc.*) Gras. **Fat coal**, houille grasse, bitumineuse. **2.** (*Of land*) Riche, fertile, gras. *F:* **Fat salary**, de gros appointements. **Fat job**, emploi facile et grassement rétribué. **Fat living**, prébende *f* qui rapporte gros; grasse prébende. *P:* **A fat lot** *of good 'that'll do you!* cela vous fera une belle jambe! *A fat lot of difference it makes to 'you!* pour ce que ça vous coûte! *A fat lot 'you know about it!* comme si vous en saviez quelque chose!

'fat-faced, *a.* **1.** A grosse figure. **2.** *Typ:* (Caractères) gras.

'fat-guts, *s. P:* Gros ventru.

'fat-head, *s. F:* Imbécile *m*, nigaud *m*; bêta *m*; *P:* ballot *m*, gourde *f*, saucisse *f*, melon *m*, citrouille *f*, cruche *f*, buse *f*. *Did you ever see such a f.-h.! P:* il en a une couche! *What a f.-h.! P:* quelle couenne!

'fat-headed, *a.* **1.** *Z:* A grosse tête. **2.** *F:* Imbécile; à l'esprit bouché; sot, sotte. *That f.-h. postman*, cet imbécile de facteur.

'fat-'witted, *a. F:* Lourd, lourdaud; (à l'esprit) borné.

fat[2], *s.* **1.** Graisse *f.* *Animal, vegetable, fat*, graisse animale, végétale. *Mutton fat*, suif *m* de mouton. *Pharm: etc:* **Hog's fat**, axonge *f*, panne *f*. *Cu:* *Frying fat*, friture *f*. *F:* **The fat is in the fire**, le feu est aux poudres! le feu est au pot! gare la bombe! *To smell of burnt fat*, sentir le graillon. *F:* (*Of pers.*) **To put on fat**, prendre de la graisse; engraisser. *See also* WOOL-FAT. **2.** Gras *m* (de viande). **Green fat**, parties gélatineuses (d'une tortue). *F:* **To live on the fat of the land**, vivre comme un coq en pâte, de tout ce qu'il y a de meilleur; vivre grassement. *F:* **It's mixed fat and lean**, c'est moitié farine et moitié son. *P:* **A bit of fat**, une affaire pépère; un coup de chance; un peu de beurre dans les épinards. *To get a bit of fat*, avoir de la chance; trouver le filon. *See also* CHEW[2].

'fat-reducing, *a.* (Régime, etc.) amaigrissant, obésifuge.

fat[3], *v.tr. & i. Husb:* = FATTEN.

fatted, *a. A:* Engraissé. **To kill the fatted calf**, tuer le veau gras. *I suppose you are expecting the fatted calf*, vous vous attendez sans doute à ce qu'on vous fasse fête.

fatting, *s.* = FATTENING[2].

fatal ['feit(ə)l], *a.* Fatal, -als. **1.** (*a*) (*Of occurrence, necessity, etc.*) Inévitable. *The f. hour*, l'heure fatale; l'heure de la mort. (*b*) (*Of omen*) Sinistre. *During that f. night*, pendant cette nuit fatale. (*c*) *Myth:* **The fatal Sisters,** les déesses fatales; les Parques *f.* **The fatal thread,** le fil de la vie. **The fatal shears,** les fatals ciseaux; les ciseaux de la Parque. (*d*) (*Of resolution, etc.*) *When the f. moment came*, au moment fatal. **2.** (*a*) Mortel. **Fatal blow,** coup fatal, mortel. **Fatal accident,** accident mortel; fatalité *f.* **Fatal disease,** maladie mortelle, qui ne pardonne pas. (*b*) Funeste (*to*, à). *F. decision*, décision *f* funeste; décision de malheur. *Reef f. to navigation*, écueil fatal, funeste, à la navigation. *To have a f. influence over s.o.*, exercer une influence néfaste sur qn. *That was a f. mistake of yours*, vous avez commis là une faute capitale. **-ally,** *adv.* **1.** Fatalement, inévitablement. **2.** Mortellement (blessé, etc.).

fatalism ['feitəlizm], *s.* Fatalisme *m.*

fatalist ['feitəlist], *s.* Fataliste *mf.*

fatalistic [feitə'listik], *a.* Fataliste.

fatality [fə'taliti], *s.* **1.** (*Fate*) Fatalité *f*; (i) destinée *f* inévitable; (ii) destin *m.* **2.** Caractère *m* funeste, influence *f* néfaste (*of*, de). **3.** Accident mortel; sinistre *m.* *There were no fatalities*, il n'y a pas eu de mort *f.* *Bathing fatalities*, baignades tragiques, mortelles. *The fatalities to which the human race is liable*, les sinistres, les catastrophes *f*, auxquel(le)s est exposée la race humaine.

fatally ['feitəli], *adv.* *See* FATAL.

Fata Morgana ['fɑːtamɔːr'gɑːna], *s.* Fata Morgana *f*; (château *m* de) la Fée Morgane; mirage *m.*

fate [feit], *s.* Destin *m*, sort *m*; fatalité *f.* (*a*) **Stroke of fate,** coup *m* du destin, du sort. *Pursued by f.*, poursuivi par la fatalité. **There is no striving against fate,** on ne lutte pas contre le sort, contre le destin. *See also* IRONY[1], SURE 2. **Fate wills it,** ainsi le veut le sort. *Myth:* **The Fates,** les Parques *f*; les Sœurs filandières. (*b*) **To leave s.o. to his fate,** abandonner qn à son sort. *His f. was already decided*, on avait déjà décidé de son sort. *See also* SEAL[4] 1. (*c*) *He went to his f. like a hero*, il alla à la mort en héros. *He met his f. in* 1915, il trouva la mort en 1915. *Hum:* **He has found his fate,** il a trouvé l'âme sœur.

fated ['feitid], *a.* **1.** (*Of day, occurrence, etc.*) Fatal, -als; inévitable. **2.** Destiné, condamné (*to do sth.*, à faire qch.). *F. to fail*, voué à l'échec. *It is f. that I should remain here*, il est écrit que je resterai ici. *See also* ILL-FATED. **3.** Voué à la destruction; condamné. *The artillery closed upon the f. city*, l'artillerie encercla la malheureuse ville.

fateful ['feitful], *a.* **1.** (Voix *f*, etc.) prophétique. **Fateful word,** parole *f* fatidique. *To pronounce the f. words*, prononcer les paroles sacramentelles. **2.** (Jour, etc.) décisif, fatal, -als. *Every minute was f.*, chaque minute était capable de décider de notre sort. **3.** (Événement, etc.) fatal, inévitable.

father[1] ['fɑːðər], *s.* **1.** Père *m.* *He is the f. of a family*, il est père de famille; c'est un père de famille. **From father to son,** de père en fils. *They have been directors of the concern, f. and son, for a hundred years*, ils dirigent l'entreprise de père en fils depuis un siècle. **He's his father's son,** c'est bien le fils de son père. *On the f.'s side*, du côté paternel. **Like a father,** paternellement, en père. *F: To talk to s.o. like a f.*, sermonner qn. **Yes, Father,** oui, (mon) père. *Th:* **Heavy father,** père noble. *To play heavy fathers*, tenir l'emploi de père noble. **Heavy-father tone, air,** ton *m*, air *m*, paterne. *F: Well,* **Father William,** *how goes it?* eh bien, l'ancien, comment ça va? *Prov:* **The child is father of the man,** l'homme est en germe dans l'enfant. **Like father like son,** tel père tel fils; bon chien chasse de race. **Father Tiber,** le dieu Tibre. *See also* CHRISTMAS, TIME[1] 1. **2.** *pl.* **Our fathers,** nos ancêtres *m*, nos aïeux *m*, nos pères. *See also* GATHER I. 1. **3.** (*a*) *F:* Père, fondateur *m*, créateur *m* (d'une science, d'un art, etc.). **The Father of Lies,** le père du mensonge. *He was the f. of that great scheme*, c'est lui l'auteur de ce grand projet. *See also* WISH[1]. (*b*) **The Fathers of the Church,** les Pères de l'Église. *See also* PILGRIM 2. **4.** *Theol:* **God the Father,** Dieu le Père. **Our Father which art in Heaven,** notre Père qui êtes aux cieux. **The Father, the Son, and the Holy Ghost,** le Père, le Fils et le Saint-Esprit. **5.** *Ecc:* (*a*) **The Holy Father, the Father of the Faithful,** le Saint-Père, le père des fidèles. **Father confessor,** père spirituel; directeur *m* (de conscience). (*b*) **Father O'Malley,** (i) (*belonging to a monastic order*) le Père O'Malley; (ii) (*a priest*) l'abbé O'Malley. (*In address*) **Yes, Father,** (i) oui, mon Père; (ii) oui, monsieur l'Abbé. *A Carmelite f.*, un père carme. *The Capuchin fathers*, les pères capucins. *See also* REVEREND 2. **6.** Doyen *m* (d'une société, de la Chambre, etc.). **The City Fathers,** (i) *Rom.Hist:* les Édiles *m*; (ii) *Hum:* le conseil municipal; nos édiles. *See also* CHAPEL 2, CONSCRIPT[1].

'father-in-law, *pl.* **fathers-in-law,** *s.m.* Beau-père, *pl.* beaux-pères.

father[2], *v.tr.* **1.** Engendrer (un enfant); *F:* inventer, produire (qch.); concevoir (un projet). **2.** Adopter (un enfant); servir de père à (un enfant, une tribu, etc.). **3.** Avouer la paternité (d'un enfant, d'un livre, etc.). **4.** **To father a child,** *F:* **a book, etc. (up)on s.o.,** attribuer à qn la paternité d'un enfant, *F:* d'un livre, etc. *To f. the fault on s.o.*, imputer la faute à qn. *I know this article has been fathered on me*, je sais qu'on m'a attribué, imputé, cet article.

fathering, *s.* **1.** Engendrement *m* (d'un enfant). **2.** Adoption *f* (d'un enfant). **3.** **Fathering on, upon, s.o.,** attribution *f* de la paternité (d'un enfant, d'un livre) à qn; imputation *f* (d'une faute) à qn.

fatherhood ['fɑːðərhud], *s.* **1.** Paternité *f.* **2.** Doyenneté *f.*

fatherland ['fɑːðərland], *s.* **1.** Patrie *f.* *The f.*, la terre des ancêtres. **2.** (*With ref. to Germany*) The Father(-)land, le Vaterland.

fatherless ['fɑːðərləs], *a.* Sans père. *Adm: Jur:* Orphelin, -ine, de père.

fatherlike ['fɑːðərlaik], *a.* & *adv.* = FATHERLY.

fatherly ['fɑːðərli]. **1.** *a.* (*Of pers., tone, manner, etc.*) Paternel. *To behave in a f. fashion towards s.o., to treat s.o. in a f. way*, se montrer paternel pour qn; être un père pour qn. **2.** *adv.* Comme un père; en père.

fathership ['fɑːðərʃip], *s.* = FATHERHOOD.

fathom[1] ['faðəm], *s.* *Meas:* **1.** *Nau:* Brasse *f* (= 6 *feet* = 1 m. 829). *Depth in fathoms*, brassiage *m.* (*Often inv. in expressing measurements*) **Harbour 4 fathom deep,** port *m* avec un brassiage de 4 toises *f.* **2.** *Com:* (*In timber trade*) Mesure *f* de 216 pieds cubes (6′ × 6′ × 6′). **3.** *Min:* Unité *f* de face de taille de 6 × 6 pieds carrés; toise.

fathom[2], *v.tr.* **1.** *Nau:* Sonder. *To f. a chasm*, trouver le fond d'un abîme. *F:* **To fathom the mystery,** approfondir, pénétrer, sonder, le mystère; *F:* découvrir le pot aux roses. **2.** *A:* Entourer (qch.) avec les bras; embrasser, étreindre.

fathoming, *s.* **1.** *Nau:* Brassiage *m.* **2.** Approfondissement *m* (d'un problème); pénétration *f* (d'un mystère).

fathomless ['faðəmləs], *a.* **1.** (Abîme *m*) sans fond, insondable; (gouffre) abismal, -aux. **2.** *F:* (*Of mystery, etc.*) Incompréhensible, impénétrable.

fatidical [fei'tidik(ə)l], *a.* Fatidique.

fatigue[1] [fə'tiːg], *s.* **1.** (*a*) Fatigue *f.* **To drop with fatigue,** tomber de fatigue, de lassitude *f.* (*b*) *Tchn:* **Fatigue of metals,** fatigue des métaux. *Rail:* **Fatigue of the track,** fatigue de la voie. **2.** *Mil:* (*a*) Corvée *f.* **To be on fatigue,** être de corvée. **Fatigue man,** homme de corvée. **Fatigue party,** détachement *m* de corvée; corvée. (*b*) = *Fatigue party*.

fa'tigue-cap, *s.* *Mil:* Bonnet *m* de police.

fa'tigue-coat, *s.* *Mil:* Bourgeron *m.*

fa'tigue-dress, *s.* *Mil:* Tenue *f* de corvée; (jeu *m* de) treillis *m.*

fa'tigue-fever, *s.* *Med:* Fièvre *f* de surmenage.

fa'tigue-jacket, *s.* *Mil:* Bourgeron *m.*

fa'tigue-products, -stuff, *s.* *Physiol:* Ponogènes *mpl.*

fa'tigue-work, *s.* *Mil:* (Service *m* de) corvée *f.*

fatigue[2], *v.tr.* **1.** Fatiguer, lasser (qn); travailler (un cheval). *To f. oneself doing sth.*, se fatiguer à faire qch. *See also* OVER-FATIGUE[2]. **2.** *Tchn:* Fatiguer (un métal, un mât, etc.). *Rail:* **Traffic that fatigues the track,** circulation *f* qui fatigue la voie.

fatiguing, *a.* Fatigant, épuisant.

Fatima ['fatima]. *Pr.n.f.* *Hist:* Fatime, Fatima, Fathma.

Fatimite ['fatimait], *a.* & *s.* *Hist:* Fatimite (*m*).

fatless ['fatləs], *a.* (*Of meat*) Maigre; sans gras.

fatling ['fatliŋ], *s.* *Husb:* Jeune bête grasse, engraissée.

fatness ['fatnəs], *s.* **1.** Adiposité *f* (de la chair, etc.); embonpoint *m*, corpulence *f* (de qn). **2.** *A:* Graisse *f*, fertilité *f* (de la terre). **3.** Onctuosité *f* (d'un corps gras, de l'argile).

fatten [fatn]. **1.** *v.tr.* (*a*) To fatten (up), engraisser (des moutons, des veaux, etc.); empâter (de la volaille). (*b*) Engraisser, fertiliser, enrichir (le sol). **2.** *v.i.* Engraisser; devenir gras. *You have fattened up again! F:* vous vous êtes remplumé! *F:* **To fatten on sth.,** s'engraisser, s'enrichir, de qch.

fattening[1], *a.* (*Of food, etc.*) Engraissant.

fattening[2], *s.* *Husb:* Engraissement *m*, engraissage *m*; empâtement *m.*

fattener ['fatnər], *s.* **1.** (*Pers.*) *Husb:* Engraisseur, -euse (d'animaux). *Poultry f.*, empâteur, -euse. **2.** Aliment engraissant.

fattish ['fatiʃ], *a.* Grassouillet; un peu gras; dodu.

fatty ['fati]. **1.** *a.* (*a*) (*Of matter, deposit, etc.*) Graisseux, onctueux, oléagineux. (*b*) (*Of soil, etc.*) Gras. **Fatty clay,** argile grasse, plastique. **Fatty oil,** huile *f* fixe. *Ch:* **Fatty acid,** acide gras. **Fatty series,** série grasse. (*c*) (*Of tissue, membrane, etc.*) Adipeux. *Med: F:* **Fatty heart, kidneys,** dégénérescence graisseuse du cœur, des reins. *See also* DEGENERATION, INFILTRATION. **2.** *s.* *P:* Gros enfant; grosse personne; gros bonhomme. **Hi, fatty!** ohé, mon gros!

fatuity [fə'tjuiti], *s.* Sottise *f*; imbécillité *f* (d'une observation). *The f. of youth*, l'aveuglement *m* de la jeunesse.

fatuous ['fatjuəs], *a.* Sot, imbécile, idiot. **Fatuous smile,** sourire béat. **-ly,** *adv.* Sottement; d'un air idiot.

fatuousness ['fatjuəsnəs], *s.* = FATUITY.

faucal ['fɔːkəl]. *Ling:* **1.** *a.* (Son) guttural vélaire, *pl.* gutturaux vélaires. **2.** *s.* (Une) gutturale vélaire.

fauces ['fɔːsiːz], *s.pl.* *Anat:* Fosse gutturale; gosier *m.*

faucet ['fɔːset], *s.* **1.** (*a*) *Dial:* Fausset *m*, cannelle *f*, cannette *f* (de tonneau). (*b*) *U.S:* Robinet *m.* **2.** *U.S:* Douille *f* (d'un tuyau).

'faucet-joint, *s.* *U.S:* Assemblage *m* à emboîtement, joint *m* à douille, joint à emboîture.

'faucet-pipe, *s.* *U.S:* Boisseau *m.*

faugh [fɔː], *int.* Pouah!

fault[1] [fɔːlt], *s.* **1.** Défaut *m*, travers *m* (de qn); imperfection *f*; vice *m* de construction. (*a*) **To shut one's eyes to s.o.'s faults,** fermer les yeux sur les défauts de qn. **In spite of all his faults,** malgré tous ses travers. *His f. is excessive shyness*, il pèche par trop de timidité. **Scrupulous to a fault,** scrupuleux à l'excès. *To look for a f. in the insulation of a cable*, chercher un défaut d'isolement dans un câble. *F. in the construction of a machine*, défaut, vice, de construction d'une machine. **To buy a horse, a car, with all its faults,** acheter un cheval sans garantie de vices; acheter une voiture telle quelle. *To find a f. in sth.*, trouver un défaut à qch. **To find fault with s.o.,** trouver à redire contre qn; reprendre, critiquer, qn; faire des observations à qn; se plaindre de qn. **To find fault with sth.,** trouver à redire à qch.; se plaindre de qch.; *F:* épiloguer, gloser, sur (la conduite de qn, etc.). *I have no f. to find with him; I can find no f. with him*, je ne trouve rien, je n'ai rien, à lui reprocher. *She is always finding f.*, elle trouve toujours à redire; elle n'est jamais contente. **I am found fault with at**

every turn, on me cherche noise à tout propos. (*b*) *Lap:* Crapaud *m.* (*c*) *Metalw:* Paille *f.* **2.** Faute *f.* (*a*) **To commit a fault,** commettre une faute. **To be in fault, at fault,** être en défaut; être fautif, coupable. **To find, catch, s.o. in fault, at fault,** trouver, prendre, qn en faute. *Jur:* **The party at fault** *in an accident,* l'auteur *m* d'un accident. *The argument is at f.,* l'argument pèche. (*Cp.* 4.) **Whose fault is it?** à qui la faute? *It is her f.,* c'est de sa faute, c'est elle qui en est cause. **It is your own fault that you do not succeed,** c'est de votre faute si vous ne réussissez pas. *I am afraid it was my f.,* je crains bien que ce ne soit de ma faute. *It is nobody's f. but your own,* il ne faut vous en prendre qu'à vous-même. *The f. lies with him who . . .,* la faute en est à celui qui. . . . *That is the f. of his education,* cela tient à son éducation. *See also* CONFESS. (*b*) **Faults of spelling,** fautes d'orthographe. **3.** *Ten:* Faute. *See also* FOOT-FAULT. **4.** *Ven:* (*Of hounds*) **To bark at fault,** aboyer à faux. **To be at fault,** être en défaut. *F:* **Their instinct is never at fault,** leur instinct n'est jamais en défaut. **Memory at fault,** mémoire *f* en défaut; mémoire fautive. **To be at fault for an answer,** être embarrassé pour répondre. (*Cp.* 2 (*a*).) **5.** *Geol: Min:* Faille *f,* dislocation *f,* barle *f,* géoclase *f,* paraclase *f;* cassure *f* avec rejet. **Step fault,** faille à gradins. **Trough fault,** fosse *f* d'effondrement; massif effondré. **Distributive fault,** faille en gradins, en escalier. **Downcast fault,** renfoncement *m.* **Transverse fault,** décrochement *m.* **Open fault,** faille béante. **Pivotal fault,** faille à charnière. *See also* DIP-FAULT, REVERSED 2.

'fault-detector, *s.* = FAULT-FINDER 2.

'fault-finder, *s.* **1.** (*Pers.*) Épilogueur, -euse; sermonneur, -euse; critiqueur, -euse, censeur, -euse, aboyeur, -euse; mécontent *m.* **2.** *El.E:* (*Device*) Déceleur *m* de fuites; détecteur *m* de fuites; indicateur *m* de pertes à terre.

'fault-finding[1], *a.* Sermonneur, -euse; censeur, -euse; chicanier, -ière; grondeur, -euse.

'fault-finding[2], *s.* Disposition *f* à critiquer, à se plaindre; critique *f;* censure *f.*

'fault-fissure, *s. Geol:* Cannelure *f.*

'fault-line, *s. Geol:* Ligne *f* de faille.

'fault-plane, *s. Geol:* Plan *m* de faille.

'fault-scarp, *s. Geol:* Ressaut *m* de faille.

fault[2]. *Geol:* **1.** *v.tr.* Disloquer (les couches). **2.** *v.i.* (*Of strata*) Se disloquer.

faulted, *a. Geol:* (*Of coalfield, etc.*) Faillé.

faultage ['fɔːltedʒ], *s. Geol:* **1.** Dislocation *f* (des couches). **2.** (Les) failles *f.*

faultiness ['fɔːltinəs], *s.* Incorrection *f* (de style, etc.); défectuosité *f,* imperfection *f* (d'un travail, etc.).

faultless ['fɔːltləs], *a.* (*Of work, etc.*) Sans défaut, sans faute; parfait; (*of dress, conduct, etc.*) impeccable, irréprochable. *To be f.,* avoir toutes les perfections. **-ly,** *adv.* Parfaitement, irréprochablement; d'une manière impeccable. *F. dressed,* d'une mise impeccable.

faultlessness ['fɔːltləsnəs], *s.* Perfection *f;* impeccabilité *f.*

faulty ['fɔːlti], *a.* (*Of work, etc.*) Défectueux, imparfait; (*of style, etc.*) incorrect; (*of reasoning, etc.*) erroné, inexact. *F. hygiene,* mauvaise hygiène. *F. workmanship,* mauvaise construction; mauvaise façon; vice *m* de construction; défaut *m* d'exécution; malfaçon *f. F. article,* article mal fait, défectueux. *F. expression,* locution vicieuse. *F. articulation,* défaut *m,* vice *m,* de prononciation. *Gram: F. construction of the sentence,* construction vicieuse. *F. drafting* (*of document*), rédaction vicieuse. *The insulation, etc., is f.,* il y a un défaut (d'isolement, etc.). **-ily,** *adv.* Fautivement, défectueusement, incorrectement.

faun [fɔːn], *s. Myth:* Faune *m.*

fauna ['fɔːnə], *s. Z:* Faune *f* (d'une région, d'un pays).

faunal ['fɔːnəl], *a.* Qui appartient à la faune d'une région.

Faustina [fɔːs'tainə]. *Pr.n.f. Rom.Hist:* Faustine.

faux pas ['foːpɑː], *s.* (*From Fr.*) Faux pas *m.*

faveolate [fa'viːolet], *a. Nat.Hist:* Favéolé; en nid d'abeilles.

faveolus, *pl.* **-li** [favi'ouləs, -lai], *s. Nat.Hist:* Favéole *f;* alvéole *m or f.*

faverolle ['favərəl], *s. Husb:* Coq *m,* poule *f,* de Faverolles.

favose [fa'vous], *a. Med:* Faveux, -euse.

favour[1] ['feivər], *s.* Faveur *f.* **1.** Approbation *f,* bonnes grâces. **To find favour with s.o., in s.o.'s eyes; to gain s.o.'s favour,** gagner la faveur de qn; se faire aimer de qn; se faire bien voir de qn; trouver grâce auprès de qn, devant qn, aux yeux de qn. *To receive marks of f. from s.o.,* recevoir des marques de faveur de qn. *To get into f. with s.o.,* obtenir, entrer dans, se mettre dans, les bonnes grâces de qn. **To be in favour with s.o.,** être en faveur auprès de qn; jouir de la faveur de qn; être dans les bonnes grâces de qn. *To be in high f. with s.o., to stand high in s.o.'s f.,* être bien vu, bien vue, de qn. *To be in high f. at court,* être en grande faveur à la cour. *To rise, grow, in f. with s.o.,* monter en faveur auprès de qn. *To be restored, to return, to f.,* rentrer en faveur. *Restoration to f.,* rentrée *f* en faveur. **To be out of favour,** être disgracié; être mal en cour. *To fall out of f. with s.o.,* perdre les bonnes grâces de qn. **This fashion is out of favour,** cette mode est passée. *To dismiss s.o. from f.,* disgracier qn. *To look with f. on sth.,* approuver qch. *To bring sth. into f.,* mettre qch. à la mode. *See also* CURRY[3] 3. **2.** Grâce *f,* bonté *f.* **To ask a favour of s.o.,** solliciter une grâce, une faveur, de qn; demander une grâce à qn. *I ask you as a special f. to . . .,* je vous demande en grâce de. . . . **I should esteem it a favour if you would kindly . . .,** je considérerais comme une faveur que vous vouliez bien. . . . **To do s.o. a favour,** faire une faveur, une grâce, une gracieuseté, à qn; obliger qn. *They request the f. of your company to dinner,* ils vous prient de leur faire le plaisir de dîner avec eux. *Will you do me a f.?* voulez-vous me faire plaisir? *Do me the favour of . . .,* faites-moi le plaisir de, l'amitié de. . . . *Will you do me a great f.?* voulez-vous me rendre un grand service? *Journ:* **'For favour of publication in your columns,'** "prière d'insérer." *To lavish one's favours on s.o., to load s.o. with favours,* être prodigue de ses faveurs envers qn; combler qn de faveurs. (*Of woman*) **To bestow her favours upon a man,** accorder ses faveurs à un homme. **As a favour,** à titre gracieux. (*On letter*) **By favour of . . .,** par bonté de. . . . *A:* **By your favour, under favour,** avec votre permission, ne vous en déplaise. *Com:* **Your favour of the 15th,** votre lettre, votre honorée, votre estimée, du 15. *'The f. of an answer is requested,'* "réponse, s'il vous plaît." *We thank you for your past favours,* nous vous remercions des marques de confiance dont vous nous avez honorés, de la confiance que vous avez bien voulu nous accorder. **3.** (*a*) Partialité *f,* préférence *f;* traitement *m* de faveur. **To show favour towards s.o.,** favoriser qn; accorder une préférence à qn; accorder à qn un traitement de faveur. *To administer justice* **without fear or favour,** rendre la justice sans distinction de personnes. *Prov:* **Kissing goes by favour,** (i) n'embrasse pas qui veut; (ii) aux jolis minois les baisers. *See also* FAIR[2] 4. (*b*) Appui *m,* protection *f.* **Under favour of the night,** à la faveur de la nuit. **4.** *Prep.phr.* **In favour of . . .,** en faveur de . . .; à l'avantage de. . . . *To write out a cheque in s.o.'s f.,* souscrire un chèque en faveur, au profit, de qn. *To speak in s.o.'s f.,* parler en faveur de qn, pour qn, à l'avantage de qn. *F:* **The tide has set in his favour,** ses actions remontent. *The business turned in my f.,* l'affaire a tourné à mon avantage. *He impressed me in his f.,* il m'a produit une impression favorable. **To have everything in one's favour,** avoir tout pour soi; *F:* avoir vent et marée. *To decide in f. of s.o., in s.o.'s f.,* donner gain de cause à qn; donner raison à qn. **To be in favour of sth.,** être partisan de qch.; tenir pour qch.; préconiser qch. *I am in f. of the proposal,* je suis pour la proposition. *I'm in f. of it!* moi, je suis pour! **5.** Faveur *f,* cocarde *f;* nœud *m* de ruban. **6.** *A:* Traits *mpl,* visage *m.*

favour[2], *v.tr.* Favoriser. **1.** Approuver, préférer, aimer (qch.); accorder une préférence à (qn). *Which colour do you f.?* quelle couleur préférez-vous? *To f. a scheme,* se prêter à un projet; approuver un projet; être pour un projet. **I don't favour the idea,** l'idée ne me sourit pas. *He does not f. persecution,* il est l'ennemi des persécutions. **2.** Gratifier, obliger (qn); accorder une grâce à (qn). **To favour s.o. with an interview,** accorder un rendez-vous à qn. *To f. s.o. with a smile,* gratifier, favoriser, qn d'un sourire. **To be favoured with an order,** être honoré d'une commande. *He favoured us with his company,* il nous fit l'honneur de nous accompagner, de se joindre à nous, d'être des nôtres. **3.** (*a*) Avantager (qn); montrer de la partialité pour (qn). *You are favouring him unduly,* vous lui faites la part trop belle. *You are already much favoured,* vous êtes déjà fort avantagé. (*b*) Faciliter (qch.). *The weather favoured our departure,* le temps a favorisé, facilité, notre départ. **Favoured by fortune,** secondé par le sort. **To be favoured by circumstances,** avoir les circonstances en sa faveur; *F:* avoir vent et marée; avoir le vent en poupe. (*c*) *Device that favours combustion,* dispositif *m* qui active la combustion. **4.** (*a*) (*Of fact, etc.*) Confirmer (un rapport); soutenir (une théorie, etc.). (*b*) *Every indication favoured rain,* toutes les indications étaient à la pluie. **5.** *F:* Ressembler à (qn). **He favours his father,** il tient de, ressemble à, son père. **6.** *F. & Dial:* Ménager, épargner. *Vet:* **Horse that favours one leg,** cheval *m* qui ménage un pied, qui y va doucement d'un pied, qui feint d'un pied.

favoured, *a.* (*Of pers.*) **1.** Favorisé, avantagé. **The most-favoured-nation clause,** la clause de la nation la plus favorisée. *F:* **The favoured few,** les élus (du patron, etc.). **2.** (*Of pers.*) **Well-favoured,** beau, *f.* belle; de bonne mine, bien fait. **Ill-favoured,** laid, de mauvaise mine. *See also* HARD-FAVOURED.

favouring, *a.* (*Of wind, circumstance*) Favorable.

favourable ['feivərəbl], *a.* Favorable; (*of weather, wind, etc.*) propice; (*of reception, etc.*) bienveillant; (*of terms, circumstances, etc.*) bon, avantageux; (*of a report, etc.*) bon, rassurant. **To look on s.o. with a favourable eye,** regarder qn d'un œil favorable. **A favourable star,** un astre favorable, bénin; une bonne étoile. **Favourable winds,** vents favorables, amis. *Com:* **On favourable terms,** à bon compte. *Specially f. rate,* taux *m* de faveur. *The patient's condition is f.,* la condition du malade est satisfaisante. *See also* LIGHT[1] 1. **-ably,** *adv.* Favorablement, avantageusement. *To look f. on s.o.,* regarder qn d'un œil favorable. *He spoke very f. of you,* il m'a parlé de vous en très bons termes. *See also* PROGRESS[2].

favourableness ['feivərəblnəs], *s.* Caractère *m* favorable (du temps, d'un rapport, etc.).

favourer ['feivərər], *s.* Ami, -ie, partisan *m* (de qn, qch.).

favourite ['feivərit]. **1.** *s.* Favori, *f.* favorite. (*a*) *To be a f. with, of, s.o.; to be s.o.'s f.,* être aimé de qn; être le bien vu, la bien vue, de qn. *The youngest daughter is his f.,* c'est la plus jeune qui est sa préférée. *You are a f. with the public,* vous êtes dans les bonnes grâces du public; vous êtes l'enfant gâté du public. *The Lenten sermons were preached by Father X, who is a great f.,* le carême a été prêché par le Père X, qui est très couru. **He is a universal favourite,** tout le monde l'aime. *Rac:* **To back the favourite,** jouer le favori. **The favourites and the second favourites,** les favoris et les sous-favoris. (*b*) *The favourites of the prince,* les favoris, les favorites, du prince. **2.** *a.* (Fils, auteur, etc.) favori, préféré. *My f. opera,* mon opéra de prédilection. *F. event,* réunion (sportive) très courue.

favouritism ['feivəritizm], *s.* Favoritisme *m. He owes his promotion to f.,* il doit son avancement à la faveur, *P:* au piston; *P:* il a été pistonné.

favus ['feivəs], *s. Med:* Favus *m;* teigne faveuse.

fawn[1] [fɔːn], *s.* **1.** *Z:* Faon *m.* **Doe in fawn,** daine pleine; daine grosse de son faon. **2. Fawn (colour),** couleur *f* fauve. *a.* **Fawn(-coloured),** fauve.

'fawn-bellied, *a.* (Couleur *f*) ventre de biche *inv.*

fawn[2]. **1.** *v.tr.* (*Of doe*) Mettre bas (un faon). **2.** *v.i.* (*Of doe*) Faonner; mettre bas.

fawn[3], *v.ind.tr.* To fawn (up)on s.o., (i) (*of dog*) caresser qn, faire des caresses à qn; se coucher devant qn; (ii) (*of pers.*) aduler qn; faire le chien couchant, le plat valet, auprès de qn; lécher les bottes à qn; ramper, courber l'échine, devant qn; *F:* chatouiller l'épiderme à qn. **To fawn and cringe,** faire des platitudes.

fawning[1], *a.* (*Of dog*) Caressant; qui fait des caresses (à son maître, etc.); *F:* (*of pers.*) adulateur, -trice; servile; flagorneur, -euse. **-ly,** *adv.* (*Of dog*) D'une manière caressante; *F:* (*of pers.*) servilement.

fawning[2], *s.* Adulation *f*, flagornerie *f*; servilité *f*.

fawner ['fɔːnər], *s.* Adulateur, -trice; flagorneur, -euse. *The fawners upon the great,* les adulateurs des grands.

fay[1] [fei], *s. A. & Lit:* Fée *f*.

fay[2]. **1.** *v.tr. N.Arch: etc:* Affleurer (deux planches, etc.). **2.** *v.i.* (*Of planks, etc.*) Affleurer. *U.S:* (*Of thg*) **To fay in with sth.,** s'accorder avec qch.

faying, *s.* Affleurement *m*.

Fayum [fa'jum]. *Pr.n. Geog:* Le Fayoum.

faze [feːiz], *v.tr. U.S: F:* Agiter, bouleverser (qn).

fealty ['fiːəlti], *s. Hist:* Féauté *f*; fidélité *f*. *Taking of oath of f. accompanied by act of homage,* prestation *f* de foi et hommage.

fear[1] ['fiːər], *s.* **1.** Crainte *f*, peur *f*; appréhension *f*. **A sudden fear,** une frayeur, une alarme. **Deadly fear,** effroi *m*. *Have no f.,* ne craignez rien! n'ayez pas peur! *To be overcome by, with, f.,* être en proie à la frayeur, à la terreur. **Wild with fear,** fou de terreur. **Full of fear he ran and hid,** effrayé il courut se cacher. *To do sth. through f.,* faire qch. par peur. **To be, stand, go, in fear of s.o., of sth.,** avoir peur de, redouter, craindre, qn, qch.; trembler devant qn. *To stand in great f. of dismissal,* avoir grand'peur d'être renvoyé; être en grand émoi d'être renvoyé. *She was in deadly f. of being discovered,* elle tremblait qu'on (ne) la découvrît. **To go in fear of one's life,** craindre pour sa vie; se sentir sous le coup d'une menace perpétuelle. **For fear of mistakes, of making a mistake,** de crainte d'erreur, de crainte de se tromper. *For f. we should forget,* de peur que nous (n')oubliions. *I dare not speak for f. (that) he may hear, for f. (lest) he should hear,* je n'ose pas parler de crainte, de peur, qu'il n'entende. **To have fears for s.o., for s.o.'s safety or future,** craindre pour qn; avoir des inquiétudes au sujet de qn. *There is no f. of losing it,* il n'y a pas de danger de le perdre. *There is no f. that he will come back, of his coming back,* il n'y a pas de danger, il n'y a pas à craindre, qu'il revienne. *F:* **No fear!** pas de danger (que je le fasse, etc.)! jamais de la vie! *P:* macache! plus souvent! *No f. of my going! P:* plus souvent que j'irais! *See also* FAVOUR[1] 3, HARBOUR[2] 1, HEIGHT 2. **2.** Respect *m*, crainte (de Dieu, des lois, etc.). *He had a wholesome f. of punishment,* le châtiment lui inspirait une crainte salutaire. *F:* **To put the fear of God into s.o.,** faire à qn une semonce dont il se souviendra longtemps; faire trembler qn dans ses bottes. *He had had the f. of God put into him,* il n'en menait pas large.

fear[2], *v.tr.* **1.** Craindre, avoir peur de, redouter (qn, qch.). *He is a man to be feared,* c'est un homme à redouter. *These animals are not greatly to be feared,* ces animaux ne sont pas autrement formidables. *I f. to speak in his presence,* j'ai peur, je crains, de parler en sa présence. **2.** Appréhender, craindre (un événement). **To fear for s.o., sth.,** s'inquiéter au sujet de qn, de qch. *I f. it is too late, A:* **I fear me** *it is too late,* j'ai peur, je crains, qu'il ne soit trop tard. *It is to be feared that . . .,* il est à craindre que (+ ne) + *sub. She feared lest she should be discovered,* elle avait peur, elle tremblait, qu'on (ne) la découvrît. *I f. (that) he will come, will not come,* je crains qu'il ne vienne, qu'il ne vienne pas. *We need not f. but (that) all will be well,* nous n'avons pas à craindre que tout n'aille pas bien. *F:* **Never (you) fear! don't you fear!** pas de danger! soyez tranquille! soyez sans crainte! n'ayez pas peur! *P:* te bile pas! **3.** Respecter, craindre (Dieu, la loi, etc.); révérer (Dieu).

feared, *a.* (*Of pers., event, etc.*) Redouté.

fearful ['fiːərful], *a.* **1.** (*Of spectacle, noise, etc.*) Affreux, effrayant, redoutable. *Consequences f. to contemplate,* conséquences *f* formidables, terribles, à envisager. *F:* **A fearful mess,** un désordre effrayant, formidable; une pagaïe terrible. *We're in a f. muddle,* nous ne savons où donner de la tête. **2.** (*Of pers.*) (*a*) Peureux, craintif, timide. (*b*) **Fearful of . . .,** qui craint de. . . . *I was f. of wakening him, lest I should waken him,* je tremblais de le réveiller. (*c*) Inspiré par une crainte salutaire, respectueuse. **-fully,** *adv.* **1.** Affreusement, terriblement. *F: It's f. hot!* il fait terriblement chaud! **2.** Peureusement, craintivement, timidement.

fearfulness ['fiːərfulnəs], *s.* **1.** Caractère épouvantable, terrifiant, terrible (de qch.). **2.** Crainte *f*, timidité *f*; appréhension *f*.

fearless ['fiːərləs], *a.* Intrépide, courageux; sans peur (*of,* de). *He was f. of danger,* il ne reculait devant aucun danger. *He is f. of the future,* il est sans appréhensions pour l'avenir. **-ly,** *adv.* Intrépidement, courageusement; avec intrépidité. **To do sth. fearlessly,** faire qch. sans peur, sans hésitation; *F:* faire qch. tête baissée; y aller tête baissée.

fearlessness ['fiːərləsnəs], *s.* Intrépidité *f*, courage *m*. *His f. in attack,* son intrépidité à attaquer; sa bravoure dans l'attaque.

fearnought ['fiːərnɔːt], *s. Tex: Nau:* Frise *f*.

fearsome ['fiːərsəm], *a.* **1.** Effrayant, redoutable, terrifiant; *F:* formidable. **2.** *Dial:* Craintif, timide. **-ly,** *adv.* Affreusement.

fearsomeness ['fiːərsəmnəs], *s.* = FEARFULNESS 1.

feasant ['fiːzənt], *a. Jur: See* DAMAGE[1] 1.

feasibility [fiːzi'biliti], **feasibleness** ['fiːziblnəs], *s.* **1.** Praticabilité *f*, possibilité *f* (d'une théorie, etc.). **2.** Plausibilité *f*, vraisemblance *f* (d'une histoire, etc.).

feasible ['fiːzibl], *a.* **1.** (*Of design, etc.*) Faisable, possible, réalisable, exécutable, entreprenable, praticable. **2.** (*Of story, theory, etc.*) Vraisemblable, probable.

feast[1] [fiːst], *s.* **1.** *Ecc: etc:* Fête *f*. **Movable feast,** fête mobile. **Immovable feast,** fête fixe. **2.** Festin *m*, banquet *m*, régal *m*, -als. *To make a f.,* donner un festin. *To make a f. of sth.,* se régaler de qch. *F:* **A feast of intelligent conversation,** un régal de conversation de gens intelligents. *See also* ENOUGH 1, LOVE-FEAST, MISER[1].

'feast-day, *s. Ecc:* (Jour *m* de) fête *f*; jour férié.

feast[2]. **1.** *v.i.* Faire festin; festoyer, banqueter, se régaler; faire bonne chère; *F:* faire bombance, faire ripaille. *To f. (up)on sth.,* se régaler de qch. *Here the eye feasts on beautiful objects,* ici la vue se repaît de belles choses. **2.** *v.tr.* (*a*) Régaler, fêter (qn). **To feast one's eyes on sth.,** repaître, assouvir, ses yeux de qch.; regarder qch. avec délice; rassasier son regard à contempler qch. *I feasted my eyes on the landscape,* je contemplais ce paysage avec délice(s). (*b*) **To feast the night away,** passer la nuit à festoyer.

feasting, *s.* Festoiement *m*; bonne chère.

feaster ['fiːstər], *s.* **1.** (*a*) Gastronome *m*; amateur *m* de bonne chère. (*b*) Convive *mf*; banqueteur, -euse. **2.** Celui aux frais duquel on dîne; amphitryon *m*.

feat[1] [fiːt], *s.* **1.** Exploit *m*, haut fait. **Feat of arms,** fait d'armes. *Brilliant f. of arms,* action *f* d'éclat. *To perform feats of valour,* faire des prouesses *f*. *F:* **A fine feat, indeed!** voilà une belle prouesse! **2.** (*a*) Tour *m* de force. **Feats of engineering,** triomphes *m* de l'ingénieur. *See also* ACROBATIC 1. (*b*) **Feat of skill,** tour d'adresse.

feat[2], *a. A:* **1.** (*Of action, movement, etc.*) Adroit, habile. **2.** (*Of dress*) Élégant, bien ajusté; seyant, coquet. **-ly,** *adv. A:* **1.** Adroitement; (*of dancing*) légèrement, avec agilité. **2.** (Vêtue) coquettement, avec élégance, avec soin.

feather[1] ['feðər], *s.* **1.** Plume *f*; (*of tail, wing*) penne *f*. (*Of bird*) *To get new feathers,* se remplumer. *Feathers of an arrow,* plumes, ailes *f*, (em)pennes *f*, pennons *m*, d'une flèche. *F: He was rich once, but now he has hardly a f. to fly with,* il a été riche autrefois, mais aujourd'hui il est déplumé, sans ressources. *F:* **To show the white feather,** laisser voir qu'on a la frousse; manquer de courage; *P:* caner, caler, caponner; saigner du nez. **To crop s.o.'s feathers,** remettre qn à sa place. *To smooth one's rumpled feathers,* se calmer, retrouver son sang-froid. *I tried to smooth his rumpled feathers,* j'ai essayé de le remettre de bonne humeur. **You could have knocked me down with a feather,** j'ai pensé tomber de mon haut. *Prov:* **Fine feathers make fine birds,** la belle plume fait le bel oiseau; c'est la plume qui fait l'oiseau. *See also* ALUM[1], FUSS[1] 2, LIGHT[4] 1, NECK-FEATHERS, PEN-FEATHER, PIN-FEATHER, TAIL-FEATHER. **2.** (*a*) Plumage *m*. *F:* **To be in full feather,** (i) (*of bird*) avoir tout son plumage; (ii) *F:* (*of pers.*) être en grande toilette; être sur son trente et un; (iii) *F:* (*of pers.*) être en fonds. **To be in high feather,** être tout joyeux, gai et dispos, d'excellente humeur, plein d'entrain. **They are birds of a feather,** ce sont gens de même étoffe, de (la) même farine. *Prov:* **Birds of a feather flock together,** qui se ressemble s'assemble. (*b*) *Ven:* **'Feather,'** gibier *m* à plume(s). *See also* FUR[1] 1. **3.** *Mil: Cost:* Plumet *m*. *F:* **That's a feather in his cap,** il y a là de quoi le rendre fier; c'est une perle, un fleuron, à sa couronne; c'est pour lui un titre de gloire. **4.** (*a*) (*Of hair*) Épi *m*. (*b*) (*In gem*) Paillette *f*, crapaud *m*. (*c*) Crête *f* (de vague). **5.** *Mec.E: etc:* (*a*) Languette *f*; clavette plate, linguiforme; ergot *m*. *Crankshaft f.,* clavette de vilebrequin. *Sliding f.,* clavette coulissante. (*b*) (*Spline*) Nervure *f*, saillie *f*. (*c*) *Min:* (i) Coin demi-rond; (ii) plat-coin *m*. *See also* PLUG[1] 2. **6.** *Row:* Nage plate.

'feather-'bed, *s.* Lit *m* de plume.

'feather-brain, *s. She's a f.-b.,* c'est une évaporée, une tête de linotte. *He's a f.-b.,* c'est un hurluberlu.

'feather-brained, *a.* Écervelé, étourdi; sans cervelle; (*of woman*) à tête de linotte.

'feather-'broom, -'brush, -'duster, *s.* **1.** Plumeau *m*, houssoir *m*. **2.** *U.S: P:* **Feather-duster,** Peau-Rouge *m*, *pl.* Peaux-Rouges.

'feather-edge, *s.* **1.** *Carp: etc:* Biseau *m*, chanfrein *m*; bord *m* en biseau. **2.** (*On tool*) = WIRE EDGE.

'feather-edged, *a.* (*Of board, etc.*) Taillé en biseau; à chanfrein; (*of file*) à losange, à dossière; (*of brick*) à couteau.

'feather-foil, *s. Bot:* Hottonie *f* des marais, *F:* plumeau *m*; plume *f* d'eau; millefeuille *f* aquatique.

'feather-grass, *s. Bot:* Stipe (plumeuse).

'feather-'headed, *a.* = FEATHER-BRAINED.

'feather-'joint, *s. Carp:* Assemblage *m* à rainure et languette.

'feather-'legged, *a.* (*Of bird*) Pattu.

'feather-ore, *s. Miner:* Jamesonite *f*.

'feather-'poke, *s.* **1.** Sac *m* de plumes. **2.** *Orn: F:* (*a*) Pouillot *m*. (*b*) Mésange *f*. (*c*) Roitelet *m*.

'feather-spring, *s. Sm.a:* Ressort *m* de gâchette, petit ressort.

'feather-stitch, *s. Needlew:* Point *m* d'arêtes.

'feather-weight. **1.** *s. Box:* Poids *m* plume. **2.** *a.* **Feather-weight paper,** papier bouffant.

feather[2]. **1.** *v.tr.* (*a*) Empenner (une flèche); emplumer (un chapeau, etc.). **To tar and feather s.o.,** emplumer qn. *F:* **To feather one's nest,** faire sa pelote, son beurre, ses choux gras; faire ses affaires; s'arrondir, mettre du foin dans ses bottes; amasser du bien. (*b*) *Shooting:* Faire voler quelques plumes à (un faisan, etc.); "plumer" (le gibier). (*c*) (i) Tailler (une planche, etc.) en biseau. *See also* PLUG[2] 1. 2. (ii) Assembler (des planches) à rainure et languette. (*d*) *Mec.E:* (i) Claveter; (ii) canneler (un arbre). (*e*) *Row:* Ramener (l'aviron) à plat; *abs.* dévirer la rame; nager plat. **Feather (your oars)!** avirons à plat! *To f. along the water,* plumer. (*f*) *Ven:* **To feather the hounds,** mettre les chiens sur la piste. **2.** *v.i.* (*a*) (*Of young bird*) **To feather (out),** s'emplumer. (*b*) (*Of corn*) Onduler au vent (comme des plumets); (*of waves*) se couvrir de crêtes blanches. *The snow comes feathering down,* la neige tombe en flocons légers. (*c*) *Ven:* (*Of dogs*) Frétiller (sur la piste).

feathered, *a.* **1.** (*Of hat, etc.*) Emplumé, garni de plumes; (*of arrow*) empenné. *F:* **The feathered tribe,** la race ailée, la gent ailée. *See also* PIN-FEATHERED. **2.** (*Of shaft, etc.*) Cannelé, à nervures. *See also* ARCH[1] 1, PROPELLER 2.

feathering[1], *a.* **1.** (*Of branches, foliage, etc.*) Plumeux. **2.** *Nau:* (*Of paddle-float*) Mobile, articulé. **Feathering screw,** hélice *f* à ailes articulées.

feathering[2], *s.* **1.** (*a*) (*Of birds*) Plumage *m.* (*b*) Panachure *f* (d'une tulipe). **2.** *Arch:* Foliation *f*, lobes *mpl* (d'un arc). **3.** Empennage *m* (d'une flèche). **4.** (i) Biseautage *m* (d'une planche, etc.); (ii) assemblage *m* (des planches) à rainure et à languette. **5.** *Row:* Nage plate.

featherless ['feðərləs], *a.* **1.** Sans plumes. **2.** Déplumé.

featherlet ['feðərlet], *s.* Plumule *f.*

feathery ['feðəri], *a.* **1.** (*Of snow, corn, grass, etc.*) Plumeux; (*of dog's tail, etc.*) épié. **2.** (*Of tissue, etc.*) Doux et léger (comme la plume).

feature[1] ['fiːtjər], *s.* **1.** (*a*) Trait *m* (du visage). **The features,** la physionomie. *Pronounced, prominent, features,* traits accusés. *The cast of features,* le masque. *He has mobile features,* il a le masque mobile. *See also* PLAY[1] 1. (*b*) Trait (de caractère, etc.). *They had no f. in common,* ils ne se ressemblaient en rien. **2.** (*a*) Trait, caractéristique *f*, particularité *f* (d'un paysage, d'un édifice, etc.). *Main features,* grands traits; fond *m* (d'une politique, etc.). *Features of a work,* caractère *m* d'une œuvre. **Feature of the ground,** accident *m* de terrain. *Natural features of a country,* topographie *f* d'un pays. **Special feature,** trait caractéristique; particularité. **Striking feature,** trait frappant; singularité *f. Prominent f.,* trait saillant. **The redeeming feature,** le beau côté (de qch.); ce qui rachète les défauts. *The main f. of this machine,* le principal avantage de cette machine. *See also* UNDER-FEATURE. (*b*) **Paper that makes a feature of sports,** journal qui se spécialise dans les sports, qui fait une large place aux sports. *Shop that makes a f. of its China tea,* boutique *f* qui a pour spécialité les thés de Chine. *Cin:* **The feature film,** le grand film du programme; le film en vedette du programme. (*c*) *Cin: U.S:* Film. **Double-feature programme,** programme double, à deux longs métrages.

feature[2], *v.tr.* **1.** Caractériser, marquer, distinguer (qch.). *The small hills which f. the landscape,* les petites collines qui caractérisent, marquent, le paysage. **2.** (*a*) Dépeindre, décrire (qn, qch.). (*b*) *Cin:* (i) Représenter (qn); tourner (un rôle). (ii) **Film featuring George Arliss,** film avec George Arliss en vedette. **3.** *Journ:* **To feature a piece of news,** mettre une nouvelle en manchette. *Journ: F: This new material is being featured in the London stores,* on expose actuellement cette nouvelle étoffe dans les grands magasins de Londres.

-featured, *a.* Aux traits (de telle ou telle façon). **Rugged-featured,** aux traits rudes. **Pleasant-featured,** à la physionomie agréable.

featureless ['fiːtjərləs], *a.* Sans traits bien marqués; sans caractère; peu intéressant. *A f. performance,* spectacle *m*, représentation *f* ou audition *f* assez terne.

febricity [fe'brisiti], *s. Med:* Fébrilité *f.*

febrifugal [fe'brifjugəl], *a.* (Médicament *m*, etc.) fébrifuge.

febrifuge ['febrifjuːdʒ]. *Med:* **1.** *a.* = FEBRIFUGAL. **2.** *s.* Fébrifuge *m.*

febrile ['fiːbrail], *a.* (Pouls, etc.) fébrile, fiévreux.

February ['februəri], *s.* Février *m. In F.,* au mois de février, en février. (*On*) *the first, the seventh, of F.,* le premier, le sept, février.

fecal ['fiːkəl], **feces** ['fiːsiːz]. = FAECAL, FAECES.

feckless ['fekləs], *a. Dial:* (*Scot.*) **1.** Veule; sans énergie. **2.** Propre à rien; incapable. **-ly,** *adv.* **1.** Sans énergie. **2.** Malhabilement, gauchement.

fecklessness ['fekləsnəs], *s. Dial:* (*Scot.*) **1.** Veulerie *f*; manque *m* d'énergie. **2.** Incapacité *f.*

fecula ['fekjulə], *s.* Fécule *f*, amidon *m.*

feculence ['fekjuləns], *s.* **1.** Féculence *f*; manque *m* de limpidité. **2.** (*a*) Fétidité *f.* (*b*) Saleté *f*, crasse *f.*

feculent ['fekjulənt], *a.* **1.** Féculent; chargé de lie ou de sédiment; chargé d'impuretés. **2.** Sale, fétide, répugnant.

fecund ['fekənd], *a. Lit:* **1.** Fécond. *F. era in literature,* époque *f* fertile de la littérature. **2.** Fécondant, fertilisant.

fecundate ['fekəndeit], *v.tr.* Féconder.

fecundation [fekən'deiʃ(ə)n], *s.* Fécondation *f.*

fecundity [fe'kʌnditi], *s.* Fécondité *f*, productivité *f.*

fed [fed]. *See* FEED[2].

federacy ['fedərəsi], *s.* = CONFEDERACY 1.

federal ['fedərəl]. **1.** *a.* (*Of government, etc.*) Fédéral, -aux. *U.S:* **The Federal City,** Washington. **2.** *s. U.S.Hist:* Fédéral *m*, nordiste *m.* (Guerre civile de 1861-65.)

federalism ['fedərəlizm], *s.* Fédéralisme *m.*

federalist ['fedərəlist], *s.* Fédéraliste *mf.*

federalization [fedərəlai'zeiʃ(ə)n], *s.* Union *f* (d'États, etc.) en fédération; fédération *f.*

federate[1] ['fedəret]. **1.** *a.* (*Of states, etc.*) Fédéré(s), allié(s). **2.** *s. Fr.Hist:* Fédéré *m.*

federate[2] ['fedəreit]. **1.** *v.tr.* Fédérer. **2.** *v.i.* Se fédérer.

federation [fedə'reiʃ(ə)n], *s.* Fédération *f.* **Federations of Employers,** syndicats patronaux. **The International Sporting Federation,** la Fédération sportive internationale.

federationist [fedə'reiʃənist], *s.* Partisan *m* de la fédération; fédéraliste *mf.*

federative ['fedərətiv], *a.* Fédératif.

fedora [fe'dɔːrə], *s. Esp. U.S:* Chapeau mou.

fee[1] [fiː], *s.* **1.** (*a*) *Hist:* Fief *m.* (*b*) *Jur:* Propriété *f* héréditaire (relevant de la Couronne). **2.** (*a*) Honoraires *mpl* (d'un médecin consultant, d'un avocat, etc.); cachet *m* (d'un précepteur, d'un acteur); jeton *m* de présence (d'un administrateur); vacations *fpl* (d'un avoué); redevance *f.* **To draw one's fees,** toucher ses honoraires, ses cachets; (*of director*) toucher ses jetons. (*Of lawyer, etc.*) **To pocket large fees,** toucher de fortes vacations. *Extra fees,* honoraires supplémentaires; (*of lawyer*) vacations supplémentaires. *See also* RETAINING 2, SIGNING. (*b*) Gratification *f*, pourboire *m* (à un domestique, à un cocher, etc.). (*c*) Droit *m* (de chancellerie, etc.). **School fees,** rétribution *f* scolaire; frais de scolarité. *Boarding-school fees,* pension *f.* **Examination fee,** droit d'examen. *Th:* **Author's fee,** droit d'exécution. **Dramatic fees,** droits de représentation. **Patent fee,** taxe *f* de droits de brevet. *Post:* **Registration fee,** droit de recommandation; droit d'inscription. **Late fee,** taxe supplémentaire. **Late-fee post,** levée exceptionnelle. *For a small fee . . .,* moyennant une légère redevance. . . . *Employment agencies charging a fee,* bureaux de placement payants. *See also* ENTRANCE-FEE.

'fee-simple, *s. Jur:* **(Property held in) fee-simple,** propriété *f* sans conditions, libre, affectable; bien *m* ou immeuble *m* en toute propriété. *To grant in f.-s.,* céder avec tous droits de jouissance et de possession.

'fee-splitting, *s.* Partage *m* des honoraires; *Med: F:* dichotomie *f.*

'fee-'tail, *s. Jur:* **(Property held in) fee-tail,** propriété *f* objet d'un fidéicommis; bien substitué.

fee[2], *v.tr.* **(feed, fee'd; feeing) 1.** Payer un cachet, des honoraires, à (qn). **To fee a lawyer,** retenir un avocat. **2.** (*a*) Donner une gratification, un pourboire, à (qn). (*b*) *F:* Graisser la patte à (qn).

feeble [fiːbl], *a.* (*Of pers.*) Faible, infirme, débile; (*of action, etc.*) faible; mou, *f.* molle. **Feeble pulse,** pouls déprimé, rare. **Feeble argument,** argument *m* faible, sans force. **Feeble light,** clarté douteuse. *F. work,* travail *m* médiocre. *F:* **He's a feeble sort of chap,** c'est un garçon sans caractère, peu capable; *F:* c'est le soleil de janvier. **-bly,** *adv.* Faiblement; mollement.

'feeble-'bodied, *a.* Faible (de corps); infirme.

'feeble-'minded, *a.* D'esprit faible.

feebleness ['fiːblnəs], *s.* (*Of pers.*) Faiblesse *f*, débilité *f*, infirmité *f*; (*of will, argument, etc.*) faiblesse.

feeblish ['fiːbliʃ], *a.* (*Of pers., thg*) Plutôt faible; *F:* faiblard.

feed[1] [fiːd], *s.* **1.** (*a*) Alimentation *f* (d'un animal, etc.); pâturage *m*, broutement *m* (des moutons, des vaches, etc.). **Out at feed,** mis au vert. **Fish on the feed,** poissons *mpl* en chasse; poissons qui mouchent. (*b*) Nourriture *f*, pâture *f* (pour les animaux); fourrage *m* (pour les chevaux, etc.). *To give the horse a f.,* donner à manger au cheval. **Horse off his feed,** cheval *m* qui boude, renifle, sur son avoine; cheval qui a du dégoût. *F:* (*Of pers.*) **To be off one's feed,** bouder sur la nourriture; avoir perdu l'appétit. (*c*) Mesure *f*, ration *f* (de nourriture pour les animaux). **Feed of oats,** picotin *m* d'avoine. (*d*) *F:* (*Of pers.*) (i) Repas *m*, festin *m.* **A rare old feed,** un boulottage épatant. **To have a good feed,** bien manger; faire bonne chère; *P:* se caler les joues; se les caler; s'en mettre jusque-là. (ii) *U.S:* Manger *m.* **2.** *Tchn:* Alimentation *f* (d'une machine, d'une chaudière, etc.); avance *f* (d'une machine-outil); déplacement latéral (d'un outil de tour); entraînement *m* (du bois contre la scie mécanique). *Aut:* **Gravity feed,** alimentation par (la) pesanteur. **Suction feed,** alimentation par aspiration. **Pump feed,** alimentation par pression. *Tank with* **vacuum feed,** réservoir *m* à exhausteur. *Mch: etc:* **Forced feed, pressure feed** (*of oil*), graissage *m* sous pression. *See also* DRIP-FEED, FLOAT-FEED, FORCE-FEED, SIGHT-FEED. *Cin:* **Feed spool,** bobine dérouleuse, débitrice. **Feed magazine,** magasin débiteur. **3.** (*Things fed to machine*) (*a*) **Feed(-water),** (i) *Mch:* eau *f* d'alimentation; (ii) *Hyd.E:* éclusée *f.* **Feed-water heater,** réchauffeur *m.* (*b*) Charge *f* (d'un fusil, d'une machine, etc.). **4.** *Th:* = FEEDER 1 (*d*).

feed-'back, *s. El.E: W.Tel:* Rétroaction *f.*

'feed-box, *s.* **1.** *Husb:* Mangeoire *f.* **2.** *Mec.E: Ind:* Boîte *f* d'alimentation.

'feed-cock, *s. Mch: etc:* Robinet *m* d'alimentation, de refoulement, de remplissage.

'feed-donkey, *s. Mch: Nau:* Petit cheval alimentaire.

'feed-engine, *s.* Machine *f* auxiliaire.

'feed-motion, *s. Mec.E: Ind:* Mouvement *m* de pression, d'avancement, d'entraînement.

'feed-pipe, *s.* Tuyau *m* d'alimentation, de prise d'eau; nourrice *f. Perforated f.-p.,* distributeur *m* alimentaire.

'feed-pump, *s. Mch:* Pompe *f* alimentaire, d'alimentation; nourrice *f. Boiler f.-p.,* pompe d'alimentation de chaudière. *Steam f.-p.,* pompe d'alimentation à vapeur.

'feed-roll, *s. Tchn:* Nourrisseur *m*; *pl. Metalw:* rouleaux entraîneurs (de laminoir).

'feed-screw, *s. Mec.E:* Vis *f* de commande de l'avance (d'un tour, etc.); vis d'avance.

'feed-shaft, *s. I.C.E:* Arbre *m* de commande.

'feed-stuff, *s. Husb:* Pâtée *f.*

'feed-tank, *s. Mch:* Bâche *f* d'alimentation; réservoir *m* alimentaire. *I.C.E:* Réservoir-nourrice *m*, *pl.* réservoirs-nourrices; nourrice *f* (d'alimentation d'essence). *See also* VACUUM.

'feed-trough, *s.* **1.** *Rail:* Auge d'eau d'alimentation creusée dans la voie. **2.** *Sm.a:* Auget *m* (de fusil à magasin).

'feed-wire, *s. El.E:* Artère *f* alimentaire; fil *m* d'amenée.

feed[2], *v.* (*p.t.* fed [fed]; *p.p.* fed) **I.** *v.tr.* **1.** (*a*) Nourrir; donner à manger à (qn); alimenter (une famille, etc.); approvisionner (un pays, etc.); ravitailler (une armée, des prisonniers); faire manger (un chien); faire paître (des vaches, des moutons, etc.); affourrager (des bestiaux); repaître (des animaux); allaiter (un enfant); (*of mother bird*) embecquer, abecquer, donner la becquée à (ses petits). **To feed a bird forcibly,** gaver un oiseau. *Too helpless to f. himself,* trop faible pour se nourrir lui-même. *See also* FISH[1], HAND[1] 2, SPOON-FEED. *Rome was fed by Sicily,* la Sicile était le grenier de Rome. *F:* **To feed a cold,** bien manger quand on est enrhumé. *P:* **To feed one's face,** se caler les joues; se les caler. **To feed s.o. on, with, sth.;** *U.S:* **to feed sth. to s.o.,** nourrir qn de qch. *To f. one's mind on fancies,* se repaître de chimères. **To feed one's eyes on s.o.,** couver, manger, qn des yeux. *To f. s.o. on hopes,* nourrir qn d'espérances. *U.S:* *To f. oats to the horses,* donner de l'avoine aux chevaux. (*b*) Nourrir, servir à la nutrition de (qn, etc.). *Field that feeds three cows*, champ *m* qui nourrit trois vaches. (*c*) *Manure feeds the ground*, le fumier nourrit la terre. *To f. the mind*, nourrir l'esprit. **2.** (*a*) Alimenter (une machine, une chaudière, le feu, le marché, etc.); charger (un fourneau, etc.). *Tchn:* **To feed a machine with raw materials,** introduire les matières premières dans une machine. *Mill:* **To feed a threshing-machine, the hopper, with fresh corn,** rengrener une batteuse, la trémie. *Mec.E:* **To feed the tool to the work,** (faire) avancer l'outil à la pièce. (*b*) *Fb:* **To feed the forwards,** alimenter les avants. (*c*) *Th:* **To feed an actor,** donner la réplique à un acteur; soutenir un acteur. **3.** *Husb:* (*Of cattle*) **To feed down, feed off, a meadow; to feed a meadow bare,** pâturer un pré; brouter l'herbe d'un pré.

II. **feed,** *v.i.* Manger. (*Of cattle, sheep*) Paître, brouter; (*of deer*) viander. *I am expected to f. with the servants*, on veut que je mange, que je prenne mes repas, avec les domestiques. **To feed (up)on sth.,** se nourrir, s'alimenter, se repaître, vivre, de qch. *Here the eye feeds on beautiful objects*, ici la vue, l'œil, se repaît de belles choses. *F:* **To feed on s.o.,** (i) vivre aux dépens de qn; mettre qn en coupe réglée; (ii) faire sa proie de qn. (*Of animal*) **To feed out of s.o.'s hand,** manger dans la main de qn.

feed up. 1. *v.tr. To f. up animals*, engraisser les animaux. **To feed s.o. up,** (i) *Med:* suralimenter qn; (ii) *P:* rassasier qn de qch. *P:* **To be fed up,** en avoir assez; en avoir soupé; en avoir plein le dos; en avoir par-dessus la tête; *P:* en avoir sa claque; en avoir marre; en être empoisonné. *I'm fed up with your friends!* j'en ai plein le dos, de vos amis! *I am fed up with it*, j'en ai une indigestion. **2.** *v.i.* **To feed up** (*after illness*), se restaurer.

feeding[1], *a.* **1.** *Nau:* (*Of storm, gale, etc.*) Nourri. **2.** (*Of cistern, etc.*) Alimentaire; (*of cylinder*) nourrisseur. *See also* SELF-FEEDING.

feeding[2], *s.* **1.** Alimentation *f* (de qn, d'une machine, etc.); affourragement *m* (des bestiaux); abecquement *m* (de leurs petits par les oiseaux). **Forcible feeding,** gavage *m*. *See also* BOTTLE-FEEDING, HAND-FEEDING. *Ind:* **Feed(ing) mechanism,** mécanisme alimentateur. **2.** *Mec.E:* Amenage *m*, avance *f*, avancement *m* (du travail à l'outil, de l'outil au travail, etc.). *El:* **Feeding of the carbons** (*of arc-lamp*), avance *f* des charbons. *Cin:* **Feeding claws,** griffes *f* de transport (du film).

'feeding-bottle, *s.* Biberon *m*.

'feeding-cup, *s.* *Med:* Biberon *m*, canard *m*.

'feeding-time, *s.* (*Of animals*) L'heure *f* de la pâtée, de l'affourragement; (*at zoo*) l'heure du repas (des fauves, etc.); *F:* (*of people*) l'heure du repas.

feed[3], fee'd. *See* FEE[2].

feeder ['fi:dər], *s.* **1.** (*a*) *Husb:* Nourrisseur *m* (de bestiaux). (*b*) *Ind:* Alimenteur, -euse (d'une machine à carder); chargeur, -euse (d'un fourneau de forge, etc.). *Typ:* Margeur, -euse. (*c*) = EATER. **To be a dirty feeder,** manger salement. *Heavy f.*, gros mangeur. *See also* DAINTY[2] 3. (*d*) *Th:* Acteur, -trice, qui donne la réplique à une vedette. **He's a bad feeder,** il ne sait pas donner la réplique. **2.** (*a*) Bavette *f*; serviette *f* d'enfant. (*b*) Biberon *m*. **3.** (*a*) Affluent *m* (d'une rivière). *Hyd.E:* Canal *m* d'alimentation, de prise, de dérivation, d'amenée; nourricière *f*. *Agr:* Fossé collecteur. *Rail:* **Feeder(-line),** embranchement *m*. *El.E:* **Feeder(-main),** artère *f* alimentaire; câble *m* d'alimentation. **Feeder(-cable),** conducteur *m* alimentaire; feeder *m*; artère; secteur *m*. *Civ.E:* *Network of feeders to the arterial roads*, réseau *m* capillaire. (*b*) *Min:* (i) Filon *m*; (ii) réservoir *m*, soufflard *m*, souffleur *m*, de grisou; (iii) poche *f* d'eau. **4.** (*a*) *Mch:* *Mec.E: etc:* Alimentateur *m*. *Mechanical f.*, chargeur mécanique. **Air-feeder,** manche *f* à air (à bord d'un navire, dans une usine, etc.). *See also* OIL-FEEDER. *Artil:* *F. of the gun*, transporteur *m* (d'obus). (*b*) *Tex: etc:* Cylindre *m* nourrisseur, alimentaire. (*c*) *Metall:* Masselotte *f* (de pièce coulée).

fee-faw-fum ['fi:'fɔ:'fʌm], *int. & s.* Mots prononcés par l'ogre dans les contes de fées lorsqu'il sent la chair fraîche. *F:* *I'm not to be frightened by fee-faw-fum*, votre grosse voix ne m'effraie pas. **That's all fee-faw-fum,** (i) tout ça c'est des histoires de croque-mitaine; (ii) tout ça c'est du bluff, c'est de la blague.

feel[1] [fi:l], *s.* **1.** *Physiol:* Toucher *m*, tact *m*. **Rough to the feel,** rude au toucher. *To get the right f. of the reins*, ajuster les rênes. *To acquire the f. of one's plane*, acquérir la maîtrise de son avion. **2.** (*a*) Toucher, manier *m*, main *f* (du papier, etc.). *Stuff with a soft f.*, étoffe *f* au manier doux. **To know sth. by the feel of it,** reconnaître qch. au toucher. (*b*) Sensation *f*. *The f. of the rope round her neck*, la sensation de la corde autour de son cou. *I don't like the f. of his clammy hand*, je n'aime pas la sensation de sa main froide et moite.

feel[2], *v.* (*p.t.* **felt** [felt]; *p.p.* **felt**) **1.** (*a*) *v.tr.* Toucher (qch. avec la main, un bâton, etc.); promener les doigts sur (qch.); tâter (le pouls, une étoffe, etc.); palper (un membre cassé, etc.); manier (une étoffe, etc.); *P:* peloter (qn). *The blind recognize objects by feeling them*, les aveugles reconnaissent les objets au toucher, en les palpant. **To feel whether, if, there are any bones broken,** tâter pour savoir s'il y a des os cassés. *Mil:* **To feel the enemy,** tâter l'ennemi. **Feel your right!** appuyez à droite! (*b*) *v.tr. & i.* **To feel (about) for sth., to feel after sth.,** chercher qch. à tâtons, en tâtant; tâter pour trouver qch. **To feel about in the dark,** tâtonner dans l'obscurité. **To feel one's way,** (i) avancer, aller, marcher, à tâtons; (ii) *F:* sonder, explorer, le terrain; y aller doucement, avec précaution; marcher la sonde à la main. *To f. one's way towards sth.*, avancer vers qch. à tâtons, à l'aveuglette. **To feel in one's pockets, in a drawer, for sth.,** fouiller dans ses poches, farfouiller dans un tiroir, pour trouver qch. **2.** (*a*) *v.tr.* Sentir (qch.). **To feel sth. under one's foot,** sentir qch. sous le pied. **I felt the floor tremble,** je sentis trembler le plancher. **The floor was felt to tremble,** on sentit trembler le plancher. **I felt her trembling,** je la sentais qui tremblait. *I felt his arms clasp round me*, je me sentis pressé dans ses bras. *I can f. winter coming*, je sens l'hiver qui vient. *She felt her feet to be stone-cold*, elle se sentait les pieds gelés. *See also* FOOT[1] 1, LEG[1] 1. (*b*) *v.tr. & i.* (Res)sentir, éprouver (de la douleur, etc.); ressentir (une injure). *To f. the effects of an accident*, se ressentir d'un accident. *The effect will be felt*, l'effet se fera sentir. *You should f. the heat in there!* il fait un chaud là-dedans! **To feel the heat,** être incommodé par la chaleur. **To feel the cold,** être sensible au froid; être frileux. *We have felt the cold this winter*, le froid a été sensible cet hiver. **To make one's authority felt,** affirmer son autorité. *Nau:* (*Of ship*) **To feel the rudder,** sentir la barre; obéir à la barre. *She felt no joy at his coming back*, elle n'éprouva aucune joie de ce qu'il revenait. *I felt it a good deal*, cela m'a fait quelque chose. *To f. a great friendship for s.o.*, se sentir beaucoup d'amitié pour qn. **To feel a kindly interest towards s.o.,** éprouver de la sympathie pour qn. **To feel for s.o.,** être plein de pitié pour qn. **To feel for, with, s.o. in his sorrow,** prendre part à, partager, la douleur de qn. *Abs.* **Some people cannot feel,** il y a des gens qui ne sentent rien. *How did you f.?* quels sentiments avez-vous éprouvés? *He feels very strongly*, il est très sensible. (*c*) *v.tr.* Avoir conscience de (qch.). *He felt his hopes fading away*, il sentit son espoir s'envoler. **I feel it in my bones that I shall succeed,** un sentiment intime me dit que je réussirai. *I felt that I had come at the wrong moment*, j'avais conscience d'être arrivé mal à propos. **I felt it necessary to interfere,** j'ai jugé nécessaire d'intervenir. **What I feel about your brother is . . .,** mon sentiment sur votre frère, c'est que. . . . **3.** *v.i.* (*Of pers.*) (*a*) *Pred.* **To feel cold,** avoir froid. **To feel ill, tired,** se sentir malade, fatigué. *My foot feels better*, mon pied va mieux. **To feel all the better for it,** s'en trouver mieux. *I f. ten years younger*, je me sens dix ans de moins. *To f. in high spirits*, se sentir plein d'entrain. **He doesn't feel quite himself,** il ne se sent pas très bien; il n'est pas dans son assiette. *I f. quite myself again*, je me sens tout à fait rétabli. **To feel up to sth., to doing sth.,** se sentir (i) assez bien pour faire qch., (ii) de taille à faire qch. **To feel certain that . . .,** être certain que. . . . (*b*) **I feel as if . . .,** j'ai comme si . . ., il me semble que. . . . *F:* **To feel like doing sth.,** se sentir d'humeur, d'inclination, à faire qch.; être en humeur de faire qch. *I felt like crying*, j'avais envie de pleurer. *I don't f. like laughing*, je ne me sens pas en train de rire. *It makes me f. like . . .*, cela me donne envie de. . . . *If you f. like it*, si le cœur vous en dit. *Do you f. like cheese?* un peu de fromage vous dirait-il? *I f. like a cup of tea*, je prendrais bien, je boirais bien, une tasse de thé. *See also* FAINT[1] 4, GIDDY[1] 1, INCLINED 2, RAG[1] 1, SMALL I. 5. **4.** *v.i.* (*Of thgs, with passive force*) **To feel hard, soft,** être dur, doux, au toucher. *The wall felt hot*, le mur était chaud au toucher. *The load feels heavy to me*, le fardeau me semble lourd. *The room feels damp*, la salle (me) paraît humide; la salle donne une impression d'humidité. *This chair feels very comfortable*, ce fauteuil me paraît, me semble, très confortable. *How does it f., what does it f. like, to + inf. . . .?* quel effet cela produit-il de + *inf. . . .?* **It feels like . . .,** cela donne la sensation de. . . .

feel out, *v.tr.* **1. To feel out the possibilities of a scheme,** tâter le terrain avant de lancer un projet. **2.** *Abs. Artil:* Allonger le tir par coups successifs.

feeling[1], *a.* **1.** (*Of pers.*) Sensible. **2.** (*Of language, manner, etc.*) Ému. **3.** (*Of joy, etc.*) Bien senti. **-ly,** *adv.* D'un air ému, avec émotion. **To speak feelingly of sth.,** parler (i) d'une voix émue, (ii) sympathiquement, (iii) avec chaleur, de qch. *To sing f.*, chanter avec âme.

feeling[2], *s.* **1.** Tâtage *m* (de qch. avec les mains); maniement *m* (du drap). **Feeling of s.o.'s pockets,** fouillement *m* des poches de qn. **2.** *Physiol:* **(Sense of) feeling,** toucher *m*, tact *m*. *Capable of physical f.*, sensible au toucher. **To have no feeling in one's arm,** avoir le bras mort. **3.** Sensation (douloureuse, de froid, etc.). **4.** Sentiment *m*. (*a*) **His feelings towards me,** ses sentiments envers moi, vis-à-vis de moi. *To have kindly feelings towards s.o.*, éprouver de la sympathie pour qn. *What were my feelings when I heard . . .!* jugez de mes sentiments lorsque j'appris . . .! *What is the f. of the meeting on this subject?* quelle est l'opinion, quel est le sentiment, de l'assemblée sur ce sujet? *Public f. ran high against the proposal*, le sentiment populaire s'élevait contre cette proposition. **Class feeling,** esprit *m* de classe. *No hard feelings!* sans rancune! *See also* FELLOW-FEELING. (*b*) **I had a feeling of danger,** j'avais le sentiment d'être en danger; je me sentais en danger. *I had a f. that I had arrived at the wrong moment*, j'avais conscience d'être arrivé mal à propos. **There is a general feeling that . . .,** on a l'impression dans le public que. . . . (*c*) Sensibilité *f*, émotion *f*. **The feeling for nature,** le sentiment de la nature. *To have a f. for music*, être sensible à la musique. **To have no feelings,** (i) être dépourvu de toute sensibilité; (ii) n'avoir point de cœur; *Lit:* être sans pitié, sans entrailles. *Have you no feelings!* vous n'avez donc pas d'âme! *A man of f.*, un homme sensible. *To suppress one's feelings*, se contenir. *See also* CONSULT 1, HURT[2] 2, PLAY[2] III. 8, SPARE[2] 3. **To do sth. with feeling,** mettre de l'âme à faire qch. *To speak with f.*, parler (i) avec enthousiasme, (ii) avec émotion, (iii) avec chaleur. *To play the piano with f.*, jouer du piano avec sentiment, avec âme. *His landscapes are full of f.*, ses paysages sont très ressentis. *See also* GOOD FEELING, ILL-FEELING.

feeler ['fi:lər], *s.* **1.** (*a*) Personne qui manie (une étoffe, etc.), qui tâte (le pouls, etc.). (*b*) Personne sensible. (*c*) *Mil:* Éclaireur *m*. **2.** (*a*) *Biol:* Antenne *f*, palpe *f* (d'un insecte, etc.); corne *f* (d'escargot); moustache *f* (d'un chat, etc.); tentacule *m* (d'un mollusque, etc.). (*b*) *Aut:* Repère *m* d'aile; témoin *m* d'aile. **3.** *F:* Ballon *m* d'essai. **To throw out a feeler,** (i) lancer un ballon d'essai; (ii) *F:* tâter le terrain, sonder le gué. **4.** *Mec.E:* Feuille *f* d'épaisseur. *Set of feelers*, calibre *m* d'épaisseur (à lames).

feelingness ['fi:liŋnəs], *s.* Sensibilité *f*.

feet [fiːt], *s.pl. See* FOOT[1].

feign [fein], *v.tr.* **1.** (*a*) Feindre, simuler (une maladie, la folie, etc.). **To feign surprise,** affecter, jouer, la surprise. *To f. death*, faire, contrefaire, le mort; affecter la mort. *To f. to do sth.*, feindre, faire semblant, de faire qch. **To feign that . . .,** feindre que + *ind. Abs. To cease feigning*, cesser de feindre. (*b*) *v.i.* **To feign sick,** faire semblant d'être malade. **2.** *A:* (*a*) Inventer (une excuse, etc.). (*b*) Contrefaire (un document, une écriture).

feigned, *a.* (*Of sorrow, illness, etc.*) Feint, simulé; (*of voice, writing, etc.*) déguisé. **Feigned smile,** sourire *m* de commande. **Feigned name,** nom *m* d'emprunt. *To write in a f. hand*, déguiser son écriture. *Jur:* **Feigned action,** cause fictive.

feigning, *s.* Feinte *f*; (dis)simulation *f*.

feint[1] [feint], *s.* (*a*) *Mil:* Fausse attaque. *F. sortie*, fausse sortie. (*b*) *Box: Fenc: etc:* Feinte *f*; coup *m* de temps. *A f. with the left*, une feinte du gauche. (*c*) *F:* **To make a feint of doing sth.,** feindre, faire semblant, de faire qch. *His anger is but a f.*, sa colère n'est qu'une simulation.

feint[2], *v.i.* (*a*) *Mil:* Faire une fausse attaque. (*b*) *Box: Fenc: etc:* Feinter. **To feint with the right,** feinter du droit.

feint[3], *a.* & *adv.* *A:* = FAINT[1]. *Still used in Com:* **Feint-ruled paper, paper with feint lines,** papier réglé (en bleu clair).

feinter ['feintər], *s.* *Fb:* Feinteur *m*.

fel(d)spar ['fel(d)spɑːr], *s.* *Miner:* Feldspath *m*. *Glassy f.*, sanidine *f*. *Triclinic f.*, plagioclase *f*. *White f.*, albite *f*. *See also* LABRADOR.

fel(d)spathic [fel(d)'spaθik], *a.* (*Of rocks, etc.*) Feldspathique; à feldspath.

Felicia [fe'liʃjə]. *Pr.n.f.* Félicie.

felicitate [fi'lisiteit], *v.tr.* **1. To felicitate s.o. (up)on sth.,** féliciter qn de, sur, qch.; complimenter qn sur qch. **2.** *A:* Rendre (qn) heureux.

felicitation [filisi'teiʃ(ə)n], *s.* Félicitation *f*, compliment(s) *m*(*pl*). *Usu. pl. To offer s.o. one's felicitations*, offrir ses félicitations à qn.

felicitous [fi'lisitəs], *a.* Heureux. **1.** (*a*) (*Of word, speech, etc.*) Bien trouvé, à propos. *To introduce s.o. in a few f. words*, présenter qn en quelques mots appropriés, bien choisis. *To have a f. style of writing*, écrire avec bonheur. (*b*) (*Of pers.*) *F. in his choice of words, in his descriptions*, heureux dans le choix de ses mots, dans ses descriptions. **2.** *A:* (Bien)heureux; joyeux. **-ly,** *adv.* Heureusement.

felicity [fi'lisiti], *s.* **1.** Félicité *f*, bonheur *m*, joie *f*. **2.** (*a*) A-propos *m*, bien-trouvé *m*, bonheur (d'une observation, etc.). (*b*) Phrase bien trouvée; mot bien trouvé; trouvaille *f*.

felid ['fiːlid], *s.* *Z:* Félidé *m*.

felidae ['fiːlidiː], *s.pl.* *Z:* Félidés *m*, chats *m*.

feline ['fiːlain]. **1.** *a.* (*a*) *Z:* (Animal, etc.) félin. (*b*) *F:* **Feline grace,** grâce féline; grâce de chat. *F. amenities*, politesses aigres-douces. **2.** *s.* *Z:* Félin *m*.

felinity [fi'liniti], *s.* Félinité *f*.

Felix ['fiːliks]. *Pr.n.m.* Félix.

fell[1] [fel], *s.* **1.** Fourrure *f*; peau *f* (de bête). **2.** (*a*) Toison *f*. (*b*) *F:* (*Of pers.*) **A fell of hair,** une tignasse. *See also* WOOL-FELL.

fell[2], *s.* **1.** *A:* Colline ou montagne rocheuse; p. ex. Scawfell. **2.** *pl.* **Fells,** hauteurs *f*, crêtes *f* plateaux *m* (du Derbyshire, etc.).

fell[3], *s.* **1.** *For:* Nombre *m* d'arbres abattus (en une fois); coupe *f* d'arbres; abattis *m*. **2.** *Needlew:* (*a*) Rabattage *m* (d'une couture). (*b*) Couture rabattue, plate.

fell[4], *v.tr.* **1.** (*a*) Abattre, terrasser (un adversaire, etc.); assommer (un bœuf, etc.). **To fell s.o. to the ground,** étendre qn à terre (d'un coup de poing, etc.). (*b*) Abattre, couper (un arbre). **To fell a tree with an axe,** abattre un arbre à coups de cognée. **Felled wood, timber,** abattis *m*, bois gisant, vente *f*. **2.** *Needlew:* Rabattre (une couture).

felling, *s.* Abattage *m* (d'un bœuf); abattage, coupe *f*, vente *f* (de bois); rabattage *m* (d'une couture). *For: The f. season*, la saison d'abattage. **Clean, clear, felling,** coupe blanche, à blanc estoc, à blanc étoc. **Dark, close, felling,** coupe sombre. **Felling-saw,** scie *f* passe-partout; passe-partout *m inv*. *See also* AXE.

fell[5], *a.* *Lit:* **1.** (*Of pers., animal, etc.*) Féroce, cruel, sauvage. **2.** (*Of thg*) Funeste, désolant. **Fell disease,** maladie *f* terrible, impitoyable, redoutable. **Fell necessity,** nécessité *f* tragique. *F. design*, projet *m* sinistre. *F. silence*, silence lugubre, lourd de menaces. *See also* SWOOP[1].

fell[6]. *See* FALL[2].

fellah, *pl.* **fellaheen, fellahs** ['fela, fela'hiːn, 'felaz], *s.* Fellah *m*; paysan *m* (d'Égypte).

Fellatahs [fe'lɑːtaz], *s.pl.* *Ethn:* Fellatas *m*, Foulahs *m*.

feller[1] ['felər], *s.* **1.** Abatteur *m* (d'arbres, de bœufs). *Min:* **Granite feller,** piqueur *m* de granit. **2.** Dispositif *m* de rabattage (d'une machine à coudre).

feller[2], *s.* *P.* = FELLOW[1] 4.

fellmonger ['felmʌŋgər], *s.* Peaussier *m*, pelletier *m*.

fellness ['felnəs], *s.* *Poet: Dial:* Férocité *f*, cruauté *f*; caractère *m* redoutable (d'une maladie).

felloe ['felou], *s.* **1.** Jante *f*, circonférence *f*, chanteau *m* (de roue). **2.** Section *f* de la jante (d'une roue).

fellow[1] ['felo], *s.* **1.** Camarade *m*, compagnon *m*, confrère *m*, collègue *m*. **Fellow-servant, -passenger, -sufferer,** *etc.* (*pl.* **fellow-servants, -passengers, -sufferers,** *etc.*), compagnon de service, de voyage, de misère, etc. *Jur:* **Fellow-delinquent,** coïnculpé *m*. **Fellow-prisoner,** (i) compagnon de captivité; (ii) *Jur:* codétenu *m*. *See also* BEDFELLOW, CLASS-FELLOW, SCHOOLFELLOW, YOKE-FELLOW. **2.** (*Of pers., etc.*) Semblable *m*, pareil *m*; (*of thg*) pendant *m*. *In his art he has no f.*, dans son art il n'a pas de rival, pas son pareil. *A vase and its f.*, un vase et son pendant. *A good glove, but I have lost its f.*, un beau gant, mais j'ai perdu celui qui fait la paire, qui va avec, mais j'ai perdu l'autre. *To find the f. of a glove, of a stocking*, rapparier des gants, des bas. **3.** (*a*) *Sch:* (i) Membre *m* (homme ou femme) de la corporation (d'une université) = *Fr.* agrégé(e); (ii) boursier chargé de cours (à une université). (*b*) Membre, associé, -ée (d'une société savante). **Fellow of the Royal Society, F.R.S.,** membre de la Société royale (de Londres). **4.** *F:* (*a*) Homme *m*, garçon *m*, *P:* zig(ue) *m*. **A good fellow,** un brave garçon, un bon diable, un brave type. *A jolly f.*, une bonne pièce, un bon compagnon, un joyeux compère. *A decent f.*, un bon gars. **He's a jolly good fellow,** c'est un chic type. *He's a queer f.*, c'est un drôle de type. *The poor little f.*, le pauvre petit. *A great strapping f.*, un grand gaillard. **He's a stout fellow,** c'est un hardi compagnon. *That old f.*, ce vieux bonhomme. *Congratulations, my good f., old f.*, je vous félicite, mon brave, mon vieux. *What do you say,* **you fellows?** qu'en dites-vous, vous autres? (*Slightly pej.*) **A young fellow,** *F:* **a young fellow-me-lad,** un petit jeune homme. *What have you to say to that, young fellow-me-lad?* ça te la coupe, ça t'en bouche un coin, mon petit? *See also* DEAR I., FINE[2] 3. (*b*) *Pej:* Individu *m*. **These editor fellows,** ces journalistes. *Some painter fellows were there*, il y avait là quelques rapins. *That captain f. who is always with her*, cette espèce de capitaine qui est toujours à ses côtés. *There's a f. downstairs who would like to speak to you*, il y a un individu, un particulier, en bas qui désirerait vous parler. **He called me a fellow!** il m'a traité de maraud! **Good-for-nothing fellow,** mauvais sujet; propre *m* à rien. *Tell that f. to go away*, dites à cet individu-là de s'en aller. (*c*) (*Indefinite*) **Why can't you let a fellow alone!** laissez-moi donc tranquille! **A fellow must eat,** il faut bien manger. *A f. doesn't like to be treated like that*, on n'aime pas à être traité comme ça.

fellow-'being, *s.* (*pl.* **fellow-beings**) Semblable *m*.

fellow-'Christian, *s.* (*pl.* **fellow-Christians**) Frère *m*, sœur *f*, en Jésus-Christ.

fellow-'citizen, *s.* (*pl.* **fellow-citizens**) Concitoyen, -enne.

fellow-'citizenship, *s.* Concitoyenneté *f*.

fellow-'countryman, -woman, *s.* (*pl.* **fellow-countrymen, -women**) Compatriote *mf*, concitoyen, -enne; *F:* pays, *f.* payse.

fellow-'creature, *s.* (*pl.* **fellow-creatures**) Semblable *m*. **Our fellow-creatures,** nos prochains *m*.

fellow-'feeling, *s.* **1.** Sympathie *f*. *To have a f.-f. for s.o.*, avoir, ressentir, de la sympathie pour qn. **2.** Esprit *m* de communauté de plaisirs et de peines.

fellow-'man, *pl.* **-'men,** *s.m.* Semblable.

fellow-'soldier, *s.m.* (*pl.* **fellow-soldiers**) Compagnon d'armes; frère d'armes; camarade de régiment.

fellow-'student, *s.* (*pl.* **fellow-students**) Camarade *mf* d'études; condisciple *m*.

fellow-'townsman, *pl.* **-men,** *s.m.* = FELLOW-CITIZEN.

fellow-'traveller, *s.* (*pl.* **fellow-travellers**) Compagnon *m* de voyage, de route.

fellow-'worker, *s.* (*pl.* **fellow-workers**) **1.** *Ind:* Compagnon *m* (d'un ouvrier). **2.** (*a*) Collaborateur, -trice. (*b*) Confrère *m*.

fellow[2], *v.tr.* Appareiller, apparier (des gants, etc.); trouver un pendant à (un vase, etc.).

fellowship ['feloʃip], *s.* **1.** Communion *f*, communauté *f*, participation *f*, solidarité *f*. *To live in intellectual f. with s.o.*, vivre en communion d'idées avec qn. *Ecc:* **The Fellowship of the Holy Ghost,** la communion du Saint-Esprit. **2.** (**Good**) **fellowship,** amitié *f*, camaraderie *f*, sodalité *f*. *Long-standing f.*, camaraderie de longue date. **3.** Association *f*, corporation *f*, société *f*, (con)fraternité *f*. **A fellowship banquet,** un banquet confraternel. **The fellowship of man,** la fraternité des hommes. **4.** (*a*) *Sch:* (i) Dignité *f* de membre (d'une corporation universitaire); (ii) bourse *f* universitaire (avec obligation de faire un cours, des recherches). (*b*) Titre *m* de membre, d'associé (d'une société savante). **5.** *A:* = PARTNERSHIP. (*Still so used in*) *Ar:* **(Rule of) fellowship,** règle *f* de société.

felly ['feli], *s.* = FELLOE.

felo-de-se ['fiːloudiː'siː], *s.* *Jur:* **1.** (*Of pers.*) (*pl.* **felones-de-se**) Suicidé, -ée (de propos délibéré), ou celui, celle, qui a commis une tentative de suicide (en possession de toutes ses facultés). **2.** Suicide *m*; homicide *m* de soi-même.

felon[1] ['felən]. **1.** *a.* (*a*) *Poet:* Cruel, vil, perfide, mauvais. (*b*) *Jur:* Criminel. **2.** *s.* *Jur:* Criminel, -elle.

felon[2], *s.* *Med:* Panaris *m*; *F:* tourniole *f*; *A:* mal *m* d'aventure.

felonious [fe'lounjəs], *a.* **1.** *Poet:* = FELON[1] 1 (*a*). **2.** *Jur:* Criminel. **Felonious act,** action *f* qui constitue un crime. **Accused of loitering with felonious intent,** accusé de vagabondage délictueux. *Murder with f. intent*, meurtre *m* par guet-apens. *See also* HOMICIDE[2]. **-ly,** *adv.* Criminellement.

felonry ['felənri], *s.* Le monde criminel.

felony ['feləni], *s.* **1.** *Hist:* Félonie *f*. **2.** *Jur:* Crime *m* (p. ex. meurtre, incendie volontaire, vol à main armée, faux). *See also* COMPOUND[3] 1, TREASON-FELONY.

Feloops [fe'lups], *s.pl.* *Ethn:* Feloups *m*.

felsite ['felsait], *s.* *Miner:* Felsite *f*, pétrosilex *m*.

felspar ['felspɑːr], *s.* = FELDSPAR.

felspathic [fel'spaθik], *a.* = FELDSPATHIC.

felstone ['felstoun], *s.* *Miner:* Feldspath *m* amorphe.

felt[1] [felt], *s.* **1.** *Tex:* Feutre *m*. **Hair felt,** feutre de poil. **Carpet felt,** papier *m* feutre; carton *m* sous-tapis. *See also* HAT[1]. **2.** **Roofing felt, tarred felt,** carton-pierre *m*; carton bitumé, asphalté, goudronné. *See also* CAULKING-FELT.

felt[2]. **1.** *v.tr.* (*a*) *Tex:* Feutrer (de la laine, des poils). (*b*) Couvrir (un toit, etc.) de carton bitumé. **2.** *v.i.* (*Of wool, hair, etc.*) Se feutrer, se coller, s'agglutiner.

felting, *s.* **1.** Feutrage *m* (du poil, etc.). **2.** *Coll.* **To buy felting,** (i) acheter du feutrage, du feutre; (ii) acheter du carton bitumé.

felt[3]. *See* FEEL[2].

felty ['felti], *a.* Feutré; semblable au feutre.

felucca [fe'lʌka], *s. Nau:* Felouque *f.*

female ['fi:meil]. **1.** *a.* (*a*) (*Of pers.*) Féminin; (de) femme. **Female child,** enfant *m* du sexe féminin. *My f. relations,* mes parentes *f. I have f. cousins,* j'ai des cousines *f. Male and f. candidates,* candidats et candidates. **Male and female patients,** malades hommes et femmes. **Female voice,** voix féminine, de femme. **The female sex,** le sexe féminin. *F. education,* l'éducation *f* des femmes. *Surg:* **Female catheter,** cathéter *m* de femme. *Jur:* **Male and female heirs,** héritiers *m* mâles et femelles. (*b*) (*Of animals, plants, etc.*) Femelle. (*c*) *Tchn:* Femelle. **Female screw,** vis *f* femelle; écrou *m. F. caliper gauge,* calibre *m* femelle, calibre simple. *Lap:* **Female sapphire,** saphir *m* femelle. **2.** *s.f.* (*a*) *Jur. & P:* (*Of pers.*) Femme; *Jur. & P:* femelle. *A young f.,* une jeune personne, une jeune fille, une jeune femme. (*b*) (*Of animals, plants*) Femelle.

femaleness ['fi:meilnəs], *s.* Féminité *f.*

feme [fem], *s.f. Jur:* Femme. **Feme covert,** femme en puissance de mari. **Feme sole,** femme non mariée, célibataire ou veuve.

feminality [femi'naliti], *s.* **1.** (*a*) *A:* = FEMINEITY. (*b*) Caractéristique féminine. **2.** Colifichet *m* de femme.

femineity [femi'ni:iti], *s.* Féminéité *f,* féminité *f*; caractère féminin (de qch.).

feminine ['feminin], *a.* Féminin. *F. occupations,* occupations *f* de femme. *s.* **The eternal feminine,** l'éternel féminin. *To be the embodiment of the 'eternal f.', F:* avoir du chien. *Gram:* **In the feminine gender,** *s.* **in the feminine,** au féminin. *This word is f.,* ce mot est du féminin. *Pros:* **Feminine ending,** terminaison féminine. **-ly,** *adv.* D'une manière féminine; en femme.

feminineness ['femininnəs], **femininity** [femi'niniti], *s.* = FEMINEITY.

feminism ['feminizm], *s. Pol:* Féminisme *m.*

feminist ['feminist], *a. & s. Pol:* Féministe (*mf*).

feminity [fe'miniti], *s.* = FEMINEITY.

feminize ['femina:iz]. **1.** *v.tr.* Féminiser (un garçon, une écriture, etc.); rendre (un garçon) efféminé. **2.** *v.i.* Se féminiser.

femoral ['femərəl], *a. Anat:* Fémoral, -aux.

femoro- ['feməro], *comb.fm.* Fémoro-. **Femoro-tibial,** fémoro-tibial.

femur, *pl.* **femurs, femora** ['fi:mər(z), 'femora], *s. Anat: Ent:* Fémur *m.*

fen[1] [fen], *s.* Marais *m,* marécage *m. Geog:* **The Fens,** les plaines marécageuses de l'Est-Anglie.

'fen-berry, *s. Bot:* = CRANBERRY.

'fen-fire, *s.* Feu follet.

'fen-man, *pl.* **-men,** *s.m.* Habitant des Fens.

'fen-pole, *s.* Perche *f* à sauter.

'fen-reeve, *s.* Intendant *m* des travaux hydrauliques des Fens.

fen[2], **fens** [fenz], *int.* = FAIN[2], FAINS.

fence[1] [fens], *s.* **1.** = FENCING 1. **Master of fence,** (i) fine lame; (ii) maître argumentateur. **2.** (*a*) Clôture *f,* barrière *f,* palis *m,* palissade *f*; claie *f* (d'un champ, d'un pâturage). **Lath fence,** clôture en lattes, en échalas, à claire-voie; lattis *m.* **Wire fence,** clôture en fil métallique. **Sunk fence,** saut *m* de loup. *Sp: To put a horse over the fences,* mettre un cheval sur les obstacles. *F:* **To stop to look at the fence,** se tâter (avant de faire qch.). **To sit on the fence,** ménager la chèvre et le chou; attendre voir d'où vient le vent; se réserver. **He always comes down on the right side of the fence,** il se trouve toujours du bon côté. *To come down on the wrong side of the f.,* faire la gaffe de se mettre du mauvais côté. *U.S:* **Politicians on the other side of the fence,** politiciens *m* du parti opposé. *U.S:* **To mend, look after, one's fences,** chauffer ses électeurs. (*b*) *U.S:* **Fence(-wall),** mur *m* de clôture. **3.** *Ind:* (*a*) Guide *m,* réglette *f* (d'une scie circulaire, etc.). (*b*) Garde *f* (d'une machine-outil, etc.); garde-corps *m inv.* **4.** *P:* (*a*) Receleur, -euse (d'objets volés); *P:* fourgat *m.* (*b*) Repaire *m* de receleurs.

'fence-month, -season, -time, *s.* Époque *f* de fermeture (de la chasse ou de la pêche).

fence[2]. **1.** *v.i.* Faire de l'escrime, des armes; tirer des armes; *abs. F:* tirer. *F:* **To fence with a question,** parer, éviter, une question. *To f. with a counsel,* répondre en éludant les questions d'un avocat. *See also* QUARTERSTAFF. **2.** *v.tr.* (*a*) Protéger, défendre (son corps, etc.). **To fence one's head from, against, blows,** protéger sa tête contre les coups; défendre sa tête des coups. *Building fenced from the wind,* bâtiment abrité du vent. (*b*) **To fence (off)** (*an attack, etc.*), parer, éviter (une attaque, etc.). **3.** *v.tr.* **To fence (in)** (*a piece of ground, etc.*), clôturer, enclore, enceindre, palissader (un terrain, etc.). **To fence off** *one corner of a field,* séparer un coin d'un champ par une clôture. **To fence a town (about, round) with walls,** enceindre une ville de murailles; fortifier une ville. *B: Fenced cities,* villes murées. **To fence (in) machinery,** munir des machines de gardes *f,* d'un garde-corps. *To f. in belting,* encoffrer des courroies. **4.** *v.tr. Jur: Ecc:* (*Scot.*) Défendre (le tribunal, la Sainte-Table) contre toute intrusion ou abus (par une admonestation). **5.** *v.tr.* (*a*) Recéler (des objets volés). (*b*) *Abs.* Faire le recel. **6.** *v.i.* (*Of horse*) Sauter les haies.

fencing, *s.* **1.** Escrime *f.* **Fencing with swords,** escrime à l'épée; escrime de l'épée. **To practise fencing, to go in for fencing,** faire de l'escrime, des armes. *F:* **He is impatient of forensic fencing,** il n'aime pas les arguties, la chicane, du Palais. *See also* JACKET[1] 1. **2. Fencing (in)** (*of a piece of ground, etc.*), clôture *f,* palissadement *m* (d'un terrain, etc.). **3.** (*a*) Clôture, barrière *f,* palissade *f,* enceinte *f.* **Iron fencing,** clôture en fer. **Wire fencing,** treillage *m* métallique, en fil de fer. (*b*) *U.S:* Matériaux *mpl* pour clôture. **4.** *Ind:* (*a*) Garde-corps *m inv* (de machine); garde *f.* (*b*) Coffrage *m* (des courroies, etc.). **5.** *F:* Recel *m,* recèlement *m.*

'fencing-bout, *s.* Assaut *m* d'armes. *We had a f.-b., F:* nous avons fait un bouton.

'fencing-gloves, *s.pl.* Gants *m* d'escrime.

'fencing-master, *s.m.* Maître d'escrime, d'armes.

'fencing-match, *s.* Assaut *m* d'armes.

'fencing-school, *s.* École *f* d'escrime; salle *f* d'armes.

fenceless ['fensləs], *a.* **1.** (*Of land*) Ouvert, sans clôture. **2.** *Lit:* (*Of pers.*) Sans défense; (*of city*) non-fortifié.

fencer ['fensər], *s.* **1.** Escrimeur *m,* tireur *m* (d'armes). *He is a fine f.,* il manie superbement le fleuret, l'épée, les armes; il est bon tireur; c'est une fine lame. **2.** Cheval sauteur de haies. *A good f.,* un bon sauteur de haies; un cheval bon aux barrières.

fencible ['fensibl]. **1.** *s. Hist:* Milicien *m*; soldat *m* de la garde nationale, de la garde territoriale. **2.** *a. Mil:* (*Scot.*) (Homme *m*) valide.

fend [fend]. **1.** *v.tr.* (*a*) *Poet:* **To fend s.o., sth., from sth.,** défendre qn, qch., de qch. (*b*) **To fend off** (*a blow, etc.*), parer, détourner (un coup, etc.). *Nau: To f. off a collision,* parer un abordage. **Fend off!** défiez! **2.** *v.i.* **To fend for s.o.,** pourvoir aux besoins de qn. **To fend for oneself,** se débrouiller; voler de ses propres ailes. *He can f. for himself,* il est débrouillard; il peut se suffire.

fender[1] ['fendər], *s.* **1.** (*a*) *Aut:* Pare-choc(s) *m inv. Nau:* (Ballon *m* de) défense *f*; amortisseur *m*; pare-battage *m, pl.* pare-battages; baderne *f.* **Rope fender,** défense en filin, en cordage. *See also* ICE-FENDER. (*b*) (*Protecting wall, door-post, etc.*) Bouteroue *f,* chasse-roue(s) *m inv,* borne *f. Civ.E:* Éperon *m* (de pile de pont). **Fender-pile,** repoussoir *m.* **2.** *Furn:* Galerie *f* de foyer; garde-feu *m inv.* **3.** (*a*) *Veh:* Garde-boue *m inv*; pare-boue *m inv.* (*b*) *Aut: U.S:* = MUDGUARD.

fender[2], *v.tr. Nau:* Protéger (le bordage) avec des défenses. *Hyd.E:* Protéger (les bords d'une rivière) avec un pilotis, etc.

fenestrate(d) [fe'nestreit(id)], *a. Nat.Hist:* Fenestré, fenêtré. *Surg:* **Fenestrated bandage,** bandage fenêtré.

fenestration [fenes'treiʃ(ə)n], *s.* **1.** *Arch:* Fenêtrage *m.* **2.** *Nat.Hist:* État fenestré.

Fenian ['fi:njən], *s. Pol.Hist:* Fénian *m.*

Fenianism ['fi:njənizm], *s.* Fénianisme *m.*

fennel ['fenl], *s. Bot:* **1.** Fenouil *m*; anet(h) doux. **Sweet fennel,** fenouil officinal. **Hog's fennel, sow's fennel,** fenouil de porc. **Fennel-apple,** fenouillet *m,* fenouillette *f. Pharm:* **Fennel oil,** essence *f* de fenouil. **Fennel water,** fenouillette. **2. Giant fennel,** férule *f.* **3. Sea fennel,** crithme *m*; fenouil marin, de mer; perce-pierre *m, pl.* perce-pierres; casse-pierre(s) *m inv*; passe-pierre *m, pl.* passe-pierre(s); criste-marine *f, pl.* cristes-marines.

'fennel-flower, *s. Bot:* Nigelle *f*; *F:* cheveux *mpl* de Vénus; quatre-épices *f.*

fenny ['feni], *a.* **1.** Marécageux. **2.** Des marais.

fens [fenz], *int.* = FAINS.

fent [fent], *s.* Coupon *m* de drap.

fenugreek ['fenjugri:k], *s. Bot:* Trigonelle *f,* fenugrec *m*; *F:* sénegré *m.*

feoff[1] [fef], *s.* = FIEF.

feoff[2], *v.tr. Jur:* (*a*) *A:* Fieffer (qn); investir (qn) d'un fief. (*b*) **To feoff out an estate,** fieffer une terre.

feoffee [fe'fi:], *s. Jur:* (*a*) *A:* Fieffataire *mf.* (*b*) **Feoffee in, of, trust,** héritier *m* fidéicommissaire.

feoffer, feoffor ['fefər], *s. Jur: A:* Fieffant, -e.

feoffment ['fefmənt], *s. Jur:* (*a*) *A:* Inféodation *f,* investiture *f.* (*b*) Don *m* en fief.

feracious [fe'reiʃəs], *a.* Fertile, fécond.

feral ['fi:ərəl], *a.* **1.** *Nat.Hist:* (*a*) Sauvage. (*b*) Qui est retourné à l'état sauvage. **2.** *Lit:* Brutal, -aux; sauvage.

fer-de-lance [fεərdə'lɑ:ns], *s. Rept:* Fer *m* de lance.

Ferdinand ['fə:rdinənd]. *Pr.n.m.* Ferdinand, Fernand.

feretory ['feretəri], *s. Ecc:* Châsse *f.*

feria ['fi:əria], *s. Ecc:* Férie *f*; jour non férié.

ferial ['fi:əriəl], *a.* **1.** (*Weekday*) Férial, -aux. **2.** (*Holiday*) Férié.

ferine ['fi:ərain], *a.* Férin; sauvage. *Med:* **Ferine cough,** toux férine.

Feringhee [fe'riŋgi], *s.* (*In India*) **1.** *A:* Européen, -enne. **2.** Portugais ou Portugaise né(e) aux Indes; métis ou métisse de Portugais.

fermata [fə:r'mɑ:ta], *s. Mus:* Point *m* d'orgue.

ferment[1] ['fə:rmənt], *s.* **1.** Ferment *m.* **2.** Fermentation *f* (des liquides); *F:* agitation populaire, ouvrière; agitation (des esprits). *The whole town was in a (state of) f.,* toute la ville était en effervescence *f. His mind is in a f.,* son esprit travaille.

ferment[2] [fər'ment]. **1.** *v.i.* (*a*) (*Of liquids, etc.*) Fermenter; (*of wine*) travailler; (*of beer*) guiller. (*b*) (*Of cereals*) S'échauffer. (*c*) *Dy:* Venir en adoux. (*d*) *F:* (*Of sedition, etc.*) Fermenter, vibrionner; (*of the people*) être en effervescence. **2.** *v.tr.* (*a*) Faire fermenter (un liquide, etc.). **To ferment wine,** cuver le vin. *F: When youth ferments the blood,* lorsque la jeunesse échauffe le sang. (*b*) (*Of the sun, damp, etc.*) Échauffer (les céréales). (*c*) *F:* **The discord that fermented Europe,** le désaccord qui agitait l'Europe.

fermented, *a.* **1.** (*Of liquor*) (Qui a) fermenté. **2.** (Pain) levé.

fermenting, *s.* = FERMENTATION. *Wine-m:* **Fermenting sheds,** vinée *f.*

fermentable [fər'mentəbl], *a.* (*Of liquor, etc.*) Fermentable, fermentescible

fermentation. [fə:rmen'teiʃ(ə)n], *s.* (*a*) Fermentation *f* (d'un liquide, etc.); guillage *m* (de la bière); travail *m* (du vin). *See also* HYDROLYSIS. (*b*) Échauffement *m* (des céréales). *Cereals that exhale a smell of f.,* céréales *f* qui sentent l'échauffé. *To cause f. in corn, hay,* échauffer le blé, le foin. *Paperm:* **Fermentation of rags,** pourrissage *m.* (*c*) *F: The town was in a state of f.,* la ville était en effervescence.

fermentative [fər'mentətiv], *a.* Fermentatif.

fermentum [fər'mentəm], *s. Ecc.Hist:* Ferment *m.*

fern [fə:rn], *s. Bot:* Fougère *f.* (*a*) **Flowering, royal, fern,** osmonde royale. **Wall fern,** polypode *m* vulgaire; polypode du chêne. *See also* FINGER-FERN, MAIDENHAIR, SCALE-FERN, SHIELD-FERN.

Pharm: **Fern-oil,** essence *f* de fougère. *Sweet f.-oil,* essence de comptonia. (*b*) *Coll.* **Hill-side covered with fern,** coteau enfoui sous les fougères.
'fern-owl, *s. Orn:* Engoulevent *m.*
fernery ['fəːrnəri], *s.* Fougeraie *f.*
ferny ['fəːrni], *a.* Abondant en fougères; couvert de fougères.
ferocious [fe'rouʃəs], *a.* (*Of animal, pers., look, etc.*) Féroce. **-ly,** *adv.* D'une manière féroce, avec férocité. *He looked f. at me,* il avait l'air de vouloir me manger.
ferocity [fe'rɔsiti], *s.* Férocité *f.*
-ferous [fərəs], *a.suff. Bot: Miner: Z: etc:* **1.** -fère. *Auriferous,* aurifère. *Frugiferous,* frugifère. *Lactiferous,* lactifère. *Metalliferous,* métallifère. *Soporiferous,* soporifère. *Umbelliferous,* ombellifère. **2.** -férant. *Odoriferous,* odoriférant. *Vociferous,* vociférant.
ferox ['ferɔks], *s. Ich:* Truite *f* des lacs.
ferozone ['ferozoun], *s. Civ.E:* Ferrozon *m* (pour l'épuration des vidanges).
Ferrara [fe'rɑːra]. *Pr.n. Geog:* Ferrare *f.*
Ferrarese [ferɑː'riːz], *a. & s. Geog:* Ferrarais, -aise.
ferrate ['fereit], *s. Ch:* Ferrate *m.*
ferreous ['feriəs], *a.* (Corps, etc.) ferreux.
ferret[1] ['feret], *s.* **1.** *Z:* Furet *m. F:* **Ferret eyes,** yeux *m* de fouine. **2.** *F:* Fureteur, -euse, furet.
ferret[2], *v.* (**ferreted; ferreting**) **1.** *v.i.* Fureter; chasser au furet. *F:* **To ferret about,** fureter, fouiner, partout. *To f.* (*about*) *in one's pockets,* fureter, fouiller, dans ses poches (*for sth.,* pour trouver qch.). **2.** *v.tr.* Fureter (un terrier, etc.); chasser, prendre, (les lapins, etc.) au furet. *F:* **To ferret out (s.o., sth.),** dénicher (qn, qch.); découvrir (la vérité, un objet perdu); surprendre, *F:* déterrer (un secret).
ferreting, *s.* **1.** Furetage *m*; chasse *f* au furet. **To go ferreting,** chasser au furet. **2.** **Ferreting out,** dénichement *m* (d'un objet perdu, etc.); mise *f* au jour (d'un secret).
ferret[3], *s. Tex:* Padou *m,* fleuret *m,* filoselle *f.*
ferret[4], *s. Glassm: A:* Ferret *m.*
ferreter ['feretər], *s. Ven. & F:* Fureteur, -euse.
ferrety ['fereti], *a.* **1.** De furet. *Esp.* **Ferrety eyes,** yeux *m* de furet, de fouine. **2.** (*Of pers.*) Fureteur, -euse; fouineur, -euse; *P:* fouinard. *Our most f. booklovers,* nos bibliophiles les plus fouineurs.
ferri- ['feri], **ferro-** ['fero], *comb.fm. Ch: Miner:* Ferri-, ferro-. *Ferricyanogen,* ferricyanogène. *Ferrocobaltite,* ferrocobaltite. *Ferro-aluminium,* ferro-aluminium.
ferriage ['feriedʒ], *s.* **1.** Passage *m* en bac; transport *m* par bac. **2.** Droits *mpl* de passage.
ferric ['ferik], *a. Ch:* Ferrique.
ferricyanic [ferisai'anik], **ferricyanhydric** [ferisaian'haidrik], *a. Ch:* (Acide *m*) ferricyanhydrique.
ferricyanide [feri'saiənaid], *s. Ch:* Ferricyanure *m.* **Potassium ferricyanide,** prussiate *m* rouge.
ferriferous [fe'rifərəs], *a.* (Roche *f,* etc.) ferrifère.
Ferris-wheel ['ferishwiːl], *s.* La grande roue (dans les parcs d'attractions).
ferrite ['ferait], *s. Metall:* Ferrite *m.*
ferro- ['fero], *comb.fm. See* FERRI-.
ferro-alloy [fero'alɔi], *s. Metall:* Ferro-alliage *m, pl.* ferro-alliages.
ferro-calcite [fero'kalsait], *s. Miner:* Ferrocalcite *f.*
ferrocerium [fero'siːəriəm], *s.* Ferrocérium *m* (pour pierre à briquet).
ferro-chrome ['ferokroum], *s. Metall:* Ferro-chrome *m.*
ferro-concrete [fero'kɔnkriːt], *s.* Béton armé. *F.-c. constructions,* bâtiments *m* en béton armé.
ferrocyanic [ferosai'anik], **ferrocyanhydric** [ferosaian'haidrik], *a. Ch:* (Acide *m*) ferrocyanhydrique.
ferrocyanide [fero'saiənaid], *s. Ch:* Ferrocyanure *m.* **Potassium ferrocyanide,** prussiate *m* jaune.
ferro-gallic [fero'galik], *a. Phot:* (Papier *m*) ferrogallique.
ferroglass ['feroglɑːs], *s. Ind:* Cristal armé.
ferromagnetic [feromag'netik], *a.* Ferromagnétique.
ferromanganese [fero'maŋganiːz], *s. Miner:* Ferromanganèse *m.*
ferro-nickel [fero'nikl], *s. El:* **Ferro-nickel accumulator,** accumulateur *m* au fer-nickel.
ferro-print ['feroprint], *s. Phot:* Épreuve *f* aux sels de fer.
ferroprussiate [fero'prʌʃiet], *s. Ch:* Ferroprussiate *m.*
ferro-tungsten [fero'tʌŋstən], *s. Miner:* Ferrotungstène *m.*
ferrotype ['ferotaip], *s. Phot:* **1.** Ferrotypie *f.* **Ferrotype photography,** photographie foraine. **2.** (*The portrait*) Ferrotypie, *F:* ferro *m.*
ferrous ['ferəs], *a. Ch:* (Oxyde, carbonate, etc.) ferreux. **Ferrous sulphide,** pyrite *f* de fer.
ferrozone ['ferozoun], *s.* = FEROZONE.
ferruginous [fe'rudʒinəs], *a. Miner: etc:* (Quartz, etc.) ferrugineux.
ferrule[1] ['ferəl, 'ferjuːl], *s.* Virole *f,* bague *f,* frette *f* (d'un manche d'outil, etc.); bout ferré, embout *m* (de canne, de parapluie); sabot *m* (de piquet); croisière *f* (de sabre-baïonnette); bobine *f* (de foret à archet); embrassure *f* (d'une poutre). *F. of a pile,* frette, couronne *f,* d'un pieu. **Wire-ferrule,** coulant *m* de fil métallique. *Num:* **Coining ferrule,** virole.
ferrule[2], *v.tr.* Viroler, fretter, baguer (le manche d'un outil, etc.); ferrer, embouter (une canne, etc.); couronner (un pieu).
ferruled, *a.* (*Of tube, etc.*) Bagué; (*of handle, etc.*) fretté; (*of stick, etc.*) embouté.
ferry[1] ['feri], *s.* **1.** Endroit *m* où l'on peut passer la rivière en bac ou en bateau; passage *m*; *F:* le bac. **To cross the ferry,** passer le bac. **Ferry dues,** droits *m* de passage; pontonage *m.* **2.** = FERRY-BOAT. **To take the ferry,** (i) prendre le bac; (ii) *F:* passer la mer, le Pas de Calais, l'Atlantique; (iii) *F:* trépasser. **Chain ferry,** toue *f.* **Train ferry,** transbordeur *m* de trains; bac transbordeur; ferry-boat *m, pl.* ferry-boats. *Lit:* **Charon's ferry,** la barque de Charon. **3. Aerial ferry,** pont *m* transbordeur; *F:* transbordeur. **4.** *Jur:* Droit *m* de bac.
'ferry-boat, *s.* Bac *m*; bachot *m* de passeur; bateau *m* de passage; va-et-vient *m inv.*; barque traversière. *Steam f.-b.,* bac à vapeur.
'ferry-bridge, *s.* Bac transbordeur; pont transbordeur.
ferry[2]. **1.** *v.i.* **To ferry across, over, the river,** passer la rivière en bac; traverser la rivière par le bac. **2.** *v.tr.* (*a*) *To f. s.o., the car, across, over, the river,* passer qn, la voiture, en bac, dans le bac; transborder qn, la voiture. *Will you f. me across?* voulez-vous me passer? (*b*) *To f. a boat across a river,* faire traverser une rivière à un bateau.
ferrying, *s.* **1.** Transport *m* en bac, par bac. **2.** **Ferrying across,** passage *m* en bac; transbordement *m.*
ferryman, *pl.* **-men** ['ferimən, -men], *s.m.* Passeur. *Poet:* **The Ferryman of the Styx,** le nocher du Styx, le nautonier des enfers.
ferrywoman, *pl.* **-women** ['feriwumən, -wimen], *s.f.* Passeuse.
fertile ['fəːrtil, -tail], *a.* **1.** (*a*) (Sol, etc.) fertile, fécond (*in,* en); productif (*of,* de); généreux (en). (*Of soil*) *To become more f.,* s'amender. *F:* **Fertile imagination,** imagination *f* fertile. (*b*) (Œuf) coché, côché. **2.** Fécondant.
fertility [fəːr'tiliti], *s.* Fertilité *f,* fécondité *f* (du sol, de l'imagination de qn, etc.); productivité *f* (du sol). *F. of mind, of invention,* fertilité d'esprit, d'invention.
fertilizable ['fəːrtilaizəbl], *a.* Fertilisable; (sol *m*) amendable.
fertilization [fəːrtilai'zeiʃ(ə)n], *s.* **1.** Fertilisation *f,* fécondation *f* (d'un œuf, etc.). *Bot:* Pollinisation *f. See also* CROSS-FERTILISATION, SELF-FERTILISATION. **2.** Fertilisation (du sol); amendement *m* (du sol avec des engrais).
fertilize ['fəːrtilaiːz], *v.tr.* **1.** Fertiliser, féconder (un œuf, une plante, etc.). *Fertilized fruit,* fruit noué. *Husb: To f.* (*a ewe, etc.*) *artificially,* inséminer (une brebis, etc.). *See also* CROSS-FERTILIZE. **2.** Fertiliser, féconder (le sol); (*with manure*) amender (le sol).
fertilizer ['fəːrtilaizər], *s.* **1.** Agent fécondant. **2.** *Agr:* Engrais *m,* fertilisant *m,* fertiliseur *m. Artificial fertilizers,* engrais chimiques.
ferula, *pl.* **-ae** ['ferjula, -iː], *s. Bot:* Férule *f.*
ferule ['ferjuːl], *s.* **1.** *Sch: A:* Férule *f.* **2.** *Bot:* = FERULA.
fervency ['fəːrvənsi], *s.* Ardeur *f,* empressement *m,* fougue *f*; ferveur *f* (d'une prière, etc.).
fervent ['fəːrvənt], *a.* **1.** (*Of heat, etc.*) Ardent. **2.** (*Of pers., zeal, etc.*) Vif, ardent, fervent. *F. prayer,* prière ardente, fervente. **-ly,** *adv.* (Prier, etc.) fervemment, avec ferveur; (désirer, etc.) ardemment, passionnément, avec ardeur.
fervid ['fəːrvid], *a.* (*Of preacher, imagination, etc.*) Fervent, ardent, passionné. **-ly,** *adv.* Ardemment, avec ferveur.
fervour ['fəːrvər], *s.* **1.** Ardeur *f,* chaleur *f* (du soleil, etc.). **2.** Passion *f,* ferveur *f,* ardeur, zèle *m.*
fescennine ['fesenain], *a. Lt.Lit:* (*Of verse, etc.*) Fescennin.
fescue ['feskjuː], *s.* **1.** *Sch:* Baguette *f* (pour démonstration au tableau noir). **2.** *Bot:* **Fescue(-grass),** fétuque *f*; seigle bâtard. *See also* SHEEP'S FESCUE.
fess(e) [fes], *s. Her:* Fasce *f.* **Fesse-point,** abîme *m.*
fessey ['fesi], *a. Her:* Fascé.
festal ['fest(ə)l], *a.* **1.** (Jour, air, etc.) de fête. **2.** (Gens) en fête, joyeux.
fester[1] ['festər], *s.* **1.** *A:* Ulcère *m,* pustule *f.* **2.** *Med:* Inflammation *f,* écorchure *f,* avec suppuration.
fester[2]. **1.** *v.i.* (*a*) (*Of wound, etc.*) Suppurer, s'ulcérer, s'envenimer. (*b*) (*Of carrion, etc.*) Se putréfier, pourrir; se corrompre. (*c*) (*Of resentment, etc.*) Couver. **2.** *v.tr.* (*a*) Ulcérer, faire suppurer (une plaie). (*b*) Putréfier, faire pourrir (de la charogne, etc.). (*c*) *F:* Laisser couver, nourrir (la haine, etc.).
festering[1], *a.* (*a*) (*Of wound, etc.*) Ulcéreux, suppurant. (*b*) Putrescent, pourrissant. *F. mass of dead bodies,* masse foisonnante de cadavres.
festering[2], *s.* (*a*) Suppuration *f,* ulcération *f* (d'une blessure, etc.). (*b*) Putréfaction *f.*
festival ['festivəl]. **1.** *s.* (*a*) Fête (nationale, de la moisson, etc.). *F:* **To hold high festival,** faire fête. *See also* FLORAL, HARVEST[1]. (*b*) *Mus: etc:* Festival *m,* -als. **The Shakespeare Festival,** le festival shakespearien. **2.** *a.* (*a*) (Habits, etc.) de fête. (*b*) (Musique) de festival.
festive ['festiv], *a.* **1.** (Jour, etc.) de fête; (table, etc.) du festin. **The festive season,** l'époque *f* des réjouissances, des festins (Noël). *To gather round* **the festive board,** se rassembler à table pour le festin. **2.** (*Of pers.*) (*a*) En humeur de se réjouir; gai, joyeux; jovial, -aux. *To be in f. mood,* avoir le cœur en fête. (*b*) *F:* Un peu parti (après boire); éméché. **-ly,** *adv.* D'une manière gaie, joyeuse; joyeusement.
festivity [fes'tiviti], *s.* Fête *f,* réjouissance *f,* festivité *f. Nothing marred the festivities,* rien ne troubla les festivités, la fête.
festoon[1] [fes'tuːn], *s.* **1.** *Arch: etc:* Feston *m,* bouillon *m,* guirlande *f.* **2.** *El:* **Festoon lamp,** lampe *f* forme navette; navette *f.*
festoon[2]. **1.** *v.tr.* (*a*) Festonner (qch.) (*with,* de). (*b*) Disposer (des fleurs, etc.) en festons. **2.** *v.i.* Pendre en festons.
festoonery [fes'tuːnəri], *s.* Décoration *f* en festons.
fetch[1] [fetʃ], *s.* **1.** *A:* Effort *m.* **To take a fetch,** faire un grand effort. **2.** *A:* Ruse *f,* stratagème *m,* tour *m.* **To cast a fetch,** tendre un piège. **3.** *Nau:* (*a*) Virage *m.* (*b*) Chemin *m* à faire, distance *f* à parcourir. *F:* **It was still a far, a long, fetch to London,** il y avait encore un bon bout jusqu'à Londres. (*c*) Ouvert *m,* étendue *f* (d'une baie, etc.).
fetch[2], *v.tr.* **1.** (*a*) Aller chercher (qn, qch.). *Go and f. him,* allez le chercher. *Come and f. me,* venez me chercher; venez me prendre (chez moi, etc.). *To f. water from the river,* aller puiser de l'eau à la rivière. (*b*) Apporter (qch.); amener (qn). *F. it here,* apportez-le-moi. *F. it along!* apportez-le! **To fetch and carry for s.o.,** (*of dog*) (aller chercher et) rapporter; *F:* (*of pers.*) être

aux ordres de qn; faire les commissions de qn. **2.** (*a*) Tirer, faire venir (du sang, des larmes, etc.). (*b*) Faire agglomérer (le beurre). (*c*) Amorcer, allumer, charger (une pompe). *The pump is fetched*, la pompe est prise, est chargée. **3.** (*Of commodities, etc.*) (i) Rapporter, (ii) atteindre (un certain prix). *It fetched a high price*, cela se vendit cher. *At the price sugar is fetching*, au prix où se vend le sucre. *See also* FIGURE[1] 5. **4.** *F:* (i) Faire appel à (l'imagination); faire de l'effet sur (le public, etc.); se gagner (qn); (ii) mettre (qn) en colère; faire sortir (qn) de ses gonds. *To praise the child fetches the parents*, louez l'enfant et vous vous gagnerez les parents. **That'll fetch him!** voilà qui le séduira, qui l'allumera! **5. To fetch one's breath,** (i) prendre haleine; (ii) tressaillir; avoir un sursaut. **To fetch a sigh, a groan,** pousser un soupir, un gémissement. **6.** *F:* **To fetch s.o. a blow,** flanquer un coup à qn. *To f. s.o. a box on the ear*, envoyer, appliquer, une torgn(i)ole, une claque, à qn. **7.** *Nau. & F:* **To fetch a compass, a circuit,** faire un circuit, un tour, un détour. **8.** *Nau:* (*a*) Gagner, atteindre (le rivage, un navire, etc.). **To fetch headway,** prendre de l'erre. *See also* STERN-WAY, WAY[1] 9. (*b*) **To fetch a vessel to the quay,** aborder un vaisseau au quai. (*c*) *v.i.* **To fetch into port,** gagner le port. *See also* WINDWARD 2.

fetch about, *v.i. Nau:* Tirer des bordées.

fetch away. **1.** *v.tr.* Emmener (qn); emporter (qch.). **2.** *v.i. Nau:* (*Of guns, articles on board, etc.*) Se détacher, rouler sur le pont (par gros temps).

fetch back, *v.tr.* Ramener (qn); rapporter (qch.).

fetch down, *v.tr.* **1.** Faire descendre (qn); descendre (qch.). **2. To fetch down a partridge, one's opponent,** abattre une perdrix, son adversaire. **3.** *To f. down prices*, faire baisser les prix.

fetch in, *v.tr.* Faire entrer (qn). *To f. in the washing*, rentrer la lessive.

fetch out, *v.tr.* Faire sortir (qn, qch.); enlever (une tache); faire ressortir (une couleur, des lignes, etc.).

fetch through, *v.i.* (*a*) *Nau:* Parvenir au port (malgré les avaries, le gros temps, etc.). (*b*) *F:* Venir à bout de ses difficultés.

fetch up. **1.** *v.tr.* (*a*) Faire monter (qn, qch.). (*b*) Vomir (des aliments). (*c*) *U.S:* Élever (des enfants). **2.** *v.i.* (*a*) *Nau:* **To fetch up at a port,** parvenir, arriver, à un port. (*b*) *F:* S'arrêter. *An extraordinary little man fetched up at the front door*, un petit homme extraordinaire s'arrêta devant la porte. (*c*) *F: Esp. U.S:* Aboutir, finir (*at*, à). *I wonder where all this is going to f. up*, je me demande comment finira tout cela.

fetching, *a.* (Sourire, air) séduisant, attrayant, agaçant, attirant, *P:* aguichant. *There's something f. about her*, elle a de ça. **-ly,** *adv.* D'un air séduisant; (vêtue) à ravir.

fetch[2], *s.* = WRAITH.

fetcher ['fetʃər], *s.* **1. Fetcher and carrier,** garçon *m*, enfant *m*, qui fait les courses. **2.** *U.S:* Leurre *m*. *That was a f. he couldn't resist*, c'est un appât auquel il n'a pu résister.

fête[1] [feit], *s.* Fête *f*. *Village f.*, fête communale. **Fête-day,** (jour *m* de) la fête (de qn).

fête[2], *v.tr.* Fêter (qn, un événement, etc.); faire fête à (qn).

fetial ['fi:ʃəl], *a. & s. Rom.Ant:* Fécial (*m*), -aux.

fetid ['fetid, 'fi:tid], *a.* Fétide, puant. *See also* PERSPIRATION.

fetidity [fe'tiditi, fi:'tiditi], **fetidness** ['fetidnəs, 'fi:tidnəs], *s.* Fétidité *f*, puanteur *f*.

fetish ['fi:tiʃ, 'fe-], *s.* Fétiche *m*. *F.-bird*, oiseau *m* fétiche. *F:* **To make a fetish of the past,** avoir le culte du passé.

fetishism ['fi:tiʃizm, 'fe-], *s.* Fétichisme *m*.

fetishist ['fi:tiʃist, 'fe-], *s.* Fétichiste *mf*.

fetishistic [fi:ti'ʃistik, fe-], *a.* Fétichiste.

fetlock ['fetlɔk], *s.* Fanon *m* (du cheval). **Fetlock joint,** boulet *m*. **Over-shot fetlock,** bouleture *f*. *Horse with over-shot f.*, cheval bouleté. *See also* HAIRY 1.

fetor ['fi:tɔ:r], *s. Med: etc:* Mauvaise odeur; puanteur *f*.

fetter[1] ['fetər], *s.* *Usu. in pl.* Lien *m*; *pl.* chaînes *f*, fers *m* (d'un prisonnier, etc.); entrave *f* (d'un cheval). **In fetters,** enchaîné; dans les fers. **To burst one's fetters,** rompre ses liens, ses fers. *F:* **To cast off the fetters of business,** s'affranchir des entraves des affaires.

fetter[2], *v.tr.* Enchaîner (qn); charger (qn) de fers, de chaînes; entraver (un cheval). *F:* *Rhyme fetters the poet*, la rime gêne, embarrasse, contraint, le poète.

fettered, *a.* (*Of prisoner, etc.*) Enchaîné, dans les fers; (*of horse*) entravé.

fetterless ['fetərləs], *a.* Sans fers, sans entraves; *F:* libre, indépendant.

fetterlock ['fetərlɔk], *s. Her:* Entrave *f* de cheval.

fettle[1] [fetl], *s.* **1.** (Bonne) condition, forme *f* (de qn, d'un cheval, etc.). **To be in fine, in good, in high, fettle,** être en condition, en forme, en bon état, en bon point, en train, en haleine; être frais et dispos; être dans ses bons jours. **2.** *Metall:* Garniture *f* (de fond de four à puddler).

fettle[2]. **1.** *Dial:* (*a*) *v.tr.* Ajuster, ranger (qch.); mettre (qch.) en ordre. (*b*) *v.i.* Faire l'affairé. **2.** *v.tr. Metall:* (*a*) Ébarber, décaper (une pièce coulée); épiler (des pièces d'étain fondues). (*b*) Retorcher (les parties érodées d'un fourneau).

fettling, *s.* **1.** Ébarbage *m*, décapement *m*, décapage *m*. **2.** Remise *f* en état (d'un four à puddler).

fettler ['fetlər], *s. Metall:* Ébarbeur *m*.

feu[1] [fju:], *s.* **1.** *Hist:* Fief *m*. **2.** *Jur:* (*Scot.*) (*a*) Bail perpétuel moyennant une redevance fixe. (*b*) Petite propriété concédée à perpétuité mais assujettie à une redevance.

feu[2], *v.tr. Jur:* (*Scot.*) *To feu a piece of land*, concéder un terrain à perpétuité, moyennant redevance. **To feu out an estate,** morceler une propriété (moyennant redevances).

feud[1] [fju:d], *s.* Inimitié *f* (entre familles, clans, etc.). **A deadly feud, a death feud, a blood feud,** une guerre à mort. **Family blood feud,** vendetta *f*. *There is a blood f. between them*, il y a du sang versé entre eux. *Family feuds*, dissensions *f* domestiques. **To be at feud with s.o.,** être à couteaux tirés avec qn. *Families at open f.*, familles *f* en querelle ouverte.

feud[2], *s. Hist:* Fief *m*.

feudal ['fju:dəl], *a. Hist:* (Régime, service, etc.) féodal, -aux.

feudalism ['fju:dəlizm], *s.* Le système féodal; le régime féodal; la féodalité.

feudalist ['fju:dəlist], *s.* **1.** Partisan *m* du régime féodal. **2.** Feudiste (versé dans la matière des fiefs).

feudality [fju:'daliti], *s.* **1.** Féodalité *f*. **2.** Fief *m*.

feudalize ['fju:dəlaiz], *v.tr.* Féodaliser (un peuple, etc.).

feudatory ['fju:dətəri]. **1.** *a.* Feudataire (*to*, de); vassal, -aux (*to*, de). **2.** *s.* *The great feudatories of the Crown*, les grands feudataires de la Couronne; les grands vassaux.

fever[1] ['fi:vər], *s. Med:* Fièvre *f*. *Low f.*, fièvre lente. *High f.*, forte fièvre. *Raging f.*, fièvre de cheval. *U.S:* **Fever and ague,** fièvre intermittente. (*Of pers.*) **Free from fever,** apyrétique. **Bout of fever,** accès *m* de fièvre. **To be in a fever,** avoir la fièvre. **To throw s.o. into a fever,** donner la fièvre à qn. **Fever zones,** zones *f* d'impaludisme. *See also* BLACKWATER, BRAIN-FEVER, FAMINE-FEVER, GAOL-FEVER, GOLD-FEVER, HAY-FEVER, JUNGLE-FEVER, MALARIAL, MARSH-FEVER, MILIARY, MILITARY 1, SCARLET FEVER, SPOTTED 2, SWINE-FEVER, UNDULANT, YELLOW FEVER. *F:* **To be in a fever of joy,** être enfiévré de joie; éprouver une joie fébrile. **A fever of excitement,** une excitation fébrile. **Expectation was fever-high throughout Italy,** l'attente était fébrile par toute l'Italie.

'fever-blister, *s. Med:* Herpès *m* (qui apparaît au cours d'une fièvre).

'fever-heat, *s. Med:* Température *f* de fièvre. *F: Excitement reached f.-h.*, l'excitation devint fiévreuse.

'fever-hospital, *s.* Hôpital *m* des maladies contagieuses; hôpital de, pour, contagieux.

'fever-patient, *s.* Fiévreux, -euse.

'fever-producing, *a. Med:* Pyrogène.

'fever-smitten, *a.* Atteint de la fièvre.

'fever-sore, *s. Med:* Bouton *m* de fièvre.

'fever-stricken, *a.* Terrassé par la fièvre; en proie à la fièvre.

'fever-swamp, *s.* Marécage fiévreux, où règne le paludisme.

'fever-trap, *s.* Endroit malsain; coin fiévreux; enfer *m* où règne le paludisme, la typhoïde, etc.

'fever-tree, *s. Bot:* Arbre *m* à fièvre.

'fever-ward, *s.* Salle *f* des fiévreux (dans un hôpital).

'fever-wort, *s. Bot:* Triostée *m*.

fever[2], *v.tr.* Enfiévrer; donner la fièvre à (qn).

fevered, *a.* Enfiévré, fiévreux.

feverfew ['fi:vərfju:], *s. Bot:* Chrysanthème *m* matricaire; matricaire *f*; pyrèthre *m*; *F:* pied *m* d'Alexandre.

feverish ['fi:vəriʃ], *a.* **1.** *Med:* (État, etc.) fiévreux, fébrile, pyrexique. *To make s.o. f.*, donner la fièvre à qn, rendre qn fiévreux. *F:* **Feverish activity,** activité fébrile, fiévreuse. *See also* IMPATIENCE. **2.** (*Of climate, etc.*) Fiévreux, malsain. **-ly,** *adv.* Fiévreusement, fébrilement. *F:* *He threw himself f. into his work*, il s'appliqua avec fièvre à son travail; il se jeta dans le travail à corps perdu.

feverishness ['fi:vəriʃnəs], *s.* État fiévreux; *Med:* fébrilité *f*, pyrexie *f*.

few [fju:], *a.* **1.** (*a*) Peu de (personnes, choses). *Very few people*, très peu de gens; un très petit nombre de gens. *He has (but) few friends*, il a peu d'amis; il n'a guère d'amis. *The last few years of his life*, les toutes dernières années de sa vie. *One of the few people who . . .*, une des rares personnes qui. . . . *During the last (or next) few days*, ces jours-ci. **With few exceptions,** à de rares exceptions près. *His few hundred pounds of State pension*, ses quelques cents livres *f* de retraite de l'État. *He wanted to save the few thousands that he had left*, il voulait épargner les quelques mille livres qui lui restaient. *Trains every few minutes*, trains à quelques minutes d'intervalle. *Every few days*, tous les deux ou trois jours; à quelques jours d'intervalle. *These few minutes of conversation*, ces quelques minutes *f* d'entretien. *See also* WORD[1] 1. (*b*) **A few,** quelques. *I know a few people who . . .*, je connais quelques personnes qui. . . . *I have only a few pounds*, je n'ai que quelques livres *f*. *A few more*, encore quelques-uns, encore un peu. *He had* **a good few, not a few,** *enemies*, il avait pas mal d'ennemis, un nombre considérable d'ennemis. *In a few minutes*, dans quelques minutes; *F:* dans un petit quart d'heure. *A few minutes after six*, à six heures et quelques minutes. (*c*) (*Pred. use*) Peu nombreux, rares. *We are very few, still fewer than yesterday*, nous sommes peu nombreux, encore moins (nombreux) qu'hier. *Our days are few*, nos jours sont comptés. *Such occasions are few*, de telles occasions sont rares. *See also* FAR-BETWEEN. **2.** (*With noun function*) (*a*) Peu (de gensl, etc.). **Many are called, but few chosen,** il y a beaucoup d'appe és, mais peu d'élus. *Few of them had travelled*, peu d'entre eux avaient voyagé. *There are very few of us*, nous sommes peu nombreux. *There are very few of us who can remember it*, nous sommes peu qui en ayons le souvenir. *Few, not a few, are of this opinion*, peu de gens, pas mal de gens, sont de cet avis; il y en a peu, beaucoup, de cet avis. **The fortunate few,** une minorité de gens heureux. *The thinking few*, le nombre très restreint de gens qui pensent. (*b*) Quelques-uns, -unes. *I want a few of these cakes, of these oranges*, je voudrais quelques-uns de ces gâteaux, quelques-unes de ces oranges. *A faithful few remain*, il reste encore quelques fidèles *m*. *A few thought otherwise*, quelques-uns pensaient autrement. **Some few** *of the survivors*, quelques-uns des survivants. *Some few of us remained to chat*, nous sommes restés quelques-uns, -unes, à causer. *I know a few of them*, j'en connais quelques-uns. *We shall only be a (select) few*, nous serons en petit comité. *A few of us*, quelques-uns, un petit nombre, d'entre nous. **A good few** *of the inhabitants*, une bonne partie des habitants. *F:* *There were a good few of them*, il y en avait pas mal.

fewer ['fju:ər], *a.* (*Comp. of* FEW) **1.** Moins (de). *He has fewer debts* (*than you*), il a moins de dettes (que vous). *There are f.* (*of them*) *than I thought*, il y en a moins que je n'avais pensé. **2.** (*Pred. use*) Plus rares, moins nombreux. *The houses became fewer* (*and farther between*), les maisons s'espaçaient, s'éclaircissaient, devenaient plus rares.

fewest ['fju:əst], *a.* (*Sup. of* FEW) **1.** Le moins (de). *We have fewer books than you, but he has the fewest*, nous avons moins de livres que vous, mais il en a le moins. **2.** (*Pred. use*) Les plus rares, les moins nombreux. *There the houses are fewest*, c'est là que les maisons sont le moins nombreuses, le plus rares.

fewness ['fju:nəs], *s.* Rareté *f*, petit nombre, nombre restreint (de personnes, de choses).

fey [fei], *a. Scot:* **1.** (*a*) Destiné à mourir; qui a des pressentiments de mort, des visions de l'au-delà. (*b*) Sur le point de mourir; mourant. (*c*) Qui a un air de venir d'un autre monde, un air de revenant. (*d*) Qui est doué de seconde vue. **2.** Fou, *f.* folle. *He's gone fey*, il a perdu l'esprit.

feyness ['feinəs], *s.* **1.** Gracilité *f* de fée (d'une actrice, etc.). **2.** Don *m* de seconde vue.

fez [fez], *s. Cost:* Fez *m.*

Fiann [fi:n], *s. Irish Hist:* Fénian *m.*

fiasco [fi'asko], *s.* Fiasco *m*, *F:* four *m.* (*Of play, ceremony, etc.*) *To be a f.*, faire fiasco; faire four.

fiat[1] ['faiat], *s.* **1.** (*a*) Consentement *m*, autorisation *f.* *To give one's f. to sth.*, donner son consentement à qch. (*b*) *Jur:* Autorisation donnée par le *Home Secretary* de poursuivre une action contre la Couronne. **2.** (*a*) Décret *m*, commandement *m*, ordre *m.* *F:* **Paternal fiat,** (o)ukase paternel. (*b*) *Fin: U.S:* **Fiat money,** monnaie fiduciaire, fictive; papier-monnaie *m* inconvertible.

fiat[2], *v.tr.* (*Used only in inf. & pr.t.*) **1.** Autoriser, sanctionner (qch.); consentir à (qch.). **2.** Décréter (qch.).

fib[1] [fib], *s. F:* Petit mensonge; *F:* conte *m*, blague *f*, colle *f*, craque *f.* *What a fib!* quelle blague! quelle craque! *He's telling fibs*, il vous en conte.

fib[2], *v.i.* (**fibbed; fibbing**) *F:* Blaguer, craquer; en conter (à qn). (*To child*) *You're fibbing!* ton nez remue!

fib[3], *s. Box: A:* Coup *m* (de poing).

fib[4], *v.tr. F: A:* Battre, frapper, (qn) à coups redoublés; malmener (qn).

fibber ['fibər], *s. F:* Blagueur *m*, craqueur *m*; conteur *m* (de craques).

fibre ['faibər], *s.* **1.** Fibre *f*; filament *m.* (*a*) *Muscle f.*, fibre musculaire. *Every f. of his being revolted at the idea*, chaque fibre de son être se révoltait à cette idée. (*b*) *F:* **Our moral fibre,** notre nature *f*; notre composition *f.* **A man of coarse fibre,** un homme d'une trempe grossière, vulgaire. (*c*) *Metall:* Fibre, nerf *m* (de l'acier). *Mec:* **Fibre stress,** effort *m* dans la matière. **2.** *Com:* **Vegetable fibre, dwarf-palm fibre,** crin végétal. **Fibre trunk,** malle *f* en fibre. **Fibre washer,** rondelle *f* en fibre. **Wood fibre** (*for packing*), fibre de bois; laine *f* de bois. **3.** *Bot:* Radicelle *f.*

'fibre-cell, *s. Anat:* Fibre-cellule *f*, *pl.* fibres-cellules.

-fibred ['faibərd], *a.* **1.** *Bot: etc:* **Two-, three-fibred,** à deux, à trois, fibres. **2.** **Coarse-fibred,** d'une composition grossière. **Finely-fibred,** d'une nature délicate.

fibreless ['faibərləs], *a.* **1.** Sans fibres. **2.** *F:* Sans caractère, sans énergie; mou, *f.* molle.

fibriform ['faibrifɔ:rm], *a.* En forme de fibres; fibreux.

fibril ['faibril], **fibrilla,** *pl.* **-ae** [fai'brila, -i:], *s. Anat: Bot:* Fibrille *f.*

fibrillar ['faibrilər], **fibrillary** ['faibriləri], **fibrillate(d)** ['faibrileit(id)], *a. Anat: Bot:* Fibrillaire.

fibrillation [faibri'leiʃ(ə)n], *s. Physiol:* Fibrillation *f.*

fibrilliform [fai'brilifɔ:rm], *a.* En forme de fibrilles; fibrilleux.

fibrillose [faibri'lous], *a.* (Tissu, etc.) fibrilleux.

fibrin ['faibrin], *s. Ch: Physiol:* Fibrine *f.*

'fibrin-'ferment, *s. Ch: Physiol:* Fibrin-ferment *m.*

fibrino- ['faibrino], *comb.fm.* Fibrino-. *Fibrino-plastic*, fibrinoplastique.

fibrinogen [fai'brinədʒen], *s. Ch:* Fibrinogène *m.*

fibrinous ['faibrinəs], *a.* Fibrineux.

fibro- ['faibro], *comb.fm.* Fibro-. *Fibroserous*, fibroséreux.

fibro-cartilage ['faibro'kɑ:rtiledʒ], *s. Anat:* Fibrocartilage *m.*

fibro-cartilaginous ['faibrokɑ:rti'ladʒinəs], *a. Anat:* (Tissu, etc.) fibrocartilagineux.

fibro-cement ['faibrosiment], *s. Civ.E:* Fibro-ciment *m*, *pl.* fibro-ciments.

fibro-cyst ['faibrosist], *s. Med:* Fibrokyste *m.*

fibroid ['faibrɔid]. **1.** *a.* (Tumeur *f*, etc.) fibroïde. *F. degeneration*, dégénérescence fibreuse. **2.** *s. Med:* Fibrome *m.*

fibroin ['faibrɔin], *s. Ch:* Fibroïne *f.*

fibroma, *pl.* **-mata** [fai'brouma(ta)], *s. Med:* Fibrome *m.*

fibrosis [fai'brousis], *s. Med:* Dégénérescence fibreuse.

fibrous ['faibrəs], *a.* **1.** (Tissu, etc.) fibreux. **2.** *Metall:* (Fer) nerveux. *F. fracture*, cassure nerveuse.

fibrousness ['faibrəsnəs], *s.* Qualité fibreuse (d'un tissu, etc.).

fibro-vascular ['faibro'vaskjulər], *a. Bot:* (Faisceau *m*, etc.) fibro(-)vasculaire.

fibster ['fibstər], *s. F:* = FIBBER.

fibula, *pl.* **-as, -ae** ['fibjula(z), -i:], *s.* **1.** *Rom.Ant:* Fibule *f.* **2.** *Anat:* Péroné *m.*

-fic [fik], *a.suff.* *See* -IFIC.

-fication [fi'keiʃ(ə)n], *s.suff.* *See* -IFICATION.

fichu ['fi:ʃu], *s. Cost:* Fichu *m.*

fickle [fikl], *a.* Inconstant, volage, capricieux, mobile, muable. *F. disposition*, caractère changeant, versatile.

'fickle-minded, *a.* D'humeur volage.

fickleness ['fiklnəs], *s.* Inconstance *f*; humeur *f* volage; caractère capricieux; instabilité *f* de caractère.

fictile ['fiktil, 'fiktail], *a.* **1.** (Art *m*, etc.) céramique, plastique. **2.** **Fictile clay,** argile figuline.

fiction ['fikʃ(ə)n], *s.* **1.** Fiction *f*, création *f* de l'imagination. *Jur:* **Legal fiction, fiction of law,** fiction légale, de droit. *F: These tales are pure f.*, tous ces contes sont de pure invention; tout cela, ce n'est que des contes. *See also* TRUTH 1. **2.** *Lit:* **(Works of) fiction,** romans *m*; ouvrages *m* d'imagination; littérature *f* d'imagination. *He writes only f.*, il n'écrit que des romans; il ne fait que du roman. *Light f.*, romans de lecture facile. *Publ:* **The fiction department,** le service de la maison qui s'occupe des romans.

fictional ['fikʃən(ə)l], *a.* (Bibliothèque *f*, etc.) de romans. *F. literature*, le roman.

fictioneer [fikʃə'ni:ər], *s. Pej:* Pondeur *m*, fabricant *m*, de romans.

fictionist ['fikʃənist], *s.* Romancier, -ière.

fictitious [fik'tiʃəs], *a.* **1.** (*a*) Fictif. *F. being*, être *m* imaginaire. *Com:* **Fictitious assets,** actif fictif. *Fin:* **Fictitious bill,** *F:* traite *f* en l'air. *Book-k:* **Fictitious accounts,** comptes *m* de résultats. (*b*) (*Of fight, treaty, etc.*) Simulé, feint. **2.** *F. narrative*, récit inventé. **3.** *A:* (*Of gem, coin*) Factice; contrefait. **-ly,** *adv.* Fictivement.

fictitiousness [fik'tiʃəsnəs], *s.* **1.** Caractère fictif, imaginaire (d'une histoire, etc.). **2.** *A:* Fausseté *f*, caractère *m* factice (d'une pierre précieuse, etc.).

fictive ['fiktiv], *a.* Fictif, imaginaire. *F. tears*, larmes *f* de commande. *El:* **Fictive layers,** charges *f* de surface (d'un diélectrique).

fid [fid], *s.* **1.** *Nau:* Clef *f* (de mât). **2.** *Nau:* **Splicing fid,** épissoir *m*; burin *m* de gabier. **3.** (*a*) Cale *f*, coin *m* (pour caler ou obturer qch.). (*b*) *pl. F:* Amas *m*, tas *m.* **There were fids of them,** il y en avait des mille et des cents.

fidate ['faideit], *v.tr. Chess:* Rendre (une pièce) inattaquable.

fiddle[1] [fidl], *s.* **1.** *F:* (*a*) Violon *m*, *P:* crincrin *m.* (*b*) (Joueur *m* de) violon; violoniste *mf.* *First f.*, premier violon. **To play first fiddle,** (i) faire la partie de premier violon; occuper le pupitre des premiers violons; (ii) *F:* occuper la première place; avoir le premier rôle. *F:* **To play second fiddle** (*to s.o.*), jouer un rôle secondaire (auprès de qn). *F:* **He hangs up his fiddle when he gets home,** hors de chez lui il cherche à briller tandis qu'à la maison il est maussade. *Prov:* **There is many a good tune played on an old fiddle,** on peut tirer de bonne musique d'un vieil instrument; plus vaut l'expérience que la fougue de la jeunesse; c'est dans les vieilles marmites qu'on fait la bonne soupe. *See also* FIT[2] 3, LONG[1] I. 1. **2.** *Nau:* Violon *m* de mer; fiche *f* de roulis. **3.** *Cer:* Égouttoir *m* (pour pièces venant du bain de vernis).

'fiddle-block, *s. Nau:* (Poulie *f* à) violon *m.*

'fiddle-bow, *s.* = FIDDLESTICK 1 (*a*).

'fiddle-drill, *s. Tls:* Drille *f* à arçon; foret *m* à arçon.

'fiddle-fish, *s.* = ANGEL-FISH.

'fiddle-head, *s. Nau:* Violon *m* (de beaupré).

'fiddle-'headed, *a.* **1.** *Nau:* (*Of ship*) Avec violon de beaupré. **2.** (*Of spoon, fork*) À filet, à violon; avec manche *m* forme violon.

'fiddle-maker, *s.* Luthier *m.*

'fiddle-making, *s.* Lutherie *f.*

'fiddle-scraping, *a.* (*Of pers.*) Qui racle du violon.

'fiddle-string, *s.* Corde *f* de violon.

fiddle[2], *v.* *F:* **1.** (*a*) *v.i.* (i) Jouer du violon; (ii) *Pej:* violoner; racler du violon. *Nero fiddled while Rome burned*, Néron jouait de la lyre pendant que Rome brûlait. *F:* **To fiddle while Rome burns,** s'occuper de choses futiles au lieu de lutter contre une calamité. (*b*) *v.tr.* Jouer (un air) sur le violon. **2.** *v.i.* (*a*) S'amuser à des niaiseries; tripoter, bricoler. *To f. with one's watch-chain*, tourmenter, tripoter, jouer avec, taquiner du pouce, manier nerveusement, sa chaîne de montre. *Don't f. with the mechanism*, laissez le mécanisme tranquille; ne trifouillez pas le mécanisme. *To f. over a job*, fignoler un travail. **To fiddle about** *in one's room*, tripoter, aller et venir, dans sa chambre. *I spent the whole morning fiddling about*, j'ai passé toute la matinée à baguenauder; je n'ai fait que gâcher mon temps pendant toute la matinée. **To fiddle away one's time,** passer son temps à des niaiseries. (*b*) **To fiddle for a bookmaker,** racoler pour un bookmaker.

fiddling[1], *a.* **1.** (*Of pers.*) Qui joue, qui racle, du violon. **2.** (*a*) (*Of pers.*) Musard; qui s'amuse à des futilités; qui passe son temps à baguenauder, à muser. (*b*) (*Of thg*) Futile, insignifiant, sans importance. (*c*) **A fiddling job,** une besogne agaçante, un jeu de patience. *F. criticism*, critique tatillonne.

fiddling[2], *s. F:* **1.** Raclage *m* (de violon). **2.** **Fiddling about,** tripotage *m*, baguenaudage *m*; perte *f* de temps.

fiddlededee [fidldi'di:], *int. F:* Bah! turlututu! turlurette! quelle blague! *A:* Chansons (que tout cela)! fadaises que tout cela!

fiddle-faddle[1] ['fidl'fadl]. **1.** *s.* Bagatelles *fpl*, balivernes *fpl*, fadaises *fpl*, niaiseries *fpl*, chipoterie *f.* **2.** *a.* Chipotier, musard. **3.** *int.* = FIDDLEDEDEE.

fiddle-faddle[2], *v.i.* Muser, musarder, chipoter, baguenauder, fignoler.

fiddle-faddling, *s.* Musarderie *f*, chipotage *m*, baguenauderie *f*, fignolage *m.*

fiddle-faddler ['fidl'fadlər], *s.* Baguenaudier *m*, fignoleur *m.*

fiddler ['fidlər], *s.* **1.** (*a*) Violoneur *m*; joueur *m* de violon. (*b*) *Strolling f.*, ménétrier *m*, violoneux *m.* *See also* DRUNK 1. **2.** *Turf:* Racoleur *m.*

'fiddler-crab, *s. Crust:* Crabe appelant.

Fiddler's Green, *s. Nau: P:* Le paradis des marins; le pays de cocagne.

fiddlestick ['fidlstik]. **1.** *s.* (*a*) Archet *m* (de violon); *F:* baguette *f* (de violon). *Fiddle and f.*, violon *m* et baguette. (*b*) *F:* Rien *m*, bagatelle *f*, bêtise *f.* *I don't care a f. about it*, je m'en moque comme d'une guigne. *She died of a broken heart.—Broken fiddlesticks!* elle est morte le cœur brisé.—Ah, la bonne blague! **2.** *int.* **Fiddlesticks** = FIDDLEDEDEE.

fiddlewood ['fidlwud], *s. Bot:* Citharexylon *m*; *F:* bois *m* de guitare.
fiddley ['fidli], *s. Nau:* Partie supérieure de la chambre de chauffe.
fidei-commissary ['faidiai'kɔmisəri], *s. Jur:* Fidéicommissaire *m.*
fidei-commissum ['faidiaikɔ'misəm], *s. Jur:* Fidéicommis *m.*
fidelity [fai'deliti, fi-], *s.* **1.** Fidélité *f* (d'un ami, de la mémoire, etc.); loyauté *f* (de qn). *F. of s.o. to, towards, s.o.*, loyauté, fidélité, de qn à, envers, qn. *F. of a dog to his master*, la fidélité d'un chien pour son maître. **2.** *The f. of a translation*, la fidélité, l'exactitude *f*, d'une traduction.
fidget[1] ['fidʒet], *s.* **1.** *Usu. pl.* **The fidgets,** agitation nerveuse; inquiétudes *f*, énervement *m*, nervosité *f*. **To have the fidgets, to be in a fidget,** ne pas tenir en place; se trémousser (sur sa chaise, etc.); avoir des impatiences dans les jambes; *P:* avoir la bougeotte. *It gives me the fidgets*, cela m'impatiente, m'énerve. **2.** (*Of pers.*) **He's a fidget,** c'est un énervé; il ne tient pas en place; il ne peut pas rester en place. *What a f. you are!* mais tiens-toi donc tranquille!
fidget[2], *v.* **(fidgeted; fidgeting) 1.** *v.i.* (*a*) **To fidget (about),** remuer continuellement; ne pas tenir en place; s'agiter, se trémousser. (*To child*) *Don't f.!* tiens-toi tranquille! ne remue pas tout le temps! *To f. with one's watch-chain*, tripoter sa chaîne de montre. (*b*) S'inquiéter, se tourmenter, s'énerver. *Hurry up, your father is fidgeting!* dépêche-toi, ton père s'impatiente! **2.** *v.tr.* Agacer, énerver, tourmenter (qn).
fidgeting[1], *a.* **1.** (*Of pers.*) = FIDGETY. **2.** *F:* (*Of thg*) = FIDDLING[1] 2 (*b*).
fidgeting[2], *s.* = FIDGETINESS.
fidgetiness ['fidʒetinəs], *s.* Agitation nerveuse; nervosité *f*.
fidgety ['fidʒeti], *a.* **1.** Qui ne reste pas, ne tient pas, en place; qui remue continuellement. **2.** Nerveux, impatient. *F. horse*, cheval incertain.
fidibus ['faidibəs], *s.* Fidibus *m*; allumette *f* de papier; papillote *f*.
Fido ['faido]. *Pr.n.m.* Nom de chien de salon; = Toutou.
fiducial [fai'djuːʃiəl, fi'djuːʃəl], *a. Surv: Astr: etc:* Fiduciel. **Fiducial line,** ligne *f* de foi.
fiduciary [fai'djuːʃiəri]. **1.** *a. Jur: Fin:* (Prêt *m*, monnaie *f*, etc.) fiduciaire. **2.** *s. Jur:* (*a*) Héritier *m* fiduciaire; héritière *f* fiduciaire. (*b*) (= TRUSTEE) Dépositaire *mf*.
fidus Achates ['faidəsa'keitiːz]. *Pr.n.m. Lit. & F:* Le fidèle Achate (de qn).
fie [fai], *int.* **Fie (upon you)!** fi (donc)! vous devriez avoir honte!
'fie-fie[1], *pred.adj. F:* (*Esp. children's language*) Inconvenant, malséant; pas convenable; *F:* pas beau! vilain!
'fie-fie[2], *v. F:* **1.** *v.i.* Dire des fi; se récrier. **2.** *v.tr.* Se récrier contre (qch.).
fief [fiːf], *s. Hist:* Fief *m.*
field[1] [fiːld], *s.* **1.** Champ *m.* (*a*) *Agr: etc:* **Corn field,** champ de blé. **Pasture field,** pré *m.* **Strawberry field,** plantation *f* de fraisiers. **In the fields,** aux champs. **In the open field,** en plein champ; dans la plaine. *Our fields ran with blood*, *Lit: Poet:* le sang inonda nos sillons. *Hist:* **The Field of the Cloth of Gold,** le Camp, le Champ, du drap d'or. **The beasts of the field,** les bêtes *f* sauvages. *The lilies of the f.*, les lis *m* des champs. *See also* HOP-FIELD, PEA[1] 2. (*b*) *Agr:* (*With regard to rotation of crops*) Sole *f*. (*c*) District *m*, région *f*. **Oil field, petroleum field,** champ pétrolifère; région *f*, gisement *m*, pétrolifère. *See also* COAL-FIELD, DIAMOND-FIELD, GOLD-FIELD, MINE FIELD, TILE-FIELD. (*d*) *Mil:* **Field (of battle),** champ de bataille. **To take the field,** entrer, se mettre, en campagne; faire campagne. **In the field,** (i) en campagne, (ii) (lettre datée) aux armées. *To bring three armies into the f.*, mettre trois armées en campagne. **To hold the field,** (i) *Mil:* (*of army*) se maintenir sur ses positions; (ii) (*of theory, etc.*) être toujours en faveur; faire autorité. *F:* **To withdraw from the field,** se retirer de la lutte. **To be left in possession of the field,** rester maître du champ de bataille. **Field of honour,** champ d'honneur. *See also* FAIR[2] I. 4, KEEP[2] I. 14, STRICKEN 4. *Attrib.* **Field service,** service *m* en campagne. **Field punishments,** punitions *f* de temps de guerre. *See also* ALLOWANCE[1] 2, KITCHEN 1, OFFICER[1] 2. **2.** *Cr: Fb: etc:* (*a*) Terrain *m.* *Baseball:* Champ. *Cr: etc:* **To be in the field,** tenir le champ. (*b*) (*Of pers.*) *F: He's a good field*, c'est un bon chasseur; il est bon dans le champ. (*c*) *Cr:* L'équipe du bôleur (répandue sur le terrain pour arrêter la balle). **To place the field,** disposer l'équipe; placer le champ. **3.** (*a*) *Turf:* (i) **The field,** le champ; les chevaux courants (à l'exception du favori). **Big field (of starters),** champ fourni. **To bet against the field,** parier contre le champ. *F:* **Three candidates are in the field,** il y a trois candidatures de déposées. *I was told that there was already some one in the f.*, j'appris qu'il y avait déjà quelqu'un sur les rangs. *On this subject there are already several books in the f.*, plusieurs livres ont déjà paru sur ce sujet. (ii) **The field (of runners),** le peloton. **To lead the field,** mener le peloton. (*b*) *Ven:* **The field,** les veneurs *m* *Were you among the f.?* étiez-vous de la chasse? *His father was killed* **in the hunting-field,** son père a été tué à la chasse, s'est tué à la chasse. **4.** (*a*) Étendue *f*, espace *m* (de mer, de ciel, etc.). **Field of ice,** banc *m* de glace; banquise *f*. (*b*) *Her:* Table *f* d'attente; champ, sol *m.* (*c*) *Art: etc:* Champ, fond *m* (d'un tableau, d'une broderie, etc.). *Num:* Champ (d'une médaille). **5.** (*a*) Théâtre *m*, champ (d'opération, etc.); étendue, domaine *m* (d'une science, etc.). **Field of action** *in which I may prove useful*, domaine où je puis être utile. **The field of conjecture,** le champ des hypothèses. *In the material f. of life . . .*, dans le domaine matériel de l'existence. . . . **To have a clear field before one,** avoir le champ libre. *That opened up a fine f. of action for him*, cela lui ouvrit une belle carrière. *Mil:* **Field of fire,** champ de tir; (*of fixed gun*) battage *m.* (*b*) *Com:* Marché *m* (pour un produit). **There is a great field for . . .,** il y a un excellent marché pour. . . . (*c*) *U.S:* **Field survey, field study,** enquête *f* sur les lieux. **6.** (*a*) *Opt: Phot: etc:* Champ. **Field of view, of vision,** champ de vision; champ visuel. **Focal field,** champ de netteté. **Flat field,** champ corrigé. (*b*) *El: Magn:* Champ (magnétique, inducteur). **Field intensity,** intensité *f* de champ. *Rotating f.*, champ tournant. *F. of action*, zone active. *F. of attraction*, région attractive. *See also* DISTORTED. (*c*) *El:* Enroulement inducteur; bobine inductrice; bobine de champ. *Burned-out f.*, enroulement inducteur brûlé.
field-ar'tillery, *s. Mil:* Artillerie *f* de campagne; artillerie à pied montée. *Navy:* Artillerie de débarquement. *Divisional f.-a.*, artillerie de campagne divisionnaire. *Corps f.-a.*, artillerie de corps.
'field-ash, *s. Bot:* Sorbier *m* des oiseaux.
'field-battery, *s. Mil:* Batterie *f* de campagne.
'field-carriage, *s. Artil:* Affût *m* de campagne.
'field-coil, *s. El:* Bobine *f* de champ.
'field-colours, *s.pl. Mil:* Guidons *m*; fanions *m.*
'field-cricket, *s. Ent:* Grillon *m* des champs.
'field-day, *s.* **1.** (*a*) *Mil:* Jour *m* de grandes manœuvres ou de revue. *Garrison f.-d.*, manœuvres de garnison. (*b*) Journée *f* de chasse; journée d'expédition aux champs, en pleine campagne. **2.** *F:* Journée (de grands débats, de grands événements, etc.); grande occasion; grand jour. **3.** *U.S:* Réunion *f* athlétique.
'field-'dressing, *s. Mil:* **1.** Paquet (individuel) de pansement. **2.** Pansement *m* sommaire.
'field-duck, *s. Orn:* Canepetière *f*.
'field-flower, *s.* Fleur *f* des prés.
'field-glass, *s.* **1.** (*a*) Lunette *f* d'approche; lorgnette *f* de campagne. (*b*) *Usu. pl.* Jumelle(s) *f*. *High-power f.-g.*, jumelle(s) à fort grossissement. *Prismatic field-glasses*, jumelles prismatiques. **2.** *Opt:* Verre *m* de champ (d'un microscope, etc.).
'field-grey, *a. & s.* Gris (*m*) des troupes allemandes; feldgrau (*m*) *inv.* **The field-greys,** les troupes allemandes; les feldgrau.
'field-gun, *s.* Pièce *f*, canon *m*, de campagne.
'field-'hospital, *s. Mil:* Ambulance *f* divisionnaire.
'field-ice, *s.* Glace côtière; glace de banquise.
'field-land, *s. U.S:* Terres *f* agricoles.
'field-lark, *s. Orn:* Alouette *f* des champs.
'field-madder, *s. Bot:* Shérardie *f*, shérarde *f*, des champs.
'field-magnet, *s. El:* Inducteur *m*; électro(-aimant) *m* de champ. **Field-magnet coil,** bobine *f* d'induction.
field-'marshal, *s. Mil:* (Feld-)maréchal *m*, *pl.* (feld-)maréchaux.
'field-martin, *s. Orn:* Tyran *m.*
'field-meeting, *s. Hist:* Service religieux en plein air, en pleins champs (en temps de persécution).
'field-mouse, *pl.* **-mice,** *s. Z:* Mulot *m*; rat *m* des champs; souris *f* de terre.
'field-notes, *s. Surv: etc:* Carnet *m* (d'arpenteur, etc.).
'field-officer, *s. Mil:* Officier supérieur.
'field-piece, *s. Mil:* = FIELD-GUN.
field-'preacher, *s. Hist:* Prédicateur *m* à un *field-meeting.*
'field-sports, *s.pl.* Sports *m* au grand air; la chasse et la pêche.
field-'surgeon, *s. Mil:* Chirurgien *m* d'ambulance.
field-'survey, *s. Mil:* Étude *f* du terrain; service *m* géographique et topographique.
field-'telegraph, *s. Mil:* Télégraphe *m* militaire, de campagne.
'field-vole, *s. Z:* Campagnol *m.*
field-'winding, *s. El:* Bobinage inducteur.
'field-work, *s. Mil:* Ouvrage *m* de campagne; retranchement improvisé.
field[2]. **1.** *v.i.* (*a*) *Turf:* Parier pour, sur, le champ (contre le favori). (*b*) *Cr:* Tenir le champ (pour relancer la balle). **2.** *v.tr.* (*a*) *Cr:* **To field a ba''**, arrêter (et relancer) une balle (dans le champ). *F: A passer-by fielded one of the missiles*, un passant reçut, attrapa, un des projectiles. (*b*) *Sp:* **To field a team,** réunir une équipe.
fielder ['fiːldər], *s. Sp:* **1.** *Turf:* Celui qui joue le champ. **2.** *Cr: etc:* Chasseur *m*; membre *m* de l'équipe du bôleur; homme *m* de champ.
fieldfare ['fiːldfeər], *s. Orn:* Litorne *f*, tourdelle *f*.
fieldsman, *pl.* **-men** ['fiːldzmən, -men], *s. Cr: etc:* = FIELDER 2.
fiend [fiːnd], *s.* **1.** (*a*) Démon *m*, diable *m*, esprit malin. **The Fiend,** Satan *m.* (*b*) Monstre *m* (de méchanceté, de cruauté). *F: He's a perfect f.*, c'est un vrai suppôt de Satan. **2.** *F:* (*a*) **Autograph fiend,** coureur, -euse, d'autographes. *These interviewer fiends*, ces pestes *f* de journalistes qui viennent vous relancer pour obtenir un interview. (*b*) *Cigarette f.*, fumeur, -euse, de cigarettes enragé(e). *See also* AIR[1] I. 1, DRUG-FIEND, OPIUM-FIEND, TOBACCO-FIEND.
fiendish ['fiːndiʃ]. **1.** *a.* Démoniaque, diabolique; infernal, -aux; satanique. **To take a fiendish delight in . . .,** prendre un plaisir diabolique à. . . . **2.** *adv. P:* = FIENDISHLY 2. **-ly,** *adv.* **1.** Diaboliquement, infernalement. **2.** *F:* Diablement. **It was fiendishly cold,** il faisait un froid de tous les diables.
fiendishness ['fiːndiʃnəs], *s.* Méchanceté *f* ou cruauté *f* diabolique.
fiendlike ['fiːndlaik], *a.* = FIENDISH 1.
fierce ['fiːərs], *a.* (*a*) (*Of pers.*) Violent; brutal, -aux; (*of animal*) sauvage, cruel, féroce; (*of fire, desire, etc.*) ardent; (*of battle, hatred, etc.*) acharné; (*of wind, etc.*) furieux, violent, impétueux. *F. eyes*, yeux *m* farouches, féroces. *F. encounter*, rencontre violente. *F. speech*, discours plein de menaces. *Animals f. for blood*, animaux assoiffés de sang. *When the argument waxed fiercest*, au fort de la dispute. (*b*) *Aut: etc:* **Fierce brake,** frein brutal. *F. clutch*, embrayage brutal, dur, brusque. (*Of clutch, etc.*) *To be f.*, agir brutalement. (*c*) *U.S: F:* Désagréable; insupportable; douloureux. *The weather has been f.*, il a fait un temps de chien. *adv. My sprained ankle ached f.*, mon entorse me faisait bigrement mal. **-ly,** *adv.* Violemment, véhémentement, impétueusement; avec fureur; âprement; avec acharnement.
fierceness ['fiːərsnəs], *s.* Violence *f*, véhémence *f*, impétuosité *f*,

virulence *f* (de qn); férocité *f* (d'un animal); ardeur *f* (du feu, du désir, etc.); acharnement *m* (de la bataille); impétuosité *f*, fureur *f* (du vent, etc.). *Aut: etc:* Brutalité *f*, brusquerie *f* (de l'embrayage, des freins).

fieri facias ['faiərai'feiʃiəs], *s. Jur:* Ordre *m* de saisie.

fieriness ['faiərinəs], *s.* **1.** (*a*) Ardeur *f* (du soleil). (*b*) Saveur cuisante (d'une boisson spiritueuse). **2.** Ardeur, fougue *f*, impétuosité *f*, emportement *m*.

fiery ['faiəri], *a.* **1.** (*Of substance*) Ardent, brûlant, de feu, enflammé. *F. furnace*, fournaise ardente. *F. red*, rouge ardent, rouge feu. *F. sky*, ciel embrasé. *F. sun*, soleil *m* de plomb. *The f. glow of the setting sun*, l'embrasement *m* du soleil couchant. *See also* CROSS[1] 1. *F. taste*, saveur cuisante. *F: F. glances*, regards ardents, brûlants. *Cr:* **Fiery pitch, wicket;** *Golf:* **fiery green,** terrain très sec, élastique. **2.** (*Of pers.*) (i) Fougueux, emporté, impétueux; (ii) colérique, bouillant; (passion *f*, imagination *f*) volcanique. **Fiery horse, steed,** cheval ardent, *Lit:* coursier fougueux. *To make f. speeches against s.o., F:* vomir feu et flamme contre qn. **3.** (*a*) (*Of gas*) Inflammable; (*of mine*) grisouteux, à grisou. (*b*) (*Of steel*) Sauvage. **-ily,** *adv.* **1.** Comme le feu. **2.** Ardemment, passionnément, impétueusement; avec feu.

Fiesco [fi'esko]. *Pr.n. Hist:* Fiesque *m. pl.* **The Fieschi** [fi'eski:], les Fiesques.

Fiesole [fi'esəle]. *Pr.n. Geog:* Fiésole, Fésules.

fi. fa. ['fai 'fei], *s. Jur: F:* = FIERI FACIAS.

fife[1] [faif], *s. Mus:* Fifre *m*.

'fife-rail, *s. Nau:* **1.** Râtelier *m* du grand mât. **2.** *A:* Lisse *f* d'accastillage.

fife[2], *v.tr.* (*a*) Fifrer (une mélodie). (*b*) *Abs.* Jouer du fifre.

fifer[1] ['faifər], *s.* Joueur *m* de fifre; fifre *m*.

Fifer[2], *a. & s. Geog:* (Originaire, natif) du comté de Fife.

fifteen [fif'ti:n], *num.a. & s.* Quinze (*m*). **She is fifteen (years old),** elle a quinze ans. *Fifteen* ['fifti:n] *houses*, quinze maisons. **A Rugby fifteen,** une équipe de rugby. *Hist: F:* **The Fifteen,** l'insurrection *f* jacobite de 1715. (*For other phrases see* EIGHT.)

fifteenth [fif'ti:nθ]. **1.** *num. a. & s.* Quinzième. **Louis the Fifteenth,** Louis Quinze. *The fifteenth* ['fifti:nθ] *house*, la quinzième maison. (*On*) *the f.* (*of the month*), le quinze du mois. (*For other phrases see* EIGHTH.) **2.** *s.* (*a*) (*Fractional*) Quinzième *m*. (*b*) *Mus:* Quinzième *f*; octave redoublée. **-ly,** *adv.* Quinzièmement, en quinzième lieu.

fifth [fifθ]. **1.** *num.a. & s.* Cinquième. *He arrived f. or sixth*, il est arrivé cinq ou sixième. **Henry the Fifth,** Henri Cinq. **Charles the Fifth** (*of Germany*), Charles-Quint. *Sch:* **Fifth form,** (*approx.* =) classe *f* de seconde. *F:* **He is the fifth wheel of the coach,** c'est la cinquième roue du carrosse. *See also* FIFTH-WHEEL. *Rel:* **The Fifth Monarchy,** l'avènement du royaume des cieux sur la terre (prédit dans le livre de Daniel ii. 44). **Fifth-Monarchy men,** secte *f* du 17e siècle qui croyait au second avènement immédiat du Christ. *See also* RIB[1] 1. (*For other phrases see* EIGHTH.) **2.** *s.* (*a*) (*Fractional*) Cinquième *m*. *Two fifths*, deux cinquièmes. (*b*) *Mus:* Quinte *f*. **Diminished fifth,** fausse quinte; quinte diminuée. **-ly,** *adv.* Cinquièmement, en cinquième lieu.

'fifth-rate, *a.* Médiocre; de deuxième ordre.

'fifth-'wheel, *s. Veh:* Cercle horizontal (de l'avant-train).

fiftieth ['fiftiəθ], *num.a. & s.* Cinquantième.

fifty ['fifti], *num.a. & s.* Cinquante (*m*). **Fifty-one, -two,** cinquante et un, cinquante-deux. *Doctor of f. years' standing*, docteur *m* jubilaire. **To go fifty-fifty with s.o.,** *to do a deal on a f.-f. basis with s.o.*, être, se mettre, de moitié avec qn; mettre qn de compte à demi dans une affaire. *About f. books*, une cinquantaine de livres. *In the fifties of last century*, entre 1850 et 1860. **She is in the fifties,** elle a passé la cinquantaine; elle est quinquagénaire. *F:* (*Intensive*) **I've fifty things to tell you,** j'ai un tas de choses à vous dire. *I've told you f. times*, je vous l'ai dit et répété trente-six fois. (*For other phrases see* EIGHT.)

fig[1] [fig], *s.* **1.** (*a*) Figue *f*. **Wild fig,** figue sauvage; carique *f*. *Green figs*, figues fraîches. *Dried figs*, figues sèches. *Pulled figs*, figues de Turquie de premier choix. *F:* **A fig for Smith!** zut pour Smith! *A fig for fame!* fi de la célébrité! *A fig for your laws!* laissez-moi donc avec vos lois! *See also* CARE[2] 1. (*b*) **Hottentot's fig,** ficoïde *f* comestible. **Keg fig,** figue caque. (*c*) *P:* **Figs,** l'épicier *m*. **2. Fig(-tree),** figuier *m*. **Wild fig(-tree), goat fig(-tree),** caprifiguier *m*. **Sacred fig(-tree),** arbre *m* des conseils. **3. Indian fig,** nopal *m*, -als; *F:* raquette *f*. *See also* SYCAMORE 2, VINE 1.

'fig-eater, *s. Orn:* Becfigue *m*.

'fig-garden, *s.* Figuerie *f*.

'fig-leaf, *s.* **1.** Feuille *f* de figuier. **2.** *Art:* Feuille de vigne.

'fig-'marigold, *s. Bot:* Mésembryanthème *m*, ficoïde *f*.

'fig-orchard, *s.* Figuerie *f*.

'fig-shaped, *a.* Caricoïde.

'fig-wort, *s. Bot:* **1.** (Renoncule *f*) ficaire *f*; *F:* petite éclaire; éclairette *f*; petite chélidoine. **2.** Scrofulaire *f*; *F:* herbe *f* aux écrouelles.

fig[2], *v.tr.* (figged) *A:* Faire la figue à (qn).

fig[3], *s. F:* **1. In full fig,** en grande toilette; en grande tenue; en grand costume; en grand gala; sur son trente et un; en grand tralala. **2. In good fig,** en bonne forme; bien en train.

fig[4], *v.tr.* (figged) **1. To fig up, fig out, a horse,** faire fringuer un cheval. **2. To fig s.o. out, up,** attifer qn.

fight[1] [fait], *s.* **1.** (*a*) *Mil: Navy:* Combat *m*, bataille *f*; *F:* affaire *f*. **Sea fight,** combat naval, *pl.* combats navals; combat sur mer. **Sham fight,** (i) petite guerre; combat d'exercice; (ii) *Th: etc:* combat pour rire; simulacre *m* de combat. *See also* RUNNING[1] 1. (*b*) Combat (entre deux personnes, deux animaux, etc.). *Box:* Assaut *m* (de boxe); *F:* pugilat *m*. **Hand to hand fight,** lutte *f* corps à corps; corps-à-corps *m*. **Fight to the death,** lutte à mort; combat à outrance. **Free fight,** (i) rixe *f*, bagarre *f*; (ii) mêlée générale, bataille générale. *He fought a good f.*, il s'est bien battu. **To start the fight,** commencer les hostilités; *F:* ouvrir la danse. *See also* COCK-FIGHT, PRIZE-FIGHT, STAND-UP 3. **2.** *F:* (*a*) Lutte *f*. **The fight for life,** la lutte pour la vie. *To have a hard f. to make the two ends meet*, avoir à lutter pour joindre les deux bouts. *To carry on a stubborn f. against s.o.*, soutenir une lutte opiniâtre contre qn. *See also* TEA-FIGHT. (*b*) **To show fight,** résister; offrir de la résistance; *F:* montrer les cornes, les dents; sortir ses griffes; *P:* rouspéter. *Sp: etc:* **To put up a good fight,** bien se défendre; se bien acquitter. *To put up a poor f.*, se mal comporter; faire triste figure. *He put up a wonderful f.*, il a offert une résistance superbe; il s'est défendu vaillamment. **There was no fight left in him,** il n'avait plus de cœur à se battre. *That piece of news* **took all the fight out of me,** cette nouvelle m'a cassé bras et jambes. **He had still some fight in him,** il n'était pas encore maté. **To put some fight into s.o.,** remettre du cœur au ventre à qn.

fight[2], *v.* (*p.t.* fought [fɔ:t]; *p.p.* fought) **1.** *v.i.* (*a*) Se battre; combattre; lutter. **To fight against, with, the enemy,** combattre l'ennemi; se battre contre, avec, l'ennemi. *To f. against adversity*, lutter contre, se débattre contre, être aux prises avec, l'adversité. *To f. against disease*, combattre la maladie. *To f. against sleep*, lutter contre le sommeil. *See also* ODDS 2. *He fought through all these troubles*, il surmonta vaillamment toutes ces difficultés. **To fight for s.o.,** se battre pour qn. *To f. for sth.*, (i) se battre pour une cause, etc.; (ii) se battre pour avoir qch. *F: To f. for one's own hand*, défendre ses propres intérêts. *To f. for liberty*, se battre pour la liberté. *The porters fought for our luggage*, les porteurs *m* se disputèrent, s'arrachèrent, nos colis. *Two dogs fighting over a bone*, deux chiens *m* qui se disputent un os. *To f. like vultures over a succession*, se disputer les lambeaux d'une succession. **To fight with the gloves off,** (i) *Box:* se battre sans gants; (ii) *F:* ne pas ménager qn. **To fight fair,** faire la bonne guerre; se battre loyalement. *To f. desperately*, se battre à outrance. **She fought like a wild cat,** elle se débattait de toutes ses forces. *See also* KILKENNY. **An army fights on its belly,** pour être d'attaque il faut que les troupes soient bien nourries. *They began to f.*, ils en vinrent aux mains. *To set cocks fighting*, faire jouter des coqs. *See also* FINISH[1] 1, SHY[3] 1, TOOTH[1] 1. (*b*) *With cogn. acc.* **To fight a battle,** livrer une bataille. *See also* DUEL[1] 1. *He fought a good fight*, il s'est bien battu. **To fight the good fight,** combattre pour la bonne cause. *A bloody battle was fought near the frontier*, un combat meurtrier eut lieu près de la frontière. *The match was fought yesterday*, le match (de boxe, etc.) s'est disputé hier. **To fight s.o.'s battles,** prendre le parti de qn. *To f. one's battles over again*, (se) remémorer ses combats ou ses luttes de jadis. **To fight one's way (out),** se frayer un passage (pour sortir). **To fight an action (at law),** se défendre dans un procès. *To f. a point*, contester un fait, un principe, etc.; discuter sur un point (de droit, etc.). *See also* WELL[3] I. 1. **2.** *v.tr.* (*a*) **To fight s.o.,** se battre avec, contre, qn; combattre qn; lutter contre qn. **To fight a fire,** combattre un incendie. (*b*) **To fight one's ships** (*in battle*), manœuvrer ses vaisseaux. *He fought his guns until his ship went down*, il continua à tirer jusqu'à ce que son vaisseau sombrât. (*c*) Faire battre (des coqs, des chiens, etc.); faire jouter (des coqs).

fight back, *v.tr.* **To fight back a disease,** résister (avec effort) à une maladie.

fight down, *v.tr.* Vaincre (une passion, la résistance, etc.).

fight off, *v.tr.* **1. To fight off a tie,** jouer une partie décisive (lorsqu'on se trouve à égalité de points). **2.** Résister (avec effort) à (une maladie). *To f. off a cold with aspirin*, juguler un rhume à force d'aspirine. **3.** *To f. off the enemy*, repousser l'ennemi.

fight out, *v.tr.* **To fight it out,** se battre jusqu'à une décision; vider une querelle, un différend; lutter jusqu'au bout. *To f. out the battle to the end*, se battre jusqu'au bout.

fighting[1], *a.* Militant, de combat. **Fighting men,** combattants *m*; *Mil:* hommes *m* disponibles. *Mil:* **Fighting forces,** forces *f* sous les armes. *F. wing of a party*, les militants *m* d'un parti.

fighting[2], *s.* Combat *m*. *Box:* Pugilat *m*, boxe *f*. *Close f.*, lutte *f* corps à corps. **The street fighting began,** le peuple descendit dans la rue. *There will be some f.*, on va se battre; *P:* il y aura du grabuge. *I did not do any f.*, je n'ai pas combattu. *No f. here!* vous n'allez pas vous battre ici! *F:* à bas les pattes! **Fighting line,** ligne *f* de combat. *Av:* **Fighting machine,** appareil *m* de combat, de chasse. *F. temper*, humeur belliqueuse. *F. policy*, politique militante. *F. efficiency* (*of a ship*), puissance offensive et défensive (d'un navire). *F:* **To be on fighting terms,** être à couteaux tirés. **I still have a fighting chance,** j'ai encore une chance si je résiste jusqu'au bout; ça vaut la peine de lutter. *There's just a f. chance for his recovery*, il a une chance sur dix de s'en tirer. **Fighting drunk,** dans un état d'ivresse agressive.

'fighting-cock, *s.* Coq *m* de combat; combattant *m*. *F:* **To live like a fighting-cock,** vivre, être, comme un coq en pâte.

'fighting-top, *s. Navy:* Hune *f* militaire.

fighter ['faitər], *s.* **1.** Combattant *m*, guerroyeur *m*, *F:* batailleur *m*, ferrailleur *m*. *F. for an idea*, militant *m* d'une idée. *He is not a f.*, il n'a rien de combatif. *See also* FIRE-FIGHTER, PRIZE-FIGHTER. **2.** *Av:* Appareil *m* de combat; avion *m* de chasse.

figment ['figmənt], *s.* Fiction *f*, invention *f*. *Figments of the mind*, imaginations *f*.

figuline ['figjulin]. *Cer:* **1.** *a.* Figulin. **2.** *s.* (*a*) Figuline *f*; vase *m* en terre cuite; poterie *f*. (*b*) Argile figuline; terre *f* à poterie.

figurable ['figjurəbl], *a.* Figurable.

figurant, f. -ante ['figjurənt], *s. Th:* **1.** Figurant, -ante. **2.** (*In ballet*) **Figurante,** ballerine.

figuration [figju'reiʃ(ə)n], *s.* **1.** (*a*) Figuration *f* (d'une idée, de la prononciation, etc.). (*b*) Configuration *f*, contour *m*, silhouette *f* (d'un objet). **2.** Représentation figurative; emblème *m*; allégorie *f*. **3.** (*a*) Ornementation *f* (d'une broderie, etc.). (*b*) *Mus:* Embellissement *m* (d'une mélodie, etc.); contrepoint fleuri.

figurative ['figjurətiv], *a.* **1.** (*Of ceremonial, etc.*) Figuratif, symbolique, emblématique. **2.** *Rh: etc:* (*Of language, meaning, etc.*) Figuré, métaphorique. *Word taken* **in the figurative sense,** mot pris au figuré. **3.** (Style, etc.) orné, plein de fioritures. **4.** En forme de tableau. **Figurative writing,** écriture *f* en images. **-ly,** *adv.* **1.** Figurativement, d'une manière figurative. **2.** *Rh: etc:* Au figuré; métaphoriquement; par métaphore.

figurativeness ['figjurətivnəs], *s.* Caractère figuré, métaphorique (d'une expression, etc.).

figure[1] ['figər], *s.* **1.** (*a*) Figure *f*, forme extérieure (de qn, qch.). *The towering figures of the pyramids,* les formes massives des pyramides. (*b*) (*Of pers.*) Taille *f*, tournure *f*, silhouette *f*. **To have a fine figure,** être bien bâti, bien fait de sa personne; (*esp. of woman*) avoir du galbe. *She has a beautiful f., a good f.,* elle est bien prise; elle a une jolie taille, une silhouette élégante; *F:* elle est faite au moule, au tour. *He has a substantial f.,* il a de l'embonpoint. **In figure** *he is handsomer than his brother,* physiquement il est mieux que son frère. *His commanding f.,* son port imposant. *Garment adjusted to the f.,* vêtement *m* qui moule le corps; vêtement collant. *Her whole f. seemed to shrink,* son corps entier parut se rapetisser. *See also* KEEP[2] I. 14. **2.** (*a*) Personne *f*, être *m*; forme humaine. *He could see two figures advancing,* il voyait deux êtres qui s'avançaient. **A magnificent figure of a man,** un homme magnifique. *A fine f. of a woman, of a man,* une belle femme, un bel homme. *He is a fine f. of a man,* il a un beau physique; il est bien fait de sa personne. *F:* **A figure of fun,** un grotesque, *F:* un nabot. *What a f. of fun!* quelle caricature! *To look a f. of fun,* avoir l'air ridicule; avoir l'air d'une caricature. (*b*) Personnage *m*, personnalité *f*, figure. **The most important figures in history,** les personnages remarquables de l'histoire; les grandes figures de l'histoire. **The central figure** (*of a drama, etc.*), *F:* le pivot de l'action. *A distinguished f.,* une personnalité, un personnage distingué. (*c*) Figure, apparence *f*, air *m*. **To make, cut, a brilliant figure,** faire belle figure; jouer un rôle éclatant. **To cut a sorry figure,** faire sotte, piètre, triste, figure. *He cuts a queer f. in that cap,* il a une drôle de tête, un drôle d'air, avec cette casquette. **To make, cut, a figure,** faire (bonne) figure; briller (dans le monde). **A person of figure,** un personnage distingué. (*d*) *U.S:* **To cut no figure,** ne compter pour rien. *It's all a question of money; education cuts no f.,* c'est une question d'argent; l'éducation n'entre pas en ligne de compte. **3.** *Art: etc:* Image *f*, représentation *f* (de la forme humaine). **Lay figure,** mannequin *m*. *Anatomical f.,* pièce *f* d'anatomie. *Central f. in a painting,* personnage principal d'un tableau. *An ornament with Chinese figures,* un ornement à bonshommes chinois. *He drew the f. of a cat,* il dessina l'image d'un chat. *To draw funny figures,* dessiner des bonshommes. **4.** (*a*) Figure, illustration *f*, gravure *f* (dans un livre). **Geometrical figure,** figure géométrique. (*b*) *Astrol:* Horoscope *m*. **To cast a figure,** tirer un horoscope. (*c*) Dessin *m*, brochure *f* (sur une étoffe). (*d*) *Danc: etc:* Figure. *Skating:* **To cut figures,** tracer des figures. **5.** (*a*) *Mth:* Chiffre *m*. **To work out the figures,** effectuer les calculs. **In round figures,** en chiffres ronds. *A mistake in the figures,* une erreur de calcul. *To go into figures,* aligner des chiffres. **To be smart, quick, at figures,** être bon calculateur; s'entendre bien aux comptes; calculer vite et bien. **The amount of business reaches a very respectable figure,** le chiffre d'affaires est fort important. **To fetch a high figure,** se vendre cher, pour une grosse somme. *At a low f.,* à bas prix. (*Of score, etc.*) **To reach two, three, figures,** monter à dix, à cent. **His income runs into five figures,** il a un revenu de plus de dix mille livres par an. *Our takings run into four figures,* nous avons décroché les quatre chiffres. *We cannot allow you credit beyond this figure, beyond these figures,* nous ne pouvons pas vous accorder un crédit plus important, un crédit au delà de ce chiffre. *Tchn:* **Dimensional figures,** cotes *f* (d'une machine). *Med:* **Figure of eight bandage,** bandage *m* en huit de chiffre. *See also* EIGHT I. *F:* **What's the figure?** (i) qu'est-ce que je vous dois? (ii) ça coûte combien? (*b*) *pl.* **Figures,** données *f* numériques, détails chiffrés (d'un projet, etc.). **6. Figure of speech,** (i) *Rh:* figure de rhétorique, trope *m*, métaphore *f*; (ii) *F:* façon *f* de parler. **7.** *Mus:* (i) Figure (de motif); (ii) motif *m*.

'figure-dance, *s.* Danse figurée.

'figure-head, *s.* **1.** *N.Arch:* Figure *f* de proue; buste *m* de proue; *A:* figure de guibre; buste d'étrave. **2.** *F:* (*a*) Homme *m* de paille; prête-nom *m*, *pl.* prête-noms. (*b*) Personnage purement décoratif (siégeant à un conseil d'administration, etc.). **3.** *F. & Hum:* Visage *m*, frimousse *f*.

'figure-skater, *s.* Virtuose *mf* du patin; patineur, -euse, virtuose.

'figure-skating, *s.* Tracé *m* des figures (sur la glace). *To do f.-s.,* tracer des figures sur la glace; faire du patinage de fantaisie.

'figure-target, *s.* *Mil:* (Cible-)silhouette *f*.

figure[2]. **1.** *v.tr.* (*a*) Figurer, représenter (qn, un paysage, etc.). (*b*) **To figure s.o., sth. (to oneself),** imaginer, se représenter, se figurer, qn, qch. (*c*) *U.S:* *F:* Estimer, évaluer. *I f. that it will take three years,* j'estime que ça prendra trois ans. (*d*) Brocher, gaufrer, ouvrager (la soie, le velours, etc.); imprimer (le coton, etc.); orner, ciseler (le métal, etc.). *Blue figured in pink,* bleu imprimé rose. (*e*) Marquer, écrire, (une somme) en chiffres. (*f*) *Mus:* Chiffrer (la basse). **2.** *v.i.* (*a*) Chiffrer, calculer; faire des chiffres. (*b*) *U.S:* **To figure on a success,** compter sur un succès; escompter un succès. *I had figured on his staying for a week,* j'avais compté qu'il resterait huit jours. (*c*) (*Appear*) Figurer. **His name figures on the list,** son nom figure, se trouve, sur la liste. **To figure as s.o.,** représenter qn; jouer le rôle de qn.

figure out. **1.** *v.i.* Se chiffrer. *Transaction that figures out at several millions,* opération *f* qui se chiffre par plusieurs millions. *The total figures out at £50,* le total se monte à cinquante livres. **2.** *v.tr.* **To figure out the expense, etc.,** supputer, calculer, les dépenses, les frais; aligner des chiffres. *F:* **That's how I figure it out,** voilà mon calcul; c'est comme cela que je me représente les choses.

figuring out, *s.* Chiffrage *m*.

figure up, *v.tr.* Additionner, calculer (des comptes etc.).

figured, *a.* **1.** (*Of material, metal, etc.*) Façonné, ouvré, ouvragé; à dessins; à impressions; (*of silk, etc.*) broché. *Tex:* **Figured stuff,** façonné *m*. *See also* SILK 1. **2.** (Bois) ronceux, à ramages, madré. **3.** *Mus:* (*a*) (Contrepoint, etc.) fleuri, figuré. (*b*) *See* BASS[3] 2.

figuring, *s.* **1.** Chiffrage *m* (des dépenses, etc.). **2.** *Mus:* Chiffrage (de la basse).

figurine [figju'ri:n], *s.* *Archeol:* Figurine *f*, tanagréenne *f*.

Fiji ['fi:dʒi:]. *Pr.n.* *Geog:* **The Fiji Islands,** les îles *f* Viti; les îles Fidji.

Fijian [fi:'dʒi:ən], *a.* & *s.* *Geog:* Fidjien, -ienne.

filagree ['filəgri:], *s.* = FILIGREE.

filament ['filəmənt], *s.* **1.** *Nat.Hist: etc:* Filament *m*, filet *m*, cil *m*. *Bot:* Filet (de l'étamine). **2.** *El:* Fil *m*, filament (d'une lampe). *Bamboo f.,* fibre *f* de bambou. *Flat f.,* filament à ruban. *W.Tel:* **Filament battery,** batterie *f* de chauffage. **3.** *Ph:* Filet (d'air, d'eau).

filamentary [filə'mentəri], *a.* = FILAMENTOUS.

filamented [filə'mentid], *a.* *Biol:* A filaments.

filamentous [filə'mentəs], *a.* Filamenteux.

filaria [fi'lɛəriə], *s.* *Ann: Med:* Filaire *m* or *f*; dragonneau *m*.

filariasis [filɛəri'eisis], **filariosis** [filɛəri'ousis], *s.* *Med:* Filariose *f*.

filature ['filətjər], *s.* **1.** (*a*) Filature *f* (de la soie). (*b*) Dévidage *m* (des cocons). **2.** Filature de soie; atelier *m* de dévidage.

filbert ['filbərt], *s.* **1.** Aveline *f*; grosse noisette. **2. Filbert(-tree),** avelinier *m*.

filch [fil(t)ʃ], *v.tr.* Chiper, filouter, escamoter, *P:* chaparder, raboter (*sth. from s.o.,* qch. à qn). *To f. an acre from a neighbour's field,* empiéter un arpent sur le champ d'un voisin. *To f. a book out of a library,* chiper un livre dans une bibliothèque.

filching, *s.* Filoutage *m*; escamotage *m*, chapardage *m*.

filcher ['fil(t)ʃər], *s.* Chipeur, -euse; chapardeur, -euse.

file[1] [fail], *s.* **1.** *Tls:* Lime *f*. *Rough f., straw f., coarse f.,* grosse lime, lime grosse, lime d'Allemagne, lime en paquet. *Rasping f.,* râpe *f*. *Smooth f.,* lime douce. *Polishing f.,* brunissoir *m*. *Dead-smooth f.,* lime sourde. *Single-cut f.,* lime à simple taille. *Square f.,* carreau *m*; *Locksm:* carrelet *m*. *Three-square f., three-cornered f., triangular f.,* lime triangulaire; tiers-point *m*, *pl.* tiers-points. *Safe-edge f.,* lime à champs lisses. *Knife f., slitting f.,* lime à couteau. *Cotter f.,* carrelet plat; fendante *f*. *Equalling f.,* lime rectangulaire. *Adjusting f.,* écouane *f*. *Cabinet f., round-off f.,* lime à arrondir. *Fretwork f.,* grelette *f*. *Locksmith's polishing f.,* carrelette *f*. **To touch a piece up with a file,** donner un coup de lime à une pièce. *F:* **To gnaw, bite, a file,** s'en prendre à plus dur que soi. **It is a serpent gnawing the file,** c'est le serpent qui ronge la lime. *See also* BOW-FILE, CANT-FILE, CROSS-FILE, FLOAT-FILE, KEY-FILE, NAIL-FILE, PILLAR-FILE, SAW-FILE, SLOTTING-FILE, WARDING-FILE. **2.** *F:* **He's a deep, sly, old file,** c'est une lime sourde, un fin matois, un vieux finaud.

'file-bench, *s.* Banc *m* à limer; banc d'ajusteur.

'file-carrier, *s.* *Tls:* Arbalète *f*.

'file-cutter, *s.* Tailleur *m*, fabricant *m*, de limes.

'file-holder, *s.* *Tls:* Porte-lime *m*, *pl.* porte-limes.

file[2], *v.tr.* Limer (le métal, etc.). **To file sth. again,** relimer qch. **To file down,** alléger (une plaque de métal, etc.); enlever (une saillie, etc.) à la lime; adoucir (une surface) à la lime; *Farr:* raboter (le sabot d'un cheval). **To file away, off,** enlever (une saillie) à la lime. **To file up,** (i) aiguiser (un outil) à la lime; (ii) raviver (une surface à souder) à la lime. **To file over,** repasser à la lime. *F:* **Every sentence has been carefully filed,** chaque phrase a été soigneusement polie, ciselée.

filing[1], *s.* **1.** Limage *m*, limure *f* (d'un métal, etc.). **Filing down,** adoucissement *m*, adoucissage *m*, à la lime; rabotage *m* (des sabots de cheval). **2.** *pl.* **Filings,** limaille *f*, râpure *f*; (*very fine*) sable *m* (de fer).

'filing-machine, *s.* Machine *f* à limer; (machine) limeuse *f*.

'filing-table, *s.* = FILE-BENCH.

file[3], *s.* **1.** (*a*) Crochet *m* à papiers. **Bill file, spike file,** pique-notes *m inv.* (*b*) Classeur *m*, casier *m*, cartonnier *m*. **Card-index file,** fichier *m*; classeur à fiches, de fiches. *Map-and-plan f.,* meuble *m* pour cartes et plans. *See also* ENVELOPE-FILE, LETTER-FILE. **2.** Collection *f*, liasse *f* (de papiers, de journaux); *pl.* archives *f*. *Jur: etc:* Dossier *m*. *We have placed your report on our files,* nous avons ajouté votre rapport à nos archives, au dossier.

'file-card, *s.* **1.** Fiche *f* de classeur. **2.** Carton *m* de classement.

'file-case, *s.* Cartonnier *m*.

'file-copy, *s.* *Publ:* Exemplaire *m* des archives.

'file-number, *s.* Cote *f* (d'un document dans un dossier); grebiche *f* (d'un manuscrit).

file[4], *v.tr.* **1.** Enfiler (des reçus, etc.); classer (des fiches, etc.); ranger (des lettres, etc.). *To f. letters in alphabetical order,* classer des lettres par ordre alphabétique. *To f. a document,* (i) joindre une pièce au dossier (d'une affaire); (ii) ranger, classer, un document. *To f. documents,* mettre des documents en liasse; enliasser des documents. **2.** (*a*) *Jur:* **To file a petition,** (i) enregistrer une requête; (ii) produire, déposer (une requête, un bilan). **To file one's petition (in bankruptcy),** présenter une requête de mise en faillite; déposer son bilan; se mettre en faillite. *To f. an application for a patent,* déposer une demande de brevet. (*b*) *Adm:* *U.S:* Déposer (un document, une plainte). *F:* *Applications for seats should be filed with the secretary,* les demandes de places devront être adressées au secrétaire.

filing², *s.* **1.** Enfilement *m* (des reçus, etc.); classement *m* (par ordre alphabétique, etc.). **Filing-case**, carton *m* de bureau, cartonnier *m*. **Filing-cabinet**, cartonnier, fichier *m*; (meuble-)classeur *m*; meuble *m* (pour cartes, *Ind:* pour bleus, etc.). **Filing-clerk**, archiviste *m*. **Filing-drawer**, tiroir classeur. **2.** *Jur:* (i) Enregistrement *m* (d'une requête); (ii) dépôt *m* (d'une demande).

file⁵, *s.* **1.** (*a*) File *f*. **In single, Indian, file**, en file indienne; *F:* à la queue leu leu. *To walk in single f.*, marcher à la file, en file indienne. *The path was so narrow that we had to walk in single f.*, le sentier était si étroit que nous avons été forcés de nous dédoubler. *Mil:* **In file**, par deux; en colonne par deux. **To form single file**, dédoubler les rangs. **Blank file**, file creuse. *See also* RANK¹ 1. (*b*) *Mil:* **A file of men**, deux hommes. (*c*) *Mil:* **Connecting file**, agent *m* de liaison. **2.** *Chess:* Colonne *f* (de cases). **To command a file**, battre une colonne.

'file-closer, *s.* *Mil:* Serre-file *m inv.*

'file-leader, *s.* *Mil:* Chef *m* de file.

file⁶. **1.** *v.i.* Marcher à la file, en ligne de file. **To file off**, défiler. **To file past a catafalque**, défiler devant un catafalque. **To file in, out**, entrer, sortir, un à un. **To file out of school**, sortir de l'école en rangs. **2.** *v.tr.* Faire marcher (des troupes) à la file, en ligne de file; faire défiler (des troupes).

filing-off, -out, *s.* Défilé *m*, défilade *f*.

filemot ['filimɔt], *a.* & *s.* (Couleur *f*) feuille-morte (*m*) *inv.*

filer¹ ['failər], *s.* *Ind:* Limeur *m*, ajusteur *m*.

filer², *s.* **1.** (*Pers.*) Classeur *m* (de fiches, etc.). **2.** (*Thg*) Classeur, fichier *m*.

filet ['filet], *s.* *Tex:* Filet *m*. **Filet-lace**, dentelle *f* de filet.

filial ['filjel], *a.* Filial, -als, -aux. **-ally**, *adv.* Filialement.

filiation [fili'eiʃ(ə)n], *s.* **1.** Filiation *f* (d'un enfant, des idées, etc.). *His f. from distinguished parents*, le fait qu'il était le fils de parents distingués. **2.** Filiale *f* (d'un parti, etc.). *Languages that are all filiations of a common parent tongue*, langues qui sont toutes apparentées à une langue-mère.

filibeg ['filibeg], *s.* *Cost:* (*Scot.*) Jupon court des montagnards; kilt *m*.

filibuster¹ ['filibʌstər], *s.* *Hist:* Flibustier *m*.

filibuster², *v.i.* **1.** *Hist:* Faire le flibustier; flibuster. **2.** *Pol:* *U.S:* Faire de l'obstruction. *Filibustering tactics*, manœuvres obstructives, obstructionnistes.

filibustering, *s.* *Pol:* *U.S:* Obstruction *f*.

filibusterer [fili'bʌstərər], *s.* *Pol:* *U.S:* Obstructionniste *m*.

filigree¹ ['filigriː], *s.* Filigrane *m*. *F. ear-rings*, boucles *f* d'oreilles en filigrane.

'filigree-work, *s.* (Travail *m* en) filigrane *m*. *To ornament a purse with f.-work*, filigraner une bourse.

filigree², *v.tr.* Filigraner.

filigreed, *a.* (Vase, etc.) filigrané; à filigrane; en filigrane.

filipendula [fili'pendjulə], *s.* *Bot:* Filipendule *f*.

Filipino, *f.* **-pina** [fili'piːno, 'piːna], *s.* *Geog:* Philippin, -ine.

fill¹ [fil], *s.* **1.** Suffisance *f*, content *m*, *F:* soûl *m*. **To have one's fill of sth.**, avoir sa suffisance, son content, de qch.; *F:* s'en donner à tire-larigot; être rassasié de qch. **To eat one's fill**, manger à sa faim, à son appétit, à sa suffisance; manger jusqu'à satiété; manger tout son content; se repaître; *F:* manger tout son soûl. *To have eaten one's f.*, être rassasié; *P:* avoir le ventre plein. *To take one's f. of a dish, of pleasures, etc.*, se rassasier d'un mets, de plaisirs, etc. *When he had taken his f. . . .*, quand il se fut contenté. . . . **To drink one's fill**, boire à sa soif; *F:* boire jusqu'à plus soif. *F:* **To cry one's fill**, pleurer son soûl. *To have had one's f. of disappointments*, être abreuvé de dégoûts; avoir eu sa large part de déceptions. **2.** (*Quantity*) Charge *f*, plein *m*. **A fill of tobacco**, une pipe de tabac. **3.** *Civ.E:* Remblai *m*.

fill². I. *v.tr.* **1.** (*a*) Remplir, emplir (une cruche, etc.) (*with*, de). **To fill a jug full to overflowing**, emplir un pot jusqu'au bord, jusqu'à le faire déborder. **To fill s.o.'s glass**, (i) servir, verser, à boire à qn; (ii) (*to the brim*) verser une rasade à qn. *To f. one's cup from the tea-pot*, remplir sa tasse du contenu de la théière. **To fill a truck**, charger un wagon. **To fill a lamp**, garnir une lampe. **To fill one's pipe**, charger, bourrer, sa pipe. *Well-filled pockets*, poches bien bourrées. **To fill sausages**, entonner des saucisses. *Phot:* *To fill a slide*, charger un châssis. *To f. a cylinder with compressed air*, charger un cylindre d'air comprimé. *Mch:* *etc:* **To fill (up)** *the boilers, the radiator, etc.*, faire le plein des chaudières, du radiateur, etc. *Nau:* **To fill (away) the sails**, faire servir, faire porter, les voiles; éventer les voiles; mettre le vent dans les voiles. *See also* BACK² I. 2. (*b*) **To fill the air with one's cries**, remplir l'air de ses cris. *An odour of cooking filled the house*, une odeur de cuisine envahissait la maison. *Report filled with facts*, rapport nourri de faits. **To fill one's head with useless things**, se farcir la tête de choses inutiles. **To be filled with one's own importance**, être pénétré de son importance. *To be filled with admiration*, être rempli d'admiration. *He is filled with despair*, il est en proie au désespoir. (*c*) Peupler, pourvoir (une ville d'habitants, un étang de poissons, etc.). *The books that f. my library*, les livres qui peuplent ma bibliothèque. **2.** (*a*) Combler (une brèche, une lacune, etc.) (*with*, de). **To fil old workings**, remblayer d'anciens chantiers. *To f. the cuts in a tyre*, obturer les coupures d'un pneu. **To fill a tooth**, plomber, obturer, une dent. **To fill a tooth with gold**, aurifier une dent. *Paint:* **To fill woodwork before painting**, mastiquer les boiseries avant de les peindre; masquer les trous; boucher les irrégularités de surface. *See also* PUTTY. *Cards:* (*At poker*) **To fill a flush**, compléter une séquence. (*b*) **To fill (up) a post, a vacancy**, suppléer, pourvoir, à une vacance; nommer qn à un poste; donner un titulaire à un poste. *Two places remain to be filled*, deux postes restent à pourvoir. **3.** Occuper. (*a*) *A post he has filled for some time*, un poste qu'il occupe depuis quelque temps. *F:* **To fill s.o.'s shoes**, (i) succéder à qn; (ii) prendre les fonctions de qn. *See also* CHAIR¹ 1. *Th:* **To fill a part**, remplir, tenir, un rôle. *To fill a part well*, *F:* tenir son bonhomme. *See also* BILL⁴ 3, GAP¹ 1. (*b*) *The table fills the whole room*, la table occupe toute la chambre. *The thoughts that filled his mind*, les pensées qui occupaient son esprit. **To fill (in, up)** *one's free time with sth., by doing sth.*, occuper ses moments perdus, ses loisirs, à qch., à faire qch. *Reading fills (up) my evenings*, la lecture remplit toutes mes soirées. **4.** Satisfaire, assouvir (ses désirs, etc.). **To fill s.o. to repletion** *with meat and drink*, bourrer qn de viande; soûler qn de boisson. *Fruit does not f. a man*, les fruits ne rassasient pas. **5.** *U.S:* (*a*) (*Fulfil*) **To fill every requirement**, répondre à tous les besoins. *Com:* **To fill an order**, exécuter un ordre. (*b*) *Pharm:* **To fill a prescription**, exécuter une ordonnance. **6.** Verser. **To fill concrete into a coffering**, verser du béton dans un coffrage; remplir un coffrage de béton. **7.** *N.Arch:* Mailleter (la carène).

II. **fill**, *v.i.* **1.** Se remplir, s'emplir, se combler. *The lake is filling (up) rapidly*, le lac se comble rapidement. *Her eyes filled (with tears)*, ses yeux se remplirent de larmes. *The empty space gradually filled with people*, l'espace s'est peuplé peu à peu. *The hall is beginning to f.*, la salle commence à se garnir. **2.** *Nau:* (*Of sails*) Se gonfler, s'enfler, porter.

fill in, *v.tr.* **1.** Combler, boucher, remplir (un trou); condamner (une porte); remblayer (un fossé). **2.** Combler (des vides, des lacunes); compléter (une ébauche, etc.); remplir (une formule); libeller (un chèque). **To fill in the date**, insérer la date. *To f. in an application form*, remplir un bulletin (de souscription, etc.).

filling in, *s.* **1.** Comblement *m* (d'un trou); remplissage *m* (d'une broderie, etc.); remblayage *m* (d'un fossé). **2.** Achèvement *m* (d'une ébauche, etc.); rédaction *f* (d'une formule).

fill out. **1.** *v.tr.* (*a*) Enfler, gonfler (un ballon, etc.). (*b*) Étoffer (un discours, etc.); mettre une rallonge à (un livre). *Some of his conclusions need filling out*, quelques-unes de ses conclusions demandent à être établies avec plus d'ampleur. **2.** *v.i.* (*a*) S'enfler, se gonfler; s'arrondir. (*b*) (*Of pers.*) Engraisser, grossir, prendre de l'embonpoint; s'étoffer; se remplumer. *Her cheeks are filling out*, ses joues se remplissent. *That boy will be a big man when he fills out*, cet enfant aura de la carrure lorsqu'il aura pris du corps. *The children are filling out visibly*, les enfants profitent à vue d'œil. *He's beginning to f. out again*, il commence à se remplumer.

filling out, *s.* **1.** Enflement *m*, gonflement *m* (d'un ballon). **2.** Élargissement *m* (de la taille).

fill up. **1.** *v.tr.* (*a*) Remplir (un verre) jusqu'au bord; combler (une mesure, etc.); regarnir (une forêt, etc.). *Abs.* **To fill up with petrol, with water**, faire le plein d'essence, d'eau. *Nau:* **To fill up (the freight) with coal**, faire le plein avec du charbon. **To fill up a page**, allonger la matière pour remplir la page. (*b*) Boucher (un trou avec du mastic, etc.); condamner (une porte); remblayer (un fossé, etc.). *See also* RUBBLE. (*c*) Remplir (une formule); libeller (un chèque). (*d*) *F:* **To fill s.o. up with a story**, faire gober une histoire à qn. **2.** *v.i.* Se remplir, s'emplir, se combler; (*of gaps in woodland*) se regarnir.

filling up, *s.* (*a*) Remplissage *m* (d'un tonneau); comblement *m* (d'une lacune, etc.). (*b*) Bouchage *m* (d'un trou); remblayage *m* (d'un fossé). (*c*) Rédaction *f* (d'une formule, etc.). (*d*) *Mus:* **Filling-up parts**, parties *f* de remplissage.

filled, *a.* **1.** (Aliment, savon, etc.) qui contient un succédané. *Tex:* (Tissu de coton, etc.) chargé d'empois. **2.** (*With sb. prefixed*) *Water-filled garden roller*, rouleau de jardin rempli d'eau. *See also* GAS-FILLED, GOLD-FILLED.

filling¹, *a.* **1.** (*Of food, etc.*) Rassasiant. **2.** *See* SELF-FILLING.

filling², *s.* **1.** (*a*) (R)emplissage *m* (d'une mesure); chargement *m* (d'un wagon, d'un châssis photographique); bourrage *m* (d'une pipe à tabac); gonflement *m* (d'un ballon). *Nau:* **Backing and filling**, vent dessus vent dedans. (*b*) Peuplement *m* (d'un étang). **2.** (*a*) Comblement *m* (d'une brèche); remblayage *m* (d'un fossé, etc.). *Dent:* Plombage *m*, obturation *f*; (*with gold*) aurification *f* (d'une dent). (*b*) **Filling of a vacancy**, nomination *f* de quelqu'un à un poste. **3.** Occupation *f* (d'un poste, de ses loisirs, etc.). **4.** *N.Arch:* Mailletage *m* (de la carène). **5.** Matière *f* de remplissage; fourrure *f*; tripe *f* (d'un cigare). *Cu:* *U.S:* Farce *f* (d'une volaille, etc.). *Dent:* *Carp:* Mastic *m*. *See also* GOLD-FILLING. *Civ.E:* *Const:* Matière inerte; (*rubble*) blocage *m*; (*liquid*) coulis *m*. **Panel filling**, masque *m*. **Plaster filling between joists**, solin *m*. *N.Arch:* **Filling of the bows**, mouchoirs *m* des joues. *Tp:* **Granular filling**, grenaille *f* (d'une capsule téléphonique). *Furn:* **Hair filling**, rembourrage *m* de crin.

'filling-neck, *s.* *Aer:* Raccordement *m* à manche (d'un ballon).

'filling-station, *s.* *Aut:* Poste *m* d'essence.

filler ['filər], *s.* **1.** (*a*) (*Pers.*) Remplisseur, -euse; chargeur *m* (de haut fourneau); enfourneur *m* (de four). **Filler-in**, remplisseur, -euse. *Civ.E:* **Filler-up**, remblayeur *m*. (*b*) (*Thg*) Remplisseur. **Bottle-filler**, (r)emplisseuse *f*. **Oil filler**, entonnoir *m*. **Fountain-pen filler**, compte-gouttes *m inv.* *Aut:* **Grease-gun filler**, remplisseur de pompe. *See also* SAUSAGE-FILLER. **2.** (*a*) Remplissage *m*; tripe *f* (d'un cigare). *Rail:* Entretoise *f*. *Civ.E:* *Const:* **Filler(-block, -slip)**, (bois *m* de) remplissage; fourrure *f*; cale *f*. (*b*) *Paint:* (i) Blanc *m* de charge; (ii) mastic *m*.

fillet¹ ['filet], *s.* **1.** (*a*) *Cost:* Filet *m*, bandelette *f* (pour maintenir les cheveux). (*b*) *Med:* Bandelette, bandage *m*, bande *f*. (*c*) Ruban *m*, bande (d'étoffe, de métal, etc.). *Num:* Lame *f* (d'or, d'argent). *Tex:* Ruban à carde. **2.** *pl.* **Fillets**, reins *m*, lombes *m* (d'un cheval). **3.** *Cu:* (*a*) Filet (de bœuf, de sole). (*b*) Rouelle *f* (de veau). **4.** (*a*) *Arch:* *etc:* Fasce *f*; bande; congé *m*; nervure *f*, nerf *m*, filet. **Half-round fillet**, angle arrondi. **Outer fillet** (*of dripping-mould, label*), mouchette *f*. (*b*) *Join:* Baguette *f*, listel *m* (de panneau). (*c*) *Mec.E:* Collet *m*, bourrelet *m*, boudin *m* (sur un tuyau, etc.); arrondi *m* (à la base d'une dent); filet (d'une vis). *Metalw:* **Fillet(-border)** (*of silver-plate*), suage *m*.

I.C.E: *Piston-ring f.*, congé de base de segment. **5.** (*a*) *Her:* Filet. (*b*) *Bookb:* *Typ:* Filet. **6.** *Tls:* *Bookb:* Roulette *f*.

fillet[2], *v.tr.* (**filleted; filleting**) **1.** (*a*) Orner (qch.) d'un filet, d'un congé, d'une baguette. *Arch:* **Filleted ceiling,** plafond *m* à nervures. (*b*) Nouer (ses cheveux) d'un bandeau. **2.** *Cu:* Détacher, lever, les filets (d'un poisson). **Filleted sole,** filets de sole.

filleting, *s.* **1.** (*a*) Ornementation *f* (de qch.) avec des filets, des baguettes. (*b*) Garniture *f* de filets, de baguettes. **2.** *Cu:* Prélèvement *m* des filets (d'une sole, etc.).

fillip[1] ['filip], *s.* **1.** (*a*) Chiquenaude *f*; *F:* pichenette *f*. (*b*) *F:* Vétille *f*, bagatelle *f*. **Not to be worth a fillip,** *P:* ne pas valoir un pet de lapin. **2.** Stimulant *m*, encouragement *m*; coup de fouet (donné au sang, au système nerveux, etc.). **Fresh fillip to sales,** regain *m* de vente. *To give a f. to business*, stimuler les affaires; faire aller le commerce. *To give a f. to memory, ambition*, raviver la mémoire, l'ambition. *To give a f. to the circulation*, activer la circulation.

fillip[2], *v.tr.* (**filliped**) **1.** Donner une chiquenaude à (qn, une bille, etc.). **She filliped off** *a crumb from her skirt*, d'une chiquenaude elle détacha une miette de sa jupe. **2.** Stimuler, faire aller (les affaires, etc.); fouetter (le sang).

fillis ['filis], *s.* Filasse *f* (de chanvre, etc.).

fillister ['filistər], *s.* **1.** *Tls:* (Rabot *m* à) feuilleret *m*; bouvet *m* (à feuillures). **2.** *Const:* Feuillure *f* (d'un châssis de fenêtre, etc.).

filly ['fili], *s.* **1.** Pouliche *f*. **2.** *F:* Jeune fille *f* (qui a de l'allant). *A:* **Filly hunting,** la chasse aux jupons.

film[1] [film], *s.* **1.** (*a*) Pellicule *f*, couche *f* (de glace, d'huile); peau *f* (du lait bouilli). *Med:* **Film over the eye,** taie *f* sur l'œil. **Grey film** (*on the cornea*), opacité grise; voile *m* (de la cornée). (*b*) *F:* Voile (de brume, de fumée, etc.). **2.** *Phot:* (*a*) Pellicule. **Roll film,** pellicule en bobine, en rouleau. **Cut film,** pellicule rigide; plaque *f* souple; vitrose *f*. **Film pack,** film *m* en paquet; bloc-film *m*, film-pack *m*, *pl.* film-packs. *F. negative*, négatif *m* sur pellicule. *See also* CAMERA 1. (*b*) Couche sensible (de la plaque ou de la pellicule). **3.** *Cin:* (*a*) Film, bande *f*. **Silent film,** film muet. **Talking film,** film parlant. **(Synchronized-)sound film,** film sonore, sonorisé. **News film, topical film,** film de reportage, d'actualité; bande d'actualités. **Serial film,** film à épisodes. **Colour film,** film en couleurs. *See also* INSTRUCTIONAL, SLOW-MOTION. **To take, shoot, a film,** prendre, tourner, un film; prendre les vues. **To act, play, in a film,** jouer dans un film; *F:* tourner un film. **To turn a scene into a sound-film,** mettre une scène à l'écran sonore. (*b*) **The films,** le cinématographe; *F:* le cinéma, le ciné, l'écran. **Silent films,** l'écran muet. **Sound films,** le cinématographe sonore. **He acts for the films,** il fait du ciné. **To put a novel on the films,** filmer un roman. *Madame Bovary on the films*, Madame Bovary en film, sous les projecteurs. (*c*) **Film-channel, -track,** couloir *m*, chemin *m*, du film; chemin de défilement. **Film box,** cinémathèque *f*. **To have a film face,** être photogénique. **Film fan,** amateur *m* du cinéma; enthousiaste *mf* du cinéma; cinéphile *mf*. **Film goer,** amateur du cinéma. **Film industry,** industrie *f* cinématographique. **Film library,** cinémathèque, filmothèque *f*. *Sound-film library*, phonothèque *f*. **Film people,** gens *m* qui font du cinéma. **Film recorder,** filmeur *m*. **Film rights,** droits *m* d'adaptation cinématographique. **Film-star,** vedette *f* de l'écran, du ciné; étoile *f* de cinéma. **Film store** = *film library*. **Film tin** = *film box*. **4.** *A. & Lit:* Fil *m*, filament *m* (de gaze, de soie, etc.).

film[2]. **1.** *v.tr.* (*a*) Recouvrir (qch.) (i) d'une pellicule, (ii) d'un voile. *Phot:* Filmer (une plaque); enduire (une plaque) d'une couche sensible. (*b*) *Cin:* Filmer, enregistrer, cinématographier, *F:* tourner (une scène); filmer (un roman); présenter, mettre, porter, adapter, (un roman) à l'écran. (*With passive force*) **He films well,** il est photogénique. **2.** *v.i.* **To film (over),** (i) (*of lake, etc.*) se couvrir d'une pellicule; (ii) (*of the eyes*) se couvrir d'une taie; (iii) (*of country-side, etc.*) se voiler.

filmable ['filməbl], *a.* (Roman *m*, etc.) adaptable au cinéma.

filmdom ['filmdəm], *s.* Le monde du ciné, de l'écran.

filmic ['filmik], *a.* (Art, artiste, etc.) du cinéma, de l'écran.

filmy ['filmi], *a.* **1.** (*a*) (*Of substance*) Qui forme une pellicule. *A coating of f. ice*, une mince couche de glace. (*b*) (*Of thg*) Couvert d'une pellicule; (*of eye*) couvert d'une taie. (*c*) Voilé (de brume, etc.). *The f. crescent of the moon*, le croissant embrumé de la lune. **2.** (*Of lace, cloud, etc.*) Léger, transparent. *Women clad in f. gauze*, femmes nuagées de gaze.

filose [fai'lous], *a.* *Nat.Hist:* A terminaison filiforme.

filoselle ['filosel], *s.* *Tex:* Filoselle *f*.

filter[1] ['filtər], *s.* **1.** Filtre *m* (à charbon, à sable, etc.); épurateur *m* (d'essence, d'air, etc.). **Household filter,** filtre domestique; fontaine filtrante; fontaine de ménage. **Suction filter,** filtre à aspiration. *Pharm:* *etc:* **Cloth filter,** blanchet *m*. *See also* AIR-FILTER, DAM[1]. **2.** *Phot:* **(Colour) filter,** écran (coloré); écran-filtre *m*, *pl.* écrans-filtres. *Set of three-colour filters*, jeu *m* d'écrans trichromes. **Compensation filter,** filtre compensateur. *See also* LIGHT-FILTER, RAY-FILTER, VIEWING 2. **3.** *W.Tel:* **Filter(-circuit),** filtre; circuit *m* de filtrage. **Band(-pass) filter,** filtre de bande, de fréquence. *See also* LOW-PASS.

'filter-bed, *s.* *Hyd.E:* Bassin filtrant, de filtration; lit *m* de filtrage.

'filter-paper, *s.* Papier *m* filtre; papier à filtrer; papier buvard, brouillard. *Chemical f.-p.*, papier laboratoire.

'filter-passer, *s.* *Med:* Bacille filtrant.

'filter-passing, *a.* *Med:* (Bacille) filtrant.

'filter-press, *s.* *Ind:* Filtre-presse *m*, *pl.* filtres-presses.

'filter-pump, *s.* *Ch:* Trompe *f* à vide.

'filter-screen, *s.* *Phot:* Écran *m* filtre.

'filter-stone, *s.* *Miner:* Pierre *f* de liais.

filter[2]. **1.** *v.tr.* Filtrer (l'eau); épurer, tamiser (l'air, etc.). **To filter out the impurities,** séparer, extraire, les impuretés par filtrage. *W.Tel:* **To filter out a station,** couper une station au moyen d'un filtre. **2.** *v.i.* (*Of water, etc.*) Filtrer, s'infiltrer (*through*, à travers); (*seep*) suinter. *The coffee must f. very slowly*, il faut que le café passe très lentement. **The light filtered through the branches,** la lumière filtrait à travers les branches. *The curtains allow only a weak light to f. through*, les rideaux ne laissent filtrer qu'un faible jour. *These new ideas were filtering into people's minds*, ces idées nouvelles s'infiltraient dans les esprits. **The news soon filtered through, out,** les nouvelles se divulguèrent bientôt.

filtering, *s.* Filtrage *m*, filtration *f*.

'filtering-tank, *s.* *Hyd.E:* Purgeoir *m*.

filterable ['filtərəbl], *a.* *Med:* **Filterable virus,** virus filtrant.

filterer ['filtərər], *s.* Tamiseur, -euse.

filth [filθ], *s.* **1.** (*a*) Ordure *f*; immondices *mpl*. (*b*) Saleté *f*. *These races live in f.*, ces races vivent dans la saleté. **2.** (*a*) Corruption morale. (*b*) Propos orduriers, dégoûtants. **To talk filth,** dire des obscénités, des ordures, des saletés, *P:* des cochonneries; tenir des propos dégoûtants. *Retailer of f.*, ordurier, -ière.

filthiness ['filθinəs], *s.* **1.** Grande malpropreté; saleté *f*; *P:* saloperie *f*. **2.** Corruption morale, obscénité *f*.

filthy ['filθi], *a.* **1.** Sale, immonde, dégoûtant. **A filthy, filthy dirty, hovel,** un taudis infect, d'une saleté dégoûtante. *A f. brat*, un marmot sale comme un peigne. *See also* LUCRE. **2.** (*Of book, talk, etc.*) Ordurier, crapuleux, obscène, infect; (*of pers.*) crapuleux, *P:* cochon, -onne. *To hurl f. abuse at s.o.*, injurier qn en termes orduriers. **-ily,** *adv.* D'une manière ordurière, immonde. *The room was f. dirty*, la chambre était d'une saleté dégoûtante, repoussante.

filtrate[1] ['filtreit], *s.* *Ch:* *etc:* Filtrat *m*. *Pharm:* Colature *f*.

filtrate[2], *v.* = FILTER[2].

filtration [fil'treiʃ(ə)n], *s.* Filtration *f*, filtrage *m*, épuration *f*. *Pharm:* Colature *f*.

fimbriate(d) ['fimbrieit(id)], *a.* **1.** *Nat.Hist:* Fimbrié. **2.** *Her:* Bordé.

fin[1] [fin], *s.* **1.** (*a*) *Z:* Nageoire *f* (d'un poisson, d'un pingouin, d'une baleine); aileron *m* (d'un requin). *Ich:* **Abdominal fin, belly fin,** nageoire abdominale. **Anal fin,** nageoire anale. **Caudal fin, tail fin,** nageoire caudale. **Breast fin,** nageoire pectorale. (*b*) *P:* Main *f*, *P:* patte *f*, cuiller *f*, pince *f*. **Tip us your fin,** donne-moi ta pince que je la serre. **2.** (*a*) *N.Arch:* Dérive *f*, dériveur *m*. (*b*) *Av:* Plan fixe vertical, plan de dérive (d'un avion); empennage *m* (de dirigeable). *See also* TAIL-FIN 2. **3.** (*a*) Ailette *f* (de radiateur d'automobile, etc.). (*b*) Bavure *f*, ébarbure *f* (d'une pièce coulée).

'fin-back, *s.* *Z:* Baleinoptère *m*, rorqual *m*, -als; fausse baleine.

'fin-keel, *s.* Aileron *m* (de sous-marin).

'fin-whale, *s.* *Z:* = FINNER.

Fin[2], *s.* = FINN.

finable[1] ['fainəbl], *a.* Passible d'(une) amende.

finable[2], *a.* (Liquide) qui peut être clarifié.

final ['fain(ə)l]. **1.** *a.* Final, -als. (*a*) Dernier. *F. letter of a word*, dernière lettre, lettre finale, finale *f*, d'un mot. *F. preparations*, derniers préparatifs. *F. justification for sth.*, raison dernière de qch. *The f. requests*, les dernières volontés (d'un mourant). *To make a f. effort*, faire un dernier effort. **To put the final touches to sth.,** mettre la dernière main, *P:* donner le coup de fion, à qch. *Com:* *Fin:* **Final date (for payment),** terme fatal, de rigueur. **Final instalment,** dernier versement; versement de libération. *See also* DIVIDEND 2. *Jur:* **Final process,** exécution *f*. *I.C.E:* **Final drive,** transmission *f* aux roues. (*b*) Définitif, décisif. *F. text*, texte définitif. *Jur:* **Final judgment, judgment of the final Court of Appeal,** jugement définitif, sans appel; jugement souverain. **The evidence is final,** les témoignages sont concluants, ne laissent aucun doute. *The umpire's decision is f.*, la décision de l'arbitre est sans appel. **Am I to consider that as final?** c'est votre dernier mot? (*c*) *Phil:* **Final cause,** cause finale. *Gram:* **Final clause,** proposition finale. *See also* DISCHARGE[1] 7 (*b*). **2.** *s.* (*a*) (Lettre) finale *f* (d'un mot). (*b*) *Sp:* **The finals,** les (épreuves) finales *f*; la finale. (*c*) *Sch:* Examen définitif, final; examen de sortie. **The bar final,** l'examen final des "*Inns of Court*." (*d*) *Mus:* (*In plain-song*) Finale. **-ally,** *adv.* Finalement. **1.** Enfin, à la fin. *F. justice triumphs*, la justice finit par triompher. **2.** Définitivement, décisivement. **3.** En somme, en définitive.

finale [fi'nɑːle], *s.* **1.** *Mus:* Final(e) *m*. **2.** *F:* Conclusion *f*. *Th:* **Grand finale** (*of fairy play, etc.*), apothéose *f* (d'une féerie, etc.). *For the grand f. we had . . .*, pour le bouquet on nous a donné. . . .

finalist ['fainəlist], *s.* *Sp:* Finaliste *mf*.

finality [fai'naliti], *s.* **1.** *Phil:* Finalité *f*. **2.** Caractère définitif (d'un jugement, etc.), irrévocabilité *f* (d'une décision). *There was a note of f. in his voice*, il a parlé avec décision, péremptoirement. *Proposals in which there is no f.*, propositions *f* qui n'aboutissent à rien de décisif.

finance[1] [fi'nans, fai-], *s.* **1.** Finance *f*. **High finance,** (i) la haute finance; (ii) *Coll.* la haute banque. *To be versed in questions of f.*, être versé dans la finance, dans les questions financières. *Pol:* **The Finance Act** (*of* 1935, *etc.*), la loi de finances (de 1935, etc.). **2.** *pl.* **The finances of a state,** les finances d'un état. *F:* *His finances are low*, ses finances sont en baisse; sa bourse est presque vide, ses fonds sont bas.

finance[2], *v.tr.* Financer, commanditer (qn, une entreprise, etc.); supporter tous les frais (d'une entreprise). *I want some one to f. the business*, il me faut un bailleur de fonds. *To f. the cost of the undertaking*, fournir les fonds nécessaires à l'entreprise.

financing, *s.* Financement *m* (d'une entreprise, etc.).

financial [fi'nanʃ(ə)l, fai-], *a.* Financier. *F. statement*, état *m* des finances; bilan *m*. *The f. world*, le monde de la finance. *Adm:* **Financial year,** exercice (financier); année *f* budgétaire; année d'exercice. *F. resources*, ressources fiscales. **-ally,** *adv.* Financièrement. *F. sound*, solide au point de vue financier.

financier[1] [fi'nansiər], *s.* **1.** (*a*) Financier *m*; homme *m* de finance. (*b*) *Fr.Hist:* Financier (des droits du roi). **2.** Bailleur *m* de fonds.

financier[2] [finan'siːər], *v.tr. & i. Pej:* **1.** Faire de l'agiotage; agioter. *U.S:* **To financier one's money away,** gâcher son argent en mauvaises spéculations. **2.** *U.S:* **To financier money out of s.o.,** soutirer de l'argent à qn; filouter qn.

finch [fin(t)ʃ], *s. Orn:* Pinson *m*. **Hen-finch,** pinsonne *f*. **Fallow-finch,** (traquet *m*) motteux *m*; cul-blanc, *pl.* culs-blancs; **cul-blanc gris**; cul-blanc cendré. **Mountain finch,** pinson des Ardennes. **Thistle finch, yellow finch,** chardonneret *m*. **African finch,** grenadin *m*. **Painted finch,** pape *m*. *See also* BULLFINCH, CHAFFINCH, GOLDFINCH, GREENFINCH, HAWFINCH.

find[1] [faind], *s.* **1.** Découverte *f*. *Ven:* Découverte, vue *f*, de la bête. **2.** Trouvaille *f*. **3.** **A sure find,** (i) *Ven:* endroit *m* où on trouve toujours un renard; (ii) personne *f*, chose *f*, qu'on ne peut manquer de trouver.

find[2], *v.tr.* (*p.t.* **found** [faund]; *p.p.* **found**) Trouver. **1.** (*a*) Rencontrer, découvrir. **To find a treasure by accident,** trouver, découvrir, un trésor par hasard. *To f. a mistake in the books,* découvrir une erreur dans les livres. **It is found everywhere,** cela se trouve, se rencontre, partout. *Such men are not often found,* de tels hommes ne se rencontrent pas souvent. **Good servants are not found every day,** *F:* les bons domestiques ne courent pas les rues. **To find happiness with s.o.,** rencontrer le bonheur auprès de qn. **To find some difficulty in doing sth.,** éprouver quelque difficulté à faire qch. **To find a good friend in s.o.,** trouver en qn un bon ami. (*b*) **To find s.o. at home, in,** trouver qn chez lui. **To find s.o. out,** ne pas trouver qn chez lui. *I found everybody out,* tout le monde était sorti; *F:* j'ai trouvé visage de bois. **They found him dead,** on l'a trouvé mort. **We must leave everything as we find it,** il faut tout laisser tel quel. *See also* TAKE[2] I. 6. *I found her gathering flowers,* je la trouvai en train de cueillir des fleurs. *I found her waiting in the hall,* je la trouvai à m'attendre, qui m'attendait, dans le vestibule. *Six months later we find him saying the exact opposite,* six mois plus tard il se trouve dire tout le contraire. *I found myself crying,* je me surpris à pleurer. *I found myself eating horseflesh with gratitude,* je me trouvai trop content de manger de la viande de cheval. *Christmas found him still looking for work,* à Noël il n'avait pas encore trouvé de poste. *One of these days he will f. them taken from him,* un de ces jours il se les verra enlever. *I found myself obliged to beg,* je me voyais obligé de demander l'aumône. *He found himself the next heir to the throne,* il se vit le plus proche héritier du trône. *I find myself requested to be reasonable,* on me demande d'être raisonnable. **2.** (*Discover by searching*) (*a*) *The (lost) key has been found,* la clef s'est retrouvée. **To try to find sth.,** chercher qch. **I managed to find it, to find him,** *F:* je suis arrivé à le dénicher. *I ran to f. a doctor,* je courus à la recherche d'un médecin. **He is not to be found,** on ne le trouve, on ne peut le trouver, nulle part; il est introuvable. *B:* **Seek and ye shall find,** cherchez et vous trouverez. **To find a post for s.o.,** procurer une place à qn. *Have you found him a job?* lui avez-vous trouvé un emploi? *He was found a situation abroad,* on lui trouva un emploi à l'étranger. **I have found what I want,** j'ai trouvé ce qu'il me faut; *F:* je tiens mon affaire. **To find a leak in a main,** localiser une fuite dans une conduite. *I can f. no faults in him,* je ne lui ai découvert, trouvé, aucun défaut. *See also* FAULT[1] 1. *I can f. no reason for . . .,* je ne vois pas de raison pour. . . . **To find one's way home,** retrouver le chemin pour rentrer chez soi. *To f. a way to do sth.,* trouver le moyen de faire qch. *See also* WAY[1] 2. *Mth:* **To (try to) find the value of the unknown quantity,** rechercher la valeur de l'inconnue. **I can't find time to . . .,** je n'ai pas le temps de. . . . **He found courage to . . .,** il eut le courage de. . . . **To find it in one's heart to do sth.,** avoir le cœur de faire qch. **To find oneself,** (i) prendre conscience de soi-même, de ses talents, de ses capacités; (ii) trouver sa vocation (*cp.* 5 (*b*)). *See also* EXPRESSION 2, FOOT[1] 1, LEG[1] 1, TONGUE[1] 1, VENT[1] 1. (*b*) Obtenir (une sûreté, une caution). *See also* FAVOUR[1]. (*c*) *Abs. Ven:* To find, découvrir le renard, etc. **3.** (*a*) (*Perceive, establish a fact*) Constater. **I find that I was mistaken,** je me rends compte, je suis arrivé à la conclusion, que je m'étais trompé. *You will f. that I am right,* vous verrez que j'ai raison. **It has been found that . . .,** on a constaté que. . . . *I was surprised to f. that . . .,* j'ai été surpris de constater que. . . . *I found she had left the house,* j'appris, je vis, qu'elle avait quitté la maison. *I f. it is time to go,* je m'aperçois qu'il est temps de partir. *This letter,* **I find,** *arrived yesterday,* cette lettre, à ce que je vois, à ce que j'apprends, est arrivée hier. **You may find it do you good,** vous trouverez peut-être que cela vous fera du bien. **You will find the language present little difficulty,** vous verrez que la langue n'offre pas grande difficulté. **I find it pays to . . .,** je trouve qu'il vaut la peine de. . . . **I opened the case and found it to contain a pearl necklace,** j'ouvris l'étui et y trouvai un collier de perles. (*b*) **To find a transaction profitable,** trouver du bon dans une affaire. **They will find it easy, difficult,** cela leur sera facile, difficile. *We f. it very difficult to get servants,* nous avons beaucoup de peine à nous procurer des domestiques. **To find it impossible, necessary, to . . .,** se trouver dans l'impossibilité, dans la nécessité, de. . . . **How do you find this wine?** comment trouvez-vous ce vin? **I find his fits of temper very childish,** ses accès d'humeur me semblent bien puérils. *I f. them ridiculous,* je les juge ridicules. **How do you find yourself?** comment vous trouvez-vous? comment allez-vous? *See also* WANTING 1. (*c*) *He found a warm supporter in the Queen,* il trouva en la reine un chaud partisan. **4.** *Jur:* (*a*) **To find s.o. guilty,** déclarer qn coupable. (*b*) Rendre (un verdict). **To find for s.o.,** prononcer, rendre, un verdict en faveur de qn. *To f. for the plaintiff,* adjuger au demandeur ses conclusions. (*c*) **To find a (true) bill against s.o.,** prononcer une mise en accusation contre qn. **5.** (*Provide*) (*a*) Procurer, fournir (qch.). **To find the money for an undertaking,** procurer les capitaux, fournir l'argent, pour une entreprise. *X finds half the money,* X baille les fonds pour moitié, apporte la moitié des fonds. (*b*) **To find s.o. in food,** fournir, donner, la nourriture à qn. *Wages £20,* **all found,** gages *m* £20, nourri, logé, chauffé, et blanchi; gages £20, tout fourni. **To find oneself,** se pourvoir soi-même; subvenir à son propre entretien (*cp.* 2 (*a*)). *Wages £1 a week and f. yourself,* gages de £1 par semaine sans nourriture ni logement. *To f. oneself in clothes,* se vêtir à ses frais.

find out, *v.tr.* **1.** (*a*) Inventer (un moyen, etc.); deviner (une énigme, etc.); découvrir (un secret, etc.); constater (une erreur, etc.); se rendre compte (des faits). *Abs.* **To find out about sth.,** se renseigner sur qch.; découvrir la vérité. *I have found out all about it,* (i) j'ai pu établir tous les faits; (ii) *F:* j'ai découvert le pot aux roses. *What have you done with it?*—**Find out!** qu'en avez-vous fait?—A vous de trouver. (*b*) **To find s.o. out,** (i) découvrir le vrai caractère de qn; (ii) trouver qn en défaut. **To find s.o. out in a lie,** surprendre qn à mentir. *Your sins will f. you out,* on n'échappe pas aux conséquences de ses fautes. **He has been found out,** on l'apprécie aujourd'hui à sa juste valeur; *P:* il est grillé, flambé. **2.** *See* FIND[2] 1 (*b*).

finding out, *s.* Invention *f* (d'un moyen, etc.); découverte *f* (d'un secret, etc.); constatation *f* (d'une erreur, etc.).

-found, *a.* (*With adj. or adv. prefixed*) *See* ILL-FOUND, NEW-FOUND, WELL FOUND.

finding, *s.* **1.** (*a*) Découverte *f* (d'un pays, etc.); invention *f* (d'un système, etc.); recherche *f* (du centre de gravité, etc.); dénichement *m* (d'un objet qu'on a cherché). *See also* DIRECTIONAL. (*b*) Fourniture *f*, approvisionnement *m* (de fonds, etc.). **2.** Trouvaille *f*. *Prov:* **Findings is keepings,** ce qui tombe dans le fossé est pour le soldat. **3.** *pl. Ind: U.S:* **Findings,** fournitures, menues pièces et outils (d'un métier); crépins *m* (de cordonnier). **4.** *Jur:* Conclusion *f* (du tribunal ou du jury) sur un point de fait. **To bring in a finding for, against, s.o.,** rendre, prononcer, un verdict en faveur de, contre, qn. *The findings of an official report,* les constatations *f*, les conclusions, d'un procès-verbal. *His f. is that . . .,* il est arrivé à la conclusion que. . . .

findable ['faindəbl], *a.* Trouvable. *Their names are readily f. in the Directory,* leurs noms sont faciles à trouver dans l'Annuaire.

finder ['faindər], *s.* **1.** (*Pers.*) Trouveur, -euse; *Jur:* inventeur, -trice (d'un objet perdu). *Jur:* **Finder of a waif,** inventeur d'une épave. *See also* WATER-FINDER. **2.** (*a*) *Opt:* (*Of telescope*) Chercheur *m*, trouveur *m*; lunette *f* de repère. (*b*) *Phot:* **(View-)finder,** viseur *m*; *Cin:* oculaire *m*. **Brilliant finder,** viseur clair. *See also* DIRECT[2] 1, VIEW-FINDER. (*c*) *El:* **Short-circuit finder,** chercheur, détecteur *m*, de courts-circuits. **Pole-finder,** indicateur *m* de pôles; cherche-pôle *m inv.* (*d*) *See* DIRECTION-FINDER, POSITION-FINDER, RANGE-FINDER.

fine[1] [fain], *s.* **1.** *A:* Fin *f*. *Now used only in adv. phr.* **In fine,** enfin, finalement. **2.** *Jur:* (*a*) Arrhes (payées par le locataire pour compenser la modicité du loyer). (*b*) *Right to annul a sale by paying a f.,* stipulation *f* d'arrhes. (*c*) Amende *f*; peine *f* pécuniaire. **Heavy fine,** amende élevée, lourde amende. *To impose a f. on s.o.,* infliger une amende à qn. *To pay the fines,* payer, acquitter, les condamnations. *See also* DISCRETION 1.

fine[2]. **1.** *v.i.* Payer des arrhes (pour obtenir un privilège). **2.** *v.tr.* Condamner (qn) à une amende; mettre (qn) à l'amende; infliger une amende à (qn); frapper (qn) d'une amende. **To fine s.o. (in) £20 and costs,** frapper qn d'une amende de £20 plus les frais.

fine[3], *a.* **1.** (*a*) (*Of metals, oil, etc.*) Fin, pur. **Fine gold,** or *m* de coupelle. *Gold that is nine-tenths f.,* or qui contient neuf dixièmes de fin. *Gold twenty-two carats f.,* or à vingt-deux carats de fin. (*b*) Fin, subtil, raffiné. *The f. flower of chivalry,* la fine fleur de la chevalerie. *To dress with f. taste,* s'habiller avec un goût raffiné, exquis. *F. distinction,* distinction subtile. *A f. sense of the ridiculous,* un sens aigu, aiguisé, du ridicule. **2.** Beau, bel, belle, beaux. (*a*) *A f. statue,* une belle statue. *F. woman,* belle femme, femme superbe. *See also* FIGURE[1] 2. *It is a f. piece of writing,* c'est une belle page. **The fine arts,** les beaux-arts *m*. (*b*) **Fine sentiments,** de beaux sentiments, des sentiments nobles. **To appeal to s.o.'s finer feelings,** faire appel aux sentiments élevés de qn. *It was very f. of him to take that attitude,* c'est très beau à lui d'avoir adopté cette attitude. **It is a fine thing to see . . .,** il fait beau voir. . . . (*c*) (*Of costume, etc.*) Galant; *F:* mirifique; (*of manners*) affecté. **To call things by fine names,** appeler les choses par de grands noms. *See also* FEATHER[1] 1, GENTLEMAN 2, LADY 1. **3.** (*a*) *F. workman,* bon ouvrier; ouvrier accompli. *F. swordsman,* forte lame; fine lame. *F. example of Romanesque architecture,* bel exemple de l'architecture romane. *Meat of the finest quality,* viande *f* surchoix, de premier choix. **'Fine onions!'** "aux beaux oignons!" *Com:* **Fine bills,** beau papier. *F. trade paper,* papier de haut commerce, de premier ordre. *See also* LAUNDERING. (*b*) Excellent, magnifique. *It was a f. thing for him,* c'était une excellente affaire pour lui. *F. display,* étalage *m* superbe. *F. piece of business,* affaire magnifique, affaire d'or. *F. future,* bel avenir. *F. dinner,* chic dîner *m*. **We had a fine time,** nous nous sommes bien amusés. **He's a fine fellow,** c'est un rude lapin, un fier lapin. **That's fine!** voilà qui est parfait. (*c*) *Iron:* **You're a fine fellow, you are!** vous êtes joli, vous! **My fine fellow,** mon petit bonhomme. **That's all very fine, but . . .,** tout cela est bel et bon, est fort beau, mais. . . . *One hears some f. things about you,* on en apprend de belles sur votre compte. **A fine thing indeed!** c'est du propre! *A f. service you have rendered me!* vous m'avez rendu là un drôle de service! *See also* DOING 2. (*d*) *F:* (*Intensive*) **He was in a fine old temper!** il était d'une humeur! *P:* ce qu'il rageait! *Dial:* **They'll be fine and vexed!** ils vont être joliment fâchés! **4.** (*Of weather, day*) Beau. *When the weather is f.,* quand il fait beau. *It looks as if it were going to be f.,* le temps a l'air d'être au beau. **A fine day,** une belle journée. *F:* **One of these fine days,** un de ces beaux jours; un de ces quatre matins. *s.* **In rain or fine,** par tous les temps.

5. (*a*) (*Of texture*) Fin; (*of gravel, dust, etc.*) menu, subtil. *F. rain*, pluie fine. **To chop meat fine**, hacher menu la viande. *See also* GRINDSTONE. (*b*) Effilé; (*of writing, thread*) délié, mince. **Fine-shouldered horse**, cheval effilé. *F. print*, petits caractères. *F. needle*, aiguille fine. **Fine edge**, tranchant affilé, aigu. **Fine nib**, plume pointue. *F:* **Not to put too fine a point on it . . .**, pour dire la chose sans détours . . .; pour parler franc, carrément . . .; pour ne pas mâcher les mots . . .; pour appeler les choses par leur nom . . .; en termes crus. . . . **6.** *F:* **To cut it fine, to run it fine**, faire qch. tout juste; réussir tout juste; arriver de justesse. *He never misses his train, but he cuts it f.*, il ne manque jamais son train, mais c'est tout juste. **Prices are cut very fine**, les prix sont au plus bas. *Aren't you cutting your profits too f.?* est-ce que vous ne réduisez pas vos profits à rien? *Bill:* **To take a shot too fine**, prendre la bille trop fin, trop fine. *Sp:* **To train an athlete, a horse, too fine**, pousser trop loin l'entraînement d'un athlète, d'un cheval. **7.** *s.pl. Min:* **Fines**, minerai *m* de haute teneur; fins *m*. **-ly**, *adv.* **1.** Finement. (*a*) Habilement, admirablement, artistement, on ne peut mieux. (*b*) Délicatement, minutieusement, subtilement. (*c*) *F. powdered*, finement pulvérisé. *F. chopped*, haché fin, menu. **2.** (*a*) Admirablement, magnifiquement. (*b*) *Iron:* Mirifiquement (habillé, etc.).

'fine-'bore, *v.tr. Metalw:* Reforer; polir; repasser (à l'aléseuse).

'fine-'borer, *s. Sm.a: Artil: etc:* Adoucisseur *m*, polisseur *m*.

'fine-'cut, *a.* **1.** Finement ciselé; délicatement ciselé. **2.** (Tabac) haché fin. **3.** *F:* Coupé tout juste.

'fine-'darn, *v.tr. Needlew:* Stopper.

'fine-'darning, *s.* Stoppage *m*.

'fine-'darner, *s.* (*Pers.*) Stoppeur, -euse.

'fine-'draw, *v.tr.* (*Conj. like* DRAW) *Needlew:* Rentraire; faire une reprise perdue à (une déchirure).

'fine-'drawn, *a.* **1.** (*a*) *Needlew:* **Fine-drawn seam, mend**, reprise perdue; rentraiture *f*. (*b*) (*Of wire*) Finement étiré; (*of thread*) délié, ténu. (*c*) *Sp:* (Athlète) amaigri, réduit à son poids minimum (par l'entraînement et le régime). **2.** Subtil, fin, délié. *F.-d. arguments, distinctions*, arguments subtils, distinctions subtiles.

'fine-'drawing, *s.* Rentrayage *m*.

'fine-'drawer, *s.* Rentrayeur, -euse.

fine-'grained, *a.* (Métal *m*, bois *m*) à grain fin, serré; à petit grain.

'fine-'gravel, *v.tr.* Gravillonner.

'fine-looking, *a.* **A fine-looking man**, un bel homme. *I never saw a finer looking man, girl*, jamais je n'ai vu un plus bel homme, un plus beau brin de fille.

'fine-'spoken, *a.* (*Of pers.*) Au beau parler.

'fine-'spun, *a.* **1.** *Tex:* Au fil ténu, délié. **2.** *F: Pej:* (Raisonnement) subtil.

'fine-'tooth, *attrib. a.* (Peigne *m*) aux dents fines; (peigne) fin.

'fine-'toothed, *a.* **1.** = FINE-TOOTH. **2.** *F:* (*Of pers.*) Friand.

'fine-'wrought, *a.* Finement travaillé; finement ouvré.

fine[4]. **1.** *v.tr.* (*a*) **To fine (down)**, clarifier, coller (la bière, le vin); claircer (le sucre). (*b*) Affiner (l'or, etc.). (*c*) **To fine (away, down, off)**, rendre (qch.) effilé; amincir (qch.); affiner, alléger (une planche, etc.). *To f. down a bassoon reed*, préler une anche de basson. **2.** *v.i.* (*a*) (*Of liquid*) Se clarifier, devenir clair. (*b*) **To fine (down, off)**, devenir effilé; s'amincir. *Our profits have fined away to nothing*, nos profits ont diminué au point de disparaître.

fining, *s.* **1.** Collage *m*, clarification *f* (du vin, etc.). **2.** *Metall: etc:* Affinage *m* (des métaux, d'une planche). **Fining slag**, scorie *f* d'affinage.

'fining-forge, *s. Metall:* Forge *f* d'affinage.

'fining-furnace, *s. Metall:* Four *m* d'affinage.

'fining-pot, *s. Metall:* Creuset *m*.

fineable ['fainəbl], *a.* = FINABLE.

fineness ['fainnəs], *s.* **1.** Titre *m*, aloi *m* (de l'or, de l'argent); titre (des monnaies); pureté *f* (du vin, etc.). *Coins of legal f.*, monnaies *f* au titre légal. **2.** Qualité supérieure, excellence *f* (d'un article, d'un ouvrage, etc.). **3.** Splendeur *f*, élégance *f*, magnificence *f* (d'un costume, d'un étalage, etc.); beauté *f* (du paysage, etc.). **4.** Finesse *f* (des cheveux, d'une étoffe, d'une poudre, etc.); ténuité *f* (d'un fil, d'un cheveu); délicatesse *f*, subtilité *f* (des sentiments, de l'esprit, etc.).

finer ['fainər], *s. Metalw:* (*Pers.*) Affineur *m*.

finery[1] ['fainəri], *s. Metall:* **1.** Finerie *f*, affinerie *f*, mazerie *f*. **2.** Affinage *m* (des métaux).

finery[2], *s. Iron:* Parure *f*; fanfreluches *fpl*. **Decked out in all her finery**, parée de ses plus beaux atours; *F:* parée comme l'autel de la Vierge. *My sisters envied my new f.*, mes sœurs m'enviaient la splendeur de mon trousseau.

'finery-ironer, *s. Laund:* Repasseuse *f* de (linge) fin.

finesse[1] [fi'nes], *s.* Finesse *f*. **1.** *A. & Lit:* Délicatesse *f*, subtilité *f* (du style, etc.). **2.** Ruse *f*, finasserie *f*, artifice *m*. **3.** *Cards:* Finesse, impasse *f*.

finesse[2]. **1.** *v.i.* (*a*) User de finesse; ruser; finasser. (*b*) *Cards:* (i) Faire une impasse; (ii) risquer l'impasse. **2.** *v.tr.* (*a*) **To finesse sth. away**, prendre qch. par ruse. (*b*) *Cards:* **To finesse the queen**, (i) faire une impasse à la dame; (ii) risquer l'impasse à la dame. *To f. a low trump* (*in ruffing*), faire la passacaille.

finessing, *s.* Finesse *f*, ruse *f*, finasserie *f*.

finesser [fi'nesər], *s.* Finasseur, -euse, finassier, -ière.

Fingal ['fiŋgəl]. *Pr.n. Geog:* **Fingal's Cave**, la grotte de Fingal.

finger[1] ['fiŋgər], *s.* **1.** Doigt *m* (de la main). (*a*) **First finger**, index *m*. *See also* FOREFINGER. **Middle finger, second finger**, médius *m*, doigt du milieu; doigt majeur. **Third finger, ring finger**, annulaire *m*. **Little finger**, petit doigt; auriculaire *m*. *F:* **To lift the little finger**, lever le coude; (trop) boire. *To have a pain in one's little f.*, *F:* **to have little-finger ache**, avoir mal au bout du doigt; se plaindre d'un bobo. *To wear a ring on one's f.*, porter une bague au doigt. **To eat sth. with one's fingers**, manger qch. avec ses doigts; *F:* manger qch. avec la fourchette du père Adam. **The finger of Fate, of God**, le doigt du destin, de Dieu. *F:* **I forbid you to lay a finger on him**, je vous défends de le toucher. **To lay, put, one's finger on the cause of the evil**, mettre le doigt sur la source du mal. *He can lay his f. right away on any passage in the Bible*, il met le doigt sans hésitation sur n'importe quel passage de la Bible. **He wouldn't stir, lift, a finger to help you**, il ne remuerait pas le petit doigt, il ne remuerait pas d'un doigt, pour vous aider. **Move but a finger** *and you are a dead man*, faites un geste et vous êtes mort. *P:* **To wet one's finger**, prêter serment avec un doigt mouillé (qu'on se passe autour du cou). **To point the finger of scorn at s.o.**, montrer qn au doigt. *To hold up a f.* (*in warning*), lever le doigt. *F:* **To have a finger in the pie**, être mêlé à l'affaire; être pour quelque chose dans l'affaire; y être pour quelque chose. *He has a f. in every pie*, il est mêlé à tout. *It is not for me to put my f. in the pie*, ce n'est pas à moi d'intervenir, de m'en mêler. **He is a Frenchman to the finger tips**, il est Français jusqu'au bout des ongles. *He's a gentleman to the f. tips*, c'est un parfait gentleman. **To have sth. at one's finger ends, at one's finger tips**, savoir qch. sur le bout du doigt. **He has the whole business at his fingers' ends**, il est au courant de toute l'affaire. *Mus: Passage requiring light fingers*, passage qui demande un doigté léger. *See also* BURN[2] I, BUTTER-FINGERS, COCK[3] I, FAIRY 2, FIVE-FINGER, ITCH[2] 2, LADY'S-FINGER, SHAKE[2] I. 1, SLIP[2] I. 1, SNAP[2] II. 2, STICK[2] II. 2, THUMB[1] 1, TWIST[2], WAG[2] 1, WORK[2] II. 1. (*b*) (*As measure, etc.*) **Finger of brandy**, doigt de cognac. **Finger of bread**, mouillette *f*. *Just a f. of bread!* un tout petit peu, un soupçon, de pain! *The dress is too short by the width of a f.*, la robe est trop courte d'un doigt, est d'un doigt trop courte. (*c*) Doigt (d'un gant). (*d*) *Coel: F:* **Dead man's fingers**, alcyon *m*. **2.** *Tchn:* (*a*) *Mec.E:* Doigt (de guidage); touche guidée. *See also* GUIDE-FINGER. *Iron f. of a ratchet wheel*, doigt métallique d'une roue à rochet. *El:* **Contact finger**, manette *f*, doigt, de contact. (*b*) Index *m* (d'un instrument à cadran, etc.); *A:* aiguille *f* (d'une horloge, etc.). (*c*) *pl. Typ:* Griffes *f* (d'une presse). (*d*) *Sm.a:* **Finger (piece) of a trigger**, queue *f* de détente. **3.** *Com:* **Bunch of bananas with two hundred fingers**, régime *m* de deux cents bananes.

'finger-alphabet, *s.* Alphabet *m* dactylologique; alphabet des sourds-muets.

'finger-biscuit, *s. Cu:* Biscuit à la cuiller; (*wafer*) langue-de-chat *f*, *pl.* langues-de-chat.

'finger-board, *s.* **1.** *Mus:* (*a*) Touche *f* (de violon, etc.). (*b*) Clavier *m* (de piano, etc.). **2.** Plaque indicatrice (de route).

'finger-bowl, *s.* Rince-doigts *m inv*, rince-bouche *m inv.*

'finger-fern, *s. Bot:* Cétérac(h) *m*.

'finger-glass, *s.* = FINGER-BOWL.

'finger-guard, *s.* Garde *f*. *Archeol:* Pas d'âne *m* (d'une épée).

'finger-hold, *s.* Prise *f* pour les doigts.

'finger-hole, *s. Mus:* Trou *m* (de flûte, etc.).

'finger-mark, *s.* Empreinte (digitale); maculation *f* du doigt.

'finger-marked, *a.* (Papier) maculé d'empreintes de doigts.

'finger-nail, *s.* Ongle *m* (de la main). *See also* MOURNING[2] 2.

'finger-nut, *s.* Écrou *m* à oreilles; (écrou) papillon *m*.

'finger-plate, *s.* Plaque *f* de propreté (d'une porte).

'finger-post, *s.* Poteau *m* indicateur.

'finger-print, *s. Adm:* Empreinte digitale. *F.-p. identification*, dactyloscopie *f*. *Examination of a prisoner's finger-prints*, examen *m* dactyloscopique d'un prévenu.

'finger-screw, *s.* Vis ailée; vis à oreilles.

'finger-stall, *s. Med:* Doigtier *m*. *Rubber f.-s.*, doigtier en caoutchouc.

'finger-stone, *s. Paleont:* Bélemnite *f*.

'finger-tip, *s.* Doigtier *m*. (d'archer, etc.).

'finger-work, *s. Mus:* Doigté *m*; exercices *mpl* de doigté.

finger[2], *v.tr.* **1.** Manier, toucher, tâter, palper; *F:* tripoter (qch.). **To finger sth. over**, promener ses doigts sur qch. *F:* **To finger s.o.'s money**, palper l'argent de qn. **2.** (*a*) **To finger the piano**, tapoter sur le piano. *To f. a guitar*, agacer les cordes d'une guitare. (*b*) *Mus:* Doigter (un morceau, un passage).

fingered, *a.* **1.** (*a*) (*Of pers.*) **Rosy-fingered**, aux doigts de rose. *See also* BUTTER-FINGERED, LIGHT-FINGERED, NIMBLE-FINGERED. (*b*) **Fingered glove**, gant *m* à doigts. **2.** *Bot:* (*Of leaf, etc.*) Digité; (*of fruit, root, etc.*) digitiforme. *See also* MANY-FINGERED.

fingering[1], *s.* **1.** (*a*) Maniement *m*. (*b*) Action *f* de palper, de tripoter, qch. **2.** *Mus:* Doigter *m*, doigté *m* (du piano, de l'orgue, etc.). *F. exercises*, exercices *m* de doigté. **Fingering chart (for flute, etc.)**, tablature *f*. *See also* CROSS-FINGERING.

fingering[2] ['fiŋgəriŋ], *s.* Grosse laine à tricoter les bas.

fingerling ['fiŋgərliŋ], *s.* **1.** *F:* Nain *m*; tom-pouce *m*, *pl.* tom-pouces. **2.** *Ich:* Saumoneau *m*, parr *m*.

finial ['finiəl], *s. Arch:* Fleuron *m*, épi *m* (de faîte); faîteau *m*.

finical ['finik(ə)l], **finikin** ['finikin], **finicking** ['finikiŋ], **finicky** ['finiki], *a.* (*Of pers., style, etc.*) Méticuleux, vétilleux; (*of picture, work, style*) trop léché; (*of style*) mièvre, précieux; (*of pers.*) fignoleur. *Work with too much f. detail*, travail trop poussé.

finicality [fini'kaliti], **finicalness** ['finiklnəs], *s.* Méticulosité *f*; maniaquerie *f*; (*of style*) mièvrerie *f*.

finick ['finik], *v.i. F:* Fignoler. *To f. over a job*, fignoler un travail.

finicky, *a.* = FINICAL.

finis ['fainis], *s.* (*At end of book, story*) Fin *f*.

finish[1] ['finiʃ], *s.* **1.** (*a*) Fin *f* (de la vie, d'une représentation, etc.). *Sp:* Arrivée *f* (d'une course); fin (d'un match). **To fight (it out) to a finish**, se battre à outrance, jusqu'à une décision; aller jusqu'au bout. *F: That was the f. of the scheme*, cela mit fin au projet. **That was the finish of him, of it**, ce fut la fin, le coup de grâce. *Ven:* **The finish**, la mise à mort (du renard). **To be in at**

the finish, (i) *Ven:* assister à la mise à mort; (ii) *Sp: Turf:* voir la fin de la course; assister à l'arrivée; (iii) *F:* voir la fin de l'aventure. *Row:* **Finish of the stroke,** le dégagé. (*b*) *Sp:* La ligne ou le poteau d'arrivée; l'arrivée. **2.** (*a*) Fini *m*, achevé *m* (d'un travail); finesse *f* de l'exécution (d'un travail, etc.). (*b*) Apprêt *m* (d'un drap, etc.).

finish[2]. **1.** *v.tr.* Finir. (*a*) Terminer, achever; mettre fin à (une histoire, une affaire, etc.); compléter, accomplir (un ouvrage, etc.). *To f. doing sth.*, achever, finir, de faire qch. **He had finished dressing,** il avait fini de s'habiller. *I haven't finished packing*, je n'ai pas fini de faire les malles. *I have finished correcting my batch of exercises*, mes copies sont finies de corriger. *He soon finished fastening the straps*, il a eu bientôt fait d'attacher les courroies. *As I was finishing my dinner* . . ., comme j'achevais de dîner. . . . **To finish off** *a piece of work*, mener un travail à terme. **To finish off a wounded beast,** expédier une bête blessée; donner le coup de grâce à une bête. *F:* **To finish s.o. off,** donner son reste à qn. *This last misfortune finished him* (*off*), ce dernier malheur l'a achevé, lui a coupé bras et jambes. *He's finished!* il est fini, achevé! *P:* il est flambé! *They finished* (*up*) *the beer*, ils ont bu ce qui restait de la bière. *F. up your soup!* finis ta soupe! *To f. up the evening at the theatre*, terminer, clore, la soirée au théâtre. *To f. one's military service*, terminer son service militaire. (*b*) Perfectionner, donner du fini à, parachever, parfaire (un ouvrage, son éducation, etc.); confirmer (un cheval). *Tex:* Apprêter (une étoffe). *Metalw:* Usiner (une pièce). **To finish off a picture,** donner le dernier coup de main à un tableau; mettre la dernière main à un tableau. *Needlew: To f.* (*off*) *a buttonhole* (*with a bar*), brider une boutonnière. **2.** *v.i.* Finir. (*a*) Cesser, se terminer, s'achever; prendre fin. **His engagement finishes this week,** son engagement prend fin cette semaine. *The storm has finished*, l'orage a cessé. *I shall be, have, finished before you are, have*, j'aurai fini avant vous. *The meeting finished in a brawl*, le meeting s'acheva, se termina, par des coups. (*b*) **To finish in a point,** se terminer, finir, en pointe. (*c*) **He finished by calling me a liar,** il finit par me traiter de menteur. *He finished by admitting I was right*, à la fin il me donna raison. *You will finish by breaking your neck*, vous allez finir par vous casser le cou. (*d*) **To have finished with sth.,** en avoir fini avec qch.; n'avoir plus besoin de qch. *F: I have finished with you!* tout est fini entre nous! *Have finished with this foolishness!* assez de ces bêtises! (*e*) *Wait till I've finished with him!* attendez que je lui aie réglé son compte! (*f*) **To finish fourth in a race,** terminer, finir, arriver, quatrième dans une course.

finished, *a.* **1.** (Article, etc.) fini, apprêté; (produit) ouvré. *Highly f. article*, article d'un beau fini. *Badly f. goods*, marchandises mal apprêtées. **Finished iron,** fer marchand. *Ind:* **Finished diameter** *of a shaft, etc.*, diamètre définitif d'un arbre de couche, etc. *See also* HALF-FINISHED. **2.** (*Of pers., appearance, execution, etc.*) Soigné, parfait. **A finished speaker,** un parfait orateur; un orateur accompli. *The f. gentleman*, le parfait gentleman; le gentleman accompli. **A finished portrait,** un portrait achevé. *Work translated with f. skill*, œuvre traduite avec un talent consommé.

finishing[1], *a.* Dernier; qui finit. *To give the finishing stroke*, porter le coup de grâce (*to*, à). *See also* TOUCH[1] 4.

finishing[2], *s.* **1.** Achèvement *m*, parachèvement *m* (d'une tâche, etc.). *Tchn:* Finissage *m*, achevage *m* (d'un article de commerce); apprêt *m*, apprêtage *m* (des tissus, du cuir, du papier). *See also* BORER 1. **2.** *Sp:* **Finishing line,** ligne *f* d'arrivée.

'finishing-bit, *s. Tls:* Alésoir *m*.

'finishing-rolls, *s.pl. Metall:* Laminoir *m* de finissage.

'finishing-school, *s.* École *f* d'arts d'agrément; école où l'on parachève l'éducation des jeunes filles.

'finishing-shop, *s. Ind:* Achevoir *m*.

'finishing-tool, *s. Metalw:* Achevoir *m*, plane *f*.

finisher ['finiʃər], *s.* **1.** *Ind:* (*Pers.*) Finisseur, -euse; apprêteur, -euse; repasseur, -euse; pareur, -euse; affineur, -euse. *Dressm:* Retoucheuse *f*. **2.** (Machine) finisseuse *f*. *Tex:* Carde *f* en fin. **3.** *F:* Coup *m* de grâce.

finite ['fainait]. **1.** *a.* (*a*) (*Of surface, nature, etc.*) Fini, limité, borné. *Mth: F. magnitude*, grandeur finie. (*b*) *Gram:* **Finite moods,** modes finis, définis. **Finite verb,** verbe *m* à un mode fini. **2.** *s.* **The finite and the infinite,** le fini et l'infini.

finiteness ['fainaitnəs], *s.* Nature limitée, caractère fini (d'une surface, etc.).

Finland ['finlənd]. *Pr.n. Geog:* La Finlande.

Finlander ['finləndər], **Finn** [fin], *s. Ethn: Geog:* Finlandais, -aise; Finnois, -oise.

finnan ['finən], *s. Cu:* **Finnan (haddock),** haddock fumé; finnan haddock.

finned [find], *a.* **1.** *Ich:* A nageoires. **2.** *I.C.E:* **Finned cylinder,** cylindre *m* à ailettes.

finner ['finər], *s. Z:* Baleinoptère *m*, rorqual *m*, -als.

Finnic ['finik], *a. Ethn:* Finnois.

Finnish ['finiʃ]. **1.** *a.* Finlandais. **2.** *s. Ling:* Le finnois.

Finno-ugrian, -ugric [fino'jugriən, -'jugrik], *a.* & *s. Ethn:* Finno-ougrien, -ienne.

finny ['fini], *a.* (*a*) A nageoires. *Lit.* & *F:* **The finny tribe,** les habitants *m* des eaux. (*b*) Qui a la forme d'une nageoire. (*c*) *Lit: A:* Où l'on aperçoit des nageoires; (océan) poissonneux.

Finsen ['finsən]. *Pr.n. Med:* **Finsen (light) treatment,** finsenthérapie *f*.

fiord [fjɔːrd], *s. Ph.Geog:* Fiord *m*, fjord *m*.

fiorin ['faiorin], *s. Bot:* Fiorin *m*, traînasse *f*; agrostide traçante.

fiorite [fi'ɔːrait], *s. Miner:* (Opale) fiorite *f*.

fioritura, *pl.* **-e** [fioːri'tuːra, -e], *s. Mus:* Fioriture *f*.

fir [fəːr], *s.* **1.** *Bot:* Fir(-tree), sapin *m*. **Silver fir,** sapin blanc, argenté, pectiné. **Silver fir of Canada, balsam fir,** sapin baumier. **Douglas fir, red fir,** sapin de Douglas. **Scotch fir, Scots fir, common fir,** pin *m* sylvestre; pin rouge; pin d'Écosse; sapin du nord. *U.S:* **Yellow fir,** sapin du Canada. **Fir plantation,** sapinière *f*. *See also* HEMLOCK 2, SPRUCE[3]. **2.** *Com:* (Bois *m* de) sapin; (bois de) pin. *Carp: etc:* **Fir plank,** planche *f* de sapin, de pin.

'fir-cone, *s. Bot:* Pomme *f*, cône *m*, de sapin; pigne *f*.

fire[1] ['faiər], *s.* **1.** Feu *m*. (*a*) (*Element*) **To make fire,** faire du feu. **I would go through fire and water to serve him,** je me mettrais au feu, je me mettrais, jetterais, dans le feu, je me mettrais en quatre, pour le servir. **He has gone through the fire,** il en a vu de dures. **He has gone through the fire(s) of adversity,** il s'est retrempé dans l'adversité. *Theol:* **The eternal fire,** les flammes éternelles. *See also* LIQUID 1, PLAY[2] I. 3, SMOKE[1] 1. (*b*) **To light, make, a fire,** faire du feu. **To light a wood fire,** allumer un feu de bois. **To lay a fire,** préparer le feu. *To make up the f.*, charger, arranger, le feu. *To throw sth. into the f.*, jeter qch. au feu. **To cook sth. on a slow fire,** faire cuire qch. à petit feu, à feu doux. *F:* **To pull the chestnuts out of the fire for s.o.,** tirer les marrons du feu pour qn. (*Of cooking utensils, etc.*) **To stand the fire,** aller au feu. *To read a book over the f.*, lire un livre au coin du feu. *F:* **To keep the fire warm,** garder les tisons. *Before a rousing, a roaring, f.*, devant une belle flambée. *To have a wood f. in a room*, chauffer une salle au bois. **Electric fire,** radiateur *m* électrique. *See also* GAS-FIRE. **Blacksmith's fire,** feu de forge. *F. of a locomotive*, feu, foyer *m*, d'une locomotive. *Ch: Metall:* **Oxidizing fire,** feu oxydant. **Reducing fire,** feu de réduction. *See also* BURNT 1, COAL[1] 1, FAT[2] 1, FRYING-PAN, IRON[1] 3. (*c*) Incendie *m*, sinistre *m*. *Pit f., underground f.*, incendie de mine. *See also* GOB-FIRE. *To cause, start, a f.*, provoquer un incendie. *The sufferers from the f.*, les incendiés, les sinistrés. *House that has suffered f.*, maison sinistrée. *We've had a f.*, le feu s'est mis chez nous; nous avons eu un incendie. *An outbreak of f. took place*, un incendie a eu lieu, s'est déclaré. **Fire!** (i) au feu! (ii) *Min:* gare la mine! **To catch, take, fire,** prendre feu, s'enflammer, s'allumer. *To catch f. again*, se renflammer. *The building, our house, caught f.*, le feu s'est mis à l'édifice, chez nous. *Her dress caught f.*, le feu a pris à sa robe. **To set fire to sth., to set sth. on fire,** mettre le feu à, enflammer, embraser, allumer, qch.; incendier (une maison). *The shell set the forecastle on f.*, l'obus provoqua un incendie à l'avant. *U.S: The fire was set by a striker*, l'incendie a été provoqué par un gréviste. *See also* THAMES. **On fire,** en feu, en flammes. *A forest on f.*, une forêt embrasée. *A ship on f.*, un incendie sur mer. *A chimney on f.*, un feu de cheminée. *The house, ship, is on f.*, la maison, le navire, brûle. *F:* **To get on like a house on fire,** avancer à pas de géant; (*of work, etc.*) marcher rondement. *To save sth. from the f.*, arracher qch. au feu. *F:* **To add fuel to the fire,** jeter de l'huile sur le feu; alimenter la querelle. **By, with, fire and sword,** par le feu et la flamme; par le fer et par le feu. **To put a country, a town, to fire and sword,** porter le feu et la flamme dans un pays; mettre une ville à feu et à sang. *Prov:* **One fire drives out another's burning,** un clou chasse l'autre. *I.C.E:* **Fire in the carburettor,** inflammation *f* du carburateur. *U.S:* **Fire lines,** cordon *m* (de police) autour d'un incendie. *See also* HYDRANT. (*d*) **Blue fire,** (i) feu de Bengale; (ii) *F:* gros effets (de théâtre, etc.). **Greek fire, wild fire,** feu grégeois. (*e*) Lumière *f*, éclat *m*. *The f. of a diamond*, les feux d'un diamant. *Nau:* **St Elmo's fire, dead-fire,** feu de Saint-Elme. **2.** *Aut:* Allumage *m*. **Miss fire** = MISFIRE[2] (*b*). *See also* BACK-FIRE[1]. **3.** *Med:* Fièvre *f*, inflammation *f*. *See also* ANTHONY. **4.** *F:* Ardeur *f*, enthousiasme *m*, zèle *m*. *The f. of youth*, la chaleur, l'enthousiasme, de la jeunesse. *His heart is on f.*, *Lit:* son cœur est un brasier. *Th:* **To act with fire,** brûler les planches. *Lit:* **To be filled with the sacred fire,** avoir le feu sacré. **5.** *Mil: etc:* Feu, tir *m*; coups *mpl* de feu. **Individual fire, fire at will,** tir à volonté. *Oblique f.*, feu d'écharpe. *Navy: Bow f.*, tir en chasse. *Astern f.*, feu de retraite. *See also* BREACHING-FIRE, CROSS-FIRE, CURTAIN-FIRE, FIELD[1] 5, GUN-FIRE, LINE[2] 3, OVERBANK, PERCUSSION-FIRE, SHELL-FIRE. **To open fire,** ouvrir le feu; commencer, déclencher, le feu. **To cease fire,** cesser le feu. *F:* **Rapid, brisk, fire of questions,** feu roulant de questions. *To put a rapid f. of questions to s.o.*, bombarder qn de questions. **To be under fire,** essuyer le feu. *Under the enemy's f.*, sous le feu de l'ennemi. *We are under f.*, on tire sur nous. *To come under the f. of the enemy*, essuyer le feu de l'ennemi. *He had never yet been under f.*, il n'avait encore jamais vu le feu. *To be steady under f.*, être ferme au feu; *F:* être bon cheval de trompette. **To be between two fires,** être pris entre deux feux. *See also* HANG[2] I. 5.

'fire-alarm, *s.* (Appareil) avertisseur *m* d'incendie, signal *m* d'incendie.

'fire-apparatus, *s.* Appareil *m* à combattre l'incendie; matériel *m* d'incendie.

'fire-arm, *s.* Arme *f* à feu.

'fire-back, *s.* **1.** Plaque *f* de cheminée; contre-feu *m*. **2.** *Orn:* Houppifère *m* ignicolore.

'fire-ball, *s.* **1.** *Meteor:* (*a*) Aérolithe *m*, bolide *m*. (*b*) Éclair *m* en boule, globe *m* de feu, globe fulminant. **2.** *Mil: Pyr:* Balle *f*, pot *m*, à feu; pot d'artifice; carcasse *f*; bombe flamboyante.

'fire-balloon, *s. Aer:* Montgolfière *f*.

'fire-bar, *s.* Barreau *m* de grille (de foyer).

'fire-basket, *s.* Brasier *m*, brasero *m*.

'fire-beetle, *s. Ent: U.S:* Pyrophore *m*; mouche *f* de feu.

'fire-belt, *s.* Pare-feu *m inv* (dans une forêt).

'fire-bird, *s. Orn:* Loriot *m* d'Amérique.

'fire-bote, *s. Jur: A:* Affouage *m*, afforestage *m*. *To grant s.o. the privilege of f.-b.*, afforester qn.

'fire-box, *s.* Foyer *m*, boîte *f* à feu, chambre *f* de combustion (d'une chaudière, d'une locomotive).

'fire-boy, *s. Rail: U.S:* Chauffeur *m* (de locomotive).

'fire-brand, *s.* **1.** Tison *m*, brandon *m*. **2.** (*Pers.*) *F:* Brandon de discorde; tison, torche *f*, de discorde; boutefeu *m*; brûlot *m* (d'un parti).

'fire-break, *s. For: U.S:* Tranchée *f* ou sentier *m* garde-feu *inv*; pare-feu *m inv.*
'fire-brick, *s.* Brique *f* réfractaire.
'fire-bridge, *s. Mch: Metall:* Autel *m.*
'fire-brigade, *s.* (Corps *m* de) sapeurs-pompiers *mpl*; *F:* les pompiers.
'fire-bucket, *s.* Seau *m* à incendie.
'fire-bug, *s. U.S:* **1.** *Ent:* Ver luisant. **2.** Incendiaire *mf.*
'fire-chief, *s.* Chef *m* des pompiers.
'fire-clay, *s.* Argile *f* réfractaire, apyre; terre *f* réfractaire; terre à poêle; terre à pipe. *Plug of f.-c.,* tampon *m* réfractaire.
'fire-control, *s. Navy:* Direction *f* du tir.
'fire-crack, *s. Metall:* Crique *f*, criqûre *f*, de recuit; tapure *f* de chauffage.
'fire-damp, *s. Min:* (Feu) grisou *m*; méthane *m*; mofette *f* inflammable. **Fire-damp indicator, detector or warner,** grisoumètre *m*; détecteur *m* de grisou. **Fire-damp effluvia,** effluves grisouteux. **Fire-damp testing,** mesures *f* grisoumétriques. *See also* EXPLOSION 1.
'fire-department, *s.* **1.** Branche *f* assurance-incendie (d'une compagnie d'assurances). **2.** *U.S:* = FIRE-BRIGADE.
'fire-dog, *s. Furn:* Chenet *m*, chevrette *f*; (*large*) landier *m.*
'fire-door, *s. Mch: etc:* Porte *f* de foyer, de chargement, de chauffe; gueule *f*; (*of reverberating furnace*) taquerie *f.*
'fire-drill, *s.* Exercices *mpl* de sauvetage.
'fire-eater, *s.* **1.** (Saltimbanque, etc.) avaleur *m* de feu. **2.** *F:* (*a*) Batailleur *m*, exalté *m*; brandon *m* de discorde. (*b*) *U.S:* Tranche-montagne *m*, *pl.* tranche-montagnes; matamore *m*; avaleur de gens. **3.** *U.S.Hist: F:* Sudiste *m.*
'fire-emitting, *a.* (Volcan *m*) ignivome.
'fire-engine, *s.* Pompe *f* à incendie.
'fire-escape, *s.* Échelle *f* de sauvetage; échelle à incendie; engin *m* de sauvetage.
'fire-extinguisher, *s.* (*Device*) Extincteur *m* d'incendie. *Hand f.-e.,* grenade extinctrice; grenade ignifuge. *Trigger-type f.-e.,* pistolet extincteur.
'fire-fan, *s.* Éventoir *m* (pour activer le charbon de bois).
'fire-fighter, *s. U.S:* = FIREMAN 2.
'fire-fighting, *s.* Lutte *f* contre l'incendie; précautions *fpl* contre l'incendie; service *m* d'incendie.
'fire-flair, *s. Ich:* Pastenague *f.*
'fire-float, *s.* Ponton *m* d'incendie; bateau-pompe *m*, *pl.* bateaux-pompes.
'fire-fly, *s. Ent:* Luciole *f*, lampyre *m*, phosphène *m*; *F:* mouche *f* à feu.
'fire-gang, *s.* Bande *f* d'incendiaires.
'fire-guard, *s.* **1.** Pare-étincelles *m inv*; garde-feu *m inv.* **2.** (*Pers.*) *U.S:* Garde-feu *m* (de forêt), *pl.* gardes-feu.
'fire-hole, *s.* = FIRE-DOOR.
'fire-hook, *s.* **1.** = FIRE-RAKE. **2.** Crochet *m* à incendie.
'fire-hose, *s.* Tuyau *m* de pompe à incendie; manche *f* à feu; manche d'incendie; boyau *m.*
'fire-insurance, *s.* Assurance *f* contre l'incendie; assurance-incendie *f*, *pl.* assurances-incendie. *F.-i. policy,* police *f* d'assurance contre l'incendie.
'fire-iron, *s.* **1.** Ringard *m* (de fourneau). **2.** *pl.* **Fire-irons,** garniture *f* de foyer.
'fire-ladder, *s.* Échelle *f* à incendie.
'fire-light, *s.* Lumière *f* du feu. *By, in, the f.-l.,* à la lumière du feu.
'fire-lighter, *s. Dom.Ec:* Allume-feu *m inv.*
'fire-line, *s. For:* Tranchée *f* garde-feu, *pl.* tranchées garde-feu.
'fire-marble, *s. Miner:* Lumachelle *f.*
'fire-office, *s.* Bureau *m* d'assurance contre l'incendie.
'fire-opal, *s. Miner:* Opale *f* de feu, à flammes; girasol *m.*
'fire-pan, *s.* Brasier *m*, brasero *m.*
'fire-place, *s.* Cheminée *f*, âtre *m*, foyer *m.*
'fire-plug, *s.* Prise *f* d'eau; bouche *f* d'eau; bouche d'incendie.
'fire-policy, *s.* Police *f* d'assurance contre l'incendie; police-incendie *f*, *pl.* polices-incendie.
'fire-proof[1], *a.* (*a*) Incombustible, imbrûlable, ininflammable, ignifuge, à l'épreuve du feu. *F.-p. material,* ignifuge *m*; matière ignifugée. *F.-p. vault,* salle blindée. *F.-p. partition, door,* paroi *f*, porte *f*, à revêtement calorifuge. *To make a door, etc., f.-p.,* ignifuger une porte, etc. *Cin: F.-p. spool-box,* boîte *f* pare-feu *inv. See also* CURTAIN[1] 2. (*b*) *Cer:* Réfractaire, apyre. *F.-p. dish,* plat *m* allant au feu, allant au four.
'fire-proof[2], *v.tr.* Ignifuger (un tissu, etc.); rendre (qch.) ininflammable.
fire-proofing[1], *a.* Ignifugeant.
fire-proofing[2], *s.* Ignifugation *f*, incombustibilisation *f* (de tissus, etc.). *F.-p. material,* ignifuge *m.*
'fire-protection, *s.* Protection *f* contre l'incendie. *F.-p. organization,* service *m* d'incendie.
'fire-quarters, *s.pl. Nau:* Postes *m* d'incendie.
'fire-raiser, *s.* Incendiaire *mf.*
'fire-raising, *s. Jur:* Incendie *m* volontaire, par malveillance.
'fire-rake, *s. Mch: etc:* Pique-feu *m inv*, rouable *m*, râble *m*, attisoir *m*, attisonnoir *m.*
'fire-ranger, *s.* (*In Canada*) = FIRE-GUARD 2.
'fire-resisting, *a.* **1.** Ignifuge. **2.** *Cer:* Réfractaire.
'fire-risk, *s.* **1.** Risque *m*, danger *m*, d'incendie. **2.** *Ins:* (*a*) Risque d'assurance-incendie. (*b*) Chose assurée contre l'incendie.
'fire-screen, *s.* **1.** (*a*) Écran *m*; devant *m* de cheminée. (*b*) Écran ignifuge. **2.** = FIRE-GUARD 1.
'fire-ship, *s.* **1.** Brûlot *m.* **2.** *P:* (*Of prostitute*) Femme poivrée.
'fire-station, *s.* Poste *m* d'incendie, de (sapeurs-)pompiers; caserne *f* de pompiers.
'fire-step, *s. Mil:* Banquette *f* de tir; gradin *m* de tir; *F:* genouillère *f* (d'une tranchée).
'fire-stop, *s.* = FIRE-BRIDGE.
'fire-tile, *s. Cer:* Tuile *f* réfractaire.
'fire-trace, *s.* = FIRE-LINE.
'fire-trap, *s. F:* Édifice *m* dont les issues sont insuffisantes en cas d'incendie.
'fire-trench, *s. Mil:* Tranchée *f* de première ligne, de tir.
'fire-tube, *s. Mch:* Tube *m* de, à, fumée; tube de chaudière. **Fire-tube boiler,** chaudière *f* ignitubulaire.
'fire-walker, *s.* Fakir *m* qui marche sur des charbons ardents.
'fire-warden, *s. U.S:* Fonctionnaire chargé de la protection des forêts contre l'incendie.
'fire-water, *s. U.S: F:* Whisky *m.*
'fire-well, *s. Geol:* Fontaine ardente.
'fire-wood, *s.* Bois *m* de chauffage; bois à brûler. *Bundle of f.-w.,* margotin *m*, fagot *m.*
'fire-worship, *s. Anthr:* Culte *m* du feu; pyrolâtrie *f.*
'fire-worshipper, *s. Anthr:* Adorateur, -trice, du feu; ignicole *mf*, pyrolâtre *mf.*
'fire-worshipping, *a.* Ignicole, pyrolâtre.

fire[2], *v.* I. *v.tr.* **1.** (*a*) Mettre feu à, embraser (qch.). (*b*) Mettre le feu à, incendier (une maison, etc.). (*c*) Animer, exciter, enthousiasmer, *F:* emballer (qn); enflammer (les passions, le courage, etc.); embraser, allumer (l'imagination). *Enthusiasm fired all hearts,* l'enthousiasme embrasait tous les cœurs. *He fired me with his enthusiasm,* il m'a communiqué son enthousiasme. *To be fired with enthusiasm for sth.,* brûler d'enthousiasme, de zèle, pour qch. *The zeal that fires him,* le zèle qui l'embrase. **2.** (*a*) Cuire (de la poterie, des briques, etc.). (*b*) *Farr:* Cautériser (un cheval). (*c*) Exposer au feu (qch. d'humide). **3.** *Mch: etc:* Chauffer, charger (une locomotive, un four, etc.); mettre (une chaudière) en feu. **Externally fired boiler,** chaudière à chauffage extérieur. **Hand fired,** (foyer de chaudière, etc.) chargé à la main. **4.** (*a*) **To fire a blast, a mine,** allumer, mettre le feu à, un fourneau de mine; faire jouer la mine; faire exploser une mine. *I.C.E:* **To fire the mixture,** enflammer le mélange (gazeux). (*b*) **To fire a rocket, a torpedo,** lancer une fusée, une torpille. (*c*) *Abs.* **To fire at, on, s.o., sth.,** tirer sur qn, qch.; canonner (un navire, etc.). *To f. at s.o. with a revolver,* tirer un coup de revolver à qn. *To f. a gun at s.o.,* lâcher un coup de fusil à qn. *F:* **To fire a question at s.o.,** poser à qn une question à brûle-pourpoint. **To fire (off)** *a gun,* décharger, faire partir, un canon; tirer un coup de canon; faire feu d'une pièce. (*With passive force*) **Guns were firing,** on tirait le canon. *Without firing a shot,* sans tirer un coup de feu; sans brûler une amorce; *F:* sans coup férir. *We were fired on,* nous avons reçu des coups de feu. *To f. standing,* tirer à bras francs. *To f. direct,* tirer de but en blanc. *To f. a salute,* tirer une salve. *See also* PARAPET. (*d*) **To fire the church bells,** faire sonner simultanément toutes les cloches du carillon. (*e*) *Phot:* Déclancher (l'obturateur). **To fire off at sth.,** prendre un instantané de qch. **5.** *F:* Renvoyer, congédier, saquer, mettre à la porte, *F:* flanquer à la porte, donner son exeat à (un employé, etc.); balancer (un fonctionnaire); faire sauter (un préfet, un ambassadeur).

II. **fire,** *v.i.* **1.** *A. & Lit:* Prendre feu, s'enflammer, s'allumer. **2.** (*a*) (*Of shot*) Partir. *The revolver failed to f.,* le revolver fit long feu. (*b*) *I.C.E:* (*Of mixture*) Exploser. *The engine fires evenly,* le moteur tourne régulièrement. *Engine firing badly,* moteur *m* qui donne mal. *The engine is only firing on three cylinders,* il n'y a que trois cylindres qui fonctionnent, qui donnent; *F:* le moteur marche sur trois pattes. *The sparking-plugs don't f.,* l'étincelle ne se produit pas. *See also* BACK-FIRE[2].

fire away, *v.tr.* **1.** Gaspiller (ses munitions). **2.** *Abs. F:* **Fire away!** allez-y! commencez! dites toujours! allez, racontez! *F. away with your compliments,* allez-y de vos compliments.

fire off, *v.tr.* **1.** Tirer, faire partir (trois coups de fusil, etc.). *The colonel fired off the first shot,* le colonel a tiré la première balle. **2.** *F:* **To fire off a question at s.o.,** poser à qn une question à brûle-pourpoint. *To f. off an epigram,* décocher une épigramme. *To f. off jests,* lancer des plaisanteries (*at s.o.,* à l'adresse de qn).

fire up. **1.** *v.i. F:* (*Of pers.*) S'emporter. *To f. up in a moment,* monter comme une soupe au lait. *He fired up in a moment,* il s'est emballé tout de suite. *He fires up for the least thing,* il prend feu pour la moindre chose. **2.** *v.tr. Mch: etc:* (*a*) Allumer (le foyer); mettre (une chaudière, un haut fourneau) en feu. (*b*) *Abs.* Activer la chauffe; chauffer.

firing, *s.* **1.** (*a*) *Brickm: Cer: etc:* Cuite *f*, cuisson *f* (des briques, de la poterie, etc.). (*b*) *Vet:* Cautérisation *f* (d'un cheval). *See also* IRON[1] 3. **2.** Chauffage *m*, chauffe *f*, chargement *m*, mise *f* en feu (d'un four, d'une locomotive, etc.). *Mch:* **Coal-firing,** chauffe au charbon. **Oil-firing,** chauffe au mazout. **Hand firing,** chargement à la main. *Control of the f.,* conduite *f* des feux. **3.** (*a*) *Min:* Allumage *m*, mise à feu (d'un coup de mine). **Hand firing,** allumage à la main. *See also* VOLLEY-FIRING 2. (*b*) *I.C.E:* Allumage. **Order of firing,** rythme *m* d'allumage. *Erratic f., irregular f.,* irrégularités *fpl* de fonctionnement du moteur; ratés *mpl* d'allumage. (*c*) *Mil: etc:* Tir *m*, feu *m*, fusillade *f*. **Ball firing,** tir à balle. **Class firing,** tir de groupe. *Independent f.,* feu à volonté. *Wild or aimless f.,* tiraillerie *f*. *Well-grouped f.,* tir précis, groupé. *Artil: Barrage f.,* tir de barrage. *Navy: Broadside f.,* feu de bordée. *Calibration f.,* tir d'accord. *Battle-practice f.,* tir de combat. *See also* LINE-FIRING, VOLLEY-FIRING 1. *Artil:* **To return a gun to the firing position,** remettre une pièce en batterie. (*Of gun*) *To return to f. position,* rentrer en batterie. *To concentrate the f.,* concentrer le tir. **Firing-line,** (i) chaîne *f* de combat; (ii) ligne *f* de feu. **Firing party, platoon, squad,** peloton *m* d'exécution. *See also* PISTOL[1] 2. **4.** Combustible *m*. *To gather f.,* ramasser du bois (mort), du petit bois. *Bundle of f.,* margotin *m*, fagot *m*.

'firing glass, *s.* Verre *m* (à boire) à fond renforcé (pour bans).

'firing-key, *s. Artil:* Détente *f.*

'firing-pin, *s.* Percuteur *m* (de mitrailleuse); pointe percutante; aiguille *f* de fusil.

'firing-step, *s.* = FIRE-STEP.

'firing-tools, *s.pl. Ind:* Tisonniers *m.*

fireless ['faiərləs], *a.* Sans feu. *Mch:* **Fireless locomotive,** locomotive sans foyer, sans feu, à provision de vapeur, à vapeur emmagasinée. *Dom.Ec:* **Fireless cooker,** marmite norvégienne.

firelock ['faiərlɔk], *s. Sm.a: A:* Mousquet *m* à rouet; fusil *m* à pierre.

fireman, *pl.* **-men** ['faiərmən, -men], *s.m.* **1.** (*a*) Chauffeur (d'une machine à vapeur, etc.). **Assistant-fireman,** aide-chauffeur, *pl.* aides-chauffeurs. (*b*) Cuiseur (de poterie, de briques, etc.). **2.** (Sapeur-)pompier. **3.** *Min:* Chercheur de grisou.

firer ['faiərər], *s.* **1.** *Min: etc:* (*Device*) Exploseur *m*, déflagrateur *m*, boutefeu *m*. **2.** *Sm.a:* **Single-firer, double-firer,** fusil à un, deux, coups.

fireside [faiər'said], *s.* Cheminée *f*, foyer *m*; coin *m* du feu. *Seated by the f., round the f.*, assis au coin du feu, autour de la cheminée, autour du foyer. **Fireside chair,** chaise *f* de coin du feu; (fauteuil *m*) coin de feu; chauffeuse *f*. **Fireside tales,** contes narrés au coin du feu; contes du foyer.

firework ['faiərwə:rk], *s.* **1.** Pièce *f* d'artifice. **A spent firework,** (i) une pièce d'artifice qui a brûlé; (ii) un homme qui n'a plus rien dans son sac, qui n'a plus d'influence, plus de moyens, ou qui n'est plus à craindre. **2.** *pl.* **Fireworks.** (*a*) Feu *m* d'artifice. **Grand display of fireworks,** grand feu d'artifice. **To let off fireworks,** (i) tirer un feu d'artifice; (ii) *F:* faire des discours à grand effet où il n'y a rien de solide. *His speech was all fireworks*, son discours n'a été qu'un feu d'artifice. *P:* **To knock fireworks out of s.o.,** faire voir trente-six chandelles à qn. (*b*) *U.S: P:* Coups *m* de feu (dans une bagarre).

'firework-maker, *s.* Artificier *m.*

firkin ['fə:rkin], *s.* **1.** Tonnelet *m*, barillet *m* (pour beurre, poisson, ou liquides); tinette *f* (pour beurre). **2.** Mesure *f* de capacité de 8 à 9 "*gallons*"; *approx.* = quartaut *m*.

firm[1] [fə:rm], *s. Com:* **1.** Raison sociale, nom social; firme *f*. **2.** Maison (sociale, de commerce), société commerciale; société en nom collectif; firme. *Name, style, of the f.*, nom social; raison sociale. *The f.'s capital*, le capital social. *F. of solicitors*, association *f* d'agents d'affaires; bureau *m* d'affaires. *F:* **Long firm,** bande noire; carambouilleurs *mpl.*

firm[2], *a.* Ferme. **1.** (*Of substance, flesh, etc.*) Consistant, compact; (*of post, nail, rock, etc.*) solide, fixe, stable; (*of touch, tread, etc.*) vigoureux, assuré. *A f. jelly*, une gelée ferme. *F. material*, étoffe *f* qui a de la tenue. **As firm as a rock,** inébranlable. **To take a firm hold of sth.,** saisir qch. d'une main ferme. **To rule with a firm hand,** gouverner d'une main ferme. *To walk with a f. tread*, marcher d'un pas assuré. *See also* STAND[1] 1. **2.** (*Of law, etc.*) Immuable, établi; (*of friendship, etc.*) constant, inaltérable; (*of intention, etc.*) résolu, déterminé; (*of person, character, tone, etc.*) décidé, résolu. **Firm chin,** menton *m* qui dénote la fermeté; menton volontaire. **To be firm as to sth.,** tenir bon sur qch. *To be very f. in upholding one's authority*, être très ferme à maintenir son autorité. **To have a firm belief that . . .,** être fermement convaincu que. . . . *To put on a f. countenance*, assurer son visage. **3.** *Com: Fin:* (*Of market, offer, sale*) Ferme; (*of contango rates*) tendu. *These shares remain firm at . . .*, ces actions se maintiennent à. . . . *St.Exch:* **Firm stock,** valeur ferme, tenue. **4.** *adv.* **To stand firm,** tenir bon; tenir ferme; tenir pied. *Table that stands f.*, table *f* qui pose bien sur ses pieds. **To stand firm as to sth.,** tenir bon sur qch. **To hold firm to sth.,** se retenir solidement à qch. **To hold sth. firm,** tenir, maintenir, solidement qch. **-ly,** *adv.* **1.** Fermement, solidement. *To lay a stone f.*, poser une pierre carrément. *To hold the reins f.*, tenir les rênes d'une main ferme. *I f. believe that . . .*, je suis fermement convaincu que . . .; j'ai la ferme conviction que. . . . *He f. believes that . . ., F:* il croit dur comme fer que. . . . *To tread f.*, marcher d'un pas assuré. **To build firmly,** bâtir solidement; *F:* bâtir à chaux et à sable, à chaux et à ciment. **2.** D'un ton ferme.

firm[3]. **1.** *v.tr.* **To firm up** *a post*, raffermir un poteau. **2.** *v.i.* (*Of prices*) **To firm up,** se raffermir.

firming-up, *s.* Raffermissement *m* (des prix).

firmament ['fə:rməmənt], *s.* Firmament *m.*

firman ['fə:rmən], *s. Turkish Adm:* Firman *m* (ordre *m*, permission *f* de trafiquer, ou passeport *m*).

firmer ['fə:rmər], *s. Tls:* **Firmer(-chisel),** ciseau *m* à biseau; fermoir *m*, queue-de-renard *f*. **Firmer-gouge,** ciseau à gouge.

firmness ['fə:rmnəs], *s.* Fermeté *f*; consistance *f*, solidité *f* (d'une substance); stabilité *f* (d'une table, des idées, etc.); force *f* (de caractère, etc.); constance *f* (d'une amitié). *Com: Fin: F. of stocks, etc.*, fermeté, raffermissement *m*, tenue *f* (des valeurs, etc.).

firn [fə:rn], *s.* Névé *m.*

first [fə:rst]. I. *a.* **1.** Premier. (*a*) (*In time, order*) *The f.* (*day*) *of the month*, le premier (jour) du mois. *The f. of the year*, (i) le premier janvier; (ii) *U.S:* le commencement de l'année. *The f. of April*, le premier avril. *F:* **The First,** le premier septembre (ouverture de la chasse aux perdrix). **The first three years,** les trois premières années. *The f. two acts*, les deux premiers actes. **The first house but one,** la deuxième maison. *The f. steps in his career*, son entrée *f* dans la carrière; ses débuts *m*. **To live on the first floor,** (i) demeurer au premier (étage); (ii) *U.S:* demeurer au rez-de-chaussée. **Charles the First,** Charles Premier. **At first sight, at the first blush, at the first go-off,** de prime abord; dès l'abord; à l'abord; au premier abord; à première vue. *I shall look in* **at the first opportunity,** *F: I shall look in* **the first chance I get,** je passerai chez vous au premier jour. *I shall do as much for you at the f. opportunity*, j'en ferai autant pour vous à la prochaine occasion. *I shall pay you on the f. opportunity*, je vous payerai au premier jour. **In the first place,** d'abord, en premier lieu. *To succeed the very f. time*, réussir du premier coup. *To wear a new dress for the f. time*, étrenner une robe. *It was my f. flight, my f. experience under fire*, c'était mon baptême de l'air, du feu. **To fall head first,** tomber la tête la première. **To be the first (person) to do sth.,** être le premier à faire qch. *To be the f. to hear a piece of news*, avoir la primeur d'une nouvelle. *To come out f.*, passer, être, le premier (dans un examen). *F:* **First thing,** en tout premier lieu; **sans tarder;** tout de suite. *I shall do it f. thing*, je vais m'y mettre tout de suite. *You shall have it to-morrow f. thing*, vous l'aurez demain à la première heure. *I'll see to it f. thing to-morrow*, je m'en occuperai avant toute autre chose demain. *I'll do it to-morrow f. thing*, je le ferai dès demain matin. *See also* MORNING 1. *Wine from the f. pressing*, vin *m* de la mère goutte. *Const:* **First step,** marche *f* de départ (d'un escalier). *Min:* **First working,** (travaux *mpl* de) traçage *m*. *Sch:* **First form,** *approx.* = (classe *f* de) sixième *f*. *Th:* **First night, first performance,** première *f*. *F. tier*, premier balcon. **First tier boxes,** loges *f* de premier balcon, de premier rang. *Typ:* **First edition,** édition princeps, édition originale. *Aut:* **First speed,** première vitesse. **To climb in first (speed),** monter en première. *Box:* **First round,** round initial. *See also* ATTEMPT[1] 1, BLUSH[1] 1, COST[1] 1, COUSIN, FLUSH[3] 3, GO-OFF, IMPULSE 2, OFFENDER, SIGHT[1] 1, WORD[1] 1, YOUTH 1. (*b*) (*In importance, rank*) *Rail: etc:* **To travel first class,** voyager en première classe. **First Lord of the Admiralty,** = Ministre *m* de la Marine. **First lieutenant,** lieutenant *m* en premier. **First engineer,** maître-mécanicien *m*, *pl.* maîtres-mécaniciens. *U.S:* **First lady,** la femme du Président. *Article of f. quality*, article *m* de premier choix. **To put first things first,** mettre en avant les choses essentielles, les choses de première importance. *See also* IMPORTANCE, WATER[1] 5. (*c*) *To have got news* **at first hand,** tenir une nouvelle de première main, d'original. *To buy sth. at f. hand*, acheter qch. de première main. **2.** Unième. **Twenty-, thirty-first,** vingt et unième, trente et unième. **Seventy-first,** soixante et onzième. **Eighty-first,** quatre-vingt-unième. **Ninety-first,** quatre-vingt-onzième. **One hundred and first,** cent unième. **-ly,** *adv.* Premièrement, en premier lieu.

II. **first,** *s.* **1.** (Le) premier, (la) première. *We were the very f. to arrive*, nous sommes arrivés les tout premiers, tout les premiers. *He was among the very f.*, il est arrivé tout des premiers. *The f. to arrive was Mrs X*, la première à venir, la première arrivée, fut Mme X. *Sp: etc:* **To come in an easy first,** arriver bon premier. *Sch:* **To obtain a first,** passer avec la mention "très bien"; être rangé dans la première liste. *F:* **To get a double first,** être rangé dans la première classe dans chacune des deux parties de l'examen. **2.** Commencement *m*. *From f. to last*, du commencement jusqu'à la fin; depuis le début jusqu'à la fin. **From the first,** dès le premier jour. *I have distrusted him from the f.*, je me suis défié de lui dès l'abord, dès le premier jour. **At first,** au commencement; d'abord. *I come back to what I said at f.*, j'en reviens à mon début. **3.** (*a*) *pl.* **Firsts.** *Com:* Articles *m*, produits *m*, de première qualité; produits de surchoix. (*b*) *Fin:* **First of exchange,** première, primata *m*, de change. **4.** *F:* (= *first class*) **I always travel first,** je voyage toujours en première.

III. **first,** *adv.* **1.** Premièrement, au commencement, au début, d'abord. **First of all,** *F:* **first and foremost,** pour commencer; au préalable; en premier lieu; auparavant; tout d'abord; avant tout; avant toute autre chose; surtout et avant tout. *F. of all, I must tell you that . . .*, pour commencer, je dois vous dire que. . . . *U.S:* **First off,** au premier abord, de prime abord. **First and last,** en tout et pour tout. *You will have to do it* **first or last,** que vous tardiez ou non il faudra bien que vous y veniez; tôt ou tard il faudra en venir là. **To say first one thing and then another,** *F:* dire tantôt blanc tantôt noir. **First forget that . . .,** commencez par oublier que. . . . *When he f. went to war*, au début de ses campagnes. *When he f. grew up*, au sortir de l'enfance. **2.** Pour la première fois. *When did you f. see him?* quand l'avez-vous vu pour la première fois? **3.** Plutôt. **I'd die first,** plutôt mourir. *F:* **I'll see him damned first,** qu'il aille au diable. **4.** (*Or pred. adj.?*) Le premier, la première. **He arrived first,** il arriva le premier. *To claim the right to speak f.*, réclamer la priorité. **Who plays first?** *Cards:* à qui d'entamer? *Bowls:* à qui la boule? *Golf:* à qui l'honneur? **You go first!** allez devant! *F:* **Interest always comes first,** l'intérêt prime tout. **First come first served,** les premiers vont devant; premier arrivé premier servi; premier venu premier moulu; les premiers venus sont les premiers servis. **Ladies first!** place aux dames! **Women and children first!** les femmes et les enfants d'abord! *See also* SAFETY.

'first-'aid, *s.* Premiers secours (aux blessés, en cas d'accident, etc.); premiers soins; soins d'urgence; premier traitement, pansement *m* sommaire. **To apply first-aid to s.o.,** apporter les premiers secours à qn. **First-aid outfit,** trousse *f* de pansement; infirmerie portative; en-cas *m* de première nécessité. **First-aid station** *or* **post,** poste *m* de (premiers) secours. **First-aid association,** société *f* de secours (aux blessés). **Hints on first-aid,** notions *f* de secourisme *m*.

'first-born, *a. & s.* (Enfant) premier-né, *pl.* premiers-nés. (*The f.* premier-née *or* première-née *is hardly used.*)

'first-class, *a.* (*a*) (Voyageur, wagon) de première classe; (marchandises, article) de première qualité, de (tout) premier choix, de choix; (hôtel, etc.) de premier ordre, de premier rang; (restaurant) de grande carte. *F: F.-c. dinner*, chic dîner. *He is a f.-c. fencer*, il manie supérieurement les armes; c'est un escrimeur de première force. *F.-c. player*, joueur *m* de premier ordre; *F:* joueur de la première volée. *F: She's a f.-c. liar*, c'est une menteuse de premier ordre, une fieffée menteuse. **That's 'first-'class!** à la bonne heure! *See also* PASSENGER. (*b*) *Post: U.S:* **First-class matter,** lettre close; paquet clos.

'first-'classer, *s. Sp: P:* Joueur, -euse, de première classe, de première force, de premier ordre.

'first-day, *s.* Dimanche *m* (dans le parler des Quakers).

'first-'foot(er), *s. Scot: F:* La première personne à mettre les pieds chez vous après minuit sonné du dernier de l'an; première visite de l'année.

'first-'footing, *s. Scot:* Visites du premier de l'an (le plus souvent immédiatement après minuit, et copieusement arrosées de whisky).

'first-fruits, *s.pl.* **1.** Prémices *f* (de la moisson, *F:* d'un travail, etc.). **2.** *A.Jur: Ecc.Hist:* Annates *f.*

'first-'hand, *a.* (Nouvelle *f*) de première main.

first-'nighter, *s. Th:* Habitué, -uée, des premières.

'first-'rate, *a.* Excellent; de première classe; de première qualité; de première force; de premier ordre. *F.-r. firm*, maison *f* de premier rang, de premier ordre. *F.-r. workmanship*, façon *f* impeccable; facture *f* irréprochable. *Of f.-r. quality*, de toute première qualité. *F.-r. dinner*, dîner soigné; *F:* dîner à la hauteur, chic dîner, *P:* boulot pommé. *F.-r. idea*, fameuse idée. *He is a f.-r. man*, c'est un homme supérieur. *To do a f.-r. deal*, faire une affaire superbe. **That's first-rate!** à la bonne heure! *adv. F:* **It is going first-rate,** ça marche comme sur des roulettes; ça marche à merveille.

'first-'rater, *s. F:* As *m.*

firstling ['fə:rstliŋ], *s.* **1.** *Husb:* Petit *m* de la première portée (d'une brebis, etc., ou de la saison); premier-né *m* (d'un troupeau), *pl.* premiers-nés. **2.** *pl.* = FIRST-FRUITS 1.

firth [fə:rθ], *s. Geog:* (*Scot.*) Estuaire *m*, bras *m* de mer, golfe (formé par l'embouchure d'un fleuve). **The Firth of Forth,** le golfe du Forth.

fisc [fisk], *s.* Fisc *m.* **1.** *Rom.Ant:* Le Trésor (de l'empereur). **2.** *Scot:* Le Trésor public; la Couronne (à laquelle reviennent les biens en déshérence).

fiscal ['fisk(ə)l]. **1.** *a. Fin:* Fiscal, -aux. *F. period*, exercice (financier). *F. year*, année *f* budgétaire; année d'exercice. *He is the* **fiscal agent** *of the Government*, il assure le service de Trésorerie de l'État. **2.** *s.* (*a*) (*In Italy, Spain, etc.*) Fonctionnaire *m* judiciaire. (*b*) *Scot.* = PROCURATOR-FISCAL. **-ally,** *adv.* Fiscalement.

fiscalism ['fiskəlizm], **fiscality** [fis'kaliti], *s. Pej:* Fiscalité *f.*

fish[1], *pl.* **fishes,** *coll.* **fish** [fiʃ, 'fiʃiz], *s.* **1.** Poisson *m. Fresh-water f.*, poisson d'eau douce. *Salt-water f.*, poisson de mer. **Young fish,** alevin *m*, nourrain *m. Cu:* **Dried fish,** poisson sec. *F:* **He is like a fish out of water,** il est comme un poisson hors de l'eau, comme un poisson sur la paille; il se sent dépaysé, désorbité, déraciné. **All is fish that comes to his net,** tout lui est bon; il fait de tout son gibier. **I've other fish to fry,** j'ai d'autres chats, d'autres chiens, à fouetter. **To feed the fishes,** (i) se noyer; (ii) avoir le mal de mer. **Neither fish, flesh nor fowl; neither fish, flesh nor good red herring,** ni chair ni poisson. *Prov:* **The best fish swim near the bottom,** au fond les belles y sont. **There's as good fish in the sea as ever came out of it,** il, elle, n'est pas unique au monde. *F:* **He's a queer fish, an odd fish,** c'est un drôle de corps, un drôle de type, de pistolet, de moineau, de pierrot, de coco; c'est un original; c'est un type à part. *P:* **He's a fish,** c'est une carafe d'orgeat. *See also* CRY[2] 1, DRINK[2] 2, FOOD 1, KETTLE 1, LOAF[1] 1, MUTE[1] I. 1, TEMPT 1. **2.** *Astr:* **The Fish(es),** les Poissons.

'fish-ball, *s. Cu:* Croquette *f*, boulette *f*, rissole *f*, de poisson.

'fish-basket, *s.* **1.** Panier *m* de pêche. **2.** Bourriche *f* à poissons.

'fish-bellied, *a. Mec.E: F.-b. girder*, poutre *f* (en) ventre de poisson.

'fish-bone, *s.* Arête *f* (de poisson). *Needlew:* **Fish-bone stitch,** point *m* d'arête.

'fish-breeding, *s.* Pisciculture *f.*

'fish-cake, *s. Cu:* = FISH-BALL.

'fish-cart, *s.* Chasse-marée *m inv.*

'fish-carver, *s.* = FISH-SLICE.

'fish-eating, *a.* Ichtyophage.

'fish-gig, *s. Fish:* Foëne *f*, digon *m.*

'fish-glue, *s.* Colle *f* de poisson; ichtyocolle *f.*

'fish-hook, *s.* **1.** *Fish:* Hameçon *m. Double f.-h.*, bricole *f. To attach the f.-h.*, empiler l'hameçon. **2.** *Nau:* Croc *m* de traversière.

'fish-kettle, *s. Cu:* Poissonnière *f.*

'fish-knife, *s.* Couteau *m* à poisson.

'fish-manure, *s.* Engrais *m* de poisson.

'fish-market, *s.* Marché *m* au poisson; poissonnerie *f.*

'fish-pot, *s. Fish:* Casier *m.*

'fish-preserve, *s.* **1.** (*a*) Vivier *m.* (*b*) (*In river*) Congre *m.* **2.** Pêche réservée.

'fish-skin, *s.* Peau *f* de poisson. *Med:* **Fish-skin disease,** ichtyose *f.*

'fish-slice, *s.* Truelle *f* à poisson.

'fish-smoker, *s.* Fumeur *m* de poissons.

'fish-smoking, *s.* Fumage *m* de poissons.

'fish-spear, *s.* Foine *f*, foëne *f*, trident *m.*

'fish-story, *s. U.S: F:* Hâblerie *f.*

'fish-tail, *s.* Queue *f* de poisson. **Fish-tail gas burner,** bec *m* en queue de poisson.

'fish-tank, *s.* Huche *f*, réservoir *m* (à poissons).

'fish-train, *s.* Train *m* de marée.

'fish-waggon, *s.* = FISH-CART.

'fish-weir, *s.* Avaloire *f.*

'fish-well, *s.* (*In boat*) Vivier *m.*

fish[2]. **1.** *v.i.* Pêcher. *To f. for trout, for pearls*, pêcher la truite, des perles. *To f. with a fly, etc.*, pêcher à la mouche, etc. *F:* **To fish for compliments,** pêcher, quêter, des compliments. **To fish for oneself,** se débrouiller. *See also* FROG[1] 2, TROUBLED 1. **2.** *v.tr.* (*a*) (i) Pêcher (un saumon, etc.). (ii) Pêcher avec (une mouche, etc.) pour appât. (*b*) **To fish up, out, a dead body,** (re)pêcher un cadavre. *To f. up a mine*, relever une mine. *F: To f. s.o., sth., out of sth.*, tirer qn, qch., de qch. *He fished a pencil out of his pocket*, il fouilla dans sa poche et en tira un crayon. **To fish secrets out of s.o.,** tirer les vers du nez de qn. *He tried to f. out of me what I intended to do*, il a voulu me faire avouer mes intentions. (*c*) *Nau:* **To fish the anchor,** traverser l'ancre. (*d*) **To fish a river,** pêcher une rivière. *This loch has been fished out*, on a tant pêché dans ce lac qu'il n'y a plus de poisson.

fishing[1], *s.* **1.** La pêche. **Trout-fishing,** la pêche à la truite. **Oyster-fishing,** la pêche aux huîtres. **Deep-sea fishing,** la grande pêche. **Pearl-fishing,** la pêche des perles. **To go fishing,** (i) aller à la pêche; (ii) *P:* courir la gueuse. **Fishing streams,** cours d'eau poissonneux; rivières *f* pêchables, où l'on peut pêcher. *See also* FLY-FISHING, GROUND-BAIT[1], GROUND-FISHING, NET-FISHING, ROD-FISHING. **2.** **Fishing up, out (again)** *of sth.*, repêchage *m* de qch.

'fishing-boat, *s.* Bateau *m* de pêche; (bateau) pêcheur *m*, barque *f* de pêcheur.

'fishing-ground, *s.* Pêcherie *f.*

'fishing-hurdles, *s.pl.* Bouchot *m.*

'fishing-line, *s.* Ligne *f* de pêche.

'fishing-net, *s.* Filet *m* de pêche; (*for tunny-fish*) combrière *f*; (*square*) échiquier *m.*

'fishing-place, -pool, *s.* (*In river, etc.*) Coup *m.*

'fishing-preserve, *s.* Pêche réservée.

'fishing-rod, *s.* Canne *f* à pêche; (*in one piece*) gaule *f.*

'fishing-smack, *s.* = FISHING-BOAT.

'fishing-tackle, *s.* Articles *mpl*, engins *mpl*, appareil *m*, attirail *m*, de pêche.

fish[3], *pl.* **fishes,** *s.* **1.** *N.Arch:* Jumelle *f*, fourrure *f* de renfort, armure *f*, clamp *m* (d'un mât). **2.** *Rail: Const:* Éclisse *f.*

'fish-bolt, *s. Rail:* Boulon *m* d'éclisse.

'fish-front, *s. Nau:* Gaburon *m* (d'un mât).

'fish-joint, *s. Rail:* Éclissage *m.*

'fish-plate, *s. Carp:* Couvre-joint *m*, *pl.* couvre-joints; fourrure *f. Mec.E:* Ferrure *f* d'assemblage. *N.Arch:* Jouet *m. Rail:* Éclisse *f.*

fish[4], *v.tr.* **1.** *N.Arch:* Jumeler, reclamper (un mât, une vergue, etc.). **Fished beam,** poutre assemblée à jumelles. **2.** *Rail:* Éclisser (les rails, la voie).

fishing[2], *s.* **1.** Jumelage *m.* **2.** Éclissage *m.*

fish[5], *pl.* **fish,** *s. Games:* Fiche *f.*

fish[6], *pl.* **fishes,** *s. Nau:* Traversière *f.*

'fish-davit, *s. Nau:* Bossoir *m* de traversière.

'fish-tackle, *s.* = FISH[6].

fisher ['fiʃər], *s.* **1.** *A:* = FISHERMAN. *Ecc:* **Fishers of men,** pêcheurs *m* d'hommes. **2.** Animal pêcheur.

'fisher-wife, *s.f.* = FISHWIFE.

fisherman, *pl.* **-men** ['fiʃərmən, -men], *s.m.* Pêcheur. *Ecc:* **The Fisherman's ring,** l'anneau *m* du pêcheur. *See also* BEND[1], KNOT[1] 1.

fisherwoman, *pl.* **-women** ['fiʃərwumən, -wimen], *s.f.* Pêcheuse.

fishery ['fiʃəri], *s.* **1.** Pêche *f. Cod, whale, f.*, pêche à la morue, à la baleine. *Coral f.*, la pêche du corail. **High-sea(s) fishery, great fishery,** la grande pêche. **Coast fishery, inshore fishery,** petite pêche, pêche côtière. **Fishery-protection vessel,** garde-pêche *m inv. See also* DEEP-SEA. **2.** (*Fishing-ground*) Pêcherie *f.*

fishiness ['fiʃinəs], *s.* **1.** Goût *m*, odeur *f*, de poisson. **2.** Caractère louche, suspect (d'une affaire, etc.).

fishmonger ['fiʃmʌŋgər], *s.* Marchand *m* de poisson. *Fishmonger's shop*, poissonnerie *f.*

fishpond ['fiʃpɔnd], *s.* **1.** (*a*) Vivier *m*; réservoir *m* (à poisson). (*b*) Étang *m.* **2.** *F:* **The fishpond,** la mer, la grande tasse.

fishwife, *pl.* **-wives** ['fiʃwaif, -wa:ivz], *s.f.* Marchande de poisson; *F:* poissarde; harengère.

fishy ['fiʃi], *a.* **1.** (Odeur *f*, goût *m*) de poisson. *F:* **Fishy eyes,** yeux ternes, vitreux. **2.** *F:* (*Of pers., affair*) Véreux; (*of pers., conduct*) louche. *A f. business*, une affaire qui ne sent pas bon. *F. account*, compte *m* borgne. **There's something fishy about it,** il y a du micmac, un micmac, là-dedans. *It looks, sounds, f.*, ce n'est pas catholique. *His behaviour is f.*, sa conduite n'est pas claire.

fissi- ['fisi], *comb.fm. Z: etc:* Fissi-. *Fissirostral*, fissirostre. *Fissiparous*, fissipare. *Fissiped*, fissipède.

fissidactyl [fisi'daktil], *a. Z:* Fissidactyle.

fissile ['fisail], *a.* Fissile, scissile, écailleux, lamellé, lamelleux.

fission ['fiʃ(ə)n], *s. Biol:* Fissiparité *f.*

'fission-fungi, *s.pl.* Schizomycètes *m.*

fissipara [fi'sipara], *s.pl. Biol:* Fissipares *m.*

fissiparism [fi'siparizm], *s. Biol:* Fissiparité *f.*

fissiparity [fisi'pariti], *s. Astr:* Fissiparité *f*, scissiparité *f.*

fissiparous [fi'siparəs], *a. Biol:* Fissipare, scissipare.

fissiped ['fisiped], **fissipedal** [fi'sipedəl], *a. Z:* Fissipède.

fissure[1] ['fiʃər], *s.* Fissure *f*, fente *f*, crevasse *f* (dans un mur, une planche, une roche, etc.); bâillement *m* (entre deux planches, etc.). *Surg:* Fissure (d'un os). *Tchn:* Renard *m* (dans un barrage de rivière, une plaque de chaudière, etc.). *Anat: Sphenoidal f.*, fente sphénoïdale. *Fissures of the liver*, sillons *m* du foie. *See also* SYLVIAN.

fissure[2]. **1.** *v.tr.* Fissurer, fendre, crevasser (un rocher, etc.). **2.** *v.i.* (*Of rock, etc.*) Se fissurer, (se) crevasser, se fendre.

fist [fist], *s.* **1.** Poing *m. To fight with one's fists*, se battre à coups de poing. *He went for them with his fists*, il tomba sur eux à coups de poing. *To clench the f.*, serrer le poing. *To use one's fists*, faire le coup de poing. *To shake one's fist at s.o.*, menacer qn du poing. *See also* HAND[1] 2, MAILED 1. **2.** *F:* **To make a good, a poor, fist of a job,** bien, mal, réussir une besogne. **3.** *F:* **He writes a first-class fist,** il a une jolie écriture; il écrit joliment bien; *F:* il a une écriture de sergent-major. **4.** *P:* Main *f.* **Give us your fist!** donne ta pince, que je la serre!

'fist-law, *s.* Droit *m* du plus fort.

-fisted ['fistid], *a.* (*With adj. prefixed*) **Clumsy-fisted,** à la main maladroite. *See also* CLOSE-FISTED, HAM-FISTED, HARD-FISTED.

fistful ['fistful], *s.* Poignée *f* (d'argent, etc.).

fistic(al) ['fistik(əl)], *a. F:* Pugilistique. *The f. art,* l'art *m* de se défendre à coups de poing; la boxe.

fisticuff ['fistikʌf]. **1.** *v.tr.* Donner des coups de poing à (qn). **2.** *v.i.* Se battre à coups de poing.

fisticuffs ['fistikʌfs], *s.pl.* Coups *m* de poing; *P:* cognage *m. To resort to f.*, se battre à coups de poing; faire le coup de poing; (*of two or more*) échanger des coups de poing; se cogner.

fistula ['fistjulə], *s.* **1.** *Med:* Fistule *f*, fusée *f*. **2.** *Z:* Évent *m* (d'une baleine).

fistular ['fistjulər], **fistulous** ['fistjuləs], *a.* Fistulaire, fistuleux.

fit[1] [fit], *s.* **1.** (*a*) Accès *m*, attaque *f* (de fièvre, de rhumatisme, etc.). *Fit of madness,* accès de folie, de démence. **Fit of coughing,** quinte *f* de toux. *See also* GIDDINESS 1. (*b*) (i) Crise *f* épileptique; (ii) attaque d'apoplexie. **Fainting fit,** évanouissement *m*, syncope *f*. **To fall into a fit,** *F:* **to throw a fit,** tomber en convulsions, *P:* en digue-digue; *P:* piquer une crise. *F:* **He will have a fit when he knows,** il en aura une congestion, cela lui donnera un coup de sang, ça le fera sauter, quand il le saura. **To send s.o. into a fit,** (i) provoquer une crise (épileptique), une congestion, chez qn; donner des convulsions à qn; (ii) *F:* transporter qn de colère, etc. *F: It almost sent her into fits, she was almost in fits,* cela a failli lui donner une attaque de nerfs; elle a failli avoir une attaque de nerfs. **To frighten s.o. into fits,** convulser qn. *To beat s.o. into fits,* battre qn à plate couture; *P:* brosser (un concurrent). **To give s.o. fits,** (i) battre qn à plate couture; (ii) *U.S:* semoncer qn; tancer qn de la belle manière. **2.** Accès, mouvement *m* (de mauvaise humeur, etc.). *To answer in a fit of temper,* répondre sous le coup de la colère, dans un mouvement de colère, dans un moment d'humeur. *Fit of crying,* crise de larmes. *Fits of jealousy,* transports *m* de jalousie. *Fit of laughter,* accès de rire. **To be in fits of laughter,** avoir le fou rire. *To go into fits* (*of laughter*), être pris d'un fou rire. *He sent us into fits* (*of laughter*), il nous faisait tordre de rire. *To have a fit of laziness,* se laisser aller à la paresse. *In a fit of idleness, of industry,* dans un moment de paresse, de zèle. *To have a fit of industry,* être pris d'un beau zèle. *To have sudden fits of energy,* avoir des élans d'énergie. *He has fits of silence, of abstraction,* il a des silences, des absences. *He composes when the fit is on him, when the fit takes him,* il compose de caprice. **To work by fits and starts,** travailler à bâtons rompus, d'une façon décousue, par à-coups, par échappées, par sauts et par bonds, par boutades, par accès, par saccades, par bouffées, par foucades.

fit[2], *a.* (fitter, fittest) **1.** Bon, propre, convenable (*for sth.*, à qch.). *It is not a fit life for you,* ce n'est pas la vie qui vous convient. **Fit to** + *inf.*, bon à, propre à + *inf.* **Fit to eat,** bon à manger, mangeable. **Fit to drink,** buvable, potable. *Wine that is not yet fit to drink,* vin qui n'est pas encore en boite. **Fit to wear,** mettable. *I have nothing fit to wear, F:* je n'ai rien à me mettre. *Story that is not fit to be repeated,* histoire qu'il ne serait pas seyant de répéter. *Materials not fit for the job,* matériaux *m* impropres à cet usage. *Com:* **Goods in sound condition and fit for acceptance,** marchandises bonnes et recevables. **I am hardly fit for company, I am not fit to be seen,** je ne suis pas présentable; *F:* je ne suis pas voyable. **It is not fit that you should go,** il ne convient pas que vous y alliez. **I shall tell you at a fit and proper time,** je vous le dirai en temps et lieu. *At a fitter moment,* à un moment plus opportun. **To think fit, see fit, to do sth.,** juger convenable, juger à propos, trouver bon, de faire qch. *Do as you think fit,* faites comme bon vous semblera; faites à votre idée. *You will act as you think fit,* vous ferez ce que vous jugerez à propos. *Adm: Jur:* **As shall seem fit,** ainsi qu'il appartiendra. *Until he thinks fit to publish his results . . .*, jusqu'à ce qu'il juge bon de publier ses résultats. . . . *See also* GOD[1] 1, KING[1] 1. *Quasi-adv.* **She cried fit to break her heart,** elle pleurait à gros sanglots. *It made us laugh fit to kill ourselves,* cela nous faisait mourir de rire. *A noise fit to bring the house down,* un bruit à tout casser. **2.** (*a*) Capable. **Fit for sth.,** en état de faire qch.; apte à qch. **Fit for duty, for service,** bon pour le service; *Mil:* valide. **To be fit for one's job,** être à la hauteur de sa tâche. *To be just fit for sth.*, être mûr pour qch. **Fit to do sth.,** capable de, apte à, faire qch. *Fit to carry arms,* en état de porter les armes. *He is not fit to take your place,* il n'est pas capable de vous remplacer. **He is not fit to live,** il n'est pas digne de vivre. **He is fit for nothing,** il n'est propre à rien; c'est un propre à rien. **That's all he's fit for,** il n'est bon qu'à cela. *See also* SURVIVAL 1. (*b*) *F:* Disposé, prêt (à faire qch.). **I felt fit to drop,** je me sentais prêt à tomber de fatigue; je tombais de fatigue; je n'en pouvais plus. **3.** *Med: Sp: etc:* (*Of pers.*) **To be (bodily) fit,** avoir une bonne constitution; être en bonne santé, en forme; être dispos; *Mil:* (*of troops*) être d'attaque. **To keep fit,** rester en forme; se tenir en haleine; s'entretenir. *He is not yet fit to go back to work,* il n'est pas encore en état de reprendre son travail. *F:* **To be as fit as a fiddle,** être en parfaite santé; être frais et dispos; se porter comme un charme, comme le Pont-Neuf. **You don't look very fit,** vous n'avez pas bonne mine; vous avez mauvaise mine. **-ly,** *adv.* Convenablement; justement; à propos, comme il faut.

fit[3], *s.* (*a*) Ajustement *m*, adaptation *f*. *Your coat is a perfect fit,* votre pardessus vous va parfaitement, est juste à votre taille. *I want my shoes an easy fit,* il me faut des souliers larges. **It was a tight fit,** on tenait tout juste; on y était étroitement serré. (*b*) *Mec.E:* Ajustage *m* (d'un assemblage, etc.); frottement *m* (d'organes mobiles). *Easy fit,* ajustage lâche, à jeu; frottement doux. *Tight fit, exact fit,* ajustage serré; calage *m* juste; frottement dur, à refus. **Pressed-on fit,** calage à la presse. **Shrunk-on fit,** calage à retrait. *Clearance fit,* ajustage à dépouille.

fit[4], *v.* (fitted; fitting) I. *v.tr.* **1.** (*a*) = BEFIT. (*b*) S'accorder avec (qch.). *This paper fitted his opinions,* ce journal s'accordait avec ses opinions. **2.** (*Of clothes, etc.*) Aller à (qn); être à la taille de (qn). *Key that fits the lock,* clef qui va, qui s'ajuste, à la serrure, qui entre dans la serrure. *The pinion does not fit the shaft,* le pignon ne se rapporte pas avec l'arbre. *Shoes that fit well,* souliers qui chaussent bien. **It fits you like a glove, to a nicety,** cela vous va comme un gant, comme un bas de soie; c'est moulé; cela ne fait pas un pli. **To fit tight,** être bien ajusté. *Your coat fits you too tight,* votre veston est trop juste. (*Of sails*) *To fit well, badly,* bien établir, mal établir. *See also* CAP[1] 1, T. **3.** (*a*) Adapter, ajuster, accommoder (*sth. to sth.*, qch. à qch.). *To fit a workshop for a certain purpose,* agencer un atelier en vue d'une certaine fin. **To make the punishment fit the crime,** mesurer, proportionner, le châtiment, la punition, à l'offense; proportionner les peines aux délits. *To fit a garment on s.o.*, ajuster un vêtement à qn. *To fit a rifle to s.o.*, mettre un fusil à la couche de qn; mettre un fusil au point. *To fit an iron end to one's stick,* munir sa canne d'un bout de fer. *To fit a nozzle on the end of a pipe,* adapter un ajutage à l'extrémité d'un tuyau. *To fit a handle to a broom,* emmancher un balai. *To fit a lens on a camera,* monter un objectif sur un appareil. *To fit the key in the lock, a pipe into an opening,* engager la clef dans la serrure, un tube dans une ouverture. *To fit an axle into the nave,* emboîter un essieu dans le moyeu. *To fit one part into another* (*again*), (r)emboîter une pièce dans une autre. *To fit two beams into each other,* enclaver deux poutres l'une dans l'autre. **To fit oneself (in)to one's surroundings,** s'adapter à son entourage. (*b*) *To fit parts* (*together*), ajuster, monter, assembler, des pièces. *To fit a machine, a garment, together,* assembler une machine, un vêtement. **4.** (*a*) **To fit s.o. for sth., to do sth.,** préparer qn à qch., à faire qch.; mettre qn en état de faire qch. *Nothing fits the body so well to stand fatigue,* rien ne dispose mieux le corps à supporter la fatigue. *U.S: To fit a boy for college,* préparer un jeune homme à entrer à l'université. (*b*) **To fit oneself for a post,** acquérir les connaissances nécessaires pour occuper une situation. **5.** **To fit sth. with sth.,** garnir, munir, pourvoir, qch. de qch. *Fitted with two propellers,* muni, pourvu, de deux hélices.

II. **fit,** *v.i.* **1.** (*a*) **To fit (together),** s'ajuster, s'adapter, s'agencer, se raccorder, s'emmancher. *Pieces that fit together,* pièces *f* rapportables. *Pieces that fit freely,* pièces qui comportent du jeu. *To fit on sth.*, s'adapter sur qch. *To fit into sth.*, s'emboîter, s'enclaver, dans qch. *A pipe fits into the opening,* un tube s'engage dans l'ouverture. *Piece that fits into another,* pièce qui entre dans une autre. *Tubes that fit into one another,* tubes qui rentrent les uns dans les autres. *To fit exactly to sth.*, épouser la forme de qch. (*b*) *Your dress fits well, badly,* votre robe (vous) va bien, ne (vous) va pas bien. (*c*) *You can't do it in three hours,* **the trains don't fit,** on ne peut pas faire le voyage en trois heures, les trains ne correspondent pas. **2.** (= *Refl.vb.*) *U.S: To fit for college,* se préparer à entrer à l'université.

fit in. 1. *v.tr.* (*a*) Emboîter (des tubes, etc.). (*b*) Faire concorder, faire cadrer (des témoignages, etc.). **2.** *v.i.* (*a*) *To fit in between two things,* s'emboîter entre deux choses. (*b*) **To fit in with sth.,** être en harmonie avec qch. *Your plans do not fit in with mine,* vos projets ne s'accordent pas, ne cadrent pas, avec les miens. *His evidence fits in well with the facts,* son témoignage s'accorde avec les faits. *F:* **He didn't fit in,** il détonait, il faisait tache, dans leur société, dans notre société. *People who won't fit in,* gens *m* peu adaptables.

fit on, *v.tr.* **1.** Essayer (un vêtement, etc.). **2.** Monter (un pneu, un carter, etc.) (*to*, sur).

fit-'on, fitting 'on, *s.* Essayage *m* (de vêtements).

fit out, *v.tr.* Équiper (*sth. with sth.*, qch. de qch.); garnir (un coffret, etc.); meubler (un bureau); outiller (une usine); *Nau:* armer (un vaisseau); équiper, aménager (un navire neuf). **To fit s.o. out** (*with clothing, etc.*), fournir à qn le nécessaire (en vêtements, etc.); équiper qn.

fit-'out, *s.* (*a*) Trousseau *m*. (*b*) Équipement *m*. *F: What a fit-out!* comme vous voilà équipé!

fitting out, *s.* Équipement *m* (d'un navire, d'une expédition, de qn); aménagement *m* (d'un navire neuf); armement *m* (d'un vaisseau).

fit up, *v.tr.* Monter, agencer, armer (une machine, etc.); ajuster (une pièce, etc.); établir (une voile); meubler, aménager (un appartement, etc.); appareiller (un atelier, un poste de T.S.F., etc.). *Aut:* Habiller (un châssis).

fit-'up, *s.* *Th:* Accessoires *mpl*; scène *f* démontable (d'une troupe ambulante). **Fit-up company,** troupe ambulante. **Fit-up town,** ville *f* sans salle de théâtre.

fitting up, *s.* Ameublement *m*, aménagement *m* (d'un magasin, etc.); appareillage *m* (d'un poste de T.S.F., etc.); armement *m* (d'une machine).

fitted, *a.* **1.** (*a*) Ajusté, monté. (*Of case, chest, etc.*) **Fitted (up),** garni. (*b*) *Dressm:* Ajusté, cintré; appuyé à la taille. **2.** (*Of pers., thg*) *To be f. for sth., to do sth.*, être fait pour qch.; être apte à faire qch. *He is f. for the post,* il est apte à occuper le poste. **Ill-fitted for sustained work,** peu propre aux travaux de longue haleine.

fitting[1], *a.* **1.** (*Suitable*) Convenable, bienséant; approprié (*to*, à). *F. remark,* remarque *f* à propos; observation *f* très juste. *It is f. that he should take the chair,* personne n'est plus autorisé que lui à présider. **2.** (*a*) (*Of clothes, etc.*) **Well-fitting, ill-fitting, garment,** vêtement *m* qui va bien, mal; vêtement commode, incommode. **Easy-fitting,** commode; (vêtement) où l'on est à l'aise. **Ill-fitting saddle,** selle *f* qui n'a pas de tenue. (*b*) *Dressm:* = FITTED 1 (*b*). **Semi-fitting,** mi-ajusté. *See also* CLOSE-FITTING, LOOSE-FITTING. **-ly,** *adv.* Convenablement; à propos.

fitting[2], *s.* **1.** (*a*) Ajustage *m*, ajustement *m* (d'une pièce, etc.); emboîtement *m* (d'un pignon, etc.); installation *f*, pose *f* (d'appareils). **Fitting (up, together)** *of a machine, etc.*, montage *m*, agencement *m*, adaptation *f*, d'une machine, etc. *F. of sth. on sth.*, adaptation de qch. à qch.; montage de qch. sur qch. **Hand fitting,** ajustage à la main. *Fitting on of a tyre,* montage d'un pneu. *Ind:* **Fitting shop,** atelier *m* d'ajustage. (*b*) *Tail: etc:* **Fitting (on)** (*of clothes*), essayage *m*, ajustage (de vêtements). **Fitting room,** salon *m* d'essayage. (*c*) *U.S:* **Fitting school,** école *f* de préparation à l'université. **2.** *Usu. pl.* Agencements, installations, ajustements (d'un bureau, d'un atelier, etc.); armature(s) *f* (d'une chaudière, etc.); armement *m* (d'une machine); garniture *f* (d'une chaudière, d'une chambre); agrès *m* (d'un gymnase); accessoires *m* (sanitaires, pour automobiles, etc.); appareillage *m* (pour lumière électrique, etc.); outillage *m* (d'une mallette de couture, etc.); gainerie *f* (de carrosserie). *Metal fittings*, ferrages *m*, ferrures *f*. *Gas fittings*, appareillage pour le gaz, appareils *m* à gaz. *Roller blind fittings*, monture *f* de store à rouleau. *Door fittings*, ferrures de porte. *Brass fittings*, garnitures en cuivre. *Camera with brass fittings*, appareil photographique à garniture en cuivre. *El:* **Ceiling fitting**, plafonnier *m*. **Wall fitting**, applique *f*.

fitch [fitʃ], *s.* **1.** (*Fur*) Putois *m*. **2.** (*a*) (Brosse *f* en) putois. (*b*) Brosse en soies de porc.

fitchet ['fitʃit], **fitchew** ['fitʃuː], *s.* **1.** *Z:* Putois *m*. **2.** = FITCH I.

fitful ['fitful], *a.* (*Of light, breeze, impulse, etc.*) Irrégulier, capricieux; (*of pers.*) d'humeur changeante. *Med:* *F. cough*, toux quinteuse. **-fully**, *adv.* Irrégulièrement; par à-coups, par accès.

fitment ['fitmənt], *s.* **1.** Meuble *m*. **2.** *Ind:* *etc:* Montage *m*; support *m*; monture *f*.

fitness ['fitnəs], *s.* **1.** (*Of pers.*) Aptitude *f* (*for*, à, pour). *F. to do sth., for doing sth.*, aptitude à faire qch., compétence *f* pour faire qch. *Aut:* *F. to drive*, aptitude à conduire. **2.** (*a*) A-propos *m*, justesse *f* (d'une remarque). (*b*) Convenance *f*, bienséance *f*. *F:* *To have a sense of the f. of things*, avoir le sentiment des convenances. **3.** **Physical fitness**, santé *f* physique; *Sp:* bonne forme.

fitter[1] ['fitər], *s.* **1.** *Mec.E:* *Aut:* *etc:* Ajusteur *m*, (re)monteur *m*; assembleur, -euse. *Metal f.*, ajusteur sur métaux; ajusteur mécanicien. *Electrical f.*, appareilleur *m* d'installation électrique; installateur *m* d'appareils électriques. *See also* GAS-FITTER, SHOP-FITTER. **2.** *Dressm:* *Tail:* Essayeur, -euse.

'fitter-out, *s.* *Nau:* Armateur *m* (d'un navire, d'une expédition).

fitter[2], *a.* *Comp. of* FIT[2].

five [faiv]. **1.** *num. a.* & *s.* Cinq (*m*). *F. apples*, cinq pommes. *Thirty is* **five times as much** *as six*, trente est le quintuple de six. **A five-pound note**, un billet (de banque) de cinq livres. **A five-passenger car**, une voiture à cinq places; *F:* une cinq-places. *A badly written f.*, un cinq mal écrit. *Hist:* *F:* **The Big Five**, les cinq grandes Puissances (d'après guerre) (les États-Unis, la France, la Grande-Bretagne, l'Italie, le Japon). *Russ.Hist:* **The Five Year Plan**, le Plan quinquennal. *See also* BEAN I. (*For other phrases see* EIGHT.) **2.** *s.pl.* *P:* *A:* **Fives**, la main, le poing. *He handles his fives very well*, il sait jouer des poings.

'five-barred, *a.* *Rac:* (Barrière *f*) à cinq planches, à cinq barres.

'five-engined, *attrib.a.* Pentamoteur, -trice.

'five-figure, *attrib.a.* *Mth:* **Five-figure number**, nombre *m* de cinq chiffres. **Five-figure logarithm tables**, table *f* de logarithmes à cinq décimales.

'five-finger. **1.** *s.* *Bot:* (*a*) Quintefeuille *f*. (*b*) Primevère élevée. (*c*) Lotier corniculé. **2.** *attrib.a.* *Mus:* **Five-finger exercises**, exercices *m* de doigté.

five-'master, *s.* *Nau:* Cinq-mâts *m*.

'five-o'clock ('tea), *s.* Thé *m* que l'on prend à cinq heures de l'après-midi; five-o'clock *m*.

'five-per-'cents, *s.pl.* *Fin:* Le cinq pour cent. *To buy f.-p.-c.*, acheter du cinq pour cent.

'five-'phase, *attrib.a.* *El.E:* (Courant) pentaphasé.

'five-square, *a.* (*Of reamer, etc.*) Pentagonal, -aux.

fivefold ['faivfould]. **1.** *a.* Quintuple. **2.** *adv.* Cinq fois autant; au quintuple. *To repay s.o. f.*, rendre à qn cinq fois autant. *To increase f.*, quintupler.

fivepence ['faivpəns], *s.* (Somme *f* de) cinq pence; *A:* = cinquante centimes *m*, *F:* = dix sous *m*.

fivepenny ['faivpəni], *a.* Valant cinq pence.

fiver ['faivər], *s.* *F:* **1.** Billet *m* ou somme *f* de cinq livres, *U.S:* de cinq dollars. **2.** *Cr:* (= *five runs*) Cinq courses *f* d'un guichet à l'autre; cinq points *m*.

fives [faivz], *s.* *Games:* = Balle *f* au mur.

'fives-court, *s.* (*a*) Cour *f* où l'on joue à la balle au mur. (*b*) Mur contre lequel on lance la balle; fronton *m*.

fivesome ['faivsəm], *s.* *Golf:* Partie *f* à cinq joueurs.

fix[1] [fiks], *s.* **1.** *F:* Embarras *m*, difficulté *f*, mauvais pas. **To be in a fix**, être dans une situation embarrassante; être à l'accul; se trouver dans une impasse; *F:* tenir le loup par les oreilles; être dans la nasse, dans le pétrin, dans de beaux draps; *P:* être dans la panade, dans la mélasse, dans le seau, dans les choux. *To get into a fix*, se mettre dans l'embarras, dans le pétrin; s'enfourner. *How did you get into such a fix?* comment vous êtes-vous placé dans une telle posture? *Now I'm in a nice fix!* me voilà frais! *How are we to get out of this fix?* comment sortir de ce mauvais pas? *To put s.o. in a fix*, enfermer qn dans un dilemme, mettre qn dans l'embarras. *To get s.o. out of a fix*, tirer qn d'un mauvais pas. *Get me out of this fix*, sortez-moi de cette impasse. **2.** *U.S:* **In good, bad, fix**, en bon, mauvais, état. (*Of tackle, etc.*) **Out of fix**, hors d'état. **3.** *Nau:* (i) Détermination *f* du point; (ii) le point observé.

fix[2], *v.tr.* Fixer. **1.** Caler, monter (une roue sur l'essieu, une poulie, etc.); emmancher (une poulie); assujettir (une poutre, un monocle, etc.); ancrer (un tirant); arrêter, assurer (une planche avec des clous, etc.); attacher (un hameçon à une ligne, etc.); clouter (un fer à cheval). *To fix a stake into the ground*, ficher un pieu en terre. *F:* **To fix sth in one's memory**, se graver qch. dans la mémoire. *To fix suspicion on s.o.*, faire peser le soupçon sur qn. *Suspicion fixed itself in his heart*, le soupçon se logea dans son cœur. *To fix one's attention on sth.*, fixer, arrêter, son attention sur qch. *To fix one's eye(s) on s.o.*, fixer, arrêter, ses yeux sur qn; braquer, poser, les yeux sur qn; fixer qn (du regard). *He fixed a searching look on her*, il attacha sur elle un regard pénétrant. *F:* **To fix s.o. with one's eye**, fixer qn des yeux. *This object fixed his eye, his attention*, cet objet capta son regard, son attention. *See also* BAYONET[1]. **2.** (*a*) *Ch:* *Phot:* *etc:* Fixer (le mercure, une plaque, une épreuve, un fusain, etc.). *Substance that fixes water with avidity*, substance *f* avide d'eau. *Dy:* *To fix the dye of linen, etc.*, bouser les toiles, etc. (*b*) *Med:* *F:* Stériliser (une préparation microscopique) (à la formaline, etc.). (*c*) *v.i.* (*Of fluid, etc.*) Se prendre, se congeler, se concréter, se coaguler. **3.** (*a*) Établir. *To fix a camp*, établir un camp. *To fix one's residence in a place*, établir son domicile dans un endroit. *To see one's daughters comfortably fixed*, voir ses filles bien établies, bien casées. (*b*) **To fix oneself somewhere**, *v.i.* **to fix somewhere**, s'installer, se placer, se mettre, se caser, quelque part. **4.** (*a*) Fixer, établir (le sens d'un mot, une limite, une indemnité, le taux de l'intérêt, etc.); arrêter, nommer, assigner, désigner (un jour, etc.); désigner, assigner (l'endroit pour un rendez-vous); régler (l'itinéraire d'un voyage, etc.). *Fin:* Constater (les cours des valeurs, etc.). **To fix the budget**, déterminer le budget. *The government has fixed the income-tax at . . .*, le gouvernement a fixé l'impôt sur le revenu à. . . . *To fix a meeting for three o'clock*, fixer une séance pour trois heures. *The date is not yet fixed*, la date n'est pas encore certaine, pas encore arrêtée. *On the date fixed*, à la date prescrite. *We'll fix the date afterwards*, nous conviendrons d'un jour par la suite. *His departure was fixed for Monday*, son départ a été fixé à lundi. **There is nothing fixed yet**, il n'y a encore rien d'assuré, rien d'arrêté. (*b*) **To fix (up)on sth.**, se décider pour qch.; choisir qch.; arrêter son choix sur qch. *She fixed upon a small villa in Surbiton*, son choix s'arrêta sur une petite villa de Surbiton. (*c*) *U.S:* **To fix to do sth.**, se décider, se déterminer, à faire qch.; décider de faire qch. (*d*) *U.S:* **It's fixing to rain**, le temps est à la pluie. **5.** *U.S:* *F:* (*a*) Mettre (qn) dans l'impossibilité de nuire; réduire (qn) à quia. *I've fixed him!* il a son compte! (*b*) Graisser la patte à (qn); suborner (un juré).

fix out, *v.tr.* *U.S:* **To fix s.o. out (with sth.)**, pourvoir qn (de qch.); équiper qn.

fix up, *v.tr.* *F:* **1.** Placer, mettre, installer (qch.). *The bed was fixed up in the corner of the room*, le lit était placé, installé, au coin de la chambre. *To fix up a monument*, ériger un monument. *To fix up a tent*, dresser une tente. *To fix up a wireless station*, installer un poste de radio. **2.** *F:* Arranger, régler, conclure (une affaire, etc.). *If you need a room I can fix it up for you*, s'il vous faut une chambre je pourrai arranger ça. **To fix things up with s.o.**, s'arranger avec qn. *I've fixed it up*, j'ai conclu l'affaire. *It is all fixed up*, c'est une affaire réglée. *Now she is fixed up for life*, la voilà casée. **3.** **To fix s.o. up with sth.**, pourvoir qn de qch. **4.** *U.S:* (*a*) Réparer, remettre en état (une auto, un appareil de T.S.F., etc.). (*b*) *v.i.* S'attifer; se mettre sur son trente et un.

'fix-up, *s.* *U.S:* *F:* Appareil *m*; *F:* truc *m*, machin *m*.

fixing up, *s.* Installation *f*, établissement *m* (de qch.); arrangement *m* (d'une affaire).

fixed, *a.* Fixe, arrêté. **1.** (Boulon, etc.) prisonnier; (vitrage, etc.) dormant. *F. wheel*, roue calée. *F. beam*, poutre encastrée. *Ind:* **Fixed plant**, matériel *m* fixe. **Fixed property**, (biens *mpl*) immeubles *mpl*. *F. boiler*, chaudière *f* fixe, stationnaire. *Fish:* *F. net*, rets *m* sédentaire. *See also* AXLE I, BAYONET[1], LIGHT [1]2. **2.** (*a*) Constant, invariable. *Lever arm of f. length*, bras *m* de levier de longueur constante. *Opt:* *Lenses with f. separation*, lentilles *f* à écartement invariable. *Phot:* **Fixed-focus camera**, appareil *m* à foyer fixe. *Com:* **Fixed prices**, prix fixes, faits, cotés. *Nau:* **Fixed wind** vent fait. *F. rule*, règle établie, immuable. *Fin:* **Fixed-interest security**, valeur *f* à revenu fixe. *Com:* **Fixed charges**, frais généraux. *F:* **Fixed idea**, idée *f* fixe. **To have fixed ideas**, avoir de la fixité dans ses idées. **To be fixed in an opinion**, être féru d'une opinion. **To have no fixed plans**, ne pas être fixé. **Fixed stare**, regard *m* fixe, qui appuie. **Fixed smile**, sourire figé, stéréotypé. (*b*) Permanent. *Mil:* **Fixed battery**, batterie permanente, de place. *F. bridge*, pont dormant. *F. point*, point *m* fixe. *Astr:* **Fixed star**, étoile *f* fixe. *Com:* **Fixed capital**, capital fixe, immobilisé. **Fixed assets**, immobilisations *f*. **Fixed deposit**, dépôt *m* à terme (fixe), à échéance fixe. **3.** **Fixed oil, salt**, huile *f* fixe, sel *m* fixe. **4.** *U.S:* (*a*) **To be well fixed**, être à son aise; être riche. *He's better fixed financially than I*, sa situation pécuniaire est meilleure que la mienne. (*b*) **How are we fixed for time?** de combien de temps disposons-nous?

'fixed-head, *attrib. a.* *Aut:* **Fixed-head coupé**, coupé *m* non décapotable.

fixing, *s.* **1.** Fixage *m*, pose *f*, mise *f* en place (de rails, etc.); fixage (d'une épreuve photographique); fixation *f* (de l'azote, d'une date, d'une indemnité); congélation *f* (de la fonte); calage *m* (d'une roue); encastrement *m* (d'une poutre); ancrage *m* (de tirants, de crampons, etc.); assujettissement *m* (d'une planche, etc.); pose (d'une serrure); bousage *m* (des tissus). **2.** *pl.* *Esp. U.S:* **Fixings.** (*a*) Équipement *m*, outillage *m*. (*b*) Garniture *f* (d'une robe, d'un plat). (*c*) *Com:* **Fixings for men**, chemiserie *f*.

'fixing-bath, *s.* *Phot:* Bain *m* de fixage; fixateur *m*. *See also* TONING 2.

fixate [fik'seit], *v.tr.* **1.** *Psy:* Fixer les yeux, le regard, sur (qch.). **2.** *Psycho-Analysis:* (*Of child*) **To fixate the libido on a parent**, fixer la libido sur un des parents.

fixation [fik'seiʃ(ə)n], *s.* **1.** Fixation *f* (de l'impôt, etc., *Ch:* *etc:* du mercure, de l'huile, etc.). *Dy:* Bousage *m* (des toiles, etc.). *For:* *F. of drifting sands*, fixation des dunes. *Med:* **Fixation abscess**, abcès *m* de fixation. **2.** *Psy:* Fixation des yeux (*of*, sur). **3.** *Psycho-Analysis:* **Fixation of the libido**, fixation de la libido.

fixative ['fiksətiv]. **1.** *a.* Fixatif, -ive. **2.** *s.* *Art:* Fixatif *m* (de dessins au pastel ou au fusain).

fixature ['fiksətjuər], *s.* *Toil:* Fixatif *m* (pour les cheveux).

fixedly ['fiksidli], *adv.* Fixement.

fixedness ['fiksidnəs], *s.* Fixité *f*; (i) immobilité *f*; (ii) permanence *f* (de qch.); fermeté *f*, constance *f* (des opinions, etc.).

fixer ['fiksər], *s.* **1.** (*Pers.*) (*a*) Ouvrier *m* qui pose, qui monte (un appareil, etc.); monteur *m.* (*b*) *U.S: F:* Complice *m* qui se charge d'acheter le silence des autorités. (*c*) *Th: U.S:* Collaborateur *m* qui se charge de la mise en scène. **2.** (*a*) *Art: etc:* Fixatif *m.* (*b*) *Phot: etc:* Fixateur *m*; bain *m* de fixage.

fixity ['fiksiti], *s.* (*a*) Fixité *f* (d'un corps, d'un regard, etc.); immutabilité *f* (des lois, etc.). *F. of purpose,* détermination *f. I want f. of tenure,* il me faut un bail assuré. (*b*) Fixité (d'une huile).

fixture ['fikstjər], *s.* **1.** Appareil *m* fixe; partie *f* fixe (d'une machine, etc.); meuble *m* à demeure. *To make sth. a f.,* ancrer qch. en place. *The lower shelf is a f.,* le rayon inférieur est fixé à demeure. *F:* **He has become a fixture there,** il y est tout à fait établi; il ne bouge plus de là. **2.** *Usu. pl.* Choses fixées à demeure; meubles à demeure fixe; matériel *m* d'attache; agencements *m* inamovibles; aménagements *m* (d'un magasin, etc.); appareil(s) (à gaz, etc.). *Jur:* Immeubles *m* par incorporation, par destination. *Ind:* **Small fixtures,** petit appareillage. *Jur:* **Inventory of fixtures,** état *m* des lieux. **3.** *Sp:* Engagement *m*; match (prévu). **List of fixtures,** programme *m.*

fizgig ['fizgig], *s. F:* **1.** (*Pers.*) Évaporée *f*, toupie *f. Attrib. Our f. young moderns,* la jeunesse évaporée d'aujourd'hui. **2.** Toupie ronflante. **3.** *Pyr:* Serpenteau *m.* **4.** Colifichet *m*; *pl.* oripeaux *m*, clinquant *m.* **5.** Caprice *f*, lubie *f.* **6.** *Fish:* = FISH-GIG.

fizz[1] [fiz], *s.* **1.** Pétillement *m*, effervescence *f* (du champagne, etc.); fusement *m* (des nitrates, etc.). *Mch:* Crachement *m*, sifflement *m* (de la vapeur). **2.** *P:* Champagne *m*; mousseux *m.*

fizz[2], *v.i.* (*Of champagne, etc.*) Pétiller, faire effervescence; (*of gunpowder*) fuser; (*of escape of steam*) cracher, siffler.

fizzing[1], *a.* **1.** (*Of wine, etc.*) Pétillant; (*of gunpowder*) fusant. **2.** *Sch: P:* Épatant, bœuf *inv.*

fizzing[2], *s.* = FIZZ[1] 1.

fizzer ['fizər], *s. Cr: F:* Balle lancée à toute vitesse.

fizzle[1] [fizl], *s.* **1.** Pétillement *m* (du champagne, etc.); sifflement *m* (d'un bec de gaz); grésillement *m* (de la graisse bouillonnante); fusement *m* (de la poudre). **2.** *P:* Four *m*, fiasco *m.*

fizzle[2], *v.i.* (*Of wine, etc.*) Pétiller; (*of gas-burner, etc.*) siffler; (*of boiling fat, etc.*) grésiller; (*of gunpowder*) fuser.

fizzle out, *v.i. P:* (*Of affair, plan, etc.*) Ne pas aboutir; avorter; faire four; faire fiasco; finir en queue de poisson; s'en aller en eau de boudin; faire long feu.

fizzy ['fizi]. **1.** *a.* (*Of mineral water, etc.*) Gazeux, effervescent; (*of wine*) mousseux. **2.** *s. F:* Champagne *m.*

fjord [fjɔːrd], *s. Ph. Geog:* = FIORD.

flabbergast ['flabərgɑːst], *v.tr. F:* Épater, ébaubir, abasourdir, ahurir (qn); couper la respiration à (qn). *I was flabbergasted,* j'en étais sidéré; j'en suis resté bleu, assis, *P:* baba; *P:* j'en étais comme deux ronds de flan, de frites. *We were flabbergasted at the news,* nous sommes restés abasourdis de la nouvelle. *He gazed at them flabbergasted,* il les regarda interdit et bouche bée.

flabbergasting, *a.* Ahurissant, abasourdissant.

flabbiness ['flabinəs], *s.* Flaccidité *f*, manque *m* de fermeté (de la chair, etc.); avachissement *m*, mollesse *f*, inconsistance *f* (de qn, du caractère); mollesse (du style).

flabby ['flabi], *a.* (*Of muscles, etc.*) Flasque; mou, *f.* molle; afflachi; (*of cheeks*) avalé, pendant; (*of pers., character*) mollasse, avachi, afflachi, amorphe; (*of style*) flasque, mou, amorphe, énervé; (*of wine*) mou. *To feel f., F:* se sentir les jambes en pâte de guimauve. *He's a f. individual, F:* c'est une carafe d'orgeat, une chique molle. **-ily,** *adv.* Mollement. *To be f. built,* avoir une charnure molle.

flabellate [fla'belet], **flabelliform** [fla'belifɔːrm], *a. Nat.Hist:* Flabellé, flabelliforme.

flabellum, *pl.* **-la** [fla'beləm, -la], *s. Ant:* Flabellum *m*; éventail cérémonial.

flaccid ['flaksid], *a.* **1.** Mou, *f.* molle; (chair *f*) flasque. *F. cheeks,* joues pendantes. **2.** *F:* (Volonté *f*) flasque, mollasse.

flaccidity [flak'siditi], *s.* **1.** Flaccidité *f.* **2.** *Ser:* Flacherie *f* (des vers).

flag[1] [flag], *s. Bot:* **1.** (*a*) Iris *m.* **Water flag, yellow flag,** iris des marais; iris jaune; glaïeul *m* des marais. **Garden flag,** iris d'Allemagne, *F:* flambe *f.* **Sweet(-smelling) flag,** acore *m*; lis *m* des marais; jonc odorant; roseau *m* aromatique. (*b*) Canche gazonnante. (*c*) Massette *f.* **2.** Pampe *f* (de céréale, etc.).

flag[2], *v.tr.* (**flagged; flagging**) **1.** Mettre des feuilles de massette entre les douves (d'un tonneau). **2. To flag wheat,** couper les pampes du blé.

flag[3], *s. Const:* **(Paving-)flag,** carreau *m* (en pierre); dalle *f*, cadette *f*; pierre plate de pavage; pierre à paver. *Room floored with stone flags,* pièce pavée de dalles. **Flag pavement,** carrelage *m*, dallage *m* (de trottoir); trottoir carrelé, dallé.

'flag-paved, *a.* Carrelé, dallé.

flag[4], *v.tr.* Daller, carreler (un trottoir, etc.); paver (un vestibule, etc.) de carreaux.

flagged, *a.* (*Of pavement, floor, etc.*) Carrelé, dallé.

flagging[1], *s.* Carrelage *m*, dallage *m. Concrete f.,* dallage en ciment.

flag[5], *s.* Penne *f* de l'aile (d'un oiseau); rémige *f.*

flag[6], *s.* **1.** (*a*) Drapeau *m.* **Flag of truce, white flag,** drapeau parlementaire. *To wave a red f. to stop a train,* agiter un drapeau rouge pour arrêter un train. *Rac:* **To drop the flag,** abaisser le drapeau (comme signal de départ). *F: We are only waiting for fine weather to drop the f.,* nous n'attendons que le beau temps pour commencer. **With flags flying,** enseignes déployées. *Mil:* **Distinguishing flag,** fanion *m. Headquarters f.,* fanion de commandement. *Red-cross f.,* fanion d'ambulance. *See also* NATIONAL 1, SIGNALLING. (*b*) *Nau:* Pavillon *m.* **Black flag,** pavillon noir (des pirates). **Yellow flag, sick flag,** pavillon de quarantaine. **White flag,** pavillon blanc, parlementaire. **Admiral's flag,** pavillon (de l')amiral; marque *f* de l'amiral. **To fly a flag,** (i) battre pavillon, (ii) arborer un pavillon. **To let fly a flag,** faire flotter un pavillon. *F:* **To keep the flag flying,** ne pas se laisser abattre; maintenir l'honneur de la maison, etc.; assurer son panache. *F:* **To lower one's flag,** baisser pavillon. *See also* DIP[2] I. 3, DISTRESS[1] 3, HOIST[2], HOUSE-FLAG, STRIKE[2] I. 8. (*c*) **Flags** (*for dressing a ship, decorating a building*), pavois *m.* **To deck a house, a ship, with flags,** pavoiser une maison, un vaisseau. **Decking with flags,** pavoisement *m.* **With mast-head flags,** avec le petit pavois. **With flags fore and aft,** avec le grand pavois. **2.** *Ven:* (*Of dog*) Queue *f* (de setter); fouet *m.* **3.** (*a*) Drapeau (de taximètre). **Taxi with the flag up,** taxi *m* libre. (*b*) *Typ:* (*In proof-correcting*) Signe *m* qui indique un bourdon.

'flag-boat, *s. Sp:* (*In aquatic matches*) Bateau *m* porte-pavillon *inv.*

'flag-captain, *s. Navy:* Capitaine *m* de pavillon.

'flag-day, *s.* **1.** Jour *m* de vente d'insignes, jour de quête, pour une œuvre de bienfaisance. (On vend des drapeaux minuscules.) **2.** *U.S:* Le quatorze juin (anniversaire de l'adoption du drapeau national).

'flag-lieutenant, *s. Navy:* Lieutenant *m* de pavillon; aide *m* de camp (de l'amiral); officier *m* d'ordonnance.

'flag-list, *s. Navy:* Liste *f* des officiers généraux.

'flag-loft, *s. Nau:* Pavillonnerie *f.*

'flag-man, *pl.* **-men,** *s.m. Sp: Rail: etc:* Employé, starter, etc., qui signale avec un drapeau.

'flag-officer, *s. Navy:* (Officier) amiral *m*, -aux; officier général.

'flag-wagger, *s.* **1.** *Mil: F:* Signaleur *m.* **2.** *P:* Patriotard *m*, chauvin *m.*

'flag-wagging, *s.* **1.** *Mil: etc: F:* Signalisation *f.* **2.** *P:* = FLAG-WAVING.

'flag-waver, *s. F:* Chauvin *m.*

'flag-waving, *s.* Chauvinisme *m*; patriotisme *m* de façade.

flag[7], *v.tr.* **1.** Pavoiser (un vaisseau, un édifice). **2.** Transmettre des signaux à (qn) au moyen de fanions; communiquer (un message) au moyen de fanions-signaux. *To f. a train,* arrêter un train en agitant le drapeau rouge. **3.** *Sp:* **To flag out** *a race-course,* jalonner un champ de course.

flag[8], *v.i.* **1.** (*Of thg*) Pendre mollement; (*of sail*) battre, fouetter. **2.** (*Of plant, etc.*) Languir; (*of pers.*) s'alanguir; (*of conversation, etc.*) se ralentir, traîner, languir; (*of attention, etc.*) faiblir, fléchir; (*of zeal, courage*) se relâcher, s'amollir. *His strength was flagging,* il était à bout de force. *The interest does not f.,* l'intérêt se soutient.

flagging[2], *a.* **1.** (*Of thg*) Pendant; (*of sail*) battant. **2.** *F:* (*Of conversation, interest, etc.*) Languissant.

flagging[3], *s.* **1.** Fouettement *m* (d'une voile). **2.** Amollissement *m* (du courage); ralentissement *m* (du zèle).

flagellant [fla'dʒelənt], *s. Rel.H:* Flagellant *m.*

flagellaria [fladʒe'lɛəria], *s. Bot:* Flagellaire *f.*

flagellata [fladʒe'leita], *s.pl. Prot:* Flagellates *m.*

flagellate[1] ['fladʒelet], *a.* **1.** *Biol:* (*a*) Flagellé. (*b*) Flagellaire, flagelliforme. **2.** *Bot:* Stolonifère.

flagellate[2] ['fladʒeleit], *v.tr.* Flageller; fouetter.

flagellation [fladʒe'leiʃ(ə)n], *s.* Flagellation *f.*

flagellator ['fladʒeleitər], *s.* Flagellateur *m.*

flagelliform [fla'dʒelifɔːrm], *a. Nat.Hist:* Flagelliforme, flagellaire.

flagellum, *pl.* **-a** [fla'dʒeləm, -a], *s.* **1.** *Hum:* Fouet *m.* **2.** *Bot:* Stolon *m.* **3.** *Biol: Z:* Flagellum *m.*

flageolet[1] ['fladʒolet, fladʒo'let], *s. Mus:* Flageolet *m.*

flageolet[2], *s. Hort: Cu:* (Haricot *m*) flageolet *m.*

flagitious [fla'dʒiʃəs], *a.* Infâme, abominable. **-ly,** *adv.* D'une façon infâme; abominablement.

flagitiousness [fla'dʒiʃəsnəs], *s.* Infamie *f.*

flagon ['flagən], *s.* **1.** Flacon *m. Ecc:* Burette *f.* **2.** Grosse bouteille ventrue; fiasque *f. Burgundy f.,* bourguignonne *f.* **3.** Pot *m* (à anse, pour vin, etc.).

flagrancy ['fleigrənsi], *s.* Flagrance *f*, énormité *f*, caractère scandaleux (d'un crime, etc.).

flagrant ['fleigrənt], *a.* (*Of offence*) Flagrant, énorme, scandaleux; (*of offender*) notoire. *A f. injustice,* une injustice criante. *A f. case,* un cas notoire. **-ly,** *adv.* Scandaleusement, d'une manière flagrante.

flagrante delicto [fla'grantidi'likto], *Lt. adv.phr. Jur:* En flagrant délit.

flagship ['flagʃip], *s. Navy:* (Vaisseau *m*) amiral *m*; bâtiment commandant.

flagstaff ['flagstɑːf], *s.* **1.** (i) Mât *m* de drapeau; (ii) lance *f*, hampe *f*, de drapeau. **2.** *Nau:* (*a*) Mât de pavillon. *The rear f., F:* le bâton. (*b*) Gaule *f* (d'enseigne); digon *m.*

flagstone ['flagstoun], *s.* = FLAG[3]. **Flagstone pavement,** dallage *m* en pierre. **Flagstone artist,** artiste *m* de trottoir.

flail [fleil], *s.* **1.** *Husb:* Fléau *m.* **2.** *Archeol:* Fléau d'armes.

flair ['flɛər], *s.* (*a*) Flair *m*, perspicacité *f.* **To have a flair for bargains,** avoir du flair pour les occasions. (*b*) (*Erroneously*) Aptitude *f* (*for,* à). **To have a flair for languages,** avoir le don des langues.

flaith [fleiθ], *s. Irish:* Chef *m* de famille.

flake[1] [fleik], *s.* **1.** Claie *f* (pour faire sécher le poisson, etc.); séchoir *m. Fruit f.,* fruitier *m.* **2.** *Nau:* Échafaud suspendu (de calfat, etc.).

flake[2], *s.* **1.** (*a*) Flocon *m* (de neige, de laine, etc.). (*b*) Étincelle *f*, flammèche *f* (de feu). (*c*) Écaille *f*, éclat *m*, lamelle *f*, paillette *f* (de minéral, de métal, etc.); feuillette *f* (de pâte, etc.); coquille *f* (de beurre); paillette (de savon). *Flakes of mica,* paillettes de mica. *Picture that is coming off in flakes,* tableau *m* qui s'écaille. *See also* FLINT-FLAKE. **2.** *Bot:* Œillet panaché.

'flake-white, *s.* Blanc *m* de céruse; céruse *f* en lamelles.

flake[3]. **1.** *v.i.* (*a*) (*Of snow, etc.*) Tomber en flocons. (*b*) (*Of metal, mineral, etc.*) **To flake (away, off),** s'écailler, se feuilleter; se diviser en lamelles, en paillettes; (*of stone*) s'épaufrer. *The paint is flaking* *off*, la peinture s'écaille, se détache par écailles. *Picture that is flaking (off)*, tableau *m* qui s'écaille. *The scales f. off*, les écailles *f* se détachent. **2.** *v.tr.* (*a*) Couvrir, parsemer, de flocons (de neige, etc.). (*b*) Écailler (la peinture, etc.). (*c*) = FLECK[2].

flaked, *a.* (*Of gum-lac, etc.*) En écailles. **Flaked soap**, savon *m* en paillettes.

flaking, *s.* **1.** **Flaking (off)**, écaillement *m* (de la peinture); craquelure *f*. **2.** = FLECKING.

flaky ['fleiki], *a.* **1.** (*Of snow, wool, etc.*) Floconneux. **2.** (*Of mineral, metal, etc.*) Écailleux, lamellé, lamelleux, lamelliforme; (*of soap*) en paillettes. **Flaky pastry**, pâte feuilletée; feuilletage *m*; feuilleté *m*.

flam[1] [flam], *s.* *F:* Blague *f*, hâblerie *f*, charlatanerie *f*. **No flam!** sans blague!

flam[2], *s.* Fla *m* (sur le tambour).

flambé ['flambei], *a.* & *s.* *Cer:* Flammé (*m*).

flamboyance [flam'bɔiəns], **flamboyancy** [flam'bɔiənsi], *s.* Qualité flamboyante (du style, etc.).

flamboyant [flam'bɔiənt], *a.* *Arch: etc:* (Style, etc.) flamboyant.

flame[1] [fleim], *s.* **1.** Flamme *f*; feu *m*, flamme (de chalumeau). **To commit s.o. to the flames**, condamner qn au feu. *F: To commit one's manuscripts to the flames*, faire un autodafé de ses manuscrits. **In flames**, en flammes, en feu. **To burst, break, into flame(s), to go up in flames**, s'enflammer brusquement, se mettre à flamber. *Ch: Metall:* **Oxidizing, reducing, flame**, flamme oxydante, réductrice. **Carburizing flame**, flamme carburante. *See also* FUEL[1], PILOT-FLAME. **2.** *F:* Éclat *m* (d'une lumière, d'une couleur, d'une pierre précieuse). **3.** *F:* (*a*) Passion *f*, ardeur *f*, flamme. **To fan the flame**, attiser les passions. (*b*) *Hum:* (*Pers.*) Béguin *m*, caprice *m*. *He, she, is an old f. of mine*, c'est une de mes anciennes flammes, de mes anciennes amours, un de mes anciens béguins, un de mes anciens flirts.

'flame(-coloured), *a.* Ponceau *inv*; couleur de feu *inv*.

'flame-flower, *s.* *Bot:* Tritome *m*.

'flame-guard, *s.* *Ind:* Pare-flamme *m*, *pl.* pare-flammes.

'flame-projector, -thrower, *s.* *Mil:* Lance-flammes *m inv*; projecteur *m* de flammes.

'flame-'red, *a.* Rouge feu *inv*.

'flame-spectrum, *s.* *Ph:* Spectre *m* d'une substance volatilisée dans une flamme peu visible. **Flame-spectra of metals**, spectres de vapeurs métalliques.

'flame-test, *s.* *Ch: Metall:* Essai *m* de coloration.

flame[2]. **1.** *v.i.* (*a*) (*Of fire, house, etc.*) Flamber, flamboyer, jeter des flammes; *F:* (*of passions, etc.*) flamber, s'enflammer. (*b*) (*Of diamond, gold, etc.*) Briller, luire. **2.** *v.tr.* *Med: etc:* Flamber (un instrument); passer (un instrument) à la flamme.

flame out, *v.i.* (*a*) Jeter des flammes. (*b*) *F:* (*Of passions, etc.*) Éclater.

flame up, *v.i.* (*a*) S'enflammer. *To f. up again*, se renflammer. (*b*) *F:* (*Of pers.*) S'enflammer de colère; s'emporter. (*c*) *F:* (*Of pers.*) Rougir comme une pivoine; devenir cramoisi.

flaming[1], *a.* **1.** (Feu) flambant, flamboyant; (maison *f*, etc.) en flammes; *Lit:* (sabre) flamboyant. *El:* **Flaming arc**, arc *m* à flamme. **2.** *F:* *F. sun*, soleil ardent, flamboyant. **Flaming red**, rouge feu *inv*. *F. red tie*, cravate *f* d'un rouge flamboyant. *F. colour, attire*, couleur, toilette, rutilante, flamboyante. *F. accounts*, des récits exagérés, flamboyants. **3.** *P:* = BLOODY[1] 2.

flaming[2], *s.* Flamboiement *m*, embrasement *m*. *El: F. of the arc*, flamboiement de l'arc.

flameless ['fleimləs], *a.* (Feu, etc.) sans flamme. *Min:* **Flameless explosive**, explosif *m* de sûreté.

flamen ['fleimen], *s.* *Rom.Ant:* Flamine *m*.

flamenco [fla'meŋko], *s.* *Span.Danc:* Flamenca *f*.

flamingo [fla'miŋgo]. **1.** *s.* *Orn:* Flam(m)ant *m*. **2.** *a.* & *s.* Écarlate (*f*).

Flaminian Way (the) [ðəfla'minian'wei], *s.* *Rom.Ant:* La Voie Flaminienne.

flammulated ['flamjuleitid], *a.* Flammé; à taches couleur de flamme.

flan [flan], *s.* **1.** *Num:* Flan *m*. **2.** *Cu:* (*a*) Flan. (*b*) Tarte *f* aux fruits, aux pommes, etc.

Flanders ['flɑːndərz]. *Pr.n. Geog:* La Flandre; *A:* les Flandres. **West, East, Flanders**, la Flandre occidentale, orientale. **The battles of Flanders**, les batailles des Flandres. **The Flanders poppy**, le "coquelicot des Flandres" (vendu le 11 novembre dans toute la Grande-Bretagne au profit de l'œuvre des mutilés de guerre).

flange[1] [flandʒ], *s.* **1.** Collet *m*, collerette *f*, saillie *f*; bride *f*, bourrelet *m* (d'un tuyau, etc.); boudin *m*, rebord *m*, bourrelet, mentonnet *m* (d'une roue); bourrelet (d'une cartouche); joue *f* (d'un galet, etc.); aile *f*, semelle *f*, panne *f*, table *f* (d'une poutre); membrure *f* (d'une poutre à âme pleine); chape *f* (d'un rouleau); mâchoire *f* (d'une poulie); patin *m* (d'un rail); talon *m* (d'un essieu); taquet *m* (de châssis de moulage); flasque *m or f* (d'assemblage). *Phot:* Rondelle *f* (d'un objectif). *I.C.E: etc:* **Fly-wheel flange** (*on crank-shaft*), embase *f* pour l'attache du volant. *F. of a connecting-rod*, aile de bielle. *Mch: I.C.E: F. of a cylinder*, embase, semelle, face inférieure, d'un cylindre. **Flange coupling, flange joint**, joint *m* ou raccordement *m* à brides; manchon *m* à plateaux. *Aut:* **Wing flange**, joue, bajoue *f*, d'aile. **2.** *I.C.E: etc:* **Cooling flange**, ailette *f* ou nervure *f* de refroidissement. **Flange-cooled cylinder, engine**, cylindre à refroidissement par ailettes; moteur *m* à ailettes.

flange[2], *v.tr.* *Tchn:* Brider, faire une bride à (qch.). *To f. a pipe*, brider un tube; faire un collet à un tube; rabattre la collerette d'un tube. *To f. a plate*, border une tôle; rabattre un collet sur une tôle; rabattre, refouler, le bord d'une tôle; tomber le bord d'une tôle. *To f. a wheel*, bourreler une roue. *To f. an edge*, tomber un bord.

flanged, *a.* **1.** (Tube, etc.) à bride(s); (roue, etc.) à boudin, à bourrelet, à mentonnet, à rebord; (engrenage, etc.) à joues; (rail) à patin; (poutre) à aile, à semelle. *F. plate*, tôle *f* à bord tombé. *See also* DOUBLE-FLANGED. **2.** *Aut:* (Radiateur *m*) à ailettes.

flanging, *s.* *Metalw: etc:* **1.** (i) Façonnage *m*, (ii) rabattement *m*, des brides, des bords, des collerettes; tombage *m* des bords; bordage *m*. *F. machine, press*, machine *f*, presse *f*, à border. **2.** *Coll.* Les collets, collerettes, brides, etc. (*See* FLANGE[1].)

flank[1] [flaŋk], *s.* **1.** (*a*) Flanc *m* (d'une personne, d'un animal). (*b*) *Cu:* Flanchet *m* (de bœuf). **Thin flank**, grasset *m*. **2.** (*a*) *F:* Côté *m*, flanc (d'un édifice, d'une montagne, etc.); berge *f* (d'une montagne). (*b*) *Mil: Fort:* Flanc (d'une armée, d'un bastion, etc.). *To attack on the f.*, attaquer de flanc. **To take the enemy in flank**, prendre l'ennemi de flanc. **Flank march, attack**, marche *f*, attaque *f*, de flanc.

flank[2], *v.tr.* Flanquer. **1.** Défendre, soutenir, (qch.) sur le flanc. *To f. sth. with, by, sth.*, flanquer qch. de qch. *The battleships were flanked with destroyers*, les torpilleurs étaient échelonnés le long de la ligne de cuirassés. **2.** *Mil:* Prendre (l'ennemi, etc.) de flanc. *Artil:* Enfiler, prendre en enfilade (une tranchée, etc.). **3.** (*a*) Être disposé à côté de (qch.). *Mountains flanked us on either side*, les montagnes étaient de chaque côté de nous; nous avions des montagnes de chaque côté. *F: A piece of veal flanked by two dishes of salad*, un rôti de veau flanqué de deux salades. (*b*) Passer à côté de, sur le flanc de (qch.).

flanking, *s.* Flanquement *m*. *Mil:* **Flanking fire**, tir *m* de flanquement.

flanker ['flaŋkər], *s.* **1.** *Fort:* Flanquement *m*, ouvrage flanquant. **2.** (*Pers.*) *Mil:* Flanqueur *m*.

flannel ['flan(ə)l], *s.* **1.** (*a*) *Tex:* Flanelle *f*. **Cotton flannel, Canton flannel**, flanelle de coton; flanellette *f*; pilou *m*. *To wear f.*, porter de la flanelle. **Flannel trousers**, un pantalon de flanelle. *A f. vest*, un gilet de flanelle; *F:* une flanelle. **Flannel jacket**, (i) gilet *m* de flanelle; (ii) *P:* terrassier *m*, piocheur *m*; homme *m* de peine. (*b*) *pl.* **Flannels**, articles *m* de flanelle; flanelles. *Cost:* **To wear flannels**, (i) porter un costume en, de, flanelle; (ii) porter un costume de cricket. **2.** *Dom.Ec:* **House flannel**, torchon *m*, torchette *f*, flanelle. *See also* FACE-FLANNEL.

flannel-'clad, *a.* **1.** En costume de flanelle. **2.** En costume de cricket.

flannel-'suited, *a.* En costume de flanelle.

flannelette [flanəl'et], *s.* *Tex:* Flanelle *f* de coton; flanellette *f*, pilou *m*.

flannelled ['flan(ə)ld], *a.* = FLANNEL-CLAD.

flannelly ['flanəli], *a.* Semblable à la flanelle; pelucheux; lâche; sans consistance.

flanning ['flaniŋ], *s.* *Const:* Embrasure *f* (de fenêtre, etc.).

flap[1] [flap], *s.* **1.** (*a*) Battement *m*, coup *m* (d'aile, etc.); clapotement *m*, claquement *m* (d'une voile); flottement *m* (d'un pavillon); voltigement *m* (d'un rideau). (*b*) Coup léger (de la main); tape *f*. (*c*) *Ling:* **Flap(-consonant)**, consonne *f* à un seul battement (de langue). **2.** (*a*) Patte *f* (d'une enveloppe, d'une poche, etc.); rabat *m* (d'une casquette); pan *m* (d'un habit). *Hat with wide flaps*, chapeau *m* à larges bords *m*. *Handbag with a pocket in the f.*, sac *m* avec poche au rabat. *Aut:* **Door-pocket flap**, rabat de poche du panneau de la porte. *Harn:* **Saddle flap**, quartier *m* de selle. *Ich:* **(Gill-)flap**, opercule *m*. *Crust:* **Terminal flap**, telson *m*. *Hyd.E:* **Valve flap**, clapet *m* de soupape. *Nau:* **Port-hole flap**, mantelet *m* de sabord. *See also* DRIP-FLAP, EAR-FLAP, HAWSE-FLAP, MUD-FLAP, MUSHROOM[1] 1, SWEAT FLAP, TIDE-FLAP. (*b*) Abattant *m*, battant *m* (de table); trappe *f* (de cave). *Desk with a writing f.*, bureau *m* en fruitier. *Sm.a:* **Flap of the back-sight**, planche *f*, lamelle *f*, de la hausse. *Phot:* **Flap(-shutter)**, obturateur *m* à volet. *See also* CELLAR-FLAP, WING-FLAP 2. (*c*) *Av:* Volet *m*. **Balancing flap**, aileron *m*. *Camber-changing f.*, aileron de courbure. *Split f.*, volet *m* d'intrados. (*d*) *Surg:* Manchette *f*, lambeau *m*. **Flap amputation**, amputation *f* à lambeau(x).

'flap-eared, *a.* (Chien, etc.) aux oreilles pendantes.

'flap-ears, *s.pl.* Oreilles pendantes (de chien, de lapin, etc.).

'flap-hat, *s.* Chapeau *m* à bords larges, souples et pendants.

'flap-hinge, *s.* *Join:* Briquet *m*.

'flap-seat, *s.* **1.** Strapontin *m*. **2.** Abattant *m* (de cuvette de cabinet d'aisances).

'flap-sight, *s.* *Sm.a:* Hausse *f* à charnière.

'flap-table, *s.* Table *f* qui se rabat; table à abattant, à battant.

'flap-valve, *s.* Soupape *f* à clapet, à charnière; clapet *m*.

flap[2], *v.* (**flapped**; **flapping**) **1.** *v.tr.* (*a*) Battre. *The bird flaps its wings*, l'oiseau bat des ailes, trémousse des ailes. **To flap one's arms about**, battre des bras. *Abs. A heron came flapping up the creek*, un héron remontait l'estuaire en battant des ailes. *P:* **To flap one's mouth**, caqueter, bavarder. (*b*) Frapper (qch.) légèrement. **To flap away the flies**, chasser les mouches. **2.** *v.i.* (*Of sail, etc.*) Battre, fouetter, claquer; (*of curtain*) voltiger; (*of wings*) battre; (*of shutter*) ballotter. *The sails were flapping idly against the masts*, les voiles pendaient le long des mâts. *Mec.E: The belt flaps*, la courroie flotte.

flapping, *s.* Battement *m* (des ailes, etc.); clapotement *m*, claquement *m* (d'une voile); flottement *m* (d'un pavillon, etc.); voltigement *m* (d'un rideau).

flapdoodle [flap'duːdl], *s.* *P:* Balivernes *fpl*; blagues *fpl*; boniments *mpl* oiseux. *F. story*, conte *m* en l'air.

flapjack ['flapdʒak], *s.* **1.** *Cu: Dial: U.S:* Crêpe *f*. **2.** *Toil:* Clou *m* de Paris.

flapped [flapt], *a.* **1.** (*Of cheek, ear*) Pendant. **2.** (*Of coat, etc.*) A pans; (*of pocket, etc.*) à patte; (*of cap, etc.*) à rabats.

flapper ['flapər], *s.* **1.** (*a*) **(Fly-)flapper**, balai *m* tue-mouches; chasse-mouches *m inv*; tapette *f*. (*b*) Battoir *m* (d'un fléau). (*c*) Claquette *f*, claquoir *m*. (*d*) *pl.* *U.S:* *F:* Oreilles *f*. **2.** (*a*) = FLIPPER 1. *Av:* **Flapper wings**, ailes articulées.

(*b*) *Crust:* Telson *m.* **3.** *Orn:* (i) Halbran *m.* (ii) Perdreau *m.* **4.** *P:* Jeune fille *f* (aux tresses pendantes); jeune fille qui n'a pas encore débuté; petite pensionnaire; jeunesse *f.*

'flapper-bracket, -seat, *s. F:* Siège *m* arrière de motocyclette (où s'assied la jeune fille).

'flapper vote, *s. Pol: F:* **1.** Le droit de vote accordé aux jeunes filles âgées de vingt et un ans. **2.** Les suffrages *m* des jeunes filles.

flare[1] ['flɛər], *s.* **1.** (*a*) Flamboiement irrégulier, flamme vacillante (de gaz, etc.). (*b*) Feu *m* (de signal). *Mil:* Artifice éclairant; fusée éclairante. *Pyr:* (i) Pot *m* à feu; (ii) feu *m* de Bengale. *Av:* **Landing flare,** feu d'atterrissage. (*c*) *Phot:* **Flare(-spot),** tache centrale, tache par réflexion; spectre *m* secondaire; vague image *f* du diaphragme (sur la plaque). **2.** Évasement *m* (du flanc d'un navire); évasement, godet *m* (d'une jupe); épanouissement *m,* renflement *m* (d'un tube); pavillon *m* (d'un entonnoir). *F. of the roots of a tree,* empattement *m* d'un arbre.

'flare-lamp, *s.* Gazéificateur *m.*

flare[2]. **1.** *v.i.* (*a*) (*Of candle, lamp, etc.*) Flamboyer, vaciller; brûler avec une lumière irrégulière; donner une lumière inégale. (*b*) *Tchn:* (*Of tube, etc.*) S'évaser; (*of metal plate, etc.*) se dilater, se renfler; faire saillie; (*of skirt, of ship's sides*) s'évaser. **2.** *v.tr.* Évaser (un tube, les hauts d'un navire, une jupe, une embrasure, etc.).

flare out. **1.** *v.i.* (*a*) Flamboyer. (*b*) *F:* *To f. out at s.o.,* faire une algarade à qn. **2.** *v.tr.* Dire, répliquer, (qch.) avec emportement.

flare up, *v.i.* (*a*) (*Of beacon, candle, etc.*) S'enflammer brusquement; lancer des flammes. *To f. up again,* se renflammer. (*b*) (*Of headlamps, etc.*) Augmenter d'intensité. (*c*) *F:* (*Of pers.*) S'emporter, se mettre en colère, *F:* monter à l'échelle. *He flared up,* la moutarde lui a monté au nez, il a monté comme une soupe au lait. *He flares up at the least thing,* il se fâche pour un oui ou pour un non. *To make s.o. f. up,* faire bondir qn.

flare-'up, *s.* **1.** (*a*) Flambée soudaine. (*b*) *F:* (i) Altercation *f,* scène *f,* prise *f* de bec; (ii) bagarre *f.* (*c*) *F:* Noce *f* à tout casser. **2.** *Nau:* **Flare-up (light),** feu *m* de fortune.

flared, *a.* **1.** (Jupe, etc.) à godets, évasée. **2.** (Tube, etc.) évasé, épanoui.

flaring[1], *a.* **1.** (*a*) (*Of light, etc.*) Flamboyant. (*b*) *F:* (*Of colours, etc.*) Voyant, éclatant, éblouissant. **2.** (*Of ship's sides, shape, etc.*) Évasé.

flaring[2], *s.* **1.** Flamboiement *m* (d'une lumière, etc.). **2.** (*a*) Évasement *m* (d'une jupe, etc.). *N.Arch:* *F. of timbers,* dévoiement *m.* (*b*) = FLARE[1] 2.

flare[3], *s. Cu:* Lard *m* (de porc).

flash[1] [flaʃ], *a. F:* **1.** (*Of clothes, etc.*) Fastueux, voyant, tapageur; (*of hotel, etc.*) chic, *P:* palace. *F. person,* faiseur, -euse, d'épate; crâneur, -euse; esbrouffeur, -euse. **2.** (*Of money*) Contrefait, faux. **3.** (*a*) *A:* Bien éveillé, rusé, fin. (*b*) *F. gentry,* les filous *m,* les escrocs *m;* la haute pègre. *F. language,* argot *m* des voleurs.

'flash-house, *s. F:* Maison *f* borgne; (i) repaire *m* de voleurs; (ii) bordel *m,* tripot *m.*

flash[2], *s.* **1.** (*a*) Éclair *m;* lueur soudaine; effulguration *f;* éclat *m* (de flamme, d'étincelles). *El:* *F. across the terminals,* débordement *m,* jaillissement *m,* d'étincelles entre les bornes. **A flash of lightning,** un éclair. *F. of a gun,* lueur, éclair, d'un canon. *F:* **A flash in the pan,** un feu de paille. **Flash of wit,** saillie *f,* bluette *f,* boutade *f.* **Flash of genius,** éclair, étincelle *f,* de génie. *F. of hope,* rayon *m* d'espoir; court moment d'espoir. *Flashes of laughter,* brefs éclats de rire. (*b*) **In a flash,** en un rien de temps; en un clin d'œil; dans un éclair. *In a f. he recognized the spot,* brusquement il reconnut l'endroit. *It all happened in a f.,* tout se passa en moins de rien. *Mch:* **Flash (steam) generator, flash boiler,** chaudière *f* à vaporisation instantanée. (*c*) *Journ: U.S:* Dernière nouvelle. (*d*) *Cin:* Scène de raccord (très courte). **2.** *F:* (*a*) Faste *m,* ostentation *f;* *P:* épate *f,* esbrouffe *f.* (*b*) Argot *m* de la basse pègre. **3.** *Metall:* Bavure *f* (d'une pièce brute de forge). **4.** *Hyd.E:* (*a*) Chasse *f* d'eau (pour déséchouer les bateaux envasés). (*b*) Réservoir d'eau (ménagé dans une rivière). *See also* LOCK[2] 7.

'flash-board, *s. Hyd.E:* (*Of dam, sluice-gate, etc.*) Hausse *f,* batardeau *m* mobile.

'flash-concealer, *s. Artil:* Cache-flamme *m,* cache-lueur *m,* *pl.* cache-flamme(s), cache-lueur(s).

'flash-hole, *s. Mil:* Évent *m* (d'une fusée).

'flash-lamp, *s.* **1.** Lanterne *f* de signalisation; lanterne-signal *f,* *pl.* lanternes-signal. **2.** Lampe électrique portative; lampe de poche. **3.** *Phot:* Lampe-éclair *f,* *pl.* lampes-éclair; lampe au magnésium.

'flash-light, *s.* **1.** (*Of lighthouse, etc.*) Feu *m* à éclats. **2.** *Phot:* Lumière-éclair *f;* éclair *m* magnésique, au magnésium. **Flash-light photograph, flash-light photography,** prise *f* de vue(s) au magnésium. **Flash-light powder,** photopoudre *f.* **3.** = FLASH-LAMP.

'flash-pan, *s. A:* Bassinet *m* (d'un fusil à pierre).

'flash-point, *s.* = FLASHING-POINT.

'flash-powder, *s. Phot:* Poudre éclair(ante).

'flash-screen, *s. Artil:* = FLASH-CONCEALER.

flash[3]. I. *v.i.* **1.** (*a*) (*Of fire, light, eyes, etc.*) Jeter des éclairs; jeter une lueur; lancer des étincelles; flamboyer; (*of diamonds, etc.*) éclater, briller, étinceler; (*of lake, armour, etc.*) miroiter. *The sun flashes,* le soleil darde ses rayons. *His eyes flashed with anger,* ses yeux lançaient des éclairs de colère; ses yeux étincelaient, flamboyaient, de colère; la colère éclatait dans ses regards. *With cogn.acc.* **His eyes flashed fire,** ses yeux jetèrent des éclairs. **To flash in the pan,** (i) *A:* (*of gun*) faire long feu; (ii) *F:* (*of undertaking, etc.*) faire feu de paille. (*b*) **To flash past,** passer comme un éclair. *The thought flashed through my mind,* cette pensée traversa mon esprit comme un éclair. **It flashed upon me, across my mind, that . . .,** l'idée me vint tout d'un coup que. . . . **To flash round on s.o.,** se retourner vivement du côté de qn. **2.** (*Of river, waves, etc.*) Se précipiter; rejaillir (contre un rocher, etc.).

II. **flash,** *v.tr.* **1.** (*a*) Faire flamboyer (un sabre, etc.); faire étinceler (ses bijoux). *F:* *To f. one's watch in someone's face,* faire parade de sa montre devant qn. (*b*) Projeter. *To f. a beam of light on sth.,* projeter un rayon de lumière sur qch. *He flashed his lantern on to . . .,* il dirigea les rayons de sa lanterne sur. . . . *To f. a light in s.o.'s eyes,* diriger un jet de lumière dans les yeux de qn. *This word flashed a sudden light upon the mystery,* ce mot fut un trait de lumière qui éclaira l'énigme. *Cin:* *To f. a portrait, etc., on to the screen,* projeter un portrait, etc., sur l'écran. *He flashed a glance of hatred at me,* il darda sur moi un regard chargé de haine. **To flash back defiance,** riposter par un défi. "*Leave me alone,*" **she flashed (out),** "laissez-moi," dit-elle brusquement. (*c*) *Tg:* *To f. a piece of news all over Europe,* répandre une nouvelle (par le télégraphe ou par la radio) à travers l'Europe. **2.** *Glassm:* (*a*) Plaquer. **Flashed glass,** verre plaqué. (*b*) Étendre (le verre) en feuilles. **3.** *El.E:* Nourrir, carburer (le filament d'une lampe). **4.** *Hyd.E:* (*Of water, pers.*) **To flash a river,** donner une chasse à une rivière.

flash back, *v.i.* (*Of Bunsen burner, etc.*) Avoir un retour de flamme.

'flash-back, *s.* **1.** Retour *m* de flamme. **2.** *Cin.* Scène *f* de rappel (du passé). *A f.-b. to pre-war times,* retour sur l'avant-guerre.

flash over, *v.i. El.E:* (*Of conductor, etc.*) Cracher, faire jaillir, des étincelles.

flash-'over, *s. El.E:* Crachement *m* périphérique; jaillissement *m* d'étincelles; court-circuit *m,* *pl.* courts-circuits.

flash up, *v.i.* = FLARE UP (*c*).

flashing[1], *a.* (*Of sword, torch, gem, etc.*) Éclatant, flamboyant; (*of armour, etc.*) miroitant. *F. teeth,* dents éclatantes. *F. eyes,* yeux qui brillent comme deux escarboucles. *Nau:* **Flashing light,** phare *m,* feu *m,* à éclats; feu tournant. **Flashing signal,** signal clignotant, à éclats. *See also* SIGN[1] 3.

flashing[2], *s.* **1.** (*a*) Flamboiement *m* (du feu); éclat *m,* étincellement *m* (d'un diamant); miroitement *m* (d'un miroir à alouettes, etc.); clignotement *m* (d'un signal). (*b*) Rejaillissement *m* (des vagues). **2.** Projection *f* (d'un rayon de lumière). **3.** *Glassm:* (*a*) Placage *m.* (*b*) Étalage *m* en feuilles. **4.** *El.E:* Nourrissage *m,* carburation *f* (du filament). **5.** *Hyd.E:* Ouverture *f* des écluses.

'flashing-point, *s.* (*Of an oil fuel, etc.*) Point *m* d'éclair, d'inflammabilité, d'inflammation; point de combustion, d'ignition.

flash[4], *v.tr. Const:* Chaperonner (un assemblage).

flashed, *a. Const:* (Joint) chaperonné; (joint) à rejéteau.

flashing[3], *s.* (*a*) *Const:* (i) Pose *f* du chaperon; (ii) chaperon. **Flashing-board, -moulding,** reverseau *m;* rejéteau *m,* rejetteau *m;* jet *m* d'eau. (*b*) *Plumb:* Noquet *m;* noue *f.*

flasher ['flaʃər], *s.* Dispositif *m* d'éclairage intermittent; éclipseur *m;* signalisateur *m.* *Aut:* **Stop-light flasher,** signalisateur du feu "Stop."

flashiness ['flaʃinəs], *s.* (*Of speech*) Éclat superficiel, faux brillant; (*of dress*) ton tapageur.

flashy ['flaʃi], *a.* (*Of speech, writer, etc.*) (D'un éclat) superficiel; d'un faux brillant; (*of dress, colour, etc.*) voyant, éclatant, tapageur. *F. verse,* *F:* vers pleins de clinquant, chargés d'oripeaux. *F. young man,* jeune homme *m* à toilette tapageuse; jeune homme d'un chic de mauvais aloi. *A young woman, very f.,* une jeune femme, très grue. *F. goods,* du tape-à-l'œil. *F. jewels,* bijoux d'un luxe criard. **-ily,** *adv.* **Flashily-dressed,** à toilette tapageuse.

flask [flɑːsk], *s.* **1.** (*a*) Flacon *m;* gourde *f* (d'eau-de-vie). **Drinking flask,** (bouteille-)gourde *f.* **Brandy flask,** flacon à cognac. **Florence flask,** fiasque *f.* *See also* THERMOS, VACUUM-FLASK. (*b*) *Ch:* (i) Fiole *f.* *Iron mercury-f.,* flasque *f.* (ii) Ballon *m.* *Flat-bottomed f.,* ballon à fond plat. **Dumas' flask,** ampoule *f* de Dumas. **2.** *A:* = POWDER-FLASK. **3.** *Metall:* Châssis *m* (de moulage). *See also* TOP-FLASK. **4.** *Navy: U.S:* Réservoir *m* d'air comprimé (d'une torpille).

flat[1] [flat], *s.* **1.** Étage *m.* **2.** Appartement *m.* **Residential flat,** appartement d'habitation. **Service-flat,** appartement avec service compris et repas à volonté. *To live in a f.,* occuper un appartement; vivre en appartement. **Block of flats,** groupe *m* de maisons de rapport. *See also* SELF-CONTAINED 2.

flat[2]. I. *a.* Plat. **1.** (*a*) Horizontal, -aux; posé à plat. **Flat roof,** toit plat; (toit en) terrasse *f.* *F. desk,* pupitre plat. *Golf:* **Flat club,** crosse *f* à face très renversée. *See also* SEAM[1] 1. (*b*) (*Of curve, etc.*) Aplati. *Arch:* **Flat arch,** voûte plate; arc déprimé. *Ball:* **Flat trajectory,** trajectoire rasante, tendue. *Golf:* **Flat swing,** ballant horizontal. *See also* SPIN[1] 1. (*c*) (*Of hand, body, etc.*) Étendu à plat. **To fall flat on one's face,** tomber, se jeter, à plat ventre. *To fall f. on one's back,* tomber sur le dos. *She fell f. on to the carpet,* elle tomba de sa hauteur sur le tapis. **To lie down flat on the ground,** se planquer contre le sol; s'aplatir par terre. *Lying, stretched, f. on the ground,* couché, étendu, à plat sur le sol. *Lying f. on the deck,* étendu à plat pont. *To place sth. f. against a wall,* mettre qch. à plat contre un mur. *Stones laid f.,* pierres *f* à plat. **A blow which laid him flat,** un coup qui l'a terrassé, aplati. *His hair lies f. on his brow,* ses cheveux sont plaqués sur son front. *Aut: etc:* **To go flat out,** filer à toute allure. (*d*) (*Of surface*) Plat, uni, plan, méplat. *F. country,* pays plat; pays de plaine. *Nau:* *F. coast,* côte basse. *F. side of a sword,* plat *m* d'un sabre. **Flat iron,** fer méplat. **Flat iron bar,** fer méplat, plat *m* de fer. *F. chest,* poitrine plate. *F. nose,* nez épaté, aplati, camus. *F. tyre,* pneu *m* à plat. (*Of tyre*) **To go flat,** s'aplatir. **My tyres are down flat,** mes pneus sont dégonflés, sont à plat. **To wear a surface flat,** araser une surface. *To beat, make, sth. f.,* aplatir qch. *Sp:* **Flat racing,** le plat. **Flat race,** course plate; course de plat. *Bookb:* **Flat sheets,** feuilles *f* à plat. **Flat back,** (i) dos plat, (ii) livre *m* à dos plat. *Opt: Phot:* **Flat field,** champ plan. *Geom:* **Flat projection,** plan géométral; géométral *m*. *F:* **As flat as a pancake,** plat comme une galette, comme une punaise. *See also* SPRING[1] 5. (*e*) (*Of picture*) Sans relief. **Flat tint,** teinte plate, *Engr:* aplat *m*. *See also* LIGHTING 2. (*f*) *I.C.E:* **Flat spot** (*of a carburettor*), "trou" *m* dans le passage du ralenti à la marche normale. (*g*) *Paint:* **Flat surface, colour,** surface mate, couleur mate. **Flat patch,** embu *m*. (*Of paint*) *To become f.*, s'emboire. **2.** *F:* Net, *f*. nette; positif. *F. denial*, dénégation formelle; démenti formel, absolu, direct. *F. refusal*, refus net, catégorique, absolu. *To give a f. refusal*, refuser net. *That is f. heresy*, c'est de l'hérésie pure. *Rule that is in f. opposition to practice*, règle qui est nettement en opposition avec la pratique. *F:* **That's flat!** voilà qui est net! qui est clair! mettez ça dans votre poche! **3.** (*a*) (*Of existence, etc.*) Monotone, ennuyeux, veule; (*of style, conversation, etc.*) fade, terne, insipide; (*of pers.*) ennuyeux, stupide. *F. voice*, voix terne, blanche. *Yesterday was a f. day*, la journée d'hier a été ennuyeuse. **I was feeling a bit flat,** je n'étais pas dans mon assiette; je me sentais un peu las; je me sentais déprimé, à plat. *Com:* **Flat market,** marché calme, languissant. *Nau:* **Flat calm,** calme plat. *F:* (*Of joke, etc.*) **To fall flat,** rater, manquer, son effet; tomber à plat; (*of play*) faire four. (*b*) (*Of drink*) Éventé, plat; qui a un goût d'évent, un goût évaporé. *F. wine*, vin mou. **4.** Invariable, uniforme. **Flat rate of pay,** taux *m* uniforme de salaires. **At a flat price of sixpence each,** à un prix unique de six pence chacun. *The f. yield on an investment*, le rendement d'un placement sans bonifications ni déductions. *U.S:* **Flat quotation,** cotation *f* sans intérêts. **Shares sold flat,** actions vendues sans intérêts. **5.** (*a*) (Son, etc.) sourd. (*b*) *Mus:* Bémol *inv*. **Symphony in D flat,** symphonie *f* en ré bémol. **To sing flat,** chanter faux; détonner. **6.** *Gram:* **Flat adverb,** adverbe *m* de la même forme que l'adjectif correspondant. **-ly,** *adv*. **1.** (*a*) A plat. *F. arched*, à arc déprimé. (*b*) *Art:* *To paint f.*, peindre sans relief. **2.** *F:* Nettement, carrément. *To deny sth. f.*, nier absolument qch. *To refuse f.*, refuser carrément, tout sec, tout net. *He f. refused to fall in with my wishes*, il opposa un refus absolu à mes désirs. *F. opposed*, en contradiction directe. **3.** *F:* (S'exprimer, etc.) platement, insipidement, sans esprit.

II. **flat,** *adv*. *F:* Nettement, positivement. *He told me f. that . . .*, il m'a dit carrément que. . . .

III. **flat,** *s*. **1.** (*a*) Plat *m* (d'un sabre, etc.). **The flat of the hand,** l'avant-main *m*. *Blow with the f. of the hand*, coup donné avec la main plate. *F. of an anvil*, aire *f* d'une enclume. *Const:* *F. of a roof*, plate-forme *f*, *pl*. plates-formes. **To wear a flat on a wheel,** aplatir par l'usage une section de la jante d'une roue. **Flat (seating)** (*for an appliance*), méplat *m*. **Screw-thread flat,** troncature *f* de filet. *Art:* **On the flat,** sur papier, sur toile. (*b*) **Optical flat,** plan *m* optique. **2.** (*a*) Plaine *f*; pays plat; bas-fond *m*, *pl*. bas-fonds; marécage *m*. (*b*) *Nau:* Basse *f*, bas-fond; (*left exposed at low tide*) sèche *f*, platin *m*. *See also* MUD-FLAT. **3.** (*Horizontal*) (*a*) **To cast a pipe on the flat,** couler un tuyau horizontalement. *Rail:* *Track on the f.*, voie *f* en palier. *Rac:* **On the flat,** sur le plat. (*b*) *Min:* Plateure *f*. **4.** (*a*) *Nau:* = FLAT-BOAT. (*b*) (*Basket*) Calais *m*. (*c*) *Th:* Châssis *m* ou ferme *f*; paroi *f* (d'une scène). *pl*. **The flats,** les fermes ou les coulisses *f*. *F:* **To join the flats of . . .,** raccorder les parties de. . . . (*d*) (*Of cinema studio*) Panneau *m* anti-sonore; abat-son *m inv*. **5.** (*a*) *Artil:* Pan *m* de canon. (*b*) *Veh:* Pan latéral (de carrosserie). **6.** *N.Arch:* Varangue *f* de fond. **In the flats,** à fond de cale. *See also* DECK-FLAT. **7.** *F:* (*Pers.*) Jobard *m*, niais, -aise, benêt *m*, jocrisse *m*, gogo *m*, poire *f*. **8.** *Mus:* Bémol *m*. *Flats and sharps of a piano*, touches noires d'un piano.

'flat-bill, *s*. *Orn:* (*a*) Todier *m* (des Antilles). (*b*) Platyrhynque *m*.

'flat-boat, *s*. *Nau:* Bateau plat; plate *f*.

'flat-'bottom(ed), *a*. (Bateau) ras, à fond plat; (rail *m*) à patin, à base plate.

'flat-car, *s*. *U.S:* *Rail:* Wagon *m* en plate-forme.

'flat-chisel, *s*. *Tls:* Trépan plat.

'flat-'coated, *a*. (Chien *m*, etc.) à poil ras.

'flat-fish, *s*. *Ich:* Pleuronecte *m*; poisson plat.

'flat-foot, *s*. *Med:* Pied plat.

'flat-'footed, *a*. **1.** A pied plat, aux pieds plats. **2.** *U.S:* *F:* (*a*) (*Of answer, etc.*) Franc, *f*. franche; carré; brutal, -aux. *F.-f. refusal*, refus absolu, catégorique, brutal. (*b*) *adv*. *He refused f.-f.*, il a refusé catégoriquement; il a refusé net.

'Flat-head, *s*. *Ethn:* Tête-plate *m*, *pl*. Têtes-plates (de l'Amérique du Nord).

'flat-'headed, *a*. (*Of pers., nail, etc.*) A tête plate.

'flat-iron, *s*. Fer *m* à repasser.

'flat-nosed, *a*. Au nez épaté, camard, camus. *See also* PLIERS.

'flat-tool, *s*. *Tls:* Ciseau plat (de tournage).

'flat-'twin, *a*. *I.C.E:* (Moteur *m*) à deux cylindres opposés.

'flat-ware, *s*. Vaisselle plate.

'flat-wise, *adv*. A plat.

'flat-'wound, *a*. *El.E:* Enroulé à plat; bobiné à plat.

flat[3], *v.tr*. (**flatted; flatting**) **1.** Aplatir (une barre de métal, etc.); laminer, écacher (le fil de fer, etc.). **2.** Amortir, amatir, rendre mat (une surface, une couleur, etc.). (*In coach-work*) **To flat down the paint,** poncer les apprêts.

flatted[1], *a*. **1.** Aplati, laminé, écaché. **2.** (*Of pigment, surface*) Mat.

flatting, *s*. **1.** (*a*) *Metalw:* Aplatissement *m*, aplatissage *m*, laminage *m*. (*b*) (*In coach-work*) **Flatting down,** ponçage *m* des apprêts. **2.** (*a*) *Const:* Couche *f* de mortier, de ciment. (*b*) Vernis mat.

'flatting-hammer, *s*. Aplatissoir *m*.

'flatting-mill, *s*. *Metall:* Laminoir *m*, aplatissoir *m*.

flatlet ['flætlet], *s*. Petit appartement.

flatness ['flætnəs], *s*. **1.** Égalité *f*, nature plate (d'une surface, etc.); égalité de surface. *Art:* Manque *m* de relief. *Opt:* *Phot:* *F. of the field*, absence *f* de distorsion du champ. **2.** Aplatissement *m* (d'une courbe, etc.). *Ball:* Tension *f* (de la trajectoire). **3.** *F:* (*Of speech*) Franchise *f*; netteté *f* (d'un refus). **4.** *F:* (*a*) Monotonie *f*, prosaïsme *m*, veulerie *f* (de l'existence, etc.); engourdissement *m*, langueur *f* (du marché, etc.); platitude *f*, insipidité *f* (du style, etc.). (*b*) (*Of beer, etc.*) Évent *m*. **5.** (*Of paint, painting*) Embu *m*.

flatstone ['flætstoun], *s*. Dalle *f* tumulaire.

flatted[2] ['flætid], *a*. **Flatted house,** maison *f* de rapport.

flatten [flætn], *v*. (**flattened; flattening**) **1.** *v.tr*. (*a*) **To flatten (down, out),** aplatir, aplanir (qch.). *Metalw:* Laminer, écacher (le fil de fer, etc.). *Needlew:* *To f. out a seam*, aplatir un surjet; rabattre une couture. *To f. the end of a rod*, former des méplats *m* à l'extrémité d'une tige. *To f. a piece on one side*, pratiquer un plat sur un côté d'une pièce. *To f. the head of the needles*, palmer les aiguilles. *To f. curled prints*, redresser des épreuves gondolées. *F:* **To flatten oneself against a wall,** se plaquer, se coller, contre un mur. **To flatten (out) s.o.,** aplatir, écraser, qn; remettre qn à sa place. (*b*) *Nau:* **To flatten (in) a sail,** border plat une voile. (*c*) Rendre (qch.) fade, insipide; éventer (une boisson). (*d*) *Mus:* Bémoliser (une note). (*e*) Rendre mat; amatir, amortir (une couleur, une couche de peinture). **2.** *v.i.* (*a*) S'aplatir, s'aplanir. *Mec.E:* *etc:* *To f. under load*, s'affaisser, s'aplatir, s'écraser, en charge. (*b*) Devenir fade, insipide; s'affadir; (*of wine, etc.*) s'éventer. (*c*) *Av:* **To flatten out,** (i) se redresser (après un vol piqué); reprendre le vol horizontal; (ii) allonger le vol. (*d*) *Mus:* (*In singing*) Chanter faux, détonner.

flattened, *a*. **1.** (*a*) Aplati, aplani. *F. end* (*of rod, etc.*), méplat *m* (d'une tige, etc.). *F. nose*, nez épaté, écaché. (*b*) (Pneu, etc.) mis à plat. **2.** Déprimé. *F. arch*, voûte déprimée, surbaissée. **3.** *Mus:* *F. note*, note bémolisée.

flattening, *s*. **1.** (*a*) Aplatissement *m*, aplatissage *m* (d'une courbe, d'un pneu, etc.); affaissement *m*, écrasement *m* (en charge); laminage *m*, écachement *m* (du fil de fer, etc.); redressement *m* (d'une épreuve gondolée). (*b*) Éventement (d'une boisson). (*c*) Amortissement *m* (d'une couleur). **2.** *Av:* **Flattening out** (*after dive*), ressource *f*, redressement *m*.

flattener ['flætnər], *s*. **1.** Aplatisseur, -euse. **2.** *Tls:* Chasse *f* à parer.

flatter[1] ['flætər], *s*. **1.** *Tls:* Chasse *f* à parer; paroir *m*, aplatissoir *m*. **Counter-flatter,** sous-chasse *f*, *pl*. sous-chasses. **2.** (*In diving*) Plat-ventre *m inv*.

flatter[2], *v.tr*. **1.** Flatter; *F:* passer de la pommade à (qn). *To f. s.o.'s vanity*, flatter, caresser, la vanité de qn. *To f. s.o. excessively*, flagorner qn; *F:* brûler de l'encens devant qn. *Portrait that flatters the sitter*, portrait qui flatte le modèle. *To f. oneself on one's cleverness, on being clever*, se flatter de son habileté, d'être habile. *He flatters himself that he will succeed*, il se flatte de réussir. *He flatters himself that we shall have need of him*, il se flatte qu'on aura besoin de lui. *To f. oneself with hopes of success*, nourrir, se bercer de, l'espoir de réussir. **2.** Charmer, flatter (les yeux, l'oreille). *Music that flatters the ear*, musique qui flatte, chatouille, l'oreille.

flattering[1], *a*. (*Of words, portrait, etc.*) Flatteur, -euse. *To speak in f. terms of s.o., to make f. remarks about s.o.*, parler de qn en termes flatteurs; faire l'éloge de qn; se montrer élogieux à l'égard de qn. *To draw a f. portrait of s.o.*, tracer un portrait flatté de qn; flatter le portrait de qn. *Basely f.*, adulatoire, flagorneur, -euse. **-ly,** *adv*. Flatteusement; en termes flatteurs. *To speak f. of s.o.*, faire l'éloge de qn.

flattering[2], *s*. = FLATTERY.

flatterer ['flætərər], *s*. Flatteur, -euse. *Base f.*, adulateur, -trice; encenseur *m*, thuriféraire *m*; flagorneur, -euse. *F:* **Mealy-mouthed flatterer,** patelin *m*; patelineur, -euse; *P:* peloteur, -euse.

flattery ['flætəri], *s*. Flatterie *f*. *Base f.*, adulation *f*, flagornerie *f*. *F:* *Mealy-mouthed f.*, patelinage *m*. *To shower fulsome f. on s.o.*, *F:* donner des coups d'encensoir à qn. *To overwhelm s.o. with fulsome f.*, casser le nez à qn à coups d'encensoir.

flatulence ['flætjuləns], **flatulency** ['flætjulənsi], *s*. **1.** *Med:* Flatulence *f*, flatuosité *f*, ventosité *f*; ballonnement *m* (de l'estomac); fermentation gastro-intestinale; météorisation *f*. *To suffer from f.*, avoir des vents. **2.** *F:* (*a*) Prétention *f*, vanité *f*. (*b*) Emphase *f*, boursouflure *f* (de style, etc.).

flatulent ['flætjulənt], *a*. **1.** *Med:* (*Of disease, pers., etc.*) Flatulent; (*of food*) flatueux. *To make f.*, météoriser (l'abdomen). **2.** (*a*) Bouffi d'orgueil. (*b*) (Style) emphatique, boursouflé.

flatus ['fleitəs], *s*. *Med:* Flatuosité *f*.

flatwoods ['flætwu:dz], *s.pl*. *U.S:* Bas-fonds boisés.

flaunt[1] [flɔ:nt], *s*. *A:* Ostentation *f*, parade *f*.

flaunt[2]. **1.** *v.i.* (*a*) (*Of flag, plume, etc.*) Flotter (fièrement). (*b*) (*Of pers.*) Parader, se pavaner, s'afficher. **2.** *v.tr*. Étaler, afficher, faire parade de (sa richesse, une passion, etc.). *To f. one's wealth*, faire montre, faire étalage, de son opulence; étaler tout son luxe; *F:* éclabousser le monde de son luxe. *To f. advanced opinions*, arborer, afficher, des opinions avancées. *To f. an action*, faire qch. à la barbe des gens. **3.** *v.tr*. *U.S:* = FLOUT[2] 1.

flaunting[1], *a*. **1.** (Drapeau, etc.) flottant au vent. **2.** (*Of pers., etc.*) Ostentateur, -trice; (*of dress, etc.*) tapageur, -euse, voyant. *F. air*, air *m* de bravade. **-ly,** *adv*. Avec ostentation. *To do sth. f.*, faire qch. à la barbe des gens. *To look f. at s.o.*, regarder qn insolemment, d'un air de bravade.

flaunting[2], *s*. Étalage *m*, affichage *m* (de richesses, d'opinions).

flaunter ['flɔ:ntər], *s*. Ostentateur, -trice. *F. of vices*, fanfaron *m* du vice.

flaunty ['flɔ:nti], *a*. = FLAUNTING[1] 2.

flautist ['flɔ:tist], *s*. *Mus:* Flûtiste *mf*.

flavescent [flei'ves(ə)nt], *a*. (Blé, etc.) flavescent, qui tourne au jaune.

Flavian ['fleiviən]. *Pr.n.m*. Flavien.

flavin ['fleivin], *s*. *Ch:* Flavine *f*.

flavour[1] ['fleivər], *s*. Saveur *f*, goût *m*; (*of meat, etc.*) fumet *m*;

(*of wine*) bouquet *m*, parfum *m*; (*of tea, etc.*) arome *m*. *Latest flavours in ices*, glaces *f* parfums du jour. *Slight f. of vinegar, of garlic, F:* soupçon *m* de vinaigre, d'ail. *Loss of f.* (*in a condiment*), affadissement *m* (d'un condiment). *F:* **A flavour of Bohemia,** une atmosphère de Bohème.

flavour[2]. **1.** *v.tr.* Assaisonner, parfumer, donner du goût à (un mets, etc.). *Flavoured with garlic*, assaisonné d'ail. *To f. a sauce with garlic*, relever une sauce avec de l'ail. *To f. a dish with lemon*, parfumer, relever, un plat d'un filet de citron. **2.** *v.i.* **To flavour of sth.,** (i) avoir un goût de qch.; (ii) tenir de qch.

-flavoured, *a.* **Vanilla-flavoured,** (parfumé) à la vanille. *See also* FULL-FLAVOURED.

flavouring, *s.* **1.** Assaisonnement *m* (d'un mets). **2.** Assaisonnement, condiment *m*, parfum *m*. *Flavourings for soups*, aromes *m* pour potages.

flavourer ['fleivərər], *s.* Condiment *m*, assaisonnement *m*.

flavourless ['fleivərləs], *a.* (*Of food, etc.*) Sans saveur; fade, insipide; (*of wine*) plat.

flavoursome ['fleivərsəm], *a.* (*Of food*) Savoureux.

flaw[1] [flɔː], *s.* Rafale *f*. *Nau:* Grain *m*.

flaw[2], *s.* **1.** (*a*) (*In article, material, etc.*) Défaut *m*, défectuosité *f*, imperfection *f*; (*in timber*) flache *f*; (*in nap of cloth, etc.*) mâchure *f*; (*in garment*) claire *f*; (*in gem*) glaire *f*, glace *f*, jardinage *m*, paillette *f*, crapaud *m*, gendarme *m*; (*in mirror*) accroc *m*; (*in metal*) paille *f*, soufflure *f*, crique *f*. *F:* (*In reputation, etc.*) Flétrissure *f*, tache *f*. *F. in a scheme*, point *m* faible d'un projet. *The translation offers a few flaws*, la traduction présente quelques pailles. (*b*) (*In glass, china, etc.*) Fêlure *f*; (*in wood, etc.*) fissure *f*, fente *f*, crevasse *f*; (*in metal*) brisure *f*. **2.** *Jur:* (*In document, title, etc.*) Vice *m* de forme (entraînant la nullité).

flaw[3]. **1.** *v.tr.* Endommager, défigurer; fêler. **2.** *v.i.* Se fêler; se fendre.

flawed, *a.* (*Of article, etc.*) Défectueux; (*of timber*) gercé; (*of iron*) pailleux. *F. diamond*, diamant *m* qui a un crapaud.

flawless ['flɔːləs], *a.* Sans défaut, sans imperfection; parfait. *F. technique*, technique *f* impeccable. **-ly,** *adv.* Parfaitement.

flawlessness ['flɔːləsnəs], *s.* Perfection *f* (d'un article, etc.).

flawn [flɔːn], *s.* *Cu:* *A:* Flan *m* ou crêpe *f*.

flawy ['flɔːi], *a.* (*Of article, material, etc.*) Plein de défauts; (*of iron*) pailleux, paillé; (*of diamond*) gendarmeux. *Metall: F. steel*, acier cendreux.

flax [flaks], *s.* **1.** *Bot:* Lin *m*. **New Zealand flax, flax-lily,** chanvre *m* de la Nouvelle-Zélande. **Flax field,** linière *f*. **Flax blue,** bleu de lin. *See also* MOUNTAIN FLAX, SPURGE-FLAX, TOAD-FLAX. **2.** *Tex:* Lin. *F. trade*, commerce *m* du lin.

'flax-coloured, *a.* Couleur de lin *inv.*

'flax-comb, *s.* *Tex:* Peigne *m* pour lin; drège *f*, séran *m*, sérançoir *m*.

'flax-dresser, *s.* *Tex:* (*Pers.*) Filassier, -ière; racleur, -euse, de lin. *F.-d.'s knife*, racloir *m* à lin.

'flax-dressing, *s.* *Tex:* Préparation *f*, peignage *m*, du lin; drégeage *m*.

'flax-seed, *s.* **1.** Graine *f* de lin; linette *f*. **2.** *Ent: U.S:* Pupe *f* de la cécidomyie destructrice.

flaxen ['flaks(ə)n], *a.* **1.** (Toile *f*, etc.) de lin. **2.** *F:* (*Of hair*) Blond de lin *inv*; blond filasse *inv*; couleur de chanvre, d'étoupe *inv.*

'flaxen-haired, *a.* (*Of pers.*) Aux cheveux très blonds, d'un blond tendre, fade; blondasse.

flay [flei], *v.tr.* **1.** (*a*) Écorcher (un animal, etc.); dépouiller, *F:* dépiauter (un animal); découenner (un porc). **To be flayed alive,** être écorché vif. *See also* FLINT 2. (*b*) *F:* Fouetter, rosser, étriller (qn). *The critics flayed him*, les critiques l'ont éreinté. (*c*) (*Of shop-keeper*) Écorcher, *P:* saler (un client). **2.** Enlever (la peau, l'écorce d'un arbre, le gazon, etc.).

flaying, *s.* Écorchement *m*, dépouillement *m*, découennage *m*.

'flaying-house, *s.* Écorcherie *f*.

'flay-flint, *s.* *F:* (*Of pers.*) Écorcheur, -euse; fesse-mathieu *m*, *pl.* fesse-mathieux; ladre *m*.

flayer ['fleiər], *s.* (*Pers.*) Écorcheur *m*.

flea [fliː], *s.* **1.** *Ent:* Puce *f*. *See also* EAR[1] 1, SAND FLEA, WATER-FLEA. **2.** *Av:* **Flying flea,** pou *m* du ciel.

'flea-bag, *s.* *Mil: P:* Sac *m* de couchage; *P:* pucier *m*.

'flea-bane, *s.* *Bot:* **1.** Pulicaire *f*. **2.** Érigéron *m*, *F:* vergerette *f*. **Flea-bane oil,** essence *f* d'érigéron. **3.** = FLEAWORT, 1, 2.

'flea-beetle, *s.* *Ent:* Puce *f* terrestre, de terre; altise *f*, tiquet *m*.

'flea-bite, *s.* **1.** Morsure *f* de puce. **2.** *F:* (*Mere trifle*) Vétille *f*, bagatelle *f*, rien *m*; dommage *m* sans importance; tâche *f* qui n'offre aucune difficulté. **3.** (*On horse's coat*) Moucheture *f*, truiture *f*.

'flea-bitten, *a.* **1.** (*Of pers.*) Mordu par les puces. **2.** (*Of horse's coat*) Moucheté, truité. **Flea-bitten horse,** étourneau *m*. *F.-b. grey*, gris truité, moucheté.

'flea-dock, *s.* *Bot:* Pétasite *m*; *F:* herbe *f* aux teigneux.

fleam [fliːm], *s.* *Vet:* Flamme *f* (pour saignées).

fleawort ['fliːwəːrt], *s.* *Bot:* **1.** Plantain *m* pulicaire; herbe *f* aux puces; pucier *m*. **2.** Conyse *f*, herbe aux puces. **3. Marsh fleawort,** seneçon *m* des marais.

flèche [flɛʃ], *s.* *Games:* (*At backgammon*) Flèche *f*.

fleck[1] [flek], *s.* **1.** Petite tache (de rousseur, de lumière, etc.); goutte *f*, moucheture *f* (de couleur). **2.** Particule *f* (de poussière, etc.). *F. of cloud*, diablotin *m*.

fleck[2], *v.tr.* Tacheter, moucheter (qch.) (*with*, de). *Glass flecked with gold*, verre sablé d'or. *Hair flecked with grey*, cheveux *m* qui commencent à grisonner. *Sky flecked with clouds*, ciel pommelé. *Tex: Flecked material*, tissu moucheté. *The meadow was flecked with daisies*, des pâquerettes *f* émaillaient le pré.

flecking, *s.* Mouchetures *fpl* (d'une fourrure, etc.).

flecker ['flekər], *v.tr.* = FLECK[2].

fleckless ['flekləs], *a.* Sans tache.

fled [fled]. *See* FLEE.

fledge [fledʒ], *v.tr.* **1.** (*a*) (*Of nature*) Pourvoir (les oiseaux) de plumes. (*b*) Élever (les jeunes oiseaux) jusqu'à ce qu'ils soient en état de voler. **2.** Empenner (une flèche).

fledged, *a.* (Oiseau) qui a toutes ses plumes. *See also* FULL-FLEDGED, NEW-FLEDGED.

fledg(e)ling ['fledʒliŋ], *s.* **1.** Oisillon *m*. **2.** *F:* Béjaune *m*, novice *mf*. *F. poet*, poète *m* en herbe.

flee [fliː], *v.* (*p.t.* **fled** [fled]; *p.p.* **fled**) **1.** *v.i.* (*a*) (*Of pers.*) Fuir, s'enfuir, se sauver, prendre la fuite. *To f. from a place*, s'enfuir d'un endroit. *To f. to s.o., to America*, se sauver, se réfugier, auprès de qn, en Amérique. *Leaves fleeing before the wind*, feuilles chassées par le vent. (*b*) Fuir. *The blood fled back from her face*, le sang lui reflua du visage. *Time was fleeing* (*away*), le temps passait, s'écoulait, vite; le temps fuyait. **2.** *v.tr.* S'enfuir de (qn, la ville, etc.); fuir, éviter (la tentation, etc.).

fleeing[1], *a.* (*Of army, years, etc.*) En fuite.

fleeing[2], *s.* Fuite *f*.

fleece[1] [fliːs], *s.* **1.** Toison *f*. **The Golden Fleece,** la Toison d'or. *Hist:* **The Order of the Golden Fleece,** l'ordre de la Toison (d'or). **2.** Nuages ouatés; moutonnement *m* de nuages. **3.** *Tex:* (*a*) (*Carding*) Nappe *f*. (*b*) Molleton *m*. **Fleece lining,** doublure *f* de molleton.

'fleece-washed, *a.* **Fleece-washed wool,** laine lavée à dos.

'fleece-washing, *s.* Lavage *m* (de la laine) à dos.

fleece[2], *v.tr.* **1.** *Occ.* Tondre (les moutons). **2.** *F:* Tondre, écorcher, gruger, estamper, ratiboiser, entôler, égorger, plumer (qn); *P:* faire le poil à (qn); *P:* avoir du poil de (qn); rançonner (un client); donner le coup de fusil à (un client). *I have been fleeced*, je me suis fait échauder; j'ai essuyé le coup de fusil. *To allow oneself to be fleeced*, se laisser tondre la laine sur le dos.

fleeced, *a.* Pourvu, couvert, d'une toison. **Golden-fleeced,** à la toison d'or. **Plain fleeced with snow,** plaine couverte d'un manteau de neige.

fleecing[1], *a.* *F:* (*Of tradesman, etc.*) Voleur.

fleecing[2], *s.* *F:* Écorcherie *f*, grugerie *f*, plumée *f*, estampage *m*. *Grown rich by the f. of others*, enrichi de, par, ses rapines.

fleecer ['fliːsər], *s.* *F:* Écorcheur, -euse.

fleecy ['fliːsi], *a.* (*Of wool*) Floconneux; (*of hair, material, etc.*) laineux; (*of cloud*) moutonné, cotonneux, ouaté. *F. waves*, vagues moutonnantes, moutonnées.

fleed [fliːd], *s.* *Cu:* Lard *m* (de porc).

fleer[1] [fliːər], *s.* *A:* Grimace (moqueuse); ricanement *m*.

fleer[2], *v.i.* Railler, se moquer, ricaner. *To f. at s.o.*, faire la grimace à qn; se moquer de qn; railler qn.

fleet[1] [fliːt], *s.* **1.** Flotte *f* (de vaisseaux). **The Fleet,** la Flotte, l'armée navale. *Fishing f.*, flottille *f* de pêche. *See also* BATTLE-FLEET, BEING[2] 1. **2. Aerial fleet,** flotte aérienne. *Large f. of motor cars*, grande équipe, vaste train *m*, de voitures automobiles. *F. of locomotives*, série *f* de locomotives.

fleet[2], *a.* *Lit. & Poet:* Vite, leste, rapide. **Fleet of foot,** léger à la course; aux pieds légers, agiles; au pied léger. **-ly,** *adv.* Vite, lestement, rapidement.

'fleet-'footed, *a.* *Lit:* Au pied léger.

fleet[3]. **1.** *v.i.* (*Of time, thought, etc.*) Passer rapidement; **s'enfuir.** **2.** *v.tr.* *Nau:* Reprendre (un palan).

fleeting, *a.* (*Of shadow, time, etc.*) Fugitif, fugace; (*of beauty, etc.*) passager; (*of happiness, etc.*) éphémère. *The f. years*, les années qui passent, qui s'envolent. *To pay s.o. a f. visit*, faire une courte visite à qn. *Mil: Navy:* **Fleeting target,** but fugitif. **-ly,** *adv.* Fugitivement, rapidement, à la hâte.

fleet[4], *s.* **1.** *A. & Dial:* Ruisseau *m*; crique *f*; petit bras de mer. **2. The Fleet.** (*a*) Nom d'un affluent de la Tamise à Londres. (*b*) *Hist:* La prison pour dettes (située au bord du Fleet). *A:* **Fleet marriage,** mariage clandestin célébré dans la prison du Fleet. **Fleet parson,** ecclésiastique véreux qui hantait les abords de la prison dans l'espoir d'être embauché pour célébrer un mariage.

'Fleet Street. *Pr.n.* Rue de Londres, aujourd'hui le quartier du journalisme. **Fleet Street was all agog,** toute la presse était en l'air.

fleet[5]. *A. & Dial:* **1.** *a.* Peu profond. **2.** *adv.* A peu de profondeur, près de la surface.

fleetful ['fliːtful], *s.* Toute une flotte (de navires). *F: Fleetfuls of visitors*, des tas *m* de voyageurs.

fleetness ['fliːtnəs], *s.* **1.** Vitesse *f*, rapidité *f* (à la course). **2.** Qualité *f* éphémère (du bonheur, etc.).

Flem [flem], *s.* *F:* = FLEMING.

Fleming ['flemiŋ], *s.* *Ethn: Geog:* Flamand, -ande.

Flemish ['flemiʃ]. **1.** *a.* Flamand. *Nau:* **Flemish eye,** œil *m* **à la** flamande. **To make a Flemish coil,** lover une manœuvre en galette. *See also* BOND[1] 2, HORSE[1] 7. **2.** *s.* *Ling:* Le flamand.

flench [flenʃ], **flense** [flens], *v.tr.* **1.** Dépecer (une baleine). **2.** Dépouiller, écorcher (un phoque).

flencher ['flenʃər], **flenser** ['flensər], *s.* **1.** Charpentier *m* de baleine. **2.** Écorcheur *m* (de phoques).

flesh[1] [fleʃ], *s.* Chair *f*; (*as a whole*) charnure *f*. **1.** (*a*) **To make s.o.'s flesh creep, crawl,** donner la chair de poule à qn; horripiler qn. *To have firm f.*, avoir une charnure ferme. (*Of animal*) **To be in flesh,** être en chair. **To put on flesh,** (*of animal*) prendre chair; (*of pers.*) grossir, engraisser, se fortifier; devenir adipeux, démaigrir, prendre de l'embonpoint, du corps. *Putting on of f.*, empâtement *m* des chairs. *F:* (*Of pers.*) *To put on f. again*, se remplumer. **To lose flesh,** maigrir, s'amaigrir, perdre son embonpoint. *Loss of f.*, amaigrissement *m*. *He is losing f. every day*, il fond à vue d'œil. *F:* **He exacts his pound of flesh from his debtors,** il traite ses débiteurs en arabe, en usurier. *See also* BREED[2] I. 2, GOOSE-FLESH, PROUD 3, THORN 1. (*b*) *Occ.* Viande *f*. **Flesh diet,** alimentation carnée. *Ecc:* **To eat flesh,** faire gras. *See also* FISH[1], HORSE-FLESH. (*c*) Chair (d'une pêche, d'un melon, etc.). (*d*) **Flesh(-side) of a hide,** (côté *m*) chair d'une peau. *See also* HOOP[1] 1.

2. **To mortify the flesh,** mortifier, châtier, son corps. **To be of the flesh,** être de chair. **It was he in the flesh, in flesh and blood,** c'était lui en chair et en os, en personne. **His own flesh and blood,** la chair de sa chair; son propre sang; ses parents, les siens. *Lit:* **To take up arms against one's own flesh and blood,** s'armer contre ses propres entrailles. **It is more than flesh and blood can stand, can bear,** c'est plus que la nature humaine, que l'homme, ne saurait endurer. **The spirit is willing but the flesh is weak,** l'esprit est prompt, mais la chair est faible, infirme, fragile. **To go the way of all flesh,** payer sa dette à la nature; aller où va toute chose. **The sins of the flesh,** les péchés de la chair. **The world, the flesh and the devil,** le monde, le démon et la chair. *See also* WORD[1] 6.

'flesh-brush, *s.* *Toil:* Brosse *f* à friction.

'flesh-colour, *s.* Couleur *f* (de) chair; *Art:* carnation *f.*

'flesh-coloured, *a.* De couleur chair; *Bot:* carné. *F.-c. stockings,* bas *mpl* (couleur) chair.

'flesh-eating, *a.* *Z:* Carnassier.

'flesh-fly, *s.* *Ent:* Sarcophage *f*; mouche *f* carnaire; *F:* mouche à viande.

'flesh-glove, *s.* *Toil:* Gant *m* de crin; gant à friction.

'flesh-parts, *s.pl.* *Art:* Chairs *f.*

'flesh-pink, *a.* (Teint) carné; rose incarnat *inv.*

'flesh-pots, *s.pl.* *B:* Potées *f* de chair, les pots *m* de viande (d'Égypte). *F:* **The flesh-pots of Egypt,** le luxe, la bonne chère. *To sigh for the f.-p. of Egypt,* regretter les oignons d'Égypte.

'flesh-split, *s.* *Leath:* Croûte *f* (d'une peau fendue).

'flesh-tights, *s.pl.* *Th:* *etc:* Maillot *m* rose, couleur (de) chair; maillot chair *inv.*

'flesh-tints, *s.pl.* *Art:* Carnations *f*, chairs *f.*

'flesh-wound, *s.* Blessure *f* en séton; blessure dans les chairs; blessure légère.

flesh[2], *v.tr.* **1.** (*a*) *Ven:* **To flesh the dogs,** acharner les chiens; mettre les chiens en curée; faire curée. (*b*) Donner le goût du sang à (un chien, etc.). (*c*) Donner le baptême du sang à (des troupes, son épée); étrenner (son épée). **2.** *Lit:* Assouvir, rassasier (sa vengeance, ses passions, etc.). **3.** (*a*) Engraisser (un animal). (*b*) *v.i.* Engraisser, prendre de l'embonpoint, du corps. **4.** *Leath:* Écharner, drayer, trancher (les peaux).

-fleshed, *a.* (*With adj. prefixed*) **To be firm-fleshed,** avoir une charnure ferme.

fleshing, *s.* **1.** *Leath:* Écharnage *m*, drayage *m* (des peaux). **2.** *pl.* **Fleshings.** (*a*) *Leath:* Chair *f* (d'une peau). (*b*) *Th:* = FLESH-TIGHTS.

'fleshing-iron, *s.* *Tls:* Drayoire *f.*

'fleshing-knife, *s.* *Tls:* Tranchant *m.*

'fleshing-machine, *s.* Machine *f* à écharner.

fleshiness ['fleʃinəs], *s.* État charnu (du corps, du nez, etc.); empâtement *m* des chairs; embonpoint *m.*

fleshless ['fleʃləs], *a.* (Os, etc.) décharné.

fleshliness ['fleʃlinəs], *s.* Appétits charnels.

fleshly ['fleʃli], *a.* (*Of lusts, etc.*) Charnel, de la chair; (*of countenance*) sensuel.

fleshy ['fleʃi], *a.* (*Of limb, leaf, fruit, etc.*) Charnu; (*of leaf*) succulent. *The f. part of the forearm,* la partie charnue de l'avant-bras. *Man of f. build,* homme à la chair empâtée. *A fine, f., comfortable dame,* une belle matrone, bien en chair, avec qui il ferait bon vivre.

fletcherism ['fletʃərizm], *s.* *Med:* Fletchérisme *m.*

fletcherize ['fletʃəraiz], *v.tr.* Mastiquer très lentement (sa nourriture) (comme l'a préconisé le docteur H. Fletcher).

fleur-de-lis, *pl.* **fleurs-de-lis** [flə:rdə'li:], *s.* **1.** *Bot:* Iris *m.* **2.** *Her:* Fleur *f* de lis.

fleuret ['flu:əret], *s.* *Arch:* *etc:* Fleurette *f.*

fleuron ['flə:rɔn], *s.* *Arch:* *Her:* *etc:* Fleuron *m.*

fleury ['flu:əri], *a.* *Her:* Fleurdelisé.

flew [flu:]. *See* FLY[3].

flews [flu:z], *s.pl.* Babines *f* (d'un dogue, etc.).

flex[1] [fleks]. **1.** *v.tr.* (*a*) *Anat:* Fléchir (le bras, une articulation). (*b*) *Geol:* Plier (une couche). **2.** *v.i.* (*Of spring*) Fléchir; (*of stratum*) se plier. (*Of belt*) *To flex over the pulley,* épouser la forme de la poulie.

flexing, *s.* Fléchissement *m*; flexion *f*; flexure *f.*

flex[2], *s.* *Mth:* Point *m* d'inflexion (d'une courbe).

flex[3], *s.* *El:* Cordon *m* ou câble *m* souple; conducteur *m* souple; flexible *m.*

flexibility [fleksi'biliti], *s.* Flexibilité *f*; élasticité *f*; souplesse *f.* *F. of working,* souplesse, élasticité, de fonctionnement. *Aut:* *F. of the engine,* souplesse du moteur. *F. of the voice,* souplesse de la voix. *F. of character,* (i) souplesse de caractère; liant *m*; (ii) complaisance *f.*

flexible ['fleksibl], *a.* Flexible, souple, pliant, pliable. *Aut:* *F. engine,* moteur souple, docile, nerveux. *F. language,* langue *f* maniable. *F. voice,* voix *f* flexible, souple. *F. character,* caractère (i) liant, souple, (ii) complaisant. *Mec.E:* *etc:* **Flexible connection,** liaison *f* élastique; accouplement *m* flexible. *Metallic f. tubing,* tube *m* souple avec armature métallique; flexible *m* métallique. *El:* *F. wire,* cordon *m* souple; flexible *m.*

flexile ['fleksil], *a.* *A:* Souple, flexible; (*of features*) mobile.

flexion ['flekʃ(ə)n], *s.* **1.** Flexion *f*, courbure *f* (d'un ressort, d'un membre, etc.). *Mec.E:* *etc:* **Lateral flexion,** flambement *m*, flambage *m.* **2.** Courbe *f.* **3.** *Gram:* = INFLEXION 2. **4.** *Mth:* = FLEXURE 3.

flexional ['flekʃənəl], *a.* *Ling:* *Gram:* Flexionnel. **Flexional ending,** désinence *f.*

flexor ['fleksər], *s.* *Anat:* (Muscle) fléchisseur *m.*

flexuose ['fleksjuous], *a.* *Bot:* (*Of stem, etc.*) Flexueux.

flexuosity [fleksju'ɔsiti], *s.* Flexuosité *f* (d'une tige, etc.).

flexuous ['fleksjuəs], *a.* *Nat.Hist:* Flexueux.

flexure ['flekʃər], *s.* **1.** = FLEXION 1. **2.** = FLEXION 2. **3.** *Mth:* Courbure *f* (d'un arc, d'une surface). **4.** *Geol:* Flexure *f*, pli *m*, courbure (d'un seul versant). **Flexure fault,** pli-faille *m*, *pl.* plis-failles.

flibbertigibbet ['flibərtidʒibet], *s.* *F:* Écervelé, -ée; évaporé, -ée; hurluberlu *m.*

flick[1] [flik], *s.* **1.** (*a*) Petit coup (de fouet, de torchon, de queue, etc.); (*with finger*) chiquenaude *f*, *F:* pichenette *f.* *To give the horse a f. of one's whip,* toucher son cheval de la mèche de son fouet. **A flick of the wrist,** un tour de main. (*b*) *P:* *Hullo,* **old flick!** tiens, c'est toi, mon vieux! **2.** Petit bruit sec; flicflac *m*; claquement *m.* **3.** *P:* (= *flickers*) **The flicks,** le ciné.

flick[2]. **1.** *v.tr.* (*With whip, etc.*) Effleurer (un cheval, etc.); (*with finger*) donner une chiquenaude, *F:* une pichenette, à (un grain de poussière, etc.). *I flicked his face, flicked him in the face, with my glove,* je le giflai de mon gant. **To flick sth. away, off, with a duster,** faire envoler qch. d'un coup de torchon. *He flicked a fly off his sleeve,* d'une pichenette il chassa une mouche sur sa manche. *Cr:* *To f. a ball to the boundary,* chasser la balle jusqu'aux bornes d'un tour de main. *He flicked a drop of ink out of his pen,* d'un petit coup sec il détacha de son stylo une goutte d'encre. **2.** *v.i.* *A sparrow flicked across the road,* un moineau traversa la route comme une flèche. (*Of pers.*) **To flick out of sight,** s'éclipser.

flicker[1] ['flikər], *s.* (*a*) Petit mouvement vacillant; tremblotement *m.* *F. of the eyelids,* battement *m*, clignement *m*, de paupière. (*b*) *A f. of light,* une petite lueur tremblotante. *Cin:* **Flicker of the reproduction,** scintillation *f* de la reproduction.

flicker[2], *v.i.* (*Of flame, moving objects, etc.*) Trembloter, vaciller; (*of light*) luire par intermittence; papilloter, clignoter; (*of snake's tongue*) onduler; (*of flag*) voltiger; (*of speedometer needle, etc.*) osciller. *Cin:* (*Of reproduction*) Scintiller. *The candle* **flickered out,** la bougie vacilla et s'éteignit. *His life is flickering out,* il n'a plus que le souffle; *F:* il n'y a plus d'huile dans la lampe. *A smile flickered on his lips,* un sourire voltigea sur ses lèvres.

flickering[1], *a.* Tremblotant, vacillant.

flickering[2], *s.* (*a*) Tremblotement *m*, vacillement *m*, papillotement *m*, clignotement *m.* *El:* *F. of the arc,* soubresauts *mpl* de l'arc. (*b*) *Cin:* Scintillation *f.*

flicker[3], *s.* *Orn:* Colapte doré.

flickerer ['flikərər], *s.* *El.Lighting:* Limiteur *m.*

flier ['flaiər], *s.* = FLYER.

flight[1] [flait], *s.* **1.** (*a*) Vol *m* (d'un oiseau, d'une abeille, d'un avion, etc.). (*Of bird*) **To wing its flight,** prendre son vol. *Av:* **Trial flight,** vol d'essai. **First flight,** baptême *m* de l'air. **Long-distance flight,** raid *m.* **Horizontal flight,** palier *m.* *The f. over the Channel,* le survol de la Manche. *The airwoman starts on her f. to-morrow,* l'aviatrice prendra son essor demain. *To carry out a f.,* effectuer un vol. **Flight path,** ligne *f* de vol. *See also* NON-STOP. (*b*) Course *f* (d'un projectile, des nuages, etc.). *The f. of time,* le cours du temps. (*c*) Envol *m* (d'un oiseau, d'un avion). (*Of bird*) **To take its flight,** prendre son vol, son essor; s'envoler. *F:* **Flight of imagination, of fancy,** élan *m*, essor *m*, de l'imagination. *It isn't true, it's just one of his usual flights of fancy,* ce n'est pas vrai; c'est une de ses inventions. *Even in the wildest flights of his frenzy . . .,* même au paroxysme de sa folie. . . . **Flight of wit,** saillie *f* d'esprit. **Flight of oratory,** envolée *f* d'éloquence. (*d*) Migration *f* (d'oiseaux, d'insectes). (*e*) **Flight-time,** période *f* d'essaimage (des abeilles). **2.** Volée, distance parcourue (par un oiseau, etc.); trajectoire *f* (d'un projectile). **Long-flight bird,** oiseau voilier. **3.** (*a*) *Const:* **Flight of stairs,** volée d'escalier; escalier *m.* *F. of steps,* (i) rampe *f*; (ii) (*in front of house*) perron *m.* (*b*) Série *f.* *Rac:* *F. of hurdles,* série de haies (dans une course d'obstacles). *Hyd.E:* *F. of locks,* suite *f* de biefs. *Fish:* *F. of hooks,* monture *f* d'hameçons. **4.** (*a*) Bande *f*, troupe *f*, vol, volée (d'oiseaux, etc.). *F:* **To be in the first flight,** être parmi les premiers. (*b*) *Av:* Escadrille *f* (d'avions). **5.** (*a*) Décharge *f* (de flèches, etc.). (*b*) Portée *f* (d'une flèche). **6.** Balle *f* (d'avoine).

'flight-feather, *s.* *Orn:* Penne *f*, rémige *f.*

'flight-lieutenant, *s.* *Av:* Capitaine aviateur.

flight[2], *s.* Fuite *f.* *Headlong f.,* sauve-qui-peut *m inv*, panique *f.* **To take to flight, to find safety in flight,** *Lit:* **to betake oneself to flight,** prendre la fuite; se mettre en fuite; lâcher pied. **To put the enemy to flight,** mettre l'ennemi en fuite, en déroute. **In full flight,** en pleine déroute.

flightiness ['flaitinəs], *s.* Inconstance *f*; instabilité *f* (de caractère); légèreté *f*, étourderie *f.*

flighty ['flaiti], *a.* (*a*) Frivole, écervelé, léger, évaporé, étourdi. (*b*) Volage. *F. conduct,* écarts *mpl* de conduite; conduite inconstante, instable. *F. imagination,* imagination vagabonde.

flim-flam[1] ['flimflam], *s.* *F:* **1.** Balivernes *f*, fadaises *f.* *That's all f.-f.,* tout ça, c'est du boniment. **2.** Tromperie *f*, duperie *f.*

flim-flam[2], *v.tr.* *U.S:* *F:* *To f.-f. s.o. out of sth.,* filouter qch. à qn.

flimsiness ['flimzinəs], *s.* Manque *m* de solidité. (*a*) Légèreté *f*; manque de consistance (d'une étoffe, du papier, etc.). (*b*) Futilité *f*, faiblesse *f* (d'une excuse, du style, etc.).

flimsy ['flimzi]. **1.** *a.* Sans solidité. (*a*) (*Of material, paper, etc.*) Léger; peu résistant; peu solide; sans consistance; qui n'a pas de corps, de résistance. (*b*) *F:* (*Of excuse, etc.*) Pauvre; (*of style, etc.*) superficiel, faible, creux; (*of evidence, etc.*) peu convaincant. *To condemn s.o. on the flimsiest evidence,* condamner qn sur les indices les plus faibles. **2.** *s.* (*a*) Papier *m* pellicule; papier pelure. (*b*) *P:* Billet *m* de banque; *P:* fafiot *m.* (*c*) *Journ:* Copie *f* (de reporter).

flinch [flinʃ], *v.i.* **1.** Reculer, fléchir, défaillir. *He did not f. from his duty,* il ne recula pas devant son devoir. **2.** Faire une grimace; tressaillir (de douleur). **Without flinching,** sans broncher sans sourciller, sans défaillir, sans défaillance.

flinders[1] ['flindərz], *s.pl.* Morceaux *m*, éclats *m.* *Esp. in the phr.* **To break, fly, in(to) flinders,** voler en éclats.

Flinders[2]. *Pr.n. Nau:* Flinders bar(s), flinders *m.*

fling[1] [fliŋ], *s.* **1.** (*a*) Jet *m*, coup *m*; (*of horse*) ruade *f*. **To have a fling at s.o.,** (i) (*of horse*) lancer un coup de pied à qn, (ii) *F:* (*of pers.*) envoyer, lancer, un trait à qn; lancer son mot à qn; donner un coup de patte à qn; égratigner qn. *F:* **That's a fling at you,** c'est un coup de patte à votre adresse, une pierre dans votre jardin. (*b*) *F:* Essai *m*, tentative *f*. *The exam's pretty stiff, but* **I'll have a fling at it,** l'examen est assez raide, mais je vais toujours essayer, je vais tenter la chance. *To have a f. at an appointment*, se mettre sur les rangs à tout hasard. **2.** *Danc:* **(Highland-)fling,** pas seul écossais. **3.** *F:* **To have one's fling,** faire la fête; faire des folies; s'en donner à cœur joie; jeter sa gourme. *Youth will have its f.*, il faut que jeunesse se passe.

fling[2], *v.* (*p.t.* **flung** [flʌŋ]; *p.p.* **flung**) **1.** *v.tr.* (*a*) Jeter (qch.); lancer (une balle, une grenade, etc.). *F:* **To fling one's money out of the window,** jeter son argent par la fenêtre. *To f. a scarf over one's shoulders*, jeter une écharpe sur ses épaules. *To f. s.o. into prison*, jeter qn en prison. *To f. troops into the fray*, jeter des troupes dans la bataille. *To f. one's arms round s.o.'s neck*, embrasser, *F:* accolader, qn; se jeter, sauter, au cou de qn. *To f. oneself into s.o.'s arms, into an arm-chair, at s.o.'s feet*, se jeter dans les bras de qn, dans un fauteuil; tomber aux pieds de qn. (*Of woman*) **To fling herself at s.o.'s head,** se jeter à la tête de qn. *To f. oneself, to f. all one's energy, into sth.*, se jeter corps et âme, à corps perdu, dans une entreprise. *To f. an epigram at s.o.*, décocher une épigramme à, contre, qn. *To f. abuse at s.o.*, lancer des injures, des sottises, à qn. *To f. dirt at s.o.*, médire de qn; éclabousser la réputation de qn. *See also* MUD. (*b*) (i) *Wr:* Jeter par terre, renverser (son adversaire). (ii) (*Of horse*) Désarçonner (son cavalier). **2.** *v.i.* Se précipiter, s'élancer. *He flung out of the room*, il sortit brusquement, furieusement, en coup de vent, de la salle.

fling about. **1.** *v.tr.* Jeter (des objets) de côté et d'autre. *To f. one's arms about*, gesticuler violemment. *To f. oneself about like a madman*, se démener comme un possédé. **2.** *v.i.* *To f. about* (*with one's legs*), *F:* gigoter.

fling aside, *v.tr.* Rejeter (qch.); jeter (qch.) de côté.

fling away, *v.tr.* Jeter de côté (qch.), *P:* envoyer dinguer (qch.). *To f. away one's money*, prodiguer, gaspiller, son argent. *To f. away one's honour*, faire banqueroute à l'honneur.

fling back, *v.tr.* Repousser ou renvoyer violemment (qch.); ouvrir (la porte) d'une violente poussée. *To f. back the enemy*, repousser l'ennemi. *To f. back defiance*, riposter par un défi.

fling down, *v.tr.* Jeter (qch.) à terre.

fling off. **1.** *v.tr.* Jeter, se débarrasser de (ses vêtements, etc.); secouer (le joug). **2.** *v.i.* Partir brusquement, dans un mouvement de colère.

fling open, *v.tr.* Ouvrir toute grande (la fenêtre, etc.). *To f. open the door*, ouvrir la porte (i) d'un mouvement brusque, (ii) à deux battants.

fling out. **1.** *v.tr.* (*a*) Jeter (qn, qch.) dehors; *F:* flanquer (qn) à la porte. (*b*) **To fling out one's arm,** étendre le bras d'un grand geste. **2.** *v.i.* (*Of horse*) Lancer une ruade; ruer; (*of cow*) ginguer. *The donkey flung out with his heels*, l'âne s'échappa en une ruade. *F:* (*Of pers.*) **To fling out at s.o.,** invectiver, injurier, qn; dire des injures à qn; faire une algarade à qn.

fling over, *v.tr.* Abandonner, *F:* lâcher (qn).

fling to, *v.tr.* Faire claquer (la porte).

fling up, *v.tr.* **1.** Jeter (qch.) en l'air; ouvrir, relever, brusquement (la fenêtre). *To f. up one's hands*, jeter les bras aux cieux. (*Of horse*) **To fling up its heels,** ruer. **2.** *F:* *To f. up a task*, abandonner, renoncer à, une tâche. *To f. up one's job*, lâcher sa situation, son travail.

flint [flint], *s.* **1.** *Miner:* Silex *m*. **Horn flint,** silex corné. **Rock flint,** silex noir. *F:* **Heart of flint,** cœur *m* de pierre, de bronze, dur comme pierre. **2.** (*a*) Caillou siliceux; pierre *f* à briquet; pierre à feu. *Sm.a:* *A:* **Gun-flint,** pierre à fusil. **Flint and steel,** briquet *m* à silex. *Archeol:* **Chipped flint implements,** silex taillés; outils *m* en pierre. *F:* **To skin, flay, a flint,** tondre (sur) un œuf. **He has set his face like a flint** *against this plan*, il oppose un front d'airain à ce projet. **It's like getting water out of a flint,** c'est comme si on voulait tirer de l'huile d'un mur. *See also* HARD I. 3, SET[3] I (*a*). (*b*) (*For cigarette-lighter*) Pierre de ferrocérium; pierre à briquet.

'flint-clay, *s.* Argile *f* réfractaire, apyre.

'flint-flake, *s.* *Archeol:* Éclat *m* de silex; pierre éclatée.

'flint-glass, *s.* *Glassm:* *Opt:* Flint(-glass) *m*; verre *m* de plomb.

'flint-gun, *s.* *A:* Fusil *m* à pierre.

flint-'hearted, *a.* *F:* Au cœur de pierre.

'flint-lock, *s.* *Sm.a:* *A:* **1.** Platine *f* à pierre, à silex. **2.** Fusil *m* à pierre.

'flint-ware, *s.* *Cer:* *U.S:* Grès fin; faïence fine; cailloutage *m*.

flinty ['flinti], *a.* **1.** (*a*) De silex. (*b*) Caillouteux, rocailleux. **2.** *F:* (Cœur) dur, sans pitié, insensible.

flip[1] [flip] *s.* Flip *m* (boisson chaude composée de bière, d'eau-de-vie et de sucre). *See also* EGG-FLIP.

flip[2], *s.* **1.** Chiquenaude *f*, pichenette *f*. **2.** Petite secousse vive. *F. of the tail*, coup *m* de queue. *F. of a gun*, déplacement horizontal d'un fusil au moment du tir. **3.** *Av:* *P:* Petit tour de vol.

flip[3], *v.tr.* (**flipped**; **flipping**) **1.** Donner une chiquenaude, *F:* une pichenette, à (une boulette de papier, etc.). **To flip s.o. on the ear, to flip (at) s.o.'s ear,** donner à qn une chiquenaude sur l'oreille. *To f. the ash off one's cigarette*, secouer la cendre de sa cigarette d'un petit coup de doigt. *To f. (at) the horse with the whip*, toucher le cheval avec le fouet. **2.** Donner une secousse vive à (sa ligne de pêche, etc.); claquer (son fouet). **3.** *v.i.* *Av:* *P:* **To flip around,** faire un petit tour de vol.

flip-flap ['flipflap]. **1.** *adv.* Flicflac. *To go f.-f.*, flicflaquer; **faire** flicflac. **2.** *s.* (*a*) Saut périlleux. (*b*) Flip-flap *m* (des foires).

flip-flop ['flipflɔp], *adv.* & *s.* = FLIP-FLAP 1, 2 (*a*).

flippancy ['flipənsi], *s.* Légèreté *f*, irrévérence *f*, désinvolture *f* (de ton, de manière, etc.).

flippant ['flipənt], *a.* (*Of behaviour, remark, etc.*) Léger, désinvolte, irrévérencieux, cavalier. **-ly,** *adv.* Légèrement, irrévérencieusement.

flipper ['flipər], *s.* **1.** Nageoire *f* (de cétacé); nageoire, aile *f* (de manchot); (patte-)nageoire *f* (de phoque, de tortue); aileron *m* (de requin). **2.** *P:* Main *f*, *P:* patte *f*, pince *f*. *See also* TIP[4] I. 2.

flipperty-flopperty ['flipərti'flɔpərti], *a.* *F:* (*Of hat-brim, etc.*) Pendant, souple.

flirt[1] [flə:rt], *s.* **1.** Petit mouvement rapide (d'un éventail, des ailes, etc.). **2.** (*a*) (*Pers.*) Flirteur *m*; (*woman*) coquette *f*, célimène *f*. (*b*) *He used to be a f. of mine*, c'est un de mes anciens flirts.

flirt[2]. **1.** *v.tr.* (*a*) Jeter, lancer (qch.) (d'un mouvement sec); donner une chiquenaude à (qch.). (*b*) (*Of bird*) Agiter (les ailes, etc.). (*c*) **To flirt a fan,** agiter un éventail; jouer de l'éventail. **2.** *v.i.* (*a*) Se mouvoir par saccades, s'agiter; (*of bird, etc.*) se trémousser; papillonner. (*b*) Flirter. *To f. with s.o.*, (*of woman*) coqueter, faire la coquette, avec qn; dire des coquetteries à qn; (*of man*) conter fleurette à (une jeune fille); faire le galant auprès (d'une femme). *Every pretty girl likes to be flirted with*, toute jolie fille aime le flirt.

flirting, *s.* **1.** Agitation *f*, trémoussement *m* (des ailes, etc.); jeu *m* (d'éventail). **2.** Flirt *m*, flirtage *m*.

flirtation [flə:r'teiʃ(ə)n], *s.* Flirt *m*, flirtage *m*, coquetterie *f*. *To carry on a (little) f. with a woman*, faire un doigt de cour à une femme; être en coquetterie avec une femme.

flirtatious [flə:r'teiʃəs], *a.* *F:* (*Of man*) Flirteur; (*of woman*) coquette.

flit[1] [flit], *s.* *Scot:* Déménagement *m*. **Moonlight flit,** déménagement à la cloche de bois. *To do a moonlight f.*, déménager à la cloche de bois; mettre la clef sous la porte; *F:* faire un trou à la lune.

flit[2], *v.i.* (**flitted**; **flitting**) **1.** **To flit (away),** partir. *To f. from a place*, s'en aller d'un endroit. *The time flitted away*, le temps passa rapidement. **2.** *Scot:* Déménager, déloger. **3.** (*Of pers., bird, etc.*) **To flit by,** passer légèrement, comme une ombre. **To flit about, to flit to and fro,** aller et venir d'un pas ou d'un vol léger; aller et venir sans bruit; (*of bat*) zigzaguer. **To flit into the room,** se glisser (vivement) dans la salle. (*Of bird*) *To f. from tree to tree*, voleter d'arbre en arbre. *A smile flitted across his face*, un sourire fugitif passa sur son visage. *A memory flitted across his mind*, un souvenir lui traversa l'esprit. *At times a subtle irony flits across his narrative*, parfois une fine ironie voltige à travers son récit, traverse son récit.

flitting[1], *a.* (*Of pers., shadow, etc.*) Fugitif.

flitting[2], *s.* **1.** Départ *m*. **2.** *Scot:* Déménagement *m*. **3.** Volettement *m*, voltigement *m*.

flitch[1] [flitʃ], *s.* **1.** Flèche *f* (de lard). **2.** Dalle *f* (de baleine, de flétan). **3.** (*a*) Dosse *f* (de bois). (*b*) *Const:* *etc:* **Flitch(-plate),** plaque rapportée; plaquette *f* ou éclisse *f* de renfort; contre-plaque *f*, *pl.* contre-plaques. **Flitch(-beam),** poutre *f* à plaques rapportées, poutrelle composée.

flitch[2], *v.tr.* **1.** Débiter (un flétan) (en dalles). **2.** *To f. the trunk of a tree*, couper les dosses d'un tronc d'arbre.

flitter ['flitər], *v.i.* Voleter, voltiger.

'flitter-mouse, *s.* *Z:* Chauve-souris *f*, *pl.* chauves-souris.

flivver ['flivər], *s.* *U.S:* **1.** Four *m*, fiasco *m*. **2.** *Aut:* *P:* Bagnole *f*; tacot *m*; auto *f* à bon marché.

float[1] [flout], *s.* **1.** (*a*) Masse flottante (d'algues, de glace, etc.). (*b*) Flot *m*, train *m* (de bois); brelle *f*. (*c*) Radeau *m*, ras *m*. *See also* FIRE-FLOAT. **2.** *Av:* *Mch:* *I.C.E:* *Swim:* *etc:* Flotteur *m* (de chaudière, de carburateur, etc.); nageoire *f*, ballonnet *m* (d'hydravion). *Nat.Hist:* Flotteur (de plante aquatique, etc.). *Fish:* Flotteur, flotte *f*, bouchon *m*, lignage *m* (d'une ligne ou d'un filet de pêche); galet *m* (de filet). *Mch:* *etc:* **Ball-float,** flotteur à boule. **Alarm float,** flotteur avertisseur. *Av:* *Parallel, paired, floats*, flotteurs disposés en catamaran. *See also* BOILER-FLOAT, WING-FLOAT. **3.** *Th:* (*a*) Paroi *f* mobile. (*b*) (*Lighting*) **The float(s),** la rampe. **4.** **Float(-board)** (*of a hydraulic wheel*), aube *f*, palette *f*, pale *f*, aileron *m*, alichon *m*, volet *m* (de roue hydraulique). **5.** (*a*) Charrette basse à essieu brisé. (*b*) Fourgon *m* (pour le transport du gros bétail). (*c*) (i) Wagon *m* en plate-forme; (ii) *U.S:* Char *m* de cavalcade, de cortège de carnaval. **6.** *Floats of a cart*, fausses ridelles. **7.** (*a*) *Const:* Aplanissoire *f* (de plâtrier). (*b*) *Tls:* Lime *f* à taille simple. **8.** *U.S:* *Gold-min:* **Float(-ore),** paillettes flottantes. **9.** *Veh:* *etc:* Jeu axial, flottement *m* (d'un essieu).

'float-bridge, *s.* Pont *m* de radeaux.

'float-chamber, *s.* *I.C.E:* Chambre *f* du flotteur; pot *m*, cuve *f*, à niveau constant (du carburateur).

'float-controlled, *a.* *Mch:* *etc:* A commande par flotteur.

'float-feed, *s.* *I.C.E:* *etc:* Alimentation *f* par flotteur.

'float-grass, *s.* *Bot:* Glycérie flottante.

'float-needle, -spindle, *s.* *I.C.E:* Pointeau *m* (du carburateur).

'float-valve, *s.* Soupape *f* à flotteur.

float[2]. I. *v.i.* **1.** (*a*) Flotter, nager (sur un liquide), surnager; (*of boat*) être à flot. *The cork floats on the top of the oil*, l'huile est surnagée par le liège. **To float down the stream,** descendre le courant. (*b*) *Swim:* Faire la planche. **2.** (*a*) *The animalcules that f. about in the water*, les animalcules qui nagent dans l'eau. *Corpse that floats to the surface*, cadavre *m* qui revient sur l'eau. *To f. about in the air*, planer dans l'air. *Visions floated before his eyes*, des chimères *f* flottaient devant ses yeux. *F:* *A rumour is floating about, around, that . . .*, le bruit court que. . . . (*b*) (*Of an axle*) **To float freely,** tourner librement. **3.** *Tchn:* (*Of casting-core, etc.*) Se déplacer.

II. **float,** *v.tr.* **1.** (*a*) Flotter (des bois, un câble, etc.). *To f. wood downstream*, jeter du bois à flot perdu. *Canal that will f. an ocean steamer*, canal *m* capable de porter un paquebot. (*b*) (*Of wind*, *etc.*) Transporter, entraîner (des feuilles, etc.) dans les airs. *F:* **To float a rumour,** faire circuler un bruit. (*c*) *Com:* Lancer, créer, fonder (une compagnie). *Fin:* **To float a loan,** émettre un emprunt. **2.** *Agr:* Inonder, submerger (un terrain, etc.). **3.** *Const:* Aplanir (le plâtre d'un plafond, etc.).

float off. *Nau:* **1.** *v.i.* (*Of ship*) Détoucher; (*of wreck*) se déséchouer. **2.** *v.tr.* Faire flotter, mettre à flot (un navire, etc.). *To f. off a wreck,* renflouer, afflouer, déséchouer, une épave. *The tide will f. the boat off,* la marée soulèvera le bateau.

floating off, *s.* *Nau:* Renflouage *m*, renflouement *m*, afflouage *m*, déséchouage *m*, déséchouement *m* (d'une épave, etc.).

float out, *v.tr.* **1.** Chasser (des impuretés, etc.) dans un courant d'eau. **2.** *Nau:* **To float out a ship,** sortir un navire des chantiers de construction.

floating[1], *a.* **1.** (*a*) (*Of body*) Flottant, à flot; *Bot:* (*of leaf, etc.*) nageant, flottant. **Floating workshop,** navire-atelier *m*, *pl.* navires-ateliers. *F:* **Floating hotel, floating palace,** hôtel *m*, palais *m*, à flot. *F:* **Floating coffin,** navire *m* qui n'est pas en état de tenir la mer, qui sombrera au premier jour. *See also* CRANE[1] 2, DOCK[1] 1, FACTORY 2, ISLAND 1, PIER 1, STAGE[1] 1. (*b*) *Com:* **Floating cargo,** cargaison *f* sur mer. **2.** (*a*) Libre, mobile. **Floating ribs,** fausses côtes, côtes flottantes. *F. particles of dust,* poussières *f* en suspension. *F. population,* population flottante, instable, vagabonde. **Floating rumours,** bruits *m* qui courent. *Mec.E:* **Floating ring,** anneau *m* mobile. *See also* AXLE, BATTERY 3, KIDNEY 1, RAVE[1]. (*b*) *Fin:* **Floating capital,** capital circulant, flottant, disponible, mobile; fonds *mpl* de roulement, capitaux roulants. *See also* DEBT, POLICY[2].

floating-'bridge, *s.* Pont flottant.

floating-'light, *s.* **1.** *Nau:* (*a*) Bateau-feu *m*, *pl.* bateaux-feux. (*b*) Bouée lumineuse. **2.** Veilleuse *f* (à huile).

floating[2], *s.* **1.** (*a*) Flottement *m* (d'un bâtiment). (*b*) *Swim:* La planche. (*c*) *Metall:* Déplacement *m* (de l'âme du moule). **2.** (*a*) Mise *f* à flot (d'un vaisseau). (*b*) Flottage *m* (à bûches perdues); écoulage *m* (des bois). (*c*) Flottaison *f* sur bain de mercure (d'un système optique). (*d*) *Com:* Lancement *m* (d'une société commerciale, etc.). *Fin:* Émission *f* (d'un emprunt). **3.** *Agr:* Submersion *f* (d'un pré, etc.). **4.** *Const:* Aplanissage *m*, aplanissement *m* (du plâtre).

floatable ['floutəbl], *a.* Flottable.

floatage ['floutedʒ], *s.* **1.** (*a*) Flottement *m* (d'un bateau, etc.). (*b*) Flottage *m* (des bois). **2.** = FLOTSAM. **3.** Tonnage *m* des vaisseaux à flot (sur une rivière). **4.** Flottabilité *f*. **5.** *Nau:* Accastillage *m*, œuvres mortes (d'un navire).

flo(a)tation [flo'teiʃ(ə)n], *s.* **1.** *Nau:* Flottaison *f*. **Plane, line, of flotation,** ligne *f* de flottaison. **2.** (*a*) Flottage *m* (du bois, etc.). (*b*) *Gold-Min: etc:* **Floatation process** (*for ores*), flottation *f*. **3.** *Com:* Lancement *m* (d'une compagnie, d'une affaire). *Fin:* Émission *f* (d'un emprunt).

floater ['floutər], *s.* **1.** (*Pers.*) (*a*) *Swim:* Baigneur, -euse, qui fait la planche. (*b*) *Fin:* Lanceur *m* (d'une compagnie, d'une affaire). (*c*) *U.S:* (i) *Pol:* Électeur *m* accessible à l'influence, qui peut être acheté; électeur non qualifié (acheté par un parti). (ii) Vagabond, -e; galvaudeur, -euse. **2.** (*Thg*) (*a*) *Tchn: etc:* Flotteur *m*. (*b*) *Golf:* Balle *f* insubmersible. (*c*) *St.Exch:* *F:* Titre *m* de premier rang. (*d*) *Ins:* *F:* Police flottante. **3.** *Gramophones:* **Tone-arm floater,** coude *m* mobile.

floccose [flɔ'kous], *a.* *Bot:* Floconneux.

flocculation [flɔkju'leiʃ(ə)n], *s.* Floculation *f*.

floccule ['flɔkju:l], *s.* *Ch: etc:* Flocon *m* (de précipité).

flocculent ['flɔkjulənt], **flocculose** [flɔkju'lous], **flocculous** ['flɔkjuləs], *a.* Floculeux, floconneux.

flocculus, *pl.* **-li** ['flɔkjuləs, -lai], *s.* **1.** *pl.* *Ch:* Flocons *m*, précipité *m*. **2.** *Anat:* Flocculus *m*, lobule *m* du pneumogastrique.

floccus, *pl.* **-i** ['flɔkəs, 'flɔksai], *s.* **1.** *Bot:* (*a*) Flocon *m* (de poils). (*b*) *pl.* Hyphes *m* (d'un champignon). **2.** *Z:* Duvet *m* (d'un oisillon encore sans plumes).

flock[1] [flɔk], *s.* **1.** Flocon *m* (de laine, de coton, etc.). **2.** (*In mattress, cushion, etc.*) Bourre *f* de laine. **3.** *Occ.pl.* *Tex:* *Paperm:* (**Cropping**) **flock(s),** (bourre) tontisse *f*; tonture *f*. **4.** *pl.* *Ch:* Flocons, précipité *m*.

'flock-'bed, *s.* Matelas *m* en bourre de laine.

'flock-paper, *s.* Papier soufflé, papier velouté; papier tontisse.

flock[2], *s.* Bande *f*, troupe *f* (d'animaux); troupeau *m* (de moutons, de chèvres, d'oies); volée *f*, harde *f* (d'oiseaux). **Flocks and herds,** le menu et le gros bétail. *F:* *A pastor and his f.,* un pasteur et ses ouailles *f*. **Those who have strayed from the flock,** ceux qui se sont écartés du bercail. *A f. of visitors,* une foule de visiteurs. **They arrived in flocks,** ils arrivaient par mille et par cents; ils arrivaient en bandes, en foule.

flock[3], *v.i.* **To flock (together),** s'attrouper, s'assembler. **To flock about s.o.,** s'attrouper, faire foule, autour de qn. **To flock after s.o.,** suivre qn en foule. *Visitors f. to the seaside,* les visiteurs *m* affluent, vont en foule, au bord de la mer. *Everybody is flocking to it,* on s'y presse. **To flock in, out,** entrer, sortir, en masse. **To flock up,** accourir (en foule). *See also* FEATHER[1] 2.

floe [flou], *s.* Glaçon flottant; masse *f*, île *f*, de glaces flottantes; banc *m* de glace; banquise *f*.

flog [flɔg], *v.tr.* (**flogged; flogging**) Fustiger, flageller (qn), battre (qn) à coups de verge, de fouet, de cravache. *To f. Ovid into the boys,* faire apprendre Ovide aux élèves à coups de férule. *To f. the laziness out of a pupil,* dégourdir un élève à coups de canne. *To f. a horse,* (i) fouetter, (ii) cravacher, un cheval. *F:* **To flog a dead horse,** faire un effort inutile; se dépenser en pure perte; s'acharner à soutenir une thèse morte et enterrée; essayer de faire renaître un sentiment, un intérêt, mort. **To flog a willing horse,** surmener qn. **To flog oneself,** s'éreinter. **To flog a competitor,** battre un concurrent à plates coutures. *Fish:* **To flog a stream,** fouetter un cours d'eau; pêcher au fouetter.

flogging, *s.* Fustigation *f*, flagellation *f*. *Jur:* Le châtiment du fouet. *Sch:* La punition du fouet ou des verges *f*. *To give s.o. a f.,* donner les verges, le fouet, à qn.

flogger ['flɔgər], *s.* Fustigeur, -euse; fouetteur, -euse.

flong [flɔŋ], *s.* *Typ:* Flan *m*.

flood[1] [flʌd], *s.* **1.** *Nau:* Flot *m*, flux *m* (de la marée); **marée montante. Ebb and flood,** flux et reflux. *Half f.,* mi-flot *m*. *Quarter f.,* (i) quart *m* de flot; (ii) trois quarts de flot. *See also* TOP[1] I. 6. **2.** (*a*) Déluge *m*, inondation *f*. **The Flood,** le Déluge. **Flood victims,** les inondés. (*b*) **A flood of light,** un flux lumineux; des flots de lumière. *F:* *Floods of tears, of abuse,* un torrent, un déluge, de larmes; un torrent, un débordement, d'injures. *A f. of talk,* un flot de paroles. *A Noah's f. of oratory,* un déluge d'éloquence. *To have a f. of callers,* recevoir un flot de visiteurs; être débordé de visiteurs. (*c*) Crue *f* (d'une rivière). *The floods of the Nile,* les crues du Nil. (*d*) *Mch: etc:* **Full flood of lubricant,** plein jet de lubrifiant.

'flood-gate, *s.* Vanne (plongeante, de décharge); porte *f* d'écluse. **To open, close, the flood-gates,** lever, mettre, les vannes. *To open the flood-gates of one's passions,* lâcher les écluses à ses passions.

'flood-light[1], *s.* **1.** Lumière *f* à grands flots. **2.** **Flood-light (projector),** projecteur *m* de monument; projecteur à flots de lumière; phare *m* d'éclairage; *Th:* réflecteur *m*. *Av:* *Landing f.-l.,* projecteur d'atterrissage.

'flood-light[2], *v.tr.* Illuminer (un bâtiment, etc.) par projecteurs.

flood-lighting, *s.* Illumination diffusée; éclairage diffusé; éclairage indirect par corniches, par projecteurs; éclairage par diffusion; illumination *f* par projecteurs (à flots de lumière).

'flood-mark, *s.* Ligne *f* de la haute marée.

'flood-plain, *s.* Lit majeur (d'un fleuve); plaine *f* d'inondation.

'flood-tide, *s.* Marée montante; flux *m*.

flood[2]. **1.** *v.tr.* (*a*) Inonder, submerger, couvrir d'eau (un pays, etc.). *Agr:* Irriguer, noyer, submerger (une prairie, etc.). (*Of house, ship, etc.*) *To be flooded,* être envahi par l'eau. **We were flooded out of the house,** l'eau nous a contraints à quitter la maison. *The water is flooding the stokehold,* l'eau envahit la chaufferie. *Ground easily flooded,* terrain *m* facilement submersible. *Mil.E:* *To f. a region,* tendre une inondation sur une région, faire des tendues d'eau dans une région. (*Artificially*) *flooded area,* tendue *f* d'eau. *I.C.E:* **To flood the carburettor,** noyer le carburateur. *To f. the engine,* étouffer le moteur. *Navy:* **To flood the magazine,** noyer la soute à munitions, la soute aux poudres. *F:* *The rays of the setting sun flooded the street,* la lumière du couchant inondait la rue. *The sky is flooded with sunbeams,* le ciel s'irradie des rayons du soleil. **To be flooded with letters,** être inondé, submergé, de lettres. (*b*) (*Of rain, etc.*) Remplir (une rivière, etc.) jusqu'au débordement; faire déborder (une rivière). **2.** *v.i.* (*a*) (*Of river, etc.*) Déborder. *I.C.E:* (*Of carburettor*) Se noyer. *The sun's rays came flooding through the window,* les rayons du soleil entraient à flots par la fenêtre. (*b*) (*Of river*) Être en crue. (*c*) *Med:* (*Of woman*) Avoir des pertes *f* (de sang).

flooding, *s.* **1.** Inondation *f*, submersion *f* (d'un pays, etc.); irrigation *f* (d'une prairie, etc.). *Nau: etc:* Noyage *m* (des soutes, etc.). *See also* COCK[1] 2. **2.** Débordement *m* (d'une rivière, etc.). **3.** *Med:* Métrorragie *f*; perte *f* de sang.

floodable ['flʌdəbl], *a.* (Terrain *m*) submersible ou irrigable.

floodometer [flʌ'dɔmetər], *s.* *Hyd.E:* Échelle *f* d'étiage.

floor[1] ['flɔ:ər], *s.* **1.** (*a*) Plancher *m*, parquet *m*. *Cement f.,* plancher en ciment. *Asphalt f.,* sol asphalté. *Mud f.,* plancher en terre battue. *Tile(d) f.,* carrelage *m*; dallage *m* en tuiles. *Tessellated f.,* pavement *m* en mosaïque. *To throw sth. on the f.,* jeter qch. à terre, par terre. *P:* **To mop, wipe, the floor with s.o.,** battre qn à plate couture; éreinter qn. *U.S:* (*At dance*) **To take the floor,** se joindre aux danseurs. (*Cp.* 1 (*d*).) (*b*) *N.Arch:* Plafond *m* (de cale). **Floor(-frame, -timber),** varangue *f*. **Midship floor,** maîtresse varangue. **Filling floor,** fausse varangue. *Rising floor-timbers,* varangues acculées. **Floor-rider,** varangue de porque. (*c*) *Tchn: etc:* Fond *m* (d'un lac, de l'océan, etc.); tablier *m*, platelage *m*, aire *f* (d'un pont); radier *m* (du sas d'une écluse, d'une voie souterraine); sole *f* (d'une galerie de mine, d'un chantier). *Mil:* Sol *m* (de fossé, de caponnière). (*d*) Parquet (à la Bourse); parquet, prétoire *m* (d'un tribunal); *Th:* plateau *m* (de la scène); parquet, enceinte *f* (d'une assemblée législative). *U.S:* **To have, take, the floor,** avoir, prendre, la parole. **To demand the floor,** réclamer la parole. **Floor leader,** chef *m* de parti (qui dirige les votes). (*e*) *Box:* **The floor of the ring,** le canevas. **2.** Étage *m* (de maison). **Ground-floor,** rez-de-chaussée *m*. *See also* FIRST I. 1, GROUND-FLOOR. *House on two floors,* maison *f* avec étage. *To live on the second f.,* (i) demeurer au second; (ii) *U.S:* demeurer au premier. *On the top f.,* au dernier étage. *Suite of rooms on one f.,* appartement *m* de plain-pied. *We live on the same f.,* nous habitons sur le même palier; nous sommes voisins de palier. **3.** (*a*) Aire (d'une grange, de séchage, etc.). *See also* SAND FLOOR. (*b*) *Husb:* Airée *f* (de blé). **4.** *Geol:* (*a*) Mur *m*, éponte inférieure (d'une couche de houille). (*b*) Couche, lit *m* (d'étain, etc.).

'floor-bearing, *s.* *Mec.E:* *Vertical f.-b.,* boîtard *m*.

'floor-board, *s.* **1.** Planche *f* (du plancher, à planchéier). **2.** *N.Arch:* Varangue *f*. **3.** *Aut:* *Av:* Plancher *m*; planche de fond.

'floor-cloth, *s.* **1.** Linoléum *m*. **2.** *Dom.Ec:* Serpillière *f* pour torchons, etc.; torchon *m* à laver.

'floor-dresser, *s.m.* *Carp:* (*Pers.*) Aplanisseur de parquets.

'floor-lamp, *s.* *Furn:* Torchère *f*.

'floor-plank, *s.* **1.** Lame *f* de parquet. **2.** *Nau:* Lierne *f* (d'embarcation).

'floor-plate, *s.* *N.Arch:* (*a*) Tôle-varangue *f*, *pl.* tôles-varangues. (*b*) *pl.* **Floor-plates,** parquet *m* de chaufferie.

'floor-polish, *s.* Encaustique *f*; cire *f* à parquet.

'floor-polisher, *s.* **1.** (*Pers.*) Cireur, -euse, de parquets. **2.** Brosse *f* à parquet.

'floor-space, *s.* (*a*) Aire *f* (d'une salle, etc.). (*b*) *Lack of f.-s. for dancing*, manque *m* de place pour danser.

'floor-walker, *s. Com: U.S:* = SHOP-WALKER.

floor², *v.tr.* **1.** *Const:* (i) Planchéier, (ii) parqueter, (iii) carreler (une pièce). **2.** (*a*) Terrasser, renverser, accabler (un adversaire). (*b*) *F:* Mettre, réduire, (qn) à quia; clouer le bec à (qn); asseoir, aplatir (qn). *Sch:* Coller (un candidat, etc.). (*c*) *Sch: F:* **To floor a paper,** répondre à toutes les questions d'une composition; résoudre tous les problèmes, etc.

flooring, *s.* **1.** (*a*) (i) Planchéiage *m*, (ii) parquetage *m*, (iii) carrelage *m*, dallage *m* (d'une pièce). (*b*) Renversement *m* (d'un adversaire). **2.** (*a*) Plancher *m*. (*b*) Carreau *m*, dallage. *Cement(-block) f.*, dallage en ciment.

'flooring-cramp, *s. Carp:* Étreignoir *m*.

floorer ['flɔːrər], *s. F:* **1.** Coup *m* qui vous terrasse. **2.** (*a*) Nouvelle déconcertante. (*b*) (*In an examination*) Colle *f*. (*c*) Argument *m* sans réplique. *That's a f. for you! P:* ça te la coupe!

flop¹ [flɔp], *s. F:* **1.** Coup mat; bruit sourd (d'un rat qui plonge, etc.). *Down he went* **with a flop,** il fit plouf en tombant. *See also* BELLY-FLOP. **2.** (*a*) Four *m*, fiasco *m*. (*b*) Dégringolade *f* (du franc, etc.). **3.** (*Pers.*) Mollasse *mf*, poule mouillée. **4.** *U.S: P:* Lit *m*.

flop², *int. & adv. F:* **1.** Plouf! patapouf! floc! **To fall flop,** tomber comme une masse; faire patapouf. **2. To go flop,** (*of play*) faire four; (*of business, etc.*) aller à vau-l'eau; dégringoler; (*of pers.*) céder à la fatigue; s'effondrer.

flop³, *v.i.* (flopped; flopping) *F:* **1.** = FLAP² 2. **2.** (*a*) (*Of stone, etc.*) Faire plouf; faire floc. (*b*) (*Of pers.*) **To flop (down),** se laisser tomber; s'affaler. *To f. down on to a seat*, s'asseoir tout d'une pièce; tomber mollement, lourdement, sur un siège; se laisser tomber comme un sac, comme un paquet, sur un siège; s'effondrer, s'écrouler, s'affaler, dans un fauteuil. (*c*) **To flop about,** faire des sauts de carpe. (*d*) **To flop along,** marcher lourdement, en faisant flic flac. **3.** = *to go flop, q.v. under* FLOP². **4.** *Pol: U.S: F:* Tourner casaque.

'flop-'hat, *s. F:* Chapeau mou à larges bords.

'flop-house, *s. U.S:* = DOSS-HOUSE.

floppy ['flɔpi], *a.* (*Of hat, brim, etc.*) Pendant, flasque, souple; (*of garment*) lâche, trop large; *F:* (*of pers.*) veule, avachi, mollasse. *The f. jump of a toad*, le bond flasque, mou, d'un crapaud.

Flora ['flɔːra]. **1.** *Pr.n.f.* Flore. **2.** *s.* **The flora and fauna** *of a district*, la flore et la faune d'une région.

floral ['flɔːrəl], *a.* **1.** Floral, -aux. *Dress with a bold f. design*, robe *f* à grands ramages. *Bot:* **Floral leaf,** feuille florale. **Floral festival,** floralie(s) *f(pl)*. *Hist:* **Floral games** (*in Provence*), jeux floraux. **2. Floral zone,** zone végétale.

Floralia [flɔː'reiljə], *s.pl. Rom.Ant:* Floralies *f*.

Florence ['flɔrəns]. *Pr.n. Geog: etc:* Florence *f*. *See also* FLASK 1.

Florentine ['flɔrəntain], *a. & s.* **1.** *Geog:* Florentin, -ine. *See also* IRIS 3. **2.** *Tex:* **Florentine drill,** florentine *f*. **Florentine (satin),** florentine.

florescence [flɔː'res(ə)ns], *s.* Fleuraison *f*, floraison *f*.

floret ['flɔːret], *s. Bot:* Fleuron *m*. **Ligulate floret,** demi-fleuron *m*, *pl.* demi-fleurons. **Florets of the disk,** fleurs non rayonnantes (d'une composée). **Florets of the ray,** fleurs extérieures, rayonnantes (d'une composée).

floriculture ['flɔːrikʌltjər], *s.* Floriculture *f*.

floriculturist [flɔːri'kʌltjurist], *s.* Horticulteur *m* fleuriste.

florid ['flɔrid], *a.* (*Of style, speech, etc.*) Fleuri; orné à l'excès; (*of dress, architecture, etc.*) flamboyant; (*of countenance*) coloré, rubicond, fleuri. **To have a florid complexion,** être haut en couleur. *Mus:* **Florid counterpoint,** contrepoint fleuri, contrepoint figuré; figuré *m*. **-ly,** *adv.* (Parler, écrire) d'un style fleuri.

Florida ['flɔridə]. *Pr.n. Geog:* La Floride.

Florida 'moss, *s. Moss:* Mousse *f* d'Espagne; barbe *f* de vieillard.

Floridian [flɔ'ridiən], *a. & s. Geog:* Floridien, -ienne.

floridity [flɔ'riditi], **floridness** ['flɔridnəs], *s.* Style fleuri (d'un discours, etc.); flamboyant *m* (d'une toilette, etc.); rougeur *f*, hauteur *f* (du teint).

floriferous [flɔː'rifərəs], *a. Bot:* Florifère.

florilegium, *pl.* **-ia** [flɔri'liːdʒiəm, -iə], *s.* Florilège *m*.

florin ['flɔrin], *s. Num:* **1.** Florin *m*; pièce *f* de deux shillings. **2.** Florin (de divers pays).

florist ['flɔrist], *s.* Fleuriste *mf*.

floristic [flɔ'ristik], *a.* Floristique.

Florrie ['flɔri]. *Pr.n.f. F:* (*Dim. of Florence*) Florence.

floscular ['flɔskjulər], **flosculous** ['flɔskjuləs], *a. Bot:* Flosculeux.

floscule ['flɔskjuːl], *s. Bot:* Fleuron *m*.

floss¹ [flɔs], *s.* **Floss(-silk),** bourre *f* de soie; frison *m*; filoselle *f*; soie *f* floche, fleuret *m*, strasse *f*.

floss², *s. Metall:* Floss *m*. **Floss-hole,** trou *m* à laitier.

flossy¹ ['flɔsi], *a.* (*Of hair, etc.*) Soyeux.

Flossy². *Pr.n.f. F:* (*Dim. of Florence*) Florence.

flotation [flo'teiʃ(ə)n], *s.* = FLOATATION.

flotilla [flo'tilə], *s.* (*a*) *Navy: Nau:* Flottille *f*. **Flotilla leader,** chef *m*, conducteur *m*, de flottille. (*b*) *Navy:* **Destroyer flotilla,** escadrille *f* de contre-torpilleurs.

flotsam ['flɔtsəm], *s.* **1.** *Jur:* Épave(s) flottante(s). **Flotsam and jetsam,** choses *f* de flot et de mer. **2.** Naissain *m* (d'huîtres).

flounce¹ [flauns], *s.* **1.** (*Of fish in water, etc.*) Secousse *f* (de corps); coup *m* (de queue). **2.** (*Of pers.*) Mouvement vif (d'indignation, d'impatience).

flounce², *v.i.* **1.** (*Of fish in water, etc.*) Se débattre, se démener. **2.** (*Of pers.*) S'élancer, se jeter (avec un mouvement d'indignation, d'impatience). **To flounce in, out, off,** entrer, sortir, partir, brusquement, dans un mouvement d'indignation, de dignité blessée.

flounce³, *s. Dressm:* Volant *m*. *Laund:* **Flounce-iron,** coq *m* (de blanchisseuse).

flounce⁴, *v.tr.* Garnir (une jupe, etc.) de volants. **Flounced skirt,** jupe à volants, à fal balas.

flouncy ['flaunsi], *a.* (Jupe, etc.) à volants.

flounder¹ ['flaundər], *s. Ich:* Flet *m*, carrelet *m*; *Dial:* flondre *m*.

flounder², *s.* Série *f* de mouvements gauches, décousus (pour avancer, pour se relever, pour s'empêcher de tomber). (*Of horse*) Débattement *m* (par terre).

flounder³, *v.i.* **1.** Patauger, barboter, patouiller (dans la boue, etc.). *Sp:* (*Of boxer, etc.*) Cafouiller. **To flounder about in the water,** se débattre dans l'eau. *Floundering among the seaweed*, empêtré dans les algues. **To flounder along,** avancer en trébuchant. *F:* **To flounder in a speech, in an explanation,** patauger dans un discours; s'embourber, s'empêtrer, s'emberlificoter, dans une explication. **To flounder through a translation,** traduire avec force accrocs. **2.** (*Of horse*) (*a*) Se débattre (par terre). (*b*) Faire feu des quatre fers (pour ne pas tomber).

floundering¹, *a.* **1.** Qui trébuche (pour ne pas tomber); qui patauge, barbote (dans la boue, etc.). *F: F. explanation*, explication dans laquelle on barbote, on s'embourbe. **2.** (Cheval *m*) qui se débat (par terre).

floundering², *s.* **1.** Barbotage *m*, débattement *m*, pataugeage *m*; (*of boxer, etc.*) cafouillage *m*. **2.** (*Of horse*) Débattement (par terre).

flounderer ['flaundərər], *s.* Pataugeur, -euse.

flour¹ ['flauər], *s.* **1.** Farine *f*. *Mill: Pure wheaten f.*, fleur *f* de farine. *F. for bread*, farine panifiable. **Second flour,** recoupe *f*. **Third flour,** recoupette *f*. **Flour dust,** folle farine. *To cover, dust, sth. with f.*, (en)fariner qch. *To get covered with f.*, *F: to get all over f.*, s'enfariner. **2.** (*a*) Farine (de moutarde, etc.). **Potato-flour,** fécule *f* de pommes de terre. (*b*) Fleur (de soufre). (*c*) **Flour of gypsum,** plâtre *m* au sas.

'flour-beetle, *s. Ent:* Ténébrion *m*; *F:* escarbot *m* de la farine; cafard *m*, meunier *m*.

'flour-bin, *s.* Farinière *f*, huche *f*, maie *f*.

'flour-box, -dredger, *s.* Saupoudroir *m* à farine.

'flour-emery, *s.* Fleur *f* d'émeri, potée *f* d'émeri.

'flour-factor, *s.* Minotier *m*.

'flour-mill, *s.* Moulin *m* à farine; (*large*) minoterie *f*.

'flour-milling¹, *a.* (*Of plant, process*) Meunier, -ière.

'flour-milling², *s.* Minoterie *f*, meunerie *f*. *F.-m. works*, minoterie. *Owner of f.-m. works*, minotier *m*.

flour². **1.** *v.tr.* (*a*) (En)fariner (qn, qch.); saupoudrer (une pâte, etc.) de farine. *Cu: F. before frying*, passez-les dans la farine avant de les faire frire. (*b*) *U.S:* Moudre (le grain). **2.** *v.i. Gold-min:* (*Of mercury*) Se réduire en farine.

'flouring-mill, *s. U.S:* Minoterie *f*.

flourish¹ ['flʌriʃ], *s.* **1.** (*a*) Trait *m* de plume, enjolivure *f*; (*after signature*) parafe *m*. (*b*) Fleur *f* (de rhétorique); fioriture *f* (de style). **2.** Geste prétentieux; brandissement *m* (d'épée). *Fenc: etc:* Moulinet *m*. *To take off one's hat* **with a flourish,** saluer d'un geste élégant, d'un grand geste. *He showed us in with a f.*, d'un geste large il nous fit entrer. *To carry things off with a f.*, y mettre du panache. **3.** *Mus:* (*a*) Fanfare *f* (de trompettes). *F:* **To publish sth. with a great flourish of trumpets,** proclamer qch. à son de trompe. (*b*) Fioriture, ornement *m*. **Vocal flourish,** roulade *f*.

flourish². **1.** *v.i.* (*a*) (*Of plant*) Croître, se développer, bien venir. *To f. in a sandy soil*, se plaire dans un terrain sablonneux. *Plant that does not f. in this climate*, plante qui se déplaît sous ce climat. (*b*) (*Of pers., commerce, etc.*) Être florissant, prospérer. *Trade will f.*, le commerce prendra de l'extension, deviendra florissant. *Trade is flourishing*, le commerce est prospère. (*c*) Être dans sa fleur, dans tout son éclat; battre son plein; (*of arts*) fleurir. *Art that is flourishing anew*, art qui refleurit. (*d*) *A:* Faire des phrases, de belles phrases; user d'un style fleuri. (*e*) *Mus:* Faire des fioritures, des roulades. (*f*) (*Of trumpets*) Sonner une fanfare. **2.** *v.tr.* (*a*) Brandir (une épée, un bâton). **To flourish one's arms (about),** battre l'air; agiter les bras; gesticuler. *To f. one's stick*, (i) agiter sa canne; (ii) faire des moulinets avec sa canne. (*b*) Faire parade de (son savoir, etc.).

flourishing¹, *a.* (*Of plant, pers., industry, etc.*) Florissant. *F. trade*, commerce *m* prospère. *F: How are you?*—**Flourishing,** comment ça va-t-il?—Ça boulotte. **-ly,** *adv.* D'une manière florissante.

flourishing², *s.* **1.** Croissance *f*, développement *m* (de plantes); prospérité *f*, état florissant (de qn). **2.** Brandissement *m* (d'épée). **3.** *Mus:* Fanfare *f* (de trompettes). **4.** *Needlew:* **Flourishing thread,** lin *m* floche.

floury ['flauəri], *a.* **1.** (*Of wig, etc.*) Enfariné; couvert de farine. **2.** (*Of potatoes, etc.*) Farineux.

flout¹ [flaut], *s.* Moquerie *f*, raillerie *f*, insulte *f*.

flout². **1.** *v.tr.* (*a*) Railler (qn). *To f. one's enemies*, narguer ses ennemis. **A flouted lover,** un amoureux bafoué. (*b*) Faire fi de (l'autorité de qn); se moquer (d'un ordre). **2.** *v.i.* Se railler, se moquer, se gausser (*at s.o.*, de qn); *P:* se payer la tête de (qn).

flouting, *s.* Moquerie *f*, raillerie *f*.

flow¹ [flou], *s.* **1.** (*a*) Coulement *m* (d'une rivière, d'un liquide); écoulement *m* (d'un liquide); coulée *f* (de métal en fusion). **Gravity flow,** écoulement par gravité. *Mch: etc:* **Back flow** (*of the boiler water, etc.*), refoulement *m* (de l'eau de la chaudière, etc.). (*b*) *Mch:* Courant *m*, flux *m* (de vapeur). **Double flow,** flux alternatif. (*c*) *Geol:* Écoulement (d'une couche); coulée (de lave). (*d*) *El:* Passage *m* (d'un courant). *El.E:* **Parallel-flow condenser,** condensateur *m* à courants dans le même sens. **Counter-flow condenser,** condensateur à contre-courant. (*e*) Courant, cours *m*, affluence *f* (d'eau). (*f*) Passage, arrivée *f* (d'air, *I.C.E:* d'essence, etc.). (*g*) **Flow of the tide,** flot *m*, flux *m*, de la marée. *See also* EBB[1] 1. (*h*) Crue *f* (du Nil). **2.** Volume *m* (de liquide débité). *Hyd.E:* Débit *m*, écoulement (d'un lac, d'une rivière); débit, refoulement (d'une pompe). **3.** Flot, flux (de sang, de paroles, etc.); *F:* averse *f* (de félicitations). *F:* **Flow of spirits,** fonds *m* de gaieté; entrain *m*. **To have a ready flow of language,** avoir de la faconde, parler d'abondance, être disert. *What a f. of words!* quelle fécondité verbale! quelle affluence de paroles! quels flots d'éloquence! **Flow of soul,** épanchement *m* de l'âme. **4.** Lignes tombantes (d'une robe); drapé *m* (d'un vêtement). **5.** *Cer:* Flux; fondant *m*.

'flow-meter, *s.* Indicateur *m* d'écoulement, de débit (des liquides, etc.).

'flow-pipe, *s.* Conduite montante (d'une tuyauterie d'eau chaude de ménage).

'flow-production, *s. Ind:* Travail *m* à la chaîne.

flow[2], *v.i.* (*p.p.* flowed, *A:* flown) **1.** (*Stream along*) (*a*) Couler, s'écouler. *To f. by gravity,* s'écouler par gravité. (*Of river*) **To flow into the sea,** déboucher, se jeter, se verser, affluer, dans la mer. *River flowing into the Atlantic,* fleuve *m* tributaire de l'Atlantique. *River flowing along a meadow,* rivière qui baigne un pré. *Lava that flows down the mountain,* lave *f* qui dévale de la montagne. (*b*) *Geol:* (*Of stratum*) S'écouler. (*c*) (*Of tide*) Monter, remonter. *See also* EBB[2] 1. (*d*) (*Of babbit, etc.*) Fondre. (*e*) (*Of blood, electric current, etc.*) Circuler. *Blood flowing to the head,* sang *m* qui afflue à la tête. (*f*) (*Of people*) Aller, venir, en masse; (*of conversation, etc.*) aller son train; (*of literary style*) couler facilement, avec aisance. (*g*) (*Of hair, drapery, etc.*) Flotter. **2.** (*Stream forth*) (*Of stream, blood, tears, etc.*) Se répandre, jaillir. *To cease flowing,* se tarir. **3.** (*Result*) Dériver, découler, provenir (*from,* de). *God, from Whom all blessings f.,* Dieu, de qui découlent toutes les grâces. **4.** *Lit:* (*Of wine, etc.*) Abonder. **Land flowing with milk and honey,** pays *m* découlant de lait et de miel.

flow along, *v.i.* Couler.

flow away, *v.i.* (*Of liquid*) S'écouler.

flow back, *v.i.* Refluer; (*of water*) regorger (dans un tuyau, etc.).

flow in, *v.i.* (*a*) (*Of liquid*) Entrer. (*b*) (*Of people, money*) Affluer.

flow out, *v.i.* Sortir, s'écouler.

flowing out, *s.* Sortie *f*, écoulement *m*.

flown, *a. A:* Enflé. *Lit:* **Flown with pride,** bouffi d'orgueil.

flowing[1], *a.* **1.** (*Of stream, etc.*) Coulant; (*of tide*) montant; (*of oil-well*) coulant naturellement. *Cer:* (*Of colours*) Noyé, confus. **2.** (*Of style, line, etc.*) Coulant, fluide, facile; (*of movement*) gracieux, aisé. **3.** (*Of draperies*) Flottant; à lignes tombantes; (*of hair*) tombant (dans le cou). **Flowing beard,** barbe longue, fleurie. *See also* MANE. *Nau:* **With flowing sail, sheet,** les écoutes filées. **-ly,** *adv.* D'une manière coulante, aisée; avec facilité.

flowing[2], *s.* **1.** Coulement *m*, affluence *f* (d'une rivière, etc.). **2.** Écoulement *m* (de l'eau, du métal).

flowage ['floueḍʒ], *s. Geol:* Écoulement *m* (des roches, de la glace d'un glacier, etc.).

flower[1] ['flauər], *s.* **1.** *Bot:* Fleur *f*. **Late flower,** fleur tardive; arrière-fleur *f*. **Bunch of flowers,** bouquet *m*. **Wild flowers,** fleurs des champs. **Cut flowers,** fleurs coupées. **'No flowers by request,'** "ni fleurs ni couronnes." *To deck s.o., sth., with flowers,* fleurir qn, qch. *He had a f. in his buttonhole,* il avait la boutonnière fleurie. **Flower market,** marché *m* aux fleurs. **Flower show,** exposition *f* horticole, d'horticulture. *See also* WELCOME[1] 1. **2.** *pl.* (*a*) *Ch: etc: A:* Fleur(s) (de soufre, d'arsenic, de vin, etc.). *See also* SULPHUR[1]. (*b*) *Fung:* **Flowers of tan,** fleur du tan. **3.** (*Ornament*) (*a*) *Typ:* Fleuron *m*. (*b*) *Arch:* Rose *f*; œil *m* (de l'abaque du chapiteau corinthien). (*c*) **Flowers of speech,** fleurs de rhétorique. **4.** *F:* Fine fleur, crème *f*, élite *f* (de la race, de l'armée, etc.). **5.** (*Of plants*) Fleuraison *f*. **In flower,** en fleur. *In full f.,* en plein épanouissement. **To burst into flower,** fleurir. *F:* **To be in the flower of one's age,** être dans la fleur de l'âge. **6.** *pl. Physiol: F:* Règles *f*, menstrues *f*, *F:* fleurs.

'flower-basket, *s.* Corbeille *f* à fleurs.

'flower-bed, *s.* Parterre *m*; plate-bande, *pl.* plates-bandes; (*round*) corbeille *f*.

'flower-beetle, *s. Ent:* Méligèthe *m*.

'flower-box, *s.* Caisse *f*, bac *m*, à fleurs.

'flower-bud, *s. Bot:* Bourgeon *m* à fleur.

'flower-cup, *s. Bot:* Calice *m*.

'flower-de-'luce, *s. Her: A:* Fleur *f* de lis.

'flower-garden, *s.* Jardin *m* de fleurs; jardin d'agrément.

'flower-girl, *s.f.* Bouquetière.

'flower-head, *s. Bot:* Capitule *m*.

'flower-holder, *s. Aut: etc:* Porte-fleurs *m inv*; porte-bouquet *m*, *pl.* porte-bouquets.

'flower-piece, *s. Art:* Étude *f* de fleurs; tableau *m* de fleurs.

'flower-pot, *s.* (*a*) Pot *m* à fleurs; (*ornamental*) cache-pot *m inv.* (*b*) Pot de fleurs.

'flower-service, *s. Ecc:* Service divin avec offrandes de fleurs (pour distribution parmi les hôpitaux, etc.).

'flower-shop, *s.* Boutique *f* de fleuriste.

'flower-stand, *s.* Jardinière *f*.

flower[2]. **1.** *v.i.* (*Of plant*) Fleurir, pousser des fleurs, être en fleur. *F: The scheme flowered into an epoch-making reform,* le projet aboutit à une réforme qui a fait époque. **2.** *v.tr.* (*a*) *Hort:* Faire fleurir (des plantes). (*b*) Fleurir (qch.); orner (un tissu, etc.) de fleurs, de ramages.

flowered, *a.* (*a*) (Jardin, talus, etc.) fleuri. (*b*) **White-flowered plant,** plante *f* à fleurs blanches. **Many-flowered,** multiflore. (*c*) *Tex:* **Flowered material,** étoffe *f* à fleurs, à ramages.

flowering[1], *a.* **1.** (*Of garden, plant*) Fleuri, en fleur. *F. meadow,* pré fleuri; prairie couverte de fleurs. **2. Flowering plant, shrub,** plante *f*, arbrisseau *m*, à fleurs.

flowering[2], *s.* **1.** Fleuraison *f* (d'une plante). **2.** *Tex:* Fleurage *m* (d'une étoffe).

flowerer ['flauərər], *s.* Plante *f* qui fleurit, qui porte des fleurs. **Early flowerer,** plante hâtive. **Prolific flowerer,** plante très florifère.

floweret ['flauəret], *s. Poet:* Fleurette *f*, petite fleur.

floweriness ['flauərinəs], *s.* Style fleuri (d'un livre, etc.); fleurs *fpl* de rhétorique (d'un discours).

flowery ['flauəri], *a.* **1.** (Pré, etc.) fleuri, couvert de fleurs; (tapis, etc.) orné de fleurs, de ramages. *F. paths,* sentiers fleuris. **The Flowery Land, Kingdom, Empire,** la Chine. **2.** (*Of speech, style, etc.*) Fleuri, empanaché. *F. phrases,* fleurs *f* de rhétorique. **Flowery language,** beau langage. *To speak in f. language,* faire des phrases; faire de grandes phrases.

flowingness ['flouiŋnəs], *s.* Fluidité *f* (de style, de langage).

flown[1] [floun]. *See* FLY[3], HIGH-FLOWN.

flown[2]. *See* FLOW[2].

flu [flu:], *s. Med: P:* = INFLUENZA.

flubdub ['flʌbdʌb], *s. U.S: P:* Grandiloquence *f*, emphase *f*.

fluctuant ['flʌktjuənt], *a. Med:* (*Of tumour, etc.*) Fluctuant.

fluctuate ['flʌktjueit], *v.i.* Fluctuer. **1.** (*Of conditions, etc.*) Varier; (*of markets, values*) osciller. *Income that fluctuates between* £100 *and* £150, revenu *m* qui varie, oscille, roule, entre £100 et £150. *Prices f. between . . . and . . .,* les prix flottent entre . . . et. . . . **2.** (*Of pers.*) Flotter, balancer, vaciller, hésiter (dans ses opinions, etc.). *To f. between fear and hope,* flotter entre la crainte et l'espérance.

fluctuating, *a.* (*Of temperature, etc.*) Variable; (*of prices, etc.*) oscillant.

fluctuation [flʌktju'eiʃ(ə)n], *s.* Oscillation *f*; variations *fpl* (de température). **Fluctuation in exchange, of the franc,** fluctuation(s) *f*, variation(s), oscillation, du change, du (cours du) franc. *Curve showing violent fluctuations,* courbe saccadée. *El.E: etc: Service f., power f.,* fluctuation dans le fonctionnement; variation de la puissance.

flue[1] [flu:], *s. Med: P:* = INFLUENZA.

flue[2], *s. Fish:* Flue(-net), tramail *m*.

flue[3], *s.* Peluches *fpl*, duvet *m*.

flue[4], *s.* **1.** *Nau:* Patte *f* (d'ancre). **2.** *Fish:* Barbillon *m* (d'hameçon).

flue[5], *s.* **1.** *Const:* Conduite *f*, tuyau *m*, de cheminée; conduite de fumée, gaine *f* d'évacuation; courant *m* de flamme; aspirail *m*; carneau *m* (de four); échappement rampant (de four à réverbère). *Mch:* Tube-foyer *m*, *pl.* tubes-foyers (de chaudière). **Heating flue,** gaine de chauffe. *F. of a charcoal kiln,* cheminée *f* d'une meule de charbon. *Tex:* **Hot flue,** chambre chaude. **2.** *Mus:* Bouche *f* (de tuyau d'orgue).

'flue-brush, *s.* Torche-tubes *m inv*; écouvillon *m*, hérisson *m*.

'flue-gas, *s. Ind:* Gaz *m* de fumée.

'flue-pipe, *s.* **1.** *Mus:* Tuyau *m* à bouche (d'un orgue). **2.** *Const:* Tuyau de poêle.

'flue-stop, *s. Mus:* (Jeu *m* de) flûte *f* (d'un orgue).

flue[6]. **1.** *v.tr.* Ébraser (une ouverture, etc.). **2.** *v.i.* (*Of opening, etc.*) S'ébraser.

flueless ['flu:ləs], *a.* (Poêle *m*) sans gaine d'évacuation, sans tuyau.

fluellen [flu:'elən], *s. Bot:* Véronique *f* femelle.

fluency ['flu:ənsi], *s.* Facilité *f* (de parole, de style).

fluent ['flu:ənt], *a.* **1.** (*Of speech, style, etc.*) Coulant, facile, fluide. *To be a f. speaker,* avoir la parole facile; être disert; avoir de la faconde. *He is a f. speaker of French,* il parle le français couramment. **2.** (*Of curve, outline*) Coulant, fluide. **3.** *Mth:* **Fluent quantity,** grandeur *f* en mouvement; *A:* quantité fluente. **-ly,** *adv.* (Parler, lire, etc.) couramment; (s'exprimer) avec facilité.

fluey ['flu:i], *a.* Pelucheux.

fluff[1] [flʌf], *s.* **1.** (*a*) Duvet *m* (d'étoffe); peluches *fpl*; coron *m* (de laine). (*Of cloth*) *To lose, shed, its f.,* pelucher; jeter son coton. *A bit of f.,* une peluche. *F:* **A little bit of fluff,** une petite femme, une jeunesse. (*b*) *Pieces of f.* (*in an ill-kept room*), flocons *m*. **2.** Fourrure douce (d'un jeune animal, d'un lapin, etc.). **3.** *Th: F:* Loup *m*.

fluff[2]. **1.** *v.tr.* (*a*) *Leath:* Poncer (une peau). (*b*) (i) Lainer (un drap, etc.); (ii) réduire (qch.) en peluches. *To f. old rope,* faire de l'étoupe avec de vieux cordages. (*c*) **To fluff (out) one's hair,** faire bouffer ses cheveux; se retaper les cheveux. *Bird that fluffs (up) its feathers,* oiseau *m* qui hérisse ses plumes. **2.** *v.i. Her hair fluffed on my shoulder,* ses cheveux s'ébouriffaient sur mon épaule. **3.** *v.tr. Th: F:* **To fluff one's entrance, one's part,** rater, louper, bouler, son entrée; bouler son rôle. *Fluffed entrance,* loup *m*. *Sp: To f. a shot,* rater un coup.

fluffless ['flʌfləs], *a.* (Papier, etc.) non pelucheux.

fluffy ['flʌfi], *a.* (Drap, papier) pelucheux; (poussin, etc.) duveteux. *F. hair,* cheveux flous. (*Of worn material, etc.*) **To become fluffy,** pelucher; jeter son coton. *F:* **A fluffy little thing,** une petite frou-frou, *pl.* frou-frous.

'fluffy-'minded, *a. F:* Évaporé. *F.-m. creature,* tête *f* de linotte.

fluid ['flu:id]. **1.** *a. & s.* (*a*) *Ch: Ph: El: etc:* Fluide (*m*). (*b*) Liquide (*m*). **Soldering fluid,** eau *f* à souder. **Fluid measures,** mesures *f* pour les liquides. *Med:* **Body-fluids, tissue-fluids,** humeurs *f*; sécrétions *f*. *Pharm:* **Fluid extract,** extrait *m* fluide. *Ph:* **Fluid pressure,** pression exercée par un fluide. *El:* **Single-fluid cell,** élément *m* à un liquide. **2.** *a. F:* (*a*) (*Of style, speech, etc.*) Fluide, coulant, facile. (*b*) (*Of opinions, etc.*) Inconstant, changeant. *Industry in a f. state,* industrie *f* en voie de transformation rapide, qui n'a pas encore atteint un stade de développement stable.

fluidify [flu'idifai], *v.tr.* Fluidifier, liquéfier (un solide).

fluidity [flu'iditi], *s.* **1.** Fluidité *f* (de l'eau, etc.). **2.** (*a*) Fluidité, facilité *f* (de style, etc.). (*b*) Caractère changeant, inconstance *f* (des opinions de qn, etc.).

fluke[1] [flu:k], *s.* **1.** *Ich:* Flet *m*, carrelet *m*. **2.** *Vet:* **Fluke(-worm),** trématode *m*; *esp.* douve *f* (du foie).

fluke², *s.* **1.** (*a*) *Nau:* Patte *f*, aile *f* (d'ancre). **To foul the flukes,** surpatter. *Anchor with only one f.*, ancre *f* borgne. (*b*) *Archeol:* Fer *m* de lance à barbillons. **2.** *pl. Z:* (Nageoires *f* de la) queue (d'une baleine).

fluke³, *s.* (*a*) *Bill:* (Coup *m* de) raccroc *m*; point volé. *To make flukes*, raccrocher. *By a f.*, par raccroc. (*b*) *F:* Coup de veine, de hasard; chance *f*. *His success was due to a f.*, c'est un hasard qu'il ait réussi.

fluke⁴. **1.** *v.tr.* (*a*) *Bill:* Raccrocher (la balle, un coup). (*b*) *To f. a win*, gagner par un coup de veine. **2.** *v.i.* (*a*) *Bill:* Raccrocher. (*b*) Avoir un coup de veine.

flukiness ['flu:kinəs], *s.* Caractère incertain (du jeu, du vent, etc.).

fluky ['flu:ki], *a.* (Coup, etc.) de raccroc; (jeu) hasardeux, incertain. *Nau: F. wind*, vent changeant, incertain. **-ily**, *adv.* (S'en tirer) par des coups de veine, par des raccrocs.

flume¹ [flu:m], *s.* **1.** Buse *f*, abée *f*, rayère *f*, reillère *f* (d'un moulin à eau); glissoir *m* à eau. **2.** *Ind: U.S:* Canal *m* d'amenée, de dérivation (en bois); canalisation *f* sur chevalets; auge *f*, flume *m*. **3.** *Geol: U.S:* (*a*) (*Ravine*) Auge, ravin *m*. (*b*) Torrent *m* (de ravin).

flume², *v.tr. U.S:* Transporter, amener, (l'eau) dans une canalisation en bois.

flummery ['flʌməri], *s.* **1.** *Cu:* Entremets *m* aux œufs et au lait; crème *f* aux œufs. **2.** *F:* (*a*) Flagornerie *f*. (*b*) **That's all flummery,** tout ça, c'est du boniment, de la blague. (*c*) Vétilles *fpl*.

flummox ['flʌməks], *v.tr. F:* Réduire (qn) à quia; démonter (qn). *Sch:* Coller (un élève). *He isn't easily flummoxed*, il ne se laisse pas démonter; rien ne l'épate. *To be absolutely flummoxed*, être éberlué. *To get flummoxed*, se laisser démonter.

flump¹ [flʌmp]. **1.** *int.* Plouf! **2.** *s.* Coup sourd (de qch. qui tombe); plouf *m*, floc *m*.

flump². **1.** *v.i.* **To flump about,** marcher à pas lourds. **To flump down,** tomber plouf. **2.** *v.tr. To f. sth. down*, laisser tomber, jeter à terre, un objet (lourd).

flung [flʌŋ]. *See* FLING².

flunk¹ [flʌŋk], *s. U.S: F:* Recalage *m*, collage *m* (à un examen).

flunk², *v. U.S: F:* **1.** *v.i.* (*a*) Se faire recaler, se faire coller (à un examen). (*b*) Y renoncer; flancher. **2.** *v.tr.* Recaler, coller (qn à un examen).

flunkey ['flʌŋki], *s.* **1.** Laquais *m*, valet *m* de pied; *F:* **larbin** *m*. **2.** *F:* Flagorneur *m*, sycophante *m*; *A:* pied plat.

flunkeydom ['flʌŋkidəm], *s.* Le monde des laquais, la valetaille.

flunkeyism ['flʌŋkiizm], *s.* (*a*) Servilité *f*. (*b*) Flagornerie *f*.

fluor ['flu:ɔ:r], *s. Miner:* = FLUOR-SPAR.

fluorene ['fluori:n], *s. Ch:* Fluorène *m*.

fluoresce [fluo'res], *v.i. Ph:* (*Of a body*) Entrer en fluorescence.

fluorescein [fluo'resiin], *s. Ch:* Fluorescéine *f*.

fluorescence [fluo'res(ə)ns], *s. Ph:* Fluorescence *f*.

fluorescent [fluo'res(ə)nt], *a. Ph:* (Corps, etc.) fluorescent. *X Rays:* **Fluorescent screen,** écran fluorescent.

fluoride ['fluoraid], *s. Ch:* Fluorure *f*.

fluorine ['fluori:n, -in], *s. Ch:* Fluor *m*.

fluorite ['fluorait], *s. Miner:* = FLUOR-SPAR.

fluoroscope ['fluoroskoup], *s. X Rays:* Fluoroscope *m*.

fluoroscopic [fluoro'skɔpik], *a.* **Fluoroscopic observation,** examen *m* radioscopique.

fluoroscopy [fluo'rɔskopi], *s. X Rays:* Fluoroscopie *f*.

fluor-spar [flu:ɔ:r'spɑ:r], *s. Miner:* Spath *m* fluor; chaux fluatée; fluorine *f*. **Blue fluor-spar,** saphir *m* femelle.

fluosilicate [fluo'siliket], *s. Ch:* Fluosilicate *m*.

fluosilicic [fluosi'lisik], *a. Ch:* (Acide *m*) fluosilicique.

flurry¹ ['flʌri], *s.* **1.** (*a*) *Nau:* Risée *f*, grain *m* (de vent); brise folle. (*b*) *U.S:* (i) Averse *f*; (ii) rafale *f* de neige. **2.** Agitation *f*, bouleversement *m*, émoi *m*. **All in a flurry,** tout ébouriffé, tout effaré, tout étourdi, tout en émoi. *U.S: A f. on the stock exchange*, une panique, une crise, de bourse. **3. The death flurry,** les derniers débattements, les dernières convulsions (de la baleine expirante, d'un chien écrasé, etc.).

flurry², *v.tr.* Agiter, ébouriffer, étourdir, bouleverser, effarer (qn). **To get flurried,** perdre la tête; se troubler. **To be flurried,** être (tout) en émoi; (*of candidate*) être interdit.

flurry³, *s. Dy:* Fleurée *f* (du bleu indigo).

flush¹ [flʌʃ], *s. Ven:* Envolée *f* (d'oiseaux).

flush². **1.** *v.tr. Ven:* (Faire) lever, faire partir (des perdrix, etc.). **To flush (and scatter) game,** égailler le gibier. **2.** *v.i.* (*Of game*) S'envoler; s'égailler.

flush³, *s.* **1.** (*a*) *Hyd.E:* Chasse *f* (d'eau). *Automatic f.*, chasse automatique. (*b*) Curage *m* (d'un égout). (*c*) Canal *m* de fuite (de moulin). **2.** (*a*) Pousse *f* (des bourgeons, des feuilles, etc.). (*b*) *F:* Accès *m*, élan *m* (d'émotion, de passion, etc.). **In the first flush of victory,** dans l'ivresse de la victoire. (*c*) Abondance soudaine. *A f. of orders*, une poussée de commandes. **3.** (*a*) Éclat *m* (de lumière, de couleur, *F:* de la beauté, etc.). **To be in the full flush of health,** jouir d'une santé florissante. *In the first f. of youth*, dans le premier éclat, dans la première fraîcheur, de la jeunesse. *Along the west lay a f. of crimson*, tout l'occident rutilait. (*b*) Rougeur *f*, flux *m* de sang, flot *m* de sang (au visage); *F:* coup *m* de soleil. *Med:* Suffusion *f*; (*in fever*) (bouffée *f* de) chaleur *f*, enchymose *f*. *These words brought a f. to his face*, ces mots lui firent monter la rougeur au visage.

'**flush-board,** *s. Hyd.E:* Hausse *f*.

flush⁴, *v.* **1.** (*a*) *v.i.* (*Of liquid, stream, etc.*) **To flush (forth, out, up),** jaillir. **To flush over,** déborder. (*b*) *v.tr.* Faire jaillir (l'eau); inonder (un pré). **To flush (out) a drain,** donner une chasse à un égout; balayer, débourber, un égout à grande eau; curer un égout. *Aut: To f. (out) the radiator*, rincer le radiateur. *To f. the gears with paraffin*, nettoyer la boîte des vitesses avec du pétrole. **2.** (*a*) *v.i.* (*Of plants, etc.*) Pousser de nouvelles feuilles. (*b*) *v.tr.* (*Of rain, etc.*) Faire pousser (les plantes, etc.). **3.** *v.i.* (*a*) (*Of light, colour, etc.*) Éclater; (*of the sky*) rutiler, s'empourprer. (*b*) (*Of pers.*) Rougir; (*of blood*) monter (au visage). *Med:* Éprouver des chaleurs. **His face flushed, he flushed up,** le sang, le pourpre, lui monta au visage; son visage s'empourpra. *These words made him f. up*, ces mots lui firent monter la rougeur au visage. *He flushed up to the ears*, il rougit jusqu'aux oreilles. *He flushed an angry red*, le rouge de la colère lui monta au visage. **4.** *v.tr. The exercise had flushed their cheeks*, l'exercice leur avait fouetté le sang, leur avait mis le sang aux joues.

flushed, *a.* (Visage) enfiévré, empourpré, congestionné. *To have a f. face*, avoir le visage en feu. *F. with anger*, rouge de colère. *Face f. with drink*, visage allumé, enluminé, rougi, par la boisson. *F. with success*, ivre de succès, exalté par le succès.

flushing¹, *s.* **1.** Curage *m*, chasse *f* (d'un égout). **Flushing chamber,** chambre *f* de chasse (d'un égout). **Flushing cistern,** réservoir *m* de chasse. **W.C. flushing,** système *m* du tout à l'égout. **2.** Pousse *f* (des feuilles, des bourgeons). **3.** Rougeur *f* (au visage). *Med:* Enchymose *f*, bouffée *f* de chaleur.

flush⁵, *s. Cards:* (*At poker*) Floch(e) *m*, flush *m*; longue couleur. **Straight flush,** séquence *f* flush; séquence royale; quinte *f* flush; quinte de couleur.

flush⁶, *a.* **1.** (*a*) (*Of stream, etc.*) Très plein; débordant; (*of money*) abondant. (*b*) (*Of pers.*) **To be flush (of money),** être en fonds, avoir de l'argent plein les poches, *F:* se trouver bien argenté. (*c*) *Cards:* **To be flush,** être à flux. **2.** (*Of surfaces, etc.*) Ras; de niveau; affleurant; dans le même plan; (*of door lock, etc.*) encastré, entaillé; (*of screw, nail*) noyé. **Flush joint,** assemblage affleuré; aboutement *m*; joint *m* lisse. **To be flush with sth.,** être à fleur, au ras, de qch.; être à la même hauteur que qch.; être au niveau de qch.; affleurer qch.; s'affleurer avec qch. *F. with the ground*, de plain pied; à ras de terre; *A:* rez terre. *Houses built f. with the pavement*, maisons bâties à même le trottoir. *To drive in a nail f. with the wood*, enfoncer un clou à fleur de bois. **To cut sth. off flush,** araser qch. *To make parts f.*, raccorder, affleurer, araser, des pièces. *Making f.*, affleurement *m*, arasement *m*. *Bookb:* **Flush-binding,** cartonnage rogné à ras de page. *See also* DECK¹ 1.

flush⁷, *v.tr.* Affleurer, affronter (deux surfaces, etc.).

Flushing² ['flʌʃiŋ]. *Pr.n. Geog:* Flessingue *f*.

flushness ['flʌʃnəs], *s.* Abondance *f* (d'argent, etc.); prospérité *f*.

fluster¹ ['flʌstər], *s.* Agitation *f*, trouble *m*, bouleversement *m*. **In a fluster,** tout en émoi, tout ébouriffé.

fluster². **1.** *v.tr.* (*a*) *A:* Griser (qn). (*b*) Agiter, ébouriffer, bouleverser (qn); faire perdre la tête à (qn); rendre (qn) nerveux. **To be, get, flustered,** se troubler; être démonté, effaré; *F:* perdre les arçons, perdre la carte. *F:* **As flustered as an old hen with one chick,** empêtré comme une poule qui n'a qu'un poussin. **2.** *v.i.* S'agiter, s'échauffer; s'énerver. **To fluster about,** s'empresser.

flustra, *pl.* **-ae, -as** ['flʌstra, -i:, -az], *s. Biol:* Flustre *f*.

flute¹ [flu:t], *s.* **1.** *Mus:* (*a*) Flûte *f*. **Transverse flute, German flute,** flûte traversière. **Concert flute,** grande flûte. *F. in E flat*, flûte tierce. *Th:* **The Magic Flute,** la Flûte enchantée. *See also* OCTAVE FLUTE. (*b*) **Fipple flute,** flûte à bec. (*c*) **Flute(-stop),** (jeu *m* de) flûte (de l'orgue). **2.** *Mus:* **Flute(-player),** (joueur *m* de) flûte. **3.** (*a*) (*In wood, etc.*) Rainure *f*; cannelure *f* (de colonne). (*b*) *Laund:* Tuyau *m*.

'**flute-grafting,** *s. Hort:* Greffe *f* en anneau.

'**flute-like,** *a. F:* (Voix) flûtée.

flute². **1.** (*a*) *v.i.* (i) Flûter; jouer de la flûte. (ii) (*Of birds*) Flûter; (*of pers.*) parler d'une voix flûtée. (*b*) *v.tr.* (i) Jouer (un air) sur la flûte. (ii) Dire (qch.) d'une voix flûtée. **2.** *v.tr.* (*a*) Rainer, rainurer (une planche, un écrou, etc.); canneler, strier (une colonne); évider (un outil). *To f. a reamer*, tailler un alésoir. (*b*) *Laund:* Tuyauter, cisailler, rucher, godronner (une coiffe, etc.); gaufrer (le linge) (à la paille).

fluted, *a.* **1.** (*Of notes, voice, etc.*) Flûté. **2.** (*a*) (*Of wood, tool, nut, etc.*) A rainure(s); à cannelures; (*of column*) cannelé, strié. *Tls:* **Fluted-shank drill,** foret *m*, mèche *f*, à tige cannelée. (*b*) *Laund:* (Linge) tuyauté, à godets.

fluting, *s.* **1.** (*a*) *Mus:* (i) (Action de jouer de) la flûte. (ii) Sons flûtés. (*b*) (i) Façonnage *m* des rainures, des cannelures; évidage (d'un outil). **Fluting machine,** machine *f* à canneler. **Fluting plane,** guillaume *m* à canneler. (ii) *Laund:* Tuyautage *m*, cisaillage *m*, gaufrage *m* (du linge). **Fluting iron,** fer *m* à tuyauter. **2.** *Coll.* (*a*) Rainures *fpl*, cannelures *fpl*. (*b*) *Laund:* Tuyaux *mpl*, tuyauté *m*, godrons *mpl*. *Dressm:* Tuyaux d'orgue.

flutist ['flu:tist], *s.* = FLAUTIST.

flutter¹ ['flʌtər], *s.* **1.** Volètement *m*, voltigement *m*, trémoussement *m* (d'un oiseau); battement *m* (des ailes, des paupières); palpitation *f* (du cœur); flottement *m*, voltigement (d'un rideau, d'un drapeau, etc.); jeu *m* rapide (d'un éventail). *Av:* Vibration *f* (du gouvernail, de l'hélice). *Ac: Cin:* Oscillation *f* du son; pulsation *f* du son. *Cin:* Fluctuations *fpl* de la luminosité. **2.** Agitation *f*, trouble *m*, émoi *m*; excitation *f* fébrile. *F. of pleasure*, mouvement *m* de plaisir. *To be in a f. of excitement*, être tout en émoi; *F:* être sur des charbons ardents. *She had a sudden f. of fear*, elle frémit, tressaillit, de crainte; son cœur palpita de crainte. **To be (all) in a flutter,** *P:* **on the flutter,** être tout troublé, tout en émoi. *To put s.o. in a f., to bring a f. to s.o.'s heart*, mettre qn en émoi, faire tressaillir le cœur de qn. *Her heart was in a f.*, elle avait le cœur en émoi; le cœur lui battait. **3.** *Fin: F:* Petite spéculation. *Cards: Turf:* **To have a little flutter,** risquer de petites sommes au jeu; faire un ou deux petits paris.

flutter². **1.** *v.i.* (*a*) (*Of birds*) Trémousser des ailes, battre des ailes; (*of flag, ribbon, etc.*) flotter, s'agiter (au vent); (*of heart*) palpiter, battre; (*of pulse*) battre irrégulièrement. *To make s.o.'s heart f.*, faire tressaillir le cœur de qn. **To flutter about, to and fro,** voleter, voltiger, papillonner. *The letter fluttered to the ground,* la lettre vola par terre. *F: His mother is always fluttering round him,* sa mère est toujours à trotter, à papillonner, autour de lui. (*b*) (*Of pers.*) Trembler, frémir, s'exciter. *To f. with joy,* frémir de joie. (*c*) *I.C.E:* (*Of valve*) *To f. on its seat,* battre sur le siège. **2.** *v.tr.* (*a*) Agiter, faire flotter, secouer (un drapeau, son mouchoir, etc.); jouer de (l'éventail). (*Of bird*) *To f. its wings,* battre des ailes; trémousser des ailes. *P:* **To flutter the ribbons,** manier les guides; conduire un mail-coach, etc. (*b*) *F:* Agiter, troubler, ahurir (qn). **To flutter the dovecotes,** porter l'alarme dans le camp; mettre l'alarme au quartier; effaroucher l'opinion, les milieux politiques; *F:* jeter un pavé dans la mare aux grenouilles. *Book that is fluttering the dovecotes,* livre *m* qui fait scandale.

fluttering[1], *a.* (Oiseau, etc.) trémoussant, voltigeant, voletant; (drapeau, ruban) flottant, (ruban) qui badine; (cœur) palpitant.

fluttering[2], *s.* = FLUTTER[1] I.

fluty ['flu:ti], *a.* (*Of voice, etc.*) Flûté.

fluvial ['flu:viəl], *a.* Fluvial, -aux.

fluviatile ['flu:viatil], *a.* Fluviatile.

fluvio-glacial ['flu:vio'gleiʃ(i)əl], *a.* *Geol:* (Cailloutis *m,* etc.) fluvio-glaciaire.

fluvio-marine ['flu:vioma'ri:n], *a.* *Geol:* (Dépôt) fluvio-marin, *pl.* fluvio-marins.

fluviometer [flu:vi'ɔmetər], *s.* Fluviographe *m,* fluviomètre *m.*

flux[1] [flʌks], *s.* **I.** (*a*) *Med:* Flux *m* (de sang, de pus, etc.); flux de ventre. *A:* **The bloody flux,** la dysenterie. (*b*) *Nau:* Flux, flot *m,* montant *m* (de la marée). **Flux and reflux,** flot et jusant; flux et reflux. (*c*) Flot, courant *m,* écoulement *m* (d'eau, etc.). *F: A f. of sightseers,* un flot, un flux, de curieux. *A f. of words,* un torrent, un flux, de mots. **2.** (*a*) Flux, changement continuel. (*Of country, etc.*) **To be in a state of flux,** être sujet à des changements fréquents, à des vicissitudes. (*b*) *Ph:* Flux (magnétique, lumineux, etc.). *El:* **Flux density,** densité *f* du champ magnétique. (*c*) *Mth:* Flux continuel, déplacement continuel (d'un point). **3.** (*a*) *Metall:* Fondant *m,* flux. **Clay flux,** erbue *f,* herbue *f.* *See also* LIMESTONE. (*b*) **Enamelling flux,** roquette *f.* (*c*) *Glassm:* **Gold flux,** aventurine *f.* (*d*) *Metalw:* Décapant *m*; fondant de brasage. *Powdered f.,* poudre décapante. *Salt f.,* flux salin. *Acid f.,* acide *m* à souder.

flux[2]. **I.** *v.i.* (*a*) (*Of liquids*) Jaillir, ruisseler. (*b*) (*Of metal*) Fondre; devenir liquide. **2.** *v.tr.* (*a*) *Metall:* Fondre, mettre en fusion (un métal). (*b*) *Metall: To f. the ore,* ajouter le fondant au minerai. (*c*) *Metalw:* Couvrir de fondant, rocher (le métal à braser).

fluxing, *s.* *Metalw:* Rochage *m* (du métal à braser). **Fluxing paste,** décapant *m* en pâte.

fluxion ['flʌkʃ(ə)n], *s.* **I.** *Med:* (*a*) Fluxion *f* (de sang, etc.). (*b*) *A:* Flux *m* (de sang, etc.). **2.** *Mth:* *A:* Fluxion; différentielle *f* (d'une quantité). **The method of fluxions,** la méthode des fluxions.

fluxional ['flʌkʃən(ə)l], **fluxionary** ['flʌkʃənəri], *a.* *Mth:* *etc:* Fluxionnaire.

fly[1], *pl.* **flies** [flai(z)], *s.* **I.** (*a*) *Ent:* Mouche *f.* **House fly,** mouche commune. **Spanish fly, blister(ing) fly,** mouche d'Espagne; cantharide *f.* **Horse fly,** mouche des chevaux; taon *m.* **Blow fly, meat-fly,** mouche à viande; mouche dorée (de la viande). **Black fly** (*sg. & pl.*), thrips *m.* (*In S. Africa*) **The fly,** la tsétsé. *See also* DUNG-FLY, FIRE-FLY, FLESH-FLY, FRIT-FLY, FRUIT-FLY, GREEN-FLY, HARVEST-FLY, HESSIAN, LANTERN-FLY, MAY-FLY, ROBBER-FLY, SAND-FLY, SAW-FLY, SCORPION-FLY, STONE-FLY, TROUT-FLY I, WARBLE[3] 2, WASP-FLY. *F:* **In the hold they died like flies,** dans la cale on mourait dru, on mourait comme des mouches. *F:* **To play the fly on the wheel,** faire la mouche du coche. **There's a fly in the ointment,** il y a une ombre au tableau; *P:* il y a un cheveu. *That's the fly in the ointment,* voilà le chiendent. **A fly in amber,** une curiosité. **To catch flies,** bayer aux corneilles. **There are no flies on him,** il n'est pas bête; c'est un malin. *Prov:* **You catch more flies with honey than with verjuice,** on prend plus de mouches avec du miel qu'avec du vinaigre. *See also* HONEY I. *Box:* **Fly-weight,** poids *m* minime, poids mouche. (*b*) *Fish:* Mouche (artificielle ou naturelle). **Salmon fly,** mouche à saumon. *See also* TROUT-FLY 2. **To fish with fly,** pêcher à la mouche. **To rise to the fly,** (i) (*of fish*) mordre à l'appât; (ii) *F:* (*of pers.*) gober la mouche. *F:* **I don't rise to that fly,** avec moi ça ne mord pas ce truc-là. (*Of fish, F: of pers.*) **To take the fly,** gober la mouche. (*c*) *Coll. Crops damaged by the fly,* récoltes gâtées par les insectes. **2.** *Typ:* (*a*) Receveur, -euse. (*b*) Receveur mécanique.

'fly-agaric, *s.* *Fung:* Tue-mouches *m inv.*

'fly-bane, *s.* *Bot:* (*a*) Silène *m* attrape-mouches. (*b*) Conyse raboteuse; herbe *f* aux mouches. (*c*) Amanite *f* tue-mouches.

'fly-bat, *s.* Tue-mouches *m inv* (en fil de fer); tapette *f* à mouches.

'fly-blister, *s.* *Pharm:* Cataplasme cantharidé.

'fly-blow, *s.* **I.** Œufs *mpl* de mouche (dans la viande); souillures *fpl* (de la viande). **2.** *F:* Chiures *fpl* de mouche.

'fly-blown, *a.* **I.** Plein, couvert, d'œufs de mouches; (viande) gâtée. *F:* (*Of reputation, etc.*) Souillé, entaché. **2.** *F:* Couvert de chiures de mouche.

'fly-book, *s.* *Fish:* Portefeuille *m* à mouches artificielles.

'fly-catcher, *s.* **I.** (*a*) Attrapeur, -euse, de mouches. (*b*) Piège *m* à mouches; attrape-mouche(s) *m inv.* **2.** *Orn:* Gobe-mouches *m inv*; bec-en-scie *m, pl.* becs-en-scie; moucherolle *f.* **Crested fly-catcher,** gobe-mouches royal. **3.** *Bot:* (*a*) Dionée *f*; attrape-mouches *m inv*; gobe-mouches *m inv.* (*b*) Apocyn *m*; gobe-mouches.

'fly-fishing, *s.* *Fish:* Pêche *f* à la mouche. **Dry, wet, fly-fishing,** pêche à la mouche sèche, flottante, à la mouche noyée.

'fly-flapper, fly-flick, *s.* = FLY-WHISK.

'fly-fungus, *s.* *Fung:* **I.** = FLY-AGARIC. **2.** Empuse *f* de la mouche.

'fly-hook, *s.* *Fish:* Mouche montée sur hameçon.

'fly-killer, *s.* = FLY-WHISK.

'fly-maker, *s.* *Fish:* Fabricant *m* ou monteur *m* de mouches artificielles.

'fly-net, *s.* (*For horse*) Chasse-mouches *m inv,* émouchoir *m,* émouchette *f,* épissière *f.*

'fly-orchis, *s.* *Bot:* Ophrys *f* mouche.

'fly-paper, *s.* (Papier *m*) attrape-mouche(s) *m inv*; (papier) tue-mouches *m inv.*

'fly-poison, *s.* Mort *f* aux mouches.

'fly-powder, *s.* Poudre *f* anti-mouches.

'fly-rod, *s.* *Fish:* Canne *f* à mouche, à fouetter.

'fly-speck, -spot, *s.* Chiure *f,* chiasse *f,* de mouche.

'fly-swatter, *s.* = FLY-BAT.

'fly-trap, *s.* **I.** = FLY-CATCHER I (*b*). **2.** *Bot:* = FLY-CATCHER 3. *See also* VENUS'S FLY-TRAP.

'fly-weevil, *s.* *Ent:* Charançon *m* du blé; *F:* botte *f.*

'fly-whisk, *s.* Chasse-mouches *m inv,* (balai *m*) tue-mouches *m inv.*

'fly-wing, *s.* *Bookb:* Titre imprimé sur un morceau de cuir collé sur le dos du livre.

fly[2], *s.* **I.** Vol *m.* **On the fly,** en vol. *Ball caught on the fly,* balle attrapée au vol. **2.** *A:* (*pl. usu.* flys) Fiacre *m*; voiture *f* de place. **3.** (*a*) Patte *f* (d'habit, etc.); braguette *f,* brayette *f* (de pantalon). *Overcoat with fly-front,* pardessus *m* sous patte. (*b*) **Fly of a flag,** battant *m* d'un drapeau, d'un pavillon. (*c*) (i) Auvent *m,* (ii) toit *m* (de tente). **4.** *pl.* *Th:* **The flies,** les cintres *m,* les dessus *m.* **The upper flies,** le gril. **5.** (*a*) *Tchn:* Moulinet *m* (de radiomètre, d'anémomètre, etc.); balancier *m* (de presse monétaire, etc.); régulateur *m,* contrepoids *m,* volant *m* (de sonnerie d'horloge, etc.). *Tex:* Ailette *f* (de banc à broches). (*b*) *Tex:* = FLY-SHUTTLE. **6.** *Tex:* Duvet *m* (de lin, de coton). **7.** *Nau:* Rose *f* des vents.

'fly-ball, *s.* *Mch:* *etc:* Boule *f* (du régulateur).

'fly-bill, *s.* **I.** Feuille volante; prospectus *m.* **2.** (*Poster*) Papillon *m.*

'fly-crank, *s.* *Mch:* Contre-manivelle *f, pl.* contre-manivelles.

'fly-fronted, *a.* (Pardessus) sous patte.

'fly-half, *s.* *Rugby Fb:* Demi *m* d'ouverture.

'fly-kick, *s.* *Fb:* = *Flying-kick, q.v. under* FLYING[1] 3.

'fly-leaf, *s.* *Bookb:* (Feuille *f* de) garde *f* (d'un livre broché).

'fly-nut, *s.* *Mec.E:* Écrou ailé, à oreilles; papillon *m.*

'fly-post. I. *v.i.* Afficher des papillons. **2.** *v.tr.* Coller, afficher, des papillons sur (un mur, etc.).

'fly-press, *s.* Presse *f* à vis et à balancier. *Num:* Balancier *m* monétaire.

'fly-pulley, *s.* *Mec.E:* Poulie-volant *f, pl.* poulies-volants; volant-poulie *m, pl.* volants-poulies.

'fly-sheet, *s.* = FLY-BILL I.

'fly-shuttle, *s.* *Tex:* Navette volante.

'fly-table, *s.* Table *f* à battants.

'fly-wheel, *s.* *Mec.E:* *etc:* Volant *m* (de chasse, d'entraînement, de commande); roue *f* à aile; roue volante. **Driving fly-wheel, belt-pulley fly-wheel,** volant-poulie *m, pl.* volants-poulies; poulie-volant *f, pl.* poulies-volants. *Heavy f.-w.,* volant à grande masse. **To act as a fly-wheel, to have a fly-wheel effect,** faire volant.

fly[3], *v.* (**flew** [flu:]; **flown** [floun]) I. *v.i.* **I.** (*a*) (*Of bird, arrow, etc.*) Voler. *To fly swiftly,* voler à tire-d'aile. *To shoot a bird flying,* tirer un oiseau au vol, à la volée. *To catch sth. flying,* saisir qch. au vol. *F:* **The bird has flown,** l'oiseau s'est envolé, a déniché; il a décampé. *To find the birds flown,* trouver buisson creux; trouver le nid vide. *Ven:* (*Of hawk, etc.*) *Trained to fly at the heron, etc.,* dressé à voler le héron, etc. **To fly high,** (i) voler haut; (ii) *F:* avoir de hautes visées; viser haut; avoir de l'ambition. *See also* CROW[1] I, GAME[1] 2, HIGH-FLOWN. *F:* **My watch has flown,** on m'a escamoté, *F:* subtilisé, ma montre. **Some gossip is flying round,** il court des potins. (*b*) *Av:* Voler. *To fly upside down,* voler la tête en bas. *See also* BLIND[1] I. *To fly to Paris, back to Paris,* se rendre à Paris en avion; retourner à Paris en avion. *I flew part of the way,* j'ai fait une partie du trajet en avion. *To fly across a desert,* traverser un désert en avion. *To fly over London,* survoler Londres. **2.** (*Of hair, flag, garment, etc.*) Flotter. (*Of signal, flag*) **To be flying,** être battant. *See also* FLAG[6] I. **3.** (*a*) (*Of pers., etc.*) Courir, aller à toute vitesse; (*of time*) fuir, filer, passer rapidement. *To fly to s.o.'s assistance,* courir à l'aide de qn. *Come along,* **time is flying!** allons, le temps s'envole! la chandelle brûle! (*Of wine, blood*) **To fly to the head,** monter à la tête. **To fly to arms,** courir aux armes. **To fly at s.o.,** (i) s'élancer sur qn; (ii) faire une algarade à qn; invectiver qn. *To fly at s.o.'s throat,* sauter à la gorge de qn. **To fly into a rage, a passion, a temper,** s'emporter; se mettre en colère; entrer en fureur; prendre la mouche. *He flies into a passion for the least thing,* il prend feu pour la moindre chose. **The door flew open,** la porte s'ouvrit brusquement, soudainement, en coup de vent. **The branch flew back,** la branche fit ressort. **To fly over a fence,** sauter une clôture. *See also* FACE[1] I. (*b*) (*Of cork, etc.*) Voler, sauter en l'air; (*of sparks*) jaillir. *The horse made the sparks fly from his hoofs,* le cheval fit feu des quatre pieds. *A strange little laugh flew from her lips,* un petit rire étrange s'échappa de ses lèvres. *F:* **To make the money fly,** prodiguer son argent; *F:* faire danser, faire valser, faire sauter, les écus. **To make the feathers fly,** faire une scène. *See also* FUR[1] I. **To fly off the handle,** (i) (*of axe-head, etc.*) se démancher, s'envoler; (ii) *P:* s'emporter, s'emballer; sortir des gonds. *F:* **To send s.o. flying,** envoyer rouler qn (sur le carreau). *To send a plate flying,* envoyer, lancer, une assiette à la volée. *He sent the plate flying out of the window,* il fit voler l'assiette par la fenêtre. *He sent the book flying at me,* il me lança le livre à la tête. *The shock sent everything flying,* la secousse fit voler les objets de tous côtés. *The wheels sent the puddles flying,* les roues faisaient jaillir les flaques d'eau. (*c*) **To fly in pieces, asunder,** (*of glass, etc.*) éclater; voler en éclats; (*of steel*) s'égrener. *See also* PIECE[1] I. (*d*) *Nau:* (*Of wind*) **To fly (about),** sauter, jouer. (*e*) (*Of stair*) Monter droit. **4. To let fly,** lancer (un projectile, une flèche);

décocher (un trait, une épigramme); lâcher (une volée d'injures). *To let fly a volley of oaths*, se répandre en jurons. **To let fly at s.o.,** (i) décharger son fusil sur, contre, qn; tirer sur qn; (ii) *F:* flanquer un coup, *P:* un pain, à qn; (*of horse*) détacher une ruade, un coup de sabot, à qn; (iii) faire une algarade à qn; s'en prendre à qn. *To let fly at s.o. with one's foot*, lâcher un coup de pied à qn. *Nau:* **To let fly a broadside,** lâcher une bordée. **5.** (= FLEE, *in pres. tenses only*) (*a*) Fuir, s'enfuir, se sauver. **To send the enemy flying,** mettre l'ennemi en fuite. *To fly to Belgium*, se sauver en Belgique. **To fly to s.o.** (*for protection*), se réfugier auprès de qn. **To fly from sth.,** s'enfuir (d'un endroit); se dérober (au danger, au combat). *To fly from justice*, se soustraire à l'action de la justice. **To fly for one's life,** chercher son salut dans la fuite. (*b*) *v.tr.* **To fly the country,** s'enfuir du pays; émigrer. (*Of tram, etc.*) **To fly the track,** sortir de la voie; quitter la voie; dérailler.

II. **fly,** *v.tr.* **1.** *Nau:* **To fly a flag,** battre un pavillon. **2.** (*a*) *Ven:* Lancer, (faire) voler (un faucon, etc.). (*b*) **To fly partridges** (*with a hawk*), voler la perdrix. **3.** (*a*) **To fly pigeons,** faire un lancer de pigeons voyageurs. (*b*) **To fly a kite,** lancer, faire voler, un cerf-volant. *See also* KITE[1] 2. **4.** *Av:* (*a*) Piloter (un appareil). **To fly s.o. to Paris,** conduire qn en avion à Paris. *To fly munitions to an army*, transporter des munitions en avion à une armée. (*b*) **To fly the Channel, the Atlantic,** passer la Manche, l'Atlantique, en avion; survoler la Manche, l'Atlantique.

fly about, *v.i.* (*Of bird*) Voler çà et là; voleter, voltiger; (*of butterfly, etc.*) voltiger.

flying about, *s.* Volètement *m* (d'un oiseau); voltigement *m* (d'un papillon).

fly along, *v.i.* Avancer à toute vitesse.

fly away, *v.i.* **1.** (*Of bird, etc.*) S'envoler; prendre son vol. *To fly away again*, se renvoler. *F:* **The devil fly away with you!** que le diable vous emporte! **2.** (*Of pers.*) S'enfuir.

'fly-away. 1. *a.* (*a*) (*Of garment, bow, etc.*) Flottant, négligé. (*b*) (*Of pers.*) Léger, écervelé, étourdi. (*c*) (*Of idea, etc.*) Fantasque, bizarre. **2.** *s.* (*a*) Fuyard *m.* (*b*) Personne *f* ou chose *f* difficile à saisir.

flying away, *s.* **1.** Envolée *f* (d'un oiseau, du temps). **2.** Fuite *f* (d'une personne).

fly back, *v.i.* **1.** Revenir (i) en volant, (ii) au plus vite. **2.** (*Of steel rod, etc.*) Faire ressort; revenir (soudain) en arrière.

fly by, *v.i.* Passer très rapidement, comme un éclair, à toute allure. *As the days flew by*, à mesure que les jours fuyaient, s'enfuyaient, s'écoulaient.

flying by, *s.* Passage *m* rapide (d'une voiture, des jours, etc.).

fly off, *v.i.* **1.** (*Of bird, etc.*) = FLY AWAY 1. **2.** (*Of pers.*) S'en aller en coup de vent. **3.** (*Of button, etc.*) Sauter. *See also* TANGENT 2.

flying off, *s.* **1.** (*a*) Envolée *f* (d'un oiseau). (*b*) Envol *m* (d'un avion). *Av: Navy:* **Flying-off deck,** pont *m* d'envol. **2.** Départ *m* brusque (de qn).

fly out, *v.i.* **1.** (*Of bird*) S'envoler (de la cage, etc.). **2.** (*Of pers.*) Sortir brusquement (de la pièce, etc.). **3. To fly out at s.o.,** s'emporter contre qn; faire une algarade à qn.

fly past, *v.i. Mil. Av:* Défiler (devant un général, etc.).

'fly-past, *s.* Défilé *m* d'avions.

fly up, *v.i.* S'élever; se projeter en l'air.

'fly-up, *a. Phot:* **Fly-up shutter,** obturateur *m* à rideau.

flying[1], *a.* **1.** (Oiseau) volant. *Av:* **Flying man,** aviateur *m.* **Flying corps,** corps *m* d'aviation (militaire). *See also* FLEA 2, HIGH-FLYING, LOW-FLYING, OFFICER[1]. **2.** (*a*) (Voile, ruban) volant, flottant, léger. (*b*) *Nau:* **To hoist a flag flying,** hisser un pavillon en bannière. *See also* COLOUR[1] 4. **3.** (*a*) (Course *f*, etc.) rapide. *Mil:* **Flying column,** colonne *f* mobile; camp volant. *Navy:* **Flying squadron,** escadre volante. *F:* **To take a flying shot at sth.,** tirer (un oiseau, etc.) au vol. *F:* **Flying kiss,** bécot donné en passant. *See also* SCOTSMAN, SQUAD[1] 2. (*b*) (*Of visit, etc.*) Court, passager. **To pay a flying visit to London,** passer quelques heures, quelques jours, à Londres (pour affaires, etc.). *To take a f. trip to Paris*, faire une fugue à Paris. (*c*) *Sp:* **Flying start,** départ lancé. *Fb:* **Flying kick,** coup de pied donné en pleine course. *To take a f. leap over sth.*, franchir qch. d'un saut. *F. leap into the saddle*, saut en voltige. *See also* JUMP[1] 1. **4.** *Civ.E: etc:* **Flying scaffold(ing),** échafaudage volant, à bascule. *See also* JIB[1] 1, JIB-BOOM, RING[1] 2, TRAPEZE. **5.** (*Fleeing*) En fuite. **The Flying Dutchman,** (i) *Lit:* le grand Voltigeur hollandais; le Vaisseau fantôme; (ii) *Rail:* *F:* le rapide de Londres à Exeter.

'flying-'angel, *s.* **1. To give a child a flying-angel,** mettre un enfant à cheval sur ses épaules. **2.** *Gym: Swim:* Saut *m* de l'ange. **3.** *Cu:* = *Angel on horseback, q.v. under* ANGEL 4.

'flying-'bridge, *s. Mil:* Pont volant; traille *f*, appontement *m. Nau:* Passerelle volante.

'flying-'buttress, *s. Arch:* Arc-boutant *m, pl.* arcs-boutants.

'flying-'fish, *s. Ich:* Poisson volant. (*a*) Dactyloptère *m*, *F:* landole *f.* (*b*) Exocet *m*, gabot *m.*

'flying-'fox, *s. Z:* Roussette *f.*

'flying-'squirrel, *s. Z:* Écureuil volant; polatouche *m.*

flying[2], *s.* **1.** (*a*) Vol *m* (d'un oiseau, d'une flèche, du temps, etc.). *Swift f.*, vol à tire-d'aile. (*b*) Aviation *f*, vol. *Military f.*, aviation militaire. **Flying blind,** pilotage *m* sans visibilité. **Trick flying,** acrobatie aérienne; vol d'acrobatie; vols de virtuosité. *Upside down f.*, vol renversé. *Cross-country f.*, vol à travers la campagne. *He is interested in anything connected with f.*, il s'intéresse beaucoup aux choses de l'air. *See also* NIGHT 1. **Flying machine,** avion *m*; machine volante. **Flying ground,** terrain *m*, champ *m*, parc *m*, d'aviation; aérodrome *m.* **Flying suit,** combinaison *f* (d'aviateur). **Flying school,** école *f* de pilotage. **Flying sickness,** mal *m* des aviateurs. **Flying qualities,** qualités voilières (d'un avion). **Flying speed under load,** vitesse *f* de croisière. *See also* WIRE[1] 1. **2.** Sautage *m* (d'un rivet, d'un bouchon, etc.); jaillissement *m* (d'étincelles). **Flying asunder,** éclatement *m* (d'un verre, d'un obus, d'un volant). **3.** Fuite *f* (des habitants d'un pays, etc.). **4.** (*a*) Lancement *m* (d'un faucon, de pigeons, d'un cerf-volant). (*b*) Déploiement *m* (d'un drapeau).

'flying-boat, *s.* Hydravion *m* à coque; monocoque *m*; canot ailé; aéro-yacht *m, pl.* aéro-yachts.

'flying-centre, *s.* Centre *m* d'aviation.

'flying-club, *s.* Aéro-club *m, pl.* aéro-clubs.

'flying-height, *s. Av:* Altitude *f.* **Maximum flying-height,** (valeur *f* de) plafond *m* (d'un avion).

'flying-surface, *s. Av:* Voilure *f* (d'un avion).

'fly-by-night, *s. F:* **1.** (*a*) Oiseau *m* de nuit; noctambule *mf*; coureur *m.* (*b*) Fille *f* de trottoir; coureuse *f*, pierreuse *f.* **2.** Déménageur *m* à la cloche de bois.

fly[4], *a. F:* Malin, -igne; astucieux, *F:* ficelle. **He's very fly, c'est** un malin.

fly-boat ['flaibout], *s. Nau:* Flibot *m.*

flyer ['flaiər], *s.* **1.** (*a*) Oiseau *m*, insecte *m*, qui vole. *Ven:* (*Of hawk*) Voleur *m. See also* HIGH-FLYER, LOW-FLYER. (*b*) Aviateur, -trice. (*c*) *F:* (*Of horse, etc.*) Bon coureur. (*d*) *U.S:* Train *m* rapide; express *m.* **2.** (*a*) Aile *f*, volant *m*, gouvernail *m* (de moulin à vent). (*b*) Balancier *m* (de tournebroche, etc.). (*c*) *Tex:* Ailette *f* (de banc à broches). **Flyer-frame,** banc *m* à broches. **Flyer-frame tenter,** bancbrocheur *m.* **3.** *Const:* Marche (d'escalier) carrée, droite. *pl.* **Flyers,** escalier droit, à rampe droite. **4.** (*a*) = *Flying leap, q.v. under* FLYING[1] 3. (*b*) *Cy:* *F:* **To take a flyer over the handle-bars,** se trouver lancé, projeté, par-dessus le guidon.

flyman, *pl.* **-men** ['flaimən, -men], *s.m.* **1.** *A:* Cocher de fiacre. **2.** *Th:* Machiniste.

flyness ['flainəs], *s.* Esprit éveillé; astuce *f.*

foal[1] [foul], *s.* **1.** (*a*) Poulain *m*, pouliche *f* (de cheval); ânon *m*, bourriquet *m* (d'âne). **Mare in, with, foal,** jument pleine. (*b*) Chamelon *m* (de chameau); éléphanteau *m* (d'éléphant). **2.** *Min:* Galibot *m.*

foal[2], *v.tr.* (*Of mare, etc.*) Mettre bas (un poulain, etc.); *abs.* pouliner.

foam[1] [foum], *s.* **1.** Écume *f*; (*on beer*) mousse *f.* **The sea-foam,** l'écume de la mer. *Sheet of f.*, nappe *f* d'écume. *Waves white with f.*, vagues moutonneuses. (*Of wave*) **To break into foam,** déferler. **His horse was in a foam,** son cheval écumait. **2.** (*a*) (*Slaver*) Bave *f.* (*b*) Écume (à la bouche). **3.** *Dy:* Fleurée *f.*

'foam-flecked, *a.* (*Of horse, sea, etc.*) Moucheté d'écume.

foam[2], *v.i.* (*Of sea, etc.*) Écumer, moutonner; (*of beer, etc.*) mousser. **To foam over,** déborder en moussant. **To foam at the mouth,** avoir l'écume aux lèvres; (*of dog, etc.*) baver. *F:* **To foam (with rage),** écumer; être furieux.

foamed, *a.* Couvert de mousse, d'écume.

foaming[1], *a.* (*Of sea, horse, etc.*) Écumant; (*of sea*) moutonnant; (*of beer, etc.*) moussant; (*of blood, saliva*) spumeux. **The foaming cup,** la coupe de vin mousseux.

foaming[2], *s.* **1.** Écume *f* aux lèvres. **2.** Écumage *m*, moussage *m* (dans une chaudière, etc.).

foamy ['foumi], *a.* (*Of sea, etc.*) Écumeux; (*of drink, etc.*) mousseux. *Poet:* **The foamy track,** le sillon d'écume.

fob[1] [fɔb], *s.* Gousset *m* (de pantalon). **Fob-chain,** régence *f.* **Fob-seal,** breloque *f.*

fob[2], *v.tr.* (**fobbed**) **To fob s.o. (off),** tromper, duper, qn. **To fob s.o. off with sth., to fob sth. off on s.o.,** *F:* refiler qch. à qn. **To fob s.o. out of sth.,** filouter qch. à qn.

focal ['fouk(ə)l], *a. Ph: Opt: Mth:* Focal, -aux. **Focal point** *of a mirror*, foyer *m* d'un miroir. **Focal length,** (i) distance focale; (ii) *Phot:* tirage *m* de la chambre noire. **Focal plane,** plan focal. *Phot:* **Focal-plane shutter,** obturateur focal, de plaque.

focalize ['foukəlaiz], *v.tr.* **1.** = FOCUS[2] 1. **2.** Mettre au point (l'œil). **3.** (*a*) Localiser (une maladie) à son foyer. (*b*) *v.i.* (*Of illness*) Se localiser à son foyer.

focalizing, *s.* = FOCALIZATION.

focalization [foukəlai'zeiʃ(ə)n], *s.* Mise *f* au point; focalisation *f.*

focometer [fou'kɔmetər], *s. Opt:* Focimètre *m*, focomètre *m.*

foc's'le [fɔksl, fou-], *s. F:* = FORECASTLE.

focus[1], *pl.* **foci, focuses** ['foukəs, 'fousai, 'foukəsiz], *s.* **1.** *Geom: Med: Opt: Ph: Phot:* Foyer *m* (de lentille, de miroir, de courbe, etc.). *Opt:* **In focus,** au point. **Out of focus,** (i) (*of image*) pas au point; brouillé; (ii) (*of head-lamp bulb, etc.*) mal centré ou mal réglé. *F: The question is out of f.*, la question demande une mise au point, a besoin d'être mise au point. **To bring sth. into focus,** mettre qch. au point. *The glass is not at the right f. for me*, la longue-vue n'est pas à ma vue. *To check the f.*, mettre au point. *Phot:* **Fixed-focus camera,** appareil *m* à mise au point fixe. *See also* DIFFUSED, SOFT-FOCUS. **2.** Centre *m* (d'un tremblement de terre, d'un orage, etc.); siège *m*, foyer (d'une maladie, etc.).

focus[2], *v.tr.* (**focused** ['foukəst]; **focusing** ['foukəsiŋ]; *occ.* **focussed, focussing**) **1.** Concentrer (les rayons de lumière, les sons, l'observation, etc.) (*in, on,* dans, sur); faire converger (des rayons). *v.i.* (*Of light, sound, etc.*) Converger (*on,* sur). *F:* **All eyes were focused on him,** il était le point de mire de tous les yeux. **2.** (*a*) Mettre au point (une image, un objectif, un microscope, etc.). **To focus opera-glasses to suit one's sight,** mettre une jumelle à sa vue. *To f. a head-lamp or a searchlight*, régler la lampe d'un phare ou d'un projecteur. *See also* LAMP[1]. *Abs. Phot:* **To focus on an object,** mettre au point sur un objet. **To focus on, for, infinity,** mettre au point sur l'infini; régler, accrocher, à l'infini (*b*) Mettre au point (un objet).

focusing, *s.* **1.** Concentration *f*, convergence *f* (de rayons, etc.). **2.** (*a*) Mise *f* au point (d'une jumelle, etc.). *Aut: etc:* Réglage *m* (d'un phare). **Lens in focusing mount,** objectif *m* à mise au point hélicoïdale. **Focusing ring,** anneau *m* de mise au point (de l'objectif). *Phot:* **Focusing cloth,** voile noir de mise au point. **Focusing scale,** échelle *f* des distances; échelle de mise au point. **Focusing-screw,** vis *f* de mise au point; écrou *m* de réglage du foyer. **Focusing glass,** (i) loupe *f* de mise au point; (ii) (*also* **focusing screen**), (châssis *m* à) glace dépolie; verre dépoli. (*b*) Focalisation *f* (d'un objet).

fodder[1] ['fɔdər], *s.* Fourrage *m*; affour(r)agement *m*. *To gather f.*, faire du fourrage (dans un champ). **Fodder straw,** paille fourragеuse. *See also* CANNON-FODDER, COMPRESSED, LEAF-FODDER.

fodder[2], *v.tr.* Affour(r)ager, affener, affenager (les bestiaux); donner le fourrage à (une bête).

foddering, *s.* Affour(r)agement *m*, affenage *m*.

foe [fou] *s. Lit:* Ennemi *m*, adversaire *m*. **To be a foe to sth.,** être l'ennemi de qch.

foeman, *pl.* **-men** ['foumən, -men], *s.m. A. & Lit:* Ennemi, adversaire. **He has found a foeman worthy of his steel,** il a trouvé un adversaire digne de lui.

foetal ['fi:təl], *a. Physiol:* Fœtal, -aux.

foetation [fi:'teiʃ(ə)n], *s. Physiol:* Formation *f* du fœtus.

foeticide ['fi:tisaid], *s.* Fœticide *m*.

foetus, *pl.* **-uses** ['fi:təs, -əsiz], *s. Physiol:* Fœtus *m*, embryon *m*.

fog[1] [fɔg], *s.* **1.** *Agr:* (*a*) Regain *m*. (*b*) Regain laissé sur pied pendant l'hiver. (*c*) Herbe folle. **2.** *Scot:* Mousse *f* (des terrains de tourbe).

fog[2], *s.* **1.** (*a*) Brouillard *m*; *Nau:* brume *f*. **Wet fog,** brouillasse *f*. *Thick fog, heavy fog,* fort brouillard; brouillard intense. *Dense fog, F:* brouillard à couper au couteau. *Season of fogs,* saison brumeuse. *In the fog,* par le brouillard. *F:* **My mind is in a fog,** j'ai comme un brouillard sur l'esprit. **I'm in a fog,** je ne sais plus où j'en suis; je n'y comprends rien. (*b*) *Phot:* (*On negative*) Voile *m*. **Red fog, green fog,** voile dichroïque. **2.** Buée *f* (sur les vitres, etc.).

'fog-bank, *s.* Banc *m* de brume.

'fog-bell, *s. Nau:* Cloche *f* de brume.

'fog-bound, *a.* Arrêté par le brouillard; pris dans le brouillard, dans la brume.

'fog-bow, *s.* Arc-en-ciel vu dans le brouillard.

'fog-horn, *s. Nau:* Corne *f*, trompe *f*, de brume; sirène *f*. *F:* **Voice like a fog-horn,** (i) voix *f* de taureau; (ii) voix enrouée.

'fog-light, *s. Aut: etc:* Projecteur *m* pour brouillard.

'fog-signal, *s.* (*a*) *Nau:* Signal *m*, -aux, de brume, de brouillard. **Fog-signal apparatus,** appareil *m* pour signaux de brume. (*b*) *Rail:* Pétard *m*, détonateur *m*.

'fog-whistle, *s.* Sifflet *m* de brume.

fog[3], *v.* (**fogged** [fɔgd]; **fogging**) **1.** *v.tr.* (*a*) Embrumer (un endroit). *F:* Brouiller (les idées); embrouiller (qn); emmêler, obscurcir (la situation). **I am a bit fogged,** je ne sais plus où j'en suis. (*b*) Embuer, ternir (une glace, etc.). (*c*) *Phot:* Voiler (un cliché). **2.** *v.i.* (*a*) *Phot:* (*Of negative*) Se voiler. **Plate that does not fog easily,** plaque *f* avec une grande résistance au voile. (*b*) *Hort:* (*Of plant*) **To fog off,** pourrir.

fogged, *a.* **1.** Couvert de buée; embué; terni. **2.** (Cliché) voilé.

fogging, *s.* **1.** Ternissement *m* (d'une glace). **2.** *Phot:* Voile *m*. **3.** *Rail:* Signalisation *f* par temps de brouillard.

fogey ['fougi], *s.* = FOGY.

fogger ['fɔgər], *s. Rail:* Poseur *m* de détonateurs (par temps de brouillard).

fogginess ['fɔginəs], *s.* État brumeux (du temps).

foggy ['fɔgi], *a.* **1.** Brumeux. *F. weather,* temps *m* de brume; temps brumailleux, gris; *Nau:* temps gras. *On a f. day,* par un jour de brouillard. **It is foggy,** il y a, il fait, du brouillard; *F:* il brouillasse. *It is turning f.*, le brouillard tombe. **2.** *F:* (*Of photograph, vision, etc.*) Voilé, brouillé; (esprit, etc.) confus. **To have only a foggy idea of sth.,** n'avoir qu'une vague idée de qch. **I haven't the foggiest (idea)!** je n'en ai pas la moindre idée!

fogy ['fougi], *s. F:* **Old fogy,** vieille baderne, vieille galoche, vieille perruque, vieille barbe; antiquaille *f*; ci-devant *m*. *He is a bit of an old f.*, il est un peu vieux jeu. **To do sth. to startle the old fogies,** faire qch. pour épater le bourgeois.

fogydom ['fougidəm], **fogyism** ['fougiizm], *s.* **Old fogydom,** idées arriérées; badernisme *m*, *F:* perruquerie *f*.

foible ['fɔibl], *s.* (*a*) Côté *m* faible, point *m* faible; faible *m* (de qn). *This is a f. of his,* c'est un de ses dadas *m*. *Prov:* **Every man has his foible,** à chaque fou sa marotte. (*b*) *Fenc:* Faible (de l'épée).

foil[1] [fɔil], *s.* **1.** *Arch:* Lobe *m* (d'un arc, etc.). **2.** *Metalw:* (*a*) Feuille *f*, lame *f* (d'or, d'argent, etc.); clinquant *m*. **Brass foil,** oripeau *m*. **Platinum foil,** lame de platine, platine laminé. *See also* GOLD-FOIL, LEAD-FOIL, SILVER-FOIL, TINFOIL. (*b*) Tain *m* (d'une glace). (*c*) *Needlew:* Lame. **3.** (*a*) *Lap:* Feuille, paillon *m* (de monture). (*b*) *F:* (*Of pers., thg*) Repoussoir *m*. **To serve as a foil to s.o.'s beauty,** servir de repoussoir à la beauté de qn.

foil[2], *v.tr.* **1.** *Lap:* Monter (un diamant) sur un paillon. **2.** Faire ressortir (qch.); servir de repoussoir à (la beauté de qn, etc.).

foil[3], *s. Fenc:* Fleuret *m*. **Foil-play expert,** fleurettiste *mf*.

foil[4], *s.* **1.** *Ven:* Foulée *f*, piste *f*. (*Of quarry*) **To run (upon) the foil,** doubler la voie. **2.** *A:* Échec *m*.

foil[5], *v.tr.* **1.** *Ven:* (*Of game*) **To foil the ground, the scent,** doubler la voie; dévoyer, dépister, la meute; mettre la meute en défaut. **2.** (*a*) *A:* Vaincre (un adversaire); défaire (l'ennemi); l'emporter sur (l'ennemi). (*b*) Faire échouer, faire manquer (une tentative, etc.); déjouer (qn, un complot). *To be foiled at all points,* échouer sur toute la ligne.

foiled [fɔild], *a. Arch:* (Arc *m*, etc.) à lobes.

foist [fɔist], *v.tr.* **1.** Fourrer (qn dans une affaire, etc.); glisser, intercaler (un mot dans un texte). **2.** Refiler, colloquer (*sth. on s.o.*, qch. à qn). *To f. a bad coin on s.o.*, repasser une fausse pièce à qn. *To f. one's wares upon the public,* imposer ses produits au public. **To foist oneself on s.o.,** s'implanter chez qn; s'imposer à qn, chez qn. *He had foisted her upon us,* il l'avait intronisée parmi nous. *To f. a book on an author,* attribuer, imputer, un livre à un auteur.

fold[1] [fould], *s.* **1.** *Husb:* **Sheep-fold,** parc *m* à moutons; bergerie *f*, bercail *m*. **Goat fold,** chèvrerie *f*. *To turn the sheep out of the f.*, déparquer les moutons. *F:* **To bring back the stray sheep to the social fold,** ramener les aberrants à la norme sociale. **2.** *F:* Sein *m* de l'Église; bercail. **To bring back a lost sheep to the fold,** ramener au bercail une brebis égarée.

fold[2], *v.tr. Husb:* **1.** Parquer, emparquer (les moutons) **2.** *To f. a plot of land,* parquer les moutons sur un terrain (pour l'engraisser).

fold[3], *s.* **1.** (*a*) Pli *m*, repli *m* (du papier, d'une robe); pli, repli, ride *f*, accident *m* (de terrain). *Curtain that falls in perfect folds,* rideau *m* qui (se) plisse parfaitement. *Dressm:* **Flat folds,** plis couchés, plats. **Box folds, inverted folds,** plis rentrés, creux. **Folds of a serpent,** replis d'un serpent. **Fold mark** (*in linen, etc.*), cassure *f*. **Folds of fat,** bourrelets *m* de graisse (autour du cou, etc.). (*b*) *Metalw:* Repli, agrafe *f* (d'une tôle). (*c*) Battant *m*, vantail, -aux *m* (d'une porte); châssis *m*, feuille *f* (de paravent). (*d*) *Geol:* Flexure *f*, plissement *m*. **Recumbent fold,** nappe *f* de recouvrement. *See also* ANTICLINAL, SYNCLINAL. **2.** *Bookb:* Pliure *f* (des feuilles).

'fold-axis, *s. Geol:* Ligne directrice (d'un plissement).

fold[4]. **1.** *v.tr.* (*a*) Plier (une feuille de papier, etc.). *To f. a piece of stuff lengthways,* fauder une pièce d'étoffe. **To fold back** *a collar, cuffs, etc.*, rabattre un col, des manchettes, etc. *Door folded back to the wall,* porte rabattue contre la paroi. **To fold back, down,** *the blankets,* retourner les couvertures. **To fold sth. together, in two,** plier qch. en deux; doubler qch. *To f. a sheet in three, in four,* plier une feuille en trois doubles *m*, en quatre doubles. **To fold in** *the edges,* replier les bords en dedans. **To fold sth. up (again),** (re)plier qch. *To f. up an umbrella, a screen,* fermer, replier, un parapluie, un paravent. (*b*) *Metalw:* Agrafer, replier (des tôles). (*c*) **To fold sth. in sth.,** envelopper qch. de, dans, qch. *Hills folded in mist,* collines enveloppées de brouillard, noyées dans le brouillard. *Literary supplement folded in with each number,* supplément littéraire encarté dans chaque numéro. **To fold sth. (up) in paper,** envelopper, empaqueter, qch. dans du papier. **To fold s.o. in one's arms,** enlacer, serrer, qn dans ses bras. *To f. s.o. to one's heart,* presser qn sur son cœur, sur son sein. (*d*) **To fold one's arms,** (se) croiser les bras. *With folded arms,* les bras croisés. *She folded her shawl over, across, her breast,* elle croisa son châle sur sa poitrine. **To fold one's hands,** (i) joindre les mains; (ii) rester oisif; *F:* se croiser les bras. **2.** *v.i.* Se (re)plier, se briser. **To fold back, down,** se rabattre. **Seat that folds up,** siège pliant.

folding[1], *a.* Pliant, repliable, rabattable; (joint) brisé. **Folding camera,** appareil pliant; folding *m*. **Folding tripod,** pied pliant; pied à brisures. **Folding album,** dépliant *m*. **Folding joint** (*of ruler, etc.*), assemblage *m* à charnière; brisure *f*. **Folding shutters,** volets brisés. *Nau:* **Folding bulwarks,** pavois *m* rabattables. **Folding boat,** canot *m* pliable. **Car with folding top,** voiture *f* à capote. **Folding goggles,** lunettes *f* repliables. *Av:* **Folding wings,** ailes *f* repliables. *See also* DOOR 1, HOOD[1] 2, SEAT[1] 1, STEP[1] 5, STOOL[1] 1.

'folding-'bed, *s.* (*a*) Lit pliant, à rabattement. (*b*) Lit-cage *m*, *pl.* lits-cages. (*c*) Lit de sangle.

'folding-'chair, *s.* Chaise pliante.

'folding-'ladder, *s.* Échelle brisée.

'folding-'screen, *s.* Paravent *m*.

'folding-'table, *s.* **1.** Table pliante. **2.** Table qui se rabat; table à battants.

folding[2], *s.* **1.** (*a*) Pliage *m* (de l'étoffe, du papier, etc.). *Bookb:* Pliure *f* (de feuilles). **Folding up, down,** repliage *m*, repliement *m*, rabattement *m*. **Folding machine,** machine *f* de pliage; plieuse *f*. (*b*) Enveloppement *m* (*of sth. in sth.*, de qch. de, dans, qch.). (*c*) Croisement *m* (des bras). (*d*) *Metalw:* Agrafage *m* (de tôles). **2.** *Geol:* Plissement *m* (du terrain, d'une strate).

-fold[5], *a. suff.* -uple, *occ.* -iple. *Fourfold,* quadruple. *Tenfold,* décuple. *Threefold,* triple. *Manifold,* multiple. *But: Twofold,* double. *To repay s.o. sixfold, tenfold,* rendre à qn au sextuple, au décuple, ce qu'on lui doit.

folder ['fouldər], *s.* **1.** (*Pers.*) Plieur, -euse (de journaux, etc.). **2.** *Tls: Bookb: etc:* Plioir *m*. **3.** *Com:* Prospectus (plié); dépliant *m*. **4.** (*Jacket for papers, etc.*) Chemise *f*. **5.** *pl.* **Folders,** pince-nez *inv* pliant; binocle *m*.

folderol ['fɔldə'rɔl]. (*Song refrain*) Tralala; la faridondaine.

foliaceous [fouli'eiʃəs], *a.* **1.** *Bot:* (Thalle, etc.) foliacé. **2.** (*Of rock*) Foliacé, feuilleté, à lames.

foliage ['fouliedʒ], *s.* Feuillage *m*, frondaison *f*. **Foliage plant,** plante *f* à feuillage. *Arch: Sculp:* **Ornamental foliage,** rinceau *m*.

foliaged ['fouliedʒd], *a.* **1.** Feuillagé, feuillé. **Light-foliaged tree,** arbre *m* à couvert léger. **2.** *Arch:* A rinceaux.

foliar ['fouliər], *a. Bot:* Foliaire.

foliate[1] ['fouliet], *a.* **1.** *Bot:* (*a*) (*Of stalk, etc.*) Feuillé, feuillu. (*b*) **Five-foliate leaf,** feuille *f* à cinq folioles. **2.** (*Of shape*) Folié. *Geom:* **Foliate curve,** folium *m*.

foliate[2] ['foulieit]. **1.** *v.i.* (*Of stone, etc.*) S'écailler; se diviser en lames. **2.** *v.tr.* (*a*) Étamer (une glace). (*b*) *Arch:* Faire des lobes à (un arc, etc.). **Foliated scroll,** rinceau *m*. (*c*) Folioter (les feuilles d'un livre, etc.).

foliated, *a. Miner: Geol: etc:* Folié, feuilleté, lamellaire, lamellé, lamelleux. **Foliated coal,** houille schisteuse.

foliation [fouli'eiʃ(ə)n], *s.* **1.** (*a*) Foliation *f*, feuillaison *f*, frondaison *f* (d'une plante). (*b*) *Arch:* Ornementation *f* en rinceaux; rinceaux *mpl*. **2.** *Geol:* (*a*) Écaillement *m*, foliation (d'une roche, etc.). (*b*) Schistosité *f* (d'une roche). **3.** (*a*) *A:* Laminage *m* (d'un métal). (*b*) Étamage *m* (des glaces). **4.** Foliotage *m* (d'un livre). *Book-k:* Pagination *f* à livre ouvert.

folio[1], *pl.* **-os** ['fouliо, -ouz], *s.* **1.** (*a*) *Bookb:* Folio *m*, feuille *f*, feuillet *m* (de manuscrit, de registre). (*b*) *Typ: etc:* Numéro *m* (d'une page); folio. *Book-k:* **Posting folio,** rencontre *f*. **2.** *Jur:* Feuille manuscrite ou dactylographiée de soixante-douze mots. **3.** *s. & a. Bookb:* **(Book in) folio, folio book,** (livre *m*) in-folio *m*.

folio[2], *v.tr.* Folioter (les feuilles d'un livre). *Book-k:* Paginer (un registre, etc.) à livre ouvert.

foliole ['foulioul], *s. Bot:* Foliole *f.*

folk [fouk], *s.* **1.** *A:* Race *f*, peuple *m*, nation *f.* **2.** *pl.* **Folk(s)**, gens *mf*, personnes *f. Our neighbours are simple folks*, nos voisins sont des gens simples. **Country folk**, campagnards *m. Fine folk*, le beau monde. **My folks, your folks**, les miens, les vôtres; ma famille, votre famille. *How are the folks at home?* comment se porte-t-on chez toi? *The old folks at home*, les chers parents; *F:* les vieux. *Scot:* **The Folk of Peace**, les fées *f. See also* MENFOLK, WOMENFOLK.

'folk-dance, *s.* Danse villageoise, rustique.

'folk-dancing, *s.* Remise *f* à la mode des danses rustiques.

'folk-etymology, *s. Ling:* Étymologie *f* populaire.

'folk-lore, *s.* Folklore *m*; tradition *f.*

'folk-lorist, *s.* Folkloriste *mf.*

'folk-song, *s.* Chanson *f* populaire.

'folk-speech, *s.* Dialecte *m*, patois *m.*

follicle ['fɔlikl], *s.* **1.** *Anat: Bot:* Follicule *m.* **2.** *Ent:* Cocon *m.*

follicular [fɔ'likjulər], *a. Anat: Med: etc:* Folliculeux.

folliculated [fɔ'likjuleitid], *a. Bot: Ent:* Pourvu de follicules; folliculeux.

follicule ['fɔlikjul], *s.* = FOLLICLE.

folliculitis [fɔlikju'laitis], *s. Med:* Folliculite *f*, adénotrichie *f.*

folliculose [fɔlikju'lous], **folliculous** [fɔ'likjuləs], *a.* = FOLLICULAR.

follow[1] ['fɔlo], *s.* **1.** (*a*) *Bill:* **Follow(-stroke)**, coulé *m.* **To play a follow**, couler (la bille). (*b*) *Phot: Cin:* **Follow shot**, prise *f* de vues en poursuite. **2.** (*In restaurant*) = *Second helping, q.v. under* HELPING[2].

follow[2]. I. *v.tr.* **1.** Suivre. (*a*) Marcher derrière (qn, etc.). **To follow s.o. about**, suivre qn partout; *F:* être toujours pendu aux trousses de qn, aux jupes de (sa mère, etc.). *Go on, I will f. you*, partez, je vous suis. *To be followed by s.o., sth.*, être suivi de, par, qn, qch. *A master followed by his servant*, un maître suivi de son domestique. **To follow s.o. in, to follow s.o. out**, entrer, sortir, à la suite de, après, qn. **To follow s.o. to his grave, to the graveside**, suivre les obsèques de qn. *Abs.* **Shall you follow?** est-ce que vous irez jusqu'au cimetière? **To follow the hounds**, chasser à courre. *F:* **To follow the drum, the plough**, être soldat, laboureur. *F:* **To follow one's nose**, aller tout droit devant soi. *Aut: etc: To f. the line*, suivre la file. **To follow s.o. with one's eyes**, suivre qn des yeux, du regard. **To follow a young man's progress**, suivre, observer, les progrès d'un jeune homme. *Turf:* **Horses to follow** (= *worth watching*), chevaux *m* à suivre. *Nau: To f. a ship closely*, s'accrocher à un navire. *See also* DOG[1] **1.** (*b*) (*Go along*) **To follow a road**, suivre un chemin. *Boat that follows the coast*, bateau *m* qui longe la côte. *Rac: To f. the course*, suivre sa ligne. *See also* TRACK[1] **1.** (*c*) (*Succeed*) Succéder à (qn, qch.). *Night follows day*, la nuit succède au jour. *The years f. one another*, les années se succèdent, se suivent. *Meat followed the soup*, au potage succéda la viande. *George IV was followed by William IV*, Guillaume IV succéda à Georges IV. *Dinner followed by a dance*, dîner suivi d'un bal. *Nervous debility following (on) influenza*, débilité nerveuse qui suit la grippe, causée par la grippe. (*Of action*) **To be followed by consequences**, entraîner des conséquences. *Following the decision arrived at . . .*, à la suite de la décision prise. . . . *Following our correspondence . . .*, comme suite à notre échange de lettres. . . . *Following the request made to us by Messrs . . .*, conformément à la demande que nous a adressée la Maison. . . . **2.** (*a*) *A:* Accompagner, servir (un prince, etc.); faire partie de la suite (d'un prince). (*b*) Être le disciple, le partisan, de (qn). *To f. the old masters*, imiter les anciens maîtres. *To f. the conservative party*, être du parti conservateur. **3.** Poursuivre (l'ennemi, *F:* le plaisir, la renommée, etc.). *Justice follows crime*, la justice poursuit le crime. **To follow (after) truth**, rechercher la vérité. **4.** Suivre, se conformer à (la mode, etc.). *To f. a strict diet of . . .*, s'assujettir à un régime de. . . . **To follow s.o.'s advice, example**, suivre le conseil, l'exemple, de qn. *I have followed your instructions*, je me suis conformé à vos ordres. *See also* INCLINATION 3, LEAD[2] 1, 2, SUIT[1] 5. **5.** Exercer, suivre (une profession); faire (un métier); s'attacher à, poursuivre (une carrière). *To f. one's father's profession*, suivre la profession de son père. *They f. the same profession*, ils sont de la même profession. **To follow the sea**, être marin; se faire marin. **6.** (*a*) Aller aussi vite que (qn). *He went too fast for me to f.*, il allait trop vite pour que je puisse le suivre. (*b*) Suivre, comprendre (une explication, etc.). **I don't quite follow you**, je ne vous comprends pas très bien, je ne saisis pas votre pensée; j'ai peine à vous suivre, à suivre votre raisonnement. (*c*) Prêter attention à, suivre (un discours, un sermon). **7.** *To f. a tragedy with a light comedy*, faire suivre une tragédie d'une comédie légère.

II. **follow,** *v.i.* **1. To follow (after)**, suivre; aller ou venir à la suite; s'ensuivre. *A spell of fine weather following after the rain*, une période de beau temps à la suite de la pluie. *A long silence followed*, il se fit, il s'ensuivit, un long silence. **As follows**, ainsi qu'il suit. *Our method is as follows*, notre méthode est la suivante. *I answered as follows*, j'ai répondu comme suit. *He then spoke as follows*, il s'exprima ensuite en ces termes. *Com:* **All charges to follow**, sous suite de tous frais. **2. To follow in s.o.'s footsteps**, suivre qn; marcher sur les traces de qn. **To follow close behind s.o.**, emboîter le pas à qn; serrer qn de près; talonner qn. *See also* FOOTSTEP 2, HEEL[1] 1, WAKE[1]. **3.** S'ensuivre, résulter, être la conséquence (*from*, de). *The conclusion follows from the premises*, la conclusion découle des prémisses. *The rule follows at once*, la règle découle d'elle-même. **Hence it follows that . . .**, il s'ensuit que . . ., il suit de là que. . . . *From what I have said it follows that . . .*, de ce que j'ai dit il ressort que. . . . **It does not follow that . . .**, ce n'est pas à dire que, il n'en résulte pas que, + *sub.* **That does not follow**, ce n'est pas là une déduction légitime. *Just because I say nothing, it does not f. that I see nothing*, de ce que je ne dis rien il ne faut pas conclure que je ne vois rien.

follow on, *v.i.* **1.** Continuer (dans la même direction). **2.** *Bill:* Couler. **3.** *Cr:* Reprendre la garde du guichet au commencement de la seconde partie du match (au lieu d'alterner avec l'autre équipe), faute d'avoir marqué le nombre de points requis.

'follow-on, *s. Cr:* **To try to save a follow-on**, s'efforcer de marquer le nombre de points requis pour ne pas avoir à reprendre la garde du guichet.

follow out, *v.tr.* Poursuivre (une idée, une entreprise, etc.) jusqu'à sa conclusion.

follow through, *v.i. Cr: Ten: Golf: etc:* Suivre la balle (avec la batte, la raquette, la crosse, etc.); suivre le coup.

follow-'through, *s. Cr: Ten: Golf:* Fin *f* du coup. *Bill:* Coup allongé; coup à suivre; coulé *m.*

follow up, *v.tr.* **1.** Suivre (qn, qch.) de près. **2.** (*a*) Poursuivre (avec énergie). *Com:* Suivre, *F:* chauffer (une affaire); faire suivre (une lettre) d'une seconde lettre. **To follow up a clue**, suivre une piste, une indication; s'attacher à une indication. **To follow up an advantage**, poursuivre un avantage. *To f. up a success*, exploiter un succès. (*b*) Donner suite immédiate à (une victoire, une menace, etc.). *He followed up his letter with a summons*, il fit suivre sa lettre aussitôt d'une citation en justice.

follow-'up, *attrib.a.* **Follow-up work**, travail *m* complémentaire, de continuation. *Med:* **Follow-up care**, soins post-hospitaliers.

following[1], *a.* **1.** Qui suit. *Nau:* **Following sea**, mer *f* de l'arrière. *N.Arch: Av:* **Following edge**, bord *m* de sortie (d'une hélice). *Mec.E:* **Following steady**, lunette *f* (de tour) à suivre. **2.** (*a*) Suivant. *In the f. year*, l'année suivante. **On the following day**, le jour suivant; le jour d'après; le lendemain. *In the f. chapter*, au chapitre suivant. (*b*) *The f. resolution*, la résolution énoncée ci-après, la résolution que voici. *I shall do it in the f. manner*, je le ferai et voici comment. *In the f. rules . . .*, dans les règles ci-après. . . . *The f. persons*, les personnes dont les noms suivent. *Amongst the dishes were the f.*, entre autres on a servi les plats suivants. *The f. are invited*, voici la liste des invités. *The f. is the full list*, voici la liste complète. (*c*) **Two days following**, deux jours de suite.

'following-stroke, *s. Bill:* = FOLLOW[1] 1 (*a*).

following[2], *s.* **1.** Poursuite *f* (de qn, etc.). **2.** (*a*) Suite *f* (d'un prince). (*b*) *Pol: etc:* Parti *m* (d'un chef). *To have a numerous f.*, avoir un grand nombre de partisans, de disciples.

'follow-my-'leader, *s. Games:* Jeu *m* de la queue leu leu. *F:* **Follow-my-leader policy**, politique *f* à la remorque.

follower ['foloər], *s.* **1.** (*Pers.*) (*a*) Serviteur *m*, satellite *m*, affidé, -ée (d'un prince, etc.). *The King and his followers*, le roi et sa suite, et son escorte *f.* (*b*) Compagnon *m* d'armes. (*c*) Partisan *m*, disciple *m*, sectateur, -trice. (*d*) *F:* Amoureux *m*, admirateur *m* (d'une domestique). **2.** (*a*) Plateau *m* mobile, platine *f* (d'une presse). (*b*) *Mch:* (i) Plateau, couvercle *m* (de piston); (ii) chapeau *m*, gland *m* (de presse-étoupe).

folly ['fɔli], *s.* **1.** Folie *f*, sottise *f*, déraison *f.* **An act, a piece, of folly**, une folie. *It would be a fatal act of f.*, ce serait une fatale sottise. **It would be the height of folly to . . .**, ce serait la plus grande folie, le comble de la sottise, de. . . . *To pay for one's f.*, être victime de sa propre folie; *F:* payer la folle enchère. **2.** Édifice (surtout à la campagne) coûteux et inutile; folie. **3.** *A:* La Folie (avec marotte et grelots).

foment [fo'ment], *v.tr.* **1.** *Med:* Fomenter (une plaie, etc.). **2.** *F:* Exciter, stimuler (les sentiments, etc.); fomenter (la discorde, des troubles).

fomentation [foumen'teiʃ(ə)n], *s.* **1.** *Med:* Fomentation *f.* **2.** *F:* Stimulation *f*, excitation *f* (des sentiments, etc.). **The fomentation of discord**, la fomentation de la discorde.

fomenter [fo'mentər], *s.* Fomentateur, -trice, fauteur, -trice (de troubles, etc.).

fond [fɔnd], *a.* **1.** *A:* Crédule, naïf, simple. **2.** (*a*) (Parent, etc.) follement dévoué, trop indulgent. *F. mother*, mère indulgente, trop bonne. (*b*) Affectueux, tendre, aimant. *F. ways*, manières câlines. *F. expression*, expression caressante, attendrie. (*c*) (Sentiment, souvenir, etc.) doux, *f.* douce. **Fond hope**, espoir *m* dont on se flatte, dont on se berce. **3.** (*a*) **To be fond of s.o., sth.**, aimer, affectionner, avoir de l'attachement pour, qn, qch.; ressentir de l'affection pour qn; *F:* en tenir pour qn. *They are f. of each other*, ils s'aiment. *My mother is very f. of Paul*, Paul est fort sympathique à ma mère. *He was very f. of me*, il me portait beaucoup d'affection; *F:* il me portait dans son cœur. *To be rather f. of s.o.*, avoir un penchant pour qn. *To become f. of s.o.*, s'attacher à qn. (*b*) *F:* **To be fond of music, of novelty**, être amateur de musique, de nouveauté; prendre plaisir à la musique. *F. of sweets, of venison*, friand de sucreries, gourmand de gibier. *He is f. of a joke*, il plaisante volontiers; il a toujours le mot pour rire. **To be fond of doing sth.**, aimer faire qch., faire volontiers qch. *He is passionately f. of reading*, il adore, il aime passionnément, la lecture; il raffole de la lecture; il a la passion de lire. *He is especially f. of hunting*, la chasse est son inclination dominante. *He is f. of hearing his own voice*, il aime à s'entendre parler. *F. of speaking ill of others*, porté à médire. **-ly,** *adv.* **1.** Crédulement, naïvement. **I fondly imagined that . . .**, je me figurais naïvement que. . . . **He fondly hoped to . . .**, il se flattait de. . . . **2.** Tendrement, affectueusement. **To look fondly at s.o.**, couver qn des yeux; caresser qn du regard.

fondant ['fɔndənt], *s.* (*Sweetmeat*) Fondant *m.*

fondle [fɔndl], *v.tr.* Caresser, câliner, *F:* chouchouter (qn); faire des mamours à (qn). *v.i.* **To fondle with** (*s.o.'s hair, etc.*), caresser (les cheveux à qn, etc.).

fondling[1], *a.* (Sourire, air) câlin, caressant.

fondling[2], *s.* Câlinerie *f*, caresses *fpl.*

fondler ['fɔndlər], *s.* Caresseur, -euse; câlin, -ine.

fondness ['fɔndnəs], *s.* **1.** Dévouement *m* aveugle, indulgence excessive (d'une mère, etc.). **2.** Affection *f*, tendresse *f* (*for*, pour envers). *To have a f. for s.o.*, avoir qn en affection; porter de l'affection à qn. **3.** Penchant *m*, prédilection *f*, goût *m* (*for sth.*, pour qch.). *To have a f. for sth.*, affectionner qch.; avoir l'amour de qch. *F. for study*, attachement *m* à l'étude. *A f. for drink*, un penchant à la boisson. *F. for talking*, loquacité *f*.

font[1] [fɔnt], *s.* **1.** Fonts baptismaux. **Font name,** nom *m* de baptême. **2.** Bénitier *m*. **3.** Réservoir *m* (de lampe).

font[2], *s. Typ: U.S:* = FOUNT[2].

fontal [ˈfɔntəl], *a.* **1.** Qui coule de source; original, -aux; (*of truth*) fondamental, -aux. **2.** Baptismal, -aux.

fontanel(le) [fɔntaˈnel], *s. Anat:* Fontanelle *f*.

food [fuːd], *s.* **1.** (*a*) Nourriture *f*; aliments *mpl*; vivres *mpl*; provisions *fpl* de bouche; *F:* victuailles *fpl*. *To offer s.o. f.*, offrir à manger à qn. *He had brought f.*, il avait apporté à manger. **Food and clothing,** le vivre et le vêtement. *Insufficient f.*, alimentation insuffisante. **Plain food,** aliments simples. *Prov:* **There's nothing like plain food,** la soupe fait le soldat. *Hotel where the f. is good*, hôtel *m* où la cuisine, la table, est bonne, où on fait de la bonne cuisine, où l'on mange bien. **To be off one's food,** n'avoir pas d'appétit. **Food-stuffs, articles of food,** articles *m* d'alimentation; comestibles *m* ou denrées *f*. **Food material,** matière nutritive; aliment *m*. **Food products,** produits *m* alimentaires. **Food manufacturer,** fabricant *m* de comestibles. **Food value,** valeur nutritive; nutritivité *f*. *Alcohol has no f. value*, l'alcool n'est pas un aliment. *Adm:* **Food allowance,** allocation *f* pour nourriture. **Food control,** ravitaillement *m*. **Food controller,** organisateur *m* du ravitaillement. **Food card** = *ration card, q.v. under* RATION[1]. (*b*) Aliment *m*. *Physiol:* **Complete food,** aliment complet. *See also* PATENT[1] I. 2, TINNED 2. *Toil:* **Skin food,** aliment pour la peau. (*c*) *Husb:* Pâture *f* (d'animaux); mangeaille *f* (de volaille). **Soft food** (*for poultry*), pâtée *f*. **Hard food,** grain *m*. **Dogs', cats', food,** pâtée. (*Of animal*) *To hunt, search, for f.*, chercher sa nourriture, sa gueulée. *Every day they gave the dragon a young maiden for his f.*, tous les jours on donnait au dragon une jeune fille en pâture. *See also* GREEN[1] 1. *F:* **To be food for worms,** être mort et enterré; être la proie des vers. **To become food for fishes,** se noyer. **Food for powder,** chair *f* à canon. (*d*) **Mental, intellectual, food,** nourriture de l'esprit; pâture intellectuelle. *Book that provides f. for the mind*, livre *m* qui donne de la pâture à l'esprit. **To give s.o. food for thought,** donner à penser, à réfléchir, à qn; fournir matière à réflexion. **Food for controversy,** matière à controverse. **2.** (*As opp. to drink*) Manger *m*. **Food and drink,** le boire et le manger, à boire et à manger.

foodless [ˈfuːdləs], *a.* **1.** Sans nourriture; sans vivres. **2.** (Pays *m*) stérile.

fool[1] [fuːl], *s.* **1.** Imbécile *mf*; idiot, -ote; niais, -aise; sot, *f.* sotte; *P:* abruti *m*. *B:* *Thou f., this night thy soul shall be required of thee*, insensé, en cette même nuit ton âme te sera redemandée. **Born fool, hopeless fool,** parfait idiot. **To play, act, the fool,** faire le sot, l'imbécile, l'idiot, le plaisant; faire la bête; *P:* faire le zouave, le zigoto; faire des bêtises, des sottises. *Try and not be a f.*, tâchez de ne pas faire de sottises. **To make a fool of oneself,** se rendre ridicule; se faire moquer de soi; faire des âneries. *He'll be a f. as long as he lives*, il mourra dans la peau d'un imbécile. *I wasn't such a f.!* pas si bête! *He isn't such a f. as he looks*, il n'est pas si bête, si niais, qu'il en a l'air; *F:* c'est un innocent fourré de malice. **Silly fool!** *P:* espèce d'idiot, de crétin! *What a f.!* quel nigaud! *P:* il en a une couche! il en a une pochetée! **He's no fool,** il n'est pas bête. **More of a fool than a knave,** plus bête que méchant. **Any fool could do it,** c'est le pont aux ânes. *Any f. knows that*, le premier imbécile venu sait cela. **Some fool of a politician,** *U.S:* **some fool politician . . .,** quelque imbécile d'homme politique. . . . *Church with a f. of a porch*, église *f* avec un porche absurde. *U.S:* **No more of your fool ideas!** assez de vos idées stupides! *Prov:* **A fool's bolt is soon shot,** un sot a bientôt vidé son sac; de fou juge brève sentence. **One fool praises another,** l'âne frotte l'âne. **A fool among rogues,** un âne parmi les singes. **There's no fool like an old fool,** un vieux fou est le pire des fous. *See also* MORE 4, PARADISE 2. **2.** Fou *m*, bouffon *m*; *Pej:* pitre *m*. *To play the f.*, faire le bouffon, le pitre. (*Cf.* 1.) **3.** Dupe *f*. **To make a fool of s.o.,** berner qn, mystifier qn; se payer la tête, *P:* la fiole, de qn; mettre qn en boîte. *She made a f. of me*, elle s'est moquée, s'est fichue, de moi. *He was made a f. of*, on s'est moqué de lui. **To go on a fool's errand,** y aller pour des prunes, pour le roi de Prusse; se casser le nez. *To send s.o. on a f.'s errand*, envoyer qn décrocher la lune, ferrer les oies. *See also* ALL FOOL'S DAY, APRIL, PAIN[1] 2.

'fool-duck, *s. Orn: U.S:* Érismature roux.

'fool-hen, *s. Orn: U.S:* Jeune tétras *m*.

'fool-proof, *a.* A l'épreuve des imbéciles; (mécanisme *m*) indéréglable, indétraquable, de sûreté, à toute épreuve, à l'épreuve des fausses manœuvres.

'fool's-cap, *s.* **1.** Bonnet *m* de fou. **2.** Bonnet d'âne.

'fool's-'parsley, *s. Bot:* Petite ciguë; ciguë des jardins; æthuse *f*; *F:* persil *m* des fous; faux persil; ache *f* des chiens.

fool[2]. **1.** *v.i.* Faire la bête. *Stop fooling!* assez de bêtises! *Who's been fooling with my wireless set?* qui est-ce qui a tripoté mon poste de radio? **To fool about, around,** flâner; baguenauder; gâcher son temps; courir la ville (*with*, avec). *He's always fooling around with a girl*, on le voit toujours pendu aux jupes d'une fille. **2.** *v.tr.* Berner, mystifier, duper (qn); *F:* se payer la tête de (qn); faire marcher (qn); (*of debtor*) payer (qn) en monnaie de singe. *You can't f. me with your excuses*, ces histoires-là, ça ne prend pas avec moi. *To* (*allow oneself to*) *be fooled*, se laisser berner; *F:* être le dindon de la farce. **I have been fooled out of my money,** on m'a escamoté mon argent. **To be fooled into doing sth.,** être amené par duperie à faire qch.; se laisser persuader bêtement de faire qch.

fool away, *v.tr.* Gaspiller, gâcher (son argent, son temps).

fooling, *s.* **1.** Bouffonnerie *f*; (*in school, etc.*) dissipation *f*. **Fooling about, around,** baguenaudage *m*, baguenauderie *f*. **2.** Bernement *m*, duperie *f* (de qn).

fool[3], *s. Cu:* Marmelade *f* à la crème. *Esp.* **Gooseberr fool,** marmelade de groseilles (à maquereau) à la crème.

foolery [ˈfuːləri], *s.* **1.** (*a*) Sottise *f*, folie *f*, niaiserie *f*, bêtise *f*. (*b*) **Piece of foolery** (se traduit de même). **2.** Bouffonnerie *f*; pitrerie *f*.

foolhardiness [ˈfuːlhɑːrdinəs], *s.* Témérité *f*, imprudence *f*.

foolhardy [ˈfuːlhɑːrdi], *a.* (*Of pers., action, etc.*) Téméraire, imprudent. *F. person*, casse-cou *m inv*. *F. policy*, politique *f* de casse-cou. **-ily,** *adv.* Témérairement, imprudemment.

foolish [ˈfuːliʃ], *a.* **1.** (*a*) (*Of conduct, pers.*) Insensé; fou, *f.* folle; étourdi. *It is f. of him to . . .*, c'est folie à lui, c'est fou de sa part, de. . . . *He was so f. as to . . .*, il a eu la folie de. . . . *B:* **The foolish Virgins,** les vierges folles. *A f. hope*, un fol espoir. (*b*) Sot, *f.* sotte; bête. *To do sth. f.*, faire une sottise, une bêtise. **2.** Absurde, ridicule. **To look foolish,** avoir l'air penaud. *This answer made him look f.*, cette réponse l'a décontenancé. **To feel foolish,** rester tout sot; rester penaud. **-ly,** *adv.* **1.** Follement, étourdiment; d'une manière insensée. **2.** Sottement, bêtement.

foolishness [ˈfuːliʃnəs], *s.* **1.** Folie *f*, étourderie *f*. **2.** Sottise *f*, bêtise *f*.

foolscap [ˈfuːlskap], *s.* Papier *m* ministre; papier écolier; (papier) tellière *m*.

foot[1], *pl.* **feet** [fut, fiːt], *s.* **1.** Pied *m* (humain). (*a*) *They have good shoes on their feet*, ils ont de bons souliers aux pieds. *He had no shoes to his feet*, il n'avait pas de souliers aux pieds. *He gets under your feet*, il se met dans vos jambes. **To put one's best foot foremost, forward,** (i) avancer vite, à toute allure; presser, allonger, le pas; *F:* partir du bon pied, du pied gauche; (ii) pousser la besogne; faire de son mieux; faire appel à toute son énergie; consacrer, apporter, appliquer, toute son énergie à une tâche; (iii) se mettre à l'ouvrage. *See also* FOREMOST 1. **To measure others' feet by one's own last,** mesurer les autres à son aune. **To know the length of s.o.'s foot,** connaître son homme; savoir au juste ce qu'un homme peut donner. *I have found the length of his f.*, j'ai pris sa mesure. **To sit at s.o.'s feet,** (i) s'asseoir aux pieds de qn; (ii) être le disciple de qn. **To set foot on an island,** mettre pied sur une île; aborder dans, sur, une île. *I have never set f., put my f., inside his house*, je n'ai jamais mis le pied chez lui. *I shall never set f. in his house again*, jamais je ne remettrai, ne replanterai, les pieds chez lui. **To knock s.o. off his feet,** faire perdre l'équilibre à qn; renverser qn. *This illness has knocked me off my feet*, cette maladie m'a coupé les jambes, m'a terrassé. *A wave bore him off his feet*, une vague lui fit perdre pied. *F:* **To carry s.o. off his feet,** transporter qn d'admiration, d'enthousiasme, etc.; enthousiasmer qn. *This good news fairly took him off his feet*, cette bonne nouvelle le transporta. *See also* SWEEP[2] I. 2 (*b*). **To keep one's feet,** (i) tenir pied, rester debout; (ii) *F:* tenir bon, tenir ferme. **To rise to, get on to, one's feet (again),** se (re)lever; se (re)mettre debout; se redresser. (*In debate*) **To get on one's feet,** prendre la parole. **That brought him to his feet,** cela lui fit prendre la parole. *To jump, spring, to one's feet*, se lever d'un bond. *He sprang to his feet*, d'un bond il fut debout. **To be on one's feet,** se tenir debout. *Once I am on my feet . . .*, une fois que je suis debout. . . . *She is on her feet all day*, elle est sur ses jambes du matin au soir; elle n'a jamais le temps de s'asseoir. **He is on his feet again,** il est de nouveau sur pied; le voilà remis. **To set s.o. on his feet,** (i) (re)mettre qn sur pied, (r)établir qn; (ii) lancer qn (dans les affaires, etc.). *To set s.o., a chair, a horse, on his or its feet again*, relever qn, une chaise, un cheval. *To set an undertaking on its feet*, *F:* mettre une affaire sur (ses) pattes. *To set the budget on its feet again*, rééquilibrer le budget. **To find one's feet,** voler de ses propres ailes; se débrouiller. *He is beginning to find his feet*, il commence à s'acclimater. *To have time to find one's feet*, avoir le temps de se retourner. *To find one's feet again* (*after a set-back*), *F:* revenir sur l'eau. *The market has found its feet again*, le marché a repris son aplomb. **To begin to feel one's feet,** (*of pers.*) commencer à se sentir; (*of nation, etc.*) être en train de prendre conscience de soi-même. **To put one's foot down, to set one's foot, upon sth.,** réprimer énergiquement (un abus); opposer un refus formel à (un projet, etc.). **To put one's foot down,** faire acte d'autorité; interdire qch. **To get one's foot in,** prendre pied, s'implanter, s'impatroniser (chez qn, etc.). **To put one's foot in it,** mettre les pieds dans le plat; faire une bourde; commettre un impair, une balourdise, une lourde méprise, une nigauderie; gaffer. *Have I put my f. in it?* est-ce que j'ai dit, fait, une sottise? *F:* **Idol with feet of clay,** idole *f* aux pieds d'argile. *P:* **To have, get, cold feet,** caner, caponner; saigner du nez; avoir la frousse, le trac, les foies. *See also* CHANGE[2] 1, DRAG[2] 1, FALL[2] 1, GRASS[1], GRAVE[1], HAND[1] 2, HEAD[1] 1, LIGHT[5] 2. (*b*) Marche *f*, allure *f*. **To have a light foot, a heavy foot,** avoir le pied léger, lourd; avoir une démarche légère, lourde. **Swift of foot,** aux pieds agiles; léger à la course; leste. **At a foot's pace** = *at a foot-pace, q.v. under* FOOT-PACE. *See also* HOT-FOOT, LIGHT[4] I. 1. (*c*) *Adv.phr.* **On foot.** (i) A pied; pédestrement. *To go on f.*, aller à pied. *Journey on f.*, voyage *m* à pied. (ii) Debout. *Everyone is on f. at six o'clock*, tout le monde est debout à six heures. **To buy cattle on foot,** acheter du bétail sur pied. (iii) Sur pied, en train. **To set a business on foot,** organiser, mettre sur pied, entamer, une affaire; donner le branle à une affaire. *To set negotiations on f.*, ouvrir, mettre en train, des négociations. *To set an undertaking on f.*, lancer une entreprise. **Under foot, underfoot,** sous les pieds. *It has stopped raining but it is wet under f.*, il ne pleut plus mais il fait mouillé à marcher. *The hard snow crunches under f.*, la neige durcie craque sous les pieds. **To trample, tread, sth. under foot,** fouler qch. aux pieds. **2.** Pied (d'animaux à sabot); patte *f* (de chien, de chat, d'insecte, d'oiseau). *Equit:* **The fore feet,** le bipède antérieur (du cheval). **The hind feet,** le bipède postérieur. **The near feet,** le bipède gauche. *See also* BEAR'S-FOOT, BIRD'S-FOOT, CROW'S-FOOT, ELEPHANT'S FOOT, HARE'S-FOOT, NEAT'S FOOT. **3.** *Coll. Mil:* Fantassins *mpl*; soldats *mpl* d'infanterie. **Foot and horse,** infanterie *f* et cavalerie *f*. *Twenty thousand foot,* vingt mille fantassins, vingt mille hommes d'infanterie. *The fifth regiment of foot,* le cinquième régiment d'infanterie. **4.** (*a*) Pied, semelle *f* (d'un bas). *See also* HOBBING 2, PRESSER-FOOT. (*b*) Bas bout (d'une table); pied (d'un lit, d'une tombe); extrémité inférieure (d'un lac). (*c*) Base *f* (de colonne, etc.); patin *m* (d'enclume); patte *f* (de verre à boire); *Rail:* patin, semelle, appui *m* (d'un rail). *To break off the f. of a wine-glass,* épater un verre à vin. (*d*) Pied, bas *m* (de montagne, d'arbre, d'échelle, de page); racine *f* (de montagne); départ *m* (d'un escalier). *Nau:* Fond *m*, bordure *f* (de voile). *Typ:* Pied (d'une lettre). **At the foot of the page,** au bas de la page; en bas de page. **At the foot of the list, of the class,** à la queue de la liste, de la classe. **See at foot,** voir au bas de la page. **5.** *Ind:* (*pl.* **foots**) Tourteau *m* (d'huile, de sucre, etc.). **6.** (*a*) *Pros:* Pied. (*b*) *Meas:* Pied anglais (de 30 cm. 48). **Running foot,** pied courant. **Square, cubic, foot,** pied carré, pied cube. *To be five foot, five feet, high,* avoir cinq pieds de haut(eur). *A room eight feet high with doors five foot seven,* une pièce haute de huit pieds avec des portes de cinq pieds sept pouces.

foot-and-'mouth disease, *s. Vet:* Fièvre aphteuse; *F:* cocotte *f*.

'foot-band, *s. Nau:* Bordure *f* de fond (d'une voile).

'foot-bath, *s.* Bain *m* de pieds; lave-pieds *m inv.*

'foot-brake, *s. Aut: Av: etc:* Frein *m* à pédale, à pied; frein au pied.

'foot-bridge, *s.* Passerelle *f*; pont *m* de service; pont pour piétons.

'foot-'candle, *s.* (*pl.* **foot-candles**) *Ph.Meas:* Unité *f* d'éclairement = 10,764 lux.

'foot-cloth, *s.* **1.** *A:* Housse *f*. **2.** *A:* = CARPET[1] 1. **3.** *Mil: etc:* Chaussette *f* russe.

'foot-control, *s. Mec.E: etc:* Commande *f* au pied.

'foot-drill, *s. Tls:* Machine *f* à percer à (commande par) pédale.

'foot-fault[1], *s. Ten:* Faute *f* de pied.

'foot-fault[2], *v.i. Ten:* Faire une faute de pied.

'foot-founder, *s. Vet:* Sole battue.

'foot-gear, *s.* = FOOT-WEAR.

'foot-guards, *s.pl.* **1.** *Harn:* Bottes *f*, bottines *f* (de cheval). **2.** *Mil:* Gardes *m* à pied; garde *f* à pied (comprenant cinq régiments de la Garde royale).

'foot-hills, *s.pl.* Collines basses, avancées (d'une chaîne); contreforts *m* (d'un massif); vallonnements *m*.

'foot-lathe, *s. Tls:* Tour *m* à pédale.

'foot-loose, *a. U.S:* (Personne) libre, sans entraves.

'foot-mark, *s.* Empreinte *f* de pied, du pied, d'un pied; trace *f* de pas.

'foot-muff, *s.* **1.** *Furn:* Chancelière *f*. **2.** *Aut: etc: Electrically heated f.-m.,* auto-sac chauffé électriquement, *pl.* auto-sacs.

'foot-note, *s.* Apostille *f*; note *f*, renvoi *m*, au bas de la page; renvoi en bas de page. *See also* REFERENCE 6.

'foot-pace, *s.* **1.** (*Of horse, etc.*) Allure lente; pas *m*. **To go, ride, at a foot-pace,** aller au pas. **2.** *A:* (*a*) Estrade *f*, plate-forme *f*, *pl.* plates-formes. (*b*) Palier *m* (d'escalier).

'foot-page, *s.* = PAGE-BOY.

'foot-pan, *s.* **1.** Bain *m* de pieds. **2.** *Rail: etc:* Chaufferette *f*.

'foot-passenger, *s.* Piéton *m*.

'foot-plate, *s. Mch:* Plate-forme *f*, *pl.* plates-formes, tablier *m* (de locomotive); poste *m* de conduite. **Side foot-plate,** trottoir *m*.

'foot-'pound, *s.* (*pl.* **foot-pounds**) *Mec.Meas:* Pied-livre *m*, *pl.* pieds-livres. **Foot-pound-second,** pied-livre-seconde *m*.

'foot-race, *s.* Course *f* à pied.

'foot-rail, *s. Rail:* Rail *m* à patin.

'foot-rest, *s.* (*a*) *Veh:* Coquille *f*. *Cy:* Repose-pied(s) *m inv*; cale-pied(s) *m inv*. *Furn:* Bout *m* de pied. *Med:* Porte-pieds *m inv*. (*b*) Sellette *f* (de décrotteur).

'foot-rope, *s. Nau:* **1.** Ralingue *f* de fond, de bordure (d'une voile). **2.** Marchepied *m* (de vergue, etc.).

'foot-rot, *s. Vet:* Fourchet *m*, piétin *m*.

'foot-rule, *s. Tls: Draw:* Pied *m* (de roi); règle *f* (d'un pied); verge *f* de charpentier. *F: You cannot measure men with a f.-r.,* les hommes ne se mesurent pas à l'aune.

'foot-second, *s.* (*pl.* **foot-seconds**) *Mec.Meas:* Pied *m* par seconde.

'foot-slog, *v.i.* (**foot-slogged; foot-slogging**) *P:* Marcher; faire la route à pied.

'foot-slogger, *s. Mil: P:* Pousse-caillou *m inv.*

'foot-soldier, *s.* Fantassin *m*; soldat *m* d'infanterie; *F:* troubade *m*.

'foot-starter, *s.* Démarreur *m* à pédale (de motocyclette); démarreur à kick; kick *m*.

'foot-stone, *s.* **1.** *Const:* Première pierre. **2.** Pierre tumulaire (au pied d'une tombe).

'foot-'ton, *s.* (*pl.* **foot-tons**) *Mec.Meas:* Pied-tonne *m*, *pl.* pieds-tonnes; pied-tonneau *m*, *pl.* pieds-tonneaux; tonne-pied *f*, *pl.* tonnes-pieds.

'foot-up, *s. Rugby Fb:* Infraction aux règles commise par un joueur qui quitte le sol du pied ou des pieds avant que le ballon ait été mis dans la mêlée.

'foot-walk, *s.* = FOOTPATH.

'foot-warmer, *s.* (*a*) *Rail: Aut:* Bouillotte *f*. (*b*) Chaufferette *f*, chauffe-pieds *m inv*; (*heated by spirit lamp*) augustine *f*.

'foot-washing, *s. Ecc:* Lavement *m* des pieds.

'foot-wear, *s.* Chaussures *fpl*. **Foot-wear expert,** chausseur *m*.

'foot-well, *s. Aut:* Cave *f* (pour les pieds).

'foot-work, *s. Sp:* Jeu *m* de pieds, de jambes.

'foot-worn, *a.* **1.** (Escalier, trottoir, etc.) usé. **2.** = FOOTSORE.

foot[2], *v.tr.* **1.** (*a*) Danser (un quadrille, etc.). (*b*) *F:* **To foot it,** (i) danser; (ii) marcher; faire le trajet à pied; *P:* prendre le train onze; (iii) (*of boat, etc.*) filer à grande vitesse. **2.** Rempiéter, enter (un bas); mettre un pied, faire un pied, à (un bas). **3.** *F:* **To foot the bill,** payer la note, les dépenses; *P:* casquer. **4.** *U.S: F:* (*a*) **To foot (up) an account,** additionner un compte. (*b*) *v.i. His debts footed up to £2000,* ses dettes (se) montaient à deux mille livres.

footed, *a.* **1.** (Animal, etc.) pourvu de pieds, de pattes. **2.** (*With adj. prefixed, e.g.*) **Swift-footed Achilles,** Achille aux pieds légers. **A flat-footed wench,** une servante aux pieds plats. **A sure-footed pony,** un poney au pied sûr. **Rough-footed dog,** chien pattu. **Long-footed,** longipède. *See also* BARE-FOOTED, DRY-FOOTED, FLAT-FOOTED, FOUR-FOOTED, LIGHT-FOOTED, NIMBLE-FOOTED, SHORT-FOOTED, SOFT-FOOTED, WEB-FOOTED.

footing, *s.* **1.** (*a*) *Fenc: Danc: etc:* Pose *f* des pieds. (*b*) = FOOTHOLD. **To lose one's footing** (*in bathing, etc.*), perdre pied, perdre terre. **To miss one's footing,** poser le pied à faux (en descendant, etc.). *I missed my f.,* le pied me manqua. **2.** (*a*) Situation sûre; pied *m*. **To gain a footing,** s'implanter, prendre pied, s'impatroniser, s'ancrer (quelque part). *He has gained a f. among them,* il a pris pied dans leur entourage. (*b*) Position *f*, condition *f*, posture *f* (d'une personne); condition, état *m* (d'une institution, etc.). **War footing,** effectif *m* de guerre. **On a war, a peace, footing,** sur le pied de guerre, de paix; en état de guerre. *To place (two people) on the same f.,* égaler (deux personnes); mettre (deux personnes) sur le même rang; assimiler (des fonctionnaires de catégories différentes). *Putting the colonies on the same f. as the mother country,* assimilation *f* des colonies. **To be on an equal footing (with . . .),** être de pair, sur un pied d'égalité (avec . . .); être sur le même pied. *See also* EQUALITY. **On a good footing,** sur un bon pied. *To be on a good f. with s.o.,* être en bons termes, être fort bien, avec qn. *To be on a bad f. with s.o.,* être en mauvais termes avec qn. (*c*) Entrée *f* (dans une société, etc.); admission *f* (à une société, etc.). **To pay one's footing,** payer sa bienvenue; graisser la marmite; *Mil:* arroser ses galons, *P:* arroser. **3.** Rempiétage *m* (d'un bas). **4.** *Lacem:* Bisette *f*. **5.** (*a*) *Const:* Empattement *m*, pied, (em)base *f*, socle *m* (d'un mur). **To give footing to a wall,** empatter un mur. *Concrete f.,* base en béton. (*b*) *Mec.E:* Encastrement *m*, emplanture *f* (des aubes d'une turbine). **6. Footing (up),** addition *f* (d'une colonne de chiffres, etc.).

footage ['futedʒ], *s. Cin: etc:* Longueur *f* (en pieds); métrage *m* (d'un film, etc.). **Footage indicator,** compteur *m* de film; métreuse *f*.

football ['futbɔːl], *s.* **1.** Ballon *m*. **2.** *Sp:* (*a*) Le football. **Rugby football,** le rugby. **Football ground,** terrain *m* de football. (*b*) **Motor-cycle football,** moto-ball *m*.

footballer ['futbɔːlər], *s.* Joueur *m* de football; footballer *m*, footballeur *m*.

footboard ['futbɔːrd], *s.* **1.** Repose-pied(s) *m inv.* (*a*) *Veh:* (Planche *f*) marchepied *m*; (*in front of driver*) coquille *f*. (*b*) *Artil:* Tablier *m* (d'avant-train). **2.** *U.S:* = FOOT-PLATE. **3.** Pédale *f* (d'un tour à pied, etc.).

footboy ['futbɔi], *s. A:* = PAGE-BOY.

footer ['futər], *s. F:* = FOOTBALL 2.

footfall ['futfɔːl], *s.* (Bruit *m* de) pas *m*. *I hear her light f.,* j'entends son pas léger.

foothold ['futhould], *s.* Prise *f*, assiette *f*, pour le pied; assiette de pied. **To get a foothold,** prendre pied. *To keep one's f.,* préserver l'équilibre; se tenir debout. **To lose one's foothold,** perdre pied; perdre l'équilibre; glisser; faire un faux pas.

footle [fuːtl], *v.i. F:* **To footle about,** s'occuper à des bagatelles, à des futilités; faire, dire, des niaiseries. **To footle away one's time,** gâcher son temps; passer son temps à des futilités.

footling, *a. F:* Insignifiant, frivole, futile. *To busy oneself with f. jobs,* s'occuper à des futilités. *F. writer,* piètre écrivain *m*.

footler ['fuːtlər], *s. F:* Bricoleur, -euse.

footless ['futləs], *a.* **1.** Apode; sans pieds, sans pattes. **2.** *U.S:* = FUTILE.

footlights ['futlaits], *s.pl. Th:* Rampe *f*. **To come before the footlights,** affronter les feux de la rampe. *See also* GET ACROSS.

footman, *pl.* **-men** ['futmən, -men], *s.m.* **1.** *Mil: A:* Fantassin; soldat d'infanterie. **2.** Valet de pied; laquais.

footpad ['futpad], *s. A:* Voleur *m* de grand chemin; détrousseur *m* de grand chemin.

footpath ['futpɑːθ], *s.* Sentier *m* pour piétons; chemin *m* piéton; (*by canal, highway, railway*) banquette *f*, accotement *m*, marchepied *m*; (*in street*) trottoir *m*. *Mountain pass traversed by a f.,* col *m* piéton.

footprint ['futprint], *s.* Empreinte *f* de pas. *Footprints on the sands,* pas (empreints) sur le sable. *To follow the footprints,* suivre la piste.

footsore ['futsɔːər], *a.* Aux pieds endoloris; qui a mal aux pieds; qui a les pieds meurtris.

footstalk ['futstɔːk], *s.* **1.** *Bot:* Pétiole *m* (de feuille); pédoncule *m* (de fleur); *F:* queue *f* (de feuille, de fleur). **2.** *Z:* Tige *f* (de crinoïde, d'anatife, etc.).

footstall ['futstɔːl], *s. Arch:* Piédestal *m*, -aux (de pilier); socle *m*.

footstep ['futstep], *s.* **1.** Pas *m*. *I hear footsteps,* j'entends un bruit de pas; j'entends marcher. **2.** (Empreinte *f* de) pied *m*; trace *f* (de pas). **To follow, tread, walk, in s.o.'s footsteps,** marcher sur les traces, sur les pas, de qn; suivre les brisées de qn; *F:* emboîter le pas à qn. **3.** *Mec.E:* **Footstep(-bearing),** (palier *m* de) butée *f*; palier de pied; crapaudine *f* (d'arbre vertical).

footstool ['futstuːl], *s.* **1.** Tabouret *m* (pour poser les pieds). **2.** *U.S:* **God's footstool, the footstool,** la Terre; ici-bas.

footway ['futwei], *s.* **1.** = FOOTPATH. **2.** *Min:* Échelle *f* de puits.

foozle[1] [fu:zl], *s.* (*a*) *Golf:* Coup raté. (*b*) *F:* Coup, travail, loupé, bousillé.

foozle[2], *v.tr. & abs.* **1.** *Golf:* **To foozle (a shot),** rater, manquer, un coup. **2.** *F:* Louper, bousiller (un coup, un travail).

fop [fɔp], *s. F:* Bellâtre *m*, fat *m*, dameret *m*; petit-maître *m*, *pl.* petits-maîtres; dandy *m*. *Old fop*, vieux coquard.

fopling ['fɔpliŋ], *s. F:* Petit crevé; gandin *m*.

foppery ['fɔpəri], *s. F:* Dandysme *m*; élégance affectée; fatuité *f*.

foppish ['fɔpiʃ], *a. F:* (*a*) (Homme) bellâtre, fat. (*b*) Qui apporte trop de recherche à sa toilette. **-ly,** *adv.* En bellâtre, en petit-maître; avec une élégance affectée.

foppishness ['fɔpiʃnəs], *s.* = FOPPERY.

for[1] [fɔ:r, *unstressed* fɔr, fər], *prep.* Pour. **I. 1.** (*a*) (i) (*Representing*) *Member for Liverpool*, député *m* de Liverpool. *Tp: A for Andrew*, A comme André. (ii) (*Instead of*) *To act for s.o.*, agir pour qn, au nom de qn. *He is writing for me*, il écrit à ma place, de ma part. *He took me for my brother*, il m'a pris pour mon frère. *To substitute gas for candles*, substituer le gaz aux chandelles; remplacer les chandelles par le gaz. *He was wearing a blanket for a dressing-gown*, il portait une couverture en guise de robe de chambre. (*b*) (*Introducing predicative complement*) *He wants her for his wife*, il la veut pour femme. *You are lucky to have her for a daughter*, vous êtes heureux de l'avoir pour fille. *To have s.o. for a teacher*, avoir qn comme, pour, professeur. *He was sold for a slave*, il fut vendu comme esclave. *They left him for dead*, on le laissa pour mort. *To hold sth. for certain*, tenir qch. pour certain. *I despised him for a coward*, sa lâcheté m'inspirait du mépris. *A: To be hanged for a pirate*, être pendu pour piraterie. *See also* HANG[2] I. 6. (*c*) (*In requital of*) *To be paid for one's services*, recevoir des gages pour ses services. *Claim for loss of* . . ., réclamation *f* résultant de la perte de. . . . *See also* PAIN[1] 2. (*d*) (*In exchange for*) *You can hire a carriage for 100 francs a day*, on peut louer une voiture moyennant cent francs par jour. *To exchange one thing for another*, échanger une chose contre une autre. *To change one's car for a larger one*, échanger son auto pour une autre plus grande. *I gave too much for the whistle*, j'ai trop donné pour le sifflet. *To sell sth. for ten francs*, vendre qch. dix francs. *He'll do it for a fiver*, il le fera pour cinq livres. *The manuscript was knocked down to him for £50*, le manuscrit lui a été adjugé pour £50. *See also* EYE[1] 1, PIN[1] 1. **2.** (*a*) (*In favour of, in support of*) *He is for free trade*, il est partisan du libre-échange; il est pour le libre-échange. *Are you for staying here?* (i) êtes-vous d'avis de rester ici? (ii) cela vous va-t-il de rester ici? *The exchange is for us*, le change nous est favorable, est favorable à notre place. *Judgment for the plaintiff*, arrêt *m* en faveur du demandeur. *Hurrah for France!* vive la France! *See also* ALL I. 3, WORD[1] 4. (*b*) **It is not for you** *to blame him*, ce n'est pas à vous de le critiquer; il ne vous appartient pas de le critiquer. **3.** (*a*) (*Purpose*) **What for?** pourquoi (faire)? *What's that gadget for?* à quoi sert ce truc-là? *F: I don't know what he said that for*, je ne sais pas pourquoi il a dit cela. *To intend s.o., sth., for sth.*, destiner qn, qch., à qch. *Garments for men*, vêtements *m* pour hommes. **For sale,** à vendre. *To ring for the maid*, sonner la bonne. *She rang for tea*, elle sonna pour commander le thé. *To play cards for money*, jouer aux cartes pour de l'argent. **For example,** par exemple. *A cure for indigestion*, un remède contre l'indigestion. *It is for your own good*, c'est pour votre bien. *I am saving for my old age*, je mets de côté pour quand je serai vieux. *Mth:* **Conditions for reality,** conditions *f* de réalité. *P:* **He's for it** ['fɔ:rit], **he's in for it** ['inforit], son affaire est bonne; je ne le vois pas blanc; qu est-ce qu'il va prendre! *See also* COMPANY[1] 1, GO FOR, IN[1] II. 3, JOKE[1]. (*b*) (*Because of*) (i) *To marry s.o. for his money*, épouser qn pour son argent. *To choose s.o. for his ability*, choisir qn en raison de sa compétence. *To die for one's country*, mourir pour la patrie. *Art for art's sake*, l'art pour l'art. *To jump for joy*, sauter de joie. *He couldn't speak for laughing*, il riait tellement qu'il ne pouvait pas parler. *She could hardly see for tears*, les larmes lui voilaient la vue. *He had been gated for cutting off the electric light*, on l'avait privé de sortie pour avoir coupé l'électricité. *See also* LOVE[1] 1. (ii) (*With comparative*) *I have slept all day and feel the better for it*, j'ai dormi toute la journée et je m'en trouve mieux. *If you owned millions, would you be (any) the happier for it?* si vous aviez des millions en seriez-vous plus heureux? (*c*) (*Considering*) *For all he is doing he may as well go and play*, pour ce qu'il fait il peut aussi bien aller jouer. **4.** (*Direction*) (*a*) *Ship (bound) for America*, vaisseau *m* à destination de l'Amérique; vaisseau en partance pour l'Amérique. *The trains for Orleans*, les trains *m* pour, sur, Orléans. *The train for London*, le train allant à Londres; *F:* le train de Londres. *'Train for London,'* "train direction de Londres." **Are you for Brighton?** allez-vous à Brighton? **'Change here for Bristol,'** "on change de train pour Bristol," "direction de Bristol change de train." *I am leaving for France*, je pars pour la France. *Parcels for the provinces*, colis *m* à destination de la province. *See also* GET ON II. 2, MAKE[2] II. 2. (*b*) *His feelings for you*, ses sentiments *m* envers vous, à votre égard. **5.** (*Extent in space*) *We did not see a house for six miles*, nous avons fait six milles sans voir une maison. *The road is lined with trees for two miles*, la route est bordée d'arbres pendant deux milles. **6.** (*Extent of time*) (*a*) (*Future*) *I am going away for a fortnight*, je pars pour quinze jours. *He will be away for a year*, il sera absent pendant un an. *He can't go out for two or three days*, il ne pourra pas sortir avant deux ou trois jours. *We have food for three days*, nous avons des vivres pour trois jours. *He won't be back for a week*, il ne reviendra pas d'ici à huit jours. *See also* EVER 2, LIFE 2. (*b*) (*Past*) *He was away for a fortnight*, il fut absent pendant quinze jours. *I lived there for five years*, j'y ai vécu (pendant) cinq ans. *I have not seen him for three years*, voilà, il y a, trois ans que je ne l'ai vu; je ne l'ai pas vu de trois ans. *I have not been there for a long time*, voilà, il y a, longtemps que je n'y suis (pas) allé. (*c*) (*Past extending to pres.*) *I have been here for three days*, il y a trois jours que je suis ici; je suis ici depuis trois jours. *I had known him for years*, je le connaissais depuis des années; il y avait des années que je le connaissais. *For the three months I have been living in Paris*, depuis trois mois que j'habite Paris. **7.** (*Intention, destination*) (*a*) *This box is for you*, cette boîte est pour vous. *A cake had been set aside for me*, on avait mis de côté un gâteau à mon intention. *Any letter that may come for me*, toute lettre qui arrivera à mon nom. *To make a name for oneself*, se faire un nom. *Here is news for you!* voici une nouvelle qui vous intéressera! *To write for the papers*, écrire dans les journaux. (*b*) *Your task for to-morrow*, votre devoir pour demain. *Can you give him an appointment for three o'clock?* pouvez-vous lui donner un rendez-vous pour trois heures? *Dinner at seven for seven thirty*, dîner à sept heures trente, réception à partir de sept heures. **8.** *To care for s.o., sth.*, aimer qn, qch. *You are the man for me*, vous êtes mon homme. *That is just the thing for you*, c'est juste ce qu'il vous faut. *Eager for praise*, avide d'éloges. *Fit for nothing*, bon à rien. *Ready for dinner*, prêt à dîner, prêt pour le dîner. *It is time for school*, c'est l'heure de la classe. *Too beautiful for words*, d'une beauté ineffable. *Too stupid for words*, d'une bêtise indicible, insondable. *There is nobody like a Cockney for giving you a pat answer*, il n'y a rien de tel que les Londoniens pour avoir de ces reparties. *Oh, for a draught of wine!* oh! donnez-moi une coupe de vin! *Oh, for a muse of fire!* que n'ai-je une muse enflammée! **Now for it!** allons-y! *See also* NOTHING I. (*e*). **9.** (*To the amount of*) *To draw on s.o. for £50*, fournir une traite de £50 sur qn. *Put my name down for £1*, inscrivez-moi pour £1. **10.** (*a*) (*With regard to*) *He is big for his age*, il est grand pour son âge. *He is clever for a child*, pour un enfant il est adroit. *Not bad for a beginner!* pour un commençant ça n'est pas si mal! **As for him** . . ., quant à lui . . ., pour ce qui est de lui. . . . *As for you, you may go*, quant à vous, vous pouvez vous en aller. **As for that** . . ., pour ce qui est de cela. . . . *As for handkerchiefs, I have any amount*, en fait de mouchoirs, j'en ai des quantités. **For myself, for my part,** *I shall do nothing of the sort*, pour moi, quant à moi, pour ma part, parlant pour ce qui me concerne, je n'en ferai rien. *Speaking for myself and in the name of my colleagues* . . ., parlant en mon nom et au nom de mes collègues. . . . (*Pleonastic*) *I shall try to find out (for) myself*, je chercherai à savoir par moi-même. *To examine sth. for oneself*, examiner qch. par soi-même. *See for yourself!* voyez par vous-même! *See also* ALL I. 2 (*a*), ONE V. 2, SELF[1] 4 (*c*). (*b*) (*In spite of*) **For all that,** malgré tout, malgré cela, tout de même, ce nonobstant, pourtant, néanmoins. *For all that, you should have let me know*, encore vous aurait-il fallu me prévenir. **For all you say,** *I shall stick to my purpose*, en dépit de ce que vous dites, quoi que vous en disiez, je resterai fidèle à mon dessein. *I don't believe it for all you (may) say*, je n'en crois rien en dépit de vos affirmations. *She loved me for all my unworthiness*, elle m'aimait malgré mon indignité. **For all that he is so wealthy** . . ., bien qu'il soit si riche. . .; tout riche qu'il est. . . . (*c*) (*Owing to*) **Were it not for her, but for her, except for her,** *I should have died*, n'eût été elle, sans elle, je serais mort. (*d*) (*Corresponding to, in opposition to*) **Word for word,** mot pour mot. *Translate word for word*, traduisez mot à mot. *For one enemy he has a hundred friends*, pour un ennemi il a cent amis. **Death for death,** *it is better to drown than to be hanged*, mourir pour mourir, mieux vaut être noyé que pendu.

II. **for** *introducing an infinitive clause.* **1.** *It is easy, difficult, impossible, for him to come*, il lui est facile, difficile, impossible, de venir. *It is easy for you to talk*, cela vous est facile à dire. *It is too late for us to start*, il est trop tard pour que nous partions. *It is too much for me to do alone*, c'est trop pour que je puisse le faire tout seul. *There is no time for us to see the church*, le temps manque pour que nous visitions l'église. *For this to be feasible*, pour que cela se puisse. **2.** *They made way for him to pass*, on se rangea pour le laisser passer. *I have brought it for you to see*, je l'ai apporté pour que vous le voyiez. *They have bought a tent for the children to play in*, ils ont acheté une tente où les enfants puissent jouer. *These conclusions are for my readers to accept or not*, c'est à mes lecteurs d'admettre ou de rejeter ces conclusions. **It is for you to see to it,** c'est affaire à vous d'y aviser. **It is not for me to decide,** ce n'est pas à moi, il ne m'appartient pas, de décider; la question n'est pas de mon ressort. *It is not for you to reproach me*, vous êtes mal venu à me faire des reproches. **3.** *It is usual for the mother to accompany her daughter*, il est d'usage que la mère accompagne sa fille. *It's no use for you to be angry*, ça ne vous avancera pas de vous fâcher. *It's no good for Mr X to talk*, M. X a beau dire. *It would never do for them to see me*, cela serait très embarrassant s'ils m'apercevaient. *F: Would it annoy you for me to come back to-morrow?* cela vous ennuierait-il que je revienne demain? **4.** *F: I am delighted for Miss X to know*, je suis enchanté que Mlle X le sache. *She was glad for him to like Mary*, elle était contente que Marie lui plût. **5.** *He gave orders for the boxes to be packed*, il donna l'ordre de faire les malles. *There is a tendency for weak vowels to disappear*, les voyelles faibles tendent à disparaître. **6.** (*With vbs taking a compl. with 'for'*) *To arrange for s.o. to meet him*, prendre des dispositions pour que qn soit à l'attendre. *To arrange for sth. to be done*, prendre des dispositions pour que qch. se fasse. *To wait for s.o. to do it*, attendre que qn le fasse. *To wait for sth. to be done*, attendre que qch. se fasse. *To long for sth. to be done*, désirer ardemment que qch. se fasse. **7.** *Dial. & F: I hadn't expected for new callers to turn up*, je ne m'attendais pas à ce qu'il survienne encore des visites. *We agreed for me to come*, il a été convenu que je viendrais. *It took three hours for the cab to get to the station*, le fiacre a mis trois heures pour rouler jusqu'à la gare. *P: D'ye think I'd go for to spoil me new hat?* tu penses, si je vais abîmer mon chapeau neuf! **8.** (*Forming a pred. clause*) *The best plan will be for you to go away for a time*, le mieux sera que vous vous absentiez pour quelque temps. *It would be remarkable for John to have invented it*, ce serait remarquable que Jean l'ait inventé. **9.** (*Forming a subject clause*) *For her not to go would look as if she were* *afraid of meeting him,* qu'elle n'y aille pas, et elle aura l'air d'avoir peur de le rencontrer. *For you to back out now would be a disgrace,* vous retirer maintenant serait honteux.

for[2], *conj.* Car. *Wait a moment, for I have something to tell you,* attendez un instant, car j'ai quelque chose à vous dire. *Conj.phr. A: & Lit:* **For that . . .,** car, parce que. . . .

for-, *pref. Denotes the contrary of the simple verb. To swear,* jurer; *to forswear,* abjurer, répudier. *To bear,* supporter; *to forbear,* s'abstenir. *To bid,* commander; *to forbid,* défendre. *To do,* faire; *A: to fordo,* détruire.

forage[1] ['fɔredʒ], *s.* **1.** Fourrage(s) *m(pl),* affourragement *m.* **Green forage,** fourrages verts. **2.** Fourrage, fourragement *m.* **To go on the forage,** aller au fourrage. *F: I found him on the f. in the kitchen,* je le trouvai en train de fourrager dans la cuisine.

'forage-cap, *s. Mil:* Bonnet *m* de police; calot *m.*

'forage-waggon, *s.* Fourragère *f.*

forage[2]. **1.** *v.i.* (*a*) Fourrager; aller au fourrage. **To forage for hay, for grass,** fourrager au sec, au vert. *F:* **To forage for sth.,** fouiller pour trouver qch. *To f. in one's pockets,* fouiller dans ses poches. *To f. among papers,* fourrager dans des papiers. **To forage about, around, in a drawer,** fouiller dans un tiroir. **To forage for oneself,** (i) acheter soi-même ses petites provisions; (ii) trouver soi-même à l'office de quoi improviser un repas. *Never mind me, I'll f. for myself,* ne t'occupe pas de moi, je me débrouillerai. (*b*) *A:* Faire des ravages (en pays ennemi). **2.** *v.tr.* (*a*) Fourrager (un pays). *To f. corn,* fourrager pour le blé. *F: I have managed* **to forage out** *a few cakes,* j'ai déniché quelques gâteaux. (*b*) Ravager, saccager, fourrager (un pays). (*c*) Donner du fourrage à (un cheval, etc.).

foraging, *s.* Fourragement *m.*

forager ['fɔredʒər], *s.* Fourrageur *m.*

foramen, *pl.* **-mina** [fo'reimen, -mina], *s. Anat: Nat.Hist:* Foramen *m*; orifice *m. See also* MENTAL[2].

foraminate [fo'raminet], **foraminated** [fo'ramineitid], *a. Anat: Nat.Hist:* Foraminé.

forasmuch [fɔraz'mʌtʃ], *adv. A:* **Forasmuch as . . .,** d'autant que, vu que, attendu que, puisque, eu égard à ce que. . . .

foray[1] ['fɔrei], *s.* Razzia *f,* incursion *f,* raid *m.*

foray[2]. **1.** *v.tr.* Ravager, saccager, fourrager (un pays); faire une incursion, une razzia, dans (un pays). **2.** *v.i.* Faire des incursions, des raids.

forbade [fɔr'bad]. *See* FORBID.

forbear[1] ['fɔːrbɛər], *s.* Aïeul, -eux *m*; ancêtre *m.* **Our forbears,** nos pères *m.*

forbear[2] [fɔr'bɛər], *v.* (*p.t.* **forbore** [fɔr'bɔːər]; *p.p.* **forborne** [fɔr'bɔːrn]) **1.** *v.tr.* S'abstenir de (qch.). *I forbore reproaching them,* je me suis abstenu de leur faire des reproches. *To f. wine, to f. to drink wine,* s'abstenir de vin, de boire du vin. **2.** *v.i.* (*a*) S'abstenir. **To forbear from doing sth.,** s'abstenir de, s'empêcher de, se garder de, faire qch. *To f. from mentioning sth.,* se taire sur, de, qch. **When in doubt, forbear,** dans le doute, abstiens-toi. (*b*) Montrer de la patience. **To forbear with s.o.,** se montrer indulgent envers qn. *To f. with sth.,* prendre qch. en patience. **To bear and forbear** ['fɔːrbɛər], se montrer patient et indulgent.

forbearing, *a.* Patient, endurant, indulgent, clément. **-ly,** *adv.* Avec patience, avec longanimité.

forbearance [fɔr'bɛərəns], *s.* **1. Forbearance from, of, sth., from doing sth., to do sth.,** abstention *f* de qch., de faire qch. **2.** Patience *f,* longanimité *f. To show f. towards s.o.,* montrer de la patience, de l'indulgence, envers qn.

forbid [fɔr'bid], *v.tr.* (*p.t.* **forbade** [fɔr'bad]; *p.p.* **forbidden**) **1.** Défendre, interdire; proscrire (un usage, etc.); *Jur:* prohiber (qch.). *To f. bullfights,* prohiber, défendre, les combats de taureaux. **'Fishing is forbidden,'** "pêche interdite." **'Smoking forbidden,'** "défense de fumer." *To f. the use of a door or window,* condamner une porte, une fenêtre. **Forbidden fruit,** fruit défendu. *Forbidden subjects of conversation,* sujets tabous. *Mil:* **Forbidden weapons,** armes prohibées. **To forbid s.o. sth.,** défendre, interdire, qch. à qn. *The doctor has forbidden him wine,* le médecin lui a défendu le vin. *I am forbidden tea,* le thé m'est défendu. **To forbid s.o. the house,** interdire, défendre, (l'entrée de) sa maison à qn. **To forbid s.o. to do sth.,** défendre à qn, faire défense à qn, de faire qch.; défendre que qn fasse qch. *The public are forbidden to smoke in the garage,* il est interdit au public de fumer dans le garage. *I am forbidden to drink coffee,* le café m'est défendu. **It had been forbidden him to go out,** *he had been forbidden to go out,* il lui avait été défendu de sortir, on lui avait défendu de sortir. *He was expelled and strictly forbidden ever to return,* on l'expulsa avec défense expresse de jamais revenir. *They were bound to the soil which they were forbidden to leave,* ils étaient attachés au sol qu'il leur était défendu de quitter. *Questions into which we are forbidden to enquire, that are* **forbidden ground,** questions interdites à nos recherches. *See also* GROUND[2] 5. **2.** *F:* Empêcher (qch.). *My health forbids my coming,* ma santé m'empêche de venir. **Heaven forbid** *that I should do such a thing!* Dieu me préserve de faire une telle chose! **God forbid (that . . .)!** à Dieu ne plaise (que + *sub.*)! Dieu m'en préserve!

forbidding[1], *a.* (Visage, aspect) sinistre, rébarbatif; (caractère, etc.) mal avenant, désagréable; (ciel *m,* temps *m*) sombre; (rocher, etc.) menaçant; (travail) rebutant. **-ly,** *adv.* D'une manière sinistre, menaçante; d'un air rébarbatif.

forbidding[2], *s.* = FORBIDDANCE.

forbiddance [fɔr'bidəns], *s.* Défense *f,* interdiction *f,* prohibition *f* (*of,* de).

forbiddingness [fɔr'bidiŋnəs], *s.* Caractère menaçant, sinistre (de qch.); aspect rébarbatif.

forbore [fɔr'bɔːər], **forborne** [fɔr'bɔːrn]. *See* FORBEAR[2].

forby(e) [fɔr'bai], *prep. & adv. Scot:* D'ailleurs, en outre.

force[1] [fɔːrs], *s.* Force *f.* **1.** (*a*) Violence *f,* contrainte *f. To make s.o. do sth.* **by force,** contraindre, obliger, qn à faire qch. **By sheer force,** de vive force. *By sheer f. of will,* à force de volonté. *The force of circumstances,* la force, la contrainte, des circonstances. *Owing to the f. of circumstances,* par la force des choses. *See also* ARM[2] 1, HABIT[1] 1, NUMBER[1] 1. **To resort to force,** (i) faire appel à la force; (ii) se porter à des voies de fait. **To yield to force,** céder à la force; succomber sous le nombre. *U.S:* **Force bill,** mesure coercitive. (*b*) Influence *f,* autorité *f. F. of example,* influence de l'exemple. **Moral force,** force morale. **To-day he is an international force,** aujourd'hui il exerce une grande influence internationale. *Former party-leader who is now a spent f.,* ancien chef de parti qui est maintenant une force épuisée, qui n'a plus d'autorité. **2.** (*a*) Énergie *f* (d'un coup, *F:* de l'âme, etc.); effort *m* (d'un choc, etc.); effort(s), intensité *f* (du vent); activité *f* (d'un poison, etc.); vigueur *f* (de l'imagination, etc.). *A blow with plenty of f. behind it,* un coup bien appuyé, bien asséné. *He argued with much f. that . . .,* il a représenté avec insistance que. . . . *F:* **The preacher was in great force,** le prédicateur était en verve. (*b*) *Mec:* Force, effort. **Force of gravity,** (force de la) pesanteur. *Impulsive f.,* force d'impulsion. **Accelerative force,** force accélératrice. **Motive, propelling, force,** force motrice. *F. exerted by the engine,* effort de la machine, du moteur. *See also* COMPONENT 1, DRIVING[1] 1, PARALLELOGRAM, RESULTANT. **3.** Puissance (militaire, navale); force (au service de l'État). **The allied forces,** les puissances alliées. **Home forces,** armée métropolitaine. **Land forces,** effectifs *m* terrestres. **Sea force, naval forces,** armée navale, forces navales. *Naval forces of the State,* marine *f* de l'État. *Land and sea forces,* armées de terre et de mer. *Armed f.,* force armée. *Relieving f., besieging f.,* armée de secours, de siège. *Main striking f.,* masse *f* de manœuvre. *To bring up heavy forces,* faire avancer des effectifs considérables. **The police force,** *F:* **the force, the Force,** la force publique; *F:* la police. **The detective force,** la police de sûreté. **A strong force of police,** un fort détachement de police. *Ind:* **Force of men employed,** effectif de la main-d'œuvre; personnel *m.* **In (full) force,** en force. *We turned out in full f.,* nous étions là en masse, au grand complet, en force. *See also* AIR-FORCE, COMBINE[2] 1, EXPEDITIONARY, JOIN[2] I. 1. **4.** (*a*) Vertu *f,* efficacité *f* (d'un remède, d'un argument, etc.). **There is force in what you say,** votre argument n'est pas sans valeur. **I do not see the force of** *learning these useless things,* je ne vois pas à quoi sert d'apprendre ces inutilités. *I can't see the f. of working for nothing,* je ne vois pas pourquoi je travaillerais pour rien. (*b*) Signification *f* (d'un mot, d'un document, etc.); valeur *f* (d'un mot, d'une expression). **Verb used with passive force,** verbe employé avec la valeur d'un passif. **5.** (*Of law, rule, etc.*) **To be in force,** être en vigueur. **The methods in force,** les méthodes appliquées actuellement. **Rates in force,** tarifs *m* en vigueur. **To put a law into force,** mettre une loi en vigueur. *To put the law into f.,* appliquer la loi. *To bring a law into f. again,* rétablir une loi. **To come into force,** entrer en vigueur. *Putting, coming, into f. of a treaty, of sanctions,* mise *f* en vigueur d'un traité, des sanctions.

'force-'feed, *a. Mch: etc:* **Force-feed oiler,** burette *f* à pompe, à piston. **Force-feed lubrication,** graissage *m* sous pression.

'force-fit, *s. Mec.E:* Montage *m* à force.

'force-pump, *s. Hyd.E:* Refouleur *m*; pompe (re)foulante, à plongeur.

force[2], *v.tr.* Forcer. **1.** (*a*) **To force s.o.'s hand,** forcer la main à qn. *He tried to f. the hand of fortune,* il voulut brusquer la fortune. **To force the pace,** forcer l'allure, le pas, la vitesse. *To f. one's voice,* forcer la voix. *She forced a smile,* elle eut un sourire contraint, elle grimaça un sourire. *See also* LAUGH[1]. **To force a word** (*into a sense*), tordre, forcer, le sens d'un mot. *Cards:* **To force an ace, to force trumps,** forcer un as, les atouts. (*b*) Prendre (qn, qch.) par force, de force; obtenir (qch.) par violence; violer (une femme); forcer (un camp); crocheter, desceller (un coffre-fort). **To force one's way,** se frayer, s'ouvrir, un chemin de force; se faire jour (à travers la foule). *To f. one's way into a house,* entrer, pénétrer, de force dans une maison. *He forced his way to the king's cabinet,* il pénétra jusqu'au cabinet du roi. **To force (open) a door,** forcer, enfoncer, une porte; ouvrir une porte de force. *To try to f. a door,* exercer des pesées sur une porte. *See also* ENTRANCE[1] 1. (*c*) Pousser, faire avancer (qch.). **To force sth. into sth.,** faire entrer qch. de force dans qch. *To f. a knife into s.o.'s breast,* enfoncer un couteau dans la poitrine de qn. *F: He forced a tip into my hand,* il me força à accepter un pourboire. *I.C.E: To f. air into the carburettor,* refouler l'air dans le carburateur. *To f. juice out of an orange,* presser une orange pour faire sortir le jus. *To f. food down the throat of s.o., of a goose,* faire avaler des aliments à qn; gaver qn, une oie. *Ind: To f. (in) air over the fire,* insuffler de l'air par-dessus le feu. (*d*) **To force fruit, a plant,** forcer, hâter, la maturation des fruits; chauffer une plante. *To f. poultry,* stimuler la ponte de la volaille. *F:* **To force a pupil,** (i) pousser, chauffer, un élève; (ii) surmener un élève. *Aut: etc: To f. the engine,* trop pousser le moteur. **2.** (*a*) **To force s.o. to do sth., into doing sth.,** forcer, contraindre, obliger, qn à faire qch.; violenter qn pour lui faire faire qch., pour qu'il fasse qch. *The town was forced to capitulate,* la ville fut obligée de capituler. *I am forced to conclude that . . .,* je suis forcé de conclure que. . . . (*b*) **To force s.o. into the room, out of the room,** faire entrer, faire sortir, qn de force. *To f. s.o. off his perch,* forcer qn à descendre; *F:* dégotter qn. *They forced her into a convent,* on la contraignit d'entrer au couvent. *To f. a nation into war,* forcer une nation à entrer en guerre. (*c*) **To force sth. (up)on s.o.,** imposer qch. à qn; forcer qn à accepter qch. *To f. drink upon s.o.,* contraindre qn à boire. *To f. an action on the enemy,* contraindre l'ennemi à la bataille. *I don't want to f. a husband on you,* je ne veux pas forcer votre inclination. *To f. one's confidence upon s.o.,* imposer ses confidences à qn. *To f. one's ideas upon children,* inculquer de force ses idées aux enfants. **The conviction forced itself upon me that . . .,** la conviction s'imposa à mon esprit que. . . . (*d*) **To force sth. from s.o.**, extorquer, arracher, (une promesse, etc.) à qn.

force back, *v.tr.* **1.** Repousser, faire reculer (l'ennemi, etc.). *I was forced back upon the assumption of his guilt*, force me fut de conclure à sa culpabilité. **2.** Refouler (l'air, l'eau, etc.). *F:* **To force back one's tears**, refouler, avaler, ses larmes.

force down, *v.tr.* Faire descendre (qch.) de force. *To f. down the lid of a box*, fermer une boîte en forçant. *To f. down air into a mine-shaft*, refouler de l'air dans un puits de mine. **To force down prices**, faire baisser les prix.

force in, *v.tr.* **1.** Enfoncer (une porte, etc.). **2.** (*a*) Faire entrer (qn) de force. (*b*) *Mec.E: etc:* Faire entrer (une pièce) à force.

force off, *v.tr.* **1.** Obliger (qn) à lâcher prise, à descendre, etc. **2.** Obliger (le couvercle, etc.) à se décoller; décoller (une soupape, etc.).

force on, *v.tr.* **1.** Forcer (qn) à avancer. **2.** Embattre (un bandage de roue). *Mec.E: To f. on a collar in the press*, caler une frette à la presse.

force out, *v.tr.* Pousser (qn, qch.) dehors; faire sortir (qn, qch.) de force. *I.C.E: To f. out the burnt gases*, refouler au dehors les gaz brûlés. *F:* **To force out a few words of congratulation**, féliciter qn du bout des lèvres.

force up, *v.tr.* Faire monter (qch.) de force. **To force up prices**, surélever, surhausser, faire hausser, faire monter, les prix.

forced, *a.* Forcé. **1.** Inévitable, obligatoire. **Forced currency, loan**, cours, emprunt, forcé. *F. course of exchange*, cours forcé. *F. sale*, vente forcée. *See also* LANDING[2] I. **2.** Contraint. **Forced praise**, louanges *fpl* de commande. **Forced laugh**, rire forcé, artificiel, faux; rire de commande; rire du bout des lèvres, du bout des dents. *To give a f. laugh*, rire faux, rire pointu. *His laughter is always f.*, son rire ne passe pas les lèvres. *Mil:* **Forced march**, marche forcée. *To advance by f. marches*, avancer à marches forcées, à grandes journées. *Mec:* **Forced oscillations**, oscillations contraintes. **Forced feed (of oil)**, graissage forcé, sous pression. *I.C.E:* **Forced-induction engine**, moteur *m* à alimentation forcée. *See also* DRAUGHT[1] I. 9. **3.** (*Of crops, plants*) Forcé. **Forced vegetables, fruit**, légumes *m*, fruits *mpl*, de forcerie; **primeurs** *fpl*.

forcing, *s.* **1.** (*a*) Forcement *m* (d'une serrure); descellement *m* (d'un coffre-fort); enfoncement *m* (d'une porte). (*b*) Refoulement *m* (d'air dans un puits de mine). (*c*) Viol *m* (d'une femme). (*d*) Embattage *m* (du bandage sur la roue). **2.** *Hort:* Forçage *m*; culture forcée; culture sous châssis (de fruits, de légumes). *Sch:* (i) Chauffage *m*, (ii) surmenage *m* (d'un élève). *Husb:* **Forcing mixture** (*for poultry*), produit stimulant.

'forcing-bed, *s. Hort:* Forcerie *f*; couche *f* (de fumier).

'forcing-frame, *s. Hort:* Châssis *m*.

'forcing-house, *s. Hort:* Forcerie *f*.

forceful ['fɔːrsful], *a.* (*Of pers., speech, etc.*) (*a*) Plein de force; énergique. (*b*) Violent. **-fully**, *adv.* Avec force; vigoureusement; puissamment.

force-meat ['fɔːrsmiːt], *s. Cu:* Farce *f*, hachis *m*, godiveau *m*. **Force-meat ball**, boulette *f*, quenelle *f*.

forceps ['fɔːrseps], *s. sg. & pl.* **1.** *Surg:* Pince *f*. *Obst:* Fers *mpl*, forceps *m*. *Dent:* Davier *m*, précelles *fpl*. **Stump forceps, molar forceps**, trivelin *m*, tire-racine(s) *m inv*, pied-de-biche *m*, *pl.* pieds-de-biche. *Surg:* **Dressing forceps**, bec-de-corbeau *m*, *pl.* becs-de-corbeau. **Bullet forceps**, tire-balle *m*, *pl.* tire-balles. *See also* STAGE FORCEPS. **2. Artery forceps**, pince à artère, pince hémostatique; presse-artère *m*, *pl.* presse-artères; artériodème *m*, clamp *m*. **Suture forceps**, serre-fine *f*, *pl.* serre-fines. **3.** *Ent:* Pince (de forficule).

forcible ['fɔːrsibl], *a.* **1.** (Entrée, etc.) de, par, force. *Esp. Jur:* **Forcible detainer**, possession illégale obtenue par violence. **Forcible entry**, prise de possession illégale et par la violence. *See also* FEEDING[2] I. **2.** (Langage, écrivain, etc.) énergique, vigoureux, plein de force. **-ibly**, *adv.* **1.** Par force, de force. *To detain s.o. f.*, retenir qn de force. **2.** Énergiquement, vigoureusement. *See also* STRIKE[2] I. 6.

forcibleness ['fɔːrsiblnəs], *s.* **1.** Force *f*, violence *f*. **2.** Énergie *f*, vigueur *f*.

Ford[1] [fɔːrd], *s.* **Ford (car)**, une Ford.

ford[2], *s.* Gué *m*. *To pass through the f.*, passer le gué.

ford[3], *v.tr.* Guéer, traverser à gué (une rivière).

fording, *s.* Passage *m* à gué.

fordable ['fɔːrdəbl], *a.* Guéable, traversable.

fordone [fɔr'dʌn], *a. Lit:* = FORSPENT.

fore[1] ['fɔːər]. I. *a.* (*a*) Antérieur, -eure; de devant. *The f. side, part, of sth.*, la partie antérieure de qch.; le devant de qch. *See also* BEAM[1] I, FORE-PART. (*b*) *Nau:* (De l')avant. **The fore rigging**, le gréement de misaine. **Fore hatch**, panneau *m* avant. *See also* COURSE[1] 9, GANGER[2]. (*c*) *Mch:* **Fore eccentric**, excentrique *m* pour la marche avant.

II. **fore**, *s.* (*a*) *Nau:* Avant *m*. **At the fore**, au mât de misaine. (*b*) (*Of pers., etc.*) **To the fore**, (i) en vue, en évidence, en vedette, (ii) présent. *To be always to the f. in a fight*, être toujours sur la brèche. **To come to the fore**, commencer à être connu; faire sa trouée. *This theory is once more to the f.*, cette théorie est de nouveau mise en avant. **To have money to the fore**, avoir de l'argent disponible. *To find oneself with nothing to the f.*, se trouver sans ressources.

'fore(-)and(-)'aft, *a. & adv.* **1.** *Nau:* De l'avant à l'arrière. *F.-and-a. sail*, voile *f* aurique. *F.-and-a. bulkhead*, cloison médiane. *F.-and-a. (rigged) vessel*, navire *m* à voiles auriques. *See also* SCHOONER. *The awnings are spread f. and a.*, les tentes sont faites de bout en bout. *A: F:* **Cocked hat worn fore and aft**, chapeau bicorne porté en colonne. **2.** Dans le sens longitudinal; parallèle à l'axe longitudinal (de la voiture, etc.).

'fore-and-'after, *s. Nau:* **1.** Bâtiment *m* à voiles auriques. **2.** *A: F:* Chapeau bicorne porté en colonne.

fore[2], *int. Golf:* Attention devant! gare devant!

fore-, *pref.* **1.** Pré-. *Fore-mentioned*, pré-cité. *Foresee*, prévoir. *Foretell*, prédire. *Forethought*, prévoyance. **2.** (*With nouns*) (*a*) (*Place*) De devant, avant-, *Nau:* (de l')avant. *Forearm*, avant-bras. *Forecastle*, gaillard d'avant. *Forerunner*, avant-coureur. *Fore-tooth*, dent de devant. *Fore-wheel*, roue de devant. (*b*) (*Time*) Avant-. *Forenoon*, avant-midi. *Foretaste*, avant-goût.

'fore-axle, *s.* Essieu *m* avant (d'un wagon de chemin de fer, etc.).

'fore-body, *s. Veh:* Avant *m* de carrosserie.

'fore-cabin, *s. Nau:* Cabine *f* de l'avant; cabine d'avant, de deuxième classe (d'un paquebot).

'fore-carriage, *s.* Avant-train *m* (d'une voiture), *pl.* avant-trains.

'fore-court, *s.* Avant-cour *f*, *pl.* avant-cours.

'fore-deck, *s. Nau:* (*In merchant service*) Pont *m* avant; gaillard *m* d'avant; (*in Navy*) avant-pont *m*, *pl.* avant-ponts.

'fore-edge, *s. Bookb:* Gouttière *f* (d'un livre).

'fore-foot, *pl.* **-feet**, *s.* **1.** (*Of animal*) Pied antérieur; patte *f* de devant. *Fore-feet of a horse*, bipède antérieur d'un cheval. **2.** (*a*) *N.Arch:* Brion *m* (d'un navire). (*b*) *F:* Étrave *f*. *Nau:* **To cross a ship's fore-foot**, couper la route d'un navire.

'fore-hearth, *s. Metall:* (*Of furnace*) Avant-foyer *m*, *pl.* avant-foyers, avant-creuset *m*, *pl.* avant-creusets.

fore-'judge, *v.tr. & abs.* Préjuger; juger (qn, qch.) par avance.

fore-'judgment, *s.* Préjugement *m*.

fore-'mentioned, *a.* Dont nous avons déjà parlé; dont il a déjà été fait mention; *Jur: Adm:* précité.

'fore(-)part, *s.* **1.** Avant *m*, devant *m*, partie la plus en avant (de qch.); avant-corps *m inv* (d'un bâtiment, etc.); tête *f* (d'un train, etc.). *The f.-p. of the ship*, la partie avant du navire. *F.-p. of a furnace*, avant d'un fourneau; face *f* de coulée. **2.** (*Of time, etc.*) Commencement *m* (de la journée, etc.).

'fore-quarter, *s.* Quartier *m* de devant (de bœuf, etc.). *Fore-quarters of a horse*, avant-main *m*, avant-train *m*, train *m* de devant, d'un cheval.

fore-'reach. *Nau:* **1.** *v.i.* Gagner au vent. **2.** *v.tr. & i.* *To f.-r. (on) a ship*, dépasser un navire; gagner l'avant d'un navire.

'fore-sail, *s. Nau:* (Voile *f* de) misaine *f*. **Balloon fore-sail** (*of yacht*), trinquette-ballon *f*, *pl.* trinquettes-ballons.

'fore-sheet, *s. Nau:* **1.** Écoute *f* de misaine. **2.** *pl.* **The fore-sheets**, le gaillard; la chambre du brigadier (d'un canot).

'fore-shock, *s. Meteor: Geol:* (Choc *m*) avant-coureur *m* (d'un séisme); *pl.* (chocs) avant-coureurs.

'fore-stage, *s. Th:* Avant-scène *f*, *pl.* avant-scènes.

'fore-starling, *s. Civ.E:* Avant-bec *m* (de ponton, etc.), *pl.* avant-becs.

'fore-stay, *s. Nau:* **1.** Étai *m* de misaine. **2. Fore-stay (sail)**, trinquette *f* (d'une goëlette, etc.).

'fore-tack, *s. Nau:* Amure *f* de misaine.

'fore-tooth, *pl.* **-teeth**, *s.* (Dent) incisive *f*; dent du devant.

fore-top'gallant, *a. Nau:* (Mât, etc.) de petit perroquet.

fore-'topmast, *s. Nau:* Petit mât de hune.

fore-'topsail, *s. Nau:* Petit hunier.

fore-'trysail, *s. Nau:* Misaine *f* goëlette.

'fore-yard[1], *s. Nau:* Vergue *f* de misaine.

'fore-yard[2], *s.* = FORE-COURT.

forearm[1] ['fɔːərɑːrm]. **1.** *s.* Avant-bras *m inv.* **2.** *a. & s. Ten:* = FOREHAND.

forearm[2] [fɔr'ɑːrm], *v.tr.* Prémunir (qn). *See also* FOREWARN.

forebode [fɔr'boud], *v.tr.* **1.** (*Of thg*) Présager, augurer (le malheur, etc.). *Policy that forebodes disaster*, politique *f* qui laisse prévoir le désastre. **2.** (*Of pers.*) Pressentir (un malheur); avoir un pressentiment de (qch.).

foreboding, *s.* **1.** Mauvais augure; présage *m* (sinistre). **2.** (Mauvais) pressentiment. *A f. of evil*, un pressentiment de malheur.

foreboder [fɔr'boudər], *s.* **1.** Augure *m*, présage *m* (*of*, de). **2.** (*Pers.*) Devin, -eresse; prophète *m*.

forecast[1] ['fɔːrkɑːst], *s.* Prévision *f*. *Evils which no f. could avert*, malheurs *m* qu'aucune prévision n'aurait su écarter. *Racing f., betting f.*, pronostic *m* (des courses). *See also* WEATHER-FORECAST.

forecast[2] [fɔr'kɑːst], *v.tr.* (*p.t.* **forecast; forecasted**; *p.p.* **forecast, forecasted**) Calculer, prévoir (les événements, etc.). *To f. the weather*, prévoir le temps. *To f. the future of . . .*, prédire quel sera l'avenir de. . . . *To f. the future according to the past*, augurer l'avenir d'après le passé.

forecastle [fouksl], *s. Nau:* **1.** Gaillard *m* (d'avant); plage *f* avant. **Monkey forecastle, topgallant forecastle**, (pont *m*) teugue *f*; teugue d'avant. **Forecastle deck**, pont de gaillard. *F. rail*, rambarde *f*. **2.** (*In merchant vessel*) Poste *m* de l'équipage.

foreclose [fɔr'klouz], *v.tr.* **1.** Exclure, *A:* forclore (qn). *To f. s.o. from sth.*, exclure qn de qch. *To f. s.o. from doing sth., to do sth.*, empêcher qn de faire qch.; *Jur:* forclore qn (de produire une pièce en justice, etc.). **2.** *Jur:* **To foreclose the mortgagor** (*from the equity of redemption*), **to foreclose the mortgage**, saisir l'immeuble hypothéqué. **3. To foreclose an objection**, aller au-devant d'une objection.

foreclosure [fɔr'klouʒər], *s. Jur:* Forclusion *f*; saisie *f* (d'une hypothèque).

foreconscious [fɔr'kɔnʃəs], *s. Psy:* Préconscient *m*.

foredoom [fɔr'duːm], *v.tr.* **1.** Condamner (qn, qch.) d'avance. **2.** Déterminer (la chute, etc., de qn) d'avance. *To f. s.o. to sth., to do sth.*, prédestiner qn à qch., à faire qch. **3.** Présager, prédire (le sort de qn).

foredoomed, *a.* (*Of pers., enterprise, etc.*) Condamné d'avance (*to*, à). *Plan f. to failure*, projet mort-né, voué à l'insuccès.

forefather ['fɔːrfɑːðər], *s.* Aïeul *m*, ancêtre *m*. *Our forefathers*, nos pères *m*, nos devanciers *m*, nos aïeux.

forefinger ['fɔːərfiŋgər], *s.* Index *m*; (doigt) indicateur *m*.

forefront ['fɔːərfrʌnt], *s.* **1.** (*a*) *A:* Devant *m* (de qch.); façade *f* (d'une construction). (*b*) *F:* Premier rang, premier plan. *This question is still in the f.*, cette question occupe toujours le premier plan. **2.** *Mil:* Première ligne; le front.

foregather [fɔr'gaðər], *v.i.* = FORGATHER.

foregift ['fɔːərgift], *s.* *Jur:* = PREMIUM 2 (*c*).

forego[1] [fɔr'gou], *v.tr.* (*p.t.* **forewent** [fɔr'went]; *p.p.* **foregone** [fɔr'gɔn]) *A.* & *Lit:* Précéder; aller devant (qch.).

foregone, *a.* **1.** (*Of time, event*) Passé. **2.** (*Of conclusion, intention, etc.*) Décidé d'avance; prévu; déjà envisagé ou escompté. *See also* CONCLUSION 3.

foregoing, *a.* Précédent, antérieur; déjà cité. **The foregoing,** ce qui précède.

forego[2], *v.tr.* = FORGO.

foregoer [fɔr'gouər], *s.* Prédécesseur *m*; devancier, -ière.

foreground ['fɔːərgraund], *s.* **1.** *Art: Phot: etc:* Premier plan; avant-plan *m*, *pl.* avant-plans. *Art: Strong piece of f.*, repoussoir *m* (pour éloigner le reste du tableau). *F:* **In the foreground,** au premier plan. *To bring s.o., a question, into the f.*, mettre en avant qn, une question. **2.** *Mil:* Avant-terrain *m*.

forehand ['fɔːərhand]. **1.** *s.* (*Of horse*) Avant-main *m*. **2.** *Ten:* (*a*) *a.* **Forehand stroke,** coup *m* d'avant-main; coup droit. **Forehand drive,** drive *m* de coup droit. **Forehand court,** côté droit du court. (*b*) *s.* *To serve on to one's opponent's f.*, servir sur le coup droit adverse. **To take a ball on the forehand,** jouer le coup droit.

forehanded ['fɔːərhandid], *a.* **1.** = FOREHAND 2 (*a*). **To take a ball forehanded,** jouer le coup droit. **2.** *U.S:* (*a*) Prévoyant. (*b*) (*Of pers.*) Qui a fait des économies; qui est à l'aise; aisé.

forehandedness [fɔər'handidnəs], *s.* *U.S:* Prévoyance *f*, prévision *f*.

forehander ['fɔːərhandər], *s.* *Ten:* Coup droit, d'avant-main.

forehead ['fɔred], *s.* *Anat:* Front *m*. *Wide f.*, front large. *Receding f.*, front fuyant.

forehold ['fɔːərhould], *s.* *Nau:* Cale *f* avant; avant-cale *f*, *pl.* avant-cales.

forehook ['fɔːərhuk], *s.* *N.Arch:* = BREAST-HOOK.

foreign ['fɔrin], *a.* Étranger. **1.** Qui n'appartient pas à (qch.), qui n'a pas trait à (qch.), qui est en dehors de (la question). **Foreign to, from (sth.),** étranger à, éloigné de, sans rapport avec (qch.). *Such feelings are f. to his nature*, de tels sentiments lui sont étrangers. *Med: etc:* **Foreign body,** corps étranger. **2.** Qui n'est pas du pays; qui appartient à un autre pays. (*a*) (*Situated abroad*) **Foreign countries, foreign parts,** pays étrangers, l'étranger *m*, l'extérieur *m*. *He has been in f. parts*, il a été à l'étranger. *Ship bound for f. parts*, vaisseau *m* à destination de l'étranger. *Our relations with f. countries*, nos rapports *m* avec l'extérieur. *F. travel*, voyages *mpl* à l'étranger. *The f. colony in Paris*, *F:* la colonie exotique de Paris. *See also* NAVIGATION. (*b*) (*Dealing with foreign countries*) **The Foreign Debt,** la Dette extérieure. **Foreign trade,** commerce extérieur; *Nau:* long cours. *Nau:* *To be in the f. trade*, naviguer au long cours. **Foreign correspondent,** (i) correspondant *m* pour les langues étrangères; commis correspondant; (ii) correspondant à l'étranger. *F. correspondence clerk*, correspondancier *m* pour l'étranger. **Foreign money order,** mandat international. *Pol:* **Foreign Affairs,** les Affaires étrangères; affaires extérieures. **The Foreign Office** = le Ministère des Affaires étrangères. **The Foreign Secretary** = le Ministre des Affaires étrangères. *See also* CURRENCY 3, EXCHANGE[1] 2, PAPER[1] 1, POLICY[1] 1. **3.** *U.S:* Qui appartient à un autre État (de l'Union).

foreign-'built, *a.* (Voiture, etc.) de marque étrangère; (navire, etc.) construit à l'étranger.

'foreign-going, *a.* *F.-g. ship*, navire *m* au long cours; long-courrier *m*, *pl.* long-courriers. *Master of a f.-g. ship*, capitaine *m* au long cours.

foreign-'grown, *a.* (Fruit, etc.) de provenance étrangère, exotique.

foreigner ['fɔrinər], *s.* **1.** Étranger, -ère. **2.** *F:* Homme *m*, etc., qui n'est pas d'ici.

foreignism ['fɔrinizm], *s.* **1.** Imitation *f* de l'étranger. **2.** *Ling:* Terme étranger.

foreignize ['fɔrinaːiz]. **1.** *v.i.* Prendre un air étranger. **2.** *v.tr.* Donner un air étranger à (qch.).

foreknowledge [fɔər'nɔledʒ], *s.* Préconnaissance *f*; prescience *f*.

forel ['fɔrəl], *s.* = FORREL.

foreland ['fɔːərlənd], *s.* **1.** Cap *m*, promontoire *m*; pointe *f* (de terre); falaise *f* à pic. **2.** *Geol:* **Tectonic foreland,** avant-pays *m*. **3.** *Fort:* Berme *f*.

foreleg ['fɔːərleg], *s.* Jambe antérieure, de devant (d'un cheval); patte *f* de devant (d'un chien).

forelock[1] ['fɔːərlɔk], *s.* (*Of pers.*) Mèche *f* (de cheveux) sur le front; (*of pers., horse*) toupet *m*. *F:* **To take time, the occasion, by the forelock,** saisir l'occasion aux cheveux, par les cheveux.

forelock[2], *s.* *Mec.E:* Clavette *f*, goupille *f* (d'un boulon).

forelock[3], *v.tr.* Clavet(t)er, goupiller (un boulon).

foreman, *pl.* **-men** ['fɔːərmən, -men], *s.m.* **1.** *Jur:* Chef (du jury). **2.** (*a*) *Ind:* (*In factory, workroom, etc.*) Contremaître, chef d'équipe; chasse-avant *inv*; (*in shop*) chef d'atelier. *F. of a gang of workmen*, chef d'équipe, de brigade; brigadier; caporal, -aux. *Works f.*, conducteur des travaux. *Mine f.*, premier mineur. *Farm f.*, maître valet de ferme. (*b*) *Typ:* **Printer's foreman,** prote *m*. *Deputy f.*, sous-prote, *pl.* sous-protes. **Working foreman,** prote à tablier.

foremanship ['fɔːərmənʃip], *s.* Fonction *f* de chef (de jury); fonction de contremaître (d'atelier); fonction de chef d'équipe.

foremast ['fɔːərmɑːst], *s.* *Nau:* Mât *m* de misaine; (arbre *m* de) trinquet *m*. **Foremast deck,** (pont *m*) teugue *f*. **Foremast seaman,** simple matelot *m*.

foremost ['fɔːərmoust]. **1.** *a.* Premier; qui précède les autres; le plus avancé; le plus en avant; (tout) en tête; (position *f*) extrême avant. *In the f. rank*, au tout premier rang. *To hold the f. place among philosophers*, tenir le premier rang parmi les philosophes. **One of the foremost citizens of the day,** un des premiers citoyens du jour. *To be among the f. to do sth.*, être parmi les premiers à faire qch. *To come f.*, venir tout en tête. **To fall head foremost,** tomber la tête la première, la tête en bas. **I know I shall only leave this room feet foremost, heels foremost,** je sais que je ne quitterai cette chambre que les pieds devant. *See also* FOOT[1] 1, HIND[3]. **2.** *adv.* **First and foremost,** tout d'abord; en premier lieu; d'abord et avant tout.

forenoon [fɔːər'nuːn], *s.* Matinée *f*. **In the forenoon,** dans, pendant, la matinée. *Is there a f. collection?* y a-t-il une levée des lettres avant midi?

forensic [fo'rensik], *a.* (Éloquence *f*, etc.) judiciaire, du Palais, du barreau. *F. term*, terme *m* de Palais, de pratique. *F. contests*, luttes *f* de la tribune, du Palais. **Forensic medicine, chemistry,** médecine, chimie, légale.

foreordain [fɔərɔːr'dein], *v.tr.* **1.** Prédestiner (*s.o. to sth., to do sth.*, qn à qch., à faire qch.). *B:* *Who verily was foreordained before the foundation of the world*, déjà ordonné avant la fondation du monde. **2.** *What God hath foreordained*, ce que Dieu a préordonné.

foreordination [fɔərɔːrdi'neiʃ(ə)n], *s.* Prédestination *f*.

forepeak ['fɔːərpiːk], *s.* **1.** Avant-bec *m* (d'un vaisseau, etc.), *pl.* avant-becs. **2.** Batte *f* (d'une selle).

foreplane ['fɔːərplein], *s.* *Tls:* *Carp:* Riflard *m*.

forerun [fɔər'rʌn], *v.tr.* (*p.t.* **foreran**; *p.p.* **'forerun**; *pr.p.* **forerunning**) Précéder, devancer (un événement, l'aurore, etc.). *The lull that foreruns the storm*, le calme avant-coureur de la tempête.

forerunner ['fɔːərrʌnər], *s.* **1.** Avant-coureur *m*, *pl.* avant-coureurs; avant-courrier, -ière, précurseur *m*. **The Forerunner of our Lord,** le précurseur de Notre-Seigneur. *Swallows, the forerunners of spring*, les hirondelles, messagères du printemps. *Signs that are the forerunners of a storm*, signes avant-coureurs d'une tempête. **2.** *Nau:* Houache *f* (d'un loch).

foresee [fɔr'siː], *v.tr.* (*p.t.* **foresaw** [fɔr'sɔː]; *p.p.* **foreseen** [fɔr'siːn]) Prévoir, entrevoir (un malheur, des difficultés, etc.). *To f. the future*, percer, augurer, l'avenir. *It was an accident which should have been foreseen*, c'était un accident à prévoir. *She foresaw enquiries being made*, elle prévoyait qu'on irait aux renseignements.

foreseeing[1], *a.* (*Of pers.*) Prévoyant.

foreseeing[2], *s.* Prévoyance *f*.

foreseeable [fɔr'siːəbl], *a.* (Conséquence, etc.) que l'on peut prévoir.

foreshadow [fɔr'ʃadou], *v.tr.* Présager, annoncer, préfigurer, faire prévoir, laisser prévoir, faire pressentir (un événement, etc.).

foreshore ['fɔːərʃɔːər], *s.* **1.** Plage *f*. **2.** Partie *f* de la plage qui découvre à marée basse. *Jur:* Lais *mpl* (et relais *mpl*) de la mer; laisse *f* de mer.

foreshorten [fɔr'ʃɔːrtn], *v.tr.* *Art:* Dessiner, présenter, (un objet) en raccourci, en perspective.

foreshortened, *a.* *Art:* Raccourci, en raccourci, en perspective. *F. figure*, figure vue de raccourci.

foreshortening, *s.* *Art:* Raccourci *m*; effet *m* de perspective.

foresight ['fɔːərsait], *s.* **1.** (*a*) Prévision *f* (de l'avenir). (*b*) Prévoyance *f*. **Want of foresight,** imprévoyance *f*, imprévision *f*. *He failed for want of f.*, il a échoué par défaut de prévoyance; *F:* il s'est trouvé au pied du mur sans échelle. *To have f. and perspicacity*, voir de loin; voir bien loin. **2.** (*a*) *Sm.a:* Guidon *m*; bouton *m* de mire. (*b*) *Artil:* Fronteau *m* de mire. **3.** *Surv:* Coup *m* avant.

foresighted ['fɔːərsaitid], **foresightful** ['fɔːərsaitful], *a.* (*Of pers.*) Prévoyant.

foreskin ['fɔːərskin], *s.* *Anat:* Prépuce *m*.

forest[1] ['fɔrest], *s.* **1.** Forêt *f*. **High forest, matured forest,** futaie *f*. *F. of timber trees*, **open forest,** forêt de haute futaie. *Hills clothed with forest*, collines boisées. *The national forests*, le domaine forestier. **Forest fires,** incendies *f* de forêts. *F:* **A forest of masts,** une forêt de mâts. *Geog:* **The Black Forest,** la Forêt Noire. *See also* BROAD-LEAVED, CONIFEROUS, FAIRY 2, PRIMEVAL, VIRGIN 2. **2.** *Geog:* Région en culture autrefois boisée. **3.** Chasse royale ou seigneuriale. *See also* DEER-FOREST.

'forest-adminis'tration, *s.* Administration forestière.

'forest-'fly, *s.* *Ent:* Hippobosque *m*.

'forest-'guard, *s.m.* Garde forestier.

'forest-land, *s.* Terre forestière.

'forest-laws, *s.pl.* = Le Code forestier.

'forest-'oak, *s.* = SHE-OAK.

'forest-'officer, *s.m.* Agent forestier.

'forest-'range, *s.* *For:* Cantonnement *m*.

'forest-'ranger, *s.* = FOREST-GUARD.

'forest-tree, *s.* Arbre forestier; arbre de haute futaie; forestier *m*.

'forest-'weeds, *s.pl.* Morts-bois *m*.

forest[2], *v.tr.* Boiser (une région).

forestage ['fɔrestedʒ], *s.* *Hist:* Droit *m* d'affouage.

forestall [fɔr'stɔːl], *v.tr.* **1.** *Hist:* Accaparer (un objet de commerce). *Abs.* Faire de l'accaparement. **2.** Anticiper, devancer, prévenir (qn, un événement); prendre les devants sur (un concurrent, etc.); *F:* couper l'herbe sous le pied à (qn). *To f. a plot*, aller au-devant d'un complot. *To f. s.o.'s desires*, prévenir les désirs de qn.

forestalling, *s.* **1.** *Hist:* Accaparement *m* (de denrées). **2.** Anticipation *f* (des désirs de qn); devancement *m* (d'un concurrent, etc.).

forestaller [fɔr'stɔːlər], *s.* **1.** *Hist:* Accapareur, -euse (de denrées, etc.). **2.** *My f.*, la personne qui m'a devancé, qui m'a coupé l'herbe sous le pied.

forester ['fɔrestər], *s.* **1.** (*a*) Garde forestier; forestier *m*.

(*b*) Brigadier forestier. **2.** (*a*) Forestier, -ière; habitant *m* d'une forêt. (*b*) Oiseau *m*, animal *m*, des forêts. **3.** = FOREST-TREE.

forestry ['fɔrestri], *s.* **1.** Sylviculture *f.* **School of forestry,** école forestière. **2.** *Coll. Lost in the f. of Brazil,* perdu dans les forêts du Brésil.

foretaste[1] ['fɔːəteist], *s.* Avant-goût *m*, *pl.* avant-goûts. *To have a f. of Heaven,* voir les cieux ouverts.

foretaste[2] [fɔər'teist], *v.tr.* Avoir un avant-goût de (qch.); goûter (qch.) par avance.

foretell [fɔr'tel], *v.tr.* (*p.t.* **foretold** [fɔr'tould]; *p.p.* **foretold**) **1.** (*Of pers.*) Prédire; annoncer (qch.) d'avance; pronostiquer (le temps, etc.). **2.** Présager. *The sky foretells fine weather,* le ciel annonce le beau temps.

foretelling[1], *a.* (Signe *m*, etc.) prophétique.

foretelling[2], *s.* Prédiction *f*, prophétie *f.*

foretellable [fɔr'teləbl], *a.* Qui peut être prédit, pronostiqué.

foreteller [fɔr'telər], *s.* Prophète, *f.* prophétesse; devin, *f.* devineresse; pronostiqueur, -euse (du temps, etc.).

forethought[1] ['fɔːərθɔːt], *a.* (Crime, etc.) prémédité.

forethought[2], *s.* **1.** (*a*) Préméditation *f. Crime of f.,* crime prémédité. (*b*) *To speak without f.,* parler sans réfléchir, sans réflexion. **2.** Prévoyance *f*, prudence *f.*

foretime ['fɔːərtaim], *s. Lit:* Le passé; l'autrefois *m.*

foretoken[1] ['fɔːərtoukən], *s.* Augure *m*, présage *m*, indice annonciateur, signe avant-coureur (*of*, de).

foretoken[2] [fɔr'toukən], *v.tr.* Présager, annoncer (une tempête, etc.).

foretold [fɔr'tould]. *See* FORETELL.

foretop ['fɔːərtɔp], *s.* **1.** Toupet *m* (d'un cheval). **2.** *Nau:* Hune *f* de misaine.

foretopman, *pl.* **-men** [fɔːər'tɔpmən, -men], *s.m. Nau:* Gabier de misaine.

foretype ['fɔːərtaip], *s.* Prototype *m.*

forever [fɔ'revər], *adv. U.S:* = *for ever, q.v. under* EVER 2 (*b*).

forevermore [forevər'mɔːər], *adv. See* EVERMORE.

forewarn [fɔr'wɔːrn], *v.tr.* Prévenir, avertir. *To f. s.o. against sth.,* mettre qn en garde contre qch.; prémunir qn contre qch. *Prov:* **Forewarned is forearmed,** un homme averti en vaut deux; qui dit averti dit muni; qui prévoit peut prévenir.

forewarning, *s.* Avertissement *m*, pressentiment *m.*

forewent [fɔr'went]. *See* FOREGO[1].

forewoman, *pl.* **-women** ['fɔːərwumən, -wimen], *s.f.* **1.** *Jur:* Porte-parole *m inv* (d'un jury de femmes). **2.** *Dressm: etc:* Contremaîtresse; première ouvrière; "première"; "grande première."

foreword ['fɔːərwəːrd], *s.* (*To book*) Avant-propos *m inv*, préface *f*; avis *m* au lecteur; avertissement *m*; épître *f* liminaire.

forfars ['fɔːərfarz], *s. Tex:* Grosse toile écrue de Forfar (en Écosse).

forfeit[1] ['fɔːrfit], *a. Hist: Jur:* Confisqué; perdu. *His lands and money were f.,* on confisqua ses terres et on le dépouilla de son argent.

forfeit[2], *s.* **1.** (*a*) Amende *f*; (*for non-performance of contract*) dédit *m. Sp: esp. Turf:* Forfait *m. St.Exch:* **To relinquish the forfeit,** abandonner la prime. **Forfeit clause** (*of a contract*), clause *f* de dédit. *To have to pay a f.,* être mis à l'amende. **His life was the forfeit of his crime,** il paya son crime de sa vie. (*b*) *Games:* Gage *m*, punition *f.* **To play (at) forfeits,** jouer aux gages. **2.** = FORFEITURE.

forfeit[3], *v.tr.* **1.** Perdre (qch.) par confiscation. *Hist:* Forfaire (un fief). *His land was forfeited to the State,* ses terres furent confisquées par l'État. *To f. one's driving licence,* se voir retirer son permis de conduire. *To f. a right,* être déchu d'un droit; laisser périmer un droit. *Jur: To f. a patent,* déchoir d'un brevet. **2.** Perdre (qch.). *To f. one's life,* payer de sa vie; se faire tuer. *To f. s.o.'s esteem,* démériter de qn; se perdre dans l'estime de qn. *To f. one's honour,* forfaire à l'honneur.

forfeiting, *s.* = FORFEITURE.

forfeitable ['fɔːrfitəbl], *a.* Confiscable.

forfeiter ['fɔːrfitər], *s.* Personne *f* qui perd (qch.) par confiscation.

forfeiture ['fɔːrfitjər], *s.* Perte *f* (de biens) par confiscation; perte (de la vie, de l'honneur, etc.). *Jur: Fin:* Déchéance *f*, forfaiture *f* (de titres, d'un droit, etc.). *Action for f. of patent,* action *f* en déchéance de brevet. *F. of one's driving licence,* retrait *m* du permis de conduire.

forfend [fɔr'fend], *v.tr. A:* Détourner, empêcher, écarter (un malheur, etc.). **God forfend!** à Dieu ne plaise! Dieu m'en préserve!

forfex ['fɔːrfeks], *s. Ent:* Pince abdominale (de perce-oreille, etc.).

forficate ['fɔːrfiket], *a. Nat.Hist:* En forme de pince.

forgather [fɔr'gaðər], *v.i. Esp. Scot:* **1.** S'assembler; se réunir. **2.** *Pej: To f. with doubtful company,* fréquenter une compagnie louche. **3.** *Scot: To f. with s.o.,* rencontrer qn.

forgave [fɔr'geːiv]. *See* FORGIVE.

forge[1] [fɔːrdʒ], *s.* **1.** Forge *f*, chaufferie *f.* **Portable forge,** forge volante, portative; forge de campagne. **Blacksmith's forge,** forge à main; forge de maréchalerie. *See also* COAL[1] 1, FINING-FORGE. **2.** (*a*) Atelier *m* de forgeron, de maréchal ferrant, de maréchalerie; forge. (*b*) *Metall:* Atelier de forge; forge; usine *f* (métallurgique).

'forge-'fire, *s.* Feu *m* de forge.

'forge-hammer, *s.* **1.** *Metalw:* Marteau *m* à forger. **2.** *Metall:* Marteau-pilon *m*, *pl.* marteaux-pilons.

'forge-man, *pl.* **-men,** *s.* = FORGER 1.

'forge-roll, *s. Metall:* Cylindre forgeur.

'forge-roller, *s. Metall:* Lamineur *m.*

'forge-scale(s), *s.* (*pl.*) = HAMMER-SCALE(S).

'forge-shop, *s.* Atelier *m* de forge.

forge[2], *v.tr.* **1.** (*a*) Forger (un fer à cheval, etc.). **To forge hot, cold,** forger à chaud, à froid. (*With passive force*) *Steel that forges well,* acier *m* qui se forge bien. (*b*) *Metall:* Forger, cingler, corroyer (le fer). *See also* DROP-FORGE. (*c*) (*Of horse*) **To forge,** forger (c.-à-d. frapper les fers de devant avec ceux de derrière). **2.** Forger (une excuse, une histoire); contrefaire (une signature, un billet de banque); supposer (un testament); fabriquer, inventer (une calomnie, etc.). *Abs.* Commettre, faire, un faux.

forged, *a.* **1.** *Metall:* (Fer, etc.) forgé. **Rough-forged,** brut de forge. *See also* PRESS-FORGED, SOLID-FORGED. **2.** (Document, billet de banque, etc.) faux, contrefait, falsifié; (testament) supposé. *Jur: To present, produce, a f. will,* supposer un testament. *Production of f. documents,* supposition *f.*

forging, *s.* **1.** *Metalw:* Forgeage *m*; travail *m* de forge. **2.** (*a*) Pièce forgée; pièce (venue) de forge. (*b*) Pièce estampée; ébauche matricée. *Heavy, light, f.,* grosse, petite, pièce de forge. **Rough forging,** pièce brute de forge. *See also* DROP-FORGING. **3.** Contrefaçon *f*, falsification *f* (de documents, de billets de banque, etc.).

'forging-machine, *s.* Forgeuse *f.*

'forging-press, *s.* Presse *f* à matricer, à forger; marteau-pilon *m*, *pl.* marteaux-pilons.

forge[3], *v.i.* **1.** **To forge ahead.** (*a*) *Nau:* (*Of ship*) Courir sur son erre; courir de l'avant. *To f. ahead over the anchor,* courir sur son ancre. (*b*) (i) *Nau:* Avancer à toute vitesse; détaler; voguer à pleines voiles; (ii) gagner les devants; *F:* (*of pers.*) dépasser tous ses concurrents; (*in business*) pousser de l'avant; *Rac:* foncer. **2.** **To forge on.** (*a*) = *forge ahead* (*a*). (*b*) Avancer, se frayer un chemin, à travers les obstacles.

forgeable ['fɔːrdʒəbl], *a. Metalw:* Forgeable.

forger ['fɔːrdʒər], *s.* **1.** (*a*) *Metall:* Forgeron *m*; ouvrier forgeur; marteleur *m.* (*b*) Maréchal ferrant. **2.** Contrefacteur *m* (de billets de banque); faux-monnayeur *m*, *pl.* faux-monnayeurs; (*of signature, document, etc.*) faussaire *mf*, falsificateur, -trice. **Forger of a story,** inventeur, forgeur, -euse, fabricateur, -trice, d'une histoire.

forgery ['fɔːrdʒəri], *s.* **1.** Contrefaçon *f* (d'une signature, de billets de banque); falsification *f* (de documents); supposition *f* (de testament); altération *f* (d'une clef). *Jur:* **Plea of forgery,** inscription *f* de faux. *To put in a plea of f.,* arguer une pièce de faux. *To be guilty of f.,* être coupable de faux, d'un crime de faux. **2.** (*a*) Document fabriqué; faux *m. The signature was a f.,* la signature était contrefaite. (*b*) *This story is a f.,* cette histoire est de pure invention.

forget [fɔr'get], *v.tr.* (*p.t.* **forgot** [fɔr'gɔt]; *p.p.* **forgotten** [fɔr'gɔtn], *A:* **forgot**; *pr.p.* **forgetting**) Oublier. **1.** Perdre le souvenir, la mémoire, la notion, de (qch.). *To f. a fact,* oublier un fait. *To f. one's Latin,* désapprendre son latin. *Greatness of soul makes one f. physical imperfections,* la grandeur d'âme efface les imperfections physiques. **I shall not forget** (*this insult, etc.*), je me souviendrai. **Forget about it!** n'y pensez plus! *A story which he forgot he had already told,* un récit qu'il oubliait avoir déjà fait. *I forgot all about those books you asked me to buy,* j'ai tout à fait oublié ces livres que vous m'avez prié d'acheter. *He warned me of the danger but I forgot* (*all*) *about it,* il m'a averti du danger mais je n'y ai plus pensé, je n'y ai pas repensé. *I had forgotten that I already had an appointment,* je ne songeais pas que j'étais déjà pris. *I had forgotten it,* j'en avais perdu le souvenir. *Don't f. that he is only ten years old,* faites attention qu'il n'a que dix ans. *F:* **And don't you forget it!** faites-y bien attention! *I beg you not to f. me,* je me recommande à votre souvenir. **To forget how to do sth.,** oublier comment faire qch.; ne plus savoir faire qch. *To f. how time goes,* perdre la notion de l'heure, du temps. **To be forgotten,** être oublié; tomber dans l'oubli. *That is easily forgotten,* cela s'oublie facilement. *To a boy a beating is soon forgotten,* quand on est enfant une raclée s'oublie vite. *Poem deservedly forgotten,* poème voué à l'oubli. *He died forgotten by all,* il mourut oublié de tous. **Never to be forgotten,** inoubliable. *The never-to-be-forgotten day of the great fire,* le jour mémorable du grand incendie. *Prov:* **Eaten bread is soon forgotten,** mémoire du bien tantôt passe. *See also* FORGIVE 2. **2.** (*a*) Omettre, oublier (un nom sur une liste, etc.). **To forget to do sth.,** oublier, omettre, de faire qch.; ne plus penser à faire qch. **Don't forget to . . .,** ne manquez pas de. . . . *Abs.* **Ah! I was forgetting,** ah! j'oubliais. **Don't forget yourself,** n'oubliez pas vos propres intérêts; songez à vous-même. (*b*) Oublier (son mouchoir, ses gants, etc.). (*c*) Négliger (son devoir, etc.). *To f. one's orders, F:* manger la consigne. *See also* MANNER 5. **3.** *F:* **To forget oneself,** s'oublier. (*a*) Manquer à soi-même ou aux bienséances. *I think you are forgetting yourself!* vous vous oubliez, je pense! *To f. oneself so far as to do sth.,* s'oublier au point de faire qch. (*Of woman*) *To f. herself with a man,* se laisser aller avec un homme. (*b*) Ne plus penser à ce qu'on fait. *I forgot myself!* ça m'a échappé! *He forgot himself and called her Mary,* il lui échappa de l'appeler Marie.

forgetting, *s.* Oubli *m.*

for'get-me-not, *s. Bot:* Myosotis *m*; *F:* ne m'oubliez pas *m inv*; oreille-de-souris *f*, *pl.* oreilles-de-souris.

forgetful [fɔr'getful], *a.* **1.** Oublieux (*of*, de). *He is very f.,* il a très mauvaise mémoire. *F. of decorum, he sat down . . .,* oubliant les convenances, il s'assit. . . . **2.** Négligent.

forgetfulness [fɔr'getfulnəs], *s.* **1.** (*a*) Manque *m* (habituel) de mémoire. (*b*) **A moment of forgetfulness,** un moment d'oubli *m.* **2.** Négligence *f.*

forgett ['fɔːrdʒet], *s.* Fourchette *f* (de gant).

forgivable [fɔr'givəbl], *a.* (Péché *m*, etc.) pardonnable.

forgive [fɔr'giv], *v.tr.* (*p.t.* **forgave** [fɔr'geːiv]; *p.p.* **forgiven** [fɔr'givn]) **1.** (*a*) Pardonner (une injure, une faute); *A. & Ecc:* remettre (une faute, une injure). *F. this whim of mine,* passez-moi ce caprice. *To f. s.o. sth.,* pardonner qch. à qn; *Lit:* absoudre qn de qch. (*b*) *To f. s.o. a debt,* faire grâce, faire remise, d'une dette à qn. **2.** *To f. s.o.,* pardonner à qn. *He asked me to f. him,* (i) il m'a demandé pardon; (ii) il m'a demandé grâce. *I have never been forgiven for this joke*, on ne m'a jamais pardonné cette plaisanterie; on me tient rigueur de cette plaisanterie; on me fait grief de cette plaisanterie. **Where there is no scandal it is easy to forgive**, péché caché est à demi pardonné. **(We must) forgive and forget**, il faut oublier et pardonner; à tout péché miséricorde.

forgiving, *a.* (*Of pers., disposition*) Indulgent, clément; peu rancunier.

forgiveness [fɔr'givnəs], *s.* **1.** (*a*) Pardon *m*, rémission *f* (d'une faute, d'un péché, etc.); pardon (d'une injure). **To ask s.o.'s forgiveness**, (i) demander pardon à qn; (ii) demander grâce à qn. (*b*) Remise *f* (d'une dette). **2.** Indulgence *f*, clémence *f*; absence *f* de rancune.

forgiver [fɔr'givər], *s.* Pardonneur, -euse (*of*, de).

forgivingness [fɔr'giviŋnəs], *s.* Indulgence *f*, clémence *f*.

forgo [fɔr'gou], *v.tr.* (*p.t.* **forwent** [fɔr'went]; *p.p.* **forgone** [fɔr'gɔn]) Renoncer à (qch.); s'abstenir de (qch.). *To f. wine*, s'interdire le vin; se passer de vin. *To f. one's rights*, renoncer à, délaisser, ses droits. *I cannot f. mentioning it*, je ne peux pas m'abstenir d'en parler.

forgoing, *s.* Renoncement *m* (*of sth.*, à qch.); abstention *f* (*of*, de).

forgot [fɔr'gɔt], **forgotten** [fɔr'gɔtn]. *See* FORGET.

fork[1] [fɔːrk], *s.* **1.** *Agr:* Fourche *f*. *Two-pronged f.*, fourchet *m*. *Garden f.*, fourche à bêcher; fourche de jardinier. *See also* HAY-FORK, PITCH-FORK. **2.** Fourchette *f* (de table). **Carving fork**, fourchette à découper; bident *m*. **Fish fork**, fourchette à poisson. *See also* KNIFE[1], TOASTING-FORK. **3.** (*a*) (*Prop for vine, branch, etc.*) Poteau fourchu; (*of incandescent mantle*) potence *f*, porte-manchon *m inv.* (*b*) (*Of water dowser*) Baguette *f* divinatoire. (*c*) *Arb:* Branche fourchue, bifurquée. (*d*) *Hist:* = YOKE[1] 1 (*b*). *See* CAUDINE. **4.** (*a*) *Tchn:* **Belt-fork, strap-fork**, fourche, fourchette, (de débrayage) de courroie. *Cy:* **Front fork(s)**, fourche de direction, de devant. *Aut:* **Gear-change selector fork**, fourchette de commande de changement de vitesse. *Mec.E:* **Cardan fork**, chape *f* de cardan. **Fork joint**, chape, étrier *m*. *Mch: etc:* **Fork link**, enfourchement *m*. *See also* SPRING-FORK, WEFT-FORK. (*b*) *Mus:* **Tuning-fork**, diapason *m*; accordoir *m*. **5.** (*a*) Bifurcation *f*, jonction *f*, fourche (de routes); bivoie *f*. (*b*) (En)fourchure *f*, fourchement *m*, fourchon *m* (de branches, etc.); enfourchure (des jambes); fourche, fourchet *m* (du pantalon). (*c*) **Fork of lightning**, zigzag *m* (d'éclair). **6.** *Min:* Fond *m* du puisard. (*Of pump*) **To be in fork, to have the water in fork**, renifler. **The mine is in fork**, la mine est à sec. **7.** (*a*) *Artil:* = BRACKET[1] 2 (*c*). (*b*) *Cards:* Fourchette.

'fork-chuck, *s.* *Mec.E:* Mandrin *m* (de tour) à trois pointes.

fork[2]. **1.** *v.i.* (*Of tree, etc.*) Fourcher; (*of road*) fourcher, faire la fourche, (se) bifurquer. *Aut:* **'Fork right for York,'** "prenez à droite pour York." **2.** *v.tr.* (*a*) **To fork (up)**, fourcher (la terre); remuer (le foin, le sol, etc.) à la fourche. (*b*) *Chess:* Fourcher (deux pièces avec le cavalier ou avec un pion). (*c*) *Min:* Assécher, épuiser (la mine). (*d*) *U.S:* Enfourcher (un cheval).

fork out, up, *v.tr.* *P:* Allonger, abouler (de l'argent). *Abs.* S'exécuter, *P:* casquer, cracher. *I've had to f. out a lot this year*, j'ai eu beaucoup de frais cette année; j'ai fait beaucoup de débours cette année.

forked, *a.* **1.** (*Of branch, pipe, etc.*) Fourchu, bifurqué; en fourche; (*of road*) bifurqué, à bifurcation. **Forked lever**, levier coudé, fourché. *See also* LIGHTNING. **2.** **-forked**, *with numeral prefixed.* **Two-forked, three-forked**, (i) à deux, trois, branches; (ii) (fourche, etc.) à deux, trois, dents.

forking, *s.* **1.** Bifurcation *f*, fourchement *m* (d'un arbre, d'une route, etc.). **2.** Assèchement *m* (d'une mine); épuisement *m* de l'eau.

forkful ['fɔːrkful], *s.* Fourchée *f* (de foin, etc.). **(Table-)forkful**, fourchetée *f*.

forlorn [fɔr'lɔːrn], *a.* *Lit:* **1.** (*Of undertaking, etc.*) Désespéré, perdu. **Forlorn hope**, (i) *Mil:* enfants perdus; troupe sacrifiée; (ii) *F:* aventure désespérée; (iii) *F:* (par confusion avec HOPE[1]) rayon *m* d'espoir. **2.** (*a*) (*Of pers., place, etc.*) Abandonné, délaissé, solitaire. (*b*) *F. appearance*, mine triste, pitoyable, désolée. **-ly**, *adv.* D'un air morne; tristement; d'un air désolé.

forlornness [fɔr'lɔːrnnəs], *s.* **1.** État désespéré (d'une entreprise, etc.). **2.** Solitude *f*, abandon *m* (d'une personne, d'un endroit, etc.). *In a state of utter f.*, dans un abandon général. *The f. of his appearance*, son air désolé, pitoyable; sa mine piteuse.

form[1] [fɔːrm], *s.* **1.** (*a*) Forme *f*, conformation *f*, configuration *f* (d'un objet). **To take form**, prendre forme. *Statistics* **in tabular form**, statistique *f* sous forme de tableau. (*b*) Figure *f*, silhouette *f* (d'un homme, d'un animal, etc.). *His f. rose before my mind*, son image surgissait dans mon esprit. *The devil appeared before him* **in the form of a dog**, le diable lui apparut sous la forme d'un chien. **2.** (*a*) Forme, nature *f*, manière *f* d'être. **Under the form of . . .**, sous la forme de. . . . *His liberality takes a practical f.*, sa libéralité prend une forme pratique, s'exerce dans l'ordre pratique. *To alter the f. of government*, changer la forme de gouvernement. *Poverty under every f.*, la misère sous toutes ses formes. (*b*) Sorte *f*, espèce *f*, façon *f*. *It is a f. of disease*, c'est une forme spéciale de maladie. *Different forms of worship*, les différentes façons d'adorer Dieu. (*c*) *Phil:* Forme, principe substantiel (du concept, etc.). (*d*) *Gram: Lit: Mus:* Forme. *Work that lacks f.*, œuvre *f* qui manque de forme. **The form and the substance**, la forme et le fond. **3.** Forme, formalité *f*. (*a*) *Jur: etc:* **In (due, proper) form, in common form**, en bonne (et due) forme; dans les formes. *To prove a will in common f.*, homologuer un testament sur simple attestation de l'exécuteur testamentaire. *F:* **To go through the form of refusing**, *F:* faire la simagrée de refuser. **For form's sake, as a matter of form**, pour la forme; par manière d'acquit; pour la bonne règle. *It is a mere matter of f.*, c'est une pure formalité. *To do sth. for f.'s sake*, faire qch. par acquit de conscience, pour l'acquit de sa conscience, pour la forme. (*b*) Les convenances *f*; l'étiquette *f*. **The rules of good form**, les règles du savoir-vivre. *It is good f.*, c'est de bon ton. *Good f. demands that . . .*, la politesse exige que. . . . **It is not good form, it is bad form**, c'est de mauvais ton, de mauvais genre, de mauvais goût; cela ne se fait pas, ne se dit pas; c'est un manque de politesse, un manque de savoir-vivre. *It is bad f. to . . .*, c'est contraire à l'étiquette de . . .; c'est le fait d'un malappris de. . . . *It's shocking bad f.*, c'est un grand manque de savoir-vivre. **4.** (*a*) Formule *f*, forme (d'un acte, de prière, de politesse, etc.). *Correct f. of words*, tournure correcte de phrase. *It is only a f. of speech*, ce n'est qu'une façon de parler. *See also* ADDRESS[1] 5. (*b*) *Adm:* Formule. **Printed form**, imprimé *m*. **Form 20**, modèle *m* N° 20. *F. of tender*, modèle de soumission. **Inquiry form**, bulletin *m* de demande de renseignements. **Application form** (*for shares, etc.*), bulletin de souscription. **Order form**, bulletin de commande. *Bank: Listing forms*, bordereaux *m* en blanc. **Form of return**, feuille *f* de déclaration (de revenu, etc.). **Cheque form**, volant *m* de chèque. **To fill in, fill up, a form**, remplir une formule, un formulaire, un bordereau. *See also* APPLICATION 3, ENTRY 5, TELEGRAPH[1] 1. **5.** (*a*) *Sp:* (*Of horse, athlete, etc.*) Forme; état *m*, condition *f* (d'entraînement). **To be in form, out of form**, être, ne pas être, en forme. *Race horse in f.*, cheval de course affûté. *To be in good f.*, être dans ses bons jours; être en haleine. *See also* PAPER[1] 1, TOP[1] I. 6. (*b*) (*Of pers.*) Verve *f*. *To be in capital f.*, être fort en verve, en train. *He felt in good f.*, il se sentait gaillard. **6.** *Sch:* Classe *f*. **First form**, *approx.* = (classe de) sixième *f*. **Sixth form**, *approx.* = (classe de) première *f*. **Form master**, professeur principal; professeur divisionnaire. **7.** Banc *m*, banquette *f*; (*in amphitheatre*) gradin *m*; (*in class-room*) banc. **8.** (*a*) *Metall: etc:* Forme, moule *m*. *Civ.E: etc:* Coffrage *m*, coffre *m* (pour béton armé). (*b*) *Typ:* Forme. **Inner form**, côté *m* de deux. **Outer form**, côté de première. *To lock up a f.*, serrer une forme. **9.** Gîte *m*, lit *m* (du lièvre). *Hare in its f.*, lièvre en forme.

'form-line, *s.* *Surv:* Ligne *f* intercalaire (entre courbes de niveau).

'form-man, -setter, *s.* *Typ:* Imposeur *m*.

'form-room, *s.* *Sch:* Salle *f* de classe; la classe.

'form-word, *s.* *Ling:* Mot-outil *m*, *pl.* mots-outils; mot *m* faisant fonction de désinence.

form[2]. I. *v.tr.* **1.** (*a*) Former, faire, façonner. **To form sth. after, from, upon, the model of sth.**, former qch. sur (le modèle de) qch., à l'image de qch. **To form sth. from, out of, sth.**, faire qch. de qch. *To have difficulty in forming certain words*, avoir de la difficulté à prononcer, à énoncer, certains mots. **To form a child's mind**, développer, façonner, l'esprit d'un enfant. **To form one's style on . . .**, former son style sur. . . . **Men formed to command**, hommes formés au commandement. (*b*) *Metalw:* Former, emboutir, profiler (une pièce). **2.** (*a*) Former, organiser, constituer (une société, etc.); instituer, établir (une république, etc.). *To invite s.o. to f. a ministry*, inviter qn à former, à choisir, un ministère. *They formed themselves into a committee*, ils se constituèrent en comité. (*b*) Former, faire, composer (un nouveau mot, etc.). (*c*) Se former, se faire (une idée, une opinion, etc.). *To f. doubts regarding . . .*, concevoir des doutes sur. . . . (*d*) Former, contracter (une liaison, une habitude, une alliance, etc.). (*e*) Former, arrêter (un plan). *He had formed a plan to . . .*, il avait projeté de. . . . **3.** (*a*) Former, faire. *The rain formed large puddles on the lawn*, la pluie formait, faisait, de grandes flaques d'eau sur la pelouse. *The coastline forms a series of curves*, le littoral dessine une série de courbes. *Mil:* **To form fours**, se mettre sur quatre, par quatre. **'Form fours,—right!'** "à droite par quatre, —droite!" *To f. a column*, se mettre en colonne. (*b*) **To form part of sth.**, faire partie de qch. *The ministers who f. the cabinet*, les ministres qui composent, constituent, le gouvernement. **4.** *El.E:* **To form accumulator plates**, former les plaques d'un accumulateur.

II. **form**, *v.i.* **1.** Prendre forme, se former, se produire. *His style is forming*, son style se fait. **2.** *Mil:* **To form (up)**, se former en rangs; se ranger. **To form into line**, se mettre en ligne. *To f. into a square*, se former en carré; former le carré.

formed, *a.* **1.** Formé. *Badly f. letters*, lettres mal formées. *See also* WELL-FORMED. **2.** *Metalw:* (*Of casting*) Profilé.

forming, *s.* **1.** (*a*) Formation *f* (de lettres, etc.); formation, développement *m* (du caractère, etc.). (*b*) *Metalw:* Formage *m*, emboutissage *m*, profilage *m* (d'une pièce). **Forming-tool**, outil *m* à façonner, à profiler. (*c*) *El.E:* Formation (de plaques d'accumulateur). **2.** Constitution *f* (d'une société, etc.).

-form, *a.suff.* -forme. *Cruciform*, cruciforme. *Fusiform*, fusiforme. *Multiform*, multiforme. *Vermiform*, vermiforme.

formal ['fɔːrm(ə)l], *a.* **1.** *Log: Theol: etc:* (*Of reason, cause, sin, etc.*) Formel. **2.** (*Of procedure, etc.*) Formel, en règle; (*of order, etc.*) positif, explicite, défini. *F. denial*, démenti formel. *F. contract*, contrat *m* en due forme. *Jur:* **Formal summons**, citation libellée. *To give s.o. a f. warning*, avertir qn dans les formes. **To make a formal speech**, prononcer quelques mots. *The invitation is entirely f.*, l'invitation est de pure forme. *See also* RECEIPT[1] 3. **3.** Cérémonieux, solennel. *F. dress*, habit *m* de cérémonie. **Formal bow**, salut cérémonieux. **Formal dinner**, dîner prié. *F. style*, style empesé. *F. prize distribution*, distribution solennelle des prix. *See also* CALL[1] 3. **4.** (*a*) (*Of pers.*) Pointilleux, formaliste, cérémonieux, guindé. *F. mind*, esprit *m* formaliste. *He is always very f.*, il est toujours très compassé. *She is very f.*, *F:* elle est très collet monté. (*b*) (Art, style) conventionnel. (*c*) (Jardin) régulier, tiré au cordeau. **-ally**, *adv.* **1.** Formellement; à titre officiel. **2.** Cérémonieusement, avec formalité. **3.** Quant à la forme. *F. correct, but materially false*, correct quant à la forme, mais faux quant au fond.

formaldehyde [fɔːr'maldihaid], *s.* *Ch:* Formaldéhyde *f*, aldéhyde *f* formique.

formalin(e) ['fɔːrməlin], *s.* *Ch:* Formaline *f*.

formalism ['fɔːrməlizm], *s.* Formalisme *m.*
formalist ['fɔːrməlist], *s.* Formaliste *mf.*
formalistic [fɔːrmə'listik], *a.* Formalistique.
formality [fɔr'maliti], *s.* **1.** Formalité *f.* *To comply with all the necessary formalities*, accomplir, remplir, toutes les formalités requises. **A mere formality**, une pure formalité. **2.** (*a*) Raideur *f* (de maintien); compassement *m*, style guindé (d'un discours). *He received them with frozen f.*, il les reçut avec une raideur glacée, glaciale. (*b*) Cérémonie *f*, formalité(s), formes *fpl*, étiquette *f*. *House where a certain amount of f. is retained*, maison *f* où l'on a encore quelques usages.
formalize ['fɔːrməlaːiz], *v.tr.* **1.** Donner une forme exacte, précise, à (un récit, etc.). **2.** (*a*) Donner une forme conventionnelle à (son art, etc.). (*b*) Guinder (son style); mettre du formalisme à (une cérémonie, une réception, etc.).
formant ['fɔːrmənt], *s.* *Ling:* Ton *m* ou son *m* caractéristique d'une voyelle.
format ['fɔːrma], *s.* Format *m* (d'un livre).
formate ['fɔːrmet], *s.* *Ch:* Formiate *m.*
formation [fɔːr'meiʃ(ə)n], *s.* **1.** (*a*) Formation *f* (d'un objet, de la houille, etc.); génération *f* (d'un métal). *The f. of a child's mind*, le développement de l'esprit d'un enfant. *For:* *F. of woods*, création *f* de peuplements. *See also* BACK[1] III. 1. (*b*) Formation (d'une alliance, etc.); constitution *f* (d'une société, etc.); établissement *m* (d'une république, etc.). (*c*) *El.E:* Formation (des plaques d'un accumulateur). **2.** Formation, ordre *m*, disposition *f* (des parties d'un tout, des troupes, etc.). *Mil:* **Column formation**, ordre, formation, en colonne. **Battle formation**, formation de combat. **Close formation**, formation dense; ordre serré. **In open formation**, en formation ouverte. **3.** (*a*) *Pathological f. on a bone*, formation pathologique sur un os. *Geol:* *Granite f.*, formation, terrain *m*, granitique. (*b*) *Civ.E:* *Rail:* **Formation(-level)**, plate-forme *f*, *pl.* plates-formes, des terrassements; niveau *m* des remblais.
formative ['fɔːrmətiv]. **1.** *a.* Formatif, formateur, -trice. *The f. arts*, les **arts** *m* plastiques. **2.** *s.* *Gram:* Formative *f*; élément formatif.
forme [fɔːrm], *s.* *Typ:* = FORM[1] 8 (*b*).
formene ['fɔːrmiːn], *s.* *Ch:* Formène *m*, méthane *m.*
former[1] ['fɔːrmər], *a.* **1.** Antérieur, -eure, précédent, ancien. *F. mayor*, ancien maire. *My f. pupils*, mes anciens élèves. *A f. convict*, un repris de justice. *His f. letters*, ses lettres précédentes. **Former times**, le passé. *In f. times*, autrefois. *F. customs*, *customs of f. days*, coutumes *f* d'autrefois. *F. events prove that* . . ., les événements antérieurs démontrent que. . . . **He is a mere shadow of his former self**, c'est un pâle reflet de l'homme qu'il fut autrefois; il n'est plus que l'ombre de lui-même. **2. The former** (*as opposed to the latter*). (*a*) (i) **The former and the latter rain**, la pluie de la première et de la dernière saison. (ii) *I prefer the f. alternative to the latter*, je préfère la première alternative à la dernière. (*b*) *pron.* Celui-là, celle-là, ceux-là, celles-là. *Of the two methods I prefer the f.*, des deux méthodes je préfère celle-là. *The former's victory over the latter*, la victoire du premier sur le dernier; la victoire de celui-là sur celui-ci. **-ly**, *adv.* **1.** Autrefois, jadis; précédemment; dans le temps. *Mr X, f. a liberal*, M. X, ci-devant libéral. *I knew him f.*, je l'ai connu autrefois. **2.** *A:* Auparavant.
former[2], *s.* **1.** (*Pers.*) Façonneur, -euse; fondateur, -trice (d'une alliance, etc.). **2.** *Mec.E:* Gabarit *m*, calibre *m* (de forme); forme *f*, matrice *f*, moule *m*. *El.E:* **Winding former**, gabarit de bobinage, d'enroulement. **Former winding**, enroulement *m* sur gabarit. *F. of a galvanometer coil*, cadre *m* de la bobine d'un galvanomètre.
'former-wound, *a.* *El.E:* Enroulé sur gabarit.
formic ['fɔːrmik], *a.* *Ch:* (Acide *m*) formique.
formicant ['fɔːrmikənt], *a.* *Med:* (Pouls) formicant.
formicary ['fɔːrmikəri], *s.* Fourmilière *f.*
formication [fɔːrmi'keiʃ(ə)n], *s.* *Med:* Formication *f*, *F:* fourmillement *m.*
formidable ['fɔːrmidəbl], *a.* Formidable, redoutable. *A f. adversary*, un rude adversaire. **A formidable-looking mastiff**, un molosse à l'aspect redoutable. **-ably**, *adv.* Formidablement.
formidableness ['fɔːrmidəblnəs], *s.* Nature *f*, aspect *m*, formidable (de qn, de qch.).
formless ['fɔːrmləs], *a.* Informe; sans forme.
formlessness ['fɔːrmləsnəs], *s.* Absence *f* de forme.
formol ['fɔːrmɔl], *s.* *Ch:* *Com:* Formol *m.*
Formosa [fɔr'mousa]. *Pr.n.* *Geog:* Formose *f.*
Formosan [fɔr'mousən], *a.* & *s.* *Geog:* Formosan, -ane.
formula, *pl.* **-as, -ae** ['fɔːrmjula, -əz, -iː], *s.* Formule *f.* **1.** *The baptismal f.*, la formule de baptême. *Hackneyed formulas*, formules stéréotypées; clichés *m*. *Pol:* *etc:* *To find a f. acceptable to all parties*, découvrir une formule qui soit acceptable à tous les partis. **2.** (*pl. usu.* **formulae**) *Ch:* *Mth:* *etc:* Formule. *Ch:* **Empiric formula**, formule empirique, brute. **Constitutional formula**, **structural formula, graphic formula, rational formula**, formule de constitution, rationnelle, développée. *I.C.E:* *Horse-power f.*, formule de puissance. **Collection of formulae**, formulaire *m.*
formulary ['fɔːrmjuləri]. **1.** *s.* Formulaire *m.* **2.** *a.* Qui tient de la formule; qui appartient à la formule; rituel; prescrit.
formulate ['fɔːrmjuleit], *v.tr.* **1.** Formuler (une loi, une doctrine, etc.); élaborer (un projet). **2.** Formuler, exprimer (son opinion, etc.); former (des objections).
formulation [fɔːrmju'leiʃ(ə)n], *s.* **1.** Formulation *f*; élaboration *f* (d'un projet). **2.** Formulation, expression *f* (d'une opinion, etc.).
formulism ['fɔːrmjulizm], *s.* *Art:* *Lit:* Attachement *m* aux formules de l'art; formalisme *m*; *F:* poncif *m*; *P:* pompiérisme *m.*
formulist ['fɔːrmjulist], *s.* Formuliste *mf.*
fornicate[1] ['fɔːrnikeit], *v.i.* Forniquer.
fornicate[2] ['fɔːrniket], *a.* *Nat.Hist:* Arqué.
fornication [fɔːrni'keiʃ(ə)n], *s.* Fornication *f.*
fornicator ['fɔːrnikeitər], *s.m.* Fornicateur.
fornicatress ['fɔːrnikeitres], *s.f.* Fornicatrice.
fornix, *pl.* **-ices** ['fɔːrniks, -isiːz], *s.* **1.** *Anat:* Trigone cérébral; fornix *m.* **2.** *Bot:* Fornice *f.*
forrader ['fɔrədər], *adv.* *F:* = *forwarder*, *q.v. under* FORWARD[1] III. 2. *Shall we be any f.?* en serons-nous plus avancés?
for(r)el ['fɔrəl], *s.* *Bookb:* Parchemin *m* de peau de mouton.
forsake [fɔr'seik], *v.tr.* (*p.t.* **forsook** [fɔr'suk]; *p.p.* **forsaken** [fɔr'seikn]) **1.** Abandonner, délaisser (qn). **To be forsaken by all**, (i) être abandonné de tous; (ii) (*of place, etc.*) être dans un abandon général. *His friends are forsaking him*, ses amis l'abandonnent. *His confidence forsook him*, la confiance lui fit défaut. **2.** Renoncer à, abandonner (une habitude, une croyance, etc.). *To f. one's religion*, apostasier.
forsaking, *s.* **1.** Abandon(nement) *m*, délaissement *m* (de qn). **2.** Renoncement *m* (*of*, à), *F. of one's religion*, apostasie *f.*
forsooth [fɔr'suːθ], *adv.* *A.* & *Lit:* **1.** En vérité. **2.** *Iron:* Par exemple! ma foi!
forspent [fɔr'spent], *a.* *A:* Épuisé, à bout de forces.
forswear [fɔr'swɛər], *v.tr.* (*p.t.* **forswore** [fɔr'swɔːər]; *p.p.* **forsworn** [fɔr'swɔːrn]) **1.** Abjurer, renier, répudier (qch.); renoncer à (qch.). **2. To forswear oneself**, se parjurer; commettre un parjure.
forsworn, *a.* Parjure.
forswearing, *s.* **1.** Abjuration *f*, répudiation *f* (*of*, de). **2.** Parjure *m.*
forswearer [fɔr'swɛərər], *s.* Parjure *m.*
forsythia [fɔr'saiθia], *s.* *Bot:* Forsythie *f.*
fort [fɔːrt], *s.* *Mil:* **1.** Fort *m.* *Sea-coast f.*, fort côtier. *Barrier f.*, fort d'arrêt. *Small f.*, fortin *m.* **2.** Place fortifiée; forteresse *f.* *See also* HOLD[2] I. 3.
fortalice ['fɔːrtalis], *s.* **1.** *A.* & *Poet:* Forteresse *f.* **2.** Fortin *m.*
forte[1] [fɔːrt], *s.* **1.** Fort *m* (ce qui fait la supériorité de qn). *Singing is not his f.*, le chant n'est pas son fort. **2.** Fort (d'une lame d'épée, de sabre).
forte[2] ['fɔːrte], *a.*, *adv.* & *s.* *Mus:* Forte (*m inv*).
forth [fɔːrθ], *adv.* **1.** (*Place*) En avant. **To go, sally, forth**, sortir; se mettre en route. **To stretch forth one's hand**, avancer la main. *U.S:* **To walk back and forth**, marcher de long en large. *See also* BACK[1] III. 1, BRING FORTH, CALL FORTH, COME FORTH, GIVE FORTH, HOLD FORTH, SET FORTH, SHOW FORTH. **2.** (*Time*) **From this time forth**, dès maintenant; désormais, dorénavant; d'ores et déjà; à partir de ce moment. *From this day f.*, de ce jour en avant; à partir de ce jour. *See also* HENCEFORTH, THENCEFORTH. **3. And so forth**, et ainsi de suite; et cætera. *See also* SO I. 2 (*a*).
forthcoming [fɔːrθ'kʌmiŋ], *a.* **1.** (*a*) Qui arrive, qui va se présenter. *Help is f.*, des secours sont en route. (*b*) (*Of events, etc.*) Prochain, futur, à venir. *The f. session*, la prochaine session. **2.** (Livre) prêt à paraître, sur le point de paraître. *Jur:* Prêt à comparaître. **3. To be forthcoming**, paraître. *The things were immediately f.*, les objets furent promptement apportés. *The money will be f.*, on trouvera l'argent nécessaire. *The answer is always f.*, la réponse ne se fait jamais attendre. *At last the truth is f.*, enfin la vérité se dégage. *The promised help was not f.*, les secours promis ont fait défaut.
forthright [fɔːrθ'rait]. *A.* & *Lit:* **1.** *adv.* (*a*) Tout droit; carrément, nettement. (*b*) Tout de suite, immédiatement. **2.** *a.* ['fɔːrθrait] = DOWNRIGHT 2 (*a*).
forthwith [fɔːrθ'wiθ, -wið], *adv.* Sur-le-champ; tout de suite, immédiatement, aussitôt, sans délai, incontinent; séance tenante. *Ask him to come to my office f.*, priez-le de passer à mon cabinet sur-le-champ, toute affaire cessante. *The Council must be summoned f.*, il faut convoquer le Conseil immédiatement, d'urgence.
fortieth ['fɔːrtiəθ], *num. a.* & *s.* Quarantième.
fortifiable ['fɔːrtifaiəbl], *a.* Fortifiable.
fortification [fɔːrtifi'keiʃ(ə)n], *s.* **1.** (*a*) Fortification *f* (d'une ville, etc.); renforcement *m* (d'une barricade, etc.). (*b*) Fortification, affermissement *m* (du courage, etc.). (*c*) *Winem:* Vinage *m*, alcoolisage *m.* **2.** *pl.* **Fortifications**, fortifications (d'une ville, etc.).
fortifier ['fɔːrtifaiər], *s.* **1.** Fortificateur *m* (d'une ville, d'un port). **2.** (*Of drug, drink, etc.*) Fortifiant *m.*
fortify ['fɔːrtifai], *v.tr.* **1.** (*a*) Renforcer, fortifier (un navire, etc.). (*b*) Fortifier (qn, l'estomac, etc.); affermir, fortifier, encourager (qn, la résolution de qn). *Fortified by your valuable help* . . ., fort de votre aide précieuse. . . . *Fortified with the rites of the Church*, muni des sacrements de l'Église. **To fortify oneself against the cold**, (i) se garantir contre le froid; (ii) *P:* boire une goutte; prendre une goutte. *Courage fortified against dangers*, courage armé contre les dangers. (*c*) *Vet:* Immuniser (le bétail). (*d*) Corroborer (un rapport, etc.); renforcer (son dire, etc.). **2.** *Winem:* Remonter (un vin) en alcool; viner, alcooliser (un vin). **3.** *Mil:* Fortifier (une place). **Fortified area**, camp fortifié, retranché.
fortifying[1], *a.* Fortifiant; (*of drink, etc.*) remontant.
fortifying[2], *s.* **1.** (*a*) Renforcement *m* (d'un navire). (*b*) Affermissement *m* (de la santé, du courage, de qn). **2.** *Winem:* Vinage *m*, alcoolisage *m*, remontage *m.* **3.** Fortification *f* (d'une place).
fortissimo [fɔr'tisimo], *adv.* & *s.* *Mus:* Fortissimo (*m inv*).
fortitude ['fɔːrtitjuːd], *s.* Force morale; force d'âme; courage *m*, fermeté *f*, fortitude *f.*
fortnight ['fɔːrtnait], *s.* Quinzaine *f*; quinze jours *m*; deux semaines *f.* **This day, to-day, fortnight**, d'aujourd'hui en quinze. *A f. from to-morrow*, de demain en quinze. *A f. ago*, il y a quinze jours. *To adjourn a case for a f.*, remettre une cause à quinzaine. *To take a f.'s rest*, prendre quinze jours de repos.
fortnightly ['fɔːrtnaitli]. **1.** *a.* Bimensuel, semi-mensuel. *Ind:* *F. pay-roll*, feuille *f* de quinzaine. **2.** *adv.* Bimensuellement; tous les quinze jours.

fortress ['fɔːrtres], *s.* Forteresse *f*; place forte; camp retranché.

fortuitous [fɔːr'tjuitəs], *a.* Fortuit, imprévu. *F. concourse of atoms*, concours fortuit d'atomes. *Jur:* **Fortuitous event,** cas fortuit. **-ly,** *adv.* Fortuitement, par hasard.

fortuitousness [fɔːr'tjuitəsnəs], *s.* Casualité *f*, fortuité *f*.

fortuity [fɔːr'tjuiti], *s.* **1.** = FORTUITOUSNESS. **2.** Accident fortuit; cas fortuit; fortuité *f*.

fortunate ['fɔːrtjunet], *a.* **1.** (*Of pers., etc.*) Heureux, fortuné. **To be fortunate,** avoir de la chance. *I was f. in my teacher*, j'eus à me louer de mon professeur. *I have been singularly f. in my advisers*, je n'ai qu'à me féliciter de mes conseillers. *To be f. enough to . . ., to be so f. as to . . .*, avoir la chance de. . . . *Gr.Myth:* **The Fortunate Islands,** les îles Fortunées. **2.** (*Of occasion, etc.*) Propice, favorable, heureux. *F. omen*, bon augure. *What a f. circumstance! F:* comme cela se trouve! *How f.!* quel bonheur! quelle chance! **-ly,** *adv.* **1.** Heureusement. **2.** Par bonheur.

fortune ['fɔːrtjun], *s.* Fortune *f*. **1.** (*a*) Hasard *m*, chance *f*. **Ill fortune,** mauvaise chance. *Piece of good f.*, coup *m* de bonheur. **By good fortune,** par bonheur. **I had the good fortune, it was my good fortune, to succeed,** j'eus le bonheur, la chance, de réussir. **To try one's fortune,** tenter (la) fortune; tenter la chance. **Fortune favours him,** la fortune lui sourit. *See also* GENTLEMAN 4, NAME[1] 1, SOLDIER[1] 1. (*b*) *Myth:* Le Sort, le Destin. **The goddess Fortune,** la Fortune. *F. is blind*, le Sort est aveugle. (*c*) Destinée *f*, sort. **If it were my fortune to . . .,** si c'était ma destinée de. . . . **The fortune of war,** le sort des armes. **To tell fortunes,** dire la bonne aventure. *To tell s.o.'s f. by cards*, tirer les cartes à qn. **2.** (*a*) Bonne chance; bonheur *m*. *Bits of f. which do not come my way*, de bonnes chances qui ne m'arrivent jamais. **Stroke of fortune,** coup *m* de fortune, de veine. (*b*) Prospérité *f*, richesse *f*. **A man of fortune,** un homme riche. **Born to fortune,** né coiffé. *See also* STEPPING-STONE. (*c*) Richesses *fpl*, avoir *m*, biens *mpl*. **To make a fortune,** faire fortune; *F:* faire son beurre. *She had made a small f., F:* elle avait fait sa petite pelote. **To come into a fortune,** hériter d'une fortune; faire un gros héritage. *He has doubled his f.*, il a doublé son avoir. *The story of a young man without a f.*, le roman d'un jeune homme pauvre, sans fortune. *F:* **It has cost me a fortune,** cela m'a coûté énormément d'argent, un argent fou. *He spent a f. over this business*, il a dépensé des sommes folles dans cette affaire. (*d*) (*Marriage portion*) Dot *f*. **To marry a fortune,** épouser une grosse dot; faire un riche mariage; *F:* trouver la nappe mise. **Her face is her fortune,** jolie fille porte sur son front sa dot.

'fortune-hunter, *s.* Coureur *m* de dots.

'fortune-teller, *s.* Diseur, -euse, de bonne aventure; marchand, -ande, de bonheur; (*with cards*) tireur, -euse, de cartes; cartomancien, -ienne.

'fortune-telling, *s.* La bonne aventure; (*with cards*) cartomancie *f*.

fortuneless ['fɔːrtjunləs], *a.* Sans fortune. *The younger son was f., F:* le cadet n'avait que la cape et l'épée.

forty ['fɔːrti], *num. a. & s.* Quarante (*m*). *F.-one, -two*, quarante et un, quarante-deux. *About f. guests*, une quarantaine d'invités. **When one has turned forty,** quand on a franchi le cap de la quarantaine. *She'll never see f. again*, elle a passé la quarantaine; *F:* elle est d'âge canonique. **She is in the forties,** elle a une quarantaine d'années; elle a passé la quarantaine. *He was somewhere in the late forties*, il frisait la cinquantaine. *The forties of last century*, les années entre 1840 et 1850. *R.C.Ch:* **The forty hours,** les (prières *f* des) quarante heures *f*. *See also* ROARING[1] 1, WINK[1]. (*For other phrases see* EIGHT.)

forty-'eight. **1.** *a.* Quarante-huit. **2.** *s.pl. Typ:* **Forty-eights,** in-quarante-huit *m*.

forty-'eightmo, *a. & s. Typ:* In-quarante-huit (*m inv*).

'forty-eleven, *a. U.S: P:* = UMPTEEN.

forty-'five, *a.* Quarante-cinq. *Eng.Hist: F:* **The Forty-five,** l'insurrection jacobite de 1745.

forty-'niner, *s. U.S:* Un de ceux qui prirent part à la première course à l'or en 1849.

forum ['fɔːrəm], *s. Rom.Ant: etc:* Forum *m*. *F: Tried in the f. of public opinion*, jugé devant le tribunal de l'opinion publique.

forwandered [fɔːr'wɔndərd], *a. Scot:* Perdu, égaré, et à bout de forces.

forward[1] ['fɔːrwərd]. I. *a.* **1.** (*a*) De devant, d'avant, situé en avant. *Nau:* (De l')avant, sur l'avant. *Navy: F. turret*, tourelle *f* avant. *Mec.E: F. axle*, essieu antérieur, d'avant. (*b*) (Mouvement, etc.) progressif, en avant. *F. motion*, marche *f* (en) avant. *The f. journey*, l'aller *m*. **Forward and backward movement,** mouvement *m* d'avance et de recul, de va-et-vient. *Mch:* **Forward eccentric,** excentrique *m* de marche avant. **Forward stroke** (*of piston, etc.*), aller, course directe (du piston, etc.). *Fb:* **Forward pass,** passe *f* en avant; en-avant *m inv*. **2.** (*Of plants, season, child, etc.*) Avancé; précoce. **3.** (*Of opinions, school of thought, etc.*) Avancé. **4.** Effronté, hardi, indiscret, émancipé. *F. tone*, ton cavalier, présomptueux. **5.** Empressé, impatient (*to do sth.*, de faire qch.). **6.** *Com:* (*Of price, delivery, etc.*) A terme. *St.Exch:* **Forward deals,** opérations *f* à terme. **-ly,** *adv.* Hardiment, effrontément.

II. **forward,** *s. Fb:* (*Pers.*) Avant *m*. *The back line of forwards*, les embusqués *m*. *See also* WING-FORWARD.

III. **forward,** *occ.* **forwards** ['fɔːrwərdz], *adv.* **1.** (*a*) (*Of extent of time*) **From that day forward,** à partir de ce jour-là. **From now forward,** dorénavant, désormais; à l'avenir. **To look forward to sth., to doing sth.,** attendre qch. avec plaisir, avec impatience; se faire une fête de faire qch. *See also* LOOK FORWARD. (*b*) *Com:* **To date forward a cheque,** *etc.*, postdater un chèque, etc. *See also* CARRIAGE 1. (*c*) *Bank:* **'Forward' rates,** taux *m* pour les opérations à terme. **2.** (*a*) (*Direction*) En avant. **To go, move, get, forward,** (s')avancer. *Moving f., putting f.*, avancement *m*. **To go straight forward,** aller tout droit. **To rush forward,** avancer à grande vitesse, se précipiter (en avant). **To come, step, forward,** se détacher (des autres); faire un pas en avant. **'Odd numbers, one pace forward!'** "numéros impairs, un pas en avant!" **To send s.o. forward,** envoyer qn en avant; faire prendre les devants à qn. (*In shops*) **Miss X, forward! forward please!** vendeuse! à la vente! **Forward!** en avant! **We can't get any forwarder,** *P:* **any forrader,** on ne peut pas avancer, progresser. *F: I know that* **something is going forward,** je sais qu'il se passe quelque chose, qu'il se trame quelque chose, *F:* qu'il se mijote quelque chose. **To move forwards,** avancer. *A stocking heel is worked forwards plain and backwards purled*, un talon de bas se fait en allers à l'endroit, et en retours à l'envers. *Row:* **To get forward,** retourner sur l'avant. **Forward!** sur l'avant! *See also* BACKWARD, BRING FORWARD, CARRY FORWARD, COME FORWARD, FOOT[1] 1, GO FORWARD. (*b*) (*Position*) A l'avant. *The seat is too far f.*, la banquette est trop avancée. *Fb:* **To play forward,** jouer comme avant. *Nau:* **Forward of the beam,** sur l'avant du travers; à l'avant du travers. *The crew's quarters are f.*, le logement de l'équipage est à l'avant. **Look out forward!** ouvre l'œil devant! (*c*) *Com: Book-k:* **To carry the balance forward,** reporter le solde à nouveau. **(Carried) forward,** à reporter; report *m*. **3.** En évidence; en vue. *New doctrines were put f., brought f.*, on mit en avant de nouvelles doctrines. **To come forward,** se proposer, s'offrir (pour un emploi, etc.). **To thrust, push, oneself forward,** (i) se mettre en évidence, se faire valoir, (ii) s'imposer. *See also* COME FORWARD, PUSH FORWARD, PUT FORWARD, etc. **4.** En avance. *I want to get f. with to-morrow's work*, je veux m'avancer, me mettre en avance, pour demain.

forward[2], *v.tr.* **1.** (*a*) Avancer, favoriser (les intérêts de qn, etc.); seconder (un projet, des vues, etc.). (*b*) *Bot:* Hâter, forcer, avancer (la croissance d'une plante, etc.); pousser (une plante). (*c*) *Bookb:* Coller et endosser (un livre). **2.** (*a*) Expédier, envoyer, *Com:* transiter (des marchandises, etc.). *To f. sth. to s.o.*, faire parvenir qch. à qn. *To f. goods to Paris*, diriger des marchandises sur Paris; acheminer des marchandises sur, vers, Paris. *We are forwarding our account to you*, nous vous faisons tenir notre compte. (*b*) Transmettre, faire suivre (une lettre); faire passer (une lettre) à son adresse. **'To be forwarded,' 'please forward,'** "prière de faire suivre"; "à faire suivre." *F. my letters to this address*, adressez, faites suivre, mes lettres à cet endroit.

forwarding, *s.* **1.** (*a*) Avancement *m* (d'une affaire, etc.). (*b*) Forçage *m* (de jeunes plantes, etc.). (*c*) *Bookb:* Collage *m* et endossage *m*. **2.** (*a*) Expédition *f*, envoi *m* (d'un colis, etc.). **International forwarding,** transport international. **Forwarding instructions,** indications *f* concernant l'expédition. **Forwarding agent,** entrepreneur *m* de transports; (agent) expéditeur *m*; expéditionnaire *m*; commissionnaire(-expéditeur); commissaire *m* de transport; transporteur *m*; transitaire *m*; *Nau:* chargeur *m*. **Forwarding agency,** entreprise *f* de transport(s); maison *f* de transit. **Forwarding house,** maison d'expédition. (*b*) Transmission *f* (d'une lettre).

forwarder[1] ['fɔːrwərdər], *s.* **1.** Promoteur, -trice (d'une affaire). **2.** (*a*) Expéditeur, -trice (d'un colis, etc.); envoyeur, -euse (d'un paquet, etc.). (*b*) = *forwarding agent, q.v. under* FORWARDING 2.

forwarder[2] ['fɔːrwərdər, *F:* 'fɔrədər], *adv. See* FORWARD[1] III. 2.

forwardness ['fɔːrwərdnəs], *s.* **1.** Avancement *m*, progrès *m* (d'un travail, etc.). **2.** État avancé, précocité *f* (de la récolte, de la saison, d'un élève, etc.). **3.** Empressement *m*, ardeur *f*. **4.** Hardiesse *f*, présomption *f*, effronterie *f*.

forwards ['fɔːrwərdz], *adv. See* FORWARD[1] III.

forworn [fɔr'wɔːrn], *a. A. & Lit:* = FORSPENT.

fossa[1], *pl.* **-ae** ['fɔsa, -iː], *s. Anat:* Fosse (nasale, etc.). *Canine f.*, fosse canine.

fossa[2], *pl.* **-as** ['fɔsa(z)], *s. Z:* Fosa *m*, cryptoprocte *m* féroce.

fosse [fɔs], *s.* **1.** *Fort: etc:* Fossé *m*. *Advanced f.*, contre-fossé *m*. **2.** *Anat:* = FOSSA[1].

'Fosse-way, *s. Hist:* Voie romaine (flanquée de fossés).

fossick ['fɔsik], *v.i. P:* **1.** (*In Austr.*) Marauder dans les mines d'or. **2.** Fureter, fouiller (pour trouver qch.).

fossil ['fɔsil]. **1.** *s.* Fossile *m*. *F:* **An old fossil,** une vieille baderne; une perruque; une croûte; un fossile. **2.** *a.* Fossile. *F. flora*, flore *f* fossile. **Fossil copal,** copaline *f*. **Fossil flax,** = MOUNTAIN FLAX 2. *See also* CORK[1], SALT[1] I. 1, WAX[1] 2.

fossilation [fɔsi'leiʃ(ə)n], **fossilization** [fɔsilai'zeiʃ(ə)n], *s.* Fossilisation *f*.

fossiliferous [fɔsi'lifərəs], *a.* Fossilifère.

fossilize ['fɔsilaiz]. **1.** *v.tr.* Fossiliser. **2.** *v.i.* Se fossiliser. *F:* (*Of pers.*) Prendre des idées arriérées; devenir encroûté, s'encroûter; se fossiliser.

fossilized, *a.* Fossilisé.

fossorial [fɔ'sɔːriəl], *a. Nat.Hist:* (Animal, insecte) fouisseur, fossoyeur; (membre, etc.) destiné à creuser le sol.

foster[1] ['fɔstər], *v.tr.* **1.** (*a*) *A:* Prendre (un enfant) en nourrice. (*b*) *F:* Élever, nourrir (un enfant, etc.). **2.** Entretenir, nourrir (une idée, un sentiment, etc.); encourager, favoriser (les plans, les opinions, de qn); développer, encourager (les vices); protéger (les arts, etc.); fomenter (la sédition); entretenir (une agitation). *To f. friendship between peoples*, développer, stimuler, l'amitié entre les peuples. *Literature that fosters impiety*, littérature éducatrice d'impiété. *Genius is fostered by memory*, la mémoire est la nourrice du génie. *Times that fostered the growth of the heavy industries*, époque *f* favorable à la croissance des grandes industries.

fostering[1], *a.* (*Of pers.*) Protecteur, -trice, promoteur, -trice, bienfaisant; (*of circumstance, etc.*) favorable, propice. *F. care*, tendres soins *m*.

fostering[2], *s.* Entretien *m* (d'une idée, etc.); protection *f*, patronage *m*, encouragement *m* (des arts, etc.); fomentation *f* (de la sédition).

foster-[2], *comb.fm.* Qui se rapporte à l'élevage, à l'alimentation.

'**foster-brother,** *s.m.* **1.** Frère de lait. **2.** Frère adoptif.
'**foster-child,** *s.* **1.** Nourrisson, -onne. **2.** Enfant adopté.
'**foster-father,** *s.m.* **1.** Père nourricier. **2.** Père adoptif.
'**foster-mother,** *s.f.* **1.** (*a*) (Mère) nourricière; (mère) nourrice. (*b*) *Husb:* **Artificial foster-mother,** couveuse artificielle; éleveuse artificielle. **2.** Mère adoptive.
'**foster-nurse,** *s.f.* Nourrice.
'**foster-sister,** *s.f.* **1.** Sœur de lait. **2.** Sœur adoptive.

fosterage ['fɔstəredʒ], *s.* *Adm:* **1.** Mise *f* en nourrice (d'un enfant). *During his f.*, pendant qu'il était en nourrice. **2.** (*a*) Fonctions *fpl* de nourrice. (*b*) (i) Gages *mpl* de la nourrice; (ii) pension *f* de nourrice.

fosterer ['fɔstərər], *s.* **1.** (*a*) Parent nourricier. (*b*) Parent adoptif. **2.** Patron, -onne, protecteur, -trice, promoteur, -trice (d'une œuvre, d'une affaire, etc.); fomentateur, -trice (de sédition).

fosterling ['fɔstərliŋ], *s.* = FOSTER-CHILD.

fother ['fɔðər], *v.tr.* *Nau:* Aveugler (une voie d'eau).
fothering, *s.* Aveuglement *m* (d'une voie d'eau).

fougade [fu'gad], **fougasse** [fu'gas], *s.* *Mil:* *A:* Fougasse *f.*

fought [fɔːt]. *See* FIGHT[2].

foul[1] [faul]. I. *a.* **1.** (*a*) (*Loathsome*) Infect, fétide; puant, nauséabond; repoussant, répugnant, dégoûtant; méphitique. *F. breath,* mauvaise haleine; haleine fétide, infecte. *F. air,* air vicié, malsain, infect. *To make the air f.*, méphitiser l'air, infecter l'air. *F. gas,* gaz *m* toxique. *See also* MOUTH[1] 1. (*b*) (*Gross*) (*Of thoughts, etc.*) Immonde, impur, corrompu; (*of language*) grossier, ordurier. *F. word,* gros mot. *F. lie,* mensonge puant, infect. (*c*) (*Abominable*) (*Of deed, motive, etc.*) Noir, atroce, infâme, odieux. **Foul deed,** infamie *f.* *F:* *A f. trick,* une crapulerie, un coup crapule. (*d*) *F:* Infect, horrible. *To have a f. cold,* être affreusement enrhumé. *What f. weather!* quel sale temps! quel temps infect! **2.** (*a*) (*Dirty*) (Linge, etc.) sale, malpropre, souillé. **Foul water,** eau trouble, bourbeuse, croupie. *See also* PROOF[1] 3. (*b*) (*Clogged*) (*Of gun, chimney, pen, sparking-plug, etc.*) Encrassé; (*of pump*) engorgé; (*of machine, etc.*) cambouisé; (*of tongue*) chargé. *Nau:* (*Of ship*) **Foul bottom,** carène *f* sale. **3.** *Nau:* (*a*) (*Of anchor*) Engagé, surjalé; (*of rope*) engagé, embarrassé; (*of propeller*) engagé. **Foul cable,** tour *m* de chaîne; tour dans les chaînes. **To run foul of another ship,** aborder, heurter, rencontrer, s'engager dans, entrer en collision avec, un autre navire. *Two ships ran f. of each other in the fog,* il y a eu un abordage causé par le brouillard. *Running f. of sth.*, abordage de qch. *F:* *To run f. of a car,* accrocher une voiture. *F:* **To fall foul of s.o., of the law,** se brouiller avec qn, avec la justice; se prendre de querelle avec qn; tomber sous le coup de la loi. (*b*) **Foul weather,** gros temps, *F:* un temps de bran. *See also* WIND[1] 1. (*c*) **Foul coast, water,** côte, eau, dangereuse. **To make foul water,** raguer le fond. **Foul bottom,** mauvais fond (pour mouiller). (*d*) **Foul bill of health,** patente brute. **4.** *Sp:* *etc:* Déloyal, -aux, illicite. **Foul play,** (i) *Sp:* jeu déloyal; tricherie *f*; (ii) perfidie *f*, trahison *f*; intrigue déloyale; malveillance *f.* **To meet with foul play,** être victime d'un guet-apens; être attaqué lâchement. *Box:* **Foul blow,** coup bas. *See also* FAIR[2] I. 4. **-lly,** *adv.* **1.** Salement; d'une manière dégoûtante, infecte. **2.** (Plaisanter, parler, etc.) grossièrement, d'une manière obscène. **3.** Abominablement, méchamment, ignoblement, bassement. *He was f. murdered,* il fut ignoblement assassiné. *He has been f. slandered,* on l'a lâchement calomnié; on a publié sur son compte des calomnies ignobles.

II. **foul,** *s.* **1.** *Nau:* Collision *f*, entre-choquement *m.* **2.** *Sp:* Faute *f*; coup illicite, déloyal. *Fb:* Poussée irrégulière. *Box:* Coup bas. **To claim a foul,** réclamer contre un coup déloyal, contre une poussée, etc.

III. **foul,** *adv.* Irrégulièrement; déloyalement. **To fight foul,** se battre déloyalement, contre les règles. **To play s.o. foul,** faire une crasse à qn.

'**foul-'brood,** *s.* *Ap:* Loque *m*; pourriture *f* du couvain.
'**foul-hook,** *v.tr.* *Fish:* **To foul-hook a fish,** ferrer le poisson par le corps.
foul-'mouthed, -'spoken, *a.* (*Of pers.*) Mal embouché; grossier; au langage ordurier, crapuleux.

foul[2]. I. *v.tr.* **1.** (*a*) Salir, souiller (un endroit, sa réputation, etc.). *See also* BIRD 1. (*b*) Encrasser (un canon de fusil, *I.C.E:* les bougies). (*Of water, etc.*) **To foul up the boiler tubes,** entartrer les tubes de la chaudière. **2.** (*a*) Embarrasser, obstruer (une ligne de chemin de fer, etc.). *Nau:* Surjaler, surpatter, engager (une ancre); engager, embarrasser (un cordage, etc.). *Fouled rope,* cordage empêché. (*b*) *Nau:* *etc:* (*Of ship, etc.*) Entrer en collision avec, (se) heurter contre, tomber sur, aborder, s'engager dans (un autre vaisseau, etc.). **3.** (*a*) *Sp:* Commettre une faute contre (qn). *Fb:* Gêner ou plaquer (l'adversaire) en dehors des règles. *Turf:* Couper (un cheval). (*b*) *Nau:* *To f. a ship's course,* venir en travers de la route d'un navire. (*c*) *Abs.* *Mec.E:* *etc:* (*Of moving part*) Toucher.

II. **foul,** *v.i.* **1.** (*Of gun-barrel, etc.*) S'encrasser; (*of pump*) s'engorger, prendre. **2.** *Nau:* (*Of anchor, propeller, rope, etc.*) *To foul, to become fouled,* s'engager.

fouling, *s.* **1.** Encrassement *m* (d'un fusil, *I.C.E:* des bougies); engorgement *m* (d'une pompe). **2.** (*a*) Engagement *m* (d'une ancre, d'une hélice, etc.). (*b*) Abordage *m* (de deux vaisseaux, etc.). **3.** *Artil:* *Sm.a:* Crasse *f.*

Foulahs ['fuːlɑːs], *s.pl.* *Ethn:* = FELLATAHS.

foulard ['fulɑːr, fu'lɑːrd], *s.* *Tex:* *Cost:* Foulard *m.*

foulness ['faulnəs], *s.* **1.** (*a*) Impureté *f*, fétidité *f* (de l'air, etc.). (*b*) Saleté *f*, malpropreté *f.* (*c*) Encrassement *m* (d'une arme à feu, etc.). **2.** Grossièreté *f*, obscénité *f* (de langage, etc.). **3.** Infamie *f*, noirceur *f*, turpitude *f* (d'un acte).

foumart ['fumɑːrt], *s.* *Z:* Putois *m.*

found[1] [faund]. *See* FIND[2].

found[2]. **1.** *v.tr.* (*a*) Fonder (un édifice, une ville); poser, établir, les fondations (d'un édifice). (*b*) Fonder, créer (un collège, un empire, etc.); établir, instituer (une maison de commerce, etc.). **To found a family,** fonder une famille; faire souche; faire tige. *To f. a fortune,* (i) établir les bases d'une fortune; (ii) élever, édifier, une fortune (*on,* sur). *Sch:* *To f. a scholarship,* fonder une bourse. *To f. a chair,* créer une chaire. (*In art, etc.*) **To found a school,** faire école. *Jur:* **To found an entail,** instituer un majorat; faire une substitution. (*c*) Baser, fonder, appuyer (ses soupçons, etc.) (*on, Lit:* *in,* sur). *To f. one's opinion on the fact that . . .,* asseoir son opinion sur le fait que. . . . (*Of novel, etc.*) **Founded on fact,** reposant sur des faits véridiques; pris sur le vif. *Code of morals founded on pleasure,* morale *f* qui ramène tout au plaisir. *See also* WELL FOUNDED. **2.** *v.pr.* & *v.i.* **To found (oneself) on, upon, sth., s.o.,** se fonder sur qch.; appuyer ses opinions, son dire, sur qch.; s'appuyer de l'autorité de qn. *To f. upon a statement to . . .,* prendre texte d'une affirmation pour. . . . *To f. upon justice,* prendre la justice pour base.

found[3], *v.tr.* *Metall:* Fondre (les métaux); mouler (la fonte).
founding, *s.* Fonderie *f*; moulage *m.*

foundation [faun'deiʃ(ə)n], *s.* **1.** (*a*) Fondation *f* (d'un édifice, d'une ville, etc.); établissement *m*, institution *f*, création *f* (d'une académie, d'un empire, d'une maison de commerce). **Foundation member,** membre *m* originaire (d'une société, etc.). (*b*) Fondation et dotation *f* (d'un hôpital, d'une œuvre, d'un monastère). **2.** (*a*) Massif *m* de base, soubassement *m*; fondement *m*, fondation, substruction *f* (d'un édifice); assiette *f* (d'une chaussée); assise *f* (d'une machine, etc.). *The foundations of a building,* les fondements, le gros œuvre, d'un édifice. *To dig the foundations,* creuser les fondations. **To lay the foundations of a building, of a business,** établir les fondations, les fondements, d'un édifice, d'un commerce; fonder un commerce. *To lay the f. of an alliance,* jeter les bases d'une alliance. *House shaken to its foundations,* maison ébranlée jusque dans ses fondements. (*b*) *The foundations of music,* les bases de la musique. *F:* *The foundations of modern society,* les assises de la société moderne. **3.** (*a*) Fond *m* (d'une robe, etc.); *Lacem:* toilage *m.* *Embroidery on a silk f.*, broderie *f* sur fond de soie. *See also* MUSLIN, NET[1] 3. (*b*) *Dressm:* Bougran *m.* (*c*) *Furn:* Doublure *f*, remplissage *m* (pour garniture de sièges, etc.). (*d*) *Paint:* Fond de teint (d'une toile). *Th:* *Toil:* **Make-up foundation,** base de maquillage, fond de teint. (*e*) *Ap:* **Wax comb-foundation,** gaufre *f* de cire. **4.** Fondement, base, appui *m*, principal *m* (d'une théorie, etc.); motif *m*, cause *f* (d'un doute). **Rumour without foundation,** bruit dénué de fondement. *Statement wholly devoid of f.*, assertion *f* de pure imagination. **5.** (*a*) Institution dotée; fondation. *Sch:* **Scholar on the foundation,** élève boursier. **To put s.o. on the foundation,** donner une bourse à qn. (*b*) Capital légué pour œuvres de bienfaisance; fondation.

foun'dation-block, *s.* *Const:* Massif *m* de base, de fondation.
foun'dation-bolt, *s.* *Civ.E:* *etc:* Boulon *m* de fondation; tire-fond *m inv.*
foun'dation-chain, *s.* *Needlew:* (*Crochet, knitting*) Base *f* de mailles en l'air; premier rang de mailles.
foun'dation-mass, *s.* *Const:* Soubassement *m.*
foun'dation-plate, *s.* *Mec.E:* *Civ.E:* *etc:* Plaque-semelle *f*, *pl.* plaques-semelles; contre-plaque *f*, *pl.* contre-plaques.
foun'dation-school, *s.* École dotée.
foun'dation-stone, *s.* *Const:* Pierre fondamentale. **To lay the foundation-stone,** poser la première pierre.
foun'dation-stop, *s.* *Mus:* (*Organ*) Jeu *m* de fond; fond *m* d'orgue.
foun'dation-wall, *s.* *Const:* Jambage *m*, substruction *f.*

foundational [faun'deiʃən(ə)l], *a.* (*Of doctrine, etc.*) Fondamental, -aux.

foundationer [faun'deiʃənər], *s.* *Sch:* Boursier, -ière.

founder[1] ['faundər], *s.* Fondateur *m* (d'un hôpital, d'une institution); auteur *m* (d'une race); souche *f* (d'une famille). *See also* SHARE[2] 3.

founder[2], *s.* *Metall:* Fondeur *m.* *See also* IRON-FOUNDER, TYPE-FOUNDER.

founder[3], *s.* *Vet:* **Foot-founder,** fourbure *f*; sole battue. **Chest-founder, body founder,** courbature (générale); fortraiture *f.*

founder[4]. **1.** *v.i.* (*a*) (*Of building, cliff, etc.*) S'effondrer, s'écrouler; (*of cliff*) s'ébouler. (*b*) (*Of horse*) (i) S'effondrer. (ii) *To f. in the mire,* s'enfoncer dans la boue, s'embourber. (iii) Se mettre à boiter; devenir fourbu. (*c*) *Nau:* (*Of ship*) Sombrer (en pleine mer); couler (bas, au fond). *To f. head down, by the bows,* sombrer par l'avant. **2.** *v.tr.* (*a*) (i) Outrer, courbaturer (un cheval); (ii) faire boiter, écloper (un cheval). (*b*) Couler (un navire). (*c*) *Golf:* **To founder the ball,** enfoncer la balle dans le sol.

foundered, *a.* **1.** *Vet:* (Cheval) fourbu ou courbatu; (cheval) fortrait. **2.** (Navire) sombré, qui a sombré.
foundering, *s.* **1.** Effondrement *m* (i) du sol, d'un édifice, (ii) d'un cheval. **2.** Engloutissement *m*, submersion *f* (d'un vaisseau).

foundling ['faundliŋ], *s.* Enfant trouvé, -ée. *Adm:* **Foundlings,** enfants assistés. **Foundling hospital,** hospice *m* des enfants trouvés. *F:* *To send a child to the f. hospital,* envoyer un enfant aux enfants trouvés, à l'Assistance publique.

foundress ['faundres], *s.f.* Fondatrice.

foundry ['faundri], *s.* *Metalw:* Fonderie *f* (de fer, de cuivre, etc.). **Foundry work,** fonderie. *See also* IRON-FOUNDRY, LADLE[1] 2, SAND[1] 1.

fount[1] [faunt], *s.* **1.** *Poet:* *Lit:* Source *f* (d'eau); source, cause *f*, principe *m* (du bonheur, etc.). *F. of all knowledge,* source de toute science. *F:* **He is a fount of knowledge,** c'est un puits de science. **2.** Réservoir *m* (d'huile dans une lampe, d'encre dans un stylo).

fount[2], *s.* *Typ:* Fonte *f*; assortiment complet (d'un certain œil). **Wrong fount,** lettre *f* d'un autre œil. **Fount case,** casseau *m.*

fountain ['fauntən], *s.* **1.** Fontaine *f.* (*a*) *A.* & *Lit:* Source *f* (d'eau). *F:* **Fountain of wisdom,** source de sagesse. *God is the* *f. of all goodness*, toute bonté dérive de Dieu. (*b*) *See* DRINKING-FOUNTAIN, SODA-FOUNTAIN. (*c*) Jet *m* d'eau (de jardin public, etc.). **2.** Réservoir *m* (d'une lampe, etc.). *Typ:* Distributeur *m* (d'encre).

'fountain-head, *s.* Source *f* (d'une rivière, etc.). *F: The f.-h. of all knowledge*, la source de toute science. **To go to the fountain-head,** puiser à la source, aux sources.

'fountain-pen, *s.* Porte-plume *m inv* (à) réservoir; stylographe *m*, *F:* stylo *m*. **Self-filling fountain-pen,** stylo à remplissage automatique. **Fountain-pen ink,** encre *f* stylographique.

'fountain-shell, *s. Moll:* Strombe géant.

fountained ['fauntənd], *a.* (Jardin, etc.) orné d'une fontaine, de fontaines. *Poet:* **Many-fountained,** aux sources nombreuses.

four ['fɔːər], *num. a. & s.* Quatre (*m*). **Party of four,** partie carrée. *Twenty is* **four times as much** *as five*, vingt est le quadruple de cinq. *Cards:* **Sequence of four,** quatrième *f*. (*At poker*) **Four of a kind,** carré *m*. *F: He came down* **four steps at a time,** il est descendu quatre à quatre. **House exposed to the four winds of heaven,** maison exposée aux quatre vents du ciel. **Scattered to the four corners of the earth,** éparpillés aux quatre coins du monde. *Nowhere within the four corners of the pact*, nullement dans les termes du pacte. *See also* SEA 1. *Mil:* **(Move) to the right in fours!** à droite par quatre! *See also* FORM[2] I. 3. **To run on all fours,** courir à quatre pattes. **To be on all fours with . . .,** aller de pair avec. . . . *To show that two cases are on all fours*, établir une parité entre deux cas. *The two cases are not on all fours*, il n'y a pas de parité entre les deux cas; les deux cas ne sont pas analogues. *His account is on all fours with mine*, son récit s'accorde (entièrement) avec le mien. *Decision on all fours with that of another case*, décision analogue à celle d'un autre cas. *See also* CARRIAGE 3, COACH[1] 1, PLUS-FOURS. (*For other phrases see* EIGHT.)

'four-ale, *s.* Bière vendue à quatre pence le litre.

'four-ball, *a. Golf:* (Partie) à quatre joueurs et quatre balles.

four by 'two, *s. Sm.a: F:* Chiffon *m* de flanelle (pour décrassage).

'four-cleft, *a. Bot:* Quadrifide, quadriparti.

four-'cornered, *a.* À quatre coins; carré, quadrangulaire.

four-'coupled, *a. Rail:* (*Of locomotive*) A quatre roues accouplées; à deux essieux couplés.

'four-course, *attrib.a.* **1.** *Cu:* (Dîner) à quatre services. **2.** *Agr: F.-c. rotation of crops*, assolement quadriennal.

'four-cycle, *attrib.a. I.C.E:* (Moteur *m*) à quatre temps.

four-'engined, *a. Av:* Quadrimoteur.

'four-eyes, *s. Ich: U.S:* Anableps *m*.

'four-figure, *attrib.a. Mth:* (Nombre) à quatre chiffres. **Four-figure logarithms,** logarithmes *m* à quatre décimales.

'four flush. 1. *s. Cards:* Flush *m* de quatre cartes. **2.** *a. U.S: F:* **Four-flush,** faux, fausse; postiche.

'four-flusher, *s. U.S: F:* = BLUFFER, BOASTER[1].

'four-foot, *attrib.a. Rail:* **Four-foot way,** entre-rail *m* (de la voie normale).

'four-footed, *a.* (Animal *m*) quadrupède; à quatre pattes.

four-'handed, *a.* **1.** (Singe *m*) à quatre mains, quadrumane. **2.** (*a*) (Jeu *m*) à quatre (personnes). (*b*) *Occ. Mus:* (Morceau *m*) à quatre mains.

four-'horse(d), *a.* (Véhicule *m*) à quatre chevaux.

'four-in-hand. 1. *s.* Véhicule *m* à quatre chevaux; attelage *m* à quatre; mail-coach *m*, *pl.* mail-coaches. *See also* TIE[1] 2. **2.** *adv.* **To drive four-in-hand,** conduire à grandes guides, à quatre (chevaux).

'four-leaved, *a. Bot:* Quadrifolié.

'four-'letter, *a. P:* **Four-letter man,** (i) merdeux (S.H.I.T); (ii) homosexuel (H.O.M.O).

four-'master, *s. Nau:* Quatre-mâts *m inv*.

'four-oar, *s.* Canot *m* à quatre avirons.

'four-oared, *a.* (Canot) à quatre avirons.

'four-o'clock, *s. Bot: F:* Nyctage *m*, belle-de-nuit *f*, *pl.* belles-de-nuit.

'four-part, *attrib.a. Mus:* A quatre parties; à quatre voix.

'four-per-cents, *s.pl. St.Exch:* Le quatre pour cent. *To buy four-per-cents*, acheter du quatre pour cent.

'four-place, *attrib.a.* (Logarithmes, etc.) à quatre décimales.

'four-pole, *attrib.a. El.E:* (Dynamo *f*, etc.) à quatre pôles, quadripôle, tétrapolaire.

four-'post(ed), *a.* (Lit *m*) à colonnes.

four-'poster, *s.* **1.** Lit *m* à colonnes. **2.** *Nau: F:* Quatre-mâts *m inv*.

four-'pounder, *s.* **1.** Poisson *m*, boulet *m*, qui pèse quatre livres. **2.** *Artil:* Canon *m* de quatre (livres).

four-'seater, *s. Aut:* Voiture *f* à quatre places; *F:* une quatre-places.

'four-speed, *attrib.a. Aut:* A quatre vitesses.

'four-'square, *a. & adv.* (i) Carré(ment); (ii) solide(ment). *We have stood f.-s. to every storm*, nous avons tenu tête à toutes les tempêtes, à tous les vents.

'four-'stroke, *attrib.a. I.C.E:* (Moteur *m*) à quatre temps.

four-'toed, *a. Z:* Tétradactyle.

'four-walled, *a.* (Cour, etc.) à quatre murs; (vie, etc.) entre quatre murs.

'four-went-'way, *s. Dial:* Carrefour *m* (de routes).

'four-wheel(ed), *a.* (Véhicule *m*) à quatre roues. *See also* BRAKE[6] 1.

four-'wheeler, *s.* Voiture *f* à quatre roues; *esp.* fiacre *m*, voiture de place (*A:* par opposition au "hansom cab").

fourchette [fɔr'ʃet], *s.* **1.** Fourchette *f* (de gant). **2.** *Anat:* Fourchette vulvaire. **3.** *Orn:* Fourchette, lunette *f*. **4.** *Cards:* Tenace *f*, fourchette.

fourfold ['fɔːərfould]. **1.** *a.* (*a*) Quadruple. (*b*) **Fourfold draught-screen,** paravent *m* à quatre feuilles. **Fourfold tripod stand,** pied *m* (d'appareil) à trois brisures. **2.** *adv.* Quatre fois autant; au quadruple. *To repay s.o. f.*, rendre à qn quatre fois autant. *To return a service f.*, rendre un bienfait au quadruple. **To increase fourfold,** quadrupler.

Fourierism ['fuːriərizm], *s. Social Hist:* Fouriérisme *m*.

Fourierist ['fuːriərist], *s.* Fouriériste *m*.

fourpence ['fɔːərpəns], *s.* Somme *f* de quatre pence. *One and f.*, un shilling quatre pence.

fourpenny ['fɔːərpəni], *attrib.a.* Qui vaut quatre pence. *A:* **Fourpenny bit,** pièce *f* de quatre pence.

fourscore ['fɔːərskɔːər], *a. A. & Lit:* Quatre-vingts. *At the age of* **fourscore and ten,** à l'âge de quatre-vingt-dix ans.

foursome ['fɔːərsəm]. **1.** *a.* A quatre. *Danc:* **Foursome reel,** "reel" dansé à quatre. **2.** *s. Golf:* Partie *f* (de) double, à deux contre deux.

fourteen [fɔːər'tiːn], *num. a. & s.* Quatorze (*m*). *She is f.*, elle a quatorze ans. *Fourteen* ['fɔːərtiːn] *houses*, quatorze maisons. (*For other phrases see* EIGHT.)

fourteenth [fɔːər'tiːnθ]. **1.** *num. a. & s.* Quatorzième. **Louis the Fourteenth,** Louis Quatorze. *The f.* ['fɔːərtiːnθ] *house*, la quatorzième maison. (*On*) *the f.* (*of May*), le quatorze (mai). **2.** *s.* (*a*) (*Fractional*) Quatorzième *m*. (*b*) *Mus:* Quatorzième *f*; réplique *f*, octave *f*, de la septième. **-ly,** *adv.* Quatorzièmement, en quatorzième lieu.

fourth ['fɔːərθ]. **1.** *num. a. & s.* Quatrième. *He arrived* **fourth or fifth,** il est arrivé quatre ou cinquième. *The f. of January, January the f.*, le quatre janvier. *U.S:* **The Fourth, the glorious Fourth,** le quatre juillet (fête nationale). *Sch: The f. form, approx.* = la classe de troisième. *Cards: etc:* **To make a fourth,** faire le quatrième. *See also* ARM[2] 1, DIMENSION[1] 3, DIMENSIONAL, ESTATE 3, HAND[1] 5. (*For other phrases see* EIGHTH.) **2.** *s.* (*a*) (*Fractional*) Quart *m*. **Three-fourths of the globe,** les trois quarts du globe. *Bottle three-fourths empty*, bouteille aux trois quarts vide. (*b*) *Mus:* Quarte *f*. **Augmented fourth,** quarte augmentée; triton *m*. **-ly,** *adv.* Quatrièmement, en quatrième lieu.

foussa ['fusa], *s. Z:* = FOSSA[2].

foveola [fo'viːola], *s. Nat.Hist:* Fovéole *f*.

foveolate ['fouviolet], *a. Nat.Hist:* Fovéolé.

fowl[1] [faul], *s.* **1.** (*a*) *Lit:* Oiseau *m*; volatile *m*. **The fowls of the air,** les oiseaux des cieux. (*b*) *Coll.* Oiseaux. **Wild fowl,** gibier *m* d'eau. **2.** (*a*) Poule *f*, coq *m*; volaille *f*; oiseau de basse-cour. **To keep fowls,** élever des poules, de la volaille. **Fowl plague,** peste *f* aviaire des poules. *See also* GAME-FOWL, GUINEA-FOWL, MOOR-FOWL. (*b*) *Cu:* Poule, poulet *m*, volaille. *See also* FISH[1], RUN[1] 9.

'fowl-house, *s.* Poulailler *m*.

fowl[2], *v.i.* **1.** Faire la chasse au gibier ailé. **2.** Oiseler (au filet).

fowling, *s.* Chasse *f* aux oiseaux. **Night fowling,** *A:* **bat fowling,** fouée *f*.

'fowling-piece, *s.* Fusil *m* de chasse (à petit plomb).

fowler[1] ['faulər], *s.* Oiseleur *m*.

Fowler[2]. *Pr.n. Pharm:* **Fowler's solution,** liqueur *f* de Fowler.

fox[1] [fɔks], *s.* **1.** (*a*) (*The female is* VIXEN, *q.v.*) Renard *m*. **Red fox,** renard commun. **Blue fox,** renard bleu. **White *or* Arctic fox,** renard polaire; renard bleu. *See also* SILVER FOX. *Young fox*, renardeau *m*. *She-fox*, renarde *f*. **Fox's hole, earth,** renardière *f*. *Cost:* **Fox fur,** (fourrure *f* en) renard. *F:* **To set the fox to keep the geese,** donner la brebis à garder au loup; enfermer le loup dans la bergerie. *F:* **An old fox,** un vieux renard; un vieux madré; un vieux malin. **A sly, cunning, fox,** un madré, un fin renard, un roublard; un fin matois; un finaud. **To play the fox,** renarder. *See also* FLYING-FOX, SEA-FOX. (*b*) *Sch: U.S:* = FRESHMAN. **2.** *Astr:* **The Fox,** le Renard. **3.** *Nau:* Commande *f*, tresse *f*. **Seizing with fox,** amarrage *m* en commande. **Spanish fox,** lignerolle *f*. **4.** = FOX-WEDGE.

'fox-bane, *s. Bot:* Aconit *m* tue-loup.

'fox-bat, *s. Z:* = FLYING-FOX.

'fox-bitch, *s.f.* = VIXEN 1.

'fox-brush, *s.* Queue *f* de renard.

'fox-burrow, -earth, *s.* Renardière *f*; terrier *m* de renard.

'fox-cub, *s.* Renardeau *m*.

'fox-evil, *s. Med:* Pelade *f*.

'fox-fire, *s. U.S:* Phosphorescence *f* (du bois pourri, etc.).

'fox-fish, *s. Ich:* **1.** Callionyme *m*. **2.** = SEA-FOX.

'fox-glove, *s. Bot:* Digitale (pourprée); *F:* gantelée *f*; gant *m* de bergère; gant de Notre-Dame; doigtier *m*; doigt *m* de la Vierge.

'fox-hole, *s.* **1.** = FOX-BURROW. **2.** *Mil: F:* = FUNK-HOLE 2.

'fox-hound, *s. Ven:* Chien courant (pour la chasse au renard); fox-hound *m*.

'fox-hunt, *s.* Chasse *f* au renard.

'fox-hunter, *s.* Chasseur *m* de renards.

'fox-hunting, *s.* La chasse au renard.

'fox-key, *s. Mec.E:* Goupille fendue pour contre-clavette.

'fox-like, *a.* **1.** Qui ressemble à un renard. **2.** *F:* Rusé, astucieux, malin, madré, roublard.

'fox-mange, *s. Med:* Alopécie *f*.

'fox-shark, *s. Ich:* Renard marin.

'fox-skin, *s.* Peau *f*, fourrure *f*, de renard.

'fox-squirrel, *s.* Écureuil *m* de la Caroline.

fox-'terrier, *s.* Fox-terrier *m*, *pl.* fox-terriers; *F:* fox *m*.

'fox-trap, *s.* Piège *m* à renards.

'fox-trot[1], *s.* **1.** Petit trot (de renard). **2.** *Danc:* Fox-trot *m*.

'fox-trot[2], *v.i.* (*Conj. like* TROT) Danser le fox-trot.

'fox-wedge, *s. Mec.E:* Contre-clavette *f*, *pl.* contre-clavettes.

'fox-wood, *s.* Bois vermoulu.

fox[2]. **1.** *v.tr.* (*a*) Tacher de roux, piquer, décolorer (les feuilles d'un livre); maculer, piquer (une gravure). (*b*) *Bootm:* Mettre une bande de renfort, une baguette, à (un soulier). (*c*) *P:* Mystifier, tromper (qn). **2.** *v.i.* (*a*) *F:* Feindre; ruser; user de feintes; renarder. (*b*) **To fox about, to go foxing round,** fureter partout.

(*c*) *Brew:* (*Of beer*) S'acidifier, se piquer. (*d*) (*Of paper*) Se piquer.

foxed, *a.* **1.** (*a*) (Bois) pouilleux. (*b*) (Livre, papier) piqué; (estampe) maculée, piquée. (*c*) (Bière) piquée, aigre. **2.** *P: A:* Ivre, gris, soûl.

foxing, *s.* **1.** *F:* Feinte *f*, finasserie *f*. **2.** (*a*) Acidification *f* (de la bière). (*b*) Décoloration *f*, piqûre *f* (du papier). **3.** (*On paper, books*) Piqûres *fpl*; macules *fpl* (d'une estampe). **4.** *Bootm:* Bande *f* de renfort; baguette *f*.

foxaline ['fɔksəliːn], *s.* (Fourrure *f*) simili-renard *m inv.*

foxiness ['fɔksinəs], *s.* Astuce *f*, roublardise *f*.

foxtail ['fɔksteil], *s.* **1.** Queue *f* de renard. **2.** *Bot:* (*a*) Vulpin *m*; queue-de-renard *f*, *pl.* queues-de-renard. (*b*) Lycopode *m* en massue; *F:* soufre végétal; mousse *f* terrestre; pied-de-loup *m*, *pl.* pieds-de-loup. **3.** (*a*) *Carp:* **Foxtail joint,** mortaise *f* à queue de renard. (*b*) *Mec.E:* **Foxtail wedging,** assemblage *m* à contre-clavette.

foxy ['fɔksi], *a.* **1.** = FOX-LIKE 2. **To play foxy,** finasser. **2.** (*a*) (*Of hair, complexion*) Roux, *f.* rousse. (*b*) *Art:* Tirant sur le rouge; à tons de brique. **3.** = FOXED 1. (*Of beer, etc.*) **To turn foxy,** s'acidifier, aigrir.

foyer ['fwaje], *s.* **1.** *Th:* Foyer *m* (du public). **2.** *Med:* Foyer (d'infection).

fracted ['fraktid], *a.* *Her:* (*Of fesse*) Brisé.

fraction ['frakʃ(ə)n], *s.* **1.** *Ecc:* Fraction *f* (du pain). **2.** Petite portion, petite partie (de qch.); fragment *m*. *There is not a f. left*, il n'en reste pas le moindre petit morceau. **3.** (*a*) *Mth:* Fraction; nombre *m* fractionnaire. **Vulgar fraction,** fraction ordinaire. **Decimal fraction,** fraction décimale. **Improper fraction,** expression *f* fractionnaire. **Compound fraction,** fraction de fraction. *F. in its lowest terms*, fraction irréductible. (*In calculus*) **Partial fractions, part fractions,** petites parties d'une fraction. *See also* CIRCULATING[1]. *F:* **He escaped death by a fraction of a second, by the fraction of an inch,** il a été à deux doigts de la mort. (*b*) *Fin:* Fraction, rompu *m* (d'action, d'obligation). **4.** *Ch:* Fraction (de distillation).

fractional ['frakʃən(ə)l], *a.* **1.** *Mth: etc:* Fractionnaire. *F. part*, fraction *f*. **Fractional coins,** monnaie *f* divisionnaire; monnaie d'appoint. **2. Fractional distillation,** distillation fractionnée. **-ally,** *adv.* (Distiller) par fractionnement.

fractionate ['frakʃəneit], *v.tr.* *Ch:* Fractionner (le pétrole, etc.).

fractionize ['frakʃənaːiz], *v.tr.* *Mth: etc:* Fractionner (une expression, etc.).

fractious ['frakʃəs], *a.* (*a*) Difficile de caractère; revêche. (*b*) De mauvaise humeur; maussade. *A f. baby*, un bébé pleurnicheur. *The baby was f.*, le bébé ne cessait pas de pleurer, ne voulait pas s'endormir. (*c*) (Cheval) difficile, rétif; (vache *f*) indocile. **-ly,** *adv.* **1.** D'un air ou d'un ton de mauvaise humeur. **2.** Indocilement.

fractiousness ['frakʃəsnəs], *s.* (*a*) Mauvaise humeur, humeur hargneuse, querelleuse; (*of a baby*) pleurnicherie *f*, pleureries *fpl*. (*b*) Rétivité *f* (d'un animal); indocilité *f*.

fracto-cumulus [frakto'kjumjuləs], *s.* *Meteor:* Fracto-cumulus *m*.

fracture[1] ['fraktjər], *s.* **1.** (*a*) Fracture *f*, rupture *f* (d'un essieu, etc.). (*b*) *Surg:* Fracture (d'un os, etc.). **Compound fracture,** fracture compliquée. **Transverse fracture,** abruption *f*. **To set a fracture,** réduire une fracture. *See also* COMMINUTE, GREEN-STICK. (*c*) *Metalw:* Crique *f* (dans le métal). **2.** *Miner: Geol:* Cassure *f*, fracture. **Fracture plane,** plan *m* de fracture, de cassure. **Rock fracture,** lithoclase *f*. *See also* SPLINTERY. **3.** *Ling:* Fracture (d'une voyelle).

fracture[2]. **1.** *v.tr.* Casser, briser (qch.). *Surg:* Fracturer (un os, etc.). **Fractured skull,** crâne fracturé. *Fractured ribs*, côtes enfoncées. **2.** *v.i.* Se casser, se briser; (*of limb*) se fracturer.

fraenum ['friːnʌm], *s.* = FRENUM.

fragile ['fradʒail], *a.* (*Of thg*) Fragile; (*of pers.*) faible, mièvre, chétif. **-ly,** *adv.* Fragilement.

fragility [fra'dʒiliti], *s.* **1.** (*Of thg*) Fragilité *f*; (*of pers.*) faiblesse *f*; délicatesse *f* (de santé). **2.** *Metall: etc:* Frangibilité *f*.

fragment[1] ['fragmənt], *s.* **1.** Fragment *m*, morceau *m* (de porcelaine, de papier, etc.); éclat *m*, brisure *f* (d'obus, etc.); brin *m* (de papier, etc.). **Smashed to fragments,** réduit en fragments, en miettes; brisé en mille morceaux. *The fragments of a meal*, les bribes *f*, les miettes *f*, d'un repas. *F: Fragments of Latin*, bribes de latin. *He still had a f. of his fortune left*, il lui restait encore quelques bribes de fortune. *See also* DIAMOND[1] 1. **2.** *Lit:* Fragment. (*a*) Œuvre inachevée (d'un auteur). (*b*) Extrait *m* (d'un livre).

fragment[2], *v.tr.* Réduire en fragments; briser en morceaux.

fragmentary ['fragməntəri], *a.* **1.** Fragmentaire. **2.** *Geol:* (*Of rock, etc.*) Clastique, détritique.

fragrance ['freigrəns], *s.* Parfum *m*; bonne odeur, odeur suave; *Lit:* fragrance *f*. *Writings with a f. of antiquity*, écrits qui ont un parfum d'antiquité.

fragrant ['freigrənt], *a.* Parfumé, odorant, odoriférant, fragrant. *F. smell*, odeur embaumée; bonne odeur (de cuisine, etc.). *Her room was f. of violets*, sa chambre embaumait la violette; les violettes embaumaient sa chambre. *Woods f. with wild strawberries*, bois parfumés de fraises sauvages.

frail[1] [freil], *a.* **1.** (*a*) (*Easily broken*) Peu solide; fragile; frêle. *Her f. slimness*, sa frêle sveltesse. (*b*) (*Transient*) (Bonheur, etc.) transitoire, éphémère, fugitif. **2.** (*Weak*) (*a*) (*Of pers., health*) Faible, frêle, débile, délicat. **She's getting very frail,** elle commence à se casser. (*b*) (Femme) de vertu fragile. **3.** *s.f.* *U.S: P:* Femme.

frail[2], *s.* *Com:* Cabas *m*, panier *m* de jonc (pour l'emballage des figues, des raisins secs).

frailness ['freilnəs], *s.* **1.** (*a*) Fragilité *f*. (*b*) Fugacité *f* (du bonheur); caractère *m* éphémère, transitoire (de la beauté, etc.). **2.** (*a*) (*Of pers., health*) Faiblesse *f*, débilité *f*; *esp.* faiblesse de l'âge. (*b*) Faiblesse morale; faiblesse contre les tentations; facilité *f* à pécher; fragilité.

frailty ['freilti], *s.* **1.** = FRAILNESS 2 (*b*). **2.** (*a*) Faible *m*; défaut *m*. (*b*) Péché *m*, faux pas.

fraise[1] [freːiz], *s.* **1.** *Fort:* Fraise *f*. **2.** *A.Cost:* Fraise (à godrons).

fraise[2], *s.* *Tls:* Fraise *f*.

framboesia [fram'biːzia], *s.* *Med:* Pian *m*.

frame[1] [freim], *s.* **1.** (*a*) Construction *f*, structure *f*, disposition *f*, forme *f*. **Frame of mind,** état *m*, disposition, d'esprit. *He is in a bad f. of mind*, il est de mauvaise humeur; il est mal disposé. (*b*) Système *m*, forme (de gouvernement); ordre *m* (de la société, etc.); plan *m* (de l'univers). **2.** (*a*) Ossature *f* (d'une personne, d'un animal). *Man of gigantic f.*, homme *m* d'une taille, d'une stature, colossale. **Sobs shook her frame,** des sanglots lui secouaient le corps. (*b*) *Tchn:* Charpente *f*, monture *f* (d'un bâtiment, d'un comble, d'un pont, etc.); colombage *m*, pan *m* (de cloison ou de mur); ossature (de l'aile d'un aéroplane, etc.); cadre *m* (d'une bicyclette, etc.); carcasse *f* (d'un moteur électrique); châssis *m* (d'une locomotive, d'une automobile, d'un canon, etc.); caisse *f*, train *m* (d'une voiture); bâti *m* (d'une machine, d'une dynamo, d'un métier, etc.); soucherie *f* (d'un marteau à bascule); affût *m* (d'une fusée, d'un canon, etc.); monture (d'un parapluie, d'un sac à main, etc.); carcasse (d'un parapluie); armature *f* (d'une raquette); cerce *f* (d'un tamis, etc.). *F. of a pair of spectacles*, monture, châsse *f*, d'une paire de lunettes. *F. of an armchair*, bois *m* d'un fauteuil. *F. of a bed*, châlit *m*; bois *m* de lit. **Fret-saw frame, piercing-saw frame,** bocfil *m*. **Poster frame, bill frame,** tableau *m* d'affichage. *F. of a hive*, cadre d'une ruche. *See also* HIVE[1] 1. *Min:* **Timbering frame,** cadre, châssis, de mine. **Sliding frame,** châssis coulissant (de sorbonne de laboratoire, etc.). **Air frame,** (i) fuselage *m*; (ii) appareil *m* de sustentation (de l'avion). *Turb:* **Governor frame,** corbeille *f* de régulateur. *Veh:* (*Round*) *f. of a cart-tilt*, cerceau *m* d'une bâche. *Veh:* *F. to support the squab(s)*, banquette *f*, parclose *f*, à coussin. *F:* *To use lectures as a f. for propaganda*, enchâsser de la propagande dans des conférences. *See also* AERIAL 2, GALLOWS-FRAME, HEAD-FRAME, PIVOT-FRAME, PRINTING-FRAME, SAW-FRAME, SWING-FRAME. (*c*) *N.Arch:* (i) Membrure, carcasse (d'un navire). *See also* FLOOR[1] 1, STERN-FRAME. (ii) Membre *m*, couple *m*. **The frames,** les couples. *The midship f.*, le maître couple. *See also* WEB-FRAME. (*d*) *Mth:* **Frame of reference,** système *m* de coordonnées. **3.** (*a*) Cadre, encadrement *m* (d'un tableau, d'un miroir, etc.). *Gilded f.*, cadre doré. *F:* *The hedges formed a f. to a small garden*, les haies encadraient un petit jardin. (*b*) *F. of a window*, chambranle *m*, dormant *m*, châssis, armature *f*, d'une fenêtre. *See also* DOOR-FRAME, WINDOW-FRAME. (*c*) *N.Arch:* Cadre de l'hélice. (*d*) *Cin:* Image *f* (de film). *W.Tel:* (*Television*) **Emission at 25 frames per second,** émission de 25 images par seconde. **4.** (*a*) *Needlew:* Métier *m* (à broder, à dentelle, à tapisserie, etc.); tambour *m* (à broder); carreau *m* (de dentellière). (*b*) *Tex:* Métier (à filer). *See also* DRAWING-FRAME, FLYER 2. **5.** *Hort:* Châssis de couches; bâche *f*. **Hot frame, cold frame,** châssis chaud, froid. **6.** *Min:* (*For ore-dressing*) Table dormante, à toile inclinée. **7.** *Farr: Vet:* Travail *m*, *pl.* travails (pour cheval).

'frame-bridge, *s.* Pont *m* en charpente.

'frame(-house), *s.* *U.S:* Maison *f* en pans de bois; maison démontable.

'frame-maker, *s.* Carcassier *m* (de parapluies, etc.).

'frame-saw, *s.* *Tls:* Scie montée; scie à châssis.

'frame-work, *s.* *Needlew: etc:* Travail *m*, -aux, au métier (à broder, etc.). *See also* FRAMEWORK.

frame[2], *v.tr.* **1.** Former, régler (ses pensées, ses actions, etc.). **To frame s.o. for, to, sth.,** former, façonner, disposer, qn à qch. **To frame sth. to, into, sth.,** ajuster, adapter, qch. à qch. *v.i.* **He is framing well,** il montre des dispositions; il donne de grandes espérances. **2.** (*a*) *To f. a roof*, faire la charpente d'un toit. *To f. a ship*, construire la carcasse d'un navire. (*b*) Projeter (un dessein); charpenter (un roman, etc.); composer (un poème, une réponse, etc.). *To f. a speech*, établir, arrêter, disposer, le plan d'un discours. (*c*) Articuler, prononcer (un mot, etc.). **3.** (*a*) Imaginer, concevoir (une idée, etc.); se faire (une opinion). *To f. sth. to oneself*, s'imaginer qch. (*b*) Fabriquer (une histoire, etc.); ourdir (un complot). *To f. an accusation against s.o.*, monter une accusation contre qn. *U.S: F:* **To frame s.o.,** monter une accusation, une cabale, un coup, contre qn. **4.** Encadrer (un tableau, etc.). *F:* *Black hair framed her pale face*, des cheveux noirs encadraient son pâle visage. *She stood framed in the doorway*, elle se tenait dans l'encadrement de la porte.

frame up, *v.tr.* *U.S: F:* Manigancer (une affaire); truquer (un résultat).

'frame-up, *s.* *U.S: F:* Coup monté.

framing, *s.* **1.** (*a*) Construction *f*, formation *f*, façonnement *m* (de qch.). *F. of sth. to sth.*, ajustage *m*, adaptation *f*, de qch. à qch. (*b*) Composition *f* (d'un poème, etc.); conception *f* (d'une idée). (*c*) Articulation *f* (d'un mot, etc.). (*d*) Invention *f*, fabrication *f* (d'une fausse accusation, etc.). (*e*) Encadrement *m* (d'un tableau, etc.). **Framing strip** (*for parquet flooring*), frise *f* de parquet. (*f*) *Min:* Concentration faite sur la table dormante. **2.** = FRAME[1] 2. **Metal framing** (*for windows*), vitrière *f*.

framer ['freimər], *s.* **1.** Auteur *m* (d'un projet); rédacteur *m* (d'un traité, etc.). **2. (Picture-)framer,** encadreur *m*.

framework ['freimwəːrk], *s.* **1.** (*a*) Charpente *f*, bâti *m*, ossature *f*, carcasse *f*, squelette *m*. *Av:* *Wing with a wooden f.*, aile ossaturée de longerons et nervures en bois. *F. of a novel*, charpente d'un roman. *It comes within the f. of the League*, cela rentre dans le cadre de la S.D.N. *Th:* *F. of a flat*, portant *m* de décor. (*b*) Construction *f* en cloisonnage; revêtement *m* (de boisage); boisage *m* (d'un puits); système articulé (d'un pont); coffrage *m* (de travaux en béton). **Open framework, treillis** *m*. **2.** *Hort:* Forçage *m* au moyen des châssis de couches. **3.** Fabrication *f* de cadres. *See also* FRAME-WORK.

franc [fraŋk], *s.* Franc *m* (unité monétaire française).
France [frɑːns]. *Pr.n. Geog:* La France. *France is bounded by . . .,* la France est bornée par. . . . *In France,* en France. *The wines of France,* les vins de France.
Frances ['frɑːnses]. *Pr.n.f.* Françoise.
Francesca da Rimini [fran'tʃeskada'rimini]. *Pr.n.f. Hist:* Françoise de Rimini.
franchise ['frantʃaiz], *s.* **1.** (*a*) *Hist: Jur:* Franchise *f*, immunité *f*, privilège *m*. (*b*) *U.S:* Concession (octroyée à une compagnie d'utilité publique). **2.** Droit *m* de cité, de bourgeoisie; droits civils. **3.** *Pol:* Droit de vote; électorat *m*. *F. for all,* suffrage universel. **4.** *M.Ins:* Minimum d'avaries au-dessous duquel l'assureur est libéré de toute responsabilité.
Francis ['frɑːnsis]. *Pr.n.m.* François.
Franciscan [fran'siskən], *s. & a. Ecc:* Franciscain (*m*). *F. nun,* franciscaine *f*.
francization [fransi'zeiʃ(ə)n], *s.* **1.** Francisation *f* (d'un mot). **2.** *Nau:* Francisation. **Certificate of francization,** acte *m* de francisation.
francize ['fransaiz], *v.tr.* Franciser.
Franco-American [fraŋkoə'merikən], *a.* Franco-américain, *pl.* franco-américains.
francolin ['fraŋkolin], *s. Orn:* Francolin *m*.
Francomania [fraŋko'meinjə], *s.* Gallomanie *f*.
Franconia [fraŋ'kounjə], *s. Geog:* La Franconie.
Franconian [fraŋ'kouniən], *a. & s. Geog:* Franconien, -ienne.
francophile ['fraŋkofil], *a. & s.* Francophile.
francophobe ['fraŋkofoub], *s. & a.* Francophobe.
francophobia [fraŋko'foubiə], *s.* Francophobie *f*, misogallisme *m*.
frangibility [frandʒi'biliti], *s.* Frangibilité *f*.
frangible ['frandʒibl], *a.* Frangible, cassant, fragile.
frangipane ['frandʒipein], *s.* **1.** *Toil: Cu:* Frangipane *f*. **2.** *Bot:* Frangipanier *m*.
frangula ['fraŋgjulə], *s. Pharm:* Écorce *f* de bourdaine.
Frank[1] [fraŋk], *s.* **1.** *Hist:* Franc, *f.* Franque. **2.** (*In the Levant*) Franc *m*, Européen, -enne.
frank[2], *a.* **1.** (*Of pers., feelings*) Franc, *f.* franche; sincère; (*of speech, action*) direct, ouvert. *F. as a child,* d'une candeur d'enfant. *To be quite f.,* parler franchement, à cœur ouvert. **2.** *A:* Libre. *Jur:* **Frank tenement** = FREEHOLD. **-ly,** *adv.* Franchement, sincèrement; à visage découvert; ouvertement. *F. incredible,* tout bonnement incroyable. **To speak frankly,** parler sans ambages, sans détours; parler franc, à cœur ouvert. *I tell you f. that . . .,* je vous dis carrément que. . . . *To confess quite f. that . . .,* avouer en toute franchise que. . . .
frank[3], *s. Post:* **1.** *A:* (*a*) Contreseing *m*. (*b*) Lettre contresignée, envoyée en franchise. **2.** Marque *f* d'affranchissement.
frank[4], *v.tr.* **1.** *Post:* (*a*) *A:* Contresigner (une lettre). (*b*) Affranchir (une lettre, un paquet). **2.** *F: His letter of introduction will frank you to the most exclusive circles,* sa lettre d'introduction vous donnera l'entrée du monde le plus exclusif.
franking, *s.* Affranchissement *m*. **Franking machine,** machine *f* à affranchir (les lettres).
Frank[5]. *Pr.n.m.* (*Dim. of Francis*) François.
Frankenstein ['fraŋkənʃtain], *s.m.* Homme qui est ruiné, perdu, par ses propres œuvres (comme l'étudiant Frankenstein dans le roman de Mary Shelley). **To raise a Frankenstein's monster,** (*incorrectly*) **to raise a veritable Frankenstein,** créer un monstre dont on ne peut plus se défaire.
franker ['fraŋkər], *s. Post:* Machine *f* à affranchir (les lettres).
Frankfort ['fraŋkfɔːrt], **Frankfurt** ['fraŋkfəːrt]. *Pr.n. Geog:* Francfort *m*. *See also* BLACK[1] II. 1, SAUSAGE 1.
Frankforter ['fraŋkfɔːrtər], **Frankfurter** ['fraŋkfəːrtər], *a. & s.* **1.** *Geog:* Francfortois, -oise. **2.** *Cu:* = *Frankfurt sausage, q.v. under* SAUSAGE 1.
frankincense ['fraŋkinsens], *s.* Encens *m* (mâle); oliban *m*. *F. oil,* essence *f* d'encens.
Frankish ['fraŋkiʃ]. **1.** *a. Hist:* (*Also in the Levant*) Franc, *f.* franque. **2.** *s.* La langue franque.
franklin ['fraŋklin], *s. Hist:* Franc-tenancier *m*, *pl.* francs-tenanciers.
frankness ['fraŋknəs], *s.* Franchise *f*, sincérité *f*; ouverture *f* de cœur.
frantic ['frantik], *a.* **1.** Frénétique, forcené; fou, *f.* folle. **Frantic applause,** applaudissements *m* frénétiques. **Frantic joy,** joie délirante. **Frantic efforts,** efforts effrénés. *F. with joy, with pain,* fou de joie, de douleur. *He was in a f. rage,* il était dans une colère à tout casser. *It drives him f.,* cela le met hors de lui. **2.** *P:* **Frantic toothache,** mal de dents affreux. *I have a f. amount of things to do,* j'ai un tas de choses à faire; je ne sais où donner de la tête. **-ally,** *adv.* **1.** Frénétiquement, follement, avec frénésie. *To applaud f.,* applaudir avec furie, à tout rompre, à tout casser. **2.** *P:* Affreusement, terriblement. *I am f. busy,* (j'ai tellement à faire que) je ne sais où donner de la tête.
Franz-Joseph Land [frants'dʒouzefland]. *Pr.n. Geog:* L'archipel *m* François-Joseph.
frap [frap], *v.tr.* (**frapped; frapping**) *Nau:* **1.** Brider, genoper, aiguilleter (un cordage). **2.** *A:* Ceintrer (un navire).
frapping, *s.* **1.** (*a*) Bridage *m*, bridure *f*, aiguilletage *m* (de cordages). (*b*) *A:* Ceintrage *m* (d'un navire). **2.** Genope *f*, bridure *f*, liure *f*.
Frasnian ['fraznian], *a. & s. Geol:* Frasnien (*m*).
frass [fras], *s. Ent:* Chiures *fpl* (de larves).
frat [frat], *s. U.S: F:* = FRATERNITY 3.
frater ['freitər], *s. Hist:* = REFECTORY.
fraternal [frə'təːrn(ə)l], *a.* Fraternel. **-ally,** *adv.* Fraternellement.
fraternity [frə'təːrniti], *s.* **1.** Fraternité *f*. **2.** Confrérie *f*. **3.** *Sch: U.S:* Association *f* de camarades de classe, d'anciens élèves ou étudiants.
fraternization [fratərnai'zeiʃ(ə)n], *s.* Fraternisation *f* (*with,* avec).
fraternize ['fratərnaiz], *v.i.* Fraterniser (*with,* avec).
fraternizing, *s.* = FRATERNIZATION.
fratricidal [fratri'said(ə)l], *a.* (Guerre *f*, etc.) fratricide.
fratricide[1] ['fratrisaid], *s.* Fratricide *mf*.
fratricide[2], *s.* (Crime *m* de) fratricide *m*.
fraud [frɔːd], *s.* **1.** (*a*) *Jur:* Fraude *f*, dol *m*. **In fraud of s.o., to the fraud of s.o.,** (agissements) dans le but de frauder qn. *Guilty of f.,* coupable de manœuvres frauduleuses. *Frauds relating to goods,* tromperie *f* sur la marchandise. (*b*) Supercherie *f*, tromperie *f*. **Pious fraud,** pieux mensonge. **2.** *F:* (*a*) (*Pers.*) Truqueur, -euse, charlatan *m*, imposteur *m*, empileur *m*. (*b*) (*Pers.*) *Hum:* Blagueur *m*, farceur *m*. **He's a fraud,** c'est un fumiste. (*c*) Attrape *f*; attrape-nigaud *m*, *pl.* attrape-nigauds. (*d*) Chose *f* qui ne répond pas à l'attente. *This place is a f.,* cet endroit ne répond pas à la réputation qu'on lui a faite. *The match was a complete f.,* ç'a été un match pour rire.
fraudulence ['frɔːdjuləns], *s.* (*a*) Caractère frauduleux (d'une transaction, etc.). (*b*) Infidélité *f* (d'un dépositaire, etc.).
fraudulent ['frɔːdjulənt], *a. Jur:* Frauduleux; dolosif. *F. balance-sheet,* faux bilan. *F. transaction,* transaction entachée de fraude. *F. clause (in a contract),* clause dolosive. **Fraudulent bankrupt,** banqueroutier frauduleux. **-ly,** *adv.* Frauduleusement. *Goods imported f.,* marchandises passées en fraude.
fraught [frɔːt], *a.* **1.** *A:* (*a*) *Ship f. with goods,* navire chargé de marchandises. (*b*) Pourvu, muni, fourni (*with,* de). **2.** *Lit:* (*a*) *Remarks f. with malice,* observations méchantes, pleines de méchanceté. (*b*) Fertile (*with,* en); gros (*with,* de). *Decision f. with far-reaching consequences,* décision grosse de conséquences.
Fraunhofer ['frɔːnhoufər]. *Pr.n. Ph:* **Fraunhofer's lines,** les raies noires du spectre.
fraxinella [fraksi'nelə], *s. Bot:* Fraxinelle *f*, dictame *m*.
fray[1] [frei], *s.* **1.** (*a*) Bagarre *f*, échauffourée *f*, mêlée *f*. **In the thick of the fray,** au plus épais de la mêlée. (*b*) Rixe *f*. **2.** *Lit:* Combat *m*, lutte *f*, conflit *m*. *Who began this bloody f.?* qui a commencé cette lutte sanglante? **Always ready for the fray,** toujours prêt à se battre; qui ne rêve que plaies et bosses. *To enter the f., F:* descendre dans l'arène. **To return to the fray,** rentrer en lice.
fray[2], *s.* Éraillure *f*, effilochure *f* (d'une étoffe, des manchettes, etc.).
fray[3]. **1.** *v.tr.* (*a*) *Ven:* (*Of deer*) **To fray (its head),** frayer sa tête. (*b*) Érailler, effiler, effilocher (un tissu, etc.). *F:* **The constant noise frays my nerves,** le bruit continuel me met les nerfs à vif. *My nerves are frayed out,* je suis à bout de nerfs. **2.** *v.i.* (*Of tissue*) S'érailler, s'effiler, s'effilocher, s'effranger; (*of rope*) s'étriper, foirer. *My collar is fraying,* mon faux col s'effrange au bord.
frayed, *a.* (*Of cloth, garment, etc.*) Éraillé, frangé; (*of rope*) étripé, usé.
fraying, *s.* **1.** Éraillage *m*, éraillure *f*, effilochage *m*, frangeage *m* (d'un tissu). **2.** *pl.* **Frayings,** éraillures, effilochures *f*.
frazil ['frazil], *s. Meteor:* (*In N. America*) Glaces *fpl* de fond.
frazzle[1] [frazl], *v.tr. & i. Dial. & U.S: F:* = FRAY[3] 1 (*b*), 2.
frazzle[2], *s. Esp. U.S:* **1.** État usé, éraillé, élimé (d'un vêtement, etc.); usure *f*. **2.** *P:* **To beat s.o. to a frazzle,** battre qn à plates coutures; aplatir qn. **I'm done to a frazzle,** je suis éreinté, à plat.
freak[1] [friːk], *s.* **1.** Caprice *m*, fantaisie *f*, *F:* lubie *f*. **Freaks of fashion,** caprices de la mode. **Freak of fortune, of chance,** jeu *m* de la fortune, du hasard. *Mere f. of humour,* simple lubie. *The f. took me to sun-bathe,* il me prit la fantaisie de prendre un bain de soleil. **To do sth. out of sheer freak,** faire qch. par caprice, par fantaisie. **2.** Tour *m*, farce *f*, fredaine *f*, frasque *f*. **3.** **Freak (of nature),** (i) *Nat.Hist:* variation sportive; jeu *m* de la nature; (ii) *F:* monstre *m*, phénomène *m*, avorton *m*. **Freak showman,** montreur *m* de phénomènes. **He's a freak,** c'est un grotesque; *P:* c'est un drôle de numéro; c'est un type à part. **4.** *Attrib.* **Freak car, ship,** voiture *f*, navire *m*, de forme spéciale, de construction fantaisiste. *Mil: F:* **Freak religion,** religion *f* de fantaisie (non prévue dans les règlements concernant les offices du dimanche). *We were shown a f. duck,* on nous a montré un canard phénomène.
freak[2], *s.* Bigarrure *f*.
freak[3], *v.tr.* Barioler, bigarrer, rayer.
freakish ['friːkiʃ], *a.* **1.** Capricieux, fantasque, bizarre. *F. imagination,* imagination libertine. *F. notion,* fantaisie *f*. *A collection of f. pictures,* un assemblage de tableaux baroques. **2.** *F:* Monstrueux; phénoménal, -aux. **-ly,** *adv.* Capricieusement, bizarrement; d'une manière fantasque, baroque.
freakishness ['friːkiʃnəs], *s.* Caractère *m* fantasque, baroque, bizarre (de qch.); nature capricieuse (d'un cheval, etc.). **To do sth. out of freakishness,** faire qch. par caprice, par coup de tête, pour se singulariser.
freckle[1] [frekl], *s.* Éphélide *f*; tache *f* de rousseur; *F:* tache de son. **Freckles,** taches de rousseur; *Med:* lentigo *m*. *Lotion to remove freckles,* lotion *f* antéphélique.
freckle[2]. **1.** *v.tr.* (*Of the sun, etc.*) Marquer (qn, la peau) de taches de rousseur. **2.** *v.i.* (*Of the skin, of pers.*) Se couvrir de taches de rousseur.
freckled, *a.* **1.** Couvert de taches de rousseur; taché de rousseur; *F:* taché de son. **2.** (*Of animal's coat*) Tacheté, tavelé; truité.
freckly ['frekli], *a. F:* = FRECKLED 1.
Fred [fred], **Freddy** ['fredi]. *Pr.n.m.* (*Dim. of Frederic*) Frédéric.
Frederic(k) ['fred(ə)rik]. *Pr.n.m.* Frédéric.
Frederica [fredə'riːkə]. *Pr.n.f.* Frédérique *f*.
free[1] [friː]. I. *a. & adv.* **1.** (*a*) Libre. **Free State,** État indépendant; État libre. *State that has become f.,* État qui s'est affranchi. **The Free City of Danzig,** la Ville libre de Dantzig. *Nau:* **Free port,** port franc. **Free (public-)house,** débit de boissons qui est libre de vendre les produits de n'importe quelle brasserie, qui est libre de tous fournisseurs. *Ind:* **Free labour,** travail *m* libre. *Thought is free,* on ne saurait entraver la pensée. **Man is a free agent,**

l'homme est libre. (*b*) En liberté. (*Of bird, etc.*) *To get f. from a snare*, se déprendre d'un piège. **To set s.o. free,** mettre qn en liberté; *F:* briser les fers de qn. *To set a slave f.*, affranchir un esclave. *To set a bird f.*, laisser échapper, laisser envoler, un oiseau. *To set f. a prisoner*, délivrer, élargir, libérer, un prisonnier. **She offered to set him free,** elle lui proposa de lui rendre sa parole. *Fin:* **To set money free,** mobiliser de l'argent. **Setting free,** mise *f* en liberté, affranchissement *m*, élargissement *m*; mobilisation *f* (de l'argent). *To wrench oneself f.*, se dégager d'un effort violent. *To shake oneself f. from s.o.'s embrace*, se dégager de l'étreinte de qn. **To be allowed to go free,** être mis en liberté; être relâché. *Why is he allowed to go f.?* pourquoi est-il en liberté? *See also* PARDON[1] 3, SCOT-FREE. **2.** (*Unoccupied*) Libre. **Is this table free?** est-ce que cette table est libre? *Tg: Tp:* **Free line,** ligne dégagée. **Free time, free moment,** temps *m*, moment *m*, libre; moment de loisir. *To have some time f.*, avoir du temps de libre. *Have you any time f. during the week?* avez-vous des libertés pendant la semaine? *To-morrow is my f. day, I am f. to-morrow*, c'est demain mon jour de liberté; je suis libre demain. **3.** (*Unrestricted*) (*a*) Libre, sans entraves, sans empêchement. **Free love,** amour *m* libre. **Free speech,** libre parole *f*. **Right of free entry,** droit *m* de passer librement les frontières. *See also* PASS[2] 5. **To have free play, a free hand,** avoir pleine liberté d'action, avoir ses coudées franches (*to*, pour). **To give, allow, s.o. a free hand, a free rein,** laisser qn libre d'agir, donner carte blanche à qn; *F:* lâcher la gourmette à qn. **As free as the air,** libre comme l'air. **To be (entirely) free to do sth.,** être (entièrement) libre de faire qch., être maître absolu de faire qch. *You are f. to do so; it is f. for you to do so*, libre à vous de le faire; il vous est libre, permis, loisible, de le faire. *I am f. to do what I please*, je suis libre de mes mouvements. *He is not f. to act*, il a les mains liées. *I am not f. to . . .*, je ne suis pas reçu à (le tutoyer, etc.). **To be free to roam,** *F:* avoir la clef des champs. **Fishing is free,** la pêche est autorisée. *See also* AGENT 1, KICK[1] 1. (*b*) (*Of touch, style, etc.*) Franc, *f.* franche; sans raideur; hardi, aisé; (*of bearing, gait*) souple; désinvolte. *He is f. and graceful in all his actions*, il fait tout avec aisance et grâce. *Th:* **His acting is free,** il a un jeu rond. (*c*) **Free end** (*of a rope*), brin libre, dégagé, détaché. *Mec.E:* **Free motion** *of a piece*, jeu *m* d'une pièce. **Pulley mounted free, free to move,** poulie folle. (*Of part*) **To work free,** prendre du jeu; se dégager. (*d*) **Free from sth., of sth.,** débarrassé, exempt, indemne, pur, de qch. *He is never f. from pain*, ses douleurs *f* ne lui laissent pas un moment de répit. *To be f. from care, from anxiety*, être sans souci, être exempt d'inquiétude. *F. from all preoccupations*, affranchi de toute préoccupation. *If I were f. from care*, si j'avais l'esprit libre. *To be f. from doing sth.*, être dispensé de faire qch. **Place free from dust,** endroit exempt de poussière. **Acid-free paper,** papier exempt d'acide. **Ship free of water,** navire franc d'eau. *Mine that is f. from water*, mine qui est débarrassée d'eau, qui est à sec. *Wood f. from knots*, bois exempt de nœuds. *Wound f. from any morbid germ*, plaie *f* indemne de tout germe morbide. **Style free from affectation,** style dénué de toute recherche. *District f. from labour troubles*, district non-affecté par les crises ouvrières. **Free of illusions,** exempt d'illusions. *F. from all ambition*, exempt de toute ambition. *F. from partiality*, exempt de partialité. *F. from prepossessions*, exempt, libre, de préjugés. **At last I am free of him,** enfin je suis débarrassé de lui. **To break free from an influence,** s'affranchir d'une influence. *See also* BREAK FREE. *To shake oneself f. of all bias*, se libérer de toute prévention. (*e*) Franc (*of*, de). **Interest free of tax, tax-free,** intérêts nets, libres d'impôt, exempts d'impôt, franco d'impôt. *Cust:* **Free of duty, duty-free,** exempt de droits d'entrée. *To import sth. f. of duty*, faire entrer qch. en franchise. *F. import of . . .*, entrée *f* en franchise de. . . . **Free list,** liste *f* d'exemptions. *You are allowed to bring in half a litre f.*, il y a une tolérance d'un demi-litre. *See also* CHARGE[1] 2, DUTY-FREE, POST-FREE, RENT-FREE. *Pol:* **"The free breakfast-table,"** le dégrèvement des denrées comestibles (en particulier du thé et du sucre). **Free food,** aliments non grevés d'impôts. **4.** (*a*) *Ch: etc:* (*Of gas, acid, etc.*) (A l'état) libre, non-combiné. **Free gold,** or *m* à l'état natif. (*b*) (*Of power, energy*) Libre, disponible. (*c*) (*Of material*) Peu résistant; malléable. **5.** (*a*) (*Of action, etc.*) Libre, spontané, volontaire. **Free offer,** offre spontanée. **Free choice,** choix *m* arbitraire. **As a free gift,** en pur don. *F. translation*, traduction *f* libre. *Pros:* **Free verse,** vers *m* libres. *Sch:* **Free composition,** composition *f* libre (en langue étrangère). **I am free to confess that . . .,** je veux bien avouer que. . . . *You are very f. in blaming others*, vous êtes très enclin à blâmer les autres; vous blâmez volontiers les autres. (*b*) (*Of pers.*) Libéral, généreux. **To be free in business,** être large en affaires. *He is too f. at giving*, il est trop généreux. *To be f. with sth.*, donner libéralement de qch. **To be free with one's money,** ne pas regarder à l'argent; être prodigue de son argent; dépenser sans compter; être trop généreux. **To be free with one's hands, with one's fists,** avoir la main leste. *He was very f. with his advice*, il a été très libéral de conseils. **Free horse, free goer,** cheval franc du collier. (*c*) (*Of supply, etc.*) Abondant, copieux. (*d*) (*Of pers., manner, speech*) Franc, ouvert, sans réserve, aisé. **Free and easy,** désinvolte; sans gêne; sans façon; sans cérémonie. *To be f. and easy*, prendre ses aises. *F. and easy bearing*, tournure cavalière. *F. and easy tone*, ton dégagé. *F. and easy talk*, propos décolletés. *To lead a f. and easy life*, mener une vie de bohème. *F. and easy holiday*, vacances *f* libres et sans contrainte. (*e*) Libre de contrainte. **To make free with s.o.,** prendre des libertés avec qn; traiter qn sans façon(s). *To make f. with the servant-girls*, lutiner les servantes. **To make free with sth.,** se servir de qch. sans se gêner, sans façons; user librement de qch. *He made very f. with my whisky*, il ne se gênait pas pour boire mon whisky; il se versait de généreuses rasades de mon whisky. *To make too f. a use of sth.*, faire abus de qch. (*f*) (*Of language*) Libre, licencieux. **To be free of speech,** être libre, peu gêné, dans ses discours. *To be somewhat f. in one's conversation*, tenir des propos peu convenables, des propos dégagés; dire des gaudrioles. **6. To be free of a city,** avoir le droit de cité. *To make s.o. f. of sth.*, mettre qch. à la disposition de qn. **To be free of s.o.'s house,** avoir ses entrées libres chez qn. *I was f. of the whole house*, j'étais libre d'aller partout dans la maison. *F. of the company of gentlemen*, reçu dans le meilleur monde. **7.** (*Without charge*) Gratuit, franco. *F. concert*, concert gratuit. *See also* LIBRARY, SCHOOL[1] 1 (*a*). **Admission free,** entrée gratuite, gratis. **Free sample, trial,** échantillon, essai, gratuit. *We send you the machine for f. trial*, nous vous envoyons la machine gratuitement à l'essai. *F. demonstration in the home*, démonstration gracieuse à domicile. *Th: etc:* **Free ticket,** billet *m* de faveur. *The f. list is suspended*, pas de billets de faveur. **'No free seats,'** "toutes les places sont payantes." *Fruit f. to all comers*, fruits *m* à la discrétion des promeneurs. *Publ:* **Free copy,** spécimen *m*. **Free (allowance of) luggage,** bagage(s) *m* en franchise. *Com: etc:* **Delivery free,** livré franco *inv*. **Post free,** franco de port. **Free on rail,** franco gare. **Free alongside ship,** franco quai. **Free over side,** franco allège. **Free on board** (*abbr.* **f.o.b.**), franco à bord; sur pont. **8.** *adv.* (*a*) Franco, gratuitement. **Catalogue sent free on request,** catalogue franco sur demande. *The gallery is* **open free** *on Saturdays*, l'entrée du musée est gratuite le samedi. (*b*) *Nau:* **Running free,** le largue. *Vessel running f.*, navire *m* courant largue. **To sail free,** avoir du largue, naviguer vent largue, naviguer à l'allure du largue.
-ly, *adv.* **1.** (Donner, faire, qch.) librement, volontairement, spontanément, aisément. *To give f. to s.o.*, faire des libéralités à qn. *See also* INDULGE 2. **2.** (Parler, agir, etc.) franchement, sans contrainte, en toute liberté. *To speak perfectly f. to s.o.*, parler à qn en toute confiance, à cœur ouvert. **3.** (*a*) (Couler, etc.) abondamment, copieusement. (*b*) *To see that a mechanism works f.*, s'assurer du bon fonctionnement d'un mécanisme.

II. **-free,** *with noun prefixed.* **Accident-free driving record,** passé *m* de chauffeur vierge d'accidents. **Knot-free wood,** bois *m* sans nœuds. *See also* CARE-FREE, FANCY-FREE.

'free-and-'easiness, *s.* Désinvolture *f*, laisser-aller *m*; sans-façon *m*, sans-gêne *m*; débraillé *m*.

'free-and-'easy, *s.* Soirée amicale (passée à chanter, fumer, et boire dans l'arrière-salle d'une taverne).

'free-board, *s. Nau:* (Franc-)bord *m*, *pl.* (francs-)bords; accastillage *m*. *Vessel of high f.-b.*, navire haut sur l'eau. *Adequate f.-b.*, battant *m*. *Navy:* **Free-board deck** (*of battleship*), plage *f*.

'free-born, *a. Jur: A:* Ingénu; libre de naissance; né libre.

'Free 'Church, *s.* Église *f* non-conformiste; Église libre.

Free-'Churchman, *pl.* **-men,** *s.* Membre *m*, adhérent, de l'Église libre. *The great Free-Churchmen*, les grands apôtres de l'Église libre.

'free-growing, *a. Hort:* (*Of plant, shrub*) Vigoureux.

'free-hand, *s.* (*Esp. attrib.*) **Free-hand (drawing),** dessin *m* à main levée, à vue. *Curve drawn (by) f.-h.*, courbe dessinée à main levée.

free-'handed, *a.* Généreux; libéral, -aux.

free-'handedness, *s.* Générosité *f*, libéralité *f*.

free-'hearted, *a.* **1.** (*Of pers.*) (*a*) Franc, *f.* franche; sincère. (*b*) Jovial, -aux; gai, enjoué. (*c*) Généreux; libéral, -aux. **2.** Spontané.

'free 'lance[1], *s.* **1.** *Hist:* Soldat *m* mercenaire. **2.** Journaliste ou politicien indépendant; franc-tireur *m*, *pl.* francs-tireurs, du journalisme.

'free-'lance[2], *v.i.* Faire du journalisme indépendant.

'free-'liver, *s.* Viveur *m*.

'free-'living, *a.* (*Of pers.*) Intempérant.

free-'minded, *a.* (*Of pers.*) Sans souci.

free-'mindedness, *s.* Insouciance *f*.

free 'place, *s. Sch:* Bourse *f*.

free-'spoken, *a.* (*Of pers.*) Franc, *f.* franche; qui parle ouvertement; qui a son franc-parler.

free-'spokenness, *s.* Franchise *f*; franc-parler *m*.

'free-stone, *s. Hort:* **Free-stone (peach),** pêche *f* dont la chair n'adhère pas au noyau. *Cp.* FREESTONE.

free-'thinker, *s.* Libre penseur, -euse; esprit fort.

free-'thinking, free-'thought, *s.* Libre pensée *f*.

free 'trade, *s.* Libre-échange *m*. *F.-t. policy*, politique *f* antiprotection(n)iste.

free-'trader, *s.* **1.** Libre-échangiste *mf*, *pl.* libre-échangistes; antiprotection(n)iste *mf*. **2.** *U.S:* Commerçant indépendant des consortiums.

'free 'wheel, *s. Cy:* Roue *f* libre. *F.-w. bicycle*, bicyclette *f* à roue libre.

'free-'wheel, *v.i.* **1.** *Cy:* Faire roue libre. *To f.-w. down a hill*, descendre une côte en roue libre. **2.** *Aut:* Marcher, rouler, en roue libre.

'free 'will, *s.* Libre arbitre *m*; franc arbitre. **Of one's own free will,** de (son) propre gré; de (son) plein gré; de bonne volonté. *Attrib.* **Free-will offering,** don gratuit, volontaire; don fait de plein gré.

'free-'working, *a.* (Terre) facile à travailler.

free[2], *v.* (**freed; freeing**) **1.** *v.tr.* (*a*) Affranchir (un peuple, un esclave, etc.); libérer, délivrer, élargir (un prisonnier, etc.). *To f. s.o. from a life of servitude*, affranchir qn d'une vie de servitude. *Mind freed from all influence*, esprit émancipé de toute influence. *To f. oneself from s.o.'s grasp*, se dégager des mains de qn, de l'étreinte de qn. *To f. s.o. from a burden*, délivrer qn d'un fardeau. *To f. s.o. from an obligation*, libérer, exempter, qn d'une obligation. *To f. oneself from one's commitments*, se délier de tous ses engagements. (*b*) Débarrasser (*from, of*, de); dégager (un sentier, etc.); déblayer (le terrain). *To f. a room* (*from encumbrance*), désencombrer une pièce. (*c*) *Mec.E: etc:* Dégager (une pièce); donner du jeu à (une pièce). *I.C.E:* **Valve-freeing tool,** outil *m* pour dégager les soupapes. (*d*) Décolmater, désobstruer (un filtre, un tuyau engorgé). *To f. a pump*, dégorger, franchir, une pompe. (*e*) **To free a property (from mortgage)**, déshypothéquer, dégrever, une propriété. **2.** *v.i. Nau:* (*Of wind*) Fraîchir.

freeing, *s.* **1.** Libération *f*, délivrance *f* (d'un prisonnier); affranchissement *m* (d'un esclave); exemption *f* (de qn d'un impôt). **2.** Dégagement *m* (d'un cordage); débarrassement *m* (d'un passage, etc.); dégorgement *m* (d'un tuyau, etc.).

freebooter ['friːbuːtər], *s.* **1.** *Hist:* Flibustier *m*. **2.** *F:* Maraudeur *m*; pillard *m*.

freebooting ['friːbuːtiŋ], *s.* **1.** *Hist:* Flibuste *f*. **2.** *F:* Maraude *f*; pillage *m*.

freedman, *pl.* **-men** ['friːdmən, -men], *s.m. Hist:* Affranchi.

freedom ['friːdəm], *s.* **1.** (*a*) Liberté *f*, indépendance *f* (d'une personne, d'un état, etc.). *To give a slave his f.*, rendre la liberté à, affranchir, un esclave. *Animals in f.*, animaux *m* en liberté. (*b*) Liberté d'action; liberté d'agir, de penser. **Freedom of speech**, le franc-parler. *F. of religion*, liberté religieuse. **2.** (*a*) Franchise *f*, aisance *f*, familiarité *f* (d'une conversation, du style, etc.). (*b*) Hardiesse *f*, sans-gêne *m*. **To take freedoms with s.o.**, prendre des libertés avec qn. **3.** (*Of action, movement, etc.*) Facilité *f*, liberté, souplesse *f*. (*Of actor*) *To act with f. and vigour*, jouer avec rondeur. **4.** (*a*) Exemption *f*, immunité *f*, franchise. *F. from tax*, exemption, immunité, d'impôts. *F. from dust*, absence *f* de poussière. *F.* (*of members of Parliament, etc.*) *from arrest*, immunité (parlementaire). (*b*) **Freedom of a city**, droit *m* de cité, de bourgeoisie. *F. of a livery company*, maîtrise *f* d'une corporation. *To receive the f. of a town*, être nommé citoyen honoraire, citoyen d'honneur, d'une ville. **5.** Jouissance *f*, libre usage *m* (de qch.); entrée *f* (libre) (dans un théâtre, etc.). *To give s.o. the f. of one's library*, mettre sa bibliothèque à la disposition de qn.

freehold ['friːhould]. **1.** *a.* (*a*) *Hist:* Tenu en franc-alleu; allodial, -aux. (*b*) Tenu en propriété perpétuelle et libre. **2.** *s.* (*a*) *Hist:* Franc-alleu *m*, franc-fief *m*, *pl.* francs-alleux, francs-fiefs. (*b*) Propriété foncière perpétuelle et libre.

freeholder ['friːhouldər], *s.* **1.** *Hist:* Franc-tenancier *m*, *pl.* francs-tenanciers. **2.** Propriétaire foncier (à perpétuité).

freeman, *pl.* **-men** ['friːmən, -men], *s.m.* **1.** Homme libre. *Hist:* Ingénu. **2.** Citoyen. **3.** Maître (d'une Corporation).

freemason [friː'meisn], *s.* Franc-maçon *m*, *pl.* francs-maçons.

freemasonry [friː'meisnri], *s.* Franc-maçonnerie *f*.

freer ['friːər], **freest** ['friːəst], *a. Comp. & sup. of* FREE[1].

freesia ['friːzia], *s. Bot:* Freesia *m*.

freestone ['friːstoun], *s.* Pierre *f* de taille; **grès *m* à bâtir.** *Cp.* FREE-STONE.

freeze[1] [friːz], *s.* Gel *m*.

freeze[2], *v.* (**froze** [frouz], **frozen** [frouzn]) Geler. **1.** *v.i.* (*a*) *Impers.* **It freezes, it is freezing**, il gèle. *It is freezing hard*, il gèle ferme, à pierre fendre. (*b*) (*Of liquid*) (Se) geler; se congeler; prendre. **The river has, is, frozen (up), has frozen again**, la rivière est prise, a repris. **The vessel was frozen in**, le vaisseau était retenu, bloqué, pris, par les glaces, dans les glaces. *The pond has, is, frozen over*, l'étang a gelé, est gelé, d'un bout à l'autre. *The radiator froze (up)*, le radiateur s'est congelé. *The oil is freezing*, l'huile se fige. *Oil that freezes easily*, huile gélive. *F:* **I'm freezing**, j'ai très froid, je gèle. *The wheels were frozen fast in the mud*, les roues étaient prises dans la boue glacée. *His fingers froze on to his rifle*, ses doigts collaient à son fusil. *U.S: F:* **To freeze on to s.o.**, (i) se coller, se cramponner, à qn; (ii) s'attacher à qn. **The smile froze on his lips**, le sourire se figea sur ses lèvres. *At this request his face froze*, à cette demande son visage se ferma. (*c*) **To freeze to death**, mourir de froid. **2.** *v.tr.* Geler, congeler (qch.); congeler, frigorifier (la viande, etc.). **To freeze a liquid over**, couvrir un liquide de glace. **To freeze the blood (in one's veins)**, glacer le sang, le cœur. *Fear freezes every heart*, l'effroi glace tous les cœurs. **To be frozen to death**, périr gelé; mourir de froid.

freeze out, *v.tr. F:* **1.** (*Of workman*) **To be frozen out**, chômer à cause du froid. **2.** (*a*) Évincer (qn); supplanter (un rival); étrangler (une maison de commerce qui vous fait concurrence). (*b*) Mettre (qn) en quarantaine; boycotter (qn).

'freeze-out, *s. U.S:* **1.** *Cards:* Poker *m* de famille. **2.** Boycottage *m* (de qn).

freeze-'up, *s. Aut: F:* Congélation *f* (du radiateur).

frozen, *a.* **1.** (*a*) Gelé, glacé. *Com:* **Frozen meat**, viande congelée, frigorifiée; *F:* frigo *m*. *Fin: F:* **Frozen assets**, fonds *m* non liquides. *Internat.Fin: F. credits*, crédits gelés, congelés; créances gelées. *F:* **My hands are frozen**, j'ai les mains gelées, glacées. *I am f. to death*, je meurs de froid. *You'll be f.*, vous allez mourir de froid. *I have got f. waiting for you*, je me suis gelé à vous attendre. (*b*) *F: He received them with f. formality*, il les a reçus avec une raideur glacée, glaciale. **2.** **Frozen bolt, nut**, boulon, écrou, rouillé, qu'on ne veut pas bouger. **Frozen bearings**, coussinets coincés. **3.** *Bill:* (*Of ball*) Collé sous bande.

freezing[1], *a.* (*Of agent, etc.*) Réfrigérant, congelant; (*of weather, wind, etc.*) glaçant, glacial, -als. *F:* **Freezing politeness**, politesse glacée, glaciale. **-ly**, *adv.* D'un ton ou d'un air glacé, glacial.

freezing[2], *s.* **1.** Congélation *f* (d'une rivière, de la viande, etc.), prise *f* (d'une rivière, etc.); gel *m*. *Ph:* **Freezing-point**, point *m* de congélation; point de froid. *F.-point of water*, température *f* de la glace fondante. *The thermometer is at f.-point*, le thermomètre est à glace, (*if centigrade*) à zéro. **2.** Réfrigération *f* (d'un corps, d'un liquide). **Freezing apparatus**, (i) appareil *m* frigorifique, (ii) congélateur *m*, (iii) sorbétière *f*.

'freezing-mixture, *s.* Mélange réfrigérant; mixture *f* frigorifique.

freezer ['friːzər], *s.* **1.** **Ice-cream freezer**, glacière *f* (frigorifique); sorbétière *f*. **2.** *Metalw:* Matoir *m* (pour le repoussé).

Freiburg ['fraibəːrg]. *Pr.n. Geog:* Fribourg *m*.

freight[1] [freit], *s.* **1.** (*a*) Fret *m*; (*in Mediterranean*) nolis *m*, nolage *m* (d'un navire). (*b*) Transport *m* (de marchandises) par voie d'eau, *U.S:* par voie de terre. **2.** (*a*) Fret, cargaison *f*, chargement *m* (d'un navire). *To take in f.*, prendre du fret. **Dead freight**, (i) faux fret; (ii) dédit *m* pour défaut de chargement. *See also* HOME[1] III. 1, OUTWARD 1. (*b*) *U.S:* Marchandises (transportées par chemin de fer, etc.). **Freight train**, train *m* de marchandises; convoi *m* à marchandises. *F. engine*, locomotive *f* de train de marchandises. **Freight car**, wagon *m* à, de, marchandises; wagon à caisse. **3.** Fret; prix *m* du louage d'un bâtiment, du transport de marchandises. *Amount of f. on a package*, montant du fret afférent à un colis. *See also* COST[1] 1.

freight[2], *v.tr.* **1.** Fréter, affréter, (*in Mediterranean*) noliser (un vaisseau). *See also* UNDER-FREIGHT. **2.** **To freight (out) a ship**, donner un navire à fret. **3.** Charger (un vaisseau). **4.** Transporter (les marchandises) par voie d'eau, *U.S:* par voie de terre.

freighting, *s.* = FREIGHTAGE 1, 3.

freightage ['freitidʒ], *s.* **1.** Frètement *m*, affrètement *m*; (*in Mediterranean*) nolisement *m* (d'un navire). **2.** Fret *m*, cargaison *f*. **3.** Transport *m* des marchandises par voie d'eau, *U.S:* par voie de terre.

freighter ['freitər], *s.* **1.** Affréteur *m* (d'un vaisseau). **2.** *U.S:* (*a*) Consignateur, -trice (de marchandises pour transport par voie de terre). (*b*) Conducteur *m* de train de marchandises. **3.** Entrepreneur *m* de transports; exportateur *m*. **4.** (*a*) Cargo *m*; vapeur *m* de charge, navire *m* de charge. (*b*) *Rail: U.S:* Wagon *m* de marchandises.

fremitus ['fremitəs], *s. Med:* **Hydatic fremitus**, frôlement *m* hydatique.

French [frenʃ]. I. *a.* **1.** (*a*) Français. *The F. character*, le caractère français. *F. king*, roi *m* de France. *F. emperor*, empereur *m* des Français. *The F. Ambassador*, l'ambassadeur *m* de France. *The F. towns*, les villes *f* de la France. *Of F. make*, de fabrication française. *The F. form of 'London' is 'Londres,'* "London" francisé donne "Londres." *See also* SWITZERLAND. (*b*) (*Of dish, fashion, etc.*) A la française. (*c*) *Sch:* **French lesson**, leçon *f* de français. **French master**, professeur *m* de français. **2.** **To take French leave**, filer à l'anglaise, sans prendre congé; brûler la politesse à qn; faire qch. sans demander la permission; *F:* s'esquiver. **French plums**, pruneaux *m*, prunes *f*, d'Agen. **French roll**, petit pain. **French heels**, talons *m* Louis XV. *Hyg: F:* **French letter**, condom *m*; capote anglaise. *See also* BEAN[1] 1, BERRY[1] 2, BOILER[1] 2, CURVE[1] 2, DRAIN[1] 1, HORN[1] 3, LAVENDER 1, LEAVE[1] 3, LOAF[1] 1, NAIL[1] 2, PARTRIDGE, SEAM[1] 1, WRESTLING 1.

II. **French**, *s.* **1.** Le français; la langue française. *To speak F.*, parler français. *To learn, know, F.*, apprendre, connaître, le français. *Say it in F.*, dites-le en français. **The French-speaking districts of the Vosges**, les cantons welches des Vosges. **2.** *pl.* **The French**, les Français.

'French 'chalk, *s.* Talc *m*, stéatite *f*; craie *f* de Briançon, de Meudon, de tailleur.

'French 'polish[1], *s.* Vernis *m* au tampon, à l'alcool.

'French-'polish[2], *v.tr.* Vernir (un meuble, etc.) au tampon; *F:* tamponner (un meuble). *French-polished walnut*, noyer verni.

'French-'polishing, *s.* Vernissage *m* au tampon.

'French-'polisher, *s.* Vernisseur *m* au tampon.

'French-'roof, *s. Const:* Comble brisé, en mansarde, à la Mansard, à la française.

'French 'toast, *s. Cu:* Tranche de pain frite. **Snipe on French toast**, bécassine *f* sur canapé.

'French 'window, *s.* Porte-croisée *f*, *pl.* portes-croisées; porte-fenêtre *f*, *pl.* portes-fenêtres.

Frenchify ['frenʃifai]. **1.** *v.tr.* Franciser (son style, etc.). **2.** *v.i.* Se franciser.

Frenchified, *a.* Francisé; à la française. *F. ways*, manières *f* à la française.

Frenchless ['frenʃləs], *a.* Qui ne sait pas le français.

Frenchman, *pl.* **-men** ['frenʃmən, -men], *s.* **1.** Français *m*. **2.** *Nau:* Vaisseau français.

Frenchwoman, *pl.* **-women** ['frenʃwumən, -wimen], *s.* Française.

Frenchy ['frenʃi]. *F:* **1.** *a.* A la française. **2.** *s. Hum:* Français *m*.

frenum, -a ['friːnʌm, -a], *s. Anat:* Frein *m*, filet *m* (de la langue, etc.).

frenzy[1] ['frenzi], *s.* **1.** Frénésie *f*, folie *f* (du désespoir, de la colère). **Frenzy of joy**, transport *m* de joie. *Poetic f.*, fureur *f* poétique, ivresse *f* poétique. **2.** *Med:* Délire *m* (d'un accès de folie).

frenzy[2], *v.tr.* Rendre (qn) fou (de colère, etc.); mettre (qn) en furie.

frenzied, *a.* (*Of pers.*) Affolé, forcené; (*of rage, etc.*) fou, *f.* folle; (*of joy, applause, etc.*) frénétique, délirant. *F. imperialism*, impérialisme forcené.

frequence ['friːkwəns], *s.* = FREQUENCY.

frequency ['friːkwənsi], *s.* **1.** (*Of letters, visits, etc.*) Fréquence *f*, répétition *f*. *F. of the pulse*, fréquence du pouls. *Mth:* **Frequency of errors**, répartition *f* des erreurs. **2.** *Ph: etc:* Fréquence (d'un mouvement oscillatoire). *High, low, f.*, haute, basse, fréquence. **High-frequency current**, courant *m* à haute fréquence; *Med:* courant alto-fréquent, *pl.* courants alto-fréquents. *W.Tel:* **Carrier frequency**, fréquence fondamentale. **To change the frequency**, changer la fréquence. *See also* AMPLIFICATION, CHANGER 2.

'frequency-meter, *s. El.E: W.Tel:* Fréquencemètre *m*.

frequent[1] ['friːkwənt], *a.* **1.** (*a*) Très répandu; nombreux, abondant. *Plant that is very f. in the south of England*, plante très répandue dans le sud de l'Angleterre. *It is quite a f. practice*, c'est une coutume assez répandue. (*b*) *Med:* **Frequent pulse**, pouls *m* rapide. **2.** (*Of visits, letters, etc.*) Fréquent; qui arrive souvent. *F. attendance on s.o.*, assiduité *f* auprès de qn. **3.** (*Of visitor, etc.*) Familier; (*of customer, etc.*) habituel. **-ly**, *adv.* Fréquemment, souvent.

frequent[2] [fri'kwent], *v.tr.* **1.** Fréquenter, hanter, courir (les théâtres, les cafés, etc.). *A much frequented road*, une route très passante. *Ill-frequented street*, rue mal fréquentée. *To f. s.o.*, fréquenter qn; fréquenter avec, chez, qn. **2. To frequent the sacraments,** fréquenter les sacrements.

frequentation [fri:kwən'teiʃ(ə)n], *s.* Fréquentation *f* (de qn, d'un endroit, des sacrements, etc.).

frequentative [fri'kwentətiv], *a. & s. Gram:* (Verbe) fréquentatif *m*; verbe itératif.

frequenter [fri'kwentər], *s.* Habitué *m*, familier *m* (d'une maison, etc.); *Pej: F:* pilier *m* (de cabaret, etc.). *He is an assiduous f. of political circles*, il est très répandu dans les milieux politiques.

fresco[1], *pl.* **-os, -oes** ['fresko(z)], *s. Art:* **1.** Fresque *f*. **To paint in fresco,** peindre à fresque. **Fresco painting,** (peinture *f* à) fresque. **Fresco painter,** peintre *m* fresquiste. **2.** (Peinture *f* à) fresque. *The frescoes of Raphael*, les fresques de Raphaël.

fresco[2], *v.tr. Art:* Peindre (une paroi) à fresque.

fresh [freʃ]. I. *a.* **1.** (*a*) Nouveau, -el, -elle. **To meet fresh faces,** rencontrer de nouveaux visages. **Fresh idea,** idée originale. **Fresh paragraph,** nouveau paragraphe. *The authorities will have to set f. papers*, les autorités devront faire recommencer l'examen. *The pen is broken; take a f. one*, la plume est cassée; prenez-en une neuve. **Fresh horses,** (i) chevaux frais, (ii) chevaux de relais. **To put fresh courage into s.o.,** ranimer le courage de qn. **To admit fresh air into a room,** renouveler l'air d'une salle. **He has had a fresh attack of gout,** la goutte l'a repris. *F. outbreak of fire, of an epidemic*, recrudescence *f* du feu, d'une épidémie. *A f. day is dawning*, le jour renaît. *See also* BREAK[2] I. 1, SUPPLY[1] 2. (*b*) (*Of news, traces, etc.*) Frais, *f.* fraîche; récent. *It is still f. in my memory*, je l'ai encore frais à la mémoire; j'en ai le souvenir tout frais. **Fresh from London,** nouvellement arrivé de Londres. *She is f. from the country*, c'est une nouvelle débarquée à Londres. **A young man fresh from college,** un jeune homme frais émoulu de l'Université. **The bread was fresh from the oven,** le pain sortait du four. *F. from the wash*, qui revient de la lessive, (linge) blanc de lessive. **2.** (*Of pers.*) (*a*) Inexpérimenté, novice. **To be a fresh hand at sth.,** être novice dans qch. **You are fresh!** vous êtes bien de votre pays! (*b*) *P:* (*Of girl*) Pucelle. **3.** (*a*) (Porc, fruit, beurre, etc.) frais; (légume) vert. (*b*) (Air) frais, pur. **Fresh water,** (i) (*newly drawn*) eau fraîche; (ii) (*not salt*) eau douce. **In the fresh air,** au grand air, en plein air. *To enjoy the f. air*, prendre l'air, le frais. *F:* **Fresh-air fiend,** pleinairiste *mf*. *See also* AIR[1] I. 1. (*c*) (*Of flowers, colours, garments, etc.*) Frais. **4.** (*a*) (Teint) frais, fleuri. **As fresh as a daisy, as a rose, as paint,** frais comme une rose. (*b*) (*Of pers.*) Vigoureux, alerte; (*of horse, etc.*) fougueux, animé. *F. troops*, troupes fraîches. *Boys are freshest on Mondays*, c'est le lundi que les élèves sont le plus alertes, le plus éveillés. *The ponies are very f. to-day*, les poneys sont très en l'air aujourd'hui. (*c*) *U.S: F:* Outrecuidant, effronté. *Don't you get f. with me, young man!* je vous apprendrai à faire le malin, mon garçon! **5.** *Nau:* **Fresh breeze,** jolie brise; brise fraîche. *See also* GALE[1] 1. *adv.* **It blows fresh,** il vente frais. **6.** *F:* (*Of pers.*) Éméché, pompette; un peu gris; gai. **-ly,** *adv.* **1.** (*With p.p. only*) Fraîchement, de frais, nouvellement, récemment. *F. gathered peaches*, des pêches fraîches cueillies. **2.** Vigoureusement, vivement. **3.** Avec une apparence ou une odeur fraîche.

II. **fresh,** *adv.* Fraîchement, nouvellement, récemment (arrivé, peint, etc.). **Fresh-cut flowers,** fleurs nouvellement cueillies. **Fresh-shaven,** rasé de frais.

III. **fresh,** *s.* **1.** Fraîcheur *f* (du matin, etc.); fraîche *f* (du soir). **2.** (*a*) Crue *f*. (*b*) Descente *f* d'eau (de fonte des neiges, etc.); sous-berme *f*, *pl.* sous-bermes.

'fresh-'caught, *a.* (Poisson) fraîchement pêché; (lapin, etc.) récemment attrapé.

'fresh-'coloured, *a.* (Visage *m*) au teint frais; (visage) poupin; (teint) frais.

fresh-'comer, *s.* Nouveau venu, nouvelle venue.

'fresh-com'plexioned, *a.* Au teint frais.

'fresh-'killed, *a.* (Bétail, etc.) fraîchement tué.

'fresh-'painted, *a.* Fraîchement peint.

fresh-'run, *a.* (Saumon, etc.) nouvellement remonté de la mer.

freshen ['freʃ(ə)n]. **1.** *v.i.* (*a*) (*Of temperature*) (Se) rafraîchir. (*b*) (*Of wind, weather*) Fraîchir. (*c*) (*Of sea-water*) Se dessaler. **2.** *v.tr.* (*a*) Rafraîchir (l'air, un tableau, la mémoire, etc.). *Sleep freshens the complexion*, le sommeil repose le teint. **To freshen up paint,** (r)aviver la couleur. *F:* **To freshen s.o. up,** (i) ragaillardir qn; (ii) requinquer qn. (*b*) Dessaler (l'eau de mer, etc.). (*c*) *Nau:* Rafraîchir (une amarre, les remorques). *See also* NIP[1] 2.

freshening, *s.* **1.** Rafraîchissement *m* (de l'atmosphère, etc.); ravivage *m* (d'une couleur, etc.). **2.** Dessalure *f* (de l'eau de mer).

freshener ['freʃ(ə)nər], *s.* Chose qui rafraîchit, qui ravive, qui remet en train. *To take the horses for a f.*, faire prendre l'air aux chevaux.

fresher[1] ['freʃər], *s. F:* = FRESHMAN.

fresher[2], *a. Comp. of* FRESH.

freshet ['freʃet], *s.* **1.** Courant *m* d'eau douce (dans la mer); queue *f* (d'un fleuve). **2.** Crue *f*, inondation *f*, avalaison *f*.

freshman, *pl.* **-men** ['freʃmən, -men], *s.m. & f.* (*At university*) Étudiant, -ante, de première année; *F:* bizut(h) *m*, *A:* béjaune *m*.

freshness ['freʃnəs], *s.* **1.** Caractère récent (d'un événement). **2.** Fraîcheur *f* (de l'air, d'une fleur, d'un visage, d'une impression, etc.). **The freshness of youth,** (i) la fraîcheur, l'éclat *m*, de la jeunesse; (ii) (*of young woman*) la beauté du diable. **3.** (*Of pers.*) (*a*) Vigueur *f*, vivacité *f*. (*b*) Naïveté *f*, inexpérience *f*. (*c*) *U.S: F:* Outrecuidance *f*; hardiesse *f*; effronterie *f*, toupet *m*.

freshwater ['freʃwɔ:tər], *attrib.a.* **1.** (Poisson, etc.) d'eau douce. *F:* **Freshwater sailor,** marin *m* d'eau douce. *See also* TORTOISE. **2.** *Sch: U.S: F:* **Freshwater college,** petit collège universitaire de province.

Fresnel ['freinəl]. *Pr.n.m.* **Fresnel lens** (*of lighthouse*), lentille *f* à échelons.

fret[1] [fret], *s.* **1.** *Arch:* **(Greek) fret,** grecque *f*; frette *f*. **2.** *Her:* Frette.

'fret-saw[1], *s.* Scie *f* à découper; bocfil *m*.

'fret-saw[2], *v.i.* Découper (le bois).

fret[2], *v.tr.* **1.** Diaprer, bigarrer (qch.). **2.** *Arch:* Sculpter, orner (un plafond, etc.).

fretted, *a.* **1.** (*Of ceiling, etc.*) Orné, sculpté. **2.** *Her:* = FRETTY[1].

fretting[1], *s.* Ornementation *f* (d'un plafond).

fret[3], *s. Mus:* Touchette *f*, touche *f* (de guitare, de mandoline).

fret[4], *v.tr.* Fournir (une guitare) de touchettes.

fret[5], *s.* (*a*) Agitation *f*, inquiétude *f*, de l'âme. (*b*) Irritation *f*; état *m* d'agacement; mauvaise humeur. **To be in a fret, on the fret,** se faire du mauvais sang, de la bile; se tracasser.

fret[6], *v.* **(fretted; fretting). 1.** *v.tr.* (*a*) (*Of mice, moths, etc.*) Ronger (qch.). **Horse that frets its bit,** cheval qui ronge son mors. **To fret a rope,** érailler un cordage. **Fretted rope,** cordage mâché. *Rust has fretted the iron (away)*, la rouille a rongé, corrodé, érodé, le fer. *Rocks fretted by the river*, rochers usés par le frottement de l'eau. *The stream has fretted a channel through the rock*, le ruisseau a creusé un chenal dans le roc. (*b*) Inquiéter, tracasser, irriter, tourmenter (qn). *To f. one's horse*, tourmenter son cheval. (*c*) Agiter, faire bouillonner (un ruisseau). **2.** *v.pr. & i.* (*a*) **To fret (oneself),** se chagriner, se tourmenter, s'inquiéter; se ronger (le cœur); se faire du mauvais sang, se manger le(s) sang(s). *Don't f.!* ne vous faites pas de bile! ne vous faites pas de mauvais sang! *Child fretting for its mother*, enfant qui pleurniche après sa mère, qui demande sa mère. *She has fretted over her disappointment*, cette déception l'a beaucoup chagrinée. *He fretted away the rest of his life in banishment*, il passa le reste de sa vie à se ronger le cœur dans l'exil. **To fret in idleness,** se ronger dans l'inactivité. **To fret over trifles,** s'irriter pour des sujets futiles. *He fretted himself into a fever*, à force de se faire de la bile il se donna la fièvre. **To fret and fume,** se ronger d'impatience; rager, enrager, *F:* endiabler; (se) faire une pinte de mauvais sang; se faire du mauvais sang. (*b*) (*Of stream, etc.*) S'agiter, bouillonner. (*c*) *Brew:* (*Of stored beer*) Fermenter.

fretting[2], *s.* **1.** Érosion *f*, corrosion *f*; usure *f*. **2.** Rongement *m* d'esprit; chagrin *m*, inquiétude *f*.

fretful ['fretful], *a.* **1.** (*Of pers.*) Chagrin; qui se ronge le cœur; qui se fait du mauvais sang; irritable; maussade. *F. old age*, vieillesse chagrine. *F. baby*, bébé agité; bébé qui a quelque chose. **2.** *Lit:* (*Of water*) Agité, tourmenté; (*of wind*) qui souffle par rafales. **-fully,** *adv.* **1.** Chagrinement; avec irritation; d'un ton maussade. **2.** (*Of wind*) (Souffler) par rafales.

fretfulness ['fretfulnəs], *s.* **1.** Irritabilité *f*. **2.** Agitation *f* (de la mer).

fretter ['fretər], *s.* Insecte rongeur. *See also* VINE-FRETTER, WOOD-FRETTER.

fretty[1] ['freti], *a. Her:* Fretté.

fretty[2], *a.* (Enfant) maussade, pleurnicheur.

fretwork ['fretwə:rk], *s.* **1.** (*Of ceilings, etc.*) Ornementation *f*, sculpture *f*. **2.** *Woodw:* Découpage *m*; ouvrage *m* à claire-voie; travail ajouré; bois découpé.

Freudian ['frɔidiən], *a. Med:* (*Of theory, etc.*) Freudien.

Freud(ian)ism ['frɔid(iən)izm], *s. Med:* Freudisme *m*.

friability [fraiə'biliti], **friableness** ['fraiəblnəs], *s.* Friabilité *f*.

friable ['fraiəbl], *a.* Friable.

friar ['fraiər], *s.* **1.** *R.C.Ch:* Moine *m*, frère *m*, religieux *m*. **Grey Friars,** frères mineurs, Minorites *m*, Franciscains *m*. **Black Friars,** Dominicains *m*, frères prêcheurs. **White Friars,** Carmes *m*. *See also* AUSTIN[1]. **2.** *Typ:* Moine, feinte *f*.

'friar's 'balsam, *s. Pharm:* Baume *m* de benjoin.

friary ['fraiəri], *s.* Monastère *m*; couvent *m* (de moines); maison *f* de religieux; *F:* moinerie *f*, capucinière *f*.

fribble[1] [fribl], *s. F:* **1.** (*Pers.*) Baguenaudier *m*. **2.** Frivolité *f*, sottise *f*.

fribble[2], *v.i. & tr. F:* Baguenauder; s'amuser à des niaiseries, à des choses frivoles. **To fribble away one's money,** gaspiller son argent.

fribbler ['fribləɾ], *s.* = FRIBBLE[1] 1.

fricassee[1] [frikə'si:], *s. Cu:* Fricassée *f*; (*of rabbit or hare*) gibelotte *f*; (*of fowl*) grenadin *m*.

fricassee[2], *v.tr.* Fricasser.

fricative ['frikətiv]. *Ling:* **1.** *a.* (*Of consonant, etc.*) Fricatif, sifflant, soufflant. **2.** *s.* Fricative *f*, sifflante *f*.

friction ['frikʃ(ə)n], *s.* **1.** *Med: Toil: etc:* Friction *f*. **Friction gloves,** gants *m* de crin; gants à friction. **2.** Frottement *m*, attrition *f* (de deux corps). **Friction-strip, -slip,** frottoir *m*, gratin *m* (de boîte d'allumettes). **3.** *Mec: Ph: etc:* Frottement, friction. **Friction coefficient,** coefficient *m* de frottement; indice *m* de frottement; module *m* de glissement. *F. of repose*, frottement au départ. *F. of motion*, frottement en mouvement. *Av:* **Friction of the air,** frottement de l'air. *See also* SKIN[1] 4. **4.** *F:* Friction, désaccord *m*; *Dipl:* points *mpl* de friction. **There is friction between them,** il y a du tirage entre eux.

'friction-band, *s.* Frein *m* (de gouvernail, etc.).

'friction-clutch, *s. Mec.E:* Embrayage *m* à friction.

'friction-cone, *s. Mec.E:* Cône *m* à, de, friction.

'friction-coupling, *s. Mec.E:* Accouplement *m*, manchon *m*, à friction.

'friction-disk, *s. Mec.E:* Plateau *m* à friction.

'friction-drive, *s. Mec.E:* Entraînement *m* par friction.

'friction-gear(ing), *s. Mec.E:* Transmission *f* à friction, par frottement.

'friction-proof, *a.* Antifriction *inv.*

'friction-tube, *s. Artil:* Étoupille *f*; amorce *f* à friction.

frictional ['frikʃən(ə)l], *a. Mec: Ph: etc:* A, de, frottement;

à, de, friction. **Frictional resistance,** résistance *f* de frottement; sréistance au glissement. *F. contact,* contact *m* à frottement. *See also* ELECTRICITY. **-ally,** *adv.* (Commandé, actionné) par friction.

Friday ['fraidi], *s.* Vendredi *m. He is coming on F.,* il viendra vendredi. *He comes on Fridays,* il vient le vendredi, *occ.* il vient les vendredis. *He comes every F.,* il vient tous les vendredis. *F:* **Friday face,** face *f* de carême. **Good Friday,** (le) Vendredi saint. **Black Friday,** vendredi néfaste, de sinistre mémoire (p. ex. **'Overend Friday,'** le vendredi 11 mai 1866, date du krach de la banque Overend, Gurney & Co.). *Lit:* **'Man Friday,'** Vendredi (domestique de Robinson Crusoë); *F:* homme à tout faire; factotum *m. See also* LAUGH² I.

fried [fraid]. *See* FRY³.

friend [frend], *s.* **1.** *(a)* Ami, *f.* amie. *I am speaking to you as a f.,* je vous parle en ami, en amie. **Man-, boy-friend,** ami. **Woman-, girl-friend,** amie. *Her lady friends,* ses amies. *Her gentleman f.,* son ami. **Bosom friend,** un(e) ami(e) de cœur; un(e) intime. *They are bosom friends,* ils sont étroitement liés. *F:* **To be friends with s.o.,** être lié (d'amitié) avec qn; *F:* être ami avec qn. *I am friends with Smith,* Smith et moi sommes amis; je suis lié d'amitié avec Smith. **To be out of friends, not to be friends, with s.o.,** bouder qn; battre froid à qn. *They became great friends,* ils se sont pris d'amitié l'un pour l'autre. **To become friends with s.o. again,** se raccommoder avec qn. *To make a f.,* se faire un ami. **To make friends with s.o.,** se prendre d'amitié pour qn; se lier d'amitié avec qn. *I have made great friends with him,* nous sommes devenus de grands amis. **He tries to make friends with everybody,** il est liant avec tout le monde. *Nature quick to make friends,* caractère liant. **To have friends to stay,** (i) avoir des amis en visite; (ii) *F:* *(of woman)* avoir ses menstrues, ses affaires. **One of his friends, a friend of his,** un de ses amis, *F:* un ami à lui. **A soldier friend of his,** un militaire de ses amis. *A bachelor f. of mine,* un de mes amis qui est célibataire. *Provs:* **Everybody's friend is nobody's friend,** l'ami de tout le monde n'est l'ami de personne. **The best of friends must part,** il n'est si bonne compagnie qui ne se sépare. **A friend in need is a friend indeed,** c'est dans le besoin, dans le malheur, qu'on connaît ses véritables amis. *See also* FAST³ I. 1, FAIR-WEATHER, SAVE² 2. *(b) (Not an enemy) I don't care much for him but we are quite good friends,* je ne l'aime pas beaucoup mais nous ne sommes pas en mauvais termes. *F:* **You'd better be, keep, friends with them,** vous ferez bien de ne pas vous brouiller avec eux. *Let us part friends,* séparons-nous (en) bons amis. **He is no friend of mine,** (i) il n'est pas de mes amis; (ii) il ne me veut pas de bien. *He was no f. to me,* il n'a pas agi en ami envers moi. *See also* PASS³ I. 1. **2.** *(a) (In duel)* Témoin *m. (b)* Connaissance *f.* **To make friends with s.o.,** faire connaissance avec qn. *He has influential friends,* il a des amis influents; il a de belles relations. *F:* **A friend at court,** un ami en haut lieu; *F:* un pistonneur. **To have friends at court,** avoir de la protection, des protections; être protégé en haut lieu; *P:* avoir du piston. *Com: He has a large circle of friends,* il a une grande clientèle. *To be far from all friends,* être éloigné de toutes ses relations. *To dine with a few friends,* dîner en petit comité. **Friend Robinson,** notre ami Robinson. *F: Our friend with the nagging wife,* le monsieur avec la femme grondeuse. *Com: Our friend at Nantes,* notre accrédité à Nantes. *Parl:* **My honourable friend,** *Jur:* **my learned friend,** mon (cher) confrère. *See also* AMONG, FAMILY. *(c) pl.* Parents *m. His friends are well off,* sa famille est riche. **3.** *(a)* **Friend of the poor,** bienfaiteur, -trice, des pauvres. *A public f.,* un bienfaiteur public. *(b)* Ami, partisan *m* (de l'ordre, etc.); patron, -onne (des arts, etc.). **4.** *Rel:* Quaker, -eresse; Ami, -ie. **The Society of Friends,** la Société des Amis; les Quakers.

friendless ['frendləs], *a.* Délaissé, abandonné, sans amis, sans appui. *To be completely f.,* être seul au monde.

friendlessness ['frendləsnəs], *s.* Délaissement *m,* abandon *m,* solitude *f.*

friendliness ['frendlinəs], *s.* Bienveillance *f,* bonté *f,* disposition *f* favorable *(to, towards,* envers).

friendly ['frendli]. I. *a.* **1.** *(a)* (Ton, sentiment) amical, -aux; sympathique, d'ami. *Do me a f. turn,* rendez-moi un service d'ami. *A f. curiosity,* une curiosité amie. *Piece of f. advice,* avis amical. *F. gathering,* réunion *f* d'amis. *To be f. with s.o.,* être ami avec qn. *They became very f.,* ils se sont pris d'amitié l'un pour l'autre. **They are no longer friendly,** ils ne sont plus amis; *F:* leurs chiens ne chassent plus ensemble. *In a f. manner,* amicalement. *To be looked upon in a f. way by s.o.,* être sympathiquement connu à qn. *F:* **A little friendly hop,** un petit bal intime; une petite sauterie. *(b) (Not hostile)* **To be on friendly terms with s.o.,** être en bons termes, en bons rapports, en relations d'amitié, avec qn. *We are on f. terms with the new tenants,* nous voisinons avec les nouveaux locataires. **Friendly nation,** pays ami. *Sp: F. match,* match amical. **2.** *(Of pers.)* Bienveillant, favorablement disposé; *(of thg, circumstance, etc.)* favorable, propice. *F. winds,* vents *m* propices. *He proved very f.,* il s'est montré très gentil. *To give s.o. a f. reception,* recevoir favorablement qn; faire bon accueil à qn. **3. Friendly society,** association *f* de bienfaisance; société *f* de secours mutuels, de mutualité; amicale *f.* **-lily,** *adv.* En ami, amicalement.

II. **friendly,** *s.* Indigène ami. *pl.* **Friendlies,** tribus amies.

Friendly Islands (the). *Pr.n.pl. Geog:* L'archipel *m* de Tonga; les îles *f* des Amis.

friendship ['frendʃip], *s.* Amitié *f. To form a f. with s.o.,* se lier (d'amitié) avec qn; nouer amitié avec qn. *To conceive a great f. for s.o.,* se prendre d'une vive amitié pour qn. *I did it out of f.,* je l'ai fait par amitié. *Tribes living in f.,* tribus qui vivent en bonne intelligence. *See also* STRIKE UP 2.

Friesian ['fri:ziən], *a. & s.* = FRISIAN.

Friesland ['fri:zlənd]. *Pr.n. Geog:* La Frise.

frieze¹ [fri:z], *s. Tex:* Frise *f,* ratine *f.*

frieze², *v.tr. Tex:* Ratiner (le drap).

friezing, *s.* Ratinage *m.*

'friezing-machine, *s. Tex:* Ratineuse *f.*

frieze³, *s.* **1.** *Arch:* Frise *f*; *(of Tuscan or Doric column)* colarin *m.* **2.** Bordure *f* (de papier peint de tenture).

frigate ['friget], *s.* **1.** *Navy: A:* Frégate *f.* **2.** *Orn:* **Frigate(-bird, -petrel),** frégate.

fright¹ [frait], *s.* **1.** Peur *f,* effroi *m, P:* trac *m. He was seized with f.,* l'effroi l'a saisi; *P:* il a eu le trac. **To take fright,** prendre peur; s'effrayer, s'effarer *(at,* de). **To give s.o. a fright,** faire peur à qn, *F:* donner le trac à qn. *To be in a deadly f., half dead with f.,* (i) *Lit:* être saisi d'épouvante; (ii) *F:* avoir un trac formidable. *She was in such a f. that . . .,* elle avait tellement peur que. . . . *F: I got an awful f.,* j'ai eu une peur bleue, une belle peur. **2.** *F: (Esp. of woman)* Personne *f* laide, grotesque; épouvantail *m, pl.* épouvantails. *What a f. that woman is!* quelle horreur, quelle hideur, quel épouvantail, que cette femme! *What a f. you look!* comme vous voilà fagotée! *She is a perfect f., P:* c'est un remède d'amour.

fright², *v.tr. A. & Lit:* = FRIGHTEN.

frighten [fraitn], *v.tr.* Effrayer (qn); faire peur à (qn); *Lit:* épouvanter (qn). *You mustn't make all that noise; it frightens her,* il ne faut pas faire tant de bruit; cela lui fait peur. *These animals are easily frightened,* ces animaux s'effarouchent d'un rien. **You frighten me to death,** vous me faites mourir de peur. **To frighten s.o. out of his wits,** (i) rendre qn fou de terreur; (ii) *F:* faire une peur bleue à qn. **To frighten s.o. into doing sth.,** faire faire qch. à qn sous le coup de la peur. *I'm not going to be frightened into apologizing,* on ne m'arrachera pas des excuses en essayant de m'intimider.

frighten away, off, *v.tr.* Faire sauver (qn) (en lui faisant peur). *The dog frightened the thieves away,* le chien a fait décamper les voleurs. *Don't f. away the birds,* n'effarouchez pas les oiseaux. *He frightened away all the birds,* il a égaillé, fait sauver, tous les oiseaux.

frightened, *a. (Of pers., etc.)* Apeuré, épeuré. **Easily frightened,** peureux, poltron. **To be frightened,** avoir peur. *I wasn't as f. as you were,* je n'avais pas aussi peur que vous; je n'avais pas peur (au)tant que vous. *Don't be f.,* ne vous intimidez pas; n'ayez pas peur. **To feel frightened,** avoir peur; ressentir de la peur; *P:* avoir le trac. **To get frightened,** prendre peur. **To be frightened out of one's wits,** perdre la tête de peur. *He was f. out of his wits,* il était terrifié. **To be frightened to death,** être en proie à une frayeur mortelle; mourir de peur. **He is, was, more frightened than hurt,** il a eu plus de peur que de mal. **To be frightened at, of, sth.,** s'effrayer de qch.; avoir peur de qch. *To be f. of doing sth.,* avoir peur de faire qch.

frightening, *a.* Effrayant, épouvantable.

frightful ['fraitful], *a.* Terrible, effroyable, affreux, épouvantable. *He was in a f. passion,* il était dans une colère terrible. *F: To have a f. headache,* avoir un mal de tête affreux. **He has a frightful amount of work,** il a énormément à faire. **-fully,** *adv.* Terriblement, épouvantablement, effroyablement, affreusement, à faire peur. *He is f. ugly,* il est affreusement laid, laid à faire peur. *F. badly dressed,* terriblement mal habillé. *F:* **I am frightfully sorry,** je regrette énormément, infiniment. *He is f. vain,* il est excessivement vaniteux. *F. rich,* colossalement riche. *He is f. pleased,* il est joliment content. *That's f. nice of you,* c'est vraiment chic de ta part.

frightfulness ['fraitfulnəs], *s.* **1.** Horreur *f,* caractère hideux, atrocité *f* (d'un crime, etc.). **2.** *Hist:* (1914–18) **Policy of "frightfulness,"** politique *f* de fer et de sang; politique de terrorisme *m.*

frigid ['fridʒid], *a.* **1.** *(a)* Glacial, -als; (très) froid. *See also* ZONE¹ I. *(b) F: F. person,* personne froide. *F. style,* style glacial, ennuyeux. *F. politeness,* politesse glaciale, glacée. *F. answer,* réponse glacée. **2.** *Physiol: A:* Frigide. **-ly,** *adv.* Glacialement, très froidement. *To be f. polite,* être d'une politesse glaciale.

frigidity [fri'dʒiditi], *s.* **1.** Frigidité *f*; grande froideur, caractère glacial (d'un climat, d'un accueil, etc.). *F. of style,* froideur de style. **2.** Froideur (sexuelle); frigidité *f.*

frigidness ['fridʒidnəs], *s.* = FRIGIDITY 1.

frigorific [frigo'rifik], *a.* Frigorifique.

frill¹ [fril], *s.* **1.** *Cost: etc: (a)* Volant *m,* ruche *f,* tuyauté *m,* tuyautage *m. Pleated f.,* plissé *m.* **Toby frill,** collerette plissée; fraise *f. cf.* TOBY 3. **Shirt frill,** jabot *m. Cu:* **(Cutlet, ham) frill,** papillote *f. F:* **Newgate frill,** barbe *f* en collier; collier *m* de barbe. *(b) pl. F:* **Frills,** affectation *f,* façons *f.* **To put on frills,** faire des façons; poser. **To write without frills,** écrire sans apprêt. *(c) Orn:* (i) Cravate *f* (de pigeon); (ii) pigeon *m* à cravate. **2.** Mésentère *m*; *Cu:* fraise *f* (de veau, etc.). **3.** *Phot:* Partie décollée de la gélatine (au bord d'une plaque); plissement *m.*

frill². **1.** *v.tr.* Plisser, froncer, tuyauter, rucher (le linge, etc.). **2.** *v.i. (Of photographic emulsion)* Se décoller; se plisser.

frilled, *a.* **1.** *(a) (Of ribbon, etc.)* Froncé, ruché; *(of skirt, etc.)* à volants; *(of coif)* godronné, tuyauté; *(of skirt)* à jabots; *(of elastic)* frisé. *(b)* **Frilled pigeon,** pigeon *m* à cravate. *See also* LIZARD 1. **2.** *(Of photographic emulsion)* Décollé au bord; plissé.

frilling, *s.* **1.** *(a)* Plissage *m,* froncement *m,* tuyautage *m* (d'une bande, etc.). *(b) Phot:* Décollement *m,* détachement *m,* plissement *m* (au bord de la plaque). **2.** Ruché *m,* rabat *m,* plissé *m,* tuyauté *m.*

frillies ['friliz], *s.pl. F:* Vêtements de dessous ruchés; falbalas *m.*

frilly ['frili], *a.* Froncé, ruché.

fringe¹ [frindʒ], *s.* **1.** *Tex:* Frange *f*; *(on upholstered furniture)* crépine *f*; *(of ends left loose)* effilé *m,* effiloche *f,* effiloque *f. See also* EPAULETTE. **2.** *(a)* Bordure *f,* bord *m. F. of trees,* bordure d'arbres. *The f. of the forest,* la lisière de la forêt. *F:* **The outer fringe(s) of London,** la banlieue excentrique de Londres. *You have only touched the f. of the question,* vous n'avez fait qu'effleurer la question. **To live on the fringe of society,** vivre en marge de la société.

Opt: **Chromatic fringe,** frange chromatique. *See also* INTERFERENCE 2. (*b*) *Toil:* **(Grecian) fringe,** devant *m* de cheveux; cheveux *mpl* à la chien. *To wear a f.*, être coiffée à la chien; porter des chiens. *F:* **Newgate fringe** = *Newgate frill, q.v. under* FRILL[1] I (*a*). **3.** *Z:* Cirres *mpl. Bot:* Cils *mpl*, fimbrilles *fpl.*

'fringe-net, *s. Toil:* Réseau *m*; filet *m* à cheveux.

fringe[2]. **1.** *v.tr.* Franger (un tapis, etc.); garnir (un meuble, etc.) d'une crépine. *F: A pink glow fringed the horizon*, une lueur rose frangeait l'horizon. *The oaks that f. the forest*, les chênes *m* en bordure de la forêt, qui forment la lisière de la forêt. **Eyes fringed with black lashes,** yeux bordés, frangés, de cils noirs. **2.** *v.i.* (*a*) (*Of material*) S'effiler, s'effilocher; former des franges. (*b*) **To fringe upon sth.,** border, franger, qch. *Where the suburbs fringe into the country*, où la banlieue se perd dans la campagne.

fringed, *a.* (*a*) *Tex:* Frangé, effilé, à frange. *Furn:* Garni, orné, d'une crépine. (*b*) *Nat.Hist:* Fimbrié.

fringing[1], *a.* Marginal, -aux; (récif, etc.) en bordure.

fringing[2], *s.* **1.** (*Of tissue*) Frangeage *m*, effilochage *m*. **2.** (*a*) *Opt:* Iridescence *f*. (*b*) *Phot:* Flou *m*; image floue.

fringy ['frindʒi], *a.* **1.** Qui ressemble à une frange. **2.** = FRINGED.

frippery ['fripəri], *s.* **1.** *A:* Friperie *f*. **2.** Parure *f* sans valeur; camelote *f*; (*of speech, style, etc.*) étalage *m*, faste *m*, clinquant *m*. **3.** *Usu. pl.* **Fripperies,** (i) colifichets *m*, brimborions *m*; (ii) babioles *f*, bagatelles *f*.

Frisco ['frisko]. *Pr.n. Geog: F: Dim. of* San Francisco.

Frisian ['friziən]. **1.** *a.* & *s. Geog:* Frison, -onne. *Husb:* **Frisian breeds,** races frisonnes. **2.** *s. Ling:* Le frison.

frisk[1] [frisk], *s.* **1.** Gambade *f*, cabriole *f*. **2.** *With a f. of his tail*, (i) (*of horse*) en donnant un coup de queue; (ii) (*of dog*) avec un frétillement de queue.

frisk[2]. **1.** *v.i.* **To frisk (about),** (*of lambs, etc.*) s'ébattre; faire des cabrioles; gambader, folâtrer; (*of horse*) fringuer, caracoler, cabrioler, faire des caracoles. (*Of pers.*) *To come frisking in, up*, entrer, arriver, en gambadant. **2.** *v.tr.* (*Of dog, etc.*) **To frisk its tail,** frétiller de la queue. **3.** *v.tr. U.S: F:* Palper ou fouiller (un suspect, etc.).

frisket ['frisket], *s. Typ:* (*a*) Cache *m*. (*b*) Frisquette *f* (d'une presse à bras).

friskiness ['friskinəs], *s.* Folâtrerie *f*, vivacité *f*.

frisky ['friski], *a.* Vif, folâtre; (cheval) fringant, animé, en l'air, qui a du feu, qui fait des cabrioles. (*Of pers.*) *To feel f.*, se sentir plein d'entrain. **-ily,** *adv.* Folâtrement.

frit[1] [frit], *s. Glassm:* Fritte *f*.

frit[2], *v.tr. Glassm:* Fritter (les matières premières).

fritting, *s.* Frittage *m*.

frit-fly ['fritflai], *s. Ent:* Oscine *f*.

frith[1] [friθ], *s.* **1.** *Dial:* (*a*) Pays boisé ou buissonneux. (*b*) Taillis *m*. **2.** Haie *f*, claie *f*.

frith[2], *s.* = FIRTH.

fritillaria [friti'lεəriə], *s. Bot:* Fritillaire *f*.

fritillary [fri'tiləri], *s.* **1.** *Bot:* Fritillaire *f* (méléagride); damier *m*. **2.** *Ent:* Damier. **Pearl-bordered fritillary,** collier argenté. **Greasy fritillary,** mélitée *f* artémise. **Silver-washed fritillary,** argynne *m* tabac d'Espagne; empereur *m*.

fritter[1] ['fritər], *s. Cu:* Beignet *m*, roussette *f*. **Apple-fritter,** beignet de, aux, pommes.

fritter[2], *v.tr.* **To fritter (sth.) away, down,** morceler (qch.); réduire (qch.) à rien; dissiper, émietter, éparpiller (sa fortune). *To f. time away*, perdre le temps, son temps; muser. *To f. away one's money*, dépenser tout son argent en bêtises; gaspiller son argent.

Fritz [frits]. *Pr.n.m.* Fritz. *Hist:* (1914-18) *F:* **The Fritzes, Fritz,** les Allemands, *P:* les boches.

Friuli [fri'u:li]. *Pr.n. Geog:* Le Frioul.

frivol ['friv(ə)l], *v.* **(frivolled; frivolling)** *F:* **1.** *v.i.* Baguenauder, muser, lanterner; s'amuser (à des frivolités, à faire la cour aux femmes). **2.** *v.tr.* **To frivol away one's time, one's money,** gaspiller son temps, son argent.

frivolling[1], *a.* (*Of pers.*) Frivole; baguenaudier.

frivolling[2], *s.* Baguenauderie *f*.

frivolity [fri'vɔliti], *s.* **1.** Frivolité *f*, baguenauderie *f*; légèreté *f* d'esprit. **2.** **To talk frivolities,** (i) s'entretenir de frivolités; (ii) parler pour ne rien dire.

frivoller ['frivələr], *s.* Personne *f* frivole; évaporé(e).

frivolous ['frivələs], *a.* Frivole; (*of claim, reason, objection, etc.*) vain, futile; (*of pers.*) baguenaudier, évaporé. **-ly,** *adv.* Frivolement, futilement.

frivolousness ['frivələsnəs], *s.* = FRIVOLITY 1.

frivvle [frivl], *v.i.* & *tr. F:* = FRIVOL.

frizz[1] [friz], *s.* (*a*) Crêpelure *f*, crêpage *m* (des cheveux). (*b*) Cheveux crêpelés.

frizz[2], *v.tr.* **1.** (*a*) Crêper, frisotter, moutonner, bichonner (les cheveux). (*b*) *v.i.* (*Of hair*) Frisotter. **2.** *Leath:* Poncer (les peaux). **3.** *Tex:* = FRIEZE[2].

frizz[3], *v.i.* = FRIZZLE[3] I.

frizziness ['frizinəs], *s.* Crêpelure *f* (des cheveux).

frizzle[1] [frizl], *s.* Cheveux crêpelés, crêpelus, frisottés, moutonnés.

frizzle[2], *v.tr.* & *i.* = FRIZZ[2] I.

frizzle[3]. **1.** *v.i.* (*a*) Grésiller, chanter (dans la poêle). (*b*) Crépiter. **2.** *v.tr. Cu:* (*a*) Faire frire (le lard, etc.). (*b*) Griller (le lard, etc.).

frizzy ['frizi], *a.* (*Of hair*) Crêpelé, crêpelu, frisotté, moutonné.

fro [frou], *adv.* En s'éloignant. *Used only in* **to and fro,** *q.v. under* TO III. 2.

frock [frɔk], *s. Cost:* **1.** Robe *f* (d'enfant, de femme). *To wear short frocks*, porter des robes courtes. *See also* PICTURE-FROCK. **2.** (*a*) Froc *m* (de moine). **To wear the frock,** être prêtre, porter le froc. (*b*) Blouse *f*, sarrau *m*, *A:* souquenille *f* (de paysan, d'ouvrier). (*c*) *Nau:* Chemise *f*, jersey *m*, tricot *m*, maillot *m* (de marin). (*d*) *Mil:* Tunique *f* de petite tenue. **3.** *Mil: P:* **The frocks,** les politiciens *m*; les pékins *m* de l'Administration.

'frock-'coat, *s. Cost:* Redingote *f*. *Clerical f.-c.*, soutanelle *f*.

frog[1] [frɔg], *s.* **1.** *Amph:* Grenouille *f*. **Grass-frog,** grenouille rousse. *U.S:* **Horned frog,** phrynosome *m*. *See also* NURSE-FROG, TREE-FROG. **2.** *Ich:* **Fishing frog,** poisson-grenouille *m*, *pl.* poissons-grenouilles; baudroie *f*, lophie pêcheuse, crapaud *m* de mer; crapaud pêcheur; diable *m*. **3.** *Med:* Aphte *m*. *F:* **To have a frog in one's throat,** avoir un chat dans la gorge, dans le gosier.

'frog-bit, *s. Bot:* Grenouillette *f*, mors *m* de grenouille.

'frog-eater, *s. F:* Mangeur, -euse, de grenouilles; Français *m*.

'frog-fish, *s.* = *fishing frog, q.v. under* FROG[1] 2.

'frog-hopper, *s. Ent:* Cercope *f*.

'frog-like, *a.* Ranin.

'frog-pond, *s. U.S:* Grenouillère *f*.

'frog('s)-march[1], *s.* Transport *m* d'un récalcitrant, le derrière en l'air, par quatre agents, etc., dont chacun tient un de ses membres.

'frog('s)-march[2], *v.tr.* Porter (qn) à quatre, le derrière en l'air.

'frog-spawn, *s.* Œufs *mpl* de grenouille.

'frog-spit(tle), *s.* = CUCKOO-SPIT.

'frog-tongue, *s. Med: F:* Grenouillette *f*, ranule *f*.

frog[2], *s. Farr:* Fourchette *f* (du sabot). **Frog-pad,** bourrelet *m*.

frog[3], *s. Mil: etc:* **1.** Porte-épée *m inv*; porte-baïonnette *m inv*; pendant *m*, bélière *f*, de ceinturon; passant *m* (de baudrier). **2.** *Cost:* Soutache *f*, olive *f*. **Frogs and loops,** brandebourgs *m*.

frog[4], *s. Rail:* (Cœur *m* de) croisement *m*.

'frog-point, *s. Rail:* Cœur *m* de croisement; pointe *f* de cœur.

frogged [frɔgd], *a. Cost:* (*Of coat*) Orné de brandebourgs.

froggery ['frɔgəri], *s.* Grenouillère *f*.

froggy[1] ['frɔgi], *s.* *F:* **1.** (*Child's speech*) Grenouille *f*. **2.** = FROG-EATER.

froggy[2], *a. F:* **1.** Qui tient de la grenouille. **2.** (Endroit) plein de grenouilles.

frolic[1] ['frɔlik]. **1.** *s.* (*a*) Ébats *mpl*, gambades *fpl*. (*b*) Fredaine *f*, divertissement *m*. **2.** *a. A:* Lutin, folâtre. **The frolic wind,** le vent gamin, folichon.

frolic[2], *v.i.* **(frolicked; frolicking)** Se divertir, s'ébattre, folâtrer, gambader, batifoler; lutiner.

frolicking[1], *a.* = FROLICSOME.

frolicking[2], *s.* Divertissement *m*, ébats *mpl*, folâtrerie *f*, batifolage *m*.

frolicker ['frɔlikər], *s.* **1.** Fêtard, -arde; batifoleur, -euse. **2.** Gambadeur, -euse.

frolicsome ['frɔliksəm], *a.* (*Of pers., manner, etc.*) Gai, joyeux, folâtre, folichon, espiègle, lutin. **-ly,** *adv.* Gaiement, joyeusement, folâtrement.

frolicsomeness ['frɔliksəmnəs], *s.* Gaieté *f*, folâtrerie *f*, folichonnerie *f*.

from [frɔm], *prep.* De. **1.** (*a*) (*Indicating departure from a place*) De. *To go f. home*, partir de chez soi; quitter la maison. *He returned f. London*, il est revenu de Londres. *To jump f. the train*, sauter du train. *He flung himself f. the cliff*, il se jeta du haut de la falaise. **From . . . to . . .,** de . . . à . . .; depuis . . . jusqu'à. . . . *F. Paris to London*, de Paris à Londres; depuis Paris jusqu'à Londres. *F. town to town*, de ville en ville. *F. flower to flower*, de fleur en fleur. *F. side to side*, d'un côté à l'autre. (*b*) (*Indicating lower limit*) **The bird lays from four to six eggs,** l'oiseau *m* pond de quatre à six œufs. *F. sevent en to twenty sail of the line*, de dix-sept à vingt vaisseaux *m* de ligne. *The fleet consisted of f. seventeen to twenty sail of the line*, la flotte comprenait entre dix-sept et vingt vaisseaux de ligne. **Good wines from one franc a bottle,** bons vins depuis un franc la bouteille, à partir de un franc la bouteille. **2.** (*Indicating starting point in time*) Depuis, dès, à partir de. *F. that day*, depuis, dès, ce jour; à partir, à dater, de ce jour. *Reckoning f. yesterday*, comptant à partir d'hier. **From the earliest records onward,** à partir des plus anciens documents. *I lived in Paris f.* 1920, j'ai vécu à Paris à partir de 1920. **As from . . .,** à partir de. . . . *The agreement begins as f. January 1st*, le contrat est valable à partir du premier janvier. *House let f. June 1st*, maison louée à compter du premier juin. **I knew him from a boy,** je l'ai connu alors qu'il était petit. *He had known the farm f. a boy*, il connaissait la ferme depuis son enfance. *F. his childhood, f. a child*, depuis, dès, son enfance. *He has been sickly f. (his) childhood, f. a child*, il a été maladif dès sa jeunesse. **From . . . to . . ., till . . .,** depuis . . . jusqu'à. . . . *F. morning till night*, depuis le matin jusqu'au soir. **From time to time,** de temps en temps. **3.** (*Denoting distance, absence*) **He is (away, absent) from home,** il est absent, sorti, en voyage. *Not far f. . . .*, pas loin de. . . . *Ten kilometres f. Paris*, à dix kilomètres de Paris. **I am far from saying that . . .,** je suis loin d'affirmer que. . . . **4.** (*a*) (*Denoting separation, removal, freedom*) De, à. *Separation f. s.o.*, séparation *f* d'avec qn. *Take that knife f. that child*, ôtez ce couteau à cet enfant. *He stole a pound f. her*, il lui a volé une livre. *To tear the bandage f. s.o.'s eyes*, arracher le bandeau de dessus les yeux de qn. *To dissuade s.o. f. doing sth.*, dissuader qn de faire qch. *I cannot refrain f. laughing*, je ne peux pas m'empêcher de rire. (*b*) (*Denoting protection*) Contre. *To shelter f. the rain*, s'abriter contre la pluie. *Protection of buildings f. lightning*, protection *f* des bâtiments contre la foudre. **5.** (*a*) (*Indicating change of state*) **From bad to worse,** de mal en pis. **From (being an) office-boy he became director,** de saute-ruisseau (qu'il était) il est devenu directeur. *F. being attacked he became the aggressor*, d'attaqué il devint l'agresseur. **The price has been increased from sixpence to a shilling,** on a augmenté le prix de six pence à un shilling. (*b*) (*Signifying distinction, difference*) D'avec, de. *He cannot distinguish the good f. the bad*, il ne sait pas distinguer le bon d'avec le mauvais. *This bird differs f., is distinct f., other birds in . . .*, cet oiseau diffère, se distingue, des autres oiseaux par. . . . (*c*) **To pick s.o. out from the crowd,** démêler qn parmi la foule. *To glean f. one and another*, glaner chez les uns et les autres. **He grabbed a**

revolver from the table, il saisit un revolver sur la table. *To draw water f. the river*, puiser de l'eau à la rivière. *To drink f. the brook*, boire au ruisseau. **6.** (*a*) (*Indicating origin, source*) *He is, comes, f. Manchester*, il est natif, originaire, de Manchester. *A train f. the North, Adm:* un train en provenance du nord. *Air-lines* **to and from** *the Continent*, lignes aériennes à destination ou en provenance du Continent. *Wheat f. Russia*, blé *m* venant de Russie. *Broadcast commentary (on the Derby) f. Epsom*, radio-reportage *m* émanant d'Epsom, à partir d'Epsom, depuis Epsom. *A quotation f. Shakespeare*, une citation empruntée à Shakespeare, tirée de Shakespeare. *Tales f. oral tradition*, contes recueillis dans la tradition orale. *Words f. the heart*, langage *m* qui part du cœur. *I heard it f. him*, je l'ai appris de lui. *Fuels manufactured f. coal*, combustibles *m* à base de charbon. **To draw a conclusion from sth.**, tirer une conclusion de qch. *To write f. s.o.'s dictation*, écrire sous la dictée de qn. **From your point of view,** à votre point de vue. (*b*) (*Indicating giver, sender*) *A letter f. my father*, une lettre de mon père. *Petition f. a group*, pétition *f* émanant d'un groupe. *The petition is f. . . .*, la pétition émane de. . . . *I have brought it to you f. a friend*, je vous l'apporte de la part d'un ami. *A dispatch f. the colonel*, une dépêche de la part du colonel. *You will obtain the same indulgence f. them*, vous obtiendrez la même indulgence de leur part. *The services required f. me*, les services *m* que l'on attend de moi. **Tell him that from 'me,** dites-lui cela de ma part. (*On parcel*) **From . . .,** envoi de. . . . (*c*) (*Indicating model, copy*) D'après. **Painted from life, from nature,** peint d'après nature. *See also* LIFE 1. *The house was so named f. the owner*, la maison portait le nom de son propriétaire. **7.** (*Indicating cause, motive, reason, ground*) **To act from conviction,** agir par conviction. *It happened f. carelessness*, cela arriva par négligence. *He grew shy f. being laughed at*, il est devenu timide parce qu'on se moquait de lui. *I know him f. seeing him at the club*, je le reconnais pour l'avoir vu au cercle. **To die from fatigue,** mourir de fatigue. *Not f. any fault of his own*, sans qu'il y ait de sa faute. *F. his looks you might suppose that . . .*, à le voir on dirait que. . . . *F. his staggering I took him to be drunk*, de ce qu'il titubait je l'ai cru ivre. **From what I heard . . .,** d'après ce que j'ai entendu dire. . . . **From what I can see . . .,** à ce que je vois. . . . **8.** (*a*) (*With adv., prep.*) **From above,** d'en haut. **I saw him from afar,** je l'ai vu de loin. **He went from hence, from thence,** il est parti d'ici, de là. **From henceforth,** à partir d'aujourd'hui. *F. among . . ., f. amidst . . .*, de parmi. . . . *He came forth f. amongst the crowd*, il se détacha de la foule. *To look at s.o. f. under, f. over, one's spectacles*, regarder qn par-dessous, par-dessus, ses lunettes. *To come out f. under the ground*, sortir de dessous terre. *U.S:* **To get from under,** se tirer d'affaire. *Take that thing f. off the table*, enlevez cela de sur la table, de dessus la table. *Take thy shoes f. off thy feet*, déchausse-toi. **From of old,** du temps jadis, du vieux temps; *F:* de dans le temps. *I know it f. of old*, je le sais de longue date. (*b*) (*After adv.*) **To come down from one's room,** descendre de sa chambre. *To move away f. s.o.*, s'éloigner de qn. *To come out f. a house*, sortir d'une maison.

frond [frɔnd], *s. Bot:* **1.** Fronde *f* (de fougère). **2.** *F:* Feuille *f* (de palmier).

frondage [ˈfrɔndedʒ], *s. Bot:* Ensemble *m* des frondes.

fronded [ˈfrɔndid], *a.* (*Of plant*) A frondes.

frondescence [frɔnˈdes(ə)ns], *s.* Frondaison *f.* **1.** Feuillaison *f.* **2.** Feuillage *m.*

frondescent [frɔnˈdes(ə)nt], *a. Bot:* Frondescent.

frondiferous [frɔnˈdifərəs], *a. Bot:* Frondifère.

frondose [frɔnˈdous], **frondous** [ˈfrɔndəs], *a. Bot:* Feuillu.

front[1] [frʌnt]. **I.** *s.* **1.** (*a*) *A:* (*Forehead*) Front *m.* *See also* HEAD[1] 6. (*b*) *F:* Front, contenance *f*, face *f*; maintien *m*. **Front to front,** face à face **To show a bold front, to put a bold front on it,** faire bonne contenance; payer d'audace. (*c*) **To have the front to do sth.,** avoir l'effronterie, le toupet, le front, de faire qch. **2.** *Mil:* Front (d'une armée); premiers rangs (d'un bataillon, etc.). **To present an unbroken front,** présenter un front inentamé. **To be at the Front,** se trouver au front, sur le front. *Pol:* **United Front, Common Front,** Front commun. *See also* CHANGE[2] 1. **3.** (*a*) Devant *m*, partie antérieure (de qch.); façade *f*, face (d'un bâtiment); *Arch.Draw:* élévation *f*; devanture *f* (d'un magasin, d'une chaudière); étalage *m* (de boutique); avant *m* (d'une voiture); montre *f* (d'un orgue); corps *m* (d')avant (d'un appareil photographique); (faux) toupet (de cheveux) ou frange *f* (de faux cheveux); devant, plastron *m* (de chemise); chemisette *f* (de robe); tête *f* (de pont). *Aut:* **False front of the radiator,** grillage *m*, grille *f*, de radiateur; protège-radiateur *m inv.* *Carriage in the f. of the train*, voiture *f* en tête du train; voiture de tête. *To look at the f. of sth.*, regarder qch. de face. *Fenc: etc:* **To show less front,** s'effacer. *Poet:* **In the front of summer, of March,** au seuil de l'été, au début de mars. *See also* BACK[1] I. 1, LENS-FRONT, RISING[1] 2, SWING-FRONT. (*b*) *P:* **Two-pair front,** chambre *f* sur le devant au deuxième étage. (*c*) (*At seaside*) **The front,** la promenade, le front de mer. **House on the front,** maison *f* faisant face à la mer. **4.** Premier rang. *To push one's way to the f.*, se frayer un chemin jusqu'au premier rang; *F:* se pousser (en avant). *F:* (*Of pers.*) **To come to the front,** arriver au premier rang; se révéler; se faire connaître. *Author who is beginning to come to the f.*, auteur qui commence à percer. *Idea that is coming to the f.*, idée *f* qui se fait jour. (*Of topic*) *To come to the f. again*, revenir sur l'eau. **5.** *Adv.phr.* **In front,** devant, en avant. *Stand further in f.*, mettez-vous plus en avant. **To send s.o. on in front,** envoyer qn devant, en avant. **Attacked in front and in the rear, in front and rear,** attaqué par devant et par derrière. *Prep.phr.* **In front of,** *U.S:* **front of,** (i) en face de, vis-à-vis de; (ii) devant, au devant de. *A terrace in f. of the house*, une terrasse devant la maison. *He stood right in f. of me*, (i) il se trouvait juste en face de moi, (ii) il s'est mis juste devant moi. *Look in f. of you*, regardez devant vous. *See also* EYE[1] 1 (*c*). *My office is in f. of the church*, mon bureau est en face de l'église, fait face à l'église. *Mec.E:* **Eccentric in front of the crank,** excentrique avancé sur la manivelle.

II. **front,** *a.* Antérieur, de devant, d'avant, de face. *F. seat*, siège *m* d'avant. *F:* **To have a front seat,** être aux premières loges. *F. wall*, mur *m* de façade. *F. tool (of lathe)*, outil *m* de face. *F. plate (of boiler, furnace)*, plaque *f* de devanture. *F. carriage (of train)*, voiture *f* de tête. *I was in the f. part of the train*, je me trouvais en tête de train. **Front rank,** premier rang. *Artists in the f. rank*, artistes *m* de premier plan. **Front-rank actors,** acteurs *m* les plus en vue. **Front-line soldiers,** soldats *m* du front. *Phot:* **Front lens,** lentille frontale (d'un objectif). **Front lighting,** éclairage frontal. *Ling:* **Front consonant, vowel,** consonne, voyelle, palatale, antérieure, d'avant; palatale *f.* *See also* BENCH[1] 1, BOARD[1] 1, TOOTH[1] 1, WHEEL[1] 1.

'front-'bencher, *s. Parl:* Membre de la Chambre pourvu d'un portefeuille et siégeant au banc des ministres. *Cf. front benches under* BENCH[1] 1.

'front-brake, *s. Cy:* Frein *m* avant.

'front-'carriage, *s. Veh:* Avant-train *m.*

'front-'door, *s.* Porte *f* d'entrée (principale); porte de devant, porte sur la rue; porte sur la façade.

'front-(wheel) drive, *s. Aut:* Traction *f* avant. **Front-drive car,** voiture *f* à avant-train moteur, à roues avant motrices.

'front-matter, *s. Publ:* *U.S:* Feuilles *f* liminaires.

'front-name, *s. U.S:* Prénom *m.*

'front page, *s. Journ:* Première page. **Front-page advertisement,** annonce *f* en première page.

'front-pipe, *s.* Tuyau *m* de montre (d'un orgue).

'front-'ranker, *s. F:* Artiste *mf*, etc., de premier plan.

'front-room, *s.* Chambre *f* sur le devant, sur la rue.

'front-sight, *s. Artil:* *Sm.a:* Guidon *m* de mire; bouton *m* de mire.

'front-'view, *s.* Vue *f* de face. *Arch:* Élévation *f.*

'front-wise, *adv.* De face.

front[2]. **1.** *v.tr. & i.* **To front (sth.); to front (up)on, to(wards), (sth.),** faire face à (qch.); être tourné vers (qch.). **The house fronts north,** la maison est exposée, orientée, au nord; la maison fait face au nord; la maison regarde le nord. *Windows that f. the street*, fenêtres *f* qui donnent sur la rue. *The river and the houses fronted to it*, le fleuve et les maisons donnant dessus. **2.** *v.tr.* (*a*) Affronter, braver (l'ennemi, une accusation, etc.). (*b*) **To front s.o. with s.o.,** confronter qn avec qn. **3.** *v.tr.* Donner une (nouvelle) façade à (un édifice). *House fronted with stone*, maison *f* avec façade en pierre. *Wide-fronted house*, maison à large façade. **4.** *Mil:* (*a*) *v.i.* Faire front. **Left front!** à gauche front! à gauche, gauche! (*b*) *v.tr.* Établir le front de (l'armée, etc.). **5.** *Ling:* Palataliser (une consonne).

fronting, *s.* **1.** (*a*) Exposition *f*, orientation *f* (d'un édifice). (*b*) Affrontement *m* (de l'ennemi, etc.). (*c*) Confrontation *f* (de deux personnes). (*d*) *Mil:* Établissement *m* d'un front. **2.** Façade *f* (d'un édifice).

frontage [ˈfrʌntedʒ], *s.* **1.** Terrain *m* en bordure (d'un fleuve, d'une chaussée, etc.). **2.** Étendue *f* du devant (d'un édifice, etc.); devanture *f* (d'un magasin). *Premises with a good f.*, local *m* avec une belle devanture. **3.** (*a*) Façade *f.* *Premises with frontages on two streets*, local avec façades sur deux rues. **To buy land at so much per foot of frontage,** acheter un terrain à tant le pied courant sur la rue, à tant le pied de façade. (*b*) *Jur:* Droit *m* de façade. **4.** *Mil: A:* Front *m* de bandière. **5.** Orientation *f*, vue *f*, perspective *f.*

frontager [ˈfrʌntedʒər], *s.* **1.** (Propriétaire) riverain *m.* **2.** Propriétaire ayant maison sur rue, ayant villa vis-à-vis la mer.

frontal[1] [ˈfrʌnt(ə)l], *s.* **1.** *Cost:* Fronteau *m*, bandeau *m.* **2.** (*a*) *Anat:* Os frontal, os coronal; le frontal. (*b*) *Archeol:* Frontail *m*, fronteau (de cheval). **3.** *Ecc:* Devant *m* d'autel; parement *m* d'autel. **4.** Façade *f* (d'un bâtiment).

frontal[2], *a.* **1.** (*a*) *Anat:* (*Of bone, vein, etc.*) Frontal, -aux. (*b*) *Arch:* (Vue, etc.) de face. **2.** *Tls:* **Frontal hammer,** (marteau) frontal *m.* **3.** *Mil:* (Attaque, etc.) de front. **-ally,** *adv.* (Attaquer) de front.

frontier [ˈfrʌntiər, ˈfrɔnt-], *s.* **1.** Frontière *f.* *Attrib.* **Frontier town,** ville *f* frontière. *F.-post*, poteau-frontière *m*, *pl.* poteaux-frontière. **Frontier districts,** régions frontalières, de la frontière. **2.** *U.S:* Ligne *f* de séparation entre les régions en exploitation et les régions encore vierges.

frontier(s)man, *pl.* **-men** [ˈfrʌntiər(z)mən, ˈfrɔn-, -men], *s.m.* **1.** Habitant de la frontière; frontalier. **2.** *U.S:* Broussard.

Frontignac [ˈfrɔntiŋak], *s. Vit:* (*Wine*) Frontignan *m.*

frontispiece [ˈfrʌntispiːs], *s.* **1.** *Arch:* (*a*) Frontispice *m* (d'un édifice). (*b*) Fronton *m.* **2.** *Typ:* Frontispice. **3.** *P: Hum:* Figure *f*, visage *m*; *P:* devanture *f.*

frontispieced [ˈfrʌntispiːst], *a.* Garni d'un frontispice. *F. with a portrait of the author*, avec, en frontispice, un portrait de l'auteur.

frontlet [ˈfrʌntlət], *s.* **1.** *Cost:* (*a*) Bandeau *m*, filet *m.* (*b*) *Jew.Civ:* Fronteau *m*, phylactère *m.* **2.** Front *m* (d'un animal). **3.** Parement *m* (d'un autel).

fronton [ˈfrʌntən], *s. Arch:* Fronton *m.*

frontsman, *pl.* **-men** [ˈfrʌntsmən, -men], *s.m. Com:* Vendeur à l'étalage.

frontwards [ˈfrʌntwərdz], *adv.* (Au) devant; en avant (*of*, de).

frore [ˈfrɔːər], *a. Poet: A:* Gelé, glacé.

frost[1] [frɔst], *s.* **1.** (*a*) *Meteor:* Gelée *f*, gel *m.* *Early f.*, gelée automnale. *Late f., spring f.*, gelée printanière. **Hard frost,** forte gelée. **Ground frost, white frost,** gelée blanche. **There has been a white frost,** il a gelé (à) blanc. **Black frost,** froid noir. *F:* **Jack Frost,** le bonhomme Hiver; la gelée. *Ten degrees of f.*, dix degrés *m* de froid. *The f. was hardening the roads*, le gel durcissait les routes. *We are going to have f.*, le temps est à la gelée. **Chilled beef with the frost still in it,** bœuf réfrigéré qui n'est pas encore dégelé.

F: There was a frost in his manner, il y avait une froideur dans sa manière. *Lit: The f. of age*, les glaces *f* de la vieillesse. (*b*) (Hoar) **frost**, givre *m*; *Lit:* frimas *m*. **Glazed frost**, verglas *m*. *Winter had already covered the hedges with* **white frost**, l'hiver avait déjà givré les haies. **2.** (*a*) *F:* (*Of play, book, etc.*) Four *m*, fiasco *m*, déception *f*. **The play was a dead frost, a perfect frost**, la pièce a fait four; ç'a été un four noir. (*b*) *The whole thing turned out a f.*, toute l'affaire s'en est allée en eau de boudin.

'frost-bite, *s.* **1.** *Med:* (*Of feet, etc.*) Gelure *f*, froidure *f*, congélation *f*. **2.** *Agr: Hort:* (*Of plants*) Brûlure *f* par la gelée; gelure, brouissure *f*; (*of fruit-trees*) champelure *f*, champlure *f*.

'frost-bitten, *a.* **1.** (*Of nose, etc.*) Gelé. **2.** (*Of plants*) Brûlé par le froid; grillé (par la gelée); (*of fruit-trees, etc.*) champlé.

'frost-bound, *a.* Retenu par les glaces.

'frost-cleft¹, **'frost-crack**, *s.* *Arb:* Gélivure *f* (du bois).

'frost-cleft², **'frost-cracked**, *a.* (*Of wood, stone*) Gélif.

'frost-fish, *s.* *Ich:* **1.** Gade *m*. **2.** Lépidope *m*, jarretière *f*.

'frost-hardy, *a.* *Arb: Hort:* Résistant au froid.

'frost-nail, *s.* *Farr:* Crampon *m*; clou *m* à glace.

'frost-nailed, *a.* (Cheval) ferré à glace.

'frost-nip, *s.* = FROST-BITE.

'frost-nipped, *a.* = FROST-BITTEN.

'frost-proof, *a.* Résistant à la gelée.

'frost-shoe¹, *s.* *Farr:* Fer *m* à glace, à crampons.

'frost-shoe², *v.tr.* *Farr:* Ferrer (un cheval, etc.) à glace.

'frost-tender, *a.* *Arb: Hort:* Sensible au froid.

'frost-weed, *s.* *Bot:* Hélianthème *m*, ciste *m*.

'frost-work, *s.* (*On window-panes, etc.*) Gelée *f*; fleurs *fpl* de givre.

frost², *v.tr.* **1.** Geler, attaquer de champelure, griller (un arbre fruitier, etc.). **2.** (*a*) Givrer (les vitres, l'herbe, etc.). (*b*) Saupoudrer (qch. de sucre, etc.); blanchir (les cheveux); (sur)glacer (un gâteau); givrer (un arbre de Noël, un gâteau, etc.). **3.** (*a*) Glacer (un métal). (*b*) Dépolir (le verre); mater (l'or). **4.** Mettre des crampons à (un fer à cheval); ferrer (un cheval) à glace.

frosted, *a.* **1.** = FROST-BITTEN. **2.** (*Of trees, window-panes, etc.*) Givré. **3.** Saupoudré (*with*, de). **Frosted cake**, gâteau (sur)glacé. *F. hair*, cheveux blancs. **4.** (*Of glass*) Dépoli; (*of gold, etc.*) mat. *El:* **Frosted bulb**, lampe dépolie (intérieurement). **5. Frosted gelatine**, gélatine cristallisée, à surface chagrinée. **Frosted enamel**, émail cristallisé.

frosting, *s.* **1.** (*a*) Givrage *m*. (*b*) Glaçage *m* (d'un métal). (*c*) Dépolissage *m* (du verre). **2.** *Cu:* Sucre pilé (pour surglaçage).

frostiness ['frɔstinəs], *s.* **1.** Froid glacial (du temps). **2.** Manière glaciale (de qn). *The f. of my reception*, l'accueil glacial qui m'a été fait.

frosty ['frɔsti], *a.* **1.** Gelé, glacial, -als. *F. weather*, temps *m* de gelée; temps à la gelée. *F:* **Frosty reception**, accueil glacial. *F. answer*, réponse glacée. **2.** (Carreaux) couverts de givre; (arbre) givré. **3.** *P:* (*Of pers.*) Grêlé (par la petite vérole). **-ily**, *adv.* *F:* Glacialement; d'une manière très froide, glacée.

froth¹ [frɔθ], *s.* **1.** Écume *f* (du bouillon, aux lèvres); mousse *f* (du savon, de la bière, etc.); faux col (d'un verre de bière). **Sea-froth**, écume de la mer. *F:* (*Of pers.*) **To be on the froth**, bouillonner (de colère, etc.); écumer. **2.** *F:* Futilités *fpl*; paroles creuses. *His speech was all f.*, son discours ne contenait rien de solide.

'froth-blower, *s.* *P:* Buveur *m* de bière.

froth². **1.** *v.i.* Écumer, mousser; (*of waves*) moutonner, bouillonner. **To froth up**, mousser fortement. **To froth over**, déborder (en moussant). *He was frothing at the mouth*, sa bouche écumait. **2.** *v.tr.* Faire mousser (le savon, les œufs, etc.).

frothiness ['frɔθinəs], *s.* **1.** État écumeux (de la mer, etc.); état mousseux (d'une boisson, etc.); état moutonneux (des vagues). **2.** *F:* Futilité *f*, manque *m* de substance (d'un discours, etc.).

frothy ['frɔθi], *a.* **1.** (*a*) Écumeux, écumant; mousseux; (sang, etc.) spumeux; (*of sea, waves*) moutonneux, moutonné. (*b*) (Tissu) léger, bouffant. **2.** *F:* (*Of speech, etc.*) Vide, creux.

frouzy ['frauzi], *a.* = FROWZY.

froward ['frouwərd], *a.* *A:* (*Of pers.*) Obstiné, entêté, rebelle, mutin, indocile. **-ly**, *adv.* Obstinément, indocilement, en rebelle.

frowardness ['frouwərdnəs], *s.* *A:* Indocilité *f*, obstination *f*, entêtement *m*; humeur *f* revêche.

frown¹ [fraun], *s.* **1.** Froncement *m* de sourcils; regard courroucé, sévère; regard *m* de colère; regard soucieux. *To look at s.o. with a f.*, regarder qn en fronçant les sourcils. *A f. had settled on his brow*, son visage s'était embruni. **2.** Air désapprobateur; désapprobation *f*. **3.** *Lit: The frowns of fortune*, les rigueurs *f* du sort.

frown², *v.i. & tr.* (*a*) (*Of pers.*) Froncer les sourcils; se renfrogner, renfrogner sa mine. **To frown at, (up)on, s.o.**, regarder qn de travers, en fronçant les sourcils; faire mauvais visage à qn; *F:* faire la tête à qn. *To f. upon a suggestion*, désapprouver une suggestion. **To frown defiance** *on the crowd*, regarder la foule d'un air de menace et de défi. **To frown s.o. into silence, to frown s.o. down**, imposer le silence à qn d'un regard sévère. **To frown s.o. away**, écarter qn d'un regard sévère. (*b*) (*Of thgs*) Avoir l'air sombre, menaçant; être contraire (*on*, à).

frowning¹, *a.* (*Of looks, face, etc.*) Renfrogné, rechigné; (*of brow*) sourcilleux; (*of thgs*) sombre, menaçant. **-ly**, *adv.* En fronçant les sourcils; d'un air sombre, menaçant.

frowning², *s.* Froncement *m* de sourcils; renfrognement *m*.

frowst¹ [fraust], *s.* *F:* Atmosphère *f* qui sent le renfermé; odeur *f* de renfermé.

frowst², *v.i.* *P:* Rester enfermé au coin du feu.

frowstiness ['fraustinəs], *s.* *F:* Manque *m* d'air; odeur *f* de renfermé.

frowsty ['frausti], *a.* *F:* Qui sent le renfermé.

frowzy ['frauzi], *a.* **1.** Qui sent le renfermé. **2.** (*a*) (*Of pers., hair, clothes, etc.*) Sale, mal tenu, peu soigné. *See also* BLOWZY. (*b*) *F. complexion*, teint couperosé.

froze(n) [frouz(n)]. *See* FREEZE².

fructed ['frʌktid], *a.* *Her:* Fruité.

fructiferous [frʌk'tifərəs], *a.* Frugifère, fructifère.

fructification [frʌktifi'keiʃ(ə)n], *s.* Fructification *f*. **1.** Production *f* de fruits. **2.** *Bot:* Organes reproducteurs (des cryptogames).

fructiform ['frʌktifɔːrm], *a.* Fructiforme.

fructify ['frʌktifai]. **1.** *v.i.* Fructifier; (i) produire du fruit; (ii) *F:* rapporter; produire des bénéfices. **2.** *v.tr.* Faire fructifier; féconder.

fructose ['frʌktous], *s.* *Ch:* Fructose *m*; lévulose *usu. m*; sucre *m* de fruit.

fructule ['frʌktjul], *s.* *Bot:* Fructule *m*.

fructus ['frʌktəs], *s.* *Jur:* Croît *m* (du cheptel, etc.).

frugal ['fruːg(ə)l], *a.* **1.** (*Of pers., life, mind*) Frugal, -aux; économe. *F. woman*, femme *f* économe. **To be frugal of sth.**, ménager qch. **2.** (*Of meal, board, etc.*) Frugal, sobre, simple, modeste. *F. repast*, repas *m* d'anachorète. *F. eater*, homme *m* sobre. **-ally**, *adv.* Frugalement, économiquement, sobrement.

frugality [fru'galiti], *s.* Frugalité *f*. **1.** Économie *f*. **2.** Sobriété *f*.

frugiferous [fru'dʒifərəs], *a.* *Bot:* Frugifère, fructifère.

frugivorous [fru'dʒivorəs], *a.* *Z:* Frugivore.

fruit¹ [fruːt], *s.* Fruit *m*. **1.** (*a*) *Bananas, apples, dates and other fruits*, les bananes, les pommes, les dattes, et autres fruits. **Stone fruit**, fruit à noyau. *B:* **By their fruits ye shall know them**, (i) *B:* vous les connaîtrez à leurs fruits; (ii) *Prov:* à la laine on connaît la brebis. (*b*) *Coll.* **Eat more fruit**, mangez plus de fruits. *To strip a tree, an orchard, of f.*, effruiter un arbre, un verger. **Dried fruit**, fruits secs. **Stewed fruit**, compote *f* de fruits. (*At table*) *To serve the f.*, servir le fruit. **To bear fruit**, (i) (*of tree*) fruiter; rapporter, donner des fruits; porter fruit; (ii) *F:* (*of labour, etc.*) porter fruit, fructifier. **My enquiries bore fruit**, mes recherches furent couronnées de succès. *See also* SALAD 2. (*c*) *Bot: The f. of the rose-tree, of the larkspur*, le fruit du rosier, du pied-d'alouette. **2.** (*a*) **The fruits of the earth**, les fruits, les biens *m*, de la terre. **The fruit of her womb**, le fruit de ses entrailles. *See also* FIRST-FRUITS. (*b*) *The fruits of the hunt, of industry, of peace*, les fruits, les produits *m*, de la chasse, de l'industrie; les fruits, les biens, de la paix. (*c*) Fruit, résultat *m*. *His knowledge is the f. of much study*, son savoir est le fruit de longues études. *His downfall was the f. of his extravagance, of his hasty marriage*, il doit sa ruine à sa prodigalité, à son mariage irréfléchi. *See also* CIVIL 1. **3.** *U.S: P:* Femme *f* de mœurs faciles, qui se laisse cueillir.

'fruit-basket, *s.* Cueilloir *m*.

'fruit-bearing¹, *a.* Frugifère, fructifère. *F.-b. tree*, arbre fruitier.

'fruit-bearing², *s.* Fructification *f*.

'fruit-bud, *s.* *Bot:* Bourgeon *m* à fruit.

'fruit-cake, *s.* *Cu:* Gâteau *m* aux fruits; gâteau anglais.

'fruit-dish, *s.* = FRUIT-STAND.

'fruit-eating, *a.* *Z:* Frugivore, carpophage.

'fruit-farmer, *s.* Fructiculteur *m*, pomiculteur *m*.

'fruit-farming, *s.* Fructiculture *f*.

'fruit-fly, *s.* *Ent:* Drosophile *f*; mouche *f* à fruits.

'fruit-gatherer, *s.* = FRUIT-PICKER.

'fruit-grower, *s.* = FRUIT-FARMER.

'fruit-house, *s.* Fruitier *m*, fruiterie *f*.

'fruit-knife, *s.* Couteau *m* à fruit(s); pèle-fruits *m inv.*

'fruit-picker, *s.* **1.** (*Pers.*) Cueilleur, -euse, de fruits. **2.** *Tls:* Cueille-fruits *m inv*; cueilloir *m*.

'fruit-piece, *s.* *Art:* Tableau *m* de fruits.

'fruit-shoot, *s.* *Arb:* Lambourde *f*.

'fruit-stalk, *s.* *Bot:* Pédoncule *m*.

'fruit-stand, *s.* Fruitier *m*, compotier *m*, (*of tazza type*) soucoupe *f*.

'fruit-stoner, *s.* Énucloir *m*, dénoyauteur *m*.

'fruit-sugar, *s.* *Ch:* Fructose *m*, lévulose *usu. m*; sucre *m* de fruit.

'fruit-tree, *s.* Arbre fruitier.

'fruit-wall, *s.* *Hort:* Mur *m* à espaliers.

fruit². **1.** *v.i.* (*Of tree, etc.*) Fruiter; porter des fruits. **2.** *v.tr.* Faire fruiter (un arbre, etc.).

fruited, *a.* (*Of tree*) Portant des fruits; chargé de fruits.

fruiting, *a.* (*Of tree, stem, etc.*) Frugifère, fructifère.

fruitage ['fruːtedʒ], *s.* **1.** Fructification *f*. **2.** *Coll.* Fruits *mpl.*

fruitarian [fruː'tɛəriən], *s.* Fruitarien, -ienne.

fruiter ['fruːtər], *s.* **1.** *Nau:* Vaisseau *m* pour le transport des fruits. **2.** Arbre fruitier. *A sure f.*, arbre fruitier à rendement assuré. **3.** (*Pers.*) Fructiculteur *m*.

fruiterer ['fruːtərər], *s.* (*Pers.*) Fruitier; fruitière.

fruiteress ['fruːtəres], *s.f.* Fruitière.

fruitful ['fruːtful], *a.* **1.** (*Of tree, etc.*) Fructueux, productif; (*of soil, etc.*) fertile, fécond. *The f. rain*, la pluie féconde; la pluie fécondante. **2.** (*a*) (*Of marriage*) Fécond. (*b*) (*Of animals, etc.*) Prolifique. *F:* **Action fruitful of, in, consequences**, action *f* fertile en conséquences. *A budget f. of discontent*, un budget qui n'a engendré que du mécontentement. **3.** (*Of work*) Fructueux, profitable. **-fully**, *adv.* Fructueusement, utilement, d'une manière profitable.

fruitfulness ['fruːtfulnəs], *s.* Productivité *f* (d'un arbre, etc.); fertilité *f* (du sol, etc.); fécondité *f* (d'une femelle, *F:* d'un écrivain, etc.); caractère fructueux, utilité *f* (d'un travail, etc.).

fruition [fru'iʃ(ə)n], *s.* **1.** Jouissance *f* (d'un bien). **2.** Réalisation *f* (d'un projet, d'un espoir); fructification *f* (d'une idée, etc.). *Results long of f.*, résultats *m* à longue échéance. **To come to fruition**, fructifier; porter fruit; se réaliser.

fruitless ['fruːtləs], *a.* (*Of plant, tree, F: of work, etc.*) Stérile, infructueux. **Fruitless efforts**, vains efforts; efforts sans résultat,

F: coups *m* d'épée dans l'eau. **-ly,** *adv.* Infructueusement; vainement, inutilement.

fruitlessness ['fru:tləsnəs], *s.* Stérilité *f* (d'un arbre, etc.); inutilité *f* (de recherches, etc.).

fruitlet ['fru:tlet], *s.* Drupéole *m*, fructule *m* (d'une framboise, etc.).

fruity ['fru:ti], *a.* **1.** (*a*) (Goût *m*, etc.) de fruit. (*b*) (*Of wine*) Fruité, fruiteux. **2.** *F:* (Roman, scandale, etc.) corsé.

frumentaceous [fru:men'teiʃəs], *a. Bot:* Frumentacé.

frumenty ['fru:mənti], *s. Cu:* Fromentée *f*; bouillie *f* de froment.

frump [frʌmp], *s.f. F:* Femme mal attifée, en retard sur la mode, et revêche. **Old frump,** vieille caricature, vieille toupie, vieux tableau, vieille fée. *Isn't she a f.?* regardez-moi ce paquet! *She's an awful f.*, elle est affreusement fagotée.

frumpish ['frʌmpiʃ], **frumpy** ['frʌmpi], *a. F:* (*a*) Fagotée; mal attifée. (*b*) Revêche, acariâtre. **-ily, -ishly,** *adv.* (*a*) (Habillée) sans goût. (*b*) D'un ton ou d'un air revêche.

frustrate[1] ['frʌstreit], *a. A: & Poet:* (*Of hope, purpose, etc.*) Frustré, déjoué.

frustrate[2] [frʌs'treit, 'frʌstreit], *v.tr.* **1.** (*a*) Faire échouer, faire avorter (un projet, etc.). *To f. a plot*, déjouer un complot. *To f. s.o.'s hopes*, frustrer qn dans son espoir; frustrer, désappointer, l'espoir de qn. *The wind frustrated our efforts*, le vent a rendu vains nos efforts. (*b*) Contrecarrer (qn). **2.** *A: To f. the effects of poison*, neutraliser les effets d'un poison.

frustration [frʌs'treiʃ(ə)n], *s.* Anéantissement *m* (des projets de qn); frustration *f* (d'un espoir).

frustule ['frʌstjul], *s. Biol:* Frustule *m* (d'une diatomée).

frustum, *pl.* **-ta, -tums** ['frʌstəm, -tə, -təmz], *s. Geom:* Tronc *m* (de cône, de prisme, etc.). *F. of pyramid*, tronc de pyramide; pyramide tronquée. *Arch:* **Frustum of a column,** tronçon *m* d'une colonne, colonne tronquée.

frutescent [fru'tes(ə)nt], *a. Bot:* Frutescent.

frutex ['fru:teks], *s. Bot:* Arbrisseau *m*.

fruticose ['fru:tikous], *a.* Fruticuleux.

fry[1] [frai], *s. Coll.* **1.** *Ich:* (*a*) Frai *m*, fretin *m*, alevin *m*, nourrain *m*, poissonnaille *f*. **Small fry,** menu fretin; menuisaille *f*. (*b*) **Salmon fry,** tacons *mpl*; alevins *mpl* de saumon; saumoneaux *mpl* dans la deuxième année. (*c*) (*Of frogs, bees, etc.*) Jeunes *mpl*. **2.** *F:* **The small fry,** (i) le menu fretin, le menu peuple, les gens insignifiants, les petites gens; les balayeurs *m* (de la littérature, etc.); (ii) les gosses *m*, les loupiots *m*.

fry[2], *s. Cu:* **1.** Plat *m* de viande frite; friture *f*. **2.** Issues *fpl*; fressure *f* (d'agneau, de porc).

fry[3], *v.* (*p.t.* **fried** [fraid]; *p.p.* **fried**) **1.** *v.tr.* (Faire) frire (la viande, etc.). **Fried eggs,** œufs *m* sur le plat, au miroir. **Fried potatoes,** pommes de terre frites. *See also* FISH[1]. **2.** *v.i.* (*Of meat, etc.*) Frire. *F:* **To fry in one's own grease,** cuire dans son jus; souffrir les conséquences de sa propre folie. *To fry with impatience*, griller d'impatience.

frying, *s.* **1.** Friture *f*. **2.** (*a*) *El:* **Frying of the arc,** sifflement *m* de l'arc. (*b*) *W.Tel: etc:* Crachements *mpl*, friture.

'frying-basket, *s.* Panier *m* à friture.

'frying-pan, *s. Dom.Ec:* Poêle *f* (à frire). *F:* **To jump, fall, out of the frying-pan into the fire,** tomber d'un mal dans un pire; tomber, sauter, de la poêle dans le feu, sur la braise; tomber de Charybde en Scylla.

fryer ['fraiər], *s.* **1.** (*Pers.*) Friturier, -ière. **2.** *Dom.Ec:* Casserole *f*, bassine *f*, à friture; poêle *f* à frire.

Fuad ['fuad]. *Pr.n.m.* Fouad.

fubsy ['fʌbzi], *a. F:* (*Of pers.*) Courtaud. *A little f. bear*, un petit ours en boule.

fucaceae [fju'keisii:], *s.pl. Algae:* Fucacées *f*.

fuchsia ['fju:ʃə], *s. Bot:* Fuchsia *m*.

fuchsine ['fuksin], *s. Dy:* Fuchsine *f*; rouge *m* Solférino; rouge de Magenta.

fucoid ['fju:kɔid]. *Algae:* **1.** *a.* Fucoïde, fucoïdé, fucacé. **2.** *s.* Fucoïde *m*.

fucus, *pl.* **-ci** ['fju:kəs, -sai], *s. Algae:* Fucus *m*, varech *m*.

fuddle[1] [fʌdl], *s. F:* **1.** Ribote *f*. **To go on the fuddle,** faire (la) ribote. **2. To be in a fuddle,** (i) être un peu parti; être dans les vignes du Seigneur; (ii) avoir le cerveau brouillé.

fuddle[2]. *F:* **1.** *v.i.* Riboter; se pocharder. **2.** *v.tr.* (*a*) Soûler, griser, *P:* pocharder (qn). *The wine had fuddled his brain*, le vin lui avait enfumé le cerveau. (*b*) Brouiller les idées de (qn); hébéter (qn).

fuddled, *a. F:* **1.** Soûl; pris de vin; gris. **To get fuddled,** s'enivrer; s'enfumer le cerveau. *They were slightly f.*, ils étaient un peu partis, un peu gris. **2.** Brouillé (dans ses idées); hébété.

fuddling, *a.* Buveur, riboteur.

fudge[1] [fʌdʒ]. **1.** *int.* Bah! quelle(s) bêtise(s)! quelle blague! **2.** *s.* (*a*) Bâclage *m*, rafistolage *m*, bousillage *m*. (*b*) (i) Bêtise(s) *f*, sottise(s) *f*, baliverne(s) *f*, (ii) bourde *f*, blague *f*, craque *f*; (iii) pathos ampoulé. (*c*) *Typ: Journ:* (i) Dernières nouvelles. (ii) Rouleau *m* auxiliaire pour l'impression en manchette des dernières nouvelles. (*d*) *Cu:* Espèce de fondant américain.

fudge[2]. **1.** *v.tr.* (*a*) Bâcher, saveter, bousiller (un travail, etc.). (*b*) Cuisiner, faire cadrer (des comptes, etc.); donner le coup de pouce à (un compte). **2.** *v.i. F:* Faire de la mauvaise besogne.

Fuegian [fju'i:dʒiən], *a. & s. Geog:* Fuégien, -ienne.

fuel[1] ['fjuəl], *s.* (*a*) Combustible *m*, comburant *m*. **Wood for fuel,** bois *m* de chauffage. **Patent fuel, compressed fuel,** agglo-méré(s) *m(pl)*; briquettes *fpl* de charbon. **Different kinds of fuels, of fuel,** différentes espèces de combustibles. **Fuel-saving stove,** poêle *m* économique. **Fuel gas,** gaz *m* combustible. **Fuel consumption,** consommation *f* de combustible. *Adm: Mil: etc:* **Fuel allowance,** allocation *f* de chauffage. *F:* **To add fuel to the flame, to the fire,** jeter de l'huile sur le feu. *To add fresh f. to a quarrel*, alimenter une querelle. (*b*) *I.C.E:* Carburant *m*. **Heavy fuel,** carburant lourd. *F. mixture*, mélange *m* de carburants. *Aut:* **Fuel tank,** réservoir *m* d'essence. *See also* GAUGE[1] 3, OIL[1] 4.

fuel[2], *v.* (**fuelled; fuelling**) **1.** *v.tr.* (*a*) Charger (un fourneau, etc.). **Oil-fuelled,** chauffé au pétrole. (*b*) Pourvoir (la flotte, etc.) de combustibles. **2.** *v.i.* Obtenir du combustible; s'alimenter en combustible. *The poor have the right to f. (in the woods)*, les pauvres ont le droit d'affouage.

fuel up, *v.i.* S'approvisionner en combustible, *Aut:* en essence.

fuelling, *s.* **1.** Alimentation *f*, approvisionnement *m*, en combustibles. **2.** Combustibles *mpl*.

fug[1] [fʌg], *s. F:* **1.** (*a*) Forte odeur de renfermé; touffeur *f*; air empesté de tabac. (*b*) Poussière *f*, balayures *fpl* (dans une salle mal nettoyée). **2.** Individu casanier.

fug[2], *v.i.* (fugged) *P:* **To fug at home,** rester enfermé chez soi.

fugacious [fju'geiʃəs], *a.* **1.** (*Of colour, perfume, etc.*) Fugace. **2.** *Nat.Hist:* Éphémère; caduc, *f.* caduque.

fugacity [fju'gasiti], *s.* **1.** Fugacité *f* (d'une couleur, etc.). **2.** *Nat.Hist:* Caducité *f*.

fugal ['fju:g(ə)l], *a. Mus:* (*Of style, etc.*) Fugué.

fugato [fu'gɑ:to], *adv. Mus:* En style fugué.

-fuge [fju:dʒ], *a. & s.suff.* -fuge (*m*). *Febrifuge*, fébrifuge. *Vermifuge*, vermifuge.

fugginess ['fʌginəs], *s. F:* Touffeur *f* de l'air.

fuggy ['fʌgi], *a. F:* **1.** (Salle *f*, etc.) qui sent le renfermé, qui empeste le tabac. *It smells f.*, ça sent le renfermé ici. **2.** (*Of pers.*) Qui n'aime pas l'air frais; casanier.

fughetta [fju'getə], *s. Mus:* Fuguette *f*.

fugitive ['fju:dʒitiv]. **1.** *a.* (*a*) (*Of prisoner, slave, etc.*) Fugitif, fuyard. (*b*) (*Of happiness, impression, etc.*) Fugitif, fugace, éphémère, transitoire; de courte durée. *F. colour*, couleur fugitive. *Lit:* **Fugitive works,** œuvres *f* éphémères, d'intérêt transitoire. **2.** *s.* (*a*) Fugitif, -ive; fuyard *m*. *A f. from justice*, un fugitif poursuivi, recherché, par la justice. (*b*) Exilé, -ée; réfugié, -ée. (*c*) *A:* Déserteur *m*. **-ly,** *adv.* Fugitivement.

fugleman, *pl.* **-men** ['fju:glmən, -men], *s.m.* **1.** *Mil: A:* Chef de file. **2.** *F:* (*a*) Celui qui donne le ton aux autres; le meneur; le chef. (*b*) Porte-parole *m inv.*

fugue [fju:g], *s. Mus: Med:* Fugue *f*.

fugued [fju:gd], *a. Mus:* (*Of movement, etc.*) Fugué.

fuguist ['fju:gist], *s. Mus:* Compositeur *m* de fugues.

-ful [ful], *a. & s.suff.* **1.** *a.* (*Full of*) -eux. *Fearful*, peureux. *Forgetful*, oublieux. *Disdainful*, dédaigneux. *Painful*, douloureux. *Shameful*, honteux. **2.** *s.* (*Amount required to fill*) (*a*) -ée *f*. *Handful*, poignée. *Armful*, brassée. *Spoonful*, cuillerée. *Boatful*, batelée. *Houseful*, maisonnée. *Troughful*, augée. (*b*) *Cupful*, pleine tasse. *Glassful*, plein verre.

Fulahs ['fulɑ:z], *s.pl. Ethn:* Fellatas *m*, Foulahs *m*.

fulcrum[1], *pl.* **-cra** ['fʌlkrəm, -krə], *s.* **1.** *Mec:* (Point *m*, axe *m*, d')appui *m*, centre *m*, pivot *m* (d'un levier); couteau *m* (d'un fléau de balance). **Pedal fulcrum,** axe de pédale. *Give me a f. and I will lift the world*, qu'on me donne un point d'appui et je soulèverai le monde. **2.** *Usu. pl. Bot:* **Fulcra,** fulcre *m*, fulcrum *m*.

fulcrum[2], *v.i.* Pivoter (*on*, sur).

fulfil [ful'fil], *v.tr.* (**fulfilled; fulfilling**) **1.** (*a*) Accomplir (une prophétie); répondre à, remplir (l'attente de qn). *B: That it might be fulfilled which was spoken by the prophets*, afin que fût accompli ce qui avait été dit par les prophètes. **To fulfil oneself,** trouver sa vocation; remplir sa destinée; donner toute sa mesure. (*b*) Satisfaire (un désir); exaucer (une prière). (*c*) Accomplir (une tâche). *To f. an obligation, a duty*, s'acquitter d'une obligation, d'un devoir, acquitter, remplir, une obligation, un devoir. *To f. one's trust*, s'acquitter de sa charge. (*d*) Remplir (les conditions requises, etc.). *To f. the purpose in view*, répondre au but envisagé. (*e*) Obéir à (un commandement). *To f. s.o.'s instructions*, remplir les instructions de qn. **2.** Achever, compléter. *B: For my days are fulfilled*, car mon temps est accompli.

fulfilling, *s.* = FULFILMENT.

fulfiller [ful'filər], *s.* Personne *f* qui accomplit (une prophétie, etc.), qui remplit (une obligation, etc.), qui satisfait (un désir, etc.).

fulfilment [ful'filmənt], *s.* **1.** (*a*) Accomplissement *m* (d'une prophétie, d'un vœu, d'un devoir, etc.). (*b*) Exaucement *m* (d'une prière); accomplissement (d'un désir). (*c*) Exécution *f* (d'un projet, d'une condition). **2.** Achèvement *m* (d'une période de temps, etc.).

fulgent ['fʌldʒənt], *a. Poet:* Éclatant, resplendissant.

fulgorid ['fʌlgorid], *a. & s. Ent:* Fulgoridé (*m*).

fulgurant ['fʌlgjurənt], *a.* Fulgurant.

fulgurate ['fʌlgjureit], *v.i.* Fulgurer; (*of metals*) éclairer.

fulguration [fʌlgju'reiʃ(ə)n], *s.* **1.** (*Of silver, etc.*) Fulguration *f*, éclair *m*. **2.** *Med:* Fulguration; action *f* de la foudre.

fulgurite ['fʌlgjurait], *s.* **1.** *Geol:* Fulgurite *f*. **2.** *Exp:* Fulgurite.

fulham ['fuləm], *s. P:* Dé pipé, dé chargé.

fuliginous [fju'lidʒinəs], *a.* Fuligineux.

full[1] [ful]. I. *a.* **1.** (*a*) (*Of receptacle*) Plein, rempli, comble. **Full to the brim,** *F:* **full up,** entièrement plein; rempli jusqu'au bord. *Nau:* **To be full up with coal or oil,** avoir le grand plein des soutes. *F: To be f. up with business*, être accablé d'affaires; avoir beaucoup de travail. **Full as an egg,** plein comme un œuf. **Full to overflowing,** plein à déborder. **Full day,** jour chargé. **Don't speak with your mouth full,** ne parle pas la bouche pleine. *F:* **His heart was full,** il avait le cœur gros, gonflé. (*b*) **To be full of sth.,** être plein, comblé, de qch. *To have one's pockets f. of money*, avoir ses poches pleines d'argent; avoir de l'argent plein les poches. *She had her hands f. of them*, elle en avait les mains pleines, elle en avait plein les mains. *See also* HAND[1] 1. *Her eyes were f. of tears*, elle avait les yeux pleins de larmes; elle avait des larmes plein les yeux. *Exercise f. of mistakes*, devoir plein, constellé, de fautes. **Full of holes,** tout troué; plein de trous. **Glance full of sadness,** regard imprégné de tristesse. *Look f. of gratitude*, regard chargé de reconnaissance. *His eyes are f. of admiration*, l'admiration *f* éclate dans ses yeux. *Face f. of terror*, visage empreint de terreur. **To be full**

of hope, être rempli d'espoir; avoir bon espoir. *To be f. of praise of s.o.*, se répandre en éloges sur qn. *To be f. of ideas*, remuer beaucoup d'idées. (*c*) (Truie, etc.) pleine, portant des petits **2.** (*Of room, omnibus, etc.*) Plein, complet. **Full house,** (i) salle *f* comble, (ii) *Cards:* (*Poker*) main pleine. *House f. to overflowing*, salle pleine à crouler, à craquer. **Full session** (*of a committee, etc.*), réunion, assemblée, plénière. **To be full up,** avoir son plein. *The bus is f. up*, l'autobus *m* est au complet. **Full up!** complet! *Room f. of company*, salle garnie de monde. *Cards:* (*Poker*) **Full hand,** main pleine. **3.** (*Of pers.*) (*a*) **To be full of sth.,** être pénétré de qch.; *P:* en avoir plein la bouche. **To be full of one's own importance,** être pénétré de sa propre importance. *F. of oneself*, plein de soi-même. **To be full of the news,** être impatient de répandre la nouvelle. *He was f. of his subject*, il était plein de son sujet. (*b*) *V:* Plein, repu, rassasié. (*c*) *B:* **To die full of years,** mourir chargé d'ans, plein de jours. **4.** (*Of facts, notes, etc.*) Ample, abondant, copieux. *She received her f. share of the money*, elle a eu sa bonne part de l'argent. **Full particulars,** tous les détails; d'amples renseignements. *See also* PARTICULAR II. 1. *In the fullest detail*, dans le plus grand détail. *For fuller information apply to . . .*, pour renseignements *m* complémentaires s'adresser à. . . . *Until fuller information is available . . .*, jusqu'à plus ample informé. *To ask for fuller information*, demander des précisions sur qch. *A book that is rather fuller on this point*, un livre qui traite plus amplement ce sujet. **5.** Complet, entier. (*a*) **Full meal,** repas complet. **Full-cream milk,** lait non écrémé, intégral, intact. **Full pay,** paye entière; paye de présence, d'activité; solde entière. **Full price,** prix fort. *Th:* *To pay f. price*, *Rail:* **to pay full fare,** payer place entière. *F. repayment*, remboursement intégral. *Mil: etc:* **Full discharge,** congé définitif. **Full weight, full measure,** poids *m* juste, mesure *f* juste; mesure comble. **We were under full sail,** nous avions toutes voiles dehors. **Full cargo,** plein chargement. *El.E:* **Full circuit,** circuit total. **Full leather binding,** reliure *f* pleine peau. **Full statement,** exposé complet. **Full text,** texte intégral. **Full force of men,** personnel *m* au complet. *See also* FORCE[1] 3. **Battalion at full strength,** bataillon *m* au grand complet. *See also* COMPLEMENT[1] 1, EXTENT 2, FACE[1] 1, KNOWLEDGE 1, LENGTH 1, 6, MOON[1] 1, POSSESSION 1, SCORE[1] 5, VIEW[1] 2. (*b*) *To come to f. maturity*, arriver à pleine maturité. **In full flower,** en pleine fleur. **Roses in full bloom,** roses larges épanouies. **In full uniform,** en grande tenue; en grand uniforme. *See also* DRESS[1] 1, FIG[3] 1. *The f. enjoyment of . . .*, la jouissance intégrale de. . . . **To give full scope to s.o.,** donner libre carrière à qn, laisser à qn les coudées franches. *I give you f. liberty to act*, je vous donne toute liberté d'agir. **In full flight,** en pleine déroute. *See also* AGE[1] 1, CRY[1] 1, GALLOP[1] 1, SAIL[1] 1, SPEED[1] 1, SWING[1] 1, TILT[1] 2, TOSS[1] 1. (*c*) **I waited two full hours,** j'ai attendu deux bonnes heures, deux grandes heures. *It takes three f. hours to go*, il faut trois bonnes heures, *P:* trois heures bien tassées, pour y aller. **It is a full five miles from here,** c'est à au moins deux lieues d'ici. (*d*) **Full brother, full sister,** frère germain, sœur germaine. *Sch:* **Full professor,** professeur *m* titulaire. **6.** (*a*) (*Of face*) Plein; (*of figure*) rond, replet; (*of chin*) renflé. **Full lips,** lèvres grosses, fortes. *The f. curves of her bosom*, les rondeurs *f* de sa gorge. *Ship with f. lines*, navire *m* aux formes lourdes. (*b*) (*Of dress, sleeve, etc.*) Ample, large, froncé, bouffant. *Too f.*, trop large. *Dressm:* **Full sleeve,** manche étoffée. *Tail:* **Full trousers,** pantalon *m* à la hussarde. (*c*) **Full voice,** voix pleine, ronde, étoffée. *F. note*, son nourri. *See also* TONED 4. (*d*) *Bill:* **To strike the ball full, half-full,** prendre la bille pleine, demi-pleine. **7.** *Nau:* (*Of sail*) Plein, gonflé. **We were sailing full,** nous voguions à pleines voiles. *The sails are f.*, les voiles portent bien. **To keep her full,** porter plein. **Full and by,** près et plein. *F:* **Taking it full and by . . .,** à tout prendre. . . . **-lly,** *adv.* **1.** (*a*) Pleinement, entièrement, complètement, amplement. *To be f. satisfied*, être pleinement satisfait. **Fully armed,** armé de toutes pièces. **Fully paid,** payé intégralement. *Until f. paid*, jusqu'à parfait paiement. *Capital f. paid (up)*, capital entièrement versé. *F. paid shares*, actions entièrement libérées. *F. charged battery*, accumulateur chargé à fond, à refus. *Aut:* *To depress the pedal f.*, appuyer à fond sur la pédale. (*b*) *To treat a subject, develop a negative, f.*, traiter un sujet, développer un cliché, à fond. *I will write you more f.*, je vous écrirai plus longuement. *You must go more f. into details*, il faut entrer plus longuement dans les détails. **2.** Bien, au moins. **It takes fully two hours,** cela prend bien, au moins, deux heures. *It is f. ten miles*, il y a largement, au moins, quatre lieues.

II. **full,** *s.* **1.** *Occ.* = FILL[1] 1. **2.** Cœur *m*, fort *m* (de la saison, etc.); apogée *f* (de la gloire, etc.). **The moon is at the full,** la lune est dans son plein. **The full of the moon,** la pleine lune. **3.** Banc *m* de galets, de sable (laissé par la marée). **4.** *adv.phr.* (*a*) In full. *To publish a letter in f.*, publier une lettre intégralement. *Account given in f.*, compte rendu in extenso. *Money refunded in f.*, on rembourse intégralement l'argent. *Fin:* *Capital paid in f.*, capital entièrement versé. *Com:* **In full of all demands,** pour fin de compte; pour solde de tout compte. *Acceptance in f. of the conditions*, acceptation intégrale des conditions. **Name in full,** (i) nom *m* et prénoms; (ii) nom en toutes lettres. *To write out a word in f.*, écrire un mot en toutes lettres. *See also* PAYMENT 2. (*b*) **To the full,** complètement, tout à fait, dans toute son étendue. *To indulge one's tastes to the f.*, donner libre carrière à ses goûts.

III. **full,** *adv.* **1.** *A. & Lit:* **Full many a time,** bien des fois. **I know it full well,** je le sais bien, parfaitement. **It is full five miles from here,** c'est à au moins deux lieues d'ici. **He is full as rich as you,** il est au moins aussi riche que vous. **2.** Précisément, justement, en plein. **Lying full in the sun,** couché en plein (au) soleil. **Full in the middle,** au beau milieu. *F. in the centre*, en plein dans le centre. *F. in the beams of the searchlights*, en plein dans le faisceau des projecteurs. *Hit f. in the face, in the chest*, atteint en pleine figure, en pleine poitrine. *See also* FACE[1] 1, PITCH[4] I. 6.

'full-back, *s.* *Fb:* Arrière *m.*

'full-blood. **1.** *a.* = FULL-BLOODED 1. **2.** *s.* (*a*) Personne *f* de race pure. (*b*) Pur-sang *m inv.*

'full-'blooded, *a.* **1.** (*a*) (*Of brother, sister*) Germain. (*b*) De race pure; (cheval) de sang, pur sang *inv.* *F.-b. Indians*, Indiens *m* pur sang. **2.** Vigoureux; robuste. *F.-b. interpretation of a part*, interprétation *f* robuste d'un rôle. **3.** (Tempérament) sanguin.

'full-'blown, *a.* **1.** (*Of rose, etc.*) Épanoui; en pleine fleur. **2.** *F:* **He is a full-blown doctor, lawyer,** *etc.*, il a (obtenu) tous ses diplômes. *You are a f.-b. doctor now!* vous voilà docteur pour de bon! *Cf.* FULL-FLEDGED.

'full-bodied, *a.* **1.** (*Of pers.*) Replet, corpulent. **2. Full-bodied wine,** vin corsé, qui a du corps; gros vin.

'full-bottom, *s.* Perruque carrée.

'full-bottomed, *a.* **Full-bottomed wig,** perruque carrée.

'full-bred, *a.* De race pure. *F.-b. horse*, cheval *m* pur sang.

'full-cheeked, *a.* Aux grosses joues.

'full-chested, *a.* A forte poitrine. **Full-chested jacket,** veston *m* à poitrine bombée.

'full-di'gested, *a.* Entièrement digéré.

'full-dress, *attrib.a.* **Full-dress clothes,** habits *m*, tenue *f*, de cérémonie, de parade. *F.-d. dinner*, dîner *m* d'apparat. *F:* **Full-dress debate,** débat solennel. *Th:* **Full-dress rehearsal,** répétition générale, en costumes.

'full-dressed, *a.* **1.** Entièrement vêtu. **2.** En grande toilette.

full-'edged, *a.* (Bois) équarri à vives arêtes.

'full-face, *a.* = FULL-FACED 2, 3.

'full-faced, *a.* **1.** (*Of pers.*) A la figure ronde; au visage plein. **2.** (*Of portrait*) De face. **3.** *Typ:* **Full-face(d) type,** caractères gras.

'full-fall, *a.* *Cost:* *A:* **Full-fall trousers,** culotte *f* à pont.

'full-'fashioned, *a.* (*Of stockings*) Entièrement diminué.

'full-'flavoured, *a.* **1.** (Tabac, etc.) qui a du corps; (vin) savoureux, fruité, qui a du bouquet. **2.** *F:* (Histoire, plaisanterie) épicée.

'full-fledged, *a.* (*Of bird*) Qui a toutes ses plumes. *F:* (*Of artist, etc.*) Qualifié, achevé, en possession de tous ses moyens, pourvu de tous ses grades. *Cf.* FULL-BLOWN.

'full-'grown, *a.* (*a*) (Arbre *m*, plante *f*) qui a atteint son développement complet, toute sa croissance; (arbre) fait, adulte, de haute futaie. (*b*) (*Of pers.*) Adulte.

'full-length, *a.* (Portrait) en pied.

'full-line, *attrib. a.* *Draw:* **Full-line curve,** *etc.*, courbe *f*, etc., en trait plein.

'full-mouthed, *a.* **1.** (*Of horse, etc.*) Qui a toutes ses dents. **2.** (*a*) (Chien) à la voix profonde. (*b*) (*Of pers.*) (i) A la voix pleine, ronde; (ii) *P:* gueulard. (*c*) (Style *m*) sonore.

'full-page, *attrib. a.* **Full-page illustration,** illustration *f* hors texte.

full-'pay, *attrib. a.* *Mil: etc:* **Full-pay leave,** congé *m* à solde entière.

'full-rigged, *a.* *Nau:* Gréé en trois-mâts carré. *F.-r. ship*, trois-mâts carré.

'full-size(d), *a.* (Dessin, etc.) (i) de grandeur naturelle, en vraie grandeur, en grand; (ii) *Ind:* à la dimension exacte; à la cote.

'full 'stop, *s.* (*In punctuation*) Point (final). *F:* **Things came to a full stop,** tout s'arrêta net, court. *He came to a f. s.*, il est resté court (dans son discours).

'full-'throated, *a.* (Chant, etc.) à plein gosier, à pleine gorge. *Bird that warbles its f.-t. song*, oiseau *m* qui s'égosille à chanter.

'full-time. *Ind:* **1.** *a.* **Full-time job,** emploi *m* (i) de toute la journée, (ii) pour toute la semaine. **2.** *adv.* **To work full time,** travailler à pleines journées, sans heures de chômage.

'full-'timer, *s.* *Sch:* *A:* Élève *mf* qui assistait à tous les cours (au lieu de faire une demi-journée à l'usine ou à l'atelier). *Cf.* HALF-TIMER 2.

full[2]. **1.** *v.tr.* *Dressm:* Froncer (une jupe, etc.); faire bouffer (une manche, etc.). **2.** *v.i.* *U.S:* (*Of the moon*) Passer par son plein.

full[3], *v.tr.* *Tex:* *Tan:* (Re)fouler, terrer (l'étoffe, le cuir).

fulling, *s.* (Re)foulage *m*, (re)foulement *m*, foulure *f* (des draps, du cuir).

'fulling-mill, *s.* *Tex:* (Moulin *m* à) foulon *m.*

fuller[1] ['fulər], *s.* *Tex:* Fouleur, -euse, foulon *m.*

fuller's 'earth, *s.* *Tex:* Terre savonneuse; terre à détacher; terre à foulon; marne *f* à foulon; glaise *f* à dégraisser; argile *f* smectique; smectite *f.*

fuller's 'grass, *s.* *Bot:* Saponaire commune; herbe *f* à foulon.

fuller's 'teasel, fuller's 'thistle, fuller's 'weed, *s.* *Bot:* Cardère *f* à foulon; chardon bonnetier; chardon à foulon.

fuller[2], *s.* **1.** *Tls:* *Metalw:* (*a*) (*For grooving*) Dégorgeoir *m*; chasse demi-ronde; matrice *f*. **Bottom fuller,** tranchet *m* à dégorger. (*b*) (*For caulking*) Matoir *m*. **Hand fuller,** matoir à main. **Anvil fuller,** matoir pour enclume. **2.** (*On bayonet, etc.*) Cannelure *f*, gouttière *f*; onglet *m* (d'épée).

fuller[3], *v.tr.* *Metalw:* **1.** Dégorger (le fer). **2.** Mater, refouler (le bord d'une tôle).

fullering, *s.* **1.** Matage *m*, refoulement *m* (du bord d'une tôle). **2.** = FULLER[2] 2.

fullish ['fuliʃ], *a.* Assez plein; (*of lips*) assez gros; (*of sleeves, etc.*) assez ample, assez bouffant.

ful(l)ness ['fulnəs], *s.* **1.** (*a*) État plein (d'un réceptacle); plénitude *f* (de l'estomac). **Out of the fullness of his heart he told us . . .,** comme son cœur débordait il nous raconta. . . . (*b*) **The earth and its fullness,** la terre et tout ce qu'elle renferme. **2.** Plénitude, perfection *f*, totalité *f* (de la force, etc.). **In the fullness of time,** quand les temps furent, seront, révolus; *B:* en la consommation des temps. **3.** (*a*) Ampleur *f* (d'un vêtement).

(*b*) Ampleur (d'un compte rendu, etc.); abondance *f* (de détail). *To treat a subject with the f. due to it*, traiter un sujet avec l'ampleur qu'il mérite. (*c*) Rondeur *f* (de la forme); richesse *f* (du style, d'une couleur, etc.). *To give f. to a sentence*, arrondir une période. *To give f. to the voice, to the tone*, étoffer la voix, nourrir le son.

fulmar ['fulmər], *s. Orn:* Fulmar *m.*

fulminant ['fʌlminənt], *a.* **1.** Fulminant. **2.** *Med:* (*Of disease*) Qui se développe subitement; foudroyant.

fulminate[1] ['fʌlmineit], *s. Ch:* Fulminate *m* (de mercure, etc.).

fulminate[2]. **1.** *v.i.* (*a*) Fulminer, faire explosion. (*b*) *Metall: A:* (*Of gold, etc.*) Éclairer. **2.** *v.tr. & i. Ecc:* Fulminer (une excommunication, des imprécations) (*against*, contre). *F:* **To fulminate against s.o.**, fulminer contre qn.

fulminating, *a.* **1.** Fulminant. **2.** *Med:* = FULMINANT 2.

fulmination [fʌlmi'neiʃ(ə)n], *s. Ch: Ecc:* Fulmination *f.* *F: I am not afraid of his fulminations*, je ne crains pas ses foudres; sa grosse voix ne m'effraye pas.

fulminatory ['fʌlminətəri], *a.* Fulminatoire.

fulminic [fʌl'minik], *a. Ch:* (Acide *m*) fulminique.

fulness ['fulnəs], *s. See* FUL(L)NESS.

fulsome ['fulsəm], *a.* (*Of praise, style, etc.*) Écœurant, excessif. **Fulsome flattery**, flagornerie *f*, adulation *f*. *See also* FLATTERY. *F. compliments*, compliments plats, fastidieux, écœurants. *To give s.o. f. praise*, louer grossièrement qn. **-ly**, *adv.* D'une façon écœurante.

fulsomeness ['fulsəmnəs], *s.* Bassesse *f*, platitude *f* (des louanges, etc.).

fulvous ['fʌlvəs], *a.* Fauve.

fumagine ['fjumadʒin], *s. Arb:* Fumagine *f*, noir *m*, suie *f*.

fumago [fju'meigo], *s. Fung:* Fumago *m.*

fumarole ['fjumәroul], *s. Geol:* Bouche *f*, crevasse *f* (de sortie de fumerolles); fumerolle *f*.

fumble[1] [fʌmbl], *s.* Maniement maladroit; gaucherie *f*; tâtonnement *m*.

fumble[2]. **1.** *v.i.* Fouiller (au hasard); farfouiller, tâtonner. **To fumble** (*in a drawer, etc.*) **for sth.**, farfouiller (dans un tiroir, etc.) pour trouver qch. *To f. in a dark room for sth.*, chercher qch. à tâtons dans une chambre obscure. **To fumble for words**, chercher ses mots. **To fumble with sth.**, manier qch. maladroitement. *To f. with the key at the key-hole*, tâtonner avec sa clé pour trouver le trou de la serrure. **To fumble about in the dark**, chercher son chemin dans l'obscurité. **2.** *v.tr.* Manier (qch.) maladroitement, gauchement; tripoter (qch.). **To fumble one's way**, chercher son chemin à tâtons. *Sp:* **To fumble the ball**, arrêter, attraper, la balle maladroitement. *Abs.* **To fumble**, commettre des gaucheries.

fumbling[1], *a.* Lourdaud, maladroit, gauche. **-ly**, *adv.* **1.** Maladroitement, gauchement. **2.** A tâtons.

fumbling[2], *s.* **1.** Tripotage maladroit; maniement maladroit. **2.** Tâtonnement *m*.

'fumble-fisted, *a.* Aux mains maladroites; maladroit, gauche.

fumbler ['fʌmblər], *s.* Lourdaud, -e; maladroit, -e.

fume[1] [fjuːm], *s.* **1.** Fumée *f*, vapeur *f*, exhalaison *f*, exhalation *f*, gaz *m*. **Fumes of sulphur, of petrol**, vapeurs de soufre, d'essence. *Fumes of an explosive*, gaz, fumée, provenant d'un explosif. *Ind:* **Factory fumes**, fumée d'usine. *The fumes from the roast*, la vapeur du rôti. *F:* **Fumes of wine**, fumées de vin. *Judgment clouded with the fumes of passion, of enthusiasm*, jugement obnubilé par la passion, par l'exaltation. **2.** *F:* Accès *m* de colère. **In a fume**, hors de soi, en rage.

'fume-chamber, 'fume cupboard, *s. Ch:* Sorbonne *f* (de laboratoire).

fume[2]. **1.** *v.tr.* (*a*) Exposer (qch.) à la fumée, à une vapeur, à un gaz. *Phot:* Renforcer (une plaque). **Fumed oak**, chêne patiné. (*b*) Encenser (l'autel, etc.). **2.** *v.i.* (*a*) Fumer; émettre de la fumée, des vapeurs. (*b*) (*Of smoke, vapour*) Monter, s'exhaler. (*c*) *F:* (*Of pers.*) Rager; se faire du mauvais sang; *F:* fumer (de colère); râler (de colère). *He was fuming with vexation*, il se rongeait les poings de dépit. **I was fuming**, j'étais exaspéré (*at*, de). *He is still fuming at having missed the chance*, il ne décolère pas d'avoir raté l'occasion. *See also* FRET[6] 2, RAGE[2] 1.

fuming[1], *a.* **1.** Fumant; qui émet de la fumée, de la vapeur. **2.** (*Of pers.*) Qui rage; bouillonnant de colère; qui ne décolère pas.

fuming[2], *s.* **1.** Fumage *m*; patinage *m* (du chêne); *Phot:* renforcement *m* (d'une plaque); encensement *m* (de l'autel). **2.** *F:* Emportement *m*, rage *f*, irritation *f*.

fumigate ['fjuːmigeit], *v.tr.* Exposer (qch.) à la fumée; fumiger (qch.); désinfecter (un appartement, etc.) par fumigation; mécher (un baril, etc.). *To f. with sulphur*, faire des fumigations de soufre.

fumigating, *s.* = FUMIGATION.

fumigation [fjumi'geiʃ(ə)n], *s.* Fumigation *f*; désinfection *f* (d'une chambre); méchage *m* (d'un baril, etc.).

fumigator ['fjuːmigeitər], *s.* **1.** (*Pers.*) Fumigateur *m.* **2.** Appareil *m* fumigatoire.

fumitory ['fjuːmitəri], *s. Bot:* Fumeterre *f*; *F:* lait battu; fiel *m* de terre.

fumy ['fjuːmi], *a.* Fumeux.

fun[1] [fʌn], *s. F:* Amusement *m*, gaieté *f*; plaisanterie *f*; *P:* rigolade *f*. **To make fun of, poke fun at, s.o., sth.**, se moquer, se railler, de qn, de qch.; rire de qn; tourner qn, qch., en ridicule, en dérision; se payer la tête de qn; s'amuser de qch., aux dépens de qn; *P:* charrier, chiner, qn. *They poke fun at him for always carrying an umbrella*, on le raille de ce qu'il porte toujours un parapluie. **For fun, in fun**, (i) pour rire; pour jouer; en blaguant; par plaisanterie; (ii) pour se distraire; par amusement; pour son amusement. *I was only in fun*, je voulais rire; je voulais seulement plaisanter. *I did it* **for the fun of the thing**, je l'ai fait histoire de rire. *Are you doing that for the fun of the thing?* c'est par plaisir que vous faites cela? **He is great fun, full of fun**, il est très gai, très drôle, très farceur; il a toujours le mot pour rire; c'est un boute-en-train. **It was great fun**, c'était fort amusant, très gai. *It will be great fun bathing in the sea*, ce sera très amusant de se baigner dans la mer. **It's poor fun to . . .**, ce n'est guère amusant de. . . . *I don't see the fun of waiting, there is no fun in waiting*, je ne trouve pas drôle d'attendre, ce n'est pas amusant d'attendre. **To have fun**, s'amuser, se divertir. *We shall have some fun*, nous allons rire. *We had great fun*, on s'est bien amusé. *We shall get some fun out of him*, on va rire à ses dépens. **It was only my fun**, **c'était** pour rire, *P:* pour de rire. **He likes his bit of fun**, c'est un loustic. *Let them come to us and they will see some fun*, qu'ils viennent chez nous et ils verront du sport. (*Of battle, etc.*) *Now the fun is beginning!* voilà la danse qui va commencer! **That's where the fun comes in**, c'est là que cela commence à devenir drôle. *All the fun of the fair*, toutes les attractions de la foire. **What fun!** (i) quel bonheur! quelle chance! (ii) la bonne blague! (*Intensive*) **Like fun**, comme sur des roulettes. **He went at it like fun**, il s'y est mis, il y allait, énergiquement, vigoureusement. *See also* FIGURE[1] 2.

'fun fair, *s. F:* Foire *f* aux plaisirs; établissement *m* de jeux automatiques.

fun[2], *v.i.* (**funned; funning**) Plaisanter, badiner.

funning, *s. A:* Plaisanterie *f*, badinage *m*.

funambulatory [fju'nambjulətəri], *a.* Funambulesque.

funambulist [fju'nambjulist], *s.* Funambule *mf*; danseur, -euse, de corde.

function[1] ['fʌŋ(k)ʃ(ə)n], *s.* **1.** Fonction *f*. (*a*) *Physiol:* **The functions of the stomach, of the heart**, les fonctions de l'estomac, du cœur. *The f. of respiration*, la fonction respiratoire. **Vital functions**, fonctions vitales. (*b*) *The f. of society is the protection of the individual*, la société a pour fonction de protéger l'individu. **2.** (*a*) (*Of office-holder, etc.*) Fonction, charge *f*. *It was my f. as minister . . .*, c'était mon devoir comme ministre. . . . *In his f. as a magistrate*, en sa qualité de magistrat. *He performs the functions of servant and gardener combined*, il tient le double emploi de domestique et de jardinier. (*b*) *pl.* **To discharge one's functions**, s'acquitter de ses fonctions. *It is part of my functions to . . .*, c'est à moi qu'il appartient de. . . . **3.** (*a*) Cérémonie (religieuse). (*b*) Réception *f*, soirée *f*, réunion *f*. **Society function**, réception, réunion, mondaine. (*c*) Cérémonie *f* publique; solennité *f*. *The prize-giving is one of my yearly functions*, la distribution des prix est une solennité à laquelle je prends part tous les ans. **4.** *Mth: etc:* Fonction. *Trigonometric f.*, fonction trigonométrique. *Sine f.*, fonction de sinus. *Inverse f.*, fonction inverse. **As a function of . . .**, en fonction de. . . .

function[2], *v.i.* **1.** Fonctionner, marcher, agir. *The carburetter functions well*, le carburateur marche bien, débite bien. **2.** *Adjective that functions as an adverb*, adjectif qui fait fonction d'adverbe.

functional ['fʌŋ(k)ʃən(ə)l], *a. Physiol: Mth: etc:* Fonctionnel. **-ally**, *adv.* Fonctionnellement.

functionarism ['fʌŋ(k)ʃənərizm], *s.* Fonctionnarisme *m.*

functionary ['fʌŋ(k)ʃənəri], *s.* Fonctionnaire *m.*

functionate ['fʌŋ(k)ʃəneit], *v.i.* = FUNCTION[2].

fund[1] [fʌnd], *s.* **1.** Fonds *m*, capacité *f* (d'esprit, d'érudition, etc.). *Unfailing f. of humour*, fonds d'humour intarissable. *He has a great f. of wit*, il a de l'esprit jusqu'au bout des doigts. *He has a perfect f. of anecdotes*, c'est un vrai répertoire d'anecdotes. *He has a rare f. of perseverance*, il est doué d'une persévérance rare; il a des trésors de persévérance. **2.** *Fin: etc:* (*a*) Fonds *m*, caisse *f*. **Common fund**, caisse commune. **Old-age pension fund**, caisse des retraites pour la vieillesse. **Fighting fund**, caisse de défense (d'une association, etc.). **Bribery fund**, caisse noire. **To start a fund**, lancer une souscription. *See also* EMERGENCY, RESERVE[1] 2, SINKING-FUND, UNEMPLOYMENT, WAGE-FUND. (*b*) *pl.* **Funds**, fonds, masse *f*; ressources *f* pécuniaires. **Funds of a company**, fonds social; masse sociale. (*Of company*) *To make a call for funds*, faire un appel de capital. *Funds on which an annuity is secured*, assiette *f* d'une rente. **To be in funds**, être en fonds. **Funds are low**, les fonds sont bas. *To have funds with a banker*, avoir une provision chez un banquier. *Bank:* **'No funds,'** "défaut *m* de provision," "manque *m* de fonds"; "pas d'encaisse." **Insufficient funds, not sufficient funds**, insuffisance *f* de provision. *These societies have ample funds*, ces sociétés ont un budget bien garni. *To misappropriate* **public funds**, détourner les deniers de l'État, les deniers publics. (*c*) *pl.* **Funds**, la Dette publique; les fonds publics; la rente sur l'État. **To buy funds**, acheter de la rente.

'fund-holder, *s.* Rentier, -ière.

fund[2], *v.tr. Fin:* **1.** Consolider, fonder (une dette publique). **2.** **To fund money**, placer de l'argent dans les fonds publics; acheter de la rente.

funded, *a.* **Funded property**, biens *mpl* en rentes. **Funded capital**, capitaux investis. *Long-term f. capital*, capitaux consolidés à long terme. *See also* DEBT.

funding, *s.* Consolidation *f*; assiette *f* (d'une rente). **Funding loan**, emprunt *m* de consolidation.

fundable ['fʌndəbl], *a.* (*Of debt, etc.*) Consolidable; qui peut être fondé.

fundament ['fʌndəmənt], *s. Anat:* Fondement *m.* (*a*) *F:* Le derrière. (*b*) L'anus *m.*

fundamental [fʌndə'ment(ə)l]. I. *a.* **1.** (*a*) (*Of reason, change, rule, principle, etc.*) Fondamental, -aux; essentiel. *F. question*, question principale; question de fond. *F. qualities of s.o.*, qualités foncières de qn. *Condition* **of fundamental importance**, condition essentielle, d'une importance capitale. *These theories were f. to all his political teaching*, ces théories servaient de base à tout son enseignement politique. (*b*) (*Of colours, form, etc.*) Primitif; original, -aux. **2.** *Mus:* (*Of note, etc.*) Fondamental. **Fundamental tone**, son générateur (d'un harmonique). **-ally**, *adv.* Fondamentalement, essentiellement, foncièrement. *Science is f. ontological*, la science en son fin fond est ontologique. *His argument is f. wrong*, son raisonnement pèche par la base.

II. **fundamental,** *s.* **1.** *pl.* **Fundamentals,** principe *m*, partie essentielle (d'un système, d'une religion, etc.); articles fondamentaux (d'une religion). *To reach a general agreement on fundamentals,* aboutir à un accord de principe. **2.** *Mus:* Son fondamental; note fondamentale; fondamentale *f*.

fundus ['fʌndəs], *s.* *Anat:* Fond *m* (d'un sac, de l'utérus, etc.).

Fünen 'fjuːnən]. *Pr.n. Geog:* La Fionie.

funeral ['fjuːnərəl], *s.* **1.** (*a*) Funérailles *fpl*; obsèques *fpl*; enterrement *m*. **To give s.o. a military funeral,** faire des funérailles militaires à qn. **To attend s.o.'s funeral,** assister à l'enterrement de qn; suivre le cortège de qn; accompagner qn à sa dernière demeure. *U.S: F:* **That's your funeral!** ça c'est votre affaire! *That's not my f.,* ce n'est pas moi que ça regarde; ce n'est pas moi qui en pâtirai. (*b*) Convoi *m* funèbre; cortège *m* funèbre. **2.** *Attrib.* **Funeral ceremony, oration,** cérémonie *f* funèbre; oraison *f* funèbre. **The funeral procession,** le convoi (funèbre). **Funeral expenses,** frais *m* funéraires. **Funeral service, bell,** office *m*, cloche *f*, des morts. *F:* **To proceed at a funeral pace,** avancer à un pas d'enterrement. *See also* CARD[1] 2, GLUM, PILE[3].

funerary ['fjuːnərəri], *a.* *Occ.* = FUNERAL 2.

funereal [fju'niːəriəl], *a.* **1.** *Poet:* Funèbre, funéraire. **2.** *F:* (*Of surroundings, meeting, etc.*). Lugubre, funèbre, triste; (*of voice*) lugubre, sépulcral, -aux; (*of pace*) lent, mesuré. *A. f. face,* une figure d'enterrement. **-ally,** *adv.* Funèbrement, lugubrement.

fungible ['fʌndʒibl], *a.* *Jur:* Fongible.

fungicidal [fʌndʒi'said(ə)l], *a.* Fongicide.

fungicide ['fʌndʒisaid], *s.* Fongicide *m*.

fungiform ['fʌndʒifɔːrm], *a.* Fongiforme.

fungivorous [fʌn'dʒivərəs], *a.* Fongivore.

fungoid ['fʌŋgɔid], *a.* **1.** *Bot:* Fongoïde. **2.** *Med:* Fongueux.

fungosity [fʌŋ'gɔsiti], *s.* *Med:* Fongosité *f*. **1.** État fongueux. **2.** Tumeur fongueuse; végétation spongieuse.

fungous ['fʌŋgəs], *a.* *Bot: Med:* Fongueux, fongoïde. *F. growth,* (i) excroissance fongueuse; (ii) *F:* chose qui est venue en une nuit comme un champignon.

fungus, *pl.* **-uses, -i** ['fʌŋgəs, -əsiz, 'fʌndʒai], *s.* **1.** (*a*) *Bot:* (i) Mycète *m*; (ii) champignon vénéneux. *See also* TINDER, YEAST-FUNGUS. (*b*) *F:* Chose *f* qui pousse en une nuit. *Fungus towns,* villes *f* champignons. **2.** *Med:* Fongus *m*.

'**fungus-beetle,** *s.* *Ent:* Zonaire *m*.

funicle ['fjuːnikl], *s.* *Bot: Ent:* Funicule *m*, cordon *m*.

funicular [fju'nikjulər], *a.* (Machine *f*, polygone *m*, etc.) funiculaire. **Funicular railway,** funiculaire *m*.

funiculus, *pl.* **-i** [fju'nikjuləs, -ai], *s.* **1.** *Bot: Ent:* = FUNICLE. **2.** *Anat:* Cordon *m*. *Funiculi of a nerve,* cordons nerveux.

funiform ['fjuːnifɔːrm], *a.* Funiforme.

funk[1] [fʌŋk], *s.* *P:* **1.** Frousse *f*, trac *m*, venette *f*. **To be in a (blue) funk,** avoir une peur bleue; avoir la peur au ventre; avoir une frousse de tous les diables; avoir le trac, la frousse, la venette, la trouille, la colique, les foies, les grelots; les avoir à la retourne; saigner du nez; caner, foirer. *It put me in a blue f.,* ça m'a donné une peur bleue. *To get into a f.,* caner; se dégonfler. *See also* DEVIL[1] 1. **2.** (*Pers.*) Froussard, -arde; caneur, -euse; chiasseur, -euse, capon, -onne; trouillard, -arde; flanchard, -arde.

'**funk-hole,** *s.* *F:* **1.** *Mil:* Abri enterré; niche-abri *f*, *pl.* niches-abris; *F:* gourbi(l) *m*. **2.** (*For shirkers*) Nid *m* d'embusqués; embusque *f*.

funk[2], *v.tr. & i.* *P:* **To funk (it),** caner, foirer; saigner du nez; avoir les foies (blancs). **To funk s.o., sth., to funk doing sth., to funk at sth.,** avoir peur de qn, de qch.; avoir peur de faire qch.

funky ['fʌŋki], *a.* *P:* (*Of pers.*) Froussard, foireux, capon. **To feel funky,** avoir la frousse, le trac.

funnel [fʌnl], *s.* **1.** (*a*) Entonnoir *m*. *Straining f.,* entonnoir à grille. *Wine f.* (*pierced with holes*), chantepleure *f*. *Ch:* **Separating funnel,** ampoule *f* à décanter. (*b*) *Metall:* (Trou *m* de) coulée *f*. (*c*) *Ind:* **(Charging, loading) funnel,** trémie *f*, hotte *f*. *Metall:* **Sand funnel,** trémie à sable. (*d*) Embouchure *f* (de tube). (*e*) *P:* Le gosier, "l'entonnoir." **2.** (*a*) Tuyau *m* (d'aérage, etc.). (*b*) Cheminée *f* (d'une locomotive, d'un bateau à vapeur, d'une meule de charbon de bois). *Nau:* **Lowering funnel, hinged funnel,** cheminée à rabattement. **Funnel casing,** enveloppe *f* de cheminée. **Funnel guys, funnel stays,** haubans *m* de cheminée.

'**funnel-shaped,** *a.* En (forme d')entonnoir. *Anat: Bot:* Infundibuliforme.

funnelled [fʌnld], *a.* **1.** En forme d'entonnoir. **2.** (*With numeral prefixed*) **Two-funnelled steamer,** bateau à vapeur à deux cheminées.

funnily. *See* FUNNY[1].

funniness ['fʌninəs], *s.* **1.** Drôlerie *f*; caractère amusant, comique, facétieux (de qch.). **None of your funniness!** pas de vos farces! **2.** Bizarrerie *f*, caractère curieux.

funniosity [fʌni'ɔsiti], *s.* *F:* Drôlerie *f*, facétie *f*.

funny[1] ['fʌni], *a.* Drôle. **1.** Comique, amusant, facétieux. *It was the funniest sight,* c'était très amusant à voir; c'était à se tordre. **It was really too funny! it was too funny for words!** c'était vraiment trop drôle! *F:* c'était d'un rigolo! c'était tordant, *P:* poilant! *Little curls that were really too f.,* des petits frisons tout à fait farces. *He looked too f. for words!* il était à peindre! **None of your funny tricks! I don't want any funny business!** pas de vos farces! pas de vos supercheries! **The funny thing about it is . . .,** le comique de la chose c'est que. . . . **He is trying to be funny,** il veut faire de l'esprit. *It isn't at all f.,* je la trouve mauvaise. *Cin:* **Funny film,** film *m* comique. *Th:* **Funny man,** bouffon *m*; (*in circus*) Auguste *m*, Gugusse *m*. *He's the f. man of the show,* c'est lui l'Auguste, le comique. *See also* EXCRUCIATINGLY, SCREAMINGLY. **2.** Curieux, bizarre. **He is a funny person,** c'est un drôle de corps. **He was funny that way,** il était comme ça. *F. shapes,* formes *f* bizarres. **A funny idea,** une drôle d'idée. *How f. he should have forgotten it!* comme c'est drôle qu'il l'ait oublié! **Well, that's funny!** tiens! voilà qui est curieux, étrange, bizarre; comme c'est drôle! *There's something f. in this business,* il y a quelque chose de louche dans cette affaire. *This butter* **tastes funny,** ce beurre a un drôle de goût. **He's a funny-tempered fellow,** il a un drôle de caractère; il est mauvais coucheur; c'est un bâton épineux. **3.** *P:* **He looks very funny,** il a l'air tout chose. **I came over all funny,** je me suis senti(e) tout(e) chose. **-ily,** *adv.* Drôlement. **1.** Comiquement; d'une manière amusante, facétieuse. **2.** Curieusement, bizarrement. **Funnily enough . . .,** chose curieuse. . . .

'**funny-bone,** *s.* *F:* Le "petit Juif" (à l'articulation du coude).

funny[2], *s.* Skiff *m* à un rameur.

fur[1] [fəːr], *s.* **1.** (*a*) Fourrure *f*, pelleterie *f*. *To cover, coat, line, a garment with fur,* fourrer un vêtement. **To put on one's fur(s),** mettre sa fourrure, ses fourrures. *Driving furs,* pelisse *f* d'automobiliste. **Fur coat,** manteau *m* de fourrure. **Fur skins,** pelleterie. **Fur-making,** pelleterie. **Fur-dresser,** fourreur *m*; pelletier, -ière. *See also* TIE[1] 2. (*b*) Poil *m*, pelage *m* (de lapin, de loutre, etc.). *The tiger has a striped fur,* le tigre a un pelage rayé. *F:* **To make the fur fly,** se battre avec acharnement; faire les cent coups. *Last night she fairly made the fur fly,* hier soir elle faisait une vie à tout casser. *Then the fur and feathers began to fly, Iron:* il y eut alors un échange d'aménités. (*c*) *Ven:* **'Fur,'** gibier *m* à poil. **Fur and feather,** gibier à poil et à plume. *Dog trained to fur and feather,* chien dressé au poil et à la plume. (*d*) *pl.* **Furs,** peaux *fpl* (d'animaux). **2.** *Her:* Fourrure. **3.** (*a*) (*In wine bottles, etc.*) Dépôts *mpl*; (*in boiler, radiator, etc.*) incrustations *fpl*, tartre *m*, calcin *m*, crasse(s) *f(pl)*, entartrage *m*. (*b*) *Med:* (*On tongue*) Enduit *m* (blanchâtre, noirâtre). **4.** *Const:* Fourrure (de poutre).

'**fur-bearer,** *s.* Animal *m* à fourrure.

'**fur-clad,** *a.* Habillé en, de, fourrures.

fur-'collared, *a.* (Manteau, etc.) avec col en fourrure.

'**fur-farming,** *s.* Élevage *m* des animaux à fourrure.

'**fur-lined,** *a.* **Fur-lined coat,** manteau doublé de fourrure; manteau fourré; pelisse *f*.

'**fur-moth,** *s.* *Ent:* Teigne *f* des fourrures.

'**fur-seal,** *s.* *Z:* Loutre *f* d'Europe.

'**fur-trade,** *s.* Pelleterie *f*; commerce *m* de fourrures.

'**fur-trader,** *s.* Pelletier *m*, fourreur *m*.

'**fur-trimmed,** *a.* (Manteau, etc.) garni de fourrure.

fur[2], *v.* (**furred; furring**) I. *v.tr.* **1.** Fourrer (un manteau, etc.); garnir, doubler (un manteau, etc.) de fourrure. **2.** Entartrer, incruster (une chaudière, etc.). *Med:* Charger (la langue). **3.** Désincruster, détartrer, décrasser, piquer (une chaudière). **4.** *Const:* Fourrer (une poutre).

II. **fur,** *v.i.* **To fur up,** (*of boiler, etc.*) s'incruster, s'entartrer; (*of the tongue*) se charger, s'empâter.

furred, *a.* **1.** (*a*) (Manteau, etc.) fourré. (*b*) (*Of pers.*) Habillé de fourrures. *To be f. to the eyes,* être emmitouflé de fourrures jusqu'aux yeux; être enfoui dans ses fourrures. (*c*) (Animal) à poil. **2.** (*Of boiler, etc.*) Entartré, incrusté; revêtu d'incrustations. *Med:* **Furred tongue,** langue chargée.

furring, *s.* **1.** (*a*) Garnissage *m* (d'un manteau, etc.) avec une fourrure. (*b*) Entartrage *m*, incrustation *f* (d'une chaudière, etc.). *Med:* Chargement *m* (de la langue). (*c*) Détartrage *m*, décrassage *m* (des chaudières). **2.** (*a*) (*In boiler, etc.*) Calcin *m*, tartre *m*, crasse(s) *f(pl)*. (*b*) *Const:* Fourrure *f*; *N.Arch:* Soufflage *m*. **Furring(-piece) of a roof,** coyau *m* d'un toit.

furbelow ['fəːrbilo], *s.* **1.** *Dressm: A:* Falbala *m*. **2.** *pl. Iron:* **Furbelows,** parure *f*, fanfreluches *f*. **3.** *Algae:* Baudrier *m* de Neptune.

furbelowed ['fəːrbiloud], *a.* *Dressm: A:* Falbalassé.

furbish ['fəːrbiʃ], *v.tr.* **To furbish (up).** **1.** Fourbir, polir, nettoyer, astiquer (une pièce de métal, *Mil:* son fourniment, etc.). **2.** (Re)mettre à neuf (une robe, des meubles, etc.). **To furbish up one's Latin,** se remettre au latin, lire du latin pour se dérouiller. *To f. up an old tale,* recrépir, replâtrer, retaper, un vieux conte.

furbishing, *s.* **1.** Fourbissage *m*, fourbissement *m*, fourbissure *f*; astiquage *m*. **2.** Remise *f* à neuf.

furbisher ['fəːrbiʃər], *s.* Fourbisseur *m*. *Sword f.,* polisseur *m* d'armes blanches.

furcate[1] ['fəːrkeit], *a.* (*Of road, etc.*) En bifurcation; fourché; (*of hoof*) fourchu.

furcate[2], *v.i.* (*Of road, etc.*) Bifurquer, fourcher; faire la fourche.

furcation [fəːr'keiʃ(ə)n], *s.* Bifurcation *f* (d'une branche, d'un chemin, etc.).

furcula ['fəːrkjula], *s.* *Orn:* Fourchette *f*, lunette *f* (d'oiseau, de volaille).

furfur, *pl.* **-ures** ['fəːrfər, 'fəːrfjuriːz], *s.* *Med:* Furfur *m*, furfure *f*.

furfuraceous [fəːrfju'reiʃəs], *a.* *Med: etc:* Furfuracé.

furious ['fjuəriəs], *a.* (*Of pers., animal, look, etc.*) Furieux; (*of look*) furibond; *Lit:* courroucé; (*of battle, zeal, etc.*) acharné, forcené; (*of wind*) furieux, violent, impétueux. *To be in a f. hurry,* être très pressé. *To go at a f. pace,* courir à toute bride, à bride abattue. *F. at having failed,* furieux d'avoir manqué son coup. *He was f. at having been outwitted,* il était furieux qu'on l'eût mis dedans. **To get furious,** entrer en fureur. **To be furious with s.o.,** être furieux contre, *F:* après, qn. **Fast and furious grew the fun,** la gaieté devenait folle et bruyante. *Jur:* **Furious driving,** conduite folle (d'une voiture); excès *m* de vitesse. **-ly,** *adv.* (Parler, regarder, etc.) furieusement; (combattre, etc.) avec acharnement, avec furie; (conduire) à une allure folle; (*of horseman*) (courir) à bride abattue. *The fire was blazing f.,* l'incendie *m* faisait rage.

furiousness ['fjuəriəsnəs], *s.* Fureur *f* (de qn); acharnement *m* (d'un combat, etc.); fureur, furie *f*, violence *f*, impétuosité *f* (du vent, etc.).

furl[1] [fəːrl], *s.* **1.** Rouleau *m* (de papier, etc.). **2.** *Nau:* Serrage *m* (d'une voile).

furl[2]. **1.** *v.tr.* (*a*) *Nau:* Serrer, ferler (une voile). **With all sail furled,** toutes voiles dedans. (*b*) Rouler (un parapluie, une carte murale, etc.); serrer (une tente); fermer (un éventail); replier (les ailes, etc.). *Mil: etc:* **Flag furled and craped,** drapeau *m* en berne. **2.** *v.i.* (*a*) To furl (up), s'enrouler, se rouler. (*b*) (*Of clouds*) **To furl away,** se replier à l'horizon; se dissiper.

furling, *s.* **1.** *Nau:* Serrage *m*, ferlage *m* (des voiles). **2.** Enroulage *m*, enroulement *m* (d'un parapluie, etc.); serrage (d'une tente); pliage *m* (des ailes, etc.).

'furling-gasket, *s. Nau:* Chambrière *f*.

'furling-line, *s. Nau:* Raban *m* de ferlage.

Furlanian [fəːr'leinjən], *a.* & *s. Geog:* Frioulien, -ienne.

furlong ['fəːrlɔŋ], *s. Meas:* Furlong *m* (220 yards = $\frac{1}{8}$ de mille = 201 mètres).

furlough[1] ['fəːrlou], *s. Mil: etc:* Congé *m*, permission *f*. **To be, go, on furlough,** être, aller, en permission. *Mil: F. after strenuous service*, permission de détente. *The men on f.*, les permissionnaires *m*.

furlough[2], *v.tr. U.S:* Accorder un congé à (qn); *Mil:* envoyer (un homme) en permission.

furmety ['fəːrmeti], *s. Cu:* = FRUMENTY.

furnace ['fəːrnes], *s.* **1.** (*a*) *Metall: Glassm: Ch: etc:* Fourneau *m*, four *m*. *Bar-heating f.*, four à réchauffer les barres. **Reverberatory furnace,** fourneau à réverbère. **Catalan furnace,** forge catalane. *Forging f.*, fourneau de forge. **Glass furnace,** four de verrerie. *Electric, gas, f.*, four électrique, four à gaz. *See also* ANNEALING-FURNACE, BLAST-FURNACE, COMBUSTION, FINING-FURNACE, REFINING. (*b*) (*Hot place*) Fournaise *f*. **Fiery furnace,** fournaise ardente. *The burning houses were a glowing f.*, l'incendie formait un vaste brasier. *F:* **He has been tried in the furnace,** il s'est retrempé dans l'adversité. **2.** (*a*) (**House-heating**) **furnace,** calorifère *m*. (*b*) *Mch:* Foyer *m* (de chaudière). (*c*) *Min:* Foyer d'aérage.

furnish[1] ['fəːrniʃ], *s. Paperm:* Matières premières.

furnish[2], *v.tr.* **1.** (*a*) Fournir, donner (des renseignements, des preuves, etc.); pourvoir (les fonds nécessaires, etc.); produire, alléguer (des raisons, etc.); offrir, présenter, fournir (une occasion, etc.). *This vegetable furnishes a wholesome food*, ce légume constitue une nourriture saine. (*b*) **To furnish s.o., sth., with sth.,** fournir, pourvoir, munir, qn, qch., de qch.; garnir qch. de qch.; procurer qch. à qn. *To f. a bill with a stamp*, munir un effet d'un timbre. *To f. an army with supplies*, fournir une armée de vivres; approvisionner, ravitailler, une armée. *To f. s.o. with what he needs*, pourvoir aux besoins de qn. *To f. s.o. with information*, fournir des renseignements à qn. *We wish to be furnished with proof that . . .*, nous désirons être mis en possession de preuves (de ce) que. . . . *To f. a fort with guns*, garnir un fort de canons. *To f. a turbine-wheel with blades*, garnir d'aubes une roue turbine. *El.E:* **To furnish a factory with current,** alimenter une usine de courant. **2.** Meubler, garnir (une maison, etc.). *To f. a house* (*or a flat*) *for s.o.*, mettre qn dans ses meubles. *To f. one's room, one's home*, se meubler. *Knick-knacks that help to f.*, bibelots *m* qui meublent. **3.** *v.i.* (*Of dog, horse, etc.*) Prendre du corps; forcir.

furnished, *a.* **1.** Pourvu, fourni, équipé (*with*, de). *Report well f. with facts*, rapport nourri de faits. *Well-f. purse, shop*, bourse bien garnie, magasin bien assorti. **2.** **Furnished flat, rooms,** appartement meublé; chambres meublées. *To live in f. apartments*, loger en garni, en meublé, dans une maison meublée. *To let f. apartments*, louer des garnis; tenir un meublé, un hôtel garni. **Well-furnished, ill-furnished,** *house*, maison bien montée, bien meublée; maison mal meublée, pauvrement meublée.

furnishing, *s.* **1.** (*a*) Fourniture *f*, provision *f* (des choses nécessaires, etc.); prestation *f* (de capitaux); allégation *f* (d'une raison, etc.). **School-furnishing company,** entreprise *f* de fournitures et de matériel scolaires. (*b*) Fourniture, apport *m*, de meubles pour (une maison, etc.); action de meubler (une maison, etc.). **House-furnishing firm,** maison *f* d'ameublement. *Material for f.*, étoffe *f* d'ameublement. **2.** (*a*) Garniture *f*. (*b*) *pl.* **Furnishings,** ameublement *m* (d'une maison).

furnisher ['fəːrniʃər], *s.* Fournisseur *m* (*of*, de); *esp.* marchand *m* d'ameublement. *You will find that at a* **house furnisher's,** vous trouverez cela dans une maison d'ameublement.

furniture ['fəːrnitjər], *s.* **1.** Meubles *mpl*, ameublement *m*, mobilier *m* (d'une maison, etc.); matériel *m* (d'une école). *Jur:* Meubles meublants. **Piece of furniture,** meuble. **Suite, set, of furniture,** mobilier; *Com:* meuble (de salon, etc.). *Set of dining-room f.*, mobilier, meuble, de salle à manger. *To buy a full set of f.*, acheter un mobilier complet. *To have one's own f.*, *F:* être dans ses meubles. *See also* CREAM[1] 2, VAN[4] 1. **2.** **Mental furniture, furniture of the mind,** meubles intellectuels; ce qui meuble l'esprit. **3.** (*a*) Ferrures *fpl* (d'une porte, d'un cercueil, etc.). *Sm.a:* Garniture *f* (de fusil). *See also* HORSE-FURNITURE. (*b*) *Nau:* Matériel *m*, gréement *m*. (*c*) *Typ:* Garniture. **4.** *Publ:* Livres *m* de fonds.

'furniture-broker, *s.* Brocanteur, -euse (de vieux meubles).

'furniture-polish, *s.* Encaustique *f* pour les meubles.

'furniture-remover, *s.* Déménageur *m*; entrepreneur *m* de déménagements.

'furniture-shop, *s.* Maison *f* d'ameublement.

'furniture-stop, *s.* (Jeu *m* de) fourniture *f*, jeu de mixture (d'un orgue).

'furniture-van, *s.* **1.** Voiture *f* de déménagement. **2.** *Com:* Tapissière *f*.

'furniture-warehouse, *s.* **1.** Garde-meuble *m*, *pl.* garde-meubles. **2.** Maison *f* d'ameublement en gros.

furor ['fjuərɔːr], *s.* **1.** *Esp. Med.* & *Poet:* Fureur *f* (prophétique, poétique); folie *f* frénétique. **2.** *A:* = FURORE.

furore [fu'rɔːre], *s. F:* Fureur *f*, enthousiasme démesuré. **To create a furore,** faire fureur.

furrier[1] ['fʌriər], *s.* Pelletier, -ière; fourreur *m*.

furrier[2], *v.tr.* Apprêter (une fourrure).

furriery ['fʌriəri], *s.* Pelleterie *f*.

furrow[1] ['fʌro], *s.* **1.** (*a*) *Agr:* (i) (**Open**) **furrow,** sillon *m*; (ii) billon *m*; tranche *f* (de terre) retournée par la charrue. **Boundary furrow, water-furrow,** dérayure *f*. *To cut the boundary f., the last f., of a field*, dérayer un champ. *To plough a straight f.*, mener droit son sillon. *F:* **To plough a lonely furrow,** poursuivre seul une idée; faire bande à part. *To plough one's own furrow*, faire, creuser, son sillon. (*b*) *Lit:* Sillage *m* (d'un navire). **2.** *Carp: Metalw: etc:* Cannelure *f*, rainure *f*; rayure *f* (de canon de fusil); gorge *f* (de filet de vis). **3.** (*On face, etc.*) Ride profonde; sillon.

furrow[2], *v.tr.* **1.** Labourer (la terre); creuser des sillons dans (la terre); rayonner (un champ). *F:* (*Of ship*) Sillonner (les mers, etc.). *Mountain side furrowed by, with, deep ravines*, flanc de montagne sillonné, creusé, de profonds ravins. **2.** *Carp: Metalw: etc:* Canneler, rainer (une planche, un ciseau, etc.). **3.** Rider profondément (le front, etc.). *Age has furrowed his face*, l'âge a sillonné, labouré, son visage. *His brow is furrowed with wrinkles*, des rides profondes lui creusent, lui sillonnent, le front.

furrowed, *a.* **1.** (Champ) coupé de sillons; sillonné (*with*, de). **2.** Cannelé; (fusil) rayé. **3.** (Front, visage) creusé, coupé, de rides profondes.

furrowy ['fʌroui], *a.* **1.** (Champ, etc.) coupé de sillons. **2.** (Visage) ridé, haché, rugueux.

furry ['fʌri], *a.* **1.** = FURRED. **2.** (*Of moss, caterpillar, etc.*) Qui ressemble à (de) la fourrure. **3.** (*Of sediment, etc.*) Tartreux.

further[1] ['fəːrðər]. (*Comp. of* far) I. *adv.* **1.** = FARTHER 1. *We did not proceed f. in the darkness*, nous ne sommes pas allés plus loin à la nuit. *To draw f. back*, se reculer davantage. *There is nothing f. from his thoughts than scepticism*, rien n'est plus éloigné de sa pensée que le scepticisme. *He is f. on than his class*, il est en avance sur sa classe. **To go further and fare worse,** tomber d'un mal dans un pire. *You might go f. and fare worse*, vous pourriez trouver pis; ce n'est déjà pas si mal. *P:* **I'll see you further first!** plus souvent! va-t'en voir si j'y suis! tu peux te fouiller! **2.** (*a*) Davantage, plus. *I don't know any f.*, je n'en sais pas davantage. *I did not question him any f.*, je ne l'interrogeai pas davantage. *Without troubling any f.*, sans plus se tracasser. **Until you hear further,** jusqu'à nouvel avis. (*b*) **To go further into sth.,** entrer plus avant dans qch. **To go no further in the matter,** en rester là. *To go f. than s.o.*, renchérir sur qn. *To add water to the wine to make it go f.*, allonger le vin d'eau. (*c*) (*In time*) **Further back,** à une période plus reculée. *To go f. back*, remonter plus haut. (*d*) D'ailleurs, en outre, de plus, aussi, du reste. **And, further, I think it expedient to . . .,** qui plus est, d'ailleurs, du reste, je trouve opportun de. . . . *You will be f. provided with a sum of money in order to . . .*, on vous donnera en outre une somme d'argent afin de. . . . *We would f. add that . . .*, nous nous permettons d'ajouter en outre que. . . .

II. **further,** *a.* **1.** = FARTHER 2 (*a*). **2.** Nouveau, additionnel, supplémentaire, ultérieur, en plus, de plus. **To remand a case for further enquiry,** remettre une affaire pour plus ample informé; renvoyer une cause à plus ample informé. *The f. recommendations of . . .*, les autres recommandations *f* de. . . . **Without further loss of time,** sans autre perte de temps; sans perdre plus de temps. **Without further ado . . .,** sans plus de cérémonie . . .; sans plus. . . . *A f. reason*, une nouvelle raison; une autre raison; une raison de plus. **Upon further consideration,** après plus ample réflexion; après un examen plus attentif. *To postpone a matter for f. consideration*, ajourner une question pour supplément d'examen. *One or two f. details*, encore un ou deux détails; quelques détails complémentaires; quelques indications *f* supplémentaires; quelques précisions *f*. *To go into f. details*, entrer dans de plus amples détails. *I wish to hear no f. details*, n'entrez pas plus avant dans le détail; je ne veux pas entendre d'autres détails. *F. information*, renseignements *m* complémentaires (*regarding*, au sujet de). *To await f. news*, attendre de plus amples nouvelles. *Com:* **Further orders,** commandes ultérieures. **Awaiting your further orders,** dans l'attente de vos nouvelles commandes. *See also* ORDER[1] 10. **With further reference to, further to, my letter of the 15th . . .,** comme suite de, à, ma lettre du 15. . . . *A f. £50 on account*, un nouvel acompte de 50 livres sterling. *To ask for a f. credit*, demander un crédit supplémentaire.

further[2], *v.tr.* Avancer, favoriser, servir (les intérêts de qn, etc.); faciliter (un système d'éducation, etc.); seconder (un dessein); aider (au succès). **This does not further our object,** cela ne nous avance pas beaucoup.

furtherance ['fəːrðərəns], *s.* Avancement *m* (d'un travail, etc.). **For the furtherance of, in furtherance of (sth.),** pour avancer, pour servir (qch.); pour aider à l'avancement, au progrès, de (qch.).

furtherer ['fəːrðərər], *s.* Personne *f* qui avance, qui aide à l'avancement de (qch.). *A meeting of all the furtherers of the scheme*, une réunion de tous ceux qui s'emploient à faire aboutir ce projet, de tous ceux qui ont ce projet à cœur.

furtherest ['fəːrðərəst], *a. A.* & *Lit:* (= FURTHEST) *To the f. corner of England*, jusqu'au fin fond de l'Angleterre.

furthermore ['fəːrðərmɔːr], *adv.* En outre, outre cela, au surplus, de plus, du reste, d'autre part, par ailleurs, qui plus est. . . .

furthermost ['fəːrðərmoust], *a.* = FARTHERMOST.

furthersome ['fəːrðərsəm], *a.* Avantageux, propice (*to*, à).

furthest ['fəːrðəst]. (*Sup. of* far) **1.** *a.* = FARTHEST 1. *To push sth. to its f. limits*, pousser qch. aux limites extrêmes. **2.** *adv.* = FARTHEST 2. *The men f. in my confidence*, les hommes les plus avancés dans ma confiance, qui jouissent le plus de ma confiance.

furtive ['fəːrtiv], *a.* **1.** (*a*) (*Of action, glance, etc.*) Furtif; (*of pers.*) sournois. (*b*) Dérobé; pris en cachette. **2.** *A:* (*Thievish*) Voleur, -euse. **-ly,** *adv.* Furtivement, à la dérobée. *To watch s.o. f.*, regarder qn en dessous, à la dérobée.

furuncle ['fjuərʌŋkl], *s. Med:* Furoncle *m*.

furuncular [fju'rʌŋkjulər], *a.* (*Of tumour, etc.*) Furonculeux.

furunculosis [fjurʌŋkju'lousis], *s. Med:* Furonculose *f.*

fury ['fju:əri], *s.* **1.** (*a*) Furie *f*, fureur *f*, emportement *m* (de qn); acharnement *m* (d'un combat, etc.); déchaînement *m*, violence *f* (du vent, etc.). *The f. of the storm*, la fureur, la furie, de la tempête. *With the f. of despair*, avec la fureur du désespoir. **To get into a fury**, entrer en fureur, en furie; s'emporter. *He was* **beside himself with fury**, il était hors de lui. *See also* LASH[1] 1. *F:* **To work like fury**, travailler avec acharnement, comme quatre. *To rain like f.*, pleuvoir à seaux. (*b*) *A:* = FUROR 1. (*c*) *A:* = FURORE. **2.** (*a*) *pl. Myth:* **The Furies**, les Furies *f*, les Érinnyes *f.* (*b*) *F:* Mégère *f*, furie.

furze [fə:rz], *s. Bot:* Ajonc *m*; jonc marin; genêt épineux; ulex *m*; *F:* vignon *m*, landier *m.* **Ground furze**, bugrane *f*, arrête-bœuf *m inv. See also* NEEDLE-FURZE.

'furze-bush, *s. Bot:* Touffe *f* d'ajonc.

furzy ['fə:rzi], *a.* Couvert d'ajoncs.

fusain, *s.* **1.** [fyzɛ̃] *Art:* Fusain *m.* **2.** ['fjuzein] *Min: Geol:* Fusain, charbon *m* fossile.

fusarole ['fju:zaroul], *s. Arch:* Fusarolle *f.*

fuscous ['fʌskəs], *a. Nat.Hist:* Brun foncé; noirâtre, bistre; sombre.

fuse[1] [fju:z], *s. Artil: Pyr: etc:* Fusée *f* (d'obus); amorce *f.* **Time-and-percussion fuse**, fusée à double effet. **Delay-action fuse**, fusée à retard. *See also* PERCUSSION-FUSE, TIME-FUSE. *Min: etc:* **(Safety-)fuse** (*for shooting bore-holes*), étoupille *f*, mèche *f*, corde *f* à feu, fusée, cordeau *m. Electric f.*, amorce électrique. **Fuse composition**, composition fusante.

'fuse-borer, *s.* Débouchoir *m.*

'fuse-cup, *s.* Porte-amorce *m inv.*

'fuse-cutter, -gauge, *s.* Calibre *m.*

'fuse-hole, *s.* Lumière *f*, œil *m* (d'obus).

fuse[2], *v.tr.* Pourvoir (un projectile, etc.) d'une fusée; étoupiller (un trou de mine).

fuse[3], *s. El.E:* **(Safety-)fuse**, (coupe-circuit *m* à) fusible *m*; (*in private house*) plomb *m* (fusible, de sûreté). **Bridge fuse**, fusible à pont. **Cartridge fuse**, fusible à cartouche. **To put in a new fuse; to exchange the fuse**, remplacer le fusible. *See also* BLOW[2] I. 4, HORN-FUSE, PLUG-FUSE, STRIP-FUSE.

'fuse-box, *s.* Boîte *f* à fusibles; brise-circuit *m inv. Six-way f.-b.*, boîte à six fusibles.

'fuse-wire, *s.* Fil *m* fusible.

fuse[4]. **1.** *v.tr.* (*a*) Fondre, mettre en fusion (un métal, etc.). **To fuse two pieces together, apart**, réunir, séparer, deux pièces par fusion. *To f. two wires together*, fondre deux fils ensemble. (*b*) Vitrifier (l'émail) par fusion. (*c*) *F:* Fusionner, amalgamer, réunir (deux partis, etc.). **2.** *v.i.* (*a*) (*Of metals, etc.*) Fondre. *F:* **The light has fused**, les plombs ont sauté. (*b*) *F:* (*Of parties, motives, etc.*) Fusionner; s'amalgamer; s'unir par la fusion. (*c*) (*Of two bones*) Se souder.

fused, *a.* **1.** (*Of metals, etc.*) Fondu. *See also* SALTPETRE. **2.** *F:* (*Of parties, languages, etc.*) Fusionné.

fusing, *s.* **1.** Fusion *f*, fonte *f.* **2.** Vitrification *f* par fusion.

fusee [fju'zi:], *s.* **1.** (*a*) *Clockm:* Fusée *f* (d'une montre, etc.). (*b*) *Mec.E:* Tambour *m* ou poulie *f* conique. **2.** *Vet:* Suros *m*; exostose *f* du canon. **3.** Allumette-tison *f*, *pl.* allumettes-tisons; *F:* tison *m.*

fuselage ['fju:zledʒ], *s. Av:* Fuselage *m. Lattice f.*, fuselage à treillis. *Passenger-carrying f.*, fuselage limousine.

fusel oil ['fju:zl'ɔil], *s. Ch: Dist:* Huile *f* de fusel, de pomme de terre; alcool *m* amylique.

fusibility [fju:zi'biliti], *s.* Fusibilité *f* (d'un métal, etc.).

fusible ['fju:zibl], *a.* Fusible.

fusiform ['fju:zifɔ:rm], *a. Nat.Hist:* Fusiforme; en forme de fuseau.

fusil ['fju:zil], *s. Her:* Fusée *f.*

fusilier [fju:zi'li:ər], *s. Mil:* Fusilier *m* (nom que portent encore certains régiments).

fusillade[1] [fju:zi'leid], *s. Mil:* Fusillade *f.*

fusillade[2], *v.tr.* **1.** Soumettre (une position) à une fusillade. **2.** Passer (une compagnie, les habitants d'un village, etc.) par les armes; fusiller (les habitants).

fusinist ['fju:zinist], *s. Art:* Fusainiste *m*, fusiniste *m.*

fusion ['fju:ʒ(ə)n], *s.* Fusion *f.* **1.** Fondage *m*, fonte *f* (d'un métal, etc.). **2.** Fusionnement *m* (de plusieurs banques, etc.). *Pol:* Fusion (de deux partis, etc.); *F:* brassement *m* (de deux nations, etc.). *Psy:* Fusion (de plusieurs sensations).

fusionist ['fju:ʒənist], *s. Pol: etc:* Fusionniste *mf.*

fuss[1] [fʌs], *s.* **1.** Bruit exagéré; *F:* potin *m. What's all this f. about?* (i) qu'est-ce que c'est que toutes ces histoires? (ii) qu'est-ce qu'il y a qui cloche? **Without (any) fuss**, sans bruit; à petit bruit. *A lot of f. over a trifle, about nothing*, bien du tapage pour peu de chose; beaucoup de bruit pour rien; un grand affairement à propos de rien. **To make, kick up, a fuss**, faire un tas d'histoires; *A:* crier à la garde; *P:* faire des chichis. *To make a great f.* (*about sth.*), faire toutes sortes d'histoires (au sujet de qch.); *P:* en faire tout un plat. *He'll make an awful f.!* il va en faire des histoires! *Why make such a f.?* pourquoi tant d'histoires? *You are making all this f. for a beggarly twelve shillings!* vous me faites des affaires pour douze malheureux shillings! **There is nothing to make a fuss about**, (i) il n'y a pas de quoi se récrier, de quoi s'exclamer; (ii) il n'y a pas là de quoi fouetter un chat. **To be in a fine fuss**, être dans tous ses états; être tout en émoi. **2.** Embarras *mpl*; façons *fpl. A great f.*, bien des cérémonies. *The presentation took place without f.*, la présentation se fit sans cérémonies, très simplement. *After a great deal of f. he accepted*, après toutes sortes de façons il a accepté. **To make a fuss**, faire des cérémonies, des embarras. *To make a f. before doing sth., F:* mettre des manchettes pour faire qch. *Don't make so much f. about it*, ne faites pas tant de simagrées, tant d'embarras, tant d'arias. **To make a fuss of s.o.**, (i) être aux petits soins pour qn; (ii) mettre qn en avant. *He likes to be made a f. of*, (*of dog*) il aime qu'on le caresse; (*of pers.*) il aime qu'on fasse grand cas de lui. **Fuss and feathers**, de l'esbrouf(f)e *f.* **Style free from fuss**, style *m* simple.

'fuss-pot, *s. P:* Tatillon, -onne.

fuss[2]. **1.** *v.i.* Tatillonner; faire de l'embarras; faire des embarras; faire des histoires; se tracasser. **To fuss about, to fuss round**, faire l'affairé, s'affairer, faire le nécessaire. *She never fussed*, elle restait toujours calme. *People fussing about trifles*, gens affairés de riens. **To fuss over, around, s.o.**, être aux petits soins pour qn, avec qn; faire l'empressé auprès de qn. **2.** *v.tr.* (*a*) Tracasser, agiter (qn). (*b*) *U.S:* Être aux petits soins auprès de (qn).

fussed, *a. U.S: F:* **Fussed up**, (i) embarrassé, mis en émoi; (ii) (*of woman*) attifée; parée de tous ses atours.

fussing, *s.* **1.** Tatillonnage *m.* **2.** Embarras *mpl*; cérémonie *f*; *P:* chichis *mpl.*

fussiness ['fʌsinəs], *s.* Tatillonnage *m*; façons *fpl*, embarras *mpl.*

fussy ['fʌsi], *a.* **1.** (*Of pers.*) Tatillon, -onne; tracassier, méticuleux, difficultueux. *To be f.*, (i) faire des difficultés à propos de rien; (ii) *F:* faire des embarras. **2.** (*Of dress, etc.*) Qui a trop de façon; trop pomponné; (style) recherché, qui manque de simplicité. **-ily**, *adv.* **1.** (*a*) D'une manière tatillonne. (*b*) D'un air important; en faisant des embarras. **2.** *F. dressed*, vêtu(e) avec trop de recherche; trop pomponnée.

'fussy-tail, *s. U.S: P:* Personne *f* difficile; grincheux, -euse.

fustanella [fʌstə'nela], *s. Cost:* Fustanelle (portée par les Grecs).

fustet ['fʌstet], *s. Bot:* Sumac *m* (à perruque); arbre *m* à perruque.

fustian ['fʌstjən], *s.* **1.** *Tex:* Futaine *f.* **Fustian cloak**, manteau *m* de futaine. **2.** (*a*) Grandiloquence *f*, emphase *f.* **Fustian style**, style ampoulé, boursouflé, extravagant. (*b*) *A:* Galimatias *m.*

fustic ['fʌstik], *s.* Bois *m* jaune. **1.** *Dy:* (*a*) **Young fustic**, sumac *m* (fustet), *F:* fustet *m.* (*b*) **(Old) fustic**, maclure *f.* **2.** *Bot:* (*a*) **Young fustic(-tree), Zante fustic** = FUSTET. (*b*) **(Old) fustic**, maclure (des teinturiers), mûrier tinctorial.

fustigate ['fʌstigeit], *v.tr. Hum:* Fustiger (qn).

fustigation [fʌsti'geiʃ(ə)n], *s. Hum:* Fustigation *f.*

fustigator ['fʌstigeitər], *s.* Fustigeur, -euse.

fustiness ['fʌstinəs], *s.* **1.** Odeur *f* de renfermé, de moisi (dans une chambre, etc.). **2.** Caractère suranné, démodé (d'une science, d'une théorie, des connaissances de qn).

fusty ['fʌsti], *a.* (Pain, etc.) qui sent le moisi; (maison, vêtement) qui sent le renfermé. **Fusty smell**, odeur de renfermé. *F:* **Fusty ideas**, idées surannées, démodées; idées vieux jeu.

fut [fʌt], *adv.* = PHUT.

futchel ['fʌtʃl], *s. Veh:* Armon *m*, fourchette *f.*

futile ['fju:til, -tail], *a.* **1.** Futile, vain. *F. ideas*, idées creuses. *F. attempt*, tentative *f* inefficace, vaine tentative. **2.** Puéril.

futility [fju'tiliti], *s.* **1.** Futilité *f. To waste one's efforts in sheer f.*, se dépenser en pure perte. *The f. of his efforts*, l'impuissance *f* de ses efforts. **2.** Puérilité *f. He uttered a lot of futilities*, il nous a sorti des futilités, des boniments à la graisse d'oie.

futtock ['fʌtək], *s. N.Arch:* Genou-allonge *m*, *pl.* genoux-allonges; allonge *f.*

'futtock-plate, *s.* Latte *f* de hune.

'futtock-shroud, *s.* Gambe *f* (de revers); jambe *f* de hune.

'futtock-staff, *s.* Bastet *m*; quenouillette *f* de trélingage.

future ['fju:tjər]. **1.** *a.* (*a*) (*Of life, etc.*) Futur; (*of events*) à venir; (*of prospects, etc.*) d'avenir. **My future wife**, ma future. **At some future day**, dans l'avenir. *Jur:* **Future estates**, biens *m* à venir. *Com:* **Your future orders**, vos nouvelles commandes. **Future delivery**, livraison *f* à terme. *Goods for f. delivery*, marchandises *f* livrables ultérieurement, à terme. *Fin:* **Exchange for future delivery**, opérations *f* de change à terme. *To sell for f. delivery*, vendre livrable à terme. (*b*) *Gram:* **Future tense**, temps futur. *See also* PERFECT[1] 4. **2.** *s.* (*a*) Avenir *m.* **In (the) future, for the future**, à l'avenir. **In the near future**, dans un avenir très prochain, peu éloigné; à brève échéance. *We shall act in the near f.*, nous agirons à bref délai. **In the distant future**, dans un avenir lointain. *Speculation with a view to the f.*, spéculation *f* à retardement. *It lies with the f. whether . . .*, le temps décidera si. . . . *What has the f. in store for us?* qu'est-ce que demain, l'avenir, nous réserve? *To think of the f.*, songer au lendemain. (*b*) *Gram:* (Temps) futur *m. Verb* **in the future**, verbe *m* au futur. (*c*) Avenir (de qn). **To ruin one's future**, briser son avenir. *To settle the f. of one's children*, assurer le sort de ses enfants; faire un sort à ses enfants. **He has a (brilliant) future before him**, il a de l'avenir; il a devant lui un bel avenir. (*d*) *pl. Fin:* **(Quotations for) futures**, cotations *f*, livraisons *f*, à terme. *Selling of futures, sale for futures*, vente *f* à forfait, à découvert.

futurism ['fju:tjurizm], *s. Art:* Futurisme *m.*

futurist ['fju:tjurist], *a. & s. Art:* Futuriste (*mf*).

futuristic [fju:tju'ristik], *a. Art:* Futuriste.

futurition [fju:tju'riʃ(ə)n], *s. Phil:* Futurition *f.*

futurity [fju'tjuəriti], *s.* **1.** (*a*) L'avenir *m. F. alone can judge the value of these steps*, l'avenir seul pourra juger de la valeur de ces démarches. (*b*) Avenir. (*c*) *The hope of a f.*, l'espoir *m* d'une vie future. *To endanger one's f.*, mettre en danger son salut éternel. **2.** *pl.* **Futurities**, événements *m* à venir.

fuze [fju:z], *s.* = FUSE[1].

fuzee [fju'zi:], *s.* = FUSEE.

fuzz[1] [fʌz], *s.* **1.** (*On blankets, etc.*) Peluches *fpl*, bourre *f*, duvet *m.* **A fuzz of hair**, cheveux bouffants, frisottés, crêpelus. **2.** *Phot:* Flou *m.* **3.** *U.S: P:* (*a*) Agent *m* de la Sûreté; flic *m.* (*b*) Geôlier *m*; gardien *m* de prison.

'fuzz-ball, *s. Fung:* Vesse-de-loup *f*, *pl.* vesses-de-loup.

fuzz[2], *v.* **To fuzz (out)**. **1.** *v.i.* (*a*) (*Of hair, etc.*) Bouffer, frisotter. (*b*) (*Of silk, etc.*) S'érailler. **2.** *v.tr.* Faire bouffer, crêper, frisotter, moutonner (les cheveux).

fuzziness ['fʌzinəs], *s.* **1.** Crêpelure *f* (des cheveux). **2.** *Art: Phot:* Flou *m* (d'un tableau, d'un cliché, etc.); manque *m* de netteté.

fuzzy ['fʌzi], *a.* **1.** (*a*) (*Of hair*) (i) Bouffant, flou; (ii) crêpelu, frisotté, moutonné; (*of cloth, etc.*) floconneux. (*b*) (*Of silk, etc.*) Éraillé. **2.** (*a*) *Art: Phot:* Flou. (*b*) *P:* Un peu ivre; gris; éméché. **-ily,** *adv.* (Peindre, etc.) flou.

'fuzzy(-wuzzy), *s. F:* Guerrier soudanais.

-fy [fai], *v.suff.* **1.** *v.tr.* -fier. *Pacify,* pacifier. *Stupefy,* stupéfier. *Mummify,* momifier. *Liquefy,* liquéfier. *F: Frenchify,* franciser. *Uglify,* enlaidir. **2.** *v.i. Liquefy,* se liquéfier. *F: Speechify,* faire de longs discours.

Fyen, Fyn [fy:n]. *Pr.n. Geog:* La Fionie.

fylfot ['filfɔt], *s.* Croix cramponnée; croix gammée; svastika *m.*

G, g [dʒiː], *s.* **1.** (La lettre) G, g *m.* *Tp:* **G for George,** G comme Gaston. *Tls:* **G cramp, g clamp,** happe *f*; serre-joint(s) *m inv*; bride *f* à capote; presse *f* à vis. **2.** *Mus:* Sol *m.* **G clef,** clef *f* de sol. *In G minor*, en sol mineur. **G string,** corde *f* de sol.

gab[1] [gab], *s.* *F:* (*a*) Caquet *m*, tapette *f*, faconde *f*. (*b*) Bagou(t) *m.* *Esp.* **To have the gift of the gab,** (i) avoir la langue bien pendue, avoir le filet bien coupé; avoir une (fameuse) platine; avoir bon bec; avoir de la faconde; (ii) avoir du bagout; bien débiter sa marchandise. *P:* *Stow your gab!* la ferme!

gab[2], *v.i.* (gabbed; gabbing) *F:* Jaser; caqueter.

gab[3], *s.* *Mec.E:* Enclenche *f*, encoche *f*.

'gab-lever, *s.* *Mch:* Bielle *f* à chapeau, à cage ouverte.

gabardine ['gabərdiːn], *s.* = GABERDINE.

gabbart ['gabərt], *s.* *Nau:* *Dial:* Gabare *f*.

gabble[1] [gabl], *s.* **1.** Bredouillement *m* (de paroles prononcées trop vite). **2.** (*a*) Caquet *m*, jacasserie *f* (des femmes, etc.). (*b*) Caquet (des oies).

gabble[2]. **1.** *v.i.* (*a*) Bredouiller, manger ses mots. *Don't g.!* ne parlez pas si vite! (*b*) (*Of pers., birds, etc.*) Caqueter, jacasser; (*of goose*) cacarder. **2.** *v.tr.* (*a*) *Th:* **To gabble one's part,** débiter son rôle trop vite et sans intelligence. (*b*) **To gabble out a speech,** débiter un discours à toute vitesse. **To gabble through a lesson,** réciter sa leçon avec autant d'intelligence qu'une oie. **To gabble off a mass,** dire sa messe au galop; expédier une messe.

gabbling, *s.* = GABBLE[1].

gabbler ['gablər], *s.* **1.** Bredouilleur, -euse. **2.** Caqueteur, -euse; jacasse *f*; bavard, -arde.

gabbro ['gabro], *s.* *Geol:* *Art:* Gabbro *m.*

gabby ['gabi], *a.* *U.S:* *F:* Bavard.

gabelle [ga'bel], *s.* *Hist:* Gabelle *f*.

gaberdine ['gabərdiːn], *s.* **1.** *A.Cost:* Ga(l)vardine *f*. **2.** *Tex:* **Gaberdine(-suiting),** gabardine *f*.

gaberlunzie [gabər'lʌnzi], *s.* *Scot:* Vagabond *m*, trimardeur *m*, chemineau *m.*

Gabes ['geibiːz]. *Pr.n.* *Geog:* Gabès.

gabion[1] ['geibiən], *s.* *Fort:* Gabion *m*; corbeille (défensive). **To protect a trench with gabions,** gabionner une tranchée. *G. entrenching*, gabionnage *m.*

gabion[2], *v.tr.* *Fort:* Gabionner. **Gabioned parapet,** gabionnage *m.*

gabionade [geibiə'neid], *s.* *Fort:* Gabionnade *f*.

gabionage ['geibiənedʒ], *s.* *Fort:* Gabionnage *m.*

gable [geibl], *s.* *Arch:* *Const:* **1.** Pignon *m.* **Gable roof,** comble *m* sur pignon(s); comble à, en, dos d'âne. **Stepped gable,** pignon à redans. **2.** **Ornamental gable** (*over door, etc.*), gable, gâble *m.* *Small g.*, gablet *m.*

'gable-'end, *s.* *Arch:* *Const:* Pignon *m.*

'gable-topped, *a.* A comble sur pignons.

'gable-'window, *s.* Lucarne faîtière.

gabled [geibld], *a.* **1.** (*Of house*) A pignon(s); (*of wall*) en pignon; (*of roof*) sur pignon(s); en dos d'âne. **2.** (*Of dormer-window, etc.*) A gable.

gablet ['geiblet], *s.* *Arch:* Gablet *m.*

Gaboon, Gabun [ga'buːn]. **1.** *Pr.n.* *Geog:* Le Gabon. **2.** *s.* *Com:* Bois *m* d'okoumé.

Gabriel ['geibriel]. *Pr.n.m.* Gabriel.

gaby ['geibi], *s.* Jeannot *m*, benêt *m*, nigaud *m*, jocrisse *m*, jobard *m.*

gad[1] [gad], *s.* **1.** *A:* (*a*) Pointe *f* (de lance, de flèche). (*b*) Aiguillon *m.* **2.** *Dial:* Bâton *m.* **3.** *Min:* (*a*) Coin *m* (de fer). (*b*) Pince *f* (de mineur).

'gad-fly, *s.* *Ent:* (*a*) Taon *m.* (*b*) Œstre *m.*

gad[2], *s.* **To be on the gad,** courir (le monde); *F:* être en vadrouille.

gad[3], *v.i.* (gadded; gadding) (*a*) **To gad (about),** courir le monde, la ville, les rues; *F:* courailler, vadrouiller; courir la prétentaine. *She's always gadding about*, elle est toujours à courir, toujours par voie et par chemin, toujours en visite ou en voyage. (*b*) *Poet:* **The gadding vine,** la vigne vagabonde.

Gad[4], *int.* (= GOD) (By) *Gad!* ma foi! parbleu! sapristi! *By Gad, you're right!* mais c'est que vous avez raison!

gadabout ['gadəbaut], *s.* Personne qui est toujours sortie ou toujours en voyage d'agrément; coureur, -euse.

Gadarene ['gadariːn], *a.* & *s.* *B.Hist:* Gadarénien.

gadder ['gadər], *s.* = GADABOUT.

gade [geid], *s.* *Ich:* Gade *m.*

gadget ['gadʒet], *s.* *P:* (*a*) Accessoire *m* (de machine); dispositif *m.* *Car with a lot of gadgets*, voiture *f* avec un tas de petites inventions. *Knife-sharpening g.*, petit instrument, outil, pour aiguiser les couteaux. (*b*) Chose *m*, machin *m*, truc *m.* **What do you call that gadget?** comment appelez-vous ce fourbi-là? ce truc-là?

Gadhelic [ga'delik], *a.* *Ling:* Gaélique.

gadi ['gɑːdi], *s.* Trône *m* de prince indien.

gadidae ['gadidiː], *s.pl.* *Ich:* Gadidés *m.*

gadoid ['geidɔid]. *Ich:* **1.** *a.* Gadoïde. **2.** *s.* Gadoïde *m*, gade *m.*

gadolinite ['gadolinait], *s.* *Miner:* Gadolinite *f*.

gadroon [gə'druːn], *s.* *Arch:* *Dressm:* *etc:* Godron *m*; *Arch:* canneau *m.*

gadwall ['gadwɔːl], *s.* *Orn:* Ridenne *f*, chipeau *m.*

Gaea ['giːə]. *Pr.n.f.* *Gr.Myth:* Gé, Géa.

Gaekwar ['gaikwɑːr], *s.m.* Gaekwar, Gaïkovar (de Baroda).

Gael [geil], *s.* *Ethn:* Gaël *m.*

Gaelic ['geilik]. **1.** *a.* *Ethn:* *Ling:* Gaélique. **2.** *s.* *Ling:* Le gaélique.

Gaeta [gɑ'eitɑ]. *Pr.n.* *Geog:* Gaète.

Gaetulia [gi'tjuːliə]. *Pr.n.* *A.Hist:* La Gétulie.

Gaetulians [gi'tjuːliənz], *s.pl.* *A.Hist:* Gétules *m.*

gaff[1] [gaf], *s.* **1.** *Fish:* (*a*) Gaffe *f*. **To bring a fish to gaff,** ramener un poisson pour le gaffer. *See also* SALMON-GAFF. (*b*) Harpon *m.* **2.** *Nau:* Corne *f*. *See also* MONKEY-GAFF. **3.** Éperon *m* (pour coq de combat).

'gaff-hook, *s.* *Fish:* Gaffeau *m.*

'gaff-sail, *s.* *Nau:* Voile *f* à corne. **Gaff-sail peak,** point *m* de drisse.

gaff-'topsail, *s.* *Nau:* Voile *f* de flèche; voile en cul; flèche *f* en cul.

gaff[2], *v.tr.* Gaffer (un saumon, etc.).

gaff[3], *s.* **1.** *P:* **To blow the gaff,** vendre la mèche; *P:* se mettre à table, manger le morceau. *To blow the g. on s.o.*, dénoncer qn; vendre qn. **2.** *U.S:* *P:* **To stand the gaff,** (i) subir en silence les conséquences d'une injustice; ne pas broncher; (ii) payer les pots cassés. *I shall have to stand the g.*, tout ça retombera sur moi.

gaff[4], *s.* *P:* **(Penny-)gaff,** théâtre *m* de bas étage; boui-boui *m*, *pl.* bouis-bouis; beuglant *m.*

gaff[5], *v.i.* *P:* (*a*) Jouer pour de l'argent. **To gaff for a pound,** jouer une livre. (*b*) Jouer à pile ou face.

gaffer ['gafər], *s.* **1.** *F:* *A:* L'ancien; vieux bonhomme. *G. Jones*, le (vieux) père Jones. **2.** *F:* (*a*) Contremaître *m*, chef *m* d'équipe, conducteur *m* des travaux. (*b*) *Turf:* Commissaire *m.* (*c*) Le patron.

gag[1] [gag], *s.* **1.** Bâillon *m*; *Surg:* ouvre-bouche *m inv.* *Vet:* (*For horse, dog, etc.*) Pas *m* d'âne. *Fish:* Pince *f* à dégorger. **2.** *F:* (*In Parliament*) Clôture *f* (des débats). **3.** *Th:* *F:* Interpolation faite par l'acteur; trouvaille *f*; idée *f* drôle; *F:* cascade *f*. **4.** *P:* Mystification *f*, blague *f*, bobard *m.*

'gag-bit, *s.* *Harn:* Mors *m* rude; mors de force.

'gag-piece, *s.* Comédie improvisée; impromptu *m.*

gag[2], *v.tr.* (gagged; gagging) **1.** Bâillonner (qn); mettre un bâillon à (qn). *F:* **To gag the press,** museler, bâillonner, la presse. **2.** *Pol:* *F:* Clôturer (un débat). **3.** *Th:* *P:* **To gag one's part,** *abs.* **to gag,** prendre son rôle à la cascade; cascader; faire la balançoire; (*when memory is at fault*) enchaîner. **4.** *P:* Mystifier; en imposer à (qn); *abs.* faire de la mystification, blaguer. **5.** *v.i.* *P:* Avoir des haut-le-cœur. *Dial:* **To gag at a proposition,** repousser une proposition.

gagging, *s.* **1.** Bâillonnement *m*; *F:* musellement *m* (de la presse, etc.). **2.** *Pol:* *F:* Clôture *f* (d'un débat). **3.** *Th:* Interpolations *fpl* (le plus souvent comiques) dans un rôle. **4.** *P:* Mystification *f* (de qn).

gaga ['gagɑ], *a.* *P:* Gaga. **To go gaga,** (i) tomber en enfance; (ii) perdre la boussole.

gage[1] [geidʒ], *s.* **1.** Gage *m*, garantie *f*. *Jur:* Nantissement *m.* **To give sth. in gage; to lay sth. to gage,** donner qch. en gage. **To leave sth. in gage,** laisser qch. pour gage. **To lie to gage, to be at gage,** être en gage. **2.** **Gage (of battle),** gage de bataille, de combat. **To throw down the gage to s.o.,** (i) *A:* jeter devant qn le gage de combat; (ii) *F:* lancer un défi à qn; jeter le gant à qn.

gage[2], *v.tr.* Mettre, donner, (qch.) en gage; engager (sa vie, etc.).

gage[3], *s.* & *v.tr.* = GAUGE[1, 2]; *esp. Nau:* = GAUGE[1] 5.

gage[4], *s.* *F:* = GREENGAGE.

gagger ['gagər], *s.* **1.** Bâillonneur *m*; *F:* museleur *m* (de la presse, etc.). **2.** *Th:* *P:* Cascadeur, -euse.

gaggle[1] [gagl], *s.* **1.** (*a*) Troupeau *m* (d'oies). (*b*) *F:* Troupe *f* (de femmes bavardes). **2.** Caquet *m*, bavardage *m.*

gaggle[2], *v.i.* (*Of goose*) Cacarder.

gahnite ['gɑːnait], *s.* *Miner:* Gahnite *f*.

gaiety ['geiəti], *s.* **1.** Gaîté *f*, gaieté *f*; enjouement *m*, allégresse *f*. *F:* *To add to the g. of nations*, donner la comédie aux gens; faire rire. **2.** *Usu.pl.* Amusement *m*, fête *f*, réjouissances *fpl.* *The gaieties of bygone years*, les fêtes d'antan. **3.** *G. in dress*, couleurs gaies. *These costumes add to the g. of the scene*, ces costumes contribuent à donner du brillant, de l'éclat, au spectacle.

gaily, *adv.* *See* GAY.

gain[1] [gein], *s.* **1.** Gain *m*, profit *m*, avantage *m*, bénéfice *m.* **Eager for gain,** âpre au gain. *Love of g.*, amour *m* du gain. *Prov:* **No gains without pains,** on n'a rien sans mal; nul bien sans peine. **Ill-gotten gains seldom prosper,** bien mal acquis ne profite jamais. **My gain is your loss,** le profit de l'un est le dommage de l'autre. *A g. to knowledge*, une acquisition, une conquête, de la science. **2.** (*a*) Accroissement *m*, augmentation *f*. **Gain in weight,** accroissement de poids. **Gain of the waters,** crue *f* des eaux. *W.Tel:* *Cin:*

Gain amplifier, pré-amplificateur *m*; *F:* pré-ampli *m*. (*b*) Avance *f* (d'une pendule, etc.).

gain[2], *v.tr.* Gagner. **1.** Acquérir (une réputation, des faveurs, etc.). **To gain money, one's living,** gagner de l'argent, sa vie. **To gain time,** gagner du temps. **To gain strength,** (re)prendre des forces. **To gain information,** obtenir des renseignements. **To gain a hearing,** (i) obtenir une audience; (ii) se faire écouter. **You will gain nothing by it,** vous n'y gagnerez rien. *There is nothing to be gained by waiting,* nous ne gagnerons rien à attendre. *There is nothing to be gained by this business, F:* il n'y a rien à frire dans cette affaire. *He gained nothing but ridicule,* il ne remporta que du ridicule. *Abs.* **To gain by the change,** gagner au change. *To g. by doing sth.,* gagner à faire qch. *I shall g. by it,* j'y gagnerai. *Nau:* **To gain the wind,** gagner au vent, s'élever dans le vent. *See also* FOOTING 2, SAVE[2] 2. **2. To gain (s.o.) over,** gagner (qn) à sa cause; gagner (un partisan). *To g. s.o. over to a cause,* intéresser qn à une cause. **To gain s.o.'s sympathy,** s'acquérir la sympathie de qn; *F:* faire la conquête de qn. *To g. s.o.'s esteem, s.o.'s heart,* conquérir, gagner, l'estime, le cœur, de qn. *To g. s.o.'s affection,* s'affectionner qn. *To g. s.o.'s goodwill,* se concilier qn. *His conduct gained him many friends, much praise,* sa conduite lui a gagné beaucoup d'amis, lui a valu beaucoup d'éloges. *See also* EAR[1] 1. **3. He is gaining in weight,** il prend du poids. *He gained four pounds at the seaside,* il a gagné deux kilos au bord de la mer. *He is gaining in health,* sa santé s'améliore. **To gain in popularity,** gagner de la popularité. *He has gained in prestige through this action,* cette action a rehaussé son prestige. *This work gains from being compared with . . .,* cette œuvre gagne à être comparée avec. . . . **4.** (*a*) **To gain a battle, the day,** gagner une bataille; remporter la victoire. **To gain the upper hand,** prendre le dessus. **To gain one's cause,** avoir gain de cause. *To g. one's liberty,* conquérir, se faire accorder, sa liberté. *Lands gained from the sea,* terrains (re)conquis sur la mer. (*b*) (*Of sea*) **To gain (ground) on the land,** empiéter sur la terre. **To gain (ground) on s.o.,** gagner (du terrain) sur qn. *See also* GROUND[2] 5. *Sp:* **To gain on a competitor,** prendre de l'avance sur un concurrent. **A bad habit gains on one,** une mauvaise habitude s'impose, s'enracine, peu à peu. **To gain on a ship,** se rapprocher d'un navire, gagner un navire de vitesse. *Music that gains on the listener,* musique que l'on apprécie d'autant plus qu'on l'entend plus souvent. (*c*) *To g. one's destination, one's seat,* gagner sa destination, sa place. **To gain the further shore,** gagner, atteindre, parvenir à, l'autre rive. *See also* END[1] 4. **5.** (*Of clock*) **To gain five minutes a day,** avancer de cinq minutes par jour. *Abs.* **To gain,** avancer; prendre de l'avance.

gaining[1], *a.* *Sm.a:* **Gaining twist,** pas progressif (de canon rayé).

gaining[2], *s.* **1.** Gain *m* (d'un avantage, d'une bataille, etc.). **2.** *Usu. pl.* **Gainings,** gain, gains; profit *m*.

gainable ['geinəbl], *a.* (*Of follower, etc.*) Que l'on peut gagner à sa cause; *Pej:* que l'on peut acheter.

gainer ['geinər], *s.* **1.** Gagneur, -euse (d'argent, etc.). **2.** Gagnant, -ante (d'une victoire, etc.). **3. To be the gainer by sth.,** gagner à qch.

gainful ['geinful], *a.* **1.** (*Of trade, etc.*) Profitable, avantageux; rémunérateur, -trice; lucratif. **2.** *A:* (Homme) âpre au gain.

gainsay [gein'sei], *v.tr.* (*p.p. & p.t.* **gainsaid** [gein'sed, -'seid]) Contredire, démentir (qn, qch.); nier (un fait, etc.). **To gainsay a statement,** contredire une affirmation. *I don't g. it,* je n'en disconviens pas. **Facts that cannot be gainsaid,** faits *m* indéniables. *Evidence that cannot be gainsaid,* témoignages *m* irrécusables. *Argument that cannot be gainsaid,* argument *m* irréfutable.

gainsaying, *s.* Contradiction *f*, démenti *m*. **There's no gainsaying it,** il n'y a pas à contredire, pas de contradiction possible; on ne peut pas en disconvenir.

gainsayer [gein'seiər], *s.* Contradicteur *m*.

Gainsborough ['geinzbərə]. *Pr.n. Art:* **Gainsborough hat,** chapeau *m* Gainsborough; gainsborough *m*.

'gainst [geinst], *prep. Poet:* = AGAINST.

gait [geit], *s.* (*a*) Allure *f*, démarche *f*. **Unsteady gait,** pas chancelant, mal assuré. *To have a graceful g.,* avoir une démarche gracieuse. **To know s.o. by his gait,** reconnaître qn à son allure. *I knew him by his* **awkward gait,** je l'ai reconnu à sa dégaine. *A g. peculiar to him,* une façon de marcher à lui particulière, qui lui est particulière. (*b*) Allures, train *m* (d'un cheval). **To break up, ruin, a horse's gait,** détraquer un cheval. *See also* EASY[1] I. 3 (*c*).

-gaited [geitid], *comb.fm.* **Heavy-gaited,** à la démarche pesante.

gaiter ['geitər], *s.* **1.** Guêtre *f*. **Short gaiters,** guêtrons *m*. *Strapped gaiters,* guêtres à bandes; jambières *f*. *To put on one's gaiters,* mettre ses guêtres; se guêtrer. *To put gaiters on s.o.,* guêtrer qn. *See also* READY[1] I. 1. **2.** (*a*) *Aut: Cy:* Guêtre, emplâtre *m* (pour réparation de pneu). (*b*) *Aut:* **Spring gaiter,** gaine *f* de ressort.

'gaiter-maker, *s.* Guêtrier, -ière.

gaitered ['geitərd], *a.* Guêtré.

gal [gal], *s.* *P:* = GIRL.

gala ['geilə], *s.* Fête *f*, réjouissances *fpl*, gala *m*. **Swimming gala,** grand concours de natation. *Attrib.* **Gala day,** jour *m* de gala, de fête. **In gala dress, in gala,** en habits de gala. **The gala week,** la grande semaine (à une plage, etc.).

galactic [gə'laktik], *a.* *Astr:* (Plan *m*, etc.) galactique.

galactometer [galak'tɔmetər], *s.* Galactomètre *m*, pèse-lait *m inv*, lacto-densimètre *m*, *pl.* lacto-densimètres.

galactose [gə'laktous], *s.* *Ch:* Galactose *f*.

galactozyme [gə'laktozaim], *s.* *Med:* Galactozyme *m*, galazyme *m*.

galago [gə'leigo], *s.* *Z:* Galago *m*.

galalith ['galəliθ], *s.* *Ind:* Galalithe *f*.

Galam ['galam]. *Pr.n. Geog:* Galam *m*. **Galam butter,** beurre *m* de Galam.

galanga [gə'laŋgə], **galangal** ['galəŋgal], **galangale** ['galəŋgeil], *s.* = GALINGALE.

galantine [galən'ti:n], *s.* *Cu:* Galantine *f*.

galanty show [gə'lantiʃou], *s.* Ombres chinoises.

Galatea [galə'ti:ə]. **1.** *Pr.n.f. Myth:* Galatée. **2.** *s. Tex:* Coutil blanc à raies.

Galatia [gə'leiʃə]. *Pr.n. A.Geog:* La Galatie.

Galatian [gə'leiʃjən], *a. & s. B.Hist:* Galate (*mf*).

galaxy ['galəksi], *s.* **1.** *Astr:* **The Galaxy,** la Voie lactée; **la** Galaxie. **2.** *F:* Assemblée brillante (de belles femmes, etc.); constellation *f* (d'hommes illustres, etc.). **Galaxy of beauty,** groupe *m* de femmes d'une beauté éclatante; essaim *m* de jeunes filles, *F:* de jeunes beautés.

galbanum ['galbənəm], *s.* *Bot: Pharm:* Galbanum *m*.

galbulus ['galbjuləs], *s.* *Bot:* Galbule *m* (de cyprès).

gale[1] [geil], *s.* **1.** *Nau: etc:* Coup *m* de vent; grand vent, vent fort. **Whole gale,** coup *m* de vent. **Strong gale, heavy gale, stiff gale,** fort coup de vent; gros vent; vent carabiné. **Fresh gale, brisk gale,** vent frais. **Moderate gale,** vent grand frais; forte brise. **Easy gale,** coup de vent maniable. **Violent gale,** violent coup de vent. *See also* EQUINOCTIAL 1. **2.** Tempête *f*. (*Of wind*) **To blow a gale,** souffler en tempête, faire rage. **3.** *Poet:* Brise *f*, zéphyr *m*.

gale[2], *s.* *Bot:* **(Sweet) gale,** galé *m*; myrte bâtard, des marais; myrte écossais; poivre *m* de Brabant; piment royal; bois-sent-bon *m inv*.

gale[3], *s.* *Jur:* Loyer *m*. **Hanging gale,** arrérages *mpl* de loyer.

galea ['geiliə], *s.* *Bot: Ent: Orn:* Casque *m*.

galeate(d) ['galieit(id)], *a.* *Nat.Hist:* (*a*) A casque; casqué. (*b*) En casque; galéiforme.

galeeny [gə'li:ni], *s.* *Orn:* Pintade *f*.

galeiform ['galiifɔ:rm], *a.* *Bot:* Galéiforme.

Galen ['geilən]. **1.** *Pr.n.m. Hist:* Galien. **2.** *s. F: Hum:* Médecin *m*.

galena [gə'li:nə], *s.* *Miner:* Galène *f*; plomb sulfuré. **False galena,** blende *f*.

Galenic(al) [gə'lenik(əl)], *a.* *Hist. of Med:* Galénique.

Galenism ['geilənizm], *s.* *Hist. of Med:* Galénisme *m*.

Galenist ['geilənist], *s.* *Hist. of Med:* Galéniste *m*.

Galicia [gə'liʃjə]. *Pr.n. Geog:* **1.** (*In Poland*) La Galicie. **2.** *A:* (*In Spain*) La Galice.

Galician [gə'liʃjən], *a. & s.* *Geog:* (Originaire ou natif) (i) de **la** Galicie, (ii) de la Galice.

Galilean[1] [gali'li:ən], *a. & s.* *B.Hist:* Galiléen, -éenne. **The Galilean Lake,** la mer, le lac, de Galilée.

Galilean[2], *a.* *Opt:* (Lunette, etc.) de Galilée.

Galilee ['galili:]. **1.** *Pr.n.* *B.Hist:* La Galilée. **The Sea of Galilee,** la mer, le lac, de Galilée. **2.** *s. Arch:* Galilée *m*, porche *m* (d'une Église).

Galileo [gali'li:o]. *Pr.n.m. Hist. of Astr:* Galilée.

galingale ['galiŋgeil], *s.* **1.** *Bot:* **(Sweet, English) galingale,** souchet long; souchet odorant. **2.** *Pharm: A:* Galanga *m*.

galipot ['galipɔt], *s.* Galipot *m*; térébenthine *f* de Bordeaux.

gall[1] [gɔ:l], *s.* **1.** (*a*) Fiel *m*, amer *m* (d'animal). **Ox gall,** fiel de bœuf. (*b*) *F:* **To vent one's gall on s.o.,** épancher sa bile contre qn. **Pen dipped in gall,** plume trempée dans le fiel. **The gall of life,** l'amertume *f*, le fiel, de la vie. *See also* BITTER 1, WORMWOOD. (*c*) *U.S: F:* Effronterie *f*, aplomb *m*. **2.** *Anat:* Vésicule *f* biliaire. **3.** *Glassm:* **(Glass-)gall,** fiel de verre; suint *m* (du verre). **4.** *Bot:* **Gall of the earth, earth-gall,** fiel de terre; petite centaurée.

'gall-bladder, *s.* *Anat:* Vésicule *f* biliaire; vésicule du fiel.

'gall-duct, -pipe, *s.* *Anat:* Conduit *m* biliaire.

'gall-stone, *s.* *Med:* Calcul *m* biliaire.

gall[2], *s.* *Bot:* Galle *f*, cécidie *f*. *See also* NUT-GALL, OAK-GALL, RESIN[1] 1, ROSE-GALL.

'gall-fly, *s.* = GALL-WASP.

'gall-gnat, *s.* *Ent:* Cécidomyie *f*.

'gall-insect, *s.* *Ent:* Pemphigus *m*.

'gall-nut, *s.* *Dy: etc:* Noix *f* de galle.

'gall-oak, *s.* *Bot:* Chêne *m* à la (noix de) galle.

'gall-wasp, *s.* *Ent:* Cynips *m*.

gall[3], *s.* **1.** (*a*) Écorchure, blessure, excoriation (causée par le frottement). *See also* SADDLE-GALL. (*b*) *F:* Froissement *m*, humiliation *f*; blessure (faite à l'amour-propre). *It left a g. in his mind,* il lui en est resté une rancune. **2.** Défaut *m*, imperfection *f*; éraillure *f* (d'une étoffe). **3.** Endroit dénudé (dans une prairie, etc.).

gall[4]. **1.** *v.tr.* (*a*) Écorcher (par le frottement); excorier; mettre (le talon, etc.) à vif. *Vet:* (*Of saddle, etc.*) Frayer, fouler (le cheval). (*b*) *F:* Irriter, exaspérer, vexer (qn); froisser, blesser, humilier (qn). (*c*) *Mil:* Harceler (l'ennemi). **2.** *v.i.* (*Of horse*) Se frayer.

galled, *a.* **1.** (*a*) Écorché; mis à vif. *Vet:* Frayé. *See also* SADDLE-GALLED. (*b*) **Galled rope,** cordage mâché. **2.** Irrité, exaspéré, humilié, blessé. **3.** (Endroit) dénudé (dans un pré, etc.).

galling[1], *a.* (*a*) Qui écorche. (*b*) (*Of restrictions, etc.*) Irritant, exaspérant, vexatoire; (*of remark, etc.*) blessant, humiliant. *Mil:* **Galling fire,** feu meurtrier, bien nourri. **Galling experience,** expérience amère.

galling[2], *s.* **1.** Écorchure *f*; mise *f* à vif; excoriation *f*. *Harn:* **Galling leather,** pièce *f* de frottement. **2.** Froissement *m* (de qn); humiliation *f*.

gallant[1] ['galənt]. I. *a.* **1.** (*a*) Brave, vaillant; chevaleresque; (soldat) valeureux. **A gallant deed,** une action d'éclat. *His g. bearing in the field,* sa belle conduite sur le champ de bataille. *He made a g. defence,* il se défendit bravement. (*In Parliament*) **The honourable and gallant member for . . .,** l'honorable et vaillant représentant de . . . (formule consacrée lorsque le député est un officier des armées de terre ou de mer). (*b*) (*Of ship, horse, etc.*) Beau, *f.* belle; noble, fier, superbe; *A:* (*of dress*) galant, élégant. **Gallant display,** étalage *m* superbe (*of,* de). **2.** [gə'lant] Galant (auprès des femmes). **-ly,** *adv.* Galamment. **1.** Bravement, vaillamment, valeureusement, avec valeur, avec vaillance; en galant homme. **2.** Élégamment, magnifiquement. **3.** [ga'lantli] En homme galant; avec empressement (auprès d'une femme).

II. **gallant,** *s.* **1.** *A:* Galant *m*, élégant *m*; amadis *m*. **2.** [ga'lant] (*a*) *A:* Galant; homme galant. (*b*) *Pej:* Amant *m*, galant.

gallant² [ga'lant]. **1.** *v.i. & tr.* **To gallant (with) the ladies,** faire le galant, être assidu, auprès des dames. **2.** *v.tr. A:* Accompagner, escorter (une femme).

gallantry ['galəntri], *s.* **1.** Vaillance *f*, valeur *f*, bravoure *f*, courage *m*; belle conduite (d'un soldat). **2.** (*a*) Galanterie *f* (auprès des femmes). (*b*) *A:* Intrigue (amoureuse).

gallate ['galeit], *s. Ch:* Gallate *m*.

galleass ['galiəs], *s.* = GALLIASS.

Gallegan [ga'ljeigən], *a. & s.* = GALICIAN (ii).

galleon ['galjən], *s. Nau: A:* Galion *m*.

galleried ['galərid], *a. Arch:* (Salle, maison) à galerie.

gallery ['galəri], *s.* **1.** (*a*) Galerie *f* (d'une salle, etc.). **Public gallery, strangers' gallery** (*of the Houses of Parliament*), tribune réservée au public; tribune publique. *See also* PRESS-GALLERY, SINGING-GALLERY, WHISPERING-GALLERY. (*b*) **The gallery,** (i) *Th:* la (troisième) galerie, l'amphithéâtre *m*; *F:* le poulailler, le paradis; (ii) *Cards: Sp: etc:* l'ensemble *m* des spectateurs; la galerie. *F:* **To play to the gallery,** jouer pour la galerie. *Sp:* **Gallery play,** jeu *m* à effet, à épate. (*c*) *Nau: A:* **Stern gallery,** galerie de poupe. **Quarter gallery,** bouteille *f*; balcon *m* arrière. (*d*) *U.S:* (i) Balcon *m*; (ii) (*in the South*) véranda *f*. (*e*) Estrade *f* (d'un temple de la Société des Amis, sur laquelle se trouvent les chaises des anciens). **Gallery friend,** ancien *m* (de la Société des Amis). **2.** **(Art-)gallery,** (i) galerie; (ii) musée *m* (d'art). **The galleries of the Louvre,** les galeries, les salles *f*, du Louvre. **Portrait gallery,** galerie ou musée de portraits. *See also* SHOOTING-GALLERY. **3.** *Min:* Galerie. **Drainage gallery,** galerie d'exhaure. *See also* LISTENING. **4.** (*a*) Galerie (autour d'un meuble). (*b*) Griffe *f* (de lampe à pétrole).

galley ['gali], *s.* **1.** *Nau:* (*a*) *A:* Galère *f*. **To be sent to the galleys,** être condamné aux galères. (*b*) Yole *f* (d'amiral). **2.** *Nau:* Cuisine *f*, coquerie *f*. **3.** *Typ:* Galée *f*. *See also* SLICE-GALLEY.

'galley-press, *s. Typ:* Presse *f* à bras, à épreuves.

'galley-proof, *s.* Épreuve *f* en placard; épreuve en première.

'galley-slave, *s.* Galérien *m*. *F:* **To be s.o.'s galley-slave,** faire les trente-six volontés de qn.

'galley-worm, *s. Myr:* Iule *m*; mille-pattes *m inv*; mille-pieds *m inv*.

galliard ['galjərd], *s. Danc: Mus:* Gaillarde *f*.

galliass ['galiəs], *s. Nau: A:* Galéasse *f*.

Gallic¹ ['galik], *a.* (*a*) Gallique, gaulois. (*b*) *Hum:* Français.

gallic², *a. Ch:* (Acide *m*) gallique.

Gallican ['galikən], *a. & s. Ecc:* Gallican, -ane.

Gallicanism ['galikənizm], *s. Ecc:* Gallicanisme *m*.

Gallicanist ['galikənist], *s. Ecc:* Gallican, -ane; gallicaniste *mf*.

gallicism ['galisizm], *s. Ling:* Gallicisme *m*.

gallicize ['galisaiz]. **1.** *v.i.* Se franciser. **2.** *v.tr.* Franciser.

galligaskins ['galigaskinz], *s.pl.* **1.** (*a*) *F:* Pantalon *m*, culotte *f*, *A:* grègues *fpl*. (*b*) *Dial:* Guêtres *fpl*. **2.** *Bot:* Coucou *m*.

gallimaufry [gali'mɔːfri], *s. A. & F:* Salmigondis *m*; galimafrée *f*.

gallinaceae [gali'neisiiː], *s.pl. Orn:* Gallinacés *m*.

gallinacean [gali'neiʃən], *a. & s. Orn:* Gallinacé (*m*).

gallinaceous [gali'neiʃəs], *a. Orn:* Gallinacé.

gallinae [ga'lainiː], *s.* = GALLINACEAE.

gallinazo [gali'neizo], *s. Orn: U.S:* Catharte *m*.

galline ['galain], *a. Orn:* **The galline species,** l'espèce galline.

Gallio ['galio]. **1.** *Pr.n.m. B.Hist:* Gallion. **2.** *s. F:* Gallioniste *m*; indifférent *m* (en matière de religion).

Gallionic [gali'ɔnik], *a.* Indifférent (en matière de religion).

gal(l)iot ['galjət], *s. Nau: A:* Galiote *f*.

gallipoli [ga'lipoli], *s.* Huile *f* d'olives de Gallipoli.

gallipot ['galipɔt], *s.* **1.** *Pharm:* Petit pot (pour pommade, etc.). **2.** *F: A:* Apothicaire *m*.

gallium ['galiəm], *s. Ch:* Gallium *m*.

gallivant [gali'vant], *v.i.* Fréquenter la société des femmes; courailler, être toujours par monts et par vaux (avec des compagnons de l'autre sexe); courir la prétentaine.

gallivanting, *a.* Courailleur, -euse.

gallivanter [gali'vantər], *s.* Courailleur, -euse.

Gallo- ['galo], *comb.fm.* Gallo-. *Gallo-Belgian,* gallo-belge. *Gallomaniac,* gallomane.

Gallo-German [galo'dʒəːrmən], *a.* Franco-allemand, *pl.* franco-allemands.

Gallomania [galo'meiniə], *s.* Gallomanie *f*.

Gallomaniac [galo'meiniak], *a. & s.* Gallomane (*mf*).

gallon ['galən], *s.* Gallon *m* (= 4 lit. 54; *U.S:* = 3 lit. 78). *Aut:* **Miles per gallon,** = consommation *f* d'essence aux cent kilomètres. *F:* *They drink gallons of beer,* ils boivent de la bière à tire-larigot. *P:* *We've got gallons of time,* ce n'est pas le temps qui nous manque; nous avons amplement le temps.

galloon [ga'luːn], *s.* Galon *m*.

gallooned [ga'luːnd], *a.* Galonné.

gallop¹ ['galəp], *s.* **1.** Galop *m*. **At a gallop,** au galop (allongé). **Full gallop,** grand galop. **(At) full gallop,** au grand galop; à fond de train; (*of horse*) ventre à terre; (*of rider*) à bride abattue, à franc étrier. **To break into a gallop,** se mettre à galoper; prendre le galop; faire prendre le galop à son cheval. *See also* HAND-GALLOP. **2.** Galopade *f*. **To have, go for, a gallop,** faire une galopade. *To do, have, a short g.,* faire un temps de galop. **3.** Piste cavalière.

gallop², *v.* **(galloped; galloping)** **1.** *v.i.* (*a*) (*Of horse*) Galoper; aller au galop. (*b*) (*Of rider*) Aller au galop, à bride abattue. **To gallop off,** piquer des deux. **To gallop away,** (i) partir, s'éloigner, au galop; (ii) *F:* parler vite. **To gallop back,** revenir au galop. **To gallop up,** accourir au galop, à bride abattue. *F:* **To gallop over, through, a book,** lire un livre au galop. *To g. through prayers,* réciter les prières au grand galop. **2.** *v.tr.* Faire aller (un cheval) au (grand) galop; galoper (un cheval). *To g. a carriage along,* conduire une voiture au galop.

galloping¹, *a.* **1.** (*Of horse, etc.*) Au galop. **2.** *Med:* Galopant. *Esp.* **Galloping consumption,** phtisie galopante.

galloping², *s.* Galop *m*.

galloper ['galəpər], *s.* **1.** (*a*) Cheval *m*, cavalier *m*, qui va au galop. (*b*) *F:* Personne *f* qui y va d'un train d'enfer. (*c*) *Mil:* Officier *m* d'ordonnance; aide de camp *m*. **2.** *Artil: A:* **Galloper carriage,** affût *m* à limonière. **Galloper gun,** canon *m* à affût à limonière.

Gallophile ['galofil], *a. & s.* Gallophile (*mf*).

Gallophilism ['galofilizm], *s.* Gallophilisme *m*.

Gallophobe ['galofoub], *a. & s.* Gallophobe *mf*.

gallophobia [galo'foubiə], *s.* Gallophobie *f*.

Gallo-Roman [galo'roumən], *a.* Gallo-romain, *pl.* gallo-romains.

Gallovidian [galo'vidiən], *a. & s.* (Originaire, natif) du Galloway (en Écosse).

galloway ['galowei], *s.* **1.** (Cheval *m*) galloway *m*. **2.** Bœuf *m* ou vache *f* de la race du Galloway.

gallows ['galouz], *s.* (*Often with sg. const.*) **1.** Potence *f*, gibet *m*. **To hang s.o. on the gallows,** mettre, attacher, qn à la potence. **To have a gallows look, to have the gallows in one's face,** avoir une mine patibulaire; sentir la potence. *Crime worthy of the g.,* crime *m* qui mérite l'échafaud. **He will come to the gallows, he is heading straight for the gallows,** il se fera pendre; *F:* il file sa corde. **To miss the gallows by a hair's breadth,** friser la corde. *See also* CHEAT² I. **2.** Portique *m* (de gymnastique).

'gallows-bird, *s. F:* Gibier *m* de potence; réchappé *m* de potence; homme *m* de sac et de corde; pendard *m*. *To have the look of a g.-b.,* avoir une mine patibulaire.

'gallows-bitts, *s.pl. Nau:* Potence *f* de drome.

'gallows-frame, *s. Min:* Chevalement *m*.

'gallows-tree, *s.* Gibet *m*; potence *f*.

galoot [gə'luːt], *s.* **1.** *Nau: P:* Marin *m* d'eau douce. **2.** *U.S: P:* Lourdaud *m*.

galop ['galəp], *s. Danc:* Galop *m*.

galore [gə'lɔːər], *s. & adv. F:* **(In) galore,** en abondance, à foison, à profusion; *P:* à gogo; en veux-tu, en voilà. **She has cousins galore,** elle a une foule de cousins. *Wine g.,* du vin tant et plus. *Children g.,* une ribambelle d'enfants. *Books g.,* des livres en masse.

galosh [gə'lɔʃ], *s.* **1.** *A:* Galoche *f*. **2.** Caoutchouc *m*; couvre-chaussure *m*, *pl.* couvre-chaussures. **3.** *Bootm:* Quartier *m*, claque *f*.

galoshed [gə'lɔʃt], *a.* **1.** Chaussé de caoutchoucs. **2.** *Bootm:* **Galoshed with calf,** à quartiers de veau.

galumph [gə'lʌmf], *v.i. F:* (= *gallop* + *triumph*) Avancer dans un galop triomphal; caracoler.

galvanic [gal'vanik], *a. El:* (Élément *m*, pile *f*) galvanique. *F:* **Galvanic smile,** (sourire de cadavre galvanisé) sourire forcé, contraint. **Galvanic grin,** rictus *m*.

galvanism ['galvanizm], *s.* Galvanisme *m*.

galvanization [galvanai'zeiʃ(ə)n], *s.* **1.** Galvanisation *f* (du corps humain, etc.). **2.** *Metalw:* Galvanisation; galvanisage *m*; (i) métallisation *f* électrique; (ii) zingage *m* au trempé, étamage *m*.

galvanize ['galvanaiz], *v.tr.* **1.** Galvaniser (un cadavre, etc.). *F:* **To galvanize life into sth., to galvanize sth. into life,** insuffler à qch. un instant de vie; donner à qch. une animation passagère; galvaniser qch. **2.** *Metalw:* Galvaniser; (i) plaquer par galvanoplastie; (ii) zinguer, étamer (le fer, etc.).

galvanized, *a.* **1.** Galvanisé. **2.** *Metalw:* Galvanisé; (i) plaqué (par galvanoplastie); (ii) zingué, étamé. *Esp.* **Galvanized iron,** tôle galvanisée; tôle zinguée.

galvanizing, *s.* = GALVANIZATION.

galvanizer ['galvanaizər], *s. Metalw:* Galvanis(at)eur *m*.

galvano- ['galvano, galva'nɔ], *comb.fm.* Galvano-. *Galva'nography,* galvanographie *f*. *'Galvano-magnetic,* galvanomagnétique.

galvano-cautery ['galvano'kɔːtəri], *s. Surg:* Galvanocautère *m*.

galvanometer [galva'nɔmetər], *s. El:* Galvanomètre *m*. *Dead-beat g., aperiodic g.,* galvanomètre apériodique. *Torsion g.,* galvanomètre à torsion. *Mirror g., reflexion g.,* galvanomètre à miroir, à réflexion. *Ballistic g.,* galvanomètre balistique. *Sine g., tangent g.,* boussole *f* des sinus, des tangentes. *Hot-wire g.,* galvanomètre thermique, à fil chaud. *Shunted g.,* galvanomètre en dérivation, à résistance shunt.

galvanometric ['galvano'metrik], *a. El:* Galvanométrique.

galvanoplastic ['galvano'plastik], *a.* Galvanoplastique.

galvanoplasty ['galvano'plasti], *s.* Galvanoplastie *f*.

galvanoscope ['galvanoskoup], *s. El:* Galvanoscope *m*.

Galwegian [gal'wiːdʒən], *a.* (Originaire, natif) (i) du Galloway (en Écosse), (ii) de Galway (en Irlande).

gam¹ [gam], *s. Nau:* **1.** Troupe *f* (de baleines). **2.** Réunion *f* (en mer), soirée *f* en commun, des pêcheurs de baleine de différents bateaux.

gam², *v.i. Nau:* **1.** (*Of whales*) S'attrouper, s'assembler. **2.** (*Of whalers of different ships*) Se réunir pour causer et pour se distraire.

gamash [gə'maʃ], *s. A:* Gamache *f*.

gamba ['gambə], *s. Mus:* **1.** *A:* **Gamba (viol),** viole *f* de gambe. **2.** **Gamba (stop)** (*of organ*), gambe *f*.

gambade [gam'beid], *s.* **1.** *Equit:* Gambade *f*, bond *m*. **2.** *A:* Escapade *f*, frasque *f*.

gambet ['gambet], **gambetta** [gam'betə], *s. Orn:* **1.** Chevalier *m*, gambette *m*. **2.** Combattant *m*.

Gambia ['gambiə]. *Pr.n. Geog:* La Gambie.

gambier ['gambiər], *s.* **1.** *Bot:* Gambier *m*. **2.** *Pharm: Dy:* Gambir *m*, cachou *m* pâle.

gambit ['gambit], *s. Chess:* Gambit *m.* **Gambit pawn,** (pion *m* de) gambit.

gamble[1] [gambl], *s. F:* (*a*) Jeu *m* de hasard. **To go on the gamble,** s'adonner au jeu. (*b*) Affaire *f* où l'on risque fort de perdre. **Pure gamble,** pure spéculation, affaire de chance. *Everything's a g.*, tout est coup de dé, tout est affaire de chance, dans ce monde.

gamble[2]. **1.** *v.i.* Jouer de l'argent. *To g. on a throw of the dice,* miser sur un coup de dé(s). **To gamble on the Stock Exchange,** agioter. *To g. on a rise in prices,* jouer à la hausse. *To g. in wheat,* tripoter sur les blés. *F:* **You may gamble on that,** vous pouvez compter là-dessus. **To gamble with one's health,** jouer avec sa santé. **2.** *v.tr.* **To gamble away** (*one's fortune, etc.*), perdre (sa fortune, etc.) au jeu.

gambling, *s.* Le jeu; jeux d'argent. **Given to gambling, fond of gambling,** joueur, -euse. **Gambling on the Stock Exchange,** agiotage *m.* **Gambling-debts,** dettes *f* de jeu. **Gambling-den, -house,** *P:* **-hell,** *U.S:* **-joint,** maison *f* de jeu; tripot *m*, brelan *m*, claque(dent) *m.* **Keeper of a gambling-den,** tenancier *m* d'un tripot; tripotier *m.* **Gambling-table,** table *f* de jeu.

gambler ['gamblər], *s.* Joueur, -euse (pour de l'argent). **Gambler on the Stock Exchange,** joueur à la Bourse; spéculateur, -trice; agioteur, -euse. *Prov:* **Once a gambler always a gambler,** qui a joué jouera.

gamboge [gam'bu:ʒ, -'boudʒ], *s. Bot: Paint:* Gomme-gutte *f.* **Gamboge-yellow,** gomme-gutte.

gam'boge-tree, *s. Bot:* Guttier *m.*

gambol[1] ['gamb(ə)l], *s.* (*a*) Gambade *f*, cabriole *f.* (*b*) *pl. F:* Ébats *m*, divertissements *m.*

gambol[2], *v.i.* (**gambolled; gambolling**) (*a*) Gambader, cabrioler; faire des gambades. (*b*) S'ébattre, se divertir.

gamboller ['gambələr], *s.* Gambadeur, -euse.

gambrel ['gambrel], *s.* **1.** *Dial:* Tinet *m*, jambier *m* (de boucherie). **2.** *Arch:* **Gambrel roof,** toit *m* en croupe.

game[1] [geim], *s.* **1.** (*a*) Amusement *m*, divertissement *m*, jeu *m.* **To make game of s.o.,** se moquer de qn; se jouer de qn. *F:* **Here's a game!** tu parles d'une blague! *P:* **What a game!** est-ce assez farce! (*b*) Jeu. **Game of skill, of chance,** jeu d'adresse, de hasard. *Card games,* jeux de cartes. **Round game,** jeu à un nombre indéfini de joueurs; jeu en commun. **Square game,** jeu, partie *f*, à quatre. *Out-door games,* jeux de plein air. *Sch: Afternoon given up to games,* après-midi consacré au sport. **Games master,** maître *m* qui organise et surveille les sports. **Olympic games,** jeux olympiques. *F:* **It's all in the game,** c'est dans la règle du jeu; il ne faut pas flancher quand ça ne va pas tout seul. *See also* CANDLE[1], INDOOR, PARLOUR. (*c*) **To play a good game,** être bon joueur. *He plays a good g. of cards, of billiards,* il joue bien aux cartes, au billard. *He plays a remarkable g.*, il a un jeu remarquable. *Fb: To play a rough g.*, jouer un football dur. **To play a square game, to play the game,** jouer franc jeu; jouer, agir, loyalement; agir dans les règles, jouer selon les règles. **That's not playing the game,** ce n'est pas loyal; ce n'est pas de jeu. **To play a dangerous game,** jouer un jeu dangereux. **To play s.o.'s game,** faire le jeu de qn. **To beat s.o. at his own game,** battre qn avec ses propres armes. **Two can play at that game,** à bon chat bon rat; à voleur voleur et demi. **To be on one's game,** être bien en forme. **To be off one's game,** jouer moins bien qu'à l'ordinaire; (*at tennis*) n'être pas en raquette. **To go off one's game,** se dérégler. *See also* CLOSE[1] I. 4, DOUBLE[1] I. 1, LOSING[1], STRAIGHT I. 2, UNDERHAND 2. (*d*) *F:* **What's his game?** où veut-il en venir? quel but poursuit-il? *I know your little game!* je sais bien où vous voulez en venir! **So that's your little game!** voilà donc ce que vous manigancez! *I was watching their little g.*, j'observais leur manège. **I see through your game!** je vous vois venir! **He's at his old games again,** voilà qu'il refait des siennes. **That's a dirty game you are playing!** vous faites là un vilain métier. (*Of prostitute, etc.*) **To be on the game,** travailler, turbiner; faire le turbin. **None of your games** (**with me**)! à bas les pattes! pas de ça, Lisette! **To spoil s.o.'s game,** déjouer les plans de qn. **The game's up,** l'affaire est dans l'eau; il n'y a plus rien à faire. **His little game is up,** *P:* il est grillé. *See also* GIVE AWAY 3. (*e*) Partie *f* (de cartes, de billard, d'échecs, etc.); manche *f* (d'une partie de cartes). **To have, play, a game of cricket,** faire une partie de cricket. *Did you have a good g.?* vous avez fait une bonne partie? **Five points are game,** la partie se joue en cinq. **The game is three to two,** la partie en est à trois à deux. *How goes the g.?* (i) comment marche la partie? (ii) où en est la partie? **To be game,** avoir gagné la partie. **To be game all, to be game and game,** être à égalité; *Cards:* être manche à manche. **The odd game, the deciding game,** la belle. **To get, have, the best of the game,** dominer la partie. *Ten:* **Game, set, and match,** jeu, set, et partie. *Chess: etc: Opening g.*, début *m* de partie. *Middle g.*, milieu *m* de partie. *End g.*, fin *f* de partie. *F:* **To have, hold, the game in one's hands,** tenir le succès entre ses mains. **2.** (*a*) Gibier *m.* *Good g. country; country abounding in g., well stocked with g.*, pays giboyeux. **Big game,** (i) gros gibier; (ii) les grands fauves. **Big-game shooting,** la chasse aux grands fauves. **Small game,** menu gibier. **Furred game,** gibier à poil. **Winged game,** gibier à plumes; gibier ailé. **Black game,** lyrure *m*; petit coq de bruyère. *See also* GROUND-GAME. *F:* **Fair game,** (gibier) de bonne prise. **He is fair game,** on a bien le droit de se moquer de lui. *He is fair g. for rogues,* il est la proie rêvée des filous. **To fly at too high game,** viser trop haut. *She's too high g. for him,* elle n'est pas pour lui. (*b*) *Cu:* Gibier. **Game pie,** pâté *m* de gibier. **3.** Troupeau *m* (de cygnes).

'game-bag, *s. Ven:* Carnassière *f*, gibecière *f*, carnier *m.*

'game-cock, *s.* Coq *m* de combat; combattant *m.*

'game-fowl, *s.* Combattant *m.*

'game-laws, *s.pl.* Lois *f* sur la chasse.

'game-licence, *s.* Permis *m* de chasse.

'game-preserve, *s.* Parc *m* à gibier.

'game-preserving, *s.* Entretien *m* du gibier.

'game-scorer, *s. Ven:* Compte-gibier *m inv.*

'game-tenant, *s.* Titulaire *m* d'un droit de chasse; locataire *m* d'une chasse.

game[2]. **1.** *v.i.* Jouer (de l'argent). *To g. deep,* jouer gros jeu. **2.** *v.tr.* (*a*) **To game away one's money, a fortune,** perdre son argent au jeu; dissiper une fortune au jeu. (*b*) **To game away one's time,** perdre son temps au jeu.

gaming, *s.* Jeu *m.* **Gaming debt,** dette *f* de jeu. *Jur:* **Gaming and wagering,** jeu-pari *m.* **To plead the Gaming Act,** invoquer l'exception de jeu.

'gaming-house, *s.* = *gambling-house.*

'gaming-losses, *s.pl.* Pertes *f* au jeu. *To have g.-losses,* perdre au jeu.

'gaming-room, *s.* Salle *f* de jeu.

'gaming-table, *s.* Table *f* de jeu.

game[3], *a.* Courageux, résolu, *F:* crâne. **To be game,** (i) avoir du cran, de l'estomac; avoir le cœur bien attaché; (ii) être d'attaque; (iii) (*of dog*) être de bonne race. **Are you game for a twenty-mile walk?** vous sentez-vous de force à faire vingt milles à pied? *He wasn't g. enough to take on a really big job,* il n'avait pas le cran nécessaire pour se charger d'une grosse besogne. **I'm game!** j'en suis! **He is game for anything,** il est prêt à tout, capable de tout; il a du cœur au ventre. **To die game,** mourir crânement, avec crânerie, en héros.

game[4], *a.* **Game arm,** bras estropié. **Game leg,** jambe boiteuse, percluse; *P:* patte amochée. *To have a g. right leg,* boiter, être estropié, de la jambe droite.

game-'legged, *a.* Estropié, boiteux.

gamekeeper ['geimki:pər], *s.* Garde-chasse *m, pl.* gardes-chasse(s); garde forestier.

gameness ['geimnəs], *s.* Courage *m*, crânerie *f.*

gamesome ['geimsəm], *a.* Enjoué, folâtre. **-ly,** *adv.* Avec enjouement; folâtrement.

gamester ['geimstər], *s.* Joueur, -euse (pour de l'argent).

gamete [ga'mi:t], *s. Biol:* Gamète *m.*

gametogenesis [gami:to'dʒenesis], *s. Biol:* Gamétogénèse *f.*

gamma ['gama], *s. Gr.Alph:* Gamma *m.* *Rad.-A:* **Gamma rays,** rayons *m* gamma. *Ent:* **Gamma** (**moth**), plusie *f.* *Phot:* **Time-gamma curve,** courbe *f* des temps de développement.

gammadion [ga'meidiən], *s.* Croix gammée; croix cramponnée.

gammer ['gamər], *s. F: A:* Vieille (bonne) femme. **Gammer Gurton,** la mère Gurton.

gammon[1] ['gamən], *s.* (*a*) Quartier *m* de derrière (du porc). (*b*) Quartier de lard fumé. *F:* **That's all gammon and spinach,** tout ça c'est de la blague. *A world of g. and spinach,* un monde de charlatanisme et d'imposture. *Cf.* GAMMON[6]. (*c*) *A:* Jambon *m.* (*d*) Jambon fumé.

gammon[2], *v.tr.* Saler et fumer (le lard).

gammon[3], *s. Nau:* Liure *f* (du beaupré).

gammon[4], *v.tr. Nau:* **To gammon the bowsprit,** faire la liure du beaupré.

gammoning, *s. Nau:* Liure *f* (du beaupré).

gammon[5], *s. Games:* (*At backgammon*) Bredouille *f.* **To win the gammon,** gagner la partie bredouille.

gammon[6], *s. P:* Blague *f*; bourrage *m* de crâne, baliverne(s) *f*(*pl*); boniment(s) *m*(*pl*); bobard(s) *m*(*pl*). *Cf.* GAMMON[1] (*b*).

gammon[7]. *P:* **1.** *v.i.* (*a*) Blaguer, baliverner. **To gammon well,** avoir du bagout. (*b*) Feindre, faire semblant (*to do sth.*, de faire qch.). **2.** *v.tr.* Blaguer (qn); monter un bateau, raconter des balivernes, à (qn). **To gammon s.o. into doing sth.,** monter le coup à qn pour lui faire faire qch. *To g. s.o. out of sth.*, détourner qn de qch. à force de bluff.

gammy ['gami], *a. P:* = GAME[4].

gamo- ['gamo], *comb.fm.* Gamo-. *Gamopetalous,* gamopétale.

gamogenesis [gamo'dʒenesis], *s. Biol:* Gamogénèse *f.*

gamogenetic [gamodʒe'netik], *a. Biol:* Gamogénétique.

gamopetalous [gamo'petələs], *a. Bot:* Gamopétale.

gamosepalous [gamo'sepələs], *a. Bot:* Gamosépale.

gamp [gamp], *s.* **1.** *Pej:* Garde-malade ou sage-femme d'occasion, malpropre et buveuse. (Dickens a immortalisé ce type, un des scandales de son époque, sous le nom de "Mrs Sarah Gamp," dans *Martin Chuzzlewit.*) **2.** *F:* Parapluie de coton mal roulé (comme celui que portait Sarah Gamp); *P:* riflard *m*, pépin *m.*

gamut ['gamət], *s.* **1.** *Mus:* (*a*) Gamme *f.* (*b*) Étendue *f* (de la voix); clavier *m* (de la clarinette). **2.** Gamme (de couleurs, etc.). *F: The whole g. of pleasurable sensations,* toute la gamme des voluptés. *He has the whole g. of business at his fingers' ends,* il connaît les affaires depuis A jusqu'à Z.

gamy ['geimi], *a.* **1.** (Bois, etc.) giboyeux. **2.** *Cu:* Faisandé, avancé. **3.** *F:* Courageux, crâne.

gander ['gandər], *s.* **1.** Jars *m.* *See also* SAUCE[1] 1. **2.** *F:* Niais *m*, sot *m*, imbécile *m.*

gand(o)ura [gan'du:ra], *s. Cost:* Gandoura *f*; tunique portée sous le burnous.

gang[1] [gaŋ], *s.* **1.** *Dial:* Chemin *m*; passage *m.* **2.** (*a*) Groupe *m*, troupe *f* (de personnes); *Ind:* équipe *f*, escouade *f*, atelier *m*; *Min:* coupe *f* (d'ouvriers). **Gang of convicts,** convoi *m* de prisonniers. *Civ.E: Itinerant g.* (*of roadmen*), brigade ambulante. *See also* BREAK-DOWN 3, PRESS-GANG. (*b*) Bande *f* (de voleurs, de faussaires, etc.). *Gangs of terrorists,* bandes noires. *Pej:* **One of the gang,** un de la clique. **The whole gang,** toute la bande. *Pol:* **The old gang,** la vieille bande; la vieille équipe. **3.** (*a*) Série *f* (d'outils qui vont ensemble). **Gang driller,** perceuse *f* à forets multiples. **Gang plough,** (charrue *f*) polysoc *m.* **Gang-saw,** scie *f* multiple; scie alternative à plusieurs lames. (*b*) *W.Tel:* **Two-gang condenser,** condensateur *m* à deux blocs.

'gang-board, 'gang-plank, *s. Nau:* Planche *f* à débarquer, de débarquement; planche d'embarquement; appontement *m*; (*between two ships*) traversine *f*.

'gang-port, *s. Nau:* Coupée *f*. *G.-p. door*, porte *f* de coupée.

gang[2], *v.tr. U.S:* Monter (des scies, des forets, etc.) ensemble, en série.

ganged, *a.* **1.** (Outils) multiples ou montés ensemble. **2.** *W.Tel:* **Ganged condensers,** condensateurs *m* à blocs combinés.

gang[3] [gɑŋ], *v.i. Scot:* = GO[1]. *See also* GATE[4] 1.

gang[4] [gaŋ], *s.* = GANGUE.

ganger[1] ['gaŋər], *s. Rail:* Chef *m* d'équipe; cantonnier *m* chef; chef cantonnier. *Civ.E:* Brigadier *m* cantonnier.

ganger[2], *s. Nau:* **(Fore-)ganger,** maillon *m* d'étalingure.

Ganges (the) [ðə'gandʒiːz]. *Pr.n. Geog:* Le Gange. *Beyond the Ganges*, transgangétique.

Gangetic [gan'dʒetik], *a.* (Delta *m*, etc.) du Gange; (delta) gangétique.

gangland ['gaŋland], *s. U.S:* La zone des bandits, des apaches (dans une grande ville).

gangliated ['gaŋglieitid], *a. Anat:* Ganglionné.

gangliform ['gaŋglifɔːrm], *a. Anat:* Gangliforme.

ganglion, -ia ['gaŋgliən, -ia], *s.* **1.** (*a*) *Anat:* Ganglion *m*. (*b*) *F:* Centre *m*, foyer *m*, d'activité. **2.** *Med:* Ganglion synovial, -aux; kyste synovial.

'ganglion-cell, *s. Anat:* Ganglion nerveux.

ganglionary ['gaŋgliənəri], *a. Anat:* Ganglionnaire.

ganglionated ['gaŋgliəneitid], *a.* = GANGLIATED.

ganglionic [gaŋgli'ɔnik], *a. Anat:* Ganglionnaire.

gangrel ['gaŋgrel], *s. Scot:* Vagabond *m*, chemineau *m*.

gangrene[1] ['gaŋgriːn], *s. Med:* Gangrène *f*, mortification *f*, sphacèle *m*. *Dry, humid, senile, g.*, gangrène sèche, humide, sénile. **Gas gangrene,** gangrène gazeuse. **Hospital gangrene,** ulcère rongeant; ulcère rongeur; pourriture *f* d'hôpital.

gangrene[2]. **1.** *v.tr.* Gangrener, mortifier. **2.** *v.i.* Se gangrener.

gangrened, *a.* Gangrené.

gangrenous ['gaŋgrenəs], *a.* Gangreneux, gangréneux, sphacélé.

gangster ['gaŋstər], *s.* **1.** *U.S: F:* Membre *m* d'une bande d'apaches, de contrebandiers; bandit *m*; nervi *m*; gangster *m*. **2.** *Pol:* **An old gangster,** un membre de la vieille bande; un des vieux routiers. **3.** *Civ.E:* Équipier *m*; membre d'une équipe de cantonniers.

gangue [gaŋ], *s. Miner: Geol:* Gangue *f*, gaine *f*; roche *f* mère. *To separate the ore from the g.*, dérocher le minerai.

gangway ['gaŋwei], *s.* **1.** Passage *m*; couloir central (d'autobus, etc.). *Th: Central g.*, allée centrale. *G. round the stalls*, pourtour *m*. *Pol:* **Members above, below, the gangway,** membres influents, peu influents, du parti. **2.** *Nau:* (*a*) Passerelle *f* de service (pour débarquement, etc.). (*b*) (*Opening or port*) Coupée *f* (dans la muraille). *To come up the g.*, monter la coupée. *See also* LADDER[1] 1. (*c*) **(Fore-and-aft) gangway,** passavant *m* (entre gaillards).

ganister ['ganistər], *s. Miner:* Gannister *m*. *Metall: etc:* **Ganister mud,** boue *f* réfractaire.

gannet ['ganet], *s. Orn:* Gannet *m*, fou *m*.

ganoid ['ganɔid], *a.* & *s. Ich:* Ganoïde (*m*).

gantline ['gantlain], *s. Nau:* (*a*) Cartahu *m* (simple). (*b*) Ceinture *f* de hamac.

gantry ['gantri], *s.* **1.** Chantier *m* (pour fûts); porte-fût(s) *m inv*. **2.** *Ind:* (*a*) Portique *m*; pont roulant (pour grue roulante); beffroi *m* (de drague). *Rail:* **Signal gantry,** pont à signaux. (*b*) **Gantry(-crane),** grue *f* à portique. **Travelling gantry,** portique roulant. (*c*) Chevalet *m* de levage.

Ganymede ['ganimiːd]. **1.** *Pr.n.m. Myth:* Ganymède. **2.** *s.m. F:* Échanson, verseur.

gaol[1] [dʒeil], *s.* Prison *f*, maison *f* d'arrêt; *A:* geôle *f*. **The County gaol** = la maison centrale. *Six months' g.*, six mois de prison. **To be in gaol,** être en prison; *F:* être sous les verrous. *He was put in g.*, il a été mis en prison, *P:* mis à l'ombre. *See also* BREAK[2] I. 4.

'gaol-bird, *s. F:* Échappé, -ée, de prison; gibier *m* de potence.

'gaol-book, *s.* Livre *m* d'écrou. *To enter s.o. in the g.-b.*, écrouer qn.

'gaol-delivery, *s.* **1.** (*a*) Levée *f* d'écrou (de prisonniers). (*b*) *U.S:* Évasion concertée (de plusieurs détenus). **2.** Ordre *m* de mise en jugement (des prisonniers qui doivent passer en cour d'assises). **3.** Session *f* de cour d'assises.

gaol-'fever, *s. Med: A:* Typhus *m*.

gaol[2], *v.tr.* Mettre (qn) en prison; écrouer (qn).

gaoler ['dʒeilər], *s.* Gardien *m* de prison; *A:* geôlier *m*.

gaoleress ['dʒeilərəs], *s.f.* Gardienne de prison; *A:* geôlière.

gap[1] [gap], *s.* **1.** (*a*) Trou *m*; trouée *f*, ouverture *f*, vide *m* (dans une haie, etc.); brèche *f* (dans un mur, etc.); solution *f* de continuité (d'une surface). *Tchn:* Renard *m* (dans une tôle, un barrage, etc.). *Wide clearings make gaps in the forest*, de larges clairières trouent la forêt, font des vides dans la forêt. *Gap in a range of hills*, trouée dans une chaîne de collines. **To fill (in), fill up, a gap, to stop a gap,** boucher un trou, une brèche; combler un vide. *See also* STOP-GAP. (*b*) *U.S:* Col *m* (de montagne). *See also* WATER-GAP, WIND-GAP. (*c*) Interstice *m*. *There are gaps between the planks*, il y a des jours entre les planches. *Gaps between the teeth of a pinion*, vides, creux *m*, entre les dents d'un pignon. *Gap between the curtains*, interstice entre les rideaux; bâillement *m* des rideaux. *F: The gap which separates him from his colleagues*, l'abîme *m*, le gouffre, qui le sépare de ses collègues. *El: Gap between contacts*, écartement *m* des contacts. *Gap between electrodes*, distance *f*, intervalle *m*, entre les électrodes. **Armature gap,** ouverture, entrefer *m*, d'induit. *I.C.E:* **Gap type distributor,** distributeur *m* à étincelles sautantes. *See also* SPARK-GAP. (*d*) *Av:* Écartement (des plans). (*e*) Trou, lacune *f*, vide (dans des souvenirs, etc.). **A noticeable gap,** un vide sensible. *His death makes, leaves, a gap in the family circle*, sa mort laisse un vide dans la famille. *To fill in the gaps in one's education*, combler les lacunes de son éducation. **2.** *Mec.E:* Coupure *f*, rompu *m* (d'un banc de tour). **Gap bed,** banc rompu. **Gap(-bed) lathe,** tour *m* à banc rompu. **3.** *Typ:* Colombier *m* (entre les mots).

'gap-toothed, *a.* Aux dents écartées.

gap[2], *v.tr.* Échancrer, entailler (une plaque, etc.).

gape[1] [geip], *s.* **1.** Bâillement *m*. *Husb:* **The gapes,** le bâillement, la syngamose (de la volaille). *F:* **To give s.o. the gapes,** faire bâiller qn. **2.** Contemplation *f* bouche bée.

'gape-seed, *s. F:* Chose *f*, spectacle *m*, qui attire les badauds; attrape-nigaud *m*, *pl.* attrape-nigauds.

'gape-worm, *s. Husb: F:* Syngame trachéal; bâille-bec *m inv*; ver rouge, ver fourchu.

gape[2], *v.i.* **1.** (*a*) (*Of pers.*) (i) Ouvrir la bouche toute grande; (ii) bâiller (d'ennui). (*b*) (*Of bird*) Ouvrir un large bec. (*c*) (*Of thg*) **To gape (open),** s'ouvrir (tout grand); (*of hole*) être béant; (*of seam, etc.*) bâiller. *These boards g.*, ces planches ne joignent pas. *Aut: The spring leaves are gaping*, les feuilles des ressorts s'ouvrent. **Coat that gapes at every seam,** habit *m* qui rit par toutes les coutures. **2.** (*Of pers.*) Être, rester, bouche bée; bayer aux corneilles. **To stand gaping,** *F:* gober des mouches. *He stands there gaping*, il reste planté là comme un ahuri. *To go gaping about the streets*, badauder dans les rues. **To gape at s.o., sth.,** regarder qn, qch., bouche bée, d'un air hébété. *A:* **To gape after sth., for sth.,** désirer ardemment qch.; soupirer après qch.

gaping[1], *a.* Béant. **Gaping wound,** blessure béante. *G. astonishment*, étonnement muet. *G. oyster*, huître grande ouverte. *G. chasm*, abîme entr'ouvert.

gaping[2], *s.* **1.** Contemplation *f* bouche bée. **2.** Bâillement *m*.

gaper ['geipər], *s.* **1.** (*a*) Bayeur, -euse; badaud, -aude; *F:* gobe-mouches *m inv*. (*b*) Bâilleur, -euse. **2.** (*a*) *Orn:* Bec-ouvert *m*, *pl.* becs-ouverts. (*b*) *Moll:* Gaper(-shell), mye *f*.

gapy ['geipi], *a.* **1.** *F:* Bâilleur, -euse. **2.** (*Of poultry*) Atteint de bâillement.

garage[1] ['garɑːʒ, 'garedʒ], *s. Aut:* Garage *m*. **Open garage,** hall *m* de garage. **Lock-up garage,** box *m*. **Garage keeper, garage proprietor,** garagiste *m*. (*Of cabman, etc.*) *To go back to the g.* (*for the night*), aller remiser.

garage[2], *v.tr.* (i) Garer, (ii) remiser (une automobile).

garb[1] [gɑːrb], *s.* Vêtement *m*, costume *m*, habit *m*; *A:* ajustement *m*. *Clerical g.*, costume, habit, ecclésiastique. **In Turkish garb,** vêtu à la turque. *In such a g.*, dans, sous, un tel accoutrement. **In nature's garb,** en état de pure nature; nu; (*of man*) dans le costume d'Adam. *F:* **His usual garb of indifference,** ses dehors habituels d'indifférence. *Poet: The earth with its g. of green*, la terre avec son tapis de verdure.

garb[2], *v.tr.* Habiller, vêtir (*in*, de). *Garbed all in black*, tout de noir vêtu.

garb[3], *s. Her:* Gerbe *f*.

garbage ['gɑːrbedʒ], *s.* **1.** Tripaille *f*, entrailles *fpl*; issues *fpl* (de boucherie). *To feed on g.*, se nourrir de rebuts *mpl*. **2.** Immondices *fpl*, détritus *mpl*; ordures (ménagères). **Garbage heap,** tas *m* d'ordures; voirie *f*. *F:* **Literary garbage,** rebut *m* de la littérature. *U.S:* **Garbage barrel, garbage can,** boîte *f* à ordures ménagères.

garble [gɑːrbl], *v.tr.* **1.** Tronquer, fausser (des nouvelles, une citation, des comptes, etc.); dénaturer (les faits); mutiler, altérer (un texte); altérer (l'histoire); *P:* tripatouiller (des comptes). **Garbled account,** compte rendu mensonger; faux rapport. *Garbled edition*, édition tronquée. **To garble s.o.'s words,** mal interpréter, fausser, les paroles de qn. **2.** *A:* Trier (des pièces de monnaie).

garbling, *s.* Mutilation *f*, altération *f* (d'un texte, d'une citation).

garbler ['gɑːrblər], *s.* Mutilateur, -trice (d'un texte, etc.); faussaire *m* (de faits, etc.).

garboard ['gɑːrbɔːrd], *s. N.Arch:* Ga(l)bord *m*. **Garboard strake,** virure *f* de gabord.

garden[1] ['gɑːrdn], *s.* **1.** (*a*) Jardin *m*. *Small g.*, jardinet *m*. **Flower garden,** jardin d'agrément; jardin de fleurs. **Kitchen garden, vegetable garden,** (jardin) potager *m*. **Market garden,** jardin maraîcher. **Strawberry garden,** champ *m* de fraises. **Botanical gardens,** jardin botanique; jardin des plantes. **Winter garden,** (i) jardin d'hiver; grande serre; (ii) (*in hotel, etc.*) hall vitré. *F:* **The Garden of England,** le Jardin de l'Angleterre (le comté de Kent ou l'île de Wight). *P:* **To lead s.o. up the garden,** duper qn. *See also* BEAR-GARDEN, BEER-GARDEN, DUTCH[1] 1, HANGING[1], HOP-GARDEN, LANDSCAPE-GARDEN, NURSERY-GARDEN, ROCK-GARDEN, SUNK 2, TEA-GARDEN, WINDOW-GARDEN. *Attrib.* **Garden-chair,** chaise *f* de jardin. **Garden-tree,** arbre *m* d'ornement. **Garden plants,** plantes jardinières. **Garden-flower,** fleur *f* d'ornement, de jardin. **Garden room,** pièce *f* avec porte qui donne sur le jardin. *Agr:* **Garden bean,** favelotte *f*. *See also* CITY 1, COMMON[1] 2, CRESS, SHEAR[1] 1, SPIDER 1, SUBURB. (*b*) *pl.* Jardin public ou parc *m*; p. ex. Kensington Gardens. (*c*) *pl.* Rue avec jardins ou qui eut autrefois des jardins; p.ex. Endsleigh Gardens. **2.** **The Garden.** (*a*) *Gr.Phil:* Les Jardins d'Épicure. (*b*) *F:* = COVENT GARDEN (le marché ou le théâtre).

'Garden 'Colony (the). *Pr.n. Geog:* Le Natal.

'garden-engine, *s.* Pompe *f* d'arrosage.

'garden-'frame, *s. Hort:* Châssis *m*.

'garden-'glass, *s. Hort:* Cloche *f* (à melons, etc.).

'garden-'hose, *s.* Tuyau *m* d'arrosage.

'garden-'mould, *s. Hort:* Terreau *m*.

'garden-'party, *s.* Réception (mondaine) en plein air; garden-party *m*, *pl.* garden-partys.

'garden-'produce, -'stuff, *s.* Jardinage *m*; produits maraîchers; denrées potagères.

'garden-'seat, *s.* Banc *m* (de jardin).

'garden-'warbler, *s. Orn:* Fauvette *f* des jardins; passerinette *f*, becfigue *m*; (fauvette) bretonne *f*.

'garden-'white, *s. Ent:* Piéride *f* du chou.
garden². **1.** *v.i.* (*a*) Jardiner; faire du jardinage. (*b*) *Cr: F:* Aplatir les inégalités du terrain avec sa batte. **2.** *v.tr.* Entretenir (un parterre, etc.).
gardening, *s.* Jardinage *m*; horticulture *f*. *G. tools*, instruments *m* de jardinage. *See also* LANDSCAPE-GARDENING, MARKET-GARDENING.
gardener ['gɑːrdnər], *s.* **1.** Jardinier *m*. *See also* KITCHEN-GARDENER, LANDSCAPE-GARDENER, MARKET-GARDENER, NURSERY-GARDENER. **2.** *Bot:* **Gardener's delight**, coquelourde *f*. **Gardener's garters**, alpiste panaché; ruban *m* de bergère.
gardenia [gɑːr'diːnjə], *s. Bot:* Gardénia *m*, gardénie *f*.
garderobe ['gɑːrdroub], *s. A:* Garde-robe *f* (la chambre ou les vêtements).
gare-fowl ['gɛərfaul], *s. Orn:* Grand pingouin.
garfish ['gɑːrfiʃ], *s. Ich:* Aiguille *f* (des pêcheurs); aiguille de mer; orphie *f*.
garganey(-duck) ['gɑːrgəni('dʌk)], *s. Orn:* Sarcelle *f* d'été.
gargantuan [gɑːr'gantjuən], *a.* Gargantuesque.
gargle¹ [gɑːrgl], *s. Med:* Gargarisme *m*.
gargle². **1.** *v.i.* Se gargariser. **2.** *v.tr.* **To gargle one's throat**, se gargariser la gorge.
gargling, *s.* Gargarisme *m*.
gargoyle ['gɑːrgɔil], *s. Arch:* Gargouille *f*.
garibaldi [gari'baldi], *s.* **1.** *Cost:* **Garibaldi (shirt), garibaldi (blouse)**, garibaldi *m*. **Garibaldi (cap)**, garibaldi. **2.** *Cu:* Biscuit fourré aux raisins de Corinthe.
Garibaldian [gari'baldiən], *a.* & *s. Hist:* Garibaldien (*m*).
garish ['gɛəriʃ], *a.* **1.** (*Of dress, decoration, etc.*) Voyant; d'un luxe criard; d'un faste de mauvais goût. **2.** *G. light*, lumière crue, aveuglante. *I loved the g. day*, j'aimais le jour éblouissant. **-ly**, *adv.* **1.** (Meublé, etc.) avec un luxe criard. **2.** (Éclairé) avec une crudité qui blesse les yeux.
garishness ['gɛəriʃnəs], *s.* **1.** Luxe criard; faste *m*. **2.** Éclat excessif; crudité *f* (d'une couleur, de l'éclairage). *G. of style*, papillotage *m* du style.
garland¹ ['gɑːrlənd], *s.* **1.** Guirlande *f*; couronne *f* (de fleurs). **To hang sth. with garlands**, orner, parer, qch. de guirlandes. *F:* **To win, carry away, the garland**, remporter la palme, la couronne. **2.** *A:* Anthologie *f*, chrestomathie *f*; guirlande (de ballades, etc.). **3.** *Nau:* (*a*) Grosse erse. (*b*) Filet *m* à provisions.
garland², *v.tr.* (En)guirlander. *Statue garlanded with flowers*, statue parée de guirlandes de fleurs.
garlic ['gɑːrlik], *s. Bot:* **1.** Ail *m*. **Clove of garlic**, gousse *f* d'ail; caïeu *m* d'ail. **Bulb of garlic**, tête *f* d'ail. **2.** **Wild garlic**, moly *m*, ail doré. **Hedge garlic, garlic mustard**, alliaire *f*. **Spanish garlic**, rocambole *f*. **The garlic tribe**, les alliacées *f*.
'garlic-pear, *s. Bot: U.S:* Cratæva *m* gynandra.
garment ['gɑːrmənt], *s. Lit:* Vêtement *m*. *To throw off one's garments*, se dépouiller de ses habits, de ses vêtements.
garmented ['gɑːrməntid], *a.* (Re)vêtu, habillé (*in*, de).
garn [gɑːrn], *int. P:* (= *go on!*) Allons donc! quelle blague!
garner¹ ['gɑːrnər], *s.* **1.** *Lit:* Grenier *m* (pour la récolte). **2.** Recueil *m* (de poésies, etc.).
garner², *v.tr. Lit:* Mettre (le grain) en grenier, en grange; engranger, rentrer (le blé, etc.). **To garner the fruits of the earth**, recueillir les fruits de la terre. *F:* **Memories garnered up in the heart**, souvenirs amassés, accumulés, dans le cœur; souvenirs que le cœur conserve. *Poems garnered for the first time*, poèmes engerbés pour la première fois.
garnering, *s.* Engrangement *m* (du blé, etc.).
garnet¹ ['gɑːrnet], *s. Miner:* Grenat *m*. *Attrib.* **Garnet(-red) silk**, soie *f* grenat *inv.*
'garnet-berry, *s. Hort:* Groseillier *m* rouge.
'garnet-rock, *s. Miner:* Grenatite *f*.
garnet², *s. Nau:* Palan *m* de charge, bredindin *m*. *See also* CLEW-GARNET.
garnish¹ ['gɑːrniʃ], *s.* **1.** *Cu: etc:* Garniture *f*. **2.** *A:* Bienvenue (payée par un nouveau détenu à ses compagnons de prison).
garnish², *v.tr.* **1.** Garnir, orner, embellir (*with*, de). *Cu:* **To garnish a dish**, garnir un plat. **2.** *Jur:* (*a*) Appeler (un tiers) en justice. (*b*) Saisir-arrêter.
garnishing, *s.* **1.** Garnissage *m*, garnissement *m*, embellissement *m*. **2.** Garniture *f* (d'un plat); ornement *m*, fioriture *f* (de style).
garnishee [gɑːrni'ʃiː], *s. Jur:* (*a*) Tiers appelé en justice. (*b*) Tiers-saisi *m*. **Garnishee order**, ordonnance *f* de saisie-arrêt.
garnisher ['gɑːrniʃər], *s.* **1.** Garnisseur, -euse. **2.** *Jur:* (*a*) Partie *f* qui appelle un tiers en justice. (*b*) Saisissant *m* (dans une saisie-arrêt).
garnishment ['gɑːrniʃmənt], *s.* **1.** = GARNISHING. **2.** *Jur:* (*a*) Appel *m* en justice d'un tiers; assignation *f* en intervention forcée. (*b*) Saisie-arrêt *f*, *pl.* saisies-arrêts; opposition *f*.
garniture ['gɑːrnitjər], *s.* **1.** Garniture *f*, accessoires *mpl*. **2.** Garniture (d'un plat, d'une robe, etc.); ornement *m*, fioriture *f* (de style).
gar-pike ['gɑːrpaik], *s. Ich:* = GARFISH.
garran ['garən], *s.* = GARRON.
garret¹ ['garet], *s.* Mansarde *f*, galetas *m*, soupente *f*. *To live up in a g.*, demeurer sous les toits, sous les combles. **From cellar to garret**, de la cave au grenier. *P:* **To be a bit wrong in the garret**, être un peu fêlé; avoir un grain; avoir une araignée au plafond.
'garret-'craftsman, -'master, *s.* Ouvrier *m* en chambre (travaillant pour son propre compte).
'garret-'window, *s.* (Fenêtre *f* en) mansarde *f*.
garret², *v.tr. Const:* Garnir, caler (une assise de pierres).
garreting, *s.* Calage *m*.
garreteer [gare'tiər], *s.* Habitant *m* d'une mansarde, d'un galetas; *esp.* homme *m* de lettres qui tire le diable par la queue; écrivain *m* pauvre.
garrison¹ ['garisən], *s.* Garnison *f*. **To be in garrison, keep garrison, in a town**, être en garnison, tenir garnison, dans une ville. *Attrib.* **Garrison duty**, service *m* de place, de garnison. **Garrison troops**, troupes *f* sédentaires. **Garrison life**, vie *f* de garnison. **Garrison artillery**, artillerie *f* de place. **Garrison-soldier**, soldat *m* en garnison. **Garrison town**, ville *f* à, de, garnison. *See also* HACK³ 4.
garrison², *v.tr.* **1.** **To garrison a town**, (i) placer, mettre, une garnison dans une ville; (ii) (*of troops*) être en garnison dans une ville. *To g. a stronghold*, garnir une place de guerre. **2.** Mettre (des troupes) en garnison. *Troops garrisoned at Lille*, troupes *f* en garnison à Lille.
garrisoned, *a.* (Ville) de garnison.
garrisoning, *s.* Établissement *m* d'une garnison (dans une ville).
garron ['garən], *s.* **1.** Cheval *m* de petite taille (de race irlandaise ou écossaise); bidet *m*. **2.** *F:* Rosse *f*, haridelle *f*; cheval qui ne vaut rien.
garrot¹ ['garət], *s. Surg:* Garrot *m*, tourniquet *m*.
garrot², *s. Orn:* Garrot *m*.
gar(r)otte¹ [gə'rɔt], *s.* **1.** Garrotte *f*; supplice *m* du garrot. **2.** Strangulation *f*; *F:* coup *m* du père François.
gar(r)otte², *v.tr.* **1.** Faire subir le supplice du garrot à (qn); faire périr (qn) par la garrotte; garrotter (qn). **2.** Étrangler (qn); *F:* faire le coup du père François à (qn); *P:* serrer le quiqui à (qn).
garrotting, *s.* **1.** Garrottage *m*, garrotte *f*; supplice *m* du garrot. **2.** Strangulation *f*; *F:* coup *m* du père François.
garrotter [gə'rɔtər], *s.* **1.** (*In Spain*) Le bourreau. **2.** Étrangleur *m*.
garrulity [gə'ruːliti], **garrulousness** ['garuləsnəs], *s.* **1.** Loquacité *f*; garrulité *f*. **2.** Verbosité *f* (de style).
garrulous ['garuləs], *a.* **1.** Loquace, bavard. *G. old age*, la vieillesse causeuse, conteuse, raconteuse. **2.** (Discours, style) verbeux. **3.** *A.* & *Lit:* (Oiseau, ruisseau) babillard. **-ly**, *adv.* Avec volubilité; verbeusement.
garter¹ ['gɑːrtər], *s.* (*a*) Jarretière *f*. *To put on one's garters*, mettre ses jarretières; (se) jarreter. **The Order of the Garter**, l'Ordre *m* de la Jarretière. **Knight of the Garter**, chevalier *m* de l'Ordre de la Jarretière. *See also* KING-OF-ARMS, LADY'S GARTERS. (*b*) **Arm-garter**, bracelet *m* (pour retenir les manches de chemise).
'garter-'blue, *s.* Bleu foncé.
'garter-fish, *s. Ich:* Lépidope *m*, *F:* jarretière *f*.
'garter-stitch, *s. Knitting:* Tricot uni.
garter², *v.tr.* Jarreter (sa jambe, ses bas); attacher (ses bas) avec une jarretière; mettre des jarretières à (qn).
gartering, *s.* **1.** Mise *f* de ses jarretières. **2.** Ruban *m* à jarretières; jarretière *f*.
garth [gɑːrθ], *s.* **1.** *A.* & *Dial:* Clos *m*, courtil *m*. **2.** **(Cloister-)garth**, cour *f* ou gazon *m* (entouré par les cloîtres).
gas¹, *pl.* **gases** [gas, 'gasiz], *s.* **1.** Gaz *m*. (*a*) *Ch: Ind: Nitrogen gas*, gaz azote. **To remove, extract, the gas from sth.**, dégazer qch. *Removing, extraction, of gas* (*from chromium deposit, etc.*), dégazage *m*. *Metall: I.C.E: etc:* **Burnt gas, exhaust gas, escape gas**, gaz d'échappement (de haut fourneau, etc.). **Exhaust-gas engine**, économiseur *m*. *See also* GANGRENE¹, MARSH-GAS, ROCK-GAS, WASTE¹ 2. (*b*) **Lighting gas, coal gas**, gaz d'éclairage, de houille. **Fuel gas**, gaz combustible. **Oil gas**, gaz de pétrole. *Town gas*, gaz de ville. *To turn on, turn off, the gas*, ouvrir, fermer, le gaz. *To turn up, turn down, the gas*, lever, baisser, le gaz. *To cook by gas*, faire sa cuisine au gaz. **The gas is laid on**, les conduites de gaz sont posées; *F:* le gaz est posé. *To have the gas laid on*, faire poser le gaz. **The gas industry**, l'industrie gazière. *See also* COAL¹, COOKER 1, POWER-GAS, WATER-GAS. (*c*) *Med: Dent:* **Laughing gas**, *F:* gas, gaz hilarant, gaz nitreux. *To have a tooth out with gas*, *F: to have gas*, se faire faire une extraction sans douleur; se faire anesthésier. (*d*) *Mil:* **Asphyxiating gas, lethal gas**, *F:* **poison-gas**, gaz asphyxiants, toxiques; gaz de combat. *See also* MUSTARD-GAS, POISON-GAS, TEAR-GAS. *To release gas*, lâcher des gaz asphyxiants. (*e*) *Min:* **(Pit-)gas**, (feu) grisou *m*. **2.** *U.S: F:* = GASOLINE (*b*). *See also* STEP ON, TREAD² 1. **3.** *P:* (*a*) Verbiage *m*, bavardage *m*, jaserie *f*. (*b*) Blague *f*, bobards *mpl*.
'gas-attack, *s. Mil:* Attaque *f* par les gaz, aux gaz.
'gas-bacillus, *s. Med:* Vibrion *m* septique.
'gas-bag, *s.* **1.** (*a*) Ballon *m* à gaz (pour oxygène, etc.). (*b*) *F:* Grand parleur; vantard *m*. **2.** *Aer:* (*a*) Enveloppe *f* (à gaz). (*b*) Ballonnet *m* (de dirigeable, etc.). (*c*) *P:* Dirigeable *m*.
'gas-bomb, *s. Mil:* Bombe *f* à gaz; bombe asphyxiante.
'gas-bracket, *s.* Applique *f* à gaz.
'gas-burner, *s.* Bec *m* de gaz. *Inverted g.-b.*, bec de gaz renversé.
'gas-carbon, *s. Gasm:* Charbon *m* de cornue.
'gas-cell, *s. Aer:* Ballonnet *m* (de dirigeable).
'gas-check, *s. Artil:* Obturateur *m* (de canon).
'gas-cleaning, *s. Ind:* Épuration *f* du gaz. *G.-c. plant*, épurateur *m* de gaz.
'gas-coke, *s.* Coke *m* de gaz, d'usine à gaz.
'gas-company, *s.* Compagnie *f* du gaz.
'gas-condenser, *s. Gasm:* Condensateur *m* à gaz.
gas-'cooker, *s.* **1.** Réchaud *m* à gaz. **2.** = GAS-OVEN.
'gas-cylinder, *s.* (*a*) Émetteur *m* de gaz; *Ind:* bouteille *f* à gaz. (*b*) Tube *m* de gaz comprimé.
'gas-detector, *s. Min:* Détecteur *m* de grisou; indicateur *m* de grisou; grisoumètre *m*.
'gas-engine, *s. I.C.E:* Moteur *m* à gaz; machine *f* à gaz.
'gas-engineer, *s.* Ingénieur *m* (de la compagnie) du gaz.
'gas-filled, *a. El.E:* (Lampe) gazeuse, à atmosphère gazeuse.
'gas-'fire, *s.* Radiateur *m* à gaz.
'gas-fitter, *s.* Gazier *m*; poseur *m*, ajusteur *m*, d'appareils à gaz; appareilleur *m* à gaz; plombier *m*.

'gas-fitting, *s.* **1.** Pose *f* des appareils à gaz. **2.** *pl.* **Gas-fittings,** appareillage *m* pour le gaz ; appareils *m* à gaz.
'gas-fixture, *s.* Appareil *m* à gaz (domestique).
'gas-furnace, *s.* *Ind:* Four *m* à gaz ; fourneau *m* à gaz.
'gas-generator, *s.* Générateur *m* de gaz ; gazogène *m.*
'gas-helmet, *s.* Masque *m* à gaz ; casque *m* respiratoire.
'gas-holder, *s.* Gazomètre *m* ; cloche *f* de gaz ; réservoir *m* à gaz.
'gas-indicator, *s.* = GAS-DETECTOR.
'gas-jet, *s.* **1.** Jet *m* de flamme. **2.** Brûleur *m* à gaz ; bec *m* de gaz.
'gas-lamp, *s.* (*In street*) Bec *m* de gaz ; réverbère *m.*
'gas-light, *s.* Lumière *f* du gaz. *To work by g.-l.*, travailler au gaz, à la lumière du gaz. *Phot:* **Gas-light paper,** papier *m* au gélatino-chlorure (d'argent) ; papier pour épreuves à la lumière. *See also* PRINTING 2.
'gas-lighter, *s.* (*Device*) **1.** (*For lighting gas*) Allume-gaz *m inv.* **2.** (*For cigars*) Allumeur *m* à gaz ; allumoir *m* à gaz.
'gas-lighting, *s.* Éclairage *m* au gaz.
'gas-liquor, *s.* *Gasm:* Eau ammoniacale.
'gas-main, *s.* (Tuyau *m* de) conduite *f* de gaz ; artère *f* à gaz. *To lay gas-mains in a street*, canaliser une rue pour le gaz ; poser la canalisation du gaz, *F:* poser le gaz, dans une rue.
'gas-making, *a.* (Appareil *m*) gazifère.
'gas-man, *pl.* **-men,** *s.m.* *F:* Employé du gaz ; (i) le gazier ; (ii) l'encaisseur (de la Compagnie).
'gas-mantle, *s.* Manchon *m* (de bec de gaz à incandescence).
'gas-mask, *s.* Masque *m* à gaz, contre les gaz ; masque respirateur ; *F:* cagoule *f.* **To put on the gas-masks,** mettre les masques ; *Navy:* capeler les masques.
'gas-meter, *s.* Compteur *m* (à gaz). *See also* LIE[2].
'gas-oven, *s.* (*a*) Four *m* à gaz. (*b*) Fourneau *m* à gaz ; poêle *m,* cuisinière *f,* réchaud *m,* à gaz. **To put one's head in the gas-oven,** s'asphyxier par le gaz d'éclairage. *For these unfortunates it's a case of either the gas-oven or the river*, pour ces malheureuses c'est le réchaud ou la Seine.
'gas-pipe, *s.* Tuyau *m* à gaz ; conduite *f* de, du, gaz. *Flexible g.-p.*, tuyau souple à gaz.
'gas-plant, *s.* **1.** *Ind:* Appareil *m* pour la fabrication du gaz. **2.** *Bot:* *U.S:* Fraxinelle *f.*
'gas-producer, *s.* *Ind:* Gazogène *m* ; (appareil) gazifère *m.* *See also* PRESSURE.
'gas-producing, *a.* Gazogène.
'gas-proof, *a.* *Mil:* (Abri *m,* etc.) à l'épreuve des gaz.
'gas-range, *s.* *Cu:* Fourneau *m* à gaz ; cuisinière *f* à gaz.
'gas-ring, *s.* **1.** *Cu:* Réchaud *m* à gaz à un feu. **2.** Brûleur *m* à couronne ; couronne *f* (d'un fourneau à gaz).
'gas-sand, *s.* *Geol:* Sable *m* à gaz.
'gas-shell, *s.* *Mil:* Obus asphyxiant, toxique ; obus à gaz (de combat).
'gas-shelter, *s.* *Mil:* Abri-filtre *m, pl.* abris-filtres.
'gas-spring, *s.* Mofette *f.*
'gas-stove, *s.* **1.** = GAS-FIRE. **2.** = GAS-OVEN.
'gas-tar, *s.* = COAL-TAR.
'gas-tight, *a.* Étanche au(x) gaz ; imperméable au gaz.
gas-'tubing, *s.* Tuyautage *m* de gaz.
'gas-washer, *s.* *Gasm:* (*Device*) Laveur *m* de gaz.
'gas-works, *s.pl.* (*Usu. with sg.const.*) Usine *f* à gaz.

gas[2], *v.* (**gassed ; gassing**) **1.** *v.tr.* (*a*) *Ch:* *Ind:* Passer (un produit) au gaz. *Tex:* Gazer, flamber (la toile). (*b*) Asphyxier, intoxiquer (par un gaz). *Mil:* Gazer. **Gassed,** atteint par les gaz asphyxiants ; gazé. *To be fatally gassed*, (i) succomber à une intoxication par le gaz d'éclairage ; (ii) *Mil:* être gazé. (*c*) *U.S:* *P:* Embobiner (qn) à force de belles paroles. **2.** *v.i.* (*a*) (*Of liquid, accumulator, etc.*) Dégager des gaz ; gazer ; (*of accumulator*) bouillonner. (*b*) *P:* Jaser, bavarder ; (*of public speaker, etc.*) pérorer.
gassing, *s.* **1.** (*a*) *Ch:* *Ind:* Passage *m* au gaz. (*b*) Asphyxie *f,* intoxication *f,* (i) par les gaz de combat, (ii) par le gaz d'éclairage. **2.** (*a*) Dégagement gazeux ; bouillonnement *m* (d'un accumulateur). (*b*) *P:* Verbiage *m,* bavardage *m,* jaserie *f.*

Gascon ['gaskən], *a.* & *s.* *Geog:* Gascon, -onne.
gasconade[1] [gaskə'neid], *s.* Gasconnade *f.*
gasconade[2], *v.i.* Se vanter comme un Gascon ; raconter des gasconnades ; gasconner.
Gascony ['gaskəni]. *Pr.n. Geog:* La Gascogne.
gaselier [gasə'liːər], *s.* Lustre *m* (à gaz) ; suspension *f* à gaz.
gaseous ['geisiəs, 'gasiəs], *a.* Gazeux. **To reduce to a gaseous state,** gazéifier ; réduire à l'état gazeux.
gash[1] [gaʃ], *s.* **1.** Coupure *f,* entaille *f* (faite dans la chair) ; estafilade *f,* taillade *f* ; (*on face*) balafre *f* ; (*caused by horns or tusks of animal*) décousure *f.* **2.** Coup *m* de couteau, de sabre.
gash[2], *v.tr.* Entailler, couper ; balafrer (le visage). **To gash one's chin, one's cheek** (*in shaving*), se faire une entaille, une estafilade, au menton, à la joue ; *F:* se charcuter le menton ; s'écharper la joue. **The forehead was gashed with a deep cut,** une profonde entaille ouvrait le front. *F:* *A breach gashes the mountain*, une brèche entame la montagne.
gasifiable ['gasifaiəbl], *a.* Gazéifiable.
gasification [gasifi'keiʃ(ə)n], *s.* Gazéification *f.*
gasiform ['gasifɔːrm], *a.* Gazéiforme.
gasify ['gasifai]. **1.** *v.tr.* Gazéifier. **2.** *v.i.* Se gazéifier.
gasket ['gasket], *s.* **1.** *Nau:* Garcette *f,* jarretière *f,* tresse *f,* raban *m* (de ris, de ferlage) ; sangle *f.* *See also* FURLING-GASKET. **2.** *Mec.E:* Joint *m* métalloplastique, en papier huilé, en étoupe, à l'amiante ; *I.C.E:* joint de culasse ; obturateur *m* de joint. *Mch:* **Packing gasket,** tresse de garniture ; baderne *f.*
gasogene ['gasodʒiːn], *s.* Gazogène *m* (pour eaux gazeuses de table) ; seltzogène *m.* **Gasogene powder,** carbogène *m.*
gasolene, gasoline ['gasoliːn], *s.* (*a*) Gazoline *f.* (*b*) *U.S:* Essence *f* de pétrole ; essence minérale ; *Aut:* essence.
gasolier [gaso'liːər], *s.* = GASELIER.
gasometer [ga'sɔmetər], *s.* Gazomètre *m* ; réservoir *m* à gaz (d'éclairage).
gasometry [ga'sɔmetri], *s.* Gazométrie *f.*
gasoscope ['gasoskoup], *s.* *Min:* Gazoscope *m.*
gasp[1] [gɑːsp], *s.* Hoquet *m,* sursaut *m* (de surprise, de terreur, etc.). *He gave a g. on hearing a knock*, il sursauta en entendant frapper. *To breathe in painful gasps*, respirer par secousses pénibles ; haleter. *Her voice came in hoarse gasps*, sa voix n'était qu'un râle. **To be at one's last gasp,** agoniser ; être à l'agonie, à la dernière extrémité, sur le point d'expirer ; n'avoir plus que le souffle. *Wounded at their last gasp*, blessés râlants. *Resistance was at its last gasp*, la résistance était à bout de souffle. **To defend sth. to the last gasp,** défendre qch. jusqu'à son dernier souffle. **To give one's last gasp,** rendre le dernier soupir.
gasp[2], *v.i.* & *tr.* (*a*) Avoir un hoquet (de surprise, etc.). **To gasp with fright, with astonishment,** sursauter. **To make s.o. gasp,** couper la respiration, le souffle, à qn. *The news made me gasp*, cette nouvelle m'a coupé le souffle, *F:* m'a estomaqué. **To gasp out sth.,** dire qch. d'une voix entrecoupée. (*b*) **To gasp for breath, for air,** haleter, suffoquer. *The gassed men were gasping their lives out*, les asphyxiés râlaient. *F:* **To be gasping for liberty,** soupirer après la liberté. *P:* **I'm gasping for a drink,** je meurs de soif.
gasping[1], *a.* (*a*) **Gasping for breath,** haletant. (*b*) Agonisant, à la dernière extrémité.
gasping[2], *s.* Halètement *m* ; respiration pénible, entrecoupée, saccadée.
gasper ['gɑːspər], *s.* *P:* Cigarette *f* (de mauvaise qualité) ; *P:* sèche *f,* sibiche *f,* cibiche *f* (de tabac de Virginie).
Gassendist [ga'sendist], *s.* *Hist. of Phil:* Gassendiste *m* ; disciple *m* de Gassendi.
gassy ['gasi], *a.* **1.** (*a*) Gazeux ; (*of wine*) mousseux, crémant. (*b*) *Min:* Grisouteux. **2.** *P:* Verbeux, bavard.
gast(e)ropod, *pl.* **-ods, -opoda** ['gast(ə)rɔpɔd, -ɔdz, gast(ə)'rɔpoda], *a.* & *s.* *Moll:* Gastéropode (*m*).
gast(e)ropodous [gastə'rɔpodəs, gas'trɔpodəs], *a.* *Moll:* Gastéropode.
gastralgia [gas'traldʒia], *s.* *Med:* Gastralgie *f,* gastrodynie *f.*
gastralgic [gas'traldʒik], *a.* *Med:* Gastralgique.
gastrectomy [gas'trektomi], *s.* *Surg:* Gastrectomie *f.*
gastric ['gastrik]. **1.** *a.* *Physiol:* Gastrique. **Gastric juice,** suc *m* gastrique. *G. contents*, contenu *m* de l'estomac ; bol *m* alimentaire. *G. trouble(s)*, embarras *m* gastrique. **Gastric ulcer,** ulcère *m* simple de l'estomac ; gastrite ulcéreuse. **Gastric influenza,** grippe gastro-intestinale. *See also* CATARRH 1. **2.** *s.* *Med:* *F:* = *gastric ulcer.*
gastritis [gas'traitis], *s.* *Med:* Gastrite *f.*
gastr(o)- ['gastr(o)], *comb.fm.* Gastr(o)-. *Anat:* *Med:* *etc:* *Gastralgia*, gastralgie. *Gastro-enteric*, gastro-entérique.
gastrocele ['gastrosiːl], *s.* *Med:* Gastrocèle *f* ; hernie *f* de l'estomac.
gastro-duodenal ['gastrodjuo'diːn(ə)l], *a.* *Med:* *Anat:* Gastro-duodénal, -aux.
gastrodynia [gastro'dainia], *s.* = GASTRALGIA.
gastro-enteric ['gastroen'terik], *a.* *Med:* Gastro-entérique, *pl.* gastro-entériques.
gastro-enteritis ['gastroente'raitis], *s.* *Med:* Gastro-entérite *f.*
gastro-hepatitis ['gastrohepa'taitis], *s.* *Med:* Gastro-hépatite *f.*
gastro-intestinal ['gastroin'testin(ə)l, -intes'tain(ə)l], *a.* *Med:* Gastro-intestinal, -aux.
gastrolith ['gastroliθ], *s.* **1.** *Crust:* Gastrolithe *m* ; *pl.* *F:* yeux *m* d'écrevisse. **2.** *Med:* Calcul *m* gastrique.
gastronome ['gastronoum], **gastronomer** [gas'trɔnomər], **gastronomist** [gas'trɔnomist], *s.* Gastronome *m.*
gastronomic(al) [gastro'nɔmik(əl)], *a.* Gastronomique.
gastronomy [gas'trɔnomi], *s.* Gastronomie *f.*
gastrotomy [gas'trɔtomi], *s.* *Surg:* Gastrotomie *f.*
gastro-vascular ['gastro'vaskjulər], *a.* *Anat:* Gastro-vasculaire, *pl.* gastro-vasculaires.
gastrula ['gastrula], *s.* *Biol:* Gastrula *f.*
gastrulation [gastru'leiʃ(ə)n], *s.* *Biol:* Gastrulation *f.*
gat [gat], *s.* **1.** Chenal *m,* -aux ; détroit *m.* *Nau:* Passe *f* (entre bancs de sable). **2.** (Dans le Kent) Échancrure *f* (des falaises).
gate[1] [geit], *s.* **1.** (*a*) Porte *f* (d'une ville, d'un château fort, etc.). **The gate(s) of heaven, of hell,** les portes du paradis, de l'enfer. **Main gates (of exhibition, etc.),** entrée principale. *Myth:* **The ivory gate,** la porte d'ivoire. *F:* *The g. to the Continent*, la porte du Continent. *Sch:* (*At Oxford and Cambridge*) **To break gates,** ne pas être rentré à l'heure prescrite ; découcher. *U.S:* *P:* **To get the gate,** être mis à la porte. *U.S:* *P:* **To give s.o. the gate,** congédier qn. *See also* LODGE[1] 1, PAY[2] 1 (*a*), SEA-GATE. (*b*) Pas *m* (de montagne) ; chenal (encaissé) ; passe *f.* *Geog:* **The Iron Gates,** les Portes de Fer (du Danube). **2.** (*a*) (**Wooden**) **gate,** barrière *f,* porte à claire-voie. (*Wrought-iron*) **entrance gate** (*to grounds*), grille ouvrante ; grille d'entrée. **Five-barred gate,** barrière à cinq planches. **Sliding lattice gate,** fermeture *f* à grille extensible. *Rail:* **Level-crossing gates,** barrières du passage à niveau. **Sliding gate** (*of level crossing*), barrière roulante. *Fort:* **Second gate,** contre-porte *f.* *Nau:* *G. in a boom*, porte d'un barrage. *See also* CREAKING[1], LIFT-GATE, STARTING-GATE, SWING-GATE, TOLL-GATE. (*b*) *Sp:* (i) Le public (à un match) ; (ii) = GATE-MONEY. **3.** (*a*) *Hyd.E:* Vanne *f* (d'écluse), porte d'écluse ; *F:* écluse *f.* **Turbine gate,** vanne de turbine. **Water-wheel gate,** vanne lancière. *See also* DROP-GATE, FLOOD-GATE, HEAD-GATE, LOCK-GATE, MITRE-GATES, TIDE-GATE, WASTE-GATE, WATER-GATE. (*b*) *Metall:* *Min:* *See* AIR-GATE. **4.** *Aut:* **Gate (quadrant),** grille (de changement de vitesse). **Visible gate,** secteur *m* à grille. **Gate change-speed lever,**

changement *m* de vitesse à grille. **5.** *Cin:* **Film gate (of projector),** (i) fenêtre *f* de projection; (ii) porte de la fenêtre. **6.** *Tls:* Châssis *m*, cadre *m* (d'une scie).

'gate-bill, *s. Sch:* (*At Oxford and Cambridge*) **1.** Registre *m* des rentrées tardives (des étudiants). **2.** Relevé *m* des amendes encourues pour rentrées tardives.

'gate-crasher, *s. F:* Resquilleur, -euse; invité(e) de contrebande; intrus(e). *Th: F:* Hirondelle *f*.

'gate-crashing[1], *a.* **Gate-crashing people, intrus** *m*, *F:* resquilleurs *m*.

'gate-crashing[2], *s.* Resquillage *m*.

'gate-fine, *s. Sch:* (*At Oxford and Cambridge*) Amende *f* pour rentrée tardive.

'gate-house, *s.* **1.** Loge *f* de garde (à l'entrée d'un parc). **2.** (*a*) Corps-de-garde *m inv* (d'un château fort, d'une porte de ville). (*b*) Cachot *m* du corps-de-garde.

'gate-keeper, *s.* **1.** Portier, -ière. **2.** *Rail:* Garde-barrière *mf*, *pl.* gardes-barrière(s).

'gate-legged, *a.* **Gate-legged table,** table *f* à abattants.

'gate-meeting, *s. Sp:* Réunion sportive à entrée payante.

'gate-money, *s. Sp:* Recette *f*; les entrées *f*.

'gate-post, *s.* Montant *m* (de barrière, de porte). *See also* BETWEEN 1.

'gate-saw, *s. Tls:* Scie *f* à cadre, à châssis.

gate[2], *v.tr.* **1.** *Sch:* Consigner (un étudiant). **To be gated,** se faire consigner. **2.** *Hyd.E:* Vanner (une écluse, une turbine).

gating, *s.* **1.** *Sch:* Consigne *f*; privation *f* de sortie. **2.** *Hyd.E:* Vannage *m*.

gate[3], *s. Metall:* (*a*) **Gate(-channel),** trou *m*, jet *m*, de coulée; échenal *m*. (*b*) Coulée (attenante à la pièce).

gate[4], *s.* **1.** *Scot:* Chemin *m*. **To take the gate,** se mettre en route. **To let s.o. gang his own gate,** laisser qn se débrouiller. **2.** *Min:* Galerie *f*. **Mother gate,** galerie principale. *Inclined mother g.*, vallée *f*. *See also* WIND-GATE. **3.** *Hyd.E:* = WAY-GATE.

gate(s)man, *pl.* **-men** ['geit(s)mən, -men], *s.m. Rail:* Garde-barrière, *pl.* gardes-barrière(s).

gateway ['geitwei], *s.* **1.** Porte *f*, entrée *f*, passage *m*. **Carriage gateway,** porte cochère; porte charretière. *F: Geometry is the g. to mathematics*, la géométrie est la porte des sciences mathématiques. **2.** Porte monumentale; voûte *f* d'entrée; portail *m*.

Gath [gaθ]. *Pr.n. B:* Gath. *F:* **Tell it not in Gath,** ne l'annoncez point dans Gath; *F:* n'allez pas crier cela sur les toits; n'allez pas le répéter au premier venu.

gather ['gaðər]. I. *v.tr.* **1.** (*a*) Assembler, rassembler (des personnes); rassembler, recueillir (des choses). **To gather one's friends together,** rassembler ses amis. *To g. troops, etc. together*, amasser des troupes, etc. *To g. what remains of an army*, recueillir les restes d'une armée. **To gather one's thoughts,** recueillir ses esprits. **To gather all one's strength** *in order to . . .*, recueillir, rassembler, ramasser, toutes ses forces pour. . . . *B:* **To be gathered to one's fathers,** être recueilli auprès de ses pères; aller rejoindre ses ancêtres. *Nau:* **To gather the boats,** bâcler les bateaux. (*b*) Ramasser. **To gather up the cards, the dominoes,** ramasser les cartes, les dominos. **To gather up the crumbs,** recueillir les miettes. *He gathered up, gathered together, his papers and departed*, il ramassa ses papiers et partit. **To gather (up) one's hair into a knot,** tordre ses cheveux en chignon. **To gather up one's skirts,** retrousser ses jupes. *Bookb:* **To gather the pages of a book,** rassembler les feuilles d'un livre. *Glassm:* **To gather the glass,** cueillir le verre. *Fb:* **To gather the ball,** cueillir le ballon. *See also* THREAD[1] 2. (*c*) Cueillir (des fleurs); recueillir (du blé). **To gather (in) the crops, the harvest,** rentrer la récolte, la moisson; récolter le blé. *To g. the strawberries, etc.*, faire la cueillette des fraises, etc. *To g. sticks (for firewood)*, ramasser du bois. (*Of bees*) *To g. honey from the flowers*, butiner les fleurs. **To gather taxes, rents, etc.,** percevoir les contributions, les loyers. **To gather information,** recueillir des renseignements. (*d*) **To gather oneself,** se mettre en boule; se pelotonner. **To gather (oneself) together for a spring,** se ramasser, ramasser son corps, se replier sur soi-même, pour sauter. *Tiger gathered for a spring*, tigre ramassé, accroupi, avant de sauter. *To g. (up) one's legs under oneself*, se ramasser (sur soi-même). (*e*) *Equit:* **To gather a horse,** rassembler, avertir, un cheval. **2. To gather speed,** acquérir, prendre, de la vitesse. (*Of invalid*) **To gather strength,** reprendre des forces. **To gather volume,** croître en volume; *F:* faire boule de neige. (*Of pers.*) **To gather flesh,** forcir; prendre de l'embonpoint. **To gather breath,** reprendre haleine. **To gather rust,** s'enrouiller. **To gather dirt,** s'encrasser. *See also* HEAD[1] 11, ROLLING[1] 1, WAY[1] 9. **3.** (*a*) Serrer. **To gather one's shawl about oneself,** serrer son châle. *To g. s.o. to one's breast*, serrer qn sur son sein. (*b*) **To gather one's eyebrows,** froncer les sourcils. *Needlew: To g. a skirt*, froncer une jupe. **4.** Conclure. **I gather from the papers that he has . . .,** à en croire les journaux il aurait. . . . *So far as I can g. . . .*, à ce que je comprends . . .; à ce que j'ai cru comprendre. . . . *I can't g. what he is talking about*, je ne puis rien démêler, je ne comprends rien, à ce qu'il dit. *As will be gathered from the enclosed letter*, comme il ressort de la lettre ci-jointe. *I g. from the evidence that . . .*, j'infère, je déduis, de ces témoignages que. . . .

II. **gather,** *v.i.* **1.** (*Of pers.*) (*a*) Se réunir, s'assembler, se rassembler. **To gather round the fire, round s.o.,** se grouper autour du feu; se rassembler autour de qn. **Gather round!** approchez-vous! faites cercle! (*b*) Affluer, s'attrouper (en foule). *A crowd gathered*, une foule se forma, il se forma un (grand) attroupement. **To gather in knots in the street,** former des groupes dans les rues. **2.** (*Of thgs*) S'accumuler, s'amonceler, s'amasser. (*a*) *The boats are gathered together in a corner of the harbour*, les bateaux se tassent dans un coin du port. **The clouds are gathering,** les nuages s'amoncellent, s'amassent, se forment. **A storm is gathering,** un orage se prépare. **Tears gathered in her eyes,** ses yeux se mouillèrent; ses yeux se remplirent de larmes. (*b*) *The river, the news, gathers on its way*, la rivière, la nouvelle, grossit en chemin. **In the gathering darkness,** dans la nuit grandissante. *With gathering force*, avec une force croissante. *The story gathered like a snowball*, l'histoire faisait boule de neige. **3.** *Med:* (*Of wound*) Abcéder. (*Of abscess*) **To gather to a head,** aboutir, mûrir. *The pus gathers*, le pus collecte. **To have a gathered finger,** avoir un abcès, *F:* un bobo, au doigt.

gathered, *a.* (*a*) (Front) sourcilleux. (*b*) *Needlew:* (Volant, etc.) froncé, à fronces.

gathering, *s.* **1.** (*a*) Rassemblement *m*, attroupement *m*, ameutement *m* (d'une foule). (*b*) Accumulation *f* (de choses). *Nau:* Bâclage *m* (de bateaux dans un port). *Bookb:* Assemblage *m* (des feuilles). (*c*) Cueillette *f* (des fruits, etc.). **Gathering (in) of the crop,** (rentrage *m* de la) récolte *f*. *See also* HONEY-GATHERING, WOOL-GATHERING. (*d*) **Gathering of speed,** gain *m* de vitesse; augmentation *f* de vitesse. *G. of strength*, reprise *f* de forces. (*e*) Froncement *m* (des sourcils). *Needlew:* Fronçure *f* (d'une robe, etc.). (*f*) Accumulation *f*, amoncellement *m* (de nuages). (*g*) *Med:* Collection *f* (du pus); abcédation *f*. **2.** (*a*) Assemblée *f*, réunion *f*, compagnie *f* (dans une salle); assemblage, rassemblement, attroupement (dans les rues); amas *m* (de personnes). **Family gathering,** assemblée, réunion, de famille. *Friendly g.*, réunion d'amis. *Industrial g.*, comice industriel. **We were a large gathering,** nous étions une société nombreuse. (*b*) *Needlew:* Froncis *m*, fronces *fpl*. (*c*) *Med:* Abcès *m*, mal blanc, *F:* bobo *m*.

'gathering-cry, *s.* Cri *m* de ralliement.

gatherable ['gaðərəbl], *a.* Que l'on peut déduire, conclure (*from*, de); compréhensible.

gatherer ['gaðərər], *s.* **1.** (*Pers.*) (*a*) (R)amasseur, -euse. *Bookb:* Assembleur, -euse (de feuilles). *Glassm:* Cueilleur *m* (de verre). (*b*) Cueilleur, -euse (de fruits, etc.). *Lit:* Compilateur, -trice. **Tax-gatherer,** percepteur *m* des contributions. **2.** (*Device*) (*a*) (*For fruit*) Cueilloir *m*; (*for flowers*) cueille-fleurs *m inv*. (*b*) Fronceur *m* (d'une machine à coudre).

gathers ['gaðərz], *s.pl. Needlew: Dressm:* Fronces *f*, fronçures *f*, froncis *m sg*. *To take out, undo, the g. (of a skirt, etc.)*, défroncer (une jupe, etc.).

Gatling(-gun) ['gatliŋ(gʌn)], *s. Mil:* Mitrailleuse *f* Gatling.

gaub-lines ['gɔːblainz], *s.pl. Nau:* Moustaches *f* (de martingale).

Gaucho ['gautʃo, 'gɔːtʃo], *s. Ethn:* Gaucho *m*.

gaud [gɔːd], *s. A. & Lit:* **1.** (*a*) Ornement criard; parure *f* de mauvais goût. (*b*) Babiole *f*. **2.** *pl.* **Gauds,** pompes *f*, fastes *f*.

gaudeamus [gɔːdi'eiməs], *s.* Réjouissances *fpl* d'étudiants; gaudeamus *m*.

gaudery ['gɔːdəri], *s.* Oripeaux *mpl*, clinquant *m*, *F:* tape-à-l'œil *m*.

gaudete [gɔː'diːti], *attrib. R.C.Ch:* **Gaudete Sunday,** le troisième dimanche de l'avent.

gaudiness ['gɔːdinəs], *s.* Éclat criard (d'une couleur); ostentation *f*; clinquant *m*; *F:* tape-à-l'œil *m* (d'un étalage, etc.).

gaudy[1] ['gɔːdi], *s. Sch:* Banquet *m* anniversaire des anciens étudiants (d'un collège d'université).

'gaudy-day, *s. Sch:* Jour *m* du banquet anniversaire.

gaudy[2], *a.* (*Of colours, etc.*) Voyant, criard, éclatant; (*of crowd*) panaché; (*of display, etc.*) fastueux, de mauvais goût. **-ily,** *adv.* De manière voyante; avec du clinquant; fastueusement; (peint) en couleurs criardes.

gauffer[1, 2] ['gɔfər], *s. & v.tr.* = GOFFER[1, 2].

gauge[1] [geidʒ], *s.* **1.** (*a*) Calibre *m* (d'un écrou, etc.); jauge *f* (d'une futaille, etc.). *F:* **To take s.o.'s gauge,** mesurer les capacités de qn. (*b*) *Veh:* **(Cart-)gauge,** voie (charretière). *Rail:* **Gauge of the track,** largeur *f*, écartement *m*, de la voie; entre-rail *m*, *pl.* entre-rails. **Standard gauge,** écartement normal; voie normale. *Increase of g.*, surécartement *m*. **Broad-gauge line,** voie à grand écartement. *See also* NARROW[1] 1. *Cin:* **Frame gauge,** pas *m* de l'image. *Perforation g.*, pas de la perforation. *Standard g.*, pas normal. (*c*) *Const:* Pureau *m* (d'une tuile ou d'une ardoise). **2.** (*a*) (Appareil *m*) vérificateur *m*; calibre, jauge (pour mesurer qch.). *Mec.E: etc:* **Thickness-gauge, feeler-gauge,** calibre d'épaisseur; cale *f* d'épaisseur. **Wire-gauge,** calibre, jauge, pour fils métalliques. **English standard wire-gauge, Birmingham gauge,** jauge anglaise standard; jauge de Birmingham. **American wire-gauge, Brown and Sharpe gauge,** jauge américaine, jauge Brown et Sharpe. **French wire-gauge,** jauge de Paris. **Slide gauge, sliding gauge,** (i) calibre coulant; calibre à curseur; pied *m*, compas *m*, à coulisse; (ii) vernier *m*. **Calliper gauge,** calibre de précision; calibre mâchoire; jauge à coulisse. *Female calliper g.*, calibre femelle. **Cylindrical gauge, plug gauge,** tampon vérificateur; cylindre vérificateur. *Rail:* **Loading gauge, tunnel gauge,** gabarit *m* de chargement. *Track(-laying) g.*, gabarit (de pose) de voie. **Wheelwright's gauge,** cintre *m* de charron. *Aut: Av:* **Assembling gauge,** montage *m*; gabarit d'assemblage. *Typewr:* **Line-space gauge,** pointeau *m* d'interligne. *Surv: etc:* **Angle gauge,** goniomètre *m*. *See also* CRUSHER 1, MASTER[1] 5, MICROMETER, RAIL-GAUGE, RING-GAUGE. (*b*) *Carp:* **(Marking, shifting) gauge,** trusquin *m*. **Gauge-mark, -notch** (*on timber*), coche *f*. *See also* MORTISE GAUGE. *Mec.E:* **Surface gauge,** trusquin à marbre. **3.** Indicateur *m*, contrôleur *m*. (*a*) **Vacuum gauge,** indicateur, jauge, du vide; vacuomètre *m*, baromètre *m*. *Acetylene g.*, manomètre *m* à acétylène. *Metall:* **Draught gauge, blast gauge,** indicateur du tirage; manomètre de vent. (*b*) *Mch: etc:* **Water gauge, oil gauge,** (indicateur de) niveau *m* d'eau, d'huile. *See also* WATER-GAUGE. **Glass gauge,** tube *m* de niveau. *Aut:* **Petrol gauge, fuel gauge,** indicateur du réservoir d'essence; niveau d'essence; indicateur jauge d'essence; jauge. (*c*) *Av:* **Height gauge,** altimètre *m*. *See also* PRESSURE-GAUGE, RAIN-GAUGE, STEAM-GAUGE, SIPHON[1], TIDE-GAUGE, TYRE-GAUGE, WIND-GAUGE. **4.** *Const: etc.* Dose *f* (de ciment dans le béton). **5.** *Nau:* (*Often* gage) (*a*) Tirant *m* d'eau (d'un navire). (*b*) **Weather**

gauge, avantage *m* du vent. **Lee gauge,** désavantage *m* du vent. *To have the lee g. of a ship,* être sous le vent d'un navire. *See also* LEE-GAUGE, WEATHER-GAUGE.

'gauge-clearance, *s. Rail:* Surécartement *m*; jeu *m* de la voie.

'gauge-cock, *s. Mch:* Robinet *m* de jauge, de hauteur d'eau.

'gauge-glass, *s. Mch:* Tube *m* de niveau, indicateur *m* du niveau (d'eau, etc.).

'gauge-lathe, *s. Mec.E:* Tour *m* à gabarit.

'gauge-saw, *s. Stonew:* Sciotte *f.*

gauge², *v.tr.* **1.** Calibrer, étalonner (un écrou, etc.); jauger, mesurer (le vent, etc.); jauger, velter (un tonneau); compasser (le canon d'une arme à feu, etc.); gabarier, standardiser (une pièce). *To g. sth. by the eye,* mesurer qch. à l'œil, à la vue. (*Of driver of a car, etc.*) *To g. the clearance,* apprécier l'espace libre. *F:* **To gauge s.o.'s capacities,** estimer, jauger, les capacités de qn. *To g. events, the future,* prévoir les événements, l'avenir. **2.** (*a*) *Carp:* Trusquiner (le bois). (*b*) Tailler (des briques) aux dimensions voulues. **3.** *Const:* Doser (le ciment). **4.** *Dressm:* Bouillonner (une jupe, etc.).

gauged, *a.* **1.** Calibré; étalonné; standardisé. **2.** *Const:* (*Of bricks, etc.*) Conforme à l'échantillon. **3.** (*Of plaster, etc.*) Dosé. **4.** *Cost:* **Gauged sleeves,** manches *f* à bouillons.

gauging, *s.* **1.** Calibrage *m*; étalonnage *m*; standardisation *f*; jaugeage *m*; vérification *f*, mesurage *m*; veltage *m* (des tonneaux), compassage *m* (d'un canon, etc.). **2.** Dosage *m* (du ciment). **3.** *Dressm:* Bouillon *m.*

'gauging-line, *s.* Échelle *f.*

'gauging-rod, -rule, -stick, *s.* Jauge *f*, velte *f.*

gaugeable ['geidʒəbl], *a.* **1.** Susceptible d'être mesuré. **2.** *Cust:* Soumis aux droits.

gauger ['geidʒər], *s.* (*Pers.*) Jaugeur *m*, mesureur *m.*

Gaul [gɔːl]. **1.** *Pr.n. A.Geog:* La Gaule. **2.** *s.* Gaulois, -oise.

Gaulish ['gɔːliʃ]. **1.** *a. Hist:* Gaulois. **2.** *s. Ling:* Le gaulois.

gault [gɔːlt], *s. Geol:* Gault *m*; étage albien; albien *m*; argile *f* téguline.

gaultheria [gɔːl'θiːəria], *s. Bot:* Gaulthérie *f. Pharm:* **Gaultheria oil,** gaulthérilène *f.*

gaunt [gɔːnt], *a.* **1.** Maigre, décharné, étique. *G. face,* visage décharné, évidé, hâve, aux joues creuses. *His cheeks are growing g.,* ses joues se creusent. **2.** (*a*) D'aspect redoutable, farouche. (*b*) Lugubre, désolé.

gauntlet¹ ['gɔːntlet], *s.* **1.** *Archeol:* Gantelet *m*, gant *m.* **To throw down, fling down, the gauntlet to s.o.,** jeter le gant à qn. **To take up the gauntlet,** relever le gant. **2.** Gant à crispins, à manchette; crispin *m.* **Riding-gauntlets,** gants de buffle. **Gauntlet gloves,** gants à la mousquetaire. *See also* CUFF¹. **3.** *Fenc: etc:* Crispin, manchette *f*, rebras *m* (de gant).

gauntlet², *s.* **To run the gauntlet,** *Mil:* passer par les bretelles, par les baguettes; *Nau:* courir la bouline. *F:* **To run the gauntlet of adverse criticism,** soutenir un feu roulant de critiques adverses.

gauntness ['gɔːntnəs], *s.* Maigreur *f*; aspect *m* hâve (de qn, des joues de qn).

gauntry ['gɔːntri], *s.* = GANTRY.

gaur ['gauər], *s. Z:* Gaur *m.*

gauss [gaus], *s. Magn.Meas:* Gauss *m.*

gaussage ['gausedʒ], *s. Magn:* Intensité *f* (du champ) en gauss.

Gaussian ['gausiən], *a.* (Logarithmes *m*, etc.) de Gauss.

gauze [gɔːz], *s.* **1.** (*a*) Gaze *f. Med:* **Sterilized, antiseptic, gauze,** gaze aseptique, stérilisée. *Iodoform g.,* gaze iodoformée. (*b*) **Wire gauze,** toile *f* métallique, tissu *m* métallique, gaze métallique; tamis *m* métallique; crépine *f* (de pompe à huile, etc.). **2.** Vapeur légère, voile *m* (de fumée).

'gauze-'lamp, *s. Min:* Lampe *f* de Davy.

gauziness ['gɔːzinəs], *s.* Légèreté *f*, inconsistance *f* (d'un voile).

gauzy ['gɔːzi], *a.* Diaphane; léger.

gave [geiv]. *See* GIVE².

gavel¹ ['gav(ə)l], *s. Agr:* Javelle *f.* (*Of corn*) **To lie on the gavel,** rester en javelles.

gavel², *s. U.S:* Marteau *m* (de commissaire-priseur, de président de réunion, etc.).

gavelkind ['gav(ə)lkaind], *s.* **1.** *Hist:* Tenure *f* de terres dont les fils du tenancier devaient hériter par portions égales. **2.** Partage égal (de terres) entre les fils du défunt.

gavial ['geiviəl], *s. Rept:* Gavial *m*, -als.

Gavin ['gavin]. *Pr.n.m.* Gauvain.

gavotte [gə'vɔt], *s. Danc: Mus:* Gavotte *f.*

Gawain ['gawein]. *Pr.n.m.* Gauvain.

gawk¹ [gɔːk], *s.* (*a*) Personne *f* gauche; *F:* empoté, -ée; godiche *mf*; godichon, -onne. (*b*) *G. of a man,* escogriffe *m*, grand flandrin; grand dadais. *G. of a woman,* grande godiche; grande jument; grande bique; grande bringue; grande calebasse; asperge montée.

gawk², *v.i.* = GAPE².

gawkiness ['gɔːkinəs], *s.* Gaucherie *f*; air empoté.

gawky ['gɔːki]. **1.** *a.* Dégingandé, gauche; *F:* empoté, godiche. *A long-legged g. young woman,* une grande gigue. **2.** *s.* = GAWK¹.

-ily, *adv.* Gauchement.

gay [gei], *a.* (**gayer, gayest**) **1.** (*a*) Gai, réjoui, allègre, guilleret. **As gay as a lark,** gai comme un pinson. **To become gay,** s'égayer. *A gay company,* une bande joyeuse. *Gay laugh,* rire enjoué. *Lit.Hist:* **The gay science,** le gai savoir. (*b*) **To lead a gay life,** mener une vie de plaisir(s). *Gay people,* gens *m* qui s'amusent. *To have a gay time,* s'amuser follement. *To dine as a gay* (*mixed*) *party,* dîner en partie fine. *See also* DOG¹ 3. (*c*) **Gay woman,** femme galante. (*Of woman*) **To go gay,** se dévergonder; mal tourner. (*d*) *U.S:* Outrecuidant, effronté. (*e*) *Dial:* Bien portant; bien en train. **2.** Gai, splendide, brillant, pimpant. **Gay colours,** couleurs voyantes, vives, gaies. *Room gay with flowers,* chambre égayée de fleurs. *Scene gay with lights,* scène resplendissante de lumières. *The room was gay with firelight,* un feu clair égayait la pièce.

gaily, *adv.* **1.** Gaiement, allégrement, guillerettement. **2.** **Gaily dressed,** habillé de couleurs gaies. *G. coloured,* aux couleurs vives.

gayal ['geijəl], *s. Z:* Gayal *m*, -als; bœuf *m* des jungles.

Gay-Lussac tower [gei'lusak'tauər], *s. Ch:* Tour *f* de Gay-Lussac.

gaylussite ['geilusait], *s. Miner:* Gay-lussite *f.*

gaze¹ [geːiz], *s.* Regard *m* fixe. **Exposed to the public gaze,** exposé aux regards inquisiteurs de tous. *A horrible sight met his g.,* ses regards rencontrèrent un spectacle horrible; un spectacle horrible s'offrit à sa vue, à ses regards. **To stand at gaze,** rester en contemplation.

gaze², *v.i.* Regarder fixement. **To gaze into space,** regarder dans le vide. **To gaze at, on, upon, s.o.,** fixer, contempler, considérer, qn; envelopper qn d'un regard. *He was gazing at a shop-window,* il était en contemplation devant une vitrine. *See also* STAR-GAZE.

gazing¹, *a.* (*Of crowd, etc.*) Curieux.

gazing², *s.* Contemplation *f. See also* STAR-GAZING.

gazebo [gə'ziːbo], *s.* **1.** Belvédère *m.* **2.** (*a*) Balcon *m.* (*b*) Fenêtre *f* en saillie.

gazelle [gə'zel], *s. Z:* Gazelle *f. See also* HOUND¹ 2.

gazer ['geizər], *s.* Contemplateur, -trice (*at, upon,* de); curieux, -euse. *See also* STAR-GAZER.

gazette¹ [gə'zet], *s.* **1.** *A:* Gazette *f.* **Gazette-writer,** gazetier *m.* **2.** Journal officiel; *esp.* la *London Gazette.* **To be, appear, in the Gazette,** figurer (à la *Gazette*) dans les déclarations de faillite. **The Police Gazette,** la Gazette des tribunaux. **The Diplomatic Gazette,** le Mémorial diplomatique. **3.** *Cin:* **Topical Gazette,** vues *fpl* d'actualité; film *m* d'actualité; actualités *fpl.*

gazette², *v.tr.* Annoncer, publier (une faillite, une nomination, etc.) dans un journal officiel. (*Of officer, etc.*) **To be gazetted,** être à la *London Gazette,* = à l'Officiel. *He was gazetted last week,* sa nomination a paru la semaine dernière. *He has been gazetted captain, bankrupt,* sa nomination au grade de capitaine, sa faillite, a paru. **To gazette an officer out,** annoncer la mise à la retraite d'un officier.

gazetteer [gazə'tiːər], *s.* **1.** (*Pers.*) *A:* (*a*) Gazetier (officiel). (*b*) Nouvelliste *m.* **2.** Répertoire *m* géographique; dictionnaire *m* géographique. **Gazetteer-index,** index *m* géographique.

gazogene ['gazodʒiːn], *s.* = GASOGENE.

Gazza ladra (la) [la'gatsa'lɑːdra]. *Th:* La Pie voleuse.

gean [giːn], *s. Bot:* **1.** Cerise *f* sauvage; merise *f.* **2.** **Gean(-tree),** cerisier *m* sauvage; merisier *m.*

gear¹ [giːər], *s.* **1.** (*a*) *A:* Accoutrement *m.* (*Still so used in a few compounds, e.g.*) **Foot-gear,** chaussures *fpl. See also* HEAD-GEAR. (*b*) Harnais *m*, harnachement *m* (de cheval de trait). **2.** (*a*) Effets (personnels). **Camping gear,** effets de campement. *He arrived with all his g.,* il est arrivé avec tous ses bagages. **Household gear,** ustensiles *m* de ménage. (*b*) Attirail *m*, appareil *m*; *Nau:* apparaux *mpl.* **Fishing gear,** attirail de pêche; engin(s) *m*(*pl*), harnais *m*, de pêche. **Boat gear,** armement *m*, gréement *m*, accessoires *mpl*, agrès *mpl*, d'un canot. **Spare gear,** la drome. **Anchor gear,** garniture *f* des ancres. **Pump gear,** garniture, gréement, d'une pompe. *Mec.E: G. of a crane,* agrès d'une grue. *Screw*(*-cutting*) *g.,* appareil(lage) *m*, outillage *m*, de filetage. *See also* HORSE-GEAR. **3.** *Mec.E:* (*a*) Appareil, mécanisme *m.* **Control gear,** (i) appareil de commande; (ii) *Av:* dispositif *m* de manœuvre. *Artil:* **Loading gear,** appareil de chargement. *See also* BRAKE⁶ 1, LANDING-GEAR, POPPET-VALVE, STARTING-GEAR, STEERING-GEAR, STOP-GEAR, SWITCH-GEAR, TRIP-GEAR, TURNING² 1, VALVE-GEAR. (*b*) (**Driving-, transmission-)gear,** transmission *f*, commande *f*; organes *mpl*, engrenage(s) *m*(*pl*), de transmission. **Wheel gear,** transmission, commande, par engrenage. **Belt gear,** commande par courroie. **Bevel gear,** engrenage à biseau, d'angle, conique. **Crank gear,** pédalier *m* (d'une bicyclette, etc.). **Spur-gear,** engrenage droit. **Helical gear,** engrenage hélicoïdal, *pl.* engrenages hélicoïdaux. **Train of gears,** harnais *m* d'engrenage; train *m* d'engrenages. **Reverse gear, reversing gear,** (appareil de) changement *m* de marche; (pignon *m* de) marche *f* arrière; embrayage *m*, mécanisme *m*, de renversement, de renvoi; *Aut:* marche arrière. **Step-up, step-down, gear,** intermédiaire *m*; engrenage multiplicateur, démultiplicateur. *Aut:* **Sliding gear, throw-over gear,** (train) bal(l)adeur *m.* **In gear,** (i) engrené, embrayé, en prise; (ii) (*of machine*) en action, en marche, en jeu. **To come into gear,** s'enclencher (*with,* avec). **To throw (sth.) into gear,** embrayer, enclencher, engrener (les roues); mettre (une machine) en marche, en jeu; accrocher (une machine). *To throw a part into g. again,* rengrener un organe. **Out of gear,** (i) débrayé, désengrené; hors de prise; au repos; (ii) (*of machine*) hors d'action; (iii) hors de service; détraqué; (iv) *F:* (*of organization, etc.*) dérangé, déréglé. **To throw (sth.) out of gear,** (i) débrayer, déclencher, désengrener, désengager (des roues); mettre (une machine) au repos; (ii) détraquer (une machine); (iii) *F:* disloquer, déranger (les plans de qn, etc.). *F: His whole life was out of g.,* toute sa vie était désaxée. *Throwing into g., out of g.,* embrayage, débrayage *m. See also* CHANGE(-SPEED) GEAR, DIFFERENTIAL 2, DISENGAGING-GEAR, EQUALIZING² 2, FRICTION-GEAR, MITRE-GEAR, PLANET-GEAR, REDUCING-GEAR, REDUCTION 2, SCREW-GEAR, SCROLL-GEAR, SEGMENT-GEAR, STRIKE-GEAR, WORM-GEAR. (*c*) (i) Multiplication *f*, démultiplication *f* (d'un engrenage, etc.). *Cy:* **Bicycle with a 66 inch gear,** bicyclette *f* avec un développement de 5 m. 25, qui développe 5 m. 25. (ii) *Aut:* Vitesse *f.* **Gear changes,** changements *m* de vitesse. *Method of gear-changing,* procédés *mpl* de changements de vitesse. **High gear, low gear,** grande, petite, vitesse; grande, petite, multiplication. **First, low, bottom, gear,** première vitesse; *F:* première *f.* **To change gear,** changer de vitesse. **To run through the gears,** passer les vitesses. *To change into second g.,* passer en deuxième (vitesse). *To engage the first g.,* mettre en première (vitesse). (*Of engine*)

To run in neutral gear, tourner à vide. **To climb a hill in, on, top gear,** monter une colline en quatrième vitesse, en prise (directe).

'gear-box, *s.* **1.** *Mec.E:* Carter *m*, couvre-engrenages *m inv.* **2.** *Aut:* Boîte *f* de changements de vitesse, boîte de vitesses; (*incorporated in back-axle*) pont-boîte *m*, *pl.* ponts-boîtes.

'gear-case, *s.* **1.** *Mec.E:* = GEAR-BOX **1.** **2.** *Cy:* Carter *m*.

'gear-cutter, *s. Mec.E:* Machine *f* à tailler les engrenages; fraiseuse *f* à engrenages.

'gear-cutting, *s. Mec.E:* Taille *f* d'engrenages. **Gear-cutting machine** = GEAR-CUTTER.

'gear-drive, *s. Mec.E:* Transmission *f* (de mouvement) par engrenages; commande *f* par engrenages.

'gear-driven, *a. Mec.E:* Commandé par engrenages; à entraînement par engrenages.

'gear-lever, *s. Aut:* Levier *m* (de commande) des vitesses.

'gear-milling, *s.* = GEAR-CUTTING.

'gear-pinion, *s. Aut:* Pignon *m* de boîte de vitesses.

'gear-ratio, *s. Mec.E:* Rapport *m* d'engrenage; rapport des dentures; (i) multiplication *f*; (ii) (**reduction**) **gear-ratio,** démultiplication *f*; (rapport de) réduction *f*. *To reduce the g.-r.*, démultiplier.

'gear-shift, *s. Aut: U.S:* Changement *m* de vitesse. **Gear-shift lever,** levier *m* de(s) vitesse(s).

'gear-train, *s. Mec.E:* Équipage *m*, harnais *m*, d'engrenage; train *m* d'engrenages.

'gear-wheel, *s.* (*a*) *Mec.E:* (Roue *f* d')engrenage *m*; roue dentée; rouage *m*. *Set of g.-wheels*, jeu *m* d'engrenages. (*b*) *Cy:* Pignon *m*.

'gear-work, *s.* Rouage *m*, engrenages *mpl*.

gear[2]. **1.** *v.tr.* (*a*) Harnacher (une bête de trait, etc.). (*b*) Gréer (une machine). (*c*) Embrayer, enclencher, engrener (un pignon dans une roue, etc.). **2.** *v.i.* S'embrayer, s'enclencher, s'engrener. **Wheels, cogs, that gear with each other,** roues, dents, qui s'engrènent l'une dans l'autre. **3.** *v.tr.* **To gear up, down,** multiplier, démultiplier (**la vitesse de révolution**). *To g. up a bicycle*, pourvoir une bicyclette d'un grand développement. *Geared down engine*, moteur démultiplié; moteur à démultiplicateur. *Aut: Car geared very low*, voiture très démultipliée.

geared, *a. Mec.E:* (Tour *m*, etc.) à engrenage(s). *See also* WINCH 2.

gearing[1], *a.* Engrenant.

gearing[2], *s.* **1.** (*a*) Engrenage *m*, embrayage *m*, enclenchement *m*. (*b*) **Gearing up,** multiplication *f*; *Cy:* développement *m*. **Gearing down,** démultiplication *f*, réduction *f* (des rapports de rotation). *G.-down device*, organe démultiplicateur. **2.** Transmission *f*, commande *f*. (**Train of**) **gearing,** harnais *m*, équipage *m*, d'engrenage(s); système *m*, jeu *m*, train *m*, d'engrenages. **Rope gearing,** transmission par câble. *See also* FRICTION-GEARING.

gearless ['giərləs], *a. Mec.E:* (Moteur, etc.) sans engrenages, sans (dé)multiplication, à prise directe.

gecko, *pl.* **-os, -oes** ['geko, -ouz], *s. Rept:* Gecko *m*, margouillat *m*. **Wall gecko,** gecko des murailles. **Turkish gecko,** gecko verruqueux.

gedacktwork [gə'daktwəːrk], *s. Mus:* Tuyaux fermés (d'un orgue).

gee[1] [dʒiː], *s.* La lettre g.

gee[2]. **1.** *int.* **Gee-up!** Hue! huhau! **2.** *s.* = GEE-GEE.

gee[3], *int. U.S:* (*Attenuated form of 'Jesus'*) Pristi!

gee-gee ['dʒiːdʒiː], *s. F:* (*Child's speech*) Cheval *m*; dada *m*.

gee-ho ['dʒiː'hou], *int.* = GEE[2] **1.**

geese [giːs]. *See* GOOSE.

geewhillikins [dʒiː'wilikinz], **gee-whiz** [dʒiː'wiz], *int. U.S:* = GEE[3].

geezer ['giːzər], *s. P:* **Old geezer,** (i) bonhomme ou bonne femme légèrement grotesque; (ii) *Pej:* (*of woman*) vieille taupe, vieille toupie, vieille tasse.

Gehenna [gi'henə]. **1.** *Pr.n. B.Hist:* (*a*) La Géhenne; la vallée de Hinnom. (*b*) La Géhenne, l'Enfer. **2.** *s. F: Their prison was a g.*, leur prison était une (véritable) géhenne.

geic ['dʒiːik], *a. Ch: Agr:* (Acide *m*) géique.

geisha ['geiʃə], *s.* Geisha *f*, ghesha *f*.

gel[1] [dʒel], *s. Ch:* Colloïde (coagulé); gèle *m*. **Reversible gel,** colloïde soluble. **Irreversible gel,** colloïde insoluble.

gel[2], *v.i.* (**gelled; gelling**) (*Of colloid*) Se coaguler, se prendre en gelée.

gelatine ['dʒelətin, -tiːn], *s.* (*a*) Gélatine *f*. *Phot: To coat a plate with g.*, gélatiniser une plaque. **Gelatine solution,** solution gélatineuse. *Phot:* **Gelatine paper,** papier gélatiné. *Com:* **Sheet-gelatine,** papier gélatine; papier glacé. (*b*) *Biol:* **Gelatine meat-broth,** bouillon *m* de culture. (*c*) *Exp:* **Blasting gelatine, explosive gelatine,** gélatine détonante, explosive; gélatine de guerre; dynamite *f* gomme; gomme explosive. *See also* DYNAMITE[1], NITRO-GELATINE.

'gelatine-sugar, *s. Ch:* Sucre *m* de gélatine; glycocolle *m*.

gelatiniform [dʒelə'tinifɔːrm], *a.* Gélatiniforme.

gelatinization [dʒelatinai'zeiʃ(ə)n], *s.* Gélatinisation *f*.

gelatinize [dʒe'latinaiz]. **1.** *v.tr.* Gélatiniser. **2.** *v.i.* Se gélatiniser.

gelatinized, *a.* Gélatiné.

gelatino-bromide [dʒe'latino'broumaid], *s. Phot.Ch:* Gélatino-bromure *m*.

gelatino-chloride [dʒe'latino'klɔːraid], *s. Phot.Ch:* Gélatino-chlorure *m*.

gelatinoid [dʒe'latinɔid], *a.* Gélatineux, gélatiniforme.

gelatinous [dʒe'latinəs], *a.* Gélatineux.

gelation [dʒe'leiʃ(ə)n], *s.* Congélation *f*.

geld [geld], *v.tr.* (*a*) Châtrer, *F:* affranchir, couper (un animal). (*b*) Hongrer (un cheval).

gelding[1], *s.* Castration *f*; *F:* affranchissement *m*.

gelder ['geldər], *s.* (*a*) Châtreur *m*, *F:* affranchisseur *m*. (*b*) Hongreur *m* (de chevaux).

Gelderland ['geldərland]. *Pr.n. Geog:* La Gueldre.

Geldern ['geldərn]. *Pr.n. Geog:* Gueldre (ville d'Allemagne).

gelding[2] ['geldiŋ], *s.* **1.** *A:* Eunuque *m*. **2.** (*a*) Animal châtré. (*b*) Cheval *m* hongre; hongre *m*.

gelid ['dʒelid], *a.* (*a*) Glacé; glacial, -als. (*b*) Froid; frais, *f.* fraîche.

gelignite ['dʒelignait], *s. Exp:* Gélignite *f*.

Gelo ['giːlo]. *Pr.n.m. Gr.Hist:* Gélon.

gelose [dʒe'lous], *s. Ch:* Gélose *f*.

gem [dʒem], *s.* **1.** (*a*) Pierre précieuse; gemme *f*, joyau *m*. **Gem stone,** pierre gemme. (*b*) *F:* **The gem of the collection,** le joyau de la collection. *He's a gem of a husband*, c'est la perle, la crème, des maris. *A gem of a child*, un bijou d'enfant. (*c*) *Typ:* Diamant *m*. **2.** Pierre gravée; intaille *f*, camée *m*. *Collection of carved gems*, glyptothèque *f*.

Gemara (the) [ðəge'mɑːrə], *s. Rel.Lit:* La Gémara.

gemel-hinge ['dʒemlhindʒ], *s.* Gond *m* à piton.

gemellus [dʒe'meləs], *s. Anat:* **Gemellus (muscle),** jumeau *m*.

gemel-ring ['dʒemlriŋ], *s.* Bagues jumelées.

geminate[1] ['dʒeminet]. **1.** *a.* (*a*) (*Of leaves, columns, etc.*) Géminé, accouplé. (*b*) *Gram:* (*Of letter*) Double. **2.** *s.* Consonne *f* double.

geminate[2] ['dʒemineit], *v.tr.* **1.** *Arch: Art:* Disposer (des motifs) par paires; accoupler (des colonnes, etc.). **2.** Doubler (une consonne, etc.).

geminated, *a.* = GEMINATE[1] **1.**

gemination [dʒemi'neiʃ(ə)n], *s.* **1.** Gémination *f*. **2.** *Gram:* Redoublement *m* (d'une lettre).

Gemini ['dʒeminai]. **1.** *Pr.n.pl. Astr:* Les Gémeaux *m*. **2.** *int. P: A:* **O gemini** ['dʒimini]! mon Dieu, mon Dieu! grand Dieu!

gemma, *pl.* **-ae** ['dʒemə, -iː], *s.* **1.** *Bot:* (*a*) Bourgeon *m* (à feuilles); gemme *f*. (*b*) Gemme, cellule *f* (d'une mousse). **2.** *Biol:* Bourgeon, gemme.

gemmate[1] ['dʒemet], *a. Biol: Bot:* **1.** Couvert de bourgeons, de gemmes. **2.** Qui se reproduit par gemmation, par bourgeonnement.

gemmate[2] ['dʒemeit], *v.i. Biol:* (*a*) Bourgeonner, gemmer. (*b*) Se reproduire par bourgeonnement, par gemmation.

gemmation [dʒe'meiʃ(ə)n], *s. Biol: Bot:* Gemmation *f*. **1.** Bourgeonnement *m*. **2.** Reproduction *f* par bourgeonnement, par gemmation.

gemmed [dʒemd], *a.* Orné de pierres précieuses, de pierreries; gemmé.

gemmiferous [dʒe'mifərəs], *a. Miner: Biol:* Gemmifère.

gemmiflorate [dʒemi'flɔːret], *a. Bot:* Gemmiflore.

gemmiform ['dʒemifɔːrm], *a.* Gemmiforme.

gemmiparous [dʒe'mipərəs], *a. Biol:* Gemmipare.

gemmule ['dʒemjuːl], *s. Biol: Bot:* Gemmule *f*.

gemmy ['dʒemi], *a. A. & Lit:* **1.** Couvert de pierres précieuses. **2.** Brillant, étincelant.

Gemonies (the) [ðə'dʒemoniz], *s.pl. Rom.Ant:* Les Gémonies *f*.

gemsbok ['gemzbɔk], *s. Z:* Chamois *m* du Cap.

-gen [dʒen], *s.suff. Ch:* -gène *m*. *Oxygen*, oxygène. *Hydrogen*, hydrogène. *Cyanogen*, cyanogène.

genappe [dʒe'nap], *s. Tex:* Génappe *m*.

gender ['dʒendər], *s.* **1.** *Gram:* Genre *m*. **Common gender,** genre commun. *Words of common g.*, mots *m* des deux genres; mots épicènes. **2.** *F:* Sexe *m*.

genderless ['dʒendərləs], *a. Gram:* (Mot, etc.) qui ne fait pas de distinction de genres.

gene [dʒiːn], *s. Biol:* Déterminant *m*, facteur *m* (d'hérédité, d'évolution).

genealogical [dʒiːniə'lɔdʒik(ə)l], *a.* Généalogique. **Genealogical table, tree,** tableau *m*, arbre *m*, généalogique. **-ally,** *adv.* Généalogiquement.

genealogist [dʒiːni'alodʒist], *s.* Généalogiste *m*.

genealogy [dʒiːni'alodʒi], *s.* Généalogie *f*.

-geneous ['dʒiːniəs], *a.suff.* -gène. *Heterogeneous*, hétérogène.

genera ['dʒenərə]. *See* GENUS.

general ['dʒenərəl]. I. *a.* Général, -aux. **1.** **General paralysis,** paralysie générale. *The rain has been pretty g.*, il a plu un peu partout. *G. enquiry*, enquête *f* d'ensemble. *G. drawing or sketch*, dessin *m* d'ensemble (d'une machine, etc.). *Nau:* **General chart,** carte *f* à petit point. *G. effect*, effet *m* d'ensemble (d'un tableau, etc.). *Pol: U.S:* **General ticket,** scrutin *m* de liste. *See also* IDEA, ISSUE[1] 6, OUTLINE[1] 1. **2.** (*a*) **General meeting,** assemblée générale. *Ecc:* **General council,** concile général. *Pol:* **General election,** élections générales. *Adm:* **General holiday,** fête publique; jour férié. *Mil:* **General headquarters,** grand quartier général. *Navy:* **General signal,** signal *m* à tous. *Ecc:* **General confession,** confession *f* en commun. *See also* ASSEMBLY, AVERAGE[1] 2, PARDON[1] 3, POST[3] 2, POST-OFFICE. (*b*) **The use of it is pretty general,** l'usage en est assez commun, assez général; l'usage en est généralement répandu. *Word in g. use*, mot généralement employé, couramment employé; mot répandu, d'un usage général; mot courant. *To bring sth. into g. use*, rendre général l'usage de qch. *To come into g. use*, se généraliser. *This article has come into g. use*, l'usage de cet article s'est répandu. **As a general rule,** en règle générale. **Speaking in a general way;** *F:* **as a general thing,** parlant d'une manière générale; en thèse générale. *The g. opinion*, l'opinion *f* vulgaire. **He is a general favourite,** tout le monde l'aime. **The general public,** le grand public, le gros public. **The general reader,** le commun des lecteurs; les lecteurs *m*; le public (qui lit). (*c*) **General knowledge,** connaissances générales. **General dealer,** commerçant *m* en tous genres. **General store,** grand magasin; bazar *m*. **General shop,** petite boutique pour toutes sortes d'approvisionnements. **General bookseller,** librairie *f* d'assortiment. **He is a general reader,** il lit de tout. **General servant,** bonne *f* à tout faire. *See also* CARGO[1], PRACTITIONER. (*d*) **General resemblance,** ressemblance générale, vague. *G. terms*, termes généraux. **3.** (*a*) **Inspector-general,** inspecteur général, en chef. *See also* AGENT-GENERAL, ATTORNEY[1] 3, POSTMASTER[1], SOLICITOR 1 (*b*) *Mil:* **General officer,** officier général. **4.** *adv.phr.* In general, en général, généralement. *She complained of everything in g. and of the cooking in particular*, elle se plaignait de tout en général et de la cuisine en particulier. **-ally**, *adv.* **1.** Généralement, universellement. *Man g. esteemed*, homme généralement estimé. **2.** Généralement, en général. *To help g. in the house, in the business*, aider un peu à tout dans la maison; se rendre généralement utile. **Generally speaking**, (parlant) d'une manière générale; en thèse générale; en général; absolument parlant. **3.** Le plus souvent. *He g. comes on Thursdays*, en règle générale il vient le jeudi; il vient généralement le jeudi.

II. **general**, *s.* **1.** **To argue from the general to the particular**, arguer du général au particulier. **2.** *A:* **The general**, le gros public. *See also* CAVIAR[1] 1. **3.** (*a*) *Mil:* Général *m.* **General Smith**, Monsieur le général Smith. **Yes, General**, (i) oui, (monsieur le) général; (ii) (*from subordinate*) oui, mon général. **Major-general**, général de brigade. **Lieutenant-general**, général de division. **The general's wife**, *F:* la générale. *F:* **One of the greatest generals in history**, un des plus grands capitaines de l'histoire. **He's no general**, il n'est pas tacticien, stratégiste. (*b*) *Ecc:* Général (d'un ordre religieux). **4.** *F:* = *General servant. See also* COOK[1] (*a*).

generalate [ˈdʒenərəlet], *s. Mil: Ecc:* Généralat *m.*

generalissimo [dʒenərəˈlisimo], *s. Mil:* Généralissime *m.*

generality [dʒenəˈraliti], *s.* Généralité *f.* (*a*) Caractère général. *G. of a statement*, portée générale d'une affirmation. *G. of an appeal*, ampleur *f* d'un appel. (*b*) Considération générale. **To confine oneself to generalities**, s'en tenir aux généralités. (*c*) **The generality of mankind**, la généralité, la plupart, des hommes; la grande masse du genre humain.

generalization [dʒenərəlaiˈzeiʃ(ə)n], *s.* Généralisation *f. Avoid too hasty generalizations*, évitez les généralisations trop hâtives.

generalize [ˈdʒenərəlaːiz], *v.tr.* **1.** Généraliser (des faits, une formule algébrique, etc.). *Generalized under the name of . . .*, réunis sous le nom général de. . . . **2.** Répandre, populariser (un usage, etc.).

generalizing[1], *a.* Généralisateur, -trice; généralisant.

generalizing[2], *s.* Généralisation *f.*

generalizer [ˈdʒenərəlaizər], *s.* Généralisateur, -trice.

generalship [ˈdʒenərəlʃip], *s.* **1.** Généralat *m.* **2.** Stratégie *f*, tactique *f. To give great proofs of g.*, se montrer grand général, grand capitaine.

generant [ˈdʒenərənt], *s. Geom:* Génératrice *f.*

generate [ˈdʒenəreit], *v.tr.* **1.** *A:* Engendrer (des êtres vivants, des plantes, etc.). **2.** Générer, produire (de la vapeur, un courant électrique); produire, engendrer (de la chaleur, etc.). **3.** *Geom:* Engendrer (une surface, etc.). *Volume generated by a curve*, volume engendré par une courbe. **4.** Amener, produire (un résultat); provoquer, faire naître (un sentiment). *Environment that generates crime*, ambiance génératrice de crime.

generating, *a.* Générateur, -trice. *Ch: etc:* **Generating apparatus**, appareil producteur; générateur *m* (de gaz, etc.). *El.E:* **Generating set**, groupe générateur; groupe électrogène. **Generating station**, station, usine, génératrice; centrale *f* électrique. *Main g. station*, supercentrale *f. Steam g. station*, centrale thermique (électrogène). *Mch:* **Steam-generating heat**, chaleur *f* de vaporisation. *Geom:* **Generating line**, génératrice *f.*

generation [dʒenəˈreiʃ(ə)n], *s.* Génération *f.* **1.** (*a*) *Biol:* **Equivocal generation, spontaneous generation**, génération spontanée. (*b*) Génération, production *f* (de la chaleur, etc.). (*c*) *Geom:* Engendrement *m* (d'une surface, etc.). (*d*) *F:* Génération, formation *f* (des idées, etc.). **2.** (*a*) *Descendant six generations removed*, descendant *m* à la sixième génération. *Family of three generations*, famille *f* qui comprend trois générations. *To live through, see, three generations*, vivre, voir, trois âges d'homme. **From generation to generation**, de génération en génération; d'âge en âge; de père en fils. *For generations there had always been a doctor in the family*, ils étaient médecins de père en fils. *F:* **It is generations since anybody did such a thing**, on n'a pas fait une telle chose depuis des siècles. *These successes are for one g. only*, ces succès restent viagers. *All that happened a g. ago*, il y a trente ans de tout cela. (*b*) **The rising generation**, la jeune, la nouvelle, génération. *The present g.*, la génération actuelle.

generative [ˈdʒenəreitiv, -ətiv], *a.* Génératif; générateur, -trice; producteur, -trice.

generator [ˈdʒenəreitər], *s.* **1.** (*Pers.*) Générateur, -trice (d'une idée, d'une erreur, etc.). **2.** (*Apparatus, plant*) (*a*) Générateur (de vapeur, de gaz, etc.); appareil producteur (de gaz). **Acetylene generator**, gazogène *m* à acétylène. *Mch:* **Steam generator**, chaudière *f* à vapeur. *See also* GAS-GENERATOR. (*b*) *El.E:* Générateur; génératrice; dynamo génératrice. *Lighting g.*, dynamo d'éclairage. *See also* MOTOR-GENERATOR. **3.** *Mth:* = GENERATRIX. **4.** *Mus:* Son fondamental, son générateur, basse fondamentale (d'un accord).

'generator gas, *s. Ind:* Gaz *m* pauvre.

generatrix [dʒenəˈreitriks], *s. Geom:* Génératrice *f* (d'une surface, etc.).

generic(al) [dʒeˈnerik(əl)], *a.* Générique. **-ally**, *adv.* Génériquement. **1.** Par rapport au genre. **2.** Par rapport à l'ensemble.

generosity [dʒenəˈrɔsiti], *s.* **1.** Générosité *f.* (*a*) Magnanimité *f.* (*b*) Libéralité *f. His many generosities*, ses nombreuses générosités (*to*, envers). **2.** *A:* Noblesse *f* (de naissance).

generous [ˈdʒenərəs], *a.* **1.** Généreux. (*a*) Magnanime. (*b*) Libéral, -aux. *G. in business*, large en affaires. *A g. gift*, un don généreux. (*c*) **Generous soil**, sol généreux, fertile. *G. living*, bonne chère. *G. colour*, couleur *f* riche. *G. wine*, vin généreux, chaud. (*d*) *F: G. meal*, repas copieux, abondant. *Take a g. helping*, servez-vous bien. *Of g. size*, d'amples proportions. **2.** *A:* (*a*) De haute naissance. (*b*) (*Of horse, etc.*) De bonne race; racé. **-ly**, *adv.* Généreusement. **1.** Avec magnanimité. **2.** Libéralement. **3.** *To live g.*, faire bonne chère. *He helped himself g. to the pie*, il se servit un ample morceau du pâté.

genesis [ˈdʒenesis], *s.* **1.** (*a*) Genèse *f*; origine *f.* (*b*) (*As comb.fm.*) -génèse *f.* **Parthenogenesis**, parthénogénèse *f.* **2.** *B:* (**The Book of**) **Genesis**, la Genèse.

genet [ˈdʒenet], *s. Z:* Genette *f.*

genethliacal [dʒeneθˈlaiək(ə)l], *a. Astrol:* Généthliaque.

genetic [dʒeˈnetik], *a.* **1.** *Phil:* Génétique. **2.** *Biol:* Génétique; (instinct *m*) génésique. **3.** *F:* = GENERATIVE.

genetics [dʒeˈnetiks], *s.pl.* (*Usu. with sg. const.*) La génétique.

Geneva[1] [dʒiˈniːvə]. *Pr.n.* **1.** *Geog:* Genève *f.* **The Lake of Geneva**, le lac de Genève; le lac Léman. *Attrib.* **The Geneva Cross**, la croix de Genève. *Mec:* **Geneva(-cross) movement, Geneva motion**, mouvement de Genève; entraînement par croix de Malte. *Hist:* **The Geneva Convention**, la Convention de Genève. *Ecc:* **Geneva bands**, rabat *m* ecclésiastique. **Geneva gown**, robe noire (des prédicateurs calvinistes). **2.** *F:* = La Société des Nations; la S.D.N.

geneva[2], *s.* (Eau-de-vie *f* de) genièvre *m.*

Genevan [dʒiˈniːvən], *a.* & *s.* **1.** *Geog:* = GENEVESE. **2.** *Ecc:* Calviniste.

Genevese [dʒeneˈviːz], *a.* & *s. Geog:* Genevois, -oise.

Genevieve [ˈdʒeneviːv]. *Pr.n.f.* Geneviève. *Ecc:* **Canonicl of St Genevieve**, religieux génovéfains. **Daughter of St Genevieve**, génovéfine *f.*

genial[1] [ˈdʒiːniəl], *a.* **1.** (*a*) (*Of climate, etc.*) Doux, *f.* douce; clément; (*of fire, warmth, etc.*) réconfortant. **Genial wine**, vin généreux. *G. and balmy air*, air agréable et embaumé. *Soil g. to the seed*, sol *m* propice à la semence. (*b*) Plein de bienveillance; plein de bonne humeur; jovial, -aux; cordial, -aux; plein d'entrain; sympathique. **2.** (*Of talent, etc.*) Génial, -aux; de génie. **-ally**, *adv.* Affablement, cordialement; d'un air engageant.

genial[2] [dʒeˈnaiəl], *a. Anat:* = MENTAL[2]. **Genial process, tubercle**, apophyse génienne, apophyse géni.

geniality [dʒiːniˈaliti], *s.* (*a*) Douceur *f*, clémence *f* (d'un climat). (*b*) Bienveillance *f*; bonne humeur; jovialité *f*; cordialité *f*; entrain *m.*

genialize [ˈdʒiːniəlaːiz], *v.tr.* Rendre (qn) plus affable; mettre (qn) de bonne humeur.

-genic [ˈdʒenik], *a.suff.* -gène. *Pyrogenic*, pyrogène.

geniculate [dʒeˈnikjulet], **geniculated** [dʒeˈnikjuleitid], *a. Nat.Hist:* Géniculé.

genie, *pl. usu.* **genii** [ˈdʒiːni, ˈdʒiːniai], *s. Myth:* Djinn *m*, génie *m. The genii of the Arabian Nights*, les génies des contes arabes.

genio-hyoid [dʒeˈnaioˈhaiɔid], *a.* & *s. Anat:* Génio-hyoïdien (*m*), *pl.* génio-hyoïdiens.

genip [ˈdʒenip], *s. Bot:* **Genip(-tree)**, génipayer *m.*

genista [dʒeˈnistə], *s. Bot:* Genêt *m*; genista *m.*

genital [ˈdʒenit(ə)l]. **1.** *a.* Génital, -aux. **2.** *s.pl.* **Genitals**, organes génitaux externes; parties génitales; parties naturelles; parties sexuelles; *F:* les parties.

genitival [dʒeniˈtaiv(ə)l], *a. Gram:* Du génitif.

genitive [ˈdʒenitiv], *a.* & *s. Gram:* Génitif (*m*). **In the genitive**, au génitif. *Gr.Gram:* **Genitive absolute**, génitif absolu.

genito-crural [ˈdʒenitoˈkruərəl], *a. Anat:* Génito-crural, -aux.

genito-urinary [ˈdʒenitoˈjuərinəri], *a. Anat:* Génito-urinaire, *pl.* génito-urinaires.

genius [ˈdʒiːniəs], *s.* **1.** (*a*) (*Only in sg.*) Génie *m*, esprit *m* tutélaire (d'un lieu, etc.). *To invoke the g. of Liberty*, invoquer le génie de la liberté. **She is his good genius, his bad, evil, genius**, c'est son bon, son mauvais, génie. (*b*) (*With pl.* **genii** [ˈdʒiːniai]) Génie, démon *m*, esprit, djinn *m.* **2.** (*No pl.*) (*a*) Génie particulier, esprit (d'une époque, d'une nation, d'une langue, etc.). (*b*) **Genius of a place**, (i) souvenirs (historiques, littéraires, etc.) associés avec un endroit; (ii) pouvoir *m* d'évocation d'un endroit. **3.** (*No pl.*) (*Ability*) (*a*) Aptitudes naturelles. **To have a genius for mathematics**, avoir un génie marqué pour les mathématiques; avoir le don, *F:* la bosse, des mathématiques. *To have a g. for business*, avoir le génie des affaires. **To have a genius for doing sth.**, avoir le don de faire qch. *His g. for extricating himself from difficulties*, son génie, son habileté géniale, à se tirer d'affaire. (*b*) **Man of genius**, homme *m* de génie. **Work of genius**, œuvre géniale, de génie. *To show g.*, faire preuve de génie. *To show g. in war*, avoir le génie de la guerre. **4.** (*Pers.*) (*pl.* **geniuses** [ˈdʒiːniəsiz]) **To be a genius**, être un génie, *Lit:* un aigle. *F:* **He's no genius**, ce n'est pas un aigle. *You haven't got to be a g. to see that*, il n'y a pas besoin d'être sorcier, d'être bien malin, pour s'en apercevoir.

Gennesaret(h) [geˈnezaret, -reθ]. *Pr.n. B.Geog:* Génésareth *m.*

Genoa [ˈdʒenouə]. *Pr.n. Geog:* Gênes *f.*

Genoa cake [dʒəˈnouəˈkeik], *s. Cu:* Gâteau fourré de fruits confits et recouvert d'amandes.

Genoese [dʒenouˈiːz], *a.* & *s. Geog:* Génois, -oise. *Cu:* **Genoese pastry**, génoise *f*, mille-feuille *f.*

genotype [ˈdʒenotaip], *s. Biol:* Génotype *m.*

-genous [dʒenəs], *a.suff.* -gène. *Bot: Endogenous*, endogène. *Exogenous*, exogène. *Acrogenous*, acrogène.

genre-painting [ˈʒɔ̃ːrpeintiŋ], *s.* Peinture *f* de genre.

Genro [ˈdʒenro], *s.pl.* (*In Japan*) Genro *mpl.*

Genseric [ˈgensərik]. *Pr.n.m. Hist:* Genséric.

gent [dʒent], *s.* **1.** *P.* & *Com:* = GENTLEMAN. *Gents' footwear*, chaussures *fpl* pour hommes. **2.** *F: Pej:* Soi-disant monsieur. *A public of shop-boys and flashy gents*, un public de petits commis et d'épateurs. **3.** *P:* **Her gent**, son miché.

genteel [dʒenˈtiːl], *a.* (*Now usu. Iron:*) De bon ton; comme il faut; qui affecte de la distinction. *Who could be more g. than Mrs X?* qui de plus comme il faut que Mme X? *A very g. family*, une famille très bien, de bonne bourgeoisie. *G. tone of voice*, ton maniéré, apprêté, du meilleur monde. *G. poverty*, pauvreté *f* qui s'efforce de sauver les apparences. *A: Her figure was g.*, elle était bien de sa personne. *See also* SHABBY-GENTEEL. **-lly**, *adv.* Comme il faut. *He had been g. brought up*, il avait reçu une éducation bourgeoise. *To live g.*, vivre en bon bourgeois. *To answer g.*, répondre d'un ton maniéré.

genteelism [dʒen'ti:lizm], *s.* Cliché *m* ayant des prétentions à la distinction de langage.

genteelness [dʒen'ti:lnəs], *s.* = GENTILITY 1.

gentian ['dʒenʃən], *s.* *Bot:* Gentiane *f.* *See also* BAVARIAN.

'gentian-'bitter, *s.* (Amer *m* de) gentiane *f.*

'gentian-root, *s.* *Pharm:* Racine *f* de gentiane.

gentianella [dʒenʃə'nela], *s.* *Bot:* Gentianelle *f*; gentiane *f* acaule.

Gentile ['dʒentail], *a.* & *s.* **1.** (*a*) *B.Hist:* Gentil, -ile. **The Gentiles**, la gentilité. (*b*) *A:* Païen, -enne. (*c*) *U.S:* Non-Mormon. **2.** *Gram:* **Gentile** (noun), gentilé *m.*

gentilitial [dʒenti'liʃəl], *a.* **1.** **Gentilitial name**, (i) nom *m* générique, de famille; (ii) gentilé *m.* **2.** **Gentilitial family**, famille *f* de vieille noblesse.

gentility [dʒen'tiliti], *s.* **1.** (*a*) Prétention *f* à la distinction, au bon ton. **Shabby gentility**, la misère en habit noir. *The g. of the old days*, les manières distinguées de l'ancien temps. (*b*) **Family of undoubted gentility**, (i) famille bien posée dans le monde; (ii) famille dont la descendance est bien établie. **2.** *Coll.* **The aristocracy and the gentility were present**, l'aristocratie *f* et la meilleure bourgeoisie y assistaient.

gentle[1] [dʒentl]. **I.** *a.* (**gentler, gentlest**) **1.** (*a*) Bien né, *A:* gentil. **Of gentle birth**, de bonne naissance; de bonne extraction. *G. family*, bonne famille. *G. pursuits*, passe-temps *m* ou professions *f* dignes de la noblesse; professions distinguées. *F:* **The gentle art, the gentle craft**, la pêche à la ligne. *Often Hum:* *The g. art of smuggling, of sponging*, le noble art de la contrebande, de l'écornifiage. *A:* **The gentle and simple classes**, les classes privilégiées et les roturiers *m.* (*b*) *Her:* Ayant droit au blason. (*c*) **Gentle reader**, ami lecteur; cher lecteur; aimable lectrice; *A:* noble lecteur. **2.** (*Of pers., animal, wind, heat, sound, etc.*) Doux, *f.* douce. **Gentle as a lamb**, doux comme un agneau. *G. disposition*, caractère doux. *To be g. with one's hands*, avoir la main légère. **The gentle(r) sex**, le sexe faible. *G. rebuke*, réprimande *f* peu sévère. *G. tap*, tape légère. *G. exercise*, exercice physique modéré. *G. medicine*, médicament bénin. *G. slope*, pente douce, faible. *Gentler slopes*, pentes moins raides. *G. breeze*, légère brise, jolie brise, brise molle. *See also* HINT[1]. **-tly**, *adv.* **1.** *A:* **Gently born**, bien né; de bonne naissance. **2.** Doucement. *To speak g.*, parler d'un ton doux, avec douceur. **Gently (does it)!** allez-y doucement, *F:* en douceur; tout beau! *To deal g. with s.o.*, traiter qn avec indulgence; ménager qn; ne pas être trop dur avec qn. *See also* BREAK[2] I. 6, LET DOWN 2.

II. **gentle**, *s.* **1.** *pl.* *A:* **Gentles** = GENTLEFOLK. **2.** *Fish:* Asticot *m*, achée *f.*

gentle[2], *v.tr.* Flatter (un cheval).

gentlefolk(s) ['dʒentlfouk(s)], *s.pl.* (*a*) Gens *m* comme il faut, bien élevés, de bonne société. (*b*) Personnes *fpl* de bonne famille, de la meilleure bourgeoisie.

gentlehood ['dʒentlhud], *s.* **1.** Bonne naissance. **2.** (État social de la) meilleure bourgeoisie.

gentleman, *pl.* **-men** ['dʒentlmən, -men], *s.m.* **1.** *A:* Gentilhomme, *pl.* gentilshommes. *Still so used in* **Gentleman in waiting**, gentilhomme servant, de service (près du roi). **Gentleman-at-arms**, gentilhomme de la garde. **Gentleman at large**, (i) *A:* gentilhomme attaché à la Cour sans fonctions spéciales; (ii) *Hum:* personne *f* qui se trouve sans emploi. *See also* CHAMBER[1] 1. **2.** Galant homme; homme bien élevé; homme comme il faut; gentleman. *G. by birth*, homme bien né, gentleman de naissance. **One of Nature's gentlemen**, un gentleman né; un homme d'un naturel foncièrement courtois et loyal. **A fine old English gentleman**, un gentleman de la vieille roche. **His fine-gentleman air**, son air de galant homme. **To behave like a gentleman**, se conduire en galant homme. *He's more of a g. than you*, (i) il est plus comme il faut que vous; (ii) il est plus galant homme que vous. **Gentleman's agreement**, convention verbale, où n'est engagée que la parole d'honneur des deux parties. *No g. would act in such a manner*, un galant homme ne se conduirait pas de la sorte. *To make a g. of s.o.*, décanailler qn. *You look* **quite the gentleman** *this evening*, vous avez l'air tout à fait bien ce soir! comme vous voilà beau! *F:* **To be no gentleman**, être un goujat, un malotru; manquer de formes, de savoir-vivre. **The gentleman's psalm**, le quinzième psaume. *See also* TEMPORARY. **3.** (*a*) *Jur:* **Gentleman (of independent means)**, homme sans profession; rentier. *F:* **To be a gentleman of leisure; to lead a gentleman's life**, vivre de ses rentes. *See also* COUNTRY 2. (*b*) *Sp:* Amateur. (*At cricket*) **Players v. Gentlemen**, (match de) professionnels contre amateurs. **4.** Monsieur. (*To audience*) **Ladies and gentlemen!** mesdames et messieurs! mesdames, messieurs! *A g. to see you, sir!* un monsieur désirerait parler à monsieur. *This g. says . . .*, ce monsieur dit. . . . *F:* *V:* *Tommy, say 'how do' to the g.*, Tommy, dis bonjour au monsieur. **Young gentleman**, jeune homme, jeune monsieur. *Young gentlemen*, jeunes gens. *F:* **The old gentleman (in black)**, le diable. *Hist:* *F:* **The little gentleman in black velvet**, (chez les Jacobites) une taupe. (Guillaume III mourut des suites d'une chute, son cheval ayant buté contre une taupinière.) *Com:* **Gentlemen's hairdresser**, coiffeur *m* pour hommes, d'hommes. (*On door of public convenience*) **Gentlemen**, hommes. *Hum:* **Gentleman's gentleman**, valet de chambre. *A:* **Gentleman of fortune**, boucanier, pirate. *P:* *Here comes my g.*, voici mon type, mon bonhomme, qui arrive. *See also* FRIEND 1, JURY[1] 1. **5.** *Danc:* Cavalier. (*Of a lady*) **To dance, take, gentleman**, remplacer un cavalier; faire le cavalier; conduire.

'gentleman-'commoner, *s.m.* *Sch:* *A:* (*At Oxford and Cambridge*) Étudiant privilégié. *pl.* *Gentlemen-commoners.*

'gentleman-'farmer, *s.m.* **1.** Propriétaire qui fait lui-même valoir ses terres; gentleman-farmer *m.* **2.** Jeune homme de bonne famille qui s'adonne à l'agriculture, à l'élevage. *pl.* *Gentlemen-farmers.*

'gentleman-'usher, *s.m.* Huissier (d'une grande maison). *pl.* *Gentlemen-ushers.* *See also* BLACK ROD.

gentlemanlike ['dʒentlmənlaik], *a.* = GENTLEMANLY.

gentlemanliness ['dʒentlmənlinəs], *s.* Bonnes manières; savoir-vivre *m*; tenue parfaite.

gentlemanly ['dʒentlmənli], *a.* Convenable, comme il faut, bien élevé; de bon ton. *It would have been more g. to say nothing*, un galant homme n'aurait rien dit. *G. bearing*, (i) tenue *f* convenable; (ii) air distingué. *Man of g. behaviour*, homme qui a de bons procédés, qui agit délicatement, homme à procédés. *He is very g.*, il est très bien.

gentleness ['dʒentlnəs], *s.* **1.** *A:* Bonne naissance. **2.** Douceur *f.* *G. achieves more than violence*, plus fait douceur que violence.

gentlewoman, *pl.* **-women** ['dʒentlwumən, -wimen], *s.f.* **1.** (*a*) Dame ou demoiselle bien née, de bonne famille. (*b*) Personne comme il faut, tout à fait bien. (*c*) *Jur:* Dame sans profession, qui vit de ses rentes. **2.** *A:* Dame d'honneur; dame de compagnie (à la Cour); suivante (d'une princesse, etc.).

gently ['dʒentli], *adv.* *See* GENTLE[1] I.

gentry ['dʒentri], *s.* *Coll.* **1.** (*a*) Petite noblesse. **The nobility and gentry**, la haute et la petite noblesse. *The g. of the county*, les familles territoriales du comté. *Landed g.*, aristocratie terrienne. (*b*) *F:* **The gentry**, la gentilhommerie. *Like the g.*, à la gentilhommesque. **2.** *Pej:* Gens *mpl*; individus *mpl.* **The light-fingered gentry**, messieurs les pickpockets. *These crusty g.*, ces gens hargneux.

genuflect [dʒenju'flekt], *v.i.* Faire des génuflexions; faire une génuflexion.

genuflection, genuflexion [dʒenju'flekʃ(ə)n], *s.* Génuflexion *f.*

genuine ['dʒenjuin], *a.* **1.** (Personne) de pure race; (cheval) pur sang; (chien) de race. **2.** (*a*) (Manuscrit *m*, antique *f*, etc.) authentique, véritable. *G. coin*, pièce *f* de bon aloi. *G. old nobility*, noblesse *f* de bon aloi. *Com:* **Genuine article**, article garanti d'origine. *G. burgundy*, bourgogne *m* authentique. *A g. diamond*, un diamant véritable. *There are few g. Liberals left*, il reste peu de véritables libéraux, de libéraux à proprement parler. (*b*) Véritable, sincère; franc, *f.* franche. *To display one's g. character*, montrer son véritable caractère. *G. simplicity*, simplicité vraie, franche simplicité. *G. surprise*, véritable surprise *f.* *G. truth*, pure vérité. *G. belief*, croyance *f* sincère. *G. friend*, ami loyal, sans hypocrisie. *G. person*, personne *f* sans détours, sans affectation. *Com:* *G. purchaser*, acheteur sérieux. *G. tears*, larmes *f* véritables. *His laughter is never g.*, il ne rit jamais franchement; son rire ne passe pas les lèvres. **-ly**, *adv.* **1.** Authentiquement. **2.** Franchement, véritablement, sincèrement.

genuineness ['dʒenjuinnəs], *s.* **1.** Authenticité *f* (d'un manuscrit, d'une marque de fabrique, etc.); historicité *f* (d'un événement). **2.** Sincérité *f*, loyauté *f* (d'une personne); sincérité (d'un sentiment, d'une excuse).

genus, *pl.* **genera** ['dʒi:nəs, 'dʒenəra], *s.* **1.** *Log:* Genre *m.* **The highest genus**, l'idée *f* d'être en général; *A:* le genre suprême. *Subaltern g.*, genre intermédiaire. **The genus and differentia**, le genre et la différence. **2.** (*a*) *Nat.Hist:* Genre. *F:* **The genus Homo**, le genre humain. (*b*) *F:* Genre, espèce *f.*

-geny [dʒeni], *s.suff.* -génie *f.* *Anthropogeny*, anthropogénie. *Cosmogeny*, cosmogénie. *Ontogeny*, ontogénie.

geo- ['dʒi:o], *comb.fm.* Géo-. *Geology*, géologie. *Geometrical*, géométrique. *Geophysics*, géophysique.

geocentric [dʒi:o'sentrik], *a.* *Astr:* Géocentrique. *See also* PARALLAX.

geode ['dʒi:oud], *s.* *Geol:* (*a*) Géode *f*; four *m* à cristaux; poche *f* à cristaux. (*b*) Craque *f*, druse *f* (dans une géode).

geodesic [dʒi:o'desik]. **1.** *a.* *Mth:* Géodésique. **2.** *s.* Ligne *f* géodésique.

geodesy [dʒi:'ɔdesi], *s.* *Mth:* Géodésie *f.*

geodetic(al) [dʒi:o'detik(əl)], *a.* = GEODESIC.

geodetics [dʒi:o'detiks], *s.pl.* (*Usu. with sg. const.*) = GEODESY.

geodic [dʒi:'ɔdik], *a.* *Geol:* Géodique.

geoduck ['dʒi:odʌk], *s.* *Moll:* Glycimère *f.*

geodynamic [dʒi:odai'namik], *a.* Géodynamique.

Geoffrey ['dʒefri]. *Pr.n.m.* Geoffroi.

geogeny [dʒi:'ɔdʒeni], *s.* Géogénie *f.*

geognosy [dʒi:'ɔgnosi], *s.* Géognosie *f.*

geographer [dʒi'ɔgrəfər], *s.* Géographe *m.*

geographic(al) [dʒi:o'grafik(əl)], *a.* Géographique. **Geographical map**, carte *f* de géographie. **Geographic latitude**, latitude *f* géographique. *See also* MILE. **-ally**, *adv.* Géographiquement.

geography [dʒi'ɔgrəfi], *s.* **1.** Géographie *f.* **Statistical geography**, géographie économique et statistique. **Physical geography**, géographie physique; physiographie *f.* *F:* *I shall have to study the g. of the place*, il faudra que j'étudie la disposition du terrain. **2.** *Sch:* **Geography(-book)**, (livre *m* de) géographie.

geological [dʒi:o'lɔdʒik(ə)l], *a.* Géologique. **-ally**, *adv.* Géologiquement.

geologist [dʒi:'ɔlodʒist], *s.* Géologue *m.*

geologize [dʒi:'ɔlodʒai:z]. **1.** *v.i.* Faire de la géologie. **2.** *v.tr.* Étudier la géologie de (la région, etc.).

geology [dʒi:'ɔlodʒi], *s.* Géologie *f.*

geometer [dʒi'ɔmetər], *s.* **1.** Géomètre *m.* **2.** *Ent:* (*a*) (Chenille) arpenteuse *f.* (*b*) (*Moth*) Géomètre *f.*

geometric(al) [dʒi:o'metrik(əl)], *a.* Géométrique. **Geometrical drawing**, dessin *m* linéaire. *See also* PROGRESSION 2, SPIDER 1. **-ally**, *adv.* Géométriquement.

geometrician [dʒi:ome'triʃ(ə)n], *s.* Géomètre *m.*

geometrid [dʒi:'ɔmetrid], *a.* *Ent:* **Geometrid moth**, géomètre *f.*

geometrize [dʒi:'ɔmetraiz], *v.tr.* & *i.* Géométriser.

geometry [dʒi'ɔmetri], *s.* Géométrie *f.* **Euclidian geometry**, géométrie ancienne. **Analytical geometry, co-ordinate geometry,** géométrie analytique. **Solid geometry,** géométrie dans l'espace. *G. of three dimensions, three-dimensional g.*, géométrie à trois dimensions. *Higher g.*, géométrie supérieure. *Descriptive g.*, géométrie descriptive. *See also* PLANE[1].

geomorphic [dʒiːo'mɔːrfik], *a.* Semblable à la terre.

geophagy [dʒiː'ɔfadʒi], *s.* Géophagie.

geophone ['dʒiːofoun], *s. Mil:* Géophone *m.*

geophysics [dʒiːo'fiziks], *s.pl.* (*Usu. with sg. const.*) Géophysique *f.*

Geordie ['dʒɔːrdi]. **1.** *Pr.n.m. Scot: F:* (*Dim. of George*) Georges. **2.** *s.m. P:* Mineur, houilleur.

George [dʒɔːrdʒ]. **1.** *Pr.n.m.* Georges. **Saint George,** saint Georges (patron *m* de l'Angleterre). *F:* **By George!** sapristi! **St George's Cross,** la croix de St-Georges (la croix rouge de l'Union Jack). **St George's day,** le 23 avril. **2.** *s.* (*a*) Médaillon *m* de saint Georges (insigne de l'Ordre de la Jarretière). (*b*) *Num: A:* **Yellow George,** guinée *f.*

georgette [ʒɔːr'ʒet], *s. Tex:* Crêpe *m* georgette; georgette *f.*

Georgia ['dʒɔːrdʒia]. *Pr.n. Geog:* La Géorgie ((i) en Russie, (ii) aux États-Unis).

Georgian[1] ['dʒɔːrdʒiən], *a. Eng.Hist:* (i) Du règne des quatre rois Georges; (ii) du règne de Georges V.

Georgian[2], *a. & s. Geog:* Géorgien, -ienne.

georgic ['dʒɔːrdʒik], *a. & s. Lit:* Géorgique (*f*). **The Georgics,** les Géorgiques (de Virgile). **The first Georgic,** la première Géorgique.

geostatic [dʒiːo'statik], *a.* Géostatique.

geostatics [dʒiːo'statiks], *s.pl.* (*Usu. with sg. const.*) Statique *f* du globe terrestre.

geosynclinal [dʒiːosin'klain(ə)l], *a. & s. Geol:* (Géo)synclinal (*m*), -aux.

geotropic [dʒiːo'trɔpik], *a. Bot:* Géotropique.

geotropism [dʒi'ɔtrəpizm], *s. Bot:* Géotropisme *m.*

Gerald ['dʒerəld]. *Pr.n.m.* Gérard.

geranium [dʒə'reinjəm], *s.* **1.** *Bot:* Géranium *m*; *F:* bec-de-grue *m*, *pl.* becs-de-grue. **2.** (*a*) *Hort: F:* Pélargonium *m*; *F:* géranium. **Rose geranium,** géranium rosat. (*b*) *P:* Nez fleuri; nez rubicond. **3.** *a.* **Geranium (red),** vermeil, -eille.

gerb(e) [dʒəːrb], *s. Pyr:* Gerbe *f.*

gerbil(le) ['dʒəːrbil], *s. Z:* Gerbille *f.*

gerfalcon [dʒəːr'fɔː(l)kən], *s. Orn:* Gerfaut *m.*

germ[1] [dʒəːrm], *s.* **1.** *Biol:* Germe *m* (d'un organisme). *F: The g. of an idea,* le germe d'une idée. *To kill a rebellion in its g.*, étouffer une révolte dans le germe. **2.** *Med: F:* Germe, microbe *m* (d'une maladie), bacille *m.*

'germ-carrier, *s. Med:* Porteur *m* de bacilles.

'germ-cell, *s. Biol:* Cellule *f*; (i) spermatozoïde *m*; (ii) ovule *m.*

'germ-cup, *s.* = GASTRULA.

'germ-killer, *s.* Microbicide *m.*

'germ-killing, *a.* = GERMICIDAL.

'germ-plasm, *s. Biol:* Plasma germinatif.

germ[2], *v.i. F:* (*Of idea, etc.*) Germer.

german[1] ['dʒəːrmən], *a.* **1.** Germain; (apparenté) au premier degré. *See* BROTHER 1, SISTER 1, COUSIN 1. **2.** = GERMANE 2.

German[2], *a. & s.* **1.** (*a*) *Geog:* Allemand, -ande. **The German Ocean,** la mer du Nord. **The German Empire,** l'empire *m* d'Allemagne; l'empire germanique. *The G. ambassador,* l'ambassadeur *m* d'Allemagne. *See also* BAND[3] 1, MEASLES 1, SILVER[1] 1, TINDER, WHEAT. (*b*) *A.Hist:* Germain, -aine. **2.** *Ling:* L'allemand *m.* **High German, Low German,** haut, bas, allemand. *G. scholar,* germaniste *m*, germanisant *m. G. phrase or idiom,* germanisme *m.* **3.** *a. Typ:* **German text,** caractères *m* gothiques.

germander [dʒər'mandər], *s. Bot:* Germandrée *f.* **Wall germander,** germandrée petit chêne; chêneau *m*, chênette *f. See also* SPEEDWELL.

germane [dʒər'mein], *a.* **1.** *A:* = GERMAN[1] 1. **2.** Approprié (*to*, à), en rapport (*to*, avec); se rapportant (*to*, à). *Questions g. to the subject,* questions *f* se rapportant au sujet.

Germania [dʒər'meinja]. *Pr.n. Hist:* La Germanie.

Germanic[1] [dʒər'manik], *a.* **1.** Allemand. **2.** *Hist:* Germanique, germain. **The Germanic Confederation,** la Confédération germanique.

germanic[2], *a. Ch:* (Sel *m*, etc.) de germanium.

Germanism ['dʒəːrmənizm], *s.* **1.** *Ling:* Germanisme *m.* **2.** Germanophilie *f*, teutomanie *f.*

Germanist ['dʒəːrmənist], *s.* **1.** *Ling:* Germanisant, -ante; germaniste *mf.* **2.** Germanophile *mf*, teutomane *mf.*

germanium [dʒər'meiniəm], *s. Ch:* Germanium *m.*

Germanization [dʒəːrmənai'zeiʃ(ə)n], *s.* Germanisation *f.*

Germanize ['dʒəːrmənaiz], *v.tr.* Germaniser (son nom, etc.).

Germanizing[1], *a.* Germanisant.

Germanizing[2], *s.* Germanisation *f.*

Germanizer ['dʒəːrmənaizər], *s.* Germanisant, -ante.

Germanomania [dʒəːrməno'meinja], *s.* Teutomanie *f.*

Germanophil [dʒər'manofil], **Germanophilist** [dʒəːrmə'nɔfilist], *s.* Germanophile *mf*, teutomane *mf.*

Germanophobe [dʒər'manofoub], *s.* Germanophobe *mf.*

Germanophobia [dʒəːrməno'foubia], *s.* Germanophobie *f.*

Germanophobic [dʒəːrməno'foubik], *a.* Germanophobe.

Germany ['dʒəːrməni]. *Pr.n. Geog:* L'Allemagne *f.*

germen ['dʒəːrmen], *s. Bot:* Ovaire *m*, germe *m.*

germicidal [dʒəːrmi'saidəl], *a.* Microbicide; antiseptique.

germicide ['dʒəːrmisaid], *s.* Microbicide *m*; antiseptique *m.*

germinal ['dʒəːrmin(ə)l], *a.* **1.** *Biol:* (*Of vesicle, etc.*) Germinal, -aux; germinatif. **2.** *F:* (*Of ideas, etc.*) En germe.

germinate ['dʒəːrmineit]. **1.** *v.i.* Germer. *F: The idea germinated in the mind of a poet,* cette idée a germé dans l'esprit d'un poète. **2.** *v.tr.* (*a*) Faire germer (des graines, etc.). (*b*) *F:* Donner naissance à (des espoirs, etc.).

germinating, *s.* Germination *f. Hort: etc:* **Germinating-bed,** couche *f* de germination; germoir *m.* **Germinating-test,** essai *m* des graines.

germination [dʒəːrmi'neiʃ(ə)n], *s. Biol:* Germination *f.*

germinative ['dʒəːrmineitiv], *a. Biol:* Germinatif.

Gerome ['dʒeroum]. *Pr.n.m.* Gérôme.

gerontocracy [dʒerən'tɔkrəsi], *s.* Gérontocratie *f.*

-gerous [dʒerəs], *a.suff.* -gère; -fère. *Cornigerous,* cornigère. *Florigerous,* florifère. *Frondigerous,* frondifère.

gerrymander[1] [geri'mandər], *s.* (*a*) Découpage *m* arbitraire de circonscriptions électorales dans un but politique. (*b*) Truquage électoral; tripatouillage *m.*

gerrymander[2], *v.tr.* (*a*) **To gerrymander constituencies,** découper ou remanier arbitrairement les circonscriptions électorales (dans un but politique). (*b*) **To gerrymander an election,** *F:* **a piece of business,** truquer, manigancer, manipuler, tripatouiller, une élection, une affaire.

gerrymandering, *s.* (*a*) Truquage électoral. (*b*) Maquignonnage, tripatouillage *m*, tripotages *mpl*, manigances *fpl.*

gerrymanderer [geri'mandərər], *s.* Politicien *m* qui tâche de truquer une élection; manipuleur *m*, tripatouilleur *m.*

Gertie ['gəːrti]. *Pr.n.f.* (*Dim. of Gertrude*) Gertrude.

Gertrude ['gəːrtruːd]. *Pr.n.f.* Gertrude.

gerund ['dʒerʌnd], *s. Gram:* Gérondif *m*; substantif verbal. *In the g.*, au gérondif. *F:* **Gerund-grinder,** pédant *m*, pédagogue *m.*

gerundial [dʒe'rʌndiəl], **gerundival** [dʒerən'daiv(ə)l], *a. Gram:* Du gérondif.

gerundive [dʒe'rʌndiv]. *Gram:* **1.** *a.* Du gérondif. **2.** *s. Lt.Gram:* (Gérondif employé comme) adjectif verbal (de la voix passive).

Gervase ['dʒəːrves]. *Pr.n.m.* Gervais.

gesso ['dʒeso], *s.* **1.** Plâtre *m* de Paris; gypse *m.* **2.** *Art:* Enduit de plâtre (destiné à recevoir une fresque).

gestation [dʒes'teiʃ(ə)n], *s. Physiol:* Gestation *f.*

gestatorial [dʒestə'tɔːriəl], *a. Ecc:* **Gestatorial chair,** chaise *f* gestatoire.

gesticulate [dʒes'tikjuleit]. **1.** *v.i.* Gesticuler. **2.** *v.tr.* Exprimer, manifester, (des sentiments, etc.) par des gestes; mimer (un signal, etc.).

gesticulation [dʒestikju'leiʃ(ə)n], *s.* Gesticulation *f.*

gesticulator [dʒes'tikjuleitər], *s.* Gesticulateur, -trice.

gesticulatory [dʒes'tikjulətəri], *a.* Gesticulaire.

gesture[1] ['dʒestjər], *s.* **1.** Geste *m*, signe *m.* **To make a gesture,** faire un geste. *To make the slightest g. of a bow,* esquisser un salut. *With a sweeping g.*, d'un geste large. *G. of defiance,* geste de défi. *Oratorical gestures,* l'action *f* oratoire. *By gestures,* par gestes; à la muette. *Diplom: etc:* **Handsome gesture, sympathetic gesture** (*by a neighbouring state, etc.*), beau geste, geste de sympathie (de la part d'un État voisin, etc.). *As a g. of friendship,* en témoignage d'amitié. **2.** Le geste. *The language of g.*, le langage gesticulaire. *To signal by g.*, mimer un signal. *He is a master of g.*, il est passé maître en fait de gestes.

gesture[2]. **1.** *v.i.* Faire des gestes. **2.** *v.tr.* Exprimer (qch.) par gestes.

get[1] [get], *s.* **1.** (*a*) Progéniture *f.* (*b*) Portée *f* (d'un animal). **2.** *Min:* Rendement *m* (d'une mine, d'un piqueur). **3.** *Ten:* Renvoi *m* (de la balle).

get[2], *v.* (*p.t.* got [gɔt]; *p.p.* got, *A. & U.S:* **gotten** [gɔtn]; *pr.p.* getting) I. *v.tr.* **1.** Procurer, obtenir. (*a*) **To get sth. (for oneself),** se procurer qch. *Where did you get that?* où vous êtes-vous procuré cela? **To get sth. for s.o., to get s.o. sth.,** procurer qch. à qn; faire avoir qch. à qn. *To get sth. to eat,* (i) trouver de quoi manger; (ii) manger quelque chose (au buffet, etc.). *The thing is not to be got,* il est impossible de se procurer cela; c'est introuvable. *Where can I get . . .?* où trouverai-je . . .? *I must get a new hat,* il faut que je m'achète un nouveau chapeau. *I will get one for you,* je vous en aurai un; je vais vous en procurer un. *We get our things at Harrod's,* nous nous fournissons chez Harrod. *I get my wine from Smith's,* je me fournis en vins chez Smith. *To get commodities from abroad,* tirer, faire venir, des denrées de l'étranger. *I got this horse cheap,* j'ai eu ce cheval à bon marché. (*b*) Acquérir, gagner. **To get wealth, power,** acquérir des richesses *f*, de la puissance. **To get glory, fame,** rapporter de la gloire; acquérir de la renommée. **To get (oneself) a name,** se faire un nom. *To get friends,* se faire des amis. **To get a wife,** prendre femme. **To get the prize,** gagner, remporter, avoir, le prix. **To get one's living,** gagner sa vie. *To get £500 a year,* recevoir un traitement de £500 par an; gagner £500 par an. *I have still ten shillings to get,* il me revient encore dix shillings. **I will see what I can get for it,** je verrai ce qu'on m'en donnera. *I only get a small profit,* il ne me revient, je n'en retire, qu'un léger bénéfice. **To get nothing by it, out of it,** n'y rien gagner. *A good master gets good results,* un bon maître obtient de bons résultats. *If we divide 12 by 4 we get 3,* 12 divisé par 4 donne 3. *What do you get as the answer?* quelle est votre solution? *F:* **Don't you wish, think, you may get it!** je vous en souhaite! *P:* je t'en casse! tu peux te palper! tu peux te brosser (le ventre)! (*c*) **To get mercy (from s.o.),** obtenir miséricorde (de qn). **To get leave (of, out of, from, s.o.) to do sth.,** obtenir la permission (de qn) de faire qch. **To get admission to . . .,** obtenir son admission dans. . . . **To get one's own way,** faire valoir sa volonté. *See also* WAY[1] 6. *To get a little sleep,* dormir un peu. **If I get the time,** si j'ai le temps; si je trouve un moment. *Get your dinner,* prenez votre dîner. *To get a fine view of sth.*, avoir une belle vue de qch. *See also* HOLD[1] 1, POSSESSION 1. (*d*) *W.Tel:* **To get a station,** accrocher un poste émetteur. *Tp: I had some trouble to get you,* j'ai eu du mal à vous avoir. **2.** (*a*) Recevoir (un cadeau, une lettre, etc.). *I got his answer this morning,* j'ai eu sa réponse ce matin. *Room that gets no sun,* pièce *f* où le soleil **ne donne pas.**

He gets his timidity from his mother, il tient sa timidité de sa mère. (*b*) Attraper (un rhume, une maladie). *You'll get a chill*, vous allez prendre froid, attraper un refroidissement. **To get a blow**, recevoir, attraper, un coup. *He got a bullet through the stomach*, il a reçu une balle dans l'estomac, une balle lui a traversé l'estomac. *To get a splinter in one's finger*, s'entrer une écharde dans le doigt. *F:* **To get religion**, se convertir. **He got ten years (in prison)**, il a été condamné à, *F:* il a attrapé, dix ans de prison; cela lui a valu dix ans de prison. *F:* **That's what you get by talking too much**, voilà ce que c'est que de trop parler. *P:* **To get it (hot)**, recevoir sur les ongles; recevoir un savon. *See also* GIVE[2] I. 9, NECK[1] 1, SACK[1] 2. **3.** (*a*) Prendre, attraper (une bête fauve, etc.). *I got him first shot*, je l'ai atteint, je l'ai eu, du premier coup. *I've got my man*, je tiens mon homme. *F: We'll get them yet!* on les aura! *He got you that time!* cette fois-là il vous a eu! *That's got him!* ça c'est envoyé! **Rheumatism that gets me in the back**, un rhumatisme qui me tient dans le dos. *U.S: It always gets me to see a woman crying*, ça me fait toujours quelque chose de voir pleurer une femme. *The play didn't really get me*, la pièce ne m'a pas dit grand'chose, ne m'a pas emballé. *It gets me how he can be so stupid*, ça me révolte de le voir si bête! **What's got him?** qu'est-ce qu'il a? qu'est-ce qui lui prend? *See also* GOAT 1. (*b*) *U.S: F:* **I don't get your meaning, I don't get you**, je ne saisis pas bien. **Got me?** vous comprenez? **4.** Aller chercher. *Get me my hat*, allez me chercher mon chapeau. *I went and got my coat*, j'allai prendre mon pardessus. *Go and get the doctor*, allez chercher le médecin. **5.** (*a*) Faire parvenir. **To get sth. somewhere**, faire transporter qch. quelque part. *How am I to get it to you?* comment vous le faire parvenir? *How am I to get this parcel home?* comment vais-je faire transporter ce paquet chez moi? **To get s.o. home**, conduire ou transporter qn chez lui. **To get s.o. upstairs**, faire monter l'escalier à qn; aider qn à monter l'escalier. *I don't know how you'll ever get it upstairs*, je ne sais pas comment vous ferez pour le monter au premier, pour le monter jusqu'en haut. **To get s.o. to bed**, (parvenir à) faire coucher qn. **To get s.o. on to a subject**, amener qn sur un sujet, à parler de qch. (*b*) **To get sth. (off) by heart**, apprendre qch. par cœur. **To get the answer right**, trouver la réponse juste. **To get the breakfast (ready)**, apprêter, préparer, le déjeuner. **To get a woman with child**, faire un enfant à une femme. **To get s.o. into trouble**, (i) attirer des histoires à qn; (ii) mettre (une femme) à mal. *U.S:* **It gets me down-hearted**, ça me décourage; ça me donne le cafard. **6.** (*a*) **To get sth. done** (*by s.o.*), faire faire qch. (à, par, qn). *To get sth. mended*, faire raccommoder qch. *The difficulty is not to tell the truth, but to get it believed*, le difficile, ce n'est pas de dire la vérité, mais de la faire croire. *To get oneself appointed*, se faire nommer. *To get oneself noticed*, attirer l'attention (sur soi); se faire remarquer. (*b*) *To get one's work finished*, finir son travail, venir à bout de son travail. *I must get my work finished by evening*, il faut que j'achève mon travail avant ce soir. **To get one's arm broken**, se (faire) casser le bras. (*c*) **To get s.o. to do sth.**, faire faire qch. à qn; obtenir de qn qu'il fasse qch. *Get him to read*, faites-le lire. *Get him to read it*, faites-le-lui lire. *To get s.o. to consent*, décider qn à consentir. *I'll get you to help me*, je vous demanderai de m'aider. *Get him to join us*, persuadez-le, -lui, de se joindre à nous. *I can never get him to get up*, je n'arrive pas à le faire lever. *He can't be got to take the matter seriously*, on n'arrive pas à lui faire prendre la chose au sérieux. *To get a plant to grow, a door to shut*, réussir à faire pousser une plante, à fermer une porte. *See also* GO[2] 2. (*d*) *U.S:* **That got him guessing**, ça l'a intrigué; ça lui a mis la puce à l'oreille. **7.** *F:* (*Only in perf.*) **Have got.** (*a*) Avoir. **What have you got there?** qu'avez-vous là? *I haven't got any*, je n'en ai pas. *What have you got to say?* qu'avez-vous à dire? **What's that got to do with it?** qu'est-ce que cela y fait? *He's got measles*, il a la rougeole. *You've got the meaning all right*, vous avez bien saisi le sens; c'est bien là le sens. *F:* **You've got it!** vous avez deviné! vous y êtes! (*b*) **You have got to do it**, il faut absolument que vous le fassiez. *It has got to be done*, il faut que cela se fasse. *The rich have not got to work*, les riches n'ont pas besoin de travailler, n'ont pas à travailler. *We've got to look sharp*, il s'agit de faire vite. **8.** *Min:* Exploiter, extraire (du charbon, etc.). **9.** (*Beget*) (*Of animals, A: of men*) Engendrer. *Breed: Gladiator got by Monarch out of Gladia*, Gladiateur par Monarch et Gladia. **10.** *v.pr. A:* **Get thee gone**, va-t'en. *Get thee behind me, Satan!* éloigne-toi de moi, Satan!

II. **get**, *v.i.* **1.** (*a*) Devenir (riche, gras, etc.). **To get old**, devenir vieux, se faire vieux, vieillir. **To get grey**, grisonner. **I am getting used to it**, je commence à m'y habituer, à m'y accoutumer, à m'y faire. **To get angry**, se mettre en colère. **To get better**, se remettre. *See also* BETTER[1] 2. *Flowers are getting scarce*, les fleurs *f* se font rares. *It is getting late*, il se fait tard. *It is getting dark*, il commence à faire sombre. (*b*) **To get dressed**, s'habiller. **To get married**, (i) se marier, (ii) se faire épouser. *To get shaved*, (i) se raser; se faire la barbe; (ii) se faire raser. *To get killed*, se faire tuer. *To get drowned skating*, se noyer en patinant. *To get caught*, se laisser prendre (par la police, etc.); se trouver pris (dans une machine, etc.); être pris (dans une tempête). *I got caught in a shower*, j'ai été surpris par une averse. *Motor cars are getting called simply cars*, les automobiles sont en voie d'être dénommées simplement des voitures. *That vase will get broken*, ce vase-là se cassera, va être cassé. *One of the servants got dismissed*, un des domestiques a reçu son congé. *Everything gets known*, tout se sait. **To get done, finished, with sth.**, en finir avec qch. (*c*) **To get doing sth.**, se mettre à faire qch. **To get talking with s.o.**, entrer en conversation avec qn. *We got talking of the future*, nous en vînmes à parler de l'avenir. *See also* GO[2] 2. **2.** (*a*) Aller, arriver, se rendre (*to a place, etc.*, à un endroit, etc.). *I expect he'll get here to-morrow*, je pense qu'il arrivera (ici) demain. *How is one to get there?* comment fait-on pour y aller? *How does one get to the rear seats?* comment accède-t-on aux places arrière? *At last the rescuers got to him*, enfin les sauveteurs sont parvenus jusqu'à lui. *How can I get to town?* pour aller en ville, s'il vous plaît? *We shall get there shortly*, nous y arriverons bientôt. *Shall we get there in time?* arriverons-nous à temps? *U.S: F:* **To get there**, arriver, réussir. *He is well-known to-day, but it took him a long time to get there*, il est connu aujourd'hui mais il lui a fallu du temps. *With courage we can get anywhere*, avec du courage on arrive à tout. *F:* **We're not getting anywhere, we're getting nowhere**, nous tapons dans le vide; nous n'aboutissons à rien. **To get to the top of a tree**, gagner le haut d'un arbre. *See also* TREE[1] 1. **Where have you got to with your work?** où en êtes-vous dans votre travail? *I had got thus far when . . .*, j'en étais (arrivé) là lorsque. . . . *He got as far as saying . . .*, il a été jusqu'à dire. . . . **We got on (to) the subject of divorce**, nous en sommes venus à parler du divorce. *See also* NERVE[1] 1. **Where has that book got to?** où est-ce que ce livre a passé? où ai-je, a-t-on, fourré ce livre? *I can't think where he has got to*, je ne sais pas du tout ce qu'il est devenu. *U.S: P:* **Get!** va-t'en! fiche le camp! *See also* POINT[1] I. 3. (*b*) Se mettre. *To get within s.o.'s reach*, se mettre à la portée de qn. *To get behind a tree*, se mettre derrière un arbre. **To get to work**, se mettre à l'œuvre. **To get to bed**, aller se coucher. (*c*) **To get to do sth.**, finir par, en arriver à, faire qch. *You will get to like him*, à la longue il vous plaira; vous arriverez à l'aimer; vous finirez par l'aimer. *To get to know sth.*, apprendre qch. *When once you get to know him*, quand on le connaît mieux. *They got to be friends*, ils devinrent amis.

get about, *v.i.* **1.** (*Of pers.*) Circuler. (*Of invalid*) **To get about again**, être de nouveau sur pied. *He can't get about yet*, il ne peut pas encore sortir. *With a car you can get about quickly*, avec une auto on circule vite, on voyage vite. *He gets about a great deal*, il voyage, se déplace, beaucoup. *She gets about to parties a good deal*, elle va souvent dans le monde; elle sort beaucoup. **2.** (*Of news*) Se répandre, circuler, s'ébruiter. *It's getting about that he is marrying Miss X*, le bruit court qu'il épouse Mlle X. *It's sure to get about*, cela se saura certainement. *I don't want it to get about*, je ne veux pas que cela s'ébruite.

get above, *v.i.* Se mettre au-dessus de (son entourage, etc.). *See also* ABOVE 1 (*e*).

get across. 1. *v.i.* (Arriver à) traverser (une plaine); (arriver à) passer (une rivière). *Th: F:* **The play failed to get across (the footlights)**, la pièce n'a pas passé la rampe. **2.** *v.tr.* Faire passer (qn, qch.). *Th: F:* **To get the play, a song, etc., across (the footlights)**, se mettre en sympathie avec la salle. *They couldn't get it across*, la salle est restée froide.

getting across, *s.* Traversée *f* (d'une plaine); passage *m* (d'une rivière, etc.).

get along. 1. *v.i.* (*a*) S'avancer (dans son chemin). *F: It's time for me to be getting along*, il est temps que je parte. *F:* **Get along (with you)!** (i) allez-vous-en! filez! (ii) allons donc! vous plaisantez! (*b*) Faire des progrès (dans son travail, etc.); faire du chemin. *Get along with your work!* occupez-vous de votre travail! *Are you getting along all right?* est-ce que ça marche? **To be getting along nicely**, être en bonne voie. *We're getting along nicely*, ça va comme sur des roulettes. *How are you getting along with your French?* et votre français, cela avance-t-il? *I can't get along with so little money*, je ne peux pas me tirer d'affaire avec si peu d'argent. **To get along without s.o., sth.**, se passer de qn, de qch. (*c*) **To get along with s.o.**, faire bon ménage, s'accorder, avec qn. *They get along very well*, ils s'accordent très bien. **2.** *v.tr.* Faire avancer (qn, qch.). *We got him along to the hospital*, nous l'avons amené, transporté, à l'hôpital.

get at, *v.i.* **1.** Parvenir à, atteindre (un endroit). **Difficult to get at**, (endroit) peu accessible, difficile à atteindre, d'un accès difficile. *I have forgotten my key and cannot get at my books*, j'ai oublié ma clef et ne peux pas prendre mes livres. **To get at the root of the trouble**, trouver la racine du mal. *We must get at the truth*, il faudra démêler la vérité. *That's what I want to get at*, c'est là que je veux en venir. *F:* **What are you getting at?** (i) où voulez-vous en venir? (ii) qu'est-ce que vous voulez insinuer? *I see what you are getting at*, je vous vois venir. *You're trying to get at something, and there's nothing to get at*, vous voulez pénétrer le secret; or il n'y a pas de secret. *The dog could not get at me*, le chien ne pouvait pas arriver jusqu'à moi. *If I can get at him*, (i) si je peux arriver jusqu'à lui; (ii) si je peux l'atteindre. **Let me get at him!** si jamais il me tombe sous les pattes! **2.** (*a*) Accéder jusqu'à (qn). *Minister difficult to get at*, ministre *m* d'un accès difficile, peu accessible, difficilement accessible. (*b*) *F:* **To get at a witness**, suborner, travailler, un témoin. *The witnesses, the press, had been got at*, on avait acheté les témoins, la presse. **3.** (*a*) *F:* Faire des sorties contre (qn). **Who are you getting at?** à qui en avez-vous? après qui en avez-vous? (*b*) Imposer à la crédulité de (qn); *F:* "avoir" (qn).

get away. 1. *v.i.* (*a*) Partir, déloger. *To get away early from a reception*, quitter une réception de bonne heure. *We did not get away till ten o'clock*, nous n'avons pas pu partir avant dix heures. *To get away from the office for a day*, parvenir à s'absenter de son bureau pour un jour. *To get away for the holidays*, partir en vacances. *Get away (from here)!* ôte-toi d'ici! éloignez-vous d'ici! *F:* **Get away with you!** allons donc! vous plaisantez! je n'en crois rien! (*b*) (*Of prisoner, etc.*) S'échapper, se sauver. *They got away to the mountains*, ils gagnèrent les montagnes. **To get away from one's environment**, échapper, se soustraire, à son entourage. *There's no getting away from him*, on ne peut pas s'en débarrasser; *F:* on ne voit que lui. *F:* **There's no getting away from it**, il n'y a pas à sortir de là; il faut bien l'admettre. (*In cycle racing*) **To get away from a rival**, semer un concurrent. (*c*) *Aut:* Démarrer. (*d*) *The burglars got away with £1000*, les cambrioleurs ont raflé £1000. *F:* **To get away with it**, faire accepter la chose, rallier tout le monde à sa manière de voir, de faire; réussir. *He won't get away with it,* il ne le portera pas au ciel; il ne l'emportera pas en paradis. *You won't get away with that excuse,* vous ne vous en tirerez pas avec cette excuse-là; vous ne leur ferez pas avaler cette excuse-là. **2.** *v.tr.* (*a*) Arracher (*sth. from s.o.,* qch. à qn). (*b*) Éloigner (qn). *The party went on till midnight but I managed to get her away at eleven,* la soirée s'est prolongée jusqu'à minuit, mais j'ai réussi à l'emmener à onze heures. *He was got away to France,* on l'a fait passer en France. *We got her away from this dreadful sight,* nous l'avons entraînée loin de ce spectacle horrible.

'get-away, *s.* **1.** *U.S:* Fuite *f.* **To make one's get-away,** s'enfuir, s'évader. **2.** (*a*) *Rac:* (i) Départ *m* (d'un concurrent); démarrage *m* (d'un coureur); (ii) échappée *f.* (*b*) *Aut:* Démarrage. **Smart get-away,** départ nerveux; bonne accélération. *A motor cycle has a smarter get-away than a car,* une motocyclette a plus de nervosité qu'une auto, démarre plus vite qu'une auto. **3.** *Ven:* Débucher *m.*

getting away, *s.* **1.** (*a*) Départ *m.* (*b*) Fuite *f* (d'un prisonnier, etc.); évasion *f.* **2.** *Aut:* Démarrage *m.*

get back. 1. *v.i.* (*a*) Reculer. (*b*) Revenir, retourner. **To get back home,** rentrer chez soi. *To get back into one's car,* remonter dans son auto. *To get back to bed,* se recoucher. *To get back to nature,* retourner à la nature. **2.** *v.tr.* (*a*) Se faire rendre (qch.); rentrer en possession de (qch.); retrouver (un objet perdu); regagner (l'estime publique, le temps perdu, des partisans, etc.); recouvrer (ses biens); reprendre (ses forces). *Try to get that letter back,* tâchez de ravoir cette lettre. *I want to get my money back,* je voudrais rentrer dans mes fonds. *I got my money back,* on m'a remboursé. *Now that I've got you back,* maintenant que vous voilà de retour, que vous m'êtes revenu. **To get one's own back,** (i) recouvrer ce qui vous appartient; (ii) *F:* prendre sa revanche (*from s.o.,* sur qn). *I'll get my own back on you!* vous ne perdrez pas pour attendre! *U.S:* **To get back at s.o.,** rendre la pareille à qn. (*b*) Faire revenir (qn). (*c*) *I've got it off, out, and now I can't get it back,* je l'ai ôté, sorti, et maintenant je n'arrive pas à le remettre, à le replacer. **To get sth. back into its box,** faire rentrer qch. dans sa boîte. *We must get the trunk back to the garret, to London,* il faut remonter la malle à la mansarde; il faut (trouver moyen de) renvoyer la malle à Londres.

getting back, *s.* **1.** Retour *m* (chez soi). **2.** Rentrée *f* en possession (*of,* de); recouvrement *m* (de fonds); reprise *f* (de qch.).

get beyond, *v.i.* Dépasser (qch.).

getting beyond, *s.* Dépassement *m.*

get by, *v.i.* Passer. *There was not enough room to get by,* il n'y avait pas assez de place pour passer.

get down. 1. *v.i.* (*a*) Descendre (*from, off,* de). (*A child asks*) *Please, may I get down?* est-ce que je peux quitter la table? **To get down on one's knees,** se mettre à genoux. (*b*) *F:* **To get down to one's work,** se mettre à l'ouvrage pour de bon. *Once you get down to it,* quand on s'y met. **To get down to the facts,** en venir aux faits. (*c*) (*To dog*) **Get down! à bas les pattes!** **2.** *v.tr.* (*a*) Descendre (un livre d'un rayon, etc.); décrocher (son chapeau d'une patère). *Nau:* Amener (une voile, une vergue). (*b*) **To get sth. down** (*on paper*), noter qch. par écrit. *I could not get all his speech down,* je n'ai pas pu prendre tout son discours. (*c*) Abattre, descendre (une perdrix, un avion). (*d*) Avaler (une bouchée, etc.). *I couldn't get it down,* je ne pouvais pas l'avaler, le faire passer.

get forward, *v.i.* **1.** Avancer. **To get forward with one's work,** avancer dans sa besogne. **2.** *Row:* Retourner sur l'avant.

getting forward, *s. Row:* Retour *m* sur l'avant.

get in. I. *v.i.* **1.** (*Prepositional use*) *F:* = GET INTO 1 (*a*). **2.** (*Adverbial use*) (*a*) Entrer. *We got in about twelve o'clock,* nous sommes rentrés (chez nous) vers minuit. *The door was locked, but he got in through the window,* la porte était fermée à clef, mais il est parvenu à entrer par la fenêtre. *The train, car, is starting, you must get in,* on part, on démarre, il faut monter (en wagon, en voiture). *The water had got in everywhere,* l'eau avait pénétré, s'était introduite, partout. *If the train gets in up to time,* si le train arrive à l'heure. (*b*) *I could only just get in,* c'est à peine si j'ai pu m'y glisser. *To get in between two people,* s'introduire, se glisser, entre deux personnes. (*c*) *F:* **To get in with s.o.,** s'insinuer dans les bonnes grâces de qn; se mettre sur un bon pied avec qn; s'assurer ses entrées chez qn. *To get in with a firm,* entrer en relations suivies avec une maison. (*d*) *Pol:* **To get in for a constituency,** être élu député pour une circonscription. *He is sure to get in,* il sera certainement élu. *The Conservative Party got in,* le parti conservateur accéda au pouvoir.

II. **get in,** *v.tr.* **1.** Rentrer. *Nau:* **To get a boat in,** rentrer une embarcation. **To get in the crops, the corn, the harvest,** rentrer la moisson; engranger la récolte. **To get in debts, taxes,** recouvrer des dettes, des impôts. *Taxes difficult to get in,* impôts d'une rentrée difficile. *To get money in,* faire rentrer ses fonds; faire des rentrées d'argent. *To get some coal in,* faire provision de charbon; acheter du charbon. *The tradesmen are getting in their Christmas goods,* les commerçants s'approvisionnent pour Noël. *To get a man in to mend the window,* faire venir un homme pour réparer la fenêtre. **2. To get a blow in,** donner, *P:* flanquer, un coup. **To get a word in,** placer un mot. *See also* EDGEWAYS 2. *If I can get it in* (*in the time*), si je trouve le temps nécessaire pour le faire. **3. To get one's hand in,** se faire la main. *Games:* *To get one's eye in,* assurer son coup d'œil. **4.** Planter, semer (des graines, etc.).

getting in, *s.* Rentrage *m* (de la moisson); rentrée *f* (d'impôts).

get into. 1. *v.i.* (*a*) Entrer dans (une maison); pénétrer dans (un bois, etc.); monter dans (une voiture). *To get into the train,* monter en wagon. *To get into one's car again,* remonter en voiture. *The thieves got into the kitchen,* les voleurs se sont introduits dans la cuisine. **To get into a club,** se faire élire, être élu, membre d'un club. *To get into bad company,* se mettre à fréquenter de mauvaises compagnies; faire de mauvaises connaissances. (*b*) *To get into* (*one's clothes*), mettre (ses habits); endosser (un pardessus, une armure, etc.); enfiler (un maillot de bain, etc.). **To get into a rage,** se mettre en rage. **To get into a bad habit,** acquérir une mauvaise habitude. **To get into the way of doing sth.,** (i) apprendre à faire qch.; (ii) prendre l'habitude de faire qch. *F:* **You soon get into it,** on s'y met, s'y fait, vite. *See also* FIX[1], MISCHIEF 2, TROUBLE[1] 2. **2.** *v.tr.* **To get sth. into sth.,** (faire) (r)entrer, enfoncer, qch. dans qch. *To get the key into the lock,* mettre, entrer, introduire, la clef dans la serrure. *To get an article into a paper,* faire accepter un article par un journal. **To get s.o. into a habit, into the way of doing sth.,** donner une habitude à qn; faire prendre à qn l'habitude de faire qch. *See also* HEAD[1] 2.

getting into, *s.* **1.** Entrée *f* dans (une maison, etc.); admission *f* à (une exposition, etc.). **2. Getting into one's clothes,** mise *f* de ses habits. **3. Getting into bad habits,** acquisition *f* de mauvaises habitudes.

get off. I. *v.i.* **1.** (*Prepositional use*) (*a*) **To get off the table, off a bus,** descendre de la table, d'un autobus. *To get off one's horse,* descendre de cheval, mettre pied à terre. *P:* **Get off it!** en voilà assez! (*Adv. use*) *Tell me where to get off,* dites-moi où descendre. *P:* **To tell s.o. where to get off,** dire ses vérités à qn; rembarrer qn. (*b*) **To get off a duty,** se faire exempter d'une tâche. **2.** (*Adverbial use*) (*a*) Se tirer d'affaire; être acquitté. **To get off easily,** s'en tirer facilement. **To get off with a fine,** en être quitte pour une amende. *You got off cheaply,* vous en avez été quitte à bon compte. *See also* LIGHTLY 2. (*b*) *F:* (*Of girl*) **To get off,** attraper, décrocher, un mari. *At our dance she got off with Jim first shot,* à notre petite sauterie elle a tout de suite fait la conquête de Jim. *He was taken for a young swell who had got off with a girl,* on le prit pour un petit jeune homme en bonne fortune. (*c*) = GET AWAY 1 (*a*). *Av:* S'élever, décoller. (*d*) **To get off to sleep,** s'endormir.

II. **get off,** *v.tr.* **1. To get off one's clothes,** ôter ses vêtements. *I can't get my ring off,* je ne peux pas enlever ma bague. *To get a nut off,* desserrer un écrou. **To get stains off (sth.),** ôter, enlever, faire partir, faire disparaître, des taches (de qch.). **2. To get a shot off,** faire partir un coup de fusil. *To get a speech off,* faire un discours. *To get off a round of a tournament,* jouer une épreuve. **3. To get a parcel, a letter, off,** expédier un colis, une lettre. **4. To get sth. off one's hands,** se débarrasser de qch. **To get one's daughter off (one's hands),** marier, *F:* caser, sa fille. **5.** Faire acquitter (un prévenu); tirer (qn) d'affaire. **6.** *Nau:* Renflouer, déséchouer (un navire). *To get the crew off,* débarquer l'équipage (d'un navire naufragé). **7. To get off fifty lines of Latin,** apprendre par cœur cinquante vers latins.

'get-off, *s.* **1.** *Av:* Décollage *m* (d'un avion). **2.** *F:* Échappatoire *f.*

getting off, *s.* **1.** Acquittement *m* (d'un prévenu). **2.** *Av:* Décollage *m.* **3. Getting off one's clothes,** dévêtissement *m.* **4.** Expédition *f* (d'un colis). **5.** Mariage *m,* placement *m* (de sa fille). **6.** *Nau:* Renflouage *m,* renflouement *m,* déséchouage *m,* déséchouement *m* (d'un navire).

get on. I. *v.tr.* **1.** Mettre (ses souliers, etc.); enfiler (son pardessus). **2. To get a good speed on,** prendre de la vitesse. *See also* MOVE[1] 2. **3.** Faire faire des progrès à (un élève); pousser (un élève).

II. **get on,** *v.i.* **1.** (*Prepositional use*) Monter, se mettre, sur (une chaise, etc.); enfourcher (une bicyclette, etc.). **To get on one's feet,** se mettre debout. *See also* HORSE[1] 1. **2.** (*Adverbial use*) (*a*) S'avancer (vers un endroit). *We must now be getting on,* il est temps de continuer notre route. **To be getting on for forty,** approcher de, aller sur, friser, la quarantaine. **To be getting on (in years),** prendre de l'âge; avancer en âge; être sur le retour; *F:* ne pas être de première jeunesse. *Mary was getting on,* Marie commençait à monter en graine. *Come on, time is getting on,* allons, l'heure s'avance, *F:* l'heure tourne. **It is getting on for twelve,** il approche de minuit, nous ne sommes pas loin de minuit; il n'est pas loin de minuit. *It was getting on for twelve,* c'était sur les minuit. *There are now getting on for 300 boys in the school,* il n'y a maintenant pas loin de 300 élèves à l'école. *It is getting on for three months since we had any news,* ça va faire dans les trois mois qu'on est sans nouvelles. (*b*) Faire des progrès. **To get on in life,** réussir dans la vie. **He will get on (in the world),** il fera son chemin (dans le monde); il arrivera. *He is getting on,* il marche bien. *Peasant who has got on in the world,* paysan devenu monsieur. *Man determined to get on,* homme résolu à faire son chemin; *Pej:* arriviste *m.* *The art of getting on,* l'art de parvenir; l'arrivisme *m.* *How to get on,* le moyen de parvenir. *She was very anxious for her daughter to get on,* elle désirait vivement pousser sa fille. *She'll never get on as a schoolmistress,* elle ne fera jamais une bonne maîtresse d'école. *To get on with one's studies,* faire des progrès dans ses études. *You are getting on nicely,* vous faites des progrès (*with,* en). *Get on with your work!* continuez votre travail! *F:* *Get on with it!* mais allez donc! *To get on with the job,* pousser la besogne. **How are you getting on?** comment allez-vous? comment vont les affaires? comment cela marche-t-il? *How is your cousin getting on?* que devient votre cousin? *How did you get on with your examination?* comment votre examen a-t-il marché? *To let s.o. know how s.o. is getting on,* donner à qn des nouvelles de qn. **To get on without s.o., sth.,** se passer de qn, de qch. (*c*) **To get on (well) with s.o.,** s'accorder, s'entendre, s'accommoder, avec qn; vivre en bonne intelligence avec qn. *We don't get on at all,* nous ne nous entendons pas du tout. *They get on well together,* ils sont bien ensemble; ils font bon ménage. *They don't get on well together,* ils ne font pas bon ménage; il y a du tirage entre eux. *He does not get on with the mayor,* il fait mauvais ménage avec le maire. *Easy to get on with*, commode à vivre. (*d*) *P:* **Get on with you!** allons donc! je n'en crois rien! (*e*) *U.S: F:* **To get on to the trick**, découvrir le truc. **People are beginning to get on to him**, on commence à découvrir son vrai caractère, à voir clair dans ses desseins.

getting on, *s.* **1.** Mise *f* (de ses habits). **2.** Avancement *m*; progrès *m*.

get out. 1. *v.tr.* (*a*) Arracher (une dent, un clou, etc.); tirer, retirer (un bouchon); enlever, faire disparaître (une tache). **To get sth. out of sth.**, faire sortir, tirer, qch. de qch. *To get the juice out of a lemon*, exprimer le jus d'un citron. **To get a notion out of s.o.'s head**, faire sortir une idée de la tête de qn. *I can't get it out of my head*, je ne peux pas me le sortir de l'idée. **To get a secret out of s.o.**, arracher un secret à qn. *I undertake to get the truth out of him*, *F:* je me charge de le confesser. *I can't get anything out of him*, je ne peux rien tirer de lui. *To get money out of s.o.*, tirer de l'argent de qn; *Pej:* soutirer de l'argent à qn. *To get work out of an engine*, (re)tirer du travail d'une machine. *To get so much out of a property*, retirer tant d'une propriété. *All I got out of it was disgrace*, je n'en ai récolté, rapporté, que de la honte. *F:* **To get sth. out of it**, y gagner qch.; y trouver son compte. *See also* NOTHING I. 1. **To get s.o. out of a fix**, tirer qn d'embarras, d'un mauvais pas. *Get me out of this fix!* sortez-moi de cette impasse! **To get s.o. out of a habit**, défaire qn d'une habitude. *I got him out of the habit of gambling*, je lui ai fait perdre l'habitude du jeu. *See also* MESS[1] 3, SCRAPE[1] 2. (*b*) **To get out one's tools**, sortir ses outils. **To get out one's car**, (faire) sortir sa voiture. *He ordered his horses to be got out*, il ordonna que l'on attelât ses chevaux; il fit atteler. **To get out a boat**, mettre une embarcation au dehors, à la mer. *To get out a penknife*, tirer, sortir, un canif de sa poche. **To get out a book**, (i) (*of publisher*) publier un livre; (ii) (*of library-member*) emprunter un livre. **To get out a scheme, a list of . . .**, préparer un devis; rédiger une liste de. . . . *To get out plans*, dresser, lever, des plans. *Com:* **To get out a balance-sheet**, établir, dresser, un bilan. *He could hardly get out a word*, c'est à peine s'il a pu articuler un mot, *F:* s'il a pu sortir un mot. (*c*) Résoudre (un problème). **2.** *v.i.* (*a*) **To get out of sth.**, sortir de qch. *To get out (of a train)*, descendre de train. *To get out of prison*, sortir de prison. *The lion got out of its cage*, le lion s'échappa de sa cage. **The secret got out**, le secret se fit jour. **To get out of s.o.'s clutches**, se dérober à l'étreinte, aux griffes, de qn. **To get out of s.o.'s way**, faire place à qn; se ranger (pour laisser passer qn). *See also* WAY[1] 2. **Get out of here!** fichez-moi le camp! **You must either do it or get out**, *F:* il faut passer par là ou par la porte. *Get out, you fool!* va donc, crétin! *See also* BED[1] 1, DEPTH 2. (*b*) **To get out of a difficulty**, se soustraire à une difficulté; se tirer d'une position difficile. *We've got to get out of this*, il s'agit de nous tirer de là; il s'agit de nous débrouiller. *He got well out of it*, il a eu de la chance de s'en tirer. **To get out of a duty, of doing sth.**, se faire exempter, se faire dispenser, d'une corvée, de faire qch. *There's no getting out of it!* il n'y a pas à sortir de là. *P:* il n'y a pas à tortiller. *Com: F:* **To get out without loss**, couvrir ses frais. *See also* DEBT, TROUBLE[1] 2. (*c*) **To get out of the habit of doing sth.**, se désaccoutumer, perdre l'habitude, de faire qch. (*d*) *P:* **Get out!** assez! ne charrie pas! c'est assez blaguer!

'get-out, *s.* Évasion *f*, échappée *f*.

getting out, *s.* **1.** Arrachage *m*, extraction *f* (d'un clou, etc.). **2.** *Nau:* Mise *f* à la mer (d'une embarcation). **3.** (*a*) Publication *f* (d'un livre). (*b*) Établissement *m* (d'un bilan).

get over. 1. *v.i.* (*a*) Franchir, escalader, passer par-dessus (un mur, etc.). *To get over a lot of ground*, parcourir beaucoup, pas mal, de terrain. *Th: F:* **The play failed to get over**, la pièce n'a pas passé la rampe. (*b*) **To get over an illness**, se remettre, guérir, revenir, d'une maladie. *To get over a serious illness*, réchapper d'une maladie. *He won't, will never, get over it*, il n'en guérira pas; il ne se rétablira pas; il ne s'en relèvera pas. *To get over one's losses*, se consoler de ses pertes. *She cannot get over her loss*, elle est inconsolable de sa perte. *To get over one's shyness, one's difficulties*, vaincre, revenir de, sa timidité; venir à bout de, triompher de, surmonter, ses difficultés. *To get over a bad habit*, se défaire d'une mauvaise habitude. *To get over one's surprise, an alarm*, revenir de sa surprise; se remettre d'une alerte. *He can't get over it*, il n'en revient pas; il ne revient pas de son ahurissement; il en reste tout ahuri. *It will take him a long time to get over it*, il s'en ressentira longtemps. *I can't get over his having failed*, je n'en reviens pas qu'il ait échoué. *To get over one's infatuation for s.o.*, se désamouracher de qn. (*c*) *F:* **To get over s.o.**, enjôler qn. **2.** *v.tr.* (*a*) Faire passer (qch.) par-dessus (un mur, etc.). *Th: F:* **To get the play over**, gagner à soi la salle. (*b*) **To get sth. over**, en finir avec qch. *Let's get it over at once*, finissons-en tout de suite. *It is best to get it over*, il vaut mieux en finir; *F:* il ne faut pas prendre la médecine en plusieurs verres.

getting over, *s.* **1.** Franchissement *m* (d'un mur); parcours *m* (d'un terrain). **2.** Guérison *f* (d'une maladie, etc.).

get round. 1. *v.i.* (*a*) Tourner (un coin, un obstacle). *To get round the world*, faire le tour du monde. *To get round one lap (in a race)*, faire un tour de piste. *To get round to every boy in a class, every patient in a ward*, interroger, voir le travail de, chaque élève dans une classe; visiter chaque malade dans une salle. (*b*) = GET ABOUT 2. (*c*) Tourner (une difficulté); contourner, tromper (la loi). *F:* **To get round s.o.**, enjôler, entortiller, embobeliner, embobiner, emberlificoter, emmitonner, enguirlander, qn. *To know how to get round s.o.*, savoir prendre qn. *I got round them at last*, j'ai fini par les persuader. **2.** *v.tr.* **To get s.o. round**, faire reprendre connaissance à qn.

get through. I. *v.i.* **1.** (*Prepositional use*) (*a*) Passer par (un trou, une fenêtre); se frayer un chemin à travers (la foule); arriver à traverser (une forêt). *To get through the hedge*, traverser la haie; passer à travers la haie. (*b*) Accomplir, achever, arriver au bout de (sa tâche, etc.); achever (un livre). **To get through a lot of work**, abattre de la besogne; *P:* en abattre. *She soon got through her washing*, elle a eu bientôt torché sa lessive. **To get through the day**, faire passer la journée. *I shall never get through all this meat*, je ne viendrai jamais à bout de toute cette viande. **To get through one's fortune**, manger toute sa fortune. **To get through an examination**, être reçu, admis, à un examen; passer un examen. **2.** (*Adverbial use*) (*a*) Parvenir à franchir un obstacle. *To get through to a beleaguered town*, percer, franchir, la ligne des assiégeants. *The news got through to them*, la nouvelle leur est parvenue. (*b*) (*Of candidate*) Passer; être reçu. *He got through successfully*, il s'en est tiré avec succès. (*c*) *Pol:* **Bill that will never get through**, projet *m* de loi qui ne passera jamais. (*d*) *Tp:* **To get through (to s.o.)**, obtenir la communication (avec qn). (*e*) **To get through with sth.**, en finir avec qch.; terminer (un travail, un livre); mener à bien (un travail).

II. **get through**, *v.tr.* **To get a bill through (Parliament)**, faire adopter un projet de loi. **To get a pupil through (his examination)**, assurer le succès d'un élève. *He gets all his pupils through*, ses élèves n'échouent jamais. *It was his mathematics that got him through*, c'est à ses mathématiques qu'il doit d'avoir été reçu.

getting through, *s.* **1.** Passage *m* (par un trou). **2.** Admission *f*, succès *m* (à un examen).

get together. 1. *v.i.* (*a*) Se réunir, se rassembler. (*b*) (*Of a number of people*) Se mettre d'accord. **2.** *v.tr.* Rassembler, ramasser (des objets); rassembler, réunir (des amis, etc.). *Let me get my thoughts together*, laissez-moi rassembler mes idées.

getting together, *s.* Rassemblement *m*; réunion *f*; ramassage *m* (de ses outils).

get under. 1. *v.i.* **To get under sth.**, (i) passer par-dessous qch.; (ii) se mettre, se glisser, sous qch. **2.** *v.tr.* **To get one's opponent under**, mettre son adversaire dessous; maîtriser son adversaire. **To get a fire under**, se rendre maître d'un incendie.

get up. I. *v.i.* **1.** (*Prepositional use*) **To get up a ladder, etc.**, monter à une échelle, etc. *To get up a hill*, gravir une pente. **2.** (*Adverbial use*) (*a*) **To get up behind s.o.** (*on horse*), monter en croupe derrière qn. (*b*) **To get up to s.o.**, arriver à la hauteur de qn. *To get up to Chapter V (in book)*, arriver au chapitre V. *Where have you got up to?* où en êtes-vous? (*c*) Se mettre debout, se lever. *Get up!* debout! levez-vous! *To get up from a chair, from the table*, se lever de sa chaise, de table. *To get up from one's knees*, se relever. (*d*) Se lever (du lit). *It is time to get up*, il est temps de se lever. (*e*) **To get up to mischief**, faire des malices, des siennes. (*f*) (*Of wind*) Se lever, s'élever; (*of sea*) grossir. *Nau: The sea is getting up*, la mer se fait. (*g*) *Cr:* (*Of ball*) Rebondir haut.

II. **get up**, *v.tr.* **1.** (*Prepositional use*) *To get s.o. up a tree, up a hill*, faire monter qn à un arbre; faire gravir une colline à qn. **2.** (*Adverbial use*) (*a*) *To get a trunk up to the attic*, monter une malle au grenier. *To get up a sunken vessel*, relever un navire coulé. *Nau:* **To get a mast up**, gréer un mât. *See also* BACK[1] I. 1, MONKEY[1] 1, STEAM[1]. (*b*) Faire lever (qn). (*c*) Organiser, arranger (une fête, etc.); monter (une pièce de théâtre); concerter (un complot); fomenter (une querelle); fabriquer (une histoire, etc.). *Badly got-up play*, pièce mal montée. *The part of the hall got up as a stage*, la partie de la salle qui figure la scène. *See also* SUBSCRIPTION 2. (*d*) Apprêter (un article de commerce, etc.). *Com:* **To get up an article for sale**, habiller un article pour la vente. *Nicely got-up article*, article de bonne façon, bien tourné. *The book is well got up*, le livre est bien présenté. *Laund:* **To get up a shirt**, blanchir, apprêter, une chemise. (*e*) Préparer, travailler (un sujet d'examen); s'initier rapidement à (une matière); se mettre à même de passer un examen dans (une matière). *To get up a lecture*, préparer une conférence. (*f*) **To get (oneself) up**, se faire beau, se faire belle; s'endimancher, s'attifer. *F:* **Got up like a duchess**, parée comme une duchesse. *P:* **Got up regardless (of expense)**; **got up to the nines**; **got up to kill**, sur son trente et un; sur son grand tralala; parée de tous ses atours. *To get oneself up in sth.*, s'accoutrer de qch. **To get oneself up as a woman**, se déguiser, s'habiller, en femme. *He had got himself up as a sailor*, il s'était travesti en marin. *To get a child up as a clown*, déguiser, habiller, un enfant en clown. (*g*) **To get oneself up**, se maquiller.

'get-up, *s.* **1.** (*a*) Habillement *m*, tenue *f*, toilette *f*, mise *f*; *Pej:* affublement *m*, attifement *m*, accoutrement *m*. **What a get-up!** comme la voilà attifée! (*b*) Déguisement *m*. (*c*) Maquillage *m*. **2.** Apprêt *m* (du linge, etc.); facture *f*, façon *f*, présentation *f*, aspect *m* (d'un livre); *Com:* habillage *m* (de marchandises). *Th:* **Get-up of a play**, mise *f* en scène, présentation, d'une pièce. *The general get-up of the volume is attractive*, l'ouvrage est bien présenté. **3.** *U.S: F:* Entrain *m*, allant *m*.

got up, *a.* **1.** *F:* = PUT-UP 1. **2.** (*Of pers.*) (*a*) Attifé. (*b*) Maquillé.

getting up, *s.* **1.** Lever *m*. **The getting-up bell**, la cloche du lever. **2.** *Nau:* Gréage *m* (d'un mât). **3.** (*a*) Organisation *f* (d'une fête); montage *m* (d'une pièce de théâtre); fomentation *f* (d'une querelle); fabrication *f* (d'une histoire). (*b*) Préparation *f* (d'une conférence, d'un sujet d'examen). (*c*) Apprêt *m* (d'un article de commerce); présentation *f* (d'un livre). **4.** (*a*) Attifage *m*. (*b*) Maquillage *m*.

getting, *s.* **1.** (*a*) Acquisition *f*. *The g. of Sophia's ticket took a long time*, on fut un temps interminable (i) à prendre le billet de Sophie, (ii) à se procurer un billet pour Sophie. (*b*) Extraction *f* (de la houille, etc.). **2.** Mise *f* (de qch. dans un certain état, dans un certain endroit). **Getting dressed**, habillement *m*. **Getting married**, mariage *m*. **Getting to bed**, coucher *m*.

'get-rich-'quick, *a.* *F:* (Projet) qui promet monts et merveilles; (homme) qui ne songe qu'à la fortune.

'get-there, *a.* **Get-there policy**, (i) politique *f* qui ne considère que le but à atteindre; (ii) politique d'arrivisme.

Getae ['gi:ti:], *s.pl. A.Hist:* Gètes *m.*
get-at-able [get'atəbl], *a. F:* Accessible; d'accès facile.
get-at-ableness [get'atəblnəs], *s. F:* Accessibilité *f.*
Gethsemane [geθ'seməni]. *Pr.n. B.Hist:* Gethsémani *m.*
gettable ['getəbl], *a.* **1.** Procurable. **2.** *Min:* (Houille *f*) exploitable.
getter ['getər], *s.* **1.** (*a*) Acquéreur *m.* (*b*) *Min:* Piqueur *m*; ouvrier *m* à la veine. (*c*) *Breed:* Père *m.* **2. Getter-up.** (*a*) Organisateur, -trice (d'une fête); promoteur, -trice (d'une entreprise). (*b*) Compilateur, -trice (d'un livre, etc.).
Getulia [dʒi'tju:lia]. *Pr.n. A.Hist:* La Gétulie.
Getulians [dʒi'tju:liənz], *s.pl. A.Hist:* Gétules *m.*
geum ['dʒi:əm], *s. Bot:* Benoîte *f.*
gewgaw ['gju:gɔ:], *s.* **1.** Colifichet *m*, fanfreluche *f*, brimborion *m*, affûtiau *m*, affiquet *m.* **2.** Bagatelle *f*, babiole *f. pl.* **Gewgaws,** afféteries *f.*
geyser[1] ['geizər, 'gaizər, 'gi:zər], *s.* **1.** *Geol:* Geyser *m. See also* MUD-GEYSER. **2.** Chauffe-bain(s) *m*, *pl.* chauffe-bains; chauffe-eau *m inv* à gaz.
geyser[2] ['gi:zər], *s.* = GEEZER.
geyserite ['geizərait], *s. Miner:* Geysérite *f.*
ghastliness ['gɑ:stlinəs], *s.* **1.** Horreur *f* (d'un crime); aspect *m* horrible, sinistre (de qch.). **2.** Pâleur mortelle.
ghastly ['gɑ:stli]. **1.** *a.* (*a*) Horrible, effroyable, effrayant, affreux, épouvantable. *F:* **Ghastly mistake,** erreur *f* effroyable, abominable. *P: What a g. nuisance!* c'est bigrement embêtant! (*b*) Blême. **Ghastly paleness,** pâleur mortelle. *G. light,* lumière spectrale, blafarde. *He looked g.*, il avait l'air d'un déterré; il avait une mine de déterré. **Ghastly smile,** sourire affreux à voir. **2.** *adv.* (*a*) Horriblement, effroyablement, affreusement. *F: She has g. bad taste,* elle est absolument dépourvue de goût. (*b*) **Ghastly pale,** pâle comme un mort; blême.
gha(u)t [gɔ:t]. **1.** *s.* (*In India*) Ghât *m.* **Burning-ghat,** palier *m* de crémation. **2.** *Pr.n.pl. Geog:* **The Gha(u)ts,** les Ghâtes *f.*
ghawazee [ga'wɑ:zi], *s.pl.* (*In Egypt*) Ghawâzî *f*; danseuses *f* des rues.
ghazeeyeh [ga'zi:jə], *s.f.* (*In Egypt*) Ghaziyeh; danseuse des rues.
Gheber ['geibər], *s. Rel.Hist:* Guèbre *mf.*
ghee [gi:], *s. Cu:* Ghee *m*, ghy *m.*
Ghent [gent]. *Pr.n. Geog:* Gand *m.*
gherkin ['gə:rkin], *s.* Cornichon *m. Cu:* **Pickled gherkins,** cornichons confits (au vinaigre).
ghetto ['geto], *s.* Ghetto *m.*
Ghibelline ['gibelain, -lin], *a. & s. Hist:* Gibelin, -ine.
ghost[1] [goust], *s.* **1.** *A:* Âme *f.* (*Still so used in*) **To give up the ghost,** rendre l'âme; expirer. **2. The Holy Ghost,** le Saint-Esprit. **3.** (*a*) Fantôme *m*, spectre *m*, revenant *m*, ombre *f*, apparition *f. To believe in ghosts,* croire aux revenants. *There are ghosts in the red room,* il y a des revenants dans la chambre rouge. *I've seen a g.*, un spectre m'est apparu. *F: You look as if you'd seen a g.*, vous avez l'air d'un déterré. **To raise a ghost,** évoquer un esprit. **To lay a ghost,** conjurer, exorciser, un esprit. *Th: P:* **The ghost walks,** on touche les appointements; c'est aujourd'hui la Sainte-Touche. *Attrib.* **Ghost ship,** vaisseau *m* fantôme. (*b*) *F:* **To be the mere ghost of one's former self,** n'être plus que l'ombre de soi-même. **Not the ghost of a chance, of a doubt,** pas la moindre chance; pas l'ombre d'un doute. *I haven't the g. of a notion,* je n'en ai pas la moindre idée. **Ghost of a smile,** sourire *m* vague. *To put on a g. of a smile,* esquisser, ébaucher, un sourire; faire l'ébauche d'un sourire. *See also* WHITE[1] I. 2. **4.** *F:* Collaborateur, -trice, anonyme. (*a*) Nègre *m* (d'un auteur, etc.). (*b*) Écrivain *m* à la plume faite qui rédige les mémoires, etc., que signera un autre. **5.** *Opt:* Spectre *m* secondaire; image blanche. *Phot:* = FLARE[1] I (*c*).
'**ghost-moth,** *s. Ent:* Hépiale *m* du houblon.
'**ghost-story,** *s.* Histoire *f* de revenants.
'**ghost-word,** *s.* Mot *m* fantôme; mot qui traîne dans les dictionnaires, qui n'a jamais été employé, et qui doit son origine à une faute d'impression, à un malentendu populaire, etc.
ghost[2], *v.i.* **1.** Servir de nègre (*for an author, etc.*, à un écrivain, etc.). **2.** Prêter sa plume à qn qui n'a pas l'habitude d'écrire; prêter à qn une collaboration anonyme. *v.tr. His memoirs have been very ably ghosted,* pour la rédaction de ses mémoires il s'est assuré la collaboration d'un excellent écrivain.
ghostlike ['goustlaik]. **1.** *a.* Spectral, -aux; de spectre. **2.** *adv.* Comme un spectre.
ghostly ['goustli], *a.* **1.** *A:* (Conseil, directeur) spirituel. *Ecc: A:* **Ghostly father,** confesseur *m.* **Our ghostly enemy,** l'ennemi *m* du genre humain. **2.** Spectral, -aux; de fantôme. *G. shadows across the path,* des ombres spectrales qui se projettent en travers du chemin.
ghoul [gu:l], *s.* **1.** *Myth:* Goule *f*, strige *f*, vampire *m.* **2.** *F:* (*Body-snatcher*) Déterreur *m* de cadavres; *P:* corbeau *m.*
ghoulish ['gu:liʃ], *a.* De goule; *F:* vampirique. *G. humour,* esprit *m* macabre.
ghoulishness ['gu:liʃnəs], *s.* Appétits *mpl* de goule; férocité *f* vampirique ou macabre.
ghyll [gil], *s.* = GILL[3].
giant ['dʒaiənt]. **1.** *s.* Géant *m*, *F:* colosse *m. Gym:* **Giant's stride, giant-stride,** vindas *m*; pas *m* de géant; course volante. *Geog:* **The Giant's Causeway,** la Chaussée des Géants. *See also* JACK[1] I. 1, KETTLE 2. **2.** *a.* (Chêne, etc.) géant, gigantesque. **Giant woman** (*at fair*), femme *f* colosse. *To advance* **with giant strides,** avancer à pas de géant. *See also* CRANE[1] 2, SALAMANDER 1.
'**giant-powder,** *s. Exp:* Poudre géante.
giantess ['dʒaiəntes], *s.f.* Géante.
giantism ['dʒaiəntizm], *s. Med:* Géantisme *m*, gigantisme *m.*
giantlike ['dʒaiəntlaik], *a.* Gigantesque; de géant.
giaour ['dʒauər], *s.* Giaour *m.*
gib[1] [dʒib], *s.* **1.** *Mec.E:* Contre-clavette *f*, *pl.* contre-clavettes. **Gib and cotter,** clavette *f* et contre-clavette. **2. Mitre-box gib,** lardon *m* de guidage de la boîte à onglets.
'**gib-headed,** *a.* (Clavette *f*) à mentonnet.
gib[2], *v.tr.* (gibbed) Claveter.
gibber[1] ['dʒibər], *s.* (*a*) Sons inarticulés (du singe, etc.); cris inarticulés. (*b*) Baragouin *m.*
gibber[2], *v.i.* (*a*) Produire des sons inarticulés (comme un singe, un idiot). *F: He was gibbering with rage,* il bégayait de rage. (*b*) Baragouiner.
gibbering[1], *a.* (Singe *m*, etc.) qui pousse des cris, qui produit des sons imitant la parole. **Gibbering idiot,** (i) idiot aphasique; (ii) *F:* espèce *m* d'idiot, sacré idiot.
gibbering[2], *s.* Baragouinage *m*; *Med:* alogie *f.*
gibberish ['gibəriʃ], *s.* Baragouin *m*, charabia *m.*
gibbet[1] ['dʒibet], *s.* Gibet *m*, potence *f*; fourche *f* patibulaire. *F: He'll end up on the g.*, il finira par être pendu.
gibbet[2], *v.tr.* (*a*) Pendre (un criminel). (*b*) Attacher, pendre, (un cadavre) au gibet. (*c*) *F:* **To gibbet a public man,** clouer au pilori un homme public.
gibbon ['gibən], *s. Z:* Gibbon *m.*
gibbose [gi'bous], **gibbous** ['gibəs], *a.* **1.** Gibbeux, convexe. *The g. portions of the moon,* les parties gibbeuses de la lune. **2.** (*Of pers.*) Bossu.
gibbosity [gi'bɔsiti], *s.* Gibbosité *f*, bosse *f.* **Gibbosities of the moon,** parties gibbeuses de la lune.
gibe[1] [dʒaib], *s.* Raillerie *f*; plaisanterie acérée; moquerie *f*; sarcasme *m*; quolibet *m*, brocard *m*; trait *m* de médisance, de satire; *A:* lardon *m.*
gibe[2], *v.tr. & i.* **To gibe (at) s.o.,** railler qn; se moquer de qn; lancer des brocards à qn; brocarder qn; poursuivre qn de quolibets, de railleries.
gibing, *a.* Railleur, moqueur. **-ly,** *adv.* D'un ton de sarcasme; d'un ton railleur.
Gibeon ['gibiən]. *Pr.n.m. B.Geog:* Gabaon.
Gibeonite ['gibiənait], *s.* (*a*) *B.Hist:* Gabaonite *mf.* (*b*) *F:* Être *m* voué aux plus viles tâches; esclave *mf*; ilote *m.*
giber ['dʒaibər], *s.* Railleur, -euse; moqueur, -euse.
giblets ['dʒiblets], *s.pl.* Abatis *m* (de volaille).
Gibraltar [dʒi'brɔ:ltar]. *Pr.n. Geog:* **The Straits of Gibraltar,** le Détroit de Gibraltar.
gibus ['dʒaibəs], *s. Cost:* Gibus *m*, claque *m.*
gid [gid], *s. Vet:* Tournis *m* (des moutons).
giddiness ['gidinəs], *s.* **1.** Étourdissement *m*, vertige *m*; tournement *m* de tête. *To have fits of g.*, avoir des étourdissements, des vertiges, des éblouissements. **2.** (*a*) Étourderie *f.* (*b*) Frivolité *f* (de caractère); légèreté *f.*
giddy[1] ['gidi], *a.* **1.** (*a*) Étourdi. **To be, feel, turn, giddy,** *F:* **to come over giddy,** être tout étourdi; être pris de vertige; avoir un éblouissement, un étourdissement. *I feel g.*, la tête me tourne; tout tourne autour de moi. *It makes me (feel) g.*, cela me donne le vertige. (*b*) Vertigineux, qui donne le vertige. *At this g. height,* à cette hauteur vertigineuse. *G. round of pleasures,* tourbillon *m* de plaisirs. *The g. whirl of modern life,* le tourbillon étourdissant de la vie d'aujourd'hui. **2.** Frivole, insouciant, volage, étourdi, écervelé. *F:* **To play the giddy goat,** faire le fou, l'imbécile, l'idiot, le zouave; batifoler, folâtrer, folichonner; mener une vie de patachon. **Giddy pate,** étourneau *m*; écervelé, -ée; hurluberlu *m*; tête *f* de linotte. *She's a g. young thing,* c'est une évaporée. *G. little thing,* petite follette. **3.** *P:* (*Intensive*) **That's the giddy limit,** ça c'est un peu fort de café. **-ily,** *adv.* **1.** D'une manière vertigineuse; à une hauteur vertigineuse. **2.** Étourdiment, à l'étourdie.
'**giddy-pated,** *a.* Étourdi, écervelé, à tête de linotte.
giddy[2], *v.tr.* Étourdir (qn); donner le vertige à (qn). *At a giddying speed,* à une vitesse vertigineuse.
Gideon ['gidiən]. *Pr.n.m. B.Hist:* Gédéon.
Giffard ['gifərd, dʒi-]. *Pr.n.m. Mch:* **Giffard injector,** giffard *m.*
gift[1] [gift], *s.* Don *m.* (*a*) **To make a gift of sth. to s.o.,** faire don de qch. à qn. **The post is in the gift of the minister,** le poste est à la nomination du ministre; c'est le ministre qui dispose du poste. **I wouldn't have it, take it, at a gift, even as a gift,** je n'en voudrais pas quand (bien) même on me le donnerait. *Jur:* **Deed of gift,** (acte *m* de) donation *f* entre vifs. **To acquire sth. by free gift,** acquérir qch. à titre gratuit. (*b*) Cadeau *m*, présent *m.* **Christmas gift,** cadeau de Noël. *See also* NEW YEAR. **It was a gift,** (i) on me l'a offert; c'est un cadeau qu'on m'a fait; (ii) *F:* c'était donné. *Com:* **'Gifts,'** "pour offrir." (*c*) *Com:* (*On presentation of coupons*) Prime *f.* (*d*) **Gift of tongues,** don des langues. **To have a gift for mathematics,** avoir le don, le génie, *F:* la bosse, des mathématiques; être doué pour les mathématiques. *F: He hasn't the g. of pleasing,* il n'a pas le talent de plaire. *See also* GAB[1].
'**gift-book,** *s.* Livre *m* de luxe pour cadeau. *Christmas g.-b.*, livre d'étrennes.
'**gift-horse,** *s. Prov:* **(You must) never look a gift-horse in the mouth,** à cheval donné on ne regarde pas à la bride, à la bouche.
'**gift-shop,** *s. U.S:* Magasin *m* de nouveautés.
gift[2], *v.tr.* **1.** (*a*) Douer (*with*, de). *The fairy had gifted her with beauty,* la fée l'avait douée de beauté. (*b*) Gratifier (*s.o. with sth.*, qn de qch.). **2.** *Esp. Scot:* Donner (*sth. to s.o.*, qch. à qn). **To gift sth. away,** donner qch. en présent.
gifted, *a.* Bien doué; (artiste) de valeur, de talent. *Naturally g. child,* enfant *mf* qui a des dispositions, des aptitudes. *G. student,* élève *mf* apte. *Poorly g.*, peu apte.
gig[1] [gig], *s.* **1.** Cabriolet *m*, *F:* tapecul *m.* **2.** *Nau:* Petit canot, yole *f*, youyou *m*, guigue *f. See also* WHALE-GIG.
'**gig-lamp,** *s.* **1.** Lanterne *f* de cabriolet. **2.** *pl. F:* **Gig-lamps,** lunettes *f*, besicles *f.*
gig[2], *s. Fish:* Foëne *f*, foène *f.*

gig[3], *v.tr. Fish:* Foëner, foéner.
gig[4], *s. Tex:* Gig(-mill), laineuse *f*, échardonneuse *f*.
gigantic [dʒai'gantik], *a.* Géant, gigantesque; (bâtiment, etc.) colossal, -aux, *F:* babélique; (travail) de Titan. **-ally,** *adv.* Gigantesquement.
gigantism ['dʒaigantizm], *s.* = GIANTISM.
giggle[1] [gigl], *s.* (*Esp. of girls*) Petit rire nerveux; petit rire bête, affecté; petit gloussement.
giggle[2], *v.i.* (*Esp. of girls*) Rire nerveusement, bêtement, avec affectation; glousser; pousser des petits rires.
giggling[1], *a.* Qui rit nerveusement. *A company of g. hussies,* une bande de petites évaporées qui ne font que rire en sourdine.
giggling[2], *s.* Rires nerveux; petits rires bêtes.
gigolo ['dʒigolo], *s.m.* **1.** = DANCING-PARTNER 2. **2.** *Pej:* Gigolo.
gigsman, *pl.* **-men** ['gigzmən, -men], *s.m. Nau:* Yoleur.
Gila ['hiːla]. *Pr.n. Z:* **Gila monster,** héloderme *m*.
Gilbert ['gilbərt]. *Pr.n.m.* Gilbert.
Gilbertian [gil'bəːrtiən], *a.* (Situation, etc.) d'opéra-comique (telles les situations cocasses dont sont remplies les opérettes de Gilbert et Sullivan).
Gilboa [gil'boua]. *Pr.n. B.Geog:* Guilboa *m*.
gild[1] [gild], *v.tr.* (*p.t.* **gilded**; *p.p.* **gilded,** *occ.* **gilt** [gilt]) Dorer. *The sun gilded the hill-tops,* le soleil dorait les cimes. **To gild sth. over,** couvrir qch. d'une couche de dorure. *F:* **To gild the lily,** faire œuvre de superfétation; orner la beauté même. *See also* DOUBLE-GILD, ELECTRO-GILD, PILL[1] 1.
gilded, *a.* Doré. *Hist:* **The Gilded Chamber,** la Chambre Dorée; la Chambre des Lords. *F:* **Gilded youth,** la jeunesse dorée.
gilt[1], *a.* Doré. *G. frames, furniture,* cadres de tableaux, meubles, dorés. *See also* DOUBLE-GILT, ELECTRO-GILT, PARCEL-GILT.
gilt[2], *s.* Dorure *f*, doré *m*. **Imitation gilt,** similor *m*. *F:* **That takes the gilt off the gingerbread,** voilà qui enlève le charme, l'attrait; voilà qui nuit au charme, qui gâte le plaisir; voilà qui nous désabuse. **To take the gilt off a great name,** débronzer un grand nom. *See also* SILVER-GILT.
'gilt-bronze, *s.* Vermeil *m*.
'gilt-'edged, *a.* **1.** (*Of book, card, etc.*) Doré sur tranche. **2.** *Fin:* **Gilt-edged stock** (*also* **gilt-edge stock**), valeurs *f* de tout repos, de premier ordre; *F:* valeurs de père de famille.
'gilt-'lettered, *a.* Avec titre en lettres d'or.
'gilt-'topped, *a. Bookb:* (Livre) doré en tête.
gilding, *s.* Dorure *f*. **Leaf gilding,** dorure à la feuille. *Metalw:* **Cold gilding,** dorure à froid. *See also* ELECTRO-GILDING.
gild[2], *s.* = GUILD.
gilder ['gildər], *s. Ind:* Doreur, -euse.
Gilead ['giliəd]. *Pr.n. B.Geog:* Galaad *m*.
Giles [dʒailz]. *Pr.n.m.* Gilles.
gill[1] [gil], *s.* **1.** *Usu. pl.* Ouïe(s) *f*, branchie(s) *f* (de poisson). **2.** *pl.* **Gills.** (*a*) Caroncules *f*, fanons *m* (d'un oiseau). (*b*) Lames *f*, lamelles *f* (d'un champignon). (*c*) *F:* Bajoues *f* (de qn). **To be rosy about the gills,** avoir le teint frais et rose. *To be, look, green* (*blue, yellow*) *about the gills,* avoir le teint vert; avoir l'air malade. *To turn red about the gills,* rougir de colère. **To look white about the gills,** avoir mauvaise mine. **3.** *Mch: Ind:* (*Flange, rib*) Ailette *f* (de cylindre, de radiateur, etc.). **Flat gill,** ailette plate.
'gill-cover, *s. Ich:* Opercule (branchial).
'gill-net, *s. Fish:* Araignée *f*, sanglon *m*, manet *m*.
gill[2], *v.tr.* **1.** Vider (un poisson). **2.** Éplucher (un champignon); ôter les lamelles. **3.** Prendre (un poisson) au filet par les ouïes.
gill[3], *s.* **1.** Gorge boisée, ravin boisé. **2.** Ruisseau *m*, ruisselet *m* (coulant dans un ravin).
gill[4], *s. Tex:* Peigne *m* (à lin ou à chanvre).
gill[5], *v.tr. Tex:* Peigner (le lin, le chanvre, la laine).
gill[6] [dʒil], *s. Meas:* Gill *m* = canon *m* (d'eau-de-vie).
Gill[7] [dʒil]. *Pr.n.f.* (*Dim. of Gillian*) = JILL.
gilled [gild], *a.* **1.** (*a*) *Biol:* Pourvu de branchies, de caroncules, de lames. (*b*) *F:* (*Of pers.*) **Rosy-gilled,** au teint frais et rose. **2.** *Mch: etc:* **Gilled tube, radiator,** tube *m*, radiateur *m*, à ailettes.
Gillian ['dʒiliən]. *Pr.n.f.* Julienne.
gillie[1] ['gili], *s. Scot:* **1.** *Hist:* Suivant *m* (d'un chef de clan). **2.** *Ven: Fish:* Serviteur *m* (d'un chasseur ou d'un pêcheur); porte-carnier *m inv*; rameur *m* du bateau, etc.
gillie[2], *v.i. Scot:* **To gillie for s.o.,** accompagner qn à la chasse, à la pêche (en qualité de serviteur).
gillyflower ['dʒiliflauər], *s. Bot:* **1.** (**Clove-**)**gillyflower,** œillet *m* giroflée; œillet des fleuristes. **2.** *Dial:* (*a*) = WALLFLOWER. (*b*) = *Stock*(*-gilly flower*), *q.v. under* STOCK[1] 8.
gilt[1, 2] [gilt], *a. & s. See* GILD[1].
gimbals ['dʒimb(ə)lz], *s.pl. Nau:* Balanciers *m*; suspension *f* à la Cardan. *Hung on g.,* suspendu à la Cardan.
gimcrack ['dʒimkrak]. **1.** *a.* (Meubles, etc.) de pacotille, de camelote, boiteux; (maison) de carton; (bijoux) en toc. *To buy g. furniture,* se meubler avec de la camelote. **2.** *s.* Article *m* de pacotille, en toc.
gimcrackery ['dʒimkrakəri], *s.* Pacotille *f*, camelote *f*, toc *m*, tape-à-l'œil *m*.
gimcracky ['dʒimkraki], *a.* = GIMCRACK 1.
gimlet[1] ['gimlet], *s. Tls: Carp:* Vrille *f*, laceret *m*; avant-clou, *pl.* avant-clous; foret *m* à bois; perçoir *m*; queue-de-cochon *f*, *pl.* queues-de-cochon. *See also* SHELL-GIMLET, TWIST-GIMLET. *Attrib.* **Gimlet eyes,** (i) yeux percés en vrille; yeux en trou de vrille; yeux perçants; (ii) yeux louches.
'gimlet-bit, *s. Tls: Metalw:* Foret hélicoïdal fraiseur.
'gimlet-eyed, *a.* **1.** Louche. **2.** Aux yeux perçants.
gimlet[2], *v.tr.* **1.** Vriller (une planche, etc.). **2.** (*Of eyes*) Transpercer (qn, etc.).
gimlety ['gimləti], *a.* **Gimlety eyes** = *gimlet eyes, q.v. under* GIMLET[1].
gimp[1] [gimp], *s.* **1.** *Furn:* Ganse *f*, galon *m*, lézarde *f*, guimpe *f*, passement *m*. *Dressm:* Milanaise *f*. **2.** *Lacem:* Gros fil pour contours. **3.** *Fish:* Corde *f* à guitare.
'gimp-pin, *s.* Petite pointe pour ganse.
gimp[2], *v.tr.* Passementer (un meuble, etc.); garnir (un fauteuil) d'une ganse.
gin[1] [dʒin], *s.* **1.** *Ven:* Piège *m*, trébuchet *m*, lacet *m*, attrape *f*. **2.** (*a*) *Mec.E: Ind:* Chèvre *f*, engin *m* (pour élever des fardeaux). *Nau:* Chape *f*, rouet *m*. *See also* HOISTING. (*b*) *Min:* Treuil *m* à manège, cabestan *m* à cheval. **3.** *Tex:* (**Cotton-**)**gin,** égreneuse *f* de coton; machine *f* à égrener.
'gin-block, *s. Nau: etc:* Poulie *f* avec chape et crochet; palan *m* de chèvre.
gin[2], *v.tr.* (**ginned; ginning**) **1.** Prendre (un animal) au piège, au trébuchet. **2.** *Tex:* Égrener (le coton).
ginning, *s.* **1.** Chasse *f* au trébuchet. **2.** Égrenage *m* (du coton).
gin[3], *s.* Genièvre *m*. *See also* SLOE 1.
'gin-crawl, *s. P:* Tournée *f* des cabarets.
'gin-palace, *s.* Débit *m* de boissons (à dorures et à glaces); *P:* assommoir *m*.
'gin-sling, *s. U.S:* Boisson froide composée de genièvre à l'eau sucrée et parfumée.
'gin-soaked, *a.* (*Of pers.*) Abruti par la boisson; alcoolique.
gin[4], *s.f.* **1.** *Austr:* *F:* (*a*) Femme indigène. (*b*) Femme. (*c*) Épouse, femme. **2.** *U.S:* *P:* Négresse prostituée.
ginger[1] ['dʒindʒər]. **1.** *s.* (*a*) Gingembre *m*. *Black g., white g.,* gingembre gris, blanc. **Preserved ginger,** gingembre confit. (*b*) *F:* Entrain *m*, énergie *f*, vitalité *f*. *Book that lacks g.,* livre *m* qui manque de sel, de poivre. *To put some g. into it,* y mettre de l'énergie. **2.** *a.* (*Of hair*) Roux, *f.* rousse; *P:* rouquin, carotte. *Hi, ginger!* ohé, poil de carotte!
ginger-'ale, -'beer, *s.* Variétés de boissons gazeuses au gingembre.
'ginger-'haired, *a.* Aux cheveux roux; rouquin.
'ginger-head, *s.* Rouquin, -ine.
'ginger-nut, *s.* Biscuit *m* au gingembre.
ginger-'pop, *s. F:* = GINGER-ALE.
ginger-'race, *s.* Racine *f* de gingembre.
'ginger-snap, *s.* = GINGER-NUT.
ginger-'wine, *s.* Vin *m* de gingembre (décoction domestique qui donne l'illusion de l'alcool).
ginger[2], *v.tr.* **1.** Aromatiser (une boisson, etc.) au gingembre. **2.** (*a*) **To ginger a horse,** mettre du gingembre dans le fondement d'un cheval pour l'exciter, pour l'émoustiller. (*b*) **To ginger up a horse,** chauffer, émoustiller, un cheval; lui donner une nourriture échauffante. *F:* **To ginger s.o. up,** mettre du cœur au ventre de qn; secouer, remonter, exciter, qn; émoustiller qn. *To g. up the production,* pousser, activer, la production. *Th:* **To ginger up a scene,** chauffer une scène.
gingerbread ['dʒindʒərbred]. **1.** *s.* Pain *m* d'épice. *Attrib.* **Gingerbread man,** bonhomme *m* de, en, pain d'épice. *See also* GILT[2]. **2.** *a. F:* En clinquant; de mauvais aloi. **Gingerbread work,** décoration *f* de mauvais goût. *G. architecture,* architecture prétentieuse et sans solidité.
gingerly ['dʒindʒərli], *adv. & a.* **In a gingerly fashion, gingerly,** délicatement, doucement, avec précaution. **To proceed,** *F:* **to go about it, gingerly,** *F:* y aller avec le dos de la cuiller.
gingery ['dʒindʒəri], *a.* **1.** (*a*) Qui a un goût de gingembre. (*b*) (*Of book, etc.*) Poivré. (*c*) (*Of temperament*) Irascible, coléreux. **2.** (*Of hair*) Roux, *f.* rousse; *P:* rouquin.
gingham ['giŋəm], *s.* **1.** *Tex:* Guingan *m*. **2.** *F:* Parapluie *m* (de coton); *F:* riflard *m*, pépin *m*.
gingili ['dʒindʒili], *s. Bot:* Sésame *m* d'Orient, de l'Inde. *Com:* **Gingili oil,** huile *f* de sésame.
gingival [dʒin'dʒaiv(ə)l], *a. Anat:* Gingival, -aux.
gingivitis [dʒindʒi'vaitis], *s. Med:* Gingivite *f*.
gingko ['giŋko], *s. Bot:* Gin(g)ko *m*; arbre *m* aux quarante écus.
ginglymus, *pl.* **-mi** ['giŋgliməs, 'dʒiŋ-, -mai], *s. Anat:* Ginglyme *m*.
gink [giŋk], *s. U.S:* *P:* Type *m*, individu *m*.
ginnery ['dʒinəri], *s.* (*S.Africa*) Filature *f* de coton.
ginseng ['dʒinseŋ], *s. Bot:* Ginseng *m*.
Gioconda (la) [ladʒo'konda]. *Pr.n.f. Hist. of Art:* La Joconde.
Giorgionesque [dʒɔːrdʒio'nesk], *a. Art:* A la manière de Giorgione.
gipo ['dʒipo], *s.* = GIPPO[2].
gipper ['dʒipər], **gippo**[1] ['dʒipo], *s. Dial:* Sauce *f*, graisse *f* (d'un rôti).
gippo[2], *s. F:* **1.** Arabe natif d'Égypte. **2.** = GIPSY.
gipsy ['dʒipsi], *s.* Bohémien, -ienne; nomade *mf*; romanichel, -elle; zingaro *m*; (*Spanish*) gitane *mf*; gitano *m*, gitana *f*. *F:* (*Esp. to brunette*) **You little gipsy!** petite friponne! petite espiègle!
'gipsy-looking, *a.* Noiraud, moricaud.
'gipsy-'moth, *s. Ent:* Zigzag *m*.
gipsy-'rose, *s. Bot:* Scabieuse *f*.
'gipsy-table, *s.* Guéridon pliant.
'gipsy-wort, *s. Bot:* Lycope *m*; chanvre *m* d'eau; pied-de-loup *m*, *pl.* pieds-de-loup; marrube *m* aquatique, lance *f* de Christ.
giraffe [dʒi'raf, -'rɑːf], *s. Z:* Girafe *f*.
girandole ['dʒirandoul], *s.* **1.** (*a*) (*Chandelier*) Girandole *f*, lustre *m*. (*b*) *Pyr: Hyd.E:* Girandole, girande *f*. **2.** (*Ear-ring or pendant*) Girandole.
girasol(e) ['dʒirasɔl, -soul], *s. Miner:* Girasol *m*.
gird[1] [gəːrd], *v.tr.* (*p.t. & p.p.* **girded, girt**) **1.** Ceindre. (*a*) *Skirt girt with a scarf,* jupe ceinturée, ceinte, d'une écharpe. *Lit:* **To gird up one's loins,** se ceindre les reins; ceindre ses reins. *F:* **To**

gird oneself for the fray, for a task, se préparer à la lutte, à une tâche. (*b*) **To gird s.o. with sth., to gird sth. on s.o.,** ceindre qn de qch.; ceindre qch. à qn. **To gird (on) one's sword, one's armour,** ceindre son épée; revêtir son armure. *Hist:* **To gird a knight,** ceindre l'épée à un chevalier. *F:* **To gird s.o. with authority,** revêtir qn d'autorité. **2.** Entourer, encercler, ceindre (*with*, de). *Sea-girt Britain*, la Grande-Bretagne, encerclée par les mers. *They girded the camp with a ditch*, le camp fut ceint d'un fossé.

girded, *a.* (*Of pers.*) **With girded loins,** les reins ceints. *With g. sword*, ceint d'une épée.

girt, *a.* **1.** (*a*) = GIRDED. (*b*) Entouré, ceint (*with*, de). **2.** *Nau:* (Navire) affourché trop raide.

gird², *s.* = GIBE¹.

gird³, *v.i.* **To gird at s.o.,** railler qn, se moquer de qn.

girding, *a.* Moqueur, -euse; railleur, -euse.

girder ['gəːrdər], *s.* Support *m.* (*a*) *Const:* Solive *f*, longrine *f*, longuerine *f* (de plancher). *Small g.*, soliveau *m.* (*b*) Poutre *f. Small g.*, poutrelle *f. Main girders of a bridge*, ossature *f* d'un pont. **Web-girder, plate-girder,** poutre à âme pleine. **Trussed girder,** poutre armée; ferme *f.* **Compound girder, built-up girder,** poutre d'assemblage; poutre composée, rapportée. *Hinged g., articulated g.*, poutre articulée. *Cantilever g., overhung g.*, poutre en console, en encorbellement. *Civ.E:* **Side girder, longitudinal girder,** longeron *m* (de pont). **Independent girder,** travée *f* (de pont). *N.Arch:* *G. between deck-houses*, longis *m.* *See also* BOX-GIRDER, GUSSET 3, H 2, LATTICE¹, TAIL-GIRDER.

'girder-bridge, *s. Civ.E:* Pont *m* à longerons, à poutres.

'girder-pass, *s. Metalw:* Cannelure *f* à poutrelles.

girderage ['gəːrdəredʒ], *s.* (*a*) *Const:* Solivage *m.* (*b*) Poutrage *m*, empoutrerie *f.*

girdle¹ [gəːrdl], *s.* **1.** (*a*) Ceinture *f. Rom.Ant:* Ceste *m* (de Vénus, de Junon). *A.Cost: Lit:* Zone *f. Dressing-gown g.*, cordelière *f* de robe de chambre. **Suspender girdle,** porte-jarretelles *m inv.* *F:* **Girdle of walls,** ceinture de murailles. (*b*) *Nat.Hist:* **Pelvic girdle, hip girdle,** ceinture pelvienne. **Pectoral girdle, shoulder girdle,** ceinture scapulaire. **2.** *Arb:* Incision *f* annulaire. **3.** *Lap:* Feuilletis *m* (de diamant).

'girdle-maker, *s.* Ceintur(onn)ier *m.*

girdle², *v.tr.* **1.** Ceinturer, ceindre, encercler. *F:* **The hills that girdle in the town, that girdle the town about,** les collines *f* qui entourent, qui ceignent, la ville. **2.** *Arb:* Faire une incision annulaire à (un arbre); anneler, cerner (un arbre).

girdling¹, *a.* Formant une ceinture.

girdling², *s. Arb:* Incision *f* annulaire; cernement *m.*

girdle³, *s. Scot:* Tôle circulaire sur laquelle on cuit des galettes. *F:* **To be like a hen on a hot girdle** = *to be like a cat on hot bricks, q.v. under* CAT¹ 1.

'girdle-cake, *s. Cu:* Galette *f.*

girl [gəːrl], *s.f.* **1.** Jeune fille. (*a*) **Little girl, young girl,** fillette. *When I was a g.*, quand j'étais petite. **Girl's name,** prénom féminin. *Poor little g.*, pauvre petite. *The three (little) Anderson girls*, les trois petites Anderson. **Boy and girl love affair,** amourette *f* d'enfants. *See also* GUIDE¹ 1. (*b*) **(School)girl,** élève, écolière. *School of a hundred girls*, école *f* de cent élèves. **Girls' school,** école ou pensionnat *m* de jeunes filles; *A:* école de demoiselles. **Old girl,** ancienne élève. (*c*) *G. nearly out of her teens*, adolescente; jeune fille. **2.** *G. out of her teens*, jeune fille ou jeune femme. (*a*) *His wife is a charming g.*, sa femme est une jeune personne charmante. (*Often best translated by* jeune.) *A French g., an Indian g.*, une jeune Française, une jeune Indienne. **A servant girl,** une jeune servante. *Lame g.*, jeune estropiée. *Blind g.*, jeune aveugle. **The modern girl,** la jeune fille moderne. **The Smith girls,** les demoiselles Smith. *I am going with the girls*, j'y vais avec ces demoiselles. *Attrib.* **Girl wife,** épouse *f* qui n'est encore qu'une enfant. **Girl typist,** jeune dactylographe *f.* **Girl friend,** (jeune) amie. (*b*) *P:* **His (best) girl, his girl (friend),** sa bonne amie; la jeune fille de son choix, avec qui il sort; *P:* sa gosse. *A student and his g.*, un étudiant et sa connaissance. *He's off to see his g.*, *F:* il est parti voir sa blonde. **The girl I left behind me,** la petite, celle, que j'ai laissée au pays. **My dear girl!** ma chère amie! ma chère! *P:* **Old girl!** ma vieille! *P:* **My old girl,** ma femme; ma bourgeoise. (*c*) **My eldest girl,** ma fille aînée, mon aînée. **3. (Shop-)girl,** demoiselle de magasin; employée (de magasin); vendeuse. **(Servant-)girl,** domestique; bonne; fille de service. **Work-girl,** (jeune) ouvrière. *See also* CHORUS-GIRL, FACTORY-GIRL, FLOWER-GIRL, NAUTCH-GIRL.

'girl-child, *s.f.* Enfant du sexe féminin; fille.

girlhood ['gəːrlhud], *s.* **1.** Jeunesse *f* ou adolescence *f* (d'une femme). **In her girlhood,** quand elle était (i) petite fille, (ii) jeune fille. *From her g.*, dès son enfance, dès sa jeunesse. **2.** *Coll.* Les jeunes filles *f.*

girlie ['gəːrli], *s.f. F:* Fillette, petite.

girlish ['gəːrliʃ], *a.* **1.** (*Of behaviour, figure, etc.*) De petite fille ou de jeune fille; de la jeunesse. **2.** (*Of boy, etc.*) Mou, efféminé. *G. air*, air mignard. **-ly,** *adv.* **1.** En jeune fille, en petite fille. **2.** Comme une petite fille.

girlishness ['gəːrliʃnəs], *s.* Manières *fpl* ou air *m* de petite fille.

girly-girly ['gəːrligəːrli], *a. F:* Efféminé.

Girondist [dʒi'rɔndist], *a.* & *s. Fr.Hist:* Girondin, -ine. **The Girondist Party,** la Gironde.

girt¹ [gəːrt]. *See* GIRD¹.

girt², *s.* = GIRTH¹ 2.

girth¹ [gəːrθ], *s.* **1.** *Harn:* Sangle *f*; sous-ventrière *f* (de harnais de trait). **Saddle-girth,** sangle de selle. *To slacken girths*, desserrer les sangles; dessangler. **Girth-leather,** contre-sanglon *m.* **2.** Circonférence *f* (d'un arbre, etc.); tour *m* (de poitrine ou de taille); contour *m* (d'une forêt, etc.); périphérie *f* (d'un colis, etc.). **Forty inches in girth,** quarante pouces *m* de tour, (*of tree*) de circonférence. *Falstaff was of ample g.*, Falstaff était d'une belle corpulence.

girth², **1.** *v.tr.* (*a*) Sangler (un cheval). (*b*) *The saddle was insecurely girthed*, la sangle était lâche. **2.** *v.tr.* **To girth a parcel,** mesurer au cordeau la périphérie d'un colis. **3.** *v.i.* **To girth ten feet,** avoir, mesurer, dix pieds de tour.

girt-line ['gəːrtlain], *s. Nau:* Cartahu *m.*

Girtonian [gəːr'tounjən], *s.* Étudiante *f* du collège de Girton (à Cambridge).

gist [dʒist], *s.* **1.** *Jur:* Principal motif (d'une action). **2.** Fond *m*, substance *f*, essence *f* (d'une conversation, etc.); point essentiel (d'une question). *To get down to the g. of the matter*, entrer dans le vif de la question.

gitana [dʒi'tɑːna], *s.f.* Gitane, gitana.

gitano [dʒi'tɑːno], *s.m.* Gitane, gitano.

gith [giθ], *s. Bot:* **1.** Nigelle *f.* **2.** = *corn-cockle, q.v. under* COCKLE¹ 1.

gitter ['gitər], *s. Opt:* Réseau *m.*

gittern ['gitərn], *s.* = CITHERN.

give¹ [giv], *s.* Élasticité *f. There is no g. in wooden shoes*, les sabots ne prêtent pas.

give², *v.* (*p.t.* **gave** [geːiv], *p.p.* **given** [givn]) I. *v.tr.* Donner. **1.** (*a*) **To give sth. to s.o., to give s.o. sth.,** donner qch. à qn. *A book was given (to) him, he was given a book*, on lui donna un livre. *To g. s.o. a present*, faire, donner, un cadeau à qn. *It was given to me*, on me l'a offert; on me l'a donné; c'est un cadeau que l'on m'a fait. **To give alms,** faire l'aumône. *Abs.* **To give to the poor,** donner aux pauvres. *Prov:* **He gives twice who gives without delay,** qui oblige promptement oblige doublement; qui donne tôt donne deux fois. **To give s.o. sth. in one's will,** donner qch. à qn par testament. **To give one's daughter in marriage,** donner sa fille en mariage. *Given a leader they will act*, qu'on leur donne un chef et ils marcheront. **To give s.o. one's confidence,** reposer sa confiance en qn. **To give a dinner,** donner à dîner; donner un dîner. *See also* PARTY¹ 2. **To give s.o. a favour,** donner, accorder, une faveur à qn. **God give me courage!** que Dieu me donne du courage! **It is not given to all to gather fame,** il n'appartient pas, il n'est pas donné, à tous de se rendre célèbres. *Given health and youth it can be done*, avec la santé et la jeunesse on peut en venir à bout. *F:* **Give me the good old days!** parlez-moi du bon vieux temps! *After dinner give me a glass of good old port*, après dîner il n'y a rien de tel qu'un verre de bon vieux porto. *See also* DUE² 1, GOOD I. 4, GROUND² 5, PLACE¹ 2, POINT¹ I. 3. (*b*) **To give and take,** y mettre chacun du sien; se faire des concessions mutuelles. **It is a case of give and take,** c'est donnant donnant. *There's room for g. and take*, il y a lieu de transiger, de faire des concessions de part et d'autre. *The g. and take of conversation*, le feu croisé de la conversation. *In machinery there must be a little g. and take*, un mécanisme demande un peu de jeu *m.* **2.** (*a*) **To give s.o. his medicine,** donner, administrer, sa potion à qn. *To g. s.o. sth. to eat, to drink*, donner à manger, à boire, à qn. *To g. s.o. six months' imprisonment*, condamner qn à six mois de prison. **To give a child a name,** imposer, donner, un nom à un enfant. *He was given the name John*, il reçut le nom de Jean. *To g. s.o. a job*, assigner une tâche, un rôle, à qn. *To g. s.o. a book to read*, donner un livre à lire à qn. *To g. the children something to do*, occuper les enfants; donner aux enfants quelque chose à faire. *To g. s.o. a message to deliver*, donner à qn un petit mot à remettre. (*b*) **To give sth. into s.o.'s hands,** remettre qch. entre les mains de qn. *To g. s.o. a message from s.o.*, remettre à qn un petit mot de qn. **To give s.o. into custody, in charge,** remettre qn aux mains de la police; faire arrêter qn. (*c*) **To give one's compliments to s.o.,** présenter ses compliments à qn. **Give him my love,** faites-lui mes amitiés. *To g. s.o. effectual help*, prêter un concours efficace à qn. *To g. s.o. one's support*, prêter son appui à qn. *See also* THANK¹ 1. (*d*) Engager (son honneur, etc.). **To give one's word,** donner sa parole. *See also* WORD¹ 4, 5. **3.** (*a*) **To give a horse (in exchange) for a cow,** donner un cheval pour, contre, une vache. *To g. a good price for sth.*, donner, payer, un bon prix pour qch. **What did you give for it?** combien l'avez-vous payé? *I will g. you ten shillings for it*, je vous en donne dix shillings. *What will you g. me for it?* combien m'en offrez-vous? *F:* **I would give a lot to know . . .,** je donnerais beaucoup pour savoir. . . . *I would g. my life for it*, je donnerais tout, ma vie, pour cela. *See also* ANYTHING 3, EAR¹ 1 (*b*), ROLAND, WORLD 1. (*b*) *St.Exch:* **To give for the call,** acheter la prime à livrer. **To give for the put,** acheter la prime à recevoir. **4. To give one's life to God,** donner, consacrer, sa vie à Dieu. *To g. oneself to prayer*, se consacrer à la prière. *To g. one's mind, oneself, to study*, s'adonner, s'appliquer, à l'étude. *To g. oneself to mathematics*, s'appliquer aux mathématiques. **5.** Faire (une action). **To give a jump,** faire un saut; tressauter. *To g. a laugh*, laisser échapper un rire. *To g. a sigh, a cry of astonishment*, pousser un soupir, un cri d'étonnement. **To give s.o. a blow,** porter un coup à qn. *To g. s.o. a clout*, allonger, appliquer, flanquer, une gifle à qn; allonger une taloche à qn. *To g. s.o.'s hand a squeeze*, serrer la main à qn. *To g. one's hat a brush, the blackboard a wipe*, donner un coup de brosse à son chapeau, un coup de chiffon au tableau. *To g. s.o. a smile*, adresser un sourire à qn. *He gave a queer look*, il eut un regard singulier. *He gave me a queer look*, il me lança un regard singulier. **To give an answer,** faire une réponse. **To give orders,** (i) donner des ordres; (ii) (*at shop*) faire des commandes. *See also* ORDER¹ 3. **To give s.o. one's blessing,** donner sa bénédiction à qn. *A:* **To give s.o. good-day,** souhaiter le bonjour à qn. *See also* HINT¹ 1, LEAD³ 1, LIE¹, MOUTH¹ 2, TONGUE¹ 1. **6.** (*a*) **To give s.o. one's hand,** donner, tendre, la main à qn. **She gave him her hand (in marriage),** elle lui accorda sa main. (*b*) **To give (one's) attention to s.o.,** faire attention à qn. *I will g. the matter every care*, j'y mettrai tous mes soins. *See also* EAR¹ 1 (*c*), THOUGHT¹ 2, 3. **7.** (*a*) **To give**

one's opinion, donner son avis. *To g. particulars,* donner, fournir, des détails. *To g. a description of sth.,* faire, donner, une description de qch. **To give a decision,** (i) donner, faire connaître, sa décision; (ii) *Jur:* prononcer, rendre, un arrêt. *Jur:* **To give the case for s.o., against s.o.,** décider en faveur de qn, contre qn. **To give damages,** adjuger, accorder, des dommages-intérêts. **Given this fourth day of March,** délivré ce jour d'hui quatre mars. *Cr:* **To give s.o. out,** déclarer qn hors jeu. *F:* **I'll give you best,** je reconnais que vous êtes plus fort que moi; je vous donne gagné. *See also* ACCOUNT[1] 2, 4, EVIDENCE[1] 3, JUDGMENT, MIND[1] 2, NOTICE[1] 1. (*b*) **To give no sign(s) of life,** ne donner aucun signe de vie. *The thermometer gives forty degrees,* le thermomètre marque quarante degrés. *To g. an average of . . .,* rendre une moyenne de. . . . *Two multiplied by two gives four,* deux fois deux font quatre. *Further analysis gives . . .,* une analyse plus approfondie fait ressortir. . . . (*c*) **To give an example,** donner un exemple. *Facts given as a hypothesis,* faits donnés comme hypothèse. **Given any two points,** étant donné(s) deux points quelconques; deux points quelconques étant donnés. (*d*) **To give a recitation,** réciter; dire des vers. *Mrs X will now g. us a song,* nous allons maintenant entendre chanter Mme X; *F:* Mme X va maintenant nous chanter quelque chose. *To g. one of Beethoven's sonatas,* jouer, faire entendre, une sonate de Beethoven. *Th:* **To give Macbeth,** donner, représenter, Macbeth. (*e*) **To give a toast,** boire à la santé de qn; proposer un toast. **I give you our host,** je bois à la santé de notre hôte. **8.** (*a*) *The sachet gives its perfume to the linen,* le sachet communique son parfum au linge. *He gave me his cold,* il m'a donné son rhume; il m'a communiqué, passé, son rhume. *That gave me the idea of travelling,* cela me donna l'idée de voyager. *Motion given by the handle,* mouvement imprimé par la manivelle. **The river gives its name to the province,** la rivière donne son nom à la province. *See also* BIRTH, RISE[1] 7. (*b*) **To give pain, pleasure,** faire, causer, de la peine, du plaisir. *To g. oneself trouble,* se donner du mal. *See also* TROUBLE[1] 3. *To g. oneself time to do sth.,* se réserver le temps de faire qch.; prendre le temps de faire qch. *See also* AIR[1] III. (*c*) **To give s.o. to suppose, believe, sth.,** faire supposer, faire croire, qch. à qn. **To give s.o. to understand that . . .,** donner à entendre à qn que. . . . (*d*) Rendre. *Cow that gives three quarts of milk,* vache *f* qui donne, rend, trois litres de lait. *Investment that gives 10%,* placement *m* qui rend, rapporte, 10%. *This lamp gives a poor light,* cette lampe n'éclaire pas. *Bell that gives a dull sound,* cloche *f* qui rend un son mat. **9.** (*a*) *P:* **To give it (to) s.o.,** (i) semoncer vertement qn; *P:* laver la tête à qn; (ii) rosser qn. *G. it them!* allez-y! ne les ménagez pas! *I'll g. you something to cry for, to cry about!* je t'apprendrai à pleurer! **I gave him what for!** je l'ai arrangé de la belle façon! je lui ai flanqué une bonne raclée! je lui ai lavé la tête! *See also* BEAN 1, HOT[1] 4. (*b*) *F:* **To give as good as one gets,** rendre coup pour coup. **10. Give way.** (*a*) (*Also abs.* **to give**) Céder, fléchir, succomber; (*of ladder, etc.*) se casser, se rompre; (*of cable*) partir. *If the door gives, you will fall,* si la porte cède, vous allez tomber. *Beam that gives under the weight,* poutre *f* qui plie sous le poids. *The ground gave way under our feet,* le sol s'affaissa, se déroba, sous nos pieds; le sol nous manqua sous les pieds. *Ground that gives way under the feet,* terrain *m* qui cède, se dérobe, sous les pas. *The fall of the roof caused the floors to g. way,* la chute du toit effondra les planchers. *The building has given way at the base,* l'édifice *m* a cédé par la base. *The foundations were giving way,* la maison commençait à faiblir par les fondations. **To feel one's legs give (way) beneath one,** sentir ses jambes (se) fléchir, mollir, se dérober, se ployer, sous soi. *My legs are giving way, F:* j'ai les jambes rompues; les jambes me rentrent dans le corps. *His strength gave way,* les forces *f* lui ont manqué. *His health is giving way,* sa santé s'altère. *See also* MIND[1] 5. *Mil:* **The line gave (way),** la ligne fléchit, plia. (*b*) Lâcher pied. **To give way to s.o.,** céder à qn. *To g. way to s.o.'s whims,* se prêter aux caprices de qn. *If he cries, argues, don't g. way,* s'il pleure, ne vous laissez pas attendrir; s'il raisonne, ne vous laissez pas persuader. **To give way to despair, to grief,** s'abandonner (au désespoir, à sa douleur). *To g. way to temptation,* céder à la tentation. *To g. way to anger,* se laisser emporter par la colère. *To g. way to one's emotions,* s'abandonner, se livrer, se laisser aller, à ses émotions; se laisser emporter par, céder à l'entraînement de, ses émotions. *To g. way to tears,* se laisser aller aux larmes. *Don't g. way like that!* ne vous laissez pas aller comme ça! *To g. way to drink,* s'adonner à la boisson. (*c*) Céder la place (*to s.o.,* à qn). *To g. way to a car,* céder (le pas) à une voiture. *Nau:* **To give way to a ship,** céder la place à, se déranger pour, un navire. (*d*) *Fin: Com:* (*Of prices, shares*) Fléchir; crouler. (*e*) *Nau:* Souquer sur les avirons. **Give way!** souquez partout! nagez partout!

II. **give,** *v.i.* **1.** (*a*) (*Of cloth, elastic, etc.*) Prêter, donner. *The rope has given a good deal,* le cordage a beaucoup donné; le cordage s'est relâché. *The springs won't give enough,* les ressorts manquent de souplesse. (*b*) (*Of colour*) Passer. (*c*) (*Of frost*) Commencer à dégeler; (*of weather*) s'adoucir. **2. The window gives (up)on the garden,** la fenêtre donne sur le jardin. *This door gives into the yard,* cette porte donne accès à la cour, donne dans la cour.

give away, *v.tr.* **1.** Donner (*sth. to s.o.,* qch. à qn); se dénantir de (ses possessions). *I would rather g. it away,* je préférerais en faire cadeau. **That's giving it away,** c'est donné. *To g. a. the prizes,* distribuer les prix. **2. To give away the bride,** conduire, accompagner, la mariée à l'autel. *The bride was given away by her father,* la mariée était au bras de son père. **3.** *F:* **To give s.o. away,** trahir, vendre, dénoncer, qn. **To give oneself away,** se révéler; se trahir; se contredire. *She didn't g. herself away in her speech,* elle parlait sans trahir son origine, sans faire de cuirs. *To g. oneself completely away, F:* s'enferrer jusqu'à la garde. **To give the show, the game, away,** bavarder; vendre la mèche. *He knows how to talk without giving anything away,* il sait parler pour ne rien dire.

'give-away. 1. *s.* (*a*) *F:* Trahison *f.* (*b*) *U.S: F:* Révélation *f* involontaire. **2.** *a.* **Give-away price,** vil prix. *It's a g.-a. price,* c'est donné.

giving away, *s.* **1.** Distribution *f* (des prix, etc.). **2.** Trahison *f,* dénonciation *f* (de qn).

give back, *v.tr.* **1.** Rendre, restituer. *Article to be given back,* article *m* restituable. *To g. s.o. back his health, his liberty,* rendre la santé, la liberté, à qn. **2.** Renvoyer (un écho); refléter (une image).

giving back, *s.* Restitution *f.*

give forth, *v.tr.* **1.** = GIVE OFF. **2.** (*a*) Rendre, émettre, faire entendre (un son). (*b*) Publier (une nouvelle).

giving forth. 1. = GIVING OFF. **2.** Émission *f* (d'un son); publication *f* (d'une nouvelle).

give in. 1. *v.tr.* (*a*) **To give in one's name,** donner son nom; se faire inscrire; (*at reception, etc.*) se faire annoncer. *To g. in a parcel* (*at the door*), délivrer, remettre, un paquet. **To give in one's examination paper,** remettre sa copie. (*b*) *Com:* **Given in,** ajouté en supplément. *One pound of sugar given in,* une livre de sucre par-dessus le marché. **2.** *v.i.* Céder; se rendre, se soumettre; baisser pavillon; *F:* faire le saut; mettre les pouces. **To give in to s.o., to a passion,** céder à qn, à une passion; **se laisser aller à** une passion. *He gave in to us,* il a cédé à nos désirs.

giving in, *s.* Remise *f* (de sa copie, etc.).

give off, *v.tr.* (*a*) Dégager, émettre, répandre, exhaler (une odeur, etc.); répandre (de la chaleur); *Ch:* céder, dégager (un gaz). *Oxygen is given off,* il se dégage de l'oxygène. **2.** (*Of plants*) **To give off shoots,** faire des pousses.

giving off, *s.* Émission *f,* dégagement *m* (d'une odeur, etc.).

give on, *v.tr. St.Exch:* Faire reporter (des titres).

give out. 1. *v.tr.* (*a*) Distribuer (les vivres, etc.). (*b*) = GIVE OFF 1. (*c*) Annoncer (un cantique, etc.). **To give out a notice,** lire une communication. **To give it out that . . .,** annoncer que . . ., proclamer que. . . . *It was given out that he was dead, he was given out to be dead,* on le disait mort. *To g. oneself out for an expert,* se donner comme, se faire passer pour, se dire, expert. *To g. oneself out for a baron,* s'intituler baron. (*d*) *U.S:* *To g. out an interview,* accorder un interview; se faire interviewer. **2.** *v.i.* Manquer, être à bout, faire défaut; (*of supplies*) s'épuiser. *Our stores are giving out,* nos provisions *f* s'épuisent, tirent à leur fin, commencent à manquer. *My strength was giving out,* j'étais à bout de forces. *My strength gave out,* la force m'a manqué. *The lamp was giving out,* la lampe se mourait. *My patience was giving out,* j'étais à bout de patience. *My patience gave out,* j'ai perdu patience. *Patience gives out in the end,* la patience échappe à la longue. *His luck gave out,* sa chance l'abandonna.

giving out, *s.* **1.** Distribution *f* (des vivres, etc.). **2.** Annonce *f* (d'une communication, d'un cantique, etc.). **3.** Épuisement *m* (de vivres, etc.).

give over, *v.tr.* **1. To give sth. over to s.o.,** remettre qch. entre les mains de qn; abandonner qch. à qn; faire l'abandon de qch. à qn. **2.** *F:* Cesser; finir. **Give over crying!** cessez de pleurer! **Do give over!** mais finissez donc! **3. To be given over to evil courses,** avoir une mauvaise conduite; être adonné au vice. *Given over to despair,* abandonné, en proie, au désespoir.

give up, *v.tr.* **1.** (*a*) Rendre (sa proie); abandonner (ses biens, ses prétentions). *To g. up the keys of the city,* rendre les clefs de la ville. *To g. up all one possesses,* se dénantir, se démunir, de tout ce qu'on possède. **To give up one's seat to s.o.,** céder sa place à qn. *She gave up her fortune to your education,* elle a sacrifié sa fortune à votre éducation. *See also* GHOST[1] 1. (*b*) Remettre (un billet) (*to,* à). **2.** (*a*) Renoncer à (un projet, etc.); abandonner (un ami). **To give up the idea of doing sth.,** renoncer à faire qch. *To g. up sth. for sth. else,* renoncer à qch. pour autre chose. *He won't g. up his point,* il ne veut pas en démordre. *I gave her up,* j'ai renoncé à elle. **To give up the crown,** déposer la couronne. *To g. up smoking,* cesser, perdre l'habitude, de fumer; renoncer au tabac. *To g. up a newspaper,* cesser son abonnement, se désabonner, à un journal. *To g. up one's usual courses,* se départir de, quitter, ses habitudes, sa routine. *To g. up business,* cesser, quitter, les affaires; se retirer des affaires. *Abs. The firm had to give up,* la maison a dû fermer. *To g. up the stage,* quitter le théâtre. *To g. up one's appointment,* résigner ses fonctions. **To give up the game, the struggle,** abandonner la partie; donner partie gagnée (à qn); renoncer à la lutte. **To give up the race,** *etc., abs.* **to give up,** abandonner, lâcher, renoncer. *Don't g. up!* tenez bon! (*Of riddle*) **I give it up,** je donne ma langue au chat, aux chiens. **To give it up (as a bad job),** y renoncer. *I feel like giving up,* j'ai envie d'y renoncer. (*b*) **To give s.o. up (for lost),** considérer qn comme perdu. *The doctors have given him up,* les médecins l'ont condamné, l'ont abandonné, le considèrent comme perdu. **I had given you up!** je ne vous attendais plus! je ne vous espérais plus! *See also* LOST. **3.** (*a*) Livrer (qn à la justice, etc.); faire arrêter (qn). **To give oneself up,** se dénoncer; se constituer prisonnier. (*b*) **To give oneself up to sth.,** se livrer (à un vice, à de longs calculs); s'absorber (dans la lecture d'un livre); s'appliquer, s'adonner (à l'étude); s'abandonner (à ses méditations, à la paresse); se prêter (au plaisir); se plonger (dans l'étude, dans le plaisir). *Town given up to the textile industry,* ville adonnée à l'industrie textile. *His mornings were given up to business,* ses matinées étaient consacrées aux affaires. *To g. up one's life to study,* vouer sa vie, se vouer, à l'étude. *Life entirely given up to work,* existence toute de travail. *She was entirely given up to what she was doing,* elle était tout entière à ce qu'elle faisait.

giving up, *s.* Remise *f* (d'un billet); abandon *m* (d'une habitude, etc.); résignation *f* (d'un bénéfice, etc.). *Sp:* Abandon.

given, *a.* **1.** (*a*) Donné. **In a given time,** dans un délai donné, convenu, déterminé. *At a g. point,* à un point donné. *G. number of revolutions,* nombre déterminé de tours. *Geom:* **In a given**

triangle, dans un triangle donné. (b) *U.S:* **Given name,** nom *m* de baptême. 2. Porté, enclin (*to*, à). **Given to drink,** adonné à la boisson, porté à boire. *G. to lying*, sujet à mentir. *He is not g. to overcharging*, il n'a pas l'habitude de surfaire. *He is much g. to music*, il fait beaucoup de musique. **I am not given that way,** cela n'entre pas dans mes goûts, dans mes habitudes. *He is g. that way*, il est comme ça.

giving[1], *a.* (*Of pers.*) Donnant. **Of a giving nature,** généreux. *See also* LIFE-GIVING.

giving[2], *s.* 1. Don *m*, donation *f* (d'un cadeau, etc.); administration *f* (d'une potion, etc.); remise *f* (de qch. entre les mains de qn, etc.); engagement *m* (de sa parole). *See also* PRIZE-GIVING. 2. Prononciation *f*, prononcé *m* (d'un arrêt, etc.). *Jur:* Adjudication *f* (des dommages-intérêts). 3. **Giving way,** (i) affaissement *m*, fléchissement *m* (d'une poutre, etc.); altération *f* (de la santé, etc.); (ii) abandon *m* (à ses émotions, etc.).

'give-and-'take, *a.* 1. **Give-and-take policy,** politique *f* d'accommodement, de concessions mutuelles. *Marriage is a g.-and-t. affair*, le mariage est fait de concessions mutuelles. *G.-and-t. ground*, terrain accidenté. 2. *Turf:* **Give-and-take race,** course *f* de handicap.

giver ['givər], *s.* Donneur, -euse; donateur, -trice. *Com: Jur: G. of a trade order*, auteur *m* d'une commande. *St.Exch:* **Giver of option money,** acheteur *m* de primes. **Giver of stock,** reporté *m*. *The market is all givers*, la place est chargée. *There are no givers on this stock*, personne ne veut se reporter sur cette valeur.

gizzard ['gizərd], *s.* Gésier *m*. *F:* **That sticks in my gizzard,** je ne peux pas avaler, digérer, ça. *The thing that sticks in his g.*, la chose qui lui tient au cœur. *This refusal still sticks in his g.*, il n'a pas digéré ce refus. **To fret one's gizzard,** se tourmenter; se faire du mauvais sang, de la bile.

glabella [gla'belə], *s.* *Anat:* Glabelle *f*.

glabrous ['gleibrəs], *a.* 1. *Nat.Hist:* Glabre. 2. *A:* (Visage *m*, menton *m*) imberbe, glabre.

glacé [glase], *a.* (Cuir, etc.) glacé. *Cu:* **Glacé fruits,** fruits glacés. *See also* KID[1] 1.

glacial ['gleiʃ(i)əl], *a.* 1. *Geol:* Glaciaire. **Glacial erosion,** érosion *f* glaciaire. **Glacial period,** période *f* glaciaire, pluviaire. *See also* DRIFT[1] 7, VALLEY 1. 2. (Vent, etc.) glacial, -als. 3. *Ch:* Cristallisé; en cristaux. **Glacial acetic acid,** acide acétique concentré.

glaciated ['gleiʃieitid], *a.* 1. Couvert de glaciers. 2. Érodé par des glaciers. **Glaciated rock,** roche moutonnée.

glaciation [gleiʃi'eiʃ(ə)n], *s.* 1. Recouvrement *m* de la terre par la glace; glaciation *f*. 2. Action *f* des glaciers; érosion *f* par les glaciers.

glacier ['glasiər, 'gleiʃər], *s.* *Geol:* Glacier *m*. *Hanging g.*, glacier suspendu. **Valley glacier, Alpine glacier,** glacier encaissé, glacier de vallée (du type alpin). **Glacier-mud, -silt,** boue *f* glaciaire. **Glacier snow,** névé *m*. **Glacier table,** table *f* de glacier; bloc perché.

glaciered ['glasiərd], *a.* Couvert de glaciers.

glacieret ['glasiəret], *s.* *Geol:* Petit glacier.

glacis ['glasi, 'gleisis], *s.* *Fort:* Glacis *m*.

glad [glad], *a.* (**gladder, gladdest**) Heureux. 1. Bien aise; content. **To be glad to hear sth.,** apprendre qch. avec plaisir; être heureux, bien content, d'apprendre qch. *I am g. to hear it*, **I'm very glad of it,** j'en suis bien aise; tant mieux; je l'apprends avec plaisir. *To be g. that sth. has happened*, être heureux, joyeux, que qch. soit arrivé, de ce que qch. est arrivé. *We have no reason to be g.*, nous n'avons pas sujet à nous réjouir. *I am g. you like him*, je suis très heureux, cela me fait (grand) plaisir, que vous l'aimiez. **He is only too glad to help you,** il ne demande pas mieux que de vous aider. *How g. she was!* comme elle était contente! *I should be g. to know whether . . .*, je serais bien heureux de savoir si. . . . *They would be g. of your assistance*, ils seraient bien heureux d'avoir votre aide; votre aide leur ferait plaisir. *They would be g. of dry bread*, du pain sec ne serait pas de refus. *We should be g. if you would accept*, nous serions heureux que vous acceptiez. **It makes my heart glad to hear him,** cela me réjouit le cœur de l'entendre. *Wine maketh g. the heart of man*, le vin réjouit le cœur. 2. Joyeux. **Glad tidings,** nouvelles joyeuses, heureuses; bonne nouvelle. 3. *P:* **Glad rags,** (i) robe *f* de soirée; (ii) frusques *f* des grands jours. **To have on one's glad rags,** (i) être en robe de soirée; (ii) être sur son trente et un, en grand tralala; être parée de ses plus beaux atours. *See also* EYE[1] 1. **-ly,** *adv.* (*a*) Avec plaisir, volontiers, de bon cœur, de grand cœur. *I would g. help him*, je ne demande pas mieux que de l'aider. *I accept g.*, j'accepte de bon cœur; ce n'est pas de refus. (*b*) Avec joie.

gladden [gladn], *v.tr.* Réjouir; rendre (qn) bien aise, bien heureux. *It gladdens my heart to see them*, cela me réjouit le cœur de les voir.

gladdon ['gladən], *s.* *Bot:* *F:* Iris *m* fétide; iris-gigot *m*.

glade [gleid], *s.* Clairière *f*, sommière *f*, percée *f*, éclaircie *f* (dans une forêt).

gladiate ['gleidiet], *a.* *Bot:* (Feuille) en glaive.

gladiator ['gladieitər], *s.* Gladiateur *m*.

gladiatorial [gladiə'tɔːriəl], *a.* Gladiatorial, -aux. *G. fights*, combats *m* de gladiateurs.

gladiolus, *pl.* **-luses, -li** [gladi'ouləs, -ləsiz, -lai], *s.* *Bot:* Glaïeul *m*.

gladness ['gladnəs], *s.* Joie *f*, allégresse *f*.

gladsome ['gladsəm], *a.* *Lit:* 1. Heureux, joyeux. *G. tidings*, bonne nouvelle. *G. countenances*, mines réjouies. 2. *The g. sunshine*, le soleil réjouissant. **-ly,** *adv.* Heureusement, joyeusement.

gladsomeness ['gladsəmnəs], *s.* *Lit:* = GLADNESS.

Gladstone ['gladstən], *s.* **Gladstone (bag),** sac-jumelle *m*, *pl.* sacs-jumelles; sac américain.

glair[1] ['glɛːər], *s.* 1. *Bookb:* Glaire *f*; blanc *m* d'œuf. 2. *Med:* Glaire.

glair[2], *v.tr.* *Bookb:* Glairer.

glairing, *s.* Glairage *m*.

glair[3], *a.* *U.S:* = GLARE[4].

glaireous ['glɛəriəs], **glairy** ['glɛəri], *a.* *Med:* Glaireux.

glaive [gleːiv], *s.* *Poet:* Glaive *m*.

glamorous ['glamərəs], *a.* Enchanteur, -eresse, charmeur, -euse, fascinateur, -trice; ensorcelant.

glamour ['glamər], *s.* 1. Enchantement *m*, charme *m*. **To cast a glamour over s.o.,** exercer un charme sur qn; ensorceler qn. 2. Fascination *f*; prestige *m* (d'un nom, etc.); éclat *m*. **Glamour of glory,** prestige de la gloire. *The false g. of war*, le faux éclat de la guerre. **To lend a glamour to . . ., throw a glamour over . . .,** prêter de l'éclat à. . . . *Scene of g.*, spectacle *m* splendide.

glance[1] [glɑːns], *s.* 1. Coup *m* qui ricoche; coup en biais; ricochet *m*. 2. Regard *m*, coup d'œil. **At a glance,** d'un coup d'œil. **At the first glance,** à première vue; au premier coup d'œil; au premier aspect. *With a comprehensive g.*, tout d'une vue. **Angry glance,** regard irrité; regard de travers. *See also* CAST[2] I. 1, SIDE-GLANCE, SIDELONG 2, STEAL I. 1. 3. Trait *m* de lumière; éclat *m*, éclair *m*; lueur soudaine.

glance[2], *v.i.* 1. (*a*) (*Of bullet, etc.*) **To glance aside, glance off,** dévier, ricocher. *The sword glanced off his ribs*, l'épée *f* lui glissa sur les côtes. **To glance off, from, a subject,** glisser sur un sujet; ne faire qu'effleurer un sujet. (*b*) *v.tr.* **To glance back the rays of light,** réfléchir, refléter, les rayons de lumière. *The pewter glanced back the flame of the fire*, la vaisselle d'étain renvoyait les lueurs du foyer. 2. **To glance at s.o., at sth.,** jeter un regard sur qn, sur qch.; lancer un coup d'œil à qn. **To glance up, down,** jeter un coup d'œil en haut, en bas. **To glance around oneself,** jeter un regard autour de soi. **To glance aside,** détourner le regard. **To glance through, over, sth.,** examiner rapidement qch.; jeter un regard sur qch.; parcourir, feuilleter (un livre). **He glanced down the list,** il parcourut la liste du regard. *v.tr.* **To glance one's eye over sth.,** jeter un coup d'œil sur qch. 3. **To glance at s.o.,** faire une allusion ironique ou désobligeante à qn. 4. (*Of steel, weapons, etc.*) Étinceler; jeter des lueurs.

glancing[1], *a.* 1. (*Of blow, etc.*) Oblique. 2. Étincelant.

glancing[2], *s.* 1. **Glancing aside, off,** déviation *f*, ricochet *m*. 2. Étincellement *m*, éclat *m*.

glance[3], *s.* *A:* Minerai lustré, métallifère. (*Still used in compounds*) **Glance-coal,** houille éclatante; anthracite *m*. **Cobalt-glance, glance-cobalt,** cobalt gris; cobaltine *f*. **Copper-glance, glance-copper,** cuivre éclatant, chalcocite *f*, sulfure cuivreux. *See also* ANTIMONY, LEAD[1] 1, SILVER-GLANCE.

gland[1] [gland], *s.* *Biol:* Glande *f*. **Gland cell,** cellule *f* glandulaire. *Anat:* *Lacrimal g.*, glande lacrimale. *Anat:* *Med:* **Lymphatic glands,** ganglions *m* lymphatiques; glandes lymphatiques. **Swollen glands,** (i) glandes engorgées; (ii) (*in childhood*) états *m* ganglionnaires de l'enfance. *F:* **To have swollen glands,** avoir des glandes au cou. *Rept:* **Poison gland,** glande à venin. *See also* ACINOUS, CONGLOMERATE[1] 1, DUCTLESS.

gland[2], *s.* *Mec.E:* *Mch:* Serre-garniture *m inv*; bague *f* d'emboîtement; couronne *f*, gland *m*, chapeau *m*. **Stuffing(-box) gland, packing-gland,** bague, couronne, chapeau, de presse-étoupe; gland. **Stuffing-box and gland,** presse-étoupe *m inv*. **Expansion gland,** boîte *f* de joint glissant. **Bearing gland,** douille *f* palier. **Thrust-gland,** manchon *m* de butée. **Grease-gland,** graisseur *m* automatique.

glandered ['glandərd], *a.* *Vet:* (Cheval) morveux, glandé.

glanders ['glandərz], *s.pl.* (*With sg. const.*) *Vet:* *Med:* Morve *f* (chez le cheval ou l'homme).

glandiferous [glan'difərəs], *a.* *Bot:* Glandifère.

glandiform ['glandifɔːrm], *a.* Glandiforme.

glandular ['glandjulər], *a.* *Biol:* *Med:* Glandulaire; adénoïde.

glandule ['glandjul], *s.* *Biol:* Glandule *f*.

glandulous ['glandjuləs], *a.* Glanduleux, -euse.

glans [glanz], *s.* 1. *Anat:* Gland *m* (du pénis). 2. *Bot:* Gland (du chêne, etc.).

glare[1] ['glɛər], *s.* 1. (*a*) Éclat *m*, clarté *f*, rayonnement *m*, lumière éblouissante (du soleil, des projecteurs, etc.). **In the full glare of the sun,** à la grande clarté du soleil; au grand soleil. *F:* **In the full glare of publicity,** sous les feux de la rampe. (*b*) Éblouissement *m*, aveuglement *m* (d'un phare, etc.). *Aut:* **Non-glare goggles,** lunettes anti-éblouissantes. 2. Clinquant *m*; faux éclat; fausse splendeur (de cirque forain, etc.). 3. Regard fixe et irrité. *He looked at me with a g.*, il fixa sur moi un regard irrité.

glare[2], *v.i.* 1. (*Of sun, etc.*) Briller d'un éclat éblouissant. 2. (*a*) **To glare at s.o.,** *Lit:* **upon s.o.,** lancer un regard furieux, furibond, à qn; regarder qn d'un œil indigné. *They were glaring at one another*, *F:* ils se regardaient en chiens de faïence. (*b*) *With cogn. acc.* **To glare defiance, anger, at s.o.,** lancer un regard plein de défi, de colère, à qn.

glaring[1], *a.* 1. (*a*) (*Of light, etc.*) Éblouissant, éclatant; (soleil) aveuglant. (*b*) (*Of costume, colour, etc.*) Voyant, éclatant; (*of colour*) cru. 2. (*Of fact, etc.*) Manifeste, patent, qui saute aux yeux, qui crève les yeux; (*of injustice, etc.*) flagrant. **Glaring lie,** mensonge *m* manifeste. **Glaring abuses,** abus scandaleux, choquants. **Glaring blunder,** faute grossière. 3. **With glaring eyes,** (i) d'un œil furieux; (ii) aux yeux menaçants. **-ly,** *adv.* 1. Avec un faux éclat ou avec trop d'éclat. 2. Manifestement; d'une manière patente, flagrante.

glaring[2], *s.* 1. Éclat *m* (du soleil, etc.). 2. Regards fixes et furieux.

glare[3], *s.* *U.S:* Nappe *f* de glace.

glare[4], *a.* *U.S:* (*Of ice*) Lisse et transparent.

glareole ['glarioul], *s.* *Orn:* Glaréole *f*.

glaringness ['glɛəriŋnəs], *s.* 1. Éclat éblouissant, clarté crue (de la lumière). 2. Évidence *f*, clarté; flagrance *f*. *The g. of the falsehood*, l'évidence du mensonge.

Glarus ['glɑːrəs]. *Pr.n.* *Geog:* Glaris.

glass[1] [glɑːs], *s.* 1. Verre *m*. **Pane of glass,** vitre *f*, carreau *m*.

Square, plate, of glass, plat *m* de verre. *Lead g.*, verre de plomb. *Quartz g.*, verre quartzeux. *Soda g.*, verre à base de soude. *White g.*, verre blanc. **Green glass,** verre à bouteilles; chambourin *m*. **Pressed glass,** verre moulé. **Blown glass,** verre soufflé. **Toughened glass,** verre trempé; verre dur. **Wired glass, armoured glass, reinforced glass,** verre grillagé, armé; cristal armé. **Frosted glass, ground glass,** verre dépoli. **Ribbed glass,** verre strié. **Window glass, sheet glass,** verre à vitres. **Cathedral glass,** verre brut coulé; verre cathédrale. **Bone glass, opal glass,** verre opale, translucide. **Optical glass,** verre d'optique. **Bohemian glass,** verre de Bohême; verre à gobeleterie. **Cut glass,** cristal taillé. **Stained glass, coloured glass,** verre de couleur, verre coloré. **Stained glass window,** vitrail (peint), verrière *f*. *Artist in stained g.*, peintre *m* sur verre, peintre verrier. *The (stained) g. of a church*, les vitraux, les verrières, d'une église. **Spun glass,** coton *m*, fil *m*, de verre. *Aut: etc:* **Safety-glass,** verre de sûreté. *See also* BASALTIC, BOTTLE-GLASS, BRITTLE, CROWN-GLASS, FLINT-GLASS, MILK-GLASS, PLATE-GLASS, SMOKED 1, SMOOTH¹ 1. **2.** (*a*) **(Drinking-)glass,** verre (à boire). **Wine glass,** verre à vin. **Glass of wine,** verre de vin. **Champagne glass,** flûte *f*, coupe *f*, à champagne. **Stemmed glass,** verre à patte, à pied. *See also* BEER-GLASS, TEST-GLASS. **A glass of brandy,** *etc.*, un petit verre. **To have had a glass too many, too much,** avoir bu un coup de trop. *He's festive when he's had a g.*, il est d'humeur gaie après boire. **To have a glass together,** trinquer ensemble. **To call for glasses all round,** commander une tournée générale. *See also* FILL² I. 1. (*b*) *Coll.* **Table glass,** verrerie *f* de table. **Oven glass,** verrerie allant au four. **Hollow glass,** gobeleterie *f*. **Hollow-glass factory, trade,** gobeleterie. **Glass and china shop,** magasin de verrerie et porcelaine. **The glass industry,** l'industrie *f* du verre; la verrerie. **3.** Vitre (de fenêtre); glace *f* (de voiture); verre (de montre, de lampe). **Barometer glass,** verrine *f*. **Articles shown under glass,** articles exposés dans les vitrines, sous vitrine. *Statuette under g.*, statuette *f* sous globe. *See also* BELL-GLASS, GAUGE-GLASS, PAVEMENT-GLASS. **4.** (*a*) Lentille *f* (d'un instrument d'optique). (*b*) **(Magnifying-, reading-)glass,** loupe *f*; verre grossissant. *See also* BURNING-GLASS, FOCUSING 2, OBJECT-GLASS. **5. (Looking-)glass,** glace, miroir *m*. **Shaving-glass,** miroir à barbe. **Toilet-glass,** miroir de toilette. *To do one's hair before the g.*, se coiffer devant la glace. *See also* CHEVAL-GLASS, LOOKING-GLASS, PIER-GLASS. *Com:* **'Glass with care,'** "fragile." **6.** *pl.* **Glasses,** (i) lunettes *f*; (ii) (*as opposed to spectacles*) lorgnon *m*, binocle *m*, pince-nez *m inv*. **To wear glasses,** porter des lunettes. **To put on one's glasses,** mettre, *A:* chausser, ses lunettes. *Smoked glasses*, lunettes fumées. **7.** Longue-vue *f*, *pl.* longues-vues; lorgnette *f*; lunette (d'approche); *pl.* jumelles *f*. *See also* FIELD-GLASS, OPERA-GLASS, SPY-GLASS. **8. (Weather-)glass,** baromètre *m* (à cadran). **The glass is falling,** le baromètre baisse. *See also* WEATHER-GLASS 2. **9.** = HOUR-GLASS. *See also* SAND-GLASS, WATER-GLASS 1. **10.** *Hort:* (*a*) Châssis *m*. (*b*) *Coll.* Serre(s) *f(pl)*. **Grown under glass,** cultivé sous verre, en serre, sous châssis. **11. Musical glasses,** harmonica *m*. **12.** *Ch:* **Glass of antimony,** verre d'antimoine. *See also* URANIUM, VOLCANIC. **13.** *See* WATER-GLASS 2. **14.** *Attrib.* De, en, verre. **Glass bottle,** bouteille de, en, verre. **Glass door,** porte vitrée. **Glass window,** fenêtre vitrée. *G. pavement*, pavé *m* en verre. *See also* EYE¹ 1, GALL¹ 3. *Prov:* **People who live in glass houses shouldn't throw stones,** il faut être sans défauts pour critiquer autrui. *See also* GLASS-HOUSE.

'glass-blower, *s.* Souffleur *m* (de verre); verrier *m*.
'glass-blowing, *s.* Soufflage *m* (du verre).
'glass-'case, *s.* Vitrine *f*, montre *f*. **To keep sth. in a glass-case,** garder qch. sous verre. *F:* **He ought to be kept in a glass-case,** il est à mettre sous verre.
'glass-cloth, *s.* **1.** Torchon *m* essuie-verres *inv*. **2.** Toile verrée.
'glass-culture, *s.* *Hort:* Culture *f* en serre, sous châssis.
'glass-'cupboard, *s.* Armoire vitrée; vitrine *f*.
'glass-cutter, *s.* **1.** (*a*) Coupeur *m* de verre; vitrier *m*. (*b*) Tailleur *m* de verre; cristallier *m*. **2.** *Tls:* (*a*) Diamant *m* (de vitrier). (*b*) Coupe-verre *m inv*. *Circular g.-c.*, tournette *f*. *Wheel g.-c.*, coupe-verre à molette.
'glass-cutting, *s.* **1.** Taillage *m* de glaces. **2.** Taille *f* du verre; cristallerie *f*.
'glass-'dust, *s.* Verre *m* en poudre.
'glass-engraver, *s.* = GLASS-CUTTER 1 (*b*).
'glass-gall, *s.* = SANDIVER.
'glass-grinding, *s.* Façonnage *m* de glaces.
'glass-holder, *s.* Griffe *f* (de bec de lampe).
'glass-house, *s.* **1.** (*a*) *Hort:* Serre *f*. *See also* GLASS¹ 14. (*b*) Atelier vitré (pour la photographie). **2.** *Tchn:* Verrerie *f*.
'glass-lined, *a.* *Ind:* **Glass-lined tank,** cuve verrée.
'glass-making, *s.* Verrerie *f*; hyalotechnie *f*, hyalurgie *f*.
'glass-paper, *s.* Papier de verre; papier verré.
'glass-par'tition, *s.* Vitrage *m*.
'glass-rack, -stand, *s.* Verrier *m*.
'glass-'rod, *s.* Baguette *f* de, en, verre; *Ch:* agitateur *m*.
'glass-'roofing, *s.* Vitrerie *f* de toit.
'glass-shell, *s.* *Moll:* Hyale *f*.
'glass-'silk, *s.* Coton *m* de verre.
'glass-snail, *s.* *Moll:* Vitrine transparente.
'glass-snake, *s.* **1.** Ophisaure *m*; serpent *m* de verre. **2.** Pseudope *m*.
'glass-ware, *s.* Articles *mpl* de verre; cristaux *mpl*; verrerie *f*. **Small glass-ware,** verroterie *f*, verraille *f*.
'glass-'wool, *s.* Coton *m* de verre.
'glass-work, *s.* **1.** (*a*) Verrerie *f*. (*b*) (*In church*) Vitraux *mpl*, vitrage *m*. **2. Glass-works,** *s.pl.* (*Usu. with sg. const.*) Verrerie *f*, glacerie *f*. **Crystal glass-works,** cristallerie *f*.
'glass-worker, *s.* Verrier *m*.

glass², *v.tr.* **1.** *A:* = GLAZE² I. 1. **2.** Mettre (une statuette, etc.) sous verre. **3.** *Poet:* (*a*) Faire refléter. *To g. oneself in the water*, se mirer dans l'eau. (*b*) (*Of mirror, etc.*) Refléter.
glassed in, *a.* = GLAZED 1.

glassful ['glɑːsful], *s.* (Plein) verre; *occ.* verrée *f* (d'eau, etc.).
glassine [gla'siːn], *s.* *Com:* Papier *m* cristal.
glasswort ['glɑːswəːrt], *s.* *Bot:* (*a*) **Jointed glasswort,** salicorne *f*. (*b*) **Prickly glasswort,** kali *m*, soude *f*.
glassy ['glɑːsi], *a.* Vitreux; *Nat.Hist: Miner:* hyalin. *G. eye*, œil vitreux. *G. sea*, mer unie comme un miroir. *The g. depths of the lake*, les profondeurs transparentes du lac.
Glaswegian [glas'wiːdʒiən], *a. & s.* (Natif, originaire) de Glasgow.
Glauber ['glaubər]. *Pr.n.* *Pharm:* **Glauber('s) salt(s),** sel *m* (admirable) de Glauber; sulfate *m* de soude.
glaucescence [glɔː'ses(ə)ns], *s.* *Bot:* Glaucescence *f*.
glaucescent [glɔː'ses(ə)nt], *a.* *Bot:* Glaucescent.
glaucium ['glɔːsjəm], *s.* *Bot:* Glaucière *f*, glaucienne *f*.
glaucoma [glɔː'koumə], *s.* *Med:* Glaucome *m*.
glaucomatous [glɔː'koumətəs], *a.* *Med:* Glaucomateux.
glauconite ['glɔːkonait], *s.* *Miner:* Glauconie *f*.
glaucous ['glɔːkəs], *a.* **1.** Glauque. **2.** *Bot:* Pruiné; pruineux, -euse.
glaze¹ [gleːiz], *s.* **1.** (*a*) Glace *f*, lustre *m*, glacé *m*, vernissure *f* (du drap, du cuir, etc.). (*b*) *G. of the eye*, aspect vitreux de l'œil. **2.** *Cer:* Glaçure *f*, vernis (luisant), enduit *m*, couverte *f*, émail *m*. **Tin glaze,** glaçure stannifère. **Transmutation glaze,** lustre (irisé). *See also* LEAD-GLAZE, UNDER-GLAZE. **3.** *Cu:* Glace ((i) de jus de viande, (ii) de blanc d'œuf); dorure *f*. **4.** *Paint:* Glacis *m*, jus *m*.
glaze². I. *v.tr.* **1.** Vitrer (une fenêtre, une maison, etc.). **To glaze in a window,** garnir une fenêtre de vitres; poser les vitres (d'une fenêtre). **2.** (*a*) Glacer, lustrer, satiner (une étoffe); vernir, vernisser, glacer (le cuir); lisser, surglacer (le papier, etc.). **To glaze over s.o.'s faults,** masquer, voiler, les défauts de qn. (*b*) *To g. the eye*, embuer l'œil. (*c*) *Cer:* Glacer, vernir, vernisser, émailler (la poterie); plomber (la vaisselle de terre); vitrifier (les tuiles, etc.). (*d*) *Cu:* Glacer, dorer. (*e*) *Paint:* Glacer (un tableau), passer (un tableau) au jus. (*f*) *Phot:* Glacer, émailler (une épreuve).
II. **glaze,** *v.i.* **To glaze (over),** se glacer; (*of eye*) devenir vitreux.
glazed, *a.* **1.** (*Of roof, door*) Vitré. (*Of picture*) *Framed and g.*, encadré et sous verre. *Nau:* **Glazed-in light,** verrine *f*. **2.** (*a*) (Tissu) glacé, lustré, satiné; (cuir) glacé, verni, vernissé; (papier) brillant, satiné. *G. lining*, garniture *f* lisse. *G. surface*, glacis *m*. (*b*) *Cer:* Glacé, émaillé; (*of brick*) vitrifié. (*c*) *Cu:* Glacé, doré.
glazing, *s.* **1.** (*a*) Pose *f* des vitres. (*b*) Glaçage *m*, lustrage *m*, vernissage *m*, satinage *m*. *Cer: Phot:* Émaillage *m*. *Mch: I.C.E:* *G. of the cylinders*, glaçage des cylindres. **Glazing machine,** glaceur *m*, satineuse *f*. **Glazing roll,** cylindre *m* à satiner. **Glazing wheel,** meule *f* d'émeri. *Phot:* **Glazing pad,** glaceur *m*. **2.** (*a*) Vitrerie *f*. (*b*) = GLAZE¹.
glazer ['gleizər], *s.* **1.** (*Pers.*) Glaceur *m*; lustreur, -euse; vernisseur *m*; satineur, -euse. *See also* PLATE-GLAZER. **2.** *Phot:* (*Instrument*) Glaceur, satineur.
glazier ['gleiziər], *s.* Vitrier *m*. **House-painter and glazier,** peintre-vitrier *m*, *pl.* peintres-vitriers.
glaziery ['gleiziəri], *s.* Vitrerie *f*.
glazy ['gleizi], *a.* Glacé; vitreux.
gleam¹ [gliːm], *s.* (*a*) Rayon *m*, lueur *f*, trait *m*, filtrée *f* (de lumière). *A long g. of light*, une longue traînée de lumière. **The first gleams of the sun,** les premières clartés du soleil. **Gleam of hope,** lueur d'espoir; rayon d'espérance. *There was a dangerous g. in his eye*, il y avait dans son regard une lueur inquiétante. (*b*) Reflet *m* (d'un couteau, des eaux, etc.); miroitement *m* (d'un lac, etc.).
gleam², *v.i.* Luire, reluire, rayonner; (*of water*) miroiter, brasiller. *His knife gleamed in the dark*, (i) son couteau luisait dans l'ombre; (ii) son couteau jeta un éclair dans l'ombre. **Fury gleams in his eyes,** la fureur étincelle dans ses yeux. **A cat's eyes gleam in the dark,** les yeux du chat éclairent dans l'obscurité. *The military cross gleamed among his rags*, la médaille militaire étoilait ses haillons.
gleaming¹, *a.* Rayonnant, luisant, miroitant. **Gleaming eyes,** yeux luisants.
gleaming², *s.* Rayonnement *m*, miroitement *m*.
gleamy ['gliːmi], *a.* *Lit:* Lumineux; qui jette des lueurs; éclairé par instants.
glean [gliːn], *v.tr.* **1.** Glaner (du blé, des renseignements, etc.); *abs.* faire la glane. **To glean a field,** glaner dans un champ. *F:* **To glean from one and another,** glaner chez les uns et les autres. *There is something to be gleaned from one and another*, il y a à prendre chez les uns et les autres. **2.** *Vit:* Grappiller.
gleaning, *s.* **1.** (*a*) Glanage *m*, glane *f*. (*b*) *Vit:* Grappillage *m*. **2.** *pl.* **Gleanings.** (*a*) Glanure *f*, glanes *fpl*. (*b*) *Lit:* Analectes *m*. *Gleanings from the newspapers*, glanures prises dans les journaux.
gleaner ['gliːnər], *s.* **1.** Glaneur, -euse. **2.** *Vit:* Grappilleur, -euse.
glebe [gliːb], *s.* **1.** *Poet: A:* Terre *f*, terrain *m*, glèbe *f*. **2.** *Ecc:* Terre assignée à un bénéfice.
glee [gliː], *s.* **1.** Joie *f*, gaieté *f*, allégresse *f*. **In high glee,** au comble de la joie; jubilant; tout joyeux; plein de joie. **2.** *Mus:* Petit chant à trois ou quatre parties pour voix d'hommes solo, sans accompagnement.
gleeful ['gliːful], *a.* Joyeux, allègre; plein de joie. **-fully,** *adv.* Joyeusement; avec joie; allégrement.
gleeman, *pl.* **-men** ['gliːmən, -men], *s.* *A:* Ménestrel *m*, jongleur *m*.
gleesome ['gliːsəm], *a.* = GLEEFUL.
gleet [gliːt], *s.* **1.** *Med:* (*a*) Écoulement *m* (de l'urètre); goutte *f* militaire. (*b*) *A:* Pus *m*, écoulement. **2.** *Vet:* Jetage *m*.
glen [glen], *s.* Vallée étroite; vallon *m*, ravin *m*; gorge *f* (de montagne).
glene ['gliːni], *s.* *Anat:* **1.** Glène *f*; cavité glénoïdale. **2.** Orbite *f* de l'œil.

glengarry [glen'gari], *s.* (Coiffure écossaise du genre) calot *m*; toque (haute sur le devant); glengarry *m* (nom d'un "*glen*" de l'Inverness-shire).

glenoid ['gli:nɔid], **glenoidal** [gle'nɔid(ə)l], *a. Anat:* Glénoïde; glénoïdal, -aux. **Glenoidal cavity,** glénoïde *f*; cavité glénoïdale.

glib [glib], *a.* **1.** *A: (Of surface)* Lisse, glissant. **2.** *Pej:* (*a*) (*Of answer, excuse*) Spécieux, patelin; (*of lie*) fait de sang-froid. (*b*) (*Of speaker*) Qui a de la faconde; beau parleur. **To have a glib tongue,** avoir la langue affilée, déliée, bien pendue; avoir le débit facile. *He is very g. of the tongue,* c'est un beau parleur, *F:* il n'a pas le filet. *To be as g. as a bagman,* avoir un bagout de commis-voyageur. **-ly,** *adv.* (*a*) Spécieusement; d'un ton patelin. (*b*) (Parler) avec aisance, avec volubilité; (répondre) sans hésiter.

glibness ['glibnəs], *s.* **1.** Spéciosité *f* (d'une excuse, etc.). **2.** Faconde *f*; facilité *f* (de parole); volubilité *f*, bagout *m*.

glide[1] [glaid], *s.* **1.** (*a*) Glissement *m*. (*b*) *Danc:* Glissade *f*, glissé *m*. *Skating:* **Forward glide,** en-avant *m inv.* **Backward glide,** en-arrière *m inv.* **2.** *Av:* Vol *m* à voiles; vol plané. **3.** *Mus:* Port *m* de voix; glissade. **4.** *Ling:* Son *m* transitoire. **On-glide,** arrivée *f*. **Off-glide,** détente *f*.

glide[2]. **1.** *v.i.* (*a*) (Se) glisser, couler. **To glide along** *over the waters,* glisser sur l'eau. **To glide past, out,** passer, sortir, légèrement, à pas feutrés, comme une ombre, tout doucement. **The years glide past, glide by,** les années coulent. *His days g. by in prosperous ease,* il coule ses jours dans la prospérité. *A boat glided past,* une embarcation passa. **To glide into bad habits,** se laisser aller inconsciemment à de mauvaises habitudes. *To g. back into bad ways,* retomber insensiblement dans de mauvaises habitudes. *Classes that g. into each other,* classes dont la fusion s'opère imperceptiblement. **To glide over the difficult passages,** passer légèrement sur les endroits difficiles. (*b*) (i) (*Of birds*) Planer (dans l'air). (ii) *Av:* Planer; voler à voile. **To glide down,** descendre en vol plané. **2.** *v.tr.* (*a*) Glisser, couler (qch. dans la main de qn, etc.). (*b*) *The wind that glides the boat over the water,* le vent qui fait glisser le bateau sur l'eau. (*c*) *Cr:* **To glide the ball to leg,** détourner la balle vers la gauche (avec la batte).

gliding[1], *a.* **1.** Glissant. **2.** Planant. **-ly,** *adv.* **1.** En glissant, tout doucement. **2.** En planant.

gliding[2], *s.* (*a*) Glissement *m*. (*b*) (i) Planement *m*. (ii) Vol plané, vol *m* à voile. *See also* ANGLE[1].

'gliding-boat, *s.* Hydroglisseur *m*.

glider ['glaidər], *s.* **1.** *Av:* (*a*) (*Pers.*) Spécialiste *m* du vol à voile. (*b*) (*Machine*) Planeur *m*, glisseur *m*. **(Motor-)glider,** aviette *f*. **2.** *Nau:* Hydroglisseur *m*.

glim [glim], *s. P:* (*a*) Lumière *f*, bougie *f*, *F:* camoufle *f*. *See also* DOUSE[2] 2. (*b*) *Chuck us a glim,* passe-moi une allumette.

glimmer[1] ['glimər], *s.* **1.** Faible lueur *f* (d'une chandelle, etc.); reflet *m*, miroitement *m* (de l'eau, etc.). *To turn down the gas to a g.,* mettre le gaz en veilleuse. **The first glimmer of dawn,** les premières lueurs de l'aube. *F:* **Glimmer of hope,** rayon *m*, lueur, d'espoir. *Not the slightest g. of intelligence,* pas la moindre trace, pas une lueur, d'intelligence. **2.** *P:* (*In police language*) Mendiant *m*.

glimmer[2], *v.i.* Jeter une faible lueur; brillot(t)er; entreluire; (*of water*) miroiter; (*of sea*) brasiller. *A light was glimmering through the curtains,* une lumière filtrait à travers les rideaux.

glimmering[1], *a.* **1.** (*Of light*) Faible, douteux, vacillant; qui brillotte. **2.** *U.S:* **To go glimmering,** (i) (*of hopes, etc.*) s'évanouir; (ii) (*of scheme, etc.*) venir à rien; *F:* tomber à, dans, l'eau.

glimmering[2], *s.* **1.** Émission *f* d'une faible lueur; miroitement *m* (d'un lac, etc.). **2.** = GLIMMER[1] 1.

glimmery ['glimәri], *a. F:* = GLIMMERING[1] 1.

glimpse[1] [glimps], *s.* Vision momentanée (de qch.). *G. of a subject,* aperçu *m* sur un sujet. **To catch a glimpse of sth.,** entrevoir, aviser, apercevoir, qch. *I only caught a g. of him,* je n'ai fait que l'entrevoir. *Through attitude and gesture one gets a g. of the soul,* l'âme transparaît dans l'attitude et le geste. *A g. of the moon revealed to us . . .,* une courte échappée de clair de lune, une courte apparition de la lune, nous fit apparaître . . ., nous découvrit. . . . *Lit:* **The glimpses of the moon,** le monde sublunaire.

glimpse[2], *v.i. & tr.* **To glimpse (at, upon) sth.,** avoir la vision fugitive de qch.; entrevoir qch.; jeter un rapide coup d'œil sur qch. **He had glimpsed death,** il avait entrevu la mort.

glint[1] [glint], *s.* Trait *m*, lueur *f*, éclair *m* (de lumière); reflet *m* (d'un couteau, etc.). **Hair with glints of gold,** chevelure *f* à, aux, reflets d'or.

glint[2], *v.i.* Entreluire, étinceler; briller par moments, çà et là. *The lights g. in the water,* les lumières *f* miroitent dans l'eau. *Fury glints in his eyes,* la fureur étincelle dans ses yeux.

glioma, *pl.* **-ata** [glai'ouma, -ata], *s. Med:* Gliôme *m*.

glissade[1] [gli'sɑ:d, -'seid], *s.* **1.** *Danc:* Glissade *f*, glissé *m*. **2.** *Mountaineering:* Glissade. *Standing g.,* glissade debout. *Sitting g.,* glissade assise.

glissade[2], *v.i.* **1.** *Danc:* Faire une glissade. **2.** *Mountaineering:* **To glissade (down),** faire une descente en glissade.

glissando [gli'sando], *adv. & s. Mus:* Glissando (*m*).

glissette [gli'set], *s. Geom:* Glissette *f*.

glisten[1] [glisn], *s.* Étincellement *m*, scintillement *m*; miroitement *m*, chatoiement *m*.

glisten[2], *v.i.* Étinceler, reluire, scintiller, briller; (*of sea*) miroiter, brasiller, chatoyer.

glistening[1], *a.* Étincelant, luisant, scintillant; chatoyant; (*of armour, etc.*) miroitant. **Forehead glistening with perspiration,** front sur lequel perle la sueur. *The wet and g. streets,* les rues mouillées et miroitantes.

glistening[2], *s.* = GLISTEN[1].

glister ['glistər], *v.i. A:* = GLISTEN[2], GLITTER[2].

glitter[1] ['glitər], *s.* Étincellement *m*, scintillement *m*, éclat *m*, brillant *m*. *Life's noise and g.,* le bruit et le clinquant de la vie.

glitter[2], *v.i.* Scintiller, étinceler, (re)luire, papilloter, chatoyer; (*of sea*) brasiller. *Prov:* **All is not gold that glitters,** tout ce qui reluit, tout ce qui brille, n'est pas or.

glittering[1], *a.* Brillant, étincelant, éclatant, reluisant, resplendissant. *G. silver-plate,* argenterie reluisante. *Uniform g. with decorations,* uniforme rutilant de décorations. *G. jewels,* bijoux *m* qui lancent des éclairs.

glittering[2], *s.* Étincellement *m*, scintillement *m*.

gloaming ['gloumiŋ], *s.* Crépuscule *m* (du soir); *F:* l'heure *f* du berger. **In the gloaming,** entre chien et loup; à la brune. *Sm.a:* **Gloaming sight,** mire *f* de nuit.

gloat[1] [glout], *s.* Regard *m* d'exultation.

gloat[2], *v.i.* **To gloat over, (up)on, sth.,** (i) couver, dévorer, qch. des yeux, du regard; (ii) contempler qch. avec un plaisir mauvais, méchant; repaître ses yeux de qch.; faire des gorges chaudes de qch.; savourer (un livre, un spectacle, sa vengeance). *To g. over one's victim,* couver du regard sa victime. *To g. over the sight of (victim, etc.),* boire (qn) des yeux. *To g. over the news,* se réjouir (méchamment) de la nouvelle. *To g. over s.o.'s misfortune,* triompher du malheur de qn.

gloating, *a.* (Œil *m*) avide; (sourire *m*) d'exultation méchante. **-ly,** *adv.* Avec un sourire d'exultation méchante; avec une satisfaction méchante. *To look g. at one's victim,* dévorer sa victime des yeux.

global ['gloub(ə)l], *a.* (Poids, etc.) global, -aux.

globe [gloub], *s.* Globe *m*. (*a*) Sphère *f*. (*b*) (La) terre; *F:* la boule terrestre. **To go round the globe,** faire le tour du globe. (*c*) *Sch:* *Terrestrial g., celestial g.,* globe terrestre, céleste. *A:* **Use of the globes,** étude *f* de la sphère. (*d*) Globe (de lampe); cloche *f*, coupe *f*. **Electric light globe,** globe électrique; tulipe *f*. *Aut:* **Roof-light globe,** coupe en verre du plafonnier. (*e*) Bocal *m*, -aux; globe (pour poissons rouges). (*f*) *Anat:* Globe (de l'œil).

'globe-artichoke, *s. Hort:* Artichaut *m*.

'globe-daisy, *s. Bot:* Globulaire *f*.

'globe-fish, *s. Ich:* **1.** Diodon *m*; orbe épineux; poisson-boule *m*, *pl.* poissons-boules. **2.** Tétrodon *m*.

'globe-flower, *s. Bot:* Trolle *m*, boule-d'or *f*, *pl.* boules-d'or.

'globe-holder, *s.* Griffe *f* (de bec de lampe).

'globe-lightning, *s. Meteor:* Globe *m* de feu; globe fulminant; éclair *m* en boule.

'globe-thistle, *s. Bot:* Échinope *m*, échinops *m*.

'globe-trotter, *s.* Touriste *mf* qui court le monde; globe-trotter *m*.

'globe-trotting, *s.* Parcours *m* du monde (en globe-trotter); vie *f* de voyages.

'globe-valve, *s. Mec.E:* **1.** Robinet *m* d'arrêt sphérique. **2.** Soupape *f* à boulet.

globed [gloubd], *a.* Globulaire, sphérique.

globigerinae [gloubidʒə'raini:], *s.pl. Prot:* Globigérines *f*.

globigerina-mud, -ooze [gloubidʒə'rainamʌd, -u:z], *s. Geol:* Boue *f* à globigérines.

globose [glou'bous], *a. Bot: etc:* Globeux.

globular ['glɔbjulər], *a.* Globulaire, globuleux; sphérique. **Globular lightning,** éclair *m* en boule.

globularia [glɔbju'lɛəria], *s. Bot:* Globulaire *f*.

globule ['glɔbju:l], *s.* (*a*) Globule *m*, gouttelette *f* (d'eau, etc.). **Blood globules,** globules du sang; globules sanguins. (*b*) *Pharm:* Globule.

globulin ['glɔbjulin], *s. Ch: Physiol:* Globuline *f*.

globulose ['glɔbjulous], **globulous** ['glɔbjuləs], *a.* Globuleux.

globus ['gloubəs], *s. Med:* **Globus hystericus,** boule *f* hystérique, globe *m* hystérique.

glochidiate [glo'kidiet], *a. Bot:* Glochidié.

glockenspiel ['glɔkənspi:l], *s. Mus:* Glockenspiel *m*.

glomerate ['glɔməret], *a. Bot:* Glomérulé. *Anat:* Congloméré.

glomerule ['glɔməru:l], *s. Bot: Anat:* Glomérule *m*.

gloom[1] [glu:m], *s.* **1.** Obscurité *f*, ténèbres *fpl*. *Dismal pictures shrouded in g.,* tableaux tristes et enténébrés. **2.** Assombrissement *m*, mélancolie *f*; tristesse *f* pessimiste. **To cast, throw, a gloom over, upon, the company,** jeter une ombre sur, jeter un voile de tristesse sur, assombrir, attrister, l'assemblée; rembrunir l'assemblée. *This news cast a g. over the town,* cette nouvelle répandit la tristesse dans la ville. *There is g. in the City,* l'atmosphère s'est assombrie dans les milieux de la Cité. **Byronic gloom,** mélancolie byronienne; *A:* mal *m* du siècle. *Hero wrapt in Byronic g., A:* beau Ténébreux. *To have a streak of g. in one's nature,* avoir du sombre dans l'âme. *Cypresses strike a note of g. in the foreground,* des cyprès endeuillent le premier plan du tableau.

gloom[2]. **1.** *v.i.* (*a*) Se renfrogner. **To gloom at, on, s.o.,** regarder qn d'un mauvais œil. (*b*) (*Of sky*) S'obscurcir, s'assombrir, se couvrir; (*of pers.*) s'attrister, s'assombrir. **2.** *v.tr.* Assombrir (le ciel, qn); obscurcir (qch.); attrister (qn).

glooming[1], *a.* **1.** Qui devient sombre, obscur. **2.** (Front, visage) renfrogné, sombre.

glooming[2], *s.* **1.** Renfrognement *m*. **2.** = GLOAMING.

gloominess ['glu:minəs], *s.* Assombrissement *m*. (*a*) Obscurité *f*, noirceur *f* (du temps, etc.). (*b*) Tristesse *f*, air *m* sombre (de qn).

gloomy ['glu:mi], *a.* **1.** Sombre, obscur, ténébreux. **2.** Lugubre, morne, sombre, attristant; (pensées) noires; (front) ténébreux. *G. weather,* temps *m* sombre. **The weather is gloomy,** il fait sombre. *G. poet,* poète mélancolique, *A:* affligé du mal du siècle. *G. picture,* tableau poussé au noir. *To have a g. outlook; to take a g. view of things,* voir tout en noir; *F:* noircir le tableau. **To see the gloomy side of things, to feel gloomy,** voir noir; avoir du sombre dans l'âme. **To revolve gloomy thoughts,** broyer du noir. *To give sth. a g. appearance,* assombrir, attrister, qch. (*Of pers.*) **To become gloomy,** se rembrunir. *Romanticism and its gloomy heroes,* le romantisme et ses héros ténébreux. **-ily,** *adv.* Sombrement, lugubrement, mélancoliquement; d'un air sombre.

gloria ['glɔ:ria], *s. Ecc:* **1.** Gloria *m*. **2.** = GLORY[1] 3.

glorification [glɔːrifiˈkeiʃ(ə)n], *s.* **1.** Glorification *f* (des élus, *F:* d'un grand homme, du travail, etc.). **2.** *F:* Réjouissance *f*, partie *f* de plaisir.

glorify [ˈglɔːrifai], *v.tr.* **1.** (*a*) Glorifier; rendre gloire à (Dieu, un saint, etc.). *To g. s.o.'s memory*, auréoler la mémoire de qn. (*b*) *F:* Exalter, célébrer; chanter les louanges de (qn). **2.** *F:* Donner un aspect magnifique à (qch.).

glorified, *a.* **1.** *Theol:* Glorifié. **Glorified body,** corps glorieux. **2.** *F:* (*a*) (*Of thg.*) En plus grand, en mieux. *Their chapel is a sort of g. barn*, leur temple n'est guère qu'une grange, rappelle une grange. (*b*) (*Of pers.*) Avec la gloriole en plus, paré d'un peu de dignité.

glorifying, *s.* Glorification *f.*

glorifier [ˈglɔːrifaiər], *s.* Glorificateur, -trice; louangeur, -euse.

gloriole [ˈglɔːrioul], *s.* Gloire *f*, auréole *f* (d'un saint); nimbe *m.*

glorious [ˈglɔːriəs], *a.* **1.** (Règne, soldat, martyr) glorieux. **Glorious deed,** action éclatante; action d'éclat. *See also* FOURTH 1. **2.** (*a*) Resplendissant, radieux. **A glorious day,** une journée radieuse. *The heavens were g. with stars*, les cieux resplendissaient d'étoiles. *G. in her youth and beauty*, resplendissante de jeunesse et de beauté. (*b*) *F:* Magnifique, superbe, splendide; *P:* épatant. **To have a glorious time,** s'amuser follement, épatamment. *What g. weather!* quel temps superbe! *Iron:* **A glorious mess,** un joli gâchis. **3.** *F:* Éméché; parti (pour la gloire). **To be a little glorious,** avoir son panache, son pompon. **-ly,** *adv.* **1.** Glorieusement; avec gloire. **2.** Magnifiquement, fameusement.

glory[1] [ˈglɔːri], *s.* Gloire *f.* **1.** (*a*) Honneur *m*, renommée *f.* **To cover oneself with glory,** se couvrir de gloire. *To do sth. for the sake of g.*, faire qch. pour la gloire, pour la gloriole. **To crown s.o. with glory,** glorifier qn. *To take the g. for sth.*, s'attribuer la gloire de qch. (*b*) **To give glory to God,** rendre gloire à Dieu. **To the greater glory of God,** pour la plus grande gloire de Dieu. **Glory be to God!** gloire à Dieu! *F:* **Glory (be)!** grand Dieu! (*c*) Sujet *m* de gloire. *To be the g. of the age*, faire la gloire du siècle. (*d*) **Eternal glory,** gloire éternelle. **The saints in glory,** les glorieux. **To go to glory,** (i) mourir; (ii) *F:* (*of thg.*) aller à la ruine; aller à vau-l'eau. *F:* **To send s.o. to glory,** envoyer qn dans l'autre monde. **2.** Splendeur *f*, éclat *m* (d'un spectacle, etc.). *Solomon in all his g.*, Salomon dans toute sa gloire. **To be in one's glory,** (i) être à l'apogée de sa gloire; (ii) *F:* être on ne peut plus content, être aux anges; (iii) être dans son élément. *F:* **In all her glory,** sur son trente-et-un, parée de ses plus beaux atours. *Spain, in the days of her g.*, l'Espagne, aux jours de sa splendeur. **3.** (*a*) Gloire, auréole *f*, nimbe *m* (d'un saint). (*b*) *Opt:* Anthélie *f.* (*c*) *Meteor:* = FOG-BOW. **4.** *U.S:* *F:* **Old Glory,** la bannière étoilée (des États-Unis).

ˈglory-hole, *s.* *F:* **1.** Capharnaüm *m*, cambuse *f*, (chambre *f* de) débarras *m*; (chambre de) décharge *f.* **2.** *Ind:* Regard *m* (de fourneau); fenêtrelle *f* d'inspection. **3.** *P:* Salle *f* de réunion des Salutistes. **4.** *Mil:* *P:* Abri-caverne *m*, *pl.* abris-cavernes.

glory[2], *v.i.* **To glory in sth.,** se glorifier de qch.; mettre sa gloire à, en, qch.; se faire gloire de qch.; être fier de qch.; *F:* faire trophée de qch. *To g. in doing sth.*, se glorifier, se faire gloire, se faire un mérite, de faire qch.

glorying, *a.* **1.** Glorificateur, -trice. **2.** Plein de jactance; glorieux. **-ly,** *adv.* Glorieusement; d'un ton ou d'un air glorieux; avec jactance.

gloss[1] [glɔs], *s.* **1.** (*a*) Glose *f.* (*b*) Glossaire *m*, commentaire *m.* (*c*) Traduction *f* interlinéaire. **2.** Fausse interprétation, faux rapport; glose.

gloss[2]. **1.** (*a*) *v.tr.* Gloser sur (un texte). (*b*) *v.i.* **To gloss on, upon, s.o.'s conduct,** trouver à redire à, épiloguer sur, *A:* gloser (sur), la conduite de qn. **2.** *v.tr.* Fausser le sens (d'une observation); donner une explication spécieuse (d'une action).

gloss[3], *s.* **1.** Lustre *m*, glacé *m*, vernis *m*, poli *m*, satiné *m*; brillant *m*, éclat *m*, luisance *f.* *Tex:* Cati *m.* **To give a new gloss to sth.,** relustrer qch. **To take the gloss off sth.,** délustrer qch.; *Tex:* décatir (une étoffe). **To lose its gloss,** se délustrer. **2.** *F:* **To put a gloss on the truth,** farder la vérité. *To cover one's actions with a g. of legality*, couvrir ses actions sous un vernis de légalité.

gloss[4], *v.tr.* **1.** Lustrer, glacer. *Tex:* Catir (l'étoffe); brillanter (le fil). **2.** *F:* **To gloss the truth,** farder, gazer, la vérité. **To gloss (over) the facts,** farder les faits. *To g. over s.o.'s faults*, glisser sur, vernir, les défauts de qn. *To g. over a point*, passer un fait sous silence. *Do not g. over anything!* ne gazez rien! *To g. over atrocities*, jeter un voile complaisant sur des atrocités; pallier des atrocités.

glossing, *s.* Lustrage *m*, glaçage *m.* *Tex:* Catissage *m.*

glossal [ˈglɔs(ə)l], *a.* *Anat:* Glossien.

glossarist [ˈglɔsərist], *s.* **1.** Glossateur *m*; auteur *m* d'une glose. **2.** Auteur d'un glossaire.

glossary [ˈglɔsəri], *s.* Glossaire *m*, lexique *m.*

glossator [glɔˈseitər], *s.* Glossateur *m.*

glosser[1] [ˈglɔsər], *s.* = GLOSSATOR.

glosser[2], *s.* *Tex:* Catisseur, -euse.

glossina [glɔˈsiːnɑ], *s.* *Ent:* Glossine *f*, tsé-tsé *f.*

glossiness [ˈglɔsinəs], *s.* Glacé *m*, lustre *m*, vernis *m*; aspect brillant ou luisant; éclat soyeux (des cheveux).

glossist [ˈglɔsist], *s.* Glossateur *m.*

glossitis [glɔˈsaitis], *s.* *Med:* Glossite *f.*

glossographer [glɔˈsɔgrəfər], *s.* Glossographe *m.*

glossology [glɔˈsɔlɔdʒi], *s.* *Med:* *Ling:* Glossologie *f.*

glosso-pharyngeal [glɔsofaˈrindʒiəl], *a.* *Anat:* Glosso-pharyngien, *pl.* glosso-pharyngiens.

glossy [ˈglɔsi], *a.* **1.** Lustré, glacé, brillant; (poil) lustré, (re)luisant, poli; (feuille) vernissée; (métal) décapé. *Phot:* **Glossy paper,** papier brillant. **Glossy print,** épreuve glacée. **2.** (Ton) doucereux, suave; d'une politesse affectée, sans sincérité.

glottal [ˈglɔt(ə)l], *a.* *Anat:* Glottique, glossien. *Ling:* **Glottal stop, glottal catch,** coup *m* de glotte.

glottic [ˈglɔtik], *a.* Glottique.

glottis [ˈglɔtis], *s.* *Anat:* Glotte *f.*

glove[1] [glʌv], *s.* Gant *m.* (*a*) *Doe-skin g.*, **gant en (peau de) daim.** *Suède gloves*, gants de suède. *Knitted g.*, gant en tricot. *Cotton g., fabric g.*, gant de coton, en tissu. (*Lady's*) **elbow-glove, long glove,** passe-coude *m*, *pl.* passe-coudes. **Riding gloves,** gants de buffle. *Aut:* **Driving-gloves,** crispins *m*, gants de chauffeur. *Fur-lined gloves*, gants fourrés. **The glove counter** (*in shop*), la ganterie. **Rubber glove,** gant, main *f*, de caoutchouc. *El.E:* **Wiring-gloves,** moufles *f or m.* **To pull on, draw on, one's gloves,** mettre ses gants; se ganter. **To take off one's gloves,** se déganter. *He was wearing white gloves*, il portait des gants blancs; il était ganté de blanc. *Where do you buy your gloves?* chez qui vous gantez-vous? *F:* **To throw down, pick up, take up, the glove,** jeter, relever, le gant. **To show the velvet glove,** faire patte de velours. *See also* FINGERED, FIT[4] I. 2, FLESH-GLOVE, FRICTION 1, GAUNTLET[1] 2, HAND[1] 2 (*h*), KID[1] 1, WASHING-GLOVE. (*b*) *Box:* **(Boxing-)glove,** gant (bourré). **To put on the gloves,** mettre les gants; *P:* mettre les mitaines. *F:* **To take off the gloves to s.o.,** s'attaquer à qn à poings nus. **To handle s.o. without gloves, with the gloves off,** traiter qn durement, sans ménagement. *To join in a controversy without the gloves*, prendre part à une polémique sans ménagements, sans mettre les gants. *See also* BATTING-GLOVES, FENCING-GLOVES, FIGHT[2] 1.

ˈglove-box, *s.* Boîte *f* à gants.

ˈglove-buttoner, *s.* Petit tire-bouton (pour gants), *pl.* tire-boutons.

ˈglove-cutter, *s.* *Ind:* Dépeceur, -euse, de gants.

ˈglove-factory, *s.* Ganterie *f.*

ˈglove-fastener, *s.* Bouton *m* fermoir.

ˈglove-fight, *s.* Combat *m* de boxe avec gants.

ˈglove-maker, *s.* Gantier, -ière.

ˈglove-making, *s.* Ganterie *f.*

ˈglove-money, *s.* *A:* Pourboire *m*; *A:* gants *mpl.*

ˈglove-shop, *s.* Ganterie *f.*

ˈglove-sponge, *s.* *Coel:* Gant *m* de Neptune.

ˈglove-stitcher, *s.* *Ind:* Piqueuse *f* en ganterie de peau.

ˈglove-stretcher, *s.* Baguette(s) *f* à gants; tourne-gants *m inv*, ouvre-gants *m inv*; demoiselle *f*; quille *f.*

ˈglove-trade, *s.* Ganterie *f.*

ˈglove-wear, *s.* Ganterie *f.*

glove[2], *v.tr.* Ganter. *She is always well gloved*, elle est toujours bien gantée; elle se gante toujours bien. *White-gloved hand*, main gantée de blanc.

gloveless [ˈglʌvləs], *a.* **1.** Sans gants. **2.** Déganté.

glover [ˈglʌvər], *s.* Gantier, -ière. *Surg:* **Glover's suture,** suture *f* à points passés.

glow[1] [glou], *s.* **1.** (*a*) Lueur *f* rouge; incandescence *f.* **The glow of the setting sun,** les feux, l'embrasement *m*, du soleil couchant. *The sun cast a g. upon the hill-tops*, le soleil dorait les cimes. *To emit a lurid g.*, rougeoyer. **In a glow,** (i) incandescent, chauffé au rouge; (ii) (*of coal*) embrasé. *See also* AFTERGLOW. (*b*) *El:* **Blue-glow voltage,** tension *f* de luminescence (d'une cellule photo-électrique). **2.** (*a*) *Physiol:* Sensation *f* de douce chaleur; réaction *f* (après un bain, etc.). *F:* *The exercise had made me* **all of a glow,** *had put me* **all in a glow,** l'exercice m'avait fouetté le sang. (*b*) Ardeur *f*, chaleur *f* (d'une passion). *The g. of youth*, l'ardeur de la jeunesse. *In the first g. of enthusiasm*, transporté d'enthousiasme; dans l'exaltation première. **3.** Teint *m* rouge (de qn); cramoisi *m* ou vermeil *m* (des joues, etc.). *The g. of health*, l'éclat du teint dû à la santé.

ˈglow-discharge, *s.* *El:* Effluve *m*; décharge *f* à lueur.

ˈglow-lamp, *s.* *El:* **1.** Lampe *f* à incandescence. *Candle-shaped g.-l.*, bougie *f* à incandescence électrique. **2.** *Cin:* Lampe à lueur (pour enregistrement sonore). **Glow-lamp recording,** enregistrement *m* par lampe à lueur.

ˈglow-plug, *a.* **Glow-plug Diesel,** moteur Diesel à bougie incandescente.

ˈglow-worm, *s.* *Ent:* (*a*) Ver luisant; lampyre *m*; *F:* bête *f* à feu. (*b*) Luciole *f.*

glow[2], *v.i.* **1.** Luire rouge; rougeoyer, *Lit:* rutiler. **To (begin to) glow,** (i) (*of metal*) rougir; être porté au rouge; (ii) (*of coal, etc.*) s'embraser; (iii) *El:* (*of lamp*) s'allumer. **2.** (*a*) Rayonner. **Her face glowed (with joy),** son visage rayonnait de joie. *His eyes glowed with anger*, ses yeux flamboyaient de colère. *Picture glowing with colour*, tableau rayonnant de couleur. (*b*) *To be glowing with health*, être rouge, vermeil, de santé. (*c*) *His cheeks glowed*, il avait les joues en feu. **3.** Sentir une douce chaleur (dans le corps). **To make s.o. glow,** fouetter le sang à qn. *F:* *My heart glows as I listen to them*, mon cœur s'échauffe à les écouter. *To g. with zeal*, brûler de zèle.

glowing[1], *a.* **1.** (Chauffé au) rouge; incandescent, rougeoyant; *Lit:* rutilant. **2.** (*Of coal, etc.*) Embrasé. **Glowing end,** (i) braisillon *m* (d'allumette); (ii) bout allumé (de cigarette). **Glowing sky,** ciel rouge, embrasé, en feu. *F:* **Glowing eyes,** yeux *m* de braise. **3.** Rayonnant. **Glowing cheeks,** joues rouges, vermeilles. **Glowing with health,** rouge de santé; resplendissant de santé. **4.** (*Of colours, words*) Chaleureux; (*of pers.*) ardent, enthousiaste. **Glowing description,** description *f* en termes chaleureux. **To paint sth. in glowing colours,** présenter une affaire sous un jour des plus favorables. **To speak in glowing terms of s.o.,** dire merveille de qn. **Glowing with admiration,** transporté d'admiration. *G. style*, style brûlant. **-ly,** *adv.* En termes chaleureux.

glowing[2], *s.* **1.** Incandescence *f* (du fer, etc.); embrasement *m* (du charbon, etc.); échauffement *m* au rouge. **2.** Rayonnement *m*; lueur *f.*

glower [ˈglauər], *v.i.* **1.** Faire la mine. **To glower at s.o.,** faire grise mine à qn, regarder qn de travers. **2.** Braquer, fixer, **les yeux** (*at s.o.*, **sur** qn) (d'un air maussade ou menaçant).

glowering, *a.* Maussade; (œil *m*, regard *m*) farouche, torve. **-ly,** *adv.* D'un air maussade ou menaçant.

gloxinia [glɔk'siniə], *s. Bot:* Gloxinie *f.*

gloze [glo:uz]. **1.** *v.tr. A:* = GLOSS² 1. **2.** *v.i.* **To gloze over (sth.),** glisser sur, pallier (les défauts, etc.).

glucinium [glu'siniəm], **glucinum** [glu'sainəm], *s. Ch:* Glucinium *m*, béryllium *m*.

glucoh(a)emia [gluko'hi:miə], *s. Med:* Hyperglycémie *f.*

glucometer [glu'kɔmetər], *s. Brew:* Glucomètre *m.*

glucose ['glu:kous], *s.* Glucose *f* (*in Ch. usu. m.*); sucre *m* de raisin.

glucoside ['glu:kosaid], *s. Ch:* Glucoside *m.*

glucosuria [glu:ko'sju:riə], *s.* = GLYCOSURIA.

glue¹ [glu:], *s.* **1.** Colle (forte). **Animal glue, gelatine glue,** colle à la gélatine. **Casein glue,** colle caséine. **Marine glue,** glu marine. *See also* FISH-GLUE, LIP-GLUE, MOUTH GLUE, SIZE³ 1, STICK² II. 2. **2.** *F:* Soupe trop épaisse; véritable colle.

'glue-boiler, *s.* Fabricant *m* de colle forte.

'glue-heater, *s.* Chauffe-colle *m inv.*

'glue-material, *s. Ind:* Carnasse *f.*

'glue-plant, *s. Algae:* Plocaire *f.*

'glue-pot, *s.* Pot *m* à colle.

glue², *v.tr.* (**glued; gluing**) **1.** (*a*) Coller (à la colle forte) (*to, on,* à). (*b*) *F: Her face was glued to the window,* son visage était collé à la vitre. *She is always glued to her mother,* elle ne quitte pas sa mère d'une semelle. *His eyes were glued on the door,* il ne détachait pas les yeux de la porte. **2. To glue up** *a broken object,* raccommoder, recoller, un objet cassé. *U.S: F:* **Glued-up play,** spectacle fait de pièces et de morceaux; macédoine *f.* **3. To glue on** *a piece,* coller un morceau; faire un raccord à la colle. *s.* **Glue-on,** pièce collée; raccord *m* de collage.

gluing, *s.* **1.** Collage *m* (à la colle forte). **2.** *Bookb:* Collure *f.*

gluer ['gluər], *s.* Colleur, -euse.

gluey ['glu:i], *a.* Gluant, poisseux.

glug-glug ['glʌg'glʌg], *s.* Glouglou *m.*

glum [glʌm], *a.* (Visage) renfrogné, maussade; (air *m*) triste, sombre, morne; (*of disposition*) noir. **To look glum,** se renfrogner, *F:* faire une tête. *F:* **As glum as a funeral,** triste comme un bonnet de nuit. **-ly,** *adv.* D'un air maussade; (regarder qch.) d'un œil morne.

glumaceae [glu'meisii:], *s.pl. Bot:* Glumacées *f.*

glumaceous [glu'meiʃəs], *a. Bot:* Glumacé.

glume [glu:m], *s. Bot:* Glume *f*, bal(l)e *f.*

glumella [glu'melə], *s. Bot:* Glumelle *f.*

glumness ['glʌmnəs], *s.* Air *m* sombre; air maussade; tristesse *f.*

glumose [glu'mous], **glumous** ['glu:məs], *a. Bot:* (*Of flower*) Glumé.

glut¹ [glʌt], *s.* **1.** (*a*) Assouvissement *m*, rassasiement *m* (de l'appétit, etc.). (*b*) Excès *m* (de nourriture, etc.). **2.** *Com:* (*a*) Encombrement *m*, pléthore *f* (du marché). *F:* **It's a glut in the market,** c'est un article dont tout le monde est pourvu, dont personne ne veut plus. (*b*) Surabondance *f* (d'une denrée, etc.). *There is a g. of pears in the market,* le marché surabonde en poires, regorge de poires.

glut², *v.tr.* (**glutted; glutting**) (*a*) Rassasier, assouvir (qn, sa faim, sa curiosité, etc.); gorger (un enfant); surcharger (son estomac). **To glut oneself,** se rassasier, se gorger, se soûler (*on*, de). **Glutted with food, with drink,** soûl de manger, de boisson. *Glutted with pleasure,* gorgé, rassasié, de plaisirs. **To glut one's eyes on sth.,** assouvir, repaître, ses yeux de qch. (*b*) *Com:* Encombrer, inonder, écraser, surcharger (le marché); créer une pléthore sur (le marché). **The market is glutted with this article,** le marché regorge de cet article, surabonde de, en, cet article.

glutting, *s.* = GLUT¹ 1.

glutamic [glu'tamik], *a. Ch:* (Acide *m*) glutamique.

gluteal [glu'ti:əl], *a. Anat:* (Muscle) fessier.

gluten ['glu:tən], *s.* Gluten *m.* **Gluten-bread,** pain *m* de gluten.

gluteus [glu'ti:əs], *s. Anat:* (Muscle) fessier *m.* **Gluteus maximus,** le grand fessier.

glutinize ['glu:tinaiz], *v.tr.* Rendre glutineux.

glutinosity [glu:ti'nɔsiti], **glutinousness** ['glu:tinəsnəs], *s.* Glutinosité *f.*

glutinous ['glu:tinəs], *a.* Glutineux.

glutton ['glʌt(ə)n], *s.* **1.** (*a*) Gastromane *m*; gourmand, -ande; glouton, -onne; goulu, -e, *F:* goinfre *m*, avale-tout *m inv*; bâfreur, -euse. (*b*) *F:* **He's a glutton for work,** c'est un cheval à l'ouvrage, un bœuf pour le travail; c'est un bourreau de travail. *He's a g. for books,* c'est un dévoreur de livres. *Box: G. for punishment,* encaisseur *m.* **2.** *Z:* Glouton, goulu.

gluttonize ['glʌtənaiz], *v.i.* Manger gloutonnement; *F:* goinfrer.

gluttonous ['glʌtənəs], *a.* Gourmand, glouton, goulu, vorace. **-ly,** *adv.* Gloutonnement, goulûment, voracement; avec voracité; *F:* (manger) à ventre déboutonné.

gluttony ['glʌtəni], *s.* Gloutonnerie *f*, gourmandise *f*; *F:* goinfrerie *f.*

glyceria [gli'si:əriə], *s. Bot:* Glycérie *f.*

glyceric [gli'serik], *a. Ch:* Glycérique.

glycerinate ['glisərineit], *v.tr. Bac:* Glycériner (une lymphe).

glycerin(e) ['glisərin, -i:n], *s. Ch: etc:* Glycérine *f.* *To rub sth. over, treat sth., with g.,* glycériner qch. *Pharm:* **Glycerine of tannic acid;** *F:* **glycerine and tannin,** glycéré *m* de tannin.

glycerite ['glisərait], *s. Pharm:* Glycéré *m*, glycérat *m.*

glycerized ['glisəraizd], *a. Pharm: etc:* Glycériné.

glycerol ['glisərɔl], *s. Ch:* Glycérine *f.*

glycerole ['glisəroul], *s. Pharm:* Glycérolé *m*, glycéré *m.*

glyceryl ['glisəril], *s. Ch:* Glycéryle *m.*

glycin ['glisin], **glycocoll** ['glaikokɔl, 'gli-], *s. Ch:* Glycine *f*, glycocolle *m*; sucre *m* de gélatine.

glyco- ['glaiko, 'gliko], *comb.fm.* Glyco-. *Ch: Glycogenase,* glycogénase. *Physiol: Glycolysis,* glycolyse.

glycogen ['glaikodʒen, 'gli-], *s. Ch:* Glycogène *m.*

glycogenesis [glaiko'dʒenesis, gli-], *s. Physiol:* Glycogénèse *f*, glycogénie *f.*

glycogenic [glaiko'dʒenik, gli-], *a. Physiol:* Glycogénique.

glycoh(a)emia [glaiko'hi:miə, gli-], *s. Med:* Glycémie *f*, hyperglycémie *f.*

glycol ['glaikɔl, 'gli-], *s. Ch:* Glycol *m.*

glycoline ['glaikolin], *s. Ch:* Glycoline *f.*

glyconic [glai'kɔnik]. *Gr.Pros:* **1.** *a.* Glyconique. **2.** *s.* Vers *m* glyconique.

glycosuria [glaiko'sjuriə, gli-], *s. Med:* Glycosurie *f*, glucosurie *f.*

glyph [glif], *s. Arch:* Glyphe *m.*

glyptics ['gliptiks], *s.pl.* (*Usu. with sg. const.*) Glyptique *f.*

glyptodon ['gliptodɔn], *s. Paleont:* Glyptodon(te) *m.*

glyptography [glip'tɔgrəfi], *s.* Glyptographie *f.*

gnarl [nɑ:rl], *s.* Loupe *f*, nœud *m*, broussin *m*, rugosité *f* (d'un arbre).

gnarled [nɑ:rld], *a.* **1.** (*Of tree*) (*a*) Noueux, loupeux, broussiné, rugueux. (*b*) Tortu, tordu. **2.** *F:* (*Of hands, fingers*) Noueux, déformé.

gnash [naʃ], *v.tr.* **To gnash the teeth, one's teeth,** grincer des dents.

gnashing, *s.* Grincement *m* (des dents). *B: Weeping and g. of teeth,* des pleurs et des grincements de dents.

gnat [nat], *s. Ent:* (*a*) Cousin *m*, moucheron *m*, moustique *m.* *B:* **To strain at a gnat and swallow a camel,** rejeter le moucheron et avaler le chameau. *F:* **To strain at a gnat,** attacher de l'importance à des vétilles. (*b*) *U.S:* Simulie *f.*

gnatty ['nati], *a.* (Endroit) infesté de moustiques.

gnaw [nɔ:], *v.tr.* & *i.* (*p.t.* **gnawed**; *p.p.* **gnawed, gnawn**) (*a*) (*Of rodent, etc.*) **To gnaw (at, into) sth.,** ronger qch. (*Of dog*) **To gnaw a bone,** ronger un os. (*Of acid, etc.*) **To gnaw into a metal,** ronger, corroder, mordre, un métal. **To gnaw away, off,** enlever (qch.) (en le rongeant). *F: To g. one's fingers with impatience,* se mordre, se ronger, les poings d'impatience. (*b*) **Gnawed by hunger, by remorse,** tenaillé par la faim, par le remords; rongé par le remords.

gnawed, *a. Bot:* (*Of leaf*) Érodé.

gnawing¹, *a.* (*a*) (*Of animal*) Rongeur, -euse. (*b*) (*Of hunger*) Dévorant; tenaillant; (*of anxiety, etc.*) corrosif, rongeant. **To feel the gnawing pains of hunger,** sentir les tiraillements de la faim; avoir des crampes d'estomac. **Gnawing care,** les soucis dévorants.

gnawing², *s.* (*a*) Rongement. (*b*) **Gnawing at, of, the stomach,** tiraillements *mpl* d'estomac. **Gnawings of hunger,** tiraillements de la faim. *He listened with a g. at his heart,* il écoutait avec un rongement de cœur.

gneiss [(g)nais], *s. Geol:* Gneiss *m.*

gneissic ['(g)naisik], *a. Geol:* Gneissique.

gnome¹ [noum], *s.* **1.** *Myth:* Gnome *m*; gobelin *m.* **2.** *Orn: U.S:* Patagone *f.*

gnome² ['noum(i)], *s. Gr.Lit:* Sentence *f*, aphorisme *m*, maxime *f.*

gnomic ['noumik], *a.* (Poète *m*, aoriste *m*) gnomique.

gnomide ['noumid], *s.f. Myth:* Gnomide.

gnomish ['noumiʃ], *a.* De gnome, de gnomide.

gnomon ['noumɔn], *s.* **1.** *Astr:* Gnomon *m.* **2.** *Hor:* Gnomon, aiguille *f*, style *m* (de cadran solaire).

gnomonic [nou'mɔnik], *a.* (Colonne *f*, etc.) gnomonique.

gnomonics [nou'mɔniks], *s.pl.* (*Usu. with sg. const.*) Gnomonique *f.*

gnosis ['nousis], *s. Theol:* Gnose *f.*

Gnossus ['gnɔsəs]. *Pr.n. A.Geog:* Gnosse *m*, Cnosse *m.*

gnostic ['nɔstik], *a.* & *s.* Gnostique (*mf*).

gnosticism ['nɔstisizm], *s. Rel.Hist:* Gnosticisme *m.*

gnu [nu:], *s. Z:* Gnou *m.* **Brindled gnu,** gnou gorgon.

go¹ [gou], *s.* (*pl.* **goes**) **1.** Aller *m.* **To be always on the go,** être toujours à trotter, à courir; être remuant; avoir toujours un pied en l'air; ne faire qu'aller et venir; *P:* ne pas avoir le temps de se moucher. **To keep s.o. on the go,** faire trimer qn; faire tourner qn comme un toton. *See also* COME-AND-GO. **2.** Entrain *m*, allant *m.* **To be full of go, to have plenty of go,** être plein d'entrain; avoir de l'allant; être plein d'énergie; *P:* avoir du chien. *Music full of go,* musique pleine de vie, de brio. **3.** (*a*) Coup *m*, essai *m.* **To have a go at sth.,** (i) tenter l'aventure; essayer (de faire qch.); (ii) s'attaquer à (un rôti, un pâté, etc.). **Let's have a go!** essayons le coup! essayons un peu! voyons (voir) si ça peut se faire! *To have a good go at sth.,* faire tous ses efforts pour faire qch. *To have another go (at sth.),* (i) faire une nouvelle tentative; (ii) reprendre (du pâté, etc.); en reprendre. *To have several goes at sth. (before succeeding),* s'y reprendre à plusieurs reprises (pour faire qch.); faire qch. par épaulées. **At one go,** d'un (seul) coup; d'un (seul) trait; tout d'une haleine. *Typewr: Six copies at one go,* six exemplaires en une seule frappe. *See also* LITTLE-GO. (*b*) **Two more goes of port,** encore deux tournées de porto. (*c*) *F:* Accès *m* (de fièvre, etc.). *To have a bad go of flu,* avoir une forte attaque de grippe. **4.** *P:* **Here's a rum go, a pretty go!** (i) en voilà une farce! quelle affaire! (ii) nous voilà dans de beaux draps! nous voilà propres! **That was a near go!** nous l'avons échappé belle! il s'en est fallu de peu! *It was a capital go!* ç'a été très réussi. **Is it a go?** entendu? c'est marché fait? **No go!** bernique! je ne marche pas! ça ne prend pas! rien à faire! **5.** *P:* **It's all the go,** c'est très en vogue; c'est la grande vogue; c'est le dernier cri; c'est le grand chic; ça fait fureur, fait rage (à l'heure actuelle). *To-day thé dansant is all the go,* aujourd'hui la mode est au thé dansant; le thé dansant, on ne connaît que ça aujourd'hui.

go², *v.i.* (**thou goest, he goes**; *p.t.* **went** [went]; *p.p.* **gone** [gɔn]. *The aux. is 'have,' occ. 'be.'*) Aller. **1.** (*a*) **To go to a place,** aller, se rendre, à un endroit. *To go to Paris, into the country, abroad,* aller, se rendre, à Paris, à la campagne, à l'étranger. *To go to France, to Japan,* aller en France, au Japon. *To go to church,* aller à l'église. *To go to s.o.'s funeral,* aller à l'enterrement de qn. *To go to a party,* aller à une réunion. *What shall I go in?* que vais-je mettre? qu'est-ce que je vais mettre? *To go to prison*, être mis en prison. *To go to the window*, se mettre à la fenêtre. **To come and go**, aller et venir. *If I can't buy it here, I must go elsewhere*, si je ne peux pas l'acheter ici, je n'ai qu'à me pourvoir ailleurs. **To go to s.o.**, aller trouver qn. **To go to s.o. for sth.**, aller trouver qn pour avoir, obtenir, qch.; s'adresser à qn pour une fourniture. **To go (on) a journey**, faire un voyage; aller en voyage. **To go (for) a walk**, aller en promenade; aller se promener; faire une promenade. *To go for a trip round the world*, faire un voyage autour du monde. **To go on foot, on horseback, by train, by car**, aller à pied, à cheval, par le chemin de fer, en auto. **We can talk as we go**, nous pourrons causer chemin faisant. *There he goes!* le voilà qui passe! **Who goes there?** qui va là? qui vive? *See also* THERE I. 1. *To go the shortest way*, prendre par le plus court. *See also* WAY[1] 2, 3. **To go (at) a good pace**, aller bon train. *See also* PACE[1] 2. *To go (at) ten miles an hour*, faire dix milles à l'heure. *Nau: To go at ten knots*, faire, filer, dix nœuds. *Train going at full speed*, train lancé à toute vapeur. *My steed goes like the wind*, mon coursier file comme le vent. *The taxi had already gone a mile*, le taxi avait déjà fait un mille. **You go first!** (i) partez en tête; (ii) à vous d'abord. *You go next!* à vous ensuite; à votre tour. *See also* AHEAD 1, 2. (*b*) *Mountains that go from east to west*, montagnes qui courent de l'est à l'ouest. *Which road goes to London?* quel est le chemin qui va, mène, conduit, à Londres? (*c*) **To go to school**, (i) aller à l'école; (ii) fréquenter l'école. **To go on the stage**, se faire acteur; monter sur les planches. **To go to sea**, se faire marin. *To go into the army*, *F:* **to go for a soldier**, (i) se faire soldat; s'engager (dans l'armée); (ii) (*conscription*) partir au régiment, entrer au service. **Wine that goes to the head**, vin qui monte à la tête. (*d*) *To go in rags*, aller en haillons. **To go hungry**, souffrir de la faim; se serrer le ventre. **To go with child**, être enceinte. (*Of animal*) **To go with young**, porter. *See also* FEAR[1] 1, FREE[1] I. 1, SHORT[1] I. 3, UNPUNISHED. (*e*) **To go one's own way**, faire à sa guise. *See also* WAY[1] 2. **To go with the crowd**, aller avec, suivre, la foule; se laisser entraîner par la foule. (*f*) *The names go in alphabetical order*, les noms sont rangés par ordre alphabétique. *Promotion goes by seniority*, l'avancement se fait, a lieu, à l'ancienneté. **2.** Marcher. (*a*) *To go by steam*, marcher à la vapeur. *The table goes on wheels*, la table marche sur des roulettes. *To be going*, être en marche. **To set a machine (a-)going**, mettre une machine en marche, en mouvement; lancer une machine; embrayer, enclencher, engrener, un mécanisme. *That set the engine going*, cela fit partir la machine. *To set work going*, mettre des travaux en route, en train. *F: To set an affair going*, mettre en train une affaire; *P:* enfourner une affaire. *To set the machine going again*, (i) remettre la machine en marche; (ii) remettre la machine en état; *F:* rafistoler la machine. **To keep s.o. going in, with, sth.**, ne pas laisser qn manquer de qch.; fournir qn de qch. **To keep a patient going** (*as long as possible*), soutenir un malade. *The industries that have kept going*, les industries qui ont maintenu leur activité. *We must keep industry going*, il faut maintenir l'activité de l'industrie. *Timber necessary to keep three saw-mills going*, bois nécessaire pour alimenter trois scieries. *To keep the conversation, the fire, going*, entretenir la conversation, le feu. *Golf and bridge keep the conversation going*, le golf et le bridge font les frais de la conversation. *I can't get my watch to go*, je ne peux pas faire marcher ma montre. *To make things go*, (i) faire marcher rondement les choses; (ii) mettre de l'entrain dans la réunion, dans la conversation. *World where everything goes merrily*, monde où tout marche gaîment. **How goes the world with you?** *F:* **how goes it?** ça va bien? comment ça va-t-il? comment (ça) va? *P:* ça biche? (*Of play, etc.*) **To go (well)**, réussir. *It's sure to go*, ça ne peut manquer de réussir. **The rehearsal went well, badly**, la répétition a bien, mal, marché. *Affair going well*, affaire en bonne voie. *Things are not going well*, cela ne marche pas. *I hope all goes well with you*, j'espère que chez vous tout marche bien. *If all goes well with us . . .*, si la fortune nous est propice. . . . **The way things are going**, l'allure *f* des affaires. **As things are going**, du train dont vont les choses; au train où vont les choses. *F:* **To get s.o. going**, mettre qn en train. *When he gets going he never stops*, quand il est lancé, une fois lancé, il ne s'arrête plus. *F:* **What I say, goes**, c'est moi qui mène les choses; quand je donne un ordre il faut que ça marche; mon avis l'emporte toujours; l'État c'est moi! *See also* CLOCKWORK, HARD II. 1, STRONG 4. (*b*) (i) *The bell is going*, la cloche sonne. *The clock went eight*, huit heures sonnèrent. **It has just gone twelve**, midi, minuit, vient de sonner. **It is, has, gone four**, il est passé quatre heures. *It has gone six already*, il est déjà six heures passées. **To be going fifteen**, avoir près de quinze ans. **He's gone forty**, il a quarante ans sonnés. (ii) **To go crack, bang**, faire crac, pan. *To keep going oh! and ah!* faire des oh! et des ah! *Go like this with your left foot*, faites comme ça du pied gauche. (*c*) *How does the document go?* quelle est la teneur de l'acte? *The agreement goes as follows*, le contrat est ainsi conçu. *This is how the chorus goes*, voici les paroles du refrain. *The tune goes like this*, je vais vous chantonner l'air. *I forget how the tune goes*, l'air m'échappe. *To forget how dates go*, perdre la notion des dates. (*d*) (*Of contest, etc.*) Aboutir. *There was no doubt as to how the war would go*, il n'y avait pas de doute sur le résultat de la guerre. *Which way will the decision go?* comment décidera-t-on? *I don't know how matters will go*, je ne sais pas comment cela tournera; je ne sais pas quelle sera l'issue de l'affaire. **Judgment went for, against, the plaintiff**, l'arrêt fut prononcé en faveur du, contre le, demandeur. *The damages go to the injured party*, les dommages-intérêts sont applicables à la partie lésée. **3.** (*a*) (*Of time*) Passer. *The time will soon go*, le temps passera vite. *The time will go fast with you*, le temps ne vous paraîtra pas long. *Ten minutes gone and nothing done*, dix minutes de passées et rien de fait. *He has still two months to go*, il en a encore pour deux mois. *F:* **How goes the time?** quelle heure est-il? (*b*) **The story goes that . . .**, à ce que l'on raconte . . .; on dit que. . . . **As the saying goes**, comme dit l'autre; selon l'adage. **She isn't bad as cooks go now**, étant donné la médiocrité des cuisinières d'aujourd'hui, elle n'est pas mauvaise. *He is a good man* **as the world goes**, de la façon dont va le monde, c'est un honnête homme. **As times go**, par le temps qui court. **That's not dear as things go**, ce n'est pas cher au prix où se vendent les choses, *F:* au prix où est le beurre. (*c*) **To go by, under, a false name**, être connu sous un faux nom. (*d*) **It goes without saying that . . .**, il va de soi que. . . . **That goes without saying**, cela va sans dire. (*e*) (*Of money*) Avoir cours. **4.** (*a*) Partir; s'en aller. *The guests are all gone*, les invités sont tous partis. *After I have gone*, après mon départ. *Don't go yet*, ne vous en allez pas encore. *We must go, we must be going*, il faut partir, il est temps de partir. **Let me go!** laissez-moi partir! (*Cp.* 12 (*a*).) **Go**, *A:* **be gone!** allez-vous-en! *Sp:* **Go!** partez! *F:* **From the word go**, dès le commencement. *See also* HERE 1, OFFER[2] 1 (*d*), TO-DAY. (*b*) Être mis à pied; prendre le chemin de la porte. *A hundred employees to go*, cent employés vont recevoir leur congé. *He must go*, *F:* il faut le débarquer. (*c*) Disparaître. *My hat has gone*, mon chapeau a disparu. *It has, is, all gone*, il n'y en a plus. *The wine is all gone*, le vin est épuisé. *His trade is gone*, son commerce est ruiné. **That's the way the money goes**, voilà comme l'argent file. *A hundred pounds went in gambling debts*, cent livres ont filé en dettes de jeu. *See also* COME 1. *The carriage was the first luxury to go*, la voiture fut la première dépense somptuaire que l'on supprima. *The day of individualism has gone*, les jours de l'individualisme sont révolus. *Old rancours are not all gone*, les anciennes rancunes ne sont pas entièrement dissipées. *My strength is going*, mes forces s'en vont, défaillent, s'affaiblissent. **Her sight is going**, sa vue baisse. *His teeth are all gone*, il a perdu toutes ses dents. *Whatever isn't finished must simply go*, ce qui n'est pas achevé, il faut en faire son deuil. (*d*) (i) Se casser; (*of cable, etc.*) partir. *The spring went*, le ressort s'est cassé. *El:* **A fuse went**, un plomb fondit, sauta. *Two of the lamps have gone*, deux lampes ont grillé. (ii) *This stuff goes at the folds*, cette étoffe se déchire, se coupe, aux plis. (*e*) *To be going cheap*, se vendre à bas prix. *These spoons are going for ten francs each*, ces cuillers sont en vente, en solde, à dix francs pièce. *The lot went for ten pounds*, le lot fut adjugé à dix livres. **Going! going! gone!** une fois! deux fois! adjugé! (*f*) *There is a cold supper going downstairs*, vous trouverez en bas un buffet froid. *Come along, there are ices going!* arrivez, on est en train de servir des glaces! *If I hear of any job going*, si j'apprends qu'une situation se présente. *See also* GOING[1] 3. (*g*) **To go the way of all things, to a better world, to one's own place**, *P:* **to go west**, mourir; aller où va toute chose; *F:* plier bagage. *See also* WEST[1] 2. *Friends gone for ever*, des amis à jamais en allés. *She is gone*, elle n'est plus. **5.** (*a*) **To go to do sth.**, aller faire qch. *To go to dine, to dinner, with s.o.*, aller dîner chez qn. **To go to see s.o.; to go and see s.o.**, aller voir qn; aller trouver qn. *Go and shut the door!* allez fermer la porte! *To go and fetch s.o., sth.*, aller chercher qn, qch. *I went and got my coat*, j'allai prendre mon pardessus. *P:* **He went and got married!** voilà qu'il fit la bêtise de se marier! *There now! if I haven't gone and lost my ticket!* allons bon! voilà, voilà-t-il pas, que j'ai perdu mon billet! **Now you've (been and) gone and done it!** vous avez fait là un beau coup! vous en avez fait une belle! *They've gone and done it!* ça y est! ils ont fait le coup! (*b*) (*Expressing merely the purpose*) **To go to do sth.**, aller pour faire qch. *He went to help her, but she had got up again*, il alla pour l'aider, mais elle s'était relevée. (*c*) (*Expressing determination*) *I am going to have my own way*, je veux en faire à ma tête. *I am not going to be cheated*, je ne me laisserai pas abuser. (*d*) (*Expressing intention*) *I was going to walk*, **I was going to have walked**, j'avais l'intention de faire le trajet à pied. *We are going to be at home in any case*, de toute façon nous comptons rester à la maison. *I'm going to spend my holidays abroad*, je compte passer mes vacances à l'étranger. (*e*) (*Aux. forming an immediate future*) *I am going to tell you a story*, je vais vous raconter une histoire. *He felt he was going to be ill*, il sentait qu'il allait être malade. *The shortage is not going to last*, la disette ne durera pas. (*f*) *To go motoring*, aller se promener en automobile. *To go hunting, fishing*, aller à la chasse, à la pêche. *I went looking for Helen*, je partis à la recherche d'Hélène. *F: Don't go doing that!* ne fais pas ça! ne t'avise pas de faire ça! **There you go again!** vous voilà reparti! **6.** (*a*) **To go to law**, avoir recours à la justice. *See also* LAW[1] 4. **To go to war**, se mettre en guerre. **To go to press**, mettre sous presse. **To go to great lengths to do sth.**, se donner beaucoup de peine pour faire qch. *See also* EXTREME 2, LENGTH 3. **To go so far as to say . . .**, aller jusqu'à dire. . . . *See also* FAR[1] I. 1. *I will go as high as £100*, je veux bien y mettre jusqu'à cent livres. **He will not even go to the trouble of . . .**, il ne veut même pas prendre, se donner, la peine de. . . . *See also* EXPENSE 1, TROUBLE[1] 3. (*b*) *Gaming:* **To go ten pounds**, risquer, miser, dix livres. (*c*) *Cards:* **To go two, three**, annoncer deux, trois; *F:* y aller de deux, trois. **To go one better**, renchérir. *See also* BETTER[1] 2. **7.** (*a*) (i) *Too big to go into the basket*, trop grand pour aller, entrer, dans le panier. *Trunk that will go under the berth*, malle qui entre, qui se case, sous la couchette. (ii) *Where does this book go?* où faut-il mettre, où est la place de, ce livre? (*b*) *Six into twelve goes twice*, douze divisé par six fait deux; *F:* douze par six, il y va deux fois. *How many times does six go into twelve?—It goes twice*, en douze combien de fois six?—Il y va deux fois. **8.** Être donné. *The proceeds will go to charity*, les profits seront donnés, iront, à des œuvres charitables. *The prize went to the youngest*, le prix fut donné, adjugé, au plus jeune. *His title will go to his eldest son*, son titre (de noblesse) passera à son fils aîné. **9.** Contribuer (à qch.). *That goes to make the world happier*, cela contribue à rendre le monde plus heureux. *Much thought had gone to making everybody comfortable*, on s'était étudié à mettre tout le monde à l'aise. *The qualities that go to make a great man*, les qualités qui constituent un grand homme. *Condiments that go to* *make a good salad*, les condiments qui entrent dans une bonne salade. **To go to prove sth.**, servir à prouver qch. *Sixteen ounces go to the pound*, seize onces font une livre. **10.** S'étendre. *The estate goes down to the river*, la propriété s'étend jusqu'à la rivière. *Wound that does not go very deep*, blessure qui n'est pas très profonde. *The difference goes deep*, il y a une profonde différence. *No one writes better so far as style goes*, pour ce qui est du style, personne n'écrit mieux. *The report is accurate as far as it goes*, le rapport est exact quant à ce qu'il dit (mais il omet beaucoup de choses). *See also* FAR[1] I. 1, HEART[1] 2, WAY[1] 2. **11.** (*a*) Devenir. *To go mad*, devenir fou. *To go Bolshevist*, se faire bolcheviste; embrasser le bolchevisme. *He went cold all over*, son sang se glaça. *To go white, red, etc.*, blanchir, rougir, etc. (*See these adjectives.*) *Her cheeks went a very pretty pink*, ses joues prirent une jolie teinte rose. *She went as pale as death*, une pâleur mortelle se répandit sur son visage. *See also* GAY 1, PIECE[1] 1. (*b*) (*Of house, etc.*) **To go to ruin**, tomber en ruine; se délabrer. **His son has gone to the bad**, son fils a mal tourné. **12.** (*a*) **To let go**, lâcher prise. **To let go (one's hold of) sth.**, lâcher, abandonner, laisser échapper (une corde, etc.). *Without letting go his victim*, sans lâcher sa victime. **Let me go!** lâchez-moi! (*Cp.* 4 (*a*).) *The field had been let go by the old farmer*, le champ avait été abandonné à lui-même par le vieux fermier. *Nau:* **To let a rope go**, laisser aller, lâcher, un cordage; larguer une amarre. **All gone!** tout est largué! **Let go forward!** larguez devant! **Let go and haul!** changez! (*b*) **To let oneself go**, s'abandonner; se laisser aller; donner carrière à ses sentiments, à ses passions; se donner carrière; s'abandonner à la joie, à sa fureur, etc. *To let oneself go on a subject*, s'étendre, s'emballer, sur un sujet. (*c*) **Well, let it go at that!** passons! *We'll let it go at that*, tenons-nous-en là; cela ira comme cela. *It is wrong but let it go*, ce n'est pas cela, mais passons. **13.** *P:* (*a*) **To go it**, s'en donner à cœur joie; aller grand train. *He's going it!* il se lance! (*b*) **Go it!** vas-y, allez-y! allez toujours! (*c*) *U.S:* **To go it alone**, agir tout seul; être seul contre tous.

go about, *v.i.* **1.** (*Adverbial use*) (*a*) Aller de lieu en lieu; aller çà et là; circuler. *To go about in gangs*, aller par bandes. *There is a rumour going about that . . .*, le bruit court, s'est répandu, que. . . . *He is going about again*, il est de nouveau sur pied. *You don't go about enough*, vous ne vous répandez pas assez (dans le monde). *He goes about a good deal*, il est très répandu dans le monde; il sort beaucoup. (*b*) *Nau:* Virer de bord; envoyer vent devant. *See also* RIGHT-ABOUT. (*c*) *Mil: etc:* Faire demi-tour. **2.** (*Prepositional use*) (*a*) *To go about the country*, parcourir le pays. *To go about the streets*, circuler dans les rues. (*b*) Se mettre à (une tâche). *How to go about it*, comment s'y prendre. *We shall have to go about it with care*, il faudra y aller avec précaution. (*c*) *To go about one's usual work*, faire, s'occuper de, son travail habituel. *In the morning I go about my work*, le matin je vaque à mes affaires. *Go about your business!* (i) passez votre chemin! (ii) occupez-vous de ce qui vous regarde!

going about, *s.* **1.** Parcours *m* (d'un pays). **2.** *Nau:* Virage *m* de bord.

go across, *v.i.* Traverser, passer (la mer, etc.); franchir (le pont).

going across, *s.* Passage *m* (de la mer, etc.); franchissement *m* (d'un pont).

go after, *v.i.* (*a*) Courir après (les femmes); *F:* relancer (qn). *He's going after Jane*, il fait la cour à Jane; il courtise Jane. *B:* **Let us go after other gods**, allons et servons d'autres dieux. (*b*) Poser sa candidature à, solliciter, briguer (un emploi).

go against, *v.i.* **1.** (*Of events, luck, etc.*) Tourner contre, être hostile à (qn); (*of evidence*) militer contre (qn); être préjudiciable à (qn). *If fate goes against us*, si la fortune nous est contraire. *His appearance goes against him*, il ne paye pas de mine. *That will go against you with the crowd*, cela vous nuira dans l'esprit de la foule. **2.** (*a*) **To go against the tide, the current**, prendre le contresens de la marée, du courant; nager ou voguer contre la marée, le courant. (*b*) Aller au contraire de, aller à l'encontre de, heurter (l'opinion publique); contrarier (les désirs de qn); agir en violation de (sa parole, etc.). *Opinions that go dead against yours*, opinions à rebours des vôtres. **It goes against me, against my conscience, to . . .**, il me répugne de . . .; ma conscience se refuse à. . . . *See also* GRAIN[1] 3.

go along, *v.i.* **1.** (*Prepositional use*) Passer par (une rue). **2.** (*Adverbial use*) (*a*) Passer, suivre, son chemin. *I make up my accounts and check the figures* **as I go along**, je fais mes comptes et vérifie les chiffres à mesure. *F:* **Go along with you!** (i) fichez le camp! allez, filez! (ii) allons donc! dites cela à d'autres! (*b*) **To go along with** = GO WITH 1.

go among, *v.i.* Circuler parmi (la foule, etc.). *To go among people*, fréquenter le monde.

go at, *v.i.* S'attaquer à (qn, qch.). **To go at it hard**, ne pas y aller de main morte; y aller de tout son cœur. *He was going at it for all he was worth*, il y allait de toutes ses forces. *F: You do go at it!* comme vous y allez! *See also* TOOTH[1] 1.

go away, *v.i.* (*a*) S'en aller, partir. *To go away on business*, s'absenter pour affaires. *Ven:* (*On horn*) **'Gone away,'** le débucher. (*b*) **To go away with sth.**, emporter, enlever, qch.

going away, *s.* Départ *m.* **Going-away dress**, robe *f* de voyage de noces.

go back, *v.i.* **1.** (*a*) S'en retourner. *To go back to one's native land*, retourner dans sa patrie. (*b*) Retourner en arrière; rebrousser chemin. *To go back on one's steps*, revenir sur ses pas. *To go back the same way*, revenir, retourner, par le même chemin. (*c*) Reculer. *To go back two paces*, reculer de deux pas; faire deux pas en arrière. *Civilization is going back*, la civilisation recule. (*d*) *To go back to a subject*, revenir sur un sujet. *To go back to the beginning*, recommencer. *To go back to a method of working*, reprendre un procédé. *To go back to the last lesson*, revenir à la dernière leçon. *To go back to one's old ways*, retomber dans ses anciennes habitudes. *I have gone back to my winter overcoat*, j'ai repris mon pardessus d'hiver. *To go back to gas, electricity*, en revenir au gaz, à l'électricité; se réabonner au gaz, à l'électricité. *We are going back to long skirts*, on en revient aux jupes longues. **2.** (*a*) Remonter (à l'origine de qch.). *To go back to the Flood*, remonter (jusqu')au déluge. *To go back to the past*, se reporter au passé, remonter dans le passé. *We won't go back to the past*, ne revenons pas sur le passé. *History that goes back a long way*, histoire qui remonte loin. **His family goes back to the crusaders**, sa famille descend des croisés. *To go further back into the matter*, reprendre l'affaire de plus haut. (*b*) *Biol: To go back to an earlier type*, retourner à un type antérieur. **3.** (*a*) **To go back on a promise, on one's confession**, revenir sur sa promesse, sur ses aveux; se dédire; (se) rétracter. *To go back on one's word*, revenir sur sa parole; manquer à, faillir à, sa parole; se dédire. *I cannot go back on an accomplished fact*, je ne peux rien au fait accompli. (*b*) *F: To go back on a friend*, trahir (les intérêts d')un ami; abandonner, planter là, laisser en plan, un ami.

going back, *s.* **1.** (*a*) Retour *m.* **Going back to school**, rentrée *f* des classes. (*b*) Recul *m.* *F:* **There's no going back**, il n'y a pas à reculer. **2.** (*a*) **Going back on one's word**, manque *m* de parole. (*b*) **There's no going back on it**, il n'y a pas à y revenir; c'est irrémédiable. (*c*) *F:* **Going back on a friend**, trahison *f* d'un ami.

go before, *v.i.* **1.** (*Prepositional use*) (*a*) Devancer, précéder (qn). (*b*) Primer. *Might went before right*, la force primait le droit. **2.** (*Adverbial use*) (*a*) Partir en avant. (*b*) Marcher devant.

go behind, *v.i.* (*a*) **To go behind s.o.'s words**, chercher une arrière-pensée. (*b*) **To go behind a decision**, revenir sur une décision; réviser une décision.

go beyond, *v.i.* Aller au delà de, dépasser, outrepasser (le but). *See also* BEYOND 2.

go by, *v.i.* **1.** (*Adverbial use*) (*Of pers., time*) Passer; (*of time*) se passer, s'écouler. **As the years go by**, à mesure que les années passent. *People bowed as he went by*, on s'inclinait sur son passage. *You must not let this chance go by*, il ne faut pas manquer, *F:* rater, cette occasion. *That is wrong but let it go by*, ce n'est pas cela, mais passons. **2.** (*Prepositional use*) (*a*) *He went by the shop (again)*, il est passé, a passé, est repassé, a repassé, devant la boutique. (*b*) *To go by s.o., sth.*, se régler sur qn, sur qch. *All go by him*, tous se règlent sur lui. *To go by the directions*, suivre les instructions. **To go by appearances**, juger d'après les apparences. *Don't go by people's faces*, ne jugez pas les gens sur la mine. *That is nothing to go by*, on ne peut fonder là-dessus. *The only thing to go by*, la seule chose qui doive nous guider. *I go by what I've heard*, je me fonde sur ce que j'ai entendu dire.

'go-by, *s.* **To give s.o., sth., the go-by.** **1.** Dépasser, devancer (un concurrent). *Nau:* Gagner l'avant (d'un autre vaisseau). **2.** Se dérober à (ses ennemis, etc.); esquiver (qn, une difficulté). **3.** (*a*) Oublier (qn, qch.); passer (le nom de qn) sur une liste, à l'avancement. (*b*) *To give s.o.'s orders the go-by*, ne pas tenir compte des ordres de qn. **4.** *He gave me the go-by in the street yesterday*, hier il a fait semblant de ne pas me reconnaître.

'gone-by, *a.* = BYGONE.

go down, *v.i.* **1.** (*Prepositional use*) Descendre (l'escalier, une rivière); dévaler (une montagne); redescendre, enfiler (la rue). **2.** (*Adverbial use*) (*a*) Descendre. *To go down to dinner*, descendre dîner. *To go down again*, redescendre. *Go down and answer the door*, allez en bas ouvrir la porte. *Sch:* **To go down (from the university)**, (i) quitter l'université; (ii) partir en vacances. *Th:* **The curtain goes down**, on baisse le rideau. *When the curtain went down*, à la chute du rideau. (*b*) *F:* **A crumb went down the wrong way**, j'ai avalé une miette de travers. *My dinner won't go down*, mon dîner a du mal à passer; mon dîner ne passe pas, ne descend pas. **That won't go down with me**, ça ne prend pas avec moi. **To go down well**, (i) (*of drink*) se laisser boire; (*of food*) se laisser manger; (ii) (*of play, etc.*) être bien reçu. *She sang three songs which went down well*, elle a chanté trois romances qui ont plu. *F: It went down easily*, cela a passé comme une lettre à la poste. (*c*) (*Of sun*) Se coucher. (*d*) (*Of ship*) Couler à fond, sombrer. *To go down by the bows*, piquer de l'avant. (*Of pers.*) *I saw him go down*, je le vis disparaître sous les flots. (*e*) Tomber. **To go down on one's knees**, se mettre, se jeter, à genoux. **To go down before the enemy**, tomber devant l'ennemi. *To go down to an opponent*, être battu par un adversaire; capituler devant un adversaire. *To go down in an exam*, échouer à, dans, un examen; être refusé, *F:* collé, à un examen. *Cards:* (*At bridge*) **To go down**, ne pas faire autant de levées qu'on en a annoncé; perdre le coup. *See also* NINEPIN 2. (*f*) (*Of floods, temperature, etc.*) Baisser, s'abaisser; (*of tide*) descendre; (*of wind*) baisser, tomber. *Orders are going down*, les commandes diminuent. *The value of these houses has gone down, these houses have gone down in value*, la valeur de ces maisons a baissé. *The neighbourhood, once prosperous, has gone down*, ce quartier, jadis prospère, a déchu. *F:* **He has gone down in the world**, il a connu des jours meilleurs. (*g*) (*Of swelling, etc.*) Se désenfler, se dégonfler; (*of balloon, tyre, etc.*) se dégonfler. (*h*) Continuer (jusqu'à la fin de la page, etc.). *History book that goes down to the eighteenth century*, histoire qui va jusqu'à la fin du dix-huitième siècle. **To go down to posterity**, passer à la postérité. (*i*) Être noté, pris par écrit (dans un cahier, etc.).

going down, *s.* **1.** (*Of pers.*) Descente *f* (d'une rivière, d'une colline, etc.). **2.** (*a*) Coucher *m* (du soleil). (*b*) Baisse *f* (de la température, de l'eau, etc.). (*c*) Dégonflement *m* (d'un ballon, d'un pneu, etc.).

go for, *v.i.* **1.** Aller chercher (qn, qch.). *To go for water*, aller chercher de l'eau; *F:* aller à l'eau. **2.** (*a*) *F:* Tomber sur, fondre sur, s'élancer sur (qn); *F:* crosser, rembarrer (qn); *P:* rentrer dans le chou, dans le lard, à (qn); tomber sur le poil à (qn). (*To dog*) **Go for him!** pille! pille! (*b*) *F:* S'en prendre à (qn);

faire une algarade à (qn); chercher noise à (qn); rompre en visière à (qn); prendre (qn) à partie; *F:* flanquer un savon à (qn); s'acharner après, contre, sur (qn). *To go for s.o. in the papers*, attaquer qn dans les journaux. *They went for each other in the court*, ils se sont empoignés, *P:* engueulés, devant le Tribunal. **3.** *P:* Voter pour (qn); embrasser la cause de (qn).

go forth, *v.i.* **1.** *Lit:* (*Of pers.*) Sortir. **2.** (*Of decree*) Paraître. *The order went forth that . . .*, (i) il fut décrété que . . .; (ii) on reçut l'ordre de. . . .

go forward, *v.i.* **1.** Avancer. *Nau:* Aller devant. *The work is going forward*, le travail avance. **2.** *What is going forward?* qu'est-ce qui se passe?

go in, *v.i.* **1.** (*Prepositional use*) Entrer. *The key goes in the lock*, la clef entre dans cette serrure. **2.** (*Adverbial use*) (*a*) Entrer, rentrer. *I must go in to cook the dinner*, il faut que je rentre préparer le dîner. *To go in for one's pipe*, rentrer prendre sa pipe; rentrer chercher sa pipe. *F: The theatres were just going in*, c'était l'heure de l'ouverture des théâtres. *See also* DEEP I. 1. (*b*) (*Of sun*) Se cacher. (*c*) **To go in for (sth.),** s'occuper de, se mêler de (peinture, etc.); faire (de la peinture). *To go in for politics*, se lancer dans la politique; faire de la politique. *To go in for poultry*, (*of farmer, etc.*) élever de la volaille; faire de l'élevage de volaille; (*of tradesman*) vendre de la volaille. *To go in for a course of lectures*, s'inscrire à un cours; suivre un cours. *To go in for sports, for (the learning of) languages*, s'adonner aux sports, à l'étude des langues; pratiquer les sports, les langues; faire du sport. *To go in for teaching*, entrer dans l'enseignement; se consacrer à l'enseignement. *F:* **To go in for a car,** se payer une auto. *I don't go in for fur coats*, je ne porte pas de manteaux de fourrure. *P:* **To go in for s.o.,** rechercher qn en mariage; faire la cour à qn. **To go in for an examination,** (i) se présenter à un examen, (ii) travailler en vue d'un examen; préparer un examen. **To go in for a competition,** prendre part à un concours; se faire inscrire pour un concours; concourir. *To go in for an appointment*, poser sa candidature à une place. *F:* **Go in and win!** bonne chance! allez-y et battez-les tous! (*d*) **To go in with s.o. in an undertaking,** se joindre à qn dans une affaire.

going in, *s.* **1.** Entrée *f.* **2.** Inscription *f* (*for*, à).

go into, *v.i.* **1.** (*a*) Entrer dans (une maison, etc.). *To go back into one's room*, rentrer dans sa chambre. **To go into society,** aller, entrer, dans le monde. *To go a great deal into society*, se répandre dans le monde. *To go into the army, into Parliament*, entrer dans l'armée, au Parlement. *See also* CHURCH[1] 2. (*b*) **To go into a lengthy explanation of sth.,** entrer dans de longues explications. *See also* DETAIL[1] 1. (*c*) *To go into mourning*, prendre le deuil. *To go into fits of laughter*, éclater de rire. *To go into hysterics*, avoir une attaque, une crise, de nerfs. *To go into consumption*, devenir poitrinaire, phtisique. (*d*) *Aut:* **To go into second gear,** passer en deuxième (vitesse). *See also* REVERSE[2] 1. **2.** Examiner, étudier (une question), mettre (une question) à l'étude, procéder à l'étude d'(une question). *To go closely into a question*, approfondir une question; serrer une question de près. *I shall go into the matter*, je vais m'occuper de l'affaire. *To go into s.o.'s statements*, éplucher les dépositions de qn. *Your proposal will be carefully gone into*, votre proposition sera l'objet d'un examen approfondi.

go near, *v.i.* Approcher de (qn, qch.). *F: I never went near the congress*, je n'ai pas mis les pieds au congrès.

go off, *v.i.* **1.** (*Adverbial use*) (*a*) Partir, s'en aller, s'éloigner, déloger. *Th:* Quitter la scène. *To go off in pursuit of s.o.*, se mettre à la poursuite de qn; aller relancer qn. *To go off again*, repartir. *See also* TANGENT 2. (*b*) **To go off with sth.,** emporter qch. *The thieves went off with everything*, les voleurs ont tout enlevé, tout raflé. (*c*) (*Of gun*) Partir, se décharger. *The gun goes off at noon*, on tire le canon à midi. *The pistol did not go off*, le pistolet a raté. (*d*) (i) **To go off (into a faint),** perdre connaissance; s'évanouir. (ii) **To go off (to sleep),** s'endormir. (iii) *A:* Mourir, trépasser. (*e*) (*Of colour, effect, feeling, etc.*) Passer. (*Of tennis player, etc.*) Perdre de sa forme; baisser. (*Of woman*) Désembellir; perdre de sa beauté. *Beauty that has gone off a little*, beauté défraîchie. (*f*) (*Of wine, etc.*) Se détériorer; perdre; (*of milk*) tourner (à l'aigre); (*of butter*) rancir; (*of fish, meat*) se gâter. (*g*) (*Of public function, etc.*) (Bien, mal) marcher. *Everything went off well*, tout a bien marché, tout s'est bien passé. (*h*) *Com:* (*Of goods*) Se vendre. **2.** (*Prepositional use*) (*a*) (*Of train, etc.*) **To go off the rails,** dérailler. *F:* **To go off the beaten track,** s'écarter du chemin battu. *See also* DEEP I. 1. (*b*) *I have gone off eggs for the moment*, je ne mange plus d'œufs, j'ai perdu le goût des œufs, pour le moment. *I have gone off motoring*, je suis las de l'automobile; je ne fais plus d'auto.

go-'off, *s.* **1.** **(At) first go-off,** au premier essai; de prime abord, du premier coup. **At one go-off,** d'un seul coup. *To drink sth. at one go-off*, boire qch. d'un (seul) trait. **2.** *Fin:* Montant *m* des bons du Trésor à échoir (à une certaine date).

going off, *s.* (*a*) Départ *m*, éloignement *m* (de qn). (*b*) Départ (d'un fusil).

go on, *v.i.* **1.** (*Adverbial use*) (*a*) (i) Aller son chemin, passer son chemin. *Time goes on*, le temps marche. (ii) Repartir, se remettre en route, continuer sa route, poursuivre sa course. *See also* AHEAD 2, BEFORE 1. (iii) **He is going on for forty,** il va sur la quarantaine. *It is going on for three o'clock*, il est près de trois heures. (*b*) Continuer (de faire qch.); reprendre la parole. *The cock went on crowing*, le coq continuait de chanter. **If you go on like this . . .,** si vous continuez. . . . *Go on with your work!* continuez votre travail! *Go on looking!* cherchez toujours! *The war went on until the following year*, la guerre se prolongea jusqu'à l'année suivante. *I forget how the tune goes on*, j'oublie la suite de l'air. *He went on again after a moment*, il reprit après un instant. *Here is some material to go on with*, voici de l'étoffe pour suffire à vos premiers besoins. *I've got enough to go on with*, j'ai de quoi marcher. *See also* EVER 2. (*c*) **To go on to the next item on the agenda,** passer à l'article suivant de l'ordre du jour. *I shall now go on to another matter*, je passe maintenant à une autre question. *He went on to give me all the details*, puis il me donna tous les détails. *He went on to tell us . . .*, il passa ensuite au récit de. . . . *F:* (*Iron:*) **Go on!** allons donc! dites ça à d'autres! quelle blague! (*d*) Marcher. *Things had been going on like this for a week*, depuis une semaine cela marchait ainsi. *This has gone on for years*, cela dure depuis des années. *Preparations are going on*, les préparatifs se poursuivent. *While this was going on*, sur ces entrefaites. **What is going on here?** qu'est-ce qui se passe ici? de quoi s'agit-il? de quoi retourne-t-il? *There's nothing going on at present*, c'est la morte-saison; c'est le calme plat. *There was harvesting going on*, on était en train de faire la moisson. *A conversation was going on*, une conversation était en train. **How are you going on?** comment cela marche-t-il? comment allez-vous? *To go on as before*, faire comme par le passé. (*e*) *F:* Se conduire. *You must not go on in that way*, il ne faut pas vous laisser aller comme ça. *I don't like the way she goes on, her way of going on*, je n'aime pas sa façon de se conduire; je n'aime pas ses manières, son manège. *He has been going on shamefully*, il vient de se conduire d'une manière honteuse. (*f*) **To go on at s.o.,** gourmander qn. *She went on dreadfully*, elle nous a fait une scène terrible. (*g*) *Th:* **To go on,** monter en scène; entrer en scène. **To go on as Hamlet,** tenir, jouer, le rôle de Hamlet. **2.** (*Prepositional use*) (*a*) *I went on that supposition*, je me suis fondé sur cette hypothèse; je me suis fondé là-dessus. *What evidence are you going on?* sur quelles preuves vous fondez-vous? *The only thing to go (up)on*, la seule chose qui doive nous guider. *U.S: F: I don't go much on it, on him*, ça ne me dit rien; je ne le gobe pas. (*b*) *The lid won't go on (the pot)*, le couvercle ne va pas (à la marmite). *Those shoes won't go on (my feet)*, ces souliers ne me vont pas; je ne peux pas mettre ces souliers.

goings-on, *s.pl.* *F:* Conduite *f*; manège *m*. *I have heard of your goings-on*, j'en ai appris de belles sur votre compte. *Such goings-on do not please me*, de telles allures, de tels manèges, ne me plaisent pas.

go out, *v.i.* **1.** (*a*) Sortir. *To go out of the room*, sortir de la pièce. **Out you go!** hors d'ici! *She was dressed to go out*, elle était en tenue de ville. **Every time I go out, went out,** à toutes mes sorties. *To go out again*, ressortir. *To go out riding, walking*, sortir à cheval, à pied. *The life-boats went out fifty times last year*, l'année dernière les canots de sauvetage ont fait cinquante sorties. **To go out (on strike),** se mettre en grève. *I am going out to dinner*, je dîne en ville, chez des amis. *A:* **To go out (against s.o.),** se battre en duel (avec, contre, qn); aller sur le terrain. **My heart went out to him,** (i) il me fut tout de suite sympathique; (ii) je ressentis de la pitié pour lui. *See also* OUT[1] I. 3. (*b*) *To go out washing*, faire des journées de lessive. *To go out as a governess*, (i) se placer comme institutrice; (ii) courir le cachet. **To go out to business,** être, entrer, dans le commerce, dans un bureau. (*c*) Aller dans le monde; sortir. *He goes out a great deal*, il se répand beaucoup. *He seldom goes out*, il sort peu; il est casanier. (*d*) *To go out to the colonies*, émigrer, ou aller servir, aux colonies. *He went out to France with his battalion in 1915*, il a servi en France avec son bataillon en 1915. (*e*) Être mis en circulation. *This communiqué should never have gone out*, on n'aurait pas dû publier ce communiqué. **2.** **To go out of fashion,** passer de mode; se démoder. *Large hats have gone out (of fashion)*, les grands chapeaux sont démodés, ont passé de mode. *Com: This article has quite gone out*, cet article ne se demande plus, est passé de mode. *This fashion, practice, is going out*, cette mode disparaît, tombe; cet usage tend à disparaître. **3.** Disparaître. *All the hatred had gone out of his voice*, toute la haine avait disparu de sa voix. **4.** *Pol:* Quitter le pouvoir. **5.** *Games:* (*Of player*) Quitter la partie. *How many points do you want to go out?* combien de points vous faut-il pour gagner? **6.** **To go out of one's way,** s'écarter de son chemin. *See also* WAY[1] 2. **7.** Terminer. *The year was going out*, l'année finissait. **8.** (*a*) (*Of fire, etc.*) S'éteindre. (*b*) *F:* (*Of pers.*) Mourir. **9.** (*Of tide*) Baisser; se retirer.

going out, *s.* **1.** Sortie *f.* **To like going out,** (i) aimer à sortir; (ii) aimer aller dans le monde. **2.** (*Of the sea*) Action *f* de se retirer; baisse *f* (de la marée).

go over, *v.i.* **1.** (*Prepositional use*) (*a*) Traverser, passer (la mer, etc.). *The ball went over the wall*, la balle a passé par-dessus le mur. *See also* TOP[1] I. 1. (*b*) Retoucher, faire des retouches à (un tableau, etc.). *To go over a drawing with ink*, passer un dessin à l'encre. *To go over a pencil stroke again*, repasser sur un trait de crayon. (*c*) Examiner, vérifier, revoir (un compte, un rapport); passer (des papiers, etc.) en revue. *To go over a house*, parcourir, visiter, une maison. *To go over an engine*, reviser une machine, un moteur. **To go over the ground,** reconnaître le terrain. *To go carefully over (accounts, a patient, etc.)*, soumettre (des comptes, un malade, etc.) à un examen minutieux; faire subir à (qn) un examen minutieux. *To go over s.o.'s faults*, éplucher les défauts de qn. (*d*) Repasser, revoir (une leçon, etc.); récapituler (un discours, etc.). **To go over sth. in one's mind,** repasser qch. dans son esprit. *To go over the events of the week*, retracer les événements de la semaine. *To go over the facts again*, reprendre les faits de plus haut. **2.** (*Adverbial use*) (*a*) *To go over to America*, passer en Amérique. *How long does it take to go over?* combien (de temps) dure la traversée? (*b*) **To go over to the enemy, to the other camp,** passer à l'ennemi, dans l'autre camp; se joindre à l'ennemi. *To go over to the other side*, changer de parti. (*c*) (*Of motor-car, etc.*) Verser.

go round, *v.i.* **1.** (*Adverbial use*) (*a*) (i) Faire un détour, un circuit. *To go twenty miles round*, faire un détour de vingt milles. *To go a long way round*, faire un grand détour. *You'll have to go round*, il faudra faire le tour. (ii) *F:* **To go round to see s.o.,** passer voir qn; faire visite à qn. (*b*) (*Of wheel, etc.*) Tourner. *A child likes to see the wheels go round*, l'enfant aime à voir tourner les roues.

My head is going round, la tête me tourne. (*c*) (*Of rumour, etc.*) Circuler, courir; (*of bottle, etc.*) circuler. (*d*) *To make the bottle go round*, ménager la bouteille. **There is not enough to go round,** il n'y en a pas pour tout le monde. **2.** (*Prepositional use*) (*a*) (i) *To go round the town*, faire le tour de la ville. *Steamer that goes right round the world*, paquebot qui fait le tour du monde, *Nau:* qui développe le tour du monde. (ii) Contourner (une forêt, etc.). (iii) **To go round and round the table,** tourner autour de la table. *The earth goes round the sun*, la terre tourne autour du soleil. (*b*) (*Of clothes, etc.*) Entourer (la taille, etc.). *Necklace that goes twice round the neck*, collier qui fait deux tours de cou.

go through, *v.i.* **1.** (*Prepositional use*) (*a*) Passer par (une rue, un trou, une fenêtre, etc.); traverser (un pays). *A shiver went through me*, un frisson me parcourut. *The plan must go through the town council*, il faut que le projet soit approuvé, soit autorisé, par le conseil municipal. *See also* HOOP[1] 2. (*b*) Passer par, suivre en entier (un cours d'études, etc.); exécuter (qch.) en entier. *To go through one's apprenticeship*, faire son apprentissage. *She went through her little piece very nicely*, elle a très gentiment exécuté son petit morceau. *To go through all the motions of swimming*, décomposer tous les mouvements de la nage. *To go through the whole programme*, exécuter tout le programme. *He was hardly able to go through his part*, c'est à peine s'il a pu (i) tenir son rôle, (ii) achever son rôle. (*c*) **She went through the Conservatoire,** elle sort du Conservatoire. **The book has gone through ten editions,** on a déjà tiré dix éditions de ce livre. (*d*) Remplir, accomplir (des formalités); subir, essuyer, souffrir, passer par (de rudes épreuves, etc.). *The events that we went through*, les événements que nous avons vécus. *I have gone through it*, j'ai passé par là. *If you knew all that I have gone through!* si vous saviez tout ce que j'ai enduré! (*e*) Transpercer, percer. *The rain has gone through my overcoat*, la pluie a percé mon pardessus. **This cold goes right through me,** ce froid me transit. **To go clean through sth.,** traverser qch. de part en part. *The bullet went clean through the door*, la balle a percé la porte à jour. (*f*) Examiner en détail. (i) Compulser (des documents); dépouiller (son courrier); repasser (une leçon). *To go through one's bills*, faire la revue de ses factures. *To go through a dossier*, prendre connaissance d'un dossier. *To go through an account again*, repasser un compte. (ii) Fouiller dans (les poches de qn); explorer (les poches de qn); trier (sa garde-robe, etc.); (*of inspector, etc.*) visiter, fouiller (une malle). *U.S:* Fouiller (qn). (*g*) Manger (une fortune). *To go through all one's money*, dépenser tout son argent. **2.** (*Adverbial use*) (*a*) *Let us go through and receive the guests*, passons recevoir les invités. (*b*) *The bill has gone through*, la loi a passé. *The deal did not go through*, le marché n'a pas été conclu; l'affaire a raté. (*c*) **To go through with sth.,** aller jusqu'au bout (d'une épreuve); endurer qch. jusqu'au bout. *I mean to go through with it*, j'irai jusqu'au bout. *We've got to go through with it*, *F:* le vin est tiré, il faut le boire.

going through, *s.* (*a*) Accomplissement *m* (de formalités, etc.). (*b*) Compulsation *f* (de documents); dépouillement *m* (du courrier). (*c*) Fouille *f* (des poches de qn).

go to, *v.i.* **1.** *A:* Se mettre à l'œuvre; s'y mettre. **2.** *Imper: A:* **Go to!** (i) Allons! (ii) (*Of disapprobation*) Allons donc! en voilà assez!

go together, *v.i.* (*a*) (*Of misfortunes, etc.*) Marcher ensemble. (*b*) (*Of colours, etc.*) S'accorder, s'harmoniser, aller bien ensemble. *Ideas that do not go together*, idées qui ne s'accordent pas.

go under, *v.i.* **1.** (*a*) (*Of drowning man*) Couler, enfoncer. (*b*) Succomber, sombrer. *F: He's gone under*, c'est un homme coulé, fini. (*c*) *U.S: F:* Mourir. **2.** (*Of sun*) Disparaître sous l'horizon; se coucher.

go up, *v.i.* **1.** (*Adverbial use*) (*a*) Monter, aller en haut. *To go up again*, remonter. *To go up to bed*, monter se coucher. *To go up in an aeroplane*, monter en avion. *The balloon would not go up*, le ballon n'a pas voulu s'enlever. *The road goes sharply up*, la route monte brusquement. **Before the curtain goes up,** avant que le rideau se lève; avant le lever du rideau. **A cry went up from the crowd,** un cri s'éleva de la foule. **To go up in s.o.'s estimation,** monter dans l'estime de qn. *Sch:* **To go up a form,** monter d'une classe. (*b*) **To go up to town,** aller à la ville, *esp.* à Londres. **To go up to the university,** entrer à l'université. *See also* EXAMINATION 2. **To go up to s.o.,** s'avancer vers qn; se diriger vers qn; aborder qn. *Ten:* **To go up to the net,** monter au filet. (*c*) (*Of price, barometer, temperature, etc.*) Monter, hausser. *Bread is going up (in price)*, le pain renchérit. *Wheat has gone up considerably (in price)*, le prix du blé a sensiblement monté; les blés ont subi, accusé, une hausse considérable. *The bidding went up to ten pounds*, les enchères ont monté à dix livres. (*d*) (*Of mine*) Sauter. *To go up in flames*, se mettre à flamber. **2.** (*Prepositional use*) Monter (une colline, etc.). *To go up a ladder, a wall*, monter à une échelle, à un mur. *To go up a river*, remonter le cours d'un fleuve, remonter une rivière. *Mil:* **To go up the line,** monter en ligne.

going up, *s.* (*a*) Remontage *m.* (*b*) Hausse *f* (des prix, etc.). (*c*) Explosion *f* (d'une mine, etc.).

go with, *v.i.* **1.** (*a*) Accompagner; faire route avec (qn). *Shall I go with you? would you like me to go with you?* voulez-vous que je vous accompagne? voulez-vous de ma compagnie? voulez-vous de moi pour compagnon? *F:* **To go with a girl,** courtiser, faire la cour à, sortir avec, une jeune fille. (*b*) *Disease always goes with squalor*, la maladie marche toujours de pair avec la saleté; la saleté et la maladie vont toujours de pair. *Enviable profession in spite of the cares that go with it*, profession enviable malgré les soucis qu'elle comporte. *Salary that goes with an office*, traitement *m* applicable à une fonction. (*c*) *To go with the times*, marcher avec son époque, avec les événements. **2.** S'accorder avec (qch.); (*of colours*) se marier avec (une teinte); s'assortir. *Hangings that don't go with the furniture*, tentures qui ne vont pas (bien), qui ne s'accordent pas, avec le mobilier. *Stockings to go with the dress*, bas assortis à la couleur de la robe. *Hat to go with a dress*, chapeau pour accompagner une robe. *Note-paper and envelopes to go with it*, papier à lettres et (des) enveloppes pour aller avec. *That does not go with my opinions*, cela ne cadre pas avec mes opinions.

go without, *v.i.* (*a*) (*Do without*) Se passer de (qch.). *When I am very busy I go without my lunch*, quand j'ai beaucoup à faire, je me passe de déjeuner. **To go without food,** *F:* se serrer le ventre; se boucler la ceinture. (*b*) (*Be without*) Manquer de (qch.), être privé de (qch.).

going without, *s.* Manque *m*, privation *f* (des nécessités de la vie).

gone, *a.* **1.** (*a*) En allé, disparu, parti. **I won't be gone long,** je ne serai pas longtemps absent. (*b*) Mort. *See also* DEAD I. 1, PAST[1] 1. (*c*) *P:* **He's a gone man,** c'en est fait de lui; *F:* il est fichu. *See also* COON 2. **It's a gone case,** c'est un cas désespéré. **2. Far gone.** (i) (*Of meat, etc.*) Avancé. (ii) **Far gone in drink,** dans un état d'ivresse avancé. *To be far g. in consumption*, s'en aller de la poitrine. *The disease is too far gone, he is too far gone*, la maladie est trop avancée. *He is too far g. to speak*, il est trop bas pour parler. *Our patient was very far g.*, notre malade revient de loin. *To be far g. in love*, être féru d'amour. *See also* FAR-GONE. (iii) **Far gone with child,** dans un état de grossesse avancé. **She is five months gone,** elle est grosse, enceinte, de cinq mois. **3.** *F:* **To be gone on s.o.,** être amoureux, épris, de qn; *F:* avoir un béguin, une toquade, pour qn; en tenir pour qn; être emballé sur qn; être toqué de qn; en pincer pour qn; en gratter pour qn; *P:* **s'en** ressentir pour qn; avoir du sentiment pour qn.

going[1], *a.* **1.** Qui marche. **Going concern,** affaire qui marche. *The business is a g. concern*, la maison est en pleine activité. **2.** Qui va (sur). **He is going eleven,** il va sur ses onze ans. **3.** Qui soit. **One of the best firms going,** une des meilleures maisons qui soient. *It's the best show g. at present*, c'est ce qu'il y a de mieux actuellement en fait de spectacles. *He is the best doctor g.*, il n'y a pas de meilleur médecin à l'heure actuelle. *The best machine g.*, la meilleure machine d'usage courant, sur le marché. **4.** (*a*) **Slow-going, fast-going,** qui va, marche, lentement, vite. *The last good influence in the lives of* **down-going men,** la dernière bonne influence dans la vie de ceux qui sont en train de sombrer. *See also* EASY-GOING, OCEAN-GOING, STEADY-GOING. (*b*) **Theatre-going, picture-going,** qui fréquente les théâtres, les cinémas. *See also* CHURCH-GOING, SEA-GOING.

going[2], *s.* **1.** (*a*) Aller *m.* **Goings and comings,** allées *f* et venues *f.* (*b*) Marche *f* (de qn, d'une machine). *Eight miles in two hours, that's very good g.!* huit milles en deux heures, c'est bien marché! c'est une bonne allure! (*c*) *Typ:* **Going to press,** mise *f* sous presse. *Com:* **Going-to-press prices,** dernières cotes. (*d*) *G. to law, to war*, recours *m* à la justice, à la guerre. **2.** Départ *m.* **3.** État *m* du sol. **Rough going,** chemin rude. *The g. is rough*, la route est très mauvaise. *F:* **To go while the going is good,** profiter de ce que les circonstances sont favorables; battre le fer pendant qu'il est chaud. **We made poor going,** nous n'avons pas fait beaucoup de progrès.

'go-ahead, *a.* Plein d'allant; actif; entreprenant. *G.-a. business man*, homme d'affaires entreprenant; brasseur *m*, remueur *m*, d'affaires. *G.-a. times*, époque *f* de progrès.

go-a'headness, *s.* Allant *m*; nature entreprenante.

go-a'shore, *attrib.a.* *Nau:* **Go-ashore clothes,** *s.* *F:* **go-ashores,** tenue *f* de débarquement; tenue portée à terre.

'go-as-you-'please, *attrib.a.* **1.** *Sp:* (Course *f*) à volonté. **2.** (Vie *f*) libre, sans entraves. **3.** (Travail *m*) sans discipline, sans méthode.

'go-at-it, *attrib.a.* *F:* (Jeune homme) plein d'entrain, entreprenant.

'go-between, *s.* Intermédiaire *mf*; entremetteur, -euse; truchement *m*; *F:* agent *m* d'intrigues. *To act, serve, as a g.-b.*, servir d'intermédiaire (*to*, à).

'go-cart, *s.* **1.** Chariot *m*, parachute *m*, trotteuse *f* (pour apprendre à marcher aux bébés); (*of wicker*) panier roulant. **2.** (*a*) Chaise pliante, charrette pliante (pour enfants); poussette *f.* (*b*) Charrette à bras.

'go-fever, *s.* *F:* **To have the go-fever,** avoir la bougeotte; avoir toujours un pied en l'air.

'go-'getter, *s.* *U.S: P:* Homme *m* d'affaires ou commis voyageur énergique, qui décroche les affaires; arriviste *m.*

go-'slow, *attrib.a.* **Go-slow policy,** politique *f* d'attente. **Go-slow strike,** grève perlée.

go-to-'meeting, *attrib.a.* (Habits) du dimanche. *See also* SUNDAY.

go-to-'sleep, *attrib.a.* (*Of life, etc.*) Inactif, somnolent.

goa[1] ['goua], *s.* *Z:* Antilope *f* du Tibet.

Goa[2]. *Pr.n. Geog:* Goa. *Pharm:* **Goa powder,** araroba pulvérisé; poudre *f* de Goa.

goad[1] [goud], *s.* Aiguillon *m*; pique-bœuf *m*, *pl.* pique-bœufs. *F:* **The goad of necessity,** l'aiguillon de la nécessité.

goad[2], *v.tr.* Aiguillonner, piquer, toucher (les bœufs). *F:* **To goad s.o.'s curiosity,** piquer, stimuler, la curiosité de qn. **To goad s.o. on,** aiguillonner, inciter, qn. *To g. s.o. on to, into, doing sth.*, talonner qn jusqu'à ce qu'il fasse qch. *To g. s.o. into a fury*, mettre qn en furie, en rage. *He was goaded into action by poverty*, la misère stimula son inertie.

goadsman, *pl.* **-men** ['goudzmən, -men], *s.m.* Toucheur (de bœufs); pique-bœuf, *pl.* pique-bœufs.

goaf [gouf], *s.* *Min: Dial:* Remblai *m.*

goal [goul], *s.* **1.** But *m.* (*a*) **My goal is in sight,** j'approche de mon but, du but. (*b*) *Fb:* **To score, kick, a goal,** marquer, réussir, un but. (*Rugby*) **Goal from a try, converted goal,** but de transformation. **Goal from a free kick,** but sur coup franc. **Dropped goal,** drop-goal *m*, *pl.* drop-goals. **To keep goal,** garder le but. **2.** *Rom.Ant:* Borne *f* (du cirque).

'**goal-keeper**, *s. Fb: etc:* Gardien *m* de but; *F:* le goal.
'**goal-line**, *s. Fb:* Ligne *f* de but.
'**goal-mouth**, *s. Fb:* Portique *m*, entrée *f*, du but. *To score from the g.-m.*, marquer un but à bout portant.
'**goal-post**, *s. Fb:* Montant *m* de but; poteau *m* de but.
goalie ['gouli], *s. Fb: F:* Gardien *m* de but; *F:* le goal.
goalless ['goulləs], *a. Fb:* **Goalless draw**, match *m* sans but marqué; match nul.
Goan ['gouən], **Goanese** [gouə'ni:z], *a. & s. Geog:* (Natif, originaire) de Goa.
goat [gout], *s.* **1.** *(a)* Chèvre *f.* **She-goat**, bique *f*, chèvre. **He-goat**, bouc *m. Old (he-)g.*, bouquin *m. Young g.*, chevreau, *f.* chevrette. *F:* **Don't be a goat, don't act, play, the goat**, ne faites pas l'imbécile. *U.S: P:* **To get s.o.'s goat**, irriter, exaspérer, *F:* horripiler, qn; porter sur les nerfs à qn. *It gets my g.*, ça me fait rager. **To lose one's goat**, se fâcher. *See also* GIDDY[1] 2, SHEEP. *(b) Bookb:* Peau *f* de bouc. *(c) (Fur)* Mongolie *f.* **2.** *Astr:* **The Goat**, le Capricorne. **3.** *(Libertine)* Satyre *m.* **4.** *U.S: F:* = SCAPEGOAT.
'**goat-fold**, *s.* Chèvrerie *f.*
'**goat-foot.** **1.** *s. No pl. Myth:* Satyre *m*; chèvre-pied *m.* **The Goat-foot**, le Chèvre-pied; le dieu Pan. **2.** *Attrib.a.* = GOAT-FOOTED.
'**goat-footed**, *a.m.* Capripède; chèvre-pied, *pl.* chèvre-pieds.
'**goat-moth**, *s. Ent:* (Cossus *m*) gâte-bois *m inv.*
'**goat's-beard**, *s. Bot:* **1.** Reine *f* des prés; ulmaire *f.* **2.** Barbe-de-bouc *f*, salsifis *m* sauvage.
'**goat's-milk**, *s.* Lait *m* de chèvre. **Goat's-milk cheese**, fromage *m* de chèvres.
'**goat's-rue**, *s. Bot:* Galéga *m.*
'**goat-weed**, *s. Bot:* **1.** Capraire *f.* **2.** Égopode *m.*
'**goat-willow**, *s. Bot:* Marceau *m.*
goatee [gou'ti:], *s.* Barbiche *f* (sous le menton); bouc *m. To wear a g.*, porter le bouc.
goatherd ['gouthə:rd], *s.* Chevrier, -ière.
goatish ['goutiʃ], *a.* **1.** (Odeur) de bouc. *To smell g.*, sentir le bouc. **2.** (Homme) libidineux, aux mœurs de satyre.
goatlike ['goutlaik], *a.* Semblable à un bouc.
goatling ['goutliŋ], *s.* Chevreau *m*; *f.* chevrette.
goatskin ['goutskin], *s.* **1.** Peau *f* de chèvre; peau de bique. **2.** *(Bottle)* Outre *f* (en peau de bouc); bouc *m* (de vin, d'huile).
goatsucker ['goutsʌkər], *s. Orn:* Engoulevent *m*; *F:* tette-chèvre *m*, *pl.* tette-chèvres; crapaud volant; corbeau *m* de nuit.
goaty ['gouti], *a.* (Odeur) de bouc.
gob[1] [gɔb], *s.* **1.** *Dial: P:* Grumeau *m.* **2.** *P:* Crachat *m*; *F:* graillon *m*; *P:* molard *m*, glaviot *m*, gluau *m.*
gob[2], *v.i.* (gobbed; gobbing) *P:* Cracher; *P:* molarder.
gob[3], *s. Dial: P:* Bouche *f*, gueule *f.*
'**gob-stick**, *s. Fish:* Dégorgeoir *m.*
'**gob-stopper**, *s.* Gros bonbon en boule.
gob[4], *s. Min:* Remblai *m.*
'**gob-fire**, *s. Min:* Feu *m* dans les remblais.
gob[5], *s. U.S: P:* Marin *m*, mathurin *m.*
gobbet ['gɔbet], *s. A:* **1.** Grosse bouchée, gros morceau (de viande). **2.** *Husb:* Gobbe *f.*
gobble[1] [gɔbl], *s. Golf:* Coup roulé qui va droit au trou.
gobble[2], *v.tr.* **1.** **To gobble (up) sth.**, avaler qch. goulûment, gloutonnement; dévorer, bâfrer, engloutir, *P:* bouffer, qch. *To g. up a chicken in no time*, croquer un poulet en moins de rien. **2.** *Abs.* Goinfrer; bâfrer.
'**gobble-stitch**, *s. Needlew:* Gros point mal fait.
gobble[3], *s. (Of turkey-cock)* Glouglou *m.*
gobble[4], *v.i. (Of turkey-cock)* Glouglouter.
gobbler[1] ['gɔblər], *s.* Avaleur, -euse; goinfre *m*; bâfreur, -euse.
gobbler[2], *s.* Dindon *m.*
gobby ['gɔbi], *s. Nau: P: (Pers.)* Garde-côte *m*, *pl.* gardes-côte(s).
Gobelin [gɔblɛ̃, 'gɔblin]. *Pr.n.* **Gobelin tapestry**, tapisserie *f* des Gobelins.
gobiidae [gɔ'bi:idi:], *s.pl. Ich:* Gobiidés *m.*
goblet ['gɔblet], *s.* **1.** *A:* *(a)* Gobelet *m.* *(b) Lit:* Coupe *f.* **2.** *Com:* Verre *m* à pied.
goblin ['gɔblin], *s.* **1.** Gobelin *m*, lutin *m.* **2.** *P:* Livre *f* (sterling).
gob-lines ['gɔblainz], *s.pl.* = GAUB-LINES.
goby ['goubi], *s. Ich:* Gobie *m.* **Black goby**, *F:* goujon *m* de mer.
god[1] [gɔd], *s.* **1.** *(a)* Dieu *m. The gods of Egypt*, les dieux d'Égypte. *The god of war*, le dieu des combats. **Feast (fit) for the gods**, festin *m* digne des dieux. *F: The gods of high finance*, les rois *m* de la haute finance. **To worship false gods**, adorer des idoles *f*, de faux dieux. *F: Little tin god*, petit dieu en toc; petit dieu de camelote. **To make a (little tin) god of s.o.**, se faire un dieu de qn; faire une idole de qn; dresser des autels à qn. *To make a god of money*, se faire un dieu de l'argent; déifier l'argent. *F:* **Ye gods (and little fishes)!** grands dieux! *See also* BELLY[1] 1, HOUSEHOLD, LAP[1] 2. *(b) Th: P:* **The gods**, le poulailler, le paradis. **2.** Dieu; *F:* le bon Dieu. *I'm sure God will forgive you*, bien sûr que le bon Dieu te pardonnera. **The voice of God**, la voix de Dieu. **To be with God**, être au ciel. **Trusting in God; we must trust in God**, à la grâce de Dieu. **God willing**, s'il plaît à Dieu. **Would to God . . ., I wish to God . . .**, plût à Dieu. . . . **God (above only) knows what he wants**, Dieu seul sait ce qu'il veut. *God knows how much I loved you!* Dieu m'est témoin si je vous ai aimé! **In God's name, in the name of God**, au nom de Dieu; pour l'amour de Dieu. *What in God's name are you doing?* que faites-vous là, grand Dieu! **By the living God!** par le Dieu vivant! **God Almighty!** Dieu tout-puissant! **Thank God!** Dieu merci! grâce au ciel! **Oh God! my God! good God!** oh! mon Dieu! grand Dieu! *See also* ACT[1] 2, BEFORE 2, BLESS, FORBID 2, HELP[2] 1, KEEP[2] I. 3, SAKE.
'**god-child**, *pl.* **-children**, *s.* Filleul, *f.* filleule.
'**God-damn.** **1.** *int.* Sapristi! nom de Dieu! *A:* Dieu me damne! **2.** *Attrib.a. U.S.: P: (Intensive) It's no g.-d. use!* ça ne sert à rien de rien!
'**god-daughter**, *s.* Filleule *f.*
'**god-fearing**, *a.* (Homme) craignant Dieu, élevé dans la crainte de Dieu.
'**god-forsaken**, *a.* Abandonné de Dieu; misérable. *F:* **God-forsaken place**, endroit perdu. *A g.-f. occupation*, un chien de métier. *What a g.-f. country!* quel fichu pays!
'**god-mamma**, *s.f. F:* Marraine.
'**god-papa**, *s.m. F:* Parrain.
'**god-parent**, *s.* Parent spirituel.
God's 'acre, *s.* Le cimetière, le champ de repos.
God's 'book, *s.* La Bible.
'**God-speed**, *int.* Bon voyage! adieu! *To bid, wish, s.o. g.-s.*, souhaiter bon voyage, bonne chance, à qn.
god[2], *v.tr. F:* **To god it**, faire l'important; jouer au bon Dieu.
goddess ['gɔdes], *s.f.* Déesse.
godet ['gɔdet], *s. Dressm:* Godet *m.* **Godet skirt**, jupe *f* à godets.
godetia [gɔ'di:ʃia], *s. Bot:* Godétia *f*, godétie *f.*
godfather[1] ['gɔdfɑ:ðər], *s.m.* Parrain. **To stand godfather to a child**, tenir un enfant sur les fonts (baptismaux).
godfather[2], *v.tr.* Tenir (un enfant) sur les fonts baptismaux. *F: To g. sth.*, être le parrain de qch.; donner son nom à qch.
Godfrey ['gɔdfri]. *Pr.n.m.* Godefroi, Godefroy.
godhead ['gɔdhed], *s.* Divinité *f.* **The Godhead**, Dieu *m.*
godless ['gɔdləs], *a. (Of pers.)* Athée, impie, sans Dieu; *F:* qui n'a ni foi ni loi; *(of action, etc.)* impie.
godlessness ['gɔdləsnəs], *s.* Impiété *f.*
godlike ['gɔdlaik], *a.* De Dieu ou d'un dieu; divin. *G. head*, tête olympienne. *G. Ulysses*, le divin Ulysse.
godliness ['gɔdlinəs], *s.* Piété *f.*
godly ['gɔdli], *a.* Dévot, pieux, saint; tout en Dieu. *To lead a g. life*, vivre pieusement, saintement.
godmother ['gɔdmʌðər], *s.f.* Marraine. **To stand godmother to a child**, tenir un enfant sur les fonts (baptismaux). *See also* FAIRY 2.
godown [gou'daun], *s. Com:* Comptoir *m*, entrepôt *m* (aux Indes).
godroon [go'dru:n], *s.* = GADROON.
godsend ['gɔdsend], *s.* Aubaine *f*, bénédiction *f*, bienfait *m* du ciel. *F:* **It is a godsend (to me, to us)**, cela (m')arrive, cela (nous) arrive, comme marée en carême. *This money is a g. to him*, cet argent lui tombe du ciel.
godship ['gɔdʃip], *s.* Divinité *f.*
godson ['gɔdsʌn], *s.m.* Filleul.
Godward(s) ['gɔdwərd(z)], *adv.* Vers Dieu.
godwit ['gɔdwit], *s. Orn:* Barge *f.*
goer ['gouər], *s.* **1.** *See* COMER 1. **2.** *(Of horse, etc.)* **Good goer, bad goer**, bon, mauvais, marcheur. **3.** *F:* Homme *m* énergique. **4.** *In compounds.* **Theatre-goer**, habitué, -ée, des théâtres. **Cinema-goer**, personne *f* qui fréquente le ciné; habitué, -ée, du cinéma. *See also* CHURCH-GOER.
gofer ['goufər], *s. Cu:* Gaufre *f.*
goffer[1] ['gɔfər], *s.* **1.** *Cost:* Godron *m*, tuyauté *m*, tuyautage *m*, tuyau *m*, plissé *m.* **2.** = *Goffering-iron, q.v. under* GOFFERING 1.
goffer[2], *v.tr.* *(a) Laund:* Gaufrer à la paille; godronner, tuyauter; cisailler, plisser. *(b) Bookb: etc:* Gaufrer (le papier, le cuir). *(c)* Frapper (des papiers peints, etc.).
goffered, *a.* *(a) Laund:* Gaufré, tuyauté, plissé. *(b) Bookb:* (Papier, etc.) gaufré. *(c) (Of wall-paper, etc.)* Frappé.
goffering, *s.* **1.** *(a) Laund:* Gaufrage *m* à la paille; tuyautage *m*; plissage *m.* **Goffering tongs, goffering-iron(s)**, fer *m* à tuyauter, à gaufrer; canon *m* de repasseuse; godron *m.* *(b) Bookb: etc:* Gaufrage. **2.** *Coll.* Gaufrure *f*; tuyauté *m*, tuyautage *m*; plissés *mpl.*
gofferer ['gɔfərər], *s.* *(a) Laund: Bookb: etc:* Gaufreur, -euse. *(b)* Frappeur *m* (de papiers peints).
goggle[1] [gɔgl]. **1.** *v.tr. To g. one's eyes*, rouler de gros yeux. **2.** *v.i.* *(a)* Rouler de gros yeux. **To goggle at s.o.**, regarder qn en roulant de gros yeux. *(b) (Of the eyes)* Être saillants. *The frog's large eyes were goggling out of its head*, les gros yeux de la grenouille lui sortaient de la tête.
goggle[2], *a.* (Yeux) à fleur de tête, en boules de loto.
'**goggle-eyed**, *a.* Qui a des yeux à fleur de tête, en boules de loto.
goggled [gɔgld], *a.* (Automobiliste, etc.) portant des lunettes.
goggles [gɔglz], *s.pl.* **1.** *Ind: Aut: etc:* Lunettes (protectrices); *Ind:* lunettes de travail. *See also* SNOW-GOGGLES. **2.** *Vet:* Tournis *m.*
goglet ['gɔglet], *s. Cer:* Gargoulette *f*, gargouillette *f*, alcarazas *m.*
Goidel [gɔidl], *s. Ethn: Hist:* Gaël *m.*
Goidelic [gɔi'delik], *a. Ethn: Ling:* Gaélique.
goitre ['gɔitər], *s. Med:* Goitre *m*; bronchocèle *m.*
goitred ['gɔitərd], *a. Med:* Goitreux.
goitrous ['gɔitrəs], *a. Med:* Goitreux. *A g. person*, un goitreux, une goitreuse.
Golconda [gɔl'kɔndə]. *Pr.n. A.Geog:* Golconde *f.*
gold [gould], *s.* *(a)* Or *m.* **Virgin gold, native gold**, or vierge, or natif. **Red gold**, or rouge. **Standard gold**, or au titre. **Argental gold**, or argental; électrum *m.* **Gold in nuggets**, or brut. **Ingot gold**, or en barres. *Dent: To stop, fill, teeth with g.*, aurifier des dents. **Gold brooch**, broche *f* en or, d'or. *F:* **To speak words of gold**, parler d'or. *St.Exch:* **Gold shares**, valeurs *f* aurifères. *Fin:* **Gold francs**, francs *m* or. **Gold reserve**, réserve *f* métallique or. *The Bank's g. reserve*, le stock d'or de la Banque. *U.S: P:* **Gold brick**, attrape-niais *m* en or. *To sell s.o. a g. brick*, escroquer, filouter, qn. *See also* FLUX[1] 3, GLITTER[2], GOOD I. 2, HEART[1] 2, LACQUER[1], MOSAIC[1] 1, RATIO, ROLLED 3, SHELL-GOLD, SPONGE-GOLD, STANDARD 2, STREAM-GOLD, VEIN-GOLD, WEIGHT[1] 1. *(b)* (Pièces *fpl* d')or. **Gold specie**, or monnayé. **To pay s.o. in gold**, payer qn en or. *(c)* **Dutch gold**, oripeau *m.* *Cost:* **Faced with gold**, galonné. *Worked with g.*, lamé (d'or). *See also* BROCADE[1]. *(d)* Couleur *f* de l'or. *Hair of g.*,

cheveux d'or. *The reds and golds of autumn*, les rouges et les ors de l'automne. **Old-gold (colour)**, vieil or *inv*.

'gold-bearing, *a.* (Filon *m*, etc.) aurifère.

'gold-beater, *s.* Batteur, -euse, d'or. **Gold-beater's skin,** baudruche *f*; (*artificial*) baudruche gommée.

'gold-beetle, *s. U.S:* = GOLD-BUG I.

'gold-bug, *s. U.S:* **1.** *Ent:* Chrysomèle *f*. *Lit:* **The Gold Bug,** le Scarabée d'Or (de E. A. Poe). **2.** *P:* Plutocrate *m*, richard *m*.

gold-'cased, *a.* Doublé d'or.

'Gold Coast (the). *Pr.n. Geog:* La Côte de l'Or.

'gold-digger, *s.* **1.** Chercheur *m* d'or. **2.** *U.S: P:* (*Of woman*) Exploiteuse *f* d'hommes riches; (*of man*) chercheur *m* de dot.

'gold-digging, *s.* **1.** (*a*) Exploitation *f* de quartz aurifère. (*b*) *pl.* **Gold-diggings,** placer *m*. **2.** *U.S: P:* Exploitation *f* des richards (par les femmes).

'gold-dust, *s.* **1.** Poudre *f* d'or; poussière *f* d'or. **2.** *Bot:* Alysse *m* saxatile; alysson *m* saxatile; *F:* corbeille *f* d'or.

'gold-fever, *s.* Fièvre *f* de l'or.

'gold-field, *s.* Champ *m* aurifère. *pl.* **Gold-fields,** districts *m* aurifères, régions *f* aurifères.

'gold-filled, *a.* **1.** **Gold-filled watch,** montre *f* en (or) doublé. **2.** (*Of tooth*) Aurifié.

gold-'filling, *s. Dent:* Aurification *f*.

'gold-finder, *s.* Chercheur, -euse, d'or.

'gold-fish, *s. Ich:* Poisson *m* rouge; dorade *f* (de la Chine); cyprin doré.

'gold-foil, *s.* Feuille *f* d'or (plus épaisse que le GOLD-LEAF).

gold-'laced, *a.* Galonné d'or; chamarré d'or.

'gold-leaf, *s.* Feuille *f* d'or; or battu; or en feuille.

'gold-mine, *s.* Mine *f* d'or. *F:* **A regular gold-mine,** une vraie mine d'or; une affaire d'or.

'gold-nibbed, *a.* (Porte-plume) avec plume en or.

gold 'plate, *s.* Vaisselle *f* d'or, or orfévré. *To eat off gold plate*, manger dans l'or. *Prov:* **Gold plate does not fill your belly,** la belle cage ne nourrit pas l'oiseau.

gold-'plated, *a.* Doublé d'or.

gold-'plater, *s.* Doreur *m*.

gold-'plating, *s.* **1.** Dorage *m*; dorure *f*. **2.** *Coll:* Dorure.

'gold-point, *s. Fin:* Gold-point *m*, point *m* d'or. *To maintain the exchange above the g.-p.*, maintenir le change au-dessus du gold-point.

'gold-rimmed, *a.* (Monocle, etc.) cerclé d'or. *G.-r. spectacles*, lunettes *f* à monture d'or.

'gold-rush, *s.* Course *f* à l'or; course aux champs aurifères; ruée *f* vers l'or.

'gold-size, *s. Gilding:* Vernis *m* d'apprêt; mixtion *f*, mordant *m*; or *m* (de) couleur.

'gold(-)stick, *s.* (*a*) Bâton doré (que porte le colonel du corps des cavaliers de la maison du roi dans les cérémonies de la Cour). (*b*) Officier *m* même qui porte ce bâton.

'gold-tipped, *a.* A bout doré.

'gold-toning, *s. Phot:* Virage *m* à l'or.

'gold-washed, *a.* Doré au trempé.

'gold-washer, *s.* **1.** (*Pers.*) Pailleteur *m*, orpailleur *m*; laveur *m* d'or. **2.** (*Appliance*) Lavoir *m* d'or.

'gold-washing, *s.* Orpaillage *m*.

goldcrest ['gouldkrest], *s. Orn:* Roitelet huppé.

golden ['gould(ə)n], *a.* D'or. (*a*) **The Golden Fleece,** la Toison d'or. *F:* **To worship the golden calf,** adorer le veau d'or. *U.S: F:* **The Golden City,** San Francisco. *See also* BALL[1] I, EGG[1] I, KEY[1] I, SILVERN. (*b*) *G. hair*, cheveux *mpl* d'or, d'un blond doré. *To turn g.*, blondir. *Geog:* **The Golden Horn,** la Corne d'Or. *A:* **The Golden Chersonese,** la Chersonèse d'Or. *See also* EAGLE, RAIN[1] I, SYRUP[1] 2, YELLOW[1] 2. (*c*) **Golden hours,** heures précieuses. **Golden rule,** règle par excellence, précieuse. **Golden remedy,** reméde souverain. *G. deed*, action *f* d'éclat. *Ecc:* **Golden number,** nombre *m* d'or. **The Golden Bible,** le Livre de Mormon. *See also* AGE[1] 2, LEGEND, MEAN[1] I, OPPORTUNITY.

'golden-bell, *s. Bot:* Forsythie *f*.

'golden-eye, *s. Orn:* **1.** Garrot *m*. **2.** Morillon *m*.

'golden-knop, *s. Ent:* Coccinelle *f*; bête *f* à bon Dieu.

'golden-rod, *s. Bot:* Solidage *f*; verge *f* d'or.

'golden 'wedding, *s.* Noces *fpl* d'or. *To celebrate one's g. w.*, célébrer la cinquantaine.

goldfinch ['gouldfin(t)ʃ], *s.* **1.** *Orn:* Chardonneret *m*. **2.** *P:* Livre *f* sterling.

goldilocks ['gouldilɔks], *s.* **1.** Jeune fille aux cheveux d'or. **2.** *Bot:* Renoncule *f* tête d'or, *pl.* renoncules tête d'or.

goldsmith ['gouldsmiθ], *s.* Orfèvre *m*. **Goldsmith's work,** orfèvrerie *f*. **Goldsmiths' Hall,** la Maison (de la Corporation) des Joailliers, des Orfèvres (à Londres).

'goldsmith-beetle, *s. Ent:* Cétoine dorée.

goldy ['gouldi], *a. A. & Dial:* (Couleur *f*) d'or. *Glassm:* **Goldy stone,** aventurine *f*.

golf[1] [gɔlf, gɔf], *s.* Golf *m*. **Clock-golf,** jeu *m* de l'horloge.

'golf-club, *s.* **1.** Crosse *f*, canne *f*, de golf; club *m*. **2.** Club de golf. *To join a g.-c.*, devenir membre d'un club de golf.

'golf-course, -links, *s.* Terrain *m*, parcours *m*, de golf; *F:* un golf.

'golf-house, -pavilion, *s.* Pavillon *m* de golf.

'golf-stick, *s.* = GOLF-CLUB I.

'golf-suit, *s.* Costume *m* de golf.

golf[2], *v.i.* Jouer au golf. *I went golfing yesterday*, hier j'ai fait du golf.

golfer ['gɔlfər], *s.* Golfeur, -euse; joueur, -euse, de golf.

Golgotha ['gɔlgəθa]. *Pr.n. B.Hist:* Golgotha *m*.

Goliath [go'laiəθ]. **1.** *Pr.n.m. B.Hist:* Goliath. **2.** *s.* (*a*) *Mec.E:* **Goliath crane,** grue *f* chevalet. (*b*) *Orn:* **Goliath heron,** héron Goliath. (*c*) *Ent:* **Goliath beetle,** goliath géant.

golliwog ['gɔliwɔg], *s.* Poupée *f* grotesque en étoffe représentant un nègre.

gollop ['gɔləp], *v.tr. P:* Avaler (sa nourriture, de la bière, etc.).

golly[1] ['gɔli], *int.* Fichtre! mince (alors)!

gollywog ['gɔliwɔg], **golly**[2], *s.* = GOLLIWOG.

golosh [go'lɔʃ], *s.* = GALOSH.

golps [gɔlps], *s.pl. Her:* Gulpes *m*.

goluptious [go'lʌpʃəs], *a. P:* (Aliment) délicieux; (spectacle) ravissant.

gombeen [gɔm'biːn], *s. Dial:* Usure *f*.

gom'been-man, *pl.* **-men,** *s.m.* Usurier.

gomerel ['gɔmərəl], *s. Dial:* (*Scot.*) Idiot *m*, niais *m*, imbécile *m*.

Gomorrha(h) [go'mɔra]. *Pr.n. A.Geog:* Gomorrhe *f*.

gomphosis [gɔm'fousis], *s. Anat:* Gomphose *f*.

-gon [gɔn], *s.suff.* -gone *m*. *Geom:* *Heptagon*, heptagone. *Octagon*, octagone. *Polygon*, polygone.

gonad ['gɔnəd], *s. Biol:* Gonade *f*.

Gond [gɔnd], *s.m. Ethn:* Gond, Gound.

Gondi ['gɔndiː], *s. Ling:* Gondi *m*.

gondola ['gɔndola], *s.* **1.** *Nau:* Gondole *f*. **2.** Gondole, nacelle *f* (d'un ballon, d'un dirigeable). **3.** *U.S:* (*a*) Bachot *m* (pour navigation fluviale); plate *f*. (*b*) = GONDOLA-CAR.

'gondola-car, *s. U.S: Rail:* Plate-forme roulante.

gondolier [gɔndo'liːər], *s.* Gondolier *m*.

Gondwanaland [gɔn'dwɑːnaland]. *Pr.n. Geol:* Le continent du Gondvana.

gone [gɔn]. *See* GO[2].

goner ['gɔnər], *s. P:* **1.** Homme mort, femme morte. **2.** Homme fichu, flambé. *He's a g.*, c'en est fait de lui; il est fichu, grillé.

gonfalon ['gɔnfalɔn], **gonfanon** ['gɔnfanɔn], *s. A:* Gonfalon *m*, gonfanon *m*.

gonfalonier [gɔnfalo'niːər], *s. A:* Gonfalonier *m*, gonfanonier *m*.

gong[1] [gɔŋ], *s.* (*a*) Gong *m*. *To ring, sound, the g.* (*for dinner*), faire retentir le gong. (*b*) Timbre *m* (de pendule). *Stroke on the g.*, coup *m* de timbre. (*c*) *Ind: Nau: etc:* **Electric gong,** timbre électrique. **Alarm gong,** timbre avertisseur. *Nau:* **The fire gong,** la cloche "feu."

gong[2], *v.tr. Aut: F:* (*Of police*) **To gong a driver,** faire retentir le timbre pour sommer un conducteur de s'arrêter. **To be gonged,** être sommé de s'arrêter pour infraction au code; *F:* avoir une contravention.

gongorism ['gɔŋgorizm], *s. Lit:* Gongorisme *m*.

gongster ['gɔŋstər], *s. F:* Officier *m* (de police) automobiliste; agent *m* de la brigade des voitures.

gonidium [go'nidiəm], *s. Bot:* Gonidie *f*.

goniometer [gouni'ɔmetər], *s.* **1.** Goniomètre *m*. *Surv:* Cercle *m* de visée. *Cryst:* **Contact goniometer,** goniomètre d'application. **Reflecting goniometer,** goniomètre à réflexion. **2.** *W.Tel: F:* Radiogoniomètre *m*.

goniometric(al) [gounio'metrik(əl)], *a.* Goniométrique.

goniometry [gouni'ɔmetri], *s.* Goniométrie *f*.

gonion ['gouniən], *s. Anthr:* Gonion *m*, gonium *m*.

gonio-sight ['gouniosait], *s. Artil: Av:* Collimateur *m*.

gono- ['gɔno], *comb.fm.* Gono-. *Biol:* *Gonosome*, gonosome. *Bot:* *Gonophore*, gonophore.

gonococcus, *pl.* **-cocci** [gɔno'kɔkəs, -'kɔksai], *s. Bac: Med:* Gonocoque *m*.

gonophore ['gɔnofɔːər], *s. Bot:* Gonophore *m*.

gonorrhoea [gɔno'riːa], *s. Med:* Blennorr(h)agie *f*; *A:* gonorrhée *f*.

gonorrhoeal [gɔno'riːəl], *a. Med:* Blennorr(h)agique; *A:* gonorrhéique.

Gonzaga [gɔn'zɑːga]. *Pr.n. Hist:* Gonzague *m*.

goober ['guːbər], *s. U.S:* Cacahuète *f*.

good [gud]. I. *a.* (**better, best**) Bon. **1.** (*a*) *G. wine*, bon vin; vin de bonne qualité. *G. book*, bon livre. *F:* **The Good Book,** la Sainte Bible. *See also* FRIDAY. *G. handwriting*, belle écriture. *G. weather*, beau temps. *G. story*, bonne histoire. *F:* **That's a good one,** *P:* **a good 'un!** en voilà une bonne! celle-là n'est pas ordinaire! **Good to eat,** bon à manger. *Venison is g. eating*, le chevreuil est bon à manger. **To like what is good,** (i) aimer la bonne qualité; (ii) aimer les bons morceaux. *Give me something g.*, donnez-moi quelque chose de bien, de bon. *That looks g.*, cela a bon air; cela a l'air bon. **This is good enough for me,** cela fera mon affaire; cela me suffit, me suffira; c'est assez bon pour moi. *These bolts aren't g. enough*, ces verrous *m* ne tiendront pas le coup. **That's not good enough,** (i) cela ne suffit pas; je n'accepte pas cela; (ii) *F:* ça, c'est un peu fort! c'est une indignité! *I'm as g. a man as you!* je vous vaux bien! *He is too g. for his situation*, il mérite mieux que ce qu'il a. *G. business men*, excellents hommes d'affaires. **In good plain English,** en bon anglais. *To have g. sight*, avoir la vue forte; avoir de bons yeux. *See also* BAD II., BEST[1] I, FORM[1] I. 5, LITTLE I. I, MUCH I, PART[1] I. 4, UNDERSTANDING[2] 2. (*b*) *Is the meat still g.?* est-ce que la viande est encore bonne? (*Of food, etc.*) **To keep good,** rester bon; se conserver. (*c*) *G. reason, excuse*, raison *f*, excuse *f*, valable. *See also* REASON[1] I. *G. bank-note*, bon billet de banque. *G. debt*, bonne créance. *G. receipt*, quittance *f* valable. **Chit good for ten shillings,** bon *m* de dix shillings. **How much are you good for?** (i) de combien (d'argent) disposez-vous? (ii) je peux compter sur vous pour combien? *He, his credit, is g. for £25,000*, il peut payer jusqu'à, est bon pour, 25,000 livres. *Ticket g. for two months*, billet valable, valide, bon, pour deux mois. *My car is g. for another ten years yet*, mon auto marchera, fera, bien encore dix ans. *He is g. for another ten years*, il en a encore bien pour dix ans à vivre. *F:* **Are you good for a ten-mile walk?** (i) vous sentez-vous de force à faire dix milles à pied? (ii) est-ce que cela vous dirait de faire une promenade de dix milles? *See also* HOLD[2] II. 3, MONEY I. (*d*) Avantageux. *G. marriage*, mariage avantageux; bon parti. *G. opportunity*, bonne occasion.

To live at a g. address, demeurer à une adresse qui sonne bien. **They are people of good position**, ce sont des gens bien. **It is not always good to . . .**, il n'est pas toujours bon de. . . . **It seemed to me good, I thought good, to do so**, il m'a semblé bon d'en faire ainsi. *A g. day (at races, etc.)*, un jour de veine. **To make a good thing out of sth.**, tirer bon parti de qch. **To earn good money**, gagner largement sa vie. (*e*) Heureux. *G. news*, bonnes, heureuses, nouvelles. **It is too good to be believed, to be true**, c'est trop beau pour y croire, pour être vrai. *It means nothing, g. or bad*, cela ne signifie rien, ni en bien ni en mal. **Good for you!** à la bonne heure! **Good (job)! that's a good thing!** c'est bien heureux! tant mieux! à la bonne heure! bon! **Very good!** (i) très bien! (ii) c'est bien (, je m'en charge, etc.). *It was a g. thing she called on him*, bien lui (en) a pris d'aller le voir. *It is a very g. thing you are free to act*, c'est heureux, il est bien heureux, que vous ayez votre liberté d'action. **It's good to be alive!** il fait bon vivre! *Never as now had he felt it so g. to be alive*, jamais il n'avait ressenti comme aujourd'hui combien il faisait bon vivre. *It's g. to be home again*, cela fait plaisir de retrouver son chez-soi, de rentrer chez soi. *How g. it is to . . .*, comme il est agréable de. . . . *See also* FAR[1] I. 1 (*b*), FORTUNE 1, HOPE[1] 1, JOB[1] 1, TERM[1] 4, TIME[1] 5, WELL[3] II. 2, WISH[1]. (*f*) (*As salutation*) **Good morning! good day! good afternoon!** *A:* **good morrow!** bonjour! **Good evening!** bonsoir! **Good night!** (i) bonsoir! (ii) (*on retirement to bed*) bonne nuit! *To wish, bid, s.o. g. morning, g. day, g. evening*, souhaiter le bonjour à qn, dire bonjour à qn; souhaiter bonsoir à qn. *To wish s.o. g. night*, (i) souhaiter bonsoir à qn; (ii) souhaiter une bonne nuit à qn. (*g*) **Very good for toothache**, très bon pour les maux de dents. *Climate not g. for the health*, climat insalubre, contraire à la santé. *It is g. for him to sleep in the open air*, il lui est salutaire de coucher en plein air. *Beer is not g. for me*, la bière ne me vaut rien. **To drink more than is good for one**, boire plus que de raison. *He takes more wine than is g. for him*, il boit plus de vin qu'il n'en peut supporter, il s'abîme la santé à boire. (*h*) *Not g. for much*, pas bon à grand'chose. **Good for nothing**, bon à rien. *He is g. for nothing*, c'est un propre à rien; *F:* il ne vaut pas les quatre fers d'un chien. *See also* GOOD-FOR-NOTHING. (*i*) **Good at Latin**, bon, fort, *F:* calé, en latin. *He is g. at all sports*, il excelle à tous les sports. *He was g. at nothing except tennis*, il ne brillait en rien sauf au tennis. *To be g. at dancing*, être bon danseur, être bonne danseuse. *To be g. at carving*, s'entendre, être expert, à découper un rôti. *He's not g. enough to play first violin*, il n'est pas à même de faire une partie de premier violon. *See also* DIVING. (*j*) *U.S: F:* **To feel good**, se sentir gaillard, bien en train. (*k*) *U.S: F:* **I don't feel too good about it**, cela ne m'enchante pas; cela me donne de l'inquiétude. **2.** (*a*) **Good Christian, good citizen**, bon chrétien, bon citoyen. **Good man**, homme *m* de bien. **To lead a good life**, vivre saintement; vivre dans la vertu; s'acquitter de son devoir, rester dans le devoir. **Good conduct, good behaviour**, bonne conduite. *He proved a g. friend*, il s'est montré un véritable ami. *She has been a g. wife to him*, elle a bien rempli ses devoirs de femme, d'épouse. **Good men and true**, hommes bons et braves. *F:* **The good people**, les fées *f*. *See also* BREEDING 2, PHILIP. *s.* **The good and the bad**, les bons et les méchants. *Good morning*, **my good man!** bonjour, mon ami, mon brave! *Good morning, my g. lady!* bonjour, ma bonne dame! *F: My g. old nurse*, ma brave femme de nourrice. *G. old John!* ce brave Jean! *Iron:* **My good sir!** mon bon monsieur! *A. & Lit:* **The good ship Arethusa**, l'Aréthuse *f*. (*b*) (*Of children*) Sage. **As good as gold**, sage comme une image. **He has been as good as good could be**, il a été sage au possible. *Be a g. child!* sois sage! (*c*) **Her good man**, son mari, son époux. **His good lady**, sa femme, son épouse. (*d*) Aimable. **That's very good of you**, c'est bien aimable à vous, de votre part; c'est bien bon de votre part. *You are very g. to invite me*, vous êtes bien gentil, bien aimable, de m'inviter. **Would you be so good as to tell me . . ., would you be good enough to tell me . . .**, seriez-vous assez aimable pour me dire . . .; auriez-vous l'obligeance, la bonté, de me dire. . . . *Would you be g. enough to help me up with the trunk?* voudriez-vous avoir l'obligeance de m'aider à monter la malle? *Will you be g. enough to + inf.*, je vous prie de vouloir bien + *inf*. **To be good to animals**, être bon pour les animaux. *He has always been g. to me*, il s'est toujours montré bon pour moi. **He is a good sort, a good chap**, c'est un bon garçon, un brave garçon; il est bien gentil. *He is* **a jolly good chap**, c'est la crème des copains. *P: She's* **a real good sort**, elle est tout à fait bonne fille; c'est une bien brave fille. *Call me a cab*, **there's a good chap!** appelle une voiture, tu seras bien gentil! *See also* TURN[1] 5, WORD[1] 1. (*e*) **Good Lord, deliver us!** Seigneur, délivrez-nous! *F:* **Good Lord! Good Heavens!** grand Dieu! jamais de la vie! par exemple! **3.** (*Intensive*) (*a*) **To take a good half**, (en) prendre une bonne moitié. *To wait two g. hours*, attendre deux bonnes heures, deux grandes heures. *I shall need, take, a g. hour to . . .*, je n'aurai pas trop d'une heure pour. . . . **A good long time, a good while**, pas mal de temps. *It took me a g. time*, cela m'a pris pas mal de temps. **You still have a good way to go**, vous avez encore un bon bout de chemin à faire. *A g. three miles*, trois bons milles; trois milles pour le moins. *A g. round sum*, une somme rondelette. *That is a g. twenty years ago*, il y a de cela vingt ans bien comptés; il y a bien vingt ans de cela. **A good deal**, beaucoup. **A good many people, a good few people**, beaucoup de gens; (un) bon nombre de gens; pas mal de gens. **I have a good many**, j'en ai pas mal. **After a good cry . . .**, après une crise de larmes . . .; après avoir bien pleuré. . . . *To take g. care to do sth.*, avoir bien soin de faire qch. **To come in a good third (in a race)**, arriver bon troisième. *See also* MIND[1] 2, STEP[1] 1, TIME[1] 6, 8. (*b*) *adv. U.S: F: To dress s.o. down* good (and proper), tancer qn de la belle manière. *They beat us g. and proper*, ils nous ont battus à plates coutures. **4.** (*a*) **As good.** *F:* **We had as good make tracks**, nous ferions bien de filer, de décamper. **We had as good stay here**, autant vaut rester ici. (*b*) **As good as.** *My family is as g. as his*, ma famille vaut bien la sienne. *His example is as g. as a sermon*, il prêche d'exemple. *It's as g. a way as any other*, c'est une façon qui en vaut une autre. *Drink water, it is just as g.*, buvez de l'eau, cela vous fera autant de bien. **To expect as good as one gives**, s'attendre à la pareille. **To give s.o. as good as one gets**, rendre à qn la monnaie de sa pièce; rendre la pareille à qn. *I will give as g. as I get*, ce sera à bon chat bon rat; je riposterai. **It is as good as new**, c'est pour ainsi dire neuf; c'est comme neuf, quasi neuf. *To make sth. as g. as new*, remettre qch. à neuf. **It is as good as done**, c'est une affaire faite ou autant vaut. *It's as g. as settled, F:* l'affaire est dans le sac. *It is as g. as ready money, F:* c'est de l'or en barre. *The battle was as g. as lost*, la bataille était autant dire perdue. *He is as g. as dead*, c'est tout comme s'il était mort; il est mort ou peu s'en faut. *As g. as cured*, quasiment guéri. **It is as good as saying that . . .**, autant vaut dire que. . . . *F:* **It is as good as a play**, c'est une vraie comédie; c'est à payer sa place! *If he gets through his examination it is as g. as a twenty pound note in your pocket*, s'il réussit à son examen vous pouvez compter sur mes vingt livres. *Is she appointed?—No, but she is as g. as appointed*, elle est nommée?—Non, mais c'est tout comme. *See also* WORD[1] 4. **5. To make good.** (*a*) Se rattraper de (ses pertes, etc.); remédier à (l'usure); réparer (une injustice, les dégâts); pourvoir à, combler (un déficit); compenser (une perte). *I will make it g. to you*, je vous indemniserai; je vous en dédommagerai. *Mil:* **To make good the casualties**, combler les vides (dans les rangs). (*b*) Justifier (une affirmation); remplir, dégager (sa promesse). (*c*) Accomplir, opérer, effectuer (sa retraite, etc.). *To make g. one's escape*, parvenir à s'échapper, à s'évader. (*d*) Assurer (sa position); faire prévaloir (ses droits). *To make g. one's claim*, prouver, établir, le bien fondé de sa réclamation. (*e*) *Abs.* (i) Prospérer, faire son chemin. (ii) Se refaire une vie; racheter son passé.

II. **good**, *s.* **1.** Bien *m*. (*a*) **To return good for evil**, rendre le bien pour le mal. **To do good (in the world)**, faire du bien; faire le bien. *He will never do any more g.*, il ne fera plus jamais rien de bon. **That will do more harm than good**, cela fera plus de mal que de bien. *It will do neither g. nor harm, F:* cela n'y fera ni chaud ni froid. **To become a power for good**, exercer une influence salutaire. **He is up to no good**, il prépare quelque mauvais coup; il machine quelque chose. **There's some good in him**, il a du bon. **For good or ill we have . . .**, que ce soit un bien ou un mal, nous avons. . . . **To extract all the good out of sth.**, tirer tout le suc de qch. *See also* KNOWLEDGE 2. (*b*) **I did it for your good**, je l'ai fait pour votre bien. *For the g. of one's health*, en vue de sa santé. *For the g. of the house*, pour le plus grand bien de la maison. **To act for the common good**, agir dans l'intérêt commun. *To labour for the common g.*, travailler pour le bien public. **It will do you good** *to spend a week in the country*, cela vous fera du bien de passer une semaine à la campagne. *See also* HEART[1] 2. **Much good may it do you!** grand bien vous fasse! *Much g. that will do you!* la belle avance! *What g. will that do you?* **what good will it be to you?** à quoi cela vous avancera-t-il? **A lot of good,** *P:* **a fat lot of good, that will do you!** c'est ça qui vous fera une belle jambe! la belle avance! *A lot of g. that has done you!* vous voilà bien avancé! *That won't be much g.*, ça ne servira pas à grand'chose. *What's the g. of that?* en quoi cela vous avancera-t-il? à quoi bon (faire) cela? **It's not a bit of good**, ça n'avance (à) rien. *It's not a bit of g. your apologizing*, des excuses de votre part n'y feront rien. **It's no good**, (i) cela ne donne aucun résultat; (ii) ce sont des efforts perdus. *It is no g. saying . . .*, rien ne sert de dire. . . . *It was no g. being insistent*, il était inutile d'insister. **No good talking about it**, inutile d'en parler; vous ferez mieux de n'en rien dire. **That's no good**, (i) cela est inutile, ne sert à rien; (ii) cela ne vaut rien. *F: It's no g. them saying they are sorry*, cela ne les avance pas de faire des excuses. **He will come to no good**, il ne fera jamais rien de bon; il tournera mal. **He's no good**, il est nul; il n'a rien dans le ventre; c'est une non-valeur. (*c*) **To be five pounds to the good**, avoir cinq livres de gagné, de profit. **It is all to the good**, c'est autant de gagné; tant mieux. *F:* **That's so much to the good**, c'est autant de gagné sur l'ennemi, de pris sur l'ennemi. (*d*) *Adv.phr.* **For good. He is gone for good (and all)**, il est parti définitivement, pour (tout) de bon, pour ne jamais revenir, à tout jamais. *To settle down for g.*, se fixer définitivement. *I am here for g.*, je suis ici à demeure. **To refuse for good and all**, refuser une bonne fois pour toutes. **2.** *pl.* **Goods.** (*a*) *Jur:* Biens, effets *m*, meubles *m*. *See also* CHATTEL. (*b*) (Comme singulier on emploie le mot COMMODITY.) Objets *m*, articles *m*; *Com:* marchandise(s) *f*. *Leather goods*, articles de cuir; maroquinerie *f*. *Stolen goods*, objets volés. *Damaged goods*, marchandise avariée. **Manufactured goods**, produits fabriqués. *See also* DRY[1] 5, FANCY[1] II. 1, PIECE-GOODS. **To deliver the goods**, (i) livrer la marchandise, les marchandises; (ii) *P:* remplir ses engagements. *U.S: P:* **To have the goods**, être capable; avoir de ça; être un peu là. *P:* **That's the goods!** à la bonne heure! ça, c'est envoyé! **To catch s.o. with the goods**, prendre qn la main dans le sac. *U.S:* **To have the goods on s.o.**, avoir l'avantage sur qn. **Goods lift**, monte-charge *m inv*. **Goods train**, train *m* de marchandises. **To send sth. by goods train, by slow goods service**, envoyer qch. en petite vitesse. **By fast goods service**, en grande vitesse. *Rail: Goods carried*, trafic-marchandises *m*. *See also* YARD[2] 2. *F:* **A nice little bit of goods; a nice little piece of goods**, un beau brin de fille. *She's a saucy little piece of goods*, c'est une petite effrontée.

good-'class, *a.* **1.** Bien élevé; de bonne société; de bonne famille. **2.** *A g.-c. article*, un article de choix.

good-'conduct, *attrib.a.* **Good-conduct certificate**, certificat *m* de moralité. *Sch:* **Good-conduct prize**, prix *m* de sagesse.

good-'faith, *attrib.a.* (Lettre, etc.) de bonne foi.

good 'feeling, *s.* **1.** Bonne entente. **2.** Sympathie *f*.

good-'fellowship, *s.* Camaraderie *f*, confraternité *f*.

'good-for-nothing. **1.** *a.* (*Of pers.*) Qui n'est bon à rien; (*of thg*) sans valeur. **2.** *s.* (*a*) Propre *mf* à rien; bon *m* à rien, bonne à rien. (*b*) Vaurien, -ienne.

good-'hearted, *a.* (Personne) qui a bon cœur; compatissant; bon, bonne.

good-'heartedness, *s.* Bonté *f* de cœur.

good-'humoured, *a.* (Personne) d'un caractère facile; (sourire, etc.) de bonne humeur, plein de bonhomie; (air *m*) bon enfant *inv*; (plaisanterie, etc.) sans malice. *He is always g.-h.*, il a bon caractère, il est facile à vivre. **-ly,** *adv.* Avec bonhomie. *To laugh g.-h.*, rire avec bonne humeur. *To grumble at s.o. g.-h.*, bougonner après qn d'un ton pas méchant.

good-in'tentioned, *a.* Bien intentionné.

good-'living, *a.* (Gens) de bonnes mœurs.

good-'looker, *s.* **1.** Bel homme, belle femme. **2.** Cheval *m* de belle allure.

good-'looking, *a.* Bien de sa personne; beau, *f.* belle. **He is good-'looking, a 'good-looking fellow,** il est beau garçon. *She's g.-l., a g.-l. girl*, elle est jolie; c'est une jolie fille, une belle personne. *She is rather g.-l.*, elle n'est pas mal.

good 'nature, *s.* Bon naturel; bonhomie *f*; bonté *f* de cœur; complaisance *f*.

good-'natured, *a.* (*Of pers.*) Au bon naturel, accommodant, de bon caractère. **'Good-natured soul,** bonne âme, bon cœur. *G.-n. smile*, bon sourire, sourire bon enfant. *G.-n. laugh*, rire jovial. **The Good-Natured Man,** l'Homme au bon naturel. *To look g.-n.*, avoir l'air bon. *How g.-n. they are!* comme ils ont bon caractère! **-ly,** *adv.* Avec bonhomie, aimablement; complaisamment.

good-'neighbourhood, -'neighbourliness, -'neighbourship, *s.* Rapports *mpl* de bon voisinage.

'good-sized, *attrib.a.* De grandeur moyenne; de belle taille.

good-'tempered, *a.* De caractère facile, égal; facile à vivre; placide; qui a bon caractère. **He's always good-'tempered, he's a 'good-tempered fellow,** il a bon caractère. **-ly,** *adv.* (Répondre, etc.) sans se fâcher.

good-bye [gud'bai], *int. & s.* Adieu (*m*). *G.-b. till I see you again*, au revoir; au plaisir de vous revoir. *G.-b. for the present*, à bientôt, à tantôt. *To say g.-b. to s.o.*, dire adieu à qn; faire ses adieux à qn. *I must say g.-b.*, il faut que je prenne congé; il faut que je parte. *After all the good-byes had been said*, après tous les adieux. *To bid, wish, s.o. g.-b.*, prendre congé de qn; faire ses adieux à qn. *Mr X came, wrote, to bid me g.-b.*, j'ai reçu les adieux de M. X. *F: G.-b. to the holidays!* adieu les vacances! finies les vacances! *G.-b. to hope!* plus d'espoir!

goodies ['gudiz], *s.pl.* Bonbons *m*, sucreries *f*, gâteries *f*.

goodish ['gudiʃ], *a.* **1.** Assez bon, passable. **2.** Assez grand (nombre, etc.). *It's a g. step from here*, c'est à un bon bout de chemin d'ici.

goodliness ['gudlinəs], *s.* Beauté *f*; belle apparence (de qn).

goodly ['gudli], *a. Lit:* **1.** D'une belle apparence; de belle taille; beau, *f.* belle. *Sleek monks in g. lines disposed*, moines luisants rangés en bel ordre. **2.** Large, ample (portion, etc.). *G. heritage*, bel héritage. *G. number*, nombre *m* considérable.

goodman, *pl.* **-men** ['gudmən, -men], *s.m.* **1.** *A. & Lit:* Maître (de la maison). **2.** *Scot:* **The goodman,** mon mari.

goodness ['gudnəs], *s.* **1.** (*a*) Bonté *f* (de cœur, etc). **Have the goodness to step in,** ayez la bonté d'entrer. (*b*) Bonne qualité (d'un article, etc.). **2. To extract all the goodness out of sth.,** extraire de qch. tout ce qu'il y a de bon. *Don't boil all the g. out of the meat*, ne faites pas bouillir la viande au point d'en retirer tout le suc, tout ce qu'elle contient de fortifiant. **3. Goodness gracious!** bonté divine! miséricorde! **My goodness!** mon Dieu! **Thank goodness!** Dieu merci! **For goodness' sake, stop!** taisez-vous, pour l'amour de Dieu! **I wish to goodness you had told me that before!** si seulement vous me l'aviez dit plus tôt! **Goodness (only) knows what I must do,** Dieu seul sait ce que je dois faire. *See also* NAME[1] 1, SURELY 2.

goodwife, *pl.* **-wives** ['gudwaif, -waːivz], *s.f. A. & Scot:* **1.** Maîtresse (de la maison). **2. The goodwife,** ma femme.

goodwill [gud'wil], *s.* **1.** Bonne volonté; bienveillance *f*; bon vouloir (*towards*, pour, envers). **To be in s.o.'s goodwill,** être dans les bonnes grâces de qn; être bien vu de qn. *To gain s.o.'s g.*, se faire bien voir de qn. *To retain s.o.'s g.*, conserver les bonnes grâces de qn. **2.** Bon cœur. **To set to work with goodwill,** se mettre à l'œuvre de bon cœur. **3.** *Com:* Clientèle *f*; achalandage *m*; pas *m* de porte. *To give up the g.*, céder le pas de porte. *The g. is to be sold with the business*, l'achalandage se vend avec l'établissement. *Publ: Books belonging to the publisher's g.*, livres *m* de fonds.

goody[1] ['gudi], *s.f. A:* Commère, bonne femme. *G. So-and-So*, la mère une telle.

goody[2], *int. U.S: F:* Bon! excellent! chouette!

goody(-goody)[3] ['gudi(gudi)], *a. F:* (Personne) d'une piété affectée; (livre, discours) édifiant. **To be goody-goody,** la faire à la vertu; (*of girl*) faire sa Sophie. *He's (a) g.-g.*, c'est un petit saint (de bois).

goof [guːf], *s. U.S: P:* Colas *m*, grand dadais; sot *m*.

googly[1] ['guːgli], *s. Cr:* Balle *f* qui a de l'effet à droite du batteur.

googly[2], *a.* **1.** (Yeux) en boules de loto. **2.** = GOO-GOO.

goo-goo ['guːguː], *a. F:* **To make goo-goo eyes at s.o.,** faire les yeux doux à qn.

goop [guːp], *s. U.S: P:* **1.** = GOOF. **2.** Rustre *m*.

goopy ['guːpi], *a. P:* Renchéri, fat. **To feel goopy about a girl,** être entiché d'une petite.

goora-nut ['guərənʌt], *s.* Noix *f* de kola.

goosander [guː'sandər], *s. Orn:* Grand harle; harle bièvre; merganser *m*.

goose, *pl.* **geese** [guːs, giːs], *s.* **1.** (*a*) (*Female of gander*) Oie *f*. (*b*) (*Generic*) Oie. **Grey goose,** oie cendrée. **Wild goose,** oie sauvage. *See also* CHASE[1]. **Flock of geese,** troupeau *m* d'oies. *Cu: G. stuffed with chestnuts*, oie farcie aux marrons. **Green goose,** oison *m* (de moins de quatre mois). *F:* **To beat the goose,** se brasser; battre des bras (pour se réchauffer). **All his geese are swans,** tous ses enfants sont des prodiges; tout ce qu'il fait tient du prodige; il n'y a de beau que ce qui lui appartient. *See also* BO(H), COOK[2] 1, EGG[1] 1, FOX[1] 1, GUINEA-GOOSE, MOTHER[1] 2, SAUCE[1] 1, SOLAN-GOOSE, STUPID 2. (*c*) *A:* **The game of goose,** le jeu de l'oie. **2.** *F:* Niais, *f.* niaise; bêbête *f*; (*of woman*) petite oie. *I am not such a g.*, je ne suis pas si bêbête. *She's a little g.*, c'est une petite sotte. **3.** *Mus: F:* **Goose(-note),** couac *m* (sur la clarinette, etc.). **4.** *Tail:* Carreau *m* (à repasser).

'goose-barnacle, *s.* = GOOSE-MUSSEL.

'goose-club, *s.* Association *f* d'épargne avec distribution des quotes-parts au moment de Noël, pour faciliter l'achat de l'oie traditionnelle.

'goose-egg, *s.* **1.** Œuf *m* d'oie. **2.** *Sp: U.S:* Zéro *m*.

'goose-flesh, *s.* **1.** Chair *f* d'oie. **2.** *F:* Chair de poule; *Med:* peau ansérine.

'goose-foot, *s.* **1.** *Bot:* (*pl.* **goose-foots**) Chénopode *m*; ansérine *f*; patte-d'oie *f*. **Stinking goose-foot,** vulvaire *f*; arroche puante. **2.** (*a*) *Mec.E: Aer: etc:* (*pl.* **goose-feet**) Patte-d'oie, *pl.* pattes-d'oie. (*b*) (*Diverging roads*) Patte-d'oie.

'goose-girl, *s.f.* Gardeuse d'oies.

'goose-grass, *s. Bot:* **1.** Grateron *m*; gaillet accrochant. **2.** Potentille *f* ansérine; argentine *f*.

'goose-grease, *s.* Graisse *f* d'oie.

'goose-mussel, *s. Moll:* Lépas *m*, patelle *f*.

'goose-neck, *s.* **1.** *Tls:* Col *m* de cygne; bec *m* de cygne; bec d'oie. **2.** *Metall:* Coude *m* porte-vent. **3.** *Nau:* Aiguillot *m* (de gui); cou *m* de cygne; ferrure *f* (de bout de vergue).

'goose-necked, *a.* (Applique *f*, etc.) en col de cygne, en col d'oie.

'goose-quill, *s.* **1.** Plume *f* d'oie. **2.** Plume d'oie (pour écrire).

'goose-skin, *s.* = GOOSE-FLESH 2.

'goose-step, *s. Mil:* Pas *m* de l'oie.

'goose-wing, *s. Nau:* Fanon *m* (de voile).

gooseberry ['guːzbəri], *s.* **1.** (*a*) Groseille *f* à maquereau, groseille verte. *F:* **The big gooseberry season,** la morte-saison (où les journaux en sont réduits à publier des canards). *P:* **To play old gooseberry,** faire les cent coups. (*b*) **Gooseberry(-bush),** groseillier *m* (à maquereau). **2. Cape gooseberry,** coqueret *m* du Pérou. **Coromandel gooseberry,** carambolier *m*. *See also* BARBADOS. **3.** *F:* **To play gooseberry,** (i) faire le chaperon; (ii) se trouver en tiers (avec deux amoureux); *P:* faire sandwich. *I don't want to play g.*, je ne veux pas être une gêneuse.

'gooseberry fool, *s. Cu:* Crème *f* de groseilles à maquereau; purée *f* de groseilles à la crème.

'gooseberry wine, *s.* Vin *m* de groseilles vertes.

goosegog ['guːzgɔg], *s. F:* = GOOSEBERRY 1 (*a*).

gooseherd ['guːshəːrd], *s.* Gardeur, -euse, d'oies.

goosy ['guːsi], *a. F:* To go goosy, avoir la chair de poule.

gopher[1] ['goufər], *s.* **1.** *Z:* **(Pocket-)gopher,** saccophore *m*; *F:* rat *m* à bourse. *U.S: F:* **The Gopher State,** le Minnesota. **2.** *Z:* Spermophile *m*. **3.** Serpent noir des États-Unis. **4.** *Min:* **Gopher(-drift),** galerie irrégulière.

gopher[2], *v.i.* **1.** Creuser une galerie souterraine. **2.** *Min:* Exploiter une mine, un filon, sans méthode.

gopher[3], [4], *s. & v.tr.* = GOFFER[1], [2].

gopher-wood ['goufərwud], *s. B:* Bois *m* de gopher.

Gordian ['gɔːrdiən], *a. A.Hist:* Gordien. **To cut the Gordian knot,** trancher le nœud gordien.

gore[1] ['gɔːər], *s.* **1.** (*a*) *Tail: Dressm:* Chanteau *m*, élargissure *f*. (*b*) *Dressm:* (i) Soufflet *m*, (ii) godet *m*. (*c*) *Nau:* Pointe *f*, langue *f* (de voile). **Small gore,** chiquet *m*. **2.** (*a*) *Arch:* Pan *m* (d'un dôme). (*b*) *Aer:* Fuseau *m* (d'un ballon). **3.** Langue de terre; enclave *f*. **4.** *N.Arch:* Grain-d'orge *m*, *pl.* grains-d'orge.

gore[2], *v.tr.* **1.** Tailler (du drap) en pointe. **2.** Faire des soufflets à (une robe, etc.); faire goder (une robe, etc.). **Gored skirt,** jupe *f* à godets. **3. Four-gored skirt,** jupe à quatre lés *m*.

gore[3], *s.* **1.** *Lit:* Sang coagulé. **2.** *Lit: Poet:* Sang versé. *He lay in his g.*, il baignait dans son sang.

gore[4], *v.tr.* (*Of horned animal*) Blesser (qn) avec les cornes, corner (qn); découdre (qn). *The bull gored him in the stomach*, le taureau lui a décousu le ventre. **Gored to death,** tué d'un coup de corne.

gorge[1] [gɔːrdʒ], *s.* **1.** *A. & Lit:* (*a*) Gorge *f*, gosier *m*. (*b*) (*What has been swallowed*) **My gorge rises at it, it makes my gorge rise,** cela me soulève le cœur; j'en ai des nausées, des haut-le-cœur; *P:* c'est du propre! *A:* **To cast (up) the gorge,** vomir de dégoût. **2.** *Geog:* Gorge, défilé *m*. *River flowing in deep gorges*, fleuve encaissé dans de profonds couloirs. **3.** *Fort:* Gorge (d'un bastion, etc.). **4.** *Mec.E:* Gorge (de poulie). **5.** *Arch:* Gorge, gorgerin *m* (d'une moulure).

gorge[2], *s.* Repas plantureux; *P:* gueuleton *m*, ripaille *f*, empiffrerie *f*.

gorge[3]. **1.** *v.i.* **To gorge (oneself),** se gorger, se repaître (*on*, de); se rassasier; s'assouvir; *F:* s'engaver; se gaver de nourriture; *P:* s'empiffrer (*on*, de); manger à ventre déboutonné, s'en fourrer jusque-là. **2.** *v.tr.* (*a*) Assouvir, gorger, rassasier (qn). (*b*) Avaler, engloutir, *P:* chiquer (sa nourriture).

gorged, *a.* **1.** Rassasié, repu, gorgé, gavé (*with*, de). **2.** *Med:* (Rein, etc.) engorgé.

gorging, *s.* **1.** Rassasiement *m*. **2.** Bâfrerie *f*; empiffrerie *f*.

gorgeous ['gɔːrdʒəs], *a.* (*a*) Magnifique, fastueux, splendide. *He was a g. figure in his new uniform*, il était tout flambant dans son uniforme neuf. *A g. sunset*, un coucher de soleil splendide. (*b*) *F:* Épatant, superbe, *P:* catapultueux. *We had a g. time*, ç'a été une soirée épatante, un voyage épatant, etc. **-ly,** *adv.* Magnifiquement, somptueusement, splendidement.

gorgeousness ['gɔːrdʒəsnəs], *s.* Somptuosité *f*, splendeur *f*, magnificence *f*, faste *m*.

gorgerin ['gɔːrdʒərin], *s. Arm: Arch:* Gorgerin *m*.

gorget[1] ['gɔːrdʒet], *s.* **1.** *Arm:* Gorgerin *m*. **2.** *Cost: A:* Gorgerette *f*. **3.** *Mil: A:* Hausse-col *m*, *pl.* hausse-col(s).

gorget[2], *s. Surg:* Gorgeret *m* (pour la taille).

gorgon ['gɔːrgən], *s. Gr.Myth:* Gorgone *f*.

'gorgon-headed, *a.* A tête de gorgone, de Méduse.

gorgonia, *pl.* **-iae, -ias** [gɔːr'gounia, -iiː, -iaz], *s. Z:* Gorgonie *f*.

gorgonian [gɔːr'gouniən], *a.* De gorgone.

gorgonize ['gɔːrgənaːiz], *v.tr.* (*a*) Pétrifier (qn); glacer (qn) d'effroi. (*b*) Méduser (qn) du regard.

Gorgonzola [gɔːrgən'zoula]. *Pr.n.* **Gorgonzola cheese,** *s.* **gorgonzola,** fromage *m* de Gorgonzola; gorgonzola *m*.

gorilla [gə'rila], *s. Z:* Gorille *m*.

gorm [gɔːrm], *v.tr. P:* (= *God damn*) **Gorm him!** que le diable l'emporte! **I'll be gormed if I'll do it,** que le diable m'emporte si je le fais.

gormandism ['gɔːrməndizm], *s.* Gloutonnerie *f*, gourmandise *f*.

gormandize[1] ['gɔːrməndaːiz], *s.* Gourmandise *f*, goinfrerie *f*, gloutonnerie *f*.

gormandize[2]. **1.** *v.tr.* Bâfrer, manger goulûment. **2.** *v.i.* Goinfrer; *P:* s'empiffrer.

gormandizing, *a.* Glouton, goulu.

gormandizer ['gɔːrməndaizər], *s.* Glouton, -onne, gourmand, -ande, goulu, -ue; *F:* bâfreur, -euse; *P:* chiqueur, -euse; goinfre *m*.

gorse [gɔːrs], *s. Bot:* Ajonc(s) *m(pl)*; vignon *m*, ulex *m*, genêt épineux, *F:* landier *m*. *See also* NEEDLE-GORSE.

gorsy ['gɔːrsi], *a.* **1.** (Plateau, etc.) couvert d'ajoncs. **2.** (Odeur, etc.) d'ajonc.

gory ['gɔːri], *a.* Sanglant, ensanglanté.

gosh [gɔʃ], *int.* (*Attenuated form of 'God'*) *F:* **(By) gosh!** sapristi! *P:* mince (alors)!

goshawk ['gɔshɔːk], *s. Orn:* Autour *m*.

Goshen ['gouʃ(ə)n]. *Pr.n. B.Hist:* Gos(c)en *m*, Gessen *m*.

gosling ['gɔzliŋ], *s.* Oison *m*. **Gosling-green ribbons,** rubans *m* merde d'oie.

gospel ['gɔspel], *s.* Évangile *m*. (*a*) **St Mark's Gospel, the Gospel according to St Mark,** l'Évangile selon, de, saint Marc. **Gospel oath,** serment prêté sur l'évangile. *F:* **To take sth. for gospel,** accepter qch. comme parole d'évangile, pour argent comptant. **It's gospel truth,** c'est (vrai comme) parole d'évangile. *He takes it all for g. (truth)*, il croit que c'est arrivé. (*b*) *Ecc:* **The gospel for the day,** l'évangile du jour. (*c*) **To preach the gospel,** prêcher l'évangile. **Ministry of the Gospel,** ministère *m* de la prédication, de la parole. **Minister of the Gospel,** ministre *m* de l'évangile. *F: To preach the g. of economy*, prêcher l'économie.

'gospel-book, *s.* Évangéliaire *m*.

'gospel-pusher, *s. U.S: P:* = CLERGYMAN.

'gospel-shop, *s. P:* Temple *m* (des Méthodistes).

'gospel-side, *s. Ecc:* Côté *m* de l'Évangile (à l'autel).

gospeller ['gɔspelər], *s.* **1.** *A:* Protestant, -ante, Puritain, -aine. *F:* **Hot gospeller,** protestant outré, à tous crins. **2.** *Ecc:* Officiant *m* qui lit l'Évangile. **3.** Évangélisateur *m*.

gossamer ['gɔsəmər]. **1.** *s.* (*a*) Fils *mpl* de la Vierge; filandres *fpl*. **Gossamer thread,** freluche *f*, filandre *f*. (*b*) *Tex:* Gaze légère. (*c*) *U.S:* Imperméable léger. **2.** *a.* (*a*) (Tissu) très léger, arachnéen. (*b*) *A: F:* (Discours *m*) frivole.

gossan ['gɔzən], *s. Geol:* Chapeau *m* de fer; chapeau ferrugineux (d'une couche métallifère).

gossip[1] ['gɔsip], *s.* **1.** (*Pers.*) (*a*) *A:* Commère *f*, marraine *f* (à un baptême). (*b*) *A:* Ami, -ie; compère *m*, commère *f*. (*c*) Causeur, -euse; caqueteur, -euse; bavard, -arde. (*d*) (*Ill-natured*) Commère; potinier, -ière; cancanier, -ière; clabaudeur, -euse. **2.** (*a*) Causerie *f*, caquet(age) *m*. *Journ:* Causerie, propos familiers, échos *mpl* (sur un sujet technique, etc.). **Tea-table gossip,** papotage *m* de five-o'clock. *Endless g.*, des jacasseries *f* sans fin. *Journ:* **Social gossip (column),** nouvelles *fpl* à la main. **Gossip writer,** échotier *m*. **To have a gossip with s.o.,** faire un bout de causette, tailler une bavette, avec qn. (*b*) (*Ill-natured*) Cancans *mpl*; potin *m*, potinage *m*; commérage(s) *m(pl)*, ragots *mpl*, racontage *m*, racontars *mpl*, clabaudage *m*. **Piece of gossip,** racontar, cancan. *Scandalous g.*, chronique scandaleuse. **Gossip-place, -corner, -shop,** potinière *f*.

gossip[2], *v.i.* (*a*) Bavarder, caqueter, papoter. *Journ: To g. on a technical subject*, écrire des articles familiers sur un sujet technique. (*b*) Cancaner, potiner, commérer. **To gossip about s.o.,** faire des cancans, des commérages, sur qn; ragoter sur le compte de qn. *To g. (unkindly) about sth.*, gloser de, sur, qch.

gossiping[1], *a.* (*a*) Causeur, caqueteur, papoteur. (*b*) = GOSSIPY.

gossiping[2], *s.* (*a*) Causerie *f*, caquetage *m*, papotage *m*. (*b*) Potinage *m*, commérage *m*, racontage *m*.

gossiper ['gɔsipər], *s.* = GOSSIP[1] 1 (*c*), (*d*).

gossipry ['gɔsipri], *s.* **1.** = GOSSIP[1] 2. **2.** (*Pers.*) (Les) commères *f*, caqueteurs, -euses, cancaniers, -ières, potiniers, -ières (du village, etc.).

gossipy ['gɔsipi], *a.* (Style) anecdotique; (article) familier, potinier. *G. letter*, lettre *f* qui récapitule tous les potins du jour. *G. old woman*, vieille potinière.

gossoon [gɔ'suːn], *s. Dial:* (*Ireland*) (*a*) Garçonnet *m*, gosse *m*. (*b*) Valet *m*, laquais *m*.

gossypium [gɔ'sipiəm], *s. Bot:* Gossypium *m*, cotonnier *m*.

got [gɔt]. *See* GET[2].

Goth [gɔθ], *s.* **1.** *Hist:* Goth *m*. **2.** *F:* Goth, vandale *m*, sauvage *m*; *A:* ostrogoth *m*.

gotha ['gouta], *s. Av:* (1914-1918) Avion de bombardement allemand; gotha *m*.

Gotham ['gɔtəm]. *Pr.n.* **Wise man of Gotham,** gribouille *m*, nigaud *m*.

Gothenburg ['gɔθənbəːrg]. *Pr.n. Geog:* Gothenbourg *m*, Gothembourg *m*.

Gothic ['gɔθik]. **1.** *a.* (*a*) (Race *f*, etc.) gothique. **Gothic architecture,** architecture gothique, ogivale. *Typ:* **Gothic type, characters,** caractères *m* gothiques. (*b*) *Rel.H:* (Église *f*) mozarabe. **2.** *s. Art: Ling:* Le gothique.

Gothish ['gɔθiʃ], *a.* Gothique, barbare.

Gothland ['gɔθlənd]. *Pr.n. Geog:* La Gothie.

gotten ['gɔt(ə)n]. *See* GET[2].

Göttingen ['gəːtiŋən]. *Pr.n. Geog:* Gœttingue.

gouache [guaʃ], *s. Art:* Gouache *f*. *To paint in g.*, peindre à la gouache.

gouge[1] [gaudʒ, guːdʒ], *s.* **1.** *Tls:* (*a*) *Carp:* Gouge *f*. *Turning g.*, gouge à ébaucher. *Spoon g.*, *entering g.*, gouge à nez rond, à cuiller. *Bent g.*, gouge à bec de corbin. *See also* FIRMER. (*b*) *Surg:* Gouge. **2.** *U.S:* Rainure *f*. **3.** *U.S: P:* (*a*) Filouterie *f*, escroquerie *f*. (*b*) Filou *m*, escroc *m*.

'gouge-blaze, *s. For:* Griffe (faite à un arbre).

gouge[2], *v.tr.* **1.** Gouger (le bois). **2.** **To gouge out,** creuser (une cannelure, etc.) à la gouge. *Engr:* Échopper. *F:* **To gouge out s.o.'s eye,** faire sauter un œil à qn. **3.** *U.S: F:* (*a*) Duper, enjôler, refaire (qn). (*b*) **To gouge sth. out of s.o.; to gouge s.o. out of sth.,** extorquer qch. à qn.

gouging, *s.* **1.** Travail *m* à la gouge. **2.** **Gouging out,** creusage *m* à la gouge.

Goulard [guː'lɑːrd]. *Pr.n.m. Pharm:* **Goulard water, Goulard's extract,** eau *f* de Goulard; extrait *m* de Saturne.

goulash ['guːlaʃ], *s. Cu:* Goulache *f*.

gouldia ['guːldia], *s. Orn:* Gouldie *f*.

gourd ['gɔːərd, 'guərd], *s.* **1.** *Bot:* Courge *f*, gourde *f*. *Red and yellow g.*, courge potiron. **The gourd family,** les cucurbitacées *f*. *See also* BITTER-GOURD. **2.** (*Bottle*) Gourde, calebasse *f*, cougourde *f*.

'gourd-melon, *s. Bot:* Bénincase *f*.

'gourd-tree, *s. Bot:* Calebassier *m*.

gourmand ['guərmənd]. **1.** *a.* Gourmand, glouton. **2.** *s.* ['gurmɑ̃] = GOURMET.

gourmandism ['guərməndizm], *s.* Gourmandise *f*.

gourmet ['guərme], *s.* Gourmet *m*, gastronome *m*, *P:* fin bec.

gout [gaut], *s.* **1.** *Med:* Goutte *f*; *A:* (*of feet*) podagre *f*. **Rheumatic gout,** rhumatisme goutteux; goutte rhumatismale. *Chronic g.*, goutte nouée. **2.** *Agr:* Goutte (du blé). **3.** *A. & Lit:* (*a*) Goutte, caillot *m* (de sang). (*b*) Large tache *f* (de couleur).

'gout-fly, *s. Ent:* Chlorops *m*.

'gout-weed, *s. Bot:* Égopode *m*; *F:* herbe *f* aux goutteux; petite angélique; podagraire *f*.

gouty ['gauti]. **1.** *a.* (*a*) (*Of pers., joint, etc.*) Goutteux; (*of pers.*) podagre. (*b*) (Vin *m*, etc.) qui tend à donner la goutte. **2.** *s. Usu. pl. F:* **Gouties,** couvre-chaussures montants.

govern ['gʌvərn], *v.tr.* **1.** (*a*) Gouverner, régir (un État, etc.); administrer (une entreprise, une province, etc.); régir, diriger (une maison). *Abs.* **To govern,** gouverner. (*b*) **Laws that govern chemical reactions,** lois *f* qui régissent les réactions chimiques. *Considerations that governed the choice of a representative*, considérations *f* qui ont influencé le choix d'un représentant, qui nous ont guidés dans le choix d'un représentant. *Justice should always g. our policy*, la justice doit toujours présider à notre politique, servir de règle à notre politique. (*c*) *Gram:* **To govern the accusative,** gouverner, régir, l'accusatif. **2.** Maîtriser, gouverner, contenir, assujettir (ses passions, etc.). *To g. one's tongue*, mettre un frein à sa langue. *To g. oneself*, se contenir, se maîtriser, se gouverner. *To g. one's temper*, se maîtriser. **3.** *A:* Régler (une machine). *Tchn: Movement governed by a pendulum*, mouvement gouverné par un pendule.

governing[1], *a.* (*a*) Gouvernant. *G. commission*, commission *f* de gouvernement. **Governing body,** conseil *m* d'administration (d'une église, d'une société, d'un orphelinat). (*b*) **Governing ideas of a scheme,** idées maîtresses, dominantes, d'un projet; directives *f* d'un projet. *G. idea of a work*, idée mère, idée maîtresse, d'un ouvrage. *See also* SELF-GOVERNING.

governing[2], *s.* **1.** (*a*) Gouvernement *m*. (*b*) Maîtrise *f* (des passions, etc.). **2.** *A:* Réglage *m* (d'une machine, etc.).

governable ['gʌvərnəbl], *a.* Gouvernable.

governance ['gʌvərnəns], *s.* **1.** Gouvernement *m*, gouvernance *f* (d'une province, etc.). **2.** Maîtrise *f*, empire *m*. *The hearts of kings are in Thy rule and g.*, les cœurs des rois sont sous ta domination et ta conduite. **3.** Réglementation *f* (d'une réunion sportive, etc.).

governess ['gʌvərnes], *s.f.* **1.** Institutrice. *Resident g.*, institutrice à demeure. *Visiting g.*, *daily g.*, institutrice à domicile. **2.** (*For very young children*) Gouvernante.

'governess-car, -cart, *s. Veh:* Tonneau *m*; (*of wicker*) panier *m*.

government ['gʌvərnmənt], *s.* **1.** Gouvernement *m*. (*a*) **Form of government,** régime *m*. *Monarchical g.*, régime monarchique. *See also* LOCAL[1] 1, PETTICOAT 1, SELF-GOVERNMENT. (*b*) **The English Government,** le Gouvernement anglais. **Government offices,** bureaux *m* du Gouvernement, ministères *m*. *G. steamer*, vapeur *m* de l'État. **Government stock,** fonds *mpl* d'État, fonds publics. **Government loan,** emprunt public. *See also* ANNUITY 2, BOND[1] 3, ORGAN 2, SECURITY 3. (*c*) Ministère *m*. **To form a government,** former, constituer, un ministère, un gouvernement. *The Government party*, le parti gouvernemental. *Newspaper that supports the G.*, journal ministériel. *See also* ORGAN 2. **2.** (*Province or district administered by a Governor*) Gouvernement. **3.** *U.S:* (*a*) Conseil *m* d'administration (d'un collège). (*b*) Conseil municipal. **4.** *Com.Corr:* **Directions for your government,** renseignements *m* pour votre gouverne *f*.

'Government-'house, *s.* L'Hôtel *m*, le palais *m*, du Gouverneur; le Gouvernement *m*; la Résidence.

governmental [gʌvərn'ment(ə)l], *a.* Gouvernemental, -aux. **-ally,** *adv.* **Governmentally speaking,** gouvernementalement parlant.

governor ['gʌvərnər], *s.* **1.** Gouvernant *m*. **The governors and the governed,** les gouvernants et les gouvernés. **2.** (*a*) Gouverneur *m* (d'une colonie, d'une forteresse, d'une banque, d'une prison). *The wife of the g., F:* madame la Gouverneur. *See also* DEPUTY 1, LIEUTENANT-GOVERNOR. (*b*) Directeur *m* (d'une école de réforme, etc.). (*c*) Membre *m* du conseil d'administration (d'une école, etc.). (*d*) *P:* **The Governor.** (i) Le patron, le singe. **And what about something for myself, governor?** et le pourboire, mon bourgeois? (ii) Père *m*; le paternel, le pater, le vieux. **3.** *Mec.E:* (*Device*) Régulateur *m*, modérateur *m* (de vitesse). **(Fly-)ball governor,** régulateur à boules. **Pendulum governor,** régulateur à pendule; pendule *m* à boules. *Double-drive g.*, régulateur à double effet. **Governor-valve,** soupape régulatrice. *See also* RUNAWAY 3.

'governor-'general, *s.* Gouverneur général, *pl.* gouverneurs généraux. *pl. Governor-generals.*

governorate ['gʌvərnoreit], *s.* (*In Turkey*) **1.** Gouvernorat *m*. **2.** Palais *m* du Gouverneur.

governorship ['gʌvərnorʃip], *s.* **1.** Fonctions *fpl* de Gouverneur. **2.** Durée *f* des fonctions; temps *m* de gouvernement.

gowan ['gauən], *s. Bot:* (*Scot.*) Pâquerette *f*; petite marguerite.

gowk [gauk], *s.* (*Scot.*) **1.** *Orn:* Coucou *m*. **2.** *F:* Niais *m*, sot *m*, idiot *m*.

gown[1] [gaun], *s.* **1.** Robe *f* (de femme). **Dinner gown,** robe pour le dîner. *See also* BATHING-GOWN, DRESSING-GOWN, NIGHT-GOWN, TEA-GOWN. **2.** (*a*) Robe, toge *f* (de magistrat, universitaire, etc.). *Judge in his g.*, juge *m* en robe. (*b*) *A. & Lit:* Toge romaine (emblème de la vie civile). *Lit:* **To give up the gown for the sword,** quitter la robe pour l'épée. *See also* CAP[1] 1, GENEVA[1] 1, TOWN 2.

gown[2]. **1.** *v.tr.* Revêtir (qn) d'une robe, d'une toge; habiller (qn). *She was gowned in white,* elle était en robe blanche. **Gowned solicitor,** avoué *m* en robe. **2.** *v.i.* (*Of judge, etc.*) Revêtir sa robe.

gownsman, *pl.* **-men** ['gaunzmən, -men], *s.m.* **1.** (*a*) *Rom.Ant:* Romain adulte (portant la robe virile). (*b*) Civil. **2.** (*a*) Membre d'une université. (*b*) Étudiant.

Graafian ['grɑːfiən], *a. Anat:* **Graafian vesicles,** vésicules *f* de Graaf.

grab[1] [grab], *s.* **1.** Mouvement vif de la main pour saisir qch. **To make a grab at sth.,** faire un mouvement, avancer vivement la main, la patte, pour saisir qch. *F:* **Policy of grab (and keep),** politique *f* rapace. **To be on the grab,** être en maraude. *Life is but a game of g.*, la vie n'est qu'une foire d'empoigne. *P:* **To have the grab on s.o.,** avoir l'avantage sur qn. *See also* SMASH-AND-GRAB. **2.** (*a*) *Civ.E: etc:* (Drague *f* à) benne preneuse; excavateur *m*; (drague à) benne piocheuse; pelle *f* automatique. **Earth-grab,** benne-drague *f*, *pl.* bennes-dragues. (*b*) *Hyd.E:* = GRAB-DREDGER. **3.** *Tls: Min:* Accrocheur *m* (de sonde).

'grab-bucket, *s. Civ.E: etc:* = GRAB[1] 2.

'grab-crane, *s. Civ.E: etc:* Grue *f* à grappin.

'grab-dredge(r), *s.* Drague *f* à benne piocheuse; grappin *m*.

'grab-hook, *s.* Croc *m*, grappin *m*; crochet *m* de levage; crochet grappin.

'grab-iron, *s.* **1.** *Tls: Min:* Accrocheur *m* (de sonde). **2.** *Rail:* Poignée *f* (de wagon à marchandises).

'grab-rope, *s. Nau:* Raban *m* de ferlage.

grab[2], *v.tr. & i.* **(grabbed; grabbing) To grab (hold of) sth., s.o.,** saisir qch. (d'un geste brusque); prendre qch. d'un geste sec; se saisir de qch., empoigner qn; harper, *P:* agricher, qn, qch.; mettre la main sur qch. *He grabbed a revolver from the table,* il saisit un revolver sur la table. *To save oneself by grabbing a rope,* se rattraper, se raccrocher, se reprendre, à un cordage. *F:* **To grab a job,** sauter sur une place. **To grab at sth.,** *U.S:* **to grab for sth.,** faire un mouvement, avancer vivement la main, la patte, pour saisir qch. *To g. at s.o.*, s'agripper à qn.

grabbing, *s.* Empoigne *f*. **Money-grabbing,** mercantilisme *m*.

'grab-all, *s.* Personne *f* âpre au gain; accapareur, -euse; *F:* agrippeur, -euse; attrapeur, -euse.

'grab-bag, *s. U.S:* = LUCKY-DIP.

grabber ['grabər], *s.* (*a*) = GRAB-ALL. (*b*) **Legacy grabber,** captateur, -trice, d'héritages, de testaments. *See also* LAND-GRABBER.

grabble [grabl], *v.i.* **1.** **To grabble for sth.,** chercher qch. à tâtons, à quatre pattes. *The boys grabbled for the pennies,* les garçons se battaient pour ramasser les sous. **2.** *A:* S'étendre par terre, se traîner à quatre pattes.

grabby ['grabi], *s. Nau: F:* Soldat *m*.

Gracchi (the) [ðə'grakai]. *Pr.n.m.pl. Rom.Hist:* Les Gracques.

grace[1] [greis], *s.* Grâce *f*. **1.** (*a*) **To do sth. with grace,** faire qch. avec grâce; mettre de la grâce à faire qch. *G. of style,* aménité *f* de style. *See also* AIR[1] III. (*b*) **To do sth. with a good, a bad, grace,** faire qch. avec bonne, mauvaise, grâce; montrer de la bonne, mauvaise, volonté; faire qch. sans rechigner, en rechignant. **To have the grace to apologize,** avoir la bonne grâce de faire des excuses; avoir la politesse, la délicatesse, de faire des excuses. *He had the g. to be ashamed,* il faut dire à son honneur qu'il se montra confus. *You cannot refuse with any g.*, vous ne pouvez refuser sans mauvaise grâce; vous ne pouvez pas décemment refuser. (*c*) *Gr.Myth:* **The Graces,** les Grâces. **2.** (*a*) Faveur *f*, gracieuseté *f*. **Act of grace,** gracieuseté, faveur. *It would be an act of g. on your part to . . .*, ce serait une gracieuseté de votre part de. . . . **To be in s.o.'s good graces,** être dans les bonnes grâces de qn, en odeur de sainteté auprès de qn. *To get into s.o.'s good graces,* se mettre dans, entrer dans, obtenir, les bonnes grâces de qn; se faire bien venir de qn. **To fall out of grace with s.o.,** perdre les bonnes grâces de qn. **By God's grace,** grâce à Dieu. *By Heaven's g. a willow was at hand,* le Ciel permit qu'un saule se trouva. (*b*) *Sch:* Autorisation (délivrée à un candidat par son Collège) de se présenter à l'examen pour obtenir un grade. (*c*) *Theol:* **The grace of God,** la grâce de Dieu. **In a state of grace,** en état de grâce. **To fall from grace,** perdre la grâce. **The means of grace,** les sacrements *m*. *Sign of g.*, signe *m* de grâce. **Sufficient grace,** grâce suffisante. **Efficacious grace,** grâce efficace. **Saving grace,** grâce sanctifiante. *F:* **It has the saving grace that . . .,** cela a au moins ce mérite que. . . . **In the year of grace 1066,** en l'an de grâce 1066. *See also* FALL[1] 5, HERB 2. **3.** (*a*) *A:* Grâce, pardon *m*. (*Still so used in*) **Act of grace,** (i) lettres *fpl* de grâce; (ii) loi *f* d'amnistie. (*b*) **Measure of grace,** mesure gracieuse. (*c*) **Days of grace,** (i) *Com:* délai de trois jours (accordé pour le paiement d'un effet); (ii) *Ins:* délai de trente jours (accordé pour le paiement des primes d'assurances sur la vie). *To give a creditor seven days' g.*, accorder à un créancier sept jours de grâce, de répit, de faveur. *Last day of g.*, terme fatal. *F: He never gives me a moment's g.*, il ne me donne jamais un moment de répit. **4.** **Grace,** (i) (*before meal*) bénédicité *m*, prière *f* avant le repas; (ii) (*after meal*) grâces, prière après le repas. **5.** **His Grace the Duke of Rutland,** Monsieur le duc de Rutland. *His G. the Archbishop of Canterbury,* Monseigneur, sa Grandeur, l'archevêque de Cantorbéry. **Her Grace** (*the Duchess of . . .*), Madame la duchesse (de . . .). **Your Grace,** votre Grandeur. **6.** *pl. Mus: A:* **Graces,** broderies *f*, agréments *m*.

'grace-cup, *s.* **Now for the grace-cup!** allons, une dernière rasade!

'grace-note, *s. Mus:* Note *f* d'agrément, de goût; fioriture *f*, ornement *m*, agrément *m*. *Grace-notes,* notes de passage.

grace[2], *v.tr.* **1.** (*a*) Honorer (*with*, de); faire honneur à (qn). **To grace the meeting with one's presence,** honorer la réunion de sa présence. (*b*) Embellir, orner. *Mus:* Orner (un morceau de musique) de fioritures. **2.** *A:* Qualifier (qn) de "Votre Grandeur."

graceful ['greisful], *a.* **1.** Gracieux, élégant. *He is a g. rider,* il a bonne grâce à cheval. **2.** *It would be a g. act on your part to . . .*, ce serait une gracieuseté de votre part de. . . . **-fully,** *adv.* **1.** Avec grâce; avec élégance. *To dance g.*, danser avec grâce. *She does all things g.*, elle met de la grâce dans tout. **2.** *We cannot very g. decline,* on ne peut pas refuser sans mauvaise grâce; on ne peut pas décemment refuser.

gracefulness ['greisfulnəs], *s.* Grâce *f*, élégance *f*, aise *f*, désinvolture *f* (d'un mouvement, etc.).

graceless ['greisləs], *a.* **1.** *A:* Sans grâce, inélégant, gauche. **2.** (*a*) *Theol:* Qui n'est pas en état de grâce. (*b*) Perdu sans rémission, impie, dépravé. (*c*) *F:* Effronté; mauvais sujet. *How's that g. nephew of yours getting on?* que devient votre garnement *m* de neveu?

gracelessness ['greisləsnəs], *s.* **1.** *A:* Inélégance *f*, gaucherie *f*. **2.** Impiété *f*, dépravation *f*.

gracile ['grasil], *a.* Gracile, grêle.

gracilis ['grasilis], *s. Anat:* (Muscle) droit interne (de la cuisse).

gracing ['greisiŋ], *s. Sp: P:* (= *Greyhound racing*) Courses *fpl* de lévriers.

gracious ['greiʃəs], *a.* **1.** *A:* Aimable; (*of thg*) agréable. **2.** (*a*) Gracieux, indulgent, bienveillant. **To be gracious to s.o.,** faire des gracieusetés, faire bon visage, à qn; être gracieux pour, envers, qn; être affable à, avec, envers, qn. *The most g. of hosts,* le plus accueillant des hôtes. *We were charmed with their g. reception,* l'aménité *f* de leur accueil nous charma. **By the gracious consent of . . .,** par la grâce de. . . . (*b*) **Our gracious King,** notre gracieux souverain. **3.** (*Of God*) Miséricordieux, bon, bienveillant (*to*, envers); plein de grâce, de compassion, de charité (*to*, envers). *Lord, be g. unto him,* Seigneur, soyez-lui miséricordieux. **4.** **Gracious (me)! good(ness) gracious! my gracious!** miséricorde! bonté divine! **-ly,** *adv.* **1.** Avec bienveillance. **To be graciously pleased to do sth.,** daigner faire qch.; vouloir bien faire qch. *To be g. pleased to accept a present,* agréer un présent. *His Majesty has g. consented to . . .*, Sa Majesté a gracieusement consenti à. . . . **2.** Miséricordieusement, avec clémence.

graciousness ['greiʃəsnəs], *s.* **1.** Grâce *f*; aménité *f* (de style). **2.** (*a*) *A:* Amabilité *f*, affabilité *f* (*to, towards*, avec, envers). (*b*) Gracieuseté *f*, condescendance *f*, bienveillance *f* (*to, towards*, envers). **3.** Bonté *f*, bienveillance *f*, miséricorde *f* (de Dieu).

grackle [grakl], *s. Orn:* **1.** Mainate *m*. *Religious g.*, mainate religieux. **2.** *U.S:* (*a*) Scolécophage *m*. (*b*) Quiscale *m*.

grad [grad], *s. F:* = GRADUATE[1] 1.

gradate [gra'deit]. **1.** *v.i.* (*Of colours*) Se dégrader, se fondre. **2.** *v.tr.* Dégrader, fondre (des teintes, etc.).

gradated [gra'deitid], *a.* Disposé en gradins.

gradation [gra'deiʃ(ə)n], *s.* **1.** (*a*) Gradation *f*, progression *f*. *Aut:* **Gradation of speeds,** échelonnement *m* des vitesses. (*b*) **Gradation by degree of imperfection,** classification *f* par degrés d'imperfection. (*c*) *Art:* (Dé)gradation *f* (des teintes). **2.** Degré *m*. *To advance by easy gradations,* avancer par gradations insensibles, petit à petit, graduellement. **3.** *Ling:* **(Vowel) gradation,** mutation *f* vocalique; alternance *f* de voyelles; apophonie *f*.

gradational [gra'deiʃən(ə)l], *a.* Graduel. *Biol:* **Gradational forms,** formes *f* impliquant une gradation.

grade[1] [greid], *s.* **1.** *Mth:* Grade *m*. **2.** (*a*) Grade, rang *m*, degré *m* (d'une hiérarchie, etc.). *Persons of every g. of society,* personnes *f* de tous les rangs de la société. *The various grades of the civil service,* les divers échelons de l'administration civile. (*b*) Qualité *f*; classe *f*. *Com:* **Top-grade quality,** qualité tout à fait supérieure. **Leaf grades** (*of tea*), qualités de thé. *Min: G. of ore,* teneur *f* du minerai. *See also* HIGH-GRADE, LOW-GRADE. (*c*) *Med:* Degré d'intensité (d'une fièvre); état *m* (d'une maladie). **3.** *Breed:* **Grade cattle, grades,** bétail amélioré par le croisement. **4.** *Civ.E: U.S:* (*a*) (*Gradient*) Pente *f*, rampe *f*; montée *f* ou descente *f* (d'une voie ferrée, d'un chemin, etc.). *See also* DOWN-GRADE, UP-GRADE. **To make**

the grade, (i) parvenir au sommet; arriver en palier; (ii) *F:* surmonter ses difficultés. (*b*) Niveau *m.* *To make up ground to the required g.*, amener le terrain au niveau requis. *The road and the railway line cross* **at grade,** la route et le chemin de fer se croisent à niveau. *Rail: U.S:* **Grade-crossing** = *level-crossing, q.v. under* CROSSING 5. **5.** *Geol:* Courbe *f* de lit.

grade[2], *v.tr. & i.* **1.** Classer, trier (des marchandises, etc., selon leurs qualités). *Phot:* Étalonner (des clichés). **2.** *Breed:* (*a*) **To grade (up),** améliorer (une race, etc.) par le métissage. (*b*) *v.i.* **To grade down** *to a lower type*, passer par degrés à un type inférieur. **To grade up** *to a higher type*, passer par degrés à un type supérieur. *U.S: F:* **To grade up to s.o.,** parvenir à la hauteur de qn; se mettre de pair avec qn. **3.** (*a*) Graduer (des exercices, etc.). **Graded tax,** impôt (i) progressif, (ii) dégressif. *Graded advertising rates*, tarif d'annonces dégressif. (*b*) *Art:* Dégrader, fondre (des teintes). *v.i.* **The whites grade (off) into red,** les blancs se dégradent et passent au rouge. **4.** *Civ.E: Rail:* (A)ménager, régulariser, la pente de (la voie, etc.). **5.** *Ling:* (*Of vowel*) S'altérer par mutation (vocalique), par apophonie.

grading, *s.* **1.** Classement *m,* gradation *f;* triage *m* (du minerai, etc.); étalonnage *m* (des clichés). **2.** Amélioration *f* par le métissage. **3.** (Dé)gradation *f* (des teintes). **4.** (A)ménagement *m* (d'une pente). **5.** Mutation *f* vocalique; apophonie *f.*

grader ['greidər], *s.* Classeur *m,* trieur *m* (de minerai, etc.).

Gradgrind ['gradgraind]. *Pr.n.* Type de l'homme tout de calcul, et qui s'attache aux faits; homme terre à terre. (Personnage de *Hard Times* de Dickens.)

gradient ['greidiənt], *s.* **1.** *Civ.E: etc:* Rampe *f,* inclinaison *f,* dénivellation *f,* pente *f,* côte *f.* **Upward gradient,** rampe. **Downward gradient,** pente. **Angle of gradient,** angle *m* de déclivité. **Bank with a gradient of one in three,** talus *m* à inclinaison de trois de base pour un de hauteur. *Rail:* **Steep gradients,** lignes *f* à forte pente. *Aut: etc:* **Speed on a gradient,** vitesse *f* en côte, en montée. **2.** *Meteor:* Gradient *m.*

'gradient-indicator, -meter, *s.* *Aut: Av:* Indicateur *m* de pente; clinomètre *m.*

gradin ['greidin], **gradine**[1] [grə'di:n], *s.* Gradin *m* (d'amphithéâtre, d'autel, etc.).

gradine[2], *s.* *Tls: Sculp:* Gradine *f.*

gradual ['gradjuəl]. **1.** *a.* (*a*) Graduel; progressif. *G. slope*, pente douce. *G. transition*, transition ménagée (*from . . . to . .* , de . . . à . . .). *G. process*, gradation *f.* *Phot:* **Gradual sky-filter,** écran de ciel dégradé, nuancé. (*b*) *Ecc:* **Gradual psalms,** psaumes graduels. **2.** *s. Ecc:* Graduel *m.* **-ally,** *adv.* Graduellement; par degrés, par gradations; petit à petit; peu à peu.

gradualness ['gradjuəlnəs], *s.* Gradualité *f.*

graduate[1] ['gradjuet], *s.* **1.** *Sch:* Gradué, -ée, diplômé, -ée. **2.** *Pharm:* Verre gradué.

graduate[2] ['gradjueit]. **1.** *v.i.* (*a*) *Sch:* Prendre, recevoir, ses diplômes, ses grades; se faire graduer (en médecine, etc.); (*in Fr.*) passer sa licence; être reçu licencié. (*b*) **To graduate into sth.,** se changer graduellement en . . .; passer graduellement à. . . . **2.** *v.tr. Sch: U.S:* Conférer un diplôme à (un étudiant, etc.). **3.** *v.tr.* (*a*) Graduer (une échelle, un thermomètre, etc.). *Graduated in inches*, gradué en pouces. (*b*) Graduer (des exercices, etc.). *To g. a tax according to the taxpayers' incomes*, établir un impôt proportionnellement aux revenus des contribuables. *Graduated taxation*, taxes imposées par paliers. *Graduated income-tax*, impôt progressif; impôt proportionnel au revenu du contribuable. (*c*) Dégrader (des teintes). (*d*) Graduer, concentrer (une solution, l'eau de mer, etc.). (*e*) *U.S:* = GRADE[2] 4.

graduating, *s.* = GRADUATION.

'graduating machine, *s.* = GRADUATOR 3.

graduation [gradju'eiʃ(ə)n], *s.* **1.** *Sch:* (*a*) Collation *f* des grades. **Graduation ceremony,** (cérémonie de) la remise des diplômes aux étudiants. (*b*) (*By student*) Réception *f* d'un grade. **2.** (*a*) Graduation *f* (d'un thermomètre, etc.). (*b*) *pl.* **Graduations,** degrés *m,* grades *m.* **3.** Gradation *f* (d'exercices, de payements, etc.). **4.** (Dé)gradation *f* (des teintes). **5.** Concentration *f,* graduation (d'une solution).

graduator ['gradjueitər], *s.* (*Device*) **1.** Graduateur *m* (de thermomètre). **2.** Concentrateur *m* (d'eau de mer, de solutions). **3.** *Mec.E:* Machine *f* à diviser, diviseuse *f.*

gradus ['greidəs], *s.* *Sch:* **Gradus (ad Parnassum),** gradus *m* (ad Parnassum); Parnasse *m.*

Graecism ['gri:sizm], *s.* Hellénisme *m;* (i) esprit *m* hellénique; grécité *f;* (ii) locution grecque.

Graecize ['gri:saiz], *v.tr. & i.* Gréciser, helléniser.

Graeco- ['gri:ko], *comb.fm.* **1.** Gréco-. *Graeco-Roman*, gréco-romain. *Graecomania*, grécomanie. **2.** Helléno-. *Graecophil*, hellénophile.

Graeco-Latin ['gri:ko'latin], *a.* Gréco-latin, *f.* gréco-latine; *pl.* gréco-latins.

Graeco-Slavonic ['gri:koslə'vɔnik], *a.* Gréco-slave, *pl.* gréco-slaves.

graffito, *pl.* **-i** [gra'fi:to, -i:], *s.* **1.** *Archeol: Art:* Graffite *m;* graffito *m, pl.* graffiti. *Art:* **Graffito style,** manière égratignée; graffito. **Graffito artist,** égratigneur, -euse. **2.** *Art:* (*Painting*) Sgraffite *m.*

graft[1] [grɑ:ft], *s.* **1.** (*a*) *Arb:* Greffon *m,* greffe *f,* ente *f.* (*b*) *Surg:* Greffe. **2.** (*a*) = GRAFTING. *See also* DOUBLE-GRAFT[1]. (*b*) (*Place where plant is grafted*) Greffe.

graft[2], *v.tr.* **1.** (*a*) *Arb:* Greffer, enter (un greffon, une souche). **To graft one variety on, upon, in, into, another,** greffer une variété sur une autre. *To g. on a seedling stock*, greffer sur franc. *See also* DOUBLE-GRAFT[2], WHIP-GRAFT. (*b*) *Surg:* Greffer, implanter. **2.** (*a*) *Carp:* Enter (deux pièces de bois). (*b*) *Knitting:* **To graft a new foot on a sock,** enter un bas. *To g. a patch into a stocking*, re(m)mailler un bas. **3.** *Nau:* Garnir (un anneau, etc.) de bitord.

grafting, *s.* **1.** (*a*) *Arb:* Greffe *f,* greffage *m.* **Ordinary grafting,** greffe par rameau détaché. **Grafting by approach,** greffe par approche. **Cleft grafting,** greffe en fente simple. **Saddle grafting,** greffe en fente à cheval. **Crown grafting,** greffe en couronne. *See also* DOUBLE-GRAFTING, FLUTE-GRAFTING, SHIELD-BUD, WHIP-GRAFTING. (*b*) *Surg:* Greffe (humaine); implantation *f.* **Skin grafting,** greffe épidermique. **2.** *Carp: Knitting:* Entement *m.* *Knitting: G. of a patch (into a piece of knitting)*, rem(m)aillage *m.* **3.** *Nau:* Garnissage *m* (d'un anneau, etc.) de liure, de bitord.

'grafting-knife, *s.* *Arb:* Greffoir *m,* entoir *m.*

'grafting-wax, *s.* Engluement *m;* mastic *m* à greffer.

graft[3], *s.* (Profondeur *f* de) fer *m* de bêche. **To dig a graft('s) depth,** bêcher à un fer de bêche.

graft[4], *s.* *U.S: P:* Rabiot *m,* gratte *f,* grivèlerie *f,* rapine *f,* corruption *f.*

graft[5], *v.i.* *U.S: P:* Rabioter, gratter; faire de la gratte; rapiner; donner ou recevoir des pots-de-vin.

graftage ['grɑ:ftedʒ], *s.* = GRAFTING.

grafter[1] ['grɑ:ftər], *s.* *Arb: Hort:* **1.** (*Pers.*) Greffeur *m.* **2.** *Tls:* Greffoir *m.*

grafter[2], *s.* *U.S: P:* Fonctionnaire ou politicien véreux, qui fait de la gratte; rapineur *m;* *F:* un Topaze.

Grail[1] [greil], *s.* *Medieval Lit:* **The Holy Grail,** le Saint-Graal, le Graal.

grail[2], *s.* *Comb-making:* Grêle *f.*

grail[3], *v.tr.* *Comb-making:* Grêler.

grailing, *s.* Grêlage *m.*

grain[1] [grein], *s.* **1.** (*a*) Grain *m* (de blé). (*b*) *Coll.* **Grain crop,** récolte *f* de grains, de céréales. **Refuse grain,** grenaille *f;* petit blé. *Ears full of g.*, épis grenus. **Grain-bearing lands, grain-growing lands,** terres *f* à blé. **Grain market,** marché *m* aux grains. (*c*) **(Brewer's) grains,** drêche *f,* drague *f.* **2.** (*a*) Grain (de poivre, etc.). *Bot:* **Grains of Paradise, Guinea grains,** poivre *m* de Guinée; graine *f* de paradis; malaguette *f.* (*b*) Grain (de sel, de sable, de soudure, etc.). **Hard grain** (*in stone*), durillon *m.* (*In goldsmith's work*) *G. of solder*, paillon *m;* paillette *f* de soudure. *Exp:* **Large grain powder, small grain powder,** poudre *f* à gros grains, à grains fins. *F:* **Grain of consolation,** brin *m* de consolation. **Not a grain of common sense, of malice,** pas un grain, pas un brin, pas une once, pas l'ombre, de bon sens, de méchanceté. *See also* SALT[1] I. 1. (*c*) *Meas:* Grain (= 0 gramme 0648). **3.** (*a*) Grain (du bois, de la pierre, du fer, etc.); texture *f* (de la fonte, etc.). **Close grain,** grain fin, dense. **Cleaving grain** (*of stone*), lit *m* de la pierre. *F:* **Man of coarse grain,** homme *m* sans délicatesse. (*b*) Fil *m* (du bois, de la viande). **To work wood with the grain,** travailler le bois dans le sens du fil. *To saw with the g.*, scier de long. *To cut wood with, along, the g.*, couper le bois de droit fil. **Against, across, the grain,** contre le fil; à contre-fil; à rebours. *F:* **It goes against the grain for me to do it,** c'est à contre-cœur que je le fais. (*c*) *Leath:* (i) Grain, grenure *f* (du cuir). (ii) = GRAIN-LEATHER. **4.** (*a*) *Dy: A:* Graine *f* d'écarlate; cochenille *f.* **To dye sth. in grain,** (i) *A:* teindre qch. en rouge de cochenille, *A:* en graine; (ii) teindre qch. grand teint. (*b*) *F:* **In grain,** indélébile, invétéré. **A rogue in grain,** un coquin fieffé, invétéré. **Ass in grain,** âne bâté; maître sot *m,* triple sot. *He is a philosopher in g.*, il est né philosophe.

'grain-carrier, *s.* *Nau:* Navire *m* pour le transport du blé.

'grain-founder, *s.* *Vet:* = GRAIN-SICK.

'grain-leather, *s.* Chagrin *m.*

'grain-sick, *s.* *Vet:* Empansement *m,* ballonnement *m,* météorisme *m* (des ruminants).

'grain-side, *s.* **Grain-side of leather,** fleur *f* de la peau; **côté** *m* poil du cuir; côté cuir de la peau.

'grain-split, *s.* *Leath:* Fleur *f* (de cuir fendu).

'grain-tin, *s.* *Com:* Étain *m* en larmes.

grain[2]. I. *v.tr.* **1.** Grener (le sel, etc.); granuler (la poudre). **2.** *A:* Teindre grand teint. **3.** Greneler, chagriner, crépir, grainer (le cuir, le papier, etc.). **4.** *Paint:* (*a*) Veiner (une surface) façon bois. (*b*) Marbrer (une surface). **5.** *Tan:* Dépiler, rebrousser (le cuir).

II. **grain,** *v.i.* (*Of salt, etc.*) Se grener, se granuler.

grained, *a.* **1.** (*a*) Granulé, granuleux; grenu. **Grained leather,** cuir grenu, crépi; chagrin *m.* (*b*) *Dy: A:* (Étoffe *f*) grand teint. (*c*) *Paint:* Veiné ou marbré. **2.** **-grained,** à grain (fin, serré, etc.); (*of wood*) à fibres (torses, etc.). *See also* CLOSE-GRAINED, COARSE-GRAINED, CROSS-GRAINED, FINE-GRAINED, SPIRAL-GRAINED, WAVY-GRAINED.

graining, *s.* **1.** Grenage *m* (de la poudre à canon, etc.). **2.** *A:* Teinture *f* (de qch.) grand teint. **3.** *Leath:* (i) Crépissage *m,* grenure *f;* (ii) dépilage *m,* rebroussement *m.* **4.** Veinage *m* (de la peinture); décor *m* imitant le bois ou le marbre; décor en bois, en marbre. **5.** *Num:* Grènetis *m,* crénelage *m.*

'graining-board, *s.* *Leath:* Marguerite *f,* paumelle *f.*

'graining-brush, *s.* *Paint:* Spalter *m,* veinette *f.*

'graining-comb, *s.* Peigne *m* de peintre; peigne à décor.

grain[3], *v.tr.* Foéner (un poisson).

graine [grein], *s.* *Ser:* Graines *fpl* (des vers à soie).

grainer ['greinər], *s.* **1.** (*Pers.*) (*a*) Peintre spécialisé dans le veinage; marbrier *m.* (*b*) *Leath:* Chagrineur, -euse; crêpeur *m.* **2.** (*a*) = GRAINING-COMB. (*b*) *Leath:* (i) Couteau *m* à dépiler; (ii) = GRAINING-BOARD.

grains [greinz], *s.* *Fish:* Foène *f;* harpon *m* à trois branches.

grainy ['greini], *a.* **1.** (Épi) grenu. **2.** *Miner:* Granulaire; (marbre) grenu.

grallae ['grali:], **grallatores** [gralə'tɔ:ri:z], *s.pl.* *Orn:* Échassiers *m.*

grallatorial [gralə'tɔ:riəl], *a.* Qui appartient aux échassiers.

grallatory ['gralətəri], *a.* **Grallatory bird,** échassier *m.*

gralloch[1] ['graloχ], *s.* *Ven:* (*Scot.*) Entrailles *fpl* (du cerf).

gralloch[2], *v.tr.* *Ven:* (*Scot.*) Éviscérer (le cerf).

gram[1] [gram], *s.* *Meas:* = GRAMME[1].

gram[2], *s.* Pois *m* chiche.

Gram². *Pr.n. Bac:* **Gram's solution,** liqueur *f* de Gram. **Gram-positive microbes, Gram-negative microbes,** microbes *m* qui prennent, qui ne prennent pas, le gram.
-gram, *comb.fm.* **1.** -gramme *m. Diagram,* diagramme. *Chronogram,* chronogramme. *Telegram,* télégramme. *Monogram,* monogramme. **2.** -gramme *f. Anagram,* anagramme. *Epigram,* épigramme.
grama ['grɑːma], *s. Bot:* **Grama(-grass),** bouteloue *m.*
gramarye ['graməri], *s. A:* Magie *f.*
gramercy [grɑ'məːrsi], *int. A:* Grand merci (*for,* de).
graminaceous [grami'neiʃəs], *a. Bot:* Graminé. *G. plants,* graminées *f.*
gramineae [grɑ'miniiː], *s.pl. Bot:* Graminées *f.*
graminiferous [grami'nifərəs], *a.* (Plaine, etc.) où croissent les graminées; (terrain) herbeux.
graminivorous [grami'nivorəs], *a.* Qui mange des graminées; herbivore.
gramma ['grama], *s. Bot:* = GRAMA.
grammalogue ['gramalɔg], *s.* (*In shorthand*) Sténogramme *m.*
grammar ['gramər], *s.* (*a*) Grammaire *f.* **To speak, write, bad grammar,** faire de fréquentes entorses aux règles de la grammaire; parler, écrire, peu grammaticalement. *That's not* (*good*) *g.,* ce que vous dites là n'est pas grammatical, pèche contre la grammaire. *F:* **To learn the grammar of a subject,** apprendre la grammaire, les rudiments, d'un sujet. (*b*) (Livre *m,* traité *m,* de) grammaire. **A French grammar,** une méthode de français; une grammaire française.
'**grammar-school,** *s.* École *f* secondaire; *approx.* = collège communal.
grammarian [grɑ'mɛəriən], *s.* Grammairien *m.*
grammatical [grɑ'matik(ə)l], *a.* Grammatical, -aux. **-ally,** *adv.* Grammaticalement.
grammaticize [grɑ'matisaiːz]. **1.** *v.tr.* Rendre (un langage, un passage) grammatical. **2.** *v.i.* Discourir sur des points de grammaire.
grammatite ['gramatait], *s. Miner:* Trémolite *f*; grammatite *f.*
gramme¹ [gram], *s. Meas:* Gramme *m.* (Poids en grammes × 0.035 = poids en onces.)
'**gramme-'atom,** *s. Ch:* Atome-gramme *m, pl.* atomes-grammes.
'**gramme-'calory,** *s. Ph:* Petite calorie.
'**gramme-'centimetre,** *s. Mec:* Centimètre-gramme *m, pl.* centimètres-grammes.
'**gramme-e'quivalent,** *s. Ch:* Gramme-équivalent *m, pl.* gramme-équivalents.
'**gramme-mo'lecular,** *a. Ph.Meas:* **Gramme-molecular weight,** molécule-gramme *f, pl.* molécules-grammes.
'**gramme-'molecule,** *s. Ch:* Molécule-gramme *f, pl.* molécules-grammes.
Gramme². *Pr.n.m. El.E:* **Gramme-dynamo,** machine *f* de Gramme. *El:* **Gramme-ring,** anneau *m* de Gramme.
gramophone ['gramofoun], *s.* Phonographe *m* (à disques); gramophone *m.* **Gramophone recording,** phonographie *f.*
gramophonic [gramo'fɔnik], *a.* Phonographique.
grampus ['grampəs], *s.* **1.** *Z:* Épaulard *m,* orque *f. See also* BLOW² I. 2, PUFF² 1. **2.** *F:* Gros bonhomme poussif.
Granada [grɑ'nɑːda, 'granada]. *Pr.n. Geog:* Grenade. (*Native, inhabitant*) *of G.,* grenadin.
granadilla [grana'dila], *s. Bot:* Grenadille *f.*
granary ['granəri], *s.* Grenier *m. Com:* Entrepôt *m* de grain. *Hist:* **Public granaries,** greniers d'abondance. *F: Egypt was the g. of the ancient world,* l'Égypte était le grenier de l'ancien monde.
grand [grand], *a.* **1.** (*In titles*) Grand. **The Grand Turk,** le grand Turc. **The Grand Vizier,** le grand vizir. **2.** (*a*) Grand; principal, -aux. **The Grand Army,** la Grande Armée. **The Grand Fleet,** la Grande Flotte. **The grand staircase,** l'escalier d'honneur. *Sp:* **The grand stand,** la tribune d'honneur; la grande tribune. *F:* **Grand-stand play,** jeu *m* pour s'attirer les applaudissements de la tribune. **The Grand Hotel,** *F:* **the Grand,** le Grand Hôtel. **The Grand Canal,** le Grand Canal (de Venise). *See also* TOUR¹. (*b*) **Grand total,** total global; total général. *The g. result of his labours,* la somme totale de ses travaux. **3.** (*Full-sized, complete in form*) (*a*) **Grand concert,** grand concert. **Grand concerto,** concerto *m* grosso. *G. display of fireworks,* grand feu d'artifice. **To make a grand mistake,** faire une grosse faute. *See also* OPERA. (*b*) **A grand piano,** *F:* **a grand,** un piano à queue. **Half-grand piano,** piano à demi-queue. **Upright grand,** piano droit grand modèle; piano droit à cordes obliques. *See also* BABY¹ 2, CONCERT-GRAND, SEMI-GRAND. **4.** (*a*) Grandiose, imposant, magnifique, impressionnant. *G. panorama of mountains,* panorama *m* magnifique de montagnes. **Grand style,** style grandiose, grand style. *Phrase that belongs to the g. style,* expression *f* qui appartient au style soutenu. **The grand manner,** la grande manière. **The Grand Old Man,** surnom de W. E. Gladstone. *F:* **The grand old man of the village,** le (vénérable) vieillard respecté de tout le village, dont s'enorgueillit tout le village. *A g. old man of trades-unionism,* un vétéran du syndicalisme. (*b*) **A grand lady,** une grande dame. *F: She is too much of a g. lady to take tea with us,* elle est trop grande dame pour prendre le thé avec nous. *A g. company,* une compagnie brillante. *I'm not fit for g. company,* je ne suis pas fait pour la belle société. **The grand air,** le grand air; le panache. *s.* **They love to do the grand,** ils aiment à paraître, à faire de l'épate, à faire les importants, les grands seigneurs. **5.** (*a*) *F:* Excellent, splendide, fameux, *F:* épatant. *G. dinner,* (i) riche dîner; (ii) grand dîner; dîner magnifique. *He's a g. fellow,* c'est un type épatant. (*b*) *F:* **I'm not over grand,** je ne suis pas brillant, ça ne va qu'à moitié. **6.** *s. U.S: F:* Mille dollars. **-ly,** *adv.* (*a*) Grandement, magnifiquement, splendidement; à merveille. (*b*) Grandiosement.
'**grand-aunt,** *s.f.* Grand'tante, *pl.* grand'tantes.
'**Grand 'Bank (the).** *Pr.n. Geog:* Le Grand Banc (de Terre-Neuve).
'**Grand 'Cross,** *s.* **1.** Grand'croix *f inv.* **2. Knight Grand Cross,** grand-croix *m, pl.* grands-croix.
'**grand-dad,** *s.m.* Grand-papa, *pl.* grands-papas; *F:* bon-papa, *pl.* bons-papas.
'**grand-daughter,** *s.f.* Petite-fille, *pl.* petites-filles.
'**Grand 'Duchess,** *s.f.* Grande-duchesse, *pl.* grandes-duchesses.
'**Grand 'Duchy,** *s.* Grand-duché *m, pl.* grands-duchés.
'**Grand 'Duke.** **1.** *s.m.* Grand-duc, *pl.* grands-ducs. **2.** *s. Orn:* **Grand duke,** grand-duc.
'**Grand 'Master,** *s.m.* Grand maître (d'un ordre de chevalerie, etc.); vénérable (d'une loge de francs-maçons).
'**Grand 'National (the),** *s. Turf:* La course classique de steeple. (Se court à Aintree, près de Liverpool, sur un parcours de 4 milles ½.)
'**grand-nephew,** *s.m.* Petit-neveu, *pl.* petits-neveux.
'**grand-niece,** *s.f.* Petite-nièce, *pl.* petites-nièces.
'**grand-uncle,** *s.m.* Grand-oncle, *pl.* grands-oncles.
grandad ['grandad], *s.m.* = GRAND-DAD.
grandam ['grandam], **grandame** ['grandeim], *s.f. A:* Grand'mère, *pl.* grand'mères; aïeule.
grandchild, *pl.* **-children** ['gran(d)tʃaild, -tʃildrən], *s.* Petit-fils *m* ou petite-fille *f, pl.* petits-enfants *m.*
grandee [gran'diː], *s.* (*a*) Grand *m* (d'Espagne). (*b*) *F:* Grand personnage.
grandeeship [gran'diːʃip], *s.* Grandesse *f* (d'Espagne).
grandeur ['grandjər], *s.* Grandeur *f.* (*a*) Noblesse *f,* éminence *f.* **At the summit of human grandeur,** au faîte de la grandeur humaine. (*b*) Splendeur *f,* magnificence *f. The g. of the landscape,* le caractère sublime, imposant, du paysage; la majesté du paysage. (*c*) Pompe *f,* éclat *m* (d'une cérémonie, d'un train de vie).
grandfather ['gran(d)fɑːðər], *s.m.* Grand-père, *pl.* grands-pères; aïeul. *See also* CHAIR¹ 1, CLOCK¹.
grandfatherly ['gran(d)fɑːðərli], *a.* De grand-père. *F:* **Grandfatherly advice,** avis paternel.
gran(d)fer ['granfər], *s. Dial:* = GRANDFATHER.
grandiloquence [gran'dilokwəns], *s.* Grandiloquence *f*; emphase *f.*
grandiloquent [gran'dilokwənt], *a.* Grandiloquent, grandiloque; (ton) magnifique, doctoral, -aux, pompeux; (style) emphatique, ampoulé. **-ly,** *adv.* D'un ton ou dans un style grandiloquent, emphatique; avec emphase.
grandiose ['grandious], *a.* (*a*) Grandiose, magnifique, splendide. (*b*) Pompeux; qui affiche la grandeur; qui vise à la majesté. **-ly,** *adv.* (*a*) Grandiosement. (*b*) Pompeusement.
grandiosity [grandi'ɔsiti], *s.* (*a*) Magnificence *f,* grandiose *m.* (*b*) Caractère pompeux.
Grandisonian [grandi'sounjən], *a.* (Manière, etc.) digne d'un parfait gentleman (tel que Sir Charles Grandison dans le roman de Richardson).
grand(mam)ma ['gran(d)(ma)mɑː], *s.f.* Grand'maman, *pl.* grand'mamans; *F:* bonne-maman, *pl.* bonnes-mamans.
grandmother¹ ['gran(d)mʌðər], *s.f.* Grand'mère, *pl.* grand'mères; aïeule. *See also* COCK¹, SUCK² 1.
grandmother², *v.tr.* **1.** Être la grand'mère de (qn); traiter (qn) en grand'mère. **2.** *F:* Être aux petits soins pour (qn); dorloter (qn).
grandmotherly ['gran(d)mʌðərli], *a.* De grand'mère. *F:* **Grandmotherly legislation,** législation *f* qui pèche par trop de zèle.
grandness ['grandnəs], *s.* **1.** Grandeur *f*; grandiose *m* (d'un spectacle). **2.** *Pej:* Affectation *f* de grandeur; air important.
grand(pa)pa ['gran(d)(pa)pɑː], *s.m.* Grand-papa, *pl.* grands-papas, *F:* bon-papa, *pl.* bons-papas.
grandparent ['grandpɛərənt], *s.* Grand-père *m,* aïeul *m*; grand'mère *f,* aïeule; *pl.* grands-parents *m.*
grandparental [grandpa'rent(ə)l], *a.* (Influence, etc.) des grands-parents.
grandsire ['gran(d)saiər], *s.m. Lit:* **1.** Grand-père, *pl.* grands-pères. **2.** Aïeul, *pl.* aïeux; ancêtre *m.*
grandson ['gran(d)sʌn], *s.m.* Petit-fils, *pl.* petits-fils.
grange [greindʒ], *s.* **1.** *A:* Grange *f.* **2.** Manoir *m* (avec ferme); château *m.* **3.** *Hist:* Ferme *f* (d'un monastère, etc.). **4.** *U.S:* Syndicat *m* d'agriculteurs.
granger ['greindʒər], *s.* **1.** Régisseur *m* d'une ferme. **2.** *U.S:* Membre *m* d'un syndicat d'agriculteurs.
grangerite ['greindʒərait], *s.* Truffeur *m* (de livres).
grangerize ['greindʒəraiːz], *v.tr. Bookb:* **To grangerize a book,** truffer un exemplaire d'un livre.
grangerizing, *s.* Truffage *m.*
Granicus [gra'naikəs]. *Pr.n. A.Geog:* Le Granique.
graniferous [gra'nifərəs], *a. Bot:* Granifère.
graniform ['granifɔːrm], *a. Bot: Anat:* Graniforme.
granite ['granit], *s. Geol: Miner:* Granit(e) *m.* **Granite formation,** formation graniteuse, granitique. **Granite-like,** granitaire. *F:* **To bite on granite,** se buter à l'impossible. **The Granite City,** Aberdeen. *U.S:* **The Granite State,** le New Hampshire. **The granite boys,** les habitants du New Hampshire. *See also* GRAPHIC 1 (*b*).
'**granite-headed,** *a.* (Homme) que rien ne saurait toucher.
'**granite-hearted,** *a.* Au cœur de granit.
granitic [gra'nitik], *a.* Granitique, graniteux.
granitoid ['granitɔid], *a.* Granitaire, granitoïde.
granivorous [gra'nivorəs], *a. Z:* Granivore.
grannie, granny ['grani], *s.f. F:* (*a*) Bonne-maman, *pl.* bonnes-mamans, grand'maman, *pl.* grand'mamans; *P:* mémé. (*b*) **An old granny,** une vieille commère. *See also* KNOT¹ 1, SUCK² 1.
granolithic [grano'liθik], *a. Civ.E:* **Granolithic paving-stone,** dalle *f* en ciment à parement de granit concassé.
grant¹ [grɑːnt], *s.* **1.** (*a*) Concession *f,* octroi *m* (d'une permission,

etc.); délivrance *f* (d'un brevet). (*b*) *Jur:* Don *m*, cession *f* (d'un bien, etc.). **Post in s.o.'s grant,** poste *m* en la disposition de qn. (*c*) *Jur:* Acte *m* de donation; acte de transfert. **2.** Aide *f* pécuniaire; subvention *f*, allocation *f*, prime *f*. **Grant-in-aid,** subvention de l'État. **To make a grant to s.o.,** accorder une subvention, une allocation, à qn; doter (un général). **To receive a State grant,** être subventionné ou doté par l'État. **Grant-aided,** subventionné par l'État. *To put in a claim for a g.*, demander une allocation. *See also* CAPITATION. **3.** *U.S:* Concession de terrain.

grant[2], *v.tr.* **1.** (*a*) Accorder, concéder, octroyer, conférer (une permission, une grâce, etc.); délivrer (une autorisation, un brevet). *The rights granted to them*, les droits à eux cédés. *The king granted that the prisoner should be freed*, le roi accorda la mise en liberté du prisonnier. *She was granted to stay out till ten*, on lui octroya la permission de ne rentrer qu'à dix heures. *He was granted permission to . . .*, il reçut la permission de. . . . *The countries that have been granted autonomy*, les pays qui se sont vu accorder l'autonomie. **Heaven grant that . . .,** fasse le ciel que. . . . **God grant it!** Dieu le veuille! *God g. that . . .*, Dieu veuille que. . . . *The gods did not g. him to see his country again*, les dieux *m* ne lui accordèrent point de revoir sa patrie. *F: I beg your pardon.*—**Granted!** je vous demande pardon.—Il n'y a pas de quoi; mais comment donc! (*b*) Exaucer (une prière); accéder à (une requête); satisfaire (le désir de qn). (*c*) *Jur:* Faire cession de (qch.). **2.** Accorder, allouer (une subvention à qn). *To g. a loan*, consentir un prêt (*to*, à). **3.** Admettre, concéder (un argument, etc.). *To g. sth. as a fact*, admettre qch. pour vrai. *It must be granted that . . .*, il faut reconnaître que. . . . **Granting the truth of . . .,** si l'on admet la vérité de. . . . *I g. that you may be right*, je veux bien que vous ayez raison. *I am ready to g.*, **I grant you,** *that he is lazy, but . . .*, il est paresseux, je le veux bien, mais. . . . **Granted that you are right,** admettons, supposons, *F:* mettons, que vous ayez raison. *I g. you that he is a rogue*, j'avoue que c'est un coquin. **This being granted, granting this,** ceci posé. *I g. you that*, je vous passe cela. **Granted!** soit! d'accord!

granted, *a.* Admis, concédé. **To take sth. for granted,** considérer qch. comme accordé, comme admis, comme convenu, comme chose établie; prendre qch. pour avéré; présupposer qch. **You take too much for granted,** vous présumez trop; vous allez trop vite. *Don't take too much for g.*, n'allez pas si vite. *I take it for g. you will come*, c'est entendu que vous venez. *To take a permission for g.*, *F:* escompter une permission. **We take it all for granted,** tout cela nous semble normal.

granting, *s.* **1.** (*a*) Concession *f*, octroiement *m*; collation *f* (d'un titre, d'un grade). *G. of a right*, octroi *m* d'un droit. (*b*) *Jur:* Cession *f*. **2.** Don *m*, accord (d'une subvention, etc.). **3.** Admission *f*, reconnaissance *f* (d'un argument, etc.).

grantable ['grɑːntəbl], *a.* Accordable, allouable, concessible.

grantee [grɑːn'tiː], *s.* *Jur:* (Con)cessionnaire *mf*, donataire *mf*; impétrant, -ante (d'un brevet, etc.).

grantor ['grɑːntər], *s.* *Jur:* Donateur *m*, concesseur *m*, (con)cédant *m*; constituant *m*, constituteur *m* (d'une annuité, etc.).

granular ['granjulər], *a.* (*a*) (*Of surface, texture*) Granulaire, granuleux. *See also* FILLING[2] 5, ICE[1] 1. (*b*) *Med:* (*Of fracture*) Grenu, à grains; (*of tumour*) granuleux. *F:* **Granular lids,** conjonctivite granuleuse.

granularity [granju'lariti], *s.* Grenu *m* (du marbre, etc.).

granulate ['granjuleit]. **1.** *v.tr.* (*a*) Granuler; grener, grainer (la poudre, un métal, etc.); cristalliser (le sucre); grenailler (un métal, la cire, etc.). (*b*) Greneter, greneler (une surface). **2.** *v.i.* (*a*) Se former en grains; se grenailler; (*of sugar, etc.*) se cristalliser. (*b*) *Surg:* (*Of wound*) Bourgeonner.

granulated, *a.* **1.** (*a*) Granulé, grené; (métaux, etc.) en grains, en grenaille; (sucre) cristallisé. *Tp: etc:* **Granulated carbon,** grenaille *f* de charbon. (*b*) (*Of surface*) Grenu; (*of paper*) chagriné. **2.** *Med:* (*Of tumour*) Granuleux.

granulating, *s.* = GRANULATION 1. **Granulating machine** = GRANULATOR.

granulation [granju'leiʃ(ə)n], *s.* **1.** Granulation *f*; granulage *m* (de la poudre, etc.); grenaillement *m* (d'un métal, de la cire). **2.** Grenetage *m*, grainetage *m* (d'une surface). **3.** *pl.* *Med:* **Granulations,** granulations, bourgeonnement *m*.

granulator ['granjuleitər], *s.* *Metall:* Granulatoire *m*. *Ch: Exp:* Grenoir *m*, granulateur *m*.

granule ['granjuːl], *s.* Granule *m*. *Tp: etc:* **Carbon granules,** grenaille *f* de charbon.

'granule-cell, *s.* *Biol:* Cellule granuleuse.

granulite ['granjulait], *s.* *Miner:* Granulite *f*.

granuloma [granju'loumɑ], *s.* *Med:* Granulome *m*.

granulose [granju'lous]. **1.** *s.* *Ch: Physiol:* Granulose *f*. **2.** *a.* = GRANULAR.

granulous ['granjuləs], *a.* Granuleux, granulaire.

grape [greip], *s.* **1.** (*a*) Grain *m* de raisin. *Piece of butter the size of a g.*, morceau de beurre gros comme un grain de raisin. (*b*) *Hort:* **A (variety of) grape,** un raisin. **Table grape, dessert grape,** raisin de treille. *See also* WINE-GRAPE. (*c*) *pl.* **Grapes,** *in Lit. use, coll. sg.* **grape,** raisin(s). **Bunch of grapes,** grappe *f* de raisin. **Dessert grapes,** raisin(s) de table. *For dessert I'll have grapes*, pour dessert je prendrai un raisin, du raisin. *Branch laden with grapes*, branche grappue. *Vit:* **To gather the grapes,** vendanger; faire la vendange. *To glean grapes*, grappiller. *Lit:* **The juice of the grape,** le jus de la treille. *F:* **The grapes are sour! sour grapes!** ils sont trop verts! **2.** *Mil: A:* = GRAPE-SHOT. **3.** *pl.* *Vet:* **Grapes,** la grappe.

'grape-basket, *s.* Vendangeoir *m*.

'grape-bearing, *a.* *Bot:* Uvifère.

'grape-brandy, *s.* Eau-de-vie *f* de marc.

'grape-cure, *s.* *Med:* Cure uvale.

'grape-fruit, *s.* **1.** *Bot:* Pamplemousse *f*. **2.** *Com:* Grape-fruit *m*.

'grape-gatherer, *s.* Vendangeur, -euse.

'grape-gathering, *s.* Vendange *f*.

'grape-gleaner, *s.* Grappilleur, -euse.

'grape-gleaning, *s.* Grappillage *m*.

'grape-grower, *s.* Viticulteur *m*.

'grape-growing, *s.* Viticulture *f*.

'grape-house, *s.* Serre *f* à raisins; grapperie *f*.

'grape-hyacinth, *s.* *Bot:* Muscari *m*.

'grape-juice, *s.* Jus *m* de raisin. *U.S: F:* **Grape-juice diplomacy,** diplomatie *f* timide, à l'eau de rose.

'grape-scissors, *s.pl.* Ciseaux *m* à (couper les) raisins.

'grape-shaped, *a.* *Bot:* Uviforme.

'grape-shot, *s.* *Mil: A:* Mitraille *f*. *A: To fire g.-s. on troops, to pepper troops with g.-s.*, mitrailler les troupes. *Discharge of g.-s.*, mitraillade *f*.

'grape-stone, *s.* Pépin *m* de raisin.

'grape-sugar, *s.* Sucre *m* de raisin, glucose *f* (*in Ch: usu. m*).

'grape-vine, *s.* **1.** Vigne *f*, treille *f*. **2.** *U.S: P:* **Grape-vine telegraph,** source *f* de canards. *Report by g.-v. telegraph*, **a grape-vine,** canard *m*.

grapery ['greipəri], *s.* (*a*) Serre *f* à raisin(s); grapperie *f*. (*b*) Vignoble *m*.

graph[1] [graf, grɑːf], *s.* **1.** Graphique *m*, diagramme *m*, courbe *f*, tracé *m* (d'une équation, etc.). **Graph paper,** papier quadrillé. **2.** Abaque *m*, nomogramme *m*; barème *m* graphique. **3.** *Ch:* = *graphic formula, q.v. under* FORMULA 2.

graph[2], *v.tr.* **1.** Graphiquer (une courbe); tracer (une courbe) graphiquement. **2.** Abaquarrer (la table de Pythagore, etc.).

graph[3], *s.* Autocopiste *m* (à la gélatine); appareil *m* à polycopier.

graph[4], *v.tr.* Autocopier, polycopier (à la gélatine).

-graph, *comb.fm.* **1.** -graphe *m*. *Autograph*, autographe. *Phonograph*, phonographe. **2.** -graphie *f*. *Photograph*, photographie. *Lithograph*, lithographie.

-grapher [grəfər], *comb.fm.* -graphe *mf*. *Photographer*, photographe. *Stenographer*, sténographe.

graphic ['grafik], *a.* **1.** (*a*) *Mth: etc:* (Représentation *f*, solution *f*, etc.) graphique. *See also* FORMULA 2. (*b*) *Miner:* **Graphic granite,** pegmatite *f* graphique. **2.** (*Of description, etc.*) Pittoresque, vivant. **-ally,** *adv.* **1.** (Résoudre un problème) graphiquement. **2.** (Décrire) pittoresquement.

-graphic, *comb.fm.* -graphique. *Lithographic*, lithographique. *Stenographic*, sténographique.

graphicness ['grafiknəs], *s.* Pittoresque *m* (d'une description, etc.).

graphics ['grafiks], *s.pl.* (*Usu. with sg. const.*) La graphique.

graphite ['grafait], *s.* Graphite *m*; mine *f* de plomb; plombagine *f*. *Retort g.*, graphite de cornue. *Colloidal g.*, graphite colloïdal. **Graphite oil,** huile graphitée. **To coat with graphite,** graphiter, plombaginer. *Mec.E:* **Lubricating graphite,** graphite de graissage. *Non-freezing g.*, bouillie *f* de graphite. *See also* BOILER-GRAPHITE.

graphitic [gra'fitik], *a.* *Ch:* Graphitique.

graphitization [grafitai'zeiʃ(ə)n], *s.* Graphitisation *f*.

graphiure ['grafijuər], *s.* *Z:* Graphiure *m*.

graphologist [gra'fɔlodʒist], *s.* Graphologue *mf*.

graphology [gra'fɔlodʒi], *s.* Graphologie *f*.

graphomania [grafo'meiniɑ], *s.* *Med:* Graphomanie *f*, *F:* scribomanie *f*.

graphometer [gra'fɔmetər], *s.* *Surv:* Graphomètre *m*; demi-cercle *m*, *pl.* demi-cercles.

graphotype ['grafotaip], *s.* *Engr:* Graphotypie *f*.

-graphy [grəfi], *comb.fm.* -graphie *f*. *Lithography*, lithographie. *Stenography*, sténographie. *Selenography*, sélénographie.

grapnel ['grapnel], *s.* *Nau:* Grappin *m*, crochet *m*, drague *f*, harpeau *m*. *Hyd.E:* Araignée *f*. *Aer:* Ancre *f* (de ballon).

grapple[1] [grapl], *s.* **1.** = GRAPNEL. **2.** Lutte *f* corps à corps. **To come to grapples with s.o.,** en venir aux prises avec qn.

grapple[2]. **1.** *v.tr.* (*a*) *A:* Grappiner; jeter le grappin sur (un bateau, etc.). (*b*) Accrocher, agripper (qn, qch.). **2.** *v.i.* (*a*) *Nau: A:* **To grapple with a ship,** aborder un navire. (*b*) **To grapple with s.o.,** en venir aux prises avec qn; saisir qn à bras le corps; colleter, *A:* harper, qn. **To grapple with a difficulty,** en venir aux prises avec, s'attaquer à, une difficulté. (*c*) **To grapple on to sth.,** s'accrocher à qch.

grappling, *s.* **1.** Accrochage *m*. **2.** (*a*) Abordage *m*. *See also* ANCHOR[1]. (*b*) Lutte *f* corps à corps, corps-à-corps *m* (*with*, avec); colletage *m*.

'grappling-iron, *s.* = GRAPNEL.

grappler ['graplər], *s.* **1.** = GRAPNEL. **2.** Personne *f* qui vient aux prises avec qn. *The grapplers of this problem*, ceux qui se sont attaqués à ce problème.

grapy ['greipi], *a.* (Goût, etc.) de raisin.

grasp[1] [grɑːsp], *s.* **1.** (*a*) Poigne *f*. **To have a strong grasp,** avoir une forte poigne; avoir la serre bonne. (*b*) Prise *f*; étreinte *f*. **To lose one's grasp,** lâcher prise. *To wrest sth. from s.o.'s g.*, arracher qch. à l'étreinte de qn, des mains de qn. *To escape from s.o.'s g.*, échapper à l'étreinte de qn. **To have sth. within one's grasp,** avoir qch. à sa portée. **To have s.o. within one's grasp,** avoir qn en son pouvoir, entre ses griffes. *To have success within one's g.*, tenir le succès entre ses mains. **Beyond one's grasp,** hors d'atteinte. (*c*) Compréhension *f*. **To have a good grasp of modern life,** avoir une profonde connaissance de la vie moderne. *Phenomenon that eludes human g.*, phénomène *m* qui échappe à l'emprise humaine. **2.** Poignée *f* (d'un aviron, d'une épée).

grasp[2]. **1.** *v.tr.* (*a*) Saisir; empoigner (un outil, la manivelle); prendre (qch.); serrer (qch.) dans sa main; étreindre (qch.). **To grasp s.o.'s hand,** serrer la main à qn. *I grasped his arm*, je lui saisis le bras. *Fb:* **To grasp the ball,** empoigner le ballon. *F:* **To grasp the nettle,** ne pas hésiter (à prendre un parti désagréable); y aller franchement; prendre le taureau par les cornes; prendre le tison par où il brûle. (*b*) S'emparer de (qch.); saisir (la couronne); se saisir de (qch.). **To grasp the opportunity,** saisir l'occasion au vol; saisir l'occasion (de faire qch.). *Prov:* **Grasp all lose all,** qui trop embrasse mal étreint. **2.** *v.tr.* Comprendre (une difficulté, etc.). *I did not quite g. what he said,* je n'ai pas tout à fait saisi ce qu'il disait. *Argument difficult to g.,* raisonnement *m* difficile à saisir. *To g. the importance of sth.,* se rendre compte de l'importance de qch. **3.** *v.i.* **To grasp at sth.** *(a)* Tâcher de saisir, d'atteindre, qch.; chercher à saisir qch. *(b)* Saisir avidement (une occasion, une offre).

grasping[1], *a.* **1.** *(Of claws, etc.)* Tenace. **2.** Avide, cupide, intéressé; pingre; âpre au gain. *To be g., F:* avoir les dents longues. *He is never g. about money,* il n'est jamais âpre sur la question d'argent. **-ly,** *adv.* Avidement; avec âpreté.

grasping[2], *s.* **1.** Prise *f,* empoignement *m;* étreinte *f* (dans la main). **2.** Compréhension *f.*

grasper ['grɑːspər], *s. F:* = GRAB-ALL.

graspingness ['grɑːspiŋnəs], *s.* Avidité *f,* cupidité *f,* pingrerie *f.*

grass[1] [grɑːs], *s.* Herbe *f.* **1.** *(a)* **Blade of grass,** brin *m* d'herbe. **To cut grass** *(for fodder),* faire de l'herbe. *F:* **To cut the grass under s.o.'s feet,** couper l'herbe sous le pied de qn. **Not to let the grass grow under one's feet,** ne pas perdre de temps; ne pas traîner en affaires. *F:* **He can hear the grass grow,** plus fin que lui n'est pas bête. *See also* FROG[1] I, GREEN[1] I, SNAKE[1]. *(b) Bot:* **The grasses,** les graminées *f.* *(c) Bot:* **Grass of Parnassus,** parnassie *f* des marais, gazon *m* du Parnasse. **Spanish grass,** sparte *m,* spart *m,* alfa *m.* *See also* BENT[1] I, CHINA-GRASS, FEATHER-GRASS, LEMON-GRASS, QUAKING-GRASS, RYE-GRASS. **2.** *(a)* Herbage *m,* pâture *f,* fourrage *m* en vert. **To turn, put, send, a horse out to grass,** mettre un cheval à l'herbe, au vert, en pâture; mettre paître un cheval; herbager un cheval. *Putting out to g.,* herbagement *m.* **To be at grass,** (i) *(of animal)* être au vert; (ii) *F: (of pers.)* être mis au vert; aller planter ses choux. **To take a horse off grass,** remettre un cheval à sec, au sec. **To put land under grass,** enherber une terre; mettre du terrain en pré; convertir un champ en herbe. *(b)* Gazon. *P.N:* **'Do not walk on the grass'; 'please keep off the grass,'** "défense de marcher sur les pelouses"; "défense de circuler sur le gazon." *P:* **Keep off the grass!** (i) n'empiétez pas sur mes plates-bandes, sur mes prérogatives; (ii) *(woman to man)* soyez sage! pas de libertés! *Turf:* **Three riders were on the grass,** trois jockeys avaient vidé les arçons, étaient par terre. *F:* **To send s.o. to grass,** étendre qn par terre. **To go to grass,** s'étaler par terre; *Lit:* mordre la poussière. *(c) Min:* Surface *f,* jour *m.* **To bring the ore to grass,** remonter le minerai. **3.** *U.S: F:* Asperges *fpl.*

'grass-bleached, *a. Tex:* Blanchi sur l'herbe; blanchi au pré.

'grass-cloth, *s.* **1.** *Tex:* (Toile *f* de) ramie *f.* **2.** *Bot:* **Grass-cloth plant,** ramie.

'grass-covered, *a.* Enherbé.

'grass-fed, *a.* (Mouton) qui a pâturé dans les prés.

'grass-feeding, *a. Z:* Graminivore.

'grass-green, *a.* Vert pré *inv.*

'grass-grown, *a.* Herbu, herbeux, enherbé.

'grass-hook, *s. Tls:* Faucille *f.*

'grass-land, *s.* Prairie *f,* pré *m,* herbage *m.*

'grass-plat, -plot, *s.* Pelouse *f;* carré *m* de gazon.

'grass-seed, *s.* **1.** Graine fourragère. **2.** Graine pour gazon.

'grass-snake, *s. Rept:* Couleuvre *f* à collier; serpent *m* d'eau.

'grass-tree, *s. Bot:* Xanthorrhée *f.*

'grass 'widow, *s.f. F:* Femme dont le mari est absent, en voyage; veuve à titre temporaire; demi-veuve.

'grass-'widower, *s.m.* Mari dont la femme est absente; veuf à titre temporaire.

'grass-wrack, *s. Algae:* Zostère *f; F:* baugue *f,* bauque *f.*

grass[2], *v.tr.* **1.** Mettre en herbe, enherber (un champ); gazonner (un terrain). **2.** *Tex:* Blanchir au pré, herber, curer (le lin). **3.** *(a) F:* Étendre (un adversaire) par terre; désarçonner (un cavalier). *(b) Fish:* Amener (un poisson) à terre. *(c) Ven:* Abattre, descendre (un oiseau). **4.** *Min:* Remonter (le minerai).

grassed, *a. Golf:* (Club) à face légèrement inclinée.

grassing, *s.* **1.** Mise *f* en herbe, en gazon (d'un terrain). **2.** *Tex:* Blanchissage *m,* blanchiment *m,* au pré; curage *m* (du lin). **3.** *(a)* Désarçonnage *m* (d'un cavalier). *(b)* Abattage *m* (d'un oiseau). **4.** Remontage *m* (du minerai).

grasser ['grɑːsər], *s. Turf:* Chute *f* de cheval.

grasshopper ['grɑːshɔpər], *s. Ent:* Sauterelle *f.* **Water grasshopper,** cigale *f* de rivière.

grassy ['grɑːsi], *a.* Herbu, herbeux; *(of pasture land)* herbageux. *G. path,* chemin vert. *G. plains,* plaines verdoyantes.

grate[1] [greit], *s.* **1.** = GRATING[1] I. **2.** *(a)* (i) Grille *f* (de foyer); (ii) *F:* foyer *m,* âtre *m.* *Mch:* Grille, grillage *m* (de foyer de chaudière). *Revolving g.,* grille tournante. *Shaking g., jigging g.,* grille à secousses; grille oscillante. *See also* DROP-GRATE. *(b) Min:* Grille, tamis *m* (de bocard).

'grate-area, *s. Mch:* Surface *f* de grille, aire *f* de grille (du foyer).

'grate-bar, *s. Mch:* Barreau *m* de grille (de foyer). *See also* INTERLOCKING I.

'grate-fire, *s.* Feu *m* qui brûle dans une cheminée ouverte.

'grate-polish, *s.* Noir *m* à fourneaux.

'grate-surface, *s. Mch:* = GRATE-AREA.

grate[2], *v.tr.* Griller (une fenêtre, etc.).

grated, *a.* Grillé, à grille.

grating[1], *s.* **1.** *(a)* Grille *f,* grillage *m* (de fenêtre, etc.); treillis *m,* lattis *m;* claire-voie *f, pl.* claires-voies. *Hyd.E: etc:* Gril *m* (en amont d'une vanne); grille, pommelle *f* (d'égout, de tuyau, etc.); crapaudine *f* (de débouché). *Ind: etc:* **Grating floor,** plancher *m* en lattis. *Nau:* **Boiler-room grating,** plancher de la chaufferie. *Navy:* **Armoured grating,** grillage blindé. *(b) Nau:* Caillebot(t)is *m.* **2.** *Opt:* **Diffraction grating,** réseau *m.*

grate[3]. I. *v.tr.* **1.** Râper (de la muscade). **To grate cheese over a dish,** râper du fromage sur un plat. **2.** *(a)* **To grate one's teeth,** grincer des dents. *(b)* **To grate sth. on sth.,** frotter qch. contre qch. (avec un grincement).

II. **grate,** *v.i.* *(a) (Of machinery, etc.)* Grincer; *(of chalk on blackboard, etc.)* crisser. *The brake grated on the wheel,* le frein frottait, grinçait, contre la roue. *The door grated on its hinges,* la porte grinça; la porte cria sur ses gonds. *(b)* **To grate on the ear,** choquer, écorcher, déchirer, affliger, blesser, l'oreille. *Word that grates on the ear,* mot dissonant; mot désagréable à l'oreille. **To grate on the nerves,** taper sur les nerfs; agacer les nerfs. *To g. on s.o.'s pride,* froisser l'amour-propre de qn. *To g. on s.o.'s feelings,* affliger, choquer, qn.

grating[2], *a.* **1.** *(Of noise, etc.)* Discordant, râpeux, grinçant; qui écorche, déchire, l'oreille. *G. sound,* grincement *m,* crissement *m.* *G. laugh,* ricanement *m.* *G. laughter,* ricanements. *G. voice,* voix *f* rude. **2.** Choquant, désagréable. **-ly,** *adv.* **1.** Avec un son râpeux; d'un ton discordant. **2.** Désagréablement.

grating[3], *s.* **1.** *(a)* Râpage *m.* *(b) pl.* **Gratings,** râpure(s) *f(pl).* **2.** Grincement *m,* crissement *m* (d'un gond, etc.); frottement *m* (d'une roue, etc.).

grateful ['greitful], *a.* **1.** *(Of pers.)* Reconnaissant *(to, towards, s.o. for sth.,* à, envers, qn de qch.). **To be grateful to s.o. for sth., for having done sth.,** savoir (bon) gré à qn de qch., d'avoir fait qch. *To have reason to be g. to s.o.,* devoir de la reconnaissance à qn; *F:* devoir à qn une belle, une fière, chandelle. *I am g. to you for giving me a warning,* je vous suis très reconnaissant de m'avoir prévenu. **2.** *(Of thg)* Agréable; (repos) réconfortant, bienfaisant; à propos. *Your sympathy is g. to me,* votre sympathie m'est douce. **-fully,** *adv.* **1.** Avec reconnaissance. **2.** Agréablement.

gratefulness ['greitfulnəs], *s.* **1.** Reconnaissance *f,* gratitude *f.* **2.** Agrément *m.*

grater ['greitər], *s.* Râpe *f.* *See also* NUTMEG-GRATER.

Gratian ['greiʃiən]. *Pr.n.m. Rom.Hist:* Gratien.

graticulate [grə'tikjuleit], *v.tr. Draw:* Graticuler (un dessin).

graticulation [gratikju'leiʃ(ə)n], *s. Draw:* Graticulation *f.*

graticule ['gratikjuːl], *s.* **1.** *Draw:* Graticule *m.* **2.** *Opt: Tchn:* Réticule *m.*

gratification [gratifi'keiʃ(ə)n], *s.* **1.** Satisfaction *f,* plaisir *m.* **To have the gratification of knowing one has done one's best,** avoir la satisfaction de savoir qu'on a fait de son mieux. **To do sth. for one's own gratification,** faire qch. pour son propre contentement. *It is a real g. to learn that . . .,* c'est un réel plaisir d'apprendre que. . . . **2.** Satisfaction, assouvissement *m* (des passions). **3.** *A: (a)* Gratification *f,* récompense *f.* *(b)* Pot-de-vin *m, pl.* pots-de-vin.

gratify ['gratifai], *v.tr.* **1.** *A:* Donner une gratification, une récompense, à (qn). **2.** Faire plaisir, être agréable, à (qn). **3.** Satisfaire, contenter (une passion, le désir de qn, etc.). **To gratify s.o.'s whims,** satisfaire aux caprices de qn; flatter les caprices de qn. *To g. one's fancy for sth.,* se passer la fantaisie de qch.

gratified, *a.* Satisfait, content *(with,* de). *In his heart of hearts he was very much g.,* au fond il était très flatté, il était enchanté.

gratifying, *a.* Agréable; flatteur; (perspective *f,* etc.) qui donne de la satisfaction. *It is very g. to learn that . . .,* c'est un réel plaisir d'apprendre que. . . .

gratinate ['gratineit], *v.tr. Cu:* Gratiner.

gratiola [grə'taiələ], *s. Bot:* Gratiole *f.*

gratis ['greitis]. **1.** *a.* Gratis, gratuit. **2.** *adv.* Gratis, gratuitement, à titre gratuit.

gratitude ['gratitjuːd], *s.* Gratitude *f,* reconnaissance *f (to,* envers).

gratuitous [grə'tjuːitəs], *a.* **1.** Gratuit; (service *m,* etc.) bénévole. **Gratuitous contract,** contrat *m* à titre gratuit; contrat de bienfaisance. **2.** *F:* **Gratuitous insult,** insulte injustifiée, gratuite, sans motif. *G. lie,* mensonge sans motif; mensonge gratuit. **-ly,** *adv.* **1.** Gratuitement; à titre bénévole, gratuit; bénévolement, gracieusement; *F:* gratis (pro Deo). **2.** *F:* Sans motif; gratuitement.

gratuitousness [grə'tjuːitəsnəs], *s.* Gratuité *f.*

gratuity [grə'tjuːiti], *s.* **1.** Gratification *f, F:* pourboire *m;* pot-de-vin *m, pl.* pots-de-vin. **'No gratuities,'** (i) *(in restaurant, etc.)* "service compris"; (ii) *(in official buildings, etc.)* "défense de donner des pourboires." **2.** *Mil: Navy:* Prime *f* de démobilisation; pécule *m.* *Adm:* **Gratuity earned by convicts,** pécule.

gratulatory ['gratjulətəri], *a.* Congratulatoire; de félicitation.

gravamen, *pl.* **-ina** [grə'veimen, -inə], *s.* **1.** *(a)* Plainte *f,* grief *m.* *(b) Ecc:* Mémoire présenté par la Chambre Basse de la Convocation à la Haute Chambre, ayant rapport à des désordres ou à des sujets de plainte dans l'Église. **2.** *Jur:* Fond *m,* fondement *m* (d'une accusation). *G. of a charge,* matière *f* d'un crime.

grave[1] [greːiv], *s.* *(a)* Tombe *f,* tombeau *m,* fosse *f.* **Family grave,** tombeau de famille. **The Paupers' grave,** la fosse commune. **Open grave,** tombe qui attend son cercueil. **To be in one's grave,** être enterré, sous terre, en terre, dans la tombe. *Lit:* **He just escaped a watery grave,** il a failli être enseveli sous les ondes. *F:* **He must have turned in his grave,** il a dû frémir dans sa tombe. **Someone is walking over my grave,** j'ai des frissons; j'ai le frisson. **To have one foot in the grave, to be on the brink of the grave,** avoir un pied dans la tombe; être au bord de la tombe, de la fosse; être aux portes du tombeau. **To be brought to an early grave,** avoir une fin prématurée. *See also* CARRY[2] I, SECRET I, STILL[1] I. *(b)* **From beyond the grave,** d'outre-tombe. **Never on this side of the grave,** jamais de la vie. *B:* **O grave, where is thy victory?** où est, ô sépulcre, ta victoire?

'grave-clothes, *s.pl.* Linceul *m,* suaire *m.*

'grave-digger, *s.* **1.** Fossoyeur *m.* **2.** *Ent: F:* Nécrophore *m.*

'grave-digging[1], *a. Ent:* **Grave-digging insect,** nécrophore *m.*

'grave-digging[2], *s.* Fossoyage *m.*

grave[2], *v.tr.* (*p.t.* **graved**; *p.p.* **graven, graved**). *A:* **1.** Creuser (une fosse). **2.** Graver, ciseler, tailler, échopper (une inscription, etc.). *Lit:* **Graven on his memory,** gravé dans sa mémoire.

graven, *a.* Gravé, taillé, échoppé. *Esp. B:* **Graven image,** image taillée.

graving, *s.* Échoppage *m*, taille *f*.

'graving-tool, *s.* Échoppe *f*, burin *m*, gravoir *m*.

grave[3], *a.* **1.** (*a*) Grave, sérieux. **To look grave,** avoir l'air sévère. *F:* **As grave as a judge,** sérieux comme un juge, comme un pape. *G. tone,* ton grave; ton solennel. *G. colours,* couleurs *f* sobres, sévères. **To pass from grave to gay,** passer du grave au doux. *Matters g. and gay,* le grave et le plaisant. (*b*) **Grave news,** de graves nouvelles. *G. accusation,* accusation grave, importante. *G. mistake,* lourde erreur. *To make a g. mistake,* se tromper lourdement. *Med: etc: G. symptoms,* symptômes *m* graves, inquiétants. **2.** *Gram: Ling:* **Grave accent,** accent *m* grave. **-ly,** *adv.* Gravement, sérieusement, sévèrement, solennellement, *F:* avec componction.

grave[4], *v.tr. Nau:* **To grave a ship,** radouber, espalmer, un navire; gratter le fond d'un navire.

graving, *s.* Radoub *m*. *See also* DOCK[4] 1, SLIP[1] 6.

'graving-beach, *s.* (Cale *f* d')échouage *m*.

'graving-piece, *s.* *Nau:* Romaillet *m*. *Carp:* Limande *f*.

gravel[1] ['grav(ə)l], *s.* **1.** Gravier *m*, gravelage *m*. **Fine gravel,** gravier fin; gravillon *m*. *Coarse g.,* gros gravier. *Const: Civ.E: etc:* **Sea gravel,** arène marine. *Goldmin:* **Pay gravel,** gravier rémunérateur, payant. **2.** *Med:* Gravelle *f*; *F:* graviers, sable *m*. *Person suffering from g.,* personne graveleuse.

'gravel-blind, *a.* Presque aveugle.

'gravel-'path, *s.* Allée sablée, gravelée.

'gravel-pit, *s.* Gravière *f*, sablière *f*, cailloutière *f*, ballastière *f*.

gravel[2], *v.tr.* (**gravelled; gravelling**) **1.** Graveler. *To g. a path,* recouvrir un chemin de gravier; sabler un chemin. *Gravelled path,* allée gravelée, sablée. *See also* FINE-GRAVEL. **2.** *F:* Embarrasser (qn); mettre, réduire, (qn) à quia; *P:* coller (qn). **To be gravelled,** être à quia.

gravelled, *a.* **1.** *Nau:* (Bateau) ensablé. **2.** *F:* (*Of pers.*) (*a*) Embourbé (dans ses réponses); réduit à quia. **To get gravelled,** s'embourber. (*b*) Estomaqué.

gravelling, *s.* Gravelage *m*. **Fine gravelling,** gravillonnage *m*.

graveless ['greivləs], *a.* Sans tombe, sans tombeau, sans sépulture.

gravelly ['gravəli], *a.* **1.** Mêlé de gravier; graveleux; (lit de rivière, etc.) pierreux; (chemin) sablonneux. *G. soil,* terrain *m* de gravier. **2.** *Med:* (*Of urine, etc.*) Graveleux.

graven ['greiv(ə)n], *a.* *See* GRAVE[2].

graveness ['greivnəs], *s.* Gravité *f*, sévérité *f*.

graver[1] ['greivər], *s.* **1.** (*Pers.*) Graveur *m*. **2.** *Tls:* Échoppe *f*, burin *m*, gravoir *m*, ciselet *m*, onglette *f*, style *m*.

graver[2], *s.m.* *Nau:* Radoubeur, espalmeur.

Graves[1] [greːivz]. *Pr.n.m. Med:* **Graves's disease,** goitre *m* exophtalmique; maladie *f* de Graves.

graves[2] [grɑːv], *s.* *Vit:* Vin *m* de Graves; graves *m*. *A bottle of g.,* une bouteille de graves.

graves[3] [greivz], *s.pl.* *Cu:* = GREAVES.

gravestone ['greivstoun], *s.* Pierre *f* tumulaire; pierre funéraire; pierre tombale.

graveyard ['greivjɑːrd], *s.* Cimetière *m*. *Eng.Lit: F:* **The Graveyard School,** l'École de la nuit et des tombeaux.

gravid ['gravid], *a.* (*Of woman*) Gravide, grosse, enceinte; (*of animal*) pleine. *F:* **Gravid with ideas,** lourd d'idées.

gravidity [grə'viditi], *s.* Gravidité *f*.

gravimeter [grə'vimetər], *s.* *Ph:* Gravimètre *m*, aréomètre *m*.

gravimetric [gravi'metrik], *a.* Gravimétrique.

gravimetry [grə'vimetri], *s.* Gravimétrie *f*.

gravitate ['graviteit], *v.i.* Graviter (*towards,* vers; *round,* autour de). *The larger stones gravitate to the bottom,* les gros cailloux descendent au fond par gravitation. *F: Most of the guests had gravitated to the tennis-court,* la plupart des invités avaient gravité vers le tennis.

gravitating, *a.* Gravitant.

gravitation [gravi'teiʃ(ə)n], *s.* Gravitation *f*; attraction universelle. **The Law of gravitation,** la loi de la pesanteur. *Min:* **Gravitation stamp,** pilon *m* à chute libre.

gravitational [gravi'teiʃən(ə)l], *a.* Attractif. *G. force,* force *f* de gravitation. **Gravitational pull,** gravitation *f*.

gravity ['graviti], *s.* Gravité *f*. **1.** (*a*) Sérieux *m*. **To preserve, lose, one's gravity,** garder, perdre, son sérieux, sa gravité. *That upset his g.,* cela lui fit perdre son sérieux; il ne put se retenir de rire. (*b*) **Gravity of a situation,** *etc.,* gravité d'une situation, etc. *G. of a decision,* gravité, importance *f*, d'une décision. *G. of a wound,* gravité d'une blessure. **2.** *Ph:* Gravité, pesanteur *f*. **Centre of gravity,** centre *m* de gravité. *Force of g.,* force *f* de gravitation; attraction *f* gravifique. **Specific gravity,** gravité spécifique; poids *m* spécifique; densité *f*. **High-gravity liquid,** liquide *m* de poids spécifique élevé. **Specific gravity bottle, flask,** flacon *m* à densité. *Aut: etc:* **Gravity feed,** alimentation *f* par la pesanteur, en charge. *G. fed,* (carburateur, etc.) alimenté par différence de niveau. *Min:* **Gravity stamp,** pilon *m* à chute libre. *Rail:* **Gravity incline,** plan incliné automoteur.

gravure ['greivjuər], *s.* *F:* = PHOTOGRAVURE.

gravy ['greivi], *s.* **1.** *Cu:* (*a*) Jus *m* (qui sort de la viande). (*b*) Sauce *f* (au jus). *See also* SOUP. **2.** *U.S: P:* Profit *m*; rabiau *m*, rabiot *m*.

'gravy-beef, *s.* *Cu:* Gîte *m* (à la noix); trumeau *m*.

'gravy-boat, *s.* Saucière *f*.

gray [grei], *a.* & *s.* = GREY.

grayling ['greiliŋ], *s.* *Ich:* Ombre *m*.

graze[1] [greːiz]. **1.** *v.i.* Paître, brouter, pâturer. *Ven:* (*Of deer*) Viander. *To g. on a field,* pâturer un champ. **2.** *v.tr.* (*a*) Paître, faire paître, mener paître (un troupeau). (*b*) Pacager, mettre en pacage (un champ). (*c*) (*Of cattle, etc.*) Pâturer (un champ); paître (l'herbe). **To graze down grass,** tondre l'herbe.

grazing[1], *s.* **1.** Pâturage *m* (de troupeaux, etc.); élevage *m* (de moutons). **2.** Pâture *f*, pacage *m*, pâtis *m*, dépaissance *f*; (*for deer*) viandis *m*.

'grazing-forest, *s.* Pré-bois *m*, *pl.* prés-bois.

'grazing-ground, -land, *s.* Pâturage *m*; pâtis *m*, pâture *f*, pacage *m*, dépaissance *f*.

'grazing-rights, *s.pl.* Droit *m* de pacage, de pâturage. *Lease of g.-r.,* bail *m* de pâturage.

graze[2], *s.* **1.** Effleurage *m*, effleurement *m*, frisage *m*, frôlement *m*. **2.** (*a*) Écorchure *f*, éraflure *f*. (*b*) *Arb:* Talure *f*.

graze[3], *v.tr.* **1.** Écorcher, érafler (ses genoux, etc.). **2.** Effleurer, raser, friser, frôler. *The bullet grazed his shoulder,* la balle lui rasa, lui fraya, l'épaule. *The bullet only grazed him,* la balle ne l'a touché que superficiellement. *The sword only grazed his ribs,* l'épée *f* lui glissa sur les côtes. *Ten:* **Ball that just grazes the net,** balle *f* à fleur de corde. *Nau:* (*Of ship*) **To graze the bottom,** labourer le fond; toucher. **3.** *v.i.* **To graze along, by, against, sth.,** effleurer, raser, friser, frôler, qch.

grazing[2], *a.* (Coup) qui effleure le but. **Grazing fire,** feu rasant.

grazing[3], *s.* Effleurement *m*; accrochage *m* (d'une voiture).

grazier ['greiziər], *s.* Herbager, -ère; cheptelier *m*; éleveur *m*.

grease[1] [griːs], *s.* **1.** Graisse *f* (d'un animal). *Only used in phr.* **Deer in prime, pride, of grease,** cerf gras. **2.** (*a*) Graisse; *Nau:* flore *m*. *To soil one's clothes with g.,* graisser ses habits. *To extract the g. from sth.,* dégraisser qch. **Carriage grease, cart grease,** (i) graisse pour voitures; (ii) (*when dirty from use*) cambouis *m*. *Stain of cart g.,* tache *f* de cambouis. **Axle grease,** graisse pour essieux. **Heavy petroleum grease,** cosmoline *f*. *Mil:* **Rifle grease,** axonge *f*. *Mec.E:* **Cup-grease,** graisse à godet; graisse consistante. **Belt-grease,** enduit *m* pour courroies. *See also* ANTI-FRICTION, CANDLE-GREASE, ELBOW-GREASE, GOOSE-GREASE. (*b*) **Wool grease,** suint *m*; graisse de laine. **Wool in (the) grease,** laine en suint. **3.** *Arb:* Glu *f* horticole; colle *f* à chenilles. **4.** *Vet:* Crapaud *m*, crapaudine *f* (du cheval). **5.** *P:* Boniments *mpl* à la graisse d'oie; pommade *f*.

'grease-band[1], *s.* *Arb:* Bande enduite de glu horticole.

'grease-band[2], *v.tr.* Cercler (un arbre) de glu horticole.

'grease-box, *s.* **1.** *Mch:* Boîte *f*, réservoir *m*, à graisse, à huile; godet graisseur. **2.** *Caulker's g.-b.,* escarbit *m*.

'grease-cap, *s.* = GREASE-CUP.

'grease-channel, *s.* *Mec.E:* Rainure *f* pour graisse; patte *f* d'araignée (de coussinet).

'grease-cock, *s.* *Mec.E:* Robinet graisseur.

'grease-cup, *s.* (Godet) graisseur *m*; boîte *f* à graisse.

'grease-extractor, *s.* = GREASE-REMOVER.

'grease-gun, -injector, *s.* *Mec.E: Aut:* Seringue *f* à graisse; graisseur *m* à graisse; pompe *f* à graisse.

'grease-paint, *s.* Fard *m*. *Th:* **Stick of grease-paint,** crayon gras (de maquillage). *White g.-p.,* blanc gras.

'grease-pan, *s.* *Cu:* Lèchefrite *f*.

'grease-proof, *a.* (Papier) imperméable à la graisse, à l'épreuve de la graisse; (papier) parcheminé.

'grease-remover, *s.* **1.** *Ind:* Dégraisseur *m*. **2.** *Mch:* Déshuileur *m* (d'eau). **3.** *Leath:* Dégraisseuse *f*.

'grease-spot, *s.* **1.** Tache *f* de graisse, d'huile. *F: To be reduced to a g.-s.,* être exténué de chaleur; être en train de fondre. **2.** *P:* Petit homme insignifiant.

'grease-tight, *a.* Étanche à la graisse.

'grease-trap, *s.* *Civ.E:* Siphon *m* de dépôt de graisse (des eaux vannes, etc.).

grease[2] [griːz], *v.tr.* **1.** Graisser, encrasser (ses habits). **2.** (*a*) Graisser, lubrifier (une machine, etc.); suiffer (un mât). *To keep one's tools slightly greased,* avoir toujours ses outils légèrement graissés. *To keep a mechanism well greased,* entretenir un mécanisme au gras. *F:* **That will grease the wheels,** cela graissera les roues. *See also* LIGHTNING, PALM[2] 1. (*b*) *Tex:* Ensimer (la laine). **3.** *Vet:* Ulcérer le sabot (d'un cheval); lui donner le crapaud. **4.** *U.S: P:* Acheter la protection de (qn).

greasing, *s.* **1.** Graissage *m*; lubrification *f*. **2.** Ensimage *m* (de la laine).

greaser ['griːzər], *s.* **1.** (*Pers.*) (*a*) Graisseur *m*. (*b*) *Nau: F:* Chef *m* de chauffe. (*c*) *U.S: F:* (Terme de mépris pour) Hispano-Américain, Mexicain. **2.** = GREASE-CUP. **3.** *P:* Crachat *m*, *P:* molard *m*.

greasiness ['griːzinəs, 'griːsinəs], *s.* **1.** État graisseux, gras; onctuosité *f*. **2.** *F:* Onctuosité (de langage, etc.).

greasy ['griːzi, 'griːsi], *a.* **1.** ['griːsi] (*a*) Graisseux, huileux, onctueux. *To taste g.,* sentir le graillon. (*b*) Taché d'huile, de graisse. *To make one's clothes g.,* graisser ses habits. (*c*) (Laine) en suint. **2.** ['griːzi] (*a*) Gras, *f.* grasse, glissant. **Greasy road,** chemin gras, pâteux, glissant. **Greasy pole,** mât *m* de cocagne ou mât de beaupré (de fête villageoise, etc.). *Nau:* **Greasy weather,** temps gras. *See also* FRITILLARY 2. (*b*) (*Of manner*) Onctueux, patelin. (*c*) *Vet:* **Greasy heel,** crapaud *m*, crapaudine *f*.

great [greit], *a.* Grand. (*a*) **Great (big) man,** homme de grande taille. **Great toe,** gros orteil. **Great A,** grand A. *B:* **Great with child,** grosse d'un enfant; enceinte. **To grow greater (and greater),** augmenter, s'agrandir, grandir (de plus en plus). *See also* BEAR[1] 1. (*b*) **A great deal,** beaucoup (*of,* de); une grande quantité; une quantité considérable (*of,* de). *I heard a g. deal of what was said,* j'ai entendu beaucoup de ce qui se disait. **A great many,** beaucoup (de + *pl.*). *He has a g. many friends,* il a beaucoup d'amis. **A great many people,** beaucoup de gens; beaucoup de monde. *There were not a g. many people there,* il n'y avait pas grand monde. **The great majority, the greater part,** la plupart, la majeure partie (*of,* de). **To a great extent, in great measure,** en grande partie, considérablement. **A great while ago,** il y a bien longtemps. *To reach a g. age,* parvenir à un âge avancé. *Of g. antiquity,* de haute antiquité. **At a great pace,** à une allure rapide, à grand train. *See also* HUNDRED I. (*c*) *His greatest fault,* son plus grand défaut; son défaut capital. *There was a g. bustle,* ce fut un grand remue-ménage. *To take g. care,* prendre grand soin (*of,* de); prendre beaucoup de soin. *To pay still greater attention,* redoubler d'attention. *Greater and greater leniency was shown to them,* on les traitait avec de plus en plus d'indulgence. *G. difference,* grande, forte, différence. *Of greater difficulty,* plus difficile. *With g. pleasure, with the greatest pleasure,* avec grand plaisir, avec le plus grand plaisir. **The Great War,** la Grande Guerre. *See also* IMPORTANCE. (*d*) *G. artist,* grand artiste. **The great men** (*of the age*), les grands hommes, les célébrités *f* (de l'époque). *The g. ones of the earth,* les grands de la terre. *See also* UNWASHED. *G. thoughts,* grandes, nobles, pensées. *F:* **Great God! Great Caesar! Great Scott!** grands dieux! **Alexander the Great,** Alexandre le Grand. **James the Greater,** Jacques le Majeur. *Ecc:* **The greater orders,** les ordres majeurs. *See also* MIND[1] 4. (*e*) **Great eater,** grand, gros, mangeur. *G. scoundrel,* grand fripon. *They are g. friends,* ils sont grands amis. *F:* **To be great on dogs,** être grand amateur de chiens. **To be great at tennis,** être fort au tennis. **He's great on dates,** il est très ferré, très calé, sur les dates. *See also* HAND[1] 3. (*f*) **It is no great matter,** ce n'est pas une grosse affaire. *To have no g. opinion of s.o.,* tenir qn en médiocre estime. *It is a g. thing to have a knowledge of French,* c'est un grand avantage de savoir le français. *The g. thing is that he is already on the spot,* le grand avantage, le principal, c'est qu'il est déjà sur les lieux. *F:* **Wouldn't it be great if . . .,** comme on serait content si. . . . **To have a great time,** s'amuser follement. *It was a g. joke,* ça nous a joliment amusés. **It's great!** fameux! c'est magnifique! *Isn't it g.?* chouette, hein? *Isn't he g.!* quel homme! (*g*) *A. & Dial: To be g. with s.o.,* être grand ami avec qn. **-ly,** *adv.* Grandement. (*a*) Beaucoup. *He is g. superior to me,* il m'est de beaucoup supérieur. *We were g. amused,* cela nous a beaucoup amusés. *G. irritated,* très irrité; fortement irrité. *I would g. prefer . . .,* je préférerais (de) beaucoup. . . . *It is g. to be feared that . . .,* il est fort à craindre que. . . . *To contribute g. to a result,* contribuer puissamment à un résultat. (*b*) Avec grandeur; noblement.

'great-aunt, *s.f.* Grand'tante, *pl.* grand'tantes.

'great-coat, *s.* I. (*a*) Pardessus *m.* (*b*) Houppelande *f* (de berger, etc.). 2. *Mil:* (*a*) Manteau *m* (de cavalerie). (*b*) Capote *f* (d'infanterie). (*c*) *Mil: Navy: Hooded g.-c.,* capot *m.*

'great-'circle, *s. Nav:* Grand cercle. *See also* SAILING[2] I.

'great 'Dane, *s.* (*Dog*) Grand Danois.

great-'grandchild, *pl.* **-children,** *s.* Arrière-petit-fils *m,* arrière-petite-fille *f, pl.* arrière-petits-enfants *m.*

great-'granddaughter, *s.f.* Arrière-petite-fille, *pl.* arrière-petites-filles.

great-'grandfather, *s.m.* Arrière-grand-père, *pl.* arrière-grands-pères; bisaïeul, *pl.* bisaïeuls.

'great-'grandmother, *s.f.* Arrière-grand'mère, *pl.* arrière-grand'mères; bisaïeule.

'great-great-'grandfather, *s.m.* Trisaïeul.

'great-great-'grandmother, *s.f.* Trisaïeule.

'great-'hearted, *a.* Au grand cœur; généreux; magnanime. *He is a g.-h. fellow,* c'est un garçon de cœur. **-ly,** *adv.* Généreusement.

great-'heartedness, *s.* Générosité *f* de cœur; magnanimité *f.*

'Great 'Lakes (the). *Pr.n. Geog:* Les Grands Lacs.

'great-line, *s. Fish:* Ligne *f* de mer.

great-'nephew, *s.m.* Petit-neveu, *pl.* petits-neveux.

great-'niece, *s.f.* Petite-nièce, *pl.* petites-nièces.

'great-uncle, *s.m.* Grand-oncle, *pl.* grands-oncles.

greaten ['greit(ə)n], *v.tr. & i. A:* Grandir; (s')agrandir.

greatness ['greitnəs], *s.* Grandeur *f.* (*a*) Énormité *f* (de l'éléphant, de la baleine, etc.). (*b*) Élévation *f,* noblesse *f* (de pensée). *G. of soul,* grandeur d'âme. (*c*) Importance *f,* étendue *f,* intensité *f.* *The g. of his crime,* la grandeur de son crime.

greats [greits], *s. Sch:* Examen définitif, final (langues classiques et philosophie) (à l'université d'Oxford).

greave [griːv], *s. Archeol:* (*a*) Jambart *m* (de l'armure); jambière *f.* (*b*) *Gr.Ant:* Cnémide *f.*

greaved [griːvd], *a. Archeol:* Jambardé.

greaves [griːvz], *s.pl. Cu:* Cretons *m,* fritons *m,* rillons *m.*

grebe [griːb], *s. Orn:* Grèbe *m. Great crested g.,* grèbe huppé. *Horned g.,* grèbe cornu. *Little g.,* petit grèbe; castagneux *m.*

Grecian ['griːʃən]. I. *a.* Grec, *f.* grecque. *In the G. style,* dans le style grec; à la grecque. *Toil:* **Grecian knot,** coiffure *f* à la grecque. **The Grecian horse,** le cheval de Troie. **Grecian gift,** présent *m* dont il y a lieu de se méfier. 2. *s.* (*a*) Hellénisant *m,* helléniste *m.* (*b*) *Sch: F:* Élève *m* de la plus haute classe (à *Christ's Hospital*).

Grecism, Grecize, *etc.* = GRAECISM, GRAECIZE, *etc.*

grecque [grek], *s. Arch: Art:* Grecque *f.*

Greece [griːs]. *Pr.n. Geog:* La Grèce.

greed [griːd], *s.* Avidité *f,* cupidité *f. His g. for power,* son avidité de s'emparer du pouvoir. *G. of gain,* âpreté *f* au gain; avidité du gain.

greediness ['griːdinəs], *s.* I. Avidité *f,* cupidité *f;* âpreté *f* au gain. 2. Gourmandise *f,* gloutonnerie *f.*

greedy ['griːdi], *a.* I. Avide; âpre (au gain); cupide, avaricieux. *G. of honours,* avide d'honneurs. *G. to do sth.,* avide de faire qch. 2. Gourmand; glouton, -onne; vorace, goulu. *To be g., F:* avoir les dents longues. *See also* PIG[1] I. **-ily,** *adv.* I. Avidement, cupidement. 2. Avec gourmandise, gloutonnement. *To eat g.,* manger à belles dents, goulûment, avec avidité.

'greedy-gut(s), *s. P:* Goinfre *m,* bâfreur *m,* glouton *m,* goulu *m;* bouffe-la-balle *m inv.*

gree-gree ['griːgriː], *s.* I. *Anthr:* Gris-gris *m;* amulette *f.* **Gree-gree man,** sorcier *m.* 2. *Bot:* Mancône *m.*

Greek [griːk]. I. *a.* (*a*) Grec, *f.* grecque. *To use G. phrases, to give a G. turn to a phrase,* gréciser. *G. spirit,* grécité *f. Arch: Art:* **Greek key pattern, Greek border,** grecque *f. See also* CALENDS, FIRE[1] I, FRET[1] I, PARTRIDGE, VALERIAN[2]. (*b*) **The Greek Church,** l'Église grecque; l'Église orthodoxe. 2. *s.* (*a*) *Geog: Hist:* Grec, grecque. *F:* **When Greek meets Greek then comes the tug of war,** c'est lorsqu'on rencontre un adversaire digne de soi que la lutte devient sérieuse. *It's a case of G. meeting G.,* la lutte est égale. (*b*) *s.m. F: A:* Fripon, escroc, grec. 3. *s. Ling:* Le grec. **Modern Greek,** le grec moderne; le romaïque. *F:* **It is all Greek to me,** c'est du latin, de l'hébreu, de l'algèbre, pour moi.

green[1] [griːn]. I. *a.* Vert. (*a*) **As green as grass,** vert comme pré. **To grow green,** verdir; (*of grass, etc.*) verdoyer. *To give a g. appearance to . . .,* verdir. . . . *The moss forms a g. mantle on the old walls,* la mousse verdit les vieux murs. **Green table,** table *f* de jeu; le tapis vert. **The Green Island,** la verte Érin. *See also* FOG[2] I, LIGHT[1] 2, PEA I, PEACOCK[1], SEA 2. (*b*) *G. arbour,* tonnelle *f* de verdure. **Green winter,** hiver doux, clément. *We shall have a g. Christmas,* nous aurons un Noël sans neige. **Green stuff,** verdure *f,* herbages *mpl,* jardinage *m. Com:* **Green goods,** légumes *m* et fruits *m. Husb:* **Green food, green meat,** fourrages verts, frais; coupage *m.* **Green crop,** récolte *f* de fourrages verts. *See also* TREE[1] I. (*c*) **Green old age,** verte vieillesse. *Enjoying a g. old age,* encore vert, *F:* encore verdelet. **To keep s.o.'s memory green,** entretenir, chérir, la mémoire de qn. *Memories still g.,* souvenirs *m* encore vivaces. *A. & Lit: G. wound,* plaie ouverte; blessure encore fraîche. *Cf.* EVERGREEN. (*d*) **Green fruit,** fruits verts. *The grapes are too g.,* les raisins sont trop verts. **Green corn,** (i) blé *m* en herbe; (ii) *Cu: U.S:* épis de maïs encore verts. *Tan:* **Green hide,** peau verte; peau crue; carbatine *f.* **Green meat,** viande crue. **Green bacon,** lard salé et non fumé. **Green ivory,** ivoire vert. **Green stone** (*fresh from the quarry*), pierre verte. **Green cigar,** cigare *m* encore humide; cigare qui n'est pas fait. *See also* CHEESE[1] I, WINE[1] I. (*e*) (*Of complexion*) Blême. **To go, turn, green,** blêmir; *F:* verdir. *F:* **To make s.o. green with jealousy,** faire pâlir qn de jalousie. *See also* ENVY[1] I. (*f*) (i) Jeune, inexpérimenté *G. workman,* novice *m,* bleu *m. She was g. from her village,* elle arrivait de son village; elle était fraîche débarquée de son village. (ii) Naïf, serin. *Rather g.,* simplet. *He 'is g.!* il est bien de son pays, de son village! **He's not so green,** il n'est pas né d'hier. *He's not so g. as he looks,* il n'est pas si niais qu'il en a l'air. **To be so green as to imagine that . . .,** avoir la naïveté de, être assez simple pour, s'imaginer que. . . . 2. *s. & a.* (*In Fr. a.inv.*) **Chrome-green,** vert de chrome. **Grass-green,** vert pré *m.* **Sage-green,** vert cendré. *See also* BOTTLE-GREEN, EMERALD-GREEN, GOSLING, OLIVE-GREEN, PARROT-GREEN, SEA-GREEN. 3. *s.* (*a*) *The greens of a picture,* les verts d'un tableau. *F:* **Do you see any green in my eye?** me prenez-vous pour une poire, pour un bleu? *P:* non, mais tu (ne) m'as pas regardé! *F:* **They are still in the green,** ils sont encore jeunes, dans leur première jeunesse. (*b*) Verdure *f,* feuillage *m.* (*c*) *pl.* **Greens,** légumes verts. (*d*) Pelouse *f,* gazon *m.* **Village green,** pelouse communale, pré communal (qui sert de grand'place et de terrain de jeux). *To dance on the g.,* danser sur le gazon, sur la pelouse. *Golf:* **Through the green,** à travers le parcours. *Turf:* **The green,** la pelouse. *See also* BOWLING-GREEN, PUTTING-GREEN.

'green-blind, *a. Med:* Atteint d'achloropsie.

'green-blindness, *s.* Achloropsie *f.*

'green bone, *s. Ich:* (*a*) Orphie *f.* (*b*) Lotte *f* vivipare.

'green-book, *s. Adm:* Publication officielle du Gouvernement des Indes; "livre vert."

'green-bottle, *s. Ent:* Mouche dorée (de la viande); lucilie *f.*

'Green 'Cloth, *s.* **The Board of Green Cloth,** *F:* **the Green Cloth,** l'Intendance *f* de la Maison du Roi.

'green-'crab, *s. Crust:* Carcin enragé.

'green 'earth, *s. Miner:* Glauconie *f.*

'green-eyed, *a.* Aux yeux verts. *F:* **The green-eyed monster,** la sombre jalousie.

'green-fly, *s. Ent:* I. Puceron *m* (du rosier); aphis *m.* 2. *Coll.* Aphidés *mpl,* aphidiens *mpl.*

'green-head, *s. Orn: U.S:* **Green-head (duck),** malard *m.*

'green-keeper, *s. Golf:* Entreteneur *m* du parcours.

'green-leaved, *a.* A feuilles vertes. *Bot:* Viridifolié.

'green-louse, *s. Ent:* Puceron *m.*

'green peak, *s. Orn:* Pic-vert *m, pl.* pics-verts; pivert *m.*

'green-room, *s. Th:* Foyer *m* des artistes.

'green-sand, *s.* I. *Miner:* Sable glauconieux; sable vert; grès vert. 2. *Metall:* **Green sand,** sable vert, sable maigre. **Green-sand mould,** moule *m* à vert. *To cast in g. s.,* couler à vert.

'green(-)'sickness, *s. Med:* Chlorose *f.*

'green-stick, *s. & attrib. Med:* **Green-stick (fracture),** fracture incomplète.

'green-stone, *s. Miner:* I. Roche verte. 2. Néphrite *f;* *F:* pierre divine.

'green-yard, *s.* Fourrière *f.*

green[2]. I. *v.i.* Verdir, verdoyer. 2. *v.tr.* (*a*) Verdir; faire verdoyer (les champs); recouvrir de vert. (*b*) *F:* Mystifier (qn); monter un bateau à (qn).

greenback ['griːnbak], *s. U.S: F:* Billet *m* (de banque) d'État; greenback *m.*

greener ['griːnər], *s. P:* Novice *mf;* ouvrier inexpérimenté; débutant, -ante.

greenery[1] ['griːnəri], *s.* I. Verdure *f,* feuillage *m.* 2. *Hort:* Serre *f.*

greenery[2], *a. F:* Verdâtre. *Esp.* **Greenery-yallery,** (i) d'un jaune verdâtre; (ii) (jeune homme, etc.) qui affecte l'esthétisme.

greenfinch ['griːnfinʃ], *s. Orn:* Verdier *m.*

greengage ['griːngeidʒ], *s.* (Prune *f* de) reine-Claude *f*, *pl.* reines-Claude.

greengrocer ['griːngrousər], *s.* Marchand, -ande, de légumes; fruitier, -ière; *Dial:* verdurier *m.* **Greengrocer's shop**, boutique *f* de marchand de légumes; fruiterie *f. The g.'s is open this morning*, la fruiterie est ouverte ce matin. *The g.'s wife*, la fruitière.

greengrocery ['griːngrousəri], *s.* **1.** Commerce *m* de légumes; fruiterie *f.* **2.** Légumes *mpl* et fruits *mpl.*

greenheart ['griːnhaːrt], *s. Bot:* Greenheart *m*; ébène vert.

greenhorn ['griːnhoːrn], *s. F:* Blanc-bec *m*, *pl.* blancs-becs; *F:* bleu *m*, cornichon *m*, béjaune *m*; serin, -ine.

greenhouse ['griːnhaus], *s. Hort:* Serre *f*; *esp.* serre chaude.

greening ['griːniŋ], *s.* Pomme verte (à l'état mûr).

greenish ['griːniʃ], *a.* Verdâtre; tirant sur le vert.

Greenland ['griːnlənd]. *Pr.n. Geog:* Le Groenland. *In G.*, au Groenland. *See also* SPAR[3].

Greenlander ['griːnləndər], *s. Geog:* Groenlandais, -aise.

Greenlandic [griːn'landik]. **1.** *a.* Groenlandais. **2.** *s. Ling:* Le groenlandais.

greenness ['griːnnəs], *s.* **1.** Verdeur *f.* (*a*) Couleur verte. (*b*) Immaturité *f* (d'un fruit, d'un projet, etc.). *Turf:* Manque *m* d'entraînement (d'un cheval). (*c*) (i) Inexpérience *f*; (ii) naïveté *f*, simplicité *f.* (*d*) Jeunesse *f*, verdeur, vigueur *f* (d'un vieillard). **2.** Verdure *f* (du paysage, des arbres, etc.).

greenshank ['griːnʃaŋk], *s. Orn:* Chevalier *m* à pieds verts; (chevalier) aboyeur *m.*

greensward ['griːnswoːrd], *s.* Pelouse *f*; (tapis *m* de) gazon *m*; tapis de verdure; prairies gazonnées.

greenweed ['griːnwiːd], *s. Bot:* **Dyer's greenweed**, genêt *m* des teinturiers, *F:* cornéole *f.*

Greenwich ['grinidʒ]. *Pr.n. Geog:* Greenwich *m. Hor:* **Greenwich (mean) time**, l'heure *f* de Greenwich, de l'Europe occidentale. **Greenwich Hospital**, l'Hôtel *m* des Invalides de la marine.

greenwood ['griːnwud], *s.* Bois *m*, forêt *f* (en été); taillis *m* en verdure. *Under the g. tree*, sous la verte ramée. *A:* **To go to the greenwood** = se réfugier dans le maquis; prendre le maquis; vivre en bandit hors la loi.

greet[1] [griːt], *v.tr.* (*a*) Saluer, aborder, ou accueillir (qn) avec quelques paroles aimables. *To g. s.o. with a nod*, saluer qn d'un signe de tête. **To greet a speech with cheers**, acclamer un discours; saluer un discours d'acclamations. (*b*) *F:* **To greet the ear**, frapper l'oreille. *A new sight greeted our eyes*, un nouveau spectacle s'offrit à nos regards.

greeting[1], *s.* Salutation *f*, salut *m. Frigid g.*, abord ou accueil glacial. **To send one's greetings to s.o.**, envoyer le bonjour, ses salutations, à qn. **New-year greetings**, compliments *m* du jour de l'an. *Greetings to all!* salut à tous! rappelez-moi au bon souvenir de tous. *Jur:* **To all whom these presents may concern, greeting**, à tous ceux qui ces présents verront, salut.

'greeting-card, *s.* (i) Carte *f* avec souhaits de bonne fête ou d'heureux anniversaire; (ii) carte de Noël ou du jour de l'an.

greet[2], *v.i. Scot:* Pleurer.

greeting[2], *s.* Pleurs *mpl.*

gregarious [gre'gɛəriəs], *a.* **1.** *Z:* Grégaire, grégarien; vivant par bandes; (animal *m*) sociétaire. *These animals are g.*, ces animaux vivent en troupe. *The g. instinct*, l'instinct *m* grégaire. *F: Men are g.*, les hommes aiment à vivre en société. **2. Gregarious plants**, plantes *f* grégaires. **-ly**, *adv.* **1.** *Z:* (Vivre) en troupes, par bandes. **2.** *Bot:* (Croître) en touffes.

gregariousness [gre'gɛəriəsnəs], *s.* Grégarisme *m.*

Gregorian [gre'goːriən], *a.* (Chant, etc.) grégorien. *See also* CALENDAR[1] 1.

Gregory ['gregəri]. *Pr.n.m.* **1.** Grégoire. **Gregory Nazianzen**, saint Grégoire de Nazianze. **2.** *Pharm:* **Gregory's powder**, rhubarbe *f* en poudre; poudre *f* de rhubarbe.

gremial ['griːmiəl], *s. Ecc:* Grémial, -aux.

Grenada [grə'naːdə]. *Pr.n. Geog:* La Grenade.

grenade [gre'neid], *s.* **1.** *Mil:* Grenade *f.* **Rifle-grenade**, grenade à fusil. **Grenade pouch**, grenadière *f.* **Grenade ornament** (*on uniform, etc.*), grenade. *See also* HAND-GRENADE. **2. (Fire-)grenade**, grenade extinctrice.

gre'nade-sleeve, *s. Mil:* Tromblon (attaché au fusil).

grenadier [grenə'diːər], *s. Mil:* Grenadier *m.*

grenadin ['grenədin], *s. Hort:* Grenadin *m*; œillet *m* à ratafia.

grenadine[1] ['grenədiːn], *s. Cu:* Grenadin *m* (de veau, etc.).

grenadine[2], *s.* **1.** *Tex:* Grenadine *f.* **2.** (*Syrup*) Grenadine. *Pharm:* Sirop grenadin. **3.** *Exp:* Grenadine.

gressorial [gre'soːriəl], *a. Orn: Z:* (Patte *f*, etc.) ambulatoire.

Gretna Green ['gretnə'griːn]. *Pr.n. Geog:* Premier village d'Écosse après la frontière d'Angleterre, où se célébraient au pied levé les mariages par enlèvement. (Le droit coutumier d'Écosse n'imposait aucune condition de domicile ni de publicité.) *F:* **Gretna Green marriage**, mariage *m* par enlèvement; mariage clandestin (célébré par le "forgeron" de Gretna Green).

grew [gruː]. *See* GROW.

grey[1] [grei]. **1.** *a.* Gris. (*a*) *G. sky, day*, ciel gris, journée grise. **Painted grey**, peint en gris. *Engr:* **Grey tint, grey wash**, gris *m. At sunset the room fills with g. shadows*, au soleil couchant la salle se remplit de grisailles *f. Anat:* **Grey matter**, substance grise, cendrée (du cerveau). *F: Work done without much expenditure of g. matter*, travail fait sans grand effort cérébral. *He doesn't put much g. matter into his work, P:* il ne s'abîme pas les méninges. *See also* DUCK[1] 1, FRIAR 1, MARE, PEA[1] 2, POPLAR 1, SISTER 2, TRAVELLER. (*b*) (*Of hair*) Gris. **To turn grey, go grey**, grisonner. *Hair turning g.*, cheveux grisonnants. *He is turning g.*, il commence à blanchir. *At thirty she was quite g.*, à trente ans elle était toute grise. **To worry oneself grey**, se faire des cheveux blancs. **Grown grey in the service**, *F:* **in harness**, blanchi sous le harnais. (*c*) (*Of complexion, etc.*) **(Ashen) grey**, blême. **To turn (ashen) grey**, blêmir. (*d*) (*Of outlook, prospect, etc.*) Sombre, mélancolique, morne. (*e*) *Tex:* (Coton) écru. **2.** *s. & a.* (*In Fr. a.inv.*) **Dull grey**, gris mat. *See also* BLUE-GREY, DAPPLE-GREY, IRON-GREY, MOUSE-GREY, PEARL-GREY, SILVER-GREY, SLATE-GREY, STEEL-GREY. **3.** *s.* (*a*) Gris *m. To paint, tint, with g.*, griser. *Hair touched with g.*, cheveux grisonnants. *His hair is touched with g.*, ses cheveux grisonnent. **The grey of the morning**, l'aube *f* du jour. *Tex:* **Goods in the grey; greys**, étoffes écrues. *U.S. Hist:* **To wear the grey**, porter l'uniforme des Sudistes. (*b*) Cheval gris. *Mil:* **The (Scots) Greys**, le second régiment de dragons. (*c*) *Orn:* Ridenne *f*, chipeau *m.* (*d*) *pl. Cost: F:* **Greys**, pantalon *m* de flanelle grise.

'grey-back, *s.* **1.** *U.S. Hist: F:* = GREY-COAT. **2.** *Orn:* Corneille cendrée, mantelée. **3.** *P:* Pou *m*, *pl.* poux; *P:* toto *m.* **4.** *Mil: P:* Chemise *f* (de flanelle grise).

'grey-'bearded, *a.* A barbe grise.

'grey-coat, *s. U.S. Hist:* Soldat *m* des États confédérés.

'grey-eyed, *a.* Aux yeux gris. **Grey-eyed Minerva**, Minerve aux yeux pers.

'grey 'goose, *s. Orn:* = GREYLAG (GOOSE).

'grey-'haired, 'grey-'headed, *a.* Aux cheveux gris; grisonnant.

'grey-'hen, *s. Orn:* Femelle du lyrure des bouleaux, du tétras lyre; poule *f* des bouleaux, petite poule de bruyère.

grey[2], *v.tr. & i.* Grisailler; (*of hair*) grisonner. *Art:* **To grey (over) the whites**, engrisailler les blancs (d'une eau-forte).

greying, *s.* Grisonnement *m.*

greybeard ['greibiːərd], *s.* **1.** Grison *m*; vieille barbe; vieux barbon; *F:* cassandre *m. See also* LICHEN. **2.** *Cer:* Cruche *f*, cruchon *m.*

greyfriars ['greifraiərz], *s.* = *grey friars, q.v. under* FRIAR 1.

greyhound ['greihaund], *s.* **1.** Lévrier *m.* **Greyhound bitch**, levrette *f.* **Italian greyhound**, levron *m*; levrette de salon. **Greyhound racing**, courses *fpl* de lévriers. *G.-racing track*, cynodrome *m.* **Greyhound belly**, ventre levretté (d'un cheval). **2.** *Nau: F:* **(Ocean) greyhound**, paquebot *m* rapide.

greyish ['greiiʃ], *a.* Grisâtre.

greylag (goose) ['greilag('guːs)], *s. Orn:* Oie *f* sauvage, oie cendrée.

greymalkin [grei'molkin], *s.* = GRIMALKIN.

greyness ['greinəs], *s.* **1.** Teinte grise. *The g. of London*, la grisaille de Londres; la tonalité grise de Londres. *The g. of the evening over the estuary*, les grisailles du soir sur l'estuaire. **2.** Caractère *m* morne, sombre; tristesse *f.*

gribble [gribl], *s. Crust:* Limnorie *f.*

grid [grid], *s.* **1.** (*a*) Grille *f*, grillage *m. Hyd.E:* Gril *m*, grille, claie *f. Mch:* Grillage (de foyer de chaudière). *El:* **Accumulator grid**, grille, grillage, d'accumulateur. *See also* LUGGAGE-GRID, PLATE[1] 2. (*b*) *W.Tel:* **Valve grid**, grille de lampe. **Grid potential, voltage**, potentiel *m* de grille. **Grid-leak**, résistance *f* de fuite de la grille. **Grid-condenser**, condensateur *m* de la grille. **Grid battery**, pile *f* de polarisation. **Double-grid valve**, valve *f* bigrille. **Three-grid tube**, penthode *f*; lampe *f* à cinq électrodes; lampe trigrille. *See also* BIAS[1] 4, SCREENED 1. (*c*) *W.Tel:* (*Television*) Lampe à grande surface en serpentin. **2.** = GRIDIRON 1, 2, 3. **3.** *Surv:* (*For maps, reproductions, etc.*) Treillis *m*, graticule *m.* **4.** *F:* **The grid**, le réseau électrique national.

gridded ['gridid], *a.* (Tableau noir, etc.) quadrillé.

griddle[1] [gridl], *s.* **1.** *Cu:* = GIRDLE[3]. **2.** *Min:* Crible *m.*

griddle[2], *v.tr.* **1.** *Cu:* Griller. **2.** *Min:* **To griddle out ore**, cribler le minerai.

gride[1] [graid], *s.* Crissement *m*, grincement *m* (d'une roue, etc.).

gride[2], *v.i.* **To gride along, against, sth.**, grincer sur qch. *To g. (its way) through sth.*, trancher, couper, qch. avec un bruit strident.

griding, *a.* **1.** Tranchant, déchirant. **2.** (Son) strident, qui écorche l'oreille.

gridiron ['gridaiərn], *s.* **1.** (*a*) *Cu:* Gril *m. F:* **To be on the gridiron**, être sur des charbons ardents. (*b*) *Ph:* **Gridiron pendulum**, balancier *m* à gril. *Cy:* **Gridiron carrier**, porte-bagages *m inv* en tubes d'acier. *Rail:* **Gridiron (track)**, gril. *Mch:* **Gridiron valve**, tiroir *m* à grille, à lanterne. (*c*) *Nau:* Gril de carénage. (*d*) *Th:* Gril (pour la manœuvre des décors). **2.** *P:* Bicyclette *f*, *P:* bécane *f.* **3.** *U.S:* Terrain *m* de football.

grief [griːf], *s.* Chagrin *m*, douleur *f*, peine *f. To give way to g.*, s'abandonner à la douleur. *To die of g.*, mourir de chagrin. *Plunged in g.*, plongé dans la désolation, dans l'affliction *f.* **To come to grief**, (i) se voir accablé de malheurs; faire de mauvaises affaires; sombrer; (ii) (*of plan, etc.*) échouer, faire fiasco, mal tourner; (iii) avoir un accident; (*of rider*) faire une chute (de cheval, de bicyclette, etc.). *To come to g. when all was going well*, verser en beau chemin. *Drive slower or you will come to g.*, allez moins vite ou vous allez avoir un accident. *If you don't work you will come to g.*, si vous ne travaillez pas, vous allez échouer. *This lack of harmony was the rock on which the undertaking came to g.*, ce manque d'harmonie fit sombrer l'entreprise, fut l'écueil de l'entreprise. *To come to g. over a difficulty*, s'aheurter à une difficulté. **To bring s.o., sth., to grief**, faire échouer qn, qch. *F:* **To be in grief**, être mal en point; (*of golfer, etc.*) être en mauvaise posture; (*of horse*) être à bout de souffle.

'grief-stricken, *a.* Pénétré, accablé, de douleur; en proie à la douleur; en proie aux remords. *G.-s. heart*, cœur percé de douleur; cœur navré.

grievance ['griːvəns], *s.* **1.** Grief *m.* **To have a grievance against s.o.**, avoir un grief contre qn. **To air, state, one's grievances**, conter, exprimer, ses doléances; exposer ses griefs personnels. *People with a g.*, les gens *m* qui ont à se plaindre. *To hold sth. as a g. against s.o.*, faire grief à qn de qch. **2.** Injustice *f.* **To redress a grievance**, réparer un tort fait à qn; réformer un abus.

grieve [griːv]. **1.** *v.tr.* Chagriner, attrister, affliger, peiner (qn);

faire de la peine à (qn). *It grieves me to see him so changed,* cela me fait de la peine de le voir si changé. **2.** *v.i.* Se chagriner, s'affliger, s'attrister, se désoler (*over, about, sth.,* de qch.). *Do not g. so,* ne vous désolez pas comme ça. *I g. to see them in want,* cela me fait de la peine de les voir dans la misère. *The whole nation grieved at his death,* la nation entière pleura sa mort.

grieved, *a.* Chagriné, attristé, affligé, désolé, peiné (*at,* de). *Deeply g.,* navré (*at,* de). *To be g. to see sth.,* souffrir, s'affliger, de voir qch.; avoir du chagrin de voir qch. *We are g. to learn . . .,* nous apprenons avec peine. . . .

grieving[1], *a.* **1.** Chagrinant, affligeant, attristant. **2.** Chagriné, affligé, attristé, désolé. **-ly,** *adv.* Avec chagrin, avec douleur.

grieving[2], *s.* Chagrin *m,* douleur *f.*

grievous ['griːvəs], *a.* **1.** Douloureux, pénible. **Grievous loss,** perte cruelle. **2.** (Blessure *f,* faute *f, etc.*) grave. **Grievous mistake,** erreur *f* grave, lamentable. **3.** (*Of news, etc.*) Triste, affligeant, douloureux. **-ly,** *adv.* **1.** Douloureusement, péniblement, cruellement. **2.** Gravement; grièvement (blessé).

grievousness ['griːvəsnəs], *s.* **1.** Caractère pénible, affligeant (d'un événement, d'une perte). **2.** Gravité *f* (d'une blessure, etc.).

griff[1] [grif], *s.* *U.S:* Griffe *mf*; mulâtre *mf, f. occ.* mulâtresse.

griff[2], *s.* *Tex:* Griffe *f* (de métier).

griffin[1] ['grifin], *s.* **1.** *Myth:* Griffon *m.* **2.** *F: A:* Vieille duègne; dragon *m.*

griffin[2], *s.* (*In India*) Nouveau venu, nouveau débarqué; *F:* bleu *m,* béjaune *m.*

griffin[3], *s.* *U.S:* = GRIFF[1].

griffin[4], *s.* *Turf:* Tuyau *m.*

griffon[1] ['grifən], *s.* (Chien) griffon *m.*

griffon[2], *s.* **1.** *Myth:* = GRIFFIN[1] 1. **2.** *Orn:* **Griffon(-vulture),** vautour *m* griffon; gyps *m* fauve; vautour fauve; *F:* charognard *m,* griffon *m.*

grig [grig], *s.* **1.** *Ich:* (*a*) Équille *f,* lançon *m*; anguille *f* de sable; anguille plat-bec. (*b*) Petite anguille. **2.** *Ent:* Grillon *m.* *See also* MERRY[2].

grike [graik], *s.* *Geol:* Fente *f,* crevasse *f.*

grill[1] [gril], *s.* **1.** *Cu:* Grillade *f.* **2.** = GRILL-ROOM.

'grill-room, *s.* Grill-room *m* (de restaurant).

grill[2], *s.* *Cu:* Gril *m.* *U.S: P:* **To put a prisoner on the grill,** cuisiner un prisonnier, un détenu.

grill[3]. *Cu:* **1.** *v.tr.* Griller, brasiller (la viande); faire cuire (qch.) sur le gril. *U.S: P:* **To grill a prisoner,** cuisiner un détenu. **2.** *v.i.* Griller, être grillé; cuire sur le gril.

grilled[1], *a.* Grillé. **Grilled meat,** viande grillée; grillade *f*; carbonnade *f.* **Grilled steak,** bifteck *m* sur le gril; charbonnée *f.*

grill[4], *s.* = GRILLE[1].

grill[5], *v.tr.* = GRILLE[2].

grillage ['griledʒ], *s.* *Civ.E: Const:* Grillage *m,* treillis *m* (en sous-œuvre); racinaux *mpl.* *To lay down a g. for a building, etc.,* grillager les fondements d'un édifice, etc.

grille[1] [gril], *s.* **1.** Grille *f* (de couvent, de porte, de radiateur); judas *m* (de porte). **Counter-grille,** grille de comptoir (d'un bureau de banque, etc.). *To fit a g. on to a window, etc.,* grillager une fenêtre, etc. **2.** *Pisc:* Incubateur *m.*

'grille-like, *a.* Craticulaire.

grille[2], *v.tr.* Grillager, griller.

grilled[2], *a.* Grillagé, grillé, à grille.

griller ['grilər], *s.* **1.** (*Pers.*) Grilleur, -euse. **2.** Gril *m* (de fourneau).

grilse [grils], *s.* *Fish:* Saumon *m* de quatre ans; saumoneau *m,* grilse *m.*

grim [grim], *a.* Menaçant, sinistre; *Lit:* (regard *m*) torve. *G. and ghostly figures,* formes spectrales et menaçantes. *G. landscape,* paysage lugubre, menaçant. *G. laugh,* ricanement *m* de mauvais augure. *G. smile,* sourire *m* sardonique. *G. humour,* humour *m* macabre. *G. face,* visage sévère, rébarbatif. (*Of pers.*) **To look grim,** avoir une mine sévère. *To keep a g. silence,* garder un silence sévère, de mauvais augure. *G. tyrant,* tyran *m* farouche. **Grim Death,** la Mort inexorable. *F:* **To hold on like grim death,** se cramponner en désespéré, avec acharnement. *G. necessity compelled him to . . .,* la dure et sévère nécessité le força à. . . . *To do sth. out of g. necessity,* être dans la nécessité cruelle de faire qch. *G. truth,* la vérité brutale, poignante. *G. battle,* bataille acharnée. *G. determination,* volonté *f* inflexible. **-ly,** *adv.* Sinistrement, sévèrement. *He frowned g.,* il eut un froncement de sourcils sinistre, menaçant. *To receive s.o. g.,* faire à qn un accueil sévère, de mauvais augure. *To fight g.,* se battre avec acharnement.

grimace[1] [gri'meis], *s.* **1.** Grimace *f.* **To make a grimace,** faire la grimace. **2.** Grimacerie *f,* affectation *f.* **To make grimaces,** faire des grimaceries, des simagrées, des façons.

grimace[2], *v.i.* **1.** Grimacer; faire la grimace. **2.** Faire des grimaceries; faire des mines, des simagrées, des façons.

grimacing, *a.* Grimaçant, grimacier.

grimacer [gri'meisər], *s.* Grimacier, -ière.

grimalkin [gri'mɔlkin, -'ma-], *s.* *F:* **1.** (*Cat*) Mistigri *m.* **2.** (*Of woman*) Mégère *f*; vieille taupe; vieille sorcière.

grime[1] [graim], *s.* Saleté *f*; poussière *f* de charbon, de suie (qui vous entre dans la peau).

grime[2], *v.tr.* (*Of coal-dust, etc.*) Salir, noircir (le visage, les mains).

griminess ['graiminəs], *s.* Saleté *f,* noirceur *f* (du visage, des mains, des manchettes).

Grimm [grim]. *Pr.n.m. Ling:* **Grimm's law,** la loi *f* de Grimm; la loi de la substitution consonantique.

grimness ['grimnəs], *s.* Caractère *m* sinistre, aspect *m* redoutable (de qch.); sévérité *f* (de visage); acharnement *m* (d'un combat); inflexibilité *f* (d'une volonté). *The g. of his laugh,* son rire sardonique.

Grimthorpe ['grimθɔːrp], *v.tr.* Faire des réparations coûteuses mais sans goût à (un monument historique). (Le baron Grimthorpe souleva des protestations indignées par les réparations qu'il fit faire à la cathédrale de Saint Albans.)

grimy ['graimi], *a.* Sale, encrassé, noirci; noir (de suie, de charbon, de poussier). *G. hands, linen,* mains noires; linge noir, crasseux. *G. face,* visage noir, barbouillé.

grin[1] [grin], *s.* **1.** Grimace *f* qui découvre les dents; rictus grimaçant. **2.** Large sourire; sourire épanoui. **To break into, give, a broad grin,** se fendre la bouche en un large sourire; sourire à belles dents. **To be always on the grin,** (i) être toujours à grimacer; (ii) être toujours à rire.

grin[2], *v.i.* (**grinned; grinning**) **1.** Grimacer en montrant les dents; avoir un sourire forcé. **2.** Rire ou sourire d'une oreille à l'autre. **To grin at s.o.,** (i) adresser à qn un sourire de grosse gaieté; (ii) regarder qn avec un sourire narquois, moqueur. *He grinned a broad grin, he grinned broadly,* un sourire s'allongea sur ses lèvres; son visage s'épanouit en un large sourire. **To grin and bear it,** (tâcher de) faire bonne contenance; faire bonne mine à mauvais jeu; garder le sourire. **To grin like a Cheshire cat, like a street-door knocker,** grimacer comme un vieux singe; rire à se fendre la bouche. *v.tr.* **To grin assent,** approuver d'un large sourire. **3.** *Paint:* *The ground coat grins through the enamel,* la première couche se laisse voir à travers l'émail.

grinning[1], *a.* Grimacier, grimaçant.

grinning[2], *s.* Grimacerie *f.*

grind[1] [graind], *s.* **1.** Grincement *m,* crissement *m* (de roues, etc.). **2.** *F:* (*a*) Labeur *m* monotone et continu; *P:* turbin *m.* **The daily grind,** le boulot journalier; le train-train quotidien. *What a g.!* quelle corvée! *It's a constant grind,* il faut tout le temps bûcher, piocher. *The g. of a governess's life,* la vie ingrate de l'institutrice. (*b*) Classe *f* de chauffage (pour l'examen). **3.** *Sch: F:* (*a*) Promenade *f* (à vive allure); footing *m.* **To take a grind,** faire une promenade (hygiénique). (*b*) = STEEPLECHASE[1]. **4.** *Sch: U.S: F:* Bûcheur, -euse; piocheur, -euse.

grind[2], *v.* (*p.t.* **ground** [graund]; *p.p.* **ground**) **1.** *v.tr.* (*a*) Moudre (du blé, du café); moudre, concasser (du poivre); râper (le tabac à priser); broyer (des couleurs); piler (qch. dans un mortier); réduire (qch.) en grains. **To grind sth. (down) to dust,** pulvériser qch.; réduire qch. en poudre. *To g. sth. between one's teeth,* broyer qch. entre ses dents. **To grind sth. under one's heel,** écraser qch. sous ses pieds. *To g. sth. into the earth with one's heel,* enfoncer qch. dans la terre en le broyant du talon. *F:* **I had mathematics ground into me,** on me fit entrer de force les mathématiques dans la tête. **To grind (down) the poor, to grind the faces of the poor,** pressurer, opprimer, les pauvres. *People ground down with taxes,* peuple écrasé d'impôts. (*b*) Meuler (une pièce coulée); rectifier (une pièce) à la meule; roder (une lentille, etc.); dépolir (le verre, un bouchon); égriser (une pierre précieuse); doucir (le verre à glaces). *Mec.E:* **To grind (in) a valve,** roder une soupape. *To g. in the piston,* roder le piston dans le cylindre. **To grind (down) a lens, etc.,** meuler une lentille, etc. *See also* SMOOTH-GRIND, WET-GRIND. (*c*) Aiguiser, émoudre, affûter (un outil); passer (un couteau, un sabre) à la meule; repasser (un couteau, un outil, etc.) (sur la meule); mettre le tranchant à (une lame). *See also* AXE. (*d*) **To grind one's teeth,** grincer des dents; grincer les dents; crisser des dents. **To grind out an oath,** jurer entre ses dents. (*e*) Tourner (une manivelle). *Esp.* **To grind a barrel organ,** jouer d'un orgue de Barbarie. **To grind (out) a tune,** tourner, seriner, un air. (*f*) Faire travailler (ses élèves) sans relâche; chauffer (un élève) pour un examen. *To g. him in Greek,* lui faire travailler le grec. (*g*) *U.S: F:* Taquiner, faire enrager (qn). **2.** (*With passive force*) (*Of corn*) Se moudre; (*of colours*) se broyer; (*of almonds, etc., in a mortar*) se piler. **3.** *v.i.* (*a*) (*Of wheels, etc.*) Grincer, crisser. *I could hear the keel grinding on the rocks,* j'entendais grincer la quille sur les roches. *A cart came grinding past,* une charrette passa en faisant crier ses roues. (*b*) *F:* Bûcher, turbiner; *Sch:* bachoter. **To grind for an exam,** potasser un examen. **To grind away at Latin,** piocher, potasser, son latin.

ground, *a.* **1.** Moulu, broyé, pilé. *See also* ALMOND, COFFEE, RICE. **2.** **Ground steel,** acier meulé. **Ground glass,** verre dépoli. **Ground (glass) stopper,** bouchon *m* à l'émeri. **3.** Aiguisé, affûté, émoulu. *See also* HOLLOW-GROUND.

grinding[1], *a.* **1.** (Dent *f*) molaire. **2.** **Grinding sound,** grincement *m,* crissement *m.* **3.** (*Of pain*) Douloureux, déchirant. **Grinding care,** soucis rongeurs, rongeants. **Grinding poverty,** la misère écrasante.

grinding[2], *s.* **1.** Mouture *f* (du blé); broyage *m,* broiement *m* (des couleurs); pilage *m* (dans un mortier). **Grinding to dust,** pulvérisation *f,* réduction *f* en poudre. *Ind:* **Grinding mill,** broyeur *m.* **2.** Oppression *f,* écrasement *m* (du peuple). **3.** (*a*) Meulage *m*; rectification *f* à la meule; rodage *m*; adoucissage *m*; polissage *m* à la meule. **Grinding machine,** machine *f* à meuler; *Metalw: Glassm:* polisseuse *f.* (*b*) Aiguisage *m,* affûtage *m,* émoulage *m,* repassage *m.* **Grinding shop,** affilerie *f.* **4.** Grincement *m,* crissement *m.*

'grinding-compound, -paste, *s.* *Metalw:* Pâte *f* à roder.

'grinding-powder, *s.* Poudre *f* à roder.

'grinding-wheel, *s.* Roue *f* à meuler; meule *f* de rectification.

grinder ['graindər], *s.* **1.** (*a*) Pileur, -euse; broyeur, -euse. *See also* HURDY-GURDY, ORGAN-GRINDER. (*b*) *Cer:* Useur, -euse. (*c*) Rémouleur *m* (de couteaux, de ciseaux). *Itinerant g.,* repasseur ambulant. (*d*) *Sch: F:* Chauffeur *m,* répétiteur *m,* colleur *m.* *See also* GERUND. **2.** (*a*) (Dent) molaire *f,* (dent) mâchelière *f.* (*b*) *pl. F:* **Grinders,** dents *f.* **3.** (*a*) Appareil broyeur; broyeuse *f.* **Coffee-grinder,** moulin *m* à café. **Colour grinder,** moulin à couleurs. (*b*) Meule courante (d'un moulin). (*c*) *Mec.E:* Rectifieuse *f*; meuleuse *f*; machine *f* à rectifier; (*polisher*) rodoir *m.* *See also* EMERY. (*d*) Machine *f* à aiguiser; affûteuse *f.* **4.** *pl. W.Tel:* **Grinders,** (bruits *m* de) friture *f*; crissements *m*; crachements *m.*

grindery [ˈgraindəri], *s.* **1.** *Bootm: F:* Crépins *mpl*; saint-crépin *m.* **2.** *Ind:* Atelier *m* de meulage; aiguiserie *f*, affilerie *f.*

grindstone [ˈgraindstoun], *s.* Meule *f* (en grès) à aiguiser; *also* (*small*) mallard *m*, (*large*) meulard *m. Fine g.*, meule douce. *Medium g.*, meule demi-douce. *Rough g.*, meule à gros grains. *Geol:* **Grindstone grit,** (pierre) meulière *f.* **Grindstone factory,** meulerie *f.* **Grindstone maker,** meulier *m. F:* **To keep one's nose to the grindstone,** travailler sans relâche, sans désemparer; être assujetti à son travail. *He keeps our noses to the g.*, il exige qu'on soit tout à la besogne; il ne nous laisse aucun répit.

gringo [ˈgriŋgo], *s.* (*In Mexico*) Anglo-américain *m*; Anglais *m.*

grinner [ˈgrinər], *s.* Rieur (narquois).

griotte [griˈɔt], *s. Miner:* **Griotte(-marble),** griotte *f.*

grip[1] [grip], *s.* **1.** Prise *f*, serrage *m*; serrement *m* (**d'un outil,** des mains); étreinte *f* (des mains). **Masonic grip,** attouchement *m* maçonnique. **To have a strong grip,** avoir (une) bonne pince, une bonne poigne; avoir la serre bonne. **To be at grips with the enemy,** être aux prises, lutter corps à corps, avec l'ennemi. **To come to grips,** en venir aux mains, aux prises (*with*, avec); *F:* se colleter. *To bring them to grips*, les mettre aux mains. **Grip of the wheels,** adhérence *f*, accrochage *m*, des roues sur la route. **To get a grip on sth.,** trouver prise à qch. **To lose one's grip,** (i) lâcher prise; (ii) *F:* commencer à manquer de poigne. *Equit: To keep a tight g. on one's horse*, serrer les côtes à son cheval, bien embrasser son cheval. *See also* VICE[2]. *F:* **The grip of poverty,** l'étreinte de la misère. **In the grip of a disease,** sous l'étreinte d'une maladie; en proie à une maladie. *The fever has him in its g.*, la fièvre le tient. *His heart was in the g. of a gnawing irritation*, une irritation sourde lui poignait le cœur. **Grip of a play on the audience,** effet poignant, impression poignante, d'une pièce sur la salle. **To have, get, a good grip of the situation,** avoir, prendre, la situation bien en main; *F:* empaumer l'affaire. *To have a good g. of a subject*, connaître un sujet à fond; bien posséder un sujet; manier facilement (les mathématiques, etc.). **He lacks grip,** il manque de poigne. **2.** (*a*) Poignée *f* (d'aviron, etc.); poignée, crosse *f* (de pistolet). **Ball-grip,** boule-poignée *f*, *pl.* boules-poignées. *See also* SPRING-GRIP. (*b*) *Ten:* Manchon *m*, couvre-manche *m*, *pl.* couvre-manches (pour raquette). *Cy:* Manchon, poignée (de guidon). **3.** (*a*) *Mec.E: etc:* Douille *f* de serrage; pince *f*; griffe *f.* (*b*) *pl.* **Grips,** mâchoires *f*, mordaches *f* (d'un étau, etc.). **4.** *U.S: F:* Valise *f.*

'grip-brake, *s. Cy: etc:* Frein *m* au guidon.

'grip-gear, *s. Min:* Parachute *m* (de cage de mine).

grip[2], *v.tr.* (**gripped; gripping**) (*a*) Saisir, prendre (qch.); serrer, étreindre, (qch.) dans la main; empoigner, *F:* agriffer, agripper, *A:* harper (qch.). **To grip hold of s.o.,** s'agripper à qn. *See also* HOLD[1] 1. *To g. sth. in a vice*, serrer, pincer, qch. dans un étau. *To g. one's hands on to sth.*, serrer qch. dans la main. *Equit:* **To grip a horse close,** serrer les bottes; envelopper un cheval. (*b*) *Abs.* **The wheels are not gripping,** les roues *f* n'adhèrent pas (sur la route). *Nau:* **The anchor grips, does not grip,** l'ancre *f* croche, mord, prend fond; l'ancre ne mord pas. (*c*) *F:* **Fear gripped him,** la peur le saisit. *The emotion that grips my heart*, l'émotion *f* qui m'étreint à la gorge, qui m'étreint le cœur. *Play that grips the audience*, pièce *f* qui empoigne les spectateurs. *Story that grips you*, histoire passionnante. *The play doesn't grip the house*, la pièce ne passe pas la rampe, ne tient pas la salle. *See also* HEART-GRIPPING.

gripping, *s.* Prise *f*, étreinte *f*, serrement *m.* **Gripping device,** appareil *m* de préhension; *Mec.E:* mâchoire *f.*

grip[3], *s.* Fossé *m*, rigole *f.*

gripe[1] [graip], *s.* **1.** Saisissement *m*, étreinte *f.* **To come to gripes with s.o.,** en venir aux prises avec qn. **In the gripe of a tyrant,** aux mains d'un tyran. **2.** Poignée *f* (de manche, d'outil, etc.). **3.** *pl.* **Gripes,** (i) colique *f*, épreintes *f*, tranchées *f*; (ii) *Vet:* tranchées rouges (d'un cheval). **4.** *N.Arch:* = FORE-FOOT 2 (*a*). **5.** *Nau: pl.* **Gripes,** saisines *f*, sangles *f* (de canot).

gripe[2], *v.tr.* **1.** Saisir, empoigner, étreindre, *F:* gripper. **2.** Opprimer, pressurer (les pauvres, etc.). **3.** Donner la colique, des tranchées, à (qn). **4.** *Nau:* Saisir (un canot à bord); amarrer (un canot) avec les saisines. **5.** *v.i. Nau:* (*Of ship*) Venir au vent; être ardent; passer sur sa barre.

griping[1], *a.* **1.** Rapace, avare. **2.** (Aliment, etc.) coliqueux. **Griping pains,** colique *f*, tranchées *f.* **3.** *Nau:* (Bateau) ardent.

griping[2], *s.* **1.** Saisissement *m*, empoignement *m.* **2.** Oppression *f*, pressurage *m.* **3.** Colique *f*, tranchées *fpl.*

gripper [ˈgripər], *s.* Pince *f*, griffe *f.*

gripsack [ˈgripsak], *s. U.S: F:* Valise *f.*

grisaille [griˈzeil], *s. Art:* Grisaille *f. To paint sth. in g.*, grisailler qch.; peindre qch. en grisaille.

Griselda [griˈzeldə]. *Pr.n.f. Lit:* Grisélidis.

griseous [ˈgriziəs], *a. Nat.Hist:* Gris perlé.

griskin [ˈgriskin], *s. Cu:* Échinée *f* (de porc); grillade *f* (de porc).

grisliness [ˈgrizlinəs], *s. Lit:* (*a*) Aspect *m* horrible, effroyable. (*b*) Aspect sinistre, macabre.

grisly [ˈgrizli], *a. Lit:* (*a*) Affreux, horrible, effroyable, épouvantable. (*b*) Effrayant, sinistre, macabre. *G. shadow*, ombre monstrueuse.

grist[1] [grist], *s.* **1.** Blé *m* à moudre. *F:* **That brings grist to the mill,** c'est du blé en grenier, ça fait venir l'eau au moulin; ça met du beurre dans les épinards; c'est lucratif. **All is grist that comes to his mill,** tout lui est bon; il fait profit de tout. **2.** Blé moulu. **3.** *Brew:* Malt broyé; brai *m.* **4.** *U.S: F:* Grand nombre, tas *m* (de choses).

'grist-mill, *s.* Moulin *m* à blé.

'grist-miller, *s.* Meunier *m.*

grist[2], *s. Tex:* Titre *m* (du fil); épaisseur *f* (d'un cordage).

gristle [grisl], *s.* Cartilage *m*, croquant *m. F:* **In the gristle,** en herbe.

gristly [ˈgrisli], *a.* Cartilagineux; plein de croquant.

grit[1] [grit], *s.* **1.** (*a*) Grès *m*, sable *m.* (*b*) *Mec.E: etc:* Corps étrangers; impuretés *fpl. F:* **To put, throw, grit in the bearings,** entraver la marche des affaires; mettre des bâtons dans les roues. **2.** (*Gritstone*) Grès (dur). **Millstone grit, grindstone grit,** grès meulier, grès à meule(s); silex meulier; (pierre) meulière *f.* **3.** Grain *m* (d'une pierre). **4.** Carrière *f* (d'une poire). **5.** *F:* (*a*) Cran *m*, courage *m*, endurance *f.* **Man of grit, who has got plenty of grit,** homme *m* qui a du cran, de l'étoffe, du caractère, du mordant. (*b*) *Pol:* (*In Canada*) **The Grits,** les membres du parti libéral ou radical.

grit[2], *v.* (**gritted; gritting**) **1.** *v.i.* Grincer, crisser. *The sanded floor grits under our feet*, le plancher sablé nous crépite sous les pieds. **2.** *v.tr.* **To grit one's teeth,** grincer des dents. **3.** *v.tr.* Sabler (un pavé glissant, etc.).

grits [grits], *s.pl.* Gruau *m* d'avoine; grosse farine d'avoine.

gritstone [ˈgritstoun], *s.* Grès (dur); pierre *f* de grès.

grittiness [ˈgritinəs], *s.* Toucher graveleux.

gritty [ˈgriti], *a.* **1.** (*a*) (Sol) gréseux, sablonneux, cendreux; (crayon, etc.) graveleux. *G. pear*, poire graveleuse, sablonneuse, pierreuse, lapilleuse. *F: G. style*, style rocailleux. (*b*) Abrasif. **2.** *U.S: F:* Qui a du cran; résolu.

Grizel [ˈgriz(ə)l]. *Pr.n.f.* = GRISELDA.

grizzle[1] [grizl], *a.* Gris, grison, grisonnant.

'grizzle-pate, *s.* Grison *m.*

grizzle[2], *v.tr. & i.* Grisonner.

grizzled, *a.* **1.** (*Of hair*) Gris, grisonnant. *G. beard*, barbe *f* poivre et sel. *G. wig*, grisaille *f*; perruque *f* en grisaille. **2.** (*Of pers.*) Aux cheveux gris; grisonnant.

grizzling[1], *s.* Grisonnement *m.*

grizzle[3], *s. P:* **1.** Épanchement *m* d'humeur, de bile. **To have a good grizzle,** raconter ses griefs; ronchonner tout son soûl. **2.** Pleurnicherie *f. Esp.* **To do a grizzle** = GRIZZLE[4] 2.

grizzle[4], *v.i. P:* **1.** Se faire de la bile; ronchonner; grognonner. **2.** Pleurnicher, geindre.

grizzling[2], *s.* **1.** Grognonnerie *f.* **2.** Pleurnicherie *f*, pleurnichement *m.*

grizzler [ˈgrizlər], *s. P:* **1.** Ronchonneur, -euse; ronchonnot *m*; ronchon *m.* **2.** Pleurnicheur, -euse; geignard, -arde; geigneur, -euse.

grizzly [ˈgrizli], *a.* **1.** (*a*) (*Of hair*) Grisâtre, grisonnant; poivre et sel. (*b*) (*Of pers.*) Grisonnant; aux cheveux gris. **2.** *Z:* **Grizzly** (**bear**), ours gris d'Amérique; ours grizzlé.

groan[1] [groun], *s.* **1.** Gémissement *m*, plainte *f. To give, utter, a deep g.*, pousser un profond gémissement. **2.** *pl.* **Groans** (*at public meeting, etc.*), murmures *m* (de désapprobation).

groan[2]. **1.** *v.i.* Gémir; pousser un gémissement. *To g. in pain*, gémir de douleur. *To g. with fatigue*, ahaner de fatigue. **To groan inwardly,** étouffer une plainte, un gémissement. *F:* **To groan under the yoke of tyranny,** gémir sous le joug de la tyrannie. *The cart groans under the load*, la charrette gémit sous le fardeau. *The door groans on its hinges*, la porte crie sur ses gonds. *A. & Lit: To g. for sth.*, languir après qch. **2.** *v.tr.* (*a*) **To groan down a speaker,** imposer silence à un orateur par des murmures répétés. (*b*) **He groaned out what had happened,** il raconta entre ses gémissements ce qui était arrivé.

groaning[1], *a.* Gémissant. *See also* BOARD[1] 2.

groaning[2], *s.* **1.** Gémissement(s) *m*(*pl*). **2.** (*At meeting, etc.*) Murmures *mpl.*

groat [grout], *s. Num: A:* Pièce *f* de quatre pence; groat *m. F:* **Not worth a groat,** qui ne vaut pas un liard. *See also* CARE[2] 1.

groats [grouts], *s.pl.* Gruau *m* d'avoine, de froment, d'orge.

grocer [ˈgrousər], *s.* Épicier, -ière. *The grocer's wife*, l'épicière. *You can get it* **at the grocer's,** vous aurez cela chez l'épicier, dans une épicerie. *The grocer's will be closed*, l'épicerie sera fermée. *F:* **Grocer's itch,** eczéma *m.*

grocery [ˈgrousəri], *s.* **1.** Épicerie *f. To be in the g. business*, être dans l'épicerie. **2.** *U.S:* (*a*) Boutique *f* d'épicier; épicerie. (*b*) Débit *m* de boissons. **3.** *pl.* **Groceries,** (articles *m* d')épicerie.

grog[1] [grɔg], *s.* Grog *m.*

'grog-blossom, *s.* Bourgeon *m*, bouton *m* (au nez d'un ivrogne). *Nose covered with grog-blossoms*, nez bourgeonné, boutonné.

'grog-blossomed, *a.* (Nez) bourgeonné.

'grog-shop, *s.* Cabaret *m*; *F:* bistro *m.*

'grog-tub, *s. Nau:* Bidon *m.*

grog[2], *v.* (**grogged; grogging**) **1.** *v.i.* Boire des grogs; être adonné à la boisson. **2.** *v.tr.* Ébouillanter (un tonneau) (pour en extraire l'alcool qui imprègne le bois).

grogginess [ˈgrɔginəs], *s.* (*a*) Faiblesse *f* (des jambes); titubation *f.* (*b*) État branlant, peu solide (du mobilier, etc.).

groggy [ˈgrɔgi], *a.* **1.** (*a*) Gris, soûl. (*b*) Pochard. **2.** Chancelant, titubant, vacillant; (boxeur) qui commence à flancher. **To be a bit groggy about the legs, to feel groggy,** être un peu faible des jambes; avoir des jambes de laine, en coton, en flanelle, en pâte de guimauve; être peu solide, vaciller, sur ses jambes. *G. horse*, (i) cheval fatigué; (ii) cheval boiteux ou faible des jambes de devant. *F: G. old table*, vieille table bancale. **-ily,** *adv.* (Avancer, etc.) en chancelant, en titubant.

grogram [ˈgrɔgrəm], *s. Tex:* Gros-grain *m*; ottoman *m.*

groin[1] [grɔin], *s.* **1.** *Anat:* Aine *f. Wounded in the g.*, blessé à l'aine. **2.** *Arch:* (*a*) **Groin(-rib),** arête *f* (de voûte). (*b*) Nervure *f* (d'arête).

groin[2], *v. Arch:* **1.** *v.tr.* (*a*) Fournir (une voûte) d'arêtes. (*b*) Tailler les nervures sur (les arêtes). **2.** *v.i. Roof that groins from pillars*, voûte *f* dont les arêtes reposent sur des piliers.

groined, *a. Arch:* **Groined vault, arch,** voûte *f* à arêtes; voûte d'arête; voûte en arcs-doubleaux.

groin[3, 4], *s. & v.* = GROYNE[1, 2].

grom(m)et [ˈgrɔmet], *s.* = GRUMMET.

gromwell [ˈgrɔmwəl], *s. Bot:* Grémil *m.* **Common gromwell,** *F:* herbe *f* aux perles.

Groningen [ˈgrɔniŋən]. *Pr.n. Geog:* Groningue.

groom[1] [gruːm], *s.m.* **1.** Gentilhomme, valet (de la Chambre du Roi, etc.). **Groom in waiting,** gentilhomme de service. **Groom of the bedchamber,** gentilhomme de la chambre. **2.** (*a*) Palefrenier; valet d'écurie; harnacheur. (*b*) Jockey, laquais (dont on se fait suivre à cheval). **3.** = BRIDEGROOM.

groom[2], *v.tr.* **1.** Panser (un cheval). **2.** *U.S: F:* **To groom a man for office,** (i) dresser un candidat (en vue d'un poste, d'une fonction dans la politique); (ii) préparer les voies à un candidat.

groomed, *a.* **Well-groomed,** (i) (cheval) bien entretenu, bien pansé; (ii) *F:* (homme, etc.) bien soigné, bien astiqué, bien peigné; habillé de façon soignée; soigné de sa personne; dans une tenue très soignée. **Ill-groomed,** (homme, etc.) peu soigné dans sa mise.

grooming, *s.* Pansage *m* (d'un cheval).

groomsman, *pl.* **-men** [ˈgruːmzmən, -men], *s.m.* Garçon d'honneur (à un mariage).

groove[1] [gruːv], *s.* **1.** Rainure *f*; rayure *f* (d'un canon, etc.); cannelure *f* (d'une colonne); creux *m* (d'une vis, etc.); gouttière *f* (d'une épée); *Anat:* sillon *m*, gouttière, rainure (d'un os); *Carp:* (*notch*) encoche *f*; (*rabbet*) râblure *f*, feuillure *f*. **Thumb-nail groove** (*of penknife, etc.*), onglet *m*. *G. for a sliding part, shutter, etc.,* coulisse *f*, glissière *f*. **Pulley-wheel groove,** cannelure, gorge *f*, goujure *f*. *I.C.E:* **Piston-ring groove,** rainure annulaire, gorge, cannelure, d'un piston. *Carp:* **Groove and tongue joint,** assemblage *m* à rainure et languette; embrèvement *m*. *To join two pieces by g. and tongue,* affourcher deux pièces. **Rounded groove,** gueule-de-loup *f*, *pl.* gueules-de-loup. **Half-round groove,** noix *f*. *Gramophones:* **Sound groove,** sillon sonore. *See also* LEAVE[2] 2, OIL-GROOVE. **2.** *F:* Routine *f*. **To get into a groove,** s'encroûter; devenir routinier. **To get out of the groove,** sortir de l'ornière. *To fall back into the old grooves,* revenir à ses anciens errements.

groove[2], *v.tr.* Rainer; rayer (un canon, etc.); canneler (une colonne). *Mountain-side grooved by the torrents,* flanc de montagne sillonné, strié, creusé, par les torrents. *Carp:* *To g. a board,* bouveter, feuiller, une planche. **To groove and tongue,** assembler à rainure et languette; embrever. *Mec.E:* *To g. the bearings,* faire les pattes d'araignée dans les paliers.

grooved, *a.* Rayé, rainé, cannelé; à rayures, à rainures, à cannelures. *G. column,* colonne cannelée, striée. *G. tyre,* pneu cannelé. *G. rubber matting,* tapis *m* en caoutchouc à côtes. *G. wheel,* roue *f* à gorge. *G. rail,* rail *m* à gorge, à rigole, à ornière. *G. bearing,* coussinet *m* à gorges ou à pattes d'araignée. *Carp:* *G. board,* planche bouvetée. *G. panel,* panneau tarabiscoté. *See also* MOULDING[2] 2.

grooving, *s.* **1.** (*a*) Rayage *m*, rainurage *m*; creusage *m*. (*b*) *Carp:* **(Tonguing and) grooving,** bouvetage *m*. *Tonguing and g. irons,* fers *m* à bouveter. *Tonguing and g. machine,* machine *f* à faire les rainures et languettes. **2.** *Coll.* Rainures *fpl*, cannelures *fpl*; rayures *fpl* (de canon, etc.).

ˈgrooving-plane, *s.* *Tls:* Bouvet *m* à rainure, bouvet femelle; rabot *m* à languette; feuilleret *m*, guimbarde *f*.

groovy [ˈgruːvi], *a.* *F:* (*Of pers.*) Routinier, -ière.

grope [group], *v.i.* Tâtonner; aller, marcher, à tâtons. **To grope for, after, sth.,** chercher qch. à tâtons, à l'aveuglette, en colin-maillard; tâtonner en cherchant qch. *To g. in one's pocket for a handkerchief,* chercher un mouchoir dans sa poche. **To grope one's way,** avancer à tâtons, à l'aveugle, à l'aveuglette; se diriger en tâtonnant (*towards sth.,* vers qch.). *To g. one's way in, out,* entrer, sortir, à tâtons.

groping[1], *a.* Tâtonnant. **-ly,** *adv.* A tâtons, en tâtonnant.

groping[2], *s.* Tâtonnement *m*.

groper [ˈgroupər], *s.* Tâtonneur, -euse. *The gropers after truth,* ceux qui, à l'aveuglette, cherchent à découvrir la vérité.

grosbeak [ˈgrousbiːk], *s.* *Orn:* **(Hawthorn) grosbeak,** gros-bec *m*, *pl.* gros-becs; bec-dur *m*, *pl.* becs-durs; dur-bec *m*, *pl.* durs-becs. **Republican grosbeak,** républicain *m*.

gros-grain [ˈgrɔsgrein], *a.* *Tex:* De gros-grain; d'ottoman.

gross[1] [grous], *s. inv. in pl.* Douze douzaines *f*; grosse *f*. *Six gross pens,* six grosses de plumes. **Great gross,** douze grosses.

gross[2], *a.* **1.** Gras, *f.* grasse; gros, *f.* grosse; bouffi; tout en chair. *Full g. habit of body,* corpulence *f*. **2.** Grossier. (*a*) *G. ignorance,* ignorance crasse, grossière. *G. injustice,* injustice flagrante. *G. crime,* crime *m* énorme. *G. abuse,* abus choquant. *G. carelessness,* manque de soins avéré. *G. mistake,* grosse faute, faute grossière, lourde faute. *G. imposture,* grossière imposture. (*b*) *G. world,* monde grossier. *G. pleasures,* plaisirs grossiers. *G. feeder,* goulu, -ue; glouton, -onne; gros mangeur d'aliments grossiers. (*c*) (*Of story, joke, etc.*) Grivois, gaulois, graveleux, indécent. *Book full of g. passages,* livre plein de crudités, de grossièretés. **3.** (*Of growth, shoot, etc.*) Trop fort; exubérant. **4.** (*Of weight, receipts, etc.*) Brut. **Gross profit,** bénéfice brut. *Nau:* **Gross displacement,** déplacement global. **Gross tonnage,** jauge brute. *Adv.phr.* *Taking it* in (the) gross, à tout prendre. **-ly,** *adv.* Grossièrement. *G. insulted,* grossièrement insulté. *G. exaggerated,* exagéré énormément, outre mesure. *G. ignorant,* d'une ignorance crasse. *To be g. mistaken,* se tromper grossièrement.

grossness [ˈgrousnəs], *s.* **1.** Grossièreté *f*; flagrance *f*, énormité *f* (d'un crime, etc.). **2.** Grossièreté, crudité *f*; indécence *f* (d'une histoire, etc.).

grossularite [ˈgrɔsjulərait], *s.* *Miner:* Grenat *m* calcifère.

grot [grɔt], *s.* *Poet:* = GROTTO 1.

grotesque[1] [groˈtesk]. **1.** *a.* & *s.* Grotesque (*m*). **2.** *a.* *F:* Absurde; saugrenu. **-ly,** *adv.* Grotesquement.

grotesque[2], *v.tr.* Caricaturer.

grotesqueness [groˈtesknəs], *s.* Caractère *m* grotesque (de qch., d'une physionomie).

grotto, *pl.* **-oes, -os** [ˈgrɔto, -ouz], *s.* **1.** Grotte *f* (pittoresque). **2.** "Grotte" en coquillages construite sur le trottoir par les gamins pour intéresser les passants et en obtenir des sous. "*Please remember the grotto!*" "un petit sou pour la grotte, messieurs-dames, s'il vous plaît!"

grouch[1] [grautʃ], *s.* *U.S: P:* **1.** Maussaderie *f*. **To have a grouch on,** être de mauvaise humeur; être en rogne. **To have a grouch against s.o.,** en vouloir à qn. **2.** = GROUCHER.

grouch[2], *v.i.* *U.S: P:* Grogner, grommeler, ronchonner.

groucher [ˈgrautʃər], *s.* Grogneur, -euse; ronchonneur, -euse.

grouchy [ˈgrautʃi], *a.* Maussade, grognon.

ground[1] [graund]. *See* GRIND[2].

ground[2], *s.* **1.** Fond *m* (de la mer). *Nau:* (*Of ship*) **To take (the) ground,** échouer. **To touch ground,** (i) talonner; (ii) *F:* en venir aux faits, au solide. **Break ground!** dérapez (l'ancre)! **To strike ground,** trouver le fond en sondant. **2.** *pl.* **Grounds,** marc *m* (du café, etc.); sédiment *m* (du bouillon, etc.); lie *f* (du vin). **3.** (*a*) Fond, champ *m* (d'un tableau, d'une tapisserie). *Light colour on a dark g.,* couleur claire sur un fond sombre. *Flowered g.,* fond à bouquets. *Lacem:* **Ground(-net),** toilé *m*, toilage *m*. *Paint: etc:* **Ground colour,** (i) première couche de peinture; (ii) fond (de papier peint, etc.). *Cin:* **Ground noise** (*accompanying sound film*), bruit *m* de fond. *See also* COAT[1] 3, ETCHING 1. (*b*) *Art:* **The middle ground,** le second plan (d'un tableau). **4.** (*a*) Raison *f*, cause *f*, sujet *m*, motif *m*; base *f* (de soupçons, etc.). *Grounds for litigation,* matière *f* à procès, sujet de procès. **Ground for complaint,** grief *m*. *What is the g. of his complaint?* sur quoi porte sa plainte? *Our grounds for hope,* nos raisons d'espérer. *There are grounds for supposing that . . .,* il y a lieu de supposer que. . . . *What grounds have you for saying that?* sur quoi vous fondez-vous pour affirmer cela? *What are his grounds for denying that . . .?* sur quoi se fonde-t-il pour nier que . . .? *What grounds are there for these reports?* qu'est-ce qu'il y a de fondé dans ces bruits qui courent? *I acted thus* **upon good grounds,** j'ai agi de la sorte en connaissance de cause; c'est à bon escient que j'ai agi de la sorte. *Upon what grounds?* à quel titre? *On both these grounds,* à ce double titre. *To excuse oneself* **on the ground(s) of** *illness,* s'excuser pour raison de, sous prétexte de, maladie. *He has been retired on the g. of his infirmities,* on l'a mis à la retraite en raison de ses infirmités. *On grounds of expediency,* pour des raisons de convenance. *On legal grounds,* pour des raisons de droit. *On personal grounds,* pour des raisons personnelles. (*b*) *Jur:* *Grounds for divorce,* motifs de divorce. *Grounds for a judgment,* considérants *m* d'un jugement. *Grounds for appeal* (*to superior court*), voies *f* de recours; moyens *m* d'appel. **5.** (*a*) Sol *m*, terre *f*. *To sit down on the g.,* s'asseoir par terre. *To sleep on the (bare) g.,* coucher sur la dure, sur le carreau. **To put one's ear to the ground,** appuyer son oreille contre terre. *Exhalations from the g.,* exhalations *f* terrestres. **To fall to the ground,** (i) tomber à, par, terre; (ii) *F:* (*of scheme, etc.*) tomber dans l'eau; ne pas aboutir; avorter. *He dashed the coin to the g.,* il jeta violemment la pièce par terre, sur le sol. *F:* **To dash s.o.'s hopes to the ground,** anéantir, ruiner, les espérances de qn. **Above ground,** (i) sur terre; sortant, sorti, de terre; *Min:* au jour, à la surface; (ii) *F:* pas encore enterré. **He is still above ground,** il est toujours sur terre, toujours de ce monde. *See also* ABOVE-GROUND. **Under ground,** sous terre. *Main just under the g.,* canalisation faiblement enterrée. *See also* UNDERGROUND. *Draperies* **down to the ground,** draperies *f* qui pendent jusqu'à terre. **Burnt down to the ground,** brûlé de fond en comble. **To cut a tree to the ground,** (i) couper un arbre au ras du sol; (ii) ravaler un arbre. *F:* **That suits me down to the ground,** *U.S:* **from the ground up,** (i) cela me va à merveille, comme un gant, comme un bas de soie; (ii) ça m'arrange le mieux du monde, ça fait mon compte; *F:* ça me botte, ça fait mon beurre, ça me gante. *That dress suits her down to the g.,* cette robe lui va, lui sied, à merveille. *Games:* **'Off ground,'** chat perché. *Jur:* *G. underneath a building,* tréfonds *mpl* d'un immeuble. *Firm g.,* terre compacte, bien assise. (*Of building*) *To rest on firm g.,* reposer sur un terrain solide. *F:* **To be on sure, firm, ground, to be sure of one's ground,** connaître le terrain; être sûr de son fait; aller à coup sûr. **To feel the ground,** sonder, tâter, le terrain. *F:* **To cut the ground from under s.o.'s feet,** couper l'herbe sous le pied à qn. *See also* BREAK[2] I. 1, DELICATE 2, FROST[1] 1, ICE[1] 1, SPEED[1] 1. (*b*) *Ven:* (*Of fox*) **To run, go, to ground,** se terrer. **To run a fox to ground,** poursuivre un renard jusqu'à son terrier. (*c*) Terrain *m*. *Mil:* **Drill-ground, parade-ground,** champ *m*, terrain, de manœuvres; place *f* d'armes. **To meet one's opponents on their own ground,** se placer sur le terrain même de ses adversaires. **To find a common ground** *for negotiations,* s'accorder sur une base de négociation. **To change, shift, one's ground,** changer de terrain; déplacer la question. **To gain ground,** gagner du terrain; (*of news*) se répandre, s'accréditer. *This idea is gaining g.,* cette idée fait son chemin, prend pied. *Nau:* **To gain ground on the tack,** gagner à la bordée. **To give ground,** lâcher pied; (*of troops in combat*) se replier, mollir. **To lose ground,** perdre, céder, du terrain; céder le terrain. **To dispute the ground,** se disputer le terrain. **To hold, stand, one's ground,** tenir bon, tenir ferme, tenir tête, tenir pied; ne pas lâcher pied. **To cover a lot of ground,** (i) faire beaucoup de chemin; (ii) *F:* parcourir un champ très vaste. *We have a lot of g. to cover,* nous avons un vaste programme à parcourir. **To tread on forbidden ground,** (i) empiéter sur un terrain défendu; (ii) *F:* toucher à un sujet défendu. *Cr:* (*Of batsman*) **To be out of one's ground,** avoir franchi les limites du but, du guichet. *See also* AMUSEMENT 1, ENPLANING, FAIR-GROUND, FISHING-GROUND, FLYING[2] 1, HUNTING-GROUND, RECREATION-GROUND, SHOOTING-GROUND, SPORTS-GROUND. (*d*) *pl.* **Grounds,** terrains, parc *m*, jardin *m* (d'une maison). *Country house with extensive grounds,* château *m* avec domaine. *Grounds and buildings,* propriétés *f* et bâtiments *m*. **6.** *El:* *U.S:* (*a*) (i) Terre; (ii) masse *f* (d'un châssis de voiture, etc.). **To connect to ground,** mettre (un pôle) à la masse. **Ground connection,** retour *m* à la terre ou à la masse. **Ground lead,** fil *m*, conducteur *m*, de terre ou de masse. (*b*) *Tg: etc:* Fuite *f* à la terre. 7. *Attrib.* (*Of basis, cause, etc.*) Fondamental, -aux.

'ground-ash, *s.* 1. *Arb:* Plant *m* de frêne. 2. *Bot: Dial:* (*a*) Angélique *f* sauvage. (*b*) = GOUT-WEED.

'ground-bait[1], *s. Fish:* Amorce *f* de fond. **Ground-bait fishing,** pêche *f* au coup.

'ground-bait[2], *v.tr. Fish:* Amorcer (un coup, etc.).

ground-baiting, *s.* Amorçage *m. G.-b. appliance,* amorçoir *m.*

'ground-bass, *s. Mus:* Basse contrainte.

'ground-beetle, *s. Ent:* Carabique *m*, carabidé *m*; *F:* jardinière *f*, sergent *m.*

'ground-box, *s. Bot:* Buis commun, buis des forêts, buis pour bordure.

'ground-clearance, *s. Veh: esp. Aut:* Hauteur *f* du sol au point le plus bas de la voiture; hauteur libre au-dessous de la voiture; hauteur du châssis au-dessus du sol. *Rear-axle g.-c.,* liberté *f* au-dessous du pont.

'ground-'cypress, *s. Bot:* Santoline *f* cyprès.

'ground-dove, *s. Orn:* Géopélie *f.*

'ground-fish, *s.* Poisson *m* de fond.

'ground-fishing, *s.* Pêche *f* de fond.

'ground-'floor, *s.* Rez-de-chaussée *m inv.* **On the ground-floor,** au rez-de-chaussée. *F:* **To get in on the ground-floor,** (i) *Com:* acheter des actions, etc., dès leur émission, au prix d'émission, au plus bas prix; s'assurer la primeur d'une bonne spéculation; (ii) s'assurer un avantage, une situation privilégiée.

'ground-game, *s. Ven:* Gibier *m* à poil.

'ground-gudgeon, *s. Ich:* Loche *f.*

'ground-hog, *s. Z:* Marmotte *f* d'Amérique.

'ground-'ivy, *s. Bot:* Lierre *m* terrestre; lierre rampant; *F:* herbe *f* de Saint-Jean.

'ground-landlord, *s.* Propriétaire foncier; le propriétaire du sol.

'ground-leaf, *pl.* **-ves,** *s.* Feuille *f* (de tabac) qui pousse au niveau du sol.

'ground-light, *s. Av:* Balise *f* (d'un aéroport). *To provide an air-port with ground-lights,* baliser un aéroport.

'ground-lighting, *s. Av:* Balisage *m.*

'ground-line, *s.* 1. *Fish:* Ligne *f* de fond; traînée *f.* 2. *Geom:* (*In perspective*) Ligne de terre, d'intersection (des plans horizontal et vertical). 3. *pl. A:* Contours *m.* 4. *El.E:* Conduite *f* à la terre ou à la masse.

'ground-log, *s. Nau:* Indicateur *m* de fond.

'ground-machine, *s. Av:* Rouleur *m.*

'ground-man, *pl.* **-men,** *s.m.* 1. Terrassier. 2. Préposé à l'entretien d'un terrain de jeux.

'ground-note, *s. Mus:* Son fondamental.

'ground-nut, -pea, *s. Bot:* = EARTH-NUT.

'ground-pine, *s. Bot:* 1. Ive *f*, ivette *f.* 2. Lycopode *m* en massue; mousse *f* terrestre.

'ground-plan, *s. Const: etc:* Plan *m* de fondation; plan géométrique; plan horizontal; projection horizontale; plan ichnographique; ichnographie *f. Fort: etc:* Tracé *m* (d'une œuvre). *F:* Plan (d'un roman, etc.).

'ground-plate, *s.* 1. = GROUND-SILL. 2. *El.E:* Plaque *f* de terre; prise *f* de terre.

'ground-plot, *s.* Terrain *m* à bâtir.

'ground-rent, *s.* Loyer *m* de la terre; redevance *f* emphytéotique; (*as source of income*) rente foncière.

'ground-return, *s. El.E:* Retour *m* (de courant) par la terre.

'ground-rope, *s. Ropem:* Palombe *f*, palonne *f.*

'ground-sea, *s. Nau:* Grosses lames déferlant à la côte par temps calme.

'ground-sheet, *s.* Bâche *f* de campement.

'ground-sill, *s.* = GROUNDSEL[2].

'ground-space, *s.* Aire *f* (d'un bâtiment).

'ground-squirrel, *s. Z: U.S:* 1. Tamias *m.* 2. Spermophile *m.*

'ground-swell, *s. Nau:* Houle *f*, lame *f*, de fond; mer *f* du fond.

'ground-tackle, *s. Nau:* Apparaux *mpl* de mouillage, d'ancrage; amarre *f* de fond.

'ground-tier, *s.* 1. *Nau:* Plan *m* d'arrimage premier. 2. *Th:* Baignoires *fpl*; loges *fpl* de parterre.

'ground-torpedo, *s. A:* Mine dormante.

'ground-water, *s.* Nappe *f* d'eau souterraine.

'ground-wheels, *s.pl. Av:* Roues porteuses, roues de train.

ground[3]. 1. *v.tr.* (*a*) Fonder, baser, appuyer (*on, in, sth.*, sur qch.). *To g. one's belief on certain facts,* asseoir sa conviction sur certains faits. (*b*) **To ground a pupil in Latin,** enseigner à fond les rudiments du latin à un élève; donner à un élève de bons éléments du latin, une bonne base en latin. (*c*) (i) Préparer le fond (d'un tableau, d'une tapisserie). (ii) Donner la première couche de peinture à (une surface). (*d*) Mettre (qch.) à terre. *Golf:* **To ground one's club,** asseoir sa crosse sur le sol. *Mil:* **Ground arms!** l'arme au pied! reposez armes! (*e*) *El.E: U.S:* Mettre (le courant) à la terre ou à la masse. (*f*) *Nau:* Jeter (un navire) à la côte. 2. *v.i.* (*a*) *Nau:* (*Of ship*) (i) Échouer, s'échouer (*on*, sur). (ii) Talonner. (*b*) (*Of balloon, etc.*) Atterrir.

grounded, *a.* 1. **Well-grounded, ill-grounded, belief,** croyance bien, mal, fondée. *Well-g. rumour,* bruit consistant. 2. **To be well grounded in Latin,** bien posséder les rudiments du latin; posséder à fond les premiers principes du latin. *He is thoroughly g.,* il connaît iben ses éléments. 3. (*Of mains, etc.*) Au sol, enterré. 4. *El.E: U.S:* (Retour) relié à la terre ou à la masse.

grounding, *s.* 1. (*a*) Assise *f* (d'un argument sur qch.). (*b*) *El.E: U.S:* Mise *f* (du courant) à la terre ou à la masse. (*c*) *Nau:* (i) Échouage *m.* (ii) Talonnement *m.* (*d*) Atterrissage *m* (d'un ballon, etc.). 2. (*a*) **To have a good grounding in Latin,** avoir une connaissance solide des rudiments du latin. *He has a good g.,* il connaît bien ses éléments; il a été bien commencé. (*b*) Fond *m* (de tapisserie). (*c*) *Paint: etc:* Première couche; couche d'impression.

groundage ['graundedʒ], *s. Nau:* Droits *mpl* de mouillage, d'ancrage.

grounder ['graundər], *s. Games:* Coup *m* qui fait rouler la balle sur le sol; balle qui roule sur le sol.

groundless ['graundləs], *a.* (Soupçon, bruit, etc.) mal fondé, sans raison, sans fondement, immotivé. *G. report,* bruit sans fondement, qui ne repose sur rien. *G. assumption,* supposition gratuite. *My suspicions were g.,* mes soupçons n'étaient pas fondés, étaient sans motif. **-ly,** *adv.* (S'alarmer) sans cause, sans raison.

groundlessness ['graundləsnəs], *s.* Manque *m* de fondement, de cause, de raison (*of*, de).

groundling ['graundliŋ], *s.* 1. *Ich:* (*a*) Loche épineuse de rivière. (*b*) Gobie noir. (*c*) (*More widely*) Poisson *m* de fond. 2. *Bot:* (*a*) Plante rampante. (*b*) Plante naine. 3. (*a*) *Th: A:* Spectateur *m* du parterre. (*b*) *Lit: A:* **The groundlings,** les gens *m* sans culture; les bourgeois *m*; les philistins *m.*

groundsel[1] ['graundsel], *s. Bot:* Seneçon *m.* **Groundsel tree,** seneçon en arbre.

groundsel[2], *s. Const: etc:* Sole *f*, semelle *f*, sablière basse (de cadre); seuil *m* (de dormant de porte).

groundsman, *pl.* **-men** ['graundzmən, -men], *s.m.* = GROUND-MAN 2.

groundways ['graundweiz], *s.pl. N.Arch:* Longrines *f* (de ber).

groundwork ['graundwə:rk], *s.* 1. Fond *m* (de tapisserie, etc.); couleur *f* de fond (d'un tableau, etc.). 2. (*a*) Fondement *m*, fond; base *f*; assise *f* (de la société, etc.). (*b*) Plan *m*, canevas *m* (d'un roman, etc.).

group[1] [gru:p], *s.* Groupe *m*; peloton *m* (de personnes). *To walk about* **in groups,** se promener par groupes. *To gather into groups,* se réunir par groupes. **To form a group,** se grouper. *Little groups were forming to discuss the news,* de petits apartés se formaient pour discuter la nouvelle. **Political group,** groupe politique. **Literary group,** cercle *m*, cénacle *m*, littéraire. *Mus: The clarinette, trombone, g.,* le pupitre des clarinettes, des trombones. *To arrange articles in groups,* grouper des articles. *Arrangement in groups,* groupement *m. Art: G. of figures,* groupe, groupement, de personnages. *Harmonious g. of colours,* ensemble harmonieux de couleurs. *Ar:* **Group of three figures** (*in decimal notation*), tranche *f* de trois chiffres. *Mus: G. of notes,* groupe de notes. *Geog: G. of mountains,* massif *m* de montagnes. *Geol: G. of faults,* faisceau *m* de failles. *Rail: G. of sidings,* faisceau de voies. *See also* CAPTAIN[1] 2.

group[2]. 1. *v.tr.* Grouper, disposer en groupes, répartir par groupes (des articles, des faits, etc.); allotir (des provisions, etc.); combiner (des idées). *El:* Grouper, (ac)coupler, associer (des piles). *Art: The figures are well grouped,* les figures sont bien agencées, heureusement disposées. 2. *v.i.* Se grouper (*round*, autour de). *Figures that g. well,* figures qui groupent bien.

grouped, *a.* Groupé. *G. columns,* colonnes groupées.

grouping, *s.* Groupement *m* (de figures, etc.); combinaison *f* (de couleurs); allotissement *m* (de provisions). *Age g. of the population,* répartition *f* de la population par groupes d'âge. *The g. of the figures in a picture,* l'agencement *m* des figures d'un tableau. *El.E: G. of cells,* association *f* des piles.

groupage ['gru:pedʒ], *s.* = GROUPING.

grouper ['gru:pər], *s. Ich:* Épinéphèle *m.*

grouse[1] [graus], *s. inv. in pl. Orn:* Tétras *m*; faisan bruyant. **Wood grouse, great grouse,** grand tétras; coq *m* de bruyère. **Red grouse,** tétras rouge; lagopède *m* rouge d'Écosse. **Black grouse,** tétras lyre; coq de bouleau; petit coq de bruyère. **White grouse,** willow grouse, lagopède blanc, subalpin. **Pinnated grouse,** gelinotte *f* des prairies; tétras cupidon (de l'Amérique du Nord). *See also* HAZEL-GROUSE, PINTAILED, PRAIRIE-GROUSE, SAGE-GROUSE, SAND-GROUSE.

grouse[2], *s. P:* 1. Grogne *f. He enjoys a good g.,* il aime à grogner; il aime ronchonner. 2. **To have a grouse against s.o.,** avoir un grief contre qn.

grouse[3], *v.i. P:* Ronchonner, grogner, grincher, groller, bougonner, maugréer (*at, about*, contre).

grousing, *s.* Grognonnerie *f*; bougonnage *m.*

grouser ['grausər], *s. P:* Grognon *mf*; ronchonneur, -euse; grincheux, -euse; bougon, -onne.

grout[1] [graut], *s. Const:* Coulis *m*; mortier clair, liquide. **Cement grout,** lait *m*, laitance *f*, de ciment.

grout[2], *v.tr. Const:* **To grout (in) stones,** couler des pierres; liaisonner, jointoyer, des pierres (avec du mortier liquide); sceller des pierres au ciment.

grouting, *s. Const:* 1. Jointoiement *m* au mortier liquide. 2. = GROUT[1].

grout[3]. 1. *v.i.* (*Of pig*) Fouiller (avec le groin). 2. *v.tr.* (*Of pig*) **To grout out** *truffles,* découvrir les truffes (en fouillant la terre).

grove [gro:uv], *s.* Bocage *m*, futaie *f*, bosquet *m*; bouquet *m* de bois; plantation *f* (d'arbres). **Beech-grove,** hêtraie *f.* **Orange-grove,** orangerie *f. See also* HOLLY, OLIVE-GROVE, PALM-GROVE.

grovel ['grɔv(ə)l], *v.i.* (**grovelled; grovelling**) Ramper. *To g. in the dirt,* se vautrer, se traîner, dans la boue, dans la fange. *F:* **To grovel to, before, s.o.,** ramper, se prosterner, s'aplatir, se mettre à plat ventre, devant qn; lécher les bottes de qn, à qn.

grovelling[1], *a.* Rampant; *F:* bas, vil, abject. *G. toadies,* sycophantes rampants. **-ly,** *adv.* En rampant; bassement.

grovelling[2], *s.* 1. Rampement *m*; vautrement *m.* 2. *F:* Prosternation *f. G. at the feet of wealth,* aplatissement *m* devant la richesse.

groveller ['grɔvələr], *s.* Sycophante *m*, flagorneur *m*; *F:* chien couchant, plat valet.

grow [grou], *v.* (*p.t.* **grew** [gruː]; *p.p.* **grown** [groun]) I. *v.i.* **1.** (*a*) (*Of plants*) Croître, pousser. **To grow again,** recroître, repousser; (*of plants, hair*) revenir. (*Of plant*) **To grow down,** pousser vers le bas. (*Of nail*) **To grow in,** s'incarner. *Prov:* **Ill weeds grow apace,** mauvaise herbe croît toujours. *See also* WILD 1. (*b*) (*Of seeds*) Germer. *F: A feeling of hate gradually grew (up) between the two friends,* un sentiment de haine naissait peu à peu entre les deux amis. *The custom has grown up,* la coutume s'est établie. *This state grew out of a few small towns,* cet état est né de quelques bourgades, doit son origine à quelques bourgades. *Institutions out of which the Constitution of England grew,* institutions *f* qui ont servi à former la Constitution de l'Angleterre, qui sont à la base de la Constitution de l'Angleterre. **2.** (*Of pers.*) Grandir; (*of child*) *F:* enforcir. **To grow tall,** devenir grand; se faire grand; grandir. *How your youngster has grown! F:* comme votre petit a enforci! **To grow into boyhood,** devenir adolescent. **To grow into a woman,** passer femme. *He had grown into a man,* il était devenu homme. *She had grown into a fine girl,* c'était devenu une belle fille. **To stop growing,** finir de pousser, cesser de grandir, achever sa croissance. **To grow up,** grandir; devenir grand; atteindre l'âge d'homme. *She is growing up,* elle se fait grande. *All these children are growing up, F:* tous ces enfants poussent. *F: Instead of growing up, I do believe* **that child's growing down!** au lieu de grandir je crois bien que cet enfant rapetisse! **To grow out of one's clothes,** devenir trop grand pour ses vêtements. *He is mischievous, but* **he will grow out of it,** s'il est espiègle, cela passera avec l'âge. *See also* HABIT[1] 1. **3.** (*a*) S'accroître, croître, augmenter, grandir. *The crowd grew,* la foule s'accroissait, augmentait, grossissait. *The firm has grown very considerably,* la maison a pris une extension considérable. *His influence grew,* son influence grandit, s'accrut. *The rumour was growing,* la rumeur grandissait. *Astonishment* **grew and grew,** l'étonnement *m* allait toujours croissant. **To grow in favour,** monter en faveur. **To grow in wisdom, in beauty,** croître, augmenter, en sagesse, en beauté; avancer, profiter, en sagesse. (*b*) *Habit that grows on one,* habitude *f* qui vous gagne. (*c*) *That picture grows on me,* plus je regarde ce tableau plus il me plaît, plus il me dit. *It grows on you,* on ne l'apprécie pas tout d'abord. **4.** (*a*) Devenir. **To grow old,** devenir vieux; se faire vieux; vieillir. *His parents had grown old,* ses parents *m* avaient vieilli. *His parents were grown old,* ses parents étaient vieux. **To grow young again, to grow younger,** rajeunir. **To grow big, bigger,** (i) grandir; (ii) grossir; (iii) augmenter. **To grow smaller,** (i) rapetisser; (ii) diminuer. **To grow alarmed, excited,** s'alarmer, s'exciter. **To grow angry,** se fâcher, se mettre en colère. **To grow rarer,** se faire plus rare. **To grow less,** diminuer. **To grow out of fashion,** passer de mode. **It is growing dark,** il commence à faire sombre; la nuit se fait. (*b*) *He grew to be more obedient,* il en arriva peu à peu à se montrer plus obéissant. **I have grown to think that . . .,** j'en suis venu à penser que. . . .

II. **grow,** *v.tr.* **1.** Cultiver (des roses, etc.); planter (des choux, etc.); faire venir (du blé). *Farm that grows beetroot,* ferme *f* où on fait de la betterave. *Soil that will not g. fruit-trees,* sol *m* qui se refuse aux arbres fruitiers. *See also* HOME-GROWN. **2.** Laisser pousser (sa barbe, etc.). *The stag grows fresh antlers every year,* le cerf renouvelle ses andouillers chaque année.

grown, *a.* **1.** (*a*) **(Full-)grown,** grand; qui a fini sa croissance. **Grown(-up) man,** homme fait. **To be grown up,** être adulte. *When you are g. up,* quand tu seras grand. *s.* **The grown-ups,** les grands; les grandes personnes; les adultes *m. See also* WELL-GROWN. (*b*) *Nau:* **Grown sea,** mer faite. **2. Wall grown over with ivy,** mur couvert de lierre. *See also* MOSS-GROWN.

growing[1], *a.* **1.** Croissant; qui pousse. **Growing crops,** récoltes *f* sur pied; *Jur:* récoltes pendantes par (les) racines. *See also* FREE-GROWING. **2.** Grandissant. (*a*) *G. child,* enfant *mf* en cours de croissance. (*b*) *G. debt,* dette grossissante, qui augmente. **Ever-growing** *sympathy,* sympathie toujours grandissante. *G. opinion,* opinion de plus en plus répandue. *There was a g. fear that . . .,* on craignait de plus en plus que. . . . *See also* TENDENCY. **3. Corn-growing, potato-growing, district,** région *f* qui produit du blé, des pommes de terre; région à blé, à pommes de terre. **-ly,** *adv.* De plus en plus.

growing[2], *s.* **1.** Croissance *f. Plants that have no* **growing space,** plantes *f* qui manquent d'espace pour se développer. **The growing age,** l'âge *m* de la croissance. **Growing weather,** temps *m* qui fait croître les plantes; temps propice à la croissance des plantes. **2.** Culture *f*, éducation *f* (de plantes).

'growing-pains, *s.pl. Med:* Douleurs *f* de croissance.

growable ['grouəbl], *a.* Cultivable.

grower ['grouər], *s.* **1.** (*Of plant*) **Rapid grower, slow grower,** plante *f* qui croît vite, lentement. **2.** (*Pers.*) Cultivateur, -trice (de roses, etc.); exploitant *m* (d'une forêt). **Potato-grower,** planteur *m* de pommes de terre. **Vine-grower,** viticulteur *m*; vigneron *m. See also* SILK-GROWER.

growl[1] [graul], *s.* Grondement *m*, grognement *m* (d'un chien, etc.). *F: The low g. of London,* la sourde rumeur de Londres.

growl[2], *v.i. & tr.* **1.** (*Of animal*) Grogner; gronder (*at*, contre). *The dog growled at me,* le chien me reçut avec un grognement. **2.** *F:* (*Of pers.*) Gronder, grogner, grommeler, *F:* maronner, ronchonner. **To growl (out) a refusal,** grogner un refus. *To g. out oaths,* maronner des jurons.

growling[1], *a.* **1.** Grondant, grognant. **2.** Ronchonneur, grognon.

growling[2], *s.* Grognement *m*, grondement *m.*

growler ['graulər], *s.* **1.** (*Pers.*) Grogneur, -euse; grognon *mf*; ronchonneur, -euse. **2.** *El.E: U.S:* Vibreur *m* (pour vérification des enduits). **3.** *F:* Fiacre *m.* **4.** Glaçon (détaché d'un iceberg). **5.** *U.S:* Cruche *f* à bière.

growth [grouθ], *s.* **1.** Croissance *f*, venue *f.* **To attain full growth,** (i) avoir entièrement fini sa croissance; atteindre l'âge de consistance; (ii) (*of plant, etc.*) arriver à maturité. **Trees in full growth,** arbres *m* en pleine végétation, en pleine croissance. **Plant of quick growth,** plante *f* qui pousse vite. **Of foreign growth,** de provenance étrangère; d'origine étrangère. **2.** Accroissement *m*; augmentation *f* (en quantité), développement *m* (des affaires); extension *f* (des affaires, d'une maison de commerce). **3.** (*a*) **Yearly growth,** pousse annuelle. **Second growth,** regain *m. For:* **New growth,** revenue *f.* **A growth of corn,** une récolte de blé. **Wine of the first growth,** vin *m* de première cuvée. **Wine of the grand first growth,** vin de tête de cuvée; première ligne. (*b*) Poussée *f* (de cheveux, etc.). **A week's growth on his chin,** le menton couvert d'une barbe de huit jours. **4.** (*a*) *Med:* Grosseur *f*, tumeur *f*, excroissance *f.* **Morbid growth,** production *f* morbide. **New growth,** néoplasme *m*, tumeur. (*b*) *F: G. attributable to the war,* produit *m* de la guerre.

groyne[1] [grɔin], *s. Hyd.E:* Épi *m* à dent (d'une plage); **éperon** *m* (brise-lames); estacade *f* (perpendiculaire au rivage).

groyne[2], *v.tr.* Établir des épis, des éperons, en travers de (la plage).

groyning, *s.* **1.** Construction *f* d'épis, d'estacades. **2.** *Coll.* (Ensemble *m* des) épis *m*, estacades *f.*

grub[1] [grʌb], *s.* **1.** *Ent:* (*a*) Larve *f.* (*b*) *F:* Ver (blanc); asticot *m. See also* COCKCHAFER-GRUB, VINE-GRUB. **2.** *F:* (*Pers.*) (*a*) Écrivassier *m*, gratte-papier *m inv.* (*b*) Indésirable *m*; individu *m* de mauvaise mine. **3.** *Cr:* Balle bôlée à ras de sol. **4.** *Civ.E:* Excavateur *m.* **5.** *P:* Mangeaille *f*, boustifaille *f*, becquetance *f*, boulot *m*, bricheton *m*, frichti *m.*

'grub-eaten, *a.* Piqué des vers.

'grub-screw, *s. Mec.E:* Vis *f* sans tête; **cheville filetée à tête** fendue.

'Grub-street, *s.* **1.** Rue *f* de Londres où demeuraient les écrivassiers du dix-huitième siècle. *F:* **Grub-street hack, journalist,** écrivassier *m*, gratte-papier *m inv.* **2.** *Coll. F:* La bohème littéraire.

grub[2], *v.* (**grubbed; grubbing**) **1.** *v.tr.* (*a*) Fouir, travailler superficiellement (la terre). (*b*) Défricher (un terrain). **2.** *v.i.* Fouiller (dans la terre). *She was grubbing among the flower-beds to find her ring,* elle fouillait dans les parterres pour retrouver sa bague. **3.** *P:* (*a*) *v.i.* Boulotter, bouffer, becqueter, brichetonner. (*b*) *v.tr.* Nourrir (qn); donner à manger à (qn).

grub about, *v.i.* Fouiller, farfouiller. *To g. about in a library,* fouiller, bouquiner, dans une bibliothèque.

grub along, *v.i. F:* (*a*) Vivoter. (*b*) Turbiner, trimer.

grub away, *v.i.* Bûcher, trimer.

grub up, *v.tr.* (*a*) Essoucher (une vigne, un terrain); extirper (une racine); déraciner (une plante). (*b*) Essarter, défricher (un terrain).

grubbing up, *s.* (*a*) Essouchement *m* (d'un terrain); extirpation *f* (de racines); déracinement *m* (d'une plante). (*b*) Essartage *m*, essartement *m*, défrichage *m*, défrichement *m* (d'un terrain).

grubbing, *s.* Fouillage *m. See also* MONEY-GRUBBING[2].

'grubbing-hoe, -hook, -mattock, *s. Tls:* Hoyau *m*; pioche *f* à pic.

'grubbing-plough, *s. Agr:* Arrachoir *m*, arracheur *m*, arracheuse *f.*

grubber ['grʌbər], *s.* **1.** (*Pers.*) (*a*) Fouilleur, -euse (dans la terre, etc.). *See also* MONEY-GRUBBER. (*b*) *Sch: F:* Bûcheur, -euse; piocheur, -euse. (*c*) *P:* Mangeur, -euse; boustifailleur *m.* **2.** *Agr:* (*Implement*) (*a*) Extirpateur *m*; déchaumeur *m*, déchaumeuse *f*; machine *f* à essarter. (*b*) = GRUBBING-HOE. (*c*) = GRUBBING-PLOUGH.

grubby ['grʌbi], *a.* **1.** (Arbre) véreux, mangé des vers. **2.** Sale, crasseux, malpropre. *G. hands,* mains douteuses.

grudge[1] [grʌdʒ], *s.* Rancune *f.* **To bear, owe, s.o. a grudge; to have, nurse, keep up, a grudge against s.o.,** garder rancune à qn; garder de l'animosité contre qn; en vouloir à qn, tenir rigueur à qn; *F:* avoir une dent contre qn; en avoir à, contre, qn (*for having done sth.*, d'avoir fait qch., de ce qu'il a fait qch.). *To cherish a secret g. against s.o.,* ressentir un dépit secret contre qn. **To pay off old grudges,** satisfaire de vieilles rancunes.

grudge[2], *v.tr.* **1.** Donner, accorder, (qch. à qn) à contre-cœur à regret. *To g. s.o. the food he eats,* lésiner sur la nourriture de qn; mesurer la nourriture à qn. *He does not g. his efforts,* il ne marchande pas sa peine. **2.** *To g. s.o. his pleasures,* voir d'un mauvais œil les plaisirs de qn; trouver mauvais que qn s'amuse (*sub.*).

grudging[1], *a.* **1.** (*Of praise, gift, etc.*) Fait, donné, accordé, à contre-cœur, de mauvaise grâce, en rechignant. **2.** (*Of pers.*) Lésineur, -euse. *He is g. of praise,* il est avare de louanges. **-ly,** *adv.* (Faire qch.) comme pour l'amour de Dieu, à contre-cœur, à son corps défendant, en rechignant, de mauvaise grâce. *To praise s.o. g.,* marchander ses éloges à qn; louer qn du bout des lèvres.

grudging[2], *s.* **1.** Lésinerie *f. Given without g.,* donné à pleines mains. **2.** Mauvaise volonté.

gruel[1] ['gruəl], *s.* **1.** *Cu:* Gruau *m* (d'avoine, à l'eau ou au lait); (*thin*) brouet *m. See also* BARLEY-GRUEL. **2.** *P:* **To give s.o. his gruel,** (i) battre qn comme plâtre, flanquer une bonne raclée à qn; (ii) échiner, éreinter, qn. **To take, get, one's gruel,** avaler sa médecine; encaisser. *He's had his g.,* il a écopé; il a reçu son compte.

gruel[2], *v.tr.* Échiner, éreinter (un adversaire).

gruelling[1], *a.* Éreintant, épuisant; (match, etc.) âprement disputé. **To give s.o. a gruelling time,** faire passer un mauvais quart d'heure à qn. *We had a g. time,* ç'a été tout ce qu'il y a de plus dur.

gruelling[2], *s.* Raclée *f*; épreuve éreintante. **He gave me a gruelling,** il m'a fait passer un mauvais quart d'heure.

grueller ['gruələr], *s. F:* Concours éreintant; épreuve éreintante.

gruesome ['gruːsəm], *a.* Horrible, macabre, affreux; qui vous donne la chair de poule; qui donne le frisson. *A g. story,* une histoire macabre. *s.* **The gruesome,** le macabre. **-ly,** *adv.* Horriblement, affreusement, macabrement; à vous donner le frisson.

gruesomeness ['gru:səmnəs], *s.* Caractère *m* horrible (d'une apparition, d'un récit, etc.). *The g. of the situation,* l'horreur *f* de la situation.

gruff [grʌf], *a.* (Ton) bourru, bougon, revêche, rébarbatif, rude, brusque. *G. voice,* grosse voix. *He is somewhat g.,* il est un peu ours. **-ly,** *adv.* D'un ton bourru, rébarbatif; avec brusquerie.

gruffness ['grʌfnəs], *s.* Ton bourru, rébarbatif; *F:* ourserie *f.* *The g. of his greeting,* la brusquerie de son accueil.

grumble[1] [grʌmbl], *s.* **1.** (*a*) Grommellement *m*, grognement *m*, grondement *m*, grognonnerie *f.* (*b*) Murmure *m* (de mécontentement). *To obey without a g.,* obéir sans murmurer. **2.** *F:* **To have the grumbles,** être d'humeur maussade; être de mauvaise humeur; *F:* avoir la grogne.

grumble[2], *v.i. & tr.* Grommeler, grogner, grognonner, murmurer; *F:* ronchonner, bougonner. *The troops were grumbling,* les troupes *f* murmuraient. *To g. about, over, the food,* se plaindre de la nourriture; trouver à redire à la nourriture. *You needn't g.,* vous n'avez pas à vous plaindre; il n'y a pas de quoi vous plaindre. **To grumble at s.o.,** grommeler, gronder, contre qn. **To grumble (out) an answer,** grommeler une réponse.

grumbling[1], *a.* Grommelant, grognon, bougon; grondeur, -euse. **-ly,** *adv.* En grommelant; d'un ton grognon; en murmurant.

grumbling[2], *s.* **1.** Grognonnerie *f.* **2.** Mécontentement *m.*

grumbler ['grʌmblər], *s.* **1.** Grognard, -arde, grognon, -onne, grommeleur, -euse, bougon, -onne. *An old g.,* un vieux ronchon. **2.** Mécontent, -ente. *They arrested all the grumblers,* on arrêta tous les mécontents, tous ceux qui faisaient preuve d'un mauvais esprit.

grume [gru:m], *s.* *Esp. Med:* Caillot *m* (de sang); grumeau *m* (de pus).

grummet ['grʌmet], *s.* **1.** *Nau:* Erseau *m*, erse *f*, estrope *f*; anneau *m* de corde; bague *f* en corde. **Bowline grummet,** patte *f* de bouline. **2.** *Mec.E: etc:* (*a*) Bague d'étoupe. (*b*) Virole *f*, rondelle *f* (en caoutchouc, etc.).

grumous ['gru:məs], *a.* *Esp. Med:* Grumeleux; à demi coagulé.

grumpiness ['grʌmpinəs], *s.* Mauvaise humeur; maussaderie *f*; caractère *m* désagréable.

grumpy ['grʌmpi], **grumpish** ['grʌmpiʃ], *a.* Maussade, renfrogné, grincheux, grognon, bougon; peu abordable. *How g. you are to-day!* comme vous êtes désagréable aujourd'hui! **-ily,** *adv.* Maussadement; d'un air ou d'un ton maussade ou renfrogné.

grundified ['grʌndifaid], *a.* Prude; collet monté *inv*; bégueule.

Grundy ['grʌndi]. *Pr.n.* **Mrs Grundy,** personnification *f* du qu'en-dira-t-on; les convenances (sociales). (Dans *Speed the Plough,* de Morton (1798), Mrs Grundy est la voisine dont l'opinion fait loi en matière de bienséance.) *I don't care what Mrs G. says,* je me moque du qu'en-dira-t-on. *Without any regard for Mrs G.,* sans rien gazer; sans pudibonderie. *See also* SNAP[2] II. 2.

grundyism ['grʌndiizm], *s.* Pruderie *f*, bégueulerie *f*, bégueulisme *m*, pudibonderie *f.*

grunt[1] [grʌnt], *s.* Grognement *m* (de porc, *F:* de qn). **To give a grunt,** pousser, faire entendre, un grognement.

grunt[2], *v.* (*a*) *v.i.* (*Of pig, F: of pers.*) Grogner, grognonner; pousser, faire entendre, un grognement. (*b*) *v.tr.* **To grunt (out) an answer,** grogner une réponse. *He grunted out his consent,* il fit entendre un grognement pour nous dire qu'il consentait.

grunting[1], *a.* Grognant; qui grogne; grogneur, -euse. *Z:* **Grunting ox,** ya(c)k *m.*

grunting[2], *s.* Grognement(s) *m(pl).*

grunter ['grʌntər], *s.* **1.** Grogneur, -euse. **2.** *F:* Porc *m.*

gruntling ['grʌntliŋ], *s.* Cochonnet *m*, porcelet *m.*

gruyère [gru:'jɛər], *s.* Fromage *m* de Gruyère; gruyère *m.*

grysbok ['graisbɔk], *s.* *Z:* Grisbock *m.*

Guadaloupe ['gwɑ:dalu:p]. *Pr.n. Geog:* La Guadeloupe.

guaiacol ['gwaiakɔl], *s.* *Ch:* Gaïacol *m.*

guaiaconic [gwaia'kɔnik], *a.* *Ch:* (Acide *m*) gaïaconique.

guaiacum ['gwaiakəm], *s.* **1.** *Bot:* (Bois *m* de) gaïac *m.* **2.** *Pharm:* **(Gum) guaiacum,** résine *f* de gaïac.

guaiaretic [gwaia'retik], *a.* *Ch:* (Acide *m*) gaïarétique.

Guam [gwɑ:m]. *Pr.n. Geog:* Guam. *Nau: F:* **To clear, sail, for Guam,** partir pour une destination inconnue.

guana ['gwɑ:na], *s.* *Rept:* = IGUANA.

Guanches ['gwantʃez], *s.pl.* *Ethn:* Guanches *m.*

guano[1] ['gwɑ:no], *s.* Guano *m.* **Fish guano,** guano de poissons.

guano[2], *v.tr.* Guaner (un champ); fumer (un champ) au guano.

guarantee[1] [garən'ti:], *s.* **1.** (*Pers.*) (*a*) (*Guarantor*) Garant, -ante; caution *f.* **To go guarantee for s.o.,** se rendre garant pour qn; se porter caution pour qn. (*b*) Créancier *m* à qui est donné caution; garanti, -ie. **2.** (*Guaranty*) Garantie *f* (*against,* contre). *Clock with g. for two years,* pendule *f* avec une garantie de deux ans. *I bought it secondhand, without g.,* je l'ai acheté d'occasion, et tel quel, et sans garantie. *Com:* **Guarantee of bill of exchange,** aval *m* d'une lettre de change. *Jur:* *G. given (in lieu of bail) for an individual,* acte *m* de soumission. **3.** (*Security*) Garantie, caution, gage *m.* *To leave sth.* **as a guarantee,** donner qch. pour caution. *For a more secure g.,* pour plus de garantie. *To secure all guarantees,* prendre toutes ses sûretés. *His interest is the best g. of his discretion,* son intérêt est le garant de sa discrétion.

guaran'tee-com'mission, *s.* *Com:* Ducroire *m.*

guaran'tee-company, -so'ciety, *s.* Société *f* de sécurité.

guaran'tee-fund, *s.* Fonds *m* de garantie.

guarantee[2], *v.tr.* **1.** Garantir, cautionner (qn, qch.); se porter garant, caution, pour (qn, qch.); répondre de la bonne foi de (qn); répondre pour (qn). *To g. a debt,* garantir une dette. *Watch guaranteed for two years,* montre garantie pour deux ans. *To g. a horse free from vice,* garantir un cheval de tout défaut. *I g. his obedience,* je réponds de son obéissance. *F: He will come,* **I guarantee,** il viendra, je vous en réponds, je vous le garantis. *Com:* *To g. an endorsement,* avaliser la signature (sur une traite). **To guarantee a bill of exchange,** avaliser une lettre de change. **2. To guarantee s.o. from loss, against loss,** garantir les pertes à qn.

guaranteed, *a.* *Com:* Avec garantie.

guaranteeing[1], *a.* **Guaranteeing Power,** Puissance garante.

guaranteeing[2], *s.* Cautionnement *m*; garantie *f.*

guarantor [garən'tɔ:r], *s.* Garant, -ante; caution *f*, répondant *m*; donneur *m* de garantie, de caution. *Com:* Avaliste *m*; donneur d'aval (d'une lettre de change). **To stand as guarantor for s.o.,** appuyer qn de sa garantie; cautionner qn.

guaranty ['garənti], *s.* = GUARANTEE[1] 2, 3.

guard[1] [gɑ:rd], *s.* **1.** Garde *f.* (*a*) Posture *f* de défense. *Fenc: Box:* *To take one's g.,* se mettre en garde. **To break guard,** se découvrir. **On guard!** en garde! *Box:* *Left-arm g.,* garde à gauche. **Guard arm,** bras *m* de garde. (*b*) **To be, stand, on one's guard,** être, se tenir, sur ses gardes; se tenir pour averti; s'observer, se tenir sur la réserve, se méfier. *To be on one's g. against sth.,* être sur ses gardes contre qch.; se méfier de qch.; se prémunir contre qch. **To put s.o. on (his) guard** (*against a danger*), mettre qn en garde, prémunir qn (contre un danger); donner l'éveil à qn. **To throw, put, s.o. off his guard,** tromper la surveillance de qn; endormir la vigilance de qn. *To attack s.o. when off his g.,* prendre qn en traître. **To be caught, taken, off one's guard,** être pris au dépourvu. (*c*) (*Of sentry, etc.*) **To be on guard (duty),** être en faction; être de garde; être de faction; monter la garde. *Soldier on g. at the door,* soldat *m* de garde à la porte, en faction à la porte; factionnaire *m.* **To go on guard, to mount guard,** monter la garde. **To come off guard,** descendre de garde. *Coming off g.,* descente *f* de garde. **To mount guard over s.o., sth.,** monter la garde auprès de qn, de qch. **To keep guard,** faire la garde, être de garde. *Navy:* **Officer of the guard,** officier *m* de garde. *To keep a prisoner* **under guard,** garder un prisonnier à vue. *He was marched off under g.,* il fut emmené sous escorte. **2.** *Coll.* (*a*) *Mil:* Garde *f.* **Main guard,** gros *m* d'avant-garde. **Quarter guard,** garde du camp. **New guard, relieving guard,** garde montante. **Old guard,** garde descendante. *F:* **One of the old guard,** un vieux de la vieille. **Guard of honour,** garde d'honneur. *To form a g. of honour,* faire, former, la haie. (*b*) **To set a guard on a house, on a bridge,** faire surveiller une maison, un pont. *F:* *To set a g. on one's passions,* surveiller ses passions. *See also* ADVANCED 1, BODY-GUARD, REAR-GUARD, RELIEVE 4, TURN OUT I. 1, VANGUARD. **3.** (*Pers.*) (*a*) Courrier *m*, postillon *m* (de diligence). *Rail:* Chef *m* de train. *See also* VAN[4] 2. (*b*) *Mil:* **The Guards,** les Gardes *m* du corps; les soldats de la Garde. *See also* FOOT-GUARDS 2, HORSE GUARDS, LIFE-GUARD 1, 2, NATIONAL 1. (*c*) *U.S:* Geôlier *m.* **4.** (*a*) Dispositif protecteur; protecteur *m* (d'une machine, etc.); carter *m* (d'engrenages, etc.); garde-fou *m*, *pl.* garde-fous; garde-corps *m inv* (de passerelle, etc.). **Fly-wheel guard,** garde *f* du volant. **Wire guard** (*of lamp*), corbeille *f* de protection. **(Fire-)guard,** garde-feu *m inv*, pare-étincelles *m inv.* **(Trigger-)guard,** pontet *m* (de fusil); sous-garde *f*, *pl.* sous-gardes. **Keyhole guard,** cache-entrée *m inv.* **Tree-guard,** armure *f* d'un arbre. *Artil:* **Band-guard,** cache-ceinture *m inv* (d'un obus). *Aut:* **Petrol-tank guard,** protège-réservoir *m inv.* *Mch:* **Water-level guard,** protecteur de niveau d'eau. *See also* DRESS-GUARD, DUST-GUARD, LEG-GUARDS, LIFE-GUARD 3, OIL-GUARD, RAIL-GUARD, SAW-GUARD, SPLASH-GUARD, STONE-GUARD. (*b*) **(Hand-)guard** *of a foil, of a sword,* garde *f*, coquille *f*, d'un fleuret, d'une épée. **Cross-guard,** quillon *m* (d'épée). (*c*) Cordon *m*, laisse *f* (de chapeau). *See also* WATCH-GUARD. (*d*) *Bookb:* Onglet *m.* (*e*) *Fb: etc:* **Abdominal guard,** ceinture protectrice abdominale. **5.** *Med:* Correctif *m* (d'un médicament). **6.** *Paleont:* Rostre *m* (d'une bélemnite).

'guard-boat, *s.* *Navy:* Canot *m* de ronde; embarcation *f* de garde; (bateau) patrouilleur *m.*

'guard-chain, *s.* Chaîne *f* de garde (d'une montre, etc.); (*as worn by women*) sautoir *m.*

'guard-house, *s.* *Mil:* (*a*) Corps-de-garde *m inv.* *See also* LANTERN 1. (*b*) Poste *m* de police.

'guard-iron, *s.* *Rail:* Chasse-pierre(s) *m inv* (de la locomotive).

'guard-lock, *s.* *Nau:* Sas *m* de sûreté (d'avant-port).

'guard-mounting, *s.* *Mil:* Parade *f*; faction *f.*

'guard-net, *s.* *El.E:* Filet *m* de protection (de câble aérien).

'guard-pile, *s.* **1.** Pilotis *m* (pour protéger les piles d'un pont, etc.). **2.** Bouteroue *f* (de chaussée).

'guard-plate, *s.* **1.** *Mec.E: Civ.E: etc:* Contre-plaque *f*, *pl.* contre-plaques. **2.** *Rail: etc:* Plaque *f* de garde.

'guard-post, *s.* Bouteroue *f* (de coin de rue, etc.).

'guard-rail, *s.* **1.** Garde-corps *m inv*, garde-fou *m*, *pl.* garde-fous. **2.** *Rail:* Contre-rail *m*, *pl.* contre-rails; contre-cœur *m*, *pl.* contre-cœurs. **Guard-rail of cross-over,** joue *f* de croisement; rail *m* contre-aiguilles. **3.** Bouteroue *f* (de chaussée, etc.).

'guard-ring, *s.* **1.** Bague de sûreté (portée au doigt). **2.** *El:* Anneau *m* de garde (d'un électromètre absolu).

'guard-room, *s.* *Mil:* **1.** Corps-de-garde *m inv.* **2.** Salle *f*, poste *m*, de police; salle de discipline; *F:* bloc *m*, tôle *f.*

'guard-stone, *s.* Bouteroue *f*, chasse-roue(s) *m inv* (de tablier de pont, etc.).

guard[2], *v.* **1.** *v.tr.* (*a*) Garder. *To g. s.o. from, against, a danger,* garder, défendre, protéger, parer, qn d'un danger. *To g. oneself,* se tenir sur ses gardes. *Angels g. thee!* que les anges te gardent! que les anges veillent sur toi! *To g. the gates,* garder les portes. *F:* *She is well guarded,* elle est très surveillée. *A:* *To g. a prisoner,* escorter, garder, un prisonnier. *A:* *To g. s.o. to his house,* escorter qn jusque chez lui. (*b*) **To guard one's tongue, one's words,** surveiller sa langue; mesurer ses paroles. (*c*) *Bookb:* Fournir (un livre) d'onglets. (*d*) *Ind:* Protéger (une courroie, un engrenage, etc.); grillager (une machine-outil); mettre un carter à (un mécanisme). (*e*) *Cards:* **To guard one's clubs**, se garder en trèfle. *My king is guarded*, j'ai la garde au roi. *My king is not guarded*, mon roi est sec. (*f*) *Med:* Mêler un correctif à (un narcotique). **2.** *v.i.* **To guard against sth.**, se garder, se mettre à l'abri, de qch.; se prémunir, se précautionner, contre qch.; parer à qch.

guarded, *a.* **1.** (*Of speech, etc.*) Prudent, mesuré, circonspect. *G. answer*, réponse *f* qui n'engage à rien. **To be guarded in one's speech**, surveiller ses paroles; être réservé dans ses paroles, mettre de la modération dans ses paroles. *To be g. in one's behaviour*, se surveiller. **2.** *Ind:* (Mécanisme dangereux) protégé, grillagé, muni d'un carter. **3.** (Prisonnier) gardé à vue. **-ly**, *adv.* Avec réserve, avec circonspection, avec précaution.

guarding, *s.* (*a*) Garde *f.* (*b*) Gardiennage *m* (de chemins de fer, etc., en temps de guerre, de marchandises à quai).

guardian [ˈgɑːrdjən], *s.* **1.** (*a*) Gardien, -ienne. *G. of the public interests*, gardien, défenseur *m*, des intérêts publics. (*b*) Conservateur, -trice (d'un musée, etc.). (*c*) *Ecc:* Père Gardien (d'un couvent de franciscains). **2.** Tuteur, -trice, curateur, -trice (de mineur, etc.); conseil *m* judiciaire (d'un prodigue). **Acting guardian**, protecteur, -trice. **Deputy guardian**, subrogé tuteur. **Board of guardians** (*of an orphan*), conseil de famille. **3.** *A:* **Guardian of the Poor**, administrateur, -trice, de l'Assistance publique. **The Board of Guardians**, *F:* **the Guardians**, le comité d'administration de l'Assistance publique. **4.** *Attrib.* Gardien, tutélaire. **Guardian angel**, ange gardien. *The g. principle of equality*, le principe tutélaire de l'égalité.

guardianship [ˈgɑːrdjənʃip], *s.* **1.** Garde *f.* *Under the g. of the laws*, sous la garde des lois. **2.** *Jur:* Gestion *f* tutélaire; tutelle *f*, curatelle *f.* **Under guardianship**, pourvu d'un conseil judiciaire. *Child under g.*, enfant *mf* en tutelle. *To give an account of one's g.*, rendre sa tutelle.

guardship [ˈgɑːrdʃip], *s.* *Navy:* **1.** Stationnaire *m.* **2.** (Vaisseau) amiral *m* (de l'amiral du port).

guardsman, *pl.* **-men** [ˈgɑːrdzmən, -men], *s.m.* **1.** Officier de la Garde. *See also* LIFE-GUARDSMAN. **2.** *Occ.* Soldat de la Garde.

Guatemala [gwateˈmɑːla]. *Pr.n. Geog:* Le Guatemala.

Guatemalan [gwateˈmɑːlən], *a. & s. Geog:* Guatémaltèque (*mf*).

guava [ˈgwɑːva], *s. Bot:* **1.** Goyave *f.* *Cu:* **Guava jelly**, confiture *f* de goyave. **2.** **Guava(-tree)**, goyavier *m.*

gubbins [ˈgʌbinz], *s.pl.* *Med:* *P:* Déchets *m*; pansements usagés, etc.

Gubbio [ˈgʌbio], *s. Cer:* Majolique *f* de Gubbio.

gubernatorial [gjubərnaˈtɔːriəl], *a.* *U.S:* **1.** Du gouverneur, du gouvernement. **2.** *F:* Paternel.

guddle [gʌdl], *v.tr. & i.* Pêcher (les truites) à la main.

guddling, *s.* Pêche *f* à la main.

gudgeon[1] [ˈgʌdʒən], *s.* **1.** *Ich:* Goujon *m.* *F:* **To swallow a gudgeon**, avaler un goujon; gober l'appât, le morceau, la mouche. **2.** *F:* Benêt *m*, jocrisse *m*, jobard *m*; gogo *m.*

'gudgeon-trap, *s.* *Fish:* Carafe *f* (à goujons).

gudgeon[2], *s.* **1.** *Mec.E:* Goujon *m*, tourillon *m*, broche *f*, axe *m.* **2.** (*a*) Penture *f* (de gond). (*b*) *Nau:* Femelot *m* (de gouvernail). **3.** *Const:* Goujon (pour pierres).

'gudgeon-pin, *s.* **1.** *I.C.E:* Axe *m* de pied de bielle, de piston. **Floating gudgeon-pin**, axe mobile. **2.** *Mch:* Tourillon *m* de la crosse. **Gudgeon-pin bosses**, bossages *m* du piston.

Guebre [ˈgiːbər, ˈgeibər], *s.* *Rel.Hist:* Guèbre *mf.*

Guelderland [ˈgeldərland]. *Pr.n. Geog:* La Gueldre.

guelder rose [ˈgeldərˈroːuz], *s.* *Bot:* Boule-de-neige *f*, *pl.* boules-de-neige; rose *f* de Gueldre; obier *m*, caillebot *m.* **Wild guelder rose**, aubour *m*; sureau *m* aquatique.

Guelders [ˈgeldərz]. *Pr.n. Geog:* (i) (*In Germany*) Gueldre; (ii) (*in Holland*) la Gueldre.

Guelph [gwelf], *s.* *Hist:* Guelfe *mf.*

Guercino [guεərˈtʃiːno]. *Pr.n. Hist. of Art:* Le Guerchin.

guerdon[1] [ˈgəːrdən], *s.* *A. & Poet:* Récompense *f.*

guerdon[2], *v.tr.* *A. & Poet:* Récompenser.

Guernsey [ˈgəːrnzi]. **1.** *Pr.n. Geog:* Guernesey. **2.** *s.* (*a*) (Vareuse *f* en) tricot *m*; jersey *m.* (*b*) Vache *f* de Guernesey. *See also* LILY 1.

guer(r)illa [geˈrila], *s.* *Mil:* **1.** Guérillero *m.* **Troop, band, of guerillas**, guérilla *f.* **2.** **Guerilla (war)**, guerre *f* de guérillas, de partisans; guerre d'embuscades.

guess[1] [ges], *s.* Conjecture *f*, estimation *f.* **To give, have, make, a guess**, (i) hasarder une conjecture, une solution; (ii) tâcher de deviner. *That's a good g.*, vous avez bien deviné. *That was an easy g.*, c'était facile à deviner. *You have made a lucky g.*, vous êtes bien tombé; vous avez rencontré juste. *To make a g. at what happened, at what will happen*, hasarder une hypothèse sur la marche probable des événements. *I give you three guesses*, je vous le donne en trois. **By guess**, au jugé, au juger, à l'estime, au sentiment. *Nau:* **To steer by guess and by God**, gouverner à la grâce de Dieu. *See also* ROUGH[1] I. 4.

'guess-work, *s.* Estime *f*, conjecture *f.* **It's pure guess-work**, c'est pure conjecture. **By guess-work**, à l'estime; au jugé; à vue de nez; au sentiment.

guess[2], *v.tr. & i.* **1.** **To guess at sth.**, (tâcher de) deviner, conjecturer, qch. *To g. (at) the length of sth.*, estimer la longueur de qch. *G. who did it!* devinez qui l'a fait! *I can g. your answer*, je devine ce que vous allez répondre. *I guessed him to be twenty-five*, je lui donnai vingt-cinq ans. **To have, keep, an opponent guessing**, mystifier un adversaire. *U.S:* *F:* **That got him guessing**, ça l'a intrigué; ça lui a mis la puce à l'oreille. **2.** **To guess right, wrong**, bien, mal, deviner. **To guess a riddle**, trouver le mot d'une énigme. **You've guessed it! you've guessed right!** vous l'avez deviné! vous y êtes! vous êtes bien tombé! vous avez rencontré juste! vous avez mis le doigt dessus! *To g. sth. from s.o.'s manner*, juger qch. d'après l'attitude de qn. *See also* MUCH 4. **3.** *U.S:* Croire, penser. **I guess . . .**, à ce que je pense . . ., m'est avis. . . . *I g. you're right*, m'est avis que vous avez raison; vous avez joliment raison. **I guess 'so!** sans doute!

guessing, *s.* Conjecture *f*, estimation *f.* **Guessing games**, devinettes *f.*

guessable [ˈgesəbl], *a.* Devinable.

guesser [ˈgesər], *s.* Devineur, -euse (d'une énigme, etc.).

guess-rope [ˈgesroup], *s.* *Nau:* **1.** Faux-bras de ceinture. **2.** Faux-bras de touée.

guess-warp [ˈgeswɔːrp], *s.* *Nau:* **1.** Bosse *f.* **2.** = GUESS-ROPE 2.

guest [gest], *s.* **1.** Convive *mf*; invité, -ée; hôte, -esse. *Habitual g.*, habitué, -ée. *See also* UNINVITED. **2.** (i) Pensionnaire *mf*, (ii) client, -ente (d'un hôtel). *The landlord and his guests*, l'hôtelier *m* et ses hôtes. *See also* PAYING[1] 1. **3.** *Nat.Hist:* Parasite *m.*

'guest-chamber, *s.* **1.** Chambre *f* d'ami(s). **2.** Chambre des hôtes, hôtellerie *f* (d'un monastère).

'guest-hall, *s.* Salle *f* de réception.

'guest-house, *s.* **1.** Hôtellerie *f* (d'un monastère, etc.). **2.** Pension *f* de famille.

'guest-master, *s.* Hôtelier *m* (d'un monastère).

'guest-night, *s.* Soirée *f* des invités (d'un club, etc.).

guest-rope [ˈgestroup], *s.* *Nau:* = GUESS-ROPE.

guff [gʌf], *s.* *U.S:* *F:* Blague *f*, bêtises *fpl.*

guffaw[1] [gʌˈfɔː], *s.* (Éclat *m* de) rire *m*; gros rire (bruyant); pouffement *m.*

guffaw[2]. **1.** *v.i.* Pouffer de rire; s'épouffer, éclater, de rire; s'esclaffer; rire bruyamment; partir d'un gros rire. **2.** *v.tr.* *To g. the news*, annoncer la nouvelle en pouffant de rire.

guffawing, *s.* Pouffement *m* (de rire).

guggle [gʌgl], *v.i.* *F:* Glousser (en riant).

gugglet [ˈgʌglet], *s.* = GOGLET.

Guiana [giˈɑːna]. *Pr.n. Geog:* La Guyane.

Guianese [giːaˈniːz], *a. & s.* *Geog:* Guyanais, -aise.

guidance [ˈgaidəns], *s.* Direction *f*, gouverne *f*, conduite *f.* *I owe much to his g.*, je dois beaucoup à ses conseils. **Under the guidance of . . .**, sous la direction de . . ., sous la conduite de. . . . *To steer by the g. of the stars*, gouverner sur les étoiles. *This is* **for your guidance**, ceci est à titre d'indication, à titre d'information; ceci est pour votre gouverne. *Sent for your g.*, envoyé à titre d'indication. *Sch:* **Vocational guidance**, orientation professionnelle.

guide[1] [gaid], *s.* **1.** (*Pers.*) (*a*) Guide *m*; promeneur, -euse (de touristes). **Alpine guide**, guide alpin. *Museum g.*, guide de musée. *F:* **Guide, philosopher and friend**, directeur *m* de conscience; philosophe et ami; mentor *m.* *His sister was his g. in everything*, en tout sa sœur était son guide. **To take sth. as a guide**, prendre qch. pour règle. *To take reason as one's g.*, prendre la raison pour guide. *Let reason be your g.*, laissez-vous guider par la raison. (*b*) **Girl guide**, éclaireuse *f* (contre-partie de 'boy-scout'); (*in Fr.*) guide *m* de France. (*c*) *Mil:* Guide (de la compagnie). **The right, left, guide**, le guide à droite, à gauche. (*d*) *Navy:* (*Vessel*) Régulateur *m* (de la flotte). **2.** **Guide(-book)**, (livret-)guide *m*; itinéraire *m.* *G. to Switzerland*, guide de la Suisse. *Museum g.*, livret *m* de musée. **Railway guide**, indicateur *m* des chemins de fer. **Guide to photography**, introduction *f*, initiation *f*, à la photographie. **3.** (*a*) Indication *f*, exemple *m.* *Let this be a g. to you*, que ceci vous serve d'exemple. *This was a g. to the state of his feelings*, c'était une indication de ses sentiments. (*b*) *Mec.E:* *etc:* Guide (d'ascenseur, etc.). *Guides of a mine-shaft, of a pile-driver monkey*, guidage *m*, guidonnage *m*, glissières *f*, d'un puits de mine, d'un mouton de sonnette. **Belt-guide, guide roller**, guide de courroie; guide-courroie *m*, *pl.* guide-courroie(s); galet *m* de guidage (de courroie). *Mch:* **(Slipper-)guide**, glissière. **Cross-head guide**, guide, glissière, de la crosse du piston. *Veh:* *etc:* **Window-guides**, glissières de la glace. *Tex:* **Thread-guide**, distributeur *m* du fil. *See also* CABLE-GUIDE, MARK[1] 6, PAPER-GUIDE, VALVE-GUIDE. (*c*) **Guide-cards, guides** (*of card-index, etc.*), intercalaires *m.* (*d*) = GUIDE-ROPE.

'guide-bar, *s.* *Mch:* Glissière *f*, guide *m* (de crosse de piston); règle *f.*

'guide-blade, *s.* *Mch:* Aube directrice.

'guide-block, *s.* *Mch:* Coulisseau *m* (de crosse); patin *m* de glissière.

'guide-channel, *s.* *Hyd.E:* Coursier *m.*

'guide-finger, *s.* *Tex:* Distributeur *m* du fil.

'guide-line, *s.* **1.** (*a*) Ligne *f* pour guider la main (en écrivant). (*b*) *pl.* **Guide-lines**, transparent (rayé). **2.** *Aer:* Guide-rope *m*, *pl.* guide-ropes.

'guide-path, *s.* *Mec.E:* Chemin *m* de glissement.

'guide-pin, *s.* *Calico-printing:* Repère *m.*

'guide-plate, *s.* *Rail:* Rampe *f* de remise; plaque *f* guide.

'guide-post, *s.* **1.** Poteau indicateur (de route). **2.** *Civ.E:* Guide *m*, montant *m* (de sonnette).

'guide-pulley, *s.* *Mec.E:* Galet (guide) *m*; galet de renvoi.

'guide-rail, *s.* **1.** Guide *m* (d'un ascenseur, etc.). **2.** *Rail:* Contre-rail *m*, *pl.* contre-rails.

'guide-rod, *s.* *Mch:* = GUIDE-BAR.

'guide-rope, *s.* **1.** Câble *m* de guidage. **2.** *Aer:* Guide-rope *m*, *pl.* guide-ropes.

'guide-screw, *s.* *Mec.E:* Vis-mère *f*, *pl.* vis-mères (d'une taraudeuse, d'un tour).

'guide-vane, *s.* Directrice *f* (de turbine).

guide[2], *v.tr.* Guider, conduire, diriger. *To g. a child's first steps*, guider les premiers pas d'un enfant. **To guide the way for s.o.**, guider qn. *To g. the plough*, conduire, guider, la charrue. *Circumstances that g. s.o.'s judgment*, circonstances *f* qui gouvernent les décisions de qn. **I will be guided by your advice**, je suivrai vos conseils. *All are guided by him*, tous se règlent sur lui.

guided, *a.* (Excursion *f*, etc.) sous la conduite d'un guide.

guiding[1], *a.* **1.** Qui sert de guide; directeur, -trice.

G. principle, principe directeur. *The g. principles of his life*, les principes sur lesquels se guide sa vie. *To serve as a g. principle for you*, pour vous servir de gouverne, pour votre gouverne. **Guiding star**, guide *m*. **2.** *Mec.E: etc:* (Dispositif *m*) de guidage. *See also* MARK[1] 6.

guiding[2], *s.* Guidage *m*, conduite *f*, direction *f*.

guideway ['gaidwei], *s. Mec.E:* Coulisse *f*; guide *m*.

Guido ['gi:do]. *Pr.n.m.* **1.** *Hist. of Art:* **Guido Reni**, le Guide. **2.** *Hist. of Mus:* **Guido d'Arezzo**, Guido, Gui, d'Arezzo.

guidon ['gaidən], *s. Mil:* Guidon *m*; étendard *m* de cavalerie.

Guienne [gi'en]. *Pr.n. A.Geog:* La Guyenne.

guild [gild], *s.* **1.** *Hist:* Corporation *f*. **Merchant guild**, g(u)ilde *f* de commerçants. **Trade guild**, corps *m* de métier. **2.** Association *f*, confrérie *f*. **Church guild**, cercle *m* (catholique, etc.). *Ecc:* **The (Head) Guild of the Virgin**, l'archiconfrérie *f* de la Vierge.

guilder ['gildər], *s. Num:* Guld(en) *m*; florin *m*.

guildhall ['gildhɔ:l], *s.* **1.** Salle *f* de réunion d'une guilde. **2.** Hôtel *m* de ville.

guile [gail], *s.* Artifice *m*, ruse *f*, astuce *f*, fourberie *f*, perfidie *f*. *To get sth. by g.*, obtenir qch. par ruse, par artifice. *She uses the g. of her sex*, elle use de la finesse de son sexe. *B: In him was no g.*, en lui il n'y avait point de fraude.

guileful ['gailful], *a.* Astucieux, artificieux, rusé; finassier, -ière; trompeur, -euse; fourbe, perfide. **-fully**, *adv.* Astucieusement, artificieusement, trompeusement, perfidement.

guileless ['gailləs], *a.* **1.** Franc, *f.* franche; sincère, loyal; sans malice. **2.** Candide, naïf, simple, innocent. **She is as guileless as a new-born babe**, elle est d'une candeur de nouveau-né. **-ly**, *adv.* **1.** Franchement, sincèrement, loyalement. **2.** Candidement, naïvement, simplement, innocemment.

guilelessness ['gailləsnəs], *s.* **1.** Franchise *f*, sincérité *f*. **2.** Candeur *f*, naïveté *f*, simplicité *f*, innocence *f*.

guillemot ['gilimɔt], *s. Orn:* Guillemot *m*. **Common guillemot, foolish guillemot**, guillemot à capuchon.

guilloche[1] [gi'louʃ], *s.* Guillochis *m*. **Guilloche ornamentation**, ornementation *f* de, en, guillochis.

guilloche[2], *v.tr.* Guillocher.

guillotine[1] [gilo'ti:n], *s.* **1.** Guillotine *f*; bois *m* de justice. **2.** *Bookb:* Guillotine, cisaille *f*, massicot *m*, massiquot *m*; presse *f* à rogner. **3.** *Surg:* **(Tonsil-)guillotine**, amygdalotome *m*. **4.** *Parl:* Clôture *f* par tranches.

guillo'tine-shears, *s.pl. Mec.E:* Cisailles *f* à guillotine.

guillo'tine-window, *s.* Fenêtre *f* à guillotine.

guillotine[2], *v.tr.* **1.** Guillotiner, décapiter (qn). *To be guillotined*, être guillotiné; *F:* épouser la veuve. **2.** *Bookb:* Guillotiner, massicoter (les tranches d'un livre, etc.). **3.** *Parl:* Appliquer la clôture par tranches à (un projet de loi).

guillotining, *s.* Guillotinement *m*; exécution *f*.

guilt [gilt], *s.* **1.** Culpabilité *f*. *The g. does not lie with him alone*, il n'y a pas que lui de coupable. *See also* ADMIT 1. **2.** *A:* Crime *m*, offense *f*. *See also* HEAD[1] 1.

guiltily ['giltili], *adv. See* GUILTY.

guiltiness ['giltinəs], *s.* Culpabilité *f*.

guiltless ['giltləs], *a.* Innocent (*of sth.*, de qch.). *To hold s.o. g.*, tenir qn pour innocent. *F: Complexion g. of all make-up*, teint *m* vierge de fard, sans aucun fard. *I am quite g. of Greek*, je ne sais pas un mot de grec. **-ly**, *adv.* Innocemment.

guiltlessness ['giltləsnəs], *s.* Innocence *f*.

guilty ['gilti], *a.* Coupable. (*a*) *G. of theft*, coupable de vol. *G. of an offence against God*, coupable envers Dieu. *G. person*, coupable *mf*. *G. or innocent, be is to be pitied*, coupable ou non, noir ou blanc, il est digne de pitié. *Jur:* **To plead guilty, not guilty**, s'avouer coupable; se déclarer innocent, nier sa culpabilité. *The accused pleads not g.*, l'accusé nie. *To declare s.o. not g.*, innocenter qn. **To find s.o. guilty, not guilty**, prononcer, déclarer, qn coupable, innocent. *He was found g.*, il fut reconnu coupable. **Verdict of guilty, not guilty**, verdict *m*, déclaration *f*, de culpabilité, d'acquittement. **Guilty in fact and in law**, atteint et convaincu. (*b*) Qui se sent coupable. **Guilty conscience**, conscience coupable, chargée, pas tranquille. *G. look*, regard confus. (*c*) **Guilty act**, acte *m* coupable. **-ily**, *adv.* Coupablement; comme un coupable; d'un air coupable.

guimp [gimp], *s.* = GIMP[1].

Guinea ['gini]. **1.** *Pr.n. Geog:* La Guinée. *See also* NEW GUINEA. **2.** *s.* (*a*) *A:* (Pièce *f* d'or d'une) guinée (= 21 shillings). *See also* YELLOW[1] 1. (*b*) Guinée (monnaie de compte d'usage courant dans les professions libérales, pour les souscriptions aux œuvres de bienfaisance, etc.). *His fee is five guineas*, ses honoraires *m* sont de cinq guinées. *Put me down for half a guinea*, inscrivez-moi pour une demi-guinée (10 sh. 6 pence).

'Guinea-cloth, -cotton, *s. Tex:* Guinée *f*.

'guinea-cock, *s.m. Orn:* Pintade *f* mâle.

'guinea-fowl, *s. Orn:* Pintade *f*. *Young g.-f.*, pintadeau *m*.

'Guinea-goose, *s. Orn:* Jabotière *f*.

'Guinea-grains, *s.pl. Bot:* Graines *f* de paradis, de Guinée; malaguette *f*.

'Guinea-grass, *s. Bot:* Herbe *f* de Guinée.

'guinea-hen, *s.f. Orn:* Poule *f* de Guinée, pintade *f*.

'Guinea-pepper, *s.* = GUINEA-GRAINS.

'guinea-pig, *s.* **1.** *Z:* Cobaye *m*; cochon *m* d'Inde; rat *m* d'Amérique. **2.** *F:* Administrateur *m* de compagnie qui ne doit sa place qu'à son nom, à ses relations, ou à son entregent, et dont le rôle se borne à toucher ses jetons.

'guinea-poult, *s. Orn:* Pintadeau *m*.

'Guinea-worm, *s. Med:* Ver *m* de Guinée, ver de Médine; filaire *m or f*; dragonneau *m*.

Guinean ['giniən], *a. & s. Geog:* Guinéen, -éenne.

Guinevere ['gwinivi:ər]. *Pr.n.f. Lit:* Guenièvre.

Guinness ['ginis], *s.* (*No pl.*) Bière *f* de la brasserie irlandaise Guinness.

guise [ga:iz], *s.* **1.** *A:* Vêtements *mpl*, habits *mpl*, costume *m*. *Lit:* **In lowly guise**, modestement vêtu. *In the g. of a pilgrim*, vêtu ou travesti en pèlerin. **2.** Dehors *m*, apparence *f*. *She appeared* **in the guise of** *a nymph*, elle apparut sous la forme d'une nymphe. *F:* **Under, in, the guise of friendship**, sous l'apparence, sous le masque, de l'amitié; sous un semblant, sous de faux semblants, d'amitié. **Under the guise of religion**, sous le manteau, le couvert, de la religion. *To put on the g. of benevolence*, prendre le masque de la bienveillance.

guiser ['gaizər], *s. Scot:* Masque *m* (qui prend part à une mascarade). *The guisers*, gamins *m* au visage charbonné qui à certaines fêtes viennent vous jouer une piécette et quémander des sous.

guising ['gaiziŋ], *s. Scot:* Mascarade *f* (d'enfants).

guitar [gi'ta:r], *s. Mus:* Guitare *f*. *To play the g.*, jouer, pincer, de la guitare.

guitarist [gi'ta:rist], *s. Mus:* Guitariste *mf*.

Gujarat [gu:dʒə'ra:t]. *Pr.n. Geog:* Le Goudjerat, Gujrat.

Gujarati [gu:dʒə'ra:ti], *s. Ling:* Le gujrati.

gulch [gʌltʃ], *s. U.S:* Ravin *m* (aurifère).

gules [gju:lz], *s. Her:* **1.** *s.* Gueules *m*. **2.** *a.* (*Follows noun*) **A field gules**, un champ de gueules.

gulf [gʌlf], *s.* **1.** *Geog:* Golfe *m*. *The G. of Lions*, le golfe du Lion. **The Gulf Stream**, le Courant du Golfe; le Gulfstream. **2.** (*a*) Gouffre *m*, chasme *m*, abîme *m*; abysse *m* (de la mer). (*b*) Gouffre, tourbillon *m*. *F: The g. that swallowed all his fortune*, le gouffre qui a englouti toute sa fortune. **3.** *Sch: P:* (*At Oxford and Cambridge*) **To be put in the gulf, to get a gulf**, se voir refuser un grade avec '*honours*' (*q.v.*) pour cause d'insuffisance; passer tout juste.

'gulf-weed, *s. Algae:* Sargasse *f* baccifère.

gull[1] [gʌl], *s. Orn:* Mouette *f*, goéland *m*, *F:* couette *f*, miaulard *m*. **Black-headed gull, pewit gull**, mouette rieuse. **Black-backed gull**, mouette marine; goéland à manteau noir. **Lesser black-backed gull**, goéland brun; taille-mer *m inv*; mouette brune; mouette des harengs. **Herring gull**, mouette argentée.

'gull-'rookery, *s.* Roche *f* aux mouettes.

gull[2], *s.* **1.** Gogo *m*, jobard *m*, dupe *f*, gobeur *m*, gobe-mouches *m inv*, gobe-la-lune *m inv*, poire *f*. **2.** *A:* Duperie *f*. **3.** *A:* Escroc *m*.

gull[3], *v.tr.* Jobarder, duper, tromper, mystifier, flouer, rouler (qn); en conter de belles, de fortes, à (qn). *He is easily gulled*, il se laisse facilement rouler; c'est un jobard.

gullet ['gʌlet], *s.* **1.** *Anat:* Œsophage *m*, *F:* gosier *m*. *P: To put sth. down one's g.*, se coller qch. dans le cornet. **2.** (*a*) *Dial:* Passe *f*, goulet *m*, chenal *m*. (*b*) *A:* Défilé *m* (de montagne); ravin *m*. **3.** *Tls:* **Gullet tooth**, dent-de-loup *f*, *pl.* dents-de-loup.

gullibility [gʌli'biliti], *s.* Crédulité *f*, jobarderie *f*, jobardise *f*.

gullible ['gʌlibl], *a.* Facile à duper, à jobarder; crédule; jobard; qui s'en laisse conter; mystifiable.

Gulliver ['gʌlivər]. *Pr.n. Lit:* **Gulliver's Travels**, les Voyages *m* de Gulliver.

gully[1] ['gʌli], *s.* **1.** *Geol:* (Petit) ravin; ravine *f*, couloir *m*. **2.** *Civ.E: etc:* Caniveau *m*; rigole *f*. **3.** (*Stream*) Ru *m*.

'gully-drain, *s.* Raccord *m* d'égout.

'gully-hole, *s.* Bouche *f* d'égout; (*under the kerb*) bouche-sous-trottoir *f*, *pl.* bouches-sous-trottoir.

gully[2], *v.tr.* Raviner; creuser. **To gully out a hole**, creuser un trou.

gullied, *a.* Raviné; creusé.

gullying, *s.* Ravinement *m*; creusement *m*.

gully[3], *s. Scot:* **Gully(-knife)**, grand couteau.

gulp[1] [gʌlp], *s.* **1.** Coup *m* de gosier. *To swallow sth.* **at one gulp**, avaler qch. d'un coup, *F:* tout de go. *To empty a glass at one g.*, vider un verre d'un (seul) trait, d'une lampée, d'un seul coup. **2.** Grosse bouchée; *F:* goulée *f*.

gulp[2], *v.* **1.** *v.tr.* (*a*) **To gulp sth. down**, avaler qch. à grosses bouchées; engloutir, ingurgiter, gober (une huître, un morceau); avaler (un verre de vin) à grandes gorgées, à pleine gorge; lamper, boire d'un trait (un verre de vin). *He gulped it down*, il n'en fit qu'une bouchée; (*of drink*) il n'en fit qu'une gorgée. (*b*) *F:* **To gulp down, back, one's tears**, avaler, dévorer, refouler, ses larmes. *To g. down a sob*, ravaler un sanglot. *To g. down one's rage*, étouffer sa rage. **2.** *v.i.* Essayer d'avaler; avoir un brusque serrement de gorge. *He gulped*, sa gorge se serra.

gulper ['gʌlpər], *s.* Gobeur, -euse (d'huîtres, etc.).

gum[1] [gʌm], *s.* **1.** Gomme *f* (soluble à l'eau). (*a*) *To mix a drink with gum*, gommer une boisson. (*b*) *Com:* **British gum**, dextrine *f*. (*c*) (*Mucilage*) Gomme, colle *f*. (*d*) *Ser: To remove the gum from raw silk*, dégommer, décruser, la soie grège. **Gum silk**, soie non décrusée. **2.** (*a*) **Gum resin**, gomme-résine *f*. (*b*) **Gum elastic**, *U.S:* gum, gomme élastique; caoutchouc *m*. *See also* KAURI 2. **3.** (*a*) = CHEWING-GUM. (*b*) (*Sweetmeat*) Boule *f* de gomme. (*c*) *pl. U.S:* **Gums** = GUM-BOOTS. **4.** (*Of eye*) Chassie *f*. **5.** *Arb:* (*Disease in fruit-trees*) Gomme. **6.** *Bot:* Gum(-tree), gommier *m*; arbre *m* à la gomme; eucalyptus *m*. **Blue gum(-tree)**, eucalyptus bleu, gommier bleu. *P:* **To be up a gum-tree**, être dans l'embarras, dans le pétrin. *See also* RED-GUM[2].

gum a'cacia, gum-'arabic, *s.* Gomme *f* arabique; (suc *m* d')acacia *m*.

gum-'animé, *s.* Gomme *f* animé; courbaril *m*, courbarine *f*; animé occidental; copal *m* tendre.

'gum-bearing, *a.* Gommifère, gummifère.

gum-bi'chromate, *attrib.a. Phot:* (Procédé) à la gomme bichromatée.

'gum-boots, *s.pl. U.S:* Bottes *f* de caoutchouc.

'gum-'dextrine, *a. Phot:* **Gum-dextrine mountant**, colle *f* à la dextrine.

'gum-dragon, *s. Com:* = GUM TRAGACANTH.

'gum-drop, *s.* *U.S:* Boule *f* de gomme.

gum-'dynamite, *s.* *Exp:* Dynamite *f* gomme; gélatine explosive, détonante.

gum-'juniper, *s.* = SANDARAC 2.

'gum lac[1], *s.* Gomme *f* laque.

'gum-lac[2], *v.tr.* (-lacked) Gommelaquer.

'gum-shoe, *v.tr.* *U.S:* *P:* Espionner, filer, pister (qn).

'gum-shoes, *s.pl.* *U.S:* **1.** Caoutchoucs *m.* **2.** *In sg.* *P:* **Gum-shoe,** détective *m*, flic *m*.

gum 'tragacanth, *s.* *Com:* Gomme *f* adragante.

'gum-yielding, *a.* Gommifère, gummifère. *G.-y. plant*, plante gommeuse.

gum[2], *v.* (**gummed; gumming**) **1.** *v.tr.* (*a*) Gommer, engommer (un tissu, etc.). *Bookb:* *etc:* Encoller (le papier, la toile). (*b*) Coller (une page dans un livre, etc.). *To gum two pages together*, réunir deux feuilles avec de la colle. (*c*) **To gum (up),** (i) gommer (un piston); (ii) encrasser (une lime). **2.** *v.i.* (*a*) (*Of oil*) Goudronner. (*b*) **To gum (up),** (i) (*of piston, etc.*) (se) gommer; (ii) (*of file, etc.*) s'encrasser.

gummed, *a.* **1.** (*Of label, etc.*) Gommé. **2.** *G. piston*, piston gommé. *G. oil*, huile goudronnée.

gumming, *s.* **1.** (En)gommage *m*; gommement *m*. **2.** Collage *m* (à la gomme). **3.** **Gumming (up),** (i) gommage *m* (d'un piston); (ii) encrassement *m* (d'une lime).

gum[3], *s.* Gencive *f*. *Swollen gums*, gencives enflées. *See also* RED-GUM[1], YELLOW[1] I.

'gum-ring, *s.* Anneau *m* en os (pour bébé qui fait ses dents).

gum[4], *int.* *F:* (*Euphemism for* GOD) **By gum!** fichtre! mazette! *Good Gum! what's that?* qu'est-ce que c'est que ça, grand Dieu!

gumbo ['gʌmbo], *s.* *Bot:* Ketmie *f* comestible; gombo *m*.

gumboil ['gʌmbɔil], *s.* Abcès *m* à la gencive; fluxion *f* de la gencive, fluxion à la joue; *Med:* parulie *f*.

gumma ['gʌmə], *s.* *Med:* Gomme *f*; *esp.* gomme syphilitique.

gummatous ['gʌmətəs], *a.* *Med:* (Tumeur) gommeuse.

gummer ['gʌmər], *s.* *Bookb:* *etc:* Encolleur, -euse.

gummiferous [gʌ'mifərəs], *a.* *Bot:* Gommifère, gummifère.

gumminess ['gʌminəs], *s.* Viscosité *f*; toucher gluant.

gummy ['gʌmi], *a.* **1.** Gommeux, gluant, visqueux. *G. oil*, huile goudronneuse. **2.** (*Of trees, etc.*) Gommeux, goudronneux. **3.** (*Of eyes*) Chassieux. **4.** (*Of ankles, etc.*) Enflé, bouffi.

gump [gʌmp], *s.* *U.S:* *P:* Imbécile *m*; *P:* ballot *m*.

gumption ['gʌm(p)ʃ(ə)n], *s.* **1.** *F:* Jugeotte *f*, gingin *m*, entregent *m*; sens *m* pratique. *He has plenty of g.*, c'est un débrouillard; il est débrouillard. *He has no g.*, il n'est pas débrouillard pour deux sous. **2.** *Paint:* Véhicule *m*.

gun[1] [gʌn], *s.* **1.** (*a*) Canon *m*. *Rifled gun*, canon rayé. *Quick-firing gun*, canon à tir rapide. *Seventy-five millimeter gun*, canon de soixante-quinze. **Revolving gun,** canon-revolver *m*, *pl.* canons-revolvers. **The guns,** le canon, l'artillerie *f*. *The big guns*, le gros canon. *To bring guns into play*, tirer le canon. *Guns were being fired*, on tirait le canon. *Do you hear the guns?* entendez-vous le canon? *Navy:* **Naval gun,** canon de bord, pièce *f* de bord. *Heavy gun*, grosse pièce. *Broadside gun*, pièce de batterie. *Foremost gun*, pièce de chasse. *After gun*, pièce de retraite. *Ship carrying 15 ten-inch guns*, navire *m* portant quinze canons de 24 centimètres. *F:* **He carries too many guns for me,** je ne suis pas de force à me mesurer avec lui. *P:* **Great gun, big gun,** gros(se) légume; personnage *m*. *He's a great gun here*, c'est un grand personnage ici; c'est un de nos gros légumes. **Great guns!** mon Dieu! **Son of a gun,** coquin *m*, loustic *m*. *See also* BLOW[2] I. 1, FIELD-GUN, PIT[2] 1, SMOOTH-BORE, STAND TO, STICK[2] II. 2, SURE 2, SWIVEL-GUN 1, WIRE-GUN. (*b*) Coup *m* de canon. **Salute of six guns,** salve *f* de six coups de canon. *To return a salute* **gun for gun,** rendre un salut coup pour coup. *Navy:* **Morning gun,** coup de canon de la diane. **Evening gun,** coup de canon de la retraite. **2.** (*a*) Fusil *m*; *esp.* fusil de chasse non rayé. (*Cp.* RIFLE[2] 2.) **Double-barrelled gun,** fusil à deux coups. **Drop-down gun,** fusil à bascule. **Walking-stick gun,** canne-fusil *f*, *pl.* cannes-fusils. **Sporting gun, shot-gun, shoulder-gun,** fusil de chasse. **To go out with a gun,** giboyer. *Mil:* **Service gun,** fusil de munition. **Automatic gun,** fusil mitrailleur automatique. *He had handled a gun during the Revolution*, il avait fait le coup de feu au cours de la Révolution. *See also* AIR-GUN, DOG[1] 1, DUCK-GUN, FLINT-GUN, HAMMER-GUN, LEWIS GUN, LICENCE 1, MACHINE-GUN, NEEDLE-GUN, POP-GUN, PUNT-GUN, SPRING-GUN, SWIVEL-GUN 2. (*b*) (*Pers.*) **A party of six guns,** une bande de six chasseurs. *F:* *Our valiant guns*, nos intrépides nemrods *m*. **3.** *U.S:* Revolver *m*; pistolet *m*. **4.** (*a*) *Mec.E:* Seringue *f*, injecteur *m* (à graisse). *See also* GREASE-GUN. (*b*) *Paint:* **Spray gun,** pistolet (à peinturer, de vernissage). *To paint with a spray gun*, peindre au pistolet.

'gun-bank, *s.* *Fort:* Épaulement *m*.

'gun-barrel, *s.* Canon *m* de fusil.

'gun-carriage, *s.* *Artil:* Affût *m* de canon; (*at military funeral*) prolonge *f* d'artillerie.

'gun-cart, *s.* Voiturette *f* porte-mitrailleuse.

'gun-case, *s.* Boîte *f*, étui *m*, ou fourreau *m* à fusil; porte-fusil *m*, *pl.* porte-fusils.

'gun-cotton, *s.* *Exp:* Coton *m* azotique, coton fulminant, fulmicoton *m*, nitrocoton *m*, coton-poudre *m*; *F:* coton; *Ch:* pyroxyle *m*, pyroxyline *f*.

'gun-cover, *s.* *Mil:* Bagnolette *f*.

'gun-deck, *s.* *Navy:* Batterie *f*.

'gun-fight, *s.* *U.S:* Bagarre *f* entre bandits armés.

'gun-fire, *s.* **1.** *Artil:* (*a*) Canonnade *f*; feu *m* (des pièces). (*b*) Tir *m* rapide. **2.** *Mil:* *Navy:* (*a*) (Coup *m* de canon de) diane *f*. (*b*) (Coup de canon de) retraite *f*.

'gun-fodder, *s.* *P:* Chair *f* à canon.

'gun-foundry, *s.* Fonderie *f* de canons; canonnerie *f*.

'gun-harpoon, *s.* Harpon lancé au fusil.

'gun-lathe, *s.* *Mec.E:* Forerie *f*.

'gun-layer, *s.* *Artil:* Pointeur *m*.

'gun-metal, *s.* **1.** (*a*) Bronze *m* à canon. (*b*) Bronze industriel; fonte verte. **2.** *Com:* *F:* Métal oxydé.

'gun-plane, *s.* *Av:* Avion-canon *m*, *pl.* avions-canons.

'gun-play, *s.* *U.S:* Coups *mpl* de revolver.

'gun-port, *s.* *Navy:* Sabord *m* de batterie; embrasure *f*.

'gun-ring, *s.* *Av:* Tourelle *f* (de mitrailleuse).

'gun-room, *s.* **1.** *Navy:* Poste *m* des aspirants. **2.** Salle *f* aux fusils, armurerie *f* (d'un chasseur).

'gun-runner, *s.* Contrebandier *m* d'armes; flibustier *m*.

'gun-running, *s.* Contrebande *f* d'armes.

'gun-shy, *a.* (Chien) qui a peur du coup de fusil.

'gun-sponge, *s.* *Artil:* Écouvillon *m*.

'gun-stick, *s.* Baguette *f* (de fusil).

'gun-stock, *s.* Fût *m* (de fusil).

'gun-vessel, *s.* *Navy:* Canonnière-aviso *f*, *pl.* canonnières-avisos.

gun[2], *v.* *U.S:* **1.** *v.i.* (*a*) **To gun for, after, game,** chasser le gibier au tir. (*b*) *F:* **To gun for sth., s.o.,** pourchasser qch., qn. **2.** *v.tr.* *U.S:* Tuer (qn) d'un coup de revolver.

gunning, *s.* Tir *m*, chasse *f*. **To go out gunning,** aller à la chasse. *To spend the day g.*, passer la journée à chasser.

gunboat ['gʌnbout], *s.* (Chaloupe) canonnière *f*. **Torpedo gunboat,** aviso-torpilleur *m*, *pl.* avisos-torpilleurs.

gunmaker ['gʌnmeikər], *s.* Fabricant *m* d'armes; armurier *m*.

gunman, *pl.* **-men** ['gʌnmən, -men], *s.m.* **1.** (*a*) *Irish Hist:* Partisan armé. (*b*) *U.S:* Voleur armé; bandit *m*; terroriste *m*. **2.** = GUNSMITH.

gunned [gʌnd], *a.* (*With adj. prefixed, e.g.*) **Heavily-gunned,** (i) fortement armé en canons; (ii) pourvu de canons de gros calibre.

gunnel ['gʌn(ə)l], *s.* = GUNWALE.

gunner ['gʌnər], *s.* **1.** (*a*) Artilleur *m*, canonnier *m*. (*b*) **Machine-gunner,** mitrailleur *m*. **Gunner-observer,** mitrailleur guetteur. (*c*) *Navy:* (*Warrant officer*) Canonnier. **2.** Chasseur *m* (au tir).

gunnery ['gʌnəri], *s.* Artillerie *f*; tir *m* au canon; canonnage *m*; balistique *f*. *To have a thorough knowledge of g.*, connaître parfaitement l'artillerie. *Navy:* **Gunnery ship,** école *f* de canonnage. **Gunnery drill,** exercice *m* des canons. *G. records*, les feuilles *f* de tir. *See also* OFFICER[1] 2.

gunny ['gʌni], *s.* **1.** Toile *f* de jute; toile de chanvre des Indes; toile à sac. **2.** Sac *m* en jute.

gunpowder ['gʌnpaudər], *s.* **1.** Poudre *f* (à canon). **Gunpowder works,** poudrerie *f*. *Hist:* **The Gunpowder Plot,** la Conspiration des Poudres. **2.** **Gunpowder (tea),** thé *m* poudre à canon.

gunshot ['gʌnʃɔt], *s.* **1.** Coup *m* de fusil, de canon; coup de feu. **Gunshot wound,** blessure *f* de balle, de boulet. *To receive a g. wound*, recevoir un coup de feu. **2.** **Within gunshot,** à (une) portée de fusil. **Out of gunshot,** hors de portée de fusil.

gunsmith ['gʌnsmiθ], *s.* Armurier *m*. **Gunsmith's shop,** armurerie *f*.

Gunter ['gʌntər]. *Pr.n.m.* **1.** *Mth:* **Gunter's scale,** échelle *f* de Gunter. **2.** *s.* (*a*) *Nau:* **Sliding gunter sail,** (voile *f* à) houari *m*. **Gunter-iron,** rocambeau *m*. (*b*) *Surv:* **Gunter('s chain),** chaîne *f* d'arpentage.

gunwale ['gʌn(ə)l], *s.* *Nau:* (*a*) Plat-bord *m*, *pl.* plats-bords. **Gunwale under,** le plat-bord dans l'eau; (bateau) engagé. (*Of ship*) **To roll gunwale-under,** engager; rouler à faire cuiller. **To roll gunwale-to,** rouler panne sur panne. (*b*) *pl.* **Gunwales,** fargues *f* (de canot).

gup [gʌp], *s.* *P:* Sottises *fpl*, bêtises *fpl*.

gurgitation [gəːrdʒi'teiʃ(ə)n], *s.* *Lit:* Bouillonnement *m* (des vagues, etc.).

gurgle[1] [gəːrgl], *s.* (*a*) (*Of liquid*) Glouglou *m*; gargouillis *m* (de l'eau qui tombe); murmure *m* (d'un ruisseau). (*b*) *F:* (*Of pers.*) Gloussement *m*, roucoulement *m*. *She gave a scandalized g.*, elle gloussa scandalisée. **Gurgles of laughter,** des roucoulements de rire.

gurgle[2]. **1.** *v.i.* (*Of liquid*) (*a*) Glouglouter; faire glouglou (en sortant de la bouteille). (*b*) Gargouiller (en tombant). (*c*) (*Of stream*) Murmurer. **2.** *v.i.* & *tr.* (*Of pers.*) Glousser, roucouler. *He gurgled with laughter*, il eut un rire gras. **To gurgle out sweet nothings,** roucouler des petits riens affectueux.

gurgling[1], *a.* **1.** (*a*) (*Of liquid in bottle*) Glougloutant; qui fait glouglou. (*b*) (Ruisseau) murmurant. **2.** *F:* *A loud g. laugh*, un gloussement de rire. *A low g. laugh*, un petit rire roucoulant, perlé; un rire doux comme un murmure de source.

gurgling[2], *s.* **1.** (*a*) Glouglou *m*. (*b*) Gargouillement *m*. **2.** *F:* Roucoulement *m*.

Gurian ['guəriən], *a.* & *s.* *Geog:* Gourien, -ienne.

gurjun ['gəːrdʒən], *s.* **Gurjun (balsam),** baume *m* de gurjun, de gurgu, de Capiri.

Gurkha ['gəːrka, 'guərka], *s.* *Ethn:* Go(u)rkha *m*.

gurlet ['gəːrlet], *s.* *Tls:* Grelet *m* (de maçon).

gurnard ['gəːrnərd], **gurnet** ['gəːrnet], *s.* *Ich:* **Red gurnet,** grondin *m* rouge; milan *m*; trigle *m* pin. **Grey gurnet,** grondin gris. **Piper gurnet,** trigle lyre, trigle cardinal. **Sapphirine gurnet,** trigle hirondelle. **Yellow gurnet,** callionyme *m* lyre; doucet *m*. **Flying gurnet,** rouget volant; dactyloptère *m*.

guru ['guru], *s.m.* *Hindu Rel:* Gourou.

gush[1] [gʌʃ], *s.* **1.** Jaillissement *m*, effusion *f* (d'une source, de larmes); bouillonnement *m* (d'un torrent). **2.** Jet *m*, flot *m* (de sang). **3.** Épanchement *m* de sentiments; débordement sentimental; sensiblerie *f*.

gush[2], *v.* **1.** *v.i.* (*a*) **To gush (forth, out),** jaillir, saillir, couler à flots; ruisseler; (*of torrent*) bouillonner. *Spring that gushes from the earth*, source *f* qui sort à flots de la terre. *The blood was gushing out*, le sang sortait à gros bouillons. *Tears gushed from her eyes,* des pleurs jaillirent de ses yeux. *The tears gushed into her eyes*, un flot de larmes lui monta aux yeux. (*b*) *His nose gushed (out) with blood*, le sang lui jaillit du nez. (*c*) Faire de longs discours sentimentaux; faire de la sensiblerie; *F:* la faire au sentiment. *She gushed over their baby*, elle s'attendrissait sur leur bébé. **2.** *v.tr.* **To gush water, oil**, lancer des jets d'eau, un jet de pétrole.

gushing[1], *a.* **1.** (*Of water*) Jaillissant, vif; (*of torrent*) bouillonnant. **Gushing spring**, source *f* d'eau vive. **2.** (*Of pers.*) Exubérant, expansif. *G. compliments*, compliments chaleureux; débordement *m* de compliments. *She is rather g.*, elle se jette à votre tête. **-ly**, *adv.* Avec effusion; avec exubérance.

gushing[2], *s.* = GUSH[1].

gusher ['gʌʃər], *s.* **1.** Personne exubérante, expansive. **2.** (**Mineral oil) gusher**, source (de pétrole) jaillissante; puits jaillissant.

gushy ['gʌʃi], *a.* *F:* = GUSHING[1] 2.

gusset ['gʌset], *s.* **1.** *Archeol:* Gousset *m* (d'armure). **2.** (*a*) Pièce *f* triangulaire (d'étoffe, etc.). *Dressm:* *Tail:* Élargissure *f*, soufflet *m*; gousset (de manche, etc.). (*b*) *Her:* Gousset. **3.** *Mec.E:* **Gusset(-plate, -stay)**, gousset, éclisse *f*; plaque *f* de jonction, d'éclissage. **Gusset girder**, poutre *f* à gousset. **Integral gusset**, gousset venu d'emboutissage.

gusseted ['gʌsetid], *a.* **1.** *Dressm:* *Tail:* A élargissure(s), à soufflet(s). **2.** *Mec.E:* Renforcé de goussets; éclissé.

gust [gʌst], *s.* **1.** Bouffée *f* (de fumée, *F:* d'éloquence, de colère, etc.). **2.** (*a*) **Gust of rain**, ondée *f*, giboulée *f*. (*b*) **Gust of wind**, (i) risée *f*; coup *m* de vent; rafale *f*, bourrasque *f*, *Nau:* grain *m*; (ii) remous *m* d'air.

gustation [gʌs'teiʃ(ə)n], *s.* Gustation *f*; goût *m*.

gustative ['gʌstətiv], *a.* Gustatif.

gustatory ['gʌstətəri], *a.* (Nerf, etc.) gustatif.

Gustavus [gʌs'teivəs]. *Pr.n.m.* Gustave.

gustiness ['gʌstinəs], *s.* **1.** *The g. of the weather*, les rafales qui soufflent par moments. **2.** *Meteor:* Coefficient *m* d'intensité des rafales.

gusto ['gʌsto], *s.* Délectation *f*, goût *m*. *To eat sth.* **with gusto**, manger qch. savoureusement, en savourant. *F:* *To do sth. with g.*, faire qch. (i) avec plaisir, (ii) avec élan, avec entrain, avec brio.

gusty ['gʌsti], *a.* (Temps, lieu) venteux. *G. wind*, vent *m* à rafales, qui souffle par rafales, par bourrasques. *G. day*, journée *f* de grand vent. *F:* **Gusty temper**, tempérament *m* irascible; caractère vif, emballé.

gut[1] [gʌt], *s.* **1.** *Anat:* Boyau *m*, intestin *m*. **Small gut**, intestin grêle. **Blind gut**, (i) cæcum *m*, (ii) *F:* cul-de-sac *m*. *Ind:* **Gut-dresser**, boyaudier *m*. **Gut(-dressing) works**, boyauderie *f*. **2.** *pl.* **Guts.** (*a*) Boyaux, intestins, entrailles *f*; vidure *f* (de volaille); *P:* ventre *m*. *F:* *I can take the guts out of a book in half an hour*, en une demi-heure je peux extraire d'un livre tout l'essentiel. (*b*) *F:* *V:* (*Of pers.*) **To have guts**, avoir du cran; avoir du cœur au ventre. *Come now, put your guts into it!* allons, mettez-y de l'énergie, mettez-y de ça! **He has no guts; he hasn't the guts of a louse**, il manque de cran; il n'a rien dans le ventre; *F:* c'est une nouille. *Actor with no guts*, acteur *m* qui manque de chien. *Book, music, with no guts in it*, livre *m* qui ne casse rien; musique *f* qui n'a pas de nerf. **3.** Corde *f* à, de, boyau (pour violons, etc.). **4.** *Fish:* **Silkworm gut, silk gut**, crin *m* de Florence; florence *f*; racine (anglaise). **5.** (*a*) Goulet *m* (dans un cours d'eau, dans un port, etc.). (*b*) Passage étroit, défilé *m*; (*of street*) boyau, étranglement *m*.

gut[2], *v.tr.* (**gutted; gutting**) **1.** (*a*) Étriper (un animal); vider (un poisson, une volaille); effondrer (une volaille). (*b*) *F:* **The fire gutted the house**, le feu n'a laissé que les quatre murs de la maison. *The house was gutted*, il ne reste que les murs, que la carcasse. **2.** Résumer (un livre); en extraire l'essentiel, la moelle.

gutting, *s.* Étripage *m*; vidage *m* (d'un poisson).

gutless ['gʌtləs], *a.* *P:* Mou, *f.* molle; mollasse; sans énergie, sans nerf; qui manque de cran.

gutta ['gʌta], *s.* **1.** *Arch:* Goutte *f*. **2.** *Ent:* Goutte, tache *f* (de couleur). **3.** *Her:* Goutte.

gutta-milk ['gʌtamilk], *s.* Latex *m* de la gutta.

gutta-percha [gʌta'pəːrtʃa], *s.* Gutta-percha *f*; gutta *f*.

guttate ['gʌteit], *a.* **1.** Guttiforme. **2.** Tacheté, moucheté.

gutter[1] ['gʌtər], *s.* **1.** (**Eaves-)gutter**, gouttière *f*, chéneau *m* (de toit). *Wooden g.*, échenal *m*, -aux; busard *m*. *See also* VALLEY 2. **2.** (*Of street, road*) Ruisseau *m* (de rue); caniveau *m*, cunette *f* (de chaussée). *Open g.* (*across road*), cassis *m*. *F:* **Born in the gutter**, né dans la crasse; enfant *m* de la rue. *Brought up in the g.*, **gutter-bred**, bercé dans la fange. **To raise s.o. from the gutter**, tirer qn du ruisseau, de la boue. *He rose from the g.*, il est sorti de la fange; il est parti de rien. **To come to the gutter**, *P:* se rafaler; se trouver dans la rue. *To pick up a living in the g.*, gratter le pavé. *Language of the g.*, langage *m* des rues; parler *m* voyou. **Gutter wit**, esprit *m* voyou; verve voyoute. **3.** (*a*) Rigole *f*; sillon (creusé par la pluie, etc.). (*b*) Cannelure *f*, rainure *f* (dans une tôle, etc.). (*c*) *Anat:* **Jugular gutters**, gouttières des jugulaires. (*d*) *Bookb:* *Typ:* Les petits fonds (de deux pages en vis-à-vis).

'gutter-bracket, *s.* *Const:* Crochet *m* de gouttière.

'gutter-child, *s.* Gamin, -ine, des rues.

'gutter-lead [led], *s.* *Const:* Noue *f*, noquet *m*.

'gutter-overhang, *s.* *Arch:* Larmier *m*.

'gutter-paper, *s.* *Journ:* *F:* Feuille *f* de chou.

'gutter-pipe, *s.* *Const:* Tuyau *m* de descente.

'gutter-press, *s.* *Journ:* Bas-fonds *mpl* du journalisme; feuilles *fpl* de chou; la presse de bas étage.

'gutter-snipe, *s.* **1.** Gamin, -ine, des rues; gavroche *m*; petit voyou, petite voyoute; *P:* merdaillon *m*, bécassine *f* de ruisseau. **2.** *St.Exch:* *U.S:* Courtier *m* marron.

'gutter-stone, *s.* *Const:* *Civ.E:* Culière *f*, caniveau *m*, évier *m*.

'gutter-tile, *s.* *Const:* Tuile creuse; tuile gouttière; noue *f*.

gutter[2], *v.* **1.** *v.tr.* (*a*) Fournir (une maison) de gouttières; fournir (une rue) de caniveaux. (*b*) Sillonner, raviner (la terre, etc.); rainer (une tôle, etc.). **2.** *v.i.* (*a*) (*Of water*) Couler en ruisseau(x). (*b*) (*Of candle*) Couler.

guttering, *s.* **1.** (*a*) Sillonnage *m*, ravinement *m* (de la terre par la pluie, etc.). (*b*) Coulage *m* (d'une bougie). **2.** *Coll.* (*a*) *Const:* Gouttières *fpl* (d'une maison). (*b*) *Civ.E:* Caniveaux *mpl* (d'une rue).

gutter[3], *s.* Videur, -euse (de morues).

guttiferous [gʌ'tifərəs], *a.* *Bot:* Guttifère.

guttiform ['gʌtifɔːrm], *a.* Guttiforme.

guttural ['gʌtərəl]. **1.** *a.* Guttural, -aux. **2.** *s.* *Ling:* Gutturale *f*. **-lly**, *adv.* Gutturalement; d'un ton guttural.

gutturality [gʌtə'raliti], **gutturalness** ['gʌtərəlnəs], *s.* Ton guttural; accent guttural (d'une langue).

gutturalize ['gʌtərəlaːiz], *v.tr.* **1.** Prononcer (un son) d'un ton guttural, de la gorge. **2.** *Ling:* Rendre (un son) guttural.

gutty ['gʌti], *s.* *Golf:* Balle pleine en gutta-percha.

guv'nor ['gʌvnər], *s.* *P:* = GOVERNOR 2 (*d*).

Guy[1] [gai]. **1.** *Pr.n.m.* Gui, Guy. **2.** *s.* (*a*) Effigie *f* burlesque de Guy Fawkes, le chef de la Conspiration des Poudres (1605). (Les gamins la portent en procession et la brûlent le 5 novembre.) (*b*) Épouvantail *m*; chienlit *mf*, chie-en-lit *mf inv*; paquet *m*. **She's a regular guy**, elle est ficelée comme quatre sous. *What a guy!* comme la voilà fagotée, attifée, affublée! *F:* quelle touche elle a! quel paquet! **Dressed like a guy**, fichu(e) comme l'as de pique. **3.** *U.S:* *P:* Type *m*, individu *m*. *Who's that guy?* qu'est-ce que c'est que ce type-là? **A regular guy**, un bon garçon; un chic type. **A big guy**, (i) un gros bonnet; (ii) un criminel de marque. **4.** *P:* **To do a guy**, se sauver, filer, se cavaler. **To give s.o. the guy**, échapper à qn; donner le change à qn; brûler la politesse à qn. **5.** *U.S:* *P:* Blague *f*, plaisanterie *f*.

guy[2], *v.* (**guyed; guying**) **1.** *v.tr.* (*a*) Faire ou exhiber une effigie de (qn). (*b*) Se moquer de (qn); *P:* charrier (qn); mettre (qn) en boîte. (*c*) *Th:* Charger, travestir, cascader (un rôle); prendre (un rôle) à la cascade. **2.** *v.i.* *U.S:* *P:* Se sauver, filer.

guying[1], *s.* *Th:* Charge *f* (d'un rôle).

guy[3], *s.* *Nau:* *etc:* (Câble *m*, corde *f*, chaîne *f*, amarre *f*, de) retenue *f*; hauban *m*, gui *m*, étai *m*. *Guys of shears*, étais de bigues. *Const:* Verboquet *m*, virebouquet *m*, vingtaine *f*. *Nau:* Palan *m* de garde. **Back guy, rear guy**, contre-hauban *m*, *pl.* contre-haubans. **Lazy guy**, fausse écoute. **Funnel-guys**, haubans de cheminée. *See also* DAVIT-GUYS.

'guy-rope, *s.* (*a*) Cordon *m* (de tente). (*b*) *Ten:* Corde *f* de contre-appui (de poteau de filet). (*c*) *Aer:* Corde de manœuvre; (manœuvre *f* de) retenue *f* (d'un dirigeable).

guy[4], *v.tr.* Assujettir avec des haubans, des retenues; hauban(n)er.

guying[2], *s.* Étayage *m*; hauban(n)age *m*.

guze [gjuːz], *s.* *Her:* Guse *f*.

guzzle[1] [gʌzl], *s.* Godaille *f*, bâfre *f*.

guzzle[2], *v.tr.* & *i.* (*a*) (*Eating*) Bâfrer, bouffer, *P:* chiquer (la nourriture); s'empiffrer, goinfrer, godailler. (*b*) (*Drinking*) Boire avidement, lamper (la boisson). **To guzzle away one's time, one's fortune**, passer son temps à boire; gaspiller sa fortune en buvant.

guzzling[1], *a.* (*a*) Glouton, goulu. (*b*) Biberon, pochard.

guzzling[2], *s.* (*a*) Bâfrée *f*, bâfre *f*, empiffrerie *f*, goinfrerie *f*. (*b*) Buverie *f*, pocharderie *f*.

guzzler ['gʌzlər], *s.* (*a*) Bâfreur, -euse; goinfre *m*; godailleur, -euse; grand gosier. *G. of meat*, avaleur *m* de viande. (*b*) Buveur, -euse; pochard, -arde; sac *m* à vin.

gybe[1] [dʒaib], *s.* *Nau:* Empannage *m*.

gybe[2], *v.* *Nau:* **1.** *v.tr.* Coiffer, gambier, gambiller, gambeyer (une voile). **2.** *v.i.* (*a*) (*Of sail*) Gambier, gambiller, gambeyer, coiffer. (*b*) (*Of ship*) Empanner, s'empanner.

gybing, *s.* Empannage *m*.

Gyges ['gaidʒiːz]. *Pr.n.m.* *Cl.Hist:* Gygès.

gyle [gail], *s.* *Brew:* **1.** Brassin *m*. **2.** Moût *m* en fermentation. **3.** Cuve *f* de fermentation; brassin.

gym [dʒim], *s.* *F:* **1.** = GYMNASIUM 1. **2.** = GYMNASTICS.

gymkhana [dʒim'kɑːna], *s.* Gymkana *m*.

gymnasial [dʒim'neiziəl], *a.* Qui appartient aux gymnases, aux lycées (allemands); des gymnases (allemands).

gymnasiarch [dʒim'neiziɑːrk], *s.* **1.** *Gr.Ant:* Gymnasiarque *m*. **2.** Principal *m* d'un gymnase allemand.

gymnasium, *pl.* **-iums, -ia** [dʒim'neiziəm, -iəmz, -ia], *s.* **1.** Gymnase *m*. **Gymnasium exercises**, gymnastique *f* aux agrès. **2.** (*Occ.* [gim'nɑːzium]) *Sch:* (*In Germany*) Gymnase, lycée *m*.

gymnast ['dʒimnast], *s.* Gymnaste *m*.

gymnastic [dʒim'nastik]. **1.** *a.* Gymnastique. **2.** *s.pl.* (*Usu. with sg. const.*) **Gymnastics**, gymnastique *f*; éducation *f* physique. *Slack-rope g.*, voltige *f*. *Equit:* **Mounted gymnastics**, voltige. *To do g., to go in for g.*, faire de la gymnastique. *F:* **Mental gymnastics**, gymnastique intellectuelle.

gymnocarpous [dʒimno'kɑːrpəs], *a.* *Bot:* Gymnocarpe.

gymnodont ['dʒimnodɔnt], *a.* & *s.* *Ich:* Gymnodonte (*m*).

gymnosomate [dʒimno'soumeit], **gymnosom(at)ous** [dʒimno'soum(ət)əs], *a.* *Moll:* Gymnosome.

gymnosophist [dʒim'nɔsofist], *s.* *A.Phil:* Gymnosophiste *m*.

gymnosophy [dʒim'nɔsofi], *s.* *A.Phil:* Gymnosophie *f*.

gymnosperm ['dʒimnospəːrm], *s.* *Bot:* Gymnosperme *m*.

gymnospermous [dʒimno'spəːrməs], *a.* *Bot:* Gymnosperme, gymnospermé.

gymnospermy [dʒimno'spəːrmi], *s.* *Bot:* Gymnospermie *f*.

gymnotus, *pl.* **-i** [dʒim'noutəs, -ai], *s.* *Ich:* Gymnote *m*.

gynaeceum [dʒaini'siːəm], *s.* **1.** *Cl.Ant:* Gynécée *m*. **2.** *Bot:* = GYNOECIUM.

gynaeco- [dʒai'niːko, dʒaini'kɔ], *comb.fm.* *Physiol:* *etc:* Gynéco-. *Gynaecology*, gynécologie. *Gynaecophore*, gynécophore.

gynaecological [dʒainiko'lɔdʒik(ə)l], *a.* Gynécologique.

gynaecologist [dʒaini'kɔlodʒist], *s. Med:* Gynécologiste *m*, gynécologue *m*.
gynaecology [dʒaini'kɔlodʒi], *s. Med:* Gynécologie *f*.
gynandromorphous [dʒainandro'mɔːrfəs], *a. Ent:* Gynandromorphe.
gynandrous [dʒai'nandrəs], *a. Bot:* Gynandre, épistaminé.
gynerium [dʒi'niːəriəm], *s. Bot:* Gynérion *m*.
gyn(o)- [dʒain(o)], *comb.fm. Bot: Z:* Gyn(o)-. *Gynobase*, gynobase. *Gynophore*, gynophore. *Gynandrous*, gynandre.
gynoecium [dʒaini'siːəm], *s. Bot:* Gynécée *m*.
gynophore ['dʒainofɔːər], *s. Bot:* Gynophore *m*.
-gynous [dʒinəs], *comb.fm. Bot:* -gyne, *occ.* -gynique. *Androgynous*, androgyne. *Tetragynous*, tétragyne, tétragynique.
gyp[1] [dʒip], *s.* (*Cambridge and Durham Univ.*) Domestique (attaché au service des étudiants).
gyp[2], *s. P:* **To give s.o. gyp**, (i) flanquer une raclée à qn; (ii) (*of aching tooth, etc.*) faire souffrir qn.
gypaetus [dʒi'piːtəs], *s. Orn:* Gypaète *m*.
gypoun [gi'puːn], *s. Archeol:* Cotte *f* d'armes.
gypseous ['dʒipsiəs], *a.* Gypseux, plâtreux.
gypsiferous [dʒip'sifərəs], *a.* Gypsifère.
gypsophila [dʒip'sɔfila], *s. Bot:* Gypsophile *f*.
gypsum[1] ['dʒipsəm], *s. Miner:* Gypse *m*; chaux sulfatée; pierre *f* à plâtre. **Burnt, unburnt, gypsum**, plâtre cuit, cru. **Satin gypsum**, spath satiné. **Crystalline or foliated gypsum**, sélénite *f*. *See also* FLOUR[1] 2.
'**gypsum-kiln**, *s.* Plâtrière *f*; four *m* à plâtre.
'**gypsum-quarry**, *s.* Plâtrière *f*.
gypsum[2], *v.tr. Agr:* Plâtrer (une terre).
gyrate[1] ['dʒaiəret], *a. Bot:* Circinal, -aux.
gyrate[2] [dʒai'reit], *v.i.* Tourner; tournoyer.
gyration [dʒai'reiʃ(ə)n], *s.* Giration *f*, gyration *f*, révolution *f*. *Mec:* **Centre of gyration**, centre *m* des masses centrifuges ou excentriques.
gyratory ['dʒaiərətəri], *a.* Giratoire, gyratoire. *Adm:* **Gyratory traffic-system**, système *m* de circulation giratoire; *F:* sens *m* gyro.
gyre[1] ['dʒaiər], *s. Poet:* **1.** Giration *f*, révolution *f*. **2.** Cercle *m*.
gyre[2], *v.i. Poet:* = GYRATE[2].
gyro- [dʒaiəro], *comb.fm.* Gyro-. *'Gyroscope*, gyroscope. *Gyro'static*, gyrostatique.
gyro-car ['dʒaiərokɑːr], *s. Rail:* Wagon *m* de monorail gyroscopique.
gyro-compass ['dʒaiəro'kʌmpəs], *s. Nau:* Gyrocompas *m*; compas *m* gyroscopique.
gyrometer [dʒai'rɔmetər], *s.* Gyromètre *m*.
gyron ['dʒaiərən], *s. Her:* Giron *m*.
gyronny [dʒai'rɔni], *a. Her:* Gironné.
gyro-pilot ['dʒaiəro'pailət], *s. Av:* Appareil *m* gyroscopique de pilotage.
gyroplane ['dʒaiəroplein], *s. Av:* Hélicoptère *m*.
gyroscope ['dʒaiəroskoup], *s.* Gyroscope *m*. **Gyroscope top**, toupie *f* gyroscopique.
gyroscopic [dʒaiəro'skɔpik], *a.* (Mouvement *m*) gyroscopique. *Mec:* **Gyroscopic effect**, effet *m* de toupie. **Gyroscopic torque**, couple *m* gyroscopique.
gyrostat ['dʒaiərostat], *s. Dyn:* Gyrostat *m*.
gyrostatic [dʒaiəro'statik], *a. Dyn:* Gyrostatique.
gyve [dʒaːiv], *v.tr. A. & Poet:* Enchaîner (qn); mettre les fers à (qn).
gyves [dʒaːivz], *s.pl. A. & Poet:* Fers *m*, chaînes *f*.

H, h [eitʃ], *s.* **1.** (La lettre) H, h *mf.* **Silent h,** h muette. **H aspirate,** h aspirée. **To drop one's h's** ['eitʃiz], ne pas aspirer les h. *Tp:* **H for Harry,** H comme Henri. **2.** *Const: etc:* **H beam, H girder,** poutre *f* en H, en double T. *El.E:* **H armature,** induit *m* Siemens. *See also* HINGE[1] 1.

ha[1] [hɑː], *int.* **1.** Ha! ah! **2.** *See* HA-HA[1].

ha[2], *v.i. See* HUM[2].

haar [hɑːr], *s.* Brouillard *m*, brume *f* (de mer); *esp. Scot:* brume glaciale qu'apporte le vent d'est.

Habakkuk ['habəkʌk, hə'bakʌk]. *Pr.n.m. B.Hist:* Habacuc.

habeas corpus ['heibiəs'kɔːrpəs], *s. Jur:* Habeas corpus *m.* (Assignation à un fonctionnaire, ayant sous sa garde un prisonnier, de l'amener devant la Cour; garantit les citoyens contre l'emprisonnement **sans cause** démontrée.)

haberdasher ['habərdaʃər], *s. Com:* **1.** Chemisier *m.* **2.** Mercier *m.*

haberdashery ['habərdaʃəri], *s. Com:* **1.** Chemiserie *f.* **2.** Mercerie *f.*

habergeon ['habərdʒən], *s. Archeol:* Haubergeon *m.*

habiliment [hə'bilimənt], *s.* **1.** *A:* Attirail *m.* **2.** *pl.* **Habiliments.** (*a*) Vêtements *m* de cérémonie, de parade. (*b*) *Hum:* Habillement *m*, vêtements.

habilitate [hə'biliteit]. **1.** *v.tr. Min: U.S:* Fournir à (qn) des fonds pour l'exploitation. **2.** *v.i.* (*Of German university professor*) Se faire habiliter.

habilitation [habili'teiʃ(ə)n], *s.* **1.** *Min: U.S:* Avance *f* de fonds (pour l'exploitation). **2.** (*In German universities*) Habilitation *f.*

habilitator [hə'biliteitər], *s. Min: U.S:* Bailleur *m* de fonds.

habit[1] ['habit], *s.* **1.** (*a*) Habitude *f*, coutume *f.* **To be in the habit, to make a habit, of doing sth.,** avoir coutume, avoir l'habitude, avoir pour habitude, être dans l'habitude, de faire qch. *He is in the h., makes a h., of doing it,* il a la coutume de le faire; *Pej:* il est coutumier du fait. *I don't make a h. of it,* ce n'est pas une habitude chez moi. **Once does not make a habit,** une fois n'est pas coutume. *He has a h. of scratching his nose,* il a la manie de se gratter le nez. *It is a h. with him,* c'est une habitude chez lui; c'est un de ses tics. **To form, fall into, get into, the habit of doing sth.,** prendre, contracter, l'habitude de faire qch. **To grow into a habit,** (i) (*of pers.*) contracter une habitude; (ii) (*of vice, etc.*) devenir une habitude; tourner en habitude. **To get into bad habits,** contracter de mauvaises habitudes, *F:* prendre de mauvais plis. *To get a dog into habits of obedience,* habituer un chien à obéir. **To fall out, get out, of a habit,** perdre une habitude; se défaire d'une habitude. **To grow out of a habit,** perdre une habitude en grandissant, en vieillissant, avec le temps; se défaire d'une habitude. **The force of habit,** la force, la puissance, de l'habitude. *From force of h.,* poussé par l'habitude. **Out of (sheer) habit,** par habitude, par routine. *To do sth. by sheer force of h.,* faire qch. par pure habitude. *Friendship that time and h. have strengthened,* amitié que le temps et l'user *m* ont affermie. **Of gentle habits,** de mœurs douces. *Contrary to my normal h. I had gone out,* contre mon ordinaire, j'étais sorti. *See also* BREAK[2] 3, DRUG-HABIT. (*b*) *U.S: F:* **The habit** = *the* DRUG-HABIT. **2.** (*a*) **Habit (of body),** manière *f* d'être; tempérament *m*; habitude du corps; constitution *f* physique. **Man of portly habit,** homme corpulent. (*b*) **Habit of mind,** tournure *f* d'esprit; disposition *f.* (*c*) *Bot:* Manière de croître, port *m*, habitus *m* (d'un arbre, d'une plante). **3.** *Cost:* (*a*) Habit *m* (de religieuse). (*b*) **(Lady's) riding-habit,** amazone *f*; habit de cheval; (*in catalogues, etc.*) complet *m* équestre pour dame.

habit[2], *v.tr.* Vêtir. *Habited in white,* vêtu de blanc.

habitability [habitə'biliti], **habitableness** ['habitəblnəs], *s.* Habitabilité *f.*

habitable ['habitəbl], *a.* Habitable; (maison *f*) tenable. *Jur:* **To keep one's tenant's house in habitable repair,** tenir son locataire clos et couvert.

habitant, *s.* **1.** ['habitənt] *A. & Lit:* = INHABITANT. **2.** [abi'tɑ̃] (*In Canada and Louisiana*) Habitant, -ante; Canadien ou Américain d'extraction et de langue françaises.

habitat ['habitat], *s. Nat.Hist:* Habitat *m*; aire *f* d'habitation (d'une espèce).

habitation [habi'teiʃ(ə)n], *s.* **1.** Habitation *f* (d'une maison). **Fit for habitation,** en état d'être habité. **2.** Habitation, demeure *f*; lieu *m* de séjour.

habitual [hə'bitjuəl], *a.* **1.** (*Customary*) Habituel, d'usage, d'habitude. *It has become h. to the people,* c'est entré dans les mœurs. **2.** (Ivrogne) invétéré. *H. sinner,* consuétudinaire *mf*, habitudinaire *mf. He is a h. liar,* le mensonge lui est familier; c'est un fieffé menteur. *See also* CRIMINAL 2. **-ally,** *adv.* Habituellement, d'habitude, par habitude.

habituate [hə'bitjueit], *v.tr.* **To habituate s.o. to sth., to doing sth.,** habituer, accoutumer, qn à qch., à faire qch.; faire prendre à qn l'habitude de qch., de faire qch. **To habituate oneself to sth., to doing sth.,** s'habituer, s'accoutumer, à qch.; prendre l'habitude de faire qch.

habituation [habitju'eiʃ(ə)n], *s.* Accoutumance *f* (*to,* à).

habitude ['habitjuːd], *s. Lit:* **1.** Disposition *f*, tempérament *m*; habitude *f* du corps ou de l'esprit. **2.** Habitude, coutume *f.*

habitus ['habitəs], *s. Nat.Hist: Physiol:* Habitus *m.*

hachure[1] [ha'ʃjuər], *s. Mapm:* Hachure *f.* **Hachure lines,** hachures.

hachure[2], *v.tr.* Hachurer. *Hachured map,* carte *f* en hachures.

hack[1] [hak], *s.* **1.** Pic *m*, pioche *f* (de mineur, etc.). **2.** (*a*) Taillade *f*, entaille *f.* (*b*) *Fb:* Coup *m* de pied (sur le tibia). **3.** *U.S:* (*a*) Gerçure *f* (de la peau). (*b*) = BLAZE[3] 2.

'hack-saw, *s.* Scie *f* à métaux.

hack[2]. **1.** *v.tr. & i.* (*a*) Hacher; ébrécher (une épée, etc.); *Surg: F:* charcuter (un malade). **To hack one's chin in shaving,** se taillader, s'écharper, le menton en se rasant. *Hacked chin,* menton haché de coupures. **To hack sth. to pieces,** couper, tailler, qch. en pièces. **To hack sth. away, down,** démolir, abattre, qch. à coups de pioche. *To h. (away) at a tree,* entailler un arbre à coups de hache; s'escrimer contre un arbre avec la hache. **To hack a figure out of the rock,** tailler une image dans le roc. *To h. out a figure,* tailler une image à coups de pic, à coups de pioche. **Hacked out,** fait, taillé, à la serpe, à coups de serpe, à coups de hache. **To hack up the joint,** *F:* massacrer le rôti. **To hack one's way through,** se frayer un chemin du tranchant et de la pointe. **To hack at s.o. with one's sword,** écharper qn à coups de sabre. (*b*) *Fb: etc:* **To hack s.o.'s shins,** donner déloyalement à un adversaire un coup de pied sur le tibia. **2.** *v.i.* Émettre une toux sèche.

hacking[1], *a.* **Hacking cough,** toux sèche et pénible.

hacking[2], *s.* **1.** Hachage *m*, hachement *m*; coups *mpl* de hache ou de pioche. *Med:* (*In massage*) Hachement. **2.** *Fb:* Coups de pied (sur le tibia).

'hacking-knife, *s.* Couteau *m* à démastiquer; hachette *f* de vitrier.

hack[3], *s.* **1.** (*a*) Cheval *m*, -aux, de louage. (*b*) *F:* Canasson *m*, rosse *f*, haridelle *f.* (*c*) Cheval de selle à toutes fins. **2.** *U.S:* Voiture *f* de place, de louage. **3.** (*a*) Homme *m* de peine. **Literary hack,** écrivain *m* à la tâche; nègre *m.* **Hack writer,** écrivassier *m*, folliculaire *m*; barbouilleur *m* de papier. (*b*) *U.S: P:* Veilleur *m* de nuit. (*c*) *U.S: P:* Agent *m* (de police). **4.** *F:* **Garrison-hack,** (i) coquette *f* qui court après les militaires; (ii) femme *f* à soldats. **5.** *Nau:* **Hack(-watch),** compteur *m.*

'hack-work, *s.* **1.** Travail *m* d'écrivain à gages. **2.** Travail (de plume) bâclé au jour le jour, à titre de gagne-pain; besogne *f* alimentaire.

hack[4]. **1.** *v.tr.* (*a*) Banaliser (qch.). **To hack an argument to death,** ressasser un argument. (*b*) Louer (des chevaux). **2.** *v.i.* (*a*) **To hack along the road,** cheminer à cheval. *To h. home after the hunt,* rentrer au petit trot après une journée de chasse au renard. (*b*) Monter des chevaux de louage. (*c*) **To hack for s.o.,** être le nègre de qn.

hack[5], *s.* **1.** *Ven:* Mangeoire *f* (de faucon). **Hawk at hack,** faucon *m* en cours de dressage. **2.** *Brickm:* Claie *f* de séchage.

hackberry ['hakbəri], *s. Bot:* **1.** = HAGBERRY. **2.** (*a*) Micocoule *f* (de l'Amérique du Nord). (*b*) **Hackberry(-tree),** micocoulier *m.*

hackbut ['hakbʌt], *s. Archeol:* Haquebute *f.*

hacker ['hakər], *s.* **1.** (*Pers.*) Piocheur *m.* **2.** *Tls:* Hache *f*, pioche *f.*

hackery ['hakəri], *s.* (*In India*) Charrette traînée par des bœufs.

hackle[1] [hakl], *s.* **1.** *Tex:* Peigne *m*, séran *m*, sérançoir *m*, regayoir *m*, drège *f*, échanvroir *m.* **2.** *Orn:* Plume *f* de cou ou de dos (des gallinacés). *pl.* **Hackles,** camail *m. F:* (*Of pers.*) **When his hackles are up,** quand il monte sur ses ergots; quand il lève la crête. *Dog with its hackles up,* chien hérissé de colère. **3.** *Fish:* Mouche artificielle.

hackle[2], *v.tr. Tex:* Peigner, sérancer, affiner, émoucheter (le lin, le chanvre); échanvrer, regayer (le chanvre).

hackling, *s.* Peignage *m*, sérançage *m*, affinage *m*, émouchetage *m.* **Hackling-machine,** peigneuse *f.*

hackle[3], *v.tr.* (Se) hacher, (se) taillader (le menton en se rasant); *F:* mutiler (une œuvre littéraire, etc.).

hackler ['haklər], *s. Tex:* Peigneur, -euse, séranceur *m*; affineur, -euse.

hackly ['hakli], *a.* (*Of rock, outline, etc.*) Haché, dentelé, rugueux. *H. fracture,* cassure hachée, crochue, inégale.

hackmatack ['hakmatak], *s. Bot:* Mélèze *m* d'Amérique; épinette *f* rouge.

hackney[1] ['hakni], *s.* **1.** (*a*) Cheval *m*, -aux, de louage. (*b*) Cheva de route; bidet *m.* **2.** = HACKNEY-COACH.

'hackney-'carriage, -'coach, *s.* Voiture *f* de place, de louage.

hackney[2], *v.tr.* Banaliser (un sujet, etc.).

hackneyed, *a.* (Discours) rebattu, usé, banal. **Hackneyed phrase,** expression devenue banale; formule stéréotypée; cliché *m. H. subject,* sujet rebattu.

had [had]. *See* HAVE[2].

haddock ['hadək], *s. Ich:* Aiglefin *m*, églefin *m*, aigrefin *m. See also* FINNAN.

hade[1] [heid], *s. Geol: Min:* Inclinaison *f*, angle *m* (que fait un plan de faille, etc., avec la verticale).

hade[2], *v.i. Geol: Min:* (*Of shaft, vein, fault, etc.*) S'incliner (par rapport à la verticale).

hading, *s.* = HADE[1].

Hades ['heidi:z], *s. Gr.Myth:* **1.** (*a*) Hadès *m*, les Enfers *m*, *Poet:* l'Averne *m*. (*b*) *F:* (*Euphemism for hell*) **To send s.o. to Hades**, envoyer dinguer qn. **What the Hades do you think you are doing?** que diable faites-vous? **2.** Pluton *m*.

Hadrian ['heidriən]. *Pr.n.m. Rom.Hist:* Adrien, Hadrien. **Hadrian's Wall**, le Mur d'Adrien.

haemal ['hi:m(ə)l], *a. Physiol:* Hémal, -aux.

haematic [hi'matik], *a. Physiol:* Hématique.

haematin ['hi:matin], *s. Ch: Physiol:* Hématine *f*.

haematite ['hemətait, 'hi:-], *s. Miner:* Hématite *f*; (fer) oligiste *m*; ferret *m* d'Espagne. **Red haematite, earthy haematite**, sanguine *f*. **Brown haematite**, ocre *f* jaune; terre *f* jaune; limonite *f*.

haemat(o)- ['hi:mət(o), hi:mə'tɔ], *comb.fm.* Hémat(o). *Haema'temesis*, hématémèse. *Haema'tography*, hématographie. *'Haemato'phobia*, hématophobie.

haematoblast ['hi:mətoblɑ:st], *s. Physiol:* Hématoblaste *m*.

haematocele ['hi:mətosi:l], *s. Med:* Hématocèle *f*.

haematology [hi:mə'tɔlodʒi], *s. Physiol:* Hématologie *f*.

haematose ['hi:mətous], *a. Med:* Hémateux, -euse.

haematosis [hi:mə'tousis], *s. Physiol:* Hématose *f*.

haematuria [hi:mə'tjuəriə], *s. Med:* Hématurie *f*.

haem(o)- [hi:m(o)], *comb.fm.* Hém(o)-. *Haemoglobin*, hémoglobine. *Haemoptysis*, hémoptysie. *Haemostatic*, hémostatique.

haemoglobin [hi:mo'gloubin], *s. Physiol:* Hémoglobine *f*.

haemophilia [hi:mo'filjə], *s. Med:* Hémophilie *f*.

haemoptysical [hi:mɔp'tizik(ə)l], *a. Med:* Hémoptysique.

haemoptysis [hi:'mɔptisis], *s. Med:* Hémoptysie *f*; crachement *m* de sang.

haemorrhage ['hemoredʒ], *s. Med:* Hémorragie *f*. *H. of the lungs*, pneumorragie *f*. **Cerebral haemorrhage**, hémorragie cérébrale; apoplexie *f*. *See also* ARTERIAL.

haemorrhagic [hemo'radʒik], *a. Med:* Hémorragique. *H. diathesis*, hémophilie *f*.

haemorrhoidal [hemo'rɔid(ə)l], *a. Med:* Hémorroïdal, -aux. **Haemorrhoidal tumour**, marisque *f*.

haemorrhoids ['hemorɔidz], *s.pl. Med:* Hémorroïdes *f*.

haemostasia [hi:mo'steizjə], *s. Physiol:* Hémostase *f*.

haemostat ['hi:mostat], *s.* **1.** *Surg:* Pince *f* hémostatique. **2.** *Med:* Hémostatique *m*, antihémorragique *m*.

haemostatic [hi:mo'statik], *a. Med:* Hémostatique.

hafnium ['hafnjəm], *s. Ch:* Hafnium *m*.

haft[1] [hɑ:ft], *s.* Manche *m*, poignée *f* (d'un poignard, d'un outil, etc.).

haft[2], *v.tr.* Emmancher, mettre un manche à (un outil, etc.).

hafting, *s.* Emmanchement *m*.

hag[1] [hag], *s.* **1.** (Vieille) sorcière. *F:* **She is an old hag**, c'est la fée Carabosse; c'est une vieille fée, *P:* une vieille taupe, une vieille peau, une vieille roupie. **2.** *Ich:* Hag(-fish), gastrobranche *m* aveugle.

'hag-ridden, *a. A:* Tourmenté de cauchemars, par les cauchemars; en proie aux cauchemars.

hag[2], *v.tr.* (hagged) *A: Dial:* Fatiguer, éreinter.

hag[3], *s. Scot:* (**Moss-**)**hag**, fondrière *f*; tourbière défoncée.

Hagar ['heigɑ:r]. *Pr.n.f.* Agar.

hagberry ['hagbəri], *s. Bot:* Cerisier *m* à grappes.

haggard ['hagərd]. **1.** *a.* (*a*) Hâve; (visage) décharné. (*b*) (Visage) égaré, hagard, décomposé, défait, altéré. **2.** *a.* & *s. Ven:* (Faucon) hagard (*m*).

haggis ['hagis], *s. Cu:* Estomac *m* de mouton bourré d'un hachis d'abats et de farine d'avoine, le tout très épicé. (Mets national écossais.)

haggish ['hagiʃ], *a.* (Femme) vieille et hideuse; (apparence) de vieille sorcière.

haggle [hagl], *v.i.* Marchander, *F:* lésiner, liarder, chipoter, *P:* chicoter. **To haggle about, over, the price of sth.**, chicaner sur le prix de qch., marchander qch. *I did not h. about the price*, je n'ai pas débattu le prix.

haggler ['haglər], *s.* Marchandeur, -euse, *F:* liardeur, -euse.

Hagiographa (the) [ðəhagi'ɔgrəfə], *s. B.Lit:* Les livres *m* hagiographes.

hagiographal [hagi'ɔgrəf(ə)l], *a.* Hagiographe.

hagiographer [hagi'ɔgrəfər], *s.* Hagiographe *m*.

hagiographic(al) [hagio'grafik(əl)], *a.* Hagiographe, hagiographique.

hagiography [hagi'ɔgrəfi], *s.* Hagiographie *f*.

hagiolatry [hagi'ɔlətri], *s.* Hagiolâtrie *f*.

hagiologic(al) [hagio'lɔdʒik(əl)], *a.* Hagiologique.

hagiologist [hagi'ɔlodʒist], *s.* Hagiographe *m*.

hagiology [hagi'ɔlodʒi], *s.* Hagiologie *f*.

hag-taper ['hagteipər], *s. Bot:* Bouillon-blanc *m*, *pl.* bouillons-blancs.

Hague (the) [ðə'heig]. *Pr.n. Geog:* La Haye. **The Hague Conventions**, les Actes *m*, les Conventions *f*, de la Haye. *The H. Conference*, la Conférence de la Haye. *See also* TRIBUNAL 2.

hah [hɑ:], = HA[1].

ha-ha[1] ['hɑ:'hɑ:], *int.* Ha, ha!

ha-ha[2] [hɑ'hɑ:], *s.* Saut *m* de loup; haha *m*.

hai(c)k [haik], *s.* Haïk *m*.

hail[1] [heil], *s.* **1.** Grêle *f*. *See also* THICK III. 2. **2.** *F:* Grêle, volée *f* (de coups, de pierres).

'hail-stone, *s.* Grêlon *m*.

'hail-storm, *s.* Abat *m* de grêle; orage accompagné de grêle.

hail[2], *v.i.* & *tr.* Grêler. (*a*) *Impers.* **It is hailing**, il grêle. (*b*) *F:* *Bullets were hailing on us*, les balles nous pleuvaient dru comme grêle. *F:* **To hail down curses, blows, on s.o.**, faire pleuvoir des malédictions, des coups, sur qn.

hail[3]. **1.** *int.* Salut! *R.C.Ch:* **Hail, Mary, full of grace!** je vous salue, Marie, pleine de grâce! **2.** *s.* Appel *m*. **Within hail**, à portée de (la) voix. *Keep within h.*, ne vous éloignez pas.

'hail-fellow-'well-'met, *s.* **To be hail-fellow-well-met with everyone**, traiter les gens de pair à compagnon; être à tu et à toi avec tout le monde; se lier avec Pierre et Paul.

'Hail Mary. *Ecc:* Avé Maria. *s.* **The Hail Mary**, la salutation angélique, l'Avé Maria *m inv*.

hail[4]. **1.** *v.tr.* (*a*) Saluer (qn). **To hail s.o. (as) king**, acclamer, saluer, qn roi. *His appearance was hailed with long applause*, son entrée fut saluée par de longs applaudissements. (*b*) Héler (qn, un navire). *Nau:* Arraisonner (un vaisseau). **To hail a cab**, (i) appeler, héler, un taxi (qui passe); (ii) faire avancer un taxi. **Within hailing distance**, à portée de (la) voix. **2.** *v.i. Nau:* (*Of ship*) **To hail from a port**, (i) dépendre d'un port; (ii) venir d'un port. *Ship hailing from London*, (i) navire *m* appartenant au port de Londres; (ii) navire en provenance de Londres. *F:* *Where does he h. from?* d'où vient-il? d'où est-il originaire?

Hainault ['heinɔlt]. *Pr.n. A.Geog: Hist:* Le Hainaut.

hair[1] [hɛər], *s.* **1.** (*Of human head*) (*a*) Cheveu *m*. *F:* **Exact to a hair**, exact à un cheveu près. **To split hairs**, fendre, couper, un cheveu en quatre; disputer sur une pointe d'aiguille; pointiller; vétiller. *P:* **To have s.o. by the short hairs**, avoir qn à sa merci. (*b*) *Coll.* **The hair**, les cheveux, la chevelure. **Head of hair**, chevelure. *Long fair h.*, de longs cheveux blonds. **To comb one's hair**, se peigner. **To curl one's hair**, se friser. **To have, get, one's hair cut**, se faire couper les cheveux. **To do one's hair**, se coiffer, se peigner; s'arranger les cheveux. **To put up, do up, one's hair**, se faire un chignon. *She has put up her hair*, elle ne porte plus les cheveux dans le dos. **To tear one's hair**, s'arracher les cheveux. *To tear each other's h.*, se prendre aux cheveux; (*of women*) se crêper le chignon. **It was enough to make your hair stand on end**, il y avait de quoi, c'était à, faire dresser les cheveux sur la tête. **To lose one's hair**, (i) perdre ses cheveux; *F:* se déplumer; (ii) *P:* se mettre en rage; se fâcher tout rouge. *P:* **To keep one's hair on**, ne pas se laisser démonter; garder son sang-froid. *Keep your h. on!* calmez-vous! ne vous emballez pas! ne vous en faites pas! ne vous frappez pas! *See also* BACK-HAIR, BOBBED, DRESS[2] 5, FALSE 3, PELE'S HAIR, TURN[2] I. 2. **2.** (*a*) (*Of human body, animals, plants.*) (*Coll. sg. more usual than pl.*) Poil *m*. **To remove s.o.'s superfluous hair(s)**, épiler, dépiler, qn. *Removal of superfluous hair(s)*, épilation *f*, dépilation *f*. *Removing the h. from skins*, pelage *m* des peaux. (*b*) *Coll.* (*Of animal*) Poil, pelage. (*Of animal*) **To lose its hair**, se peler. **Against the hair**, à contre-poil; à rebrousse-poil; à rebours. *To stroke a cat against the h.*, caresser un chat à contre-poil. *See also* DOG[1] 1. (*c*) Crin *m* (de cheval); soie *f* (de porc). *See also* HORSEHAIR. *Furn: etc:* *Curled hair*, crin frisé. **Hair-mattress**, matelas *m* de crin. *Mus:* **Bow hair**, mèche *f* d'archet. **3.** (*Press-cloth*) Étendelle *f* (de pressoir à huile).

'hair-band, *s. Toil:* Bandeau *m*.

'hair-brained, *a.* = HARE-BRAINED.

'hair-'compasses, *s.pl.* Compas *m* à cheveu; compas de précision.

'hair-crack, *s.* (*In metal*) Gerçure *f*.

'hair-curler, *s. Toil:* Frisoir *m*; (*made of leather*) bigoudi *m*.

'hair-cut, *s.* Taille *f* de cheveux; coupe *f* de cheveux. *To have a h.-c.*, se faire couper, se faire tailler, les cheveux. *See also* SHAVE[2] 1.

'hair-cutting, *s.* Taille *f* de cheveux; coupe *f* de cheveux. **Hair-cutting saloon**, salon *m* de coiffure.

'hair-drier, *s.* Sèche-cheveux *m inv*; séchoir *m* (électrique, etc.).

'hair-eel, *s. Ann:* = HAIR-WORM.

'hair-frame, *s.* = HAIR-PAD.

'hair-grass, *s. Bot:* Canche *f*.

'hair-lead [led], *s. Typ:* Interligne *f* très mince.

'hair-like, *a.* (Fil *m*, plumage *m*) criniforme, qui ressemble à un cheveu; aussi mince qu'un cheveu.

'hair-line, *s.* **1.** Délié *m*. *F:* **Exact to a hair-line**, exact à un cheveu près. **Hair-line distinction**, distinction subtile. *To make a h.-l. distinction*, couper un cheveu en quatre. **2.** *Typ:* **Hair-line letter**, capillaire *f*. **3.** *Tchn:* (*In metal*) Gerçure *f*. **4.** *pl. Opt:* **Hair-lines**, fils croisés (de viseur, etc.).

'hair-moss, *s. Bot:* Polytric *m*.

'hair-net, *s.* Résille *f*, réseau *m*; filet *m* à cheveux.

'hair-oil, *s.* Huile *f* capillaire, huile philocome.

'hair-pad, *s.* Crépon *m*, crêpé *m*.

hair-'pencil, *s.* Pinceau *m*.

'hair-powder, *s.* Poudre *f* à cheveux.

'hair-raiser, *s. F:* **1.** Histoire *f* à vous faire dresser les cheveux sur la tête. **2.** Pièce *f* de théâtre ou roman *m* à gros effets.

'hair-raising, *a.* Horripilant, horrifique, effrayant. *H.-r. adventure*, aventure *f* effroyable. *H.-r. story*, récit *m* horrifique, à vous faire dresser les cheveux sur la tête.

'hair-restorer, *s. Pharm:* Régénérateur *m* des cheveux.

'hair-restoring, *a.* Philocome.

'hair's-breadth, *s.* Épaisseur *f* d'un cheveu. *To escape death by a h.-b.*, avoir été à deux doigts de la mort, échapper à la mort comme par miracle. *Accurate to a h.-b.*, d'une exactitude rigoureuse. *He didn't depart by a h.-b. from his instructions*, il ne s'est pas écarté d'un iota de ses instructions. *To miss the gibbet by a h.-b.*, friser le gibet. *To be within a h.-b. of ruin*, être à un cheveu de la ruine.

'hair-'shirt, *s.* Haire *f*, cilice *m*.

'hair-sieve, *s.* Tamis *m* de crin.

'hair-slide, *s. Toil:* Barrette *f* (pour les cheveux).

'hair-space, *s. Typ:* Espace *f* d'un point.

'hair-splitter, *s.* Ergoteur *m*, chicaneur *m*.

'hair-splitting. **1.** *s.* Ergotage *m*, ergoterie *f*; chicane(rie) *f*; distinctions subtiles; subtilités *f*. **2.** *a.* (*Of argument, etc.*) Subtil.

'hair-spring, *s. Clockm:* Ressort *m* spiral, spiral *m* (d'une montre).

'hair-stone, *s. Geol:* **Venus's hair-stone,** flèches *fpl* de Vénus; flèches d'amour.
'hair-stroke, *s.* **1.** *Handwriting:* Délié *m.* **2.** *Typ:* Empattement *m* (de lettre).
'hair-tail, *s. Ich:* Ceinture *f* d'argent, trichiure *m.*
'hair-trigger, *s. Sm.a:* Déclic *m* (de détente). **Hair-trigger lock,** platine *f* à double détente.
'hair-wash, *s.* Lotion *f* capillaire; schampooing *m.*
'hair-worm, *s. Ann:* **1.** Gordius *m*, gordie *f*; *F:* fil *m* d'eau; crin *m* de fontaine, de mer. **2.** = GUINEA-WORM.
hair², *v.tr.* **1.** *Mus:* Garnir (un archet) de sa mèche. **2.** *Tan:* Dépiler (une peau).
hairbreadth ['hɛərbredθ]. **1.** *s.* = HAIR'S-BREADTH. **2.** *Attrib.* **To have a hairbreadth escape,** l'échapper belle; échapper comme par miracle.
hairbrush ['hɛərbrʌʃ], *s.* Brosse *f* à cheveux, à tête.
haircloth ['hɛərklɔθ], *s.* **1.** *A:* (*For penitents*) Cilice *m*, haire *f.* **2.** (*For furniture*) Tissu-crin *m*, *pl.* tissus-crin; étoffe *f* de crin; étamine *f* de crin; (*for friction*) lanière *f* en crin. **Cow-haircloth, coarse haircloth,** thibaude *f.*
hairdresser ['hɛərdresər], *s.* Coiffeur, -euse. *He is a good h.*, il coiffe bien.
hairdressing ['hɛərdresiŋ], *s.* Coiffure *f.* *Style of h.*, coiffure.
-haired [hɛərd], *a.* (*With sb. or adj. prefixed, e.g.*) **Long-haired, black-haired,** (*of pers.*) aux cheveux longs, noirs; (*of animals*) à long pelage, à pelage noir. *See also* FAIR-HAIRED, GREY-HAIRED, WIRE-HAIRED, WOOLLY-HAIRED.
hairiness ['hɛərinəs], *s.* **1.** Aspect *m* hirsute (du corps); épaisseur *f* ou longueur *f* de poil (d'un chimpanzé, etc.). **2.** *Bot:* Pubescence *f.*
hairless ['hɛərləs], *a.* (*Of pers.*) Sans cheveux; chauve; (*of animal*) sans poils. *H. face*, visage *m* glabre. *H. horse*, cheval nu. *H. skin or hide*, peau pelée.
hairpin ['hɛərpin], *s.* **1.** Épingle *f* à cheveux. *F:* **Hairpin bend** (*on a road*), lacet *m*; *Aut:* virage *m* en épingle à cheveux. *There is a dangerous h. bend at . . .*, la route fait un lacet dangereux à. . . . **2.** *U.S: P:* Jeune fille *f.*
hairy ['hɛəri], *a.* **1.** (*Of hands, chest, etc.*) Velu, poilu; (*of scalp*) chevelu; (*of pers.*) *F:* hirsute. *P:* **He's a bit hairy about the heels, about the fetlocks,** c'est un ours mal léché. **2.** *Bot:* Velu. **Hairy-stemmed,** à tige velue; trichocaule.
Haiti ['heiti, 'hai-]. *Pr.n. Geog:* Haïti *m or f.* *To live in H.*, vivre en Haïti.
Haitian ['heitiən, 'hai-], *a. & s. Geog:* Haïtien, -ienne.
hake [heik], *s. Ich:* Merluche *f.*
Hal [hal]. *Pr.n.m.* (*Dim. of Henry*) *Hist:* *F:* **Prince Hal,** le prince Henri.
halated [ha'leitid], *a. Phot:* (Cliché *m*) qui présente du halo.
halation [ha'leiʃ(ə)n], *s. Phot:* Halo *m*, irradiation *f*, auréole *f.*
halberd ['halbərd], **halbert** ['halbərt], *s. Mil: A:* Hallebarde *f.* *Bot:* **Halbert-shaped,** hasté, hastiforme.
halberdier [halbər'diːər], *s.m.* Hallebardier.
halcyon ['halsiən]. **1.** *s.* (*a*) *Myth:* Alcyon *m.* (*b*) *Orn:* Halcyon *m*; martin-chasseur *m*, *pl.* martins-chasseurs. **2.** *Attrib.* **Halcyon days,** jours alcyoniens; *F:* jours sereins; jours de calme, de bonheur paisible.
hale¹ [heil], *a.* (Vieillard) vigoureux, robuste, encore gaillard. **To be hale and hearty,** être frais et gaillard; avoir bon pied bon œil; être solide; être d'une santé florissante.
hale², *v.tr. A:* (*Haul*) Haler.
half, *pl.* **halves** [hɑːf, hɑːvz]. **1.** *s.* (*a*) Moitié *f.* **Half (of) his men,** la moitié de ses hommes. *A good h., fully a h., of his employees are ill*, une bonne moitié de ses employés est malade, sont malades. *I have forgotten h. of it*, j'en ai oublié la moitié. *To take h. of sth.*, prendre la moitié de qch. *F:* **More than half (of) the time,** les trois quarts du temps. *The first h. of the year*, la première moitié de l'année. **To fold, cut, sth. in half, in halves,** plier, couper, qch. en deux. **To go halves with s.o.,** partager avec qn; se mettre de moitié, de compte à demi, avec qn; faire la dépense de moitié avec qn. *To go halves in the expense of a carriage*, louer une voiture à mi-frais. **To cry halves,** réclamer sa part; demander à partager. **Bigger by half,** plus grand de moitié. *Too much by h.*, trop de moitié. *F:* **He is too clever by half,** il est beaucoup trop malin. *Reduced by h.*, réduit de moitié. **To do things by halves,** faire les choses à moitié, à demi. (*b*) Demi *m*, demie *f.* *Two halves*, deux demis. **Three and a half,** trois et demi. *I waited for* **two hours and a half,** j'ai attendu pendant deux heures et demie. (*Cp.* 3 (*b*).) (*c*) (*Pers.*) *F:* **My better half,** ma (chère) moitié, mon épouse; *P:* ma légitime. (*d*) *Rail:* **Outward half, return half** (*of ticket*), coupon *m* d'aller; coupon de retour. (*e*) *Fb:* (i) **The first half** (*of the game*), la première mi-temps. **The second half,** la seconde mi-temps; la reprise. *In the second h.*, en seconde mi-temps. (ii) **In our half** (*of the ground*), dans notre camp. (iii) (*Pers.*) = HALF-BACK. **Wing halves,** demis aile. *See also* FLY-HALF, SCRUM-HALF, STAND-OFF 2. (*f*) *Sch:* = HALF-YEAR. **My first half at Eton,** mon premier semestre à l'école d'Eton. (*g*) *F:* = HALF-DIME, HALF-DOLLAR, HALF-HOLIDAY, *etc.* **2.** *a.* Demi. (*a*) **Half an hour,** une demi-heure. *The interval sometimes runs to as much as h. an hour*, l'entr'acte pousse parfois jusqu'à la demi-heure. *F: Go and put on your hat and don't be h. an hour about it!* allez mettre votre chapeau et que ça ne traîne pas! **Half a second,** une demi-seconde. *F: I shall be with you in h. a second*, je reviens en moins d'un instant, en moins de rien. *It costs* **half a crown,** cela coûte une demi-couronne, deux shillings six pence. (*Cp.* HALF-CROWN.) **Half a dozen,** une demi-douzaine. *See also* SIX. *F: To be in h. a dozen places at once*, se multiplier. **Half a cup,** une demi-tasse. **On half profits,** de compte à demi. *St.Exch:* **Half commission,** remise *f.* *H. commission man*, remisier *m.* *F:* **Half one thing and half another,** moitié figue, moitié raisin; mélangé. *See also* BATTLE¹, BOTTLE¹ 1, EYE¹ 1, LOAF¹ 1, MIND¹ 2, POWER¹ 4. (*b*) *Rendered by* mi-. *H.-quadruped, h.-fish*, mi-quadrupède, mi-poisson. **3.** *adv.* A moitié, à demi; mi. (*a*) *He only h. understands*, il ne comprend qu'à moitié. *She h. got up*, elle se releva à demi. *To be leaning h. out of the window*, être penché à mi-corps à la fenêtre. *He is not h. so formidable*, il n'est pas de moitié si redoutable. **Half laughing, half crying,** moitié riant, moitié pleurant. *H. joking, h. serious*, ne plaisantant qu'à moitié. *Dress h. black and h. white*, robe mi-partie de blanc et de noir. *To do sth. h. willingly, h. under compulsion*, faire qch. mi de gré mi de force. *He was h. undressed*, il était à demi dévêtu. **Half asleep,** à moitié endormi. *H. frozen*, à moitié gelé. *F: More than h. frozen*, aux trois quarts gelé. *I was h. afraid that you would not come*, j'avais quelque crainte que vous ne veniez pas. *My leave is* **half up,** voilà déjà la moitié de mon congé de passée. *F:* **It isn't half bad,** (i) ce n'est pas mauvais du tout; c'est très mangeable, très buvable; (ii) ce n'est pas si mal. *P:* (*Intensive use*) **She isn't half smart!** elle est rien chic! *He wasn't h. ratty!* il était dans une colère! *He isn't h. a liar!* comme menteur il est un peu là! *He didn't h. swear!* ce qu'il a juré! *It isn't h. cold!* il fait rien froid! *There wasn't h. a crowd!* qu'est-ce qu'il y avait comme populo! **Not half!** un peu! tu parles! beaucoup! *They licked them and not h.!* il les ont battus, et comment! (*b*) **It is half past two,** *U.S:* **half after two,** il est deux heures et demie. *Is it six o'clock?—It is h. past*, est-il six heures?—Il est la demie. (*c*) **Half as big,** moitié aussi grand. *I got* **half as much,** j'en ai reçu la moitié autant, la moitié moins. *He gets h. as much money as you*, il reçoit moitié moins d'argent que vous. *There are h. as many people*, il y a moitié moins de monde. *The station is h. as far*, (i) la gare est moitié aussi loin; (ii) la gare est à mi-chemin. **Half as big again,** plus grand de moitié. *He is h. as old again as I am*, il est de moitié plus âgé que moi. *I got half as much again as you*, j'en ai reçu (la) moitié plus que vous. *The station is h. as far again*, la gare est moitié plus loin. *See also* BEGIN, ENOUGH 1, OPEN² I. 1.
'half-a'live, *a.* A moitié mort.
'half-and-'half. **1.** (*a*) *adv.* Moitié l'un moitié l'autre. (*b*) *a. & adv.* **Half-and-half mixture of oil and vinegar,** mélange *m* d'huile et de vinaigre à doses égales. *How shall I mix them?—H.-and-h.*, comment faut-il les mélanger?—A doses égales. *How do you like your coffee?—H.-and-h.*, comment prenez-vous le café? —Moitié café, moitié lait. **2.** *s.* Mélange *m* de bière et de porter.
'half-'back, *s. Fb:* Demi-arrière, *pl.* demi-arrières; demi *m.* (*Rugby*) *Scrum h.-b.*, demi à la mêlée. *Stand-off h.-b.*, demi à l'ouverture.
'half-'baked, *a.* **1.** (*Of meat, etc.*) A moitié cuit. **2.** *F:* (*a*) (*Of pers.*) (i) Inexpérimenté, à peine dégrossi, mal léché; (ii) niais. *He is only h.-b.*, c'est un minus (habens). (*b*) Insuffisamment étudié; incomplet. *H.-b. measures*, mesures qui n'ont pas été mises au point. *H.-b. scheme*, projet bâclé, qui ne tient pas debout.
'half-belt, *s. Tail:* Martingale *f.*
'half'binding, *s. Bookb:* Demi-reliure *f* à petits coins.
'half'blood, *s.* **1.** Parenté *f* d'un seul côté. **2.** (*a*) Parent, -ente, d'un seul côté. *H.-b. by the father's side*, frère consanguin, sœur consanguine. *H.-b. by the mother's side*, frère utérin, sœur utérine. (*b*) = HALF-BREED.
'half-'blooded, *a.* = HALF-BRED.
'half-'boot, *s.* Demi-botte *f*, *pl.* demi-bottes.
'half-'bound, *a. Bookb:* (*Of books*) En demi-reliure à coins.
'half-bred, *a. & s.* **1.** Métis, -isse. **2.** **Half-bred (horse),** cheval *m* demi-sang, demi-sang *m inv.*
'half-breed, *s.* **1.** Métis, -isse. **2.** Cheval *m* demi-sang, *pl.* chevaux demi-sang.
'half-brother, *s.m.* Demi-frère, *pl.* demi-frères; (*through mother*) frère utérin, de mère; (*through father*) frère consanguin, de père.
'half-butt, *s. Bill:* Cadette *f.*
'half-'calf, *s. Bookb:* (De)mi-veau *m* à coins.
'half-'caste, *a. & s.* (*a*) Métis, -isse. (*b*) Eurasien, -ienne.
'half-'circle, *s.* Demi-cercle *m*, *pl.* demi-cercles. *Nau: To turn a h.-c.*, faire demi-tour. *Fenc:* **Half-circle parry,** demi-cercle.
'half-'closed, *a.* Entre-clos; entr'ouvert.
'half-'cloth, *s. Bookb:* (De)mi-toile *f* à coins; cartonnage *m* Bradel.
'half-'cock¹, *s.* **(Gun) at half-cock,** (fusil) au repos, au cran de sûreté. *H.-c. notch*, cran de repos.
'half-'cock², *v.tr.* Mettre (un fusil, etc.) au repos.
'half-cocked, *a.* **1.** (Fusil) au cran de sûreté, au repos. *U.S: F:* **To go off half-cocked,** agir avec trop de hâte. **2.** *F:* A moitié ivre; entre deux vins.
'half-com'pression, *s. I.C.E:* **Half-compression cock,** robinet *m* de compression.
'half-'cooked, *a.* Demi-cuit; à moitié cuit.
'half-'court, *s. Ten:* Demi-court *m*, *pl.* demi-courts. **Half-court line,** ligne médiane.
'half-'crown, *s. Num:* Demi-couronne *f.* *Three new half-crowns*, trois demi-couronnes neuves.
'half-'dead, *a.* A moitié mort; demi-mort, à demi mort. **More than half-dead,** aux trois quarts mort. **Half-dead with fright,** plus mort que vif. *Women h.-d. with hunger*, femmes demi-mortes de faim.
'half-'deck, *s. Nau:* Demi-pont *m*, *pl.* demi-ponts; demi-tillac *m*, *pl.* demi-tillacs.
'half-'decked, *a.* (Bateau) à moitié couvert.
'half-'dime, *s. U.S: F:* Pièce *f* de cinq *cents.*
'half-'dollar, *s. U.S:* Demi-dollar *m*, *pl.* demi-dollars.
'half-'done, *a.* (Ouvrage, etc.) à moitié fait. *Cu:* (Rôti, etc.) à moitié cuit.
'half-'dozen, *s.* Demi-douzaine *f*, *pl.* demi-douzaines.
'half-'dressed, *a.* A moitié vêtu; à demi vêtu.
'half-'empty¹, *a.* (Bouteille, etc.) à moitié vide.
half-'empty², *v.tr.* Désemplir (une baignoire, etc.); vider à moitié (une bouteille, etc.).

'half-'fare, *s.* *Rail: etc:* Demi-place *f, pl.* demi-places. **Half-fare ticket,** billet *m* à demi-tarif. *To travel at h.-f.,* voyager à demi-place.
'half-'finished, *a.* **1.** (Travail) à moitié fait. **2.** (Travail) bâclé, imparfait.
'half-'hearted, -ly, -ness. *See* -HEARTED, *etc.*
'half-'hitch, *s. Nau: (Knot)* Demi-clé *f, pl.* demi-clés.
'half-'holiday, *s.* Demi-congé *m, pl.* demi-congés. *Sch: Two half-holidays a week,* deux après-midi libres, ou consacrées aux sports, par semaine.
'half-'hose, *s.* Chaussettes *fpl* (d'hommes).
'half-'hour, *s.* Demi-heure *f, pl.* demi-heures. *Clock that strikes the half-hours,* pendule *f* qui sonne les demies *f. A spoonful to be taken every h.-h.,* prendre une cuillerée de demi-heure en demi-heure, toutes les demi-heures.
'half-'hourly. 1. *adv.* Toutes les demi-heures; de demi-heure en demi-heure. **2.** *a.* De toutes les demi-heures.
'half-landing, *s. Arch:* Demi-palier *m, pl.* demi-paliers.
'half-lap(ped), *a.* **Half-lap(ped) joint,** *s.* **half-lap,** *Carp:* assemblage *m* à mi-bois, entaille *f* à mi-bois; *Metalw:* assemblage à mi-fer.
'half-'leather, *s. Bookb:* = HALF BINDING.
'half-'length, *s.* Demi-longueur *f, pl.* demi-longueurs. *Attrib.* **Half-length portrait,** portrait *m* en buste.
'half-'light, *s.* (*a*) Demi-jour *m, pl.* demi-jours; lumière *f* crépusculaire; pénombre *f.* (*b*) *Art:* Demi-jour.
'half-'lined, *a. (Of clothes)* Doublé mi-corps.
'half-'mast¹, *s. In the adv. phr.* **At half-mast, half-mast high,** à mi-mât. **Flag at half-mast,** pavillon *m* en berne.
'half-'mast², *v.tr.* Mettre (un pavillon) en berne, à mi-mât.
'half-'measure, *s.* Demi-mesure *f, pl.* demi-mesures. **To have done with half-measures,** *F:* trancher dans le vif. *Half-measures are no use,* les demi-mesures ne servent à rien.
'half-'monthly, *a.* Semi-mensuel.
'half-'moon, *s.* **1.** Demi-lune *f, pl.* demi-lunes. **2.** Lunule *f* (des ongles).
'half-'mourning, *s.* Demi-deuil *m, pl.* demi-deuils.
'half-'naked, *a.* A demi nu.
'half 'Nelson, *s. Wr:* Simple prise *f* de tête à terre. **To put the half Nelson on s.o.,** (i) porter une simple prise de tête à terre à qn; (ii) *F:* paralyser les efforts de qn; tenir qn à sa merci; (iii) *F:* venir à bout de qn; aplatir qn; (iv) *P:* enivrer qn.
'half-'note, *s. Mus:* Blanche *f.*
'half-'pace, *s.* **1.** *Mil: (When changing step)* Contre-pas *m inv.* **2.** *Const: Arch:* Demi-palier *m, pl.* demi-paliers; palier *m* de repos.
'half-'partition, *s.* Cloison *f* à mi-hauteur.
'half-'pay, *s.* Demi-solde *f*; solde *f* de non-activité, de disponibilité. **On half-pay,** en demi-solde, en disponibilité. **Half-pay officer,** officier *m* en disponibilité, en demi-solde; *F:* demi-solde *m inv. To put an officer on h.-p.,* mettre un officier en non-activité, à la réforme.
'half-'price, *s. To sell sth. (at) h.-p.,* vendre qch. à moitié prix. *Rail: Th: etc:* **Children half-price,** les enfants paient demi-place *f.*
'half-'quarter, *s.* **On half-quarter day,** à mi-terme.
'half-'round. 1. *a.* Demi-rond; demi-circulaire. *Tls:* **Half-round file,** demi-ronde *f, pl.* demi-rondes. **2.** *s.* Demi-cercle *m, pl.* demi-cercles.
'half-seas-'over, *a. P:* **To be half-seas-over,** être entre deux vins, un peu gris, à moitié ivre, aux trois quarts soûl, à moitié parti, éméché; avoir du roulis, du vent dans les voiles.
'half-sheave, *s. Nau: etc:* Encornail *m*; demi-réa *m, pl.* demi-réas.
'half-shift, *s. Mus: (On violin, etc.)* Deuxième position *f.*
'half-'shut, *a.* Entre-clos.
'half-sister, *s.f.* Demi-sœur, *pl.* demi-sœurs; *(through the father)* sœur consanguine, de père; *(through the mother)* sœur utérine, de mère.
'half-'size, *s.* Demi-grandeur *f. Paving-stone of h.-s.,* pavé refendu.
'half-snipe, *s. Orn:* Bécot *m.*
'half-'sovereign, *s. Num:* Demi-souverain *m, pl.* demi-souverains.
'half-'speed, *s.* **1.** *Nau: etc:* (De)mi-vitesse *f.* **2.** *Mec.E:* **Half-speed shaft,** arbre *m* tournant à demi-vitesse; arbre de dédoublement; *I.C.E:* arbre à cames.
'half-'staff¹, ², *s. & v.tr. U.S:* = HALF-MAST¹, ².
'half-'starved, *a.* Famélique; (enfant, etc.) mal nourri.
'half-stuff, *s. Paperm:* Défilé *m.*
'half-'term, *s. Sch:* Congé *m* de mi-trimestre.
'half-'tide, *s. Nau:* Mi-marée *f.* **Half-tide basin,** bassin *m* accessible à mi-marée. **Half-tide rock,** roche *f* visible à mi-marée.
'half-'timbered, *a. Const: Min:* (Galerie *f,* etc.) à demi-boisage.
'half-'time, *s.* **1.** *Ind: etc:* **To work half-time,** travailler à la demi-journée. *Attrib. H.-t. worker,* travailleur, -euse, à la demi-journée. *Sch: A:* **The half-time system,** régime sous lequel, dans les villes industrielles, l'enfant passait une moitié de la journée à l'école, et l'autre à l'usine ou à la fabrique. **2.** *Fb: etc:* (La) mi-temps.
'half-'timer, *s.* **1.** Travailleur, -euse, à la demi-journée. **2.** *Sch: A:* Écolier, -ière, qui partageait sa journée entre l'école et la fabrique ou l'atelier.
'half-tint, *s. Art: Phot:* Demi-teinte *f, pl.* demi-teintes.
'half-'title, *s. Typ:* Faux titre *m*; avant-titre *m* (d'un livre), *pl.* avant-titres.
'half-'tone, *s.* **1.** *Art:* Demi-teinte *f, pl.* demi-teintes. *Phot.Engr:* Similigravure (tramée); *F:* simili *m.* **Half-tone block,** *F:* simili. **Half-tone engraver,** similiste *m.* **Half-tone work,** gravure *f* en relief, en simili. **Half-tone reproduction,** reproduction *f* phototypographique; phototypographie *f. See also* SCREEN¹ 3. **2.** *Mus:* Demi-ton *m, pl.* demi-tons.
'half-truth, *s.* Dire qui est moitié vrai, moitié faux; demi-vérité *f, pl.* demi-vérités.
'half-turn, *s.* **1.** (*a*) Demi-tour *m, pl.* demi-tours. (*b*) *Equit:* Caracole *f.* **2.** *(Of wheel)* Demi-révolution *f, pl.* demi-révolutions.
'half-'volley, *s. Ten:* Demi-volée *f, pl.* demi-volées.
half-'watt, *attrib.a. El:* **Half-watt lamp,** lampe *f* demi-watt *inv.*
'half-wave, *s. Ph:* Demi-onde *f, pl.* demi-ondes. *See also* RECTIFICATION 3.
'half-'way. 1. *adv.* A moitié chemin; à mi-chemin; *(of piston)* à mi-course. *H.-w. between the two towns,* à mi-chemin entre les deux villes, à égale distance des deux villes. *H.-w. to Paris,* à mi-chemin de Paris. *We are h.-w. there, h.-w. across,* nous sommes à moitié de la route, du chemin; nous sommes à moitié chemin, à mi-chemin. **Half-way up, half-way down, the hill,** à mi-côte, à mi-pente. **To meet s.o. half-'way,** (i) rencontrer qn à mi-distance; (ii) *F:* faire la moitié des avances; partager le différend par la moitié; couper la poire en deux; venir à composition avec qn; composer avec qn. *See also* TROUBLE¹ 1. **2.** *Attrib.* **Half-way house,** maison *f,* auberge *f,* à mi-chemin (*A:* entre relais), à demi-étape. *Fb:* **Half-way line,** ligne des cinquante mètres, ligne médiane.
'half-'weekly. 1. *a.* Semi-hebdomadaire. **2.** *adv.* Deux fois par semaine.
'half-wit, *s.* (*a*) Faible *mf* d'esprit; simple *mf.* (*b*) *F: You h.-w.!* espèce d'idiot!
'half-'witted, *a.* Faible d'esprit, simple, *F:* à moitié idiot.
'half-'year, *s.* Semestre *m. First h.-y.,* semestre de janvier, d'hiver. *Second h.-y.,* semestre de juillet, d'été.
'half-'yearly. 1. *a.* Semestriel. *H.-y. meeting,* assemblée semestrielle. **Half-yearly dividend, payment,** semestre *m.* **2.** *adv.* Semestriellement; par semestre; tous les six mois.
halfa ['halfa], *s.* = ALFA(-GRASS).
halfpenny ['heip(ə)ni], *s.* Demi-penny; *F:* = sou *m.* **1.** (*pl.* **halfpence,** *F:* **ha'pence** ['heipəns]) *It will cost you three halfpence,* cela vous coûtera trois sous. *F:* **He is not a halfpenny the worse for it,** il n'en a pas souffert le moindre mal. *See also* KICK¹ 1. **2.** (*pl.* **halfpennies**) Pièce *f* d'un sou. *He gave me the change in halfpennies,* il me rendit la monnaie en sous. *F:* **Bad halfpenny,** vaurien *m. See also* SHOVE-HALFPENNY.
halfpennyworth ['heip(ə)niwəːrθ, *F:* 'heipəθ], *s. To buy a h. of bread,* acheter (pour) un sou de pain.
halibut ['halibʌt], *s. Ich:* Flétan *m*; halibut *m.*
Halicarnassus ['halikɑːr'nasəs]. *Pr.n. A.Geog:* Halicarnasse *m.*
halid(e) ['halid, 'halaid]. *Ch:* **1.** *s.* Halogénure *m*; sel *m* halogène. **2.** *a.* = HALOID 1.
halidom ['halidəm], *s. A:* Relique *f,* chose sainte. **By my halidom!** sur mes reliques! par ma foi!
halieutic [hali'juːtik], *a.* Halieutique.
Halieutica [hali'juːtika], *s.pl. Gr.Lit:* **(Oppian's) Halieutica,** les Halieutiques *m* (d'Oppien).
halieutics [hali'juːtiks], *s.pl. (Usu. with sg. const.)* Halieutique *f.*
Halifax ['halifaks]. *Pr.n. Geog:* Halifax. *F:* **Go to Halifax!** allez au diable!
haliotis [hali'outis], *s. Conch:* Haliotide *f*; oreille *f* de mer; ormier *m,* ormeau *m.*
halite ['halait], *s. Miner:* Halite *f*; sel *m* gemme.
halitosis [hali'tousis], *s. Med:* Mauvaise haleine.
halituous [ha'litjuəs], *a.* Halitueux.
hall [hɔːl], *s.* **1.** Grande salle. (*a*) **(Dining) hall,** (i) salle à manger; (ii) *(of college, etc.)* réfectoire *m.* **To dine in hall,** (i) *(at university)* dîner en commun au réfectoire; (ii) *(of law students)* faire acte de présence au réfectoire. (*Cf. To eat one's dinners, under* EAT² 1.) **In hall** *the second-year men were rather rowdy,* au réfectoire les étudiants de deuxième année faisaient pas mal de tapage, *F:* pas mal de chahut. *He had been quiet* **the whole of hall,** pendant tout le dîner il n'avait pas prononcé un mot. *See also* GUEST-HALL, JUDGEMENT-HALL. (*b*) **The servants' hall,** l'office *f*; la salle commune (des domestiques); *A:* la salle du commun. (*c*) **Concert hall,** salle de concert. **Music-hall,** music-hall *m. F:* **To be, appear, on the halls,** faire du music-hall. *See also* DANCING-HALL. (*d*) **Parish hall, parochial hall,** salle d'œuvres de la paroisse. **2.** (*a*) Château *m, A:* manoir *m.* **Wildfell Hall,** le château de Wildfell. *The guests at the H.,* les invités réunis au château. **Born in marble halls,** né sous des lambris dorés. *See also* LIBERTY¹ 1. (*b*) Maison *f* (d'un corps de métier, etc.). *See also* CLOTH-HALL, GUILDHALL, TOWN-HALL, WOOL-HALL. (*c*) *Hist:* **Westminster Hall,** le Palais de justice de Westminster. (*d*) *Sch:* Fondation *f* universitaire (à Oxford et Cambridge); hall *m* en régie (de moindre importance qu'un *college*); maison *f* universitaire (pour étudiants de théologie, pour étudiantes). **3. (Entrance-)hall,** vestibule *m* (d'une maison); hall *m* (d'un grand hôtel). **Hall porter,** concierge *m.* **Waiting hall,** salle d'attente; *(of law-courts, railway station, etc.)* salle des pas perdus.
'hall-mark¹, *s.* (Cachet *m* de) contrôle *m* (sur les objets d'orfèvrerie, apposé primitivement au "*Goldsmiths' Hall*"). *H.-m. stamp,* poinçon *m* de contrôle. *F:* **The hall-mark of genius,** le cachet, l'empreinte *f,* du génie. *Work bearing the h.-m. of genius,* ouvrage marqué au coin du génie.
'hall-mark², *v.tr.* Contrôler, poinçonner (l'orfèvrerie). **Hall-marked silver,** argenterie contrôlée.
'hall-stand, *s.* Porte-habit(s) *m inv.*
hallelujah [hali'luːja], *int. & s.* Alléluia *m. P:* **Hallelujah lasses,** salutistes *f.*
halliard ['haljərd], *s.* = HALYARD.

hallo[1] [ha'lou], *int. & s.* Holà ! ohé ! *Cf.* HULLO.
hallo[2], *v.i.* Crier ; lancer des ohés.
halloo[1] [ha'lu:]. **1.** *s.* Cri *m* d'appel. *Ven:* Huée *f.* **2.** *int. Ven:* Taïaut !
halloo[2], *v.i.* (*a*) Crier, appeler. **To halloo to s.o.,** appeler qn (à grands cris). (*b*) *Ven:* Huer ; crier taïaut. *Prov:* **Don't halloo till you are out of the wood,** il ne faut pas se moquer des chiens qu'on ne soit hors du village ; il ne faut pas trop tôt chanter victoire.
hallooing, *s.* **1.** Cris *mpl* d'appel. **2.** *Ven:* Huée *f.*
hallow[1] ['halou], *s.* *A:* Saint, -e. *Now used only in* ALL HALLOWS, HALLOW-E'EN, HALLOWMAS, *q.v.*
Hallow-'e'en ['i:n], *s.* *Scot:* Veille *f* de la Toussaint.
hallow[2], *v.tr.* Sanctifier, consacrer. **Hallowed** ['halouid] **be thy name,** que votre nom soit sanctifié. **Hallowed** ['haloud] **ground,** terre sainte.
hallow[3]. **1.** *v.i.* Huer ; crier taïaut. **2.** *v.tr.* Exciter (la meute, par des cris de taïaut).
Hallowmas ['halomas], *s.* (Le jour de) la Toussaint.
Hallstattian [hal'ʃtatiən], *a.* *Paleont:* (Homme, etc.) hallstattien.
hallucinate [ha'lju:sineit], *v.tr.* Halluciner.
hallucination [halju:si'neiʃ(ə)n], *s.* Hallucination *f,* illusion *f.* *To be under a h.,* être en proie à une hallucination.
hallucinatory [ha'lju:sinətəri], *a.* Hallucinatoire.
hallway ['hɔ:lwei], *s.* *U.S:* **1.** Vestibule *m,* entrée *f.* **2.** Corridor *m* d'étage.
halm [hɑ:m], *s.* = HAULM.
halma ['halma], *s.* (Jeu *m* de) halma *m.*
halo[1], *pl.* **-os, -oes** ['heilo, -ouz], *s.* **1.** *Astr: Opt:* Halo *m* ; cercle lumineux ; auréole *f,* aréole *f* (de la lune). **2.** Auréole, nimbe *m* (d'un saint). *F:* **The halo of glory,** l'auréole de la gloire. **3.** *Phot:* Halo. **4.** *Anat:* Aréole, halo (du mamelon).
halo[2], *v.tr.* Auréoler.
haloed ['heiloud], *a.* Auréolé. *F: Brow h. with glory,* front nimbé d'une auréole de gloire.
halogen ['halodʒen], *s.* *Ch:* Halogène *m.*
halogenous [ha'lɔdʒənəs], *a.* *Ch:* (Composé *m*) halogène ; (résidu *m*) halogénique.
haloid ['halɔid]. *Ch:* **1.** *a.* Haloïde. **2.** *s.* Halosel *m,* haloïde *m.*
halology [ha'lɔlodʒi], *s.* *Ch:* Halochimie *f.*
halometer [ha'lɔmetər], *s.* *Ch: Cryst:* Halomètre *m.*
halometry [ha'lɔmetri], *s.* *Ch: Cryst:* Halométrie *f.*
halophilous [ha'lɔfiləs], *a.* *Bot:* Halophile.
halophytic [halo'fitik], *a.* *Bot:* Halophyte.
halotechny ['halotekni], *s.* *Ch:* Halotechnie *f.*
halotrichite [ha'lɔtrikait], *s.* *Miner:* Halotrichite *f* ; alun *m* de fer.
halt[1] [hɔlt], *s.* **1.** Halte *f,* arrêt *m.* *Ten minutes' h.,* dix minutes d'arrêt. **To come to a halt,** (i) (*on journey*) faire halte ; (ii) (*in speech, etc.*) s'arrêter. *To come to an ignominious h.* (*in a speech*), rester en affront. *Mil:* **At the halt,** de pied ferme. *See also* CALL[2] I. 1. *Geol:* **Halt of a glacier,** stationnement *m* d'un glacier. **2.** *Rail:* (*Small station*) Halte.
halt[2]. **1.** *v.i.* Faire halte ; s'arrêter. *To h. at . . .,* faire une station à. . . . *Mil:* **Halt!** halte ! **2.** *v.tr. U.S:* Faire faire halte à (qn).
'halting-place, *s.* *Mil: etc:* Étape *f.*
halt[3], *s.* (*a*) Boitement *m.* (*b*) Hésitation *f* (de parole). **To walk with a halt,** boiter (en marchant). *To speak with a h.,* hésiter en parlant.
halt[4], *a.* *A. & B:* Boiteux. *s.pl.* **The halt and the blind,** les estropiés et les aveugles.
halt[5], *v.i.* *A. & Lit:* (*Of pers., verse, argument*) Boiter, clocher. *F:* **To halt between two opinions,** hésiter, balancer, entre deux opinions.
halting[1], *a.* (*Of words, policy, etc.*) Hésitant. *H. speech,* (i) discours hésitant ; (ii) débit hésitant. *H. verse,* vers *m* qui boitent. *H. style,* style heurté, hésitant. *To read sth. in a h. manner,* ânonner qch. **-ly,** *adv.* En hésitant ; en ânonnant.
halting[2], *s.* *A. & Lit:* **1.** Boitement *m,* clochement *m,* claudication *f.* **2.** Hésitation *f* ; débit hésitant.
halter[1] ['hɔ:ltər], *s.* **1.** Licou *m,* longe *f* (pour chevaux). **2.** Corde *f* (de pendaison) ; *A:* hart *f.* **With a halter round his neck,** la corde, *A:* la hart, au cou. *To threaten s.o. with the h.,* menacer qn de la hart, de la potence. *F:* **To put a halter round one's own neck,** se mettre la corde au cou.
'halter-break, *v.tr.* Accoutumer (un poulain) au licou.
'halter-cast, *s.* *Vet:* Enchevêtrure *f.*
halter[2], *v.tr.* **1.** **To halter (up) a horse,** mettre un licou à un cheval ; attacher un cheval avec un licou. **2.** (*a*) Mettre la corde au cou à (qn). (*b*) Pendre (un malfaiteur).
halteres [hal'ti:əri:z], *s.pl.* *Ent:* Haltères *m.*
halve [hɑ:v], *v.tr.* **1.** (*a*) Diviser en deux ; couper en deux moitiés, par (la) moitié. **Halved votes,** suffrages mi-partis. (*b*) Partager (qch. en deux). *We will h. the winnings,* nous partagerons le bénéfice. *Golf:* **Halved hole,** trou partagé. (*c*) Réduire (les dépenses, etc.) de moitié, à la moitié. **2.** *Carp: Metalw:* **To halve and lap,** assembler à mi-bois, à mi-fer. **Halved joint,** assemblage *m* à mi-bois, à mi-fer ; paume *f.*
halving, *s.* **1.** Partage *m* en deux, division *f* en deux, mi-partition *f.* **2.** *Carp:* **Halving and lapping,** assemblage *m* à mi-bois, à mi-fer.
halves [hɑ:vz], *s.pl.* *See* HALF.
halyard ['hɔljərd, 'haljərd], *s.* *Nau:* Drisse *f.* *The signal h.,* la drisse des signaux. *See also* PEAK-HALYARD.
ham[1] [ham], *s.* **1.** (*a*) *A:* Jarret *m.* (*b*) *pl.* *F:* **The hams,** les fesses *f,* le derrière. *He fell on his hams,* il tomba sur son séant, sur le derrière. **2.** *Cu:* Jambon *m.* **Ham and eggs,** des œufs au jambon. **Fore-leg ham,** jambonneau *m.* *See also* SANDWICH[1] 1.
'ham-'fisted, *a.* **1.** (Personne) avec des mains comme des battoirs. **2.** Maladroit, brutal (dans sa façon de manier un outil, etc.).
Ham[2]. *Pr.n.m.* *B.Hist:* Cham.
ham[3], *s.* *A. & Hist:* Bourg *m,* village *m,* manoir *m.*
hamadryad [hama'draiad], *s.* **1.** *Gr.Myth:* Hamadryade *f.* **2.** *Z:* Hamadryas *m,* (singe) cynocéphale *m.* **3.** *Rept:* Hamadryade.
hamadryas [hama'draiəs], *s.* *Rept:* Hamadryade *f.*
Haman ['heiman]. *Pr.n.m.* *B.Hist:* Aman. *See also* HANG[2] II. 7.
Hamburg ['hambə:rg]. *Pr.n.* *Geog:* Hambourg. *Husb:* **Hamburg fowls,** poules *f* race de Hambourg. *Vit:* **Hamburg grape,** frankenthal *m.*
Hamburger ['hambə:rgər], *s.* *Geog:* Hambourgeois, -oise.
hame [heim], *s.* *Harn:* Attelle *f.* **Hame-rein,** fausse rêne.
hamesucken ['heimsʌk(ə)n], *s.* *Jur:* (*Scot.*) Délit *m* de voies et faits commis dans le domicile de la victime ; trouble *m* de jouissance.
Hamidian [ha'midiən], *a.* *Hist:* (Règne *m,* etc.) d'Abd-ul-Hamid II.
Hamilcar ['hamilkɑ:r]. *Pr.n.m.* *A.Hist:* Amilcar.
Hamite[1] ['hamait], *s.* *B.Hist:* Chamite *mf.*
hamite[2], *s.* *Paleont:* Hamite *m.*
Hamitic [ha'mitik], *a.* (Langue *f,* etc.) chamitique.
hamlet ['hamlet], *s.* Hameau *m.*
hammer[1] ['hamər], *s.* **1.** *Tls:* Marteau *m* ; (*heavy*) masse *f,* massette *f.* *Metalw:* *Half-round h.,* marteau à panne sphérique. *Sharp-faced h.,* fonçoir *m.* **Pneumatic hammer,** frappeur *m* pneumatique ; marteau pneumatique. **Glazier's hammer,** besaiguë *f.* *Farr:* **Shoeing hammer,** brochoir *m.* *Riveting:* **Holding-up hammer,** mandrin *m* d'abattage. *Metalw:* *Repoussé h.,* marteau à bouges. *Chasing h.,* marteau à emboutir. *Stonew:* **Granite hammer,** têtu *m.* *Quarryman's h.,* polka *f.* *Sp:* **Throwing the hammer,** lancement *m* du marteau. *F:* **To go at it hammer and tongs,** y aller tant qu'on peut, de toutes ses forces ; (*of swordsmen*) ferrailler. *H.-and-tongs fighting,* ferraillement *m.* *Last night our neighbours were at it h. and tongs,* hier soir on se disputait ferme, le torchon brûlait, chez les voisins. *See also* BUSH-HAMMER, CLAW-HAMMER, DOWN[3] I. 4, DROP-HAMMER, FRONTAL[2] 2, KEYING, PEEN-HAMMER, PICK-HAMMER, POWER-HAMMER, RIVETING-HAMMER, SET-HAMMER, SLEDGE[3], STEAM-HAMMER, SWAGE-HAMMER, TILT-HAMMER, TRIP-HAMMER. **2.** Marteau (de commissaire-priseur). **To come under the hammer,** passer sous le marteau ; être mis aux enchères ; être vendu aux enchères. *The collection came under the h.,* la collection fut envoyée à l'hôtel des ventes. **3.** (*a*) Marteau (de piano). (*b*) = TUNING-HAMMER. (*c*) *Anat:* Marteau (de l'oreille interne). **4.** Chien *m* ou percuteur *m* (d'une arme à feu). **5.** *Hyd.E:* Coup *m* d'eau, coup de bélier (dans un tuyautage). *See also* WATER-HAMMER.
'hammer-axe, *s.* *Tls:* Malebête *f* (de calfat).
'hammer-block, *s.* Panne *f* (de marteau mécanique).
'hammer-claw, *s.* Panne *f* à pied de biche (d'un marteau).
'hammer-cloth, *s.* *Veh:* Housse *f* (de siège de cocher, pour grandes occasions).
'hammer-dressed, *a.* (*Of stone, etc.*) Dressé au marteau.
'hammer-drill, *s.* *Civ.E: Min:* Marteau perforateur ; perforatrice *f* à percussion.
'hammer-gun, *s.* Fusil *m* (à percussion centrale) à chien(s) extérieur(s).
'hammer-harden, *v.tr.* *Metalw:* Écrouir (l'acier) ; marteler à froid.
'hammer-hardening, *s.* Écrouissage *m* ; martelage *m* à froid.
'hammer-head, *s.* **1.** Tête *f* de marteau. *H.-h. of a power-hammer,* mouton *m,* pilon *m,* d'un marteau-pilon. **2.** *Ich:* **Hammer-head (shark),** marteau *m,* maillet *m,* demoiselle *f.* **3.** *Orn:* Ombrette *f* (du Sénégal).
'hammer-lock[1], *s.* *Wr:* Retournement *m* de bras.
'hammer-lock[2], *v.tr.* *Wr:* Retourner le bras à (l'adversaire).
'hammer-oyster, -shell, *s.* *Moll:* Marteau *m.*
'hammer-scale(s), *s.(pl.)* *Metalw:* Scorie *f* de forge ; martelures *fpl* ; paille *f* de fer ; havresac *m.*
hammer[2]. **1.** *v.tr.* (*a*) Marteler ; battre au marteau. *To h. iron,* forger, battre, le fer ; travailler le fer au marteau. *See also* COLD-HAMMER. **To hammer sth. into shape,** (i) façonner (un pot, etc.) à coups de marteau ; (ii) *F:* perfectionner (un projet, etc.) ; mettre (un projet, etc.) au point. *F:* **To hammer sth. into s.o.,** faire entrer qch. dans la tête à qn. *F:* (*Of boxer, etc.*) **To hammer one's opponent,** cogner dur sur son adversaire. (*b*) *St.Exch:* **To hammer a defaulter,** proclamer la déconfiture d'un agent en défaut ; exécuter un agent. (*c*) *F:* *To h. prices,* faire baisser les prix. (*d*) *U.S:* *F:* Critiquer, éreinter (qn, un livre). **2.** *v.i.* (*a*) Travailler avec le marteau. *F:* **To hammer at, on, the door,** heurter à la porte à coups redoublés. **To hammer (away) at sth.,** travailler d'arrache-pied à qch. ; s'acharner à (un travail). **To hammer away at s.o.,** harceler qn. *P:* **To hammer into s.o.,** rentrer dedans à qn. (*b*) (*Of machine part, etc.*) Tambouriner, cogner, marteler.
hammer down, *v.tr.* *To h. down a rivet,* aplatir un rivet. *To h. down an irregularity,* rabattre une inégalité.
hammering down, *s.* Aplatissage *m* (d'un rivet, etc.).
hammer in, *v.tr.* *To h. in a nail,* enfoncer un clou à coups de marteau.
hammer out, *v.tr.* **To hammer out** (*gold, etc.*), étendre (l'or, etc.) sous le marteau ; gironner, écolleter (l'or, etc.) ; panner (le cuivre). *F:* **To hammer out lines of verse,** (i) (*of reciter*) marteler des vers ; (ii) (*of poet*) forger des vers. **To hammer out an excuse,** se forger une excuse ; inventer une excuse. *To h. out the facts,* démêler les faits. *To h. out a fox-trot on the piano,* marteau-pilonner un fox-trot au piano.
hammered, *a.* **1.** (*Of metal, etc.*) Martelé, battu. *H. ironwork,* fer ouvré. **2.** *P:* Marié.
hammering, *s.* **1.** (*a*) Martelage *m,* martèlement *m* ; battage *m* (du fer). *See also* COLD-HAMMERING. (*b*) *P:* Dégelée *f* (de coups). **To give s.o. a good hammering,** cogner dur sur qn ; bourrer qn de

coups; rosser qn d'importance. (*c*) *Artil:* = POUNDING I (*b*). **2.** (*a*) *Mec.E: Mch:* Tambourinage *m*, cognement *m*, martèlement *m*; choc *m* (d'un coussinet, etc.). *Hyd.E:* **(Water-)hammering in a pipe,** coup(s) *m(pl)* de bélier dans une conduite. (*b*) *Rail:* Martèlement (de la voie par une locomotive mal équilibrée); mouvement *m* de lacet.

hammerer ['hamərər], *s.* **I.** Manieur *m* d'un marteau. (*a*) *Ind:* Marteleur *m*, *esp.* riveur *m*. (*b*) *F:* Minéralogiste *m*, géologue *m*. **2.** *Box: F:* Cogneur *m*.

hammerless ['haməlləs], *a.* (Fusil *m*) hammerless, sans chien.

hammerman, *pl.* **-men** ['hamərmən,-men], **hammersmith** ['hamərsmiθ], *s.* Marteleur *m*; frappeur *m*. *Metall:* Martineur *m*. *Metalw:* **Smith's hammerman,** daubeur *m*.

hammock ['hamək], *s.* Hamac *m*; *Nau:* branle *m*, hamac (de matelot). **Hammock-seat,** siège *m* en hamac. **Hammock-chair,** chaise-longue *f* de jardin (à fond de toile), *pl.* chaises-longues; transatlantique *m*, *F:* transat *m*. *Nau: A:* **Hammock-cloth,** toiles *fpl* de bastingage.

hamper[1] ['hampər], *s.* Manne *f*, mannequin *m*, panier *m*, banne *f*; calais *m* (à provisions, etc.); bourriche *f* (d'huîtres, etc.); (*small*) banneau *m*, bannette *f*.

hamper[2], *s.* *Nau:* Accessoires lourds, encombrants ou gênants. *Esp.* TOP-HAMPER, *q.v.*

hamper[3], *v.tr.* **I.** Embarrasser, gêner, empêtrer (qn); empêcher les mouvements de (qn, etc.). *To h. the progress of business,* entraver la marche des affaires. *Nothing hampered our march,* rien ne gêna notre marche. *To h. oneself with luggage,* s'empêtrer de colis. *She was hampered by her long cloak,* elle était empêtrée dans, par, son grand manteau. *I must not be hampered in my work,* il me faut mes coudées franches. **2.** Brouiller, mêler (une serrure, etc.).

hampered, *a.* (*Of style, movements, etc.*) Embarrassé. *See also* TOP-HAMPERED.

hamster ['hamstər], *s.* *Z:* Hamster *m*.

hamstring[1] ['hamstriŋ], *s.* *Anat:* Tendon *m* du jarret; *F:* corde *f* du jarret.

hamstring[2], *v.tr.* (*p.t. & p.p.* **hamstringed** *or* **-strung**) **I.** Couper le(s) jarret(s) à (qn, une vache, un cheval). **2.** *F:* Couper les moyens à (qn); donner un coup de Jarnac à (qn).

hamulate ['hamjulet], **hamulose** [hamju'lous], *a.* *Bot:* Hamuleux.

hanap ['hanap], *s.* *A:* Hanap *m*.

hand[1] [hand], *s.* **I.** Main *f*. (*a*) *To hurt one's h.,* se faire mal à la main. *He writes with his left h.,* il écrit de la main gauche. *Mus:* **Piece for four hands,** morceau *m* à quatre mains (pour piano). *Child's little h.,* menotte *f*. *The cold h. of death,* la froide main de la mort. **The hand of God,** le doigt de Dieu. **To go on one's hands and knees,** aller, marcher, à quatre pattes. *To raise one's hands to heaven,* lever les bras au ciel. *To vote by show of hands,* voter à main levée. **Not to move hand or foot,** ne remuer ni bras ni jambe; ne remuer ni pied ni patte. **To have one's hands tied,** (i) avoir les mains liées; (ii) *F:* être lié par ses engagements. *To hold (sth.) in one's h.,* tenir, avoir, (une épée, son chapeau) à la main, (des sous) dans la main, (le succès) entre les mains. *See also* CARRY[2] I. *Who put weapons into their hands?* qui leur a mis des armes aux mains? *To take s.o. by the h.,* prendre qn par la main. **To take s.o.'s hand, to lead s.o. by the hand,** donner la main à qn. **Give me your hand,** donnez-moi la main. (*Of woman*) **To give her hand to a suitor,** donner, accorder, sa main à un prétendant. **To take sth. with both hands,** prendre qch. à deux mains. *To spend money with both hands,* prodiguer l'argent; dépenser l'argent sans compter. *F:* **To have one's hand in the till,** tenir l'assiette au beurre. **To receive sth. at the hands of s.o.,** recevoir qch. des mains de qn. **I can't put my hand on it,** je ne peux pas le retrouver, mettre la main dessus. **Here's my hand on it!** *F:* tope là! **To lay hands on sth.,** mettre la main sur qch.; se saisir de qch.; s'emparer de qch.; *F:* agripper qch.; mettre le grappin sur qch. **To lay (violent) hands on s.o.,** faire violence à qn. **To lay violent hands on oneself,** attenter à ses jours. *Ecc:* **To lay hands on s.o.,** imposer les mains à qn. *If anyone should lay a h. on you,* si quelqu'un vous touchait, portait la main sur vous. **Hands off!** (i) on ne touche pas! n'y touchez pas! (ii) à bas les mains; *F:* à bas les pattes! *Hands off China!* la Chine aux Chinois! **Hands up!** haut les mains! rendez-vous! *See also* PUT UP I. **To fight for one's own hand,** travailler pour soi, à son propre avancement; soigner ses intérêts. **To act with a high hand,** agir en despote, de haute main, avec intransigeance, tyranniquement. *To carry it off with a high h.,* trancher du grand; le prendre de haut. *To rule s.o. with a high h.,* mener qn tambour battant, le bâton haut; gouverner qn en despote. **To rule with a firm hand,** gouverner d'une main ferme. *Believers in* **the strong hand,** partisans *m* de la manière forte. *To have a light h.,* avoir la main légère. *He brought a gentle but firm h. into the management,* il imprima à la maison une direction douce mais ferme. *To send sth.* **by the hand(s) of a friend,** envoyer qch. par l'entremise d'un ami. **Made by hand,** fait à la main. *Fb:* **Hands,** faute *f* de mains. *See also* FEED[2] II., FIRST I. I, FIRST-HAND, FREE[1] I. 3, GAIN[2] 4, HEAVY[1] I, 3, HOLD OUT I, JOIN[2] I. I, PALM[2] I, PUT OUT I, SECOND-HAND[2], SHAKE[2] I. I, STRICT 3, TIGHT I. 2, UPPER I. 2, WASH[2] I. I, WHIP-HAND. (*b*) *To set, put, one's h. to a task,* entreprendre, commencer, un travail. **To put one's hand to the plough,** mettre la main à la charrue, à l'œuvre. *I don't know what to put my h. to first,* (i) je ne sais par quoi commencer; (ii) je ne sais où donner de la tête. **He can turn his hand to anything,** c'est un homme à toute main; il fait des travaux de tout genre. *What can you turn your h. to?* à quoi êtes-vous bon? **He never does a hand's turn,** il ne fait jamais œuvre de ses dix doigts; il ne fait jamais rien. **To have a hand in sth.,** être pour quelque chose dans une affaire; se mêler de qch.; tremper dans (un crime). *He has a h. in it,* il y est pour quelque chose. *To have no h. in an affair,* ne pas avoir de part, n'être pour rien, dans une affaire. *I had no h. in it,* je n'y suis pour rien. **To take a hand in sth.,** se mêler de qch. *To take a h.* (*in the business, in it*), se mettre du jeu; se mettre de la partie; y aller de sa personne. *I thought it was time for me to take a h.,* je jugeai qu'il était temps d'intervenir. **To give a helping hand to s.o.; to bear, lend, give, s.o. a hand,** aider qn; donner un coup de main à qn; prêter la main à qn; prêter (son) concours à qn. *To lend a h.; to take a h. in the work oneself,* mettre la main à la pâte. *I got a friend to bear a h.,* je me suis fait aider par un ami. *Lend me a h. with my coat,* aidez-moi à mettre mon pardessus. **Lend a hand, please,** prêtez-nous main-forte s'il vous plaît. **Everyone's hand is against me,** tout le monde est contre moi. *See also* FORCE[2] I, IN[1] II. 2, KEEP IN, MANY I, OUT[1] I. 4, SLEIGHT, STAY[2] II. I, TRY[2] I. 5. (*c*) **To have one's hands full,** avoir fort à faire; avoir beaucoup de besogne sur les bras. **To have sth. on one's hands,** avoir qch. à sa charge, sur les bras. *I have him on my hands,* il est à ma charge. *To have an hour on one's hands,* avoir une heure à tuer. *To take sth. on one's hands,* se charger de qch. **To get s.o., sth., off one's hands,** se décharger de qn, d'une affaire. **To take s.o. off s.o.'s hands,** débarrasser qn de qn. *She is off my hands,* elle n'est plus à ma charge. *Com:* **Goods left on our hands,** marchandises invendues ou laissées pour compte. *The order is thrown on my hands,* la commande me reste pour compte. **To change hands,** (i) (*of pers.*) changer de main; passer qch. à l'autre main; (ii) (*of thg*) changer de propriétaire, de mains; passer en d'autres mains. *The hotel, etc., has changed hands,* il y a eu changement de propriétaire. *The hotel has passed into the hands of . . .,* l'hôtel a passé, est passé, aux mains de. . . . **To fall into the enemy's hands, into enemy hands,** tomber aux mains, au pouvoir, de l'ennemi. *To be in the hands of s.o., in s.o.'s hands,* (i) (*of thg*) être entre les mains de qn; (ii) (*of pers.*) être aux mains de qn; s'en remettre complètement à qn. *To be in good hands,* (i) être en bonnes mains; (ii) être à bonne école. *To put oneself in s.o.'s hands,* se confier, s'en remettre, à qn. *My fate is in your hands,* mon sort est entre vos mains. **To have s.o. in the hollow of one's hand,** tenir qn dans le creux de la main; avoir qn sous sa coupe, à sa merci. *Jur:* **To put a matter in the hands of a lawyer,** confier une affaire à un homme de loi. *See also* LAW[1] 4, PLAY[2] II. I. **2.** *Adv.phrs.* (*a*) **At hand.** *To be (near) at h.,* (i) (*of an object, etc.*) être sous la main, à portée de la main; (ii) (*of an event, etc.*) approcher, être prochain. *Dawn is at h.,* le jour est près d'éclore; l'aube va poindre. *Spring is at h.,* voici venir le printemps; nous touchons au printemps. *Peace is at h.,* la paix est prochaine. *Christmas was (close) at h.,* Noël était tout proche; on touchait à Noël. *The day is at h. when . . .,* le jour est près où. . . . *The hour is at h.,* l'heure est proche; voici l'heure. *He lives close at h.,* il demeure à deux pas (d'ici). *To have sth. at h.,* avoir qch. sous la main, à proximité. *I have money at h.,* j'ai de l'argent devant moi, tout prêt. *He always has a nurse at h.,* il a toujours une garde-malade auprès de lui. (*b*) **By hand.** *Work done by h.,* ouvrage fait à la main. **To bring up, feed, a child by hand,** nourrir, élever, un enfant au biberon. *To feed birds by h.,* nourrir des oiseaux à la becquée, à la brochette. **To send a letter by hand,** envoyer une lettre par porteur. (*c*) **In hand.** (i) *Sword, revolver, in h.,* sabre, revolver, au poing. **Hat in hand,** chapeau bas. (ii) *To have so much money in h.,* avoir tant d'argent disponible. *Com:* **Cash in hand,** espèces *fpl* en caisse. **Stock in hand,** marchandises *fpl* en magasin. *See also* BILL[4] 2, CASH[1]. (iii) **The matter in hand,** la chose en question; l'affaire *f*, la chose, dont il s'agit; la question en discussion, en délibération. *To take sth. in h.,* prendre qch. en main; se charger, s'occuper, de qch.; entreprendre, commencer (un travail). *To put a piece of work in h.,* mettre un travail en mains. *To have a piece of work in h.,* avoir une œuvre en chantier, sur le chantier, sur le métier. *The business is in h.,* l'affaire est sur le bureau, à l'étude, en préparation; on s'occupe de l'affaire. *The work in h.,* l'œuvre *f* en accomplissement. (iv) **Horse light in hand,** cheval *m* facile à mener. **To keep a horse well in hand,** serrer un cheval; tenir un cheval dans la main. *To keep oneself well in h.,* se contenir. *To have one's horse, one's car, well in h.,* être maître de son cheval, de sa voiture. *To have an affair well in h., F:* tenir une affaire dans sa poche; avoir une affaire en poche. *The situation is well in h.,* la situation est bien en main. (v) *Bill:* **To be in hand,** être obligé de remettre sa bille dans le demi-cercle de départ ('*in balk,*' *cf.* BALK[1] 2). (*d*) **On hand.** *Work on h.,* travail *m* en cours. *To have work on h.,* avoir du travail à faire. *To take too much on h.,* trop entreprendre à la fois. **Supplies on hand,** ressources existantes. *Com:* **Goods left on hand,** marchandises inachetées ou laissées pour compte. *See also* OFF-HAND. (*e*) **On the right hand,** du côté droit. *The street on your left h.,* la rue à gauche. **On every hand, on all hands,** partout; de toutes parts. *Fact admitted on all hands,* fait universellement reconnu. **On the one hand . . .,** d'une part. . . . **On the other hand . . .,** d'autre part . . .; en revanche . . .; par contre. . . . *Weak in mathematics, but, on the other h., very good at Latin,* faible en mathématiques, mais en revanche très bon latiniste. *See also* LEFT-HAND, RIGHT-HAND. (*f*) **Out of hand.** (i) **To do sth. out of hand,** faire qch. sur-le-champ. *To shoot s.o. out of h.,* abattre qn sans autre forme de procès. (ii) **To get out of hand,** (*of troops, etc.*) s'indiscipliner; perdre toute discipline; (*of young pers.*) s'émanciper. *To be out of h.,* avoir perdu toute discipline. *These children are quite out of h.,* on ne peut plus tenir ces enfants. (*g*) **To hand.** (i) (*Of letter, etc.*) *To come to h.,* arriver à destination. *Your parcel has come to h.,* votre envoi m'est parvenu. *Com.Corr:* **Your favour of 4th inst. to hand,** nous avons l'avantage de vous accuser réception de votre honorée en date du 4 ct; nous avons bien reçu votre lettre du 4 ct. (ii) *F:* **The first excuse to hand,** le premier prétexte venu. *See also* READY[1] I. I. (*h*) **Hand and glove, hand in glove.** *To be h. and glove, h. in glove, with s.o.,* être d'intelligence, *P:* de mèche, avec qn. *They are h. and glove together,* ils sont (ensemble) comme les (deux) doigts de la main, *P:* comme cul et chemise; ce sont deux têtes sous un même bonnet; ils sont compère(s) et compagnon(s); ils ne font qu'un. (*i*) **Hand and foot.** *To serve, wait on, s.o. h. and foot*, être aux petits soins pour, avec, qn. *See also* BIND[2] 1. (*j*) **Hand in hand.** *To go h. in h. with s.o.*, (i) marcher avec qn la main dans la main; (ii) *F:* agir de concert avec qn; *Pej:* agir d'intelligence avec qn. *Here stock-raising goes h. in h. with agriculture*, ici l'élevage est en fonction de l'agriculture. (*k*) **Hand over hand, hand over fist,** main sur main (en halant, en grimpant, etc.). *F: To make up on a ship h. over h.*, gagner un navire main sur main. **To swim hand over hand,** faire la coupe. **Hand-over-hand stroke,** coupe (indienne). (*Of ship*) *To come up h. over h.*, approcher à toute vitesse. *Nau:* **To climb hand over fist,** se paumoyer. *F:* **To make money hand over fist,** s'enrichir rapidement, faire des affaires d'or. *He's coming on h. over fist*, il fait des progrès rapides. (*l*) (i) **Hand to hand,** (combattre, etc.) corps à corps. **Hand-to-hand fight,** combat *m*, lutte *f*, corps à corps; corps-à-corps *m*. (ii) *To pass sth.* **from hand to hand,** passer qch. de main en main. *Money given from h. to h.*, argent donné de la main à la main. (*m*) **Hand to mouth.** *To live from h. to mouth*, **to lead a hand-to-mouth existence,** vivre au jour le jour. (*n*) **Hands down.** *Rac: F:* **To win hands down,** gagner haut la main, aisément, sans cravache; *F:* arriver dans un fauteuil. *F:* **To beat s.o. hands down,** battre qn à plate(s) couture(s). 3. (*Pers.*) (*a*) Ouvrier, -ière; manœuvre *m*; *Nau:* matelot *m*. *Made by an excellent h.*, confectionné par un excellent ouvrier, par une excellente ouvrière. **To take on hands,** embaucher de la main-d'œuvre. *To dismiss all one's hands*, congédier tout son monde. **Hands wanted,** on demande de la main-d'œuvre. *He hadn't sufficient hands to get in the harvest*, il manquait de bras pour faire la moisson. *Nau: The ship's hands*, l'équipage *m*; les hommes. **All hands on deck!** tout le monde sur le pont! en haut tout le monde! (*Of ship*) **To be lost with all hands,** périr corps et biens. *See also* DECK-HAND, FACTORY-HAND, FARM-HAND, JOBBING[1] 2, MILL-HAND, STAB-HAND. (*b*) **To be a good, a great, hand at sth., at doing sth.,** être adroit, avoir de l'habileté, à qch., à faire qch.; avoir le talent de faire qch. *To be a great h. at tennis*, être fort au tennis; être un très bon joueur de tennis. *He is a capital h. at it*, il s'y entend parfaitement. *I'm a poor h. at billiards*, je suis un piètre joueur de billard. *She is a good h. at making an omelet*, elle réussit bien une omelette. *I'm no great h. at poetry*, la poésie n'est pas mon fort. *To be a new h. at sth.*, être novice dans qch. *He is no new h. at it*, il n'en est pas à son premier essai. *See also* COOL[1] 1, OLD 3. 4. (*a*) Écriture *f*. **Round hand, running hand,** écriture ronde, cursive. *To write (in) a small h.*, écrire en petits caractères; écrire fin. *Document written in small h.*, document *m* en écriture courante. *He writes a very good, a legible, h.*, il a une belle main, une belle écriture, une main lisible. *To write a letter in one's own h.*, écrire une lettre de sa propre main. *Letters in the h. of the emperor*, lettres de la main de l'empereur. *See also* LONG-HAND. (*b*) Signature *f*. **To set one's hand to a deed,** apposer sa signature à un acte. **Under your hand and seal,** signé et scellé de votre propre main. *Ordinance under the h. of . . .*, ordonnance signée par. . . . **Note of hand,** billet *m* à ordre. 5. *Cards:* (*a*) Jeu *m*. *To have a good h.*, avoir beau jeu; avoir du jeu. *F:* **I am holding my hand,** je me réserve. *See also* DECLARE 1, FULL[1] I. 2, LONE 2, PLAY[2] II. 1, SHOW[2] I. 1, THROW IN 4. (*b*) La main, le coup. *To win the h.*, gagner la main. (*c*) Joueur, -euse. *Besique for three hands*, bésigue *m* à trois. *First h., fourth h.*, premier, dernier, en cartes. *See also* ELDER[1] 1, YOUNG. (*d*) Partie *f*. **Let's have a hand at bridge,** faisons une partie de bridge; si on faisait un bridge? *To finish the h.*, finir le coup. *F: He has nobody now to take a h. with him*, il n'a plus personne pour faire sa partie. 6. *Meas: Farr:* Paume *f*. **Horse fifteen hands high,** cheval de quinze paumes. 7. (*a*) *Typ:* Index *m*, ☞ (*b*) (*Of sign-post*) Indicateur *m*. (*c*) Indicateur (de baromètre, etc.); aiguille *f* (de montre). *See also* HOUR-HAND, MINUTE-HAND, SECOND-HAND[1]. 8. (*a*) *Cu:* **Hand of pork,** jambonneau *m*. (*b*) **Hand of bananas,** régime *m* de bananes. (*c*) **Hand of tobacco,** manoque *f* de feuilles de tabac. 9. *Dom.Ec:* **Scotch hands,** palettes *f* à beurre. 10. *Z:* Main. *The monkey has four hands*, le singe a quatre mains. *The hands of a parrot, of a hawk*, les mains d'un perroquet, d'un faucon. 11. *Attrib.* **Hand luggage,** bagages *mpl* à main, colis *mpl* à la main. **Hand tool,** outil *m* à main. **Hand atlas,** atlas portatif. **Hand lamp,** lampe portative; lampe à main; baladeuse *f*. **Hand drive,** mouvement *m* à manivelle. **Hand dynamo,** dynamo *f* à manivelle. *Mch:* **Hand firing, hand stoking,** chargement *m* à (la) main. *See also* CAMERA, CRANE[1] 2, LADLE[1] 2, MIRROR[1], OILER 2, SHIELD[1] 2, WINCH 2.

'hand-bag, *s.* Sac *m* à main; pochette *f*; *A:* réticule *m*.
'hand-balancer, *s.* Acrobate *mf*.
'hand-ball, *s.* Balle *f* (pour jeux).
'hand-barrow, *s.* Civière *f*, bard *m*, bayart *m*, brancard *m*, charrette *f* à bras.
'hand-barrowman, *pl.* **-men,** *s.m.* Bardeur.
'hand-bowl, *s.* Cuvette *f*.
'hand-brake, *s.* *Aut: etc:* Frein *m* à main, à levier; *Aut:* frein de stationnement.
'hand-cart, *s.* Voiture *f* à bras, charrette *f* à bras; baladeuse *f*; diable *m*.
'hand-controlled, *a.* Commandé à la main.
'hand-feeding, *s.* 1. Allaitement artificiel, au biberon. 2. *Mch:* Alimentation *f* à la main.
'hand-gallop, *s.* *Equit:* Petit galop, galop de manège.
'hand-glass, *s.* 1. Loupe *f* à main (pour la lecture). 2. Miroir *m* à main. 3. *Hort:* Cloche *f*.
'hand-grenade, *s.* (*a*) *Mil:* Grenade *f* à main; *P:* tortue *f*. *Mills h.-g.*, grenade de Mills. (*b*) (*For extinguishing fire*) Grenade extinctrice.
'hand-grip, *s.* *Cy:* Poignée *f*.
'hand-knit(ted), *a.* Tricoté à la main.
'hand-labour, *s.* Travail *m* des bras.
'hand-lever, *s.* Manette *f*; levier *m* de manœuvre.
'hand-line, *s.* *Fish:* Ligne *f*; cordeau *m* à main.
'hand-loom, *s.* Métier *m* (à tisser) à la main; métier à domicile. **Hand-loom weaving,** tissage *m* à la main; tissage à bras; tissage à domicile.
'hand-made, *a.* Fait, fabriqué, à la main. *See also* PAPER[1] 1.
'hand-mill, *s.* (*a*) Moulin *m* à bras (pour blé, etc.). (*b*) Moulin à café, etc.
'hand-operated, *a.* *Mec.E: etc:* Commandé à la main.
'hand-organ, *s.* Orgue portatif; orgue de Barbarie.
'hand-'pick, *v.tr.* Trier (le charbon, etc.) à la main; éplucher (la laine, etc.) à la main. *F:* **Hand-picked gathering,** réunion triée sur le volet, très "select."
'hand-post, *s.* Poteau indicateur.
'hand-power, *s.* *Mec.E:* Force *f* des bras.
'hand-press, *s.* 1. Presse *f* à main. 2. *Typ:* Presse à bras; imprimeuse *f*.
'hand-pump, *s.* *Cy:* Pompe *f* à main.
'hand-rail, *s.* Garde-fou *m*, *pl.* garde-fous; garde-corps *m inv*; balustrade *f*; lisse *f*, barre *f* d'appui (de pont); rampe *f*, main courante, main coulante (d'escalier, de locomotive, etc.); (*on wall-side of staircase*) écuyer *m*. *Nau:* Rambarde *f*.
'hand-reach, *s.* **Within hand-reach,** à portée de la main.
'hand-reader, *s.* Chiromancien, -ienne.
'hand-reading, *s.* Chiromancie *f*.
'hand-rope, *s.* Corde *f* à main (d'un monte-charge, etc.).
'hand-saw, *s.* Scie *f* à main; (*small*) égohine *f*, égoïne *f*; *Stonew:* sciotte *f*. *See also* HAWK[1].
'hand-screw, *s.* Presse *f* à main, à serrer.
'hand-sewn, *a.* Cousu (à la) main.
'hand-sort, *v.tr.* Trier (qch.) à la main; *Min:* scheider (le minerai).
hand-sorting, *s.* Triage *m* à la main; *Min:* scheidage *m*.
'hand-stitched, *a.* Cousu (à la) main.
'hand-tool, *v.tr.* *Bookb:* Dorer (une couverture) à la main.
hand-tooling, *s.* 1. *Ind:* Travail *m* à la main (sur le tour, etc.). 2. *Bookb:* Dorure à froid faite à la main.
'hand-trolley, *s.* Bard *m*.
'hand-truck, *s.* Chariot *m* à main; diable *m*; diable-brouette *m*, *pl.* diables-brouettes; cabrouet *m*.
'hand-vice, *s.* *Tls:* Étau *m* à main, à vis; tenaille *f* à vis; détret *m*.
'hand-wheel, *s.* 1. Volant *m* à main; volant de manœuvre, de commande. 2. *Nau:* Barre *f* à bras (du gouvernail).
'hand-written, *a.* (*Of letter, etc.*) Manuscrit.
'hand-wrought, *a.* (Fer) œuvré, ouvré.

hand[2], *v.tr.* 1. **To hand a lady into, out of, a carriage,** donner la main à une dame pour l'aider à monter en voiture, à descendre de voiture. 2. (*a*) Passer, remettre, donner (qch. à qn). *To h. one's card to s.o.*, tendre sa carte à qn. *He handed her the letter to read*, il lui tendit la lettre pour qu'elle la lise; il lui donna la lettre à lire. (*b*) *U.S: F:* **To hand a boy a punishment,** coller une punition à un élève. *He handed me a long tale of woe*, il m'a sorti toute une histoire de malheurs. (*c*) *U.S: P:* **To hand it to s.o.,** "présenter le bouquet à qn"; reconnaître la supériorité de qn. *For cheek I must h. it to you*, pour ce qui est de toupet, il n'y a que vous. 3. *Nau:* **To hand a sail,** serrer une voile.
hand about, *v.tr.* Faire passer (qch.) de main en main.
hand down, *v.tr.* 1. **To hand s.o. down** (*from a carriage, etc.*), donner la main à qn pour l'aider à descendre. 2. (*a*) Descendre (qch.) (et le remettre à qn). (*b*) Transmettre (une tradition, une légende).
handing down, *s.* Transmission *f* (d'une légende, etc.).
hand in, *v.tr.* 1. Remettre, déposer (un paquet, un télégramme). **To hand in one's checks,** (i) toucher ses jetons; (ii) *P:* mourir. 2. *Nau:* **To hand in the sail,** crocher dans la toile.
handing in, *s.* Remise *f* (d'un télégramme, etc.); dépôt *m*.
hand off, *v.tr.* *Fb:* (*In Rugby*) Écarter (un adversaire) avec le plat de la main.
hand on, *v.tr.* Transmettre (une coutume, une tradition). *To h. on news*, passer une nouvelle (*to*, à).
handing on, *s.* Transmission *f* (d'une légende, etc.).
hand out, *v.tr.* (*a*) Tendre, remettre (qch. à qn). (*b*) *To h. out the wages*, distribuer la paye.
'hand-out, *s.* *U.S:* 1. (i) Aumône *f*; (ii) nourriture distribuée aux mendiants. *To live on hand-outs*, vivre d'aumône. 2. *Journ:* Compte rendu communiqué à la presse.
hand over, *v.tr.* Remettre (qch. à qn). (*a*) *The goods handed over to him*, les marchandises à lui remises, à lui délivrées. *To h. over the money*, *F:* allonger l'argent. *To h. over a draft to a bank for collection*, confier à une banque le soin d'encaisser une traite. *You will h. it over to him personally*, vous le lui remettrez de la main à la main. *To h. over the money direct*, payer de la main à la main. **To hand s.o. over to justice,** livrer, remettre, qn aux mains de la justice. (*b*) *To h. over the command to . . .*, remettre le commandement à. . . . *To h. over one's authority*, transmettre ses pouvoirs (*to*, à). (*c*) *To h. over one's property to s.o.*, céder son bien à qn.
handing over, *s.* (*a*) Remise *f* (de qch.) entre les mains de qn. (*b*) Cession *f*, délivrance *f* (de biens); transmission *f* (de pouvoirs); résignation *f* (d'un bénéfice, etc.).
hand round, *v.tr.* Passer, faire passer, (la bouteille, les gâteaux, etc.) à la ronde; faire circuler (la bouteille, etc.).
handing, *s.* Remise *f*. *H. of sth. to s.o.*, remise de qch. à qn; mise *f* de qch. entre les mains de qn.

handbasket ['handbɑːsket], *s.* Panier *m* à anse.
handbell ['handbel], *s.* Sonnette *f*, clochette *f*.
handbill ['handbil], *s.* Prospectus *m*; programme *m* (de spectacle); affiche *f* à la main. *To give out handbills*, distribuer des prospectus.

handbook ['handbuk], *s.* **1.** *Sch:* Manuel *m* (de sciences, etc.); *F:* guide-âne *m, pl.* guide-âne(s). **2.** Guide *m* (du voyageur, du touriste); livret *m* (d'un musée, etc.). **3.** *Turf: U.S:* = BOOK[1] 2 (*d*).

handbookman, *pl.* **-men** ['handbukmən, -men], *s. Turf: U.S:* = BOOK-MAKER 2.

handcuff ['handkʌf], *v.tr.* Mettre les menottes à (qn).

handcuffs ['handkʌfs], *s.pl.* Menottes *f.*

-handed ['handid], *a. With num. or adj. prefixed, e.g.* **Two-handed, four-handed, à** deux, à quatre, mains. *Long-h.*, aux mains longues; *Z:* longimane. *Empty-h.*, les mains vides. *White-h. maiden*, jeune fille *f* **aux mains** blanches. *See also* CLEAN-HANDED, EVEN-HANDED, HARD-HANDED, HEAVY-HANDED, HIGH-HANDED, LEFT-HANDED, LIGHT-HANDED, OFF-HANDED, ONE-HANDED, OPEN-HANDED, RED-HANDED, RIGHT-HANDED, SINGLE-HANDED.

Handel ['handel]. *Pr.n.m. Mus.Hist:* Hændel.

Handelian [han'di:liən], *a. Mus:* De Hændel; **à** la manière de Hændel.

handful ['handful], *s.* **1.** Poignée *f* (de sable, de noisettes, etc.). *To throw away handfuls of money, to throw money away* **by the handful, in handfuls,** jeter l'argent à pleines mains, à poignées. **There was only a handful there,** *F:* il n'y avait (comme auditoire) que quatre pelés et un tondu. **2.** *F:* **That child is a handful,** cet enfant-là me donne du fil à retordre; c'est un enfant terrible. **3.** *Cards: To have a h. of trumps*, avoir de l'atout plein les mains.

handgrip ['handgrip], *s.* **1.** Prise *f.* **To come to handgrips,** en venir aux prises, aux mains. **To be at handgrips with s.o.,** être aux prises avec qn. **2.** Poignée *f* de main.

handhold ['handhould], *s.* **1.** Prise *f. Crag with no h.*, varappe *f* où la main ne trouve pas de prise. **2.** (*Of implement*) Poignée *f* (de canne à pêche, etc.); main *f* de fer.

handicap[1] ['handikap], *s.* **1.** (*a*) *Sp:* Handicap *m.* **Weight handicap** (*of racehorse*), **surcharge** *f.* **Time handicap, distance handicap,** rendement *m* de temps, de distance. (*b*) *F:* Désavantage *m. To overcome the h.*, (i) combler le handicap; (ii) compenser le désavantage. **To be under a heavy handicap,** être fort désavantagé. **2.** Rendement (accordé à un concurrent). *Golf:* Nombre de coups concédé **à** un joueur en plus de la normale du parcours.

handicap[2], *v.tr.* **(handicapped; handicapping)** *Sp:* Handicaper.

handicapped, *a.* **1.** Handicapé. **2.** Désavantagé (*by*, par suite de). *H. by short sight*, gêné par la myopie.

handicapping, *s.* Handicapage *m. Y:* Allégeance *f.*

handicapper ['handikapər], *s. Sp:* Handicapeur *m.*

handicraft ['handikrɑ:ft], *s.* **1.** Travail manuel; habileté manuelle. **2.** (*Trade*) Métier manuel. *Productions of the local handicrafts*, produits *m* d'artisanat régional.

handicraftsman, *pl.* **-men** ['handikrɑ:ftsmən, -men], *s.m.* Artisan, ouvrier; homme de métier.

handily, *adv. See* HANDY.

handiness ['handinəs], *s.* **1.** Adresse *f*, dextérité *f*; habileté (manuelle). **2.** (*a*) Commodité *f* (d'un outil, etc.). (*b*) Maniabilité *f* (d'un navire, etc.).

handiwork ['handiwə:rk], *s.* (*a*) Travail manuel. (*b*) Ouvrage *m*, travail *m*, œuvre *f. That is his h.*, c'est le travail de ses mains; c'est son ouvrage. *F:* **That's some of his handiwork!** voilà encore de son ouvrage! c'est encore lui qui a fait des siennes!

handkerchief ['haŋkərtʃif], *s.* **1. (Pocket-) handkerchief,** mouchoir *m* (de poche). *Fancy h.*, pochette *f. Silk h.*, mouchoir de soie; (*for the neck*) foulard *m. F: A:* **To throw the handkerchief to a woman,** jeter le mouchoir à une femme (comme au harem). **2.** (*For the head*) Fanchon *f*, marmotte *f.*

handle[1] [handl], *s.* **1.** (*a*) Manche *m* (de balai, etc.); bras *m*, balancier *m*, brimbale *f* (de pompe); branloire *f* (de soufflet de forge); brancard *m* (de civière); bras (de brouette). **Crutch handle** (*of shovel, etc.*), manche à poignée en croisillon. **Stirrup handle, D handle,** manche à poignée en étrier. *Cr: F:* **To use the long handle,** frapper dur. *See also* FLY[3] I. 3, PUMP-HANDLE[1]. (*b*) (*Grip*) Manche (de couteau, d'outil); queue *f* (de poêle); poignée *f* (d'épée, de levier, d'aviron, de bicyclette, etc.); clef *f* (de robinet). **Loose handle** (*of crank-handle, etc.*), nille *f*, giron *m*, maneton *m.* **Bow handle of a file,** arbalète *f* d'une lime. *El.E:* **Switch handle,** manette *f* d'interrupteur. **To fix a new handle on a tool,** (r)emmancher un outil. **To remove the handle of a tool,** démancher un outil. **To lose its handle,** se démancher. *F:* **To have a handle to one's name,** (i) avoir un titre (de noblesse); (ii) (*In Fr.*) avoir un nom à particule; avoir la particule. **You are giving him a handle against you,** vous lui donnez des armes, un avantage, contre vous. *To give a h. to, for, calumny*, fournir un prétexte à la calomnie; donner prise à la calomnie. *See also* DEAD I. 1, DOOR-HANDLE, LEVER-HANDLE. (*c*) Anse *f* (de broc, de corbeille, de seau, etc.); portant *m* (de boîte, de valise); happe *f* (de chaudière). *See also* BASKET 1. (*d*) (*Crank-handle*) Manivelle *f*; menotte *f* (de treuil). *Aut:* **Starting-handle,** manivelle de mise en marche. **2.** *Com:* Panier *m* (de fruits).

'handle-bar, *s.* **1.** Guidon *m* (de bicyclette). *Touring-type h.-b.*, guidon de tourisme. *Racing type h.-b.*, guidon course. *Bent h.-b.*, guidon cintré. *See also* DROPPED 2. **2.** Poignée *f* de direction.

handle[2], *v.tr.* **1.** Tâter des mains. *To h. a material*, tâter une étoffe. (*With passive force*) *Paper that handles easily*, papier *m* qui a de la main. **2.** (*a*) Manier, manipuler (qch.). *Tool easy to h.*, outil *m* facile à manier, bien en main(s), à la main. *How to h. a gun*, comment se servir d'un fusil. *To learn how to h. sth.*, se faire la main. *Ind: etc:* **To handle heavy pieces,** manutentionner des pièces lourdes. *Nau:* **To handle a ship, the sails,** manœuvrer, manier, un navire, les voiles; gouverner un navire. *F:* **To handle the ribbons,** tenir les guides; conduire (un mail-coach, etc.). (*b*) Manier (qn, une affaire); manipuler (une affaire). **He is hard to handle,** il n'est pas commode; il est peu traitable. **To handle s.o. roughly,** malmener, rudoyer, qn; *P:* passer qn à tabac. *To h. a subject delicately*, traiter un sujet, s'y prendre, avec ménagement. **To handle a situation,** prendre en main une situation. *He handled the situation in a masterly manner*, il s'est montré à la hauteur de la situation. *See also* GLOVE[1] (*b*), KID[1] 1, MAN-HANDLE. (*c*) **To handle a lot of business,** brasser beaucoup d'affaires. *To h. large orders*, s'occuper de grandes commandes. *To h. a lot of money*, remuer beaucoup d'argent, avoir un maniement considérable. *What goods do you h.?* quelle est votre spécialité? *We don't h. those goods*, nous ne tenons pas ces articles. *We are in a position to h. any sort of business*, nous sommes à même d'exécuter n'importe quelle opération. **3.** *Fb:* **To handle the ball,** toucher le ballon.

handled[1], *a. Fb:* **Handled ball,** ballon manié.

handling[1], *s.* (*a*) Maniement *m* (d'un outil, etc.); manipulation *f* (des explosifs, etc.); manutention *f* (de bagages, de marchandises, etc.); manœuvre *f* (d'un navire). *Industrial h.*, manutention industrielle. *To understand the h. of a car*, s'entendre au maniement, à la conduite, d'une voiture. **Skill in handling** (*esp. boat, ship*), dextérité manœuvrière. *Aer:* **Handling guy,** corde *f* de manœuvre. (*b*) Traitement *m* (de qn, d'un sujet, etc.). *F:* **He takes some handling,** il n'est pas commode. **Rough handling,** traitement brutal. *The enquiry will call for delicate h.*, l'enquête sera délicate. (*c*) Maniement (de fonds).

handle[3], *v.tr.* Emmancher (un outil).

handled[2], *a.* **1.** (Outil, etc.) emmanché, à manche. **2.** *With adj. or sb. prefixed.* **Ivory-handled,** à manche d'ivoire. **Short-handled,** à manche court. **Crutch-handled umbrella,** parapluie *m* à béquille. *Crutch-h. walking-stick*, béquillon *m.*

handling[2], *s.* Emmanchement *m* (d'un outil).

handmaid(en) ['handmeid(n)], *s. A:* Servante *f.*

handsel[1] [hansl], *s.* **1.** (*a*) Étrenne *f.* (*b*) *Com:* Première vente (de la journée). **2.** Arrhes *fpl.*

handsel[2], *v.tr.* **(handselled; handselling) 1.** (*a*) Donner des étrennes à (qn). (*b*) *To h. a dealer*, donner des arrhes à un marchand. **2.** (*a*) (*Use for the first time*) Étrenner, avoir l'étrenne de (qch.). (*b*) Inaugurer.

handshake ['handʃeik], *s.* Poignée *f* de main; serrement *m* de main; shake-hand *m, pl.* shake-hands.

handshaker ['handʃeikər], *s. U.S: F:* Homme *m* à l'accueil expansif.

handshaking ['handʃeikiŋ], *s.* Poignées *f* de main. *I am on h. terms with him*, je le connais assez pour lui serrer la main.

handsome ['hansəm], *a.* (*a*) Beau, *f.* belle. *A h. man*, un bel homme, un homme bien fait. *H. young man*, jeune homme bien tourné, de belle mine. **As handsome as a young Greek god,** beau comme l'Amour. **To grow handsome,** embellir. *H. furniture*, meubles élégants. *H. residence*, maison *f* de belle apparence. *See also* PHILIP. (*b*) (*Of conduct, etc.*) Gracieux, généreux. *H. treatment*, façon *f* d'agir de galant homme. *F:* **To do the handsome (thing) by s.o.,** traiter qn en galant homme; agir en galant homme à l'égard de qn, avec qn; *F:* se montrer chic; agir en chic type. *Prov:* **Handsome is that handsome does,** beau est qui bien fait; la naissance ne fait pas la noblesse; noblesse vient de vertu. (*c*) (*Considerable*) **Handsome fortune,** belle fortune. *H. price*, bon prix. *H. gift*, riche cadeau *m.* **To make a handsome profit,** faire, réaliser, de beaux bénéfices. **-ly,** *adv.* **1.** (*a*) (S'habiller, etc.) bien, joliment, élégamment, avec élégance. (*b*) (Agir) généreusement; (se conduire, traiter qn) en galant homme; (payer) libéralement, *F:* grassement. *To act h. by, towards, s.o.*, user de bons procédés envers qn. *P:* **To come down handsomely,** ouvrir largement sa bourse; payer sans se faire tirer l'oreille; *P:* se fendre un doigt. *He did the thing h., P:* il s'est fendu. **2.** *Nau:* Doucement, en douceur, à la demande.

handsomeness ['hansəmnəs], *s.* (*a*) Beauté *f*, élégance *f*, grâce *f* (d'une personne, d'un monument, etc.). (*b*) Générosité *f* (d'une action); libéralité *f* (d'une récompense).

handspike ['handspaik], *s.* **1.** (*a*) *Nau:* Anspect *m*; levier *m* (en bois); barreau *m*; barre *f* de cabestan, de guindeau. **Handspike hole** (*of capstan*), alumelle *f.* (*b*) **Carrying handspike,** brancard *m.* (*c*) *Artil:* Levier de manœuvre. **2. Claw handspike,** pince *f* à pied de biche.

handwork ['handwə:rk], *s.* Travail *m* à la main, travail manuel.

handworker ['handwə:rkər], *s.* Ouvrier, -ière.

handwriting ['handraitiŋ], *s.* Écriture *f. English style of h.*, écriture anglaise. **Handwriting expert,** expert *m* en écritures. *This letter is in the h. of . . .*, cette lettre a été écrite par . . ., est de la main de. . . .

handy ['handi], *a.* **1.** (*Of pers.*) Adroit (de ses mains); habile; qui peut mettre la main à tout; débrouillard. *He is h.*, il sait se servir de ses dix doigts. *He is h. in the house*, il est adroit dans la maison. **Handy at sth., at, in, doing sth.,** adroit à qch., à faire qch. *To be h. with a tool, with one's fists*, savoir se servir d'un outil, de ses poings. *Dressm:* **Handy girl,** petite main. **2.** (*Of implement, etc.*) Maniable, bien en main(s). *H. ship*, navire *m* maniable, manœuvrier. **3.** Commode. *A small car would be very h.*, une petite auto serait bien commode. **That would come in very handy,** cela serait très utile, ferait bien l'affaire, viendrait bien à point. *See also* BILLY 2. **4.** (*Ready to hand*) A portée (de la main); sous la main. **To keep sth. handy,** tenir qch. sous la main. **-ily,** *adv.* **1.** Adroitement, habilement. **2.** (Placé) commodément, sous la main.

'handy-man, *pl.* **-men,** *s.m.* Homme à tout faire, à toute main; bricoleur, factotum.

hang[1] [haŋ], *s.* **1.** (*a*) Pente *f*, inclinaison *f* (d'une falaise, etc.). (*b*) Ajustement *m* (d'un costume); drapement *m* (d'une étoffe). (*c*) *F:* **Hang of an argument,** suite *f* des idées d'un argument. **To get the hang of sth.,** (i) attraper le coup, saisir le truc, de qch., pour faire qch.; (ii) comprendre qch.; saisir le sens de qch.; *P:* piger qch. **When you have got the hang of things . . .,** quand vous serez au courant. . . . **2.** *Metall:* Accrochage *m* (du minerai dans le haut fourneau). **3.** (*Attenuated form of* DAMN) *See* CARE[2] **I**, WORTH[1] I (*b*).

hang[2], *v.* (*p.t.* hung [hʌŋ]; *p.p.* hung) I. *v.tr.* **1.** Pendre, accrocher, suspendre (*on, from*, à). *To h. one's hat on a peg*, accrocher son chapeau à une patère. *To h. a lamp from the ceiling*, pendre une lampe au plafond. **To hang a bell,** poser une sonnette. *To h. sth. on the wall*, pendre qch. au mur. **To hang a door,** monter, poser, accrocher, une porte; mettre une porte sur ses gonds; garnir une porte de gonds. *Nau:* **To hang the rudder,** monter le gouvernail. *Veh: etc: Hung on springs*, monté sur ressorts. *Aut: etc:* **Low-hung** (*axle, etc.*), (essieu, etc.) surbaissé. **2.** (*Droop*) **To hang (down) one's head,** baisser la tête. *The old dog hung its ears*, le vieux chien laissait pendre ses oreilles. **3.** *Cu:* Faire faisander, mortifier, faire vener (la viande, le gibier); *F:* attendre (la viande). **4.** (*a*) **To hang a room with tapestries,** tendre une salle de tapisseries. *Windows hung with lace curtains*, fenêtres garnies de rideaux en dentelle. *Hall hung with flags*, salle ornée de drapeaux. *Hillside hung with trees*, coteau boisé. (*b*) **To hang wall-paper,** coller du papier à tapisser. **5.** **To hang fire,** (i) (*of fire-arms*) faire long feu; (ii) *F:* (*of undertaking, etc.*) traîner (en longueur). *Artil: Fuse that hangs fire*, fusée *f* qui foire. *The business is hanging fire*, l'affaire est mal emmanchée; l'affaire fait long feu. **6.** (*p.t. & p.p.* **hanged,** *often F:* **hung**) (*a*) Pendre, *F:* brancher (un criminel). **Hanged, drawn, and quartered,** *see* DRAW[2] 4. *To be hanged for a pirate*, être pendu pour piraterie. *He hanged himself out of despair*, il se pendit de désespoir. *F:* **Hang the fellow!** que le diable l'emporte! *You be hanged!* va te faire pendre! **That be hanged for a tale!** purs mensonges que tout cela! quelle blague! **(I'll be) hanged if I know!** *Lit:* je veux être pendu si je le sais! *A:* du diable si je sais! *F:* je n'en sais fichtre rien! **Hang it!** sacristi! zut! *H. it, will you shut up!* sac à papier, veux-tu te taire! **Hang it all!** zut alors! flûte alors! **Hang the expense!** il ne faut pas regarder à la dépense; ça coûtera ce que ça coûtera! *Prov:* **As well be hanged for a sheep as for a lamb,** autant vaut être pendu pour un mouton que pour un agneau; pendu pour pendu, autant vaut être pendu pour quelque chose; puisqu'on est sûrs d'être punis, autant vaut en avoir pour sa punition. *See also* CONSEQUENCE I, DOG[1] I. (*b*) *U.S:* **To hang a jury,** faire avorter les délibérations d'un jury, en refusant de se conformer à l'avis de la majorité.

II. **hang,** *v.i.* **1.** Pendre, être suspendu, *Lit:* (*of flags, etc.*) appendre (*on, from*, à). (*Of monkey*) *To h. by the tail*, pendre, être suspendu, par la queue. *Trophies h. on the walls*, des trophées appendent aux murs. *Picture hanging on the wall*, tableau pendu, accroché, au mur. *Fruit hanging on a tree*, fruits *m* qui pendent à un arbre. *Goat hanging on to a rock*, chèvre suspendue au flanc d'une roche. *Aqueduct hanging over a torrent*, aqueduc suspendu sur un torrent. **To hang out of the window,** (*of pers.*) se pencher par la fenêtre, (*of thg*) pendre à la fenêtre. *See also* BALANCE[1] I, CREAKING[1], EYELID, THREAD[1]. **2.** *A thick fog hangs over the town*, un épais brouillard plane, pèse, sur la ville. *A great danger hangs over you, over your head*, un grand danger vous menace, plane au-dessus de vous; vous êtes sous le coup d'un grand danger. *The danger hanging over our heads*, le danger suspendu sur nos têtes. *The threat hanging over this country*, la menace suspendue sur notre pays. *A heavy silence hung over the meeting*, un silence pesait sur l'assemblée. *A mystery hangs over his life*, un mystère plane sur sa vie. *A cloud hangs over his name*, sa réputation est ternie; on a raconté jadis des histoires sur son compte. **3.** (*a*) **To hang on s.o.'s arm,** (*of thg*) pendre au bras de qn; (*of pers.*) se pendre au bras de qn; s'appuyer sur le bras de qn; se cramponner au bras de qn. *To h. about s.o.'s neck*, se (sus)pendre au cou de qn. **To hang on s.o.'s lips, words,** être suspendu aux lèvres de qn; boire les paroles de qn. *The children hung on his every word*, les enfants l'écoutaient avidement. (*b*) (*Depend*) **Everything hangs on his answer,** tout dépend de sa réponse. *The whole of human life hangs on probabilities*, toute la vie humaine roule sur des probabilités. *Everything hangs on this essential point*, ce point essentiel emporte tout le reste. *The whole thing hangs on that*, c'est là le nœud de l'affaire, l'affaire tourne là-dessus. *See also* TALE I. **4.** **Horse that hangs on the bit,** cheval *m* qui appuie sur le mors. *Responsibility hangs heavy upon him*, la responsabilité pèse sur lui. *Time hangs heavy on my hands*, le temps me pèse, me dure, me semble long. **Time hangs heavy,** les heures traînent, sont bien lentes; les heures se traînent lourdement. **5.** (*a*) Fainéanter, flâner. *He's always hanging around here*, il est toujours à rôder par ici. **To hang round a woman,** tourner autour d'une femme. (*b*) *Their cavalry was hanging about our flanks*, leur cavalerie s'attachait à nos flancs, nous harcelait de part et d'autre. **6.** (*a*) (*Of drapery, clothes, etc.*) Tomber, se draper. **To hang loose,** pendiller, flotter. *Her hair hung about her neck*, ses cheveux lui flottaient autour du cou. *Her hair hangs down her back*, ses cheveux lui tombent dans le dos. (*b*) *This door hangs badly*, cette porte est mal suspendue (sur ses gonds). (*c*) *That steeple hangs*, ce clocher penche. **7.** (*Of criminal*) Être pendu. *F:* **To hang as high as Haman,** être pendu haut et court. *You shall h. for it*, je te ferai pendre! *F:* **If he doesn't like it he can go hang,** si ça ne lui plaît pas, qu'il aille au diable, qu'il aille se faire pendre, se faire fiche. **8.** (*To be slow, delay*) *Cr:* **The ball hangs,** la balle rebondit lentement. *Nau:* **To hang in the wind,** rester dans e vent. **The ship is hanging,** le navire est engourdi. *Metall: The furnace hangs*, le haut fourneau s'accroche.

hang about, *U.S:* **hang around,** *v.i.* **1.** (*Adverbial use*) Rôder, fainéanter, flâner, flânocher. **To keep s.o. hanging about,** faire croquer le marmot à qn, faire poireauter qn. **2.** (*Prepositional use*) **To hang about a neighbourhood,** rôder dans un voisinage. *To h. about the house doing nothing*, rester attaché à la maison sans rien faire. **I have a cold hanging about me,** j'ai un rhume dont je ne peux pas me débarrasser. *My cold hangs about me*, mon rhume me tient.

hang back, *v.i.* **1.** Rester en arrière. **2.** *F:* Hésiter; faire le réservé; montrer peu d'empressement; renâcler.

hang behind, *v.i.* Rester en arrière; traîner derrière.

hang down, *v.i.* **1.** Pendre. **Your hair is hanging down,** vos cheveux pendent. **2.** Pencher.

hang on, *v.i.* Se cramponner, s'accrocher, *F:* s'agrafer (*to*, à). *H. on to your job*, ne lâchez pas votre situation. *We must h. on until reinforcements come up*, il faut tenir bon jusqu'à l'arrivée des renforts. **He is always hanging on to his mother,** il est toujours dans les jupons de sa mère. *Nau:* **To hang on to a ship,** s'accrocher à un vaisseau; suivre un vaisseau de près. *F: He has hung on to me all day*, il m'a cramponné toute la journée. *F:* **To hang on by the skin of one's teeth,** se cramponner; tenir tout juste.

hang out. 1. *v.tr.* Pendre, mettre, (qch.) au dehors; étendre (le linge); arborer (un pavillon). (*Of dog*) **To hang out its tongue,** tirer la langue. **2.** *v.i.* (*a*) Pendre (au dehors). *His trousers were torn and the shirt hanging out*, son pantalon était déchiré et la chemise passait. *F:* **Where do you hang out?** où nichez-vous? où gîtez-vous? où perchez-vous? où juchez-vous? (*b*) *The rocks h. out over the gully*, les rochers surplombent le ravin.

hang-'out, *s.* *U.S:* Repaire *m*, nid *m* (de criminels, etc.).

hang over, *v.i.* **1.** (*Of rock, etc.*) Surplomber. **2.** *U.S:* (*Of belief, etc.*) Survivre.

hang-'over, *s.* *U.S:* Reliquat *m*, reste *m* (de superstition, d'une habitude, etc.).

hang together, *v.i.* **1.** (*Of pers.*) Se sentir les coudes, rester unis. **2.** (*Of statements, etc.*) S'accorder, se tenir, *F:* tenir debout. **3.** *My old furniture still hangs together*, mes vieux meubles tiennent encore.

hang up, *v.tr.* (*a*) Accrocher, pendre (son chapeau, un vêtement, un tableau, etc.). *To h. up one's sword*, pendre, mettre, son épée au croc. *Tp:* **To hang up the receiver,** *U.S:* **to hang up,** raccrocher (l'appareil). *F:* **To hang up on s.o.,** couper la communication avec qn. *See also* HAT[1]. (*b*) *To h. up a plan*, ajourner un projet; remettre un projet à plus tard. *The work is hung up*, le travail est arrêté, suspendu. **The parcels hung up in transit,** les colis *m* en souffrance. *All my plans are hung up pending decision of this lawsuit*, ce procès a mis mes projets en souffrance, a arrêté tous mes projets. *We were hung up with a puncture*, nous avons été retardés par une crevaison.

hanging[1], *a.* **1.** (Pont) suspendu; (crochet, lustre) pendant; (échafaudage) volant; *Arch:* en pendentif. **Hanging stair,** escalier *m* en encorbellement. **Hanging sleeves,** manches tombantes. **Hanging box** (*under cart*), branloire *f*. **Hanging compass,** compas renversé. **Hanging door,** porte battante. **Hanging cupboard,** armoire murale. **Hanging flower-pot,** suspension *f* porte-pot. *The h. gardens of Babylon*, les jardins suspendus de Babylone. *H. valley*, vallée suspendue. *Arch:* **Hanging keystone,** clef pendante. *See also* CLOCK[1] (*a*), INDENTION, LAMP[1] 2. **2.** = HANG-DOG. **3.** *F:* **Hanging judge,** juge *m* féroce, qui condamne tous les accusés à la potence.

hanging[2], *s.* **1.** (*a*) Suspension *f* (d'une lampe, d'un tableau, etc.); pose *f* (d'une sonnette, etc.); montage *m*, accrochage *m* (d'une porte); *Cu:* mortification *f* (du gibier); attendrissement *m* (de la viande). (*b*) Tenture *f* (d'une tapisserie). *See also* PAPER-HANGING. (*c*) Pendaison *f* (d'un criminel). **It's a hanging matter,** c'est un cas pendable; il y va de la corde. (*d*) **Hanging wardrobe, closet, press,** penderie *f*. **Hanging committee,** comité *m* de réception, jury *m* d'admission, des tableaux au Salon (à Paris), à la *Royal Academy* (à Londres). **Hanging-post** (*of lock-gate, entrance-gate, etc.*), chardonnet *m* (de sas d'écluse, de porte cochère, etc.). **2.** *pl.* **Hangings,** tenture *f*; tapisserie *f*. **Window hangings,** décor *m* de fenêtre. **Bed hangings,** rideaux *m* de lit. **Funeral hangings** (*in church*), ceinture *f* de deuil, ceinture funèbre. *To take the hangings off a bed, to take down the hangings of a church door*, détendre un lit, une porte d'église.

'hang-dog, *a.* **Hang-dog look,** mine *f* patibulaire; air *m* en dessous.

'hang-nail, *s.* = AGNAIL.

hangar ['haŋər], *s.* *Av:* Hangar *m*. *Revolving h.*, hangar orientable.

hangbird ['haŋbəːrd], *s.* *Orn:* *U.S:* Loriot *m*.

hanger[1] ['haŋər], *s.* **1.** (*Pers.*) (*a*) Tendeur *m* (de tapisseries, etc.). **Bell-hanger,** poseur *m* de sonnettes. *See also* PAPER-HANGER. (*b*) *A:* = HANGMAN. **2.** (*Device*) (*a*) Crochet *m* (de suspension); croc *m*. **(Coat-)hanger,** cintre *m*; porte-vêtements *m inv*. **Pot-hooks and hangers,** bâtons *m* et jambages *m* (de la première leçon d'écriture). *See also* DRESS-HANGER, PLATE-HANGER, POT-HANGER. (*b*) *U.S:* Pancarte *f*. (*c*) *Mec.E:* Suspenseur *m*. **Bearing-hanger,** chaise suspendue, chaise pendante. **Bracket-hanger,** palier *m* à potence, de suspension. **Pipe-hanger,** étrier *m* de suspension (de canalisations). **Hanger-pin,** boulon *m* de suspension. *Veh: H. of a spring*, main *f* de fer d'un ressort. **3.** Pente boisée, coteau boisé; petit bois à flanc de coteau. **4.** (*Pers.*) **Hanger-back,** *pl.* **hangers-back,** *P:* renâcleur *m*; pieds nickelés. **5.** (*Pers.*) **Hanger-on,** *pl.* **hangers-on,** (i) dépendant *m*; (*of minister, etc.*) pilier *m* d'antichambre; (ii) parasite *m*, *F:* écumeur *m* de marmites, pique-assiette *m inv*, écornifleur *m*; (iii) *A:* non-combattant *m* à la suite de l'armée.

hanger[2], *s.* *A:* (*a*) Coutelas *m*. (*b*) Couteau *m* de chasse.

hangman, *pl.* **-men** ['haŋmən, -men], *s.m.* Bourreau; *A:* **exécuteur** des hautes œuvres. *See also* NOOSE[1].

hank [haŋk], *s.* **1.** Écheveau *m* (de laine, etc.); torchette *f*, poignée *f* (de fil); matteau *m* (de soie grège); manoque *f* (de filin). *To bundle yarn into hanks*, torcher le fil. **Hank knotter,** torcheuse *f*. **2.** *Nau:* Anneau *m*, rocambeau *m*, cosse *f*, bague *f*. *Iron h.*, anneau en fer.

hanker ['haŋkər], *v.i.* **To hanker after sth.,** désirer vivement, ardemment, qch.; avoir bien envie de, soupirer après, convoiter,

A: respirer après, qch.; être talonné par le désir de qch. *To h. after praise*, être affamé, assoiffé, de louanges; avoir soif de louanges.

hankering, *s.* Vif désir, grande envie (*after, for*, de). **To have a hankering for sth.,** soupirer après qch. *H. after power*, soif *f*, ambition *f*, du pouvoir. *H. after the stage*, aspirations *fpl* à la scène. *He had hankerings after the sea*, (i) il avait la nostalgie de la mer; (ii) il avait des envies de se faire marin.

Hankow ['han'kau]. *Pr.n. Geog:* Hankéou *m*, Hang-Kéou *m*.

hanky ['haŋki], *s. F:* (*Child's speech*) = HANDKERCHIEF.

hanky-panky [haŋki'paŋki], *s.* **1.** Tour *m* de passe-passe. **2.** *F:* Supercherie *f*; finasseries *fpl*. **That's all hanky-panky,** tout ça c'est du boniment. **To play hanky-panky with s.o.,** (i) se jouer de qn, mettre qn dedans, tendre un panneau à qn; (ii) finasser avec qn.

Hannah ['hanə]. *Pr.n.f.* Anne, Anna.

Hannibal ['hanibəl]. *Pr.n.m. A.Hist:* Annibal.

Hanno ['hano]. *Pr.n.m. A.Hist:* Hannon.

Hanoi ['hɑːnoi]. *Pr.n. Geog:* Hanoï.

Hanover ['hanovər]. *Pr.n. Geog:* **1.** (*Town*) Hanovre *m*. **2.** (*State*) Le Hanovre.

Hanoverian [hano'viːəriən], *s. & a.* Hanovrien, -ienne.

Hansard ['hansərd], *s.* Compte rendu officiel des débats parlementaires (longtemps rédigé par MM. Hansard).

hansardize ['hansərdaiz], *v.tr.* Confronter (un membre du parlement) avec ses propres paroles consignées dans le Hansard.

hanse [hans], *s. Hist:* Hanse *f*. **The Hanse,** la Hanse; la Ligue hanséatique.

hanseatic [hansi'atik], *a. Hist:* (Ville *f*) hanséatique. **The Hanseatic League,** la Ligue hanséatique; la Hanse.

hansel[1, 2] [hansl], *s. & v.tr.* = HANDSEL[1, 2].

hansom(-cab) ['hansəm('kab)], *s.* Cab (anglais); hansom *m*.

Hants [hants]. *Pr.n. Geog:* Abréviation de Hampshire.

Hanuman ['hanjumən]. **1.** *Pr.n.m. Indian Myth:* Hanouman. **2.** *s. Z:* Entelle *m*.

Hanwell ['hanwəl]. *Pr.n. Geog:* Hanwell (localité de la banlieue de Londres où se trouve une maison d'aliénés). *F:* **He'll end in Hanwell** = il finira à Charenton.

hap[1] [hap], *s. A:* **1.** Hasard *m*, sort *m*, destin *m*. **2.** Événement fortuit et malheureux; hasard malencontreux.

hap[2], *v.i.* (happed) *A:* **1.** Arriver par hasard. **2.** (*Of pers.*) **To hap on sth.,** trouver, rencontrer, qch. par hasard. *To hap to do sth.*, faire qch. par hasard.

hap[3], *v.tr.* (happit) *Scot:* Couvrir, envelopper (*s.o. with sth.*, qn de qch.). *To hap a child in bed*, border un enfant dans son lit.

ha'pence ['heipəns], *s.pl.*, **ha'penny** ['heipni], *s. F:* See HALF-PENNY. *F:* **More kicks than ha'pence,** plus de peine que de profit.

haphazard [hap'hazərd]. **1.** *s.* **At, by, haphazard,** par, au, hasard; au petit bonheur, à l'aventure. **2.** *a.* **Haphazard attempt,** tentative *f* au petit bonheur. *H. arrangement*, disposition fortuite. *To act, choose, in a h. way*, agir, choisir, à l'aveuglette. **3.** *adv.* **To live haphazard,** vivre à l'aventure.

hapless ['hapləs], *a.* Infortuné, malheureux. **-ly,** *adv.* Malheureusement. **1.** Par malheur. **2.** Sans bonheur.

haplite ['haplait], *s. Miner:* Aplite *f*.

haplography [hap'lɔgrəfi], *s.* Haplographie *f*.

haplology [hap'lɔlədʒi], *s. Gram: Ling:* Haplologie *f*.

haplopetalous [haplo'petələs], *a. Bot:* Haplopétale.

haply ['hapli], *adv. A:* **1.** Peut-être; il se peut que + *sub*. **2.** Par hasard.

ha'p'orth ['heipərθ], *s. F:* (= HALFPENNYWORTH) *Give me a h.*, donnez-m'en pour un sou. *He will buy his petrol in ha'p'orths*, *P:* il est râleur, râleux, pour l'essence. *He hasn't a h. of courage*, il n'a pas pour deux sous de courage. *There isn't a h. of ceremony between us*, il n'y a pas pour deux sous de formalités entre nous. *See also* TAR[1] I.

happen [hapn], *v.i.* **1.** (*Take place*) Arriver. (*a*) Se passer, advenir, survenir, se produire. *An accident happens*, un accident se produit, il arrive un accident. *That happened ten years ago*, cela se passait il y a dix ans. **To happen again,** se reproduire, se renouveler. *Thing that happens over and over again*, chose qui se répète souvent. **Don't let it happen again!** que cela n'arrive plus! que cela ne vous arrive plus! *Fortunately nothing of the kind happened*, par bonheur il n'en fut rien. **Just as if nothing had happened,** comme si de rien n'était; sans faire semblant de rien. *To relate the facts as they actually happened*, raconter les faits historiquement. *I don't (quite) know how it happened*, je ne sais pas (trop) comment cela s'est fait. **Whatever happens,** quoi qu'il advienne; quoi qu'il arrive; dans tous les cas. **Happen what may,** advienne que pourra. **How does it happen that . . .?** d'où vient que . . .? *This is how it happens that I came so quickly*, c'est ce qui fait que je suis venu si vite. *It might h. that . . .*, il pourrait se faire que. . . . **It so happened that . . .,** le hasard a voulu que . . .; il se trouva que . . .; il arriva que. . . . *It so happens that I have an hour to spare*, il se trouve que j'ai une heure de libre. *As it happens . . ., happened . . .*, justement . . ., précisément . . . . **Should it so happen,** le cas échéant. *This seldom happens*, ce fait est rare. *As often happens in their set . . .*, comme il est fréquent dans leur milieu. . . . **How things happen!** comme cela se rencontre! (*b*) **What has happened to him?** (i) qu'est-ce qui lui est arrivé? (ii) qu'est-ce qu'il est devenu? *If anything happened to you*, (i) s'il vous arrivait quelque chose; (ii) si vous veniez à mourir. *Something has happened to him*, il lui est arrivé quelque malheur. *F: What has happened to my fountain-pen?* qu'est-ce qu'on a fait de mon stylo? **2.** (*Chance*) **To happen to do sth.,** faire qch. accidentellement. *He happened to pass that way*, il s'est trouvé passer par là. *A carriage happened to be passing*, une voiture vint à passer; une voiture s'offrit. *The house happened to be empty*, la maison se trouvait vide. *I happened to be present*, je me trouvais là. **I happen to know that . . .,** je me trouve savoir que. . . . *Do you h. to know whether . . .?* sauriez-vous par hasard si . . .? *How do you h. to know?* comment se fait-il que vous le sachiez? *If I do sometimes h. to forget*, s'il m'advient, m'arrive, quelquefois d'oublier. *If you h. to find it*, s'il arrive que vous le trouviez. **3. To happen on, upon, sth.,** tomber sur qch.; trouver, rencontrer, qch. par hasard. *F:* **To happen in with s.o.,** rencontrer qn par hasard. *U.S:* **To happen in,** entrer (chez qn) en passant.

happening, *s.* Événement *m*. *Important happenings*, les événements importants.

happiness ['hapinəs], *s.* Bonheur *m*, félicité *f*. *Life of h. and prosperity*, vie heureuse et prospère; *Lit:* jours filés d'or et de soie.

happy ['hapi], *a.* Heureux. **1.** (*a*) *H. circumstance*, circonstance heureuse. *In happier circumstances*, dans des circonstances plus favorables. *In a h. hour*, dans un heureux moment; à un moment propice. (*b*) *H. life*, vie heureuse. **To be as happy as the day is long, as a king, as a sand-boy, as a bird on the tree,** être heureux et sans soucis; être heureux comme un roi; être heureux comme un poisson dans l'eau. **Those were happy days!** c'était le bon temps! *H. party of children*, bande joyeuse d'enfants. **Happy family,** (i) famille heureuse; (ii) *F:* cage *f* où sont rassemblés des animaux naturellement ennemis. **I was happy in a son,** j'avais le bonheur de posséder un fils. *To make s.o. h.*, (i) rendre qn heureux; (ii) faire la joie de qn. *You have made one man h.*, vous avez fait un heureux. *I am most h. that you consent*, je suis infiniment heureux que vous consentiez. **To be happy to do sth.,** être heureux, bien aise, content, de faire qch. *See also* DISPATCH[1] 2, RETURN[1] 1, SAND-BOY. (*c*) *P:* **To be happy,** être un peu gris, un peu gai, un peu parti. **2. Happy phrase,** expression heureuse, bien choisie, à propos. *He is h. at repartee*, il a la repartie heureuse. **Happy thought!** (c'est) bien trouvé! bonne inspiration! *See also* MEDIUM I. 1. **-ily,** *adv.* (*a*) Heureusement; (i) dans le bonheur; (ii) par bonheur. *To live h.*, vivre heureux. *He did not die h.*, sa mort ne fut pas heureuse. **Happily, he did not die,** par bonheur il ne mourut pas. **To live, get on, happily together,** faire bon ménage (ensemble). *She smiled h.*, elle eut un sourire de contentement. (*b*) **Thought happily expressed,** pensée heureusement, bien, exprimée.

happy-go-lucky ['hapigo'lʌki], *attrib.a.* Sans souci, insouciant. *A h.-go-l. fellow*, un insouciant; *A:* un Roger Bontemps. *To do sth. in a h.-go-l. fashion*, faire qch. au petit bonheur, à vue de nez, à la flan, à la va-comme-je-te-pousse. *To live in a h.-go-l. way*, vivre à l'aventure. *H.-go-l. housewife*, ménagère peu méthodique.

Hapsburg ['hapsbəːrg]. *Pr.n. Hist:* **The House of Hapsburg,** la maison de Habsbourg.

haptophore ['haptofɔːər], *a. Biol: Ch:* Haptophore.

haqueton ['haktɔn], *s. Archeol:* Hoqueton *m*.

hara-kiri ['hɑːra'kiːri], *s. Jap.Civ:* Hara-kiri *m*.

harangue[1] [ha'raŋ], *s.* Harangue *f*.

harangue[2]. **1.** *v.tr.* Haranguer (la foule, etc.). **2.** *v.i.* Prononcer, faire, une harangue; discourir (en public).

haranguer [ha'raŋər], *s.* Harangueur, -euse.

haras ['harəs, a'rɑː], *s.* Haras *m*.

harass ['harəs], *v.tr.* **1.** *Mil:* Harceler, fatiguer, inquiéter, tenir en alerte (l'ennemi). *The enemy harassed their march*, l'ennemi ne leur laissait aucun répit au cours de leur marche. **2.** Harasser, vexer, tracasser, tourmenter (qn). *Harassed with debt*, accablé de dettes.

harassing, *s.* = HARASSMENT.

harassment ['harəsmənt], *s.* **1.** Harcèlement *m*, harcelage *m* (de l'ennemi). **2.** Harassement *m*, vexation *f*, tracasserie *f*, tourment *m*.

Harbin ['hɑːrbin]. *Pr.n. Geog:* Kharbine *m*.

harbinger[1] ['hɑːrbindʒər], *s.* Avant-coureur *m*, *pl.* avant-coureurs; messager, -ère; annonciateur, -trice; précurseur *m*. *Lit: The swallow, h. of spring*, l'hirondelle, avant-courrière du printemps, messagère du printemps.

harbinger[2], *v.tr. Lit:* Annoncer l'approche de (qn); annoncer (le printemps).

harbour[1] ['hɑːrbər], *s.* **1.** (*a*) Gîte *m*, abri *m*, asile *m*, refuge *m*. **To give harbour to a criminal,** donner asile à un criminel. (*b*) *Ven:* Lit *m* (d'un cerf). **2.** *Nau:* (*a*) Port *m*. **Inner harbour,** arrière-port *m*, *pl.* arrière-ports. **Outer harbour,** avant-port *m*, *pl.* avant-ports; grand'rade *f*. **Tidal harbour,** port de, à, marée. **Deep-water harbour,** port de toute marée. **Natural harbour,** port naturel. (*Of ship*) *To remain off the h.*, rester en rade. **To enter harbour,** entrer au port, dans le port. **To leave harbour,** sortir du port. **To clear the harbour,** quitter le port. **Harbour of refuge,** port de refuge. **Harbour craft,** bâtiments *mpl* de servitude. *See also* CLOSE-HARBOUR. (*b*) (*In names, etc.*) **Plymouth Harbour,** le port de Plymouth. **3.** *A:* **Cold harbour,** reposoir *m*, logement *m*, asile *m* de nuit (sans feu ni hôtellerie).

'harbour-'dues, *s.pl. Nau:* Droits *m* de mouillage.

'harbour-master, *s.* Capitaine *m* de port, officier *m* de port; (*of small port*) lieutenant *m* de port.

'harbour-station, *s. Rail:* Gare *f* maritime.

harbour[2]. **1.** *v.tr.* Héberger; donner asile à (qn). **To harbour a criminal,** recéler un criminel. *The woods harbour much game*, les bois abritent beaucoup de gibier. **To harbour dirt,** retenir la saleté. **To harbour a grudge against s.o.,** garder rancune à qn. **To harbour suspicions,** entretenir, nourrir, des soupçons. *To h. fears*, avoir des appréhensions. *To h. a hope*, nourrir un espoir. **2.** *v.i.* (*a*) Chercher asile, se réfugier, se mettre à l'abri (*in*, dans). (*b*) *Ven:* (*Of stag*) Avoir son lit (*in*, dans).

harbouring, *s.* Hébergement *m*. **Harbouring of criminals,** recel *m* de malfaiteurs.

harbourage ['hɑːrbəredʒ], *s.* **1.** Refuge *m*, abri *m*, asile *m*. *To offer h. to s.o.*, accueillir qn. **2.** *Nau:* **To give good harbourage,** offrir un bon mouillage, une rade sûre.

harbourer ['hɑːrbərər], *s.* **1.** (*a*) Receleur, -euse (de malfaiteurs, etc.). (*b*) *H. of evil thoughts*, celui qui nourrit de mauvaises pensées. **2.** *Ven:* Valet *m* de limier (qui surveille le cerf).

harbourless ['hɑːrbərləs], *a.* **1.** (Personne) sans asile. **2.** (Côte) sans ports, sans rades.

hard [hɑːrd]. I. *a.* **1.** (*Firm*) Dur. (*a*) *H. substances*, substances dures. **As hard as adamant,** dur comme le diamant. (*Of cement, etc.*) **To become, get, hard,** durcir. **To make sth. harder,** rendurcir qch. **To become harder,** se rendurcir. **To boil an egg hard,** (faire) durcir un œuf. **Hard snow,** neige durcie. *Metall:* **Hard metal,** métal écroui. **Hard iron,** fer *m* de roche. **Hard lead,** plomb *m* aigre. **Hard muscles,** muscles *m* fermes. **Hard as a bone, as iron,** dur comme pierre. *F:* **To be as hard as nails,** (i) être en bonne forme, en bonne condition; (ii) être sans pitié, impitoyable. *Med:* **Hard tissues,** tissus scléreux. *Equit:* **Horse with a hard mouth,** cheval *m* à la bouche insensible. *See also* BOTTOM[1] I, CASH[1], NUT I, SOLDER[1], WOOD 2. (*b*) *Fin:* (*Of stock, rates, etc.*) Tendu, tenu, soutenu, raffermi. **2.** (*Difficult*) Difficile; (tâche *f*, chemin *m*) pénible. **To be hard to please,** être exigeant, difficile à contenter; être par trop difficile; faire le difficile; *F: A:* être difficile à chausser. *A h. man to satisfy*, un homme difficile à contenter. *It is h. to please him*, il est difficile de le contenter. *She wants a mistress who isn't too h. to please*, il lui faut une maîtresse pas trop difficile. *H. to deal with*, peu commode. *To be h. to wake*, avoir le sommeil dur. **To be hard of hearing,** être dur d'oreille; entendre dur; avoir l'oreille dure. *Article that is h. to sell*, article dur à la vente, peu vendable, d'écoulement difficile. *I.C.E: The engine is h. to start*, le moteur est dur à lancer. *To find it a h. matter to do sth.*, avoir de la difficulté à faire qch. *I find it h. to believe that . . .*, j'ai peine à croire que + *sub. It is h. to understand*, c'est difficile à comprendre. *The hardest part of the job is done*, le plus dur est fait. **Book that is hard reading,** livre *m* d'une lecture difficile. *See also* CASE[1] 2, HOE[2], KILL[2] I, SWALLOW[2] I. **3.** (*Severe, harsh*) (*a*) (*Of pers., manner, etc.*) Dur, sévère, sans pitié, rigoureux (*to, towards*, envers). **Hard master,** maître sévère, exigeant. **Hard heart,** cœur dur. (*Of heart*) **To grow hard,** s'endurcir. *F:* **He's as hard as a flint,** (i) il a un cœur de pierre; (ii) en affaires il est intraitable. **To be hard on s.o.,** être sévère, user de rigueur, envers qn. *Don't be so h. on him*, (i) ne le jugez pas si sévèrement; (ii) ne vous montrez pas aussi sévère. **To be hard on one's clothes,** user rapidement ses vêtements. (*b*) **To say hard things to s.o.,** dire des duretés à qn. **To call s.o. hard names,** qualifier durement qn. **Hard common sense,** bon sens brutal. **Hard fact,** fait brutal, indiscutable. **Times are hard,** les temps sont rudes, durs, difficiles. *You know what h. times we are living through*, vous savez la misère des temps. **To have a hard time of it,** en voir de dures; faire son purgatoire en ce monde, de son vivant. *To lead a h. life*, mener une vie dure. **Hard fate,** sort cruel, rigoureux. **He has had hard luck,** il a eu de la malchance. *F:* **Hard lines! hard luck!** *P:* **hard cheese!** pas de chance! quelle guigne! *See also* BARGAIN[1] I, CASE[1] I, LINE[2] I. (*c*) Rude. *H. to the touch*, rude au toucher. **Hard water,** eau crue, dure; *Mch: Ind:* eau incrustante. **Hard silk,** soie *f* grège. **Hard wine,** vin vert. *U.S:* **Hard drinks,** boissons *f* alcooliques. **Hard voice,** voix dure. *Ling:* **Hard consonants,** consonnes dures. **To paint with a hard touch,** peindre sèchement. *Phot:* **Hard print,** épreuve heurtée, contrastée. *H. paper*, papier *m* à contrastes. **Hard-contrast picture,** image dure, heurtée. *Cin: etc:* **Hard light,** source lumineuse donnant des ombres à contours nets. **4.** (*Strenuous*) **Hard work,** (i) travail assidu; (ii) travail ingrat. *Desperately h. work*, travail acharné. *To make money by sheer h. work, F:* gagner de l'argent à la force du poignet. *Sch: etc: His reputation for h. work*, sa renommée de piocheur. *It was h. work to convince him*, j'ai eu fort à faire pour le convaincre. *It is h. work for me to . . ., I find it h. work to . . .*, j'ai beaucoup de peine à . . .; j'ai bien du mal à. . . . **Hard rider,** cavalier *m* infatigable. **Hard gallop,** galop soutenu. **Hard drinker,** grand buveur. *H. drinking*, abus *m* des boissons alcooliques. *He is a h. student*, il étudie sans relâche. **Hard fight,** rude combat *m*. *H. match*, match vivement disputé. **To strike s.o. a hard blow,** porter un coup rude à qn. *It is a h. blow for him*, c'est un rude coup pour lui. **Hard thinking,** tension *f* d'esprit. **To try one's hardest,** faire tout son possible, faire l'impossible. *All worked their hardest*, tous travaillaient à qui mieux mieux. *F:* **Six months hard** = *six months' hard labour, q.v. under* LABOUR[1] I. *See also* WEAR[1] I, WORKER I. **5.** (*Extreme*) (*a*) **Hard frost,** forte gelée; gelée à pierre fendre. **Hard winter,** hiver rigoureux. (*b*) *W.Tel:* **Hard valve,** valve *f* à vide très poussé. **-ly,** *adv.* **1.** (*a*) Sévèrement. *To use s.o. h., to deal h. with s.o.*, user de rigueur envers qn. *Don't think so h. of him*, ne le jugez pas si sévèrement. (*b*) *H. contested*, vivement, chaudement, contesté. *The battle was h. contested*, la lutte a été chaude. (*c*) Péniblement. *H. acquired knowledge*, savoir péniblement acquis. *The victory was h. won*, la victoire a été remportée de haute lutte. **2.** (*a*) A peine; ne . . . guère. *There is h. time*, nous avons à peine le temps. *She can h. read*, (c'est) à peine si elle sait lire. *It can h. be doubted that . . .*, il n'est guère douteux que. . . . *He had h. escaped when he was recaptured*, à peine s'était-il échappé qu'on le repinça. *H. had we gone out when the rain began*, à peine étions-nous sortis qu'il se mit à pleuvoir. *They think of selling their gold and h. of anything else*, ils songent à vendre leur or et guère à autre chose. **You'll hardly believe it,** vous aurez (de la) peine, du mal, à le croire. **I hardly know,** je n'en sais trop rien. *I h. know why*, je ne sais trop pourquoi. **I need hardly say . . .,** point besoin de dire. . .; il va sans dire. . . . *H. pronounceable*, difficilement prononçable. **Hardly anyone,** presque personne. **Hardly anything,** presque rien. **Hardly ever,** presque jamais. (*b*) Sûrement pas. *He could h. have said that*, il n'aurait sûrement pas dit cela.

II. **hard,** *adv.* **1.** (*a*) (*Vigorously*) Fort. *Pull the bell h.*, tirez fort la sonnette. *As h. as one can*, de toutes ses forces. *He was running as h. as ever he could*, il courait à perdre haleine. *Ten:* **To drive the ball hard,** jouer la balle raide. **To ride hard,** chevaucher à toute vitesse. **To row, pull, hard,** faire force de rames. *To throw a stone h.*, lancer une pierre avec raideur. **To hit hard, strike hard,** cogner dur; frapper raide; frapper à main fermée. **He goes at it hard, he hits hard,** il n'y va pas de main morte. *To jam on the brakes h.*, serrer les freins à bloc. **To swear hard,** jurer comme un charretier. **To bite hard,** mordre serré. **To beg hard,** prier instamment. *To look, gaze, stare, h. at s.o.*, regarder fixement qn. **To think hard,** réfléchir profondément. **To work hard,** travailler dur, ferme. *To work desperately h.*, travailler avec acharnement; y mettre de l'acharnement. *To work h. at sth.*, travailler ferme à qch.; s'appliquer à qch. *To work h. for one's living*, gagner laborieusement sa vie. *He works too h.*, il se surmène. **To be hard at work,** être en plein travail, *F: A:* être embesogné. *He is h. at work on it*, il y travaille assidûment. **He is always hard at it,** il est toujours attelé à son travail, à la besogne; il est toujours à peiner. *To-day we're h. at it, F:* aujourd'hui ça barde. *He is kept h. at work*, (i) on le fait trimer; (ii) il a fort à faire. *He studies h.*, il étudie sans relâche. **It is raining hard,** il pleut fort; il pleut à verse. *The rain is coming down harder*, la pluie tombe plus fort. **To freeze hard,** geler dur, vif, serré. **To snow hard,** neiger dru. *See also* BLOW[2] I. I, DOWN[3] I. I, DRINK[2] 2, HIT[2] I, PRESS[2] I. 3, STRUGGLE[2], TRY[2] I. 6. (*b*) **It will go hard with him if . . .,** cela sera sérieux (pour lui) si . . .; il lui en cuira si. . . . *If you fail, it will go h. with you*, si vous échouez, vous en verrez de dures. *A. & Lit:* **It shall go hard but I will find them,** je me fais fort de les trouver; à moins de difficultés insurmontables je les trouverai bien. **It comes, bears, hard on him,** (i) c'est dur pour lui; (ii) c'est pour lui une lourde charge. (*c*) **Valve hard-closed,** robinet fermé à refus. *Nau:* **Hard over!** la barre toute! *H. a-port!* tribord toute! *H. a-lee!* lofe tout! *H. a-weather!* toute au vent! *Bill:* **To be hard up,** être collé sous bande. *F:* **To be hard up (for money), to be hard pushed,** être dans la gêne; être à court (d'argent); *F:* être dans la dèche, dans la purée, dans la mouise; tirer le diable par la queue. *I am not so h. up as all that*, je ne suis pas à cela près. *Those who are h. up*, les nécessiteux. **To be hard up for sth.,** être à sec de qch.; avoir grand besoin de qch. *To be h. up for an excuse*, (i) éprouver de la difficulté à trouver une excuse, à se dérober; (ii) être à court d'excuses. *To be h. up for something to do*, ne savoir à quoi employer son temps. *See also* HOLD[2] I. 7, PUT TO 2. **2.** (*With difficulty*) Difficilement, avec peine. **Hard-bought experience,** expérience chèrement achetée. **Hard-earned wages,** salaire péniblement gagné. **Hard-got fortune,** fortune acquise à grand'peine. *See also* DIE[2] I. **3.** (*Near*) **Hard by,** tout près, tout contre, (tout) auprès. *He lives h. by*, il demeure tout près, tout à côté. **To run s.o. hard, to be hard upon s.o.,** serrer qn de près. **To follow hard (up)on, after, behind, s.o.,** suivre qn de près. **To be hard upon fifty,** friser la cinquantaine; aller sur ses cinquante ans. *It was h. on twelve*, il était bientôt minuit.

III. **hard,** *s.* **1.** Tabac *m* en carotte, en barre. **2.** *Nau:* Cale *f* (de débarquement). **3.** *pl.* **Hards,** déchets *m* de chanvre ou de lin; étoupe blanche.

'hard and 'fast, *a.* **1.** *Nau:* (*Of ship*) A sec. **The ship was hard and fast,** le navire était bien pris. **2. To lay down a hard and fast rule,** poser une règle absolue, immuable, rigoureuse.

'hard-bake, *s. Cu:* Caramel dur aux amandes.

'hard-'bitten, *a.* **1.** (*Of dog, etc.*) Qui a la morsure tenace; qui ne lâche pas. **2.** *F:* (*Of pers.*) Tenace, boucané, dur à cuire.

'hard-'boiled, *a.* (*a*) (Œuf) dur. (*b*) = HARD-BITTEN 2.

'hard-'corn, *s. Agr:* Blé dur.

'hard-drawn, *a.* (Métal *m*) de haute résistance.

'hard-'faced, -'favoured, -'featured, *a.* (Personne) aux traits durs, sévères; au masque dur.

hard-'fisted, *a. F:* (Homme) dur à la détente.

'hard-'fought, *a.* Vivement contesté; chaudement contesté; âprement disputé.

hard-'handed, *a.* **1.** Aux mains calleuses. **2.** A la main de fer.

'hard-'headed, *a.* (*Of pers.*) Positif, pratique.

'hard-'hearted, *a.* (*Of pers.*) Insensible, impitoyable, immiséricordieux, inflexible, impitoyable, au cœur dur. *H.-h. father*, père dénaturé. **-ly,** *adv. See* HARDHEARTEDLY.

'hard-'hitting, *a.* Qui frappe dur. *Box: H.-h. opponent*, adversaire cogneur.

hard-'laid, *a.* (Fil) à torsion forte; (cordage) commis serré.

hard-'mouthed, *a.* (Cheval) dur de bouche, fort en bouche, sans bouche, qui n'a pas de bouche, qui a la bouche insensible; (cheval) pesant à la main, qui a l'appui lourd; *F:* (cheval) gueulard.

hard-'natured, *a.* (Homme) dur de caractère.

'hard-pan, *s. Geol:* Couche *f* (d'argile); calcin *m*; carapace *f* calcaire; sol résistant. *U.S: F:* **Hard-pan prices,** prix *m* au plus bas.

hard-'pressed, hard-'pushed, *a.* (*Of debtor, etc.*) Aux abois, fort embarrassé.

hard-'set, *a.* **1.** (*Of pers.*) (*a*) Fort embarrassé, aux abois. *To be h.-set to find money*, être fort embarrassé pour trouver de l'argent; être très gêné. (*b*) Qui a une faim de loup; affamé. **2.** (*a*) Qui a durci; dur. *When the cement is hard-set*, lorsque le ciment a bien pris, a durci. (*b*) **Hard-set egg,** œuf couvé.

hard-'shell(ed), *a.* **1.** (*a*) (Mollusque) à carapace dure. (*b*) *Hort:* (Amande) à coque dure. **2.** *U.S: F:* = HARD-BITTEN 2.

hard-'solder, *v.tr. Metalw:* Braser; souder au cuivre.

hard-'soldering, *s.* (*a*) Brasure *f*, brasage *m*; soudure *f* au cuivre. (*b*) (*Solder-joint*) Brasure.

'hard-'tack, *s. Nau:* Biscuit *m* de mer; *F:* galette *f*.

hard-'wearing, *a.* (Vêtements, etc.) de bon usage, de bon service; (étoffe *f*) durable.

'hard-'won, *a. H.-w. trophy*, trophée chaudement disputé, remporté de haute lutte. *My hardest-won prizes*, les prix qui m'ont coûté le plus d'efforts.

'hard-'working, *a.* Laborieux, travailleur, -euse, assidu.

harden [hɑːrdn]. **1.** *v.tr.* (*a*) Durcir, (r)endurcir (qch.); tremper (l'acier, *F:* les muscles, etc.); *Med:* indurer, scléroser (les muscles, etc.). *The sun has hardened the roads*, le soleil a raffermi les chemins. *Alcohol hardens the blood-vessels*, l'alcool sclérose les vaisseaux. *The fire has hardened the leather*, le feu a racorni le cuir. **To harden s.o. to fatigue**, aguerrir qn à, contre, la fatigue. *F: To h. oneself to the cold*, s'endurcir au froid; s'aguerrir au froid, contre le froid. **To harden s.o.'s heart**, endurcir le cœur de qn. *Selfishness has hardened his heart*, l'égoïsme lui a bronzé le cœur. (*b*) *Hort:* **To harden (off) seedlings**, fortifier de jeunes plants. (*c*) *Metall:* **To (case-)harden**, cémenter (l'acier). (*d*) *Phot:* Durcir, aluner (un cliché, une épreuve). **2.** *v.i.* (*a*) (*Of substance*) (Se) durcir, s'endurcir, s'affermir; (*of tissue*) s'ossifier; (*of leather, etc.*) se racornir. **His voice hardened**, sa voix devint dure. (*b*) *Fin:* (*Of shares, etc.*) **To harden (up)**, se tendre, se raffermir. *Prices are hardening*, les prix sont en hausse. (*c*) (*Of the constitution*) S'endurcir; s'aguerrir.

hardened, *a.* (*Of substance*) Durci, endurci; (*of steel*) trempé. *F:* **Hardened athlete**, athlète des mieux trempés. **Hardened criminal**, criminel endurci. **Hardened old sinner**, vieux dur à cuire. *H. conscience*, conscience cautérisée, calleuse. *Constitution h. to fatigue*, tempérament dur à la fatigue. **To be hardened against** *entreaties, etc.*, être cuirassé contre les supplications, etc. *See also* OFFENDER.

hardening, *s.* (*a*) Durcissement *m*, (r)endurcissement *m*, affermissement *m*. *Metall:* Trempe *f*. *H. of the voice*, durcissement de la voix. **Air hardening**, (i) prise *f*, durcissement, (du ciment, etc.) à l'air; (ii) *Metall:* trempe à l'air. *See also* OIL-HARDENING. **Hardening steel**, acier *m* de trempe. (*b*) *Metall:* **(Case-)hardening**, cémentation *f* (de l'acier). (*c*) *Phot:* Durcissement, tannage *m* (de clichés). **Alum-hardening**, alunage *m*. **Hardening-fixing bath**, bain *m* de fixage aluné; fixateur aluné. *See also* BATH[1] 3.

hardener ['hɑːrdnər], *s.* **1.** Durcisseur *m*. *Habit is a great h.*, l'habitude vous endurcit. **2.** *Phot:* Bain durcissant; liquide durcissant.

hardhead ['hɑːrdhed], *s.* **1.** Homme positif, pratique; dur à cuire *m*. **2.** *Ich:* (*a*) Cotte-scorpion *m*, *pl.* cottes-scorpions. (*b*) Grondin gris.

hardheartedly ['hɑːrd'hɑːrtidli], *adv.* Impitoyablement; sans pitié.

hardheartedness ['hɑːrd'hɑːrtidnəs], *s.* Insensibilité *f*; dureté *f* de cœur.

hardihood ['hɑːrdihud], *s.* Hardiesse *f*; (i) intrépidité *f*, courage *m*; (ii) audace *f*, effronterie *f*. *You have the h. to deny that . . . !* vous avez l'audace de nier que . . . !

hardily, *adv.* *See* HARDY[1].

hardiness ['hɑːrdinəs], *s.* **1.** Robustesse *f*, vigueur *f*. **2.** *A:* = HARDIHOOD.

hardness ['hɑːrdnəs], *s.* **1.** (*a*) Dureté *f* (d'une substance). (*b*) Trempe *f* (de l'acier, d'un outil). (*c*) Tons heurtés (d'un cliché, d'un tableau); dureté (de style). (*d*) Crudité *f* (de l'eau). **2.** *Fin:* Tension *f*, raffermissement *m* (du marché, des actions). **3.** (*a*) Difficulté *f* (d'une démarche, d'un travail, d'un problème, etc.). (*b*) **Hardness of hearing**, dureté d'oreille. **4.** (*a*) Sévérité *f*, rigueur *f* (d'une règle, etc.). (*b*) Caractère *m* insensible (de qn); dureté, brutalité *f*. **5.** = HARDINESS 1.

hardship ['hɑːrdʃip], *s.* Privation *f*, fatigue *f*; (dure) épreuve; tribulation *f*. *He has suffered great hardships*, il en a vu de dures; *F:* il a mangé de la vache enragée. *Early rising is not a h. in summer*, en été ce n'est pas dur de se lever tôt.

hardware ['hɑːrdweər], *s.* Quincaillerie *f*, ferronnerie *f*, grosserie *f*. **Builders' hardware**, serrurerie *f* de bâtiments. *Builders' h. merchant*, serrurier *m* en bâtiments. **Hardware and ironmongery**, quincaillerie.

hardwareman, *pl.* **-men** ['hɑːrdweərmən, -men], *s.* Quincaillier *m*, ferronnier *m*.

hardwood ['hɑːrdwud], *s.* Bois dur. **Hardwood forest**, forêt *f* d'arbres feuillus.

hardy[1] ['hɑːrdi], *a.* **1.** Hardi, courageux, audacieux, intrépide. **2.** (*a*) Robuste; endurci (à la fatigue, etc.). (*b*) *Bot:* Résistant; rustique; (arbuste *m*) vivace; (plante *f*) de pleine terre. *H. fruit-tree*, arbre fruitier plein-vent. **Hardy annual**, (i) *Bot:* plante annuelle de pleine terre; (ii) *F:* question *f* qui revient régulièrement sur le tapis. **-ily**, *adv.* **1.** Hardiment, audacieusement, intrépidement, avec intrépidité. **2.** Vigoureusement, robustement.

hardy[2], *s.* *Tls:* *Metalw:* Tasseau *m*, tranche *f*, tranchet *m* (d'enclume); casse-fer *m inv.* **Hardy-hole**, trou carré de tasseau (dans l'enclume).

hare[1] ['hɛər], *s.* **1.** Lièvre *m*. *Ven:* **Buck-hare**, bouquin *m*. **Doe-hare**, hase *f*. *Cu:* **Stewed hare, jugged hare**, civet *m* de lièvre. *F:* **To run with the hare and hunt with the hounds, to hold with the hare and run with the hounds**, ménager la chèvre et le chou; jouer double jeu; nager entre deux eaux; donner une chandelle à Dieu et une au diable. *F:* **To start a hare**, donner un nouveau tour à la conversation. **First catch your hare**, assurez-vous d'abord de l'essentiel; pour faire un civet, prenez un lièvre. *Sp:* **Hare and hounds**, rallye-paper *m* (à pied), *pl.* rallye-papers; rallie-papier *m*, *pl.* rallie-papiers. *See also* MAD 1, RUN[2] I. 1, SAGE-HARE, TIMID. **2.** *Z:* (*a*) **Belgian hare**, léporide *m*. (*b*) **Jumping-hare**, lièvre sauteur, lièvre du Cap.

'hare-brained, *a.* Écervelé, étourdi. **To be hare-brained**, avoir une cervelle de moineau. **Hare-brained fellow**, (grand) braque; tocard *m*; cerveau brûlé. **Hare-brained scheme**, projet insensé.

'hare-lip, *s.* Bec-de-lièvre *m*, *pl.* becs-de-lièvre.

'hare-lipped, *a.* (Personne) à bec-de-lièvre.

'hare's-ear, *s.* *Bot:* Buplèvre *m*, oreille-de-lièvre *f*, *pl.* oreilles-de-lièvre; perce-feuille *f*, *pl.* perce-feuilles.

'hare's-foot, *s.* **1.** *Bot:* Pied-de-lièvre *m*, *pl.* pieds-de-lièvre. *See also* TREFOIL. **2.** *Th:* (Houppe *f* en) patte *f* de lapin (pour maquillage).

hare[2], *v.i.* *F:* (*Of pers.*) Courir comme un lièvre, à toutes jambes. *To h. back home*, regagner la maison à toutes jambes. **To hare off, to hare it**, se sauver à toutes jambes. *H. off after him and tell him to come back*, courez vite après lui et dites-lui de revenir.

harebell ['hɛərbel], *s.* *Bot:* (*a*) Jacinthe *f* des prés. (*b*) Campanule *f* à feuilles rondes; clochette *f*.

harem ['hɛərəm], **hareem** [hɑ'riːm], *s.* Harem *m*.

harewood ['hɛərwud], *s.* *Com:* *Join:* Érable *m*.

haricot ['harikou], *s.* **1.** *Cu:* **Haricot mutton**, haricot *m* de mouton. **2.** *Bot:* **Haricot (bean)**, haricot *m*, phaséole *f*.

hark [hɑːrk], *v.i.* **1.** **To hark to** (*a sound, etc.*), prêter l'oreille à, écouter (un son, etc.). **Hark!** écoutez! *F:* **Hark at him!** ta, ta, ta, comme il y va! **2.** *Ven:* **Hark away!** taïaut! (*Of hounds*) **To hark back**, prendre le contre-pied; revenir sur leurs pas. *F:* (*Of pers.*) **To hark back to sth.**, ramener la conversation sur un sujet; en revenir à un sujet. *To h. back upon the past*, ressasser de vieux griefs. **He's always harking back to that**, il y revient toujours; c'est sa turlutaine. **To hark after s.o.**, s'élancer à la poursuite de qn.

'hark-back, *s.* Retour *m* en arrière. *H.-b. upon the past*, retour sur le passé.

harka ['hɑːrkɑ], *s.* Harka *f*; coup *m* de main contre un poste (au Maroc).

harken ['hɑːrk(ə)n], *v.* = HEARKEN.

harl [hɑːrl], *s.* **1.** *Tex:* Tille *f*, teille *f*, filament *m* (du chanvre, du lin). **2.** *Fish:* *etc:* Barbe *f* de plume (d'autruche, etc.).

Harleian [hɑːr'liːən], *a.* **The Harleian Library**, la Bibliothèque harléienne (au British Museum); la collection de livres et MSS. amassée par Robert Harley, comte d'Oxford, et son fils Edward Harley.

harlequin ['hɑːrlikwin], *s.* **1.** *Th:* Arlequin *m*. *Attrib.* **Harlequin coat**, habit bigarré ou mi-parti. **2.** Chien danois arlequin; arlequin. **3.** *Ent:* **Harlequin beetle**, arlequin de Cayenne.

harlequinade [hɑːrlikwi'neid], *s.* Arlequinade *f*.

harlequiness [hɑːrlikwi'nes], *s.f.* Arlequine (de bal costumé, etc.).

Harley Street ['hɑːrlistriːt]. *Pr.n.* (Rue de Londres où sont groupés en majeure partie) les médecins consultants. *F:* *Harley Street had given him up*, la Faculté l'avait condamné.

harlot ['hɑːrlət], *s.* Prostituée *f*; fille *f* de joie. **To play the harlot**, se prostituer.

harlotry ['hɑːrlətri], *s.* Prostitution *f*.

harm[1] [hɑːrm], *s.* Mal *m*, tort *m*. **To do harm to s.o.**, faire du tort à qn. *What h. can it do you?* quel tort cela peut-il vous faire? en quoi cela peut-il vous nuire? *He's used to this climate*, **he won't take any harm**, il est fait à notre climat, il n'attrapera pas de mal. *You are doing yourself h. by your lack of . . .*, vous vous faites du tort par votre manque de. . . . **To see no harm in sth.**, ne pas voir de mal, de malice, à qch. *I see no h. in his coming*, je ne vois pas d'inconvénient à ce qu'il vienne. *He saw no great h. in her being dumb*, il ne trouvait pas grand mal à ce qu'elle fût muette. **You will come to harm**, il vous arrivera malheur. **Out of harm's way**, (i) à l'abri du danger, en sûreté, en lieu sûr; (ii) mis dans l'impossibilité de nuire à personne. **It will do more harm than good**, cela fera plus de mal que de bien. *It will do no h. to . . .*, cela ne fera pas de mal de. . . . *That won't do any h.*, cela ne gâtera rien; cela ne nuira en rien. **There's no harm in saying so**, il n'y a pas de mal à le dire. *There's no h. in trying*, on peut toujours essayer. *What h. is there in warning him?* quel danger y a-t-il à l'avertir? **There's no harm in him**, ce n'est pas un méchant homme; il n'est pas méchant. *The h. is not so great, after all*, il n'y a que demi-mal. *See also* MEAN[5] 1.

harm[2]. **1.** *v.tr.* Faire du mal, du tort, à (qn); causer du tort à (qn); nuire à (qn); léser (les intérêts de qn). **2.** *v.i.* *He will not harm for a little privation*, un peu de privation ne lui fera pas de mal.

harmattan [hɑːr'matən], *s.* *Meteor:* Harmattan *m*.

harmful ['hɑːrmful], *a.* Malfaisant, pernicieux; nocif, nuisible (*to*, à). *H. step*, démarche *f* préjudiciable. **-fully**, *adv.* Nuisiblement.

harmfulness ['hɑːrmfulnəs], *s.* Nocivité *f*; nature *f* nuisible, préjudiciable (*of*, de).

harmless ['hɑːrmləs], *a.* **1.** *A:* Sain et sauf. *Jur:* **To save s.o. harmless**, mettre qn à couvert (*from any claim*, d'aucune réclamation). **2.** (Animal) inoffensif; (animal, homme) pas méchant; (homme) sans malice; (passe-temps) innocent; (médicament) anodin. **Harmless talk**, conversation anodine. **-ly**, *adv.* Sans (faire de) mal; (s'amuser) innocemment.

harmlessness ['hɑːrmləsnəs], *s.* Innocuité *f* (d'un breuvage, etc.); innocence *f* (d'un passe-temps).

harmonic [hɑːr'mɔnik]. *Mus:* *Mth:* *etc:* **1.** *a.* Harmonique. **Harmonic curve**, sinusoïde *f*. *El:* **Harmonic current**, courant *m* harmonique. **2.** *s.* Harmonique *m*. **Harmonics** (*on violin, etc.*), sons flûtés. *Artificial harmonics*, harmoniques artificiels. *Natural harmonics*, harmoniques naturels. *El:* **First-harmonic current**, courant de l'harmonique supérieur. **-ally**, *adv.* Harmoniquement.

harmonica [hɑːr'mɔnikə], *s.* **1.** = *musical glasses*, *q.v. under* GLASS[1] II. **2.** = MOUTH-ORGAN.

harmonicon [hɑːr'mɔnikən], *s.* = HARMONICA 2.

harmonious [hɑːr'mounjəs], *a.* Harmonieux. **1.** Accordant, en bon accord. **2.** Mélodieux. **-ly**, *adv.* Harmonieusement. *Colours h. blended*, couleurs harmonieusement mêlées. *They work h. together*, ils travaillent en harmonie, en bon accord, de bon accord.

harmonist ['hɑːrmonist], *s.* Harmoniste *mf*.

harmonistic [hɑːrmo'nistik]. **1.** *a.* *Mus:* Harmonisateur, -trice. **2.** *s.* *Theol:* *A:* **Harmonistic(s)**, harmonistique *f*.

harmonium [hɑːr'mounjəm], *s.* Harmonium *m*, orgue *m* de salon. **Harmonium player**, harmoniumiste *mf*; joueur, -euse, d'harmonium.

harmonization [hɑːrmonaiˈzeiʃ(ə)n], *s.* *Mus:* Harmonisation *f.*

harmonize [ˈhɑːrmonaːiz]. **1.** *v.tr.* (*a*) Harmoniser (des idées, etc.); concilier, faire accorder (des textes, etc.); allier, harmoniser (des couleurs, etc.) (*with*, avec). (*b*) *Mus:* Harmoniser (une mélodie). **2.** *v.i.* (*Of sounds, colours, etc.*) S'harmoniser, s'allier, s'assortir; (*of facts or thgs*) s'accorder; (*of pers., ideas, etc.*) se mettre en harmonie, s'accorder. *Colours that h. well*, couleurs qui vont bien ensemble. *These colours do not h.*, ces couleurs jurent ensemble. **To harmonize with sth.**, s'adapter harmonieusement à qch.; être en harmonie, être d'accord, s'accorder, se marier, avec qch.

harmonizer [ˈhɑːrmonaizər], *s.* *Mus:* Harmonisateur, -trice.

harmony [ˈhɑːrmoni], *s.* **1.** *Mus:* Harmonie *f.* (*a*) *To study h.*, étudier l'harmonie. (*b*) *Songs full of h.*, chants mélodieux. *See also* CAVE[1] 1. **2.** (*a*) (*Of pers., thgs, ideas, etc.*) Harmonie *f*, accord *m*; (*of voices, instruments*) concert *m*. *Colours in perfect h.*, assortiment parfait de couleurs. **To live in perfect harmony**, vivre en parfaite intelligence; vivre en, de, bon accord. *Everywhere h. reigns*, partout règne l'accord. **In harmony with . . .**, en rapport avec . . .; qui s'harmonise avec . . .; qui s'accorde avec. . . . *To be in h. with public opinion*, être d'accord avec l'esprit public. *His tastes are in h. with mine*, ses goûts sont conformes aux miens. (*b*) Concordance *f* (de textes). *To bring one text into h. with another*, mettre un texte en harmonie avec un autre; faire concorder un texte avec un autre.

harmotome [ˈhɑːrmotoum], *s.* *Miner:* Harmotome *m.*

harness[1] [ˈhɑːrnəs], *s.* **1.** Harnais *m*, harnachement *m* (d'un cheval d'attelage). **A set of harness**, un harnais. *Horse fit for h.*, cheval attelable. **To go, run, in single harness**, (i) (*of horse*) être dressé à l'attelage par un; être attelé par un; (ii) *F:* (*of pers.*) être célibataire. *See also* DOUBLE[1] I. 1. *F:* **To get back into harness again**, reprendre le collier. **To die in harness**, mourir sous le harnais; mourir à la besogne, à la peine, à la tâche; mourir debout. **To be out of harness**, être à la retraite; être retraité. **2.** *Tex:* Harnais (de métier à tisser). (*Pers.*) **Harness-fixer**, lamier *m.* **3.** *Archeol:* Harnais, harnois *m.* **4.** *Av:* **Ignition harness**, rampe *f* d'allumage.

'harness-cask, *s.* *Nau:* Charnier *m* pour les salaisons.

'harness-maker, *s.* Bourrelier *m*, harnacheur *m*; sellier-bourrelier *m*, *pl.* selliers-bourreliers.

'harness-making, *s.* Bourrellerie *f*, harnacherie *f.*

'harness-pad, *s.* Sellette *f.*

'harness-room, *s.* Sellerie *f.*

harness[2], *v.tr.* **1.** Harnacher (un cheval). **To harness a horse to a carriage**, atteler un cheval à une voiture. **2.** *Arm:* *A:* Barder (un chevalier). **3.** *Hyd.E:* Aménager (une chute d'eau); mettre (une chute d'eau) en valeur.

harnessing, *s.* **1.** Harnachement *m.* **Harnessing to a cart**, attelage *m* à une charrette. **2.** Aménagement *m*, mise *f* en valeur (d'une chute d'eau, etc.).

harp[1] [hɑːrp], *s.* **1.** *Mus:* Harpe *f.* **To strike, play, the harp**, pincer de la harpe, jouer de la harpe. *See also* JEW'S-HARP. **2.** Claie *f* (à sable, à charbon).

harp[2], *v.i.* Jouer de la harpe. *F:* **To be always harping on the same string, on the same note**, rabâcher toujours la même chose; réciter toujours la même litanie; chanter toujours la même rengaine, le même refrain, la même antienne; rengainer toujours la même histoire. *He is always harping on about that*, c'est sa turlutaine, c'est sa tarte à la crème, c'est toujours la même guitare, la même ritournelle, la même antienne, la même turelure; il y revient toujours. **You must not harp on that string**, il ne faut pas toucher cette corde-là. **To harp back** *on the same string*, retoucher la même corde.

harper [ˈhɑːrpər], *s.* (*a*) *A:* Ménestrel *m* (s'accompagnant sur la harpe). (*b*) Joueur, -euse, de harpe.

harpings [ˈhɑːrpiŋz], *s.pl.* *Nau:* Lisses *f* de l'avant.

harpist [ˈhɑːrpist], *s.* *Mus:* Harpiste *mf.*

harpoon[1] [hɑːrˈpuːn], *s.* Harpon *m*, lance *f.* *Pronged h.*, foène *f.*

har'poon-gun, *s.* Canon-harpon *m*, *pl.* canons-harpons.

har'poon-head, *s.* Harpoise *f.*

har'poon-line, *s.* Harpoire *f.*

harpoon[2], *v.tr.* Harponner.

harpooning, *s.* Harponnage *m*, harponnement *m.*

harpooner [hɑːrˈpuːnər], *s.* Harponneur *m.*

harpsichord [ˈhɑːrpsikɔːrd], *s.* *Mus:* Clavecin *m.*

harpy [ˈhɑːrpi], *s.f.* *Myth:* Harpie. *F:* **Old harpy**, vieille mégère, vieille harpie.

'harpy-bat, *s.* *Z:* Harpie *f.*

'harpy-eagle, *s.* *Orn:* Harpie *f* (féroce).

harquebus [ˈhɑːrkwibəs], *s.* *Archeol:* Arquebuse *f.*

harquebusade [hɑːrkwibəˈseid], *s.* Arquebusade *f.*

harquebusier [hɑːrkwibəˈsiːər], *s.* Arquebusier *m.*

harridan [ˈharidən], *s.* *F:* Vieille sorcière; vieille mégère *f*; vieille chipie. *A frightful h.*, une horrible mégère.

harrier[1] [ˈhariər], *s.* **1.** Dévastateur *m*, pilleur *m*, pillard *m.* **2.** *Orn:* Busard *m.* *See also* EAGLE 1, HEN-HARRIER, MARSH-HARRIER.

harrier[2], *s.* **1.** (*a*) *Ven:* (*Dog*) Harrier *m*, braque *m.* (*b*) *Sp:* (*Pers.*) Harrier, coureur *m.* **2.** *pl.* **Harriers.** (*a*) *Ven:* Meute *f*, équipage *m* (de chiens pour la chasse au lièvre). (*b*) *Sp:* Club *m* de coureurs, de cross.

Harriet [ˈhariet]. *Pr.n.f.* Henriette.

Harrovian [haˈrouviən], *a.* & *s.* (Élève *m* ou ancien élève) de l'école de Harrow.

harrow[1] [ˈharo], *s.* **1.** *Agr:* Herse *f.* *Revolving h.*, herse roulante. *Chain h.*, herse à chaînons. *See also* BRAKE-HARROW, BUSH-HARROW, DISK-HARROW, DRILL-HARROW, TOAD 1. *F:* **To be under the harrow**, subir des tribulations, de dures épreuves. **2.** (*a*) *Mil:* Formation *f* en échelon. (*b*) Vol *m* d'oies en échelon.

harrow[2], *v.tr.* *Agr:* Herser (un terrain). *F:* **To harrow s.o.'s feelings, to harrow s.o.**, agir sur la sensibilité de qn, raconter des choses navrantes à qn; déchirer le cœur à qn.

harrowing, *a.* *F:* (Conte, etc.) lamentable, poignant, navrant; (cri) déchirant.

harrow[3], *v.tr.* = HARRY[2].

harrower [ˈharouər], *s.* *Agr:* Herseur *m.*

Harry[1] [ˈhari]. *Pr.n.m.* (*Dim. of Henry*) **1.** Henri. *F:* **'Harry Freeman's'** (*i.e. cadged tobacco*), tabac *m* de Chine. *See also* TOM 1. **2.** *F:* **Old Harry**, le diable. **To play old Harry with s.o.**, en faire voir de grises, de bleues, à qn. *The climate has played old H. with his health, with his nerves*, le climat lui a détraqué la santé, les nerfs.

harry[2], *v.tr.* **1.** Dévaster, ravager, piller, mettre à sac (un pays). **2.** Harceler, tourmenter (qn). **To harry the enemy**, ne laisser à l'ennemi aucun répit. *To h. a debtor*, pourchasser, harceler, un débiteur.

harsh [hɑːrʃ], *a.* **1.** Dur, rêche, rude (au toucher); âpre (au goût); discordant, aigre, strident (à l'oreille). *H. material*, tissu *m* rêche. *H. noise*, bruit râpeux, désagréable. **Harsh voice**, voix *f* rude, rauque, éraillée. **To give a harsh laugh**, rire sec; ricaner. *The h. throbbing note of the boilers*, le ronflement rêche des chaudières. *H. wine*, vin *m* âpre, râpeux. *H. style*, style dur. **Harsh-contrast picture**, image dure, heurtée. *Engr:* **Harsh lines**, tailles *f* aigres; aigreurs *f.* **2.** (Caractère) bourru; (traitement) dur; (maître, réponse) rude. **To say harsh things to s.o.**, en dire de dures à qn. *To exchange h. words*, échanger des propos durs. *Too h. a reprimand*, réprimande trop crue. *Nature is h. under these skies*, la nature est marâtre en ces climats. **-ly**, *adv.* (Répondre, etc.) durement, avec dureté, rudement, avec rudesse, âprement, brusquement, d'un ton bourru; (traiter qn) sévèrement, avec rigueur.

harshness [ˈhɑːrʃnəs], *s.* **1.** Dureté *f*, rudesse *f* (au toucher); âpreté *f* (d'un fruit); discordance *f*, aigreur *f* (d'un son); aspérité *f* (du style, du caractère, de la voix). *Engr:* Aigreur (des tailles). **2.** Sévérité *f*, dureté, rudesse *f* (d'une punition, d'une loi); rigueur *f* (du destin).

hart [hɑːrt], *s.* Cerf *m.* *Ven:* Cerf âgé de plus de cinq ans. **Hart of ten**, cerf dix cors.

'hart's-tongue, *s.* *Bot:* Langue-de-cerf *f*, *pl.* langues-de-cerf; scolopendre *f*; herbe *f* à la rate.

hartal [ˈhɑːrtal], *s.* (*In India*) Jour *m* de deuil national, observé comme manifestation politique.

hart(e)beest [ˈhɑːrt(i)biːst], *s.* *Z:* Bubale *m*, caama *m.*

hartshorn [ˈhɑːrtshɔːrn], *s.* Corne *f* de cerf (râpée). *Ch:* *A:* **Spirit of hartshorn**, essence *f*, esprit *m*, de corne de cerf; (solution aqueuse d')ammoniaque *f.*

harum-scarum [ˈhɛərəmˈskɛərəm], *a.* & *s.* *F:* Étourdi (comme un hanneton); écervelé; hurluberlu *m*, étourneau *m.* *He is a h.-s.*, c'est un écervelé, il a le cerveau brûlé, il n'a pas de plomb dans la tête. *She's a h.-s.*, c'est une évaporée, une éventée. *To do sth. in a h.-s. way*, faire qch. à la diable, par-dessous la jambe, à la six-quatre-deux.

Harun-al-Raschid [ˈharuːnalˈraʃid], *Pr.n.m.* *Hist:* Haroun-al-Raschid, Haroun-er-Reschid.

Harveian [hɑːrˈviːən], *a.* *A.Med:* (Système *m*, etc.) de Harvey.

harvest[1] [ˈhɑːrvest], *s.* **1.** Moisson *f* (du blé); récolte *f* (des fruits); fenaison *f* (du foin); vendange *f* (du vin). **To get in, win, the harvest**, faire la moisson; *A.* & *Dial:* faire l'août. **Harvest thanksgiving** *or* **festival**, service *m* d'action de grâces célébré après la rentrée des récoltes. *F:* *Researches that have yielded a rich h. of information*, recherches *f* qui ont donné une riche moisson de renseignements. *He reaped a bitter h. of misery*, il n'en a récolté que d'amers déboires. **2.** (Temps *m*, époque *f* de) la moisson.

'harvest-bug, -louse, -mite, -tick, *s.* *Arach:* Lepte automnal; *F:* aoûtat *m*, rouget *m*, vendangeon *m.*

'harvest-fly, *s.* *Ent:* *U.S:* Cigale *f.*

'harvest-hand, *s.* Aoûteron *m.*

'harvest-'home, *s.* (i) Fin *f* de la moisson; (ii) fête *f* de la moisson.

'harvest-'moon, *s.* Lune *f* de la moisson; lune de septembre.

'harvest-mouse, *s.* Souris *f* des moissons.

'harvest-spider, *s.* *Arach:* Faucheur *m*, faucheux *m.*

harvest[2], *v.tr.* Moissonner (les blés); récolter (les fruits). *Abs.* Rentrer, faire, la moisson; faire les blés; *Dial:* faire l'août; aoûter.

harvesting, *s.* Moissonnage *m*; rentrée *f* de la moisson.

'harvesting-waggon, -wain, *s.* Chartil *m*, guimbarde *f* (à quatre roues).

harvester [ˈhɑːrvestər], *s.* **1.** (*Pers.*) Moissonneur, -euse. **2.** (*Machine*) Moissonneuse *f*; *esp.* moissonneuse-lieuse, *pl.* moissonneuses-lieuses. **Harvester-thresher**, moissonneuse-batteuse *f*, *pl.* moissonneuses-batteuses. **3.** *Arach:* = HARVEST-BUG.

harvestman, *pl.* **-men** [ˈhɑːrvestmən, -men], *s.m.* Moissonneur, aoûteron.

harvey [ˈhɑːrvi], **harveyize** [ˈhɑːrviaːiz], *v.tr.* *Metall:* Harveyer, harveyiser (l'acier, un vaisseau de guerre).

harveyized, *a.* (Acier) harveyé, harveyisé.

has [haz]. *See* HAVE[2].

has-been [ˈhazbiːn], *s.* *F:* (*a*) Homme *m* vieux jeu; vieux ramolli; *Mil:* (vieux) ramollot, vieille culotte de peau. **He's a has-been**, c'est une (vieille) croûte. *She is one of the has-beens*, c'est une beauté d'antan. *His car's a good old has-been*, son tacot n'est plus de la première jeunesse. (*b*) Homme dont la carrière est finie; homme fini.

hash[1] [haʃ], *s.* **1.** *Cu:* Hachis *m*, émincé *m.* **2.** *F:* **To make a hash of sth.**, gâcher, gâter, un travail; faire un joli gâchis, un beau gâchis, de qch.; gaspiller (sa vie). *To make a h. of it*, bousiller l'affaire. *P:* **To settle s.o.'s hash**, (i) régler son compte à qn; faire son affaire à qn; (ii) dire son fait à qn; rabattre le caquet à qn; (iii) bouleverser les projets de qn. *I'll settle his h.; I have* *settled his h.*, son compte est bon. *A young critic settled his h. in a couple of articles*, un jeune critique l'exécuta en deux articles. **3.** *F:* Hash(-up), réchauffé *m*, ripopée *f* (de vieux contes, etc.); compilation *f* (de l'œuvre d'autrui).

hash[2], *v.tr.* **1.** To hash (up) meat, hacher de la viande (en petits morceaux). **2.** Servir un réchauffé (des œuvres d'autrui).

hasheesh, hashish ['hæʃi:ʃ], *s.* Hachisch *m*, bang(h) *m*. *H.-tinged dreams*, rêves hachischés.

haskinization [hæskinai'zeiʃ(ə)n], *s.* *Ind:* Vulcanisation *f* (du bois).

haskinize ['hæskinaiz], *v.tr.* *Ind:* Vulcaniser (le bois).

haslet ['heizlet], *s.* Fressure *f* (de porc, etc.).

Hasmoneans [hæzmo'ni:ənz], *s.pl.* *Jew.Hist:* Asmonéens *m*.

hasp[1] [hɑ:sp], *s.* **1.** (Staple-)hasp (*for padlocking*), moraillon *m*. **2.** (*a*) Loquet *m* (de porte). (*b*) Espagnolette *f* (de porte-fenêtre). (*c*) Fermoir *m*, agrafe *f* (d'album, etc.). **3.** *Tex:* Écheveau *m*.

hasp[2], *v.tr.* Fermer (une porte) au loquet; cadenasser (une porte, un couvercle).

hassock ['hæsək], *s.* **1.** Agenouilloir *m*; carreau *m*, coussin *m* (pour les genoux ou les pieds). **2.** Touffe *f* d'herbe. **3.** *Dial:* Grès *m* calcaire.

hast [hæst]. *See* HAVE[2].

hastate ['hæsteit], *a.* *Bot:* Hasté, hastifolié, hastiforme.

haste[1] [heist], *s.* Hâte *f*, diligence *f*, célérité *f*. **To do sth. in haste,** (i) faire qch. à la hâte, en hâte, *F:* au grand galop; (ii) faire qch. à l'étourdie. *I am in h. to leave*, j'ai hâte de partir. *He rose in h.*, il se leva avec précipitation *f*. *I received a note written in h.*, je reçus un billet écrit à la hâte. *To act without h.*, agir sans hâte. **Hot haste,** précipitation. *In hot h.*, en toute hâte; *F:* dare-dare. **To make haste,** se hâter, se dépêcher, faire diligence. **To make haste, to be in haste, to do sth.,** se hâter, se presser, se dépêcher, de faire qch. **Make haste!** dépêchez-vous! vivement! *He made what h. he could homewards*, il se pressa de rentrer; il reprit en toute hâte le chemin de la maison. *Prov:* **More haste less speed,** plus on se hâte moins on avance; plus on se presse moins on arrive; plus on se dépêche moins on réussit; hâtez-vous lentement; ne confondons pas vitesse et précipitation; qui trop se hâte reste en chemin. *See also* MARRY[1] 2, POST-HASTE.

haste[2], *v.tr.* & *i.* = HASTEN.

hasting, *a.* *Dial:* (Fruit) hâtif. **Hasting pear,** hâtiveau *m*.

hasten [heisn]. **1.** *v.tr.* (*a*) Accélérer, hâter, presser (le pas, etc.); hâter (qn); presser, avancer (le départ de qn). *To h. dinner*, avancer le dîner, l'heure du dîner. *To h. the climax*, brusquer le dénouement. *This action hastened his fall*, cette action précipita sa chute. *To h. s.o.'s death*, avancer la mort de qn. (*b*) Activer (la combustion, une réaction). **2.** *v.i.* Se hâter, se dépêcher, se presser (*to do sth.*, de faire qch.). *I hastened to reassure him*, je me suis empressé de le rassurer. *We h. to assure you that . . .*, nous nous empressons de vous assurer que. . . . *Whither are you hastening?* où courez-vous si vite? *To h. downstairs*, descendre l'escalier quatre à quatre; se hâter de descendre.

hasten away, *v.i.* S'en aller précipitamment; partir à la hâte.

hasten back, *v.i.* Revenir en toute hâte.

hasten down, *v.i.* Descendre en toute hâte.

hasten forward, *v.i.* S'avancer à pas précipités.

hasten in, *v.i.* Rentrer à la hâte.

hasten out, *v.i.* Sortir avec précipitation.

hasten up, *v.i.* **To hasten up to s.o.,** se hâter d'accourir vers qn; arriver en courant, tout courant, vers qn.

hastening, *s.* **1.** Avancement *m* (d'un événement). **2.** Hastening (on, up), accélération *f* (de l'ouvrage, etc.).

hastiness ['heistinəs], *s.* **1.** Précipitation *f*, hâte *f*. **2.** (*Of temper*) Emportement *m*, vivacité *f*, brusquerie *f*.

hasty ['heisti], *a.* **1.** (Départ, adieu) précipité; (croquis) fait à la hâte; (repas *m*) sommaire. *I sent him a h. note*, je lui envoyai un billet écrit à la hâte. **To be over-hasty in doing sth.,** mettre trop de hâte à faire qch. *Let us not be over-h.*, ne précipitons rien. *Cu:* **Hasty pudding,** bouillie *f* au lait; tôt-fait *m*, *pl.* tôt-faits; *U.S:* bouillie de maïs au lait. **2.** (Aveu) irréfléchi. *H. act*, imprudence *f*. *To jump to a h. conclusion*, conclure à la légère. *People h. in their decisions*, gens précipités dans leurs décisions. **3.** (*a*) Emporté, vif. **To be hasty-tempered,** être vif, d'humeur prompte. (*b*) *Exp:* **Hasty powder,** poudre vive. **4.** (*Of growth, etc.*) Rapide. **-ily,** *adv.* **1.** A la hâte, précipitamment. *H. improvised*, sommairement organisé. **2.** *To speak h.*, parler sans réfléchir. *To judge sth. h.*, juger qch. à la légère. **3.** Avec vivacité. *To speak h.*, parler avec brusquerie.

hat[1] [hæt], *s.* Chapeau *m*. **Top hat, silk hat,** *F:* **high hat, chimney-pot hat, stove-pipe hat,** chapeau haut de forme; *F:* cylindre *m*; huit-reflets *m inv*; *P:* tube *m*; tuyau *m* de poêle. **Soft felt hat,** chapeau (en feutre) souple; chapeau mou; feutre mou. **Paper hat,** coiffure *f* de cotillon. *See also* BOWLER[2], BRASS I, COCKED, CRUSH-HAT, OPERA-HAT, SAILOR HAT, STRAW HAT, SUN-HAT, TIN-HAT. **To lift, raise, one's hat to s.o.,** saluer qn (d'un coup de chapeau); adresser un salut à qn; donner à qn un coup de chapeau, tirer son chapeau à qn. *See also* TOUCH[2] I. 1. **Hat in hand,** chapeau bas. **To put on one's hat,** mettre son chapeau; (*of man*) se couvrir. **To take off one's hat,** enlever son chapeau; (*of man*) se découvrir. **To keep one's hat on,** garder son chapeau; (*of man*) rester couvert. **To take off one's hat to s.o.,** (i) saluer qn (du chapeau); se découvrir devant qn; (ii) *F:* s'incliner devant qn; reconnaître la supériorité de qn. **Hats off!** chapeaux bas! **Hats off to France!** vive la France! *A woman without a hat, wearing no hat*, une femme en cheveux. *Ecc:* **The Cardinal's hat, the red hat,** le chapeau rouge; le chapeau de cardinal. *He was aiming at the red hat*, il ambitionnait le chapeau; il visait au cardinalat. *Art:* **Gainsborough hat, picture hat,** chapeau Gainsborough, chapeau Rubens. *A:* **Gessler's hat,** la toque, le bonnet, de Gessler. *F:* **To send, pass, the hat round, to go round with the hat, on s.o.'s behalf,** faire passer le chapeau, faire la quête, au profit de qn. *F:* **To hang up one's hat in s.o.'s home,** s'introniser chez qn. *P:* **My hat!** (i) pas possible! (ii) pigez-moi ça! *If it comes off*, **I'll eat my hat,** si ça réussit, je l'irai dire à Rome! *I'll eat my hat if I will!* jamais de la vie! *F:* **To keep information under one's hat,** garder des renseignements pour soi. *Keep it under your hat*, n'en dites pas un mot; gardez cela pour vous. *U.S:* **To throw one's hat into the ring,** se faire inscrire pour un concours; poser sa candidature. *See also* BAD I. 2, IRON[1] 1, TALK[2] I. 1.

'hat-block, *s.* Forme *f* de chapeau; forme à chapeaux.

'hat-box, *s.* Boîte *f*, carton *m*, étui *m*, à chapeau.

'hat-brush, *s.* Brosse *f* à chapeaux.

'hat-guard, *s.* Laisse *f*.

hat-'lining, *s.* Coiffe *f*.

'hat-maker, *s.* Chapelier, -ière.

'hat-making, *s.* Chapellerie *f*; l'industrie chapelière.

'hat-money, *s.* *Com:* *Nau:* Chapeau *m* (de mérite); primage *m*.

'hat-net, *s.* *Aut:* *etc:* Filet *m* chapelière.

'hat-peg, *s.* Patère *f*; porte-chapeau *m*, *pl.* porte-chapeaux.

'hat-pin, *s.* Épingle *f* à chapeau; fixe-chapeau *m*, *pl.* fixe-chapeaux.

'hat-rack, *s.* Porte-chapeaux *m inv*; *Aut:* filet *m* chapelière. **Hat-and-coat rack,** vestiaire *m*.

'hat-rail, *s.* Porte-chapeaux *m inv*.

'hat-shop, *s.* **1.** (*For men*) Chapellerie *f*. **2.** (*For women*) Boutique *f* de modiste. *At the hat-shop*, chez la modiste.

'hat-stand, *s.* Porte-chapeaux *m inv*.

'hat-tree, *s.* *U.S:* Porte-chapeaux *m inv*.

'hat trick, *s.* **1.** (*Conjuring*) Tour *m* du chapeau; coup *m* du chapeau. **2.** *Cr:* Mise *f* hors jeu de trois batteurs avec trois balles de suite. *Fb:* Trois buts marqués par le même joueur.

hat[2], *v.tr.* **1.** Fournir un chapeau, des chapeaux, à (qn); *F:* chapeauter (qn). *Smartly hatted woman*, femme bien chapeautée. **2.** Conférer à (un ecclésiastique) le chapeau de cardinal.

hatband ['hætbænd], *s.* Ruban *m* de chapeau; *A:* (*with buckle*) bourdalou *m*. **Mourning hatband,** crêpe *m*.

hatch[1] [hætʃ], *s.* **1.** Partie basse d'une porte coupée; demi-porte *f*, *pl.* demi-portes. **2.** *Nau:* (*a*) Hatch(way), descente *f*, écoutille *f*; entrée *f* des panneaux. *See also* BOOBY-HATCH. (*b*) Hatch(-cover), panneau *m* de descente; écoutille. *Navy:* *Steel h.-cover*, opercule *m* d'acier. **Close hatch,** panneau plein; panneau de mer. **Under hatches,** (i) dans la cale; (ii) (prisonnier) dans la cale; (iii) *F:* mort et enterré. *To clap a mutineer under hatches*, mettre un mutin aux fers dans la cale. *To close down the h.*, fermer le panneau. **To (cover and) secure the hatches,** condamner les descentes; mettre les panneaux en place. *See also* BATTEN[2] 1. **3.** Trappe *f*. **Service hatch, buttery hatch,** passe-plats *m inv*; guichet *m* de dépense. **4.** *Hyd.E:* Vanne *f* d'écluse.

'hatch-bars, -battens, *s.pl.* *Nau:* Tringles *f* de panneaux.

hatch[2], *s.* *Husb:* **1.** Éclosion *f* (d'un œuf, d'une couvée). **2.** Couvée *f*.

hatch[3]. **1.** *v.tr.* (*a*) Faire éclore (des poussins). **To hatch out eggs,** incuber, (faire) couver, des œufs. *F:* **To hatch a plot,** ourdir, tramer, monter, couver, mijoter, un complot; brasser une intrigue. (*b*) *Pisc:* Incuber (les œufs). **2.** *v.i.* **To hatch (out),** (*of young birds or eggs*) éclore. *Newly hatched chickens*, poussins *m* qui sortent de la coquille. *F:* **To be only just hatched,** être à peine sorti de sa coquille. *A plot is hatching*, il se trame quelque chose. *See also* CHICKEN 1.

hatching[1], *s.* **1.** (*a*) Éclosion *f* (d'une couvée); *Pisc:* incubation *f* (des œufs). *Hatching box*, auge *f* d'incubation. (*b*) Machination *f* (d'un complot). **2.** Couvée *f*.

'hatch-out, *s.* Éclosion *f*.

hatch[4], *s.* **1.** *Engr:* Hachure *f*. **2.** Brettelure *f* (d'une pièce d'orfèvrerie).

hatch[5], *v.tr.* **1.** *Engr:* *Her:* Hacher, hachurer (un dessin). **2.** Bretteler (une pièce d'orfèvrerie).

hatching[2], *s.* **1.** *Engr:* *Her:* Hachure *f*. **2.** *Mapm:* Liséré *m* (en couleur).

hatchel[1] [hætʃl], *s.* = HACKLE[1] 1.

hatchel[2], *v.tr.* = HACKLE[2].

hatcher ['hætʃər], *s.* **1.** *Husb:* (*a*) (Poule) couveuse *f*. (*b*) Couveuse artificielle. **2.** Machinateur *m* (d'intrigues).

hatchery ['hætʃəri], *s.* Établissement *m* de pisciculture. *Trout h.*, alevinier *m* à truites.

hatchet ['hætʃet], *s.* Hachette *f*, cognée *f*; hache *f* à main. *Hammer-head h.*, hache à marteau. *F:* **To bury the hatchet,** enterrer la hache de guerre; faire la paix; se réconcilier. **To take up the hatchet,** entrer en guerre. **To dig up the hatchet,** recommencer la guerre. *P:* **To throw, heave, the hatchet,** hâbler, exagérer. *See also* HELVE[1].

'hatchet-face, *s.* Visage *m* en lame de couteau.

'hatchet-faced, *a.* (Homme, etc.) au visage en lame de couteau.

hatchettite ['hætʃetait], *s.* *Miner:* Suif minéral.

hatchling ['hætʃliŋ], *s.* Oiseau *m* qui vient d'éclore; poisson *m* qui vient de naître.

hatchment ['hætʃmənt], *s.* *Her:* **1.** Écusson *m* funéraire; armoiries *f* funéraires (tendues sur la façade de la demeure du défunt). **2.** *A:* Écusson; armoiries.

hatchway ['hætʃwei], *s.* *Nau:* *See* HATCH[1] 2 (*a*).

hate[1] [heit], *s.* **1.** *Lit:* = HATRED. **2.** *F:* (1914-1918) (*a*) Manifestation *f* de haine; accès *m* d'humeur. (*b*) Marmitage *m*.

hate[2], *v.tr.* **1.** Haïr, détester, exécrer (qn, qch.); avoir (qn) en aversion, en haine, en horreur. *I h. him*, il m'est odieux. **To hate s.o. like poison, like the plague,** haïr qn comme la peste, à l'égal de la peste. *To h. s.o. for doing sth.*, haïr qn d'avoir fait qch. *I h. myself for consenting*, je m'en veux d'avoir consenti. **2.** **To hate to do sth.,** détester (de) faire qch. *She hates to be contradicted*, elle ne peut pas souffrir qu'on la contredise. **I hate being bothered,** je ne peux pas souffrir qu'on vienne me déranger. *He hated to be taken in,* il avait en horreur qu'on le dupât. **I should hate to be late,** cela m'ennuierait fort d'être en retard. *I h. complaining, I h. to complain,* je déteste d'avoir à me plaindre. *F: I h. him talking shop,* je déteste qu'il parle boutique. *I h. his going so far away,* cela me chagrine, me fait de la peine, qu'il s'en aille si loin. *I h. you to talk about it; I h. that you should talk about it,* je n'aime pas que vous en parliez.

hateable ['heitəbl], *a.* Haïssable.

hateful ['heitful], *a.* (*Of pers., thg*) Odieux, détestable. *The h. part of the business is that . . .,* l'odieux *m* de la chose c'est que. . . . **-fully,** *adv.* Odieusement, détestablement.

hatefulness ['heitfulnəs], *s.* Odieux *m*, nature *f* détestable (de qch.).

hater ['heitər], *s.* Haïsseur, -euse. *A h. of all display,* un ennemi de tout apparat. **Gramophone hater,** phonophobe *mf.* *See also* MAN-HATER, WOMAN-HATER.

hatful ['hatful], *s.* Plein chapeau (de fruits, etc.).

hath [haθ]. *See* HAVE².

hathi ['hɑːθi], *s.* (*In India*) Éléphant *m*.

Hathor ['hɑːθɔːr]. *Pr.n.f. Egypt.Myth:* Hathor.

hatless ['hatləs], *a.* (Homme, etc.) sans chapeau, tête nue; (femme) en cheveux.

hatred ['heitred], *s.* Haine *f* (*of s.o.,* de, contre, qn). **To incur s.o.'s hatred,** s'attirer la haine de qn. *To excite universal h.,* soulever la haine universelle. *The h. that he bears you,* la haine qu'il vous porte. *They persecute him* **out of hatred for** *his father,* on le persécute en haine de son père. *To have a mortal h. of s.o.,* haïr qn à mort.

hatter ['hatər], *s.* Chapelier, -ière. *See also* MAD 1.

hauberk ['hɔːbəːrk], *s. Archeol:* Haubert *m*.

haugh [hɑːχ, hɑːf], *s. Scot:* Prairie *f* irrigable; noue *f*.

haughtiness ['hɔːtinəs], *s.* Arrogance *f*, hauteur *f*, morgue *f*.

haughty ['hɔːti], *a.* Hautain, arrogant, altier, sourcilleux. **-ily,** *adv.* Hautainement; d'une manière hautaine, arrogante; altièrement. *To speak h.,* parler avec hauteur.

haul¹ [hɔːl], *s.* 1. Amenée *f*; effort *m* (pour tirer, haler, ou amener qch.). 2. *Fish:* (*a*) **At one haul (of the net),** d'un seul coup de filet. *F: The police made a h. of them,* la police les a ramassés d'un seul coup de filet. (*b*) Prise *f*, pêche *f*. **To make, get, a good haul,** (i) ramener un fameux coup de filet; faire (une) bonne pêche; (ii) *F:* (*of financier*) faire son butin. *The burglars did not get much of a h.,* les cambrioleurs *m* n'ont pas trouvé grand'chose à rafler. 3. Chemin parcouru par un objet traîné; parcours *m*, trajet *m*. **Length of haul,** distance *f* de transport.

haul². 1. *v.tr.* (*a*) Tirer; traîner, transporter (une charge); remorquer (un bateau, un train). *The engine was hauling 25 trucks,* la locomotive traînait 25 wagons. *Car hauling a trailer,* auto suivie d'une remorque. *Min:* **To haul the trucks,** rouler les wagons; hercher. *See also* ABOARD 1, COAL¹ 1, TAUT. (*b*) Transporter (des marchandises) par camions; camionner. (*c*) *Nau:* **To haul the wind,** serrer le vent (de près); repiquer dans le vent. *See also* CLOSE-HAUL. 2. *v.i. Nau:* (*a*) **To haul on a rope,** haler sur une manœuvre. (*b*) **To haul alongside,** accoster. (*c*) **To haul upon, to, the wind,** serrer, rallier, le vent; haler le vent, se haler dans le vent. *To h. to starboard,* venir sur tribord. (*d*) (*Of wind*) Haler. *To h. aft, on the beam,* haler l'arrière, le travers. *The wind is hauling,* la brise refuse.

haul down, *v.tr. Nau:* Haler bas, rentrer, affaler (les voiles, etc.); rentrer (un pavillon). *To h. down a signal,* amener un signal. *The ship hauled down her colours,* le vaisseau amena.

haul in. *Nau:* 1. *v.tr.* Haler en dedans. *To h. in a rope,* haler, rentrer, virer, une manœuvre. **Haul in the ropes!** embraquez les amarres! *To h. in the sheets,* choquer les écoutes. *To h. in a bit of the towing-rope,* embraquer un peu la remorque. *To h. in the log,* rentrer le loch. *To h. in the line,* relever la sonde. *Mil: To h. in each half of a pontoon bridge to the bank,* replier un pont. 2. *v.i.* Rallier la terre.

haul off, *v.i. Nau:* S'élever au large.

haul out, *v.i. Navy:* 1. **To haul out of the line,** sortir, déboîter, de la ligne; quitter la ligne. 2. (*Of male seal*) Aller à terre.

haul up. 1. *v.tr.* (*a*) *Nau:* Hisser (un pavillon). *To h. up a boat,* (*aboard ship*) rentrer une embarcation; (*on the beach*) haler une embarcation à sec. (*b*) *F:* **To haul s.o. up** (*for sth., for doing sth.*), demander une explication à qn; demander compte à qn (de qch.); prendre qn à partie (d'avoir fait qch.). 2. *v.i. Nau:* Remonter dans le vent.

hauling, *s.* (*a*) Traction *f*, remorquage *m*; *Min:* herchage *m*. **Hauling engine,** moteur *m* de roulage. *Rail:* **Hauling stock,** matériel remorqueur. (*b*) *Nau:* Halage *m*. **Hauling rope,** câble *m* de halage. **Hauling line,** va-et-vient *m inv.* **Hauling slip,** cale *f* à halage. **Hauling end of a tackle,** garant *m* d'un palan.

haulage ['hɔːledʒ], *s.* 1. (*a*) (Transport *m* par) roulage *m*, charriage *m*, camionnage *m*. **Haulage contractor,** entrepreneur *m* de transports. (*b*) Traction *f*, remorquage *m*, halage *m*. *Min:* Traînage *m* (des wagons); herchage *m*. **Man haulage,** traction à bras. **Haulage rope,** câble *m* de traînage. *Min:* **Haulage man,** rouleur *m*, hercheur *m*. 2. (*Costs*) Frais *mpl* de roulage, de transport.

hauler ['hɔːlər], *s.* 1. Haleur, -euse. 2. *Min:* = HAULIER 2.

haulier ['hɔːliər], *s.m.* 1. Camionneur; entrepreneur de transports. 2. *Min:* Hercheur, rouleur, traîneur de wagonnets.

haulm [hɔːm, hɑːm], *s. Bot:* 1. Fane *f* (de légume). 2. *Coll.* Fanes, fanage *m*; chaume *m*.

haulmy ['hɔːmi, 'hɑːmi], *a.* Fanu.

haunch [hɔːnʃ, hɑːnʃ], *s.* 1. (*a*) *Anat:* Hanche *f*. (*b*) *Cu:* Cuissot *m*, quartier *m*, cimier *m* (de venaison, de chevreuil). (*c*) *pl.* **Haunches,** arrière-train *m*. **To pull a horse up on its haunches,** arrêter un cheval sur cul *m*. *Dog sitting on his haunches,* chien assis sur son derrière. 2. (*a*) *Arch:* Rein *m*, aisselle *f* (d'une voûte). (*b*) *Carp:* Renfort *m*. **Bevelled haunch,** mordâne *m*.

'haunch-bone, *s. Anat:* Os *m* iliaque; os coxal, *pl.* os coxaux.

haunched [hɔːnʃt], *a. Carp:* (Tenon *m*) à mordâne.

haunt¹ [hɔːnt], *s.* Lieu fréquenté (par une personne, un animal); retraite *f*; repaire *m* (de bêtes féroces, de voleurs, etc.); rendez-vous *m* (de bons compagnons). **An evil, a low, haunt,** un mauvais lieu. **Night-haunt,** boîte *f* de nuit. *He wanted to see the haunts of his youth,* il voulait revoir les lieux où s'était passée sa jeunesse. *To go back to one's old haunts,* revenir à ses anciennes fréquentations. *The busy haunts of men,* les lieux où se porte la foule; les lieux fréquentés par la foule.

haunt². 1. *v.tr.* (*a*) (*Of pers., animal*) Fréquenter, hanter (un endroit, qn). *Haunted by robbers,* fréquenté par les voleurs, infesté de voleurs. (*b*) (*Of ghost*) Hanter (une maison). **This place is haunted,** il y a des revenants ici. *The red room is haunted,* il y a des revenants dans la chambre rouge. *He has a haunted look,* il a l'air d'un halluciné. **Haunted-looking eyes,** yeux hagards, fous. (*c*) (*Of thoughts, ideas, dreams*) Obséder, poursuivre (qn), troubler, hanter (l'esprit, le sommeil). **To be haunted by memories,** être assiégé, obsédé, par des souvenirs. 2. *v.i.* (*Usu. of animal*) **To haunt in, about, a place,** fréquenter un endroit.

haunting¹, *a.* 1. (Mélodie, etc.) qui vous hante, qui vous trotte dans la mémoire, qui revient constamment à la mémoire; (souvenir, doute) obsédant. *H. thought,* pensée hallucinante. **Haunting memory,** hantise *f*. 2. Qui fréquente (un endroit). **The temple-haunting martlet,** le martinet familier des temples.

haunting², *s.* Fréquentation *f*, hantement *m*.

haunter ['hɔːntər], *s.* Habitué, -ée (de théâtres, etc.). *H. of taverns,* pilier *m* de cabaret.

Hausa ['hausa], *s.* 1. *Ethn:* Haous(s)a *mf.* 2. *Ling:* Le haous(s)a.

Hausaland ['hausaland]. *Pr.n. Geog:* Le Haous(s)a.

hausmannite ['hausmanait], *s. Miner:* Hausmannite *f*.

haustellum, *pl.* **-a** [hɔː'steləm, -a], *s. Nat.Hist:* Trompe *f* (d'insecte, de crustacé).

haustorium, *pl.* **-ia** [hɔː'stɔːriəm, -ia], *s. Bot:* Suçoir *m* (de plante parasite).

haustrum, *pl.* **-a** ['hɔːstrəm, -a], *s. Anat:* Saccule *m* du côlon.

hautboy ['houboi], *s.* 1. *Mus:* = OBOE 1. 2. *Bot:* **Hautboy (strawberry),** (i) capron *m*, (ii) (*plant*) capronnier *m*; fraisier élevé.

Havana [hə'vana]. 1. *Pr.n. Geog:* La Havane. 2. *s.* **A Havana (cigar),** un havane; un londrès.

have¹ [hav], *s.* 1. *pl. F:* **The haves and the have-nots,** les riches *m* et les pauvres *m*; les propriétaires *m* et les prolétaires *m*; les états qui possèdent des colonies et ceux qui n'en possèdent pas. 2. *P:* (*a*) (*Swindle*) Attrape *f*; escroquerie *f*. (*b*) (*Joke*) Attrape, bateau *m*. **It's a have!** on a été refaits. *See also* HAVE-ON.

have², *v.tr.* (*pr. ind.* **have,** *2nd pers.* **hast,** *3rd pers.* **has,** *A. & B:* **hath,** *pl.* **have;** *pr. sub. sg. & pl.* **have;** *past ind. & sub.* **had, hadst, had,** *pl.* **had;** *pr.p.* **having;** *p.p.* **had.** *Have not, has not, had not, are frequently shortened into* **haven't, hasn't, hadn't;** *I have, he has, we have, you have, they have, into* **I've, he's, we've, you've, they've;** *I had, etc., into* **I'd,** *etc.*) 1. (*a*) Avoir, posséder. *A week has seven days,* une semaine a sept jours. *He had no friends,* il n'avait pas d'amis. *Would you like to h. such a man for a friend,* cela vous plairait-il d'avoir un pareil homme pour ami? **To have a thousand pounds a year,** avoir mille livres de rente(s). **All I have,** tout ce que je possède, tout mon avoir. *He has a shop,* il tient une boutique. *I h. the key of the riddle,* je tiens la clef de l'énigme. *The purse had nothing in it,* il n'y avait rien dans la bourse; la bourse était vide. *My bag has no name on it,* ma valise ne porte pas de nom. *The door has no key to it,* la porte n'a pas de clef. *I don't know whether you still h. apples for sale.* **If you have,** *send me a case,* je ne sais si vous avez encore des pommes à vendre. Dans l'affirmative, expédiez-m'en une caisse. **I have nothing to do,** je n'ai rien à faire. *I h. work to do,* j'ai à travailler. **The work I have for you to do,** le travail que je vous réserve. **To have s.o. to deal with,** avoir affaire à qn. **You have my sympathy, my apologies,** je vous plains; je vous demande pardon. *To h. a right,* jouir d'un droit. **I have no words to express . . .,** les mots me manquent pour exprimer. . . . **I have no Latin,** j'ignore le latin. *He has no Latin or Greek,* il ne sait ni latin ni grec. **Ah! I have it!** ah! j'y suis! **You have me?** vous me comprenez? *P:* **To have it in for s.o.,** garder à qn un chien de sa chienne. **To have it on s.o.,** l'emporter sur qn. **To have nothing on s.o.,** ne l'emporter sur qn en quoi que ce soit. *Abs.* **He that hath, to him shall be given,** (i) *B:* à celui qui a il sera donné, (ii) *F:* qui chapon mange, chapon lui vient. *See also* CONTEMPLATION 2, HOLD² I. 8, MIND¹ 2, POSSESSION 1. (*b*) **We don't have many visitors,** nous ne recevons pas beaucoup de visites. *To-morrow I am having visitors,* demain j'attends des visites. *Caroline is having her sisters over the Sunday,* Caroline va avoir ses sœurs à la maison jusqu'à lundi. **We have friends staying with us,** nous avons des amis en visite. 2. (*a*) (*Give birth to*) Avoir, faire. *How many children has she had?* combien d'enfants a-t-elle eus? *Our cat has had kittens,* notre chatte a fait des petits. (*b*) (*Beget*) *He had had two children by her,* il avait eu d'elle deux enfants. 3. (*Obtain*) (*a*) *There was no work to be had,* on ne pouvait pas obtenir, se procurer, de travail. **It is to be had at the chemist's, at all booksellers', of all booksellers,** cela se trouve chez le pharmacien; c'est en vente chez tous les libraires. **To have one's wish,** obtenir, ou avoir obtenu, ce que l'on désire. *See also* WAY¹ 6, WILL¹ 2. (*b*) **To have news from s.o.,** recevoir des nouvelles de qn. *I had it from my neighbour,* je tiens ce renseignement de mon voisin; je le tiens de mon voisin. *I h. it on good authority,* je l'ai appris de bonne part. *I h. it on good authority that . . .,* je tiens de bonne source que. . . . (*c*) *I must h. them by to-morrow,* il me les faut pour demain. *I will let you h. it, for £5,* je vous le céderai, je vous le laisserai, pour cinq livres. *Let me h. the money to-morrow,* envoyez-moi l'argent demain. **Let me have your keys,** donnez-moi, laissez-moi, vos clefs. *Let me h. an early reply,* répondez-moi sans retard. *Com: Let me h. your order as soon as possible,* transmettez-moi votre commande au plus tôt. *F:* **I let him have it,** (i) je lui ai dit son fait; (ii) je lui ai flanqué une raclée, une tripotée; je lui ai réglé son compte. **4.** (*Take*) Prendre (de la nourriture). **To have tea with s.o.,** prendre le thé avec qn. *Will you h. tea?* voulez-vous du thé? *Where do you h. your meals?* où prenez-vous vos repas? *What will you h., sir?—I'll h. a chop,* que prendra monsieur?—Donnez-moi une côtelette. *He is having his dinner,* il est en train de dîner. *She hasn't had anything for three days,* elle n'a rien mangé, rien pris, depuis trois jours. *I had some more,* j'en ai repris. **To have a cigar, a cigarette,** fumer un cigare, une cigarette; *F:* griller une cigarette. *P:* **I'm not having any!** on ne me la fait pas! ça ne prend pas! très peu pour moi! **I've had some, thank you!** je sors d'en prendre! **5.** (*In numerous verbal phrases; e.g.*) (*a*) **To have measles,** avoir la rougeole. **To have a cold,** être enrhumé. **To have a fit of coughing,** avoir une quinte de toux. **To have dealings with s.o.,** avoir affaire à qn. **To have the choice,** avoir le choix. **To have faith in s.o.,** avoir foi en qn. **To have an idea,** avoir une idée. **To have no idea, no notion, of . . .,** n'avoir aucune idée de. . . . **To have need of sth.,** avoir besoin de qch. **To have recourse to s.o.,** avoir recours à qn. **To have a talk, a word, with s.o.,** avoir un entretien avec qn. **To have a taste for sth.,** avoir le goût de qch. **To have a right to sth.,** avoir droit à qch. (*b*) **To have a dream,** faire un rêve. **To have a walk, a drive,** faire une promenade. **To have a game,** faire une partie. **To have a fall,** faire une chute. (*c*) **To have a lesson,** prendre une leçon. **To have a bath, a shower-bath,** prendre un bain, une douche. **To have a wash,** se laver. **To have a shave,** (i) se raser, (ii) se faire raser. (*d*) **To have a pleasant evening,** passer une soirée agréable. **To have a joke with s.o.,** plaisanter avec qn. **I didn't have any trouble at all,** cela ne m'a donné, ne m'a coûté, aucune peine. *I didn't h. any trouble in finding it,* je n'ai eu aucune peine à le trouver. *If you are not careful* **we shall have the police here,** si vous ne prenez pas garde, nous allons avoir une descente de la police. *She had intended* **to have a stormy scene,** *but she did not h. it,* elle avait compté sur une scène orageuse, mais cette scène n'eut pas lieu. **We had a rather strange adventure,** il nous est arrivé une aventure assez étrange. *The only thing* **I ever had happen to me** *was . . .,* la seule chose qui me soit jamais arrivée, c'est. . . . *See also* ACCIDENT 1, FUN[1]. **6.** (*a*) (*Assert*) Prétendre, soutenir, affirmer. **He 'will have it that** *Hamlet is mad,* il soutient, il affirme à tout venant, que Hamlet est fou; il veut à toute force que Hamlet soit fou. *They are not so old as you would h. them,* ils n'ont pas l'âge que vous leur prêtez, que vous leur donnez. *Rumour has it that . . .,* le bruit court que. . . . (*b*) **As Plato has it,** comme dit Platon. (*c*) (*Admit*) **He will not have it that** *she is delicate,* il n'admet pas qu'elle soit de santé délicate. **7.** (*a*) **To have s.o. in one's power,** avoir qn en son pouvoir, *F:* sous sa coupe. **I have him beaten,** je l'ai à ma merci; le voilà enfoncé; je le tiens, *F:* je l'ai. *He had me by the throat,* il me tenait à la gorge. (*b*) **You have me there!** voilà où vous me prenez en défaut; à cela je ne sais que répondre! *That's where I shall h. him!* c'est là que je l'attends! (*c*) *F:* (*Outwit*) Avoir, attraper (qn); mettre (qn) dedans. **To be had,** donner dans le piège, dans le panneau; *F:* donner dedans. **You've been had!** on vous a eu! on vous a acheté! vous avez été refait! (*with regard to a purchase*) on vous a passé un rossignol. *I've been properly had!* on m'a bien attrapé! *I had him properly,* je lui ai joué un tour de mon métier. *I have been had by a swindler,* j'ai été la victime d'un escroc; **j'ai été refait par un escroc. I'm not to be had,** on ne me la fait pas; ça ne prend pas. *See also* TOAST[1] 1. **8.** (*a*) (*Causative*) **To have sth. done,** faire faire qch. **To have s.o. do sth.,** faire faire qch. à qn. *To h. one's hair cut,* se faire couper les cheveux. *H. it repaired,* faites-le réparer. *I had it built on purpose,* je l'ai fait bâtir exprès. *The proposals that I should like to h. considered,* les propositions *f* que je voudrais voir étudier. *The peace these men would h. us accept,* la paix que ces hommes voudraient nous faire accepter. **He 'would have me come in,** il a voulu à toute force me faire entrer. (*b*) **He had his leg broken,** il s'est cassé la jambe. *Three houses had their windows shattered,* trois maisons ont eu leurs fenêtres brisées. *I had my watch stolen,* je me suis fait, laissé, voler ma montre. *She had had a story taken by a weekly,* un de ses contes avait été accepté par une publication hebdomadaire. *We h. had a double task imposed upon us,* nous nous sommes vu imposer une double tâche. *He likes to h. people come to see him,* il aime qu'on vienne le voir. *I like to h. my place look its best,* j'aime bien que ma demeure ait bonne apparence. (*c*) **I shall have everything ready,** je veillerai à ce que tout soit prêt. *I shall h. the water boiling,* je ferai en sorte qu'il y ait de l'eau bouillante. (*d*) **To have one's hands full, one's pockets empty, one's eyes open,** avoir les mains pleines, les poches vides, les yeux ouverts. *See also* HAND[1] 1. **9. Will have.** (*a*) **Which one will you have?** lequel voulez-vous? **She won't have him,** elle ne veut pas de lui. *Will you h. me to help you?* voulez-vous de moi pour vous aider? *What more would you h.?* que vous faut-il de plus? **As ill-luck would have it** *he arrived too late,* la malchance voulut qu'il arrivât trop tard. (*b*) **What would you have me do?** que voulez-vous que je fasse? *He would h. the Government control all railways,* il voudrait que le gouvernement ait la direction de tous les réseaux de chemin de fer. *I would h. you know that . . .,* sachez que. . . . **He would have had her suppose that . . .,** il aurait voulu lui faire supposer que. . . . (*c*) (*Allow*) **I will not have such conduct,** je ne supporterai pas une pareille conduite. *I won't h. him teased,* je ne veux pas, je ne souffre pas, qu'on le taquine. *I won't h. you coming in here,* je ne veux pas que vous entriez ici. *I can't h. Rosie know about it,* ça ne m'irait pas du tout que Rosie l'apprenne. **10.** (*a*) (*Of pers.*) (*Be compelled*) **To have to do sth.,** devoir faire qch.; être obligé, forcé, de faire qch. *I had to go away,* j'ai dû m'en aller. *We shall h. to walk faster,* il nous faudra marcher plus vite; il faudra que nous marchions plus vite (que ça). *He has to walk five miles,* il lui faut faire cinq milles à pied. **I don't have to work,** moi je n'ai pas besoin de travailler. (*b*) *My shirt will h. to be ironed,* ma chemise a besoin d'être repassée; il va falloir me repasser ma chemise. *The clock will h. to be mended,* la pendule a besoin d'être réparée. **11.** (*As auxiliary*) (*a*) **To have been, to have given, to have done,** avoir été, avoir donné, avoir fait. **To have come, to have hurt oneself,** être venu, s'être blessé. **When I had dined, I went out,** (i) quand j'avais dîné, je sortais; (ii) quand j'eus dîné, je sortis; (iii) quand j'ai eu dîné, je suis sorti. **I have lived in London for three years,** voilà trois ans que j'habite Londres. (*Emphatic*) *Well, you 'have grown!* ce que tu as grandi! **'Had I seen him?** si je l'avais vu! (*b*) *He went to the office, as his father had before him,* il allait au bureau, comme l'avait fait son père avant lui. *You h. forgotten your gloves.*—**So I have!** vous avez oublié vos gants.—En effet! Tiens, c'est vrai! *You haven't swept the room.*—**I have!** vous n'avez pas balayé la chambre.—Si! Mais si! Si fait! *You h. been in prison before.*—**I haven't!** vous avez déjà fait de la prison.—C'est faux! **12.** (*Past sub. 'had' = would have*) **I had better say nothing,** je ferais mieux, ferai mieux, de ne rien dire. **I had as soon, as lief, stay here,** j'aimerais autant rester ici. *I had much rather start at once,* j'aimerais bien mieux partir tout de suite.

have at, *v.i.* *A:* **(Let us) have at him!** à l'attaque! attrapons-le! attrape-le!

have back, *v.tr.* **1.** Faire revenir (qn). **2.** *Let me h. it back,* rendez-le-moi. *You shall h. it back to-morrow,* on vous le rendra demain.

have down, *v.tr.* **1.** (*a*) Faire descendre (qn). *I had Jones down for an explanation,* j'ai fait descendre Jones pour qu'il s'explique. (*b*) Faire venir (qn) (de Londres en province). *I'm having Jones down for a few days' shooting,* j'ai invité Jones à venir chasser pendant quelques jours. **2.** Faire tomber (qn) (par terre).

have in, *v.tr.* **1.** (*a*) Faire entrer (qn). (*b*) Avoir qn (dans la maison). *Next week we shall have the painters in,* la semaine prochaine nous aurons les peintres, les décorateurs. **To have s.o. in to dinner,** (i) inviter qn à dîner; (ii) avoir qn à dîner. *I had Smith in to dine with me,* j'ai invité Smith à partager mon dîner. *I had them in for a cup of tea,* je les ai fait entrer pour prendre une tasse de thé. *F:* **I had the doctor in,** j'ai fait venir le médecin. **2. To have sth. in,** (i) s'approvisionner de qch.; (ii) être approvisionné de qch.

have on, *v.tr.* **1.** (*a*) **To have on a coat,** porter un habit. *He had nothing on,* il était nu; *F:* il était à poil. (*b*) *F:* *This evening* **I've got a lecture on,** ce soir, je dois (i) faire une conférence, (ii) assister à une conférence. **2.** *P:* **To have s.o. on,** monter un bateau à qn; monter le coup à qn; duper, faire marcher, qn; faire voir à qn des étoiles en plein midi. **3.** *F:* *I don't go to the Derby, but* **I always have something on,** je n'assiste pas au Derby, mais je mise toujours sur un cheval, mais je fais toujours quelques paris.

'have-on, *s.* *F:* Attrape *f*, bateau *m*, blague *f*. *We all pretended to be asleep,* **just as a have-on,** on a tous fait semblant de dormir, histoire de blaguer, pour voir comment il prendrait ça.

have out, *v.tr.* **1.** (*a*) Faire sortir (qn). (*b*) **To have a tooth out,** se faire arracher une dent. **2.** (*a*) **Let him have his sleep out,** laissez-le finir son somme; laissez-le dormir tout son soûl. (*b*) *F:* **To have it out with s.o.,** vider une querelle avec qn; avoir une explication, des explications, avec qn; s'expliquer avec qn, en avoir le cœur net avec qn. *Now we will h. it out,* à nous deux maintenant.

have up, *v.tr.* **1.** (*a*) Faire monter (qn). *I had Jones up for an explanation,* j'ai fait monter Jones pour qu'il s'explique. (*b*) Faire lever (qn). (*c*) Faire venir (qn) (de la province à Londres). *At Christmas I had my nephews up to see the pantomime,* à Noël j'ai invité mes neveux à venir à Londres pour voir la féerie. **2.** *F:* (*a*) Faire assigner (qn) (en justice); citer (qn) en justice. *She says she'll have him up for breach of promise,* elle dit qu'elle va le poursuivre pour violation de promesse de mariage. (*b*) (*Of magistrate*) Assigner, citer, (qn) en justice; sommer (qn) de comparaître. **To be had up for an offence,** être cité devant les tribunaux pour un délit; *F:* avoir, ramasser, une contravention (pour excès de vitesse, etc.).

having, *s.* **1.** Possession *f*. **2.** *pl.* **Havings,** avoir *m*, fortune *f*, biens *mpl*.

havelock ['havlɔk], *s.* *U.S:* *A:* Couvre-nuque *m*, *pl.* couvre-nuques; coiffe *f* (de képi).

haven [heivn], *s.* (*a*) Havre *m*, port *m*. (*b*) *F:* Abri *m*, asile *m*, refuge *m*, retraite *f*. **Haven of refuge,** port de salut.

haver ['heivər], *v.i.* *Scot:* Dire des balivernes, des niaiseries, des sottises, des bêtises.

havers ['heivərz], *s.pl.* *Scot:* Sottises *f*, bêtises *f*.

haversack ['havərsak], *s.* **1.** *Mil:* Musette *f*. *Medical h.,* musette de, à, pansement. **2.** Havresac *m* (de tourisme, de camping).

Haversian [ha'vəːrsiən], *a.* *Anat:* (Canaux, etc.) de Havers.

havildar ['havildɑːr], *s.m.* *Mil:* (*In India*) Havildar; sergent (indigène).

havoc ['havək], *s.* Ravage *m*, dégâts *mpl*, dévastation *f*, destruction *f*. **To make havoc, play havoc** (*in the streets, among the pheasants, etc.*), faire de grands dégâts, de grands ravages (dans les rues, etc.); massacrer (les faisans). *To make h. of a town,* saccager une ville. *The frosts* **have wrought havoc in, made havoc of, played havoc among,** *the vineyards,* les gelées ont fait de grands dégâts dans les vignobles, ont fait beaucoup de tort aux propriétaires des vignobles.

Havre ['hɑːvər]. *Pr.n.* *Geog:* Le Havre.

haw[1] [hɔː], *s.* **1.** *Bot:* (*a*) Cenelle *f*. (*b*) = HAWTHORN. **2.** *A:* (*a*) Haie *f*, clôture *f*. (*b*) Enclos *m*.

haw[2], *s.* *Z:* **1.** Paupière nictitante, membrane clignotante, membrane nictitante (d'un cheval, d'un chien, d'un oiseau). **2.** *pl.* **Haws of a bloodhound,** caroncules *f* d'un limier.

haw[3], *v.i.* *See* HUM[2] 1.

haw[4], *int.* *U.S:* (*To horse*) Dia!

haw⁵, *v.i. U.S:* (*Of horse*) Tourner à gauche; aller à dia.

Hawaii [hɑːˈwaiiː]. *Pr.n. Geog:* Hawaï.

Hawaiian [hɑːˈwaiiən], *a. & s.* Hawaïen, -ïenne. **The Hawaiian Islands,** les îles *f* Hawaï.

hawbuck [ˈhɔːbʌk], *s.* Rustre *m*, lourdaud *m*, godichon *m*.

hawfinch [ˈhɔːfinʃ], *s. Orn:* Dur-bec *m, pl.* durs-becs; bec-dur *m, pl.* becs-durs; gros-bec *m, pl.* gros-becs; casse-noyau *m, pl.* casse-noyaux.

haw-haw¹ [ˈhɔːˈhɔː], *s.* **1.** Rire bruyant; rire bête; gros rire. **2.** Prononciation affectée (accent des grandes écoles). *To put on the h.-h. manner,* la faire à l'aristo; se donner des airs.

haw-haw², *v.i.* (haw-hawed; haw-hawing) Rire bruyamment, bêtement; faire des ho, ho, ho.

hawk¹ [hɔːk], *s.* **1.** *Orn:* Faucon *m*. **Red hawk,** faucon saure. *F:* **To have eyes like a hawk,** avoir des yeux d'aigle. *F:* **He doesn't know a hawk from a hand-saw,** il n'y connaît absolument rien. *See also* NIGHT-HAWK, SPARROW-HAWK, SWALLOW-HAWK. **2.** *F:* (*Of pers.*) Vautour *m*; homme *m* rapace.

ˈhawk-eyed, *a.* (Personne) aux yeux d'aigle, au regard d'aigle, qui a la vue perçante.

ˈhawk-like, *a.* Qui ressemble à un faucon; de faucon. *With a h.-l. swoop,* comme un aigle qui fond sur sa proie.

ˈhawk-moth, *s. Ent:* Sphinx *m*; crépusculaire *m*, smérinthe *m*. **The hawk-moths,** les sphingidés *m*. **Humming-bird hawk-moth,** moro-sphinx *m inv*; sphinx moineau *m*; macroglosse *m* du caille-lait; sphinx du caille-lait. *See also* PRIVET 2.

ˈhawk-nose, *s.* Nez aquilin, en bec d'aigle, recourbé.

ˈhawk-nosed, *a.* (Personne) au nez recourbé, au nez aquilin, en bec d'aigle. *To be h.-n.,* avoir le nez aquilin.

ˈhawk-owl, *s. Orn:* Chouette épervière.

ˈhawk's-beard, *s. Bot:* Crépide *f*.

ˈhawk's-bill, *s. Rept:* Caret *m*.

hawk², *v.i. Ven:* **1.** Chasser au faucon. **2.** (*Of bird or insect*) **To hawk at the prey,** fondre sur la proie.

hawking¹, *s.* Chasse *f* au faucon; fauconnerie *f*; chasse au vol. **To go hawking,** faire la chasse au faucon.

hawk³, *s. F:* Graillement *m*, expectoration *f*.

hawk⁴, *v.i. & tr. F:* Graillonner. **To hawk up phlegm,** expectorer des mucosités; graillonner.

hawking², *s.* Graillonnement *m*. **Hawking up of phlegm,** expectoration *f* de mucosités.

hawk⁵, *s. Tls:* Taloche *f* (de plâtrier).

hawk⁶, *v.tr.* Colporter, cameloter (qch.); crier (des marchandises) dans les rues.

hawking³, *s.* Colportage *m*.

hawkbill [ˈhɔːkbil], *s.* **1.** *Rept:* = HAWK'S-BILL. **2.** *Tls:* Pincette *f* à souder; tenaille *f* à souder.

hawker¹ [ˈhɔːkər], *s.* Fauconnier *m*.

hawker², *s.* (*a*) Colporteur *m*, marchand ambulant, camelot *m*. (*b*) (*Of fruit, vegetables*) Marchand des quatre saisons.

hawkish [ˈhɔːkiʃ], *a.* = HAWK-LIKE.

hawkweed [ˈhɔːkwiːd], *s. Bot:* Épervière *f*.

hawse [hɔːz], *s.inv. Nau:* **1.** (*a*) *A:* = HAWSE-HOLE. (*b*) *pl.* **The hawse,** les écubiers. **2.** (*a*) Affourchage *m*, évitage *m*. **To anchor in a ship's hawse,** mouiller dans les ancres d'un vaisseau. (*b*) **Clear, open, hawse,** chaînes claires. **Foul hawse,** tours *mpl* de chaînes.

ˈhawse-block, *s.* = HAWSE-PLUG.

ˈhawse-flap, *s.* Mantelet *m* d'écubier.

ˈhawse-hole, *s.* Écubier *m*. *Navy: F:* **To creep in through the hawse-hole** (= *to rise to the quarter-deck*), entrer par la petite porte.

ˈhawse-pipe, *s.* Manchon *m* d'écubier.

ˈhawse-plug, *s.* Tampon *m*, tape *f*, d'écubier.

hawser [ˈhɔːzər, -s-], *s. Nau:* (*a*) Haussière *f*, aussière *f*, grelin *m*, vavain *m*. (*b*) Amarre *f*. *Steel h.,* amarre, aussière, en fil d'acier. *To cast off the hawsers,* lâcher les amarres. (*c*) Câble *m* de remorque.

ˈhawser-bend, *s.* Nœud *m* d'écoute.

ˈhawser-laid, *a.* **Hawser-laid rope,** cordage commis en aussière, en grelin; grelin *m*.

hawthorn [ˈhɔːθɔːrn], *s. Bot:* Aubépine *f*, épine blanche, noble-épine *f*. *See also* GROSBEAK.

hay¹ [hei], *s.* Foin *m*; *Husb:* fourrage *m* en sec. **Burgundian hay,** luzerne *f*. **To make hay,** faire le(s) foin(s); faner. *Prov:* **To make hay while the sun shines,** battre le fer tant qu'il est chaud, pendant qu'il est chaud; mettre l'occasion à profit. *F:* **To make hay of sth.,** (i) embrouiller qch.; mettre qch. en désordre, sens dessus dessous; faire un gâchis de qch. (ii) *To make hay of an argument,* réduire un argument à rien; démolir un argument. *See also* NEEDLE¹ 1.

ˈhay-binder, *s. Husb:* Botteloir *m*, botteleuse *f*.

ˈhay-box, *s. Dom.Ec:* Marmite suédoise, marmite norvégienne; auto-cuiseur *m*.

ˈhay-fever, *s. Med:* Fièvre *f* des foins; asthme *m* d'été, des foins; rhume *m* des foins; catarrhe *m* d'été.

ˈhay-fork, *s.* Fourche *f* à foin.

ˈhay-harvest, *s.* Fenaison *f*.

ˈhay-knife, *s.* Coupe-foin *m inv*; couteau *m* à foin.

ˈhay-mow, *s.* = HAYSTACK.

ˈhay-press, *s. Husb:* Presse *f* à fourrages.

ˈhay-rack, *s.* **1.** Râtelier *m* d'écurie. **2.** (*On cart*) Fausse ridelle.

ˈhay-rake, *s.* Râteau *m*, fauchet *m*.

ˈhay-seed, *s.* **1.** Graine *f* de foin (recueillie au grenier). **2.** *U.S: F:* Paysan *m*, rustaud *m*.

hay², *v.i.* Faire les foins.

haying, *s.* Fenaison *f*. *H. time,* époque *f* de la fenaison.

hay³, *s. A:* Contre-danse *f, pl.* contre-danses (espèce de farandole).

haycock [ˈheikɔk], *s.* Tas *m*, meulon *m*, meulette *f*, de foin; buirette *f*.

hayloft [ˈheilɔft], *s.* Fenil *m*; grenier *m* ou grange *f* à foin; chafaud *m*.

haymaker [ˈheimeikər], *s.* **1.** Faneur, -euse. **2.** (*Machine*) Faneuse *f*, tourne-foin *m inv*. **3.** *P:* Coup de poing balancé.

haymaking [ˈheimeikiŋ], *s.* **1.** Fenaison *f*. **2.** *F:* Mise *f* à profit de l'occasion. **3.** *v.i. F:* **They have been haymaking in my desk,** on a tout bouleversé dans mon pupitre.

hayrick [ˈheirik], **haystack** [ˈheistak], *s.* Meule *f* de foin; (*small*) meulette *f*; (*square*) barge *f*. *See also* NEEDLE¹ 1.

hazard¹ [ˈhazərd], *s.* **1.** (*a*) Hasard *m*. **Game of hazard,** jeu *m* de hasard. (*b*) Risque *m*, péril *m*. **At all hazards,** quoi qu'il en coûte. *At the h. of his life,* au risque de sa vie. *The hazards of war,* les hasards, les périls, les risques, de la guerre. **To run the hazard,** courir le risque. **2.** *Bill:* Coup *m* qui fait entrer une des billes dans la blouse. **To play a winning hazard,** blouser la bille sur laquelle on vise. **To play a losing hazard,** se blouser. **3.** *Golf:* Accident *m* de terrain. **4.** *Ten:* Trou gagnant (au jeu de paume). **5.** (*In Ireland*) = CAB-RANK.

hazard², *v.tr.* Hasarder, risquer, aventurer (sa vie, sa fortune); hasarder (une opinion). *To h. a battle,* risquer une bataille. **To hazard doing sth.,** se hasarder à faire qch.

hazardous [ˈhazərdəs], *a.* (Coup, commerce) hasardeux, chanceux, hasardé, risqué, périlleux; (profit, etc.) aléatoire. *H. plan,* projet aventureux. *The business is too h.,* l'affaire présente trop d'aléa. **-ly,** *adv.* Hasardeusement, aventureusement.

haze¹ [heːiz], *s.* (*a*) Brume légère. *Nau:* Brumasse *f*. *Morning h.,* vapeurs *fpl* du matin. *There is a h. over the hills,* une brume voile les collines. *See also* HEAT-HAZE. (*b*) *F:* Obscurité *f*, incertitude *f* (de l'esprit).

haze². **1.** *v.tr.* Rendre brumeux, embrumer (l'horizon, etc.). **2.** *v.i. Dial:* Bruiner.

haze³, *v.tr.* (*a*) *Dial:* (i) Effaroucher, (ii) gronder, (iii) rosser (qn). (*b*) *Nau:* Harasser (qn) de corvées. (*c*) *U.S:* Brimer (un nouvel étudiant).

hazing, *s.* (*a*) Harassement *m*. (*b*) Brimade *f*.

hazel [heizl], *s.* **1.** Hazel(-tree), noisetier *m*, coudrier *m*, avelinier *m*, avellanier *m*. **Hazel-grove, -wood,** coudraie *f*. *See also* TWIG¹ 2, WITCH-HAZEL. **2.** *Attrib.* **Hazel eyes,** yeux *m* couleur (de) noisette.

ˈhazel-grouse, -hen, *s. Orn:* Coq *m* des marais; gelinotte *f*.

ˈhazel-nut, *s. Bot:* Noisette *f*, aveline *f*.

ˈhazel-wizard, *s.* = WATER-FINDER.

haziness [ˈheizinəs], *s.* État brumeux, nébuleux (du temps, de l'esprit). *The h. of his knowledge,* le vague, l'imprécision *f*, l'incertitude *f*, de son savoir.

hazy [ˈheizi], *a.* **1.** (*Of weather*) Brumeux, embrumé, gris. *H. horizon,* horizon embrumé. *It's rather h.,* il fait une légère brume. **2.** (*a*) (Contour, etc.) flou, estompé. (*b*) *F:* (*Of ideas, etc.*) Vaporeux, nébuleux, fumeux. *H. recollection, knowledge,* souvenir *m* vague; vague souvenir; connaissance *f* vague. **To be hazy about sth.,** n'avoir qu'une connaissance imprécise de qch.; n'avoir qu'un souvenir vague, imprécis, d'un événement. (*c*) *F:* Un peu gris, un peu ivre; enfumé par la boisson. **-ily,** *adv.* Vaguement, obscurément, indistinctement.

he [hi, hiː], *pers.pron.nom.m.* **1.** (*Unstressed*) Il. (*a*) (*Of pers.*) *He loves,* il aime. *He didn't see me,* il ne m'a pas vu. *What is he saying?* que dit-il? *What did he say?* qu'a-t-il dit? (*b*) (*Of male animals, Lit: of rivers, of things personified that are masc. in Latin*) *The dog stopped: he had heard . . .,* le chien s'arrêta: il avait entendu. . . . (*c*) *Here he comes,* le voici qui vient. *He is an honest man,* c'est un honnête homme. **2.** (*Stressed*) (*a*) Lui. *He and I,* lui et moi. *I am as tall as he,* je suis aussi grand que lui. *It is he,* c'est lui. *Lit: I am he,* c'est moi. *Thou art he,* c'est toi. *I guessed that 'he was the father,* j'ai deviné que c'était lui le père. *If I were he,* (si j'étais) à sa place. (*Emphatic*) *'He knows nothing about it,* il n'en sait rien, lui; lui n'en sait rien. (*b*) (*Antecedent to a rel. pron.*) (i) Celui. **He that, he who, believes,** celui qui croit. *He whom you saw,* celui que vous avez vu. *He of whom you speak,* celui dont vous parlez. (ii) **It is he who said so,** c'est lui qui l'a dit. (*c*) *He of the red robe,* l'homme à la robe rouge. *And if only one remains, I shall be he,* et s'il n'en reste qu'un, je serai celui-là. **3.** (*As substantive*) (*a*) *F:* Mâle. *The he's and she's of this world,* les hommes et les femmes de ce monde. **It is a he,** c'est un homme; (*of new-born child*) c'est un (petit) garçon; (*of kitten*) c'est un mâle. *She is always thinking about a he!* elle a toujours un homme en tête! *Litter of three pups, one he and two she's,* portée *f* de trois petits chiens, un mâle et deux femelles. (*b*) *Attrib.* (*Of animals*) He-bear, ours mâle. **He-goat,** bouc.

ˈhe-man, *pl.* **-men,** *s.m. U.S: F:* Homme dominateur, homme viril. *A real he-man,* un beau mâle.

ˈhe-togs, *s.pl. U.S: F:* Vêtements *m* d'homme.

head¹ [hed], *s.* **1.** Tête *f*. (*a*) **From head to foot,** de la tête aux pieds, des pieds à la tête; (armé) de pied en cap. *See also* EYE². *He put his h. in at the door,* il mit la tête à la porte. **To walk with one's head (high) in the air,** marcher le front haut. *See also* HIGH I. 2. *His h. bowed down over his work,* le front courbé sur son travail. **To sell a house over s.o.'s head,** vendre une maison sans donner au locataire l'occasion de l'acheter. *The house has been bought, sold, over my h.,* mon propriétaire a vendu la maison sans me donner l'occasion d'en offrir le prix. **He gives orders over my head,** il donne des ordres sans me consulter. **He was promoted over my head,** on m'a fait une injustice pour lui donner de l'avancement. *He was promoted over the heads of the others,* il a bénéficié d'un passe-droit. **Head down,** la tête baissée. **Head downwards,** la tête en bas. **Head first, head foremost,** la tête la première. **To stand on one's head,** se tenir sur sa tête. *F: I don't know whether I'm standing on my feet or on my h.,* j'ai la tête à l'envers; je ne sais à quel saint me vouer. *F:* **I could do it on my head,** c'est simple comme bonjour. *The table was standing on its h. on the lawn,* la table reposait sur la pelouse les pieds en l'air. **To go, turn, head over heels,** faire la culbute; faire une cabriole; tomber à la renverse. *To knock s.o. h. over heels,* culbuter qn. **To fall head over heels in love with s.o.,**

devenir éperdument amoureux de qn. *To drag in a dog by the h. and ears*, tirer un chien par les oreilles pour le faire entrer. *F:* **To drag in a subject by the head and ears,** amener un sujet à toute force. *See also* EAR[1] 1. *He is taller than his brother by a h.*, il dépasse son frère de la tête. *Turf:* (*Of horse*) **To win by a head,** gagner d'une tête. *His horse won only by a h.*, son cheval ne l'a emporté que d'une tête. **To win by a short head,** gagner de justesse. **To give a horse its head,** lâcher la bride, la gourmette, à un cheval; donner carrière, rendre la main, à un cheval; écouter un cheval; lâcher les rênes. *F:* **To let s.o. have his head,** lâcher les rênes à qn; donner (libre) carrière à qn. **Ruin is hanging over your head,** la ruine vous menace; votre ruine est imminente. **His guilt be on his own head,** puisse son crime retomber sur lui. **To strike off s.o.'s head,** décapiter qn. **To lose one's head,** être décapité. **It will cost him his head,** cela lui coûtera la tête, la vie. *F:* **To talk s.o.'s head off,** étourdir qn; parler à qn avec une volubilité extraordinaire; rompre les oreilles à qn. *See also* EAT OFF, YAWN[2] 2. **A fine head of hair,** une belle chevelure. *See also* BEAT[2] 2, BLOOD[1] 1, EYE[1] 1, HIDE[2] 1, KING[1] 1, MIRROR[1], POST[1], SHOULDER[1] 1, SNAP OFF, TALL 1, TURK'S HEAD, WATER[1] 3. (*b*) (*Pers.*) **Crowned head,** tête couronnée. (*c*) *Art: etc:* **Fine head by an unknown artist,** belle tête exécutée par un artiste inconnu. **Coinage bearing the head of George III,** monnaie (frappée) à l'effigie de Georges III. (*d*) *Cu:* **Sheep's head,** tête de mouton. **Boar's head,** hure *f* de sanglier. **Potted head,** fromage *m* de tête, de hure. (*e*) *Ven:* (*Antlers*) Bois *m*, tête (de cerf). **Deer of the first, second, head,** cerf *m* à la première, deuxième, tête. **2.** (*a*) (*Intellect, mind*) **He has a good head on his shoulders, his head is screwed on the right way,** c'est une forte tête, un homme de tête, de bon sens; il a de la tête, il a la tête solide. *See also* SHOULDER[1] 1. **To have a good head for business,** avoir l'entente, l'entendement, des affaires; s'entendre aux affaires. *He has no h.*, il n'a pas de tête (pour les affaires, etc.). *It does more credit to his heart than (to) his h.*, cela indique chez lui plus de cœur que d'intelligence. **Idea running through my head,** idée *f* qui me trotte dans la cervelle. **To reckon in one's head,** calculer de tête. **To get sth. into one's head,** se mettre qch. dans la tête, en tête, dans l'esprit; s'imaginer qch. *I can't get that into his h.*, je ne peux pas lui enfoncer ça dans la tête, dans la cervelle. *He has got, taken, it into his h. that . . .*, il s'est mis dans la tête, en tête, que. . . . **To take it into one's head to do sth.,** s'aviser, se mettre en tête, de faire qch. *The thought came into my h. that . . .*, l'idée me vint à l'esprit que. . . . *It never entered my h. that . . .*, il ne me vint pas à l'idée, à l'esprit, que . . .; je ne songeai pas que. . . . *I can't get it out of my h. that . . .*, je ne peux pas m'ôter de l'idée que. . . . **What put that into your head?** où avez-vous pris cette idée-là? où avez-vous trouvé cela? **To put ideas into s.o.'s head,** donner des idées à qn. *To put an idea out of one's h.*, se défaire d'une idée. **His name has gone out of my head,** son nom m'est sorti de la mémoire; son nom m'échappe. *It sent my appointment clean out of my h.*, cela me fit complètement oublier mon rendez-vous. **We laid, put, our heads together,** nous avons conféré ensemble; nous nous sommes entendus, consultés, concertés. *Prov:* **Two heads are better than one,** deux conseils, deux avis, valent mieux qu'un. *He gave an answer* **out of his own head,** il a donné une réponse de son cru. *I think he made it up out of his own h.*, je crois que c'est lui qui a inventé ça; je crois que c'est une histoire de son cru. **Wine that goes to one's head,** vin *m* qui coiffe; vin qui porte, tape, à la tête. *The wine goes to his h.*, le vin lui monte au cerveau, à la tête, le prend à la tête. (*Of speech, lecture, etc.*) **To be over the heads of the audience,** dépasser l'entendement de l'auditoire. *You must not talk over the heads of your audience*, il faut rester à la portée de votre auditoire; mettez-vous au niveau de votre auditoire. **To keep one's head,** conserver sa tête. **To lose one's head,** perdre la tête, *F:* la boule, la boussole; perdre le nord, la tramontane. **He is off his head,** *U.S:* **out of his head,** il est timbré, il déménage; il bat la breloque; il n'a plus sa tête à lui. **To go off one's head,** devenir fou; tomber en démence. **He is not quite right in his head,** *F:* il a un grain. **Weak in the head,** faible d'esprit. *See also* BOTHER[2] 1, EMPTY[1], HOT-HEAD, IDEA, SOFT-HEAD, SWOLLEN 2, THICK-HEAD, TURN[2] I. 7. (*b*) *F:* **To have a bad head, to have a head on one,** avoir mal à la tête, un mal de tête. **To have a (bad) head** (*after drinking*), *P:* avoir mal aux cheveux; avoir le casque. *See also* THICK I. 3. **3.** (*a*) Tête (d'arbre, de fleur, de chou, de laitue); pomme *f* (de chou); pointe *f* (d'asperge); pied *m* (de céleri); épi *m* (de blé). *Fine heads of cabbage*, choux bien pommés. *See also* POPPY-HEAD. (*b*) (*Knob-shaped end*) Tête (de violon, d'épingle, de clou, *Anat:* de l'humérus); pomme (de canne); champignon *m* (de rail). **Rivet-head,** rivure *f*. **Battered head,** rivure écrasée. *See also* NAIL[1] 2, NAIL-HEAD. (*c*) (*Detachable end*) Tête *f* (de marteau); mouton *m* (de mailloche); fer *m* (de lance, etc.); couronne *f* (de pieu). (*d*) (*Top section*) Tête (de volcan, etc.); haut *m* (de page); chapiteau *m* (de colonne, etc.); cuvette *f*, hotte *f* (de gouttière). *Arch:* **Circular head** (*of a window*), arc *m* en plein cintre. *Nau:* **Head of a sail,** (i) têtière *f*, (ii) envergure *f*, d'une voile. *See also* MAST-HEAD, SLIDE-HEAD, TIMBER-HEAD. (*e*) Haut (de l'escalier, etc.); *Min:* (i) carreau *m* (de carrière, de mine); (ii) bouche *f*, gueule *f* (de puits de mine). *See also* PIT-HEAD. (*f*) (*Rounded end, cover*) Tête, culasse *f*, fond *m* (de cylindre); chapiteau (d'alambic, de fusée, etc.). *I.C.E:* **Combustion head,** culasse, calotte *f*. **Engine with a detachable head,** moteur *m* à culasse rapportée. *Aut:* **Body head,** capote *f* (de coupé, etc.). **Car with a folding head,** voiture *f* décapotable. *Navy:* **Torpedo head,** cône *m* (de charge) de torpille. **War head,** cône de charge, de choc. **Practice head, dummy head,** cône d'exercice(s). (*g*) (*Flat end*) Tête (de piston, de livre); fond (de barrique, etc.); fonçaille *f* (de barrique); peau *f* (de tambour). (*h*) **(Poppet-)head** *of a lathe*, poupée *f* de tour. **Loose head,** contre-pointe *f* (de tour). (*i*) Chevet *m*, tête (de lit); haut bout (de la table); source *f* (d'une rivière). *At the h. of the lake*, à l'amont du lac; au fond, à l'extrémité, du lac. *Min:* **Head of a level,** avancée *f*, (galerie *f* d')avancement *m*. *See also* FOUNTAIN-HEAD, MINE-HEAD, RAIL-HEAD 2. (*j*) *Med:* **Head of a boil, of an abscess,** tête d'un furoncle, d'un clou. **To bring an abscess to a head,** faire mûrir, faire aboutir, un abcès. (*Of abscess, etc.*) **To come to a head, to gather to a head,** mûrir, aboutir. *Coming to a h.*, aboutissement *m* (d'un abcès). *F:* **To bring a matter to a head,** faire aboutir une affaire. *To bring matters to a h.*, forcer une décision, amener une crise. *Things are coming to a h.*, une crise est proche. (*k*) **Head on beer,** mousse *f*; *F:* faux-col *m*, *pl.* faux-cols. *Beer with no h.*, bière éventée. *Bottle of milk without any h.*, bouteille *f* de lait sans crème. (*l*) = HEADING 3. (*m*) *Ten:* *The h. of the racquet*, la palette. **4.** (*Category*) **On this head,** sur ce chapitre, sur ce point, sur cet article. *She reassured me on this h.*, elle me rassura sur ce point. *Under separate heads*, articulairement, sous des rubriques différentes. *Under the same h.*, dans la même catégorie. *The subject falls under the h. of rhetoric*, ce sujet ressortit à la rhétorique. *Jur:* **Heads of a charge,** chefs *m* d'accusation. **5.** (*Projecting part*) (*a*) Nez *m*, avant *m*, cap *m* (de navire, de dirigeable); poulaine *f* (de navire). **Head of a jetty, of a pier,** musoir *m*. *Nau:* (*Of ship*) **To collide with a ship head on** [hed'ɔn], aborder un navire par l'avant. **To be head to the sea,** présenter l'avant à la lame; naviguer debout à la lame. **Head on to the wind,** cap au vent. *Cf.* HEAD-ON. **Ship (down) by the head,** vaisseau *m* sur le nez. *Ship too much by the h.*, vaisseau trop sur l'avant. *Ship two feet by the h.*, navire sur le nez de deux pieds. **How is her head?** où a-t-on le cap? où est le cap? *Nau:* *F:* (*Latrines*) **The heads,** (*for officers*) les bouteilles *f*; (*for crew*) les poulaines, les corneaux *m*. *See also* MOOR[2] 2, RIDE[2] I. 4. (*b*) *Cy:* Colonne *f* de direction (du cadre). (*c*) = HEADLAND 2. *Geog:* **Beachy Head,** le cap Beachy. **6.** (*a*) (*Front or chief place*) **At the head of a column** (*of troops*), **of a procession,** à la tête d'une colonne, d'un cortège. *To march at the h. of the troops*, marcher en tête des troupes. **To be at the head of the list,** venir en tête de liste. **To be at the head of a party, of affairs,** être à la tête d'un parti, des affaires; *F:* mener la barque. *Those at the h. of affairs*, nos dirigeants *m*. *Row:* (*At Oxford*) **Head of the river,** canot *m* qui dans les '*bumping races*,' *q.v.*, n'a pas été heurté par ses concurrents, et a monté en rang jusqu'à la première place. **The head and front of an undertaking,** l'initiateur *m* et le chef d'une entreprise. *F:* *The h. and front of my offending*, ma plus grande offense. (*b*) (*Pers.*) Chef *m* (de la famille, de l'Église, d'une maison de commerce); directeur, -trice (d'une école, d'une entreprise); principal *m* (d'une école); patron, -onne (d'une maison de commerce). **Head of a department, departmental head,** chef de service; (*in stores*) chef de rayon. (*c*) (*In genealogy*) Souche *f* (d'une famille). (*d*) *Attrib.* **Head clerk,** premier commis; commis principal; chef de bureau. *H. agent*, agent principal. *H. gardener*, jardinier *m* en chef. *H. workman*, premier ouvrier. *H. foreman*, chef d'atelier. *H. saleswoman*, première *f*. **Head post office,** bureau central (des postes). *Jur:* **Head lessee,** principal locataire. *See also* BOTTLE-WASHER, HORSE[1] 1, OFFICE 4, SAIL[1] 1, SEA 2, WAITER. **7.** (*a*) (*Unit*) *Usu. inv.* **Six head of cattle,** six têtes, pièces *f*, de bétail. *Thirty h. of deer, of oxen*, trente cerfs *m*, trente bœufs *m*. *The park feeds about forty h. of deer*, la réserve nourrit une quarantaine de cerfs. *Ten h. of game*, dix pièces de gibier. (*b*) **To pay so much per head, so much a head,** payer tant par tête, par personne. **8.** Nombre global. **Forest with a large head of deer,** réserve avec bon nombre de cerfs. *Large h. of rabbits*, garenne bien peuplée. *Mil:* *Good h. of shell*, bonne provision d'obus; dépôt bien fourni. **9.** **Head of a coin,** face *f*. **To toss heads or tails,** jouer à pile ou face. *F:* **Heads I win tails you lose,** je gagne de toutes les façons. *F:* **I can't make head or tail of this, I can make neither head nor tail of this,** je n'y comprends rien; je n'y vois que du bleu; ma tête s'y perd; je m'y perds; c'est la bouteille à l'encre. *Story one can't make h. or tail of*, histoire *f* sans queue ni tête. **10.** *Metall:* Masselotte *f* (d'une pièce coulée). **11.** *Hyd.E: etc:* **Head of water,** colonne *f* d'eau; charge *f* d'eau; chute *f* d'eau; hauteur *f* d'eau; hauteur de chute; hauteur manométrique. **Loss of head,** perte *f* de charge. **Hydraulic head,** pression *f* en colonne d'eau. *H. of oil on a filter*, l'huile *f* en charge sur le filtre. *Mch:* **Head of steam,** volant *m* de vapeur. **The waters are gathering head,** le niveau des eaux monte; les eaux montent (en pression); les eaux s'enflent. *F:* **The discontent is gathering head,** le mécontentement augmente, gagne de la force, prend de l'importance. **12.** = HEADWAY.

ˈhead-bay, *s.* *Hyd.E:* Bief *m* d'amont.

ˈhead-board, *s.* *N.Arch:* Pavois *m* de poulaine, herpe *f* de guibre.

ˈhead-boom, *s.* *Nau:* Bout-dehors *m* de foc, *pl.* bouts-dehors de foc.

ˈhead-cheese, *s.* *Cu:* *U.S:* Fromage *m* de tête, de hure *f*.

head-ˈcook, *s.* Chef *m* (de cuisine).

ˈhead-dress, *s.* **1.** (*Hair-dressing*) Coiffure *f*. **2.** = HEAD-GEAR.

ˈhead-end, *s.* *Mch:* Avant *m* (d'un piston de locomotive).

ˈhead-feast, *s.* *Anthr:* Festin *m* de chasseurs de têtes.

ˈhead-frame, *s.* *Min:* Chevalement *m*; chevalet *m* d'extraction.

ˈhead-gate, *s.* *Hyd.E:* Porte *f* d'amont (d'une écluse).

ˈhead-gear, *s.* **1.** Garniture *f* de tête; coiffure *f*; chapeau *m*, *Hum:* couvre-chef *m*, *pl.* couvre-chefs; coiffe *f* (de paysanne). **2.** *Min:* (*a*) Chevalement *m* (d'un puits de mine). (*b*) Machine *f* à molettes.

ˈhead-hunter, *s.* *Anthr:* Chasseur *m* de têtes.

ˈhead-hunting, *s.* *Anthr:* Chasse *f* aux têtes.

ˈhead-in-air, *a.* (*Of person*) (i) Rêveur, -euse; (ii) orgueilleux, -euse; (iii) intellectuel, -elle.

ˈhead-lamp, *s.* = HEAD-LIGHT.

ˈhead-ledge, *s.* *N.Arch:* Fronteau *m* d'écoutille; surbau transversal.

ˈ**head-light,** *s.* Phare *m*, projecteur *m* (d'automobile, de locomotive); fanal *m*, -aux, de tête; feu *m* d'avant (de locomotive). *Aut:* **Non-dazzle head-light, anti-dazzle head-light,** phare-code *m*, *pl.* phares-code. **To dim *or* dip the head-lights,** baisser les phares. **Dipping head-light,** phare à bascule. **Head-light bracket,** porte-phare *m*, *pl.* porte-phares. *See also* DIM[2] 1, DIP[2] 3.
ˈ**head-line,** *s.* **1.** *Nau:* (*a*) Raban *m* d'envergure. (*b*) Amarre *f* de l'avant. **2.** *Typ:* Ligne *f* de tête, titre courant. *Journ:* Titre ou sous-titre *m* (de rubrique, etc.). **Sensational head-line,** manchette *f*. **The large head-lines,** les gros titres.
ˈ**head-lock,** *s.* *Wr:* Collier *m* de force; cravate *f*.
ˈ**head-louse,** *s.* Pou *m*, *pl.* poux, de tête.
head-ˈmaster, *s.m.* Directeur (d'une école). (*In Fr.*) Principal (d'un collège); proviseur (d'un lycée).
head-ˈmastership, *s.* Directorat *m*; direction *f*; (*in Fr.*) provisorat *m*, principalat *m*.
ˈ**head-metal,** *s.* *Metall:* Masselotte *f*.
head-ˈmistress, *s.f.* Directrice (d'une école).
head-ˈmistressship, *s.* Directorat *m*, direction *f*.
ˈ**head-money,** *s.* **1.** *Hist:* Capitation *f*; taille capitale. **2.** Prix mis sur la tête de qn.
ˈ**head-noises,** *s.pl.* *Med:* Tintement *m* des oreilles; bourdonnement(s) *m*.
ˈ**head-on,** *a.*, **head-ˈon,** *adv.* De front. **Head-on collision,** collision frontale. *See also* COLLISION 1. **They met head-on,** ils se sont abordés de front. *Cf.* HEAD[1] 5.
ˈ**head-phone,** *s.* *W.Tel:* *F:* (*a*) Écouteur *m*. (*b*) *pl.* **Head-phones,** casque *m* (téléphonique); serre-tête *m inv.* **To listen in with the head-phones,** écouter au casque.
ˈ**head-piece,** *s.* **1.** (*Helmet*) Casque *m*; *A:* armure *f* de tête; armet *m*. **2.** *A:* (*Intellect*) Tête *f*, *F:* caboche *f*. **3.** *Typ:* Vignette *f* ou fleuron *m* de tête; tête *f* de page; en-tête *m*, *pl.* en-têtes.
head-ˈquarters, *s.pl.* **1.** *Mil:* Quartier général; état-major *m*. **Head-quarters staff,** état-major du général en chef. **Head-quarters wing,** compagnie *f* hors rang. **2.** *Adm:* *Com:* *etc:* Centre *m*, siège social, bureau principal (d'une administration, d'une banque, etc.); service central (de la S.D.N., etc.). (*Of a company, etc.*) **To have its head-quarters at . . .,** siéger à. . . .; avoir son siège à. . . .
ˈ**head-race,** *s.* *Hyd.E:* Canal *m*, -aux, de prise, d'amenée, de dérivation; bief *m* d'amont (d'un moulin à eau); rayère *f* (d'une roue à auges).
ˈ**head-rail,** *s.* *N.Arch:* Lisse *f*, herpe *f*, de poulaine.
ˈ**head-reach,** *v.* *Nau:* **1.** *v.i.* Gagner à la bordée. **2.** *v.tr.* *To h.-r. another ship*, dépasser un autre navire; gagner le devant d'un autre navire.
ˈ**head-register,** *s.* *Mus:* = HEAD-VOICE.
ˈ**head-resistance,** *s.* *Aer:* Effort *m*, force *f*, de traînée.
ˈ**head-rest,** *s.* Appui-tête *m*, *pl.* appuis-tête; support *m* de tête.
ˈ**head-room,** *s.* **1.** *Arch:* Échappée *f* (d'un arc). **2.** *Mec.E:* *Mch:* *etc:* Hauteur *f* libre (pour le soulèvement des pistons, etc.).
ˈ**head-rope,** *s.* **1.** *Harn:* Longe *f*, licou *m*, licol *m*, attache *f* (de cheval). **2.** *Nau:* (*a*) Ralingue *f* de têtière (d'une voile). (*b*) Amarre *f* de l'avant; amarre de bout.
ˈ**head-sail,** *s.* *Nau:* Foc *m*.
ˈ**head-shrinker,** *s.* *Anthr:* **Head-shrinker Indians,** Indiens *m* qui font dessécher les têtes désossées de leurs ennemis.
ˈ**head-splitting,** *a.* (Bruit *m*) qui casse la tête. *H.-s. task*, casse-tête *m inv.*
ˈ**head-stall,** *s.* *Harn:* Têtière *f*, licou *m*, licol *m*.
ˈ**head-tributary,** *s.* *Ph.Geog:* Affluent *m* d'amont.
ˈ**head voice,** *s.* *Mus:* Voix *f* de tête; (voix de) fausset *m*.
ˈ**head-water,** *s.* **1.** *pl.* **Head-waters of a stream,** cours supérieur d'une rivière. **2.** *Hyd.E:* Eau *f* d'amont.
ˈ**head-wind,** *s.* *Nau:* Vent *m* contraire; vent debout.
ˈ**head-word,** *s.* (Mot *m*) en-tête *m*, *pl.* en-têtes; premier mot (d'un chapitre, d'un document).
ˈ**head-work,** *s.* **1.** Travail *m* de tête; travail intellectuel. **2.** *Fb:* Jeu *m* de tête. **3.** *pl.* *Hyd.E:* **Head-works,** travaux *m* d'art.
ˈ**head-worker,** *s.* Intellectuel, -elle.

head[2], *v.tr. & i.* **1.** *Arb:* **To head (down) a tree, a branch,** étêter, écimer, un arbre, une branche. **2.** (*Put a head on*) (*a*) Entêter, brocher, mettre une tête à (une épingle, un clou, etc.). (*b*) **To head (up) a barrel,** mettre un fond à, foncer, fermer, enjabler, un tonneau. (*c*) **To head a chapter, a letter, with certain words,** mettre certains mots en tête d'un chapitre, d'une lettre. *These words h. the charge*, ces mots sont en tête de l'accusation. *The article is headed . . .*, l'article est intitulé. . . . *Headed with these words*, portant cet intitulé; portant ces mots en tête. *See also* BILL[4] 3. **3.** (*a*) Conduire, mener (un cortège, un parti); être à la tête (d'un parti); venir en tête (d'un cortège). *To h. the column*, marcher en tête de la colonne. *The procession was headed by the band*, le cortège était précédé de la musique. **To head the poll,** venir en tête du scrutin. **To head the list,** (i) s'inscrire en tête de la liste (de souscriptions, etc.); (ii) être, venir, en tête de (la) liste; venir en première ligne; ouvrir la liste. **To head one's class,** être à la tête de la classe. (*b*) (*Of thg*) Surmonter, couronner, coiffer. *Finials head the stalls*, les stalles sont couronnées de fleurons. (*c*) *Cards:* **To head the trick,** (i) jouer, (ii) avoir joué, la plus forte carte de la levée. **4.** (*Oppose*) S'opposer à, affronter (un danger). *Nau:* **To head the sea,** faire tête à la lame; prendre la mer debout. **5.** *Mch:* **To head the engine,** mettre la machine en avant. *Nau:* **To head the ship for Southampton,** mettre le cap sur Southampton. *To h. one's horse for home*, faire prendre à son cheval le chemin de la maison. **6.** Contourner (un lac) par l'amont, (une rivière) par sa source. **7.** *Fb:* **To head the ball,** jouer le ballon de la tête; renvoyer d'un coup de tête. **8.** *v.i.* (*a*) (*Move forward*) **To head for a place,** (i) *Nau:* piquer, gouverner, avoir le cap, mettre le cap, sur un endroit; (ii) *F:* (s')avancer, se diriger, vers un endroit. *We were heading for . . .*, nous étions en route pour. . . . (*Of ship*) *To h.* (*to the*) *East*, faire de l'Est. **How does she head?** où est le cap? **The State is heading for ruin,** l'État va tout droit vers la ruine, marche à la ruine. (*b*) *Min:* Avancer. **9.** *v.i.* (*Form a head*) (*Of cabbage, etc.*) Pommer; (*of grain*) épier; (*of abscess*) aboutir, mûrir. **10.** *v.i.* *U.S:* (*Of stream*) Prendre sa source (*at*, à). **11.** = HEAD OFF 1.
head back, *v.tr.* Rabattre (le gibier); couper la retraite à (l'ennemi).
head off, *v.tr.* **1.** Barrer la route à (qn); détourner, intercepter (des fugitifs); rabattre (le gibier, l'ennemi); faire rebrousser chemin à (qn); couper la retraite à (l'ennemi). **2.** *F:* *I headed him off from making a speech*, je l'ai détourné de l'idée de faire un discours. *To h. off an awkward question*, parer à une question embarrassante.
head out, up, *v.i.* *U.S:* (*Of cabbage*) Pommer; (*of grain*) épier.
headed, *a.* **1.** Muni (i) d'une tête, (ii) d'un en-tête. **Headed cabbage,** chou pommé, cabus. **Headed note-paper,** papier *m* à en-tête. **2.** **-headed.** (*With noun or adj. prefixed*) (*a*) (*Of pers., animal, etc.*) **Double-headed monster,** monstre *m* à deux têtes. *See also* DOUBLE-HEADED. **Black-headed,** (i) (personne) aux cheveux noirs, à la chevelure noire, (ii) (oiseau, etc.) à tête noire. *See also* CLEAR-HEADED, FAT-HEADED, GREY-HEADED, HOT-HEADED, LONG-HEADED, *etc.* (*b*) (*Of thg*) **Gold-headed cane,** canne *f* à pomme d'or. *See also* NAIL-HEADED, SPEAR-HEADED, *etc.*
heading, *s.* **1.** (*a*) Écimage *m* (d'un arbre, d'une branche); fonçage *m* (d'un baril). (*b*) Façonnement *m* des têtes (de clous, etc.). **Nail-heading tool,** clouière *f*, cloutière *f*. **2.** *Fb:* (Jeu *m* de) tête *f*. *To practise h.*, s'exercer aux coups de tête. **3.** Tête, intitulé *m* (d'un chapitre, d'un article); rubrique *f* (d'un article); chapeau *m* (de passage cité, d'une requête, d'un rapport); en-tête *m*, *pl.* en-têtes (d'une page, d'une lettre, d'une facture). *Bookk:* Poste *m*, rubrique. *Under the same h. you may read . . .*, sous la même rubrique vous lirez. . . . **To come under the heading of . . .,** ressortir à. . . . **4.** *Min:* (i) Avancée *f*, avancement *m*; (ii) galerie *f* d'avancement. **Diagonal heading,** thierne *f*. *See also* CROSS-HEADING. **5.** *Coop:* Fond *m*, fonçailles *fpl* (de tonneau). **6.** *Const:* **Heading(-course),** assise *f* de boutisses. *See also* BOND[1] 2. **7.** *Tex:* **Heading of a web,** chef *m* d'une pièce de drap.

-head, *suff.* *Now usu. -hood, except in:* *Godhead*, divinité. *Maidenhead*, virginité.

headache [ˈhedeik], *s.* Mal *m* de tête, *pl.* maux de tête. **Sick headache,** migraine *f*; *Med:* encéphalalgie *f*. *To have a h.*, avoir mal à la tête. **To have a splitting headache,** avoir un mal de tête fou, tuant, affreux; *F:* avoir la tête en quatre. *Frequent headaches*, fréquents maux de tête. *F:* **You give me a headache,** vous me rompez le cerveau; vous me cassez la tête.

headachy [ˈhedeiki], *a.* **1.** (*Of pers.*) (*a*) Qui souffre du mal de tête; migrainé. *To feel h.*, avoir la tête lourde. (*b*) Sujet aux maux de tête. **2.** (*a*) (*Of occupation, etc.*) Qui vous donne mal à la tête. *H. wine*, *F:* vin *m* qui vous donne le casque. (*b*) (*Of smell, atmosphere*) Migraineux.

headband [ˈhedband], *s.* **1.** (*a*) Bandeau *m*. (*b*) *Tp:* *Headbands of head-phones*, bandes *f* élastiques, casque *m*, de serre-tête téléphonique. **2.** *Bookb:* Tranchefile *f*, comète *f*.

header [ˈhedər], *s.* **1.** (*Pers.*) (*a*) Entêteur *m*, têtier *m* (d'épingles). (*b*) *Coop:* Assembleur *m* de fonds. **2.** *Min:* (*a*) (*Pers.*) Coupeur *m* au front de taille. (*b*) (*Machine*) Coupeuse *f*, excavateur *m*. **3.** (*a*) **To take a header,** (i) plonger (dans l'eau) la tête la première; faire le plongeon; piquer une tête; (ii) *F:* tomber (par terre) la tête la première; piquer une tête; faire panache. (*b*) *Fb:* Coup *m* de tête. **To get in a header,** réussir un crâne. **4.** *Const:* Boutisse *f*. **Header-work,** appareil *m* en boutisses. **5.** (*a*) *Civ.E:* *etc:* Chapeau *m* (de pilotis, etc.). (*b*) *Mch:* Collecteur *m* (de surchauffeur). **6.** *Metall:* Jet *m* de coulée *f*; masselotte *f*.

headfast [ˈhedfɑːst], *s.* *Nau:* Amarre *f*; cordage *m*, chaîne *f*, d'amarrage.

headiness [ˈhedinəs], *s.* **1.** (*a*) Emportement *m*, impétuosité *f*. (*b*) *A:* Entêtement *m*. **2.** Qualité capiteuse (d'un vin).

headland [ˈhedlənd], *s.* **1.** *Agr:* Tournière *f*, capvirade *f*, fourrière *f*, chaintre *m or f*. **2.** *Geog:* Cap *m*, promontoire *m*; pointe *f* de terre.

headless [ˈhedləs], *a.* **1.** (*a*) (Corps, clou, etc.) sans tête. (*b*) *Nat.Hist:* (Animal, etc.) acéphale. **2.** (Parti *m*, assemblée *f*, etc.) sans chef.

headlong [ˈhedlɔŋ]. **1.** *adv.* **To fall headlong,** tomber la tête la première. *To fall h. into a trap*, donner tête baissée dans un piège. **To rush headlong into the fight,** se jeter tête baissée dans la mêlée. *F:* **To rush headlong to one's ruin,** courir à bride abattue, à corps perdu, à sa ruine. *To plunge h. into a description of . . .*, se lancer à fond dans une description de. . . . **2.** *Attrib. a.* (*a*) *H. fall*, chute *f* la tête la première; *F:* panache *m*. *To take a h. dive*, piquer une tête. (*b*) *The h. cliffs of Dover*, les falaises escarpées de Douvres. (*c*) (*Of pers., action*) Précipité, irréfléchi, impétueux. **Headlong flight,** sauve-qui-peut *m inv*; panique *f*.

headman, *pl.* **-men** [ˈhedmən, -men], *s.m.* Chef (d'une tribu, etc.).

headmost [ˈhedmoust], *a.* (Vaisseau, etc.) de tête, au premier rang, le plus en avant.

headship [ˈhedʃip], *s.* Direction *f* (d'un collège, etc.); première place (dans une administration, une classe); primauté *f* (du Saint-Siège).

headsman, *pl.* **-men** [ˈhedzmən, -men], *s.m.* **1.** Bourreau; *A:* exécuteur des hautes œuvres. **2.** (*a*) *Ind:* *etc:* *A:* Chef d'équipe. (*b*) *Nau:* Patron (de baleinière).

headspring [ˈhedspriŋ], *s.* *Lit:* Source *f* (d'une rivière, etc.).

headstock [ˈhedstɔk], *s.* **1.** *Mec.E:* (*a*) Poupée *f* (d'un tour, d'une machine-outil). **Fast headstock,** poupée fixe. **Loose headstock,**

contre-pointe *f*, *pl.* contre-pointes. (*b*) (Chariot *m*) porte-broche *m*, *pl.* porte-broches. **2.** *Min:* Chevalement *m*, chevalet *m* d'extraction; châssis *m* à molettes (d'un puits de mine). **3.** (*a*) *Tex:* Traverse *f*, chapeau *m* (d'un métier). (*b*) *Rail:* Traverse (de châssis de wagon).

headstone ['hedstoun], *s.* **1.** Pierre *f* tumulaire; pierre tombale. **2.** *Arch: Const:* (*a*) Clef *f* de voûte. (*b*) Pierre angulaire.

headstrong ['hedstrɔŋ], *a.* Volontaire, têtu, entêté, obstiné.

headstrongness ['hedstrɔŋnəs], *s.* Entêtement irréfléchi; obstination *f*.

headway ['hedwei], *s.* **1.** Progrès *m.* *Nau:* Erre *f*; marche *f* avant; sillage *m.* **To make headway,** avancer; faire des progrès; (*of ship*) faire de la route; siller; avancer; aller de l'avant. *The ship is making good h.*, le navire saille de l'avant. *These opinions had made h.*, ces opinions avaient fait du chemin. *To make no h.* (*in an undertaking, etc.*), ne pas avancer; *F:* piler du poivre. *The enquiry is making no h.*, l'enquête piétine. **To make headway against . . .,** faire tête à. . . . **To gather, fetch, headway,** prendre de l'erre. *F:* **To get under headway,** se mettre en route. **2.** *Civ.E:* Hauteur *f* libre, échappée *f* (d'une voûte). **3.** Intervalle *m* (entre autobus, etc.). *Six minutes' h.*, intervalle de six minutes.

headwear ['hedwɛər], *s.* = HEAD-GEAR I.

heady ['hedi], *a.* **1.** (*Of pers., action*) Impétueux, emporté, violent. **2.** (*a*) (Parfum, etc.) capiteux, entêtant, qui monte au cerveau; (parfum) troublant. *H. wine*, vin capiteux; *P:* casse-tête *m inv.* (*b*) (*Of height, etc.*) Vertigineux.

heal [hiːl]. **1.** *v.tr.* Guérir (*s.o. of a disease, of a wound*, qn d'une maladie, d'une blessure); guérir, cicatriser (une blessure). *F:* **Time heals all sorrows,** le temps cicatrise toutes les douleurs. **To heal the breach** (*between two people*), amener une réconciliation (entre deux personnes), raccommoder deux personnes. **2.** *v.i.* (*Of wounds*) To heal (up), (se) guérir, se cicatriser, se refermer, se consolider, se recoller. *To h. up again*, reprendre. *The wound has never healed yet*, la blessure n'est pas encore fermée. **To heal over,** se recouvrir.

healing[1], *a.* **1.** (Remède, etc.) curatif, sanatoire; (onguent) cicatrisant; (plante, remède) vulnéraire. *Fig:* (Conseil, discours, etc.) apaisant, calmant, salutaire, conciliateur. **2. Healing sore,** plaie *f* qui se cicatrise, qui est en train de se refermer.

healing[2], *s.* **1.** Guérison *f*. *Hist:* Guérison des écrouelles par attouchement. **2.** Cicatrisation *f*, consolidation *f* (d'une plaie). *See also* FAITH-HEALING.

'heal-all, *s.* **1.** Panacée *f*. **2.** *Bot:* Valériane *f*.

healder ['hiːldər], *s.* *Tex:* (*Pers.*) Garnisseuse *f* de maillons.

healding ['hiːldiŋ], *s.* *Tex:* Garnissage *m* des maillons (du harnais).

healds [hiːldz], *s.pl.* *Tex:* Bâtons *m* d'encroix (du métier). **Heald-eye,** maillon *m*.

healer ['hiːlər], *s.* Guérisseur, -euse; (*of nature, etc.*) médicateur, -trice. *Time, h. of all ills*, le temps, médecin *m* de tous les maux. *See also* FAITH-HEALER.

health [helθ], *s.* Santé *f*. **1.** (*a*) **To restore s.o. to health,** rendre la santé à qn; rendre qn à la santé; guérir qn. **To regain health,** recouvrer la santé; *F:* se remonter. **Great resort of health-seekers,** lieu fréquenté par les gens en quête de santé. *There is h. in the sunshine and fresh air*, rien de plus salubre, de plus salutaire, que le soleil et le grand air. **He looks the picture of health,** son visage respire la santé; *F:* il respire la santé par tous les pores. *Prov:* **Health before wealth,** santé passe richesse. *See also* RESORT[1] 3. (*b*) **To be in good health,** être en bonne santé, bien portant; se bien porter; *F:* être vaillant. *To be in bad h.*, se mal porter, être mal portant. *To be in the best of h.*, se porter à merveille, comme un charme; être en parfaite santé. *He enjoys radiant h., wretched h.*, il a une santé florissante, pitoyable. **To be broken in health,** avoir perdu la santé. *See also* ILL-HEALTH. **Public health,** hygiène *f*; salubrité publique. *Public h. specialist, expert*, hygiéniste *m*. **The Ministry of Health,** le Ministère de l'hygiène. **The Board of Health,** le Conseil sanitaire, de salubrité; la Commission d'hygiène; le Ministère de la santé publique. **The Health Service,** le Service de la santé. **Health visitor,** inspectrice *f* des services de la santé. **Medical officer of health,** médecin *m* de la santé. *Chief medical officer of h.*, directeur *m* de la santé. **Health conference,** conférence *f* de l'hygiène, d'hygiène. **Health insurance,** assurance *f* maladie, *pl.* assurances maladie. **Health certificate,** certificat médical. *See also* BILL[4] 4. **2. To drink (to) the health of s.o., to propose s.o.'s health,** porter la santé, boire à la santé, de qn; porter un toast à qn. *We drank his h. in beer*, on a bu des bocks à sa santé. *To drink healths*, porter des santés. **Good health!** à votre santé! *P:* à la vôtre! à la tienne!

'health-giving, *a.* Assainissant; (air, etc.) fortifiant, vivifiant.

'health-officer, *s.* *Adm:* Médecin *m* du service de la santé; médecin sanitaire, inspecteur *m* de l'hygiène; agent *m* de la santé (d'un port). *Nav.Adm:* *The h.-o.'s office*, le bureau de la santé.

healthful ['helθful], *a.* (Air) salubre; (exercice *m*, effet *m*) salutaire. **-fully,** *adv.* = HEALTHILY.

healthfulness ['helθfulnəs], *s.* = HEALTHINESS.

healthiness ['helθinəs], *s.* Salubrité *f* (d'un endroit, d'un climat).

healthy ['helθi], *a.* **1.** (*a*) (*Of pers.*) Sain; en bonne santé; robuste, bien portant. *To have a h. look, a h. colour*, avoir un air de santé; avoir l'air bien portant, avoir un teint florissant. *H. skin*, peau saine. (*b*) (*Of climate, food, air, etc.*) Salubre. *To make healthier*, assainir (qch.). **To put the finances of a country on a healthy footing,** assainir les finances d'un pays. *It is not a h. place for arthritic people*, l'endroit ne vaut rien aux arthritiques. **2.** *H. appetite*, appétit *m* d'homme bien portant; appétit robuste. *He showed a h. interest in sports*, il manifestait pour les sports un intérêt tout viril. *H. criticism*, critique vivifiante. *It is a h. sign that . . .*, il est encourageant que + *sub.* **-ily,** *adv.* **1.** Sainement. **2.** Salubrement, salutairement.

'healthy-'minded, *a.* A l'esprit sain.

heap[1] [hiːp], *s.* (*a*) Tas *m*, monceau *m*, amas *m*, amoncellement *m* (de bois, de pierres, de boue); amassage *m* (de châtaignes, etc.). *Sand heap*, tas de sable; moie *f*. *H. of fallen houses*, abattis *m* de maisons. *U.S:* **Heap of junk,** tas de ferraille. *Hence U.S: P:* **Heap,** (i) vieille auto de rebut; (ii) bagnole *f*, tacot *m*. **In a heap,** en tas. *F:* (*Of pers.*) **To fall in a heap,** s'affaisser (sur soi-même); tomber comme une masse (inerte). *P:* **To strike, knock, s.o. all of a heap,** estomaquer, épater, qn; couper les jambes à qn; *P:* visser qn. **To be struck all of a heap,** en rester abasourdi, stupéfait, tout ébaubi; *P:* en rester assis; en rester baba; être épaté, mirobolé; tomber des nues; (en) être comme deux ronds de flan, de frites. *I was struck all of a h.*, les bras m'en sont tombés, ça m'a coupé bras et jambes. *See also* MANURE[1], RUBBISH-HEAP, SCRAP-HEAP. (*b*) *F:* (*Large number*) **A heap of people,** un tas de gens. *She had heaps of children*, elle avait une ribambelle d'enfants. *There were heaps (and heaps) of them*, il y en avait des bottes, des mille et des cents. *I have heaps of things to do*, j'ai un tas de choses à faire. *There are heaps of it*, il y en a des tas, des monceaux. *I have heaps*, *P:* j'en ai une tapée. **Heaps of times,** bien des fois; très souvent. *I have told you so heaps of times*, je vous l'ai dit vingt fois, mille fois. **She felt heaps better already,** déjà elle se sentait beaucoup mieux, infiniment mieux, cent fois mieux.

heap[2], *v.tr.* **1.** (*a*) To heap (up), entasser, amonceler, mettre en tas, en pile (des pierres, du bois); amasser (des richesses). *To h. up a mound*, faire un tas, un monceau. *To h. sth. up again*, rentasser qch. (*b*) **To heap praises, insults, on s.o.,** combler qn d'éloges; accabler, charger, abreuver, agonir, qn d'injures. *See also* COAL[1] I. **2. To heap sth., s.o., with sth.,** combler qch., qn, de qch. *She heaped my plate with cherries*, elle a rempli mon assiette de cerises.

heaped, *a.* **1.** Entassé, amoncelé. **2. Heaped measure,** mesure *f* comble.

heaping[1], *a.* *U.S:* (*Of spoonful, etc.*) Comblé, comble.

heaping[2] (up), *s.* Entassement *m*, amassement *m*, amoncellement *m*.

hear ['hiːər], *v.tr.* (*p.t.* **heard** [həːrd]; *p.p.* **heard**) **1.** Entendre, *A:* ouïr. *I h. you*, je vous entends. *I h. the bells*, j'entends les cloches. *I heard a ring*, j'ai entendu sonner. *A groan was heard*, un gémissement se fit entendre. *There was nothing to be heard but the dry rustle of the leaves*, on ne percevait, ne distinguait, rien ne se distinguait, que le bruissement sec des feuilles. *Let me h. the story*, racontez-moi l'histoire. *Let us h. it*, *F:* dites voir. *B:* **He that hath ears to hear, let him hear,** qui a des oreilles pour ouïr, qu'il entende. *I heard my name* (*mentioned*), j'entendis prononcer mon nom. *To h. s.o. speak*, entendre parler qn. *I heard, could h., him laugh(ing)*, je l'ai entendu rire; je l'entendais rire. *He was heard to laugh*, on l'entendit rire. **I could hardly make myself heard,** je pouvais à peine me faire entendre. *F:* **One cannot hear oneself speak here,** on ne s'entend pas ici. **He likes to hear himself talk,** il aime à s'entendre parler; il s'écoute volontiers parler; c'est un grand discoureur. *I heard a clock striking*, j'entendis sonner une horloge; j'entendis une horloge qui sonnait l'heure. *I heard the dog bark*, j'ai entendu le chien pousser un aboiement; j'ai entendu aboyer le chien. **To hear sth. said (or told) to s.o.,** entendre dire qch. à qn. **To hear s.o. say sth.,** entendre dire qch. à qn, par qn. *I heard him say he would come*, je lui ai entendu dire qu'il viendrait. **I have heard it said,** *F:* **I have heard tell, that . . .,** j'ai entendu dire que. . . . *I have heard tell of the matter*, j'ai entendu parler de cela. *I remember hearing tell that . . .*, je me rappelle avoir entendu dire que. . . . *I have heard that song sung already*, j'ai déjà entendu chanter cette chanson. *I have heard her sing that song*, je l'ai entendue chanter cette chanson; je lui ai entendu chanter cette chanson. *I have heard her described as a beauty*, je l'ai entendu citer comme une beauté. *See also* PIN[1] I. **2.** (*Listen to*) (*a*) Écouter. *They refused to h. me*, on ne voulut pas m'entendre, m'écouter. **Hear me out,** écoutez-moi, entendez-moi, jusqu'au bout. **To hear a deputation,** recevoir (et entendre) une députation. (*At meetings*) **Hear! hear!** très bien! très bien! *Journ:* "marques d'approbation." *Your petition will be heard*, votre requête sera entendue. **To hear lectures,** suivre des conférences, un cours; assister à des conférences. *Ecc:* **To hear mass,** assister à la messe. *Jur:* **To hear a case,** (i) connaître d'un différend; (ii) entendre une cause. **To hear the witnesses,** entendre les témoins. *The case will be heard in January*, l'affaire passera, se plaidera, en janvier. *See also* REASON[1] 3. (*b*) *Sch:* **To hear a lesson,** écouter une leçon. **To hear a child his lesson,** faire réciter, faire répéter, sa leçon à un enfant. (*c*) **To hear a prayer,** exaucer, écouter, une prière. **Hear my prayer!** (i) ayez égard à ma supplique! (ii) (Seigneur,) exaucez ma prière! **3.** (*Learn*) **To hear a piece of news,** apprendre une nouvelle. *To h. the truth*, apprendre, savoir, la vérité. *I have heard that . . .*, j'ai entendu dire, j'ai appris, on m'a appris, que. . . . *I h. you are speaking ill of me*, il me revient que vous dites du mal de moi. **4.** (*a*) **To hear from s.o.,** recevoir des nouvelles, une lettre, de qn. *You will h. from me*, je vous écrirai. *He will be heard from in good time*, on aura de ses nouvelles en temps utile. **Let me hear from you,** écrivez-moi un mot. **Let me hear how you get on,** donnez-moi de vos nouvelles. *To h. regularly from one another*, être en relations suivies. (*As a threat*) **You will hear from me later on!** vous aurez de mes nouvelles! *Com:* **Hoping to hear from you,** dans l'attente de vous lire. *Looking forward to the pleasure of hearing from you*, au plaisir de vous lire. (*b*) **To hear of, about, s.o., sth.,** avoir des nouvelles de qn, entendre parler de qn, de qch. *He has not been heard of since*, depuis on n'en a plus entendu parler; on n'eut plus jamais de ses nouvelles. *They were not heard of for a long time*, on fut longtemps sans entendre parler d'eux. *The explorers were never heard of again*, on n'a plus retrouvé trace des explorateurs. *This is the first I have heard of it*, c'est la première fois que j'en entends parler; en voici la première nouvelle. *Having heard of my misfortune he offered to help me*, instruit de mon malheur il m'offrit son aide. *I only heard of it yesterday*, je n'en ai eu connaissance qu'hier. **Nobody let me hear of it**, personne ne m'en a donné connaissance. *We first h. of this disease in the sixth century*, la première mention de cette maladie date du sixième siècle. *I have heard much, a lot, of . . .*, on m'a beaucoup parlé de. . . . **I never heard of such a thing!** a-t-on jamais entendu une chose pareille! je n'ai jamais vu une chose pareille! c'est inouï! c'est inadmissible! *Who ever heard of going to bed at ten!* il est inouï de se coucher à dix heures. *We have heard of noblemen of former times who wore clogs*, on sait d'anciens seigneurs qui portaient des sabots. **I hear of nothing else**, j'en ai les oreilles rebattues. **Father won't hear of it**, mon père ne veut pas en entendre parler, ne veut rien en savoir, s'y oppose absolument, *F:* n'entend pas de cette oreille-là. *F:* **You will hear of it!** il vous en cuira! *See also* LAST[4] II. 2.

hearing, *s.* **1.** (*a*) Audition *f* (d'un son). *To judge an opera at the first h.*, juger d'un opéra à la première audition. (*b*) Audition, audience *f*. **Trial hearing of a singer**, audition d'un chanteur. *This witness of the occurrence was immediately given a h.*, ce témoin de l'affaire fut entendu aussitôt. **Give me a hearing!** veuillez m'entendre! **He was refused a hearing**, on refusa de l'entendre. **To gain a hearing**, (i) se faire écouter; (ii) obtenir une audience. **To condemn s.o. without a hearing**, condamner qn sans connaissance de cause, sans entendre sa défense. *To dismiss s.o. without a h.*, congédier qn sans l'entendre. (*c*) *Jur:* **Hearing of witnesses**, audition des témoins; témoignages *mpl*. **Hearing of the case**, (i) l'audience; (ii) l'audition de la cause par le juge (sans jury). **To put a case down for hearing**, audiencer une cause. **The case comes up for hearing to-morrow**, la cause sera entendue demain. **The defence is given a full hearing**, les débats sont contradictoires. **2.** Ouïe *f*. *The organ of h.*, l'organe *m* de l'ouïe. **To be quick of hearing, to have a keen sense of hearing**, avoir l'oreille, l'ouïe, fine; avoir l'oreille sensible. *See also* HARD I. 2. **Within hearing**, à portée d'oreille, de la voix. *If I had been within h. . . .*, si j'avais été assez près pour entendre. . . . **Out of hearing**, hors de portée de la voix. **It was said in my hearing**, on l'a dit devant moi, en ma présence. **It came to my hearing**, cela m'est parvenu aux oreilles. **3.** *A. & Dial:* **That's good hearing!** voilà une bonne nouvelle! je suis bien aise d'apprendre ça!

hearable ['hiərəbl], *a.* Perceptible par l'oreille, à l'oreille.

hearer ['hiərər], *s.* Auditeur, -trice. *pl.* **Hearers**, auditoire *m*.

hearken ['hɑːrk(ə)n], *v.i.* Écouter. **To hearken to s.o., to sth.**, écouter qn, qch.; prêter l'oreille à qn, à qch.

hearsay ['hiərsei], *s.* Ouï-dire *m inv.* **I know it, have it, only from hearsay**, je ne le sais que par ouï-dire. **To take sth. on hearsay**, accepter qch. d'ouï-dire. *Jur:* **Hearsay evidence**, (i) déposition *f* sur la foi d'autrui; (ii) (preuve *f* par) commune renommée; (iii) simples ouï-dire (non admissibles).

hearse [hɑːrs], *s.* **1.** *Ecc:* (*a*) (**Taper-)hearse**, if *m*, herse *f* (d'église). (*b*) *A:* Chapelle ardente (de catafalque). (*c*) *A:* Catafalque *m*. **2.** Corbillard *m*; char *m* funèbre. **Motor hearse**, corbillard automobile. **Hearse-cloth**, drap *m* mortuaire.

hearst [hɑːrst], *s.* *Ven:* Biche *f* de deux ou trois ans.

heart[1] [hɑːrt], *s.* Cœur *m.* **1.** **With beating heart**, le cœur battant. **To have a weak heart**, être cardiaque. *See also* ATHLETIC, ENLARGE, SMOKER I, TOBACCO-HEART. *Med:* **Heart attack**, crise *f* cardiaque. **Heart failure**, défaillance *f* cardiaque. *Killed by a bullet in the h.*, tué d'une balle au cœur. *F:* **To have one's heart in one's mouth**, avoir un serrement de cœur; avoir le gosier serré; être angoissé. **To have one's heart in one's boots**, avoir peur; avoir une peur bleue; n'en pas mener large; avoir un trac formidable. **It made my heart leap into my mouth, my heart leapt into my mouth**, mon sang n'a fait qu'un tour; mon cœur se serra; j'éprouvai un serrement de cœur; cela m'a bouleversé. *See also* LEAP[2] I. *His cry brought my h. into my mouth*, à son cri l'émotion *f* faillit m'étouffer. **To press, clasp, s.o. to one's heart**, serrer, presser, qn sur son cœur; étreindre qn. **To cry, sob, one's heart out**, pleurer à chaudes larmes, à gros sanglots. *See also* EAT[2] I. **To break s.o.'s heart**, briser le cœur à qn. **He died of a broken heart**, il est mort de chagrin; il mourut le cœur brisé. **To break one's heart over sth.**, se ronger le cœur au sujet de qch. *It breaks his h. to . . .*, cela lui fend le cœur de. . . . **It was enough to break your heart**, c'était à fendre l'âme. **To cry fit to break one's heart**, pleurer à gros sanglots. *R.C.Ch:* **The Heart of Mary**, le Cœur de Marie. *See also* SACRED 2. **2.** (*a*) **Heart of gold**, cœur d'or. **Heart of steel**, cœur de fer; cœur impénétrable. *See also* STEEL[1] 3. **To have a heart of stone**, avoir un cœur de roche, de granit, d'airain; avoir une âme, des entrailles, d'airain. *It would melt a h. of stone*, cela attendrirait un cœur de pierre. *Prov:* **Kind hearts are more than coronets**, un cœur chaud vaut mieux que des lettres de noblesse. **Have a heart!** ayez un peu de cœur! *He is a man of no h., he has no h.*, c'est un homme sans cœur, sans conscience, sans entrailles. **His heart is in the right place**, il a le cœur bien placé; il est plein de cœur; son cœur ne se trompe pas. **To wear one's heart on one's sleeve**, manquer de réserve; ne pas être réservé; se montrer trop expansif; ne savoir rien garder pour soi; agir et parler à cœur ouvert. (*Of thg*) **To do one's heart good, to rejoice one's heart**, réjouir, réchauffer, le cœur. **Set your heart at rest**, ne vous inquiétez pas; tranquillisez-vous; soyez tranquille. *His h. was full, heavy*, il avait le cœur gros. *With a heavy h.*, le cœur serré, navré. **To do sth. with a light heart, with a heavy heart**, faire qch. le cœur léger, le cœur joyeux, d'un cœur léger, avec insouciance; faire qch. à contre-cœur. *To ruin others with a light h.*, ruiner autrui de gaieté de cœur. *int.* **Bless my, your, heart!** mon Dieu! par exemple! (*Term of endearment*) **Dear heart!** m'amour! mon (cher, petit) cœur! mon chéri! ma chérie! *See also* GO OUT I, SMITE[2] I, SOFT I. 2. (*b*) (*Innermost being, core*) **Sight that goes to one's heart, cuts one to the heart, makes one's heart ache**, spectacle *m* qui vous fend, perce, crève, le cœur, qui vous blesse au cœur; spectacle navrant, qui vous navre. *This news cut him to the heart*, cette nouvelle lui fut un coup de poignard. *It cuts me to the h. to think . . .*, cela me fend le cœur, j'ai le cœur navré, de penser. . . . *They were cut to the h.*, ils étaient navrés. **In my heart of hearts**, au plus profond de mon cœur; dans le tréfonds de mon cœur; dans le for de ma conscience; en mon for intérieur, en mon âme et conscience. **In his heart**, *he was a protestant*, au fond il était protestant. **From the bottom of my heart** *I congratulate you*, je vous félicite de tout mon cœur. **At heart** *he is not a bad fellow*, au fond ce n'est pas un mauvais garçon. *To feel a great gladness at h.*, éprouver une grande joie intérieure, secrète. *See also* SAD I, SICK[1] 3. **With open heart**, à cœur ouvert. *See also* OPEN[1] I. 4. **Searchings of the heart**, inquiétudes *f* de l'âme. *See also* SEARCH[1] I. **To learn sth. by heart**, apprendre qch. par cœur. *I know it by h.*, je le sais par cœur. (*c*) **To love s.o. with all one's heart**, aimer qn de tout son cœur. **To give, lose, one's heart to s.o.**, donner son cœur à qn; s'éprendre de qn, *F:* s'enticher de qn. **Union of hearts**, (i) concorde *f*; (ii) mariage *m* d'inclination. **To win s.o.'s heart**, gagner le cœur de qn; faire la conquête de qn. **He knows how to find his way into people's hearts**, il sait se rendre cher à tous, il sait éveiller la sympathie. *Cause nearest one's h.*, cause *f* qu'on a le plus à cœur, qui vous tient le plus au cœur. **To have s.o.'s welfare at heart**, avoir à cœur le bonheur de qn. **To take, lay, sth. to heart**, prendre qch. à cœur. *Don't take it so much to h.*, ne vous affligez pas ainsi. *He has taken it to h.*, il l'a sur le cœur. *Take that to h.*, faites-en votre profit. *To lay a lesson to h.*, se le tenir pour dit. (*d*) (*Desire*) **To have set one's heart on sth., on doing sth.**, avoir qch. à cœur; avoir, prendre, à cœur de faire qch.; vouloir absolument avoir qch.; être déterminé à posséder qch., à faire qch.; *F:* jeter son dévolu sur qch. *The thing he has set his h. on*, la chose qui lui tient au cœur; l'objet de ses désirs. *I have set my h. upon it*, j'y tiens. **He is a man after my own heart**, c'est mon homme; c'est un homme selon mon cœur, un homme comme je les aime; il m'est très sympathique. **It goes against my heart to . . .**, c'est à contre-cœur que je. . . . **To one's heart's content**, à cœur joie, à souhait. **To indulge oneself to one's heart's content**, s'en donner à cœur joie. **To eat, drink, to one's heart's content**, manger, boire, tout son soûl, tout son content; boire à tire-larigot. **Everything has succeeded to our heart's content**, tout a réussi au gré de nos désirs. (*e*) (*Enthusiasm, interest*) **To put (all) one's heart into sth.**, y aller de tout son cœur, de bon cœur; mettre son zèle à qch.; mettre toute son énergie à faire qch. **To have one's heart in one's work**, avoir le cœur à l'ouvrage. *His h. isn't in it*, il n'a pas le feu sacré. **To do sth. with (only) half a heart**, montrer peu d'empressement à faire qch.; faire qch. timidement, en hésitant, sans entrain. **With all my heart**, du meilleur de mon cœur, de tout mon cœur. *To desire sth. with all one's h.*, désirer qch. de toute son âme. **With heart and hand, with heart and soul**, de cœur et d'âme, de tout cœur. **To put one's heart and soul, to throw oneself heart and soul, into a business**, se jeter, entrer, de tout son cœur dans une affaire; se donner corps et âme à une affaire. (*f*) (*Courage*) **To put new heart into s.o.; to put s.o. in good heart**, donner du courage, du cœur, à qn; réchauffer le cœur à qn; relever le cœur de qn; ragaillardir qn; réconforter le cœur à qn; remettre du cœur au ventre de qn; encourager qn. *This speech put fresh h. into the troops*, ce discours ranima les troupes. **To pluck up, take, heart (of grace)**, (re)prendre courage; prendre confiance. *To take h. again*, renaître à l'espérance. **To be of good heart**, avoir bon courage. *They were in better h.*, ils avaient repris courage. **Be of good heart! keep a good heart!** ne vous laissez pas abattre! ne perdez pas courage! du courage! ayez confiance! *See also* FAINT[1] I, POOR 4. **To take the heart out of s.o.**, décourager, abattre, rebuter, qn. **To lose heart**, perdre courage; se laisser aller au découragement; se décourager, se rebuter. **My heart sank (into my boots), died within me, at the news**, à cette nouvelle mon courage s'évanouit. *See also* SINK[2] I. 3. **Not to find it in one's heart, not to have the heart, to do sth.**, ne pas avoir le cœur, le courage, de faire qch.; ne pouvoir se décider à faire qch. **I am in no heart for laughing**, je n'ai pas le cœur à rire. **To be in (good, strong) heart**, (i) (*of pers.*) être de bonne humeur; être gaillard, en train; (ii) *Agr:* (*of soil*) être bien entretenu, productif, d'un bon rapport. **Out of heart**, (i) (*of pers.*) abattu, découragé; (ii) *Agr:* (*of land*) amaigri, effrité, épuisé. **3.** Cœur (d'un chou); cœur, vif *m* (d'un arbre). *F:* **Heart of oak**, homme courageux; cœur de chêne. *A:* **The British Hearts of Oak**, (i) les vaisseaux, (ii) les marins, de la Marine anglaise. *H. of a cable*, âme *f*, mèche *f*, d'un câble. **The heart of the matter**, le vif de l'affaire. *To come to the h. of the matter*, entrer dans le vif de la question. *The h. of a forest*, le fond, le fort, d'une forêt. *To make for the h. of the woods*, s'enfoncer dans les taillis. **In the heart of . . .**, au cœur (d'une ville), au (beau) milieu (d'une forêt), au (fin) fond (d'un désert); au cœur (d'un pays). **In the heart of winter**, en plein hiver; au cœur de l'hiver. *In the h. of summer*, au fort de l'été. **The Heart of England**, le comté de Warwick. *Hist:* **The Heart of Midlothian**, la prison d'Édimbourg. **4.** *Cards:* **Queen of hearts**, dame *f* de cœur. *Have you any hearts?* avez-vous du cœur? **5.** *Her:* Cœur, abîme *m* (de l'écu). **6.** (*a*) *Mec.E:* Came *f*, excentrique *m*, en forme de cœur. (*b*) *Nau:* Moque *f* (pour cordage).

'heart-ache, *s.* Chagrin *m*, peine *f* de cœur, douleur *f*. *To have h.-a.*, avoir le cœur endolori.

'heart-beat, *s.* Battement *m*, pulsation *f*, du cœur.

'heart-block, *s.* *Med:* Syndrome *m* d'Adams-Stokes; pouls lent permanent.

'heart-blood, *s.* = HEART'S-BLOOD.

'heart-bond, *s.* *Const:* = *heading bond, q.v. under* BOND[1] 2.

'heart-break, *s.* Déchirement *m* de cœur; chagrin poignant.

'heart-breaking, *a.* Navrant, accablant, déchirant. *H.-b. disappointment,* crève-cœur *m inv. It was h.-b.,* c'était à fendre l'âme. *It's h.-b. work,* c'est un travail tout ce qu'il y a de plus rebutant.
'heart-broken, *a.* **To be heart-broken,** avoir le cœur brisé. *I am h.-b. that he has failed,* je suis navré qu'il ait échoué.
'heart-burning, *s.* Irritation mêlée de dépit; jalousie *f.* *To cause much h.-b.,* exciter bien des rancunes.
'heart-burst, *s.* Épanchement *m* de cœur.
'heart-cam, *s.* *Mec.E:* Came *f,* excentrique *m,* en forme de cœur.
'heart-case, *s.* *Med:* *F:* (*Pers.*) Cardiaque *mf.*
'heart-cherry, *s.* Guigne *f;* cerise *f* en cœur. *See also* CHERRY 1.
'heart-clover, *s.* *Bot:* Médicago maculé.
'heart-disease, *s.* Maladie *f* de cœur.
'heart-failure, *s.* Arrêt *m* du cœur; syncope (mortelle).
'heart-felt, *a.* (Émotion *f,* vœu *m*) sincère; qui vient, part, du cœur. *H.-f. words,* paroles bien senties. *To make a h.-f. appeal,* mettre tout son cœur dans son plaidoyer. *To express one's h.-f. thanks to s.o.,* exprimer ses remerciements sincères à qn.
'heart-free, *a.* Qui a le cœur libre; qui n'a pas d'amour en tête.
'heart-gripping, *a.* (Spectacle, etc.) poignant.
'heart-hungry, *a.* Qui a le cœur affamé (d'affection).
'heart-hurry, *s.* *Med:* Tachycardie *f* paroxystique.
'heart-piercing, *a.* (Cri, spectacle, etc.) déchirant, qui perce le cœur, qui fend le cœur.
'heart-point, *s.* *Her:* Centre *m,* cœur *m* (de l'écu); abîme *m.*
'heart-quake, *s.* **1.** *A:* Palpitation *f;* crise *f* cardiaque. **2.** Tremblement *m* (d'inquiétude ou d'effroi); *F:* le trac.
'heart-rending, *a.* (Soupir *m,* nouvelle *f*) à fendre le cœur, qui fend l'âme; (spectacle) navrant. *H.-r. cries,* cris déchirants.
'heart-rot, *s.* *Arb:* Pourriture *f* du cœur.
'heart's-blood, *s.* Sang *m* du cœur; *F:* l'âme *f,* la vie. **I'll have his heart's-blood,** je lui arracherai, mangerai, le cœur.
'heart-searching. **1.** *a.* (Question, regard) qui sonde le(s) cœur(s). **2.** *s.* Examen *m* de conscience; scrupule *m.* *After many heart-searchings, I accepted,* après m'être longtemps tâté, j'ai accepté.
'heart's-ease, *s.* *Bot:* Pensée *f* sauvage.
'heart-shake, *s.* *Arb:* Fente *f* de cœur; gélivure *f* (dans le bois); cadran(n)ure *f.*
'heart-shaped, *a.* Cordiforme; en (forme de) cœur.
'heart-sick, *a.* **1.** Écœuré. *H.-s. consciousness of failure,* sentiment poignant, morne, d'avoir échoué. *To be, feel, h.-s.,* être, se sentir, découragé; avoir la mort dans l'âme; avoir le cœur navré. **2.** *F:* **Heart-sick lover,** soupirant désolé, éploré; amoureux transi.
'heart-sickness, *s.* Écœurement *m,* découragement *m.*
'heart-sinking, *s.* Serrement *m* de cœur; sentiment accablant de découragement; désespérance *f;* affaissement *m* de l'âme.
'heart-sore. **1.** *a.* Blessé au cœur; chagriné, affligé. **2.** *s.* Crève-cœur *m inv.*
'heart-soreness, *s.* Navrance *f,* chagrin *m.*
'heart-stirring, *a.* (Discours) entraînant, qui vous remue le cœur; (musique) entraînante.
'heart-strain, *s.* *Med:* Cœur forcé.
'heart-stricken, -struck, *a.* Frappé au cœur; navré.
'heart-strings, *s.pl.* **1.** *Anat:* *A:* Fibres *f,* tendons *m,* du cœur. **2.** *F:* **Tug at one's heart-strings,** serrement *m* de cœur. *See also* TUG[2] 1. *To play upon s.o.'s heart-strings,* agir sur les affections de qn, sur la sensibilité de qn; toucher le cœur de qn.
'heart-stroke, *s.* **1.** Battement *m* de cœur. **2.** *F:* Angine *f* de poitrine.
'heart-throb, *s.* Battement *m* de cœur; palpitation *f.*
'heart to 'heart, *a.* & *adv.phr.* **Heart-to-heart talk,** conversation *f* intime. *To have a h.-to-h. talk with s.o., to talk with s.o. h. to h.,* parler avec qn à cœur ouvert.
'heart-whole, *a.* **1.** Qui a le cœur libre; qui n'est pas amoureux; qui n'a pas d'amour en tête. **2.** **Heart-whole affection,** affection sincère, vraie. **3.** Qui a conservé tout son courage; qui ne s'est pas laissé abattre.
'heart-wood, *s.* *Arb:* Bois *m* de cœur; cœur *m* du bois; bois parfait; duramen *m.*

heart[2]. **1.** *v.i.* (*Of cabbage, lettuce*) **To heart (up),** pommer. **2.** *v.tr.* *Const:* **To heart (in),** remplir (un espace entre deux parements, etc.).

heartburn ['hɑːrtbərn], *s.* **1.** *Med:* Aigreurs *fpl* (d'estomac); ardeur(s) *fpl,* brûlures *fpl,* d'estomac; pyrosis *m;* cardialgie *f;* *F:* fer-chaud *m.* **2.** = HEART-BURNING.

-hearted ['hɑːrtid], *a.* (*With adj. or noun prefixed, e.g.*) **Evil-hearted,** méchant; au cœur mauvais; pervers. **Kind-hearted,** (qui a le cœur) bon; bienfaisant. *He is a kind-h. sort,* c'est un bon cœur. *He is a* **big-hearted, great-hearted,** *fellow,* c'est un garçon de cœur. **Half-hearted,** (i) tiède; qui manque d'enthousiasme; sans enthousiasme; (ii) (effort) timide, hésitant. *To do sth. in a half-h. manner,* faire qch. sans entrain. **Heavy-hearted,** abattu; qui a le cœur lourd, gros. **True-hearted, open-hearted,** sincère. **Warm-hearted,** au cœur chaud, généreux. *Warm-h. welcome,* accueil chaleureux. **Whole-hearted,** (qui vient) du cœur; sincère. *Whole-h. laugh,* rire épanoui. *See also* BROKEN-HEARTED, CHICKEN-HEARTED, HARD-HEARTED, TENDER-HEARTED, *etc.* **-ly,** *adv.* **Broken-heartedly,** le cœur navré. **Down-heartedly,** avec découragement. **Half-heartedly,** avec tiédeur, sans enthousiasme. *To do sth. half-h.,* montrer peu d'empressement à faire qch.; faire qch. sans entrain. *To consent half-h.,* dire oui du bout des lèvres. **Kind-heartedly,** avec bonté, avec bienveillance. **Stout-heartedly,** courageusement, avec courage. **Warm-heartedly,** avec chaleur, chaleureusement, avec une bonté généreuse. **Whole-heartedly,** de tout (son) cœur, de bon cœur, de grand cœur, sincèrement, avec élan. *See also* DOWN-HEARTEDLY, FAINT-HEARTEDLY, TENDER-HEARTEDLY, *etc.*

-heartedness ['hɑːrtidnəs], *s.* (*With adj. prefixed, e.g.*) **Great-heartedness,** magnanimité *f.* **Half-heartedness,** tiédeur *f,* manque *m* d'enthousiasme. **Hard-heartedness,** dureté *f* de cœur. **Warm-heartedness,** chaleur *f,* bonté *f* de cœur, bonté généreuse. **Whole-heartedness,** sincérité *f,* franchise *f.* *See also* BROKEN-HEARTEDNESS, GOOD-HEARTEDNESS, *etc.*

hearten [hɑːrtn]. **1.** *v.tr.* **To hearten s.o. (on),** encourager qn. **To hearten s.o. (up),** ranimer, relever, le courage de qn; rendre le courage à qn; mettre du baume au cœur de qn; ragaillardir qn; donner du cœur à qn. *This speech heartened the troops,* ce discours ranima le courage des troupes, ranima les troupes. **2.** *v.i.* **To hearten (up),** reprendre courage.
heartening, *a.* (Conseil, mot) encourageant, qui rend le courage, qui ragaillardit. *H. news,* nouvelles rameneuses d'espoir.

heartener ['hɑːrtnər], *s.* Personne *f* ou nouvelle *f* qui encourage, qui rend le courage (à qn); rameneur, -euse, de courage.

hearth, *pl.* **hearths** [hɑːrθ, -θs, -ðz], *s.* **1.** Foyer *m,* âtre *m.* *Fire blazing (up)on the h.,* feu *m* qui flambe dans le foyer, dans l'âtre. *Cinders on the h.,* la cendre du foyer. **Without hearth or home,** sans feu ni lieu. *See also* EAT[2] 1. **2.** (*a*) *Metall:* Aire *f,* foyer, sole *f,* laboratoire *m* (de four à réverbère); creuset *m* (de haut-fourneau). **Low hearth,** bas-foyer *m, pl.* bas-foyers. **Open-hearth furnace,** four *m* à sole. (*b*) **Smith's hearth,** âtre, foyer, de forge; forge *f.*
'hearth-back, *s.* Plaque *f* de contre-feu (de forge).
'hearth-brush, *s.* *See* BRUSH[1] 2.
'hearth-money, *s.* = HEARTH-TAX.
'hearth-plate, *s.* = HEARTH-BACK.
'hearth-rug, *s.* Tapis *m,* carpette *f,* de foyer; devant *m* de foyer; (tapis-)foyer *m.*
'hearth-tax, *s.* *Hist:* Fouage *m.*

hearthstone ['hɑːrθstoun], *s.* **1.** Pierre *f* de la cheminée; (marbre *m* du) foyer; sous-âtre *m, pl.* sous-âtres. **2.** *Dom.Ec:* Blanc *m* d'Espagne.

heartily ['hɑːrtili], *adv.* *See* HEARTY.

heartiness ['hɑːrtinəs], *s.* Cordialité *f,* chaleur *f* (d'un accueil); sincérité *f* (d'un consentement); vigueur *f* (de l'appétit). *The h. which he puts into his work,* l'ardeur *f,* l'empressement *m,* qu'il met dans son travail.

heartless ['hɑːrtləs], *a.* (Personne *f*) sans cœur, insensible, sans pitié, sans entrailles; (traitement, mot) dur, cruel. *You will not be so h. as to do that,* vous n'aurez pas le cœur de faire cela. **-ly,** *adv.* Sans cœur, sans pitié; (traiter qn) cruellement, durement.

heartlessness ['hɑːrtləsnəs], *s.* Manque *m* de cœur; cruauté *f;* insensibilité *f.*

heartsease ['hɑːrtsiːz], *s.* = HEART'S-EASE.

heartsome ['hɑːrtsəm], *a.* Joyeux, gai, enjoué.

hearty ['hɑːrti], *a.* **1.** Cordial, *pl.* -aux; (sentiment *m*) sincère, qui part du cœur. **My heartiest congratulations,** mes cordiales félicitations; mes félicitations les plus chaleureuses. *Good h. laugh,* rire jovial; rire bon enfant. *H. supporter of . . .,* partisan convaincu de. . . . *The heartiest of welcomes awaited us,* nous fûmes accueillis avec la plus grande cordialité. *H. cheers,* acclamations nourries, chaleureuses. **2.** (*a*) Vigoureux, robuste, bien portant. *He is still h.,* il est encore gaillard. *See also* HALE[1]. (*b*) (Repas) copieux, abondant, solide. **Hearty appetite,** fort, gros, rude, appétit; appétit bien ouvert. *People blessed with h. appetites, F:* gens bien endentés. **He is a hearty eater,** il mange ferme; c'est un gros mangeur, une bonne fourchette. (*c*) (*Of land*) Productif, d'un bon rapport. **3.** *s.* (*a*) *Nau:* **Now then, my hearties!** allons, mes braves! (*b*) *Sch:* (*At Universities*) Sportif *m.* **-ily,** *adv.* **1.** (Saluer) cordialement; (accueillir qn, applaudir) chaleureusement; (travailler, rire) de bon cœur; (rire) à belles dents; (se réjouir) sincèrement. *To go at it h.,* y aller de tout son cœur. *F:* **To be heartily sick of sth.,** être profondément, franchement, dégoûté de qch. **2.** (Dîner) copieusement; (manger) de bon appétit, avec appétit. *To eat more h. than ever,* redoubler d'appétit.

heat[1] [hiːt], *s.* **1.** (*a*) Chaleur *f;* ardeur *f* (du soleil, d'un foyer). *The great h. (of summer),* les grandes chaleurs (de l'été). **In the heat of the day,** au plus chaud de la journée. *The h. flew to her head and cheeks,* elle eut une bouffée de chaleur. *The h. and the cold should be avoided,* le chaud et le froid sont à éviter. *To generate h. (by fermentation),* produire l'échauffement. *Hort:* **To sow in heat,** semer sur couche. (*b*) *Ph:* *etc:* Chaleur, calorique *m.* **Specific heat,** chaleur spécifique. *See also* LATENT, RADIANT. **Heat insulator,** calorifuge *m.* **Heat efficiency,** rendement *m* calorifique. **Heat constant,** constante *f* calorifique. *H. value,* valeur *f* calorifique, calorifique. *See also* CONTENT[1] 2. **Heat of combustion, of formation,** chaleur de combustion, de combinaison. *Med:* *Vet:* **Heat treatment, cure,** thermothérapie *f.* *See also* BLOOD-HEAT, WASTE[2] 2. (*c*) *Metall:* (i) (*Temperature*) Chaleur, chaude *f.* **Red heat,** chaude rouge; chaleur rouge. *Dark red h.,* chaude sombre. **White heat,** chaleur d'incandescence; chaude blanche, grasse; chaleur blanche; rouge-blanc; blanc suant, soudant. **To raise iron to a white heat, to a red heat,** chauffer le fer à blanc, au rouge; porter le fer au rouge-blanc. *Bringing to (a) red h.,* chaude rouge. *Bright white h. of wire,* chaleur blanche, incandescence *f,* du fil. *See also* WELDING. (ii) (*Heating*) Chaude. *Horse-shoe that requires two heats,* fer *m* à cheval qui exige deux chaudes. *F:* *To do sth.* **at a (single) heat,** faire qch. d'un (seul) coup, d'un (seul) trait, tout d'une traite. (*d*) *Cu:* Intensité *f* de chauffe; température *f.* **2.** (*a*) (*Passion*) **To get into a heat,** s'échauffer, s'emporter. **To work oneself up into a white heat,** entrer dans un état de violente surexcitation. **To reply with some heat,** répondre avec une certaine vivacité. *H. of a discussion,* feu *m,* vivacité, d'une discussion. **Heat of youth,** fougue *f* de la jeunesse. *The h. of passion,* la fougue des passions. **In the heat of the moment,** dans la chaleur du moment. *You must pardon what was said in the h. of the moment,* pardonnez quelques vivacités. *In the h. of the debate,* dans la chaleur, l'emportement, de la dispute. *When he is in the h. of a speech, of composition,* lorsqu'il est dans le feu d'un discours, de la composition. *In the first h. of his resentment,* dans le premier feu de sa colère. **In the heat of the battle,** dans la fièvre de la mêlée, dans la chaleur du combat. (*b*) *U.S: P:* Bagarre *f* (avec la police). **3.** (*Rut*) (*Of animals*) Rut *m*, chaleur. **To be in, on, at, heat,** être en chaleur, en rut. **4.** *Med:* Rougeur *f* (sur la peau). *Esp.* **Prickly heat,** lichen *m* vésiculaire; bourbouille *f*; gale bédouine. **5.** *Sp: Rac:* Épreuve *f*, manche *f*. **Qualifying heat,** épreuve éliminatoire, série *f* éliminatoire. **Dead heat,** manche nulle; course nulle; tour nul; dead heat *m*; course à égalité. **To run a dead heat,** courir à égalité.

'heat-absorbing, *a.* (Vapeur, etc.) qui absorbe la chaleur.

'heat-apoplexy, *s.* = SUNSTROKE.

'heat-bump, *s. Med:* Élevure due à l'urticaire.

'heat-conveying, *a.* Calorifère; conducteur, -trice, de la chaleur.

'heat-energy, *s. Ph:* Énergie *f* thermique.

'heat-engine, *s.* Moteur *m* ou machine *f* thermique.

'heat-haze, *s.* Brume due à la chaleur.

'heat-lightning, *s.* Éclairs *mpl* de chaleur.

'heat-producing, *a. Physiol:* (Aliment *m*) thermogène.

'heat-proof, *a.* (Vernis, etc.) allant au feu, qui va au feu, calorifuge.

'heat-rash, *s. Med:* Échauffaison *f*, échauffure *f*.

'heat-ray, *s. Ph:* Rayon *m* calorifique.

'heat-resisting, *a.* **1.** Ignifuge, calorifuge. **2.** *Metall:* (Acier *m*) indétrempable.

'heat-spectrum, *s. Ph:* Spectre *m* calorifique.

'heat-stroke, *s. Med: Vet:* Coup *m* de chaleur.

'heat-wave, *s.* (*a*) *Ph:* Onde *f* calorifique. (*b*) *Meteor:* Vague *f* de chaleur.

heat[2]. **1.** *v.tr.* (*a*) Chauffer (l'eau, le métal, une chambre, etc.). (*b*) (*Abnormally*) Échauffer (le sang, etc.); enflammer (l'esprit). *To h. oneself running,* s'échauffer à courir. *To h. the imagination, the passions,* échauffer, enflammer, l'imagination, les passions. (*c*) (*Ferment*) Échauffer (le foin, le grain, le bois). **2.** *v.i.* (*a*) (*Of water, etc.*) Chauffer. (*b*) (*Of bearing, etc.*) **To heat (up),** chauffer, s'échauffer. (*c*) (*Of hay, etc.*) S'échauffer, fermenter.

heat up, *v.tr.* (Faire) réchauffer (un plat, etc.).

heated, *a.* **1.** Chaud, chauffé. *H. air,* air chaud. *Electrically h. mat,* tapis chauffant. **2.** (*a*) **Heated bearing,** palier échauffé, qui chauffe. (*b*) (*Of pers.*) **To get heated** (*with exercise, anger, etc.*), s'échauffer. *Do not bathe when h.*, n'allez pas vous baigner quand vous avez chaud. **Heated with wine,** échauffé par le vin; pris de vin. **Heated debate,** discussion chaude, animée. **Heated words,** paroles prononcées sous l'empire de la colère. *To make a h. reply,* répondre avec emportement. **-ly,** *adv.* Avec chaleur, avec emportement.

heating[1], *a.* **1.** Échauffant. *H. food,* nourriture échauffante. **2.** *H. action of the sun,* action calorifiante du soleil. **3. Heating surface,** surface *f* de chauffe (d'une chaudière).

heating[2], *s.* **1.** (*Making hot*) (*a*) Chauffage *m*, chauffe *f* (des chaudières, etc.). *H. by steam, by oil,* chauffage à la vapeur, au pétrole. *Hot-air h.*, chauffage par l'air chaud. *See also* STEAM-HEATING. **Heating power,** puissance *f* calorifique; pouvoir *m* calorifique; rendement *m* calorique. **Heating apparatus** (*for building*), calorifère *m*. **Heating pipe,** conduit *m* de chaleur. *Metall:* **Bar-heating furnace,** four *m* à réchauffer les barres. *Rail: etc:* **To turn on, off, the heating,** ouvrir, fermer, la chaleur. *See also* CENTRAL. (*b*) Réchauffage *m* (d'un plat, etc.). **2.** (*Becoming hot*) Échauffement *m* (d'un coussinet, d'un outil); échauffement, fermentation *f* (du foin, du grain, etc.).

heater ['hi:tər], *s.* **1.** Personne *f* qui chauffe; chauffeur, -euse. **2.** (*a*) Radiateur *m*. **Electric heater,** radiateur électrique. **Car heater,** chaufferette *f* pour auto. *Rail:* **To turn on, off, the heaters,** ouvrir, fermer, la chaleur. (*b*) **Gas (water-)heater,** chauffe-bains *m inv*, chauffe-eau *m inv* (à gaz). **Electric immersion heater,** chauffe-liquides *m inv* électrique; thermoplongeur *m*. *Mch:* **Oil heater,** réchauffeur *m* d'huile. *See also* AIR-HEATER, BATH-HEATER, FEED[1] 3. (*c*) Réchaud *m*. **Dish-heater,** réchaud, chauffe-plat(s) *m*, *pl.* chauffe-plats. **Soldering-iron heater,** réchaud à souder. **Rivet heater,** four *m* à chauffer les rivets. (*d*) Fer chaud (d'un fer à repasser). (*e*) *Mch:* (Tube) bouilleur *m* (de chaudière). (*f*) *W.Tel:* Filament *m* de chauffage (d'une lampe). (*g*) *U.S: P:* Revolver *m*.

heath [hi:θ], *s.* **1.** (*Tract of land*) Bruyère *f*, lande *f*, brande *f*. *See also* BLAST[2] 1. **2.** *Bot:* Bruyère, brande. **Fine-leaved heath,** bruyère cendrée. **Cross-leaved heath,** bruyère des marais. *See also* SEA-HEATH.

'heath-bell, *s. Bot:* **1.** Fleur *f* de la bruyère; cloche *f* de bruyère. **2.** Campanule *f*, clochette *f*; jacinthe *f* des prés.

'heath-berry, *s. Bot:* Camarine *f*.

'heath-cock, -fowl, -game, *s. Orn:* Petit coq de bruyère; tétras *m*.

'heath-hen, *s. Orn:* = GREY-HEN.

heathen ['hi:ð(ə)n], *a. & s.* **1.** Païen, -ïenne. *The natives were heathens,* les indigènes étaient des païens. *Coll.* **The heathen,** les païens; *B:* les gentils *m*. **2.** *F:* D'une simplicité primitive; plongé dans l'ignorance. **3.** *F: These youngsters are regular heathens,* ces gamins-là ne respectent rien.

heathendom ['hi:ðəndəm], *s.* Le monde païen, le paganisme; *B:* la gentilité; *F:* les barbares *m*.

heathenish ['hi:ðəniʃ], *a.* **1.** *A:* Païen; idolâtre. **2.** *F:* Barbare, grossier.

heathenism ['hi:ðənizm], *s.* **1.** Paganisme *m*, idolâtrie *f*. **2.** Barbarie *f*.

heathenize ['hi:ðənaiz]. **1.** *v.tr.* Paganiser. **2.** *v.i.* Devenir païen.

heather ['heðər], *s. Bot:* Bruyère *f*, brande *f*. **Ling heather, common heather,** callune (commune); bruyère commune. **Scotch heather, bell heather,** bruyère cendrée. **A heather country,** un pays de brandes. *F:* **To set the heather on fire,** mettre le feu aux poudres. **To take to the heather,** se réfugier dans la lande, = *Fr.* prendre le maquis.

'heather-bell, *s.* = HEATH-BELL 1.

'heather-'mixture, *s. Tex:* Drap chiné bruyère.

heathery ['heðəri], *a.* **1.** Couvert de bruyère. **2.** Ressemblant à la bruyère.

heathy ['hi:θi], *a.* (*Of region, etc.*) Couvert de landes.

heave[1] [hi:v], *s.* Soulèvement *m*. **1.** (*a*) Effort *m* (pour soulever). *With a mighty h.*, d'un effort puissant. (*b*) *Wr:* Tour *m* de bras. **2.** (*a*) Haut-le-cœur *m inv*; nausée *f*; effort *m* pour vomir. (*b*) Haut-le-corps *m inv* (de surprise, etc.); palpitation *f* (du sein). **3.** (*a*) *Nau:* **Heave of the sea,** poussée *f*, entraînement *m*, ondulation *f*, des lames; houle *f*. (*b*) *Geol:* Déplacement latéral (d'une couche). (*c*) *Min: etc:* Gonflement *m*, boursouflement *m* (de la sole d'une galerie, etc.). **4.** *pl.* (*With sing. const.*) *Vet:* **The heaves,** la pousse. *The horse had got the heaves,* le cheval était poussif.

heave[2], *v.* (*p.t. & p.p.* **heaved** *or* (*esp. Nau:*) **hove** [houv]) I. *v.tr.* **1.** (*a*) (*Lift*) Lever, soulever (un fardeau). *The wind heaves the waves,* le vent soulève les vagues. *Nau:* **To heave (up) the anchor,** *abs.* **to heave up,** déraper; lever l'ancre. (*b*) *Geol:* (*Of stratum*) Déplacer latéralement (une autre couche). **2.** (*Utter*) Pousser, laisser échapper (un soupir, etc.). **3.** (*a*) (*Pull, haul*) **To heave coal,** (i) porter, (ii) décharger, le charbon. (*b*) *Nau:* **To heave the two shrouds together,** étriver les deux haubans ensemble. (*c*) *Nau:* **To heave the ship ahead, astern,** virer le navire de l'avant, de l'arrière. **4.** (*Throw*) Lancer, jeter (*sth. at s.o., sth.*, qch. contre qn, qch.); *P:* balancer (des pierres, etc.). *Nau:* **To heave the lead,** jeter la sonde, le plomb; sonder. *H. me a line!* envoyez-moi un bout! *See also* HATCHET, LOG[1] 2.

II. **heave,** *v.i.* **1.** (*a*) (*Swell*) (Se) gonfler, se soulever; (*of sea*) s'agiter, se soulever; (*of ship*) se soulever sur la lame; (*of bosom*) palpiter. *Min:* (*Of floor*) Se boursoufler. **Her bosom heaved (with a sigh),** un soupir lui souleva la poitrine. *F:* **To heave with laughter,** se tenir les côtes de rire; *P:* se gondoler. (*b*) (*Retch*) (*Of pers.*) Avoir des haut-le-cœur, faire des efforts pour vomir. (*Of the stomach*) Se soulever, se retourner. *My stomach heaved at the sight,* le spectacle me donna des nausées, m'a tourné l'estomac. (*c*) (*Of horse*) Battre du flanc. **2.** *Nau:* (*a*) **To heave at a rope,** haler sur une manœuvre. **To heave (away) at the capstan,** virer au cabestan. **Heave a long pull!** halez à grands coups! (*b*) **To heave ahead,** virer de l'avant, devant. **To heave astern,** virer de l'arrière; virer à culer. **To heave apeak, to heave short,** virer à pic. **3.** *Nau:* (*Of land, ship*) **To heave in sight,** paraître (à l'horizon); poindre, hausser.

heave back, *v.tr. Nau:* Dévirer (le cabestan).

heave down, *v.tr. Nau:* Caréner (un navire); abattre (un navire) en carène.

heaving down, *s.* Abattage *m* en carène.

heave in, *v.tr. Nau:* Rentrer, virer (un cordage). *To h. in the lines,* rentrer les amarres. *Abs.* **To heave in,** virer au cabestan.

heave off, *v.tr. Nau:* Déhaler, renflouer (un navire).

heaving off, *s.* Renflouage *m*.

heave out, *v.tr. Nau:* Déferler (une voile d'étai).

heave over, *v.tr.* = HEAVE DOWN.

heave to, *v.tr. & i. Nau:* (Se) mettre en panne, à la cape; prendre la panne; (*in gale*) capanguer. **To be hove to,** être en panne, à la cape. **Hove to under bare poles,** en panne sèche. *The ship was hove to for three hours,* le navire a tenu la cape pendant trois heures. *We were hove to for three days,* nous sommes restés à la cape pendant trois jours.

heaving[1], *a.* **Heaving billows,** vagues agitées. **Heaving flanks,** flancs haletants. **Heaving bosom,** poitrine palpitante; *Lit:* sein bondissant.

heaving[2], *s.* **1.** Soulèvement *m* (des flots, du cœur). *Min:* Boursouflement *m* (de la sole). **2.** *Nau:* Virage *m* (d'un navire). *See also* LINE[2] 1.

'heave-'ho, *int. Nau:* Ohé! ô hisse!

heaven [hevn], *s.* **1.** Ciel *m*, *pl.* cieux. **In heaven, au ciel. To go to heaven,** aller au ciel, en paradis. *Blessing that comes from H.*, grâce *f* qui vient d'en haut. *F:* **It is heaven on earth,** c'est le paradis sur terre. **Good Heavens!** juste ciel! bonté divine! bonté du ciel! **Thank Heaven!** Dieu merci! **For Heaven's sake!** pour l'amour de Dieu! **Who in the name of heaven told you to . . .?** qui diable vous a dit de . . .? **. . . and heaven knows what . . .,** . . . et je ne sais quoi encore. . . . **To move heaven and earth to do sth.,** faire des efforts inouïs, remuer ciel et terre, faire des pieds et des mains, se démener, pour faire qch. **The Yankee heaven,** le paradis des Américains; Paris. *Th: U.S: P:* **The nigger heaven,** le paradis, le poulailler. *See also* SEVENTH 1. **2.** *Bot:* **Tree of Heaven,** ailante *m*.

'heaven-born, *a.* **1.** (De naissance) céleste; divin. **2.** *F:* (Professeur, etc.) particulièrement doué.

'heaven-sent, *a. There came a h.-s. man,* il survint un homme providentiel.

heavenly ['hevnli]. **1.** *a.* (Musique *f*, etc.) céleste; (don) du ciel. **Heavenly body,** astre *m*. **Our heavenly Father,** notre Père céleste. *F:* **What heavenly peaches!** quelles pêches délicieuses! **2.** *adv.* (*In combination with adj., e.g.*) **Heavenly-fair,** divinement belle.

'heavenly-'minded, *a.* Dévot, -ote.

heavenward(s) ['hevnwərd(z)], *adv.* Vers le ciel.

heaver ['hi:vər], *s.* **1.** (*Pers.*) (*a*) Chargeur *m*, porteur *m* (de charbon, etc.); déchargeur *m* (de charbon, etc.); débardeur *m*. (*b*) *H. of sighs,* pousseur *m* de soupirs. **2.** *Tls:* Anspect *m*; levier *m* de manœuvre.

heavily ['hevili], *adv. See* HEAVY[1].

heaviness ['hevinəs], *s.* **1.** (*a*) Lourdeur *f*, pesanteur *f* (d'un corps, de l'allure); poids *m* (d'un fardeau); lourdeur (d'un aliment). (*b*) Caractère oppressif (des impôts, etc.); poids (des impôts). (*c*) Engourdissement *m*, lassitude *f*, langueur *f*, abattement *m* (des membres, du corps, de l'esprit). *Growing heaviness*, alourdissement *m*, appesantissement *m*. *H. in the head*, lourdeur de tête. **Heaviness of heart,** serrement *m* de cœur; tristesse *f*. **2.** (*a*) Nature grasse (du sol). (*b*) Mauvais état, état peu roulant (des routes).

Heaviside ['hevisaid]. *Pr.n. W.Tel:* **The Heaviside layer,** la couche de Heaviside.

heavy[1] ['hevi], *a.* **1.** Lourd. (*a*) *H. weights*, poids lourds. *H. parcel*, paquet lourd, pesant. **To weigh heavy,** peser lourd. *Burden heavier than I can bear*, (i) fardeau plus lourd que je ne puis porter; (ii) tâche qui dépasse la mesure de mes forces. **To make a burden heavier,** alourdir, appesantir, un fardeau. **In time the lightest burden becomes, gets, heavy,** à la longue le plus léger fardeau pèse, s'appesantit. **Beam carrying a heavy load,** poutre *f* qui peine beaucoup. *Ph:* **Heavy bodies,** corps *m* graves. *Motion of a h. body*, mouvement *m* d'un corps grave. *Av:* **Heavier-than-air craft,** appareil plus lourd que l'air. **Heavy blow,** (i) coup violent; (ii) rude coup (du sort, etc.). **Heavy dough,** pâte lourde, mate, trop compacte. **Food that lies heavy on the stomach, heavy food,** nourriture lourde, indigeste, qui pèse sur l'estomac. **Heavy wine,** gros vin; vin à forte teneur d'alcool. **Heavy in hand,** (i) (cheval) pesant à la main; (ii) *F:* (personne) de conversation difficile, difficile à amuser. *See also* HANG[2] II. 4, LIE[4] 2, MARCHING[2], OIL[1] 4, SIT[2] I. 4, TOP-HEAVY. (*b*) **Heavy tread,** pas pesant, lourd, alourdi. *H. style*, style lourd, monotone. **To have a heavy hand,** être gauche, maladroit. **The market is heavy,** le marché est lourd. (*c*) (*Of animal*) **Heavy with young,** gravide. **2.** (*a*) Gros, *f.* grosse. **Heavy baggage,** gros bagages. *H. fly-wheel*, volant *m* à grande masse. *H. lathe*, gros tour. *H. motor*, gros moteur. *H. wire*, fil *m* (de) grosse épaisseur. *For: H. timber*, gros bois. *Metall:* **Heavy castings,** grosses pièces. **Heavy forging,** grosse pièce de forge. *Mil:* **Heavy metal,** artillerie lourde. *F:* **He is heavy metal,** c'est un homme de poids. **Heavy cavalry,** grosse cavalerie. *s.pl.* **The Heavies,** (i) les dragons lourds (de l'armée anglaise), les Dragons de la Garde; (ii) la grosse artillerie, l'artillerie lourde. *Navy:* **Heavy armament,** artillerie de gros calibre. *Ship with h. ordnance*, navire fort en artillerie. *See also* ARTILLERY. (*b*) **Heavy features,** gros traits; physionomie dépourvue de finesse, de vivacité. **Heavy line,** gros trait. *Typ:* **Heavy type, type with a heavy face,** caractères gras. (*c*) Fort. *H. beard*, forte barbe. **Heavy crop,** grosse récolte, récolte abondante. *There is a h. crop of wheat*, les blés sont forts. **Heavy meal,** repas copieux. *Mil:* **Heavy fire,** feu nourri; feu vif; feu intense. *H. rain*, pluie battante; grande pluie; grosse pluie; forte pluie. *H. shower*, grosse averse. *The rain is getting heavier*, la pluie augmente. *H. fog*, brouillard épais. *There was a h. dew*, il y avait une forte rosée. **Heavy expenditure,** dépenses *f* considérables; grosses dépenses. i *H. losses*, lourdes, fortes, pertes. *Com: H. sales*, ventes massives. *H. percentage*, pourcentage élevé. *Contangoes are h.*, les reports sont chers. *H. pressure*, haute pression. *El:* **Heavy current,** courant intensif, intense. **Heavy cold,** gros rhume. *To have a h. cold*, être fortement enrhumé. (*d*) Profond. *H. silence*, silence profond. *H. sleep*, profond sommeil; sommeil de plomb, de mort. **3.** (*Oppressive*) **Heavy odour,** odeur lourde. *Air h. with scent*, air chargé de parfums. *H. responsibility*, lourde responsabilité. *H. tax*, lourd impôt. *H. fine*, lourde amende. *H. charge on the budget*, charge onéreuse pour le budget. **To rule with a heavy hand,** gouverner d'une main rude, sévère. *To lay a h. hand on the people*, appesantir son autorité sur le peuple. **These old engines are very heavy on coal,** ces vieilles machines mangent beaucoup de charbon. **Heavy sky,** temps couvert; ciel sombre, morne, menaçant. *H. news*, nouvelle *f* triste. *A h. fate*, un sort cruel. *See also* HEART[1] 2. **4. Heavy eyes,** yeux battus. *H. with sleep*, appesanti par le sommeil, accablé de sommeil. *H. with wine*, alourdi par le vin; pris de vin. *His eyelids grow h.*, ses paupières s'alourdissent. *To make s.o. h.*, assoupir qn. **5.** (*a*) (Travail) pénible, difficile, dur, laborieux. *H. task*, lourde tâche. *He did the h. work*, c'est lui qui a fait le gros de la besogne. **This book is heavy reading,** ce livre est indigeste, touffu, est ardu à la lecture, de lecture malaisée. **Heavy day,** journée chargée. *H. road*, chemin difficile, malaisé. **To find it heavy going,** avancer avec difficulté. *H. soil, h. ground*, terrain lourd; sol gras; sol fort. **Heavy breathing,** respiration *f* pénible. (*b*) **Heavy weather,** gros temps. **Heavy sea,** forte mer, grosse mer. *A h. sea was running*, il faisait une mer houleuse. **To ship a heavy sea,** embarquer un coup de mer. **6.** *Th:* **Heavy parts,** rôles sombres, sérieux, tragiques. *The h. villain*, le traître à gros effets de mélo. *He plays the h. uncle*, il a un rôle d'oncle aux tirades emphatiques. *P:* **To do, play, come, the heavy (swell),** faire le gros monsieur, le type huppé; faire du volume; faire l'important. *See also* FATHER[1] 1. **7. Heavy eater,** gros mangeur. *H. drinker*, fort buveur. **To be a heavy sleeper,** avoir le sommeil dur. **-ily,** *adv.* **1.** (Marcher, tomber) lourdement. *H. armed knights*, chevaliers pesamment armés. **Time hangs heavily on his hands,** le temps lui pèse, lui dure. *He walked h.*, il avançait d'un pas pesant, à pas pesants. *Av: To land too h.*, atterrir trop durement; faire un atterrissage trop dur. **2.** Fortement, fort. *H. underlined*, fortement souligné. **Heavily-booted feet,** pieds chaussés de grosses bottes ou de forts brodequins. *Rail:* **Heavily-travelled line,** ligne *f* à trafic intense, à fort trafic. *H. mineralized quartz*, quartz hautement minéralisé. **To drink heavily,** se livrer à l'ivrognerie; s'alcooliser. **To lose heavily,** perdre une forte somme; *F:* perdre gros. *To be h. hit*, être gravement atteint (par ses pertes, etc.). *To be h. fined*, être frappé d'une lourde amende. *To be h. taxed*, être fortement imposé. **3. To sigh heavily,** soupirer profondément. **To sleep heavily,** dormir profondément; dormir d'un sommeil lourd, d'un sommeil de plomb; dormir à poings fermés. **4.** (Respirer, se mouvoir) péniblement; (se mouvoir) avec difficulté.

'heavy-'armed, *a.* (Chevalier, légionnaire romain) pesamment armé.

heavy-'duty, *attrib. a.* (Machine) à grand rendement, à fort débit; (appareil) soumis à un travail très dur.

'heavy-'earth, *s. Miner:* Terre pesante; baryte *f*. *See also* EARTH[1] 2.

'heavy-'eyed, *a.* Aux yeux battus.

'heavy-faced, *a. Typ:* **Heavy-faced type,** caractères gras.

'heavy-'handed, *a.* **1.** A la main lourde. *H.-h. government*, gouvernement oppressif. **2.** Maladroit, gauche.

'heavy-'headed, *a.* **1.** A grosse tête; (cheval) chargé de ganache. **2. To feel heavy-headed,** se sentir la tête lourde. **3.** *A:* Stupide, bête, lourdaud.

'heavy-'hearted, *a. See* -HEARTED.

'heavy-'laden, *a.* **1.** Lourdement chargé. **2.** Abattu (par le chagrin, le malheur); chargé de soucis. *B:* **All ye that labour and are heavy laden,** vous tous qui êtes fatigués et chargés.

'heavy 'spar, *s. Miner:* Spath pesant; barytine *f*.

'heavy-'timbered, *a.* **1.** (Forêt) de gros bois. **2.** *F:* (Homme) d'une ossature puissante, fortement charpenté.

'heavy-weight. 1. *s. Box:* Poids lourd. **Light heavy-weight,** poids mi-lourd. **2.** *a.* Lourd. *H.-w. materials*, étoffes lourdes, tissus lourds.

heavy[2] ['hi:vi], *a. Vet:* (Cheval) poussif.

hebdomadal [heb'dɔmad(ə)l], *a.* Hebdomadaire. **-ally,** *adv.* Hebdomadairement.

hebdomadary [heb'dɔmadəri]. **1.** *a.* = HEBDOMADAL. **2.** *s. R.C.Ch:* (*Pers.*) Semainier, -ière, hebdomadier, -ière. *a. H. canon*, chanoine hebdomadier.

Hebe ['hi:bi]. **1.** *Pr.n.f. Gr.Myth:* Hébé. **2.** *s.f. Hum:* Serveuse (de café, etc.).

hebetate ['hebeteit]. **1.** *v.tr.* Hébéter, abrutir. **2.** *v.i.* S'hébéter, s'abrutir.

hebetude ['hebetju:d], *s.* Hébétement *m*, hébétude *f*, abrutissement *m*.

Hebraic [hi:'breiik], *a.* Hébraïque.

Hebraism ['hi:breiizm], *s.* Hébraïsme *m*.

Hebraist ['hi:breiist], *s.* Hébraïsant *m*, hébraïste *m*.

Hebraistic [hi:brei'istik], *a.* Hébraïque; qui se rapporte à, ressemble à, l'hébreu.

Hebraize ['hi:breiaiz], *v.i. & tr.* Hébraïser.

Hebrew ['hi:bru:]. **1.** *B.Lit:* (*a*) *s.* Hébreu, *f.* Hébreue. **The Epistle to the Hebrews,** l'Épître *f* aux Hébreux. (*b*) *a.* Hébreu, *f.* hébraïque. **(The) Hebrew (language),** la langue hébraïque; l'hébreu *m*. *H. scholar*, hébraïste *m*. **2.** (*Mod. use*) *a. & s.* Hébraïque (*mf*); Israélite (*mf*).

Hebridean [he'bridiən, hebri'di:ən], *a. & s. Geog:* Hébridais, -aise.

Hebrides (the) [ðə'hebridi:z]. *Pr.n.pl. Geog:* Les Hébrides *f*. *See also* NEW HEBRIDES.

Hebron ['hi:brɔn, 'heb-]. *Pr.n. Geog:* Hébron *m*.

Hebrus ['hi:brəs]. *Pr.n. A.Geog:* L'Hèbre *m*.

Hecate ['hekati]. *Pr.n.f. Gr.Myth:* Hécate.

hecatomb ['hekatɔm, -tu:m], *s. Gr.Ant:* Hécatombe *f*.

heck[1] [hek], *s.* **1.** Estacade *f* à claire-voie (pour retenir les poissons). **2.** *Scot:* Râtelier *m* à fourrage. **3.** *Tex: Dial:* Grille *f* (de chaîne).

heck[2], *s. U.S: F: Attenuated form of* HELL, *q.v. How in heck can a fellow . . .?* comment diable peut-on . . .?

heckle[1] [hekl], *s. Tex:* = HACKLE[1].

heckle[2], *v.tr.* **1.** *Tex:* = HACKLE[2]. **2.** (*At public meetings*) Procéder à l'interrogatoire (d'un candidat) après son discours; poser à (qn) des questions embarrassantes.

heckling, *s.* **1.** = HACKLING. **2.** Interrogatoire *m* (d'un candidat, etc.) par ses adversaires.

heckler ['heklər], *s.* **1.** *Tex:* = HACKLER. **2.** *Pol: etc:* Questionneur *m* (à une réunion politique, etc.); adversaire *m* qui cherche à embarrasser le candidat.

hectare ['hektɑ:r], *s. Meas:* Hectare *m*.

hectic ['hektik], *a.* **1.** *Med:* (*a*) (Fièvre *f*, rougeur *f*) hectique. (*b*) **Hectic cough,** toux *f* de phtisique. **2.** *F:* Agité, fiévreux. *H. life*, existence trépidante. *H. morning*, matinée mouvementée. *We had a h. time*, (i) ç'a été à ne savoir où donner de la tête; (ii) on a fait une de ces noces! **-ally,** *adv. F:* Fiévreusement.

hecticity [hek'tisiti], *s. Med:* Hecticité *f*.

hecto- ['hekto], *comb.fm. Meas:* Hecto-. *Hectographic*, hectographique. *Hectocotyle*, hectocotyle.

hectogram(me) ['hektogram], *s.* Hectogramme *m*, *F:* hecto *m*.

hectograph[1] ['hektogrɑ:f, -graf], *s.* **1.** (*Instrument*) Autocopiste *m*; hectographe *m*; appareil *m* à polycopier. **2.** (*Process*) Autocopie *f*.

hectograph[2], *v.tr.* Autocopier, hectographier, polycopier; tirer (une circulaire, etc.) à la pâte à copier.

hectographing, *s.* Autocopie *f*.

hectolitre, hectoliter ['hektoli:tər], *s.* Hectolitre *m*; *F:* hecto *m*.

hectometre, hectometer ['hektomi:tər], *s.* Hectomètre *m*.

Hector[1] ['hektər]. **1.** *Pr.n.m. Gr.Lit:* Hector. **2.** *s.F:* Bravache *m*, matamore *m*, fendant *m*, fanfaron *m*; *A:* fier-à-bras *m inv.*

hector[2], *v.tr. & i.* Faire de l'esbroufe; faire le fendant; faire le matamore; prendre un ton autoritaire avec (qn); intimider, rudoyer, dragonner (qn). *She was hectored into marrying her cousin*, on l'a sermonnée, dragonnée, jusqu'à ce qu'elle épouse son cousin. *To h. sth. out of s.o.*, obtenir qch. de qn à force d'esbroufe.

hectoring, *a.* (Ton, etc.) autoritaire, impérieux, esbroufeur.

hectowatt ['hektowɔt], *s. El:* Hectowatt *m*.

'hectowatt-hour, *s.* Hectowatt-heure *m*, *pl.* hectowatts-heure.

Hecuba ['hekjuba]. *Pr.n.f. Gr.Lit:* Hécube.

he'd [hi:d] = *he had, he would.*

heddles [hedlz], *s.pl.* *Tex:* Lices *f* (du métier). **Set of heddles,** lame *f*.
'heddle-bar, *s.* *Tex:* Liais *m.*
'heddle-eye, *s.* *Tex:* Œillet *m* (d'une lice).
'heddle-hook, *s.* *Tex:* Passette *f*.
'heddle-maker, *s.* *Tex:* Lamier *m.*
hederaceous [hedə'reiʃəs], *a.* *Bot:* Hédéracé.
hederiform ['hedərifɔːrm], *a.* Qui ressemble au lierre.
hedge[1] [hedʒ], *s.* **1.** Haie *f*. **Quickset hedge,** haie vive. **Dead hedge,** haie morte, sèche. *See also* GARLIC 2, HYSSOP, MUSTARD 2, SPARROW 2, WARBLER 2. *F:* **To sit on the hedge,** ménager la chèvre et le chou; se réserver; attendre voir de quel côté vient le vent. **To come down on the wrong side of the hedge,** faire la gaffe de se mettre du mauvais côté. **It doesn't grow on every hedge,** ça ne se trouve pas partout. **2.** Haie (d'agents de police, de troupes, etc.). *F: A h. of etiquette surrounds the king,* le roi est enfermé dans le protocole. **3.** *Attrib. Pej:* De bas étage; interlope. **Hedge-tavern,** cabaret *m* de bas étage. **Hedge-preacher,** prédicateur *m* de carrefour. **Hedge-priest, hedge-parson,** (i) prêtre ignorant; prestolet *m*; (ii) prêtre interlope. **Hedge lawyer,** avocat marron. **Published by a hedge-press,** publié par une presse interlope. **Hedge-writer,** écrivassier *m*, écrivailleur *m*. **Hedge-wine,** piquette *f*; vin fabriqué.
'hedge-bill, *s.* *Tls: Hort:* Serpe *f*, croissant *m*, vouge *m.*
'hedge-bound, *a.* Entouré de haies; protégé par des haies.
'hedge-clipper(s), *s.* = HEDGE-SHEARS.
'hedge-hook, *s.* = HEDGE-BILL.
'hedge-hopping, *s.* *Av: F:* Vol *m* à ras de terre; rase-mottes *m inv.*
'hedge-school, *s.* *A:* (*Esp. in Ireland*) (i) École buissonnière; école en plein air; (ii) petite école de rien du tout.
'hedge-shears, *s.pl.* Taille-buissons *m inv*; cisaille *f* à haies.
hedge[2]. **1.** *v.tr.* **To hedge in** *a piece of ground,* mettre une haie autour d'un terrain; enfermer, enclore, un terrain; entourer, clore, un terrain d'une haie. **Hedged in, hedged about, with difficulties,** entouré de difficultés; enserré par des difficultés. **To hedge off** *a piece of ground,* séparer un terrain par une haie (*from,* de). **2.** *v.i.* (*a*) (i) *Turf:* Parier pour et contre. (ii) *St.Exch: U.S:* Faire la contre-partie. (*b*) *F:* (*In discussion*) Chercher des échappatoires; se réserver; éviter de se compromettre; ne pas répondre franchement; chercher des faux-fuyants; s'échapper par la tangente; *Pol:* tendre les voiles du côté que vient le vent.
hedging, *s.* **1.** Entretien *m* des haies. *See also* DITCHING. **2.** Bordure *f*. **3.** (*a*) *Turf:* Pari *m* pour et contre. (*b*) *St.Exch: U.S:* Contre-partie *f*, *pl.* contre-parties.
'hedge-clause, *s.* *U.S:* Clause de sauvegarde (insérée dans un contrat).
hedgehog ['hedʒhɔg], *s.* **1.** Hérisson *m.* *F:* **To curl up like a hedgehog,** se hérisser; se mettre en boule. *See also* SEA-HEDGEHOG. **2.** *U.S. & Canada:* Porc-épic *m*, *pl.* porcs-épics.
hedgehoggy ['hedʒhɔgi], *a.* *F:* Au caractère épineux; épineux (de caractère).
hedger ['hedʒər], *s.* **1.** (*a*) Jardinier planteur de haies. (*b*) Rénovateur *m*, réparateur *m*, de haies. **2.** *F:* Homme *m* qui se réserve, qui évite de se décider.
hedgerow ['hedʒrou], *s.* Bordure *f* de haies, d'arbres ou d'arbustes formant une haie.
hedonic [hiː'dɔnik], *a.* = HEDONISTIC.
hedonics [hiː'dɔniks], *s.pl.* (*Usu. with sg. const.*) L'hédonistique *f*.
hedonism ['hiːdɔnizm], *s.* *Phil:* Hédonisme *m.*
hedonist ['hiːdɔnist], *s.* *Phil:* Hédoniste *mf.*
hedonistic [hiːdɔ'nistik], *a.* Hédonistique.
Hedwig ['hedwig]. *Pr.n.f.* Hedwige.
heebie-jeebies ['hiːbi'dʒiːbiz], *s.pl.* *P:* **To have the heebie-jeebies,** (i) avoir le cafard; (ii) avoir ses nerfs.
heed[1] [hiːd], *s.* Attention *f*, garde *f*, soin *m.* **To give, pay, heed to sth., to s.o.,** faire attention à qch.; prêter (son) attention à qn. **To take heed,** prendre garde. *To take h. of sth.,* tenir compte de qch. *Pay h. to my words,* prenez note de mes paroles; soyez attentif à mes paroles, à ce que je vous dis. *Pay no h. to them,* ne faites pas attention à eux. *He takes little h. of your criticisms,* il ne se soucie guère de vos critiques; il ne fait pas grand cas de vos critiques. **To take no heed of sth.,** ne tenir aucun compte de qch. *I was not without h. of the future,* je n'étais pas sans songer à l'avenir. *To give h. to an order, Adm:* obtempérer à un ordre. **To take heed to do sth.,** prendre garde, prendre soin, de faire qch. *To take h. not to do sth.,* prendre garde de ne pas faire qch.; se garder de faire qch.
heed[2], *v.tr.* Faire attention à, prendre garde à, observer, écouter, tenir compte de (qch.). *Horse that heeds neither bit nor spur,* cheval *m* qui n'obéit ni au mors ni à l'éperon. *His advice was not heeded,* on n'a tenu aucun compte de ses conseils.
heedful ['hiːdful], *a.* Vigilant, prudent, circonspect. *H. of advice,* attentif aux conseils. **To be heedful to do sth., of doing sth.,** être attentif à faire qch.; avoir soin de faire qch. *We must be h. of the future,* il faut songer à l'avenir. **-fully,** *adv.* Attentivement, avec attention, soigneusement, avec vigilance, prudemment.
heedfulness ['hiːdfulnəs], *s.* Attention *f* (*of,* à); soin *m* (*of,* de); vigilance *f*, prudence *f*.
heedless ['hiːdləs], *a.* **1.** Étourdi, insouciant, imprudent. **2.** *To be h. of (sth.),* être inattentif à (ce qui se passe); être sourd à (la plainte de qn); être peu soucieux de (l'avenir, etc.). *H. of public opinion, he went ahead,* sans se soucier de l'opinion il alla de l'avant. *He was always h. of advice,* jamais il n'a écouté les conseils. **-ly,** *adv.* (Agir) étourdiment, à l'étourdie, avec insouciance, imprudemment.
heedlessness ['hiːdləsnəs], *s.* Inattention *f* (*of,* à); étourderie *f*, insouciance *f*.
hee-haw[1] [hiː'hɔː], *s.* **1.** Hi-han *m*; braiment *m.* **2.** = HAW-HAW[1] 1.
hee-haw[2], *v.i.* **1.** Braire; faire hi-han. **2.** = HAW-HAW[2].
heel[1] [hiːl], *s.* **1.** (*a*) Talon *m* (du pied). **To be under the heel of the invader,** être sous la botte de l'envahisseur. **To have the police at one's heels,** avoir la police à ses trousses. **To tread on, be at, on, upon, s.o.'s heels,** marcher, être, sur les talons de qn; talonner qn; être aux trousses de qn. **To follow close, fast, on s.o.'s heels, to tread on s.o.'s heels,** suivre qn de près; emboîter le pas à qn. *The events tread on each other's heels,* les événements se suivent de près, se précipitent. *Famine followed on the heels of war,* la guerre fut suivie de près par la famine. **To show a clean pair of heels, to take to one's heels,** prendre la fuite; tourner les talons; se sauver à toutes jambes; prendre ses jambes à son cou; *P:* enfiler la venelle; jouer des flûtes; se tirer des flûtes. *He showed us a clean pair of heels,* il nous a échappé. *Ven:* (*Of hounds*) **To run heel,** suivre, prendre, le contre-pied. **To lay, clap, s.o. by the heels,** arrêter qn; *F:* pincer qn; mettre qn au bloc. *To be laid by the heels,* être coffré. *Nau: F:* **To have the heels of another ship,** dépasser, enganter, un autre navire. **To turn on one's heel,** pivoter sur ses talons; faire demi-tour; *F:* tourner les talons (sans plus de cérémonie). **To kick, cool, one's heels,** croquer le marmot; faire le pied de grue; *P:* faire le poireau; poireauter; *Mil: P:* astiquer la grille du quartier. *To kick, cool, one's heels in the hall,* se morfondre dans l'antichambre. *He was left to cool his heels for half an hour, P:* on l'a laissé poireauter pendant une demi-heure. **To kick up one's heels,** sauter de joie. *F:* **To air one's heels,** flâner, baguenauder. **To come to heel,** (*of dog*) venir derrière à l'ordre; obéir à l'appel; *F:* (*of pers.*) se soumettre. **To bring s.o. to heel,** mater qn; mettre qn au pas. *Hort: For:* **To lay in a plant by the heels** = *to heel in a plant, q.v. under* HEEL[2] II. 5. *See also* ACHILLES, CRACKED 1, FOREMOST 1, HAIRY 1, HEAD[1] 1. (*b*) Talon (d'un soulier, d'un bas). *High heels, low heels,* talons hauts, bas. *Medium heels,* talons bottier. *See also* FRENCH I. 2. **Out at heels,** (bas) troués aux talons. *F:* (*Of pers.*) *To be out at heels,* (i) porter des bas percés; être loqueteux; (ii) être dans la dèche. **Down at heel,** (soulier) éculé. *F:* (*Of pers.*) **To be down at heel,** (i) porter des souliers éculés; traîner la savate; (ii) être dans la dèche. *Geog: F:* **The heel of Italy,** la Terre d'Otrante; le talon de la botte. *Arch:* **Heel moulding,** (moulure *f* en) talon droit. (*c*) **Rubber heel,** talonnette *f* en caoutchouc. (*d*) *U.S: P:* (*Pers.*) Non-valeur *f*, gouape *f*, pique-assiette *m inv*, etc. **2.** *Tchn:* Talon (d'outil, d'archet de violon, de crosse de golf, d'un pain, *Nau:* de carène, *Rail:* d'aiguille); queue *f* (du dos d'un livre); pied *m*, caisse *f* (de mât); battement *m* (de couteau genre eustache); diamant *m* (de pince). *Nau:* **Heel of the rudder,** talon, talonnière *f*, du gouvernail. *H. of a rifle-butt,* talon d'une crosse de fusil. **3.** (*a*) *Orn:* Éperon *m*, ergot *m* (de coq). *See also* LARK'S-HEEL. (*b*) Derrière *m* du sabot (d'un cheval, etc.). (*Of horse*) *To fling out its heels,* ruer. **4.** *Cu:* *See* COW-HEEL.
'heel-and-'toe[1], *a.* **1.** **A heel-and-toe dance,** une gigue. **2.** *Sp: H.-and-toe walking,* marche *f* réglementaire (de concours athlétiques).
'heel-and-'toe[2], *v.tr.* *F:* **To heel-and-toe it,** faire la route à pied.
'heel-ball, *s.* *Bootm:* Cire *f* à déformer.
'heel-bone, *s.* *Anat:* Calcanéum *m.*
'heel-cap, *s.* *Bootm:* Contrefort *m* du talon (d'un soulier).
'heel-knee, *s.* *N.Arch:* Courbe *f* d'étambot.
'heel-maker, *s.* *Bootm:* Talonnier *m.*
'heel-piece, *s.* **1.** Talonnette *f* (d'un bas). **2.** *El.E:* Culasse *f* (d'électro-aimant).
'heel-plate, *s.* **1.** Plaque *f* de couche (d'un fusil). **2.** (*Of boot*) Fer *m* de botte. **3.** Plaque de talon (de patin).
'heel-post, *s.* **1.** *Const:* Montant (auquel est accrochée une porte ou une barrière). **2.** *Hyd.E:* Poteau *m* tourillon (de porte d'écluse).
'heel-rope, *s.* *Nau:* Hale-breu *m inv* (d'un mât).
'heel-tap, *s.* **1.** *Bootm:* Rondelle *f* en cuir (pour talon); hausse *f*; sous-bout *m*, *pl.* sous-bouts. **2.** *pl.* **Heel-taps,** fonds *m* de verre. **To leave no heel-taps,** faire rubis sur l'ongle. **No heel-taps!** videz vos verres! vidons bien les verres!
'heel-wings, *s.pl.* *Myth:* Talonnières *f*, talaires *f* (de Mercure).
heel[2], *v.* I. *v.i.* Danser en frappant du talon; taper du talon. *See also* TOE[2] 3.
II. **heel,** *v.tr.* **1.** (*a*) (i) Mettre un talon à (un soulier, un bas). (ii) Réparer le talon (d'un soulier); refaire le talon (d'un bas). (*b*) *Sp:* Armer, éperonner (un coq). **2.** *Golf:* Talonner (la balle). **3.** *Fb:* (*Rugby*) **To heel (out),** talonner (le ballon) pour le sortir de la mêlée. **4.** Suivre (qn) de près, emboîter le pas à (qn). **5.** *For: Agr:* **To heel in,** mettre en jauge (les jeunes plants).
heeled, *a.* **1.** **Heeled shoes,** souliers *m* à talons. (*With adj. prefixed*) **High-heeled shoes,** souliers à hauts talons. **Low-heeled shoes,** souliers à talons bas; souliers plats. **2.** (Coq) éperonné. *Hence* **3.** *U.S: F:* (*a*) *Pol:* Pourvu d'argent. (*b*) Muni d'un revolver.
heeling[1], *s.* **1.** (*a*) Pose *f* du talon (à un soulier, etc.). (*b*) Réparation *f* du talon. **Soling and heeling,** *five shillings,* semelles et talons, ressemelage complet, cinq shillings. **2.** *Fb:* (*Rugby*) **Heeling (out),** talonnage *m.*
heel[3], *s.* *Nau:* Bande *f*, gîte *f*, inclinaison *f* (d'un navire). **On the heel,** à la bande. *See also* PARLIAMENT-HEEL.
heel[4], *v.* *Nau:* To heel (over). **1.** *v.i.* (*Of ship*) Avoir, donner, de la bande; se coucher sur le flanc; pencher sur le côté; prendre de la gîte; gîter; s'incliner; renvoyer. **2.** *v.tr.* Mettre (un navire) à la bande; faire coucher (un navire).
heeling[2], *s.* = HEEL[3]. **Heeling error** (*of compass*), erreur due à la bande.
heeler ['hiːlər], *s.* **1.** *Bootm:* Poseur *m* de talons. **2.** *U.S: F:* Homme *m* de confiance, âme damnée (d'un chef de parti).
heft[1] [heft], *s.* *Dial: U.S:* **1.** Poids *m.* **2.** Soulèvement *m*, effort *m.* **3.** *The h. of the crop,* le gros de la récolte.

heft[2], *v.tr.* *U.S:* Soupeser (qch.); soulever (qch.) (pour en juger le poids).
hefty ['hefti], *a.* *F:* **1.** (Homme) fort, solide, *P:* costaud, costeau. **2.** *U.S:* Lourd, pesant.
hegelian [he'gi:liən], *a.* & *s.* *Phil:* Hégélien, -ienne.
hegemony [hi:'gemoni], *s.* Hégémonie *f.*
hegira ['hedʒira], *s.* Hégire *f.*
he he ['hi: 'hi:]. **1.** *int.* (*Sound of tittering*) Hi, hi, hi! **2.** *s.* (*pl.* **he he's**) Petits rires étouffés.
Heidelberg ['haidəlbə:rg]. *Pr.n.* *Geog:* Heidelberg. *Paleont:* **The Heidelberg man,** l'homme *m* d'Heidelberg, de Mauer.
heifer ['hefər], *s.* **1.** Génisse *f*, taure *f.* **2.** *P:* Femme *f.* *U.S:* *P:* **Heifer den,** bordel *m.*
heigh [hei], *int.* **1.** Hé! **2.** Hé, là-bas!
heigh-ho ['hei hou], *int.* Ce que c'est que de nous!
height [hait], *s.* **1.** (*a*) Hauteur *f*, élévation *f.* **Wall six feet in height,** mur *m* qui a six pieds de haut. *Const:* *H. of an arch,* flèche *f*, montée *f*, d'une voûte. *H. of a stone,* appareil *m* d'une pierre. *Typ:* **Height to paper** (*of type*), hauteur en papier. (*b*) Taille *f*, grandeur *f*, stature *f* (de qn). **Full height,** taille debout. **Of average height,** de taille moyenne. *My official h. is 5 ft. 10 in.*, je mesure 1 m. 78 à la toise. *Her heels add to her h.*, ses talons la grandissent. **2. Height above sea level,** altitude *f* au-dessus du niveau de la mer. *Situated at a (considerable) h.*, situé à une altitude considérable. **Height sickness,** mal *m* des montagnes. **Height fear,** vertige *m.* *Av:* **Height gauge,** altimètre *m.* *Surv:* **Height measurer** (*hypsometer*), hypsomètre *m*; thermomètre *m* à ébullition. *See also* FLYING-HEIGHT. **3.** (*Hill, mountain*) Hauteur; éminence *f* (de terrain); colline *f*, montagne *f.* *Heights and hollows,* anfractuosités *f.* *U.S:* **Height of land,** arête *f*; ligne *f* de partage des eaux. **4.** (*Highest point*) Apogée *m* (de la fortune, de la gloire); faîte *m* (des grandeurs); comble *m* (de la folie, de l'effronterie); *Lit:* plus haut période (de la gloire, de l'éloquence). *This is the h. of insolence!* c'est de la plus haute insolence! *It would be the h. of folly to . . .*, ce serait la plus grande folie, le comble de la folie, de. . . . **At the height of the storm, of the action,** au (plus) fort de l'orage, du combat. *When the quarrel was at its h.*, au plus beau de la querelle. *At the h. of his glory,* au point culminant de sa gloire, à l'apogée de sa gloire. *At the h. of her beauty,* dans tout l'éclat de sa beauté. **In the height of summer,** au cœur, au milieu, au gros, au fort, de l'été; en plein été. **The season is at its height,** la saison bat son plein. *In the h. of the fever,* au fort de la fièvre. **In the height of fashion,** à la dernière mode; du dernier cri. *It is the h. of fashion,* c'est la dernière mode, le dernier cri; *F:* c'est du dernier bateau. *It is the h. of vulgarity,* c'est du dernier vulgaire. *It is the h. of absurdity,* c'est d'un ridicule achevé.
heighten [haitn]. **1.** *v.tr.* (*a*) Surélever, surhausser, rehausser (un mur, un immeuble); augmenter (un prix). (*b*) Accroître, augmenter (un plaisir), rendre (un plaisir) plus grand; aggraver (un mal); accentuer (un contraste); relever, faire ressortir (une couleur, la beauté de qch.); renchérir sur (une histoire). *To h. the interest in sth.*, augmenter l'intérêt pour qch. *Illness heightened by anxiety,* maladie aggravée par l'anxiété. **Her heightened colour,** l'animation *f* de son teint, son teint animé. *Art:* *Sepia drawing heightened with white,* dessin à la sépia rehaussé de blanc. **2.** *v.i.* S'élever; se rehausser; augmenter.
heightening, *s.* **1.** Surélévation *f*, surhaussement *m* (d'un mur, des prix). **2.** Accroissement *m* (d'un plaisir); aggravation *f* (d'un mal); rehaussement *m* (d'une couleur, du teint).
heinous ['heinəs], *a.* (Crime) odieux, atroce, abominable; (accusation) odieuse. *To render an offence more h.*, aggraver une offense. **-ly,** *adv.* Odieusement, atrocement, abominablement.
heinousness ['heinəsnəs], *s.* Énormité *f* (d'une action, d'un crime, d'un péché); atrocité *f* (d'un crime).
heir [ɛər], *s.* Héritier *m.* **To be heir to a relative, to an estate,** être l'héritier, le légataire, d'un parent, le légataire d'une propriété. *The sole h. of his body,* son unique héritier. **To fall heir to a property,** hériter d'un bien. *F:* **Flesh is heir to many ills,** l'humanité a hérité de bien des maux. *Jur:* **Heir apparent,** héritier présomptif (dont le droit de succession ne peut être compromis par la naissance d'aucun autre héritier). **Heir presumptive,** héritier présomptif (sauf naissance d'un héritier en ligne directe). **Heir-at-law,** *pl.* **heirs-at-law, rightful heir,** héritier légitime.
heirdom ['ɛərdəm], *s.* **1.** Droit *m* de succession. **2.** *A.* & *Lit:* Héritage *m.*
heiress ['ɛərəs], *s.f.* Héritière.
heiri ['heəri], *s.* Méhari *m*; dromadaire *m* de course.
heirless ['ɛərləs], *a.* Sans héritier.
heirloom ['ɛərlu:m], *s.* (*a*) Meuble *m* ou bijou *m* de famille. (*b*) *F:* *Wisdom is the h. of no one class of society,* la sagesse n'est l'apanage *m* d'aucune classe de la société.
heirship ['ɛərʃip], *s.* Qualité *f* ou droit *m* d'héritier.
Hejaz ['hedʒaz]. *Pr.n.* *Geog:* Le Hedjaz.
hejira ['hedʒira], *s.* = HEGIRA.
held [held]. *See* HOLD[2].
Helen ['helen]. *Pr.n.f.* *Gr.Myth:* Hélène (épouse de Ménélas).
Helena ['helena]. *Pr.n.f.* *Hist:* Hélène (mère de Constantin). *See also* SAINT HELENA.
Helenus ['helenəs]. *Pr.n.m.* *Gr.Lit:* Hélénus.
Helgoland ['helgoland]. *Pr.n.* *Geog:* = HELIGOLAND.
heliacal [hi:'laiəkl], *a.* *Astr:* Héliaque.
helianthemum [hi:li'anθimən], *s.* *Bot:* Hélianthème *m.*
helianthus [hi:li'anθəs], *s.* *Bot:* Hélianthe *m*, tournesol *m.*
helical ['helik(ə)l], *a.* **1.** *Conch:* **Helical shell,** hélice *f*, coquille contournée. **2.** *Mec.E:* (*Of gear, etc.*) Hélicoïdal, -aux; (*of spring*) hélicoïde, en hélice, en spirale, spiralé. **Double helical gear,** engrenage *m* à chevrons. **-ally,** *adv.* En spirale, en hélice.
helicoid ['helikɔid]. **1.** *a.* *Nat.Hist:* *Geom:* Hélicoïde; hélicoïdal, -aux. **2.** *s.* *Geom:* Hélicoïde *m.*
helicoidal ['helikɔid(ə)l], *a.* = HELICOID 1.
Helicon ['helikɔn]. **1.** *Pr.n.* *A.Geog:* L'Hélicon *m.* **2.** *s.* *Mus:* Hélicon. (Contrebasse *f* des musiciens montés.)
helicopter ['helikɔptər], *s.* *Av:* Hélicoptère *m.* *See also* SCREW[1] 2.
Heligoland ['heligoland]. *Pr.n.* *Geog:* Héligoland *m.*
helio- ['hi:lio, hi:li'ɔ], *comb.fm.* Hélio-. *Heliogram,* héliogramme *m.* *Heliofugal,* héliofuge.
helio[1, 2] ['hi:lio], *s.* & *v.tr.* *F:* = HELIOGRAPH[1, 2].
heliocentric [hi:lio'sentrik], *a.* *Astr:* Héliocentrique.
heliochromy ['hi:liokroumi], *s.* *Phot:* Héliochromie *f*; photographie *f* des couleurs.
Heliodorus [hi:lio'dɔ:rəs]. *Pr.n.m.* *Gr.Lit:* Héliodore.
Heliogabalus [hi:lio'gabələs]. *Pr.n.m.* *Rom.Hist:* Héliogabale, Élagabale.
heliograph[1] ['hi:liogra:f, -graf], *s.* **1.** (*a*) Héliographe *m* (de signalisation); héliostat *m.* (*b*) Message envoyé par héliographe. **2.** *Phot:* Héliographe. **3.** *Phot.Engr:* Héliogravure *f.*
heliograph[2], *v.tr.* **1.** *Mil:* Communiquer (un message) par héliographe. **2.** *Phot:* Photographier (le soleil) au moyen de l'héliographe. **3.** Reproduire (un dessin, etc.) par héliogravure.
heliographic [hi:lio'grafik], *a.* Héliographique.
heliography [hi:li'ɔgrəfi], *s.* **1.** *Phot:* Héliographie *f.* **2.** *Phot.Engr:* Héliogravure *f.*
heliogravure [hi:liogra'vjuər], *s.* Héliogravure *f*; phototypogravure *f*; photogravure *f.*
heliometer [hi:li'ɔmetər], *s.* *Astr:* Héliomètre *m.*
heliometric(al) [hi:lio'metrik(əl)], *a.* *Astr:* Héliométrique.
helioscope ['hi:lioskoup], *s.* *Astr:* Hélioscope *m.*
heliostat ['hi:liostat], *s.* *Astr:* *Surv:* Héliostat *m.*
heliotherapy [hi:lio'θerəpi], *s.* Héliothérapie *f.*
heliotrope ['hi:liotroup]. **1.** *s.* (*a*) *Bot:* Héliotrope *m.* **Winter heliotrope,** héliotrope d'hiver. (*b*) *Miner:* Héliotrope, jaspe sanguin, sanguine *f.* **2.** *a.* Héliotrope *inv.*
heliotropic [hi:lio'trɔpik], *a.* *Bot:* Héliotropique.
heliotropism [hi:li'ɔtropizm], *s.* *Bot:* Héliotropisme *m.*
heliotype ['hi:liotaip], *s.* *Phot.Engr:* **1.** Héliotypie *f.* **2.** Héliotype *m.*
helium ['hi:liəm], *s.* *Ch:* Hélium *m.* **Helium-spectrum,** spectre *m* de l'hélium.
helix, *pl.* **helices** ['hi:liks, 'heliks, 'helisi:z], *s.* **1.** (*a*) *Geom:* Hélice *f.* (*b*) *Arch:* *etc:* Spirale *f*; volute *f.* (*c*) *El.E:* Spire *f* (de bobine). **2.** *Anat:* Hélix *m*, rebord *m*, aile *f*, ourlet *m* (de l'oreille). **3.** *Moll:* (*Snail*) Hélice, escargot *m*, colimaçon *m.*
hell [hel], *s.* **1.** *Myth:* Les enfers *m.* **2.** L'enfer. (*a*) *In heaven and h.*, au ciel et en enfer. **Hell is let loose,** les diables sont déchaînés. *It is h. let loose,* c'est le sabbat déchaîné. *The place is a h. upon earth,* la maison est une vraie galère, est un enfer. *To make s.o.'s life a h. upon earth,* faire un enfer de la vie de qn. **To raise hell** = *to raise Cain, q.v. under* CAIN. **To ride hell for leather,** galoper à bride abattue, à toute bride, ventre à terre; aller au triple galop. *See also* INTENTION 1. (*b*) *P:* *V:* **To make a hell of a noise,** faire un bruit d'enfer, un bruit infernal. *It's a h. of a price,* c'est salé comme prix. *It's a h. of a nuisance,* c'est tout ce qu'il y a de plus embêtant; c'est rudement embêtant. **To give s.o. hell,** torturer qn; lui en faire voir. *Mil:* **There'll be hell to pay to-night,** ça va barder ce soir. **Drink had played hell with his health,** la boisson lui avait ruiné la santé. **To work like hell,** travailler avec acharnement. *To run like h.*, courir comme un dératé. **What the hell do you want?** que diable désirez-vous? qu'est-ce qu'il vous faut encore? *How in h. can a fellow . . .?* comment diable peut-on . . .? **To hell with X!** conspuez X! à bas X! *To h. with him!* qu'il aille au diable! *To h. with the capitalists!* à mort les capitalistes! **3.** (*Gambling-den*) Tripot *m.* **4.** *U.S:* *P:* Ribote *f.*
'**hell-born,** *a.* Sorti de l'enfer; infernal, -aux.
'**hell-box,** *s.* *Typ:* Boîte *f* à défets.
'**hell-broth,** *s.* Brouet *m* de sorcières.
'**hell-cat, -hag,** *s.* Sorcière *f*, mégère *f.*
'**hell-'fire,** *s.* Feu *m*, tourments *mpl*, de l'enfer.
'**hell-hound,** *s.* Chien *m* de l'enfer, suppôt *m* de Satan.
'**hell-weed,** *s.* *Bot:* *F:* (*a*) Cuscute *f.* (*b*) Liseron *m* (des haies).
he'll [hi:l] = *he will.*
Hellas ['helas]. *Pr.n.* *A.Geog:* L'Hellade *f.*
hellbender ['helbendər], *s.* *U.S:* **1.** *Z:* Ménopome *m.* **2.** *P:* (*a*) Ribote *f.* (*b*) Riboteur *m*, noceur *m.*
helleboraster [helibo'rastər], *s.* *Bot:* Ellébore *m* fétide.
hellebore ['helibɔ:ər], *s.* *Bot:* Ellébore *m*, varaire *m or f.* **Stinking hellebore,** ellébore fétide; pied-de-griffon *m*, *pl.* pieds-de-griffon; patte-de-griffon *f*, *pl.* pattes-de-griffon. **Black hellebore,** ellébore noir; rose *f* de Noël. **White or false hellebore,** vératre *m.* **Green hellebore,** herbe *f* à sétons.
Hellene ['heli:n], *s.* Hellène *mf.*
Hellenic [he'li:nik]. **1.** *a.* (Race *f*) hellène; (langue *f*, histoire *f*) hellénique. **2.** *s.pl.* **Hellenics,** histoire grecque; littérature grecque.
Hellenica (the) [ðəhe'li:nika], *s.pl.* *Gr.Lit:* Les Helléniques *f* (de Xénophon).
Hellenism ['helenizm], *s.* Hellénisme *m.*
Hellenist ['helenist], *s.* Helléniste *mf.*
Hellenistic [hele'nistik], *a.* (Langue *f*, période *f*) hellénistique.
Hellenize ['helenaiz]. **1.** *v.tr.* Helléniser. **2.** *v.i.* (*a*) Helléniser. (*b*) S'helléniser.
Hellenizing, *a.* *Hist:* **Hellenizing Jew,** helléniste *m*; juif hellénisant.
Hellespont (the) [ðə'helespɔnt]. *Pr.n.* *A.Geog:* L'Hellespont *m.*
hellion ['heliən], *s.* *U.S:* *P:* Petit diable; tison *m* d'enfer.
hellish ['heliʃ], *a.* Infernal, -aux; d'enfer; diabolique. *It was h. to see,* c'était affreux à voir. **-ly,** *adv.* D'une manière infernale, diabolique; infernalement.
hellishness ['heliʃnəs], *s.* Méchanceté *f* diabolique.
hello [he'lou], *int.* (*a*) (*Calling attention*) *H. there, wake up!* holà!

debout! **hé,** là-bas, debout! (*b*) (*On the telephone*) Allô! (*c*) (*Indicating surprise*) *H., is that you?* tiens! c'est vous!

hel'lo-girl, *s.f.* *U.S: F:* La demoiselle du téléphone; téléphoniste *f*.

helm[1] [helm], *s.* *A:* Heaume *m.* *Meteor: Dial:* **Helm-cloud,** nuage *m* qui coiffe un pic (dans la région des Lacs).

helm[2], *s.* *Nau:* Barre *f* (du gouvernail); gouvernail *m*, timon *m*. **The man at the helm,** (i) l'homme de barre; (ii) *F:* l'homme qui tient le gouvernail, qui dirige l'entreprise. **To be at the helm,** être à la barre; tenir la barre. **To shift the helm,** changer la barre. **Steady the helm!** droite la barre! **Down (with the) helm!** la barre dessous! **Up (with the) helm!** la barre au vent! **Helm (angle) indicator,** axiomètre *m*. **Helm-hole, -port,** jaumière *f*. *F:* **The helm of the State,** le timon de l'État. **To take the helm,** prendre la direction des affaires; prendre l'affaire en main. *See also* ANSWER[2] 1, LEE-HELM, WEATHER-HELM.

helmed [helmd], *a.* *A:* Pourvu, coiffé, d'un casque, d'un heaume.

helmet ['helmet], *s.* **1.** (*a*) Casque *m* (de soldat, de pompier, etc.). *Mil:* **Steel helmet** (1914–18), casque de tranchées; *F:* bourguignotte *f*. **Tropical helmet,** casque colonial; couvre-nuque *m inv.* *See also* BALACLAVA, BREATHING[2] 1, CRASH-HELMET, GAS-HELMET, PITH[1] 1, SMOKE-HELMET, SUN-HELMET. (*b*) *A. & Her:* Heaume *m*. **2.** *Bot: Conch:* Casque (de la corolle, etc.).

'helmet-flower, *s.* *Bot:* Aconit napel *m*; *F:* char *m* de Vénus.

'helmet-pigeon, *s.* *Orn:* Pigeon brésilien.

helmeted ['helmetid], *a.* *Mil: etc:* Portant un casque; casqué.

helminth ['helminθ], *s.* *Ann:* Helminthe *m*; ver intestinal.

helminthagogic [helminθa'gɔdʒik], *a.* *Med:* = HELMINTHAGOGUE.

helminthagogue [hel'minθagɔg], **helminthic** [hel'minθik], *a. & s.* *Pharm:* (Remède *m*) helminthagogue (*m*); anthelminthique (*m*); vermifuge (*m*).

helminthoid [hel'minθɔid], *a.* Helminthoïde; vermiforme.

helmsman, *pl.* **-men** ['helmzmən, -men], *s.m.* *Nau:* Homme de barre; timonier.

Heloïse [elou'i:z]. *Pr.n.f.* Héloïse.

helot ['helət, 'hi:-], *s.* **1.** *Gr.Ant:* Ilote *m*. **2.** *F:* Serf *m*, esclave *m*.

helotism ['helətizm], *s.* **1.** *Gr.Ant:* Ilotisme *m*. **2.** *F:* Servage *m*.

help[1] [help], *s.* **1.** Aide *f*, assistance *f*, secours *m*. *With the h. of a friend,* avec l'aide d'un ami. *With the h. of a rope,* à l'aide, au moyen, d'une corde. *By the h. of the darkness,* à la faveur de la nuit. *With God's h.,* Dieu aidant; grâce à Dieu. *With the h. of time . . .,* le temps aidant. . . . *To fix a dress with the h. of many pins, F:* ajuster une robe à grand renfort d'épingles. **To cry for help,** crier au secours; appeler à l'aide. **Past help,** perdu. **Can I be of help?** puis-je vous être d'aucun secours? *To promise one's h.,* promettre son concours. *To lend effective h. to s.o.,* seconder effectivement qn; prêter à qn un appui efficace. *To lend one's h.,* prêter son concours; *F:* donner un coup d'épaule. *Elected with h. from the left,* élu avec des appoints de la gauche. *I got some h.,* je me suis fait aider. **2.** **To come to s.o.'s help,** venir au secours de qn; porter secours à qn. *To come to the h. of a policeman,* prêter main-forte à un agent. **3.** (*Avoidance*) **There's no help for it,** il n'y a pas de remède; la chose est sans remède; c'est irrémédiable; il n'y a rien à faire. **4.** (*a*) **To be a help to s.o.,** être d'un grand secours à qn, rendre grand service à qn. *This method is a h. to the memory,* cette méthode aide la mémoire. (*b*) (*Pers.*) Aide *mf*. *Esp. U.S:* Domestique *mf*, bonne *f*; femme *f* de journée. **Lady help,** personne *f* de bonne maison qui aide aux soins du ménage. **Mother's help,** jeune fille *f* qui aide la mère dans le soin des enfants. **5.** = HELPING[2].

help[2], *v.tr.* **1.** (*a*) Aider, secourir, assister; venir en aide à (qn); venir à l'aide de (qn); donner son appui, prêter son concours, à (qn); seconder (qn). **To help s.o. to do sth.,** aider qn à faire qch. *That will not h. you,* cela ne vous servira à rien; cela ne vous sera d'aucun secours. *Nobody can h. you,* il n'est au pouvoir de personne de vous aider. *To h. s.o. with one's advice,* aider qn de son avis; assister qn de ses conseils. **God help you!** Dieu vous assiste! Dieu vous soit en aide! **So help me God!** *P:* (*as an attenuated form*) **so help me bob! so 'elp me!** que Dieu me juge si je ne dis pas la vérité! en mon âme et conscience! *Come and h. me,* venez m'aider; venez me donner un coup de main. *I got a friend to h. me,* je me suis fait aider par un ami. *I will h. you with the luggage,* je vais vous aider à porter les bagages. **Help me to an answer,** aidez-moi à répondre. **Help me across the street,** aidez-moi à traverser la rue. *F:* **Go and help wash up,** allez aider à laver la vaisselle. **He knows how to help himself,** il sait se tirer d'affaire. *Prov:* **God helps him who helps himself,** le bon Dieu aide qui s'aide; aide-toi et le ciel t'aidera; à toile ourdie Dieu envoie le fil. *See also* DOG[1] 1. **Help!** (i) au secours! (ii) *Iron: P:* non, mais des fois! pigez-moi ça! *See also* LITTLE II. 1. (*b*) Faciliter (la digestion, le progrès). *To h. towards the attainment of an end,* aider à la réalisation d'un but. *F:* **To help matters, the lights fused,** ce qui n'était pas pour arranger les choses, les plombs *m* sautèrent. *That doesn't h. the situation,* **that doesn't help much,** cela ne guérit rien; cela ne nous avance pas. **2.** (*At table*) (*a*) Servir (qn). **To help s.o. to soup,** servir du potage à qn. *To h. s.o. to more meat,* redonner de la viande à qn. *To h. s.o. to wine, etc.,* verser à boire à qn. *I helped myself to mustard,* j'ai pris de la moutarde. **Help yourself,** servez-vous. *He helped himself to a good quarter of the pie,* il se servit un bon quart du pâté. *F:* **To help oneself to sth.,** prendre, chiper, qch. (*b*) **To help the soup, the fish,** servir le potage, le poisson. **3.** (*With negation expressed or implied*) (*a*) Empêcher. **Things we cannot help (happening),** choses qu'on ne saurait empêcher. *I can't h. the rain,* ce n'est pas de ma faute s'il pleut; je ne peux pas empêcher la pluie. **I can't help it,** je ne saurais qu'y faire; je n'y peux rien. **It can't be helped,** tant pis! on n'y peut rien; il n'y a rien à faire; c'est sans remède. *How can I h. it?* que voulez-vous que j'y fasse? qu'y faire? le moyen de faire autrement? *I can't h. it if he is annoyed,* tant pis si ça le fâche! **One can't help one's nature,** on ne peut pas changer son caractère. (*b*) S'empêcher, se défendre (de faire qch.). **I can't help laughing,** je ne peux m'empêcher, me (re)tenir, de rire. **I can't help it,** c'est plus fort que moi. *He can't h. going,* il est obligé, il ne peut pas éviter, d'y aller. *I can't very well h. accepting,* il m'est impossible de ne pas accepter. *I couldn't h. being rather amused at it,* cela ne laissa pas de m'amuser. *One can't h. loving her,* on ne peut (pas) se défendre de l'aimer. *I can't h. wishing you had told me before,* si seulement vous m'aviez dit ça plus tôt! (*c*) *F:* **Don't be away longer than you can help,** tâchez d'être absent le moins de temps possible. *I don't do more than I can h.,* je ne fais que le strict nécessaire; je ne me foule pas outre mesure.

help along, *v.tr.* (*a*) Aider (qn) à avancer. (*b*) Avancer, pousser (une affaire).

help down, *v.tr.* Aider (qn) à descendre.

help forward, *v.tr.* Avancer, pousser (une affaire); faciliter la marche (d'une affaire).

help in, *v.tr.* Aider (qn) à entrer, à monter (en voiture).

help off, *v.tr.* **To help s.o. off with his coat,** aider qn à ôter, à enlever, son pardessus.

help on, *v.tr.* **1.** = HELP FORWARD. **2.** **To help s.o. on with his coat, with his clothes,** aider qn à mettre son pardessus; aider qn à s'habiller.

help out, *v.tr.* **1.** Aider (qn) à sortir (i) d'un endroit, (ii) d'une difficulté; *F:* tirer (qn) d'embarras. **2.** Suppléer à (des approvisionnements insuffisants); parer à l'insuffisance de (qch.).

help over, *v.tr.* Aider (qn) à franchir (un mur), à surmonter (un obstacle).

help through, *v.tr.* = HELP OUT 1.

help up, *v.tr.* (*a*) Aider (qn) (i) à monter, (ii) à se relever. (*b*) Faire la courte échelle à qn.

helping[1], *a.* **To lend a helping hand,** prêter son aide; donner un coup d'épaule; pousser à la roue. *To give a h. hand to s.o.,* prêter son aide à qn; donner un coup de main à qn; prêter la main à qn; tendre une main secourable à qn.

helping[2], *s.* Portion *f* (de nourriture). *Two helpings of soup,* deux assiettées *f* de soupe. *I had two helpings, a second helping,* j'en ai redemandé; j'en ai repris; *F:* j'ai repiqué au plat. (*In restaurant*) **Second helping,** portion supplémentaire.

helper ['helpər], *s.* **1.** Aide *mf*; assistant, -ante; auxiliaire *mf*. **God being my helper,** Dieu aidant; avec l'aide de Dieu. **2.** *Rail:* **Helper(-engine),** machine *f* de secours.

helpful ['helpful], *a.* **1.** (Personne *f*) secourable, serviable. **2.** (Livre *m*, etc.) utile; (remède *m*) salutaire; (avis *m*) utile, salutaire. **-fully,** *adv.* **1.** Secourablement. **2.** Utilement; salutairement.

helpfulness ['helpfulnəs], *s.* **1.** Serviabilité *f*. **2.** Utilité *f*, aide *f*.

helpless ['helpləs], *a.* **1.** (Orphelin, etc.) sans ressource, sans appui, délaissé. **Helpless and hopeless,** sans ressource et sans espoir. **2.** (*a*) Faible, impuissant; réduit à l'impuissance. *I am h. in the matter,* je n'y puis rien; il n'y a rien à faire. *H. and speechless (with astonishment),* bras ballants et bouche bée. *F:* *He's a h. sort of chap,* il n'a aucune initiative; il manque d'initiative, de ressource. (*b*) *H. ship,* navire désemparé. **-ly,** *adv.* **1.** Sans ressource. **2.** Faiblement; sans faire preuve d'aucune initiative, d'aucune ressource.

helplessness ['helpləsnəs], *s.* **1.** Abandon *m*, délaissement *m*. **2.** Faiblesse *f*, impuissance *f*; manque *m* d'énergie, de force; manque d'initiative, de ressource.

helpmate ['helpmeit], *s.* **1.** Aide *mf*, collaborateur, -trice. **2.** = HELPMEET.

helpmeet ['helpmi:t], *s.* Compagnon *m* ou compagne; *esp.* épouse *f*.

helter-skelter ['heltər'skeltər]. **1.** *adv.* (Courir, fuir) pêle-mêle, en désordre, à la débandade. (*Of one pers.*) *To run h.-s.,* courir par bonds désordonnés. *To drive the enemy h.-s.,* reconduire l'ennemi l'épée dans les reins. **2.** *a.* **Helter-skelter flight,** fuite désordonnée; débandade *f*; sauve-qui-peut *m inv.* **3.** *s.* Tohu-bohu *m*, pêle-mêle *m inv*, débandade *f*.

helve[1] [helv], *s.* Manche *m* (d'une hache, d'un marteau). **To throw the helve after the hatchet,** jeter le manche après la cognée. *See also* AXE[1].

'helve-ring, *s.* Bague *f* (de marteau de forge); hurasse *m* (de pioche, etc.).

helve[2], *v.tr.* Emmancher, monter (une hache, etc.).

helved, *a.* (Marteau) emmanché.

Helvetia [hel'vi:ʃ(j)a]. *Pr.n. A.Geog:* L'Helvétie *f*.

Helvetian [hel'vi:ʃjən], *a. & s.* Helvétien, -ienne; helvète.

Helvetic [hel'vetik], *a.* (Canton *m*, *Hist:* république *f*) helvétique.

Helvetii [hel'vi:ʃjai], *s.pl.* *Hist:* **The Helvetii,** les Helvètes *m*.

hem[1] [hem], *s.* **1.** Bord *m* (d'un vêtement). **2.** Ourlet *m* (d'un mouchoir, etc.). *False hem,* faux ourlet. *Plain hem,* ourlet simple. *Stitched hem,* ourlet piqué. *Open-work hem,* ourlet à jour.

'hem-stitch[1], *s.* *Needlew:* Ourlet *m* à jour; rivière *f*.

'hem-stitch[2], *v.tr.* Faire les ajours (d'un mouchoir, etc.); ourler (un mouchoir) à jour.

'hem-stitched, *a.* (Mouchoir *m*) à ourlets à jour. **Hem-stitched hem,** ourlet à jour.

hem[2], *v.tr.* **1.** (*a*) Border, mettre un bord à (un vêtement). (*b*) *Nau:* Gainer (une voile). **2.** Ourler (un mouchoir, du drap). **3.** **To hem in,** entourer, cerner (l'ennemi); investir (une place). *Mountains that hem in the valley,* montagnes *f* qui enferment la vallée. *Mansion hemmed in, about, round, by small houses,* château entouré de maisonnettes. *Garden hemmed in by two walls,* jardin enclavé entre deux murs. *Army hemmed in by high mountains,* armée enserrée entre de hautes montagnes.

hemming, *s.* *Needlew:* = HEM[1] 2.

hem[3], *int.* Hem! *To say hem,* faire hem; toussoter.

hem[4], *v.i.* **1.** Faire hem, hum; tousser un coup; toussoter.

He coughed and hemmed in every key, il poussait des hum sur tous les tons. **2. To hem and haw** = *to hum and haw, q.v. under* HUM[2].
hematic [hiˈmatik], *a.* = HAEMATIC.
hematite [ˈhematait], *s. Miner:* = HAEMATITE.
hemat(o)- [ˈhiːmat(o), ˈhemato], *comb.fm. U.S:* = HAEMAT(O)-.
hemerocallis [hiːmərəˈkalis], *s. Bot:* Hémérocalle *f.*
hemi- [ˈhemi, ˈhiːmi], *pref.* Hémi-. *Hemitropism*, hémitropie *f. Hemicarp*, hémicarpe. *Hemicephalic*, hémicéphalique.
hemialgia [hemiˈaldʒia], *s. Med:* Hémialgie *f.*
hemianaesthesia [hemianesˈθiːzia], *s. Med:* Hémianesthésie *f.*
hemianopsia [hemiaˈnɔpsia], *s. Med:* Hémianop(s)ie *f.*
hemicrania [hemiˈkreinja], *s. Med:* Hémicranie *f*, migraine *f.*
hemicycle [ˈhemisaikl], *s. Arch:* Hémicycle *m.*
hemicyclic [hemiˈsaiklik], *a.* Hémicyclique.
hemicylindrical [hemisiˈlindrik(ə)l], *a.* Hémicylindrique.
hemidemisemiquaver [ˈhemidemiˈsemikweivər], *s. Mus:* Quadruple croche *f.*
hemihedral [hemiˈhiːdr(ə)l, -ˈhedr(ə)l], *a. Cryst:* Hémièdre, hémiédrique, défectif.
hemihedric [hemiˈhiːdrik, -ˈhedrik], *a. Cryst:* Hémiédrique.
hemihedrism [hemiˈhiːdrizm, -ˈhedrizm], *s. Cryst:* Hémiédrie *f.*
hemihedron [hemiˈhiːdrən, -ˈhedrən], *s. Cryst:* Hémièdre *m.*
hemimetabola [hemimeˈtabola], *s.pl. Ent:* Insectes *m* hémimétaboles.
hemione [ˈhemioun], *s. Z:* Hémione *m.*
hemiopia [hemiˈoupia], *s. Med:* Hémiopie *f.*
hemiparesis [hemiˈparesis], *s. Med:* Hémiparésie *f.*
hemiplegia [hemiˈpliːdʒia], *s. Med:* Hémiplégie *f.*
hemiplegic [hemiˈpliːdʒik], *a. & s. Med:* Hémiplégique (*mf*).
hemipter, *pl.* **-ers, -era** [heˈmiptər, -ərz, -əra], *s. Ent:* Hémiptère *m.*
hemipteral [heˈmiptərəl], *a. Ent:* Hémiptère.
hemipteran [heˈmiptərən], *a. & s. Ent:* Hémiptère (*m*).
hemipterous [heˈmiptərəs], *a. Ent:* Hémiptère.
hemisphere [ˈhemisfiːər], *s.* Hémisphère *m. Geog: The northern, southern, h.*, l'hémisphère nord, boréal; l'hémisphère sud, austral. *Anat: The cerebral hemispheres*, les hémisphères du cerveau.
hemispheric(al) [hemiˈsferik(əl)], *a.* Hémisphérique.
hemistich [ˈhemistik], *s. Pros:* Hémistiche *m.*
hemitrope [ˈhemitroup], **hemitropic** [hemiˈtrɔpik], *a. Cryst:* (Feldspath) hémitrope, maclé.
hemitropism [heˈmitropizm], *s. Cryst:* Hémitropie *f.*
hemlock [ˈhemlɔk], *s. Bot:* **1.** Ciguë *f*; *F:* fenouil *m* sauvage. **Water hemlock,** ciguë aquatique, ciguë vireuse, cicutaire *f* aquatique. *Pharm:* **Containing hemlock,** cicuté. **2. Hemlock fir, hemlock spruce,** sapin *m* du Canada; sapin-ciguë *m*, *pl.* sapins-ciguë.
hemmer [ˈhemər], *s.* **1.** (*Device*) Ourleur *m* (d'une machine à coudre). **2.** *Metalw:* (*Pers.*) Ourleur.
hemorrhage [ˈhemoredʒ], *s.* = HAEMORRHAGE.
hemorrhoids [ˈhemorɔidz], *s.pl.* = HAEMORRHOIDS.
hemp [hemp], *s.* **1.** (*a*) *Bot:* Chanvre *m.* (*b*) *Tex:* Chanvre, filasse *f.* **Hemp cloth,** tissu *m* de chanvre. *Ropes made of the finest h.*, cordage *m* de premier brin. *F:* **He'll come to the hemp,** il finira par se faire pendre. *See also* MANILLA[2]. **2.** *Bot:* **Bengal hemp,** crotalaire *f*; chanvre du Bengale. **African hemp,** (i) (*also* **bowstring hemp**) chanvre d'Afrique; sansevière *f*; (ii) sparmannie *f.* **Canada hemp, Indian hemp,** chanvre du Canada, apocyn chanvrin **Brown Indian hemp** = AMBARY. *See also* AGRIMONY 2, WATER-HEMP. **3.** *Pharm: etc:* Hachisch *m*, bang(h) *m.*
 ˈhemp-brake, -breaker, *s. Tex:* Broie *f.*
 ˈhemp-comb, *s. Tex:* Échanvroir *m.*
 ˈhemp-dresser, *s. Tex:* Chanvrier, -ière.
 ˈhemp-field, *s.* Chènevière *f.*
 ˈhemp-kiln, *s.* Haloir *m*, hâloir *m.*
 ˈhemp-like, *a.* Chanvreux.
 ˈhemp-nettle, *s. Bot:* Galéopsis *m*, ortie *f* rouge, chanvre bâtard, chanvrin *m.*
hempen [ˈhempən], *a.* (Étoffe *f*, corde *f*, fil *m*) de chanvre. *F:* **Hempen collar,** corde de potence; cravate *f* de chanvre. **Hempen widow,** veuve *f* d'un pendu.
hempseed [ˈhempsiːd], *s.* Chènevis *m.*
hen [hen], *s.* **1.** Poule *f. Cu: Boiling hen*, poule à mettre au pot. *F: To take tea with a lot of old hens*, prendre le thé avec un tas de vieilles dindes. *See also* FLUSTER[2] 1, GREY-HEN, GIRDLE[3], GUINEA-HEN, SITTING[1] 3. **2.** Femelle *f* (d'oiseau, etc.). **Pea hen,** paonne *f.* **Hen-bird,** oiseau *m* femelle. *Hen-pigeon*, pigeon *m* femelle. *Hen-canary*, serin *m* femelle; serine *f. Hen-blackbird*, merlette *f.* **Hen-lobster,** homard *m* femelle. *See also* PHEASANT 1.
 ˈhen-coop, *s.* Cage *f* à poules.
 ˈhen-harrier, *s. Orn:* Busard bleu; oiseau *m* Saint-Martin; soubuse *f.*
 ˈhen-house, *s.* Poulailler *m.*
 ˈhen-party, *s. F:* Réunion féminine, entre femmes; assemblée *f* de jupes.
 ˈhen-peck, *v.tr. F:* (*Of wife*) Gouverner (son mari); mener (son mari) par le bout du nez.
  ˈhen-pecked, *a.* **Hen-pecked husband,** mari *m* dont la femme porte la culotte, que sa femme mène par le bout du nez; mari mené par sa femme.
 ˈhen-roost, *s.* (*a*) Juchoir *m*, perchoir *m.* (*b*) *F:* Poulailler *m. Pol:* **To rob the hen-roosts,** mettre en réquisition les fonds spéciaux pour équilibrer le budget.
 ˈhen-witted, *a.* (Femme) sans cervelle.
henbane [ˈhenbein], *s. Bot:* Jusquiame *f*; *F:* mort *f* aux poules; hanebane *f.*
hence [hens], *adv.* **1.** *A. & Lit:* (*a*) (*Of place*) (From) **hence,** d'ici. *Five miles h.*, à deux lieues d'ici. *A:* (Get thee) **hence!** hors d'ici! va-t'en d'ici! **Hence with this!** emportez cela! (*b*) *F:* (Sortir) de ce monde, de cette vie. *To go from h. into the other world*, quitter cette vie pour l'autre. **2.** (*Of time*) (*a*) Dorénavant, désormais; à partir d'aujourd'hui. **Five years hence,** dans cinq ans (d'ici). (*b*) *s. U.S:* **The immediate hence,** l'avenir prochain. **The golden hence,** le paradis. **3.** (*Of issue, consequence*) De là. **Hence his anger,** de là sa fureur. *H. it is that* . . ., de là vient que. . . .
henceforth [ˈhensfɔːrθ], **henceforward** [hensˈfɔːrwərd], *adv.* Désormais, dorénavant, à l'avenir.
henchman, *pl.* **-men** [ˈhenʃmən, -men], *s.m.* (*a*) *Hist:* Écuyer; homme de confiance (d'un chef). (*b*) *Pol: etc:* Partisan, acolyte, satellite, séide. (*c*) *F:* **Henchman of Bacchus,** suppôt de Bacchus.
hendec(a)- [henˈdek(a), hendeˈka-], *comb.fm.* Hendéc(a)-. *Hendeˈcandrous*, hendécandre.
hendecachord [henˈdekakɔːrd], *s. A.Mus:* Gamme *f* de onze notes.
hendecagon [henˈdekagən], *s. Geom:* Hendécagone *m.*
hendecagonal [hendeˈkagonəl], *a.* Hendécagone.
hendecahedron [hendekaˈhiːdrən, -ˈhedrən], *s. Geom:* Hendécaèdre *m.*
hendecasyllabic [hendekasiˈlabik]. *Pros:* **1.** *a.* Hendécasyllabique, hendécasyllabe. **2.** *s.* Hendécasyllabe *m.*
hendecasyllable [hendekaˈsiləbl], *s. Pros:* Hendécasyllabe *m.*
hendiadys [henˈdaiadis], *s. Gram:* Hendiadys *m.*
henna[1] [ˈhena], *s. Bot: etc:* Henné *m.*
henna[2], *v.tr.* Teindre au henné. **To have one's hair hennaed,** se faire teindre les cheveux au henné.
hennery [ˈhenəri], *s.* **1.** Poulailler *m*, basse-cour *f*, *pl.* basses-cours. **2.** Ferme *f* d'élevage (de volailles).
Henrician [henˈriʃiən], *a. Hist:* Adhérent de Henri VIII contre l'Église.
Henrietta [henriˈeta]. *Pr.n.f.* Henriette.
Henry[1] [ˈhenri]. *Pr.n.m.* Henri. *Bot:* **Good King Henry,** épinard *m* sauvage.
henry[2], *pl.* **henries** [ˈhenriz], *s. El.Meas:* Henry *m*, *pl.* henrys.
hepatic [heˈpatik], *a. & s. Anat: Pharm:* Hépatique (*m*).
hepatica [heˈpatika], *s. Bot:* (Anémone *f*) hépatique *f*; *F:* herbe *f* de la Trinité.
hepatism [ˈhepatizm], *s. Med:* Hépatisme *m.*
hepatite [ˈhepatait], *s. Miner:* Hépatite *f.*
hepatitis [hepaˈtaitis], *s. Med:* Hépatite *f.*
hepatization [hepataiˈzeiʃ(ə)n], *s. Med:* Hépatisation *f* (du poumon).
hepatize [ˈhepataiz], *v.tr.* (*Of lungs, etc.*) **To become hepatized,** s'hépatiser.
hepato- [ˈhepato, heˈpato], *comb.fm. Anat: Med:* Hépato-. *Hepato-intestinal*, hépato-intestinal.
hepatocele [ˈhepatosiːl], *s. Med:* Hépatocèle *f*; hernie *f* du foie.
hepatoduodenal [ˈhepatodjuoˈdiːn(ə)l], *a. Anat:* Qui intéresse le foie et le duodénum.
hepatogastritis [ˈhepatogasˈtraitis], *s. Med:* Hépatogastrite *f.*
hepatolith [ˈhepatoliθ], *s. Med:* Hépatolithe *f*; calcul *m* biliaire.
hepialus [heˈpaiələs], *s. Ent:* Hépiale *m.*
hept(a)- [ˈhept(a), hepˈta], *comb.fm.* Hepta-. *Hepˈtagynous*, heptagyne. *Heptaˈpetalous*, heptapétale.
heptachord [ˈheptakɔːrd], *a. & s. Mus:* Heptacorde (*m*).
heptad [ˈheptad], *s. Phil: Ch: etc:* Heptade *f.*
heptagon [ˈheptagən], *s. Geom:* Heptagone *m.*
heptagonal [hepˈtagon(ə)l], *a.* Heptagone; heptagonal, -aux.
heptahedron [heptaˈhiːdrən, -ˈhedrən], *s. Geom:* Heptaèdre *m.*
Heptameron (the) [ðəhepˈtamərən], *s. Lit.Hist:* L'Heptaméron *m.*
heptameter [hepˈtametər], *s. Pros:* Heptamètre *m.*
heptane [ˈheptein], *s. Ch:* Heptane *m.*
heptaphyllous [heptaˈfiləs], *a. Bot:* Heptaphylle.
heptarch [ˈheptaːrk], *s. Hist:* Heptarque *m.*
heptarchy [ˈheptaːrki], *s.* Heptarchie *f.*
heptasyllabic [heptasiˈlabik], *a. Pros:* Heptasyllabe.
Heptateuch (the) [ðəˈheptatjuːk], *s. B.Hist:* L'Heptateuque *m.*
heptavalent [heptaˈveilənt, hepˈtavələnt], *a. Ch:* Septivalent, heptavalent.
her[1] [*unstressed* hər, *stressed* həːr], *pers. pron. f. objective case.* **1.** (*Unstressed*) (*a*) (*Direct*) La, (*before a vowel sound*) l'; (*indirect*) lui. *I hate her*, je la déteste, je la hais. *Have you seen her?* l'avez-vous vue? *I obey her*, je lui obéis. *I shall tell her so*, je le lui dirai. *Look at her*, regardez-la. *Tell her*, dites-lui. *Give it* (*to*) *her*, donnez-le-lui. *Send her a present*, envoyez-lui un cadeau. (*b*) **I am thinking of her,** je pense à elle; je ne l'oublie pas. *I remember her*, je me souviens d'elle. (*c*) (*Refl.*) Elle. *She took her parcel away with her*, elle emporta son paquet avec elle, *Lit:* avec soi. *She closed the door behind her*, elle referma la porte derrière elle. *She dragged her broken doll behind her*, elle traînait derrière elle, derrière soi, sa poupée cassée. (*d*) (*Refl.*) *A. & Poet: She bethought her of the consequences*, elle s'avisa des conséquences. *She laid her down to sleep*, elle se coucha pour dormir. *She hied her to the tryst*, elle courut au rendez-vous. **2.** (*Stressed*) (*a*) Elle. *I found him and her at the station*, je les ai trouvés lui et elle à la gare. *Her I can never forgive*, je ne lui pardonnerai jamais à elle. *Go with ˈher*, allez avec elle (et non avec un autre). **I am thinking of ˈher,** c'est à elle que je pense. (*b*) (*With dem. force*) Celle. **To her who should take offence at this I would say . . .,** à celle qui s'en offenserait je dirais. . . . **3.** (*Disjunctive nom.*) *F:* **It's her,** c'est elle. *Just see if that isn't her*, voyez donc si ce n'est pas elle. **That's her!** la voilà! *He is older than her*, il est plus âgé qu'elle.
her[2], *poss.a.* (*denoting a f. possessor*) **1.** (*a*) Son, *f.* sa, *pl.* ses. *Her hat*, son chapeau. *Her dress, her dresses*, sa robe, ses robes. *Her friend, her friends*, son ami, *f.* son amie; ses amis, *f.* ses amies. *Her father and mother*, son père et sa mère; *Adm:* ses père et mère. *Her own sons*, ses propres fils. *Her eyes are blue*, elle a les yeux bleus. *She*

has hurt her hand, elle s'est fait mal à la main. (*Emphatic*) *'Her idea would be to . . .*, son idée *f* à elle serait de. . . . (*b*) **Her Ladyship,** madame (la comtesse, etc.). *Her Majesty*, sa Majesté. **2.** (*Ethical*) **She knew her Homer from beginning to end,** elle savait son Homère d'un bout à l'autre.

Heracleia [hera'klaia]. *Pr.n. A.Geog:* Héraclée *f*.

Heracles ['herakli:z]. *Pr.n.m. Gr.Myth:* Héraklès.

Heraclid, *pl.* **-ids, -idae** ['heraklid, -idz, hera'klaidi:], *s. Myth:* Héraclide *m*.

Heraclitus [hera'klaitəs]. *Pr.n.m. Gr.Phil:* Héraclite.

herald[1] ['herəld], *s.* (*a*) Héraut *m*. **The Heralds' College,** le Collège héraldique (à Londres). **The Heralds' Office,** le bureau des armoiries; (*in France*) l'armorial *m*. (*b*) *F:* Avant-coureur, *pl.* avant-coureurs; précurseur *m*; avant-courrier, -ière, *pl.* avant-courriers, -ières; messager, -ère. *The lark, h. of the morn*, l'alouette, avant-courrière du matin.

herald[2], *v.tr.* Annoncer, proclamer (l'arrivée, etc., de qn, de qch.). **Event that heralds a new era,** événement *m* qui annonce une époque nouvelle. **To herald in the morn,** annoncer l'aube du jour.

heraldic [he'raldik], *a.* Héraldique. **Heraldic bearing,** armoirie *f*, blason *m*. *To adorn a panel with h. bearings*, armorier un panneau. **Heraldic designer, engraver,** armoriste *m*. *See also* PAINTER[1]. **-ally,** *adv.* En blason. *See also* DESCRIBE 1, PAINT[2] 3.

heraldist ['herəldist], *s.* Héraldiste *mf*.

heraldry ['herəldri], *s.* **1.** L'art *m*, la science, héraldique; l'héraldique *f*; le blason. **Canting heraldry,** armes parlantes. **Book of heraldry,** armorial *m*, *pl.* -aux. **2.** Pompe *f* héraldique.

herb [hə:rb], *s. Bot:* **1.** (*a*) Herbe *f*. (*b*) **Sweet herbs** (*for seasoning*), fines herbes. *Medicinal herbs*, herbes, plantes, médicinales; simples *m*. **Herb beer, herb-tea, herb-water,** infusion *f*, tisane *f*, d'herbes. **Herb-shop,** boutique *f* d'herboriste; herboristerie *f*. **Herb-woman,** herbière. **Herb-trade,** herboristerie *f*. *See also* POT-HERB. **2.** (*In names of plants*) **Herb 'bennet,** benoîte commune; galliote *f*. **Herb 'Paris,** herbe à Paris; parisette *f*; raisin *m* de renard. **Herb 'Robert,** herbe à Robert; herbe à l'esquinancie; géranium robertin. **Herb 'twopence,** lysimaque *f*; lysimachie *f*, nummulaire *f*. **Herb (of) 'grace,** rue *f*, rhue *f*.

'herb-ivy, *s. Bot:* Ive *f*, ivette *f*.

herbaceous [hə:r'beiʃəs], *a. Bot:* Herbacé. *H. plant*, plante herbacée. **Herbaceous border,** parterre herbacé.

herbage ['hə:rbedʒ], *s.* **1.** Herbes *fpl*; herbage(s) *m*. **2.** *Jur:* Droit(s) *m* de pacage.

herbal ['hə:rbəl]. **1.** *s.* Herbier *m*. **2.** *a.* (Breuvage) fait avec des herbes; (infusion *f*, tisane *f*) d'herbes.

herbalist ['hə:rbəlist], *s.* **1.** *Hist:* (*Botanizer*) Herborisateur, -trice; botaniste *m*. **2.** (*Herb-seller*) Herboriste *mf*. **3.** Guérisseur *m* (par les plantes).

herbarium [hə:r'bɛəriəm], *s.* Herbier *m*; jardin sec.

herbivora [hə:r'bivora], *s.pl. Z:* Herbivores *m*.

herbivorous [hə:r'bivorəs], *a. Z:* Herbivore.

herborize ['hə:rbora:iz], *v.i.* Herboriser.

herbous ['hə:rbəs], *a.* (*Of flower, vegetation*) Herbeux.

Herculaneum [hə:rkju'leiniəm]. *Pr.n. A.Geog:* Herculanum *m*.

Herculean [hə:r'kju:liən], *a.* (Travail, effort) herculéen; (taille) d'Hercule. *Of H. strength*, d'une force d'Hercule.

Hercules ['hə:rkjuli:z]. **1.** *Pr.n.m. Myth: Astr:* Hercule. *See also* PILLAR[1]. **2.** *s. F:* Homme *m* d'une grande force; hercule *m*. *Ent: F:* **Hercules beetle,** hercule des Antilles.

Herculid ['hə:rkjulid], *s. Astr:* Étoile *f* de la constellation d'Hercule.

Hercynian [hə:r'siniən], *a. A.Geog: Geol:* Hercynien.

herd[1] [hə:rd], *s.* (*a*) Troupeau *m* (de gros bétail, de porcs); harde *f* (de cerfs); troupe *f*, bande *f* (de chevaux, de baleines, etc.); bande (de buffles); troupe, compagnie *f* (de chevreuils); harpail *m* (de biches et de jeunes cerfs). **The herd instinct,** (i) l'instinct *m* grégaire; (ii) l'instinct qui gouverne le troupeau. *See also* FLOCK[2]. (*b*) *F:* Troupeau, foule *f* (de gens). **The common, vulgar, herd,** la foule; le populaire, le peuple; le commun des hommes.

'herd-book, *s. Husb:* Herd-book *m*; livre *m* généalogique des races bovines.

'herd-boy, *s.m.* Jeune pâtre, aide de bouvier.

herd[2]. **1.** *v.i.* (*a*) (*Of animals*) **To herd together,** (i) vivre en troupeaux; (ii) s'assembler en troupeau. *These animals h. together*, ces animaux *m* vivent en troupe, sont grégaires. (*b*) (*Of pers.*) **To herd with . . .,** s'associer à, aller avec, fréquenter (un parti, une société). **2.** *v.tr.* (R)assembler (le bétail, etc.) en troupeau. *F: The candidates were all herded into the waiting room*, on avait entassé les candidats dans l'antichambre.

herd[3], *s.* **1.** Pâtre *m*, gardien *m* (de bêtes). *Esp. in compounds. See* SHEPHERD, SWANHERD, SWINE-HERD, *etc.* **2.** *Scot:* = HERDSMAN.

herd[4], *v.tr.* Garder, surveiller, soigner (les bestiaux, les moutons, les oies, etc.).

herdsman, *pl.* **-men** ['hə:rdzmən, -men], *s.m.* **1.** Bouvier, pâtre. **2.** *Astr:* **The Herdsman,** le Bouvier; Boötès.

here ['hi:ər], *adv.* **1.** (*a*) Ici. *Stay h.*, restez ici. **(Come) here!** (venez) ici! **In here,** ici; *A:* ici dedans. *Come in h., please*, venez par ici, s'il vous plaît. **Do you belong here?** est-ce que vous êtes d'ici? **Up to here, down to here,** jusqu'ici. **About here,** par ici; *F:* dans ces parages. **Near here,** près d'ici. **From here to there,** d'ici là. *Between h. and London*, d'ici à Londres. *See also* DOWN[3] I. 2. *Christmas is h.!* voici Noël! *He does not know you are h.*, il ignore votre présence. *H. she burst into tears*, arrivée à ce point elle fondit en larmes. *H. words will not help*, ici, dans pareille circonstance, les paroles ne sont d'aucun secours. *I must have it* **here and now,** il me le faut sur-le-champ, séance tenante. **Here goes!** allons-y! *See also* TO-DAY. (*b*) Ci. (*Only in*) **This one here and that one there,** celui-ci et celui-là. **Here lies . . .,** ci-gît. . . . (*c*) (*At roll-call*) Présent! (*d*) (*On this earth*) **Here (below),** ici-bas. **2.** (*Here is*) Voici. **Here's your hat,** voici votre chapeau. *H. I am*, me voici! *See also* AGAIN 1. **Here was a chance!** voilà qu'une occasion se présentait! *Here's one*, en voici un. **Here you are!** (i) vous voici! (ii) tenez! (ceci est pour vous). *Cigarettes?* **Here you are, sir,** des cigarettes? Voilà, monsieur. *H. she comes*, la voici (qui vient). *H. comes the procession*, voici venir le cortège. **Here's something new!** en voici bien d'une autre! **Here is where I leave you,** (i) voici l'endroit où je vous quitte; (ii) *U.S: F:* maintenant il faut que je vous quitte. **3.** (*In drinking a health*) **Here's to you!** (je bois) à votre santé! *F:* à la vôtre! à la tienne! **4. My friend here will tell you,** mon ami que voici vous le dira. *P:* **This here book,** ce livre; ce livre que voici. **5.** (*Exclamatory*) **Here! I want you!** pst! venez ici! écoutez un peu! **Here (you are)!** *take it!* tenez! prenez-le! *H.! take this away!* tenez! débarrassez-moi de cela! *See also* LOOK[2] 4. **6.** (*a*) **Here and there,** par-ci par-là; çà et là; de loin en loin; par endroits; de part et d'autre. (*b*) **Here, there, and everywhere,** un peu partout. *He was h., there, and everywhere*, il se multipliait. *I can't be h., there, and everywhere*, je n'ai pas le don d'ubiquité; je ne peux pas être à la ville et à la campagne, au four et au moulin. (*c*) **Neither here nor there,** ni ici ni ailleurs. *F:* **That's neither here nor there,** cela ne fait rien (à l'affaire); cela est en dehors de la question; cela n'entre pas en ligne de compte; cela n'a aucune importance; cela ne fait ni chaud ni froid; ce n'est pas de cela qu'il s'agit.

hereabout(s) ['hi:ərəbaut(s)], *adv.* Près d'ici, par ici, dans ces parages, dans les environs. *He lives h.*, il demeure ici autour, ici près. *He doesn't belong h.*, il n'est pas de par ici.

hereafter [hi:ər'ɑ:ftər]. **1.** *adv.* (*a*) (*Of position*) (*In book, writings, etc.*) Ci-après, ci-dessous. (*b*) (*Of time*) Dorénavant, à l'avenir, désormais. *Any convention h. agreed to . . .*, toute convention qui sera ultérieurement conclue. . . . (*c*) Dans la vie à venir; dans l'autre monde; au delà de la tombe. **2.** *s.* L'au-delà *m*; la vie future; la vie à venir. **In the hereafter,** dans l'autre monde.

hereat [hi:ər'at], *adv. A:* = *at this.*

hereby [hi:ər'bai *when at the end of clause*, 'hi:ərbai *when preceding verb*], *adv.* **1.** (*a*) Par ceci, par ce moyen, par là. (*b*) *Jur:* Par ces présentes. *The council 'hereby resolve, resolve here'by, that . . .*, le conseil déclare par le présent acte que. . . . **2.** *A. & Dial:* Tout près d'ici.

hereditable [he'reditəbl], *a.* (*Of property*) Dont on peut hériter.

hereditament [he'reditəmənt], *s. Jur:* **1.** Tout bien transmissible par héritage. *Esp. pl.* **Hereditaments,** biens composant la succession; terres *f* et immeubles *m*. *See also* CORPOREAL 2, INCORPOREAL 2. **2.** = INHERITANCE 1.

hereditarian [heredi'tɛəriən], *s. Biol:* Partisan *m* de l'héréditarisme.

hereditary [he'reditəri], *a.* (Charge *f*, prince *m*, maladie *f*) héréditaire. **-ily,** *adv.* Héréditairement.

hereditism [he'reditizm], *s. Biol:* Héréditarisme *m*.

heredito-syphilitic [he'reditosifi'litik], *a. Med:* Hérédosyphilitique.

heredity [he'rediti], *s. Biol: etc:* Hérédité *f*.

Hereford ['herefərd]. *Pr.n.* (Comté *m* et ville *f* de) Hereford. *Husb:* **Hereford cattle, Herefords,** race *f* bovine de Hereford.

herein [hi:ər'in], *adv.* **1.** (*Of place, position*) Ici, dans ce livre, dans ce lieu; *A:* ci-dedans. *The letter enclosed h.*, la lettre ci-incluse. *Jur:* **Herein above, herein before,** ci-dessus, ci-devant. **Herein after, herein under,** ci-dessous. *The event to be related h. after*, l'événement *m* dont il sera rendu compte ci-après. **2.** (*In this matter*) En ceci, sur ce point.

hereof [hi:ər'ɔ:v], *adv. A:* De ceci. *Upon the receipt h.*, au reçu de cette lettre.

heresiarch [he'resia:rk], *s.* Hérésiarque *m*.

heresy ['heresi], *s.* Hérésie *f*. (*Of opinion*) **To smack, savour, of heresy,** *F:* sentir le roussi, le brûlé, le fagot. *To extirpate h.*, *F:* arracher l'ivraie. *F:* **Heresy-hunter,** inquisiteur *m*; esprit inquisitorial.

heretic ['heretik], *s.* Hérétique *mf*. **Relapsed heretic,** relaps, *f.* relapse.

heretical [he'retik(ə)l], *a.* Hérétique; mal pensant (en matière de religion).

hereto [hi:ər'tu:], *adv.* **1.** *Jur:* **Annexed hereto, 'hereto annexed,** ci-joint. **2.** *A:* = HITHERTO.

heretofore ['hi:ərtu'fɔ:r]. **1.** *adv. Lit:* Jadis, autrefois; jusqu'ici. **As heretofore,** comme par le passé; comme auparavant. **2.** *s. Lit:* **The heretofore,** le passé.

hereupon ['hi:ərə'pɔn], *adv.* (*a*) Là-dessus. *We are not in agreement h.*, nous ne sommes pas d'accord là-dessus. (*b*) Sur ce. *H. he left us*, sur ce il nous quitta.

herewith [hi:ər'wiθ], *adv.* Avec ceci. *Com:* **I am sending you herewith . . .,** je vous envoie ci-joint, sous ce pli. . . . *Price list h. enclosed*, prix-courant ci-inclus, sous ce pli. *We beg h. to inform you that . . .*, par la présente nous avons l'honneur de vous faire savoir que. . . .

heriot ['heriət], *s. Jur: A:* Droit *m* de meilleur cheptel, *A:* de meilleur chatel.

heritable ['heritəbl], *a.* **1.** *Biol:* (Maladie *f*, vice *m*) héréditaire. **2.** *Jur:* (*a*) (Droit *m*) héréditaire; (propriété *f*) héritable, dont on peut hériter (par droit de descendance). (*b*) (*Of pers.*) Capable d'hériter; apte à hériter. **-ably,** *adv.* Par voie de succession.

heritage ['heritedʒ], *s.* **1.** (*a*) Héritage *m*, patrimoine *m*. (*b*) *Jur:* (*Scot.*) Biens immobiliers. **2.** (*a*) *B:* Le peuple d'Israël; le peuple élu. (*b*) *Ecc:* L'Église *f*. *O Lord, bless thine h.*, Seigneur, bénis ton Église, ton peuple.

heritor ['heritər], *s. Jur:* **1.** Héritier, -ière. **2.** *Ecc.Adm:* (*Scot.*) Censitaire *m*.

herl [hə:rl], *s. Fish:* Mouche artificielle (faite de plumes d'autruche ou de paon).

herm(a) ['hə:rm(a)], *s. Art:* (Statue *f*, buste *m*, en) hermès *m*.

hermaphrodism [hə:r'mafrodizm], *s.* = HERMAPHRODITISM.

hermaphrodite [hɜːr'mafrodait]. **1.** *a. & s. Z: Bot:* Hermaphrodite (*m*). **2.** *s. Nau:* Brick-goëlette *m*, *pl.* bricks-goëlettes.
hermaphroditic(al) [hɜːrmafro'ditik(əl)], *a.* (Fleur *f*, caractère *m*) hermaphrodite.
hermaphroditism [hɜːr'mafroditizm], *s.* Hermaphrodisme *m.*
Hermaphroditus [hɜːrmafro'daitəs]. *Pr.n.m. Gr.Myth:* Hermaphrodite.
hermeneutic(al) [hɜːrme'njuːtik(əl)], *a.* Herméneutique.
hermeneutics [hɜːrme'njuːtiks], *s.pl.* (*Usu. with sg. const.*) L'herméneutique *f.*
Hermes ['hɜːrmiːz]. *Pr.n.m.* **1.** *Gr.Myth:* Hermès. **2.** *Gr.Phil:* **Hermes Trismegistus,** Hermès Trismégiste.
hermetic [hɜːr'metik], *a.* Hermétique. **1.** **Hermetic philosophy, art, science,** la philosophie hermétique; l'alchimie *f.* **Hermetic sealing,** scellement *m* hermétique; bouchage *m* hermétique. **2.** *Arch:* **Hermetic column,** colonne *f* hermétique; gaine *f*; hermès *m.* **-ally,** *adv.* (Scellé) hermétiquement.
Hermetism ['hɜːrmetizm], *s. A.Ch:* Hermétisme *m*; l'alchimie *f.*
hermit ['hɜːrmit], *s.* **1.** Ermite *m. To live like a h.*, vivre en solitaire, en ermite. **2.** *Crust:* **Hermit-crab,** pagure *m*; bernard-l'ermite *m.*
hermitage ['hɜːrmitedʒ], *s.* **1.** Ermitage *m.* **2.** (Vin *m* de l')Ermitage.
hern [hɜːrn], *s.* = HERON.
hernia ['hɜːrnia], *s. Med:* (*a*) Hernie *f*; descente *f* (de boyau). **Inguinal hernia, femoral hernia,** hernie inguinale; hernie crurale, mérocèle *f.* **Umbilical hernia,** hernie ombilicale; omphalocèle *f*, entéromphale *f*, exomphale *f.* **Strangulated hernia,** hernie étranglée. **Suffering from hernia,** hernieux. *See also* INCARCERATED. (*b*) *Cerebral h.*, hernie du cerveau. *H. of the lung*, hernie du poumon.
hernial ['hɜːrniəl], **herniary** ['hɜːrniəri], *a.* Herniaire.
herniated ['hɜːrnieitid], *a. Med:* (Intestin, etc.) hernié.
herniation [hɜːrni'eiʃ(ə)n], *s. Med:* Formation *f* d'une hernie.
herniotomy [hɜːrni'ɔtomi], *s. Surg:* Herniotomie *f.*
hero[1], *pl.* **-oes** ['hiːro, -ouz], *s.m.* Héros. **To die like a hero,** se faire tuer en brave, en héros. *To become the h. of the hour*, devenir le héros du jour. *Prov:* **No man is a hero to his valet,** il n'y a pas de grand homme pour son domestique.
'**hero-worship,** *s.* Culte *m* des héros.
Hero[2]. **1.** *Pr.n.f. Gr.Myth:* Héro. **2.** *Pr.n.m. Gr.Hist:* **Hero of Alexandria,** Héron l'Ancien.
Herod ['herəd]. *Pr.n.m. Hist:* Hérode. *See also* OUT-HEROD.
Herodian [he'roudiən]. **1.** *a.* Hérodien. *Med:* **Herodian disease,** maladie *f* pédiculaire. **2.** *s.pl. Jew.Hist:* **Herodians,** hérodiens *m.*
Herodias [he'roudias]. *Pr.n.f. Hist:* Hérodiade.
Herodotus [he'rɔdotəs]. *Pr.n.m. Gr.Lit:* Hérodote.
heroic(al) [he'rouik(əl)]. **1.** *a.* Héroïque. *H. deed*, action *f* d'éclat. **Heroic remedy,** remède *m* héroïque. **Heroic tales,** romans *m* de cape et d'épée. **Heroic poem,** poème *m* épique. **Heroic verse, couplet,** vers *m* décasyllabe, vers héroïque; distique *m* héroïque. **2.** *s.* (*Usu. pl.*) **Heroics.** (*a*) Vers héroïques. (*b*) *F:* Déclamation *f* de sentiments outrés; grandiloquence *f*; emphase *f. To indulge in heroics*, monter sur ses grands chevaux. **Mock heroics,** le bluff. **-ally,** *adv.* Héroïquement.
heroicalness [he'rouiklnəs], *s.* Héroïcité *f.*
heroi-comic [heroi'kɔmik], *a.* (Poème *m*, situation *f*) héroï-comique, *pl.* héroï-comiques.
heroify [he'rouifai], *v.tr.* = HEROIZE 1.
heroin [he'rouin], *s. Ch: Pharm:* Héroïne *f.*
heroine ['heroin], *s.f.* Héroïne.
heroism ['heroizm], *s.* Héroïsme *m.*
heroize ['hiːroaːiz]. **1.** *v.tr.* Faire un héros de (qn). **2.** *v.i.* Faire le héros; se poser en héros.
heron ['herən], *s. Orn:* Héron *m. Young h.*, héronneau *m.* **European night-heron,** bihoreau *m* d'Europe.
heronry ['herənri], *s.* Héronnière *f.*
heronshaw ['herənʃɔː], *s. Orn:* **1.** *A:* Héronneau *m.* **2.** Héron *m.*
herpes ['hɜːrpiːz], *s. Med:* Herpès *m*; dartres *fpl.*
herpetic [hər'petik], *a. Med:* Herpétique; dartreux.
herpetological [hɜːrpeto'lɔdʒik(əl)], *a. Z:* (H)erpétologique.
herpetologist [hɜːrpe'tɔlodʒist], *s. Z:* (H)erpétologiste *m.*
herpetology [hɜːrpe'tɔlodʒi], *s. Z:* (H)erpétologie *f.*
herring ['heriŋ], *s. Ich:* Hareng *m. Com: Fat h.*, hareng marchais. *Salted h.*, hareng salé, braillé. *Freshly salted h.*, hareng pec. **Red herring,** hareng saur. **To draw a red herring across the track,** (i) dépister la meute; (ii) *F:* faire dévier la conversation. *See also* FISH[1], KIPPER[2], PACK[2] I. 2, SHOTTEN.
'**herring-boat,** *s.* Harenguier *m*, trinquart *m.*
'**herring-bone**[1], *s.* Arête *f* de hareng. **Herring-bone pattern,** dessin *m* ou tracé *m* en arête de hareng, en chevrons, à chevrons, à brin de fougère. *H.-b. flooring*, parquet *m* à bâtons rompus. *Arch:* **Herring-bone work,** appareil *m* en épi, en feuille de fougère, en arête de hareng. *Needlew:* **Herring-bone stitch,** point croisé; point de chausson; point russe; point d'épine. *Mec.E:* **Herring-bone teeth,** dents chevronnées; denture *f* à chevrons. *Meteor:* **Herring-bones,** cirro-cumulus *m.*
'**herring-bone**[2], *v.tr. Needlew:* Faire (un ouvrage) au point de chausson. *Const:* **Herring-boned floor,** parquet *m* à bâtons rompus.
'**herring-fisher,** *s.* Harenguier *m.*
'**herring-fishery,** *s.* Harengaison *f.*
'**herring-harvest,** *s.* Harengaison *f.*
'**herring-market,** *s.* Harengerie *f.*
'**herring-net,** *s.* Harenguière *f.*
'**Herring-pond (the),** *s. F:* L'Atlantique *m*; "la Mare aux harengs."
Herrnhuter ['hɜːrnhuːtər], *s. Rel.Hist:* Hernhute *m.*
hers [hɜːrz], *poss.pron.* Le sien, la sienne, les siens, les siennes. *She took my pen and h.*, elle prit ma plume et la sienne. *This book is h.*, ce livre est à elle, lui appartient; c'est son livre. *My shoes are too large, h. are too small*, mes souliers sont trop grands, les siens sont trop petits. **A friend of hers,** un(e) de ses ami(e)s; un(e) ami(e) à elle. *It is no business of h.*, ce n'est pas son affaire. *No effort of hers*, aucun effort de sa part. **That pride of hers,** son orgueil *m*; cet orgueil dont elle ne peut se défaire.
herschelite ['hɜːrʃelait], *s. Miner:* Herschélite *f.*
herse [hɜːrs], *s. Fort: A:* Herse *f*, sarrasine *f.*
herself [hər'self], *pers.pron. See* SELF[1] 4.
Hertzian ['hɜːrtsiən], *a. El:* Hertzien. **Hertzian waves,** ondes hertziennes.
Herzegovina [hɜːrtsigo'viːna]. *Pr.n.* L'Herzégovine *f.*
Herzegovinian [hɜːrtsigo'vinjən], *a. & s.* Herzégovinien, -ienne.
he's [hiːz] = *he is, he has.*
Hesiod ['hiːziod]. *Pr.n.m. Gr.Lit:* Hésiode.
hesitancy ['hezitənsi], *s.* **1.** Hésitation *f*, incertitude *f*, irrésolution *f.* **2.** *To speak with a certain h.*, parler avec hésitation.
hesitant ['hezitənt], *a.* Hésitant, irrésolu, indécis. **-ly,** *adv.* Avec hésitation.
hesitate ['heziteit], *v.i.* (*a*) Hésiter (en parlant, en agissant). *To h. for a word*, hésiter pour trouver un mot. *To h. about, as to, what to do*, hésiter sur ce qu'il faut faire. *To h. between two courses*, hésiter, balancer, entre deux partis. *He hesitated (about) whether he should . . .*, il hésitait, ne sachant s'il devait. . . . *He did not h. for a moment, F:* il n'a fait ni une ni deux. *To h. at a step*, hésiter avant de prendre une décision. *He hesitates at nothing*, il n'hésite, ne recule, devant rien. *Without hesitating*, sans hésiter, sans balancer. *To h. over the price*, hésiter à payer le prix demandé. (*b*) (*To be reluctant*) **To hesitate to do sth.,** hésiter, reculer, à faire qch.; hésiter pour faire qch. *Not to h. to do sth.*, ne pas hésiter à faire qch.
hesitating, *a.* (Air, propos) hésitant, incertain. *Painted with a h. brush*, peint d'un pinceau qui tâtonne. **-ly,** *adv.* (Parler, agir) avec hésitation, en hésitant.
hesitation [hezi'teiʃ(ə)n], *s.* Hésitation *f.* **Without (the slightest) hesitation,** sans (la moindre) hésitation; sans balancer; *F:* sans faire ni une ni deux. *There is no room for h.*, il n'y a pas à hésiter. *He had no h. about it*, il n'y hésitait pas du tout. *I have no h. in acknowledging that . . .*, je n'hésite pas à reconnaître que. . . . *See also* WALTZ[1].
Hesper ['hespər]. *Pr.n.m.* = HESPERUS.
Hesperia [hes'piːəria]. *Pr.n. A.Geog:* L'Hespérie *f.*
Hesperian [hes'piːəriən], *a. & s. Poet:* Occidental, -ale, *pl.* -aux, -ales.
Hesperides [hes'peridiːz]. *Pr.n.f.pl. Gr.Myth:* **1.** Les Hespérides. **The Garden of the Hesperides,** le Jardin des Hespérides. **2.** (*a*) Le Jardin des Hespérides. (*b*) Les Iles Fortunées.
hesperis ['hespəris], *s. Bot:* Hespéris *f*, julienne *f.*
hesperornis [hespə'rɔːrnis], *s. Paleont:* Hespérornis *m.*
Hesperus ['hespərəs]. *Pr.n. Poet:* Vesper *m*; l'étoile *f* du soir.
Hesse(n) ['hesə(n)]. *Pr.n. Geog:* La Hesse.
Hessian ['hesiən]. **1.** *a. & s. Geog:* Hessois, -oise. **Hessian boots,** *F:* **Hessians,** bottes *f* à la Souwarov. *Ent:* **Hessian fly,** cécidomyie destructrice; mouche *f* de Hesse. **2.** *s. U.S: F:* Mercenaire *m.* **3.** *s. Tex:* Étoffe grossière de chanvre; toile *f* d'emballage.
hessite ['hesait], *s. Miner:* Hessite *f.*
hessonite ['hesonait], *s. Miner:* Essonite *f.*
hest [hest], *s. A:* = BEHEST.
Hester ['hestər]. *Pr.n.f.* Esther.
het [het], *a. U.S: F:* **Het up,** (i) chauffé; (ii) fâché. **Don't get het up about it,** ne t'en fais pas pour cela.
hetaera [he'tiːəra], *s. Gr.Ant:* Hétaire *f*, hétaïre *f*, hétère *f*, courtisane *f.*
hetaeria [he'tiːəria], *s.* Hétairie *f*, hétérie *f.*
hetaerism [he'tiːərizm], *s. Gr.Ant: Anthr:* Hétairisme *m*, hétérisme *m.*
hetaira [he'taira], **hetairia** [he'tairia], **hetairism** [he'tairizm] = HETAERA, HETAERIA, HETAERISM.
heter(o)- ['hetər(o), hetə'rɔ], *comb.fm.* Hétér(o)-. *'Heteracanthous*, hétéracanthe. *Heter'androus*, hétérandre. *Hete'rogynous*, hétérogyne. *'Hetero-infection*, hétéro-infection.
heterocarpian [hetəro'kɑːrpiən], **heterocarpous** [hetəro'kɑːrpəs], *a. Bot:* Hétérocarpe.
heterocentric [hetəro'sentrik], *a.* **1.** *Psy:* (Pensées, etc.) tournées vers le dehors. **2.** *Opt:* (Rayons) diffus.
heterochromous [hetəro'kroumas], *a. Bot:* Hétérochrome.
heteroclite ['hetəroklait], *a. & s. Gram:* Hétéroclite (*m*).
heterocyclic [hetəro'saiklik], *a. Ch:* (Composé) hétérocyclique.
heterodont ['hetərodɔnt], *a. & s. Z:* Hétérodonte (*m*).
heterodox ['hetərodɔks], *a.* Hétérodoxe.
heterodoxy ['hetərodɔksi], *s.* Hétérodoxie *f.*
heterodynamous [hetəro'dainəməs], *a. Biol:* (Déterminant *m*) hétérodyname.
heterodyne[1] ['hetərodain], *a. & s. W.Tel:* (Récepteur) hétérodyne (*m*).
heterodyne[2], *v.i. W.Tel:* Hétérodyner.
heterogamous [hetə'rɔgəməs], *a. Nat.Hist:* Hétérogame.
heterogamy [hetə'rɔgəmi], *s. Nat.Hist:* Hétérogamie *f.*
heterogeneity [hetərodʒe'niːiti], *s.* Hétérogénéité *f.*
heterogeneous [hetəro'dʒiːniəs], *a.* Hétérogène. *F:* **Heterogeneous furniture,** meubles *m* disparates.
heterogeneousness [hetəro'dʒiːniəsnəs], *s.* Hétérogénéité *f.*
heterogenesis [hetəro'dʒenesis], *s. Biol:* Hétérogénèse *f.*
heterogeny [hetə'rɔdʒəni], *s. Biol:* Hétérogénie *f.*
heteromerous [hetə'rɔmərəs], *a. Ent: Bot:* Hétéromère.
heteromorphic [hetəro'mɔːrfik], **heteromorphous** [hetəro'mɔːrfəs], *a. Bot: Ent: Ch:* Hétéromorphe.
heteronomy [hetə'rɔnomi], *s.* Hétéronomie *f.*
heteronym ['hetəronim], *s. Ling:* Hétéronyme *m.*
heteronymous [hetə'rɔniməs], *a. Ling:* Hétéronyme.

heterophyllous [hetəro'filəs], *a. Bot:* Hétérophylle.
heteroplasty ['hetəroplasti], *s. Surg:* Hétéroplastie *f*; greffe *f* de tissus empruntés à un autre sujet.
heteropoda [hetə'rɔpoda], *s.pl. Moll: Crust:* Hétéropodes *m*.
heteroptera [hetə'rɔptəra], *s.pl. Ent:* Hétéroptères *m*.
heteroscian [hetə'rɔʃjən], *s. Geog:* Hétéroscien *m*.
heterosexual [hetəro'seksjuəl], *a. Psy:* Hétérosexuel.
heterostatic [hetəro'statik], *a. El:* Hétérostatique.
heterosuggestion [hetərosə'dʒestjən], *s. Psy:* Hétérosuggestion *f*.
heterotaxy ['hetərotaksi], *s. Anat: Bot:* Hétérotaxie *f*.
heterozygote [hetəro'zaigout], *s. Biol:* Hétérozygote *m*.
hetman, *pl.* **-mans** ['hetmən(z)], *s. Mil: (In Poland, etc.)* Hetman *m*.
Hetty ['heti]. *Pr.n.f. (Dim. of Henrietta)* Henriette *f*.
heuchera ['hjukəra], *s. Bot:* Heuchère *f*.
heuristic [hju'ristik], *a. & s.* Heuristique (*f*).
hevea ['hi:via], *s. Bot:* Hévé *m*, hévéa *f*.
hew [hju:], *v.tr.* (*p.t.* **hewed**; *p.p.* **hewed, hewn** [hju:n]) Couper, tailler (avec une hache, un ciseau, etc.) *To hew a stone*, tailler, dégrossir, dresser, équarrir, une pierre. **To hew coal,** piquer la houille. **To hew one's way,** se frayer, se tailler, un passage (à coups de hache). *F: To hew the enemy to pieces*, mettre, tailler, l'ennemi en pièces.
hew away, *v.tr.* Abattre (une branche, etc.); élaguer (une branche).
hew down, *v.tr.* Abattre (un arbre, etc.). *To hew s.o. down with one's sword*, abattre qn d'un coup d'épée.
hew off, *v.tr.* Abattre (une branche, etc.).
hew out, *v.tr.* **1.** Tailler, façonner (un trou, un passage). **2. To hew out a statue,** ciseler une statue. *F:* **To hew out a career for oneself,** se faire, se tailler, une carrière.
hewing, *s.* Abattage *m* (d'un arbre); taille *f*, coupe *f*, équarrissage *m* (de pierres, de bois); piquage *m* (de la houille).
hewer ['hjuər], *s.* **1.** Tailleur *m*, coupeur *m* (de pierres, etc.). *Min:* Piqueur *m* (de houille); haveur *m*. **To be hewers of wood and drawers of water,** (i) *B:* être employés à couper le bois et à puiser l'eau, (ii) *F:* mener une vie de forçat, de galérien. **2.** Abatteur *m* (d'arbres).
hewgag ['hju:gag], *s. U.S:* Mirliton *m*.
hewn [hju:n]. *See* HEW.
hex(a)- ['heks(a), hek'sa], *comb.fm.* Hex(a)-. *Hexa'dactylous*, hexadactyle. *'Hexagram*, hexagramme.
hexachord ['heksakɔ:rd], *s. Mus:* Hexacorde *m*.
hexad ['heksad], *a. & s. Ch:* (Corps simple, ou radical) hexavalent.
hexagon ['heksagən], *s. Geom:* Hexagone *m*. *Mec.E:* **Hexagon nut,** écrou *m* (à) six pans.
hexagonal [hek'sagən(ə)l], *a.* Hexagone, hexagonal, -aux. *Geom: Cryst:* **Hexagonal pyramid,** dihexaèdre *m*. *See also* NUT 2.
hexagynian [heksa'dʒinjən], **hexagynous** [hek'sadʒinəs], *a. Bot:* Hexagyne.
hexahedral [heksa'hi:drəl, -'hedrəl], *a. Geom:* Hexaèdre, hexaédrique.
hexahedron [heksa'hi:drən, -'hedrən], *s.* Hexaèdre *m*.
hexamerous [hek'samərəs], *a. Nat.Hist:* A six parties, à six divisions.
hexameter [hek'sametər], *s. Pros:* Hexamètre *m*.
hexametric(al) [heksa'metrik(əl)], *a.* Hexamètre.
hexandrous [hek'sandrəs], *a. Bot:* Hexandre.
hexane ['heksein], *s. Ch:* Hexane *m*.
hexapla ['heksapla], *s.pl. B.Lit:* Hexaples *m*.
hexapod ['heksapɔd], *s. & a. Ent:* Hexapode (*m*).
hexapody [hek'sapodi], *s. Pros:* Hexapodie *f*.
hexastyle ['heksastail], *a. & s. Arch:* Hexastyle (*m*).
hexasyllabic [heksasi'labik], *a. Pros:* Hexasyllabe.
Hexateuch (the) [ðə'heksatju:k], *s. B.Lit:* L'Hexateuque *m*.
hexatomic [heksa'tɔmik], *a. Ch:* Hexatomique.
hexavalent [heksa'veilənt, hek'savələnt], *a. Ch:* Hexavalent.
hexoctahedral [heksɔkta'hi:drəl, -'hedrəl], *a. Cryst: Geom:* Hexoctaèdre.
hexoctahedron [heksɔkta'hi:drən, -'hedrən], *s.* Hexoctaèdre *m*.
hexose ['heksous], *s. Ch:* Hexose *f*.
hextetrahedral [hekstetra'hi:drəl, -'hedrəl], *a.* Hextétraèdre.
hextetrahedron [hekstetra'hi:drən, -'hedrən], *s.* Hextétraèdre *m*.
hey [hei], *int.* **1.** Hé! holà! **2.** Hein? **3. Hey for the greenwoods!** en route pour les bois! **4. Hey presto!** passez muscade!
hey-day ['heidei], *int. A:* Tiens! ah bah!
heyday ['heidei], *s.* Apogée *m*, beaux jours (de ses forces, de la prospérité). **To be in the heyday of youth, of life,** être en pleine jeunesse, dans, à, la fleur de l'âge, au printemps de la vie, au midi de la vie. *To be in the h. of one's glory*, être à l'apogée de sa gloire.
heyduck ['haiduk, -dʌk], *s. Hist:* Haïdouk *m*, heyduque *m* (des Balkans).
hey-ho ['heihou], *int.* = HEIGH-HO.
Hezekiah [heze'kaia]. *Pr.n.m.* Ézéchias.
hi [hai], *int.* Hé! là-bas! ohé!
hiatus, *pl.* **-uses** [hai'eitəs, -əsiz], *s.* **1.** Lacune *f* (dans une série, un récit, etc.). *Med:* Hiatus *m* (de Fallope, etc.). **2.** *Gram:* Hiatus; heurtement *m* de voyelles. **3.** *A:* Brèche *f*.
hibernaculum [haibər'nakjuləm], *s. Nat.Hist:* Hibernacle *m*.
hibernal [hai'bə:rn(ə)l], *a.* (Temps, soleil) hivernal, -aux; (sommeil) hibernal.
hibernant ['haibərnənt], *a.* **1.** *Z:* Hibernant. **2.** (*Of pers.*) Hivernant.
hibernate ['haibərneit], *v.i.* (*a*) *Z:* (*Of hibernating animals*) Hiberner, hiverner. (*b*) (*Of pers.*) (*To winter*) Hiverner.
hibernating, *a. Z:* Hibernant.
hibernation [haibər'neiʃ(ə)n], *s. Z:* Hibernation *f*.
Hibernian [hai'bə:rniən], *a. & s.* Hibernien, -ienne; irlandais, -aise.
Hibernianism [hai'bə:rniənizm], **Hibernicism** [hai'bə:rnisizm], *s. Ling:* Locution irlandaise, idiotisme irlandais; tour de phrase irlandais.
hibiscus [hi'biskəs], *s. Bot:* Ketmie *f*, hibiscus *m*.
hiccough[1], **hiccup**[1] ['hikʌp], *s.* Hoquet *m*. *To have (got) the h.*, avoir le hoquet.
hiccough[2], **hiccup**[2]. **1.** *v.i.* Avoir le hoquet; hoqueter. **2.** *v.tr.* **He hiccuped out an apology,** il s'excusa entre deux hoquets.
hiccupy ['hikəpi], *a. F:* (*Of voice, etc.*) Entrecoupé de hoquets.
hick [hik], *s. U.S: F:* Paysan *m*, rustaud *m*.
hickory ['hikəri], *s.* (*Tree or wood*) Noyer (blanc) d'Amérique; hickory *m*.
hid [hid], **hidden** [hidn]. *See* HIDE[2].
hide[1] [haid], *s.* Affût *m* (de chasseur).
hide[2], *v.* (*p.t.* **hid**; *p.p.* **hid, hidden** [hidn]) **1.** *v.tr.* (*a*) Cacher (*from*, à); enfouir (qch. dans la terre). *To h. s.o. from justice*, soustraire qn à la justice, aux recherches de la justice. *Where has he gone and hidden himself?* où est-il allé se fourrer? *Great treasures lie hidden within the earth*, la terre recèle de grands trésors. **To hide one's face,** (i) se cacher la figure, se voiler la face, (ii) *B:* détourner, cacher, sa face (*from*, de). *She hid her face in her hands*, elle se couvrit le visage de ses mains. **I did not know where to hide my head,** je ne savais où me fourrer, où me mettre. *See also* DIMINISHED. *F:* **To hide one's light, one's candle, under a bushel,** enfouir son talent. *Don't h. your light under a bushel*, il ne faut pas mettre la lampe sous le boisseau. *He doesn't h. his light under a bushel*, la modestie est son moindre défaut. **To hide one's faults,** dissimuler, recouvrir, ses défauts. *To h. one's joy*, dissimuler sa joie. **To hide sth. from s.o.,** (i) cacher qch. à qn; (ii) taire qch. à qn. **To hide (up) a scandal,** tenir un scandale secret; étouffer un scandale. **To hide (away) a treasure,** mettre un trésor dans une cache. *To h. away a secret in one's heart*, ensevelir un secret dans son cœur. (*b*) **To hide sth. from sight,** dérober, soustraire, qch. aux regards. *Wall that hides the view*, mur *m* qui dérobe la vue. *Clouds hid the sun*, des nuages voilaient le soleil. *His face was hidden by a beard*, une barbe cachait son visage. *The wall is hidden under the ivy*, la muraille disparaît sous le lierre. *Small villa hidden in a wood*, petite villa tapie, nichée, dans un bois. **Hidden light,** vue dérobée. *Carp: etc:* **Hidden joint,** joint dérobé. *Fin:* **The hidden reserves,** la réserve latente. *F:* **Hidden hand,** influence *f* occulte. **2.** *v.i.* Se cacher; (i) se tenir caché; se blottir (dans un coin, etc.); (ii) aller se cacher; (*of boars, deer*) prendre buisson, buissonner. *I didn't know where to h.*, je ne savais où me fourrer. **To hide away from s.o.,** se cacher de qn.
hide out, *v.i. U.S:* Se cacher (de la police, etc.).
'hide-out, *s. U.S:* Cachette *f*; lieu *m* de retraite.
hiding[1], *s.* (*a*) Dissimulation *f* (de la joie, etc.). *Jur:* Recel *m* (d'un criminel). **To go into hiding,** se cacher, se soustraire aux regards. **To be in hiding,** se tenir caché. **To come out of hiding,** sortir de sa cachette; *Ven:* (*of animal*) débusquer. (*b*) **Hiding power,** opacité *f* (d'une couche de peinture, etc.).
'hiding-place, *s.* Cachette *f*, (lieu *m* de) retraite *f*.
'hide-and-'seek, *U.S:* **'hide and go 'seek,** *s. Games:* Cache-cache *m*.
hide[3], *s.* **1.** Peau *f*, dépouille *f* (d'un animal). *Com:* Cuir *m*. **Hide rope,** corde *f* en cuir. *See also* GREEN[1] 1, RAW[1] 2, TAN[2], THICK I. 1. **2.** *F:* Peau (de qn). *Esp.* **To save one's hide,** sauver sa peau.
'hide-bound, *a.* **1.** (*a*) (*Of cattle*) Dont la peau adhère aux flancs; qui n'a que la peau et les os. (*b*) *Hort: Arb:* (Arbre) serré dans son écorce. **2.** *F:* (*Of pers.*) Aux vues étroites; plein de préjugés; systématique. *H.-b. opinions*, idées étroites, opiniâtres. *H.-b. etiquette*, étiquette *f* rigide. **3.** (*Bound with hide*) (Livre) relié en peau; (bouclier, etc.) recouvert de peau.
hide[4], *v.tr. P:* Tanner le cuir à (qn), administrer une tripotée à (qn).
hiding[2], *s.* Raclée *f*, rossée *f*, trempée *f*, volée *f*. **To give s.o. a hiding,** flanquer, administrer, une tripotée à qn; tanner le cuir à qn.
hide[5], *s. A:* Mesure *f* agraire valant environ 48 hectares.
hided ['haidid], *a.* **1.** Couvert de peau. **2.** (Corde, etc.) en cuir.
hideous ['hidiəs], *a.* **1.** Hideux, affreux, effroyable; (crime) horrible, odieux. *In its most h. aspect*, dans toute sa laideur. *H. noise*, bruit *m* terrible; cacophonie *f*. **2.** D'une laideur repoussante. *F: This new art is h.*, cet art nouveau produit des atrocités. **-ly,** *adv.* Hideusement, affreusement.
hideousness ['hidiəsnəs], *s.* Hideur *f*, laideur *f*, horreur *f*.
hider ['haidər], *s.* **1.** Dissimulateur, -trice. **2.** Fugitif, -ive (qui se dérobe à la justice).
hidrosis [hi'drousis], *s. Med:* Éphidrose *f*.
hidy-hole ['haidihoul], *s.* Cache *f* (d'enfant).
hie [hai], *v.i. & pr. Lit: To hie to a place*, se hâter de se rendre dans un lieu; se rendre au plus vite, courir, à un endroit. *He hied him to the tryst*, il courut au rendez-vous. *Hie thee thither*, allez-y au plus vite.
hier- ['haiər], *comb.fm. See* HIER(O)-.
hierarch ['haiərɑ:rk], *s. Ecc:* Hiérarque *m*, grand prêtre.
hierarchal [haiə'rɑ:rk(ə)l], *a. Ecc:* Hiérarchique.
hierarchic(al) [haiə'rɑ:rkik(əl)], *a.* Hiérarchique. *In h. order*, par ordre hiérarchique. **-ally,** *adv.* Hiérarchiquement.
hierarchize ['haiərɑ:rka:iz], *v.tr.* Hiérarchiser.
hierarchy ['haiərɑ:rki], *s. Ecc: Adm: etc:* Hiérarchie *f*.
hieratic [haiə'ratik], *a.* (Écriture *f*, style *m*, papier *m*) hiératique. **-ally,** *adv.* Hiératiquement.
Hiero ['haiəro]. *Pr.n.m. A.Hist:* Hiéron.
hier(o)- ['haiər(o), haiə'rɔ], *comb.fm.* Hiéro-. *Hie'rocracy*, hiérocratie. *'Hierodule*, hiérodule. *Hie'rographer*, hiérographe.
hieroglyph ['haiəroglif], *s.* Hiéroglyphe *m*.
hieroglyphic(al) [haiəro'glifik(əl)], *a.* Hiéroglyphique. **-ally,** *adv.* Par (des) hiéroglyphes.

hieroglyphics [haiəro'glifiks], *s.pl.* Hiéroglyphes *m*, signes *m* hiéroglyphiques.
hierogram ['haiərogram], *s.* Hiérogramme *m.*
hierograph ['haiərograːf, -graf], *s. Ant:* Inscription *f* hiérographique.
hierographic(al) [haiəro'grafik(əl)], *a.* Hiérographique.
hierography [haiə'rɔgrəfi], *s.* Hiérographie *f.*
hieronymite [haiə'rɔnimait], *s. Rel.H:* Hiéronymite *m.*
Hieronymus [haiə'rɔniməs]. *Pr.n.m.* **1.** *Gr.Hist:* Hiéronyme. **2.** *Rel.H:* Hiéronyme, Jérôme.
hierophant ['haiərofant], *s. Gr.Ant:* Hiérophante *m.*
Hierosolymitan [haiəro'sɔlimaitən], **Hierosolymite** [haiəro'sɔlimait], *a. & s. Geog:* Hiérosolymite (*mf*), hiérosolymitain, -aine; jérosolymitain, -aine; de Jérusalem.
higgle[1] [higl], *s.* Marchandage *m.*
higgle[2], *v.i.* **1.** Marchander, marchandailler. **2.** *A:* Colporter.
higgling[1], *a. F:* Qui marchande; marchandeur; marchandailleur.
higgling[2], *s.* **1.** Marchandage *m.* **2.** *A:* Colportage *m.*
higgledy-piggledy ['higldi'pigldi], *adv.* Sans ordre, en pagaïe, pêle-mêle. *Tools thrown down h.-p. on the floor,* outils jetés en vrac sur le plancher.
higgler ['higlər], *s.* **1.** Marchandeur, -euse, marchandailleur, -euse. **2.** *A:* Colporteur *m*, marchand ambulant.
high [hai]. I. *a.* Haut. **1.** (*a*) *H. mountain,* haute montagne. *The highest point of the range,* le point culminant de la chaîne. *It is here that the range rises to its highest elevation,* c'est ici que la chaîne atteint son point culminant. *House built on h. ground,* maison bâtie sur une hauteur. **Wall six feet high,** mur haut de six pieds; mur qui a six pieds de haut, de hauteur; mur qui a une hauteur de six pieds. *How h. is that tree?* quelle est la hauteur de cet arbre? *F: The little chap was* only *'so high,* le petit gamin n'était pas plus grand que ça. *Suburb on a higher level than the town,* faubourg *m* en contre-haut de la ville. *Ship h. out of the water,* navire haut de franc-bord. *Sitting in a h. chair,* haut assis, *f.* haut assise, *pl.* haut assis, haut assises. *See also* BREAST-HIGH, HORSE[1] 1, SHOULDER-HIGH, TIDE[1] 2, WAIST-HIGH, WATER[1] 3. (*b*) *Cost:* (Corsage, col) montant; (col) haut. *Wearing a h. stock,* haut cravaté, *pl.* haut cravatés. (*c*) **High cheek-bones,** pommettes saillantes. *H. shoulders,* épaules montantes, remontées. *Typ:* **High letter,** caractère *m* à baisser. **2.** Élevé. (*a*) *The sun is getting higher* (*with the lengthening days*), le soleil remonte. *Sun h. above the horizon,* soleil haut sur l'horizon. *The clouds are h.,* le temps est haut. *H. flying,* haut vol; *Av:* vol à grande hauteur. **Glory to God in the Highest,** gloire à Dieu au plus haut des cieux. **Higher up the river,** en amont. **To walk with one's head high,** marcher tête haute. **To hold one's head high,** porter la tête haute, porter haut la tête; *F:* se pousser du col. *Horse that holds his head h.,* cheval *m* qui tire au vent. *Equit:* **High action,** allure relevée (d'un cheval). *Mil:* **High step,** pas *m* de l'oie. *Nau:* **With colours high,** les couleurs *f* à la corne; les couleurs hautes; pavillon haut. *See also* GAME[1] 2, HAND[1] 1, JUMP[1] 1, KICKER 1. (*b*) (*Of rank, position*) **To be high in office,** avoir un poste élevé, une haute situation. *H. official,* haut fonctionnaire. *H. position,* hautes fonctions. *Persons in h. position,* personnages haut placés. *Of h. rank,* de haut rang. *Higher posts,* postes supérieurs. *The higher ranks of the secretariat,* la haute direction du secrétariat. *To appoint s.o. to a higher post,* nommer qn à un emploi supérieur. *Sch:* (*At university*) **The high table,** la table des professeurs (au réfectoire); la table d'honneur. **High and mighty,** haut et puissant. *F:* **To be high and mighty,** faire le grand seigneur; se donner de grands airs; le prendre de haut. *In a h. and mighty manner,* avec de grands airs; avec des airs de grand seigneur; d'un air important. *Don't be so h. and mighty,* prenez-le sur un autre ton; ne le prenez pas de si haut. *To put on a h. and mighty manner,* **to put on the high-and-mighty,** afficher de grands airs; prendre, se donner, des airs. *See also* CHANCELLOR, COURT[1] 3, LIFE 3, LORD[1] 3, STOMACH[1] 3. *s.* **The Most High(est),** le Très-Haut, le Tout-Puissant. **High and low,** les grands et les petits. (*c*) **High thoughts,** grandes pensées. *H. mind,* esprit élevé, noble. *His h. ideal,* sa hauteur de vues. *H. art,* le grand art. *Dancing is a h. and becoming accomplishment,* la danse est un art noble et distingué. (*d*) (*Of price, etc.*) *H. rate of interest,* taux élevé; gros intérêt. *H. price of provisions,* cherté *f* des vivres. *The h. prices,* l'élévation *f* des prix. *Highest price,* chiffre *m* maximum. *It fetches a h. price,* cela se vend cher. *To buy at a h. figure,* acheter cher. *U.S:* **High money,** argent emprunté à un taux élevé. *Higher bid,* offre supérieure. **To set a high value on sth.,** estimer qch. haut. **To play for high stakes,** jouer gros (jeu). **High percentage of moisture,** forte proportion d'humidité. *The historians put the number as h. as* 1200, les historiens portent le nombre à douze cents. **High latitudes,** les hautes latitudes. **High temperature,** température élevée. **High speed,** grande vitesse; marche *f* rapide. *See also* SPEED[1] 1. *Ind:* **High machine,** machine *f* à mouvement accéléré. *Meteor:* **High area,** aire anticyclonique, anticyclonale. *See also* BIDDER FREQUENCY 2, GEAR[1] 3. (*e*) **In the highest degree,** au suprême degré, au dernier degré, au plus haut degré, au plus haut point; par excellence. *See also* DEGREE 2. **In the highest sense of the word,** dans toute l'acception du mot; par excellence. *Pol:* **High tory,** conservateur *m* à outrance, d'extrême droite. *Position of the highest importance,* poste *m* de première importance. *The highest efficiency,* le rendement maximum. *The highest knowledge,* le plus haut degré du savoir. *H. respect,* respect profond. **High fever,** forte fièvre; fièvre ardente; grosse fièvre. **High wind,** vent fort, violent; grand vent; gros vent. **A high sea is running,** la mer est grosse, houleuse; il y a de la mer. *Med: Pharm:* **High dilution,** dilution extrêmement étendue. *See also* EXPLOSIVE 2, FAVOUR[1] 1, GLEE 1, TENSION, TREASON, VACUUM. (*f*) **To have a high opinion of s.o.,** tenir qn en haute estime; avoir une haute opinion de qn. **To speak of s.o. in high terms,** parler de qn en termes flatteurs. *See also* REPUTE[1]. (*g*) **High colour,** (i) couleur vive; (ii) vivacité *f* du teint. *H. in colour,* haut en couleur. *Art:* **High lights,** (i) hautes lumières; rehauts *m*; réveillons *m*; rappels *m* de lumière (d'un tableau); accents *m*, clairs *m* (d'un tableau); (ii) *Phot:* blancs *m* (de l'image); grands noirs (du cliché). *F:* **The high light, high spot, of the fête, of the performance,** le clou de la fête, de la représentation. *There are no h. lights, no h. spots, in it,* il n'y a point d'incidents palpitants, de grands moments; il n'y a rien qui se détache sur le fond. **The high spot of the match,** le point culminant du match. **To hit the high lights, the high spots,** (i) (*of actor, performance, etc.*) marquer; (ii) (*of play, etc.*) avoir des moments palpitants. **The high lights of the town,** les sommités *f*, les personnalités *f*, de la ville. **High diet, high feeding,** forte nourriture. **Too high a soil,** un sol trop riche. *See also* FEATHER[1] 2, JINK[1] 2, SPIRIT[1] 5, TIME[1] 8. (*h*) **High voice,** (i) voix élevée, haute; (ii) voix grêle. *One tone higher,* (musique transposée) un ton au-dessus. *To set a song half a tone higher,* hausser un chant d'un demi-ton. *See also* BARYTONE, KEY[1] 3, WORD[1] 1. **3.** (*a*) **The higher classes,** les hautes classes (sociales). *The high(er) industrial classes,* les classes élevées de l'industrie. *Sch:* *The higher forms,* les classes supérieures; *F:* les grandes classes. **Higher mathematics,** mathématiques supérieures. **The higher animals,** les animaux supérieurs. *See also* APE[1] 1, CRITICISM, GENUS 1, MAMMAL, MIDDLE CLASS. (*b*) *Cards:* **High cards,** cartes hautes. **Flush with king high,** flux *m* au roi. **4.** (*Principal*) **The High Street,** la Grand'rue, la Grande rue. *Ecc:* **High mass,** la grand'messe, la grande messe; la messe haute, solennelle. *See also* ALTAR 1, ROAD[1] 1. **5. High day,** jour *m* de fête; fête solennelle. **High Festival,** fête carillonnée. *See also* TEA[1] 2. **6.** (*Far advanced*) (*a*) (*Of time, season*) **High noon,** plein midi. **It is high day,** il fait grand jour. **It is high time he went to school,** il est grand temps, grandement temps, qu'il aille à l'école. *It is h. time we decided,* il est grand temps de décider. (*b*) *Cu:* (*Of meat*) Avancé, gâté; (*of game*) faisandé. *H. butter,* beurre fort. (*Of game*) **To get high,** se faisander. **To smell high,** avoir une forte odeur. **7.** *Ling:* **High German,** haut allemand. *See also* DUTCH[1] 1. **8.** *Nau:* (*Of ship*) **High and dry,** (échoué) à sec (sur le sable, sur la plage); échoué au plein. *To be left h. and dry,* être (mis) sur le sable. *F:* **To leave s.o. high and dry,** laisser qn en plan. *To be left h. and dry,* rester en marge de la vie, à la traîne, en panne; ne plus recevoir d'avancement. **9. On high,** en haut; dans le ciel. **Glory be to God on High,** gloire à Dieu dans les hauteurs. **From on high,** d'en haut; de là-haut. *A voice on h.,* une voix dans les airs. *Bird perched on h.,* oiseau haut perché, *pl.* haut perchés. **-ly,** *adv.* **1.** (*a*) **Highly placed official,** haut fonctionnaire. (*b*) **To be highly descended,** être de haute naissance, de haute extraction, de haute lignée, de parentage noble. **2. His services are highly paid,** ses services sont largement, *F:* grassement, rétribués; on paie très cher ses services. **To think highly of s.o.,** avoir une haute opinion de qn; tenir qn en grande estime; faire grand cas, grand état, de qn. *To think too h. of oneself,* avoir une trop haute opinion de soi; se trop priser. *See also* SPEAK OF 1. **3.** Fort, très, bien, fortement. **Highly amusing,** fort, très, amusant. *H. pleased,* extrêmement content. *H. displeased,* fort, très, mécontent. *H. seasoned,* fortement assaisonné. *H. polished table,* table *f* d'un beau poli. *To feel oneself h. flattered,* se sentir très flatté. **Highly coloured,** (tableau, style) haut en couleur; (récit) coloré. **Highly strung** = HIGH-STRUNG.

II. **high,** *adv.* **1.** (*a*) Haut; en haut. *Higher and higher,* de plus en plus haut. *H. up in the skies,* haut dans les airs. *See also* SKY-HIGH. *Higher up,* plus haut. **To aim, fly, high,** (i) viser, voler, haut; (ii) *F:* avoir de hautes visées. *F:* *To aim too high,* prétendre trop haut; être trop ambitieux. *He was flying* 3000 *feet h.,* il volait à 3000 pieds de haut, à une hauteur de 3000 pieds. **To rise high in public esteem,** monter très haut dans l'estime publique. *F:* **To hunt high and low for sth.,** chercher qch. de haut en bas, de la cave au grenier, partout, dans tous les coins (et recoins), par mer et par terre. (*b*) **High up the Thames,** (en remontant) près des sources de la Tamise. *To go back* **high in the past,** remonter loin, haut, dans le passé. **2. To go as high as** £2000, aller jusqu'à 2000 livres. *Cards: etc:* **To play, stake, high,** jouer gros jeu. *We do not play very h.,* on ne fait pas de bien grosses parties. **3.** Fort, fortement, très. **Her heart beat high with hope,** l'espoir lui faisait battre le cœur très fort. (*Of wind*) **To blow high,** souffler avec violence, en tempête. **To run high,** (i) (*of the sea*) être grosse, houleuse; (ii) (*of feeling, words*) s'échauffer; (iii) (*of prices*) être élevé. *The sea runs h.,* il y a de la mer. *Words ran h.,* la querelle s'échauffait; il y eut un échange de paroles très vives. *Animosity ran h. between them,* il y avait entre eux de vives animosités. **4. To live high,** vivre largement, sur un grand pied. **5. To sing high,** chanter haut, d'une voix grêle. *His voice rose h.,* sa voix s'éleva.

III. **high,** *s. Meteor: F:* Aire anticyclonique, anticyclonale.
'high-angle, *attrib. a. Artill:* *High-angle fire,* tir vertical.
high-'binder, *s. U.S: F:* Membre *m* d'une société secrète de chantage.
'high-born, *a.* De famille noble; de sang noble; de haute naissance; de haute lignée; de noble extraction.
'high-boy, *s. Furn: U.S:* = TALLBOY.
'high-bred, *a.* **1.** (*a*) De parentage noble, de haute naissance. (*b*) (Cheval *m*) bon sang, de race. **2.** Parfaitement élevé; élevé dans le grand monde. *H.-b. manners,* manières parfaites, aristocratiques.
'high-'bridged, *a.* (Nez) arqué, busqué.
'high-browed, *a.* **1.** (Personne) à front élevé. **2.** *F:* = HIGH-BROW 2.
'High 'Church, *s.* Section de l'Église anglicane qui se rapproche du catholicisme romain en matière de dogme et de rituel. *Attrib.* **The High-Church party,** le parti de la "*High Church.*"
'High-'Churchman, *pl.* **-men,** *s.m.* Partisan zélé de l'autorité et de la hiérarchie dans l'Église anglicane; adhérent de la "*High Church.*"

'high-class, *a. F:* (Marchandises, etc.) de premier ordre, de première qualité. *H.-c. hotel*, hôtel *m* de première classe. *H.-c. cooking*, la haute cuisine. *H.-c. wines*, grands vins. *H.-c. steel*, acier *m* de haute teneur.

'high-'coloured, *a.* (Teint, etc.) haut en couleur. *H.-c. picture*, tableau *m* aux couleurs vives, éclatantes.

'high-crowned, *a.* **1.** (Chapeau d'homme) haut de forme; (chapeau de femme) à calotte haute. **2.** (Route) en dos d'âne, fortement bombée.

'high-flash, *attrib.a.* (Huile) à point d'éclair élevé.

'high-'flier, *s.* = HIGH-FLYER.

'high-flown, *a.* (Style, discours) ampoulé, pompeux, déclamatoire. *H.-f. narrative*, récit *m* enthousiaste. *To write in a h.-f. style*, écrire avec emphase, dans un style ambitieux. *To adopt a h.-f. style, F:* emboucher, entonner, la trompette.

'high-'flyer, *s.* **1.** (*Of hawk, etc.*) Haut voleur. **2.** *F:* (*a*) Extravagant, -ante; ambitieux, -ieuse. (*b*) Piaffeuse *f*; grue élégante.

'high-'flying, *attrib.a.* **1.** (Oiseau, etc.) qui vole haut; (faucon) haut voleur. **2.** *F:* (Espoir) extravagant; (homme) ambitieux.

high-'frequency, *attrib.a. El:* (Courant, lampe) à haute fréquence. **High-frequency amplifier,** ampli *m* de haute fréquence.

'high-grade, *attrib.a.* **1.** (Minerai, etc.) à haute teneur, d'un haut titre. **2.** *H.-g. fuel*, combustible *m* ou carburant *m* de qualité supérieure. *H.-g. goods*, articles *m* de choix, de tout premier choix, de bonne qualité. **3. Higher-grade** *officials*, hauts fonctionnaires. **4.** *Husb:* (Bétail, etc.) métis, de premier croisement.

'high-'handed, *a.* (Action *f*) arbitraire; (autorité *f*) tyrannique. *H.-h. government*, gouvernement *m* à poigne. *To be h.-h. with s.o.*, tenir la bride, la dragée, haute à qn. **-ly,** *adv.* Arbitrairement; tyranniquement. **To act high-handedly with s.o.,** tenir la dragée haute à qn.

'high-hat¹, *s.m. U.S: F:* Gommeux, faraud, rupin.

'high-hat², *v.* (high-hatting) *U.S: F:* **1.** *v.i.* Se donner de grands airs. **2.** *v.tr.* Traiter (qn) de haut en bas.

'high-in'tensity, *attrib.a. El:* (Arc, etc.) à haute intensité. **High-intensity carbon,** charbon intensif.

'high-keyed, *a.* **1.** *Mus:* (Chanson *f*) sur un ton haut. **2.** (*Of pers.*) Nerveux, exalté.

high-'level, *attrib.a.* (*a*) Au niveau supérieur. (*b*) A haute altitude. **High-level station,** (i) *Rail:* gare *f* en contre-haut (lorsqu'il y a aussi une gare souterraine); (ii) station *f* de montagne (d'une garnison, etc.).

'high-life(d), *attrib.a. U.S:* (Cheval) fougueux.

'high-lows, *s.pl. F: A:* Bottines *f*.

high-'mettled, *a.* (Cheval) fougueux, ardent, plein d'ardeur, plein de fougue; (cavalier *m*) intrépide.

high-'minded, *a.* **1.** A l'esprit élevé; aux sentiments nobles, généreux; (action *f*, nature *f*) magnanime. **2.** *B:* Orgueilleux.

high-'mindedness, *s.* Élévation *f* d'esprit, noblesse *f* de sentiments; magnanimité *f*; générosité *f* (de cœur); grandeur *f* d'âme.

'high-necked, *a.* **High-necked dress,** robe montante.

'high-pass, *attrib.a. W.Tel:* **High-pass filter,** filtre *m* passe-haut *inv.*

'high-pitched, *a.* **1.** (*Of sound*) Aigu, -uë. *H.-p. voice*, voix aiguë, criarde, clairette. *H.-p. piano*, piano accordé à un diapason haut. **2. High-pitched thoughts, emotions,** pensées *f*, sentiments *m*, nobles. **3.** *Const:* (*a*) **High-pitched roof,** comble *m* à forte inclinaison, à forte pente. *H.-p. arch*, arche surhaussée. (*b*) *H.-p. room*, salle *f* à plafond haut.

'high-'power(ed), *a.* De haute puissance. (*a*) Gros (moteur); (auto) de haute puissance. *El:* (Arc) à haute intensité. *W. Tel:* (Poste) de haute puissance, de grande portée. (*b*) *Opt:* (Jumelles) à fort grossissement.

'high-'pressure, *attrib.a.* (Cylindre, machine) à haute pression, à haute tension. *H.-p. (spirit-, paraffin-)lamp*, lampe *f* à gaz surpressé. *Meteor:* **High-pressure area,** aire anticyclonique, anticyclonale.

'high-'priced, *a.* De grand prix; cher.

'high-'priest, *s.m.* Grand prêtre. *B:* Souverain sacrificateur. *F:* **The high priests of psychical research,** les pontifes *m* du psychisme.

'high-'principled, *a.* Aux principes élevés; qui a de bons principes.

'high-roller, *s. U.S: F:* Type *m* chic.

'high-'shouldered, *a.* (*Of pers.*) Dont la tête rentre dans les épaules.

'high-'souled, *a.* Magnanime.

'high-sounding, *a.* **1.** (Instrument) sonore, retentissant. *Aut: H.-s. horn*, trompe *f* au son puissant. **2.** *F:* (Titre, éloge) pompeux, prétentieux. *H.-s. phrases*, expressions ronflantes. *To utter h.-s. puerilities*, débiter des puérilités sonores.

'high-speed, *attrib.a.* (*a*) (Locomotive *f*) à grande vitesse. (*b*) *Ind:* (Machine *f*) à mouvement accéléré, à bon rendement. *H.-s. lathe*, tour *m* à marche rapide. *See also* STEEL¹ 1. (*c*) *Aut: H.-s. engine*, moteur *m* grande vitesse. (*d*) *Cin:* **High-speed shooting,** accélération *f* à la prise de vues; ralentissement *m* à la projection. (*e*) *Phot:* **High-speed lens,** objectif *m* à très grande ouverture.

'high-'spirited, *a.* Intrépide; plein de courage, d'ardeur, de feu. *H.-s. horse*, cheval fougueux, vif, plein d'ardeur.

'high-stepper, *s.* **1.** *Equit:* Steppeur *m*; cheval *m* qui trousse, qui a de l'action, qui marche d'un pas relevé. **2.** *F:* Personne *f* qui marche majestueusement, avec dignité. **3.** *F:* Piaffeuse *f*; grue élégante.

'high-stepping, *attrib.a. Equit:* (Cheval) à hautes actions, qui trousse, qui marche d'un pas relevé.

'high-sterned, *a.* (Navire) haut de l'arrière.

'high-'strung, *a.* (Tempérament) nerveux, impressionnable, exalté; (personne) au tempérament nerveux. *H.-s. nerves*, nerfs tendus.

'high-'tensile, *attrib.a.* (Tôle d'acier) à haute résistance.

'high-toned, *a.* **1.** (Livre *m*, journal *m*) d'un ton élevé. **2.** *U.S: F: Often Pej:* Supérieur, élégant.

'high-up, *a. F:* Haut (fonctionnaire).

highball ['haibɔ:l], *s. U.S:* Grande flûte de whisky à l'eau et à la glace.

highbrow ['haibrau], *s. U.S: F:* **1.** Intellectuel, -elle; cérébral, -ale, *pl.* -aux, -ales. **2.** *Attrib.* **Highbrow literature,** littérature *f* pour les intellectuels.

highfalutin(g) [haifə'lu:tin, -iŋ], *a. F:* (Style, discours) ampoulé, prétentieux, pompeux, déclamatoire. *H. language*, beau langage.

highland ['hailənd]. **1.** *s.* (*a*) Haute terre. (*b*) *pl.* **Highlands,** pays montagneux, hautes terres. *Geog:* **The Highlands,** (la) Haute Écosse; les Highlands *m*. **2.** *Attrib.a.* (*a*) Des montagnes; montagnard. (*b*) De la haute Écosse, des Highlands. **Highland cattle,** race bovine des Highlands. *See also* FLING¹ 2.

highlander ['hailəndər], **highlandman,** *pl.* **-men** ['hailəndmən, -men], *s.* **1.** Montagnard *m*. **2. A Highlander,** un Highlander; (i) montagnard écossais, habitant *m* de la Haute Écosse; (ii) soldat *m* d'un régiment écossais. **The Royal Highlanders,** le 42e régiment écossais. *See also* BREEKS.

highness ['hainəs], *s.* **1.** (*a*) Élévation *f* (des prix, etc.). (*b*) Grandeur *f* (d'âme). (*c*) Force *f*, violence *f* (du vent). **2.** (*Title*) Altesse *f*; (*of the Sultan*) Hautesse *f*. **His, Her, Royal Highness,** son Altesse Royale. *Your H.*, votre Grandeur. *See also* SERENE 2.

hight [hait], *p.p. A: Poet: & Hum:* Appelé, dénommé, dit.

highway ['haiwei], *s.* (*a*) Chemin *m* de grande communication; grande route, grand'route *f*; grand chemin; voie routière. **Highways and by-ways,** chemins et sentiers. *B:* **Go out into the highways and hedges and compel them to come in,** va dans les chemins et le long des haies et ceux que tu trouveras, contrains-les à entrer. **The King's Highway,** le grand chemin. **To take (to) the highway,** devenir un voleur de grand chemin. *F:* **The highway to India,** la grande route des Indes. **To be on the highway to success, to ruin,** être en bonne voie de réussir; être sur la pente fatale de la ruine; marcher inévitablement vers la ruine. *See also* ROBBERY. (*b*) *Adm:* Voie publique. **Highway surveyor,** inspecteur *m* des routes, des ponts et chaussées; agent *m* voyer. *Adm:* **The Highways department,** le Service de la voirie; la grande voirie; les ponts et chaussées. *See also* CODE¹ 1. (*c*) *U.S:* **Community highway,** chemin vicinal.

highwayman, *pl.* **-men** ['haiweimən, -men], *s.m.* Voleur de grand chemin; détrousseur, bandit, brigand.

hijacker ['haidʒakər], *s. U.S: F:* Bandit armé qui s'attaque aux contrebandiers de boissons alcooliques.

hike¹ [haik], *s. F:* **1.** Vagabondage *m*. **To be on the hike,** vagabonder; être sur le trimard; battre le trimard. **2.** Excursion *f* à pied.

hike². **1.** *v.i. F:* (*a*) Vagabonder, trimarder. (*b*) **To hike it,** faire le trajet à pied; prendre le train onze. **To hike about (the country),** vagabonder (en touriste); faire du tourisme à pied. *P:* **To hike off,** partir, filer, décamper. **To hike back,** rappliquer. **2.** *v.tr. F:* Traîner, *P:* trimbaler (qch. quelque part).

hiking, *s.* Excursions *f* à pied; tourisme *m* à pied.

hiker ['haikər], *s.* Excursionniste *mf* ou touriste *mf* à pied; touriste pédestre.

hilar ['hailər], *a. Bot:* Hilaire.

hilarious [hi'lɛəriəs], *a.* Gai, joyeux, hilare; *P:* rigoleur, -euse. *H. laughter*, grands éclats de rire. **-ly,** *adv.* Gaiement, joyeusement, avec hilarité; *P:* en rigolant. *To laugh h.*, rire aux éclats; se tenir les côtes de rire.

hilarity [hi'lariti], *s.* Hilarité *f*, gaieté *f*.

Hilary ['hiləri]. *Pr.n.m.* Hilaire. *Jur:* **Hilary term, session,** session *f* de la Saint-Hilaire (commençant en janvier).

hill¹ [hil], *s.* **1.** (*a*) Colline *f*, coteau *m*. **Rounded hill,** ballon *m*, (*small*) mamelon *m*. *The outer hills of the range*, les contreforts *m* de la chaîne. **Up hill and down dale; over hill and dale,** par monts et par vaux. *F:* **Hills and dales** (*of a badly-laid tennis court, etc.*), ondulations *f*; bosses *f* et creux *m*. **Hill-country,** pays *m* de montagne(s). (*In India*) **Hill station,** station *f* de montagne. *To spend the summer in the hills*, passer l'été dans une station de montagne. **Hill sheep,** moutons *m* des montagnes. **Hill road,** chemin côtier. *See also* FOOT-HILLS, OAT 1, OLD 3. (*b*) Éminence *f*; monticule *m*. *See* ANT-HILL, MOLE-HILL, SAND-HILL, *etc.* (*c*) *Mil: Surv:* **Hill 304,** la cote 304. **2.** (*On road*) Côte *f*; (i) montée *f*; (ii) descente *f*. *Dangerous h.*, descente dangereuse. *Sharp h., steep h.*, montée ou descente abrupte. *Aut:* **Speed up hill,** vitesse *f* en côte. *See also* UPHILL. *To take the h. in top*, attaquer la côte en prise directe. **To go down the hill,** (i) descendre la colline; descendre la côte; (ii) *F:* baisser, décliner; perdre ses forces. *See also* CLIMB¹ 1, HALF-WAY. **3.** *Exp:* Fabrique *f* de nitroglycérine.

'hill-billy, *s. U.S: F:* Montagnard *m*, rustaud *m*. **Hill-billy songs,** chants *m* populaires des ranchs des États du Sud.

'hill-climbing, *s. Aut: etc:* Montée *f* des côtes. *Aut:* **Hill-climbing efficiency,** rendement *m* en rampe, en côte.

'hill-folk, *s.pl.* **1.** = HILL-MEN 1. **2.** *Scot:* (*a*) *Rel.Hist:* Les Caméroniens. (*b*) *F:* Les fées *f*.

'hill-man, *pl.* **-men,** *s.m.* **1.** Montagnard. **2.** (*In India, etc.*) Indigène des pays de montagnes.

'hill-people, *s.pl.* = HILL-FOLK.

hill-'side, *s.* Flanc *m* de coteau; penchant *m*, versant *m*, d'une colline; coteau *m*.

'hill-toning, *s. Mapm:* Frottis *m*.

hill-'top, *s.* **1.** Sommet *m* de (la) colline; hauteur *f*, éminence *f*. **2.** Le haut de la côte.

hill², *v.tr. Hort:* **1.** Remblayer, terrasser, amonceler (la terre). **2.** Butter, terrer, chausser (une plante).

hilling, *s.* **1.** Remblai *m*, remblayage *m*. **2.** Buttage *m* (des plantes, etc.).

hilliness ['hilinəs], *s.* Montuosité *f*; nature montueuse, accidentée (d'un pays).

hillo(a) [hi'lou], *int.* = HELLO (*a*), (*c*).

hillock ['hilək], *s.* Petite colline; monticule *m*, butte *f*, tertre *m*; (*rounded*) mamelon *m*; (*in plain*) mondrain *m*. **Sand hillocks,** buttes de sable.

hilly ['hili], *a.* **1.** (Pays) montagneux, montueux; (terrain) accidenté. **2.** (Chemin) montueux, à fortes pentes.

hilt[1] [hilt], *s.* **1.** Poignée *f*, garde *f* (d'épée). *He ran his sword through him* **up to the hilt,** il lui enfonça son épée à travers le corps jusqu'à la garde. **To prove an assertion up to the hilt,** prouver et archi-prouver son dire; démontrer surabondamment une assertion. *To live up to the h.*, vivre sans rien mettre de côté; mener grand train. *Mortgaged up to the h.*, fortement grevé d'hypothèques. *See also* BASKET-HILT, PAY FOR. **2.** Manche *m* (de dague, de couteau, etc.); crosse *f* (de pistolet).

hilt[2], *v.tr.* **1.** Mettre une poignée à (une épée). **2.** Mettre un manche à (un couteau, etc.).

hilum ['hailəm], *s.* **1.** *Bot:* Hile *m*, ombilic *m*, cicatricule *f*. **2.** *Anat:* Hile (du rein, etc.).

him [him], *pers.pron. m., objective case.* **1.** (*Unstressed*) (*a*) (*Direct*) Le, (*before a vowel sound*) l'; (*indirect*) lui. *I hate him*, je le déteste, je le hais. *Do you love him?* l'aimez-vous? *I obey him*, je lui obéis. *I shall tell him so*, je le lui dirai. *Call him*, appelez-le. *Tell him I have come*, dites-lui que je suis là. *Give it (to) him*, donnez-le-lui. *Write him a letter*, écrivez-lui une lettre. (*b*) (*Refl.*) Lui, soi. *He took his luggage with him*, il prit ses bagages avec lui, *Lit:* avec soi. *He closed the door behind him*, il referma la porte derrière lui. *See also* SELF[1] 4. (*c*) (*Refl.*) *A. & Lit: He bethought him of the peril*, il s'avisa du danger. *He sets him to work*, il se met au travail. *He had built him a house*, il s'était bâti une maison. *He laid him down to sleep*, il se coucha pour dormir. *He hied him to the tryst*, il courut au rendez-vous. **2.** (*Stressed*) (*a*) Lui. *I found him and his friend in the park*, je les ai trouvés, lui et son ami, dans le parc. *Him I admire*, lui je l'admire. *Go with him*, allez avec lui. *She is thinking of him*, elle pense à lui. (*b*) (*With dem. force*) Celui. *The prize goes to him who comes in first*, le prix est pour celui qui arrivera le premier. **3.** (*Stressed; as a nominative*) *F: It's him*, c'est lui. *That's him!* le voilà! *Just see if that isn't him*, voyez donc si ce n'est pas lui. *I am younger than him*, je suis plus jeune que lui.

Himalaya [himə'leiə]. *Pr.n. Geog:* **The Himalaya mountains, the Himalayas,** les monts *m* Himalaya; l'Himalaya *m*.

Himalayan [himə'leiən], *a. & s. Geog:* Himalayen, -enne.

himself [him'self], *pers.pron. See* SELF[1] 4.

hind[1] [haind], *s. Z:* Biche *f*. **Hind calf,** faon *m* femelle.

hind[2], *s.* **1.** (*a*) Valet *m* de ferme. (*b*) *Scot:* Valet de ferme marié, qui a sa chaumière. (*c*) Régisseur *m* (d'une ferme). **2.** *F:* (*a*) Paysan *m*. (*b*) Rustre *m*.

hind[3], **hinder**[1] ['haindər], *a.* De derrière; postérieur. **1.** (*Usu.* **hinder**) **Hinder part,** partie postérieure, partie arrière. *F:* **Hind(er) part foremost, hind(er) side before,** sens devant derrière. **2.** (*Always* **hind**) **Hind legs, feet,** jambes *f*, pattes *f*, de derrière; *Equit:* bipède postérieur; les gigots *m*. *Horse strong in the h. legs*, cheval gigoté. *F:* **To get on one's hind legs,** se lever, se mettre debout (pour prononcer un discours). **Hind quarters** (*of a horse*), arrière-main *m*, arrière-train *m*. *Veh:* **Hind wheel,** roue *f* (d')arrière. **Hind carriage,** arrière-train, *pl.* arrière-trains. *See also* DONKEY 1.

'hind-sight, *s.* Hausse *f* (de fusil). *U.S: P:* **To knock, kick, the hind-sight off s.o., sth.,** démolir qn, qch.

hinder[2] ['hindər], *v.tr.* **1.** (*Impede*) Gêner, embarrasser, arrêter (qn); dresser, susciter, des obstacles à (qn); retarder, entraver (qch.); faire obstacle à (un mouvement). *What hinders you?* quel obstacle vous arrête? *These pleasures do not h. me in my business*, ces plaisirs n'entravent pas la marche de mes affaires. **2.** (*Prevent*) Empêcher, retenir, arrêter (*s.o. from doing sth.*, qn de faire qch.).

hindering, *a.* Empêchant, entravant, gênant.

hinderer ['hindərər], *s.* Empêcheur, -euse.

hindermost ['haindərmoust], *a.* = HINDMOST.

Hindi ['hindiː], *s. Ling:* L'hindi *m*.

hindmost ['haindmoust], *a.* Dernier. **Everyone for himself and the devil take the hindmost,** chacun pour soi et Dieu pour tous; sauve qui peut.

Hindoo ['hin'duː], *a. & s. Ethn:* (H)indou, -oue.

hindrance ['hindrəns], *s.* Empêchement *m*, obstacle *m*, entrave *f*. *To act* **without (let or) hindrance,** agir sans entrave(s), sans encombre, en toute liberté.

Hindu ['hin'duː] = HINDOO.

Hindu-Kush ['hinduː'kuʃ]. *Pr.n. Geog:* L'Indou-Koh *m*, L'Indou-Kouch *m*.

Hindustan [hindu'stɑːn]. *Pr.n. Geog:* L'(H)indoustan *m*.

Hindustani [hindu'stɑːni], *s. Ling:* L'hindoustani *m*, l'ourdou *m*.

hinge[1] [hindʒ], *s.* **1.** (*a*) Gond *m* (de porte); paumelle *f*. **H-hinge,** paumelle double. **Hook and hinge,** penture *f* et gond. *Nau:* **Port hinges,** pentures de sabord. **Door off its hinges,** porte *f* hors de ses gonds. *F:* **To be off one's hinges,** (i) être démonté; (ii) être souffrant; (iii) avoir l'esprit détraqué. (*b*) **(Butt-)hinge,** charnière *f*. **Male, female, hinge,** patte *f* mâle, femelle, de charnière. **Loose-butt hinge,** fiche *f* à vase. **Pin hinge,** charnière à fiche, à broche. **Loose pin hinge,** fiche à nœud. *See also* FLAP-HINGE, GEMEL-HINGE, STRAP HINGE. (*c*) **Ball-joint hinge,** genou *m* de Cardan; charnière à rotule. **2.** (*a*) *Anat:* Charnière, ginglyme *m*. (*b*) *Z:* Charnière (d'un bivalve). **3.** Pivot *m* (d'une entreprise, d'une affaire); point principal, nœud *m* (d'un argument).

'hinge-joint, *s.* **1.** Assemblage *m* à charnière. **2.** *Anat:* Articulation *f* à charnière; ginglyme *m*.

'hinge-jointed, *a. Moll:* Cardinifère.

'hinge-line, *s. Conch:* Ligne cardinale.

'hinge-pin, *s.* Broche *f*, cheville *f*, goujon *m*, axe *m*, de charnière; gond *m* (de porte); rivure *f*.

'hinge-post, *s.* Barreau *m* de côtière (d'une grille).

hinge[2]. **1.** *v.tr.* (i) Monter (une porte, etc.) sur ses gonds; (ii) mettre les charnières à (une boîte, etc.). **2.** *v.i.* (*a*) Tourner, pivoter (*on*, autour de). *Bone that hinges with another*, os *m* qui s'articule avec un autre. (*Of seat, etc.*) **To hinge forward,** basculer vers l'avant. (*b*) *F: The character on whom everything hinges (in the play, etc.)*, le pivot de l'action. **Everything hinges on** *his answer*, tout dépend de sa réponse. *Our whole policy hinges on this alliance*, cette alliance est le pivot de toute notre politique.

hinged, *a.* (Porte, couvercle, etc.) à charnière(s). **Hinged flap** (*of counter, etc.*), battant *m* relevable. *H. connection*, assemblage *m* par articulation. *H. side (of box, etc.)*, paroi *f* à rabattement. *H. sides of a waggon*, cloisons basculantes d'un camion. **Hinged girder,** poutre articulée. *Nau:* **Hinged funnel,** cheminée *f* à rabattement.

hinny[1] ['hini], *s. Z:* Bardot *m*, bardeau *m*.

hinny[2], *s. Dial:* (*Esp. Scot.*) = HONEY 2.

hinny[3], *v.i.* (*Of horse*) Hennir.

hint[1] [hint], *s.* **1.** (*a*) Insinuation *f*; allusion indirecte; avis *m* à mots couverts. **Broad hint,** (i) allusion évidente; (ii) avis peu voilé, assez clair. *That's a straight h.!* à bon entendeur . . .! *That was a pretty broad h.!* c'était parler clairement! **To give, drop, s.o. a hint,** toucher un mot à qn; mettre qn sur la voie; donner l'éveil à qn; suggérer qch. à qn, laisser entrevoir qch. à qn. *If you had given me the slightest h. about it*, si vous m'en aviez donné le moindre soupçon. *I'll give, drop, him a gentle h.*, je vais lui en toucher un mot tout doucement. **To throw out, drop, let fall, a hint that . . .,** donner à entendre que . . ., laisser entendre que. . . . *To give covert hints of sth.*, laisser entendre qch. à mots couverts. **To know how to take a hint; to be able to take a hint,** entendre (qn) à demi-mot; savoir ce que parler veut dire. **He took the hint,** il comprit à demi-mot; il se le tint pour dit. (*b*) (*Sign*) Signe *m*, indication *f*, suggestion *f*. **Not a hint of** *surprise*, pas une ombre de surprise. **Not the slightest hint of . . .,** pas le moindre soupçon de. . . . **2. Hints for housewives,** conseils *m* aux ménagères. *To jot down a few hints for s.o.*, noter quelques indications pour aider qn. *Can you give me some hints?* (i) pouvez-vous me donner quelques conseils? (ii) pouvez-vous me mettre sur la voie? *Hints on how to open a new book*, conseils pour ouvrir un livre neuf. **Driving hints,** recommandations *f* pour la conduite d'une voiture. *Maintenance hints and tips*, conseils et indications pour l'entretien (d'un appareil, etc.).

hint[2], *v.tr. & i.* Insinuer (qch.); suggérer, dire, (qch.) à mots couverts. **To hint to s.o. that . . .,** faire entendre à qn que. . . . **To hint at sth.,** laisser entendre qch., suggérer qch., à mots couverts, par sous-entendus; faire une allusion voilée à qch. *To h. at the truth*, laisser entrevoir la vérité. *To expatiate on what is merely hinted at*, développer ce qui n'est qu'indiqué.

hinterland ['hintərland], *s.* Hinterland *m*; arrière-pays *m*. *F:* **In the hinterland of his mind,** au fin fond de son esprit.

hip[1] [hip], *s.* **1.** *Anat:* Hanche *f*. *Measurement round the hips*, tour *m* de hanches. *To sway one's hips in walking*, se déhancher en marchant; se dandiner. **To have s.o. on the hip,** (i) *Wr:* avoir l'adversaire chargé sur l'une de ses hanches; (ii) *F:* tenir qn; avoir l'avantage sur qn. **To smite s.o. hip and thigh,** anéantir qn. **To be beaten hip and thigh,** être battu à plate couture. *See also* DISLOCATE. **2.** *Const:* **Hip(-piece, -rafter),** arêtier *m*, arête *f*, accoinçon *m*, chevron *m* d'arête (d'un comble). **Hip slate,** ardoise cornière. **Hip-tile,** arêtière *f*, enfaîteau *m*; tuile cornière. **Hip lead** [led], **hip sheet,** bavette *f*. **Hip bead** (*of sheet-lead*), arêtier.

'hip-bath, *s.* Bain *m* de siège; demi-bain *m*, *pl.* demi-bains.

'hip-bone, *s. Anat:* Os *m* de la hanche; os coxal, os iliaque, os innominé.

'hip-disease, *s. Med:* Coxalgie *f*; coxotuberculose *f*.

'hip-flask, *s.* Flacon *m* à cognac; flacon de poche.

'hip-joint, *s. Anat:* Articulation *f* de la hanche; articulation coxo-fémorale.

'hip-length, *a. Dressm:* Qui descend jusqu'aux hanches.

'hip-pad, *s. Dressm:* Fausse hanche.

'hip-'pocket, *s.* Poche *f* sur les hanches; poche (à) revolver.

'hip-roof, *s. Arch:* Comble *m*, toit *m*, en croupe.

'hip-shot, *a. Vet:* (Cheval) déhanché, éhanché, épointé.

hip[2], *s. Bot:* Cynorrhodon *m*; *F:* gratte-cul *m inv.*

hip[3], *s. F:* (*Hypocondria*) Mélancolie *f*, spleen *m*. **To have the hip,** avoir le cafard; broyer du noir.

hip[4], *v.tr. F:* Attrister (qn); donner le spleen, *P:* le cafard, à (qn).

hipped[1], *a.* **1.** Attristé, abattu, déprimé, mélancolique. **2.** *U.S: P:* **To be hipped on doing sth.,** avoir la manie de faire qch.

hip[5], *int.* **1.** Hep! **2. Hip! hip! hip! hurrah!** hip! hip! hip! hourra!

hipe [haip], *s. Wr:* Prise *f* avec enlacement de jambe.

hipparch ['hipɑːrk], *s. Gr.Ant:* Hipparque *m*.

Hipparchus [hi'pɑːrkəs]. *Pr.n.m. Gr.Hist:* Hipparque.

hipped[2] [hipt], *a.* **1.** = HIP-SHOT. **2.** (*a*) (*With adj. prefixed*) **Broad-hipped,** à fortes hanches. (*b*) *Arch:* **Hipped roof,** toit pourvu d'un arêtier; comble *m* en croupe.

hippety-hop ['hipiti'hɔp], *adv. F:* (Marcher) en sautillant.

hippic ['hipik], *a.* (Concours *m*) hippique.

hippo ['hipo], *s. F:* = HIPPOPOTAMUS.

hippoboscid [hipo'bɔsid], *s. Ent:* Hippobosque *m*.

hippocampus [hipo'kampəs], *s.* **1.** *Gr.Myth: Ich:* Hippocampe *m*. **2.** *Anat: H. major, minor*, grand, petit, hippocampe.

hippocras ['hipokras], *s. A:* Hypocras *m*.

Hippocrates [hi'pɔkratiːz]. *Pr.n.m. Med.Hist:* Hippocrate.

hippocratic [hipo'kratik], *a.* Hippocratique. *Med:* **Hippocratic face,** facies *m* hippocratique.

Hippocrene ['hipokri:n]. *Pr.n. Gr.Ant:* Hippocrène *f*; la Fontaine d'Apollon.
hippodrome ['hipodroum], *s.* **1.** Hippodrome *m.* **2.** *Sp: U.S: P:* Course truquée.
hippogriff ['hipogrif], *s. Myth:* Hippogriffe *m.*
hippology [hi'pɔlodʒi], *s.* Hippologie *f.*
Hippolytus [hi'pɔlitəs]. *Pr.n.m. Gr.Lit:* Hippolyte.
hippophaë [hi'pɔfai:], *s. Bot:* Argousier *m*, hippophaé *m.*
hippophagy [hi'pɔfadʒi], *s.* Hippophagie *f.*
hippopotamus, *pl.* **-muses, -mi** [hipo'pɔtəməs, -məsiz, -mai], *s. Z:* Hippopotame *m.*
hippus ['hipəs], *s. Med:* Hippus *m*; athétose *f* pupillaire.
hirable ['haiərəbl], *a.* = HIREABLE.
hircine ['hə:rsain], *a.* Hircin.
hire¹ ['haiər], *s.* **1.** Louage *m* (d'un domestique, d'une voiture); location *f* (d'une maison). **To let sth. (out) on hire,** louer qch. *Carriages (let out) on h.,* voitures *f* en location; voitures à volonté; voitures de remise. **To take sth. on hire,** prendre qch. à louage. *(Taxi sign)* **'For hire,'** "libre." **Bicycles for hire,** bicyclettes *f* à louer. *See also* PLY³ 2. **2.** Salaire *m*, gages *mpl. Fin:* **Hire of money,** loyer *m* des capitaux. *See also* LABOURER.
'**hire-purchase,** *s.* Vente *f* à tempérament; location-vente *f.* *To buy furniture* **on the hire-purchase system,** acheter des meubles à tempérament.
hire², *v.tr.* **1.** *(a)* Louer, engager, arrêter, prendre à son service (un domestique); soudoyer (un assassin). *To h. farm-hands,* embaucher des valets. *Hist:* **Hired troops,** mercenaires *m.* **Hired assassin,** assassin attitré, à gages; assassin à la solde de qn; sicaire *m. U.S:* **Hired man, hired girl,** domestique *mf*, bonne *f.* *(b)* Louer (une voiture, etc.); prendre (une voiture) à louage; arrêter (une chambre, etc.). *(On taxi)* **'Hired,'** "occupé." *Hired car, bicycle,* auto *f*, voiture *f*, bicyclette *f*, de louage. **2. To hire (out),** louer, donner en location (une voiture, etc.). **3.** *v.i. U.S: (Of farm servant, etc.)* **To hire out,** se louer pour la saison; entrer en service.
hiring, *s.* **1.** *(a)* Louage *m* (d'un domestique); embauchage *m* (d'un ouvrier). *(b)* Louage (d'une voiture, etc.). **2.** *pl. Agr:* **Hirings,** foire *f* de louage.
hireable ['haiərəbl], *a.* Qu'on peut louer; à louer.
hireling ['haiərliŋ], *s. & a. Pej:* Mercenaire *(m)*, stipendié *(m)*, stipendiaire *(m)*.
hirer ['haiərər], *s.* **1.** Locataire *m* (d'une charrette, etc.). **2. Hirer out,** loueur, -euse.
hirsel ['hə:rsəl], *s. Scot:* Pâture *f*, pâturage *m* (d'un troupeau).
hirsute ['hə:rsju:t], *a.* **1.** Hirsute, velu. *Bot:* (Feuille) âpre; (arbuste) cilié. **2.** *F:* Grossier, bourru.
hirsuteness ['hə:rsju:tnəs], *s.* Nature hirsute, velue.
hirudiniculture [hi'ru:dinikʌltjər], *s.* Hirudiniculture *f*; élevage *m* des sangsues.
hirudinidae [hiru'dinidi:], *s.pl. Ann:* Hirudinées *f*; *F:* sangsues *f.*
hirundinidae [hirʌn'dinidi:], *s.pl. Orn:* Hirondinées *f*; *F:* hirondelles *f.*
his¹ [hiz], *poss.a. (denoting a m. possessor)* **1.** *(a)* Son, *f.* sa, *pl.* ses. *His hat and gloves,* son chapeau et ses gants. *His opinion,* son opinion *f. His friend, his friends,* son ami, *f.* son amie; ses amis, *f.* ses amies. *One of his friends,* un de ses amis, un sien ami, un ami à lui. *His father and mother,* son père et sa mère; *Adm:* ses père et mère. *The date and place of his birth,* ses date et lieu de naissance. *His own son,* son propre fils. *He fell on his back,* il tomba sur le dos. *I hurt his arm,* je lui ai fait mal au bras. *He has hurt his hand,* il s'est fait mal à la main. *His eyes are brown,* il a les yeux bruns. *(Emphatic) 'His idea would be to . . .,* son idée à lui serait de. . . . *(b)* **His Majesty,** sa Majesté. **His Lordship,** Monsieur (le comte, etc.). **2.** *(Ethical) He knew his Homer from beginning to end,* il savait son Homère d'un bout à l'autre.
his², *poss.pron. (denoting a m. possessor)* Le sien, la sienne, les siens, les siennes. *He took my pen and his,* il prit ma plume et la sienne. *This book is his,* ce livre est à lui, lui appartient; c'est son livre à lui. *Here are my boots, his are near the fire,* voici mes souliers, les siens sont près du feu. *A friend* **of his,** un de ses amis; un ami à lui. *A soldier friend of his,* un militaire de ses amis. *It is no business of his,* ce n'est pas son affaire. *No effort of his,* aucun effort de sa part. *Every action of his was . . .,* tous ses actes étaient. . . . *I remember a remark of his,* je me rappelle une remarque de lui. **That pride of his,** son orgueil; cet orgueil dont il ne peut se défaire.
Hispania [his'panja]. *Pr.n. A.Geog:* L'Hispanie *f.*
Hispanic [his'panik], *a.* Hispanique.
Hispanicism [his'panisizm], *s.* Hispanisme *m.*
Hispano-American [his'panoa'merikən], *a. & s.* Hispano-américain, -aine, *pl.* hispano-américains, -aines.
hispid ['hispid], *a. Nat.Hist:* Hispide.
hiss¹ [his], *s.* **1.** Sifflement *m. H. of the gas,* sifflement du gaz. *Th: etc: Applause and hisses,* applaudissements *m* et sifflets *m.* **2.** *Ling:* Fricative sourde; sifflante *f*; chuintante *f.*
hiss², *v.tr. & i. (Of pers., serpent, steam, etc.)* Siffler; *(of arc-lamp)* bruire; *(of steam, gas)* chuinter. *"You'll pay for that," he hissed,* "tu me le revaudras," prononça-t-il d'une voix sifflante. **To hiss (at) an actor, a play,** siffler un acteur, une pièce de théâtre; chuter un acteur. **To hiss s.o. off the stage,** chasser qn à coups de sifflets. **To hiss disdain,** exprimer son mépris en sifflant. **To be hissed,** être sifflé; *(of actor) P:* boire une goutte.
hissing¹, *a.* **Hissing noise** = HISSING². *Med:* **Hissing respiration,** respiration sibilante. *The h. gas,* le gaz qui chuinte.
hissing², *s.* Sifflement *m* ou chuintement *m*; *(of arc-lamp)* bruissement *m. I.C.E: etc: H. of the admission,* chuintement dans les tubulures d'admission.
hist [hist], *int.* **1.** *(To enjoin silence)* Chut! **2.** *(To attract attention)* Pst! psitt!
hister ['histər], *s. Ent:* Hister *m*, escarbot *m.*
histo- ['histo], *comb.fm.* Histo-. *Histoblast,* histoblaste. *Histogenesis,* histogénèse. *Histological,* histologique.
histogenesis [histo'dʒenesis], **histogeny** [his'tɔdʒeni], *s. Biol:* Histogénèse *f.*
histogenetic [histodʒe'netik], *a. Biol:* Histogène.
histological [histo'lɔdʒik(ə)l], *a. Biol:* Histologique.
histologist [his'tɔlodʒist], *s. Biol:* Histologiste *mf.*
histology [his'tɔlodʒi], *s. Biol:* Histologie *f.*
histolysis [his'tɔlisis], *s. Physiol:* Histolyse *f.*
histone ['histoun], *s. Ch:* Histon *m*, histone *f.*
historian [his'tɔ:riən], *s.* Historien *m.*
historiated [his'tɔ:rieitid], *a.* (Manuscrit) historié, enjolivé d'ornements.
historic [his'tɔrik], *a.* **1.** Historique; (événement) marquant. **2.** *Gram:* **Historic tense,** temps *m* historique; *Gr.Gram:* temps second. **Historic present,** présent historique, narratif, de narration. *Lt. & Fr.Gram:* **Historic infinitive,** infinitif *m* de narration.
historical [his'tɔrik(ə)l], *a.* **1.** Historique, de l'histoire. **Historical criticism,** critique *f* des sources. **Historical record,** historique *m* (d'une affaire, d'une science). **2.** *H. painting, painter,* tableau *m*, peintre *m*, d'histoire. *H. novel,* roman *m* historique. **3.** *Gram:* = HISTORIC 2. **-ally,** *adv.* Historiquement.
historicity [histo'risiti], *s.* Historicité *f*, caractère *m* historique (d'un fait).
historico- [his'tɔriko], *comb.fm.* Historico-. *Historico-philosophic,* historico-philosophique.
historiographer [histɔ:ri'ɔgrəfər], *s.* Historiographe *m.*
historiographic(al) [histɔ:rio'grafik(əl)], *a.* Historiographique.
historiography [histɔ:ri'ɔgrəfi], *s.* Historiographie *f.*
history ['histəri], *s.* **1.** *(a)* L'histoire *f. Ancient, modern, h.,* l'histoire ancienne, moderne. *F:* **That's ancient history,** c'est vieux; c'est une vieille histoire; c'est de l'histoire ancienne. *French h.,* l'histoire de France. *European h.,* l'histoire de l'Europe. *H. and its by-ways,* la grande et la petite histoire. *F:* **We are making history,** nous sommes en train de faire de l'histoire. *(b) This penknife has a h.,* il y a toute une histoire que je pourrais vous raconter sur ce canif. **Nation, woman, with a history,** nation *f*, femme *f*, avec un passé. **To know the inner history of an affair,** connaître les dessous d'une affaire. *(c) Sch:* **History(-book),** manuel *m*, livre *m*, d'histoire. *Bring your French histories,* apportez vos histoires de France. *(d) (Historical account)* Historique *m* (d'un fait, d'une science, etc.). **2.** *Th: A:* Pièce *f* historique, drame *m* historique. **3. Natural history,** histoire naturelle. **4.** *Mil: Navy:* **History sheet,** feuille *f* matriculaire; *Mil:* état *m* signalétique et des services (d'un homme).
histotomy [his'tɔtomi], *s.* Histotomie *f.*
histrion ['histriən], *s.* **1.** *A:* Comédien *m.* **2.** *Pej:* Histrion *m*, cabotin *m.*
histrionic(al) [histri'ɔnik(əl)], *a.* **1.** Théâtral *(no mpl). The h. art,* l'art théâtral. *See also* PARALYSIS. **2.** *Pej: (a)* Histrionique; (effusions *f*) de cabotin. *(b)* Hypocrite. **-ally,** *adv.* **1.** Théâtralement. **2.** *(a)* En histrion, en cabotin. *(b)* Hypocritement.
histrionics [histri'ɔniks], *s.pl.* **1.** L'art *m* du théâtre. **2.** *Pej:* Démonstrations *f* peu sincères; parade *f* d'émotion, d'affection, de colère, etc. *It is mere h. on her part,* c'est une comédie qu'elle nous joue.
hit¹ [hit], *s.* **1.** *(a)* Coup *m. A hit from a stone had scratched the paint,* un coup de pierre avait éraflé la peinture. *F:* **To have a sly hit at s.o.,** représenter qn d'une manière satirique; décocher un trait satirique à qn; donner un coup de patte à qn. *A hit at the doctors,* un coup de patte, un sarcasme, à l'adresse des médecins. **That's a hit at you,** c'est à vous que s'adresse l'allusion, c'est vous qui êtes visé; c'est une pierre dans votre jardin. *(b) Artil: etc:* (i) Impact *m*; (ii) coup au but. *See also* DIRECT² 1. *(c) Fenc:* Touche *f*, coup. *A hit!* touché! *Stop hit,* coup d'arrêt. *Exchanged hit, double hit,* coup fourré. **To score a hit,** toucher. *To score a hit on the arm,* porter un coup au bras. *(d) Bill:* Touche. *(e) Hockey:* Coup de crosse. *Free hit,* coup franc. *Backward hit,* coup de revers. *(f) Baseball:* Coup de batte; frappe *f.* **2.** *(a)* Coup réussi; succès *m.* **Lucky hit,** (i) coup heureux; (ii) trouvaille *f.* **To make a lucky hit,** (i) avoir de la chance; (ii) *(in guessing, etc.)* rencontrer juste. **To make a hit,** *(of thg)* réussir en plein; *(of pers.)* faire sensation. **To make a big, a huge, hit,** décrocher le grand succès. *The word made a hit,* le mot a fait fortune. *It was the hit of the evening,* ce fut le clou de la soirée; cela fit la joie de la soirée. *(b) Th:* Pièce *f* à succès. **The play was a hit,** la pièce a pris, a fait fureur. **It is a great hit,** c'est un succès fou. **Song hits from operas,** les succès d'opéras (sur disques, etc.).
hit² *(p.t.* **hit;** *p.p.* **hit;** *pr.p.* **hitting). 1.** *v.tr. (a)* Frapper. *To hit s.o. in the face,* frapper qn au visage. *A stone hit him on the forehead,* une pierre l'a attrapé au front. **To hit s.o. a blow,** porter, donner, un coup à qn. *To hit sth. sharply with a hammer,* donner un coup de marteau sec à qch. *Abs. To hit hard,* frapper fort; cogner fort. *Cr:* **To hit (off, up) a hundred runs,** faire, marquer, cent courses, cent points. *See also* BELT¹ 1, DOWN³ I. 2. *(b) To hit one's leg,* s'attraper à la jambe. **To hit against sth.,** s'attraper à qch. *To hit one's foot against a stone,* se heurter, se cogner, le pied contre une pierre; buter contre une pierre. *His head hit against the pavement,* sa tête a porté, a donné, sur le trottoir. *Nau: To hit a rock,* heurter un récif. *(c)* Atteindre. *Fenc: Bill:* Toucher. **To hit the mark,** atteindre le but; frapper juste; *Artil: etc:* toucher le but. *Mus: F:* **To hit the wrong note,** (i) frapper à faux (sur le piano, etc.); (ii) attaquer faux. *To hit s.o. with a stone,* atteindre qn avec une pierre. *To be hit by a bullet,* être atteint par une balle. *(Of animal shot at) He's hit!* il en a! *F:* **To be hit in one's pride,** être blessé dans son orgueil. *(Of allusion, etc.)* **To hit home,** porter (coup); piquer (qn) au vif. *F:* **To be hard hit,** (i) être sérieusement touché, être fortement, gravement, atteint (par ses pertes, etc.); *F:* en avoir dans l'aile; (ii) être très épris de qn; avoir succombé

aux charmes de qn. *We were hard hit by the war*, nous avons beaucoup souffert de la guerre. *Heavily hit by a bankruptcy*, gravement atteint par une faillite. *He has been especially hard hit*, il a eu particulièrement à souffrir; ç'a été pour lui un coup particulièrement dur. (*d*) *adj. & adv.phr.* **Hit or miss.** *Here goes, hit or miss!* allons-y, à tout hasard! *To attempt sth., hit or miss*, tenter qch., vaille que vaille. *To strike out, to answer, hit or miss*, frapper, répondre, au hasard, au petit bonheur. *It's hit or miss!* c'est tout ou rien! *Mec.E:* **Hit-or-miss governor,** *also* **hit-and-miss governor,** régulateur *m* par tout ou rien. (*e*) *I.C.E: The engine is only hitting on three cylinders*, il n'y a que trois cylindres qui fonctionnent. **To be hitting on all four, on all six, cylinders,** (i) (*of engine*) tourner bien; (ii) *F:* (*of pers.*) être d'attaque. **2.** *v.tr. & i.* (*a*) **To hit (up)on sth.,** découvrir, trouver (un moyen); rencontrer (un indice, un filon d'or, etc.). *To hit the right path*, rencontrer le bon chemin. *To hit (on) the right word*, trouver le mot juste. *To hit the taste of the public*, tomber dans le goût du public. **You've hit it!** vous avez deviné juste! vous y êtes! vous avez mis le doigt dessus! *F:* en plein dans le mille! *See also* IDEA, NAIL[1] 2. (*b*) *v.tr. U.S:* Arriver à (un endroit). **To hit the pike, the trail,** se mettre en route. (*c*) *F:* **How did it hit you?** quelle impression cela vous a-t-il fait?

hit back, *v.tr. & i.* Se défendre; rendre coup pour coup (à qn). *See also* BACK[1] III. 1.

hit off, *v.tr.* **1.** (*a*) **To hit off a likeness,** attraper une ressemblance. **To hit s.o. off to a T,** imiter qn exactement, point pour point. *You have hit him off to a T*, vous avez bien attrapé la ressemblance; *P:* c'est lui tout craché. (*b*) **To hit s.o. off,** donner un portrait satirique de qn; charger qn. *To hit off a political personage, P:* "mettre en boîte" un personnage politique. **2. To hit it off with s.o.,** s'accorder avec qn, *P:* corder avec qn. *They don't hit it off*, ils ne cousinent pas ensemble; *F:* ça ne colle pas tous les deux. *They no longer hit it off*, ils ne s'entendent plus, *F:* leurs chiens ne chassent plus ensemble. *They have never hit it off*, ils ont toujours vécu comme chien et chat.

hit out, *v.i.* (*a*) **To hit out at s.o.,** décocher un coup à qn; détacher des coups à qn. *To hit out blindly, F:* se débattre comme un diable dans un bénitier. *When he is attacked he hits out*, quand on l'attaque il a la riposte rude. (*b*) *Cr: Ten:* **To hit out,** retourner dru la balle; jouer un jeu vigoureux (mais sans finesse).

hitch[1] [hitʃ], *s.* **1.** (*a*) Saccade *f*, secousse *f*. *To give one's trousers a h.*, remonter son pantalon (d'un mouvement sec). (*b*) (*Of horse*) Léger boitement. **2.** (*a*) *Nau:* Nœud *m*; amarrage *m* à demi-clefs; clef *f*. **Blackwall hitch,** gueule-de-loup *f*, *pl.* gueules-de loup. *See also* CLOVE-HITCH, HALF-HITCH, MARLING-HITCH, MARLINE-SPIKE, TIMBER-HITCH. (*b*) *U.S:* (Dispositif *m* d')attelage *m*; accrochage *m*; attache *f*. **3.** (*a*) *Min:* Légère faille. (*b*) Entrave *f* (inattendue); empêchement *m* (soudain); anicroche *f*, contretemps *m*, accroc *m*. **There is a hitch somewhere,** il y a quelque chose qui cloche. *I have discovered where the h. is*, je vois ce qui cloche. *A h. has occurred*, il est survenu un accroc. *If the slightest h. occurs . . .*, survienne le moindre accroc. . . . *There was a serious h. in the negotiations*, les négociations ont accroché sérieusement. **Without a hitch,** sans à-coup; sans accroc; sans anicroche; *F:* tout de go.

'hitch-pin, *s.* Cheville *f* (de piano).

hitch[2]. **1.** *v.tr.* Remuer (qch.) par saccades. **To hitch (up) one's trousers,** remonter son pantalon (d'un coup sec). *To h. one's chair (up) to the table*, approcher (brusquement) sa chaise de la table. **2.** *v.tr.* Accrocher, attacher, fixer, *Nau:* amarrer (*sth. to sth.*, qch. à qch.). *To h. one's horse to a tree*, attacher son cheval à un arbre. *To h. a carriage on to the train*, accrocher une voiture au train. *F:* **To hitch one's wagon to a star,** attacher son char à une étoile. **3.** *v.i.* (*a*) **To hitch on to sth.,** s'accrocher, s'attacher, s'atteler, à qch. (*b*) *Mec.E:* (*Of lathe tool*) S'enfoncer dans la pièce à travailler.

hitch up, *v.i. U.S:* Atteler (les chevaux). *F:* **To hitch up to a job,** se mettre à un travail. *P:* (*Austr.*) **To be hitched up,** être marié.

hitching up, *s.* Attelage *m* des chevaux.

hitching, *s.* Attache *f* (de qch. à qch.); *Nau:* amarrage *m*. *Rail:* **Hitching on of a waggon,** accrochage *m* d'un wagon. *U.S:* **Hitching-post, -rail,** poteau *m*, rail *m*, d'attache (de chevaux).

hither ['hiðər]. **1.** *adv.* Ici (exprimant la venue). **Hither and thither,** çà et là. **2.** *a.* (*Nearer*) Le plus rapproché; de ce côté-ci. *On this h. side of the river*, de ce côté-ci du fleuve. *A.Geog:* **Hither Gaul,** la Gaule citérieure.

hitherto ['hiðər'tuː], *adv.* Jusqu'ici, jusqu'à présent. **As hitherto,** comme par le passé.

hitherward ['hiðərwərd], *adv. A:* De ce côté-ci, par ici.

Hitler ['hitlər]. *Pr.n.m.* Hitler. **Hitler government,** gouvernement hitlérien.

Hitlerite ['hitlərait], *a. & s.* Hitlérien, -ienne.

hitter ['hitər], *s.* Frappeur *m*. *Box:* Cogneur *m*. *To be a hard h.*, cogner, frapper, dur.

Hittite ['hitait], *a. & s. A.Hist:* Hittite (*mf*); hét(h)éen, -enne.

hive[1] [haːiv], *s.* **1.** Ruche *f*. **Frame-hive,** ruche démontable; ruche à cadres. *See also* BEE[1]. *F:* **Hive of industry,** ruche d'industrie; vraie fourmilière. **2.** (*Swarm*) Essaim *m*.

hive[2]. **1.** *v.tr.* (*a*) Mettre (des abeilles) dans une ruche. *To h. a swarm*, (re)cueillir un essaim dans une ruche. (*b*) Amasser, accumuler (des vivres, etc.). **2.** *v.i.* (*a*) (*Of swarm*) Prendre possession de, entrer dans, la ruche. (*b*) *F:* Vivre ensemble (comme des abeilles dans une ruche).

hive off, *v.i. Ap. & F:* Essaimer.

hiving off, *s.* Essaimage *m*.

hive[3], *s.* **1.** *pl. Med:* **Hives,** (i) éruption *f* ou urticaire *f*, (ii) strophulus *m*, (iii) varicelle pustuleuse, (iv) croup *m*. *F:* **Bowel hives,** entérite *f*. **2.** *Pharm:* **Hive-syrup,** sirop *m* de scille composé (contre le croup).

hiveful ['haivful], *s.* Ruchée *f*.

h'm [hm], *int.* (*Expressing doubt*) Heu! hum!

hmph [mh], *int.* Expiration atone d'air par les narines, pour exprimer le mépris, l'indifférence.

ho[1] [hou], *int.* **1.** (*Expressing surprise, mirth, etc.*) Ho! **2.** (*To attract attention*) Hé! ohé! *Nau:* **Land ho!** la terre en vue! **Sail ho!** navire en vue! **3. Westward ho!** en route pour l'Ouest!

ho[2], *int.* = WHOA.

hoar [hɔːr]. **1.** *a. A:* = HOARY. **2.** *s.* **Hoar(-frost),** gelée blanche; givre *m*, *Lit:* frimas *m*. *Lit:* **The hoar of years,** le frimas des ans.

'hoar-stone, *s. A:* Borne *f* (de frontière).

hoard[1] [hɔːrd], *s.* Amas *m*, approvisionnement secret, accumulation secrète (de vivres, etc.). *H. of money*, trésor *m*, *F:* magot *m*. *Gold in private hoards*, or thésaurisé par des particuliers. *F:* **He has a hoard of anecdotes,** il a un grand répertoire d'anecdotes.

hoard[2], *v.tr.* Amasser, accaparer (le blé, etc.); accumuler (de l'argent). *To h. supplies*, pratiquer la resserre des vivres. **To hoard up treasure,** *abs.* **to hoard,** thésauriser (des capitaux). (*With passive force*) *He sat down to the dinner that had been hoarding for him by the fire*, il s'attabla devant le dîner qu'on lui avait gardé au coin du feu.

hoarding[1], *s.* **1.** Resserre *f*, amassage *m* (de provisions); thésaurisation *f* (de capitaux). **Hoarding-place,** cache *f*, trésor *m*. **2.** *pl.* **Hoardings,** amas *m*, accumulation *f* (de vivres, de trésors).

hoarder ['hɔːrdər], *s.* Amasseur, -euse, accumulateur, -trice. *H. of provisions*, spéculateur *m* (pratiquant la resserre). *H. of money*, thésauriseur, -euse.

hoarding[2] ['hɔːrdiŋ], *s.* Clôture *f* en planches; palissade *f* (de chantier, etc.). **Advertisement hoarding,** panneau *m* à affiches; panneau-réclame *m*, *pl.* panneaux-réclame.

hoarhound ['hɔːərhaund], *s.* = HOREHOUND.

hoariness ['hɔːrinəs], *s.* **1.** Blancheur *f* (des cheveux). **2.** Vieillesse *f*.

hoarse [hɔːrs], *a.* (*Of voice, etc.*) Enroué, rauque. *To be h.*, être enroué; avoir la voix enrouée. **To shout oneself hoarse,** s'enrouer à force de crier; *F:* s'égosiller. *A h. raven*, un corbeau à la voix rauque. *H. sound*, graillement *m*. **-ly,** *adv.* D'une voix rauque, enrouée; avec un son rauque.

hoarsen ['hɔːrsən]. **1.** *v.tr.* Enrouer (la voix). **2.** *v.i.* Devenir enroué; s'enrouer; prendre un son rauque.

hoarseness ['hɔːrsnəs], *s.* (*a*) Enrouement *m*. (*b*) Raucité *f* (d'un son).

hoary ['hɔːri], *a.* **1.** (*a*) (*Of hair*) Blanchi, chenu. **Hoary-headed old man,** vieillard *m* aux cheveux blancs. *F: Hoary-headed old sinner*, vieux paillard. (*b*) (*Of colour*) Blanchâtre. (*c*) *Bot: Ent:* (Feuillage, insecte) couvert de poils blancs, d'un duvet blanc. **2.** Vénérable, séculaire. **Of hoary antiquity,** de la plus haute antiquité.

hoax[1] [houks], *s.* Mystification *f*, supercherie *f*, mauvaise plaisanterie, farce *f*, tour *m*, attrape *f*, *P:* balançoire *f*, fumisterie *f*. *Journ:* Canard *m*. *Sch: P:* Canular *m* (d'étudiants). **To play a hoax on s.o.,** (i) mystifier qn; (ii) jouer un tour, faire une farce, à qn.

hoax[2], *v.tr.* Mystifier, attraper (qn); jouer un tour à (qn); *F:* acheter, berner (qn); *P:* monter un bateau à (qn).

hoaxing, *s.* Mystification *f*.

hoaxer ['houksər], *s.* Mystificateur, -trice.

hob[1] [hɔb], *s.* **1.** *A:* Rustre *m*, manant *m*. **2.** *A:* Lutin *m*. **3.** Furet *m* mâle; belette *f* mâle.

hob[2], *s.* **1.** Plaque *f* de côté (d'une grille de cheminée, où l'on peut tenir les aliments, etc., au chaud). **2.** Patin *m* (de traîneau). **3.** *Mec.E:* **Hob(-tap),** maîtresse-matrice *f*, *pl.* maîtresses-matrices; fraise-mère *f*, *pl.* fraises-mères, taraud-mère *m*, *pl.* tarauds-mères. **4.** = HOBNAIL[1] 1. **5.** *Games:* **The hobs,** les (deux) fiches *f* de but (au jeu de palets).

hob[3], *v.tr.* (**hobbed; hobbing**) **1.** *Mec.E:* Fraiser, tailler (une taraudeuse, etc.). **2.** Ferrer (un soulier).

hobbing, *s.* **1.** Fraisage *m* (d'une taraudeuse); taille *f* (d'engrenages). **Hobbing machine,** machine *f* à tailler les engrenages. **2.** Ferrage *m* (d'un soulier). *Dial:* **Hobbing-foot,** enclume universelle (pour cordonnerie).

hobber ['hɔbər], *s. Mec.E:* = HOB[2] 3.

hobble[1] ['hɔbl], *s.* **1.** Boitillement *m*, clochement *m*. **To have a hobble in one's gait,** clopiner, boitiller, en marchant. **2.** (*a*) Entrave *f*, abot *m* (pour chevaux, etc.). (*b*) *F:* Embarras *m*. **To get into a hobble,** se mettre dans le pétrin.

'hobble-skirt, *s. Cost:* Jupe entravée; jupe fourreau.

hobble[2]. **1.** *v.i.* Boitiller, clocher, clopiner. **To hobble along,** marcher en boitillant; avancer clopin-clopant; traîner la jambe. **To hobble in, out,** entrer, sortir, clopin-clopant. **2.** *v.tr.* (*a*) Entraver (un cheval, etc.); mettre un abot aux paturons (d'un cheval). *Hobbled horse*, cheval entravé, enjarreté. (*b*) *F:* Embarrasser (qn).

hobbling, *a.* *To walk with a h. gait*, marcher en clopinant.

hobbledehoy ['hɔbldi'hɔi], *s.* Jeune homme gauche; grand dadais.

hobbledehoydom ['hɔbldi'hɔidəm], **hobbledehoyhood** ['hɔbldi'hɔihud], **hobbledehoyism** ['hɔbldi'hɔiizm], *s.* L'âge ingrat; la gaucherie *f* de l'adolescence.

hobby[1] ['hɔbi], *s.* **1.** *A:* Bidet *m*; petit cheval de selle. **2.** (*a*) Marotte *f*, dada *m*, toquade *f*. *We all have our pet h.*, chacun a sa marotte. **To ride one's pet hobby,** enfourcher son dada; être parti sur son dada. (*b*) Passe-temps favori. *To paint as a hobby*, se distraire à faire de la peinture. *To do bookbinding for a hobby*, faire de la reliure en amateur, comme distraction. **I make a hobby of photography,** ma principale distraction, c'est la photographie.

'hobby-horse, *s.* **1.** Dada *m*; cheval *m* de bois. **2.** *A:* Draisienne *f*, célérette *f*.

hobby[2], *s. Orn: F:* (Faucon *m*) hobereau *m.*
hobgoblin ['hɔbgɔblin], *s.* Lutin *m*, farfadet *m*, gobelin *m*, esprit follet.
hobnail[1] ['hɔbneil], *s.* **1.** Caboche *f*; clou *m* à ferrer (les souliers); becquet *m*, béquet *m.* **2.** *A: F:* = HOB[1] 1.
hobnail[2], *v.tr.* Ferrer (un soulier).
hobnailed, *a.* (Soulier) ferré, à gros clous. *H. boot, F:* godillot *m. Med: F:* **Hobnailed liver,** foie *m* cirrhotique.
hob-nob, hobnob ['hɔbnɔb], *v.i.* (**hob-nobbed; hob-nobbing**) (*a*) Boire, trinquer (*with s.o.*, avec qn). (*b*) **To hob-nob with s.o.,** s'acoquiner, être de pair à compagnon, avec qn; être à tu et à toi avec qn. *To h.-n. with the great*, frayer avec les grands; être admis dans la familiarité des grands; fréquenter les grands. *See also* RIFF-RAFF.
hobo[1] ['houbou], *s. U.S:* (*a*) Ouvrier ambulant. (*b*) *F:* Chemineau *m*, trimardeur *m*, vagabond *m*, clochard *m.* **The Hobo-Belt,** la région fruitière de la Californie.
hobo[2], *v.tr. U.S: F:* **To hobo one's way to a place,** battre le trimard jusqu'à un endroit.
hoboism ['houboizm], *s.* Vagabondage *m.*
Hobson ['hɔbsən]. *Pr.n.m. F:* **Hobson's choice,** choix *m* qui ne laisse pas d'alternative. **It's (a case of) Hobson's choice,** il n'y a pas d'alternative; c'est à prendre ou à laisser; c'est la carte forcée.
hock[1] [hɔk], *s.* Jarret *m* (de quadrupède). *See also* CAPPED.
hock[2], *v.tr.* Couper le jarret à (un cheval, etc.).
-hocked, *a.* (*With a. or s. prefixed*) **Close-hocked,** (cheval) jarreté. **Clean-hocked,** aux jarrets vidés. *See also* COW-HOCKED.
hock[3], *s.* (*a*) Hochheimer *m.* (*b*) Vin *m* du Rhin.
hock[4], *s. U.S: P:* Gage *m.* **In hock,** (i) (*of watch, etc.*) au mont de piété, au clou; (ii) (*of pers.*) en prison. **To be in hock to s.o.,** devoir une fière chandelle à qn.
'hock-shop, *s.* Boutique *f* de prêteur sur gages.
hock[5], *v.tr. U.S: P:* Engager (sa montre, etc.); *F:* mettre (sa montre, etc.) au clou.
hockey ['hɔki], *s.* (Jeu *m* de) hockey *m.* **Hockey stick,** canne *f*, crosse *f*, de hockey.
Hock Monday ['hɔk'mʌndi], *s. A:* Le lundi de la Quasimodo.
hocus[1] ['houkəs], *s.* Boisson narcotisée.
hocus[2], *v.tr.* (**hocussed; hocussing**) **1.** Attraper, duper (qn); mystifier (qn); *F:* monter un bateau à (qn). **2.** (*a*) Stupéfier (qn, un animal) au moyen d'un narcotique; droguer (qn, un cheval). (*b*) Narcotiser, droguer (une boisson).
hocus-pocus[1] ['houkəs'poukəs], *s.* **1.** (*a*) Passe-passe *m* (formule du prestidigitateur). **There's no hocus-pocus about it,** ce n'est pas un tour de passe-passe. (*b*) Tour *m* de passe-passe. **2.** Tromperie *f*, supercherie *f*, mystification *f.*
hocus-pocus[2], *v.* (**-pocussed; -pocussing**) **1.** *v.i.* Faire des tours de passe-passe. **2.** *v.tr.* (*a*) Berner, mystifier (qn). (*b*) Escamoter (qch.).
hod [hɔd], *s.* **1.** Oiseau *m*, auge *f*, augette *f*, hotte *f* (de maçon). **2.** Seau *m*, caisse *f*, à charbon.
hodden [hɔdn]. **1.** *s. Scot: A:* Gros drap (tissé au métier à main). **2.** *a. Scot:* **Hodden grey,** gros drap beige.
hodful ['hɔdful], *s.* Hottée *f* (de briques, de mortier).
Hodge [hɔdʒ]. *Pr.n. F:* (**Friend**) **Hodge,** Jacques Bonhomme. **Hodge come to town,** un nouveau débarqué de sa campagne.
hodge-podge ['hɔdʒpɔdʒ], *s. Cu: etc:* = HOTCHPOTCH.
hodiernal [houdi'ə:rn(ə)l], *a.* (Vie *f*, progrès *m*) d'aujourd'hui.
hodman, *pl.* **-men** ['hɔdmən, -men], *s.* Aide-maçon *m*, *pl.* aides-maçons; goujat *m* de maçon; porte-auge *m inv. F: The hodmen of literature, of science*, les journaliers *m* de la littérature, de la science.
hodograph ['hɔdograf, -grɑ:f], *s.* = ODOGRAPH.
hodometer [hɔ'dɔmetər], *s.* Odomètre *m*; (i) compte-pas *m inv*; (ii) compteur *m* (kilométrique); compteur enregistreur.
hoe[1] [hou], *s.* (*a*) *Hort: Agr:* Houe *f*, binette *f*, binot *m*, raclette *f. Small hoe*, houette *f. Weeding hoe*, sarcloir *m. Dutch hoe*, ratissoire *f. Two-pronged hoe*, binoche *f. Double-headed hoe*, bêchard *m. Canterbury hoe*, croc *m* à pommes de terre. *Combined hoe and fork*, serfouette *f.* (*b*) *Miner's hoe*, sape *f.*
hoe[2], *v.tr.* (**hoed; hoeing**) Houer, biner (le sol); sarcler (les mauvaises herbes); serfouir (les plantes potagères); ratisser (une allée). *F:* **To hoe one's own row,** faire, creuser, son sillon. **A long row to hoe,** une tâche longue et pénible. **A hard row to hoe,** une tâche difficile, ingrate. *He has had a hard row to hoe*, il a eu la vie dure.
hoeing, *s.* Houement *m*, binage *m* (du sol); sarclage *m* (de mauvaises herbes); serfouissage *m* (de plantes potagères). **Surface hoeing,** raclage *m*; raclée *f.*
hoe[3], *s. Dial:* Promontoire *m.*
hoer ['houər], *s.* (*Pers.*) Houeur *m*; bineur, -euse.
hog[1] [hɔg], *s.* **1.** (*a*) Porc châtré. (*b*) Porc, cochon *m*, pourceau *m. F:* **To go the whole hog,** aller jusqu'au bout; tout risquer. *Why not go the whole hog, and . . .*, tant qu'à faire, pourquoi ne pas. . . . (*c*) *Z:* **Indian hog, horned hog,** babiroussa *m.* **Mexican hog,** pécari *m. See also* GROUND-HOG, WART-HOG. (*d*) **Hog in armour,** (i) *F:* homme mal endimanché dans des vêtements trop raides; empoté *m*; (ii) *Z:* tatou *m* (du Brésil). **2.** (*Pers.*) *F:* (*a*) Goinfre *m*, glouton *m*, *F:* pourceau, goret *m*, *P:* gouliafre *m.* (*b*) Sale cochon; *P:* vache *f*, charogne *f. See also* ROAD-HOG[1]. **3.** *Husb: Dial:* Agneau antenais. *See also* SHEAR-HOG, WETHER HOG. **4.** *Nau:* (*Brush*) Goret.
'hog-cholera, *s. Vet:* Peste porcine.
'hog-deer, *s. Z:* **1.** Cerf *m* du Gange; daim *m* du Bengale. **2.** Babiroussa *m.*
'hog-fish, *s. Ich:* (*a*) Scorpène *f*, *F:* rascasse *f*, truie *f*; diable *m* de mer. (*b*) Lachnolème *m*, *F:* capitaine *m.*
'hog-like, *a.* = HOGGISH.
'hog mane, *s.* Crinière coupée en brosse.
'hog-nut, *s. Bot: U.S:* Fruit *m* du carya.
'hog-plum, *s. Bot:* Spondias *m*, monbin *m*; *esp.* prunier *m* d'Espagne, d'Amérique.
'hog's back, *s.* = HOGBACK.
'hog's bane, *s. Bot:* Ansérine *f*; patte *f* d'oie.
'hog's pudding, *s. Cu:* Boudin blanc.
'hog-tie, *v.tr. U.S:* Lier ensemble les quatre pattes (d'un animal). *F: To h.-t. a prisoner*, lier les poignets d'un prisonnier à ses chevilles.
'hog-wash, *s.* (*a*) Eaux grasses (que l'on donne aux porcs). (*b*) *F:* Rinçures *fpl*, lavasse *f.* (*c*) *F:* Vin *m* fade; vinasse *f.*
hog[2], *v.* (**hogged; hogging**) **1.** *v.i.* (*a*) (*Of ship, keel*) S'arquer; avoir de l'arc; prendre de l'arc; (*of pipes, etc.*) cintrer. (*b*) *P:* Se conduire comme un cochon. *Aut: To come hogging round the corner*, prendre le virage à une allure de chauffard. **2.** *v.tr.* (*a*) *Nau:* Goreter (la carène). (*b*) *Nau:* Donner de l'arc à (un navire); casser (un navire). (*c*) Anglaiser, couper en brosse (la crinière d'un cheval). (*d*) *W. Tel: F:* **To hog the ether,** brouiller les radiodiffusions par l'emploi d'un poste trop puissant.
hogged, *a.* **1.** (*a*) (Vaisseau) arqué, cassé, rompu, ayant de l'arc. (*b*) (Route) en dos d'âne, fortement bombée. **2.** (Crinière de cheval) en brosse.
hogging, *s.* **1.** *Nau:* (*a*) Arc *m* (de la carène). (*b*) Goretage *m*; nettoyage *m* de la carène. **2.** Anglaisage *m* (de la crinière d'un cheval).
hogan ['hougən], *s.* Hutte *f*, cabane *f* (de Peau-Rouge).
hogback ['hɔgbak], *s.* (*a*) *Ph.Geog:* Dos *m* d'âne; ligne *f* de crête; route *f* formant ligne de crête. (*b*) Bosse *f* de route; montée *f* et descente *f.*
hogbacked ['hɔgbakt], *a.* (Pont, etc.) en dos d'âne.
hogget ['hɔget], *s. Husb:* = HOG[1] 3.
hoggin ['hɔgin], *s.* Gravier criblé.
hoggish ['hɔgiʃ], *a. F:* **1.** De cochon, de glouton. **2.** (Individu) glouton, grossier, malpropre.
hoggishness ['hɔgiʃnəs], *s. F:* Gloutonnerie *f*; grossièreté *f*, malpropreté *f.*
hogling ['hɔgliŋ], *s.* Cochon *m* de lait.
Hogmanay ['hɔgma'nei], *s. Scot:* La Saint-Sylvestre.
hogshead ['hɔgzhed], *s.* **1.** Tonneau *m*, barrique *f*, foudre *m*; *A:* muid *m.* **2.** *Meas:* Fût *m* de 52½ gallons, de 240 litres.
hogweed ['hɔgwi:d], *s. Bot:* (*a*) Berce commune; berce branc-ursine. (*b*) Centinode *f*; (renouée *f*) traînasse *f.* (*c*) Laiteron *m*; lait *m* d'âne. (*d*) Pas-d'âne *m inv.*
hoi(c)k[1] [hɔik], *s.* Coup sec, saccade *f.*
hoi(c)k[2]. **1.** *v.tr. F:* (*a*) Lever, tirer, arracher, (qch.) d'un coup sec. (*b*) Faire monter (un avion) en chandelle. (*c*) Redresser, cabrer (l'avion). *Abs.* Cabrer l'avion. **2.** *v.i. F:* (*Of aeroplane*) Monter en chandelle.
hoicks [hɔiks], *int.* = YOICKS.
hoi polloi [hɔi'pɔlɔi]. *Gr.phr.pl.* La foule, la multitude; le "vulgum pecus."
hoise [hɔiz], *v.tr. A:* (*p.t.* **hoist,** *p.p.* **hoist**) = HOIST[2]. *Still used in the phr.* **To be hoist with one's own petard,** être pris à son propre piège, dans ses propres lacets, dans son propre traquenard; s'enferrer.
hoist[1] [hɔist], *s.* **1.** (*a*) Coup *m* de treuil. **To give sth. a hoist,** hisser qch. (*b*) **To give s.o. a hoist (up),** aider qn à monter; faire la courte échelle à qn. **2.** (*a*) Appareil *m*, engin *m*, de levage; treuil *m*, grue *f*, palan *m. Min:* Bourriquet *m.* **Double-drum hoist,** treuil à deux tambours. *See also* MINE-HOIST, WALL-HOIST. (*b*) (*For goods*) Monte-charge *m inv*; ascenseur *m* (de marchandises); (*for cars*) monte-voiture, *pl.* monte-voitures; (*for persons*) ascenseur. **Service-hoist, plate-hoist,** monte-plats *m inv.* **Hoist-hole,** *U.S:* **hoist-way** (*through floor of warehouse, etc.*), tracas *m.* **3.** *Nau:* (*a*) Guindant *m* (d'un pavillon, d'une voile). (*b*) Ralingue *f* (de voile).
hoist[2], *v.tr.* (*a*) **To hoist (up),** hisser (qn, une embarcation, une voile, etc.); mettre (une voile) au vent; hisser, arborer, envoyer (un pavillon); remonter (du charbon d'une mine); (*by windlass*) guinder (qch.). *Nau:* **To hoist in the boats, a seaplane,** (r)embarquer les canots, un hydravion. **To hoist a boat out,** mettre un canot à la mer. *To h. a signal right up*, hisser un signal à bloc. **To hoist a sail home, taut,** étarquer une voile. *Sail hoisted home*, voile étarque. **Hoist away!** hissez! (*Of admiral*) **To hoist one's flag on a ship,** hisser sa marque sur un navire. (*b*) *F: To h. s.o. on to his horse*, hisser qn sur son cheval. *To h. oneself up the wall, up to the window*, se hisser le long du mur, jusqu'à la fenêtre.
hoisting, *s.* Levage *m*; hissage *m*; (*by windlass*) guindage *m. Min:* Remontée *f*, remonte *f*, extraction *f* (du charbon). *Nau:* **Hoisting in of the boats,** embarquement *m* des canots. **Hoisting gear, tackle, engine,** *Mec.E:* appareil *m* de hissage, de levage; guindages *mpl*; *Min:* appareil, treuil *m*, d'extraction. *Min:* **Hoisting shaft,** puits *m* d'extraction. *Mec.E:* **Hoisting cable,** chable *m.* **Hoisting gin,** bigue *f.*
hoist[3]. *See* HOISE.
hoity-toity ['hɔiti'tɔiti]. **1.** *int.* Ta, ta, ta! taratata! turlututu! **2.** *a.* (*a*) Qui se donne des airs; qui fait l'important. (*b*) Qui se froisse facilement; susceptible. **Don't be so hoity-toity!** prenez-le sur un autre ton!
hokey-pokey ['houki'pouki], *s. F:* (Crème *f* à la) glace (de marchand ambulant).
hokum ['houkəm], *s. U.S: P:* **1.** *Th:* (*a*) Les poncifs *m* du mélo. (*b*) Appel *m* à la sensiblerie du parterre. **2.** Boniments *mpl* à la noix de coco.
holcus ['hɔlkəs], *s. Bot:* Houlque *f.*
hold[1] [hould], *s.* **1.** (*a*) Prise *f. It slipped from my hold*, cela m'est échappé des mains. **To have hold of s.o., sth.,** tenir qn, qch. **To catch, grip, get, lay, take, hold of s.o., sth.,** saisir, empoigner, qn, qch.; se saisir de, s'emparer de, qn, qch.; s'assurer de qch., (de la personne) de qn; mettre la main, *F:* mettre le grappin,

sur qn, qch. *Abs.* **If I could only take hold,** si je pouvais trouver prise. *To get, catch, h. of s.o. again,* rempoigner qn. *F: Rheumatism has got h. of me again,* voilà mon rhumatisme qui me reprend. **Where did you get hold of that?** où vous êtes-vous procuré cela? *F:* où avez-vous pêché ça? *Book difficult to get h. of,* livre *m* peu accessible; (*at library*) livre toujours sorti. *Maiden well guarded and difficult to get h. of,* jeune fille bien gardée et d'accès difficile. *To get h. of a secret,* découvrir un secret. *She takes h. of the housework better than I do,* le ménage, elle sait s'y mettre bien mieux que moi. **To keep hold of s.o.,** retenir qn; ne pas lâcher qn. **To keep hold of sth.,** ne pas lâcher, ne pas abandonner, qch. *He kept h. of, retained his h. on, the rope,* il ne lâcha pas la corde. **To keep tight hold of, a firm hold on, sth.,** tenir qch. serré; se cramponner à qch. *F: This privilege must be kept tight h. of,* c'est un privilège auquel il ne faut à aucun prix renoncer, qu'il faut défendre à tout prix, auquel il faut tenir ferme. **To relax one's hold,** relâcher son étreinte *f*. **To leave, lose, hold of sth.,** lâcher qch. **To lose, let go, one's hold,** lâcher prise. *F:* **To lose one's hold on reality,** perdre le sens des réalités. (*b*) **To have a hold on, over, s.o.,** tenir qn; avoir prise sur qn, *F:* avoir barres, barre, sur qn. *No one has any h. over him,* nul n'a prise sur lui. *Religion had no great h. on him,* la religion n'avait pas beaucoup d'influence sur lui. **To gain a firm hold over s.o.,** acquérir un grand empire, un grand pouvoir, sur qn. *The Government maintained its h. over the district,* le Gouvernement gardait la région sous sa poigne, sous son autorité *f*. *The fever is gaining a strong h. on me,* la fièvre me tient. *He has lost his h. on opinion,* il a perdu son empire sur l'opinion. **To keep a tight hold on s.o.,** tenir qn de court, de près. *To keep a tight h. upon oneself,* se contenir. (*c*) *Box:* Tenu *m*. *Wr:* Prise. **To get into holds,** en venir aux prises. (*d*) *Comb.fm.* **-hold,** tenure (féodale). *See* COPYHOLD, FREEHOLD, LEASEHOLD. **2.** Soutien *m*; point *m* d'appui. *The rock affords no h. for hand or foot,* le rocher n'offre de prise ni pour les mains ni pour les pieds. *Mec.E: To provide a h. for the babbit,* donner de la tenue au régule. **3.** *Civ.E:* Fiche *f* (d'un pieu). **4.** *Mus:* Point d'arrêt, point d'orgue; repos *m*. **5.** (*a*) Tanière *f*, repaire *m* (de bêtes fauves). (*b*) *See* STRONGHOLD. **6.** *A:* Prison *f*. **7.** *Cin:* Prise de vues bien réussie, à garder.

hold², *v.* (*p.t.* **held** [held], *p.p.* **held,** *A:* **holden** [houldn]) I. *v.tr.* **1.** Tenir. (*a*) *To h. sth. in one's hand, in one's arms,* tenir qch. à, dans, la main, dans, entre, les bras. *Fb:* (*Rugby*) **Held!** tenu! **To hold sth., s.o., tight(ly),** serrer qch., qn; tenir qch., qn, serré. **To hold s.o. fast,** tenir solidement qn; se cramponner à qn. *He held his head in his hands,* il se tenait la tête dans les mains. **To hold hands,** se donner la main. *They held each other's hands,* ils se tenaient (par) la main. **To hold one's sides with laughter,** se tenir les côtes de rire. **To hold sth. over s.o.,** menacer qn de qch. *See also* NOSE¹ 1. (*b*) **To hold the key to the puzzle,** tenir le mot de l'énigme. *See also* SWAY¹ 2. **2.** (*a*) **To hold sth. in position,** tenir qch. en place; retenir qch. *To h. sth. fast,* (main)tenir qch. en place. *The screws that h. the lock,* les vis qui fixent la serrure. (*b*) **To hold s.o. at bay, in check,** tenir qn aux abois, en échec, en respect. **To hold s.o. prisoner,** tenir, garder, qn prisonnier. *U.S:* **He was held on a charge of theft,** il fut arrêté sous l'inculpation de vol. *To h. s.o. as hostage,* retenir qn en otage. *To h. stocks as security,* détenir des titres en garantie. *To h. stocks for a rise,* conserver des valeurs en vue d'une hausse. *The farmers are holding their wheat,* les fermiers gardent leur blé. **To hold oneself ready, in readiness,** se tenir prêt. **To hold a horse to the pace,** soutenir un cheval. **To hold s.o. to his promise,** obliger, contraindre, qn à tenir sa promesse. *See also* RANSOM¹ 1, SUSPENSE 1. **3.** (*a*) **To hold one's ground,** tenir bon, tenir ferme, ne pas lâcher pied. **To hold one's own against all comers,** défendre ses idées, maintenir sa position, envers et contre tous. *In beauty she held her own with all her rivals,* en beauté elle le disputait à toutes ses rivales. *To h. one's own with the best,* rivaliser avec les meilleurs. *He can h. his own,* il sait se défendre. *How's business?—So, so, we are holding our own,* comment vont les affaires?—Comme ci comme ça, on se défend. *The patient is holding his own,* le malade se maintient, se défend. **To hold a wager,** tenir un pari. *Mil:* **To hold a fort, a position,** défendre une forteresse, tenir une position. *F:* **To hold the fort,** gérer la maison, assurer la permanence (en l'absence des chefs). **To hold the stage,** (i) (*of actor*) retenir l'attention de l'auditoire; (ii) (*of play*) tenir l'affiche (pendant longtemps); (iii) *F:* (*of notable event, etc.*) défrayer les conversations. (*b*) *Nau: etc:* **To hold the course,** tenir la route. *See also* COURSE¹ 3. *Tp:* **Hold the line!** ne quittez pas! ne (me) coupez pas! *Aut:* **Car that holds the road well,** auto *f* qui tient bien la route. **4.** Porter. **To hold one's head high,** porter la tête haute. *To h. oneself upright, erect,* se tenir droit. **To hold oneself well,** avoir de la tenue. *To h. oneself like a king,* avoir un port de roi. **5.** (*a*) (*Contain*) Contenir, renfermer (une quantité de qch.). *Barrel that holds, will hold, capable of holding, twenty litres,* tonneau *m* d'une contenance de vingt litres, qui tient vingt litres. *Carriage that holds six people,* voiture *f* à six places. *This carriage cannot h. five persons,* on ne peut pas tenir à cinq, on ne tient pas cinq, dans cette voiture. (*b*) *What the future holds,* ce que l'avenir nous réserve. **Who knows what to-morrow holds?** les jours se suivent et ne se ressemblent pas. **6.** Tenir (une séance, un conseil de guerre); avoir (une consultation); célébrer (une fête, un office divin). *The Motor Show is held in October,* le Salon de l'automobile se tient au mois d'octobre. **To hold a conversation with s.o.,** s'entretenir avec qn. *To h. a parley with s.o.,* parlementer avec qn. **To hold intercourse with s.o.,** (i) avoir des rapports, des relations, avec qn; (ii) s'entretenir avec qn. *See also* COURT¹ 2, INQUIRY 1, MEETING 2, RECEPTION 3. **7.** Retenir, arrêter, empêcher. (*a*) **To hold (in) one's breath,** retenir son haleine; retenir son souffle. *To h. the car (with the brakes),* immobiliser la voiture; retenir la voiture. *U.S: Trains must not be held after the advertised starting times,* il ne faut pas retenir les trains après les heures de départ annoncées. *It takes a number of men to h. him,* il faut le tenir à quatre. **There was no holding him,** il n'y avait pas moyen de l'arrêter, de l'empêcher. **To hold one's tongue, one's peace,** se taire; garder, observer, le silence; *F:* mettre sa langue dans sa poche; avaler sa langue. *He can't h. his tongue,* il ne sait pas, ne peut pas, se taire; il a la langue trop longue. **Hold your tongue!** taisez-vous! *Let the poor h. their tongues!* silence aux pauvres! *I paid him ten thousand francs to h. his tongue,* j'ai payé son silence dix mille francs. **Hold your hand!** arrêtez! *Abs.* **Hold (hard)!** arrêtez! halte là! *Nau:* baste! *Row:* **Hold water!** *abs.* **hold!** les avirons dans l'eau! endurez! *See also* NOISE¹ 1. (*b*) **To hold water,** (i) (*of cask, etc.*) tenir l'eau, être étanche; (ii) *F:* (*of theory, etc.*) tenir debout. *Cask that does not h. water,* tonneau *m* qui laisse échapper l'eau, qui n'est pas étanche. *F: Theory that does not h. water,* théorie *f* qui ne tient pas debout. *Narrative that won't h. water,* récit plein d'invraisemblances. (*Of accumulator*) **To hold the charge,** conserver sa charge. (*c*) Retenir (l'attention). **To hold one's audience,** retenir l'attention de l'auditoire; *F:* empoigner son auditoire. (*d*) *Mil:* **To hold the enemy,** contenir l'ennemi. **8.** Avoir, posséder (un titre, un emploi); détenir (une charge); occuper (une terre, une position). *To h. a professorship in English,* occuper une chaire d'anglais; être titulaire d'une chaire d'anglais. *Ecc: To h. a living,* jouir d'un bénéfice. *To h. a medal,* être titulaire d'une médaille. *To h. shares,* détenir des actions. **Holding company,** société *f* de portefeuille; trust *m* de valeurs. *I take thee to my wedded wife* **to have and to hold,** je te prends pour ma femme et mon épouse afin de t'avoir et de te garder. *See also* BRIEF² 2, OFFICE 2, RANK¹ 2. **9.** (*Consider*) (*a*) **To hold sth. lightly,** faire peu de cas, faire bon marché, de qch.; attacher peu d'importance à qch. *To h. sth. sacred,* considérer, regarder, qch. comme sacré; tenir qch. pour sacré. *This is held to be true,* ceci passe pour vrai. *Fruit that is held delicious by all,* fruit que tout le monde estime délicieux. *To h. s.o. to be very clever,* tenir qn pour très intelligent. **To hold s.o. responsible,** tenir qn responsable. *You are held to be liable,* vous êtes considéré comme responsable. **To hold s.o. in respect,** avoir du respect, de la déférence, pour qn. *To be held in respect,* être respecté de tous. *See also* CONTEMPT 1, HONOUR¹ 1. (*b*) Avoir, professer (une opinion). **He holds that . . .,** il soutient que . . ., il est d'avis que. . . . *The court held that . . .,* le tribunal a posé en principe que . . ., a décidé que. . . . **10.** (*Sustain*) *Mus:* **To hold (on) a note,** tenir, prolonger, une note.

II. **hold,** *v.i.* **1.** (*a*) (*Of rope, nail, etc.*) Tenir (bon); être solide. *The anchor holds,* l'ancre mord, croche, est en prise. **To hold tight, firm, fast,** tenir bon, tenir ferme. (*On omnibus, etc.*) **'Hold tight!'** "tenez-vous bien!" (*b*) (*In riveting, etc.*) **To hold (up) against the hammer,** tenir coup aux chocs. **2.** (*a*) Durer, persister; continuer; (*of weather*) se maintenir. *If your luck holds,* si votre chance dure. *The provisions will h. through the winter,* les vivres dureront tout l'hiver. (*b*) **To hold on one's way,** suivre son chemin. *See also* COURSE¹ 3. **3.** **To hold (good, true),** être vrai, valable; demeurer vrai. *The comparison does not h. (good),* la comparaison n'est pas juste. *This holds (good) in every case,* cela s'applique dans tous les cas. *The same holds good, true, in respect of . . .,* il en est de même pour. . . . *Treaty, promise, that still holds good,* traité *m*, promesse *f*, qui est toujours valable. *The order holds good,* cette ordonnance reste valable, reste en vigueur. *The bet holds good,* le pari tient. *The objection holds,* cette objection subsiste. **4.** **To hold to a belief, to hold by a principle,** rester attaché à une croyance, à un principe; ne pas renoncer à une croyance, à un principe. *To h. to one's promise,* tenir sa promesse. **To hold by, to, one's opinion, one's decision,** adhérer à, tenir pour, son opinion; s'en tenir à, maintenir, sa décision. **To hold by one's teachers,** s'incliner devant, se soumettre à, ses professeurs. *Sp: etc: To h. to a straight course,* suivre sa ligne.

hold back. **1.** *v.tr.* (*a*) Retenir (qn, la foule, ses larmes); concentrer (ses sentiments, etc.). (*b*) Cacher, dissimuler, taire (la vérité); garder pour soi (un détail, etc.). **2.** *v.i.* Rester en arrière, se tenir au second plan; hésiter, montrer peu d'empressement. **To hold back from doing sth.,** se retenir de faire qch. *Buyers are holding back,* les acheteurs s'abstiennent. **To hold back for sth.,** se réserver pour qch.

'hold-back, *s.* Empêchement *m*, obstacle *m*.

hold down, *v.tr.* **1.** Baisser (la tête). **2.** (*a*) **To hold a man down,** maintenir un homme à terre. *Aut: etc: To h. the pedal down,* maintenir la pédale enfoncée. *U.S: F:* **To hold down a job,** (i) se montrer à la hauteur d'un emploi; (ii) occuper un emploi. (*b*) Opprimer (qn, un peuple).

'hold-down, *attrib.a.* **Hold-down nut,** écrou *m* de serrage. **Hold-down cotter,** goupille *f* de retenue. **Hold-down bolts,** boulons *m* d'assujettissement.

holding down. **1.** *s.* Assujettissement *m*, retenue *f*. **2.** *Attrib.a.* = HOLD-DOWN.

hold forth, *v.i.* Disserter, pérorer; *P:* laïusser; piquer un laïus; *Sch:* faire un topo (*on,* sur). *To h. forth to the crowd,* haranguer la foule. *To h. forth at length on sth.,* disserter longuement sur qch.

hold in. **1.** *v.tr.* Serrer la bride à (un cheval); tenir en bride, contenir, retenir, maîtriser, parer (un cheval); *F:* réprimer (ses désirs); maîtriser (une passion). **To hold oneself in,** se contenir, se retenir. **2.** *v.i.* *To h. in with s.o.,* rester en bons termes avec qn; ménager qn.

hold off. **1.** *v.tr.* Tenir (qn, qch.) à distance. **2.** *v.i.* (*a*) Se tenir à distance (*from,* de). *Nau:* Tenir le large. (*b*) *The rain is holding off,* jusqu'ici il ne pleut pas. *The storm may h. off,* il est possible que l'orage n'éclate pas. (*c*) S'abstenir; se réserver; montrer peu d'empressement (*from doing sth.,* à faire qch.).

hold on. **1.** *v.tr.* Maintenir (qn, qch.). **2.** *v.i.* (*a*) **To hold on**

to sth. (i) S'accrocher, se cramponner, se maintenir, se tenir, à qch. *P: To h. on by one's eyebrows*, se maintenir tout juste. *To h. on tight to one's chair*, se cramponner à sa chaise. *See also* GRIM. (ii) Ne pas lâcher, ne pas abandonner (qch.). *Nau: H. on the head-line!* tenez bon l'amarre de bout! **Hold on (a minute)!** (i) tenez bon! tenez ferme! *Nau:* étalez! (ii) *Tp:* ne quittez pas! *W.Tel:* ne quittez pas l'écoute! (iii) (attendez) un instant! *To h. on to shares*, garder, ne pas lâcher, des actions. *To h. on to wheat*, pratiquer la resserre du blé. *F: If he holds on for another two days*, (i) s'il vit encore deux jours; (ii) s'il peut tenir encore deux jours. *He is just holding on*, (i) il tient la mort entre les dents; (ii) il se maintient tout juste. *How long can you h. on?* combien de temps pouvez-vous tenir? *To h. on till the end of the year*, attraper le bout de l'année. (*Of ship*) **To hold on** (*in heavy weather*), tenir la mer. (*b*) *F:* **Hold on (a bit)!** pas si vite! arrêtez un moment! (*c*) *Ind:* (*In riveting*) Faire contre-coup.

hold out. **1.** *v.tr.* (*a*) Tendre, offrir, présenter (la main, etc.); offrir, laisser voir (des espérances). *F:* **To hold out a hand to s.o.** (*in difficulties*), tendre la perche à qn. *To h. out bright prospects to s.o.*, faire miroiter l'avenir aux yeux de qn. (*b*) **To hold out sth. at arm's length**, tenir qch. à bout de bras. **2.** *v.i.* Durer. **To hold out against an attack**, soutenir une attaque; résister à une attaque; tenir bon contre une attaque. *It was impossible to h. out any longer*, (i) la position n'était plus tenable; (ii) on ne pouvait résister, refuser, plus longtemps. *If only the civilians h. out*, pourvu que les civils tiennent. *To h. out to the end*, tenir jusqu'au bout.

hold over, *v.tr.* Remettre (à plus tard); ajourner (une décision, etc.); différer (une question); réserver (une coupe en forêt, etc.). *Bills held over*, effets *m* en souffrance, en suspens.

'hold-over, *s. U.S:* Restant *m* (d'une ancienne croyance); survivance *f* (des temps passés).

hold together. **1.** *v.tr.* (*a*) Maintenir (deux choses) ensemble. (*b*) *We want a man who can h. the nation together*, il nous faut un homme qui puisse rallier toute la nation, qui sache parer à un effondrement général. *A good manager knows how to h. his staff together*, un bon chef sait assurer la cohésion de son personnel. **2.** *v.i.* Tenir (ensemble); garder de la cohésion; ne pas se disjoindre. *Garments that no longer h. together*, vêtements *m* qui ne tiennent plus, *F:* qui s'en vont. *We must h. together*, il faut rester unis; il faut nous sentir les coudes; il faut faire bloc. *F: The story won't h. together*, l'histoire *f* ne tient pas debout. *Drink, poverty, crime, all these h. together*, la boisson, la misère, le crime, tout cela se tient.

hold up. **1.** *v.tr.* (*a*) Soutenir (qn, qch.). *Metalw: etc:* Contre-tenir (un rivet, etc.). (*b*) Lever (qch.) (en l'air). *To h. up one's head* (*again*), relever, redresser, la tête. *With head held up*, la tête haute. *F:* **He will never hold up his head again,** jamais plus il n'osera relever la tête. *To h. up one's umbrella, one's sunshade*, s'abriter sous son parapluie, de son ombrelle. *To h. sth. up to the light*, (i) exposer qch. à un bon jour; (ii) tenir qch. à contre-jour. (*c*) **To hold s.o. up as a model,** citer, offrir, proposer, qn comme modèle. **To hold s.o. up to ridicule,** tourner qn en ridicule. (*d*) Arrêter (un train, etc.); entraver, gêner, embarrasser (la circulation des rues); immobiliser (l'ennemi). *U.S:* (*Of bandits*) **To hold up a train,** arrêter un train (pour dévaliser les voyageurs); faire lever haut les mains aux voyageurs d'un train. *To be held up by brigands*, être arrêté par des brigands; faire une mauvaise rencontre. *To be held up by the immigration authorities*, être détenu par le service de surveillance de l'immigration. *Goods held up at the custom house*, marchandises *f* en consigne, en souffrance, à la douane. *Com: To h. up foodstuffs*, pratiquer la resserre des denrées. *Payment has been held up pending enquiries*, on a refusé de régler en attendant de plus amples informations. **2.** *v.i.* (*a*) Se soutenir. *Projectile that holds up well*, projectile *m* qui conserve sa vitesse. (*b*) (*Of weather*) Se maintenir. (*c*) Ne pas tomber.

'hold-up, *s.* **1.** (*a*) Arrêt *m*, embarras *m* (de voitures); entrave *f* à la circulation; suspension *f* de la circulation. (*b*) Panne *f* (du métro, etc.). **2.** Attaque *f* (d'une diligence, d'un train, etc.); coup *m* à main armée (dirigé contre une banque, un bureau de poste, etc.). **Hold-up man,** bandit *m* (qui vous fait lever haut les mains).

holding up, *s.* **1.** (*a*) Soutènement *m*. (*b*) *Tls: Metalw:* **Holding-up hammer,** appuyeur *m*. **2.** Resserre *f* (de denrées).

hold with, *v.i.* **1.** To hold with s.o., tenir pour qn; être du parti de qn. *Those who h. with me*, ceux qui sont de mon avis. *I don't h. with his opinions*, je ne partage pas ses opinions. **2.** *F:* **I don't hold with such behaviour,** je désapprouve une telle conduite.

holding, *s.* **1.** (*a*) Tenue *f* (d'une plume, etc.). (*b*) *Tchn:* Fixation *f* (d'une lame de machine-outil, etc.); serrage *m*. **Holding device,** outil *m* ou dispositif *m* de serrage. *Surg: H. of a fractured bone*, contention *f* d'un os fracturé. (*c*) *Mil: H. of a captured position*, conservation *f* d'une position. (*d*) Tenue (d'une séance, etc.). (*e*) Possession *f* (de terres); tenure *f*. (*f*) *Mus:* Prolongation *f* (d'une note). **Holding note,** tenue *f*. **2.** (*a*) *Agr:* Terre affermée; ferme *f*. **Small holdings,** lopins *m* de terre; closeries *f*. *He had several small holdings in Normandy*, il avait plusieurs petites propriétés en Normandie. *Parcelling out of land into small holdings*, morcellement *m* des terres. **Small holdings system,** morcellisme *m*; régime *m* de la petite propriété. (*b*) *Fin:* Avoir *m* (en actions); effets *mpl* en portefeuille; portefeuille *m* effets; mise *f* (de capitaux). *He has holdings in several companies*, il est actionnaire de plusieurs sociétés. *Gold and silver h. of the country*, encaisse *f* or et argent du pays. **3.** *Jur:* **Holding of the courts** (*on a question*), jurisprudence *f* (d'un cas de droit).

'holding-ground, *s. Nau:* **Good, bad, holding-ground,** fond *m* de bonne tenue, qui a de la tenue; fond de mauvaise tenue, sans tenue (pour l'ancre).

'hold-all, *s.* **1.** Enveloppe *f* de voyage; (sac *m*) fourre-tout *m inv.* **2.** *F:* Encyclopédie *f*; mémento *m*.

hold[3], *s. Nau:* Cale *f*. **Foremost hold,** cale avant. **After hold,** cale arrière. *The goods in the h.*, les marchandises *f* à fond de cale. *We have cargo in three holds*, nous avons des marchandises dans trois panneaux. *See also* STOKEHOLD.

'hold-beam, *s. N.Arch:* Barre sèche.

holder ['houldər], *s.* **1.** (*Pers.*) (*a*) Teneur, -euse (de qch.). *See also* BOTTLE-HOLDER, HORSE-HOLDER. *Metalw:* **Holder-on, -up,** teneur de tas. (*b*) Détenteur, -trice (*Fin:* de titres, d'une lettre de change; *Sp:* du record, d'une coupe); tenant *m* (d'un championnat); porteur, -euse (*Fin:* de titres, d'un effet); titulaire *mf* (d'un droit, d'un poste, d'un permis, d'une médaille); concessionnaire *mf* (d'un brevet); tenancier, -ière (d'une ferme); propriétaire *mf* (d'une terre). **Small holder,** petit propriétaire. *H. of a banking account*, titulaire d'un compte en banque. *Bank:* **The holder of our letter of credit,** notre accrédité(e). *Jur:* **Holder (on trust) of s.o.'s securities,** dépositaire *mf* des valeurs de qn. **Holders of debt claims,** créanciers *m*. **Third holder** (*of mortgaged land*), tiers détenteur. *See also* LOAN-HOLDER, STALL-HOLDER, TICKET-HOLDER. **2.** (*Device*) Support *m*, monture *f*, patte *f*. (*a*) (*Expressed by* porte-, *e.g.*) **Drill-holder, bit-holder,** porte-foret *m*, *pl.* porte-forets. **Bell-holder,** porte-timbre *m inv.* **Pen-holder,** porte-plume *m inv.* **Tool-holder,** porte-outil(s) *m inv*; chariot *m* (porte-outil) (d'un tour). (*b*) **Curtain-holder,** embrasse *f* de rideau. **Saw-blade holder,** agrafe *f* de scie. **Globe-holder, glass-holder,** griffe *f* (de bec de lampe). **Bicycle holder** (*fitted on wall*), suspendeur *m*. **Memorandum-block holder,** support de bloc-notes (de dactylo, etc.). *See also* CIGARETTE-HOLDER, LAMP-HOLDER, PLATE-HOLDER, SPOOL-HOLDER, VALVE-HOLDER, WICK-HOLDER. **3.** (*Vessel*) Récipient *m*. **Gas-holder,** cloche *f* à gaz; gazomètre *m*. **Oil-holder,** bidon *m* à huile. **4.** Poignée *f* (pour fer à repasser, etc.). *See also* KETTLE-HOLDER.

holdfast ['houldfɑːst], *s.* **1.** Crampon *m*; serre-joint *m*, *pl.* serre-joints; sergent *m*, crochet *m*, patte *f*; patte-fiche *f*, *pl.* pattes-fiches; brabant *m* à patte; clameaux *mpl.* **Bench holdfast,** valet *m*, pélican *m*, presse *f* à main (de menuisier). **2.** *Bot:* Crampon (de plante grimpante).

hole[1] [houl], *s.* Trou *m*. **1.** (*a*) Creux *m*, cavité *f*, fosse *f*. *To dig a h.*, creuser un trou. *F:* **To be, find oneself, in a hole,** être, se trouver, dans l'embarras, dans le pétrin, dans une impasse. *To put, get, s.o. into a h.*, mettre qn dans le pétrin. *To get s.o. out of a h.*, tirer qn d'un mauvais pas, d'un bourbier. *Av:* **Hole in the air,** trou d'air; poche *f* d'air. *See also* PEG[1] 1, POT-HOLE, SHELL-HOLE, SINK-HOLE 2. (*b*) *Golf:* Trou. *Course of* 18 *holes*, parcours *m* de 18 trous. **To play the hole,** jouer le trou. (*c*) Terrier *m*, accul *m* (de lapin); terrier (de blaireau); tanière *f* (de loup); catiche *f* (de loutre); trou (de souris, etc.). (*d*) *F:* Taudis *m*, bicoque *f*, baraque *f*. **What a hole (of a place)!** quel trou (de pays)! (*Of school, office, etc.*) *It's a rotten h. of a place*, c'est un sale trou, une sale boîte. *Wretched h. of a place, F:* nid *m* à rats. **Dead and alive hole,** petit trou mort. *See also* BLACK-HOLE, GLORY-HOLE. **2.** Orifice *m*, ouverture *f*; perforation *f* (dans un pneu, etc.); lumière *f* (de pinnule, etc.). *Holes in bread, in cheese*, yeux *m* du pain, du fromage. *Holes in a strap*, points *m* d'une courroie. *Holes of a flute*, perces *f* d'une flûte. *Mec.E:* **Oil hole,** trou de graissage, lumière (d'un coussinet). **Inspection hole,** orifice de visite, fenêtrelle *f* d'inspection; regard *m* (d'un fourneau, etc.). *To bore a h.*, percer un trou. *To cut a h. in a wall*, pratiquer une ouverture, un jour, dans un mur. *To stop* (*up*) *a h.*, boucher un trou. **To wear a hole in a garment,** trouer un vêtement. (*Of garment*) **To wear, go, into holes,** se trouer. *To have holes in one's stockings*, avoir des bas troués. *My stockings are* **in holes, full of holes,** mes bas sont tout troués. *Shoes in holes*, souliers usés, percés. **To make a hole in sth.,** faire un trou à qch.; percer qch.; trouer (un vêtement); faire une brèche dans (une paroi). *F:* **To make holes in one's capital,** écorner, ébrécher, son capital; faire une brèche à son avoir. **To make a hole, holes, in s.o.,** transpercer qn d'un coup, de coups, de revolver. **To knock holes in an argument,** démontrer les points faibles d'un argument; démolir un argument. *See also* AIR-HOLE, ARM-HOLE, BORE-HOLE, BULLET-HOLE, BURN[2] 1, F-HOLE, FUSE-HOLE, LOOP-HOLE[1], MAN-HOLE, NAIL-HOLE, NAVE-HOLE, NAVEL-HOLE, PEEP-HOLE, PICK[2] 1, PIGEON-HOLE[1], PIN-HOLE, PLACKET-HOLE, PLUG-HOLE, POCKET-HOLE, POPPET-HOLES, PORT-HOLE, SHEAVE-HOLE, SIGHT-HOLE, SINK-HOLE 1, WATER[1] 3, WEEP-HOLE.

'hole-and-'corner, *attrib.a.* Clandestin, secret. **Hole-and-corner dealings,** affaires traitées en cachette; *P:* gabegie *f*. *H.-and-c. deal*, affaire conclue sous (la) main. *Cf.* CORNER[1] 2.

'hole-proof, *a.* (Bas, etc.) inusable.

hole[2]. **1.** *v.tr.* (*a*) Trouer, percer (qch.); pratiquer, faire, un trou dans (qch.). *Navy:* **To hole a ship,** faire une brèche dans un navire. *The bow was holed*, l'avant était troué. *F:* **To hole s.o.,** transpercer qn d'une balle. *Min:* **To hole a mass of coal,** haver, souchever, un massif de houille. (*b*) Percer (un tunnel). (*c*) Faire entrer, mettre, (qch.) dans un trou. *Bill:* Bloquer, blouser (la bille). *Golf: To h. the ball, abs.* **to hole (out),** poter (la balle); envoyer, mettre, la balle dans le trou. **2.** *v.i.* (*a*) (*Of stockings, etc.*) Se trouer, se percer. (*b*) (*Of animals*) (Se) terrer.

holing, *s.* **1.** Usure *f* (de vêtements, de souliers). **2.** *Min:* Percement *m*, havage *m*, souchevage *m*. **3.** *Golf:* **Within holing(-out) distance,** assez près pour envoyer la balle dans le trou.

holey ['houli], *a.* Tout troué; plein de trous.

holiday ['hɔlidei], *s.* (*a*) (Jour *m* de) fête (religieuse); jour férié. **Legal holiday, official holiday,** jour de fête légal; fête légale. *See also* BANK-HOLIDAY. *Ecc:* **Holiday of obligation,** fête d'obligation. **To keep a holiday,** chômer (la fête d'un saint). **To keep, make, holiday,** faire fête. *The village was making h.*, le village était en fête. **Holiday clothes,** habits *m* de fête. (*b*) (Jour de) congé *m*; jour de sortie. *To give s.o. a h.*, donner un (jour de) congé à qn. **To take a holiday,** prendre un congé; chômer. *See also* BLIND[1] 1, BUSMAN. (*c*) **The holidays,** les vacances. **The (summer) holidays,**

les grandes vacances. **A month's holiday,** un mois de vacances. *To go home for the Easter holidays,* rentrer dans sa famille pour les fêtes de Pâques, pour les congés, les vacances, de Pâques. **To be on holiday, on one's holidays,** (i) être en congé, en vacance(s); (ii) être en villégiature; (iii) *P:* être en prison. *Fishing h., camping h.,* vacances passées à pêcher, à faire du camping. **Holiday time, season,** (i) (*of pers.*) le moment des vacances; (ii) (*of resort*) période *f* de villégiature. *All this region is a* **holiday ground,** toute cette région est un centre de villégiature. **The holiday crowds,** les estiveurs *m*, les estivants *m*. *Sch:* **Holiday task,** devoir *m* de vacances. **Holiday course,** cours *m* de vacances.

'holiday-maker, *s.* **1.** Fêteur, -euse. *Party of holiday-makers,* bande *f* d'excursionnistes *m*. **2.** Villégiateur *m*.

holily ['houlili], *adv. See* HOLY.

holiness ['houlinəs], *s.* Sainteté *f*. (*Of the Pope*) **His, Your, Holiness,** Sa, Votre, Sainteté.

Holland ['hɔlənd]. **1.** *Pr.n. Geog:* La Hollande. **2.** *s. Tex:* Toile *f* de Hollande; toile bise, toile écrue.

'Holland sauce, *s. Cu:* Sauce hollandaise.

Hollander ['hɔləndər], *s.* **1.** Hollandais, -aise. **2.** (*In S. Africa*) Colon hollandais. **3.** = CLINKER[1] 1 (*a*). **4.** *Paperm:* Pile défileuse.

hollands ['hɔləndz], *s.* Genièvre *m* de Hollande; schiedam *m*.

holler ['hɔlər], *v.i. P* = HOLLO[2] 1.

hollo(a)[1] ['hɔlou], *int. A:* = HULLO[1].

hollo(a)[2], *v.i. A:* **1.** Crier à tue-tête; hurler. **2.** *Ven:* Crier taïaut; houper.

hollow[1] ['hɔlou]. I. *a.* **1.** Creux, caverneux, évidé. *H. tooth,* dent creuse. *H. lung,* poumon caverneux. *H. cheeks,* joues creuses, rentrées; *F:* joues cousues. *H. eyes,* yeux caves, enfoncés, rentrés. *H. features,* figure évidée. *H. road,* chemin creux; cavée *f*. *Const:* **Hollow partition,** mur *m* à double cloison. *Mil:* **Hollow square,** carré *m*. *F:* **To feel hollow,** avoir un creux dans l'estomac; avoir faim. **2.** (Son) sourd. *With a h. sound,* avec un bruit sourd; sourdement. **In a hollow voice,** d'une voix caverneuse. *H. cough,* toux creuse. *To give a h. cough,* tousser creux. **3.** *F:* (*Of promise, friendship, etc.*) Faux, *f.* fausse; trompeur, -euse; vain. *H. peace,* paix fourrée. **4.** *F:* **Hollow victory,** victoire complète.

II. **hollow,** *adv.* **1.** **To sound hollow,** sonner creux. *The box rang h.,* la boîte rendit un son creux. **2.** **To beat s.o. hollow,** l'emporter complètement sur qn; battre qn à plate couture. *Horse that beats the other runners h.,* cheval *m* qui tord les autres concurrents.

III. **hollow,** *s.* (*a*) Creux *m* (de la main, d'un arbre, de la mer, d'un lit, etc.); cavité *f* (d'une dent); excavation *f*; évidure *f* (d'une moulure, etc.). *See also* HAND[1] 1. (*b*) Enfoncement *m*, dépression *f* (du sol). *Ph.Geog:* *Geol:* Bas-fond *m*, *pl.* bas-fonds; creux de terre (entre hauteurs); cuvette *f*. *Heights and hollows,* anfractuosités *f*; dénivellations *f*. *Town situated in a h.,* ville située dans une vallée ou dans une cuvette. *The ground forms a deep h. here,* ici la terre s'enfonce profondément.

hollow-'cheeked, *a.* Aux joues creuses; *F:* aux joues cousues.

hollow-'eyed, *a.* Aux yeux caves, enfoncés, creux.

'hollow-ground, *a.* (Rasoir) évidé (à la meule).

hollow-'hearted, *a.* Faux, *f.* fausse; perfide, insincère.

'hollow-spun, *a.* (*Of hollow concrete mouldings, pipes, etc.*) Centrifugé.

'hollow-ware, *s. Com:* **1.** Boissellerie *f*. **2.** Articles *mpl* de ménage en faïence ou en fer battu; articles de cuisine.

hollow[2]. **1.** *v.tr.* (*a*) To hollow (out), creuser, évider; canneler (une rainure); échancrer (le col d'une robe, etc.); (*undermine*) caver (un rocher, etc.). (*Of water*) *To h. out the ground,* raviner le terrain. *Hollowed-out stone,* pierre évidée, échancrée. *F:* *Eyes hollowed by late hours,* yeux cavés par les veilles. (*b*) *To h. one's hand against one's ear,* faire un cornet de sa main (pour mieux entendre). **2.** *v.i.* Se creuser; s'évider; se caver.

hollowing (out), *s.* Creusement *m*; évidement *m*, évidage *m* (d'une vallée); ravinement *m* (du terrain). *Tls:* **Hollowing knife,** plane creuse.

hollowness ['hɔlonəs], *s.* **1.** Creux *m*, concavité *f* (d'un arbre, d'une pierre, etc.); cavernosité *f* (d'un rocher). **2.** Timbre caverneux (de la voix). **3.** *F:* (*a*) Manque *m* de sincérité (d'une promesse, d'une trêve, etc.); fausseté *f* (de cœur). (*b*) *The h. of human greatness,* le vide des grandeurs humaines.

holluschickie ['hɔləstʃiki], *s. Z:* Jeune phoque *m* mâle.

holly ['hɔli], *s. Bot:* **Holly (tree),** houx *m*; *F:* arbre *m* à la glu. **Holly berry,** cenelle *f*. **Holly grove, plantation,** houssaie *f*. *See also* KNEE-HOLLY, SEA-HOLLY.

holly-'blue, *s. Ent:* Argus bleu.

'holly-fern, *s. Bot:* Lonchite *f*.

'holly-oak, *s. Bot:* = HOLM-OAK.

hollyhock ['hɔlihɔk], *s. Bot:* Rose trémière; passe-rose *f*, *pl.* passe-rose(s); alcée *f* (des jardins); bâton *m* de Saint-Jacques.

holm[1] [houm], *s.* **1.** Petite île, îlot *m* (de rivière). **2.** Rive plate (d'une rivière); terrain *m* d'alluvion.

holm[2], **holm-oak** ['houmouk], *s. Bot:* Yeuse *f*; chêne vert.

holmia ['hɔlmia], *s. Ch:* Oxyde *m* de holmium.

holmium ['hɔlmiəm], *s. Ch:* Holmium *m*.

hol(o)- ['hɔl(o)], *comb.fm.* Holo-. *Holobranchiate,* holobranche. *Holohedral,* holoédrique. *Holacanthous,* holacanthe. *Holomorphosis,* holomorphose *f*.

holoaxial [hɔlo'aksiəl], *a. Cryst:* Holoaxe.

holoblastic [hɔlo'blastik], *a. Bot:* Holoblastique.

holocain(e) ['hɔlokein], *s. Pharm:* Holocaïne *f*.

holocaust ['hɔlokɔ:st], *s.* Holocauste *m*. *F:* *The holocausts under the Terror,* les immolations *f* de la Terreur.

holocephala [hɔlo'sefəla], *s.pl. Ich:* Holocéphales *m*.

holocephalous [hɔlo'sefələs], *a. Ich:* Holocéphale.

holocrine ['hɔlokrain], *a. Anat:* (Glande *f*) holocrine.

holocrystalline [hɔlo'kristəlain], *a. Miner:* Holocristallin.

Holofernes [hɔlo'fə:rni:z]. *Pr.n.m. B.Hist:* Holopherne.

holograph ['hɔlogra:f]. **1.** *a.* (Document *m*, testament *m*) (h)olographe. **2.** *s.* (*a*) (H)olographie *f*; document ou testament olographe. (*b*) **To write one's will in holograph,** (h)olographier son testament.

holohedral [hɔlo'hi:drəl, -'hedrəl], *a. Cryst:* Holoédrique, holoèdre.

holohedrism [hɔlo'hi:drizm], *s. Cryst:* Holoédrie *f*.

holohedron [hɔlo'hi:drən, -'hedrən], *s. Cryst:* Holoèdre *m*.

holometabola [hɔlome'tabola], *s.pl. Ent:* Holométaboles *mpl*.

holometabolous [hɔlome'taboləs], *a. Ent:* Holométabole.

holometer [hɔ'lɔmetər], *s. Astr: etc:* Holomètre *m*.

holomorphic [hɔlo'mɔ:rfik], *a. Cryst:* = HOLOHEDRAL.

Holophernes [hɔlo'fə:rni:z]. *Pr.n.m.* = HOLOFERNES.

holophote ['hɔlofout], *s. Opt:* Lampe *f* (de phare) avec lentilles à échelons.

holophrastic [hɔlo'frastik], *a. Ling:* (Langue *f*) holophrastique.

holoplankton [hɔlo'plaŋktɔn], *s. Biol:* Holoplancton *m*.

holosteous [hɔ'lɔstiəs], *a. Nat.Hist:* Holosté.

holosteric [hɔlo'sterik], *a.* (Baromètre *m*) holostérique.

holosteum [hɔ'lɔstiəm], *s. Bot:* Holostée *f*.

holosymmetry [hɔlo'simetri], *s. Cryst:* Holoédrie *f*.

holothuria [hɔlo'θjuəria], **holothurid** [hɔlo'θjuərid], *s. Echin:* Holothuridé *m*.

holothurian [hɔlo'θjuəriən], *s. Echin:* Holothurie *f*; *F:* concombre *m* de mer, cornichon *m* de mer, boudin *m* de mer.

holotricha [hɔ'lɔtrika], *s.pl. Prot:* Holotriches *m*.

hols [hɔlz], *s.pl. Sch: P:* Vacances *f*.

Holstein ['hɔlstain]. **1.** *Pr.n. Geog:* Le Holstein. **2.** *s. Husb: U.S:* Bœuf *m*, vache *f*, (de la race) du Holstein.

Holsteiner ['hɔlstainər], *a. & s. Geog:* Holsteinois, -oise.

holster ['houlstər], *s.* Fonte *f* (de selle); étui *m* de revolver (de selle ou de ceinturon).

holt [hoult], *s. Poet:* (*a*) Bois *m*, taillis *m*. *See also* OSIER-HOLT. (*b*) Colline boisée.

Holtz ['hɔlts]. *Pr.n. El:* **Holtz machine,** machine *f* de Holtz; machine à influence.

holus-bolus ['houləs'bouləs], *adv. F:* Tout d'un coup; sans hésiter; en vitesse, en toute hâte; (avaler qch.) d'un (seul) trait.

holy ['houli]. **1.** *a.* (**holier, holiest**) (*a*) Saint, sacré. **Holiest,** très saint; sanctissime. **The Holy Trinity,** la Sainte Trinité. **The Holy Ghost, Spirit,** le Saint-Esprit, le Sanctificateur. **The Holy Father,** le Saint-Père. **The Holy Name (of Jesus),** le saint nom de Jésus. **Holy Writ,** les Écritures saintes, l'Écriture sainte. **The Holy Land,** la Terre Sainte. **Holy Cross Day,** fête *f* de l'Exaltation de la Sainte Croix. *A h. war,* une guerre sainte. **Holy bread, water,** pain bénit, eau bénite. *H. place,* lieu saint. *H. ground,* terre sacrée. **To keep the Sabbath day holy,** sanctifier le dimanche. **To swear by all that is holy,** jurer ses grands dieux. *F:* **To have a holy fear of sth.,** avoir une crainte salutaire de qch. *See also* CITY 1, GRAIL[1], ORDER[1] 1, SATURDAY, SEE[2], TERROR, THURSDAY, WEEK. (*b*) (*Of pers.*) Saint, pieux. **2.** *s.* **The Holy of Holies,** le saint des saints. **-ily,** *adv.* (Agir, etc.) saintement.

'holy bark, *s. F:* Cascara sagrada *f*.

holy-stone[1] ['houlistoun], *s. Nau:* Brique *f* à pont, à briquer.

holy-stone[2], *v.tr. Nau:* Briquer (le pont).

holy-stoning, *s.* Briquage *m*.

homage ['hɔmedʒ], *s.* **1.** *Hist:* (*a*) Hommage *m*. (*b*) *Coll.* Les "hommes" *m*, les vassaux *m* (du seigneur). **2.** Hommage. **To pay, do, homage to s.o.,** rendre, faire, hommage à qn. *To render h. to s.o. for a discovery,* rendre à qn l'hommage d'une découverte.

homatropine [hɔ'matropin, -pi:n], *s. Ch:* Homatropine *f*.

Homburg ['hɔmbə:rg]. **1.** *Pr.n. Geog:* Hombourg. **2.** *s.* **Homburg (hat),** chapeau mou; feutre *m* souple.

home[1] [houm]. I. *s.* **1.** (*a*) Chez-soi *m inv*; logis *m*; foyer (familial, domestique), toit paternel; domicile conjugal; intérieur *m*. *The few houses near his h.,* les quelques maisons voisines de chez lui. *Hamlet of fifty homes,* hameau *m* de cinquante feux, de cinquante maisons. *A poor suburban h.,* un pauvre intérieur de banlieue. *H. deserted by the mother,* logis déserté par la mère. **The Ideal Home Exhibition,** le Salon des arts ménagers. *Knick-knacks that help to make a h.,* brimborions meublants. *In the privacy of the h.,* dans l'intimité du chez-soi. *He is very pleasant in his own h.,* il est très aimable dans le particulier. **To have a home of one's own,** avoir un chez-soi; être dans ses meubles. *You have a h.,* vous avez un chez-vous. *I love my h.,* j'aime mon chez-moi. *To return to one's old h.,* revenir au gîte. *To get prisoners back to their homes,* rendre des prisonniers à leurs foyers. **To give s.o. a home, to make a home for s.o.,** recueillir qn; recevoir qn chez soi. *A friend offered me a h. with him,* un ami offrit de m'héberger. *His godmother wrote to him to make a h. with her,* sa marraine lui écrivit de venir près d'elle. *He made his h. in Paris,* il élut domicile à Paris. *I shall find a h. with my daughter,* je me caserai chez ma fille. *The mountains where Freedom made her h.,* les montagnes où la Liberté avait trouvé asile. **It's a home from home,** (cet hôtel, etc.,) c'est un second chez-soi; on y est comme chez soi. *F:* **To go to one's long home, to one's last home,** partir pour l'autre monde, pour sa dernière demeure. *See also* CASTLE[1] 1, HOUSE[1] 1. (*b*) Le chez-soi, la maison, le foyer. *Love of h.,* amour *m* du foyer. **Be it ever so humble there's no place like home,** il n'y a pas de petit chez-soi; le chez-soi est le chez-soi si humble soit-il; à tout oiseau son nid est beau. **East, West, home's best,** on n'est nulle part si bien que chez soi. **At home,** (i) à la maison, chez soi; (ii) *Sp:* (jouer) sur le terrain du club. *Jeweller working at h.,* bijoutier *m* en chambre. *To stay at h.,* garder la maison, rester à la maison. *See also* STAY-AT-HOME. *To dine at h.,* dîner en famille. *How is everybody at h.?* comment ça va-t-il chez vous? **Is Mr X at home?** M. X est-il chez lui? M. X est-il visible? *F:* est-ce que monsieur y est?

To find no one at h., trouver porte close; trouver visage de bois. *Mrs X is not at h. to-day*, Mme X (i) est en ville, (ii) ne reçoit pas, aujourd'hui. *She is at h. on Tuesdays*, elle reçoit le mardi; son jour est le mardi. **To be 'not at home,' not to be at home to anyone,** n'y être pour personne; ne pas être visible; défendre sa porte; consigner la porte à tout le monde. *I am always at h. to you*, j'y suis toujours pour vous. *See also* AT-HOME. **To feel at home with s.o.,** se sentir en pays de connaissance chez qn; se sentir à l'aise avec qn. *I feel quite at h. with them*, avec eux je me sens en famille. *I don't feel quite at h.*, je me sens un peu dépaysé. **To be at home in a drawing-room, in society,** avoir du monde; savoir son monde. *To be at h. in the saddle*, avoir de l'assiette. *I am, feel, at h. in this town*, dans cette ville je suis en pays de connaissance; je me plais dans cette ville. **He is at home on, in, with, any topic,** tous les sujets lui sont familiers. *To feel perfectly at h. on a subject*, bien connaître un sujet; être ferré sur un sujet. **To make oneself at home,** (i) s'installer (dans un fauteuil, etc.); (ii) faire comme chez soi. **Make yourself at home,** (i) faites comme chez vous; (ii) *Iron:* ne vous gênez pas! *To make oneself at h. everywhere*, s'accommoder partout, à toutes les circonstances. *Iron: He makes himself at h.!* il ne se gêne pas! il est plutôt sans-gêne! **To be (away, absent) from home,** ne pas être à la maison; être sorti, absent, en voyage. *His sons are now all away from h.*, ses fils n'habitent plus à la maison; tous ses fils se sont envolés. **To go from home,** (i) partir, aller, en voyage; faire un voyage; (ii) sortir. **To leave home,** (i) partir (définitivement); (ii) quitter sa famille. (*c*) *U.S:* Maison *f* d'habitation. *The Smith home*, la maison des Smith. **2.** Patrie *f*; pays (natal); terre natale. *Places nearer h.*, endroits moins éloignés de la patrie. (*Of exile*) *To long for h.*, languir après la patrie. *We are exiles from h.*, nous sommes exilés loin de la patrie, loin du pays natal. **At home and abroad,** chez nous, dans notre pays, et à l'étranger. *Our policy at h. and abroad*, notre politique intérieure et extérieure. *Adm: Mil: Navy:* **Service at home,** le service dans la métropole. **3.** *F:* **Nearer home.** *To take an example nearer h. . . .*, sans aller chercher si loin. . . . *When the question comes nearer h., they will think differently*, quand la question les touchera de plus près, ils changeront d'avis. **4.** (*a*) *Nat.Hist:* Habitat *m* (d'un fauve, d'une plante, etc.). *The h. of fishes is water*, l'élément *m* des poissons c'est l'eau. (*b*) *Greece was the h. of fine arts*, la Grèce fut la patrie des beaux-arts. **5.** Asile *m*, refuge *m*; hospice *m*. (*a*) *The island provides a h. for, affords a h. to, myriads of birds*, cette île abrite des myriades d'oiseaux. *Oxford has been called the h. of lost causes*, on a dénommé Oxford l'asile, le refuge, des causes perdues. (*b*) **Sailors' home,** foyer, abri *m*, du marin; asile des marins. **Home for the blind,** hospice d'aveugles. **Home for the aged,** asile, hospice, des vieillards; maison de retraite pour les vieillards. **Home of rest,** maison de repos. **Boarding home for dogs,** garderie *f* pour chiens. *See also* MENTAL[1], NURSING HOME. **6.** (*a*) (*In games*) Le but. (*b*) *Rac:* **The line for home,** la fin de parcours; la ligne droite.

II. **home,** *adv.* (Indique toujours un mouvement vers . . ., ou arrivée à. . . .) **1.** (*a*) A la maison, chez soi, au logis. **To go, come, home,** (i) rentrer (à la maison); s'en retourner chez soi; (ii) (*after period of absence*) rentrer dans sa famille. *P: To go h.*, mourir; partir pour l'autre monde. **On his way home,** en retournant (chez lui); en rentrant, en revenant, chez lui. *Let us walk h.*, retournons à pied; nous allons rentrer à pied. *To take a child h.*, ramener un enfant chez ses parents. *I took him h.*, je l'ai reconduit chez lui. **To get home,** regagner la maison, son chez-soi. *See also* HARVEST-HOME, SEE[1] 1, WIN[2] 4, WRITE 2. (*b*) Au pays. **To go, come, home,** retourner au pays; (*of soldier, etc.*) rentrer dans ses foyers. **To send s.o. home (from abroad),** rapatrier qn. *See also* OUT[1] I. 1, SHIP[1] 1. (*c*) *Nau:* **The anchor is coming home,** l'ancre *f* ne tient pas; l'ancre chasse. (*d*) **To be home,** être de retour. *So you are h. again!* vous voilà donc de retour! **2.** (*a*) (*Of bullet, etc.*) **To go home,** porter (coup). *The blow went h.*, le coup porta. *F: His speech went h.*, son discours fit impression. *The reproach, the shaft, went h., came h. to him*, le reproche le piqua au vif, le toucha au vif; le reproche porta (coup). **It will come home to him some day,** il s'en rendra compte un jour. **To strike home,** frapper juste; porter coup. **To bring sth. home to s.o.,** faire sentir qch à qn; ouvrir les yeux à qn. *To bring h. to s.o. what he has gained, lost*, faire comprendre à qn ce qu'il a gagné, perdu. *Air-raids bring war h. to the people*, les raids aériens font comprendre aux gens ce que c'est que la guerre. **To bring a charge home to s.o.,** prouver une accusation contre qn. *To bring a crime, a lie, h. to s.o.*, convaincre qn d'un crime, d'un mensonge. (*b*) A fond. **To thrust, push, press, an attack home,** pousser une attaque à fond. **To screw a piece home,** visser, serrer, une pièce à fond, à bloc. *To push a cartridge h.*, enfoncer une cartouche à bloc. *To put one's feet well h. in the stirrups*, chausser les étriers à fond. *Aut: etc: To press a pedal h.*, bloquer une pédale à fond. *Nau: The sheets are h.*, les écoutes sont rendues, sont à bloc. *See also* DRIVE[2] I. 5, HOIST[2].

III. **home,** *attrib.a.* **1.** (*a*) **Home circle, home life,** cercle *m*, vie *f*, de famille. *The joys of h. life*, les joies *f* du foyer (domestique). *He enjoyed h. life*, il avait des goûts d'intimité. **Home training,** éducation familiale. **Home address,** adresse personnelle. **Home cinema,** cinéma *m* d'amateur, de famille. *Sch:* **Home lessons,** travail *m* à la maison; devoirs *m*. (*b*) Près de la maison. *Ven:* **The home coverts,** les fourrés les plus près du château. (*c*) **The home counties,** les comtés *m* avoisinant Londres. *Rail:* **Home station,** gare *f* terminus. *Sp:* **Home ground,** terrain *m* du club. **Home match,** match *m* sur le terrain du club. **The home side,** les locaux *m*. *Fb: The home backs*, les arrières locaux. *See also* PORT[1], SIGNAL[1] 2. (*d*) **Home journey,** voyage *m* de retour. *H. freight*, fret *m* de retour. (*e*) (Coup, etc.) qui porte; (question) qui touche au vif. *See also* TRUTH 1. (*f*) *U.S:* **Home town,** ville natale. **2. Home trade,** (i) commerce intérieur; (ii) *Nau:* cabotage national. *H.-trade navigation*, bornage *m*. **Home market,** marché intérieur. **Home products,** produits nationaux, du pays. **Home news,** nouvelles *f* de l'intérieur. **Home currency,** monnaie *f* du pays. *H. currency issues*, billets émis à l'intérieur du pays. **The Home Fleet,** la flotte métropolitaine. **Home army, home forces,** armée métropolitaine. *H. service*, service *m* dans l'armée métropolitaine. *H. politics, policy*, politique intérieure. **The Home Office** = le Ministère de l'Intérieur. **The Home Secretary** = le Ministre de l'Intérieur. *See also* WATER[1] 3.

'home-abiding, *a.* Casanier; qui aime la vie de famille. *She's a h.-a. girl, F:* c'est une jeune fille pot-au-feu.

'home-baked, *a.* (Pain, gâteau) fait, cuit, à la maison; (pain) de ménage, de cuisson.

'home-bird, *s. F:* (*Of pers.*) Casanier, -ière.

'home-born, *a.* Du pays ou de la localité; indigène.

'home-bred, *a.* (*a*) Du pays, élevé au pays; indigène. (*b*) Élevé à la maison. (*c*) *F: With a h.-b. courtesy*, avec une courtoisie naturelle, native, rustique.

'home-brew, *s.* Bière, boisson, faite à la maison, préparée à la maison.

'home-brewed, *a.* (Bière) brassée, fabriquée, à la maison; (cidre, liqueur) de ménage.

'home-comer, *s.* Rentrant *m*.

'home-coming. **1.** *a.* Qui rentre, qui revient, au domicile, au foyer, dans sa patrie. *H.-c. prisoners*, prisonniers rapatriés. **2.** *s.* Retour *m* au foyer, à la maison; rentrée *f*.

'home-croft, *s.* = CROFT[1] 2.

'home-crofter, *s.* Petit cultivateur.

home-de'fence, *s.* Défense *f* de la patrie, de la métropole; défense nationale.

'home-farm, *s.* Ferme attachée au domaine, et qui fournit aux besoins du château.

'home-fire, *s. F:* Foyer familial. *F:* **To keep the home-fires burning,** entretenir nos foyers; assurer la sécurité de la patrie.

'home-folk(s), *s.* (i) Parents *mpl*, famille *f*; (ii) les gens *m* du village, de chez nous, *F:* de notre patelin.

'home-grown, *a.* (Denrée) du pays; (produit *m*) indigène; (vin) du crû.

Home-Guard (the), *s.* Les Territoriaux *m*.

'home-keeping, *a.* = STAY-AT-HOME 2.

'home-lover, *s.* Casanier, -ière.

'home-'made, *a.* **1.** (*a*) (Vêtement, gâteau) fait à la maison; (pain) de ménage, de cuisson. (*b*) (Dispositif, etc.) de fortune. **2.** (Marchandises) du pays.

'Home 'Rule, *s. Hist: Pol:* Autonomie *f*; indépendance législative; Home Rule *m*.

'home-'ruler, *s. Hist: Pol:* Home-ruler *m*; partisan *m* du Home Rule, de l'autonomie (en Irlande).

'home-stretch, *s. Sp: U.S:* La fin de parcours; la ligne droite.

'home-thrust, *s.* (*a*) *Fenc:* Botte *f*; coup *m* de fond; grand coup. (*b*) *F:* Pointe *f*, critique *f*, qui va droit au but. **That was a home-thrust,** le coup a porté; cela l'a touché au vif.

'home-work, *s.* **1.** *Ind:* Travail fait à la maison; travail (fait) en chambre. **2.** *Sch:* Travail que l'élève fait chez lui; travail à la maison; devoirs *mpl* du soir.

'home-worker, *s. Ind:* Ouvrier façonnier, en chambre.

home[2], *v.i.* (*Of pigeon*) Revenir au colombier.

homing, *a.* **Homing pigeon,** pigeon voyageur.

homecraft ['houmkrɑːft], *s.* **1.** Art ménager. **2.** Les arts ménagers.

homeland ['houmland], *s.* **1.** Patrie *f*. **2.** Pays *m* où l'on a son chez-soi, sa famille.

homeless ['houmləs], *a.* Sans foyer; sans asile; sans abri; sans feu ni lieu. *To be h.*, n'avoir pas d'asile; être sur le pavé. *s.pl.* **The homeless,** les sans-gîte *m*, les sans-logis *m*.

homelike ['houmlaik], *a.* Qui ressemble au foyer domestique; qui rappelle le chez-soi. *Their living-room is more h.*, leur petit salon est plus intime.

homeliness ['houmlinəs], *s.* **1.** Simplicité *f* (de nourriture, de mobilier, de manières); bourgeoisie *f* (de goûts). **2.** *U.S:* Manque *m* de beauté; rudesse *f* (des traits).

homely ['houmli], *a.* **1.** (Nourriture *f*) simple, ordinaire; (goûts) bourgeois, modestes; (réception *f*) sans faste. *Plain h. people*, gens *m* tout à fait simples, sans façon. *H. dinner*, dîner *m* modeste, sans apprêt. *To do things in a h. way*, faire les choses simplement, *F:* à la bonne franquette. *H. style*, (i) style *m* simple, sans apprêt; (ii) *Pej:* style sans élégance. **2.** *U.S:* (*Of pers.*) Sans beauté; plutôt laid. *H. features*, traits *m* sans distinction, quelconques.

Homer[1] ['houmər]. *Pr.n.m.* Homère.

homer[2], *s. Orn:* Pigeon voyageur.

Homeric [ho'merik], *a.* (Poème *m*, rire *m*, etc.) homérique.

Homerid ['houmərid], *s. Gr.Ant:* Homéride *m*.

homesick ['houmsik], *a.* Nostalgique; qui a le mal du pays. *To be h.*, être en proie à la nostalgie.

homesickness ['houmsiknəs], *s.* Mal *m* du pays; nostalgie *f*; regret *m* de la patrie.

homespun ['houmspʌn]. **1.** *a.* (*a*) (Étoffe de laine) de fabrication domestique; (drap) fait, filé, à la maison. *H. linen*, toile *f* de ménage. *F: The h. texture of the popular faith*, le tissu indigène de la croyance populaire. (*b*) *F:* Simple, sans apprêt, rustique, rude. **2.** *s.* Étoffe faite à la maison; gros drap (tissé au métier à main).

homestead ['houmsted], *s.* **1.** Ferme *f* (avec dépendances); exploitation rurale. **2.** *U.S:* Bien *m* de famille; la concession statutaire de 160 acres; homestead *m*.

homesteader ['houmstedər], *s. U.S:* Concessionnaire *m* d'un homestead.

homeward ['houmwərd]. **1.** *a.* Qui se dirige (i) vers sa maison, vers sa demeure; (ii) (*from abroad*) vers son pays; (*of ship*) vers son port d'attache, vers la métropole. **Homeward way,** chemin *m* qui mène à la maison. **Homeward voyage,** voyage *m* de retour. *See also* OUTWARD. **2.** *adv.* = HOMEWARDS 1.

'**homeward-'bound,** *a. Nau:* (Vaisseau) à destination de son port d'attache, retournant au port, retournant au pays, sur le retour; (cargaison) de retour.

homewards ['houmwərdz], *adv.* **1.** Vers sa maison, vers sa demeure; (*from abroad*) vers son pays. *He made what haste he could h.*, il se pressa de rentrer; il reprit en toute hâte le chemin de la maison. *Ship coming h.*, navire *m* à destination de son port d'attache. *Nau:* **Loading homewards,** chargement *m* pour le retour; chargement de retour. **Cargo homewards,** cargaison *f* de retour. **2.** *Min:* **Homewards method,** méthode *f* rétrograde. **Homewards working,** exploitation *f* en retour, en battant en retraite.

homicidal [hɔmi'said(ə)l], *a.* Homicide, meurtrier.

homicide[1] ['hɔmisaid], *s.* (*Pers.*) Homicide *mf*, meurtrier *m*.

homicide[2], *s.* (*Crime*) Homicide *m*. *Jur:* **Wilful, culpable, homicide,** homicide volontaire; meurtre *m*. **Felonious homicide,** homicide prémédité; assassinat *m*. **Justifiable homicide,** *h. in self-defence*, homicide par légitime défense. *Scot:* **Culpable homicide,** homicide sans préméditation. **Excusable homicide, homicide by misadventure or misfortune,** homicide par accident ou par imprudence; homicide accidentel, involontaire.

homiletic [hɔmi'letik]. **1.** *a.* Homilétique. **2.** *s.pl.* (*Usu. with sg. const.*) **Homiletics,** homilétique *f*.

homilist ['hɔmilist], *s.* **1.** Auteur *m* d'homélies. **2.** Prédicateur *m*.

homily ['hɔmili], *s.* Homélie *f*. *F:* **To read s.o. a homily,** faire une homélie à qn; sermonner qn.

hominid ['hɔminid], **hominoid** ['hɔminɔid], *a. & s. Z:* Hominide (*m*), hominien (*m*).

hominy ['hɔmini], *s. Cu: U.S:* Bouillie *f* de farine de maïs à l'eau ou au lait; semoule *f* de maïs.

hom(o)- ['hɔm(o), ho'm(ɔ)], *comb.fm.* Hom(o)-. *Homo'chromous*, homochrome. *Homo'dynamous*, homodyname. *'Homotypy*, homotypie.

homocentric [hɔmo'sentrik], *a. Geom: Opt:* Homocentrique.

homocercal [hɔmo'sə:rk(ə)l], *a. Ich: Z:* (Animal *m*, queue *f*) homocerque.

homocercy ['hɔmosə:rsi], *s. Ich:* Homocerquie *f*.

homodromal [ho'mɔdroməl], **homodromous** [ho'mɔdroməs], *a. Bot: etc:* Homodrome.

hom(o)eo- ['hɔmio, 'houmio], *comb.fm.* Homéo-, homœo-. *Hom(o)eo'morphous*, homœomorphe. *Hom(o)eote'leuton*, homœotéleute.

homoeopath ['houmiopaθ], **homoeopathist** [houmi'ɔpaθist], *s. Med:* Homéopathe *m*.

homoeopathic [houmio'paθik], *a.* (Traitement *m*) homéopathique; (médecin *m*) homéopathe.

homoeopathy [houmi'ɔpaθi], *s. Med:* Homéopathie *f*.

homofocal [hɔmo'fouk(ə)l], *a. Opt:* Homofocal, -aux.

homogamous [hɔ'mɔgaməs], *a. Bot:* Homogame.

homogeneity [hɔmodʒe'ni:iti], *s.* Homogénéité *f*. *Tex:* **Homogeneity test,** épreuve *f* de texture.

homogeneous [hɔmo'dʒi:njəs], *a.* Homogène. *Mth:* **Homogeneous co-ordinates,** coordonnées *f* homogènes. **-ly,** *adv.* Homogènement.

homogeneousness [hɔmo'dʒi:njəsnəs], *s.* Homogénéité *f*; nature *f* homogène (*of*, de).

homogenesis [hɔmo'dʒenesis], *s. Biol:* Homogénésie *f*.

homogeny [hɔ'mɔdʒəni], *s.* Homogénie *f*.

homographic [hɔmo'grafik], *a. Geom: Gram:* Homographique.

homography [hɔ'mɔgrəfi], *s. Geom: Gram:* Homographie *f*.

homologate [hɔ'mɔlogeit], *v.tr. Jur:* (*Scot.*) Homologuer, ratifier, légaliser, confirmer (un contrat, un testament, etc.).

homologation [hɔmolo'geiʃ(ə)n], *s. Jur:* (*Scot.*) Homologation *f*, légalisation *f* (d'un document).

homologative [hɔmo'lɔgativ], *a. Jur:* Homologatif.

homological [hɔmo'lɔdʒik(ə)l], *a. Biol: Geom: etc:* Homologique. **-ally,** *adv.* Homologiquement.

homologize [hɔ'mɔlodʒa:iz]. **1.** *v.i.* Être homologue, correspondre (*with*, *to*, à). **2.** *v.tr.* Rendre homologue (*with*, *to*, à).

homologous [hɔ'mɔlogəs], *a. Biol: Geom: etc:* Homologue.

homologue ['hɔmolɔg], *s. Biol: Geom: etc:* Homologue *m*.

homology [hɔ'mɔlodʒi], *s. Biol: Geom: etc:* Homologie *f*.

homonomy [hɔ'mɔnomi], *s. Biol:* Homonomie *f*.

homonym ['hɔmonim], *s. Ling:* Homonyme *m*.

homonymous [hɔ'mɔniməs], *a. Ling: etc:* Homonyme.

homonymy [hɔ'mɔnimi], *s. Ling:* Homonymie *f*.

homopetalous [hɔmo'petələs], *a. Bot:* Homopétale.

homophones ['hɔmofounz], *s.pl. Ling:* Homophones *m*.

homophonic [hɔmo'fɔnik], *a. Ling: Mus:* Homophone.

homophonous [hɔ'mɔfonəs], *a. Ling: Mus:* Homophone.

homophony [hɔ'mɔfoni], *s. Ling: Mus:* Homophonie *f*.

homopolar [hɔmo'poulər], *a. El: Biol:* Homopolaire, unipolaire.

homoptera [hɔ'mɔptəra], *s.pl. Ent:* Homoptères *m*.

homopterous [hɔ'mɔptərəs], *a. Ent:* Homoptère.

homosexual [hɔmo'seksjuəl], *a. & s. Med:* Homosexuel, -uelle.

homothermal [hɔmo'θə:rməl], *a. Ph:* Homothermal, -aux.

homothermous [hɔmo'θə:rməs], *a. Biol:* Homotherme; homothermal, -aux.

homothetic [hɔmo'θetik], *a. Geom:* Homothétique.

homotype ['hɔmotaip], *s. Biol:* Homotype *m*, homologue *m*.

homotypic(al) [hɔmo'tipik(əl)], *a. Biol:* Homotype.

homozygote [hɔmo'zeigout], *s. Biol:* Homozygote *m*.

homuncule [hɔ'mʌŋkju:l], *s.* Homuncule *m*, homoncule *m*; petit homme; nabot *m*.

homy ['houmi], *a. F:* = HOMELIKE.

Honduran [hɔn'djuərən], **Honduranean** [hɔndju'reiniən], *a. & s. Geog:* Hondurien, -ienne.

hone[1] [houn], *s.* Pierre *f* à aiguiser, à morfiler; pierre à huile; pierre à rasoir; affiloire *f*, affiloir *m*.

hone[2], *v.tr.* (*a*) Aiguiser, affiler; passer (un outil) à la pierre à huile; repasser (un rasoir). (*b*) Rectifier (un outil, une pièce).

honing, *s.* (*a*) Repassage *m*, affilage *m* (d'un rasoir, etc.). (*b*) Rectification *f*.

honest ['ɔnest], *a.* **1.** (*a*) (*Of pers.*) Honnête, probe, droit; loyal, -aux (en affaires); (juge *m*) intègre. *He charged me a price that was hardly h.*, il me l'a fait payer un prix tout juste honnête. *Thoroughly h. man*, homme *m* d'une honnêteté à toute épreuve, d'une probité avérée. *H. straightforward nature*, nature droite et franche. *He has an h. face*, il a une figure d'honnête homme, d'honnête garçon. (*b*) Vrai, sincère, de bonne foi. **The honest truth,** la pure vérité, la vérité vraie, l'exacte vérité. *Tell us your h. opinion*, dites-nous de bonne foi votre opinion. *He made an h. attempt*, il s'y est appliqué de bonne foi. *H. confession*, confession *f* sincère, de bonne foi. *An h. piece of work*, un travail consciencieux. *U.S:* **Honest-to-God, honest-to-goodness, republican,** républicain *m* sincère, de bonne foi. **I couldn't help it, honest,** c'était plus fort que moi, vraiment. *See also* INJUN. (*c*) Juste, légitime. *H. means*, moyens *m* légitimes. *To give h. weight*, donner bon poids. *To earn an h. living*, gagner honnêtement sa vie. *See also* PENNY 3. **2.** (*a*) *A:* (*Of woman*) Honnête, chaste. *Now only in the phr.* **To make an honest woman of s.o.,** rendre l'honneur à une femme (en l'épousant). (*b*) (*Respectable*) Brave, honnête. *Born of poor but h. parents*, né de parents pauvres mais honnêtes. *They are h. folk*, ce sont de braves gens. **-ly,** *adv.* (*a*) Honnêtement, loyalement; avec probité; de bonne foi. *To earn money h.*, gagner de l'argent honnêtement. (*b*) Sincèrement. **Honestly speaking,** à vrai dire. *I h. believed that . . .*, je pensais, en toute bonne foi, que. . . . *H., I can assure you . . .*, en toute sincérité je puis vous assurer. . . .

honesty ['ɔnesti], *s.* **1.** (*a*) Honnêteté *f*, probité *f*; loyauté *f* (en affaires); intégrité *f*. *Tradesman of doubtful h.*, commerçant *m* d'une moralité douteuse. *He always put h. first*, il s'est toujours attaché à se montrer probe. *Prov:* **Honesty is the best policy,** l'honnêteté est la meilleure des tactiques. **Honesty pays,** l'honnêteté est toujours récompensée; on trouve avantage à se montrer honnête. (*b*) Véracité *f*, sincérité *f*, bonne foi; franchise *f*, sans-façon *m* (d'un discours). **In all honesty,** en toute sincérité. **2.** *Bot:* Lunaire *f*; *F:* monnaie *f* du pape; satin blanc; médaille *f* (de Judas).

honey ['hʌni], *s.* **1.** (*a*) Miel *m*. *Clear h.*, miel liquide. *Thick h.*, miel grenu. *Virgin h., white h.*, miel vierge, miel de goutte. **Comb honey,** miel en rayon. *To remove the h. from a hive*, démieller une ruche. *Sweetened with h.*, miellé. *Taste of h.*, goût mielleux. **Honey wine,** bergerette *f*, œnomel *m*. **Honey time, honey season, honey flow,** miélaison *f*. *Pharm:* **Honey preparation,** mellite *m*. **Borax honey,** mellite de borax. *Prov:* **Daub yourself with honey and you'll never want for flies,** qui se fait brebis le loup le mange; faites-vous miel, les mouches vous mangeront. *See also* FLY[1] 1, MILK[1] 1, SWEET I. 1. (*b*) Douceur *f* (de mots, de caresses). **He was all honey,** il a été tout sucre et tout miel. *F:* **Life is not all honey,** dans la vie tout n'est pas rose. *His words were h. to my soul*, il m'a versé du baume dans le cœur. **2.** (*Term of endearment*) Chéri, *f.* chérie; mignon, *f.* mignonne; mon petit chou.

'**honey-bag,** *s. Ent:* Sac *m* à miel; premier estomac (des abeilles).

'**honey-bear,** *s. Z:* Kinkajou *m*.

'**honey-bearing,** *a.* Mellifère.

'**honey-bee,** *s. Ent:* Abeille *f* domestique; *F:* mouche *f* à miel. *The honey-bees*, les mellifères *m*.

'**honey-berry,** *s. Bot: F:* Mélicoque *m*.

'**honey-buzzard,** *s. Orn:* Bondrée *f* (apivore).

'**honey-cake,** *s.* Pain *m* d'épice au miel; nonnette *f*.

'**honey-coloured,** *a.* Miellé.

'**honey-cup,** *s. Bot:* Nectaire *m*.

'**honey-dew,** *s.* **1.** Miellée *f*, miellure *f* (exsudée par les plantes). **2.** Tabac sucré à la mélasse; honey-dew *m*.

'**honey-eater,** *s.* = HONEYSUCKER.

'**honey-eating,** *a. Z:* Mellivore.

'**honey-extractor, -separator,** *s. Ap:* Mello-extracteur *m*.

'**honey-flower,** *s. Bot:* (Cape) honey-flower, mélianthe *m*.

'**honey-fungus,** *s.* Agaric miellé.

'**honey-gathering.** **1.** *a.* (Insecte) butineur. **2.** *s.* Butinement *m*.

'**honey-guide,** *s. Orn:* Indicateur *m*.

'**honey-locust,** *s. Bot: U.S:* Gleditschia *m*; févier *m* à trois épines; acacia *m* à trois épines.

'**honey-making,** *Ent:* **1.** *a.* Mellifique. **2.** *s.* Mellification *f*.

'**honey-mouthed, -tongued,** *a.* (*Of pers.*) Aux paroles mielleuses; mielleux.

honeycomb[1] ['hʌnikoum], *s.* **1.** (*a*) Rayon *m* de miel; gaufre *f* de miel. (*b*) Gâteau *m* de miel. (*c*) *Attrib. Tex:* **Honeycomb-weave towel,** serviette *f* nid d'abeilles. *Aut:* **Honeycomb radiator,** radiateur *m* alvéolaire; radiateur nid d'abeilles. *Geol:* **Honeycomb structure, formation,** structure, formation, alvéolée, alvéolaire. *Z:* **Honeycomb bag, stomach,** deuxième estomac *m*, bonnet *m* (des ruminants). *See also* COIL[1] 2, MOTH 1. **2.** (*In metal*) Chambre *f*, soufflure *f*.

honeycomb[2]. **1.** *v.tr.* (*a*) Cribler (de petits trous); affouiller. *F: The army was honeycombed with disaffection*, la désaffection ravageait l'armée. (*b*) Marquer en nid d'abeilles. **2.** *v.i.* (*Of metal*) Se chambrer, s'affouiller.

honeycombed, *a.* **1.** Alvéolé. **2.** (Métal) chambré, crevassé, criblé de trous; (canon de fusil) affouillé; (bois) chambré (par les insectes).

honeycombing, *s.* Affouillement *m* (d'un canon de fusil).

honeyed ['hʌnid], *a.* (*a*) (Em)miellé; couvert de miel. (*b*) *F:* Doucereux, mielleux, melliflu. **Honeyed words,** paroles doucereuses, mielleuses; paroles de miel. *With h. words*, mielleusement. *H. flow of eloquence*, mellifluité *f*.

honeymoon[1] ['hʌnimu:n], *s.* Lune *f* de miel. **Honeymoon trip,** voyage *m* de noces. *They are* **on (their) honeymoon,** ils sont en lune de miel, en voyage de noces.
honeymoon[2], *v.i.* Passer la lune de miel (*at*, à).
honeysucker ['hʌnisʌkər], *s. Orn:* Nectarinie *f.*
honeysuckle ['hʌnisʌkl], *s.* **1.** *Bot:* Chèvrefeuille *m.* *Common h.*, chèvrefeuille des bois. **Fly honeysuckle,** chèvrefeuille des haies, des buissons. **French honeysuckle,** sainfoin *m* d'Espagne; sainfoin à bouquets. **2.** *Arch:* Gousse *f*, tigette *f.*
honeywort ['hʌniwə:rt], *s. Bot:* Mélinet *m*, cérinthe *m.*
hong [hɔŋ], *s.* (*In China*) Entrepôt *m* de commerce.
honied ['hʌnid], *a.* = HONEYED.
Honiton ['hɔnit(ə)n]. *Pr.n.* **Honiton lace,** application *f* d'Angleterre (originaire de Honiton dans le comté de Devon).
honk[1] [hɔŋk], *s.* **1.** (*a*) *A:* Grognement *m* (du porc). (*b*) *U.S:* Cri *m* de l'oie sauvage. **2.** *Aut:* Cornement *m* (de l'avertisseur). *Honk! honk!* couin! couin!
honk[2], *v. Aut:* **1.** *v.tr.* **To honk the horn,** *abs.* **to honk,** faire retentir l'avertisseur; corner. **2.** *v.i.* (*Of horn*) Retentir, corner.
honorarium, *pl.* **-ia, -iums** [ɔnə'rɛəriəm, -*ia*, -iəmz], *s.* Honoraires *mpl*, *occ.* honoraire (d'un docteur, d'un avocat); traitement *m* (d'un professeur).
honorary ['ɔnərəri], *a.* **1.** (*a*) (Emploi, service) honoraire, non rétribué, bénévole. *H. duties,* fonctions *f* sans rétribution, à titre gratuit; fonctions bénévoles. (*b*) **Honorary president,** président *m* d'honneur. **Honorary member,** membre *m* honoraire; associé, -ée (d'un cercle, etc.). *H. membership,* honorariat *m.* (*c*) *Mil:* **Honorary rank,** grade *m* honorifique. *Sch:* **Honorary degree,** grade honorifique, grade honoris causa. (*d*) **Honorary monument,** cénotaphe *m.* **2.** (*Depending on honour*) (Engagement *m*, contrat *m*) d'honneur.
honorific [ɔnə'rifik]. **1.** *a.* (Épithète *f*) honorifique. **2.** *s.* Phrase *f* honorifique, mot *m* honorifique; formule *f* de politesse.
honour[1] ['ɔnər], *s.* Honneur *m.* **1.** (*High esteem*) **To hold s.o. in great honour,** honorer qn; avoir, montrer, beaucoup de respect, de l'estime, de la vénération, pour qn. **To bring a custom into honour,** mettre une coutume en honneur. *Occupying* **the seat of honour,** assis à la place d'honneur. *Paper in which cricket* **holds a place of honour,** journal *m* où le cricket est à l'honneur. *To put up a statue* **in honour of** *s.o.*, ériger une statue à la gloire de qn. *A banquet was held in h. of his arrival,* on donna un banquet en l'honneur de son arrivée. *Dinner in your h.*, dîner *m* en votre honneur, à votre intention. **To pay, do, honour to s.o.,** faire honneur à qn. **All honour to him!** honneur à lui! *Prov:* **Honour to whom honour is due, honour where honour is due,** à tout seigneur tout honneur; à chaque saint sa chandelle. *See also* GUARD[1] 2, LEGION, MAID 5. **2.** (*Glory, privilege*) (*a*) **To consider it an honour to do sth.,** tenir à honneur de faire qch. *The h. of being first,* l'honneur d'être le premier. **To whom have I the honour of speaking?** à qui ai-je l'honneur de parler? **He did me the honour of speaking to me,** il me fit l'honneur de m'adresser la parole. *I have not the h. to belong to your profession,* je n'ai pas l'honneur d'appartenir à votre profession. *Com:* **I have the honour to** *submit to you* . . ., j'ai l'avantage de vous soumettre. . . . (*b*) *Games:* **To have the honour,** (*at bowls*) avoir la boule; (*at golf*) avoir l'honneur. **To throw a quoit, a bowl, etc., for the honour,** abut(t)er. *Golf:* **Your honour!** à vous l'honneur! **3.** (*Good name*) (*a*) *One's country's h.*, l'honneur de sa patrie. **For honour's sake,** pour (sauvegarder) l'honneur. *To come out of an affair with h.*, se tirer galamment d'une affaire. *To lose one's h.*, perdre son honneur; se déshonorer. *To fling away one's h.*, faire banqueroute à l'honneur. **To make (it) a point of honour to do sth.,** se piquer d'honneur de faire qch.; mettre son (point d')honneur à faire qch. **To be in honour bound to . . .,** être obligé par l'honneur à . . . . **Man of honour,** homme *m* d'honneur. **As I am a man of honour!** foi d'homme d'honneur! *A:* foi de gentilhomme! **He is the soul of honour,** il est l'honneur incarné, personnifié; il est la probité même. **Debt of honour,** dette *f* d'honneur. *I cannot* **in honour** *accept this money,* je ne peux pas, en tout honneur, accepter cet argent. *To state* **on one's honour** *that* . . ., déclarer sur l'honneur que. . . . *To swear on one's h.*, jurer sur, par, sa foi. **Word of honour,** parole *f* d'honneur. *To give one's word of h.*, engager sa parole (d'honneur). **(Up)on my (word of) honour!** je vous donne ma parole! sur l'honneur! *F:* **Honour bright,** (i) foi d'honnête homme! (ma) parole d'honneur! sans mentir! (ii) bien sûr? vrai de vrai? parole d'honneur? **To be on one's honour,** être sur l'honneur; être engagé d'honneur. *I put you on your h.*, vous vous engagez d'honneur (*to*, à); je me fie à vous. **Honour is satisfied,** l'honneur est satisfait. *See also* AFFAIR, BOUND 2, CODE[1] 1, PLEDGE[2] 2, THIEF 1. (*b*) **A woman's honour,** l'honneur, la réputation, d'une femme. **4.** Distinction *f* honorifique. **Academic honours,** distinctions académiques. *To aspire to honours,* aspirer aux honneurs. **To carry off the honours,** remporter la palme. **New Year's honours,** décorations *f* et promotions *f* du jour de l'an. *Sch:* **Honours list,** palmarès *m*; tableau *m* d'honneur. *See also* BIRTHDAY. **5.** *Sch:* **Honours course,** programme *m* d'études spécialisées et très poussées (en vue d'obtenir un grade universitaire). (S'oppose au "*pass course*," qui embrasse un plus grand nombre de sujets étudiés moins à fond.) **Honours degree,** grade obtenu après spécialisation. **To take honours in mathematics,** (i) se spécialiser en mathématiques; (ii) passer l'examen supérieur de mathématiques. **To obtain first class honours, second class honours,** être classé dans la première liste, dans la seconde liste. **6.** (*a*) *Usu. pl.* (*Civilities*) **To receive s.o. with all due honour, with full honours,** recevoir qn avec tous les honneurs qui lui sont dus, *F:* avec (la) croix et (la) bannière. **To do the honours** (*of one's house*), faire les honneurs (de sa maison). **To pay the last honours to s.o.,** rendre les derniers honneurs à qn. *Mil: To leave a fortress* **with all the honours of war,** se retirer d'une forteresse avec tous les honneurs de la guerre. (*b*) *pl. Cards:* (*At bridge, etc.*) Honneurs (as, roi, dame, et valet d'atout). **Honours are even,** (i) *Cards:* les honneurs sont répartis également, sont partagés; (ii) *F:* nous sommes à deux de jeux. *See also* EASY[1] I. 5. **7.** (*Of pers.*) (*a*) **To be an honour to one's country, to one's sex,** faire honneur à sa patrie, à son sexe. *An h. to his native town,* la gloire de sa ville natale. (*b*) **Your Honour, his Honour,** Monsieur le juge, Monsieur le président. **8.** *Com:* **Acceptance for honour,** acceptation *f* par intervention, par honneur, sous protêt; intervention *f* à protêt. **The acceptor for honour,** l'avaliste *m*; le donneur d'aval. **Act of honour,** acte *m* d'intervention; intervention *f.* **For (the) honour of . . .,** pour l'honneur de. . . .
honour[2], *v.tr.* **1.** (*a*) Honorer (qn, la mémoire de qn). *I h. you for it,* cela vous fait honneur. *B:* **Honour thy father and thy mother,** tes père et mère honoreras. (*b*) **To honour s.o. with** *one's confidence, a title, an invitation,* honorer qn de sa confiance, d'un titre, d'une invitation. *To h. a ceremony with one's presence,* honorer une cérémonie de sa présence. *A custom more honoured in the breach than in the observance,* (i) coutume à laquelle on ferait mieux de déroger; (ii) *F:* coutume à laquelle on fait le plus souvent l'honneur de déroger. **2.** *To h. one's signature,* faire honneur à sa signature. *Com:* **To honour a bill,** faire honneur à un effet; payer, accepter, accueillir, un effet. **Honoured bill,** traite payée, acquittée.
honoured, *a.* Honoré. *H. old age,* vieillesse honorée. **To bear an honoured name,** porter un grand nom, un nom honorable. *See also* TIME-HONOURED.
honourable ['ɔnərəbl], *a.* **1.** (Conduite, famille) honorable. *He is an h. man,* c'est un homme d'honneur; il a les mains nettes. *H. action,* action *f* qui fait honneur à (qn). *H. peace,* paix *f* honorable. **All work is honourable,** il n'y a pas de sot métier; tout travail est honorable. *See also* INTENTION 1, MENTION[1] 2. **2.** (*a*) **The Honourable,** *abbrev.* **the Hon.,** l'honorable . . ., titre donné aux fils cadets des "*earls*" et aux fils et filles des pairs au-dessous du rang de marquis; aux dames et demoiselles d'honneur de la Cour et à celles en ayant exercé les fonctions; aux juges de la Haute Cour qui n'ont pas droit au titre de "*Lord*"; aux membres des Gouvernements et des Conseils des Indes et des Colonies; aux membres de la Chambre des Communes; *U.S:* aux membres des deux Chambres, des Législatures d'État, et de la magistrature. **The Hon. member for Caithness,** l'honorable membre représentant Caithness. **The Hon. member** *has omitted to* . . ., mon honorable collègue a omis de. . . . *See also* ARTILLERY-COMPANY. (*b*) **The Most Honourable, le** très honorable, titre donné aux marquis, à l'Ordre du Bain, au Conseil privé de la Couronne. (*c*) **The Right Honourable,** le très honorable, titre donné aux pairs au-dessous du rang de marquis, aux Conseillers privés de la Couronne, au Lord Maire de Londres, et à certains autres dignitaires. **-ably,** *adv.* Honorablement.
honourableness ['ɔnərəblnəs], *s.* Caractère *m* honorable; honorabilité *f* (des intentions, etc.).
honourer ['ɔnərər], *s.* **1.** Celui qui fait honneur (*of*, à). **2.** Vénérateur, -trice (*of*, de).
hooch ['hu:tʃ], *s. U.S: P:* = HOOTCH.
hood[1] [hu:d], *s.* **1.** *Cost:* (*a*) Capuchon *m* (de moine, d'agent de police, etc.); capuce *m* (de moine); cagoule *f* (de pénitent, de bandit); capuche *f* (de femme); capeline *f* (de femme, d'enfant). *See also* RIDING-HOOD. (*b*) *Sch:* Chaperon *m* (de toge universitaire). (*c*) *Hatm:* Forme *f* (de chapeau). (*d*) *Ven:* Chaperon (de faucon). *Harn:* Camail *m*, béguin *m* (de cheval). (*e*) *Nat.Hist:* Casque *m* (de fleur, d'insecte); *Z:* manteau *m* (de lézard); coiffe *f*, capuchon (de cobra). **2.** (*a*) *Veh: etc:* **(Folding, extensible) hood,** capote *f*, soufflet *m*, accordéon *m* (de voiture, d'auto); tendelet *m* (de canot à vapeur). *Perambulator with a h.*, voiturette *f* à capote. *Car with folding h.*, auto *f* décapotable, à capote rabattable. *To fix a h. on a car,* capoter une auto. (*b*) *Nau:* Capot *m* (d'écoutille, d'habitacle, de claire-voie). (*c*) *Phot:* Abat-jour *m inv* (de mise au point); parasoleil *m* (d'objectif). (*d*) Hotte *f*, auvent *m* (de forge, de laboratoire); tablier *m* (d'âtre) en trapèze; chapeau *m* (de lampe, de pieu); capuchon (de lampe, de meule); parapluie *m*, chapeau (de cheminée). *El.E:* Cloche *f* (d'isolateur). *Aut: U.S:* Capot (du moteur). (*e*) *Artil: Navy:* Masque *m* (de canon, de barbette). **Armoured hood,** masque blindé. **Look-out hood,** capot (de tourelle).
'hood-end, *s. N.Arch:* **1.** Barbe *f* (de râblure). **2.** Mouchoir *m* de joue, de fesse.
'hood-moulding, *s. Arch:* Larmier *m.*
'hood-shaped, *a. Nat.Hist:* Cuculliforme.
hood[2], *v.tr.* **1.** *Ven:* Chaperonner (un faucon). **2.** Capoter (une auto, etc.); encapuchonner (une cheminée, etc.).
hooded, *a.* **1.** (*a*) (*Of pers.*) Encapuchonné. *'Hooded men,'* cagoulards *m.* (*b*) (Vêtement) à capuchon; (oiseau, etc.) mantelé; (fleur) capuchonnée. **Hooded (wicker) chair,** guérite *f* (de plage, etc.). *See also* CROW[1], SEAL[1] 1, SNAKE[1]. **2.** (*a*) *Poet:* Couvert, caché. (*b*) Aux yeux bandés.
hooding, *s.* Capotage *m* (d'une voiture, etc.).
-hood, *s.suff.* **1.** *Denotes condition or state. Childhood,* enfance. *Hardihood,* hardiesse. *Priesthood,* la prêtrise. *Victimhood,* rôle de victime. *Widowhood,* veuvage. *F: Flapperhood,* état de jeune fille qui n'a pas encore fait son entrée dans le monde. **2.** *Coll. The Priesthood,* les prêtres. *The Knighthood,* la chevalerie. *Brotherhood,* confrérie.
hoodie ['hu:di], *s. Orn:* Corneille mantelée.
hoodlum ['hu:dləm], *s. U.S: P:* Voyou *m*, chenapan *m*, galapiat *m*; jeune apache *m.*
hoodman-blind ['hu:dmən'blaind], *s. A:* = BLIND-MAN'S-BUFF.
hoodoo ['hu:du:]. *U.S:* **1.** *s.* (*a*) = VOODOO[1]. (*b*) Confusion *f*, agitation *f*, ébranlement *m.* (*c*) *Geol:* Pyramide *f* de fées. **2.** *a.* Qui porte malheur; malencontreux.
hoodwink ['hudwiŋk], *v.tr.* **1.** *A:* Mettre un bandeau à (qn); bander les yeux à, de (qn). **2.** *F:* Tromper (qn); donner le change

à (qn); *P:* en mettre plein les yeux à (qn). *To be completely hoodwinked*, n'y voir que du feu.

hooey [ˈhuːi], *s.* *U.S:* *P:* = HUMBUG[1] 1.

hoof[1], *pl.* **-s, hooves** [huːf, -s, huːvz], *s.* (*a*) Sabot *m* (de cheval, etc.); botte cornée. **Beef on the hoof**, bétail *m* sur pied. *See also* BRUISE[2], CLEAVE[1] 1. (*b*) *F:* Pied *m*. **Under the hoof of the oppressor,** sous la botte de l'oppresseur. *See also* PAD[2].

ˈhoof-bound. *Vet:* 1. *a.* Encastelé. 2. *s.* Encastelure *f.*

ˈhoof-pick, *s.* *Farr:* Cure-pied *m*, *pl.* cure-pieds.

ˈhoof-print, *s.* Empreinte *f*, marque *f*, trace *f*, de sabot.

ˈhoof-rot, *s.* *Vet:* = FOOT-ROT.

hoof[2], *v.tr.* & *i.* *P:* 1. **To hoof (it),** aller à pied, à pattes, *P:* à pinces; *P:* prendre le train onze. 2. *v.tr.* **To hoof s.o. out,** chasser qn à coups de pied; sortir qn à coups de botte.

hoofed [huːft], *a.* *Z:* (Quadrupède) ongulé, à sabots, pourvu de sabots. *See also* CLOVEN-HOOFED, WHOLE-HOOFED.

hoofer [ˈhuːfər], *s.* *U.S:* *P:* 1. Danseur, -euse, de ballet. 2. Cabotin, -ine.

Hoogly (the) [ðəhuːgli]. *Pr.n. Geog:* Le (fleuve) Hougli.

hook[1] [huːk], *s.* 1. Crochet *m*, croc *m*. (*a*) Pendoir *m*. **Butcher's hook, meat hook,** croc de boucherie, allonge *f* de boucher. **Chimney hook,** crémaillère *f*. **Hat and coat hook,** patère *f*. **Curtain-loop hook,** rinceau *m*. *H. of a well-chain*, main *f*. *Mec.E:* *H. at end of a chain*, clef *f*. **Hook block,** poutre *f* à croc. **Hook bolt,** crampon fileté. **Hook nail,** (i) clou *m* à croc, à crochet; (ii) clou barbelé; crampon. *See also* POT-HOOK, SCREW-HOOK, WALL-HOOK. (*b*) Croc *m* (pour happer qch.). **Handled hook** (*of rag-picker, etc.*), main *f* de fer; crochet *m*. **Bench hook,** crochet d'établi. **Glassworker's hook,** cornard *m*. **Tanner's hook,** bouloir *m*. *Mec.E:* **Pawl hook,** croc à déclic. *Veh:* **Shaft-hook, breeching-hook,** ragot *m*. *F:* **By hook or (by) crook,** d'une manière ou d'une autre; d'une façon ou d'une autre; de manière ou d'autre; coûte que coûte; *F:* de bric ou de broc. *See also* BOAT-HOOK, BUTTON-HOOK, CAN-HOOK, DOG-HOOK, DRAG-HOOK, ESCAPEMENT 2, HEDDLE-HOOK, SLIP-HOOK, TENTER-HOOK, WAD-HOOK. (*c*) *Cost:* Agrafe *f*; crochet de couturière. **Hook and eye,** agrafe et œillet *m*; agrafe et porte *f*; crochet et porte. (*d*) **Hook and hinge, hook and ride,** gond *m* et penture *f*. *F:* **To go off the hooks,** (i) sortir de ses gonds; se fâcher; (ii) se marier. *P:* **To drop off the hooks,** mourir. *Adv.phr.* *F:* **Off the hooks,** sur-le-champ; tout de suite. 2. **(Fish-)hook,** hameçon *m*. **To take the hook,** (i) (*of fish*) prendre l'hameçon; (ii) *F:* (*of pers.*) se laisser prendre à l'amorce, au piège; gober le morceau. **Baited hook,** (i) hameçon garni; (ii) *F:* piège *m*; attrape-nigaud *m inv.* **To do sth. on one's own hook,** (i) faire qch. seul, sans aide; (ii) faire qch. pour son propre compte. **To be on one's own hook,** être établi à son propre compte. *See also* FISH-HOOK, FLY-HOOK, GAFF-HOOK, SNAP-HOOK. 3. (*a*) **(Reaping-)hook,** faucille *f*. **Thistle-hook, weed-hook,** échardonnet *m*, échardonnette *f*. *See also* BUSH-HOOK, HEDGE-HOOK, PRUNING-HOOK. (*b*) (*Painter's*) **shave hook, grattoir** *m*, ébardoir *m*. *See also* RAVE-HOOK. 4. *Mus:* Crochet (d'une croche, d'une double croche, etc.). 5. (*a*) *Box:* **Right hook, left hook,** crochet du droit, du gauche. (*b*) *Golf:* *Cr:* Coup tourné à gauche; *Golf:* coup tiré. 6. Cap *m*; pointe *f* de terre; coude *m* (d'une rivière); crochet (d'un chemin). 7. *P:* **To sling, take, one's hook,** décamper, plier bagage; prendre ses cliques et ses claques. 8. *U.S:* *P:* Escroc *m*; cambrioleur *m*. **Hook-alley,** quartier *m* d'apaches. **Hook-shop,** bordel *m*, *P:* boxon *m*.

ˈhook-ladder, *s.* Échelle *f* à crochet (de pompier).

ˈhook-like, *a.* *Nat.Hist:* Unciforme, uncinulé.

ˈhook-nose, *s.* 1. Nez crochu; nez en bec-de-corbin. 2. Nez busqué, aquilin.

ˈhook-nosed, *a.* 1. Au nez crochu. 2. Au nez busqué, aquilin.

Hook of ˈHolland. *Pr.n. Geog:* Hoek van Holland.

ˈhook-rope, *s.* *Nau:* Vérine *f*.

ˈhook-scarf, *s.* *Carp:* Écart *m* à dent, à crochet.

hook[2], *v.tr.* 1. Courber (le doigt). 2. (*a*) **To hook sth. (on, up) to sth.,** accrocher, suspendre, qch. à qch. (*With passive force*) **The rods all hook together,** les tiges s'accrochent les unes aux autres. (*b*) **To hook sth. on to, up to, behind, sth.,** accrocher qch. à qch. (*c*) **To hook in a horse,** atteler un cheval. (*d*) *F:* *I hooked my arm in his, I hooked on to him*, je l'ai croché (amicalement). 3. (*a*) **To hook up** *a curtain, etc.*, agrafer un rideau, etc. (*b*) **To hook (up) a dress,** agrafer une robe. (*With passive force*) *Dress that hooks up at the back*, robe *f* qui s'agrafe par derrière. 4. (*a*) *To h. a boat, a floating object*, crocher, gaffer, un bateau, un objet flottant. *F:* *To be hooked by a passing car*, être happé par une voiture qui passe. *F:* **To hook s.o. in,** s'assurer à toute force les services de qn. *I've been hooked in for a lecture*, on m'a extorqué une promesse de conférence. (*b*) Voler (qch.) à la tire; *F:* mettre le grappin sur (qch.). (*c*) *Rugby Fb:* **To hook the ball,** s'emparer du ballon avec le pied (dans la mêlée). 5. (*a*) *Fish:* Prendre (un poisson) à l'hameçon; accrocher (un poisson). (*b*) *F:* Amorcer, attraper (un mari, etc.). *To try to h. a husband*, essayer d'accrocher un mari. 6. *Typ:* **To hook in a word** (*at the end of the line*), crocheter un mot. 7. *Cr:* Renvoyer (la balle) d'un coup tourné à gauche; *Golf:* faire un coup tiré. 8. *Box:* Donner un coup en crochet à (son adversaire). 9. *P:* **To hook it,** filer, décamper, déguerpir, se cavaler.

hooked, *a.* 1. (Bec) crochu, recourbé. **Hooked nose** = HOOK-NOSE. 2. Muni de crochets, d'hameçons, etc. 3. *U.S:* **Hooked rug,** tapis *m* à points noués simples.

hooking, *s.* 1. **Hooking on,** accrochage *m*; attelage *m* (d'un cheval de renfort, etc.). 2. **Hooking up,** (i) accrochage (d'un rideau, etc.); (ii) agrafage *m* (d'une robe).

hook-ˈon, *attrib. a.* **Hook-on ladder,** échelle *f* à crochets.

ˈhook-up, *s.* *U.S:* 1. Combinaison *f* (d'intérêts financiers, etc.). 2. *W.Tel:* Conjugaison *f* de postes; postes conjugués.

hook[3], *s.* *Husb:* Hanche *f* (de vache).

hookah [ˈhuːkɑ], *s.* Narghileh *m*, narguilé *m*.

Hooke [huːk]. *Pr.n.* *Mec.E:* **Hooke's coupling, joint** *m* de Hooke; joint à articulation en croix; accouplement articulé.

hooker[1] [huːkər], *s.* 1. (*Pers.*) *Min:* Accrocheur *m* de wagons. 2. (*Pers.*) *Fb:* (*Rugby*) Talonneur *m*. 3. *Cr:* *Golf:* Coup tiré.

hooker[2], *s.* *Nau:* 1. Hourque *f*. 2. *Pej:* **An old hooker,** une baille, une vieille barque.

hookey [ˈhuːki], *s.* *U.S:* 1. *P:* **To play hookey,** faire l'école buissonnière. 2. *Cards:* **Blind hookey,** jeu *m* semblable au baccarat. *F:* *To play blind h. with the national resources*, (i) mettre en danger, (ii) gaspiller, les ressources nationales.

hookum [ˈhuːkəm], *s.* (*In India*) Ordre *m*, arrêt *m*. *P:* **That's the hookum!** à la bonne heure! ça c'est envoyé!

hookworm [ˈhuːkwəːrm], *s.* *Ann:* Ankylostome *m*. *Med:* **Hookworm disease,** ankylostomiase *f*; anémie *f* des mineurs.

hooligan [ˈhuːligən], *s.* Voyou *m*; gouape *f*; apache *m*. *He is a bit of a h.*, il est un peu gouape. **Hooligan rule,** voyoucratie *f*.

hooliganism [ˈhuːligənizm], *s.* Voyouterie *f*, voyoutisme *m*; exploits *mpl* d'apaches.

hoop[1] [huːp], *s.* 1. (*a*) *Coop:* Cercle *m*, cerceau *m* (de tonneau). **Double hoop** (*at end of barrel or cask*), sommier *m*. (*b*) Cercle, cerceau (de mât, etc.); frette *f*, embrassure *f* (de pieu, de canon); virole *f*, anneau *m* (de moyeu, etc.); cerce *f* (de tamis, etc.). *Av:* Cerce (de fuselage). *Mec.E:* *etc:* **Hoop ring,** frette. *Mch:* **Eccentric hoop,** bague *f* d'excentrique. *El.E:* **Commutator hoop,** frette du collecteur. *Turf:* *White and cerise hoops*, casaque cerclée blanc et cerise. (*c*) Jante *f*, bandage *m* (de roue). (*d*) *Mus:* Cercle, vergette *f* (de tambour). **Flesh-hoop,** vergette de roulage. *See also* SNARE-HOOP. (*e*) *Husb:* Forme *f* (à fromage). 2. Cerceau (d'enfant, de cirque). **To trundle, drive, a hoop,** jouer au cerceau; faire courir, faire rouler, un cerceau. **To go through the hoop,** (i) (*of equestrienne, dog, etc.*) passer à travers le cerceau; franchir le cerceau; (ii) *F:* sauter le bâton. **To put s.o. through the hoop,** rendre la vie dure à qn. 3. *Cost:* Cercle de baleine, vertugadin *m* (de jupon). **Hoop(-skirt, -petticoat),** (i) vertugadin; (ii) jupe *f* à paniers; panier *m*. 4. *Lap:* **Hoop(-ring),** anneau, bague, jonc *m* (d'or, de diamants). 5. (*Half-hoop*) (*a*) Cerceau (de tente de voiture, etc.). (*b*) *Croquet:* Arceau *m*, arche *f*. **To run the hoop,** passer l'arceau.

ˈhoop-cramp, *s.* *Tls:* *Coop:* Traitoir *m*.

ˈhoop-iron, *s.* Fer *m* feuillard; feuillard *m* (de fer); fer en rubans, en bandes; fer plat; cercles *mpl* de barrique.

ˈhoop-maker, *s.* *Coop:* Cerclier *m*.

ˈhoop-net, *s.* (*For fish*) Truble *f*, verveux *m*, pantène *f*, pantenne *f*; (*small*) trubleau *m*; (*for lobsters*) casier *m* à homards; (*for birds*) nasse *f*; (*for butterflies*) freloche *f*.

ˈhoop-stick, *s.* *Games:* Bâton *m* de cerceau.

ˈhoop-wood, *s.* *Coop:* *etc:* Feuillard *m*.

hoop[2], *v.tr.* 1. (*a*) *Coop:* Cercler, relier (un tonneau). (*b*) Fretter, cercler (un canon, un mât, etc.); bander (une penture). **Hooped concrete,** béton cerclé, fretté. (*c*) Garnir (une roue) de jantes. 2. *Cost:* Mettre un cercle de baleine à (une jupe). **Hooped petticoat** = *hoop-petticoat, q.v. under* HOOP[1] 3.

hooping, *s.* (*a*) *Coop:* Cerclage *m*, reliage *m* (de tonneaux). **Hooping machine,** machine *f* à cercler. (*b*) Frettage *m* (d'un canon, etc.); bandage *m* (d'une poutre, etc.).

hoop[3, 4], *int.*, *s.*, & *v.i.* = WHOOP[1, 2]

hoop-la [ˈhuːplɑː], *s.* (*At fairs*) Jeu *m* des anneaux.

hoopoe [ˈhuːpuː], *s.* *Orn:* Huppe *f*; bécasse *f* d'arbre, bécasse perchante; coq *m* d'été. **Wood hoopoe,** irrisor *m*.

hoose [huːz], *s.* *Vet:* = HUSK[3].

hoosh [huːʃ], *s.* Soupe *f* de pemmican et de biscuit de mer (aliment des explorateurs polaires).

hoosier [ˈhuːʒər], *s.* *U.S:* *F:* Habitant, -ante, indigène *mf*, de l'Indiana.

hoot[1] [huːt], *s.* 1. Ululation *f*, (h)ululement *m* (de hibou). *See also* OWL. 2. (*Of pers.*) Huée *f*. *See also* CARE[2] 1. 3. (*a*) Cornement *m* (de trompe d'automobile). (*b*) Coup *m* de sifflet (d'une locomotive, d'une usine); coup de sirène (de bateau, d'une usine); mugissement *m* (d'une sirène).

hoot[2]. 1. *v.i.* (*a*) (*Of owl*) (H)ululer, chuinter, huer. (*b*) (*Of pers.*) Huer. **To hoot at, after, s.o.,** poursuivre qn de huées; conspuer qn. (*c*) *Aut:* (*Of motor-horn, etc.*) Corner; (*of pers.*) prévenir d'un coup de corne ou de klaxon; donner un coup de klaxon. (*d*) (*Of locomotive, etc.*) Siffler; lancer un coup de sifflet; (*of siren*) mugir; (*of ship*) faire marcher la sirène; lancer un coup de sirène. 2. *v.tr.* Huer, conspuer (qn); accueillir (qn) par des huées; poursuivre (qn) de cris, de huées; siffler (une pièce de théâtre). **To hoot s.o. away, out,** chasser qn avec force huées. **To hoot s.o. down,** faire taire qn (par des huées). **To hoot a play off the stage,** (faire) tomber une pièce. *He was hooted off the stage*, il quitta la scène au milieu des huées.

hooting[1], *a.* 1. (Hibou) ululant. 2. *H. cries*, cris *m* et huées *f*.

hooting[2], *s.* 1. (H)ululement *m* (de hibou). 2. (*Of pers.*) Huées *fpl*; lazzis *mpl*. 3. *Aut:* Cornement *m*; coups *mpl* de klaxon.

hootch [huːtʃ], *s.* *U.S:* *P:* Boissons fortes; gnole *f*, gnôle *f*.

hooter [ˈhuːtər], *s.* 1. *Nau:* *Ind:* Sirène *f*; sifflet *m*. 2. Avertisseur *m*; trompe *f* (d'auto); *esp.* klaxon *m*; trompette-signal *f*, *pl.* trompettes-signal (de tramway).

hoot(s) [huːt(s)], **hoot-toot** [ˈhuːtˈtuːt], *int.* *Scot:* Allons donc! chansons! turlututu!

hoove [huːv], *s.* *Vet:* Météorisation *f*, météorisme *m*, ballonnement *m*, empansement *m*.

hooves [huːvz], *s.pl.* *See* HOOF[1].

hop[1] [hɔp], *s.* *Bot:* *Brew:* Houblon *m*. *To pick hops*, cueillir le houblon. **Hop district,** région houblonnière.

ˈhop-bind, -bine, *s.* Sarment *m*, tige *f*, liane *f*, de houblon.

ˈhop-clover, *s.* *Bot:* Trèfle *m* jaune, luzerne-houblon *f*, lupuline *f*.

'hop-field, 'hop-garden, *s.* Houblonnière *f.*
'hop-grower, *s.* Houblonnier *m.*
'hop-growing. **1.** *a.* (*Of district, etc.*) Houblonnier. **2.** *s.* Culture *f* du houblon.
'hop hornbeam, *s. Arb:* Charme-houblon *m.*
'hop-kiln, *s.* Four *m*, séchoir *m*, à houblon.
'hop-merchant, *s.* Marchand *m* de houblon.
'hop-picker, *s.* Cueilleur, -euse, de houblon.
'hop-picking, *s.* Cueillette *f* du houblon.
'hop-pillow, *s.* Oreiller *m* somnifère (rempli de houblon).
'hop-pole, *s.* **1.** Perche *f* à houblon. **2.** *F:* (*Pers.*) Grande perche.
'hop-sack, *s.* **1.** Sac *m* à houblon. **2.** *Tex:* Cheviote grossière.
'hop-tree, *s. Arb:* Orme *m* à trois feuilles.
'hop-vine, *s.* = HOP-BIND.
'hop-yard, *s.* = HOP-FIELD.

hop[2], *v.* (**hopped** [hɔpt]; **hopping**) **1.** *v.tr.* Houblonner (la bière). **2.** *v.i.* Cueillir le houblon.
hopping[1], *s.* Cueillette *f* du houblon. **To go hopping,** cueillir le houblon; faire la cueillette du houblon.

hop[3], *s.* **1.** (*a*) Petit saut; sautillement *m.* (*b*) Saut à cloche-pied. *F: He went off* **with a hop, skip and a jump,** il s'en alla en deux temps et trois mouvements; il s'en alla en gambadant, sur une gambade. *It's only a hop, skip and a jump from here,* c'est à trois enjambées d'ici. **To catch s.o. on the hop,** surprendre qn; prendre qn au pied levé; (re)pincer qn au tournant; pincer, prendre, qn en flagrant délit. (*c*) *Av: To do the journey in hops,* faire le voyage par étapes. *To do the journey in one hop,* accomplir le voyage d'une traite. **Journey in five hops,** voyage *m* avec quatre escales, en cinq étapes. **2.** *F:* (*Dance*) Sauterie *f.* **To give a hop,** donner une soirée dansante. *P:* **Shilling hop,** bal public; bal musette; bastringue *m.*

hop[4]. **1.** *v.i.* (*a*) Sauter, sautiller. *To hop on one leg,* sauter à cloche-pied. **To hop away,** (i) s'éloigner à cloche-pied; (ii) (*of sparrow, etc.*) s'éloigner en sautillant. *The sparrows come hopping up to us,* les moineaux *m* s'approchent en sautillant. *F:* **To hop off,** filer; ficher le camp. (*b*) *F:* Danser. (*c*) *To hop over a ditch,* sauter un fossé. *To hop out of bed, off one's bicycle,* sauter à bas de son lit, à bas de son vélo. *To hop on* (*to*) *a bus,* sauter dans l'autobus. *F:* **To hop over to Paris,** ne faire qu'un saut jusqu'à Paris. **2.** *v.tr. F:* Sauter (un obstacle). *Mil: P:* **To hop the bags,** escalader, franchir, le parapet; monter à l'assaut; *P:* monter sur le billard, sur le bled; aller au jus. *P:* **To hop the twig, the perch,** (i) s'en aller; filer; décamper; (ii) mourir, sauter le pas, lâcher la rampe, casser sa pipe. *P:* **To hop it,** filer; ficher le camp. **Hop it!** allez, ouste! fichez-moi le camp! allez, hop! va-t'en voir si j'y suis! *We'd better hop it! P:* il s'agit de les mettre! **3.** *v.tr. U.S: P:* **To hop a ride in a train** = faire le voyage (dans le train) aux frais de la princesse.
hopping[2], *s.* Sautillement *m*, sauts *mpl.*
'Hop-o'-my-'thumb. **1.** *Pr.n.* Le Petit Poucet. **2.** *s. F:* Petit bout d'homme.

hope[1] [houp], *s.* **1.** (*a*) Espérance *f*, espoir *m. Between h. and fear,* entre l'espérance et la crainte. *To be full of h.,* avoir bon espoir. *Loss of h.,* découragement *m*; *Lit:* désespérance *f.* **Past all hope,** perdu sans retour; perdu sans espoir. *He is past h.,* on désespère de le sauver. **When one is young there is always hope,** la jeunesse revient de loin. *To express the confident h. that . . .,* exprimer le ferme espoir que. . . . *There is no h. of his being appointed,* il n'y a aucun espoir qu'il soit nommé. **To put one's hope in the future,** compter sur l'avenir. **To set all one's hopes on s.o., on sth.,** mettre tout son espoir en qn, en qch. **To set one's hopes on doing sth.,** nourrir l'espoir de faire qch. *Geog:* **The Cape of Good Hope,** le cap de Bonne Espérance, *A:* le cap des Tempêtes. *See also* BLIGHT[2], RAISE[2] 4, 5, SPRING[2] I. 2. (*b*) **In the hope of . . .,** dans l'attente de . . ., dans l'espoir de. . . . **To be, live, in hope of doing sth.,** avoir l'espoir de faire qch. *I live in the certain h. of seeing him again,* je nourris la ferme espérance de le revoir. **2. He is the hope of his country,** il est l'espoir de son pays. *The young h. of an ancient family,* l'espoir d'une vieille famille. **My last hope,** mon dernier espoir; ma dernière planche de salut. **To have hopes of sth., of doing sth.,** avoir qch. en vue; avoir l'espoir de faire qch. *I have good hopes of finding it again,* j'ai bon espoir de le retrouver. *I have hopes of seeing him to-morrow,* je pense le voir demain. **To live, be, in hopes that . . .,** caresser l'espoir, avoir l'espoir, oser espérer, que. . . . *Iron: P:* **What a hope!** si vous comptez là-dessus! si vous tablez là-dessus!

hope[2]. **1.** *v.i.* Espérer. *He no longer hopes,* il n'espère plus; il n'a plus d'espoir. **We must hope against hope,** il faut espérer quand même; il ne faut jamais désespérer. **To hope on,** continuer d'espérer; se bercer d'espérances. **To hope for sth.,** espérer qch. *That is not the result I had hoped for,* ce n'est pas là le résultat que j'avais rêvé. **Hoped-for victory,** victoire attendue, espérée, désirée; victoire en espérance. **To hope for the best,** ne pas désespérer; avoir bon espoir. **To hope in God,** mettre son espoir en Dieu. **2.** *v.tr.* (*a*) **I hope and expect that . . .,** j'espère avec confiance que. . . . *What is hoped to be gained by this?* qu'espère-t-on gagner à cela? *I h. to see you again,* j'espère vous revoir. *I had hoped to tell you myself,* je comptais vous l'apprendre moi-même. *Iron:* **I hope I may know something about my job,** je connais mon affaire peut-être! **I only hope you may get it!** je vous en souhaite! *Corr:* **Hoping to hear from you,** dans l'attente de vos nouvelles; dans l'espoir de vous lire. (*b*) *I h. your brother is better,* j'aime à croire que votre frère va mieux. *I h. he doesn't lose his train,* j'espère qu'il ne va pas manquer son train. *I h. you may succeed, may be right,* je souhaite que vous réussissiez, que vous ayez raison. *A day will come, I h., when . . .,* un jour viendra, je l'espère, où. . . .

hope[3], *s.* **1.** *A:* Champ cultivé, terrain cultivé (entouré de terres incultes). **Osier hope,** champ d'osier; oseraie *f.* **2.** *Scot:* Vallon encaissé, sans issue. **3.** Bras *m* de mer; petite baie.

hope[4], *s.* Troupe *f. Only in the phr.* **forlorn hope,** *q.v. under* FORLORN 1.

hopeful ['houpful], *a.* **1.** Plein d'espoir. *Inclined to be h., in h. mood,* disposé à l'espérance. *We must remain h.,* il faut continuer d'espérer. **To be hopeful that . . .,** avoir bon espoir que. . . . *To be of a hopeful disposition,* être d'un naturel optimiste; voir tout en rose. **2.** (*a*) (Avenir, carrière) qui donne de belles, de grandes, espérances, qui promet. *A h. lad,* un garçon plein d'avenir, qui promet beaucoup. *s. F:* (*Usu. Iron:*) **The young hopeful,** l'espoir de la famille. *This is my young h.,* voici mon grand dadais de fils, mon petit nigaud de fils. *Young H. was spending a lot of money,* le fils à papa dépensait pas mal d'argent. (*b*) **The situation looks more hopeful,** la situation s'annonce meilleure, est plus encourageante; il y a un changement pour le mieux; les choses se présentent sous un meilleur jour. **-fully,** *adv.* **1.** (Travailler, etc.) avec bon espoir, avec confiance. **2.** *Things were turning out h.,* les choses prenaient une tournure encourageante.

hopefulness ['houpfulnəs], *s.* **1.** Bon espoir; confiance *f.* **2.** Bons présages, bons indices (de la situation, etc.).

hopeless ['houpləs], *a.* **1.** Sans espoir; désespéré. *H. grief,* noir chagrin; douleur *f* inconsolable. *The h. poor,* les pauvres *m* sans espoir pour l'avenir. **2.** (*a*) Qui ne permet aucun espoir; (maladie *f*, passion *f*, etc.) incurable; (situation) désespérée, sans issue; (projet *m*) qui n'a aucune chance de réussir; (excuse *f*) qui n'en imposerait à personne. (*Of patient, etc.*) *To be in a h. state,* être dans un état désespéré. *The doctors say his case is h.,* les médecins l'ont condamné. *H. weather,* temps désespérant. *It's a h. job,* c'est désespérant; c'est à désespérer de jamais réussir. **To give sth. up as hopeless,** renoncer à faire qch. *I know it is h. appealing to you,* je sais qu'il est parfaitement inutile de vous adresser une prière. *It is h. to try to . . .,* on aurait beau essayer de. . . . (*b*) *F:* **Hopeless dunce, drunkard,** cancre *m* indécrottable, ivrogne *m* incorrigible. **You're hopeless!** vous êtes décourageant, désespérant! **-ly,** *adv.* **1.** (Vivre) sans espoir; (regarder qn) avec désespoir. **2.** (Vaincu) irrémédiablement; (amoureux) sans retour. *The h. poor,* ceux qui sont pauvres irrémédiablement. *H. drunk,* soûl perdu.

hopelessness ['houpləsnəs], *s.* **1.** Désespoir *m.* **2.** État désespéré, nature désespérante (d'une situation).

hoplite ['hɔplait], *s. Gr.Ant:* Hoplite *m.*

hopper[1] ['hɔpər], *s.* **1.** (*a*) (*Of pers., animal*) Sauteur, -euse. (*b*) *P:* Puce *f.* (*c*) (*Of piano*) Échappement *m* (du marteau). **2.** (*a*) Trémie *f*, huche *f*, hotte *f* (de moulin). (*b*) *Agr:* Semoir *m.* (*c*) *Sm.a:* **Cartridge hopper,** auget *m* (de répétition). **3.** *Nau:* Hopper(-barge), marie-salope *f*, *pl.* maries-salopes; chaland *m* ou bac *m* à vase; allège *f.*
'hopper-light, -casement, *s.* Fenêtre *f* à bascule, à charnière.

hopper[2], *s. F:* = HOP-PICKER.

hopple[1] [hɔpl], *s.* = HOBBLE[1] 2 (*a*).

hopple[2], *v.tr.* = HOBBLE[2] 2 (*a*).

hopscotch ['hɔpskɔtʃ], *s. Games:* La marelle.

horary ['hɔːrəri], *a. Astr: etc:* Horaire.

Horatian [hɔ'reiʃiən], *a. Lt.Lit:* D'Horace; d'après Horace.

Horatii (the) [ðəhɔ'reiʃiai]. *Pr.n.m.pl. Rom.Hist:* Les Horaces.

horde [hɔːrd], *s.* Horde *f* (de barbares, etc.).

hordeolum [hɔːr'diːələm], *s. Med:* Orgelet *m.*

horehound ['hɔːərhaund], *s. Bot:* (**Common, white**) **horehound,** marrube *m.* **Black horehound,** ballote *f.*

horizon [ho'raizən], *s.* Horizon *m. Clear h.,* horizon dégagé. **On the horizon,** à l'horizon; au-dessus de l'horizon. **The horizon line,** la ligne d'horizon. *Av:* **Artificial horizon,** horizon gyroscopique.

horizontal [hɔri'zɔnt(ə)l], *a.* Horizontal, -aux. *U.S: H. increase in salaries of ten per cent,* augmentation *f* uniforme de dix pour cent sur toutes les rétributions. *See also* BAR[1] 1, COMBINE[1], FLIGHT[1] 1, RUDDER 1, 2. **-ally,** *adv.* Horizontalement.

horizontality [hɔrizɔn'taliti], *s.* Horizontalité *f.*

hormone ['hɔːrmoun], *s. Physiol:* Hormone *f.*

horn[1] [hɔːrn], *s.* **1.** (*a*) Corne *f* (de bétail, de bélier, de bouc, de girafe, du diable, etc.). *Horns of a stag,* bois *m* d'un cerf. (*Of stag*) **To shed, cast, its horns,** perdre, poser, mettre bas, son bois; muer. *To remove, break, the horns of an animal,* écorner un animal. *F:* **Wind fit to blow the horns off an ox,** vent *m* à écorner les bœufs. *A: To make horns at a deceived husband,* faire les cornes à un mari cocu. *See also* BULL[1] 1. (*b*) *Nat.Hist:* Antenne *f* (de cerf-volant); corne (de calao); aigrette *f* (de hibou). *Horns of a snail,* cornes, *F:* antennes, d'un limaçon. *F:* **To draw in one's horns,** (i) rentrer les cornes; rentrer dans sa coquille; (ii) restreindre son ardeur, rabattre (de) ses prétentions, en rabattre; *F:* mettre de l'eau dans son vin. (*c*) Corne (d'un croissant, de la lune, d'une planète); branche *f* (d'un estuaire); antenne (de mine sous-marine); bigorne *f* (d'enclume); poignée *f* (de rabot). *Nau:* Oreille *f* (de taquet). *El.E:* **Horn-type switch,** commutateur *m* à antennes, à cornes. (*d*) *Log:* Corne (d'un dilemme). *F:* **On the horns of a dilemma,** enfermé dans un dilemme. (*e*) *Geog:* **The Horn** = *Cape Horn, q.v. under* CAPE[2] 1. **2.** (*Horny matter*) Corne. (*a*) **Horn comb,** peigne *m* en corne. *Horn spoon,* cuiller *f* de, en, corne. *To tip a bow with h.,* encorner un arc. *See also* BUCK-HORN. (*b*) *Farr: etc:* Corne (de sabot de cheval, d'âne, etc.). *Vet:* **Spongy horn** (*of horse's pumiced foot*), fourmilière *f.* **3.** *Mus:* (*a*) Cor *m*, cornet *m.* **French horn,** cor d'harmonie. **Hunting horn,** cor, trompe *f*, de chasse. **Shepherd's horn,** buccin *m* de bouvier. **Coach horn,** buccin de mail-coach. *See also* BLOW[2] II. 2, HOUND[1] 2, WIND[2] 1. (*b*) **English horn** (*tenor oboe*), cor anglais. **4.** Pavillon *m* (de phonographe, de haut-parleur). **5.** *Aut:* Cornet (avertisseur); corne (d'appel); trompe (d'auto). **To sound, blow, one's horn,** prévenir d'un coup de corne ou de klaxon; donner un coup de klaxon; corner. **High-, low-sounding**

horn, corne à son aigu, grave. *See also* BULB-HORN, FOG-HORN. 6. *A:* **Drinking horn,** corne à boire. **Horn of plenty,** corne d'abondance. *See also* INK-HORN, POWDER-HORN, SHOE-HORN.

'horn-bar, *s.* Traverse *f* (de voiture).

'horn-blower, *s.* (*Pers.*) Corneur, -euse; sonneur *m* de cor, de trompe.

'horn-blowing, *s.* Sonneries *fpl* de cor.

'horn-book, *s.* *A:* Abécédaire (monté derrière une plaque de corne).

'horn-fish, *s.* *Ich:* = GARFISH.

'horn-fly, *s.* *Ent:* Mouche *f* à bœufs.

'horn-fuse, *s.* *El.E:* Coupe-circuit *m inv* à antennes.

'horn-handled, *a.* (Couteau) à manche de corne.

'horn-meal, *s.* *Com:* Poudre *f* de corne.

'horn-owl, *s.* *Orn:* Duc *m.* **Great horn-owl,** grand-duc *m, pl.* grands-ducs.

'horn-plate, *s.* *Rail:* Plaque *f* de garde (d'essieu).

'horn-player, *s.* *Mus:* Corniste *m,* cor *m.*

'horn-rimmed, *a.* (Lunettes *fpl*) à monture en corne.

'horn-rims, *s.pl.* Lunettes *f* à monture en corne.

'horn-silver, *s.* *Miner:* Argent corné; cérargyrite *f,* kérargyre *m.*

'horn-tail, *s.* *Ent:* Sirex *m.*

horn², *v.tr.* 1. Mettre des cornes à (qch.). 2. Écorner (un bœuf). 3. (*Of animals*) Corner (qn); donner un coup de corne à (qn); attaquer (qn) à coups de corne; encorner (qn). 4. *N.Arch:* **To horn the frame,** balancer les couples. 5. *v.i.* *U.S:* *F:* **To horn in,** intervenir sans façon (dans une conversation, etc.).

horned [hɔːrnd, 'hɔːrnid], *a.* 1. (*a*) (Animal *m*) à cornes, cornu; (serpent, pavot, etc.) cornu. **The horned moon,** le croissant de la lune. **Horned owl** = HORN-OWL. **Long-horned,** à longues cornes. **Single-horned,** unicorne. *Rept:* **Horned snake,** viper, vipère cornue. *See also* CATTLE 1, FROG¹ 1, PRONG-HORNED, SHORT-HORNED, TOAD 1. (*b*) *Her:* Accorné. 2. *Log:* **Horned syllogism,** argument cornu.

hornbeam ['hɔːrnbiːm], *s.* Charme *m*; hêtre blanc. **Hornbeam plantation,** charmoie *f.* *See also* HOP HORNBEAM.

hornbill ['hɔːrnbil], *s.* *Orn:* Calao *m*; corbeau cornu; bec-de-corne *m, pl.* becs-de-corne.

hornblende ['hɔːrnblend], *s.* *Miner:* Hornblende *f.* **White hornblende,** calamite *f.*

horner ['hɔːrnər], *s.* 1. Préparateur, -trice, de corne; cornetier *m.* 2. = HORN-BLOWER.

hornet ['hɔːrnet], *s.* *Ent:* Frelon *m*; guêpe-frelon *f, pl.* guêpes-frelons. *F:* **To bring a hornet's nest about one's ears, to stir up a nest of hornets,** donner, tomber, se fourrer, dans un guêpier.

'hornet-fly, *s.* *Ent:* Asile *m* frelon.

hornfels ['hɔːrnfelz], *s.* *Miner:* Corne *f,* cornéenne *f.*

hornful ['hɔːrnful], *s.* Pleine corne (de poudre, etc.).

horniness ['hɔːrninəs], *s.* (*a*) Nature cornée (d'une substance). (*b*) Callosité *f* (des mains).

hornist ['hɔːrnist], *s.* *Mus:* *U.S:* = HORN-PLAYER.

hornless ['hɔːrnləs], *a.* 1. (*a*) (Bête) sans cornes. (*b*) *Ent:* (Insecte) acère. (*c*) (Lune) sans cornes. 2. (Phonographe) sans pavillon.

hornpipe ['hɔːrnpaip], *s.* *Danc:* *Mus:* Matelote *f.*

hornstone ['hɔːrnstoun], *s.* *Miner:* Pierre *f* de corne; silex noir, silex corné. *See also* PORPHYRY.

hornwork ['hɔːrnwəːrk], *s.* 1. *Fort:* Ouvrage *m* à cornes, en queue d'aronde. 2. Articles *mpl* de corne.

hornwort ['hɔːrnwəːrt], *s.* *Bot:* Cératophylle *m,* cornifle *f.*

horny ['hɔːrni]. 1. *a.* (*a*) Corné; (bec *m,* etc.) de corne, en corne. **Horny stone,** pierre cornée. (*b*) (*Of hand, etc.*) Calleux. *To grow h.,* se racornir. *To make one's hands h.,* se racornir les mains. **Horny-handed blacksmith,** forgeron *m* aux mains calleuses. 2. *s.* *Scot:* *F:* **Auld Horny, Auld Hornie,** le diable.

horography [hɔ'rɔgrəfi], *s.* Horographie *f.*

horological [hɔro'lɔdʒik(ə)l], *a.* 1. D'horloge, d'horlogerie. 2. Qui se rapporte à la mesure du temps.

horologist [hɔ'rɔlodʒist], *s.* *A:* Horloger *m.*

horology [hɔ'rɔlodʒi], *s.* 1. Horlogerie *f.* 2. Horométrie *f.*

horoscope ['hɔroskoup], *s.* Horoscope *m.* **To cast s.o.'s horoscope,** faire, dresser, tirer, l'horoscope de qn. *See also* CASTER¹ 1.

horoscopy [hɔ'rɔskopi], *s.* Horoscopie *f.*

horrent ['hɔrənt], *a.* *Poet:* Hérissé.

horrible ['hɔribl], *a.* Horrible, affreux, atroce, effroyable. *H. noise,* bruit *m* épouvantable. *It was h. to see,* cela faisait horreur à voir. *F:* *H. weather,* temps *m* abominable. **-ibly,** *adv.* Horriblement, affreusement. *It is h. cold,* il fait un froid terrible.

horribleness ['hɔriblnəs], *s.* Caractère *m* horrible, effroyable (de qch.); affreuseté *f.*

horrid ['hɔrid], *a.* 1. Horrible, affreux. *H. sight,* chose *f* horrible à voir. 2. *F:* Méchant. **To be horrid to s.o.,** être méchant envers qn. *To say h. things about s.o.,* dire des horreurs, des méchancetés, de qn. *What a h. man, woman!* quelle horreur d'homme, de femme! **Don't be horrid!** (i) ne dites pas, ne faites pas, des horreurs pareilles! (ii) ne faites pas le vilain! *How perfectly h. of you!* ce n'est pas du tout chic de votre part! **You horrid thing!** oh, le vilain! oh, la vilaine! **-ly,** *adv.* 1. Affreusement. 2. *F:* (Parler) d'une vilaine manière; (se conduire) méchamment, abominablement.

horridness ['hɔridnəs], *s.* 1. Horreur *f,* caractère *m* horrible (de qch.). 2. *F:* Méchanceté *f* (de conduite).

horrific [hɔ'rifik], *a.* *Lit:* Horrifique; horrible.

horrification [hɔrifi'keiʃ(ə)n], *s.* Horreur *f.*

horrify ['hɔrifai], *v.tr.* (*a*) Horrifier (qn); faire horreur à (qn). (*b*) *F:* Scandaliser; faire rougir (qn). **To be horrified,** être horrifié; être saisi, pénétré, d horreur. *I was horrified at the idea,* (i) cette idée me faisait horreur; (ii) rien que d'y songer ça me faisait sauter.

horrifying, *a.* Horrifiant.

horripilate [hɔ'ripileit], *v.tr.* Horripiler (qn); *F:* donner la chair de poule à (qn).

horripilation [hɔripi'leiʃ(ə)n], *s.* *Med:* Horripilation *f*; *F:* chair *f* de poule.

horror ['hɔrər], *s.* 1. Horreur *f.* *Paralysed with h.,* glacé d'horreur. **To my (unspeakable) horror . . .,** à ma grande horreur . . ., à mon grand effroi. . . . *I fled* **in horror,** je m'enfuis horrifié. **To have a horror of s.o., of sth., of doing sth.,** avoir horreur de qn, de qch.; avoir qn, qch., en horreur; avoir horreur de faire qch. 2. (*a*) Chose horrible, affreuse; horreur. *What a h.!* quelle horreur! **The horrors of war, of death,** les horreurs de la guerre; les affres *f* de la mort. *To be suffering from the horrors of sea-sickness,* être en proie aux affres du mal de mer. **Chamber of Horrors,** Chambre *f* des Horreurs (d'un musée). (*b*) *F:* **To have the horrors,** (i) grelotter de peur; (ii) être en proie au délire alcoolique, au délirium tremens. **It gives me the horrors,** cela me donne le frisson; ça me met les nerfs en pelote. 3. *Med:* Frisson *m* (symptomatique).

'horror-stricken, -struck, *a.* Saisi d'horreur; pénétré, glacé, frappé, d'horreur; atterré.

hors-d'œuvre [hɔːr'dəːvr], *s.* (*pl.* **hors-d'œuvres**) *Cu:* Hors-d'œuvre *m inv.* **Hors-d'œuvres dish,** porte-raviers *m inv.*

horse¹ [hɔːrs], *s.* 1. Cheval, -aux *m.* (*a*) **Draught-horse,** cheval de trait, de tirage, de roulage; cheval de harnais, de collier, d'attelage; carrossier *m.* *Light draught-h.,* cheval de trait léger. *Heavy draught-h.,* cheval de gros trait. **Carriage horse,** cheval de voiture, d'attelage. **Led horse,** cheval à main, de main. **Head horse** (*of a team*), cheval de flèche. **Trained horse, school horse,** cheval d'école, de manège; cheval qui a de l'école, qui fournit bien à l'école. **One-horse, two-horse, carriage,** voiture *f* à un cheval, à deux chevaux. *See also* ONE-HORSE. **To mount, get on, a horse, to take horse,** monter, enfourcher, un cheval; monter, sauter, à cheval. **To horse!** à cheval! *To fall off one's h.,* tomber de cheval; faire une chute de cheval. **To ride horse to horse,** aller de pair (à cheval). *F:* **To ride the high horse, to get on one's high horse,** monter sur ses grands chevaux; se dresser sur ses ergots; le prendre de haut; faire l'important. **To come off the high horse,** en rabattre. **To change horses,** relayer; prendre des relais; changer de cheval ou de chevaux. **Change of horses,** relais *m.* *Prov:* **Don't swap horses in midstream, while crossing a stream,** on ne change pas d'attelage au milieu du gué. *F:* **That's a horse of another colour,** ça c'est une autre paire de manches. **To talk horse,** parler chevaux; parler courses. **Dead horse,** (i) cheval mort; (ii) *F:* travail payé d'avance. *See also* FLOG. *Prov:* **It's a good horse that never stumbles,** il n'y a si bon cheval qui ne bronche; il n'y a bon charretier qui ne verse. *P:* *I say,* **old horse!** dites-donc, mon vieux! *See also* CART¹, CART-HORSE, COACH-HORSE, DARK¹ 6, DRAY-HORSE, EAT² 1, GIFT-HORSE, MARE, MASTER¹ 1, NEAR¹ III. 2, OFF¹ III. 1, OLD 1, PACK-HORSE, PLOUGH-HORSE, POLE-HORSE, POST-HORSE, RACE-HORSE, SADDLE-HORSE, SHAFT-HORSE, SIDE-HORSE, STALKING-HORSE, STRONG 2, TROOP-HORSE, VAN-HORSE, WAR-HORSE, WATER¹ 1, WHEEL-HORSE, WILLING² 1, WORK² I. 1. (*b*) *Breed:* Cheval mâle, cheval entier. **To take a mare to horse,** faire couvrir une jument. (*Of mare*) **To take the horse,** souffrir l'étalon. *See also* STUD-HORSE. (*c*) *Z:* **Horned horse,** gnou *m.* *See also* SEA-HORSE. (*d*) *Nau:* **White horses,** vagues *f* à crêtes d'écume; moutons *m.* (*e*) *F:* = HORSE-POWER. (*f*) *Astr:* **The Flying Horse,** Pégase *m.* 2. *Coll.* *Mil:* Cavalerie *f*; troupes montées. **Light horse,** cavalerie légère. *Twenty thousand horse,* vingt mille hommes de cavalerie. 3. (*a*) **Wooden horse,** (i) (*toy*) cheval de bois; (ii) *Ind:* chevalet *m* de montage; (iii) *Mil:* *A:* chevalet de torture. *See also* HOBBY-HORSE, ROCKING-HORSE. (*b*) *Gym:* **(Vaulting) horse,** cheval de bois; cheval d'arçons; cheval-arçons *m, pl.* chevaux-arçons. *Exercises on the h.,* (exercices *m* de) volte *f.* (*c*) *F:* **Iron horse,** (i) bicyclette *f,* (ii) locomotive *f.* 4. (*a*) **Towel horse,** porte-serviette(s) *m inv* (mobile). *See also* CLOTHES-HORSE. (*b*) *Tchn:* Chevalet, tréteau *m,* chèvre *f.* **Slater's horse,** bourriquet *m.* *Leath:* **Stitching horse,** étau *m.* *See also* BARREL-HORSE, SHAVING-HORSE. 5. *Geol:* *Min:* Cheval de terre; nerf *m* (dans le filon). (*Of lode*) **To take horse,** s'embrancher. 6. *Metall:* **(Old) horse,** cochon *m.* 7. *Nau:* (*a*) (*Foot-rope*) Cheval de vergue; marchepied *m.* **Flemish horse,** marchepied de bout de vergue. (*b*) Vire-lof *m* (de la grande écoute). (*c*) (*Jack-stay*) Filière *f* d'envergure.

'horse-artillery, *s.* Artillerie montée.

'horse-barge, *s.* *Nau:* Chaland remorqué par un cheval, à traction chevaline.

'horse-bay, *s.* Stalle *f* (d'écurie).

'horse-bean, *s.* *Bot:* Féverole *f*; fève *f* à cheval.

'horse-blanket, *s.* Couverture *f* de cheval.

'horse-block, *s.* Montoir *m.*

'horse-boat, *s.* 1. *Nau:* Écurie *f.* 2. = HORSE-BARGE.

'horse-boot, *s.* Botte *f,* bottine *f* (de cheval).

'horse-bot, *s.* *Ent:* Larve *f* d'œstre.

'horse-box, *s.* (*a*) *Rail:* Wagon *m* à chevaux; wagon-écurie *m, pl.* wagons-écuries; wagon-box(e) *m, pl.* wagons-boxes; *F:* bagnole *f.* (*b*) *Veh:* Fourgon *m* pour le transport des chevaux.

'horse-boy, *s.m.* Palefrenier; garçon d'écurie.

'horse-breaker, *s.* Dompteur *m,* dresseur *m,* de chevaux.

'horse-brush, *s.* Brosse *f* de pansage.

'horse-butcher, *s.* Boucher *m* qui vend de la viande de cheval. **Horse-butcher's,** boucherie chevaline.

'horse-butchery, *s.* Boucherie chevaline.

'horse-car, *s.* *U.S:* 1. Tramway *m* à chevaux, à traction animale. 2. = HORSE-BOX.

'horse-chestnut, *s.* *Bot:* 1. Marron *m* d'Inde. 2. **Horse-chestnut (tree),** marronnier *m* d'Inde.

'horse-cloth, *s.* Couverture *f* de cheval; housse *f* (en toile).

'horse-collar, *s.* Collier *m* de cheval. *F:* **To grin through a horse-collar,** s'efforcer de sourire; grimacer un sourire.
'horse-coper, -dealer, *s.* Marchand *m* de chevaux; maquignon *m.*
'horse-dealing, *s.* Commerce *m* de chevaux.
'horse-doctor, *s.* *F:* Vétérinaire *m.*
'horse-draught, *s.* = HORSE-DRENCH.
'horse-drawn, *a.* **Horse-drawn vehicle,** véhicule *m* à traction chevaline; véhicule hippomobile; véhicule attelé.
'horse-drench, *s.* *Vet:* Breuvage *m,* purge *f* (pour chevaux); médecine *f* de cheval.
'horse-dung, *s.* Crottin *m* de cheval. *Agr:* Fumier *m* (de cheval).
'horse-exercise, *s.* Équitation *f.*
'horse-fair, *s.* Foire *f* aux chevaux.
'horse-ferry, *s.* Passe-cheval *m, pl.* passe-chevaux.
'horse-flesh, *s.* **1.** Viande *f* de cheval; boucherie chevaline. **2.** *Coll.* Chevaux *mpl.* **To be a judge of horse-flesh,** s'y connaître en chevaux.
'horse-fly, *s.* *Ent:* **1.** Taon *m.* **2.** Hippobosque *m.* **3.** Œstre *m.*
'horse-furniture, *s.* Harnachement *m,* harnais *m.*
'horse-gear, *s.* Manège *m* (actionnant une machine).
'Horse Guards, *s.pl.* **1.** The (Royal) Horse Guards, la Garde du corps (à cheval); la cavalerie de la Garde. **2.** *F:* Grand Quartier-général du commandement des armées.
'horse-heal, *s.* *Bot:* Aunée *f* hélène.
'horse-hide, *s.* Peau *f,* cuir *m,* de cheval.
'horse-holder, *s.* Personne *f* qui tient les chevaux; *Mil:* canonnier *m* qui tient les chevaux (pendant que la pièce est en batterie).
'horse latitudes, *s.pl.* *Geog:* Calmes *m* du Cancer.
'horse-laugh, -laughter, *s.* Gros rire bruyant.
'horse-leech, *s.* **1.** *A:* Vétérinaire *m.* **2.** *(a)* Grosse sangsue. *(b)* *F:* Individu *m* rapace; sangsue.
'horse-litter, *s.* **1.** *Veh:* Litière portée par deux chevaux. **2.** *Husb:* Litière (de cheval).
'horse-load, *s.* Charge *f* d'un cheval.
'horse-mackerel, *s.* *Ich:* Caranx *m,* carangue *f,* saurel *m*; maquereau bâtard.
'horse-marines, *s.pl.* *Hum:* **He's in the horse-marines,** c'est un amiral suisse, un plongeur à cheval. *See also* MARINE 2.
'horse-mart, *s.* Marché *m* aux chevaux; tattersall *m.*
'horse-master, *s.* **1.** Dresseur *m* de chevaux. **2.** = JOB-MASTER.
'horse-mastership, *s.* Soins donnés aux chevaux; maréchalerie *f.*
'horse-meat, *s.* = HORSE-FLESH 1.
'horse-mill, *s.* Manège *m* (actionnant un moulin, etc.).
'horse-mint, *s.* *Bot:* (i) Menthe *f* aquatique; (ii) menthe sauvage.
'horse-net, *s.* Épissière *f,* émouchette *f.*
'horse-parsley, *s.* *Bot:* Maceron potager; *F:* persil noir.
'horse-path, *s.* Piste cavalière.
'horse-pick, -picker, *s.* *Tls:* Cure-pied *m, pl.* cure-pieds.
'horse pistol, *s.* Pistolet *m* d'arçon.
'horse-play, *s.* Jeu brutal, jeu de main(s); badinerie grossière. **(Let us have) no horse-play!** jeu de main(s), jeu de vilain! jeu de pied(s), jeu de charretier!
'horse-pond, *s.* Abreuvoir *m.*
'horse-power, *s.* (*Abbr.* **h.p.**) *Mec:* (i) Puissance *f* en chevaux, force *f* en chevaux, force motrice; (ii) *Meas:* cheval-vapeur *m* (britannique, = 33,000 pieds-livres par minute, = 1.0139 ch.-v. français). *Indicated h.-p.,* puissance indiquée; chevaux indiqués. *Nominal h.-p.,* cheval nominal. *Estimated h.-p.,* puissance prévue. **Brake horse-power, actual horse-power,** puissance effective en chevaux; puissance au frein; chevaux au frein; cheval effectif. *Aut:* **Horse-power at road wheels,** rendement *m* à la jante. **Horse-power hour,** cheval-heure *m, pl.* chevaux-heures. **Horse-power formula,** formule *f* de puissance (d'une automobile). **A forty horse-power car, a car of forty horse-power,** une automobile de quarante chevaux, *F:* une quarante chevaux.
'horse-race, *s.* Course *f* de chevaux.
'horse-racer, *s.* *Turf:* **1.** Propriétaire *m* de chevaux de course. **2.** Jockey *m.*
'horse-racing, *s.* Hippisme *m*; courses *fpl* de chevaux.
'horse-radish, *s.* *Bot:* Raifort *m,* cran *m*; cranson *m* de Bretagne. *Cu:* **Horse-radish sauce,** raifort à la crème.
'horse-rake, *s.* *Husb:* *Hort:* Râteau *m* à cheval.
'horse-rug, *s.* = HORSE-BLANKET.
'horse-rustler, *s.* *U.S:* **1.** Valet *m* d'écurie. **2.** Voleur *m* de chevaux.
'horse-sense, *s.* *U.S:* *F:* Gros bon sens.
'horse-ship, *s.* = HORSE-BOAT 1.
'horse-shoer, *s.* Maréchal ferrant.
'horse-shoeing, *s.* Ferrage *m,* ferrure *f,* des chevaux.
'horse-show, *s.* Exposition chevaline; exposition de chevaux; concours *m* hippique.
'horse's 'neck, *s.* *F:* Boisson *f* au gingembre et au citron, avec ou sans alcool.
'horse-soldier, *s.* Soldat monté; soldat de cavalerie; cavalier *m.*
'horse-stealer, *s.* Voleur *m* de chevaux.
'horse-tail, *s.* **1.** Queue *f* de cheval. (*In Turkey*) **Horse-tail (ensign),** toug *m.* **2.** *Bot:* Prêle *f* (des marais); equisetum *m*; *F:* queue-de-cheval *f, pl.* queues-de-cheval. **Shrubby horse-tail,** éphèdre *f*; uvette *f*; raisin *m* de mer. **Water horse-tail,** girandole *f* d'eau. **3.** *Anat:* Nerfs rachidiens postérieurs; *F:* queue de cheval.
'horse-thief, *s.* Voleur *m* de chevaux.
'horse-towel, *s.* Essuie-main(s) *m inv* à rouleau; touaille *f.*
'horse-trainer, *s.* Entraîneur *m* (de chevaux de course).
'horse-trooper, *s.* *Mil:* *A:* = HORSE-SOLDIER.
'horse-troops, *s.pl.* *Mil:* Troupes *f* à cheval; cavalerie *f.*
'horse-trough, *s.* Abreuvoir *m*; auge *f* (à chevaux).
'horse-weed, *s.* *Bot:* Érigéron *m* du Canada.

horse². **1.** *v.tr.* *(a)* Fournir un cheval, des chevaux, à (qn). *To be well horsed,* être bien monté; avoir un bon cheval. **To horse a carriage,** mettre des chevaux à une voiture. *(b)* Faire porter à dos (qn qui va être fouetté). *(c)* (i) Faire couvrir (une jument); (ii) (*of stallion*) couvrir (la jument). **2.** *v.i.* Chevaucher; se rendre à cheval (*to a place,* à un endroit).
horsing, *s.* Fouettée *f.*

horseback ['hɔːrsbak], *s.* **On horseback,** à (dos de) cheval; sur un cheval. *To ride on h.,* aller à cheval. *Equit:* *To perform on h.,* faire de la voltige, de la haute école. *To look well on h.,* être beau cavalier, belle cavalière; se bien tenir à cheval. *Young man on h.,* jeune cavalier. *F:* **A beggar on horseback,** un parvenu. *U.S:* **Horseback opinion,** avis donné à première vue. *See also* ANGEL 4.

horsehair ['hɔːrshɛər], *s.* Crin *m* (de cheval). **Vegetable horsehair,** crin végétal. **Horsehair mattress,** matelas *m* de crin. **Horsehair furniture,** meubles recouverts en crin. **Horsehair plume,** crinière *f* (de casque).

horseless ['hɔːrsləs], *a.* **1.** Sans cheval, sans chevaux; (cavalier) sans monture. **2.** (Voiture) sans chevaux, à propulsion mécanique.

horseman, *pl.* **-men** ['hɔːrsmən, -men], *s.m.* **1.** Cavalier, écuyer. *F:* **Born horseman,** homme de cheval. *To be a good h.,* bien monter à cheval; être bon cavalier. **2.** *Ich:* Chevalier *m.* **3.** *Orn:* Gros pigeon voyageur; pigeon cavalier.

horsemanship ['hɔːrsmənʃip], *s.* Équitation *f,* manège *m*; talent *m* d'écuyer. *Skilled h.,* haute école.

horseshoe ['hɔːrsʃuː], *s.* **1.** *(a)* Fer *m* à cheval. **Horseshoe iron,** fer *m* de maréchalerie. *Farr:* **Horseshoe gauge,** podomètre *m.* **Horseshoe-nail,** clou *m* à cheval, à chevaux; clou de maréchal. *(b)* *Attrib.* (Table *f,* broche *f,* etc.) en (forme de) fer à cheval. *H. curve* (*of double staircase*), arcade *f.* *Bot:* **Horseshoe vetch,** hippocrépide *f.* **2.** *Nau:* Greffe *f.* **To make a horseshoe on a rope,** greffer une manœuvre. *Making of a h.,* greffage *m.* **3.** *(a)* Crabe *m* des Moluques; limule *m.* *(b)* *Moll:* *U.S:* Lutraire *f.*

horsewhip¹ ['hɔːrswip], *s.* Cravache *f.*

horsewhip², *v.tr.* (horsewhipped; horsewhipping) Cravacher, sangler (qn); administrer une cravachée à (qn).
horsewhipping, *s.* Coups *mpl* de cravache; cravachée *f.*

horsewoman, *pl.* **-women** ['hɔːrswumən, -wimen], *s.f.* Amazone, cavalière, écuyère.

horsiness ['hɔːrsinəs], *s.* Affectation *f* du genre jockey, du genre palefrenier.

horst [hɔːrst], *s.* *Geol:* Horst *m,* butoir *m.*

horsy ['hɔːrsi], *a.* **1.** Chevalin. **2.** (*Of pers.*) *(a)* Hippomane. *(b)* Qui affecte le langage, le costume, des grooms et des jockeys.

hortative ['hɔːrtətiv]. **1.** *a.* Exhortatif. **2.** *s.* Exhortation *f.*

hortatory ['hɔːrtətəri], *a.* = HORTATIVE 1.

hortensia [hɔːr'tensiə], *s.* *Bot:* Hortensia *m.*

horticultural [hɔːrti'kʌltjurəl], *a.* (Outil *m*) horticole, d'horticulture. **Horticultural show,** exposition *f* d'horticulture. **-ally,** *adv.* *H. speaking,* parlant du point de vue de l'horticulture. *H. superior,* supérieur en fait d'horticulture.

horticulture ['hɔːrtikʌltjər], *s.* Horticulture *f.*

horticulturist [hɔːrti'kʌltjurist], *s.* Horticulteur *m.*

hortus siccus ['hɔːrtəs'sikəs], *s.* Herbier *m.*

hosanna [ho'zana]. **1.** *int.* Hosanna! **2.** *s.* Hosanna *m.*

hose [hoːuz], *s.* **1.** *Coll. pl.* *Cost:* *(a)* *A:* (i) Chausses *fpl.* (ii) Haut-de-chausses *m, pl.* hauts-de-chausses. *His h. were torn,* son haut-de-chausses était troué. *(b)* *Com:* Bas *mpl.* *See also* HALF-HOSE. **2.** (*pl.* hoses) Manche *f* à eau; boyau *m,* tuyau *m.* *Leather h.,* manche en cuir. *Nau:* **Washing-hose,** manche de lavage. **Rubber hose,** conduit *m* souple; tuyau flexible; tuyau en caoutchouc. **Garden hose, street hose,** tuyau(x) d'arrosage. **Air-hose,** tuyau flexible d'air. *H. of a fire-engine,* garniture *f* d'une pompe d'incendie. *See also* FIRE-HOSE, SCUPPER-HOSE.
'hose-clip, *s.* *Aut:* *etc:* Collier *m* de serrage (de raccord de radiateur, de tuyau d'arrosage, etc.).
'hose-leather, *s.* *Nau:* Maugère *f* (de pompe).
'hose-pipe, *s.* Tuyau *m* (de lavage, d'incendie, etc.).
'hose-reel, *s.* *Hort:* Chariot *m* à tuyaux.
'hose-tops, *s.pl.* *Cost:* Bas *m* sans pieds.

Hosea [ho'ziːa]. *Pr.n.m.* *B.Hist:* Osée.

hosier ['houziər, -ʒiər], *s.* Bonnetier, -ière.

hosiery ['houziəri, -ʒiəri], *s.* Bonneterie *f.* **Hosiery trade,** bonneterie. **Hosiery counter,** rayon *m* des bas et chaussettes.

hospice ['hɔspis], *s.* **1.** Hospice *m* (pour voyageurs, du mont St Bernard, etc.). **2.** Hospice; maison *f* de charité; asile *m* (pour vieillards, etc.).

hospitable ['hɔspitəbl], *a.* Hospitalier. *It is a very h. house,* c'est une demeure hospitalière; *F:* c'est la maison du bon Dieu. *H. speech,* discours *m* de bienvenue. *Mind h. to new ideas,* esprit ouvert aux idées nouvelles. **-ably,** *adv.* Hospitalièrement; avec hospitalité.

hospital ['hɔspit(ə)l], *s.* **1.** Hôpital, -aux *m.* *To admit s.o. into h.,* admettre qn à l'hôpital. *To send s.o. to h.,* hospitaliser qn. **Patient in hospital,** hospitalisé, -ée. *Two of the wounded died in h.,* deux des victimes sont mortes à l'hôpital. *Mil:* **Base hospital,** hôpital de l'intérieur. **Clearing hospital,** hôpital d'évacuation, de triage. **Red Cross Hospital,** hôpital auxiliaire. (*Of medical student*) **To walk the hospitals, a hospital,** assister aux leçons cliniques; faire les hôpitaux; suivre la clinique d'un hôpital. **Hospital nurse,** infirmière *f*; (*in field-hospital*) ambulancière *f.* **Hospital attendant,** infirmier *m.* *Mil:* **Hospital orderly,** ambulancier *m.* *A:* **Hospital fever,** fièvre *f* des hôpitaux. *Adm:* **Hospital unit,** formation *f* sanitaire. **Hospital train,** train *m* sanitaire. **Hospital ship,** vaisseau *m* hôpital, *pl.* vaisseaux hôpitaux. **Hospital Saturday,** samedi *m* où l'on fait la quête pour les hôpitaux. **Hospital care for maternity cases,** hospitalisation *f* des accouchées. *See also* COTTAGE 2, FEVER-HOSPITAL, FIELD-HOSPITAL, GANGRENE[1], ISOLATION, MATERNITY, MENTAL[1]. **2.** (*a*) *Hist:* Hospice *m* (des hospitaliers). (*b*) *Occ.* Asile *m*, hospice. **Greenwich Hospital,** l'Hospice de Greenwich (pour les invalides de la marine). *See also* FOUNDLING.

hospitality [hɔspi'taliti], *s.* Hospitalité *f.* **To show s.o. hospitality,** accorder l'hospitalité à qn; héberger qn; faire à qn un accueil hospitalier. *To give h. to a pilgrim,* recueillir un pèlerin. *F:* **To enjoy His Majesty's hospitality,** faire de la prison.

hospitalization [hɔspitali'zeiʃ(ə)n], *s.* Hospitalisation (des malades).

hospitalize ['hɔspitəlaːiz], *v.tr.* Hospitaliser (un malade).

hospital(l)er ['hɔspitələr], *s.* **1.** *Hist:* Hospitalier *m.* **Knights Hospitallers,** chevaliers hospitaliers. **Order of the Knights Hospitallers,** Ordre *m* de l'Hôpital. **2.** (*In certain London hospitals*) Aumônier *m.*

hospodar [hɔspo'dɑːr], *s. Hist:* Hospodar *m.*

host[1] [houst], *s.* (*a*) *A. & Poet:* Armée *f*, multitude *f*, foule *f.* **The heavenly hosts,** les célestes phalanges *f*; les troupes *f* célestes; les milices *f* célestes. **The Lord God of Hosts,** le Dieu des armées; le Seigneur, l'Éternel, des armées. *F:* **He was a host in himself,** à lui seul il valait une armée. (*b*) *F:* **A (whole) host of** *children, servants,* une ribambelle, un bataillon, d'enfants; (toute) une foule, (toute) une armée, de domestiques. *A h. of enemies,* une foule, une nuée, d'ennemis. *A h. of gnats,* une légion, une nuée, de moucherons. *A h. of ideas,* une foule d'idées.

host[2], *s.* (*a*) Hôte *m*; maître *m* de maison; *F:* amphitryon *m.* *A pleasant h.,* un aimable amphitryon. (*b*) Hôtelier *m*, aubergiste *m.* *Hum:* **Mine host,** mon hôte. *F:* **To reckon,** *A:* **to count, without one's host,** compter sans son hôte. (*c*) *Biol:* Hôte (porteur d'un parasite ou d'un commensal).

'host-plant, *s. Biol:* Hôte *m.*

host[3], *s. Ecc:* Hostie *f.* **Unconsecrated host,** pain *m* à chanter, pain d'autel, pain azyme.

hostage ['hɔstedʒ], *s.* **1.** Otage *m.* **As (a) hostage,** en otage, pour otage. **2.** *F:* Gage *m.* *F: My hostages to fortune,* ma femme et mes enfants.

hostel ['hɔstəl], *s.* **1.** *A:* Hôtellerie *f.* **2.** (*a*) Pension *f*, maison *f* de famille, foyer *m* (sous la direction d'une œuvre sociale). *H. attached to a girls' lycée,* pensionnat *m* d'un lycée de jeunes filles. **The Canadian Hostel,** la Maison du Canada (de la Cité Universitaire de Paris). (*b*) **Youth Hostels,** auberges *f* de la jeunesse.

hostelry ['hɔstəlri], *s. A. & Lit:* Hôtellerie *f*; auberge *f.*

hostess ['houstes], *s.f.* (*a*) Hôtesse; maîtresse de maison. *A good h.,* une femme qui sait recevoir. (*b*) Hôtelière, aubergiste *f.*

hostile ['hɔstail]. **1.** *a.* (*a*) Hostile, adverse, ennemi. *The h. army,* l'armée ennemie. **Hostile act,** acte *m* d'hostilité. *To make a h. demonstration against s.o.,* conspuer qn. (*b*) Hostile, opposé (*to*, à); ennemi (*to*, de). **To be hostile to s.o.,** être hostile à, envers, qn. **2.** *s. U.S:* Ennemi; *esp. Hist:* Peau-Rouge ennemi. **-ely,** *adv.* Hostilement; d'une manière hostile.

hostility [hɔs'tiliti], *s.* **1.** Hostilité *f* (*to*, contre); animosité *f.* *To feel no h. towards s.o.,* n'avoir aucune animosité contre qn. *To show persistent h. to s.o.,* se montrer acharné après, contre, qn. **2.** *pl.* **Hostilities,** hostilités; état *m* de guerre. **Outbreak of hostilities,** ouverture *f* des hostilités. *At the beginning of hostilities,* au début des hostilités. *Hostilities have begun, Lit:* la poudre a parlé. **Cessation of hostilities,** suspension *f* d'armes.

hostler ['ɔslər], *s.* = OSTLER.

hot[1] [hɔt], *a.* (**hotter, hottest**) **1.** (*a*) Chaud. **Steaming hot, sizzling hot,** tout chaud, tout bouillant. **Boiling hot,** (tout) bouillant. **Burning hot,** brûlant. **To be very hot,** (*of thg*) être très chaud; être brûlant; (*of pers.*) avoir très chaud; (*of weather*) faire très chaud. *It was a hot day,* il faisait chaud. *It is unbearably hot in the Sahara,* il fait une chaleur étouffante dans le Sahara. **It was hot to suffocation,** il faisait chaud à étouffer; on étouffait. **Room as hot as an oven,** pièce *f* où il fait chaud comme dans un four, où l'on étouffe. **To get, grow, hot,** (i) (*of thg*) devenir chaud, chauffer; (ii) (*of pers.*) s'échauffer, commencer à avoir chaud; (iii) (*of weather*) commencer à faire chaud; (iv) (*of person, discussion, contest*) s'échauffer. (*Of bearings*) **To run, get, hot,** chauffer, s'échauffer; gripper. *Rail: U.S:* **Hot box,** coussinet échauffé. *To make s.o. hot,* donner chaud à qn. *To keep a dish hot,* tenir un plat au chaud; mettre un plat au réchaud. **To serve food hot and hot,** servir un plat tout chaud tout bouillant. *During the hot weather,* pendant la chaleur; pendant les grandes chaleurs. *Hot sun,* soleil ardent. *Hot countries,* pays chauds. **Hot fire,** feu vif; *Ind:* feu intensif. **Hot water,** eau chaude, eau bouillante. **Hot-water engine,** locomotive *f* sans feu, à provision de vapeur. *F:* **To be in hot water,** avoir une vilaine affaire sur les bras; avoir des ennuis; être dans le pétrin, dans l'embarras. **To get into hot water,** s'attirer, se créer, des ennuis; s'attirer une mauvaise affaire. **To get s.o. into hot water,** susciter des ennuis à qn. **Hot air,** air chaud. **Hot-air engine,** moteur *m*, machine *f*, à air chaud; moteur pyropneumatique; aéromoteur *m.* **Hot-air dryer,** séchoir *m* à air chaud. **Hot-air pipe,** tuyau *m* de chaleur; gaine *f* de chauffe. **Hot-air jacket,** chambre *f* de réchauffe. **Hot-air bath** *or* **cabinet,** étuve sèche; sudatoire *m.* **Hot-air balloon,** montgolfière *f.* *Metall:* **Hot-air blast,** courant *m* d'air chaud. **Hot-air vent,** bouche *f* de chaleur. *F:* **A lot of hot air,** un tas de discours vides. **To let off hot air,** parler pour ne rien dire; dégoiser des platitudes. **It was hot work,** on s'y échauffait. *The wind was blowing hot,* le vent était embrasé. **To blow hot and cold,** (i) souffler le chaud et le froid; (ii) *F:* parler, agir, de façons contradictoires; changer d'idée à chaque instant. *F:* **To get all hot and bothered,** s'échauffer; (se) faire une pinte de mauvais sang; se faire du mauvais sang; perdre la tramontane; *P:* se biler. **To go hot all over,** avoir une bouffée de chaleur. **To go hot and cold all over,** avoir le frisson. *See also* BEARING[2] 2, BLAST[1] 3, CAT[1], COCKLE[2] 2, RED-HOT, SPRING[1] 1, WHITE HOT. (*b*) Brûlant, cuisant. *Hot fever,* fièvre brûlante. *Hot blush,* rougeur brûlante, vive rougeur. *Hot tears,* larmes cuisantes. (*c*) (Poivre) cuisant; (moutarde) piquante; (assaisonnement) épicé. *Hot sauce,* sauce très relevée. *This mustard is very hot,* cette moutarde vous emporte la bouche. *P:* **Hot coppers,** la gueule de bois. **He is hot stuff,** (i) il est très fort, il roule tout le monde; (ii) c'est un viveur. *He's hot stuff at tennis,* au tennis c'est un as. *That's hot stuff!* c'est épatant! **Hot(-stuff) story,** conte poivré. *Hot player, opponent,* joueur *m*, adversaire *m*, de première force. **Hot shot,** (i) coup *m* magnifique; (ii) coup dru. *See also* JAZZ[1] 1. (*d*) (*Of colour*) Trop vif. **2.** (*a*) *Cakes hot from the oven,* gâteaux *m* sortant du four. *See also* CAKE[1] 1, CROSS-BUN, DROP[2] II. 9, PIPING[2] 4, SMOKING-HOT. **News hot from the press,** nouvelles *fpl* sortant tout droit de la presse; nouvelles de la dernière heure. (*b*) *Ven:* **Hot scent,** odeur forte. **Hot trail,** voie chaude. **To be hot on the scent, on the trail,** être sur la bonne piste (d'un animal, d'un criminel); *F:* brûler. *Games:* **You are getting hot,** tu brûles. **3.** (*a*) Violent, chaleureux. *The hot blood of youth,* la chaleur, la fougue, de la jeunesse. *F:* **To make hot love to a woman,** chauffer une femme. **To have a hot temper,** avoir le caractère emporté; s'emporter facilement. **Hot words,** paroles violentes; mots vifs. (*b*) Acharné. **Hot contest,** chaude dispute. *Hot argument,* discussion vive, violente. **At the hottest of the fray,** au plus fort du combat. **Hot pursuit,** poursuite acharnée. **To be in hot pursuit, to be hot on the track, of s.o.,** poursuivre, presser, qn de près. **To follow hot upon the enemy,** poursuivre l'ennemi l'épée dans les reins. **The resistance was hot and strong,** la résistance a été vigoureuse. *Adv.phr.* **They went at it hot and strong,** ils y allaient avec acharnement, de toutes leurs forces. *See also* HASTE[1]. (*c*) *Hot patriot,* patriote ardent. *Hot sportsman,* enthousiaste *m* des sports, de la chasse. *To be hot on playing tennis,* être un fervent du tennis. *Turf:* **Hot favourite,** grand favori. (*d*) (*Of animals*) En chaleur; *F:* (*of pers.*) luxurieux; *F:* porté sur la bagatelle. **4.** *F:* **To make a place too hot for s.o.,** rendre la situation intenable à qn (dans un endroit). *The place was getting too hot for me,* je me trouvais dans un véritable guêpier; j'avais tout le monde contre moi. **To make things, it, too hot for s.o.,** rendre la vie intolérable, intenable, à qn. *I shall make it hot for him!* il lui en cuira! **To give it (to) s.o. hot,** laver la tête à qn; attraper qn de la belle façon; semoncer qn d'importance. **Let him have it hot!** tancez-le vertement! **To catch it hot, to get it hot,** recevoir un savon; recevoir un bon coup sur les ongles. *You'll get it hot!* tu vas la danser. **We are going to have a hot time,** il va y avoir du grabuge; ça va chauffer; *Mil:* il va y avoir du tabac. **5.** *Fin:* **Hot bills,** valeurs brûlantes. **-ly,** *adv.* **1.** (Répondre, protester) vivement, avec chaleur. **2.** (Poursuivi) avec acharnement, de près.

'hot-'blooded, *a.* Emporté, ardent, passionné. *H.-b. race,* race *f* au sang fougueux.

'hot-'brained, *a.* = HOT-HEADED.

'hot-bulb, *s. I.C.E:* Chapeau incandescent (d'allumage).

'hot 'dog, *s. U.S:* Petit pain fourré d'une saucisse chaude.

'hot-'foot[1], *adv.* (S'en aller, arriver) à toute vitesse, en (toute) hâte, précipitamment. **To follow hot-foot on the fleeing enemy,** talonner l'ennemi en fuite.

'hot-foot[2], *v.i. U.S:* **To hot-foot (it) after s.o.,** s'élancer à la poursuite de qn.

'hot-head, *s.* (*Pers.*) Tête ardente; tête chaude, emballée. *Young hot-heads,* jeunes impétueux.

'hot-'headed, *a.* **1.** Exalté, impétueux, à la tête chaude. **2.** Emporté, violent; prompt à se fâcher. *He is h.-h.,* il est vif, prompt, à s'irriter; il a la tête près du bonnet.

'hot-plate, *s. Dom.Ec:* Chauffe-assiette *m*, *pl.* chauffe-assiettes; réchaud *m*; réchauffoir *m.*

'hot-pot, *s. Cu:* Ragoût de bœuf ou de mouton aux pommes de terre, cuit à l'étuvée; hochepot *m.*

'hot-press[1], *s.* **1.** *Tex: etc:* Calandre *f*; presse *f* à catir, à satiner. **2.** Étuve *f* à linge.

'hot-press[2], *v.tr.* Calandrer, catir (le drap); satiner (le papier).

hot-pressing, *s.* Calandrage *m*; catissage *m* (du drap); satinage *m* (du papier).

'hot-'short, *a.* (Fer) cassant à chaud; (fer) rouverain, rouverin.

'hot-spot, *s. I.C.E:* **1.** Point *m* d'inflammation. **2.** Réchauffeur *m* (des gaz).

'hot-'tempered, *a.* Colérique, coléreux; emporté, vif. *He is a h.-t. man,* il a la tête près du bonnet.

'hot-tube, *s. I.C.E:* Tube incandescent. **Hot-tube ignition,** allumage *m* à tube incandescent.

hot-'water bottle, *s.* (*a*) Bouillotte *f* (en caoutchouc, etc.) (*b*) Cruchon *m*, *F:* moine *m.* (*c*) Boule *f* à eau chaude.

'hot-'well, *s. Mch:* Bâche *f*, citerne *f* (de condenseur); réservoir *m* d'alimentation. *See also* WELL[1] 1.

'hot-wire, *attrib.a.* **Hot-wire voltmeter,** voltmètre *m* thermique, à fil chaud.

hot[2], *v.tr. F:* **To hot sth. up,** (i) chauffer qch.; (ii) (faire) réchauffer (du potage, etc.). *Aut: P:* **Hotted up engine,** moteur poussé.

hotbed ['hɔtbed], *s.* **1.** *Hort:* Couche *f* (de fumier, de terreau); couche à fumier; couche chaude; couche de forçage; germoir *m*, meule *f.* **2.** *F:* **Hotbed of corruption, of intrigue,** foyer (ardent) de corruption, d'intrigue; officine *f* d'intrigue.

Hotchkiss ['hɔtʃkis], *s. Mil:* Mitrailleuse *f* Hotchkiss (nom de l'inventeur).

hotchpot ['hɔtʃpɔt], *s. Jur:* Masse successorale. **Bringing into hotchpot,** rapport *m* (d'une donation, etc.) à la succession, à la masse successorale.

hotchpotch ['hɔtʃpɔtʃ], *s.* **1.** *Cu:* Hochepot *m*, salmigondis *m*, galimafrée *f*. *Vegetable h.*, macédoine *f* de légumes. **2.** *F:* Mélange confus; méli-mélo *m*, macédoine, salmigondis, salade *f* russe, ripopée *f* (de vieilles théories, etc.).

hotel [ho'tel], *s*. Hôtel *m* (pour voyageurs). **Private hotel,** hôtel de famille. **Residential hotel,** pension *f* de famille, pension bourgeoise; (*providing lodging but not board*) hôtel meublé, garni. **Hotel-keeper,** hôtelier, -ière. **Hotel-clerk,** préposé, -ée, à la réception. **The hotel trade,** l'industrie hôtelière; l'hôtellerie *f*.

hothouse ['hɔthaus], *s*. **1.** Serre chaude. **Hothouse plant,** (i) plante *f* de serre chaude; (ii) *F:* jeune fille délicate; jeune homme élevé trop douillettement. *H. grapes*, raisin *m* de serre. **2.** *F:* = HOTBED 2.

hotness ['hɔtnəs], *s*. **1.** Chaleur *f*, fougue *f*, violence *f* (des passions, du tempérament, etc.). **2.** Force *f* (d'une moutarde, d'un assaisonnement).

hotspur ['hɔtspəːr], *s*. *F:* Tête chaude; cerveau brûlé; homme emporté; soupe *f* au lait.

Hottentot ['hɔt(ə)ntɔt]. **1.** *a. & s.* (*a*) *Geog: Ethn:* Hottentot, -ote. (*b*) *F: A:* (i) Personne *f* d'intelligence bornée; (ii) personne de peu de culture ou qui manque d'usage. **2.** *s. Bot:* **Hottentot('s) bread,** testudinaire *f*; pied *m* d'éléphant. *See also* FIG[1] 1.

houdan ['hudən], *s*. *Husb:* Coq *m*, poule *f*, de Houdan.

hough [hɔk], *s. & v.tr.* = HOCK[1, 2].

hound[1] [haund], *s*. **1.** *Poet:* Chien *m*. **2.** (*a*) *Ven:* Chien de meute, de chasse à courre; chien courant; chien chasseur; braque *m*. **The pack of hounds, the hounds,** la meute, l'équipage *m*. **Master of hounds,** maître *m* d'équipage; grand veneur. **To ride to hounds,** chasser (le renard); chasser à courre. **To hunt with hounds and horn,** chasser à cor et à cri. *See also* FOLLOW[2] I. 1, HARE[1] 1. **Arabian gazelle-hound,** sloughi *m*, lévrier persan, lévrier arabe. *See also* BOAR-HOUND, DEER-HOUND, FOX-HOUND, OTTER-HOUND, WOLF-HOUND. (*b*) *Sp:* Coureur *m*, poursuivant *m* (dans un rallie-papier). **3.** *Pej:* (*Of pers.*) **You miserable hound!** misérable! oh! la canaille! **He's an unmitigated hound,** c'est un vilain personnage.

'hound's-tongue, *s*. *Bot:* Cynoglosse *f*; *F:* langue-de-chien *f*, *pl.* langues-de-chien.

hound[2], *v.tr.* **1.** (*a*) *Ven:* Chasser (le gibier) au chien courant. (*b*) *F:* **To hound s.o. down,** poursuivre qn avec acharnement, sans relâche; s'acharner après, contre, sur, qn; traquer qn. *Hounded from place to place*, pourchassé d'un lieu à l'autre. **He was hounded out of France,** il fut chassé de France par l'indignation publique. **2.** **To hound (a dog,** *F:* **s.o.) at, on, s.o.,** exciter, pousser, (un chien, qn) contre qn. **To hound the dogs on,** exciter les chiens à la poursuite.

hound[3], *s*. *Nau:* (*Usu. pl.*) **Hounds,** jottereaux *mpl*, épaulettes *fpl*, capelage *m* (de mât); noix *fpl* (du mât de hune). *See also* TONGUE-HOUNDS.

houndfish ['haundfiʃ], *s*. = DOG-FISH.

hounding ['haundiŋ], *s*. *Nau:* Guindant *m* (d'un mât).

Hounslow ['haunzlou]. *Pr.n.* *A:* **Hounslow Heath,** lande du Middlesex, autrefois mal famée. *F:* **It's a regular Hounslow Heath,** c'est une vraie forêt de Bondy.

hour ['auər], *s*. Heure *f*. **1.** **An hour and a half,** une heure et demie. **Half an hour,** une demi-heure. **A quarter of an hour,** un quart d'heure. *F:* **He gave me a bad quarter of an hour,** il m'a fait passer un mauvais quart d'heure. *To take sth. every h.*, prendre qch. d'heure en heure. **Hour by hour,** d'une heure à l'autre. **To pay s.o. by the hour,** payer qn à l'heure. *To be paid two shillings an h.*, être payé deux shillings de l'heure. **To walk (at the rate of) five miles an hour, per hour,** faire cinq milles à l'heure. *Ind: etc:* **Output per hour,** puissance *f* horaire; rendement *m* à l'heure. *It is nearly two hours' walk*, il y en a pour près de deux heures de marche. **At an hour's notice,** (i) avec préavis d'une heure; (ii) *F:* sans préavis. *F:* **To take hours over sth.,** mettre un temps interminable, mettre des heures, à faire qch. **Eight-hour day,** journée *f* (de travail) de huit heures. **Office hours,** heures de bureau, heures de présence. *I do this work* **out of hours,** je fais ce travail en dehors de mes heures de bureau, d'atelier, etc. **To work long hours,** faire de longues journées (de travail). *W.Tel:* **The Children's Hour,** l'Heure enfantine. *See also* AFTER II. 2, HALF-HOUR, LAMP-HOUR. **2.** (*a*) L'heure, le moment. **At the hour of seven,** à sept heures. *At the h. stated*, à l'heure dite. **The auspicious hour,** l'heure propice; (*for lovers*) l'heure du berger. **The questions of the hour,** les questions *f* de l'heure (actuelle); les actualités *f*. **In the hour of need, of peril, of death,** à l'heure du besoin, du péril, de la mort. *In a happy h.*, à un moment heureux. **In an evil hour,** en une heure néfaste; un jour de malheur. **The hour has come,** le moment est venu; il est l'heure; *F:* c'est l'heure. **His hour has come, has struck,** son heure est venue, a sonné. (*b*) **The small hours,** les premières heures (après minuit). **In the small hours (of the morning),** au beau milieu de la nuit; avant le point du jour. *He comes home in the small hours*, il rentre à des heures indues; il rentre fort avant dans la nuit. *Well on into the small hours*, fort avant, bien avant, très avant, dans la nuit. **To keep late hours,** (i) rentrer à des heures indues, à toutes les heures de la nuit; (ii) se coucher fort tard; veiller tard. **To keep good hours,** (i) rentrer toujours de bonne heure, à des heures raisonnables; (ii) se coucher de bonne heure. **To keep regular hours,** se coucher et se lever à des heures régulières; mener une vie réglée. *See also* ALL I. 1, DINNER-HOUR, EARLY I. 1, ELEVENTH, LATE I. 2, RUSH[3] 1, STRIKE[2] II. 1. (*c*) *Ecc:* **Book of Hours,** livre *m* d'Heures.

'hour-ball, *s*. Boule *f* horaire.

'hour-circle, *s*. *Astr:* Cercle *m* horaire.

'hour-glass, *s*. Sablier *m*. *Mec.E:* **Hour-glass screw,** vis globoïdale, vis globique. *F:* **Hour-glass waist,** taille *f* de guêpe. *See also* CALLIPER[1] 1.

'hour-hand, *s*. Petite aiguille (de montre, de pendule); aiguille des heures.

'hour-lines, *s.pl.* Lignes *f* horaires (de cadran solaire).

'hour-zone, *s*. *Chr:* Fuseau *m* horaire.

houri ['huəri], *s.f.* **1.** *Moham.Rel:* Houri. **2.** *F:* Houri.

hourly ['auərli]. **1.** *a.* (*a*) De toutes les heures; (service de trains, etc.) à chaque heure. *The mixture should be taken in h. doses of one teaspoonful*, la médecine doit être prise par doses d'une cuillerée chaque heure, d'une cuillerée par heure. (*b*) (Débit, rendement) par heure, à l'heure, horaire; (salaire) à l'heure. (*c*) Continuel, de chaque instant. *His h. dread of death*, sa crainte perpétuelle de la mort. **2.** *adv.* (*a*) Toutes les heures; d'heure en heure. (*b*) Constamment, continuellement. (*c*) *We expect him h.*, nous l'attendons d'un moment à l'autre.

house[1], *pl.* **-ses** [haus, 'hauziz], *s*. **1.** Maison *f*, logis *m*, demeure *f*, habitation *f*. **Town house,** (i) hôtel (particulier); (ii) hôtel de ville, maison de ville. **Country house,** château *m*; maison de campagne; pied-à-terre *m inv* à la campagne. *Small h.*, maisonnette *f*. **Apartment house,** maison de rapport. **Private house,** maison particulière. *One's private h.*, son domicile particulier. *Bachelor's h.*, ménage *m* de garçon. **At, to, in, my house,** chez moi. *We invited him to our h.*, nous l'avons invité à venir chez nous. *To pass s.o.'s h.*, passer devant la maison de qn, devant chez qn. *He lives in this very h.*, il demeure ici même. **From house to house,** de porte en porte. *To be confined to the h.*, être confiné au logis. **To keep (to) the house,** ne pas sortir; rester chez soi; garder la maison. **To keep house for s.o.,** tenir le ménage de qn; tenir, diriger, la maison de qn. *A cousin manages his h.*, une cousine dirige son intérieur. **To keep house together, with s.o.,** faire ménage ensemble, avec qn. *To play at keeping h.*, jouer au ménage. *See also* OPEN[1] 1. **To set up house,** entrer en ménage; s'établir; s'installer; se faire une maison. *He has set up h.*, il est dans ses meubles; il s'est mis dans ses meubles. **To move house,** déménager. *To have a h. of one's own*, avoir pignon sur rue; être propriétaire. *I have furnished a h. of my own*, je me suis mis dans mes meubles; j'ai mon chez-moi. **To keep a good house,** vivre bien, faire bonne chère. **To have neither house nor home,** n'avoir ni feu ni lieu. *To find the h. empty*, trouver maison nette. **House of cards,** château de cartes. *See also* BOARDING-HOUSE, CASTLE[1] 1, EAT[2] 1, FARM-HOUSE, FIRE[1] 1, GUEST-HOUSE, LODGING-HOUSE, MANOR-HOUSE, MANSION-HOUSE, ORDER[1] 5, SAFE[2] 2. *Attrib.* **House coal,** charbon *m* de ménage. **House work,** travaux *m* domestiques, de ménage. *El.E:* **House connection-box,** boîte *f* de jonction domestique. *See also* DOG[1] 1, MARTIN[2], SWALLOW[3]. **2.** (*a*) **The house of God,** la maison de Dieu. **House of prayer, of worship,** église *f*, temple *m*. **House of correction,** maison de correction. **Religious house,** maison religieuse. **The House of Commons,** la Chambre des Communes. **House of call,** (i) bureau *m* de groupage de commandes et de colis; (ii) auberge *f*, hôtellerie *f*; (iii) lieu *m* de rendez-vous (amoureux); maison de passe; pied-à-terre. *See also* ALMS-HOUSE, COFFEE-HOUSE, COURT-HOUSE, DISORDERLY 4, EATING-HOUSE, FAME, KEY[1] 1, LORD[1] 3, OPERA-HOUSE, PARLIAMENT, PEST-HOUSE, PUBLIC HOUSE, ROAD-HOUSE. (*b*) **Business house,** maison de commerce. *Hat from a good h.*, chapeau du bon faiseur. *Fin:* **House bill,** lettre de change creuse. *See also* CLEARING-HOUSE, CUSTOM-HOUSE. (*c*) *F:* **The House.** (i) *Parl:* La Chambre des Communes ou des Lords. *Bill before the H.*, loi *f* en cours de vote. (ii) *Sch:* Le collège de Christ Church à Oxford. (iii) *Fin:* La Bourse. *Members of the H.*, agents *m* de change. (iv) *P:* = THE WORKHOUSE. (v) **To have a drink on the house,** prendre une consommation aux frais du cafetier. (*d*) *Sch:* = BOARDING-HOUSE 2. (*e*) *Astrol:* Maison. **3.** (*a*) (*Outhouse*) **Carriage house,** remise *f*. **Fowl-house,** poulailler *m*. *F:* **The little house,** les lieux *m*, le petit endroit, *P:* les goguenots *m*. *See also* DEAD-HOUSE, GATE-HOUSE, GLASS-HOUSE, GREENHOUSE, GUARD-HOUSE, HEN-HOUSE, HOTHOUSE, OAST-HOUSE, PALM-HOUSE, SUMMER-HOUSE, TOOL-HOUSE. (*b*) *Tchn:* Cabine *f*, guérite *f* (d'une grue). *Nau:* Rouf *m* (sur le pont); kiosque *m* (de la barre, etc.). *See also* CHART HOUSE, DECK-HOUSE, HURRICANE-HOUSE, WHEEL-HOUSE. (*c*) *Com: Ind:* Salle *f*, bâtiment *m*. *See also* COOK-HOUSE, COUNTING-HOUSE, ENGINE-HOUSE, LAMP-HOUSE, PACKING HOUSE, PRESS-HOUSE. **4.** (*a*) (*Members of household*) Maison, *F:* maisonnée *f*. *The whole h. was down with influenza*, toute la maison avait la grippe. *Parl: etc:* (*Of assembly*) **To make a house,** être en nombre; avoir, réunir, le quorum. (*b*) Famille *f*, maison, dynastie *f*. **The House of Stuart, of Bourbon,** les Stuarts *m*, les Bourbons *m*. *The H. of Lancaster*, la Maison de Lancastre. **5.** *Th:* Salle *f*, auditoire *m*, assistance *f*, chambrée *f*. **A good house,** une salle pleine. **To play to an empty house,** jouer devant les banquettes (vides). *See also* BRING DOWN 1, FULL[1] I. 2. **6.** *Mil:* (Variété de) jeu *m* de loto.

'house-agent, *s*. Agent *m* de location; courtier *m* en immeubles.

'house-boat, *s*. Bateau aménagé en habitation d'été; bateau-maison *m*, *pl.* bateaux-maisons; house-boat *m*, *pl.* house-boats.

'house-bug, *s*. = BED-BUG.

'house-builder, *s*. Entrepreneur *m* de, en, bâtiments; entrepreneur de constructions.

'house-building, *s*. Entreprise *f* de bâtiments de constructions.

'house-cricket, *s*. *Ent:* Grillon *m* domestique; cri-cri *m*, *pl.* cri-cris.

'house-duty, *s*. Impôt *m* sur les propriétés bâties. **Inhabited house-duty,** taxe *f* d'habitation.

'house-flag, *s*. *Nau:* Pavillon *m* de compagnie.

'house-flannel, *s*. *Dom.Ec:* Torchon *m* en flanelle.

'house-fly, *s*. Mouche domestique, commune.

'house-letting, *s*. *Jur:* Baux *mpl* à loyer.

'house-line, *s*. *Nau:* Lusin *m*, merlin *m*.

'house-match, *s*. *Sch:* Match *m* entre deux des "maisons" attachées à l'école.

ˈhouse-painter, *s.* Peintre *m* en bâtiment(s), en décor; peintre décorateur. *H.-p. and glazier,* peintre-vitrier *m, pl.* peintres-vitriers.

ˈhouse-ˈparlourmaid, *s.f.* Femme de chambre qui fait aussi le service de table.

ˈhouse-party, *s.* Les invités réunis au château pour quelques jours (ouverture de la chasse, Noël, etc.).

ˈhouse-phyˈsician, *s. Med:* Interne *m* en médecine (d'un hôpital).

ˈhouse-porter, *s.* Concierge *m*; portier *m.*

ˈhouse-property, *s.* Immeubles *mpl. To invest in h.-p.,* placer son argent en immeubles.

ˈhouse-proud, *a.* Fier de son chez-soi.

ˈhouse-room, *s.* Place *f* (pour loger qn, qch.); logement *m. There's h.-r. for everybody,* il y a de la place pour loger tout le monde. *F: I wouldn't give it h.-r.,* je n'en voudrais pas quand (bien) même on me le donnerait.

ˈhouse-sparrow, *s. Orn:* Moineau franc; *F:* pierrot *m.*

ˈhouse-surgeon, *s. Med:* Interne *m* en chirurgie (d'un hôpital).

ˈhouse-to-house, *attrib.a.* (Quête *f*, etc.) à domicile.

ˈhouse-top, *s.* Toit *m. F:* **To proclaim, cry, sth. from the house-tops,** publier, crier, qch. sur les toits; annoncer qch. à son de caisse.

ˈhouse-warming, *s.* Pendaison *f* de la crémaillère. **To give, have, a house-warming,** pendre la crémaillère. *When will the h.-w. be?* à quand la crémaillère?

house[2] [haːuz]. **I.** *v.tr.* (*a*) Loger, héberger, recevoir, gîter (qn); pourvoir au logement de (la population). (*b*) Faire rentrer (les troupeaux); rentrer, emmagasiner, engranger (le blé); mettre (la récolte) à l'abri; rentrer, mettre en serre (les fleurs). (*c*) Mettre à l'abri, à couvert, rentrer (une locomotive, etc.); emmagasiner (un avion, etc.); garer (une voiture); loger, caser (un ustensile). *Nau:* Rentrer (une voile). (*d*) Enchâsser (un essieu, etc.). *Nau:* Caler (un mât). **2.** *v.i.* Loger, habiter, demeurer (*with s.o.,* chez qn).

housing[1], *s.* **I.** (*a*) Logement *m* (de personnes). **The housing problem, question,** le problème, la crise, la question, du logement. *See also* ESTATE 5. (*b*) Rentrée *f* (des troupeaux, du blé, etc.); emmagasinage *m,* mise *f* en grange (du blé); rentrage *m* (du bois de chauffage, etc.). (*c*) Mise à l'abri, à couvert (d'une locomotive, etc.); garage *m* (d'une auto). *Nau:* Rentrée (d'une voile). **2.** (*a*) Enchâssure *f* (d'un essieu, etc.). *Nau:* Calage *m* (d'un mât). (*b*) *Nau:* Partie *f* (du mât) au-dessous du pont; partie (du beaupré) en dedans de l'étrave. **3.** (*a*) *Carp:* Logement, ruinure *f* (d'une poutre, etc.). (*b*) *Mch: Mec.E: etc:* Logement, bâti *m,* cage *f,* colonne *f* (d'un laminoir); montant *m,* jumelle *f* (d'une machine à raboter); coquille *f* (de moteur); carter *m,* boîte *f* (de l'engrenage). **Chain housing,** logement de chaîne. *Aut:* **Differential-gear housing,** carter du différentiel. **Ball-shaped housing,** calotte *f* sphérique. **Flexible housing,** gaine *f* flexible. **Tubular housing,** tube *m* de protection. **Lamp housing,** corps *m* de lanterne (à projections, etc.). **4.** *Nau:* Lusin *m,* merlin *m.*

housebreaker [ˈhausbreikər], *s.* **I.** Voleur *m* avec effraction; cambrioleur *m.* **2.** *Const:* Démolisseur *m,* tombeur *m.* **Housebreaker's yard,** chantier *m* de démolitions.

housebreaking [ˈhausbreikiŋ], *s.* **I.** Effraction *f,* escalade *f,* violation *f* de domicile, cambriolage *m. H. tools,* attirail *m* de cambrioleur. **2.** Démolition *f. H. contractor,* entrepreneur *m* de démolitions.

housecraft [ˈhauskrɑːft], *s.* Les arts ménagers.

houseful [ˈhausful], *s.* Maisonnée *f*; pleine maison (d'invités, etc.).

household [ˈhaushould], *s.* **I.** (Membres *mpl* de) la maison; le ménage; la famille. *He is one of the h.,* il est de la maison. *Attrib.* **Household expenses,** frais *m* de, du, ménage; le budget domestique; dépense *f* de bouche. *H. duties,* les affaires *f* du ménage; le ménage. **Household bread,** pain *m* de ménage. **Household goods,** meubles *m,* mobilier *m.* **Household gods,** pénates *m,* lares *m,* dieux *m* domestiques. **Household word,** mot *m* d'usage courant. *His name is a h. word,* son nom est connu de tous, est dans toutes les bouches. **2.** (*a*) Les domestiques. *To have a large h.,* avoir une nombreuse domesticité. (*b*) **The Household,** la Maison du roi. **The Household troops,** la Garde. **3.** *Com:* **Household(s),** farine *f* de seconde qualité.

householder [ˈhaushouldər], *s.* **I.** Chef *m* de famille, de maison. **2.** *Adm: Jur:* Celui qui occupe une maison à titre de propriétaire ou de locataire (d'où droit de vote). **Compound householder,** locataire *m* d'une maison dont le propriétaire paie les contributions. *Householders and lodgers,* logeurs *m* et logés *m.*

housekeeper [ˈhauskiːpər], *s.* **I.** Homme ou femme chargé(e) du soin et de la surveillance d'un bâtiment (surtout des bureaux sans occupants pendant la nuit); concierge *mf.* **2.** Femme *f* de charge; gouvernante *f* (d'un prêtre, etc.); économe *f,* intendante *f* (d'un château, etc.). **Working housekeeper,** bonne *f* avec fonctions de gouvernante. **3.** Ménagère *f*; femme d'intérieur, de ménage. *My wife is a good h.,* ma femme est bonne ménagère, est (une) bonne femme d'intérieur, s'entend bien aux affaires du ménage, sait bien conduire sa maison.

housekeeping [ˈhauskiːpiŋ], *s.* **I.** Le ménage. **To set up housekeeping,** se mettre, entrer, en ménage. *To give up h.,* cesser de tenir maison, d'avoir un ménage. **2.** Économie *f* domestique; les soins *m* du ménage. *To be good at h.,* s'entendre bien aux affaires du ménage. *She knows nothing of h.,* elle ignore tout de la direction d'un intérieur. **Housekeeping-book,** carnet *m* de dépenses.

housel [haːuzl], *v.tr. Ecc: A:* Administrer le saint Sacrement à (qn). *To be houselled,* recevoir le saint Sacrement.

houseleek [ˈhausliːk], *s. Bot:* Joubarbe *f,* barbajou(e) *m*; *F:* herbe *f* du tonnerre, artichaut *m* sauvage, artichaut des toits.

houseless [ˈhausləs], *a.* Sans domicile, sans abri, sans asile.

housemaid [ˈhausmeid], *s.f.* **I.** Fille de service; bonne; femme de chambre; *A:* chambrière. *F:* **Housemaid's knee,** hygroma *m* du genou; hydarthrose *f* du genou; épanchement *m* de synovie. **2.** *Furn:* Entrebâilleur *m* (de porte).

housemaster [ˈhausmɑːstər], *s.m. Sch:* (*Engl.*) Professeur chargé du soin et de la surveillance d'une des "maisons" attachées à une "*public school,*" et où logent les élèves.

housewife, *pl.* **-wives. I.** *s.f.* [ˈhauswaif, -waːivz]. Maîtresse de maison; mère de famille; ménagère. **2.** *s.* [ˈhʌzif, -vz] Trousse *f* de couture; nécessaire *m* à ouvrage; cousette *f.*

housewifely [ˈhauswaifli], *a. H. woman,* bonne ménagère; bonne maîtresse de maison. *H. lore,* connaissances ménagères. *H. work,* travaux *mpl* de, du, ménage.

housewifery [ˈhʌzifri, ˈhauswaifri], *s.* Économie *f* domestique; connaissances ménagères; travaux *m* domestiques; soin *m* du ménage.

housing[2] [ˈhauziŋ], *s. Usu. pl.* Housse *f* de cheval; caparaçon *m.*

Hova [ˈhouva], *a. & s. Ethn: Geog:* Hova (*mf*).

hove[1] [hoːuv]. *See* HEAVE[2].

hove[2], *v.tr. Husb: A:* Météoriser.

hoven. I. *a.* Météorisé. **2.** *s.* = HOOVE.

hovel [hɔvl], *s.* **I.** Appentis *m*; hangar ouvert. **2.** Taudis *m,* bouge *m,* masure *f. Miserable h.,* cabane *f* à l'air miséreux; taudis; nid *m* à rats. **3.** *Cer:* Four *m* à alandiers.

hoveller [ˈhɔv(ə)lər], *s. Nau:* **I.** Pilleur *m* d'épaves. **2.** Pilote non breveté.

hover [ˈhɔvər], *v.i.* **I.** (*Of bird, insect*) Planer, se balancer. *F:* **A smile hovered over her lips,** un sourire pointait, errait, glissait, sur ses lèvres. *Danger is hovering over him,* le danger le menace, plane sur lui. **2.** (*Of pers.*) (*a*) **To hover about s.o.,** errer, rôder, autour de qn. (*b*) **To hover between two courses,** hésiter, balancer, entre deux partis.

how[1] [hau], *adv.* **I.** (*a*) (*In what way, by what means*) Comment. *How can I do that?* comment puis-je faire cela? *How does one spell this word?* comment écrit-on ce mot? *How do you like your potatoes (done)?* comment aimez-vous mieux les pommes de terre? *F:* **How the devil . . ., how the dickens . . ., how ever . . ., how on earth . . ., how in the world . . .?** comment diable . . .? *He managed it,* **the Lord knows how,** il y est arrivé, Dieu sait comme. *Tell me how he did it,* dites-moi comment il l'a fait. *I have read his account of how he did it,* j'ai lu le récit qu'il nous a fait des moyens qu'il avait employés pour réussir. *Look how he holds his bow,* regardez de quelle façon il tient son archet. *I don't know how it happened,* je ne sais comment cela se fit. **How are you?** comment allez-vous? *F:* comment ça va? *See also* DO[1] I. 4, GO[2] 2. *How is the market?* comment va le marché? *How are bullocks to-day?* à quel prix sont les bœufs, combien les bœufs, aujourd'hui? *How are plums selling?* combien vend-on les prunes? **How is it that . . .?** comment se fait-il que . . .? d'où vient que . . .? *How is it that everyone is bowing and scraping?* d'où vient(-il) que tout le monde se met à faire la révérence? **How so?** comment ça? **How now?** eh bien? qu'est-ce donc? qu'y a-t-il? **How's that?** (i) comment ça? (ii) *Cr:* appel à l'arbitre, pour savoir si le guichet est sauf, ou si la balle a été bien attrapée. *U.S: F:* **And how!** et comment! *Mary answered him, and how!* c'est Marie qui lui a répondu, et comment! *I see how it is,* je vois ce qui en est. *I fail to see how this affects you,* je ne vois pas en quoi cela vous intéresse. **How can you!** vous n'avez pas honte? *How could you!* vous n'avez pas eu honte? *How can one laugh when one is penniless?* il s'agit bien de rire quand on n'a pas le sou. *How to be happy,* comment s'y prendre pour être heureux; le moyen d'être heureux. **To learn how to do sth.,** apprendre comment faire qch.; apprendre à faire qch. *I know how to swim,* je sais nager. *To forget how to speak,* ne plus savoir parler. *I was puzzled how to answer,* j'étais embarrassé pour répondre. *I showed him how to do it,* je lui ai enseigné à le faire; je lui ai montré comment faire. (*b*) *F:* **How do you like, how do you find, this wine?** comment trouvez-vous ce vin? qu'est-ce que vous dites de ce vin? **How do you like chicken?** aimez-vous le poulet? *See also* ABOUT 4. **2.** (*To what extent*) (*a*) **How much, how many,** combien (de). **How many times? how often?** combien de fois? *See also* MUCH I, OFTEN. *How many are there of you here?* qu'est-ce que vous êtes de personnes ici? *You see how little he cares,* vous voyez combien peu il s'en soucie, combien ça lui est égal. *You know how useful he is to me,* vous savez combien, à quel point, il m'est utile. *You don't know how truly you are speaking,* vous ne savez pas combien vous dites vrai. *You can imagine how angry I was,* songez si j'étais furieux! **How wide? how long?** de quelle largeur? de quelle longueur? *How long, wide, is this room?* quelle est la longueur, la largeur, de cette pièce? **How old are you?** quel âge avez-vous? *I asked him how old he was,* je lui ai demandé son âge. *See also* FAR[1] I. 1, LONG[1] III. 1, SOON 1. (*b*) (*In exclamations*) Comme, que. *How pretty she is!* comme elle est jolie! qu'elle est jolie! *How dirty he is!* comme le voilà sale! *How kind!* quelle bonté! *How he snores!* comme il ronfle! *How strange it is that . . .!* comme c'est étrange que . . .! *How sorry I am to disturb you!* combien je regrette de vous déranger! *How I loved her!* comme je l'ai aimée! *F:* ce que je l'ai aimée! **How small the world is!** ce que le monde est petit! *How she has changed!* ce qu'elle a changé! *You know how I love you,* vous savez si je vous aime. **How I wish I could!** si seulement je pouvais! *How often we went there!* que de fois nous y sommes allés! **How great was his surprise when . . .!** quelle ne fut pas sa surprise lorsque . . .! **3.** (*Introducing indirect statement,* = '*that*') Que. *I told him how there had been a great storm,* je lui ai dit qu'il y avait eu, *F:* comme quoi il y avait eu, un grand orage. *F: He told me his grievances, and how that you'd chucked him out,* il m'a raconté ses griefs, et comme quoi vous l'avez mis à la porte. *P: He told us* **as how he had met her,** il nous a dit comme quoi il l'avait rencontrée. **4.** *s.* **The hows and the whys,** les comment et les pourquoi. *U.S: F:* **That's about the how of it,** je crois que c'est comme ça que c'est arrivé. *F:* **The how, the when, and the wherefore,** tous les détails.

how-de-do, how-d'y(e)-do, howdy-do ['haudi'du:], *s.* *F:* **1.** = *how do you do, q.v. under* DO[1] I. 4. **2. Here's a (pretty) how-de-do!** en voilà une affaire! en voilà du joli! en voici d'une belle! quelle histoire! quel pétrin! quel aria! nous voilà bien!

how[2], *s. Dial:* (*N. of Engl.*) **1.** Colline *f*, tertre *m*. **2.** Tumulus *m*.

howbeit [hau'bi:it], *adv. A:* Néanmoins; quoi qu'il en soit; au demeurant.

howdah ['hauda], *s.* Howdah *m*.

howel ['hauəl], *s. Tls:* Herminette *f*.

however [hau'evər], *adv.* **1.** (*In poetry sometimes* **howe'er** [hau'εər]) (*a*) De quelque manière que. . . . **However he may do it,** de quelque manière qu'il le fasse. *Do it h. you can,* faites-le comme vous le pourrez. **However that may be, howe'er it be,** quoi qu'il en soit. *Cp. 'how ever' under* EVER 3. (*b*) Quelque . . . que . . ., si . . . que. . . . *H. unhealthy it may be,* si malsain que ce soit. *H. artful she may be,* (i) si rusée qu'elle soit; (ii) toute rusée qu'elle est. *H. good his work is,* quelque excellent que soit son ouvrage. *Your method, h. perfect in itself . . .,* votre méthode, si parfaite soit-elle. . . . *He has his hours, h. rare, of kindly feeling,* il a ses heures de bonté, si rares soient-elles. *H. closely I listened . . .,* quelque attentivement que j'aie écouté. . . . *H. loudly you may ring no one will come,* quelque fort que vous sonniez personne ne viendra. **However much** *he may admire you,* si fort qu'il vous admire. *H. much money you spend,* quelque argent que vous dépensiez. *H. much they boast,* quelque haut qu'ils se vantent; ils ont beau se vanter. . . . **However little,** si peu qu'il soit; si peu que ce soit. *H. little he earns he always saves something,* si peu qu'il gagne il met toujours de l'argent de côté. **2.** Toutefois, cependant, pourtant, du reste, au surplus. *The scheme h. failed,* pourtant le projet échoua. *If h. you don't agree,* si toutefois cela ne vous convient pas; si toutefois vous n'en convenez pas. *The troops h. arrived too late,* cependant les troupes arrivèrent trop tard.

howitzer ['hauitsər], *s. Artil:* Obusier *m*; canon court. **Field howitzer,** obusier de campagne.

howl[1] [haul], *s.* **1.** (*a*) Hurlement *m* (de loup, de chien, etc.); clameurs *fpl*, mugissement *m* (du vent). **To give a howl of rage,** pousser un hurlement, un cri prolongé, de rage; hurler de rage. *There were howls of laughter,* on riait à gorge déployée. (*b*) Huée *f*. *Fb: There was a h. from the crowd and a free kick,* il y eut réprobation du public et coup franc. **2.** *W.Tel:* = HOWLING[2] 2.

howl[2], *v.i. & tr.* **1.** (*Of animals, F: of people*) Hurler; pousser des hurlements; (*of wind*) mugir, rugir, gronder. *To h. with pain,* hurler de douleur. *F: To h. with laughter,* rire à gorge déployée. *To h. dismally,* pousser des hurlements lugubres. *F:* **To howl with the pack,** hurler avec les loups. **To howl defiance at s.o.,** hurler, vociférer, des défis à l'adresse de qn. **2.** *W.Tel:* (*Of set*) Réactionner, rayonner, dans l'antenne.

howl down, *v.tr.* Faire taire (un orateur) en poussant des huées.

howl out, *v.tr.* Hurler, beugler (une chanson); hurler, vociférer (des injures).

howling[1], *a.* **1.** (Enfant *m*) qui hurle; (foule) hurlante. *H. tempest,* tempête furieuse. **Howling dervish,** derviche hurleur, hurlant. **Howling monkey,** singe hurleur. **2.** *F:* (*Intensive*) Très grand; énorme. **Howling mistake,** bourde *f* énorme. (*Cf.* HOWLER 2.) **A howling swell,** un gandin ultra-chic. *H. success,* succès fou. *A h. cad,* un ignoble voyou. **A howling wilderness,** un désert affreux. *H. injustice, shame,* injustice criante. *It is a h. shame that . . .,* c'est scandaleux que + *sub*.

howling[2], *s.* **1.** Hurlement *m*. *H. of the wind, of the storm,* le mugissement, le grondement, les clameurs *f*, du vent, de la tempête. **2.** *W.Tel:* Réaction *f* dans l'antenne.

howler ['haulər], *s.* **1.** (*a*) Hurleur, -euse. (*b*) *Z:* (*Monkey*) Hurleur *m*; stentor *m*. **2.** *F:* Grosse gaffe, bourde *f* énorme, erreur *f* comique. **Schoolboy howler,** bourde *f* d'écolier; bévue *f* risible. *To perpetrate a h.,* faire une gaffe.

howlet ['haulet], *s. Orn: Dial:* Hulotte *f*.

howsoever [hauso'evər], *adv. A. & Lit:* = HOWEVER 1.

hoy[1] [hɔi], *s. Nau:* Bugalet *m*; heu *m*; vaisseau côtier.

hoy[2], *int.* Hé! holà! ohé!

hoya ['hɔia], *s. Bot:* Hoya *m*, hoyer *m*.

hoyden [hɔidn], *s.f.* Jeune fille à allures de garçon; **jeune fille garçonnière.** *She's a regular h.,* c'est un garçon manqué.

hoydenhood ['hɔidnhud], *s.* L'âge ingrat (d'une jeune fille).

hoydenish ['hɔidniʃ], *a.* (*Of manner, etc.*) Garçonnier, -ière.

Hoyle [hɔil]. *Pr.n.* (Edmund Hoyle, auteur de plusieurs livres sur les jeux de cartes) *F:* **According to Hoyle,** selon les règles; dans les règles.

hub [hʌb], *s.* **1.** (*a*) Moyeu *m* (de roue). *Ball-bearing hub,* moyeu à billes. *Swivel-hub,* moyeu pivotant. *Cy:* **Change-speed hub,** moyeu à changement de vitesse. *Up to the hub in sand, in mud,* enlizé, embourbé, jusqu'au moyeu. (*b*) *U.S: F:* **From hub to tire, up to the hub,** complètement. *He's honest up to the hub,* il est on ne peut plus honnête; c'est la loyauté même. *Up to the hub in business,* plongé dans les affaires jusqu'au cou. **2.** *F:* Centre *m* d'activité. **London is the hub of the financial world,** Londres est le centre du monde financier. **The Hub of the Universe,** (i) le pivot, le centre, de l'univers; (ii) *U.S: F:* la ville de Boston.

'hub-brake, *s.* Frein *m* de moyeu.

'hub-cap, *s. Veh:* Couvre-moyeu *m*, *pl.* couvre-moyeux. *Aut:* Chapeau *m* de moyeu, de roue; enjoliveur *m*. *Nut-type hub-cap,* écrou-chapeau *m*, *pl.* écrous-chapeaux.

hubble-bubble ['hʌblbʌbl], *s.* **1.** Gargouillement *m* (de l'eau qui court); glouglou *m* (de l'eau qui sort). **2.** Bruit confus de voix. **3.** *F:* Houka(h) *m*, narguilé *m* (de forme primitive).

hubbub ['hʌbʌb], *s.* Remue-ménage *m*, bruit *m*, tumulte *m*, vacarme *m*, clameur *f*, tintamarre *m*, tohu-bohu *m*. *H. of voices,* brouhaha *m* de voix; des voix confuses.

hubby ['hʌbi], *s. P:* Mari *m*.

huckaback ['hʌkəbak], *s.* **Huckaback (linen),** (grosse) toile ouvrée (pour serviettes, essuie-mains); toile (à) grain d'orge.

huckle [hʌkl], *s. A. & Dial:* **1.** Hanche *f*. **2. Huckle-back** = HUMPBACK. **Huckle-backed** = HUMPBACKED.

'huckle-bone, *s. A. & Dial:* **1.** L'os *m* de la hanche; l'os coxal ou l'ischion *m*. **2.** = KNUCKLE-BONE.

huckleberry ['hʌklbəri], *s. Bot: U.S:* Airelle *f* myrtille; bluet *m* du Canada; *F:* coussinet *m*.

huckster[1] ['hʌkstər], *s.* **1.** (*a*) Regrattier, -ière; revendeur, -euse. **Huckster's wares,** regratterie *f*. (*b*) Colporteur *m*; porteballe *m*. **2.** Mercanti *m*, profiteur *m*. *Political h.,* trafiqueur *m* politique.

huckster[2]. **1.** *v.i.* (*a*) Marchander, barguigner. (*b*) Trafiquer. (*c*) Regratter; faire du regrat. **2.** *v.tr.* (*a*) Revendre, colporter. (*b*) Faire trafic de (son influence, etc.).

huckstering, *s.* **1.** Marchandage *m*, barguignage *m*. **2.** (*a*) Regratterie *f*; revendage *m*; colportage *m*. (*b*) **Political huckstering,** politicailleries *fpl*, trafics *mpl*.

hucksterer ['hʌkstərər], *s.m.* **1.** Regratteur, regrattier; revendeur, colporteur. **2.** Trafiqueur (*of*, de).

hucksteress ['hʌkstəres], *s.f.* Regrattière; colporteuse.

huckstery ['hʌkstəri], *s.* **1.** (*a*) Regratterie *f*. (*b*) Colportage *m*. (*c*) Trafic *m*. **2.** Articles *mpl* de colportage.

huddle[1] [hʌdl], *s.* (*a*) Tas confus, pêle-mêle *m*, méli-mélo *m*, fouillis *m*, ramassis *m*, entassement *m* (de choses). *A h. of roofs,* un enchevêtrement de toits. (*b*) *U.S:* **To go into a huddle,** entrer en conclave.

huddle[2], *v.tr. & i.* **1. To huddle things (up, together),** entasser des choses pêle-mêle, sans ordre. *Houses huddled together in the valley,* maisons serrées dans la vallée. *Passengers huddled on the after-deck,* passagers entassés sur l'arrière-pont. *To h. together,* s'entasser, se tasser; se serrer les uns contre les autres. **2.** (*Of pers.*) **To huddle (oneself) up,** se ramasser, se replier, sur soi-même; se pelotonner. *Huddled (up) in bed,* couché en chien de fusil. *Huddled (up) in a corner,* blotti dans un coin. **3. To huddle over, through, a piece of work,** bâcler un travail. **4. To huddle on one's clothes,** s'habiller à la hâte, à la va-vite.

Hudibrastic [hju:di'brastik], *a.* A la manière de *Hudibras* (de S. Butler); héroïco-burlesque, *pl.* héroïco-burlesques.

hue[1] [hju:], *s.* Teinte *f*, couleur *f*, nuance *f*. *The hue of health,* les fraîches couleurs de la santé. *Already his face takes on the hue of death,* déjà la mort se peint sur son visage. *Thoughts of a sombre hue,* pensées *f* d'un coloris sombre.

hue[2] and cry ['hju:an(d)'krai], *s.* **1.** Clameur *f* de haro. **To raise a hue and cry against s.o.,** crier haro sur qn; crier tollé contre qn. *A hue and cry was raised against this reform,* cette réforme provoqua un tollé général. *To raise a hue and cry after s.o., to pursue s.o. with hue and cry,* poursuivre, chasser, qn à cor et à cri; courir sus à qn. *A hue and cry was organized,* une battue fut organisée. **2.** *Jur:* Clameur publique; proclamation *f* (désignant un criminel).

-hued [hju:d], *a.* (*With adj. prefixed, e.g.*) **Dark-hued, light-hued,** de couleur foncée, claire; au teint basané, clair.

huff[1] [hʌf], *s.* **1. To be in a huff,** être froissé, fâché. **To take (the) huff,** s'offenser, se froisser, s'offusquer; prendre la mouche. *He went off in a h.,* il prit la mouche et s'en alla. **2.** *Draughts:* Soufflage *m* (d'un pion).

huff[2]. **1.** *v.i.* (*a*) *A:* Souffler, haleter. (*Still used in*) **He puffed and he huffed,** il soufflait et haletait. (*b*) S'offenser, s'offusquer, se fâcher, se formaliser; prendre la mouche. **2.** *v.tr.* (*a*) Froisser (qn). **To be, feel, huffed,** être offensé, froissé, fâché. *He was very much huffed,* il a très mal pris la chose. (*b*) *Draughts:* Souffler (un pion, son adversaire); *abs.* souffler.

huffing, *s.* Soufflage *m* (d'un pion). *H. is not reckoned a move,* souffler n'est pas jouer.

huffiness ['hʌfinəs], *s.* **1.** Susceptibilité *f*. **2.** Mauvaise humeur, pétulance *f*.

huffish ['hʌfiʃ], *a.* = HUFFY 1. **-ly,** *adv.* = HUFFILY.

huffy ['hʌfi], *a.* **1.** (*a*) Susceptible. *In a h. tone of voice,* d'un ton pincé. (*b*) Irascible. **2.** Fâché, vexé. *He was very h. about it,* il a très mal pris la chose. **-ily,** *adv.* Avec (mauvaise) humeur; d'un ton bourru; d'un ton de dépit.

hug[1] [hʌg], *s.* **1.** Étreinte *f*, embrassement *m*, embrassade *f*. **To give s.o. a hug,** étreindre qn. **2.** (*a*) Étreinte (de l'ours). (*b*) *Wr:* Prise *f*. **Cornish hug,** ceinture *f* de devant.

hug[2], *v.tr.* (**hugged; hugging**) **1.** (*a*) Étreindre, embrasser, accoler (qn); serrer (qn) dans, entre, ses bras; serrer (qn) sur son cœur; prendre (qn) à pleins bras; se pendre, sauter, se jeter, au cou de (qn); *F:* colleter (qn). *I hugged her round the neck,* je lui passai mes bras autour du cou. (*b*) (*Of bear*) Étouffer, enserrer (sa victime). *F:* **To hug s.o. to death,** embrasser qn à l'étouffer. (*c*) Chérir (ses défauts). **To hug a prejudice,** tenir à un préjugé; choyer un préjugé. *To hug a belief,* ne pas démordre d'une conviction. *F:* **To hug one's chains,** bénir sa chaîne. (*d*) **To hug oneself on, for, doing sth.,** se féliciter, s'applaudir, d'avoir fait qch. **2.** (*a*) *Nau:* **To hug the land, the shore,** serrer la terre (de près); raser, ranger, longer, border, la côte; naviguer près de (la) terre; se rallier à terre; côtoyer. **To hug the wind,** tâter, serrer, pincer, chicaner, le vent. (*b*) **To hug the wall,** raser, longer, serrer, le mur; se couler au ras du mur. *Aut: To hug the near side, the kerb,* serrer le plus près possible sur le trottoir; tenir le bord du trottoir. (*c*) *F:* **To hug the chimney-corner,** se blottir, se tenir blotti, **au coin du feu.**

'hug-me-tight, *s. Cost:* Camisole *f* de tricot; spencer *m*.

huge [hju:dʒ], *a.* (Bâtiment) énorme, vaste, *F:* babylonien; (succès) immense, formidable, colossal, -aux, monstre; (bête) énorme, d'immense stature. *H. difference,* différence énorme, capitale. *H. collection of samples,* vaste collection *f* d'échantillons. *H. undertaking,* vaste entreprise *f*. *Furs that fetch h. prices,* fourrures *f* qui se vendent à prix d'or. **-ly,** *adv.* Énormément, immensément, extrêmement.

hugeness ['hju:dʒnəs], *s.* Énormité *f*, immensité *f*.

hugeous ['hju:dʒəs], *a. F: Hum:* = HUGE. **-ly,** *adv.* = HUGELY.

huggable ['hʌgəbl], *a.* (Enfant, poupée, etc.) qu'on voudrait embrasser, gentil(le) à croquer.

hugger-mugger[1] ['hʌgərmʌgər]. **1.** *s.* (*a*) Désordre *m*, confusion *f*, pagaille *f*, pagaïe *f*. *To live in a h.-m. fashion,* (i) vivre cahin-caha, sans ordre, sans méthode; (ii) vivre dans le désordre matériel. (*b*) *A:* **In hugger-mugger,** en secret, clandestinement. **2.** *a.* (Collection *f*) sans ordre; (arrangement) confus, de fortune. **3.** *adv.* (*a*) En désordre, confusément, pêle-mêle. (*b*) *A:* En cachette.

hugger-mugger[2]. **1.** *v.tr. A:* Étouffer (un scandale, etc.). **2.** *v.i.* Patauger; faire du gâchis; agir sans méthode, sans ordre. **To hugger-mugger together,** vivre entassés ensemble. *They are hugger-muggering along,* leur ménage va cahin-caha.

Hugh [hju:], **Hugo** ['hju:go]. *Pr.n.m.* Hugues.

Hugoesque [hju:gou'esk], *a. Lit:* Hugotique.

Huguenot ['hju:gənɔt, -nou], *s. Hist:* Huguenot, -ote. *H. party or faction, A:* huguenoterie *f*. *His H. ancestors,* ses ancêtres huguenots.

hulk[1] [hʌlk], *s.* **1.** *Nau:* (*a*) Carcasse *f* de navire; ponton *m*; vaisseau rasé. **Mooring-hulk,** ponton d'amarrage. *Navy: Receiving-hulk,* ponton-caserne *m*, *pl.* pontons-casernes; caserne flottante. *See also* SHEAR-HULK. (*b*) *F:* (*Of ship*) **Unwieldy old hulk,** vieille carcasse, vieux sabot. (*c*) *pl. A:* **Hulks,** navire pénitencier, bagne flottant; pontons. **2.** *F:* (*Of pers.*) Gros pataud; lourdaud *m*, mastoc *m*.

hulk[2], *v.tr.* Caserner (des matelots) sur un ponton.

hulking ['hʌlkiŋ], *a.* Gros, lourd. **Big hulking creature,** gros pataud; lourdaud *m*, mastoc *m*; grand balourd.

hull[1] [hʌl], *s.* **1.** (*a*) Cosse *f*, gousse *f* (de pois, de fève); coque *f*, coquille *f*, écale *f*, brou *m* (de noix). (*b*) Enveloppe *f* (de chrysalide, *F:* d'un objet quelconque). **2.** (*a*) Coque (de navire). *Height above the h.,* hauteur *f* au-dessus du plat-bord. *See also* DOWN[3] I. 2. (*b*) *Av:* Coque (d'hydroplane); coque-fuselage *f*, *pl.* coques-fuselages.

hull[2], *v.tr.* **1.** Écosser (des pois); écaler, ébrouer (des noisettes); monder (de l'orge); baller (de l'avoine); décortiquer (le riz, l'orge). **Hulled barley,** orge mondé. **2.** *Nau:* Percer la coque (d'un navire); *A:* canonner (un navire) en plein bois.

hulling, *s.* Décorticage *m*, décortication *f*.

hullabaloo [hʌləbə'lu:], *s.* Tintamarre *m*, vacarme *m*; remue-ménage *m inv.* **To make a hullabaloo,** (i) faire du vacarme, du chambard, du boucan; faire un brouhaha de tous les diables; (ii) éclater en protestations; réclamer à grands cris.

huller ['hʌlər], *s.* Écosseur, -euse.

hullo(a) [hʌ'lou], *int.* (*a*) (*Calling attention*) Ohé! holà! **Hullo you!** hé, là-bas! eh, là-bas! (*b*) (*Expressing surprise*) *H., old chap!* tiens, c'est toi, mon vieux! *H.! that's curious!* tiens! tiens! c'est curieux. (*c*) (*In greeting*) **Hullo everybody!** salut à tous! (*d*) *Tp:* Allô! *F:* **The hullo girl,** la demoiselle du téléphone.

hum[1] [hʌm], *s.* Bourdonnement *m* (d'abeille); ronflement *m* (de machine); ronron *m* (d'un moteur); vrombissement *m* (d'un avion, d'une toupie); brondissement *m*, ronflement (de toupie); murmure *m* (d'approbation); bruit sourd (de voix). *W.Tel:* Ronronnement *m*, ronflement. *Mains hum,* ronflement du secteur. *Hum of conversation,* brouhaha *m* de conversation. **The busy hum of a large city,** le bourdonnement d'une grande ville. *Med:* **Venous hum,** (bruit *m* de) souffle *m*; bruit de rouet.

'hum-free, *a. W.Tel:* Garanti sans bourdonnement; garanti contre le ronflement (du secteur).

hum[2], *v.* (**hummed; humming**) **1.** *v.i.* (*a*) (*Of insect, etc.*) Bourdonner; (*of top*) ronfler, brondir; (*of aeroplane*) vrombir; (*of millstone, etc.*) bruire; *W.Tel:* (*of set*) ronronner, ronchonner, ronfler. *Town humming with activity,* ville bourdonnante d'activité. *F:* **To make things hum, to keep things humming,** faire marcher rondement, faire ronfler, les choses. *Things are beginning to hum,* ça chauffe; ça va chauffer; ça ronfle. (*b*) (*Of pers.*) (i) Dire hum; (ii) hésiter, ânonner (en parlant). **To hum and ha(w),** (i) toussoter (en commençant un discours), bredouiller, *F:* bafouiller, ahaner; (ii) hésiter (à prendre un parti); tourner autour du pot; *F:* barguigner, lanterner; *A:* lantiponner. **2.** *v.tr.* Fredonner, chantonner, baryton(n)er, gringotter (un air); *abs.* fredonner, chantonner. *Mus:* Vocaliser (un air) à bouche fermée. **Hummed accompaniment,** accompagnement *m* pour voix en sourdine; accompagnement à bouche fermée.

humming[1], *a.* (*a*) Bourdonnant. **Humming top,** toupie ronflante, vrombissante; toupie d'Allemagne. (*b*) *F:* (Affaire *f*) qui ronfle, qui marche bien. (*c*) *F:* (Coup *m*) à faire tinter les oreilles.

'humming-bird, *s. Orn:* Oiseau-mouche *m*, *pl.* oiseaux-mouches; colibri *m*; *F:* bourdonneur *m*, frou-frou *m*, *pl.* frou-frous. *See also* HAWK-MOTH.

humming[2], *s.* (*a*) = HUM[1]. Fredonnement *m* (d'un air). **Humming noise,** bourdonnement *m*. (*b*) **Humming and hawing,** (i) barguignage *m*; (ii) hésitation *f*. *After some humming and hawing,* après quelques avant-propos.

hum[3], *int.* Hmm! hum!

hum[4], *v.i.* (**hummed; humming**) *P:* Puer, gazouiller, fouetter, boucaner, schlinguer, cocoter.

human ['hju:mən]. **1.** *a.* Humain. **Human nature,** la nature humaine. *The h. herd,* le troupeau, la foule, des humains. *The h. race,* la race humaine. *A very h. error,* erreur bien humaine. *One can tell the h. hand,* on reconnaît la main de l'homme. *One must be less than h. not to have pity on them,* il faudrait être moins qu'humain, ne rien avoir d'humain, pour ne pas les prendre en pitié. *See also* BRING[2] 2, FACTOR 3. **2.** *s.* Être humain. **Humans,** les humains.

-ly, *adv.* Humainement; en être humain. **Humanly speaking,** humainement parlant.

humane [hju'mein], *a.* **1.** (*a*) Humain, compatissant; accessible à la pitié. *H. task,* œuvre *f* humanitaire. *H. measures,* mesures bienfaisantes, humanitaires. **The Royal Humane Society,** la Société de sauvetage, de secours aux noyés. (*b*) Clément; qui évite de faire souffrir. *See also* KILLER 2. **2. Humane studies,** les humanités *f*. **-ly,** *adv.* Humainement, avec humanité, avec bonté.

humaneness [hju'meinnəs], *s.* Bonté *f*, humanité *f*.

humanism ['hju:mənizm], *s. Lit: Phil:* Humanisme *m*.

humanist ['hju:mənist], *s.* Humaniste *m*.

humanistic [hju:mə'nistik], *a.* Humaniste. **Humanistic studies,** les humanités *f*, les études *f* classiques.

humanitarian [hjumani'tɛəriən], *a.* & *s.* Humanitaire (*mf*).

humanitarianism [hjumani'tɛəriənizm], *s.* Humanitarisme *m*.

humanity [hju'maniti], *s.* Humanité *f*. **1.** (*a*) Nature humaine. (*b*) Le genre humain; les hommes *m*. **2. To treat s.o. with humanity,** traiter qn avec humanité. **3.** (*a*) *pl. Lit: Phil:* **The humanities,** les humanités, les lettres *f*. *Sch:* **Humanity classes,** classes *f* de lettres. (*b*) *Sch:* (*Scot.*) **Professor of humanity,** professeur *m* de latin.

humanization [hju:məni'zeiʃ(ə)n], *s.* **1.** Humanisation *f*. **2.** *H. of cow's milk,* assimilation *f* du lait de vache au lait humain (pour élevage des enfants au biberon).

humanize ['hju:mənaiz], *v.tr.* **1.** Humaniser. *F: He is beginning to get humanized,* il commence à s'humaniser; il devient plus sociable, moins ours. **2.** *To h. cow's milk,* assimiler le lait de vache au lait humain (pour enfants au biberon). **Humanized milk,** lait humanisé.

humankind [hju:mən'kaind], *s.* Le genre humain; (les) humains *m*; (l')humanité *f*.

humanness ['hju:mənnəs], *s.* Qualité tout humaine (*of*, de). *The h. of some of these apes,* la ressemblance à l'homme qu'offrent certains de ces grands singes. *The h. of my dog's eyes,* le regard vraiment humain de mon chien.

humble[1] [hʌmbl], *a.* Humble. **1.** (*Lowly, meek*) *H. prayer,* humble prière *f*. **In my humble opinion,** à mon humble avis. **Humble of heart, humble-hearted,** au cœur humble. *See also* SERVANT I. **2.** (*Unpretentious*) Modeste. *Under my h. roof,* sous mon humble toit. *To spring from h. stock,* être de modeste souche, d'humble extraction; être d'origine obscure. *The humbler classes,* le menu peuple. *To do things on a humbler scale, F:* rabaisser son vol; en rabattre. *Bot:* **Humble plant,** sensitive *f*. **-bly,** *adv.* **1.** (Parler) humblement, avec humilité. *Most h.,* en toute humilité. **2.** (Vivre) modestement. **To be humbly born,** être d'origine obscure. *H. clad,* habillé pauvrement; pauvrement vêtu.

humble[2], *v.tr.* Humilier, mortifier (qn). **To humble oneself,** s'humilier, s'abaisser; *F:* s'aplatir, se faire tout petit (*before*, devant). *God humbles the proud,* Dieu abaisse les superbes. **To humble s.o. to, in, the dust,** faire souffrir à qn les dernières humiliations; faire rentrer qn en terre. *To h. s.o.'s pride,* (r)abattre, rabaisser, mater, *F:* aplatir, l'orgueil, la fierté, de qn.

humbling[1], *a.* Humiliant.

humbling[2], *s.* Humiliation *f* (de qn); abaissement *m* (des grands, d'un État).

humble-bee ['hʌmblbi:], *s. Ent:* = BUMBLE-BEE.

humble pie [hʌmbl'pai], *s.* (*a*) *A:* Pâté de mou de cerf. (*Humbles* = UMBLES, *q.v.*) (*b*) *F:* **To eat humble pie,** s'humilier (devant qn); présenter d'humbles excuses; se rétracter; faire amende honorable; avouer être dans son tort; *F:* s'aplatir; filer doux; en rabattre; mettre les pouces. **To make s.o. eat humble pie,** forcer qn à s'humilier, à se rétracter.

humbug[1] ['hʌmbʌg], *s.* **1.** (*a*) *A:* Mystification *f*, fumisterie *f*. (*b*) Patelinage *m*, charlatanisme; *F:* blagues *fpl*; fariboles *fpl*. *There's no h. about him,* c'est un homme franc et sincère; ce n'est pas un blagueur, un farceur, celui-là; ce n'est pas lui qui vous en contera. **(That's all) humbug!** tout cela c'est de la blague, *P:* de la balançoire, des balançoires. **2.** (*Pers.*) (*a*) *A:* Farceur *m*, fumiste *m*. (*b*) Blagueur *m*; truqueur, -euse, *F:* faiseur *m*. (*c*) Donneur, -euse, d'eau bénite; enjôleur, -euse. **3.** Bonbon glacé à la menthe.

humbug[2], *v.tr.* (**humbugged; humbugging**) Conter des blagues à (qn); enjôler, attraper (qn); mettre (qn) dedans; payer (un créancier) en monnaie de singe; mystifier (le public). *Abs.* Blaguer; conter des balivernes; faire le malin. **To humbug s.o. into doing sth.,** amener qn à faire qch. en abusant de son innocence; enjôler, embobeliner, qn. **To humbug s.o. out of sth.,** carotter qch. à qn.

humbugging[1], *a.* **Humbugging excuses,** excuses fausses, patelines.

humbugging[2], *s.* Patelinage *m*, duperie *f*.

humdrum[1] ['hʌmdrʌm]. **1.** *a.* Monotone; banal, -aux. *H. people,* des gens peu intéressants, ennuyeux, routiniers, pot-au-feu *inv.* *H. work,* travail monotone, endormant. *H. existence,* existence *f* monotone, d'une monotonie endormante. *H. daily life,* le train-train quotidien. **2.** *s.* (*a*) (*Pers.*) Homme ou femme pot-au-feu, qui ne sort jamais de ses habitudes. (*b*) Monotonie *f* (de l'existence, etc.).

humdrum[2], *v.i.* (**humdrummed; humdrumming**) Aller son train-train.

humdrumness ['hʌmdrʌmnəs], *s.* Monotonie *f*, banalité *f* (de l'existence, d'un discours).

humectation [hjumek'teiʃən], *s.* Humectation *f*.

humeral ['hjumərəl], *a. Anat:* Huméral, -aux. *Ecc:* **Humeral (veil),** voile huméral.

humero-cubital ['hjumero'kjubit(ə)l], *a. Anat:* Brachio-cubital, -aux; huméro-cubital, -aux.

humerus, *pl.* **-i** ['hjumərəs, -ai], *s. Anat:* Humérus *m*.

humic ['hju:mik], *a. Ch:* **Humic acid,** acide *m* humique, ulmique; humine *f*.

humid [ˈhjuːmid], *a.* Humide; (*of heat, skin*) moite.

humidifier [hjuˈmidifaiər], *s.* *Ind: Tex:* **1.** Appareil *m* à humecter; humidificateur *m*. **2.** Produit humidifiant.

humidify [hjuˈmidifai], *v.tr.* Humidifier (l'air, etc.).

humidity [hjuˈmiditi], *s.* Humidité *f*. *Ind: Meteor:* État *m* hygrométrique (de l'air); hygrométricité *f* (de l'atmosphère).

humidor [ˈhjuːmidɔːr], *s.* **1.** Humidificateur *m* (d'atelier de filature, etc.). **2.** *U.S:* (*a*) Hall *m* de dépôt (pour cigares). (*b*) Boîte à cigares (pourvue d'un humidificateur).

humiliate [hjuˈmilieit], *v.tr.* Humilier, mortifier (qn); *F:* donner un coup de caveçon à (qn).

humiliating, *a.* Humiliant, mortifiant.

humiliation [hjumiliˈeiʃ(ə)n], *s.* Humiliation *f*, affront *m*, mortification *f*; *P:* aplatissement *m* (de qn); *F:* soufflet *m*. *To suffer all sorts of humiliations*, subir toute sorte d'affronts, d'humiliations.

humiliatory [hjuˈmiliətəri], *a.* Humiliant.

humility [hjuˈmiliti], *s.* Humilité *f*. **With all humility**, en toute humilité.

humite [ˈhjuːmait], *s.* *Miner:* Humite *f*.

hummel [hʌml], *s.* Cerf *m* sans bois.

hummock [ˈhʌmək], *s.* **1.** Tertre *m*, mamelon *m* (de terre); monticule *m*. **2.** Monticule de glace; hummock *m*.

hummocky [ˈhʌməki], *a.* **1.** (Terrain) couvert de tertres, de mamelons. **2.** *H. ice*, glace *f* en monticules, en hummocks.

humoral [ˈhjuːmərəl], *a.* *A.Med:* Humoral, -aux.

humoralism [ˈhjuːmərəlizm], *s.* *A.Med:* Humorisme *m*.

humoralist [ˈhjuːmərəlist], *s.* *A.Med:* Humoriste *m*.

humoralistic [hjuːmərəˈlistik], *a.* *A.Med:* Humoriste.

humorist [ˈ(h)juːmərist], *s.* **1.** Farceur *m*, plaisant *m*. **2.** (*At dinner or concert*) Comique *m*; diseur, -euse, de chansonnettes. **3.** Écrivain *m* humoristique; humoriste *m*.

humoristic [(h)juːməˈristik], *a.* Humoristique.

humorous [ˈ(h)juːmərəs], *a.* (*Of pers.*) Plein d'humour; plaisant, comique, drôle; (*of writer, etc.*) humoriste, humoristique; (*of drawing, etc.*) humoristique. *He is very h.*, il a beaucoup d'humour. **-ly**, *adv.* Plaisamment, drôlement, comiquement, humoristiquement. *Known h. as . . .*, connu par facétie sous le nom de. . . .

humorousness [ˈ(h)juːmərəsnəs], *s.* Humeur facétieuse; drôlerie *f*.

humour¹ [ˈ(h)juːmər], *s.* **1.** (*a*) *A.Med:* Humeur *f*. **The cardinal humours**, les quatre humeurs principales. (*b*) *Anat:* **Aqueous humour, vitreous humour**, humeur aqueuse, vitrée (de l'œil). **2.** (*Mood, temper*) Humeur, disposition *f*. **To be in the humour to do sth.**, être en (bonne) disposition, en humeur, de faire qch., pour faire qch.; être disposé à faire qch. *When the h. takes me to go out*, quand je me sens disposé à sortir; quand me vient l'envie de sortir. **Good humour**, bonne humeur. **To be in a good, bad, humour**, être de bonne, de mauvaise, humeur; être bien, mal, disposé; *F:* être bien, mal, luné. *To be in a giving h.*, être en veine de générosité. *To be in no h. for laughing, in no laughing h.*, ne pas être en train de rire; ne pas avoir envie de rire; ne pas se sentir d'humeur à rire, en humeur de rire; ne pas être en veine de plaisanter. **To be out of humour**, être maussade, grognon. **To be out of humour with s.o.**, être mécontent de qn; bouder qn. **3.** (*a*) Humour *m*. **Broad humour**, grosse gaieté, grosse jovialité. *Grim h.*, humour macabre. *See also* DRY¹ 4, SENSE¹ 3, WIT¹ 2. (*b*) **The humour of the situation**, le côté plaisant, comique, de la situation. *I don't see the h. of it*, il n'y a pas de quoi rire. (*c*) Sens *m* de l'humour. *To be lacking in h.*, n'avoir pas le sens de l'humour.

humour², *v.tr.* (*a*) **To humour s.o.**, complaire à qn; se prêter, se plier, à tous les caprices de qn; se soumettre aux exigences, aux caprices, de qn; ménager qn. *To h. a horse*, ménager ou laisser aller un cheval. *Man who must be humoured*, homme *m* qu'il faut mitonner, qu'il ne faut pas contrarier. *To h. s.o.'s fancy*, passer une fantaisie à qn; flatter le caprice, la manie, de qn. (*b*) (*In carving, etc.*) **To humour the wood**, flatter le bois; se prêter à la nature du bois.

-humoured [ˈ(h)juːmərd], *a.* (*With adj. prefixed, e.g.*) **Good-humoured**, d'un caractère aimable, facile. *See also* GOOD-HUMOURED, ILL-HUMOURED. **-ly**, *adv.* **Good-humouredly**, d'un ton de bonne humeur.

humoursome [ˈ(h)juːmərsəm], *a.* **1.** Capricieux, fantasque, pétulant. **2.** D'humeur incertaine; grincheux. **3.** = HUMOROUS.

humous [ˈhjuːməs], *a.* (*Of acid, etc.*) Humeux.

hump¹ [hʌmp], *s.* **1.** (*a*) Bosse *f* (de bossu, de chameau). **To have a hump**, être bossu. *F:* **To live on one's hump**, vivre de ses ressources (comme le chameau dans le désert). (*b*) **Hump in the road**, bosse de route; dos *m* d'âne. **2.** *F:* **To have the hump**, avoir le cafard; broyer du noir. *That gives me the h.*, ça me donne le cafard; cela m'embête.

'hump-speed, *s.* *Av:* Vitesse *f* au déjauger (d'un hydravion).

hump². **1.** *v.tr.* (*a*) Courber, arquer, cambrer. (*Of pers. or animal*) **To hump the back**, arrondir, arquer, bomber, le dos; faire le gros dos; (*in anticipation of a blow*) tendre le dos (à un coup). **To hump up one's shoulders**, voûter les épaules; rentrer la tête dans les épaules. (*b*) (*Austr.*) *F:* Mettre, hisser, porter, (un fardeau) sur son dos. **Hump your swag! hump it!** prends ton baluchon! décampe! roule ta bosse! **2.** *v.i. & refl.* *U.S:* *F:* **To hump (oneself)**, se fouler (la rate); se la fouler. **3.** *v.tr.* *F:* Donner le cafard à (qn); mettre (qn) de mauvaise humeur.

humped, *a.* (Dos, animal) bossu; (dos) voûté; (animal, insecte) gibbeux; (toit) en bosse.

humpback [ˈhʌmpbak], *s.* **1.** Bossu, -ue. **2. To have a humpback** [hʌmpˈbak], être bossu; *F:* porter son paquet, sa malle.

humpbacked [ˈhʌmpbakt], *a.* Bossu, gibbeux.

humph [hʌmf, hm], *int.* Hum! hmm! (d'incrédulité ou de doute).

Humphrey [ˈhʌmfri]. *Pr.n.m.* Umfroy. *See also* DINE 1.

humpty [ˈhʌm(p)ti], *s.* *Furn:* *F:* Pouf *m*.

humpty-dumpty [ˈhʌm(p)tiˈdʌm(p)ti], *s.* **1.** Petit homme replet, petite personne boulotte. **2.** Nom de l'œuf dans la "*nursery rhyme*" "*Humpty-dumpty sat on a wall*," un œuf était assis sur un mur.

humus [ˈhjuːməs], *s.* *Agr:* *Hort:* Humus *m*; terreau *m*; terre végétale.

Hun [hʌn], *s.* **1.** (*Usu. in pl.*) *Hist:* Hun(s) *m(pl)*. **2.** *F:* (*In Great War*) Boche *m*.

hunch¹ [hʌnʃ], *s.* **1.** Bosse *f*. **2.** Gros morceau (de pain, de fromage). **Hunch of bread**, quignon *m*, chicot *m*, chanteau *m*, de pain; michon *m*. **3.** *U.S:* *P:* (*a*) Poussée *f* du coude. (*b*) **To have a hunch that . . .**, soupçonner que. . . . *What makes you think that?—Just a h.*, qu'est-ce qui vous a donné cette idée-là?—J'en ai le pressentiment.

hunch², *v.tr.* **1.** Arrondir (le dos); voûter (les épaules). **Hunched-up shoulders**, taille engoncée. *With hunched shoulders*, la tête enfoncée dans les épaules. **To sit hunched up**, se tenir accroupi le menton sur les genoux. **2.** *U.S:* *P:* (*a*) Pousser (qn) du coude. (*b*) Passer un tuyau à (qn); tuyauter (qn).

hunchback [ˈhʌnʃbak], *s.* = HUMPBACK.

hunchbacked [ˈhʌnʃbakt], *a.* = HUMPBACKED.

hundred [ˈhʌndrəd]. **1.** *num. a. & s.* Cent (*m*). *A h. and one*, cent un. *Page a h. and one*, page *f* cent un. *About a h. houses*, une centaine de maisons. *A h. of them were rotten*, il y en avait cent de pourris. *Two h. apples*, deux cents pommes. *Two h. and one pounds*, deux cent une livres. **In nineteen hundred**, en dix-neuf cent. **Not one in a hundred**, pas un sur cent. *To live to be a h.*, atteindre la centaine. *They died* **in hundreds**, ils mouraient par centaines. **Hundreds and thousands of people**, des milliers *m* de gens. *They died in hundreds of thousands*, ils mouraient par centaines de mille. *Many h. thousand prisoners*, des prisonniers par centaines de mille. **To have three hundred a year**, avoir trois cents livres de rente. **To go a hundred miles an hour**, faire du cent à l'heure. **A hundred per cent**, cent pour cent. *U.S:* **A hundred per cent efficient**, de la plus haute capacité. *A h. per cent American*, Américain corps et âme. *A h. per cent useless*, sans aucune valeur. *Hist:* **The Hundred Days**, les Cent-Jours *m*. **The Hundred Years' War**, la Guerre de Cent Ans. *Com:* **The long hundred, the great hundred**, le grand cent; cent vingt. *A h. eggs*, un cent d'œufs. *To sell by the h.*, vendre au cent. *F:* (*Intensive*) **A hundred miles away**, à mille lieues d'ici. *Not a h. miles away*, pas si loin d'ici. **A hundred and one dangers**, mille dangers *m*. **A hundred to one it will be a failure**, ça fera four, à coup sûr. **A hundred times, hundreds of times**, vingt fois, cent fois, je ne sais combien de fois. **2.** *Hist:* Division administrative du comté, (*approx.* =) canton *m*. *See also* CHILTERN HUNDREDS.

hundredfold [ˈhʌndrədfould]. **1.** *a.* Centuple. **2.** *adv.phr.* **A hundredfold**, cent fois autant. *To be repaid a h.*, être payé au centuple. *To increase a h.*, centupler.

hundredth [ˈhʌndrədθ]. **1.** *num.a. & s.* Centième. *Th:* **Hundredth performance**, centième *f*. *Supper to celebrate the h. performance*, souper *m* de centième. **In the hundredth place**, centièmement. *Ecc:* **The Old Hundredth**, (i) le psaume "Jubilate Deo"; (ii) (*Scot.*) l'air sur lequel se chante ce psaume. **2.** *s.* (*Fractional*) Centième *m*. *Three hundredths*, trois centièmes.

hundredweight [ˈhʌndrədweit], *s.* *Meas:* (*a*) Poids *m* de 112 livres, = 50 kg 802; (*approx* =) quintal *m*. (*b*) *U.S:* Poids de 100 livres, = 45 kg 359.

hung [hʌŋ]. *See* HANG².

Hungarian [hʌŋˈgɛəriən]. **1.** *a. & s.* Hongrois, -oise. **2.** *s.* *Ling:* **Le** hongrois.

Hungarian 'grass, *s.* *Bot:* Panic *m* d'Italie.

Hungary [ˈhʌŋgəri]. *Pr.n.* *Geog:* La Hongrie. *Toil:* **Hungary water**, eau *f* de la reine de Hongrie.

hunger¹ [ˈhʌŋgər], *s.* Faim *f*. **To be faint with hunger**, défaillir de faim; mourir de faim; *F:* avoir l'estomac dans les talons. **Hunger is the best sauce**, il n'est chère, sauce, que d'appétit; il n'est viande que d'appétit; la faim assaisonne tout; à bon appétit il ne faut point de sauce. *Pang of hunger*, fringale *f*. *Med:* **Morbid hunger**, faim-valle *f*. **Hunger for sth.**, ardent désir de qch.; désir de posséder qch.; *F:* soif *f* de qch. *See also* LAW¹ 1.

'hunger-cure, *s.* *Med:* Diète (absolue).

'hunger-grass, *s.* *Bot:* Vulpin *m* agreste; *F:* chiendent *m* queue-de-renard.

'hunger-march, *s.* Manifestation *f* par les sans-travail; *esp.* marche *f* sur Londres (par étapes).

'hunger-pains, *s.* Tiraillements *mpl* d'estomac.

'hunger-strike¹, *s.* Grève *f* de la faim.

'hunger-strike², *v.i.* (*p.t.* **-struck**; *p.p.* **-struck**) Faire la grève de la faim.

'hunger-striker, *s.* Gréviste *mf* de la faim.

'hunger-weed, *s.* *Bot:* **1.** Renoncule *f* des champs. **2.** = HUNGER-GRASS.

hunger². **1.** *v.i.* (*a*) Avoir faim. (*b*) **To hunger after, for, sth.**, être affamé de, avoir soif de, qch.; désirer ardemment qch. *To h. after praise*, *F:* avoir une fringale de louanges. *He hungered for her*, il avait faim de la revoir. *Hungering for romance*, avide d'aventures romanesques. **2.** *v.tr.* Affamer (qn). *Esp.* **To hunger s.o. into submission**, contraindre, mater, qn par la faim. **To hunger a garrison out of a place**, faire sortir une garnison par la famine.

hungered, *a.* *A. & Lit:* Affamé.

hungering, *s.* Faim *f*, soif *f* (*after, for*, de).

hungerer [ˈhʌŋgərər], *s.* Affamé, -ée (*for, after*, de).

hungry [ˈhʌŋgri], *a.* **1.** Affamé, qui a faim. **To be, feel, hungry**, avoir faim; se sentir faim; être affamé; *F:* avoir le ventre vide, creux. **To be ravenously hungry, as hungry as a hunter**, avoir une faim de loup, une faim canine; avoir une faim dévorante; *F:* avoir l'estomac dans les talons; *P:* avoir une fameuse briffe. *To make s.o. h.*, donner faim à qn. **To go hungry**, souffrir de la faim; *F:* se serrer le ventre. *We were getting h.*, la faim nous gagnait. **To look hungry**, avoir l'air famélique. *s.* **The hungry**, ceux qui ont faim; les miséreux *m*. *Hist:* **The Hungry Forties**, les années de disette de 1840-50. *Vet:* **Hungry evil**, faim-valle *f*. **2.** (Regard *m*, œil *m*) avide. **To be hungry for knowledge,** être affamé de savoir; être avide d'apprendre. *He was h. for her,* il avait faim de la revoir. **3.** (Terre *f*) pauvre, maigre; (rivière *f*) pauvre, peu poissonneuse. **-ily,** *adv.* Avidement, voracement, avec voracité. *He looked h. at her,* il la regardait d'un œil avide.

'hungry-making, *a.* (Travail, etc.) affamant.

Hüningen ['hju:niŋən]. *Pr.n. Geog:* Huningue.

hunk [hʌŋk], *s.* Gros morceau (de gâteau, de fromage, etc.); quignon *m* (de pain). *Cf.* HUNCH[1] 2.

hunkers ['hʌŋkərz], *s.pl.* (*Used only in*) **On one's hunkers,** à croupetons, accroupi. *To sit down on one's h.,* s'accroupetonner, s'accroupir les fesses sur les talons.

hunks [hʌŋks], *s. F:* **Stingy old hunks,** vieil avare; grippe-sou *m, pl.* grippe-sou(s); ladre *m. He's an old h.,* c'est un rat.

Hunnish ['hʌniʃ], *a.* (*a*) *Hist:* (Férocité, etc.) digne des Huns. (*b*) D'une cruauté sauvage.

Hunnishness ['hʌniʃnəs], *s.* Férocité *f,* cruauté *f.*

hunt[1] [hʌnt], *s.* **1.** (*a*) Chasse *f; esp.* chasse à courre, aux fauves. **Fox-hunt, tiger-hunt,** chasse au renard, au tigre. (*b*) Équipage *m* de chasse. (*c*) Terrain *m* de chasse. **2.** Recherche *f.* **To go on a hunt for sth.,** aller à la recherche de qch. *There was a h. for the missing book,* on cherchait le livre qui manquait. *He continued his h. for work,* il continuait à chercher un emploi. **3.** = HUNTING[2] 3.

'hunt's-up, *s. Ven: A:* Aubade *f.*

hunt[2]. **1.** *v.i.* (*a*) *Ven:* Chasser au chien courant; chasser à courre. (*b*) **To hunt (about) for sth., s.o.,** chercher (à découvrir) qch., qn. *To h. after fortune, glory, etc.,* aller à la recherche de, courir après, pourchasser, la fortune, la gloire, etc. *To h. through the shops,* courir les magasins. *See also* COUPLE[1] 3, HIGH II. 1. (*c*) *Mch: El.E:* (*Of engine, alternator, etc.*) Pomper; s'affoler par instants. *The regulator is hunting,* le régulateur pompe. **2.** *v.tr.* (*a*) Chasser (le cerf, etc.). *To h. whales,* pêcher la baleine. (*b*) **To hunt a thief,** (i) poursuivre un voleur; (ii) être à la recherche d'un voleur; (iii) suivre la piste d'un voleur. (*c*) Parcourir, battre (un terrain). (*d*) **To hunt a horse,** monter un cheval à la chasse. **To hunt the pack,** diriger, conduire, la meute.

hunt down, *v.tr.* **1.** Traquer, forcer (une bête); *F:* mettre (qn) aux abois, à l'accul. *The police hunted down the murderer,* la police est arrivée à mettre la main sur l'assassin. **2.** *F:* Persécuter (qn); rendre la vie intenable à (qn).

hunt out, *v.tr.* **1.** (*a*) Chasser, expulser (qn); chasser (un chien). *To be hunted out of society,* être mis au ban de la société. (*b*) *The artillery soon hunted them out,* l'artillerie eut bientôt fait de les débusquer. **2.** Déterrer, dénicher (qch.) (à force de recherches); découvrir (la vérité); arriver à retrouver (qn, qch.). *To h. s.o. out for assistance,* aller relancer qn.

hunting out, *s.* **1.** Expulsion *f* (de qn); débusquement *m* (de l'ennemi, du gibier). **2.** Dénichement *m* (de qch.); recherche laborieuse (des faits); relancement *m* (de qn).

hunt up, *v.tr.* **1.** Déterrer (des faits, des renseignements). **2.** Aller relancer (qn).

hunting[1], *a.* **Hunting man,** fervent *m* de la chasse à courre; grand chasseur. *See also* LEOPARD 2.

hunting[2], *s.* **1.** (*a*) Chasse *f* (à courre); poursuite *f* (du gibier). **Fox-hunting,** chasse au renard; chasse à courre. **The hunting counties,** les comtés *m* où l'on chasse le renard. **To go a-hunting,** aller à la chasse (à courre); partir en chasse; se mettre en chasse. (*b*) *F:* **Husband-hunting,** chasse au mari. **Bargain-hunting,** chasse aux soldes. **To go house-hunting,** se mettre en quête d'un domicile. *See also* CURIO. **2.** (**Science of**) **hunting,** vénerie *f.* **3.** *I.C.E:* Irrégularité *f* de marche au ralenti (due à un mélange trop riche). *Mch:* Mouvement *m* de galop (de locomotive). *Magn:* Affolement *m* (de l'aiguille aimantée). *W.Tel: Cin:* Pulsation *f* du son. **4. Hunting coat, knife,** habit *m,* couteau *m,* de chasse. **Hunting belt,** ceinture cartouchière. **Hunting cries,** cris *mpl* de chasse. **Hunting terms,** termes *m* de vénerie. *See also* SADDLE[1] 1.

'hunting-box, *s.* Pavillon *m* de chasse; maison *f,* rendez-vous *m inv,* de chasse; (*in Fr.*) muette *f.*

'hunting-case, *s.* Boîtier *m* (de montre à savonnette).

'hunting-crop, *s.* Stick *m* de chasse.

'hunting-dog, *s.* Chien *m* de chasse.

'hunting-field, *s.* **1.** = HUNTING-GROUND 1. **In the hunting-field,** à la chasse. **2.** La chasse; les chasseurs (qui suivent la meute).

'hunting-ground, *s.* **1.** Terrain *m* de chasse. **2.** *Myth:* **The Happy Hunting Grounds,** le Paradis des Peaux-Rouges. *F:* **A happy hunting-ground for collectors** (*of curios*), un endroit propice aux collectionneurs, un champ d'élection des collectionneurs, un paradis pour les collectionneurs.

'hunting-horn, *s.* Cor *m* de chasse.

'hunting-right, *s.* Droit *m* de chasse.

'hunting-seat, *s.* Château habité pendant la saison de la chasse.

'hunting-song, *s.* Air *m* de chasse; chasse *f.*

'hunting-watch, *s.* = HUNTER 3.

'hunt-the-'slipper, *s. Games:* Jeu *m* du furet; *A:* savate *f.*

hunter ['hʌntər], *s.* **1.** (*a*) Chasseur *m;* tueur *m* (de lions, etc.). **The hunter's moon,** la "lune de la chasse" (qui suit la "lune des moissons"). *See also* HUNGRY 1. (*b*) *F:* Pourchasseur *m* (*of,* de). **Curio-hunter,** dénicheur *m* d'antiquités. **Dowry-hunter,** coureur *m* de dots. **Place-hunters,** quémandeurs, -euses, de places, d'emplois. *See also* LEGACY-HUNTER, LION-HUNTER 2. **2.** Cheval *m* de chasse; hunter *m.* **3.** (Montre *f* à) savonnette *f.* **Half-hunter,** montre à guichet.

huntress ['hʌntres], *s.f.* Chasseuse; *Poet:* chasseresse. **Diana the Huntress,** Diane chasseresse.

huntsman, *pl.* **-men** ['hʌntsmən, -men], *s.m.* **1.** Chasseur (à courre). **2.** Veneur, piqueur.

huntsmanship ['hʌntsmənʃip], *s.* **1.** L'art *m* de la vénerie. **2.** Adresse *f* à la chasse; talents *mpl* de chasseur.

hup [hʌp], *int.* (*To a horse*) Hue!

hurdle[1] [hə:rdl], *s.* **1.** (*a*) *Agr:* Claie *f,* clôture *f.* (*b*) *Fort:* Ouvrage *m* à claire-voie. (*c*) *Sp:* Barrière *f,* obstacle *m. Turf:* Haie *f. F:* **The hurdles** = HURDLE-RACE. (*d*) *A:* Claie de supplice. *To be drawn on a h.,* être traîné sur la claie. **2.** (**Grape-sorting, fruit-drying**) **hurdle,** claie, clayon *m. See also* FISHING-HURDLES.

'hurdle-race, *s. Sp:* Course *f* d'obstacles. *Turf:* (*Short distance*) Course de haies; (*long distance*) steeple-chase *m, F:* steeple *m.*

hurdle[2], *v.tr.* **1.** Garnir, entourer, (qch.) de claies. **To hurdle off** *the ground,* entourer le terrain de claies. **2.** *Sp:* (*a*) Sauter (un obstacle). (*b*) *v.i.* Courir une course d'obstacles; *Turf:* courir une course de haies.

hurdling, *s. Sp:* Saut *m* d'obstacles, de barrières, *Turf:* de haies.

hurdler ['hə:rdlər], *s.* **1.** Fabricant *m* de claies. **2.** *Sp:* Sauteur *m* d'obstacles, de barrière; *Turf:* cavalier *m* qui monte en steeple-chase; jockey *m* de courses à obstacles.

hurdy-gurdy ['hə:rdigə:rdi], *s.* **1.** (*a*) *A:* Vielle *f. H.-g. grinder,* vielleur, -euse. (*b*) *Hyd.E: U.S:* **Hurdy-gurdy wheel,** roue *f* Pelton. **2.** *F:* Orgue *m* de Barbarie.

hurl [hə:rl], *v.tr.* **1.** Lancer (qch.) avec force, avec violence (*at,* contre). *To h. stones at s.o.,* lancer une grêle de pierres à qn. *The explosion hurled them far and wide,* l'explosion les projeta au loin, de tous côtés. **To hurl oneself at sth., at s.o.,** se ruer sur qch., sur qn. *To h. oneself into the fray,* se jeter à corps perdu dans la mêlée. *He was hurled from the throne,* il fut précipité (à bas) de son trône. *Hurled into the yawning chasm,* précipité dans le gouffre, dans l'abîme. *F:* **To hurl sarcasms, reproaches, at s.o.,** lancer des sarcasmes, des reproches, à qn; cribler, accabler, darder, qn de sarcasmes, de reproches; *F:* flanquer des reproches à qn; jeter des reproches à la tête de qn. *To h. abuse,* vociférer, cracher, des injures. *See also* DEFIANCE. **2.** (*Ireland*) Jouer au *hurley.*

hurl back, *v.tr.* Refouler, repousser, rejeter (l'ennemi, etc.); rétorquer (une accusation).

hurl down, *v.tr.* Précipiter; jeter bas.

hurling, *s.* **1.** Lancée *f,* lancement *m* (d'un projectile); jet *m* (d'une pierre, etc.); *F:* lancement (d'injures). **2.** = HURLEY.

hurler ['hə:rlər], *s.* **1.** Lanceur, -euse. **2.** (*Ireland*) Joueur, -euse, de *hurley.*

hurley ['hə:rli], *s. Sp:* Variété de jeu de hockey pratiquée en Irlande; hurley *m.*

hurly-burly ['hə:rlibə:rli], *s.* Brouhaha *m,* tintamarre *m,* charivari *m,* tohu-bohu *m. To be out of the h.-b.,* se trouver loin de la vie trépidante de la ville; être à la campagne, en villégiature.

Huron ['hjuərən], *a. & s. Ethn:* Huron, -onne.

hurrah[1] [hə'ra:, hu'ra:], **hurray**[1] [hə'rei, hu'rei], *int. & s.* Hourra (*m*). **Hurray for the Prince!** vive le prince! *H. for the holidays!* vive(nt) les vacances!

hurrah[2], **hurray**[2]. **1.** *v.i.* Pousser un hourra, des hourras. **2.** *v.tr.* Acclamer (qn) par des hourras.

hurricane ['hʌrikən, -kein], *s.* Ouragan *m, Nau:* tempête *f. It was blowing a h.,* il ventait tempête; le vent soufflait en tempête; *F:* il faisait un vent à écorner les bœufs. *F:* **To let loose a hurricane of abuse,** déchaîner une tornade d'injures. *A h. of applause,* un tonnerre d'applaudissements. *See also* WIND[1] 1.

'hurricane-bird, *s. Orn:* Frégate *f.*

'hurricane-deck, *s. Nau:* (*On liners*) Pont-promenade *m, pl.* ponts-promenades; *Navy:* (*on destroyers*) pont *m* de manœuvre à la mer, pont-abri, *pl.* ponts-abris.

'hurricane-house, *s. Nau:* Nid *m* de corbeau (pour la vigie).

'hurricane-lamp, *s.* Lanterne-tempête *f, pl.* lanternes-tempête.

'hurricane-roof, *s.* = HURRICANE-DECK.

hurriedness ['hʌridnəs], *s.* Précipitation *f* (des préparatifs, etc.).

hurry[1] ['hʌri], *s.* **1.** Hâte *f,* précipitation *f.* **To write in a hurry,** écrire à la hâte. *To go out in a h.,* sortir à la hâte, en courant. *To go upstairs in a furious h.,* monter l'escalier quatre à quatre. *See also* TEARING[1] 2. *To be in too great a h. to make money,* avoir trop hâte, être trop pressé, de gagner de l'argent. *Don't do anything in a h.,* ne faites rien qu'à tête reposée. *In my h. I forgot it,* dans ma précipitation je l'ai oublié. **To be in no hurry,** ne pas être pressé; avoir le temps. *F:* **What's your hurry?** qu'est-ce qui vous presse? *What a h. you are in!* (i) comme vous êtes pressé! (ii) comme vous êtes impatient! *The h. of modern life,* l'affairement *m* de la vie d'aujourd'hui. **Is there any hurry?** est-ce pressé? est-ce que cela presse? *There's no* (*special*) *h.,* rien ne presse; il n'y a rien qui presse; *F:* le feu n'est pas à la maison; la foire n'est pas sur le pont. *F:* **You won't see him again in a hurry,** vous ne le reverrez pas de sitôt. *I shan't do it again in a h.,* on ne m'y reprendra pas de sitôt. *You won't beat that in a h.!* faites donc mieux que ça! **2.** Empressement *m.* **He was in no hurry to leave,** il était peu empressé de partir. **3.** *Nau:* Couloir *m,* manche *f* (à charbon, etc.).

hurry[2]. **1.** *v.tr.* (*a*) Hâter, presser (qn). **Don't hurry me,** ne me pressez pas; ne me bousculez pas. **To hurry oneself,** se hâter, se dépêcher; se presser; faire diligence. (*b*) Hâter, activer, presser (le travail). *Work that cannot be hurried,* travail qui demande du temps, qu'il faut faire à tête reposée. *Th: To h. the ending,* brusquer le dénouement. (*c*) *To h. s.o. to a place,* entraîner qn en toute hâte vers un endroit. *Troops were hurried to the spot,* on amena au plus vite des troupes sur les lieux. *To h. s.o. into a car,* faire monter qn en voiture en toute hâte, en le bousculant. *To h. s.o. into doing sth.,* entraîner qn à faire qch. sans lui donner le temps de réfléchir. **2.** *v.i.* (*a*) Se hâter, se presser; se dépêcher. *To h. through one's lunch,* expédier son déjeuner. **Don't hurry,** ne vous pressez pas. *To h. over a task, etc.,* expédier, dépêcher, bâcler, un ouvrage, etc. *Not to h. over sth.,* prendre son temps pour faire qch.

(*b*) Presser le pas. *To h. to a place*, se rendre en toute hâte à, dans, un endroit. *She hurried home*, elle se dépêcha, s'empressa, de rentrer; elle courut chez elle. *To h. into a place, out of a place*, entrer, sortir, en toute hâte; se presser d'entrer, de sortir. *People were hurrying to board the bus*, on se pressait à la montée. *To h. after s.o.*, courir après qn, suivre qn précipitamment, se hâter de suivre qn. *To h. up to s.o.*, accourir, se précipiter, vers qn. (*c*) **To hurry into one's clothes**, passer ses vêtements en toute hâte.

hurry along. **1.** *v.tr.* Entraîner (qn) précipitamment. **2.** *v.i.* Marcher d'un pas pressé.

hurry away. **1.** *v.tr.* Emmener, entraîner, (qn) précipitamment. **2.** *v.i.* S'en aller bien vite, partir précipitamment. *I must h. away*, il faut que je me sauve.

hurry back. **1.** *v.tr.* Faire revenir, faire rentrer, (qn) en toute hâte. **2.** *v.i.* Revenir, retourner, bien vite, à la hâte; se presser de revenir.

hurry down. **1.** *v.tr.* Faire descendre (qn) à la hâte. **2.** *v.i.* Descendre en courant, précipitamment, à toute vitesse; se presser de descendre. *To h. down the street*, dévaler la rue.

hurry forward. **1.** *v.tr.* Pousser (qn) vivement en avant. **2.** *v.i.* S'avancer vivement.

hurry in, *v.i.* Entrer précipitamment, en toute hâte.

hurry off, *v.i.* Partir précipitamment, en toute hâte.

hurry on. **1.** *v.tr.* Faire hâter le pas à (qn); pousser (qn) en avant; pousser (la besogne); avancer (un travail); précipiter (une affaire); activer (une commande); accélérer (la livraison d'un article); presser (le départ de qn). *To be hurried on by the police*, (i) être talonné par la police; (ii) être entraîné par la police. **2.** *v.i.* Presser le pas; continuer sa route à vive allure.

hurry out. **1.** *v.tr.* Entraîner vivement (qn) dehors. **2.** *v.i.* Sortir vivement, précipitamment, avec précipitation, à la hâte, en toute hâte; se presser, se hâter, de sortir.

hurry up. **1.** *v.tr.* Faire avancer en toute hâte (des renforts, etc.). **2.** *v.i.* (*a*) Monter précipitamment; se presser de monter; arriver précipitamment, en toute hâte. (*b*) *F:* Se dépêcher, se hâter; hâter, presser, le pas; *P:* se grouiller. *Now then*, **hurry up!** allons, dépêchez-vous! plus vite que ça! pressez-vous un peu! *We must h. up, P:* il s'agit de les mettre! il s'agit de se grouiller!

hurried, *a.* **1.** (Pas) pressé, précipité; (ouvrage) fait à la hâte; hâtif; (mot) écrit à la hâte. *A few h. words*, quelques paroles dites à la hâte. *H. reading is unprofitable*, une lecture trop hâtive ne profite point. *To take a h. luncheon*, expédier, dépêcher, son déjeuner. **2.** *I was h. when I wrote that letter*, j'étais très pressé, un peu bousculé, au moment où j'ai écrit cette lettre; je n'ai pas écrit à tête reposée. *On Mondays I'm always h.*, le lundi c'est toujours une bousculade. **-ly,** *adv.* A la hâte, en toute hâte, précipitamment, vivement. *H. built barracks*, casernes bâties à la vapeur.

hurry-scurry¹, -skurry ['hʌri'skʌri]. **1.** *adv.* Pêle-mêle, en désordre; (s'enfuir) à la débandade. **2.** *s.* Confusion *f*, désordre *m*, bousculade *f*.

hurry-scurry², *v.i.* Faire les choses à la hâte; courir en désordre, à la débandade.

hurst [hə:rst], *s.* **1.** Colline sablonneuse. **2.** (*a*) Bouquet *m* d'arbres; bosquet *m*. (*b*) Butte boisée. **3.** Banc *m* de sable (formant gué).

hurt¹ [hə:rt], *s.* Mal *m*. **1.** Blessure *f*, *F:* (*child's speech*) bobo *m*. **To do s.o. (a) hurt,** faire du mal à qn; blesser qn. *To receive a mortal h.*, recevoir une blessure mortelle. *Mil: Navy:* **Hurt certificate,** certificat médical; certificat d'origine de blessure. **2.** Tort *m*, détriment *m*, préjudice *m*, dommage *m*. *What hurt can it do you?* quel tort cela peut-il vous faire? en quoi cela peut-il vous nuire?

hurt², *v.tr.* (*p.t.* **hurt**; *p.p.* **hurt**) **1.** Faire (du) mal à, blesser (qn). *To h. oneself*, se faire (du) mal, *F:* (*child's speech*) se faire (du) bobo. *To h. one's foot*, se blesser au pied. *His foot was permanently hurt by his fall*, il est resté boiteux, estropié, de cette chute. **To get hurt,** (i) être blessé; recevoir une blessure; (ii) (*at the hands of a criminal in an affray*) recevoir un mauvais coup; (iii) se faire du mal. *Take care you don't get h.*, prenez garde (i) de vous blesser, (ii) de vous faire blesser. *My wound hurts (me)*, ma blessure me fait mal; ma blessure cuit. *That hurts*, ça fait mal; *F:* ça fait bobo. *That doesn't h.*, cela ne fait pas mal. *See also* CRY OUT 2, FRIGHTENED. **2.** Faire de la peine à (qn). **To hurt s.o.'s feelings,** blesser, froisser, peiner, qn; offenser qn; mortifier qn. *Her coldness h. me*, sa froideur m'a blessé, m'a froissé. **Nothing hurts like the truth,** il n'y a que la vérité qui offense. *The thing that hurts him most*, la chose qui lui tient au cœur. **3.** (*To injure*) (*Of things*) Nuire à, gâter, abîmer, endommager (qch.). *Too much water hurts plants*, trop d'eau nuit aux plantes. **To hurt s.o.'s interests,** léser les intérêts de qn; léser qn; nuire aux intérêts de qn. (*With passive force*) *This material doesn't h. if it gets wet*, ce tissu ne s'abîme pas à être mouillé.

hurter ['hə:rtər], *s.* **1.** *Rail: etc:* Heurtoir *m* (de voie en cul-de-sac). **2.** *Veh:* Heurtequin *m* (d'essieu).

hurtful ['hə:rtful], *a.* **1.** (*a*) Nuisible, nocif; pernicieux. (*b*) Préjudiciable (*to*, à). *It is h. to my interests*, cela porte atteinte à mes intérêts; cela lèse mes intérêts. *H. rumours*, bruits *m* préjudiciables. **2. Hurtful to the feelings,** froissant, blessant. *There is nothing so h. as ingratitude*, il n'y a rien qui blesse comme l'ingratitude. **-fully,** *adv.* **1.** D'une manière nuisible, pernicieuse, préjudiciable. **2.** D'une manière mortifiante, blessante.

hurtfulness ['hə:rtfulnəs], *s.* Nature nuisible, pernicieuse (de qch.); nocivité *f*.

hurtle [hə:rtl]. **1.** *v.tr.* (*a*) Heurter, faire choquer. *To h. one another*, se heurter, se choquer, s'entrechoquer. (*b*) **To hurtle (down) rocks upon the enemy,** lancer, faire dévaler, des rochers sur l'ennemi. **2.** *v.i.* (*a*) Se précipiter, s'élancer (avec bruit, comme un bolide). *The men came hurtling out*, les hommes s'élancèrent dehors en se bousculant. (*Of car, etc.*) **To hurtle along,** dévorer la route. **To hurtle into sth.,** entrer en collision avec qch. (*b*) *The spears hurtled into our camp*, les javelines tombaient dru dans notre camp. *The rocks hurtled down*, les rochers dévalaient avec fracas. *The shells hurtled through the air*, les obus passaient en trombe. (*c*) (*Of rain, shower of missiles, etc.*). Retentir comme la grêle; tomber dru, avec fracas.

hurtling, *a.* Bruyant, retentissant; qui passe, tombe, avec fracas.

hurtleberry ['hə:rtlbəri], *s. Bot:* Airelle *f* myrtille.

hurtless ['hə:rtləs], *a.* **1.** Sans blessure, sain et sauf. **2.** Inoffensif, qui ne fait pas de mal. **-ly,** *adv.* **1.** Sans aucun mal. **2.** Inoffensivement.

husband¹ ['hʌzbənd], *s.* **1.** Mari *m*, époux *m*. *H. and wife*, les (deux) époux, les conjoints *m*. *To live as h. and wife*, vivre maritalement. *Jur:* **Husband's authorization,** autorisation maritale. *F:* **Husband's tea,** thé bon pour le mari (qui arrive toujours en retard); les rinçures *f* de la théière. **2.** *A:* *A good h. of his money*, un bon administrateur de sa fortune. *Nau: A:* **Ship's husband,** (i) gérant *m* (à bord); (ii) capitaine *m* d'armement; agent *m* d'affaires d'un navire.

husband², *v.tr.* **1.** Cultiver (la terre, etc.). **2.** Ménager, épargner, économiser (ses ressources, son argent, ses forces); bien gouverner (ses ressources). **3.** *A: Hum:* Marier, trouver un mari pour (une femme). **4.** (*Rare*) Épouser (une femme, une opinion).

husbanding, *s.* **1.** Culture *f* (de la terre). **2.** Ménagement *m* (de ses ressources, etc.).

husbandman, *pl.* **-men** ['hʌzbəndmən, -men], *s.m.* **1.** Cultivateur, agriculteur. **2.** Laboureur.

husbandry ['hʌzbəndri], *s.* **1.** Agronomie *f*, industrie *f* agricole, économie rurale, agriculture *f*. **Animal husbandry,** (i) l'élevage *m*; (ii) l'art *m* vétérinaire. **2.** (*a*) **Good husbandry,** bonne gestion; sage administration *f* (de son bien). **Bad husbandry,** gaspillage *m*, maladministration *f*. (*b*) Économie, frugalité *f*.

hush¹ [hʌʃ], *s.* Silence *m*, calme *m*. *The h. of the night*, le silence de la nuit. **The hush before the storm,** l'accalmie *f*, le calme, avant la tempête.

hush². **1.** *v.tr.* (*a*) Calmer, faire taire (un enfant, les vents); imposer silence à (qn); apaiser (un enfant). *All nature is hushed*, toute la nature se tait. (*b*) Étouffer (son rire, un bruit). *Hushed conversation*, conversation étouffée, discrète; chuchotements *mpl*. **2.** *v.i.* Se taire, faire silence.

hush up, *v.tr.* Étouffer (une affaire, un scandale).

'hush-money, *s.* Argent donné à qn pour acheter son silence; prime *f* au silence; prix *m* du silence (de qn), pot-de-vin *m*. *Extortion of h.-m.*, chantage *m*. *Extorter of h.-m.*, maître chanteur.

hush³, *int.* Chut! (faites) silence! du silence! **To say hush,** chuter.

hush-'hush¹, *a. F:* Secret, -ète. **Hush-hush ship,** (i) navire *m* dont la construction a été tenue secrète, dont on fait mystère; (ii) vaisseau armé en guerre camouflé en navire marchand.

hush-'hush², *v.tr.* Faire taire (qn).

hushaby ['hʌʃəbai], *int.* *F:* **Hushaby baby!** fais dodo, mon bébé.

husk¹ [hʌsk], *s.* Cosse *f*, gousse *f* (de pois, etc.); pelure *f* (d'oignon, de fève de cacao); brou *m*, écale *f* (de noix); hérisson *m*, bogue *f* (de châtaigne); coque *f* (de grain de café); tégument *m*, pellicule *f*, balle *f* (de grain); *U.S:* enveloppe *f* (de l'épi du maïs). **Rice in the husk,** riz non décortiqué. *Husb:* **Husks,** vannure *f*. *See also* TOMATO 2.

husk², *v.tr.* Décortiquer; écosser (des pois); ébrouer, écaler, cerner (des noix); écorcer, perler, monder (le riz, l'orge); éplucher (le maïs); vanner (le grain).

husked, *a.* **1.** *Bot: A:* Cossu; à cosse. **2.** Écossé, mondé; (maïs) épluché. **Husked barley,** orge mondé.

husking, *s.* **1.** Décorticage *m*; écorçage *m* (du riz); épluchage *m* (du maïs). **2.** *U.S:* Réunion *f*, veillée *f*, pour l'épluchage du maïs.

husk³, *s. Vet:* Bronchite vermineuse (du bétail).

huskiness ['hʌskinəs], *s.* Enrouement *m*, raucité *f* (de la voix, d'un son); empâtement *m* (de la voix).

husky¹ ['hʌski], *a.* **1.** (Pois, etc.) cossu. **2. Husky voice,** (i) voix enrouée, voilée; (*of drunkard*) voix de rogomme; (ii) voix altérée (par l'émotion). **3.** *a.* & *s.* *U.S: F:* (Homme) fort, costaud. **-ily,** *adv.* (Parler) d'une voix enrouée (par la fatigue), d'une voix altérée, voilée (par l'émotion, par la colère).

husky², *s.* **1.** Chien *m* esquimau, chien de traîneau. **2.** (*a*) *Ethn:* **A Husky,** un, une, Esquimau. (*b*) *Ling:* L'esquimau *m*.

hussar [hu'zɑ:r], *s.* *Mil:* Hussard *m*. *Hist:* **The Black Hussars,** les Hussards de la Mort. *See also* SADDLE¹ 1.

Hussite ['hʌsait], *s.* *Ecc.Hist:* Hussite *m*.

hussy ['hʌzi], *s.f. F:* **1.** Coquine, friponne, mâtine, péronelle *f*. *You little h.!* petite effrontée, petite coquine! *Sly h.*, fine lame. **2.** Drôlesse, garce.

hustings ['hʌstiŋz], *s.pl.* *A.Pol:* **1.** Estrade *f*, tribune *f* (où étaient nommés les candidats d'une élection politique et d'où ceux-ci haranguaient la foule). **2.** L'élection *f*.

hustle¹ [hʌsl], *s.* **1.** Bousculade *f*. **2.** Hâte *f*, promptitude *f*, activité *f* énergique. *U.S: F:* **To get a hustle on,** se dépêcher.

hustle². **1.** *v.tr.* (*a*) Bousculer, pousser, presser (qn). *To h. one another*, se bousculer. *To h. s.o. into a carriage*, faire monter qn en voiture (en le bousculant). *To be hustled out of the way*, être repoussé vivement pour déblayer le chemin; être relégué vivement dans un coin. **To hustle s.o. up,** bousculer qn. **To hustle things on,** pousser le travail; *F:* mener les choses tambour battant. (*b*) **To hustle s.o. into a decision,** forcer qn à se décider sans lui donner le temps de respirer. *I won't be hustled*, je ne veux pas qu'on me bouscule; on ne me fera pas agir sans réflexion. (*c*) (*Of pickpocket*) Bousculer (qn); voler (qn) à l'esbroufe. **2.** *v.i.* (*a*) Se dépêcher, se presser. *We must h. a bit*, il faut que ça ronfle. (*b*) *To h. against* *s.o.*, bousculer qn. (*c*) *To h. through the crowd*, se frayer un passage; jouer des coudes pour passer.

hustling, *s.* **1.** = HUSTLE[1]. **2.** Vol *m* à l'esbroufe.

hustler ['hʌslər], *s.* **1.** (*a*) Bousculeur, -euse. (*b*) Esbroufeur *m*. **2.** *U.S:* Débrouillard *m*, homme expéditif, homme d'expédition; brasseur *m*, remueur *m*, d'affaires; abatteur *m*, bâcleur *m*, de besogne. *You are a bit of a h.*, vous allez vite en besogne; vous ne traînez pas en affaires.

huswife ['hʌzif], *s.* = HOUSEWIFE 2.

hut[1] [hʌt], *s.* Hutte *f*, cabane *f*, cassine *f*. *Mil:* Baraquement *m*. **Hut camp** = HUTMENTS. **Y.M.C.A. hut**, foyer *m* du soldat (sous les auspices de la *Young Men's Christian Association*). *Alpine hut*, chalet-refuge *m*, *pl.* chalets-refuges. *Hut builder*, constructeur *m* de baraques.

hut-circle, *s.* *Archeol:* Trace *f* d'habitation circulaire.

hut[2], *v.* (hutted) **1.** *v.tr.* *Mil:* Baraquer (des troupes). **2.** *v.i.* (Se) baraquer; loger dans des baraquements.

hutch [hʌtʃ], *s.* **1.** Coffre *m*, huche *f*. **2.** (*a*) **(Rabbit-)hutch**, clapier *m*, lapinière *f*; cage *f*, cabane *f*, à lapins. (*b*) *F:* Petite cabane, logis étroit. **3.** *Tchn:* (*a*) **(Baker's) hutch**, pétrin *m*, huche *f*, maie *f*. (*b*) *Min:* Benne (roulante); berline *f*; wagon *m* à minerai; wagonnet *m*.

'hutch-rabbit, *s.* Lapin *m* domestique; lapin de clapier; clapier *m*.

'hutch-runner, *s.* *Min:* Traîneur *m* de wagonnets.

hutments ['hʌtmənts], *s.pl.* *Mil:* *Civ.E:* Baraquements *m*; camp *m* de baraques; baraques *f*.

huzza[1] [hʌ'zɑː, hu'zɑː], *int.* & *s.* Hourra (*m*), vivat (*m*).

huzza[2]. **1.** *v.i.* Crier hourra, vivat; pousser des hourras. **2.** *v.tr.* Acclamer, applaudir (qn); saluer (qn) de vivats.

hyacinth ['haiəsinθ], *s.* **1.** *Miner:* *Lap:* Hyacinthe *f*. **2.** *Bot:* Jacinthe *f*. **Wood, wild, hyacinth**, jacinthe des prés. *Hort:* **Roman hyacinth**, jacinthe romaine. **Cape hyacinth, Peruvian hyacinth**, jacinthe, scille *f*, du Pérou. *See also* GRAPE-HYACINTH. **3.** *a.* & *s.* (*Colour*) (*a*) Rouge orangé *inv* (de l'hyacinthe). (*b*) Bleu jacinthe *inv*, bleu violet *inv*.

hyacinthine [haiə'sinθain], *a.* = HYACINTH 3.

Hyacinthus [haiə'sinθəs]. *Pr.n.m.* *Myth:* Hyacinthe.

Hyades (the) [ðə'haiədiːz]. *Pr.n.pl.* *Astr:* *Myth:* Les Hyades *f*.

hyaena [hai'iːnə], *s.* = HYENA.

hyaline ['haiəlin]. **1.** *a.* *Anat:* *Biol:* *Miner:* Hyalin, transparent, diaphane. **2.** *s.* *Poet:* (*a*) Mer *f* de cristal; mer hyaline. (*b*) Ciel pur.

hyalite ['haiəlait], *s.* *Miner:* Hyalite *f*.

hyalogen [hai'alodʒən], *s.* *Ch:* Hyalogène *m*.

hyaloid ['haiəlɔid]. *Anat:* *etc:* **1.** *a.* (*a*) (Humeur *f*, membrane *f*) hyaloïde. (*b*) (*Of artery, canal*) Hyaloïdien. **2.** *s.* Membrane *f* hyaloïde; membrane du corps vitré.

hybrid ['haibrid]. *Biol:* *Hort:* *Ling:* *etc:* **1.** *s.* (*a*) Hybride *m*. (*b*) (*Of pers.*) Métis, -isse. **2.** *a.* (*a*) Hybride. *Hort:* *H. variety*, variété hybride, adultérine. *H. plant*, plante hybride, métisse. *H. character*, hybridité *f* (d'un mot, etc.). (*b*) Hétérogène. **Hybrid bill**, projet *m* de loi qui participe en même temps du projet d'État et d'un projet d'intérêt local.

hybridism ['haibridizm], **hybridity** [hai'briditi], *s.* Hybridisme *m*, hybridité *f*.

hybridization [haibridai'zeiʃ(ə)n], *s.* *Biol:* Hybridation *f*.

hybridize ['haibridaiːz]. **1.** *v.tr.* Hybrider. **2.** *v.i.* S'hybrider.

hydatic [hai'datik], *a.* *Med:* Hydatique.

hydatid ['haidətid], *s.* *Med:* **1.** Kyste *m* hydatique. **2.** Hydatide *f*; *F:* ver-coquin *m*, *pl.* vers-coquins.

hydr-. *See* HYDR(O)-.

hydra ['haidrə], *s.* **1.** *Gr.Myth:* Hydre *f* (de Lerne). **Hydra-headed**, à têtes d'hydre, à sept têtes. *F:* *The h. of anarchy*, l'hydre de l'anarchie. **2.** *Astr:* L'Hydre (femelle). **3.** *Coel:* (*pl.* **hydrae** ['haidriː]) Hydre. **4.** *Rept:* Serpent *m* d'eau douce; hydre.

hydracid [hai'drasid], *s.* *Ch:* Hydracide *m*.

hydragogue ['haidragɔg], *a.* & *s.* *Med:* Hydragogue (*m*).

hydrangea [hai'dreindʒə], *s.* *Bot:* Hortensia *m*, hydrangée *f*, hydrangelle *f*.

hydrangeacea [haidrein'dʒeisiiː], *s.pl.* *Bot:* Hydrangées *f*.

hydrant ['haidrənt], *s.* Prise *f* d'eau; bouche *f* d'eau. *Esp.* **Fire-hydrant**, bouche d'incendie; prise *f* d'incendie; poste *m* d'incendie; *Th:* grand secours.

hydrargyric [haidrɑːr'dʒirik], *a.* *Pharm:* (Onguent) hydrargyrique, mercuriel.

hydrarthrosis [haidrɑːr'θrousis], *s.* *Med:* Hydarthrose *f*.

hydrate[1] ['haidret], *s.* *Ch:* Hydrate *m*. **Hydrate of lime, calcium hydrate**, chaux hydratée, hydrate de chaux.

hydrate[2] ['haidreit], *v.tr.* *Ch:* Hydrater. *To become hydrated*, *v.i.* to **hydrate**, s'hydrater.

hydration [hai'dreiʃ(ə)n], *s.* *Ch:* Hydratation *f*.

hydraulic [hai'drɔːlik], *a.* (Machine *f*, presse *f*, chaux *f*) hydraulique. *H. power*, force *f* hydraulique. *Lift worked by h. power*, ascenseur *m* à manœuvre hydraulique; ascenseur actionné hydrauliquement. *H. working of a gun*, manœuvre *f* hydraulique d'une pièce. *H. mining*, exploitation *f* par la méthode hydraulique. **Hydraulic engineering**, hydraulique *f*. *H. engineer* = HYDRAULICIAN. *See also* RAM[1] 4. **-ally**, *adv.* **1.** (Actionné, commandé) hydrauliquement. **2.** *H. speaking . . .*, en termes d'hydraulique. . . .

hydraulician [haidrɔː'liʃən], *s.* Hydrauliste *m*, hydraulicien *m*; ingénieur *m* en hydraulique.

hydraulics [hai'drɔːliks], *s.pl.* (*Usu. with sg. const.*) Hydraulique *f*, hydromécanique *f*.

hydrazine ['haidrəzain], *s.* *Ch:* Hydrazine *f*.

hydrazoic [haidrə'zouik], *a.* *Ch:* Azothydrique.

hydric ['haidrik], *a.* *Ch:* -hydrique. **Hydric chloride**, acide *m* chlorhydrique.

hydride ['haidraid], *s.* *Ch:* Hydrure *m*.

hydriodide [hai'draiodaid], *s.* *Ch:* Iodhydrate *m*.

Hydriote ['haidriət], *a.* & *s.* *Geog:* Hydriote (*mf*); de l'île d'Hydra.

hydro ['haidro], *s.* *F:* = HYDROPATHIC 2.

'hydro-ho'tel, *s.* Hôtel *m* avec établissement thermal.

hydr(o)- ['haidr(o), hai'drɔ], *comb.fm.* **1.** Hydr(o)-. *Hydraemia*, hydrémie, hydroémie. *Hydrocephalous*, hydrocéphale. *Hydromania*, hydromanie. **2.** *Ch:* *Hydriodic*, iodhydrique. *Hydrofluoride*, fluorhydrate.

hydro-aeroplane [haidro'ɛəroplein], *s.* Hydravion *m*, hydroaéroplane *m*.

hydrobromic [haidro'broumik], *a.* *Ch:* (Acide *m*) bromhydrique, hydrobromique.

hydrobromide [haidro'broumaid], *s.* *Ch:* Bromhydrate *m*, bromure *m*.

hydrocarbide [haidro'kɑːrbaid], *s.* *Ch:* Carbure *m* d'hydrogène.

hydrocarbon [haidro'kɑːrbən], *s.* *Ch:* Hydrocarbure *m*; hydrogène carburé; carbure *m* d'hydrogène.

hydrocarbonate [haidro'kɑːrbənet], *s.* *Ch:* Hydrocarbonate *m*.

hydrocele ['haidrosiːl], *s.* *Med:* Hydrocèle *f*.

hydrocephalic [haidrose'falik], **hydrocephalous** [haidro'sefələs], *a.* *Med:* Hydrocéphale.

hydrocephalus [haidro'sefələs], **hydrocephaly** [haidro'sefəli], *s.* *Med:* Hydrocéphalie *f*, hydrocéphale *f*; hydropisie *f* de la tête.

hydrochloric [haidro'klɔ(ː)rik], *a.* *Ch:* (Acide *m*) chlorhydrique.

hydrochloride [haidro'klɔ(ː)raid], *s.* *Ch:* Chlorhydrate *m*.

hydrocotyle [haidro'kɔtili], *s.* *Bot:* Hydrocotyle *f*; *F:* écuelle *f* d'eau.

hydrocyanic [haidrosai'anik], *a.* *Ch:* Cyanhydrique.

hydrodynamic(al) [haidrodai'namik(əl)], *a.* Hydrodynamique.

hydrodynamics [haidrodai'namiks], *s.pl.* (*Usu. with sg. const.*) Hydrodynamique *f*.

hydro-electric [haidroi'lektrik], *a.* Hydroélectrique.

hydro-extractor [haidroek'straktər], *s.* *Ind:* Hydro-extracteur *m*; toupie *f* mécanique; essoreuse *f* centrifuge.

hydrofluoric [haidroflu'ɔrik], *a.* *Ch:* Fluorhydrique, hydrofluorique.

hydrogel ['haidrodʒel], *s.* *Ch:* *Ph:* Hydrogel *m*.

hydrogen ['haidrodʒen], *s.* *Ch:* Hydrogène *m*. **Hydrogen gas**, gaz *m* hydrogène. **Heavy hydrogen**, hydrogène lourd; deutérium *m*. *See also* ION, PEROXIDE, SULPHIDE, SULPHURETTED.

hydrogenate [hai'drɔdʒeneit], **hydrogenize** [hai'drɔdʒenaiːz], *v.tr.* Hydrogéner; combiner avec l'hydrogène.

hydrogenated, hydrogenized, *a.* (Gaz, atome) hydrogéné.

hydrogenous [hai'drɔdʒenəs], *a.* Hydrogénique.

hydroglider ['haidroglaidər], *s.* *Av:* Hydroglisseur *m*.

hydrographer [hai'drɔgrəfər], *s.* (Ingénieur *m*) hydrographe *m*.

hydrographic(al) [haidro'grafik(əl)], *a.* Hydrographique. **Hydrographic Office**, Bureau *m* des cartes et plans.

hydrography [hai'drɔgrəfi], *s.* Hydrographie *f*.

hydroid ['haidrɔid], *a.* & *s.* *Coel:* Hydroïde (*m*).

hydrokinetic [haidrokai'netik], *a.* Qui appartient, se rapporte, à la cinétique des liquides.

hydrokinetics [haidrokai'netiks], *s.pl.* (*Usu. with sg. const.*) Cinétique *f* des liquides.

hydrological [haidro'lɔdʒik(ə)l], *a.* Hydrologique.

hydrology [hai'drɔlodʒi], *s.* Hydrologie *f*.

hydrolysis [hai'drɔlisis], *s.* *Ch:* Hydrolyse *f*; électrolyse *f* de l'eau. *H. by fermentation*, zymohydrolyse *f*.

hydrolytic [haidro'litik], *a.* Qui appartient, se rapporte, à l'hydrolyse; qui agit par hydrolyse.

hydromagnesite [haidro'magnisaːit], *s.* *Miner:* Hydrocarbonate *m* de magnésie.

hydromancy ['haidromansi], *s.* Hydromancie *f*.

hydromechanics [haidrome'kaniks], *s.pl.* (*Usu. with sg. const.*) Hydromécanique *f*.

hydromel ['haidromel], *s.* Hydromel *m*.

hydrometer [hai'drɔmetər], *s.* **1.** *Ph:* *Ind:* Densimètre *m*; aréomètre *m*; hydromètre *m*. *Baumé scale h.*, aréomètre de Baumé. **Petrol hydrometer**, pèse-essence *m inv.* **Acid hydrometer**, pèse-acide *m inv*, acidimètre *m*. **Hydrometer syringe**, pipette *f* pèse-acide. **2.** *Hyd.E:* = HYDROMETROGRAPH.

hydrometric(al) [haidro'metrik(əl)], *a.* Hydrométrique.

hydrometrograph [haidro'metrogrɑːf, -graf], *s.* *Hyd.E:* Hydromètre *m*, hydrométrographe *m*.

hydrometry [hai'drɔmetri], *s.* *Ph:* Hydrométrie *f*, aréométrie *f*.

hydromotor ['haidromoutər], *s.* Hydromoteur *m*.

hydropathic [haidro'paθik], *Med:* **1.** *a.* (*a*) (Établissement *m*) hydrothérapique. (*b*) (Médecin *m*) hydropathe. **2.** *s.* Établissement *m* hydrothérapique; établissement thermal.

hydropathy [hai'drɔpəθi], *s.* Hydropathie *f*.

hydrophane ['haidrofein], *s.* *Miner:* Hydrophane *f*.

hydrophilizing [hai'drɔfilaiziŋ], *s.* *Tex:* Hydrophilisation *f*.

hydrophilous [hai'drɔfiləs], *a.* *Nat.Hist:* Hydrophile.

hydrophis ['haidrɔfis], *s.* *Rept:* Hydrophis *m*.

hydrophobia [haidro'foubiə], *s.* **1.** *Med:* Hydrophobie *f*, *F:* la rage. **2.** *Hum:* Phobie *f* de l'eau, de la mer.

hydrophobic [haidro'foubik], *a.* Hydrophobe. *H. patient*, hydrophobe *mf*.

hydrophone ['haidrofoun], *s.* *Hyd.E:* *Navy:* Hydrophone *m*.

hydrophyte ['haidrofait], *s.* *Bot:* Hydrophyte *f*; plante *f* d'eau.

hydropic [hai'drɔpik], *a.* *Med:* Hydropique.

hydroplane[1] ['haidroplein], *s.* **1.** *Av:* Hydravion *m*; hydroplane *m*. **2.** **Hydroplane (motor boat)**, bateau glisseur; hydroglisseur *m*; hydroplane. **3.** **Hydroplanes of a submarine**, barres *f* de plongée d'un sous-marin.

hydroplane[2], *v.i.* *Av:* Hydroplaner.

hydropneumatic [haidronju'matik], *a. Artil:* (Frein *m*) hydropneumatique.
hydropsy ['haidrɔpsi], *s. Med:* Hydropisie *f.*
hydroquinone [haidrokwi'noun, -'kwainoun], *s. Ch: Phot:* Hydroquinone *f.*
hydrosol ['haidrosɔl], *s. Ch:* Hydrosol *m.*
hydrosphere ['haidrosfiːər], *s. Ph.Geog:* Hydrosphère *f.*
hydrostat ['haidrostat], *s. Hyd.E:* Hydrostat *m.*
hydrostatic(al) [haidro'statik(əl)], *a.* Hydrostatique. *See also* PARADOX.
hydrostatics [haidro'statiks], *s.pl.* (*Usu. with sg. const.*) Hydrostatique *f.*
hydrosulphide [haidro'sʌlfaid], *s. Ch:* Sulfhydrate *m*, hydrosulfate *m.*
hydrotechny [haidro'tekni], *s.* Hydrotechnique *f.*
hydrotherapeutic [haidroθerə'pjuːtik], *a. Med:* Hydrothérapique.
hydrotherapeutics [haidroθerə'pjuːtiks], **hydrotherapy** [haidro'θerəpi], *s. Med:* Hydrothérapie *f.*
hydrothermal [haidro'θəːrm(ə)l], *a.* Hydrothermique.
hydrothorax [haidro'θɔːraks], *s. Med:* Hydrothorax *m.*
hydrotropism [hai'drɔtropizm], *s. Bot:* Hydrotropisme *m.*
hydrous ['haidrəs], *a. Ch:* Hydrique, hydraté, aqueux.
hydroxide [hai'drɔksaid], *s. Ch:* Hydroxyde *m*, hydrate *m.* **Aluminium hydroxide**, hydrate d'aluminium. *Sodium h.*, hydrate de soude. *Calcium h.*, hydrate de chaux, de calcium.
hydroxy-acid [hai'drɔksiasid], *s. Ch:* Oxacide *m.*
hydroxyl [hai'drɔksil], *s. Ch:* Hydroxyle *m*, oxhydrile *m.*
hydrozoon, *pl.* **-zoa** [haidro'zouɔn, -'zoua], *s. Coel:* (Polype *m*) hydraire *m*; hydroméduse *f.*
hyena [hai'iːna], *s. Z:* Hyène *f.* **Laughing hyena**, hyène moqueuse. **Spotted hyena**, hyène tachetée. **Painted hyena, hyena-dog**, lycaon *m*; loup peint.
Hygeia [hai'dʒi(ː)a]. *Pr.n.f. Gr.Myth:* Hygie.
hygiene ['haidʒiːn], *s.* Hygiène *f.*
hygienic [hai'dʒiːnik], *a.* Hygiénique. **-ally**, *adv.* Hygiéniquement.
hygienics [hai'dʒiːniks], *s.pl.* (*Usu. with sg. const.*) Hygiène *f* (en tant que science).
hygienist ['haidʒiːnist], *s.* Hygiéniste *mf.*
hygr(o)- ['haigro, hai'grɔ], *comb.fm.* Hygr(o)-. *Hy'grophilous*, hygrophile. *Hy'grology*, hygrologie.
hygroma [hai'grouma], *s. Med:* Hygroma *m.*
hygrometer [hai'grɔmetər], *s. Ph:* Hygromètre *m.* **Hair hygrometer**, hygromètre à cheveu. **Dew-point hygrometer**, hygromètre à condensation.
hygrometric(al) [haigro'metrik(əl)], *a.* Hygrométrique.
hygrometry [hai'grɔmetri], *s.* Hygrométrie *f*, hygroscopie *f.*
hygroscope ['haigroskoup], *s. Ph:* Hygroscope *m.*
hygroscopic(al) [haigro'skɔpik(əl)], *a.* Hygroscopique.
hygroscopy [hai'grɔskopi], *s. Ph:* = HYGROMETRY.
hylo- ['hailo, hai'lɔ], *comb.fm.* Hylo-. *Hy'logeny*, hylogénie. *Hy'lotomous*, hylotome.
hylozoic [hailo'zouik], *a. Phil:* Hylozoïque.
hylozoism [hailo'zouizm], *s. Phil:* Hylozoïsme *m.*
Hymen ['haimen]. **1.** *Pr.n.m. Myth:* Hymen, Hyménée. **2.** *s. Anat:* Hymen *m.*
hymeneal [haime'ni(ː)əl], *a.* Hyménéen.
hymenophyllaceae [haimenofi'leisiiː], *s.pl. Bot:* Hyménophyllées *f.*
hymenoptera [haimen'ɔptəra], *s.pl. Ent:* Hyménoptères *m.*
hymenopterous [haimen'ɔptərəs], *a. Ent:* Hyménoptère.
Hymettus [hai'metəs]. *Pr.n. A.Geog:* Le mont Hymette; l'Hymette *m.*
Hymettian [hai'metiən], *a. A.Geog:* Du mont Hymette.
hymn[1] [him], *s.* **1.** *Ecc:* Hymne *f*, cantique *m. F:* **He's got a face like a hymn**, *P:* il a une gueule d'ainsi soit-il. **2.** Hymne *m* (national, de guerre, etc.).
'hymn-book, *s.* Recueil *m* d'hymnes, de cantiques; hymnaire *m.*
'hymn-writer, *s.* Hymnographe *m.*
hymn[2], *v.tr. Lit:* **1.** Chanter des hymnes en honneur de (Dieu, etc.). **2.** *To h. the praises of s.o.*, chanter les louanges de qn. **3.** *Abs.* Chanter.
hymnal ['himnəl]. *Ecc.* **1.** *a.* Qui se rapporte à un cantique, aux cantiques. **2.** *s.* Recueil *m* d'hymnes, de cantiques; hymnaire *m.*
hymnary ['himnəri], *s.* = HYMNAL 2.
hymnodist ['himnodist], *s.* (*a*) Chanteur *m* d'hymnes. (*b*) Hymnographe *m.*
hymnody ['himnodi], *s.* **1.** (*a*) Pratique *f* du chant des cantiques. (*b*) Hymnographie *f.* **2.** *Coll.* Hymnologie *f* (d'un pays, d'une Église).
hymnographer [him'nɔgrafər], *s.* Hymnographe *m.*
hymnology [him'nɔlodʒi], *s.* Hymnologie *f*; hymnographie *f.*
hyoid ['haiɔid], *a.* & *s. Anat:* (Os *m*) hyoïde *m.*
hyoidean [hai'ɔidiən], *a. Anat:* Hyoïdien.
hyoscine ['haiosain], *s. Ch:* Hyoscine *f.*
hypaesthesia [hipes'θiːsia], *s. Med:* Hypoesthésie *f.*
hypaethral, hypethral [hai'piːθrəl, hi-], *a. Archeol:* Hypèthre.
hypallage [hai'paladʒi], *s. Rh:* Hypallage *m.*
Hypatia [hai'peiʃja]. *Pr.n.f. Hist:* Hypatie.
hyper- ['haipər, hai'pəːr], *pref.* **1.** Hyper-. *Hyperchlor'hydria*, hyperchlorhydrie. *Hyper'plastic*, hyperplastique. *Hy'perbolize*, hyperboliser. *Hyper'oxide*, hyperoxyde. **2.** Exagéré, outré; à l'excès. *Hyper-accurate*, d'une précision outrée, portée au delà des limites utiles. *Hyper-active*, d'une activité outrée. *Hyper-conscientious*, consciencieux à l'excès.
hyperaemia [haipər'iːmia], *s. Med:* Hyperémie *f.*
hyperaesthesia [haipəres'θiːsia], *s. Med:* Hyperesthésie *f.*
hyperalgesia [haipəral'dʒiːsia], *s. Med:* Hyperalgésie *f.*
hyperbar ['haipərbaːr], *s. Meteor:* Courbe *f* isobarique de haute pression.
hyperbaton [hai'pəːrbatɔn], *s. Rh:* Hyperbate *f.*
hyperbola [hai'pəːrbola], *s. Geom:* Hyperbole *f.* *See also* DEFICIENT.
hyperbole [hai'pəːrboli], *s. Rh:* Hyperbole *f.*
hyperbolic(al) [haipər'bɔlik(əl)], *a. Geom: Rh:* Hyperbolique. *Geom:* **Hyperbolic curve**, hyperbole *f.* **-ally**, *adv.* Hyperboliquement.
hyperbolism [hai'pəːrbolizm], *s.* Hyperbolisme *m.*
hyperbolist [hai'pəːrbolist], *s.* Homme *m* hyperbolique, qui donne dans l'hyperbole.
hyperboloid [hai'pəːrbolɔid], *s. Geom:* Hyperboloïde *m.*
hyperborean [haipər'bɔːriən], *a.* (*a*) Hyperboréen, *A:* hyperborée. (*b*) *F:* Du nord. *s. F:* **The hyperboreans**, les habitants *m* du nord; *A:* les nations *f* hyperborées.
hypercritic [haipər'kritik], *s.* Hypercritique *m.*
hypercritical [haipər'kritik(ə)l], *a.* (D')hypercritique. *H. reader*, lecteur *m* (d'un goût) difficile à contenter. *To be h.*, (i) épiloguer, *F:* ergoter, chercher la petite bête; (ii) se montrer d'un rigorisme exagéré.
hypercriticism [haipər'kritisizm], *s.* Hypercritique *f*; critique *f* d'un rigorisme exagéré.
hyperdulia [haipərdu'laia], *s. R.C.Ch:* Hyperdulie *f.*
hyperexcitation [haipəreksi'teiʃ(ə)n], *s. Med:* Surexcitation *f.*
hyperfocal [haipər'fouk(ə)l], *a. Opt: Phot:* Hyperfocal, -aux. *Esp.* **Hyperfocal distance**, distance hyperfocale.
hypermetropia [haipərme'troupia], *s. Med:* Hypermétropie *f.*
hypermetropic [haipərme'trɔpik], *a.* (Personne *f*, œil *m*) hypermétrope.
hyperoödon [haipər'ouodɔn], *s. Z:* Hyperoodon *m.*
hyperphysical [haipər'fizik(ə)l], *a.* Hyperphysique, surnaturel.
hyperpiesis [haipərpai'iːsis], *s. Med:* Hyperpiésie *f*; hypertension artérielle.
hypersensitizing [haipər'sensitaiziŋ], *s. Phot:* Hypersensibilisation *f* (de la pellicule).
hyperspace ['haipərspeis], *s. Mth:* Hyperespace *m.*
hypertension [haipər'tenʃ(ə)n], *s. Med:* Hypertension (artérielle, etc.).
hyperthyroidism [haipər'θairɔidizm], *s. Med:* Hyperthyroïdie *f.*
hypertrophy[1] [hai'pərtrofi], *s. Med:* Hypertrophie *f.*
hypertrophy[2], *v.i.* S'hypertrophier.
hypertrophied, *a.* (Organe) hypertrophié.
hypha, *pl.* **-ae** ['haifa, -iː], *s. Fung:* Hyphe *m.*
hyphen[1] ['haif(ə)n], *s.* Trait *m* d'union. *Typ:* Division *f.*
hyphen[2], **hyphenate** ['haifəneit], *v.tr.* Mettre un trait d'union à (un mot); écrire (un nom) avec un trait d'union. **Hyphenated word**, mot *m* à trait d'union. *U.S:* **Hyphenated American**, étranger naturalisé (Germano-américain, Hispano-américain, etc.) qui est resté foncièrement attaché aux intérêts de sa première patrie.
hyphening, *s.* Emploi *m* d'un trait d'union. *Modern h.*, l'emploi moderne du trait d'union.
hyphomycetes [haifomai'siːtiːz], *s.pl. Fung:* Hyphomycètes *m*; *F:* moisissures *f.*
hypnoid ['hipnɔid], **hypnoidal** [hip'nɔid(ə)l], *a.* (Sommeil, etc.) hypnoïde.
hypnosis [hip'nousis], *s.* Hypnose *f.* *See also* INDUCED.
hypnotic [hip'nɔtik], *a.* Hypnotique. **Hypnotic sleep**, sommeil *m* hypnotique; somnose *f.* **Hypnotic state**, état *m* d'hypnose; somnambulisme provoqué.
hypnotism ['hipnotizm], *s.* Hypnotisme *m.*
hypnotist ['hipnotist], *s.* Hypnotiste *mf*; hypnotiseur, -euse.
hypnotize ['hipnotaːiz], *v.tr.* Hypnotiser.
hypnotizing, *a.* Hypnotiseur, -euse.
hypnotizer ['hipnotaizər], *s.* Hypnotiseur *m.*
hypo ['haipo], *s. Phot: F:* = HYPOSULPHITE. *See also* ELIMINATOR, KILLER 3.
hyp(o)- ['haipo, hai'pɔ], *pref.* Hyp(o)-. *Hypa'byssal*, hypabyssal. *'Hypoblast*, hypoblaste. *Hy'pogynous*, hypogyne.
hypocaust ['haipokɔːst], *s. Rom.Ant:* Hypocauste *m.*
hypochloric [haipo'klɔ(ː)rik], *a. Ch:* Hypochlorique.
hypochlorite [haipo'klɔ(ː)rait], *s. Ch:* Hypochlorite *m.*
hypochondria [haipo'kɔndria], *s. Med:* Hypocondrie *f*; *F:* spleen *m.*
hypochondriac ['haipo'kɔndriak], *a.* & *s.* Hypocondriaque (*mf*); *s.* hypocondre *mf.*
hypochondriacal [haipokɔn'draiək(ə)l], *a.* Hypocondriaque.
hypochondrium [haipo'kɔndriəm], *s. Anat:* Hypocondre *m.*
hypochromat [haipo'kroumat], *s. Med:* Daltonien, -ienne.
hypocoristic [haipokɔ'ristik], *a.* (Nom) hypocoristique, diminutif.
hypocrisy [hi'pɔkrisi], *s.* Hypocrisie *f.* *Piece of h.*, *F:* tartuferie *f.*
hypocrite ['hipokrit], *s.* Hypocrite *mf*, *F:* tartufe *m*; (*of a woman*) sainte nitouche. *Canting h., sanctimonious h.*, tartufe. *To play the h.*, faire le bon apôtre; tartufier; cafarder; faire le cafard, le papelard, le cagot.
hypocritical [hipo'kritik(ə)l], *a.* Hypocrite. **-ally**, *adv.* Hypocritement.
hypocycloid [haipo'saiklɔid], *s. Geom:* Hypocycloïde *f*; épicycloïde intérieure.
hypocycloidal [haiposai'klɔidəl], *a.* Hypocycloïdal, -aux.
hypoderm ['haipodəːrm], **hypoderma** [haipo'dəːrma], *s. Bot:* Hypoderme *m.*
hypodermic [haipo'dəːrmik], *a.* **1.** *Med:* **Hypodermic syringe**, seringue *f* hypodermique, seringue à injections, de Pravaz. *See also* INJECTION 2. **2.** *Anat:* Sous-cutané.
hypogastric [haipo'gastrik], *a. Anat:* Hypogastrique.
hypogastrium [haipo'gastriəm], *s. Anat:* Hypogastre *m.*
hypogeal, -gean, -geous [haipo'dʒiːəl, -'dʒiːən, -'dʒiːəs], *a. Bot:* (Cotylédon) hypogé.

hypogeum, -a [haipo'dʒiːəm, -a], *s. Archeol: etc:* Hypogée *m.*
hypoglossal [haipo'glɔsəl], *a. & s. Anat:* (Nerf) hypoglosse *m.*
hypogynous [hai'pɔdʒinəs, hi-], *a. Bot:* (Étamine *f,* fleur *f*) hypogyne.
hyponitric [haipo'naitrik], *a. Ch:* Hypoazotique.
hyponitrous [haipo'naitrəs], *a. Ch:* Hypoazoteux, hyponitreux.
hypophosphate [haipo'fɔsfet], *s. Ch:* Hypophosphate *m.*
hypophosphite [haipo'fɔsfait], *s. Ch:* Hypophosphite *m.*
hypophosphoric [haipofɔs'fɔrik], *a. Ch:* Hypophosphorique.
hypophosphorous [haipo'fɔsfərəs], *s. Ch:* Hypophosphoreux.
hypophysis [hai'pɔfisis], *s. Anat:* Hypophyse *f.*
hypostasis [hai'pɔstəsis], *s.* **1.** *Phil: Theol:* Hypostase *f.* **2.** *Med:* (*a*) Hypostase, hyperémie *f,* congestion *f* hypostatique. (*b*) Dépôt *m* (dans l'urine, etc.).
hypostatic [haipo'statik], *a.* Hypostatique.
hypostyle ['haipostail], *a. Arch:* Hypostyle.
hyposulphite [haipo'sʌlfait], *s. Ch:* **1.** Hyposulfite *m,* thiosulfate *m. Esp. Phot:* **Hyposulphite of soda,** *F:* **hypo,** hyposulfite de soude. **2.** *U.S.:* Hydrosulfite *m.*
hypotension [haipo'tenʃ(ə)n], *s. Med:* Hypotension *f* (vasculaire).
hypotenuse [hai'pɔtenjuːs], *s. Geom:* Hypoténuse *f. The square on the h.,* le carré de l'hypoténuse.
hypothec [hai'pɔθek, hi-], *s. Jur:* (*Scot.*) Hypothèque *f. F:* **The whole hypothec,** toute l'affaire; tout le tremblement.
hypothecary [hai'pɔθekəri, hi-], *a. Jur:* (*Scot.*) Hypothécaire.
hypothecate [hai'pɔθekeit, hi-], *v.tr. Jur:* Hypothéquer (une terre); déposer (des titres) en nantissement.
hypothecation [haipɔθe'keiʃ(ə)n, hi-], *s.* Fait *m* d'hypothéquer; inscription *f* hypothécaire. **Letter of hypothecation,** lettre *f* hypothécaire.
hypothermia [haipo'θəːrmia], *s. Med:* Hypothermie *f.*
hypothesis [hai'pɔθesis], *s.* Hypothèse *f. To assume the very worst h.,* se placer dans la plus mauvaise des hypothèses.
hypothesize [hai'pɔθesaːiz], *v.i. & tr.* Supposer (une notion); faire des hypothèses, des suppositions; admettre comme hypothèse (*that,* que).
hypothetic(al) [haipo'θetik(əl)], *a.* Hypothétique, supposé. **-ally,** *adv.* Hypothétiquement, par hypothèse.
hypothyroidism [haipo'θairɔidizm], *s. Med:* Hypothyroïdie *f.*
hypotonia [haipo'tounia], *s. Med:* Hypotonie *f* (musculaire).
hypsography [hip'sɔgrəfi], *s.* Hypsographie *f.*

hypsometer [hip'sɔmetər], *s. Surv.:* Hypsomètre *m*; thermomètre *m* à ébullition; thermo-baromètre *m, pl.* thermo-baromètres.
hypsometric(al) [hipso'metrik(əl)], *a.* Hypsométrique.
hypsometry [hip'sɔmetri], *s. Surv:* Hypsométrie *f.*
hypoxanthine [haipo'ksanθain], *s. Ch:* Sarcine *f.*
hyrax ['hairaks], *s. Z:* Hyrax *m,* daman *m.*
Hyrcan ['həːrkən], *a. & s.* = HYRCANIAN.
Hyrcania [həːr'keinja]. *Pr.n. A.Geog:* L'Hyrcanie *f.*
Hyrcanian [həːr'keinjən], *a. & s.* Hyrcanien, -ienne.
hyson [haisn], *s. Com:* Hys(s)on *m*; thé vert.
hyssop ['hisəp], *s. Bot: B:* Hysope *f.* **Hedge hyssop,** gratiole officinale; *F:* herbe *f* au pauvre homme. *See also* WATER HYSSOP.
hysteralgia [histə'raldʒia], *s. Med:* Hystéralgie *f.*
hysteresis [histə'riːsis], *s. Magn:* Hystérésis *f,* hystérèse *f* (magnétique); traînée *f* magnétique; attardement *m.*
hysteretic [histə'retik], *a. Magn:* (Perte *f,* etc.) par hystérésis. *H. curve, h. diagram,* boucle *f* d'hystérésis.
hysteria [his'tiːəria], *s.* **1.** *Med:* Hystérie *f.* **2.** *F:* Crise *f* d'exaltation.
hysteric [his'terik], *a.* = HYSTERICAL 1.
hysterical [his'terik(ə)l], *a.* **1.** *Med:* Hystérique; atteint(e) d'hystérie. **2.** (*a*) Sujet à des attaques de nerfs; d'une émotivité morbide; détraqué. *H. sobs,* sanglots convulsifs. *H. speech,* discours *m* de détraqué. *H. laugh,* rire nerveux, énervé. (*b*) En proie à une attaque de nerfs. **To become hysterical,** avoir une attaque de nerfs. *Don't get h.,* ne vous mettez pas dans des états pareils. *She was all h.,* elle était dans tous ses états. **-ally,** *adv.* Sans pouvoir maîtriser ses émotions. *To weep h.,* avoir une crise de larmes. *To laugh h.,* être pris d'un rire nerveux; rire nerveusement; avoir le fou rire.
hystericism [his'terisizm], *s.* Hystérisme *m* (dans la littérature, etc.).
hysterics [his'teriks], *s.pl.* Attaque *f* de nerfs; crise *f* de nerfs. **To go, fall, into hysterics,** avoir une attaque, une crise, de nerfs. *It almost sent her into h.,* cela a failli lui donner une attaque de nerfs.
hysteritis [histə'raitis], *s. Med:* Hystérite *f,* métrite *f.*
hysterocele ['histərosiːl], *s. Med:* Hystérocèle *f*; hernie *f* de l'utérus.
hysterogenic [histəro'dʒenik], *a. Med:* Hystérogène.
hysterotomy [histə'rɔtomi], *s. Surg:* Hystérotomie *f.*

I

I[1], **i** [ai], *s.* **1.** (La lettre) I, i *m.* *To dot one's i's*, mettre les points sur les i. *F:* **To dot one's i's and cross one's t's**, observer les longues et les brèves; se montrer trop méticuleux; perdre du temps. *Tp:* **I for Isaac**, I comme Isidore. **2.** *Tchn:* I bar, I iron, fer *m* (en) double T; fer en I. **I rail**, rail *m* à double champignon.

I[2], *pers.pron.* (*a*) (*Unstressed*) Je *mf*, (*joined to vowel*) j'. *I sing*, je chante. *I accuse*, j'accuse. **Here I am**, me voici. *What have I said?* qu'ai-je dit? *Have I written?* ai-je écrit? (*b*) (*Stressed*) Moi *mf*. *He and I are great friends*, lui et moi, nous sommes de grands amis. *As tall as I*, aussi grand que moi. **It is I**, c'est moi. **I too**, moi aussi. *I who am speaking*, moi qui parle. **Another I**, un autre moi-même. *'I'll see you home*, c'est moi qui vais vous reconduire. *F: V: Let you and I go*, allons-y, vous et moi. *It's far better for you and I to separate*, il vaut bien mieux que nous nous séparions. *Between you and I . . .*, entre vous et moi . . ., entre nous. . . .

-ia[1] [iə], *s.suff.* **1.** (*a*) -ie *f.* *Mania*, manie. *Hysteria*, hystérie. *Cephalalgia*, céphalalgie. *Haematuria*, hématurie. (*b*) *Geog:* -ie *f.* *Australia*, Australie. *Tasmania*, Tasmanie. **2.** *Ch:* (*Now usu. superseded by '-ine'*) -ine *f.* *Morphia*, morphine. *A: Atropia*, atropine. *Strychnia*, strychnine. **3.** *Bot:* (*a*) (*Classes*) -ie *f.* *Digynia*, digynie. *Monandria*, monandrie. (*b*) -ia *m*, -ie *f.* *Dahlia*, dahlia. *Hortensia*, hortensia. *Magnolia*, magnolia. *Lobelia*, lobélie.

-ia[2] [iə], *s.suff.pl.* **1.** *Z: etc:* *Amphibia*, amphibiens *m.* *Bacteria*, bactéries *f.* *Mammalia*, mammifères *m.* *Marsupialia*, marsupiaux *m.* *Reptilia*, reptiliens *m.* **2.** *Saturnalia*, saturnales *f.* *Paraphernalia*, (biens) paraphernaux *m.* *Insignia*, insignes *m.*

-ial [iəl], *a.suff.* **1.** -ial, *pl.* -iaux. *Dictatorial*, dictatorial. *Filial*, filial. *Provincial*, provincial. **2.** *Celestial*, céleste. *Terrestrial*, terrestre.

iamb ['aiamb], *s.* = IAMBUS.

iambic [ai'ambik]. *Pros:* **1.** *a.* & *s.* Iambique (*m*). **2.** *s.* Vers *m* iambique; iambe *m.*

iambus [ai'ambəs], *s.* *Pros:* Iambe *m.*

-ian [iən], *a.* & *s. suff.* **1.** -ien, -ienne. (*a*) *Academician*, académicien. *Electrician*, électricien. *Historian*, historien. *Musician*, musicien, -ienne. *Patrician*, patricien, -ienne. (*b*) *Christian*, chrétien, -ienne. *Cartesian*, cartésien, -ienne. *Hegelian*, hégélien, -ienne. *Wagnerian*, wagnérien, -ienne. *Asquithians*, libéraux de l'école de H. H. Asquith. **2.** *Geog:* (*a*) -ien, -ienne. *Alsatian*, alsacien, -ienne. *Austrian*, autrichien, -ienne. *Bostonian*, bostonien, -ienne. *Italian*, italien, -ienne. *Parisian*, parisien, -ienne. (*b*) -ique. *Carpathian*, carpathique. *Westphalian*, westphalique. (*c*) *Glaswegian*, (originaire, natif) de Glasgow. *Liverpudlian*, (originaire) de Liverpool. *Mancunian*, (originaire) de Manchester. **3.** *Sch:* *Cantabrigian*, (membre *m*, étudiant *m*) de l'Université de Cambridge. *Oxonian*, (membre, étudiant) de l'Université d'Oxford. **4.** *Barbarian*, barbare. *Equestrian*, équestre.

-iana [i'ɑːnə], *s.suff.* *See* -ANA.

Iapygia [aiə'pidʒiə]. *Pr.n. A.Geog:* Iapygie *f.*

Iapygian [aiə'pidʒiən], *a.* & *s. A.Geog:* Iapyge (*m*).

Iberia [ai'biːəriə]. *Pr.n. A.Geog:* L'Ibérie *f.*

Iberian [ai'biːəriən]. **1.** *a.* (Péninsule *f*) ibérique; (peuple) ibérien. **2.** *s.* Ibérien, -ienne. *The Iberians*, les Ibères *m.*

Ibero-American [ai'biːəroə'merikən], *a.* Ibéro-américain, *pl.* ibéro-américains.

Ibero-Celtic [ai'biːəro'keltik], *a.* Ibéro-celtique, *pl.* ibéro-celtiques.

ibex ['aibeks], *s.* (*pl.* **ibexes** ['aibeksiz]) *Z:* Bouquetin *m*, ibex *m.*

ibidem [i'baidem], *adv.* (*Abbreviated to* **ibid.**, **ib.** [ib(id)]) Ibidem, ibid., ib.; au lieu cité.

-ibility [i'biliti], *s.suff.* -ibilité *f.* *Sensibility*, sensibilité. *Visibility*, visibilité.

ibis ['aibis], *s.* (*pl.* **ibises** ['aibisiz]) *Orn:* Ibis *m.* *See also* WOOD-IBIS.

-ible [ibl], *a.suff.* -ible. *Accessible*, accessible. *Compressible*, compressible. *Visible*, visible.

Ibsenism ['ibsənizm], *s.* *Lit.Hist:* Ibsénisme *m.*

Ibsenite ['ibsənait], *s.* *Lit.Hist:* Ibsénien, -ienne.

-ic [ik], *a.* & *s. suff.* **1.** *a.* (*a*) -ique. (i) *Academic*, académique. *Artistic*, artistique. *Comic*, comique. *Heraldic*, héraldique. *Historic*, historique. *Galvanic*, galvanique. *Rachitic*, rachitique. *F: Names historic and names mush'roomic*, noms historiques et noms qui ont poussé du jour au lendemain, et noms de parvenus. (ii) *Ch:* *Chloric*, chlorique. *Sulphuric*, sulfurique. (iii) *Ethn: Geog: etc:* *Islamic*, islamique. *Lombardic*, lombardique. *Saracenic*, sarracénique. (*b*) -ic, *f.* -ique. *Public*, public, -ique. **2.** *s.* -ique *f.* (*a*) *Arithmetic*, arithmétique. *Music*, musique. (*b*) *pl.* (*Usu. with sing. const.*) *Phonetics*, phonétique. *Politics*, politique. *Optics*, optique. **3.** *s.* -ique *mf.* *Catholic*, catholique. *Domestic*, domestique. *Fanatic*, fanatique. *Heretic*, hérétique. **4.** *s.* (*a*) -ic *m.* *Arsenic*, arsenic. *Public*, public. *Traffic*, trafic. (*b*) -ique *m.* *Classic*, classique. *Cosmetic*, cosmétique. *Emetic*, émétique.

icaco [i'kɑːko], *s.* *Bot:* Icaquier *m.*

-ical [ik(ə)l], *a.suff.* **1.** (*From nouns*) -ical, -aux. *Clerical*, clérical. *Medical*, médical. *Musical*, musical. *F: Common-sensical*, sensé. **2.** (*From adjs. in -ic*) -ique. *Comical*, comique. *Historical*, historique. *Tragical*, tragique. *Economical*, économique.

-ically [ikəli], *adv.suff.* **1.** -iquement. *Academically*, académiquement. *Comically*, comiquement. *Economically*, économiquement. *Historically*, historiquement. *Artistically*, artistiquement. **2.** -icalement. *Clerically*, cléricalement. *Musically*, musicalement.

Icaria [ai'kɛəriə]. *Pr.n. A.Geog:* L'Icarie *f.*

Icarian [ai'kɛəriən], *a.* Icarien. **The Icarian sea**, la mer icarienne.

Icarus ['aikərəs]. *Pr.n.m. Gr.Myth:* Icare.

ice[1] [ais], *s.* Glace *f.* **1.** *The ice of the Antarctic region*, les glaces de la région antarctique. *The ice regions, seas*, les régions, mers, glaciales. **The ice age**, la période glaciaire. **Granular ice**, névé *m.* **Broken ice** (*on river, etc.*), glaçons *mpl.* **Floating ice**, glace flottante. **Anchor ice, bottom ice, ground ice**, glaces de fond. *Drifts of ice*, glaces en dérive. **My feet are like ice**, j'ai les pieds glacés, comme de la glace. *This room is like ice*, on gèle dans cette salle. **To break the ice**, rompre la glace; *F:* (i) faire cesser la contrainte; (ii) entamer un sujet, une affaire. *F:* **To get on to thin ice**, s'engager sur un terrain glissant. **To be on, skate over, thin ice**, être sur, toucher à, un sujet délicat ou scabreux. *U.S:* **To cut no ice with s.o.**, être sans effet, ne faire aucune impression, sur qn. *Explanations that don't cut any ice*, explications oiseuses, qui ne mènent pas loin. **To keep food on ice**, conserver les aliments sur la glace. *See also* DRIFT-ICE, FIELD-ICE, PACK-ICE, PANCAKE[1] 2, SMOOTH[1] 1. **2.** *Cu:* *Strawberry, chocolate, ice*, glace à la fraise, au chocolat. *Mixed ice*, glace panachée. **To eat ices**, prendre des glaces. *See also* WATER-ICE.

'ice-apron, *s.* *Hyd.E:* Brise-glace(s) *m inv* (d'un pont).

'ice-axe, *s.* Piolet *m.*

'ice-bag, *s.* *Med:* Vessie *f* (en caoutchouc) à glace; sac *m*, poche *f*, à glace.

'ice-bank, *s.* Banquise *f.*

'ice-beam, *s.* *Nau:* Brise-glace(s) *m inv.*

'ice-blindness, *s.* Cécité *f* des neiges.

'ice-boat, *s.* **1.** Bateau *m* à patins, à roulettes. **2.** Bateau brise-glace(s).

'ice-bound, *a.* (i) (Navire) retenu, bloqué, par les glaces, pris dans les glaces; (ii) (port, golfe) fermé, bâclé, par les glaces.

'ice-box, *s.* = ICE-CHEST.

'ice-break, *s.* *Meteor:* Bris *m* de glace.

'ice-breaker, *s.* *Nau:* Brise-glace(s) *m inv.*

'ice-cap, *s.* Calotte *f* glaciaire (d'une montagne).

'ice-car, *s.* *Rail: U.S:* Wagon *m* frigorifique.

'ice-cave, *s.* **1.** Caverne *f* dans la glace. **2.** = ICE-CHEST.

'ice-chamber, *s.* **1.** Récipient *m* pour la glace. **2.** Réfrigérant *m*; appareil *m* frigorifique; glacière *f.*

'ice-chest, *s.* Glacière *f* (domestique); buffet *m* glacière; armoire *f* frigorifique; sorbétière *f.*

'ice-closet, *s.* Étuve froide.

'ice-cold, *a.* Froid comme la glace; glacé, glacial. *I.-c. water*, eau glacée. *I.-c. wind*, vent glacial.

ice-'cream, *s.* *Cu:* (Crème *f* à la) glace *f.* **Ice-cream trade**, glacerie *f.* **Ice-cream man**, glacier *m.* *Confectioner and i.-c. vendor*, glacier confiseur.

'ice-fall, *s.* Cascade *f* (d'un glacier).

'ice-fender, *s.* **1.** *Nau:* Paraglace *m*, brise-glace(s) *m inv.* **2.** Souillard *m* (d'un pont).

'ice-field, *s.* Champ *m* de glace; calotte *f*, banc *m*, de glace.

'ice-floe, *s.* (Masse *f*, île *f*, de) glaces flottantes; banquise *f*; banc *m* de glace; glaçon flottant.

'ice-flow, *s.* Fleuve *m* de glace; glacier *m.*

'ice-foot, *s.* Banquise *f*; banc *m* de glace.

'ice-hockey, *s.* *Sp:* Hockey *m* sur glace.

'ice-hook, *s.* Marteau *m* d'escalade (pour alpinisme).

'ice-house, *s.* Glacière *f.* *F: This room is like an i.-h., it's a regular i.-h.*, on gèle dans cette salle; c'est une glacière ici.

'ice-jam, *s.* Embâcle *m* (de glaçons).

'ice-machine, -maker, *s.* Machine *f* à glace; congélateur *m*; glacière *f* des familles.

'ice-pack, *s.* **1.** (*a*) Embâcle *m.* (*b*) Banquise *f.* **2.** *Med:* **To put an ice-pack on a patient's head**, mettre de la glace sur la tête d'un malade.

'ice-pail, *s.* Seau *m* à glace, à rafraîchir; carafon *m.* *I.-p. freezer*, sorbétière *f.*

'ice-period, *s.* *Geol:* Époque *f* glaciaire; période *f* glaciaire.

'ice-pick, *s.* **1.** Pioche *f* à glace (d'alpiniste). **2.** *Dom.Ec:* Poinçon *m* à glace.

'ice-pit, *s.* = ICE-HOUSE.

'ice-plant, *s.* *Bot:* (Ficoïde) cristalline *f*, (ficoïde) glaciale *f*, ficoïde glaciaire, ficoïde cristalline, cristalline.

ice-'pudding, *s.* *Cu:* Bombe glacée.

'ice-quake, *s.* Tremblement *m* qui accompagne la rupture des glaces; fracas *m* des glaces.

'ice-remover, *s.* *Ind: etc:* Décongeleur *m.*

'ice-rink, *s.* Salle *f* de patinage sur glace artificielle.

'ice-room, *s.* *Nau: etc:* Glacière *f.*

'ice-run, *s.* Piste artificielle de toboggan.

'ice-safe, *s.* Glacière *f.*

'ice-shed, *s.* *Geol:* Ligne *f* de partage des glaciers.
'ice-water, *s.* **1.** Eau glacée, eau frappée. **2.** Eau de glace fondue.
'ice-yacht, *s.* = ICE-BOAT 1.
ice², *v.tr.* **1.** Congeler, geler. **The pond was soon iced over,** l'étang eut, fut, bientôt gelé d'un bout à l'autre. **The ship was completely iced up,** le vaisseau était entièrement pris dans les glaces. **2.** Rafraîchir (l'eau, un melon, etc.) avec de la glace; frapper (du champagne). **3.** Glacer, surglacer (un gâteau).
iced, *a.* *Cu:* **1.** (Crème) glacée, à la glace; (melon, etc.) rafraîchi; (champagne) frappé. *I. coffee,* café glacé. (*Jug of*) *i. water,* carafe frappée. **2. Iced cake,** gâteau glacé, surglacé.
icing, *s.* **1.** (*a*) Congélation *f*. (*b*) Frappage *m* (du champagne). (*c*) Glaçage *m*, surglaçage *m* (d'un gâteau). (*d*) Givrage *m*. *Av:* **Anti-icing equipment,** dispositif *m* d'anti-givrage. **2.** Glacé *m*, glace *f* (de sucre). **3.** *Med:* **Icing heart,** péricardite séreuse. **Icing liver,** cirrhose *f* du foie.
-ice [is], *s.suff.* -ice *f*. *Avarice,* avarice. *Justice,* justice. *Malice,* malice.
iceberg ['aisbəːrg], *s.* **1.** Iceberg *m*; montagne *f* de glace. **2.** *F:* Homme *m* de glace; homme glacial; glaçon *m*.
iceblink ['aisbliŋk]. Reflet *m*, clarté *f*, des glaces (sur l'horizon).
Iceland ['aislənd]. *Pr.n. Geog:* L'Islande *f*. *Bot:* **Iceland lichen, moss,** lichen *m*, mousse *f*, d'Islande. *Miner:* **Iceland spar,** spath *m* d'Islande, cristal *m* d'Islande. *See also* POPPY 1.
Icelander ['aisləndər], *s.* *Geog:* Islandais, -aise.
Icelandic [ais'landik]. **1.** *a.* Islandais; d'Islande. **2.** *s. Ling:* L'islandais *m*.
iceman, -men ['aismən, -men], *s.* **1.** Homme rompu à l'exploration polaire, à l'alpinisme. **2.** Fabricant *m*, marchand *m*, de glace. **3.** *Cu:* Glacier *m*.
Iceni [ai'siːnai]. *Pr.n.pl. Hist:* Icènes *m*, Icéniens *m*.
Icenian [ai'siːniən], *a.* *Hist: Geol:* Icénien, -ienne.
icer ['aisər], *s.* Pâtissier-glacier *m*, *pl.* pâtissiers-glaciers.
Ichabod ['ikabɔd]. **1.** *Pr.n.m. B.Hist:* Icabod. **2.** *int. F:* Sa gloire s'est évanouie! son étoile s'est couchée!
ichneumon [ik'njuːmən], *s.* **1.** *Z:* Ichneumon *m*; *F:* rat *m* de Pharaon, rat d'Égypte. **2.** *Ent:* **Ichneumon(-fly),** ichneumon. **The ichneumons,** les ichneumonidés.
ichnographic(al) [ikno'grafik(əl)], *a.* Ichnographique.
ichnography [ik'nɔgrəfi], *s.* Ichnographie *f*; plan géométral.
ichor ['aikɔːr], *s.* *Gr.Myth: Med:* Ichor *m*.
ichorous ['aikorəs], *a.* *Med:* Ichoreux.
ichthy(o)- ['ikθi(o), ikθi'ɔ], *comb.fm.* Ichtyo-. *Ichthyologist,* ichtyologiste. *Ichthyophagous,* ichtyophage.
ichthyoid ['ikθiɔid], *a.* Ichtyoïde.
ichthyol ['ikθiɔl], *s.* *Ch:* Ichtyol *m*.
ichthyologic(al) [ikθio'lɔdʒik(əl)], *a.* Ichtyologique.
ichthyologist [ikθi'ɔlədʒist], *s.* Ichtyologiste *mf*.
ichthyology [ikθi'ɔlədʒi], *s.* Ichtyologie *f*.
ichthyophagi [ikθi'ɔfadʒai], *s.pl.* Ichtyophages *m*.
ichthyophagist [ikθi'ɔfadʒist], *s.* Ichtyophage *m*.
ichthyophagous [ikθi'ɔfagəs], *a.* Ichtyophage.
ichthyophagy [ikθi'ɔfadʒi], *s.* Ichtyophagie *f*.
ichthyosaurus [ikθio'sɔːrəs], *s.* *Paleont:* Ichtyosaure *m*.
ichthyosis [ikθi'ousis], *s.* *Med:* Ichtyose *f*.
-ician [iʃən], *s.suff.* -icien *m*, -icienne *f*. *Academician,* académicien. *Musician,* musicien, -ienne. *Physician,* physicien. *Mechanician,* mécanicien.
icicle ['aisikl], *s.* Petit glaçon; chandelle *f* de glace.
icily, *adv.* *See* ICY.
iciness ['aisinəs], *s.* **1.** Froid glacial. **2.** Froideur glaciale (d'un accueil, etc.).
icon ['aikɔn], *s.* *Ecc:* Icone *f*.
iconic [ai'kɔnik], *a.* *Art:* (Statue *f*, etc.) iconique.
Iconium [ai'kouniəm]. *Pr.n. A.Geog:* Icone.
icono- [ai'kɔno], *comb.fm.* Icono-. *Iconoclast,* iconoclaste. *Icono'graphic,* iconographique. *Ico'nology,* iconologie.
iconoclasm [ai'kɔnoklazm], *s.* Iconoclasie *f*, iconoclasme *m*.
iconoclast [ai'kɔnoklast], *s.* Iconoclaste *mf*.
iconoclastic [aikɔno'klastik], *a.* Iconoclaste.
iconographer [aiko'nɔgrəfər], *s.* Iconographe *mf*.
iconographic(al) [aikɔno'grafik(əl)], *a.* Iconographique.
iconography [aiko'nɔgrəfi], *s.* Iconographie *f*.
iconolater [aiko'nɔlətər], *s.* *Rel.H:* Iconolâtre *mf*.
iconolatry [aiko'nɔlətri], *s.* Iconolâtrie *f*.
iconology [aiko'nɔlodʒi], *s.* Iconologie *f*.
iconometer [aiko'nɔmetər], *s.* *Phot:* Iconomètre *m*; chercheur *m* focimétrique.
iconometry [aiko'nɔmetri], *s.* *Phot:* Iconométrie *f*.
iconophile ['aikɔnofil], *s.* Iconophile *mf*.
iconostasis [aiko'nɔstasis], *s.* (*In Eastern Church*) Iconostase *f*.
icosahedral [aikosa'hiːdrəl, -'hedrəl], *a.* *Geom:* Icosaèdre.
icosahedron [aikosa'hiːdrən, -'hedrən], *s.* *Geom:* Icosaèdre *m*.
icteric [ik'terik], *a.* & *s.* *Med:* Ictérique *m*.
icterical [ik'terik(ə)l], *a.* *Med:* Ictérique.
icterus ['iktərəs], *s.* Ictère *m*, jaunisse *f*.
ictus ['iktəs], *s.* **1.** *Pros:* = ARSIS. **2.** *Med:* (*a*) Ictus *m*; coup *m* (de sang, de chaleur); crise *f* (d'épilepsie). (*b*) Battement *m* (du pouls).
icy ['aisi], *a.* **1.** Couvert de glace; glacial, -als. **2.** Glacial, glacé. **Icy hands,** mains glacées. **Icy wind,** vent glacial; vent à vous couper la figure. **Icy welcome, smile,** accueil, sourire, glacial; sourire glacé. *Icy answer,* réponse glacée. *To have an icy look,* avoir un air de glace. *This room is* **icy cold,** on gèle dans cette salle.
-ily, *adv.* **1.** D'un air glacial, d'une façon glaciale. **2.** *It is i. cold,* il fait un froid glacial.
id¹ [id], *s.* *Biol:* Ide *m*.
id², *s.* *Psy:* *The ego and the id,* le moi et le cela.
-id¹ [id], *s.suff.* -ide *f*. *Pyramid,* pyramide. *Carotid,* carotide. *Chrysalid,* chrysalide.
-id², *a.* & *s.suff.* *Z:* **1.** -ide *m*. *Araneid,* aranéide. *Arachnid,* arachnide. **2.** -idé. *Bovid,* bovidé.
-id³, *s.suff.* *Ch:* *U.S:* = -IDE.
I'd [aid] = (i) *I had, see* HAVE²; (ii) *I would, see* WILL².
Idaean [ai'diːən], *a.* & *s.* *Gr.Ant:* Idéen; du mont Ida.
Idalian [ai'deiljən], *a.* *Gr.Ant:* D'Idalie.
ide [aid], *s.* *Ich:* Ide *m*; able *m* jesse.
-ide [aid], *s.suff.* *Ch:* **1.** -ure *m*, *Bromide,* bromure. *Chloride,* chlorure. *Iodide,* iodure. *Sulphide,* sulfure. *Selenide,* séléniure. *Arsenide,* arséniure. **2.** -ide, -yde. *Amide,* amide. *Anhydride,* anhydride. *Oxide,* oxyde.
idea [ai'diːa], *s.* Idée *f*. (*a*) *A bright i. strikes me,* il me vient une idée lumineuse. **What a funny idea!** quelle drôle d'idée! *What a good i. of yours to come here!* quelle bonne idée à vous de venir ici! bien vous a pris de venir ici. **General idea,** idée générale. *To give a general i. of a book,* donner un aperçu d'un livre. *I have a poor i. of his abilities,* je ne me fais pas une bien haute idée de sa capacité. *Disquieted by the i. of a possible accident,* agité par l'image d'un malheur possible. **I can't bear the idea,** je ne peux pas en souffrir l'idée; l'idée m'en est trop pénible. **To be dominated by one idea,** être sous l'empire d'une idée fixe. *A man of one i.,* l'homme d'une seule idée; un monomane. **To be full of ideas,** avoir de l'idée. **Man of ideas,** homme à idées. **To hit upon the idea of doing sth.,** avoir la bonne inspiration, avoir l'idée, de faire qch. **My idea is to plant some trees here,** mon idée serait de planter ici quelques arbres. **That is not my idea of pleasure,** ce n'est pas là ma conception du plaisir. *I had some i. of going as far as Paris,* j'avais la pensée, j'avais quelque idée, de pousser jusqu'à Paris. *I studied French* **with the idea of** *going abroad,* j'ai étudié le français dans, avec, l'idée d'aller à l'étranger. **I have an idea that . . .,** j'ai idée que. . . . **I had no idea that . . .,** je ne soupçonnais pas que . . .; j'étais loin de me douter que . . .; j'ignorais absolument que . . .; je n'avais aucune idée que. . . . *I had no i. he was there,* je ne me doutais aucunement qu'il fût là. *You have no i. how anxious I was,* vous ne vous faites pas idée combien j'étais inquiet. *I have no i. what a battle is like,* je n'ai aucune idée de ce que peut être une bataille. *I have no i. why . . .,* je ne saurais dire pourquoi. . . . *I haven't an i. what you mean,* je ne comprends pas du tout ce que vous voulez dire. *To have a clear i. of sth.,* se représenter clairement qch. par la pensée. **He has some idea of chemistry,** il a des notions de chimie. *He hasn't an i. in his head,* il a la tête absolument vide. **I don't quite get the idea,** je ne saisis pas. *To get an i. that . . .,* s'imaginer que. . . . **To get ideas into one's head,** se faire des idées. *Where did you get that i.* (*from*)? où avez-vous pris cela? *What put that i. into your head?* qu'est-ce qui vous a donné cette idée? *You may dismiss that i. from your mind,* vous pouvez chasser cette idée de votre esprit. *F:* **What an idea!** en voilà une idée! y pensez-vous! vous n'y pensez pas! **The idea!** quelle idée! par exemple! a-t-on jamais vu, entendu, chose pareille! *U.S:* **What's the great idea?** à quoi vise tout cela? *See also* BACK¹ I. 2, RUN AWAY. (*b*) **The young idea,** l'âme *f* de l'enfant; l'esprit de l'enfant.
i'dea-monger, *s.* Écrivain *m* fertile en idées; propagateur *m* d'idées; semeur *m*, remueur *m*, d'idées.
ideal [ai'diːəl]. **1.** *a.* Idéal, *pl.* idéaux. *I. personage,* personnage idéal. *I.C.E:* *I. cycle,* cycle *m* théorique. *Mec.E: etc:* *I. efficiency,* rendement *m* optimum. *F:* **It is ideal!** c'est le rêve! c'est l'idéal! *See also* HOME¹ I. 1. **2.** *s.* Idéal *m*, *pl.* -aux, -als. **The ideal of beauty,** le beau idéal, la beauté idéale, l'idéal de la beauté. *See also* HIGH I. 2.
-ally, *adv.* **1.** En idée. **2.** Idéalement (beau, etc.). *She was i. beautiful,* elle était l'idéal de la beauté, la beauté en personne.
idealism [ai'diːəlizm], *s.* Idéalisme *m*.
idealist [ai'diːəlist], *s.* Idéaliste *mf*.
idealistic [aidiə'listik], *a.* Idéaliste.
ideality [aidi'aliti], *s.* Idéalité *f*.
idealization [aidiəlai'zeiʃ(ə)n], *s.* Idéalisation *f*.
idealize [ai'diːəlaːiz], *v.tr.* Idéaliser.
idealizing, *s.* Idéalisation *f*.
ideate [ai'diːeit], *v.tr.* *Psy:* Idéer; imaginer; concevoir l'idée de (qch.).
ideation [aidiː'eiʃ(ə)n], *s.* *Psy:* Idéation *f*.
idem ['aidem], *adv.* (*Abbreviated to* id. [id]) Idem.
idem sonans ['aidem'sounanz]. *Lt.phr. Jur:* **Name idem sonans with another,** nom qui se prononce de la même manière qu'un autre; noms homophones.
identic [ai'dentik], *a.* *Dipl:* **Identic notes,** notes *f* identiques; notes de la même teneur.
identical [ai'dentik(ə)l], *a.* Identique (*with,* à); même. *Our tastes are i.,* ses goûts sont conformes aux miens. *The two concepts are i.,* les deux concepts sont mêmes. *That is an i. copy,* c'est une copie textuelle. **-ally,** *adv.* Identiquement. *To remain i. the same,* rester absolument identique.
identifiable [ai'dentifaiəbl], *a.* Identifiable.
identification [aidentifi'keiʃ(ə)n], *s.* Identification *f*. (*a*) *I. of sth. with sth.,* identification de qch. avec qch. (*b*) *I. of a dead body, of a criminal,* identification d'un cadavre, d'un malfaiteur. **Identification papers, card,** carte *f* d'identité. **Identification mark,** estampille *f*. *Adm: Aut:* **Identification plate,** plaque *f* d'identité, plaque matricule. *Mil:* **Identification disc,** plaque d'identité. **Identification parade,** confrontation d'un témoin avec un groupe de personnes dans lequel se trouve un individu suspecté par la police.
identifier [ai'dentifaiər], *s.* Personne *f* qui constate l'identité *f* de qn.
identify [ai'dentifai], *v.tr.* Identifier. **1. To identify sth. with sth.,** identifier qch. avec qch. *To i. oneself, become identified, with* (*a cause, a party*), s'identifier à, avec, s'assimiler à (une cause, un parti politique). (*Of party*) *To i. itself with a majority,* s'intégrer

dans une majorité. **2. To identify s.o., sth.,** constater, établir, l'identité de qn, de qch.; reconnaître qn, qch. *Nau: To i. a (strange) ship*, reconnaître un navire. **3.** *P:* Découvrir (qch.).

identity [ai'dentiti], *s.* Identité *f.* (*a*) *To establish the i. between two things*, établir l'identité entre deux choses, l'identité de deux choses. (*b*) **Identity card,** carte *f* d'identité. *Mil:* **Identity disc,** plaque *f* d'identité. *Jur:* **Identity certificate,** acte *m* de notoriété. **Mistaken identity,** erreur *f* sur la personne. **To prove one's identity,** établir son identité. *See also* PROOF[1] I. *Payable upon submission of proof of identity*, payable contre preuve d'identité; payable sur présentation de pièces d'identité; payable contre légitimation. (*c*) *Mth:* **Algebraic identities,** identités algébriques.

ideogram ['aidiogram], **ideograph** ['aidiogrɑːf, -graf], *s.* Idéogramme *m.*

ideographic(al) [aidio'grafik(əl)], *a.* Idéographique.

ideography [aidi'ɔgrəfi], *s.* Idéographie *f.*

ideologic(al) [aidio'lɔdʒik(əl)], *a. Phil:* Idéologique.

ideologist [aidi'ɔlodʒist], **ideologue** ['aidiolɔg], *s. Phil:* Idéologue *mf.*

ideology [aidi'ɔlodʒi], *s. Phil: etc:* Idéologie *f.*

ides [aidz], *s.pl. Rom.Ant:* Ides *f. The ides of March*, les ides de mars.

id est ['id 'est], *Lat.phr.* (*Usu. abbreviated to* **i.e.** ['ai'iː]) C'est-à-dire; c.-à-d.

idioblast ['idioblɑːst], *s. Biol:* Idioblaste *m.*

idiocy ['idiosi], *s.* **1.** Idiotie (congénitale); idiotisme *m.* **2.** *F: The i. of this plan*, la bêtise sans nom de ce projet.

idiom ['idiəm], *s.* **1.** (*a*) Dialecte *m*; idiome *m* (d'une région). (*b*) Langue *f*, idiome (d'un pays). **2.** (*a*) Idiotisme *m*, locution *f* (d'une langue). (*b*) (*Adopted from a foreign language*) **A French idiom,** un gallicisme (de la langue anglaise). **An English idiom,** un anglicisme (de la langue française). **3.** *Mus:* Manière *f* de s'exprimer (d'un compositeur).

idiomatic(al) [idio'matik(əl)], *a.* **1.** Idiomatique. *I. phrase*, idiotisme *m*, expression *f* idiomatique. **2.** Qui appartient à la langue courante ou à la langue familière. **-ally,** *adv.* **To speak, write, express oneself, idiomatically,** (i) parler, écrire, s'exprimer, d'une façon idiomatique, en se servant d'idiotismes; (ii) s'exprimer dans une langue étrangère avec autant de facilité et de correction que dans sa langue maternelle.

idiomorphic [idio'mɔːrfik], *a. Geol: Miner:* Idiomorphe, automorphe.

idiopathic(al) [idio'paθik(əl)], *a.* (Maladie *f*) idiopathique, essentielle.

idiopathy [idi'ɔpəθi], *s. Med:* Idiopathie *f.*

idioplasm ['idioplazm], *s. Biol:* Idioplasma *m.*

idiostatic [idio'statik], *a. El:* Idiostatique.

idiosyncrasy [idio'siŋkrəsi], *s.* **1.** *Med: etc:* Idiosyncrasie *f.* **2.** *F:* Habitude *f* propre à qn; petite manie; tic *m. Idiosyncrasies of style*, particularités *f* de style.

idiosyncratic [idiosiŋ'kratik], *a.* **1.** Idiosyncratique. **2.** Qui est dans les habitudes de qn.

idiot ['idiət], *s.* (*a*) *Med:* Idiot, -ote; imbécile *mf.* **Village idiot,** innocent *m* du village. (*b*) *F:* Imbécile. *To behave like an i., to play the i.*, se conduire comme un imbécile, comme un idiot; faire l'imbécile. *He's a perfect i.*, il est bête à manger du foin. **You idiot!** espèce d'imbécile, d'idiot!

idiotic [idi'ɔtik], *a.* **1.** *Med:* (Esprit) idiot, inepte; (existence) d'imbécile. **2.** Bête. *That's i.*, c'est stupide; *F:* c'est bête comme chou. *Don't be i.!* ne fais pas l'idiot! **-ally,** *adv.* **1.** Idiotement, ineptement. **2.** Bêtement; (se conduire) en imbécile.

idle[1] [aidl], *a.* **1.** (*a*) (*Of pers.*) Inoccupé, oisif, désœuvré. **To be, stand, idle,** rester à ne rien faire; rester les bras croisés. *In my i. moments*, à mes heures perdues; dans mes moments de loisir, d'oisiveté. (*b*) (*Of machinery, workmen*) Qui chôme, en chômage; (*of machine*) au repos, arrêté. *Factory lying i.*, usine inactive; usine qui chôme. **Standing idle** *of a mine*, chômage d'une mine. **To run idle,** (i) (*of machine*) marcher à vide; (ii) *Aut: etc:* (*of engine*) tourner au ralenti. (*Of money*) **To lie idle,** dormir. *Capital lying i.*, fonds dormants, inemployés, improductifs, morts, *F:* croupissants; capital oisif. *To let one's money lie i.*, laisser dormir son argent. (*c*) *Mec.E:* **Idle motion,** mouvement perdu. **Idle period** (*in mechanical cycle, etc.*), temps mort. **Idle side** *of a belt*, brin mou. *El:* **Idle current,** courant déwatté. (*d*) *Mec.E:* **Idle wheel,** roue folle, décalée, parasite, intermédiaire. **2.** (*Of pers.*) Paresseux, fainéant, indolent, *P:* flémard. **The idle rich,** les riches désœuvrés. *To acquire i. habits*, se laisser aller à la paresse; prendre des habitudes de paresse. **3.** (*Of actions, feelings, etc.*) Inutile, vain, oiseux, futile; sans motif. *I. tears*, larmes *f* inutiles. *I. wish*, vain désir. *I. pretext*, prétexte *m* futile. *I. notions, threats*, idées *f*, menaces *f*, en l'air. *I. rumours*, rumeurs *f* sans fondement. **Out of idle curiosity,** par curiosité désœuvrée. *See also* DREAM[1], FANCY[1] I. 1, STORY[1] 1, TALK[1] 1. **-dly,** *adv.* **1.** Sans rien faire, sans travailler. *To stand i. by*, rester là à ne rien faire, sans bouger. **2.** Inutilement; d'une façon futile; sans motif. **To talk idly,** parler en l'air. **3.** (*a*) Paresseusement; en paresseux. (*b*) Nonchalamment. *To do sth. i.*, faire qch. pour passer le temps, d'une manière distraite. *His fingers wandered i. over the keys*, il laissait errer ses mains distraites sur l'ivoire du clavier.

idle-'pulley, *s. Mec.E:* **1.** Poulie-guide *f*, *pl.* poulies-guides; galet tendeur. **2.** Galet de renvoi.

idle-'wheel, *s.* = IDLER 2.

idle[2], *v.i.* **1.** Fainéanter, muser, musarder, paresser, bagoter; *P:* flémer, flémarder. *To i. about the streets for an hour*, flâner dans les rues pendant une heure. **To idle along Bond Street,** descendre Bond Street en flânant. *v.tr.* **To idle one's time away,** perdre son temps à ne rien faire, à paresser, à flâner; passer des heures de fainéantise; *P:* battre, cultiver, sa flème. **2.** *Aut:* (*Of engine*) **To idle (over),** tourner, marcher, au ralenti.

idling, *s.* **1.** (*a*) Musarderie *f*, muserie *f. A piece of i.*, une perte de temps. (*b*) Fainéantise *f.* **2.** (*Of engine*) Marche *f* au ralenti.

idleness ['aidlnəs], *s.* **1.** (*a*) Inaction *f*, oisiveté *f*, désœuvrement *m.* (*b*) Chômage *m* (involontaire) (des ouvriers, d'une fabrique, etc.). **2.** Futilité *f* (d'une menace, d'un projet, etc.). **3.** (*Of pers.*) Paresse *f*, fainéantise *f*, indolence *f*, musarderie *f.* **To live in idleness, to eat the bread of idleness,** vivre dans l'oisiveté, sans travailler. *Prov:* **Idleness is the root of all evil,** l'oisiveté est (la) mère de tous les vices.

idler ['aidlər], *s.* **1.** (*a*) Oisif, -ive; désœuvré, -ée; flâneur, -euse; *F:* gobe-mouches *m inv.* (*b*) Fainéant, -ante; paresseux, -euse, *P:* flémard, -arde. **2.** *Mec.E:* (*a*) Roue folle; pignon fou, libre. (*b*) Pignon de renvoi; renvoi *m.* (*c*) Poulie *f* de tension. (*d*) *Cin:* Galet presseur; galet guide-film *inv.*

idlesse ['aidləs], *s. Lit:* *A:* (= IDLENESS) Doux loisirs; délassement *m*; récréation *f.*

idol ['aid(ə)l], *s.* **1.** Idole *f.* *F:* **The idol of the day,** l'idole, le saint, du jour. *The i. of the family*, l'amour *m* de la famille. **To make an idol of wealth,** faire son idole de l'argent. **2.** = IDOLUM.

'idol-worship, *s.* Idolâtrie *f*, adoration *f* des idoles.

idolater [ai'dɔlətər], *f.* **idolatress** [ai'dɔlətres], *s.* **1.** Idolâtre *mf.* **2.** *F:* Admirateur, -trice, adorateur, -trice (*of*, de).

idolatrous [ai'dɔlətrəs], *a.* (Vénération *f*) idolâtre; (culte *m*) idolâtrique.

idolatry [ai'dɔlətri], *s.* Idolâtrie *f.*

idolize ['aidəlaiz], *v.tr.* Idolâtrer, adorer (qn, qch.); faire une idole (de qn, de l'argent); être idolâtre de (qn); aimer (qn) jusqu'à l'idolâtrie.

idolizing, *s.* Idolâtrie *f.*

idolizer ['aidəlaizər], *s.* Admirateur, -trice; passionné(e) (*of*, de).

idolum, -a [ai'douləm, -a], *s.* **1.** (*a*) Illusion *f*, fantôme *m*, spectre *m*, ombre *f.* (*b*) Idée *f*, conception *f.* **2.** Conception fausse, erreur *f* (dans la philosophie de Bacon).

Idomeneus [ai'dɔmenius]. *Pr.n.m. Gr.Lit:* Idoménée.

Idumaea [aidju'miːa]. *Pr.n. A.Geog:* Idumée *f.*

Idumaean [aidju'miːən], *a.* & *s. A.Geog:* Iduméen, -éenne.

idyll ['aidil], *s. Lit:* Idylle *f.*

idyllic [ai'dilik], *a.* Idyllique. **-ally,** *adv.* D'une façon idyllique; en idylle.

idyllist ['aidilist], *s.* Idylliste *mf*; auteur *m* d'idylles.

i.e. ['ai'iː]. *See* ID EST.

-ie [i], *s.suff.* (*Diminutive*) **1.** (*From Christian names*) (*John*) *Johnnie*, Jeannot. (*Anne*) *Annie*, Annette. (*William*) *Willie.* (*Jack*) *Jackie.* (*Margaret*) *Maggie.* (*Susan*) *Susie.* (*Mary*) *Mollie.* **2.** *Esp. Scot:* *Lassie*, jeune fille. *Birdie*, oiselet. *Dearie*, mon petit chéri, ma petite chérie. *Doggie*, petit chien.

-ier [iər], *s.suff.* (*Denoting profession*) **1.** -ier, -ière. *Clothier*, drapier. *Courier*, courrier. *Financier*, financier, -ière. **2.** -eur, -euse. *Collier*, houilleur. *Currier*, corroyeur.

if [if], *conj.* Si. **1.** (*Conditional*) (*a*) *If I am late, I apologize*, si je suis en retard, je fais mes excuses. *If I wanted him, I rang*, si j'avais besoin de lui, je sonnais. *If I feel any doubt, I ask*, si je suis dans le doute, je demande. *This lapse, if lapse it be . . .*, cette faute, si faute il y a. . . . (*b*) *If he does it, he will be punished*, s'il le fait, il sera puni. *If he did it, he would be punished*, s'il le faisait, il serait puni. *If the weather is fine and* (*if*) *I am free, I shall go out*, s'il fait beau et si je suis libre, je sortirai. *If it is fine, and* (*if it is*) *not too windy, we shall go for a walk*, s'il fait beau et qu'il ne fasse pas trop de vent, nous irons en promenade. *If it had been fine, and* (*if*) *it had not been too windy, we should have gone for a walk*, s'il avait, s'il eût, fait beau et qu'il n'ait, n'eût, pas fait de vent, nous aurions, eussions, été en promenade. *If they had a capable leader and a man of energy . . .*, s'ils avaient un chef capable, et qui eût de l'énergie. *If he has forgotten me and refuses to see me . . .*, s'il m'a oublié et refuse de me recevoir. . . . *If anybody should call, let me know*, s'il vient quelqu'un, faites-le-moi savoir; s'il venait quelqu'un, vous me le feriez savoir. *Let him do it if he dare(s)!* qu'il le fasse s'il l'ose! *If records are to be trusted, there was no famine in that year*, s'il faut en croire, à en croire, les documents, il n'y eut pas, il n'y aurait pas eu, de famine cette année-là. *If they are to be believed, not a soul was saved*, à les en croire, pas une âme n'aurait survécu. *If you hesitate* (*at all*), pour peu que vous hésitiez. *If the slightest hitch occurs . . .*, survienne le moindre accroc. . . . *See also* ALL I. 2 (*c*). **If (it is) necessary,** s'il est nécessaire; s'il le faut; au besoin. **If (it is) possible,** si c'est possible; si possible; s'il se peut. **If (it be) so,** s'il en est ainsi. *The debts,* **if any,** *recovered*, les dettes qui auraient été recouvrées. **If anything,** *she is a little more stupid than he*, si on peut les différencier, on peut dire qu'elle est un peu plus bête que lui. *The water was warm, if anything*, l'eau était plutôt tiède. *He will give you a shilling for it*, **if that,** il vous en donnera un shilling, et encore! **If not,** sinon; si ce n'est. . . . *Leave him alone, if not, you will regret it*, laissez-le tranquille, sinon, vous allez le regretter. *Nobody, if not he*, personne, sinon lui, si ce n'est lui. **I shouldn't wonder if it rains, if it rained,** cela ne m'étonnerait pas qu'il pleuve. *Go and see him,* **if only** *to please me*, allez le voir, ne fût-ce, ne serait-ce, que pour me faire plaisir. *I'll do it* **if and when I like,** je le ferai si cela me plaît, et à mon heure. *It would be strange if that were done*, il serait étrange que cela se fît. *See also* EVER 1. (*c*) **If I were you . . .**, si j'étais vous . . .; à votre place . . .; *F:* si j'étais que de vous. . . . *If it were so*, quand (même) il en serait ainsi, même s'il en était ainsi. **Even if he did say so,** quand même il l'aurait dit. (*Even*) *if I were given a hundred pounds, I would not do it*, on me donnerait cent livres, me donnerait-on cent livres, que je ne le ferais pas; même si on me donnait cent livres, quand même on me donnerait cent livres, lors même qu'on me donnerait cent livres, je ne le ferais pas. *If I had been given a hundred pounds, I would not have done it*, on m'aurait, on m'eût, donné cent livres que je ne l'aurais pas fait, que je ne l'eusse pas fait; quand on m'aurait, m'eût, donné cent livres, je ne l'aurais, je ne l'eusse, pas fait. *If we did not ask these questions, they would crop up of themselves*, ces questions, nous ne les poserions pas qu'elles se poseraient d'elles-mêmes. *If anyone had foretold these events, we should have said he was mad*, qui aurait prédit ces événements, on l'aurait traité de fou. (*d*) (*Exclamatory*) **If I had only known!** si seulement je l'avais su! *If only he comes in time!* pourvu qu'il vienne à temps! *F:* **If I haven't gone and lost my key!** voilà-t-il pas que j'ai perdu ma clef! (*e*) **As if**, comme si. *He talks as if he were drunk*, il parle comme s'il était ivre. *He looks as if he were drunk*, il a l'air d'être ivre. *He stood there as if thunderstruck*, il demeura là comme foudroyé. *As if to show it*, comme pour le montrer. **As if by chance**, comme par hasard. **As if I would allow it!** comme si je le permettrais! *F:* avec ça que je le permettrais! *See also* MAKE[2] II. 3. **2.** (*Concessive*) *If they are poor, they are at any rate happy*, s'ils sont pauvres, ils sont du moins heureux, du moins sont-ils heureux. *F: Pleasant weather, if rather cold*, temps agréable, bien qu'un peu froid, encore qu'un peu froid. **3.** (*Introducing a noun clause*, = WHETHER[2] I.) *Do you know if he is at home?* savez-vous s'il est chez lui? *I asked if it was true*, je demandai si c'était vrai. *I doubt if two and two make four*, je doute que deux et deux fassent quatre. **4.** *s.* Si *m inv.* *Your ifs and buts make me tired*, je suis fatigué de vos si et de vos mais. *It is a very big if*, c'est une condition qui n'est pas aisément remplie. *Prov:* **If ifs and an's were pots and pans, there'd be no trade for tinkers**, avec des si on mettrait Paris en bouteille, dans une bouteille.

-ific ['ifik], *a.suff.* -ifique. *Morbific*, morbifique. *Prolific*, prolifique. *Scientific*, scientifique.

-ification [ifi'keiʃ(ə)n], *s.suff.* -ification *f.* *Falsification*, falsification. *Ossification*, ossification. *Purification*, purification. *Vitrification*, vitrification.

igloo ['iglu:], *s.* Hutte *f* d'Esquimau; igloo *m.*

Ignatian [ig'neiʃjən], *s.* *Ecc:* Ignacien *m.*

Ignatius [ig'neiʃjəs]. *Pr.n.m.* Ignace. *I. Loyola*, Ignace de Loyola.

igneous ['igniəs], *a.* Igné. *I. rock*, roche pyrogène, ignée.

ignescent [ig'nes(ə)nt]. **1.** *a.* Ignescent. **2.** *s.* Corps ignescent.

igniferous [ig'nifərəs], *a.* Ignifère.

ignipuncture [igni'pʌŋktjər], *s.* *Surg:* Pointes *fpl* de feu, ignipuncture *f.*

ignis fatuus ['ignis'fatjuəs], *s.* Feu follet.

ignitability [ignaitə'biliti], *s.* Inflammabilité *f.*

ignitable [ig'naitəbl], *a.* Inflammable; allumable.

ignite [ig'nait]. **1.** *v.tr.* Mettre le feu à (qch.); allumer (une charge de mine); enflammer (un mélange explosif, le grisou). **2.** *v.i.* Prendre feu, s'enflammer, s'allumer.

igniting, *s.* = IGNITION I. **Igniting device**, allumeur *m.* *Exp: etc:* **Igniting wire**, fil *m* d'allumage.

igniter [ig'naitər], *s.* Dispositif *m* d'allumage; *Artil: Min:* allumeur *m*, inflammateur *m*, boutefeu *m*, déflagrateur *m.* *Electric i.*, allumeur électrique; *I.C.E:* interrupteur *m*, rupteur *m.* **Gas-igniter**, allume-gaz *m inv.*

ignitibility [ignaiti'biliti], *s.* = IGNITABILITY.

ignitible [ig'naitibl], *a.* = IGNITABLE.

ignition [ig'niʃ(ə)n], *s.* **1.** Ignition *f*, inflammation *f* (d'une charge de mine, etc.). **2.** *I.C.E:* Allumage *m.* **Hot-bulb ignition**, allumage par incandescence. **Burner ignition**, allumage par brûleur. **Magneto ignition**, allumage par magnéto. **Dynamo ignition**, allumage par dynamo. **Battery ignition, coil ignition**, allumage par batterie, par bobine. *Dual i.*, double allumage. *Twin i.*, allumage jumelé. **Ignition coil, circuit**, bobine *f*, circuit *m*, d'allumage. **Ignition (advance-)lever**, levier *m* d'avance (à l'allumage). **Ignition tower**, distributeur *m* et commande *f* (d'allumage). **Ignition diagram**, schéma *m* d'allumage. *See also* HOT-TUBE, PRE-IGNITION, SELF-IGNITION.

ignivorous [ig'nivorəs], *a.* Ignivore.

ignobility [igno'biliti], **ignobleness** [ig'noublnəs], *s.* Ignobilité *f.*

ignoble [ig'noubl], *a.* **1.** Plébéien, roturier; de basse naissance. *Noble or i. followers*, adhérents nobles ou obscurs. **2.** Ignoble; bas, *f.* basse; infâme, vil, indigne. **-bly**, *adv.* **1.** *To be i. born*, être de basse naissance. **2.** D'une façon ignoble; ignoblement, indignement.

ignominious [igno'minjəs], *a.* **1.** Ignominieux, honteux. *An i. death*, une mort ignominieuse. *An i. peace*, une paix honteuse. **2.** *A:* Infâme. **-ly**, *adv.* Ignominieusement, avec ignominie; honteusement.

ignominiousness [igno'minjəsnəs], *s.* Caractère ignominieux, honteux (de qch.).

ignominy ['ignomini], *s.* **1.** Ignominie *f*, honte *f*, grand déshonneur. **2.** Infamie *f.*

ignoramus [igno'reiməs], *s.* Ignorant, -ante; ignare *mf*, *F:* bourrique *f.* **He's an ignoramus**, c'est un maître aliboron, un âne bâté.

ignorance ['ignorəns], *s.* Ignorance *f.* **1.** Inconnaissance *f.* *Through i.*, par ignorance. **To keep s.o. in ignorance of sth.**, laisser ignorer qch. à qn. *I am in complete i. of his intentions*, j'ignore tout de ses intentions. **Ignorance is bliss**, qui rien ne sait de rien ne doute. *See also* PLEAD 2. **2.** Ignorance crasse; *F:* ânerie *f.* *That boy's i. is phenomenal*, cet élève ne sait rien de rien. *See also* STEEP[2] I.

ignorant ['ignorənt], *a.* Ignorant. **1.** (*Unaware*) **To be ignorant of a fact**, ignorer un fait; *Jur:* être ignorant du fait. *To be i. of what is happening*, ignorer ce qui se passe; ne pas être informé, ne pas être au courant, de ce qui se passe. **2.** (*a*) (*Unlearned*) *To be i. of history*, être ignorant en histoire; connaître fort mal l'histoire. *I. of art*, incompétent en matière d'art. *He is i. of the world*, il ne connaît pas le monde. *He is i. of our customs*, il est étranger à nos usages. (*b*) *An i. question*, une question qui trahit l'ignorance. **-ly**, *adv.* **1.** (Se tromper, etc.) par ignorance. **2.** (Discourir, etc.) avec ignorance.

ignorantine [igno'rantin], *a.* & *s.* *Rel.H:* Ignorantin, -ine.

ignorantism ['ignorantizm], *s.* Ignorantisme *m*, obscurantisme *m.*

ignore [ig'no:ər], *v.tr.* **1.** Feindre d'ignorer (qch.); ne tenir aucun compte de (qch.); se désintéresser de (qch.); passer (qch.) sous silence. *This action could not be ignored by the public*, cette action s'imposait à l'attention du public. **To ignore one's own feelings**, refouler ses propres sentiments. **To ignore s.o., s.o.'s existence**, ne pas vouloir reconnaître qn; ne pas arrêter ses regards sur qn; feindre de ne pas voir qn; faire comme si qn n'existait pas; méconnaître qn. **To ignore the facts**, méconnaître les faits; ne tenir aucun compte des faits. *To i. an invitation*, ne pas répondre à une invitation. *To i. an insult*, ne pas relever une injure. *To i. a rule*, sortir d'une règle. **To ignore an objection**, passer à l'ordre du jour sur une objection. *To i. a prohibition*, passer outre à une interdiction. *To i. an order*, ne tenir aucun compte d'un ordre. *Rail:* **To ignore a signal**, brûler un signal. *Ignoring custom he marched in unannounced*, au mépris de l'usage il entra sans se faire annoncer. **2.** *Jur:* **To ignore a bill**, rendre une fin de non-recevoir; prononcer un non-lieu. *To i. a complaint*, rejeter une plainte.

ignoring, *s.* Méconnaissance *f.*

ignorer [ig'no:rər], *s.* Contempteur, -trice (*of*, de). *To be an i. of rules, of custom*, ne tenir aucun compte des règles, de l'usage.

Igraine [i'grein]. *Pr.n.f.* *Lit:* Igerne.

iguana [i'gwɑ:na], *s.* *Rept:* Iguane *m.*

iguania [i'gwɑ:nia], *s.pl.* *Rept:* Iguaniens *m.*

iguanian [ig'wɑ:niən], *a.* *Rept:* Iguanien.

iguanodon [ig'wɑ:nodɔn], *s.* *Paleont:* Iguanodon *m.*

Ikey ['aiki]. *P:* **1.** *Pr.n.m.* Isaac. **2.** *s.m.* Juif; *esp.* prêteur d'argent; *P:* youpin. **3.** *a.* (*a*) Rusé; malin, -igne; astucieux. (*b*) Prétentieux; gourmé.

ikon ['aikɔn], *s.* = ICON.

-il [il], **-ile** [ail], *a.* & *s. suff.* **1.** -ile. *Agile*, agile. *Fertile*, fertile. *Fossil*, fossile. *Utensil*, ustensile. **2.** *s.* -ille *f.* *Fibril*, fibrille. *Bulbil*, bulbille.

il-, *pref.* *See* IN-.

ilang-ilang [i'laŋi'laŋ], *s.* *Bot:* *Toil:* Ilang-ilang *m*, ylang-ylang *m.*

ileo-caecal [ilio'si:k(ə)l], *a.* *Anat:* Iléo-cæcal, -aux. *I.-c. valve*, valvule iléo-cæcale; *A:* barrière *f* des apothicaires.

ileo-colic [ilio'kɔlik], *a.* *Anat:* Iléo-côlique, *pl.* iléo-côliques.

ileostomy [ili'ɔstomi], *s.* *Med:* Iléostomie *f.*

ileum ['iliəm], *s.* *Anat:* Iléon *m*, iléum *m.*

ileus ['iliəs], *s.* *Med:* Iléus *m*; passion *f* iliaque; coliques *fpl* de miséréré.

ilex, *pl.* **-exes** ['aileks, -eksiz], *s.* *Bot:* Ilex *m.* **1.** Yeuse *f*; chêne vert. **2.** Houx *m.*

ilia ['ilia], *s.pl.* *Anat:* Iles *m.*

iliac[1] ['iliak], *a.* **1.** *Med:* **Iliac passion**, iléus *m*; passion *f* iliaque; coliques *fpl* de miséréré. **2.** *Anat:* (Os *m*, artère *f*) iliaque.

Iliac[2], *a.* *Gr.Ant:* Iliaque, d'Ilion.

iliacus [i'laiəkəs], *s.* *Anat:* Muscle *m* iliaque.

Iliad (the) [ði'iliəd], *s.* *Gr.Lit:* L'Iliade *f.* *F:* **An Iliad of woes**, une suite de malheurs, une succession de mésaventures; toute une Iliade de malheurs.

Ilian ['iliən], *a.* *A.Geog:* Iliaque, d'Ilion.

ilio-lumbar [ilio'lʌmbər], *a.* *Anat:* Ilio-lombaire, *pl.* ilio-lombaires.

ilium[1] ['iliəm], *s.* *Anat:* Ilion *m.*

Ilium[2] ['ailiəm]. *Pr.n.* *A.Geog:* Ilion *f*; Troie *f.*

ilk [ilk], *a.* *Scot:* Même. **1.** **Of that ilk**, désignation terrienne. *Wemyss* [wi:mz] *of that ilk* = *Wemyss of Wemyss*, Wemyss de la localité, du domaine, qui porte le même nom. **2.** *F:* **And others of that ilk**, et d'autres gens du même acabit; et d'autres du même genre.

I'll [ail] = *I will, I shall.*

ill [il]. I. *a.* (*Comp.* **worse**; *sup.* **worst**, *q.v.*) **1.** (*a*) Mauvais. *Ill name, ill manners*, mauvaise réputation, mauvaises manières. **Ill effects**, effets pernicieux. *Prov:* **'Tis an ill wind that blows nobody good**, à quelque chose malheur est bon. *Ill turn*, mauvais service, méchant service. **To do s.o. an ill turn**, desservir qn. *See also* BIRD I, BLOOD[1] I, FAME, NEWS, OMEN[1], WEED[1]. (*b*) Méchant, mauvais. *Ill deed*, mauvaise action, méchante action; méfait *m.* *Ill tongues*, méchantes langues, mauvaises langues. **2.** (*a*) Malade, souffrant. **To be, feel, ill**, être malade; se sentir souffrant. **To fall ill, get ill, be taken ill**, tomber malade. *To be ill with a fever*, souffrir d'un accès de fièvre. *To be dangerously ill*, être au plus mal. *He was seriously ill last year*, il a fait une grave maladie l'année dernière. *He was more ill than we thought*, il était plus malade que nous ne l'avions supposé. **To look ill**, avoir mauvaise mine; avoir l'air malade. (*b*) *F:* **To be (violently) ill**, vomir; avoir mal au cœur. **3.** *A.* & *Scot:* **Ill to please**, difficile à contenter, à satisfaire. **-lly**, *adv.* *U.S:* = ILL III.

II. **ill**, *s.* **1.** Mal *m.* *I know no ill of him*, je ne sais rien contre lui. **To do ill**, faire du mal, faire le mal. **To speak, think, ill of s.o.**, dire du mal de qn; avoir une mauvaise opinion de qn. *Speak no ill of the dead*, il ne faut pas troubler la cendre des morts. **For ill or well**, *we have . . .*, que ce soit un bien ou un mal, nous avons. . . . **2.** (*a*) Dommage *m*, tort *m.* *I have suffered no ill at his hands*, il ne m'a fait aucun tort. (*b*) *pl.* Maux *m*, malheurs *m.* *To suffer great ills*, souffrir de grands maux, de grandes misères. *The ills which God sends us*, les adversités que Dieu nous envoie. *The ills that came upon the country*, les calamités qui se sont abattues sur le pays.

III. **ill**, *adv.* (**Worse, worst**) Mal. **1.** *To behave ill*, se mal conduire. **To take sth. ill**, prendre qch. en mauvaise part; savoir mauvais gré à qn de qch. **It will go ill with them**, il leur en cuira. *You would have fared ill, it would have gone ill with you, but for . . .*, les choses auraient mal tourné pour vous sans. . . . **2.** *To be ill provided with sth.*, être mal pourvu de qch. *I can ill afford the expense*, je peux difficilement supporter cette dépense. **It ill becomes you to . . .**, il vous sied mal, il vous messied, de. . . . *See also* FITTING[1] 2,

FREQUENT[2] I. 3. (*a*) **Ill at ease**, mal à l'aise. **To be ill at ease**, (i) être mal à l'aise; *F:* être dans ses petits souliers; (ii) être inquiet. *To feel ill at ease about sth.*, se sentir inquiet au sujet de qch. (*b*) **Ill-to-do**, pauvre; dans la gêne.

ill-ac'coutred, *a.* Mal habillé; (*of soldier*) mal accoutré.

ill-ac'quired, *a.* Mal acquis.

ill-ad'vised, *a.* **1.** (*Of pers.*) Malavisé. *You would be ill-a. to . . .*, vous seriez malavisé à. . . . **2.** (*Of action*) Impolitique, antipolitique, peu judicieux. **-ly**, *adv.* Impolitiquement.

ill-af'fected, *a.* Mal disposé. *I.-a. persons*, mécontents *m.*

ill-as'sorted, *a.* Mal assorti; disparate.

ill-'balanced, *a.* (Argument, etc.) mal agencé; (esprit) mal équilibré.

ill-be'haved, *a.* Qui se conduit mal; malhonnête; mal élevé.

ill-'boding, *a.* De mauvais augure.

ill-'bred, *a.* Mal élevé, malappris; de mauvaise compagnie.

ill-'breeding, *s.* Manque *m* de politesse, de savoir-vivre, d'usage; mauvais ton; mauvais genre. *A piece of ill-b.*, une impolitesse.

'ill-brought-'up, *a.* = ILL-BRED.

'ill-con'cealed, *a.* Mal dissimulé.

'ill-con'ditioned, *a.* **1.** (*Of pers.*) (*a*) *Ill-conditioned looking*, de mauvaise mine. (*b*) A mauvais caractère; méchant. (*c*) Malhonnête; mal élevé. **2.** (*Of thg*) (*a*) En mauvais état. (*b*) Mal agencé; mal établi.

ill-con'sidered, *a.* (*Of action, view, etc.*) Peu réfléchi. *I.-c. measures*, mesures hâtives.

ill-'countenanced, *a.* De mauvaise mine.

ill-'deemer, *s.* Personne *f* qui pense du mal d'autrui. *See also* ILL-DOER.

ill-de'fined, *a.* Mal défini, indéfini; flou.

ill-dis'posed, *a.* **1.** Malintentionné, malveillant. *I.-d. folk*, esprits mal lunés, mal pensants. *Ill-d. towards s.o.*, mal disposé envers qn; indisposé contre qn. **2. To be ill-disposed to do sth.**, être peu disposé, mal disposé, à faire qch.

ill-'doer, *s.* Malfaiteur, -trice; propre à rien *mf.* *Prov:* **Ill-doers are ill-deemers**, il aune les autres à sa toise.

ill-'doing. 1. *s.* (*a*) Mauvaise(s) action(s); méchanceté(s) *f*; mauvaise vie. *There are no bounds to their i.-d.*, c'est à qui pis fera. (*b*) Mauvaise conduite. **2.** *a.* Qui a une mauvaise conduite; propre à rien.

ill-'famed, *a.* Mal famé.

ill-'fated, *a.* (Prince) infortuné, condamné au malheur; (effort) malheureux; (jour) fatal, de malheur, néfaste. *Ilium, the ill-fated*, Ilion la malheureuse.

ill-'favoured, *a.* **1.** (*Of pers.*) Laid; de mauvaise mine, de mauvais air. *I.-f. woman or girl*, laideron *f*. *He's an i.-f. fellow*, il ne paye pas de mine. **2.** *A:* (Mot) répugnant, désagréable.

ill-'feeling, *s.* Ressentiment *m*, rancune *f*. *F:* *To do sth. to show there's no i.-f.*, faire qch. pour ne pas désobliger qn, par complaisance. **No ill-feeling!** sans rancune!

ill-'found, *a.* (Vaisseau, etc.) mal équipé, mal fourni, mal pourvu.

ill-'founded, *a.* (Bruit, etc.) mal fondé, sans fondement.

ill-'furnished, *a.* *See* FURNISHED 2.

ill-'gotten, *a.* (Bien) mal acquis. *See also* GAIN[1] 1.

ill-'grounded, *a.* (Bruit, etc.) mal fondé, sans fondement.

ill-'health, *s.* Mauvaise santé; manque *m* de santé. **Chronic ill-health**, invalidité *f*.

ill(-)'humour, *s.* Mauvaise humeur; humeur acariâtre. *To be in an i.-h.*, être de mauvaise humeur.

ill-'humoured, *a.* De mauvaise humeur; maussade, grincheux.

ill-in'formed, *a.* **1.** Mal renseigné. **2.** Peu instruit; ignorant.

ill-in'tentioned, *a.* Malintentionné (*towards*, envers).

ill-'judged, *a.* (*Of action*) Malavisé; peu sage.

ill-'known, *a.* (Pays, etc.) peu connu (*to s.o.*, de qn).

ill-'looking, *a.* = ILL-FAVOURED 1.

'ill(-)'luck, *s.* Mauvaise fortune; malchance *f*, malheur *m*, *F:* guigne *f*. **By ill-luck, as ill-luck would have it**, par malheur, par malchance; comme si le diable s'en mêlait; le malheur a voulu que + *sub.* **Run of ill-luck**, série *f* (à la) noire. *To have a run of i.-l.*, être dans la déveine, avoir du guignon, *P:* avoir la guigne. *I am having a run of i.-l.*, je suis dans une période de guignon; c'est la série noire. **To bring ill-luck**, porter malheur (*to*, à).

ill-'mannered, *a.* Malhonnête, grossier, malappris. *To be i.-m.*, avoir de mauvaises manières, être mal élevé.

ill-'matched, *a.* Mal assorti, disparate. *I.-m. couple*, époux mal assortis; ménage mal assorti, mal attelé.

ill-'meaning, *a.* (*Of pers.*) Malintentionné.

ill-'meant, *a.* (*Of action*) Méchant.

ill(-)'nature, *s.* Mauvais caractère; méchant caractère; méchanceté *f*.

ill-'natured, *a.* D'un mauvais caractère; méchant; désagréable; mauvais; *F:* rosse. *To look i.-n.*, avoir l'air mauvais. *I.-n. jest*, plaisanterie méchante. *To say i.-n. things about s.o.*, dire des méchancetés sur qn. **-ly**, *adv.* Méchamment; avec méchanceté; mauvaisement.

ill-'nourished, *a.* Mal nourri.

ill-'omened, *a.* De mauvais présage; de mauvais augure.

ill-'qualified, *a.* Incompétent. *Ill-q. to do sth.*, peu qualifié pour faire qch.; peu apte à faire qch.

ill-re'pute, *s.* Mauvaise réputation. *To gain ill-r.*, se faire une mauvaise réputation. *Man of ill-r.*, homme taré. *House in ill-r.*, maison *f* de mauvaise réputation; maison louche, borgne.

ill-re'quited, *a.* Mal récompensé.

ill-'smelling, *a.* Puant; qui sent mauvais.

ill-'sorted, *a.* Mal assorti. *He and his wife are an i.-s. pair*, sa femme et lui forment un ménage mal accouplé.

ill-'starred, *a.* Né sous une mauvaise étoile; (prince) infortuné; (jour) malheureux, néfaste. *I.-s. adventure*, entreprise néfaste, vouée à l'insuccès.

ill-suc'cess, *s.* Insuccès *m*; mauvaise réussite; déconvenue *f*.

ill-'taught, *a.* Mal éduqué.

ill(-)'temper, *s.* (*a*) Mauvais caractère, méchant caractère. (*b*) Mauvaise humeur, humeur acariâtre.

ill-'tempered, *a.* (*a*) (*Of pers.*) De mauvais caractère; de méchant caractère; hargneux, maussade, grincheux, de mauvaise humeur. (*b*) (*Of animal*) De méchant caractère.

ill-'thriven, *a.* Rabougri; mal venu.

ill-'timed, *a.* Mal à propos, hors de propos, malencontreux, déplacé. *Ill-t. arrival*, arrivée inopportune, intempestive. *Ill-t. joke*, plaisanterie *f* hors de saison.

ill-'tongued, *a.* (*a*) Qui a une mauvaise langue; médisant. (*b*) Grossier; mal embouché.

ill-'treat, *v.tr.* Maltraiter, brutaliser (qn, un chien); rudoyer (un cheval).

ill-'treatment, ill-'usage, *s.* Mauvais traitements.

ill-'use [ju:z], *v.tr.* (*a*) Maltraiter (un enfant, une femme); malmener (un adversaire). *The child, the dog, had been ill-used*, l'enfant, le chien, avait subi de mauvais traitements. (*b*) Mal agir envers (qn); faire une injustice à (qn).

ill-'used, *a.* (*a*) Maltraité, malmené. (*b*) *To think oneself ill-used*, se croire (la) victime d'une injustice, d'un passe-droit. *To answer in an ill-used tone of voice*, répondre d'une voix chagrine.

ill-'will, *s.* Mauvais vouloir; malveillance *f*, rancune *f*. *To show i.-w. towards s.o.*, se montrer malveillant envers qn. **To bear s.o. ill-will**, garder rancune, en vouloir, à qn; avoir de la rancune contre qn. *Bear me no i.-w.*, ne m'en veuillez pas.

ill-'willed, *a.* Malveillant; rancunier.

ill-'wisher, *s.* Malveillant, -ante. *You have no ill-wishers*, personne ne vous veut du mal, ne vous veut de mal.

Illano [i'ljɑ:no], *s.* *Ethn:* Illano *m.*

illation [i'leiʃ(ə)n], *s.* Illation *f*, inférence *f*, déduction *f*, conclusion *f*.

illative [i'leitiv], *a.* **1.** *Gram:* (*Of particle, etc.*) Illatif; de conséquence. **2.** (Raisonnement, etc.) déductif.

illegal [i'li:gəl], *a.* Illégal, -aux. *See also* OPERATION 3. **-ally**, *adv.* Illégalement.

illegality [ili'galiti], *s.* Illégalité *f*.

illegalize [i'li:gəlaiz], *v.tr.* Rendre (qch.) illégal.

illegibility [iledʒi'biliti], *s.* Illisibilité *f*.

illegible [i'ledʒibl], *a.* Illisible. **-ibly**, *adv.* Illisiblement.

illegitimacy [ile'dʒitiməsi], *s.* Illégitimité *f*.

illegitimate [ile'dʒitimet], *a.* **1.** (Conclusion *f*) illégitime. *I. statement*, déclaration non autorisée. *Turf:* *F:* **Illegitimate racing**, les courses *f* d'obstacles. **2.** *Jur:* (Enfant) illégitime, bâtard. **-ly**, *adv.* Illégitimement.

illiberal [i'libərəl, il'l-], *a.* Peu libéral, -aux. (*a*) Grossier; mal élevé; sans distinction. (*b*) Borné, petit (d'esprit); (esprit) illibéral, -aux. (*c*) Ladre, peu généreux, illibéral, mesquin. **-ally**, *adv.* Sans libéralité, sans générosité; mesquinement.

illiberality [ilibə'raliti, ill-], *s.* Illibéralité *f*. (*a*) Petitesse *f* (d'esprit); étroitesse *f* (de pensée). (*b*) Manque *m* de générosité; ladrerie *f*.

illicit [i'lisit, il'l-], *a.* Illicite. *I. betting*, paris clandestins. *I. trade in opiates*, trafic *m* des stupéfiants. *I. profits*, profits *m* illicites; *P:* rabiot *m*. **-ly**, *adv.* Illicitement.

illicitness [i'lisitnəs, il'l-], *s.* Caractère *m*, nature *f*, illicite (d'un commerce).

illimitable [i'limitəbl, il'l-], *a.* Illimitable, illimité; sans bornes; sans limites. **-ably**, *adv.* Sans bornes, sans limites, sans mesure.

illimitableness [i'limitəblnəs, il'l-], *s.* Caractère *m* illimité, immensité *f* (de qch.).

Illinoian [ili'nɔiən], *a.* & *s.* *Geol:* Illinoisien (*m*).

Illinoisan [ili'nɔizən], *a.* & *s.* *Geog:* Natif, originaire, de l'Illinois.

illiquid [il'likwid], *a.* (Substance, argent, etc.) non liquide.

illiteracy [i'litərəsi], *s.* Manque *m* d'instruction; analphabétisme *m*.

illiterate [i'litəret], *a.* & *s.* Illettré, -ée; analphabète (*mf*). **-ly**, *adv.* En illettré, en ignorant.

illness ['ilnəs], *s.* Maladie *f*. *To have a long i.*, faire une longue maladie. *He had a slight i.*, il a fait une petite maladie; il s'est trouvé indisposé. *To be absent through i.*, être absent par suite de maladie. *F:* **He has never had a day's illness**, il n'a jamais eu une heure de maladie.

illogical [i'lɔdʒik(ə)l, il'l-], *a.* Illogique; peu logique. **-ally**, *adv.* Illogiquement; contrairement à la logique.

illogicality [ilɔdʒi'kaliti], **illogicalness** [i'lɔdʒikəlnəs], *s.* Illogisme *m*.

illume [i'lju:m], *v.tr.* *Poet:* Illuminer, éclairer (l'esprit).

illuminant [i'ljuminənt], *a.* & *s.* Illuminant (*m*), éclairant (*m*).

illuminate[1] [i'ljuminet], *s.* *Rel.H:* Illuminé *m*.

illuminate[2] [i'ljumineit], *v.tr.* **1.** Éclairer (une salle, l'esprit). **2.** Illuminer, embraser (un édifice à l'occasion d'une fête). **3.** Enluminer (un manuscrit); enluminer, colorier (une carte, une gravure). **4.** Éclairer, élucider, porter de la lumière dans (un sujet, une question). **5.** Embellir, jeter de l'éclat sur (une action, etc.).

illuminated, *a.* **1.** Éclairé. *Brightly i.*, fortement éclairé. *I. sign*, enseigne lumineuse. *I. dial*, cadran éclairé, cadran lumineux. **2.** (Manuscrit) enluminé. **Illuminated capitals**, lettres *f* d'apparat.

illuminating[1], *a.* **1.** Éclairant, qui éclaire. **Illuminating effect**, effet lumineux. **2. Illuminating talk**, entretien *m* qui a éclairé la situation. **-ly**, *adv.* D'une manière illuminante, éclairante; de manière à éclairer (un sujet), à éclaircir (une question).

illuminating[2], *s.* **1.** = ILLUMINATION 1. **Illuminating power**, pouvoir éclairant (du gaz, etc.). **Illuminating apparatus**, appareil *m* d'éclairage. **Illuminating engineer**, éclairagiste *m*. *I. engineering*, éclairagisme *m*; technique *f* de l'éclairage. **Illuminating gas**, gaz *m* d'éclairage. **Illuminating oil,** (i) huile *f* d'éclairage; huile lampante; (ii) pétrole lampant. **2.** Illumination *f*, embrasement *m* (d'un édifice à l'occasion d'une fête, etc.). **3.** Enluminement *m* (d'un manuscrit); coloriage *m* (d'une carte, d'une gravure). **4.** Élucidation *f* (d'un sujet, d'une question). **5.** Embellissement *m* (d'une action, etc.).

Illuminati [iljumiˈneitai, ilumiˈnɑːti], *s.pl. Rel.H:* Illuminés *m.*

illumination [iljumiˈneiʃ(ə)n], *s.* **1.** (*a*) **Artificial illumination,** éclairage artificiel. *Aut:* **Full illumination,** éclairage "route." **Dimmed illumination,** éclairage de croisement, anti-aveuglant; éclairage "code." (*b*) Illumination *f*, embrasement *m* (d'un édifice). **2.** (*a*) **To go out to see the illuminations,** sortir voir les illuminations. (*b*) **Illuminations of a manuscript,** enluminures *f* d'un manuscrit. **3.** *Opt:* Éclat *m* (d'une lentille, d'un objectif). *Degree of i.,* éclairement *m.* **4.** = ENLIGHTENMENT.

illuminative [iˈljumineitiv], *a.* **1.** = ILLUMINATING[1]. **2. Illuminative art,** l'art *m* d'enluminer; enluminure *f.*

illuminator [iˈljumineitər], *s.* **1.** (*Pers.*) (*a*) Illuminateur, -trice. (*b*) *Art:* Enlumineur, -euse. **2.** (*a*) Dispositif *m* d'éclairage. (*b*) *Nau:* Verre *m* de hublot.

illumine [iˈljumin], *v.tr.* = ILLUMINATE[2].

Illuminee [iljumiˈniː], *s. Rel.H:* Illuminé, -ée.

illuminer [iˈljuminər], *s.* **1.** Illuminateur *m.* **2.** *A:* Enlumineur *m* (de manuscrits).

illuminism [iˈljuminizm], *s. Rel.H:* Illuminisme *m.*

illusion [iˈljuːʒ(ə)n], *s.* **1.** Illusion *f*; tromperie *f.* **Optical illusion,** (i) illusion d'optique; (ii) truc *m* d'optique. **To be under an illusion,** être le jouet d'une illusion. **To cherish an illusion,** se bercer d'une illusion. *I have no illusions on this point,* je ne me fais aucune illusion sur ce point. *To entertain illusions,* nourrir, entretenir, des illusions. *I am under no illusions* (*regarding this*), je ne m'illusionne pas, je ne me fais pas d'illusions (là-dessus, à ce sujet). *To lose one's illusions about sth.,* perdre ses illusions au sujet de qch.; se désabuser de qch. *To have lost one's illusions,* avoir perdu ses illusions; être désabusé; être revenu de toutes ses illusions. *To work off an i. on s.o.,* illusionner qn. **Power of illusion,** puissance *f* d'illusionnisme. *See also* LABOUR[2] 1. **2.** *Tex:* Tulle *m* illusion.

illusioned [iˈljuːʒənd], *a.* Illusionné; qui se fait des illusions.

illusionist [iˈljuːʒənist], *s.* **1.** Prestidigitateur *m*, illusionniste *mf.* **2.** Rêveur, -euse; songe-creux *m inv.*

illusive [iˈljuːsiv], *a.* Illusoire, trompeur, mensonger. *The i. pictures of a pleasant dream,* les images trompeuses d'un beau rêve. **-ly,** *adv.* Illusoirement, trompeusement.

illusiveness [iˈljuːsivnəs], *s.* Caractère illusoire, trompeur (de qch.).

illusory [iˈljuːsəri], *a.* Illusoire; qui ne se réalise point; sans effet.

illustrate [ˈiləstreit], *v.tr.* **1.** Éclairer, expliquer, démontrer par des exemples (une règle, ce qu'on veut dire). *In order to i. these facts,* afin de mettre ces faits en lumière. *Lectures illustrated by lantern slides,* conférences illustrées par des projections. **2.** Illustrer; orner de gravures, de dessins (le texte d'un livre, d'un journal). **Illustrated paper,** journal illustré. **3.** *A:* Illustrer, rendre illustre (une vie, etc.).

illustrating, *s.* Illustration *f*; explication *f.*

illustration [iləsˈtreiʃ(ə)n], *s.* **1.** Explication *f*, exemple *m*, preuve *f* (d'un principe, d'une règle). **By way of illustration,** à titre d'exemple. **2.** Illustration *f.* (*a*) Action *f* ou art *m* d'illustrer (les livres, etc.). (*b*) Illustration, gravure *f*, image *f* (dans le texte d'un livre, d'un journal). **Text illustration,** vignette *f.*

illustrative [iˈlʌstrətiv, ˈilʌstreitiv], *a.* Éclairant; qui sert à éclaircir ou à expliquer; éclaircissant. **Illustrative of sth.,** qui fournit un exemple de qch., qui explique qch.

illustrator [ˈiləstreitər], *s.* Illustrateur *m* (d'un ouvrage).

illustrious [iˈlʌstriəs], *a.* Illustre, fameux, célèbre. (*As title*) **Most illustrious,** très illustre; illustrissime. **-ly,** *adv.* Illustrement, d'une manière illustre, éclatante; avec éclat.

illustriousness [iˈlʌstriəsnəs], *s.* Éclat *m*; gloire *f*, distinction *f.*

illy [ˈilli], *adv. U.S:* = ILL III.

Illyria [iˈliria]. *Pr.n. Geog:* L'Illyrie *f.*

Illyrian [iˈliriən], *a.* & *s.* *Geog:* Illyrien, -ienne.

ilmenite [ˈilmənait], *s. Miner:* Ilménite *f.*

I'm [aim] = *I am, q.v. under* BE.

'im [im]. *P:* = HIM.

im- [im], *pref. See* IN-.

image[1] [ˈimedʒ], *s.* **1.** (*a*) Image (sculptée); représentation *f*, statue *f*, simulacre *m* (d'un dieu, etc.); (*for worship*) idole *f. F:* **Don't stand there like a wooden image,** ne vous tenez pas là comme un saint de bois. *See also* GRAVEN. (*b*) *Num:* Image. **2.** *Opt:* Image. **Real image,** image réelle. **Virtual image,** image virtuelle. *Inverted i.,* image renversée. *Clear, sharp, i.,* image nette. *Phot:* **Latent image,** image latente. **False image,** spectre *m* secondaire. **3.** Image, portrait *m.* *God created man in his own i.,* Dieu créa l'homme à son image. **He is the very image, the living image, of his father,** c'est l'image vivante, c'est tout le portrait, c'est le portrait vivant, de son père; *F:* c'est son père tout craché. *I have just met a man who is your very i.,* je viens de rencontrer votre sosie *m.* **4.** Image, idée *f*, conception *f.* *The images that swept through his mind,* les idées qui lui traversaient l'esprit. *He dismissed her i. from his thoughts,* il chassa son image de sa pensée; il ne songea plus à elle. **5.** Image, métaphore *f.* *Style full of images,* style imagé, plein d'images. **To speak in images,** s'exprimer par métaphores; métaphoriser.

'image-breaker, *s.* Briseur *m* d'idoles; iconoclaste *mf.*

'image-carver, *s.* Tailleur *m* d'images.

'image-maker, *s.* Statuaire *m*; fabricant *m* d'images de piété.

'image-worship, *s.* Culte *m* des idoles; idolâtrie *f*, iconolâtrie *f.*

image[2], *v.tr.* **1.** (*a*) Représenter (qn, qch.) par une image; tracer le portrait de (qn) (au crayon ou à la plume). (*b*) *The mountains are imaged, image themselves, in the lake,* les montagnes *f* se reflètent dans le lac. **2. To image sth. to oneself,** se figurer, s'imaginer, se représenter, qch.

imagery [ˈimedʒəri], *s.* **1.** *Coll.* Images sculptées; idoles *fpl.* **2.** Figures *fpl* de rhétorique; langage figuré; images. *Style full of i.,* style imagé, plein d'images.

imaginable [iˈmadʒinəbl], *a.* Imaginable. *The highest degree i.,* le plus haut degré imaginable. **The finest thing imaginable,** la plus belle chose qu'on puisse imaginer; tout ce qu'on peut imaginer de plus beau. *F:* *There's no i. reason why I shouldn't do it,* il n'y a pas la moindre raison qui m'empêche de le faire; quelle raison pourrait-il y avoir pour que je ne le fasse pas? **-ably,** *adv.* D'une manière imaginable, concevable; à ce qu'on peut s'imaginer. *He may i. have remained at . . .,* il est imaginable, fort possible, qu'il soit resté à. . . .

imaginal [iˈmadʒinəl], *a. Ent:* (Disque, etc.) imaginal, -aux.

imaginary [iˈmadʒinəri], *a.* Imaginaire; de pure fantaisie. *To create i. difficulties,* se créer des difficultés imaginaires; se faire des fantômes de rien. *Mth:* **Imaginary quantity,** quantité *f* imaginaire; imaginaire *f.*

imagination [imadʒiˈneiʃ(ə)n], *s.* Imagination *f.* *To have a lively, an ardent, i.,* avoir l'imagination vive, une imagination fougueuse. **To have no imagination,** manquer d'imagination. *The public has little i.,* le public est peu imaginatif. *To see one's youth* **in imagination,** revoir sa jeunesse en imagination, en idée; rêver sa jeunesse. *The land of i.,* le pays des chimères. *F:* **It's your imagination!** vous l'avez rêvé! *See also* STRETCH[1] 1.

imaginational [imadʒiˈneiʃənəl], *a.* (Connaissance) par l'imagination.

imaginative [iˈmadʒineitiv, -ətiv], *a.* **1.** (*Of pers.*) Imaginatif. **2.** *I. poem,* poème *m* d'imagination.

imaginativeness [iˈmadʒinətivnəs], *s.* **1.** Nature imaginative (d'un poème, d'un dessin, etc.). **2.** Don *m* d'imagination.

imagine [iˈmadʒin], *v.tr.* **1.** (*a*) Imaginer, concevoir (qch.); se figurer, se représenter (qch.); se faire une idée de (qch.). *I can i. nothing worse than . . .,* je ne saurais rien imaginer de pire que. . . . *Try to i. our position,* essayez de vous faire une idée de notre position. *He already imagined himself lost,* il se voyait déjà perdu. *I. yourself in Paris,* supposez-vous à Paris. *I. yourself as a soldier,* figurez-vous que vous êtes, que vous soyez, soldat. *Nothing funnier could be imagined,* rien de plus drôle ne saurait s'imaginer. **As may (well) be imagined,** comme on peut (se) l'imaginer. *I can i. it happening,* je m'imagine fort bien que cela puisse arriver. *Can you i. my making love to her?* me voyez-vous lui faisant la cour? **Imagine meeting you here!** qui aurait jamais pensé vous rencontrer ici! **Just imagine** *my despair,* représentez-vous, figurez-vous, imaginez(-vous) un peu, mon désespoir. *Just i. what would happen!* songez donc à ce qui arriverait! *I leave you to i. what . . .,* je vous laisse à penser ce que. . . . **You can imagine** *how angry I was!* pensez, songez, si j'étais furieux! *You can i. what it was* (*is, would be*) *like,* vous voyez ça d'ici. **You can't imagine** *how happy we are,* vous n'imaginez pas comme nous sommes heureux. *You can't i. it!* on ne s'en fait pas idée! *Can you i. it?* a-t-on idée d'une chose pareille? *I can't i. why you should allow it,* je ne vois pas pourquoi vous le permettriez. (*b*) (*Suppose*) *I i. I have met you before,* j'imagine que je vous ai déjà rencontré. *I i. them to be fairly rich,* je les crois assez riches. *I know something about it,* **I imagine!** j'en sais quelque chose, peut-être! *Do not i. that I am satisfied,* n'allez pas croire, ne croyez pas, que je sois satisfait. *I i. myself to have made a discovery,* je me flatte d'avoir fait une découverte. **2.** S'imaginer, se figurer. *To i. all sorts of things,* **to be always imagining things,** se faire des imaginations, des idées. *Everywhere people imagined they saw spies,* partout on croyait voir des espions. *I imagined I heard a knock at the door,* j'ai cru entendre frapper à la porte.

imagining, *s.* **1.** Imagination *f*, conception *f.* **2.** *These are all vain imaginings,* chimères *f* que tout cela.

imaginer [iˈmadʒinər], *s.* Imaginateur, -trice.

imagism [ˈimadʒizm], *s. Eng.Lit:* Imagisme *m.*

imagist [ˈimadʒist], *s. Eng.Lit:* Imagiste *mf.*

imago [iˈmeigo], *s.* (*pl.* **imagos, imagines** [iˈmeidʒiniːz]) **1.** *Ent:* Imago *f*; insecte parfait. **2.** *Psy:* Image affective (du père, de la mère).

Ima(u)m [iˈmɑːm], *s. Moham.Rel:* Iman *m.*

imbecile [ˈimbesiːl, -il, -ail]. **1.** *a.* (*a*) Imbécile; faible d'esprit. (*b*) *F:* D'une stupidité crasse, outrée. **2.** *s.* (*a*) Imbécile *mf.* (*b*) *F:* Imbécile; espèce *f* d'idiot, d'idiote.

imbecilic [imbeˈsilik], *a.* (Sourire *m*, etc.) imbécile.

imbecility [imbeˈsiliti], *s.* **1.** (*a*) Imbécillité *f*; faiblesse *f* d'esprit. (*b*) Faiblesse, ineptie *f* (d'une administration, etc.). **2.** Action *f* inepte; imbécillité.

imbed [imˈbed], *v.tr.* = EMBED.

imbedment [imˈbedmənt], *s.* = EMBEDMENT.

imbibe [imˈbaib], *v.tr.* (*a*) (*Of pers.*) Absorber, **s'assimiler** (des connaissances, des idées); s'imprégner (de connaissances, de préjugés). *To i. sound principles from infancy,* sucer de bons principes avec le lait. (*b*) (*Of pers.*) Boire, avaler (une boisson); absorber (de la bière, etc.); aspirer (l'air frais). (*c*) (*Of thg*) Imbiber (qch.); s'imprégner, se pénétrer, de (créosote, etc.). *The water that the earth imbibes,* l'eau *f* que la terre imbibe, absorbe. *The cake imbibes the rum,* le gâteau s'imbibe de rhum.

imbibing, *s.* Absorption *f.*

imbiber [imˈbaibər], *s.* **1.** (*Pers.*) Buveur, -euse (*of,* de). **2.** (*Thg*) Absorbant *m* (*of,* de).

imbibition [imbiˈbiʃ(ə)n], *s.* Imbibition *f.*

imbricate [ˈimbriket], **imbricated** [ˈimbrikeitid], *a. Arch: Bot: etc:* Imbriqué. *I. work,* imbrication *f.* *I. structure,* structure *f* à écailles.

imbrication [imbri'keiʃ(ə)n], *s. Bot: etc:* Imbrication *f*, chevauchement *m.*
imbricative ['imbrikeitiv], *a.* Imbricatif.
imbroglio [im'brouljo], *s.* Imbroglio *m*, embrouillement *m.* *To unravel an i.*, démêler un imbroglio.
imbrue [im'bru:], *v.tr. Lit:* **To imbrue (sth.) in, with, blood,** tremper (son épée, ses mains) dans le sang; souiller (ses mains) de sang. *Imbrued with blood*, ensanglanté.
imbrute [im'bru:t]. *A. & Lit:* **1.** *v.tr.* Abrutir (qn); ravaler (qn) au niveau de la brute. **2.** *v.i.* S'abaisser au niveau de la brute; s'abrutir.
imbue [im'bju:], *v.tr.* **1.** *A:* **To imbue sth. with sth.**, imbiber qch. (d'un liquide); imprégner qch. (de teinture, etc.). **2.** **To imbue s.o. with an idea**, pénétrer qn d'une idée. *To become imbued with prejudices, with new ideas*, s'imbiber, se pénétrer, de préjugés; s'imprégner d'idées nouvelles. **Imbued with prejudices**, imbu de préjugés. *Imbued with false principles*, pénétré, imprégné, *F:* imbibé, de faux principes. *Man imbued with his own importance*, homme pénétré de son importance. *Regime imbued with the spirit of liberty*, régime inspiré du principe de liberté.
imide ['imaid], *s. Ch:* Imide *m.*
imidogen [i'maidodʒən], *s. Ch:* Imidogène *m.*
imine ['imi:n], *s. Ch:* Imine *f.*
imitable ['imitəbl], *a.* Imitable.
imitate ['imiteit], *v.tr.* (*a*) Imiter, copier; suivre l'exemple de (qn). *To i. s.o.'s style*, attraper la manière de qn; *Art: Lit: Mus:* pasticher le style de qn. *He has seldom been imitated*, il n'a rencontré que de rares imitateurs. *To i. a plan*, suivre un dessin. (*b*) Singer, mimer (qn); contrefaire (le cri d'un oiseau, etc.). *He could i. the master to the life*, il imitait le maître à s'y méprendre. (*c*) (*Of insect, etc.*) *To i. its surroundings*, prendre l'aspect de son milieu.
imitation [imi'teiʃ(ə)n], *s.* **1.** Imitation *f.* **In imitation of s.o., of sth.**, à l'imitation de qn, de qch.; à l'instar de (Paris, etc.). **To defy imitation**, défier toute imitation. **2.** (*a*) Copie *f*, imitation. *Com:* Contrefaçon *f*; article contrefait. **Beware of imitations**, méfiez-vous des contrefaçons. *Weak i. of Carlyle*, mauvaise imitation, mauvais pastiche, de Carlyle; du Carlyle en détrempe. (*b*) *Attrib.* Factice; simili-. **Imitation leather**, cuir artificiel; similicuir *m.* *I. morocco, pigskin*, cuir genre maroquin; cuir façon porc. *I. silver, gold*, similargent *m*, similor *m.* *I. bronze, marble*, similibronze *m*, similimarbre *m.* *I. stone*, similipierre *m.* **Imitation jewellery**, bijouterie fausse; bijoux *mpl* en faux, en simili, en toc. *To wear i. jewellery*, porter du faux. *I. pearl*, perle fausse, perle postiche. *I. mineral water*, eau minérale artificielle. *I. joint*, joint simulé. **3.** *Mus:* **Exact imitation**, imitation régulière, canonique, contrainte. **Imitation by augmentation, in contrary motion,** imitation par augmentation, par mouvement contraire.
imitative ['imiteitiv], *a.* **1.** (*a*) (Son, etc.) imitatif. *I. arts*, arts imitatifs, arts d'imitation. (*b*) *Manner, style, i. of s.o.*, manière *f*, style *m*, qui imite qn. **2.** (*Of pers., etc.*) Porté à imiter; imitateur, -trice; singe; (esprit *m*) copiste.
imitativeness ['imiteitivnəs], *s.* Tendance *f* à imiter; esprit imitatif; esprit d'imitation.
imitator ['imiteitər], *s.* **1.** (*a*) Imitateur, -trice. (*b*) *Com:* Contrefacteur *m.* (*c*) *Lit: etc:* Pasticheur, -euse. **2.** *F:* Singe *m*; singeur, *f.* singeuse, singeresse.
immaculacy [i'makjuləsi], *s.* État immaculé, état pur, pureté parfaite (de qch.).
immaculate [i'makjulet], *a.* **1.** Immaculé; sans tache. *Theol:* **The Immaculate Conception**, l'Immaculée Conception. **2.** *F:* (*Of dress*) Irréprochable, impeccable. **3.** *Nat.Hist:* Non tacheté. **-ly**, *adv.* **1.** Sans tache, sans défaut. **2.** *F:* (Vêtu) irréprochablement.
immaculateness [i'makjuletnəs], *s.* **1.** Pureté parfaite, sans tache; état immaculé. **2.** *F:* Impeccabilité *f* (de la tenue). *The i. of his attire*, ses vêtements *m* impeccables.
immanence ['imanəns], *s. Phil:* Immanence *f.*
immanent ['imanənt], *a. Phil:* Immanent.
Immanuel [i'manjuəl]. *Pr.n. B.Lit:* Emmanuel *m.*
immaterial [ima'tiəriəl], *a.* **1.** (Esprit, etc.) immatériel, incorporel. **2.** (*a*) Peu important; sans conséquence. *That fact is (quite) i.*, cela n'a point d'importance, n'a aucune importance; cela ne fait rien. **That is quite immaterial to me,** cela m'est indifférent. (*b*) **Immaterial to the subject,** qui n'a aucun rapport avec la question.
immaterialism [ima'tiəriəlizm], *s. Phil:* Immatérialisme *m.*
immaterialist [ima'tiəriəlist], *s. Phil:* Immatérialiste *mf.*
immateriality [imatiəri'aliti], *s.* **1.** Immatérialité *f.* **2.** Insignifiance *f*, peu *m* d'importance (d'un fait).
immaterialize [ima'tiəriəla:iz], *v.tr.* Immatérialiser.
immature [ima'tjuər], *a.* **1.** (*a*) (Qui n'est) pas mûr. (*b*) *The project is i.*, le projet n'est pas suffisamment mûri. *I. work*, œuvre *f* larvaire; œuvre d'apprenti. **2.** *A:* Prématuré. **-ly**, *adv.* **1.** Avant la complète maturité. **2.** *A:* Prématurément.
immatureness [ima'tjuərnəs], **immaturity** [ima'tjuriti], *s.* Immaturité *f.*
immeasurability [i(m)meʒərə'biliti], **immeasurableness** [i(m)-'meʒərəblnəs], *s.* Incommensurabilité *f*; immensité *f.*
immeasurable [i(m)'meʒərəbl], *a.* (Espace, abîme) incommensurable; (temps) immesurable, immense, infini. *F: To my i. delight*, à ma joie infinie; à ma très grande joie. **-ably**, *adv.* Démesurément, infiniment; outre mesure.
immediacy [i'mi:djəsi], *s.* **1.** Relation directe, intime (*of sth. with sth.*, entre qch. et qch.). **2.** Caractère immédiat (*of*, de); imminence *f* (d'un danger); urgence *f* (d'un besoin). *The i. of our peril*, notre péril pressant.
immediate [i'mi:djet], *a.* Immédiat. **1.** (*a*) Sans intermédiaire; direct. **Immediate cause**, cause immédiate, cause directe, cause prochaine. **My immediate object**, mon premier but. **The immediate future**, l'avenir prochain; le proche avenir. *Hist: It does not touch my i. interests*, cela ne me touche pas directement. *Hist:* **Immediate fief**, fief immédiat. *See also* AUSCULTATION. (*b*) *My i. neighbour*, mon voisin immédiat; mon voisin le plus proche. *The i. bystanders heard him swear*, ceux qui étaient près de lui l'ont entendu jurer. **In the immediate vicinity**, dans le voisinage immédiat. **2.** Instantané; sans retard. *I. answer, delivery*, réponse immédiate, livraison immédiate. **'For immediate delivery,'** "urgent"; "à livrer de suite." *House for sale* **with immediate possession**, maison *f* à vendre avec jouissance immédiate. *House to let with i. possession*, maison à louer présentement. *To rent a house with i. possession*, louer une maison clefs en main. *He received an i. month's warning*, on lui signifia aussitôt son congé à un mois de date. **3.** (Besoin, danger) pressant, urgent. *Work of i. urgency*, travail *m* de première urgence. **-ly. 1.** *adv.* Immédiatement. (*a*) Directement; sans intermédiaire. *It does not affect me i.*, cela ne me touche pas directement. (*b*) Tout de suite; sans délai; toute affaire cessante; toutes choses cessantes. *Please answer i.*, veuillez nous répondre incessamment, sans délai. *Please send i. . . .*, veuillez (bien) envoyer d'urgence. . . . **Immediately on his return** *I wrote to him*, aussitôt son retour, dès son retour, je lui ai écrit. **Immediately after**, aussitôt après. **2.** *conj.* **Immediately he received the money,** *he paid me*, aussitôt l'argent reçu, dès qu'il eut reçu l'argent, il me paya.
immediateness [i'mi:djetnəs], *s.* **1.** Proximité immédiate. **2.** = IMMEDIACY 2.
immemorial [ime'mɔ:riəl], *a.* Immémorial, -aux. *Their i. privileges*, leurs privilèges immémoriaux. **From time immemorial**, de toute antiquité; de toute ancienneté; de temps immémorial; *F:* de toute éternité. *I. elms*, ormes *m* séculaires. **-ally**, *adv.* De temps immémorial; depuis un temps immémorial; de toute antiquité.
immense [i'mens], *a.* **1.** (Étendue *f*) immense, vaste; (quantité *f*) énorme; (hôtel *m*, etc.) babélique. *He is an i. eater*, il mange énormément; il a un appétit féroce. **2.** *F:* Épatant, magnifique. **-ly**, *adv.* **1.** Immensément (vaste); énormément (riche). **2.** *F:* **To enjoy oneself immensely**, s'amuser énormément.
immenseness [i'mensnəs], **immensity** [i'mensiti], *s.* Immensité *f* (de l'univers, d'une fortune, etc.).
immensurable [i'mensjurəbl], *a.* Immensurable.
immerge [i(m)'mə:rdʒ]. **1.** *v.tr.* = IMMERSE. **2.** *v.i. Astr: A:* Immerger.
immergence [i(m)'mə:rdʒəns], *s.* = IMMERSION.
immerse [i'mə:rs], *v.tr.* **1.** (*a*) Immerger, submerger, plonger (qn, qch.) (dans un liquide). (*b*) Baptiser (qn) par immersion. **2.** **To immerse oneself (again) in day-dreams**, se (re)plonger dans une rêverie. *He immersed himself in conversation with his neighbour*, il se plongea dans la conversation avec son voisin de table. **To be immersed in one's work, in one's thoughts,** être plongé, absorbé, dans son travail, dans ses pensées. *To be immersed in debt*, avoir des dettes par-dessus les oreilles; être accablé de dettes.
immersion [i'mə:rʃ(ə)n], *s.* **1.** (*a*) Immersion *f*, submersion *f.* **Immersion objective** (*of microscope*), objectif *m* à immersion. *See also* HEATER 2. (*b*) Baptême *m* par immersion. **2.** Absorption *f* (d'esprit) (*in*, dans). **3.** *Astr:* Immersion (d'un astre).
immigrant ['imigrənt], *a. & s.* Immigrant, -ante; immigré, -ée.
immigrate ['imigreit]. **1.** *v.i.* Immigrer. **2.** *v.tr.* **To immigrate foreign labour** (*into a country*), introduire (dans un pays) de la main-d'œuvre étrangère.
immigration [imi'greiʃ(ə)n], *s.* Immigration *f.* **Immigration country**, pays *m* d'immigration. **Immigration officer**, agent *m* du service de l'immigration.
imminence ['iminəns], **imminency** ['iminənsi], *s.* Imminence *f*, proximité *f* (*of*, de).
imminent ['iminənt], *a.* (Danger, événement) imminent. **To be imminent**, être imminent; imminer. *The Countess was announced to be i.*, on annonça que la comtesse allait paraître. **-ly**, *adv.* D'une manière imminente, menaçante.
immiscibility [imisi'biliti], *s.* Immiscibilité *f.*
immiscible [i'misibl], *a.* Immiscible; qui ne peut pas être mêlé.
immitigable [i'mitigəbl], *a.* **1.** Implacable. **2.** Que l'on ne saurait adoucir.
immixture [i'mikstjər], *s.* **1.** Mélange *m* (de deux substances). **2.** Immixtion *f* (de qn dans une affaire).
immobile [i'moubil], *a.* **1.** Fixe; à demeure. **2.** Immobile.
immobility [imo'biliti], *s.* **1.** Fixité *f.* **2.** Immobilité *f.*
immobilization [imoubilai'zeiʃ(ə)n], *s.* **1.** (*a*) Immobilisation *f* (d'un bras cassé, etc.). (*b*) Immobilisation, arrêt *m* (d'une armée, de la circulation). **2.** *Fin:* Immobilisation (des capitaux, etc.).
immobilize [i'moubila:iz], *v.tr.* **1.** (*a*) Immobiliser (un membre blessé, etc.); assujettir (un animal qu'on veut opérer). (*b*) Immobiliser, arrêter (une armée, la circulation sur les routes, etc.). **2.** *Fin:* **To immobilize capital, specie,** rendre des capitaux indisponibles; immobiliser, retirer de la circulation, des espèces monnayées.
immoderate [i'mɔdəret], *a.* Immodéré, intempéré, outré, extravagant. *I. appetite*, appétit déréglé, désordonné. *I. thirst*, soif démesurée. *I. mirth*, gaieté exubérante, excessive. **-ly**, *adv.* Immodérément, excessivement, extravagamment; avec excès; (rire) à gorge déployée.
immoderateness [i'mɔdəretnəs], **immoderation** [imɔdə'reiʃ(ə)n], *s.* Immodération *f*, excès *m*, extravagance *f.*
immodest [i'mɔdest], *a.* **1.** *A:* Présomptueux, impudent. **2.** (Femme, tenue *f*) immodeste, impudique, sans pudeur. **-ly**, *adv.* Immodestement, impudiquement.
immodesty [i'mɔdesti], *s.* **1.** *A:* Impudence *f.* **2.** Immodestie *f*, impudeur *f.*
immolate ['imoleit], *v.tr.* Immoler (qn, qch.).
immolation [imo'leiʃ(ə)n], *s.* Immolation *f.*
immolator ['imoleitər], *s.* Immolateur *m.*

immoral [i'mɔrəl], *a.* Immoral, -aux. (*a*) (*Of pers.*) Dissolu. *To lead an i. life,* mener une vie dissolue. *I. conduct,* débauche *f.* (*b*) (Ouvrage *m*) contraire à la morale. *I. literature,* littérature malsaine. *Very i.,* d'une grande immoralité. (*c*) *Jur:* **For immoral purposes,** aux fins de débauche. **Immoral offence,** attentat *m* aux mœurs. **The immoral classes,** les milieux spéciaux; "le milieu." **-ally,** *adv.* Immoralement.

immorality [imo'raliti], *s.* Immoralité *f*; débauche *f.* *To incite to i.,* exciter à la débauche.

immortal [i'mɔːrtəl], *a.* & *s.* Immortel (*m*). **The immortals,** les (dieux) immortels. *The i. memory of . . .,* le souvenir impérissable de. . . . **-ally,** *adv.* Immortellement, perpétuellement.

immortality [imɔːr'taliti], *s.* Immortalité *f.*

immortalization [imɔːrtəlai'zeiʃ(ə)n], *s.* Immortalisation *f.*

immortalize [i'mɔːrtəlaːiz], *v.tr.* Immortaliser (le corps, le nom d'un auteur, etc.); éterniser, perpétuer (la mémoire de qn).

immortalizer [i'mɔːrtəlaizər], *s.* Immortalisateur, -trice.

immortelle [i(m)mɔːr'tel], *s.* *Bot:* Immortelle *f.*

immotile [i'moutail], *a.* *Nat.Hist:* (Organe, etc.) incapable de mouvement.

immovability [imuːvə'biliti], *s.* **1.** Fixité *f* (d'une machine, etc.). **2.** Immuabilité *f* (de la volonté). **3.** Impassibilité *f.*

immovable [i'muːvəbl]. **1.** *a.* (*a*) Fixe; à demeure; que l'on ne peut déplacer; qui ne peut se déplacer. *See also* FEAST[1] 1. (*b*) (Opinion, volonté) immuable, inébranlable, tenace. *Person i. in his purposes,* personne *f* immuable dans ses projets. (*c*) (Visage) impassible. (*d*) *Jur:* Immeuble, immobilier. **2.** *s.* *Usu.pl.* *Jur:* **Immovables,** biens *m* immeubles; effets immobiliers. **-ably,** *adv.* **1.** Immobilement; sans se mouvoir, sans remuer. **2.** Immuablement, inébranlablement. **3.** Impassiblement; sans s'émouvoir.

immovableness [i'muːvəblnəs], *s.* **1.** Fixité *f.* **2.** Immu(t)abilité *f.* **3.** Impassibilité *f* (des traits).

immune [i'mjuːn]. *Med:* **1.** *a.* **Immune from contagion,** à l'abri de la contagion. **Immune against, from, to, a poison,** immun, immunisé, contre un poison. *To render s.o. i. from a poison,* immuniser qn contre un poison. *F: I. from evil influences,* inaccessible aux mauvaises influences. *I. from criticism,* à l'abri de la critique. **2.** *s.* *Med:* Immun *m.*

im'mune body, *s.* Immunisine *f,* sensibilisatrice *f,* ambocepteur *m.*

im'mune-serum, *s.* Immun-sérum *m.*

immunify [i'mjunifai], *v.tr.* = IMMUNIZE.

immunity [i'mjuniti], *s.* **1.** Exemption *f* (*from,* de). *To claim i. from certain taxes,* demander à être exempt, affranchi, dispensé, de certains impôts. *I. from war indemnities,* exonération *f* des charges de guerre. **2.** **Immunity from a disease,** immunité *f* contre une maladie.

immunization [imjuni'zeiʃ(ə)n], *s.* *Med:* Immunisation *f* (*from,* contre).

immunize ['imjunaːiz], *v.tr.* *Med:* Immuniser (*s.o. against sth.,* qn contre qch.).

immunizing, *a.* *Med:* (Sérum, etc.) immunisant. **Immunizing power,** pouvoir *m* immunigène.

immunizer ['imjunaizər], *s.* *Med:* Immunisant *m.*

immure [i'mjuːər], *v.tr.* **1.** Enfermer, cloîtrer (qn). **Immured nuns,** religieuses cloîtrées, murées. *F: To i. oneself in a special branch of study,* se cantonner dans l'étude d'une spécialité. **2.** Emmurer (une victime).

immuring, *s.* **1.** Séparation *f* du monde. **2.** Emmurement *m* (d'une victime).

immutability [imjutə'biliti], *s.* Immu(t)abilité *f,* inaltérabilité *f.*

immutable [i'mjutəbl], *a.* Immuable; inaltérable. **-ably,** *adv.* Immuablement.

imp[1] [imp], *s.* (*a*) Diablotin *m,* petit démon, lutin *m,* gobelin *m.* *See also* CARTESIAN. (*b*) *F:* (*Of children*) Petit espiègle, petit diable; petite maligne, petite espiègle.

imp[2], *v.tr.* *Ven:* *A:* **To imp a bird's wings,** (i) greffer, ajouter, des plumes aux pennes d'un oiseau; (ii) *F:* renforcer le vol d'un oiseau.

imping, *s.* Greffage *m* de plumes (aux pennes du faucon).

impact[1] ['impakt], *s.* *Mec.E:* *etc:* Choc *m,* impact *m,* collision *f,* percussion *f.* *I. of one body on, against, another,* choc d'un corps contre un autre. *Mec.E:* **Impact test,** essai *m* au choc; épreuve *f* pour choc. **Impact test figure,** résilience *f.* *Point of i.,* point *m* d'impact. *Av:* **Impact load** (*of aeroplane when landing*), choc d'atterrissage. *W.Tel:* **Impact-transmitter,** transmetteur *m* à impulsion. *See also* ANGLE[1] 1, VELOCITY.

impact[2] [im'pakt]. **1.** *v.tr.* Encastrer (*into,* dans); loger, fixer (solidement) (*into,* dans). **2.** *v.i.* **To impact with, against, sth.,** se heurter contre qch.

impacted, *a.* Encastré. *Surg:* **Impacted fracture,** fracture *f* avec impaction. *Dent:* **Impacted tooth,** dent barrée.

impaction [im'pakʃ(ə)n], *s.* Encastrement *m.* *Surg:* Impaction *f* (d'un os). *Obst:* Enclavement *m* (de la tête). *Med:* **Impaction of the bowel,** occlusion intestinale.

impair [im'pɛːər], *v.tr.* Affaiblir (la vue, l'esprit); altérer, abîmer, délabrer (la santé); faire perdre, diminuer (les forces); ébrécher (sa fortune); compromettre (l'autorité de qn). *To i. the complexion,* abîmer le teint. *Seriously impaired health,* santé gravement délabrée, gravement atteinte, fortement ébranlée. *Impaired digestion,* estomac délabré, détérioré, endommagé. *His health, his fortune, is impaired,* il a la santé ébranlée, sa fortune est ébréchée; *F:* il ne va, ne bat, plus que d'une aile. *Love that nothing can i.,* attachement *m* irréductible. *I.C.E:* *To i. the carburation,* fausser la carburation.

impairing, *s.* = IMPAIRMENT.

impairment [im'pɛːərmənt], *s.* Affaiblissement *m* (de la vue, de la mémoire); altération *f,* ébranlement *m* (de la santé); dégradation *f* (de la chaussée, etc.); délabrement *m* (de l'estomac); diminution *f* (des forces). *I. of a law,* dérogation *f* à une loi.

impale [im'peil], *v.tr.* **1.** *Her:* Accoler (deux blasons); partager (des armes) par un pal. **2.** Empaler (un criminel) (*upon, with,* sur, avec). *To i. oneself, be impaled, on the railings,* s'empaler sur la grille. *F: To i. s.o. with one's eye,* fixer qn des yeux; darder un regard sur qn. **3.** Enclore (un terrain) d'une palissade.

impaled, *a.* **1.** *Her:* (Écu) partagé. **2.** (Criminel) empalé.

impaling, *s.* **1.** *Her:* Partage *m* (des armes); accolement *m* (de blasons). **2.** = IMPALEMENT 2 (*a*).

impalement [im'peilmənt], *s.* **1.** *Her:* **Arms marshalled by impalement,** armoiries réunies sur un écu mi-parti. **2.** (*a*) Empalement *m* (d'un criminel). *F: He just avoided i. on the railings,* il a failli s'empaler sur la grille. (*b*) Supplice *m* du pal.

impalpability [impalpə'biliti], *s.* **1.** Impalpabilité *f.* **2.** Intangibilité *f.*

impalpable [im'palpəbl], *a.* **1.** Impalpable. **2.** *F:* Intangible; insaisissable (à l'esprit). *I. beauties of style and expression,* beautés *f* subtiles de style et d'expression. **-ably,** *adv.* De façon impalpable ou intangible.

impaludism [im'paljudizm], *s.* Paludisme *m*; impaludisme *m.*

impanate [im'peinet, 'impanet], *a.* *Theol:* Impané.

impanation [impa'neiʃ(ə)n], *s.* *Theol:* Impanation *f.*

impanel [im'pan(ə)l], *v.tr.* = EMPANEL.

imparadise [im'paradais], *v.tr.* *A.* & *Poet:* **1.** Mettre (qn) au paradis, au comble du bonheur; emparadiser (qn); transporter (qn) de joie; ravir (qn). **2.** Rendre (un endroit) semblable au paradis.

imparipinnate ['impari'pinet], *a.* *Bot:* Imparipenné.

imparisyllabic ['imparisi'labik], *a.* *Lat.* & *Gr.Gram:* Imparisyllabe, imparisyllabique.

impark [im'pɑːrk], *v.tr.* **1.** Emparquer (des cerfs, des moutons). **2.** Palissader, clôturer (un terrain).

imparking, *s.* = IMPARKATION.

imparkation [impɑːr'keiʃ(ə)n], *s.* Palissadement *m* (d'un terrain).

impart [im'pɑːrt], *v.tr.* **1.** (*a*) Donner (du courage, etc.), imprimer, communiquer (un mouvement) (*to,* à). (*b*) *The exercise had imparted colour to their cheeks,* l'exercice leur avait coloré les joues. *Body that imparts heat,* corps qui communique, transmet, de la chaleur. **2.** Communiquer (des connaissances); faire connaître, annoncer, confier (une nouvelle); faire part de (qch.); transmettre (la vérité) (*to,* à). *Truths easy to i.,* vérités facilement transmissibles. **3.** Accorder (une faveur) (*to,* à).

impartation [impɑːr'teiʃ(ə)n], *s.* = IMPARTMENT.

imparter [im'pɑːrtər], *s.* Communicateur, -trice, transmetteur *m* (*of,* de).

impartial [im'pɑːrʃ(ə)l], *a.* (*Of pers., conduct*) Impartial, -aux; juste, sans prévention (*towards,* envers). *To be i.,* être impartial, équitable; *F:* tenir la balance égale. **-ally,** *adv.* Impartialement; avec impartialité; (juger) équitablement.

impartiality [impɑːrʃi'aliti], *s.* Impartialité *f* (*to,* envers).

impartible [im'pɑːrtibl], *a.* *Jur:* (Bien *m*) indivisible.

impartment [im'pɑːrtmənt], *s.* Communication *f,* transmission *f* (de nouvelles, etc.).

impassable [im'pɑːsəbl], *a.* (Rivière, marécage) infranchissable; (chemin) impraticable.

impassableness [im'pɑːsəblnəs], *s.* État *m* infranchissable (d'une rivière, etc.); impraticabilité *f* (d'une route).

impassibility [impasi'biliti], **impassibleness** [im'pasiblnəs], *s.* Impassibilité *f.*

impassible [im'pasibl], *a.* Impassible. **1.** Insensible à la douleur. **2.** Insensible à la pitié. **3.** (Visage) composé. **-ibly,** *adv.* Impassiblement.

impassion [im'paʃ(ə)n], *v.tr.* Passionner; émouvoir vivement; exalter; enivrer (de passion).

impassioned, *a.* (Orateur, discours) passionné, véhément; (style) chaleureux, plein d'exaltation.

impassive [im'pasiv], *a.* Impassible; insensible aux émotions; (visage) composé. **-ly,** *adv.* Impassiblement; sans s'émouvoir.

impassiveness [im'pasivnəs], *s.* Impassibilité *f*; insensibilité *f*; stoïcisme *m.*

impaste [im'peist], *v.tr.* **1.** Couvrir (qch.) d'une couche de pâte. **2.** Pétrir (l'argile, etc.). **3.** *Art:* Empâter (un tableau).

impasto [im'pasto], *s.* *Art:* Empâtement *m.* **Impasto work,** travail *m* en pleine pâte.

impastoed [im'pastoud], *a.* *Art:* (Tableau) empâté, peint en pleine pâte.

impatience [im'peiʃəns], *s.* (*a*) Impatience *f.* *He was getting into a state of feverish i.,* une fièvre d'impatience le gagnait; il se sentait gagner par une impatience fiévreuse, fébrile. (*b*) **Impatience of sth.,** aversion *f,* dégoût *m,* pour qch.; intolérance *f* de qch. *His i. of contradiction was well known,* tout le monde savait qu'il ne pouvait pas supporter la contradiction. (*c*) **Impatience to do sth.,** désir impatient de faire qch.; hâte *f* (de partir, etc.).

impatiens [im'peiʃienz], *s.* *Bot:* Balsamine *f,* impatiens *f,* impatiente *f.*

impatient [im'peiʃənt], *a.* (*a*) Impatient, malendurant. *To get, grow, i.,* s'impatienter; *F:* se ronger les ongles. *I. answer,* réponse vive, emportée. (*b*) **To be impatient of advice, of control,** ne pas aimer, ne pas supporter, souffrir difficilement, les conseils, la contrainte. (*c*) **To be impatient for sth.,** être désireux, avide, de qch.; avoir hâte d'obtenir qch. **To be impatient to do sth.,** être impatient, désirer avec impatience, de faire qch.; avoir une grande impatience de faire qch.; *F:* brûler de faire qch. **-ly,** *adv.* (Attendre) avec impatience; (répondre) d'un ton d'impatience; (agir) d'un air impatient; (souffrir) impatiemment.

impavid [im'pavid], *a.* *Lit:* Impavide, intrépide.

impawn [im'pɔːn], *v.tr.* *Lit:* **1.** Mettre, donner, en gage; engager (son honneur, etc.). **2.** Risquer, engager, hasarder (le salut de l'État, etc.).

impeach [im'piːtʃ], *v.tr.* **1.** (*a*) Attaquer, mettre en doute (la véracité, la probité, de qn); porter atteinte à (l'honneur de qn). *To i. s.o.'s honour*, attaquer l'honneur de qn; attaquer qn dans son honneur. (*b*) *Jur:* Récuser, reprocher (un témoin); révoquer (un témoignage) en doute. **2.** (*a*) **To impeach s.o. of, with, a crime,** accuser qn d'un crime. (*b*) *Jur:* **To impeach s.o. for high treason,** mettre qn en accusation pour haute trahison; accuser qn de haute trahison. **3.** Blâmer, censurer (les motifs, la conduite, de qn).

impeachable [im'piːtʃəbl], *a.* **1.** (*a*) (*Of motive, conduct*) Attaquable, blâmable; susceptible d'être mis en doute; susceptible de blâme. (*b*) (Témoin, témoignage) récusable, sujet à caution. **2.** *Jur:* (*Of pers.*) Accusable; susceptible d'être mis en accusation.

impeacher [im'piːtʃər], *s.* *Jur:* **1.** Récusant, -ante (d'un témoin). **2.** Accusateur, -trice.

impeachment [im'piːtʃmənt], *s.* **1.** (*a*) Dénigrement *m*, dépréciation *f* (de l'honneur de qn). (*b*) Reproche *m*, récusation *f* (d'un témoin). **2.** (*a*) Accusation *f*. *F. & Hum:* **I own the soft impeachment,** (que je sois amoureux, que je l'aie embrassée) j'en conviens. (*b*) *Jur:* Mise *f* en accusation (d'un ministre, etc.) par la Chambre des Communes pour haute trahison ou pour malversation.

impearl [im'pəːrl], *v.tr.* *Lit:* Emperler.

impeccability [impekə'biliti], *s.* Impeccabilité *f*.

impeccable [im'pekəbl], *a.* **1.** Incapable de pécher. **2.** Impeccable, irréprochable. **-ably,** *adv.* De façon irréprochable.

impeccancy [im'pekənsi], *s.* Impeccance *f*.

impeccant [im'pekənt], *a.* Sans péché; impeccable.

impecuniosity [impekjuni'ɔsiti], *s.* Impécuniosité *f*; manque *m* d'argent.

impecunious [impe'kjuːnjəs], *a.* Impécunieux, besogneux.

impedance [im'piːdəns], *s.* *El:* Impédance *f*; force contre-électromotrice. **Oscillatory impedance,** impédance oscillatoire. **Impedance coil,** bobine *f* d'impédance; bobine de self. **Impedance coupling,** liaison *f* par impédance et capacité.

impede [im'piːd], *v.tr.* Mettre obstacle à, empêcher, entraver, gêner, retarder (le progrès, l'activité, la marche de qn, etc.). *To i. the traffic*, entraver la circulation. *Nothing impeded our march*, rien ne troubla notre marche. *To i. the enemy's movements*, contrarier les mouvements de l'ennemi. *Long skirts i. one's movements*, les jupes longues sont gênantes. *Obstacle that impedes our plans*, obstacle *m* qui arrête nos projets. *El.E:* **Impeding force,** force contre-électromotrice.

impeding, *s.* Mise *f* d'un obstacle à (qch.). *Jur: I. of the liberty to work*, entrave *f* à la liberté du travail.

impeder [im'piːdər], *s.* *To be an i. of sth.*, entraver, empêcher, qch.

impediment [im'pedimənt], *s.* **1.** (*a*) Entrave *f* (*to*, à); empêchement *m* (*to*, à); obstacle *m* (*to*, à); achoppement *m*. *I. to a marriage*, empêchement à une union. *I. to traffic*, gêne *f* pour la circulation. (*b*) **Impediment of speech,** empêchement de la langue. **To have an impediment in one's speech,** articuler difficilement; avoir la parole, la prononciation, embarrassée; bégayer. **2.** *pl.* = IMPEDIMENTA.

impedimenta [impedi'menta], *s.pl.* Impedimenta *mpl*; *F:* bagages *m*. *All the i. of war*, tout l'attirail de la guerre.

impel [im'pel], *v.tr.* (**impelled; impelling**) **1.** Pousser, forcer, déterminer (*s.o. to do sth.*, qn à faire qch.). *Impelled by secret motives*, poussé par des motifs secrets. **2.** Pousser (en avant); faire marcher. *Ship impelled by the wind*, navire poussé, chassé, par le vent. *Force that impels a cannon-ball*, force *f* qui anime un boulet.

impelling, *a.* Impulsif; moteur, -trice. **Impelling force,** force impulsive. *I. need*, besoin harcelant.

impellent [im'pelənt]. **1.** *a.* = IMPELLING. **2.** *s.* Moteur *m*; force motrice.

impeller [im'pelər], *s.* **1.** (*Pers.*) Instigateur, -trice. **2.** (*a*) *Hyd.E: etc:* Roue motrice; couronne *f* mobile; impulseur *m*; turbine *f* (de pompe centrifuge). **Vane impeller,** roue à ailettes, à palettes. (*b*) *I.C.E: Av:* Surcompresseur *m*, souffleur *m*.

impend [im'pend], *v.i.* **1.** Être suspendu (*over*, sur). **2.** (*Of danger, etc.*) **To impend over s.o.,** menacer qn. *War was impending*, la guerre était imminente.

impending, *a.* (Danger) imminent, menaçant. *The i. storm*, l'orage prochain. *Her i. arrival*, son arrivée prochaine.

impendence [im'pendəns], **impendency** [im'pendənsi], *s.* Imminence *f* (d'un danger); proximité *f* (d'un événement).

impendent [im'pendənt], *a.* = IMPENDING.

impenetrability [impenetrə'biliti], *s.* Impénétrabilité *f*.

impenetrable [im'penetrəbl], *a.* Impénétrable (*to*, *by*, à). (*a*) *Cuirass i. to arrows*, cuirasse *f* impénétrable aux flèches. (*b*) *I. mystery*, mystère *m* insondable. *I. designs*, desseins *m* inscrutables, impénétrables. (*c*) *Mind i. to new ideas*, esprit *m* inaccessible, impénétrable, aux idées nouvelles. *Heart i. to pity*, cœur *m* impénétrable, insensible. **-ably,** *adv.* Impénétrablement.

impenetrableness [im'penetrəblnəs], *s.* = IMPENETRABILITY.

impenetrate [im'penetreit], *v.tr.* Pénétrer intimement, profondément, dans. . . .

impenitence [im'penitəns], **impenitency** [im'penitənsi], *s.* Impénitence *f*. *To die in final i.*, mourir dans l'impénitence finale.

impenitent [im'penitənt], *a.* & *s.* Impénitent, -ente. *See also* THIEF 1. **-ly,** *adv.* Dans l'impénitence; sans contrition.

impennate [im'penet], *a.* *Orn:* Impenne, impenné.

imperatival [imperə'taivəl], *a.* *Gram:* Impératif; de l'impératif.

imperative [im'perətiv]. **1.** *a.* & *s.* *Gram:* **Imperative** (mood), (mode) impératif *m*. *In the i.* (*mood*), à l'impératif, au mode impératif. **2.** *a.* (*a*) Impérieux, péremptoire. *In a quick i. tone*, d'une voix sèche et impérieuse. (*b*) Urgent, impérieux. **Imperative need, reason,** besoin impérieux; raison impérieuse, majeure. *Discretion is i.*, la discrétion s'impose. *Enlargement of the school is i.*, l'agrandissement de l'école s'impose. *Civility is i. in tradesmen*, l'amabilité s'impose aux commerçants. **It is imperative to . . .,** la nécessité s'impose de. . . . **It is imperative for us all to . . . .,** il nous incombe à tous de. . . . *It is i. that he should come*, il est de toute nécessité qu'il vienne. (*c*) *s. Phil:* **Moral, categorical, imperative,** impératif catégorique. **-ly,** *adv.* (Parler) impérativement; (ordonner) d'un ton impérieux; (exiger) impérieusement.

imperativeness [im'perətivnəs], *s.* **1.** Caractère impérieux; ton *m* péremptoire (de la voix). **2.** Urgence *f*.

imperatorial [imperə'tɔːriəl], *a.* (Titre) impérial; (ton, air) d'empereur.

imperceptibility [impərsepti'biliti], *s.* Imperceptibilité *f*.

imperceptible [impər'septibl], *a.* Imperceptible; (bruit *m*, différence *f*) insaisissable. *An i. difference*, une différence insensible. *I. to the eye*, inappréciable à l'œil. **-ibly,** *adv.* Imperceptiblement, insensiblement.

imperceptibleness [impər'septiblnəs], *s.* Imperceptibilité *f*.

impercipient [impər'sipiənt], *a.* Qui manque de perception.

imperence ['impərəns], *s.*, **imperent** ['impərənt], *a.* *Dial. & P:* = IMPERTINENCE 1 (*a*), IMPERTINENT 1.

imperfect [im'pəːrfekt]. **1.** *a.* (*a*) Imparfait, incomplet, défectueux. *I. work*, ouvrage imparfait. *Mus:* **Imperfect cadence,** cadence imparfaite. *See also* OBLIGATION. (*b*) *Arch:* **Imperfect arch,** voûte surbaissée, arche surbaissée. **2.** *a.* & *s.* *Gram:* **Imperfect (tense),** (temps) imparfait *m*. *Verb in the i.*, verbe *m* à l'imparfait. **-ly,** *adv.* Imparfaitement, incomplètement, défectueusement.

imperfectible [impər'fektibl], *a.* Imperfectible.

imperfection [impər'fekʃ(ə)n], *s.* **1.** Imperfection *f*, défectuosité *f*. **2.** (*a*) État incomplet. (*b*) (*Usu. pl.*) **Imperfections,** (i) *Bookb:* défets *m*; (ii) *Typ:* sortes *f* pour parer aux remplacements.

imper'fection-note, *s.* *Bookb:* Bulletin *m* d'assemblage.

imperfective [impər'fektiv], *a.* *Slavonic Gram:* (Verbe) imperfectif.

imperfectness [im'pəːrfektnəs], *s.* Imperfection *f*, caractère imparfait (de qch.).

imperforable [im'pəːrforəbl], *a.* Qu'on ne peut perforer.

imperforate [im'pəːrforet], *a.* **1.** *Ter: etc:* (Anus, etc.) imperforé. **2.** (Timbre-poste, etc.) non-perforé.

imperforation [impəːrfo'reiʃ(ə)n], *s.* Imperforation *f* (de l'anus, etc.).

imperial [im'piːriəl]. **1.** *a.* (*a*) (Gouvernement, etc.) impérial, -aux. *The i. crown*, la couronne impériale. **His (Her) Imperial Majesty,** sa Majesté Impériale. (*b*) De l'Empire britannique. *I. trade*, commerce *m* de l'Empire britannique. (*c*) (Poids et mesures) qui ont cours légal dans le Royaume-Uni. *See also* PINT. (*d*) *F:* Majestueux, altier, auguste. **2.** *s.* (*a*) *A:* (i) Impériale *f* (de diligence); (ii) coffre *m* (de diligence). (*b*) (*Beard*) Impériale. (*c*) (Papier) grand jésus. (*d*) *pl. Hist:* **The Imperials,** les Impériaux *m* (troupes de l'Empereur d'Allemagne). **3.** *Bot:* **Crown imperial,** couronne impériale; fritillaire impériale. **-ally,** *adv.* **1.** Impérialement; en empereur. **2.** *F:* Majestueusement, altièrement.

imperialism [im'piːriəlizm], *s.* Impérialisme *m*; césarisme *m*.

imperialist [im'piːriəlist], *s.* **1.** Impérialiste *m*; césariste *m*. **2.** *Germ.Hist:* **The Imperialists,** les Impériaux *m*.

imperialistic [impiːriə'listik], *a.* Impérialiste.

imperil [im'peril], *v.tr.* (**imperilled; imperilling**) Mettre en péril, en danger; exposer au danger (sa vie, ses espérances, etc.). *To i. one's good name*, risquer, compromettre, sa réputation.

imperious [im'piːriəs], *a.* **1.** (Homme, ton, caractère) impérieux, arrogant, dictatorial, -aux. **2.** Urgent. *I. necessity*, besoin impérieux; besoin impératif. **-ly,** *adv.* (Parler, agir) impérieusement, en maître, d'une façon impérieuse.

imperiousness [im'piːriəsnəs], *s.* **1.** Impériosité *f*; arrogance *f*; ton impérieux; air impérieux. **2.** Urgence *f*.

imperishable [im'periʃəbl], *a.* Impérissable. **-ably,** *adv.* Impérissablement.

imperishableness [im'periʃəblnəs], *s.* Caractère *m*, nature *f*, impérissable (de qch.).

impermanence [im'pəːrmanəns], *s.* Impermanence *f*.

impermanent [im'pəːrmanənt], *a.* Impermanent, transitoire.

impermeability [impəːrmiə'biliti], *s.* Imperméabilité *f*.

impermeable [im'pəːrmiəbl], *a.* Imperméable. **Impermeable to water,** imperméable à l'eau; étanche.

impermissible [impər'misibl], *a.* Qui n'est pas admissible; interdit, défendu.

imperscriptible [impər'skriptibl], *a.* (Droit, privilège) non enregistré, non inscrit.

impersonal [im'pəːrsən(ə)l], *a.* **1.** (Style, etc.) impersonnel. **2.** *Gram:* **Impersonal verb,** verbe impersonnel, unipersonnel. **3.** *Com:* **Impersonal account,** compte fictif. **-ally,** *adv.* Impersonnellement.

impersonality [impəːrsə'naliti], *s.* Impersonnalité *f*.

impersonate[1] [im'pəːrsəneit], *v.tr.* **1.** Personnifier (qch.). **2.** (*a*) *Th:* Représenter, jouer le rôle de (qn). (*b*) Se faire passer pour (qn).

impersonate[2] [im'pəːrsənet], *a.* Personnifié.

impersonation [impəːrsə'neiʃ(ə)n], *s.* **1.** Personnification *f*. *The very i. of good humour*, l'incarnation *f* même de la bonne humeur; la bonne humeur même. **2.** *Th:* (*a*) Création *f*, interprétation *f* (d'un rôle). (*b*) *To give impersonations of the actors of the day*, donner des imitations *f*, des charges *f*, des acteurs du jour. **3.** *Jur:* Supposition *f* de personne.

impersonator [im'pəːrsəneitər], *s.* **1.** Personnificateur, -trice (*of*, de). **2.** *Th:* (*a*) Créateur, -trice, interprète *mf* (d'un rôle). (*b*) Imitateur, -trice (des vedettes du jour, etc.). **3.** Celui, celle, qui se fait passer pour un(e) autre.

impertinence [im'pəːrtinəns], *s.* **1.** (*a*) Impertinence *f*, insolence *f*. *It's the height of i.*, c'est se moquer du monde, des gens. (*b*) *An i.*, **a piece of impertinence,** une impertinence. *To utter impertinences*, dire des impertinences. **2.** *A:* Futilité *f*, extravagance *f*. **3.** *Jur:* Impertinence; manque *m* de pertinence, de rapport avec la question.

impertinent [im'pəːtinənt], *a.* **1.** Impertinent, insolent. *An i. fellow*, un impertinent. **To be impertinent to s.o.,** dire des impertinences à qn; être insolent envers qn. *I. remark*, remarque déplacée. *Would it be i. to ask you . . .?* peut-on vous demander sans indiscrétion . . .? serait-il indiscret de vous demander. . . ? **2.** *Jur:* (Sujet, récit) impertinent, hors de propos, sans rapport avec la cause. **-ly,** *adv.* **1.** Impertinemment, insolemment; avec impertinence; d'un ton insolent. **2.** *Jur:* (Répondre, etc.) en dehors de la question.

imperturbability [impərtəːrbə'biliti], *s.* Imperturbabilité *f*; flegme *m*; sang-froid *m*.

imperturbable [impər'təːrbəbl], *a.* Imperturbable, flegmatique. **-ably,** *adv.* Imperturbablement; sans se déconcerter.

impervious [im'pəːrviəs], *a.* **1.** (*a*) (Forêt *f*, etc.) impénétrable. *Forest i. to the sun's rays*, forêt inaccessible aux rayons du soleil. (*b*) (*Of material, etc.*) **Impervious (to water),** imperméable, étanche. *I. to gas*, imperméable aux gaz. *I. to acids*, inattaquable par les acides. *Ph:* **Impervious to radiant heat,** athermane, athermique. *Geol:* **Impervious stratum,** couche *f* étanche. **2. Person impervious to reason,** personne *f* inaccessible, rebelle, à la raison. *Heart i. to pity*, cœur *m* inaccessible, peu sensible, à la pitié. *Nation i. to foreign influence*, nation *f* impénétrable à l'influence étrangère.

imperviousness [im'pəːrviəsnəs], *s.* (*a*) Impénétrabilité *f*. (*b*) **Imperviousness to damp,** imperméabilité *f*; étanchéité *f* (à l'humidité).

impetiginous [impe'tidʒinəs], *a. Med:* Impétigineux.

impetigo [impe'taigo], *s. Med:* Impétigo *m*; (*in children*) impétigo larvé; gourme *f*; *F:* croûtes *fpl* de lait.

impetrate ['impetreit], *v.tr. Theol:* Impétrer, obtenir (une grâce, etc.).

impetration [impe'treiʃ(ə)n], *s. Theol:* Impétration *f*.

impetuosity [impetju'ɔsiti], *s.* **1.** Impétuosité *f*, violence *f* (d'un torrent, etc.). **2.** Impétuosité, fougue *f*.

impetuous [im'petjuəs], *a.* **1.** (Torrent, etc.) impétueux, violent. **2.** (Caractère) fougueux, emporté, impétueux. **-ly,** *adv.* Impétueusement; avec impétuosité.

impetuousness [im'petjuəsnəs], *s.* = IMPETUOSITY.

impetus ['impetəs], *s.* Vitesse acquise; élan *m*; force *f* de jet. *Vital i.*, poussée vitale. **To give an impetus to sth.,** donner l'impulsion, donner le branle, à qch. *Business has received fresh i.*, les affaires ont reçu une nouvelle impulsion. *Carried away by my own i.*, emporté par mon propre élan.

imphee ['imfi], *s. Bot:* Sorg(h)o sucré.

impi ['impi], *s.* Corps *m*, détachement *m*, de guerriers cafres.

impiety [im'paiəti], *s.* Impiété *f*.

impignorate [im'pignoreit], *v.tr. Scot:* Mettre en gage.

impignoration [impigno'reiʃ(ə)n], *s. Scot:* Mise *f* en gage.

impinge [im'pindʒ], *v.ind.tr.* **To impinge on, upon, sth.,** (i) entrer en collision avec qch.; se heurter à, contre, qch.; (ii) empiéter sur qch.

impinging, *s.* = IMPINGEMENT.

impingement [im'pindʒmənt], *s.* **1.** Collision *f*, heurt *m*. **2.** Empiètement *m* (*on*, sur).

impious ['impiəs], *a.* Impie. *To lay an i. hand on sth.*, porter une main sacrilège sur qch. **-ly,** *adv.* Avec impiété; d'une manière impie; sacrilègement.

impish ['impiʃ], *a.* De petit diable; d'espiègle. *I. laughter*, rire espiègle, malicieux. **-ly,** *adv.* En espiègle; comme un petit diable.

impishness ['impiʃnəs], *s.* Espièglerie *f*.

impiteous [im'pitjəs], *a. Poet:* Impitoyable; sans pitié.

implacability [implakə'biliti], *s.* Implacabilité *f*.

implacable [im'plakəbl], *a.* Implacable (*towards*, à, pour, à l'égard de). **-ably,** *adv.* Implacablement.

implacental [impla'sentəl], *a. Z:* Implacentaire.

implacentalia [implasen'teilia], *s.pl. Z:* Implacentaires *m*.

implant [im'plɑːnt], *v.tr.* **1.** (*Of muscles, bones, minerals*) **To be implanted,** être implanté (*in*, dans). **2.** (*a*) Inculquer (*an idea, an opinion, in s.o.*, une idée, une opinion, à qn); implanter (*an idea in s.o.*, une idée dans la tête de qn); insinuer (*a principle in s.o.*, un principe à qn); inspirer (*a sentiment in s.o.*, un sentiment à qn). *Nature has implanted fear in us all*, en nous tous la nature a implanté la peur. *To i. in s.o.'s breast the desire to . . .*, inspirer à qn le désir de. . . . *Doubt had been implanted in his mind*, le doute était entré dans son cœur. *From his youth this ideal had been implanted in his mind*, dès sa jeunesse il avait été pénétré de cet idéal. (*b*) *Poverty had implanted in him the germs of a fatal disease*, la misère avait implanté en lui les germes d'une maladie mortelle.

implantation [implɑːn'teiʃ(ə)n], *s.* Implantation *f*.

implanter [im'plɑːntər], *s. To be an i. of sth.*, implanter, inculquer (des idées, etc.).

implausible [im'plɔːzibl], *a.* Peu plausible.

impledge [im'pledʒ], *v.tr. Lit:* Mettre en gage; engager (sa foi, etc.).

implement[1] ['implimənt], *s.* **1.** Outil *m*, instrument *m*, ustensile *m*. *Agricultural implements*, instruments aratoires, d'agriculture. *Gardening implements*, ustensiles de jardinage. *Kitchen implements*, ustensiles de cuisine; batterie *f* de cuisine. *Fishing implements*, attirail *m* de pêche. **Implements of war,** attirail, matériel *m*, de guerre. **2.** *Jur:* (*Scot.*) = IMPLEMENTING.

implement[2], *v.tr. Scot:* **1.** Rendre effectif (un traité, un contrat); exécuter, remplir (un engagement); mettre en œuvre, à effet (un accord); donner suite à (une décision). *To i. an obligation*, s'acquitter d'une obligation. *To i. one's promise*, accomplir sa promesse; *F:* ajouter l'action aux paroles. **2.** Augmenter (qch.); suppléer à (qch.).

implementing, *s.* Exécution *f* (d'un engagement); mise *f* en œuvre (d'un accord).

implementation [implimen'teiʃ(ə)n], *s.* = IMPLEMENTING.

impletion [im'pliːʃ(ə)n], *s.* **1.** Remplissage *m*. **2.** Plénitude *f*.

implicate ['implikeit], *v.tr.* **1.** *A. & Lit:* (*Entwine*) Entrelacer, entremêler (*in, with*, avec). **2.** (*Involve*) Impliquer. (*a*) Renfermer. *Words implicating contradiction*, mots *m* qui impliquent, qui renferment, une contradiction. (*b*) **To implicate s.o. in a crime,** impliquer, mêler, qn dans un crime. *Without implicating anyone*, sans mettre personne en cause; sans compromettre personne. (*c*) *Med:* *Wound that implicates the lung*, blessure *f* qui intéresse le poumon. **3.** *A. & Lit:* = IMPLY 1.

implication [impli'keiʃ(ə)n], *s.* **1.** Implication *f*. **By implication,** implicitement; par induction. *He did not realize the full i. of these words*, il ne se rendait pas compte de la portée de ces paroles. **2.** Insinuation *f*, sous-entendu *m*, *pl.* sous-entendus.

implicative ['implikeitiv], *a.* Implicite. *I. of a fact*, qui implique un fait.

implicit [im'plisit], *a.* **1.** (Condition *f*, etc.) implicite. *I. recognition of . . .*, reconnaissance *f* tacite de. . . . *His i. desires*, ses désirs inavoués. *Mth:* **Implicit function,** fonction *f* implicite. *This is i. in the agreement*, ceci est contenu dans le contrat d'une manière implicite. *The conceptions i. in this philosophy*, les conceptions contenues implicitement dans cette philosophie. **2. Implicit faith,** (i) *Theol:* foi *f* implicite; (ii) *F:* confiance *f* aveugle, sans réserve (*in*, dans). **Implicit obedience,** obéissance absolue; parfaite obéissance. **-ly,** *adv.* **1.** Implicitement, tacitement; par induction. **2. To trust s.o. implicitly,** avoir une confiance aveugle en qn; avoir une foi implicite en qn. **To obey implicitly,** obéir aveuglément; obéir (à qn) au doigt et à l'œil.

implicitness [im'plisitnəs], *s.* Caractère *m* implicite (de la foi, de l'obéissance).

implied [im'plaid]. *See* IMPLY.

impliedly [im'plaiidli], *adv.* Implicitement, tacitement; par induction.

implore [im'plɔːr], *v.tr.* Implorer. *To i. s.o.'s help*, implorer l'appui de qn. *To i. forgiveness from s.o.*, implorer son pardon. *I implored his forgiveness*, je le suppliai de me pardonner. *To i. s.o. to do sth.*, implorer, conjurer, supplier, qn de faire qch. *"Leave me alone," she implored*, "laissez-moi," lui dit-elle d'un ton suppliant.

imploring[1], *a.* (Regard, etc.) implorant, suppliant. **-ly,** *adv.* D'un air ou d'un ton suppliant; d'un ton implorant.

imploring[2], *s.* Supplication *f*, adjuration *f*.

implorer [im'plɔːrər], *s.* Implorateur, -trice.

implosion [im'plouʒ(ə)n], *s.* **1.** *Mch:* Écrasement *m* (d'une chaudière). **2.** *Ling:* Implosion *f*.

implosive [im'plousiv], *Ling:* **1.** *a.* (Son) implosif. **2.** *s.* Implosive *f*.

impluvium [im'pluːviəm], *s. Rom.Ant:* Impluvium *m*.

imply [im'plai], *v.tr.* **1.** Impliquer. *Smoke implies a fire*, la fumée implique du feu; la fumée ne va pas sans feu. *Conclusion implied from the evidence*, conclusion *f* qui découle (implicitement) des dépositions. *Regime that implies a certain severity*, régime *m* qui comporte une certaine rigueur, qui ne va pas sans une certaine rigueur. *Every duty implies a right*, tout devoir emporte, suppose, un droit. *That implies courage on his part*, cela lui suppose du courage. *Log:* *To i. a contradiction*, impliquer contradiction. *The word 'veneration' implies more than the word 'respect,'* le mot "vénération" renchérit sur le mot "respect." *The questions implied*, les questions *f* en jeu. **2.** Donner à entendre. **Do you mean to imply that . . .?** est-ce à dire que. . .? *You seem to i. that . . .*, ce que vous dites fait supposer que . . ., ferait supposer que. . . .

implied, *a.* (Consentement *m*) implicite, tacite. *I. meaning*, signification impliquée; sous-entendu *m*, *pl.* sous-entendus. *Jur:* **Implied contract,** contrat *m* implicite, tacite; quasi-contrat *m*, *pl.* quasi-contrats. *See also* CONDITION[1] 1.

impolder [im'pouldər], *v.tr.* Enfermer (un marécage) dans un polder.

impolicy [im'pɔlisi], *s.* **1.** Mauvaise politique; politique malhabile, inopportune. **2.** *F:* Imprudence *f*, maladresse *f* (d'un discours, etc.).

impolite [impo'lait], *a.* Impoli (*to, towards*, envers). *I. answer, behaviour*, réponse *f*, conduite *f*, malhonnête. **-ly,** *adv.* (Répondre) impoliment; (se conduire) d'une façon malhonnête.

impoliteness [impo'laitnəs], *s.* Impolitesse *f*; manque *m* de civilité, de politesse.

impolitic [im'pɔlitik], *a.* (*a*) (Homme) impolitique, imprudent. (*b*) (*Of step, etc.*) Impolitique, malavisé; contraire à la bonne politique. **-ly,** *adv.* Impolitiquement, imprudemment.

imponderability [impɔndərə'biliti], *s. Ph:* Impondérabilité *f*.

imponderable [im'pɔndərəbl]. **1.** *a.* Impondérable. **2.** *s.pl.* **Imponderables,** impondérables *m*.

imponderous [im'pɔndərəs], *a.* (*a*) Impondérable. (*b*) *F:* Très léger.

import[1] ['impɔːrt], *s.* **1.** Sens *m*, signification *f* (d'un mot); teneur *f* (d'un document). *What is the i. of this ceremony?* que signifie cette cérémonie? **2.** Importance *f* (d'un événement); portée *f* (d'une observation); valeur *f* (d'une découverte, etc.). *I had not grasped the full i. of these words*, je ne m'étais pas rendu compte de toute la portée de ces mots. *Matter of great import*, affaire *f* de toute importance. **3.** *Com:* (*Usu. pl.*) **Imports,** articles *m* d'importation; importations *f*. *The imports and exports of a country*, les importations et les exportations *f* d'un pays. **Import trade,** commerce *m* d'importation; commerce passif. **Import duty,** droit *m* d'entrée. **Import list,** liste *f* des importations.

import[2] [im'pɔːrt], *v.tr.* **1.** *Com:* Importer (des marchandises). *Imported goods*, importations *f*. *Imported from England*, de provenance anglaise. *To i. labour from another district*, importer de la main-d'œuvre d'une autre région. *To i. new ideas into a country*, importer des idées nouvelles dans un pays. *To i. personalities into a discussion*, introduire des personnalités dans une discussion. **2.** Indiquer. (*a*) Signifier, vouloir dire. *What the word imports*, ce que le mot indique, veut dire; la portée du mot. (*b*) Déclarer, faire connaître, faire savoir (*that*, que). *Inscription importing that . . .*, inscription *f* qui déclare que. . . . (*c*) Présager, augurer (des changements, le beau temps, etc.). **3.** (*Concern*) *Used only in 3rd pers. and impers.* Importer; être d'importance. *Questions that i. us nearly*, questions *f* qui nous importent fort, qui nous regardent de près. **It imports us to know whether . . .**, il nous importe de savoir si . . .; il est important que nous sachions si. . . .

importing[1], *a.* Importateur, -trice. *The i. countries*, les pays importateurs.

importing[2], *s.* Importation *f* (de marchandises).

importable [im'pɔːrtəbl], *a.* Importable.

importance [im'pɔːrtəns], *s.* (*a*) Importance *f. The i. of a subject*, la dignité d'un sujet. *To give i. to a word*, mettre un mot en valeur. **To be of importance,** avoir de l'importance. *Point of i.*, point important, qui a son importance. *Point of vital i.*, point d'une importance capitale. *Letters of the first, last, i.*, lettres *f* de la plus grande importance, de la dernière conséquence. **Question of first, capital, greatest, primary, importance,** question *f* d'importance primordiale, capitale, de toute (première) importance, de la plus haute importance, qui vient en première ligne. *Business of first i.*, affaire majeure. *The aeroplane, a machine in which lightness is of primary i.*, l'avion, appareil où la légèreté est primordiale. **It is of importance to . . .**, il importe de. . . . *It is of the highest, the first, i. to remember that . . .*, il importe fort, il importe au premier chef, il est capital, de se souvenir que. . . . *It is of slight i., of no great i.*, cela importe peu; cela ne fait pas grand'chose. **Detail without importance, of no importance,** détail *m* négligeable, sans importance. *To be of no i. to s.o.*, n'avoir aucune importance pour qn. **To attach importance to sth.,** mettre, attacher, prêter, de l'importance à qch. *To attach great, exaggerated, i. to sth.*, prêter, attacher, beaucoup d'importance à qch.; prêter à qch. une importance excessive, exagérée. *To attach the greatest i. to a fact*, tenir le plus grand compte d'un fait. (*b*) (*Of pers.*) Importance, *F:* conséquence *f*. **People of importance,** personnages importants; *F:* gens *m* de poids. *To set up for a person of i.*, faire l'important; *F:* faire le gros dos. *To give oneself airs of i.*, se donner de grands airs. *Man of little i., of no i.*, homme *m* de mince étoffe; mince personnage; *F:* homme sans conséquence. *See also* SELF-IMPORTANCE, SWELL[2] 2.

important [im'pɔːrtənt], *a.* (*a*) Important. (*Of nation, etc.*) *To become more i.*, s'agrandir. *The i. men of the village*, les notables *m*, *F:* les hommes conséquents, les gros bonnets, du village. *It is i. for you to know that . . ., that you should know that . . .*, il est important, il importe, que vous sachiez que . . .; il importe de savoir que. . . . *See also* ALL-IMPORTANT. (*b*) *F:* (*Of pers.*) Important; plein d'importance. **To look important,** prendre, se donner, des airs d'importance, de grands airs; *F:* avoir l'air de pontifier. *See also* SELF-IMPORTANT. **-ly,** *adv.* (*a*) D'une manière importante. **To bear importantly upon sth.,** avoir beaucoup d'importance pour (une question, une affaire). (*b*) *F:* (Parler, etc.) d'un air, d'un ton, d'importance.

importation [impɔːr'teiʃ(ə)n], *s.* **1.** Importation *f* (de marchandises, etc.). **2.** Importation; article importé.

importee [impɔːr'tiː], *s. F:* Immigrant.

importer [im'pɔːrtər], *s.* Importateur, -trice (de marchandises, etc.).

importunate [im'pɔːrtjunet], *a.* (Créancier) importun; (visiteur) excédant, ennuyeux. **-ly,** *adv.* Importunément; avec importunité.

importune[1] [impɔr'tjuːn], *v.tr.* Importuner (qn). *To i. s.o. with requests*, assaillir, assiéger, qn de sollicitations. *To i. s.o. to do sth.*, solliciter, presser, qn de faire qch.

importune[2], *a. A. & Lit:* = IMPORTUNATE.

importunity [impɔr'tjuːniti], *s.* Importunité *f.*

impose [im'poːuz]. **1.** *v.tr.* (*a*) *Ecc:* (*Of priest*) **To impose hands on s.o.,** imposer les mains à qn, sur qn. (*b*) *Typ:* Imposer (une feuille); mettre (la matière) en pages. *Badly imposed page*, feuille bambochée. (*c*) *To i. one thing on another*, surimposer une chose à une autre. **2.** *v.tr.* (*a*) **To impose conditions (up)on s.o.,** imposer des conditions à qn. **To impose silence on s.o.,** imposer le silence à qn. *His bearing imposes respect, abs. imposes*, son maintien impose le respect, inspire du respect, en impose. (*b*) **To impose a tax on sth., on s.o.,** imposer un impôt sur qch., à qn. *To i. a tax on sugar*, imposer, taxer, le sucre; frapper le sucre d'un impôt. *To i. a tax on the people*, imposer le peuple. *To i. a penalty on s.o.*, infliger une peine à qn; frapper qn d'une peine. (*c*) *To i. an object of no value on s.o.*, refiler, repasser, *P:* coller, à qn un objet sans valeur. (*d*) *He imposed his lackey upon them as a lord*, il leur fit prendre son laquais pour un grand seigneur. **3.** *v.i.* **To impose on, upon, s.o.,** en imposer à qn; en faire accroire à qn; tromper qn; abuser de l'amabilité de qn. *To (let oneself) be imposed upon*, se laisser duper; s'en laisser conter. *To i. upon s.o.'s kindness*, abuser de la bonté de qn.

imposing[1], *a.* (Air, ton) imposant; (spectacle *m*) grandiose. *Person of i. appearance*, personne *f* d'un extérieur imposant; *F:* porte-respect *m inv.* **-ly,** *adv.* D'une manière imposante; d'un air, d'un ton, imposant.

imposing[2], *s.* = IMPOSITION 1.

imposer [im'pouzər], *s. Typ:* Imposeur *m.*

imposingness [im'pouziŋnəs], *s.* Caractère imposant; apparence imposante (*of*, de).

imposition [impo'ziʃ(ə)n], *s.* **1.** (*a*) *Ecc:* Imposition *f* (des mains). (*b*) *Typ:* Imposition (d'une feuille); mise *f* en pages. (*c*) Imposition (d'une tâche, etc.). **2.** Imposition, impôt *m*, taxe *f*; *pl.* contributions *f.* **3.** Abus *m* de la bonne volonté de qn. *This is an i. on your kindness*, c'est abuser de votre bonté. **4.** *Sch:* Pensum *m.* **5.** Supercherie *f*, tromperie *f*, imposture *f.*

impossibilism [im'pɔsibilizm], *s.* Idéologie *f.*

impossibilist [im'pɔsibilist]. **1.** *a.* (Théorie, etc.) d'idéologues, de visionnaires. **2.** *s.* Idéologue *m*, visionnaire *mf.*

impossibility [impɔsi'biliti], *s.* **1.** Impossibilité *f* (de qch.). **2.** Chose *f* impossible. **Physical impossibility,** chose matériellement impossible. *To ask for impossibilities*, demander l'impossible. *Tissue of impossibilities*, tissu *m* d'invraisemblances. *No one is expected to perform impossibilities*, à l'impossible nul n'est tenu. *See also* ATTEMPT[2] 1.

impossible [im'pɔsibl]. **1.** *a.* (*a*) Impossible. *Nothing is i. to him*, rien ne lui est impossible; il peut tout. *It is i. for me to do it*, il m'est impossible de le faire; *F:* il n'y a pas moyen de le faire. *It would be i. for anyone to say whether . . .*, on ne saurait dire si. . . . *It would be i. for me to do otherwise*, il me serait impossible de faire autrement. *It is quite i. for us, we find it i., to oblige you*, nous nous voyons dans l'impossibilité, nous sommes dans l'impossibilité (matérielle), de vous obliger; il nous est tout à fait impossible de vous obliger. *It is absolutely i. for him to come, that he should come*, il lui est absolument impossible de venir; il est absolument impossible qu'il vienne. *To make it i. for s.o. to do sth.*, mettre qn dans l'impossibilité de faire qch. *It is i. to foresee such occurrences*, de tels événements se dérobent à toute prévision, ne se laissent pas prévoir. *Plan i. to execute*, projet *m* impossible à exécuter, qu'il est impossible d'exécuter, qu'il n'est pas possible d'exécuter. (*b*) (Histoire *f*, récit *m*) invraisemblable. (*c*) *F: I. hat*, chapeau *m* impossible, impayable, grotesque. **Impossible person,** personne *f* difficile à vivre. **You are impossible!** vous êtes ridicule! vous êtes absurde! *The country is quite i. from the tourist's point of view*, c'est un pays impossible du point de vue touristique. **2.** *s.* **The impossible,** l'impossible *m*. *If, to suppose the i., . . .*, si, par impossible, ... *See also* ATTEMPT[2] 1. **-ibly,** *adv.* **1.** *Now only in:* **Not impossibly,** peut-être bien; c'est dans le domaine des possibilités. **2.** *F: To be i. dressed*, être habillé d'une façon tout à fait ridicule, d'une façon impossible.

impost[1] ['impoust], *s.* **1.** *Hist:* (*a*) Impôt *m*; taxe *f*; droit *m* d'entrée; droit d'octroi. (*b*) Tribut *m.* **2.** *Turf:* Handicap *m*; surcharge *f.*

impost[2], *s. Arch:* Imposte *f*, sommier *m* (d'arcade).

impostor [im'pɔstər], *s.* Imposteur *m.*

impostume [im'pɔstjum], *s. Med: A:* Apostume *m*, apostème *m*, abcès *m*. *F: A:* **To prick the impostume,** faire crever l'apostume.

imposture [im'pɔstjər], *s.* Imposture *f*, supercherie *f*, tromperie *f*, fourberie *f*, charlatanerie *f.*

impotence ['impotəns], **impotency** ['impotənsi], *s.* **1.** (*a*) Impuissance *f*. *Enemy reduced to i.*, ennemi hors d'état de nuire, réduit à l'impuissance. (*b*) Faiblesse *f*, décrépitude *f*, impotence *f.* **2.** *Jur: Med:* Impuissance (sexuelle).

impotent ['impotənt], *a.* **1.** (*a*) Impuissant. (*b*) Impotent, décrépit, faible, perclus. **2.** *Jur: Med:* Impuissant. **-ly,** *adv.* Sans force; en vain.

impound [im'paund], *v.tr.* **1.** (*a*) Mettre (une bête, une automobile, etc.) en fourrière. (*b*) Enfermer (qn, qch.). *Hyd.E:* Retenir, endiguer, capter (les eaux). *To i. the water in a dock*, maintenir l'eau dans un bassin. **2.** *Jur:* (*a*) Confisquer, saisir (des marchandises). (*b*) Faire déposer (des documents) au greffe.

impounding, *s.* **1.** (*a*) Mise *f* en fourrière, envoi *m* en fourrière (de bestiaux, etc.). (*b*) Endiguement *m*, captage *m* (des eaux). **2.** *Jur:* (*a*) Arrêt *m*, saisie *f* (de marchandises). (*b*) Prise *f* de possession (de documents).

impoverish [im'pɔvəriʃ], *v.tr.* Appauvrir (qn, un pays, le sang); fatiguer, dégraisser, amaigrir (le sol); affaiblir (un mélange, etc.). *To i. a people*, appauvrir, anémier, un peuple. *Country impoverished in men*, pays appauvri d'hommes.

impoverishing[1], *a.* Appauvrissant, anémiant.

impoverishing[2], *s.* = IMPOVERISHMENT.

impoverishment [im'pɔvəriʃmənt], *s.* Appauvrissement *m* (de qn, d'un pays, d'une langue, du sang). *I. of the soil*, dégradation *f* du sol. *I. of the mind*, étiolement *m* de l'esprit, de l'intelligence.

impracticability [impraktikə'biliti], *s.* Impraticabilité *f*, impossibilité *f.*

impracticable [im'praktikəbl], *a.* **1.** Infaisable, impraticable; (chemin) impraticable. *I. ideas*, idées *f* irréalisables. **2.** (*Of pers.*) Intraitable. **-ably,** *adv.* D'une manière impraticable. *I. rigid*, d'une rigidité intraitable.

impracticableness [im'praktikəblnəs], *s.* = IMPRACTICABILITY.

impractical [im'praktik(ə)l], *a.* *U.S:* **1.** = UNPRACTICAL. **2.** = IMPRACTICABLE.

imprecate ['imprekeit], *v.tr.* **To imprecate curses upon s.o., on s.o.'s head,** appeler des malédictions sur la tête de qn; lancer, proférer, des imprécations contre qn; accabler qn d'imprécations; maudire qn.

imprecation [impre'keiʃ(ə)n], *s.* Imprécation *f*, malédiction *f.*

imprecatory ['imprekeitəri], *a.* Imprécatoire.

impregnable [im'pregnəbl], *a.* (*a*) (Forteresse) imprenable, inexpugnable. (*b*) *F:* (Vérité, honneur) invincible (*to*, par). **-ably,** *adv.* D'une façon inattaquable; dans une situation inexpugnable; invinciblement.

impregnate[1] [im'pregneit], *v.tr.* **1.** *Biol:* Imprégner, féconder (une femelle). **2.** (*a*) Imprégner, imbiber, saturer (*sth. with sth.*, qch. de qch.). *To i. wood*, injecter le bois. *To i. matches*, paraffiner des allumettes. (*b*) *F: To become impregnated with false principles*, s'imprégner, se pénétrer, de faux principes. *From his youth he had been impregnated with these ideas*, dès sa jeunesse il avait été imprégné de ces idées. **3.** *Water impregnates porous bodies*, l'eau *f* pénètre les corps poreux.

impregnated, *a.* **1.** *Biol:* Imprégné, fécondé. **2.** Imprégné, saturé (*with*, de). **Impregnated matches,** allumettes paraffinées.

impregnate[2] [im'pregnet], *a.* = IMPREGNATED 1.

impregnation [impreg'neiʃ(ə)n], *s.* **1.** *Biol:* Fécondation *f.* **2.** (*a*) Imprégnation *f* (d'un tissu, etc.). *Tchn:* Injection *f*, imbibition *f*, pénétration *f* (du bois, etc.). (*b*) *I. of wood by creosote*, imprégnation du bois par la créosote.

impresario [impre'zɑːrio], *s.* Impresario *m.*

imprescriptible [impre'skriptibl], *a. Jur:* (Droit *m*) imprescriptible.

impress[1] ['impres], *s.* **1.** (*a*) Impression *f*, empreinte *f*. *I. of the fingers*, empreintes digitales. (*b*) Marque distinctive; cachet *m*. *Work that bears the i. of genius*, œuvre *f* qui porte la marque, le cachet, l'empreinte, du génie. *To leave an i. upon one's age*, laisser sa marque sur son époque. *Face that bears the i. of energy*, visage empreint d'énergie. *Tale that bears the i. of truth*, récit *m* qui porte le cachet de la vérité. **2.** *Typ:* **Impress copy,** copie *f* typographique.

impress[2] [im'pres], *v.tr.* **1.** (*a*) **To impress sth. on, upon, sth.,** imprimer, empreindre, qch. sur qch. *To i. a seal upon wax*, imprimer un sceau sur la cire, empreindre un sceau dans de la cire. *To i. a figure on a medal*, frapper une médaille d'une empreinte. *To i. a kiss on s.o.'s forehead*, appliquer, appuyer, déposer, un baiser sur le front de qn. *She impresses her personality on everything she wears*, à tout ce qu'elle porte elle imprime sa personnalité. **To impress sth. upon the mind,** graver qch. dans la mémoire. *Way of living that becomes impressed on the face*, manière *f* de vivre qui s'imprime, se grave, sur les traits, qui laisse son empreinte sur les traits. (*b*) *Mec:* **To impress motion (up)on a body,** imprimer un mouvement à un corps. **2. To impress sth. upon s.o.,** faire bien comprendre qch. à qn; inculquer (une idée) à qn; pénétrer qn (d'une idée). *You must i. upon him that . . .*, il faut bien lui faire sentir que. . . . *I must i. upon you that . . .*, mettez-vous bien dans la tête que. . . . *I. upon your children that they must . . .*, inculquez à vos enfants qu'il faut. . . . **3.** *To i. sth. with a seal*, faire une impression sur qch. avec un sceau, à l'aide d'un sceau. *F: To i. s.o. with the idea that . . .*, donner l'idée à qn que . . ., pénétrer qn de l'idée que. . . . *Words impressed with melancholy*, paroles *f* empreintes de tristesse. **4.** (*a*) Faire une impression à (qn). *How did she i. you?* quelle impression vous a-t-elle faite? *He impressed me favourably*, il m'a fait une impression favorable. *That is how it impressed me*, voilà l'effet que cela m'a produit. (*b*) **To impress s.o.,** faire impression sur qn; frapper, impressionner, qn. *In order to i. the ignorant*, pour en imposer aux ignorants. *He tried to i. me with his importance*, il a voulu me faire sentir toute son importance, me convaincre de son importance. *His firmness impressed them*, sa fermeté leur en a imposé. *He was impressed by the scene*, le spectacle lui fit impression. *I was deeply impressed by it*, cela m'a fait une grande impression; j'en ai été profondément impressionné. *F:* **I am not impressed,** cela ne me dit pas grand'chose; cela me laisse froid.

impressed, *a.* **1.** *Nat.Hist: etc:* (Coquillage, dessin, etc.) gravé en creux; (galet, caillou) impressionné, à empreinte. *See also* STAMP[1] 2. **2.** *El: Mec:* (Voltage, etc.) imprimé. **Impressed force,** force imprimée (à un corps). **Impressed motion,** mouvement acquis.

impress[3] [im'pres], *v.tr.* (*a*) Enrôler d'office; réquisitionner (des hommes en âge de servir). *Esp. Navy: A:* Presser, enrôler de force (des marins). *To i. the railwaymen into military service*, militariser les cheminots. (*b*) Réquisitionner (des vivres, des wagons, etc.). *F: To i. s.o.'s help, an argument*, faire appel à qn, à un argument. *To i. facts into one's service for argument*, enrôler des faits à l'appui de ses arguments.

impressibility [impresi'biliti], *s.* = IMPRESSIONABILITY.

impressible [im'presibl], *a.* **1.** = IMPRESSIONABLE. **2.** Susceptible de recevoir une empreinte.

impression [im'preʃ(ə)n], *s.* **1.** (*Action*) Impression *f* (d'un cachet sur la cire, etc.). *Typ:* Impression (d'un livre, etc.). **2.** (*a*) Empreinte *f*, impression (d'un cachet). **To take an impression of sth.,** prendre l'empreinte, l'impression, de qch. *I. of boots in the sand*, empreinte de bottines dans le sable. (*b*) *A file makes no i. on it*, la lime glisse dessus. **3.** *Typ:* Empreinte (des caractères sur le papier); foulage *m* (du papier par les caractères). **Impression cylinder,** cylindre *m* de foulage. *See also* OVER-IMPRESSION. **4.** *Publ:* Tirage *m*, édition *f* (d'un livre, d'un journal). *Second i.*, deuxième tirage. **5.** *Engr:* Impression. **Proof impression,** épreuve *f* avant la lettre. **6.** (*a*) Impression (sur qn, sur les sens). **To make a good, bad, impression (on s.o.),** faire une bonne, une mauvaise, impression sur qn; donner bonne opinion, une pauvre opinion, de sa capacité. *He always gives a bad i.*, c'est un homme qui marque mal. *To make a painful i. on s.o.*, impressionner qn péniblement. *What i. did it make on him?* quel effet cela lui a-t-il produit? *His speech created a great i.*, son discours fit une grande impression. **To make an impression,** faire impression. *Tell us your impressions*, dites-nous vos impressions. *To judge by one's impressions*, juger par sentiment; juger d'après ses impressions. (*b*) Idée *f*. **I have an impression, I am under the impression, that . . .,** j'ai l'impression que . . ., j'ai dans l'idée que . . ., je pense que . . ., je suis d'avis que. . . . *To create the i. that . . .*, donner, produire, l'impression que. . . .

im'pression paper, *s. Needlew:* Dessin calqué.

impressionability [impreʃənə'biliti], *s.* Impressionnabilité *f*; sensibilité *f* (*to*, à).

impressionable [im'preʃənəbl], *a.* **1.** (*a*) Impressionnable, sensible, susceptible, affectable. *To be i.*, avoir la fibre sensible. (*b*) *Eye not i. by light*, œil *m* insensible à la lumière. **2.** = IMPRESSIBLE 2.

impressionism [im'preʃənizm], *s. Art:* Impressionnisme *m*. *See also* POST-IMPRESSIONISM.

impressionist [im'preʃənist], *s. Art:* Impressionniste *mf*. **Impressionist school,** école *f* impressionniste.

impressionistic [impreʃə'nistik], *a.* (Tableau, poème) impressionniste, dans le genre impressionniste. **-ally,** *adv.* **1.** (Peint) dans le genre impressionniste. **2.** (S'exprimer) selon ses impressions.

impressive [im'presiv], *a.* (Spectacle, langage) impressionnant, émouvant. *Man of i. build*, homme *m* de stature impressionnante. *I. silence*, silence impressionnant, solennel. **-ly,** *adv.* D'une manière impressionnante, émouvante; (parler) d'un ton émouvant, avec solennité, solennellement.

impressiveness [im'presivnəs], *s.* Nature impressionnante, ton solennel (d'un spectacle, d'un discours, etc.).

impressment [im'presmənt], *s.* **1.** (*a*) Enrôlement *m* d'office. (*b*) *Navy: A:* Droit *m* pour la Couronne de réquisitionner des matelots en cas de pénurie de volontaires; presse *f* (de matelots); enrôlement forcé. **2.** Réquisition *f* (de vivres, etc.).

imprest ['imprest], *s. Adm:* Avance *f* de fonds (à un fournisseur du Gouvernement, pour frais de déplacement, etc.).

imprimatur [impri'meitər], *s. Publ:* Imprimatur *m inv*. *F: The scheme has (received) the Prime Minister's i.*, le projet a été approuvé par le premier ministre.

imprimis [im'praimis], *adv. A:* Premièrement; en premier lieu; tout d'abord.

imprint[1] ['imprint], *s.* **1.** Empreinte *f* (d'un cachet, des pattes d'un animal, etc.). *To take an i. of sth.*, prendre l'empreinte de qch. **2. Publisher's imprint,** firme *f*, rubrique *f*, de l'éditeur (sur la page de titre d'un livre). **Printer's imprint,** nom *m* de l'imprimeur (en dernière page, ou au verso du titre). **'No imprint,'** "sans indication d'éditeur ni d'imprimeur."

imprint[2] [im'print], *v.tr.* Imprimer. (*a*) **To imprint sth. on sth.,** imprimer, empreindre, qch. sur qch. *To i. sth. on the memory, in the mind*, graver, fixer, qch. dans la mémoire, dans l'esprit. (*b*) **To imprint sth. with sth.,** marquer, empreindre, qch. de qch. *Sand imprinted with footmarks*, sable qui porte des empreintes de pas. *To i. s.o.'s mind with fear*, imprimer, inspirer, de la terreur à qn.

imprinted, *a. Publ:* Portant la rubrique de la maison.

imprinting, *s.* Impression *f*.

imprison [im'prizən], *v.tr.* Emprisonner, enfermer (qn); mettre (qn) en prison. *To keep s.o. imprisoned*, tenir qn en prison.

imprisoning, *s.* Emprisonnement *m*; mise *f* en prison.

imprisonment [im'prizənmənt], *s.* Emprisonnement *m*. **Ordinary imprisonment, imprisonment in the first division,** emprisonnement de police. **Rigorous imprisonment, imprisonment in the second division,** emprisonnement correctionnel. *Ten days' i.*, dix jours de prison. **False, illegal, imprisonment,** détention illégale, arbitraire; emprisonnement illégal; séquestration *f*. *I. for debt*, prison *f* pour dettes; *A:* contrainte *f* par corps. **To serve a sentence of imprisonment,** faire de la prison; *F:* tirer de la prison.

improbability [imprɔbə'biliti], *s.* **1.** Improbabilité *f*; invraisemblance *f*. **2.** *There are several improbabilities*, il y a plusieurs invraisemblances (dans ce récit, etc.).

improbable [im'prɔbəbl], *a.* Improbable; (histoire *f*) invraisemblable. **It is highly improbable that . . .,** il est très improbable que . . .; il est très peu probable que. . . . **-ably,** *adv.* Improbablement, invraisemblablement. **Not improbably,** très probablement.

improbation [impro'beiʃən], *s. Jur:* (*Scot.*) Mise *f* à l'écart d'un acte ou d'une pièce argués de faux.

improbity [im'proubiti], *s.* Improbité *f*; manque *m* d'honnêteté.

impromptu [im'prɔm(p)tju]. **1.** *adv.* (Faire qch.) sans préparation, (à l')impromptu. *To speak i.*, parler à l'impromptu; parler d'abondance. **2.** *a.* (Vers *mpl*, discours *m*) impromptu *inv*; (bal, etc.) improvisé. *To get up an i. dance*, improviser un bal. *I. event*, improvisade *f*. *I. raft*, radeau improvisé, de fortune. **3.** *s. Lit: Mus:* Impromptu *m*, *pl.* impromptus.

improper [im'prɔpər], *a.* **1.** (Partage) incorrect; (expression *f*) impropre; (terme) inexact. *To use a word in an i. sense*, donner à un mot un sens abusif. *See also* FRACTION 3. **2.** Malséant, messéant, malhonnête, indécent, inconvenant; (conte) scabreux. *There's nothing i. in the play*, la pièce n'a rien d'inconvenant. *I. person*, personne *f* de mauvaise réputation. **3.** Déplacé. *It would be i. to decline*, il serait de mauvaise grâce de refuser. *It would be i. to detain you any longer*, il ne serait point séant de vous retenir plus longtemps. *Aut:* **Improper signalling,** avertissement intempestif. **-ly,** *adv.* **1.** (Se servir d'une expression) improprement, incorrectement. *Word i. used*, mot employé abusivement. **2.** (Se conduire) d'une manière inconvenante, malséante; malhonnêtement. **3.** D'une façon déplacée; contrairement à la bonne règle.

Improperia [impro'piːəriə], *s.pl. Ecc:* (*R.C. Liturgy*) **The Improperia,** l'Impropère *m*.

impropriate[1] [im'prouprieit], *v.tr. Ecc:* Séculariser (un bénéfice, un bien d'Église); attribuer (des revenus ecclésiastiques) à un laïque ou à des laïques.

impropriated, *a.* (Bénéfice, etc.) sécularisé.

impropriate[2] [im'prouprieit], *a.* = IMPROPRIATED.

impropriation [improupri'eiʃ(ə)n], *s. Ecc:* **1.** Sécularisation *f* (d'un bénéfice, etc.); attribution *f* à des laïques. **2.** Bénéfice sécularisé.

impropriator [im'prouprieitər], *s.* Laïque mis en possession d'un bien d'Église.

impropriety [impro'praiəti], *s.* **1.** (*a*) Impropriété *f*, inexactitude *f* (de langage, d'une opinion). (*b*) Inconvenance *f*, indécence *f* (de conduite, d'un geste, etc.). **2.** *To commit improprieties*, (i) commettre des maladresses, *F:* des bourdes; (ii) commettre des inconvenances; se montrer inconvenant.

improvable [im'pruːvəbl], *a.* **1.** *Agr:* (Terre *f*, sol *m*) exploitable, bonifiable, amendable. **2.** (*Of pers., etc.*) Améliorable, perfectible.

improve [im'pruːv]. **1.** *v.tr.* (*a*) Améliorer, rendre meilleur (qch.); perfectionner, apporter des perfectionnements à (une invention); (r)abonnir, bonifier (le vin, etc.); nourrir, cultiver (l'esprit); étendre, élargir, accroître (ses connaissances); affiner (son goût). *Agr:* Bonifier, amender (le sol). *To i. the appearance of s.o., sth.*, embellir qn, qch. *That dress improves her greatly,* cette robe l'avantage beaucoup. *To i. one's natural gifts by study,* développer ses dons naturels par l'étude. *Nature is improved by art,* l'art perfectionne la nature. **To improve an acquaintance,** cultiver une connaissance. **To improve sth. away, out of existence,** (i) supprimer qch. (de gênant) pour amener une amélioration; (ii) détruire, ruiner, qch. à force d'améliorations; tenir qch. **sur** le métier jusqu'à ce qu'il n'en reste plus rien; faire disparaître qch. par excès de zèle. (*b*) **To improve the occasion, the opportunity,** *F:* **the shining hour,** (i) profiter, tirer parti, de l'occasion; utiliser l'occasion; mettre l'occasion à profit; (ii) tirer une morale de ce qui vient de se passer; prononcer là-dessus quelques paroles édifiantes. (*c*) *v.ind.tr.* **To improve on, upon, s.o.,** faire mieux que qn, surpasser qn. **To improve upon sth.,** améliorer qch.; remédier aux imperfections de qch. *To i. on s.o.'s ideas,* enchérir sur les idées de qn; apporter d'heureuses modifications aux projets de qn. *To i. upon a tale,* renchérir sur un récit; ajouter du sien à un récit. *Com:* **To improve on s.o.'s offer,** enchérir sur l'offre de qn. **2.** *v.i.* (*a*) S'améliorer, devenir meilleur; (*of wine, etc.*) se bonifier, (s')abonnir, rabonnir. **To improve with use,** s'améliorer à l'usage. *Wine improves with age,* le vin acquiert en vieillissant. *His mind had improved through study,* son esprit s'était fortifié par l'étude. *He has greatly improved,* il a fait de grands progrès. *The situation has improved,* la situation s'est améliorée. *His business is improving,* son commerce est en voie de relèvement. *Business is improving, F:* **things are improving,** il y a une amélioration dans les affaires; les affaires reprennent; *F:* ça va mieux. *His health is improving,* sa santé s'améliore, se raffermit; sa santé reprend. **To improve in health, in manners,** gagner en santé, en manières. *I found him much improved (in health),* j'ai trouvé dans son état une amélioration sensible. *She has greatly improved in looks,* elle a beaucoup embelli, elle est beaucoup embellie; *F:* elle s'est faite. **To improve in one's studies,** avancer, faire des progrès, dans ses études. *To i. in one's Latin,* se perfectionner en latin. *See also* ACQUAINTANCE 1. (*b*) *Com:* (*Of prices, markets*) Monter; être en hausse.

improved, *a.* (*Of situation, position*) Amélioré; (*of invention, method*) perfectionné. *Agr:* *I. land,* terrain amendé. *F:* **I find him greatly improved,** je le trouve beaucoup plus sympathique qu'auparavant; je trouve qu'il a gagné.

improving[1], *a.* **1.** (*a*) Améliorant; qui rend meilleur. (*b*) (Livre) instructif, édifiant; (conversation, etc.) édifiante, dont on tire profit. **2.** (Santé) en voie de rétablissement. *With i. health he became more cheerful,* à mesure que sa santé se rétablissait il recouvrait sa sérénité.

improving[2], *s.* Amélioration *f*; perfectionnement *m*.

improvement [im'pru:vmənt], *s.* **1.** (*a*) Amélioration *f* (de la situation, d'un commerce, etc.); perfectionnement *m* (d'une invention, d'un outillage); embellissement *m* (d'une ville); culture *f*, affinage *m* (de l'esprit); avancement *m* (des études). *A great i.,* beaucoup d'amélioration. **Open to improvement,** susceptible d'amélioration. **Improvement in health,** amélioration de la santé; (*of patient*) progrès *mpl* vers le mieux. *His condition continues to show i.,* le mieux continue à se manifester. *Pol: etc: There is an i. in the situation,* une détente s'est produite. *For:* **Improvement felling,** coupe *f* d'amélioration. *See also* ROOM[1] 2. (*b*) **Improvement of the occasion,** mise *f* à profit de l'occasion (pour faire de la morale, pour prononcer quelques paroles édifiantes). (*c*) **The moral improvement** *of the people,* l'édification du peuple. *Books for moral i.,* livres édifiants. **2.** (*a*) (*Usu. pl.*) Improvements, améliorations, changements *m* utiles, embellissements (dans une propriété, etc.). *All these so-called improvements,* tous ces prétendus progrès. **To effect improvements in sth.,** apporter des améliorations à qch. *The improvements in house-building,* les progrès du bâtiment. *Improvements are being carried out,* on est en train d'exécuter des travaux d'amélioration. **Improvement lease,** bail *m* qui impose au preneur l'obligation de faire des travaux d'amélioration. (*b*) **Improvements in pay,** améliorations de traitement. (*c*) **To be an improvement on s.o., sth.,** surpasser qn, qch.; valoir mieux, être mieux, que qn, qch. *My new car is a great i. on the old one,* ma nouvelle voiture est bien supérieure à l'ancienne.

improver [im'pru:vər], *s.* **1.** (*a*) Réformateur, -trice; rénovateur, -trice. (*b*) *I. upon an offer,* enchérisseur *m* sur une offre. **2.** *Ind:* Apprenti, -ie; élève *mf*; (*in millinery, etc.*) petite main; petite. *Adm:* Stagiaire *mf*. **3.** *Cost: A:* **Dress improver,** tournure *f*.

improvidence [im'prɔvidəns], *s.* Imprévoyance *f*.

improvident [im'prɔvidənt], *a.* (*a*) Imprévoyant; insouciant de l'avenir. (*b*) Prodigue. **-ly,** *adv.* Sans prévoyance; sans se soucier de l'avenir.

improvisation [improvai'zeiʃ(ə)n], *s. Lit: Mus:* Improvisation *f*.

improvisator, -trix [im'prɔvizeitər, -triks], **improvisatore, -trice** [improvi:za:'tɔ:re, -'tri:tʃe], *s.* = IMPROVISER.

improvise ['improva:iz], *v.tr. Lit: Mus: etc:* **1.** (*a*) Improviser (des vers, un morceau de musique, un discours). *Improvised speech,* discours improvisé, impromptu *inv*. (*b*) Improviser (un bal, un brancard, etc.). *Hastily improvised,* sommairement organisé. *Improvised law,* loi *f* de circonstance. *I. raft,* radeau *m* de fortune. **2.** *Abs.* Improviser; parler ou jouer sans préparation. **To improvise on the piano,** improviser au piano.

improvising, *s.* Improvisation *f*.

improviser ['improvaizər], *s.* Improvisateur, -trice.

imprudence [im'pru:dəns], *s.* **1.** Imprudence *f*. **2.** *To be guilty of imprudences,* commettre des imprudences.

imprudent [im'pru:dənt], *a.* Imprudent; malavisé. *I. action,* imprudence *f*; action inconsidérée. *How i. of you!* quelle imprudence de votre part! **-ly,** *adv.* Imprudemment; avec imprudence. *To act i.,* agir avec imprudence; faire, commettre, une imprudence, des imprudences.

impuberal [im'pju:bərəl], *a.* Impubère.

impuberty [im'pju:bərti], *s.* Impuberté *f*.

impudence ['impjudəns], *s.* **1.** Impudence *f*, effronterie *f*, insolence *f*, audace *f*. *With the utmost i.,* avec le plus grand aplomb. **None of your impudence!** ne soyez pas insolent! **To have the impudence to say, do, sth.,** avoir l'aplomb, le front, de dire qch., de faire qch. **A piece of impudence,** une insolence. *F: Well,* **Miss Impudence!** et bien, mademoiselle l'Effrontée! petite délurée! **2.** *A:* Impudeur *f*.

impudent ['impjudənt], *a.* **1.** Effronté, audacieux, insolent. *I. reply,* réponse insolente. *You i. hussy!* (i) petite effrontée! (ii) insolente! *I. fellow,* insolent; impertinent. **To be impudent to s.o.,** être insolent envers, avec, qn; dire des insolences à qn. **As impudent as a cock-sparrow,** effronté comme un page. **2.** *A:* Éhonté, impudent. **-ly,** *adv.* **1.** Effrontément, insolemment; avec insolence; audacieusement. *To lie i.,* mentir avec effronterie. **2.** *A:* Impudemment; avec impudeur.

impudicity [impju'disiti], *s.* Impudicité *f*, impudeur *f*.

impugn [im'pju:n], *v.tr.* Attaquer, contester, *A:* impugner (une proposition); mettre en doute (la véracité de qch.). *Jur:* **To impugn the character of a witness,** attaquer la moralité ou le crédit d'un témoin. **To impugn a piece of evidence,** récuser un témoignage.

impugning, *s.* = IMPUGNMENT.

impugnable [im'pju:nəbl], *a.* (Déclaration *f*) contestable; (témoignage *m*) récusable.

impugner [im'pju:nər], *s.* Adversaire *m*, attaquant *m*. *Jur:* Récusant *m*.

impugnment [im'pju:nmənt], *s.* Attaque *f*, mise *f* en doute (d'une affirmation). *Jur:* Récusation *f* (d'un témoin, d'un témoignage).

impuissance [im'pju:isəns], *s. Poet:* Impuissance *f*, faiblesse *f*; manque *m* de forces.

impuissant [im'pju:isənt], *a. Lit: Poet:* Impuissant, faible; sans forces.

impulse ['impʌls], *s.* **1.** (*a*) Impulsion *f*; poussée motrice; choc (propulsif). *I. of a hammer-blow,* force impulsive d'un coup de marteau. *El.E:* **Current impulse,** impulsion de courant. **Make impulse,** impulsion de fermeture. **Break impulse,** impulsion d'ouverture. *I.C.E:* **Impulse starter,** impulseur *m*, lanceur *m*. *Navy:* **Impulse tube,** tube *m* lance-torpilles. *See also* TURBINE 1. (*b*) *F:* **To give an impulse to sth.,** donner une impulsion, de l'impulsion (au commerce, à l'enseignement, etc.). **2.** Impulsion; mouvement spontané; mouvement de premier élan; élan *m*. **The vital impulse,** l'élan vital. **Stray impulse,** velléité *f*. **To feel an impulse to do sth.,** se sentir poussé à faire qch. *His first i. was to . . .,* son premier mouvement fut de . . ., le premier mouvement qu'il eut fut de. . . . *Kind i., good i.,* bon mouvement. *Charitable i.,* élan de charité. **Out of a common impulse,** d'un commun élan; (mus) par le même désir irrésistible, par la même inspiration. **On the, a, first impulse,** tout d'abord; à première vue. **Under the impulse of the moment,** sous l'impulsion du moment. *Rash, sudden, i.,* coup *m* de tête. *To do sth. on a sudden i.,* faire qch. par caprice, par coup de tête. **To act on impulse,** agir par impulsion, spontanément. *To yield to i.,* céder à l'entraînement du moment. **Man of impulse,** homme impulsif, prime-sautier; homme de premier mouvement.

impulsion [im'pʌlʃ(ə)n], *s.* **1.** Impulsion *f*; force impulsive. **2.** **To act at the impulsion of s.o.,** agir à l'instigation de qn.

impulsive [im'pʌlsiv], *a.* **1.** *Dyn:* Impulsif, propulsif. **Impulsive force,** force impulsive, projective; force d'impulsion. **2.** (*Of pers., action*) Impulsif, velléitaire; (écrivain) prime-sautier, *pl.* prime-sautiers. *I. action,* coup *m* de tête. *I. gesture,* geste irréfléchi, involontaire, spontané. **To be impulsive in one's actions,** agir par impulsion; être un impulsif. *To be i. in one's friendships,* être très impulsif dans le choix de ses amis; *F:* se jeter au cou de tout le monde. **-ly,** *adv.* (Agir) par impulsion; sous le coup d'une impulsion; spontanément.

impulsiveness [im'pʌlsivnəs], **impulsivity** [impʌl'siviti], *s.* Caractère impulsif. *The i. of his feelings,* ses sentiments impulsifs.

impulsivist [im'pʌlsivist], *s.* Personne prime-sautière.

impunity [im'pju:niti], *s.* Impunité *f*. *To do sth.* **with impunity,** faire qch. impunément, sans subir de conséquence fâcheuse. *With entire i.,* en toute impunité.

impure [im'pju:ər], *a.* **1.** (Sang, air, lait) impur. **2.** *Rel: Poet:* (*Of hands, etc.*) Impur, souillé. **3.** (*Of pers., desire, etc.*) Impur, impudique. *I. thoughts,* pensées impures. **-ly,** *adv.* Impurement; d'une manière impure.

impurity [im'pjuəriti], *s.* **1.** (*a*) Impureté *f* (de l'air, de l'eau, d'un métal, etc.). *I. in the blood,* vice *m* du sang. (*b*) *Moral i.,* souillure morale; impureté. **2.** *pl.* **Impurities,** saletés *f*; corps étrangers. *Liquid full of impurities,* liquide plein d'impuretés.

imputability [impju:tə'biliti], *s.* Imputabilité *f*.

imputable [im'pju:təbl], *a.* **1.** Imputable, attribuable (*to*, à). **2.** *Theol: The righteousness of Christ is i. to believers,* les mérites *m* du Christ sont imputables aux croyants.

imputation [impju'teiʃ(ə)n], *s.* **1.** Imputation *f*. (*a*) Attribution *f* (d'un crime à qn). (*b*) Chose imputée à qn. *Abominable imputations,* imputations abominables. **2.** *Theol:* Imputation (des mérites de Jésus-Christ aux fidèles).

imputative [im'pju:tətiv], *a. Theol:* (Mérite, etc.) imputatif. **-ly,** *adv.* Par imputation.

impute [im'pju:t], *v.tr.* Imputer. **To impute an action, a fault, to s.o.,** imputer, attribuer, une action, une faute, à qn. *The actions imputed to him,* les faits qu'on lui impute; *Jur:* les faits à lui imputés.

imputing, *s.* Imputation *f*; attribution *f* (de qch. à qn).

imputrescible [impju'tresibl], *a.* Imputrescible.

in[1] [in]. I. *prep.* **1.** (*Of place*) (*a*) En, à, dans. **In Europe,** en Europe. *In France,* en France. *In Japan, Canada, Portugal,* au Japon, au Canada, au Portugal. *In India,* dans l'Inde, aux Indes. *In the*

Netherlands, dans les Pays-Bas. *In the United States*, aux États-Unis. *In Touraine*, en Touraine. **In Kent**, dans le Kent. *In such and such a latitude*, sous telle ou telle latitude. **In Paris**, à Paris. *To live somewhere in London*, demeurer dans Londres. **In the provinces**, en province. *The little birds in the woods*, les petits oiseaux des bois. **The streets in Paris**, les rues de Paris. **To be in town**, être en ville. *To spend a week in town*, passer une semaine à la ville. **In the country**, à la campagne. *In his country*, dans son pays. *To take a walk in the avenue*, se promener sur l'avenue. *Mil:* **In the field**, en campagne. *In the firing-line*, sur la ligne de feu. **In the press**, sous presse. **In prison**, en prison. **In school, in church**, à l'école, à l'église. **In bed**, au lit. **In heaven and hell**, au ciel et en enfer. *In earth as it is in Heaven*, sur la terre comme dans le ciel. *Not a cloud in the sky*, pas un nuage dans le ciel. *In the house*, dans la maison. *In one's house*, chez soi. *In the water*, dans l'eau. *In a cab*, dans une voiture. **To take a drive in a motor car**, se promener en auto. *The key is in the door, in the lock*, la clef est sur la porte, sur la serrure. *In this book*, dans ce livre. **I read it in the newspaper**, je l'ai lu dans, sur, le journal. **In** (the works of) **Shakespeare one finds . . .**, chez Shakespeare on trouve. . . . *In the second chapter*, au deuxième chapitre. *In my hand*, dans ma main. *My fate is in your hands*, mon sort est entre vos mains. *He went upstairs* **candle in hand**, il monta l'escalier la chandelle à la main. *Cigar in mouth*, le cigare à la bouche. **The sun was shining in my eyes**, le soleil me donnait dans les yeux. **In the distance**, au loin. **In your place**, à votre place. **Wounded in the shoulder**, blessé à l'épaule. (*b*) (*Among*) **In the crowd**, dans la foule. *Disaster always in my thoughts*, désastre toujours présent à mes pensées. **He is the first, the last, the only one, in his class**, il est le premier, le dernier, le seul, de sa classe. *To be in a club*, être membre d'un cercle. *It is not done in our circle*, cela ne se fait pas parmi nous. **In the thirties**, entre trente et quarante. **He is in the sixties**, il a passé la soixantaine. **2.** (*In respect of*) **Blind in one eye**, aveugle d'un œil. **Strong in logic**, fort en logique. *Expert in economics*, expert en économie politique. *See also* THING 4. *The child she was in nature though not in years*, l'enfant qu'elle était par sa nature sinon par son âge. **Two feet in length**, long de deux pieds; qui a deux pieds de long, de longueur. **The books, three in number**, ces livres, au nombre de trois. **3.** (*Of ratio*) **One in ten**, un sur dix. **To pay two shillings in the pound**, payer deux shillings par livre sterling. **Once in ten years**, une fois tous les dix ans. **Bank with a slope of one in three**, talus *m* à inclinaison de trois de base pour un de hauteur. **4.** (*Of time*) (*a*) *In* 1927, en 1927. *In those days*, en ce temps-là. **In the reign of Queen Victoria**, sous le règne de la reine Victoria. **In the night, in the day-time**, pendant la nuit, pendant la journée; de nuit, de jour. **In the afternoon**, dans l'après-midi. **At four o'clock in the afternoon**, à quatre heures de l'après-midi. **In the evening**, le soir, pendant la soirée. **In summer, autumn, winter**, en été, en automne, en hiver. **In spring**, au printemps. **In August**, au mois d'août. *In April*, au mois d'avril, en avril. *In my youth*, dans, pendant, ma jeunesse. *In our journey*, pendant, au cours de, notre voyage. *In the future*, à l'avenir. *In the past*, par le passé. **Never in my life**, jamais de ma vie. **In my time**, de mon temps. (*b*) **To do sth. in three hours**, faire qch. en trois heures. *In less than seven days*, en moins de sept jours. **He'll be here in three hours**, il sera là dans trois heures. **In a little while**, sous peu. *He came back in a few minutes*, il est revenu au bout de quelques minutes. (*c*) (*Introducing a gerund*) **In crossing the river**, en traversant la rivière. **5.** (*Of condition, state*) **In good health**, en bonne santé. **In tears**, en larmes. **In chains**, enchaîné, dans les fers. **In sorrow**, chagriné, affligé. **In despair**, au désespoir. **Cow in calf, cat in kitten**, vache, chatte, pleine. **To cry out in surprise, in terror**, pousser un cri de surprise, de terreur. **Any man in his senses**, tout homme jouissant de son bon sens. **In a blaze**, en feu; en train de flamber. **The person in question**, la personne en question. **In the crude state**, à l'état brut. *See also* CLOVER, FANCY[1] I. 1, HOT[1] 1, HURRY[1], LIQUOR[1] 1, ORDER[1] 2, RAGE[1] 1, *etc.* **6.** (*Clothed in*) *In his shirt*, en chemise. *In her petticoat*, en jupon. *In slippers*, en pantoufles. *In brown shoes*, chaussé de souliers jaunes. **In female attire**, en vêtements de femme. *A man in a blue serge suit*, un homme vêtu d'un complet en serge bleue. *Dressed in white, in silk*, habillé de blanc, de soie. *They were all in white*, elles étaient toutes en blanc. *What shall I go in?—Go in your dinner-jacket*, qu'est-ce que je vais mettre?—Mettez votre smoking. **7. To go out in the rain, in the snow**, sortir par la pluie, par la neige. *In this warm weather*, par ce temps chaud. *I can't stay outside in this heat*, je ne peux pas rester dehors par, avec, cette chaleur. *Put on your overcoat in this cold weather*, mettez votre pardessus par le froid qu'il fait. **To work in the rain**, travailler sous la pluie. **In the sun**, au soleil. *In the dark(ness)*, dans l'obscurité. *See also* DARK[2] 1, 2. *You are in my light*, vous êtes dans mon jour; vous me faites ombre. **To appear in a favourable light**, paraître sous un jour favorable. **8.** (*Engaged in*) **To be in the motor business**, être dans les autos. *There were four of us in the concern*, nous étions quatre dans l'affaire. *In politics*, dans la politique. **The devil's in it**, le diable s'en mêle. **Killed in action**, tué à l'ennemi. **9.** (*According to*) **In my opinion**, à mon avis, à mon opinion. **In justice**, en toute justice; pour être juste. **In common decency** *he ought to have written to her*, le plus élémentaire savoir-vivre exigeait qu'il lui écrivît. **10.** (*a*) (*Of manner*) **In a reproachful tone**, (parler) sur, avec, un ton de reproche. *In a gentle voice*, d'une voix douce. *In a business-like manner*, en bon homme d'affaires; d'une façon sérieuse. **In the French style**, à la française. **To be in** (the) **fashion**, être à la mode. (*b*) (*Of medium*) **To write in French**, écrire en français. **To write in ink, in pencil**, écrire à l'encre, au crayon. **In writing**, par écrit. **Payment in kind**, payement *m* en espèces. *See also* CASH[1]. *To talk in whispers*, parler en chuchotant. (*c*) (*Of arrangement*) *Material in folds*, étoffe *f* en plis. **To walk in groups**, se promener par groupes. **To stand in a row, in a circle**, se tenir en ligne, en cercle. **In alphabetical order**, par ordre alphabétique. **Packed in dozens**, en paquets de douze. *They were shown in in threes*, on les faisait entrer par trois. (*d*) (*Of material*) *Dress in green velvet*, robe *f* en velours vert. (*e*) (*Of form*) **In the form of . . .**, sous forme de. . . . *Demon in human shape*, démon *m* sous une forme humaine. *Money in gold*, espèces *fpl* en or. (*f*) (*Of degree, extent*) *In large quantities*, en, par, grandes quantités. **To die in hundreds**, mourir par centaines. **In part**, en partie. **In places**, par endroits. **11.** (*Of purpose*) **In reply to . . .**, en réponse à. . . . **In honour of . . .**, en l'honneur de. . . . **In quest, in search, of . . .**, à la recherche de. . . . **In memory of . . .**, en mémoire de. . . . **In the cause of humanity**, pour la cause de l'humanité. **12.** (*a*) (*With reflexive pronoun*) **Equation true in itself**, équation vraie par elle-même. *This product is not a poison in itself*, ce produit n'est pas un poison en lui-même. (*b*) *It is rather presumptuous in a man of his type to . . .*, c'est assez présomptueux de la part d'un homme comme lui de. . . . *A peculiarity in young people*, une particularité chez les jeunes gens. **I was sure there was something in him**, *F:* je savais bien qu'il avait quelque chose dans le ventre. *See also* IT[1] 2, LIE[4] 2. (*c*) *F:* **His rivals are not in it with him**, ses rivaux ne peuvent se comparer à lui, ne sont pas de sa taille. *You are not in it*, vous n'avez aucune chance. **13. In that**, par ce que, vu que, puisque. *These laws did more harm than good in that they made progress impossible*, ces lois firent plus de mal que de bien en ce qu'elles rendaient tout progrès impossible. **The more likely in that . . .**, d'autant plus probable que. . . .

II. **in**, *adv.* (*The uses of 'in' as an adjunct of the general range of verbs, e.g. to ask in, to bring in, etc., are illustrated under the respective verbs.*) **1.** (*a*) (*At home*) A la maison, chez soi. *Is the master in?* est-ce que votre maître est chez lui? *Mr Smith is in*, *F:* M. Smith y est. (*b*) *F:* En prison. *What is he in for?* pour quel crime est-il en prison? (*c*) *Agr:* **The harvest is in**, la moisson est rentrée. (*d*) (*Of train, coach, steamer, mail*) **To be in**, être arrivé. *The train is in*, le train est en gare, à quai. *The mail is in*, le courrier est arrivé. (*e*) *Nau:* **The sails are in**, les voiles sont serrées, sont ferlées. (*f*) *Is the fire still in?* est-ce que le feu brûle encore? (*g*) **In with it!** rentrez-le! **In with you!** (i) entrez! allons, arrivez! (ii) allez-y! (*h*) (= INSIDE) *Coat with the fur-side in*, manteau *m* avec le côté poil en dedans. **2.** (*a*) (*In power, in office*) (Être) élu; (être) au pouvoir. **The Liberals were in**, le parti libéral était au pouvoir. **The Liberal candidate is in**, le candidat libéral est élu. (*b*) (*In season*) **Strawberries are in**, c'est la saison des fraises. *Football is over and tennis isn't in*, le football est fini et le tennis n'a pas encore commencé. **Summer is in**, c'est l'été. (*c*) (*In form, in practice*) **My hand is in**, je suis bien en train; ma main (y) est faite; je suis en main (pour dessiner, pour jouer). *See also* EYE[1] 1 (*e*). (*d*) (*In favour*) **To be** (well) **in with s.o.**, être en bons termes avec qn. *To be well in* (*at headquarters, etc.*), être très protégé, avoir des protections (au Ministère, etc.). **He is in with all the best people**, il est en rapport avec toutes les personnalités; il a de belles relations. (*e*) *Turf:* **Horse that is well in**, cheval *m* qui a un handicap avantageux. *F:* **To be well in on a deal**, avoir toutes les chances de réussir une affaire. **My luck is in**, je suis en veine. (*f*) *Sp:* (*At cricket, baseball*) **To be in**, battre la balle; *F:* être à la batte. *The side that is in*, l'équipe *f* qui est à la batte. *Jones is in*, Jones est à la batte, au jeu; le tour est à Jones; c'est Jones qui est au guichet. (*g*) *Ten:* **The ball is in**, la balle est bonne. **3. In for.** (*a*) **To be in for . . .**, en avoir pour . . ., y être pour. . . . *We are in for a week of this*, nous en avons pour une semaine. *We are in for a period of prosperity*, nous sommes partis pour une période de prospérité. **We are in for a storm**, nous aurons sûrement de l'orage. *He's in for hard labour*, *P:* il n'y coupera pas de travaux forcés. *I am in for a big thing*, je suis lancé dans une grosse affaire. *Mil:* *P:* **We're in for a scrap**, il va y avoir du tabac. **To be in for it**, être sûr de son affaire. **He is in for it!** son affaire est bonne! le voilà dans de beaux draps! *P:* il n'y coupera pas. (*Now*) *we are in for it!* pas moyen d'en sortir! voilà la danse qui va commencer! *I'm in for it again!* *P:* je suis encore de la revue! **To have it in for s.o.** = *to have a rod in pickle for s.o., q.v. under* ROD 2. *See also* PENNY 2. (*b*) **I am in for the competition**, je suis inscrit pour le concours. **4.** *Phrases.* (*a*) **Day in, day out; week in, week out; year in, year out**, tout le long du jour, de la semaine, de l'année; du matin au soir; d'un bout de la semaine à l'autre; sans trêve. (*b*) **All in.** (i) Tout compris. **It will cost you £100, all in**, cela vous coûtera cent livres tout compris, cent livres prix global. **The prices quoted are all in**, les prix cotés s'entendent tous frais compris. *See also* ALL-IN. (ii) *F:* **I'm absolutely all in**, je suis absolument éreinté, fourbu, rendu, vanné, *P:* esquinté. (*c*) *Ten:* Advantage in, avantage dedans. (*d*) *Husb:* **To breed in and in**, accoupler des animaux consanguins. *Bred in and in*, consanguin. (*e*) **In and out.** (i) **Now in, now out**, tantôt dedans, tantôt dehors. **To go in and out**, entrer et sortir. **He is always in and out of the house**, il entre et sort comme chez lui. **In-and-out bolt**, boulon *m* libre. *See also* CALLIPERS[1] 1. *Cin:* **In-and-out movement of the claws**, engrènement *m* des griffes (dans la perforation). *Sp:* **In-and-out running**, alternation *f* de victoires et d'échecs. (ii) **To know a man in and out**, connaître un homme à fond.

III. **in**, *s.* **1. Ins and outs.** (*a*) *Ins and outs of a stream, of a path*, méandres *m* d'un cours d'eau, d'un sentier. *F:* **To know the ins and outs of a matter**, connaître tous les coins et recoins, tous les tenants et aboutissants, d'une affaire; connaître le fort et le fin, le fort et le faible, d'une affaire; connaître une affaire dans tous ses détails. **The ins and outs of a house**, les aîtres *m* d'une maison. *I know all the ins and outs of these ruins*, je connais tous les tours et détours de ces ruines. (*b*) **Workhouse ins and outs**, habitués *m* des dépôts de mendicité; *F:* chevaux *m* de retour. **2.** *Pol:* **The ins**, le parti au pouvoir.

'in-being, *s.* **1.** Immanence *f.* **2.** Nature essentielle.

'in-book, *s.* = IN-CLEARING BOOK.

'in-breeding, *s.* Accouplement *m* d'animaux consanguins; suite *f* d'accouplements ou de mariages consanguins; consanguinité *f*; endogamie *f*.
'in-centre, *s. Geom:* Centre *m* du cercle inscrit (d'un triangle, etc.).
'in-clearer, *s. Fin:* Commis *m* d'un *clearing banker*, qui travaille à la Banque et qui est chargé du livre du dedans; commis chargé d'inscrire les chèques à rembourser. *Cp.* OUT-CLEARER.
'in-clearing book, *s. Fin:* Livre *m* du dedans; livre, registre *m*, des chèques à rembourser. *Cp.* OUT-CLEARING BOOK.
'in-clerk, *s. Fin:* = IN-CLEARER.
'in-foal, *attrib.a.* **In-foal mare,** jument pleine.
'in-going, *a.* Qui entre; entrant. *I.-g. crowd*, foule *f* qui entre. **In-going tenant,** nouveau locataire.
in-'laws, *s.pl. F:* Belle-famille *f*; les beaux-parents.
'in-maintenance, *s.* Entretien *m* des pauvres hospitalisés.
'in-patient, *s.* (Malade) hospitalisé, -ée.
in-'shore. *Nau:* **1.** *adv.* Près de terre; (dirigé) vers la côte. *Close i.-s.*, tout près de terre. **To keep close in-shore,** naviguer près de terre; serrer la terre. **To stand in-shore,** courir un bord à terre. **To run a boat in-shore,** pousser un bateau au rivage. **2.** *Attrib.a.* **'In-shore fishery,** pêche côtière. **'In-shore tack,** bordée *f* de terre. *See also* PILOT[1] 1, PILOTAGE 1.
'in-side, *s. Cr:* Équipe *f* qui est à la batte.

in², *v.tr.* (inned; inning) *Agr:* **To in corn, hay, etc.,** moissonner, récolter, rentrer, le blé, le foin, etc.

in³, *Lt. prep. Occurs in many phrases, of which the following are frequent.* **In articulo mortis,** à l'article de la mort. *Ecc:* **In commendam,** en commende. *Jur:* **In contumaciam,** (condamner qn) par contumace. **In esse,** existant; qui existe; au monde. **In extenso,** in extenso; sans rien omettre. **In extremis,** in extremis; à l'article de la mort. **In flagrante delicto,** en flagrant délit. *Jur:* **In forma pauperis,** (intenter une action) avec assistance judiciaire. **In loco,** en lieu (de). **To stand in loco parentis to a child,** être investi de la puissance paternelle vis-à-vis d'un enfant. **In medias res,** in medias res; en plein sujet. **In memoriam,** en mémoire (de). *R.C.Ch:* **Bishop in partibus (infidelium),** évêque *m* in partibus (infidelium); évêque dans les pays occupés par les infidèles. **In perpetuum,** in perpetuum; à perpétuité. *Phil:* **In posse,** en puissance. *The tree in posse lies hidden in the seed*, l'arbre est en puissance dans la graine. **In propria persona,** en propre personne. **In puris naturalibus,** in naturalibus; dans l'état de nudité. **In re,** *see* RE². **In situ,** in situ; en place; dans l'endroit même. **In statu pupillari,** en tutelle. **In statu quo,** in statu quo; dans le statu quo; tel quel. *To inflict a punishment* **in terrorem,** infliger une punition pour l'exemple. **In toto,** en entier; entièrement; absolument. *To reject a proposal in toto*, rejeter, repousser, une proposition en bloc, entièrement. **In transitu,** en transit. **In vacuo,** dans le vide.
in 'pace, *s. Archeol:* Cul *m* de basse-fosse; in pace *m inv.*

in- [in], *pref.* (*Before b, m, p*) **im-,** (*before l*) **il-,** (*before r*) **ir-.** *Expresses negation.* **1.** in-, im-, il-, ir-. *Inaction*, inaction. *Inanimate*, inanimé. *Incalculable*, incalculable. *Indefinite*, indéfini. *Inequality*, inégalité. *Inopportune*, inopportun. *Immaterial*, immatériel. *Immutability*, immutabilité. *Imperfect*, imparfait. *Illegal*, illégal. *Irregular*, irrégulier. **2.** (*a*) *Inappropriate*, peu propre, peu à propos. *Implausible*, peu plausible. *Inconsiderable*, peu considérable. *Inconspicuous*, peu marquant. *Inexpensive*, peu coûteux. *Insecure*, peu sûr. *Insincere*, peu sincère. (*b*) *Immature*, pas mûr. *Incompact*, non compact. *Incondensable*, non condensable. *Indiscoverable*, qu'on ne peut découvrir. *Ineradicable*, qu'on ne peut extirper. (*c*) *Impennate*, sans plumes. *Inartificial*, sans art. *Inglorious*, sans gloire. *Inelastic*, sans élasticité. (*d*) *Inconformity*, manque de conformité. *Inelasticity*, manque d'élasticité. *Incompliance*, manque de complaisance. *Insobriety*, manque de sobriété.

-in, *s.suff.* -ine *f*. *Ch:* *Albumin*, albumine. *Casein*, caséine. *Chondrin*, chondrine. *Dextrin*, dextrine. *Inulin*, inuline. *Salicin*, salicine. *Vanillin*, vanilline.

-ina¹ ['i:nə], *s.suff.* -ine *f*. *Czarina*, czarine. *Christina*, Christine. *Carolina* ['ainə], Caroline.

-ina² ['i:nə], *s.suff.pl. Z:* *Acarina*, acarides, acariens. *Bombycina*, bombycidés, bombyciens.

inability [inə'biliti], *s.* Incapacité *f* (*to do sth.*, de faire qch.); impuissance *f* (*to do sth.*, à faire qch.). *He admitted his i. to . . .*, il s'avoua incapable de . . ., impuissant à. . . .

inaccessibility [inæksesi'biliti], **inaccessibleness** [inæk'sesiblnəs], *s.* Inaccessibilité *f*.

inaccessible [inæk'sesibl], *a.* (Point, port, personne) inaccessible (*to*, à); (personne) inabordable. *People i. to any feeling of beauty*, gens fermés au sentiment du beau.

inaccuracy [in'ækjurəsi], *s.* **1.** Inexactitude *f*, imprécision *f*. *I. of a translation*, infidélité *f* d'une traduction. **2.** *Work full of inaccuracies*, ouvrage plein d'inexactitudes.

inaccurate [in'ækjuret], *a.* (Calcul, esprit) inexact; (esprit) imprécis; (avis, sens) incorrect. *I. account*, récit *m* infidèle. *Mil: I. fire*, tir déréglé. **Inaccurate balance,** balance fausse, défectueuse. **-ly,** *adv.* (Calculer) inexactement; (juger, citer) incorrectement; (traduire) infidèlement.

Inachus ['inəkəs]. *Pr.n.m. Gr.Myth:* Inachos.

inacquaintance [inə'kweintəns], *s.* Manque *m* de connaissance, ignorance *f* (*with*, de).

inactinic [inæk'tinik], *a. Ph:* Inactinique. *Phot: etc:* (Papier *m*) anti-actinique.

inaction [in'ækʃ(ə)n], *s.* Inaction *f*; inertie *f*. *Reduced to i.*, réduit à l'inaction; immobilisé. **Policy of inaction,** politique *f* de laisser-faire.

inactivate [in'æktiveit], *v.tr.* Rendre (un sérum) inactif.

inactive [in'æktiv], *a.* **1.** Inactif; (esprit *m*) inerte. *I. habits*, habitudes *f* d'inaction. **2.** (Fabrique *f*, mine *f*) en chômage. **3.** *Ch:* (Corps *m*) inerte, sans action. *El.E:* **Inactive current,** courant déwatté. *Ph: Body optically i.*, corps optiquement inactif. **-ly,** *adv.* Inactivement, dans l'inaction.

inactivity [inæk'tiviti], *s.* Inactivité *f*; inertie *f*; passivité *f*. **Masterly inactivity,** sage politique *f* de laisser-faire.

inadaptability [inədæptə'biliti], *s.* Incapacité *f* de s'adapter (*to*, à). *I. of the soil*, incapacité, impropriété *f*, du sol à la culture.

inadequacy [in'ædikwəsi], *s.* Insuffisance *f* (d'un revenu); imperfection *f*, état incomplet (de notre langage, de ce système).

inadequate [in'ædikwet], *a.* **1.** Inadéquat, insuffisant. *I. salary*, salaire insuffisant. *I. information*, renseignements incomplets. *I. arrangements*, défaut *m* d'organisation. **To decide on inadequate grounds,** se décider sur de maigres raisons. (*Of thg*) **To be inadequate to a purpose, to do sth.,** être insuffisant pour qch., pour faire qch. *My words are i. to express my gratitude*, mes paroles sont bien au-dessous de la reconnaissance que je voudrais vous exprimer. **2.** *I. style*, style inapproprié au sujet; style pauvre. **-ly,** *adv.* Insuffisamment. *I. provided with sth.*, insuffisamment pourvu de qch.

inadequateness [in'ædikwetnəs], *s.* = INADEQUACY.

inadherent [inəd'hi:ərənt], **inadhesive** [inəd'hi:siv], *a.* Inadhérent, qui n'adhère pas.

inadmissibility [inədmisi'biliti], *s.* Inadmissibilité *f* (d'une supposition, d'une preuve). *Jur:* Non-recevabilité *f* (d'une réclamation, etc.).

inadmissible [inəd'misibl], *a.* (Théorie, prétention) inadmissible. *Jur:* (Réclamation *f*, excuse *f*) non recevable. **The evidence is inadmissible,** la preuve est irrecevable.

inadvertence [inəd'və:rtəns], **inadvertency** [inəd'və:rtənsi], *s.* Inadvertance *f*, étourderie *f*, inattention *f*. *To do sth. through i.*, faire qch. par inadvertance, par mégarde, par méprise, par oubli, par étourderie.

inadvertent [inəd'və:rtənt], *a.* **1.** Inattentif (*to*, à), négligent (*to*, de). **2.** **Inadvertent action,** action commise par inadvertance, par mégarde. *I. joke*, plaisanterie involontaire, faite sans le vouloir. **-ly,** *adv.* Par inadvertance, par distraction, par mégarde; par oubli, par étourderie; sans y prendre garde. *Theol:* **To sin inadvertently,** pécher sans advertence.

inadvisability [inədvaizə'biliti], *s.* = UNADVISABLENESS.

inalienability [ineiljənə'biliti], **inalienableness** [in'eiljənəblnəs], *s. Jur:* Inaliénabilité *f*, indisponibilité *f*, incessibilité *f* (d'un bien, d'un droit).

inalienable [in'eiljənəbl], *a.* (Bien *m*, droit *m*) inaliénable, indisponible, incessible. **-ably,** *adv.* Inaliénablement.

inalterability [inɔ:ltərə'biliti], *s.* **1.** Immutabilité *f*. **2.** Inaltérabilité *f* (d'une couleur, d'une épreuve photographique, etc.).

inalterable [in'ɔ:ltərəbl], *a.* **1.** Immuable; à quoi l'on ne saurait apporter de changement. **2.** (Matière colorante, épreuve *f* photographique, etc.) inaltérable.

inamorata [inæmo'rɑ:tə], *s.f.* Amoureuse, amante; *F:* **dulcinée.**

inamorato [inæmo'rɑ:to], *s.m.* Amant, amoureux.

inane [in'ein], *a.* **1.** (*Of the immensity of space*) Vide. *s.* **The (great) inane,** le grand vide, le néant. **2.** (*Of pers., action*) Inepte, stupide, bête, niais. *I. smile*, sourire bête, niais. *I. answer*, réponse inepte, saugrenue. *I. remark*, ineptie *f*. *An i. person*, une nullité, *F:* une croûte, une ganache. **-ly,** *adv.* Bêtement, stupidement, niaisement, absurdement. *To talk i.*, débiter des inepties.

inanimate [in'ænimet], *a.* (Corps) inanimé, sans vie. **Inanimate nature,** le monde inanimé.

inanition [inə'niʃ(ə)n], *s. Med:* Inanition *f*.

inanity [in'æniti], *s.* Inanité *f*, niaiserie *f*.

inappeasable [inə'pi:zəbl], *a.* Inapaisable.

inappellable [inə'peləbl], *a. Jur:* (Jugement *m*) sans appel, qui ne souffre pas d'appel.

inappetence [in'æpetəns], *s. Med:* Inappétence *f*, manque *m* d'appétit.

inapplicability [inæplikə'biliti], *s.* Inapplicabilité *f* (*to*, à).

inapplicable [in'æplikəbl, inə'plikəbl], *a.* Inapplicable (*to*, à). *Alg:* **Inapplicable solution of a problem,** solution étrangère d'un problème.

inapplication [inæpli'keiʃ(ə)n], *s.* **1.** Inapplication *f*, manque *m* d'application; indolence *f*. **2.** Inapplicabilité *f*.

inapposite [in'æpozit], *a.* (Citation, titre) sans rapport (*to*, avec), inapplicable (*to*, à); (réponse) faite mal à propos, hors de propos.

inappositeness [in'æpozitnəs], *s.* Manque *m* d'à-propos (d'une remarque, etc.).

inappreciable [inə'pri:ʃjəbl], *a.* Inappréciable (à l'œil, etc.). **-ably,** *adv.* Inappréciablement.

inappreciation [inəpri:ʃi'eiʃ(ə)n], *s.* Manque *m*, défaut *m*, d'appréciation.

inappreciative [inə'pri:ʃiətiv], *a.* = UNAPPRECIATIVE.

inapprehensible [inæpri'hensibl], *a.* (Sentiment, signification) insaisissable, incompréhensible.

inapprehension [inæpri'henʃ(ə)n], *s.* Manque *m*, défaut *m*, de compréhension.

inapprehensive [inæpri'hensiv], *a.* = UNAPPREHENSIVE.

inapproachable [inə'proutʃəbl], *a.* = UNAPPROACHABLE.

inappropriate [inə'proupriet], *a.* Peu approprié, qui ne convient pas (*to*, à); peu en situation; (*of word*) impropre; (*of speech*) déplacé. *Utterly i. to the existing situation*, absolument incompatible avec la situation actuelle. **-ly,** *adv.* D'une façon impropre, peu appropriée.

inapt [in'æpt], *a.* Inapte. **1.** (*a*) Incapable. (*b*) Inhabile, inexpert. **2.** Peu approprié (*to*, à). **-ly,** *adv.* Improprement. *I. described*, mal décrit. **Not inaptly called . . .,** appelé avec justesse, avec beaucoup d'à-propos. . . .

inaptitude [in'æptitju:d], **inaptness** [in'æptnəs], *s.* **1.** Inaptitude *f* (*for*, à). **2.** Incapacité *f*.

inarch [in'ɑ:rtʃ], *v.tr. Hort:* Greffer par approche.
inarching, *s.* Greffage *m*, greffe *f*, par approche.

inarm [in'ɑːrm], *v.tr. Poet:* Étreindre, embrasser.
inarticulacy [inɑːr'tikjuləsi], *s.* = INARTICULATENESS.
inarticulata [inɑːrtikju'leita], *s.pl. Moll:* Inarticulés *m.*
inarticulate [inɑːr'tikjulet], *a.* **1.** *Nat.Hist:* Inarticulé; sans articulations. **2.** (*a*) (Son) inarticulé; (son) imparfaitement prononcé. (*b*) (Animal *m*, etc.) qui n'a pas le don de la parole; muet, -ette. *The i. masses,* les masses *f* qui souffrent en silence, qui ne savent pas formuler leurs plaintes. (*c*) (Malade) incapable de parler. **Inarticulate with rage, with drink,** bégayant de colère, d'ivresse. **-ly,** *adv.* D'une manière inarticulée; indistinctement.
inarticulated [inɑːr'tikjuleitid], *a.* = INARTICULATE 1, 2 (*a*).
inarticulateness [inɑːr'tikjuletnəs], *s.* **1.** Défaut *m*, manque *m*, d'articulation; prononciation *f* indistincte; balbutie *f.* **2.** (*a*) Mutisme *m*, aphonie *f.* (*b*) Perte *f* de la voix.
inartificial [inɑːrti'fiʃ(ə)l], *a.* **1.** *A:* Peu artistique, sans art. **2.** Sans art; sans artifice; naturel.
inartistic [inɑːr'tistik], *a.* (*Of production, etc.*) Peu artistique; sans valeur artistique; (*of person*) dépourvu de sens artistique. **-ally,** *adv.* Sans art, peu artistement.
inasmuch as [inaz'mʌtʃaz], *conj.phr.* **1.** Attendu que, vu que, considérant que, puisque. *I. as the owner has not claimed his rights, the said rights have now lapsed,* considérant que, vu que, attendu que, le propriétaire n'a pas réclamé ses droits, lesdits droits sont périmés. **2.** *A:* Dans la mesure que. *B: I. as ye have done it unto one of the least of these my brethren ye have done it unto me,* en tant que vous avez fait ces choses à l'un de ces plus petits de mes frères, vous me l'avez fait à moi-même.
inassimilable [ina'siniləbl], *a. Physiol: etc:* Inassimilable.
inattention [ina'tenʃ(ə)n], *s.* Inattention *f.* (*a*) Distraction *f.* *To have fits of i.,* avoir des moments d'inattention, de distraction. (*b*) **Inattention to one's business,** négligence *f* de ses affaires. (*c*) Manque *m* de prévenances, d'attentions (*to, towards, s.o.*, à l'égard de qn).
inattentive [ina'tentiv], *a.* **1.** Inattentif, distrait. **2.** Négligent (*to*, de). **3.** Peu attentionné (*to, towards, s.o.*, pour qn); peu prévenant. **-ly,** *adv.* Sans attention; distraitement.
inattentiveness [ina'tentivnəs], *s.* Inattention *f*; distraction *f.*
inaudibility [inɔːdi'biliti], *s.* Imperceptibilité *f*, insaisissabilité *f* (d'un son); faiblesse *f* (de la voix).
inaudible [in'ɔːdibl], *a.* (Son *m*) imperceptible; (réponse *f*) insaisissable; (explosion *f*) inaudible. *I. voice,* voix *f* faible. *The noise rendered his words i. to us,* le tapage nous empêchait d'entendre, de saisir, ses paroles. *It, he, is almost i.,* on l'entend à peine. **-ibly,** *adv.* (Déposer qch.) sans bruit; (parler, prier) de manière à ne pas être entendu.
inaugural [in'ɔːgjurəl]. **1.** *a.* Inaugural, -aux. *I. address,* discours *m* d'inauguration. **2.** *s. U.S:* Discours inaugural; allocution inaugurale.
inaugurate [in'ɔːgjureit], *v.tr.* Inaugurer (un monument, une statue); introniser, installer (un évêque); inaugurer, commencer (une ère nouvelle); mettre en application, mettre en vigueur (un nouveau système). *To i. a fête,* faire l'inauguration d'une fête.
inauguration [inɔːgju'reiʃ(ə)n], *s.* Inauguration *f*; intronisation *f* (d'un évêque); mise *f* en application, commencement *m* (d'un nouveau système, etc.). *U.S:* **Inauguration day,** le Jour de l'inauguration du nouveau président (le quatre mars, tous les quatre ans).
inaugurator [in'ɔːgjureitər], *s.* Inaugurateur, -trice.
inauguratory [in'ɔːgjureitəri], *a.* = INAUGURAL 1.
inauspicious [inɔ'spiʃəs], *a.* Peu propice; fâcheux; malheureux. *At an i. moment,* à un moment malencontreux. **-ly,** *adv.* Sous de mauvais auspices, peu favorablement.
inauspiciousness [inɔ'spiʃəsnəs], *s.* Mauvais auspices *mpl* (d'une mauvaise étoile); caractère malheureux (de certains jours, d'un début, etc.).
inboard ['inbɔːrd]. *Nau:* **1.** *adv.* A l'intérieur du bord, en abord. **To take the anchor inboard,** rentrer l'ancre. **2.** *prep.* En abord de. **3.** *a.* De l'intérieur, à l'intérieur. **Inboard cabin,** cabine intérieure, *Navy:* chambre intérieure.
inborn ['inbɔːrn], *a.* **1.** (Instinct, mérite) inné, infus, naturel. **2.** *A: He is an i. poet,* il est né poète.
inbound ['inbaund], *a. Nau:* (Navire *m*) qui entre en rade ou au port; qui remonte vers le port.
inbreathe [in'briːð], *v.tr. Lit:* Insuffler, inspirer (la sagesse, etc.) (*into*, à).
inbred ['inbred], *a.* **1.** Inné, naturel. **2.** *Breed:* (*Of horses, etc.*) Consanguin.
Inca ['iŋka], *s. Hist:* Inca *m.*
incalculability [inkalkjulə'biliti], *s.* Incalculabilité *f.*
incalculable [in'kalkjuləbl], *a.* **1.** Incalculable. *I. loss,* perte *f* incalculable, inestimable. **2.** **Incalculable temper,** humeur sur laquelle on ne peut compter, à laquelle on ne peut se fier. **-ably,** *adv.* Incalculablement.
incameration [inkamə'reiʃ(ə)n], *s. Ecc.Hist:* Incamération *f.*
incandesce [inkan'des]. *El:* **1.** *v.tr.* Rendre incandescent; mettre (une lampe, etc.) en incandescence. **2.** *v.i.* Entrer en incandescence.
incandescence [inkan'des(ə)ns], *s.* Incandescence *f*; *Metall:* chaleur blanche.
incandescent [inkan'des(ə)nt], *a.* Incandescent. **Incandescent light,** lumière à incandescence. *F:* **Incandescent temper,** caractère incandescent, emporté. *See also* BURNER 2, LAMP[1] 3.
incantation [inkan'teiʃ(ə)n], *s.* Incantation *f*, conjuration *f*, charme *m.*
incapability [inkeipə'biliti], *s.* **1.** Incapacité *f.* **2.** *Jur:* Inéligibilité *f.*
incapable [in'keipəbl], *a.* **1.** Incapable (*of*, de). **Incapable of improvement, of being improved,** peu susceptible d'amélioration; incapable d'amélioration, d'être amélioré. **Incapable of speech,** incapable de parler. *I. of proof,* non susceptible de preuve. *I. of much exertion,* incapable de grand effort. *I. of understanding sth.,* incapable de comprendre qch. *I. of pity,* inaccessible à la pitié. *I. of deception,* incapable de tromper. *He is i. of doing such a thing,* il ne ferait pas, il n'est pas capable de faire, une chose pareille. *I found myself i. of helping him,* je me trouvais dans l'impossibilité de lui prêter secours. **2.** (*a*) (Homme) incapable, incompétent. (*b*) *Jur:* Incapable. **Declared incapable of managing his own affairs,** en état d'incapacité légale. *To have s.o. declared i. of managing his own affairs,* faire interdire qn. *I. of succeeding (to an estate, etc.),* incapable de succéder. **Incapable of being elected to a position,** inéligible à une fonction. *See also* DRUNK 1. **-ably,** *adv.* **1.** *To act i.,* faire preuve d'incapacité. **2.** **Incapably drunk,** ivre à ne plus se tenir debout.
incapacious [inka'peiʃəs], *a.* (Esprit) de peu de capacité, borné, étroit.
incapacitate [inka'pasiteit], *v.tr.* **1.** Rendre (qn) incapable (*from, for*, de). **2.** *Jur:* Priver (qn) de capacité légale; frapper (qn) d'incapacité.
incapacitation [inkapasi'teiʃ(ə)n], *s.* **1.** *Jur:* Privation *f* de capacité légale. **2.** *I. for, from, work,* incapacité *f* de travail. *Since his i. from, for, active pursuits,* depuis son infirmité *f.* *Wounded soldiers who suffer permanent i.,* blessés de guerre frappés d'invalidité *f.*
incapacity [inka'pasiti], *s.* **1.** Incapacité *f*, incompétence *f.* **Incapacity for doing sth., to do sth.,** incapacité de faire qch. **The incapacity of the staff,** l'insuffisance *f* du personnel; la nullité du personnel. **2.** *Jur:* Incapacité légale; inhabilité *f* (*to inherit*, à succéder).
incarcerate [in'kɑːrsəreit], *v.tr.* Incarcérer, mettre en prison, emprisonner.
incarcerated, *a. Med:* **Incarcerated hernia,** hernie incarcérée.
incarceration [inkɑːrsə'reiʃ(ə)n], *s.* **1.** Incarcération *f*, emprisonnement *m.* **2.** *Med:* Incarcération (d'une hernie).
incardinate [in'kɑːrdineit], *v.tr. Ecc:* (*R.C.Ch.*) Faire (qn) cardinal; élever (qn) au cardinalat.
incarnadine [in'kɑːrnadain]. **1.** *a.* (*a*) Incarnadin; incarnat; couleur de chair; rose pâle *inv.* (*b*) Rouge sang *inv.* **2.** *s.* Incarnadin *m*, incarnat *m.*
incarnant [in'kɑːrnənt], *a.* & *s. Med:* Incarnatif (*m*).
incarnate[1] [in'kɑːrnet], *a.* **1.** *Theol:* (Le verbe) incarné, fait chair. (*Of Christ*) **To become incarnate,** s'incarner. *F:* **A devil incarnate,** un démon, un diable, incarné. **2.** *Bot:* Incarnat.
incarnate[2] [in'kɑːrneit], *v.tr.* Incarner (la forme humaine, une idée, une qualité).
incarnation [inkɑːr'neiʃ(ə)n], *s.* **1.** *Theol: etc:* Incarnation *f* (du Christ, d'une idée). **2.** (*Of pers.*) **To be the incarnation of wisdom,** incarner la sagesse du monde; être la sagesse incarnée. **To be the incarnation of health,** respirer la santé.
incase [in'keis], *v.*, **incasement** [in'keismənt], *s.* = ENCASE, ENCASEMENT.
incautious [in'kɔːʃəs], *a.* Imprudent; inconsidéré. *I. use of a word,* emploi irréfléchi d'un mot. *I. words,* paroles imprudentes, peu mesurées. *In an i. moment,* dans un moment d'irréflexion. **-ly,** *adv.* Imprudemment, sans réflexion, sans précaution.
incautiousness [in'kɔːʃəsnəs], *s.* Imprudence *f*, manque *m* de précaution; irréflexion *f.*
incavation [inka'veiʃ(ə)n], *s.* **1.** Excavation *f*, creusage *m*, creusement *m.* **2.** Creux *m*, dépression *f.*
incendiarism [in'sendjərizm], *s.* **1.** Incendie *m* volontaire; incendie par malveillance. *I. is suspected,* on attribue le sinistre à la malveillance. **2.** Politique *f* de dévastation par le feu. **3.** Propagation *f* de principes incendiaires, de la sédition, d'une politique de guerre.
incendiary [in'sendjəri]. **1.** *a.* (*a*) (Matériel *m*, etc.) incendiaire. *See also* BOMB[1] 1. (*b*) (Discours, propos) incendiaire, séditieux. **2.** *s.* (*a*) Incendiaire *m*; auteur *m* volontaire d'un incendie. (*b*) Incendiaire; séditieux *m*; brandon *m* de discorde.
incensation [insen'seiʃ(ə)n], *s.* Encensement *m.*
incense[1] ['insens], *s.* Encens *m.* *F:* **The sweet incense of praise,** le parfum des louanges.
'incense-bearer, *s. Ecc:* Thuriféraire *m*, encenseur *m.*
'incense-boat, *s. Ecc:* Navette *f.*
'incense-breathing, *a. Poet:* Embaumé; qui exhale de doux parfums.
'incense-burner, *s.* **1.** (*Pers.*) Brûleur, -euse, d'encens. **2.** (*Device*) Cassolette *f*; brûle-parfums *m inv.*
incense[2] ['insens], *v.tr.* (*a*) Encenser (qn, qch.). (*b*) Brûler de l'encens devant (un autel, une idole). (*c*) Embaumer (une chambre, l'air); purifier (l'air).
incense[3] [in'sens], *v.tr.* Exaspérer, courroucer, irriter (qn). **To incense s.o. against s.o.,** déchaîner la colère de qn contre qn.
incensed, *a.* **1.** Enflammé de colère; exaspéré, courroucé. **To become, grow, incensed** (*against, with, at, s.o.*), s'irriter, se courroucer, s'animer (contre qn). **2.** *Her:* Lampassé.
incensory ['insensəri], *s. Ecc:* Encensoir *m.*
incentive [in'sentiv]. **1.** *a.* (*a*) Provocant, excitant. (*b*) Stimulant. **2.** *s.* Stimulant *m*, aiguillon *m*, motif *m*, encouragement *m.* *The true i. to scientific research,* le véritable ressort, le véritable aiguillon, de la recherche scientifique. **Unemployment is an incentive to crime,** le chômage pousse au crime.
incept [in'sept], *v.tr.* **1.** *Biol:* (*Of organism, cell*) Absorber. **2.** *Lit:* Entreprendre; commencer.
inception [in'sepʃ(ə)n], *s.* **1.** Commencement *m*, début *m* (d'une entreprise, etc.). **2.** *Biol: Physiol:* Absorption *f.*
inceptive [in'septiv]. **1.** *a.* Initial, -aux. **2.** *a.* & *s. Gram:* (Verbe, temps) inchoatif (*m*).
incertitude [in'səːrtitjuːd], *s.* Incertitude *f.*
incessant [in'ses(ə)nt], *a.* (Bruit) incessant, continuel. *I. worries,* soucis éternels. **To be incessant in one's praises of sth.,** ne pas tarir d'éloges sur qch.; louer qch. sans cesse. **-ly,** *adv.* Sans cesse, sans relâche, continuellement, incessamment.

incessantness [in'ses(ə)ntnəs], *s.* Caractère incessant, continu (de qch.).

incest ['insest], *s.* Inceste *m.* *Theol:* *Spiritual i.*, inceste spirituel.

incestuous [in'sestjuəs], *a.* (Désirs, couple, enfant) incestueux. *I. person*, incestueux, -euse. **-ly**, *adv.* Incestueusement.

inch[1] [inʃ], *s.* *Meas:* Pouce *m* (= $\frac{1}{36}$ du yard; = 2 centimètres 54). **Square inch**, pouce carré. **Cubic inch**, pouce cube. *F:* **He makes the most of his inches**, il ne perd pas un pouce de sa taille. *A man of your inches*, un homme de votre taille. *F:* **He couldn't see an inch before him**, il n'y voyait pas à deux pas devant lui. **To dispute the ground inch by inch; to dispute, fight, every inch of the ground**, disputer le terrain pied à pied; se défendre avec ardeur. *See also* EVERY. **Not to give way an inch**, ne pas reculer d'une semelle. *He did not depart an i. from his orders*, il ne s'est pas départi d'une ligne des ordres qu'il avait reçus. **By inches, inch by inch**, peu à peu, petit à petit. *See also* DIE[2] 1. **I know every inch of the neighbourhood**, je connais la région dans tous ses recoins, comme ma poche. **We were all within an inch of a fight**, on était tous sur le point de se battre. *See also* LIFE 1. **Give him an inch and he'll take an ell**, donnez-lui-en grand comme le doigt et il en prendra long comme le bras; donnez-lui un pied et il en prendra quatre; si on lui donne un pouce il en prendra long comme le bras. **An inch of cold iron, of cold steel**, un coup de poignard, d'épée.

'inch-worm, *s.* *Ent:* *U.S:* Arpenteuse *f*; chenille *f* géomètre.

inch[2]. 1. *v.i.* Avancer ou reculer peu à peu, petit à petit. **To inch forward**, s'avancer pouce par pouce. 2. *v.tr.* Faire avancer ou reculer (qn, qch.) petit à petit.

inch[3], *s.* *Scot:* Petite île; îlot *m.*

-incher ['inʃər], *s.* (*With numeral prefixed, e.g.*) **Six-incher**, objet *m* de six pouces de long ou de diamètre; *esp.* *Artil:* canon *m*, pièce *f*, de six pouces (= pièce de 150 mm.).

inchmeal ['inʃmi:l], *adv.* Pouce à pouce, pied à pied, par petits morceaux; peu à peu, petit à petit. *To take a town i.*, prendre une ville pied à pied. **To die (by) inchmeal**, mourir à petit feu.

inchoate[1] ['inkoet], *a.* 1. Rudimentaire, fruste. 2. Incomplet, imparfait. *Jur:* **Inchoate crimes**, délits non parfaits.

inchoate[2] ['inkoeit], *v.tr.* Commencer (un discours); engendrer (un projet); occasionner (la ruine de qn).

inchoation [inko'eiʃ(ə)n], *s.* Inchoation *f*, commencement *m.*

inchoative [in'kouətiv, 'inkoeitiv], *a.* 1. Initial, -aux; premier. 2. *Gram:* (Verbe) inchoatif.

incidence ['insidəns], *s.* 1. Incidence *f* (d'un impôt, etc.). 2. *Opt:* *Av:* *etc:* **Angle of incidence**, angle *m* d'incidence (d'un rayon de lumière, de l'aile, etc.).

incident[1] ['insidənt], *s.* 1. Incident *m.* *Incidents might arise*, il pourrait se produire des incidents. *Journey full of incidents*, voyage mouvementé, plein de péripéties *f.* **Novel full of incident(s)**, roman plein d'événements; roman étoffé. *The different incidents of a novel*, les épisodes *m* d'un roman. 2. *Jur:* Servitude *f* ou privilège *m* attachés à une tenure.

incident[2], *a.* 1. Qui arrive; qui appartient, qui tient (*to*, à). **Dangers incident to travel**, dangers *m* que comporte un voyage; dangers auxquels on est sujet, auxquels on peut s'attendre, en voyage. **Fee incident to a title**, taxe *f* qui tient à un titre. *Right of pasturage i. to a piece of land*, droit *m* de pâturage attaché à une terre. 2. (*a*) *Opt:* (Rayon) incident. (*b*) **Light incident upon a picture**, lumière *f* qui tombe sur un tableau.

incidental [insi'dent(ə)l]. 1. *a.* (*a*) (Événement) fortuit, accidentel; (*of circumstance, etc.*) incidentel; (*of observation, question, etc.*) incident. *It produced some i. good*, cela lui a en même temps fait quelque bien. **Incidental expenses**, faux frais, dépenses imprévues. **The incidental music for a play**, la musique pour une pièce. *Gram:* **Incidental clause**, incidente explicative; incise *f.* *Jur:* **Incidental plea of defence**, exception *f.* (*b*) Auquel on peut s'attendre. **Incidental to sth.**, qui résulte de qch.; qui est inséparable de qch. *Fatigues i. to a journey*, fatigues que comporte un voyage, auxquelles nous expose un voyage. 2. *s.* (*a*) Chose fortuite; éventualité *f.* (*b*) *pl.* **Incidentals** = *incidental expenses*, *q.v. under* 1. **-ally**, *adv.* 1. Incidemment. **A grave question was incidentally raised**, une question grave fut soulevée à ce propos. 2. Par ailleurs . . .; par parenthèse. . . . *Be it said i.*, soit dit en passant; soit dit entre parenthèses.

incinerate [in'sinəreit], *v.tr.* (*a*) Incinérer, réduire en cendres, cinéfier, carboniser (une substance, les victimes d'un incendie, etc.). (*b*) *U.S:* Incinérer, crémer (un mort).

incineration [insinə'reiʃ(ə)n], *s* (*a*) Incinération *f.* *Ch:* *etc:* **Incineration dish**, capsule *f* à incinération. (*b*) *U.S:* Incinération, crémation *f* (d'un mort).

incinerator [in'sinəreitər], *s.* (*a*) Incinérateur *m.* (*b*) *U.S:* Four *m* crématoire.

incipience [in'sipiəns], **incipiency** [in'sipiənsi], *s.* Commencement *m* (de l'aube, d'une crise); origine *f* (d'un système).

incipient [in'sipiənt], *a.* Naissant; qui commence. *I. madness*, folie naissante. **Incipient beard**, barbe naissante. **Incipient fracture**, amorce *f* de fissure. *I. rheumatism, i. indiscipline*, amorces, commencements *m*, de rhumatisme, d'indiscipline.

incise [in'sa:iz], *v.tr.* 1. Inciser, faire une incision dans (l'écorce d'un arbre, etc.). *Surg:* Inciser, débrider (une plaie, un tissu). 2. *Art:* *etc:* Graver en creux (une inscription, etc.).

incised, *a.* 1. *Nat.Hist:* Incisé; (bec d'oiseau) ciselé. 2. *Stone with i. cross*, pierre *f* avec croix gravée en creux.

incising, *s.* Incision *f.* *Surg:* Débridement *m.*

incision [in'siʒ(ə)n], *s.* Incision *f*, entaille *f.* (*a*) *Surg:* Incision, débridement *m*, boutonnière *f.* **To make an incision in sth.**, inciser qch. (*b*) *Hort:* Enture *f.* (*c*) *Nat.Hist:* Découpure *f.*

incisive [in'saisiv], *a.* 1. (Instrument, ton, style) incisif, tranchant; (ton) mordant; (esprit, jugement) pénétrant. 2. *Anat:* **Incisive teeth**, (dents) incisives *f.* **Incisive bone**, os incisif, intermaxillaire. **-ly**, *adv.* Incisivement; d'un ton tranchant, mordant.

incisiveness [in'saisivnəs], *s.* Ton incisif, mordant, tranchant. *The i. of his style*, son style tranchant.

incisor [in'saizər], *s.* *Anat:* (Dent) incisive *f.*

incitable [in'saitəbl], *a.* Incitable (*to*, à).

incitation [insi'teiʃ(ə)n], *s.* 1. Incitation *f*, excitation *f* (*to*, à). 2. Stimulant *m*, aiguillon *m.*

incite [in'sait], *v.tr.* Inciter, instiguer, aiguillonner, animer (*to sth.*, *to do sth.*, à qch., à faire qch.). *To i. s.o. to revolt*, pousser, exciter, qn à la révolte, à se révolter. **To incite s.o. to evil, to crime**, inciter qn au mal; pousser qn au crime. *To i. s.o. to virtue*, édifier qn. *To i. s.o. to work*, stimuler qn au travail. **To incite workmen against their masters**, monter les ouvriers contre leurs patrons.

inciting[1], *a.* (*Of agent*) Incitateur, -trice, incitatif, incitant; (*of speech*) encourageant, entraînant.

inciting[2], *s.* Incitation *f*, provocation *f* (*to*, à).

incitement [in'saitmənt], *s.* 1. Incitation *f*, excitation *f*, instigation *f*, encouragement *m* (*to*, à). 2. Stimulant *m*, aiguillon *m*; mobile *m*, motif *m* (*of*, de).

inciter, -tress [in'saitər, -tres], *s.* Instigateur, -trice (*to*, de); incitateur, -trice (*to*, à). *Glory is a powerful i. of all great souls*, la gloire est un puissant mobile de toutes les grandes âmes.

incivility [insi'viliti], *s.* Incivilité *f*, discourtoisie *f.* **Piece of incivility**, incivilité. *He offered me a hundred incivilities*, il m'a fait toutes sortes de malhonnêtetés.

incivism ['insivizm], *s.* *Hist:* Incivisme *m.*

inclemency [in'klemənsi], *s.* Inclémence *f*, rigueur *f* (de climat, de température); inclémence (de qn). *I. of the weather*, intempérie *f*; *F:* mauvais temps.

inclement [in'klemənt], *a.* (Juge, sort, etc.) inclément; (climat, etc.) inclément, rigoureux, rude.

inclinable [in'klainəbl], *a.* 1. (*Of pers.*) (*a*) Enclin, porté (*to*, à). *I. to devoutness*, inclinant à la dévotion. (*b*) *I. to s.o., to a party*, favorable à qn, à un parti. 2. (*Of table, stand, etc.*) Inclinable.

inclination [inkli'neiʃ(ə)n], *s.* 1. Inclination *f* (de la tête, du corps). 2. Inclinaison *f*, pente *f* (d'un coteau, etc.); inclinaison (d'une droite, d'un plan); déversement *m*, dévers *m* (d'un mur); dévoiement *m* (d'un tuyau de cheminée). *Ph:* **Inclination compass**, boussole *f* d'inclinaison. *Ball:* **Inclination of line of sight to horizontal**, angle *m* de site. *Veh:* *I. of the spokes (of a wheel) from the vertical*, écuanteur *f* des rais. 3. (*a*) Inclination, penchant *m*, tendance naturelle (*to, for*, à, pour). *To follow only one's own i.*, ne faire que ce à quoi l'on se sent porté; *F:* n'en faire qu'à sa tête. **To have an inclination for sth.**, avoir un penchant pour qch.; se sentir du goût pour qch. **To have an inclination towards s.o.**, se sentir de l'attrait pour qn. *To have lost all i. for sth.*, *F:* être revenu de qch. **To have a great inclination to do sth.**, avoir grande envie de faire qch. *To do sth.* **from inclination**, faire qch. par goût. (*b*) **Inclination to stoutness**, tendance *f* à l'embonpoint.

incline[1] ['inklain], *s.* 1. Pente *f*, déclivité *f*, inclinaison *f*, plan incliné; plongée *f* (du terrain). *Rail:* *Civ.E:* (i) (*Acclivity*) Rampe *f*; (ii) (*declivity*) pente. 2. *Min:* **Incline(-shaft)**, puits incliné. 3. *Mil:* Oblique *f* (à gauche, à droite).

incline[2] [in'klain], *v.* Incliner. 1. *v.tr.* (*a*) Pencher, faire pencher (la tête, le corps, un vase). **To incline one's ear to s.o., to a prayer**, prêter l'oreille à qn, à une prière. (*b*) **To incline the heart, the mind, s.o., to sth., to do sth.**, incliner, porter, disposer, le cœur, l'esprit, qn, à qch., à faire qch. *I. our hearts to keep this law*, incline nos cœurs à garder ce commandement. *His heart inclined him to pity*, son cœur l'inclinait à la miséricorde. (*c*) **To incline one's steps towards, to, a place**, diriger ses pas vers un lieu. 2. *v.i.* (*a*) *A. & Lit:* (*Of pers.*) S'incliner, se pencher. *Inclining forward as to speak*, penché en avant comme pour parler. (*b*) (*Of thg*) Incliner, pencher (*to, towards*, à, vers); se déverser; avoir un dévers. *The campanile inclines to one side*, le campanile penche d'un côté. *Inclined at an angle of 45°*, incliné à un angle de 45°. *Nau:* (*Of submarine*) **To incline at a steep angle**, rendre de la pointe. (*c*) Avoir un penchant (*to*, pour qch., à faire qch.); être enclin, porté, disposé (*to*, à). *To i. to pity, to mercy, to believe*, incliner, être disposé, à la pitié, à la clémence, à croire. *To i. to(wards) indulgence*, pencher à, vers, l'indulgence. *To i. to the belief that . . .*, incliner à croire que. . . . *Louis inclined towards an alliance with Spain*, Louis inclinait vers, pour, une alliance avec l'Espagne. *Victory inclined to the enemy*, la victoire inclinait du côté de l'ennemi. **To incline to atheism**, avoir un penchant, pencher, à l'athéisme. (*d*) **To incline to corpulence**, avoir une tendance à la corpulence. (*e*) **Green that inclines to blue**, vert qui tire sur le bleu. (*f*) **To incline to the left**, tirer sur la gauche; *Mil:* obliquer à gauche. **Right incline!** oblique à droite, marche!

inclined, *a.* 1. *Geom:* *etc:* (Plan, etc.) incliné; (mur, etc.) penchant. **Axis of rotation inclined to the normal**, axe de rotation incliné sur la normale. *See also* GATE[4] 2. 2. (*a*) Enclin, porté, disposé (*to, for*, à). **Inclined to sth., to do sth.**, incliné à, vers, qch.; incliné à faire qch. **To be inclined to do sth.**, pencher, avoir de l'inclination, à faire qch. *To be, feel, i. to do sth.*, incliner à faire qch.; se sentir disposé à faire qch.; être, se sentir, en humeur de faire qch. *Not to be i. to, for, work*, ne pas être disposé à travailler. **To be favourably inclined towards sth.**, être favorable à qch. *I feel very much i. to accept*, j'ai bien envie d'accepter. *He is more than half i. to accept*, il s'en faut de peu qu'il accepte. *I am anything but i. to consent*, je suis fort éloigné de consentir. *I am rather i. to take your advice*, je goûte assez votre conseil. **If you feel inclined**, si le cœur vous en dit. **If ever you should feel so inclined**, si jamais l'envie vous en prenait. (*b*) **I am inclined to think that . . .**, je suis porté à croire que. . . . *She is always i. to be grumpy at first*, elle a le premier mouvement désagréable. **He is inclined that way, he is that way inclined**, il penche dans ce sens. *Prices are i. to fall*, les prix *m* tendent à baisser. **His hair is inclined to be red**, ses cheveux *m* tirent sur le roux. *He is inclined to grow fat*, il a une tendance à engraisser. *He is i. to drink too much*, il est quelque peu adonné à la boisson. 3. (*With adv. prefixed, e.g.*) **A well-inclined youth**, un jeune homme porté au bien. *To be well-i. towards s.o.*, être bien disposé envers qn. **Over-inclined to do sth.**, trop porté à faire qch.

inclining[1], *a.* 1. Penché, qui penche; inclinant. **Inclining dial**, cadran déclinant. 2. (*a*) **Inclining to devotion**, inclinant à la dévotion. (*b*) (*Of colours*) **Dark brown inclining to black**, brun foncé tirant sur le noir.

inclining[2], *s.* = INCLINATION I.

inclinometer [inkli'nɔmetər], *s.* (*a*) *Av: etc:* Clinomètre *m*, inclinomètre *m*; indicateur *m* de pente; clitographe *m*. (*b*) (*Dipping-needle*) Boussole *f* d'inclinaison.

inclose [in'klo:uz], *v.*, **inclosure** [in'klouʒjər], *s.* = ENCLOSE, ENCLOSURE.

include [in'klu:d], *v.tr.* Comprendre, renfermer, embrasser. **The county includes all the region from . . . to . . .**, le comté englobe, comprend, toute la région depuis . . . jusqu'à. . . . *Men above seventy are not included in this number*, les hommes de plus de soixante-dix ans ne sont pas compris. *The genus includes the species*, le genre renferme l'espèce. *He included them all in his contempt*, il les englobait tous dans son mépris. *To i. the innocent with the guilty*, confondre les innocents parmi les coupables. *To i. s.o. among one's friends*, compter qn parmi ses amis.

included, *a.* 1. Compris, y compris. *All his property was sold*, **his house included**, tous ses biens furent vendus, y compris sa maison, sa maison comprise. *See also* ATTENDANCE 1. 2. *Bot:* **Included stamens**, étamines incluses.

including, *a.* Y compris. **We were six including our host**, nous étions six y compris notre hôte. *Many people have helped me, i. . . .*, beaucoup de personnes m'ont prêté assistance, entre autres. . . . *There are five of us*, **not including the children**, nous sommes cinq sans compter les enfants. *Price*, **including carriage . . .**, prix, y compris le port. . . . **Up to and including 31st December**, jusqu'à et y compris le 31 décembre; jusqu'au 31 décembre inclus. *Up to and i. eighteen years*, jusqu'à dix-huit ans comptés.

inclusion [in'klu:ʒ(ə)n], *s.* 1. Inclusion *f*. 2. *Miner: Geol:* Inclusion (gazeuse, liquide); (*of extraneous rock*) enclave *f*.

inclusive [in'klu:siv], *a.* Qui comprend, qui renferme. **To be inclusive of sth.**, comprendre, renfermer, qch. *Five i. of the driver*, cinq y compris le chauffeur. **Inclusive sum**, somme globale. **Inclusive terms** (*at hotel, etc.*), conditions, tout compris. *Tp:* **Inclusive charge, rate**, tarif *m* à forfait. **From the 4th to the 12th February inclusive**, du 4 au 12 février inclusivement. **-ly**, *adv.* Inclusivement.

incoagulable [inko'agjuləbl], *a.* Incoagulable.

incoercibility [inkoə:rsi'biliti], *s.* *Ph:* Incoercibilité *f* (d'un fluide).

incoercible [inko'ə:rsibl], *a.* *Ph:* Incoercible.

incog [in'kɔg], *a.*, *adv.* & *s.* *F:* = INCOGNITO, INCOGNITA.

incognita [in'kɔgnita]. 1. *a.* *To remain i.*, rester inconnue. 2. *s.* (*a*) **The fair incognita**, la belle inconnue. (*b*) (*Of woman*) **To preserve her incognita**, garder l'incognito.

incognito [in'kɔgnito]. 1. *a.* & *adv.* (Être, voyager, faire du bien) incognito. 2. *s.* (*pl.* **incogniti**) (*a*) **The young incognito**, le jeune inconnu. (*b*) Incognito *m*. **To preserve one's incognito**, garder l'incognito. *To respect s.o.'s i.*, respecter l'incognito de qn.

incognizable [in'kɔ(g)nizəbl], *a.* Incognoscible; inconnaissable.

incognizance [in'kɔ(g)nizəns], *s.* Inconnaissance *f*.

incognizant [in'kɔ(g)nizənt], *a.* **To be incognizant of sth.**, être sans connaissance de qch.; être ignorant de qch.

incoherence [inko'hi:ərəns], **incoherency** [inko'hi:ərənsi], *s.* Incohérence *f* (d'un argument, de la parole, etc.).

incoherent [inko'hi:ərənt], *a.* Incohérent. (*a*) *Ph:* *I. molecules*, molécules incohérentes. (*b*) *I. ideas*, idées *f* sans cohérence; idées hétéroclites. *I. reasoning*, raisonnement *m* qui ne tient pas debout. **Incoherent style**, style décousu. *The i. speech of a madman*, les divagations *f* d'un fou. *To become i.* (*when in drink*), *F:* déparler. **-ly**, *adv.* Sans cohérence, sans suite; d'une manière incohérente; avec incohérence.

incohesion [inko'hi:ʒ(ə)n], *s.* Incohésion *f* (des molécules, *F:* d'un parti, etc.).

incohesive [inko'hi:siv], *a.* Incohésif; sans cohésion.

incombustibility [inkombʌsti'biliti], *s.* Incombustibilité *f*.

incombustible [inkom'bʌstibl]. 1. *a.* (Gaz *m*, substance *f*) incombustible; (sel *m*) anticombustible. 2. *s.* Anticombustible *m*.

income ['inkəm], *s.* 1. Revenu *m*, revenus *mpl*. **Earned income**, revenu du travail. **Private income, unearned income**, rente(s) *f*(*pl*). *He has a large i.*, (i) il gagne gros; (ii) c'est un gros rentier; *F:* il est bien renté. *To have a private i. of £3000 a year*, avoir trois mille livres de rente. **To live on one's income, to have an income of one's own**, vivre de ses rentes. *Person living on an unearned i.*, rentier, -ière. **To live up to one's income**, dépenser (i) tout ce qu'on gagne, (ii) tout son revenu. **To exceed, outrun, one's income**, dépenser plus que son revenu, plus que ses revenus. *Land that brings in a good i.*, terre *f* de bon rapport. 2. *Com:* = *incomings, q.v. under* INCOMING[2] 2.

'income-tax, *s.* Impôt *m* (cédulaire) sur le revenu. **Graduated income-tax**, impôt progressif. **Income-tax return**, déclaration *f* de revenu, d'impôt sur le revenu.

incomer ['inkʌmər], *s.* 1. **Incomers and outgoers**, (les) entrants *m* et (les) sortants *m*. 2. Immigrant, -ante. 3. Intrus, -use. 4. Successeur *m* (à un poste).

incoming[1] ['inkʌmiŋ], *a.* 1. Qui entre, qui arrive; (locataire, navire) entrant. **The incoming councillors**, les conseillers entrants. *The i. year*, l'année qui commence; la nouvelle année. **Incoming mail**, correspondance reçue. **Incoming tide**, marée montante. *The i. race was acquainted with iron*, les envahisseurs *m* appartenaient à une race qui connaissait le fer. *Ven:* **Incoming game**, gibier *m* se dirigeant droit sur le chasseur. 2. **Incoming profit**, profits accrus.

incoming[2], *s.* 1. Entrée *f*, arrivée *f*. **His incomings and outgoings**, ses entrées et ses sorties. *I. of the spring*, arrivée, venue *f*, du printemps. *The i. and outgoing of the tide*, le flux et le reflux. *Min:* **Incoming of water**, venue d'eau. 2. *pl.* **Incomings**, recettes *f*, revenus *m*; *Com:* rentrées *f*. *His incomings and outgoings*, ses dépenses *f* et ses recettes.

incommensurability [inkomenʃərə'biliti], *s.* Incommensurabilité *f*.

incommensurable [inko'menʃərəbl], *a.* *Mth:* (*a*) Incommensurable (*with*, avec). **To be incommensurable with sth.**, (i) n'avoir aucune commune mesure avec qch.; (ii) *F:* n'être pas digne d'être comparé à qch., d'être mis en parallèle avec qch. (*b*) **Incommensurable number**, nombre irrationnel.

incommensurate [inko'menʃəret], *a.* 1. Pas en rapport, pas en proportion (*with*, avec); disproportionné (*with*, à). *His means are i. with his wants*, ses ressources ne sont pas en rapport avec ses besoins. 2. = INCOMMENSURABLE.

incommode [inko'moud], *v.tr.* Incommoder, déranger (qn); gêner, empêcher (la marche, la respiration).

incommodious [inko'moudjəs], *a.* Incommode; peu confortable; (appartement *m*) où l'on est à l'étroit. **-ly**, *adv.* Incommodément.

incommodiousness [inko'moudjəsnəs], **incommodity** [inko'mɔditi], *s.* Incommodité *f* (d'une maison, etc.).

incommunicability [inkomjunikə'biliti], *s.* = INCOMMUNICABLENESS.

incommunicable [inko'mju:nikəbl], *a.* 1. Incommunicable. 2. Taciturne; peu communicatif.

incommunicableness [inko'mju:nikəblnəs], *s.* 1. Incommunicabilité *f*. 2. Réticence *f*, taciturnité *f*.

incommunicative [inko'mju:nikeitiv], *a.* = UNCOMMUNICATIVE.

incommutability [inkomju:tə'biliti], *s.* = IMMUTABILITY.

incommutable [inko'mju:təbl], *a.* 1. = IMMUTABLE. 2. Que l'on ne peut échanger; non-interchangeable.

incomparable [in'kɔmpərəbl], *a.* Incomparable (*to*, *with*, à). *I. artist*, artiste *m* hors ligne, hors de pair. **-ably**, *adv.* Incomparablement, infiniment.

incomparableness [in'kɔmpərəblnəs], *s.* Incomparabilité *f*.

incompatibility [inkompati'biliti], *s.* Incompatibilité *f* (*with*, avec; *between*, entre); inconciliabilité *f* (de deux théories, etc.). **Incompatibility of temper**, incompatibilité, opposition *f*, d'humeur.

incompatible [inkom'patibl], *a.* 1. Incompatible, inconciliable, inassociable (*with*, avec); (*of ideas, etc.*) inalliable. 2. (*a*) (*Of metals, fluids, etc.*) Non, peu, alliable (*with*, avec). (*b*) *Pharm:* (Médicaments *m*) incompatibles. **-ibly**, *adv.* Incompatiblement.

incompetence [in'kɔmpetəns], **incompetency** [in'kɔmpetənsi], *s.* 1. *Jur:* Incompétence *f* (d'un tribunal); incompétence, incapacité *f*, inhabilité *f* (d'une personne). **Incompetency to succeed**, inhabilité à succéder. 2. (*a*) Incompétence (de qn); insuffisance *f* (du personnel, etc.); manque *m* de capacité. (*b*) *Med:* **Aortic incompetency**, insuffisance aortique.

incompetent [in'kɔmpetənt], *a.* 1. *Jur:* (Juge, tribunal) incompétent (à connaître d'une cause); (personne *f*) inhabile (à accomplir un acte). *I. to make a will*, inhabile à tester. *I am i. to advise on this matter*, cette question n'est pas de mon ressort. *I am i. to act*, je n'ai pas qualité pour agir. 2. Incompétent, incapable. *To be thoroughly i. to do sth.*, être tout à fait incompétent à faire qch.; n'avoir pas la moindre compétence pour faire qch. *He is i. to his job*, il n'est pas à la hauteur de sa tâche. *s. To weed out the incompetents*, éliminer les incapables. **-ly**, *adv.* Incompétemment, sans compétence.

incomplete [inkom'pli:t], *a.* Incomplet, inachevé, imparfait, partiel. *A.Chr:* **Incomplete year**, année *f* cave. **-ly**, *adv.* Incomplètement, imparfaitement.

incompleteness [inkom'pli:tnəs], **incompletion** [inkom'pli:ʃ(ə)n], *s.* Imperfection *f*, inachèvement *m*. *Bot:* Avortement *m* (d'un organe).

incomplex [in'kɔmpleks], *a.* (Syllogisme *m*, etc.) incomplexe.

incomprehensibility [in'kɔmprihensi'biliti], **incomprehensibleness** [inkɔmpri'hensiblnəs], *s.* Incompréhensibilité *f*.

incomprehensible [inkɔmpri'hensibl], *a.* 1. Incompréhensible; indéchiffrable. *She is i. to me*, je n'arrive pas à la comprendre. 2. *Theol:* **The Father Incomprehensible**, le Père infini. **-ibly**, *adv.* Incompréhensiblement.

incomprehension [inkɔmpri'henʃ(ə)n], *s.* Défaut *m*, manque *m*, de compréhension; incompréhension *f*; inintelligence *f* (d'un texte, etc.).

incompressibility [inkompresi'biliti], *s.* Incompressibilité *f*.

incompressible [inkom'presibl], *a.* Incompressible.

incomputable [inkom'pju:təbl], *a.* (Somme d'argent, nombre, temps) incalculable.

inconceivability [inkonsi:və'biliti], *s.* Inconcevabilité *f*.

inconceivable [inkon'si:vəbl], *a.* Inconcevable. **-ably**, *adv.* Inconcevablement. *I. absurd*, d'une absurdité inconcevable.

inconclusive [inkon'klu:siv], *a.* (Raisonnement, témoignage) peu concluant, non concluant, inconcluant. *A lame and i. peace*, une paix boiteuse et mal assise. **-ly**, *adv.* D'une manière peu concluante; sans conclure.

inconclusiveness [inkon'klu:sivnəs], *s.* Caractère peu concluant (d'un raisonnement, etc.).

incondensable [inkon'densəbl], *a.* (Gaz, vapeur) non condensable.

incondite [in'kɔndit], *a.* 1. *Art: Lit:* (Ouvrage) mal arrangé, mal fait; informe, fruste. 2. Grossier, impoli, fruste. 3. **Incondite interjection**, interjection naturelle.

inconformity [inkon'fɔ:rmiti], *s.* Inconformité *f* (*to*, *with*, avec).

incongruent [in'kɔŋgruənt], *a.* Qui ne convient pas (*to*, à); qui ne va pas (avec).

incongruity [inkɔŋ'gruiti], *s.* **1.** Désaccord *m*; manque *m* d'harmonie (*with*, avec); inconséquence *f*. *I. of terms*, disconvenance *f* de mots. **2.** Absurdité *f*, incongruité *f*. *Writings full of incongruities*, écrits remplis d'incongruités. **3.** Inconvenance *f*; faute *f* contre le savoir-vivre.

incongruous [in'kɔŋgruəs], *a.* **1.** Inassociable, qui détonne, qui ne s'accorde pas (*with*, avec); sans rapport (*to*, *with*, avec). **Incongruous colours,** couleurs *f* qui jurent ensemble; couleurs disparates. *I. medley*, mélange *m* hétéroclite. **A strangely incongruous figure,** une forme baroque. **2.** (*Of remark*) Incongru, déplacé, absurde. **-ly,** *adv.* Sans harmonie; mal à propos; absurdement; incongrûment. **Not incongruously,** assez justement. *I. attired*, (i) vêtu d'une façon qui ne convient pas à l'occasion; (ii) affublé d'un costume hétéroclite.

incongruousness [in'kɔŋgruəsnəs], *s.* = INCONGRUITY 1.

inconquerable [in'kɔŋkərəbl], *a.* (Désir) irrépressible; (obstacle) insurmontable.

inconsequence [in'konsekwəns], *s.* **1.** Inconséquence *f*, illogisme *m*; manque *m* de logique. **2.** *Numerous inconsequences*, de nombreuses inconséquences.

inconsequent [in'kɔnsekwənt], *a.* Inconséquent, illogique. *I. reasoning*, raisonnement *m* qui pèche par la logique; *F:* raisonnement biscornu. *I. way of reasoning*, manière *f* illogique de raisonner. *I. ideas*, idées *f* sans suite. *I. mind*, esprit inconséquent. **-ly,** *adv.* (Agir, répondre) inconséquemment, avec inconséquence.

inconsequential [inkɔnse'kwenʃəl], *a.* **1.** = INCONSEQUENT. **2.** (Circonstance *f*, affaire *f*) sans importance. **-ally,** *adv.* = INCONSEQUENTLY.

inconsequentiality [inkɔnsekwenʃi'aliti], *s.* Inconséquence *f*.

inconsiderable [inkon'sidərəbl], *a.* Peu considérable; insignifiant, petit. *A* **not inconsiderable** *number of . . .*, un nombre considérable, un assez grand nombre, de. . . .

inconsiderate [inkon'sidəret], *a.* **1.** Inconsidéré, irréfléchi, étourdi. *I. opinion*, opinion peu réfléchie. **2.** (Personne) sans égards pour les autres, qui ne pense pas aux autres. *It would be i. to do so*, ce serait manquer d'égards que d'agir ainsi. *It was most i. of you* (*to do that*), vous avez manqué d'égards (en agissant ainsi). **-ly,** *adv.* **1.** Sans considération, sans réflexion; inconsidérément, étourdiment; sans réfléchir. *To talk i.*, avoir la langue légère. **2. To behave inconsiderately to s.o.,** manquer d'égards envers qn.

inconsiderateness [inkon'sidəretnəs], **inconsideration** [inkonsidə'reiʃ(ə)n], *s.* **1.** Irréflexion *f*, étourderie *f*, imprudence *f*, inconsidération *f*. **2.** Manque *m* d'égards.

inconsistence [inkon'sistəns], *s.* *A:* = INCONSISTENCY.

inconsistency [inkon'sistənsi], *s.* **1.** Inconsistance *f*, contradiction *f*, incompatibilité *f* (*between two things*, entre deux choses). *There is no i. in his acting thus*, il n'y a rien de contradictoire à ce qu'il agisse ainsi. **2.** Inconséquence *f*, inconsistance, illogisme *m*, manque *m* d'esprit de suite (d'une personne); inconséquence (d'un argument). **3. Inconsistencies and contradictions,** inconséquences et contradictions.

inconsistent [inkon'sistənt], *a.* **1.** Incompatible, en contradiction, en désaccord (*with*, avec); contradictoire (*with*, à). *Mth:* **Inconsistent equations,** équations *f* incompatibles. *Log:* *Propositions that are i.*, propositions *f* qui se contredisent. *His words are i. with his conduct*, il y a désaccord entre ses paroles et sa conduite; sa conduite ne cadre pas avec ses paroles. **2.** (*Of pers.*) Inconsistant, qui manque d'esprit de suite; inconséquent, illogique. *To be i. in one's replies*, varier dans ses réponses. **3.** (Histoire *f*, récit *m*) qui ne tient pas debout. **-ly,** *adv.* D'une manière inconséquente; inconséquemment, illogiquement.

inconsolable [inkon'souləbl], *a.* Inconsolable (*for sth.*, de qch.); (*of grief, etc.*) inguérissable. **-ably,** *adv.* Inconsolablement.

inconsonance [in'kɔnsonəns], *s.* Manque *m* d'accord, d'harmonie.

inconsonant [in'kɔnsonənt], *a.* (*Of thg*) **To be inconsonant to, with, sth.,** n'être pas conforme à qch.; n'être pas d'accord avec qch; être en désaccord avec (les faits, une promesse, etc.).

inconspicuous [inkon'spikjuəs], *a.* Peu en vue, peu en évidence, peu apparent; inapparent, peu frappant; discret, -ète. *I. life*, vie effacée. *To be, remain, i.*, *F:* rester dans la pénombre. **Inconspicuous flower,** petite fleur cachée, modeste, que l'on voit à peine. **-ly,** *adv.* (Vêtu, etc.) d'une manière discrète, peu frappante.

inconspicuousness [inkon'spikjuəsnəs], *s.* Caractère peu frappant, peu remarquable, effacé (de qch.).

inconstancy [in'kɔnstənsi], *s.* Inconstance *f* (d'une femme); instabilité *f*, caractère changeant (du temps, etc.).

inconstant [in'kɔnstənt], *a.* **1.** (Homme, caractère) inconstant, volage. **2.** (Vent *m*) mobile, variable. **-ly,** *adv.* Inconstamment; avec inconstance.

inconsumable [inkon'sjuːməbl], *a.* **1.** Qui ne peut être consumé (par le feu); qui ne peut se consumer. **2.** *Pol.Ec:* (Capitaux *m*, etc.) inconsommables.

incontestable [inkon'testəbl], *a.* (Preuve *f*, vérité *f*) incontestable, indéniable; (témoignage *m*) irrécusable. **-ably,** *adv.* Incontestablement; irrécusablement.

incontinence [in'kɔntinəns], *s.* (*a*) Incontinence *f*. *The sin of i.*, le péché de la chair, le péché d'impureté. (*b*) *Med:* **Incontinence of urine,** incontinence d'urine. (*c*) **Incontinence of speech, of tongue,** incontinence de langue, incontinence verbale.

incontinent [in'kɔntinənt], *a.* (*a*) (*Unchaste*) Incontinent. (*b*) *Med:* *I. of urine*, qui ne peut retenir son urine; *F:* qui ne peut se retenir. (*c*) **Incontinent of secrets,** qui ne peut garder un secret. *I. of speech*, bavard. **-ly**[1], *adv.* Incontinemment.

incontinently[2] [in'kɔntinəntli], *adv.* Sur-le-champ; incontinent.

incontrovertible [inkɔntro'vəːrtibl], *a.* (Vérité *f*) incontroversable, incontestable, indisputable; (preuve *f*) irrécusable; (témoignage *m*) qui défie toute contradiction. **-ibly,** *adv.* D'une manière indisputable; incontestablement; sans contredit.

inconvenience[1] [inkon'viːnjəns], *s.* (*a*) Inconvénient *m*, incommodité *f*, embarras *m*, dérangement *m*, contretemps *m*. **To cause inconvenience, to be an inconvenience, to s.o.,** incommoder, déranger, qn. *We are sorry for any i. we may have caused you*, nous regrettons d'avoir pu vous causer un ennui quelconque. **I am putting you to a lot of inconvenience,** je vous donne beaucoup de dérangement, beaucoup d'embarras. *I did you a service at great i. to myself*, je vous ai rendu service en me gênant beaucoup. *I managed it* **at great personal inconvenience,** j'en suis venu à bout au prix de dérangements personnels considérables. **Without the slightest inconvenience,** sans le moindre inconvénient; sans le moindre dérangement. *To obviate an i.*, parer à, éviter, un inconvénient. (*b*) *The i. of living so far from town*, les inconvénients qu'il y a à vivre si loin de la ville. (*c*) **Inconveniences of old age,** inconvénients, incommodités, de la vieillesse.

inconvenience[2], *v.tr.* Déranger, incommoder, gêner (qn). *You will not i. me in the least*, vous ne me causerez aucune gêne.

inconvenient [inkon'viːnjənt], *a.* (*Of house, etc.*) Incommode; (*of pers.*) gênant; (*of time*) inopportun. *It is very i.*, c'est très gênant. **If it is not inconvenient to you,** si cela ne vous gêne pas. *He arrived at an i. time*, il est venu dans un mauvais moment. *It is i. arriving in London on a Sunday*, il est incommode d'arriver à Londres le dimanche. **-ly,** *adv.* Incommodément. *I. arranged*, arrangé d'une façon incommode. *To arrive i.*, arriver à un moment inopportun.

inconvertible [inkon'vəːrtibl], *a.* = UNCONVERTIBLE.

inconvincible [inkon'vinsibl], *a.* Qui refuse de se laisser convaincre; difficile à convaincre.

incoordinated [inko'ɔːrdineitid], *a.* Sans coordination.

incoordination [inkoɔːrdi'neiʃ(ə)n], *s.* Incoordination *f*; manque *m* de coordination.

incorporate[1] [in'kɔːrporet], *a.* = INCORPOREAL.

incorporate[2] [in'kɔːrporet], *a.* = INCORPORATED.

incorporate[3] [in'kɔːrporeit]. **1.** *v.tr.* (*a*) Incorporer, mêler, unir (*with*, à, avec). *To i. oil with wax*, incorporer de l'huile à, avec, dans, de la cire. *To i. one bank with another*, fusionner une banque avec une autre. *To i. a field in an estate*, incorporer un champ à un domaine. (*b*) *Work that incorporates all the latest discoveries*, ouvrage où se trouvent incorporées toutes les découvertes les plus récentes; ouvrage qui offre un exposé des découvertes les plus récentes. (*c*) *Com:* Constituer (une association) en société commerciale; réunir (des banques) en société. (*d*) Ériger (une ville) en municipalité; doter (une ville) d'une municipalité. **2.** *v.i.* S'incorporer (*in one body*, en un seul corps; *with others*, avec, à, d'autres).

incorporated, *a.* **1.** Incorporé (*in one body*, en un seul corps); faisant corps (*with others*, avec d'autres). **2.** (*a*) *Com:* *Jur:* **Incorporated company,** (i) association constituée en société commerciale; société constituée, autorisée; (ii) *U.S:* société anonyme. (*b*) **Incorporated town,** ville administrée par un conseil municipal; municipalité *f*.

incorporation [inkɔːrpo'reiʃ(ə)n], *s.* **1.** Incorporation *f* (*in*, *with*, *into*, à, avec, dans). *I. of recruits into a regiment*, incorporation des recrues dans un régiment. *I. of a field into an estate*, incorporation d'un champ à un domaine. *The i. of the vanquished with the victors*, l'incorporation des vaincus avec les vainqueurs. **2.** (*a*) *Com:* *Jur:* Constitution *f* (d'une association) en société commerciale. (*b*) Érection *f* (d'une ville) en municipalité.

incorporeal [inkɔːr'pɔːriəl], *a.* Incorporel. *Jur:* **Incorporeal hereditaments,** biens incorporels transmissibles par héritage.

incorporeality [inkɔːrpɔri'aliti], **incorporeity** [inkɔːrpo'riːiti], *s.* Incorporéité *f*, incorporalité *f* (des anges, *Jur:* d'un droit).

incorrect [inko'rekt], *a.* **1.** (*a*) (*Of statement, account, etc.*) Inexact. *Events have proved our views i.*, les événements ont donné tort à nos prévisions, ont prouvé l'inexactitude de nos prévisions. (*b*) *I. expression*, locution vicieuse; incorrection *f* de langage. *Com:* *I. endorsement*, endos défectueux. (*c*) *I. text*, texte fautif, rempli de fautes. **2.** (*Of style, behaviour, etc.*) Incorrect. **Incorrect act,** incorrection *f*. **It is incorrect to . . .,** il est de mauvais ton de . . .; c'est contraire (i) à la politesse, (ii) à l'étiquette, au protocole, de. . . . **-ly,** *adv.* **1.** Inexactement; (parler) vicieusement. *Letter i. addressed*, lettre mal adressée. *I. printed*, imprimé fautivement. **2.** Incorrectement.

incorrectitude [inko'rektitjuːd], *s.* Incorrection *f* de conduite.

incorrectness [inko'rektnəs], *s.* **1.** (*a*) Inexactitude *f* (d'un calcul, etc.). (*b*) Caractère fautif (d'un texte, etc.). **2.** Incorrection *f* (de style, dans la tenue).

incorrigibility [inkɔridʒi'biliti], *s.* Incorrigibilité *f*.

incorrigible [in'kɔridʒibl], *a.* Incorrigible, *F:* indécrottable. *He is i.*, il mourra dans sa peau. **-ibly,** *adv.* Incorrigiblement.

incorrodible [inko'roudibl], *a.* Inattaquable (par les acides, aux acides, etc.).

incorrupt [inko'rʌpt], *a.* *A:* **1.** Sain; non corrompu; pur. **2.** (Texte) non corrompu, correct, fidèle. **3.** (Juge) incorrompu, incorruptible.

incorruptibility [inkorʌpti'biliti], **incorruptibleness** [inko'rʌptiblnəs], *s.* Incorruptibilité *f*.

incorruptible [inko'rʌptibl], *a.* Incorruptible. **-ibly,** *adv.* Incorruptiblement.

incorruption [inko'rʌpʃ(ə)n], *s.* Incorruption *f*. *B:* **The body is raised in incorruption,** le corps ressuscite incorruptible.

incrassate [in'kraset], **incrassated** [in'kraseitid], *a.* *Nat.Hist:* Épaissi, enflé. *Bot:* **Incrassate leaf,** feuille charnue.

incrassation [inkra'seiʃ(ə)n], *s.* Épaississement *m*.

increasable [in'kriːsəbl], *a.* Augmentable.

increase[1] ['inkriːs], *s.* (*a*) Augmentation *f* (de prix, de recettes, etc.); accroissement *m* (de vitesse, d'un nombre, de santé, de pression); gain *m* (de vitesse); croît *m* (de valeur, de bétail);

surcroît *m* (de besogne); renouvellement *m* (de zèle, d'attention); redoublement *m* (d'efforts, de gaieté); multiplication *f* (des êtres, de l'espèce). **The increase in crime,** la multiplication des crimes. *I. in price,* augmentation de prix; renchérissement *m*. **Increase in value** (*of property, shares*), plus-value *f*. *I. in wages,* augmentation, relèvement *m*, de paye. *I've had an i. in salary,* j'ai été augmenté. *I. in taxation of* 10%, relèvement de taxe de 10%. *I. in power,* agrandissement *m* de pouvoir. **The takings are** £500, **being, showing, an increase of** 30% **on last week('s),** la recette est de 500 livres, en augmentation de 30%, ce qui représente une plus-value de 30%, sur (celle de) la semaine dernière. *Jur:* **Increase of penalty,** aggravation *f* de peine. *See also* GAUGE[1] 1. (*b*) *A. & B:* Fruits *mpl*, produits *mpl*, récoltes *fpl* (de la terre). (*c*) *Adv.phr.* *To be* **on the increase,** être en augmentation; aller croissant. *Crime is on the i.,* les crimes se multiplient, le nombre des crimes augmente beaucoup. *Unemployment is on the i.,* le chômage s'accentue. *Receipts on the i.,* recettes *f* en progression.

increase[2] [in'kri:s]. 1. *v.i.* (*a*) Augmenter, s'augmenter; grandir, s'agrandir; croître, s'accroître; prendre de l'extension; (*in bulk*) grossir. *The speed increases,* la vitesse augmente, s'accroît, grandit. *His pace increased,* (i) il pressa, activa, son allure; (ii) (*when walking*) il allongea, pressa, le pas; son pas s'allongea. *The rain increased,* la pluie redoubla. *His efforts increased,* ses efforts redoublaient, se multipliaient. *Rome increased by Alba's fall,* Rome s'accrut de la ruine d'Albe. **To increase in size, value,** *etc.,* augmenter de grandeur, de valeur, etc. *To i. in price,* renchérir. (*Of earth, lime*) *To i. in volume,* foisonner. *To go on increasing,* aller toujours croissant. *Nau:* **The tides are increasing,** les marées rapportent. *See also* HUNDREDFOLD 2. (*b*) Se multiplier. *The population increases,* la population grossit, se multiplie. (*Of town, etc.*) *To i. in numbers again,* se repeupler. 2. *v.tr.* Augmenter (la vitesse, la production); grossir (le nombre); accroître (sa fortune); relever (les salaires, les prix); agrandir (l'importance). *Com:* Majorer (les prix). *To i. the distance,* allonger la distance. *To i. the expenditure,* grossir la dépense. *To i. the cost of goods,* renchérir des marchandises. **To increase s.o.'s salary,** augmenter (le salaire de) qn. *To i. the taxes,* augmenter les impôts. *If you could i. the sum to* £1000, si vous pouviez porter la somme à mille livres. **To increase the dose of a medicine,** forcer la dose d'un médicament. **To increase one's pace,** allonger, presser, le pas; presser, activer, son allure. **To increase speed,** forcer, augmenter, la vitesse; forcer l'allure, forcer de vitesse. *Nau:* **To increase speed to twenty knots,** pousser l'allure à vingt nœuds. **'Increase speed,'** "plus vite." *Phot:* **To increase the exposure,** forcer la durée de pose. *To i. s.o.'s courage,* rehausser le courage de qn. *To i. discontent,* accentuer le mécontentement. *To i. one's vigilance, one's efforts,* redoubler de vigilance, d'efforts. *To require increased care,* demander un surcroît de soins, d'attentions. *Increased wealth,* fortune accrue. **Increased cost of living,** renchérissement *m* de la vie.

increasing[1], *a.* Croissant. *Mth:* **Increasing series,** progression ascendante. *See also* EVER 2. **-ly**, *adv.* De plus en plus (difficile, grand, etc.).

increasing[2], *s.* Augmentation *f*, accroissement *m*, agrandissement *m* (de vitesse, de volume, d'importance); redoublement *m* (d'efforts).

increate [inkri'eit], *a.* *Phil: Theol:* Incréé.

incredibility [inkredi'biliti], *s.* Incrédibilité *f*.

incredible [in'kredibl], *a.* Incroyable. *With i. swiftness,* avec une rapidité incroyable, inconcevable, qu'on ne saurait imaginer. *To spend i. sums of money,* dépenser des sommes folles. *F:* **It's incredible!** c'est renversant! **-ibly**, *adv.* Incroyablement. *He is i. stupid,* il est d'une sottise sans pareille.

incredulity [inkre'dju:liti], **incredulousness** [in'kredjuləsnəs], *s.* Incrédulité *f*.

incredulous [in'kredjuləs], *a.* Incrédule (*of,* à l'égard de). **Incredulous smile,** sourire *m* d'incrédulité; sourire sceptique. **-ly**, *adv.* D'une manière incrédule; avec incrédulité; sans y attacher foi.

increment ['inkrimənt], *s.* 1. (*a*) Augmentation *f*; accroissement *m* (d'une forêt, etc.). **Increment per cent,** taux *m* d'accroissement. *Mth:* **Increment of a function,** incrément *m*, accroissement (infiniment petit), d'une fonction; différentielle *f*. *Mec:* **Dynamic increment,** accroissement dynamique. *For:* *Average i.,* accroissement moyen. (*b*) *Her:* **Moon in increment,** croissant tourné. 2. Profit *m*. **Unearned increment** (*of land, shares*), plus-value *f*.

increscent [in'kres(ə)nt], *a.* Croissant. *Her:* **Increscent moon,** croissant tourné.

incriminate [in'krimineit], *v.tr.* 1. Incriminer (qn). 2. Impliquer (qn) (dans une accusation); mêler (qn) à une affaire.

incriminating[1], *a.* *Jur:* (Document, circonstance) qui tend à prouver la culpabilité de qn. **Incriminating documents,** pièces *f* à conviction.

incriminating[2], *s.* Incrimination *f*.

incrimination [inkrimi'neiʃ(ə)n], *s.* Incrimination *f*, accusation *f* (de qn).

incriminatory [in'kriminətəri], *a.* = INCRIMINATING[1].

incrust [in'krʌst], *v.* = ENCRUST.

incrustation [inkrʌs'teiʃ(ə)n], *s.* 1. (*a*) Incrustation *f*; action *f* d'incruster. (*b*) *Mch:* Entartrage *m* (des chaudières). 2. (*a*) Incrustation (de nacre, etc.); revêtement *m* (en mosaïque, etc.). (*b*) *Mch:* Tartre *m*; dépôt *m* calcaire. 3. *F:* Encroûtement *m* (d'une habitude, etc.).

incubate ['inkjubeit]. 1. *v.tr.* Couver, incuber (des œufs). *F:* *To i. a scheme,* couver un dessein. 2. *v.i.* (*a*) (*Of eggs*) Être soumis à l'incubation. (*b*) (*Of disease*) Couver.

incubating, *a.* (*Of apparatus, etc.*) Incubateur, -trice.

incubation [inkju'beiʃ(ə)n], *s.* Incubation *f*. (*a*) *Husb:* **Artificial incubation,** accouvage *m*. (*b*) *Med:* **Incubation period,** période *f* d'incubation (d'une maladie).

incubative ['inkjubeitiv], *a.* 1. (Instinct *m*) de couvaison. 2. *Med:* **Incubative period,** période *f* d'incubation.

incubator ['inkjubeitər], *s.* 1. *Husb:* (*Device*) Incubateur *m*, éleveuse *f*; couveuse artificielle; mère artificielle; couvoir *m* (pour volaille); poussinière *f*. 2. *Bac:* Étuve *f* à incubation, à cultures.

incubatory ['inkjubeitəri], *a.* = INCUBATIVE.

incubous ['iŋkjubəs], *a.* *Bot:* (Feuille *f*) incube.

incubus ['iŋkjubəs], *s.* 1. *Myth:* Incube *m*. 2. *F:* (*a*) (*Of pers.*) **To be an incubus on s.o.,** être un cauchemar pour qn; être le cauchemar de qn. (*b*) Fardeau *m*, poids *m* (des impôts, etc.). *He was at last free from the i. of debt,* il se trouvait enfin libéré du poids de ses dettes.

inculcate ['inkʌlkeit], *v.tr.* Inculquer (une leçon, etc.). *To i. sth. upon s.o., in, upon, s.o.'s mind,* inculquer qch. à qn, dans l'esprit de qn.

inculcation [inkʌl'keiʃ(ə)n], *s.* Inculcation *f*.

inculcator ['inkʌlkeitər], *s.* *The i. of these truths,* celui qui nous a inculqué ces vérités.

inculpate ['inkʌlpeit], *v.tr.* 1. Inculper, incriminer (qn). 2. = INCRIMINATE 2.

inculpation [inkʌl'peiʃ(ə)n], *s.* Inculpation *f*.

inculpatory [in'kʌlpətəri], *a.* 1. (Lettre, parole) qui tend à inculper, à incriminer; accusateur, -trice; dénonciateur, -trice. 2. = INCRIMINATING[1].

incumbency [in'kʌmbənsi], *s.* *Ecc:* 1. (*a*) Possession *f* d'un bénéfice. (*b*) Charge *f*. 2. Période *f* d'exercice (d'une charge ecclésiastique).

incumbent[1] [in'kʌmbənt], *s.* 1. *Ecc:* Bénéficier *m*, bénéficiaire *m*; titulaire *m* (d'une charge). 2. *A:* Titulaire (d'une fonction administrative).

incumbent[2], *a.* 1. *A:* Couché, posé, appuyé (*on,* sur). 2. *Nat.Hist:* Incombant. *I. cotyledons,* cotylédons incombants. 3. **To be incumbent on s.o. to do sth.,** incomber, appartenir, à qn de faire qch.; être du devoir de qn de faire qch. *It is i. on you to warn them,* il vous appartient, il est de votre devoir, il vous incombe, c'est une obligation pour vous, de les avertir. *Modesty is i. on all,* la modestie est d'obligation, s'impose.

incumbrance [in'kʌmbrəns], *s.* = ENCUMBRANCE.

incunable [in'kju:nəbl], *s.* = INCUNABULUM.

incunabular [inkju'nabjulər], *a.* (Livre *m*, édition *f*) incunable.

incunabulist [inkju'nabjulist], *s.* Collectionneur, -euse, d'incunables.

incunabulum, *pl.* **-a** [inkju'nabjuləm, -a], *s.* Incunable *m*.

incur [in'kə:r], *v.tr.* (**incurred; incurring**) Courir (un risque); encourir (un blâme); subir (une perte); s'attirer (le courroux de qn); contracter (des dettes). *To i. ridicule,* s'exposer au ridicule. *To i. universal hatred,* s'attirer la haine universelle. *To i. s.o.'s suspicions,* devenir suspect à qn. *To i. large losses,* éprouver, subir, des pertes sensibles. *It was we who incurred the loss,* la perte a porté sur nous. **To incur expenses,** encourir des frais; faire des dépenses. *Com:* (*On bill of exchange*) **'Incur no expenses,'** "sans frais," "sans protêt," "sans compte de retour." **Incurred expenses,** dépenses faites.

incurability [inkjuərə'biliti], **incurableness** [in'kjuərəblnəs], *s.* Incurabilité *f*.

incurable [in'kjuərəbl]. 1. *a.* (Maladie *f*) incurable, inguérissable, qui ne pardonne pas; (mal *m*) sans remède, irrémédiable. *F:* **Incurable drunkard,** ivrogne invétéré. 2. *s.* (*Usu. in pl.*) **Home for Incurables,** hospice *m* des incurables; les Incurables *m*. **-ably**, *adv.* Incurablement. **To be incurably lazy,** être d'une paresse incurable.

incuriosity [inkjuəri'ɔsiti], **incuriousness** [in'kjuəriəsnəs], *s.* Incuriosité *f*, indifférence *f*.

incurious [in'kjuəriəs], *a.* 1. Incurieux, sans curiosité, indifférent. *To be i. of sth.,* être indifférent, manquer de curiosité, au sujet de qch., à l'égard de qch. 2. (*Of thg*) **Not incurious,** non sans intérêt. **-ly**, *adv.* Sans curiosité; avec indifférence.

incursion [in'kə:rʃ(ə)n], *s.* Incursion *f* (d'un ennemi, d'une maladie). **To make incursions into an enemy's country,** faire des descentes dans un pays ennemi.

incursionist [in'kə:rʃənist], *s.* *F:* Envahisseur *m*.

incursive [in'kə:rsiv], *a.* Incursif, agressif.

incurvate [in'kə:rveit], *v.tr.* Incurver.

incurvated, *a.* Incurvé; courbé en dedans.

incurvation [inkə:r'veiʃ(ə)n], *s.* Incurvation *f*; courbure *f*, arqûre *f* (en dedans).

incurve [in'kə:rv]. 1. *v.tr.* = INCURVATE. 2. *v.i.* S'incurver, se courber en dedans.

incurved, *a.* Incurvé, courbé. *Nat.Hist:* Incurvé. **Incurved nail,** ongle recourbé; ongle en griffe.

incus, *pl.* **incudes** ['iŋkəs, iŋ'kju:di:z], *s.* *Anat:* Enclume *f* (de l'oreille interne).

incuse [in'kju:z]. *Num:* 1. *a. & s.* **Incuse (medal),** (médaille) incuse (*f*). 2. *s.* Frappe *f* en creux.

incused [in'kju:zd], *a.* (Médaille *f*, monnaie *f*) incuse, frappée en creux.

incut ['inkʌt], *a.* 1. *Ind:* *Mec.E:* **Incut frame,** bâti échancré. 2. *Typ:* **Incut note,** *s.* **incut,** manchette enclavée.

Ind [ind]. *Pr.n. Poet:* (*a*) L'Inde *f*. (*b*) L'Asie *f*, l'Orient *m*.

indamine ['indəmi:n], *s.* *Ch:* Indamine *f*.

indebted [in'detid], *a.* 1. Endetté. **To be indebted to a large amount to s.o.,** devoir une forte somme à qn. 2. Redevable (*to s.o. for sth.,* à qn de qch.). *I am i. to Mr X for this information,* c'est à M. X que je dois ce renseignement.

indebtedness [in'detidnəs], *s.* 1. Dette(s) *f(pl)*. *The amount of my i.,* le montant de ma dette. **Interallied indebtedness,** dettes interalliées. *See also* PROOF[1] 1. 2. *Our i. to Greece,* notre dette envers la Grèce; ce dont nous sommes redevables à la Grèce

I must acknowledge my i. to my predecessors, il me faut reconnaître ma dette envers mes prédécesseurs, tout ce que je dois à mes prédécesseurs.

indecency [in'di:sənsi], *s.* **1.** Indécence *f*, inconvenance *f*. *Jur:* **(Public act of) indecency,** attentat *m* aux mœurs; outrage (public) aux mœurs. **2.** *To commit indecencies*, commettre des indécences.

indecent [in'di:sənt], *a.* Peu décent, indécent, inconvenant. **Indecent behaviour,** attentat *m* aux mœurs. *See also* ASSAULT[1] 2, EXPOSURE 3. **-ly,** *adv.* Indécemment; d'une manière indécente.

indeciduous [indi'sidjuəs], *a. Bot:* (*Of leaf, plant*) Persistant.

indecipherable [indi'saifərəbl], *a.* Indéchiffrable.

indecision [indi'siʒ(ə)n], *s.* Indécision *f*, irrésolution *f*.

indecisive [indi'saisiv], *a.* **1.** (*Of argument, etc.*) Indécisif, peu concluant; (*of battle*) indécis. **2.** (Homme) indécis, irrésolu. **-ly,** *adv.* Indécisivement; d'une façon indécisive; sans aboutir à une conclusion.

indecisiveness [indi'saisivnəs], *s.* **1.** Manque *m* de décision; indécision *f*. **2.** Caractère indécis (d'un combat, etc.).

indeclinable [indi'klainəbl], *a. Gram:* Indéclinable.

indecomposable [indi:kom'pouzəbl], *a.* (Élément *m*, mot *m*) indécomposable. *Astr:* (Amas *m* d'étoiles) non résoluble. *Ch:* **Indecomposable body,** corps *m* indédoublable.

indecorous [inde'kɔ:rəs, in'dekərəs], *a.* Malséant; (i) de mauvais goût; (ii) inconvenant. *I. behaviour*, conduite *f* peu convenable. *Facetiae are i. in a judge*, les facéties ne conviennent pas à un juge, sont mal venues de la part d'un juge. **-ly,** *adv.* D'une manière peu convenable; d'une manière inconvenante.

indecorousness [inde'kɔ:rəsnəs], **indecorum** [inde'kɔ:rəm], *s.* (*a*) Inconvenance *f*, malséance *f*. (*b*) Manque *m* de décorum, de maintien, d'usage.

indeed [in'di:d], *adv.* **1.** (*a*) En effet; en vérité; vraiment; de fait; effectivement. *He was i. a man of genius*, c'était en effet, vraiment, un homme de génie. *One may i. say so*, on peut bien le dire; c'est bien le cas de le dire. *Praise which i. was well deserved*, éloges qui de fait étaient bien mérités. *I. it's perfectly true*, mais c'est que c'est vrai! *I. he wouldn't do such a thing*, je vous assure que jamais il ne ferait une chose pareille; *F:* ah non! jamais il ne ferait cela! (*b*) (*Intensive*) **I am very glad indeed,** je suis très très content. *Thank you very much i.*, merci infiniment; merci mille fois. *He spoke very well, very well i.*, il a parlé très bien, mais très très bien. (*c*) (*Concessive*) *There are i. exceptions to this rule*, cette règle n'est pas sans exceptions, j'en conviens. *I may i. be wrong*, il se peut toutefois que j'aie tort. **2.** Même, à vrai dire. **He asserted the fact, indeed he proved it,** il a affirmé le fait, il l'a même prouvé. *I think so, i. I am sure of it*, je le pense et même j'en suis sûr. *It is past midnight, i. it is one o'clock*, il est minuit passé, à vrai dire il est une heure, il est même une heure. *Come as you are; i. no one is dressing*, venez comme vous êtes; aussi bien personne ne fait de toilette. *I forget his name*, **if indeed** *I ever knew it*, son nom m'échappe, si tant est que je l'aie jamais su. **3.** (*a*) (*With affirmation or negation*) **Yes indeed!** (i) mais certainement! ça oui! oui vraiment! *F:* pour sûr! (ii) (*contradicting*) si fait! **No indeed!** ça non! non vraiment! certes non! *Does that surprise you?*—**It does indeed!** cela vous étonne?—Dame, oui! (*b*) (*Interrogatively*) **I have lived in Paris.—Indeed?** j'ai vécu à Paris.—Vraiment? c'est vrai? (*c*) (*As interjection*) **Silk dresses indeed!** ah! bien oui, on vous en donnera, des robes de soie! *Your brother will do it for you.—My brother i.!* votre frère fera cela pour vous.—Mon frère? ah bien oui! comptez là-dessus!

indefatigable [indi'fatigəbl], *a.* Infatigable, inlassable. *He was i.*, il a fourni un effort immense. **-ably,** *adv.* Infatigablement, sans se lasser.

indefatigableness [indi'fatigəblnəs], *s.* Infatigabilité *f*.

indefeasibility [indifi:zi'biliti], **indefeasibleness** [indi'fi:zi-blnəs], *s.* Irrévocabilité *f*, incommutabilité *f*; imprescriptibilité *f* (d'un droit).

indefeasible [indi'fi:zibl], *a.* (Droit *m*, bien *m*) irrévocable, imprescriptible, incommutable. *Jur:* **Indefeasible interest,** intérêt *m* indestructible. **-ibly,** *adv.* Irrévocablement.

indefectibility [indifekti'biliti], *s.* **1.** Indéfectibilité *f* (de l'Église, etc.). **2.** Impeccabilité *f*.

indefectible [indi'fektibl], *a.* **1.** (Grâce *f*, etc.) indéfectible. **2.** Impeccable.

indefensible [indi'fensibl], *a.* (Place *f*, théorie *f*) indéfendable, indéfensible; (conduite *f*) inexcusable; (argument *m*) insoutenable. **-ibly,** *adv.* D'une manière indéfensible, inexcusable, insoutenable.

indefinable [indi'fainəbl], *a.* **1.** Indéfinissable. **2.** (Sentiment *m*) vague (de . . .). **-ably,** *adv.* **1.** D'une manière indéfinissable. **2.** Vaguement.

indefinite [in'definit], *a.* Indéfini. **1.** (Idée *f*, promesse *f*, adresse *f*) vague. *I. particulars*, détails imprécis, peu précis. *To leave a point i.*, laisser un point dans l'imprécision. **2.** (*a*) (Espace, temps, nombre) indéterminé. **Indefinite leave,** congé illimité. (*b*) *Gram:* **Past indefinite,** passé indéfini. **Indefinite pronoun,** pronom indéfini. *See also* ARTICLE[1] 6. **-ly,** *adv.* **1.** (Promettre) indéfiniment, vaguement. **2. To postpone sth. indefinitely,** remettre qch. indéfiniment, *F:* aux calendes grecques. *To prolong a line i.*, prolonger une ligne indéfiniment.

indefiniteness [in'definitnəs], *s.* Caractère indéfini, vague (de qch.); indétermination *f*.

indehiscent [indi'hisənt], *a. Bot:* Indéhiscent.

indelibility [indeli'biliti], *s.* Indélébilité *f*.

indelible [in'delibl], *a.* Indélébile, ineffaçable. **Indelible pencil,** crayon *m* à copier. **-ibly,** *adv.* Indélébilement, ineffaçablement. **Indelibly engraved on the mind,** gravé dans la mémoire en caractères indélébiles.

indelicacy [in'delikəsi], *s.* **1.** (*a*) Indélicatesse *f*; manque *m* de délicatesse. (*b*) Inconvenance *f*, grossièreté *f*. **2.** (*a*) *Guilty of several indelicacies*, coupable de plusieurs indélicatesses. (*b*) *Indelicacies of speech*, gaillardises *f*; propos risqués, peu délicats.

indelicate [in'deliket], *a.* (*a*) Indélicat; qui manque de tact, de délicatesse; peu délicat. *I. action*, indélicatesse *f*. (*b*) Inconvenant, qui frise l'indécence. *I. joke*, histoire grivoise, corsée, risquée. *I. word*, mot malsonnant, grossier. *I. action*, inconvenance *f*. **-ly,** *adv.* (*a*) Indélicatement, sans délicatesse. (*b*) D'une façon inconvenante.

indemnification [indemnifi'keiʃ(ə)n], *s.* **1.** Indemnisation *f*, dédommagement *m*, compensation *f* (*for*, de). **2.** Indemnité *f*. *To pay a sum by way of i.*, payer une somme à titre d'indemnité.

indemnify [in'demnifai], *v.tr.* **1.** Garantir (qn) (*from, against*, contre). *Pol:* **To indemnify a minister,** accorder à un ministre un bill d'indemnité. **2.** Indemniser, dédommager (qn) (*for a loss*, d'une perte). *To i. oneself*, se dédommager (*for*, de). *They i. themselves by killing the game*, ils se rattrapent en tuant le gibier. **3.** *To i. s.o. for disadvantages, hardships*, compenser les désavantages, les privations, de qn.

indemnity [in'demniti], *s.* **1.** Garantie *f*, assurance *f* (contre une perte, etc.). *Pol:* **Bill, act, of indemnity,** bill *m* d'indemnité. *Com:* **Indemnity bond, (letter of) indemnity,** cautionnement *m*, (lettre *f* de) garantie *f* (d'indemnité); décharge *f*. **2.** Indemnité *f*, dédommagement *m*, compensation *f*. *To pay full i. to s.o.*, indemniser totalement qn. **Indemnity for expropriation,** indemnité pour cause d'expropriation. **War indemnity,** indemnité de guerre. **Receiver of an indemnity,** indemnitaire *mf*.

indemonstrable [indi'mɔnstrəbl], *a.* Indémontrable.

indent[1] ['indent, in'dent], *s.* **1.** (*a*) = INDENTATION 2. (*b*) *Carp:* Adent *m*. **2.** (*a*) *Adm:* Ordre *m* de réquisition (pour approvisionnements). *Mil:* **Ration indent,** bon *m* de vivres. (*b*) *Com:* Commande *f* de marchandises, ordre *m* d'achat; *esp.* commande reçue de l'étranger.

indent[2] [in'dent]. **1.** *v.tr.* (*a*) Denteler, découper, entailler (le bord de qch.); découper, échancrer (le littoral). (*b*) *Carp:* Adenter, endenter (une poutre). (*c*) *Typ:* Renfoncer, (faire) rentrer (une ligne); faire un alinéa. (*d*) *Jur:* Passer (un document) en partie double (*A:* et les séparer par une coupure en zigzag). (*e*) *Com:* (*Of parts of the British Empire*) Passer une commande pour (des marchandises de source anglaise, etc.). **2.** *v.i.* **To indent on s.o. for sth.,** (i) réquisitionner qch. de qn; (ii) passer une commande à qn pour (une marchandise).

indented[1], *a.* **1.** (Bord) dentelé; (littoral) échancré; (mur) endenté. *I. wheel*, roue dentée. *Navy:* **In indented order,** en ordre endenté. **2.** *Typ:* **Indented line,** ligne *f* en alinéa, en retrait; alinéa (rentrant). **3.** *Jur:* **Deed indented,** contrat *m* synallagmatique. **4.** *Her:* Denché.

indenting[1], *s.* = INDENTATION 1 (*a*), (*b*).

indent[3] ['indent], *s.* (*a*) Empreinte creuse; marque (laissée par un coup); creux *m*, bosselure *f*. (*b*) *Metalw: etc:* Brouture (laissée par l'outil).

indent[4] [in'dent], *v.tr.* Empreindre (en creux); bosseler, bossuer (une surface). *To i. one's pillow*, faire un creux dans son oreiller.

indented[2], *a.* (*a*) Empreint (en creux); bossué, bosselé. (*b*) *Metalw:* (Pièce *f*) qui porte des marques de brouture.

indenting[2], *s.* = INDENTATION 1 (*c*).

indentation [inden'teiʃ(ə)n], *s.* **1.** (*a*) Découpage *m* (des bords de qch.). (*b*) *Carp:* Endentement *m* (de deux poutres). (*c*) Impression *f*, foulage *m* (du sable par les roues, etc.). **2.** Dentelure *f*; entaille *f*, découpure *f*; échancrure *f* (du littoral). **3.** = INDENT[3]. **4.** *Typ:* = INDENTION 1.

indention [in'denʃ(ə)n], *s.* **1.** *Typ:* Renfoncement *m* (d'une ligne). **Reverse, hanging, indention,** composition *f* en sommaire. **2.** = INDENTATION 1, 2.

indenture[1] [in'dentjər], *s.* *Jur:* (*a*) Contrat *m* synallagmatique; contrat bilatéral. *To be bound by an i.*, être lié par un engagement. (*b*) *pl.* **Indentures,** contrat, brevet *m*, d'apprentissage; obligé *m* (entre maître et apprenti). **To take up, be out of, one's indentures,** recevoir, avoir reçu, son congé d'acquit.

indenture[2], *v.tr.* **1.** Lier (qn) par contrat. **Indentured labour,** main-d'œuvre engagée à long terme. **2.** Mettre (qn) en apprentissage (*to s.o.*, chez qn); engager (qn) par un brevet d'apprentissage.

independable [indi'pendəbl], *a.* = UNDEPENDABLE.

independence [indi'pendəns], *s.* **1.** Indépendance *f* (*of*, à l'égard de); autonomie *f* (d'un État). *To show i.*, faire preuve d'indépendance. **The American War of Independence,** la Guerre de l'Indépendance (des États-Unis). *U.S:* **Independence Day,** le quatre juillet (fête nationale). **2.** *He had acquired* **a modest independence,** il s'était acquis une modeste indépendance.

independent [indi'pendənt]. **1.** *a.* (*a*) Indépendant; (État *m*) autonome. **To be independent of s.o., of sth.,** ne pas dépendre de qn, de qch. *To be i.*, être son maître. *To become i.*, s'affranchir. **Independent witness,** témoin *m* volontaire. *Mil:* **Independent firing,** tir *m* à volonté. **Independent division,** division indépendante. *Mth:* **Independent variable,** variable indépendante. (*b*) (i) **A gentleman, a man, of independent means, an independent gentleman,** un rentier, un monsieur renté. *To be i., to have an i. income*, avoir une fortune personnelle; être dans l'aisance; vivre de ses rentes. (ii) *His children are now i.* (*of him*), ses enfants peuvent maintenant se suffire. (*c*) (Caractère, air) indépendant; (homme) qui ne demande d'avis à personne. *To put on an i. air, F:* plastronner, crâner. **2.** *s. Pol: etc:* Indépendant *m*. *Rel.Hist:* **The Independents,** les Indépendants. **-ly,** *adv.* **1.** Indépendamment (*of*, de). *They found their pleasure i.*, ils s'amusaient séparément. (*Of ship*) **To proceed independently to . . .,** se rendre en route libre à. . . . **2.** Avec indépendance; d'un air indépendant.

indescribable [indis'kraibəbl], *a.* (Fureur, misère, scène) indescriptible; (joie) indicible. *Her grief is i.*, sa douleur ne saurait se peindre. **The indescribable something,** le je ne sais quoi. **-ably,** *adv.* Indescriptiblement, indiciblement.

indestructibility [indistrʌkti'biliti], **indestructibleness** [indis'trʌktiblnəs], *s.* Indestructibilité *f.*

indestructible [indis'trʌktibl], *a.* Indestructible. *Pol.Ec:* (Capital *m*) inconsommable. **-ibly,** *adv.* Indestructiblement.

indeterminable [indi'tə:rminəbl], *a.* **1.** (Distance *f*, origine *f*) indéterminable. **2.** (Querelle, dispute) qu'on ne saurait terminer, qu'on ne saurait régler.

indeterminate [indi'tə:rminet], *a.* (*Of space, etc.*) Indéterminé; (*of thought*) vague, imprécis. *Mth:* **Indeterminate quantity,** quantité indéterminée. **Indeterminate problem,** problème indéterminé, qui comporte plusieurs solutions. **-ly,** *adv.* Indéterminément, vaguement.

indetermination [inditə:rmi'neiʃ(ə)n], *s.* Indétermination *f.* **1.** (*Of pers.*) Irrésolution *f*, indécision *f*; défaut *m* de volonté. **2.** Absence *f* de conditions qui déterminent. *Mth:* Absence de solution.

indetermined [indi'tə:rmind], *a.* = UNDETERMINED.

indeterminism [indi'tə:rminizm], *s. Phil:* Indéterminisme *m.*

indevotion [indi'vouʃ(ə)n], *s.* Indévotion *f.*

indevout [indi'vaut], *a.* = UNDEVOUT.

index[1], *pl.* **indexes, indices** ['indeks, 'indeksiz, 'indisi:z], *s.* **1.** *Anat:* (*pl.* **indexes**) Index *m*; premier doigt. **2.** *Tchn:* (*pl.* **indexes**) Aiguille *f* (de cadran, de balance, etc.); style *m* (de cadran solaire). *Surv:* **Index(-bar)** (*of plane table*), alidade *f* (à pinnules). **Index correction,** correction *f* du zéro; mise *f* au point zéro. **3.** (*pl.* **indices**) Indice *m*, signe (indicateur). *I. to the state of s.o.'s feelings*, indication *f* des sentiments de qn. **4.** (*a*) (*pl.* **indexes**) Index, table *f* alphabétique, répertoire *m* (d'un livre). *To enter an item in, on, the i.*, répertorier un article. **Index-book,** classeur *m*, livre *m* répertoire. *See also* CARD[1] 2, THUMB-INDEX. (*b*) *R.C.Ch:* **Index librorum prohibitorum,** index purgatoire. **Index expurgatorius, expurgatory index,** index expurgatoire. **To put a book on the Index,** mettre un livre à l'index. **5.** (*pl.* **indices**) (*a*) *Alg:* Exposant *m*. (*b*) *Opt:* **Index of refraction, refractive index,** indice de réfraction. *Anthr:* **Cephalic index,** indice céphalique. (*c*) *Ling:* **Word-frequency index,** coefficient *m* d'usage d'un mot.

'**index-board,** *s. U.S:* Tableau indicateur.

'**index-finger,** *s.* Index *m.*

'**index-number,** *s.* (*a*) *Com:* Chiffre indicateur. (*b*) *Pol.Ec:* Coefficient *m*, nombre *m* indice (du coût de la vie).

'**index-ring,** *s. Mec.E:* Anneau diviseur; bague divisée (de la commande d'une machine-outil, etc.).

index[2], *v.tr.* **1.** (*a*) Faire, dresser, l'index (d'un livre, etc.); répertorier (une liasse). *See also* THUMB-INDEXED. (*b*) Répertorier, classer (un article). **2.** *R.C.Ch:* Mettre (un livre) à l'Index.

indexer ['indeksər], *s.* Dresseur *m*, auteur *m*, de l'index (d'un livre).

India ['indjɑ]. *Pr.n. Geog:* L'Inde *f.* **British India,** l'Inde anglaise. **Further India,** l'Inde au delà du Gange; l'Inde transgangétique. *Hist:* **The East India Company,** la Compagnie anglaise des Indes. *See also* PAPER[1] 1, PRIDE[1] 2, STEEL[1] 1.

india-'rubber. *See* RUBBER[1] 3.

Indiaman, *pl.* **-men** ['indjɑmən, -men], *s.* Navire *m* qui fait le service des Indes orientales.

Indian ['indjən]. **1.** (*a*) *a.* De l'Inde; des Indes; indien; *F:* hindou, *pl.* -ous. **The Indian Ocean,** la mer des Indes; l'océan Indien. *Bot:* **Indian-shot,** canna *m*, balisier *m*; safran *m* marron. **Indian fig-tree,** figuier *m* d'Inde. **Indian berry,** coque *f* du Levant. *See also* CLUB[1] 1, INK[1], MATTING[1] 2, MUTINY[1], ROSE[1] 1, TOPAZ. (*b*) *s.* (i) Indien, -ienne; *F:* Hindou, -oue. (ii) = ANGLO-INDIAN. **2.** *a. & s.* Indien, -ienne (d'Amérique). **Red Indians, copper Indians,** (les) Peaux-Rouges *m*. **The Indian weed,** le tabac. *See also* BLANKET[1], CORN[1] 3, FIG[1] 3, FILE[5] 1, HEMP 2, RICE 2, SUMMER[1].

Indianian [indi'ɑ:njən], *a. & s. Geog:* (Natif, habitant) de l'Indiana.

Indianist ['indjənist], *s.* Indianiste (adonné à l'étude du sanscrit, de l'histoire de l'Inde).

indianize ['indjənaiz], *v.tr.* Indianiser.

Indianologist [indjə'nɔlədʒist], *s.* = INDIANIST.

indican ['indikən], *s. Ch:* Indican *m.*

indicate ['indikeit], *v.tr.* **1.** (*a*) Indiquer, montrer. *To i. sth. with the hand, by gesture*, indiquer qch. de la main, d'un geste; désigner, montrer, qch. du doigt. *The hands i. two o'clock*, les aiguilles *f* marquent deux heures. *The thermometer indicates a rise in temperature*, le thermomètre accuse une élévation de température. *The exits must be clearly indicated by illuminated lettering*, la signalisation lumineuse des sorties est obligatoire. (*b*) *To i. a book to s.o.*, signaler un livre à qn. *He went to Orleans, the town indicated to him*, il se rendit à Orléans, ville à lui désignée. **At the hour indicated,** à l'heure dite, indiquée. *The above-indicated cheques*, les chèques sus-mentionnés, indiqués ci-dessus. *See also* HORSE-POWER. (*c*) *Med:* **Case in which a certain treatment is indicated,** cas pour lequel un certain traitement est indiqué, qui réclame un certain traitement; cas justiciable d'un certain traitement. *F: Strong measures were clearly indicated*, il était évident que la situation appelait, demandait, des mesures rigoureuses. **2.** (*a*) Indiquer, dénoter, témoigner, être un indice de (qch.). *Nothing indicated that winter was at hand*, rien n'indiquait que l'hiver approchait. *Face that indicates energy*, visage *m* qui annonce, qui dénote, l'énergie. (*b*) Faire savoir (qch.) en termes brefs.

indication [indi'keiʃ(ə)n], *s.* **1.** Indication *f* (de qch. à qn). **2.** (*a*) Indice *m*, signe *m*. *Countless indications told me that . . .*, à mille indices je reconnus que. . . . *Meeting which*, **according to all indications,** *would be a stormy one*, assemblée que tout annonçait devoir être orageuse. *Not the least i. of . . .*, aucune apparence de. . . . *There is every i. of his speaking the truth*, il y a toute apparence qu'il dit vrai. *There are many indications that . . .*, tout porte à croire que. . . . *The sudden fall of the barometer is an i. of storm*, la baisse subite du baromètre est une annonce de tempête. *He gave early indications of his talent*, il laissa de bonne heure entrevoir son talent. *He gave not the slightest i. that such was his desire*, il n'a manifesté en aucune façon que ce fût là son désir. *She gave no i. of having noticed anything*, elle ne témoigna pas avoir rien remarqué. (*b*) **To give clear indication of one's intentions,** faire connaître clairement ses intentions. (*c*) *Gold-Min:* Indice révélateur de la présence de l'or.

indicative [in'dikətiv]. **1.** *a. & s. Gram:* **Indicative (mood),** (mode) indicatif *m*. **In the indicative,** au mode indicatif; à l'indicatif. **2.** *a.* (*Also* ['indikeitiv]) Indicatif (*of*, de). *Smile i. of satisfaction*, sourire *m* qui dénote la satisfaction.

indicator ['indikeitər], *s.* **1.** (*Pers.*) Indicateur, -trice (*of*, de). **2.** (*a*) Table *f* d'orientation (au sommet d'une colline, etc.). (*b*) Index *m*, aiguille *f* (de baromètre, etc.). *Aut:* **Wing-indicator,** témoin *m* d'aile; repère *m* d'aile. *See also* DIRECTION-INDICATOR, TRAFFIC-INDICATOR. (*c*) Indicateur. **Pressure, vacuum, indicator,** indicateur de pression, de vide. *Revolution i.*, compteur *m* de tours. *Mch: Mec.E:* **Indicator diagram** *or* **card,** diagramme *m* d'indicateur; indicateur de courbes. **To take an indicator card,** relever un tracé d'indicateur. *Aut:* **Distance indicator,** compteur kilométrique; odomètre *m*. *El:* **Leakage indicator,** déceleur *m* de fuites; indicateur de terre(s); indicateur de défauts d'isolement. *See also* GAS-INDICATOR, SPEED-INDICATOR. (*d*) *El.E: etc:* **Indicator (board),** tableau indicateur; *Tp:* annonciateur *m*. **Drop indicator board** (*of an electric bell*), tableau indicateur à volets. *Tp:* **Ring-off indicator,** indicateur de fin; annonciateur de fin. *See also* CALL-INDICATOR. *Rail:* **Train indicator,** tableau indicateur du service des quais. (*e*) *Ch:* Indicateur chimique. *Liquid i.*, index *m* liquide. (*f*) *Gold-Min:* Indice révélateur de la présence de l'or.

indicatory ['indikeitəri], *a.* **1.** Indicateur, -trice, qui indique. **2.** (Symptôme) indicatif (*of*, de).

indicatrix ['indikeitriks], *s. Geom:* Indicatrice *f.*

indices ['indisi:z], *s.pl. See* INDEX[1].

indicia [in'diʃjɑ], *s.pl.* Indices *m*, signes *m* (d'une révolte qui couve, etc.).

indicolite [in'dikolait], *s. Miner:* Indicolite *f*; saphir *m* du Brésil.

indict [in'dait], *v.tr.* Accuser, inculper (qn) (*for*, de); mettre (qn) en accusation; traduire, poursuivre (qn) en justice (*for*, pour). *Indicted for complicity, indicted on a charge of complicity*, inculpé, accusé, de complicité. *He was indicted as a traitor*, il fut traduit en justice, mis en accusation, comme traître; il fut inculpé de trahison. **To indict a statement as false,** s'inscrire en faux contre un témoignage.

indictable [in'daitəbl], *a.* **1.** (Personne *f*) attaquable, traduisible, en justice; personne inculpable, passible de poursuites. **2.** (Action) qui tombe sous le coup de la loi. **Indictable offence,** délit *m*.

indicter [in'daitər], *s.* Accusateur, -trice; dénonciateur, -trice. *Jur:* partie civile. *To assume the role of i.*, se constituer en partie civile; se porter partie civile.

indiction [in'dikʃ(ə)n], *s. Rom. & Ecc.Hist:* Indiction *f.* **(Era, cycle, of) indiction,** indiction. *First i., seventh i.*, indiction première, septième.

indictment [in'daitmənt], *s. Jur:* **1.** Accusation *f*, incrimination *f*, inculpation *f*; (*by public prosecutor*) réquisitoire *m*; plaidoyer réquisitorial. *I. for theft*, inculpation de vol. **To prefer, bring in, lay, an indictment against s.o.,** intenter une action au criminel contre qn. (*Of grand jury*) **To find an indictment,** prononcer la mise en accusation; rendre une ordonnance de renvoi. **2.** (*a*) Acte *m* d'accusation (au criminel). *To draw up an i.*, rédiger un acte d'accusation. (*b*) **Bill of indictment,** acte d'accusation et résumé *m* de l'instruction (renvoyés à la Chambre des mises en accusation).

Indies (the) [ði'indiz]. *Pr.n.pl. Geog:* Les Indes *f.* **The East Indies,** les Indes (orientales), les Grandes Indes; l'Inde. **The West Indies,** les Antilles *f*, les Indes occidentales. **The Dutch East Indies,** les Indes Néerlandaises.

indifference [in'difərəns], *s.* **1.** *A:* Impartialité *f.* **2.** Indifférence *f*, manque *m* d'intérêt, apathie *f* (*to, towards, sth., s.o.*, pour qch., à l'égard de qn). *I. to wealth*, détachement *m* des richesses. *It is a matter of perfect i. to me*, cela m'est parfaitement indifférent; *F:* cela ne me fait ni chaud ni froid. *To show i. to s.o.'s fate*, se montrer indifférent au sort de qn. *See also* AFFECT[1] 1. **3.** Médiocrité *f* (de talent, etc.).

indifferent [in'difərənt], *a.* **1.** *A:* (Juge) impartial. *With an i. eye*, d'un œil impartial, indifférent. **2.** Indifférent (*to*, à). *Matter that is i. to him*, sujet qui lui est indifférent. *I am, feel, i. about him*, il m'est indifférent; je ne sens ni chaud ni froid pour lui. *He is, feels, i. about me*, je lui suis indifférent. *I. to the woes of others*, indifférent aux maux d'autrui. *His praise is i. to me, F:* ses éloges ne me font ni chaud ni froid. *He is i. to everything*, tout lui est indifférent, égal. *All that leaves me absolutely i.*, tout cela me laisse dans une profonde indifférence. *I. as to when his days may end, A:* nonchalant du terme où finiront ses jours. **3.** Médiocre, passable. *Very i. quality*, qualité *f* quelconque, médiocre. **Some good, some bad, some indifferent,** les uns bons, d'autres mauvais, d'autres ni bons ni mauvais. *To be an i. painter*, peindre pauvrement. *He is an i. servant*, c'est un domestique tel quel. **4.** *To converse on i. topics*, causer de choses indifférentes, de choses sans importance, *F:* de la pluie et du beau temps. **5.** Neutre. *Ch:* **Indifferent salt,** sel *m* neutre. *Magn: I. line of a magnet*, ligne *f* neutre d'un aimant. **-ly,** *adv.* **1.** *A:* Impartialement. **2.** Indifféremment, avec indifférence, avec froideur. **3.** Médiocrement, passablement, ni bien ni mal. *To speak French i. well*, parler plutôt mal le français. *Very i. provided with sth.*, assez mal pourvu de qch. *Food i. cooked*, nourriture préparée d'une façon quelconque. *To paint i.*, peindre pauvrement.

indifferentism [in'difərəntizm], *s. Rel.H: Pol:* Indifférentisme *m.*

indifferentist [in'difərəntist], *s. Rel.H: Pol:* Indifférentiste *m*; indifférent *m*; gallioniste *m*.
indigence ['indidʒəns], **indigency** ['indidʒənsi], *s.* Indigence *f*, pauvreté *f*; *F:* la misère.
indigenous [in'didʒenəs], *a.* **1.** Indigène (*to*, à); du pays. *Product i. to Scotland*, produit *m* indigène à l'Écosse. **2. Indigenous schools**, écoles *f* pour les indigènes, où l'enseignement est donné dans la langue indigène.
indigent ['indidʒənt], *a.* & *s.* Indigent, pauvre; nécessiteux.
indigested [indi'dʒestid], *a.* = UNDIGESTED.
indigestibility [indidʒesti'biliti], *s.* Indigestibilité *f*.
indigestible [indi'dʒestibl], *a.* Indigeste; difficile à digérer. *I. dish*, mets cru à l'estomac.
indigestion [indi'dʒestʃ(ə)n], *s.* **1.** Dyspepsie *f* ou apepsie *f*; mauvaise digestion. **To have an attack of indigestion**, avoir une indigestion. **Touch of indigestion**, léger embarras gastrique. **2.** État indigéré (des aliments, *F:* des connaissances); défaut *m* d'assimilation.
indign [in'dain], *a. Poet:* Indigne, honteux.
indignant [in'dignənt], *a.* (Air) indigné; (cri) d'indignation. **To be, feel, indignant at sth.**, être indigné, s'indigner, de qch. *To be highly i. with s.o.*, être vivement indigné, éprouver une vive indignation, contre qn. *We are i. to hear that . . .*, cela nous indigne, nous sommes indignés, d'apprendre que. . . . *He was i. that everything went so slowly*, il s'indignait de ce que tout allait si lentement. **To make s.o. indignant**, indigner qn. **-ly**, *adv.* Avec indignation; d'un ton d'indignation, d'un ton indigné; d'un air indigné.
indignation [indig'neiʃ(ə)n], *s.* Indignation *f*. *I. at sth.*, indignation excitée, inspirée, par qch. *To feel strong i. against, with, s.o.*, éprouver une vive indignation contre qn. *Righteous i.*, une juste indignation. *Burst of i. against sth.*, soulèvement *m* contre qch. *To the i. of all decent people*, au grand scandale de tous les gens de bien. **Indignation meeting**, meeting *m*, réunion *f*, de protestation.
indignity [in'digniti], *s.* Indignité *f*, affront *m*, honte *f*. *To suffer the i. of a refusal*, essuyer l'affront d'un refus. *To treat s.o. with i.*, traiter qn d'une manière indigne; faire affront à qn; outrager qn.
indigo, *pl.* **-os** ['indigo, -ouz], *s.* **1.** *Dy: Com:* Indigo *m*; inde *m*. **2.** = INDIGO-PLANT.
'indigo-bird, *s. Orn:* Passerine bleue.
'indigo-'blue. 1. *a.* & *s.* (Bleu) indigo *m inv. I.-b. ribbons*, des rubans *m* indigo. **2.** *s. Dy:* Indigo bleu.
'indigo-'brown, *s. Ch: Ind:* Brun *m* d'indigo.
'indigo-plant, *s. Bot:* Indigotier *m*, anil *m*.
'indigo-'purple, *s. Dy:* Phénicine *f*.
'indigo-'white, *s. Ch: Ind:* Indigo blanc; blanc *m* d'indigo.
indirect [indi'rekt], *a.* **1.** (*Of road, result, etc.*) Indirect. *To make an i. hit*, toucher le but par bricole, par ricochet. *Jur: I. evidence*, preuve indirecte. *Gram:* **Indirect speech**, discours indirect. *I. object*, complément indirect. *Artil: I. fire*, tir indirect. *See also* TAX[1] 1. **2.** (Moyen, etc.) détourné, oblique. **-ly**, *adv.* Indirectement. *To learn sth. i.*, apprendre qch. par ricochet.
indirection [indi'rekʃ(ə)n], *s.* **1. By indirection**, indirectement, par des moyens détournés. **2.** Tromperie *f*, déloyauté *f*.
indirectness [indi'rektnəs], *s.* Manque *m* de droiture, d'honnêteté; déloyauté *f*.
indiscernible [indi'zəːrnibl, -'səːr-], *a.* **1.** Indiscernable. **2.** Imperceptible.
indiscerptible [indi'səːrptibl], *a.* Indivisible.
indisciplinable [in'disiplinəbl], *a.* Indisciplinable; indocile.
indiscipline [in'disiplin], *s.* Indiscipline *f*.
indiscoverable [indis'kʌvərəbl], *a.* = UNDISCOVERABLE.
indiscreet [indis'kriːt], *a.* **1.** Indiscret, -ète. **2.** Peu judicieux; imprudent. *I. step*, démarche inconsidérée. **-ly**, *adv.* **1.** Indiscrètement, sans discrétion. **2.** Imprudemment; sans considération.
indiscreetness [indis'kriːtnəs], *s.* Indiscrétion *f*.
indiscretion [indis'kreʃ(ə)n], *s.* **1.** (*a*) Manque *m* de discrétion. (*b*) Indiscrétion *f*. **Calculated indiscretion**, révélation délibérée d'un secret officiel sous couleur d'une étourderie; indiscrétion calculée. **2.** (*a*) Action inconsidérée; imprudence *f*. (*b*) *F:* Écart *m* de conduite; faux pas. **To be guilty of an indiscretion**, (i) commettre une inconséquence; (ii) se compromettre (avec qn); commettre une imprudence. **Indiscretions of youth**, péchés *m* de jeunesse. *He committed some indiscretions in his youth*, il a fait quelques bêtises quand il était jeune.
indiscriminable [indis'kriminəbl], *a.* Indiscernable (*from*, de).
indiscriminate [indis'kriminet], *a.* (Charité *f*, vengeance *f*, admirateur *m*) aveugle, qui ne fait pas de distinction. *I. slaughter*, tuerie générale. *I. blows*, coups frappés au hasard, à tort et à travers. **-ly**, *adv.* (Louer, censurer, frapper) sans faire de distinction, à tort et à travers, au hasard; (louer) aveuglément.
indiscriminating [indis'krimineitiŋ], *a.* (Critique *m*) sans discernement; (bienfaisance *f*) aveugle.
indiscrimination [indiskrimi'neiʃ(ə)n], *s.* Manque *m* de discernement.
indispensability [indispensə'biliti], **indispensableness** [indis'pensəblnəs], *s.* Indispensabilité *f*.
indispensable [indis'pensəbl], *a.* **1.** (Loi *f*, devoir *m*, engagement *m*) obligatoire, qu'on ne peut négliger. **2.** Indispensable, de première nécessité (*to s.o.*, à qn; *for sth.*, pour qch.). *Articles of i. use, i. articles*, objets *m* de première nécessité, de toute nécessité. *To make oneself i. to s.o.*, se rendre indispensable, nécessaire, à qn. *Prov:* **No one is indispensable**, pour un moine l'abbaye ne chôme pas. **3.** *s.pl. F.* & *Hum:* **Indispensables**, pantalon *m*. **-ably**, *adv.* Indispensablement.
indispose [indis'pouz], *v.tr.* **1. To indispose s.o. towards s.o.**, indisposer, prévenir, qn contre qn; rendre qn défavorable à qn. *To i. s.o. to do sth.*, rendre qn peu disposé à faire qch. *To i. s.o. from a course of action*, éloigner, détourner, qn d'une ligne de conduite. **2. To indispose s.o. for sth., for doing sth.**, rendre qn peu propre à qch.; rendre qn incapable, hors d'état, de faire qch.; rendre qn inapte à faire qch. **3.** Rendre (qn) malade; indisposer (qn).
indisposed, *a.* **1.** Peu enclin, peu disposé (*to do sth.*, à faire qch.). **2. To be, feel, indisposed**, être indisposé, souffrant; se sentir mal en train; n'être pas dans son assiette. *To become i.*, avoir un malaise.
indisposition [indispo'ziʃ(ə)n], *s.* **1.** Indisposition *f* (*to, towards, s.o.*, à l'égard de qn); aversion *f* (envers, pour, qn; pour qch.). **2.** Peu de disposition, peu d'inclination (*to do sth.*, à faire qch.). **3.** Indisposition, malaise *m*.
indisputability [indispjuːtə'biliti], **indisputableness** [in'dispjutəblnəs], *s.* Indisputabilité *f*, incontestabilité *f*, caractère *m* incontestable (d'un fait).
indisputable [in'dispjutəbl, indis'pjuːtəbl], *a.* Incontestable, indiscutable, indisputable; hors de controverse; incontroversable. *Log: Phil:* (Jugement *m*, etc.) apodictique. **-ably**, *adv.* Indiscutablement, incontestablement, indisputablement; sans discussion possible; sans conteste.
indissolubility [indisəlju'biliti], *s.* **1.** Indissolubilité *f* (d'une union). **2.** *A:* Insolubilité *f*.
indissoluble [indi'səljubl], *a.* **1.** (Union *f*, amitié *f*) indissoluble. **2.** *A:* (Sel *m*, etc.) insoluble, indissoluble. **-bly**, *adv.* Indissolublement.
indistinct [indis'tiŋ(k)t], *a.* **1.** (Objet) indistinct; peu distinct; (bruit) confus; (souvenir *m*) vague. *The haze made the outlines i.*, la brume estompait les contours. **2.** *A:* = INDISCRIMINATE. **-ly**, *adv.* (Voir, parler) indistinctement; (sentir) vaguement, confusément. *To speak i.*, manger ses mots.
indistinction [indis'tiŋ(k)ʃ(ə)n], *s.* **1.** Confusion *f* (*between good and evil*, entre le bien et le mal). **2.** Peu *m* de différence (entre deux espèces, etc.).
indistinctness [indis'tiŋ(k)tnəs], *s.* Indistinction *f*, vague *m*; manque *m* de netteté (d'un objet, d'un son, d'une pensée).
indistinguishable [indis'tiŋgwiʃəbl], *a.* **1.** Indistinguible, indiscernable, que l'on ne peut distinguer (*from*, de). *They are i.*, ils ne font qu'un. **2.** (Bruit, sensation) insaisissable. *I. lapse of time*, laps *m* de temps imperceptible. *I. to the naked eye*, imperceptible à l'œil nu.
indite [in'dait], *v.tr. A.* & *Hum:* Composer (un poème); rédiger (une lettre, une dépêche).
inditing, *s.* Composition *f*, rédaction *f*.
inditer [in'daitər], *s. Hum:* Auteur *m*, rédacteur *m* (d'une lettre). *Great i. of letters*, grand écriveur de lettres.
indium ['indiəm], *s. Ch:* Indium *m*.
indivertible [indi'vəːrtibl], *a.* (Personne *f*) qu'on ne saurait détourner (*from*, de); (opinion) qu'on ne saurait changer.
individual [indi'vidjuəl]. **1.** *a.* (*a*) Individuel. (*b*) Particulier. *Mec.E:* **Individual drive**, commande séparée. (*c*) Qui se distingue des autres. *He is so i. in his views*, il a des idées si originales. **2.** *s.* Individu *m*. **A private individual**, un simple particulier. *To act merely as a private i.*, agir en tant que particulier, en (qualité de) simple particulier. *F: We have had a letter from some i.*, (un) je ne sais qui nous a écrit. *He is an unbearable i.*, c'est un être insupportable. *There's an i. downstairs who would like to speak to you*, il y a un particulier en bas qui désirerait vous parler. *An i. appeared, F:* survint un quidam. **-ally**, *adv.* **1.** Individuellement. **2.** Personnellement. **3.** *I am speaking i.*, je ne parle que pour moi.
individualism [indi'vidjuəlizm], *s. Pol: etc:* Individualisme *m*.
individualist [indi'vidjuəlist], *s.* Individualiste *mf*.
individualistic [individjuə'listik], *a.* Individualiste. **-ally**, *adv.* Du point de vue individualiste.
individuality [individju'aliti], *s.* **1.** Individualité *f*. *He never developed any i.*, il n'a jamais fait preuve de personnalité *f*. **2.** *He has his individualities*, il a ses petites particularités.
individualization [individjuəlai'zeiʃ(ə)n], **individuation** [individju'eiʃ(ə)n], *s.* Individualisation *f*.
individualize [indi'vidjuəlaiz], **individuate** [indi'vidjueit], *v.tr.* Individualiser.
indivisibility [indivizi'biliti], *s.* Indivisibilité *f*.
indivisible [indi'vizibl]. **1.** *a.* Indivisible, insécable. **2.** *s. Phil: Mth:* **Indivisibles**, insécables *m*, atomes *m*. **-ibly**, *adv.* Indivisiblement.
Indo-[1] ['indo], *comb.fm. Ethn: Geog:* Indo-. *Indo-Arabian*, indo-arabe.
Indo-'Aryan, *a.* & *s. Ethn: Ling:* Indo-aryen, -enne.
Indo-'China. *Pr.n. Geog:* L'Indo-Chine *f*, l'Indochine *f*; l'Inde *f* transgangétique.
Indo-Chi'nese, *a.* & *s. Geog:* Indochinois, -oise.
'Indo-Euro'pean, *a.* & *s. Ethn: Ling:* Indo-européen, -enne; aryen, -enne.
'Indo-Ger'manic, *a.* Indo-germanique.
Indo-[2], *comb.fm.* De l'Indus. **The Indo-Gangetic plain**, la plaine indo-gangétique.
indocile [in'dousail], *a.* Indocile.
indocility [indo'siliti], *s.* Indocilité *f*.
indoctrinate [in'dɔktrineit], *v.tr.* Endoctriner, instruire (qn). *To i. s.o. with an idea*, inculquer une idée à qn.
indoctrination [indɔktri'neiʃ(ə)n], *s.* Endoctrinement *m*.
indoctrinator [in'dɔktrineitər], *s.* Endoctrineur *m*.
indole ['indoul], **indol** ['indɔl], *s. Ch:* Indol *m*.
indolence ['indoləns], *s.* **1.** Indolence *f*, paresse *f*, mollesse *f*. **2.** *Med:* Indolence, insensibilité *f* (d'une tumeur, etc.).
indolent ['indolənt], *a.* **1.** Indolent, paresseux. **2.** *Med:* (*Of tumour, etc.*) Indolore, indolent, insensible, sans douleur. **-ly**, *adv.* Indolemment, paresseusement.
indomitable [in'dɔmitəbl], *a.* Indomptable; (volonté) qui n'est pas asservissable. **-ably**, *adv.* Indomptablement.

Indonesia [indoˈniːzia]. *Pr.n. Geog:* L'Indonésie *f*, l'Indo-malaisie *f*.

Indonesian [indoˈniːziən], *a. & s. Geog:* Indonésien, -ienne.

indoor [ˈindɔːər], *a.* (*a*) (Robe, vie, travail) d'intérieur; (décoration) d'appartement. **Indoor photography,** photographie *f* en appartement. **Indoor games,** (i) jeux *m* de salle; (ii) jeux de salon, de société. **Indoor plant,** plante *f* d'appartement. **Indoor servants,** gens *m* de maison. **Indoor sanitation,** w.c. dans la maison. (*b*) *Adm:* **The indoor poor,** les pauvres hospitalisés; les pensionnaires *mf* d'un hospice. **Indoor relief,** assistance *f* des pauvres hospitalisés; secours *m* dans les maisons de charité.

indoors [inˈdɔːərz], *adv.* A la maison. **Indoors and out,** dans la maison et dehors. *To go i.*, entrer, rentrer (dans la maison). **To keep indoors,** garder la maison. *I was kept i. all the week, F:* j'ai été caserné toute la semaine. *To live too much i.*, vivre trop enfermé. *It happened i.*, cela a eu lieu dans la maison. *The officers slept i.*, les officiers couchaient à l'abri. *The students have parties i.*, les étudiants se réunissent dans leurs appartements.

indophenol [indoˈfiːnɔl], *s. Ch:* Indophénol *m*.

indorse, *v.tr.*, **indorsee,** *s.*, **indorsement,** *s.*, **indorser,** *s.*, = ENDORSE, *etc.*

indoxyl [inˈdɔksil], *s. Ch:* Indoxyle *m*.

indraught [ˈindrɑːft], *s.* **1.** Appel *m* d'air, entrée *f* d'air, venue *f* du vent (d'une machine soufflante). **2.** Courant remontant (d'un estuaire, etc.).

indri [ˈindri], *s. Z:* = BABACOOTE.

indubitable [inˈdjuːbitəbl], *a.* Indubitable; hors de doute; incontestable. **-ably,** *adv.* Indubitablement; sans doute possible; incontestablement, sans contredit.

induce [inˈdjuːs], *v.tr.* **1.** **To induce s.o. to do sth.,** persuader à qn de faire qch., décider, induire, pousser, amener, déterminer, qn à faire qch. *I have induced him to accompany us,* j'ai obtenu (de lui) qu'il vienne, qu'il viendrait, avec nous. *Nothing will i. him to change his mind,* rien ne le fera changer d'idée. *He was induced to enter this career,* il se laissa entraîner dans cette carrière. **To induce men to strike,** débaucher les ouvriers. *His kind nature induced him to listen to our request,* sa bonté le porta à écouter notre prière. **2.** (*a*) Amener, produire, occasionner, causer, faire naître. **To induce sleep, perspiration,** provoquer le sommeil, la sueur. *Medicine that induces perspiration,* médicament *m* qui sollicite la transpiration. *Exercise that does not i. fatigue,* exercice *m* qui ne cause pas de fatigue. **To induce the belief, the hope, that . . .,** porter à croire, faire espérer, que . . .; donner lieu de croire, d'espérer, que . . .; faire naître l'espoir que. . . . (*b*) *El: etc:* Amorcer (un courant, des vibrations, etc.); induire (un courant). **3.** (*a*) *To i. a law from the ascertained results,* induire une loi des résultats acquis. (*b*) Induire, conclure (que . . .). **My letter remained unanswered, and I induced that . . .,** ma lettre est restée sans réponse, et j'en ai conclu que. . . .

induced, *a.* (*a*) **Induced hypnosis,** hypnose provoquée. (*b*) **Induced draught,** tirage induit par aspiration; tirage par induction; aérage négatif. (*c*) *El:* **Induced current,** courant induit, courant d'induction. **Induced charge,** charge *f* d'induit. **Induced circuit,** induit *m*.

inducing, *a. El:* (*Of wire, current, etc.*) Inducteur, -trice.

inducement [inˈdjuːsmənt], *s.* **1.** (*a*) Motif *m*, mobile *m*, raison *f*, cause *f*, qui décide, pousse, encourage, qn à faire qch. *I. to sleep,* provocation *f* au sommeil. **To hold out an inducement to s.o. to do sth.,** encourager qn à faire qch. par des offres attrayantes, avantageuses. *The inducements of a business career,* les attraits *m* d'une carrière dans le commerce. *The inducements of a large town,* (i) les attraits, (ii) les tentations *f*, d'une grande ville. (*b*) *Jur:* Incitation *f* (*to*, à). **2.** *Jur:* Motif (d'un acte judiciaire); cause (d'un contrat).

inducer [inˈdjuːsər], *s.* Tentateur, -trice; provocateur, -trice.

induct [inˈdʌkt], *v.tr.* **1.** (*a*) *Ecc:* **To induct a clergyman to a living,** mettre un ecclésiastique en possession d'un bénéfice; installer un ecclésiastique dans sa paroisse. (*b*) Installer (un fonctionnaire) dans sa charge. (*c*) *A:* Conduire (*s.o. to his seat*, qn à son siège); installer (qn dans un fauteuil, etc.). **2.** Initier (*s.o. to sth.*, qn à qch.).

inducting, *s.* **1.** Installation *f* (*to*, dans). **2.** Initiation *f* (*to*, à).

inductance [inˈdʌktəns], *s. El:* **1.** Inductance *f*; coefficient *m* de self-induction. *See also* SELF-INDUCTANCE. **2.** **Inductance(-coil),** (bobine *f* de) self(-induction) *f*. *Iron-core i.*, inductance à noyau de fer. *Air-core i.*, inductance sans fer. *W.Tel:* (*Aerial*) **tuning inductance,** inductance de syntonisation; self de réglage (d'antenne).

inductile [inˈdʌktail], *a. Metall:* Inductile.

inductility [indʌkˈtiliti], *s. Metall:* Inductilité *f*.

induction [inˈdʌkʃ(ə)n], *s.* **1.** Installation *f* (d'un ecclésiastique, d'un fonctionnaire). **2.** **Induction of facts,** énumération *f* des faits, mise *f* en avant des faits (pour prouver qch.); apport *m* de preuves. **3.** *Log: Mth:* Induction *f*. *To reason, prove a theorem,* **by induction,** raisonner, prouver un théorème, par induction. **4.** *El:* Induction. **Induction motor,** moteur *m* à induction. **Induction regulator,** survolteur *m* d'induction. *Metall:* **Induction furnace,** four *m* d'induction. *See also* SELF-INDUCTION. **5.** *Mch: I.C.E:* Admission *f*, entrée *f* (de la vapeur, des gaz); aspiration *f* (des gaz). **Induction stroke,** période *f* d'admission, temps *m* de l'aspiration, course aspirante. **The induction (system),** l'admission. *See also* FORCED 2, VALVE[1] 1. **6.** *Med:* Cause *f*, production *f* (d'un état, d'une maladie).

in'duction-coil, *s. El:* Bobine *f* d'induction; bobine inductrice; bobine de self.

in'duction-pipe, *s. I.C.E:* Tuyau *m* d'admission.

in'duction-port, *s. Mch: I.C.E:* Lumière *f* d'admission, d'entrée; admission *f*.

inductive [inˈdʌktiv], *a.* **1.** *A. & Lit:* **Vices inductive to sin,** vices *m* qui induisent au péché. **2.** *Log: Mth:* **The inductive method,** la méthode inductive. *I. reasoning,* raisonnement inductif. **3.** *El:* (*a*) Inducteur, -trice. **Inductive current, circuit,** courant, circuit, inducteur. **Specific inductive capacity,** pouvoir inducteur spécifique. (*b*) Inductif. *I. charge,* charge inductive. *I. coupling,* accouplement inductif. **-ly,** *adv. Log: El:* Par induction.

inductivity [indʌkˈtiviti], *s. El:* Inductivité *f*.

inductometer [indʌkˈtɔmetər], *s. El.E:* Inductomètre *m*.

inductor [inˈdʌktər], *s.* **1.** *Ecc:* Installateur *m* (d'un ecclésiastique) (*to his living*, dans sa charge). **2.** *El.E:* Inducteur *m*, rotor *m* (d'une machine d'induction). **Earth inductor,** inducteur de terre. *I.C.E:* **Magneto inductor,** rotor de la magnéto. **Inductor alternator,** alternateur *m* à fer tournant.

indue [inˈdjuː], *v.tr.* = ENDUE.

indulge [inˈdʌldʒ]. **1.** *v.tr.* (*a*) Avoir, montrer, trop d'indulgence pour (qn); gâter (qn); se prêter aux caprices de (qn). **To indulge oneself,** s'écouter, ne rien se refuser. *She is used to indulging all her whims,* elle est habituée à se passer tous ses caprices. **To indulge s.o. in sth.,** permettre qch. à qn. *To i. s.o. with sth.*, donner, accorder, qch. à qn. *To i. s.o.'s fancies,* flatter les caprices de qn. *Accustomed to be indulged by his mother,* (i) accoutumé aux gâteries de sa mère; (ii) accoutumé à ce que sa mère lui permette tout. *He is indulged in all his fancies,* on lui souffre toutes sortes de fantaisies, toutes ses fantaisies. (*b*) S'abandonner à (une fantaisie); se laisser aller à (un penchant); nourrir (un espoir); se livrer, donner libre cours, libre carrière, à (une passion). *To i. a vain hope, a fond hope,* caresser un vain espoir; se leurrer d'un espoir. (*c*) *R.C.Ch:* Accorder une indulgence à (qn). (*d*) *Com:* Accorder un délai à (une lettre de change, au payeur d'une lettre de change). **2.** *v.i.* **To indulge in a practice,** s'adonner, se livrer, à une habitude. **To indulge too freely in sth.,** faire abus de qch., abuser de qch. *To i. in extravagance,* se livrer à des actes extravagants. *To i. in pleasures,* s'octroyer des plaisirs, s'adonner à des plaisirs. *To i. in sin,* s'adonner au péché; se complaire au mal. *To i. in strong language,* lâcher des jurons, des gros mots. *To i. in a nap,* faire un somme. *To i. in vain imaginings,* se repaître de chimères. *To i. in a new hat,* s'offrir, se payer, un chapeau neuf. *To i. in tobacco,* être adonné au tabac. *To i. in a cigar,* se permettre un cigare. *To i. in a glass of Madeira,* s'offrir (la douceur d')un verre de madère. *I rather think he indulges too much,* j'ai idée qu'il boit trop, qu'il se livre à la boisson, qu'il aime à lever le coude. *F:* **Will you indulge?** voulez-vous boire quelque chose? une petite goutte?

indulgence [inˈdʌldʒəns], *s.* **1.** Indulgence *f*, complaisance *f* (*to*, envers); longanimité *f*. *To grant s.o. every i.*, accorder à qn toutes les faveurs; tout passer à qn. *This was an i. to a guest,* c'était un traitement de faveur pour un invité. *A mother's i. for her children,* faiblesse *f* d'une mère pour ses enfants. **2.** (*a*) **Indulgence in sin,** abandon *m* au péché. *I. in one's appetites,* assouvissement *m* de ses appétits. *Sexual i.*, plaisirs sensuels. *See also* OVER-INDULGENCE 2, SELF-INDULGENCE. (*b*) *To allow oneself the i. of a glass of Madeira,* s'offrir (la douceur d')un verre de madère. *These are my only indulgences,* ce sont là mes seules petites douceurs. **3.** *R.C.Ch:* Indulgence. **Plenary indulgence,** indulgence plénière. **4.** *Com:* Délai de paiement (accordé au payeur d'une lettre de change).

indulgent [inˈdʌldʒənt], *a.* **1.** Indulgent (*to s.o.*, envers, pour, à, qn). *I. towards the failings of others,* indulgent aux faiblesses d'autrui. **2.** Indulgent, faible. *To be i. towards one's children's faults, to look on one's children with an i. eye,* se montrer faible envers ses enfants. **Over-indulgent father,** père par trop indulgent. **Indulgent husband,** (i) mari indulgent; (ii) *Iron:* mari complaisant. *See also* SELF-INDULGENT. **-ly,** *adv.* (Traiter, écouter) avec indulgence, avec douceur.

indulger [inˈdʌldʒər], *s.* **1.** Gâteur, -euse (d'un enfant, etc.). **2.** Adonné, -ée (*in a vice*, à un vice).

induline [ˈindjulain, -lin], *s. Ch:* Induline *f*.

indult [inˈdʌlt], *s. R.C.Ch:* Indult *m*.

indurate[1] [ˈindjuret], *a.* = INDURATED.

indurate[2] [ˈindjureit]. **1.** *v.tr.* (*a*) Endurcir (le corps); durcir (l'argile); *F:* endurcir (l'âme, le cœur). *They had been indurated to want and exposure,* ils avaient été endurcis aux privations et aux rigueurs des saisons. (*b*) *Med:* Indurer (les tissus). **2.** *v.i.* (*a*) Se durcir, durcir; (*of the feelings, etc.*) s'endurcir. (*b*) *Med:* S'indurer (*c*) (*Of a custom*) S'invétérer.

indurated, *a.* **1.** (*Of clay, etc.*) Durci. *F:* **Indurated conscience,** conscience endurcie. **2.** *Med:* (Ulcère, etc.) induré. **3.** (Usage) invétéré.

induration [indjuˈreiʃ(ə)n], *s.* **1.** *Geol: etc:* Durcissement *m* (de l'argile, etc.). *F:* Endurcissement *m* (de l'âme, du cœur, de la conscience). **2.** *Med:* (*a*) Induration *f* (des tissus, d'un chancre). (*b*) Tissu induré; induration.

indurative [ˈindjureitiv], *a.* **1.** Qui tend à endurcir; endurcissant. **2.** Qui tend à indurer.

Indus (the) [ðiˈindəs]. *Pr.n. Geog:* L'Indus *m*; le (fleuve) Sind.

indusium, *pl.* **-ia** [inˈdjuːziəm, -ia], *s. Bot: Ent:* Indusie *f*, induse *f*.

industrial [inˈdʌstriəl]. **1.** *a.* (*a*) Industriel. *I. exhibition,* salon *m* de l'industrie. *Anthr: Pol.Ec:* **Industrial unit,** atelier *m*. **Industrial disease,** maladie professionnelle. *See also* PARTNERSHIP 2. (*b*) **Industrial school,** (i) école professionnelle; école d'arts et métiers; (ii) école professionnelle pour enfants en dépôt ou en garde; école pour enfants moralement abandonnés. **2.** *s.pl. St.Exch:* **Industrials,** valeurs industrielles. **-ally,** *adv.* Industriellement.

industrialism [inˈdʌstriəlizm], *s.* Industrialisme *m*.

industrialist [inˈdʌstriəlist], *s.* Industrialiste *m*, industriel *m*.

industrialization [indʌstriəlaiˈzeiʃ(ə)n], *s.* Industrialisation *f*.

industrialize [inˈdʌstriəlaiz], *v.tr.* Industrialiser. *The milk trade is becoming industrialized,* le commerce du lait s'industrialise, devient une industrie.

industrious [inˈdʌstriəs], *a.* (*a*) Travailleur, laborieux, diligent, assidu, industrieux. *To be very i.*, être très travailleur. (*b*) *A:* Empressé, zélé, ardent (*in sth.*, *to do sth.*, à qch., de faire qch.). **-ly,** *adv.* (*a*) Laborieusement, industrieusement, diligemment, assidûment. (*b*) *A:* Avec zèle, avec empressement.

industry ['indəstri], *s.* **1.** Application *f*, assiduité *f* **au travail**; travail *m*; diligence *f*, zèle *m*. *I. begets wealth*, le travail engendre la richesse. **2.** Industrie *f*. *Coal-mining i.*, industrie minière. *The boot and shoe i.*, l'industrie de la chaussure. **The heavy industries,** les fonderies *f* et forges *f*; la sidérurgie. *See also* CAPTAIN[1] I.

indwell [in'dwel], *v.tr.* & *i.* **(indwelt; indwelling)** *Lit:* **To indwell (in) a place,** demeurer, séjourner, dans un lieu; habiter un lieu.

indwelling, *a.* (Principe, etc.) intérieur, -eure; du cœur, de l'âme; intime.

indweller ['indwelər], *s.* Habitant, -ante.

-ine[1] [ain], *a.suff.* -in, *f.* -ine. *Alkaline*, alcalin. *Aquiline*, aquilin. *Bovine*, bovin. *Crystalline*, cristallin. *Divine*, divin. *Serpentine*, serpentin.

-ine[2] [in, iːn], *s.suff.* *Ch:* **1.** -ine *f*. *Aconitine*, aconitine. *Cocaine* cocaïne. *Nicotine*, nicotine. *Strychnine*, strychnine. **2.** *Bromine*, brome *m*. *Chlorine*, chlore *m*. *Iodine*, iode *m*.

inearth [in'əːrθ], *v.tr. Poet:* Enterrer.

inebriant [in'iːbriənt]. **1.** *a.* Enivrant, grisant, inébriant. **2.** *s.* Inébriant *m*.

inebriate[1] [in'iːbriet]. **1.** *a.* = INEBRIATED. **2.** *s.* Ivrogne, *f.* ivrognesse; alcoolique *mf*. **Home for inebriates,** maison *f* de santé pour alcooliques.

inebriate[2] [in'iːbrieit], *v.tr.* Enivrer, griser. *To i. oneself with* (*sth.*), s'enivrer de (vin, éloges, etc.), se griser de (popularité, etc.). (*Of tea*) *The cup that cheers but not inebriates*, la coupe qui réconforte sans enivrer.

inebriated, *a.* Ivre, gris, enivré. *I. men*, hommes pris de boisson. *F:* *I. by success*, grisé par son succès.

inebriating, *a.* (Vin, plaisir) enivrant, qui grise.

inebriation [iniːbri'eiʃ(ə)n], *s.* **1.** Enivrement *m*; action *f* de s'enivrer. **2.** = INEBRIETY I.

inebriety [iniː'braiəti], *s.* **1.** Ivresse *f*, ébriété *f*. **2.** Ivrognerie *f*, alcoolisme *m*.

inedible [in'edibl], *a.* **1.** Immangeable. **2.** Non comestible.

inedited [in'editid], *a.* **1.** (Roman, etc.) inédit. **2.** (*Of memoirs, etc.*) Publié (i) intégralement, (ii) sans notes.

ineducable [in'edjukəbl], *a.* Inéducable.

ineffability [inefə'biliti], **ineffableness** [in'efəblnəs], *s.* Ineffabilité *f*.

ineffable [in'efəbl], *a.* Ineffable, indicible. **-ably,** *adv.* Ineffablement, indiciblement.

ineffaceable [ine'feisəbl], *a.* Ineffaçable, indélébile. **-ably,** *adv.* Ineffaçablement, indélébilement.

ineffective [ine'fektiv], *a.* **1.** (Moyen, remède) inefficace, ineffectif, sans résultat, sans action, sans effet. **2.** (Travail, architecture) qui manque d'effet artistique, qui n'a rien de frappant. *I. phrase*, expression *f* qui manque son but. *I. retort*, réplique *f* qui ne porte pas. *I. speech*, discours *m* qui ne produit pas d'effet. *I. speaker*, orateur *m* terne, dont les paroles ne portent pas. *I. style*, style plat, terne. **3.** (*Of pers.*) Incapable. *s.pl.* **The ineffectives,** les incapables *m*. **-ly,** *adv.* Inefficacement, vainement; sans produire d'effet.

ineffectiveness [ine'fektivnəs], *s.* **1.** Inefficacité *f*. **2.** Manque *m* d'effet; manque de force (d'un argument, etc.).

ineffectual [ine'fektjuəl], *a.* **1.** (*a*) (Effort, raisonnement) inefficace, sans effet, vain, *F:* raté. *I. attempt, action*, tentative *f*, action *f*, qui n'a pas abouti. *I. treatment*, traitement *m* sans résultat. (*b*) Qui donne une impression de faiblesse; terne. **2.** *I. person*, personne *f* dont les efforts n'aboutissent jamais; personne incapable; velléitaire *mf*. *To become i.*, *F:* devenir bon à rien. **-ally,** *adv.* Inefficacement.

ineffectualness [ine'fektjuəlnəs], *s.* Inefficacité *f*.

inefficacious [inefi'keiʃəs], *a.* (Remède *m*) inefficace, sans effet.

inefficaciousness [inefi'keiʃəsnəs], **inefficacity** [inefi'kasiti], **inefficacy** [in'efikəsi], *s.* Inefficacité *f*.

inefficiency [ine'fiʃənsi], *s.* **1.** Inefficacité *f* (des mesures qu'on avait prises, etc.). **2.** Incapacité (professionnelle); incompétence *f*, insuffisance *f*, inhabileté *f* (de qn). *I. of labour*, incapacité professionnelle de la main-d'œuvre.

inefficient [ine'fiʃənt], *a.* **1.** (*Of a measure, etc.*) Inefficace, ineffectif. **2.** (*Of pers.*) Incapable, incompétent, insuffisant. *s.pl.* **The inefficients,** les incapables. **-ly,** *adv.* **1.** Inefficacement. **2.** Sans compétence.

inelastic [ini'lastik], *a.* **1.** Inélastique; sans élasticité; raide; qui ne prête pas. **2.** *F:* Qui manque de souplesse d'esprit ou de caractère; raide. **3.** *Pol.Ec:* (Demande *f*) fixe, qui ne change pas.

inelasticity [inilas'tisiti], *s.* **1.** Inélasticité *f*. **2.** Raideur *f* (d'esprit, de caractère).

inelegance [in'elegəns], **inelegancy** [in'elegənsi], *s.* **1.** Inélégance *f*. **2.** *Inelegancies of style*, inélégances de style.

inelegant [in'elegənt], *a.* **1.** (Style) inélégant; (personne) sans élégance. **2.** (Goût, etc.) peu délicat, fruste. **-ly,** *adv.* Sans élégance. *Esp.* *To write i.*, écrire sans élégance.

ineligibility [inelidʒi'biliti], *s.* **1.** Inéligibilité *f* (d'un candidat, etc.). **2.** Caractère *m* peu acceptable, peu désirable, manque *m* d'attrait (d'un immeuble, etc.).

ineligible [in'elidʒibl], *a.* (*a*) (Candidat) inéligible. (*b*) Indigne d'être choisi; *F:* peu acceptable, peu désirable, inacceptable. *As a son-in-law he was quite i.*, comme gendre ce n'était pas du tout un parti convenable, un parti sortable. *House i. as a permanent residence*, maison *f* inacceptable comme résidence permanente.

ineluctable [ine'lʌktəbl], *a.* Inéluctable, inévitable. **-ably,** *adv.* Inéluctablement.

inept [in'ept], *a.* **1.** Déplacé; mal à propos. **2.** (*Of remark, etc.*) Inepte, absurde; de la dernière stupidité. **3.** *Jur:* (Contrat) nul, de nul effet. **-ly,** *adv.* Ineptement; stupidement.

ineptitude [in'eptitjuːd], *s.* **1.** Manque *m* de justesse, d'à-propos (d'une observation). **2. Ineptitude for sth., to do sth.,** inaptitude *f* à qch., à faire qch. **3.** Ineptie *f*, sottise *f*. *To utter ineptitudes*, dire des sottises.

ineptness [in'eptnəs], *s.* = INEPTITUDE I, 2.

inequable [in'ekwəbl], *a.* Inégal, -aux; irrégulier.

inequal [in'iːkwəl], *a.* **1.** *A.* & *Lit:* = UNEQUAL. **2.** (Terrain) inégal, -aux; accidenté.

inequality [ini'kwɔliti], *s.* Inégalité *f* (de rang, de caractère, d'une surface, d'un style); irrégularité *f*, bosse(s) *f*(*pl*), rugosité *f* (du sol); variabilité *f*, inégalité (du climat). *Social inequalities*, inégalités sociales. *Inequalities in the surface of the ground*, inégalités de terrain. *Mth:* **The inequality** $x > y$, l'inégalité $x > y$. *Astr:* **First inequality,** première inégalité (du mouvement d'une planète).

inequitable [in'ekwitəbl], *a.* Inéquitable, peu équitable, injuste. **-ably,** *adv.* Inéquitablement, injustement.

inequity [in'ekwiti], *s.* Injustice *f*.

ineradicable [ini'radikəbl], *a.* Indéracinable, inextirpable.

inerm(ous) [in'əːrm(əs)], *a.* *Bot:* Inerme; sans épines.

inerrability [inerə'biliti], *s.* Infaillibilité *f*.

inerrable [i'nerəbl], *a.* *Theol:* Infaillible.

inert [in'əːrt], *a.* **1.** (*a*) (Masse *f*, substance *f*) inerte. (*b*) (Esprit *m*) inexcitable, inerte, apathique. **2.** *Ch:* (Gaz, etc.) inactif, inerte. **-ly,** *adv.* Inertement, sans mouvement. *Her hands rested i. in her lap*, ses mains reposaient inertes sur ses genoux.

inertia [i'nəːrʃja], *s.* **1.** *Ph:* *Mec:* (*a*) Inertie *f*. **Moment of inertia,** moment *m* d'inertie. **The law of inertia,** la loi *f* d'inertie. *Mec:* **Inertia diagram,** diagramme *m* des forces d'inertie. *El:* **Magnetic inertia,** inertie magnétique; retard *m* d'aimantation. (*b*) = *vis inertiae*, *q.v. under* VIS. **2.** (*Of pers.*) Inertie; paresse *f*; *F:* veulerie *f*.

inertness [i'nəːrtnəs], *s.* **1.** Inertie *f*, inactivité *f*. **2.** *Ch:* **Inertness of a body,** inactivité d'un corps.

inescapable [ines'keipəbl], *a.* Inéluctable, inévitable.

inessential [ine'senʃəl]. **1.** *a.* Qui n'est pas essentiel; négligeable. **2.** *s.* *To omit inessentials*, laisser de côté ce qui n'est pas essentiel.

inestimable [in'estiməbl], *a.* **1.** Inestimable, incalculable, inévaluable. **2.** D'un grand prix; inappréciable. **-ably,** *adv.* Inestimablement, incalculablement.

inevitability [inevitə'biliti], **inevitableness** [in'evitəblnəs], *s.* Inévitabilité *f*.

inevitable [in'evitəbl], *a.* (*a*) Inévitable, inéluctable; immanquable. **To resign oneself to the inevitable,** se résigner à ce qu'on ne peut pas éviter; se résigner à l'inévitable; en prendre son parti; *F:* se faire une raison. *It is absolutely i.*, *F:* il faut passer par là ou par la fenêtre. *The mistakes i. to youth*, les erreurs que la jeunesse ne saurait éviter. (*b*) Fatal, -als; obligé. *This reform is i.*, cette réforme viendra sûrement. *The i. hour*, l'heure fatale. *The i. chances of war*, les fatalités *f* de la guerre. *The i. late-comer*, le retardataire fatal. *Lit:* *Th:* *The i. conclusion* (*of a play, a novel*), le dénouement fatal. **-ably,** *adv.* Inévitablement, inéluctablement; fatalement.

inexact [ineg'zakt], *a.* (Récit, esprit) inexact. **-ly,** *adv.* Inexactement.

inexactitude [ineg'zaktitjuːd], **inexactness** [ineg'zaktnəs], *s.* **1.** Inexactitude *f* (d'un récit, etc.). **2.** Erreur *f*. *See also* TERMINOLOGICAL.

inexcusable [ineks'kjuːzəbl], *a.* Inexcusable; sans excuse; impardonnable. **-ably,** *adv.* Inexcusablement, impardonnablement.

inexcusableness [ineks'kjuːzəblnəs], *s.* Nature *f* inexcusable (d'un affront, etc.).

inexecutable [inek'sekjutəbl], *a.* Inexécutable.

inexecution [inekse'kjuːʃ(ə)n], *s.* Inexécution *f* (d'un contrat, etc.).

inexhausted [ineg'zɔːstid], *a.* Inépuisé.

inexhaustibility [inegzɔːsti'biliti], **inexhaustibleness** [ineg'zɔːstiblnəs], *s.* Nature *f* inépuisable (d'une source d'approvisionnement, etc.).

inexhaustible [ineg'zɔːstibl], *a.* (Bonté *f*, approvisionnement *m*) inépuisable; (source *f*) intarissable. **-ibly,** *adv.* Inépuisablement, intarissablement.

inexorability [ineksɔrə'biliti], **inexorableness** [in'eksɔrəblnəs], *s.* Inexorabilité *f* (du sort, etc.); caractère *m*, **nature** *f*, inexorable, inflexible, implacable (de qn).

inexorable [in'eksɔrəbl], *a.* Inexorable, inflexible, implacable. **-ably,** *adv.* Inexorablement, inflexiblement, implacablement.

inexpectant [inek'spektənt], *a.* (Auditeur, assemblée) qui ne s'attend pas à grand'chose. *To be i. of sth.*, être sans espoir de qch.; ne pas s'attendre à qch.

inexpedience [ineks'piːdiəns], **inexpediency** [ineks'piːdiənsi], *s.* Inopportunité *f* (*of*, de). *The i. of raising the taxes*, ce qu'il y aurait d'inopportun à augmenter les impôts.

inexpedient [ineks'piːdiənt], *a.* Inopportun, malavisé. *It is i. to . . .*, il est hors de propos, peu avantageux, inopportun, de. . . .

inexpensive [ineks'pensiv], *a.* Peu coûteux; bon marché; (qui ne coûte) pas cher. *House i. to run*, maison *f* économique. **-ly,** *adv.* (A) bon marché, à bas prix, à peu de frais, à bon compte. *To live i.*, vivre économiquement, à peu de frais.

inexpensiveness [ineks'pensivnəs], *s.* Bon marché, bas prix (de qch.). *The i. of a country cottage*, l'économie qu'il y a à habiter une petite maison à la campagne.

inexperience [ineks'piːəriəns], *s.* Inexpérience *f* (*of*, de).

inexperienced [ineks'piːəriənst], *a.* **1.** Inexpérimenté, **sans** expérience, manquant d'expérience; neuf dans son métier. *I. driver*, conducteur inexpérimenté; novice *m*; débutant, -ante. *He is still i.*, il est encore novice. *I. in doing sth.*, malhabile à faire qch. *Man i. in business*, homme nouveau aux affaires. **2.** Inaverti. *I. eye*, œil inexercé.

inexpert [ineks'pəːrt], *a.* **1.** Inexpert, maladroit; peu habile (*in*, à). **2.** *A:* Inexpérimenté. **-ly,** *adv.* D'une manière inexperte; maladroitement.

inexpiable [in'ekspiəbl], *a.* **1.** (Crime *m*) inexpiable. **2.** *A. & Lit:* (Ressentiment *m*) implacable; (guerre *f*) impitoyable.
inexplicable [in'eksplikəbl], *a.* (Mystère) inexplicable; (ingratitude) inconcevable. **-ably,** *adv.* Inexplicablement, inconcevablement.
inexplicit [ineks'plisit], *a.* Imprécis; inexplicite.
inexplorable [ineks'plɔːrəbl], *a.* Inexplorable; impénétrable.
inexplosive [ineks'plousiv], *a.* Inexplosible; indétonant.
inexpressibility [inekspresi'biliti], **inexpressibleness** [ineks'presiblnəs], *s.* Nature *f* inexprimable, indicible (de qch.).
inexpressible [ineks'presibl], *a.* **1.** (Plaisir *m*) inexprimable; (charme *m*) indicible; (sentiment *m*) au delà de toute expression. **2.** *pl. Hum: A:* **Inexpressibles,** pantalon *m*, culotte *f*. **-ibly,** *adv.* Indiciblement, inexprimablement; au delà de toute expression.
inexpressive [ineks'presiv], *a.* (Geste, mot) inexpressif; (œil, regard) qui manque d'expression, sans expression. *I. countenance,* visage fermé.
inexpugnable [ineks'pʌgnəbl], *a.* (Forteresse) inexpugnable, imprenable; (raisonnement, dignité) inattaquable.
inextensibility [inekstensi'biliti], *s.* Inextensibilité *f*.
inextensible [ineks'tensibl], *a.* Inextensible.
inextinguishable [ineks'tiŋgwiʃəbl], *a.* (Feu *m*, rire *m*) inextinguible.
inextirpable [ineks'təːrpəbl], *a.* Inextirpable.
inextricable [in'ekstrikəbl], *a.* (Labyrinthe *m*, embarras *m*) inextricable. **-ably,** *adv.* Inextricablement.
inextricableness [in'ekstrikəblnəs], **inextricability** [ineks-trikə'biliti], *s.* Inextricabilité *f*.
infallibilist [in'falibilist], *s. Theol:* Infaillibiliste *mf*.
infallibility [infali'biliti], **infallibleness** [in'faliblnəs], *s. Theol: etc:* Infaillibilité *f* (du pape, d'un jugement).
infallible [in'falibl], *a.* (Jugement, remède, etc.) infaillible, sûr. *Judges are not i.,* les juges *m* ne sont pas infaillibles. **-ibly,** *adv.* Infailliblement.
infamous ['infəməs], *a.* **1.** (Personne *f*, conduite *f*) infâme; (conduite) abominable; (endroit) mal famé; (homme) noté d'infamie. **2.** *Jur:* (*a*) **Infamous crime,** crime infamant. (*b*) *U.S:* **Infamous person,** personne privée de ses droits civils. **-ly,** *adv.* D'une manière infâme.
infamy ['infəmi], *s.* **1.** Infamie *f*. **2.** Note *f* d'infamie. *See also* BRAND[2] 3. **3.** *To be guilty of an i.,* commettre une infamie.
infancy ['infənsi], *s.* **1.** (*a*) Première enfance; toute première jeunesse; bas âge. **From infancy,** dès la plus tendre enfance. (*b*) *F:* Débuts *mpl*, première période (d'un art, d'une industrie). *The stage* **in its infancy,** le théâtre à ses débuts. *Industry still in its i.,* industrie encore dans son enfance. *The disease is only in its i.,* la maladie ne fait que commencer. **2.** *Jur:* Minorité *f*. **To plead infancy,** appuyer sa défense sur sa minorité; plaider l'incapacité en tant que mineur.
infant[1] ['infənt], *s.* **1.** (*a*) Enfant *mf* du premier âge, en bas âge, au berceau; tout(e) petit(e) enfant; nourrisson *m*. *Newly-born i.,* nouveau-né *m*, nouveau-née *f*. **Infant years,** années *f* d'enfance. **Infant mortality,** mortalité *f* infantile. *I. feeding,* alimentation *f* des nourrissons. *I. weakness,* faiblesse *f* d'enfant. *Sch:* **Infant class, the infants,** classe enfantine, la petite classe (jusqu'à l'âge de sept ans). *I. sovereign,* souverain *m* en bas âge. **The infant Jesus,** l'enfant Jésus; le petit Jésus. *See also* ARM[1] 1, SCHOOL[1] 1, WELFARE. (*b*) *F:* Novice *m* (en politique, etc.). **Infant colony, navy,** jeune colonie *f*, marine naissante. **2.** *Jur:* Mineur, -eure.
infant[2], *s. Hist:* Infant *m*, infante *f* (d'Espagne).
infanta [in'fanta], *s.f. Hist:* Infante (d'Espagne).
infante [in'fanti], *s.m. Hist:* Infant (d'Espagne).
infanticidal [in'fantisaid(ə)l], *a.* Infanticide.
infanticide[1] [in'fantisaid], *s.* (*Pers.*) Infanticide *mf*.
infanticide[2], *s.* (Crime *m* d')infanticide *m*.
infantile ['infəntail], *a.* **1.** (Esprit *m*, imagination *f*) d'enfant; (raisonnement) enfantin. **2.** *Med:* (Maladie *f*) infantile. **Infantile paralysis,** paralysie (spinale) infantile.
infantilism [in'fantilizm], *s. Med:* Infantilisme *m*; arrêt *m* de croissance.
infantine ['infəntain], *a.* = INFANTILE 1.
infantry ['infəntri], *s. Mil:* Infanterie *f*. **Line infantry, infantry of the line,** infanterie de ligne; *F:* la ligne, les lignards *m*. **Mounted infantry,** infanterie montée. *Four hundred infantry,* quatre cents fantassins. *See also* LIGHT[4] I. 2, MARINE 1.
infantryman, *pl.* **-men** ['infəntrimən, -men], *s.m. Mil:* Soldat d'infanterie; fantassin.
infarct [in'fɑːrkt], *s. Med:* Infarctus *m*.
infarcted [in'fɑːrktid], *a. Med:* (Tissu) atteint d'un infarctus.
infarction [in'fɑːrkʃ(ə)n], *s. Med:* **1.** Infiltration *f* du tissu (par un épanchement sanguin). **2.** Infarctus *m*.
infatuate [in'fatjueit], *v.tr.* **1.** Infatuer, affoler (qn); faire perdre l'esprit à (qn). **2.** Inspirer une passion folle à (qn) (*with*, pour); enticher, engouer (qn) (*with*, de). **To infatuate s.o. with an idea,** enticher, *F:* embéguiner, qn d'une idée.
infatuated, *a.* Infatué, entiché. **To become infatuated with s.o., sth.,** s'infatuer, s'affoler, s'engouer, s'enticher, de qn, de qch. *She has become i. with him,* il lui a tourné la tête. *To be i. with s.o., sth.,* aimer éperdûment qn; raffoler de qn, de qch.; avoir un béguin, une toquade, pour qn; être coiffé, toqué, de qn; *P:* en pincer pour qn; avoir qn dans la peau. **Infatuated by her beauty,** ensorcelé par sa beauté.
infatuation [infatju'eiʃ(ə)n], *s.* Infatuation *f*, engouement *m*; *F:* toquade *f*. **To have an infatuation for s.o.,** avoir le béguin pour qn. *It is a case of mutual i.,* ils sont entichés l'un de l'autre. *He persists in his i.,* il persiste dans son aveuglement, dans son aberration. *To get over one's i. for s.o.,* se désengouer de qn. *To have lost one's i. for sth.,* être revenu de qch.

infeasible [in'fiːzibl], *a.* Infaisable.
infect [in'fekt], *v.tr.* **1.** Infecter, corrompre, vicier (l'air, les mœurs, etc.). *To i. the mind with an evil doctrine,* infecter l'esprit d'une mauvaise doctrine. **2.** *Med:* Contaminer, contagionner. **To infect s.o. with a disease,** communiquer une maladie à qn. (*Of pers.*) *To become infected,* se contagionner. *Infected with the plague,* atteint de la peste. *The lungs are infected,* les poumons sont atteints. *Infected clothing,* vêtements porteurs de germes, contagifères. *F:* **To infect s.o. with an opinion, a belief,** inculquer une opinion, une croyance, à qn; pénétrer qn d'une opinion. *To i. s.o. with one's laziness, with one's high spirits,* communiquer sa paresse, sa gaieté, à qn. *The laughter infected all the guests,* ce rire contagieux gagna, se communiqua à, tous les convives. **3.** *Jur:* *Contract infected with fraud,* contrat entaché de fraude. **4.** *Ling:* (*Of vowel*) Modifier (une autre voyelle).
infecting[1], *a.* Infectant; qui infecte.
infecting[2], *s.* Infection *f*.
infection [in'fekʃ(ə)n], *s.* **1.** (*a*) Infection *f*, contagion *f*; *Med:* contamination *f*. *To spread i.,* répandre l'infection. **Centre, source, of infection,** foyer *m* d'infection. *Med:* **Liable to infection,** en état de réceptivité. (*b*) *The i. of his enthusiasm,* la contagion de son enthousiasme. **2.** *Jur:* Viciation *f* (d'un contrat par la fraude, etc.). **3.** *Ling:* Modification *f* (d'une voyelle par une autre).
infectious [in'fekʃəs], *a.* **1.** (Air) infect, pestilentiel. **2.** (*a*) (*Of disease*) Infectieux. *Is it an i. disease?* est-ce que cette maladie s'attrape? est-ce une maladie qui se gagne? (*b*) *F:* *I. laughter,* rire contagieux, communicatif. *I. good humour,* bonne humeur contagieuse.
infectiousness [in'fekʃəsnəs], *s.* Nature infectieuse (d'une maladie); *F:* contagion *f* (du rire, etc.).
infective [in'fektiv], *a.* **1.** *Med:* (Germe) infectieux. **2.** *F:* Contagieux.
infelicitous [infi'lisitəs], *a.* **1.** (Mariage, etc.) malheureux; (événement) fâcheux. **2.** (*Of expression, etc.*) Mal trouvé; malheureux; qui manque d'à-propos.
infelicity [infi'lisiti], *s.* **1.** (*a*) Infélicité *f* (d'un événement). (*b*) Mauvaise fortune. **2.** (*a*) Manque *m* de justesse, manque d'à-propos (d'une expression, etc.). (*b*) Expression peu juste, malheureuse; gaffe *f*. *He was guilty of several infelicities,* (dans son discours) il a commis plus d'une gaffe.
infer [in'fəːr], *v.tr.* **(inferred; inferring) 1. To infer sth. from sth.,** inférer, déduire, conclure, arguer, qch. de qch. *To i. a general rule from . . .,* tirer une règle générale de. . . . *I i. from that . . .,* je conclus de là. . . . **It is inferred that . . .,** on suppose que. . . . **2.** Impliquer. *A picture infers the existence of a painter,* un tableau implique l'existence d'un peintre.
inferring, *s.* **1.** Déduction *f*, conclusion *f*. **2.** Implication *f*.
inferable ['infərəbl, in'fəːrəbl], *a.* (Fait *m*) qu'on peut inférer, à inférer (*from*, de); que l'on peut déduire (*from*, de).
inference ['infərəns], *s. Log: etc:* **1.** Inférence *f*. **By inference,** par induction. **2.** Inférence, déduction *f*, conclusion *f*. **To draw an inference from sth.,** tirer une conclusion, une conséquence, de qch. **To make an inference,** formuler une conclusion. *I have known you make inferences quite as wild,* je vous ai vu arriver à des conclusions aussi extravagantes.
inferential [infə'renʃ(ə)l], *a.* Déductif. *I. proofs,* preuves déductives, fondées sur certaines déductions. **-ally,** *adv.* **1.** Par déduction, par induction. **2.** On peut conclure de là que. . . .
inferior [in'fiːəriər]. **1.** *a.* (*a*) Inférieur. *I. goods,* marchandises inférieures. *I. piece of work,* ouvrage *m* de second ordre. *I. quality,* qualité inférieure; basse qualité. *I. minds,* les esprits *m* subalternes. *To be in an i. position,* être dans une position inférieure, subordonnée. **To be inferior to s.o. in learning, in merit,** être inférieur à qn en science, par le mérite. *Greatly i. to . . .,* très inférieur à . . ., bien au-dessous de. . . . **To be in no way inferior to s.o., sth.,** ne le céder en rien à qn, à qch. *He is very i. to his brother,* il est loin de valoir son frère. (*b*) *Astr:* **The inferior planets,** les planètes inférieures. (*c*) *Bot:* (Calice *m*, ovaire *m*) infère. (*d*) *Typ:* **Inferior letter,** *s.* **inferior,** petite lettre inférieure. **2.** *s.* (*a*) Inférieur *m*. **One's inferiors,** ses inférieurs. (*b*) *Adm: etc:* Subordonné, -ée; subalterne *m*. **-ly,** *adv.* Inférieurement; d'une manière inférieure.
inferiority [infiəri'ɔriti], *s.* Infériorité *f* (*to*, par rapport à). **Inferiority in numbers,** infériorité du nombre. *See also* COMPLEX 2.
infernal [in'fəːrnəl], *a.* **1.** Infernal, -aux; de l'enfer; des enfers. **The infernal regions,** les régions infernales; l'enfer *m*; *Lt.Lit:* l'Averne *m*. *The i. powers,* les puissances infernales. **2.** *F:* (*a*) Infernal, abominable, diabolique. **Infernal machine,** machine infernale. (*b*) (*Intensive*) (Chaleur, etc.) d'enfer. **Infernal row,** bruit infernal. *It's an i. nuisance,* c'est diablement embêtant. *He is an i. ass,* c'est un âne bâté. *I. cheek,* fichu toupet; toupet infernal. **-ally,** *adv.* *F:* (*Intensive*) *It is i. hot,* il fait une chaleur d'enfer. *It is i. lonely here,* on se sent diablement seul ici.
inferno, *pl.* **-os** [in'fəːrno, -ouz], *s.* Enfer *m*. **Dante's Inferno,** l'Enfer de Dante. *The building had been burning for two hours, and was a veritable i.,* la maison brûlait depuis deux heures et formait un véritable brasier.
inferobranch ['infərobraŋk], *s. Moll:* Inférobranche *m*.
inferobranchiata [infərobraŋki'eita], *s.pl. Moll:* Inférobranches *m*.
inferrible [in'fəːribl], *a.* = INFERABLE.
infertile [in'fəːrtail], *a.* (*a*) (Terrain *m*) stérile, infertile, infécond; (esprit *m*) stérile. (*b*) (Œuf) clair; *Ser:* (œuf) morfondu.
infertility [infər'tiliti], *s.* Infertilité *f*, infécondité *f*, stérilité *f*.
infest [in'fest], *v.tr.* (*Of vermin, etc.*) Infester. **Infested with . . .,** infesté de. . . . *The roads were infested with highwaymen,* des brigands *m* infestaient les routes. **Mosquito-infested country,** contrée infestée de moustiques.
infestation [infes'teiʃ(ə)n], *s.* Infestation *f* (des plantes par les insectes, etc.).

infeudation [infju'deiʃ(ə)n], *s. A.Jur:* Inféodation *f.*
infibulate [in'fibjuleit], *v.tr. Anthr: Vet:* Infibuler.
infibulation [infibju'leiʃ(ə)n], *s. Anthr: Vet:* Infibulation *f.*
infidel ['infidəl], *a. & s.* **1.** *Hist:* Infidèle (*mf*); mécréant, -ante. **2.** *Pej:* Incrédule (*mf*), incroyant, -ante (en matière de religion).
infidelity [infi'deliti], *s.* **1.** Infidélité *f* (en matière de religion). **2.** (*a*) Infidélité, déloyauté *f* (d'un serviteur, etc.). **Conjugal infidelity,** infidélité conjugale. (*b*) *His frequent infidelities,* ses fréquentes infidélités.
infield ['infi:ld], *s.* **1.** (*a*) Champs attenants aux bâtiments de la ferme. (*b*) Terre *f* arable. **2.** *Cr:* Terrain *m* près des guichets.
infieldsman, *pl.* **-men** ['infi:ldzmən, -men], *s. Cr:* Chasseur stationné près du guichet.
infighting ['infaitiŋ], *s. Box:* Corps-à-corps *m*; combat *m* de près.
infilling ['infiliŋ], *s. Min:* Remplissage *m* (d'un filon).
infiltrate[1] [in'filtreit], *s.* Infiltration *f.*
infiltrate[2]. **1.** *v.tr.* (*a*) Infiltrer (un fluide) (*into,* dans). (*b*) (*Of liquid*) Infiltrer, imprégner (une substance); pénétrer dans (une substance). *Infiltrated with mineral salts,* imprégné, incrusté, de sels minéraux. **2.** *v.i.* S'infiltrer (*into,* dans; *through,* à travers).
infiltration [infil'treiʃ(ə)n], *s.* **1.** Infiltration *f* (*through,* à travers). (*Of troops, etc.*) *To advance, progress, by i.,* s'infiltrer. *Med:* **Fatty infiltration,** dégénérescence graisseuse. *Surg:* **Infiltration anaesthesia,** anesthésie locale. *Min:* **Infiltration vein,** filon *m* d'incrustation. *Geol:* **The infiltration theory,** la théorie de l'infiltration. **2. Infiltrations,** infiltrations; incrustations *f.*
infinite ['infinit]. **1.** *a.* Infini. (*a*) Illimité, sans bornes. *Space is i.,* l'espace est infini. *I. mercy,* miséricorde infinie. *Mth:* **Infinite series,** série infinie. (*b*) (*Very great*) *Truth of i. importance,* vérité *f* d'une très grande, d'une vaste, importance. *To have i. trouble in doing sth.,* avoir une peine infinie, avoir infiniment de peine, à faire qch. (*c*) (*With s. in pl.*) **Infinite ways of doing sth.,** une infinité de façons de faire qch. *I. varieties,* variétés *f* sans nombre. (*d*) [in'fainait] *Gram:* **Infinite verb, verb infinite,** formes substantives du verbe. *I. parts of the verb,* modes indéfinis, impersonnels, du verbe. **2.** *s.* (*a*) *Theol:* **The Infinite,** l'infini *m.* (*b*) *Mth:* **The infinite,** l'infini. **-ly,** *adv.* Infiniment. *I. small,* infiniment petit. *I. numerous elements,* éléments *m* en quantité infinie. *I. more intelligent,* infiniment plus intelligent.
infinitesimal [infini'tesiməl]. *Mth:* **1.** *s.* (*a*) Quantité infiniment petite; infinitésime *f.* (*b*) *pl.* **Infinitesimals,** analyse infinitésimale. **2.** *a.* Infinitésimal, -aux. **Infinitesimal calculus,** calcul infinitésimal; calcul des infiniment petits. *I. object,* objet *m* infinitésime. *F: I. majority,* majorité *f* infime. **-ally,** *adv.* **Infinitesimally small,** infiniment petit.
infinitival [infini'taiv(ə)l], *a. Gram:* Infinitif; de l'infinitif. *I. form of the verb,* forme infinitive du verbe.
infinitive [in'finitiv], *a. & s. Gram:* **Infinitive (mood),** (mode) infinitif (*m*). *To be guilty of a* **split infinitive,** intercaler un adverbe entre "*to*" et le verbe (p.ex. "*to utterly disbelieve,*" "*to deliberately ignore*"). **In the infinitive,** à l'infinitif. *See also* HISTORIC 2.
infinitude [in'finitju:d], *s.* = INFINITY 1.
infinity [in'finiti], *s.* **1.** (*a*) Infinité *f,* infinitude *f* (de l'espace, etc.). (*b*) *F:* **An infinity of ills,** une infinité de maux. **2.** *Mth: etc:* Infini *m.* **To infinity,** à l'infini. *Lines that meet at i.,* lignes *f* qui se rencontrent à l'infini. *See also* FOCUS[2] 2.
infirm[1] [in'fə:rm], *a.* **1.** (*Of pers.*) Infirme, faible, maladif, débile. **2.** (Esprit, jugement) irrésolu, flottant. **To be infirm of purpose,** être irrésolu; avoir une volonté flottante, débile. **3.** *Jur: A:* (Document *m,* etc.) invalide.
infirm[2], *v.tr. Jur:* Infirmer, invalider, déclarer nul (un privilège, etc.).
infirmary [in'fə:rməri], *s.* **1.** Infirmerie *f* (d'une caserne, d'une école, etc.). **2.** Hôpital *m,* -aux.
infirmity [in'fə:rmiti], *s.* **1.** (*a*) Infirmité *f,* débilité *f,* faiblesse *f* (du corps, de l'esprit). (*b*) Infirmité; affection particulière. *To suffer from an i.,* souffrir d'une infirmité. *The infirmities of old age,* les infirmités de la vieillesse. **2. Infirmity of purpose,** faiblesse de caractère; irrésolution *f*; manque *m* de volonté. **3.** *Jur: A:* Invalidité *f* (d'un titre, d'un argument).
infix[1] ['infiks], *s. Gram:* Infixe *m.*
infix[2] [in'fiks], *v.tr.* **1.** Implanter (qch.). *To i. sth. in the mind,* inculquer qch. dans l'esprit. *Words infixed in the memory,* mots gravés dans la mémoire. **2.** *Gram:* Infixer, insérer (une lettre, une syllabe).
infixing, *s. Gram:* Infixion *f* (d'une lettre, d'une syllabe).
inflame [in'fleim]. **1.** *v.tr.* Mettre le feu à, enflammer, allumer (une substance); *F:* enflammer (le courage); allumer (la cupidité, les désirs). *Med:* Enflammer (une plaie, une muqueuse); enflammer, envenimer (une plaie). *Alcohol inflames the blood,* l'alcool échauffe, enflamme, le sang. *To i. discord,* attiser la discorde. *To i. a quarrel,* envenimer une querelle. **2.** *v.i.* (*a*) S'enflammer; prendre feu. *Hay inflames very easily,* le foin s'enflamme, prend feu, très facilement. (*b*) *Med:* (*Of wound, tissue, etc.*) S'enflammer; (*of wound*) s'envenimer.
inflamed, *a.* **1.** Enflammé (*with,* de). *To be i. with passion,* être brûlant d'amour. **2.** *Med:* (*Of wound, eye, etc.*) Enflammé; (œil) injecté. *To become i.,* s'enflammer; s'envenimer.
inflaming, *s.* Inflammation *f.*
inflamer [in'fleimər], *s.* Excitateur, -trice (d'une passion, des esprits).
inflammability [inflamə'biliti], **inflammableness** [in'flaməblnəs], *s.* Inflammabilité *f.*
inflammable [in'flaməbl]. **1.** *a.* (*a*) Inflammable. (*b*) (*Of pers., crowd*) Prompt à s'échauffer, à se prendre de passion; inflammable. **2.** *s.pl.* **Inflammables,** substances *f* inflammables.
inflammation [inflə'meiʃ(ə)n], *s.* **1.** (*a*) Inflammation *f* (d'un combustible). (*b*) Inflammation, excitation *f* (des esprits). **2.** *Med:* Inflammation (d'une plaie, du cerveau). *I. of the chest,* **inflammation of the lungs,** fluxion *f* de poitrine. **Inflammation of the eyelids,** inflammation du bord des paupières; blépharite *f*; *F:* cocotte *f.* *To cause i.,* amener l'inflammation. *See also* SINUS.
inflammatory [in'flamətəri], *a.* **1.** (Discours *m,* brochure *f*) incendiaire. *To deliver i. speeches,* tenir un langage provocateur. **2.** *Med:* (Fièvre *f,* papule *f*) inflammatoire.
inflate [in'fleit], *v.tr.* **1.** Gonfler, insuffler (un ballon); gonfler (une voile); gonfler, faire enfler (le ventre); souffler (une vessie). *To i. a tyre,* gonfler un pneu. *To i. the inner tube,* mettre la chambre à air au rond (avant de la monter). *To i. the lungs with air,* remplir les poumons d'air; *Med:* souffler dans les poumons. *F:* **To inflate s.o. with pride,** gonfler, bouffir, qn d'orgueil. *See also* OVER-INFLATE. **2.** (*a*) *Com:* Grossir, charger (un compte). (*b*) Hausser, faire monter (les prix). (*c*) *Pol.Ec:* **To inflate the currency,** accroître artificiellement la circulation fiduciaire; recourir à l'inflation.
inflated, *a.* **1.** (Ballon, etc.) gonflé, enflé. *To become i.,* s'enfler; se gonfler (d'air). *F:* (*Of pers.*) *I. with pride,* bouffi, gonflé, d'orgueil. *See also* UNDER-INFLATED. **2.** (*a*) *Com:* (Prix) exagéré. (*b*) *Pol.Ec:* **Inflated currency,** circulation fiduciaire artificiellement accrue. (*Of currency*) *To become i.,* s'accroître artificiellement. **3.** *Lit:* (Style) enflé, boursouflé, bouffi, ampoulé, déclamatoire.
inflating, *s.* Gonflement *m,* gonflage *m* (d'un ballon, d'un pneu, etc.). *Aut: etc: I. of the inner tube,* mise *f* au rond de la chambre à air. **Tyre-inflating station,** poste *m* d'air.
inflater [in'fleitər], *s. Cy: etc:* Pompe *f* (pour pneus).
inflation [in'fleiʃ(ə)n], *s.* **1.** (*a*) = INFLATING. (*b*) *Med:* Inflation *f* (de l'estomac). (*c*) *Com:* Hausse *f* (des prix). (*d*) *Pol.Ec:* **Inflation of the currency,** inflation fiduciaire. *To resort to i.,* avoir recours à l'inflation. **2.** *Lit:* Boursouflure *f,* bouffissure *f,* enflure *f* (du style).
inflationary [in'fleiʃənəri], *a.* (Politique, etc.) d'inflation.
inflationism [in'fleiʃənizm], *s. Pol.Ec:* Préconisation *f* de l'inflation fiduciaire; inflationnisme *m.*
inflationist [in'fleiʃənist], *s. Pol.Ec:* Inflationniste *m.*
inflator [in'fleitər], *s.* = INFLATER.
inflect [in'flekt], *v.tr.* **1.** Fléchir, courber (en dedans). *To i. a ray,* infléchir un rayon. *The wind often inflects its course,* le vent change souvent de direction. **2.** *Gram:* Donner des inflexions, des flexions, à (un mot); conjuguer (un verbe). **3.** (*a*) Moduler (la voix). (*b*) *Mus:* Altérer (une note).
inflected, *a.* **1.** *I. position,* position courbée. *Opt:* **Inflected ray,** rayon infléchi. *See also* ARCH[1] 1. **2.** *Ling:* **Inflected language,** langue *f* à flexions, langue flexionnelle. *I. forms of the verb,* inflexions *f* du verbe. **3.** *Mus:* **Inflected note,** note altérée.
inflection [in'flekʃ(ə)n], *s.* = INFLEXION.
inflectional [in'flekʃən(ə)l], *a.* = INFLEXIONAL.
inflective [in'flektiv], *a. Ling:* Inflectif, flexionnel.
inflexed [in'flekst], *a. Nat.Hist:* Courbé, infléchi; *Bot:* inflexe.
inflexibility [infleksi'biliti], *s.* Inflexibilité *f.*
inflexible [in'fleksibl], *a.* Inflexible. *I. virtue,* vertu *f* intraitable, inflexible. *I. courage,* courage *m* inébranlable. *I. code of morals,* morale *f* rigide. **-ibly,** *adv.* Inflexiblement, rigidement.
inflexion [in'flekʃ(ə)n], *s.* **1.** (*a*) Inflexion *f* (du corps, d'une route, etc.); fléchissement *m* (du corps, d'un ressort). *Carp:* **Angle of inflexion** *of a plane,* basile *m* d'un rabot. (*b*) *Opt: Mth:* Inflexion. **Point of inflexion, inflexion point,** point *m* d'inflexion (d'une courbe); changement *m* de direction (d'une ligne, d'un rayon). (*c*) *Bot: I. towards a source of light,* actinotropisme *m.* **2.** *Gram: Ling:* Inflexion, flexion *f* (d'un mot). *The inflexions of the verb,* les flexions du verbe. **3.** (*a*) Inflexion (de la voix). *Voice with caressing inflexions,* voix *f* aux modulations câlines. (*b*) *Mus:* Altération *f* (d'une note).
inflexional [in'flekʃən(ə)l], *a.* (*Of language*) Flexionnel; à flexions.
inflict [in'flikt], *v.tr.* **To inflict a blow on s.o.,** donner, *F:* appliquer, un coup à qn. *To i. a wound on s.o.,* faire une blessure à qn. *To i. suffering on s.o.,* faire subir, occasionner, du chagrin ou une douleur à qn. *Jur:* **To inflict a punishment, a penalty, a fine, on s.o.,** infliger une punition, une peine, une amende, à qn; faire subir une peine à qn. *F:* **To inflict oneself, one's company, on s.o.,** imposer sa compagnie à qn; s'imposer.
infliction [in'flikʃ(ə)n], *s.* **1.** *Jur:* Infliction *f* (d'une peine, d'un châtiment). **2.** (*a*) Peine infligée; châtiment *m.* (*b*) *The inflictions put upon this people,* les vexations *f* que subit ce peuple. *F: What an i. he is to us all!* comme il nous embête tous!
inflictive [in'fliktiv], *a. Jur:* Inflictif.
inflorescence [inflɔ'resəns], *s. Bot:* **1.** Inflorescence *f.* *Centrifugal i., centripetal i.,* inflorescence centrifuge, centripète. **2.** (*a*) Floraison *f.* (*b*) Fleurs *fpl* (d'un arbre, etc.).
inflow ['inflou], *s.* **1.** = INFLUX 1. **Inflow pipe,** arrivée *f* d'eau. **2.** Vitesse *f* d'appel (d'air).
inflowing[1] ['inflouiŋ], *s.* = INFLUX 1.
inflowing[2], *a.* Entrant; qui entre. *I. air,* air *m* qui entre. *I. waters,* eaux affluentes. *I. current* (*through a strait, etc.*), courant *m* d'entrée.
influence[1] ['influəns], *s.* **1.** (*a*) Influence *f,* action *f* (*upon, on,* sur). **To exert, exercise, an influence, to bring influence to bear, on s.o.,** exercer une influence sur qn; influencer qn; agir sur qn. **To bring every influence to bear,** mettre tout en jeu (*in order to,* pour). *To use one's i. with s.o.,* user de son influence auprès de qn. **To have great influence over s.o.,** avoir beaucoup d'influence sur qn. *When Svengali's i. was upon her,* lorsqu'elle subissait l'influence, était sous l'influence, de Svengali. (*Of thg*) **To exercise influence on sth., to have an influence on sth.,** agir, influer, sur qch. *I. of a drug,* effet *m* d'une drogue. *To take a decision under the immediate i. of fear,* prendre une résolution sous le coup de la peur. **Under the influence of drink,** sous l'empire de la boisson. *Jur:* **Undue influence,** intimidation *f.* *To exert undue i. on s.o.,* user d'intimidation envers qn. *Undue i. upon a minor,* abus *m* de mineur. *To use*

undue i. with the maker of a will, suggérer un testament. (*b*) (*Of pers.*) **To have influence,** (i) avoir de l'influence, de l'autorité; (ii) avoir de la protection, des protections, du crédit (*with s.o.*, auprès de qn). *To have far-reaching i., F:* avoir le bras long. **Man of influence,** homme influent. *Persons of i. in the world of art, F:* sommités *f* de l'art. *His i. in his native town*, son crédit dans sa ville natale. **Outside influence,** influence étrangère; *F:* piston *m. He owes his position to i.*, il doit sa situation au piston, au pistonnage. *To use one's i. in favour of s.o.*, appuyer, *F:* pistonner, qn. *He is beginning to make his i. felt, recognized*, il commence à s'imposer. *He is an i. in his country*, c'est une puissance dans son pays. **2.** *El:* Induction *f*. **Influence machine,** machine *f* à influence.

influence², *v.tr.* (*Of pers.*) Influencer (qn); (*of thg*) influer sur (qch.). *To i. one's comrades*, influencer, exercer une influence sur, ses camarades. *To i. s.o. in favour of doing sth.*, incliner qn à faire qch. *Causes that i. the tides*, causes *f* qui influent sur les marées.

influent ['influənt]. **1.** *a.* Qui afflue. *The i. tide*, la marée montante. **2.** *s. Ph.Geog:* Affluent *m* (d'un cours d'eau).

influential [influ'enʃ(ə)l], *a.* Influent. *To be i.*, avoir de l'influence; *F:* avoir le bras long. **To have influential friends,** avoir des amis influents, des amis en haut lieu; avoir de belles relations; *F:* être très pistonné. **-ally,** *adv.* **1.** (*a*) Par influence. (*b*) Avec une grande influence. **2.** *El:* Par induction.

influenza [influ'enza], *s. Med:* Grippe *f*, influenza *f*. *Spanish i.*, grippe espagnole. **Influenza cold,** catarrhe grippal. *He is down with i.*, il a la grippe; *F:* il est grippé. *See also* GASTRIC.

influenzal [influ'enz(ə)l], **influenzic** [influ'enzik], *a. Med:* Grippal. (*Pl. uncertain.*)

influx ['inflʌks], *s.* **1.** (*a*) Entrée *f*, affluence *f* (d'un cours d'eau, etc.). *The i. of the water*, la venue des eaux. *The i. of Greek into the English language*, la pénétration du grec dans la langue anglaise. (*b*) Affluence (de gens, de marchandises); afflux *m* (de gaz); invasion *f* (d'idées nouvelles). *An i. of water*, une inondation. **2.** Embouchure *f* (d'un cours d'eau).

infolded [in'fouldid], *a.* Replié en dedans.

inform¹ [in'fɔːrm], *v.tr.* **1.** **To inform s.o. with a feeling, a principle,** inspirer un sentiment à qn; animer qn d'un principe. **2.** (*a*) **To inform s.o. of sth.,** informer, avertir, aviser, prévenir, qn de qch.; apprendre, faire savoir, qch. à qn; faire part de qch. à qn; renseigner qn sur qch.; donner connaissance de qch. à qn; donner communication de qch. à qn; porter qch. à la connaissance de qn. *He informed me of his position*, il m'a mis au courant de sa situation. *To keep s.o. informed of what is happening*, tenir qn au courant de ce qui se passe. *To i. the administration of a decision*, saisir l'administration d'une décision, lui faire connaître une décision. *To i. the police*, avertir la police. *We are writing to i. you of the dispatch of . . .*, nous vous avisons de l'envoi de. . . . *Com: I am pleased to i. you that . . .*, j'ai l'avantage de vous informer que. . . . *I regret to have to i. you that . . .*, j'ai le regret de vous annoncer, de vous faire savoir, que. . . . *We are informed that . . .*, on nous apprend, nous fait savoir, que. . . . *"I have come to help you," he informed me*, "je viens vous aider," me dit-il. *He is dead, so I am informed*, il est mort, à ce que j'apprends. (*b*) **To inform s.o. on, about, sth.,** renseigner qn sur qch. *Until we are better informed*, jusqu'à plus ample informé. *There is nobody better informed*, il n'y a personne de mieux renseigné. *To be fully informed, you should know that . . .*, pour votre édification, sachez que. . . . *See also* ILL-INFORMED, WELL INFORMED. **3.** *v.i. Jur:* **To inform against s.o.,** dénoncer qn.

informing, *a.* **1.** (Esprit *m*, énergie *f*) qui inspire, qui anime. **2.** (Auteur, livre) instructif, qui informe, qui instruit.

inform², *a. Lit:* (Masse *f*) informe.

informal [in'fɔːrməl], *a.* **1.** (*a*) *Jur:* En dehors des règles; irrégulier; qui n'est pas rédigé dans les formes légales; (document *m*) informe. (*b*) (Réunion *f*, séance *f*) en dehors des statuts; (renseignement) officieux. *I. step*, démarche officieuse. *I. commission*, commission officieuse. **2.** (Dîner *m*, etc.) sans cérémonie, en famille. *We shall be an i. gathering*, nous serons en petit comité. **-ally,** *adv.* **1.** (*a*) En dehors des règles; irrégulièrement. (*b*) Officieusement. *The committee met i.*, le bureau s'est réuni à titre non-officiel. **2.** Sans cérémonie; sans formalités; *F:* à la bonne franquette.

informality [infɔr'maliti], *s.* **1.** *Jur:* Vice *m* de forme; irrégularité *f* (de rédaction, etc.). **2.** Absence *f* de formalité, de cérémonie. *The i. of these monthly dinners*, le caractère intime de ces dîners mensuels.

informant [in'fɔːrmənt], *s.* **1.** Informateur, -trice. *Who is your i.?* qui vous a appris cela? de qui tenez-vous cela? *I have it from a trustworthy i.*, je le tiens de bonne source. **2.** *Jur: Adm:* Déclarant, -ante.

information [infɔr'meiʃ(ə)n], *s.* **1.** Renseignements *mpl*, informations *fpl*. *All needful i.*, tous les renseignements utiles. *To give s.o. i. on, bearing on, regarding, sth.*, donner à qn des renseignements sur qch.; renseigner qn sur qch. *I am sending you* **for your information . . .**, je vous envoie à titre d'information . . ., pour votre gouverne. . . . **To get information about sth.,** se renseigner sur qch. *From whom did you seek i.?* par qui vous êtes-vous fait renseigner? *To go in quest of i. about s.o.*, aller aux informations, aux nouvelles, au sujet de qn. *To ask for detailed i.*, demander des détails (sur un sujet). *For further i., apply to . . .*, pour plus amples renseignements s'adresser à. . . . *To have no i. as to, regarding . . .*, être sans avis de. . . . **Piece of information,** indication *f*, renseignement. **Information bureau,** bureau *m* de renseignements, d'adresses; centre *m* d'information. *Collection of i.*, constitution *f* d'une documentation. *Cards:* **To convey information to one's partner,** éclairer son partenaire. **2.** Instruction *f*, savoir *m*, connaissances *fpl*. *Man full of i.*, homme *m* qui a beaucoup d'instruction, beaucoup de savoir. *For my own i.*, pour mon instruction. **3.** Dénonciation *f* (*against s.o.*, contre qn); délation *f* (*against s.o.*, de qn). **To lay an information against s.o. with the police,** dénoncer qn à la police; informer contre qn.

informative [in'fɔːrmətiv], **informatory** [in'fɔːrmətəri], *a.* Instructif. *I. books*, livres éducatifs. *Cards:* **Informatory bid,** enchère faite dans le but d'éclairer son partenaire; annonce *f* d'indication.

informer [in'fɔːrmər], *s.* Dénonciateur, -trice; *F:* mouchard *m*. *Jur:* **Common informer,** délateur, -trice. **To turn informer,** dénoncer ses complices; *F:* moucharder.

infra- ['infra], *pref.* Infra-, sous-. *Infra-axillary*, infra-axillaire. *Infra-red*, infra-rouge. *Infra-costal*, sous-costal. *Infra-orbital*, sous-orbital.

infraction [in'frakʃ(ə)n], *s.* Infraction *f* (d'un droit); transgression *f*. **Infraction of the law,** violation *f* de la loi, infraction à la loi. *Minor i. of the law*, **infraction of regulations,** contravention *f*.

infra dig ['infra'dig], *adj.phr.* (*From Lt.phr. 'infra dignitatem'*) *F:* Au-dessous de la dignité de (qn); au-dessous de soi. **It would be infra dig to . . .,** ce ne serait pas convenable de . . .; ce serait au-dessous de notre dignité de . . .; ce serait se manquer à soi-même que de. . . . *It would be infra dig for England to . . .*, pour l'Angleterre ce serait déchoir que de. . . .

infrangible [in'frandʒibl], *a.* Infrangible. (*a*) (Barre *f*, etc.) incassable. (*b*) (Pacte *m*, etc.) inviolable.

infra-red [infra'red], *a. Opt:* (Radiation *f*) infra-rouge.

infraspinous [infra'spainəs], *a. Anat:* (Muscle) sous-épineux.

infraspinator [infraspai'neitər], *s. Anat:* Muscle sous-épineux.

infrequency [in'friːkwənsi], *s.* Rareté *f*, infréquence *f*.

infrequent [in'friːkwənt], *a.* Rare, infréquent, peu fréquent. **-ly,** *adv.* Rarement. **Not infrequently,** assez souvent.

infringe [in'frindʒ]. **1.** *v.tr.* Enfreindre, violer (une loi, une règle, un serment, une promesse); transgresser (la loi, une règle). **To infringe a patent,** (i) contrefaire un objet breveté; (ii) empiéter sur un brevet. **2.** *v.ind.tr.* **To infringe upon s.o.'s rights,** empiéter sur les droits de qn.

infringing, *s.* **1.** Infraction *f*, violation *f* (d'une règle, etc.). **2.** Empiètement *m*.

infringement [in'frindʒmənt], *s.* **1.** Infraction *f* (d'un règlement); violation *f* (d'une loi, d'un droit). *I. of a treaty*, infraction à un traité. *I. of s.o.'s rights*, infraction, atteinte *f*, aux droits de qn; empiètement *m* sur les droits de qn. **2.** **Infringement of a patent, of copyright,** contrefaçon *f*. *Jur:* **Infringement suit, action for infringement,** poursuite *f* en contrefaçon. *To bring an action for i. of patent against s.o.*, assigner qn en contrefaçon.

infringer [in'frindʒər], *s.* Contrefacteur *m* (d'un brevet, etc.).

infructuous [in'frʌktjuəs], *a.* Infructueux.

infundibular [infʌn'dibjulər], **infundibuliform** [infʌn'dibjulifɔːrm], *a. Nat.Hist:* Infundibuliforme; en forme d'entonnoir.

infundibulum [infʌn'dibjuləm], *s. Anat:* Infundibulum *m*.

infuriate [in'fjuərieit], *v.tr.* Rendre furieux (qn, un taureau, etc.).

infuriated, *a.* Furieux; en fureur. *To become i.*, entrer en fureur.

infuse [in'fjuːz], *v.tr.* **1.** (*a*) **To infuse courage, new life, into s.o.,** infuser du courage, une nouvelle vie, à qn. (*b*) *To i. s.o. with ardour*, inspirer de l'ardeur à qn. *The corporate spirit with which the staff is infused*, l'esprit de corps dont le personnel est pénétré. **2.** Infuser, faire infuser (du thé, des herbes); *Pharm:* macérer.

infusing, *s.* Infusion *f* (d'herbes, etc.).

infuser [in'fjuːzər], *s.* (*Device*) Infusoir *m*. **Tea infuser,** œuf *m* à thé; boule *f* à thé; cuiller *f* automatique à thé.

infusibility [infjuːzi'biliti], *s.* Infusibilité *f*.

infusible [in'fjuːzibl], *a.* Infusible, non fusible.

infusion [in'fjuːʒ(ə)n], *s.* **1.** *Theol:* Infusion *f* (de la vérité, etc.). **2.** (*a*) Infusion (d'une tisane). (*b*) Tisane *f*, infusé *m*, infusion. *An i. of camomile*, une infusion de camomille. **3.** *Ecc:* **Baptism by infusion,** baptême *m* par infusion.

infusoria [infju'sɔːria], *s.pl. Prot:* Infusoires *m*.

infusorial [infju'sɔːriəl], *a.* **Infusorial earth,** (i) *Geol:* terre *f* à infusoires; farine *f* fossile; tripoli siliceux; kieselguhr *m*; (ii) *Com:* terre d'infusoires.

infusorian [infju'sɔːriən]. **1.** *s. Prot:* Infusoire *m*. **2.** *a.* = INFUSORIAL.

infusory [in'fjuːsəri]. **1.** *a.* = INFUSORIAL. **2.** *s.* = INFUSORIAN.

-ing¹ [iŋ], *s.suff.* **1.** (*Denoting verbal action*) (*a*) -age *m*, -ment *m*, -tion *f*. *Cleaning*, nettoyage. *Beginning*, commencement. *Reporting*, reportage. *Washing*, lavage. *Colouring*, coloriage, coloration. *Cowslipping*, cueillette des fleurs de coucou. (*b*) (*Occupation*) *Banking*, la banque. *Fishing*, la pêche. *Hunting*, la chasse. *Playing*, le jeu. *Shooting*, le tir. *Studying*, l'étude. *pl. Merrymakings*, réjouissances. *Governessing doesn't pay*, on ne gagne rien comme institutrice. **2.** (*Denoting thg produced*) -ure *f*, -ment *m*. (*a*) *Binding*, reliure. *Engraving*, gravure. *Building*, bâtiment. *pl. Filings*, limure, limaille. *Sweepings*, balayures. (*b*) (*Material*) *Binding*, bordure. *Fencing*, matériaux pour barrière. *Sacking*, toile à sac. *Trousering*, étoffe pour pantalon. (*c*) *Coll. Bedding*, literie. *Rigging*, gréement. *Shipping*, navires. *Sitting of eggs*, couvée d'œufs. *Washing*, linge à blanchir. **3.** (*Denoting thg inflicted*) *Hiding*, raclée *f*. *Thrashing*, rossée *f*.

-ing², *a.suff.* **1.** -ant, -ante. *Charming*, charmant. *Obliging*, obligeant. *Horrifying*, horrifiant. *Terrifying*, terrifiant. **2.** (*a*) -eur, -euse. *Climbing*, grimpeur, -euse. (*b*) -teur, -trice. *Accelerating*, accélérateur, -trice. *Regulating*, régulateur, -trice. **3.** -atif, -ative. *Amplifying*, amplificatif. *Annulling*, annulatif.

ingathering ['ingaðəriŋ], *s.* Rentrée *f* (de la moisson).

ingeminate [in'dʒemineit], *v.tr.* Répéter (un son); réitérer (un fait, etc.).

ingenious [in'dʒiːnjəs], *a.* (Homme, mécanisme) ingénieux. *I. answer*, réponse ingénieuse. *To be i. in doing sth.*, être ingénieux à faire qch. **-ly,** *adv.* Ingénieusement.

ingeniousness [in'dʒiːnjəsnəs], *s.* = INGENUITY.

ingénue [ɛ̃ʒe'ny], *s.f. Th:* Ingénue.
ingenuity [indʒe'nju:iti], *s.* **1.** Ingéniosité *f* (de qn, d'une machine, d'une invention). *Technical i.*, habileté *f* technique. **To tax one's ingenuity** *in order to do sth.*, s'ingénier à faire qch. **2.** *A:* = INGENUOUSNESS.
ingenuous [in'dʒenjuəs], *a.* **1.** Franc, *f.* franche; sincère. **2.** Ingénu, simple, candide; naïf, *f.* naïve. **-ly,** *adv.* **1.** Franchement, sincèrement. **2.** Ingénument, naïvement; avec candeur. *Remark made quite i.*, remarque faite en toute ingénuité, en toute candeur.
ingenuousness [in'dʒenjuəsnəs], *s.* Ingénuité *f*, naïveté *f*, candeur *f.*
ingest [in'dʒest], *v.tr. Physiol:* Ingérer (un aliment).
ingestion [in'dʒestʃ(ə)n], *s. Physiol:* Ingestion *f.*
Ingin ['indʒin], *s. U.S: F:* = INJUN.
ingle [iŋgl], *s. Lit:* Feu *m* (qui brûle sur l'âtre); foyer *m* (domestique). **The ingle-nook,** le coin du feu. **The ingle-bench,** le banc sous le manteau de la cheminée.
inglorious [in'glɔ:riəs], *a.* **1.** (*Of pers.*) Humble, obscur, inconnu. **2.** (Combat) déshonorant, honteux, inglorieux. **-ly,** *adv.* Inglorieusement; sans gloire; ignominieusement.
ingloriousness [in'glɔ:riəsnəs], *s.* Ignominie *f* (d'un combat).
ingot ['iŋgət], *s.* Lingot *m* (d'or, d'argent); saumon *m* (d'étain). **Ingot iron,** fer fondu, fer homogène, acier extra-doux. **Ingot steel,** acier en lingots. **Ingot-mould,** moule *m* à lingots; lingotière *f.*
ingraft [in'grɑ:ft], *v.tr.* = ENGRAFT.
ingrain [in'grein], *v.tr. A:* = ENGRAIN.
ingrained, *a.* (*a*) **Hands ingrained with coal-dust,** mains encrassées de poussier de charbon. *Skin i. with dye*, peau imprégnée de teinture. *I. dirt*, charbon, etc., qui est entré dans les pores. (*b*) **Ingrained prejudices,** préjugés enracinés. *Prejudices that become i. in the mind*, préjugés qui s'incrustent dans l'esprit. **Ingrained habits,** habitudes invétérées. **Ingrained rogue,** coquin invétéré; parfait coquin.
ingrate [in'greit], *a. & s. A:* Ingrat, -ate.
ingratiate [in'greiʃieit], *v.tr.* **To ingratiate oneself with s.o.,** s'insinuer dans les bonnes grâces de qn; capter la confiance de qn; se faire bien venir de qn; se rendre agréable à qn; s'accréditer auprès de qn.
ingratiating, *a.* Insinuant, prévenant. *I. ways*, manières insinuantes. *I. smile*, sourire engageant. *To speak, act, in an i. manner, F:* pateliner. **-ly,** *adv.* D'une manière insinuante, prévenante, engageante.
ingratiatory [in'greiʃiətəri], *a.* (Sourire, ton) insinuant.
ingratitude [in'gratitju:d], *s.* Ingratitude *f.* *To show i. to s.o.*, faire preuve d'ingratitude à l'égard de qn, envers qn. *To repay s.o. with i.*, payer qn d'ingratitude. *To reap i.*, semer en terre ingrate; être payé d'ingratitude.
ingravescent [ingrɑ'ves(ə)nt], *a.* (Maladie *f*) qui s'aggrave, *F:* qui va de mal en pis.
ingredient [in'gri:diənt], *s.* Ingrédient *m*, élément *m*, partie constituante (d'un médicament, d'une boisson, etc.); *Ch:* principe *m* (d'un composé).
ingress ['ingres], *s.* **1.** (*a*) Entrée *f.* *Jur:* **Free ingress, egress and regress,** (servitude *f* du) droit de libre accès et de libre sortie. (*b*) Admission *f* (d'un gaz, etc.). **2.** *Astr:* Ingression *f.*
ingression [in'greʃ(ə)n], *s.* Ingression *f*, incursion *f.*
ingrowing[1] ['ingrouiŋ], *a. Med:* **Ingrowing (toe-)nail,** ongle *m* qui s'incarne; ongle incarné.
ingrowing[2], *s. Med:* Incarnation *f* (des ongles).
ingrown ['ingroun], *a.* **1.** *Med:* (Ongle) incarné. **2.** *I. prejudice, habit*, préjugé invétéré, habitude invétérée.
inguinal ['iŋgwinəl], *a. Med:* Inguinal, -aux; inguinaire.
ingulf [in'gʌlf], *v.tr.* = ENGULF.
ingurgitate [in'gə:rdʒiteit], *v.tr.* (*a*) Ingurgiter, avaler. (*b*) *Lit:* Engloutir.
ingurgitation [ingə:rdʒi'teiʃ(ə)n], *s.* Ingurgitation *f.*
inhabit [in'habit], *v.tr.* Habiter, habiter dans (une maison, une ville).
inhabited, *a.* (Quartier, appartement, etc.) habité. **Inhabited house duty,** taxe *f* d'habitation.
inhabiting, *s.* Habitation *f.*
inhabitable [in'habitəbl], *a.* Habitable.
inhabitancy [in'habitənsi], *s. Jur:* Habitation *f*, séjour *m* (dans une maison); résidence *f* (pendant la période requise pour devenir électeur, etc.).
inhabitant [in'habitənt], *s.* Habitant, -ante. *F: The inhabitants of the air*, les citoyens *m* de l'air.
inhalant [in'heilənt], *s. Pharm:* Inhalation (gazeuse, liquide, etc.).
inhalation [inhɑ'leiʃ(ə)n], *s.* (*a*) *Med: etc:* Inhalation *f* (de chloroforme, d'oxygène). (*b*) Aspiration *f* (d'un parfum).
inhale [in'heil], *v.tr.* (*a*) *Med:* Inhaler (de l'éther, etc.). (*b*) Aspirer, humer (un parfum); respirer, *F:* avaler (la fumée d'une cigarette). *Abs.* **To inhale,** avaler la fumée.
inhaling, *s.* Inhalation *f.*
inhaler [in'heilər], *s.* **1.** (*Pers.*) Fumeur *m* qui a l'habitude d'avaler la fumée de sa cigarette. **2.** (*Device*) (*a*) *Med:* Inhalateur *m.* *Atomizing i.*, inhalateur pulvérisateur. (*b*) *Ind:* Respirateur *m*; masque *m* respiratoire.
inharmonious [inhɑ:r'mounjəs], *a. Mus: etc:* (Son, accord) inharmonieux, sans harmonie, peu harmonieux. **-ly,** *adv.* Sans harmonie; inharmonieusement.
inharmoniousness [inhɑ:r'mounjəsnəs], *s.* Manque *m* d'harmonie.
inhaul ['inhɔ:l], **inhauler** ['inhɔ:lər], *s. Nau:* Hale-bas *m inv*; hale-dedans *m inv*; hale-à-bord *m inv.*
inhere [in'hi:ər], *v.i.* (*a*) (*Of qualities, etc.*) Exister (*in*, dans); être inhérent (*in*, à). (*b*) (*Of rights, function*) Appartenir, être assigné (*in*, à).
inherence [in'hi:ərəns], **inherency** [in'hi:ərənsi], *s.* Inhérence *f* (*in*, à).
inherent [in'hi:ərənt], *a.* **1.** Inhérent, naturel, propre (*in*, à). *I. indolence*, paresse inhérente. *I. defect*, vice *m* propre. **2.** *Power i. in an office*, pouvoir assigné à une fonction; pouvoir qui appartient à une fonction. **-ly,** *adv.* Par inhérence. *I. lazy*, né paresseux.
inherit [in'herit], *v.tr.* (*a*) Hériter de (qch.). *To i. a house, a title*, hériter d'une maison, d'un titre. *To i. a fortune*, succéder à une fortune. (*b*) *To i. sth. from s.o.*, hériter qch. de qn. *He inherited this furniture from his mother*, ce mobilier lui vient de sa mère; il a eu ce mobilier de sa mère. *To i. a characteristic, a taste, from one's father*, tenir un trait caractéristique, un goût, de son père. (*c*) *Abs.* **To inherit equally,** hériter de parts égales. **To inherit jointly,** cohériter.
inherited, *a.* (Bien, trait, goût) hérité. *I. taint*, tache originelle, héréditaire.
inheritable [in'heritəbl], *a.* **1.** (*a*) (Titre) dont on peut hériter. *Where the crown was i. by females* . . ., là où les femmes pouvaient hériter de la couronne. . . . (*b*) (Maladie *f*) transmissible à ses descendants. **2.** *Jur:* (*Of pers.*) Apte à hériter (*to an estate*, d'une terre).
inheritableness [in'heritəblnəs], *s.* **1.** Transmissibilité *f* (d'un titre, d'une maladie, etc.) aux descendants. **2.** Aptitude *f* (d'une personne) à hériter.
inheritage [in'heritedʒ], *s.* = INHERITANCE 2.
inheritance [in'heritəns], *s.* **1.** (*a*) Succession *f.* **Linear inheritance,** succession en ligne directe. **Right of inheritance,** droit *m* de succession. (*b*) Procédure *f* en matière de succession. **Law of inheritance,** droit successif. *See also* CANON[1] 1. **2.** Patrimoine *m*, héritage *m*; *Jur:* hoirie *f.* **To come into an inheritance,** faire un héritage; recueillir une succession. *This property was a family i.*, ce bien lui est venu de famille. *The common i. of a nation*, le patrimoine commun d'une nation.
inheritor [in'heritər], *s.* Héritier *m.*
inheritress [in'heritres], *A:* **inheritrix** [in'heritriks], *s.f.* Héritière.
inhesion [in'hi:ʒ(ə)n], *s.* Inhérence *f.*
inhibit [in'hibit], *v.tr.* **1.** (*a*) *Jur: etc:* **To inhibit s.o. from doing sth.,** empêcher qn de faire qch.; interdire, défendre, à qn de faire qch. (*b*) *Ecc:* Suspendre, interdire (un prêtre); frapper (un prêtre) d'interdiction. **Inhibited priest,** prêtre suspens. **2.** (*a*) *Med:* Paralyser (une sécrétion, etc.). (*b*) *Psy:* Inhiber (un sentiment).
inhibition [inhi'biʃ(ə)n], *s.* **1.** (*a*) *Jur: etc:* Défense expresse; prohibition *f.* (*b*) *Ecc:* (i) Suspense *f*, interdiction *f* (d'un prêtre); (ii) interdit *m.* **2.** *Psy:* Inhibition *f.*
inhibitive [in'hibitiv], *a.* = INHIBITORY 1.
inhibitory [in'hibitəri], *a.* **1.** (Mandat) prohibitif; (jugement *m*) inhibitoire. **2.** *Physiol:* **Inhibitory nerve,** nerf inhibiteur, d'inhibition. **3.** *Psy: Physiol: Med:* **Inhibitory reflex,** réflexe inhibiteur.
inhospitable [in'hɔspitəbl], *a.* Inhospitalier. *I. shore*, terre inhospitalière. *I. fare*, mauvaise chère; *F:* chasse-cousin(s) *m.* **-ably,** *adv.* Inhospitalièrement.
inhospitableness [in'hɔspitəblnəs], **inhospitality** [inhɔspi'taliti], *s.* Inhospitalité *f.*
inhuman [in'hju:mən], *a.* **1.** (Père, maître) inhumain, insensible, brutal, -aux; (coutume *f*) barbare. **2.** *Human and i.*, humain et non-humain. **-ly,** *adv.* (Traiter qn) inhumainement; (massacrer) cruellement.
inhumanity [inhju'maniti], *s.* Inhumanité *f*, cruauté *f*, barbarie *f* (d'une personne, d'une action). *The i. of the troops*, la brutalité des soldats.
inhumation [inhju'meiʃ(ə)n], *s.* Inhumation *f*; enterrement *m* (d'un cadavre).
inhume [in'hju:m], *v.tr.* Inhumer, enterrer (un cadavre).
inimical [i'nimik(ə)l], *a.* (*a*) (Peuple) ennemi, hostile. *To be i. to s.o.*, être ennemi de qn, être hostile à qn. (*b*) Défavorable, contraire, adverse (*to*, à). *Practices i. to health*, habitudes mauvaises pour la santé. **-ally,** *adv.* D'une manière hostile; hostilement; en ennemi.
inimitability [inimitə'biliti], **inimitableness** [in'imitəblnəs], *s.* Caractère *m* inimitable, nature *f* inimitable (de qch.).
inimitable [in'imitəbl], *a.* Inimitable. **-ably,** *adv.* D'une manière inimitable. *It is i. funny*, c'est d'une drôlerie inimitable.
inion ['iniən], *s. Anat:* Inion *m.*
iniquitous [i'nikwitəs], *a.* Inique. *An i. deed*, un forfait, un crime, une iniquité. **-ly,** *adv.* Iniquement.
iniquitousness [i'nikwitəsnəs], *s.* Iniquité *f.*
iniquity [i'nikwiti], *s.* Iniquité *f.* **1.** *Man steeped in i.*, homme perdu de vices. *See also* SINK[1] 1. **2.** *To commit iniquities*, commettre des iniquités.
initial[1] [i'niʃəl]. **1.** *a.* (*a*) Initial, -aux; premier. *The i. difficulties*, les premières difficultés; les difficultés du début, du commencement. *I. cost*, valeur initiale. *I. velocity*, vitesse initiale. *I. performance*, première représentation. *The disease is only* **in the initial stages,** la maladie est au début de son évolution, ne fait que commencer. **Initial adjustment** (*of a measuring instrument, etc.*), mise *f* au point zéro (d'un instrument de mesure, etc.). *Com:* **Initial capital,** capital *m* d'apport (d'une société, etc.). **Initial (capital) expenditure,** (frais *mpl* de) premier établissement; frais d'installation. *Phot:* **Initial sensitivity,** sensibilité initiale, seuil *m* (d'une émulsion). (*b*) *Typ:* **Initial letter,** lettre initiale; lettrine *f.* **2.** *s.* (*Usu. pl.*) Initials, initiales *f*; (*under alteration to cheque, etc.*) parafe *m*, paraphe *m*; (*of supervisor, etc., on bank-slip or shop-slip*) visa *m*; (*combined*) monogramme *m.* **To put one's initials to sth.,** apposer son parafe, son visa, à qch. **-ally,** *adv.* Au commencement; au début.
initial[2], *v.tr.* (**initialled; initialling**) Parafer, parapher (un traité, une correction); viser, initialer (un acte, etc.); mettre son parafe

au bas (d'un acte); apposer son parafe, son visa, ses initiales, à (un acte). *Slip initialled by the cashier*, bordereau pourvu des initiales du caissier, visé par le caissier.

initialling, *s*. Apposition *f* de son parafe (à un document).

initialize [i'niʃəla:iz], *v.tr*. Désigner (qn) par ses initiales.

initiand [i'niʃiand], *s*. Aspirant, -ante, à une initiation; *F*: catéchumène *mf*.

initiate[1] [i'niʃiet], *a*. & *s*. Initié, -ée.

initiate[2] [i'niʃieit], *v.tr*. **1.** Commencer, ouvrir (des négociations, une ère nouvelle); jeter les bases (d'une amitié); lancer, amorcer (une entreprise, une mode); instaurer (des mesures, une méthode); instituer (une expérience, etc.). *To i. a deal*, entamer une affaire. *The relations which have been initiated between us*, les rapports que nous avons entamés. *To i. a new policy*, inaugurer une politique nouvelle. *To i. a reform*, prendre l'initiative d'une réforme. *Jur*: **To initiate proceedings against s.o.**, instituer des poursuites contre qn. **2.** Initier (qn). (*a*) **To initiate s.o. into a secret**, initier qn à un secret. **To initiate s.o. in a science, in an art**, initier qn à une science, aux procédés d'un art. (*b*) **To initiate s.o. into a secret society**, initier qn à, admettre qn dans, une société secrète.

initiated, *a*. Initié.

initiating, *s*. Initiation *f* (*into*, à; *in*, dans).

initiation [iniʃi'eiʃ(ə)n], *s*. **1.** Commencement(s) *m*, début(s) *m* (d'une entreprise); instauration *f*, inauguration *f*. **2.** Initiation *f* (*into*, à).

initiative [i'niʃiətiv]. **1.** *s*. Initiative *f*. **To take the initiative in doing sth.**, prendre l'initiative pour faire qch. *To have the i. with respect to sth.*, avoir l'initiative, le droit d'initiative, de qch. *Mil*: *To have, keep, the i.*, avoir, garder, l'initiative. *To have large powers of i.*, disposer d'une grande initiative. **To do sth. on one's own initiative**, faire qch. de sa propre initiative, par soi-même. **To show, to lack, initiative**, faire preuve, manquer, d'initiative, d'allant *m*. *Lack of i.*, manque *m*, défaut *m*, d'initiative. *Person with plenty of i.*, personne entreprenante. **2.** *a*. = INITIATORY 1.

initiator [i'niʃieitər], *s*. Initiateur, -trice; lanceur *m* (d'une mode, etc.).

initiatory [i'niʃiətəri], *a*. **1.** Premier, introductoire. *I. steps*, démarches *f* préparatoires, préliminaires. **2.** (*Of rite, ceremony*) Initiateur, -trice; d'initiation.

inject [in'dʒekt], *v.tr*. Injecter. (*a*) *To i. oil into the ear, a drug into the body*, injecter, seringuer, de l'huile dans l'oreille; injecter une drogue dans le corps. *To i. cocaine into the gum*, cocaïniser la gencive. (*b*) *To i. a cavity with liquid*, injecter une cavité de, avec, un liquide. *To i. s.o.'s arm with morphia*, faire une piqûre de morphine au bras de qn.

injected, *a*. *Med*: (Tissu, œil, etc.) injecté. **To become injected** (*with blood*), s'injecter (de sang).

injection [in'dʒekʃ(ə)n], *s*. **1.** (*a*) *Ind*: *etc*: Injection *f* (d'un liquide, d'air comprimé, etc.). **Injection pump**, pompe *f* à injection. **Injection cock**, robinet *m* d'injection; prise *f* (de vapeur, d'eau, etc.). (*b*) *Med*: Injection (des capillaires, etc.). **2.** *Med*: (*a*) Injection. **To give s.o. a hypodermic injection** (*of morphia, etc.*), faire à qn une injection sous-cutanée, une piqûre (de morphine, etc.). *Course of injections*, série *f* de piqûres. (*b*) **Rectal injection**, lavement *m*.

injector [in'dʒektər], *s*. *Mch*: Injecteur *m*; appareil *m* alimentaire. *See also* GIFFARD.

injudicious [indʒu'diʃəs], *a*. Injudicieux, peu judicieux; malavisé. **-ly**, *adv*. Injudicieusement. *You have acted most i.*, vous avez agi d'une façon peu judicieuse.

injudiciousness [indʒu'diʃəsnəs], *s*. Imprudence *f*; manque *m* de jugement; caractère peu judicieux (d'une action).

Injun ['indʒən], *s*. *U.S*: *F*: = INDIAN 2. **Honest Injun?** (est-ce) bien sûr? parole d'honneur? sans blague? **Honest Injun!** vrai de vrai! **sans blague!** **To play Injun**, se tenir caché; se dérober; s'esquiver.

injunct [in'dʒʌŋkt], *v.tr*. *F*: **To injunct s.o. from doing sth.**, faire injonction, enjoindre, à qn de s'abstenir de faire qch.

injunction [in'dʒʌŋkʃ(ə)n], *s*. **1.** Injonction *f*, ordre *m*. **To give s.o. strict injunctions to do sth.**, enjoindre strictement, formellement, à qn de faire qch. *My parting injunctions to him were that he should . . .*, au moment de partir je lui ai enjoint de. . . . **2.** *Jur*: Arrêt *m* de suspension; arrêt de sursis; (un) avant faire droit. *I. against s.o., restraining him from . . .*, injonction à qn de s'abstenir de. . . . *I shall ask for an i.*, je vais mettre opposition.

injure ['indʒər], *v.tr*. **1.** Nuire à, faire tort à, faire du mal à (qn, la réputation de qn); endommager (la réputation de qn); léser (qn). *Jur*: Porter préjudice à (qn). *To i. oneself*, se faire du tort; se nuire à soi-même. *To i. s.o.'s interests*, compromettre, léser, les intérêts de qn. **2.** (*a*) Blesser (qn); faire mal à (qn). *To be injured on duty*, être blessé en service commandé. *To i. oneself*, se blesser; se faire du mal. **Fatally injured**, blessé mortellement. *The foot is permanently injured*, il en restera estropié du pied. *The blow has injured a nerve, the lung*, le coup a lésé un nerf, le poumon. *To i. s.o.'s pride*, léser l'amour-propre de qn; blesser qn dans son amour-propre. (*b*) Endommager, abîmer, gâter (qch.). *Com*: Avarier (des marchandises). (*Of goods, etc.*) *To be injured*, souffrir (de la gelée, d'un voyage, etc.); s'avarier. *To i. one's health*, s'abîmer la santé; altérer, déranger, sa santé. *To i. one's eyes*, se gâter la vue; s'abîmer les yeux.

injured, *a*. **1.** (*Of pers.*) Offensé, outragé; à qui on a fait tort. *I. wife*, femme trompée, trahie. **The injured party**, l'offensé, -ée; *Jur*: la partie lésée. **In an injured tone** (of voice), d'une voix offensée. **2.** (*a*) (Bras, etc.) blessé ou estropié. *s*. **The injured**, les blessés *m*; (*from accident*) les accidentés *m*. (*b*) (Blé, etc.) endommagé, gâté, avarié.

injurer ['indʒərər], *s*. Offenseur *m*; auteur *m* d'un tort, d'un mal.

injuria [in'dʒuəria], *s.pl*. *Jur*: Violation *f* de droits.

injurious [in'dʒuəriəs], *a*. **1.** (*a*) Nuisible, pernicieux, préjudiciable (*to*, à). *That would prove i. to my interests*, cela léserait mes intérêts. (*b*) **Injurious to the health**, nocif; nuisible à la santé. **2.** (Langage) injurieux, offensant, outrageant. **-ly**, *adv*. **1.** Injustement; à tort. **2.** *To affect s.o., sth., i.*, avoir un mauvais effet, un effet pernicieux, sur qn, sur qch. **3.** (Parler) injurieusement.

injuriousness [in'dʒuəriəsnəs], *s*. Nuisibilité *f*, nocivité *f*, caractère nocif, nuisible (de qch.).

injury ['indʒəri], *s*. **1.** Tort *m*, mal *m*, préjudice *m*. *Jur*: Lésion *f*. **To do s.o. an injury**, porter, causer, préjudice à qn; faire du tort à qn; porter atteinte à la réputation de qn. *Doubts that do i. to one's faith*, doutes *m* qui entament la foi, qui portent atteinte à la foi. *To suffer i.*, subir un préjudice. **To the injury of s.o.**, au détriment de qn. *Forgiveness of injuries*, pardon *m* des injures. *See also* INSULT[1]. **2.** (*a*) Blessure *f* (au corps). *Med*: Lésion. **To do oneself an injury**, (i) se blesser; se faire du mal; (ii) s'estropier. *He sustained no i.*, il n'a eu aucun mal. *To receive severe injuries*, recevoir de graves blessures. *Internal injuries*, lésions internes. *There were no personal injuries*, il n'y a pas eu d'accident de personne. *Insurance against injuries to workmen*, assurance *f* contre les accidents *m* du travail. (*b*) *Aut*: *I. to the tyre*, plaie *f* de l'enveloppe; blessure de pneu. (*c*) (*Damage*) Dommage *m*, dégât *m*; *Nau*: *Mch*: avarie *f*. *I. to the plant*, avaries de matériel. *Injuries to a building due to the wet*, dégradations d'un bâtiment dues à l'humidité. **To do injury to sth.**, faire subir une avarie à (une machine, etc.).

injustice [in'dʒʌstis], *s*. **1.** Injustice *f*. *I don't like i.*, je n'aime pas les injustices. *These are flagrant* **pieces, cases, of injustice**, ce sont là des injustices flagrantes. **2.** *You do him an i.*, vous lui faites une injustice; vous êtes injuste envers lui.

ink[1] [iŋk], *s*. **1.** Encre *f*. **Copying ink**, encre à copier; encre communicative. **Copying-ink pencil**, crayon *m* à copier. **Printing ink, printer's ink**, encre d'impression; noir *m* d'imprimerie. **Marking ink**, encre à marquer (le linge). **Indian ink, Chinese ink**, encre de Chine; noir de Chine. *Lithographic ink*, encre lithographique. *Ink for rubber stamp*, encre à tampon. *To write in red ink*, écrire à l'encre rouge. **Written in ink**, écrit à l'encre. *Journ*: *F*: **To sling ink**, écrire des articles injurieux. *See also* FOUNTAIN-PEN, INVISIBLE, TRANSFER-INK. **2.** *Moll*: Noir *m* (de seiche); sépia *f*.

'ink-bag, *s*. *Moll*: Glande *f* du noir (de la seiche).

'ink-bottle, *s*. **1.** Bouteille *f* à encre; encrier *m*. **2.** Bouteille d'encre.

'ink-feed, *s*. Conduit *m* (de stylo).

'ink-fish, *s*. *Moll*: **1.** Seiche *f*. **2.** Calmar *m*, encornet *m*.

'ink-horn, *s*. *Archeol*: Encrier *m* de corne.

'ink-pad, *s*. Tampon encreur.

'ink-sac, *s*. = INK-BAG.

'ink-slinger, -spiller, *s*. *Journ*: *F*: Gratte-papier *m inv*; journaleux *m*; journaliste *m* de bas étage; *A*: giboyer *m*.

'ink-spot, -stain, *s*. Tache *f* d'encre. **Ink-stain remover**, encrivore *m*.

'ink-stained, *a*. Taché, barbouillé, d'encre.

'ink-trough, *s*. **1.** *Typ*: Encrier *m* (des rouleaux encreurs). **2.** *Tg*: Capsule *f* d'encrage.

'ink-well, *s*. Encrier *m* (pour table percée, pour pupitre d'écolier).

'ink-writer, *s*. *Tg*: = INKER 1 (*a*).

ink[2], *v.tr*. **1.** Noircir d'encre, barbouiller d'encre, tacher d'encre. *To ink one's fingers, one's face*, se couvrir les doigts d'encre; se barbouiller le visage d'encre. **2.** *Typ*: Encrer (les lettres); toucher (la forme).

ink in, *v.tr*. Tracer à l'encre (des lignes faites au crayon). *To ink in a drawing*, mettre une épure à l'encre; repasser un dessin à l'encre.

inking in, *s*. Mise *f* à l'encre.

ink out, *v.tr*. Oblitérer, rayer, biffer, (un mot, etc.) à l'encre.

ink over, *v.tr*. = INK IN.

ink up, *v.tr*. Imprégner, couvrir, d'encre. *To ink up a metal plate*, tamponner une plaque gravée.

inking, *s*. *Typ*: Encrage *m* (des rouleaux). *To increase the i.*, charger une couleur.

'inking-pad, *s*. Tampon *m* à impression; tampon encreur.

'inking-ribbon, *s*. Ruban encreur (de machine à écrire, etc.).

'inking-roller, *s*. **1.** *Typ*: (Rouleau) encreur *m*; (rouleau) toucheur *m*. **2.** *Tg*: Molette *f* d'encrage.

'inking-table, *s*. *Typ*: Encrier *m*.

inker ['iŋkər], *s*. **1.** *Tg*: (*a*) Récepteur imprimant, récepteur à encre; télégraphe écrivant; appareil *m* à molette. (*b*) = INKING-ROLLER 2. **2.** *Typ*: = INKING-ROLLER 1.

inkiness ['iŋkinəs], *s*. Noirceur *f* (d'encre).

inkling ['iŋkliŋ], *s*. Soupçon *m*. **To give s.o. an inkling of sth.**, faire pressentir qch. à qn. *If you had given me the slightest i. about it*, si vous m'en aviez donné le moindre soupçon. *He didn't let slip one word that might have given you an i. as to his feelings*, il ne lui est pas échappé une parole qui pût laisser deviner ses émotions. *He had an i. of the truth*, il entrevit, entrevoyait, la vérité. *I had an i. of his intention*, j'ai eu vent de son intention. *He has no i. of the matter*, il ne se doute de rien. *Without having the least i. of . . .*, sans se douter le moins du monde de. . . . **Not an inkling of . . .**, pas le moindre soupçon de. . . .

inkpot ['iŋkpɔt], *s*. Encrier *m*.

inkstand ['iŋkstand], *s*. Grand encrier (avec pose-plumes).

inky ['iŋki], *a*. **1.** Taché d'encre. *I. fingers*, doigts barbouillés d'encre, couverts d'encre. **2.** **Inky** (**black**), noir comme (de) l'encre. *The night was i. black*, il faisait noir comme dans un four.

inlaid ['inleid]. *See* INLAY[2].

inland ['inland]. **1.** *s*. (L')intérieur *m* (d'un pays). *To explore the i.*, explorer l'intérieur des terres. **2.** *Attrib*. (*a*) Intérieur. **Inland sea**, mer intérieure; mer méditerranée. **Inland navigation**, navigation intérieure, fluviale. *Geol*: **Inland ice**, calotte *f* glaciaire.

(*b*) Du pays. **Inland trade,** commerce intérieur. **Inland produce,** produits *m* indigènes, produits du pays. **Inland telegram, parcel,** télégramme *m*, colis *m*, à destination de l'intérieur. **Inland money order,** mandat *m* sur l'intérieur. **Inland bill,** traite *f* sur le pays; effet *m*, lettre *f* de change, sur l'intérieur. **The Inland Revenue,** le fisc; les contributions (directes et indirectes). **Inland revenue stamp,** timbre fiscal. **Inland postage rates,** (tarif *m* d')affranchissement *m* en régime intérieur. **3.** *adv. To go, march, i.*, pénétrer dans les terres.

inlander ['inlandər], *s.* Habitant, -ante, de l'intérieur (d'un pays).

inlay[1] ['inlei, in'lei], *s.* **1.** (*a*) Incrustation *f* (de nacre, etc.). **Marquetry inlay,** marqueterie *f*. *Bookb:* **Leather inlay,** applique *f*; reliure *f* mosaïque. (*b*) *Dressm:* Soufflet *m*. **2.** *Bookb:* Encartage *m*.

inlay[2] [in'lei], *v.tr.* (**inlaid; inlaying**) **1.** Incruster (*with*, de); marqueter (une table, etc.); parqueter (un plancher) en mosaïque. *Metalw:* Damasquiner (une épée, etc.). *To i. with enamel*, nieller. *Table inlaid with mother of pearl*, table incrustée de nacre, avec incrustations de nacre. **2.** *Bookb:* Encarter (des illustrations).

'inlaid, *a.* **1.** Incrusté, marqueté; (plancher) parqueté. *I. floor*, parqueterie *f* en mosaïque. **Inlaid linoleum,** linoléum incrusté. **Inlaid work,** marqueterie *f*; pièces rapportées. *I. enamel work*, nielle *f*, niellage *m*. *Bookb:* *I. leather*, reliure *f* mosaïque. **2.** *Bookb:* Encarté.

inlaying, *s.* **1.** Incrustation *f*; (*of floor*) parqueterie *f* en mosaïque. **2.** *Bookb:* Encartage *m*.

inlayer ['inleiər], *s.* (Ouvrier) marqueteur *m*.

inlet[1] ['inlet], *s.* **1.** Entrée *f* (de câble); arrivée *f*, admission *f* (de vapeur, *I.C.E:* d'essence, etc.). **Inlet valve,** soupape *f* d'admission. **Inlet pipe,** tube *m* d'arrivée, tuyau *m* d'admission (de vapeur, etc.). **2.** (*a*) Orifice *m* d'admission (de vapeur, d'essence, etc.); ouïe *f* (de ventilateur, de pompe centrifuge). *See also* AIR-INLET, STEAM-INLET. (*b*) *Inlets into a lake*, débouchés *m* d'un lac. **3.** *Geog:* Petit bras de mer; crique *f*, anse *f*. **4.** *Dressm:* *etc:* Pièce rapportée; incrustation *f*.

inlet[2], *a. Needlew:* *Bodice inlet with hand-made lace*, corsage *m* à entre-deux de dentelle à la main.

inlier ['inlaiər], *s. Geol:* Fenêtre *f*, regard *m* (dans une nappe de recouvrement).

inlying ['inlaiiŋ], *a.* De l'intérieur (du pays).

inmate ['inmeit], *s.* (*a*) Habitant, -ante (d'une maison). *All the inmates were awakened by the noise*, toute la maisonnée fut réveillée par le bruit. (*b*) Pensionnaire *mf* (d'un asile d'aliénés, etc.); hôte *m* (d'un hospice, etc.).

inmost ['inmoust], *a.* Le plus profond. *In the i. recesses of the woods*, au plus profond des bois. **The inmost recesses of the soul, of the heart,** les replis les plus profonds, les plus secrets, de l'âme; les recoins *m* les plus intimes du cœur. **Our inmost thoughts, feelings,** nos pensées les plus secrètes, nos sentiments les plus intimes.

inn [in], *s.* **1.** Auberge *f*; (*in town*) hôtellerie *f*. *Little country inn*, *F:* petit bouchon. *To put up at an inn*, descendre à une auberge, dans une hôtellerie. **2.** *Jur:* **The Inns of Court,** les (quatre) Écoles *f* de droit (*Lincoln's Inn, Gray's Inn, the Inner Temple, the Middle Temple*). Elles confèrent les diplômes de droit, et jouissent du privilège exclusif d'octroyer l'inscription au barreau ("*call to the bar*").

innards ['inərdz], *s.pl. P:* = *inwards, q.v. under* INWARD 2.

innate [i(n)'neit], *a.* Inné, infus. *I. common sense*, bon sens foncier, naturel. *Phil:* **Innate ideas,** idées innées.

innateness [i(n)'neitnəs], *s. Phil:* *etc:* Innéité *f* (des idées); caractère foncier (d'une qualité, etc.).

innavigable [i(n)'navigəbl], *a.* (Mer, fleuve) innavigable.

inner ['inər]. **1.** *a.* Intérieur; (écorce *f*, etc.) interne, de dedans. *I. side*, côté *m* interne. **On the inner side,** à l'intérieur, en dedans. *Anat:* **The inner ear,** l'oreille *f* interne. **Inner harbour,** arrière-port *m*, *pl.* arrière-ports. **Inner dock,** arrière-bassin *m*, *pl.* arrière-bassins. **Inner court,** arrière-cour *f*, *pl.* arrière-cours; cour intérieure (d'un immeuble). **Inner radius** (*of railway-line*), petit rayon. *Our i. life*, notre vie intérieure. *His i. conscience told him that . . .*, dans l'intimité de la conscience il se rendait compte que. . . . *The i. workings of the mind*, les opérations secrètes de l'esprit. **Inner meaning, sens** *m* intime, fond *m* (d'un passage). *To belong to the i. circle*, compter parmi les initiés. *Fin:* **Inner reserves,** réserves latentes. *See also* CIRCLE[1] 3, FORM[1] 8, HISTORY 1, MAN[1] 1, TUBE[1] 1. **2.** *s.* Premier cercle autour de la mouche (d'une cible).

innermost ['inərmoust], *a.* = INMOST.

innervate [i(n)'nəːrveit], *v.tr. Physiol:* Innerver.

innervation [inəːr'veiʃ(ə)n], *s. Physiol:* Innervation *f*.

innings ['iniŋz]. **1.** *s.pl. Jur:* Terres abandonnées par la mer; relais *m* de mer; accrue *f*. **2.** *s.sg.* (*pl. inv.*, *or F:* **inningses**) *Cr:* (*a*) Tournée *f*, tour *m* de batte (de chaque équipe). (*b*) Tour de batte (de chaque membre de l'équipe). **He had a long innings,** (i) il est resté longtemps au guichet; (ii) *F:* il a fourni une longue carrière. *F:* **My innings now! it's my innings!** à mon tour! *Wait till the Opposition get their i.!* attendez que ce soit le tour de l'Opposition!

innkeeper ['inkiːpər], *s.* Aubergiste *mf*; hôtelier, -ière.

innocence ['inosəns], *s.* **1.** (*a*) Innocence *f* (d'un accusé). (*b*) Naïveté *f*, simplicité *f*, innocence, candeur *f*. *The age of i.*, l'âge *m* d'innocence. **To pretend innocence,** faire l'innocent. *To assume a look of i.*, prendre un air naïf, un air innocent. *F:* **To pose as Miss Innocence,** faire sa petite sainte nitouche. *To lose one's i.*, perdre son innocence; *F:* se déniaiser. **2.** *A:* = INNOCUOUSNESS.

innocent ['inosənt], *a.* **1.** (*a*) Innocent, pas coupable. **Innocent of a crime,** innocent d'un crime. (*b*) *F:* Dépourvu, vierge (*of*, de). **Windows innocent of glass,** fenêtres dépourvues de vitres, sans vitres. *To be quite i. of Latin*, ne pas savoir un mot de latin. **2.** (*a*) Pur; sans péché; innocent. **As innocent as a new-born babe,** innocent comme un enfant qui vient de naître; d'une candeur de nouveau-né. *s. B.Hist:* **The Holy Innocents,** les (Saints) Innocents. **Holy Innocents' Day,** la fête des Saints Innocents. **The Slaughter of the Innocents,** le Massacre des Innocents. *Parl:* *F:* **The Massacre of the Innocents,** le "massacre," en fin de session, des projets de loi pour la considération desquels le temps a manqué. (*b*) Naïf, *f.* naïve; sans malice; innocent. *I.-looking person*, personne *f* à l'air naïf. **To put on an innocent air,** faire l'innocent(e); n'avoir pas l'air d'y toucher; avoir l'air de ne pas y toucher. *s. Dial:* **The village innocent,** l'idiot *m*, l'innocent, du village. **3.** (*a*) (Jeu, remède) innocent, inoffensif. (*b*) (Commerce) légitime, permis, autorisé. *Jur:* **Innocent purchase,** acquisition *f* de bonne foi. **-ly,** *adv.* Innocemment. *To look at s.o. i.*, regarder qn d'un air d'innocence, d'un air naïf.

innocuity [inɔ'kjuːiti], *s.* Innocuité *f*.

innocuous [i'nɔkjuəs], *a.* Inoffensif. *I. microbes*, microbes banaux. *The i. character of . . .*, l'innocuité *f* de. . . . **-ly,** *adv.* Inoffensivement.

innocuousness [i'nɔkjuəsnəs], *s.* Innocuité *f*.

innominate [i(n)'nɔminet], *a.* **1.** *Anat:* (Os) innominé, iliaque; (artère) innominée, brachiocéphalique. **2.** *Jur:* (Contrat) innomé.

innovate ['inoveit], *v.i.* Innover (*in*, à, en, dans).

innovating[1], *a.* Innovateur, -trice.

innovating[2], *s.* Innovation *f*.

innovation [ino'veiʃ(ə)n], *s.* **1.** Innovation *f*, changement *m* (dans une méthode, en politique, en littérature, etc.). **To make innovations in sth.,** apporter des changements, des innovations, à qch. *Old people dislike innovations*, la nouveauté répugne aux vieillards. **2.** *Jur:* (*Scot.*) Novation *f*.

innovative ['inoveitiv], *a.* Innovateur, -trice. *Few writers are i.*, il y a peu d'écrivains qui sachent innover.

innovator ['inoveitər], *s.* Innovateur, -trice; novateur, -trice.

innoxious [i(n)'nɔkʃəs], *a.* Inoffensif. **-ly,** *adv.* Inoffensivement.

innoxiousness [i(n)'nɔkʃəsnəs], *s.* Nature inoffensive (de qch.); innocuité *f*.

innuendo, *pl.* **-oes** [inju'endo, -ouz], *s.* **1.** *Jur:* Insinuation *f*, mot couvert (en apparence inoffensif, mais en réalité destiné à atteindre qn dans son honneur). **2.** Allusion (malveillante). **To throw out innuendoes against s.o.,** *F:* jeter des pierres dans le jardin de qn.

Innuit ['injuit], *s. Ethn:* Innuit *m*, Esquimau *m*.

innumerable [i(n)'njuːmərəbl], *a.* Innombrable. (*Usu. with pl. s.*) *I. books*, **books innumerable,** des livres *m* innombrables, sans nombre. *The successes have been i.*, les réussites *f* ne se comptent plus. **-ably,** *adv.* Sans nombre; innombrablement.

innutrition [i(n)nju'triʃ(ə)n], *s.* Défaut *m* de nutrition. *Med:* **Innutrition of the bones,** rachitisme *m*.

innutritious [i(n)nju'triʃəs], *a.* (Aliment) peu nutritif, peu nourrissant.

ino- [aino], *comb.fm. Med:* Ino-. *Inopexia*, inopexie *f*. *Inoscopy*, inoscopie *f*; examen *m* du tissu musculaire.

inobservance [inob'zəːrvəns], *s.* **1.** Inattention *f*. **2.** Inobservance *f* (d'une loi, du jeûne, d'une coutume, etc.); inobservation *f* (d'une promesse).

inoccupation [inɔkju'peiʃ(ə)n], *s.* Inoccupation *f*.

inoculable [i'nɔkjuləbl], *a.* *Med:* **1.** (Matière *f*, virus *m*) inoculable. **2.** (Personne *f*) inoculable.

inoculate [i'nɔkjuleit], *v.tr.* **1.** *Hort:* Greffer (un œil, une tige) (*into, on, upon*, sur). **2.** *Med:* (*a*) *To i. s.o. with a germ, to i. a germ into s.o.*, inoculer un germe à qn. *F:* *To i. s.o. with evil doctrines*, inoculer à qn de mauvaises doctrines. (*b*) *To i. s.o. against a disease*, *F:* **to inoculate s.o.,** inoculer, vacciner, qn (contre une maladie). *To get inoculated before going abroad*, se faire vacciner avant de partir pour l'étranger.

inoculation [inɔkju'leiʃən], *s.* **1.** *Hort:* Greffe *f*, greffage *m*. **2.** *Med:* Inoculation *f*. *Protective i.*, vaccination préventive, immunisante. *Curative i.*, inoculation curative.

inoculator [i'nɔkjuleitər], *s.* Inoculateur, -trice.

inodorous [in'oudərəs], *a.* (Gaz *m*, etc.) inodore, sans odeur.

inoffensive [ino'fensiv], *a.* **1.** (Homme, médicament, animal) inoffensif. **2.** (Odeur *f*, etc.) sans rien de désagréable; (observation *f*, etc.) qui n'a rien d'offensant. **-ly,** *adv.* Inoffensivement.

inoffensiveness [ino'fensivnəs], *s.* Caractère inoffensif (d'un remède, d'une observation, etc.).

inofficious [ino'fiʃəs], *a.* *Jur:* **1.** (Testament) inofficieux. **2.** (Règlement, etc.) inopérant. **-ly,** *adv.* Inofficieusement.

inoperable [in'ɔpərəbl], *a.* *Med:* (Malade *mf*, cancer *m*) inopérable.

inoperative [in'ɔpərətiv], *a.* *Jur:* *etc:* Inopérant.

inopportune [in'ɔpərtjuːn], *a.* Inopportun; intempestif. *I. remarks*, propos *m* hors de saison. **-ly,** *adv.* Inopportunément; mal à propos; à contre-temps. *To come i.*, tomber mal.

inopportuneness [in'ɔpərtjuːnnəs], **inopportunity** [inɔpər'tjuːniti], *s.* Inopportunité *f*.

inordinate [in'ɔːrdinet], *a.* **1.** Démesuré, excessif, immodéré, désordonné. *Neck of i. length*, cou démesuré. **2.** Qui n'est pas réglé. *To keep i. hours*, rentrer ou se coucher à des heures indues. **-ly,** *adv.* **1.** Démesurément, excessivement, immodérément. **2.** Sans règle, sans mesure.

inordinateness [in'ɔːrdinetnəs], *s.* Nature démesurée, désordonnée; excès *m*.

inorganic [inɔːr'ganik], *a.* Inorganique. **1.** *I. bodies*, corps bruts, inorganiques, non organisés. *See also* CHEMISTRY. **2.** *Ling:* *I. sound, letter*, son *m*, lettre *f*, inorganique, qui n'appartient pas à la constitution primitive du mot.

inorganization [inɔːrganai'zeiʃ(ə)n], *s.* Manque *m* d'organisation.

inornate [inɔːr'neit], *a.* (Langage) inorné, sans ornement.

inosculate [in'ɔskjuleit]. *Anat:* **1.** *v.i.* (*Of blood-vessels*) S'aboucher, s'anastomoser (*with*, avec); (*of fibres*) s'unir (*with*, à).

2. *v.tr. Surg:* Aboucher (des vaisseaux sanguins, etc.); unir par anastomose.

inosculation [inɔskju'leiʃ(ə)n], **inosculosis** [inɔskju'lousis], *s.* **1.** *Anat:* Inosculation *f*, anastomose *f*. **2.** *Surg:* Abouchement *m* (de vaisseaux sanguins).

inosin ['ainosin], **inosite** ['ainosait], *s. Ch:* Inosite *f*.

inostensible [inɔs'tensibl], *a.* Inostensible. **-ibly,** *adv.* Inostensiblement.

inoxidizable [inɔksi'daizəbl], *a.* Inoxydable.

inpouring[1] ['inpɔːriŋ], *a.* Qui entre en se précipitant; qui arrive en foule. *The i. flood,* l'inondation *f*. *I. passengers,* voyageurs *m* arrivant en foule.

inpouring[2], *s.* Irruption *f* (d'eau, de voyageurs, etc.). *An unceasing i. of riches,* une pluie continuelle de richesses.

input ['input], *s.* **1.** *Scot:* Somme contribuée. **2.** *Mch:* **Input of steam,** prise *f* de vapeur. **3.** *Mec.E:* Énergie ou puissance absorbée; consommation *f* (d'une machine). *W.Tel:* **Aerial input,** puissance reçue, collectée, par l'antenne; puissance d'alimentation. **Input tube,** lampe *f* d'entrée. *Cin:* **Input control,** contrôle *m* de la modulation (à l'enregistrement). *El.E:* **Input terminal,** borne *f* d'entrée de courant (d'un transformateur, etc.).

inquest ['inkwest], *s.* **1.** Enquête *f*. *Esp.* **Coroner's inquest,** enquête judiciaire par-devant jury (en cas de mort violente ou suspecte). **To hold an inquest on a body,** procéder à une enquête pour déterminer la cause de mort. **2.** Jury *m*. **Grand inquest** = *grand jury, q.v. under* JURY[1] **1.** **The Grand Inquest of the nation,** la Chambre des Communes. **3.** *Theol:* **The Great, Last, Inquest,** le jugement dernier.

inquietude [in'kwaietjuːd], *s.* **1.** *Med:* Agitation *f* (du corps). **2.** *Lit:* Malaise *m*, agitation (de l'esprit); anxiété *f*, inquiétude *f*.

inquire [in'kwaiər], *v.tr.* & *i.* **1.** *To i. the price of sth.,* s'informer du prix de qch. *To i. the way of s.o.,* demander son chemin à qn. *To i. of s.o. what is happening,* s'informer auprès de qn de ce qui se passe. *I did not i. what he proposed to do,* je ne me suis pas informé de ce qu'il comptait faire. *To i. whether . . ., how . . .,* demander si . . ., comment. . . . **'Inquire within,'** "s'adresser ici." **2.** **To inquire about sth.,** s'enquérir, se renseigner, se faire renseigner, sur qch.; prendre des informations, des renseignements, sur qch.; aller aux informations. *Everybody is inquiring about her,* (i) tout le monde pose des questions à son sujet; (ii) tout le monde demande de ses nouvelles, demande ce qu'elle devient. **To inquire after s.o., after s.o.'s health, for s.o.,** s'informer de la santé de qn; demander des nouvelles de qn; *F:* demander après qn. **To inquire for s.o., sth.,** demander qn, qch.; demander si qn est là; demander à voir qn, qch. **To inquire into sth.,** faire des recherches, des investigations, sur qch.; examiner (une question, une affaire); *Jur:* enquêter, faire une enquête, sur (une affaire). *To i. into s.o.'s position,* s'informer de la situation de qn. *To i. into the assets of a debtor,* discuter un débiteur. *To i. into a crime,* informer d'un crime, sur un crime.

inquiring, *a.* Investigateur, -trice; curieux. *I. glance,* coup d'œil interrogateur. *Ours is an i. age,* c'est un siècle investigateur que le nôtre. *He is of an i. disposition,* il est curieux par nature; c'est un esprit chercheur. **-ly,** *adv.* D'un air, d'un ton, interrogateur. *To look, glance, i. at s.o.,* interroger qn du regard.

inquirer [in'kwaiərər], *s.* **1.** Investigateur, -trice. *To be an i. about, into, sth.,* s'informer de qch., faire des recherches sur qch. **2.** *There have been many inquirers after him,* beaucoup de personnes ont demandé de ses nouvelles.

inquiry [in'kwaiəri], *s.* **1.** Enquête *f*, recherche *f*, investigation *f*. **To conduct, hold, an inquiry,** procéder à, se livrer à, une enquête. *Those conducting the i.,* les enquêteurs *m*. **To set up an inquiry** *regarding sth.,* ouvrir une enquête sur qch. **To open a judicial inquiry,** ouvrir une instruction. *The facts established by the i.,* les faits qui résultent des informations. **To remand a case for further inquiry,** renvoyer une affaire à plus ample informé. **Without inquiry,** sans investigation. *Theol: etc:* **Free inquiry,** libre examen *m*. *See also* BOARD[1] 3, COURT[1] 3. **2.** Demande *f* de renseignements. *After many inquiries,* à force de questions. **To make inquiries,** aller aux informations, aux renseignements. *He had made inquiries everywhere,* il s'était informé partout. **To make inquiries about s.o.,** prendre des renseignements sur qn; s'informer, se renseigner, sur qn. **To make inquiries after s.o.,** s'enquérir de qn. *Com: Your valued i. of the 10th inst.,* votre estimée du dix ct. **On inquiry,** *we learnt that . . .,* en s'informant on a appris que . . .; renseignements pris il est apparu que. . . . **Inquiry office,** bureau *m* de renseignements; *Rail:* guichet *m* des renseignements. *Adm: etc:* **The Inquiries, Inquiry, Office,** le Service des renseignements, l'Office *m* des renseignements.

inquisition [inkwi'ziʃ(ə)n], *s.* (*a*) Recherche *f*, investigation *f*. (*b*) *Jur:* Enquête *f*, perquisition *f*. (*c*) *Rel.Hist:* **The Inquisition,** l'Inquisition *f*.

inquisitional [inkwi'ziʃən(ə)l], *a.* Inquisitorial, -aux; inquisitif.

inquisitive [in'kwizitiv], *a.* Curieux, questionneur; *Pej:* indiscret; *F:* fouinard. *I. look,* regard inquisiteur. *Little girls are so i.,* les petites filles sont si questionneuses. **-ly,** *adv.* Avec curiosité; *Pej:* indiscrètement. *To look at s.o. i.,* regarder qn d'un œil inquisiteur.

inquisitiveness [in'kwizitivnəs], *s.* Curiosité indiscrète.

inquisitor [in'kwizitər], *s.* **1.** *Jur:* Officier public chargé d'instruire et d'enquérir; enquêteur *m*. **2.** *Rel.H:* Inquisiteur *m*.

inquisitorial [inkwizi'tɔːriəl], *a.* Inquisitorial, -aux.

inroad ['inroud], *s.* (*a*) *Mil:* Incursion *f*, invasion *f*, irruption *f*. *To make inroads upon the enemy,* harceler l'ennemi. (*b*) *F:* Empiétement *m* (sur la liberté, les droits, de qn). **To make inroads upon s.o.'s time,** prendre le temps de qn. *To make inroads upon one's capital,* entamer, ébrécher, son capital.

inrush ['inrʌʃ], *s.* Irruption *f* (d'eau, *F:* de voyageurs, etc.); entrée soudaine (d'air, de gaz).

insalivate [in'saliveit], *v.tr. Physiol:* Imprégner (les aliments) de salive.

insalivation [insali'veiʃ(ə)n], *s. Physiol:* Insalivation *f*.

insalubrious [insə'l(j)uːbriəs], *a.* Insalubre; malsain.

insalubrity [insə'l(j)uːbriti], *s.* Insalubrité *f*.

insane [in'sein], *a.* **1.** (*Of pers.*) Fou, *f.* folle; (esprit) dérangé, aliéné. *To become i.,* tomber en démence; perdre la raison. **Insane asylum,** hospice *m*, asile *m*, d'aliénés; maison *f* de fous. **2.** *F:* (Désir, etc.) insensé, fou. *An i. imperialism,* un impérialisme forcené. **-ly,** *adv.* Follement; comme un fou, comme un insensé.

insaneness [in'seinnəs], *s.* Caractère insensé (d'une action, d'un désir, etc.).

insanitary [in'sanitəri], *a.* Insalubre; qui manque d'hygiène; malsain.

insanity [in'saniti], *s.* **1.** *Med:* Folie *f*, démence *f*, insanité *f*; aliénation mentale. **2.** Folie (d'une démarche, etc.).

insatiability [inseiʃə'biliti], **insatiableness** [in'seiʃəblnəs], *s.* Insatiabilité *f*.

insatiable [in'seiʃəbl], *a.* (Faim *f*, désir *m*, etc.) insatiable, inassouvissable. *I. of glory,* insatiable de gloire, irrassasiable de gloire. **-ably,** *adv.* Insatiablement.

insatiate [in'seiʃiet], *a.* Insatiable, inassouvissable. *I. fury,* rage inassouvie.

insaturable [in'satjurəbl], *a.* Insaturable.

insaturated [in'satjureitid], *a.* Insaturé.

inscribable [in'skraibəbl], *a. Geom:* Inscriptible (*in,* dans).

inscribe [in'skraib], *v.tr.* **1.** (*a*) Inscrire, graver (*sth. on sth.,* qch. sur qch.). (*b*) **To inscribe a tomb with a name,** graver un nom sur un tombeau. **2.** Dédier (une œuvre littéraire) (*to,* à). **3.** *Geom:* Inscrire (un polygone, etc.) (*in,* dans).

inscribed, *a.* Inscrit (*on,* sur; *in,* dans). *Fin:* **Inscribed stock,** actions inscrites; rente inscrite (au Grand-Livre).

inscribing, *s.* Inscription *f*.

inscriber [in'skraibər], *s.* **1.** Graveur *m* (d'une inscription). **2.** Auteur *m* de la dédicace (d'un livre, etc.).

inscription [in'skripʃ(ə)n], *s.* **1.** Inscription *f* (sur un monument, etc.); inscription, légende *f* (d'une pièce de monnaie). **2.** Dédicace *f* (d'un livre, etc.). **3.** *Fin:* (*a*) Inscription au Grand-Livre. (*b*) **The inscriptions,** la rente inscrite.

inscrutability [inskruːtə'biliti], *s.* Inscrutabilité *f*, impénétrabilité *f* (d'un mystère, d'un visage).

inscrutable [in'skruːtəbl], *a.* (Dessein) impénétrable, inscrutable; (visage) fermé. **-ably,** *adv.* Inscrutablement, impénétrablement.

inscrutableness [in'skruːtəblnəs], *s.* = INSCRUTABILITY.

insect ['insekt], *s.* **1.** *Ent:* Insecte *m*. **Insect collector,** entomologiste *m*. **2.** *F.* & *Pej:* Personne *f* méprisable; zéro *m*. *This little i.,* ce petit rien du tout.

'insect-eater, *s. Z:* Insectivore *m*.

'insect-powder, *s.* Poudre *f* insecticide.

'insect-trench, *s.* Fossé *m* d'arrêt (contre les chenilles).

insecta [in'sekta], *s.pl. Ent:* Les insectes *m*.

insectarium [insek'teəriəm], *s.* Insectarium *m*.

insecticidal [insekti'said(ə)l], *a.* Insecticide.

insecticide [in'sektisaid], *a.* & *s.* Insecticide (*m*).

insectivora [insek'tivora], *s.pl. Z:* Insectivores *m*.

insectivore [in'sektivɔːər], *s. Bot: Z:* Insectivore *m*.

insectivorous [insek'tivorəs], *a. Bot: Z:* Insectivore.

insectology [insek'tɔlodʒi], *s.* Insectologie *f*.

insecure [insi'kjuər], *a.* **1.** (Verrou, etc.) peu sûr; (glace *f*, etc.) peu solide; (terrain) dangereux; (pont) mal affermi; (espoir) incertain, peu ferme. **2.** Exposé au danger. (*Of pers.*) *To be in an i. position,* être dans une position critique; *F:* branler dans le manche. *I. life of a conspirator,* vie hasardeuse d'un conspirateur. **-ly,** *adv.* Peu solidement; sans sûreté; sans sécurité. *I. fastened door,* porte mal fermée. *F: The king was i. seated on the throne,* le roi était mal établi sur un trône branlant.

insecurity [insi'kjuəriti], *s.* Insécurité *f*; danger *m* (d'une position).

insemination [insemi'neiʃ(ə)n], *s. Breed:* Insémination *f*.

insensate [in'senset], *a.* **1.** (Corps *m*, matière *f*) insensible; (homme) dépourvu de sensibilité. **2.** (Projet, désir) insensé.

insensibility [insensi'biliti], *s.* **1.** Défaillance *f*. *To fall into a state of insensibility,* perdre connaissance; s'évanouir; tomber en syncope; *Lit:* tomber en pâmoison. *After several hours of i.,* après être resté plusieurs heures sans connaissance. **2.** Insensibilité *f* (*to,* à); indifférence *f* (*to,* pour).

insensibilize [in'sensibilaiz], *v.tr. Med:* Insensibiliser (un malade, un membre, etc.).

insensible [in'sensibl], *a.* **1.** Insensible, imperceptible. *I. transition,* transition *f* à peine sensible. *By i. degrees,* insensiblement. **2.** Sans connaissance; évanoui. *To become i.,* perdre connaissance; s'évanouir; tomber en syncope. **3.** Insensible, indifférent (*to pain, etc.,* à la douleur, etc.). *I. to the beauties of art,* insensible aux beautés de l'art. **I am not insensible of your kindness,** je ne suis pas insensible à votre bonté. *I am not i. how much I owe to him,* je ne suis pas sans reconnaître de combien je lui suis redevable. **-ibly,** *adv.* Insensiblement, imperceptiblement; petit à petit; peu à peu.

insensitive [in'sensitiv], *a.* **1.** (*a*) Insensible (*to,* à). *On the retina is a spot i. to light,* sur la rétine se trouve une tache insensible à la lumière. (*b*) *W.Tel: I. spot of a crystal,* plage insensitive d'une galène. **2.** (*Of pers.*) *I. to shame, to friendship,* insensible à la honte, à l'amitié. *He remains i. and cold,* il reste insensible et froid; rien ne lui fait impression.

insensitiveness [in'sensitivnəs], *s.* Insensibilité *f*.

insentient [in'senʃiənt], *a.* Insensible; qui n'éprouve aucune sensation.

inseparability [insepərə'biliti], *s.* Inséparabilité *f*.

inseparable [in'sepərəbl], *a.* Inséparable (*from,* de). *Names are i. from things,* les noms *m* sont inséparables des choses.

Gram: **Inseparable particles,** particules *f* inséparables. (*Of pers.*) *They are i., s.* **they are inseparables,** ils sont inséparables ; ce sont deux inséparables ; *F:* c'est l'ombre et le corps ; ils ne font qu'un ; ils sont rivés l'un à l'autre. **-ably,** *adv.* Inséparablement.

inseparableness [in'sepərəblnəs], *s.* = INSEPARABILITY.

inseparate [in'sepəret], *a.* Inséparable (*from*, de) ; indivisible.

insert[1] ['insə:rt], *s.* **1.** *Typ:* Insertion *f* (dans une épreuve). **2.** (*a*) Pièce rapportée. *Cin:* Scène-raccord *f, pl.* scènes-raccords. *Aut: Cork inserts of the clutch-plate,* pastilles *f* en liège du plateau d'embrayage. (*b*) Garniture intérieure (en caoutchouc, en ruban d'acier, etc.). (*c*) **Washer insert,** entre-rondelle *f, pl.* entre-rondelles. *Aut:* **Spring-leaf insert,** entrelame *f.* (*d*) *Publ:* Encartage *m.*

insert[2] [in'sə:rt], *v.tr.* **1.** Insérer (une page dans un livre, une annonce dans un journal). *To i. a bud under the bark,* insérer une greffe sous l'écorce. *To i. blotting-paper between the sheets,* insérer, intercaler, du papier brouillard entre les feuilles. *To i. sth. in a catalogue,* porter qch. sur un catalogue. *To i. a clause, a condition, in an act,* insérer, introduire, apposer, une clause, une condition, dans un acte. *El.E: To i. a condenser in the circuit,* intercaler un condensateur dans le circuit. *Typ: To i. a line,* intercaler une ligne. **2.** Introduire, enfoncer (une clef dans une serrure, une fiche dans un jack); encocher (une cheville). *Artil: To i. the charge,* introduire la charge. **Wheel with inserted teeth,** roue *f* à dents rapportées. *Inserted wooden cogs,* alluchons en bois rapportés.

inserting, *s.* = INSERTION 1.

insertion [in'sə:rʃ(ə)n], *s.* **1.** Insertion *f,* introduction *f* (de qch. dans qch.). *I. of an announcement in a paper,* insertion d'une annonce, d'un faire-part, dans un journal. *I. of a probe in a wound,* introduction d'une sonde dans une blessure. *Artil: I. of the charge,* introduction *f* de la charge. **2.** *Anat: Bot:* Insertion (d'un tendon sur un os, d'une feuille sur la tige). **3.** (*a*) *Typ:* Insertion. **Insertion mark,** renvoi *m.* (*b*) *Needlew:* Entre-deux *m inv,* entretoile *f* (de dentelle, etc.). (*c*) *Dressm:* Incrustation *f. To make up a garment with insertions,* incruster un vêtement. (*d*) *Ind:* Pièce *f* d'insertion; pièce d'épaisseur. *Mec.E:* Garniture *f* (de joint). **Insertion joint,** joint *m* à bague de garniture.

inset[1] ['inset], *s.* **1.** Flux *m* (de la marée). **2.** *Bookb:* (*a*) Encart *m,* carton *m* (de 4 ou 8 pages). **To insert insets** *in a book,* encarter, cartonner, un livre. (*b*) (*Leaf, advertisement*) Encartage *m* ; feuillet *m* intercalaire. **3.** *Typ:* Gravure *f* hors texte; hors-texte *m inv* ; hors-d'œuvre *m inv* ; figurine *f* ; médaillon *m* (en coin de page). **4.** (*a*) *Dressm:* Incrustation *f.* (*b*) *Tail:* Dépassant blanc (de gilet).

inset[2] [in'set], *v.tr.* (*p.p.* **inset** *or* **insetted** ; **insetting**) **1.** *Bookb:* Encarter (des feuillets, des annonces). **2.** *Typ:* Insérer en cartouche, en médaillon. *Map with three smaller plans inset,* carte *f* avec trois cartouches, trois médaillons. **'Inset map** (*in corner of larger one*), cartouche *m,* papillon *m.* **'Inset portrait** (*in corner of larger illustration*), portrait *m* en médaillon. **3.** *Dressm:* Insérer (une pièce d'étoffe, etc.) ; faire des incrustations (de . . .). **4.** (*a*) *Typ:* Renfoncer (les lignes, un alinéa). (*b*) *Mec.E:* **'Inset bearing,** coussinet rentrant.

insetting, *s.* **1.** *Bookb:* Encartage *m.* **2.** *Typ:* Insertion *f* en cartouche, en médaillon. **3.** *Dressm:* Insertion (d'une pièce d'étoffe) ; incrustation *f.* **4.** *Typ:* Renfoncement *m.*

inside ['in'said]. **1.** *s.* (*a*) Dedans *m,* (côté) intérieur *m* (d'un habit, etc.). *The door opens* **from the inside,** la porte s'ouvre de dedans. **On the inside,** en dedans, au dedans. *The door was bolted on the i.,* la porte était verrouillée à l'intérieur. *To walk on the i. of the pavement,* prendre le haut du pavé, le côté du mur. *To let s.o. walk on the i.,* céder le haut du pavé à qn. *Rail:* **The inside of the road,** le dedans de la voie. *F:* **To know the inside of an affair,** connaître les dessous d'une affaire. *Adv.phr.* **Inside out** ['insaid'aut], à l'envers. **To turn sth. inside out,** mettre qch. à l'envers ; retourner qch. comme un gant. *Stockings turned i. out, F:* bas *m* en peau de lapin. *F:* **To turn everything inside out,** mettre tout sens dessus dessous. *The wind has blown my umbrella i. out,* le vent a retourné mon parapluie. *F:* **To know sth. inside out,** savoir qch. à fond, comme son pater; connaître (un sujet) depuis A jusqu'à Z; connaître qch. comme sa poche. *To know Paris i. out,* connaître Paris dans ses tours et détours. (*b*) Intérieur (d'une maison, d'une voiture, etc.). (*c*) *F:* Les entrailles *fpl.* **To have pains in one's inside,** avoir des douleurs d'entrailles ; avoir mal au ventre ou à l'estomac. (*d*) *To come to London* **for the inside of a week,** venir passer une petite semaine, huit jours tout au plus, à Londres. (*e*) *pl. Paperm:* **Insides,** le bon papier (à l'intérieur de la rame). (*f*) *Typ:* Côté *m* de seconde (d'une feuille). (*g*) *Fb:* **The insides,** les centres *m.* **2.** *a.* ['insaid] Intérieur, d'intérieur ; (mesure *f,* etc.) dans œuvre. *I. seat* (*of bus, etc.*), place *f* d'intérieur. *I. diameter,* diamètre *m* interne. *I. stair,* escalier *m* dans œuvre. **Inside-drive car,** voiture *f* à conduite intérieure. **To be on the inside track,** (i) *Rac:* être à la corde ; tenir la corde ; (ii) *F:* être avantagé ; *F:* tenir la corde. *Fb:* **Inside left,** intérieur *m* gauche ; *F:* inter *m* gauche. *F:* **Inside information,** *U.S: P:* **inside dope,** renseignements privés. **I speak with inside knowledge,** ce que je dis, je le sais de bonne source, de haute source. **The inside ring,** les initiés *m,* la petite chapelle. *Box:* **Inside fighting,** combat *m* corps à corps. *See also* EDGE[1] 2. **3.** *adv.* [in'said] (*a*) Intérieurement ; (fermé) en dedans ; (propre) à l'intérieur. **With the fur inside,** le côté poil en dedans. *The purse is empty, there is nothing i.,* la bourse est vide, il n'y a rien dedans. *Handbag with mirror i.,* sac *m* avec glace intérieure. *F:* **Walk inside!** entrez ! **Inside and out** ['insaidənd'aut], au dedans et au dehors ; à l'intérieur et à l'extérieur. *U.S: F:* **To be inside on a matter,** connaître les dessous d'une affaire ; être bien tuyauté ; être de ceux qui sont au courant ; être avantagé. (*b*) *F. & U.S:* **To do sth. inside of three hours,** faire qch. en moins de trois heures. **4.** *prep.* A l'intérieur de . . . ; dans l'intérieur de . . . ; dans. *I. the house,* par dedans la maison, à l'intérieur de la maison. *Th: F:* **To get right inside a part,** entrer dans la peau d'un personnage.

insider [in'saidər], *s.* **1.** *F:* Initié *m* ; celui qui connaît le dessous des cartes. **2.** Voyageur, -euse, à l'intérieur (de la voiture).

insidious [in'sidiəs], *a.* (Ennemi, projet, etc.) insidieux ; (raisonnement) captieux, astucieux. *I. offer,* proposition insidieuse, astucieuse. **Insidious disease,** maladie insidieuse. **-ly,** *adv.* Insidieusement, astucieusement, captieusement.

insidiousness [in'sidiəsnəs], *s.* Caractère insidieux (d'une maladie, etc.) ; astuce *f* (d'une question, etc.).

insight ['insait], *s.* **1.** Perspicacité *f,* pénétration *f. Mind of deep i.,* esprit pénétrant. *Poet of great i.,* poète *m* de grande intuition. *Work that shows flashes of i.,* ouvrage *m* où il y a des aperçus très fins. *I. into character,* finesse *f* psychologique. *He has an i. into character,* il sait pénétrer les caractères. *His thorough i. into the human heart,* sa connaissance intime du cœur humain. **2.** Aperçu *m.* **To get an insight into sth.,** prendre un aperçu de qch.

insignia [in'signiə], *s.pl.* Insignes *m* (de la royauté, etc.). *Mil:* **Insignia of rank,** signes distinctifs de grade.

insignificance [insig'nifikəns], *s.* Insignifiance *f.*

insignificant [insig'nifikənt], *a.* **1.** (Mot, geste) insignifiant, qui ne signifie rien. **2.** (Perte *f,* etc.) de peu d'importance ; (affaire *f,* etc.) de rien (du tout). *I. person,* personne *f* sans importance. *To occupy an i. place in society,* occuper un rang infime dans la société. *Of i. extraction,* de naissance infime.

insincere [insin'si:ər], *a.* (*a*) Peu sincère; de mauvaise foi. (*b*) (*Of smile, etc.*) Faux, *f.* fausse. **-ly,** *adv.* Sans sincérité ; d'un ton faux.

insincerity [insin'seriti], *s.* Manque *m* de sincérité ; fausseté *f.*

insinuate [in'sinjueit], *v.tr.* Insinuer. **1.** *To i. sth., oneself, into a place,* insinuer, glisser, qch. dans un endroit ; s'insinuer, se glisser, dans un endroit. *Water insinuates itself everywhere,* l'eau s'insinue partout. *F:* **To insinuate oneself into s.o.'s favour,** s'insinuer dans les bonnes grâces de qn. **2.** Donner adroitement à entendre, à comprendre (qch.) ; laisser entendre (qch.). **Do you mean to insinuate that . . .?** voulez-vous donner à entendre que . . .? *To i. sth. nasty,* lancer une insinuation méchante.

insinuating, *a.* **1.** Insinuant. *I. ways,* manières insinuantes. *She has an i. manner, F:* elle est câline comme une chatte. **2.** (Propos) suggestif. **-ly,** *adv.* D'une manière insinuante ; d'un ton câlin.

insinuation [insinju'eiʃ(ə)n], *s.* **1.** Insinuation *f,* introduction *f* (de qch. dans qch.). **2.** Mot couvert ; insinuation.

insinuative [in'sinjueitiv], *a.* **1.** Insinuant, câlin. **2.** (Propos) suggestif.

insipid [in'sipid], *a.* (Mets *m,* conversation *f*) insipide, fade, sans saveur ; (sourire *m*) bête ; (style) décoloré. *I. compliments,* compliments *m* fades. **-ly,** *adv.* Insipidement, fadement.

insipidity [insi'piditi], **insipidness** [in'sipidnəs], *s.* Insipidité *f* ; fadeur *f.*

insist [in'sist], *v.i.* Insister. **1.** **To insist (up)on a point, upon a fact,** insister, appuyer, s'appesantir, sur un point, sur un fait. *To i. upon one's innocence;* **to insist (upon it) that one is innocent,** affirmer son innocence avec insistance ; protester hautement de son innocence. *This is not a point to be insisted on,* ce n'est pas là un point sur lequel on doive insister. **I won't insist,** glissons là-dessus. *People insisted that . . .,* on prétendait que + *ind. He insisted that it was so,* il maintenait, soutenait, qu'il en était ainsi. *He insists that he saw it,* il affirme avec insistance l'avoir vu. "*You must apologize," he insisted,* "il faut faire des excuses," dit-il avec insistance. **2.** **To insist on doing sth.,** insister pour faire qch. ; vouloir absolument, à toute force, faire qch. **To insist that s.o. shall do sth., on s.o.'s doing sth.,** exiger de qn qu'il fasse qch. *He insists on your coming,* il insiste pour que vous veniez ; il veut absolument, à toute force, que vous veniez. *You mean to i. on Betty apologizing personally?* vous tenez absolument à ce que Betty fasse des excuses en personne ? *He insisted on being paid at once,* il voulait être payé sur-le-champ. **I insist upon it,** je le veux absolument. *He insists upon it,* il ne veut pas en démordre. **I insist on obedience,** je veux être obéi. *To i. on payment,* exiger le payement. *To i. on one's rights,* revendiquer ses droits. *Abs. I'll have some more* **if you insist,** je vais en reprendre si vous insistez.

insistence [in'sistəns], **insistency** [in'sistənsi], *s.* Insistance *f.* (*a*) *In face of his i.,* devant son insistance. **His insistence upon his innocence,** ses protestations *f* d'innocence. *His i. upon the necessity of staying in bed,* son insistance sur la nécessité de garder le lit. (*b*) **Insistence in doing sth.,** insistance à faire qch. *His i. upon strict obedience,* l'importance qu'il attachait à une obéissance absolue.

insistent [in'sistənt], *a.* **1.** Qui insiste ; (créancier) importun. *I. demands,* réclamations instantes. *To be very i.,* insister très fort. **These facts are very insistent,** ces faits s'imposent à l'attention. *Don't be too i.,* n'appuyez pas trop, n'insistez pas trop. *To be i. that sth. shall be done,* tenir à ce qu'on fasse qch. *F:* **Insistent colours,** couleurs criardes. **2.** *Orn:* **Insistent hind toe,** pouce insistant. **-ly,** *adv.* Instamment ; avec insistance ; avec instance. *To call i. for action,* réclamer d'urgence une action immédiate.

insobriety [inso'braiəti], *s.* Insobriété *f,* intempérance *f.*

insociability [insouʃə'biliti], *s.* = UNSOCIABLENESS.

insociable [in'souʃəbl], *a.* = UNSOCIABLE.

insolate ['insoleit], *v.tr.* Insoler.

insolation [inso'leiʃ(ə)n], *s.* **1.** *Phot: etc:* Insolation *f,* ensoleillement *m.* **2.** *Med:* (*a*) Coup *m* de soleil ; insolation ; *F:* (*in the colonies*) le coup de bambou. (*b*) Cure *f,* bain *m,* de soleil.

insole ['insoul], *s. Bootm:* (*a*) Première semelle. (*b*) Semelle intérieure (de liège, de feutre).

insolence ['insoləns], *s.* Insolence *f,* effronterie *f* (*to,* envers).

insolent ['insolənt], *a.* Insolent (*to,* envers). *To be extremely i.,* être d'une extrême insolence. *An i. fellow,* un insolent. **-ly,** *adv.* Insolemment ; avec insolence.

insolubility [insɔlju'biliti], **insolubleness** [in'sɔljublnəs], *s.* **1.** Insolubilité *f*, indissolubilité *f*. **2.** Insolubilité (d'un problème).
insoluble [in'sɔljubl], *a.* **1.** (Sel *m*, etc.) insoluble, indissoluble. *I. in water*, insoluble dans l'eau. **2.** (Problème *m*) insoluble, irrésoluble. *Problem i. to, for, the human mind*, problème *m* insoluble à l'esprit humain.
insolvency [in'sɔlvənsi], *s.* (*a*) Insolvabilité *f*; *Jur:* carence *f*. *To be in a state of i.*, être au-dessous de ses affaires. (*b*) Déconfiture *f*; faillite *f*.
insolvent [in'sɔlvənt]. **1.** *a.* (Débiteur *m*) insolvable; *Com:* (débiteur, société *f*) en (état de) faillite, en déconfiture. **To become insolvent,** devenir insolvable; *Com:* faire faillite. **To declare oneself insolvent,** se déclarer insolvable; *Com:* déposer son bilan. **2.** *s.* Débiteur *m* insolvable; *Com:* failli *m*. **The Insolvent Act,** la loi qui donne droit au bénéfice de la liquidation judiciaire.
insomnia [in'sɔmniə], *s.* Insomnie *f*.
insomuch [inso'mʌtʃ], *adv.* *Lit:* **1.** **Insomuch as** = INASMUCH AS. **2.** **Insomuch that . . .,** à un tel point que . . .; au point que . . .; tellement que. . . .
inspan [in'span], *v.tr.* (*In S. Africa*) Atteler (un wagon, une paire de bœufs). *F: There are plenty of young men who could be inspanned for such jobs*, il y a beaucoup de jeunes hommes qu'on pourrait recruter pour les tâches de cette sorte.
inspect [in'spekt], *v.tr.* **1.** Examiner, regarder de près (qch.); inspecter (une école, une fabrique); contrôler, vérifier, compulser (les livres d'un négociant); visiter, vérifier, inspecter (une machine, etc.). *To i. the gas-meter*, relever le compteur. *The frontier shall be inspected*, il sera procédé à une reconnaissance de la frontière. *Sp: To i. the ground*, visiter le terrain (avant le match). **2.** *To i. a regiment*, passer l'inspection, faire la revue, faire l'inspection, d'un régiment; passer un régiment en revue. (*Of troops*) *To be inspected*, passer en revue.
inspecting[1], *a.* **Inspecting officer,** inspecteur *m*.
inspecting[2], *s.* Inspection *f*, visite *f*. **Inspecting order,** ordre *m* d'inspection.
inspection [in'spekʃ(ə)n], *s.* **1.** Inspection *f* (d'un établissement, etc.); vérification *f*, examen *m* (de titres, de documents); visite *f*, révision *f* (de machines, etc.); contrôle *m* (de billets). **To subject sth. to a close inspection,** soumettre qch. à un examen minutieux. **On close, closer, inspection,** à y regarder de près; en y regardant de plus près. *Adm:* **The Inspection of mines,** le service du contrôle des mines. **Sanitary inspection,** surveillance *f* sanitaire. **Second inspection, check inspection,** contre-visite *f*, *pl.* contre-visites. *Ind: Mch:* **Inspection panel,** panneau *m* de visite. **Inspection hole,** orifice *m* de visite, regard *m* de visite, fenêtrelle *f* (d'inspection); visière *f*. *El.E:* **Inspection box,** boîte *f* de visite (d'une canalisation). **Inspection stamp,** cachet *m* de vérification; poinçon *m* de contrôle, de garantie. *Jur:* **Deed of inspection** = *deed of inspectorship, q.v. under* INSPECTORSHIP 2. *See also* FACTORY 2, LAMP[1]. **2.** *Mil:* Revue *f*. **To hold an inspection,** passer une revue. **Kit inspection,** revue d'effets, de détail.
inspectional [in'spekʃənəl], *a.* (Rapport *m*, circonscription *f*) d'inspection.
inspector [in'spektər], *s.* Inspecteur *m* (des écoles, de police, etc.); contrôleur *m* (de lampes de sûreté, etc.). *Rail: etc:* Surveillant *m*. **Woman inspector,** inspectrice *f*. **Road inspector,** (agent) voyer *m*. **Boiler inspector,** vérificateur *m*, visiteur *m*, de chaudières. **Inspector of mines,** inspecteur des mines. **Inspector of weights and measures,** vérificateur des poids et mesures. **Inspector general,** inspecteur général; *Mil:* général inspecteur. (*In India*) **Inspector-General of Forests,** Directeur général des Forêts. *See also* FACTORY 2, SANITARY, TICKET-INSPECTOR.
inspectoral [in'spektərəl], *a.* = INSPECTORIAL.
inspectorate [in'spektəret], *s.* (*a*) Inspectorat *m*. (*b*) Corps *m* d'inspecteurs; "l'inspection *f*."
inspectorial [inspek'tɔːriəl], *a.* (Fonction *f*, etc.) d'inspecteur.
inspectorship [in'spektərʃip], *s.* **1.** Inspectorat *m*. **2.** *Jur:* **Deed of inspectorship,** convention *f* entre un failli et ses créanciers pour la nomination des syndics.
inspectress [in'spektres], *s.f.* Inspectrice.
inspiration [inspi'reiʃ(ə)n], *s.* **1.** Aspiration *f*, inspiration *f* (d'air, d'oxygène, etc.). *To take a deep i.*, respirer à pleins poumons; respirer profondément. **2.** Inspiration. (*a*) *Divine i., mystical i.*, inspiration divine, mystique. **Under the inspiration of . . .,** sous l'inspiration de. . . . *To do sth.* **by inspiration,** faire qch. d'inspiration. *To take one's i. from s.o.*, s'inspirer de qn. *He is the i. of the movement*, c'est l'âme *f* du mouvement. **Poetic inspiration,** la veine poétique. (*Of poet*) *To lack i.*, manquer d'inspiration; *F:* manquer de souffle. (*b*) **To have a sudden inspiration,** avoir une inspiration subite.
inspirator ['inspireitər], *s.* *Mch: Ind:* Injecteur aspirant.
inspiratory [in'spaiərətəri], *a.* *Anat:* Inspirateur, -trice; (souffle *m*) aspiratoire. *The i. muscles*, les muscles inspirateurs.
inspire [in'spaiər], *v.tr.* **1.** Aspirer, inspirer (l'air, etc.). **2.** Inspirer. (*a*) *To be inspired to do sth.*, être inspiré de faire qch. *Inspired by the example of his ancestors*, inspiré, aiguillonné, par l'exemple de ses ancêtres. *Tales inspired by child-life*, contes inspirés de la vie des enfants. **To inspire a thought, a feeling in, into, s.o.,** inspirer une pensée, un sentiment, à qn. **To inspire s.o. with confidence, with fear,** inspirer (de la) confiance, de la terreur, à qn. *To i. s.o. with respect*, imposer le respect à qn. *To i. s.o. with hope*, donner de l'espoir à qn. *Inspired with hope*, animé d'espoir. **To inspire respect,** inspirer, imprimer, le respect. (*b*) *The events that inspired this work*, les événements qui ont inspiré cette œuvre.
inspired, *a.* **1.** (Air, oxygène, etc.) aspiré, inspiré. **2.** (*a*) (*Of pers., writing, etc.*) Inspiré. *I. verse*, poésie pleine d'inspiration. **Like one inspired,** comme un inspiré. *F: You were well i. in buying . . .*, vous avez été bien inspiré d'acheter . . .; vous avez eu bon nez en achetant. . . . (*b*) *Adm: etc:* (Renseignement, etc.) officieux. *Journ: I. paragraph*, note *f* d'origine officieuse. *I. article*, article inspiré (en haut lieu).
inspiring, *a.* Inspirant. *I. influence*, influence vivifiante. *It is i. to know that . . .*, cela donne du courage, cela encourage, de savoir que. . . .
inspirer [in'spaiərər], *s.* Inspirateur, -trice (*of an article, of a work*, d'un article, d'une œuvre).
inspirit [in'spirit], *v.tr.* Animer, encourager (*s.o. to do sth.*, qn à faire qch.). *In order to i. the courage of the troops*, pour exciter le courage des troupes. *He inspirited us to renewed efforts*, il nous encouragea à de nouveaux efforts.
inspiriting, *a.* Encourageant; qui donne du courage. *I. music*, musique entraînante. *The i. morning air*, l'air vivifiant du matin.
inspissate [in'spiseit], *v.tr.* Épaissir (un liquide). *To become inspissated, v.i.* **to inspissate,** s'épaissir; se condenser. *Lit:* **Inspissated gloom,** ténèbres épaisses.
inspissation [inspi'seiʃ(ə)n], *s.* *Physiol: etc:* Épaississement *m* (du sang, etc.).
inst. ['instənt], *a.* *Com:* = INSTANT[1] 2.
instability [instə'biliti], *s.* Instabilité *f*. **1.** *Mec.E: etc:* (*a*) Déséquilibrage *m*. (*b*) Manque *m* d'assiette; mauvaise assiette. **2.** (*a*) Mobilité *f*, instabilité (de caractère). *Biol: I. of type*, inconstance *f* des types. *The i. of human affairs*, la muabilité, la fragilité, des choses humaines. (*b*) *Ch:* Instabilité (d'un composé). **3.** Manque de solidité (d'un pont, etc.).
install [in'stɔːl], *v.tr.* **1.** Installer (un évêque, qn dans une fonction). *F: To i. oneself in a place*, s'installer dans un endroit. *F: She installed herself in an armchair*, elle s'installa dans un fauteuil. **2.** (*a*) Installer, monter, poser (une machine, etc.); installer (l'électricité, etc.). (*b*) Monter (un atelier, etc.).
installing, *s.* = INSTALLATION 1.
installation [instɔ'leiʃ(ə)n], *s.* **1.** Installation *f* (d'un évêque, d'un juge, etc.). **2.** (*a*) Montage *m*, pose *f* (d'une machine, etc.); installation (de l'éclairage électrique, de l'eau à tous les étages, etc.). (*b*) Montage (d'un poste de T.S.F., etc.). **3.** Installation, appareil *m*; poste *m* (de télégraphie sans fil, etc.).
instalment [in'stɔːlmənt], *s.* **1.** *Com: etc:* Fraction *f* (de payement); acompte *m*; payement *m* à compte; versement partiel. *To pay an i.*, **verser un acompte, faire un versement. Final instalment,** payement pour solde; versement de libération. **To pay in, by, instalments,** échelonner, fractionner, les payements. *To pay a subscription in instalments*, fractionner le payement d'un abonnement. *To pay in small instalments*, payer par parcelles *f*; payer sou à sou. *Payable in two instalments*, payable en deux fois. *Payable in monthly instalments*, payable par **mensualités** *f*. **Repayable by instalments,** remboursable par acomptes, par payements à termes, par versements échelonnés, en plusieurs versements. **To issue a loan, to vote credits, in instalments,** émettre un emprunt, voter des crédits, par tranches *f*. **To pay, buy, on the instalment system,** payer par abonnement; acheter à tempérament. **2. Instalment of a publication,** fascicule *m*, livraison *f*, d'un ouvrage à paraître en fascicules.
instance[1] ['instəns], *s.* **1.** *A:* Sollicitation pressante. (*Now used only in the phr.*) **At the instance of . . .,** sur l'instance de . . ., à la demande de. . . . *Made a knight of the Legion of Honour at the i. of the Ministry of War*, nommé chevalier de la Légion d'honneur au titre du Ministère de la Guerre. **2.** Exemple *m*, cas *m*. *An isolated i.*, un cas isolé. **In many instances,** dans bien des cas. *This is a good i.*, en voici un bon exemple. **For instance,** par exemple. *If, for i., a is the base of a triangle*, soit *a* la base d'un triangle. *As an i. of his honesty, I may mention . . .*, en témoignage de son intégrité je pourrais citer. . . . **3.** (*a*) *Jur:* **Court of first instance,** tribunal *m* de première instance. (*b*) **In the first instance,** en (tout) premier lieu. *In the present i., in this i.*, dans le cas actuel; dans cette circonstance; *Jur:* dans l'espèce.
instance[2], *v.tr.* **1.** Citer (qch., qn) en exemple. **Instance the case of . . .,** citons le cas de . . ., témoin le cas de. . . . **2.** (*Usu. in passive*) **To be instanced in . . .,** être illustré par. . . . *This instinct is instanced in young children*, cet instinct se retrouve chez les jeunes enfants.
instancy ['instənsi], *s.* **1.** Instance *f* (d'une requête). **2.** Urgence *f* (d'un besoin, etc.). **3.** Imminence *f* (du danger, de l'arrivée de qn).
instant[1] ['instənt], *a.* **1.** (*a*) Instant, pressant, urgent. *He has i. need of you*, il a grand besoin de vous. (*b*) **To be instant with s.o. to do sth.,** prier instamment qn de faire qch. **2.** (*Abbr.* **inst.**) Courant; de ce mois. **On the 5th instant,** le 5 courant. *Com:* **My letter of the 5th inst.,** ma lettre du 5 courant, du 5 ct. **3.** (*a*) Immédiat. *This calls for i. remedy*, cela demande à ce qu'on y apporte immédiatement remède; il faut y remédier sur-le-champ. (*b*) Imminent. **-ly,** *adv.* **1.** *A:* Instamment; avec instance. *They besought him i.*, ils l'en prièrent avec instance. **2.** (*a*) Tout de suite; immédiatement; sur-le-champ; à l'instant. *To catch an allusion i.*, saisir une allusion à la volée. (*b*) *conj. A. & Lit:* Aussitôt que . . ., dès que. . . .
instant[2], *s.* Instant *m*, moment *m*. *I expect him every i.*, je l'attends d'un instant à l'autre. *Come* **this instant,** venez à l'instant, sur-le-champ. *I am going this i.*, j'y vais de ce pas. *I went that i.*, **on the instant,** j'y suis allé immédiatement. *Not an i. too soon*, juste à temps. **The instant he arrived,** (i) au moment où il arriva; (ii) dès, aussitôt, qu'il fut arrivé. **He was not an instant too soon,** il n'était que temps. *Mth:* **Magnitude at an instant,** valeur instantanée.
instantaneity [instantə'niːiti], *s.* = INSTANTANEOUSNESS.
instantaneous [instən'teinjəs], *a.* Instantané. *Phot:* **Instantaneous exposure,** pose instantanée; instantané *m*. **-ly,** *adv.* Instantanément.
instantaneousness [instən'teinjəsnəs], *s.* Instantanéité *f*.
instanter [in'stantər], *adv.* *F:* Immédiatement; sur-le-champ.

instate [in'steit], *v.tr.* *Jur:* **To instate s.o. in, into, to, his rights,** établir, installer, qn dans ses droits.

instauration [instɔ:'reiʃ(ə)n], *s.* **1.** Restauration *f*, rénovation *f*. *Bacon's i. of the sciences*, la rénovation des sciences par Bacon. **2.** *A:* Instauration *f*.

instaurator ['instɔ:reitər], *s.* **1.** Restaurateur, -trice, rénovateur, -trice (d'une science, etc.). **2.** *A:* Instaurateur, -trice.

instead [in'sted]. **1.** *Prep.phr.* **Instead of sth.**, au lieu de qch.; en guise de qch. *To stand i. of sth.*, tenir lieu de qch. **Instead of s.o.**, à la place de qn. *I acted i. of the chief during his illness*, j'ai remplacé, représenté, le chef pendant sa maladie; j'ai assuré l'intérim pendant la maladie du chef. **Instead of doing sth.**, au lieu de faire qch. **Instead of Peter coming in,** *it was John who appeared*, au lieu que ce fût Pierre qui entrât, ce fut Jean qui apparut. *I. of our having profited by it, we . . .*, au lieu que nous y ayons gagné quelque chose, nous. . . . *I. of diminishing, crime has increased*, loin que les crimes aient diminué ils ont augmenté. *Now you belong to Guy* **instead of to all of us,** maintenant vous appartenez à Guy au lieu de nous appartenir à tous. *We have lunch in the garden i. of in the dining-room*, nous déjeunons au jardin au lieu de nous tenir dans la salle à manger. *They help to lower i. of raise the standard of morality*, ils contribuent à abaisser le niveau des mœurs, au lieu de l'élever. *By methods of justice and peace i. of by arbitrary force*, par des méthodes équitables et pacifiques, remplaçant le recours à la force arbitraire. **2.** *adv.* Au lieu de cela. *If John can't come*, **take me instead,** si Jean ne peut pas venir, prenez-moi à sa place. *He did not go to Rome but went to Venice i.*, au lieu d'aller à Rome il alla à Venise. *He is not allowed wine, and drinks tea i.*, comme le vin ne lui est pas permis il le remplace par du thé. *Don't cry, laugh i.*, ne pleurez pas, riez plutôt.

instep ['instep], *s.* **1.** Cou-de-pied *m*, *pl.* cous-de-pied. *Foot with a high i.*, pied, cou-de-pied, très cambré. **2.** *Bootm:* Cambrure *f* (d'un soulier). **Instep raiser,** cambrure orthopédique.

instigate ['instigeit], *v.tr.* **1.** Instiguer, inciter, pousser, provoquer (*to do sth.*, à faire qch. de mal). *To i. a malefactor*, inciter, suborner, un malfaiteur. **2.** *To i. revolt*, provoquer, inspirer, susciter, la révolte.

instigation [insti'geiʃ(ə)n], *s.* Instigation *f*, incitation *f* (*to murder, etc.*, au meurtre, etc.). **At, by, the instigation of s.o.,** à l'instigation de qn.

instigator ['instigeitər], *s.* **1.** Instigateur, -trice (d'un meurtre, etc.). **2.** Suscitateur, -trice, auteur *m* (d'une révolte, etc.). *I. of a rising*, fauteur, -trice, d'une émeute.

instil(l) [in'stil], *v.tr.* **(instilled; instilling) 1.** Instiller (un liquide) (*into sth.*, dans qch.). **2.** Faire pénétrer ("goutte à goutte"). **To instil a quality, a feeling, an idea, into s.o.,** inculquer lentement une qualité à qn; inspirer un sentiment à qn; faire pénétrer une idée, infiltrer une idée, dans l'esprit de qn. *To i. a new doctrine into the people*, inoculer au peuple une nouvelle doctrine. *To i. good principles into s.o.*, insinuer de bons principes à qn. *From a youth these principles had been instilled into him*, dès sa jeunesse il avait été imprégné de ces principes.

instilling, *s.* = INSTILLATION.

instillation [insti'leiʃ(ə)n], *s.* **1.** Instillation *f* (d'un liquide). **2.** Inspiration *f* (d'une idée, d'un sentiment); inculcation *f* (d'une vertu, etc.).

instiller [in'stilər], *s.* Celui qui fait pénétrer (une idée, etc.). **Instiller of life,** animateur, -trice (*into*, de).

instinct[1] ['instiŋkt], *s.* Instinct *m*. *To have the i. of self-preservation*, avoir l'instinct de la conservation. **By instinct, from instinct,** par instinct. **To act on instinct,** agir par pur instinct. **To have an instinct for crime, for music,** avoir l'instinct du crime, de la musique. *To have an i. for doing the right thing*, avoir l'instinct, l'intuition *f*, de la chose à faire.

instinct[2] [in'stiŋkt], *a.* **Instinct with life,** doué de vie, plein de vie. *Face i. with benevolence*, visage *m* respirant la bonté; visage pétri de bonté.

instinctive [in'stiŋktiv], *a.* Instinctif. **-ly,** *adv.* D'instinct; instinctivement, *F:* machinalement.

institute[1] ['institju:t], *s.* **1.** Institut *m* (littéraire, etc.). *Mechanics' I.*, institut, cercle *m*, pour l'artisanat. **2.** *A:* Institution *f*; ordre établi. *The institutes and customs of civil life*, les institutions et les usages de la vie civile. **3.** *pl.* *Jur:* **The Institutes of Justinian,** les Institutes *f* de Justinien.

institute[2], *v.tr.* **1.** Instituer, établir (un ordre, une loi); fonder, constituer (une société). *Newly instituted office*, poste *m* de création récente. **2.** *Jur:* **To institute an inquiry,** ordonner, instituer, une enquête; procéder à une enquête. **To institute (legal) proceedings, an action, against s.o.,** intenter un procès à qn; entamer, engager, instituer, des poursuites contre qn. *To i. an action at law*, porter plainte en justice. **3.** (*a*) *Ecc:* **To institute s.o. to a benefice,** investir qn d'un bénéfice. (*b*) *Jur:* **To institute s.o. as heir,** instituer qn héritier.

instituting, *s.* = INSTITUTION 1.

institution [insti'tju:ʃ(ə)n], *s.* **1.** (*a*) Institution *f*, établissement *m* (d'une loi, etc.); constitution *f* (d'un comité); création *f* (d'un État); fondation *f* (d'une banque). (*b*) Commencement *m*, établissement (d'une enquête, etc.). (*c*) *Ecc:* Investiture *f* (d'un ecclésiastique). (*d*) *Jur:* Institution (d'un héritier). **2.** Institution; chose établie; pratique passée dans les mœurs. *The postman has become a well-known i.*, le facteur est devenu une institution, un objet familier. *Afternoon tea has become an i.*, le five-o'clock est passé dans les mœurs. *The Sullivan operas are a national i.*, les opérettes *f* de Sullivan font partie du patrimoine national. **3.** (*a*) Institution (d'éducation, d'utilité publique, etc.). **Charitable institution,** institution, établissement, œuvre *f*, de charité, de bienfaisance; hospice *m*. *Our maid is an* **institution girl,** notre bonne nous est venue de l'Assistance publique. (*b*) Association *f*. **Institution of Automobile Engineers,** Association (anglaise) des Ingénieurs de l'Automobile.

institutional [insti'tju:ʃən(ə)l], *a.* **1.** Institué. **2.** Qui se rapporte à une institution, à une œuvre de charité, etc. *I. life*, la vie dans un établissement de charité.

institutionalism [insti'tju:ʃənəlizm], *s.* **1.** La vie dans les établissements de charité. **2.** Régime social qui comporte des établissements de charité, des hospices.

institutionalized [insti'tju:ʃənəlaizd], *a.* (Enfant) hospitalisé ou qui a été élevé par l'Assistance publique.

institutor ['institju:tər], *s.* Instituteur, -trice (d'un ordre religieux, etc.); fondateur, -trice; organisateur, -trice.

instruct [in'strʌkt], *v.tr.* **1.** Instruire (qn). **To instruct s.o. in sth., how to do sth.,** instruire qn en, dans, qch.; enseigner qch. à qn; instruire qn à faire qch. *To i. s.o. in Latin*, enseigner, apprendre, le latin à qn. *To i. a clerk in book-keeping*, instruire un commis à tenir les livres. *See also* SELF-INSTRUCTED. **2.** (*a*) **To instruct s.o. of a fact, of what is going on,** instruire qn d'un fait, de ce qui se passe. *To i. s.o. that . . .*, informer qn que. . . . (*b*) *Jur:* **To instruct a solicitor,** donner ses instructions à un avoué. **To instruct counsel,** constituer avocat. **3. To instruct s.o. to do sth.,** charger qn de faire qch.; mander, recommander, à qn de faire qch.; donner des instructions à qn pour faire qch. *I am instructed by the Board to inform you that . . .*, la Direction me charge de vous faire savoir que. . . . *The Committee had not been instructed to deal with this question*, la Commission n'avait pas été saisie de cette question. *Pol:* *U.S:* **To instruct a representative,** donner des directives à son représentant à la Chambre.

instruction [in'strʌkʃ(ə)n], *s.* **1.** Instruction *f*, enseignement *m*. *Medical i.*, (i) enseignement de la médecine; (ii) études médicales. *Mil:* *Navy:* **School of instruction,** école *f* d'application. **Instruction squad** (*for N.C.O.'s*), peloton *m* d'instruction. *Aut:* **Driving instruction,** leçons *fpl* de conduite. *See also* MUSKETRY 2, SELF-INSTRUCTION. **2.** *Usu. pl.* (*a*) Indications *f*, instructions, ordres *m*; (*to sentry, etc.*) consigne *f*. *Written instructions*, instructions écrites. *Official instructions*, prescriptions légales. *To give s.o. instructions how to use sth.*, donner des indications, des conseils *m*, à qn sur la manière de se servir de qch., sur le mode d'emploi de qch. *He is provided with exact instructions*, il est muni de directives précises. *We await your instructions*, nous attendons vos instructions, vos ordres. *To obey s.o.'s instructions*, suivre les instructions, obéir aux ordres, de qn. *To go beyond one's instructions*, aller au delà des ordres reçus. *Mil:* *etc:* *To act according to instructions*, se conformer à la consigne. *Under instructions from . . .*, d'ordre de. . . . *Post:* **Service instructions** (*on telegram, etc.*), mentions *f* de service. *Adm:* *etc:* **Book of standing instructions,** règlement *m*; *F:* guide-âne *m*. **Instruction book** (*of a car, etc.*), livret *m* d'instructions; manuel *m* d'entretien. (*b*) *Jur:* **To give instructions to a solicitor, to a counsel,** donner ses instructions à un avoué; constituer avocat.

instructional [in'strʌkʃən(ə)l], *a.* (Voyage *m*) d'instruction; (école *f*) d'application. *Cin:* **Instructional film,** film *m* documentaire; film d'enseignement.

instructive [in'strʌktiv], *a.* Instructif. **-ly,** *adv.* D'une manière instructive.

instructor [in'strʌktər], *s.* **1.** Maître (enseignant); précepteur *m*. *Mil:* Instructeur *m*. **Sergeant instructor,** sergent instructeur. **Naval instructor,** professeur *m* à l'École navale. *Aut:* **Driving instructor,** professeur de conduite. *See also* SELF-INSTRUCTOR. **2.** *Sch:* *U.S:* Chargé *m* de cours (dans une faculté).

instructress [in'strʌktres], *s.f.* Maîtresse; préceptrice.

instrument[1] ['instrumənt], *s.* Instrument *m*. **1.** (*Means, agent*) *She was but the i. of God*, elle n'a été que l'instrument de Dieu. *The Government, through its instruments . . .*, le Gouvernement, par ses intermédiaires *m* . . ., par ses organes *m*. . . . *He was a mere i. in the hands of the Cardinal*, il était l'âme damnée du cardinal. **2.** (*a*) Instrument, appareil *m*, mécanisme *m*. *Surgical, optical, instruments*, instruments chirurgicaux, de chirurgie; instruments d'optique. *Mathematical instruments*, instruments de dessin. *Pocket case of mathematical instruments*, pochette *f* de compas. *Tg:* **Dial instrument,** appareil à cadran. *Lit:* **Instruments of war,** instruments de guerre. (*b*) **Musical instrument,** instrument de musique. *Wind, stringed, i.*, instrument à vent, à cordes. *To play an i.*, jouer d'un instrument. **3.** (*a*) *Jur:* Acte *m* juridique (de cession, de transmission, etc.); instrument, document officiel. *I. in writing*, acte instrumentaire. *I. of appeal*, acte d'appel. (*b*) **Instrument of commerce, of credit,** instrument de commerce, de crédit. *Com:* **Negotiable instrument,** effet *m* de commerce; titre *m* au porteur.

'instrument-board, -panel, *s.* Planche *f* porte-appareils. *Aut:* Tableau *m* de bord; tablier *m* des instruments.

instrument[2]. **1.** *v.i.* *Jur:* Instrumenter. **2.** *v.tr.* *Mus:* Orchestrer, instrumenter (un opéra, etc.).

instrumental [instru'ment(ə)l], *a.* **1.** Contributif (*to*, à). **To be instrumental to a purpose, in doing sth.,** contribuer à un but, à faire qch. *Your friend was i. in getting me appointed*, c'est à votre ami que je dois ma nomination. *He was largely i. in the matter*, il a été pour beaucoup dans l'affaire. **2. Instrumental error,** erreur due à l'instrument employé. **3.** *Mus:* **Instrumental and vocal music,** musique instrumentale et vocale. **Instrumental performer,** instrumentiste *m*. **4.** *Gram:* **The instrumental case,** le cas instrumental; l'instrumental *m*. **-ally,** *adv.* **1.** (*a*) (Se servir de qch.) comme instrument. (*b*) (Agir) comme instrument, en qualité d'intermédiaire. **2.** (*a*) Au moyen d'un instrument (scientifique). (*b*) *Mus:* *Te Deum performed i. and vocally*, Te Deum pour chœurs et orchestre. **3.** *Jur:* (Transmettre qch.) par acte juridique, par instrument légal. **4.** *Gram:* Au sens instrumental.

instrumentalist [instru'mentəlist], *s.* *Mus:* Instrumentiste *m*.

instrumentality [instrumen'taliti], *s.* *To do sth., obtain sth.,*

through the instrumentality of s.o., faire qch., obtenir qch., avec le concours de qn, par l'intermédiaire de qn, à l'aide de qn. *There have been instrumentalities at work,* on a fait jouer certains ressorts.

instrumentary [instru'mentəri], *a. Jur:* (*Scot.*) **Instrumentary witness,** témoin *m* instrumentaire.

instrumentation [instrumen'teiʃ(ə)n], *s.* **1.** *Mus:* Instrumentation *f.* **2.** Emploi *m* des instruments scientifiques ou chirurgicaux. **3.** = INSTRUMENTALITY.

insubmersibility [insʌbmə:rsi'biliti], *s.* Insubmersibilité *f.*

insubmersible [insʌb'mə:rsibl], *a.* Insubmersible.

insubordinate [insʌ'bɔ:rdinet], *a.* Insubordonné; (soldat, etc.) mutin.

insubordination [insʌbɔ:rdi'neiʃ(ə)n], *s.* Insubordination *f*, insoumission *f.*

insubstantial [insʌb'stanʃəl], *a.* Insubstantiel. **1.** Imaginaire, chimérique. **2.** (*a*) (Corps) immatériel. (*b*) Qui manque de substance. *I. food,* aliments *mpl* creux. *I. arguments,* arguments *m* vides, sans substance.

insubstantiality [insʌbstanʃi'aliti], *s.* Manque *m* de substance; irréalité *f* ou manque de solidité.

insuccess [insʌk'ses], *s.* Insuccès *m.*

insufferable [in'sʌfərəbl], *a.* Insupportable, intolérable, insouffrable. **-ably,** *adv.* Insupportablement, intolérablement. *He is i. bumptious,* il est d'une suffisance insupportable.

insufficiency [insʌ'fiʃənsi], *s.* Insuffisance *f. I. of food,* nourriture insuffisante. *Med:* **Aortic insufficiency,** insuffisance aortique.

insufficient [insʌ'fiʃənt], *a.* Insuffisant. *I. food supplies,* défaut *m*, manque *m*, de vivres. **-ly,** *adv.* Insuffisamment.

insufflate ['insʌfleit], *v.tr.* Insuffler (une vessie, *Med:* un asphyxié, etc.).

insufflation [insʌf'leiʃ(ə)n], *s.* Insufflation *f.*

insufflator ['insʌfleitər], *s. Med:* (*Device*) Insufflateur *m.*

insular ['insjulər]. **1.** *a.* (*a*) Insulaire. *Our i. climate,* notre climat *m* insulaire. *See also* SCLEROSIS. (*b*) D'insulaire. *F:* **Insular mind,** esprit étroit, borné, rétréci. *To be very i. in one's views,* avoir les idées très bornées. **2.** *s.* Insulaire *mf.*

insularism ['insjulərizm], **insularity** [insju'lariti], *s.* Insularité *f. Esp. F: The i. of the English,* l'esprit borné, les idées rétrécies, l'étroitesse *f* de vues, des Anglais.

insulatable [insju'leitəbl], *a.* Isolable.

insulate ['insjuleit], *v.tr.* **1.** Faire une île, un îlot, de (qch.). *Before Britain was insulated from the mainland,* avant que la Bretagne fût détachée du continent. *To i. sth. from its proper surroundings,* isoler qch. de, d'avec, son (propre) milieu. **2.** (*a*) *El:* Isoler (un fil, etc.). *Insulated with mica,* isolé au mica. (*b*) *To i. a steam-pipe,* calorifuger une conduite. (*c*) *To i. against vibration,* protéger contre les vibrations. *Cin: To i. the sound camera,* insonoriser la camera.

insulated, *a.* Isolé. *El:* (Corps) isolé; (fil *m*) étanche. *Rail:* **Insulated train,** train *m* frigorifique.

insulating, *a.* **1.** *El:* Isolant; isolateur, -trice. **Insulating tape,** ruban *m* d'isolement; chatterton *m. I. rubber,* caoutchouc *m* d'étanchéité. *I. trough,* conduit isolant. **Insulating compound,** pâte isolante; compound *m.* **Insulating stool,** isoloir *m.* **2.** *Mch: etc:* **Insulating lagging,** enveloppe *f* calorifuge. **3.** **(Sound-)insulating materials,** matériaux *m* insonores.

insulation [insju'leiʃ(ə)n], *s.* **1.** Détachement *m* (d'une île d'avec un continent, etc.); isolement *m* (*from*, de). **2.** *El:* (*a*) Isolement, isolation *f* (des câbles électriques). *Faulty i.,* défaut *m* d'isolement. **Insulation resistance,** résistance *f* d'isolement. **Insulation (testing) set,** appareil *m* pour vérifier, à mesurer, l'isolement. (*b*) = INSULATOR 1 (*a*). *Burnt i.,* isolement corrodé. *Bakelite i.,* isolant bakélisé. **3.** (*a*) **Heat insulation,** isolation calorifuge. (*b*) Substance *f* calorifuge. **4.** *Cin: etc:* Insonorisation *f* (de la camera, etc.).

insulator ['insjuleitər], *s.* **1.** *El:* (*a*) (*Insulating material*) Isolant *m*; diélectrique *m.* (*b*) (*Device*) Isolateur *m*, isoloir *m*; godet *m* de support (de fil télégraphique). *W.Tel:* **Leading-in insulator,** isolateur d'entrée; pipe *f* d'entrée. **Shackle insulator,** isolateur d'arrêt. **Shell insulator,** maillon isolateur; védovelli *m.* **Egg insulator,** maillon ovoïde. **Bobbin insulator,** isolateur poulie (pour antenne). *High-tension i.,* isolateur pour courant à haute tension. *Oil-type i.,* isolateur à huile. *Tg:* **Dice-box insulator; cup-, petticoat-insulator,** isolateur à cloche, isoloir à cloche. **Insulator-pin,** ferrure *f* d'isolateur. **2.** **Heat insulator,** matière isolante, calorifuge. **3.** (*a*) Tampon amortisseur (de moteur, etc.). (*b*) Godet de support (de piano).

insulin ['insjulin], *s. Med:* Insuline *f.*

insult[1] ['insʌlt], *s.* Insulte *f*, affront *m*, indignité *f*, avanie *f. An i. to one's honour,* un affront à l'honneur. **To offer an insult to s.o.,** faire (une) injure, faire (une) insulte, à qn. **To suffer, pocket, an insult,** boire un affront; *F:* avaler un crapaud, une couleuvre. **To add insult to injury,** doubler ses torts d'un affront.

insult[2] [in'sʌlt], *v.tr.* Insulter (qn); faire (une) insulte à (qn); faire affront, faire injure, à (qn). *To i. s.o. with odious suspicions,* outrager qn de soupçons odieux. *To feel insulted by a refusal,* tenir un refus pour une injure.

insulting, *a.* (Geste, mot) offensant, injurieux. *To use i. language to s.o.,* dire des injures, lancer des insultes, à qn; injurier qn; *F:* invectiver qn. *To be guilty of i. behaviour towards s.o.,* s'être conduit insolemment à l'égard de qn; être coupable d'outrages à (un agent, un magistrat). **-ly,** *adv.* Insolemment; d'une façon insultante, offensante.

insulter [in'sʌltər], *s.* Insulteur *m.*

insuperability [insjupərə'biliti], *s.* Nature *f* insurmontable, caractère *m* insurmontable (d'un obstacle, d'une difficulté).

insuperable [in'sju:pərəbl], *a.* (Difficulté *f*, etc.) insurmontable; (obstacle *m*) infranchissable. **-ably,** *adv.* Insurmontablement.

insupportable [insʌ'pɔ:rtəbl], *a.* Insupportable, intolérable. *I. agony,* douleur *f* intolérable. **-ably,** *adv.* Insupportablement, intolérablement.

insupportableness [insʌ'pɔ:rtəblnəs], *s.* Nature *f* insupportable (de qch.).

insuppressible [insʌ'presibl], *a.* Irrépressible.

insurable [in'ʃuərəbl], *a.* Assurable. **Insurable interest,** intérêt *m* pécuniaire.

insurance [in'ʃuərəns], *s.* **1.** (*a*) *Com: etc:* Assurance *f.* **Life insurance,** assurance sur la vie; assurance -vie *f*, *pl.* assurances-vie. **Accident insurance,** assurance contre les accidents. **Third-party insurance, public liability insurance,** assurance contre les accidents causés à des tiers; assurance au tiers; assurance de responsabilité. **Employers' liability insurance,** assurance des patrons contre les accidents du travail; assurance-réparation *f.* **Burglary insurance,** assurance-vol *f.* **Sickness insurance,** assurance maladie-invalidité. **Disablement insurance,** assurance contre l'invalidité. **Old-age insurance,** assurance vieillesse. *Contributory i.,* assurance à cotisations. *Voluntary i.,* assurance facultative. **Motor-car insurance,** assurance-auto *f.* **To effect an insurance,** passer une assurance (*on*, sur). **To take out an insurance,** assurer, se faire assurer, s'assurer (*against*, contre). *To pay for the i. of a ship,* payer les primes d'assurance d'un navire. **Insurance company,** compagnie *f*, société *f*, d'assurance(s). **Insurance agent,** agent *m*, courtier *m*, d'assurance(s). **Insurance policy,** police *f*, contrat *m*, d'assurance. **All-risk insurance policy,** police tous risques. **Insurance premium,** prime *f* d'assurance. *The children got his* **insurance money,** les enfants ont touché son assurance-vie. *I. charges on a packet,* frais *mpl* d'assurance d'un colis. *See also* FIRE-INSURANCE, MARINE 1, PERSONAL, *and cf.* ASSURANCE 3. (*b*) *F:* Prime d'assurance. **2.** *Adm:* **Social insurance, State insurance, national insurance,** prévoyance sociale; assurances sociales.

insurant [in'ʃuərənt], *s. Com:* Assuré, -ée.

insure [in'ʃuər], *v.tr.* **1.** *Com: etc:* (i) Assurer, (ii) faire assurer (des marchandises, un vaisseau, un mobilier). **To insure one's life,** s'assurer, se faire assurer, sur la vie. *To i. sth. against all risks,* faire assurer qch. contre tous risques. *Abs.* **To insure against a risk,** s'assurer, se faire assurer, contre un risque. **2.** (*a*) Garantir, assurer (le succès, l'exécution d'un projet, etc.). (*b*) *To i. against a danger,* se garantir d'un danger; parer à un danger.

insured, *a.* & *s.* Assuré, -ée. *The property was i.,* il y a assurance. **Insured parcel,** colis *m* avec valeur déclarée.

insuring, *s.* Assurance *f.*

insurer [in'ʃuərər], *s. Com:* Assureur *m.*

insurgency [in'sə:rdʒənsi], *s.* Insurgence *f*, révolte *f.*

insurgent [in'sə:rdʒənt]. **1.** *a.* (*a*) Insurgé, révolté, révolutionnaire; en état de rébellion, d'insurrection. *The i. army,* l'armée *f* des insurgés. (*b*) *Poet: The i. sea,* la mer qui avance, qui monte. **2.** *s.* Insurgé, -ée; révolté, -ée; rebelle *mf. U.S.Hist:* **The Insurgents,** les Insurgents *m* (de la Guerre de l'Indépendance).

insurmountable [insər'mauntəbl], *a.* (Difficulté *f* obstacle *m*) insurmontable; (obstacle) infranchissable. **-ably,** *adv.* Insurmontablement.

insurrection [insə'rekʃ(ə)n], *s.* Insurrection *f*, soulèvement *m*, émeute *f*, rébellion *f.* **To rise in insurrection,** s'insurger, se soulever.

insurrectional [insə'rekʃən(ə)l], **insurrectionary** [insə'rekʃənəri], *a.* Insurrectionnel.

insurrectionist [insə'rekʃənist], *s.* Émeutier *m*, insurgé *m*, rebelle *m.*

insusceptibility [insʌsepti'biliti], *s.* **1.** *Med:* Non-susceptibilité *f.* **2.** Insensibilité *f* (*to*, à).

insusceptible [insʌ'septibl], *a.* **1.** Insusceptible, non-susceptible (*of*, de). *He was ever i. of friendship,* jamais il ne fut susceptible d'amitié. *Heart i. of pity,* cœur fermé à la pitié, inaccessible à la pitié. **2.** Insensible (*to*, à). *A mind i. to flattery,* un esprit insensible à la flatterie.

insweep ['inswi:p], *s.* Courbure *f* en dedans. *Aut:* Étranglement *m* (du châssis).

inswept ['inswept], *a. Aut:* (Châssis) étranglé, à avant rétréci, rétréci à l'avant, à longerons coudés. *I. side-member,* longeron cintré à l'avant.

intact [in'takt], *a.* Intact, indemne. *To keep one's reputation i.,* conserver sa réputation entière.

intagliated [in'taljeitid], *a. Lap:* Intaillé; travaillé à l'intaille.

intaglio [in'taljo], *s. Lap:* Intaille *f.* **Intaglio engraving,** gravure *f* en creux.

intake ['inteik], *s.* **1.** (*a*) Prise *f*, appel *m* (d'air, de vapeur); prise (d'eau, *El:* de courant); arrivée *f*, adduction *f*, amenée *f*, admission *f* (de vapeur). *I.C.E:* Entrée *f* (d'air). **Intake valve,** soupape *f* d'admission. *Min:* **Intake airway,** galerie *f* d'appel d'air. *See also* AIR-INTAKE. (*b*) Ouïe *f* (de ventilateur); œillard *m* (de pompe centrifuge). (*c*) *Hyd.E:* Aire *f* d'alimentation; bassin *m* hydrographique. **2.** = INPUT 3. *Physiol:* **Caloric intake,** ration *f* calorique. **Food intake,** ration alimentaire. **3.** (*a*) *Knitting:* Diminution *f. Round with i.,* rang diminué. (*b*) Diminution de diamètre (d'un tuyau).

intangibility [intandʒi'biliti], *s.* **1.** Intangibilité *f.* **2.** Inviolabilité *f* (d'un traité, etc.).

intangible [in'tandʒibl], *a.* **1.** Intangible, impalpable. *The i. factors,* les impondérables *m. Com:* **Intangible assets,** valeurs immatérielles. *Jur:* **Intangible property,** biens incorporels. **2.** (Traité) inviolable, *F:* sacro-saint.

intangibleness [in'tandʒiblnəs], *s.* = INTANGIBILITY.

integer ['intedʒər], *s.* **1.** *Mth:* Nombre entier. **2.** *Lit:* Entier *m*, tout *m*, totalité *f.*

integrable ['integrəbl], *a. Mth:* (Équation *f*) intégrable.

integral ['integrəl]. **1.** *a.* (*a*) Intégrant. **To be an integral part of sth.,** faire corps avec qch. *I. part of a contract,* partie intégrante d'un contrat. (*b*) *Mth:* **Integral calculus,** calcul intégral. *I. function,* fonction intégrale. (*c*) *Mec.E:* (Tige *f*, etc.) solidaire (*with*, de). **Forged integral with . . .,** forgé d'une seule pièce avec. . . . *Crank-case and cylinder cast i.,* cylindre et carter fondus en un seul bloc; carter venu de fonte avec le cylindre. **2.** *s. Mth:* Intégrale *f.* **General integral,** intégrale générale. **Surface integral,** intégrale de surface. **Line integral,** intégrale linéaire. **Integral sign,** signe *m* d'intégration. **-ally,** *adv.* Intégralement; en totalité.

integrality [inte'graliti], *s.* Intégralité *f.*

integrand ['integrand], *s. Mth:* Expression *f* à intégrer.

integrant ['integrənt], *a.* = INTEGRAL 1 (*a*).

integraph ['integraf], *s. Mth:* Intégraphe *m.*

integrate[1] ['integret], *a.* Intégral, -aux; entier. *To keep sth. i.,* conserver qch. entier.

integrate[2] ['integreit], *v.tr.* **1.** Compléter, rendre entier (qch. d'incomplet). **2.** *Mth:* Intégrer (une fonction, une équation différentielle, une surface); déterminer l'intégrale (d'une fonction). *To i. by parts,* intégrer par parties.

integration [inte'greiʃ(ə)n], *s. Mth:* Intégration *f. I. by parts,* intégration par parties.

integrator ['integreitər], *s. Mth:* Intégrateur *m. Geom:* **Surface integrator,** planimètre *m.*

integrity [in'tegriti], *s.* Intégrité *f.* **1.** État entier, intact (d'un texte, d'une somme d'argent, etc.). **In its integrity,** en entier. **2.** Honnêteté *f,* probité *f* (de qn, d'un motif); rectitude *f* (de conduite). **Man of integrity,** homme intègre, probe.

integument [in'tegjumənt], *s. Nat.Hist:* Tégument *m,* intégument *m,* enveloppe *f.*

integumentary [integju'mentəri], *a.* (Enveloppe *f,* surface *f*) tégumentaire.

intellect ['intelekt], *s.* **1.** Intelligence *f,* esprit *m,* entendement *m,* intellect *m. The march of i.,* le mouvement des esprits. **Man of intellect,** homme intelligent, à l'esprit éclairé. *He was one of the best intellects of his time,* c'était une des meilleures intelligences de son époque. **2.** *Coll. The i. of the country,* tous les meilleurs esprits du pays.

intellection [inte'lekʃ(ə)n], *s. Phil:* Intellection *f.*

intellective [inte'lektiv], *a. Phil:* Intellectif.

intellectual [inte'lektjuəl]. **1.** *a.* Intellectuel. *I. pastimes,* jeux *m* d'esprit. **2.** *s.* Intellectuel, -elle. **-ally,** *adv.* Intellectuellement.

intellectuality [intelektju'aliti], *s.* Intellectualité *f.*

intelligence [in'telidʒəns], *s.* **1.** Intelligence *f.* (*a*) Esprit *m. An i. superior to his own,* une intelligence supérieure à la sienne. (*b*) Entendement *m,* sagacité *f. Person of good i.,* personne intelligente, d'une réelle intelligence. *See also* TEST[1] 2. (*c*) (*Mutual understanding*) **To exchange a look of intelligence,** échanger un regard d'intelligence. **2.** Renseignement(s) *m(pl),* avis *m,* nouvelle(s) *f(pl).* **To give, receive, intelligence of sth.,** donner avis, avoir avis, de qch. *Journ:* **Latest intelligence,** dernières nouvelles; informations *fpl* de la dernière heure. **Shipping intelligence,** événements *m* maritimes, de mer; mouvement *m* maritime, mouvements des navires; nouvelles maritimes. *University i.,* chronique *f* universitaire. *Mil: Navy:* **Intelligence department, service,** service *m* des renseignements, des informations. **Intelligence office,** (i) bureau *m* de renseignements; (ii) *U.S:* = REGISTRY OFFICE 1. **Intelligence officer,** officier *m* de renseignements. **The Naval Intelligence Division** = le deuxième Bureau (de la marine).

intelligencer [in'telidʒənsər], *s. A:* **1.** Informateur, -trice. **2.** Agent secret; espion *m.*

intelligent [in'telidʒənt], *a.* **1.** (*Of child, animal, etc.*) Intelligent; (*of answer, etc.*) avisé, intelligent. *To take an i. interest in sth.,* s'intéresser d'une manière intelligente à qch. **2.** *A. & Lit: To be i. of a fact,* être conscient d'un fait; être au courant d'une affaire. *To be i. of a subject,* être versé dans une matière. **-ly,** *adv.* Intelligemment; avec intelligence.

intelligential [inteli'dʒenʃəl], *a.* **1.** Intelligentiel. **2.** Doué d'intelligence.

intelligentsia [inteli'dʒentsia, -'gen-], *s. Coll.* L'intelligence *f,* les gens intelligents (de la nation, etc.).

intelligibility [intelidʒi'biliti], *s.* Intelligibilité *f.*

intelligible [in'telidʒibl], *a.* Intelligible. *He spoke so fast as to be hardly i.,* il parlait si vite qu'on le comprenait à peine. **-ibly,** *adv.* Intelligiblement, clairement.

intelligibleness [in'telidʒiblnəs], *s.* = INTELLIGIBILITY.

intemperance [in'tempərəns], *s.* **1.** Intempérance *f,* inabstinence *f.* **2.** Alcoolisme *m.*

intemperate [in'tempəret], *a.* **1.** (*Of pers.*) Intempérant, immodéré, inabstinent. *I. habits,* habitudes *f* d'intempérance. *To be i. in one's speech,* être peu mesuré dans son langage. *I. zeal,* excès *m* de zèle. **2.** Adonné à la boisson. *Person of i. habits,* buveur, -euse. **-ly,** *adv.* (Rire) immodérément; (boire) à l'excès.

intemperateness [in'tempərətnəs], *s.* = INTEMPERANCE 1.

intend [in'tend], *v.tr.* **1.** (*a*) **To intend doing sth., to intend to do sth., to intend sth.,** avoir l'intention de faire qch.; se proposer, avoir en vue, de faire qch.; songer à faire qch.; compter faire qch. *I did not i. to insult you, I intended no insult,* je n'avais pas l'intention de vous insulter. **We intended no harm,** nous l'avons fait sans mauvaise intention. *I do not i. you any harm,* je ne vous veux pas de mal. **Was that intended?** était-ce fait avec intention, à dessein? *Measure intended to secure . . .,* mesure *f* ayant pour but d'assurer. . . . *You don't i. me to believe that?* vous ne voulez pas me faire croire cela? (*b*) *I i. to be obeyed,* je prétends qu'on m'obéisse; je veux être obéi. **2. To intend s.o., sth., for sth.,** destiner qn, qch., à qch. *We i. our son for the Church,* nous destinons notre fils à l'Église. *I intended this purse for you,* je vous destinais cette bourse. *I had not intended this novel for the screen, to be filmed,* je n'avais pas destiné ce roman à l'écran, à être filmé. *House never intended for habitation, never intended to be lived in,* maison qui n'a jamais été destinée à être habitée. *This remark is intended for you,* c'est à vous que cette observation s'adresse. **3.** (*a*) *I intended it for a compliment,* mon intention était de vous faire un compliment. *This portrait is intended for Mr X.,* ce portrait représente M. X. (*b*) Vouloir dire; entendre. *What exactly do you i. by this word?* qu'entendez-vous exactement par ce mot?

intended, *a.* **1.** (*a*) (Voyage, etc.) projeté, en perspective. *My i. husband, bride, s. F:* **my intended,** mon fiancé, ma fiancée; mon prétendu, ma prétendue; *P:* mon futur, ma future. (*b*) **The intended effect,** l'effet voulu. **2.** Intentionnel; fait avec intention. **-ly,** *adv.* Avec intention; à dessein; intentionnellement.

intending, *a. I. purchasers, subscribers,* acheteurs *m,* abonnés *m,* en perspective; personnes *f* qui ont l'intention d'acheter, de s'abonner.

intendance [in'tendəns], **intendancy** [in'tendənsi], *s.* Intendance *f. Junior i.,* sous-intendance *f, pl.* sous-intendances.

intendant [in'tendənt], *s.* Intendant *m. Junior i.,* sous-intendant *m, pl.* sous-intendants.

intendment [in'tendmənt], *s. Jur:* Intention *f* véritable (du testateur, etc.); esprit *m* (d'un texte, par opposition à la lettre).

intense [in'tens], *a.* (*a*) Vif, *f.* vive; fort, intense. *I. heat, cold,* chaleur *f,* froid *m,* intense; *Meteor:* fortes chaleurs. *I. blue,* bleu intense, saturé. *I. anxiety,* vive inquiétude. *I. hatred,* haine profonde, acharnée. *I. pain,* douleur vive, aiguë. *I. stupidity,* bêtise *f* extrême. *Phot:* **Intense negative,** cliché *m* intense. (*b*) *The i. expression of her face,* l'expression d'intérêt profond empreinte sur son visage. *F: I. young woman,* (i) jeune fille d'un sérieux exagéré; (ii) exaltée *f.* **-ly,** *adv.* (*a*) Excessivement. *It was i. hot,* il faisait une chaleur intense. *I. cold weather,* (temps *m* d'un) froid intense. *I. blue eyes,* yeux *m* d'un bleu très vif. *To hate s.o. i.,* haïr qn profondément. (*b*) (Vivre, regarder) avec intensité.

intenseness [in'tensnəs], *s.* Intensité *f* (du froid, d'un son); force *f* (d'une passion); violence *f* (d'une douleur). *I. of thought,* contention *f* d'esprit.

intensification [intensifi'keiʃ(ə)n], *s. Phot:* Renforcement *m,* renforçage *m.*

intensifier [in'tensifaiər], *s.* **1.** *Phot:* Renforçateur *m.* **2.** *Hyd.E:* Multiplicateur *m* de pression. **3.** (*a*) Intensifier of sound, amplificateur *m.* **Intensifier telephone,** téléphone *m* haut-parleur. (*b*) *El.E:* **Spark intensifier,** amplificateur.

intensify [in'tensifai]. **1.** *v.tr.* (*a*) Intensifier, augmenter, accroître, rendre plus fort, plus vif (un son, un sentiment); renforcer (une couleur). *To i. the action of a drama,* corser l'action d'un drame. (*b*) *Phot:* Renforcer (un cliché faible). **2.** *v.i.* S'augmenter, s'accroître; devenir plus fort, plus vif, plus intense.

intensifying, *s.* (*a*) Augmentation *f,* renforcement *m* (d'un son, etc.). (*b*) *Phot:* Intensification *f,* renforcement (d'un cliché faible). **Intensifying agent,** renforçateur *m.* **Intensifying bath,** bain *m* de renforcement.

intension [in'tenʃ(ə)n], *s.* **1.** *Log:* **Intension and extension,** compréhension *f* et extension *f.* **2. Intension of mind,** tension *f,* contention *f,* d'esprit; attention soutenue. **3.** = INTENSENESS.

intensity [in'tensiti], *s.* **1.** = INTENSENESS. **2.** (*Strength, degree*) *Ph: El: etc:* Intensité *f,* puissance *f* (de son, de champ); *Ch:* énergie *f* (d'une réaction). **Light intensity,** intensité lumineuse. *W.Tel:* **Intensity distortion,** distorsion *f* d'amplitude. *Mec:* **Intensity of stress,** tension *f,* charge *f. El: I. of current,* intensité du courant. **Intensity armature,** induit enroulé en haute tension. *Phot:* **Intensity of a negative,** densité *f* d'un cliché. **Intensity range,** intervalle *m* d'intensité. *Graduation of i.,* gradation *f* des nuances.

intensive [in'tensiv], *a.* (*Of work, cultivation, etc.*) Intensif. *I. study of a text,* étude serrée d'un texte. **Intensive propaganda,** propagande *f* intense, intensive. **-ly,** *adv.* Intensivement.

intent[1] [in'tent], *s.* **1.** Intention *f,* dessein *m,* but *m.* **With good intent,** dans une bonne intention. **With intent to defraud,** dans l'intention, dans le but, de frauder. **With no ill intent, without evil intent,** sans mauvaise intention; sans songer à mal. **To do sth. with intent,** faire qch. de propos délibéré. *Jur: To ask the jury whether the act was committed with i.,* poser au jury la question intentionnelle. **With malicious intent,** avec intention délictueuse. **2. To all intents and purposes,** virtuellement; moralement parlant; en fait; de fait; à tous égards. *To all intents and purposes he is cured,* il est quasiment guéri. *To all intents and purposes he is the master,* il est censément le maître. *The business is settled, to all intents and purposes,* l'affaire est réglée, ou autant vaut.

intent[2], *a.* **1.** (*a*) **To be intent on sth.,** être tout entier à qch., être absorbé par qch. *I. on business, on pleasure,* tout entier aux affaires, aux plaisirs. *To be i. on one's work,* être absorbé par, dans, son travail. **To be intent on doing sth.,** être résolu, déterminé, à faire qch. *He was i. on securing these goods,* il tenait absolument, il était résolu, il était bien décidé, à s'emparer de ces marchandises. (*b*) *To stand silent and i.,* se tenir silencieux et attentif. **2.** (*Of faculties, etc.*) Ardent, acharné. *Mind i. on learning,* esprit acharné à l'étude. **Intent gaze,** regard *m* fixe, profond. *I. application,* application soutenue. **-ly,** *adv.* (Écouter) attentivement; (regarder) fixement, avec une attention soutenue. *To think i.,* réfléchir profondément.

intention [in'tenʃ(ə)n], *s.* Intention *f.* **1.** (*a*) Dessein *m. I have not the slightest i., it is no part of my i., to . . .,* je n'ai pas la moindre intention de . . ., je n'ai garde de . . .; il n'entre pas dans mes intentions, dans mes vues, de. . . . *I have no i. of accepting,* je n'ai aucunement, nullement, l'intention d'accepter. *I have no i. of ignoring his rights,* je n'entends aucunement méconnaître ses droits. **With the intention of being . . .,** dans l'intention d'être. . . . *She accompanied him with the firm i. of its being the last occasion,* elle l'accompagna dans la ferme intention que ce serait pour la dernière fois. **To do sth. with the best (of) intentions,** faire qch. dans la meilleure intention, de la meilleure foi du monde. *He acted with the best and most honourable intentions,* il a agi en tout bien tout honneur. *My intentions as regards . . .,* mes intentions au sujet de. . . . *To grasp s.o.'s i.,* saisir la pensée de qn. *To look for an evil i. in everything,* chercher à tout de sinistres interprétations.

Prov: **It is the intention that counts,** c'est l'intention qui fait l'action. **The road to Hell is paved with good intentions,** l'enfer est pavé de bonnes intentions. (*b*) (*Ultimate aim*) But *m* (d'une mesure, d'un mouvement). **With the intention of . . .,** dans le but de. . . . (*c*) *pl. F:* **To court a woman with honourable intentions,** courtiser une femme pour le bon motif. *His intentions are honourable,* il a le mariage en vue; il a l'intention de l'épouser. **To make known one's intentions,** se déclarer. **2.** *Surg:* **Healing (of a wound) by the first, second, intention,** réunion *f* par première, deuxième, intention. **3.** *Ecc:* *To celebrate mass for a special, particular, i.,* dire une messe à l'intention spéciale de (qn, qch.).

intentional [in'tenʃən(ə)l], *a.* Intentionnel, voulu; fait à dessein, fait exprès. **-ally,** *adv.* Avec intention; à dessein; exprès; intentionnellement, délibérément; de propos délibéré.

-intentioned [in'tenʃənd], *a.* (*With adv. prefixed, e.g.*) **Well-intentioned,** bien intentionné. **Ill-intentioned,** mal intentionné.

intentness [in'tentnəs], *s.* Contention *f* d'esprit; tension *f* d'esprit; attention soutenue (du regard, etc.). *I. on one's work,* application *f* à son travail.

inter[1] [in'təːr], *v.tr.* (**interred; interring**) Enterrer, ensevelir, inhumer (un mort).

inter[2] ['intər], *s. Sch: F:* = *Intermediate arts examination, q.v. under* INTERMEDIATE[1] 1.

inter- [intər], *pref.* (*Denoting reciprocal action, or with sense of among, between.*) **1.** Inter-. *Interallied,* interallié. *Interarticular,* interarticulaire. *Intermaxillary,* intermaxillaire. *Interoceanic,* interocéanique. **2.** Entre-. *Intercross,* s'entrecroiser. *Intergrowth,* entre-croissance. *Interlacing,* entrelacement. *Intercolumniation,* entre-colonnement. **3.** *Intermigration,* émigration réciproque. *Interplay,* effet réciproque. *Interconnected,* en communication réci roque. *Interact,* réagir l'un sur l'autre. *Interpenetrate,* se pénptrer réciproquement. **4.** *Interchange,* échange. *Interfusion,* fusiéon, mélange. *Interspace,* espacer. *Interdependent,* solidaire. *Inter-collegiate,* commun aux étudiants de plusieurs collèges.

interact[1] ['intərakt], *s. Th:* **1.** Entr'acte *m.* **2.** Intermède *m.*

interact[2] [intər'akt], *v.i.* Réagir réciproquement; agir l'un sur l'autre.

interacting, *a.* A action réciproque; à action conjuguée. **Interacting brakes,** freins conjugués; freinage conjugué.

interaction [intər'akʃ(ə)n], *s.* Action *f* réciproque.

interallied [intər'alaid], *a.* Interallié.

interarticular [intərɑːr'tikjulər], *a. Anat:* Interarticulaire.

interatomic [intərə'tɔmik], *a.* Interatomique.

interbedded [intər'bedid], *a. Geol:* (*Of strata, etc.*) Lardé (*with,* de).

interblend [intər'blend]. **1.** *v.tr.* Mélanger, entremêler (qch. avec qch.). **2.** *v.i.* Se mêler, s'entremêler, se mélanger.

interblending, *s.* Mélange *m,* entremêlement *m.*

interbranch [intər'brɑːnʃ], *attrib.a.* (Opérations) entre succursales (d'une même entreprise).

interbreed [intər'briːd]. **1.** *v.tr.* Croiser, entre-croiser (des races). *Husb:* Accoupler (des animaux de races différentes). **2.** *v.i.* Se reproduire par croisement; s'entre-croiser.

interbreeding, *s.* **1.** Croisement *m,* entrecroisement *m.* **2.** Mariages consanguins.

intercadence [intər'keidəns], *s. Med:* Intercadence *f* (du pouls).

intercadent [intər'keidənt], *a. Med:* (Pouls) intercadent.

intercalary [in'təːrkələri], *a.* **1.** *Chr:* (Jour *m,* mois *m,* année *f*) intercalaire. **2.** *Bot:* (Entre-nœud *m,* etc.) intercalaire. *Geol:* **Intercalary strata,** couches intercalées.

intercalate [in'təːrkəleit], *v.tr.* Intercaler. *To i. a day in a month, a sentence in a text,* intercaler un jour dans un mois, une phrase dans un texte. *Geol:* *Strata intercalated with limestone,* couches intercalées de pierre calcaire.

intercalation [intərkə'leiʃ(ə)n], *s.* Intercalation *f.*

intercede [intər'siːd], *v.i.* **1.** *A:* Intervenir. **2.** Intercéder; s'entremettre (en faveur de qn). **To intercede (with s.o.) for s.o.,** intercéder, plaider, (auprès de qn) en faveur de qn, pour qn; demander grâce pour qn.

interceding, *s.* = INTERCESSION.

interceder [intər'siːdər], *s.* Intercesseur *m*; médiateur, -trice.

intercellular [intər'seljulər], *a.* Intercellulaire. *Bot:* **Intercellular space,** méat *m* intercellulaire.

intercensal [intər'sensəl], *a.* **Intercensal period,** période *f* entre deux recensements.

intercept[1] ['intərsept], *s.* Partie *f* d'une ligne entre deux points.

intercept[2] [intər'sept], *v.tr.* **1.** Intercepter (la lumière, la chaleur, une lettre, un navire, un convoi); arrêter (qn) au passage. *Tg: Tp:* Capter, intercepter (un message, etc.). *To i. the traffic,* intercepter, couper, les communications. *To i. s.o.'s retreat,* couper la retraite à qn. *Wall that intercepts the view,* mur *m* qui dérobe la vue. **2.** *Mth:* Comprendre (un espace).

intercepting, *s.* = INTERCEPTION.

interception [intər'sepʃ(ə)n], *s.* Interception *f* (de rayons lumineux, de lettres, etc.). *Tg: Tp:* Captation *f* (de messages).

interceptor [intər'septər], *s. Civ.E:* Siphon *m* d'égout.

intercession [intər'seʃ(ə)n], *s.* Intercession *f,* médiation *f.* **To make intercession for s.o.,** intercéder en faveur de, pour, qn.

intercessor [intər'sesər], *s.* Intercesseur *m*; médiateur, -trice; *F:* avocat *m.*

intercessory [intər'sesəri], *a.* (Prière) d'intercession, de médiation.

interchange[1] ['intərtʃeindʒ], *s.* **1.** Échange *m* (de compliments, de commodités, de signaux); communication *f* (d'idées). *Rail:* **Interchange service,** correspondance *f.* **Interchange station,** station *f* de jonction. **2.** Succession alternative, alternance *f* (du jour et de la nuit, de monts et de vallées, etc.). **3.** *El: etc:* Interversion *f* (d'attaches de câbles, etc.).

interchange[2] [intər'tʃeindʒ]. **1.** *v.tr.* (*a*) Échanger (des compliments, des commodités, des signaux) (*with,* avec). *They had interchanged hats,* ils avaient fait un échange de chapeaux. (*b*) Échanger (des parties d'une machine, etc.). *All parts of these machines can be interchanged,* toutes les pièces de ces machines sont interchangeables. (*c*) *To i. the position of two things,* changer deux choses de place; mettre l'une à la place de l'autre; *El: etc:* intervertir (des attaches de câbles, etc.). **2.** *v.i.* (*a*) S'interchanger. (*b*) Se succéder alternativement.

interchangeability [intərtʃeindʒə'biliti], *s.* Interchangeabilité *f,* permutabilité *f*; amovibilité *f* (des parties d'une machine).

interchangeable [intər'tʃeindʒəbl], *a.* Interchangeable, permutable. *Machine with i. parts,* machine *f* à pièces interchangeables, amovibles. *I. letters, symbols,* lettres *f,* symboles *m,* permutables. **-ly,** *adv.* Alternativement.

inter-city [intər'siti], *attrib.a. U.S:* = INTERURBAN.

intercollegiate [intərkə'liːdʒiet], *a.* (Cours, etc.) commun aux étudiants de plusieurs collèges (à Oxford, etc.).

intercolonial [intərkə'lounjəl], *a.* (Commerce) intercolonial, -aux.

intercolumnar [intərkə'lʌmnər], *a.* **1.** *Arch:* (Espace) d'entre-colonnement. **2.** *Anat:* (Fibre *f*) intercolumnaire.

intercolumniation [intərkəlʌmni'eiʃ(ə)n], *s. Arch:* Entre-colonne *f, pl.* entre-colonnes; entre-colonnement *m.*

intercommunicate[1] [intərkə'mjuːnikeit], *v.i.* **1.** Communiquer (réciproquement). **2.** *The prisoners i.,* les prisonniers communiquent entre eux, sont en rapport les uns avec les autres.

intercommunicate[2] [intərkə'mjuːniket], *a.* Avec communication *f* réciproque; (chambres, etc.) en communication.

intercommunication [intərkəmjuːni'keiʃ(ə)n], *s.* **1.** Communication *f* réciproque. (*a*) Échange mutuel. (*b*) Rapports *mpl* (entre prisonniers, etc.). **2.** *Rail:* Intercirculation *f.*

intercommunion [intərkə'mjuːnjən], *s.* **1.** Intimité *f* de rapports, rapports *m* intimes (*between,* entre). **2.** *Ecc:* Intercommunion *f* (de plusieurs églises).

intercommunity [intərkə'mjuːniti], *s.* Communauté *f* (de biens).

interconnected [intərkə'nektid], *a.* **1.** (Chambres, etc.) en communication réciproque. **Interconnected controls,** commandes conjuguées. *Av:* **Interconnected rudders,** gouvernails conjugués. **2.** (Faits) intimement liés.

intercontinental [intərkɔnti'nentəl], *a.* Intercontinental, -aux.

interconvertible [intərkɔn'vəːrtibl], *a.* Interchangeable (*with, avec*); réciproquement convertibles.

intercostal [intər'kɔstəl], *a. Anat:* Intercostal, -aux.

intercourse ['intərkɔːrs], *s.* (*a*) Commerce *m,* relations *fpl,* rapports *mpl.* *Our i. with Holland,* nos relations avec la Hollande. *Business i., friendly i.,* rapports de commerce, d'amitié. *Social i.,* la fréquentation du monde. *Human i.,* commerce du monde; relations humaines. *To live in daily i. with great writers,* vivre dans le commerce quotidien des grands écrivains. **To have, hold, intercourse with s.o.,** avoir des relations, des rapports, avec qn; *A. & Lit:* commercer avec qn. **Right of free intercourse,** droit *m* de libre communication. *All i. is forbidden,* (il y a) défense absolue de communiquer. (*b*) **Sexual intercourse,** commerce charnel. *To have i. with a woman,* avoir des relations avec une femme. *Adulterous i.,* commerce adultère. (*c*) *I. with God,* communion *f* avec Dieu.

intercrop ['intərkrɔp], *s. Agr:* Récolte dérobée.

intercross [intər'krɔs]. **1.** (*a*) *v.tr.* Entrecroiser; entrelacer. (*b*) *v.i.* S'entrecroiser; s'entrelacer. *Lines that i.,* lignes *f* qui s'entrecroisent. **2.** *v.i. & tr. Breed:* = INTERBREED.

intercrossed, intercrossing[1], *a.* Entrelacé; croisé.

intercrossing[2], *s.* **1.** Entrecroisement *m,* entrelacement *m.* **2.** = INTERBREEDING.

intercurrence [intər'kʌrəns], *s.* **1.** *Med: etc:* (*a*) Intercurrence *f* (d'une maladie). (*b*) Récurrence *f* (d'une fièvre, etc.). **2.** Intervention *f* (d'un fait).

intercurrent [intər'kʌrənt], *a.* **1.** *Med:* (*Of disease, etc.*) (*a*) Intercurrent. (*b*) Récurrent. **2.** (*a*) (Fait, etc.) intervenu, survenu (dans l'intervalle). (*b*) (Temps) écoulé (entre deux événements).

inter-cut ['intərkʌt], *s. Cin:* Scène-raccord *f, pl.* scènes-raccords.

interdental [intər'dent(ə)l], *a.* (Espace *m,* etc.) interdentaire.

interdepartmental [intərdiːpɑːrt'ment(ə)l], *a.* Interdépartemental, -aux. *Adm: Ind: I. business,* questions communes à plusieurs services. **-ally,** *adv.* Interdépartementalement; entre services.

interdepend [intərdi'pend], *v.i.* Dépendre l'un de l'autre; être solidaires (l'un de l'autre).

interdependence [intərdi'pendəns], *s.* Interdépendance *f*; solidarité *f.* *I. of two processes of manufacture,* enclenchement *m* entre deux opérations de la fabrication.

interdependent [intərdi'pendənt], *a.* Solidaire (*with,* de). *All these facts are i.,* tous ces faits s'enchaînent. *These two factors are i.,* ces deux facteurs *m* s'interpénètrent.

interdict[1] ['intərdikt], *s.* **1.** *Jur:* Défense *f,* interdiction *f.* *Scot:* = INJUNCTION 2. **2.** *Ecc:* Interdit *m.* *The Papal interdicts,* les interdits pontificaux; *F:* les foudres *m* du Vatican. **To lay a church, a priest, under an interdict,** mettre en interdit, frapper d'interdit, frapper d'interdiction, interdire, une église, un prêtre. *To raise, remove, the i.,* lever l'interdit.

interdict[2] [intər'dikt], *v.tr.* **1.** *Jur:* Interdire, prohiber (le commerce avec l'étranger, etc.). *To i. s.o. from doing sth.,* interdire à qn de faire qch.; faire défense à qn de faire qch. **2.** *Ecc:* Frapper d'interdiction, d'interdit (un prêtre, une ville); interdire (un prêtre); mettre (un pays) en interdit.

interdiction [intər'dikʃ(ə)n], *s.* **1.** Interdiction *f* (de rites religieux, etc.). **2.** *Jur:* *To impose* **judicial interdiction** *on s.o.,* frapper qn d'interdiction judiciaire. **3.** *Ecc:* = INTERDICT[1] 2.

interdictory [intər'diktəri], *a.* (Loi) d'interdiction; (système) prohibitif.

interdigital [intər'didʒit(ə)l], *a.* Interdigital, -aux.

interest[1] ['int(ə)rest], *s.* Intérêt *m.* **1.** *Com: etc:* (*a*) Participation *f.*

To have an interest in the profits, participer aux bénéfices. *To have a direct i. in sth.*, avoir un intérêt personnel dans qch. *I have no* **money interest** *in that concern*, je n'ai pas de capitaux, je ne suis pas intéressé, dans cette entreprise. *The i. of each partner in the profits*, le tantième de chaque associé dans les bénéfices. *His i. in the company is* £10,000, sa commandite est de dix mille livres sterling. *To give s.o. a financial i. in the business*, intéresser qn dans son commerce. *To give s.o. a joint i. in an affair*, coïntéresser qn dans une affaire. *See also* LIFE-INTEREST, VESTED. (*b*) **The brewing interest,** la brasserie, les brasseurs *m*. **The shipping interest,** les armateurs *m*; le commerce maritime. **The Conservative interest,** le parti conservateur. **The landed interest,** les propriétaires terriens. *Agreement between a Belgian company and British interests*, arrangement *m* entre une compagnie belge et un groupe de capitalistes anglais. **2.** Avantage *m*, profit *m*. **The public interest,** l'intérêt public. **To consult one's own interest,** consulter son intérêt. *His own i. comes before everything else*, il ne connaît que ses intérêts. *F:* **Everyone has an eye to his own interest,** chacun prêche pour son saint, pour sa paroisse. **To act for, in, one's own interest(s),** agir dans son intérêt. *To act in s.o.'s interest(s)*, agir pour le compte de qn. *To act in s.o.'s best interests*, agir au mieux des intérêts de qn. *It is to my i. to do this, that he should be present*, il est de mon intérêt de faire ceci; j'ai intérêt à faire ceci; je suis intéressé à ce qu'il soit présent. **To promote s.o.'s interest,** prendre les intérêts de qn. **In the interest(s) of truth,** dans l'intérêt de la vérité. **3.** *A:* Crédit *m*, influence *f*. **To use one's interest on s.o.'s behalf,** user de son influence, intervenir, en faveur de qn. **To have interest with s.o.,** avoir du crédit auprès de qn. **To make interest with s.o.,** user de son crédit auprès de qn. **4. To take, feel, an interest in s.o., in sth.,** s'intéresser, porter intérêt, à qn; ressentir de l'intérêt pour qn; prendre de l'intérêt à qch. *The i. which I take in you*, l'intérêt que je vous porte. *To take no (further) i. in sth.*, se désintéresser de qch. *To take a fresh i. in life*, reprendre goût à la vie. *Story full of i.*, histoire pleine d'intérêt. *To take all the i. out of a play*, affadir une pièce. *These questions have no i. for me*, ces questions ne m'intéressent pas. **Questions of public interest,** questions qui agitent le grand public. *Speech that has excited world-wide i.*, discours retentissant. **5.** *Fin:* **Sum invested at 5% interest,** somme placée à cinq pour cent. **To bear interest at 5%,** porter intérêt à cinq pour cent. *I. on* £100, intérêt rapporté par cent livres sterling. **Simple, compound, interest,** intérêts simples, composés. **To borrow at interest,** emprunter à intérêt. **To lend at short interest,** prêter à la petite semaine. *To lend at fair i.*, *F:* prêter à un denier honnête. **To put one's money out at interest,** placer son argent; *F:* faire travailler son argent. *Loan bearing i., loan at i.*, prêt *m* à intérêt. *Shares that yield high i.*, actions *f* à gros rendement. **Fixed interest securities,** valeurs *f* à revenu fixe. **Determinable interest securities,** valeurs à revenu variable. *Money paying no i.*, argent dormant, mort. **Back interest,** arrérages *mpl*. *To allow the back i. to accumulate*, laisser courir les arrérages. *The earth repaid his labour* **with interest,** la terre le payait de ses peines avec usure. *F:* **To repay an injury with interest,** rendre le mal avec usure. *See also* FIXED 2. *Attrib.* **Interest table,** table *f* des intérêts. **Interest charges,** service *m* des intérêts. **Interest warrant,** coupon *m* d'intérêt. **Interest-bearing investment,** placement productif d'intérêt, qui porte intérêt. *I.-bearing securities*, valeurs à intérêts.

interest², *v.tr.* **1.** Intéresser (*s.o. in a business*, qn à, dans, une affaire). **2.** Éveiller l'intérêt de (qn). *To i. s.o. in an event, in a cause*, intéresser qn à un événement, à une cause. *To i. a pupil in literature*, orienter un élève vers les belles-lettres. *Your story interests me*, votre récit *m* m'intéresse. **To interest oneself, to be interested, in s.o., in sth., in doing sth.,** s'intéresser à qn, à qch., à faire qch. *He is interested in my family*, il prend un intérêt à ma famille. *Subject that interests me greatly, in which I am greatly interested*, sujet *m* qui m'intéresse beaucoup. **To be interested in painting, in music,** s'occuper de peinture, de musique. *One cannot be too interested in it*, on ne saurait trop s'y intéresser. *To be interested in sth. being done*, être intéressé à ce que qch. se fasse. *I am not interested*, cela ne m'intéresse pas; cela est sans intérêt pour moi. *I am not interested in whether you approve or not*, que vous approuviez ou non, cela ne m'intéresse pas. *I should be interested to hear the end of the story*, je serais curieux d'apprendre la fin de l'histoire. *Work that interests*, ouvrage *m* qui captive l'esprit.

interested, *a.* Intéressé. **1.** *Com:* **The interested parties,** les parties intéressées; les intéressés *m*. *Jur:* **Interested party,** ayant droit *m*, *pl.* ayants droit. **2. Interested motives,** motifs intéressés. *To act from i. motives*, agir par calcul, pour des motifs intéressés. *I am not speaking from i. motives*, je parle sans intérêt. **3. Interested auditors,** auditoire intéressé. *With an i. look*, (i) avec un regard d'intérêt; (ii) d'un air intéressé. **-ly,** *adv.* **1.** (Regarder qch.) avec intérêt. **2.** *I do not speak i.*, je ne parle pas par intérêt; je parle sans calcul.

interesting, *a.* Intéressant. *I. book*, livre intéressant, attachant. *Passionately i. piece of work*, œuvre passionnante à entreprendre ou à lire. *See also* CONDITION¹ 2. **-ly,** *adv.* D'une manière intéressante.

interfacial [intər'feiʃəl], *a.* *Geom:* *Cryst:* (Angle *m*) dièdre, entre deux faces.

interfenestration [intərfenes'treiʃ(ə)n], *s.* *Arch:* Espacement *m* des fenêtres (d'un bâtiment).

interfere [intər'fiːər], *v.i.* **1.** (*a*) (*Of pers.*) S'ingérer, s'immiscer, intervenir (*in a matter*, dans une affaire); s'interposer (dans une querelle). **To interfere with s.o., in s.o.'s affairs,** contrecarrer qn; se mêler des affaires de qn; s'immiscer dans les affaires de qn. *I don't like to be interfered with*, je n'aime pas qu'on se mêle de mes affaires, qu'on me contrecarre. *The state should not i. with private business*, l'État ne doit pas s'ingérer dans les affaires des particuliers. *To i. with the established government*, toucher au gouvernement établi. *Don't i. with, in, what does not concern you*, ne vous mêlez pas de ce qui ne vous regarde pas. **Don't interfere!** (i) ne vous mêlez de rien! (ii) *F:* mêlez-vous de vos affaires, de ce qui vous regarde! *Don't i. in family quarrels*, entre l'arbre et l'écorce ne mettez pas le doigt. *He is always interfering*, il fourre son nez partout. (*b*) Toucher à (qch.). *Some one has interfered with the clock*, on a touché à la pendule. *Don't i. (with it)!* n'y touchez pas! *Don't i. with the children!* laissez les enfants tranquilles! (*At inquest, etc.*) *She had not been interfered with*, il n'y a pas eu de viol. (*c*) (*Of thg*) **To interfere with (sth.),** gêner, contrarier (les projets de qn); gêner (la navigation, la circulation, etc.); entraver (la marche des affaires); masquer (la vue). *To i. with the operation of a rule*, gêner l'application d'un règlement. *Nothing must i. with the course of justice*, rien ne doit entraver le cours de la justice. *Pleasure must not be allowed to i. with business*, il ne faut pas que les plaisirs empiètent sur les affaires. *Sedentary occupations often i. with health*, les emplois *m* sédentaires portent souvent atteinte à la santé. *That interferes with my interests*, cela porte atteinte à mes intérêts. *It interferes with my plans*, cela dérange mes plans. *Navy:* (*Of ships*) *To i. with each other's fire*, se masquer les uns les autres. **2.** *Ph:* *etc:* (*Of light-waves, etc.*) Interférer. *W.Tel:* Brouiller. **3.** (*Of horse*) Se couper, s'entretailler, se friser.

interfering¹, *a.* **1.** (*a*) (*Of pers.*) Importun, tracassier; qui se mêle de ce qui ne le regarde pas. (*b*) *He is so i.!* il est si tatillon! il fourre son nez partout! (*c*) (*Of thgs*) Gênant, qui fait obstacle. **2.** *Ph:* (*Of rays, etc.*) Interférent.

interfering², *s.* = INTERFERENCE 1.

interference [intər'fiːərəns], *s.* **1.** (*a*) Intervention *f*; intrusion *f*, ingérence *f* (*in*, dans). *Jur:* **Unwarrantable interference,** immixtion *f* (*with*, dans). (*b*) *Mec.E:* Arc-boutement *m* (des engrenages). **2.** *Ph:* Interférence *f*. *W.Tel:* Effet *m* parasitaire; brouillage *m*; interférences, (bruits *m*) parasites *m*. *Opt:* **Interference bands, fringes,** bandes *f*, franges *f*, d'interférence. **Interference refractometer,** réfractomètre interférentiel. **3.** *Farr:* *Vet:* Entretaillure *f*.

interferential [intərfiə'renʃ(ə)l], *a.* *Ph:* Interférentiel.

interferometer [intərfiə'rɔmetər], *s.* *Ph:* Interféromètre *m*.

interflow [intər'flou], *v.i.* (*Of fluids*) Se mélanger; (*of rivers*) confondre, mêler, leurs eaux.

interfoliaceous [intərfouli'eiʃəs], *a.* Interfoliacé.

interfuse [intər'fjuːz]. **1.** *v.tr.* (*a*) Parsemer (*with*, de). *Speech interfused with quotations*, discours parsemé, entrelardé, de citations. (*b*) Mélanger, pénétrer (*with*, de); confondre (*with*, avec). **2.** *v.i.* Se mélanger, se confondre, se marier.

interfusion [intər'fjuːz(ə)n], *s.* Mélange *m*, fusion *f* (*with*, avec).

interglacial [intər'gleiʃ(i)əl], *a.* *Geol:* (Dépôt *m*, etc.) interglaciaire.

intergradation [intərgra'deiʃ(ə)n], *s.* *Biol:* Rapprochement *m* par gradations (de deux formes).

intergrade ['intərgreid], *v.i.* *Biol:* Se rapprocher par gradations (*with another form*, d'une autre forme).

intergrown ['intərgroun], *a.* (Feuillage) enchevêtré.

intergrowth ['intərgrouθ], *s.* Enchevêtrement *m* (de deux arbres, etc.).

interheater ['intərhiːtər], *s.* *Mch:* Échauffeur *m* intermédiaire.

interim ['intərim]. **1.** *adv.* Entre temps, en attendant. *Adv.phr.* **Ad interim,** par intérim, provisoirement, intérimairement. **Duties ad interim,** intérimat *m*. **2.** *s.* Intérim *m*. *Pol:* Intérimat *m*. **In the interim,** dans l'intérim, sur ces entrefaites. *To take over the duties of a post in the i.*, assurer l'intérim pendant une vacance. **3.** *a.* (Rapport *m*, professeur *m*) intérimaire. **Interim copyright,** protection *f* intérimaire d'un ouvrage. *Jur:* **Interim order,** avant faire droit *m inv*. *See also* DIVIDEND 2.

interior [in'tiːriər]. **1.** *a.* (*a*) (Côté) intérieur; (terres *fpl*) de l'intérieur. **Interior trade,** commerce intérieur. **Interior screw,** vis *f* femelle. *Geom:* **Interior angle,** angle *m* interne. (*b*) *Adm:* **Interior economy,** le détail. (*c*) *I. feelings*, sentiments *m* intimes. **2.** *s.* (*a*) Intérieur *m* (du pays, des terres). *The i. of a building*, l'intérieur, les dedans *m*, d'un édifice. (*b*) *Art:* (Tableau *m* d')intérieur. (*Picture of a*) **forest interior,** sous-bois *m inv*. **-ly,** *adv.* Intérieurement, en dedans.

interjacent [intər'dʒeisənt], *a.* (Angle, intervalle) intermédiaire, interjacent.

interjaculatory [intər'djakjulətəri], *a.* Interjectif, exclamatif.

interject [intər'dʒekt], *v.tr.* *To i. a remark, a protest*, lancer une remarque; émettre une protestation. *"Nonsense!" he interjected*, "quelle bêtise!" s'écria-t-il.

interjection [intər'dʒekʃ(ə)n], *s.* Interjection *f*.

interjectional [intər'dʒekʃən(ə)l], *a.* Interjectionnel, interjectif.

interknit¹ [intər'nit], *v.* (*p.p.* & *p.t.* **interknitted** *or* **interknit; interknitting**) **1.** *v.tr.* Entrelacer. **2.** *v.i.* S'entrelacer.

interknit², *a.* (*Of fingers, etc.*) Entrelacé.

interlace [intər'leis]. **1.** *v.tr.* (*a*) Entrelacer (des branches, etc.); entrecroiser (des fils). (*b*) Entremêler (*with*, de). **2.** *v.i.* S'entrelacer, s'entrecroiser; s'entremêler.

interlacing¹, *a.* *Arch:* Intersecté.

interlacing², *s.* **1.** = INTERLACEMENT. **2.** *Needlew:* *Arch:* Entrelacs *m*.

interlacement [intər'leismənt], *s.* Entrelacement *m* (de branches, etc.); entrecroisement *m* (de fils).

interlap [intər'lap], *v.i.* = OVERLAP².

interlard [intər'lɑːrd], *v.tr.* (Entre)larder, bigarrer, entremêler, *F:* piquer (un discours, ses récits) (*with*, de). *Speech interlarded with Latin*, discours entrelardé de latin. *Orders interlarded with oaths*, ordres entremêlés de jurons.

interlarding, *s.* Entrelardement *m*.

interleaf, *pl.* **-leaves** ['intərliːf, -liːvz], *s.* **1.** Feuille blanche (intercalée dans un livre); page interfoliée. **2.** *Bot:* Entrefeuille *f*.

interleave [intər'liːv], *v.tr.* Interfolier (un livre).

interline [intər'lain], *v.tr.* **1.** (*a*) Interligner, entre-ligner (un document, un manuscrit). (*b*) Écrire (une traduction, etc.) dans les entre-lignes, entre les lignes. **2.** Mettre une doublure intermédiaire à (un vêtement, etc.).
interlining, *s.* **1.** = INTERLINEATION 1. **2.** Doublure *f* intermédiaire.

interlinear [intər'liniər], *a.* **1.** (Traduction *f*, etc.) interlinéaire. **2.** (Texte) à traduction interlinéaire.

interlineation [intərlini'eiʃ(ə)n], *s.* **1.** Interlineation of a text, intercalation *f* de mots, de lignes, dans un texte. **2.** Interlinéation *f*, interligne *m*, entre-ligne *m*. *Typ:* Surcharge *f*.

interlink [intər'liŋk]. **1.** *v.tr.* Enchaîner, relier, rattacher (*with*, à). *To i. two chains*, relier deux chaînes. *To i. several facts*, relier entre eux plusieurs événements. *One sees how things are interlinked*, on voit comme les choses s'enchaînent. *With hands interlinked*, les mains entrelacées. **2.** *v.i.* Se relier; s'agrafer.
interlinking, *s.* Raccordement *m*; jonction *f*.

interlobular [intər'lɔbjulər], *a.* *Anat:* Interlobaire, interlobulaire.

interlock [intər'lɔk]. **1.** *v.tr.* (*a*) Emboîter. *Rail:* Enclencher (des aiguilles). (*b*) *Cin:* Rendre solidaires, synchroniser (les appareils enregistreurs). **2.** *v.i.* (*a*) S'entremêler, s'entrelacer, s'entrecroiser. (*b*) *Mec.E:* S'enclencher; s'emboîter; (*of pinions*) (s')engrener, mordre.
interlocking[1], *a.* Entrecroisé. **Interlocking grate-bars,** barreaux *m* de grille en zigzag.
interlocking[2], *s.* Enclenchement *m*, emboîtement *m*; engrènement *m*, entremêlement *m*, entrelacement *m*. **Interlocking device,** système *m* de verrouillage; dispositif *m* de blocage. **Interlocking gear,** appareil *m* d'enclenchement; mécanisme *m* à action solidarisée.

interlocution [intərlo'kjuːʃ(ə)n], *s.* Interlocution *f*.

interlocutor[1] [intər'lɔkjutər], *s.* (*Pers.*) Interlocuteur *m*.

interlocutor[2], *s.* *Jur:* (*Scot.*) Interlocutoire *m*. (*a*) Jugement *m* interlocutoire. (*b*) Jugement motivé, décision motivée.

interlocutory [intər'lɔkjutəri], *a.* *Jur:* (Arrêt) interlocutoire, préjudiciel. **Interlocutory decree, interlocutory judgment,** (jugement) interlocutoire *m*.

interlocutress [intər'lɔkjutres], **interlocutrix** [intər'lɔkjutriks], *s.f.* Interlocutrice.

interloper ['intərloupər], *s.* **1.** (*a*) Intrus, -use. (*b*) Commerçant *m* marron. **2.** *A.Com:* *Nau:* (Navire) interlope *m*.

interlude ['intərljuːd], *s.* *Th:* Intermède *m* (entre deux scènes, *F:* entre deux batailles, etc.). **Musical interlude** interlude *m*; intermède musical.

interlunary [intər'ljunəri], *a.* (Période *f*, etc.) interlunaire.

intermarriage [intər'maredʒ], *s.* **1.** *Jur:* = MARRIAGE 1. **2.** Intermariage *m* (i) entre les membres de différentes familles, tribus, ou castes, (ii) *F:* entre les membres d'une même famille.

intermarry [intər'mari], *v.i.* **1.** *Jur:* Se marier (*with*, avec). **2.** (*a*) (*Of different tribes, etc.*) Se marier les uns avec les autres, entre eux. *Two races that often i.*, deux races *f* qui s'allient souvent. (*b*) Se marier entre parents.

intermat [intər'mat], *v.tr.* *Tex:* Emmêler, feutrer (le poil, etc.).

intermaxillary [intərmak'siləri], *a.* *Anat:* *Z:* Intermaxillaire.

intermeddle [intər'medl], *v.i.* **To intermeddle in a business, with what does not concern one,** s'immiscer, s'ingérer, s'interposer, dans une affaire; se mêler de ce qui ne vous regarde pas.
intermeddling, *s.* Intervention officieuse ou indiscrète.

intermeddler [intər'medlər], *s.* Officieux, -euse.

intermediary [intər'miːdjəri], *a.* & *s.* (*a*) Intermédiaire (*m*). (*b*) *Jur:* (*In illegal donation*) Personne interposée. **Use of an intermediary** (*in a donation*), interposition *f* de personne.

intermediate[1] [intər'miːdjet]. **1.** *a.* (*a*) Intermédiaire; (*of time*) intermédiat. **Intermediate points** (*of the compass*), points collatéraux. *Mch:* **Intermediate cylinder,** cylindre *m* à moyenne pression. *El.E:* *Circuit with i. receiving stations*, ligne *f* à embrochage. *Sch:* **Intermediate course,** cours moyen (d'algèbre, etc.). *To pass from one state to another without any i. stage*, passer d'un état à un autre sans aucune transition. (*b*) *Sch:* **Intermediate examination** *in arts, in science*, *F:* **inter,** examen *m* intermédiaire (entre la "matriculation" et l'examen du diplôme). **2.** *s.* (*a*) (*Pers.*) Intermédiaire *m*. (*b*) Moyen terme. **-ly,** *adv.* **1.** Par un intermédiaire; indirectement. **2.** (Situé) dans une position intermédiaire.

intermediate[2] [intər'miːdieit], *v.i.* S'entremettre; servir de médiateur (*between*, entre).

intermedium [intər'miːdiəm], *s.* Intermédiaire *m*.

interment [in'təːrmənt], *s.* Enterrement *m*, inhumation *f*.

intermezzo, *pl.* **-os, -i** [intər'medzo, -ouz, -i], *s.* *Mus:* Intermezzo *m*.

intermigration [intərmai'greiʃ(ə)n], *s.* Migration *f* réciproque.

interminable [in'təːrminəbl], *a.* (Discussion *f*) interminable, sans fin; (histoires) à n'en plus finir. **-ably,** *adv.* Interminablement, sans cesse.

intermingle [intər'miŋgl]. **1.** *v.tr.* (*a*) Entremêler; mélanger. *To i. colours*, mélanger des couleurs. *They intermingled their tears*, ils entremêlaient leurs larmes. *To i. jokes among facts*, entremêler des plaisanteries parmi les faits. *To i. red flowers with, among, the white ones*, entremêler des fleurs rouges avec, dans, parmi, les fleurs blanches, aux fleurs blanches. *Race in which diverse elements are intermingled*, race *f* où se confondent des éléments divers. (*b*) *To i. sth. with sth.*, entremêler qch. de qch. *White flowers intermingled with red ones*, fleurs blanches entremêlées de fleurs rouges. **2.** *v.i.* S'entremêler, se mêler, se confondre (*with*, avec).
intermingling, *s.* Entremêlement *m* (*with*, à, avec, de).

intermission [intər'miʃ(ə)n], *s.* **1.** Interruption *f*, relâche *f*, trêve *f*, pause *f*. *Med:* Intermission *f* (de la fièvre); intermittence *f* (du pouls). **Without intermission,** sans intermission, sans arrêt, sans discontinuer. *To work without i.*, travailler sans relâche, sans trêve, sans désemparer. *Med:* **Days of intermission** (of fever), jours *m* intercalaires. **2.** *Th:* *U.S:* Entr'acte *m*, *pl.* entr'actes.

intermit [intər'mit], *v.* (**intermitted; intermitting**) **1.** *v.tr.* Interrompre, suspendre (ses travaux, etc.). **2.** *v.i.* *Med:* *etc:* (*Of pulse, fever, etc.*) S'interrompre momentanément; avoir des intermittences.

intermittence [intər'mitəns], *s.* **1.** Intermittence *f* (d'une source, etc.). **2.** Intervalle *m* de repos; pause *f*; arrêt momentané.

intermittent [intər'mitənt], *a.* Intermittent. **Intermittent fever,** fièvre intermittente; fièvre doublée. *I. pulse*, pouls intermittent. *Cin:* *I. feeding*, mouvement intermittent, saccadé. *I. mechanism*, mécanisme *m* d'escamotage. *See also* LIGHT[1] 2. **-ly,** *adv.* Par intervalles, avec des intermissions, par intermittence.

intermix [intər'miks]. **1.** *v.tr.* Entremêler, mélanger. **2.** *v.i.* S'entremêler, se mélanger.

intermixture [intər'mikstjər], *s.* **1.** Mixtion *f*. **2.** Mélange *m*.

intermundane [intər'mʌndein], *a.* *Ph:* **Intermundane space,** intermonde *m*.

intermuscular [intər'mʌskjulər], *a.* (Tissu *m*, etc.) intermusculaire.

intern[1] [in'təːrn], *v.tr.* Interner (des troupes, des étrangers, etc.).

intern[2], *s.* *U.S:* Interne *m* (des hôpitaux).

internal [in'təːrn(ə)l], *a.* **1.** (Puits *m*, circuit *m*, rabotage *m*) intérieur; (angle *m*, maladie *f*, médicament *m*) interne. *I. pressure*, pression intérieure. *She has i. pains*, elle souffre de douleurs internes. *Mec.E:* **Internal gear,** engrenage *m* à dents intérieures. *El:* **Internal current,** courant *m* intrapilaire. *See also* COMBUSTION, DIAMETER, PARTITION[1] 2. **2.** (*a*) (Valeur *f*) intrinsèque; (preuve *f*, conviction *f*) intime. *See also* EVIDENCE[1] 3. (*b*) Secret, intime. *The i. workings of the mind*, les opérations secrètes de l'esprit. **3.** (*a*) *I. trade*, commerce intérieur. **Internal legislation,** législation nationale. *Adm:* *Mil:* *etc:* **Internal economy,** détail *m*. *To maintain i. peace*, maintenir la paix à l'intérieur (du pays), la paix intérieure. *A prey to i. wars*, en proie aux guerres intestines. (*b*) *Sch:* **Internal student,** étudiant *m* interne. **4.** *s.pl.* **Internals,** les entrailles *f*, les intestins *m*. **-ally,** *adv.* Intérieurement. *Remedy to be taken i.*, remède administré intérieurement. *I. he was none too happy*, il n'était pas trop content dans son for intérieur.

international [intər'naʃən(ə)l]. **1.** *a.* International, -aux. **International law,** droit international; droit des gens. *See also* CODE[1] 1. **The International Working Men's Association,** *s.* **the International,** l'Internationale *f*. **2.** *s.* (*a*) *Sp:* Joueur international; international. (*b*) *Pol:* Adhérent *m* de l'Internationale. **-ally,** *adv.* Internationalement.

internationalism [intər'naʃənəlizm], *s.* Internationalisme *m*.

internationalist [intər'naʃənəlist], *s.* Internationaliste *mf*.

internationality [intərnaʃən'aliti], *s.* Internationalité *f*.

internationalization [intərnaʃənəlai'zeiʃ(ə)n], *s.* Internationalisation *f* (d'un territoire, etc.).

internationalize [intər'naʃənəlaiz], *v.tr.* Rendre international; internationaliser (un territoire, etc.).

internecine [intər'niːsain], *a.* (*a*) *A:* Meurtrier. (*b*) **Internecine war,** guerre *f* d'extermination réciproque.

internee [intəːr'niː], *s.* Interné, -ée.

internment [in'təːrnmənt], *s.* **1.** Internement *m*. **Internment camp,** camp *m* de prisonniers; camp de concentration. **2. Penal internment,** réclusion *f*.

internode ['intərnoud], *s.* **1.** *Bot:* Entre(-)nœud *m*; mérithalle *m*. **2.** *Anat:* Phalange *f*.

internuncio [intər'nʌnʃio], *s.* *Ecc:* Internonce *m*.

interoceanic [intərouʃi'anik], *a.* Interocéanique.

interocular [intər'ɔkjulər], *a.* *Ent:* (*Of antennae*) Interoculaire.

interosculate [intər'ɔskjuleit], *v.i.* **1.** S'entremêler; se confondre. **2.** *Biol:* (*Of species*) Avoir des caractères communs.

interosseous [intər'ɔsjəs], *a.* *Anat:* Interosseux.

interpage [intər'peːidʒ], *v.tr.* **1.** Interfolier (un livre) de feuillets blancs. **2.** Insérer entre deux pages; imprimer (des notes) sur une page intermédiaire.

interparietal [intərpa'raiət(ə)l], *a.* *Anat:* Interpariétal, -aux.

interpellate [intər'peleit], *v.tr.* *Parl:* (*In Fr. Chamber*) Interpeller (un ministre).

interpellation [intərpe'leiʃ(ə)n], *s.* Interpellation *f*.

interpellator [intərpe'leitər], *s.* Interpellateur, -trice.

interpenetrant [intər'penetrənt], *a.* Qui s'entrepénètrent. *See also* TWIN[1] 3.

interpenetrate [intər'penetreit]. **1.** *v.tr.* Pénétrer dans tous les interstices (d'un tissu, etc.); se répandre dans (un pays, l'air); pénétrer (l'air, etc.). **2.** *v.i.* (*Of two thgs*) Se pénétrer réciproquement, mutuellement; s'entrepénétrer, s'interpénétrer.

interpenetration [intərpene'treiʃ(ə)n], *s.* **1.** Pénétration *f* (*of*, dans). **2.** Pénétration réciproque. *Pol.Ec:* Interpénétration *f*.

interphone ['intərfoun], *s.* Téléphone privé; téléphone de communication entre les services (d'une usine, etc.).

interplait [intər'plat], *v.tr.* Entrelacer.

interplane ['intərplein], *a.* *Av:* **Interplane strut,** montant *m* de cellule.

interplanetary [intər'planetəri], *a.* Interplanétaire.

interplay ['intərplei], *s.* Effet *m* réciproque; effets combinés; réaction *f*. *I. of colours*, effets de couleurs combinées.

interpleader [intər'pliːdər], *s.* *Jur:* **1.** Action pétitoire incidente (pour décider l'attribution de propriété d'un bien réclamé par plusieurs plaideurs). **2.** (*In a case of distraint*) Revendication *f* par un tiers des biens saisis.

interpolar [intər'poulər], *a.* *El:* (Circuit *m*. etc.) interpolaire.

interpolate [in'təːrpoleit], *v.tr.* Interpoler, intercaler (un mot, une phrase, un passage). *Gram:* **Interpolated clause,** incise *f*. *Mth:* *To i. a function*, interpoler une fonction.

interpolation [intəːrpo'leiʃ(ə)n], *s.* Interpolation *f* (d'un mot dans un manuscrit, *Mth:* d'un terme dans une série).

interpolator [in'təːrpoleitər], *s.* Interpolateur, -trice.

interposal [intər'pouz(ə)l], *s.* = INTERPOSITION.
interpose [intər'po:uz]. **1.** *v.tr.* (*a*) Interposer (un objet entre deux autres). (*b*) **To interpose one's veto,** interposer son véto. *To i. one's authority to have sth. done,* interposer, faire intervenir, son autorité pour faire faire qch. (*c*) **To interpose a remark,** *abs.* **to interpose,** faire une observation, interrompre (dans une conversation); placer son mot. **2.** *v.i.* S'interposer, intervenir (*between two opponents,* entre deux adversaires).
interposition [intərpo'ziʃ(ə)n], *s.* **1.** Interposition *f.* **2.** Intervention *f.*
interpret [in'tə:rpret], *v.tr.* **1.** Interpréter, expliquer (un texte, une loi, un songe); déchiffrer, interpréter (des signaux). **2.** *Th: Mus:* Interpréter (un rôle, une composition musicale). **3.** Prendre (une action) en bonne ou en mauvaise part. *To i. s.o.'s words as a threat,* interpréter les paroles de qn comme, pour, une menace. **4.** Interpréter (un discours, etc., d'une langue en une autre). *Abs.* Faire l'interprète.
interpreting, *s.* Interprétation *f* (d'un discours, etc.).
interpretable [in'tə:rpretəbl], *a.* Interprétable.
interpretation [intə:rpre'teiʃ(ə)n], *s.* Interprétation *f* (d'un texte, d'un songe, d'un signal, d'un rôle). **To put a wrong interpretation on s.o.'s actions,** donner une fausse interprétation aux actions de qn. *Jur:* **Interpretation clause,** clause interprétative (d'une loi).
interpretative [in'tə:rpreteitiv], *a.* Interprétatif, qui explique.
interpreter [in'tə:rpretər], *s.* Interprète *mf;* truchement *m.* *To act as i. to s.o., to a meeting,* servir d'interprète à qn, auprès d'une assemblée. *Mil: I. with, to, a division,* interprète auprès d'une division. *A literary masterpiece needs no i.,* un chef-d'œuvre littéraire n'a besoin d'aucun truchement.
interpretership [in'tə:rpretərʃip], *s.* Interprétariat *m.*
interpretress [in'tə:rpretres], *s.f.* (Femme) interprète *f.*
interprovincial ['intərpro'vinʃəl], *a.* (Communication *f*) entre provinces; commun à plusieurs provinces.
interpunctuate [intər'pʌŋktjueit], *v.tr.* = PUNCTUATE.
interpunctuation ['intərpʌŋktju'eiʃ(ə)n], *s.* = PUNCTUATION.
interracial [intər'reiʃjəl], *a.* Commun à plusieurs races; (mariages *m*) entre des races différentes.
interregnum, *pl.* **-ums, -a** [intər'regnəm, -əmz, -*a*], *s.* Interrègne *m.*
interrelated [intərri'leitid], *a.* **1.** En communication. **2.** (Faits) intimement reliés, étroitement liés entre eux, en relation mutuelle, en corrélation.
interrelation [intərri'leiʃən], *s.* Relation mutuelle; corrélation *f.*
inter-resist [intərri'zist], *v.i.* (*Of forces, etc.*) Se résister (mutuellement); s'opposer (l'un(e) à l'autre).
interrogate [in'terogeit], *v.tr.* Interroger, questionner (qn).
interrogation [intero'geiʃ(ə)n], *s.* **1.** Interrogation *f* (d'un candidat, etc.); interrogatoire *m* (d'un prévenu). **2.** *Gram:* **Point, mark, note, of interrogation,** point *m* d'interrogation. **3.** Question *f.*
interrogative [intə'rɔgətiv]. **1.** *a.* (*Of tone, look, etc.*) Interrogateur, -trice. **2.** *a. & s. Gram:* **Interrogative (pronoun, etc.),** (pronom, etc.) interrogatif (*m*). *I. form of a verb,* forme interrogative d'un verbe. **-ly,** *adv.* Interrogativement. *To look at s.o. i.,* regarder qn d'un air interrogateur; lancer un regard interrogateur à qn.
interrogator [in'terogeitər], *s.* Interrogateur, -trice; questionneur, -euse.
interrogatory [intə'rɔgətəri]. **1.** *a.* Interrogateur, -trice. **2.** *s. Jur:* (*a*) Question (posée à l'accusé). (*b*) Interrogatoire *m.*
interrupt [intə'rʌpt], *v.tr.* **1.** Interrompre (une action, un discours, une discussion). **To interrupt s.o.,** interrompre qn; couper la parole à qn; *F:* couper qn. *Abs.* **Don't interrupt!** n'interrompez pas! *To i. two persons' private conversation,* couper l'aparté de deux personnes. **2.** (*a*) Suspendre, interrompre (la circulation); couper (les communications); interrompre (un circuit électrique); rompre (la cadence). *The war interrupted his studies,* la guerre marqua un temps d'arrêt dans ses études. (*b*) Interrompre, intercepter, former obstacle à (la vue, etc.). *Nothing interrupted the march of the battalion,* rien ne troubla la marche du bataillon.
interrupted, *a.* Interrompu. *See also* CADENCE 2.
interrupter [intə'rʌptər], *s.* **1.** (*Pers.*) Interrupteur, -trice. **2.** *El:* Interrupteur *m;* coupe-circuit *m inv;* rupteur *m* de courant; (*switch*) disjoncteur *m,* disrupteur *m;* (*spark-gap*) éclateur *m.*
interruption [intə'rʌpʃ(ə)n], *s.* **1.** (*a*) Interruption *f;* dérangement *m* (de qn). *To work six hours* **without interruption,** travailler six heures sans interruption, sans débrider, d'arrache-pied, (tout) d'une traite. (*b*) *Interruptions came from all parts of the audience,* des interruptions venaient de toutes parts dans l'auditoire. **2. Interruption in continuity,** solution *f* de continuité.
interruptory [intə'rʌptəri], *a.* Interrupteur, -trice.
interscapular [intər'skapjulər], *a.* *Anat:* (Région *f,* etc.) interscapulaire.
inter-school [intər'sku:l], *attrib.a.* (Match *m,* etc.) interscolaire.
intersect [intər'sekt]. **1.** *v.tr.* Entrecouper, intersecter, entrecroiser (*with, by,* de); croiser. *Geom:* Couper, intersecter. *Ground intersected with ravines,* terrain (entre)coupé de ravins. *Town intersected by wide streets,* ville coupée de larges rues. *Line that intersects another,* ligne qui en coupe une autre. (*Of lines, surfaces*) *To i. one another,* se couper, s'intersecter. *Geol:* **Intersected lode,** filon croisé. **2.** *v.i. Geom: etc:* (*Of lines, surfaces; of roads*) Se couper, s'intersecter, se croiser; s'entrecouper, s'entrecroiser. **Intersecting point,** point *m* d'intersection. *Streets that i.,* rues qui s'entrecroisent.
intersecting, *a.* Entrecroisé; (lignes *f*) qui se coupent. *Arch:* Intersecté.
intersection [intər'sekʃ(ə)n], *s.* **1.** *Geom:* Intersection *f* (de deux plans, etc.). *Surv:* Recoupement *m,* intersection. **2.** (*a*) **(Point of) intersection,** point *m* d'intersection, de recoupement; point de section. (*b*) (*Cross-roads*) Carrefour *m;* croisement *m* de chemins.
intershot [intər'ʃɔt], *a.* Moiré. *Blue i. with purple,* bleu moiré de violet.
intersidereal [intərsai'di:riəl], *a.* *Astr:* = INTERSTELLAR.
interspace[1] ['intərspeis], *s.* Espacement *m* (entre deux corps); entre-deux *m inv;* (*of time*) intervalle *m.*
interspace[2] [intər'speis], *v.tr.* Espacer (ses visites).
intersperse [intər'spə:rs], *v.tr.* Entremêler (*between, among,* entre; *with,* de). *To i. shrubs and trees,* entremêler des arbustes et des arbres. *Poppies interspersed among the wheat,* coquelicots répandus parmi les blés. *Orders interspersed with oaths,* ordres entremêlés de jurons. *Field interspersed with poppies,* champ parsemé de coquelicots. *Countryside interspersed with farms,* contrée parsemée de fermes. *To i. a speech with quotations,* intercaler des citations dans un discours, émailler un discours de citations. *Pages interspersed with witty sayings,* pages émaillées de bons mots.
interspersion [intər'spə:rʃ(ə)n], *s.* Entremêlement *m.*
interstate [intər'steit], *attrib.a.* *U.S:* (Commerce *m,* etc.) entre États (des États-Unis).
interstellar [intər'stelər], *a.* *Astr:* Interstellaire; intersidéral, -aux; interastral, -aux.
interstice [in'tə:rstis, 'intərstis], *s.* **1.** (*a*) Interstice *m.* (*b*) Alvéole *m or f* (de grillage d'accu, etc.). **2.** *pl. R.C.Ch:* **Interstices,** interstices (entre la réception des divers ordres sacrés).
interstitial [intər'stiʃəl], *a.* (Espace, *Anat:* organe) interstitiel. *I. nephritis,* néphrite interstitielle.
intertangle [intər'taŋgl], *v.tr.* Embrouiller, emmêler.
intertanglement [intər'taŋglmənt], *s.* Embrouillement *m,* emmêlement *m.*
intertexture [intər'tekstjər], *s.* **1.** Entrelacement *m,* entremêlement *m.* **2.** Tissu *m.*
intertidal [intər'taid(ə)l], *a.* *Geog:* Intercotidal, -aux. *I. zone* (*of shore*) région intercotidale.
inter-tie ['intərtai], *s.* *Const:* Lierne *f* (entre deux montants).
intertrade ['intərtreid], *s.* Commerce *m* réciproque.
intertribal [intər'traib(ə)l], *a.* Commun à plusieurs tribus. *I. wars,* guerres *f* de tribus.
intertropical [intər'trɔpik(ə)l], *a.* Intertropical, -aux.
intertwine [intər'twain]. **1.** *v.tr.* Entrelacer. **2.** *v.i.* S'entrelacer, s'accoler.
intertwining[1], *a.* Entrelacé(s).
intertwining[2], *s.* Entrelacement *m.*
intertwinement [intər'twainmənt], *s.* Entrelacement *m.*
intertwist [intər'twist], *v.tr.* Entrelacer.
interurban [intər'ə:rbən], *a.* *Rail:* **1.** Interurbain. **2.** (Train *m,* ligne *f*) de banlieue.
interval ['intərv(ə)l], *s.* Intervalle *m.* **1.** (*Of time*) (*a*) *Lucid i.,* intervalle lucide. **At intervals,** par intervalles; par à-coups. *Visits at long intervals,* visites *f* à de longs intervalles. *I see him at long intervals,* je le vois de loin en loin. *Meetings held at short intervals,* séances très rapprochées. *Ten years' i. between two events,* distance *f* de dix ans entre deux événements. *The intervals between our visits become longer,* nos visites s'espacent. *I. between starting times of trains, between the trams on a service,* battement *m* des trains, des tramways. *The boats start at intervals of one minute,* les bateaux *m* partent de minute en minute. *Short i. of fair weather,* échappée *f* de beau temps. *Sunny i.,* coup *m* de soleil. *Meteor:* **Bright intervals,** belles éclaircies. *Rainy weather with bright intervals,* temps pluvieux avec éclaircies. *See also* OPERATION 3. (*b*) *Sch:* (Période *f* de) récréation *f.* *Ind:* **Meal interval,** pause *f.* (*c*) *Th:* Entr'acte *m, pl.* entr'actes. *Fb:* La mi-temps; la pause. **2.** (*a*) (*Of space*) *I. between two platoons,* intervalle entre deux sections. *I. between beams,* écartement *m* de deux poutres. *At intervals there are telephone call-boxes,* de distance en distance se trouvent des cabines téléphoniques. *Trees growing at regular intervals along the road,* arbres *m* qui jalonnent la route. *To place objects at regular intervals,* échelonner des objets. (*b*) *Mus:* *Concordant i., discordant i.,* intervalle consonant, dissonant.
intervein [intər'vein], *v.tr.* Veiner, strier (*with,* de).
intervene [intər'vi:n], *v.i.* **1.** (*Of pers., thg*) Intervenir, s'interposer, se jeter à la traverse. *To i. in s.o.'s defence,* intervenir pour prendre la défense de qn. *To i. in a quarrel,* intervenir dans une querelle. *To i. in the affairs of a neighbouring country,* intervenir dans un pays voisin. *Jur:* *To i. in an agreement,* intervenir dans un contrat. **2.** (*Of event*) Survenir, arriver. **3.** (*In time and space*) *Ten years intervened,* dix ans s'écoulèrent. *Ten miles intervened between the two towns,* dix milles séparaient les deux villes.
intervening[1], *a.* **1.** (*Of pers.*) Intervenant. *Com:* **The intervening party,** l'intervenant, -ante. **2.** (Événement) survenu. **3.** (Époque *f,* distance *f*) intermédiaire. *During the i. week,* pendant la semaine qui s'écoula.
intervening[2], *s.* Intervention *f,* interposition *f.*
intervener [intər'vi:nər], *s.* *Jur:* Intervenant, -ante.
intervention [intər'venʃ(ə)n], *s.* Intervention *f* (d'une personne, de la force armée, d'une nation étrangère, d'un tiers dans un procès); interposition *f* (d'un corps). *Com:* **Intervention on protest,** intervention à protêt.
interventionist [intər'venʃənist], *s.* *Pol: etc:* Interventionniste *mf.*
interview[1] ['intərvju:], *s.* **1.** Entrevue *f.* *To arrange an i. between s.o. and s.o.,* ménager à qn une entrevue avec qn. *Adm:* *To invite s.o. to an i.,* convoquer qn. **2.** *Journ:* Interview *m or f.*
interview[2], *v.tr.* **1.** Avoir une entrevue avec (qn). **2.** *Journ:* (*Of reporter*) Interviewer (qn).
interviewer ['intərvjuər], *s.* *Journ:* Interviewer *m,* intervieweur *m.*
interweave [intər'wi:v], *v.* (*p.t.* **interwove** [intər'wo:uv], *p.p.* **interwoven** [intər'wouvn]) **1.** *v.tr.* (*a*) Tisser ensemble (des fils d'or et de laine, etc.); entrelacer (des branches). *Tex:* **Interwoven fabric,** tissu *m* droit fil. *Material interwoven with golden threads,* tissu broché d'or. *Interwoven with brass,* laitonné. (*b*) Entremêler

(des sentiments, des idées, etc.). *To i. Latin quotations in one's conversation*, entremêler des citations latines dans sa conversation. *Closely interwoven systems*, systèmes étroitement liés l'un à l'autre. **2.** *v.i.* S'entrelacer, s'entremêler.

interweaving, *s.* Entrelacement *m*; entremêlement *m*.

interwind [intər'waind], *v.tr.* (*p.t.* **interwound** [-waund]; *p.p.* **interwound**) Entrelacer; enrouler ensemble; *F:* mêler intimement.

interwork [intər'wəːrk], *v.* (*p.t. & p.p.* **-worked** *or* **-wrought** [rɔːt]) **1.** *v.tr.* Entremêler, entrelacer (*with*, de); ouvrer l'un dans l'autre. **2.** *v.i.* Réagir réciproquement.

interwove, -woven. See INTERWEAVE.

intestacy [in'testəsi], *s.* *Jur:* Fait *m* de mourir intestat; absence *f* de testament.

intestate [in'testet]. **1.** *a.* & *s.* Intestat (*m*). **To die intestate**, mourir intestat. *She died i.*, elle est morte intestat. **2.** *a.* **Intestate estate or succession**, succession *f* ab intestat. *To succeed to an i. estate*, hériter ab intestat.

intestinal [in'testinəl, intes'tainəl], *a.* *Anat:* Intestinal, -aux. **The intestinal tube**, le conduit intestinal. *I. worms*, vers intestinaux.

intestine¹ [in'testin], *a.* Intestin. *I. wars*, guerres intestines.

intestine², *s.* *Anat:* Intestin *m*. **The large intestine**, le gros intestin. **The small intestine**, l'intestin grêle.

intimacy ['intiməsi], *s.* **1.** Intimité *f*; *Pej:* accointances *fpl*. **2.** *Jur:* **Intimacy took place**, il y a eu relations charnelles. *Evidence that i. took place*, preuve *f* de relations intimes.

intimate¹ ['intimet]. **1.** *a.* Intime. (*a*) **Intimate friendship, friend**, amitié *f*, ami *m*, intime. *To be very i. with s.o.*, être très intime avec qn, *F:* être à tu et à toi avec qn. **To become intimate with s.o.**, se lier (d'amitié) avec qn. *To be i. with the great*, être admis dans la familiarité des grands. *To dine with a few i. friends*, dîner en petit comité. *Only i. friends had been asked*, on n'avait invité que quelques intimes. *Only relations and i. friends were asked to the wedding*, la bénédiction nuptiale leur a été donnée dans l'intimité. *The i. nature of their conversation*, l'intimité de leur conversation. (*b*) **To be on intimate terms with a woman**, avoir des relations intimes avec une femme. (*c*) *I. diary*, journal *m* intime; *F:* pense-bête *m inv*. (*d*) **To have an intimate knowledge of sth.**, avoir une connaissance approfondie de qch. *I. connexion*, rapport *m* intime, étroit. *I. mixture*, mélange *m* intime. **2.** *s.* (*Usu. pl.*) Intime *mf*. **His intimates**, ses intimes, ses familiers *m*. **-ly**, *adv.* Intimement, à fond. *We know him i.*, nous le connaissons particulièrement. *I know Paris i.*, je connais Paris comme (le fond de) ma poche. *The question is i. connected with . . .*, la question a un rapport très étroit avec. . . .

intimate² ['intimeit], *v.tr.* **1.** Intimer (un ordre); signifier (ses intentions). **To intimate sth. to s.o.**, signifier, notifier, qch. à qn. *I intimated to him that he had to meet his debts*, je lui ai signifié, lui ai fait savoir, qu'il devrait faire face à ses créances, qu'il eût à faire face à ses créances. **2.** Donner à entendre, indiquer, suggérer (*to s.o. that . . .*, à qn que . . .).

intimation [inti'meiʃ(ə)n], *s.* **1.** Avis *m* (de décès, etc.). **At the first intimation**, au premier avis. **Friends will please accept this, the only intimation**, le présent avis tiendra lieu de faire-part. **2.** (*a*) Avis à mots couverts; suggestion *f*. *I have often had intimations in dreams*, les rêves m'ont souvent apporté des prémonitions *f*; bien des événements m'ont été annoncés en rêve. (*b*) **Intimations of immortality**, indications *f*, signes *m*, de l'immortalité.

intimidate [in'timideit], *v.tr.* Intimider; faire peur à (qn). *Easily intimidated*, intimidable; timide.

intimidating, *a.* Intimidateur, -trice; intimidant.

intimidation [intimi'deiʃ(ə)n], *s.* Intimidation *f*; *Jur:* menaces *fpl*. *Guilty of i.*, coupable de menaces. **Intimidation of witnesses**, subornation *f* de témoins. **System of intimidation**, système *m* d'intimidation.

intimidator [in'timideitər], *s.* Intimidateur, -trice.

intimidatory [in'timideitəri], *a.* Intimidateur, -trice.

intimity [in'timiti], *s.* **1.** (Sentiment *m* d')intimité *f*. **2.** La vie privée; le privé.

into ['intu], *prep.* Dans, en. **1.** (*Motion, direction*) *To go into a house*, entrer dans une maison. *F:* *A little more and my car was into him*, un peu plus et je lui rentrais dedans. *To go into France*, passer en France. *To fall into the hands of the enemy*, tomber entre les mains de l'ennemi. *The window opens into the garden*, la fenêtre donne sur le jardin. *He took an apricot and bit into it*, il prit un abricot et mordit à même. **To come into a little property**, hériter d'un petit bien. *To get into difficulties*, s'attirer des désagréments, des ennuis; *F:* se fourrer dans le pétrin. **To work far into the night**, travailler bien avant dans la nuit. *To look into the future*, voir dans l'avenir; pénétrer l'avenir. **2.** (*Change, result*) **To change sth. into sth.**, changer qch. en qch. *He was changed, turned, into a serpent*, il fut transformé en serpent. **To grow into a man**, devenir un homme. **To collect into heaps**, amasser en tas. *To divide into four*, diviser en quatre. *To break sth. into pieces*, briser qch. en morceaux. *To poke the fire into a blaze*, tisonner le feu et le faire flamber. *To burst into tears*, fondre en larmes. **To thrash s.o. into obedience**, faire obéir qn à force de coups de bâton. *To laugh s.o. into silence*, réduire qn au silence sous un torrent de ridicule. **3.** *Mth:* **Two numbers multiplied into each other**, deux nombres multipliés l'un par l'autre.

intoed ['intoud], *a.* (*a*) (Pied) tourné en dedans. (*b*) Aux pieds tournés en dedans.

intolerable [in'tɔlərəbl], *a.* Intolérable, insupportable. *That is i.*, cela ne peut pas se supporter. **-ably**, *adv.* Intolérablement, insupportablement.

intolerableness [in'tɔlərəblnəs], *s.* Intolérabilité *f* (d'une douleur, etc.).

intolerance [in'tɔlərəns], *s.* Intolérance *f* (*of*, de). **Religious intolerance**, intolérance en matière de religion; intolérantisme *m*.

intolerant [in'tɔlərənt], *a.* **1.** Intolérant. *To be very i.*, être d'une extrême intolérance. **He is intolerant of opposition**, il ne sait pas supporter l'opposition. *To be too i. of s.o.'s failings*, avoir trop d'intolérance pour les faiblesses de qn. **2.** *Med:* **To be intolerant of a drug**, ne pas supporter un médicament. **-ly**, *adv.* Sans tolérance, avec intolérance, intolérammment.

intonate ['intoneit], *v.tr.* = INTONE.

intonation [into'neiʃ(ə)n], *s.* **1.** (*a*) *Ecc.Mus:* Intonation *f* (d'un plain-chant, etc.). (*b*) Psalmodie *f*. **2.** Intonation, cadence *f*, modulation *f*, ton *m* (de la voix).

intone [in'toun], *v.tr.* *Ecc.Mus:* **1.** Psalmodier (des litanies, etc.). **2.** Entonner (le chant).

intorsion [in'tɔːrʃ(ə)n], *s.* *Bot:* *etc:* Intorsion *f*.

intoxicant [in'tɔksikənt]. **1.** *a.* Enivrant, grisant, capiteux. **2.** *s.* Boisson *f* alcoolique; spiritueux *m*.

intoxicate [in'tɔksikeit], *v.tr.* Enivrer, griser, rendre ivre. *Drink that intoxicates*, boisson enivrante, qui enivre. *Scent that intoxicates*, parfum capiteux, qui grise.

intoxicated, *a.* Ivre; gris; pris de boisson. *Jur:* En état d'ébriété, en état d'ivresse. *Slightly i.*, légèrement ivre. *To become i.*, s'enivrer (*with*, de). **To drive a car while intoxicated**, conduire en état d'ébriété. *F:* **Intoxicated with praise, with pride**, enivré, grisé, d'éloges, d'orgueil.

intoxicating, *a.* (Vin, parfum) enivrant, grisant, capiteux. **Intoxicating liquors**, boissons *f* alcooliques; spiritueux *m*. *F:* **She is an intoxicating creature**, c'est une femme capiteuse.

intoxication [intɔksi'keiʃ(ə)n], *s.* **1.** *Med:* Intoxication *f* (par un poison). **2.** (*a*) Ivresse *f*. (*b*) *F:* Griserie *f*, enivrement *m* (du plaisir, etc.).

intra- ['intrɑ], *pref.* Intra-. *Intrahepatic*, intrahépatique. *Intramuscular*, intramusculaire. *Intra-uterine*, intra-utérin. *Intravaginal*, intravaginal.

intracellular [intrɑ'seljulər], *a.* *Biol:* Intracellulaire.

intracerebral [intrɑ'serebrəl], *a.* *Med:* Intracérébral, -aux.

intracranial [intrɑ'kreiniəl], *a.* Intracranien.

intractability [intraktə'biliti], **intractableness** [in'traktəblnəs], *s.* Indocilité *f* (d'un enfant, d'un animal); nature *f* incultivable (d'un terrain, etc.).

intractable [in'traktəbl], *a.* (Enfant *m*, animal *m*) intraitable, indisciplinable, insoumis, indocile, obstiné; (cheval) rebours; (maladie) opiniâtre, invétérée, intraitable; (terrain *m*) incultivable; (bois *m*, etc.) difficile à travailler. *I. problem*, problème *m* insoluble. **-ably**, *adv.* D'une façon intraitable. *To behave i.*, se buter.

intrada [in'trɑːdɑ], *s.* *Mus:* Entrée *f*.

intradermic [intrɑ'dəːrmik], *a.* *Med:* Intradermique.

intrados [in'treidɔs], *s.* *Arch:* Intrados *m*.

intra-epithelial ['intrɑepi'θiːliəl], *a.* *Med:* Intraépithélial, -aux.

intramedullary ['intrɑ'medələri], *a.* *Med:* Intramédullaire.

intramolecular [intrɑmo'lekjulər], *a.* Intramoléculaire.

intramural [intrɑ'mjuərəl], *a.* Intra-muros *inv*. **-ally**, *adv.* Intra-muros.

intranational [intrɑ'naʃənəl], *a.* National, -aux.

intransigency [in'transidʒənsi], *s.* Intransigeance *f*.

intransigent [in'transidʒənt], *a.* & *s.* Intransigeant, -e.

intransigentist [in'transidʒəntist], *s.* *Pol:* Intransigeant, -e.

intransitive [in'trɑːnsitiv], *a.* *Gram:* (Verbe) intransitif. **-ly**, *adv.* Intransitivement.

intransmissible [intrans'misibl], *a.* Intransmissible.

intransmutable [intrans'mjutəbl], *a.* Intransmuable, intransmutable, non-transmuable.

intransparency [intrans'pɛərensi], *s.* Opacité *f*.

intrant ['intrənt], *s.* Débutant, -ante (dans une profession); inscrit, -ite (pour une course).

intra-ocular [intrɑ'ɔkjulər], *a.* **Intra-ocular end of the optic nerve**, papille *f* optique.

intrasolar [intrɑ'soulər], *a.* Intrasolaire.

intravascular [intrɑ'vaskjulər], *a.* *Med:* (Circulation *f*, etc.) intravasculaire. **-ly**, *adv.* (Injecté) dans les vaisseaux sanguins.

intravenous [intrɑ'viːnəs], *a.* *Physiol:* Endo-veineux, intraveineux.

intravert ['intrɑvəːrt], *s.* *Psy:* = INTROVERT¹.

intreat [in'triːt], *v.tr.* = ENTREAT.

intrench [in'trenʃ], *v.* = ENTRENCH.

intrepid [in'trepid], *a.* Intrépide; brave; courageux; sans crainte. **-ly**, *adv.* Intrépidement, courageusement.

intrepidity [intre'piditi], *s.* Intrépidité *f*; courage *m*; fermeté *f* inébranlable.

intricacy ['intrikəsi], *s.* Complexité *f*, nature compliquée (d'un mécanisme, d'un problème, d'un dessin); caractère embrouillé (d'une affaire). *F:* *An i. of intrigues*, un dédale d'intrigues. *The intricacies of the law*, les dédales de la loi. *To wander through the intricacies of an old town*, errer dans le labyrinthe d'une vieille ville.

intricate ['intrikət], *a.* (*a*) (Modèle, mécanisme) compliqué; (question *f*, affaire *f*) difficile à démêler. *I. pattern, design*, dessin intriqué. *The i. streets*, le dédale des rues. (*b*) (*Of thoughts, statements*) Enchevêtré, embrouillé, confus. *I. details*, détails compliqués. **-ly**, *adv.* D'une manière compliquée, embrouillée.

intrig(u)ant ['intrigənt], *f.* **intrig(u)ante** [intri'gɑːnt], *s.* = INTRIGUER.

intrigue¹ [in'triːg], *s.* **1.** Intrigue *f*, cabale *f*, machination *f*, menée *f*. *Spirit of i.*, esprit *m* d'intrigue. **2.** Intrigue, liaison *f*, aventure *f* (avec une femme). **3.** *Th:* Intrigue (d'un drame, etc.). **Comedy of intrigue**, comédie *f* d'intrigue.

intrigue². **1.** *v.i.* (*a*) Intriguer; mener des intrigues. **To intrigue with s.o.**, intriguer avec qn. *To i. to get s.o. an appointment*, machiner, intriguer, pour obtenir la nomination de qn. **To intrigue against s.o.**, travailler contre qn. (*b*) Avoir une intrigue, une liaison (*with*, avec). **2.** *v.tr.* *F:* Intriguer (qn); éveiller, piquer, la curiosité de (qn). *I am greatly intrigued by the idea*, l'idée m'intrigue énormément. *What I am first intrigued by . . .*, ce qui m'intéresse avant tout. . . . *Intrigued by all this whispering*, intrigué par tous ces chuchotements.

intriguing[1], *a.* **1.** (Politicien, etc.) intrigant. **2.** *F: I. words*, paroles mystérieuses, intrigantes. **All this is very intriguing,** tout cela nous intrigue beaucoup, excite fort notre curiosité.

intriguing[2], *s.* Machinations *fpl*, intrigues *fpl*.

intriguer [in'tri:gər], *s.* Intrigant, -ante; homme *m* de cabale.

intrinsic [in'trinsik], *a.* Intrinsèque. **1.** *Anat:* **Intrinsic muscle,** muscle *m* intrinsèque. **2. Intrinsic defect,** vice *m* intrinsèque. **Intrinsic value,** valeur *f* intrinsèque. **-ally,** *adv.* Intrinsèquement.

intro- ['intro], *pref.* intro-. *Intromission*, intromission. *Introspective*, introspectif.

introduce [intro'dju:s], *v.tr.* **1.** Introduire. (*a*) Faire entrer. *To i. s.o. into a country, into a room*, introduire, faire entrer, qn dans un pays, dans une chambre. *To i. a key into a lock*, introduire, faire entrer, une clef dans une serrure. *To i. one's finger into a wound*, insinuer le doigt dans une plaie. *To i. a subject, a question*, amener un sujet, une question; mettre une question sur le tapis. *To i. a subject into the conversation*, introduire un sujet dans la conversation; amener la conversation sur un sujet. (*b*) **To introduce s.o. into s.o.'s presence,** introduire qn auprès de qn. (*c*) Établir, faire adopter (une loi, un usage). *To i. the use of sth.*, introduire l'emploi de qch. *This fashion was introduced in the fifteenth century*, cette mode fut introduite, s'introduisit, entra en vogue, au quinzième siècle. (*d*) **To introduce a bill** (*before Parliament*), déposer, présenter, un projet de loi. (*e*) (*Of conjunction, adverb*) Commencer (une phrase). **2.** (*a*) Présenter. **To introduce s.o. to s.o.,** présenter qn à qn. *To i. oneself to s.o.*, se présenter à qn. **To introduce oneself (by name),** se faire connaître; *F:* décliner ses titres et qualités. *I shall i. her to you*, je vous la ferai connaître; je vous la présenterai. *I shall i. you to her*, je vous présenterai à elle. *Who is going to i. us?* qui est-ce qui va faire les présentations? (*b*) (*Of young lady*) **To be introduced to society,** faire son entrée dans le monde. *It was I who introduced her into society*, c'est moi qui l'ai produite dans le monde. **3. To introduce s.o. to a process, etc.,** faire connaître un procédé, etc., à qn; initier qn à un procédé.

introducer [intro'dju:sər], *s.* **1.** Introducteur, -trice; présentateur, -trice. **2.** *I. of new ideas*, remueur, -euse, d'idées; innovateur, -trice.

introduction [intro'dʌkʃ(ə)n], *s.* **1.** Introduction *f* (*of sth. into sth.*, de qch. dans qch.). *I. of goods into a country*, introduction de marchandises dans un pays. **2.** Présentation *f* (*of s.o. to s.o.*, de qn à qn). **Letter of introduction,** (lettre *f* d')introduction; lettre recommandative; lettre de recommandation, de présentation. **To give s.o. an introduction to s.o.,** donner à qn une lettre de recommandation auprès de qn. **3.** Avant-propos *m inv*; introduction, exorde *m* (d'un livre); ouverture *f* (d'un opéra); introduction (d'une symphonie). **4.** Manuel *m* élémentaire; introduction (*to*, à). *To publish an i. to geometry*, publier une introduction à la géométrie.

introductive [intro'dʌktiv], **introductory** [intro'dʌktəri], *a.* Introductoire, d'introduction. **Introductive to sth.,** qui sert d'introduction à qch. **Introductory page, epistle,** page *f*, épître *f*, liminaire. **After a few introductory words,** après quelques mots d'introduction. *I. notions for the study of physics*, notions *f* préliminaires à l'étude de la physique.

introflexed [intro'flekst], *a.* Recourbé en dedans; concave.

introflexion [intro'flekʃ(ə)n], *s.* Recourbement *m* en dedans.

introgression [intro'greʃ(ə)n], *s.* Entrée (solennelle).

introit [in'trouit], *s.* *Ecc:* Introït *m.*

intromission [intro'miʃ(ə)n], *s.* **1.** *Ph: Bot:* Intromission *f*, admission *f* (d'air, d'eau). **2.** *Jur:* (*Scot.*) *I. into s.o.'s affairs*, immixtion *f*, ingérence *f*, dans les affaires d'autrui. **Vicious intromission,** ingérence vexatoire.

intromit [intro'mit], *v.* (**intromitted; intromitting**) **1.** *v.tr. A:* Admettre, faire entrer (la lumière, etc.). **2.** *v.i. Jur:* (*Scot.*) (S')immiscer, s'ingérer dans les affaires d'autrui, intervenir.

introrse [in'trɔ:rs], *a. Bot:* (Anthère *f*) introrse.

introspect [intro'spekt], *v.i.* Se livrer à l'introspection; s'examiner soi-même; se recueillir.

introspection [intro'spekʃ(ə)n], *s.* Introspection *f*; recueillement *m.*

introspective [intro'spektiv], *a.* Introspectif; recueilli.

introsuscept [introsʌ'sept], *v.i.* (*Of intestine, etc.*) S'invaginer.

introsusception [introsʌ'sepʃən], *s.* **1.** *Physiol:* Intussusception *f*. **2.** *Surg: Med:* Invagination *f* (de l'intestin).

introversion [intro'və:rʃ(ə)n], *s.* **1.** Recueillement *m* (d'esprit); retour *m* sur soi-même; *Psy:* introversion *f*. **2.** *Surg:* Invagination *f*. *I. of the eyelid*, entropion *m.*

introvert[1] ['introvə:rt], *s.* *Psy:* Introverti, -ie.

introvert[2] [intro'və:rt], *v.tr.* **1. To introvert one's mind, one's thoughts,** se recueillir (en soi-même). **2.** *Surg: etc:* Retourner (un viscère) de dehors en dedans, comme un doigt de gant.

introverted, *a.* **1.** (Esprit) recueilli, *Psy:* introverti. **2.** (*a*) (Viscère) retourné en dedans. (*b*) (Pied, etc.) tourné en dedans. **3.** *Pros:* **Introverted rhymes,** rimes embrassées.

intrude [in'tru:d]. **1.** *v.tr.* (*a*) **To intrude sth. into sth.,** introduire qch. de force dans qch. *He had intruded himself into the meeting*, il s'était faufilé dans la réunion. *To i. oneself into a business*, s'ingérer dans une affaire. (*b*) **To intrude sth. on, upon, s.o.,** imposer qch. à qn; importuner qn de qch. *The thought that intruded itself into my mind*, la pensée qui s'empara de mon esprit. *He tries to i. himself, his presence, upon us*, il voudrait s'imposer. **2.** *v.i.* Faire intrusion (*on s.o.*, auprès de qn); être importun. **I am afraid of intruding,** je crains de vous être importun, de vous déranger, d'être de trop. *I hope I am not intruding upon you*, j'espère que je ne vous importune pas. *I don't want to i. into your affairs*, je ne voudrais pas m'ingérer dans vos affaires. *To i. on s.o.'s privacy*, empiéter sur la solitude de qn. *No sound intruded on the silence*, aucun bruit ne venait troubler le silence.

intruded, *a.* *Geol:* **Intruded rock,** roche *f* d'intrusion, d'injection.

intruder [in'tru:dər], *s.* Intrus, -use; importun, -une; gêneur, -euse; (*at reception, etc.*) homme *m* de contrebande; *F:* resquilleur, -euse. *To be treated as an i.*, *F:* être reçu comme un chien dans un jeu de quilles.

intrusion [in'tru:ʒ(ə)n], *s.* **1.** (*a*) Intrusion *f*. *To make an i. upon s.o.*, faire (une) intrusion auprès de qn. *I. upon a company*, intrusion dans une société; *F:* resquillage *m.* (*b*) *I hope I am not guilty of an i.*, j'espère que je ne suis pas indiscret, que je ne vous dérange pas. **2.** *Geol:* (*a*) Intrusion, injection *f* (volcanique, de porphyre). (*b*) **Intrusion of the sea,** ingression *f* de la mer. **3.** *Jur:* Usurpation *f* (*on*, de); empiètement *m* (*on*, sur).

intrusive [in'tru:siv], *a.* **1.** (*Of pers.*) Importun, indiscret. *I. fellow*, fâcheux *m.* **2.** (*a*) *Ling: etc:* Intrusif. (*b*) *Geol:* (Roche *f*, veine *f*) d'intrusion, d'injection. **-ly,** *adv.* Importunément; en importun.

intrusiveness [in'tru:sivnəs], *s.* Caractère importun, indiscret; indiscrétion *f*; importunité *f*.

intrust [in'trʌst], *v.tr.* = ENTRUST.

intubate ['intjubeit], *v.tr.* *Surg: Vet:* Tuber (le larynx, etc.).

intubation [intju'beiʃ(ə)n], *s.* *Surg: Vet:* Tubage *m* (du larynx, etc.).

intuit ['intjuit], *v.tr.* **1.** Savoir (qch.) par intuition. **2.** *Abs.* Avoir l'intuition des choses.

intuition [intju'iʃ(ə)n], *s.* (*a*) Intuition *f*. **To have an intuition of sth.,** avoir l'intuition de qch. **To know sth. by intuition,** savoir qch. par intuition. (*b*) *Theol:* Science infuse.

intuitional [intju'iʃən(ə)l], *a.* Intuitif.

intuitionalism [intju'iʃənəlizm], *s.* Intuitionnisme *m.*

intuitionalist [intju'iʃənəlist], *s.* Intuitionniste *m.*

intuitive [in'tjuitiv], *a.* Intuitif. *I. truth*, vérité *f* d'intuition. *I. method*, méthode intuitive. *I. ideas*, idées *f* autodidactes. **-ly,** *adv.* Intuitivement, par intuition.

intumescence [intju'mes(ə)ns], *s.* Intumescence *f* (de la rate, etc.); enflure *f*; boursouflure *f*.

intumescent [intju'mes(ə)nt], *a.* Intumescent; tuméfié; boursouflé; enflé.

inturned ['intə:rnd], *a.* Tourné en dedans. *Med:* (*Of club-foot, etc.*) Varus, *f.* vara.

intussusception [intəssʌ'sepʃ(ə)n], *s.* = INTROSUSCEPTION.

inula ['injula], *s.* *Bot:* Inule *f*, aunée *f*.

inulin ['injulin], *s.* *Ch:* Inuline *f*.

inunction [in'ʌŋkʃ(ə)n], *s.* *Med: etc:* **1.** Onction *f* (action d'oindre). **2.** Onguent *m.*

inundate ['inʌndeit], *v.tr.* Inonder (*with*, de). *F: To be inundated with letters, with requests*, être débordé de lettres, de requêtes.

inundation [inʌn'deiʃ(ə)n], *s.* Inondation *f*; débordement *m* d'eau).

inurbane [inə:r'bein], *a.* Peu courtois; incivil.

inurbanity [inə:r'baniti], *s.* Manque *m* de courtoisie, d'urbanité; incivilité *f*.

inure [in'juər]. **1.** *v.tr.* Accoutumer, habituer, rompre, endurcir, aguerrir (*to*, à). *To i. oneself to fatigue*, se rompre, s'endurcir, à la fatigue. **Inured to hardships, to fatigue,** habitué aux privations; dur à la fatigue. *To become inured to ridicule*, s'aguerrir au ridicule. *Becoming inured*, aguerrissement *m* (*to*, à, contre). **2.** *v.i. Jur:* (*Of law, etc.*) Entrer en vigueur.

inuring, *s.* **1.** Aguerrissement *m* (*to*, à). **2.** *Jur:* Mise *f* en vigueur (d'une loi, etc.).

inurement [in'juərmənt], *s.* Aguerrissement *m*, endurcissement *m* (*to*, à); accoutumance *f* (à l'opium, etc.); habitude *f* (de l'opium, etc.).

inurn [in'ə:rn], *v.tr.* (*a*) Mettre (les cendres) dans une urne. (*b*) Ensevelir.

inutility [inju'tiliti], *s.* Inutilité *f* (d'un effort, d'une démarche).

invade [in'veid], *v.tr.* **1.** (*a*) Envahir; faire une invasion dans (un pays, etc.). (*b*) *F: To i. s.o.'s house*, faire invasion chez qn. *To i. s.o.'s privacy*, violer la retraite de qn; troubler l'intimité de qn. **2.** Empiéter sur (les droits de qn); porter atteinte à (un privilège).

invading[1], *a.* Envahissant. *I. army*, armée envahissante, des envahisseurs.

invading[2], *s.* **1.** Envahissement *m*, invasion *f*. **2.** Empiétement *m* (*of a right*, sur un droit).

invader [in'veidər], *s.* **1.** Envahisseur *m.* **2.** Transgresseur *m* (d'un droit).

invaginate [in'vadʒineit]. **1.** *v.tr.* (*a*) Engainer. (*b*) *Surg: etc:* = INTROVERT[2] 2. **2.** *v.i.* (*Of bowel, etc.*) Se retourner sur lui-même (comme un doigt de gant).

invaginated, *a.* *Med:* (Intestin) invaginé.

invagination [invadʒi'neiʃ(ə)n], *s.* *Nat.Hist: Surg:* Invagination *f*.

invalid[1] [in'valid], *a.* *Jur:* (Mariage *m*) invalide, non-valide; (clause *f*) non-valable; (décision) nulle et non avenue, nulle et invalide, nulle et de nul effet, nulle et sans effet. *I. assignment*, cession atteinte de nullité, qui devient nulle. *I. letter of credit*, lettre de crédit épuisée, périmée. **-ly,** *adv.* Sans validité; illégalement.

invalid[2] ['invalid, -li:d]. **1.** *a. & s.* (*Suffering from illness*) Malade (*mf*); (*from infirmity or disability*) infirme (*mf*); (*from ill-health*) valétudinaire (*mf*). *How are the invalids?* comment se portent les malades? *She has an i. sister*, elle a une sœur (i) infirme, (ii) d'une santé délicate, valétudinaire. **Invalid chair,** (i) fauteuil *m* de malade; (ii) voiture *f* d'infirme; (*hand-propelled*) vélocimane *m.* *See also* CONFIRMED. **2.** *s. Mil: Navy:* (*Disabled man*) Invalide *m.*

invalid[3] ['invali:d]. **1.** *v.tr.* (*a*) Rendre malade ou infirme. *Wound which invalided me for several months*, blessure qui me mit hors de combat pendant plusieurs mois. *Invalided for life*, infirme pour la vie. (*b*) *Mil:* **To invalid a man out of the army,** mettre un homme à la réforme, réformer un homme. *He was invalided home*, il fut renvoyé dans ses foyers pour cause de maladie. *Men invalided through the war*, réformés *m* de guerre. 2. *v.i. Mil:* (*a*) Se faire porter malade. (*b*) Être réformé.

invalidate [in'vælideit], *v.tr. Jur:* 1. Invalider, rendre nul (un testament); vicier (un acte, un contrat). 2. Casser, infirmer (un jugement).

invalidation [invæli'deiʃ(ə)n], *s. Jur:* 1. Invalidation *f* (d'un document, d'un contrat). 2. Infirmation *f*, cassation *f* (d'un jugement).

invalidism ['invəli:dizm], *s.* Valétudinarisme *m*; invalidité *f*.

invalidity [invə'liditi], *s.* 1. Invalidité *f* (d'un contrat, d'un passe-port, etc.). 2. = INVALIDISM.

invaluable [in'væljuəbl], *a.* Inestimable; (trésor *m*) d'un prix incalculable; (aide *f*) impayable. *It is i.*, cela ne se paie pas; c'est inestimable, inappréciable. **-ably**, *adv. I. precious*, d'une valeur inestimable.

invaluableness [in'væljuəblnəs], *s.* Valeur *f* inestimable, incalculable (de qch.).

invar ['invɑ:r], *s. Metall:* Invar *m*. **Invar steel**, acier invar *inv*.

invariability [invɛəriə'biliti], **invariableness** [in'vɛəriəblnəs], *s.* Invariabilité *f*.

invariable [in'vɛəriəbl], *a.* Invariable. **-ably**, *adv.* Invariablement, immanquablement.

invariance [in'vɛəriəns], *s. Mth:* Variance *f*.

invariant [in'vɛəriənt], *a. & s. Mth:* Invariant (*m*).

invasion [in'veiʒ(ə)n], *s.* 1. (*a*) Invasion *f*, envahissement *m*. (*b*) Invasion. *The i. period falls later*, la période des invasions vient plus tard. *These invasions of my privacy, of my sanctum*, ces intrusions *f* dans mon intimité; ces violations *f* de ma retraite. 2. *Med:* Invasion, début *m* (d'une maladie). **Invasion stage** (*of an illness*), période *f* d'invasion. 3. **Invasion of s.o.'s rights**, violation des droits, empiètement *m* sur les droits, atteinte *f* aux droits, de qn.

invasive [in'veisiv], *a.* 1. Envahissant. *I. war*, guerre *f* d'invasion. 2. *These i. tourists*, (i) ces touristes qui font intrusion partout, qui entrent partout; (ii) ces touristes dont nous sommes envahis.

invective [in'vektiv], *s.* Invective *f*. *A torrent of invectives*, *coll.* **a torrent of invective**, un flot d'invectives, d'injures *f*; une bordée d'injures. *Past master of invective*, passé maître en matière d'invective.

inveigh [in'vei], *v.i.* Invectiver, déclamer, tonner, fulminer (*against*, contre). *To i. against the weather*, maudire le mauvais temps. *To be perpetually inveighing against s.o.*, être perpétuellement déchaîné contre qn.

inveigher [in'veiər], *s.* Celui, celle, qui invective, tonne, contre qch., qn.

inveigle [in'vi:gl], *v.tr.* Attirer, séduire, leurrer, enjôler (qn); entraîner (une femme). *To i. s.o. into a place, into doing sth.*, attirer, entraîner, qn dans un endroit; entraîner, amener, qn à faire qch. **To be inveigled**, *F:* être pris à la glu. *To become inveigled in politics*, se laisser entraîner dans la politique.

inveigling, *s.* = INVEIGLEMENT 1.

inveiglement [in'vi:glmənt], *s.* 1. Séduction *f*, enjôlement *m*. 2. Leurre *m*, appât *m*, séduction. *He was proof against all inveiglements*, il a résisté à toutes les séductions, à tous les leurres; rien n'a pu le séduire.

inveigler [in'vi:glər], *s.* Séducteur, -trice; enjôleur, -euse; *Jur:* captateur, -trice.

invent [in'vent], *v.tr.* Inventer (une machine, une histoire). *Newly invented process*, procédé *m* d'invention récente. *To i. calumnies about s.o.*, inventer des calomnies sur (le compte de) qn.

invention [in'venʃ(ə)n], *s.* 1. *A:* Découverte *f*, invention *f* (de reliques, etc.). *Ecc:* **The Invention of the Cross**, (la fête de) l'Invention de la Croix. 2. Invention (d'une machine, *F:* d'une histoire, etc.). *He told me* **a story of his own invention**, il m'a raconté une histoire de son cru. *See also* NECESSITY 1. 3. (*a*) Chose inventée; invention. *A most useful i.*, une invention des plus utiles. (*b*) Invention, mensonge *m*. **This is pure invention**, c'est une pure invention; c'est une histoire inventée de toutes pièces.

inventive [in'ventiv], *a.* (Esprit) inventif, trouveur. *I. genius*, génie original.

inventiveness [in'ventivnəs], *s.* Fécondité *f* d'invention; don *m* d'invention; imagination *f*.

inventor, -tress [in'ventər, -tres], *s.* Inventeur, -trice.

inventorize [in'ventəraiz], *v.tr.* Inventorier (des marchandises). *Abs.* Faire un inventaire; faire l'inventaire.

inventory[1] ['invənt(ə)ri], *s. Com:* Inventaire *m*. **To take, draw up, an inventory**, faire, dresser, un inventaire. **Inventory of fixtures**, état *m* des lieux. **Inventory book**, livre *m* d'inventaires.

inventory[2], *v.tr.* Inventorier (les biens de qn); dresser l'inventaire (des biens de qn). (*With passive force*) *Furniture that inventories at* £1000, meubles *m* dont l'inventaire se monte à £1000.

Inverness [invə:r'nes]. *Pr.n. Geog:* Inverness *m*. *Cost:* **Inverness cloak, overcoat**, manteau *m* à pèlerine (détachable). **Inverness cape**, macfarlane *m*.

inverse [in'və:rs, 'invərs]. 1. *a.* Inverse. **In inverse order**, en sens inverse. *Navy:* **Inverse order**, ordre (de ligne) renversé. *Mth:* **Inverse function**, fonction *f* inverse. **Inverse ratio**, raison *f* réciproque. *In i. ratio, in i. proportion*, en raison inverse (*to*, de). 2. *s.* (*a*) Inverse *m*, contraire *m* (*of*, de). (*b*) *Log: Mth:* Inverse *f*. **-ly**, *adv.* Inversement. *When* y *varies i. as* x, lorsque *y* varie en raison inverse de *x*.

inversion [in'və:rʃ(ə)n], *s.* 1. Renversement *m* (d'une image, d'une fraction, de l'utérus, etc.). *Mus:* **Inversion of a chord**, accord dérivé. *First, second, i. of a chord*, premier, second, renversement d'un accord. *Geol:* **Inversion of a stratum**, déversement *m*, renversement, d'une couche. 2. (*a*) *El:* **Pole inversion**, inversion *f* des pôles. (*b*) *Gram:* Inversion (du sujet, etc.). *Rh:* Hyperbate *f*. *Log:* Renversement (d'une proposition). 3. *Psy:* **Sexual inversion**, inversion sexuelle; homosexualité *f*. 4. (*a*) In(ter)version *f* (des saisons, des idées). (*b*) *Ch:* In(ter)version (du sucre).

invert[1] ['invə:rt], *s.* 1. *Hyd.E:* Radier *m* (d'un sas d'écluse etc.). 2. *Psy:* (*Pers.*) Inverti, -ie.

invert[2] ['invə:rt], *a. Ch:* **Invert sugar**, sucre inverti, sucre interverti; sucrase *f*, invertase *f*, invertine *f*.

invert[3] [in'və:rt], *v.tr.* 1. Renverser, retourner (un objet) (le haut en bas). *Mus:* **To invert a chord, an interval**, renverser un accord, un intervalle. 2. (*a*) Invertir, intervertir, renverser (l'ordre, les positions). *Gram:* *To i. a sentence*, apporter une inversion à une phrase. (*b*) *Ch:* Intervertir (la lumière polarisée). (*c*) *Sug.-R:* Intervertir (le sucre). 3. Retourner; mettre à l'envers. *Med:* *To i. the stomach*, vider l'estomac à l'aide d'un émétique.

inverted, *a.* 1. (*a*) Renversé. **Inverted burner, mantle**, bec (de gaz), manchon, renversé. *See also* COMMA 1. (*b*) *Mus:* (Accord, intervalle) renversé. (*c*) *Geol:* (Pli) déversé, renversé. (*d*) *Opt:* (Image) renversée. 2. (Ordre, siphon) inverse. *Hyd.E:* (Accumulateur *m*) de sens contraire. 3. *Psy:* (Instinct) inverti.

inverting, *s.* 1. Renversement *m* (d'une image, etc.). 2. Inversion *f* (d'une phrase). 3. *Sug.-R:* Interversion *f*.

invertase [in'və:rteis], *s. Ch:* Invertase *f*.

invertebrata [in'və:rte'breitɑ], *s.pl. Z:* Invertébrés *m*.

invertebrate [in'və:rtebret]. 1. *a.* (*a*) Invertébré. (*b*) *F:* (*Of pers.*) Faible, flasque, mollasse. 2. *s.* (*a*) *Z:* Invertébré *m*. (*b*) *F:* Personne *f* faible de caractère; *F:* poule mouillée; *P:* nouille *f*.

invest [in'vest], *v.tr.* 1. Revêtir (*with, in*, de). (*a*) **To invest oneself in one's coat**, se revêtir, se vêtir, de son habit. (*b*) **To invest oneself in a character**, se mettre dans un rôle. *The charm with which she invests all her parts*, le charme qu'elle prête à tous ses rôles. **To invest a subject with interest**, rendre un sujet intéressant. *The fury of the storm invested the situation with additional horrors*, la fureur de la tempête ajoutait à l'horreur de la situation. 2. Investir (qn de l'autorité, etc.). **To invest s.o. with an office**, investir qn d'une fonction; pourvoir qn d'une charge; mettre qn en possession d'un emploi. *To i. the management of a bank in s.o.*, confier la direction d'une banque à qn. 3. *Mil:* Investir, cerner, bloquer (une place forte). *To i. a town closely*, serrer une ville de près. *The investing army*, le corps d'investissement. 4. (*a*) *Fin:* Placer, investir (son argent, des fonds). **To invest money**, faire des placements. *To i. money in a business*, mettre de l'argent, placer des fonds, dans un commerce. *My private means are invested in the business*, ma fortune personnelle est engagée dans l'affaire. *To i. one's fortune in life annuities*, placer sa fortune en rentes viagères. *To i. one's money in real estate*, mettre son argent en fonds de terre. *I have invested funds in the scheme*, je suis intéressé à cette opération. *To i. one's money to good account*, faire valoir son argent. **Money invested in an annuity**, argent constitué en viager. *Capital invested*, mise *f* de fonds; capital engagé, investi; *Ind:* capital d'établissement. *Abs.* **To invest in house property**, faire des placements en immeubles. (*b*) *F:* *To i. in a new suite of furniture*, faire l'acquisition d'un nouveau mobilier; se payer un nouveau mobilier. *I invested in a railway guide this morning*, j'ai acheté un indicateur ce matin.

investing, *s.* 1. *Mil:* Investissement *m*. 2. *Fin:* Placement *m* de fonds.

investigate [in'vestigeit], *v.tr.* Examiner, étudier, sonder, remuer (une question). *To i. a crime*, faire une enquête sur un crime; informer sur un crime; enquêter sur un crime. *I wish to i. this personally*, je veux m'en rendre compte par moi-même. *To i. the facts more thoroughly*, revenir avec plus d'attention sur les faits; reprendre les faits de plus haut.

investigating, *a.* **Investigating committee**, commission *f* d'enquête. **Investigating magistrate**, juge *m* d'instruction.

investigation [investi'geiʃ(ə)n], *s.* Investigation *f*; recherches minutieuses; approfondissement *m* (*of*, de); enquête *f* (*of*, sur). **Question under investigation**, question *f* à l'étude. *Preliminary investigations with a view to . . .*, études *f* préparatoires en vue de. . . . **Scientific investigation**, enquête scientifique. **Analytical investigation**, recherche *f* analytique. **Accusation that will not bear investigation**, accusation *f* insoutenable, qui ne supporte pas l'examen. **On further investigation . . .**, en poursuivant mes recherches. . . . *Jur:* **Investigation of a title**, examen *m* des titres (pour établir l'origine de propriété). **Investigation of a case**, instruction *f* d'un litige, d'un crime. *The police made investigations*, la police a procédé aux constatations, à une enquête. *See also* CRIMINAL 1.

investigative [in'vestigeitiv], *a.* Investigateur, -trice.

investigator [in'vestigeitər], *s.* Investigateur, -trice; chercheur, -euse; rechercheur, -euse.

investigatory [in'vestigətəri], *a.* Investigateur, -trice.

investiture [in'vestitjər], *s.* 1. (*a*) Investiture *f* (d'un évêque, etc.). (*b*) Remise *f* de décorations. **To hold an investiture**, procéder à une remise de décorations. 2. *A. & Lit:* Vêtement *m*, revêtement *m*.

investment [in'vestmənt], *s.* 1. *Mil:* Investissement *m*, cernement *m* (d'une place forte). 2. *Fin:* Placement *m* (de fonds); mise *f* de fonds. **Safe investment**, placement sûr, valeur *f* de tout repos. **Good investment**, placement avantageux. **Investment stock**, valeurs classées. *To make an i.*, faire un placement. *To make investments in real estate*, faire des placements immobiliers. **Employee investment** *in the capital of a business*, actionnariat *m* ouvrier. *Banking: etc:* **'Investments,'** portefeuille *m* titres; valeurs en portefeuille.

investor [in'vestər], *s.* Actionnaire *mf*, capitaliste *mf*. **Small investors**, petits capitalistes, petits rentiers; l'épargne privée; la petite épargne. **Investor in stocks, in real estate**, acheteur *m* de valeurs, de biens immobiliers.

inveteracy [in'vetərəsi], *s.* Caractère invétéré (d'un mal, etc.).

inveterate [in'vetəret], *a.* (*a*) (Mal, défaut) invétéré, enraciné. (*Of disease, bad habits*) **To become inveterate**, s'invétérer, s'enraciner.

(*b*) Obstiné, acharné. **Inveterate smoker,** fumeur incorrigible, acharné, enragé. **Inveterate drunkard,** ivrogne invétéré. **Inveterate hatred,** haine *f* implacable, vivace. **Inveterate gambler,** joueur dans l'âme. **-ly,** *adv.* (*a*) Dans le fond; foncièrement. (*b*) Avec acharnement, opiniâtrement.

inviable [in'vaiəbl], *a.* Inviable; non viable.

invidious [in'vidiəs]. *a.* **1.** Haïssable, odieux. *I. task,* tâche ingrate, peu agréable. **2.** (*a*) Qui excite l'envie, la haine. *They flaunt their i. wealth,* ils font parade d'un luxe éclaboussant. (*b*) Qui suscite la jalousie. **Invidious comparison,** comparaison désobligeante. **-ly,** *adv.* Odieusement, de manière à susciter la jalousie, désobligeamment.

invidiousness [in'vidiəsnəs], *s.* Caractère *m* haïssable, blessant (de qch.); odieux *m,* injustice *f* (d'une mesure).

invigilate [in'vidʒileit], *v.i. Sch:* Surveiller les candidats (à un examen).

invigilation [invidʒi'leiʃ(ə)n], *s. Sch:* Surveillance *f* (des candidats à un examen).

invigilator [in'vidʒileitər], *s. Sch:* Surveillant, -ante; *P:* tangente *f.*

invigorate [in'vigəreit]. **1.** *v.tr.* (*a*) Fortifier (qn), donner, communiquer, de la vigueur à (qn). (*b*) (*Of the air, etc.*) Vivifier, tonifier. **2.** *v.i.* (*a*) Se fortifier; forcir. (*b*) Reprendre ses forces.

invigorating, *a.* (*Of food, etc.*) Fortifiant; (*of air, etc.*) vivifiant, tonifiant.

invigoration [invigə'reiʃ(ə)n], *s.* Invigoration *f.*

invigorative [in'vigərətiv], *a.* = INVIGORATING.

invigorator [in'vigəreitər], *s.* Fortifiant *m*; tonifiant *m.*

invincibility [invinsi'biliti], *s.* Invincibilité *f.*

invincible [in'vinsibl], *a.* Invincible. **-ibly,** *adv.* Invinciblement.

inviolability [invaiolə'biliti], *s.* Inviolabilité *f.*

inviolable [in'vaioləbl], *a.* Inviolable. **-ably,** *adv.* Inviolablement.

inviolacy [in'vaioləsi], **inviolateness** [in'vaioletnəs], *s.* État inviolé, virginité *f* (d'un mont, etc.).

inviolate [in'vaiolet], *a.* (Sanctuaire, secret, mont) inviolé; (mont) vierge. *I. tomb,* tombe qui n'a jamais été profanée; tombe restée intacte.

invisibility [invizi'biliti], **invisibleness** [in'viziblnəs], *s.* Invisibilité *f.*

invisible [in'vizibl], *a.* **1.** Invisible. **Invisible to the naked eye,** invisible, indiscernable, à l'œil nu. **Invisible darn(ing),** reprise perdue. *See also* MENDER, MENDING 1. **Invisible ink,** encre *f* sympathique. *Pol.Ec:* **Invisible exports,** exportations *f* invisibles. **2.** *F: When I called she was i.,* quand je me suis présenté chez elle, elle n'était pas visible. **-ibly,** *adv.* Invisiblement. *See also* MEND[2] I. 1.

invitation [invi'teiʃ(ə)n], *s.* Invitation *f* (*to do sth.,* à faire qch.). **To come at s.o.'s invitation,** venir sur l'invitation de qn. **Invitation to lunch, to tea,** invitation à déjeuner, à prendre le thé. **Invitation card,** billet *m,* lettre *f,* d'invitation. *See also* STANDING[1] 5. *Fin:* **Invitation to the public to subscribe to a loan,** appel *m* au public pour la souscription d'un emprunt.

invitatory [in'vaitətəri], *a. & s. Ecc:* **The invitatory (psalm),** l'antienne *f* invitatoire.

invite[1] ['invait], *s.* **1.** *F:* Invitation *f.* **2.** *Fenc:* Invite *f.*

invite[2] [in'vait], *v.tr.* **1.** Inviter; convier (des amis à dîner). **To invite s.o. in,** inviter qn à entrer; prier qn d'entrer. *F: To i. oneself,* venir sans invitation; s'inviter soi-même. **The invited guests,** les invités *m*; (*at table*) les convives *m.* **2.** Engager, convier, inviter, appeler (*s.o. to do sth.,* qn à faire qch.). *To i. s.o.'s attention,* solliciter l'attention de qn. **To invite tenders for a building,** solliciter des soumissions pour un bâtiment. *Fin:* **To invite shareholders to subscribe the capital,** faire appel aux actionnaires pour souscrire le capital. **3.** Provoquer (le danger, le malheur, la critique). *His accent invited laughter,* son accent prêtait à rire. *To i. discussion,* inviter à, appeler, la discussion.

inviting, *a.* Invitant, attrayant, tentant; (mets) appétissant, ragoûtant; (dîner) engageant. *Not very i.,* peu ragoûtant. **This armchair looks inviting,** ce fauteuil vous tend les bras. *I. gesture,* geste *m* d'encouragement. **-ly,** *adv.* D'une manière attrayante, tentante. *The door was i. open,* la porte était ouverte de façon engageante; la porte ouverte invitait à entrer. *He drew a chair forward i.,* il approcha une chaise en guise d'invitation.

invitee [invai'ti:], *s. F:* Invité, -ée.

inviter [in'vaitər], *s.* **1.** Hôte, hôtesse. **2.** Provocateur, -trice (de critiques, de rires, etc.).

invitingness [in'vaitiŋnəs], *s.* Aspect tentant, engageant, attrayant; attrait *m.*

invocation [invo'keiʃ(ə)n], *s.* Invocation *f.* **The invocation of Saints,** l'invocation des Saints. *Church under the i. of St Peter,* église *f* sous le vocable de saint Pierre.

invocatory [in'vɔkətəri], *a.* (Formule *f*) invocatoire.

invoice[1] ['invɔis], *s. Com:* Facture *f* (d'achat). **Shipping invoice,** facture d'expédition. *To make out an i.,* établir une facture. **As per invoice,** suivant la facture. **Invoice book,** livre *m,* journal *m,* des achats; copie *m* des factures. **Invoice clerk,** facturier *m.* **Invoice work,** travaux *mpl* de facturation. *See also* PRO[1] 1.

invoice[2], *v.tr.* Facturer (des marchandises). *Invoiced goods,* marchandises facturées.

invoicing, *s.* **1.** Rédaction *f* d'une facture. **2.** *I. of goods,* facturation *f* (de marchandises).

invoke [in'vouk], *v.tr.* **1.** (*a*) Invoquer (Dieu, le nom du Seigneur, la mémoire de qn). (*b*) **To invoke s.o.'s aid,** appeler qn à son secours. *To i. vengeance upon s.o.,* appeler la vengeance sur qn. *To i. a blessing upon an undertaking,* demander à Dieu de bénir une entreprise. **2.** Évoquer (un esprit) par des incantations; invoquer (un esprit).

invoking, *s.* Invocation *f.*

invoker [in'voukər], *s.* Invocateur, -trice. *The invokers of reason against custom,* ceux qui en appellent à la raison contre l'usage.

involucral [invo'lju:krəl], *a. Bot:* Involucral, -aux.

involucrate [invo'lju:kret], *a. Bot:* Involucré.

involucre ['involju:kər], **involucrum** [invo'lju:krəm], *s.* **1.** *Anat:* Enveloppe membraneuse (d'un organe). **2.** *Bot:* Involucre *m*; collerette *f* (d'ombellifère); fane *f* (de renoncule).

involuntariness [in'vɔləntərinəs], *s.* Caractère *m,* nature *f,* involontaire (d'un mouvement, etc.).

involuntary [in'vɔləntəri], *a.* Involontaire. **-ily,** *adv.* Involontairement.

involute ['involju:t]. **1.** *a.* (*a*) *Bot:* **Involute leaf,** feuille involutée, involutive. (*b*) *Geom: Mec.E:* (Arc *m*) de développante; (engrenage *m*) à développante. **A 15° involute system,** un tracé en développant à 15°. **2.** *s. Geom: Mec.E:* Développante *f. I. of a circle,* développante de cercle.

involuted ['involju:tid], *a. Bot:* = INVOLUTE 1.

involution [invo'lju:ʃ(ə)n], *s.* **1.** (*a*) Complication *f*; tours *mpl* et détours; ambages *mpl,* tortuosité *f.* (*b*) Enchevêtrement *m,* embrouillement *m*; embarras *m.* **2.** *Nat.Hist:* Involution *f* (d'une feuille, etc.). **3.** (*a*) *Geom:* **Points in involution,** points *m* en involution. (*b*) *Alg:* Élévation *f* à une puissance donnée d'un nombre quelconque, réel ou imaginaire. **4.** (*a*) Involution (sénile, etc.). (*b*) *Obst: I. of the womb,* involution utérine. **5.** *Biol:* Involution, dégénérescence *f.* **Involution form,** forme régressive.

involve [in'vɔlv], *v.tr.* **1.** (*a*) *Lit:* Envelopper, entortiller (*in,* dans). (*b*) *A. & Lit:* Enrouler, replier (en spirale). (*c*) *To get involved with a rope,* s'empêtrer, s'empêcher, dans un cordage. (*d*) Compliquer, entortiller (un récit). *To become involved in one's speech,* s'embrouiller (dans son discours). **2.** (*a*) **To involve s.o. in a quarrel,** engager qn dans une querelle; mêler qn à, dans, une querelle. *This involved him in great difficulties,* cela lui a attiré, l'a plongé dans, de grandes difficultés. *To i. s.o. in a charge, in a crime,* impliquer qn dans une accusation, dans un crime. *He involved his friend in his ruin,* il entraîna son ami dans sa ruine. *He has involved me in a sorry business,* il m'a entraîné, *F:* il m'a embourbé, dans une mauvaise affaire. **To involve oneself in trouble,** se créer des ennuis; *F:* se mettre dans le pétrin. *I do not wish to i. myself in trouble,* je ne veux pas me créer des ennuis. **To involve oneself in debt,** s'endetter. (*b*) **To be involved in sth.,** être entraîné, enveloppé, dans qch. *To be involved in a failure,* être enveloppé, pris, entraîné, dans une faillite. *I am involved in his ruin,* je suis enveloppé dans sa ruine. *We were involved in his disgrace,* sa honte a rejailli sur nous. *He is involved in a bad business,* il est mêlé dans une mauvaise affaire. **He is involved in the plot,** il est compromis, il a trempé, dans le complot. *The vehicle involved,* le véhicule impliqué, en cause (dans l'accident). **His honour is involved,** son honneur est engagé. *Are your interests involved?* est-ce que cela touche, concerne, vos intérêts? **The forces involved,** les forces *f* en jeu. **3.** (*Include, entail*) Comporter, impliquer, comprendre, entraîner. **To involve much expense,** nécessiter, entraîner, de grands frais. *Expenses involved,* dépenses *f* à prévoir. *Questions involved in a transaction,* questions liées à une transaction. *Difficulties involved in a theory,* difficultés impliquées dans une théorie. *The difficulties which this would i.,* les difficultés que cela comporterait. *It involves trouble,* cela ne va pas sans peine. *It would i. living in London,* cela nécessiterait que j'aille vivre à Londres. **4.** *Mth: A:* Élever (un nombre) à une puissance donnée.

involved, *a.* **1.** (*a*) (Style, discours) embrouillé, entortillé, embarrassé, compliqué, filandreux, touffu. (*b*) (*Of pers.*) Fermé, secret. **2.** (Bien, domaine) grevé de dettes. **To be in involved circumstances,** être dans la gêne; faire de mauvaises affaires.

involvement [in'vɔlvmənt], *s.* **1.** Empêtrement *m*; implication *f* (de qn dans une affaire). *Med: Meningeal i.,* complication méningée. **2.** Embarras *m* pécuniaires. **3.** Confusion *f,* imbroglio *m.*

invulnerability [invʌlnərə'biliti], *s.* Invulnérabilité *f.*

invulnerable [in'vʌlnərəbl], *a.* Invulnérable. **-ably,** *adv.* Invulnérablement.

inward ['inwərd]. **1.** *a.* (*a*) Intérieur, -eure, interne. (*b*) Vers l'intérieur. *I. traffic of a port,* les vaisseaux qui entrent dans le port. **Inward-flow turbine,** turbine *f* centripète. **2.** *s.pl.* **Inwards** ['inwərdz, *F:* 'inərdz], entrailles *f,* intestins *m,* viscères *m. I've got a pain in my inwards,* j'ai mal au ventre. **3.** *adv.* = INWARDS. **-ly,** *adv.* En dedans, intérieurement. **I was inwardly pleased,** en mon par-dedans, dans mon for intérieur, j'étais content. *See also* LAUGH[2] 1.

inwardness ['inwərdnəs], *s.* **1.** Caractère intérieur, essence *f,* signification *f* intime (de qch.). *The true i. of a remark,* le sens profond d'une observation. **2.** Spiritualité *f,* nature spirituelle.

inwards ['inwərdz], *adv.* **1.** (*a*) Vers l'intérieur, en dedans. (*b*) *Com:* Pour l'importation. *See also* CLEARANCE 2. **2.** Dans l'âme; en dedans de nous; intérieurement.

inweave [in'wi:v], *v.tr.* (*p.t.* **inwove** [in'wo:uv]; *p.p.* **inwoven**) *To i. a pattern into a fabric,* tisser un dessin dans une étoffe. *To i. a fabric with gold thread,* brocher une étoffe de fils d'or.

inworker ['inwə:rkər], *s.* Ouvrier, -ière, qui travaille à la fabrique, à l'usine.

inwrought ['inrɔ:t], *a.* (*Of fabric, design*) Broché, incrusté, ouvragé (*with,* de). **Mantle inwrought** [in'rɔ:t] **with beads,** manteau tissé de perles. *Pattern i. into a fabric,* dessin ouvragé dans une étoffe.

iodargyrite [aio'dɑ:rdʒirait], *s.* = IODYRITE.

iodate[1] ['aiodeit], *s. Ch:* Iodate *m. Potassium i.,* iodate de potasse.

iodate[2], *v.tr. Med: Phot:* Ioder, iodurer.

iodic [ai'ɔdik], *a. Ch:* (Acide *m*) iodique.

iodide ['aiodaid], *s. Ch:* Iodure *m* (d'argent, etc.). *Mercuric i.,* iodure de mercure.

iodine ['aiodi:n], *s. Ch:* Iode *m. Pharm:* **Tincture of iodine,** teinture *f* d'iode. **Iodine water,** eau iodée. **Iodine liniment,** liniment ioduré. *See also* NUMBER[1] 3 (*b*).

iodipin [ai'oudipin], *s. Pharm:* Iodipine *f.*
iodism ['aiodizm], *s. Med:* Iodisme *m.*
iodize ['aioda:iz], *v.tr. Med: Phot:* Ioder, iodurer.
iodoform [ai'oudofɔ:rm], *s. Ch: Pharm:* Iodoforme *m.* **Iodoform gauze,** gaze *f* (à l')iodoforme. **Iodoform powder, pill,** poudre, pilule, iodoformée.
iodoformized [ai'oudofɔ:rmaizd], *a.* Iodoformé.
iodophilia [aioudo'filia], *s. Med:* Iodophilie *f.*
iodothyrin [aioudo'θairin], *s. Med:* Iodothyrine *f.*
iodous ['aiodəs], *a. Ch:* (Acide) iodeux.
iodyrite [ai'ɔdirait], *s. Miner:* Iodargyrite *f*, iodite *f*, iodyrite *f.*
iolite ['aiolait], *s. Miner:* Iolite *f.*
ion ['aiən], *s. El: Ph: Ch:* Ion *m.* **Hydrogen ion,** cation *m*, kation *m.*
Ionia [ai'ounja]. *Pr.n. A.Geog:* L'Ionie *f.*
Ionian [ai'ounjən], *a. & s. Geog:* Ionien, -ienne. *Mus:* **Ionian mode,** mode ionien.
Ionic[1] [ai'ɔnik]. **1.** *a.* (*a*) *Arch: Pros:* (Ordre *m*, vers *m*) ionique. (*b*) *Ling: Mus:* (Dialecte, mode) ionien. **2.** *s.* (*a*) *Ling:* Le dialecte ionien. (*b*) *Pros:* Pied *m* ionique; vers *m* ionique.
ionic[2], *a. El:* Ionique.
ionizable [aio'naizəbl], *a.* Ionisable.
ionization [aionai'zeiʃ(ə)n], *s.* **1.** *El: Ph:* Ionisation *f. Impact i., collision i.*, ionisation par chocs. **2.** *Med:* (Traitement *m* par) ionisation.
ionize ['aiona:iz]. *El: Ph:* **1.** *v.tr.* Ioniser (l'air, un gaz). **2.** *v.i.* (*Of acid, etc.*) S'ioniser.
ionizing, *s.* Ionisation *f* (d'un gaz).
ionizer ['aionaizər], *s. El: Ph:* Ionisant *m*, ionisateur *m.*
ionogen [ai'ɔnodʒən], *s. El:* Électrolyte *m.*
iota [ai'outa], *s.* **1.** *Gr.Alph:* Iota *m.* **Iota subscript,** iota souscrit. **2.** *F:* Iota, rien *m. We will not yield one i. of our privileges*, nous ne céderons pas le moindre petit privilège, pas un iota de nos privilèges.
iotacism [ai'outasizm], *s. Ling:* Iotacisme *m.*
I.O.U. [aiou'ju:], *s.* (*pl.* **I.O.U's**) (*I owe you*) Reconnaissance *f* (de dette). *I'll give you an I.O.U.*, je vais vous faire un petit billet.
-ious [iəs], *a.suff.* **1.** -ieux *m*, -ieuse *f. Suspicious*, soupçonneux. *Odious*, odieux. *Ambitious*, ambitieux. *Religious*, religieux. *Curious*, curieux. **2.** -e. *Ferocious*, féroce. *Illustrious*, illustre. *Loquacious*, loquace. *Rebellious*, rebelle. *Voracious*, vorace.
Iowan ['aiowən], *a. & s. Geog:* (Natif, originaire) de l'Iowa.
ipecacuanha [ipikakju'ana], *F:* **ipecac** ['ipikak], *s. Bot:* Ipécacuana *m*, *F:* ipéca *m.* **Ipecacuanha root,** racine *f* d'ipéca. *Pharm:* **Ipecacuanha wine, syrup,** infusé *m*, sirop *m*, d'ipéca.
Iphigenia [ifidʒe'naia]. *Pr.n.f. Gr.Lit:* Iphigénie.
ipomoea [ipo'mi:a], *s. Bot:* Ipomée *f.*
ipso facto ['ipso'fakto], *adv.phr.* Par le fait même; de par le fait; ipso facto.
ir- [ir], *pref. See* IN-.
irade [i'rɑ:de], *s.* Iradé *m*, décret *m.*
Irak, Iraq [i:'rɑ:k]. *Pr.n. Geog:* Irak *m.*
Iran [i:'rɑ:n]. *Pr.n. Geog:* L'Iran *m.*
Iranian [ai'reinjən, i'r-], *a. & s. Geog:* Iranien, -ienne.
Iraqi [i:'rɑ:ki], **Iraquian** [i:'rɑ:kiən], *a. & s. Geog:* Irakien, -ienne.
irascibility [airasi'biliti, iras-], *s.* Irascibilité *f*; tempérament *m* colérique, irritable.
irascible [ai'rasibl, i'ras-], *a.* (Homme) irascible, coléreux; (tempérament *m*) colérique.
irate [ai'reit], *a.* Courroucé, en colère, furieux, irrité. **-ly,** *adv.* Avec colère; avec courroux; d'un ton irrité.
Ir(r)awad(d)y (the) [ðiira'wɔdi]. *Pr.n. Geog:* L'Iraouaddy *m.*
ire ['aiər], *s. Lit:* Courroux *m*, colère *f*; *Lit:* ire *f.*
ireful ['aiərful], *a. Poet:* Courroucé; (regard) plein de colère, irrité. **-fully,** *adv.* Avec colère; avec courroux; d'un ton irrité.
Ireland ['aiərlənd]. *Pr.n. Geog:* L'Irlande *f.*
Irenaeus [aire'ni:əs]. *Pr.n.m.* (Saint) Irénée.
Irene [ai'ri:ni]. *Pr.n.f.* Irène.
irenic(al) [ai'ri:nik(əl)], *a. Ecc:* Pacifique; (écrit *m*) irénique.
irenikon [ai'ri:nikɔn], *s.* = EIRENICON.
iridaceous [iri'deiʃəs], *a. Bot:* Iridacé.
iridectomy [airi'dektomi], *s. Surg:* Iridectomie *f.*
iridescence [iri'desəns], *s.* Irisation *f*, iridescence *f*; aspect irisé, chatoiement *m* (d'un plumage, d'une écaille, etc.).
iridescent [iri'desənt], *a.* Irisé, iridescent; chatoyant. *To become i.*, s'iriser, se chromatiser. *To make i.*, iriser.
iridiagnosis [airidaiag'nousis], *s. Med:* Irido-diagnostic *m.*
iridian [ai'ridiən], *a. Med:* Iridien; de l'iris.
iridioplatinum [airidio'platinəm], *s. Metall:* Iridium platiné.
iridium [ai'ridiəm], *s. Ch:* Iridium *m.* **Iridium-pointed screw,** vis iridiée.
iridize ['airida:iz, 'ir-], *v.tr.* Iridier (une pointe de vis, etc.).
iridosmine [iri'dɔsmain], **iridosmium** [iri'dɔsmiəm], *s. Miner:* Iridosmine *f.*
Iris ['aiəris]. **1.** *Pr.n.f. Myth:* Iris. **2.** *s.* (*pl.* **irides** ['airidi:z]) *Anat:* Iris *m* (de l'œil). *Med:* **Iris diagnosis,** irido-diagnostic *m.* **3.** *s.* (*pl.* **irises** ['airisiz]) *Bot:* Iris *m.* **Yellow iris,** iris jaune, iris des marais. **Florentine iris,** iris de Florence. **Stinking iris,** iris fétide; iris-gigot *m.* **4.** *s.* (*pl.* **irises**). (*a*) (*Play of colours*) Reflets irisés; chatoiement *m.* (*b*) *Opt:* Iris *m. Cin:* **Iris vignetter,** iris extérieur pour fondus. (*c*) *Miner:* Pierre *f* d'iris; quartz irisé; iris.
'iris-'diaphragm, *s. Phot:* Diaphragme *m* iris.
'iris-root, *s.* Racine *f* d'iris.
irisated ['airiseitid], *a.* Irisé.
irisation [airi'seiʃ(ə)n], *s.* Irisage *m*, irisation *f.*
irised ['airist], *a.* Irisé.
Irish ['airiʃ]. **1.** *a.* (Peuple, etc.) irlandais; (toile *f*, beurre *m*) d'Irlande. *I. boy, girl*, jeune Irlandais, jeune Irlandaise. **Irish American, Irish Australian,** Américain, -aine, Australien, -ienne, d'origine irlandaise. **Irish terrier,** terrier irlandais, irish-terrier *m*, *pl.* irish-terriers. **Irish wolf-hound,** lévrier irlandais, d'Irlande. *F:* **Irish wedding,** soûlerie générale. *See also* BULL[4] 1, MOSS 2, STEW[1] 2. **2.** *s.* (*a*) *Ling:* L'irlandais *m.* (*b*) *pl.* **The Irish,** les Irlandais *m.*
'Irish Free 'State (the). *Pr.n. Geog:* L'État *m* libre d'Irlande.
Irish 'green, *s.* Marbre vert d'Irlande.
Irish 'point, *s.* Point *m* d'Irlande; dentelle *f* d'Irlande.
Irishism ['airiʃizm], *s.* **1.** Locution irlandaise. **2.** Inconséquence *f*, naïveté *f*, calinotade *f.*
Irishman, *pl.* **-men** ['airiʃmən, -men], *s.m.* Irlandais. *F:* **He has had an Irishman's rise,** d'évêque il s'est fait meunier.
Irishwoman, *pl.* **-women** ['airiʃwumən, -wimen], *s.f.* Irlandaise.
irising ['airisiŋ], *s. Cin:* Rétrécissement progressif du champ.
iritis [ai'raitis], *s. Med:* Iritis *f*, uvéite *f.*
irk [ə:rk], *v.tr. A:* Ennuyer; en coûter à (qn). *Impers.* **It irks me** *to . . .*, cela m'impatiente, cela m'est pénible, de . . .; il m'en coûte de. . . .
irksome ['ə:rksəm], *a.* (Travail) ennuyeux, ingrat. **-ly,** *adv.* D'une manière ennuyeuse.
irksomeness ['ə:rksəmnəs], *s.* Caractère ennuyeux, ingrat (d'une tâche, etc.).
Irkutsk [ə:r'kutsk]. *Pr.n. Geog:* Irkoutsk.
iron[1] ['aiərn, 'airən], *s.* **1.** Fer *m.* (*a*) *Metall:* **Raw iron, crude iron,** fer cru, brut. **Soft iron,** fer doux. **Short iron,** fer aigre. **Cast iron,** fer coulé; fer de fonte; fonte *f* (de fer). *See also* CAST[3] 3. **Pig iron,** fonte en saumon, en gueuse(s); gueuse *f* (de fonte). **Wrought iron,** fer forgé, soudé, battu. **Finished iron,** fer marchand. *Com:* **Bar iron,** fer marchand, fer en barres, fer méplat. **Corrugated iron,** tôle ondulée. **Slit iron,** côtes *fpl* de vache. **Old iron,** ferraille *f*; vieux fers. *See also* BULB-IRON, COKE-IRON, FAGGOT-IRON, FLAT[2] I. 1, GALVANIZED 2, HARD I. 1, HOOP-IRON, INGOT, MUCK-IRON, PLATE[1] 2, REFINERY, SCRAP-IRON, SHEET-IRON, STEELED 1, STRAP IRON, STRIKE[2] I. 1, STRIP-IRON, STUB-IRON, WHITE IRON. **(Made) of iron,** de fer, en fer. *Rod of i.*, verge *f* de fer. *See also* ROD 3. *F:* **Man of iron,** homme dur, sans pitié; cœur *m* de fer. **He is made of iron,** il a un corps de fer. **He has a throat of iron,** il a le gosier blindé. **Will of iron,** volonté *f* de fer. (*b*) *Attrib.* De fer, en fer. **Iron bar,** barre *f* de fer. **Iron bridge,** pont *m* en fer. *Lit:* **The iron road,** le chemin de fer; la voie ferrée. **Iron block,** poulie ferrée. **Iron mounting, fitting,** ferrure *f.* **Iron-banded cement,** béton fretté. *Miner:* **Iron cap, iron hat,** chapeau ferrugineux, de fer (d'une couche métallifère). **Iron ore,** minerai de fer, ferreux; mine *f* de fer. **Red iron ore,** hématite *f* rouge; ferret *m* d'Espagne. **Brown iron ore,** limonite *f.* **Iron clay,** argile ferrugineuse. *F:* **Iron will,** volonté *f* de fer. **To have an iron constitution,** avoir un corps de fer; avoir une santé inaltérable. *Man of an i. constitution*, homme d'airain; homme bâti à chaux et à sable. **The iron law of necessity,** la loi d'airain de la nécessité. *Pol.Ec:* **Lassalle's iron law of wages,** la loi d'airain. *U.S: P:* **Iron man,** pièce *f* d'un dollar. *See also* AGE[1] 2, GATE[1] 1, HORSE[1] 3, RATION[1], SULPHATE[1] 1. **2.** *Med:* Fer. **To take iron,** prendre du fer. **3.** (*a*) *Tls:* **Curling iron,** fer à friser. *Vet:* **Firing iron,** cautère actuel. *F:* **To have too many, several, irons in the fire,** s'occuper de trop de choses à la fois, de plusieurs choses à la fois; mener trop d'affaires, plusieurs affaires, de front; avoir trop d'affaires en main, sur les bras. *You must not have too many irons in the fire*, il ne faut pas courir deux lièvres à la fois. *See also* BRANDING-IRON, FIRE-IRON, POLISHING-IRON, SEARING-IRON, SOLDERING-IRON, WAFFLE-IRON. (*b*) **Plane iron,** fer de rabot; couteau *m* de rabot. *See also* BACK-IRON, BARKING[1], BREAK-IRON, CROZE-IRON, EDGING-IRON, FLESHING-IRON, GRAB-IRON, GRAPPLING-IRON, PINKING-IRON, RABBET-IRON, REAMING-IRON, RIPPING-IRON, SWEATING-IRON. (*c*) Poutre *f* de fer. **Sectional iron,** profilé *m.* **T iron,** profilé à T, fer à T. (*d*) *Nau:* Ferrure *f* (de gouvernail). *See also* BINDING[2] 1. (*e*) *A: F:* Arme *f* à feu; pistolet *m.* **4.** *Golf:* (Crosse *f* en) fer. **Iron shot,** coup *m* de fer. *See also* DRIVING-IRON, MID-IRON, PUTTING-IRON. **5.** *Dom.Ec:* **(Flat-)iron, laundry iron,** fer à repasser. *See also* BOX-IRON, FLUTING, GOFFERING 1. **6.** *pl.* (*a*) Fers, chaînes *f. Nau: etc:* **To be in irons,** être dans les fers; avoir les fers aux pieds. **To put a man in irons,** mettre un homme aux fers. *F:* **The iron entered into his soul,** il avait la mort dans l'âme. *U.S:* **Iron gang,** chaîne *f*, cadène *f*, de forçats. (*b*) *Surg:* **To put a child's leg in irons,** faire porter des attelles en fer à un enfant. (*c*) *Nau:* (*Of ship*) **To be in irons,** faire chapelle.
'iron-bark, *s.* **1.** *Bot:* Eucalyptus résineux; gommier *m.* **2.** Bois *m* de gommier.
'iron-bound, *a.* **1.** (Tonneau, etc.) cerclé de fer, fretté de fer. *I.-b. mallet*, marteau *m* à têtes rapportées. **2.** Iron-bound coast, côte *f* à pic; littoral hérissé de récifs, de rochers; côte peu hospitalière. **3.** Inflexible, sévère, compassé.
'iron-cased, *a.* (Electro-aimant, etc.) cuirassé; (conduite *f*, etc.) à enveloppe de fonte.
'iron-ce'ment, *s.* Mastic *m* de fer; mastic à limaille.
'iron-clad. **1.** *a.* (*a*) A enveloppe de fer; (vaisseau, électro-aimant) cuirassé; (puits) blindé. *El.E:* **Iron-clad panel,** panneau blindé. *I.-c. galvanometer*, galvanomètre cuirassé. (*b*) *U.S:* Strict, rigoureux. **Iron-clad oath,** serment professionnel imposé aux fonctionnaires après la guerre civile. **2.** *s. Navy: A:* Cuirassé *m.*
Iron 'Duke (the). *Pr.n. Hist:* Le Duc de fer (Wellington).
'iron-'filings, *s.pl.* Limaille *f* de fer.
'iron-founder, *s.* (*Pers.*) Fondeur *m* de fonte; fondeur en fer.
'iron-foundry, *s.* Fonderie *f* de fonte; usine *f* métallurgique.
'iron-'grey, *a. & s.* Gris (de) fer (*m inv*). *His beard is i.-g.*, il a la barbe gris fer; il a la barbe poivre et sel.
'iron-'handed, *a.* A la main de fer; sévère, inflexible.
'iron-holder, *s. Dom.Ec:* Poignée *f* (de fer à repasser).

'**iron-mould**, *s.* Tache *f* de rouille ou vieille tache d'encre.
'**iron-shod**, *a.* Ferré. *I.-s.* (*walking*) *stick*, canne ferrée.
'**iron-stand**, *s. Dom.Ec:* Porte-fer *m inv* (à repasser).
'**iron-stone**, *s.* (Clay) **iron-stone**, minerai *m* de fer (argileux). *Attrib.* **Iron-stone china, iron-stone ware,** porcelaine (anglaise) opaque.
'**iron-'willed**, *a.* A la volonté de fer.
'**iron-working**, *s.* Serrurerie *f*; charpenterie *f* en fer.

iron², *v.tr.* **1.** Garnir (une porte, etc.) de fer, de ferrures; ferrer (une porte, etc.). **2.** Mettre les fers à (qn); mettre (qn) aux fers. **3.** Repasser (le linge). **To iron (up) a hat,** donner un coup de fer à un chapeau. **To iron out a crease** (*in a frock, etc.*), faire disparaître un faux pli au fer chaud. *F: To i. out the difficulties in the way of an agreement*, aplanir les difficultés qui empêchent un accord. **To iron out an opponent,** battre un adversaire à plates coutures.
ironing, *s.* Repassage *m.* **She takes in ironing,** elle est repasseuse. *See also* BOARD¹ 1.

ironclad ['airənklad], *a. & s.* = IRON-CLAD.
ironer ['aiərnər], *s.* Repasseur, -euse. **Fine ironer,** repasseuse de linge fin.
ironic(al) [ai'rɔnik(əl)], *a.* Ironique. **The ironic method** (*in debate*), l'ironisme *m.* **-ally**, *adv.* Ironiquement, par ironie. *To speak i.*, ironiser.
ironist ['aironist], *s.* Ironiste *mf.*
ironmaster ['airənmɑːstər], *s.m.* Maître de forges; métallurgiste.
ironmonger ['aiərnmʌŋgər], *s.* Quincaillier *m*, ferronnier *m.*
ironmongery ['aiərnmʌŋgəri], *s.* Quincaillerie *f*, (marchandise *f* de) quincaille *f*; ferronnerie *f*, grosserie *f.*
Ironside ['airənsaid], *s. Eng.Hist:* (*a*) Côte *f* de fer (surnom du roi Edmond II d'Angleterre). (*b*) *pl.* **Ironsides,** Côtes de Fer (surnom de la cavalerie d'Olivier Cromwell).
ironsmith ['aiərnsmiθ], *s.* Chaudronnier *m* en fer.
ironware ['aiərnwɛər], *s.* = IRONMONGERY.
ironwood ['aiərnwud], *s. Bot:* Bois *m* de fer; sidéroxyle *m.*
ironwork ['aiərnwəːrk], *s.* **1.** Construction *f* en fer. (*a*) (*Work in wrought iron*) Serrurerie *f*; (travail *m* de) ferronnerie *f.* **Ironwork constructor, contractor,** serrurier *m* en bâtiments. (*b*) **Heavy ironwork, constructional ironwork,** charpente *f* en fer, grosse serrurerie, profilés *mpl* pour constructions. (*c*) (*Parts made of iron*) Ferrure(s) *f(pl)*; ferrerie *f*; ferrements *mpl* (d'un navire, d'un wagon); dentelle *f* (d'une balustrade, etc.). **2.** *pl.* (*Often with sg. const.*) **Ironworks.** (*a*) = IRON-FOUNDRY. (*b*) Usine *f* sidérurgique; forges *fpl.*
ironworker ['aiərnwəːrkər], *s.* **1.** (*Worker in wrought iron*) (Ouvrier) serrurier *m.* **2.** (*Worker in heavy iron*) Charpentier *m* en fer.
ironwort ['aiərnwəːrt], *s. Bot:* Sidérite *f*, crapaudine *f.*
irony¹ ['aironi], *s.* Ironie *f. The i. of fate*, l'ironie du sort. **By an** *i. of fate*, par une ironie du sort.
irony² ['aiərni], *a.* De fer; qui ressemble au fer.
Iroquois [airo'kwɑ], *a. & s. Ethn:* Iroquois, -oise.
irradiance [i'reidjəns], *s.* Rayonnement *m*, éclat *m.*
irradiant [i'reidjənt], *a.* Rayonnant.
irradiate [i'reidieit], *v.tr.* **1.** (*a*) (*Of light, heat*) Irradier (la terre, etc.); rayonner sur (la terre); (*of light rays*) illuminer (une surface). (*b*) *Med:* **To irradiate a patient,** traiter un malade par irradiation. **2.** (*a*) Éclairer, illuminer, rendre compréhensible (un sujet, le passé). (*b*) Illuminer (l'âme, l'esprit). **3.** Émettre comme des rayons. *Presence that irradiates strength and courage*, présence *f* d'où irradient la force et le courage. **4.** Faire rayonner (le visage, etc.). *Good humour irradiated his face*, la bonne humeur faisait rayonner son visage. **5.** *v.i.* Irradier, rayonner.
irradiated, *a.* Rayonnant. (*a*) *Ph:* **Irradiated heat,** chaleur rayonnante. (*b*) *F:* **Face irradiated with happiness,** visage rayonnant de bonheur.
irradiation [ireidi'eiʃ(ə)n], *s.* **1.** (*a*) *Ph: Physiol:* Irradiation *f.* (*b*) *Med:* (Traitement *m* par) irradiation. **2.** Rayonnement *m*, éclat *m* (d'une source de lumière). **3.** Illumination (spirituelle).
irradiative [i'reidiətiv], *a.* **1.** Irradiateur, -trice. **2.** Illuminant (pour l'âme, pour l'esprit).
irrational [i'raʃən(ə)l]. **1.** *a.* (*a*) (Animal) dépourvu de raison, irraisonnable. (*b*) (*Of fear, conduct, etc.*) Déraisonnable, absurde, irrationnel. (*c*) *Mth:* (Nombre) irrationnel. **Irrational root,** racine *f* incommensurable. **2.** *s. Mth:* Quantité irrationnelle; nombre irrationnel. **-ally**, *adv.* D'une manière irraisonnable; déraisonnablement; irrationnellement.
irrationalism [i'raʃənəlizm], *s. Phil:* Irrationalisme *m.*
irrationality [iraʃə'naliti], *s.* **1.** Déraison *f*; manque *m* de raison. **2.** Absurdité *f.*
irrebuttable [iri'bʌtəbl], *a. Jur:* (Témoignage *m*, etc.) irréfragable. *I. presumption*, présomption absolue.
irreclaimable [iri'kleiməbl], *a.* **1.** (Coquin *m*) incorrigible; (ivrogne) invétéré. **2.** (Terrain *m*) incultivable.
irrecognizable [i'rekognaizəbl], *a.* Méconnaissable.
irreconcilability [irekonsailə'biliti], *s.* **1.** Irréconciliabilité *f* (de deux personnes). **2.** Inconciliabilité *f* (de deux croyances, etc.).
irreconcilable [irekon'sailəbl], *a.* **1.** (Ennemi *m*) irréconciliable; (haine *f*) implacable. **2.** (Croyance *f*, témoignage *m*) incompatible, inconciliable (*with*, avec). **It's trying to reconcile the irreconcilable,** c'est vouloir concilier l'inconciliable. **-ably**, *adv.* **1.** Irréconciliablement. **2.** Inconciliablement.
irrecoverable [iri'kʌvərəbl], *a.* (Créance *f*) irrécouvrable; (perte *f*) irréparable, irrémédiable. **-ably**, *adv.* (Endommagé) irrémédiablement, irréparablement; (ruiné) à tout jamais.
irrecusable [iri'kjuːzəbl], *a.* (Témoignage *m*, preuve *f*) irrécusable.
irredeemable [iri'diːməbl], *a.* **1.** (Faute) irrachetable. *Fin:* (Fonds) irrachetable, irremboursable. **Irredeemable bonds,** obligations *f* non amortissables. **2.** (*a*) (Désastre *m*, tristesse *f*, bassesse *f*) irrémédiable. (*b*) (Coquin *m*) incorrigible. **-ably**, *adv.* (Condamné) sans recours. *I. bad Government*, gouvernement mauvais de fond en comble.
irredentism [iri'dentizm], *s. Pol:* Irrédentisme *m.*
irredentist [iri'dentist], *a. & s.* Irrédentiste (*m*).
irreducibility [iridjuːsi'biliti], **irreducibleness** [iri'djuːsiblnəs], *s.* Irréductibilité *f.*
irreducible [iri'djuːsibl], *a.* (Minimum *m*, équation *f*, fraction *f*, hernie *f*, luxation *f*) irréductible.
irreformable [iri'fɔːrməbl], *a.* Irréformable.
irrefragable [i'refragəbl], *a.* (Réponse *f*, témoignage *m*, autorité *f*) irréfragable; (réponse, témoignage) irrécusable, irréfutable. *Hist:* **The Irrefragable Doctor,** le Docteur irréfragable (Alexandre de Hales). **-ably**, *adv.* Irréfragablement; (prouver) d'une manière irréfragable.
irrefrangible [ire'frandʒibl], *a.* **1.** (Loi) inviolable. **2.** *Opt:* **Irrefrangible rays,** rayons *m* irréfrangibles.
irrefutability [irefjutə'biliti], *s.* Irréfutabilité *f.*
irrefutable [i'refjutəbl], *a.* (Témoignage *m*, déclaration *f*) irréfutable; (témoignage) irrécusable. **-ably**, *adv.* Irréfutablement. *To prove i. that . . .*, prouver sans conteste, sans réplique, que. . . .
irregular [i'regjulər], *a.* Irrégulier. **1.** (*a*) Contraire aux règles. *I. order, conduct*, ordre irrégulier, conduite irrégulière. *I. life*, vie déréglée. **Irregular household,** faux ménage; ménage irrégulier. *Jur:* **Irregular document,** document *m* informe. (*b*) *Nat.Hist:* Anormal, -aux. (*c*) *Gram:* **Irregular plurals, verbs,** pluriels, verbes, irréguliers. **2.** Asymétrique; (*of outline, etc.*) anfractueux; (*of surface*) raboteux; inégal, -aux. *I. shape*, forme irrégulière. **Irregular features,** traits irréguliers. **3.** (*Uneven in duration, order, etc.*) *I. intervals*, intervalles irréguliers. *I. pulse*, pouls irrégulier, déréglé, inégal, intermittent. *I. breathing*, respiration saccadée. *I. action of a machine*, boitement *m* d'une machine. *I. rhymes*, rimes irrégulières, disposées d'une manière capricieuse. *I. verse*, vers irréguliers, libres. *See also* FIRING 3. **4.** *Mil:* **Irregular troops,** *s.pl.* **irregulars,** troupes irrégulières; irréguliers *m.* **-ly**, *adv.* Irrégulièrement; d'une façon irrégulière, déréglée. *I. shaped*, d'une forme irrégulière; (perle *f*) baroque.
irregularity [iregju'lariti], *s.* **1.** (*a*) Irrégularité *f* (de conduite, etc.). (*b*) *Adm: Com:* **To commit irregularities,** commettre des irrégularités (dans les comptes, les écritures). **2.** Irrégularité (des traits, etc.). **Irregularity of ground,** aspérités *fpl*, accidents *mpl*, de terrain. *I. of rocks*, anfractuosités *fpl.* **3.** Arythmie *f* (des battements du cœur, etc.). *I.C.E:* Dissymétrie *f* (des temps moteurs). *I. of the pulse*, dérèglement *m* du pouls.
irrelative [i'relətiv], *a.* Sans rapport (*to*, avec), étranger (*to*, à).
irrelevance [i'reləvəns], **irrelevancy** [i'reləvənsi], *s.* **1.** Inapplicabilité *f* (*to*, à). **2.** Inconséquence *f*; manque *m* d'à-propos. **3.** *Speech full of irrelevancies*, discours rempli d'à-côtés qui n'ont rien à voir avec la question.
irrelevant [i'reləvənt], *a.* Non pertinent; (*of remark, etc.*) hors de propos; qui manque d'à-propos. *I. to the subject*, étranger au sujet, sans rapport avec le sujet. *I. questions*, questions *f* hors de cause. *To make i. remarks*, divaguer. *That is i.*, cela n'a aucun rapport avec la question; cela n'a rien à voir avec la question. **-ly**, *adv.* Mal à propos; hors de propos.
irrelievable [iri'liːvəbl], *a.* Qu'on ne peut soulager, alléger, adoucir; sans remède.
irreligion [iri'lidʒ(ə)n], **irreligiousness** [iri'lidʒəsnəs], *s.* Irréligion *f*, indévotion *f.*
irreligious [iri'lidʒəs], *a.* Irréligieux, indévot. **-ly**, *adv.* Irréligieusement.
irremediable [iri'miːdiəbl], *a.* Irrémédiable; sans remède. **-ably**, *adv.* Irrémédiablement; sans secours, sans remède; (être ruiné) sans ressource.
irremissible [iri'misibl], *a.* **1.** (Faute *f*) irrémissible; (péché *m*) impardonnable. **2.** *I. duty*, devoir *m* irrémissible, dont on ne saurait se relâcher. **-ibly**, *adv.* Sans rémission, sans miséricorde; implacablement.
irremovability [irimuːvə'biliti], *s.* Inamovibilité *f* (d'un fonctionnaire).
irremovable [iri'muːvəbl], *a.* (*a*) Qu'on ne saurait déplacer; ancré en place; inébranlable. *I. difficulty*, difficulté *f* invincible. (*b*) (Fonctionnaire *m*) inamovible. **-ably**, *adv.* Fermement, fixement, inébranlablement.
irreparability [irepərə'biliti], **irreparableness** [i'repərəblnəs], *s.* Irréparabilité *f.*
irreparable [i'repərəbl], *a.* (Mal *m*, perte *f*) irréparable; (perte) irrémédiable, irrécupérable. **-ably**, *adv.* (Abîmer) irréparablement, irrémédiablement.
irreplaceable [iri'pleisəbl], *a.* (Trésor *m*, ami *m*) irremplaçable.
irrepressibility [iripresi'biliti], **irrepressibleness** [iri'presiblnəs], *s.* Caractère *m* ou nature *f* irrépressible (d'une force, d'un rire).
irrepressible [iri'presibl], *a.* (Bâillement) irrésistible, irréprimable; (force) irrépressible. *I. impulse*, mouvement *m* qu'on ne saurait réprimer. *I. laughter*, rire *m* inextinguible. *F:* **Irrepressible child,** enfant *mf* (i) qui a le diable au corps, (ii) qu'on ne saurait faire taire. *I. spirits*, verve endiablée. **-ibly**, *adv.* Irrésistiblement. *I. strong* (*feeling*), (sentiment) d'une force irrépressible.
irreproachable [iri'proutʃəbl], *a.* Irréprochable. *I. dress*, vêtement *m* impeccable. *Work i. in style*, ouvrage *m* irréprochable de style. *He was always i. in his conduct*, il a toujours été irréprochable dans sa conduite. **-ably**, *adv.* Irréprochablement.
irresistibility [irizisti'biliti], **irresistibleness** [iri'zistiblnəs], *s.* Irrésistibilité *f.*
irresistible [iri'zistibl], *a.* Irrésistible. **-ibly**, *adv.* Irrésistiblement.
irresolute [i'rezoljut], *a.* **1.** Indécis. *To be i.*, hésiter; ne savoir que faire; être indécis. **2.** (Caractère) irrésolu; (homme) qui

manque de résolution; (esprit) vacillant, hésitant. **-ly,** *adv.* D'une manière indécise; irrésolument.

irresoluteness [i'rezoljutnəs], **irresolution** [irezo'lju:ʃ(ə)n], *s.* Indécision *f* (de caractère); irrésolution *f*; manque *m* de résolution. *The i. of the human heart*, les flottements *m* du cœur humain. *Med:* **Morbid irresolution,** maladie *f* du scrupule.

irresolvable [iri'zɔlvəbl], *a.* **1.** (Problème *m*, question *f*) insoluble. **2.** (Corps *m*) indécomposable, irréductible. **Irresolvable nebula,** nébuleuse *f* irrésoluble.

irrespective [iri'spektiv]. **1.** *a.* Indépendant (*of*, de). *Interest that is i. of all practical considerations*, intérêt *m* qui ne dépend d'aucune considération pratique. **2.** *adv.* **Irrespective of sth.,** indépendamment, sans tenir compte, de qch. *Promotion goes by ability i. of seniority*, l'avancement *m* se fait selon les capacités indépendamment de l'ancienneté. *They go to the cinema i. of what film is being shown*, ils vont au cinéma sans se soucier du film qu'on donne. **-ly,** *adv.* = IRRESPECTIVE 2.

irrespirable [i'respirəbl, iri'spairəbl], *a.* Irrespirable.

irresponsibility [irispɔnsi'biliti], *s.* **1.** *Jur:* Irresponsabilité *f.* **2.** Étourderie *f*, manque *m* de sérieux; irréflexion *f.*

irresponsible [iri'spɔnsibl], *a.* **1.** *Jur:* Irresponsable. **2.** (*a*) (*Of pers.*) Étourdi, irréfléchi; brouillon, évaporé, peu sérieux; à la tête légère. *To be quite i.*, n'être pas maître de ses actes. *Their i. gaiety*, leur insouciante gaîté. *s. To entrust serious business to irresponsibles*, confier des affaires sérieuses à des gens qui n'ont pas de plomb dans la tête. (*b*) (*Of action*) Irréfléchi. **3.** *Com:* Insolvable. **-ibly,** *adv.* **1.** Irresponsablement. **2.** Étourdiment. *To act i.*, agir à l'étourdie, à la légère. *So i. happy*, si ingénument heureux.

irresponsive [iri'spɔnsiv], *a.* (*Of pers.*) Flegmatique, peu émotif, froid; (visage) fermé. *To be i. to s.o.'s advances*, être insensible, ne pas répondre, aux avances de qn. *I. to entreaties*, sourd aux prières.

irresponsiveness [iri'spɔnsivnəs], *s.* Flegme *m*, réserve *f*, froideur *f*. *I. to s.o.'s advances*, insensibilité *f* aux avances de qn.

irretentive [iri'tentiv], *a.* (Mémoire *f*) qui ne retient pas; (mémoire) peu fidèle.

irretentiveness [iri'tentivnəs], *s.* Manque *m* de fidélité (de la mémoire).

irretrievability [iritri:və'biliti], *s.* Irréparabilité *f.*

irretrievable [iri'tri:vəbl], *a.* Irréparable, irrémédiable. *I. step*, pas sur lequel on ne saurait revenir, sur lequel il n'y a pas à revenir. **-ably,** *adv.* Irréparablement; irrémédiablement; (être ruiné) à tout jamais.

irreverence [i'revərəns], *s.* Irrévérence *f*; manque *m* de respect (*towards*, envers, pour).

irreverent [i'revərənt], *a.* **1.** (*In religious matters*) Irrévérent. **2.** (*In social intercourse*) Irrévérencieux. *To make i. remarks*, plaisanter un peu lestement. **-ly,** *adv.* **1.** Irrévéremment. **2.** Irrévérencieusement.

irreversible [iri'və:rsibl], *a.* **1.** (Décision *f*, jugement *m*) irrévocable. **2.** *Mec.E: Aut: etc:* (Direction *f*) irréversible, non réversible. *See also* GEL[1]. **-ibly,** *adv.* Sans retour, irrévocablement.

irrevocability [irevokə'biliti], *s.* Irrévocabilité *f.*

irrevocable [i'revokəbl], *a.* Irrévocable. **-ably,** *adv.* Irrévocablement.

irrigable ['irigəbl], **irrigatable** [iri'geitəbl], *a.* (Terre *f*) irrigable.

irrigate ['irigeit], *v.tr.* **1.** (*a*) *Agr:* Irriguer (des champs). (*b*) (*Of river*) Arroser (un bassin, une région). **2.** *Med:* Irriguer (une plaie, etc.); injecter (une cavité). **3.** *v.i. U.S: F:* Boire.

irrigation [iri'geiʃ(ə)n], *s.* **1.** Irrigation *f* (des champs); arrosement *m*, arrosage *m*; baignage *m* (des prés, etc.). **Irrigation ditch,** canal *m* d'irrigation. **Irrigation pump,** pompe *f* d'arrosage. **2.** *Med:* Irrigation.

irrigator ['irigeitər], *s.* **1.** *Agr:* (*a*) (*Pers.*) Arroseur *m.* (*b*) Machine *f* à arroser; arroseuse *f.* **2.** *Med:* Irrigateur *m*, injecteur *m*, seringue *f* à injection; bock *m.*

irrisor [i'raisər], *s.* *Orn:* Irrisor *m.*

irritability [iritə'biliti], **irritableness** ['iritəblnəs], *s.* Irritabilité *f* (de caractère, d'un muscle, d'un nerf).

irritable ['iritəbl], *a.* **1.** (Caractère *m*, esprit *m*) irritable, irascible, atrabilaire. *She is very i. to-day*, elle a les nerfs en pelote aujourd'hui. **2.** *Biol:* (Nerf *m*, protoplasme *m*) irritable. **-ably,** *adv.* D'un ton de mauvaise humeur.

irritant[1] ['iritənt], *a.* & *s.* *Med:* Irritant (*m*).

irritant[2], *a.* *Jur:* (*Scot.*) **Clause irritant,** article annulatif.

irritate[1] ['iriteit], *v.tr.* **1.** Irriter, mettre en colère, agacer (qn, un animal); exciter (un animal). *To become irritated*, s'irriter, s'agacer. *To be very much irritated*, être en proie à une vive irritation. **2.** (*a*) *Med:* Irriter (un organe); aviver, envenimer (une plaie). *To i. the nerves*, irriter, *F:* agacer, les nerfs. (*b*) *Physiol: Biol:* Stimuler, exciter (un organe, une plante).

irritating, *a.* **1.** Irritant, agaçant. *An i. laugh*, un rire agaçant. **2.** *Med:* Irritant, irritatif. **-ly,** *adv.* D'une façon agaçante, irritante.

irritate[2], *v.tr.* *Jur:* (*Scot.*) Rendre nul et de nul effet.

irritation [iri'teiʃ(ə)n], *s.* **1.** Irritation *f.* *Momentary i.*, contrariété passagère. **Nervous irritation,** énervement *m.* **2.** (*a*) *Med:* Irritation (de la gorge, de l'estomac); *F:* agacement *m* (des nerfs). (*b*) *Physiol: Biol:* Stimulation *f* (d'un organe, etc.).

irritative ['iriteitiv], *a.* *Med:* Irritatif.

irruption [i'rʌpʃ(ə)n], *s.* Irruption *f.* *Hyd.E:* **Irruption of water,** venue *f* d'eau.

is [iz]. *See* BE.

'is. *P:* = HIS.

Isaac ['aizək]. *Pr.n.m.* Isaac.

Isabel ['izəbel], **Isabella** [izə'belə]. **1.** *Pr.n.f.* Isabelle, Isabeau. **2.** *a.* & *s.* (Couleur) isabelle (*m*) *inv*; gris jaune (*m*) *inv.*

isabelline [izə'belin, -ain], *a.* Isabelle *inv.*

Isaeus [ai'zi:əs]. *Pr.n.m. Gr.Hist:* Isée.

isagogic [aisə'gɔdʒik]. **1.** *a.* Isagogique. **2.** *s.pl.* (*Usu. with sg. const.*) **Isagogics,** isagogique *f.*

Isaiah [ai'zaiə]. *Pr.n.m. B.Hist:* Isaïe.

isanomalous [aisə'nɔmələs], *a.* *Meteor:* **Isanomalous lines,** isanomales *f.*

isatin ['aisətin], *s.* *Ch:* Isatine *f.*

isba(h) ['izbə], *s.* Izba *f*; chaumière *f* russe.

Iscariot [is'kariət]. *Pr.n.m. B.Hist:* Iscariote. *See also* JUDAS 1.

ischaemia [is'ki:miə], *s.* *Med:* Ischémie *f.*

ischiatic [iski'atik], *a.* *Anat: Med:* Ischiatique, sciatique.

ischium ['iskiəm], *s.* *Anat: Ent:* Ischion *m.*

ischuria [is'kjuəriə], *s.* *Med:* Ischurie *f.*

-ise[1] [a:iz], *s.suff.* (*After French*) -ise *f.* *Merchandise*, marchandise. *Franchise*, franchise.

-ise[2], *v.suff.* *Esp. U.S:* = -IZE.

Iseult [i'su:lt]. *Pr.n.f.* Yseult, Iseult.

-ish [iʃ], *a.suff.* **1.** (*Forming adjs. fr. national names*) (*a*) **-ais,** -aise. *English*, anglais. *Finnish*, finlandais. *Polish*, polonais. *Scottish*, écossais. (*b*) -ois, -oise. *Danish*, danois. *Gaulish*, gaulois. *Swedish*, suédois. **2.** (*Having the* (*usu. bad*) *qualities of*) (*a*) -in, -ine. *Childish*, enfantin. *Womanish*, féminin. (*b*) -asse. *Mannish*, hommasse. (*c*) -esque; -ien, -ienne. *Apish*, simiesque, simien. *Clownish*, clownesque. *Heine-ish*, Heinesque. *Mark Twainish*, Mark Twainesque. *Disraelitish*, Disraelien. (*d*) -âtre. *Foppish*, bellâtre. *Heathenish*, idolâtre. *Sweetish*, douceâtre. **3.** (*Somewhat*) (*a*) (*Forming adjs. of colour*) -âtre. *Bluish*, bleuâtre. *Reddish*, rougeâtre. (*b*) -elet, -elette. *Sourish*, aigrelet. *Tallish*, grandelet. *Thinnish*, maigrelet. *Fairish*, blondelet. (*c*) -et, -ette. *Reddish*, rouget. *Sweetish*, doucet. (*d*) -ot, -otte. *Oldish*, vieillot. *Palish*, pâlot. (*e*) Un peu, assez. *Wettish*, un peu mouillé. *Poorish*, assez pauvre. *Stiffish*, assez difficile. *P:* **Elevenish,** vers les onze heures. *I'll come latish*, je viendrai assez tard. *He went off suddenish*, il est parti assez brusquement. (*f*) *Fiftyish, sixtyish*, qui a dans les cinquante ans, dans les soixante ans.

Ishmael ['iʃmeəl]. **1.** *Pr.n.m. B.Hist:* Ismaël. **2.** *s. F:* Paria *m*, déshérité *m.*

Ishmaelite ['iʃmeəlait], *s.* **1.** *B.Hist:* Ismaëlite *m*, Ismaïlite *m.* **2.** *F:* = ISHMAEL 2.

Isidorian [isi'dɔ:riən], *a.* *Ecc.Hist:* De saint Isidore.

Isidorus [isi'dɔ:rəs]. *Pr.n.m.* (Saint) Isidore.

isinglass ['aiziŋglɑ:s], *s.* **1.** (*a*) Colle *f* de poisson, ichtyocolle *f*, isinglass *m.* *Leaf i.*, ichtyocolle en cœur; gros cordon. *Lyre i.*, ichtyocolle en lyre; petit cordon. *Book i.*, ichtyocolle en livre. (*b*) Gélatine *f* (pour gelées, etc.). (*c*) **Bengal isinglass,** agar-agar *m.* **2.** *Miner: F:* Mica *m.*

Islam ['islam, -ɑ:m; 'izlam], *s.* Islam *m* (religion ou peuple). **To go over to Islam,** embrasser l'islamisme.

Islamic [is'lamik, iz-], *a.* Islamique.

Islamism ['islamizm, 'iz-], *s.* Islamisme *m.*

Islamist ['islamist, 'iz-], *s.* Islamite *mf.*

Islamite ['islamait, 'iz-], *s.* & *a.* Islamite (*mf*). *The Islamites*, l'islam *m.*

Islamitic [islə'mitik, iz-], *a.* Islamite, islamique.

island ['ailənd], *s.* **1.** Île *f.* *Small i.*, îlot *m.* *A rock i.*, un rocher isolé. **Tied island,** île rattachée. **Floating island,** île flottante. *Cu: U.S:* **Floating islands,** œufs *m* à la neige; îles flottantes. *Geog: F:* **The Island,** l'île de Wight. **The Islands,** les îles du Pacifique. **The Island Princess,** la Princesse de l'île, des îles. **Our island story,** l'histoire *f* de notre île. **Island kingdom,** royaume *m* insulaire. **2.** (*a*) *F:* Îlot *m* (de maisons, etc.). **Island building site,** terrain *m* à bâtir formant îlot. **Island show-case,** vitrine centrale (de salle de musée, etc.). *Rail:* **Island platform,** quai *m* d'entre-voie; quai entre voies. (*b*) **(Street-)island, safety island,** refuge *m* (pour piétons); île de sécurité.

islanded ['ailəndid], *a.* **1.** Isolé (comme une île). **2.** Parsemé (*with*, de).

islander ['ailəndər], *s.* Insulaire *mf.*

isle [ail], *s.* **1.** (*a*) (*Poet. except in certain proper names*) Île *f.* **The British Isles,** les Îles britanniques. **The Isle of Man,** l'île de Man. **The Isle of Wight,** l'île de Wight. (*b*) Petite île; îlot *m.* (*c*) Péninsule *f.* **The Isle of Whithorn,** la péninsule de Whithorn. **2.** Îlot (de maisons).

islet ['ailet], *s.* Îlot *m.*

ism [izm], *s.* *F: Pej:* Doctrine *f*, théorie *f.* *I profess no 'ism,'* je ne tiens pour aucune doctrine.

-ism, *s.suff.* -isme *m.* *Mechanism*, mécanisme. *Feminism*, féminisme. *Stoicism*, stoïcisme. *F:* *Priggism*, pose à la vertu, à l'homme supérieur. *Sourgrapeism*, habitude de dénigrer ce dont on est privé. *No-goism*, pessimisme.

is(o)- ['ais(o), ai'sɔ], *pref.* is(o)-. **1.** *I'sobryous*, isobryé. *'Isocarpous*, isocarpe. *Isa'delphous*, isadelphe. **2.** *Ch:* *Iso-bu'tane*, isobutane.

isoagglutination ['aisoagluti'neiʃ(ə)n], *s.* *Med:* Iso-agglutination *f.*

isobar ['aisobɑ:r], *s.* *Ph.Geog: Meteor:* Isobare *f*; courbe *f* isobare; ligne *f* isobare.

isobaric [aiso'barik]. **1.** *a.* (Ligne *f*) isobare; (carte *f*) isobarique, isobarométrique. *I. curve*, (courbe *f*, ligne) isobare *f.* **2.** *s.* (Ligne) isobare *f.*

isobase ['aisobeis], *s.* *Geol:* Isobase *f.*

isobath ['aisobaθ], *s.* *Oc:* Courbe *f* isobathe.

isocheim ['aisokaim], *s.* *Ph.Geog:* (Ligne) isochimène *f.*

isocheimal [aiso'kaiməl], **isochimenal** [aiso'kaimənəl], *a.* (Ligne *f*) isochimène.

isochromatic [aisokro'matik], *a.* *Opt: Phot:* (Ligne *f*, courbe *f*) isochromatique.

isochronal [ai'sɔkronəl], **isochrone** ['aisokroun], **isochronic** [aiso'krɔnik], *a.* *Mec:* = ISOCHRONOUS.

isochronism [ai'sɔkrɔnizm], *s.* *Mec:* Isochronisme *m.*
isochronous [ai'sɔkrɔnəs], *a.* *Mec:* Isochrone, isochronique. **Isochronous curve,** ligne *f*, courbe *f*, isochrone, tautochrone.
isoclinal [aiso'klainəl], *a. & s.* *Geol:* *Surv:* *etc:* Isoclinal (*m*), -aux. *Magn:* **Isoclinal (line),** (ligne) isocline (*f*).
isocline ['aisoklain], *s.* *Geol:* Isoclinal *m*, -aux.
Isocrates [ai'sɔkrati:z]. *Pr.n.m.* *Gr.Hist:* Isocrate.
isodactylous [aiso'daktiləs], *a.* *Z:* Isodactyle.
isodiabatic [aisodaia'batik], *a.* *Ph:* Isodiabatique.
isodontous [aiso'dɔntəs], *a.* *Z:* Isodonte.
isodynamic [aisodai'namik], *a.* *Mec:* (Courbe *f*, ligne *f*) isodynamique.
isoelectric [aisoi'lektrik], *a.* *Ch:* (Point *m*, etc.) isoélectrique.
isoetes [ai'souiti:z], *s.* *Bot:* Isoète *m.*
isogamy [ai'sɔgami], *s.* *Bot:* Isogamie *f.*
isogeotherm [aiso'dʒi:oθə:rm], *s.* Ligne *f* isogéotherme.
isogonal [ai'sɔgonəl], *a.* **1.** = ISOGONIC 1. **2.** (Zone *f*) isogone.
isogonic [aiso'gɔnik]. *Magn:* *Ph.Geog:* **1.** *a.* (Ligne *f*) isogone, isogonique. **2.** *s.* Isogone *f.*
isolable ['aisoləbl], *a.* *Ch:* *etc:* Isolable.
isolate ['aisoleit], *v.tr.* **1.** (*a*) Isoler (un malade, un fil électrique, etc.) (*from*, de, d'avec). *To i. sick cattle*, cantonner des bestiaux malades. *Mth:* **To isolate the unknown quantity,** dégager l'inconnue. (*b*) *F:* Faire le vide autour de (qn). **2.** *Ch:* Isoler, dégager (un corps simple). **3.** *El:* = INSULATE 2 (*a*).
isolated, *a.* (Hameau) isolé, écarté, détaché, relégué. *I. instance*, cas isolé. *I. farm*, ferme isolée, détachée. *El:* **Isolated plant,** installation isolée.
isolating[1], *a.* Isolant. *Esp. Ling:* **Isolating languages,** langues isolantes.
isolating[2], *s.* Isolement *m.* *I. of sick animals*, cantonnement *m* des bêtes malades. *Mch:* *etc:* **Isolating valve,** robinet *m* d'isolement (de conduite de vapeur, etc.).
isolation [aiso'leiʃ(ə)n], *s.* **1.** (*a*) Isolement *m* (d'un malade). **Isolation hospital,** hôpital *m* d'isolement; hôpital de contagieux. **Isolation ward,** service *m* des contagieux. (*b*) *El:* = INSULATION 2. **2.** Isolement, solitude *f.* **Policy of splendid isolation,** politique *f* d'isolement glorieux.
isolationism [aiso'leiʃənizm], *s.* Politique *f* d'isolement.
isolator ['aisoleitər], *s.* *El:* Isolant *m*, isolateur *m*, isoloir *m*; tabouret isolant.
isolog(ue) ['aisolɔg], *s.* *Ch:* Isologue *m.*
isologous [ai'sɔləgəs], *a.* *Ch:* (Corps *m*) isologue.
isomagnetic [aisomag'netik], *a.* *Magn:* (Ligne *f*) isomagnétique.
isomer ['aisomər], *s.* *Ch:* Isomère *m.*
isomere ['aisomi:ər], *s.* *Anat:* Portion *f* homologue (d'un membre).
isomeric [aiso'merik], *a.* **1.** *Ch:* (Corps *m* simple) isomère, isomérique. **2.** *Bot:* (Fleur *f*) isomérique. **3.** *Anat:* (Portion *f*) homologue (d'un membre).
isomerism [ai'sɔmerizm], *s.* *Ch:* Isomérisme *m.*
isomerization [aisomeri'zeiʃ(ə)n], *s.* *Ch:* Isomérisation *f.*
isomerous [ai'sɔmərəs], *a.* **1.** *Nat.Hist:* Isomère. **2.** *Ch:* = ISOMERIC 1.
isometric(al) [aiso'metrik(əl)], *a.* **1.** *Geom:* **Isometric perspective,** perspective *f* isométrique. *See also* PROJECTION 2. **2.** *Cryst:* Isométrique; tesséral, -aux.
isomorph ['aisomɔ:rf], *s.* *Cryst:* *etc:* Isomorphe *m.*
isomorphic [aiso'mɔ:rfik], **isomorphous** [aiso'mɔ:rfəs], *a.* *Ch:* *Mth:* Isomorphe.
isomorphism [aiso'mɔ:rfizm], *s.* *Ch:* *Miner:* Isomorphie *f*, isomorphisme *m.*
isonomy [ai'sɔnomi], *s.* *Pol:* *Jur:* *Cryst:* Isonomie *f.*
isoperimetrical [aisoperi'metrik(ə)l], *a.* *Geom:* Isopérimètre.
isophotal [aiso'fout(ə)l], *a.* *Ill.E:* **Isophotal line,** ligne *f* d'égalité d'illumination.
isopod, *pl.* **-pods, -poda** ['aisopɔd, -pɔdz; ai'sɔpoda], *s.* *Crust:* Isopode *m.*
isopodan [ai'sɔpodən]. **1.** *a.* = ISOPODOUS. **2.** *s.* = ISOPOD.
isopodous [ai'sɔpodəs], *a.* *Crust:* Isopode.
isosceles [ai'sɔsili:z], *a.* *Geom:* (Triangle *m*) iso(s)cèle.
isoseismal [aiso'saisməl], *a.* *Geol:* *Meteor:* Isosismal, -aux.
isosporous [ai'sɔsporəs], *a.* *Bot:* Isosporé.
isostasy [ai'sɔstəsi], *s.* *Geol:* Isostasie *f.*
isostatic [aiso'statik], *a.* *Geol:* (Mouvement *m*, etc.) isostatique.
isotheral [ai'sɔθərəl], *a. & s.* *Meteor:* (Ligne) isothère *f.*
isotherm ['aisoθə:rm], *s.* *Meteor:* Isotherme *f.*
isothermal [aiso'θə:rm(ə)l], **isothermic** [aiso'θə:rmik], **isothermous** [aiso'θə:rməs], *a.* (Ligne *f*) isotherme, isothermique. *Meteor:* **Isothermal layer,** stratosphère *f.*
isotonic [aiso'tɔnik], *a.* *Biol:* (Sérum *m*) isotonique.
isotopes ['aisotoups], *s.pl.* *Ch:* (Composés) isotopes *m.*
isotopy [ai'sɔtopi], *s.* *Ch:* Isotopie *f.*
isotropic [aiso'trɔpik], *a.* *Ph:* *Cryst:* Isotrope. **Optically isotropic,** monoréfringent.
isotropism [ai'sɔtropizm], **isotropy** [ai'sɔtropi], *s.* *Ph:* *Cryst:* Isotropie *f.*
Israel ['izreəl]. *Pr.n.m.* *B.Hist:* Israël.
Israelite ['izreəlait], *a. & s.* Israélite (*mf*).
Israelitic ['izreə'litik], *a.* (*Of history*) Israélite.
Israelitish ['izreəlaitiʃ], *a.* Israélite.
issuable ['iʃjuəbl, 'isjuəbl], *a.* **1.** *Jur:* **Issuable matter,** matière *f* à litige. **2.** (*Of bonds, etc.*) Émissible; susceptible d'être émis.
issuance ['iʃjuəns, i'sjuəns], *s.* *U.S:* Délivrance *f* (d'un brevet, d'un permis de conduire).
issuant ['isjuənt], *a.* *Her:* (Lion, etc.) issant.
issue[1] ['iʃju:, 'isju:], *s.* **1.** Sortie *f*, décharge *f* (de fumée, etc.); écoulement *m* (d'eau). **2.** *Med:* (*a*) Épanchement *m*, perte *f*, décharge, saillie *f* (de sang, etc.); écoulement, décharge (de pus). (*b*) *Surg:* **Running issue,** fontanelle *f*, fonticule *m*; cautère *m* en plein écoulement; exutoire *m.* **Issue pea,** pois *m* à cautère. **3.** (*Way out*) (*a*) Issue *f*, sortie, débouché (*out of*, de). *To find an i. out of . . .*, trouver un moyen de sortir de. . . . *The issues from the Underground*, les sorties, les vomitoires *m*, du Métro. (*b*) Embouchure *f* (d'un fleuve); déversoir *m* (d'un barrage, etc.). **4.** Issue, résultat *m*, fin *f*, dénouement *m*, aboutissement *m.* *Whatever be the i. of the combat*, quelle que soit l'issue du combat. **To wait the issue of events,** attendre la fin, le résultat. *To abide the i.*, attendre l'issue. **In the issue . . .,** à la fin . . ., en fin de compte. . . . *What will be the i. of it all?* que sortira-t-il de tout cela? *The good i. of an undertaking*, la bonne réussite d'une entreprise. **To bring a matter to an issue,** faire aboutir une question; en finir avec une question. *To bring sth. to a happy i.*, mener une affaire à bonne fin, à bien, à bon port; faire aboutir qch. *Favourable i., unfavourable i.*, bon, mauvais, succès. **5.** Progéniture *f*, descendance *f*, postérité *f.* **To leave issue,** laisser postérité. **To die without issue,** mourir sans postérité, sans laisser de postérité. *Died without i.*, mort sine prole. *His numberless i.*, ses innombrables descendants *m.* **6.** *Jur:* **Issue (of fact, of law),** (i) question *f*, point *m* (de fait, de droit); (ii) conclusion *f.* **Main issue** *of a suit*, fond *m* d'un procès. *See also* SIDE[1] 6. **To state an issue,** poser une question. **To join issue,** accepter les conclusions. *F:* **To join issue with s.o. about sth.,** discuter l'opinion, le dire, de qn au sujet de qch. *Here I join i. with you*, ici je me sépare entièrement de vous. **The issue joined,** la cause en état. **To plead the general issue,** plaider non coupable. **Case at issue,** cas *m* en litige. **The point at issue,** la question pendante, contestée. *Matters at i.*, matières *f* en contestation, en discussion. *The business at i.*, l'affaire *f* dont il s'agit. *The interests at i.*, les intérêts *m* en jeu. *The case is at i. upon its merits*, le fond de la cause est en état. **To be at issue on a question,** être en débat sur une question. **To be at issue with s.o.,** être (i) en désaccord, (ii) en contestation, avec qn. **To put a claim in issue,** contester une réclamation. **To confuse the issues,** masquer le but à atteindre; empêcher de prendre des résolutions; *F:* brouiller les cartes. **To obscure the issue,** (i) obscurcir la question, *F:* embrouiller l'écheveau; (ii) *F:* faire du camouflage autour de la question. **To evade the issue,** user de fuites, de subterfuge, de faux-fuyants. **7.** (*a*) *Fin:* *Adm:* Émission *f* (d'un emprunt, de billets de banque, d'actions). **Home currency issues,** billets émis à l'intérieur du pays. **National Bond issue,** emprunt d'État. *To make a new i. of capital*, procéder à une nouvelle augmentation de capital, à un nouvel emprunt. **Issue price,** prix *m* d'émission. *See also* OVER-ISSUE[1]. (*b*) Parution *f*, publication *f* (d'un livre); lancement *m* (d'un prospectus, etc.). **In course of issue,** en cours de publication. (*c*) *Rail:* *etc:* Délivrance *f* (de billets, de passeports, etc.). *Th:* Contrôle *m* (des billets). (*d*) *Mil:* *Navy:* Distribution *f*, versement *m*, sortie (de vivres, etc.). **Issue room** (*on board ship*), soute *f* à provisions; soute aux vivres; coqueron *m*; cambuse *f.* **Issue boots, issue shirt,** chaussures *f*, chemise *f*, réglementaire(s), d'ordonnance. (*e*) *Mil:* *Navy:* Publication *f* (d'ordres). **8.** Édition *f* (d'un livre); édition, numéro *m* (d'un journal).
issue[2]. **1.** *v.i.* (*a*) **To issue (out, forth),** (*of pers.*) sortir; (*of blood, water*) jaillir, s'écouler, découler (*from*, de). *A smell of garlic issues from the kitchen*, de la cuisine se dégage une odeur d'ail. *Spring that issues from the earth*, source qui sort de la terre. (*b*) Provenir, dériver (*from*, de). *Income issuing out of land*, revenu provenant d'une propriété. *To i. from a good family*, être issu, sortir, d'une bonne famille. *The children issuing from this marriage*, les enfants provenant, provenus, de ce mariage. (*c*) **To issue in (sth.),** avoir (le désastre) pour résultat; se terminer par, aboutir à (l'insuccès). **2.** *v.tr.* (*a*) Émettre, mettre en circulation (des billets de banque, etc.); créer (un effet de commerce). (*b*) Publier, donner (une nouvelle édition, etc.); lancer (un prospectus, etc.). *Jur:* **To issue a summons, a warrant for the arrest of s.o.,** décerner, lancer, une citation, un mandat d'arrêt contre qn. *To i. a decree*, rendre un arrêt. *See also* EXECUTION 2, WRIT[1] 2. *Fin:* **To issue a letter of credit,** fournir une lettre de crédit. *To i. a draft on s.o.*, fournir une traite sur qn. *Com:* **Bill issued for value received in goods,** billet causé en valeur reçue en marchandises. *Mil:* **To issue an order,** publier, donner, un ordre. (*c*) Verser, distribuer (des provisions, etc.); délivrer (des billets de chemin de fer, des passeports, etc.). *No rifles have been issued yet*, on n'a pas encore touché de fusils. (*d*) **To issue the ship's company with rum,** distribuer du rhum à l'équipage.
issuing[1], *a.* **1.** (Fumée) qui sort; (sang, eau) qui jaillit. **2.** *Fin:* **Issuing banker,** banquier émetteur. *I. company*, société émettrice. *I. house*, banque *f* de placement.
issuing[2], *s.* **1.** Émission *f* (d'un emprunt, etc.); publication *f* (d'un livre, d'un journal). **2.** Délivrance *f* (de billets); distribution *f* (de vivres).
issueless ['iʃjuləs, 'isjuləs], *a.* Sans enfants; sans descendance; (mourir) sans laisser d'enfants, sans postérité.
issuer ['iʃjuər, 'isjuər], *s.* **1.** *Fin:* Émetteur *m*, (d'un billet de banque); créateur, -trice (d'un effet de commerce). **2.** Délivreur *m*, distributeur, -trice (de billets de chemin de fer, de provisions, etc.).
-ist [ist], *s.suff.* **1.** -iste *mf.* *Calvinist*, calviniste. *Cobdenist*, Cobdeniste. *Botanist*, botaniste. *Socialist*, socialiste. *Dentist*, dentiste. *Cyclist*, cycliste. **2.** -ien, -ienne. *Pharmacist*, pharmacien. *Platonist*, platonicien.
Istanbul [istan'bu:l]. *Pr.n.* *Geog:* Istamboul *m*, Constantinople *f.*
isthmian ['is(θ)miən]. **1.** *a.* (*a*) (Terrain, etc.) isthmien. (*b*) *Gr.Ant:* (Jeux *m*, odes *f*) isthmiques. **2.** *s.* *A.Hist:* *etc:* Habitant *m* de l'Isthme (de Corinthe, etc.).
isthmus, *pl.* **-uses** ['is(θ)məs(iz)], *s.* *Geog:* *Anat:* Isthme *m.* **The Isthmus of Suez,** l'isthme de Suez.
istle ['istli], *s.* *Com:* **Istle (fibre),** tampico *m.* **Istle plant,** agave *m* du Mexique.
Istria ['istria]. *Pr.n.* *Geog:* L'Istrie *f.*

Istrian ['istriən], *a.* & *s. Geog:* Istrien, -ienne.

it[1] [it], *pers.pron.* **1.** (*Referring to inanimate objects, animals, and familiarly to infants, but in French taking the gender of the noun for which 'it' stands*) (*a*) (*Nom.*) Il, *f.* elle. *The house is small but it is my own,* la maison est petite mais elle est à moi. *Where is your hat?—It is in the cupboard,* où est votre chapeau?—Il est dans l'armoire. (*b*) (*Acc.*) Le, *f.* la. *He took her hand and pressed it,* il lui prit la main et la serra. *I don't believe it,* je ne le crois pas. *I do not remember it,* je ne me le rappelle pas; je ne m'en souviens pas. *And my cake, have you tasted it?* et mon gâteau, y avez-vous goûté? *He had felt the charm and still felt it,* il s'était senti sous le charme, il y était encore. *P: Hum:* (*Of pers., to express contempt*) *This is my young man.—Where did you find it?* c'est mon jeune homme.—Où l'as-tu ramassé? où as-tu ramassé ça? (*c*) (*Dat.*) Lui *mf. Bring the child and give it a drink,* amenez l'enfant et donnez-lui à boire. (*d*) (*Reflexive*) *The Committee has devoted great care to the task before it,* le comité a donné beaucoup d'attention à la tâche qui lui incombait. (*e*) (*Stressed*) *F:* **He thinks he's it** [hi:z'it], il se croit sorti de la cuisse de Jupiter. **This book is absolutely 'it!** c'est un livre épatant! **The 'it' of the business world,** le grand manitou des affaires. **She's got 'it,** elle a de ça; elle a du chien. **It's the it of its,** c'est le nec plus ultra. *Games:* To be **'it'** (*at blind man's buff, etc.*), être le chasseur, le chercheur. **2.** (*a*) (*As vague object of a verb*) **To face it,** faire front. **Hang it!** zut! sapristi! sac à papier! **I haven't got it in me to . . .,** je ne suis pas capable de. . . . *I did not think he had it in him,* je ne pensais pas qu'il possédait cette qualité. *See also* ASK[1] 5, CAB[2], COME 9, CONFOUND 4, FOOT[2] 1, LORD[2], PUT[2] 2, ROUGH[2] 3, *etc.* (*b*) (*As vague object of a preposition*) *Now for it!* et maintenant allons-y! **There is nothing for it but to run,** il n'y a qu'une chose à faire, c'est de filer. *P:* **He's for it, he's in for it,** son affaire est bonne; je ne le vois pas blanc. **To have a bad time of it,** souffrir; en voir de dures. **The worst of it is that . . .,** le plus mauvais de la chose c'est que. . . . *See also* NIGHT, TIME[1] 8, TRUTH 1. **3.** Ce, cela, il. *Who is it?* qui est-ce? *That's it,* (i) c'est ça; (ii) ça y est! *That's not it,* ce n'est pas cela. *It was John who told me so,* c'est Jean qui me l'a dit. *It was the French army that made the assault,* ce fut l'armée française qui donna l'assaut. *It was here that it happened,* c'est ici que c'est arrivé. *It frightens me,* cela me fait peur. *It doesn't matter,* cela ne fait rien. *It is raining,* il pleut. *It is ten o'clock,* il est dix heures. *It is Monday,* c'est aujourd'hui lundi. *It was the seventh of March,* on était au sept mars. **4.** (*Anticipatory*) (*a*) (*Provisional subject*) *It only remains to thank the reader,* il ne me reste qu'à remercier le lecteur. *It's nonsense talking like that,* c'est absurde de parler comme ça. *A more heinous offence it is hard to imagine,* il est difficile d'imaginer une offense plus grave. *It is impossible to work in this heat,* il est impossible de travailler par cette chaleur. *It relieved him to accuse himself,* cela le soulageait de s'accuser. *It makes one shudder to look down,* cela vous fait frémir de regarder en bas. **It appears that . . .,** il paraît que. . . . *It is but seldom that . . .,* ce n'est que rarement que. . . . **How is it that . . .?** d'où vient que . . .? **It is said that . . .,** on dit que. . . . *It says in the regulations that . . .,* on lit dans les règlements que. . . . **It is written that . . .,** il est écrit que. . . . (*b*) (*Provisional object*) *They believe it their duty to look after our morals,* ils croient de leur devoir de surveiller nos mœurs. *The fog made it difficult to calculate the distance,* le brouillard rendait difficile l'estimation des distances. *I thought it well to warn you,* j'ai jugé bon de vous avertir. *I hardly think it likely that . . .,* je ne crois guère que. . . . *I leave it to others to answer,* je laisse à d'autres le soin de répondre. *She took it into her head that he was angry,* elle s'est mis dans la tête qu'il était fâché. *You may rely upon it that he will do his best,* vous pouvez compter qu'il fera de son mieux. **5.** (*With prepositions*) **At it, in it, to it,** y. *To consent to it,* y consentir. *Look to it,* faites-y attention. *To fall in it,* y tomber. *Com: The box and the negatives contained in it,* la boîte et les clichés y contenus. *My consignment and the invoice relating to it,* mon envoi *m* et la facture y relative. **Above it, over it,** au-dessus; dessus. *A court with a glazed roof over it,* une cour avec un vitrage au-dessus. *Some one has spilt ink over it,* on a répandu de l'encre dessus. **Below it, under(neath) it,** au-dessous; dessous. **For it,** en, y; pour lui, pour elle, pour cela. *He loved his country and died for it,* il aimait sa patrie et mourut pour elle. *I feel the better for it,* je m'en trouve mieux. **From it,** en. *He is not bad,* **far from it,** il n'est pas méchant, loin de là, tant s'en faut, il s'en faut. **Of it,** en, y. *Give me half of it,* donnez-m'en la moitié. *I'll speak of it,* j'en parlerai. *Think of it,* pensez-y. **On it,** y, dessus. *Don't tread on it,* ne marchez pas dessus. *On rising from the table I left my letter on it,* en quittant la table j'y laissai ma lettre. **With it,** avec cela, avec lui, avec elle; *F:* avec. *The river carries everything along with it,* la rivière entraîne tout avec elle. *I seized a stone and cracked his head with it,* je saisis une pierre et lui fendis la tête avec. *He paid a visit to London, and* **during it** *sat for his portrait,* il fit un séjour à Londres, pendant lequel il posa pour son portrait.

it[2], *s. F:* (*Abbr. of Italian*) Vermouth italien. **A gin and it,** un gin vermouth.

itacism ['i:təsizm], *s. Ling:* Itacisme *m.*

Italian [i'taljən]. **1.** *a.* (*a*) *Geog:* Italien. **Italian sky,** ciel *m* d'Italie. (*b*) **Italian hand,** écriture anglaise. **Italian cloth,** satin *m* de Chine; brillantine *f. See also* PASTE[1] 2, WAREHOUSE[1] 2, WAREHOUSEMAN 2. **2.** *s.* (*a*) Italien, -ienne. (*b*) *Ling:* L'italien *m.*

Italianism [i'taljənizm], *s.* Italianisme *m.*

Italianization [italjənai'zeiʃ(ə)n], *s.* Italianisation *f.*

Italianize [i'taljənaiz], *v.tr.* Italianiser. *To become Italianized,* s'italianiser.

Italic [i'talik]. **1.** *a. Geog:* Italique. **2.** *Typ:* (*a*) *a.* (Caractère *m*) italique. *I. capitals,* capitales penchées. (*b*) *s. Usu. pl.* **To print in italic(s),** imprimer en italiques *m.*

Italicism [i'talisizm], *s.* Italianisme *m,* tour *m* de phrase italien.

italicize [i'talisaiz], *v.tr. Typ:* Imprimer, mettre, en italiques; (*in manuscript*) souligner. **Italicized words,** mots italiqués; mots en italiques.

Italiot [i'taliət], *a.* & *s. Ethn:* Italiote *mf.*

Italo-Byzantine ['italobi'zantain], *a.* Italo-byzantin, *pl.* italo-byzantins.

Italy ['itəli]. *Pr.n. Geog:* L'Italie *f.*

itch[1] [itʃ], *s.* **1.** Démangeaison *f. F:* **To have an itch for sth., to do sth.,** avoir une démangeaison de qch., de faire qch.; brûler de faire qch. **To have an itch for money, gain,** être âpre au gain. **2.** *Med:* Gale *f;* psore *f,* psora *f;* (*of animals*) gale, rogne *f;* (*slight*) *F:* grattelle *f. Person suffering from the i.,* personne gratteleuse. **Bricklayer's itch,** gale du ciment. **Barber's itch,** sycosis *m,* mentagre *f.* **Baker's itch,** psoriasis *m.* **Itch(-)ointment,** onguent *m* parasiticide.

'itch-mite, *s. Arachn: Med:* Démodex *m;* sarcopte *m* de la gale; acare *m.*

itch[2], *v.i.* **1.** Démanger; (*of pers.*) éprouver des démangeaisons. *My hand itches,* la main me démange. *Impers.* **Where does it itch?** où est-ce que cela vous démange? **2.** *F:* **To itch to do sth.,** brûler, griller d'envie, de faire qch. *My fingers i. to thrash him,* les mains me démangent, me brûlent, de lui donner une raclée. *I was itching to speak,* j'avais une démangeaison de parler; la langue me démangeait de parler; la langue me frétillait; je mourais d'envie de prendre la parole. *She is itching to be off,* les pieds lui brûlent. **He's itching for trouble,** la peau lui démange.

itching[1], *a.* **1.** (Plaie, peau) qui démange. **2.** *F:* Qui brûle, qui a un vif désir (*to do sth.,* de faire qch.). **To have an itching palm,** être âpre au gain.

itching[2], *s.* **1.** Démangeaison *f, Med:* prurit *m. I have an i. under my foot, F:* j'ai quelque chose qui m'asticote sous le pied. **2.** Grande envie; *F:* démangeaison.

itchiness ['itʃinəs], *s.* Démangeaison *f,* picotement *m* (à la peau).

itchy ['itʃi], *a.* **1.** *Med:* Galeux. **2.** *F: I have an i. elbow,* le coude me démange; j'ai des démangeaisons au coude.

-ite [ait], *a.* & *s.suff.* **1.** (*Pers.*) -ite *mf. Israelite,* israélite. *Pre-raphaelite,* pré-raphaélite. *Kiplingite,* admirateur de Kipling. *The ninetyites,* ceux qui étaient dans leur fleur vers 1890. *Pol: The Samuelites,* les libéraux de la nuance Samuel; les adhérents au parti de Sir Herbert Samuel. **2.** *s. Anat: Ch: Miner: etc:* (*a*) -ite *m. Anthracite,* anthracite. *Chlorite,* chlorite. *Dichroite,* dichroïte. *Graphite,* graphite. *Ophite,* ophite. *Somite,* somite. (*b*) -ite *f. Apatite,* apatite. *Calcite,* calcite. *Dynamite,* dynamite. *Ebonite,* ébonite. *Erythrite,* érythrite. *Hepatite,* hépatite. *Melinite,* mélinite. *Quercite,* quercite. *Selenite,* sélénite.

item ['aitem]. **1.** *adv.* Item; de plus. . . . **2.** *s. Com: etc:* Article *m;* détail *m;* rubrique *f. Book-k:* Écriture *f,* poste *m.* **Expense item,** chef *m* de dépense. **To give the items,** donner les détails. *The second i. of the contract,* l'article deux du contrat. *The balance-sheet items,* les détails du bilan. *Items of expenditure,* articles de dépense. *Cash i.,* article de caisse. *This i. does not appear in our books,* cette écriture ne figure pas sur nos livres. *Several small items in the apothecary's bill, A:* plusieurs petits item du mémoire de l'apothicaire. **News items** (*in a paper*), faits divers; échos *m.* **Items on the agenda** (*of a meeting*), questions *f* à l'ordre du jour. *Items of a dinner,* éléments *m* d'un dîner. **The last item on the programme,** le dernier numéro du programme.

itemize ['aitəmaiz], *v.tr.* Détailler (un compte, etc.). **Itemized account,** compte spécifié.

iterance ['itərəns], *s.* Répétition *f,* réitération *f* (d'une phrase).

iterate ['itəreit], *v.tr.* Réitérer; répéter (constamment) (un mot, une phrase, une accusation).

iteration [itə'reiʃ(ə)n], *s.* (Ré)itération *f,* répétition *f.*

iterative ['itərətiv], *a.* Itératif.

Ithaca ['iθəkə]. *Pr.n. A.Geog:* Ithaque *f.*

itineracy [ai'tinərəsi], **itinerancy** [ai'tinərənsi], *s.* **1.** Vie ambulante; vagabondage *m.* **2. Itinerancy,** ambulance *f* (d'un juge, d'un prédicateur); déplacements *mpl* (d'un prédicateur, etc.).

itinerant [ai'tinərənt], *a.* **1.** (Marchand, comédien, musicien) ambulant. *I. vendor,* marchand forain. *I. gang of workmen,* brigade ambulante. *I. life,* vie vagabonde. **2. Itinerant judges,** juges *m* qui vont en tournée; juges ambulants. **Itinerant** (*Wesleyan*) **preacher,** prédicateur itinérant.

itinerary [ai'tinərəri]. **1.** *a.* Itinéraire. **2.** *s.* Itinéraire *m. To map out an i. for s.o.,* tracer un itinéraire à qn.

itinerate [ai'tinəreit], *v.i.* Voyager; aller d'un endroit à un autre.

itineration [aitinə'reiʃ(ə)n], *s.* Voyages *mpl* de lieu en lieu.

-itis ['aitis], *s.suff. Med:* -ite *f. Appendicitis,* appendicite. *Bronchitis,* bronchite. *Peritonitis,* péritonite. *F: Puritanitis,* crise aiguë de puritanisme. *F: Peritonitis, colitis, or any other sort of -itis,* péritonite, côlite, ou toute autre affection en -ite.

its [its]. **1.** *poss.a.* Son, *f.* sa, *pl.* ses; (*in the fem. before a vowel sound*) son. (*Of animal*) *Its nose, mouth, and eyes,* son nez, sa bouche, et ses yeux. (*Of forest, etc.*) *Its extent,* son étendue *f. Do you know its extent?* est-ce que vous en connaissez l'étendue? *When the adder appeared again I cut off its head,* quand la vipère a reparu je lui ai coupé la tête. *A charm of its own,* un charme qui lui appartient; un charme qui est à lui seul, à elle seule. **2.** *Occ. poss.pron.* (*Stressed*) *The body has its function also, without which the soul could not fulfil 'its,* le corps aussi a sa fonction, sans laquelle l'âme ne saurait remplir la sienne.

it's [its]. *F:* = *it is.*

itself [it'self], *pers.pron. See* SELF[1] 4.

Iulus[1] [ai'ju:ləs]. *Pr.n. Lt.Lit:* Iule *m.*

iulus[2], *s.* **1.** *Myr:* Iule *m;* mille-pieds *m inv.* **2.** *Bot: A:* Iule; chaton *m.*

-ium [iəm], *s.suff.* -ium. (*a*) *Aquarium,* aquarium. *Sanatorium,* sanatorium. (*b*) *Geranium,* géranium. (*c*) *Ch: Aluminium,* aluminium. *Calcium,* calcium. *Radium,* radium. *Sodium,* sodium.

iva ['aiva], *s. Bot:* Ive *f*, ivette *f*.
Ivanhoe ['aivanhou]. *Pr.n.m. Eng.Lit:* Ivanhoé.
I've [aiv]. *F:* = *I have.*
-ive [iv], *a. & s.suff.* **1.** *a.* -if, -ive. *Active,* actif. *Contractive,* contractif. *Explosive,* explosif. *Fugitive,* fugitif. *Nominative,* nominatif. *Pensive,* pensif. *Restive,* rétif. **2.** *s.* (*a*) -if *m*. *Explosive,* explosif. *Nominative,* nominatif. (*b*) -ive *f*. *Locomotive,* locomotive. (*c*) (*Pers.*) -if, -ive. *Fugitive,* fugitif, -ive.
ivied ['aivid], *a.* Couvert de lierre.
-ivity [iviti], *s.suff.* -ivité *f*. *Ph:* *Conductivity,* conductivité. *Resistivity,* résistivité.
ivoried ['aivərid], *a.* (Teint *m*, etc.) d'ivoire.
ivorine ['aivərin], *s. Com:* Ivorine *f*.
ivory ['aivəri], *s.* **1.** (*a*) Ivoire *m*. **Raw ivory, live ivory,** morfil *m*, ivoire vert. **Imitation ivory,** éburine *f*, ivorine *f*. **Vegetable ivory,** ivoire végétal; corozo *m*. **Worker in ivory,** ivoirier *m*. *F:* **Black ivory,** les esclaves noirs. **The Black ivory trade,** la traite des noirs. *See also* GREEN[1] **1.** (*b*) (Objet *m* d')ivoire. *A collection of ivories,* une collection d'ivoires. (*c*) *pl. F:* **Ivories.** (i) *Bill:* Billes *f*. (ii) Dés *m*. (iii) Dents *f*. (iv) *Mus: P:* *To tickle the ivories,* taquiner l'ivoire. **2.** *Attrib.* (*a*) D'ivoire, en ivoire; éléphantin. *I. casket,* coffret *m* en ivoire, d'ivoire. *I. work,* ivoirerie *f*. **Ivory-backed brush,** brosse *f* à dos d'ivoire. (*b*) **Ivory dealer,** marchand *m* d'ivoire. *Ivory trade,* ivoirerie *f*. *Geog:* **The Ivory Coast,** la Côte d'Ivoire. (*c*) *Tex:* **Ivory satin,** satin *m* ivoire. *Com:* **Ivory paper,** (papier *m*) bristol *m*. (*d*) *Lit:* *Her i. shoulders,* ses épaules d'ivoire; *Poet:* ses épaules ivoirines.
 'ivory-'black, *s.* Noir *m* d'ivoire.
 'ivory-nut, *s. Bot:* Corozo *m*.
 'ivory-palm, *s. Bot:* Arbre *m* à ivoire.
 'ivory-'white. **1.** *s.* Blanc *m* d'ivoire. **2.** *a.* *Ivory-white teeth,* dents *f* d'une blancheur d'ivoire.
ivy ['aivi], *s. Bot:* **1.** Lierre *m*. **2.** **Poison ivy,** sumac vénéneux. **American ivy** = *Virginia creeper, q.v. under* VIRGINIA **1.** *See also* GROUND-IVY, HERB-IVY.
 'ivy-clad, -covered, -mantled, *a.* Tapissé, couvert, de lierre.
 'ivy-leaf, *s. Art: etc:* Feuille *f* de lierre.
 'ivy-leaved, *a. Bot:* (Pélargonium *m*) à feuilles de lierre.
ixia ['iksia], *s. Bot:* Ixia *f*, ixie *f*.
izard ['izərd], *s. Z:* Isard *m*, izard *m*; antilope *f* chamois.
izba ['izba], *s.* = ISBAH.
-ize [aiz], *v.suff.* **1.** -iser. *Civilize,* civiliser. *Organize,* organiser. *Baptize,* baptiser. *Germanize,* germaniser. *Carbonize,* carboniser. *Mechanize,* mécaniser. **2.** *Apostatize,* apostasier. *Apostrophize,* apostropher. *Russianize,* russifier. *Patronize,* patronner. *Scrutinize,* scruter. *Signalize,* signaler. *Bastardize,* déclarer bâtard. *To pygmytize,* réduire à l'état de pygmées. *Pedestrianize,* faire du footing. *Her hat commonizes her,* son chapeau lui donne l'air commun.

J, j [dʒei], *s.* (La lettre) J, j *m. Tp:* **J for Jack**, J comme Joseph. **J-pen**, plume J.

jab[1] [dʒab], *s.* **1.** (*a*) Coup *m* du bout de quelque chose; coup de pointe. (*b*) *Med: F:* Piqûre *f* (hypodermique). **2.** *Box:* Coup sec; un jab. *Bill:* Coup arrêté.

jab[2], *v.tr. & i.* (**jabbed; jabbing**) **1. To jab s.o., sth., with sth.**, piquer qn, qch., du bout de qch. *To jab a penknife into sth.*, enfoncer un canif, donner un coup de canif, dans qch. *To jab s.o.'s eye out with an umbrella, to jab one's umbrella into s.o.'s eye*, crever un œil à qn avec un parapluie. **To jab at s.o., at sth.**, lancer un coup sec à qn, qch. **2.** *Box:* Donner un coup sec, un jab, à (qn).

Jabalpur [dʒabal'puːər], *s. Geog:* Djabalpour *m.*

jabber[1] ['dʒabər], *s.* **1.** Baragouin *m*, baragouinage *m*, bredouillage *m.* **2.** Bavardage *m*, jacasserie *f*, jabotage *m.*

jabber[2]. **1.** *v.i.* (*a*) Bredouiller, baragouiner. (*b*) Jacasser. *She jabbers incessantly*, elle jacasse comme une pie borgne. **2.** *v.tr. To j. French*, baragouiner le français. **To jabber (out)** *a prayer*, bredouiller une prière (à toute vitesse).

jabbering, *s.* = JABBER[1].

jabberer ['dʒabərər], *s.* **1.** Baragouineur, -euse; bredouilleur, -euse. **2.** Jaboteur, -euse; jacasseur, -euse; bavard, -arde; jacasse *f.*

Jabez ['dʒeibez]. *Pr.n.m. B.Hist:* Jabbets *m.*

jabiru ['dʒabiru], *s. Orn:* Jabiru *m.*

jaborandi [dʒabo'randi], *s. Bot: Pharm:* Jaborandi *m.*

jabot ['ʒabo], *s. Cost:* Jabot *m.*

jacal [ha'kɑːl], *s. U.S:* Hutte mexicaine.

jacaranda [dʒaka'randa], *s. Bot:* Jacaranda *m.*

jacinth ['dʒasinθ], *s. Miner: Lap:* Jacinthe *f*, hyacinthe *f.*

Jack[1] [dʒak]. I. *Pr.n.m.* (*Dim. of John*) **1.** Jean, Jeannot, Jack. *F: He was off* **before you could say Jack Robinson**, il est parti sans qu'on ait le temps de faire ouf, de dire ouf; crac, le voilà parti! **Jack Ketch**, le bourreau; *F:* l'exécuteur *m* des hautes œuvres; Charlot. *Mil: P:* **Jack Johnson**, gros obus, *F:* marmite *f.* **Jack sprat**, petit bout d'homme. **Jack the Giant-killer**, Jean le tueur de géants. *Prov:* **There are more Jacks than one at the fair**, il y a à la foire plus d'un âne qui s'appelle Martin. *See also* EVERY, FROST[1] 1, JILL, RIPPER 1. **2.** (*Sailor*) *When Jack is ashore . . .*, quand le marin tire une bordée. . . .

II. **jack**, *s.* **1.** (*Pers.*) (*a*) (i) Valet *m*; (ii) manœuvre *m.* (*b*) **Cheap Jack**, camelot *m*, gagne-petit *m inv.* **Jack in office**, bureaucrate *m* (qui fait l'important); petit commis qui se donne des airs de chef. **Jack of all trades**, maître Jacques; factotum *m*; homme à trente-six métiers, à tous les métiers; bricoleur *m. Prov:* **A Jack of all trades is master of none**, qui est propre à tout n'est propre à rien. *See also* STEEPLE-JACK. **2.** *Cards:* Valet. **3.** *Clockm:* Jaquemart *m.* **4.** *Ich:* Brocheton *m.* **5.** (*a*) (Pour indiquer le mâle de l'espèce) **Jack hare**, bouquin *m.* (*b*) (Pour indiquer les petites espèces) **Jack-snipe**, bécassin *m*; bécassine sourde; petite bécassine; jaquet *m.*

III. **jack**, *s.* (Terme qui s'applique à nombre d'organes, d'outils, ou de dispositifs auxiliaires.) **1.** (*a*) **(Roasting-)jack**, tournebroche *m.* (*b*) = CHIMNEY-JACK. **2.** Support *m.* (*a*) *Ind:* **Assembling jack**, support d'assemblage. (*b*) **Sawyer's jack**, chèvre *f*, chevalet *m* (de scieur). (*c*) *Mec.E:* Cric *m*, vérin *m.* **Rack (and pinion) jack**, cric *m* à crémaillère; vérin. *Hydraulic j.*, vérin hydraulique. **Roller-jack**, vérin à galet. *Veh:* **Wheel jack**, lève-roue *m inv*; cric pour voiture; (*for carts*) chevalet, chèvre. **Wheeled jack**, cric roulant. **Car jack**, lève-auto *m inv*; cric pour autos. **Rail-jack**, lève-rail(s) *m inv. See also* LEVER-JACK, SCREW-JACK. (*d*) *See* BOOT-JACK. **3. Black jack**, (i) *A:* valise noire; (ii) *U.S:* matraque *f*, assommoir *m*; nerf *m* de bœuf; (iii) *Miner: F:* blende *f.* **4.** *El.E: Tp:* Jack *m*; fiche *f* femelle; conjoncteur *m. Spring j.*, jack de liaison, de jonction. *Annunciator j.*, jack à volet. **Multiple-jack panel**, multiple *m.* **5.** *Games:* (*At bowls*) Cochonnet *m.* **6.** *Mus: A:* Sautereau *m* (de clavecin). **7.** *Nau:* **Jack (cross-tree)**, barre *f* de cacatois. **8.** *U.S: F:* Argent *m*, pèse *m. See also* YELLOW JACK 2.

'Jack-a-'dandy, *s.* Fat *m*, dandy *m.*

'jack-boots, *s.pl.* **1.** Bottes *f* de cavalier, à genouillères. **2.** *Nau: etc:* Bottes cuissardes; cuissardes *f.*

'Jack-by-the-hedge, *s. Bot:* Alliaire *f.*

'jack-engine, *s.* = DONKEY-ENGINE.

'jack-high, *a. & adv. Games:* (*At bowls*) A la même hauteur que le cochonnet.

'Jack-in-the-basket, *s. Nau:* (*Danger-buoy*) Vigie *f.*

'Jack-in-the-box, *s.* **1.** *Toys:* Diable *m* (à ressort); boîte *f* à surprise, à malice; diablotin *m.* **2.** *F:* (*Of pers.*) Fantoche *m.* **3.** *P:* Enfant porté dans le ventre; *P:* polichinelle *m* dans le tiroir.

'jack-in-the-green, *s.* (Dans les jeux du premier mai) Homme qui est entouré d'un cadre de feuillage.

'jack-knife, *s.* **1.** Couteau *m* de poche; couteau pliant, fermant. **2.** *Swim:* **Jack-knife dive**, saut *m* de carpe; bascule *f.*

'jack-leg, *attrib.a. U.S:* **Jack-leg lawyer**, avocassier *m.* chicaneur *m.*

'jack-line, *s. Nau:* **1.** Filin *m* mince. **2.** Chemin *m* de fer de gui.

jack-o'-'lantern, *s.* Feu follet; furolle *f.*

'jack-pin, *s. Nau:* Cabillot *m* de tournage.

'jack-plane, *s. Tls: Carp:* Riflard *m*; demi-varlope *f*, *pl.* demi-varlopes.

'jack-pot, *s. Cards:* (*At poker*) (Jack-)pot *m.*

'jack-'pudding, *s.* Pitre *m*, paillasse *m*, bouffon *m.*

'jack-'rafter, *s. Const:* Empannon *m*; chevron *m* de croupe.

'jack-screw, *s.* = SCREW-JACK.

'jack-shaft, *s. Aut:* Arbre *m* secondaire, arbre de renvoi (de la boîte des vitesses).

'jack-'straw, *s.* **1.** *A:* Homme *m* de paille; faquin *m.* **2.** *Games:* Fiche *f* de jonchets. **Jack-straws**, (jeu *m* de) jonchets *m.*

'jack-'tar, *s.m.* Marin; *F:* mathurin; *P:* cul goudronné. **An old jack-tar**, un vieux marsouin; un loup de mer.

'jack-'towel, *s.* Essuie-main(s) *m inv* à rouleau; touaille *f.*

jack[2] **up**, *v.tr.* **1.** Soulever (une charrette, une roue, etc.) avec un cric, avec un lève-roue, avec un vérin. **2.** *P:* Abandonner, renoncer à (une entreprise, etc.). *Abs.* Céder.

jacking up, *s.* **1.** Soulèvement (sur cric ou sur vérin). **2.** *F:* Renoncement *m* (à une entreprise, etc.).

jack[3], *s. Nau:* Pavillon *m* de beaupré. **British jack**, le pavillon national britannique (les croix de St. Georges, de St. André, et de St. Patrice). *French j.*, pavillon français. **Black jack**, le pavillon noir (des pirates). *See also* UNION JACK, YELLOW JACK 1.

'jack-staff, *s. Nau:* Mât *m*, bâton *m*, de pavillon de beaupré; mât de beaupré.

jack[4], *s. Archeol:* **1.** *Cost:* Jaque *f*, gippon *m*, hoqueton *m.* **2.** Broc *m*, hanap *m*, en cuir. **Black Jack**, outre en cuir vernie de noir.

jack[5], *s. Bot:* **1. Jack(-fruit)**, jaque *m.* **2. Jack(-tree)**, jaquier *m* (de Malaisie).

jackal[1] ['dʒakɔːl], *s.* **1.** *Z:* Chacal *m*, *pl.* chacals. **2.** *F:* Chacal, âme damnée (d'un homme politique, etc.).

jackal[2], *v.i. F:* **To jackal for s.o.**, faire les sales besognes de qn; servir de chacal à qn.

jackanapes ['dʒakaneips], *s.* **1.** *A:* Singe *m.* **2.** *F:* (*a*) Impertinent *m*, fat *m*, freluquet *m.* (*b*) Petit vaurien, petite vaurienne; petit polisson, petite polissonne.

jackaroo ['dʒakaruː], *s. Australia: F:* Colon récemment venu d'Angleterre; nouveau débarqué.

jackass ['dʒakas], *s.* **1.** (*a*) *Z:* Âne (mâle) *m*; baudet *m.* (*b*) *F:* Idiot *m*, imbécile *m*, bourrique *f.* **2.** *Orn:* **Laughing jackass**, martin-pêcheur géant, *pl.* martins-pêcheurs géants; martin-pêcheur d'Australie; choucalcyon *m.*

'jackass-copal, *s. Miner:* Copal cru de Zanzibar.

'jackass-deer, *s. Z:* Singsing *m.*

jackdaw ['dʒakdɔː], *s.* Choucas *m*, chouchette *f*; corbeau *m* des cloches, corneille *f* des clochers, corneille d'église. *F:* **Jackdaw in peacock's feathers, in borrowed feathers, in borrowed plumes**, geai paré des plumes du paon.

jacket[1] ['dʒaket], *s.* **1.** (*a*) *Cost:* Veston *m* (d'homme); jaquette (de femme); veste *f* (de garçon de café); casaque *f* (de jockey). (*Woman's*) **loose jacket**, caraco *m.* **Bed-jacket**, liseuse *f.* **Single-breasted jacket**, veston droit. *Double-breasted j.*, veston croisé. **Fencing jacket**, veste d'escrime; gilet *m* d'armes. *Cyclist's* **hooded jacket**, vareuse *f* à capuchon. *Wool j.*, gilet de laine. **Jacket suit**, complet veston. *Artil:* **To get, obtain, the jacket**, être admis dans la *Royal Horse Artillery* (régiment d'élite). *See also* AIR-JACKET, BLUE JACKET, DINNER-JACKET, DRESSING-JACKET, DUST[2] 3, ETON JACKET, FATIGUE-JACKET, LIFE-JACKET, NORFOLK, PILOT-JACKET, SMOKING-JACKET, SPORTS-JACKET, STRAIT 1. (*b*) Robe *f* (d'un animal); pelure *f* (de fruit, etc.). **Potatoes cooked in their jackets**, pommes *f* de terre en robe de chambre, en chemise. *See also* LEATHER-JACKET. **2.** (*a*) Chemise *f* (de documents). **Filing jacket**, garde-notes *m inv*; classeur *m. Cardboard filing j.*, chemise de carton. (*b*) Couverture *f* (mobile) (de livre). *See also* DUST-JACKET. (*c*) *I.C.E: etc:* **Water-jacket, cooling-jacket**, chemise d'eau, de circulation; chambre *f* d'eau; manchon *m*, enveloppe *f*, de refroidissement. *See also* CYLINDER-JACKET, HOT[1] 1, STEAM-JACKET. (*d*) *Artil:* Manchon (de canon).

jacket[2], *v.tr.* **1.** Habiller (un homme) d'un veston, (une femme) d'une jaquette. **2.** Garnir, envelopper, (un cylindre, une chaudière, etc.) d'une chemise. **3.** *U.S:* Classer (un document). **4.** *P:* Flanquer une raclée, une frottée, à (qn); secouer les puces à (qn).

jacketed, *a.* **1.** Garni d'une chemise ou d'une couverture mobile; à chemise. **Water-jacketed cylinder**, cylindre *m* à chemise. *See also* SAUCEPAN. **2.** *Artil:* (Canon *m*) à manchon.

jacketing, *s.* **1.** Chemisage *m* (d'un cylindre, etc.). **2.** *P:* **To give s.o. a jacketing** = JACKET[2] 4.

jackman, -men ['dʒakmən, -men], *s. Hist:* Suivant *m* (d'un noble).
Jacksonian [dʒak'souniən], *a. Med:* (*Of epilepsy, etc.*) Jacksonien, -ienne.
jackstay ['dʒakstei], *s. Nau:* (*Upon a yard*) Filière *f* d'envergure. **Patent jackstay,** chemin *m* de fer (de mât ou de gui).
Jacky ['dʒaki]. *Pr.n.m.* (*Dim. of Jack*) Jacky, Jeannot.
Jacob ['dʒeikəb]. *Pr.n.m.* Jacob. **Jacob's ladder,** (i) *B:* l'échelle *f* de Jacob; (ii) *Bot:* polémonie bleue; valériane grecque; échelle de Jacob; (iii) *Nau:* échelle de revers; échelle de pilote; (iv) *Hyd.E:* (pompe *f* à) chapelet *m*. **Jacob's staff,** (i) *Surv:* piquet *m* (d'équerre d'arpenteur); (ii) *Bot:* molène commune; bouillon-blanc *m*, *pl.* bouillons-blancs.
jacobæa [dʒako'biːa], *s. Bot:* Jacobée *f*; herbe *f* de Saint-Jacques.
Jacobean [dʒako'biːən], *a.* **1.** (*a*) *Arch: Furn: etc:* De l'époque de Jacques Ier; du dix-septième siècle. (*b*) *Furn: Com:* En chêne patiné. **2.** *Rel.H:* De saint Jacques le Mineur.
Jacobin[1] ['dʒakobin], *a. & s. Rel.H: Fr.Hist:* Jacobin, -ine.
jacobin[2], *s. Orn:* **1.** (*Humming bird*) Jacobine *f*. **2.** Jacobin *m*; pigeon *m* à capuchon.
Jacobinic(al) [dʒako'binik(əl)], *a. Fr.Hist:* Jacobin; radical, -aux.
Jacobinism ['dʒakobinizm], *s. Fr.Hist:* Jacobinisme *m*.
Jacobite ['dʒakobait], *a. & s. Eng.Hist:* Jacobite (*mf*); partisan *m* de Jacques II, des Stuarts (après 1688).
Jacobus [dʒa'koubəs]. *Pr.n.m. Lit.Hist:* **Jacobus a Voragine,** Jacques de Voragine.
jaconet ['dʒakonet], *s. Tex:* **1.** Jaconas *m*. **2. Glazed jaconet,** brillanté *m* (pour doublures).
Jacquard [dʒa'kaːrd]. *Pr.n. Tex:* **Jacquard loom,** métier *m* Jacquard; jacquard *m or f*, jacquart *m or f*.
jactation, jactitation [dʒak(ti)'teiʃ(ə)n], *s.* **1.** (*a*) Jactance *f*. (*b*) *Jur:* **Jactitation of marriage,** imposture *f* (consistant à se faire passer pour l'époux ou l'épouse d'une autre personne). **2.** *Med:* Jactation *f*, jactitation *f*, anxiété *f*; agitation *f*.
jade[1] [dʒeid], *s.* **1.** (*Of horse*) (*a*) Rosse *f*, haridelle *f*; vieux carcan. (*b*) Cheval vicieux, rétif, méchant, difficile, cabochard. **2.** (*Of woman*) (*a*) Drôlesse *f*; coureuse *f*. (*b*) *F:* Pendarde *f*. **You little jade,** petite coquine! petite effrontée! petite scélérate! friponne! **She's a fickle jade,** c'est un oiseau volage. **Cunning jade,** fine lame.
jade[2]. **1.** *v.tr.* (*a*) Surmener, excéder, éreinter (un cheval, etc.). (*b*) Fatiguer, harasser (qn, l'esprit de qn); excéder, éreinter (qn). **2.** *v.i.* (*Of interest, attention, etc.*) Languir, fléchir.
jaded, *a.* (*a*) (*Of horse*) Surmené, éreinté, excédé. (*b*) (*Of pers.*) Fatigué, excédé, harassé, *F:* flapi. *He looks j.*, il a l'air fatigué. **Jaded palate,** goût blasé; palais fatigué.
jade[3], *s. Miner:* **1.** Jade *m*, néphrite *f*. *Oriental j.*, jade oriental. **2.** = JAD(E)ITE. **3. Jade(-green),** vert *m* de jade; vert olivâtre.
jad(e)ite ['dʒeidait], *s. Miner:* Jadéite *f*.
Jael ['dʒeiel]. *Pr.n.f. B.Hist:* Jahel, Jaël.
jag[1] [dʒag], *s.* **1.** (*a*) Pointe *f*, saillie *f*, dent *f*, arête *f* (de rocher, etc.). (*b*) *Cost:* Crevé *m*, taillade *f*. **2.** *Carp: etc:* Adent *m*. **3.** *Scot:* = JAB[1] 1.
jag[2], *v.tr.* (**jagged** [dʒagd]) **1.** Déchiqueter (une robe, la peau, etc.); denteler (le bord d'une étoffe); ébrécher (un couteau). *The waves have jagged the coast*, les vagues ont découpé la côte. **2.** *Cost:* Taillader (une manche), y faire des crevés.
jagged[1] ['dʒagid], *a.* (*Of line, edge, etc.*) Déchiqueté, entaillé, dentelé, ébréché; (feuille) découpée, laciniée; (contour, rocher) haché. **Jagged stone,** pierre *f* aux arêtes vives. **Jagged wound,** plaie mâchée. **Jagged rocks,** rochers pointus, dentelés. **Jagged outline of a coast,** dentelures *fpl* d'une côte.
jagging, *s.* Découpage *m*, entaillage *m*. *Cu:* **Jagging-iron,** videlle *f*.
jag[3], *s. U.S:* Petit fardeau; petite charge (de bois, foin, etc.). *F:* **To have a jag on,** être en bombe.
jagged[2] [dʒagd], *a. U.S: F:* Soûl; parti (pour la gloire).
jaggedness ['dʒagidnəs], *s.* État déchiqueté, dentelé (d'une arête, d'un rocher, etc.).
jagger ['dʒagər], *s.* **1.** *Cu:* Coupe-pâte *m inv*, videlle *f*. **2.** *Stonew:* Gradine *f*.
jaggery ['dʒagəri], *s. Sug.-R:* Jagré *m*.
jaggy ['dʒagi], *a.* = JAGGED[1].
jaguar ['dʒagwər, 'dʒagjuər], *s. Z:* Jaguar *m*.
Jahveh ['jɑːve]. *Pr.n.m. B.Lit:* Jahvé, Jehovah.
Jahvism ['jɑːvizm], *s. B.Lit:* Jéhovisme *m*.
jail [dʒeil], *s.* **jailer** ['dʒeilər], *s.* = GAOL[1], GAOLER.
Jain(a) ['dʒein(a)]. *Hindu Rel:* **1.** *s.* (D)jaïn(a) *m*. **2.** *a.* (D)jaïn, -e.
Jainism ['dʒeinizm], *s. Hindu Rel:* (D)jaïnisme *m*.
Jaipur [dʒai'puːər]. *Pr.n. Geog:* Djeïpour *m*, Djaïpour *m*.
Jairus ['dʒairəs]. *Pr.n.m. B:* Jaïr(e). **The raising of Jairus's daughter,** la résurrection de la fille de Jaïre.
Jake [dʒeik]. **1.** *Pr.n.m. U.S: F:* Jacob. **2.** *s.m. U.S:* **Country jake,** rustaud.
jalap ['dʒaləp], *s. Bot: Pharm:* Jalap *m*.
jalouse [dʒa'luːz], *v.tr. Scot:* Soupçonner; se douter de (qch.).
jam[1] [dʒam], *s.* **1.** = JAMMING. **2.** (*a*) Foule *f*, presse *f* (de gens). (*b*) (**Traffic-)jam,** encombrement *m*, arrêt *m*, embouteillage *m* (de circulation). (*c*) Embâcle *m* (de glaçons, de bûches, dans une rivière); enchevêtrement (de bûches); prise *f* de billes. **To break a jam,** débâcler la rivière, etc.
'jam-nut, *s. Mec.E:* Contre-écrou *m*, *pl.* contre-écrous.
jam[2], *v.* (**jammed; jamming**) **1.** *v.tr.* (*a*) Serrer, presser. *Crowd jammed into a room*, foule serrée, pressée, comprimée, dans une salle. *To jam sth. into a box*, fourrer, enfoncer de force, qch. dans une boîte. *U.S:* **To jam a bill through (Congress),** faire passer un projet de loi à la hâte. (*b*) *To get one's finger jammed between two weights*, avoir le doigt coincé, écrasé, entre deux poids. **To jam one's hat on one's head,** enfoncer son chapeau sur sa tête. **To jam on the brakes,** bloquer les freins; freiner brusquement; donner un brusque coup de frein; serrer les freins à bloc. (*c*) Coincer, caler, engager (une machine, etc.); enrayer (une mitrailleuse, une roue, etc.). *Nau:* **To jam a cable** (*in paying out*), étriver, étrangler, un câble. **To jam the helm,** coincer, engager, la barre. **To get jammed,** (se) coincer. *Bill:* **To jam the balls,** bloquer les billes. (*d*) *To jam the passage with people*, causer un encombrement dans le corridor; obstruer le corridor. (*e*) *W.Tg:* Brouiller (un message, un signal). **2.** *v.i.* (*Of drawer, etc.*) Se coincer, se caler; (*of machine part*) (se) coincer, s'engager, gommer; (*of machine*) prendre; (*of rifle*) s'enrayer; (*of machine gun, wheel*) se caler, s'enrayer; (*of brake*) se bloquer; (*of bearings*) (se) gripper; (*of gear-wheels*) s'arc-bouter; (*of pistons, etc.*) (se) gommer. *Aut:* (*Of cut-out*) Rester collé. *Cin:* (*Of film in its channel*) Bourrer. *Nau:* (*Of rope*) Étriver; genoper. **The lift has jammed,** l'ascenseur est en détresse. *The cable is jammed*, le câble est mordu. *Sm.a: etc:* **To clear the jam,** désenrayer le fusil, etc.
jamming, *s.* **1.** (*a*) Serrement *m*, pressage *m*. **Jamming of one's finger,** coincement *m*, écrasement *m*, du doigt. **Jamming (on) of a brake,** blocage *m* (d'un frein); freinage brusqué. (*b*) Arrêt *m* de fonctionnement (d'une machine, etc.); coincement (d'une soupape, etc.); calage *m*, enrayage *m*, enrayement *m* (d'une mitrailleuse, etc.); étranglement *m* (d'un câble); arc-boutement *m*, *pl.* arc-boutements (des dents d'un engrenage); grippage *m* (des coussinets); collage *m* (des pistons). *Cin: J. of the film*, bourrage *m* du film. (*c*) *W.Tel:* Brouillage *m* (d'un signal). **2.** Tassement *m* (de glaçons, etc.).
jam[3]. **1.** *pred.a.* Serré. *To stand* **jam** (*up*) *against the wall*, se tenir collé au mur. *Sitting jam up between two other passengers*, assis serré entre deux autres voyageurs. **2.** *adv. The bus was* **jam** *full*, l'autobus *m* était comble et archicomble. *To screw up a nut* **jam** **tight,** serrer un écrou à refus.
jam[4], *s.* Confiture(s) *f(pl)*. *Strawberry jam*, confiture(s) de fraises. *P: What do you want*, **jam on it?** vous n'êtes pas content, qu'est-ce qu'il vous faut encore? **That's real jam!** c'est du nanan! **It's money for jam,** c'est de l'argent sûr. **Bit of jam,** coup *m* de veine.
'jam-dish, *s.* Confiturier *m*.
'jam-jar, -pot, *s.* Confiturier *m*; pot *m* à confitures.
'jam-maker, -seller, *s.* Confiturier, -ière.
'jam-'puff, *s. Cu:* Puits *m* d'amour.
jam[5], *v.tr. Cu:* Confire (des fruits).
Jamaica [dʒa'meika]. *Pr.n. Geog:* La Jamaïque. **Jamaica pepper,** piment *m*, poivre *m*, de la Jamaïque; poivron *m*; toute-épice *f*, *pl.* toutes-épices. **Jamaica (rum),** rhum *m* de la Jamaïque. **Jamaica wood,** brésillet *m*; jamaïque *m*.
Jamaican [dʒa'meikən], *a. & s. Geog:* Jamaïquain, -aine.
jamb [dʒam], *s.* Jambage *m*, montant *m*, chambranle *m* (de porte, de cheminée); dosseret *m* (de porte); poteau *m* d'huisserie.
'jamb-'lining, *s. Const:* Chambranle *m*.
jamboree [dʒambo'riː], *s.* **1.** *U.S: P:* Réjouissances tapageuses, bombance *f*, noce *f*. **2.** Grande réunion de boy-scouts; jamboree *m*.
jambosa [dʒam'bouza], *s. Bot:* Jambosier *m*, jambose *f*.
James [dʒeimz]. *Pr.n.m.* Jacques. *B.Hist:* **James the Greater,** Jacques le Majeur. **James the Less,** Jacques le Mineur. *See also* COURT[1] 2.
Jamesonite ['dʒeimsonait], *s. Miner:* Jamesonite *f*.
jammy ['dʒami], *a.* **1.** Couvert de confiture; collant, gluant. **2.** *P:* Épatant, bath. **That's jammy!** c'est du nanan!
Jane [dʒein]. **1.** *Pr.n.f.* Jeanne. *See also* PLAIN I. 4. **2.** *s.f.* (*In Australia*) Femme.
Jan(e)ite ['dʒeinait], *s.* Admirateur, -trice, des romans de Jane Austen.
Janet ['dʒanet]. *Pr.n.f.* (*Dim. of Jane*) Jeanneton, Jeannette.
jangle[1] [dʒaŋgl], *s.* **1.** *A:* Querelle *f*, chamaille *f*. **2.** Sons discordants; cliquetis *m*.
jangle[2]. **1.** *v.i.* (*a*) *A:* Se quereller, se chamailler. (*b*) Rendre des sons discordants; cliqueter; s'entre-choquer. **2.** *v.tr.* Faire rendre des sons discordants à (de la ferraille, etc.); faire entre-choquer (des clefs, etc.). *F:* **Jangled nerves,** nerfs ébranlés, agacés, à vif, en pelote. *State of jangled nerves*, énervement *m*.
jangling, *a.* Aux sons discordants; cacophonique. *J. machinery*, mécanique criarde. *J. piano*, piano discordant, démantibulé, qui ferraille.
janissary ['dʒanisəri], *s.* = JANIZARY.
janitor ['dʒanitər], *s.* Portier *m*, concierge *m*, *F:* cerbère *m*.
janitress ['dʒanitres], *s.f.* Portière; concierge *f*.
janizary ['dʒanizəri], *s.* Janissaire *m*.
jankers ['dʒaŋkərz], *s.pl. Mil: P:* Piquet *m* des punis; *P:* la pelote, le bal.
Jansenism ['dʒansənizm], *s. Rel.H:* Jansénisme *m*.
Jansenist ['dʒansənist], *s. Rel.H:* Janséniste *mf*.
Januarius [dʒanju'ɛəriəs]. *Pr.n.m. Rel.H:* Janvier.
January ['dʒanjuəri], *s.* Janvier *m*. **In January,** en janvier. (*On*) *the first, the seventh, of J.*, le premier, le sept, janvier.
Janus ['dʒeinəs]. *Pr.n.m. Rom.Myth:* Janus.
'Janus-cloth, *s. Tex:* Étoffe *f* à double envers.
Jap [dʒap], *s. F:* Japonais, -aise. *The Japs*, les Japonais. *Tex:* **Jap cloth, silk,** pongée *m* du Japon.
Japan[1] [dʒa'pan]. **1.** *Pr.n. Geog:* Le Japon. *In J.*, au Japon. **2.** *s.* (*a*) Laque *m* (de Chine); vernis japonais; vernis du Japon. (*b*) **Black japan,** vernis à l'asphalte, laque à l'asphalte. **3.** *Cer:* Japon.
Japan current, Japan stream, *s. Oc:* Le Kouro-sivo.
japan[2], *v.tr.* (**japanned; japanning**) Laquer (un métal, etc.); vernisser avec du laque. *To j. in black*, laquer noir.
japanned, *a.* Laqué. **Japanned leather,** cuir verni. *J. sheet-iron*, tôle vernie.

japanning, *s.* **1.** Vernissage *m*, vernissure *f*, au laque. **2.** Laque *m* (de Chine).
Japanese [dʒapəˈniːz]. **1.** *a.* & *s. Geog:* Japonais, -aise. *The J. ambassador*, l'ambassadeur *m* du Japon. **Japanese vellum,** papier *m* du Japon. *See also* SILK 1. **2.** *s. Ling:* Le japonais.
japanner [dʒaˈpanər], *s.* Laqueur *m*, vernisseur *m*.
jape¹ [dʒeip], *s. A. & Lit:* Plaisanterie *f*, badinerie *f*, raillerie *f*.
jape², *v.i. A. & Lit:* Plaisanter, badiner, railler.
Japheth [ˈdʒeifeθ]. *Pr.n.m. B.Hist:* Japhet.
Japhetic [dʒaˈfetik], *a. Ethn: etc:* Japhétique.
Japonic [dʒaˈpɒnik], *a.* **1.** Japonais. **2.** *Ch:* **Japonic acid,** acide *m* japonique. **3.** *Pharm:* **Japonic earth,** cachou *m*.
japonica [dʒaˈpɒnika], *s. Bot:* **1.** Cognassier *m* du Japon. **2.** **(Camellia) japonica,** camélia *m*; rose *f* du Japon.
japonism [ˈdʒaponizm], *s. Art:* Japonisme *m*.
jar¹ [dʒɑːr], *s.* **1.** Son discordant, dur. **2.** (*a*) Ébranlement *m*; trépidation *f*; choc *m*; secousse *f*; coup sec; contre-coup *m*, *pl.* contre-coups. **Jar(s) of a machine,** à-coup(s) *m*, secousse(s), battement(s) *m*, d'une machine. *Jar(s) of a motor cycle*, coup(s) de raquette d'une motocyclette. *His fall gave him* **a nasty jar,** sa chute l'a fortement ébranlé. *F:* **It was a nasty jar** *to his mind*, ç'a été pour lui une vilaine surprise, une forte secousse. *Jar to the nerves*, secousse nerveuse. (*b*) Manque *m* d'accord; choc (d'intérêts, etc.). (*c*) Querelle *f*; *A:* chamaille *f*. *Family jars*, discordes familiales. **3.** *Min:* Coulisse *f* (de perforateur).
jar², *v.* **(jarred; jarring) 1.** *v.i.* (*a*) Rendre un son discordant, dur. *Noise that jars (on the ear)*, bruit *m* qui déchire, choque, l'oreille. (*b*) Heurter, cogner. (*Of machine part, etc.*) *To jar upon sth.*, se cogner à qch.; cogner sur qch.; heurter contre qch. **To jar on s.o.'s feelings,** froisser, choquer, les sentiments de qn. *The noise jarred on my nerves*, le bruit m'agaçait, m'ébranlait, les nerfs; le bruit me donnait, me portait, me tapait, sur les nerfs; le bruit me crispait les nerfs. (*c*) (*Of door, window, etc.*) Vibrer, trembler; (*of machine*) marcher par à-coups. (*Of screw, etc.*) **To jar loose,** se desserrer. (*Of carriage door*) **To jar open,** s'ouvrir par contre-coup *m*, sous l'effet de la vibration. (*d*) Être en désaccord (*with sth.*, avec qch.). *Opinions that jar*, opinions *f* qui ne s'accordent pas, qui se heurtent. **Colours that jar,** couleurs *f* qui jurent (*with*, avec); couleurs qui détonnent. (*e*) *Mus:* (*Of note*) Détonner. (*f*) *A:* Se quereller, se disputer, se chamailler. **2.** *v.tr.* (*a*) Choquer, heurter, cogner. *The fall jarred his spine*, la chute lui a ébranlé la colonne vertébrale. *Machine that jars the whole house*, machine *f* qui ébranle toute la maison. (*b*) Choquer (l'oreille, etc.); agacer (les nerfs, etc.); froisser (les sentiments).
jarring¹, *a.* **1.** (*Of sound*) Discordant, dur; qui déchire l'oreille. *Mus:* **Jarring string** (*on 'cello, etc.*), corde *f* qui sonne le tambour. **Jarring note,** note *f* qui détonne. *F: To sound a j. note in the concert of praise*, troubler le concert de louanges. **2.** (*Of blow, etc.*) Qui ébranle tout le corps; (*of incident, behaviour, etc.*) qui produit une impression désagréable. **3.** (*Of door, window, etc.*) Vibrant, tremblant. **4.** En désaccord, opposé. **Jarring colours,** couleurs *f* disparates, qui jurent, qui détonnent. **Jarring interests,** intérêts *m* incompatibles.
jarring², *s.* **1.** Sons discordants. **2.** Cognement *m*; trépidation *f*, vibration *f*, secousse(s) *f*, battement(s) *m* (d'une machine). **Jarring of the nerves,** irritation *f*, agacement *m*, des nerfs. **3.** Manque *m* d'accord, entre-choquement *m* (d'opinions, etc.). **4.** Querelles *fpl*; discorde *f*; *A:* chamaille *f*.
jar³, *s.* **1.** Récipient *m*; pot *m* (à confitures, etc.), jarre *f* (d'huile); *El:* verre *m*, vase *m* (de pile électrique). *Glass jar*, bocal *m*. **Accumulator jar,** bac *m* d'accumulateur. **2.** *El:* **Leyden jar, electric jar,** bouteille *f* de Leyde, jarre électrique.
jar⁴, *s. Used only in the phr.* **On the jar,** on (a) jar, (porte) entr'ouverte, entre-bâillée.
jardinière [ʒɑːrdiˈnjeər], *s.* Jardinière *f* ou cache-pot *m*.
jargon¹ [ˈdʒɑːrgən], *s.* **1.** Jargon *m*, langage *m* (d'une profession, etc.). *To know the j. of the stage*, posséder l'argot des coulisses. *Lawyer's j.*, style *m* de pratique; jargon du Palais. **2.** Baragouin *m* (inintelligible); charabia *m*. **3.** *Lit:* Piaillerie *f*, piaulement *m*, gazouillement *m* (des oiseaux).
jargon², jargoon [dʒɑːrˈguːn], *s. Miner:* Jargon *m*; hyacinthe *f* citrine.
jargonelle [dʒɑːrgoˈnel], *a.* & *s. Arb:* Jargonelle (*f*).
jargonize [ˈdʒɑːrgonaiz]. **1.** *v.i.* S'exprimer en jargon; jargonner. **2.** *v.tr.* Mettre en jargon; jargonner.
jarl [jɑːrl], *s. Hist:* Jarl *m* (scandinave).
jarrah [ˈdʒara], *s. Bot:* Jarrah *m*. *Com:* **Jarrah-wood,** bois *m* de jarrah.
jarvey [ˈdʒɑːrvi], *s. F:* Cocher *m* (de fiacre); *P:* collignon *m*, automédon *m*.
jasmin(e) [ˈdʒasmin], *s. Bot:* **1.** **(Common, white) jasmine,** jasmin *m*. **2.** **Red jasmine,** frangipanier *m* à fleurs rouges. **Night jasmine,** arbre *m* triste. **Cape jasmine,** jasmin du Cap.
Jason [ˈdʒeis(ə)n]. *Pr.n.m. Gr.Myth:* Jason.
Jasper¹ [ˈdʒaspər]. *Pr.n.m.* Gaspard.
jasper², *s. Miner:* Jaspe *m*. *Banded j., striped j., ribbon j.*, jaspe rubané. *Agate j.*, agate jaspée. *Egyptian j.*, caillou *m* d'Égypte. *Red-tinged j.*, jaspe sanguin.
'jasper-opal, *s.* Opale *f* jaspe.
jasperize [ˈdʒaspəraiz], *v.tr.* Jasper.
jasperizing, *s.* Jaspage *m*.
jaundice [ˈdʒɔːndis], *s.* **1.** *Med:* Jaunisse *f*, ictère *m*. *True j.*, ictère vrai; ictère biliphéique. *Blue j.*, cyanose *f*; ictère bleu. *Malignant j.*, ictère grave. **2.** *A. & Lit:* Prévention *f*; vues faussées par l'envie.
jaundiced [ˈdʒɔːndist], *a. Med:* Ictérique, bilieux. *J. eyes*, **yeux injectés de bile.** *F: To look on the world* **with a jaundiced eye,** (i) voir tout en noir, voir jaune; (ii) tout regarder d'un œil jaloux, envieux.
jaunt¹ [dʒɔːnt], *s.* Petite excursion, balade *f*, sortie *f*, fugue *f*, randonnée *f*. **On a jaunt,** en excursion.
jaunt², *v.i.* Faire une petite excursion, se balader. *See also* CAR 2.
jauntiness [ˈdʒɔːntinəs], *s.* **1.** (*a*) Désinvolture *f*, insouciance *f*; air dégagé. (*b*) Air effronté; suffisance *f*. **2.** Fantaisie piquante (d'un chapeau).
jaunty¹ [ˈdʒɔːnti], *a.* **1.** (*Of manner, etc.*) (*a*) Insouciant, cavalier, dégagé, désinvolte. *With a j. air*, d'un air dégagé. (*b*) Effronté, suffisant. **2.** Enjoué, vif, sémillant. **Jaunty gait,** démarche vive, preste. *J. little hat*, petit chapeau coquin. **-ily,** *adv.* **1.** D'une manière désinvolte; avec insouciance; cavalièrement. **2.** D'un air effronté ou suffisant.
jaunty², *s.m. Navy: F:* Capitaine d'armes.
Java [ˈdʒɑːva]. *Pr.n. Geog:* Java. *See also* PEACOCK¹, SPARROW 2.
Java (ape-)man, *s.m. Anthr:* Pithécanthrope.
Javanese [dʒɑːvaˈniːz], *a.* & *s. Geog:* Javanais, -aise.
javelin [ˈdʒavlin], *s.* Javelot *m*, javeline *f*. *Sp:* **Javelin throwing,** lancement *m* du javelot.
jaw¹ [dʒɔː], *s.* **1.** (*a*) Mâchoire *f*. *Upper j., lower j.*, mâchoire supérieure, inférieure. **The jaws,** la mâchoire, les mâchoires. *F:* **To ply one's jaws,** jouer de la mâchoire; jouer des mâchoires. *P:* **I'll break your jaw!** je vais te casser la gueule! *F: Jaws of a chasm*, gueule *f* d'un gouffre. *See also* DEATH 3, DROP² I. 2, LANTERN-JAWS, UNDERHUNG, UNDER-JAW. (*b*) *Tchn:* Mâchoire, mors *m*, mords *m*, mordache *f* (de tenailles, d'un étau, etc.); branles *mpl* (d'un étau); gorge *f* (d'une poulie); mâchoire, bec *m* (d'une clef anglaise). *Sliding j. of a wrench*, mâchoire mobile de clef à molette. *Jaw of sliding callipers*, pied *m*, branche *f*, d'un pied à coulisse. *Three-jaw chuck*, mandrin *m* à trois mordaches. *See also* TRAP¹ 1. (*c*) *Nau:* **Jaw of the boom, of a gaff,** mâchoire de gui, de corne. **2.** *P:* (*a*) Caquet *m*, bavardage *m*. **Hold, stop, your jaw!** ferme ça! ta gueule! (*b*) Causette *f*, conversation *f*. (*c*) Discours *m* (édifiant); *F:* laïus *m*. (*d*) Sermon *m*, semonce *f*, réprimande *f*.
'jaw-bone, *s.* Os *m* maxillaire; mâchoire *f*.
'jaw-breaker, -cracker, *s. P:* Mot *m* difficile à prononcer; mot à vous décrocher la mâchoire.
jaw². **1.** *v.i. P:* (*a*) Caqueter, bavarder, jaser. (*b*) Laïusser. **2.** *v.tr. P:* Sermonner, attraper, réprimander, chapitrer (qn); faire la morale à (qn); *P:* engueuler (qn).
jawing, *s. P:* = JAW¹ 2.
-jawed [dʒɔːd], *a.* (*With adj. or sb. prefixed, e.g.*) **Heavy-jawed,** à forte mâchoire. *See also* LANTERN-JAWED.
jay [dʒei], *s.* **1.** *Orn:* Geai *m*. *Siberian jay*, geai imitateur; mésangeai *m* de malheur. **2.** *P:* (*a*) Moulin *m* à paroles; bavard, -arde; pie *f* borgne. (*b*) Idiot *m*, *F:* jobard *m*, *P:* gogo *m*. (*c*) *F:* = JAY-WALKER. **3.** *a. U.S: F:* Misérable.
'jay-walker, *s. Aut: P:* Piéton distrait ou imprudent; *F:* Jeannot *m* tête-en-l'air.
'jay-walking, *s.* Inattention *f* de la part des piétons.
jazz¹ [dʒaz]. **1.** *s.* (*a*) *Mus:* Jazz *m*. **Hot jazz,** jazz-hot *m*. (*b*) *Tex:* Étoffe bariolée. (*c*) Vacarme *m*, tapage *m*. **2.** *a. F:* (*Of sound*) Discordant; (*of colour*) tapageur. **Jazz-patterned,** (étoffe) bariolée.
'jazz-'band, *s. Mus:* Jazz-band *m*.
jazz². **1.** *v.i.* Danser le jazz. **2.** *v.tr.* (*a*) **To jazz a tune,** tourner une mélodie en jazz. (*b*) **To jazz s.o. up,** animer, émoustiller, qn. **To jazz up a colour scheme,** barioler un coloris.
jazzer [ˈdʒazər], *s.* Danseur, -euse, de jazz.
jazzy [ˈdʒazi], *a.* **1.** (Air) de jazz. **2.** = JAZZ¹ 2.
jealous [ˈdʒeləs], *a.* **1.** Jaloux (*of*, de). **To be jealous of s.o.,** être jaloux de qn; jalouser qn. **To be jealous of, for, one's good name, one's authority,** être jaloux de sa réputation, de son autorité. *J. lest some one should put him in the shade*, jaloux que quelqu'un ne l'éclipsât. **2.** (*Zealous*) **Jealous care,** soin jaloux. **Jealous enquiries,** enquêtes faites avec un soin jaloux. *To keep a j. watch over s.o.*, surveiller qn avec un soin jaloux. *See also* EYE¹ 1. **-ly,** *adv.* **1.** Jalousement. **2.** Soigneusement; avec zèle ou avec méfiance.
jealousy [ˈdʒeləsi], *s.* Jalousie *f*. *Crime due to j.*, crime passionnel. *See also* GREEN¹ 1.
Jeames [dʒiːmz]. *Pr.n.m.* (= JAMES) *Hum:* (S'emploie pour désigner un) laquais, valet de pied, *F:* larbin; Firmin; Baptiste. (D'après Thackeray.)
Jean¹ [dʒiːn]. *Pr.n.f. Scot:* Jeanne.
jean², *s. Tex:* **1.** Coutil *m*, treillis *m*. **2.** *pl. Cost:* **Jeans.** (*a*) Jeu *m* de treillis. (*b*) *U.S: F:* Pantalon *m*.
jean(n)ette [dʒəˈnet], *s. Tex:* Gros coutil.
jebel [djeibl], *s. Geog:* Djebel *m*, montagne *f*. **Jebel Hauran,** le djebel Haoûran.
jeer¹ [ˈdʒiːər], *s.* **1.** Raillerie *f*, moquerie *f*, gausserie *f*, brocard *m*; *A:* lardon *m*, nasarde *f*. **2.** Huée *f*. *Greeted with jeers*, accueilli par des huées, par des lazzi(s).
jeer², *v.i.* **1.** **To jeer at sth.,** se moquer de qch.; se railler de qch. *To j. at misfortune*, insulter au malheur. **2.** **To jeer at s.o.,** (i) se moquer de qn; railler qn; *F:* se gausser de qn; narguer qn; brocarder, lardonner, qn; (ii) huer, conspuer, qn. *v.tr.* **To jeer s.o. off the stage,** forcer qn à quitter la scène sous les huées.
jeering¹, *a.* Railleur, -euse, moqueur, -euse. **-ly,** *adv.* D'une manière railleuse, moqueuse; d'un ton goguenard.
jeering², *s.* Raillerie *f*, moquerie *f*.
jeerer [ˈdʒiːərər], *s.* Railleur, -euse, moqueur, -euse, gausseur, -euse.
jeers [dʒiːərz], *s.pl. Nau:* Drisses *f* de basses vergues.
jeffersonite [ˈdʒefərsonait], *s. Miner:* Jeffersonite *f*.
Jeffrey [ˈdʒefri]. *Pr.n.m.* Geoffroi.
jehad [dʒiˈhɑːd], *s.* = JIHAD.
Jehoshaphat [dʒiˈhɒʃafat]. *Pr.n.m. B.Hist:* Jéhosaphat, Josaphat.

The Valley of Jehoshaphat, la vallée de Josaphat. *P:* **Jumping Jehoshaphat!** mon Dieu !

Jehosheba [dʒiho'ʃiːba]. *Pr.n.f.* Josabeth.

Jehovah [dʒi'houva]. *Pr.n.m.* Jéhovah.

Jehovist [dʒi'houvist], *s. B.Hist:* Auteur *m* des livres jéhovistes.

Jehovistic [dʒiho'vistik], *a. B.Hist:* Jéhoviste.

Jehu ['dʒiːhjuː]. **1.** *Pr.n.m.* Jéhu. **2.** *s.* (*a*) Cocher qui va un train d'enfer, qui conduit à fond de train. (*b*) Automédon *m*, collignon *m*.

jejune [dʒi'dʒuːn], *a.* (*Of land, author, etc.*) Stérile, aride; (*of studies, etc.*) aride, improductif, ingrat; (*of land*) maigre. **-ly,** *adv.* Maigrement, stérilement. *To treat a subject j.*, traiter un sujet sèchement.

jejuneness [dʒi'dʒuːnnəs], *s.* Stérilité *f*, aridité *f* (d'une terre, d'un auteur); improductivité *f*, aridité, sécheresse *f* (d'un sujet); maigreur *f* (de la terre).

jejunostomy [dʒidʒun'ɔstəmi], *s. Surg:* Jéjunostomie *f*; opération *f* de Surmay.

jejunum [dʒi'dʒuːnəm], *s. Anat:* Jéjunum *m*.

jell [dʒel], *v.i. Esp.U.S:* = JELLY[2] 2.

jellification [dʒelifi'keiʃ(ə)n], *s.* Congélation *f*; prise *f* en gelée.

jellify ['dʒelifai]. **1.** *v.tr.* Faire prendre (un jus, etc.) en gelée; congeler. **2.** *v.i.* Se prendre en gelée; se congeler.

jelly[1] ['dʒeli], *s.* **1.** *Cu:* (*a*) **Table jelly,** gelée *f*. *Red-currant j.*, gelée de groseille(s). *F:* **To beat, pound, s.o. into a jelly,** battre qn comme plâtre; mettre qn en capilotade, en compote; réduire qn en bouillie, en marmelade. (*b*) **Meat-jelly,** glace *f*; gelée de viande. **2.** (*a*) **Hectograph jelly,** pâte *f* à copier. (*b*) **Mineral jelly, petroleum jelly,** graisse minérale; vaseline *f*. *Ch:* **Vegetable jelly,** pectine *f*. **3.** *Ap:* **Royal jelly,** pâtée royale.

'jelly-bag, *s. Cu:* Chausse *f* (à filtrer la gelée).

'jelly-belly, *s. P:* Gros ventru.

'jelly-dog, *s. P:* Lévrier *m*, harrier *m*.

'jelly-fish, *s. Coel:* Méduse *f*; (i) acalèphe *m*, (ii) discophore *m*.

'jelly-powder, *s. Cu:* Poudre *f* pour gelée.

jelly[2]. **1.** *v.tr.* (*a*) Faire prendre (un jus, etc.) en gelée. (*b*) *Cu:* Mettre en gelée, en aspic. **Jellied eels,** anguilles *f* en gelée; aspic *m* d'anguilles. **Cold jellied chicken,** chaud-froid *m* de poulet. **2.** *v.i.* Se prendre en gelée; se congeler.

jellygraph[1] ['dʒeligrɑːf, -graf], *s. F:* Autocopiste *m* (à la gélatine).

jellygraph[2], *v.tr. F:* Autocopier, polycopier (à la gélatine).

jemima [dje'maima], *s. P:* **1.** Nœud de cravate tout fait. **2.** *pl.* **Jemimas,** bottines *f* à élastiques.

Jemmy ['dʒemi]. **1.** *Pr.n.m.* (*Dim. of James*) Jacquot. *See also* DISMAL 1. **2.** *s. Tls:* Broche-levier *f*, *pl.* broches-leviers. **Burglar's jemmy,** pince *f* monseigneur; monseigneur *m*. *To bring a j. to bear on a door*, exercer une pesée sur une porte. **3.** *s. Cu: F:* Tête *f* de mouton. **4.** *s. A: F:* Pardessus *m*.

Jena ['jeina]. *Pr.n. Geog:* Iéna *m*. *Glassm:* **Jena glass,** verre *m* d'Iéna.

Jennerian [dʒe'niːəriən], *a. Med:* (Vaccin, etc.) jennérien.

jennet ['dʒenet], *s.* (*Horse*) Genet *m*.

jenneting ['dʒenetiŋ], *s. Hort:* Variété *f* de pomme hâtive.

Jenny ['dʒeni]. **1.** *Pr.n.f.* (*Dim. of Jane*) Jeannette, Jeanneton. **2.** *s.* (*a*) **Jenny wren,** roitelet *m*. (*b*) (*Indicating the female*) **Jenny owl,** hibou *m* femelle. **Jenny robin,** rouge-gorge *m* femelle, *pl.* rouges-gorges femelles. **Jenny(-ass),** ânesse *f*. **3.** *s. Bot:* **Creeping jenny,** lysimaque *f*, lysimachie *f*; nummulaire *f*; herbe *f* aux écus. **4.** *s. Mec.E:* Chariot *m* de roulement (d'un pont roulant). **5.** *s. Tex:* **(Spinning-)jenny,** machine *f* à filer. *See also* COTTON-JENNY.

'jenny-spinner, *s. Ent: Dial:* Tipule *f*.

jeopard ['dʒepərd], *v.tr. U.S:* = JEOPARDIZE.

jeopardize ['dʒepərdaiz], *v.tr.* Exposer (qn, qch.) au danger; mettre (qn, qch.) en danger, en péril. *To j. one's honour, one's life*, compromettre, hasarder, son honneur, sa vie. *To j. one's business*, faire péricliter ou laisser péricliter ses affaires. *To j. one's finances*, se mettre dans l'embarras.

jeopardy ['dʒepərdi], *s.* Danger *m*, péril *m*. **To be in jeopardy,** (*of one's life*) être en danger, en péril; (*of one's honour, happiness, etc.*) être compromis; (*of business, etc.*) péricliter.

Jephthah ['dʒefθa]. *Pr.n.m. B.Hist:* Jephté.

jequirity [dʒe'kwiriti], *s. Bot:* Abrus *m* à chapelet; liane *f* réglisse. **Jequirity beans,** pois *m* d'Amérique; pois de bedeau.

jerboa ['dʒəːrboa, dʒər'boua], *s. Z:* Gerboise *f*; souris sauteuse; souris de montagne.

jeremiad [dʒeri'maiad], *s.* Jérémiade *f*, plainte *f*. *To go through a long j.*, conter ses doléances.

Jeremiah [dʒeri'maia], **Jeremy** ['dʒerəmi]. **1.** *Pr.n.m.* Jérémie. **2.** *s.m. F:* Geigneur, geignard.

Jerez ['hɛəreθ]. *Pr.n. Geog:* Xérès, Jérez.

Jericho ['dʒeriko]. *Pr.n. Geog:* Jéricho *m*. *F:* **To send s.o. to Jericho,** envoyer qn au diable, à tous les diables; envoyer paître qn; *P:* envoyer qn à la balançoire. **Go to Jericho!** *P:* va t'asseoir! fiche-moi le camp! *See also* ROSE[1] 1.

jerk[1] [dʒəːrk], *s.* **1.** Saccade *f*, secousse *f*, à-coup *m*, saut *m* (d'une corde, etc.). *Nau:* Coup *m* de fouet. *Golf:* Coup sec. *To give a cord a j.*, donner une secousse à une corde. *He pulled me to him with a j.*, il me tira à lui d'un mouvement sec. **With one jerk,** tout d'une tire. (*Of car, etc.*) *To move by jerks*, avancer par saccades, par à-coups. **2.** *Physiol:* Secousse, trémoussement *m* (d'un membre); tic *m*; *Med:* réflexe tendineux. *F:* **To have the jerks,** avoir la danse de Saint-Guy; se trémousser. *Med:* **Muscle-jerk,** secousse musculaire. **Ankle-jerk,** réflexe tendineux de la cheville. **Knee-jerk,** réflexe tendineux du genou; réflexe patellaire. **3.** *Gym:* Jeté *m* (de l'haltère). **Two-hands jerk,** jeté à deux bras. *P:* **Put a jerk in it!** mets-y-en! *See also* PHYSICAL 3.

jerk[2]. **1.** *v.tr.* (*a*) Donner une secousse à (qch.); donner une saccade, des saccades, à (qch.); secouer (qn, qch.); tirer (qch.) d'un coup sec. *To j. sth. out of s.o.'s hand*, arracher qch. de la main de qn (d'un coup sec). *To j. the bedclothes off s.o.*, découvrir qn d'une secousse. *He jerked himself free*, il se dégagea d'une secousse. *Equit:* **To jerk a horse's mouth,** saccader un cheval. *Nau: Don't jerk the rope; slack easy*, évitez les secousses; mollissez doucement. (*b*) Lancer brusquement, vivement (une pierre, etc.). **2.** *v.i.* Se mouvoir soudainement. *The door jerked open*, la porte s'ouvrit brusquement. *We jerked over the stone*, d'un cahot nous franchîmes la pierre.

jerk along. **1.** *v.tr.* Faire avancer (qch.) par secousses. *Nau:* Saquer (qch.). **2.** *v.i.* Avancer par saccades, par à-coups.

jerk out, *v.tr.* Dire (qch.) d'un ton bref; proférer (des paroles). *He jerked out a few orders*, il donna quelques ordres brefs.

jerk up, *v.tr.* Redresser vivement (la tête, etc.).

jerking, *s.* Secousses *fpl*; saccades *fpl*. *Nau:* Coup *m* de fouet.

jerk[3], *v.tr.* Dessécher (des lanières de viande) au soleil; charquer (la viande).

jerked, *a.* (*Of meat*) Desséché au soleil; charqué. **Jerked beef** = CHARQUI.

jerkin ['dʒəːrkin], *s. A.Cost:* Justaucorps *m*. **Buff-jerkin,** collet *m* de buffle; pourpoint *m* de cuir épais.

jerky ['dʒəːrki], *a.* (*Of gesture, step, voice, etc.*) Saccadé; (*of style, etc.*) coupé, *F:* sautillant. *He has a j. style*, son style va par sauts et par bonds. **-ily,** *adv.* D'une manière saccadée; par saccades; par à-coups.

Jeroboam [dʒero'bouəm]. **1.** *Pr.n.m. B.Hist:* Jéroboam. **2.** *s.* (*a*) *A:* Grande coupe (à boire, à punch). (*b*) Grosse bouteille pansue (de champagne, etc.); jéroboam *m*.

Jerome [dʒe'roum]. *Pr.n.m.* Jérôme.

jerque [dʒəːrk], *v.tr. Cust:* Visiter (un navire).

jerquing, *s.* Vérification *f* (de douane).

jerquer ['dʒəːrkər], *s.* Vérificateur *m* (de douane).

Jerry ['dʒeri]. **1.** *Pr.n.m.* (*Dim. of Jeremiah*) Jérémie. **2.** *s. P:* (*a*) *Mil:* (1914-18) Boche *m*. (*b*) *Typ:* Roulance *f*. (*c*) **Jerry(-shop),** cabaret *m*, caboulot *m*, bistro *m*. (*d*) Pot *m* de chambre; Thomas *m*, Jules *m*.

'jerry-build, *v.tr.* (*a*) Bâtir (une maison) avec du matériau de camelote, sans souci de la solidité. (*b*) *Abs.* Bâtir des maisons de pacotille, *F:* des maisons de boue et de crachat, des maisons en carton.

'jerry(-built), *a.* **Jerry(-built) house,** maison *f* de pacotille, de camelote, de carton(-pâte), de boue et de crachat; bâtisse *f*.

'jerry-builder, *s.* Constructeur *m* de maisons de pacotille, de mauvaises bâtisses.

Jersey ['dʒəːrzi]. **1.** *Pr.n. Geog:* (*a*) Jersey *m*. (*b*) *U.S:* = NEW JERSEY. **2.** *Husb:* **Jersey(-bull, -cow),** bœuf jersiais, vache jersiaise; bœuf, vache, de Jersey. **3.** *s.* (*a*) *Cost:* Jersey *m*; chandail *m*; tricot *m* (de laine). **Sports jersey,** golf *m*. **Sailor's jersey,** vareuse *f* de marin. **Football jersey,** maillot *m*. (*b*) *Tex:* Jersey; tricot *m* de laine.

Jerseyman, *pl.* **-men** ['dʒəːrzimən, -men], *s.m.* **1.** Jersiais. **2.** *U.S:* Habitant *m*, originaire *m*, du New Jersey.

Jerusalem [dʒe'ruːsələm]. *Pr.n. Geog:* Jérusalem. *See also* ARTICHOKE 2, CHERRY 2, PONY 1.

Jess[1] [dʒes]. *Pr.n.f.* = JESSIE.

jess[2], *s. Ven:* Jet *m* (pour faucon).

jess[3], *v.tr. Ven:* Attacher (le faucon) avec le jet.

jessamine ['dʒesəmin], *s. Bot:* = JASMIN(E).

Jesse ['dʒesi]. *Pr.n.m. B.Hist:* **1.** Jessé *m*. **The tree of Jesse,** l'arbre *m* de Jessé. *Ecc.Art:* **Jesse window,** verrière dans laquelle est représenté l'arbre de Jessé. *See also* ROOT[1] 2. **2.** *U.S: F:* **To give s.o. Jesse,** tancer qn.

Jessie ['dʒesi]. *Pr.n.f.* (*Dim. of Jane*) Jeannette.

jest[1] [dʒest], *s.* **1.** Raillerie *f*, plaisanterie *f*, badinage *m*, badinerie *f*, farce *f*. *To make a j. of sth.*, tourner qch. en plaisanterie. *To turn everything into a j.*, badiner de tout; *F:* blaguer sur tout; tout tourner en blague, à la blague. *To say sth.* **in jest,** dire qch. en plaisantant, pour rire, pour s'amuser, par plaisanterie. **There's many a true word spoken in jest,** on dit souvent la vérité en riant. **Half in jest, half in earnest,** moitié plaisantant, moitié sérieux. **2.** Bon mot, facétie *f*. *He has always a j.*, il a toujours le mot pour rire. **3.** Objet *m* de risée; risée *f*. *He's the j. of his neighbours*, il est la risée de ses voisins; il est en butte aux railleries de ses voisins.

'jest-book, *s.* Recueil *m* de bons mots.

jest[2], *v.i.* Plaisanter (*about sth.*, sur qch.); badiner, railler, se moquer. *You're jesting*, vous voulez rire; vous plaisantez.

jesting[1], *a.* Railleur, -euse; moqueur, -euse. **-ly,** *adv.* D'un ton moqueur, railleur; en plaisantant; pour rire.

jesting[2], *s.* Raillerie *f*, plaisanterie *f*, badinage *m*. **This is no jesting matter,** il n'y a pas de quoi rire. *Do I look like j.?* est-ce que j'ai l'air de plaisanter?

jester ['dʒestər], *s.* **1.** Railleur, -euse; plaisant *m*; farceur, -euse; moqueur, -euse. **2.** *Hist:* (*a*) Ménestrel *m*, jongleur *m*. (*b*) Bouffon *m*. *The King's j.*, le bouffon du roi.

Jesu ['dʒiːzju]. *Pr.n.m. Poet:* Jésus.

Jesuit ['dʒezjuit], *s.* (*a*) *R.C.Ch:* Jésuite *m*. (*b*) *Pej: F: He's a proper J.*, c'est un vrai jésuite. *Pharm: A:* **Jesuit's bark,** quinquina *m*.

Jesuitical [dʒezju'itik(ə)l], *a. Pej:* Jésuitique. **-ly,** *adv.* Jésuitiquement.

Jesuitism ['dʒezjuitizm], **Jesuitry** ['dʒezjuitri], *s.* Jésuitisme *m*.

Jesus ['dʒiːzəs]. *Pr.n.m.* Jésus. *Ecc:* **The Society of Jesus,** la Compagnie de Jésus. *See also* INFANT[1] 1.

jet[1] [dʒet]. **1.** *s. Miner:* Jais *m*, jaïet *m*. *Jet brooch*, broche *f* en jais, de jais. **2.** = JET-BLACK.

'jet-'black. **1.** *a.* Noir comme du jais; noir (de) jais *inv.* **2.** *s.* Noir *m* de jais.

'jet-'coal, *s. Miner:* = CANNEL.

'jet-'glass, *s.* Jais artificiel.

jet[2], *s.* **1.** Jet *m* (d'eau, de vapeur, de gaz, etc.); giclée *f* (de sang). *Ph:* Veine *f* fluide (d'eau, de gaz). *Jet of flame,* jet, dard *m,* de flamme. *Thin jet of water,* filet *m* d'eau. *Flat jet of water,* lame *f* d'eau. (*Vertical*) **water-jet** (*of fountain*), cierge *m* d'eau. *Mch:* **Jet condensation,** condensation *f* par injection. *See also* CONDENSER 1. **2.** (*a*) Ajutage *m,* jet (de tuyau d'arrosage, d'incendie, etc.). *Spreader jet,* jet en éventail; lance *f* à éventail. *See also* GAS-JET. (*b*) *I.C.E:* (**Carburetter**) **jet,** gicleur *m.* *Starting jet, warming-up jet,* gicleur de départ. *Idle jet,* gicleur de ralenti. **Jet-carrier,** porte-gicleur *m inv.* *See also* COMPENSATOR, PILOT-JET 1. (*c*) Brûleur *m* (de foyer à mazout). **3.** *Metall:* (*a*) Trou *m* de coulée. (*b*) Jet de coulée (attenant à une pièce); coulée *f.*

jet[3], *v.* (**jetted; jetting**) **1.** *v.i.* (*Of fluid*) S'élancer en jet; gicler. **2.** *v.tr.* (*a*) Faire s'élancer, faire gicler (un fluide). (*b*) Émettre un jet de (fluide).

jetted, *a.* *Tail:* **Jetted pocket,** poche *f* en fente sans patte.

jetsam ['dʒetsəm], *s.* *Jur:* **1.** Marchandise jetée à la mer (pour alléger le navire). **2.** Épaves jetées à la côte; épaves rejetées (par la mer). *See also* FLOTSAM.

jettison[1] ['dʒetis(ə)n], *s.* *Jur:* Jet *m* (de marchandises) à la mer.

jettison[2], *v.tr.* (**jettisoned; jettisoning**) *Nau:* **To jettison the cargo,** jeter la cargaison à la mer; se délester de la cargaison. *F:* **To jettison a bill,** se délester d'un projet de loi; *F:* jeter par-dessus bord un projet de loi.

jettisoning, *s.* **1.** Jet *m* à la mer. **2.** *F:* Renonciation *f* (*of,* à).

jetty ['dʒeti], *s.* (*a*) Jetée *f,* môle *m,* digue *f.* (*b*) (*On piles*) Estacade *f,* appontement *m.* **Landing jetty,** embarcadère *m,* débarcadère *m.* (*c*) (*Leading down to ferry*) Cale *f.*

'jetty-'head, *s.* Musoir *m* (de jetée).

Jew[1] [dʒuː], *s.m.* Juif. **Black Jews,** Falaschas. **The wandering Jew,** le Juif errant; Ahasvérus. *See also* MALLOW, PITCH[1], RICH.

'Jew-baiting, *s.* Persécution *f* des juifs.

'Jew-boy, *s.m.* *Pej:* Youpin, youtre.

'Jew's-'ear, *s.* *Bot:* Hirnéole *f* oreille de Judas.

'Jew's-'harp, *s.* **1.** *Mus:* Guimbarde *f*; *A:* trompe *f* de Béarn. **2.** *Nau:* Manille *f,* cigale *f* (de chaîne d'ancre).

jew[2], *v.tr.* *F:* Duper, frauder (qn); mettre (qn) dedans; refaire (qn).

Jewdom ['dʒuːdəm], *s.* La Juiverie.

jewel[1] ['dʒuəl], *s.* **1.** (*a*) Bijou *m,* joyau *m.* **It's the brightest jewel in my crown,** c'est le plus beau joyau de mon écrin. **The jewels of the Crown,** (i) les joyaux de la Couronne; (ii) *F:* nos colonies *f.* *F:* **She's a jewel of a servant,** cette servante est une perle, un trésor; c'est la perle des servantes. *What a j. of a child!* quel bijou d'enfant! *She gave me a j. of a smile,* elle m'adressa un sourire délicieux, exquis. (*b*) *pl.* Pierres précieuses; gemmes *f*; pierreries *f.* **2.** *Clockm:* Rubis *m.*

'jewel-block, *s.* *Nau:* Poulie *f* de bout de vergue.

'jewel-box, -case, *s.* Coffret *m* à bijoux; écrin *m.*

'jewel-stand, *s.* Porte-bijoux *m inv.*

jewel[2], *v.tr.* (**jewelled; jewelling**) **1.** Orner, parer, (qn) de bijoux. **2.** *Clockm:* Monter (un rouage) sur rubis.

jewel(l)ed, *a.* **1.** Orné, paré, de bijoux. **2.** *Clockm:* Monté sur rubis; à rubis.

jeweller ['dʒuələr], *s.* Bijoutier *m,* joaillier *m.*

jewel(le)ry ['dʒuəlri], *s.* (*Trade or jewels*) Bijouterie *f,* joaillerie *f.*

Jewess ['dʒues], *s.f.* Juive.

Jewessy ['dʒuesi], *a.* (Air *m,* etc.) de juive.

jewing ['dʒuiŋ], *s.* Morilles *fpl* (du bec d'un pigeon).

Jewish ['dʒuiʃ], *a.* Juif, *f.* juive.

Jewry ['dʒuəri], *s.* **1.** La Juiverie. **2.** *Geog:* *A:* La Judée.

Jewy ['dʒui], *a.* *F:* *Pej:* Juif, juive; *P:* youpin, -ine.

Jezebel ['dʒezəbl]. *Pr.n.f.* **1.** *B.Hist:* Jézabel. **2.** *F:* (*a*) Femme éhontée, dévergondée; messaline. (*b*) **Painted Jezebel,** vieille femme fardée, qui voudrait "réparer des ans l'irréparable outrage"; *P:* vieux tableau. **The Jezebel!** l'horrible mégère!

jheel [dʒiːl], *s.* *Anglo-Ind:* Lac *m,* étang *m.*

jib[1] [dʒib], *s.* **1.** *Nau:* Foc *m.* **Main jib, outer jib,** grand foc. **Middle jib, inner jib,** faux foc, petit foc; contre-foc *m,* *pl.* contre-focs. **Flying jib,** clinfoc *m,* dragon *m.* *See also* STORM-JIB. *P:* (*Of pers.*) **I don't like the cut of his jib,** il a une sale binette, une vilaine coupe, une sale coupe; sa découpure ne me revient pas. *I know him by the cut of his jib,* je le reconnais à sa tournure. *Something in the cut of his jib struck me as familiar,* il y avait quelque chose dans sa tournure qui me fit l'effet du déjà vu. **2.** *Mec.E:* (**Crane-**)**jib, derrick-jib,** volée *f,* flèche *f,* bec *m,* bras *m,* potence *f,* écharpe *f,* rancher *m* (de grue).

jib-'boom, *s.* *Nau:* Bâton *m* de foc; bout-dehors *m,* *pl.* bouts-dehors, de foc. **Flying jib-boom,** baïonnette *f* de clinfoc.

'jib-crane, *s.* Grue *f* à volée, à flèche, à bras.

'jib-post, *s.* Arbre *m,* fût *m* (de grue).

jib[2], *v.tr.* & *i.* (**jibbed; jibbing**) *Nau:* = GYBE[2].

jib[3], *v.i.* (**jibbed; jibbing**) (*a*) (*Of horse*) Regimber (*at sth.,* devant qch.); refuser; se dérober. (*b*) *F:* (*Of pers.*) Regimber, récalcitrer; *P:* flancher. **To jib at sth.,** regimber contre qch.; répugner à qch.; se cabrer contre qch. *To jib at a job,* renâcler, se refuser, à une besogne; *F:* avoir les pieds en dentelle. *He won't jib,* il marchera. **To jib at doing sth.,** rechigner, répugner, à faire qch.

jibbing[1], *a.* (Cheval) rétif, quinteux.

jibbing[2], *s.* (*a*) Regimbement *m,* refus *m*; *Equit:* acculement *m.* (*b*) *F:* *J. at the work,* rechignement *m* devant la besogne.

jibber[1] ['dʒibər], *s.* **1.** Cheval rétif, quinteux; cheval qui se dérobe. **2.** *F:* (*Of pers.*) Récalcitrant, -ante; regimbeur, -euse.

jibber[2], *v.i.* = GIBBER[2].

jib-door ['dʒibdɔːər], *s.* Porte dérobée; fausse porte; porte perdue.

jibe[1] [dʒaib], *s.* & *v.* = GIBE[1, 2].

jibe[2], *v.i.* *U.S:* Être en accord, s'accorder, s'harmoniser (avec qch.).

Jibuti(l) [ʒibuː'tiː]. *Pr.n.* *Geog:* Djibouti *m.*

jiffy ['dʒifi], *s.* *F:* *Only in the phr.* **In a jiffy,** en un instant; en moins de rien; en un clin d'œil; *F:* en cinq sept, en cinq sec. *I'll have it done in a j.,* je vais vous faire ça en deux temps trois mouvements. *I'll be down in a j.,* je descends dans un instant.

jig[1] [dʒig], *s.* **1.** (*a*) *Danc:* *Mus:* Gigue *f.* (*b*) *Dial.* & *U.S:* Fredaine *f,* frasque *f.* **His jig is over, is up,** il est grillé. **2.** (*a*) *F:* Machin *m,* truc *m.* (*b*) *Mec.E:* Calibre *m,* gabarit *m* (de réglage, d'usinage). **Engineer's jig,** gabarit de mécanicien. (*c*) *Mec.E:* **Assembly jig,** appareil *m* de montage; tréteau *m* de montage. **3.** *Min:* (*a*) Plan automoteur (de crible à minerai); jig *m.* (*b*) = JIGGER[1] 3 (*b*), (*c*). **4.** *Tex:* Laineuse *f.*

jig[2], *v.* (**jigged; jigging**) **1.** *v.i.* (*a*) Danser la gigue. (*b*) *F:* Sautiller. **To jig up and down,** se trémousser (en dansant). **To jig it,** gigoter. **2.** *v.tr.* (*a*) = JOGGLE[2] 1. (*b*) *Min:* Cribler, passer au crible, sasser (le minerai); laver (le minerai) au jig.

jigging[1], *a.* *Min:* (*Of washers, etc.*) Oscillant, à secousses.

jigging[2], *s.* *Min:* Criblage *m,* sassement *m* (du minerai). *See also* TABLE[1] 1.

'jig-a-jog[1], *adv.* En sautillant.

'jig-a-jog[2], *v.i.* = JOG[2] 2.

'jig-saw[1], *s.* *Carp:* Machine alternative à découper; scie *f* à chantourner; scie anglaise; sauteuse *f.* *Games:* **Jig-saw puzzle,** (jeu *m* de) patience *f.* **Jig-saw map,** carte *f* de patience.

'jig-saw[2], *v.tr.* Chantourner.

jig-sawing, *s.* Chantournage *m.*

jigger[1] ['dʒigər], *s.* **1.** Danseur, -euse, de gigue. **2.** (*a*) *P:* Machin *m,* truc *m,* chose *f.* (*b*) Bicyclette *f* ou vélomoteur *m.* (*c*) *Bill:* Chevalet *m*; appui-queue *m,* *pl.* appuis-queue. (*d*) *Bootm:* Fer *m.* (*e*) *El:* *W.Tel:* Jigger *m*; transformateur *m* d'oscillations. (*f*) *Golf:* Fer *m* à face renversée. **3.** *Min:* (*a*) (*Pers.*) Cribleur, -euse. (*b*) Crible *m* (pour minerai); classeur-pulsateur *m*; (*dry*) sasseur *m.* (*c*) Tenaille *f* d'accrochage; pince *f* d'accrochage (de wagon). **4.** *Nau:* (*a*) (*Tackle*) Palan *m* à fouet. (*b*) (*Sail*) Tapecul *m*; voile barrée. **Jigger topsail,** perroquet *m* de fougue. **Jigger mast,** mât *m* de tapecul. (*c*) (*Boat*) Cotre *m* à tapecul.

'jigger-machine, *s.* *Cer:* Tour *m* à calibre.

jigger[2], *v.tr.* *Cer:* Mouler au tour (à calibre); calibrer.

jigger[3], *s.* *Ent:* = CHIGOE.

jigger[4], *v.tr.* *P:* **1.** (*Used only in passive*) **I'm jiggered if I'll do it,** du diable si je le fais; je veux bien être changé en bourrique si je le fais. **Well, I'm jiggered!** (i) pas possible! non, mais des fois! (ii) zut alors! **2.** (*a*) **To jigger sth. up,** bousiller (une montre, etc.); gâcher (une affaire). (*b*) **To be jiggered up,** être éreinté, fourbu.

jiggerer ['dʒigərər], *s.* *Cer:* Calibreur *m.*

jiggery-pokery ['dʒigəri'poukəri], *s.* *F:* **1.** Manigances *f.* **2.** Eau bénite de cour.

jiggle [dʒigl], *v.tr.* = JOGGLE[2] 1.

jihad [dʒi'hɑːd], *s.* (*a*) *Rel.Hist:* Djihad *m.* (*b*) *F:* Croisade *f* (contre une opinion, etc.); guerre *f* à outrance.

Jill [dʒil]. **1.** *Pr.n.f.* (*Dim. of Gillian*) (*a*) Julie. (*b*) Nom de jeune fille proverbialement associé à celui de Jack. *Jack and Jill went up the hill . . .,* Jeannot et Colette (les jeunes amoureux) ont gravi la colline. . . . *See also* EVERY. **2.** *s.* Furet *m* femelle; belette *f* femelle.

jilt[1] [dʒilt], *s.f.* Coquette (qui trahit sa foi); Célimène.

jilt[2], *v.tr.* Laisser là, délaisser, *F:* planter (là), *P:* plaquer (un amoureux). *After being engaged for two years he (she) was jilted,* après avoir été fiancé(e) pendant deux ans, sa fiancée l'a lâché (son fiancé s'est dérobé).

Jim [dʒim]. *Pr.n.m.* (*Dim. of James*) Jacquot, Jim.

'jim-'crow, *s.* **1.** (*a*) *Mec.E:* Pince *f* pied-de-biche. (*b*) *Rail:* Presse *f* (à cintrer les rails). **2.** *U.S:* Nègre *m.* **Jim Crow law,** loi *f* ordonnant la ségrégation des nègres dans les transports publics. **Jim Crow car,** voiture *f* pour les nègres.

jim-jams ['dʒimdʒamz], *s.pl.* *P:* **1.** Delirium *m* tremens; folie *f* des ivrognes. **2. To have the jim-jams,** avoir le frisson; avoir les nerfs en pelote. **He gives me the jim-jams,** il me donne le frisson.

Jimmy ['dʒimi]. **1.** *Pr.n.m.* (*Dim. of James*) Jacquot, Jimmy. *F:* Jimmy (Grant), émigrant *m.* **2.** *s.* = JEMMY 2.

jimp [dʒimp], *a.* *Scot:* **1.** (*Of pers.*) Svelte, mince. **2.** (*Of dress, measure, etc.*) Trop juste.

jingbang ['dʒiŋ'baŋ], *s.* *P:* **The whole jingbang,** (i) tout le bataclan, tout le saint-frusquin; (ii) toute la clique.

jingle[1] [dʒiŋgl], *s.* **1.** Tintement *m* (d'un grelot, etc.); bruit *m* d'anneaux; cliquetis *m* (de fourchettes, de verres, etc.). *F:* *J. of verse,* tintement des vers, des rimes. *I only heard a meaningless j.,* je n'ai entendu que des mots confus et dépourvus de sens. **2.** (*In Australia*) Carriole *f.*

jingle[2]. **1.** *v.i.* (*Of bells*) Tinter, tintinnabuler, carillonner; (*of keys, etc.*) cliqueter. **To jingle together,** s'entrechoquer. **The carriage jingled past,** la voiture passa avec un bruit de grelots. **2.** *v.tr.* Faire tinter (des grelots, etc.); faire sonner (son argent, ses clefs); agiter (ses clefs).

jingling[1], *a.* Qui tinte; tintant, tintinnabulant. *Mus:* **Jingling Johnnie,** chapeau chinois; lyre-carillon *f,* *pl.* lyres-carillons.

jingling[2], *s.* Tintement *m*; carillonnement *m* (de cloches); cliquetis *m* (de clefs, etc.). *The j. of glasses,* le tintement, *F:* le carillon, des verres.

jinglet ['dʒiŋglet], *s.* Bille *f* (d'un grelot).

jingo ['dʒiŋgo]. **1.** *int.* (*a*) **By jingo!** nom de nom! nom d'un petit bonhomme! nom d'une pipe! (*b*) *By j., you're right!* tiens! mais vous avez raison! **2.** (*a*) *s.* (*pl.* **jingoes**) Chauvin, -ine; patriotard *m.* (*b*) *a.* **The jingo party,** le parti chauvin.

jingoism ['dʒiŋgoizm], *s.* Chauvinisme *m.*

jingoistic [dʒiŋgo'istik], *a.* Chauviniste, cocardier.

jink[1] [dʒiŋk], *s.* **1.** *Scot.* & *Fb:* Évite *f,* esquive *f.* **To give s.o. the**

jink, esquiver qn. **2.** *pl. F:* **High jinks,** (i) *A:* soirée *f* folâtre; (ii) ébats *mpl*, joyeusetés *fpl*, folichonneries *fpl*. **To hold high jinks,** s'ébattre, folâtrer, folichonner, s'amuser bruyamment, s'en donner à cœur joie.

jink[2], *v. Scot:* **1.** *v.i.* (*a*) S'esquiver. (*b*) S'élancer, se précipiter (*into*, dans; *out of*, hors de). **2.** *v.tr.* (*a*) Esquiver, éviter (qn). (*b*) Duper (qn); mettre (qn) dedans; rouler (qn).

jinnee, *pl.* **jinn,** *F:* **jinns** ['dʒini:, dʒin, dʒinz], *s.* (*Jinn is often used erroneously as sg.*) Djinn *m*; génie *m* (des Mille et une Nuits).

Jinny ['dʒini]. **1.** *Pr.n.f.* (*Dim. of Jane*) Jeanneton, Jeannette. **2.** *s.* (*a*) *Min:* **Jinny(-road),** plan automoteur. (*b*) *Mec.E: etc:* Chariot *m* de roulement (d'un pont roulant).

jinricksha [dʒin'rikʃa], **jinrickshaw** [dʒin'rikʃɔ:], *s.* Djiaricha *f*, pousse-pousse *m inv.*

jinx [dʒiŋks], *s. U.S: P:* Porte-malheur *m inv.*

jipijapa ['hi:pi'hɑ:pa], *s. U.S:* **Jipijapa hat,** panama *m*.

jitney ['dʒitni], *s. U.S:* **1.** Pièce *f* de cinq '*cents.*' **2.** **Jitney(-bus),** autobus *m* à itinéraire fixe et à prix modique. **3.** *a.* Bon marché et de mauvaise qualité; en toc.

jiu-jitsu [dʒu:'dʒitsu:], *s.* Jiu-jitsu *m*.

Joan [dʒoun]. *Pr.n.f.* Jeanne. **Joan of Arc,** Jeanne d'Arc. *See also* DARBY, POPE[1] 1.

Joanna [dʒou'ana]. *Pr.n.f.* = JOHANNA.

Joash ['dʒouaʃ]. *Pr.n.m. B.Hist:* Joas(h).

job[1] [dʒɔb], *s.* **1.** (*a*) Tâche *f*, besogne *f*, ouvrage *m*, travail *m*. *My special job is to . . .,* je m'occupe surtout de. . . . *To do a job,* exécuter un travail. *I have a little job, F: a job of work, for you,* j'ai de quoi vous occuper un peu. *I like doing little jobs like that,* j'aime bien des petites bricoles comme ça. *I am on the job now,* je suis en train de le faire. *F:* **To be on the job,** (i) travailler avec acharnement, *F:* turbiner; (ii) *Turf:* (*of horse*) fournir un grand effort. *Materials fit, unfit, for the job,* matériaux *m* propres, impropres, à cet usage. **Odd jobs,** (i) petits travaux; brocantes *f*, bricoles; (ii) les à-côtés *m* de l'industrie; les métiers *m* à part. *To do odd jobs,* bricoler; faire ci et ça. **Odd-job man,** (i) homme *m* de corvée, de peine; (ii) homme à tout faire. **To work by the job,** (i) travailler à la tâche, à la pièce; (ii) (*by contract*) travailler à forfait. *F:* **To make a (good) job of sth.,** bien faire qch.; réussir qch. **To make a bad job of sth.,** mal faire, saboter, un travail. **It's a good job that . . .,** il est fort heureux que. . . . **That's a good job! and a good job too!** ce n'est pas malheureux! à la bonne heure! **It's a bad job!** c'est une mauvaise affaire! c'est une triste affaire! *That's a bad job for you,* c'est bien malheureux; c'est une vilaine affaire pour vous. **To give sth. up as a bad job,** renoncer à faire qch.; y renoncer. *See also* BEST[1] 1. *P:* **To do s.o.'s job,** faire son affaire à qn; régler son compte à qn. (*b*) Tâche difficile; corvée *f*. **I had a job to do it,** j'ai eu du mal à le faire; *P:* j'ai eu un sacré boulot à le faire; qu'est-ce que je me suis appuyé! *I had a rare job to get it back,* j'en ai eu du mal pour le ravoir. *It's quite a job to get there, getting there,* c'est toute une affaire que d'y aller. *It was an easy job to fit, fitting, the machine together,* j'ai eu la tâche facile pour monter l'appareil; je n'ai pas eu de peine à monter l'appareil. *A removal is an awful job!* quel aria que de déménager! *See also* STIFF I. 3. (*c*) *This pin isn't good enough for the job,* cette goupille ne tiendra pas le coup. *F: The pill did its job,* la pilule a rempli son office. **2.** *F:* Emploi *m*; situation sociale; poste *m*, *P:* boulot *m*. *He has a fine job,* il a une belle situation. *He likes his job, F:* il aime son boulot. *To look for a job,* chercher de l'embauche; être à la recherche d'une situation sociale. *To lose one's job,* perdre son emploi, sa place. *To throw up one's job,* lâcher sa position, son travail; *F:* rendre son tablier. *To be out of a job,* être sans ouvrage; se trouver sans engagement; chômer. *His job is to repair fences,* il fait profession de remettre les clôtures en état. *It is his job to sweep the room,* c'est à lui de balayer la chambre. **This trade is not anybody's job,** ce métier n'est pas l'affaire de tout le monde. **He knows his job,** il connaît son affaire; il s'y entend. **Every man to his job,** à chacun son office; chacun son métier. *See also* CUSHY, FAT[1] 2, FULL-TIME, SOFT I. 2. **3.** Intrigue *f*, tripotage *m*. *See also* PUT-UP 1. **4.** *Typ:* Travail de ville.

'job-chase, *s. Typ:* Ramette *f*.

'job-compositor, *s. Typ:* Ouvrier *m* en conscience.

'job-goods, *s.pl. Com:* Marchandises défraîchies; fonds *mpl* de magasin.

'job-line, *s. Com:* Solde(s) *m(pl)*; marchandises *fpl* d'occasion.

'job 'lot, *s. Com:* (Lot *m* de) soldes *mpl*; articles *mpl* d'occasion; marchandises *fpl* d'occasion; articles dépareillés; bloc *m*, blot *m*, de marchandises. *To buy a job lot of books,* acheter des livres en vrac. *To buy, sell, sth. as a job lot,* acheter, vendre, qch. à forfait.

'job-master, *s.* Loueur *m* de chevaux et de voitures; remiseur *m* (de voitures).

'job-office, *s.* Imprimerie *f* qui fait les travaux de ville.

'job-printer, *s. Typ:* Imprimeur *m* de travaux de ville.

'job-printing, *s. Typ:* = JOB-WORK 2.

'job-watch, *s. Nau:* Compteur *m*.

'job-work, *s.* **1.** (*a*) Travail *m* à la pièce, aux pièces, à la tâche. **To do job-work,** travailler à la pièce. (*b*) Travail à forfait. **2.** *Typ:* Travaux de ville; *F:* bilboquets *mpl*.

'job-worker, *s. Ind:* Ouvrier, -ière, aux pièces, à la tâche.

job[2], *v.* (jobbed; jobbing) **1.** *v.i.* (*a*) Faire des petits travaux; bricoler. (*b*) Travailler à la tâche, à la pièce. (*c*) *Com: Ind:* (i) Faire du marchandage; (ii) vendre en demi-gros; (iii) vendre et acheter. (*d*) *St.Exch:* Agioter, spéculer. **To job in bills,** faire la navette. (*e*) Intriguer, tripoter; se livrer à des tripotages. **2.** *v.tr.* (*a*) *F:* Exécuter (une tâche). *F:* **That job's jobbed,** voilà mon boulot fini. (*b*) Louer (un cheval, une voiture). (*c*) *Com: Ind:* Marchander (une entreprise); (i) prendre (un travail) à forfait; (ii) donner (un travail) à forfait. (*d*) *St.Exch:* **To job shares,** faire le négoce (en bourse) d'actions (en gros et en détail). (*e*) Exploiter (un emploi). **To job s.o. into a post,** user d'influences occultes pour faire nommer qn à un poste. **To job s.o. off,** se débarrasser (déloyalement) de qn.

jobbing[1], *a.* **1.** Qui travaille à la tâche, à la pièce. **Jobbing workman,** (ouvrier) façonnier (*m*); ouvrier à la tâche, à façon. *J. tailor,* tailleur *m* à façon; *F:* pompier *m*. *J. cabinet-maker,* ébéniste *m* à façon. **Jobbing gardener,** jardinier *m* à la journée. **2.** *Typ:* **Jobbing hand,** homme *m* en conscience. **Jobbing work,** ouvrage *m* de ville. **3.** Tripotier.

jobbing[2], *s.* **1.** Ouvrage *m* à la tâche. *Tail:* Travail *m* à façon, *F:* à la pompe. **2.** Louage *m* de voitures, de chevaux. **3.** *Ind: Com:* Commerce *m* d'intermédiaire; vente *f* en demi-gros. **4.** *St.Exch:* (*a*) Courtage *m* (de titres en gros et en détail). *Pej:* **Stock-jobbing,** agiotage *m*. (*b*) *J. in contangoes,* arbitrage *m* de reports. **5.** *Typ:* = JOB-WORK 2.

'jobbing-house, *s. U.S:* Firme *f* de courtage (en détail et en gros).

job[3], *s.* & *v.* = JAB[1, 2].

Job[4] [dʒoub]. *Pr.n.m.* Job. **Job's comforter,** (i) *F:* consolateur *m* pessimiste; ami *m* de Job; (ii) *P:* clou *m*, furoncle *m*. **Job's news,** nouvelles *f* de malheur. *See also* PATIENCE 1, POOR 1. *Bot:* **Job's-tears,** larme-de-Job *f*, larme-du-Christ *f*; larmille *f*.

jobation [dʒo'beiʃ(ə)n], *s. F:* Longue semonce; remontrance ennuyeuse; sermon *m*.

jobber ['dʒɔbər], *s.* **1.** Ouvrier, -ière, à la tâche; tâcheron *m*. **Odd jobber,** bricoleur *m*. **2.** = JOB-MASTER. **3.** Intermédiaire *m* revendeur; (*in contract work*) marchandeur *m*, sous-traitant *m*, *pl.* sous-traitants. *See also* LAND-JOBBER. **4.** *St.Exch:* **(Stock-)jobber,** marchand *m* de titres (en gros et en détail, qui exécute les ordres que lui donnent les agents de change). **5.** *Pej:* Tripoteur, -euse; intrigueur, -euse; exploiteur, -euse (d'une fonction).

jobbery ['dʒɔbəri], *s.* **1.** *F:* Maquignonnage *m*. *Political j.,* intrigues *f* politiques; tripotages *mpl*; prévarication *f*. **It's all jobbery,** *F:* tout se fait par compère et par commère. **2.** *St.Exch:* Agiotage *m*, agio *m*, tripotage.

jobless ['dʒɔbləs], *a.* Sans travail. **The jobless,** les sans-travail, les chômeurs *m*.

Jocasta [dʒo'kasta]. *Pr.n.f. Gr.Lit:* Jocaste.

Jock [dʒɔk]. **1.** *Pr.n.m.* (*Dim. of John*) *Scot:* Jean. **2.** *s.P:* (*a*) Soldat écossais. (*b*) Écossais *m*.

jockey[1] ['dʒɔki], *s. Turf:* Jockey *m*. *Probable starters and jockeys,* partants *m* et montes *f* probables. *See also* DUMB-JOCKEY.

'jockey-cap, *s.* Casquette *f* de jockey.

'jockey-club, *s.* Jockey-club *m*.

'jockey-pulley, -wheel, *s. Mec.E:* **1.** Poulie *f*, galet *m*, de guidage; galopin *m*. **2.** Galet de tension (de courroie); pignon tendeur.

jockey[2]. **1.** *v.tr.* (*a*) (i) Tromper, duper, rouler, refaire (qn); (ii) mener (qn) par le bout du nez. **To jockey s.o. out of sth.,** soutirer, escamoter, qch. à qn. *To j. s.o. out of ten pounds,* refaire qn de dix livres. *To j. s.o. out of a job,* évincer qn. **To jockey s.o. into an office,** user d'influences occultes pour faire nommer qn à un office. **To jockey s.o. into doing sth.,** amener sournoisement qn à faire qch. (*b*) *To j. a transaction,* maquignonner une affaire. **2.** *v.i.* (*a*) Manœuvrer. *The yachts were jockeying for the breeze,* les yachts *m* manœuvraient pour avoir le vent. (*b*) *Pej:* (*Of pers.*) **To jockey for sth.,** intriguer pour obtenir qch. **3.** *v.tr. Turf:* Monter (un cheval).

jockeying, *s.* **1.** *Turf:* Métier *m* de jockey. **2.** Tricherie *f*, duperie *f*, fourberie *f*; intrigue *f*, maquignonnage *m*.

jockeyship ['dʒɔkiʃip], *s.* **1.** Art *m* du jockey. **2.** = JOCKEYING 2.

jocko ['dʒɔko], *s. Z:* Chimpanzé *m*, jocko *m*.

jockteleg ['dʒɔktəleg], *s. Scot:* Couteau pliant.

jocose [dʒo'kous], *a.* Facétieux; jovial, -aux; goguenard, gouailleur. *To exchange j. remarks,* échanger des facéties, des plaisanteries. **-ly,** *adv.* Facétieusement, jovialement; d'un ton goguenard, gouailleur; en plaisantant.

jocoseness [dʒo'kousnəs], *s.* Jocosité *f*; humeur joviale.

jocosity [dʒo'kɔsiti], *s.* **1.** = JOCOSENESS. **2.** Facétie *f*, plaisanterie *f*.

jocular ['dʒɔkjulər], *a.* Facétieux, jovial, -aux; enjoué. *With a j. air,* d'un air rieur. **-ly,** *adv.* Facétieusement, jovialement.

jocularity [dʒɔkju'lariti], *s.* Jovialité *f*, jocosité *f*, enjouement *m*.

jocund ['dʒoukənd, 'dʒɔkənd], *a. Lit:* Jovial, -aux; badin, gai, enjoué. **-ly,** *adv.* Jovialement; d'un air badin, enjoué.

jocundity [dʒou'kʌnditi, dʒɔ'kʌnditi], *s. Lit:* Jovialité *f*, badinage *m*, enjouement *m*, gaieté *f*.

jodhpurs [dʒɔd'pɔ:rz], *s.pl. Cost:* Pantalon *m* d'équitation (serré à la cheville).

Joe [dʒou]. **1.** *Pr.n.m.* (*Dim. of Joseph*) Joseph. *P:* **Not for Joe!** on ne me la fait pas! je ne coupe pas là-dedans! **2.** *s.* **Joe Miller,** vieille plaisanterie; plaisanterie usée.

Joe-'pye-weed, *s. U.S: Bot:* Eupatoire pourprée.

joey ['dʒoui], *s.* (*In Australia*) *F:* Jeune kangourou *m*.

jog[1] [dʒɔg], *s.* **1.** (*a*) Coup *m* (de coude, etc.). *F:* **To give s.o.'s memory a jog,** rafraîchir la mémoire de qn. (*b*) Secousse *f*, cahot *m* (d'une voiture, etc.). **2.** Petit trot. **To go along at an easy jog,** aller son petit bonhomme de chemin; trottiner.

'jog-trot, *s.* (*a*) Petit trot. **At a jog-trot,** au petit trot. **Jog-trot pace,** petit trot. (*b*) *F: The monotonous jog-trot of his life,* le train-train monotone de sa vie. *To-morrow I go back to the jog-trot of the office,* demain je reprends le train, le train-train, du bureau. **Jog-trot life,** vie routinière. *He goes on in a jog-trot way,* il va son petit bonhomme de chemin.

jog[2], *v.* (jogged; jogging) **1.** *v.tr.* (*a*) Pousser (d'un coup sec). *To jog s.o.'s elbow,* pousser le coude à qn. *To jog s.o. with one's elbow,* donner un coup de coude à qn. **To jog s.o.'s memory,** donner le branle à la mémoire de qn; rafraîchir la mémoire à qn; donner des points de repère à qn. (*b*) (*Of carriage, etc.*) Secouer, cahoter (les voyageurs). (*c*) **To jog one's horse on,** *F:* **to jog s.o. on,** serrer les côtes à son cheval, *F:* à qn. **2.** *v.i.* **To jog along,** (i) trottiner (à cheval); aller au petit trot; (ii) aller, faire, son petit bonhomme de chemin; aller son petit train; aller cahin-caha. **We must be jogging (on, along),** il faut nous remettre en route. *Business is jogging along comfortably,* les affaires *f* vont leur petit train-train. *We are jogging along,* les choses *f* vont leur train.

jogging[1], *a.* **1.** (*Of vehicle, etc.*) Cahotant. **2.** **Jogging pace,** petit trot.

jogging[2], *s.* **1.** Coups *mpl* de coude. *F: J. of s.o.'s memory,* rafraîchissement *m* de la mémoire de qn. **2.** Cahotage *m*, cahotement *m* (d'une voiture); cahots *mpl*, secousses *fpl*. **3.** Petit trot.

joggle[1] [dʒɔgl], *s.* *F:* Petite secousse.

joggle[2]. **1.** *v.tr.* *F:* Secouer légèrement. **To joggle sth. in, out,** faire entrer, faire sortir, qch. par petites secousses. **2.** *v.i.* (*a*) Branler. (*b*) **To joggle along,** (i) avancer par saccades; (ii) avancer cahin-caha.

joggle[3], *s.* **1.** **Joggle(-joint),** (i) *Carp:* joint *m* à goujon, à adent, à embrèvement; assemblage *m* à gradins; (ii) *Const:* joint à goujon. **2.** (i) *Carp:* Goujon *m*, adent *m*. (ii) *Const:* Goujon (pour pierres). **Joggle-piece,** poinçon *m* (de comble).

joggle[4], *v.tr.* **1.** *Carp:* (*a*) Goujonner (deux pièces). (*b*) Réunir à adent, embrever (deux pièces). **2.** *Const:* Goujonner (les pierres).

joggling, *s.* Assemblage *m* à adent ou à crémaillère.

jogi ['jougi], *s.* = YOGI.

Johanna [dʒo'hana]. *Pr.n.f.* Jeanne.

Johannine [dʒo'hanain], *a.* *Theol:* Johannique; de saint Jean.

John [dʒɔn]. **1.** *Pr.n.m.* Jean. **St John the Baptist,** saint Jean-Baptiste. *Hist:* **John Lackland,** Jean sans Terre. **2.** *F:* **John Bull,** John Bull. *Hist:* **John Company,** la Compagnie (anglaise) des Indes. *See also* BARLEYCORN 1, BLUNT[1] I. 2, CHINAMAN 1, DORY[1].

'John-'Bullism, *s.* (*a*) Le caractère anglais; la manière anglaise. (*b*) Action *f*, trait *m*, caractéristique de John Bull.

Johnnie, Johnny ['dʒɔni]. **1.** *Pr.n.m.* (*Dim. of John*) Jeannot. *Mil:* *P:* **Johnny Raw, Johnny Newcome,** bleu *m*, morveux *m*. *Nau:* *P:* **Johnny Armstrong,** la force des bras. **2.** *s.* *P:* (*a*) Type *m*, individu *m*. *What does* **the inspector johnny** *want?* ce type-là, l'inspecteur, qu'est-ce qu'il veut? *See also* JINGLING[1] 2. (*b*) Petit crevé; gommeux *m*. **3.** *s.* *Orn:* *F:* Manchot *m*.

Johnny-cake ['dʒɔnikeik], *s.* (*a*) *U.S:* Galette *f* de farine de maïs. (*b*) (*Australia*) Galette de farine de froment.

Johnsonese [dʒɔnso'ni:z], *s.* Langage *m*, style *m*, à la docteur Johnson; style johnsonien.

Johnsonian [dʒɔn'sounjən], *a.* (Langage, etc.) johnsonien, à la docteur Johnson.

join[1] [dʒɔin], *s.* Joint *m*, jointure *f*; soudure *f* (d'os, de chambre à air de pneu, etc.); habillure *f* (de treillis métallique, etc.); point *m* de jonction (de deux routes, etc.); ligne *f* de jonction (de deux feuilles d'une carte, etc.).

join[2]. I. *v.tr.* **1.** (*a*) Joindre, unir, réunir (deux morceaux de drap, etc.); relier, assembler (deux madriers, etc.); rapprocher (les lèvres d'une plaie); souder (un os fracturé). **To join** (*two things*) **end to end,** joindre (deux choses) bout à bout; ajoindre, rabouter, raboutir (des planches); raccorder (des tuyaux). *Beams joined side by side,* poutres accolées. *To j. panels edge to edge, face to face,* affronter des panneaux. **To join (together) the fragments of sth.,** joindre, réunir, les morceaux de qch. **To join (together) the broken ends of a cord,** (re)nouer les bouts cassés d'un cordon. **To join sth. with sth.,** réunir qch. à qch. **To join sth. to the end of sth.,** attacher qch. au bout de qch. **To join hands with s.o.,** (i) prendre qn par la main; (ii) *F:* s'unir à qn, se joindre à qn (pour faire qch.). *They joined hands to ford the stream,* ils se donnèrent la main pour traverser la rivière. *F: The nations must j. hands and co-ordinate their efforts,* les nations *f* doivent se tendre la main, faire cause commune, et coordonner leurs efforts. *Mil: The two regiments joined hands,* les deux régiments *m* opérèrent une jonction. *The priest joined their hands,* le prêtre leur a joint les mains. **Joined in, by, marriage,** unis par le mariage. **To join forces, to join oneself, with s.o. in doing sth.,** se joindre à qn, *F:* s'atteler avec qn, pour faire qch. **To join company with s.o.,** se joindre à qn; rejoindre qn. *See also* BATTLE[1], ISSUE[1] 6. (*b*) Ajouter. *To j. threats with, to, remonstrances,* ajouter les menaces aux remontrances; accompagner des remontrances de menaces. *To j. strength of body with strength of mind,* réunir, associer, la force du corps à celle de l'âme. **The documents joined to the report,** les documents annexés au procès-verbal. (*c*) *The neck joins the head to the body,* le cou unit, joint, relie, réunit, la tête au corps. *Straight line that joins two points,* droite *f* qui joint deux points. *The road that joins Paris to Trouville,* la route qui relie Paris et Trouville. **2.** (*a*) Se joindre à, s'unir à (qn); rejoindre (qn). *He joined us on our way,* il nous a rejoints en route. **Will you join us, join our party?** voulez-vous vous joindre à nous? voulez-vous vous mettre des nôtres? voulez-vous être de la partie? *I will j. you at . . .,* je vous (re)joindrai à. . . . *Let us j. the ladies,* allons retrouver, rejoindre, ces dames. *To j. the procession,* se mêler au cortège. **To join s.o. in sth.,** se joindre à qn dans (une entreprise, etc.). *To j. s.o. in a bottle of port,* partager une bouteille de porto avec qn. (*b*) *Mil:* **To join one's unit,** rallier, rejoindre, son unité. *Nau: Navy:* **To join one's ship,** rejoindre son navire, le bâtiment; rallier le bord. (*c*) Entrer dans (un club, un régiment, etc.). *To j. a religious order,* entrer dans un ordre. *To j. a party,* prendre rang dans un parti; adhérer à, s'affilier à, un parti. *To j. a company, an association,* se mettre d'une société; entrer dans une société; devenir membre d'une société. *To j. evening classes,* s'inscrire pour un cours du soir. *To j. a band of robbers,* s'affilier, s'associer, à une bande de voleurs. **To join the army,** s'engager, s'enrôler, dans l'armée. **3.** (*a*) Se joindre, s'unir, à (qch.). *The place where the footpath joins the road, where the tributary joins the river,* l'endroit *m* où le sentier rejoint la route; l'endroit où l'affluent se jette dans le fleuve. (*b*) *To be joined to, to join, sth.,* être contigu à qch. *In the past England was joined to France,* dans le passé l'Angleterre tenait à la France.

II. **join,** *v.i.* Se joindre, se rejoindre, s'unir (*with sth., with s.o.,* à qn, à qch.); (*of lips of wound*) s'agglutiner. *Parallel lines never j.,* les lignes *f* parallèles ne se rencontrent jamais, ne se rejoignent jamais. *The Rhone and the Saone j. at Lyons,* le Rhône et la Saône se rejoignent, confluent, à Lyon. **To join together,** (*of thgs*) se souder; (*of pers.*) se réunir (pour faire qch.). *To j. together in liability, in responsibility,* se solidariser. **To join with s.o. in doing sth.,** se joindre à qn, avec qn, pour faire qch.

join in, *v.i.* **1.** (*Prepositional use*) S'associer, s'affilier, à (un complot); prendre part à (une querelle). *To j. in the protests,* joindre sa voix aux protestations; protester avec les autres. *He joined in their singing,* il fit chorus avec eux pour chanter; il se joignit à leur chant. *See also* CHORUS[1] 2, CONVERSATION. **2.** (*Adverbial use*) **To join in,** se mettre de la partie; *F:* entrer en danse.

join on, *v.tr.* Rapporter, ajouter, attacher (qch.). (*With passive force*) **This pipe doesn't join on,** ce tuyau ne se rapporte pas (à l'autre, etc.).

join up. **1.** *v.tr.* (*a*) Joindre, attacher, (deux choses) ensemble; assembler (deux choses); embrancher (des routes, des tuyaux). *Needlew:* Rabouter, raboutir (deux pièces). *To j. up two pipes (end to end),* aboucher deux tuyaux. *To j. up tapestry, parts of a novel,* faire des raccords dans une tapisserie, dans un roman. (*b*) *El:* Connecter, (ac)coupler, assembler, associer (des piles, etc.). **2.** *v.i.* *Mil:* *F:* S'engager, s'enrôler; entrer au service; *F:* endosser l'uniforme.

joining up, *s.* **1.** (*a*) Jonction *f*, liaison *f*. (*b*) *El:* Connection *f*, (ac)couplement *m*, assemblage *m*, association *f* (de piles, etc.). **Joining up in series,** assemblage en série, en tension. **2.** Engagement *m*, enrôlement *m*, dans l'armée; entrée *f* au service.

joining, *s.* **1.** Jonction *f*, (ré)union *f*, assemblement *m*, assemblage *m* (des morceaux de qch., etc.); suture *f* (d'os, etc.); liaison *f* (de sons, etc.). *J. of two beams side by side,* accolement *m* de deux poutres. *J. edge to edge,* affrontement *m* (de panneaux, etc.). **Joining of battle with s.o.,** entrée *f* en bataille avec qn. **2.** Entrée (dans un club, etc.); engagement *m*, enrôlement *m* (dans l'armée).

joinder ['dʒɔindər], *s.* Réunion *f*, union *f*. *Esp. Jur:* **Joinder of actions,** jonction *f* d'instances. **Joinder of issue,** mise *f* en état de la cause.

joiner ['dʒɔinər], *s.* Menuisier *m*. *To do j.'s work,* menuiser. **A joiner's shop,** une menuiserie.

'joiner-work, *s.* = JOINERY.

joinering ['dʒɔinəriŋ], **joinery** ['dʒɔinəri], *s.* Menuiserie *f*. **A piece of joinering,** une menuiserie, une pièce menuisée.

joint[1] [dʒɔint], *s.* **1.** (*a*) Joint *m*, jointure *f*. **The joints in the harness,** les jointures de la cuirasse; *F:* les défauts *m* de l'armure, de la cuirasse. *F:* **To find the joint in the armour,** trouver le défaut de la cuirasse. *Const: Joints in masonry,* joints de la maçonnerie. *Channelled j.,* anglet *m*. *J. filled with plaster,* solin *m*. *Mec.E: etc:* **Soldered joint,** soudure *f*. **Union joint,** union *f*. **Flange(d) joint,** joint à collerette, à brides. **Screw(ed) joint,** joint à vis, union à vis; joint vissé. *Face-to-face j.,* joint sec. *Asbestos j.,* joint au carton d'amiante. *El.E:* **Twisted joint,** joint par torsade. *See also* BREAK[2] I. 1, COTTER-JOINT, EXPANSION 2, FAUCET-JOINT, FORK[1] 4, JUMP-JOINT, RIVET-JOINT, SLEEVE-JOINT, SLIP-JOINT, THIMBLE-JOINT, TOGGLE-JOINT, WIPE-JOINT, YOKE-JOINT. (*b*) **Hinged joint,** articulation *f*. **Flexible joint,** transmission *f* flexible. *Mec.E:* **Universal joint, Cardan joint,** joint brisé, articulé; joint universel, charnière universelle; joint de Cardan, à la Cardan; cardan *m*. *See also* BALL[1] 1, FOLDING[1], KNEE-JOINT 2, KNUCKLE-JOINT 2. (*c*) *Bookb:* Mors *m*. (*d*) *Carp: etc:* Assemblage *m*, empatture *f*. **Mortise-and-tenon joint,** assemblage à tenon et (à) mortaise; assemblage à emboîtement. **Dovetail joint,** assemblage à queue d'aronde. **Notch(ed) joint,** joint à, en, adent; endente *f*, trave *f*. **Scarf-joint,** assemblage à mi-bois, à trait de Jupiter; joint biseauté. *See also* BUTT-JOINT[1], DOWEL[2], FEATHER-JOINT, FOXTAIL 3, GROOVE[1] 1, HALVE 2, LAP-JOINT, MITRE[2] 1, PIN-JOINT, PLOUGH[3] 3, RABBET-JOINT, STEP-JOINT. **2.** *Anat:* (Point *m* d')articulation; joint, jointure (du genou, etc.). **Elbow-joint,** articulation du coude. *Rheumatism in, of, the joints,* rhumatisme *m* articulaire. **Out of joint,** (i) (bras, etc.) disloqué, démis, déboîté, luxé; (ii) *F:* (système, mécanisme, etc.) désorganisé, dérangé, détraqué. **To put one's arm out of joint,** se démettre, se disloquer, le bras. *F:* **To put s.o.'s nose out of joint,** jouer un mauvais tour à qn; dégoter qn. (*Of shoulder, etc.*) **To come out of joint,** se déboîter. *F:* **The times are out of joint,** le monde est désaxé, désorienté, à l'envers; tout va de travers. *His life is out of j.,* sa vie est désaxée. *See also* HIP-JOINT, PIVOT-JOINT. **3.** (*a*) Partie *f* (du corps, d'une chose articulée) entre deux articulations; phalange *f* (du doigt). **Three-joint fishing-rod,** canne *f* à pêche à trois corps. (*b*) *Cu:* Morceau *m*, quartier *m*, pièce *f*, de viande. **Roast joint,** rôti *m*. **Cut off the joint,** tranche *f* de rôti. **4.** (*a*) *Bot:* Nœud *m*, articulation (de tige). (*b*) *Bot:* Entrenœud *m*; *Bot: Ent:* article *m*. **5.** *Geol:* Joint, diaclase *f*, cassure *f*, délit *m*. **Contraction joint,** synclase *f*. **6.** *U.S:* *P:* Maison *f* interlope; boîte *f* (louche). **Gambling joint,** tripot *m*. **Opium joint,** fumerie *f* d'opium. **Juice joint,** assommoir *m*; cabaret *m* borgne.

'joint-box, *s.* *El.E:* Boîte *f* de jonction (de câbles).

'joint-pin, *s.* *Mec.E:* Goupille *f*.

'joint-pipe, *s.* Tuyau *m* de jonction.

'joint-plane, *s.* *Geol:* = JOINTING-PLANE 2.

joint[2], *v.tr.* **1.** (*a*) Joindre, assembler (des pièces de bois, etc.); emmancher (des tuyaux, etc.). (*b*) Articuler. *Bone that is jointed with another,* os *m* qui s'articule avec un autre. **2.** Découper, démembrer, dépecer (un poulet, etc.). **3.** *Const:* Jointoyer (un mur, etc.). **4.** *Carp:* Varloper (deux planches, etc.).

jointed, *a.* **1.** (*a*) Articulé. *J. doll,* poupée articulée. *Delicately* *j. limbs*, membres *m* aux fines attaches. *J. walking-stick*, canne jointée. *Bot: J. stalk*, tige articulée. *Z:* **Many-jointed,** multi-articulé. *Mec.E: etc:* **Jointed coupling,** accouplement *m* à articulation. **Lock-jointed,** à emboîtement. *See also* LAP-JOINTED. (*b*) (Poulet, etc.) démembré, dépecé; coupé par les joints. (*c*) *Geol:* (Roche *f*) à joints. **2.** (*Of horse*) **Short-jointed,** court-jointé, *pl.* court-jointés. **Long-jointed,** long-jointé.

jointing, *s.* **1.** Jointement *m*, jointure *f*, assemblage *m* (de planches, etc.); emmanchage *m* (de tuyaux). **Steam jointing,** joints *mpl* étanches à la vapeur. **Jointing rivets,** rivets *m* d'attache. **Jointing compound** = SEALING-COMPOUND. **2.** Démembrement *m*, découpage *m* (d'un poulet, etc.). **3.** *Const:* (*a*) Jointoiement *m* (d'un mur, etc.). (*b*) Joints (d'un mur). **4.** *Carp:* (*a*) Varlopage *m*. (*b*) Entaillage *m*.

'jointing-plane, *s.* **1.** *Carp:* Varlope *f*. **2.** *Geol:* Plan *m* de séparation, de diaclase.

joint[3], *a.* **1.** (*Of work, etc.*) Commun, en commun, combiné, coordonné. **Joint efforts,** efforts réunis, en commun. **Joint action,** action combinée, collective. **Joint use,** cojouissance *f*; mitoyenneté *f* (d'un mur, d'une haie). **Joint report,** rapport collectif. **Joint commission,** commission *f* mixte. *J. military commisson*, commission militaire interalliée. **Joint committee,** (i) comité *m* mixte; (ii) *Pol:* commission interparlementaire. **Joint undertaking,** entreprise *f* en participation. *To do a j. business*, faire des affaires en participation. *Bank:* **Joint account,** compte conjoint, compte à demi, compte en participation. *Deal on j. account*, opération *f* en participation. *Fin:* **Joint shares,** actions indivises. **Joint stock,** capital social. **Joint-stock bank,** société *f* de dépôt. *See also* COMPANY[1] 4. *Jur:* **Joint estate,** communauté *f*. *Publ: Edition published at the j. expense of publisher and author*, édition faite en participation. *See also* INTEREST[1] 1, LIABILITY 1. **2.** Co-, associé. **Joint author,** coauteur *m*; collaborateur, -trice. *J. editor, editress*, corédacteur, -trice. *J. director, directress*, codirecteur, -trice. *J. directorship*, codirection *f*. *J. guardian*, cotuteur, -trice. *J. guardianship*, cotutelle *f*. *J. sponsorship*, copaternité *f*. **Joint heir, heiress,** cohéritier, -ière; copartageant, -ante; codétenteur, -trice (d'un héritage). *J. legatee*, colégataire *mf*. *J. beneficiaries*, bénéficiaires conjoints, indivis. *J. holder*, codétenteur, -trice (d'une succession); coporteur *m*, porteur associé, porteur indivis (d'un titre). *J. mandatory, proxy*, comandataire *m*. *J. manager, manageress*, codirecteur, -trice; cogérant, -ante. *J. management*, codirection *f*, cogérance *f*. *J. partner*, coassocié, -ée. *J. partnership*, coassociation *f*. **Joint owner, proprietor,** (i) copossesseur *m*, copropriétaire *mf*; *Jur:* communiste *mf*, indivisaire *m*, propriétaire indivis; (ii) co-armateur *m*, quirataire *m* (d'un navire). **Joint ownership,** (i) copossession *f*, copropriété *f*; mitoyenneté *f* (d'un mur mitoyen, etc.); *Jur:* indivision *f*; (ii) quirat *m* (d'un navire). *To have j. ownership over sth.*, coposséder qch. *J. tenant*, colocataire *mf*. *J. tenancy, Jur:* location indivise. *J. creditor*, cocréancier *m*. *J. debtor*, codébiteur, -trice. *J. obligation*, coobligation *f*. *J. defendant*, codéfendeur *m*. *J. plaintiff*, codemandeur, -eresse. *J. purchasers*, coacquéreurs *m*; acheteurs associés. *J. purchase*, coacquisition *f*. *J. seller*, covendeur, -euse. *J. regent*, corégent *m*. *J. regency*, corégence *f*. *J. rule*, synarchie *f*. *There will be no j. guarantee as between the governments*, aucune solidarité ne liera les gouvernements garants. **-ly,** *adv.* Ensemble, conjointement. *To start a company j. with . . .*, créer une société en commun avec. . . . *To possess sth. j.*, posséder qch. conjointement, indivisément, par indivis. *To inherit j.*, copartager une succession. *Jur:* **Jointly liable, responsible,** solidaire. **Acting jointly,** agissant solidairement. *To render j. liable, responsible*, solidariser. *You are j. liable for the damage*, vous êtes solidaire des dégâts. **Jointly and severally liable,** responsables conjointement et solidairement.

jointer ['dʒɔintər], *s.* **1.** (*Pers.*) Assembleur, -euse. **2.** (*Thg*) (*a*) *Carp:* (i) *Tls:* Varlope *f*. (ii) Machine *f* à rainer. (*b*) *Const:* Mirette *f* (de maçon).

jointless ['dʒɔintləs], *a.* Sans joints. **1.** Sans articulations. *Z: etc:* Inarticulé. *Bot:* (Tige *f*) sans nœuds. **2.** Fait tout d'une pièce.

jointress ['dʒɔintres], *s.f. Jur:* Douairière.

jointure[1] ['dʒɔintjər], *s.* (*a*) Propriété indivise entre mari et femme. (*b*) Douaire *m*.

jointure[2], *v.tr.* Assigner un douaire à (une femme).

joist[1] [dʒɔist], *s. Const:* Solive *f*, soliveau *m*, poutre *f*, poutrelle *f*. *Beams and joists*, solivure *f* (d'un édifice). **Main joist, binding joist,** traverse *f* de plancher; solive de plafond. *Intermediate j.*, solive de remplissage. **Bridging joist,** lambourde *f*. **Floor joist,** lambourde, gîte *m*, de plancher. *Trimmed j.*, solive enchevêtrée, boiteuse. *See also* TRIMMING-JOIST.

joist[2], *v.tr.* **1.** Poser le solivage de (la maison, etc.). **2.** Assujettir (les ais, etc.) sur le solivage.

joisting, *s.* Solivage *m*, poutrage *m*.

joke[1] [dʒouk], *s.* (*a*) Plaisanterie *f*, farce *f*, *F:* blague *f*. **To say, do, sth. for a joke, by way of a joke,** dire, faire, qch. par plaisanterie, en plaisantant, pour s'amuser, pour rire. *I did it for a j.*, je l'ai fait histoire de rire. *You mean this for a j.*, vous voulez rire. *To make a j. of everything*, tourner tout en badinage, en blague; badiner de tout; blaguer de tout. **The joke is that . . .,** le comique de l'histoire, c'est que. . . . **The best of the joke is that . . .,** le plaisant de l'affaire, c'est que. . . . *It's all a huge j.*, tout ça n'est pas sérieux. *F:* **It's no joke** *waiting for hours*, ce n'est pas amusant, cela n'est pas régalant, *P:* c'est pas rigolo, d'attendre des heures. *It will be no j. to . . .*, ce ne sera pas une petite affaire (que) de. . . . **Practical joke,** (i) mauvais tour, mauvaise plaisanterie, mystification *f*, farce; (ii) brimade *f*. **To play a practical joke on s.o.,** mystifier qn; faire une farce, une attrape, à qn. *F:* **The joke is on me,** c'est à vous, à eux, de rire. *It's a silly j.*, c'est une mauvaise plaisanterie. *That's a good j.!* en voilà une bonne! *That's a poor j.!* je la trouve mauvaise! *He knows how to take a j.*, il entend la plaisanterie. *See also* BEYOND 2, FAR I. 1. (*b*) Bon mot; facétie *f*, plaisanterie. *He is always ready with a j.*, il a toujours le mot pour rire. *He must have his little j.*, il aime à plaisanter. *See also* CRACK[3] I. 3. (*c*) Sujet *m* de plaisanterie; risée *f*. **He's the joke of the town,** il est en butte aux railleries de toute la ville. *See also* STANDING[1] 8.

joke[2]. **1.** *v.i.* Plaisanter, railler, badiner. **To joke at, about, sth.,** plaisanter de qch. **I was only joking,** je l'ai dit pour badiner, en badinant; je l'ai dit histoire de rire. *You're joking!* vous voulez rire! *I'm not joking*, je ne plaisante pas. *Without joking . . .*, *F:* blague à part. . . . **To joke with s.o.,** plaisanter avec qn. **2.** *v.tr.* Plaisanter, railler (qn); se moquer de (qn).

joking[1], *a.* (Ton, air) moqueur, de plaisanterie. **Half joking, half angry,** moitié plaisantant, moitié en colère; moitié figue moitié raisin. **-ly,** *adv.* En plaisantant; pour rire; d'un ton moqueur, railleur.

joking[2], *s.* Plaisanterie *f*, badinage *m*, *F:* blague *f*. *See also* APART 3.

joker ['dʒoukər], *s.* **1.** Farceur, -euse; plaisant *m*; *F:* blagueur, -euse; loustic *m*. **Practical joker,** mauvais plaisant; malavisé *m*. **2.** *P:* Type *m*, individu *m*. **3.** *Cards:* Joker *m*. **4.** *U.S: F:* Petite clause insérée dans un projet de loi, dans un contrat, dont l'effet est d'en infirmer les articles essentiels; subtilité *f*, échappatoire *f*.

joky ['dʒouki], *a.* = JOCULAR.

jollier ['dʒɔliər], *s. U.S: P:* Railleur, -euse; plaisant *m*.

jollification [dʒɔlifi'keiʃ(ə)n], *s. F:* Partie *f* de plaisir; folichonnerie *f*, rigolade *f*; petite noce. *To have a j.*, passer une soirée joyeuse; faire la noce; faire une partie de plaisir; (*of sailors, etc.*) tirer une bordée.

jollify ['dʒɔlifai]. **1.** *v.i.* Rigoler; s'en donner à cœur joie; faire la noce. **2.** *v.tr.* Émoustiller, agaillardir.

jolliness ['dʒɔlinəs], **jollity** ['dʒɔliti], *s.* **1.** Gaieté *f*. **To be in no mood for jollity,** n'avoir pas le cœur à la danse, *P:* à la rigolade. **2.** **Jollities,** gaietés, réjouissances *f*.

jolly[1] ['dʒɔli]. **1.** *a.* (*a*) Joyeux, gai, enjoué, gaillard. **Jolly dog, jolly fellow,** joyeux luron; joyeux gaillard; bon diable; gai compère; boute-en-train *m inv*. *To have a j. evening*, passer une soirée joyeuse. *See also* ROGER, SAND-BOY. (*b*) *F:* Éméché, gris; légèrement pris de vin; *F:* pompette. **The jolly god,** Bacchus *m*; le Dieu de la treille. (*c*) *F:* Agréable, chic. **So jolly of you to do it,** bien aimable, bien gentil, à vous de le faire; **c'est chic de votre part.** *J. little room*, gentille, charmante, petite chambre. (*d*) *P:* (*Intensifying*) Fameux; considérable. *What a j. liar he is!* c'est un fameux menteur. *He was in a j. funk*, il avait une de ces frousses! *I got a j. hiding*, j'ai reçu une fameuse raclée. *It's a j. shame*, pour sûr que c'est pas chic. *There was a j. row*, tu parles qu'on en a fait un boucan. **2.** *adv. P:* Rudement, fameusement, joliment, énormément. **Jolly glad,** rudement content; joliment content; bigrement content. *I'll take j. good care*, je ferai rudement attention. *J. tired*, salement fatigué. *He's j. green*, tu parles d'un nigaud! ce qu'il est naïf! *He's a j. good dancer*, il danse joliment bien. *He's* **jolly well** *right*, il a fichtrement, bigrement, raison. *I'll do what I j. well please*, je ferai absolument ce qui me plaira. *He came in j. quick!* il est rentré vite, je vous en réponds! **3.** *s. P:* Soldat *m* d'infanterie de marine; *P:* marsouin *m*. **-ily,** *adv.* **1.** Joyeusement, gaîment. **2.** Agréablement, gentiment.

jolly[2], *v.tr. U.S:* Plaisanter, railler (qn). **To jolly s.o. along,** régaler qn de plaisanteries, de flatteries, etc.

jolly[3], *s. P:* = JOLLIFICATION.

jolly[4](-boat) ['dʒɔli(bout)], *s. Nau:* (Petit) canot (à bord d'un navire).

jolt[1] [dʒoult], *s.* **1.** (*a*) Cahot *m*, choc *m*, secousse *f*, soubresaut *m*, tressaut *m*. *The jolts of the road*, les cahots, les secousses, de la route. (*b*) *Mec.E:* A-coup *m*, *pl.* à-coups. *Aut:* Coup *m* de raquette. **2.** *F:* Surprise *f*, choc. **It gave me a bit of a jolt,** cela m'a donné un coup; cela m'a fait quelque chose.

jolt[2]. **1.** *v.tr.* Cahoter, ballotter, secouer; imprimer une (brusque) secousse à (qch.). *To be jolted*, être cahoté; tressauter; *F:* encaisser des chocs. *The basket was jolted out of the cart*, un cahot de la charrette fit tomber le panier. *The journey had jolted down my meal*, les cahots du voyage avaient fait descendre mon déjeuner. **2.** *v.i.* (*a*) (*Of vehicle*) Cahoter, ballotter, tressauter, soubresauter. *The carriage jolted terribly*, la voiture avait des cahots terribles. **To jolt along,** avancer avec des cahots, en cahotant; avancer cahin-caha. *We jolted over the stone*, d'un cahot nous franchîmes la pierre. (*b*) *Mec.E:* Avoir, donner, des à-coups. *Aut:* Donner des coups de raquette.

jolting[1], *a.* Cahotant.

jolting[2], *s.* **1.** Cahotement *m*, cahotage *m*, ballottement *m*, ébranlement *m* (d'une voiture, etc.). **2.** *Mec.E:* A-coups *mpl*. *Aut:* Coups *mpl* de raquette.

joltiness ['dʒoultinəs], *s.* Inégalité *f* (d'une route, etc.); roulement dur (d'une charrette, etc.).

jolty ['dʒoulti], *a.* (Véhicule, etc.) cahotant; (chemin) cahoteux, raboteux.

Jonah ['dʒounə]. **1.** *Pr.n.m. B.Hist:* Jonas. **2.** *F:* Guignard *m*, malchanceux *m*. **A Jonah aboard,** un porte-malheur *inv*.

Jonathan ['dʒɔnəθən]. **1.** *Pr.n.m.* (*a*) *B.Hist:* Jonathan. (*b*) *F:* **Brother Jonathan** = *Uncle Sam, q.v. under* SAM. **2.** *s.* (Variété de) pomme *f* à couteau.

jonquil ['dʒɔŋkwil]. **1.** *s. Bot:* Jonquille *f*. **2.** *a.* & *s.* (Couleur *f*) jonquille (*m*) *inv*.

Jonsonian [dʒɔn'souniən], *a. Lit.Hist:* (Théâtre *m*, etc.) de Ben Jonson.

Joppa ['dʒɔpə]. *Pr.n. A.Geog:* Joppé.

Jordan[1] ['dʒɔːrdən]. *Pr.n. Geog:* Le Jourdain. *F:* **This side of Jordan,** de ce côté de la tombe.

jordan[2], *s. P:* Pot *m* de chambre; Jules *m*, Thomas *m*.

Jordan almond [dʒɔːrdən'ɑːmənd], *s.* Amande *f* de Malaga (de première qualité).
jorum ['dʒɔːrəm], *s.* **1.** *A:* Coupe *f*, hanap *m.* **2.** Bol *m*, bolée *f* (de punch, etc.).
Joseph ['dʒouzef]. *Pr.n.m.* Joseph. *F:* **Not for Joseph** = *not for Joe, q.v. under* JOE 1.
Josephine ['dʒouzefiːn]. *Pr.n.f.* Joséphine.
Josephus [dʒo'siːfəs]. *Pr.n.m. Gr.Lit:* Josèphe.
josh[1] [dʒɔʃ], *s. U.S: F:* Plaisanterie *f*, raillerie *f*.
josh[2], *v.tr. U.S: F:* Plaisanter, railler (qn); se moquer de (qn); taquiner (qn).
josher ['dʒɔʃər], *s. U.S:* Farceur, -euse; plaisant *m*; gausseur, -euse.
Joshua ['dʒɔʃjuə]. *Pr.n.m. B.Hist:* Josué.
Josiah [dʒo'saiə]. *Pr.n.m. B.Hist:* Josias.
joskin ['dʒɔskin], *s. F:* Lourdaud *m*, rustre *m.*
joss [dʒɔs], *s.* (*In China*) Idole *f*.
'joss-house, *s.* Temple *m.*
'joss-stick, *s.* Bâton *m* d'encens; bâtonnet *m* du culte.
josser ['dʒɔsər], *s. P:* **1.** Type *m*, individu *m.* **Old josser,** vieille baderne. **2.** *Mil:* (*In Austr.*) Aumônier *m.*
jostle[1] [dʒɔsl], *s.* Bousculade *f*, presse *f* (d'une foule); coudoiement *m.*
jostle[2]. **1.** *v.i.* Jouer des coudes. **To jostle against, with, s.o. in a crowd,** bousculer, presser, qn dans une foule. **To jostle (one's way) to the front,** jouer des coudes pour arriver au premier rang, pour se faire jour. **2.** *v.tr.* (*a*) Bousculer, presser, coudoyer (qn). *To be jostled by the crowd,* être bousculé par la foule; être pressé dans la foule. *I don't like being jostled by the crowd,* je n'aime pas les carambolages de la foule. **To be jostled about,** se faire bousculer; être houspillé. **To jostle s.o. out of the way,** écarter qn en jouant des coudes. (*b*) *Rac:* Serrer (un concurrent).
jostling, *s.* **1.** = JOSTLE[1]. **2.** *Rac:* Action *f* de serrer un concurrent.
jot[1] [dʒɔt], *s.* (*a*) *A:* = IOTA 1. (*b*) *F:* **Not a jot, not one jot or tittle,** pas un iota. *Not a jot of truth,* pas un atome de vérité. *See also* CARE[2] 1.
jot[2], *v.tr.* (**jotted; jotting**) **To jot sth. down,** noter qch.; prendre note de qch.; prendre qch. en note; jeter qch. sur le papier.
jotting, *s.* **1. Jotting down** (*of a note*), prise *f* (d'une note). **2.** *pl.* **Jottings,** notes *f*, mémorandum *m.*
jotter ['dʒɔtər], *s.* Bloc-notes *m*, *pl.* blocs-notes.
Joule [dʒaul]. **1.** *Pr.n.m.* Joule. *Ph:* **Joule's law,** la loi de Joule. **Joule's equivalent,** équivalent *m* mécanique de la chaleur. **2.** *s. Ph.Meas:* Joule *m. A million joules,* mégajoule *m.* **Joule-second,** joule-seconde *m*, *pl.* joules-seconde.
jounce[1] [dʒauns], *s. F:* Cahot *m*, secousse *f*. *Aut: etc:* Décollement *m* (des voyageurs).
jounce[2]. **1.** *v.i.* (*a*) Cahoter. (*b*) **To jounce along,** avancer en cahotant, cahin-caha. **2.** *v.tr.* Cahoter, secouer (les voyageurs).
journal[1] ['dʒəːrn(ə)l], *s.* **1.** Journal, -aux *m. Nau:* Journal de bord; livre *m* de loch. *Book-k:* (Livre) journal. *Pol:* **The Journals,** le compte rendu des débats; le procès-verbal (des séances). **2.** Journal; feuille (quotidienne). **Fashion journal,** journal de modes. **3.** *Mec.E:* Tourillon *m* (d'arbre); fusée *f* (d'essieu). *Main journals of the crank-shaft,* portées *fpl*, portage *m*, du vilebrequin. *Vertical j.,* pivot *m.*
'journal-bearing, *s. Mec.E:* **1.** Palier *m.* **2.** Portée *f* de fusée. **3.** Coussinet *m* de palier.
'journal-box, *s. Mec.E:* Palier *m*; boîte *f* des coussinets; boîte à tourillons.
'journal-entry, *s. Book-k: etc:* Article *m*, écriture *f*, du journal.
journal[2], *v.tr. Mec.E:* **1. To journal a shaft,** tourner les fusées, les tourillons, d'un arbre; tourillonner un arbre. **2.** *Spindle journaled in a plate,* broche *f* dont le tourillon est monté dans une plaque.
journalese [dʒəːrnə'liːz], *s. F:* Style *m* de journaliste, de journal.
journalism ['dʒəːrnəlizm], *s.* Journalisme *m.*
journalist ['dʒəːrnəlist], *s.* **1.** Journaliste *mf. He is a j.,* il fait du journalisme. *A lady j.,* une journaliste. *See also* GRUB-STREET. **2.** Auteur *m* d'un journal (particulier).
journalistic [dʒəːrnə'listik], *a.* Journalistique.
journalize ['dʒəːrnəlaiːz]. **1.** *v.tr.* (*a*) Tenir un journal de (ses voyages, etc.). (*b*) *Book-k:* Porter (un article) au journal; journaliser (un article). **2.** *v.i.* (*a*) Écrire dans les journaux; faire du journalisme. (*b*) Tenir un journal.
journalizer ['dʒəːrnəlaizər], *s. Book-k:* Journaliste *mf.*
journey[1], *pl.* **-eys** ['dʒəːrni, -iz], *s.* **1.** Voyage *m*; trajet *m*, parcours *m* (entre deux endroits). **Sea journey,** voyage sur mer. **To make, take, undertake, a journey; to go on a journey,** faire un voyage; voyager; aller, partir, en voyage. *To start, to set out, on one's j.,* se mettre en route. *To set out again on one's j.,* se remettre en route. *He has just come off a j.,* il revient de voyage. **On a journey,** en voyage. **Pleasant journey!** bon voyage! **Day's journey,** journée *f*, étape *f*. *B:* **Sabbath day's journey,** chemin *m* du sabbat. *Omnibus j.,* trajet d'omnibus. *A two hours' train j.,* un trajet, un voyage, de deux heures en chemin de fer; deux heures de, en, chemin de fer. *Combined tube and bus journey,* parcours conjugué métro-autobus. *He talked the whole j.,* il a parlé pendant tout le parcours. *We travel by easy journeys,* nous voyageons par petites étapes. *Aut: The j. across the Sahara,* la traversée, *F:* la croisière, du Sahara. *F: Everyone helps to clear the table, to save the maid too many journeys,* tout le monde aide à desservir, pour que la bonne ait moins de voyages à faire. **I had my journey for my trouble,** j'en ai été pour mon voyage. **Life's journey,** le voyage de la vie. **To go on one's last journey,** faire le grand voyage; partir pour l'autre monde. **To be at one's journey's end,** (i) être arrivé à destination; (ii) être à la fin de sa carrière. *See also* BREAK[2] I. 1. **2.** (*a*) *A:* Journée *f* (de travail ou de combat). (*b*) *P:* **He'll get caught this journey,** cette fois-ci il va se faire pincer. **3.** *Min:* Rame *f* (de wagons).
'journey-work, *s.* **1.** Travail *m* à la journée; travail à gages. **2.** Labeur *f*; dure besogne.
journey[2], *v.i.* (**journeyed; journeying**) Voyager. *To j. from London to Paris,* voyager, faire le trajet, de Londres à Paris.
journeying, *s.* Voyage *m*; voyages.
journeyman, *pl.* **-men** ['dʒəːrnimən, -men], *s.* **1.** (*a*) *Ind:* Compagnon *m.* **Journeyman carpenter,** compagnon charpentier. **Journeyman baker,** ouvrier boulanger; garçon boulanger. (*b*) *F:* Homme *m* de peine; *F:* cheval *m* de bât. **2.** Pendule ou horloge distributrice (d'un système de pendules électriques).
joust[1] [dʒuːst, dʒaust], *s. A. & Lit:* Joute *f*.
joust[2], *v.i. A. & Lit:* Jouter.
Jove [dʒouːv]. *Pr.n.m.* Jupiter. **Jove's thunderbolts,** les traits *m* de Jupiter. *F:* **By Jove!** (i) parbleu! (ii) mâtin! nom d'un tonnerre! *Lit:* par Jupiter! *By J., it is cold!* bigre, qu'il fait froid!
jovial ['dʒouvjəl], *a.* Jovial, -aux; enjoué, gai. *A j. fellow,* un bon vivant; un joyeux luron. *In a j. mood,* hilare. **-ally,** *adv.* Jovialement, gaîment.
joviality [dʒouvi'aliti], *s.* Jovialité *f*, enjouement *m*, gaîté *f*; bonne humeur.
Jovian ['dʒouviən], *a.* Jovien. (*a*) De Jupiter. (*b*) De la planète Jupiter.
Jovianus [dʒouvi'einəs]. *Pr.n.m. Rom.Hist:* Jovien.
jowl [dʒaul], *s.* (*a*) Mâchoire *f*. (*b*) Joue *f*, bajoue *f* (d'homme, de porc, etc.). *See also* CHEEK[1] 1. (*c*) Fanon *m* (de bœuf, de dindon); jabot *m* (d'oiseau). (*d*) Hure *f*, tête *f* (de saumon, d'esturgeon, etc.).
-jowled [dʒauld], *a.* (*With adj. prefixed, e.g.*) **Heavy-jowled,** à grosses joues; mafflu, mouflard.
joy[1] [dʒɔi], *s.* Joie *f*, allégresse *f*. *Face beaming with joy,* visage rayonnant d'allégresse, de joie. **To be full of joy,** être en joie, être plein de joie. *To leap for joy,* sauter de joie. *To laugh from sheer joy,* rire d'aise. **Oh joy!** quel bonheur! quel plaisir! **To my great joy** *I was allowed* . . ., à ma grande joie on me permit. . . . **To be s.o.'s joy,** faire la joie de qn. **To give s.o. joy,** faire plaisir à qn. **God give you joy!** que Dieu vous garde en sa sainte joie. **To wish s.o. joy (of sth.),** féliciter qn (de qch.); faire son compliment à qn (de qch.); adresser ses compliments à qn (au sujet de qch.). *To wish s.o. joy in the execution of a plan,* souhaiter à qn toute sorte de bonheur dans l'exécution d'un projet. **The joys of the country-side,** les charmes *m* de la campagne. *Joys and sorrows of a tin soldier,* heurs *m* et malheurs d'un soldat de plomb. *Ecc:* **The Seven Joys of Mary,** les sept Allégresses; les sept sujets de joie de la Vierge. *See also* BESIDE 2.
'joy-bells, *s.pl.* Carillon *m* (de fête). *The joy-bells were ringing,* les cloches *f* sonnaient la joie à toute volée; les cloches carillonnaient.
'joy-killer, *s.* = KILL-JOY.
'joy-plank, *s. Th:* Planche *f* reliant la scène et la salle.
'joy-ride[1], *s.* **1.** (*a*) Balade en auto (faite à l'insu du propriétaire). (*b*) Balade en auto, à motocyclette, etc. **To have a joy-ride,** faire une balade, se balader, en auto (avec ou sans l'assentiment du propriétaire de la voiture). **2.** *Av:* Vol *m* de plaisir; virée *f*.
joy-ride[2], *v.i.* Se balader (en auto, etc.).
'joy-riding, *s. Aut:* To go joy-riding, (i) "emprunter" une voiture; (ii) partir en balade; faire des balades.
'joy-rider, *s.* Baladeur, -euse (en auto, etc.).
'joy-stick, *s. Av: F:* Levier *m* de commande; *F:* manche *m* à balai. **To pull on the joy-stick,** redresser l'avion (avant l'atterrissage).
joy[2]. **1.** *v.i. Lit:* Se réjouir (*in sth.,* de qch.). **To joy to do sth.,** prendre du plaisir à faire qch. **2.** *v.tr. Lit:* Réjouir; rendre joyeux.
joyful ['dʒɔiful], *a.* Joyeux, heureux. (*a*) *To be j.,* être allègre, être en joie, être plein de joie. (*b*) *J. news,* bonnes nouvelles. **-fully,** *adv.* Joyeusement, heureusement, allégrement.
joyfulness ['dʒɔifulnəs], *s.* **1.** Joie *f*, allégresse *f*. **2.** Caractère joyeux.
joyless ['dʒɔiləs], *a.* Sans joie; triste. **-ly,** *adv.* Tristement; sans joie.
joylessness ['dʒɔiləsnəs], *s.* Manque *m* de joie; absence *f* de joie; tristesse *f*.
joyous ['dʒɔiəs], *a. Lit:* Joyeux, heureux; (*of pers.*) allègre. *F: J. tales,* contes drolatiques, grivois. **-ly,** *adv.* Joyeusement, heureusement, allégrement.
joyousness ['dʒɔiəsnəs], *s.* (*a*) Joie *f*, allégresse *f*. (*b*) Humeur joyeuse.
Jubal ['dʒuːbəl]: *Pr.n.m. B.Hist:* Jubal.
jube ['dʒuːbi], *s. Arch:* Jubé *m.*
jubilance ['dʒubiləns], *s.* Réjouissance *f*; *F:* jubilation *f*.
jubilant ['dʒubilənt], *a.* (*a*) (*Of pers.*) Réjoui (*at sth.,* de qch.); exultant; *F:* jubilant, dans la jubilation. (*b*) (Cri, etc.) joyeux, de joie. *J. face,* visage épanoui. **-ly,** *adv.* Avec joie; *F:* dans la jubilation.
jubilate[1] ['dʒubileit], *v.i.* Se réjouir; exulter; *F:* jubiler, être dans la jubilation.
Jubilate[2] [dʒubi'lɑːti], *s.* **1.** *Ecc:* Le psaume 'Jubilate Deo.' **2.** *F:* Chant *m* de triomphe.
jubilation [dʒubi'leiʃ(ə)n], *s.* (*a*) Joie *f*, allégresse *f*; exultation *f*; *F:* jubilation *f*. (*b*) *F:* Réjouissance *f*, fête *f*.
jubilee ['dʒubiliː], *s.* **1.** *Jew.Rel: R.C.Ch:* Jubilé *m.* **2.** *F:* Jubilé; (fête *f* du) cinquantième anniversaire (d'un événement). **To celebrate one's jubilee,** célébrer la cinquantaine. **Silver jubilee,** fête du vingt-cinquième anniversaire (du couronnement du roi, etc.); noces *fpl* d'argent (d'époux). **Diamond jubilee,** fête du soixantième anniversaire; noces de diamant. **Jubilee celebrations,** fêtes jubilaires. **Jubilee year,** année *f* jubilaire.
Judaea [dʒu'diːə]. *Pr.n. B.Geog:* La Judée.

Judaean [dʒu'diːən], *a. & s. B.Geog:* (Natif, originaire) de la Judée.
Judaeo-Christian [dʒudiːo'kristjən], *a.* Judéo-chrétien, -ienne; *pl.* judéo-chrétiens, -ennes.
Judah ['dʒuːdɑ]. *Pr.n.m. B.Hist:* Juda.
Judaic(al) [dʒu'deiik(əl)], *a.* Judaïque. **-ally,** *adv.* Judaïquement.
Judaism ['dʒuːdeizm], *s.* Judaïsme *m.*
Judaist ['dʒuːdeist], *s.* Judaïsant, -ante.
Judaize ['dʒuːdeaːiz]. **1.** *v.i.* Judaïser. **2.** *v.tr.* Faire pénétrer le judaïsme dans, judaïser (l'Église, etc.).
Judas ['dʒuːdəs]. **1.** *Pr.n.m. B.Hist:* (*a*) **Judas (Iscariot),** Judas (Iscariot(e)). *F:* **Judas kiss,** baiser *m* de Judas. (*b*) **Judas, the brother of James,** Jude, frère de Jacques. **Judas the brother of Jesus,** Jude le frère de Jésus. **Judas of Galilee,** Judas le Galiléen. **Judas surnamed Barsabas,** Judas surnommé Barsabas. **Judas Maccabaeus,** Judas Macchabée. **2.** *s.* **Judas(-hole, -trap),** judas *m* (dans une porte).
'**Judas-coloured,** *a.* (Cheveux) roux, de Judas.
'**Judas-tree,** *s. Bot:* Arbre *m* de Judée; arbre d'amour; gainier *m*; cercis *m.*
judcock ['dʒʌdkɔk], *s. Orn:* Bécassin *m.*
judder[1] ['dʒʌdər], *s. Aut:* Trépidation *f* (du frein, etc.).
judder[2], *v.i.* (*Of brakes, etc.*) Trépider; (*of tool*) brouter.
Jude [dʒuːd]. *Pr.n.m.* Jude.
judge[1] [dʒʌdʒ], *s.* **1.** (*a*) Juge *m.* **Circuit judge,** juge en tournée. **Presiding judge,** président *m* du tribunal. **Judge of appeal,** conseiller *m* à la cour (d'appel, de cassation). *The judges,* la magistrature assise. *B:* **(The Book of) Judges,** le livre des Juges; les Juges. *See also* SOBER[1] 1, SOLEMN 2. (*b*) *U.S:* Magistrat *m.* **2.** *Sp: etc:* Arbitre *m,* juge. *Rac:* Commissaire *m* à l'arrivée. *Judges at a flower show,* jury *m* d'une exposition d'horticulture. **3.** Connaisseur, -euse. *To be a good j. of wine,* être connaisseur en vin; s'y entendre, en vin; être gourmet. *Good j. of music,* bon juge en matière de musique. *I am no j. of horse-flesh,* je ne me connais pas, ne m'y connais pas, en chevaux.
'**judge-'advocate,** *s.* (*pl.* **judge-advocates**) *Mil. & Navy:* (i) Assesseur *m* auprès d'un tribunal militaire; rapporteur *m*; (ii) *U.S:* = Commissaire *m* du Gouvernement. *J.-a. substitute,* subrogateur *m.* **Judge-Advocate-General** (*pl. Judge-Advocate-Generals*), Président *m* du Tribunal militaire de cassation. **Deputy Judge-Advocate-General** = Commissaire rapporteur.
judge[2], *v.tr.* **1.** (*a*) Juger (un prisonnier, une affaire). *To j. which party is in the wrong,* juger quelle partie a tort. *A man is judged by his actions,* un homme se juge par ses actions. *To j. in favour of sth.,* conclure à qch. *Abs.* **God must judge between us,** Dieu en jugera entre nous. (*b*) *To leave it to the country to j.,* s'en remettre au verdict de l'opinion publique. *To j. others by oneself,* mesurer les autres à son aune. **To judge by appearances,** juger sur, par, d'après, les apparences. *To j. sth. by sth. else,* juger qch. sur qch. **Judging by . . .,** à en juger par. . . . (*c*) Arbitrer (à un comice agricole, etc.); faire fonction de juge. **2.** Apprécier, estimer (une distance, etc.). *To j. distance by the eye,* mesurer la distance à la vue. *See also* WELL JUDGED. **3. To judge it necessary to do sth.,** juger nécessaire de faire qch. *It was judged better to begin at once,* on décida qu'il valait mieux se mettre à l'œuvre immédiatement. *I j. it to be a small town,* je suis d'avis, j'estime, que c'est une petite ville; à mon avis c'est une petite ville. *He judged that the Government would fall,* il estimait que le Gouvernement devait tomber. **It is for you to judge,** c'est à vous d'en juger. **As far as I can judge,** à ce qu'il me paraît; autant que j'en puis juger. **Judge for yourself,** jugez(-en) par vous-même. **4.** *v.ind.tr.* **Judge of my surprise!** jugez de ma surprise; jugez quelle fut ma surprise; jugez combien je fus surpris. **To judge well, ill, of s.o.,** penser du bien, du mal, de qn.
judging, *s.* **1.** (*a*) Jugement *m.* (*b*) Arbitrage *m.* **2.** Appréciation *f* (des distances, etc.).
judg(e)matical [dʒʌdʒ'matik(ə)l], *a. F:* Judicieux.
judg(e)ment ['dʒʌdʒmənt], *s.* Jugement *m.* **1.** (*a*) **The Last Judgment,** le jugement dernier. *Jur:* **Judgment on the merits,** jugement au fond. **Judgment in rem,** jugement en matière immobilière. **To enter into judgment with s.o.,** entrer en jugement avec qn. *B:* **To sit in judgment,** être assis dans le siège de la justice. *F:* **To sit in judgment on s.o.,** juger qn; se poser en juge de qn. *See also* DEFAULT[1] 2. (*b*) Décision *f* judiciaire; arrêt *m* (d'une cour de cassation, etc.); sentence *f* (d'une cour inférieure). **Judgment-at-law,** jugement passé en force de chose jugée. *J. by consent,* jugement d'accord. **Enforceable judgment,** jugement exécutoire. *J. provisionally enforceable,* jugement exécutoire par provision. **Judgment debt,** dette entérinée par la cour. **To pass, give, deliver, judgment,** prononcer, rendre, un jugement; rendre un arrêt; statuer sur une affaire. *To pass j. on a prisoner,* juger un accusé. *To pass j. on a criminal,* condamner un criminel. *F:* **To pass judgment on a work,** porter un jugement sur une œuvre; juger une œuvre; *F:* faire le procès d'une œuvre. *It is not for me to pass j. on him,* ce n'est pas à moi de le juger. **To suspend judgment,** suspendre son jugement. *To accept, acquiesce in, the j. pronounced on one,* subir sa condamnation. **It is a judgment on you, on him,** (i) c'est une punition, un châtiment, de Dieu; c'est le doigt de Dieu; (ii) *F:* ça vous apprendra! ça lui apprendra! *See also* FINAL 1. **2.** Opinion *f,* avis *m.* **To form a judgment on sth.,** former un jugement, une opinion, d'après qch. **To give one's judgment on sth.,** exprimer son avis, son sentiment, sur qch. **In the judgment of many,** au jugement de bien des gens; de l'avis de bien des gens. *In my j.,* à mon avis. *To reverse one's j.,* changer d'avis; se déjuger. **3.** Bon sens; discernement *m.* **To have a sound, clear, good, judgment,** avoir le jugement sain, le sens droit; *F:* avoir du coup d'œil. **To show (sound) judgment,** montrer du jugement. *To use j. in sth.,* faire preuve de discernement. **By judgment,** au sentiment, au jugé. *See also* BEST[1] 1, ERROR 1.
'**judg(e)ment-day,** *s.* (Jour *m* du) jugement dernier.
'**judg(e)ment-hall,** *s. Lit:* Salle *f* de justice. *B:* Prétoire *m.*
'**judg(e)ment-seat,** *s. Lit:* Tribunal *m,* -aux, de justice.
judger ['dʒʌdʒər], *s.* Jugeur, -euse. *A good j. of horses,* un connaisseur en chevaux.
judgeship ['dʒʌdʒʃip], *s.* **1.** Fonctions *fpl* de juge; *A:* judicature *f.* **2.** *U.S:* Magistrature *f.*
judicature ['dʒuːdikətjər], *s.* **1.** Judicature *f.* **Court of judicature,** cour *f* de justice. **The Judicature Acts** (*of* 1873-75), les lois *f* organisant le système judiciaire anglais. *See also* SUPREME. **2.** Période *f* d'exercice (d'un juge). **3.** *Coll.* La magistrature.
judicial [dʒu'diʃəl], *a.* **1.** Judiciaire. (*a*) Juridique. **Judicial enquiry,** enquête *f* judiciaire. *J. proof,* preuves *fpl* en justice. **Judicial murder,** assassinat légal, juridique. *See also* SEPARATION 1. (*b*) *To be invested with j. powers,* être investi de pouvoirs judiciaires. *To aim at high j. office,* viser à la haute judicature; *Lit:* ambitionner la simarre. **The Judicial Committee of the Privy Council,** la Section judiciaire du Conseil privé (fait fonction de Cour d'appel à l'égard des tribunaux coloniaux, des tribunaux ecclésiastiques, et de la Cour de l'Amirauté). *A:* **Judicial combat,** combat *m* judiciaire; combat en champ clos. **2.** (*a*) De bonne justice. *J. fairness,* impartialité *f.* (*b*) **Judicial faculty,** faculté *f* judiciaire; sens *m* critique; discernement *m.* **3.** *Theol:* **Judicial blindness, judicial infatuation,** aveuglement *m* qui est une punition de Dieu. **-ally,** *adv.* **1.** Judiciairement, juridiquement. **2.** Impartialement. **3.** Avec discernement.
judiciary [dʒu'diʃjəri]. **1.** *a.* Judiciaire. **2.** *s.* = JUDICATURE 3. **Officials of the judiciary,** fonctionnaires *m* de l'ordre judiciaire.
judicious [dʒu'diʃəs], *a.* (*Of pers., thought, etc.*) Judicieux; d'un jugement sain, sensé. *J. purchases,* emplettes judicieuses. *A j. policy,* une politique sage. **-ly,** *adv.* Judicieusement; avec sagesse.
judiciousness [dʒu'diʃəsnəs], *s.* Discernement *m*; bon sens.
Judith ['dʒuːdiθ]. *Pr.n.f. B.Hist:* Judith.
Judy ['dʒuːdi]. *Pr.n.f.* **1.** *F:* Judith. **2.** (*a*) La femme de Guignol, de Polichinelle. *See also* PUNCH[5]. (*b*) *s. F:* Femme ridicule, mal attifée.
jug[1] [dʒʌg], *s.* **1.** (*a*) Cruche *f,* broc *m*; (*for milk, etc.*) pot *m.* *Small jug,* cruchon *m,* pichet *m,* cruchette *f.* *Pewter jug,* pichet d'étain. **Jug and bottle department,** comptoir d'un *public house* réservé aux boissons à emporter. *See also* CREAM-JUG, MILK-JUG, WATER-JUG. (*b*) (*Jug and contents*) *Jug of milk, etc.,* pot de lait, etc. *Jug of wine,* pichet de vin. **2.** *P:* Prison *f*; *P:* violon *m,* le bloc.
'**jug-handled,** *a.* **1.** En anse de cruche. **2.** *U.S:* *F:* (Contrat) unilatéral, inéquitable.
jug[2], *v.tr.* (**jugged; jugging**) **1.** *Cu:* Étuver, braiser; faire cuire en civet. *Esp.* **Jugged hare,** civet *m* de lièvre. **2.** *P:* Emprisonner, *P:* coffrer (qn). *To be jugged,* être mis en prison; être coffré.
jug[3], *s.* Note *f* du chant du rossignol. *The jug jug of the nightingale,* le chant du rossignol.
jug[4], *v.i.* (**jugged; jugging**) (*Of nightingale*) Chanter.
jug[5], *v.i.* (**jugged; jugging**) (*Of partridges*) Se former en compagnie.
jugal ['dʒuːgəl], *a. Anat:* Jugal, -aux; malaire, zygomatique.
jugate ['dʒuːget], *a.* **1.** *Bot:* (*Of leaves, etc.*) Conjugué. **2.** *Num:* **Jugate heads,** têtes conjuguées, accolées.
jugful ['dʒʌgful], *s.* Cruchée *f*; potée *f*; pleine cruche, plein pot, plein broc (*of,* de). *U.S:* *P:* **By a jugful,** de beaucoup. **Not by a jugful,** tant s'en faut.
Juggernaut ['dʒʌgərnɔːt], *s.* **1.** *Rel.Hist:* Djaggernat *m.* **2.** *F:* Poids écrasant; roues meurtrières.
juggins ['dʒʌginz], *s. F:* Niais *m,* gogo *m,* jobard *m,* daim *m.*
juggle[1] [dʒʌgl], *s.* **1.** (*a*) Jonglerie *f.* *He did a j. with some balls,* il a jonglé avec des boules. (*b*) Tour *m* de passe-passe, d'escamotage. **2.** *F:* Supercherie *f,* fourberie *f,* imposture *f.* *Financial j.,* tripotage financier.
juggle[2]. **1.** *v.i.* (*a*) Jongler (avec des boules, etc.). (*b*) Faire des tours de passe-passe. *F:* **To juggle with facts, with figures,** jongler avec les faits, avec les chiffres. *To j. with s.o.'s feelings,* jouer avec les sentiments de qn. *To j. with s.o.,* berner, mystifier, qn. **2.** *v.tr.* **To juggle sth. away,** escamoter qch.; *P:* passer qch. à l'as. *F:* **To juggle sth. out of s.o.,** escamoter, escroquer, qch. à qn. **To juggle s.o. into doing sth.,** amener qn à faire qch. en le bernant; embobiner qn.
juggling, *s.* = JUGGLERY.
juggler ['dʒʌglər], *s.* **1.** (*a*) Jongleur, -euse; bateleur *m.* (*b*) Escamoteur, -euse; prestidigitateur *m.* **2.** *F:* Homme *m* de mauvaise foi. *A j. with words,* un retors.
jugglery ['dʒʌgləri], *s.* **1.** (*a*) Jonglerie *f.* (*b*) Tours *mpl* de passe-passe; escamotage *m.* **2.** *F:* Fourberie *f*; mauvaise foi; imposture *f.*
Jugoslav [jugo'slaːv], *a. & s. Geog:* Yougoslave (*mf*); jugoslave (*mf*).
Jugoslavia [jugo'slaːvia]. *Pr.n. Geog:* La Yougoslavie.
jugular ['dʒʌgjulər], *a. & s. Anat:* Jugulaire (*f*).
jugulate ['dʒʌgjuleit], *v.tr.* **1.** Égorger (qn). **2.** (*a*) Étrangler (qn). (*b*) *F:* **To jugulate a disease, an epidemic,** juguler une maladie, une épidémie.
jugulum ['dʒʌgjuləm], *s.* **1.** *Anat:* Clavicule *f.* **2.** *Orn:* Gorge *f.*
juice[1] [dʒuːs], *s.* **1.** Jus *m,* suc *m,* pressis *m* (de la viande, d'un fruit); eau *f* (d'un fruit). *Sug.-R:* **Cane juice,** jus de canne. *See also* GASTRIC, STEW[2] 2. **2.** Suc, sève *f,* essence *f* (d'une science, d'un récit). **3.** *P:* (*a*) *Aut:* Essence *f,* *P:* jus. (*b*) *El.E:* Courant *m,* *P:* jus.
juice[2], *v.tr. P:* (*Used only in passive*) **To be juiced,** (i) être électrocuté; (ii) recevoir un choc (en travaillant sur le secteur, etc.).
juiceless ['dʒuːsləs], *a.* **1.** Sans jus, sans suc. **2.** *F:* (*Of narrative, etc.*) Sec, *f.* sèche; aride, sans intérêt.
juiciness ['dʒuːsinəs], *s.* Nature juteuse, succulence *f* (d'un fruit, etc.).

juicy ['dʒuːsi], *a.* **1.** (*a*) Succulent, juteux; plein de jus; fondant; (rôti) qui jute. (*b*) *F:* **Juicy pipe,** pipe *f* qui supe. (*Of pipe*) *To get j.,* super. **2.** *P:* (*a*) (Temps) pluvieux, humide. (*b*) (Récit, style) plein de suc, savoureux. (*c*) *Art:* (Tableau) d'un coloris chaud et transparent, d'une transparence juteuse.

juju, ju-ju ['dʒuːdʒuː], *s.* **1.** Fétiche *m*; grigri *m.* **2.** Tabou *m.*

jujube ['dʒuːdʒuːb], *s.* **1.** *Bot:* (*a*) Jujube *m*, gingeole *f.* (*b*) **Jujube(-tree),** jujubier *m*, gingeolier *m.* **2.** (*a*) *Pharm:* (Pâte *f* de) jujube. (*b*) Boule *f* de gomme.

jujube-paste, *s.* *Pharm:* Pâte *f* de jujube.

ju-jutsu [dʒuː'dʒʌtsu], *s.* = JIU-JITSU.

julep ['dʒuːlep], *s.* **1.** *Pharm:* Julep *m.* **2.** *U.S:* **Mint julep,** punch froid à la menthe.

Julia ['dʒuːljə]. *Pr.n.f.* Julie, Julia.

Julian¹ ['dʒuːljən]. *Pr.n.m. Ecc.Hist:* Julien.

Julian², *a.* Julien; de Jules César. *Chr:* **Julian year,** année julienne. *See also* CALENDAR¹. *Geog:* **Julian Alps,** Alpes Juliennes.

Juliana [dʒuli'ɑːnə, -'anə]. *Pr.n.f.* Julienne.

julienne [ʒu'ljen], *s.* *Cu:* **Julienne soup,** (potage *m* à la) julienne.

Juliet ['dʒuːljet]. *Pr.n.f.* Juliette.

Julius ['dʒuːljəs]. *Pr.n.m.* Jules. *See also* CAESAR.

July, *pl.* **-s** [dʒu'lai, -aːiz], *s.* Juillet *m.* **In July, in the month of July,** en juillet, au mois de juillet. (*On*) *the first, the seventh, of J., on J.* (*the*) *first,* (*the*) *seventh,* le premier, le sept, juillet.

jumbal [dʒʌmbl], *s.* = JUMBLE³.

jumble¹ [dʒʌmbl], *s.* **1.** Brouillamini *m*, pêle-mêle *m*, méli-mélo *m*, fouillis *m*, fatras *m*, culbutis *m* (d'objets hétéroclites); entremêlement *m*, embrouillement *m* (d'idées); enchevêtrement *m* (de mots). *Geol:* Brouillage *m* (de roches). **2.** Cahot *m* (d'une voiture); ballottement *m* (de la mer).

'jumble-sale, *s.* **1.** Vente *f* d'objets usagés, etc. (pour une œuvre de charité). **2.** Déballage *m.*

'jumble-shop, *s.* Friperie *f.*

jumble². **1.** *v.tr.* Brouiller, mêler confusément, mettre pêle-mêle. **Jumbled story,** histoire *f* sans queue ni tête. **To jumble up** *one's papers,* mêler, embrouiller, ses papiers. *To j. everything up,* **to jumble everything together,** *F:* tout mettre en salade. *Jumbled up, F:* en paquet, en vrac. **2.** *v.i.* (*a*) Se mêler confusément, se brouiller, se mettre pêle-mêle. (*b*) **To jumble along,** avancer en cahotant.

jumble³, *s.* *Cu:* Gimb(e)lette *f.*

jumbo ['dʒʌmbo], *s.* **1.** (*a*) (i) Éléphant *m* célèbre de la ménagerie de Barnum; (ii) *F:* éléphant. (*b*) *P:* La taverne de l'*Elephant and Castle* (à Londres). **2.** *P:* (*a*) Gros lourdaud; empoté *m*, mastoc *m.* (*b*) Gros bonnet, grosse légume. **3.** *Metall:* Manchon *m* de refroidissement (de tuyère).

jumby ['dʒʌmbi], *s.* (*In West Indies*) Spectre *m*, fantôme *m.*

'jumby-bird, *s.* Oiseau *m* de mauvais augure.

Jumna (the) [ðə'dʒʌmnə]. *Pr.n. Geog:* La Djemna(h).

jump¹ [dʒʌmp], *s.* **1.** (*a*) Saut *m*, bond *m.* **To clear sth. at one jump,** franchir qch. de plein saut. **To take a jump,** faire un saut; sauter. *Sp:* **High jump,** saut en hauteur. **Long jump,** saut en longueur (avec élan). **Flying jump, running jump,** saut avec élan, saut précédé d'une course. **Standing jump,** saut sans élan, de pied ferme, à pieds joints. **Jump from a height,** saut en profondeur. *See also* BUCK-JUMP¹, HOP³ I, POLE-JUMP. *F:* **Jump in prices,** saute *f* dans les prix. *Rents have gone up with a j.,* les loyers ont fait un bond. (*b*) Lacune *f*, vide *m* (dans une série, etc.). **2.** Sursaut *m*, haut-le-corps *m inv.* *Equit:* (*Of horse*) Contre-coup *m*, *pl.* contre-coups. *He gave a j.,* il sursauta, il fit un sursaut. **That gave me a jump,** cela m'a fait sursauter. *F:* **To keep s.o. on the jump,** ne pas laisser le temps de souffler à qn. **To have the jumps,** (i) avoir le delirium tremens; (ii) avoir la danse de Saint-Guy, la chorée; (iii) avoir la venette, la frousse. **To be all of a jump, on the jump,** avoir les nerfs en pelote. *Mil:* **He's for the high jump,** qu'est-ce qu'il va prendre! son affaire est bonne. **3.** *Ball:* Angle *m* d'écart initial. **4.** *Hyd.E:* Ressaut *m.* **5.** *Geol:* Cran *m*, accident *m* (de gisement). **6.** *Turf:* *Equit:* Obstacle *m.* **To put a horse at, over, a jump,** diriger un cheval vers un obstacle; faire sauter un obstacle à son cheval. *Race-course with jumps,* piste *f* à obstacles.

jump². I. *v.i.* **1.** (*a*) Sauter, bondir. (*To dog*) **Jump!** allons, hop! houp là! **To jump off a wall,** sauter à bas d'un mur. **To jump down a flight of stairs,** sauter du haut en bas d'un escalier. **To jump down s.o.'s throat,** rembarrer, rabrouer, qn. (*Of dog, etc.*) **To jump (up) at s.o.,** bondir, se jeter, sur qn. **To jump for joy,** sauter de joie. *F:* **To jump at a bargain, at an offer,** saisir une occasion; s'empresser d'accepter une offre, sauter sur une offre. *To j. recklessly into new purchases,* se lancer à la légère dans de nouveaux achats. *P:* **Jump to it!** allez-y! plus vite que ça! **To jump from one subject to another,** sauter d'un sujet à l'autre. *The way he jumps from one subject to another,* les sauts *m* et ressauts *m* de sa conversation. **To jump to a conclusion,** (i) arriver immédiatement à une conclusion; (ii) arriver prématurément à une conclusion; juger trop vite; conclure à la légère. *He jumps to the conclusion that . . .,* il en conclut tout de suite que. . . . **To jump (up)on s.o.,** (i) sauter sur qn; (ii) *F:* attraper qn; faire une algarade à qn. *Prices have jumped (up) five shillings,* les prix ont fait une saute, un bond, de cinq shillings. *The car struck a tree and jumped clear of the pedestrian,* la voiture a heurté un arbre et a ressauté sans accrocher le piéton. *To make a table j.,* imprimer une (brusque) secousse à une table. *To make the tea-cups j.,* faire sauter les tasses. *See also* BUCK-JUMP², CAT¹, FRYING-PAN. (*b*) *F:* **To jump with sth.,** s'accorder, être d'accord, avec qch. (*c*) *El:* (*Of spark*) Jaillir. **2.** (*a*) Sursauter, soubresauter, tressauter; avoir un sursaut. **You needn't jump!** ne tiquez pas! *The price mentioned made me j.,* l'énoncé du prix me fit sauter. *My heart jumped when I heard the news,* (i) mon cœur a bondi, (ii) j'ai eu un serrement de cœur, lorsque j'ai appris la nouvelle. (*b*) *Mec.E:* *etc:* (*Of tool*) Brouter. (*c*) *El.E:* *The brushes are jumping,* les balais *m* soubresautent. (*d*) (*Of gun*) Se cabrer; (*of gun-carriage*) ruer.

II. **jump,** *v.tr.* **1.** (*a*) Franchir, sauter (une haie, etc.). *To j. a flight of stairs,* sauter du haut en bas d'un escalier. **To jump a passage** (*in a book*), sauter un passage (d'un livre). *Rail:* (*Of engine, etc.*) **To jump the metals,** sortir des rails; quitter les rails; dérailler. (*Of gramophone needle*) **To jump the sound-groove,** dérailler. *The chain has jumped the sprockets,* la chaîne a sauté les pignons. *U.S:* **To jump a town, a locality,** quitter une ville, une région, au plus vite. *See also* BAIL¹, BROOMSTICK. (*b*) (*At draughts*) **To jump a man,** sauter un pion. **2.** (*To cause to jump*) (*a*) **To jump a horse,** faire sauter un cheval; enlever un cheval. (*b*) *Bill:* **To jump a ball off the table,** faire sauter une bille. (*c*) **To jump a child on one's knee,** faire sauter un enfant sur ses genoux. *To j. one's camera,* faire bouger son appareil (photographique). **To jump s.o.'s nerves,** agacer les nerfs de qn. (*d*) **To jump s.o. into doing sth.,** faire faire qch. à qn sans lui donner le temps de réfléchir. **To jump a question on s.o.,** poser une question inattendue à qn; faire une question à qn à brûle-pourpoint. (*e*) *Cu:* Sauter (des pommes de terre). **3.** (*a*) Saisir (qch.) à l'improviste; voler (qch.). *To j. a stronghold,* saisir une place forte par un coup de main. *U.S:* **To jump a claim,** (i) *Min:* s'emparer d'une concession (en l'absence de celui qui l'a délimitée); (ii) *F:* usurper les droits de qn. *F:* **To jump s.o.,** (i) refaire, voler, attraper, qn; (ii) circonvenir qn; prendre qn de vitesse; couper l'herbe sous le pied à qn. (*b*) *U.S:* **To jump a train,** (i) monter dans un train en marche; (ii) descendre d'un train en marche. **4.** *Metalw:* (*a*) Refouler (une barre de métal, etc.); aplatir, écraser, refouler (un rivet, etc.). (*b*) = JUMP-WELD². **5.** *Min:* Forer (la pierre, etc.) au fleuret.

jump about, *v.i.* Sautiller.

jump across, *v.tr.* Franchir (qch.) d'un bond. *He jumped across the flower-bed,* d'un saut il franchit la plate-bande.

jump back, *v.i.* Sauter en arrière; reculer brusquement; (*of spring*) reprendre (brusquement) sa position initiale.

jump down, *v.i.* Sauter à bas (de son cheval, etc.); sauter à terre.

jump in, *v.i.* **1.** Entrer d'un bond. *Aut:* *Rail:* *etc:* **Jump in!** montez vite! **2.** *To j. in to save s.o.* (*from drowning*), se jeter à l'eau pour sauver qn.

jump out, *v.i.* Sortir d'un bond. *He jumped out on to the platform,* il sauta sur le quai. **To jump out of bed,** sauter à bas du lit. *F:* **I nearly jumped out of my skin,** cela m'a fait sauter, m'a fait sursauter. **To jump out on s.o.,** bondir sur qn (en s'élançant d'un guet-apens). *F:* *His eyes were jumping out of his head,* les yeux lui sortaient de la tête.

jump over, *v.i.* (*a*) (*Of pers., horse, etc.*) Sauter par-dessus (qch.); franchir (une haie, etc.). (*b*) *The lorry jumped over the sprag,* le camion a passé par-dessus la béquille.

jump together, *v.i.* *F:* (*Of facts, etc.*) Coïncider; s'accorder ensemble.

jump up, *v.i.* **1.** Sauter sur ses pieds. *J. up!* allons! debout! **2.** Bondir. (*a*) *The dogs were jumping up at me,* les chiens sautaient après moi. (*b*) (*Of prices, etc.*) Faire une saute, un bond.

jumped-up, *a.* *F:* (Bourgeois, etc.) parvenu.

jumped, *a.* *Cu:* Sauté.

jumping¹, *a.* Sauteur, -euse.

'jumping-'betty, *s.* *Bot:* Balsamine *f* (des jardins).

'jumping-'jack, *s.* **1.** Pantin *m.* *F:* **Political jumping-jack,** pantin, fantoche *m*, politique; polichinelle *m* de la politique. **2.** *U.S:* = CLICK-BEETLE.

jumping², *s.* **1.** (*a*) Saut(s) *m*(*pl*); bond(s) *m*(*pl*). (*b*) *El:* Jaillissement *m* (d'une étincelle). (*c*) *Mec.E:* Broutage *m*, broutement *m* (d'un outil). **2.** (*a*) Franchissement *m* (d'une haie). *Equit:* Monte *f* à l'obstacle. *Sp:* **Hurdle jumping,** saut *m* de barrière, de haie. *Rail:* **Jumping of the metals,** déraillement *m.* *F:* **Jumping (over) of details,** passage *m* sous silence des détails. (*b*) Cahotage *m* (d'un appareil, etc.). **3.** *U.S:* Appropriation *f* (d'une concession, etc.). **4.** *Metalw:* (*a*) Refoulement *m.* (*b*) = JUMP-WELDING. **5.** *Min:* Forage *m* au fleuret.

'jumping-bar, *s.* *Sp:* Sautoir *m.*

'jumping-board, *s.* Tremplin *m.*

'jumping-hammer, *s.* *Metalw:* Refouloir *m.*

'jumping-net, *s.* Filet *m* de sauvetage (en cas d'incendie).

jumping-'off place, *s.* Base avancée (d'une expédition, d'un raid aérien, etc.).

'jumping-pole, *s.* *Sp:* Perche *f* à sauter.

'jumping-rope, *s.* = SKIPPING-ROPE.

'jumping-sheet, *s.* Toile *f* de sauvetage (en cas d'incendie).

'jump-coupling, *s.* *Mec.E:* Assemblage *m* à manchon taraudé.

'jump-joint, *s.* **1.** = JUMP-WELD¹. **2.** *N.Arch:* Joint *m* à francs bords.

'jump-shot, *s.* *Bill:* Coup *m* qui fait sauter la bille.

'jump-spark, *s.* *El:* Étincelle éclatante, sautante. *I.C.E:* **Jump-spark igniter,** allumeur *m* à haute tension par bobine. **Jump-spark distributor,** distributeur *m* à étincelles sautantes.

'jump-weld¹, *s.* *Metalw:* Soudure *f* ou joint soudé par encollage, par rapprochement; soudure bout à bout.

'jump-weld², *v.tr.* Souder par encollage, par rapprochement; souder bout à bout.

jump-welded, *a.* Soudé par, à, rapprochement; soudé au point, bout à bout.

jump-welding, *s.* Soudure *f* par encollage, par rapprochement.

jump³, *s*, **jumps,** *s.pl.* *A.Cost:* Camisole *f.*

jumper¹ ['dʒʌmpər], *s.* **1.** (*Pers.*) (*a*) Sauteur, -euse. *Equit:* **High-jumper,** grand sauteur. *See also* COUNTER-JUMPER. (*b*) *Rail:* *F:* Contrôleur *m* de billets (sur un train en marche). **2.** *Ent:* Sauteur *m.* **3.** *El: Tp: Tg:* Fil *m* de fermeture de circuit; jarretière *f.* **4.** *Min:* **Jumper(-bar)**, barre *f* de mine ou de carrière; fleuret *m.* **5.** *Metalw:* Refouloir *m.* **6.** *Nau:* (*Preventer rope*) Attrape *f* de mauvais temps.

jumper², *s.* *Cost:* **1.** Vareuse *f*, chemise *f* (de marin, etc.). **2.** Casaquin *m*, casaque *f*, chemisier *m*, chemisette *f*, jumper *m* (de femme). *Knitted j.*, tricot *m.* **3.** *pl. U.S:* **Jumpers** = ROMPER.

'jumper-blouse, *s.* *Cost:* Blouse-casaque *f*, *pl.* blouses-casaques.

jumpiness ['dʒʌmpinəs], *s.* **1.** Nervosité *f*, agitation *f.* **2.** Instabilité *f* (du marché, etc.).

jumpy ['dʒʌmpi], *a.* *F:* **1.** (*Of pers.*) Agité, nerveux. **To be jumpy**, avoir les nerfs agacés, à vif. *To feel j. about sth.*, avoir le trac, *F:* avoir la venette, la frousse, à propos de qch. **2.** (*a*) (*Of market, etc.*) Instable. (*b*) (*Of style*) Sautillant, saccadé.

junction¹ ['dʒʌŋ(k)ʃ(ə)n], *s.* **1.** Jonction *f*, confluent *m* (de deux rivières, etc.); raccordement *m*, abouchement *m* (de tuyaux). *El:* Connexion *f*, prise *f*, raccordement. *Anat: Bot: Arch: etc:* **Line of junction**, commissure *f.* (*Of two armies*) **To effect a junction**, opérer une jonction; se donner la main. **2.** (*a*) (Point *m* de) jonction; (em)branchement *m*, bifurcation *f* (de route, de voie de chemin de fer); nœud *m* (de voies ferrées, etc.). (*b*) *Rail:* Gare *f* ou station *f* de bifurcation, d'embranchement, de jonction. (*c*) *Metalw: etc:* Joint *m*, soudure *f*, raccord *m.*

'junction-box, *s.* *El.E:* Boîte *f* de dérivation, de jonction, de raccordement, de branchement; boîte à barres; manchon *m* de jonction.

'junction canal, *s.* Canal *m*, -aux, de jonction.

'junction line, *s.* *Rail:* Voie *f* d'embranchement, de raccordement; branchement *m.*

'junction-plate, *s.* *Civ.E:* Bande *f* (de jonction).

'junction-rail, *s.* Raccord *m* de rail.

'junction-signal, *s.* *Rail:* Signal *m*, -aux, de bifurcation.

junction², *v.i.* (*Of railway-line, etc.*) Se joindre (*with*, à).

juncture ['dʒʌŋ(k)tjər], *s.* **1.** Jointure *f* (de deux plaques, etc.); jonction *f* (de deux rivières, etc.). **2.** Conjoncture *f* (de circonstances). **At this juncture**, (i) à ce moment critique; en cette occasion; en l'occurrence; (ii) dans les circonstances actuelles.

June [dʒu:n], *s.* Juin *m.* **In June, in the month of June**, en juin, au mois de juin. (*On*) *the first, the seventh, of J.*, (*on*) *J.* (*the*) *first*, (*the*) *seventh*, le premier, le sept, juin.

'June-berry, *s.* *Bot:* Amélanchier *m* à grappes.

'June-grass, *s.* *Bot:* Pâturin *m* des prés.

jungle [dʒʌŋgl], *s.* **1.** Jungle *f*, fourré *m*, brousse *f.* *F:* **Tangled jungle of facts**, embrouillamini confus de faits. *The j. growth of legal procedure*, le maquis de la procédure. **2.** *pl. St.Exch:* *F:* **Jungles**, valeurs ouest-africaines.

'jungle-bear, *s.* *Z:* Ours jongleur; ours lippu.

'jungle-cat, *s.* *Z:* Lynx *m* des marais.

'jungle-fever, *s.* *Med:* Fièvre *f* des jungles.

'jungle-fowl, *s.* *Orn:* Mégapode *m.*

jungli ['dʒʌŋgli]. **1.** *s.* Indigène *m* des jungles. **2.** *a.* Qui habite la jungle.

jungly ['dʒʌŋgli], *a.* (*Of desert, etc.*) Broussailleux.

junior ['dʒu:njər], *a.* & *s.* **1.** (*As to age*) Cadet, -ette; plus jeune. *Sp:* Junior *m.* **He is three years my junior, three years junior to me, my junior by three years**, il est mon cadet de trois ans; il est plus jeune que moi de trois ans. **W. Smith Junior** (*abbr.* **Jun.**), W. Smith (i) le jeune, (ii) fils. *Sch:* **The juniors, the junior school**, les petits. *Sp:* **Junior event**, épreuve *f* des cadets. *U.S:* **Junior students**, les étudiants de troisième année (du cours de quatre années). **2.** (*As to rank*) Moins ancien; subalterne (*m*). **Junior partner**, associé en second, second associé, dernier associé. **Junior officer**, officier *m* subalterne. **The Junior Service**, l'armée *f.* *Jur:* **Junior counsel**, avocat *m* en second. *Fin:* **Junior stocks**, actions *f* de dividende. *See also* CLERK¹ 1. *Cards:* **Junior hand**, joueur *m* à droite du déclarant. **3.** (*Of civilization, etc.*) Postérieur. **4.** *Tan:* **Junior (split)**, croûte *f* (d'une peau fendue).

juniority [dʒuni'ɔriti], *s.* **1.** Infériorité *f* d'âge. **2.** Position moins élevée (d'un fonctionnaire, etc.). **3.** Postériorité *f* (d'une civilisation, etc.).

juniper ['dʒu:nipər], *s.* *Bot:* **Juniper(-tree)**, genévrier *m*, genièvre *m.* **Dwarf juniper**, genévrier nain, des Alpes. **Virginian juniper**, genévrier de Virginie. **Spanish juniper**, cade *m.* *Pharm:* **Juniper oil**, essence *f* de genièvre.

'juniper-berry, *s.* Baie *f* de genièvre.

junk¹ [dʒʌŋk], *s.* **1.** (*a*) Vieux cordages *mpl*; vieux filin; étoupe *f*, chènevotte *f*, fourrure *f.* (*b*) (Choses *fpl* de) rebut *m*; déchet *m*; de la camelote. *Com:* Rossignols *mpl.* **Piece of junk**, rossignol. **Junk pile**, tas *m* de ferraille. (*c*) *F:* **That's all junk**, tout ça c'est des bêtises. (*d*) *U.S:* *P:* Narcotiques *mpl*, stupéfiants *mpl.* **2.** *Nau:* Bœuf salé. **3.** = CHUNK¹. **4.** Blanc *m* de baleine.

'junk-dealer, *s.* Marchand *m* de ferraille, de chiffons; fripier *m.*

'junk-heap, *s.* *U.S:* Dépotoir *m.*

'junk-ring, *s.* *Mch:* **1.** Couronne *f*, couvercle *m*, de piston. **2.** Garniture *f* de piston; cercle *m* d'étoupe.

'junk-shop, *s.* Boutique *f* de marchand de ferraille; friperie *f.*

junk², *v.tr.* **1.** Couper (qch.) en gros morceaux. **2.** *U.S:* Mettre (qch.) au rebut.

junk³, *s.* *Nau:* Jonque *f.*

junk⁴, *s.* *Surg:* Éclisse faite de joncs.

junket¹ ['dʒʌŋket], *s.* **1.** *Cu:* (*a*) *A:* (*Cream cheese*) Jonchée *f.* (*b*) Lait caillé servi avec de la crème. **2.** *F:* (*a*) Festin *m*, banquet *m*, bombance *f.* (*b*) *U.S:* Partie *f* de plaisir, pique-nique *m*, *pl.* pique-niques.

junket², *v.i.* **1.** Banqueter, faire bombance; festoyer, ripailler. **2.** *U.S:* Faire une partie de plaisir; pique-niquer.

junketing, *s.* Bombance *f*, ripaille *f.*

junkman, *pl.* **-men** ['dʒʌŋkmən, -men], *s.* = JUNK-DEALER.

Juno ['dʒu:no]. **1.** *Pr.n.f. Rom.Myth: Astr:* Junon. **2.** *F:* (*Of a woman*) Une Junon.

junta ['dʒʌnta], *s.* **1.** *Hist:* (*In Spain, Italy*) Junte *f.* **2.** = JUNTO.

junto, *pl.* **-os** ['dʒʌnto, -ouz], *s.* Cabale *f*, ligue *f*, faction *f.*

Jupiter ['dʒu:pitər]. **1.** *Pr.n.m. Rom.Myth: Astr:* Jupiter. **2.** *Bot:* **Jupiter's beard**, (i) anthyllide *f* barbe-de-Jupiter; (ii) joubarbe *f* des toits; artichaut *m* sauvage; (iii) valériane *f* rouge, barbe-de-Jupiter *f*, *pl.* barbes-de-Jupiter. **3.** *Cin: etc:* **Jupiter lamp**, lampe *f* Jupiter.

Jura ['dʒuərə]. **1.** *Pr.n.* *Geog:* **The Jura Mountains, the Juras**, le Jura. **2.** *s.* *Geol:* = JURASSIC 2.

jural ['dʒuərəl], *a.* **1.** Juridique; qui a rapport au droit. **2.** Qui a rapport aux obligations morales.

Jurassic [dʒu'rasik]. *Geol:* **1.** *a.* Jurassique. **2.** *s.* **The Upper Jurassic**, le Jura blanc. **The Middle Jurassic**, le Jura brun.

jurat¹ ['dʒuərat], *s.* *Hist:* **1.** Jurat *m* (des villes du Midi). **2.** Officier municipal (des Cinq Ports, etc.).

jurat², *s.* *Jur:* Formule *f* à la fin d'une déclaration sous serment indiquant les noms des parties et de l'officier qui l'a dressée, et la date et le lieu de sa rédaction.

juratory ['dʒuərətəri], *a.* (Déclaration *f*, etc.) sous serment; (obligation *f*) juratoire.

juridical [dʒu'ridik(ə)l], *a.* **1.** Juridique, judiciaire. **2.** **Juridical person**, personne morale. **-ally**, *adv.* Juridiquement.

jurisconsult [dʒuəriskon'sʌlt], *s.* Jurisconsulte *m*, juriste *m.*

jurisdiction [dʒuəris'dikʃ(ə)n], *s.* Juridiction *f.* (*a*) **To have jurisdiction over s.o.**, avoir la juridiction sur qn. **Area within, under, the jurisdiction of . . .**, territoire soumis à l'autorité judiciaire, à la juridiction, de . . ., territoire relevant de. . . . *He comes under my j.*, c'est un de mes justiciables. (*b*) Compétence *f.* *General j. of a court*, compétence générale d'une cour. (*Of a question*) **To come within the jurisdiction of a court**, rentrer dans la juridiction, dans la compétence, d'une cour; être du ressort d'une cour; compéter, ressortir, à une cour; tomber sous la juridiction d'une cour. *This matter does not come within our j.*, cette matière n'est pas de notre compétence. **Want of jurisdiction**, incompétence *f.*

jurisdictional [dʒuəris'dikʃən(ə)l], *a.* Juridictionnel.

jurisprudence [dʒuəris'pru:dəns], *s.* Jurisprudence *f.* *Medical j.*, médecine légale.

jurisprudential [dʒuərispru'denʃ(ə)l], *a.* Jurisprudentiel.

jurist ['dʒuərist], *s.* **1.** (*a*) Juriste *m*, jurisconsulte *m*, légiste *m.* (*b*) *U.S:* Homme *m* de loi; avocat *m*, etc. **2.** Étudiant *m* en droit.

juror ['dʒuərər], *s.* **1.** (*a*) *Jur:* Juré *m*; membre *m* du jury. **Petty juror**, membre du petit jury, du jury de jugement. **Grand juror**, membre du jury d'accusation. (*b*) Membre du jury (d'une exposition, d'un comice, etc.). **2.** *Hist:* Prêtre assermenté (après la Révolution de 1688).

jury¹ ['dʒuəri], *s.* **1.** *Jur:* Jury *m*; jurés *mpl.* **Petty jury, trial jury, common jury**, jury de jugement; petit jury. **Grand jury**, jury d'accusation, = (*in Fr.*) Chambre *f* des mises en accusation. **To be, serve, on the jury**, être du jury. **Foreman of the jury**, chef *m* du jury. **Gentlemen of the jury!** messieurs les jurés! **Jury process**, convocation *f* des jurés. *See also* MATRON 1, TRIAL 1. **2.** Jury (d'un concours, d'une exposition, etc.).

'jury-box, *s.* Banc(s) *m(pl)* du jury.

jury², *a.* *Nau:* De fortune, improvisé. **Jury-mast, -rudder**, mât *m*, gouvernail *m*, de fortune. **Jury-rig(ging)**, gréement *m* de fortune. *To rig up a j.-mast and sail*, improviser un mât et une voile. *F:* **Sort of jury reins**, des guides improvisées. **Jury-leg**, jambe *f* de bois.

juryman, *pl.* **-men**, **-woman**, *pl.* **-women** ['dʒuərimən, -men, -wumən, -wimen], *s.* = JUROR 1.

jussive ['dʒʌsiv], *a.* & *s.* *Gram:* Impératif (*m*).

just¹ [dʒʌst], *s.* & *v.i.* = JOUST.

just². I. **1.** *a.* (*a*) (Homme *m*, jugement *m*, etc.) juste, équitable; impartial, aux. **He was a just man**, c'était un juste. **To be just to s.o.**, être juste envers, pour, qn. *Jur:* **A just and lawful decision, sentence, verdict**, un bien-jugé. *J. reward of his actions*, juste récompense *f*, récompense bien méritée, de ses actions. **It is only just**, ce n'est que justice. **As was only just**, comme de juste. *J. wrath*, colère *f* juste, légitime. **To speak in a just cause**, plaider en faveur d'une juste cause. **To show just cause for . . .**, donner une raison valable de. . . . (*b*) **A just remark**, une observation juste, judicieuse, à propos. *He gives us a j. picture of . . .*, il nous donne un tableau exact de. . . . **2.** *s.pl.* *A:* **The just**, les justes *m.* **To sleep the sleep of the just**, dormir du sommeil du juste. **-ly**, *adv.* Justement. **1.** Avec justice. *To deal j. with s.o.*, faire justice à qn. *To be j. punished for one's sins*, être puni par où l'on a péché. *Famous and j. so*, célèbre à juste titre, à bon droit. **2.** Avec justesse. *He j. remarked that . . .*, avec juste raison, avec justesse, il fit remarquer que. . . .

II. **just**, *adv.* **1.** (*a*) Juste, justement, précisément. *J. at that spot, at that time*, juste à cet endroit, à ce moment. **Just here**, tout ici. *J. by the gate*, tout près de la porte. *It is j. a week ago that . . .*, il y a juste, précisément, une semaine que. . . . *It is j. twelve o'clock*, il est midi juste. *It was j. five years ago on this very day*, voilà de cela cinq ans aujourd'hui même. **Just then**, juste alors. **Not ready just yet**, pas encore tout à fait prêt. *J. five pounds*, cinq livres (tout) juste. **Just how many** *are there?* combien y en a-t-il au juste? *J. how many are they?* combien sont-ils au juste? **He is just the man you want**, c'est précisément l'homme qu'il vous faut; c'est votre homme. *That is j. what you want*, c'est justement ce que vous désirez; cela fera tout juste votre affaire. *That is j. what happened*, voilà justement, c'est bel et bien, ce qui est arrivé. *That's j. what I was about to say*, c'est précisément, c'est juste, ce que j'allais dire. *I thought you were French.—That's j. what I am*, je pensais que vous étiez Français.—Je le suis précisément; c'est bien vrai. **That's just it,** (i) c'est bien cela; (ii) justement! **Just so!** c'est bien cela! parfaitement! précisément! justement! *F:* (*Of pers.*) **Very 'just so,'** très correct. **It's just the same,** c'est tout un; *F:* c'est tout comme. *He did it j. for a joke,* il l'a fait simplement histoire de rire. **Just when** *the door was opening,* au moment même où la porte s'ouvrait. *I cannot say j. when he arrived,* je ne peux vous dire précisément quand il est arrivé. *See also* LIKE[1] I. 2. (*b*) **Just as.** (i) *I can do it j. as well as he,* je peux le faire tout aussi bien que lui. *He is j. as clever as you,* il est tout aussi intelligent que vous. **It would be just as well if he came,** il y aurait avantage à ce qu'il vienne. *That's j. as good,* c'est tout comme. *F.* A **just-as-good article,** un succédané. *J. as often as you wish,* tout aussi souvent que vous voudrez. **I would just as soon have this one,** j'aimerais tout autant celui-ci. **Just as you please!** comme vous voudrez! à votre aise! *I will take it* **just as it is,** je le prends tel qu'il est, tel quel. *Leave my things j. as they are,* laissez mes affaires telles quelles. *She came j. as she was,* elle est venue telle qu'elle était. *Do it j. as you were shown,* faites-le absolument comme on vous l'a indiqué. **Just as . . . so . . .,** de même que . . . de même . . ., comme . . . ainsi. . . . (ii) **Just as he was starting out,** au moment (même) de partir; au moment où il partait. (*c*) **Just now.** (i) *Business is bad just now,* actuellement, à l'heure actuelle, les affaires vont mal. (ii) *I can't do it j. now,* je ne peux pas le faire en ce moment, pour le moment. (iii) *He came in j. now,* il est rentré tout à l'heure, il y a peu de temps; il rentre à l'instant; il vient de rentrer. (iv) *Dial:* Dans un instant. (*d*) (*Intensive*) **They were just starving,** ils mouraient littéralement de faim. *It was j. splendid,* c'était ni plus ni moins que merveilleux. *That's j. everything,* (i) tout est là; (ii) cela fait toute la différence du monde. *P:* **Won't you catch it just! won't you just catch it!** tu (ne) vas rien écoper! *Didn't they beat us j.!* quelle raclée! *You remember?*—**Don't I just!** vous vous en souvenez?—Si je m'en souviens! *Didn't we j. enjoy ourselves,* on a rien rigolé. *Did you enjoy yourselves?*—**I should just say we did!** vous vous êtes amusés?—Pour sûr! **2.** (*a*) **Just before** *I came,* immédiatement avant mon arrivée. **Just after,** immédiatement après. (*b*) **He has just written to you,** il vient de vous écrire. **I had (only) just sat down when . . .,** je venais à peine de m'asseoir lorsque. . . . *He has (only) j. come,* il arrive à l'instant; il ne fait que d'arriver. *I have j. seen him, F:* je sors de le voir. *I have only j. heard of it,* je l'apprends à l'instant même. *I have j. dined, j. risen from table,* je sors de table. *He has j. left,* il sort d'ici. *He has j. left school,* il sort du collège. *He has j. come out of prison,* il sort de prison. *She has j. been confined,* elle relève de (ses) couches. **Just cooked,** fraîchement, nouvellement, cuit. (*Of book*) **Just out,** vient de paraître. **3. To be just doing sth.,** être justement en train de faire qch. *Hair j. turning grey,* cheveux qui commencent à grisonner. *He was j. beginning,* il ne faisait que de commencer. *I was j. finishing my dinner,* j'achevais de dîner. *I am j. coming!* j'arrive! je viens à l'instant! *He is j. going out,* il est sur le point de sortir. **4. He just managed to do it,** c'est tout juste s'il est arrivé à le faire; c'est à peine s'il a pu le faire. *I j. missed being appointed,* il s'en est fallu de peu, d'un rien, que je ne sois nommé. *I was only j. saved from drowning,* j'ai failli me noyer; *F:* j'ai failli y rester. *I've got only j. enough to live on,* j'ai tout juste de quoi vivre. **You are just in time to . . .,** vous arrivez juste à temps pour. . . . **5.** (*a*) Seulement. **Just once,** seulement une fois; rien qu'une fois. **Just one,** un seul, rien qu'un. *I had had a glass of beer, j. one,* j'avais consommé un bock, rien qu'un. **Just a little bit,** un tout petit peu. *He is j. an ordinary man,* c'est tout simplement un homme ordinaire. *J. you and you alone,* vous seul et rien que vous. *I will j. pop in,* je ne ferai qu'entrer et sortir. *I would j. punch his head,* je lui flanquerais une taloche et voilà tout. *J. give her a pair of gloves,* donnez-lui tout simplement une paire de gants. *I j. told him that . . .,* je lui ai dit tout bonnement que. . . . *If there is too much, we must j. leave some,* s'il y en a trop, on en sera pour en laisser. *He had gone out j. to get a breath of air,* il était sorti pour respirer un peu; *F:* il était sorti histoire de prendre l'air. *I have come j. to see you,* je viens uniquement pour vous voir. *They will travel fifty miles j. to go to a dance,* ils font cinquante milles rien que pour aller à un bal. *He told me the secret, only j. to me,* il m'a confié le secret, rien qu'à moi. (*b*) *F:* **Just sit down, please,** veuillez donc vous asseoir. *J. tell Mary to bring in the tea!* dites donc à Marie de servir le thé. *J. listen!* écoutez donc! écoutez un peu! *F:* écoutez voir! *J. look!* regardez-moi ça! *J. read that!* lisez donc ça! *J. you taste that!* goûtez cela, vous m'en direz des nouvelles. *J. you shut up!* vous, taisez-vous!

justice ['dʒʌstis], *s.* **1.** Justice *f.* (*a*) *To dispute the j. of a claim, of a sentence,* contester le bien-fondé, la justice, d'une réclamation, d'un jugement. *He complained with j. of his treatment,* il s'est plaint à juste titre de la manière dont il a été traité. *Methods of j. and peace,* méthodes *f* équitables et pacifiques. (*b*) **In justice to him it must be admitted that . . .,** pour lui rendre justice il faut avouer que. . . . *I am bound in j. to . . .,* je suis obligé, pour être juste, de. . . . *In all j. we must allow him to . . .,* en toute justice il faut lui permettre de. . . . **Poetical justice,** justice idéale. **To dispense justice,** rendre la justice. **To do justice to s.o., to do s.o. justice,** rendre, faire, justice à qn. **To do justice to one's talent,** faire valoir son talent. **To do oneself justice,** se faire valoir. *He does not do himself j.,* il reste au-dessous de lui-même. *F:* **To do justice to a meal,** faire honneur à un repas. (*c*) **To bring s.o. to justice,** traduire qn en justice; conduire qn devant la justice. *The murderer was brought to speedy j.,* on fit prompte justice du meurtrier. *Hist:* **Bed of justice,** lit *m* de justice. *See also* COURT[1] 3. **2.** Magistrat *m.* (*a*) Juge *m* (d'un tribunal d'ordre supérieur). **Mr Justice Smith,** M. le juge Smith. **The Lord Chief Justice** (*pl.* **Lord Chief Justices**), **the Chief Justice of England,** le président du Tribunal du Banc du Roi. **The Lords Justices,** les juges de la cour de cassation. (*b*) *U.S:* **Chief Justice,** président d'une cour suprême. (*c*) **The Justices,** les magistrats (de la justice de paix). *See also* PEACE 2.

'Justice-Clerk, *s.* *Jur:* (*Scot.*) Assesseur *m* du président du tribunal.

justicer ['dʒʌstisər], *s.* *A:* Justicier *m.*

justiceship ['dʒʌstisʃip], *s.* Fonctions *fpl* de juge; **magistrature** *f,* judicature *f.*

justiciable [dʒʌs'tiʃjəbl], *a.* & *s.* Justiciable (*mf*) (*of,* de).

justiciar [dʒʌs'tiʃjər], *s.* *Hist:* Grand justicier (sous les rois normands et les Plantagenets).

justiciary [dʒʌs'tiʃjəri], *a.* & *s.* **1.** Justicier (*m*). **2.** *Jur:* (*Scot.*) **High Court of Justiciary,** tribunal *m* suprême en matière criminelle. **Circuit Court of Justiciary,** tribunal suprême en tournée.

justifiability [dʒʌstifaiə'biliti], **justifiableness** ['dʒʌstifaiəblnəs], *s.* Caractère *m* justifiable (d'une accusation, etc.).

justifiable ['dʒʌstifaiəbl], *a.* (Crime, etc.) justifiable, justifié, défendable; (acte, colère) légitime. *Hardly j. remark,* observation peu justifiée. *J. refusal,* refus motivé. *See also* HOMICIDE[2].

-ably, *adv.* Justifiablement, légitimement.

justification [dʒʌstifi'keiʃ(ə)n], *s.* **1.** (*a*) Justification *f.* *It can be said in his j. that . . .,* on peut dire pour le justifier, pour le disculper, que. . . . *There is no j. for such an action,* une pareille action est injustifiable. **Written justification,** apologie *f* (de sa vie, de sa conduite). (*b*) *Jur:* (*In libel suit*) **To plead justification,** établir la défense sur la vérité des faits allégués par le défendeur. **2.** *Typ:* (*a*) Justification (des caractères, des lignes). (*b*) Parangonnage *m* (de caractères de corps différents).

justificative ['dʒʌstifikeitiv], **justificatory** ['dʒʌstifikeitəri], *a.* Justificatif; justificateur, -trice.

justifier ['dʒʌstifaiər], *s.* **1.** Justificateur, -trice. **2.** *Typ:* Justificateur *m.*

justify ['dʒʌstifai], *v.tr.* **1.** Justifier (qn, sa conduite, etc.); légitimer, motiver (une action). *To j. a statement,* justifier, prouver le bien-fondé de, son dire. **To justify s.o. before s.o.,** faire l'apologie de qn devant qn. *B:* *For in Thy sight shall no man be justified,* car nul homme vivant ne sera justifié devant toi. *Nothing can j. a soldier (in) disobeying an order,* rien ne saurait justifier le soldat qui désobéirait à un ordre. *Jur:* **To justify bail,** justifier de sa solvabilité (avant de fournir caution). **2.** *Typ:* (*a*) Justifier (une ligne). (*b*) Parangonner (des caractères de corps différents).

justified, *a.* Justifié. *Fully j. decision,* décision bien fondée. **To be justified in doing sth.,** avoir raison, être en droit, de faire qch.; être fondé, justifié, à faire qch. *Are you j. in refusing?* avez-vous le droit de refuser? êtes-vous fondé, justifié, à refuser? *I do not feel j. in offering . . .,* je ne me sens pas le droit, je ne crois pas avoir le droit, d'offrir. . . . **He was justified in the event,** l'événement lui donna raison.

justifying, *a.* Justificatif; justificateur, -trice. *Theol:* **Justifying faith, grace,** foi, grâce, justifiante.

Justin ['dʒʌstin]. *Pr.n.m.* Justin.

Justina [dʒʌs'tiːna], **Justine** ['dʒʌstin]. *Pr.n.f.* Justine.

Justinian [dʒʌs'tinjən]. **1.** *Pr.n.m. Hist:* Justinien. **2.** *a.* **The Justinian Code,** le Code Justinien.

Justinianian [dʒʌstini'einjən], *a.* = JUSTINIAN 2.

justness ['dʒʌstnəs], *s.* **1.** Justice *f* (d'une cause, etc.). **2.** Justesse *f* (d'une idée, d'une observation, etc.).

Justus ['dʒʌstəs]. *Pr.n.m.* Just(e).

jut[1] [dʒʌt], *s.* Saillie *f,* avancement *m,* projection *f* (d'un toit, etc.).

jut[2], *v.i.* (**jutted; jutting**) **To jut (out),** être en saillie, faire saillie, (s')avancer. *Balcony that juts out,* balcon qui forme avance *f.* *To jut out from sth.,* sortir de qch.; déborder qch. *To jut out over sth.,* surplomber qch. *A cape juts out into the sea,* un cap s'avance dans la mer.

jutting[1]**(-out),** *a.* Saillant, en saillie, débordant. *See also* ROOF[1] 1.

jutting[2], *s.* Saillie *f.*

jute [dʒuːt], *s.* *Bot:* *Tex:* Jute *m.*

Jutes [dʒuːts], *s.pl.* *Hist:* Jutes *m.*

Jutish ['dʒuːtiʃ], *a.* *Hist:* Jute.

Jutlander ['dʒʌtləndər], *s.* *Geog:* Jutlandais, -aise.

Jutlandish ['dʒʌtləndiʃ], *a.* Jutlandais.

juve [dʒuːv], *s.* *Th:* *P:* Jeune-premier, -ière, *pl.* jeunes-premiers, -ières.

Juvenal ['dʒuːvənəl]. *Pr.n.m. Lt.Lit:* Juvénal.

juvenescence [dʒuːvi'nes(ə)ns], *s.* Passage *m* de la jeunesse à l'adolescence *f;* adolescence *f.*

juvenescent [dʒuːvi'nes(ə)nt], *a.* En train de passer de la jeunesse à l'adolescence; adolescent.

juvenile ['dʒuːvinail]. **1.** *a.* Juvénile. *J. strength,* force *f* juvénile; force de la jeunesse. *J. ball,* bal *m* d'enfants. *J. productions,* œuvres *f* de jeunesse. *J. books, s., F:* **juveniles,** livres *m* pour enfants, pour la jeunesse. *J. literature,* littérature enfantine. **Juvenile court,** tribunal *m* pour enfants et adolescents. *J. offender,* accusé mineur. **Juvenile offenders,** l'enfance délinquante. *See also* LEAD[3] 3. **2.** *s.* Jeune *mf.*

juvenilia [dʒuːvi'nilia], *s.pl.* Juvenilia *m,* œuvres *f* de jeunesse.

juvenility [dʒuːvi'niliti], *s.* Juvénilité *f,* jeunesse *f.*

juxta- ['dʒʌksta], *pref.* Juxta-. *Juxtatropical,* juxtatropique.

juxtalinear [dʒʌksta'liniər], *a.* (Traduction *f*) juxtalinéaire.

juxtapose [dʒʌksta'poːuz], *v.tr.* Juxtaposer.

juxtaposed, *a.* Juxtaposé; en juxtaposition.

juxtaposition [dʒʌkstapo'ziʃ(ə)n], *s.* Juxtaposition *f.* *To be in j.,* se juxtaposer. *See also* TWIN[1] 3.

K, k [kei], *s.* (La lettre) K, k *m.* *Tp:* **K for King,** K comme Kléber.
Kaaba ['kɑːbə], *s.* = CAABA.
kaama ['kɑːmə], *s.* *Z:* Caama *m*; antilope *f* de l'Afrique du Sud.
Kabul [kə'bul, 'kɔːbul]. *Pr.n.* = CABUL.
Kabyle [kə'bail]. **1.** *a.* & *s.* *Ethn:* Kabyle (*mf*). **2.** *s.* *Ling:* Le kabyle.
Kabylia [kə'biliə]. *Pr.n.* *Geog:* **Great, Lesser, Kabylia,** la Grande, la Petite, Kabylie.
kaddish ['kadiʃ], *s.* *Jew.Rel:* Kaddisch *m*.
kadi ['kɑːdi, 'keidi], *s.* = CADI.
Kaffir ['kafər]. **1.** *a.* & *s.* *Ethn:* Cafre (*mf*), caffre (*mf*). **2.** *s.* *St.Exch:* *F:* **Kaffirs,** kaffriques *m*, sud-africaines *f*. **The Kaffir Circus,** la Bourse des actions minières de l'Afrique du Sud.
Kaffraria [ka'frɛəriə], *s.* *A.Geog:* La Cafrerie.
kail [keil], *s.* = KALE.
kailyard ['keiljɑːrd], *s.* *Scot:* Jardin potager. *Lit.Hist:* *F:* **The kailyard school,** l'école *f* des romanciers qui ont décrit, sur un ton de sensiblerie mêlé d'humour, et à grand renfort de dialecte, la vie des petites gens des *Lowlands* d'Écosse (J. M. Barrie, S. R. Crockett, "Ian Maclaren"). (Ce nom leur fut donné en premier lieu par le critique W. E. Henley.)
kainite ['kainait], *s.* *Miner:* Kaïnite *f*.
kaiser ['kaizər], *s.* Kaiser *m*.
kaiserism ['kaizərizm], *s.* *Pol:* Césarisme prussien.
kakapo ['kɑːkɑpo], *s.* *Orn:* Strigops *m* (de la Nouvelle-Zélande).
kakemono [kake'mouno], *s.* *Art:* Kakémono *m*; tableau mural du Japon.
kale [keil], *s.* **1.** *Hort:* **Curly kale, green kale,** chou frisé. **Scotch kale,** chou rouge. *See also* SEA-KALE. **2.** *Scot:* Soupe *f* aux choux, aux légumes.
kaleidoscope [kə'laidoskoup], *s.* Kaléidoscope *m*.
kaleidoscopic(al) [kəlaido'skɔpik(əl)], *a.* Kaléidoscopique. *F:* *The k. crowd on the boulevards,* le public papillotant des boulevards. **-ally,** *adv.* D'une manière kaléidoscopique; comme un kaléidoscope; toujours changeant.
Kalends ['kaləndz], *s.pl.* = CALENDS.
kali ['keili, 'kali], *s.* **1.** *Bot:* Kali *m*. **2.** *Ch:* *A:* Alcali végétal. *See also* LEMON-KALI.
kalmia ['kalmiə], *s.* *Bot:* Kalmie *f*.
Kalmuck ['kalmʌk]. **1.** *a.* & *s.* *Ethn:* Kalmouk, Calmouck. **2.** *s.* *Tex:* Kalmouk *m*, calmouck *m*.
kalong ['kɑːlɔŋ], *s.* *Z:* Roussette *f* comestible (de la Malaisie); kalong *m*.
Kamakura [kamə'kuːrə]. *Pr.n.* *Geog:* Kamakoura.
kamarband ['kamərband], *s.* = CUMMERBUND.
Kamchatka [kam'tʃatkə]. *Pr.n.* *Geog:* Le Kamtchatka.
kamerad ['kamərɑːd], *int.* *Mil:* *P:* Kamerad! *To cry k.,* faire camarade.
kanaka ['kanəkə], *a.* & *s.* *Ethn:* Canaque (*mf*).
Kandahar [kandə'hɑːr]. *Pr.n.* *Geog:* Kandahar *m*.
kangaroo [kaŋgə'ruː], *s.* **1.** *Z:* Kangourou *m*. **2.** *pl.* *St.Exch:* *F:* **Kangaroos,** (i) actions minières de l'Australie occidentale; (ii) joueurs *m* sur ces actions. **3.** *Parl:* **Kangaroo (closure),** clôture *f* par tranches.
'kangaroo-'bear, *s.* *Z:* Koala *m*.
'kangaroo-'court, *s.* *U.S:* *F:* Tribunal irrégulier.
'kangaroo-'rat, *s.* *Z:* Kangourou-rat *m*, *pl.* kangourous-rats.
Kansan ['kanzən], *a.* & *s.* *Geol:* Kansanien (*m*).
Kansas ['kanzəs]. *Pr.n.* *Geog:* Le Kansas.
Kansian ['kanziən], *a.* & *s.* *Geog:* (Natif, originaire) du Kansas.
Kansu ['kansu]. *Pr.n.* *Geog:* Le Kansou.
Kantian ['kantiən]. *Phil:* **1.** *a.* Kantien, Kantiste. **2.** *s.* Kantiste *m*, criticiste *m*.
Kant(ian)ism ['kant(iən)izm], *s.* *Phil:* Kantisme *m*.
kaolin ['keiolin, 'kɑo-], *s.* *Cer:* Kaolin *m*; terre *f* à porcelaine; terre de Chine.
kaolinization [keiolinai'zeiʃ(ə)n], *s.* *Cer:* Kaolinisation *f*.
kaolinize ['keiolinaiz], *v.tr.* *Cer:* Kaoliniser.
kapok ['kɑːpɔk], *s.* *Ind:* *Furn:* Capoc *m*, kapok *m*.
'kapok-tree, *s.* *Bot:* Capoquier *m*.
kappa ['kapə], *s.* *Gr.Alph:* Kappa *m*.
kaput [ka'put], *pred.a.* *P:* Kapout *inv*.
karagan ['kɑːrəgən], *s.* *Z:* Karagan *m*; renard *m* de Tartarie.
Karaite ['kɛərəait], *s.* *Rel.H:* Caraïte *m*.
karakul ['karəkəl], *s.* *Com:* Karakul *m*, caracul *m*.
karatas [ka'reitəs], *s.* *Bot:* *Tex:* Karatas *m*.
karma ['kɑːrmə], *s.* *Rel.H:* Karma *m*.
Karnac ['kɑːrnak]. *Pr.n.* *Geog:* Carnac *m*.
kar(r)oo [ka'ruː], *s.* *Geog:* Karrou *m* (de l'Afrique du Sud).
karyokinesis [kariokai'niːsis], *s.* *Biol:* Caryocinèse *f*, karyokinèse *f*.
karyokinetic [kariokai'netik], *a.* *Biol:* Caryocinétique.
karyolysis [kari'ɔlisis], *s.* *Biol:* Caryolyse *f*.
Kashan [ka'ʃɑːn]. *Pr.n.* *Geog:* Kâchan *m*.
Kashgar ['kaʃgɑːr]. *Pr.n.* *Geog:* Kachgar.
Kashmir [kaʃ'miːər]. *Pr.n.* *Geog:* Le Cashmir, le Cachemire.
Kashmiri [kaʃ'miːəri], *a.* & *s.* *Geog:* Cachemirien, -ienne.
katabolism [ka'tabolizm], *s.* *Biol:* Catabolisme *m*.
Kate, Katie ['keit(i)]. **1.** *Pr.n.f.* (*Dim. of Katherine*) Catherine. **2.** *U.S:* *P:* **A Kate,** une jolie fille de mœurs faciles.
Katharine, Katherine ['kaθərin]. *Pr.n.f.* Catherine.
katydid ['keitidid], *s.* *U.S:* *Ent:* Sauterelle verte d'Amérique.
kauri ['kauri], *s.* **1.** *Bot:* **Kauri (pine),** dammara *m* austral; kauri *m*. **2. Kauri resin, kauri gum, kauri copal,** résine *f* fossile de kauri; dammar austral, dammar kauri.
kava ['kɑːvə], **kawa** ['kɑːwə], *s.* Kava *f*, kawa *f* (plante ou boisson).
kayak ['kaiak], *s.* *Nau:* Kayac *m*, kajac *m*.
Keatsian ['kiːtsiən], *a.* *Lit.Hist:* De Keats; (vers *mpl*, etc.) à la manière de Keats.
keck[1] [kek], *s.* Hoquet *m* de nausée.
keck[2], *v.i.* Avoir envie de vomir; faire des efforts pour vomir; avoir des haut-le-cœur, des hoquets de nausée. *F:* **To keck at sth.,** rejeter qch. avec dégoût.
keckle [kekl], *v.tr.* *Nau:* Fourrer (un câble).
keckling, *s.* Fourniture *f*, fourrure *f*, fourrage *m* (de câble).
kedge[1] [kedʒ], *s.* *Nau:* **Kedge(-anchor),** ancre toueuse; ancre de toue, de touée; ancre à empenneler, à jet.
kedge[2]. *Nau:* **1.** *v.tr.* Haler, touer, (un navire) sur une ancre à jet. **2.** *v.i.* Se touer sur une ancre à jet.
kedging, *s.* Halage *m*, touage *m*, touée *f*.
kedgeree [kedʒə'riː], *s.* *Cu:* **1.** (*India*) Mets épicé à base de riz, avec oignons, lentilles, etc., œufs et beurre. **2.** Restes *mpl* de poisson accommodés avec du riz, des œufs, et du beurre, le tout servi chaud.
Kedron ['kiːdrɔn]. *Pr.n.* = CEDRON.
keek [kiːk], *s.* & *v.i.* *Scot:* = PEEP[3, 4].
keel[1] [kiːl], *s.* **1.** (*a*) *N.Arch:* Quille *f*. **To lay down a keel,** monter, poser, la quille d'un vaisseau. **False keel, outer keel,** fausse quille. **Docking keel,** quille d'échouage. **Even keel,** tirant d'eau égal. **On an even keel,** (i) *Nau:* sans différence de tirant d'eau, sans différence de calaison; (ii) *Av:* dans une position horizontale; en ligne de vol. (*Of ship*) *To be, to sail, on an even k.,* être dans ses lignes d'eau; avancer sans roulis ni tangage. *To come back on an even k.,* revenir dans ses lignes d'eau. *See also* BILGE-KEEL, DROP-KEEL, FIN-KEEL. (*b*) *Aer:* (Quille de) dérive *f*. **2.** *Poet:* Carène *f*, navire *m*. **3.** *Nat.Hist:* Carène (de feuille, de pétale, de mandibule, etc.).
'keel-blocks, *s.pl.* *N.Arch:* Tins *m* de cale sèche.
'keel-boat, *s.* *N.Arch:* Bateau *m* à quille.
keel[2]. **1.** *v.tr.* (*a*) Mettre (un navire) en carène. (*b*) **To keel over a ship,** faire chavirer un navire. **2.** *v.i.* (*Of ship*) (*a*) Rouler sur sa quille; renvoyer. (*b*) **To keel over,** faire le tour; chavirer.
keeled, *a.* **1.** *N.Arch:* (Navire *m*) à quille. **2.** *Nat.Hist:* *etc:* Caréné. *Archeol:* **Keeled scraper,** grattoir caréné.
keel[3], *s.* **1.** *Nau:* Chaland charbonnier. **2.** *Nau.Meas:* *Com:* Chaland de charbon (21518 kilos).
keel[4], *s.* *Scot:* Ocre *f* rouge (pour marquer les moutons).
keel[5], *v.tr.* *Scot:* Marquer (un mouton) à l'ocre rouge.
keelage ['kiːledʒ], *s.* Droits *mpl* de mouillage.
keelhaul ['kiːlhɔːl], *v.tr.* *Nau:* *A:* Donner la cale humide, la grande cale, à (un matelot).
keelhauling, *s.* La grande cale, la cale humide.
keelson ['kiːlsən, 'kelsən], *s.* *N.Arch:* Carlingue *f*; contre-quille *f*, *pl.* contre-quilles. *See also* SISTER-KEELSON.
keen[1] [kiːn], *s.* *Irish:* Lamentation *f* funèbre; mélopée *f* funèbre (chantée en veillant le corps).
keen[2], *v.tr.* **To keen a corpse,** chanter une mélopée en veillant un corps.
keen[3], *a.* **1.** (Couteau, etc.) affilé, aiguisé. *K. edge,* fil tranchant. *K. point,* pointe acérée, pointe aiguë. *K. grindstone,* meule ardente. **As keen as a razor,** affilé comme un rasoir. **2.** (Froid, vent, air) vif, piquant, aigre; (son) aigu; (froid) perçant. *The k. air of the sea-front,* l'air affamant de la plage. **3.** (Chagrin) aigu; (regret) poignant; (remords) cuisant. *K. pleasure,* vif plaisir; plaisir sensible. *K. pain,* douleur vive, aiguë, poignante. *K. appetite,* appétit *m* vorace; rude appétit. *K. satire,* satire mordante, âpre, piquante, acerbe. *K. epigram,* épigramme salée. *The k. shafts of calumny,* les traits acérés de la calomnie. **4.** (*a*) (*Of pers.*) Ardent, assidu, zélé. *He is a k. attender of . . .,* c'est un spectateur assidu de. . . . *He is a k. business man,* il est âpre aux affaires. *K. sportsman,* ardent sportif. *K. golfer,* enragé *m* de golf. *They are k. competitors,* ils se font une concurrence acharnée. *F:* **He is as keen as mustard,** il brûle de zèle. *F:* **To be keen on sth.,** être enthousiaste de qch.; être amateur enthousiaste de qch.; être porté sur qch.; être emballé pour qch.; avoir la passion de qch.; raffoler de qch. **To be keen on s.o.,** être emballé pour qn; être très ami avec qn; être amoureux de qn; *P:* en pincer pour qn. *He is k. on money-making,* il tient à s'enrichir; il est âpre au gain. *K. on truth,* avide de vérité. *He is k. on mathematics, on sport,* il mord bien aux mathématiques; le sport le passionne. *Are you k. on going?* tenez-vous beaucoup à y aller? *He is not k. on it,* il n'y tient pas beaucoup. *I'm not very k. on it,* ça ne me dit pas

grand'chose; ça ne m'emballe pas. *You won't always be so k.*, vous en reviendrez. **Keen to enjoy life,** épris, curieux, de toutes les jouissances. (*b*) *K. interest*, vif intérêt. **Keen competition, keen fight,** concurrence, lutte, acharnée, âpre. *There is a k. demand for these stocks*, ces fonds sont activement recherchés. *Com:* **Keen prices,** prix *m* au plus bas. **5.** (Œil, regard) perçant, pénétrant, vif. *His k. glance*, son regard d'aigle, ses yeux d'aigle. **To have a keen eye for a bargain,** être prompt à reconnaître une bonne affaire. **To have a keen ear,** avoir l'oreille fine, l'ouïe fine. *He is a k. judge of men*, il juge les hommes avec pénétration. *K. observer of contemporary affairs*, curieux observateur des événements contemporains. **Dog keen of scent,** chien *m* qui a un bon flair. **6.** (Esprit) fin, pénétrant, vif, perçant. **-ly,** *adv.* **1.** *The wind was blowing k.*, il faisait un vent âpre. **2.** *It touched me k.*, cela me toucha profondément, douloureusement. **3.** Aprement, vivement, avidement. *K. disputed point*, question âprement discutée. *K. fought match*, partie âprement contestée. *K. criticised*, vivement critiqué. *To listen k.*, écouter avidement. *To be k. interested in . . .*, s'intéresser vivement à. . . . *Com:* **To quote keenly,** réduire les prix au plus bas.

'keen-'edged, *a.* Bien affilé; aiguisé, tranchant. *K.-e. satire*, satire acérée, mordante.

'keen-'eyed, *a.* **1.** Aux yeux perçants; au regard perçant. **2.** Perspicace.

'keen-'scented, *a.* (Chien) qui a un bon flair.

'keen-'set, *a.* Qui se sent de l'appétit (*for*, pour); affamé (*for*, de).

'keen-'sighted, *a.* A la vue perçante.

'keen-'witted, *a.* A l'esprit délié; à l'esprit perçant.

keenness ['ki:nnəs], *s.* **1.** Finesse *f*, acuité *f* (du tranchant d'un outil). **2.** Apreté *f*, rigueur *f* (du froid). *There is a k. in the air*, il y a de l'aigre dans l'air. **3.** Ardeur *f*, vivacité *f*, empressement *m*, zèle *m* (de qn); mordant *m* (des troupes, etc.). *To show much k. in doing sth.*, mettre beaucoup d'âpreté, d'empressement, à faire qch. **Keenness on doing sth.,** grand désir de faire qch. *The k. of their antagonism*, l'intensité *f* de leur antagonisme. **4. Keenness of sight,** acuité visuelle; acuité de la vision. **Keenness of hearing,** finesse *f* de l'ouïe. **5.** Pénétration *f*, finesse (d'esprit).

keep[1] [ki:p], *s.* **1.** *Hist:* Donjon *m*, réduit *m* (du château fort). **2.** Nourriture *f*, subsistance *f*, entretien *m*; frais *mpl* de subsistance. **To earn one's keep,** gagner de quoi vivre. *Ten francs a day and his k.*, dix francs par jour logé et nourri. **He isn't worth his keep,** il ne gagne pas sa nourriture. **3.** *F:* (*a*) **For keeps,** pour de bon. *It's yours for keeps*, je vous le donne. *You can have it for keeps*, vous pouvez le garder. *P:* **He's here for keeps,** il est installé ici définitivement. *I have spoiled my car for keeps*, j'ai abîmé ma voiture à tout jamais. (*b*) *Cr:* *To play for keeps*, jouer un jeu défensif. **4.** *Mec:* Chapeau *m* (de palier). **5.** *pl. Min:* **Keeps,** clichages *m*, taquets *m* (de cage).

keep[2], *v.* (*p.t.* **kept** [kept]; *p.p.* **kept**) **I.** *v.tr.* **1.** (*Observe*) Observer, suivre (la loi, une règle); obéir à (la loi); tenir, remplir (une promesse); rester fidèle à (un vœu); tenir, respecter, observer (un traité). **To keep an appointment,** aller, se trouver, à un rendez-vous; ne pas manquer à un rendez-vous; être exact à un rendez-vous; se rendre à une assignation, à une invitation. *Ecc:* **To keep the commandments,** observer les commandements. *See also* FAITH 2, WORD[1] 4. **2.** (*Celebrate*) Célébrer (une fête). *To k. one's birthday*, célébrer son anniversaire. *To k. a saint's day*, fêter un saint; chômer (la fête d')un saint. *To k. a fast*, observer le jeûne. **To keep Sunday,** observer, sanctifier, le dimanche. *To k. Lent*, observer le carême. *To k. Christmas in the old style*, fêter Noël à l'ancienne mode. *Sch:* **To keep chapel,** assister aux prières (à la chapelle). *See also* HOLIDAY. **3.** (*Protect*) (*a*) **God keep you!** Dieu vous garde! *God k. his soul!* Dieu ait son âme! *God will k. us*, Dieu nous protégera. (*b*) Préserver (*s.o. from evil, sth. from cold*, qn du mal, qch. du froid). *God k. you out of his clutches!* que Dieu vous préserve de tomber sous sa patte! (*c*) *Mil:* Défendre (une forteresse, une ville forte). *To k. the gates* (*of the town*), garder les portes (de la ville). (*d*) *Sp:* **To keep (the) goal,** garder le but. *Cr:* **To keep (the) wicket,** *abs.* **to keep,** garder le guichet. **4.** (*a*) Garder (des moutons, des troupeaux). (*b*) Entretenir (un jardin, une chambre). *Badly kept road*, route mal entretenue. *See also* WELL KEPT. (*c*) Tenir (un journal, des comptes). **To keep note of sth.,** tenir note de qch. *Com:* **To keep the books,** tenir les livres; tenir les écritures. *See also* COUNT[1] 1, TIME[1] 2. (*d*) Subvenir aux besoins de (qn); soutenir, nourrir, faire vivre (qn). *He does not earn enough to k. himself*, il ne gagne pas de quoi vivre, de quoi payer sa nourriture. *At his age he ought to be able to k. himself*, à l'âge qu'il a il devrait se suffire. *He has his parents to k.*, il a ses parents à sa charge. **To keep s.o. in clothes, in food,** fournir des habits, de la nourriture, à qn. *F:* *I would rather k. him a week than a fortnight*, il mange comme un ogre. (*e*) Avoir (une voiture, des domestiques, un chien); élever (des abeilles, de la volaille). *To k. a mistress*, entretenir une maîtresse. **Kept woman,** femme entretenue; maîtresse. *See also* CARRIAGE 3, STATE[1] 2. (*f*) Tenir (une école, une boutique, une pension, un meublé). *To k. a grocer's shop*, tenir un magasin d'épicerie. *To k. an inn*, tenir auberge. *See also* HOUSE[1] 1, SHOP[1] 1. (*g*) *Com:* Tenir, avoir en magasin (des marchandises). *They k. the 'Times,'* on y trouve le *Times*; on y vend le *Times*. **5.** (*a*) Maintenir (l'ordre); garder (le silence, un secret). **To keep one's composure, one's countenance,** garder son sang-froid, son sérieux. (*b*) *Navy:* **To keep the speed of the fleet,** soutenir la vitesse de la flotte. (*c*) **To keep a good table,** faire habituellement bonne chère. **To keep open house,** tenir maison ouverte à tous; *F:* tenir auberge. *See also* BALANCE[1] 2, COMPANY[1] 1, 3, FACE[1] 2, GARRISON[1], GUARD[1] 1, HEAD[1] 2, HOUR 2, LOOK-OUT, PACE[1] 2, PEACE 2, STEP[1] 2, TEMPER[1] 2, TIME[1] 6, 11, TRACK[1] 1, WATCH[1] 2, 4. **6.** (*Detain*) *To k. s.o. in prison*, tenir, retenir, qn en prison. *To k. s.o. in irons*, tenir qn dans les fers. *To k. a boy at school*, laisser un enfant au collège. *To k. s.o. at home*, faire rester qn à la maison. *To k. s.o. for dinner*, retenir qn à dîner. *He kept me late*, il m'a attardé; il m'a mis en retard. *There was nothing to k. me in England*, il n'y avait rien pour me retenir en Angleterre. *I am kept here by business*, je suis retenu ici par mes affaires. *Ship kept in port by adverse winds*, navire retenu par des vents adverses. **Don't let me keep you!** je ne vous retiens pas! *What is keeping you?* qu'est-ce qui vous retient? **7.** (*Restrain*) *Banks to k. the river within its bed*, digues *f* pour contenir la rivière dans son lit. **To keep s.o. from falling, fruit from rotting,** empêcher qn de tomber, empêcher les fruits de pourrir. *The noise keeps him from sleeping*, le bruit l'empêche de dormir. *I don't know what kept me from slapping his face*, je ne sais (pas) qui m'a retenu de le gifler. *It kept me from church*, cela m'a empêché d'aller à l'office. **To keep oneself from doing sth.,** se retenir de faire qch. *See also* BOUND[1]. **8.** (*Reserve*) Garder (*sth. for s.o., for oneself*, qch. pour qn, pour soi). *To k. sth. for later*, garder, conserver, réserver, qch. pour plus tard. **Is this place being kept?** cette place est-elle retenue? **9.** (*a*) Garder (des provisions, etc.). *A cupboard in which to k. one's stores*, armoire *f* où l'on peut garder ses provisions. *The place where I k. my clothes*, l'endroit *m* où je mets mes habits. **She keeps her letters under lock and key,** elle garde ses lettres sous clef. **To keep the archives,** veiller à la conservation des archives. *See also* COOL[1] 1. (*b*) **To keep fruit** (*until fit to eat*), attendre des fruits. **10.** (*Retain*) Garder (qch.); conserver (son emprise sur qch.); retenir (l'attention de qn); garder (la page dans un livre). *You may k. the book I lent you*, vous pouvez garder le livre que je vous ai prêté. *I can make money but I cannot k. it*, je sais gagner de l'argent, mais je ne sais pas le conserver. *This child can't k. a thing in his head*, cet enfant ne retient rien. *See also* HOLD[1] 1, MIND[1] 1. **11. To keep sth. to oneself,** taire qch. *I kept my impressions to myself*, j'ai gardé mes impressions pour moi. *To k. one's sorrow to oneself*, renfermer son chagrin. *F:* **You may keep your remarks to yourself,** je vous dispense de ces observations. **To keep sth. from s.o.,** cacher, taire, qch. à qn. *See also* COUNSEL[1] 3, SELF[1] 4. **12. To keep one's way, one's course,** continuer, poursuivre, son chemin, sa route. **To keep the middle of the road,** garder le milieu de la route. *See also* COURSE[1] 3. **13. To keep one's bed, one's room, the house,** garder le lit, la chambre; rester à la maison. **14.** (*a*) **To keep the field,** tenir la campagne (en temps de guerre). *To k. the field against the enemy*, se maintenir contre les attaques de l'ennemi. **To keep the stage,** tenir la scène. **To keep the saddle, to keep one's seat** (*on horseback*), rester en selle; garder son assiette. *Nau:* **To keep the sea,** tenir la mer (par obligation, p.ex. par suite du mauvais temps). *See also* FOOT[1] 1, LEG[1] 1. (*b*) **To keep one's seat,** rester assis. (*c*) **To keep one's figure,** conserver sa sveltesse; *F:* garder la ligne. *To k. one's looks*, conserver sa beauté; rester belle. (*Of thg*) *To k. its shape, its colour*, conserver sa forme, sa couleur. **15.** (*a*) (*Predicative*) **To keep sth. clean, warm, (a) secret,** tenir qch. propre, chaud, secret. *To k. oneself warm*, (i) se tenir au chaud; (ii) se vêtir chaudement. *To k. sth. intact*, maintenir qch. intact. **To keep the door open, shut,** garder, laisser, la porte ouverte, fermée. *I can't k. it open*, je ne peux pas le faire rester ouvert. **To keep the car straight,** maintenir la voiture en ligne. *To k. s.o. awake*, tenir qn éveillé. *Try to k. him interested*, faites que son intérêt reste en éveil. *K. your soul ever pure*, conserve ton âme toujours pure. *K. Wednesday free to come to dinner*, je vous retiens à dîner pour mercredi. *To k. s.o. a prisoner*, tenir qn prisonnier. **To keep s.o. waiting,** faire attendre qn; *F:* faire poser qn. **To be kept waiting,** attendre; *P:* faire le poireau; poireauter. *He kept us standing two hours*, il nous a tenus debout pendant deux heures. *I never k. the maid sitting up*, je ne fais jamais veiller la bonne. *To k. the gramophone playing*, faire jouer le gramophone sans arrêt. (*b*) **To keep one's hands in one's pockets,** garder les mains dans ses poches. **To keep one's eyes fixed on sth.,** fixer qch. du regard. **To keep s.o. at work,** fournir du travail à qn; faire travailler qn sans cesse. *F:* **To keep s.o. at it,** serrer les côtes à qn. **To keep sth. in readiness,** avoir toujours qch. prêt. *To k. sth. in reserve, in store*, tenir qch. en réserve; réserver qch. *To k. s.o. in a state of fear*, entretenir les craintes de qn. *Nau:* **Keep her so!** gouvernez comme ça. *See also* BALL[1] 1, BOIL[3] 1, DRY[1] 1, EYE[1] 1, GO[2] 2, PLACE[1] 3, REPAIR[2] 2, SUSPENSE 1, TOUCH[1] 8.

II. **keep,** *v.i.* **1.** Rester, se tenir. *To k. within doors*, rester à la maison. *To k. close to the door*, se tenir à proximité de la porte. *To k. standing*, se tenir debout. *K. where you are*, restez où vous êtes. *To k. well, in good health*, se maintenir, rester, en bonne santé. *How are you keeping?* comment allez-vous? *To k. quiet*, se tenir tranquille, rester tranquille, se tenir coi. *To k. awake*, rester éveillé. *To k. calm*, rester calme. **To keep smiling,** rester souriant; *F:* garder le sourire. *The weather keeps cool, fine*, le temps reste froid, se maintient au beau. *See also* CLEAR[1] III, CLOSE[1] II. 3, 4, COOL[1] 1, FIT[2] 3, FRIEND 1, TOUCH[1] 8, WITHIN 2. **2.** *F:* (*Esp. at Cambridge University and in U.S.*) Résider, loger. *Where does he k.?* où loge-t-il? **3.** Continuer. (*a*) **To keep at work, to keep working,** continuer de travailler; continuer son travail, ses travaux. *F:* **To keep at it,** travailler, *F:* piocher, sans relâche. **To keep at s.o. with appeals for money,** harceler qn pour obtenir de l'argent; bombarder qn de demandes d'argent. **To keep straight on,** suivre tout droit. *To k. on the right track*, garder la bonne voie. *To k. along the river*, suivre le bord de la rivière. (*b*) **To keep doing sth.,** ne pas cesser de faire qch. *Don't k. asking questions*, ne faites pas tout le temps des questions. *He keeps changing his plans*, il modifie continuellement ses projets. *This thought kept recurring*, cette pensée lui venait sans cesse à l'esprit. **4.** (*With passive force*) (*Of food, fruit, etc.*) Se garder, se conserver; être de (bonne) garde. *Butter that will k.*, beurre *m* conservable. *F:* *I'll tell you the story later;* **it will keep,** je vous raconterai l'histoire plus tard; elle n'y perdra rien. *My revenge will k.*, il ne perdra rien pour attendre.

keep away. **1.** *v.tr.* Éloigner; tenir éloigné. *What kept you away?* qu'est-ce qui vous a empêché de venir? *To k. a child away from the water's edge,* écarter un enfant du bord de l'eau. *To k. the flies away from s.o.'s face,* éloigner les mouches du visage de qn. *To k. matches away from children,* tenir les allumettes hors de la portée des enfants. *Nau:* **Keep (her) away!** arrivez! laissez arriver! faites porter! au large! **2.** *v.i.* Se tenir éloigné; s'écarter; se tenir à l'écart. **Keep away!** n'approchez pas! *He kept away for a few days,* il n'est pas venu durant quelques jours.

keep back. **1.** *v.tr.* (*a*) Arrêter (une armée); contenir, retenir (la foule). **To keep back one's tears,** refouler, retenir, ses larmes; se retenir de pleurer. (*b*) Retarder (les récoltes, etc.). (*c*) Retenir, détenir (l'argent de qn); taire, cacher (*news from s.o.*, des nouvelles à qn); dissimuler (la vérité). *To k. back ten shillings from a servant's wages,* retenir dix shillings sur les gages d'un domestique. **To keep things back (from s.o.),** faire des cachotteries (à qn). **2.** *v.i.* Se tenir en arrière ou à l'écart. **Keep back!** n'avancez pas!

keeping back, *s.* (*a*) Arrêt *m* (d'une armée, etc.); retenue *f* (d'une inondation, etc.). (*b*) Retardement *m* (des récoltes, etc.). (*c*) Rétention *f*, retenue, détention *f* (d'argent, etc.); défense *f* de publier (une nouvelle); dissimulation *f* (de la vérité).

keep down. **1.** *v.tr.* (*a*) Empêcher (qch.) de monter. *He could not k. his food down,* il ne pouvait pas garder sa nourriture. (*b*) *She kept her head down,* elle se tenait la tête baissée. (*c*) Contenir, réprimer (une révolte); tenir (un peuple) dans la soumission; comprimer (sa colère, ses sanglots); empêcher (qn) de se relever; empêcher de pousser (les mauvaises herbes). (*d*) **To keep prices down,** maintenir les prix bas; empêcher les prix de monter, d'augmenter; enrayer la hausse. **2.** *v.i.* (*a*) Se tapir; rester tapi; se tenir accroupi. (*b*) (*Of wind or sea*) Rester calme.

keep from, *v.i.* S'abstenir de (faire qch.). *I can't k. from laughing,* je ne peux pas m'empêcher de rire. *I could not k. from giving expression to my admiration,* je ne pus me retenir de lui exprimer mon admiration.

keep in. **1.** *v.tr.* (*a*) Retenir (qn) à la maison; empêcher (qn) de sortir. *Sch:* **To keep a pupil in,** mettre un élève en retenue; consigner un élève; *F:* coller (une privation de sortie à) un élève. (*b*) (i) Retenir, empêcher (l'eau, etc.) de sortir (d'un réservoir). (ii) Contenir, retenir (sa colère). (*c*) Entretenir (un feu). (*d*) *F:* **To keep one's hand in,** s'entretenir la main; se tenir en haleine. *I play a game every day to k. my hand in,* je fais une partie tous les jours pour ne pas me rouiller. **2.** *v.i.* (*a*) (*Of pers.*) Rester à la maison; garder la maison. (*b*) (*Of fire*) Rester allumé. (*c*) *F:* **To keep in with s.o.,** rester bien avec qn; rester en bons termes avec qn. (*Of commercial traveller, etc.*) *To k. in with a customer, F:* arroser un client.

keeping in, *s. Sch:* Détention *f*, retenue *f* (d'un élève).

keep off. I. (*Adverbial use*) **1.** *v.tr.* (*a*) Ne pas mettre (son chapeau). (*b*) **Keep your hands off!** n'y touchez pas! (*c*) Éloigner, écarter (qn, la foule). *The wind will k. the rain off,* le vent empêchera la pluie. *She carried a parasol to k. off the sun,* elle portait une ombrelle pour se protéger, pour s'abriter, du soleil. **2.** *v.i.* (*Of pers.*) S'éloigner; se tenir éloigné; se tenir à l'écart. *If the rain keeps off,* si nous n'avons pas de pluie. *Nau:* (*To small boat*) **Keep off!** au large!

II. **keep off,** *v.i.* (*Prepositional use*) Éviter (qch.). *I kept off the subject,* j'ai évité la question; je ne lui en ai pas touché mot. *Nau:* **To keep off the wind,** s'écarter du lit du vent. *See also* GRASS[1] 2.

keep on. **1.** *v.tr.* (*a*) Garder, ne pas ôter (son chapeau); empêcher de tomber (un vêtement). *K. your hat on,* restez couvert. *It was so windy I could not k. my hat on,* le vent était si fort que je ne pouvais empêcher mon chapeau de s'envoler. *See also* HAIR 1, SHIRT 1. (*b*) Garder, ne pas renvoyer (un domestique); entretenir (le feu). *I hope I'll be kept on,* j'espère garder ma place. **2.** *v.i.* (*a*) *Buttons that do not k. on,* boutons *m* qui ne tiennent pas. (*b*) Avancer; aller toujours; continuer sa route; aller son train. (*c*) **To keep on doing sth.,** continuer de, à, faire qch.; ne pas cesser de faire qch.; être toujours à faire qch. *He keeps on coming,* il vient tout le temps. *The dog keeps on barking,* le chien ne fait qu'aboyer. *To k. on saying the same thing,* répéter tout le temps la même chose. *He keeps on repeating that . . .,* il répète sans trêve que. . . . *He keeps on asking silly questions,* il n'a jamais fini de faire des questions saugrenues. *Sp:* *The side keeps on being altered,* on apporte sans cesse des changements à l'équipe. *He keeps on hoping,* il s'obstine à espérer. *F:* **To keep on at s.o.,** tracasser qn; harceler qn; être toujours sur le dos de qn.

keep out. **1.** (*Adverbial use*) (*a*) *v.tr.* Empêcher d'entrer (qn, la lumière, la pluie). *To wear a shawl to k. out the cold,* porter un châle pour se garantir du froid. (*b*) *v.i.* Se tenir dehors; rester dehors ou en dehors. *If England had kept out in* 1914, si l'Angleterre s'était abstenue, s'était dérobée, en 1914. **2.** **To keep out of.** (*a*) *v.tr.* *Landlord kept out of his rents,* propriétaire frustré de ses loyers. (*b*) *v.i.* *To k. out of a quarrel,* ne pas se mêler d'une querelle. *To k. out of danger,* rester à l'abri du danger; se dérober au danger. *See also* MISCHIEF 2, WAY[1] 2.

keeping out, *s.* Exclusion *f* (de qn, qch.).

keep over, *v.tr.* Garder (un excédent d'argent, etc.) en réserve.

keep to. **1.** (*Prepositional use*) (*a*) *v.tr.* *To k. s.o. to his promise,* exiger de qn qu'il tienne sa promesse. *It is difficult to k. these students to the career of a teacher,* il est difficile de maintenir ces étudiants dans la carrière de l'enseignement. (*b*) *v.i.* S'en tenir à (une résolution, un projet); ne pas se départir de (la vérité). *To k. to the pattern,* se conformer au modèle. *I k. to plain food,* je m'en tiens aux aliments simples. *To k. to a strict diet,* s'astreindre à un régime sévère. *They k. to the same room,* ils se tiennent toujours dans la même salle. **To keep to one's room, to one's bed,** garder la chambre, le lit. *To k. to the main road,* suivre la grande route. **To keep to the left, to the right,** tenir la gauche, la droite. *To k. to the north,* se diriger vers le nord. **They keep to themselves,** ils font bande à part. **2.** (*Adverbial use*) *Nau:* **To keep her to,** tenir le vent.

keep together. **1.** *v.tr.* Tenir ensemble, unir (des personnes, des choses). *See also* BODY[1] 1. **2.** *v.i.* (*a*) Rester ensemble; ne pas se séparer. (*b*) Rester unis.

keep under, *v.tr.* Tenir (qn) dans la soumission; tenir soumis (le peuple); réprimer, dompter, maîtriser (ses passions); dompter (un incendie). *He needs keeping under,* il a besoin d'être maté. *Nau:* *To k. the water under with the pumps,* étaler la voie d'eau avec les pompes.

keep up. **1.** *v.tr.* (*a*) Empêcher de tomber (un mur, son pantalon); soutenir (qn). *To k. up a horse,* tenir un cheval (qui bronche). *To k. up a sinking man,* empêcher un noyé de couler; soutenir un homme qui se noie. (*b*) Tenir (la tête) haute, droite; tenir (la main) levée. (*c*) **To keep prices up,** maintenir les prix fermes, en hausse. (*d*) Entretenir (un bâtiment, une route, un feu); maintenir (une armée); maintenir (une maison, une voiture) en bon état. *One must have tons of money to k. up such an establishment,* il faut des mille et des cents pour supporter un train de maison pareil. (*e*) Conserver (un usage); entretenir (une correspondance, son grec); prolonger (des applaudissements). *They have kept up the friendship,* ils sont restés amis. *Abs.* **To keep up with s.o.,** entretenir une correspondance avec qn; rester en relations avec qn. *To k. up a sport,* s'entretenir dans la pratique d'un sport. *To k. up one continuous shout,* ne faire, ne jeter, qu'un cri. *To k. up the pace,* conserver l'allure. *To k. up the fun,* continuer de s'amuser. *F:* **Keep it up!** allez toujours! continuez! *We are doing well, but we must k. it up,* cela marche bien, mais il faut que ça continue. *I could not k. it up any longer,* j'ai dû (y) renoncer. *See also* BALL[1] 1, RUNNING[1] 1, STEAM[1]. (*f*) Soutenir (l'intérêt, etc.); soutenir, maintenir (son courage). *To k. up a part without faltering,* soutenir un rôle sans défaillir. **Keep up your courage!** haut les cœurs! **To keep up appearances,** garder, sauver, les apparences. *See also* END[1] 1, STRENGTH. (*g*) **To keep s.o. up (at night),** faire veiller qn; empêcher qn de se coucher. *I don't want to k. you up,* je ne veux pas vous faire coucher tard. *We kept the children up,* nous avons couché les enfants plus tard que d'habitude. **2.** *v.i.* (*a*) Ne pas se laisser abattre; (*of weather*) se maintenir; (*of prices*) se maintenir (en hausse). (*b*) (*Of pers.*) Veiller; ne pas se coucher. (*c*) **To keep up with s.o.,** marcher de front avec qn; aller de pair avec qn. *I can't k. up with you,* vous marchez, parlez, etc., trop vite pour moi. **To keep up with the times,** être de son temps; *F:* se maintenir à la page.

keeping up, *s.* (*a*) Entretien *m* (d'un bâtiment, d'une route); maintien *m* (d'une armée). (*b*) Conservation *f* (d'un usage).

keeping, *s.* **1.** (*a*) Observation *f* (d'une règle, d'une promesse). (*b*) Célébration *f* (d'une fête). **Keeping of the Sabbath,** sanctification *f* du dimanche. **2.** (*a*) Entretien *m* (d'un jardin, etc.). (*b*) *Com:* **Keeping of the books,** comptabilité *f*; tenue *f* des livres. *See also* BOOK-KEEPING, TIME-KEEPING. (*c*) Élevage *m* (de poules, etc.). (*d*) Tenue (d'un magasin). **3.** *K. to the right, to the left,* tenue à droite, à gauche. **4.** (*a*) Conservation *f* (de fruits, etc.). **Good keeping wine,** vin *m* de garde. (*b*) *Ind: etc:* *K. of spares,* conservation de rechanges. **5.** Garde *f*. **Worth keeping,** de bonne garde. *Revenge loses nothing with k., F:* la vengeance est un plat qui se mange froid. **To have s.o., sth., in one's keeping,** avoir qn, qch., en garde, sous sa garde. **To be in s.o.'s keeping,** être sous la garde de qn. *In God's k.,* à la garde de Dieu. *God have her soul in His k.,* Dieu ait son âme. *See also* FINDING 2, SAFE-KEEPING. **6.** **In keeping with . . .,** en harmonie, en accord, en rapport, avec . . .; à l'unisson de . . .; qui s'accorde avec . . .; qui convient à. . . . *Carpet in k. with the curtains,* tapis assorti aux rideaux. *Conduct in k. with his nature,* conduite *f* à l'avenant de son caractère. *Actions in k. with his principles,* actions *f* conformes à ses principes. *Their action was in k.,* ils se sont conduits à l'avenant. **Out of keeping with . . .,** peu en harmonie avec . . .; en désaccord avec. . . .

keeper ['ki:pər], *s.* **1.** (*Pers.*) (*a*) Garde *m*, gardien *m*; surveillant *m*, gardien (de prison); gardien (d'un aliéné); conservateur *m* (de musée, de bibliothèque); gardeur, -euse (de troupeaux). *Metall:* Garde-feu *m*, *pl.* gardes-feu (de haut fourneau). **Park-keeper, lighthouse-keeper,** gardien de parc, de phare. **The Keeper of the Seals,** le Garde des sceaux. *See also* GATE-KEEPER, GOAL-KEEPER, RING-KEEPER 2. (*b*) = GAMEKEEPER. (*c*) Personne qui tient un établissement; tenancier, -ière (de tripot, etc.). *K. of a railway bookstall,* préposé, -ée, de bibliothèque de chemin de fer. **Boarding-house keeper,** patron, -onne, d'une pension de famille. (*d*) *K. of the laws,* observateur *m* des lois. *K. of a secret,* dépositaire *m* d'un secret. *See also* BOOK-KEEPER, TIME-KEEPER. **2.** *Tchn:* (*Device*) (*a*) (*Pawl, click*) Détente *f*, cliquet *m*. (*b*) (*Lock-nut*) Contre-écrou *m*, *pl.* contre-écrous. (*c*) *Locksm:* Gâche *f* (de serrure). (*d*) Mentonnet *m* (de loquet); auberon *m* (de verrou). (*e*) Arrêtoir *m*, bosse *f* (de chaîne); *Nau:* bosse (de cordage). (*f*) *Harn:* Passant *m*. **Sliding keeper,** passant coulant. (*g*) *El:* Armature *f*, armure *f*, contact *m* (d'un aimant). **3.** Bague *f* de sûreté (portée au doigt pour en empêcher une autre de glisser); jonc *m*. **4.** **Apple that is a good keeper,** pomme *f* de bonne garde.

keepsake ['ki:pseik], *s.* Souvenir (donné à qn). **For a keepsake,** en souvenir.

keg [keg], *s.* Caque *f* (de harengs); barillet *m*, baricaut *m* (d'eau-de-vie, etc.). *Nau:* Tonnelet *m* (d'eau potable).

kelly ['keli], *s. U.S:* *P:* Chapeau *m* melon.

kelp [kelp], *s.* **1.** Varech *m*. **Kelp gatherer,** ramasseur, -euse, de varech. **2.** *Ch:* *Ind:* Soude *f* des varechs; soude brute.

kelpie ['kelpi], *s.* **1.** *Scot:* **(Water-)kelpie,** esprit *m* des eaux (auquel la superstition donne la forme d'un cheval, et qui prend son plaisir à noyer les voyageurs). **2.** (*In Australia*) Chien métis.

kelson [ˈkelsən], *s.* = KEELSON.
kelt[1] [kelt], *s. Pisc: Scot:* (*Salmon*) Charognard *m.*
Kelt[2], *s.*, **Keltic** [ˈkeltik], *a.* = CELT[2], CELTIC.
kelvin [ˈkelvin], *s.* **1.** *El.Meas:* Kilowatt-heure *m*, *pl.* kilowatt-heures. **2.** *Ph:* **Kelvin scale,** échelle Kelvin, échelle absolue (de températures).
kemp [kemp], *s. Tex:* Jarre *m* (dans la laine).
kempy [ˈkempi], *a. Tex:* (*Of wool*) Jarreux.
ken[1] [ken], *s.* **Within s.o.'s ken,** (i) à portée de la vue de qn; (ii) dans les connaissances, dans la compétence, de qn. **Out of, beyond, s.o.'s ken,** (i) hors de la vue de qn; (ii) hors de la compétence de qn.
ken[2], *v.tr.* (*p.t.* **kenned, kent;** *p.p.* **kent;** *pr.p.* **kenning**) *Dial:* (*Scot.*) = KNOW[2]. *A kent face*, un visage connu.
kennel[1] [kenl], *s.* **1.** (*a*) Chenil *m* (de chiens de chasse). **The hunt kennel(s),** le chenil de la meute. **Kennel management,** la conduite du chenil. (*b*) Établissement *m* d'élevage de chiens. *Kennels that have produced many champions*, établissement qui a produit plusieurs champions. **To buy a dog from a good kennel,** acheter un chien chez un bon éleveur. (*c*) *F:* Bouge *m*, taudis *m*, trou *m*, chenil. **2.** (*a*) Loge *f*, niche *f* (de chien de garde, etc.). (*b*) *Ven:* Terrier *m* (de renard). **3.** *Ven:* (*a*) **The kennel,** la meute. (*b*) *K. of wolves*, bande *f* de loups.
'kennel lameness, *s. Vet:* Rhumatisme *m* des chiens de chasse.
'kennel-maid, *s.f.* Employée d'éleveur de chiens.
'kennel-work, *s.* Élevage *m* des chiens.
kennel[2], *v.* (**kennelled; kennelling**) **1.** *v.i.* (*a*) (*Of dog*) Se nicher, se loger. (*b*) (*Of fox*) Se terrer. **2.** *v.tr.* (*a*) *To k. the dogs*, mettre les chiens dans le chenil; faire entrer les chiens au chenil. (*b*) **To kennel (up) a dog,** tenir un chien au chenil ou dans sa niche.
kennel[3], *s.* Ruisseau *m* (de rue).
'kennel-stone, *s.* Caniveau *m.*
kennelman, *pl.* **-men** [ˈkenlmən, -men], *s.m.* Valet de chenil.
kenogenesis [kenoˈdʒenesis], *s.* = CENOGENESIS.
kenosis [keˈnousis], *s. Theol:* Kénôse *f.*
kent [kent]. *See* KEN[2].
Kentish [ˈkentiʃ]. **1.** *a. Geog:* Du comté de Kent. *Geol: Const:* **Kentish rag,** calcaire *m* du Kent. *F:* **Kentish fire,** applaudissements prolongés (souvent ironiques); ovation *f* ou huées *f.* **2.** *s.* Le dialecte du Kent.
kentledge [ˈkentledʒ], *s. Nau:* Lest (permanent) en gueuses; gueuse *f* (de fer); saumon *m* de fonte.
Kentuckian [kenˈtʌkiən], *a.* & *s. Geog:* (Natif *m*, originaire *m*) du Kentucky.
Kentucky [kenˈtʌki]. *Pr.n. Geog:* Le Kentucky.
Kenya [ˈkiːnja]. *Pr.n. Geog:* Kenia *m.*
keps [keps], *s.pl. Min: Dial:* (= *keeps*) Clichages *m*, taquets *m* (de cage).
kept [kept]. *See* KEEP[2].
keratectomy [keraˈtektomi], *s. Surg:* Kératectomie *f.*
keratin [ˈkeratin], *s. Ch: Physiol:* Kératine *f.*
keratinization [keratinaiˈzeiʃ(ə)n], *s. Physiol:* Kératinisation *f.*
keratinized [ˈkeratinaizd], *a. Med: Physiol:* Kératinisé.
keratinous [keˈratinəs], *a.* = CERATINOUS.
keratitis [keraˈtaitis], *s. Med:* Kératite *f.*
keratogenous [keraˈtɔdʒenəs], *a.* = CERATOGENOUS.
keratoid [ˈkeratɔid], *a.* = CERATOID.
keratose [ˈkeratous], *a.* Kératique.
keratosed [ˈkeratoːuzd], *a.* Kératinisé.
keratosis [keraˈtousis], *s. Med:* Kératose *f.*
keratotomy [keraˈtɔtomi], *s. Surg:* Kératotomie *f.*
kerb[1] [kəːrb], *s.* **1.** (*a*) Bordure *f* du trottoir; garde-pavé *m inv. Stone k.*, bordage *m* de pierres. *Edge of the k.*, arête vive du trottoir. *To slip off the k.*, glisser au défaut du trottoir. *Car drawn up at the k.*, auto *f* en stationnement (le long du trottoir). (*b*) *St.Exch:* (i) **Business done on the kerb,** opérations *fpl* après clôture de Bourse. (ii) *U.S:* **Kerb(-stone) broker,** coulissier *m.* **The Kerb(-stone) market,** la coulisse. *Cf.* CURB[1] 2. **2.** Margelle *f* (de fontaine, de puits).
'kerb-stone, *s.* **1.** Pierre *f* de parement du trottoir. **2.** = KERB[1] 1.
kerb[2], *v.tr.* Border (un puits, le trottoir); mettre la bordure (au trottoir).
kerchief [ˈkəːrtʃif], *s.* **1.** *Cost:* (*a*) (*For head*) Fanchon *f*, marmotte *f*; mouchoir *m* de tête. (*b*) Fichu *m*, pointe *f.* **2.** *Poet:* = HANDKERCHIEF.
kerf [kəːrf], *s.* **1.** (*a*) Trait *m* de scie; voie *f* de scie. (*b*) *Metalw:* (**Torch-cut**) **kerf,** trait de chalumeau. **2.** Bout coupé, surface *f* de coupe (d'un arbre abattu). **3.** *Min:* Havage *m*; saignée *f.*
Kerman [kəːrˈmɑːn]. *Pr.n. Geog:* La Car(a)manie.
kermes [ˈkəːrmiz], *s.* **1.** (*a*) *Ent: Dy:* Kermès (animal). (*b*) *Bot:* **Kermes (oak),** chêne *m* kermès. **2.** *A.Pharm:* Kermès (minéral).
kermesite [ˈkəːrmezait], *s. Miner:* Kermésite *f.*
kermess [ˈkəːrmes], **kermis** [ˈkəːrmis], *s.* **1.** Kermesse *f*; foire annuelle des Flandres. **2.** *U.S:* **Kermess,** fête *f* de charité; kermesse.
kern[1] [kəːrn], *s. Typ:* Crénage *m* (d'un caractère).
kern[2], *v.tr. Typ:* Créner (un caractère). **Kerned letter,** lettre crénée.
kerning, *s.* Crénage *m.*
kern[3], **kerne** [kəːrn], *s. Hist:* Fantassin irlandais.
kernel [ˈkəːrnəl], *s.* **1.** (*a*) Amande *f* (de noisette, de noyau); pignon *m* (de pomme de pin). (*b*) Grain *m* (de céréale); graine *f* (de légumineuse). **2.** *Med: Dial:* Glande engorgée. **Wax(ing) kernels,** états *m* ganglionnaires de l'enfance. **3.** *F:* (*a*) Noyau *m* (d'une structure, etc.). (*b*) **The kernel of the matter,** le fond, l'essentiel *m*, de l'affaire.
kerosene [ˈkerosiːn], *s.* **1.** *Ch:* Kérosène *m.* **2.** *Com: U.S:* Pétrole lampant; *F:* pétrole.
kerria [ˈkeria], *s. Bot:* Kerrie *f* (du Japon).
Kerry blue [ˈkeriˈbluː], *s.* Variété de terrier irlandais.
kersey [ˈkəːrzi], *s. Tex:* Créseau *m.*
kerseymere [ˈkəːrzimiːər], *s. Tex:* Casimir *m.*
kestrel [ˈkestrəl], *s. Orn:* (Faucon *m*) crécerelle *f*; émouchet *m.*
ketch [ketʃ], *s. Nau:* **1.** *A:* Ketch *m*, quaiche *f*, caiche *f.* **2.** Dundee *m*, dindet *m.*
ketchup [ˈketʃəp], *s.* **Tomato ketchup, mushroom ketchup,** sauce piquante à base de tomates, de champignons.
ketene [ˈkiːtiːn], *s. Ch:* Cétène *m.*
ketol [ˈkiːtəl], *s. Ch:* Indol *m.*
ketone [ˈkiːtoun], *s. Ch:* Cétone *f.*
kettle [ketl], *s.* **1.** (*a*) (*For boiling water*) Bouilloire *f. See also* POT[1] 1. (*b*) (*For cooking*) Chaudron *m*; (*large*) chaudière *f. Mil:* **Camp-kettle,** marmite *f.* **Mess-kettle,** gamelle *f. See also* FISH-KETTLE. *F:* **Here's a pretty, a fine, a nice, kettle of fish!** en voilà une belle besogne, une jolie affaire, un beau gâchis! *This is another k. of fish!* en voici bien d'une autre! **2.** *Geol:* **Kettle(-hole), giant's kettle,** marmite de géants, chaudière de géant.
'kettle-drum, *s. Mus:* Timbale *f. To play the kettle-drums*, battre des timbales; blouser les timbales.
'kettle-drummer, *s. Mus:* Timbalier *m.*
'kettle-holder, *s. Dom.Ec:* Poignée *f* de bouilloire (en drap, etc.).
kevel [kevl], *s. Nau:* Gros taquet; oreille *f* d'âne.
'kevel-head, *s.* Bitton *m.*
key[1] [kiː], *s.* **1.** (*a*) Clef *f*, clé *f* (de serrure, de porte). **Pin key,** clef bénarde. **Piped key,** clef forée. *To put the key in the lock*, introduire la clef dans la serrure. *To leave the key in the lock, in the door*, laisser la clef dans la serrure, sur la porte. *F:* **To have, get, the key of the street,** se trouver sans asile; être forcé de coucher à la belle étoile; être mis à la porte. *Gibraltar, the key to the Mediterranean*, Gibraltar, clef de la Méditerranée. *It was the key to his success*, cela lui ouvrit les portes du succès. **To hold the keys of one's own fate,** être maître de sa destinée. *Pol.Ec:* **Key industry,** industrie *f* clef. **Key man** (*in industry*), pivot *m. Prov:* **A golden key opens every door; money is a golden key,** l'argent est un bon passe-partout. *See also* CROSS-KEYS, GREEK 1, LATCH-KEY, LOCK[2] 1, MASTER-KEY, SKELETON[1] 2, SPLIT[3] 1. (*b*) *pl. Theol:* **Power of the keys,** pouvoir *m* des clefs. (*c*) **The (House of) Keys,** le Parlement de l'Ile de Man. **2.** (*a*) Clef (d'une énigme, d'un mystère, etc.). *Key to a cipher*, clef d'un chiffre. *I hold the key to the puzzle*, je tiens le mot de l'énigme. *Chess:* **Key move,** premier coup (de la solution d'un problème). (*b*) Légende *f* (d'une carte, etc.). **Key numbers** (*on a squared map*), numéros *m* de repérage. (*c*) *Sch:* Corrigé *m*; livre *m* du maître; traduction *f* (du texte au programme); solutions *fpl* (des problèmes). **3.** (*a*) *Mus:* **Major, minor, key,** ton majeur, mineur. *The key of C*, le ton d'ut. *Relative minor key*, ton relatif mineur. *To transpose a piece to a higher key*, élever le ton d'un morceau. *F:* **To speak in a high key,** parler sur un ton haut; avoir le verbe haut. *To sigh in every key*, pousser des soupirs sur tous les tons. (*b*) *Art: Phot: Cin:* Caractéristique *f* de luminosité (d'un tableau, d'une image). *Landscape in a light key*, paysage *m* d'une tonalité claire. *Picture painted in a low key*, tableau peint dans des tons sobres. *Cin:* **High-key, low-key, picture,** image lumineuse, sombre. **Middle-key picture,** image normale. **4.** (*a*) Touche *f* (de piano, d'orgue). *F:* **To touch the right key,** toucher la corde sensible. (*b*) Touche (de machine à écrire). *Tp:* Clef, touche (d'appel, etc.). **Listening key,** clef d'écoute. *Tg:* **Morse key, signalling key,** clef Morse; manipulateur *m*, manette *f. Artil:* **Firing key,** détente *f. See also* BREAK-KEY, SHIFT-KEY, SHIFT-LOCK, SWITCH-KEY. (*c*) Clef (d'instrument à vent); plateau *m* (d'une flûte Boehm, etc.). *See also* BUGLE[1] 2. **5.** *Tchn:* (*a*) Clef, carotte *f* (de robinet). *See also* CRUTCH-KEY, TUNING-KEY. (*b*) (*Spanner*) **Screw-key,** clef à écrous. (*c*) Remontoir *m* (de pendule, de locomotive d'enfant, etc.). *See also* WATCH-KEY, WINDING-KEY. **6.** (*a*) Clef, clavette *f*, cale *f*, coin *m. Carp:* *Through-tenon joint with key*, assemblage *m* à tenon passant avec clef. *Mec.E:* **Set key,** coin prisonnier. *See also* NOSE-KEY, SHAFT-KEY. (*b*) *El:* Fiche *f. See also* PLUG-KEY. **7.** (*a*) *To rough brickwork to give the plaster a key*, piquer la maçonnerie pour donner de la prise au plâtre. (*b*) *Carp:* Adent *m* (pour empêcher une poutre, etc., de glisser). **8.** *Bot:* Samare *f* (de frêne, d'érable).
'key-action, *s. Mus:* Mécanisme *m* des touches (d'un piano).
'key-bit, *s.* Panneton *m* de clef.
'key-bolt, *s.* Boulon *m* à clavette.
'key-bugle, *s. Mus:* Bugle *m.*
'key-case, *s.* Étui *m* porte-clefs.
'key-chain, *s.* Chaînette *f* porte-clefs.
'key-drift, *s.* Chasse-clavette *m*, *pl.* chasse-clavettes; chasse-clef *m*, *pl.* chasse-clefs.
'key-drop, *s.* Cache-entrée *f inv* (de serrure).
'key-file, *s.* Lime *f* à garnir; lime à bouter.
'key-money, *s.* Denier *m* à Dieu; arrhes (données en louant un appartement ou une maison).
'key-note, *s. Mus:* Tonique *f. F:* *This was the k.-n. of his speech*, ç'a été la note dominante, l'idée dominante, de son discours. *K.-n. of a policy*, mot *m* d'ordre d'une politique. *Quality was the k.-n. of the exhibition*, l'exposition *f* a eu lieu sous le signe de la qualité.
'key-pin, *s.* Broche *f* de serrure.
'key-plate, *s.* Écusson *m*; entrée *f* de serrure.
'key-rack, *s.* Tableau *m* (pour clefs).
'key-ring, *s.* Anneau brisé (pour clefs); porte-clefs *m inv.*
'key-seat, *s.* = KEY-WAY 2. *Tls:* **Key-seat rule,** règle cornière pour tracer les rainures de clavetage; règle pour transmissions.
'key-'signature, *s. Mus:* Armature *f* (de la clef); signes accidentels, signes constitutifs. *To put the k.-s. to a piece of music*, armer la clef.

ˈ**key-slot,** *s.* = KEY-WAY 2.

ˈ**key-way,** *s.* **1.** Entrée *f* de serrure. **2.** Rainure *f* de clavette, de clavetage, de cale; logement *m* de clef; chemin *m*, mortaise *f*, de clavette; cannelure *f*. **Key-way cutting machine,** machine *f* à fraiser ou à mortaiser les rainures de cales. **Key-way cutting tool,** outil *m* à rainer; machine à canneler portative.

ˈ**key-wedge,** *s.* *Mec.E:* Cale *f*.

ˈ**key-word,** *s.* Clef *f*; clé *f*; mot-clé *m*, *pl.* mots-clés; mot *m* d'explication.

key², *v.tr.* **1.** (*a*) *Mec.E:* Clavet(t)er, coincer, caler (*a pulley on, to, a spindle*, une poulie sur un arbre). **Keyed on,** clavet(t)é; monté à clavette(s). *Rail: To key the rails,* coincer les rails. (*b*) *Carp:* Adenter (une planche). **2.** *Mus: To key (up) the strings of an instrument,* accorder un instrument. *F:* **To key s.o. up to doing sth.,** mettre du cœur au ventre à qn pour l'amener à faire qch. *Crowd keyed up for the match,* foule tendue dans l'attente du match. **3.** *Arch:* **To key (in) an arch,** bander une voûte. **4.** *Com:* **To key one's publicity,** assurer le repérage de sa publicité (par des particularités dans les annonces, etc.).

keyed, *a.* **1.** *Mus:* (Instrument *m*) à touches. **2.** *Mec.E:* (Assemblage *m*, boulon *m*) à clavette. **Keyed plates,** plaques goujonnées. **3.** *Arch:* **Keyed arch,** arc *m*, arche *f*, à clef.

keying, *s.* **1.** *Mec.E:* Clavet(t)age *m*, calage *m*, coinçage *m*. **Keying hammer,** marteau *m* chasse-coins. **Keying wedge,** coin *m* de calage. **2.** *Mus:* Accordage *m* (d'un piano). **3.** *Arch:* **Keying (in) of an arch,** clavage *m* d'une voûte.

key³, *s.* *Geog:* Caye *f*; îlot *m* à fleur d'eau.

keyboard [ˈkiːbɔːrd], *s.* **1.** Clavier *m* (de piano, de machine à écrire, d'appareil de Hughes, etc.); clavecin *m* (de carillon). *Typewr: Four-bank k.,* clavier à quatre rangées de touches. **Pedal keyboard,** clavier des pédales (d'un orgue). **2.** (*In hotel*) Porte-clefs *m inv*; tableau *m*.

keyhole [ˈkiːhoul], *s.* (*a*) Entrée *f* de (la) clef; trou *m* de (la) serrure. *To look through the k.,* regarder par le trou de la serrure. **Keyhole saw,** scie *f* à guichet; scie d'entrée. (*b*) Trou de clef (de pendule, de montre).

keyless [ˈkiːləs], *a.* Sans clef. *See also* WATCH¹ 5.

keyman, *pl.* **-men** [ˈkiːmən, -men], *s.m.* *U.S:* Télégraphiste.

keystone [ˈkiːstoun], *s.* Clef *f* de voûte; claveau droit; clausoir *m*; voussoir *m* de clé. **Ornamental keystone,** agrafe *f*. **Hanging keystone,** clef pendante. *To put the k. in place,* fermer la voûte. *F: Considerations which are the keystone of a policy,* considérations qui constituent la clef de voûte, le pivot, d'une politique. *U.S:* **The Keystone State,** la Pensylvanie. *Cin:* **Keystone effect,** distorsion due à un angle de projection excessif. **Keystone picture,** image raccourcie vers le haut ou vers le bas.

Kezia(h) [keˈzaiə]. *Pr.n.f. B.Hist:* Ketsia.

khaki [ˈkɑːki]. **1.** *s.* *Tex:* Kaki *m*. *F:* **To get into khaki,** endosser l'uniforme; se faire soldat. **2.** *a.* Kaki *inv*.

khamsin [ˈkamsin], *s.* Le khamsin *m* (vent du printemps en Égypte).

khan¹ [kan, kɑːn], *s.* (*Inn*) Kan *m*; caravansérail *m*.

khan², *s.* (*Chief*) Khan *m*, kan *m*.

khanate [ˈkanet, ˈkɑːnet], *s.* Kanat *m*.

Kharbin [ˈkɑːrbin], *s.* *Geog:* Kharbine *m*.

kharif [kaˈriːf], *s.* Saison *f* des pluies (au Soudan).

Khartum [kɑːrˈtuːm], *s.* *Geog:* Khartoum *m*.

Khedive [keˈdiːv], *s.* Khédive *m*.

Khediv(i)ate [keˈdiːv(i)et], *s.* Khédivat *m*, khédiviat *m*.

Khivan [ˈkiːvən], *a.* & *s.* *Geog:* Kivien, -ienne.

Khoras(s)an [kourɑˈsɑːn]. *Pr.n. Geog:* Le Khoraçan *m*.

khud [kud], *s.* (*In India*) Précipice *m*, ravin *m*.

ˈ**khud-stick,** *s.* Bâton *m* de montagnard.

Khyber [ˈkaibər]. *Pr.n. Geog:* **The Khyber Pass,** le Khaïber; la Passe de Khaïber.

kiang [kjaŋ], *s.* *Z:* = KYANG.

Kiangsu [kiaŋˈsu]. *Pr.n. Geog:* Le Kiang-Sou *m*.

Kiao-chau, -chow [kiauˈtʃau]. *Pr.n. Geog:* Kiao-Tchéou.

kibble¹ [kibl], *s.* *Min:* Benne *f*, cuf(f)at *m*, tonne *f*, tine *f*.

kibble², *v.tr.* Égruger (le blé, etc.).

kibbling, *s.* Égrugeage *m*.

ˈ**kibbling-mill,** *s.* Moulin *m* à égruger.

kibe [kaib], *s.* Engelure *f*, gerçure *f* (surtout au talon); mule *f*. *F:* **To tread on s.o.'s kibes,** marcher sur les pieds de qn; froisser (les susceptibilités de) qn.

kibosh¹ [ˈkaibɔʃ, kiˈbɔʃ], *s.* *P:* **1.** Bêtises *fpl*; de la blague. **2. To put the kibosh on s.o., on sth.,** faire son affaire à qn; esquinter, bousiller, qch.; mettre fin à qch.

kibosh² [ˈkaibɔʃ], *v.tr.* *P:* Faire avorter (une affaire); mettre fin à (une affaire).

kick¹ [kik], *s.* **1.** (*a*) Coup *m* de pied. *Fb:* **Free kick,** coup de pied franc. *See also* DROP-KICK, PENALTY 2, PLACE-KICK. *Danc:* **High kick,** battement *m*. *F:* **To get more kicks than ha'pence,** recevoir plus de coups que de pain, que de gages, que de caresses. **To get the kick,** être saqué; être mis à pied. (*b*) Ruade *f* (d'un cheval, etc.). **2.** (*a*) Vigueur *f*, énergie *f*. *If the horse had any k. in him . . .,* si le cheval était plus fringant. . . . *F:* **He has no kick left in him,** il est complètement abattu; il est à plat. (*b*) *F:* **A drink with a kick in it,** une boisson qui vous remonte, qui gratte. **I get quite a kick out of skiing,** ça me remonte de faire du ski. *I don't get much k. out of it,* ça m'intéresse peu; ça ne me fait pas grand effet. (*c*) Résistance *f*, opposition *f*. **To have a kick against, at, sth.,** regimber contre qch. (*d*) *U.S:* *F:* Plaintes *fpl*, critiques *fpl*. **You've no kick coming!** c'est pas à vous de vous plaindre! *I've no k. coming,* je ne me plains pas. **3.** (*a*) Recul *m*, réaction *f*, repoussement *m*, bourrade *f*, gifle *f* (d'un fusil); cahot *m*, secousse *f* (d'un mécanisme, etc.). (*b*) *I.C.E:* = KICK-BACK. (*c*) *Nau:* (*Order to engine-room*) **One kick ahead, astern!** un tour en avant, en arrière! **4.** *Fb:* (*Kicker*) **A good, bad, kick,** joueur *m* qui a un bon, un mauvais, coup de pied.

ˈ**kick-start(er),** *s.* *Motor Cy:* Pédale *f* de mise en marche; lanceur *m*; démarreur *m* au pied, à kick; *F:* kick *m*.

ˈ**kick-starting,** *s.* *Motor Cy:* Départ *m* au pied.

kick². **1.** *v.i.* (*a*) Donner un coup de pied, des coups de pied; *F:* gigoter; (*of animals*) ruer; lancer des ruades. *See also* TRACE³ 1. (*b*) (*Of pers.*) **To kick at, against, sth.,** regimber contre qch.; répugner à qch. *To k. at fate,* se cabrer contre son destin. *He kicked at that,* il s'est rebiffé. **To kick at doing sth.,** rechigner à faire qch. *P: He didn't k.,* il n'a pas fait de résistance; il s'est laissé faire; *P:* il n'a pas rouspété. *See also* PRICK¹ 2. (*c*) (*Of gun*) Reculer, repousser. (*d*) *Sp:* (*Of ball*) **To kick (up) high,** rebondir vivement. **2.** *v.tr.* (*a*) Donner un coup de pied, des coups de pied, à (qn, qch.); frapper (qn, qch.) du pied; pousser (qn, qch.) du pied; (*of horse, etc.*) détacher un coup de pied à (qn). *To get kicked,* recevoir des coups de pied. *He was soundly kicked,* il a reçu quelques bons coups de pied. *F:* **To kick a man when he's down,** donner le coup de pied de l'âne à qn. **He could have kicked himself** *for being so shy,* il s'en voulait de sa timidité. *I felt like kicking myself,* je me serais donné des claques. **To kick s.o. downstairs,** faire dégringoler l'escalier à qn. *F:* **To kick a public man upstairs,** limoger un homme politique en lui conférant une dignité. *F:* **To kick s.o.'s bottom,** botter qn; flanquer à qn un coup de pied quelque part. *P:* **To kick the bucket,** mourir, *P:* casser sa pipe, sa canne; lâcher la rampe; claquer. *See also* BEAM¹ 1, HEEL¹ 1, LADDER¹ 1. (*b*) **The gun kicked my shoulder,** j'ai reçu le recul du fusil sur l'épaule. (*c*) *Fb:* **To kick the ball,** botter le ballon. **To kick a goal,** marquer un but.

kick about. **1.** *v.i.* *F:* (*Of books, etc.*) **To lie kicking about the house,** traîner partout dans la maison. *To leave one's clothes kicking about the floor,* laisser traîner ses habits sur le plancher. **2.** *v.tr.* Envoyer (qch.) de côté et d'autre à coups de pied. *They were kicking the ball about,* ils se relançaient le ballon.

kick aside, *v.tr.* Écarter (qch.) à coups de pied, d'un coup de pied.

kick away, *v.tr.* Repousser (qch.) du pied.

kick back. **1.** *v.i.* *I.C.E:* (*Of engine*) Donner des retours en arrière. **2.** *v.tr.* (*a*) **To kick s.o. back,** rendre un coup de pied à qn. *Do him an injury and he'll k. back,* faites-lui du tort et il vous le rendra. (*b*) *Fb:* Relancer (le ballon).

ˈ**kick-back,** *s.* *I.C.E:* Retour *m* en arrière; coup *m* de contre-allumage. *Aut: Starting-handle k.-b.,* retour de manivelle de mise en marche.

kick down, *v.tr.* Renverser (qch.) d'un coup de pied.

kick in, *v.tr.* **1.** Faire entrer (un animal) à coups de pied. **2. To kick the door in,** enfoncer la porte à coups de pied, d'un coup de pied.

kick off, *v.tr.* **1.** Enlever (qch.) d'un coup de pied. *To k. off one's shoe,* se défaire de sa chaussure d'un coup de pied. **2.** *Abs. Fb:* Donner le coup d'envoi; mettre le ballon en jeu.

kick-ˈoff, *s.* **1.** *Fb:* Coup *m* d'envoi; coup de pied de départ. *K.-o. at two o'clock,* la partie commence à deux heures. **2.** *A good kick-off from the spring-board,* un bon coup d'appel sur le tremplin.

kick out. **1.** *v.tr.* Chasser (qn) à coups de pied. **2.** *v.i.* (*Of horse*) Lancer des ruades. **3.** *v.tr.* *Fb:* **To kick** (*the ball*) **out** (*from the 25 line*), renvoyer (le ballon).

kick-ˈout, *s.* *Fb:* Renvoi *m*.

kick over, *v.tr.* Renverser (un seau, etc.) d'un coup de pied.

kick up, *v.tr.* Faire (de la poussière) en marchant, en manœuvrant, etc. *See also* DUST¹ 1, FUSS¹ 1, HEEL¹ 1, ROW⁴ 1, SHINDY.

kick-ˈup, *s.* **1.** *F:* Tapage *m*, boucan *m*, chahut *m*. **2.** *Mec.E:* Butée *f*. **3.** (*a*) *Mth: etc:* **Kick-up of a curve,** saut *m* brusque d'une courbe. (*b*) *Aut:* Courbure *f* du châssis. **Kick-up chassis,** châssis à arrière relevé. **4.** = KICK³ 1.

kicking¹, *a.* **1.** (Enfant *m*) qui gigote; (cheval *m*) qui rue. *See also* ALIVE 1. **2.** *Cr: Ten:* (Balle *f*) qui rebondit vivement.

kicking², *s.* **1.** Coups *mpl* de pied; (*of animal*) ruades *fpl*. **2.** Recul *m*, repoussement *m* (d'un fusil).

ˈ**kicking-strap,** *s.* *Harn:* Plate-longe *f*, *pl.* plates-longes.

ˈ**kick-and-ˈrush,** *a.* *Fb:* (Jeu *m*) peu scientifique, chaotique.

kick³, *s.* **1.** Culot *m* (d'une bouteille); cône *m* (de fond de bouteille). **2.** Mentonnet *m* (d'une lame de couteau pliant).

kicker [ˈkikər], *s.* **1.** (*a*) Donneur *m* de coups de pied. (*b*) *Fb:* Joueur *m*. (*c*) **High-kicker,** (i) *Th:* danseuse *f* de cancan, de chahut; (ii) *F:* chahuteur, -euse. **2.** (*a*) Cheval *m*, etc., qui rue; rueur, -euse. (*b*) *U.S:* *F:* (*Pers.*) Ronchonot *m*; rouspéteur, -euse.

kickshaw [ˈkikʃɔː], *s.* *A:* **1.** *Cu:* Friandise *f*. **2.** Bagatelle *f*, colifichet *m*.

kid¹ [kid], *s.* **1.** (*a*) *Z:* Chevreau *m*, *f.* chevrette. *Astr:* **The Kids,** les Chevreaux. (*b*) (Peau *f* de) chevreau, cabron *m*. **Kid gloves,** *Com:* **kids,** gants *m* (en peau) de chevreau. **Glacé-kid** *gloves,* gants glacés. *You can't fight your way through life with kid gloves,* la vie ne se prend pas avec des gants. *F:* **To handle s.o. with kid gloves,** ménager qn. **2.** *F:* (*a*) Mioche *mf*, gosse *mf*, gamin, -ine; *P:* loupiau *m*, loupiot *m*; gosseline *f*. (*b*) *U.S:* *F: Say, kid . . .,* dis-moi, mon petit, ma petite. . . . **3.** *pl.* *Med:* *F:* **Kids,** (i) maladies enfantines; (ii) salle *f* des enfants (dans un hôpital).

ˈ**kid-ˈglove,** *attrib.a.* *F:* **1.** (Soirée *f*, etc.) d'apparat. *It will be a k.-g. affair,* il faudra se mettre en grande tenue. **2. Kid-glove philanthropist,** philanthrope *m* en gants blancs, *P:* en peau de lapin. *K.-g. sportsman,* sportsman douillet; *F:* poule mouillée. *K.-g. literature,* littérature *f* à l'eau de rose.

ˈ**kid-skin,** *s.* Peau *f* de chevreau; cabron *m*. *Attrib.* En peau de chevreau.

kid², *v.* (kidded; kidding) **1.** *v.tr.* (*Of goat*) Mettre bas (un chevreau). **2.** *v.i.* (*Of goat*) Chevroter, chevretter, biqueter; mettre bas.

kid[3], *s. P:* Blague *f.* **No kid!** sans blague!

kid[4], *v.tr. P:* Raconter des histoires à (qn); en conter à (qn); *P:* faire marcher (qn). *You're kidding us,* tout ça c'est des blagues. *No kidding!* sans blague! **To kid s.o. that . . .,** faire accroire à qn que. . . . **To kid oneself,** se bercer d'espoirs; s'en faire accroire. *To kid oneself that . . .,* se faire accroire que . . .; se flatter que. . . . *She kids herself that she's musical,* elle s'imagine être musicienne.

kid[5], *s. Nau:* **(Mess-)kid,** gamelle *f,* écuelle *f,* gamelot *m.*

kidder ['kidər], *s. P:* Blagueur, -euse; conteur, -euse; carotteur, -euse.

Kidderminster ['kidərminstər]. *Pr.n.* **Kidderminster carpet,** tapis *m* à double épaisseur (fabriqué à Kidderminster).

kiddle [kidl], *s. Fish:* **1.** Gord *m,* guideau *m* (de rivière). **2.** Parc *m* (de pêche côtière).

kiddie, kiddy ['kidi], *s. F:* = KID[1] 2 (*a*).

kidling ['kidliŋ], *s. F:* Jeune chevreau *m;* cabri *m,* biquet *m.*

kidnap ['kidnap], *v.tr.* **(kidnapped; kidnapping)** Enlever (qn) de vive force; voler (un enfant).

kidnapping, *s.* Enlèvement *m;* vol *m* (d'enfant); *Jur:* (délit *m* de) rapt *m.*

kidnapper ['kidnapər], *s.* Auteur *m* de l'enlèvement; voleur, -euse, ravisseur, -euse (d'enfant).

kidney ['kidni], *s.* **1.** (*a*) *Anat:* Rein *m. Med:* **Floating kidney,** rein mobile, flottant; néphroptose *f.* **Stone in the kidneys,** calcul rénal. *People subject to k. trouble,* les rénaux *m.* (*b*) *F:* **Two people of the same kidney,** deux personnes du même acabit, du même tonneau, de (la) même farine. **Men of that kidney,** hommes de cet acabit. *A man of his k.,* un homme de sa trempe. **2.** (*a*) *Cu:* Rognon *m* (de mouton, etc.). **Broiled kidneys,** rognons à la brochette. (*b*) *Geol:* Rognon (de silex, etc.). **3.** *Hort:* = KIDNEY-POTATO.

'kidney-bean, *s. Hort:* (*a*) Haricot nain. (*b*) Haricot d'Espagne, à grappes.

'kidney-ore, *s. Miner:* Hématite *f* rouge en rognons.

'kidney-po'tato, *s. Hort:* Vitelotte *f.*

'kidney-root, *s. U.S: Bot:* Eupatoire pourprée.

'kidney-shaped, *a.* (Table, etc.) en forme de haricot. *Nat.Hist:* Réniforme. *Geol: K.-s. concretion,* rognon *m.*

'kidney-stone, *s. Geol:* Néphrite *f;* rognon *m* de silex.

'kidney-vetch, *s. Bot:* (Anthyllide *f*) vulnéraire *f;* trèfle *m* jaune.

kier[1] ['kiːər], *s. Tex:* Autoclave *m* à blanchiment; cuve à débouillir.

kier[2], *v.tr. Tex:* Blanchir à l'autoclave.

kieselguhr ['kiːzlguər], *s. Miner:* Kieselguhr *m.*

kike [kaik], *s. U.S: P:* Juif *m, P:* youpin *m.*

kilampere ['kilampɛər], *s. El.Meas:* Kiloampère *m.*

kilderkin ['kildərkin], *s. Com:* Baril *m* (de 72 à 80 litres).

kilerg ['kiləːrg], *s. Ph.Meas:* Kiloerg *m.*

Kilkenny [kil'keni]. *Pr.n. Geog:* Kilkenny. **The 'Kilkenny cats,** les deux chats (de Kilkenny en Irlande) qui se battirent jusqu'à ce qu'il n'en restât que les deux queues. **To fight like Kilkenny cats,** se battre comme chien et chat; se battre (l'un contre l'autre) en furieux; se combattre avec acharnement.

kill[1], *s.* **1.** *Ven:* (*a*) Mise *f* à mort (du renard, du cerf, etc.). (*b*) Gibier tué; le tableau. **2.** *Ten:* Smash *m.*

kill[2], *v.tr.* **1.** (*a*) Tuer, faire mourir (qn, une plante); faire périr (qn); tuer, abattre (un animal); descendre (une perdrix, un homme). *Marius attacked them and killed a hundred thousand of their men,* Marius les attaqua et leur tua cent mille hommes. *See also* SPOT[1] 1. **Thou shalt not kill,** tu ne tueras point. **Kill or cure remedy,** remède *m* héroïque. **To be hard to kill,** avoir l'âme chevillée au corps, chevillée dans le corps; avoir la vie dure. *This superstition will be hard to k.,* cette superstition aura la vie dure. **To kill two birds with one stone,** faire d'une pierre deux coups; faire coup double. **To kill s.o. with kindness,** faire du mal à qn par excès de bonté. *You are killing me with suspense,* **you are killing me by inches,** vous me faites mourir d'impatience, vous me faites mourir à petit feu. **He was laughing fit to kill himself,** il crevait de rire. **To kill oneself (with work),** se tuer à (force de) travailler; se donner un mal de chien. *F:* **To be out to kill,** se donner, prendre, des airs de conquérant. **To be dressed to kill,** porter une toilette irrésistible, ébouriffante, mirobolante; être en grand tralala. (*b*) (*Of butcher*) Abattre, tuer (un bœuf, etc.). *Abs. The butcher kills on Fridays,* le boucher tue le vendredi. (*With passive force*) (*Of beast*) **To kill well,** donner un bon rendement (de viande). (*c*) **To kill the nerve of a tooth,** tuer le nerf d'une dent. (*d*) *Abs. Ven:* Servir la bête. **2. To kill time,** tuer le temps; journoyer. *To k. ambition,* éteindre l'ambition. *To k. all feelings of humanity,* détruire, étouffer, tout sentiment d'humanité. *Pol:* **To kill a bill,** couler un projet de loi. *The carpet kills the curtains,* le tapis fait passer les rideaux inaperçus, enlève tout effet aux rideaux; le tapis tue les rideaux. *Publ: Journ:* **To kill a passage,** supprimer un passage. *Killed matter,* matière restée sur le marbre. *Typ:* **To kill type,** distribuer de la composition. **3.** (*a*) Amortir (le son). *Room that kills sound,* (i) pièce sourde; (ii) pièce insonorisée. (*b*) **To kill lime,** éteindre, amortir, la chaux. (*Of rain, etc.*) **To kill the wind,** abattre le vent. (*c*) *Metall:* Débarrasser (la fonte) des gaz dissous. (*d*) *Phot:* **To kill the hypo,** éliminer l'hyposulfite. (*e*) *Plumb: etc:* Décomposer (l'esprit de sel). **Killed spirits,** acide saturé; esprit de sel décomposé; *F:* eau *f* à souder. (*f*) *Soapm:* **To kill the goods,** empâter le corps gras. (*g*) *Tan:* Dégraisser (une peau). **4.** *Sp:* (i) *Fb:* Bloquer (le ballon). (ii) *Ten:* Tuer, massacrer (la balle).

kill off, *v.tr.* (*a*) Exterminer (toute une population, etc.). (*b*) *The author kills off his hero in the last chapter,* l'auteur fait mourir son héros, se débarrasse de son héros, au dernier chapitre.

killing[1], *a.* **1.** (*a*) Meurtrier, assassin. *K. frost* gelée meurtrière. *F:* **Killing air, glance,** air conquérant, œillade assassine. *K. rig-out,* toilette séduisante. (*b*) (*In compounds*) **Germ-killing,** microbicide. *See also* PAIN-KILLING. **2.** (*a*) (Métier) tuant, assommant, écrasant. (*b*) *K. anxiety,* inquiétude mortelle. *All this anxiety is k.,* toutes ces inquiétudes me font mourir. **3.** *F:* **It is too killing for words,** c'est à mourir de rire; c'est à se tordre les côtes. *To have a k. time, P:* se crever. **Killing hat,** chapeau à mourir de rire. *K. story, P:* histoire crevante. **-ly,** *adv.* **Killingly funny story,** histoire *f* à mourir de rire, *P:* à crever de rire; histoire tordante. **Killingly dressed,** habillé (i) irrésistiblement, (ii) à faire mourir de rire.

killing[2], *s.* **1.** Tuerie *f,* massacre *m,* abattage *m* (d'animaux). **Killing power** *of a shell,* effet meurtrier d'un obus. **Killing circle** (*of shot gun*), gerbe *f* de plombs efficaces. **Killing bottle,** flacon *m* de cyanure de potassium (d'entomologiste). **2.** Meurtre *m.*

'kill-joy, *s.* Rabat-joie *m inv,* empêcheur *m* de danser en rond, trouble-fête *m inv. K.-j. countenance,* face *f* de carême, d'enterrement.

'kill-time, *s.* Passe-temps *m inv.*

killer ['kilər], *s.* **1.** (*a*) Tueur, -euse, meurtrier *m. See also* LADY-KILLER. (*b*) *Z:* **Killer(-whale),** épaulard *m.* **2.** (*In slaughtering*) **Humane killer,** revolver *m* d'abattage. **3. Vermin-killer,** (i) insecticide *m;* (ii) mort-aux-rats *f. Phot:* **Hypo-killer,** éliminateur *m* d'hyposulfite. *See also* GERM-KILLER, PAIN-KILLER.

killick ['kilik], *s. Nau:* **1.** Petite ancre; grosse pierre servant à ancrer. **2.** Insigne *m* de matelot breveté de première classe. *F:* **To dip the killick,** être dégradé.

kiln[1] [kiln], *s.* **1.** (*a*) Four *m* (céramique). *See also* BRICK-KILN, LIME-KILN, TILE-KILN. (*b*) Séchoir *m,* sécherie *f,* étuve *f. See also* HEMP-KILN, HOP-KILN, MALT-KILN, SEED-KILN. **2. Charcoal-kiln,** meule *f* (de charbon de bois).

'kiln-dry, *v.tr.* Sécher (le houblon, etc.) au four, (des graines) à l'étuve. *Brew:* Touriller (le malt).

'kiln-drying, *s.* Séchage *m* au four; étuvage *m. Brew:* Touraillage *m* (du malt).

kiln[2], *v.tr.* **1.** (*a*) Cuire (des briques). (*b*) Étuver (l'émail, la laque). **2.** = KILN-DRY.

kilning, *s.* **1.** (*a*) *Cer: etc:* Cuisson *f.* (*b*) Étuvage *m* (de l'émail). **2.** = KILN-DRYING.

kilo- ['kilo], *pref.* Kilo-. *Kiloampere,* kiloampère. *Kilojoule,* kilojoule. *Kilolitre,* kilolitre.

kilocycle ['kilosaikl], *s. Ph: El.E:* Kilocycle *m.*

kiloerg ['kiloəːrg], *s. Ph: Meas:* Kiloerg *m.*

kilogram(me) ['kilogram], *s. Meas:* Kilogramme *m; F:* kilo *m.*

kilogrammetre, [kilo'grametər], *s. Ph.Meas:* Kilogrammètre *m;* mètre-kilogramme, *pl.* mètres-kilogrammes.

kilometre ['kilomiːtər], *s. Meas:* Kilomètre *m. To measure in kilometres,* kilométrer (une route, etc.). *Measuring in kilometres, length in kilometres,* kilométrage *m. Rail.Adm: Ton kilometres,* tonnes-kilomètres marchandises. *Passenger kilometres,* voyageurs kilomètres.

kilometric [kilo'metrik], *a.* Kilométrique.

kilowatt ['kilowɔt], *s. El.Meas:* Kilowatt *m;* kilovolt-ampère *m, pl.* kilovolts-ampères.

'kilowatt-'hour, *s. El.Meas:* Kilowatt-heure *m, pl.* kilowatt-heures.

kilt[1] [kilt], *s. Cost:* (*a*) *Scot:* Jupon court et plissé (des montagnards); kilt *m.* (*b*) Fustanelle *f* (de soldat grec).

kilt[2], *v.tr.* **1. To kilt (up) one's skirts,** retrousser ses jupes. **2.** Plisser (l'étoffe).

kilted, *a.* **1.** Portant le kilt. **2.** (*a*) (*Of skirt*) Retroussé. (*b*) (*Of cloth, garment*) Plissé.

kilting, *s.* **1.** (*a*) Retroussement *m* (de jupes). (*b*) (i) Plissement *m* (de l'étoffe); (ii) plissure *f.* **2.** Plissé *m.*

kilty ['kilti], *s. F:* Soldat écossais.

kimmer ['kimər], *s.f. Dial:* (*Scot.*) = CUMMER.

kimono [ki'mouno, 'kimono], *s. Cost:* Kimono *m.*

Kimric ['kimrik], *a.* = CYMRIC.

kin [kin], *s.* **1.** (*a*) *Dial:* Race *f,* famille *f.* (*b*) Souche *f* (d'une famille). **To come of good kin,** être de bonne race, de bonne famille, de bonne souche. **2.** (*a*) Parents *mpl. His kin,* ses parents, sa parenté. **Lineal kin,** parent(s) en ligne directe. **Collateral kin,** parent(s) en ligne collatérale. *See also* KITH. (*b*) **To be of kin to s.o.,** *pred. a.* **to be kin to s.o.,** être parent de qn, apparenté avec qn, allié à qn. *We are kin,* nous sommes parents. **He is no kin to me,** il ne m'est rien. **The next of kin,** (i) la famille, les proches parents; (ii) (*to inherit*) le parent le plus proche. *To inform the next of kin,* prévenir la famille.

-kin [kin], *s.suff.* (*Forming diminutives*) *Lambkin,* agnelet. *Catkin,* chaton. *Peterkin,* Pierrot. *Manikin,* homuncule.

kinase ['kineis, 'kaineis], *s. Biol: Ch:* Kinase *f.*

kinchin ['kintʃin], *s. F:* = KID[1] 2 (*a*). *P:* **Kinchin lay,** vol *m* de l'argent confié aux enfants envoyés faire des commissions.

kind[1] [kaind], *s.* **1.** (*Race*) Espèce *f,* genre *m.* **The human kind,** l'espèce humaine; la race humaine; le genre humain. *The sparrow k.,* l'espèce moineau. **2.** (*a*) (*Class, sort*) Genre, espèce, sorte *f. Of what k. is it?* de quelle sorte est-ce? *Book of the best k.,* livre *m* du meilleur aloi. *What k. of tree is this?* quelle sorte d'arbre est-ce? *What k. of man is he?* quel genre d'homme est-ce? *What k. of man do you take me for?* pour quel homme me prenez-vous? *He is the k. of man who will hit back,* il est homme à se défendre. *People of all kinds,* monde *m* de tous les genres. *She replied* **after the manner of her (own) kind,** elle répondit à la façon de ses pareilles. **Of the same kind,** du même genre; *F:* du même tonneau. *Facts of a k. to astonish us,* faits *m* de nature à nous étonner. **Perfect of its kind,** parfait dans son genre. **Something of the kind,** quelque chose de pareil, de semblable; quelque chose de ce genre. *He said something of the k.,* il a dit quelque chose d'approchant. **Nothing of the kind,** rien de la sorte; rien de semblable. *He did nothing of the k.,* il n'en fit rien; il n'a rien fait de pareil. *Do nothing of the k.!* gardez-vous-en bien! **We had coffee of a kind,** nous avons bu quelque chose qui pouvait passer pour du café. **In a kind of a way,** en quelque façon. *That's the k. of thing I mean,* c'est à peu près ce que je veux dire. *He felt* **a kind of compunction,** il ressentait comme des remords. *She was with them as a k. of maid,* elle était comme qui dirait leur bonne. *The trees formed a k. of arch,* les arbres formaient comme une arche. *A k. of sour taste,* un goût assez âpre. *He is a k. of fool,* c'est une espèce d'imbécile. *Theol:* **Communion in both kinds,** communion *f* sous les deux espèces. (*b*) *F:* **These kind of men,** ce genre d'hommes; les hommes de cette sorte. *I can't bear these k. of things,* je ne peux pas supporter ces choses-là. *P:* **He kind of sniffed,** il a fait entendre une espèce de reniflement. *I k. of began to understand,* il m'a semblé que je commençais à comprendre. *He looked k. of frightened,* il avait comme qui dirait l'air d'avoir peur. *I k. of expected it,* je m'en doutais presque. **3.** *A:* (*Nature*) **The law of kind,** la loi de la nature. **4.** *A:* (*Character*) **They act after their kind,** ils agissent conformément à leur nature. **5. In kind.** (*a*) *Discovery new in k.,* découverte *f* d'une espèce entièrement nouvelle. *To distinguish two things in k.,* distinguer deux choses dans l'espèce. *They differ in k., not merely in degree,* ils diffèrent en nature et non seulement en degré. **Difference in kind,** différence *f* spécifique. (*b*) **Payment in kind,** paiement *m,* livraison *f,* en nature. *F:* **To repay s.o. in kind,** payer qn de la même monnaie; rendre à qn la monnaie de sa pièce.

kind[2], *a.* **1.** Bon, aimable, bienveillant, bienfaisant, obligeant, prévenant. *A k. heart,* un bon cœur. *See also* HEART[1] 2. *They are k. people,* ce sont des gens aimables, ce sont de braves gens. *K. words,* bonnes paroles, paroles bienveillantes, paroles obligeantes. **Kind invitation,** aimable invitation *f.* *To give s.o. a k. reception,* faire bon accueil à qn. *To give a proposal a k. reception,* recevoir une proposition favorablement, avec faveur. **Give him my kind regards,** faites-lui mes amitiés. *See also* REGARD[1] 4. **To be kind to s.o.,** se montrer bon pour, envers, qn; être plein de bontés pour qn. **It is very kind of you,** c'est bien aimable de votre part; je vous remercie de votre bienveillance. *It is very k. of you to . . .,* c'est bien aimable à vous de. . . . **Be so kind as to . . .,** soyez assez bon pour . . .; ayez la bonté de . . .; ayez la complaisance de . . .; voulez-vous être assez aimable pour . . .; voulez-vous avoir l'amabilité de . . .; veuillez (bien). . . . *You are really too k.,* vous êtes vraiment trop aimable, trop honnête; c'est par trop de complaisance. **Kind wind,** vent ami. **2.** *A:* Tendre, aimant. **3.** (*Of soil, metals, etc.*) Favorable, propice, facile à travailler. **Kind strata,** strates *f* favorables. **-ly,** *adv.* Avec bonté, avec bienveillance, avec douceur; favorablement. *He spoke very k. to me,* (i) il m'a dit des choses très obligeantes; (ii) il m'a parlé avec (une grande) bonté. *He spoke very k. of you,* il m'a dit des choses très obligeantes à votre égard. **To be kindly disposed towards s.o.,** éprouver de la sympathie pour qn; être plein de bienveillance pour qn. **Will you kindly . . .?** voulez-vous avoir la bonté de . . .; veuillez (bien) . . .; vous plairait-il de . . .; voulez-vous bien . . .; je vous prie de vouloir bien. . . . *K. sit down!* donnez-vous la peine de vous asseoir! *Com:* **Kindly remit by cheque,** prière de nous couvrir par chèque. **I thank you kindly,** je vous remercie bien. **To take sth. kindly,** bien prendre qch.; prendre qch. en bonne part. *I should take it k. if . . .,* cela me ferait bien plaisir si. . . . **To take kindly to s.o., to sth.,** prendre qn en amitié; s'adonner volontiers à qch.

kind-'hearted, *a.* Bon, bienveillant. *He is a k.-h. sort,* c'est un bon cœur. **-ly,** *adv.* Avec bonté, avec bienveillance.

kind-'heartedness, *s.* Bonté *f* de cœur; bienveillance *f.*

kindergarten ['kindərgɑːrtn], *s.* *Sch:* Jardin *m* d'enfants; école maternelle.

kindle [kindl]. **1.** *v.tr.* (*a*) Allumer (une flamme, un feu); enflammer, embraser (du charbon, une forêt); *F:* embraser (le ciel). (*b*) Allumer (la haine); faire naître, susciter (les passions); enflammer (le courage, les désirs); embraser (le cœur); aviver (les soupçons, le chagrin); exciter (le zèle). *To k. s.o. to do sth.,* exciter qn à faire qch. *Displays that k. the senses,* spectacles *m* qui allument le sang. **2.** *v.i.* (*a*) (*Of fire, wood, etc.*) S'allumer, s'enflammer, prendre feu. (*b*) (*Of passions*) S'allumer, s'enflammer. *His eyes kindled,* ses yeux *m* s'allumèrent, (*with anger*) s'enflammèrent.

kindling, *s.* **1.** Allumage *m,* embrasement *m,* enflammement *m.* **2. Kindling-wood,** *U.S:* **kindlings,** petit bois (pour allumer); bois d'allumage.

kindler ['kindlər], *s.* **1.** Excitateur, -trice (de désirs, etc.). **2.** Allume-feu *m, pl.* allume-feu(x).

kindliness ['kaindlinəs], *s.* **1.** Bonté *f,* bienveillance *f,* bienfaisance *f.* **2.** (*a*) Douceur *f* (de climat). (*b*) *Ind:* Tractabilité *f* (des matériaux).

kindly[1] ['kaindli], *adv.* *See* KIND[2].

kindly[2], *a.* **1.** (*a*) Bon, bienveillant, bienfaisant. *K. feeling,* sentiment *m* de bonté. *To have a k. feeling towards s.o.,* ressentir de la sympathie pour qn. *K. tone, advice,* ton, conseil, paternel. (*b*) (Climat) doux; (terrain) favorable. **Kindly wind,** vent ami. (*c*) *Ind:* (Matière *f*) ouvrable, (facilement) traitable. **2.** *A:* (*a*) **A kindly Scot,** un Écossais de naissance. (*b*) (*Prayer Book*) **The kindly fruits of the earth,** les fruits divers de la terre. **-ily,** *adv.* *F:* Avec bonté, avec bienveillance. **To thank s.o. kindlily,** bien remercier qn.

kindness ['kaindnəs], *s.* **1.** Bonté *f* (*towards s.o.,* pour qn); bienveillance *f,* amabilité *f* (*towards,* envers); prévenance *f.* *Prompted by feelings of k.,* animé de sentiments bienveillants. *Thanks for your k.,* merci de votre complaisance *f.* **They are kindness itself,** ces gens-là sont la bonté même; *F:* c'est la maison du bon Dieu. **To show kindness to s.o.,** témoigner de la bonté à qn. **Will you have the kindness to . . .?** voulez-vous avoir la bonté de . . .? **The milk of human kindness,** le lait de la tendresse humaine. **2.** *A:* Amitié *f,* indulgence *f* (*for,* pour). **To have a kindness for s.o.,** avoir de l'indulgence pour qn. **3. A kindness,** un service (rendu); un bienfait. **To do s.o. a kindness,** rendre service à qn; faire une gracieuseté à qn. *Will you do me a great k.?* voulez-vous me rendre un grand service? *To heap, shower, kindnesses on s.o.,* combler qn de bienfaits, de bontés. *A k. is never thrown away,* un bienfait n'est jamais perdu.

kindred ['kindred]. **1.** *s.* (*a*) (i) Parenté *f* (de qn avec qn). *The ties of k.,* les liens *m* du sang. (ii) Affinité *f* (*with,* avec). (*b*) *Coll.* Parents *mpl.* *All her k. lie there,* c'est là que reposent tous ses parents. **2.** *Attrib.a.* (*a*) De la même famille. (*b*) De la même nature; du même genre; analogue. **Kindred souls,** âmes *f* sœurs. *He has found a k. spirit,* il a trouvé une âme qui a des affinités avec la sienne.

kine [kain], *s.pl.* *A:* *See* cow[1].

kinema ['kinima, 'kai-], *s.* = CINEMA.

kinematic [kaini'matik], *a.* Cinématique.

kinematics [kaini'matiks], *s.pl.* (*Usu. with sg. const.*) Cinématique *f.*

kinematograph [kaini'matograf, -grɑːf], *s.* = CINEMATOGRAPH[1].

kinetic [kai'netik], *a.* Cinétique. *See also* ENERGY 2.

kinetics [kai'netiks], *s.pl.* (*Usu. with sg. const.*) Cinétique *f.*

kinetograph [kai'netograf; -grɑːf], *s.* *Cin:* Kinétographe *m.*

kinetoscope [kai'netoskoup], *s.* *Cin:* Kinétoscope *m.*

king[1] [kiːŋ], *s.* **1.** Roi *m.* (*a*) **King Albert,** le roi Albert. **King-Emperor,** roi et empereur. *The kings and queens of England,* les souverains *m* britanniques. **King of Kings,** Roi des rois. *B:* **The three Kings,** les (trois) Rois Mages. **The Book of Kings,** le livre des Rois. **To crown s.o. king,** couronner qn roi. *F:* **Dish fit for a king,** morceau *m* de roi. **He wouldn't call the king his cousin,** le roi n'est pas son oncle, son cousin. *Everybody has his own* **King Charles's head,** chacun a son dada, sa marotte. (Allusion à M. Dick dans *David Copperfield,* de Dickens.) *See also* BENCH[1] 1, BOUNTY 2, CAT[1] 1, COUNSEL[1] 4, ENGLISH[1] 2, EVIDENCE[1] 4, EVIL 2, HIGHWAY, PARDON[1] 3, PIPE[1] 4, PLEASURE[1] 3, SHILLING, SIGN-MANUAL 2, SPANIEL 1, SPEECH 4. (*b*) Magnat *m,* *P:* gros bonnet (de la finance, etc.). *One of the oil kings,* un des rois du pétrole. **2.** (*a*) (*At chess, cards*) Roi. (*b*) (*At draughts*) Dame *f.*

King-at-'Arms, *s.* *Her:* = KING-OF-ARMS.

'king-bird, *s.* *Orn:* **1.** Manucode *m.* **2.** Tyran *m.*

'king-bolt, *s.* **1.** *Const:* *Mec.E:* Cheville maîtresse, cheville ouvrière; pivot central; boulon *m* formant pivot. **2.** *Aut:* Axe *m* de pivotement (de fusée ou de roue); pivot de fusée.

'king-carp, *s.* *Ich:* Reine *f* des carpes.

'king-crab, *s.* *Crust:* Limule *m,* crabe *m* des Moluques.

'king-craft, *s.* L'art *m* de régner; le métier de roi.

'king-cup, *s.* *Bot:* Bouton *m* d'or.

'king-fish, *s.* *Ich:* **1.** Lampris tacheté; *A:* poisson-lune *m.* **2.** Sériole *f.*

'king-maker, *s.* Faiseur *m* de rois.

King-of-'Arms, *s.* *Her:* Roi *m* d'armes. **Garter King-of-Arms,** le chef des trois rois d'armes d'Angleterre.

'king-pin, *s.* **1.** = KING-BOLT. *U.S:* **King-pin of an undertaking,** cheville ouvrière d'une entreprise. **2.** *Games:* Quille *f* du milieu.

'king-post, *s.* **1.** *Const:* Poinçon *m,* aiguille *f* (d'une ferme de comble). **King-post truss,** ferme simple. **2.** *Av:* Pylône *m,* guignol *m;* mât *m* de cabane; *esp.* pylône de haubannage (de biplan).

king's 'rod, *s.* *Bot:* Asphodèle *m* rameau.

king's 'spear, *s.* *Bot:* Asphodèle blanc; bâton royal.

'king-truss, *s.* *Const:* = KING-POST 1.

'king-vulture, *s.* *Orn:* Catharte *m;* condor *m* papa.

'king-wood, *s.* *Com:* Bois violet; bois d'amarante.

king[2], *v.tr.* **1.** *F:* **To king it,** faire le roi; trancher du roi. **2.** Faire (qn) roi.

kingdom ['kiːŋdəm], *s.* **1.** Royaume *m.* **The United Kingdom,** le Royaume-Uni. *I wouldn't do it for a k.,* je ne le ferais pas pour un empire. **The kingdom of heaven,** le royaume des cieux. *F:* *The kitchen is the cook's k.,* la cuisine est le domaine de la cuisinière. **To come into one's kingdom,** se faire reconnaître, s'imposer. **2.** *Biol:* Règne (animal, végétal). *In the animal k.,* chez les animaux. **3.** *Theol:* Règne. *Thy kingdom come,* que votre règne arrive.

'kingdom-come, *s.* *F:* Le paradis. **To send s.o. to kingdom-come,** expédier qn dans l'autre monde; envoyer qn ad patres.

kingfisher ['kiːŋfiʃər], *s.* *Orn:* Martin-pêcheur *m, pl.* martins-pêcheurs; *F:* bleuet *m,* drapier *m.*

kinglet ['kiːŋlet], *s.* **1.** *Usu. Iron:* Roitelet *m.* **2.** *Orn:* Roitelet. *Golden-crested k.,* roitelet huppé.

kinglike ['kiːŋlaik]. **1.** *a.* De roi; royal, -aux. **2.** *adv.* En roi, comme un roi.

kingliness ['kiːŋlinəs], *s.* Air *m* de roi; noblesse *f* de maintien.

kingling ['kiːŋliŋ], *s.* *Orn:* Roitelet *m.*

kingly ['kiːŋli], *a.* De roi; royal, -aux. *K. act,* action *f* digne d'un roi. *K. bearing,* prestance royale.

kingship ['kiːŋʃip], *s.* Royauté *f.*

kingsman, *pl.* **-men** ['kiːŋzmən, -men], *s.m.* **1.** Partisan du roi; royaliste. **2.** *A:* Douanier *m.* **3.** Étudiant de King's College, Cambridge.

kink[1] [kiŋk], *s.* **1.** (*a*) Nœud *m,* tortillement *m* (dans un fil, dans une corde); plissement *m* (du drap); grigne *f* (dans le feutre); jarret *m,* faux pli (dans le fil de fer). *Nau:* Coque *f* (dans un cordage). *Tex:* Vrille *f,* boucle *f.* *See also* SQUALL-KINK. (*b*) Effort *m* (dans les muscles du cou); torticolis *m.* **2.** *F:* Lubie *f,* point *m* faible (de qn). *He's got a k. in the brain,* il est un peu timbré.

kink[2]. **1.** *v.i.* (*Of rope*) Se nouer, se tortiller, vrillonner;

Nau: former une coque; faire des coques; (*of thread*) vriller. **2.** *v.tr.* Nouer, tortiller (un fil); faire une coque à (un cordage).

kinking, *s.* Vrillage *m*; nouement *m*; coques *fpl.*

kinkajou ['kiŋkadʒuː], *s.* *Z:* Kinkajou *m.*

kinkled [kiŋkld], **kinky** ['kiŋki], *a.* (*Of hair*) Crépu.

kinless ['kinləs], *a.* Sans parents; sans famille.

kino ['kiːno], *s.* *Pharm: etc:* Kino *m.*

kinoplasm ['kainoplazm], *s.* *Biol:* Kinoplasma *m.*

kinsfolk ['kinzfouk], *s.pl.* Parents *mpl* et alliés *mpl*; parenté *f*, famille *f.*

kinship ['kinʃip], *s.* Parenté *f.* **The call of kinship,** la voix du sang. *To be of k. with s.o.*, être apparenté à qn. *See also* CLAIM².

kinsman, *pl.* **-men** ['kinzmən, -men], *s.m.* Parent; *Jur:* affin. *Kinsmen by marriage*, parents par alliance; alliés.

kinsmanship ['kinzmənʃip], *s.* Parenté *f.*

kinswoman, *pl.* **-women** ['kinzwumən, -wimen], *s.f.* Parente ou alliée.

kiosk [ki'ɔsk], *s.* Kiosque *m.* *Newspaper k.*, kiosque à journaux.

kip¹ [kip], *s.* *Leath:* Peau *f* de veau ou d'agneau.

kip², *s.* **1.** *A:* Bordel *m.* **2.** *P:* (*a*) Asile *m* de nuit. (*b*) Lit *m*, *P:* pieu *m*, pajot *m*, plumard *m.*

kip³, *v.i.* (**kipped**; **kipping**) *P:* Coucher (dans tel ou tel endroit). **To kip down,** se pieuter.

kip⁴, *s.* *Meas:* *U.S:* Mille livres *f* (unité de charge).

kipper¹ ['kipər], *s.* **1.** *Com:* Hareng légèrement salé et fumé; hareng doux; craquelot *m*, kipper *m.* **2.** *Fish:* Saumon *m* mâle (pendant la fraieson). **3.** *P:* Jeune personne *f.* *Giddy k.*, écervelée *f*, étourdie *f.*

kipper², *v.tr.* Saler et fumer; saurer (des harengs). **Kippered herring** = KIPPER¹ 1.

kipperer ['kipərər], *s.* Préparateur *m* de harengs doux; saleur *m* et fumeur *m.*

kirk [kəːrk], *s.* *Scot:* (*a*) Église *f.* (*b*) *F:* **The Kirk,** l'Église (presbytérienne) d'Écosse.

'kirk-as'sembly, *s.* *Scot:* Assemblée *f*, consistoire *m*, de l'Église d'Écosse.

'kirk-'session, *s.* *Scot:* Tribunal ecclésiastique composé du ministre et des anciens de la paroisse.

kirkman, *pl.* **-men** ['kəːrkmən, -men], *s.m.* *Scot:* Membre de l'Église d'Écosse.

kirkyard [kəːrk'jaːrd], *s.* *Scot:* Cimetière *m.*

kirsch(wasser) ['kiərʃ(vasər)], *s.* Kirsch *m.*

kirtle [kəːrtl], *s.* *A.Cost:* **1.** (*For men*) Tunique *f.* **2.** (*For women*) Jupe *f* (pour protéger une robe); cotte *f.*

kirtled [kəːrtld], *a.* **1.** Portant une tunique. **2.** Portant une jupe, une cotte.

Kishinev [kiʃi'nef]. *Pr.n. Geog:* Kichinef.

kismet ['kismet], *s.* *F:* Le sort; la destinée; le destin.

kiss¹ [kis], *s.* **1.** Baiser *m*; accolade *f.* **To give s.o. a kiss,** donner un baiser à qn. **To send, blow, s.o. a kiss,** envoyer un baiser à qn avec le bout des doigts. *To steal a k. from s.o.*, dérober un baiser à qn. *Prov:* **Stolen kisses are sweet,** pain dérobé réveille l'appétit. *To snatch a k.*, voler, cueillir, un baiser. *They snatched a hurried k.*, ils échangèrent un bécot. (*To child*) *Give mother a k.!* fais (une) bise à maman! *Ecc:* **Kiss of peace,** baiser de paix. **2.** *Bill:* Contre-coup *m*, *pl.* contre-coups; contre *m*; bosse *f.* **3.** (*a*) Petit bonbon. (*b*) Pâté de cire à cacheter (tombé sur l'enveloppe).

'kiss-curl, *s.* Accroche-cœur *m*, *pl.* accroche-cœurs.

kiss², *v.tr.* **1.** Donner un baiser à, embrasser (qn); *F:* bécoter (qn); baiser (le front, la main, de qn, un objet sacré); (*ceremonially*) accolader; donner l'accolade à (qn). *He kissed the Queen's hand*, il baisa la main de la reine. (*Of minister, etc.*) **To kiss hands,** baiser la main du roi, être admis au baisemain (en entrant en fonctions, pour prendre congé). *He kissed her forehead, he kissed her on the forehead*, il la baisa au front; il l'embrassa sur le front. *They kissed* (*each other*), ils se sont embrassés. *F:* *They were kissing away*, ils étaient en train de se bécoter. *F:* **To kiss and be friends,** se réconcilier. **To kiss the Pope's toe,** baiser la mule du Pape. **To kiss the Book,** baiser la Bible (pour prêter serment). *Lit:* **To kiss the dust,** mordre la poussière. **To kiss the rod,** se soumettre humblement au châtiment; lécher, baiser, la main qui vous frappe. **To kiss one's hand to s.o.,** envoyer un baiser à qn de la main. **To kiss s.o. good-bye,** dire adieu à qn en l'embrassant. *I soon* **kissed away** *her tears*, avec quelques baisers j'eus bientôt fait de sécher ses larmes. *The sunbeams kissed her hair*, les rayons de soleil caressaient, effleuraient, ses cheveux. **2.** *Bill:* (*a*) (*Of ball*) Frapper (une autre) par contre-coup, par contre. (*b*) *v.i.* (*Of balls*) Se frapper par contre-coup.

kissing, *s.* Baisers *mpl*, embrassade *f*, embrassement *m.* *Ecc:* Baisement *m* (de la mule du Pape). **Kissing of hands,** baisemain *m.* *See also* FAVOUR¹ 3.

'kissing-crust, *s.* *Bak:* Baisure *f* (d'un pain).

'kissing-gate, *s.* Portillon *m* (avec battant entre chicanes).

'kiss-in-the-'ring, *s.* Ronde enfantine (avec embrassades).

'kiss-me-quick, *s.* *F:* = KISS-CURL.

kissable ['kisəbl], *a.* *F:* Qu'on voudrait embrasser.

kisser ['kisər], *s.* **1.** Embrasseur, -euse. **2.** *P:* La bouche.

kit¹ [kit], *s.* **1.** (*a*) Seau *m*; tinette *f* (à beurre, etc.). (*b*) Bourriche *f* (pour poisson). **2.** (*a*) *Mil:* *Navy:* Petit équipement; effets *mpl*; fourniment *m*; *F:* fourbi *m*, *P:* barda *m.* *Kit inspection*, revue *f* de détail, d'inspection. **To pack up one's kit,** plier bagage; *F:* faire son baluchon. (*b*) *Nau:* Sac *m* (de marin). (*c*) *F:* Effets (de voyageur). *I shan't take much kit with me*, je n'emporterai pas grand bagage. *U.S:* **The whole kit and boiling,** tout le bataclan. **3.** *Tchn:* Trousseau *m*, trousse *f.* *Kit of tools*, trousse d'outils; outillage *m.* *Repair kit*, nécessaire *m*, trousse, de réparations. *Mil:* *Grooming kit, stable kit*, musette *f* de pansage.

'kit-bag, *s.* **1.** Sac *m* (de voyage); (sac) squaremouth *m.* **2.** *Mil:* Ballot *m*, musette *f*; sac d'ordonnance.

'kit-box, *s.* *Mil:* Cantine *f* (à bagages).

kit², *s.* = KITTEN¹.

kit³, *s.* *Mus:* *A:* Pochette *f* (de maître de danse).

Kit⁴. **1.** *Pr.n.f.* (*Dim. of Catherine*) Catherine. **2.** *Pr.n.m.* (*Dim. of Christopher*) Christophe.

'Kit-cat, *a.* **1.** *Hist:* **Kit-cat Club,** club *m* du Kit-cat (fondé sous le règne de Jacques II, et dont firent partie Addison et Steele. Ses membres, du parti whig, se réunissaient dans une taverne tenue par Christopher Cat, d'où le nom). **2.** *Art:* **Kit-cat portrait,** portrait *m* en buste qui laisse voir les mains.

kitchen ['kitʃən], *s.* **1.** (*a*) Cuisine *f.* *See also* BACK-KITCHEN. **Field kitchen,** cuisine roulante. **Communal kitchen, soup-kitchen,** fourneau *m* économique; "soupe" *f* populaire. **Patients' kitchen** (*in hospital*), tisanerie *f.* **Thieves' kitchen,** retraite *f* de voleurs; *F:* officine *f* (d'affaires véreuses, d'intrigues). (*b*) *Esp. Scot:* Cuisine, aliments *mpl.* *Some k. to put on your bread*, quelque chose d'apprêté pour manger avec votre pain. **2.** *Attrib.* De cuisine; cuisinier. **Kitchen table,** table *f* de cuisine. *She belongs to the k. staff*, elle fait partie de la cuisine. *F:* *What the patient wants now is* **kitchen physic,** ce qu'il faut maintenant au malade, c'est une nourriture saine et abondante. *See also* GARDEN¹.

'kitchen-Dutch, *s.* Jargon *m* à base de hollandais (parlé au Cap).

'kitchen-'gardener, *s.* Maraîcher *m.*

'kitchen-maid, *s.f.* Fille de cuisine.

'kitchen-'midden, *s.* *Archeol:* Kjœkkenmœdding *m*; débris *mpl* de cuisine.

'kitchen-'range, *s.* Fourneau *m* de cuisine; cuisinière anglaise.

'kitchen-stuff, *s.* **1.** Légumes *mpl.* **2.** Graisses *fpl.*

'kitchen-utensils, *s.pl.*, **'kitchen-ware,** *s.* Batterie *f* de cuisine.

kitchener ['kitʃənər], *s.* **1.** Cuisinier *m* (de monastère). **2.** Fourneau *m* de cuisine; cuisinière *f.*

kitchenette [kitʃə'net], *s.* Petite cuisine (d'appartement de petites dimensions).

kite¹ [kait], *s.* **1.** (*a*) *Orn:* Milan *m.* *See also* PARIAH-KITE. (*b*) *F:* (*Of pers.*) Vautour *m*, usurier *m.* **2.** (*a*) Cerf-volant, *pl.* cerfs-volants. *See also* BOX-KITE. **To fly, send up, a kite,** (i) lancer, enlever, faire voler, un cerf-volant; (ii) *F:* tâter le terrain; lancer un ballon d'essai; se rendre compte d'où vient le vent; (iii) *Fin:* *F:* tirer en l'air; tirer en blanc; *whence:* (*b*) *Fin:* Cerf-volant; traite *f* en l'air; billet *m* de complaisance. **3.** (*a*) *pl.* *Nau:* **(Flying-)kites,** voiles supérieures au perroquet. (*b*) *Navy:* **Mine-sweeping kites,** panneaux *m* de dragage.

'kite-balloon, *s.* Ballon cerf-volant, ballon captif, ballon observateur; *F:* saucisse *f.*

'kite-flying, *s.* (*a*) Lancement *m* des cerfs-volants. (*b*) *Fin:* Tirage *m* en l'air, tirage en blanc.

kite². **1.** *v.i.* (*a*) Voler comme un cerf-volant. (*b*) *U.S:* *P:* **To kite off,** jouer la Fille de l'air. **2.** *v.tr.* (*a*) Faire voler (qn, qch.) comme un cerf-volant. (*b*) *Fin:* **To kite (paper),** tirer en l'air, tirer en blanc.

kiteman, *pl.* **-men** ['kaitmən, -men], *s.m.* *Aer:* Cerf-voliste, *pl.* cerf-volistes.

kith [kiθ], *s.* *A:* Amis *mpl*, voisins *mpl* et connaissances *fpl.* *Still used in* **Our kith and kin,** nos amis et parents. *All one's k. and kin*, tout le cousinage. *To be of the same k. and kin*, être de même parenté. **To have neither kith nor kin,** être seul sur la terre.

kitool [ki'tuːl], *s.* = KITTUL.

kitten¹ [kitn], *s.* (*a*) Chaton *m*; petit(e) chat(te). **Cat in, with, kitten,** chatte pleine. *A cat and her kittens*, une chatte et ses petits. (*b*) *F:* *You little k.*, petite délurée; petite friponne.

kitten². **1.** *v.tr.* (*Of cat*) Mettre bas (des petits). **2.** *v.i.* (*Of cat*) Avoir des petits; chatter; mettre bas.

kittenish ['kitəniʃ], *a.* **1.** (*Of girl, disposition*) (*a*) Coquette, chatte, aguichante. (*b*) Enjouée. **2.** *K. grace*, grâce féline.

kittiwake ['kitiweik], *s.* *Orn:* Mouette *f* tridactyle.

kittle [kitl], *a.* Difficile à arranger, à manier. **Kittle cattle,** gens d'humeur chatouilleuse, difficile. *Women are k. cattle*, les femmes sont fantasques et changeantes; les femmes sont difficiles à manier. *K. points of law*, points de droit épineux, délicats.

kittul [ki'tuːl], *s.* **1.** *Bot:* Caryote brûlant. **2.** *Com:* Kitool *m.*

kitty¹ ['kiti], *s.* = KITTEN¹.

kitty², *s.* **1.** *Cards:* Cagnotte *f.* **2.** *Bowls:* = JACK¹ III. 5.

Kitty³. *Pr.n.f.* (*Dim. of Catherine*) Catherine.

kiwi ['kiːwi], *s.* **1.** *Orn:* Aptéryx *m*; kiwi *m.* **2.** *Av:* *F:* Membre *m* du personnel de terre (d'un corps d'aviation).

klaxon(-horn) ['klaksən(hɔːrn)], *s.* *Aut:* Klaxon *m.*

klepht [kleft], *s.* *Hist:* Clephte *m*, klephte *m.*

kleptomania [klepto'meinia], *s.* Kleptomanie *f.*

kleptomaniac [klepto'meiniak], *a.* & *s.* Kleptomane (*mf*).

Klondyke¹ ['klɔndaik]. *Pr.n.* **1.** *Geog:* Le Klondike. **2.** Pêcherie *f* de harengs au large du littoral ouest de l'Écosse.

klondyke², *v.tr.* Exporter (des harengs) tout frais.

klondyker ['klɔndaikər], *s.* **1.** Chercheur *m* d'or au Klondike. **2.** Exportateur *m* de harengs tout frais.

kloof [kluːf], *s.* (*In S. Africa*) Ravin *m*, gorge *f.*

knack [nak], *s.* Tour *m* de main; talent *m*, *F:* truc *m*, chic *m.* **To have the knack of doing sth., a knack for doing sth.,** avoir le talent de faire qch.; avoir le coup, le tour de main, le chic, *P:* le fion, pour faire qch.; savoir s'y prendre pour faire qch. **To acquire, get into, the knack of sth.,** attraper le coup pour, la façon de, faire qch.; se faire la main à qch. *I haven't got into the k. of it yet*, je n'ai pas encore attrapé le coup. **To lose the knack of sth.,** perdre la pratique de qch. *To have lost the k. of sth.*, n'avoir plus l'habitude de qch. *It's a matter of k.*, c'est une affaire d'habitude, de tour de main. *The k. of pleasing*, le don, l'art *m*, de plaire. *He has a happy k. of saying the right thing*, il a le don de l'à-propos.

knacker ['nakər], *s.* **1.** Abatteur *m* de chevaux; équarrisseur *m.* **Knacker's yard** = KNACKERY. **2.** (*a*) Entrepreneur *m* de démolitions. (*b*) Démolisseur *m* de vieux navires.

knackery ['nakəri], *s.* Abattoir *m* de chevaux; chantier *m* d'équarrissage; équarrissoir *m*, équarrisserie *f*, écorcherie *f*.

knacky ['naki], *a.* Habile, adroit.

knag [nag], *s.* Nœud *m* (dans le bois).

knaggy ['nagi], *a.* (Bois) noueux.

knall-gas ['knalgas], *s.* Gaz détonant; mélange détonant.

knap[1] [nap], *s. Dial:* Éminence *f*, colline *f*.

knap[2], *v.tr.* (**knapped; knapping**) **1.** Faire craquer (qch.); briser (qch.). **To knap stone,** casser des pierres (pour la réfection des routes). **2.** *Box: P:* **To knap a hot 'un,** encaisser un coup dur.

'knapping-hammer, *s.* Casse-pierre(s) *m inv.*

knapper ['napər], *s.* Casseur *m* de pierres.

knapsack ['napsak], *s.* (*a*) Havresac *m*, sac *m* (porté sur le dos); sac alpin, tyrolien (de boy-scout). (*b*) *Mil:* Sac d'ordonnance; *P:* armoire *f* à glace; as *m* de carreau; azor *m.*

knapweed ['napwi:d], *s. Bot:* Centaurée (noire); chardon bénit. **Brown radiant knapweed,** jacée *f*.

knar [nɑ:r], *s.* **1.** = KNAG. **2.** Nœud saillant (de tronc d'arbre).

knave [neiv], *s.* **1.** (*a*) Fripon *m*, coquin *m*, *A:* fourbe *m.* *F: A: You little k.*, petit diable, petit espiègle. (*b*) *A:* Serviteur *m*, valet *m*, *A:* varlet *m.* **2.** *Cards:* Valet. **Knave of clubs,** valet de trèfle; (*at loo, etc.*) mistigri *m.*

knavery ['neivəri], *s.* **1.** Friponnerie *f*, coquinerie *f*, fourberie *f*. **2.** *A:* Espièglerie.

knavish ['neiviʃ], *a.* **1.** De fripon, de coquin, fourbe, malin, malicieux. *K. fellow,* coquin *m*, fourbe *m.* *K. trick,* tour *m* de coquin; coquinerie *f*, friponnerie *f*. **2.** *A:* Espiègle. **-ly,** *adv.* En fripon, en coquin, malicieusement.

knavishness ['neiviʃnəs], *s.* = KNAVERY.

knead [ni:d], *v.tr.* **1.** Pétrir, malaxer, travailler (la pâte, l'argile); fraiser, fraser (la pâte). *F:* **To knead together the divers elements of a society,** réunir, mélanger, amalgamer, les éléments divers d'une société. **2.** *Med:* Masser, pétrir (les muscles).

kneading, *s.* **1.** Pétrissage *m* (de la pâte); malaxage *m* (de l'argile, etc.). **Kneading machine** = KNEADER 2. **2.** *Med:* Massage *m*, foulage *m* (des muscles).

'kneading-trough, *s.* Pétrin *m.*

kneader ['ni:dər], *s.* **1.** (*Pers.*) Pétrisseur, -euse. **2.** Pétrin *m* mécanique; pétrisseuse *f*.

knee[1] [ni:], *s.* **1.** (*a*) Genou, -oux *m.* *To hold sth. on one's knees,* tenir qch. sur ses, les, genoux. *The future is* **on the knees of the gods,** pour l'avenir il faut s'en remettre au destin. **To bend, bow, the knee to, before, s.o.,** mettre un genou en terre devant qn; fléchir le genou devant qn. *To ask for sth.* **on one's (bended) knees, on bended knee,** demander qch. à genoux. *To receive sth. on bended k.*, mettre un genou en terre pour recevoir qch.; recevoir qch. un genou à terre. **On one knee,** un genou en terre, à terre. **To drop on one's knee, on one knee,** mettre un genou en terre; fléchir le genou. **To go down, fall, drop, on one's knees,** s'agenouiller; se mettre, se jeter, à genoux; tomber à genoux; fléchir les genoux. *On your knees!* à genoux! **To go down on one's knees to s.o.,** se jeter, se traîner, aux genoux de qn. **To bring s.o. to his knees,** (i) mettre qn à genoux; forcer qn à s'agenouiller; (ii) *F:* obliger qn à capituler. *Without getting off his knees,* sans se relever. **To learn sth. at one's mother's knee,** apprendre qch. auprès de sa mère. **To be seated knee to knee,** être assis côte à côte. *To ride k. to k.*, chevaucher botte à botte. **To give a knee to a pugilist,** servir de second à un boxeur. *See also* BRACE[2] 3, HAND[1] 1, JERK[1] 2, KNOCK-KNEES, NURSE[2] 4, WATER[1] 4. (*b*) *F:* Genou malade. **To get a knee** *from football,* s'abîmer le genou en jouant au football. **Tennis-knee,** foulure du genou (due au tennis). *See also* HOUSEMAID. (*c*) *Vet:* (*Of horse*) **Broken knees,** couronnement *m.* *To break its knees,* se couronner. *Farr:* **Ox-knee,** genou de bœuf. **Thick-knee,** genou de veau. **Sheep-knee, hollow knee,** genou de mouton, genou creux. **Calf-knee,** jambes cagneuses. **Horse (that stands) over at the knees,** cheval brassicourt. (*d*) *F:* **'Knees'** (*in one's trousers*), poches *f*, ronds *m*, aux genoux. **2.** (*a*) *Mec.E: Const:* Genou, équerre *f*, sabot *m*; genouillère *f*. **Iron knee,** genouillère en fer. **Wooden knee,** console *f* en bois. **Knee-bracket,** console-équerre *f*, *pl.* consoles-équerres. (*b*) *N.Arch:* Courbe *f* de consolidation. **Knee of the head,** guibre *f*, éperon *m.* **Dagger knee, raking knee,** courbe oblique. *See also* CARLING-KNEES, TRANSOM-KNEE. **3.** *Mth: etc:* Changement *m* brusque de direction (d'une courbe).

'knee-breeches, *s.pl.* Culotte courte.

'knee-cap, *s.* **1.** Genouillère *f* (d'armure, de cheval, etc.). **2.** *Anat:* Rotule *f*.

'knee-'deep, *a.* Jusqu'aux genoux; à hauteur du genou. *Path k.-d. in mud,* sentier *m* où l'on enfonce dans la boue jusqu'aux genoux.

'knee-hole, *s. Furn:* Trou *m* (dans un bureau) pour l'entrée des genoux. **Knee-hole writing-table,** bureau *m* ministre.

'knee-holly, *s. Bot:* Fragon épineux; petit houx; housson *m*; houx-frelon *m*; faux buis; buis piquant; épine *f* de rat.

'knee-joint, *s.* **1.** Articulation *f* du genou. **2.** *Mec.E: etc:* Joint articulé; rotule *f*; jarret *m* (de tuyau).

'knee-jointed, *a. Bot:* Géniculé.

'knee-length, *attrib.a.* (Pardessus *m*, etc.) qui descend jusqu'au genou.

'knee-lever, *s.* Levier *m* à genouillère.

'knee-pad, *s.* Genouillère *f* (de parqueteur, etc.).

'knee-pan, *s. Anat:* Rotule *f*.

'knee-piece, *s.* **1.** *Archeol:* Genouillère *f* (d'armure). **2.** *N.Arch:* = KNEE[1] 2 (*b*).

'knee-pipe, *s.* Genou *m* (de tuyau).

'knee-'reflex, *s. Med:* = *knee-jerk, q.v. under* JERK[1] **2.**

'knee-sprung, *a. Farr:* **Knee-sprung horse,** cheval brassicourt; brassicourt *m.*

'knee-swell, *s.* Genouillère *f* (d'un harmonium).

'knee-timber, *s. Carp: etc:* Bois courbant, bois coudé, bois courbe.

knee[2], *v.tr.* **1.** Pousser (qch., qn) du genou. *Equit:* **To knee a horse on,** faire avancer un cheval en serrant les genoux; exciter un cheval du genou. **2.** *Carp:* Assujettir au moyen d'un genou, d'une équerre.

kneed, *a.* **1.** (*With adj. prefixed, e.g.*) **Weak-kneed,** faible des genoux, du jarret; faible. *See also* BROKEN-KNEED, KNOCK-KNEED. **2.** *Bot:* Géniculé. **3.** *Tchn:* Coudé. **4.** **Kneed trousers,** pantalon marqué, déformé, fatigué, aux genoux.

kneel [ni:l], *v.i.* (*p.t. & p.p.* **knelt** [nelt], *occ.* **kneeled**) **To kneel (down),** s'agenouiller; se mettre à genoux. **To kneel to s.o.,** se mettre à genoux devant qn. *To k. on one knee,* mettre un genou en terre.

kneeling[1], *a.* Agenouillé, à genoux. *They remained k.*, ils restèrent à genoux.

kneeling[2], *s.* Agenouillement *m.*

'kneeling-box, *s.* Auget *m* (de laveuse de linge).

'kneeling-chair, *s.* Prie-Dieu *m inv.*

'kneeling-cushion, *s.* Agenouilloir *m*; coussin *m* pour s'agenouiller.

'kneeling-stool, *s.* Agenouilloir *m*; prie-Dieu *m inv.*

kneeler ['ni:lər], *s.* **1.** Personne à genoux, personne agenouillée. **2.** Agenouilloir *m*; coussin *m* pour s'agenouiller.

'kneeler-chair, *s. Ecc:* Agenouilloir *m*; prie-Dieu *m inv.*

knell[1] [nel], *s.* Glas *m.* **Death knell,** glas funèbre. **To toll the knell,** sonner le glas. *F: This rang the death knell of his hopes,* cette nouvelle, ce refus, etc., sonnait le glas de ses espérances.

knell[2]. **1.** *v.i.* Sonner le glas, tinter. **2.** *v.tr.* Sonner (le requiem de qn).

knelt [nelt]. *See* KNEEL.

knew [nju:]. *See* KNOW[2].

knickerbocker ['nikərbɔkər]. **1.** *s.pl.* **Knickerbockers,** culotte (bouffante). **2.** *Tex:* **Knickerbocker-yarn,** fil moucheté.

knickers ['nikərz], *s.pl.* **1.** *F:* = KNICKERBOCKERS. **2.** Pantalon *m*, culotte *f* (de femme).

knick-knack ['niknak], *s.* Colifichet *m*, babiole *f*, bibelot *m*; *F:* affûtiau, -aux *m.*

knick-knackery [nik'nakəri], *s.* Bibelots *mpl*, bimbeloterie *f*.

knife[1], *pl.* **knives** [naif, na:ivz], *s.* **1.** (*a*) Couteau *m.* **Kitchen-knife, table-knife,** couteau de cuisine, de table. **Dessert-knife,** couteau à dessert. **Fish-knife,** couteau à poisson. **Carving-knife,** couteau à découper. **Cook's knife,** tranchelard *m*, coutelas *m.* **Potato-knife,** éplucheur *m* (à légumes). **To lay a knife and fork for s.o.,** mettre un couvert pour qn. *F:* **He plays a good knife and fork,** c'est une bonne fourchette. **Before you could say knife,** en un rien de temps; en moins de rien; avant que vous n'eussiez pu dire ouf! *See also* CHOPPING-KNIFE, CLEAVING, CORN[2] 1, FRUIT-KNIFE, GRAFTING-KNIFE, HAY-KNIFE, MINCING-KNIFE, OYSTER-KNIFE, PRUNING-KNIFE, RING-ING[1] 2. (*b*) **Pocket-knife,** couteau de poche. **Pen-knife,** canif *m.* **Norwegian knife,** couteau à pompe. *See also* CLASP-KNIFE, JACK-KNIFE. (*c*) Couteau, poignard *m*, *P:* surin *m.* **War to the knife,** guerre *f* à outrance, à mort; guerre à couteaux tirés. *F:* **To have one's knife in s.o.,** poursuivre qn avec acharnement; s'acharner après, contre, sur, qn; en vouloir à qn; en avoir contre qn; avoir la tête montée contre qn. *X had got his k. into him,* il était tombé sous la dent de X. (*d*) *Tchn:* **Cooper's hollowing-knife,** plane creuse de tonnelier. **Razing-knife** (*for marking barrels*), rouanne *f*. *See also* DRAWING-KNIFE, FLESHING-KNIFE, PALETTE-KNIFE, PAPER-KNIFE, PARING-KNIFE, PUTTY-KNIFE, RACE-KNIFE, TRIMMING. **2.** Couteau, lame *f* (d'un hache-paille, etc.); couperet *m* (de la guillotine). *Tex:* Rasoir *m* (de tondeuse). **3.** *Surg:* **The knife,** le bistouri, le scalpel, l'inciseur *m.* *To use, resort to, the k.*, avoir recours au fer; trancher dans le vif. *To have a horror of the k.*, trembler à l'idée d'être opéré. *See also* TENOTOMY. **4.** *El.E:* **Contact knife,** couteau de contact.

'knife-and-fork, *attrib.a.* **Knife-and-fork meal,** repas *m* à la fourchette.

'knife-basket, *s.* Panier *m* ramasse-couverts.

'knife-board, *s.* **1.** Planche *f* à couteaux. **2.** *A:* **Knife-board seat** (*of omnibus*), banquette *f* de l'impériale. *K.-b. omnibus,* omnibus *m* à impériale.

'knife-box, *s.* Boîte *f* à couteaux.

'knife-boy, *s.m.* Petit domestique chargé de nettoyer les couteaux.

'knife-cleaner, *s.* (Machine *f*, tampon *m*) nettoie-couteaux *m inv.*

'knife-edge, *s.* **1.** (*a*) Arête *f* (de montagne) en lame de couteau. (*b*) *Ph:* Couteau *m* de balance. **2.** *Attrib. W.Tel:* **Knife-edge tuning,** réglage *m* à sélectivité très poussée.

'knife-edged, *a.* **Knife-edged file,** lime *f* à couteau.

'knife-grinder, *s.* **1.** Rémouleur *m*; repasseur *m* de couteaux; (*itinerant*) gagne-petit *m inv.* **2.** Meule *f* à aiguiser.

'knife-machine, *s.* = KNIFE-CLEANER.

'knife-polish, *s.* Poudre *f* à nettoyer les couteaux.

'knife-rest, *s.* Porte-couteau *m*, *pl.* porte-couteau(x); chevalet *m.*

'knife-shaped, *a. Nat.Hist:* Cultellaire.

'knife-sharpener, *s.* Fusil *m*; affiloir *m* (pour couteaux).

'knife-sharpening, *s.* Affilage *m*, repassage *m*, de couteaux. **Knife-sharpening machine,** affiloir *m.*

'knife-switch, *s. El:* Interrupteur *m*, commutateur *m*, à couteau, à lame(s).

knife[2], *v.tr.* **1.** Donner un coup de couteau à (qn); poignarder (qn); *P:* suriner, chouriner, zigouiller (qn). **2.** *U.S:* Dégringoler (un homme politique) (par des moyens déloyaux, occultes).

knifer ['naifər], *s. F:* Surineur *m.*

knight[1] [nait], *s.* **1.** (*a*) Chevalier *m.* **The Knights of the Round Table,** les Chevaliers de la Table Ronde. **The Knight of the Sorrowful, the Rueful, the Woeful, countenance,** le Chevalier de la Triste-Figure. *F: A:* **Knight of the post,** chevalier d'industrie. *F:* **Knight of the needle, of the shears,** chevalier de la coupe. **Knight of the brush,** peintre *m.* **Knight of the pestle,** apothicaire *m.* **Knight of the wheel,** fervent *m* de la pédale. **Knight of the road,** (i) commis voyageur; (ii) vagabond *m. See also* CARPET-KNIGHT, GRAND CROSS 2. (*b*) *Gr. & Rom.Ant:* Chevalier. (*c*) *Hist:* **Knight of the Shire,** représentant *m* du comté au Parlement. (*d*) **Knight bachelor,** chevalier (n'appartenant à aucun ordre) (distinction honorifique dont l'usage s'est perpétué). **2.** (*At chess*) Cavalier *m.*

knight-'banneret, *s.m. A:* Chevalier banneret.

knight-'errant, *pl.* **knights-'errant,** *s.m.* Chevalier errant; guerroyeur; paladin; *F:* redresseur de torts.

knight-'errantry, *s.* Chevalerie errante.

'knight-head, *s. N.Arch:* Apôtre *m.*

'knight-service, *s. Hist:* Service *m* de haubert.

knight's fee, *s. Hist:* Fief *m* de haubert.

knight[2], *v.tr.* **1.** *Hist:* Armer chevalier (un écuyer, etc.). **2.** Faire, créer, (qn) chevalier; donner l'accolade à (qn).

knighting, *s.* Élévation (de qn) à l'ordre de la chevalerie.

knightage ['naitedʒ], *s.* Corps *m* des chevaliers.

knighthood ['naithud], *s.* **1.** Chevalerie *f.* **2. He has been given a knighthood,** il vient d'être créé chevalier *To decline a k.,* refuser le titre de chevalier.

knightliness ['naitlinəs], *s.* Devoirs *mpl* d'un chevalier; caractère *m* chevaleresque; aspect *m* chevaleresque.

knightly ['naitli], *a.* (Conduite *f*, etc.) chevaleresque, de chevalier; (ordre *m*) de la chevalerie.

knit[1] [nit], *s.* Tricot *m*, tricotage *m. Scarf of a loose k.,* cache-col *m* à mailles lâches.

knit[2], *v.* (*p.t. & p.p.* **knitted** *or* **knit**; *pr.p.* **knitting**) **1.** *v.tr.* (*a*) Tricoter (un vêtement, des bas). *Abs. She spends her time knitting,* elle passe son temps à tricoter, à faire du tricot. (*b*) *Knitting:* Faire les mailles à l'endroit. **Knit two, purl two,** deux à l'endroit, deux à l'envers. (*c*) **To knit one's brows,** froncer, serrer, le(s) sourcil(s); renfrogner sa mine, son front; prendre un air sourcilleux. (*d*) Faire souder (les os); lier (un liquide, un ciment). (*e*) Joindre, unir, lier (des personnes). *To k. together the hearts of all,* unir tous les cœurs. *Knit (together) by close friendship,* liés d'une étroite amitié. (*f*) **To knit up a garment,** assembler un vêtement, les bords d'un vêtement (en les tricotant). *F:* **To knit up a plot, an argument,** nouer une intrigue; rassembler les fils d'un argument. **2.** *v.i.* (*a*) (*Of bones*) *F:* Se souder, se nouer, se recoller, se rejoindre; (*of liquid, cement*) se lier, prendre; (*of fruit*) (se) nouer. (*b*) (*Of persons*) **To knit (together),** se lier, s'unir. (*c*) **His brows knit,** ses sourcils se froncèrent.

knit[3], **knitted,** *a.* **1. Knit(ted) scarf,** écharpe tricotée; écharpe de, en, tricot. **Knitted lace,** dentelle *f* au tricot. **Knitted fabric,** tricot *m.* **Knitted wear,** tricot *m.* **Knitted goods,** bonneterie *f. See also* HAND-KNIT(TED). **2. Knit(ted) eyebrows,** sourcils froncés. **3.** *Closely knit sentences,* phrases *f* d'une structure serrée. *See also* WELL-KNIT.

knitting, *s.* **1.** (*a*) Tricotage *m*; action *f* de tricoter. (*b*) Union *f* (des personnes, des cœurs). (*c*) Soudure *f* (des os). **2.** Tricot *m.* **Plain knitting,** tricot à l'endroit. *I have brought my k.,* j'ai apporté mon tricot.

'knitting-frame, *s.* (*Device*) Tricoteur *m.*

'knitting-loom, -machine, *s. Tex:* Tricoteuse *f. Power k.-loom,* tricoteuse mécanique.

'knitting-needle, *s.* Aiguille *f* à tricoter.

'knitting-sheath, *s.* Tricotoir *m*, affiquet *m*, gaine *f*.

knitter ['nitər], *s.* **1.** Tricoteur, -euse. **2.** (*Device*) Tricoteuse *f*.

knittle(-stuff) ['nitl(stʌf)], *s. Nau:* Commande *f*, aiguillette *f*, hanet *m.*

knitwear ['nitwɛər], *s.* Tricot *m.*

knob[1] [nɔb], *s.* **1.** (*a*) (*On surface, forehead, etc.*) Bosse *f*, protubérance *f*; (*on tree*) loupe *f*. (*b*) Pomme *f* (de canne, de balustrade); pommeau *m* (de crosse de revolver); bouton *m*, olive *f* (de porte, de tiroir, etc.); bouton de réglage, de mise en marche, etc. **Pull-to knob,** tirette *f* (de porte, etc.). (*c*) *P:* Tête *f*, caboche *f*. **2.** *U.S:* = KNOLL[1]. **3.** Morceau *m* (de charbon, de sucre).

knob[2], *v.* (**knobbed; knobbing**) **1.** *v.tr.* Bosseler (une surface). **2.** *v.i.* **To knob out,** bomber; former une bosse.

knobbed, *a.* **1.** (*Of surface*) Plein de bosses; (*of tree*) loupeux. **2.** (*Of stick*) À pommeau.

knobble[1] [nɔbl], *s.* Petite bosse.

knobble[2], *v.tr. Metall:* Cingler, tringler (le fer).

knobbly ['nɔbli], *a.* Plein de bosses; couvert de protubérances; (*of tree*) loupeux.

knobby ['nɔbi], *a.* **1.** = KNOBBLY. **2.** En forme de bosse.

knobkerrie ['nɔbkeri], *s.* Massue *f* à grosse tête non dégrossie (employée par les Cafres).

knobstick ['nɔbstik], *s.* **1.** (*a*) Canne *f* à pommeau. (*b*) = KNOBKERRIE. **2.** *Ind: P:* Ouvrier non syndiqué; jaune *m.*

knock[1] [nɔk], *s.* **1.** Coup *m*, heurt *m*, choc *m.* **To give s.o. a knock on the head,** (i) porter à qn un coup à la tête; (ii) assommer qn. **To get a nasty knock,** attraper un vilain coup. *P:* **To take the knock,** essuyer de grosses pertes; être fortement atteint (dans ses finances). *Aut.Ins:* **Knock-for-knock agreement,** convention entre compagnies d'assurance, par laquelle chacune s'engage à dédommager son client, en cas d'accident, sans chercher à départager les responsabilités. **2.** (*a*) **Knock at the door,** coup à la porte; coup de marteau. **There was a knock (at the door), a knock came at the door,** on frappa à la porte. *He gave a loud k.,* il frappa très fort. *He heard a k.,* il entendit frapper. **I know him by his knock,** je le reconnais à sa manière de frapper. *See also* DOUBLE[1] I. 1. (*b*) **Knock, knock!** toc, toc! pan, pan! **3.** *I.C.E: Mec.E:* Cognement *m*, cliquetis *m.* **Engine-knock,** cognement du moteur. **Piston-knock,** cognement du piston. **4.** *Cr:* = INNINGS 2.

'knock-free, *a. I.C.E:* (Carburant) anti-détonant.

knock[2]. **1.** *v.tr.* (*a*) Frapper, heurter, cogner. **To knock s.o. on the head,** (i) frapper qn sur la tête; (ii) assommer qn. *F: Our plans have been* **knocked on the head,** nos projets sont tombés dans l'eau. **To knock one's head against sth.,** (i) heurter de la tête, se cogner la tête, contre qch.; (ii) *F:* se heurter à un obstacle; buter contre un obstacle. **To knock s.o.'s head on the pavement,** *P:* sonner qn sur le pavé. *To k. one's leg,* s'attraper à la jambe. **To knock sth. out of s.o.'s hand,** faire tomber qch. de la main de qn. *See also* COCKED, FOOT[1] 1, HEAP[1], SENSELESS 1, SILLY 2, WEEK. (*b*) **To knock a hole in, through, sth.,** faire un trou dans qch.; percer qch. *See also* HOLE[1] 2. (*c*) *P:* Épater, ébaubir (qn). **That knocks you,** ça te la coupe! *That knocks me!* c'est renversant! (*d*) *U.S: F:* Dire du mal de (qn); abîmer (qn). **2.** *v.i.* (*a*) Frapper, heurter (*at*, à); taper (*at*, sur). **To knock at the door,** frapper à la porte. (*b*) **To knock against sth.,** se donner un coup, se heurter, se cogner, contre qch.; buter contre qch. *His head knocked against the pavement,* sa tête a porté sur le trottoir. (*c*) *I.C.E:* (*Of engine*) Cogner, cliqueter, taper, pilonner; (*of bearings*) tambouriner.

knock about. **1.** *v.tr.* Bousculer, maltraiter, malmener, rudoyer, houspiller (qn). **I got knocked about a good deal,** (i) j'ai été pas mal bousculé; (ii) j'ai mangé pas mal de vache enragée. *I watched them knocking each other about,* je les regardais se cogner. *Furniture badly knocked about in transit,* meubles fort maltraités pendant le trajet. *Ship that has been terribly knocked about (in battle),* vaisseau affreusement ravagé. *See also* BALL[1] 1. **2.** *v.i.* (*a*) **To knock about (the world),** parcourir le monde; rouler sa bosse (à travers le monde, un peu partout); se balader, rouler, vadrouiller, par le monde; bourlinguer de par le monde. (*b*) *To k. about for half an hour,* flâner pendant une demi-heure.

'knock-about. **1.** *Attrib.a.* (*a*) (Jeu, etc.) violent, bruyant. *Th:* **Knock-about comedian,** bateleur; clown *m. K.-a. performance,* tour *m* de bateleur; clownerie *f* (avec échange de bourrades, d'"enlèvements de ballon"). (*b*) Vagabond, errant. **Knock-about life,** vie errante; *F:* vie de bâton de chaise. *To lead a k.-a. life,* rouler sa bosse. (*c*) (Habits *mpl*) de tous les jours. **2.** *s. U.S:* (*a*) Échauffourée *f*, rixe *m.* (*b*) Petit yacht.

knock down, *v.tr.* **1.** (*a*) Renverser (qch., qn); jeter (qch., qn) par terre; étendre (qn) par terre d'un coup de poing; *P:* descendre (son adversaire); abattre (une muraille, des pommes, etc.); démonter (une baraque démontable, etc.). *To k. down the skittles,* renverser les quilles (avec la boule). **He was knocked down by a motor car,** il a été renversé par une auto. *F:* **A smell fit to knock you down,** une odeur à vous renverser. (*b*) *F:* Abattre (du gibier, etc.). **2.** (*a*) *To k. down an article at an auction,* adjuger, vendre, un article aux enchères. **To knock sth. down to s.o.,** adjuger qch. à qn. **Knocked down for a song,** adjugé à vil prix, pour une bouchée de pain. *Knocked down to s.o. for £100,* adjugé à qn à £100. (*b*) *F:* **To knock s.o. down for a song,** demander une chanson à qn (à une soirée chantante, etc.). **3. To knock down the price of sth.,** baisser considérablement le prix de qch. **4.** (*a*) Enfoncer (des pieux). (*b*) Aplatir (la tête d'un rivet, etc.).

knocking down, *s.* Renversement *m*, abattage *m*; (*at auction*) adjudication *f*.

'knock-down, *attrib.a.* **1.** (*a*) **Knock-down blow,** coup *m* d'assommoir. (*b*) (Machine *f*, etc.) démontable. **2. Knock-down price,** prix *m* minimum; prix de réclame.

knock in, *v.tr.* **1.** (R)enfoncer (un clou). **2.** Défoncer (une malle)

knocking in, *s.* **1.** Enfoncement *m.* **2.** Défonçage *m*, défoncement *m* (d'une malle, etc.).

knock off. I. *v.tr.* **1.** (*Prepositional use*) (*a*) *To k. the book off the table,* faire tomber le livre de la table. *To k. the handle off the jug,* faire sauter l'anse de la cruche. *F:* **To knock s.o. off his pins,** déquiller qn. *See also* SPOT[1] 3. (*b*) **To knock something off the price,** rabattre quelque chose du prix. **2.** (*Adverbial use*) (*a*) Faire tomber (le chapeau de qn, etc.). **To knock s.o.'s head off,** (i) flanquer une taloche à qn; (ii) battre qn à plates coutures. (*b*) *Nau:* (*Of ship*) **To be knocked off,** être chassé à la dérive. (*c*) Achever (un travail); expédier (une besogne). **To knock off a good deal of work,** abattre de la besogne. *To k. off some verses,* faire lestement quelques vers. *To k. off a sketch,* taper un croquis. (*d*) *To k. off the odd pence,* rabattre les quelques sous d'appoint. (*e*) *Mil: P:* Voler, *P:* chiper (qch.).

II. **knock off,** *v.i. Ind: Mil: etc:* (i) S'arrêter de travailler; faire la pause; (ii) cesser le travail (pour la journée). **We knock off at six,** nous finissons à six heures. *See also* WORK[1] 1, 4.

knock-'off, *s.* **1.** *Mec.E:* Butée *f* (de déclenchement); déclenchement *m.* **Knock-off motion,** arrêt *m* de secours (de presse, etc.). **2.** *Ind: etc:* **Knock-off (time),** débauchée *f*; (heure de) fermeture *f* des ateliers.

knock on, *v.tr. Fb:* (*Rugby*) Projeter le ballon en avant (avec la main).

'knock-on, *s. Fb:* "En avant" *m inv.*

knock out, *v.tr.* **1.** (*a*) Faire sortir, faire tomber (qch.); chasser, repousser (un rivet). **To knock s.o.'s eye, brains, out,** crever un œil à qn; faire sauter la cervelle à qn. *To k. out the ashes from one's pipe,* secouer les cendres de sa pipe. **To knock stupid ideas out of s.o.,** chasser des idées stupides de l'esprit de qn. *See also* BOTTOM[1] 3, NONSENSE 2. (*b*) **To knock out a pipe,** débourrer une pipe. **2. To knock s.o. out,** assommer qn raide; descendre qn d'un seul coup; *Box:* mettre (l'adversaire) knock-out; knockouter, *F:* endormir, qn. **3.** (*a*) Supprimer (un mot d'un passage, un passage d'un livre, etc.). (*b*) *F:* **To be knocked out in an exam,** être recalé. *Ten: To be knocked out in a tournament,* être éliminé. **4.** Ébaucher (un ouvrage, etc.).

knock-'out. **1.** *Attrib.a.* (*a*) (Coup) de grâce. (*b*) *To sell sth. at a k.-o. price*, vendre qch. à un prix qui défie la concurrence. **2.** *s.* (*a*) Coup *m* de grâce; coup d'assommoir. *Box:* Knock-out *m*, *pl.* knock-outs. (*b*) *P:* Type épatant; chose épatante. **It's a fair knock-out!** c'est renversant! (*c*) (*At auction sale*) (i) Entente *f* entre brocanteurs; revidage *m*; (ii) membre *m* de la bande noire (des brocanteurs); (iii) la bande noire. (*d*) *Sp:* Élimination progressive des concurrents ou des équipes. (50% à chaque tour, le nombre initial des concurrents étant un multiple de 2.)

knock over, *v.tr.* Faire tomber, renverser (qn, qch.); abattre (un arbre, etc.).

knocking over, *s.* Renversement *m*, abattage *m*.

knock together. **1.** *v.tr.* (*a*) Frapper (des choses) l'une contre l'autre. (*b*) Assembler à la hâte (un abri, un radeau, etc.). *That furniture's been knocked together*, c'est du mobilier de pacotille. **2.** *v.i.* Se heurter, se cogner (l'un contre l'autre).

knock under, *v.i.* Se rendre, se soumettre; *F:* mettre les pouces.

knock up. **1.** *v.tr.* (*a*) *To k. s.o.'s hand up*, écarter la main de qn (d'un coup de revers dirigé de bas en haut). (*b*) **To knock up the ball,** chasser la balle en l'air; faire une chandelle. *Ten: F:* **To knock up the balls,** faire quelques balles avant la partie. (*c*) *Cr:* **To knock up a century,** totaliser cent points. (*d*) Construire (un édifice) à la hâte; arranger (une partie) précipitamment; arranger (un projet) sommairement. *To k. up a garage out of an old hen house*, se faire un garage de fortune avec un vieux poulailler. *To k. up a meal at a moment's notice*, improviser un repas. (*e*) Réveiller, faire lever (qn). (*f*) Éreinter, épuiser, échiner (qn); mettre (un cheval, qn) sur le flanc. **I am quite knocked up,** je n'en peux plus; j'ai les jambes rompues; je suis vanné, éreinté, fourbu, exténué; je suis sur les dents. *Knocked up with fatigue*, malade de fatigue. **Horse easily knocked up,** cheval vain. (*g*) *U.S: P:* Engrosser (une femme). (*h*) *Bookb: etc:* **To knock up a sheaf of papers,** tapoter une liasse de papiers pour en faire coïncider les bords. **2.** *v.i.* (*a*) **To knock up against sth.,** se heurter contre qch. *F:* **To knock up against s.o.,** rencontrer qn par hasard, à l'improviste; tomber sur qn; *F:* se casser le nez contre qn. (*b*) S'effondrer (de fatigue, etc.).

knocked up, *a.* **1.** Épuisé, éreinté, rendu. **2.** *U.S: P:* Enceinte.

knock-'up, *s.* *Ten:* **To have a knock-up,** faire quelques balles (pour se faire la main).

knocking, *s.* **1.** Coups *mpl.* **2.** (*Of engine*) Tapage *m*, pilonnage *m*; cognement *m* (du moteur).

'knock-kneed, *a.* Cagneux; qui a les genoux en dedans; qui a les jambes en x. **Knock-kneed horse,** cheval serré du devant; cheval panard.

'knock-knees, *s.pl.* Genoux *m* en dedans, cagneux.

knocker ['nɔkər], *s.* **1.** (*a*) Frappeur, -euse. (*b*) *U.S: P:* Critique hargneux. **2.** (*a*) (**Door-**)**knocker,** marteau *m* (de porte); heurtoir *m*. **Ring knocker,** boucle *f* de porte. (*b*) *P:* **Not to feel up to the knocker,** ne pas être dans son assiette. **To be dressed up to the knocker,** être sur son trente et un, en grand tralala.

'knocker-down, -over, *s.* Abatteur, -euse (d'un objet).

knocker-'up, *s.* Réveilleur, -euse.

knockered ['nɔkərd], *a.* (Porte *f*) à marteau.

knoll¹ [noul], *s.* Tertre *m*, monticule *m*, butte *f*.

knoll², *v.tr. & i.* *A:* Sonner (une cloche); (*of bell*) tinter.

knop [nɔp], *s.* *A:* Bouton *m*, boucle *f*. *Tex:* **Knop-wool, -yarn,** laine boutonnée, bouclée; bouclette *f*.

knot¹ [nɔt], *s.* **1.** (*a*) Nœud *m*. **To tie a knot,** faire, serrer, former, un nœud. **To untie a knot,** défaire un nœud. *To make, tie, a k. in a piece of string*, faire un nœud à, nouer, une ficelle. *F:* **To tie a knot in one's handkerchief,** faire un nœud à son mouchoir (afin de se souvenir de qch.). *Nau:* **Fisherman's knot,** nœud anglais. **Running knot, slip-knot,** nœud coulant. *Double running k.*, **tomfool knot,** nœud coulant double. **Stevedore knot,** nœud d'emballage. **Granny's knot,** nœud mal fait; nœud de ménagère, de vache, d'ajust; nœud de soldat. *See also* OVERHAND 2, REEF-KNOT, STOPPER-KNOT, WALL-KNOT, WEAVER'S KNOT. (*b*) Nœud (de rubans); *P:* choupette *f*. **Sailor's knot,** nœud régate (marine). **True-love knot, true lover's knot,** lacs *m* d'amour (en 8 couché). *See also* MANTLE-KNOT, SHOULDER-KNOT, SWORD-KNOT. (*c*) **Knot of hair,** chignon *m*. *See also* GRECIAN. (*d*) *Needlew:* **French knot,** point d'armes tortillé. **2.** *Nau:* (*a*) Nœud, division *f*, de la ligne de loch. (*b*) *So many knots*, tant de nœuds (= tant de milles marins par heure). (*Of ship*) **To make 10 knots,** filer 10 nœuds. *Ship capable of 20 knots at the most*, vaisseau donnant tout au plus 20 nœuds. **3.** Nœud (d'une question, d'un problème). *See also* GORDIAN. **4.** **The marriage knot,** les nœuds du mariage; le lien conjugal. *F:* (*Of priest*) **To tie the knot,** prononcer le conjungo. **5.** (*a*) Nœud (d'une tige, d'un ligament, etc.); nodus *m* (d'un ligament, etc.); nodosité *f* (arthritique, etc.). *Bot:* Bracelet *m* (de graminée). *Tex:* *K. in raw silk yarn*, bouchon *m*. *See also* NERVE-KNOT. (*b*) Nœud (du bois). **Dead knot,** nœud vicieux. **Knot-hole,** trou *m* provenant d'un nœud. (*c*) *Geol: etc:* Concrétion *f*, nodule *m*. **6.** Groupe *m*, troupe *f*, noyau *m* (de personnes); groupe (d'objets). *K. of trees*, bouquet *m* d'arbres. *They stood in a k. at the door*, ils se tenaient groupés à la porte. **7.** **Porter's knot,** surdos *m*, torche *f*, tortillon *m*.

'knot-grass, *s.* *Bot:* **1.** Renouée *f* des oiseaux; centinode *f*, traînasse *f*; herbe *f* à cochon; cochonnée *f*. *Seaside k.-g.*, renouée maritime. **2.** (**Whorled**) **knot-grass,** illécèbre *f*.

knot², *v.* (**knotted; knotting**) **1.** *v.tr.* (*a*) Nouer; faire un nœud, des nœuds, à (une ficelle). *To k. together two ropes*, attacher deux cordages ensemble; abouter deux cordages. (*b*) (*Of gout, etc.*) Nouer (les membres). (*c*) *Needlew:* Exécuter (des franges, etc.) au macramé. *Abs.* Faire du macramé. (*d*) *Paint:* Masquer les nœuds (d'une boiserie, etc.). **2.** *v.i.* (*Of string*) Se nouer, faire des nœuds; (*of joints*) se nouer.

knotted, *a.* **1.** (Corde *f*, fouet *m*) à nœuds. *To become knotted*, se nouer. **2.** = KNOTTY 3. **3.** *Geol:* (Schiste, etc.) noduleux.

knotting, *s.* **1.** Nouement *m* (de cordes). **Knotting and splicing,** école *f* de nœuds. **2.** *Needlew:* Macramé *m*. **3.** *Paint:* Vernis *m*, mastic *m*, pour masquer les nœuds.

knot³, *s.* *Orn:* Canut *m*; grande maubèche.

knotter ['nɔtər], *s.* **1.** *Tchn:* Noueur, -euse (de franges, etc.). **2.** *Nau:* **A thirty-knotter,** un bateau de trente nœuds.

knottiness ['nɔtinəs], *s.* **1.** Nodosité *f* (d'une plante); caractère noueux, raboteux (d'une planche). **2.** Difficulté *f*, complexité *f* (d'un problème).

knotty ['nɔti], *a.* **1.** (*Of rope, etc.*) Plein de nœuds. **2.** *F:* (*Of question, problem, etc.*) Épineux, embrouillé. **Knotty point,** question difficile, épineuse, ardue. **3.** (*a*) (*Of wooden plank, etc.*) Noueux, raboteux, racheux, râcheux. (*b*) **Knotty hands,** mains noueuses.

knotwork ['nɔtwəːrk], *s.* **1.** *Arch:* Entrelacs *m*. **2.** *Needlew:* Macramé *m*.

knout¹ [naut], *s.* Knout *m*.

knout², *v.tr.* Knouter.

know¹ [nou], *s.* *F:* **To be in the know,** avoir le mot de l'affaire; être au courant (de l'affaire); être dans le secret, du secret, à la page; connaître, voir, le dessous des cartes; *Rac:* avoir des tuyaux. *Those who are in the k.*, les initiés.

know², *v.tr.* (*p.t.* **knew** [njuː]; *p.p.* **known** [noun]) **1.** (*a*) (*Recognize*) Reconnaître. *Don't you k. me?* est-ce que vous ne me reconnaissez pas? *She knew him at a distance*, elle l'a reconnu de loin. *I didn't k. you when you came forward*, je ne vous ai pas reconnu quand vous vous êtes avancé. *I knew him by his walk*, je l'ai reconnu à son allure, à sa démarche. *He is easily known by his scar*, il est facilement reconnaissable à sa balafre. **I knew him for a German,** je l'ai reconnu comme Allemand; j'ai reconnu en lui un Allemand. (*b*) Distinguer (*from*, de, d'avec). **To know good from evil,** connaître le bien d'avec le mal. **I didn't know the one from the other,** je ne pouvais pas les distinguer l'un de l'autre. **You wouldn't know him from an Englishman,** vous le prendriez pour un Anglais. *See also* ADAM¹, HAWK¹ 1. **2.** (*a*) (*Be acquainted with*) Connaître (qn, un lieu). *I am among people I k.*, je suis en pays de connaissance. **To be in surroundings one knows,** être en pays de connaissance. **To get, come, to know s.o.,** faire la connaissance de qn. *To get to k. s.o. better*, faire plus ample connaissance avec qn. *When I first knew him*, quand je fis sa connaissance. *I had known him as a poor man*, je l'avais connu pauvre. **Know thyself,** connais-toi toi-même. *F:* **To know s.o. like a book,** connaître qn comme le fond de sa poche. *See also* SIGHT¹ 1. (*b*) *He knows no fear*, il ne sait pas ce que c'est que d'avoir peur. *He has never known trouble*, il n'a jamais su ce que c'est que la peine. *His zeal knows no bounds*, son zèle ne connaît pas de bornes. *See also* LAW¹ 2. **3.** (*To be intimate with*) Connaître, fréquenter (qn). *They are neighbours of ours but we do not k. them*, ils sont nos voisins mais nous ne les fréquentons pas. **He is not a man to know,** ce n'est pas un homme à fréquenter. **4.** *A:* *To know a woman*, connaître une femme (charnellement). **5.** Savoir, connaître, posséder (un sujet, une langue). **To know sth. by heart,** savoir qch. par cœur. *Do you k. your lesson?* savez-vous votre leçon? *See also* INSIDE 1. **To know how to do sth.,** savoir faire qch.; s'entendre à faire qch. *To k. how to read, swim*, savoir lire, nager. *To k. how to behave*, savoir se conduire. *I don't k. how to do it*, je ne sais comment m'y prendre, comment (il faut) le faire. **They know how to fight,** ils savent se battre. *A protector who knows how to appreciate art*, un protecteur juste appréciateur des arts. *F:* **They ran all they knew,** ils coururent de toutes leurs forces. *See also* PLACE¹ 3, ROPE¹. **6.** (*a*) (*To have cognizance of*) Savoir (qch.). **To know more than one says,** en savoir plus long qu'on n'en dit. **I know that well enough,** je ne le sais que trop. **Now I know!** je sais à quoi m'en tenir! me voilà fixé! **If youth but knew!** si jeunesse savait! **Had I known,** si j'avais su. **As far as I know, for all I know,** autant que je sache. *You don't k. much*, (i) vous ne savez pas grand'chose; (ii) vous n'êtes guère au courant. **Not to know sth.,** ne pas savoir qch.; ignorer qch. *Certain things which you cannot but k.*, certaines choses que vous ne pouvez pas ignorer. *He doesn't seem to k. the value of time*, il semble ignorer le prix du temps. *Is his father rich?* **—I don't know,** son père est-il riche?—Je ne sais pas; je n'en sais rien; je l'ignore. *Lit:* **I know not,** je ne sais. **How do I know?** est-ce que je sais? **As everyone knows,** comme tout le monde le sait; au su de tous. **What three people know the whole world knows,** ce que trois personnes savent est public. *They know all their neighbours' proceedings*, ils n'ignorent rien des faits et gestes des voisins. *He says it's a good thing* **and he knows,** il dit que c'est une bonne affaire, et il est de la partie, il s'y connaît. *Don't prophesy unless you k.*, il ne faut prophétiser qu'à bon escient. **He knows his own mind,** il sait ce qu'il veut. **I would have you know that . . ., be it known to you that . . .,** sachez que. . . . *Jur:* **Be it known that . . .,** il est fait assavoir que. . . . *Everyone knows that . . .*, personne n'ignore que. . . . *I k. that the earth is round*, je sais que la terre est ronde. **I don't know that** *he understands much about it*, je doute, je ne crois pas, qu'il y entende grand'chose. *I don't know that he has any relatives*, je ne lui connais pas de parents. *I knew (that) he had talent*, je lui connaissais du talent. *How do you k. (that) he will come?* qui vous dit qu'il viendra? *How do I k., how am I to k., whether you will pay me?* qu'est-ce qui me dit que vous me payerez? *I don't k. whether he agrees with me (or not)*, je ne sais (pas) s'il est de mon avis (ou non, ou pas). *Do you k. when . . ., why . . .?* savez-vous quand . . ., pourquoi . . .? **Heaven knows when** *I shall get back*, Dieu sait quand je serai de retour. *He got out of it* **Heaven knows how!** il s'en est tiré Dieu sait comme! *He didn't quite k. what to say*, il ne savait trop que dire. **He knows what he**

is talking about, il est sûr de son fait. **He knows what's what,** il est bien renseigné; il sait de quoi il retourne; il la connaît. **I know what I know,** je sais ce que je sais. **I know not what,** je ne sais quoi. *When under the influence of drink he does not k. what he is doing,* dans l'ivresse il ne se connaît plus. **Now I know what I wanted to know,** maintenant je suis fixé. **They shall know what stuff I am made of,** on verra de quel bois je me chauffe. *F: It's such a bore,* **don't you know,** c'est tellement assommant, quoi! *See also* FACT 2, THING 3. (*b*) *I k. him to be a liar,* je sais que c'est un menteur. **She knew herself to be pretty,** elle se savait jolie. *I did not k. him to be one of their accomplices,* j'ignorais qu'il fût, qu'il était, un de leurs complices. *A little woman entered whom I knew by instinct to be Mrs X,* une petite femme entra, que je reconnus d'instinct pour Mme X. **He is known to be a good father,** on le sait bon père. *He is not known to have any place of abode,* on ne lui connaît pas de domicile. **I have known it (to) happen, it has been known to happen,** c'est une chose que j'ai vue, qu'on a vue, se produire. *I have known stranger things happen,* j'ai vu arriver des choses encore plus singulières. **I have known people die of it,** je sais des gens qui en sont morts. *I have known educated persons make this mistake,* j'ai vu commettre cette erreur à des gens instruits. *I have known him do many a kind action,* je l'ai vu, je lui ai vu, accomplir mainte bonne action. **I have never known him (to) do it before,** c'est la première fois, à ma connaissance, qu'il agit ainsi. *I have never known him tell a lie,* je ne sache pas qu'il ait jamais menti. *Have you ever known me (to) tell a lie?* m'avez-vous jamais entendu dire un mensonge? m'avez-vous jamais surpris à mentir? **He had never been known to laugh,** on ne l'avait jamais vu rire. *I have known him taken for a colonel,* je l'ai vu prendre pour un colonel. *Criminals have been known to jest even upon the scaffold,* on a vu des criminels plaisanter jusque sur l'échafaud. **7. To get to know sth.,** apprendre qch. *I knew it yesterday,* je l'ai appris hier; je l'ai su hier. *How did you get to k. that?* comment avez-vous appris cela? *To get to k. the details of a business,* s'initier aux détails d'un commerce. *I am glad to k. it,* je suis content de le savoir, de l'apprendre. *I don't want to k. any more,* je ne cherche pas à en savoir plus long. **Please let us know whether . . .,** veuillez nous faire savoir si. . . . **Everything gets known,** tout se sait. *I don't want it known,* je ne veux pas que cela se sache. *How can it have become known?* comment cela s'est-il su? *It is bound to become known,* cela se saura forcément. *See also* LET[4] I. 1. **8.** *F:* **Don't I know it!** à qui le dites-vous! **Not if I know it!** pour rien au monde! je m'en garderai bien! *She is rather pretty* **and well she knows it, and doesn't she know it!** elle est assez jolie et elle le sait bien. *A firm that reduces its advertising soon knows it,* une maison qui diminue sa publicité ne tarde pas à s'en ressentir. **9. To know better,** avoir trop d'expérience, trop de savoir-faire, pour commettre un faux pas ou mal juger. **To know better than to . . .,** se bien garder de. . . . *I k. better (than that),* (i) je sais bien que non; je sais le contraire; j'en sais plus long; je sais à quoi m'en tenir; je m'y connais mieux que ça; (ii) on ne m'y prendra pas; je suis plus malin que ça; *F:* pas si bête; à d'autres! *He knows better than to do that,* il est trop fin, trop expérimenté, trop avisé, pour faire cela; il n'est pas assez niais, assez simple, pour faire cela; il se garderait bien de faire cela. *They k. better than to make these concessions,* ils sont trop avisés pour accorder ces concessions. **You ought to know better** *at your age,* vous devriez avoir plus de sagacité, de clairvoyance, être plus raisonnable, à votre âge. **He is old enough to know better,** à son âge il devrait être plus raisonnable. **You ought to have known better,** vous n'auriez pas dû vous y laisser prendre; vous auriez dû faire preuve de plus de jugement; vous auriez dû être plus prudent. *I thought you would have known better,* je vous croyais plus de raison. **Another time you'll know better,** vous êtes averti pour une autre occasion. **You know best,** vous en êtes le meilleur juge. *You k. best what should be done,* vous savez mieux que personne ce qu'il faut faire.

know about, *v.i.* **To know about sth.,** être informé de qch.; être au courant. *Do they k. about it?* est-ce qu'ils sont informés? sont-ils au courant (de l'affaire)? *Nobody knows anything about it,* personne n'en sait rien. **He knows all about it,** il sait tout; il est renseigné; il s'y connaît; il sait le fonds et le tréfonds de l'affaire. *He knows all about ships, all about machines, F:* il est très calé sur la marine, sur les machines. **I see you know all about it,** je vois que vous êtes de la partie. *I should like to k. all about it,* j'aimerais en savoir le fin mot. **He knows nothing at all about it,** il ne sait rien de rien (de l'affaire). *He knows nothing whatever about . . .,* il ignore tout de. . . . **I know (even) less about it** *than you,* j'en sais (encore) moins que vous. **I know nothing about it,** je n'en sais pas un mot. **I don't know about that!** reste à savoir! je n'en suis pas bien sûr! **I don't know so much about that,** je n'en suis pas si sûr que ça. *U.S: F:* **What do you know about that?** qu'avez vous à dire à cela?

know of, *v.i.* **To know of s.o.,** connaître qn de réputation; avoir entendu parler de qn. *I k. of a good watchmaker,* je connais un bon horloger. **To get to know of sth.,** apprendre qch. *When did you k. of it?* quand l'avez-vous su? **We knew nothing of it,** nous l'ignorions. *F:* **Not that I know of,** pas que je sache.

known, *a.* **1.** Connu, reconnu, su. *The brightest light known,* la source de lumière la plus intense que l'on connaisse. *K. fact,* fait bien connu; fait reconnu. **Such are the known facts,** tels sont les faits constatés. *The k. talent of X.,* le talent bien connu de X. **A known enemy, thief,** un ennemi, voleur, avéré. *A place k. to me (alone),* un endroit de moi (seul) connu. *Art k. to a few,* art qui a peu d'adeptes. (*Of news, etc.*) **To become known to s.o.,** arriver à la connaissance, aux oreilles, de qn. **To make sth. known to s.o.,** faire connaître qch., signaler qch., à qn; porter qch. à la connaissance de qn. **To make s.o.'s presence known,** divulguer la présence de qn. **To make one's wishes, plans, known,** déclarer ses volontés, dévoiler ses plans. *To make s.o.'s misdeeds k. to the police,* dénoncer les méfaits de qn à la police. **It is known to all that . . .,** il est notoire que. . . . **He is known to everyone, known everywhere,** il est connu partout; *F:* il est connu comme le loup blanc. **Known as . . .,** connu sous le nom de. . . . **He is known to his friends as Jack,** ses amis l'appellent Jack. **This is what is known as . . .,** c'est ce qu'on appelle. . . . *The territory now k. as Belgium,* le territoire qu'on appelle aujourd'hui la Belgique. (*Of author, etc.*) **To become known,** sortir de l'obscurité. *See also* WELL KNOWN. **2.** *Mth:* **Known quantity,** quantité connue.

knowing[1], *a.* **1.** (Facultés *fpl*) de compréhension. **2.** Intelligent, instruit. **3.** Fin, habile, malin, rusé, déluré, déniaisé, *P:* dessalé. **A knowing smile,** un sourire entendu. **To put on a knowing look,** prendre un (petit) air entendu, rusé; faire l'entendu. **To assume a knowing air,** prendre un air de haute sagesse, un air connaisseur. **To pretend to be very knowing,** *F:* faire l'entendu. **The knowing ones,** les habiles, les malins. *She's a k. one,* elle est roublarde. *See also* CARD[1] 1. **4.** *F:* (*Of hat, etc.*) Chic, coquet. **-ly,** *adv.* **1.** Sciemment; à bon escient; en connaissance de cause. *I have never k. injured him,* je ne lui ai jamais fait de mal sciemment. **2.** Finement, habilement; d'un air rusé. **He smiled knowingly,** il sourit d'un air entendu.

knowing[2], *s.* **1.** Compréhension *f*, connaissance *f* (*of*, de). **2. There is no knowing (how . . ., why . . .),** il n'y a pas moyen de savoir, nul ne saurait dire, qui sait (comment . . ., pourquoi . . .).

'know-all, *s.* **He is a know-all,** c'est un je sais tout. *Attrib.* **Know-all manner,** air omniscient; air d'omniscience.

'know-nothing, *a.* & *s.* **1.** Ignorant, -ante. **2.** Agnostique *mf.*

knowable ['nouəbl], *a.* **1.** Connaissable. **2.** Reconnaissable (*by*, à).

knowledge ['nɔledʒ], *s.* **1.** (*a*) Connaissance *f* (d'un fait, d'une personne). **To get knowledge of sth.,** apprendre qch. **It has come to my knowledge that . . .,** il est venu, arrivé, parvenu, à ma connaissance que . . .; j'ai appris que. . . . **To bring s.o. to a knowledge of sth.,** révéler qch. petit à petit à qn. *See also* BRING (*e*). **To keep sth. from s.o.'s knowledge,** cacher qch. à qn. **I had no knowledge of it,** je ne le savais pas; je l'ignorais. **Lack of knowledge,** ignorance *f* (*of*, de). *People of whom I had no k.,* des gens que je ne connaissais pas, dont je ne soupçonnais pas l'existence. *Her k. of him,* ce qu'elle savait de lui. *This is within the k. of all,* cela, tout le monde le sait. **It is a matter of common knowledge that . . .,** c'est un fait notoire, il est de notoriété publique, que. . . . **To the knowledge of everyone, to everyone's knowledge,** au su de tout le monde. **To my knowledge, to the best of my knowledge, as far as my knowledge goes,** à ma connaissance; (autant) que je sache; (à ce) que je sache. **To my certain knowledge,** à mon vu et su. *To my certain k. they have . . .,* je sais pertinemment qu'ils ont. . . . **Not to my knowledge,** pas que je sache. **Without my knowledge,** à mon insu. **To speak from (one's own) knowledge,** parler par expérience (personnelle). *I speak with (full) k.,* j'en parle pertinemment. **To speak with full knowledge (of the facts),** parler en connaissance de cause, en pleine connaissance des faits. *With a full k. of what would result,* sachant parfaitement ce qui en résulterait. *See also* INSIDE 2. (*b*) **He had grown out of all knowledge,** il était tellement grandi qu'on ne le reconnaissait plus; il avait grandi au point d'être méconnaissable. **2.** Savoir *m*, science *f*, connaissance(s); *A. & Lit:* lumières *fpl*. *To have a k. of several languages,* avoir l'intelligence de plusieurs langues. *He has some little k.,* **a working knowledge,** *of Latin,* il a quelque connaissance du latin, quelques connaissances en latin. *To have no k. of a subject,* être étranger à un sujet. *He has a working k. of politics,* il a fait son apprentissage de la politique. **To have a thorough knowledge of a subject,** posséder à fond un sujet; connaître un sujet à fond. *Traveller with a thorough k. of grocery,* commis-voyageur *m* connaissant bien l'épicerie. *To leave school with a small stock of k.,* quitter l'école avec un mince bagage. *His k. is immense,* son savoir est immense, ses connaissances sont immenses. *His wide k.,* son savoir étendu; ses vastes connaissances (*of*, en). *To have recourse to the superior k. of specialists,* avoir recours aux lumières des spécialistes. **Knowledge of the world, of the heart,** la science du monde, du cœur. *To have no k. of the ways of the world,* n'avoir pas l'usage du monde. *K. of the law that everyone ought to possess,* les connaissances en droit que chacun doit posséder. **Knowledge is power,** savoir c'est pouvoir. **The advance of knowledge,** les progrès *m* de la science. *B:* **The tree of knowledge of good and evil,** l'arbre de la science du bien et du mal. **3. Carnal knowledge,** connaissance charnelle. *Unlawful carnal k.,* rapports sexuels illicites.

knowledgeable ['nɔledʒəbl], *a. F:* Intelligent; bien informé.

knuckle[1] [nʌkl], *s.* **1.** Articulation *f*, jointure *f*, du doigt. **To rap s.o. over the knuckles; to give s.o. a rap on the knuckles,** donner sur les doigts, sur les ongles, à qn. **2.** *Cu:* **Knuckle of a leg of mutton,** (i) (*bone*) manche *m*, (ii) (*meat*) souris *f* (d'un gigot). **Knuckle of veal,** jarret *m* de veau. **Knuckle of ham,** jambonneau *m*. *F:* **That's getting rather near the knuckle,** cela frise l'indécence. **3.** (*a*) *Mec.E:* = KNUCKLE-JOINT 2. (*b*) *N.Arch:* Vive arête; angle *m* de couple. (*c*) Charnon *m* (d'une charnière).

'knuckle-bone, *s.* **1.** = KNUCKLE[1] 1, 2. **2.** Osselet *m*. *To play at knuckle-bones,* jouer aux osselets.

'knuckle-duster, *s.* Coup-de-poing américain; *P:* sortie *f* de bal, de théâtre.

knuckle-'end, *s.* **1.** Partie *f* du gigot près du manche; *F:* la souris. **2.** *Mec.E:* Chape *f*.

'knuckle-'joint, *s.* **1.** = KNUCKLE[1] 1, 2. **2.** *Mec.E:* Articulation *f* à genouillère; joint *m* en charnière; agrafe articulée; charnière universelle.

knuckle[2], *v.tr.* **1.** Frapper ou frotter (qch.) avec le poing. *To k. one's eyes,* se frotter les yeux avec le poing. **2.** (*At marbles*) Cale (la bille). 3. *Golf:* **To knuckle the knee,** *abs.* **to knuckle,** fléchir le genou en dedans, rentrer le genou (en potant).

knuckle down, *v.i.* 1. (*At marbles*) Appuyer la main à terre (en lançant la bille). 2. Se soumettre, céder; mettre les pouces; payer d'obéissance; avaler la, sa, médecine; *P:* flancher; filer doux; caler. *I won't k. down to him,* il ne va pas me faire la loi.

knuckle over, *v.i.* *Farr:* (*Of horse, leg*) Être bouleté.

knuckle under, *v.i.* = KNUCKLE DOWN 2.

knucks [nʌks], *s.pl.* *U.S:* *F:* **To play knucks,** jouer aux billes.

knur [nəːr], *s.* 1. Nœud *m* (dans un tronc d'arbre). 2. *Games:* (*At hockey, etc.*) Boule *f.*

knurl[1] [nəːrl], *s.* 1. Nœud *m* (du bois). 2. *Metalw:* (*a*) *Tls:* Molette *f,* godronnoir *m.* (*b*) Molet(t)age *m.* **Straight knurl,** moletage droit. **Spiral knurl,** moletage incliné. **Diamond knurl,** moletage croisé.

'knurl-holder, *s.* Porte-outil *m inv* à molet(t)er; porte-molette *m, pl.* porte-molettes.

knurl[2], *v.tr.* *Metalw:* Molet(t)er, godronner.

knurled, *a.* (Écrou) moleté, à molette, godronné.

knurling, *s.* Molet(t)age *m,* godronnage *m.*

'knurling-tool, *s.* = KNURL[1] 2 (*a*).

knut [nʌt], *s.* *P:* (*Hum. for* NUT) Type *m* chic; rupin *m;* gommeux *m.*

knutty ['nʌti], *a.* *P:* Chic, rupin.

koa ['koua], *s.* *Bot:* Koa *m.*

koala [kou'ɑːla], *s.m.* = KOOLAH.

kobold ['koubɔld, -bould], *s.* *Myth:* Kobold *m;* lutin *m* ou gnome *m.*

kodak[1] ['koudak], *s.* *Phot:* Kodak *m.*

kodak[2], *v.tr.* 1. Photographier (qn, qch.) avec un kodak. 2. *F:* Esquisser (qn, qch.) au vol; attraper (une ressemblance) au vol.

kohl [koul], *s.* *Toil:* Khôl *m,* kohol *m.*

kohlrabi [koul'rɑːbi], *s.* *Bot:* Chou-rave *m, pl.* choux-raves; turnep(s) *m.*

kola ['koula], *s.* *Bot:* Cola *m,* kola *m.* **Kola-nut,** noix *f* de cola, de kola.

kolinsky [ko'linski], *s.* *Com:* (*Fur*) Kolinski *m;* loutre *f* de Sibérie.

konak ['kɔnak], *s.* Konak *m,* conac *m,* hôtel particulier (turc).

konk [kɔŋk], *v.i.* = CONK[2].

koolah ['kuːla], *s.* *Z:* Koala *m.*

kopje ['kɔpi], *s.* *Geog:* Kopje *m.*

Koran (the) [ðə'kɔːran, ko'rɑːn], *s.* *Rel.Hist:* Le Koran; le Coran.

koranic [kɔː'ranik, ko'rɑːnik], *a.* Du Koran, du Coran.

Kordofan [kɔːrdo'fɑːn]. *Pr.n.* *Geog:* Le Kordofan.

Korea [ko'riːa], *Pr.n.* *Geog:* La Corée.

Korean [ko'riːən], *a.* & *s.* *Geog:* Coréen, -enne.

kosher ['kouʃər]. *Jew.Rel:* 1. *a.* Cachir *inv;* cacher, -ère. 2. *s.* (*a*) Viande *f* cachir. (*b*) Boucherie *f* cachir.

kotow[1] [kou'tau], *s.* Prosternation *f,* prosternement *m* (à la chinoise).

kotow[2], *v.i.* 1. Se prosterner, se courber (à la chinoise) (*to,* devant); saluer à la chinoise. 2. *F:* **To kotow to s.o.,** faire des courbettes devant qn; s'aplatir devant qn; courber l'échine devant qn.

koumiss ['kuːmis], *s.* Koumis *m.*

kowtow [kau'tau], *s.* & *v.* = KOTOW[1, 2].

kraal [krɑːl], *s.* Kraâl *m* (village *m* ou corral *m*).

kraft [krɑːft], *s.* *Paperm:* Papier *m* d'emballage fort.

kraken [krɑːkn, kreikn], *s.* *Myth:* Craken *m.*

Krakow ['krɑːkɔf], *Pr.n.* *Geog:* Cracovie *f.*

Kremlin (the) [ðə'kremlin], *s.* Le Kremlin.

kriegspiel ['kriːgʃpiːl], *s.* *Mil:* Kriegspiel *m.*

krimmer ['krimər], *s.* *Com:* (Variété *f* de) caracul *m.*

kris [kriːs], *s.* = CREESE.

kromeski [krɔ'meski], *s.* *Cu:* Cromesquis *m.*

kromskop ['krɔmskɔp], *s.* *Phot:* Chromoscope *m.*

krummhorn ['krumhɔːrn], *s.* *Mus:* *A:* Cromorne *m,* tournebout *m.*

krypton ['kriptɔn], *s.* *Ch:* Krypton *m.*

ksi [ksai], *s.* *Gr.Alph:* Ksi.

kudos ['kjuːdɔs], *s.* *F:* La gloriole. *For the sake of k.,* pour la gloriole.

kuk(e)ri ['kuːk(ə)ri], *s.* Koukri *m;* coutelas *m* (des Gorkhas).

Ku-Klux-Klan ['kjuːklʌks'klan], *s.* *U.S:* Association secrète qui se forma dans les États du Sud après la guerre civile, pour lutter contre l'influence des noirs.

kulak ['kulak], *s.* (*Russian peasant*) Koulak *m.*

Kumassi [ku'masi]. *Pr.n.* *Geog:* La Coumassie.

kümmel [kyml], *s.* *Dist:* Kummel *m.*

kupfernickel ['kupfərnikl], *s.* *Miner:* Kupfernickel *m,* nickéline *f.*

Kurd [kəːrd], *a.* & *s.* *Ethn:* K(o)urde.

Kurdish ['kəːrdiʃ]. 1. *a.* *Ethn:* K(o)urde. 2. *s.* *Ling:* Le k(o)urde.

Kurdistan [kəːrdis'tɑːn]. *Pr.n.* *Geog:* Le K(o)urdistan.

Kuril(e) ['kjuːril], *a.* *Geog:* **The Kuril(e) Islands,** les îles Kouriles.

Kuroschiwo (the) [ðəkuro'ʃiːwo], *s.* *Oc:* Le Kouro-sivo *m;* le Courant thermal du Japon.

kvass [kvas], *s.* Kwas *m;* bière *f* de seigle (de la Russie).

kyang [kjaŋ], *s.* *Z:* Hémione *m.*

kyanite ['kaiənait], *s.* *Miner:* = CYANITE.

kyanization [kaiənai'zeiʃ(ə)n], *s.* Kyanisation *f.*

kyanize ['kaiənaiz], *v.tr.* Kyaniser; imprégner (le bois) de sublimé corrosif.

kyle [kail], *s.* *Scot:* Détroit *m,* passe *f.* **The Kyles of Bute,** les détroits de Bute.

kyloe ['kailo], *s.* *Breed:* Bœuf *m* ou vache *f* de l'ouest de l'Écosse (de petite taille et à longues cornes).

kymograph ['kaimograf], *s.* *Med:* *etc:* Kymographion *m.*

Kymric ['kimrik], *a.* & *s.* = CYMRIC.

kyrie (eleison) ['kiːrie(e'leisən)], *s.* *Ecc:* Kyrie *m.*

L, l [el], *s.* **1.** (La lettre) L, l *m or f. A capital L,* un L majuscule. *Tp:* **L for Lucy,** L comme Lazare. *Ling: Liquid l, palatalized l, palatal l,* l mouillée. **2.** (*a*) *Ind:* **L iron,** fer *m* cornière, fer en équerre, fer en L, fer d'angle. (*b*) *U.S:* Aile *f* (d'un bâtiment) à angle droit avec le corps principal. **3.** (*Abbr. of Lat.* libra, *pound*) = livre *f* sterling. *F:* **It is not merely a question of L.S.D.,** ce n'est pas simplement une question d'argent. **4.** *U.S: F:* = EL.

la[1] [lɑː], *s. Mus:* **1.** (*Fixed la*) La *m.* **2.** (*Movable la; in tonic solfa,* lah) La sus-dominante.

la[2], *int. A:* Mon Dieu!

laager[1] ['lɑːgər], *s.* (*In S. Africa*) Laager *m;* campement *m* avec rempart de chars à bœufs.

laager[2]. **1.** *v.tr.* Former (les chars à bœufs) en laager; mettre (des gens) en laager. **2.** *v.i.* Se former en laager; former le camp.

lab [lab], *s. F:* = LABORATORY.

labarum ['labarəm], *s. Ecc:* Labarum *m,* chrisme *m.*

label[1] [leibl], *s.* **1.** (*a*) Étiquette *f.* **Gummed label, stick-on label,** étiquette gommée. *F:* **The label carries the goods,** le pavillon couvre la marchandise. *See also* LUGGAGE-LABEL, TIE-ON. (*b*) *F:* Désignation *f,* qualification *f* (de qn). **2.** *Jur:* Queue *f* (d'un document). **3.** *Arch:* = DRIP-STONE 1. **4.** *Astr: A:* Radiomètre *m.* **5.** *Her:* Lambel *m.*

'label-holder, *s.* Porte-étiquette *m, pl.* porte-étiquettes.

label[2], *v.tr.* (**labelled; labelling**) **1.** (*a*) Étiqueter; apposer, attacher, une étiquette à (un paquet); adresser (un paquet). *Luggage labelled for London,* bagages enregistrés pour Londres. (*b*) *F:* **To label s.o. (as) . . .,** désigner qn sous le nom de . . .; qualifier qn du nom de. . . . **2.** *Com: To l. an article for sale,* habiller un article pour la vente.

labelling, *s.* (*a*) Étiquetage *m.* (*b*) *F:* Désignation *f* (de qn).

label[3], *s. Bot:* = LABELLUM.

labeller ['leib(ə)lər], *s.* Étiqueteur, -euse.

labellum [la'beləm], *s. Bot:* Labelle *m* (d'une orchidée).

labenzyme ['labenzaim], *s. Bio-Ch:* Lab *m;* lab-ferment *m.*

labia ['leibia], *s.pl. See* LABIUM.

labial ['leibiəl]. **1.** *a.* Labial, -aux. *Mus:* **Labial pipe,** tuyau *m* à bouche (d'un orgue). **2.** *s. Ling:* Labiale *f;* consonne labiale.

labialization [leibiəlai'zeiʃ(ə)n], *s. Ling:* Labialisation *f.*

labialize ['leibiəlaiz], *v.tr. Ling:* Labialiser (un son).

labializing, *s.* = LABIALIZATION.

labiatae [leibi'eitiː], *s.pl. Bot:* Labiées *f.*

labiate ['leibiet]. *Bot:* **1.** *a.* Labié. **2.** *s.* Labiée *f.*

labile ['leibil, 'labil], *a. Ch:* (Colloïde *m*) labile, instable.

labiodental [leibio'dent(ə)l], *a. Ling:* Labio-dental, -aux; dento-labial, -aux.

labionasal [leibio'neiz(ə)l], *a. Ling:* Labio-nasal, -aux.

labium, *pl.* **-ia** ['leibiəm, -ia], *s.* **1.** *Bot:* Lèvre *f* (de corolle labiée). **2.** *pl. Anat:* **Labia,** lèvres (de la vulve). **Labia majora,** grandes lèvres. **Labia minora,** petites lèvres; nymphes *f.*

laboratory ['laborətəri, *often* la'bɔrətəri], *s.* Laboratoire *m;* salle *f* d'expériences. **Laboratory animal,** animal *m* pour essais biologiques.

laborious [la'bɔːriəs], *a.* Laborieux. **1.** Travailleur, -euse; qui travaille beaucoup. **2.** Pénible, fatigant; *F:* tuant. **-ly,** *adv.* Laborieusement, péniblement.

laboriousness [la'bɔːriəsnəs], *s.* Caractère laborieux; peine *f* (d'un travail, d'une ascension, etc.).

labour[1] ['leibər], *s.* **1.** (*a*) Travail *m,* labeur *m,* peine *f.* **Manual labour** travail manuel; travail de manœuvre. *Road l.,* travaux de voirie. **Material and labour,** matière *f* et façon *f. Division of l.,* division *f* du travail. **Labour in vain,** peine perdue. *Lit:* **Love's Labour's lost,** Peines d'amour perdues. *See also* DAY-LABOUR, PAIN[1] 2. (*b*) *Jur:* **Hard labour,** réclusion *f* avec travail disciplinaire. **To be sentenced to two years (with) hard labour,** *U.S:* **at hard labour;** *F:* **to get two years' hard,** être condamné à deux ans de prison avec travail disciplinaire. **2.** (*a*) *Pol.Ec: Ind:* Main-d'œuvre *f;* travailleurs *mpl. White l., coloured l.,* travailleurs blancs, de couleur. **Manual labour,** main-d'œuvre. **Skilled labour,** main-d'œuvre spécialisée. *Shortage of l.,* crise *f* de main-d'œuvre. *Employer of l.,* patron *m,* employeur *m.* **Capital and labour,** le capital et le travail. **Labour troubles,** conflits *m* entre ouvriers et patrons; troubles ouvriers. **The labour question,** la question ouvrière. **Labour colony** *or* **settlement,** colonie ouvrière. *Mil:* **Labour battalion,** bataillon *m* de travailleurs. *See also* UNSKILLED. (*b*) *Adm:* **Minister of Labour,** Ministre *m* du Travail. **International Labour Office,** Bureau international du Travail. **Labour legislation,** législation ouvrière. (*c*) *Coll. Pol:* Les travaillistes *m,* le travaillisme. *The demands of l.,* les revendications ouvrières; ce que réclament les travaillistes. **The Labour party,** le parti travailliste. *Are you L.?* êtes-vous travailliste? **Labour member** (*of Parliament*), travailliste. **Labour mayor,** maire *m* travailliste. **3.** **The twelve labours of Hercules,** les douze travaux d'Hercule. **Labour of love,** (i) travail à titre gracieux; travail gratuit; (ii) travail fait avec plaisir. *It has been a l. of love to me,* c'est avec plaisir que j'y ai travaillé. **4.** *Med:* Travail; mal *m* d'enfant; couches *fpl.* **Premature labour,** accouchement *m* avant terme. **Woman in labour,** femme *f* en couches, en travail (d'enfant), en mal d'enfant. *F:* **It's the mountain in labour,** c'est la montagne qui accouche.

'labour-exchange, *s.* Bureau *m,* office *m,* de placement(s) (pour ouvriers); office de la main-d'œuvre; (*in large cities*) Bourse *f* du Travail.

'labour-market, *s. Pol.Ec:* Main-d'œuvre *f;* offre ouvrière; marché *m* du travail.

'labour-pains, *s.pl. Med:* Douleurs *f* de l'enfantement.

'labour-saving[1], *a.* Qui économise ou permet d'économiser le travail manuel ou la main-d'œuvre. *L.-s. device,* économiseur *m* de travail. *L.-s. machine,* machine *f* qui économise le travail manuel. *L.-s. houses,* maisons construites pour parer à la crise domestique.

'labour-saving[2], *s.* Économie *f* du travail, de la main-d'œuvre.

labour[2]. **1.** *v.i.* (*a*) Travailler, peiner. **To labour for sth.,** se donner de la peine pour obtenir qch. **To labour to do sth.,** travailler à faire qch.; s'efforcer de, s'appliquer à, faire qch. **To labour at, over, sth.,** travailler à qch.; peiner sur qch. *For two years I laboured at clearing this ground,* pendant deux ans j'ai travaillé à défricher ce terrain. *See also* VAIN 4. (*b*) **To labour along,** marcher, avancer, péniblement. **To labour up a hill,** gravir péniblement une pente. (*c*) **To labour under a burden,** être courbé sous un fardeau. *To l. under great difficulties,* avoir à lutter contre, avoir à combattre, de grandes difficultés; être aux prises avec de grandes difficultés. *To l. under a disease,* souffrir, être affligé, d'une maladie. *To l. under a constant anxiety,* être travaillé par une inquiétude perpétuelle. *To l. under a sense of wrong,* nourrir un sentiment d'injustice. **To labour under an illusion, a delusion, a misapprehension,** être dans l'illusion, dans l'erreur; être (la) victime d'une illusion, d'une erreur; se faire illusion; s'illusionner, s'abuser. *To be labouring under an accusation of . . .,* être sous le coup d'une accusation de. . . . (*d*) *Mch: I.C.E: etc:* (*Of engine*) Fatiguer, peiner, souffrir; fonctionner péniblement. (*Of ship*) Bourlinguer, fatiguer, se tourmenter. *The ship is labouring,* la mer fatigue le navire. (*Of car*) *To l. uphill,* peiner en côte. (*e*) (*Of woman*) **To labour with child,** être en travail d'enfant, en mal d'enfant. *F: Journalist labouring to bring forth his copy,* journaliste *m* en mal d'article. **2.** *v.tr.* (*a*) Élaborer (un ouvrage); travailler (son style). **I will not labour the point,** je ne m'étendrai pas là-dessus; je n'insisterai pas là-dessus. (*b*) *Poet: A:* Labourer (la terre).

laboured, *a.* **1.** (Style, etc.) travaillé, trop élaboré, fastidieux; (poème, etc.) martelé, qui sent l'huile. *L. diction,* diction laborieuse. **2.** (Respiration *f*) pénible.

labouring[1], *a.* **1.** **Labouring man,** ouvrier *m.* **The labouring class,** la classe ouvrière. *L. day,* jour *m* de travail. *F:* **To pull, tug, the labouring oar,** faire la plus grande partie du travail. **2.** *L. heart,* cœur battant, palpitant (d'émotion). *L. breast,* poitrine haletante. *L. soul,* âme tourmentée.

labouring[2], *s.* **1.** Travail (manuel); peine *f.* **2.** *The l. of his heart,* les battements *m* de son cœur.

labourer ['leibərər], *s.* (*a*) Travailleur *m. Prov:* **The labourer is worthy of his hire,** toute peine, tout travail, mérite salaire; il faut que le prêtre vive de l'autel. (*b*) *Ind:* Manœuvre *m;* homme *m* de peine. *See also* DAY-LABOURER. (*c*) **Agricultural labourer,** ouvrier *m* agricole.

labourite ['leibərait], *s. Pol:* Membre *m* du parti travailliste; travailliste *mf.*

Labrador ['labradɔːr]. **1.** *Pr.n. Geog:* Le Labrador. *Miner:* **Labrador feldspar, stone,** labradorite *f,* labrador *m.* **2.** *s.* Chien *m* du Labrador.

Labradorian [labra'dɔːriən], *a.* & *s. Geog:* (Originaire, natif) du Labrador.

labroid ['leibrɔid], *a.* & *s. Ich:* Labroïde (*m*).

labrus ['leibrəs], *s. Ich:* Labre *m, F:* vieille *f.*

laburnum [la'bɔːrnəm], *s. Bot:* Cytise *m* (à grappes); aubour *m;* faux ébénier. **Alpine laburnum,** cytise des Alpes.

labyrinth ['labirinθ], *s.* **1.** Labyrinthe *m,* dédale *m.* **2.** *Anat:* Labyrinthe (de l'oreille). **3.** *Turb:* **Labyrinth joint,** joint *m* à labyrinthe. **Labyrinth packing,** garniture *f* à labyrinthe.

labyrinthian [labi'rinθiən], **labyrinthine** [labi'rinθain], *a.* Labyrinthique.

labyrinthodon(t) [labi'rinθədɔn(t)], *s. Paleont:* Labyrinthodon(te) *m.*

lac[1] [lak], *s.* Gomme *f* laque; laque *f.* **Lac-varnish,** vernis-laque *m inv.* **Lac-bearing, -producing,** laccifère. *See also* SEED-LAC.

lac[2], *s.* Lack *m* (de roupies).

Laccadive ['lakadiv], *a. Geog:* **The Laccadive Islands,** les (îles) Laquedives *f.*

lace[1] [leis], *s.* **1.** Lacet *m* (de corset, de soulier); cordon *m* (de soulier). *Ind: Laces for belts,* lacets, lanières *f,* pour courroies. *See also* SHOE-LACE. **2.** **Gold, silver, lace,** galon *m,* ganse *f,* passement *m,* d'or, d'argent. **3.** Dentelle *f,* point *m.* **Bobbin lace, pillow lace,** dentelle aux fuseaux, au coussin, au coussinet; guipure *f. Alençon l.,* point d'Alençon. *Knitted l.,* dentelle au tricot. **Lace collar,** col *m* de dentelle. **Lace factory,** dentellerie *f.* **Lace manufacture,** dentellerie. *See also* BRUSSELS, HONITON, MACHINE-MADE, NEEDLE-LACE, POINT-LACE.

'lace-frame, *s.* Métier *m* à dentelle.

'lace-glass, *s.* Verre filigrané.

'lace-maker, *s.* **1.** Fabricant, -ante, de dentelles. **2.** Ouvrier, -ière, en dentelles; passementier, -ière; affineuse *f.*

'lace-making, *s.* Dentellerie *f.*

'lace-piece, *s.* *Nau:* Taille-mer *m inv.*

'lace-'pillow, *s.* Coussin *m*, coussinet *m*, à dentelle; tambour *m.*

'lace-wing, *s.* *Ent:* **Lace-wing (fly),** hémérobe *m*; demoiselle *f* terrestre.

'lace-work, *s.* (*a*) Dentelles *fpl*; dentellerie *f.* (*b*) Passementerie *f.*

'lace-worker, *s.* = LACE-MAKER 2.

lace[2], *v.tr.* **1.** (*a*) **To lace (up) stays, boots,** lacer un corset, des bottines. *To l. one's corset up tight,* serrer son corset; se serrer (la taille) dans son corset. *To l. oneself, one's waist, too tightly,* se serrer trop; se sangler. (*With passive force*) (*Of boots, etc.*) To lace (up), se lacer. *Corset that laces at the side,* corset qui se lace sur le côté. **Lace-up boots or shoes,** chaussures *f* à lacets; souliers *m* Richelieu. (*b*) *Nau:* Transfiler (des tentes); mailler (une voile à une autre). **2. To lace sth. with sth.,** entrelacer qch. de, avec, qch. **3.** Garnir, border, (un ouvrage) de dentelles; galonner. **4.** Barioler, bigarrer, nuancer (une surface) (*with*, de). **5.** (*a*) Soulever des vergetures *f* sur (la peau). *F: A:* **To lace s.o., s.o.'s coat,** battre, sangler, rosser, qn. (*b*) *v.i. F:* **To lace into s.o.,** taper sur qn; faire une sortie à, contre, qn. **6.** *F:* Additionner d'alcool (une boisson). *Glass of milk laced with rum,* lait *m* au rhum.

lace in, *v.tr.* **1. To lace oneself in,** se lacer. **2.** *Bookb:* **To lace in the bands,** passer les nerfs en carton.

lacing in, *s.* *Bookb:* Passure *f* en carton.

laced, *a.* **1.** (Soulier, etc.) lacé. *See also* STRAIT-LACED, TIGHT-LACED. **2.** Garni de dentelles; galonné, à galon, à ganse. *See also* GOLD-LACED. **3.** (*Of bird, flower, etc.*) Bariolé, bigarré, nuancé.

lacing, *s.* **1.** Lacement *m*, laçage *m* (d'un corset, etc.). *Nau:* Transfilage *m.* *Mch: L. of belts,* attache *f* des courroies. *See also* TIGHT-LACING. **2.** (*a*) Lacet *m.* (*b*) Galon *m*, passement *m*, tresse *f.* *Veh:* **Coach lacing,** tresse pour carrosserie. *Aut: Radiator ledge l.,* tresse; lacet antivibrateur. **3.** *F:* Fouettée *f*, rossée *f.*

'lacing-bar, *s.* *Civ.E:* Barre *f* de triangulation (de poutre composée).

Lacedaemon [lasi'diːmən]. *Pr.n. A.Geog:* Lacédémone *f*; Sparte *f.*

Lacedaemonian [lasidi'mounjən], *a.* & *s.* *A.Geog:* Lacédémonien, -ienne; Spartiate.

lacerate[1] ['lasəreit], *v.tr.* Lacérer; *F:* déchirer.

lacerated, *a.* **1.** Lacéré; déchiré. *F: L. heart,* cœur déchiré. *L. feelings,* sentiments profondément blessés. *See also* WOUND[1]. **2.** *Bot:* = LACERATE[2] 2.

lacerate[2] ['lasəret], *a.* **1.** *Poet:* = LACERATED 1. **2.** *Bot:* Lacéré.

laceration [lasə'reiʃ(ə)n], *s.* **1.** Lacération *f*, déchirement *m.* **2.** *Med: etc:* Déchirure *f.*

lacertian [la'səːrʃən], *a.* & *s.* *Z:* Lacertien (*m*).

lacertiform [la'səːrtifɔːrm], *a.* *Z:* Lacertiforme; qui a la forme d'un lézard.

lacertine [la'səːrtain], *a.* = LACERTIAN.

laches ['latʃez], *s.* (*a*) *Jur:* Négligence *f*, inaction *f* (dans la poursuite d'une instance, et dont résulte la péremption). (*b*) *Lit:* Négligence coupable; carence *f* (du Gouvernement, etc.).

Lachesis ['lakesis]. *Pr.n.f. Gr.Myth:* Lachésis.

lachrymal ['lakrim(ə)l], *a.* Lacrymal, -aux. *Anat:* **Lachrymal bone,** os lacrymal; unguis *m.* *Archeol:* **Lachrymal vase,** urne *f* lacrymatoire.

lachrymation [lakri'meiʃ(ə)n], *s.* Larmes *fpl.*

lachrymator ['lakrimeitər], *s.* *Mil:* Gaz *m* lacrymogène.

lachrymatory ['lakrimətəri]. **1.** *a.* (*a*) *Archeol:* (Urne *f*) lacrymatoire. (*b*) (Gaz *m*, obus *m*, etc.) lacrymogène. **2.** *s.* *Archeol:* Lacrymatoire *m.*

lachrymose ['lakrimous], *a.* Larmoyant.

laciniate [la'siniet], **laciniated** [la'sinieitid], *a.* *Nat.Hist:* Lacinié; (feuille) déchiquetée. **Laciniate-leaved,** lacinifolié.

lack[1] [lak], *s.* Manque *m*, absence *f*, défaut *m*, pénurie *f* (*of*, de). *L. of judgment,* manque de jugement. *L. of money,* pénurie d'argent. *L. of cereal crops (in a region),* pauvreté *f* en céréales. *Mec.E: L. of balance,* défaut d'équilibrage. *L. of power,* manque de puissance. *There was* **no lack of** *people,* il y avait pas mal de monde, assez de monde; il ne manquait pas de monde. *We found no l. of water,* on ne manquait pas d'eau. **For lack of . . .,** faute de . . .; (par) manque de. . . .

lack[2], *v.tr.* & *i.* **To lack (for) sth.,** manquer de qch.; être dénué de qch.; ne pas avoir qch. *We l. nothing,* nous ne manquons de rien; il ne nous manque rien. *He lacks experience,* il manque d'expérience. *They l. capital,* les capitaux *m* leur font défaut.

lacking, *a.* Qui manque; manquant. *Money was l.,* l'argent *m* manquait, faisait défaut. *Subject on which information is l.,* sujet sur lequel les renseignements font défaut, font faute. **He is lacking in courage,** il manque de courage. *Week l. in incident,* semaine *f* vide d'incidents. *L. in meaning,* dépourvu de sens; vide de sens; dénué de sens. *s.* **The lacking in wit,** les pauvres *m* d'esprit.

'lack-lustre, *attrib.a.* (Œil *m*, etc.) terne, sans brillant, sans regard, éteint.

lackadaisical [laka'deizik(ə)l], *a.* (*Of pers., manner, etc.*) Affecté, affété, minaudier; apathique; d'une nonchalance affectée; *F:* gnan-gnan *inv.* **-ally,** *adv.* D'un air, d'un ton, affecté, affété.

lackaday [laka'dei], *int. A:* Hélas!

lacker[1, 2] ['lakər], *s.* & *v.* = LACQUER[1, 2].

lackey[1] ['laki], *s.* **1.** Laquais *m.* **2.** *F:* Sycophante *m*, flagorneur *m*, laquais.

'lackey-moth, *s.* *Ent:* (Bombyx *m*) livrée *f.*

lackey[2], *v.tr.* *F:* Faire le plat valet auprès de (qn); flatter (qn).

lackland ['lakland], *a.* & *s.* Sans terre (*m*). *Esp. Hist:* **John Lackland,** Jean sans Terre.

Laconia [la'kounja]. *Pr.n. A.Geog:* La Laconie.

Laconian [la'kounjən], *a.* *A.Geog:* Laconien, -ienne.

laconic [la'kɔnik], *a.* Laconique; bref en paroles; (*of answer, etc.*) bref, *f.* brève. **-ally,** *adv.* Laconiquement.

laconism ['lakonizm], *s.* Laconisme *m.*

lacquer[1] ['lakər], *s.* **1.** Vernis-laque *m inv*; vernis *m* de Chine; laque *m.* **Gold lacquer,** batture *f.* **2.** *F:* Émail *m*; peinture laquée. **Cellulose lacquer,** laque cellulosique.

'lacquer-tree, *s.* *Bot:* Vernis *m* du Japon; sumac *m* vernis.

'lacquer-ware, *s.* Laque(s) *m(pl).* *I can show you some fine l.-w.,* je peux vous montrer de beau laque, de beaux laques.

lacquer[2], *v.tr.* **1.** Vernir, laquer. **2.** *F:* Émailler (des meubles, etc.).

lacquered, *a.* Verni, laqué.

lacquering, *s.* **1.** (*a*) Laquage *m*, vernissage *m.* (*b*) *F:* Émaillage *m.* **2.** (*a*) Vernissure *f* (en laque). (*b*) *F:* Émail *m.*

lacquey[1, 2] ['laki], *s.* & *v.tr.* = LACKEY[1, 2].

lacrosse [la'krɔs], *s.* *Games:* Crosse canadienne.

lacrymal, -ation, etc. = LACHRYMAL, -ATION, ETC.

lactalbumen [lakt'albjumen], *s.* *Ch:* Lactalbumine *f.*

Lactantius [lak'tanʃjəs]. *Pr.n.m. Ecc.Lit:* Lactance.

lactary ['laktəri], *a.* Lactaire.

lactase ['lakteis], *s.* *Ch:* Lactase *f.*

lactate ['lakteit], *s.* *Ch:* Lactate *m.*

lactation [lak'teiʃ(ə)n], *s.* **1.** *Physiol:* Lactation *f.* **2.** Allaitement *m.*

lacteal ['laktiəl], *a.* Lacté; (suc) laiteux. *Anat:* **Lacteal vessels,** *s.* **lacteals,** vaisseaux lactés; conduits *m* chylifères. *Med:* **Lacteal fever,** fièvre lactée; fièvre de lait.

lacteous ['laktiəs], *a.* Laiteux, lactaire.

lactescence [lak'tes(ə)ns], *s.* Lactescence *f.*

lactescent [lak'tes(ə)nt], *a.* Lactescent.

lactic ['laktik], *a.* *Ch:* Lactique; caséique.

lactiferous [lak'tifərəs], *a.* (Conduit *m*, etc.) lactifère.

lactifuge ['laktifjuːdʒ], *s.* *Med:* Lactifuge *m.*

lactodensimeter [lakto'densimiːtər], **lactometer** [lak'tɔmetər], *s.* Lactomètre *m*, galactomètre *m*; lacto-densimètre *m*, *pl.* lacto-densimètres; pèse-lait *m inv.*

lactone ['laktoun], *s.* *Ch:* Lactone *f.*

lactoscope ['laktoskoup], *s.* Lactoscope *m.*

lactose ['laktous], *s.* *Ch:* Lactose *f*; sucre *m* de lait.

lactucarium [laktju'kɛəriəm], *s.* *Pharm:* Lactucarium *m*, thridace *f.*

lacuna, *pl.* **-ae, -as** [la'kjuːna, -iː, -əz], *s.* Lacune *f*; hiatus *m* (dans un ouvrage).

lacunar [la'kjuːnər], *s.* *Arch: Const:* **1.** Plafond *m* à caissons. **2.** Caisson *m* (de plafond).

lacunar(y) [la'kjuːnər, -əri], *a.* Lacunaire.

lacunose [la'kjuːnous], *a.* (Tissu, etc.) lacuneux.

lacustrian [la'kʌstriən]. **1.** *a.* (Cité *f*, etc.) lacustre. **2.** *s.* Habitant *m* d'une cité lacustre.

lacustrine [la'kʌstrin], *a.* (Plante *f*, etc.) lacustre. *Archeol:* **Lacustrine dwellings,** cité *f* lacustre.

lacy ['leisi], *a.* De dentelle; fin ou léger comme de la dentelle.

lad [lad], *s.m.* (*a*) Jeune homme; (jeune) garçon. *A servant lad,* un jeune domestique. **Now then, my lads!** allons, mes garçons! mes amis! mes braves! allons, les gars! *See also* STABLE-LAD. (*b*) *F: There's a lad for you!* voilà un gaillard! **He's a regular lad!** c'est un gaillard! *P: One of the lads,* (i) un vrai des vrais; un poteau; (ii) un gaillard.

'lad's-love, *s.* *Bot:* = BOY'S-LOVE.

ladder[1] ['ladər], *s.* **1.** Échelle *f.* (*a*) **Extending ladder, telescopic ladder,** échelle à coulisse. **Folding ladder,** échelle pliante, brisée. **Rack-ladder, peg-ladder,** rancher *m*, échelier *m.* *Aerial l.,* échelle de sauvetage. *Mil:* **Observation ladder,** échelle-observatoire *f*, *pl.* échelles-observatoires. *Nau:* **Accommodation ladder, side ladder,** échelle de commandement de coupée. **Gangway ladder,** échelle de coupée, de côté. **Quarter ladder,** échelle de dunette. **Stern ladder,** échelle de poupe. *F:* **The social ladder,** l'échelle sociale. *To climb a rung of the social l.,* gravir un échelon social. **To reach, be at, the top of the ladder,** atteindre le sommet de l'échelle sociale; être au bout, au haut, de l'échelle. *F:* **To kick one's friends down the ladder,** rompre avec ceux qui vous ont aidé à monter l'échelle. *See also* BRIDGE-LADDER, CART-LADDER, COMPANION[3] 2, JACOB, ROPE-LADDER, SCALING-LADDER, STEP-LADDER. (*b*) *Pisc:* **Fish-ladder, salmon-ladder,** échelle à poissons. **2.** *Hyd.E:* (*a*) Élinde *f* (de drague). (*b*) **Ladder of locks,** suite *f* de biefs. **3.** (*In silk stockings, etc.*) Maille partie, maille lâchée; effilure *f*, éraillure *f*, échelle. *To mend ladders in a stocking,* rem(m)ailler un bas. *Mending of ladders,* rem(m)aillage *m.*

'ladder-back, *s.* Dossier *m* (de chaise) à barres horizontales.

'ladder-chain, *s.* Chaîne *f* de Vaucanson, chaîne à la Vaucanson.

'ladder-dredge(r), *s.* Drague *f* à élinde, à échelle.

'ladder-like, *a.* (Formation *f*) scalariforme.

'ladder-mender, *s.* (*Pers. or tool*) Rem(m)ailleuse *f* (de bas).

'ladder-proof, *a.* (Bas) indémaillable.

'ladder-rope, *s.* *Nau:* Tire-v(i)eille *f inv.*

'ladder-shaft, *s.* *Min:* Puits *m* aux échelles.

'ladder-sollar, *s.* *Min:* Palier *m* de repos; plate-forme *f* de repos.

'ladder-stitch, *s.* *Needlew:* Brides *fpl.*

'ladder-tape, *s.* Ruban *m* à jalousie(s).

'ladder-track, *s.* *Rail:* Gril *m* de triage.

'ladder-way, *s.* = LADDER-SHAFT.

ladder[2]. **1.** *v.tr.* Munir (un échafaudage, etc.) d'échelles. **2.** *v.i.* (*Of stockings, etc.*) Se démailler. *See also* NON-LADDER.

ladderless ['ladərləs], *a.* (Bas) indémaillable.

laddie ['ladi], *s.m. Scot: F:* (*a*) = LAD. (*b*) (*Term of endearment*) Mon petit gars.

lade[1] [leid], *s.* **(Mill-)lade,** courant *m* de moulin; bief *m*, biez *m*.

lade[2], *v.tr.* (*p.t.* laded; *p.p.* laden) **1.** *Nau:* (*a*) Charger (un navire) (*with*, de). (*b*) Embarquer (des marchandises). **2.** (*p.p.* laded) **To lade water,** (i) puiser de l'eau (*from*, à); (ii) épuiser l'eau.

laden, *a.* Chargé. **1.** *Nau:* **Fully laden ship,** navire *m* en pleine charge. **2. Well-laden tree,** arbre chargé de fruits. *Lit:* **Laden with grief,** accablé de douleur. *See also* HEAVY-LADEN, SCENT-LADEN.

lading, *s.* (*a*) Chargement *m* (d'un navire). *See also* BILL[4] 4. (*b*) Embarquement *m*, mise *f* à bord (de marchandises).

la-di-da[1] ['lɑːdi'dɑː]. *F:* **1.** *s. A:* Petit crevé; gommeux *m*. **2.** *a.* (*a*) *A:* (Airs, etc.) de petit crevé. (*b*) *La-di-da manner*, air affecté.

la-di-da[2], *v.i. F:* Prendre des airs affectés.

ladified ['leidifaid], *a.* (Airs) de grande dame; (personne) qui fait la grande dame.

ladin [la'diːn], *s. Ling:* Ladin *m*.

Ladislaus ['ladislɔːs]. *Pr.n.m. Hist:* Ladislas.

ladle[1] [leidl], *s.* **1.** Cuiller *f* à pot; poche *f*. **Soup ladle,** cuiller à potage; louche *f*. **Basting ladle,** louche. **Punch ladle,** cuiller à punch. **2.** (*a*) *Ind:* Puisoir *m*, puchet *m*; casse *f*. (*b*) *Metall:* **Foundry ladle,** poche de fonderie, de coulée. **Casting ladle,** cuiller de coulée; cuiller à couler, à fondre. **Slag ladle,** poche à laitier. **Hand-ladle, small ladle,** houlette *f*, calebasse *f*. **3.** = FLOAT[1] 4.

'ladle-crane, *s. Metall:* Pont *m* de coulée.

'ladle-man, *pl.* **-men,** *s.m.* = LADLER.

ladle[2], *v.tr.* **1. To ladle (out) the soup,** servir le potage (avec la louche). *F: To l. out facts*, sortir des faits à n'en plus finir. *Th: P:* **To ladle it out,** débiter son rôle avec emphase. **2.** (*a*) *Ind:* Pucher (du goudron, du sirop). (*b*) *Metall:* Couler (la fonte).

ladleful ['leidlful], *s.* Pleine cuiller à pot, pleine louche (*of*, de); grande cuillerée (de).

ladler ['leidlər], *s. Metall:* Pocheur *m*.

lady ['leidi], *s.f.* Dame. **1.** (*a*) (*At court*) **Lady of the bedchamber,** dame du lit. **Lady-in-waiting,** dame d'honneur. (*b*) Femme bien élevée. *She looks a l.*, elle a l'air distingué; elle a l'air très bien. *She is quite a l.*, *F:* **a perfect lady,** c'est une femme très comme il faut, très bien élevée. *P: Iron: Perfect l.*, fille (des rues) au verbe haut. **She is no lady,** c'est une femme commune, mal élevée. **To play the fine lady; to set up for a lady,** faire la grande dame; trancher de la grande dame; jouer à la madame. *They were* **too much the lady** *to stoop to* . . ., elles étaient trop grandes dames pour s'abaisser jusqu'à. . . . (*c*) (*Woman*) **A lady and a gentleman,** un monsieur et une dame. *An English l.*, une Anglaise. **Young lady,** (*married*) jeune dame; (*unmarried*) demoiselle, jeune fille, jeune personne. **Old lady,** vieille dame. **This lady, this young lady,** cette dame, cette demoiselle; (*when one is speaking in the presence of either*) madame, mademoiselle. **School for young ladies, ladies' school,** pensionnat *m* de demoiselles, de jeunes filles. **Ladies and gentlemen!** Mesdames, mesdemoiselles, messieurs! *F:* messieurs-dames! *Won't you come inside, ladies!* entrez donc, mesdames! *What can I offer you, ladies?* que prendront ces dames? *P: My dear l.*, ma chère dame. *My good l.*, ma bonne dame. *P:* **Here you are, lady!** voilà, madame! *Now then ladies, move along please*, allons, mes petites dames, circulez un peu. (*d*) **Lady's watch,** montre *f* de dame. **Ladies' tailor,** tailleur *m* pour dames. **A ladies' man, a lady's man,** un galant. (*On door of public convenience*) **'Ladies,'** "Dames." *Iron:* **Lady of easy virtue,** femme de mœurs légères; poule *f*. *Attrib:* **Lady reader,** lectrice. **Lady cashier,** caissière; dame, demoiselle, de comptoir. **Lady doctor,** femme médecin; docteur *m* femme; *F:* doctoresse. *See also* FIRST III. 4, FRIEND 1, HELP[1] 4, LEADING[2] 2, PRINCIPAL II. 1, SUPERINTENDENT 1, THREADNEEDLE STREET. **2.** *Ecc:* **Our Lady,** Notre-Dame; la sainte Vierge. **3.** = LADY-LOVE. **4.** (*a*) (*As title, without Fr. equivalent*) Lady, *F:* milady. *She is a l. in her own right*, elle est noble de naissance. **Lady Jones,** lady Jones (femme de Sir William Jones, chevalier ou baronnet). **My lady,** madame (la comtesse, etc.). **The Lady Mayoress,** la femme du lord-maire; *F:* la mairesse. (*b*) **Our Sovereign Lady,** notre souveraine. **The lady of the manor,** la châtelaine. *See also* BOUNTIFUL 2. (*c*) *A:* Maîtresse, princesse (d'un territoire). **5.** (*a*) *A. & P:* Femme, épouse. *The bishop's l.*, la femme de l'évêque. *Officers and their ladies*, officiers *m* et leurs femmes. **How is your good lady?** comment va madame votre épouse? (*b*) *P:* **My young lady,** (i) ma bonne amie; (ii) ma future. (*To wife*) *Come along*, **old lady,** allons, la bourgeoise! **6.** *Crust:* Moulinet *m*. **7.** *Ent:* **Painted lady,** belle-dame *f*, *pl.* belles-dames.

'lady-altar, *s. Ecc:* Autel *m* de la Vierge.

'lady-apple, *s. Hort:* (Pomme *f* d')api *m*.

'lady-bird, *U.S:* **'lady-bug,** *s. Ent:* Coccinelle *f*; *F:* bête *f* à bon Dieu; catherinette *f*.

'lady-chair, *s.* Entrecroisement *m* de mains (de deux porteurs); chaise *f* (pour le transport d'un blessé). **To carry s.o. in a lady-chair,** porter qn en chaise.

'lady chapel, *s. Ecc:* Chapelle *f* de la Vierge.

'lady-clock, -cow, *s. Ent:* = LADY-BIRD.

'Lady day, *s. Ecc:* La fête de l'Annonciation; le 25 mars (terme *m* de loyers, etc.).

'lady-fern, *s. Bot:* Fougère *f* femelle.

'lady-killer, *s.m. F:* Bourreau des cœurs; casse-cœur *inv*; don Juan; Lovelace; homme à bonnes fortunes; coqueluche *f* des femmes.

'lady-love, *s.f.* Bien-aimée.

'lady's 'bedstraw, *s. Bot:* Gaillet *m*; caille-lait *m inv*.

'lady's 'bower, *s. Bot:* Clématite *f* des haies; herbe *f* aux gueux.

'lady's 'comb, *s. Bot:* Aiguillette *f*.

'lady's 'cushion, *s. Bot:* Saxifrage mousseuse; amourette mousse.

'lady's 'ear-drop, *s. Bot: U.S:* Fuchsia *m*.

'lady('s)-'finger, *s.* **1.** *Bot:* Vulnéraire *f*; trèfle *m* jaune. **2.** *Cu:* = FINGER-BISCUIT.

'lady's 'garters, *s.pl. Bot:* Phalaris *m*.

'lady's 'glove, *s. Bot:* = FOX-GLOVE.

'lady's 'mantle, *s. Bot:* Alchémille *f* vulgaire; pied-de-lion *m*, *pl.* pieds-de-lion; *F:* mantelet *m* de dame.

'lady's 'seal, *s. Bot:* Sceau *m* de la Vierge, de Notre-Dame; taminier *m*.

'lady's 'slipper, *s. Bot:* Cypripède *m*; *F:* sabot *m* de la Vierge, de Notre-Dame, de Vénus; souliers *mpl* de Notre-Dame; marjolaine bâtarde.

'lady('s)-'smock, *s. Bot:* Cardamine *f* des prés; cresson *m* des prés; cresson élégant.

'lady's 'thistle, *s. Bot:* Chardon *m* de Notre-Dame.

'lady's-'thumb, *s. Bot:* Persicaire *f*.

'lady's 'tresses, *s.pl. Bot:* Spiranthe *m*.

ladyhood ['leidihud], *s.* **1.** Caractère *m* de dame. **2.** *Coll.* Dames *fpl*.

ladylike ['leidilaik], *a.* **1.** (*a*) (Air, etc.) distingué, de dame; (*of pers.*) comme il faut; bien élevée; à l'air distingué; de bonne société. (*b*) *L. costume*, costume de bon ton; costume seyant. **2.** *F:* (*Of man*) Efféminé.

ladyship ['leidiʃip], *s.* **Her ladyship, your ladyship,** madame (la comtesse, etc.). *Hum: In walked her l., their ladyships*, et madame d'entrer; et ces dames d'entrer.

Laelia ['liːlia]. *Pr.n.f.* Lélie.

Laertes [lei'əːrtiːz]. *Pr.n.m. Gr.Lit:* Laërte.

Laertius [lei'əːrʃjəs]. *Pr.n.m.* Laërce.

laetare Sunday [liː'tεəri'sʌndi], *s.* Lætare *m*; quatrième dimanche *m* du carême.

laevo-compound ['liːvo'kɔmpaund], *s. Ph:* Composé *m* lévogyre.

laevogyrate [liːvo'dʒairet], **laevogyrous** [liːvo'dʒairəs], *a. Ch:* Lévogyre.

laevorotation [liːvoro'teiʃ(ə)n], *s. Ch:* Rotation *f* à gauche (du plan de polarisation).

laevulose ['liːvjulous], *s. Ch:* Lévulose *m* (*F: f*); sucre *m* de fruit.

lag[1] [lag], *s.* **1.** *Ph:* Retard *m*; *Ind: etc:* décalage *m* (entre deux opérations). *Nau:* **Lag of the tide,** retard (diurne) de la marée. *Av: Ball:* **Air-lag** (*of bomb*), traînée *f*. *Mch:* **Admission lag,** retard à l'admission. *El.E:* **Magnetic lag,** *lag of magnetization*, retard d'aimantation; traînage *m* magnétique; hystérésis *f*. **Lag of the brushes,** décalage des balais (d'une dynamo, etc.). **Phase lag,** retard de phase; décalage de phase. *Lag of the current*, déphasage *m* en arrière du courant. **Angle of lag,** angle *m* de retard. *Mec:* **Elastic lag,** retard dû à la déformation élastique. *See also* TIME-LAG. **2.** Ralentissement *m* (d'un moteur à ressort, etc.).

lag[2], *v.i.* (lagged; lagging) **1.** (*Of pers.*) **To lag (behind),** rester en arrière; traîner; s'attarder; *F:* clampiner; traîner la patte. *Sch: To lag behind the other boys*, se laisser distancer par les autres élèves. *The business lagged*, l'affaire *f* traînait. **2.** *Tchn:* (*Of tides, etc.*) Retarder. *El.E:* (*Of current*) Être déphasé en arrière. *See also* PHASE[1] 2.

lagging[1], *a.* **1.** = LAGGARD 1. **2.** *El.E:* (Courant) retardé, déphasé en retard.

lagging[2], *s.* **1.** Retard *m*, ralentissement *m*. **2.** *El.E:* Déphasage *m* en arrière (du courant).

lag[3], *s. P:* **1.** Condamné *m*, déporté *m*, forçat *m*. **An old lag,** un repris de justice, un récidiviste; *F:* un cheval de retour. **2.** *A:* Peine *f* de transportation; transportation *f*.

lag[4], *v.tr. P:* **1.** (*a*) *A:* Déporter (un forçat). (*b*) Condamner (un prisonnier) aux travaux forcés. **2.** Faire arrêter, faire empoigner (qn). **To get lagged,** être mis en état d'arrestation; être fourré au bloc.

lag[5], *s.* Latte *f* (d'enveloppe de chaudière). *The wooden lags*, le lattis (protecteur).

'lag-screw, *s.* Tire-fond *m inv*; vis *f* à bois à tête carrée.

lag[6], *v.tr.* Garnir, envelopper, revêtir (*a boiler with a non-conductor*, une chaudière d'un calorifuge); calorifuger, isoler (une chaudière, etc.); *Min:* garnir (les parois d'un puits). **Air-lagged,** à chemise d'air.

lagging[3], *s.* **1.** Garnissage *m*, enveloppement *m* (d'une chaudière, etc.). **2.** Garniture *f*, enveloppe isolante, chemise *f*, revêtement *m* calorifuge (d'une chaudière, etc.). **3.** *Const: L. of a centering*, couchis *m* d'un cintre.

lagan ['lagən], *s. Jur:* Marchandises jetées à la mer, mais attachées à une bouée pour permettre de les retrouver.

lager ['lɑːgər], *s.* **Lager (beer),** bière blonde allemande.

laggard ['lagərd]. **1.** *a.* Lent, paresseux; en retard. **2.** *s.* (*a*) Traînard *m*; lambin, -ine; attardé, -ée; retardataire *m*. (*b*) *For:* Arbre *m* en retard, tardif.

lagger ['lagər], *s.* = LAGGARD 2.

Lago Maggiore ['lɑːgoma'dʒɔːre]. *Pr.n. Geog:* Le lac Majeur.

lagoon [la'guːn], *s. Geog:* **1.** (*In Adriatic, etc.*) Lagune *f*. **2.** Lagon *m* (d'atoll).

la'goon-reef, *s.* Atoll *m*.

lah [lɑː]. *See* LA[1] 2.

laic ['le(i)ik], *a. & s.* Laïque (*mf*).

laical ['le(i)ik(ə)l], *a.* Laïque.

laicization [le(i)isai'zeiʃ(ə)n], *s.* Laïcisation *f*.

laicize ['le(i)isaiz], *v.tr.* Laïciser.

laid [leid]. *See* LAY[4].

lain [lein]. *See* LIE[4].

lair[1] ['lεər], *s.* **1.** Tanière *f*, repaire *m*, antre *m*, reposée *f* (de bête fauve); liteau *m* (du loup); lit *m* (du cerf); bauge *f* (du sanglier); accul *m* (du blaireau); catiche *f* (de la loutre). *F:* **Brigands' lair,**

repaire, caverne *f*, de brigands. **2.** Hangar *m*, abri *m*, enclos *m* (pour bestiaux de passage). **3.** *Scot:* Fosse *f* (de sépulture), tombe *f*; tombeau (familial).

lair[2]. **1.** *v.i.* (*Of beast*) (*a*) Coucher, reposer (dans sa tanière ou dans son enclos). (*b*) Se faire un repaire. **2.** *v.tr.* Loger, parquer, (les bestiaux) sous les hangars ou dans les enclos.

lairage ['lɛəredʒ], *s.* **1.** Logement *m* (de bestiaux). **2.** = LAIR[1] 2.

laird ['lɛərd], *s.* *Scot:* Propriétaire (foncier). **The laird,** le châtelain de l'endroit; le laird.

lairdship ['lɛərdʃip], *s.* *Scot:* **1.** Dignité *f* de laird. **2.** Petite propriété foncière.

Lais ['le(i)is]. *Pr.n.f.* Laïs.

laity ['le(i)iti], *s.* *Coll.* **The laity,** les laïques *m*; *F:* les profanes *m*.

lake[1] [leik], *s.* Lac *m*. **Ornamental lake,** bassin *m*; pièce d'eau décorative. **Salt lake,** lac salé. *See also* SALT LAKE. *Geog:* *L. Trasimene,* le lac Trasimène. **The Lake District, Country,** la région des lacs (au nord-ouest de l'Angleterre). *Lit.Hist:* **The Lake poets,** les (poètes *m*) lakistes *m*.

'lake-basin, *m.* Bassin *m* lacustre.

'lake-dweller, *s.* Habitant *m* d'une cité lacustre.

'lake-dwelling, *s.* Habitation *f* lacustre. *Lake-dwellings,* cité *f* lacustre.

'Lake-land, *s.* = *Lake district, q.v. under* LAKE[1].

lake[2], *s.* *Paint:* Laque *f*. **Crimson lake,** laque carminée. **Madder lake,** laque de garance. **Yellow lake,** laque jaune, stil-de-grain *m*.

lake[3]. **1.** *v.tr.* *Med:* *Physiol:* (*Of ammonia, etc.*) Laquer (le sang). **2.** *v.i.* (*Of blood*) Se laquer. **Laked blood,** sang laqué.

lakelet ['leiklet], *s.* Petit lac.

lakh [lak], *s.* = LAC[2].

lakist ['leikist], *s.* *Lit.Hist:* (Poète *m*) lakiste *m*.

laky ['leiki], *a.* (Sang) laqué.

lallation [la'leiʃ(ə)n], *s.* *Ling:* Lallation *f*, lambdacisme *m*.

lam [lam], *v.tr. & i.* (lammed; lamming) *P:* **To lam (into) s.o.,** rosser, étriller, qn.

lama[1] ['lɑːma], *s.* *Buddhist Rel:* Lama *m*. **The Grand Lama,** le grand Lama.

lama[2], *s.* = LLAMA.

lamaism ['lɑːmaizm], *s.* *Rel.H:* Lamaïsme *m*.

lamaist ['lɑːmaist], *s.* *Rel.H:* Lamaïste *m*.

La Mancha [la'mantʃa]. *Pr.n.* *A.Geog:* La Manche (ancienne province d'Espagne).

lamasery [la'mɑːsəri], *s.* Couvent *m* de lamas; lamaserie *f*.

lamb[1] [lam], *s.* **1.** Agneau *m*. **Ewe lamb,** agnelle *f*. *F:* **My one ewe lamb,** mon seul trésor. **Ewe with lamb,** brebis pleine. *Theol:* **The lamb (of God),** L'Agneau (de Dieu). *F:* *He took it* **like a lamb,** il s'est laissé faire; il n'a pas protesté; il n'a pas regimbé. *He went like a l.,* il n'a pas rouspété. **Like lamb and salad,** en ordre parfait. **He's anything but the snow-white lamb,** il n'est pas si blanc qu'il voudrait le faire croire. **A wolf in lamb's clothing** = *a wolf in sheep's clothing, q.v. under* WOLF[1] 1. *See also* GENTLE[1] I. 2, HANG[2] I. 6, MEEK, SHAKE[1] 1, TEMPER[2] 2, WEANING[1]. **2.** *Cu:* Agneau. *L. cutlet,* côtelette *f* d'agneau. *See also* MUTTON. **3.** *Com:* (*Fur*) **Persian lamb,** astrak(h)an *m* persianer, caracul *m* persianer. **Shorn lamb,** agneau rasé. **4.** *U.S:* *P:* Jobard *m*.

'lamb-like, *a.* Doux, *f.* douce, comme un agneau.

'lamb's 'lettuce, *s.* = CORN-SALAD.

'lamb's 'tails, *s.pl.* *Bot:* Chatons *m* (du noyer).

'lamb's-wool, *s.* Laine *f* d'agneau; agneline *f*.

lamb[2]. **1.** *v.i.* (*Of ewe*) Agneler, mettre bas. **2.** *v.tr.* (*a*) (*In p.p. only*) *Sheep lambed in February,* brebis née au mois de février. (*b*) **To lamb (down) the ewes,** soigner les brebis pendant l'agnelage.

lambing, *s.* Agnelage *m*, agnèlement *m*.

lambda ['lamda], *s.* *Gr.Alph:* Lambda *m*.

lambdacism ['lamdəsizm], *s.* *Ling:* La(m)bdacisme *m*.

lambdoid ['lamdɔid], **lambdoidal** [lam'dɔid(ə)l], *a.* *Anat:* (Suture *f*) lambdoïde.

lambency ['lambənsi], *s.* **1.** Lueur blafarde (d'une étoile, d'une flamme). **2.** Chatoiement *m* (de l'esprit).

lambent ['lambənt], *a.* **1.** (Flamboiement, etc.) blafard; (yeux *m*, ciel *m*) à l'éclat adouci. **2.** (Esprit, style) chatoyant.

lambkin ['lamkin], *s.* Agnelet *m*; petit agneau.

lambrequin ['lambrəkin], *s.* *Furn:* Lambrequin *m*.

lambskin ['lamskin], *s.* (*a*) *Leath:* Peau *f* d'agneau; (*b*) (*Fur*) Agnelin *m*.

lame[1] [leim], *a.* **1.** (*a*) Boiteux; (*through accident, etc.*) estropié. *A l. man, woman,* un boiteux, une boiteuse. *L. leg,* jambe boiteuse. *L. horse,* cheval boiteux, éclopé. **To be lame of, in, one leg,** (i) boiter d'une jambe; (ii) être impotent d'une jambe. **To be, walk, lame,** boiter, clocher; traîner la jambe. **I have walked myself lame,** j'ai tant marché que je traîne la patte. **To go lame,** se mettre à boiter. *See also* DOG[1] 1, DUCK[1] 2. (*b*) *Pros:* **Lame verses,** vers *m* boiteux; vers qui clochent. **2. Lame excuse,** mauvaise, méchante, faible, piètre, pauvre, excuse. **Lame story,** histoire *f* qui ne tient pas debout; histoire louche. **-ly,** *adv.* **1.** (Marcher) en boitant, en clochant. **2.** (S'excuser, etc.) imparfaitement, faiblement, mal.

lame[2], *v.tr.* (*a*) (*Of pers.*) Rendre (qn) boiteux; éclopper (qn, un cheval); (*of blister, etc.*) faire boiter (qn). (*b*) Estropier. *Lamed through an accident, in the war,* estropié par suite d'un accident, à la guerre.

lamé ['lame], *s.* *Tex:* **Gold lamé, silver lamé,** lamé *m* d'or, d'argent.

lamella, *pl.* **-ae** [la'mela, -iː], *s.* *Nat.Hist:* *Miner:* *etc:* Lamelle *f*.

lamellar [la'melər], *a.* Lamellaire, lamelliforme.

lamellate ['lamelet], **lamellated** ['lameleitid], *a.* Lamellé, feuilleté.

lamellibranch [la'melibraŋk], *s.* *Moll:* Lamellibranche *m*.

lamellibranchiate [lameli'braŋkiet], *a.* *Moll:* Lamellibranche.

lamellicorn [la'melikɔːrn], *a. & s.* *Ent:* Lamellicorne (*m*).

lamellose [la'melous], *a.* Lamelleux.

lameness ['leimnəs], *s.* **1.** (*a*) Claudication *f*; clochement *m*, boitement *m*. (*b*) Boiterie *f* (d'un cheval, etc.). **2.** Imperfection *f*; faiblesse *f* (d'une excuse, etc.).

lament[1] [la'ment], *s.* **1.** Lamentation *f*. **2.** *Mus:* *A:* Complainte *f*.

lament[2], *v.tr. & i.* **To lament (for, over) sth., s.o.,** se lamenter sur qch.; s'affliger, gémir, de qch.; déplorer qch.; pleurer qch., qn.

lamented, *a.* **The late lamented X,** le regretté X. *Our l. colleague,* notre pauvre collègue.

lamenting[1], *a.* Qui se lamente; (chant *m*, etc.) lugubre.

lamenting[2], *s.* Lamentation *f*.

lamentable ['lamәntәbl], *a.* (Perte *f*, insuccès *m*, etc.) lamentable, déplorable. *It is l.!* c'est lamentable! c'est à faire pitié! **-ably,** *adv.* Lamentablement, déplorablement.

lamentation [lamən'teiʃ(ə)n], *s.* Lamentation *f*. *B:* **The Lamentations of Jeremiah;** *F:* **Lamentations,** les Lamentations de Jérémie.

lamia ['leimia], *s.* *Myth:* Lamie *f*.

Lamian ['leimiən], *a. & s.* *A.Geog:* Lamiaque (*mf*). *Gr.Hist:* **The Lamian War,** la guerre Lamiaque.

lamina, *pl.* **-ae** ['lamina, -iː], *s.* **1.** Lame *f*, lamelle *f*, feuillet *m*. *Spring l.,* lame, feuille *f*, de ressort. **2.** *Bot:* Limbe *m* (de feuille); écaille *f* (d'une fleur).

laminar ['laminər], *a.* Laminaire.

laminaria [lami'nɛəria], *s.* *Algae:* Laminaire *f*.

laminarian [lami'nɛəriən], *a.* *Oc:* **Laminarian zone,** zone *f* des laminaires.

laminate[1] ['lamineit]. **1.** *v.tr.* (*a*) Laminer. *Metall:* Écacher (au laminoir). (*b*) Diviser en lamelles; feuilleter. (*c*) Plaquer, contre-plaquer (*with,* de). **2.** *v.i.* (*a*) Se laminer. (*b*) Se feuilleter; se diviser en lamelles, en écailles.

laminated, *a.* **1.** (Ressort, etc.) feuilleté, à feuilles, à lames (superposées). *El.E:* **Laminated core,** noyau feuilleté, lamellaire (d'un transformateur, etc.). **2.** (Bois) contre-plaqué.

laminate[2] ['laminet], *a.* *Nat.Hist:* Lamineux; à lamelles.

lamination [lami'neiʃ(ə)n], *s.* **1.** (*a*) Laminage *m*. (*b*) Feuilletage *m*. **2.** Lamelle *f* (de l'armature d'une magnéto, etc.); lame *f*.

laminiform [la'minifɔːrm], *a.* Laminiforme.

laminitis [lami'naitis], *s.* *Vet:* Fourbure *f*.

Lammas ['laməs], *s.* **Lammas(-day, -tide),** le premier août (en Écosse terme de loyers); la (fête de) Saint-Pierre aux Liens. *F:* **At, in the season of, latter Lammas** = *on, at, the Greek calends, q.v. under* CALENDS. *Arb:* **Lammas shoot,** pousse *f* de la deuxième sève. *Agr:* **Lammas wheat** = *winter wheat, q.v. under* WHEAT.

lammergeyer ['laməгgaiər], *s.* *Orn:* Gypaète barbu; vautour barbu.

lamna ['lamna], *s.* *Ich:* Lamie *f*.

lamp[1] [lamp], *s.* **1.** (*a*) Lampe *f*; lanterne *f*. **Oil lamp, paraffin lamp,** lampe à huile, à pétrole. *F:* (*Of work, style*) **To smell of the lamp,** sentir la lampe; sentir l'huile. **Portable lamp, inspection lamp** (*of garage, etc.*), baladeuse *f*. **Stable lamp,** falot *m*. **Pocket lamp,** torche *f*; lanterne de poche. *Min:* **Safety lamp,** lampe de sûreté. *See also* ARGAND, BLOW-LAMP, BRAZING, FLASH-LAMP, GAUZE-LAMP, SHEPHERD[1], SPIRIT-LAMP. (*b*) **Projector lamp, projection lamp,** lampe de projection. *Mil:* *etc:* **Morse lamp,** projecteur *m* de signalisation. *See also* SIGNAL-LAMP. (*c*) Lanterne (de voiture, de bicyclette). *Aut:* **Head lamp,** phare *m*. *Focusing head l.,* lampe foyer, lampe route. **Side lamps,** feux de côté. **Regulation lamps,** lampes code. *See also* GIG-LAMP. **2. Table lamp,** lampe de table; lampe portative. **Standard lamp, floor lamp,** torchère *f*; flambeau *m* électrique; lampadaire *m*. **Hanging lamp,** suspension *f*. **Ceiling lamp,** plafonnier *m*. *Counterpoise ceiling l.,* suspension à contrepoids. **Wall lamp, bracket lamp,** (lampe d')applique *f*. *See also* GAS-LAMP, NIGHT-LAMP, READING-LAMP, ROOF-LAMP, STREET-LAMP. **3.** *El:* (*Bulb*) Lampe, ampoule *f*. *Incandescent l.,* lampe à incandescence. *Mercury vapour l.,* lampe à vapeur de mercure. *See also* ARC-LAMP, GAS-FILLED, GLOW-LAMP, PILOT-LAMP, TELL-TALE 2.

'lamp-black[1], *s.* See BLACK II. 1.

'lamp-black[2], *v.tr.* Passer (du cuir, etc.) au noir de fumée.

lamp-blacked, *a.* Passé au noir de fumée.

'lamp-bracket, *s.* **1.** *Furn:* Applique *f* (pour lampe). **2.** *Aut:* *etc:* Porte-lanterne *m inv*; porte-phare *m inv.*

'lamp-brush, *s.* Brosse *f* pour lampes.

'lamp-cabin, *s.* *Rail:* *etc:* Lampisterie *f*.

'lamp-chimney, *s.* Verre *m* de lampe.

'lamp-holder, *s.* Porte-lampe *m inv.* *El:* Douille *f* (de lampe); porte-ampoule *m inv.*

'lamp-'hour, *s.* *El.Meas:* Lampe-heure *f*, *pl.* lampe-heures; heure-lampe *f*, *pl.* heures-lampe.

'lamp-house, *s.* = **1.** LAMP-CABIN. **2.** = LAMP-HOUSING.

lamp-'housing, *s.* *Cin:* *etc:* (Corps *m* de) lanterne *f*.

'lamp-locker, *s.* *Nau:* Lampisterie *f*.

'lamp-man, *pl.* **-men,** *s.m.* Lampiste *m*.

'lamp-oil, *s.* **1.** Huile *f* d'éclairage; huile à brûler; huile lampante. **2.** Pétrole lampant. *F:* **Work that smells of lamp-oil,** travail *m* qui sent l'huile.

'lamp-post, *s.* **1.** (*In street*) (*a*) Montant *m*, poteau *m*, de réverbère; *F:* bec *m* de gaz. (*b*) *F:* Réverbère *m*. *Hist:* **To hang s.o. at the lamp-post,** mettre qn à la lanterne. **2.** *Ind:* *Civ.E:* (*High*) Mât *m* d'éclairage; (*low*) poteau d'éclairage. *Lattice l.-p.,* pylône *m* d'éclairage.

'lamp-scissors, *s.pl.* Ciseaux *mpl* à émécher; mouchettes *fpl*

'lamp-shade, *s.* Abat-jour *m inv*; garde-vue *m inv* (de lampe)

'lamp-stand, *s.* Pied *m* de lampe.

'lamp-standard, *s.* Torchère *f*.

'lamp-trimmer, *s.* = LAMP-MAN.

'lamp-wick, *s.* Mèche *f* de lampe.

lamp[2]. **1.** *v.tr.* (*a*) Fournir, garnir, (qch.) de lampes. (*b*) *Poet:* Éclairer, illuminer. (*c*) *U.S:* *P:* Voir; regarder. **2.** *v.i.* Luire, reluire.

lampas[1] ['læmpəs], *s. Vet:* Lampas *m*, fève *f*.

lampas[2], *s. Tex:* Lampas *m*.

lampern ['læmpərn], *s. Ich:* Lamproie *f* d'alose; lamproie fluviatile.

lampion ['læmpiən], *s.* Lampion *m*.

lamplight ['læmplait], *s.* Lumière *f* de la lampe. **To work by lamplight,** travailler à la lampe. *I saw her once,* **in the lamplight,** je l'ai vue une fois, c'était à la lumière de la lampe, à la clarté d'une lampe.

lamplighter ['læmplaitər], *s.* (*Pers.*) Allumeur *m* de réverbères; lampiste *m*.

lampoon[1] [læm'pu:n], *s.* Pasquinade *f*, libelle *m*, satire *f*, brocard *m*.

lampoon[2], *v.tr.* Lancer des satires, des brocards, contre (qn); chansonner (qn); mettre (qn) en chansons; brocarder (qn).

lampooner [læm'pu:nər], **lampoonist** [læm'pu:nist], *s.* Libelliste *m*, satiriste *m*; auteur *m* de pasquinades.

lampoonery [læm'pu:nəri], *s.* Satire *f*; esprit *m* satirique.

lamprey, *pl.* **-eys** ['læmpri, -iz], *s. Ich:* Lamproie *f*; *F:* marbrée *f*. **River lamprey,** lamproie d'alose; lamproie fluviatile. **Larval lamprey,** lamproyon *m*, lamprillon *m*.

Lancashire ['læŋkəʃər]. *Pr.n. Geog:* Le comté de Lancastre.

Lancaster ['læŋkəstər]. *Pr.n. Geog:* (La ville de) Lancastre. **Lancaster cloth,** moleskine *f*, molesquine *f*.

Lancastrian [læŋ'kæstriən], *a. & s. Hist:* Lancastrien, -ienne.

lance[1] [lɑ:ns], *s.* **1.** Lance *f*. *Archeol:* Haste *f*. *Blunt l., coronal l.,* lance courtoise (de tournoi). *Sharp-point l.,* lance à outrance. *See also* TILTING-LANCE. *F:* **To break a lance with s.o.,** rompre une lance avec qn; croiser le fer avec qn; jouter avec qn; contredire qn. **2.** (*Pers.*) *Hist:* (*a*) Lance. *See also* FREE LANCE[1]. (*b*) (*Man-at-arms with his attendants*) Lance fournie. **3.** *Med:* = LANCET 1.

'lance-'corporal, *s. Mil:* Soldat *m* de première classe.

'lance-fish, *s. Ich:* = LAUNCE.

'lance-head, 'lance-snake, *s. Rept:* Trigonocéphale *m* jaune, vipère *f* fer de lance.

'lance-jack, *s. F:* = LANCE-CORPORAL.

'lance-pennon, *s. Archeol:* Flamme *f* de lance. *Mil:* Banderole *f*.

lance[2], *v.tr.* **1.** Donner un coup de lance à (qn); percer (qn) d'un coup de lance. **2.** *Med:* Donner un coup de bistouri, de lancette, à (un abcès); percer, inciser (un abcès); ouvrir (un abcès, etc.) avec une lancette.

lancing, *s.* Percement *m* (d'un abcès); coup *m* de lancette; coup de bistouri.

lanced [lɑ:nst], *a. Bot:* Lancéiforme.

lancelet ['lɑ:nslet], *s. Ich:* Amphioxus *m*, lancelet *m*.

lanceolate ['lɑ:nsiolet], **lanceolated** ['lɑ:nsioleitid], *a. Bot:* Lancéolé, hastiforme; en fer de lance.

lancer ['lɑ:nsər], *s.* **1.** *Mil:* Lancier *m*. **Lancer-cap,** chapska *m*. **2.** *pl.* **Lancers,** (quadrille *m* des) lanciers. *To dance a set of lancers,* danser le quadrille des lanciers; danser les lanciers.

lancet ['lɑ:nset], *s.* **1.** *Med:* Lancette *f*, bistouri *m*. **2.** *Arch:* Lancette.

'lancet-arch, *s. Arch:* Arc *m* (en ogive) à lancette.

lanceted [lɑ:n'setid], *a. Arch:* (Fenêtre *f*) à lancette; (église *f*) aux fenêtres à lancette.

lancewood ['lɑ:nswud], *s.* (*a*) *Bot:* (i) (*Cuban*) Duguétie *f*; (ii) (*Jamaican*) oxandre *m*. (*b*) *Com:* Bois *m* souple pour brancards, pour cannes à pêche.

lanciform ['lɑ:nsifɔ:rm], *a.* Lancéiforme, hastiforme.

lancinating ['lɑ:nsineitiŋ], *a.* (*Of pain*) Lancinant. *L. pains,* élancements *m*.

land[1] [lænd], *s.* **1.** (*a*) (*Opposed to sea*) Terre *f*. **Dry land,** terre ferme. *Reclaimed l.,* terrain pris, gagné, sur l'eau. **To travel by land,** voyager par voie de terre. **By land and sea, on land and at sea,** sur terre et sur mer. *To attack a town by l. and sea,* attaquer une ville par terre et par mer. **Land army,** armée *f* de terre. *See also* FORCE[1] 3. **To see how the land lies,** (i) *Nau:* prendre le gisement de la côte; (ii) *F:* sonder, tâter, le terrain; sonder le gué; prendre le vent; prendre l'air du bureau; savoir où en sont les affaires. *See also* LIE[3] 1. **To make, sight, land,** reconnaître la terre; atterrir; arriver en vue de la terre. *Making, sighting, (the) l.,* atterrissage *m*. *Nau:* **Land ho!** terre (en vue)! **To touch land,** toucher terre; aborder, atterrir. **To lose sight of land,** perdre terre. *To keep close to land,* côtoyer la terre. *See also* RAISE[2] 9. (*b*) (*Soil*) Terre, terrain *m*, sol *m*. *Man lives on the l.,* c'est la terre qui nourrit les hommes. **Back to the land!** le retour aux champs, à la terre! *Arable l.,* terre arable, labourable. *Waste l.,* terre inculte; terrain vague. **The land question,** la question agraire. *See also* FOREST-LAND, GRASS-LAND, MEADOW-LAND, PASTURE-LAND. **2.** (*Country*) Terre, pays *m*, contrée *f*. *Distant lands,* pays lointains. *Unknown lands,* terres inconnues. **The Holy Land,** la Terre Sainte. *The l. of dreams,* le pays du bleu, des rêves. *F:* **Shop-land,** le quartier des grands magasins. **Theatre-land,** le quartier des spectacles. *See also* CAKE[1] 1, LEAL, LIVING[1], MAN[1] 1, MILK[1] 1, NATIVE II. 2, NOD[1] 3, PROMISE[1], PROMISED. **3.** *Jur:* Terre(s); fonds *m* de terre; terrain(s) *m(pl)*; bien-fonds *m*, *pl.* biens-fonds; propriété foncière. *To buy some l.,* acheter des terres. *L. is dear in London,* le terrain se vend cher à Londres. *L. and buildings,* terrains et bâtiments. **To own acres of land,** posséder de la terre; avoir du bien au soleil. *Prov:* **He that has land has trouble at hand,** qui terre a, guerre a. *See also* CROWN[1] 1, TAX[1] 1. **4.** *Agr:* Planche *f*. *Ploughing in lands,* labour *m* en planches. **5.** *Scot:* Maison *f* de rapport. **6.** (*a*) Plat *m*, intervalle *m* (entre cannelures ou gorges). *Lands of a rifle,* cloisons *f* entre les rayures d'un fusil. *I.C.E:* **Piston lands,** cordons *m* de piston. *Top l.,* cordon supérieur. *Oil l.,* quatrième cordon. (*b*) *N.Arch:* Recouvrement *m* (dans un canot à clin). **7.** *U.S:* *F:* (*Attenuated form of 'lord'*) **Good land!** mon Dieu! *For land's sake,* pour l'amour de Dieu.

'land-act, *s. Jur:* Loi *f* agraire.

'land-agency, *s.* **1.** Intendance *f*; gérance *f* de propriétés. **2.** Courtage *m* en immeubles; agence foncière.

'land-agent, *s.* **1.** Intendant *m*, régisseur *m*, d'un domaine; administrateur foncier. **2.** Courtier *m* en immeubles; agent *m* s'occupant de la vente et de la location de propriétés.

'land-animal, *s.* Animal *m* terrestre.

'land-arch, *s. Civ.E:* Arche *f* de rive; archet *m* (de pont).

'land-bank, *s. Fin:* Banque territoriale, banque hypothécaire; crédit foncier.

'land-boiler, *s. Mch:* Chaudière *f* terrestre.

'land-bred, *a.* Terrien; élevé à la campagne.

'land-breeze, *s. Nau:* Brise *f* de terre; vent *m* d'amont.

'land-bridge, *s.* Langue *f* de terre (reliant une presqu'île à la terre).

'land-carriage, *s.* Transport *m* par voie de terre.

'land-chain, *s. Surv:* Chaîne *f* d'arpentage, d'arpenteur.

'land-crab, *s. Crust:* Gécarcin *m*; crabe *m* de terre; *F:* tourlourou *m*.

'land-cruiser, *s. F:* = TANK 2.

'land-fight, *s.* Combat *m* sur terre.

'land-girl, *s.f.* Jeune fille qui s'est offerte pour travailler la terre (p.ex. en temps de guerre).

'land-grabber, *s.* **1.** Accapareur *m* de terre (surtout aux États-Unis). **2.** *Irish Hist:* Spoliateur *m*; exploitant *m* de la ferme d'un tenancier évincé.

'land-hunger, *s.* Désir *m* de posséder des biens fonciers.

'land-hungry, *a.* Désireux de posséder des biens fonciers.

'land-jobber, *s.* Spéculateur *m* sur les biens fonciers.

'land-laws, *s.pl.* Lois *f* agraires.

'Land League, *s. Hist:* Ligue *f* agraire (formée par Charles Stewart Parnell, 1879).

'Land-Leaguer, *s. Hist:* Membre *m* de la Ligue agraire.

'land-legs, *s.pl.* *F:* (*Of sailor*) **To get one's land-legs,** se familiariser de nouveau avec la terre.

'land-line, *s. Tg:* Câble aérien.

'land-loper, *s.* Vagabond *m*.

'land-loping, *a.* Vagabond.

'land-lubber, *s. Nau:* *F:* Marin *m* d'eau douce; hale-bouline *m*, *pl.* hale-boulines; terrien *m*.

'land-measures, *s.pl.* Mesures *f* agraires.

'land-measuring, *s.* Arpentage *m*.

'land-plane, *s. Av:* Appareil *m* terrestre.

'Land's End. *Pr.n. Geog:* La pointe de Cornouaille.

'land-service, *s. Mil:* Service *m* à terre.

'land-shark, *s. P:* **1.** (*a*) Recors *m*, huissier *m*. (*b*) Requin *m* de terre (qui exploite les marins à terre). **2.** = LAND-GRABBER 1.

'land-sick, *a. Nau:* (*Of ship*) Trop près de terre; qui manque d'évitage.

'land-slide, *s.* **1.** = LANDSLIP. **2.** *Pol:* (*a*) Débâcle *f*, défaite accablante (d'un parti politique aux élections). *L.-s. to the left,* glissement net au profit des gauches. (*b*) *U.S:* Victoire écrasante.

'land-steward, *s.* = LAND-AGENT 1.

'land-surveying, *s.* Arpentage *m*; géodésie *f*.

'land-surveyor, *s. See* SURVEYOR 1.

'land-swell, *s. Nau:* Houle *f* sur les bas-fonds.

'land-taxer, *s. Pol: Pol.Ec:* Partisan *m* des impôts fonciers.

'land-tie, *s. Const:* Étai *m*, contrefort *m*.

'land-value, *s. Pol.Ec:* Valeur *f* de la terre.

'land-warfare, *s.* Guerre *f* sur terre.

'land-wind, *s.* = LAND-BREEZE.

'land-worker, *s.* Travailleur *m* agricole.

land[2]. **1.** *v.tr.* (*a*) Mettre, faire descendre, (qn) à terre; mettre (qch.) à terre; débarquer (qn, qch.); (*of vehicle*) déposer (qn à l'hôtel, etc.); décharger (des marchandises). **To land an aeroplane,** atterrir un avion. (*b*) **To land a fish,** amener un poisson à terre; prendre un poisson. *F:* **To land a prize, a fortune,** remporter un prix; décrocher une fortune. (*c*) Amener, planter (*s.o. in a place,* qn dans un endroit). *F:* **That will land you in prison,** cela vous vaudra de la prison; cela vous fera mettre sous les verrous. *Decision that may l. one in difficulties,* décision qui peut entraîner des inconvénients, des ennuis. *You have landed us in a nice fix!* vous nous avez mis dans de beaux draps! *I was landed with an encyclopaedia I didn't want,* je me suis trouvé empêtré d'une encyclopédie dont je n'avais que faire. (*d*) *Rac:* (*Of jockey*) **To land one's horse first,** arriver premier avec son cheval. (*e*) *Nau:* Placer, amener, faire reposer (un mât, une vergue). (*f*) *F:* **To land s.o. a blow in the face,** allonger, porter, flanquer, à qn un coup au visage. *P:* *I landed him one in the face, on the nose,* je lui ai collé mon poing au milieu de la figure. **2.** *v.i.* (*a*) (*Of pers.*) Descendre à terre; prendre terre; débarquer; (*of ship*) aborder, accoster la terre, atterrir; (*of aeroplane*) atterrir; (*of aviator*) se poser. *Av:* *To l. with the engine cut off,* atterrir hélice calée. **To 'land' on the sea,** amérir, amerrir. *On landing,* au débarqué. (*b*) Tomber (à terre). *We soon landed in a bog,* bientôt nous sommes tombés dans une fondrière. *F:* *He has landed on us for a fortnight,* il nous est tombé pour quinze jours. (*c*) (*From a vehicle*) Mettre pied à terre; (*after jumping*) tomber, retomber. *To l. on one's feet,* retomber sur ses pieds; retomber d'aplomb. *F:* **He always lands on his feet,** il retombe toujours sur ses pattes; il se débrouille toujours. (*d*) *Equit:* (*Of horse, after jumping*) Se recevoir. (*e*) *Rac:* (*Of horse*) **To land first,** arriver (le) premier.

landed, *a.* **1.** (Voyageur) débarqué. *See also* NEWLY. **2.** **Landed property,** propriété foncière, territoriale, *Jur:* prédiale; biens immobiliers; biens immeubles; bien-fonds *m*, *pl.* biens-fonds.

To have l. property, avoir du bien au soleil. **Landed proprietor, landed aristocracy,** propriétaire terrien, aristocratie terrienne.

landing[1], *a. Mil: Navy:* **Landing force,** troupes *fpl* de débarquement. **Landing party,** compagnie *f* de débarquement.

landing[2], *s.* **1.** (*a*) *Nau:* Débarquement *m*, mise *f* à terre (de qn, de qch.); sortie *f* de l'eau (d'un poisson). *Com:* **Landing charges,** frais *m* de débarquement. **Landing certificate,** certificat *m* de débarquement, de mise à terre. **(Passenger's) landing ticket,** carton *m*, carte *f*, de débarquement. **Landing steps** *of a jetty*, échelle *f* de débarquement d'une jetée. (*b*) *Mil: Navy:* Descente *f*. (*c*) *Av:* (i) Atterrissage *m*; (ii) (*on sea*) amérissage *m*, amerrissage *m*. **Landing blind,** atterrissage sans visibilité. *To make a normal l.*, atterrir normalement. **To make a forced landing,** faire un atterrissage forcé. **To make a bad landing,** louper son atterrissage; se mettre en boule; casser du bois; bousiller son appareil. **Landing flare,** feu *m* d'atterrissage; fusée éclairante. **Landing light,** phare *m* d'atterrissage. *See also* WHEEL[1] 1. **2.** (*a*) *Const:* Palier *m* (de repos) (d'un escalier); repos *m*, carré *m*. **Top landing,** trapan *m*. *See also* HALF-LANDING. (*b*) *Min:* Recette *f*. *Bottom l.*, recette du fond; accrochage *m* du fond. *Top l.*, recette, accrochage, du jour.

ˈlanding-chassis, *s. Av:* = LANDING-GEAR.

ˈlanding-deck, *s. Nau:* Pont *m* d'atterrissage (pour avions).

ˈlanding-gear, *s. Av:* Train *m* d'atterrissage; chariot *m*, châssis *m*, d'atterrissage; atterrisseur *m*.

ˈlanding-ground, *s. Av:* Terrain *m* d'atterrissage.

ˈlanding-net, *s. Fish:* Épuisette *f*.

ˈlanding-place, *s.* **1.** (*a*) Atterrage *m*, atterrissage *m*. (*b*) *Navy:* Point *m* de débarquement. **2.** *A:* Étape *f*.

ˈlanding-stage, *s.* Débarcadère *m*, embarcadère *m*; embarcadère flottant; ponton *m* de débarquement; appontement *m*.

landau [ˈlandɔː], *s. Veh:* Landau *m*, *pl.* landaus.

landaulet(te) [landoˈlet], *s. Aut:* Landaulet *m*, landaulette *f*.

lander [ˈlandər], *s.* **1.** (*Pers.*) *Min:* Receveur *m*; ouvrier *m* de la recette. **2.** *Box: F:* Coup *m* qui porte; coup en plein visage.

landfall [ˈlandfɔːl], *s.* **1.** *Nau:* Atterrissage *m*. **To make a landfall,** atterrir. *To make a bad l.*, manquer son atterrissage. **2.** *Av:* (*Of ocean-going aircraft*) Arrivée *f* en vue de terre. *To make a l.*, arriver en vue de terre.

landgrave [ˈlandgreːiv], *s.* Landgrave *m*.

landgravine [ˈlandgraviːn], *s.f.* Landgravine.

landholder [ˈlandhouldər], *s.* **1.** Propriétaire foncier. **2.** Affermataire *m* (d'une terre).

landlady [ˈlandleidi], *s.f.* **1.** Propriétaire *f* (d'un immeuble). **2.** (*Keeping furnished apartments*) Logeuse (en garni). **3.** Aubergiste, hôtelière, hôtesse, *F:* patronne.

landless [ˈlandləs], *s.* Sans terre(s).

landlocked [ˈlandlɔkt], *a. Geog:* Enfermé entre les terres; enserré par la terre; entouré de terre; méditerranné. *L. sea*, mer intérieure. *L. port*, port entouré de terre. *L. roadstead*, rade fermée.

landlord [ˈlandlɔːrd], *s.* **1.** Propriétaire (foncier). *See also* GROUND-LANDLORD. **2.** Propriétaire (d'un immeuble). **3.** (*Keeping furnished apartments*) Logeur *m* (en garni). **4.** Aubergiste *m*, hôtelier *m*, hôte *m*.

landlordism [ˈlandlɔːrdizm], *s. Esp. Irish Hist:* Landlordisme *m*; organisation féodale de la propriété terrienne.

landlordship [ˈlandlɔːrdʃip], *s.* Propriétariat *m*.

landmark[1] [ˈlandmɑːrk], *s.* **1.** Borne *f* limite. **2.** (*a*) (Point *m* de) repère *m*. *Nau:* Amer *m*, indice *m*, remarque *f*; point à terre. (*b*) Point coté (sur une carte, etc.). **3.** Point décisif, événement marquant (dans l'histoire d'un pays, etc.). (*Of event, writing*) **To be a landmark,** faire époque. *Events that stand out as landmarks in a period*, événements qui jalonnent une époque.

landmark[2], *v.tr.* (*Of events, etc.*) Jalonner (une époque, etc.).

landocracy [lanˈdɔkrəsi], *s. F:* Aristocratie terrienne.

landowner [ˈlandounər], *s.* Propriétaire foncier. *Peasant l.*, propriétaire campagnard.

landrail [ˈlandreil], *s. Orn:* Râle *m* de genêt.

landscape [ˈlandskeip], *s.* **1.** Paysage *m*. *These factories are a blot on the l.*, ces usines déparent le paysage, la campagne. *F: She's a blot on the l.*, elle fait tache. *To wear a kilt in order to fit in with the l.*, porter un kilt pour faire couleur locale. **2.** *Art: To paint landscapes*, peindre des paysages; faire du paysage. *See also* MARBLE[1] 1.

ˈlandscape-ˈarchitect, *s. U.S:* = LANDSCAPE-GARDENER.

ˈlandscape-ˈarchitecture, *s. U.S:* = LANDSCAPE-GARDENING.

ˈlandscape-ˈgarden, *s.* Jardin *m* à l'anglaise; jardin paysager.

ˈlandscape-ˈgardener, *s.* Jardiniste *m*; architecte *m* paysagiste; dessinateur *m* de jardins paysagers.

ˈlandscape-ˈgardening, *s.* L'art *m* de dessiner les jardins paysagers; dessin *m* des jardins paysagers.

ˈlandscape-lens, *s. Phot:* Objectif *m* simple.

ˈlandscape-ˈpainter, *s.* Peintre *m* de paysages; paysagiste *m*.

landscapist [ˈlandskeipist], *s.* = LANDSCAPE-PAINTER.

landslip [ˈlandslip], *s.* Éboulement *m*, affaissement *m*, glissement *m* (de terrain); chute *f* de montagne; arrachement *m*.

landsman, *pl.* **-men** [ˈlandzmən, -men], *s.m.* Homme à terre; terrien.

landswoman, *pl.* **-women** [ˈlandzwumən, -wimen], *s.f.* Femme agriculteur.

landward [ˈlandwərd]. **1.** *adv.* Du côté de la terre; vers la terre. **To landward of the town,** sur les derrières de la ville (du littoral). **2.** *a.* (*a*) (Population *f*) de l'intérieur; (côté *m*) de la terre. (*b*) *Scot:* Campagnard.

landwards [ˈlandwərdz], *adv.* Du côté de la terre; vers la terre.

lane [lein], *s.* **1.** (*a*) (*In country*) Chemin vicinal; chemin rural; chemin creux (bordé de haies); (*in town*) ruelle *f*, passage *m*. *To pass through a l. of people, of military*, passer entre une double haie de gens, de soldats. **To form a lane,** faire la haie. *F:* (*In nursery language*) **The long lane, the red lane,** le gosier. *Prov:* **It's a long lane that has no turning,** tout vient à point à qui sait attendre. (*b*) *F:* **The Lane,** le théâtre de DRURY LANE, *q.v.* **2.** (*In icefield*) Fissure *f*, passage. **3.** *Nau:* Route *f* de navigation. **4.** (*a*) *Adm:* **Safety lanes** (*in streets*), passages pour piétons, passages cloutés. (*b*) *Sp:* Piste individuelle (dans les courses de moins de 400 m.).

langrage [ˈlaŋgredʒ], *s. Nau: A:* Mitraille *f*. *Discharge of l.*, mitraillade *f*.

lang syne [ˈlaŋˈsain]. *Scot:* **1.** *adv.* Autrefois, jadis, au temps jadis. **2.** *s.* Le temps jadis; les jours *m* d'autrefois, d'antan. *See also* AULD.

language [ˈlaŋgwedʒ], *s.* **1.** (*a*) Langue *f* (d'un peuple). *The English l.*, la langue anglaise. *Foreign languages*, langues étrangères. *Dead, living, languages*, langues mortes, vivantes. **Language-master,** professeur *m* de langues; *esp.* professeur de langues vivantes. (*b*) Langage *m*. *Have animals a l.?* les animaux ont-ils un langage? **The language of flowers,** le langage des fleurs. *See also* SIGN-LANGUAGE. **2.** Langage. *The intemperance of his l.*, son intempérance *f* de langage, de paroles *f*. **Strong language,** langage violent, expressions vives; injures *fpl*. **Bad language,** langage grossier; grossièretés *fpl*; gros mots *mpl*. *To use bad l.*, *F:* **to use language,** parler vertement; lâcher des gros mots. *See also* FLOW[1] 3.

Languedocian [laŋgəˈdouʃiən], *a. & s. Geog:* Languedocien, -ienne; du Languedoc.

languet [ˈlaŋgwet], *s.* Languette *f* (de tuyau d'orgue).

languid [ˈlaŋgwid], *a.* Languissant, langoureux, faible; mou, *f.* molle; *F:* gnan-gnan. *To feel l.*, se sentir faible, sans vie. *To be l. about sth.*, avoir peu d'enthousiasme pour qch. *L. look*, regard languissant, sans animation. *L. eye*, œil triste, mourant. *L. voice*, voix traînante. *L. movements*, mouvements lents, traînants. **-ly,** *adv.* Languissamment, langoureusement, faiblement; mollement, sans animation.

languidness [ˈlaŋgwidnəs], *s.* Langueur *f*, faiblesse *f*, mollesse *f*.

languish [ˈlaŋgwiʃ], *v.i.* Languir. **1.** Dépérir; entrer en consomption; (*of plant*) s'étioler. **2.** (*a*) **To languish after, for, s.o., sth.,** languir après, pour, qn, qch. *To l. in prison*, languir en prison. (*b*) *She smiles and languishes*, elle sourit, elle prend des airs langoureux, des airs pâmés.

languishing[1], *a.* Languissant, langoureux; (regard) plein de langueur. *L. lover*, amant langoureux. *L. interest*, intérêt languissant. *To look at s.o. with l. eyes*, regarder qn avec des yeux mourants, pâmés. **-ly,** *adv.* Languissamment; langoureusement.

languishing[2], *s.* **1.** Dépérissement *m*; étiolement *m*. **2.** Langueur *f*; faiblesse *f*.

languishment [ˈlaŋgwiʃmənt], *s.* **1.** Langueur *f*, faiblesse *f*, abattement *m*. **2.** *pl.* Airs langoureux.

languor [ˈlaŋg(w)ər], *s.* Langueur *f*.

languorous [ˈlaŋg(w)ərəs], *a.* Langoureux. **-ly,** *adv.* Langoureusement.

langur [lʌŋˈguər], *s. Z:* Entelle *m*, houlman *m*.

laniard [ˈlanjərd], *s.* = LANYARD.

laniary [ˈlaniəri], *a. & s. Z:* (Dent *f*) laniaire (*f*). *The laniaries*, les canines *f*.

laniferous [laˈnifərəs], **lanigerous** [laˈnidʒərəs], *a.* Lanifère, lanigère.

laniflorous [laniˈflɔːrəs], *a. Bot:* Laniflore.

lank [laŋk], *a.* **1.** (*Of pers.*) Maigre; sec, *f.* sèche; efflanqué; (*of animal*) efflanqué. *L. cheeks*, joues creuses. *L. body*, corps décharné. *To grow l.*, s'amaigrir. **2.** **Lank hair,** cheveux plats.

lankiness [ˈlaŋkinəs], *s.* Taille grande et maigre (de qn); aspect efflanqué.

lankness [ˈlaŋknəs], *s.* **1.** Maigreur *f*. **2.** *The l. of his hair*, ses longs cheveux plats.

lanky [ˈlaŋki], *a.* Grand et maigre; grand et sec, *f.* grande et sèche. *L. legs*, jambes longues et minces. *A great l. fellow*, **a lanky-legs,** un grand flandrin; un grand maigre; un grand efflanqué; un grand dégingandé.

lanner [ˈlanər], *s.* **1.** *Ven:* (Faucon *m*) lanier *m*. **2.** *Orn:* Laneret *m*.

lanneret [ˈlanəret], *s. Ven:* Laneret *m*.

lanoline [ˈlanoliːn], *s. Ch: Pharm:* Lanoline *f*, graisse *f* de laine.

lansquenet [ˈlanskənet], *s. Hist. & Cards:* Lansquenet *m*.

lantana [lanˈteina], *s. Bot:* Lantanier *m*.

lantern [ˈlantərn], *s.* **1.** (*a*) Lanterne *f*, falot *m*. *Nau:* Fanal, -aux, *m*; verrine *f*. *Mil: Guard-house l.*, falot de ronde. **Dark lantern, bull's-eye lantern,** lanterne sourde. **Chinese lantern,** lanterne vénitienne. *F:* **The parish lantern,** la lune. (*b*) **Magic lantern,** lanterne magique; lanterne à projections. **Projection lantern,** lanterne à projections. *See also* JACK-O'-LANTERN, LECTURE[1] 1, PLATE[1] 3, SIGNALLING, SLIDE[1] 5, TURNIP-LANTERN. **2.** *Arch:* Lanterne, lanterneau *m* (de dôme, de faîte). **3.** *Mec.E:* **Lantern(-pinion, -wheel),** (roue *f* à) lanterne.

ˈlantern-fly, *s. Ent:* Fulgore *m* porte-lanterne.

ˈlantern-jawed, *a.* Aux joues creuses; aux joues en lanterne; à la figure émaciée; à la mâchoire allongée.

ˈlantern-jaws, *s.pl.* Joues creuses; mâchoire allongée.

ˈlantern-light, *s. Arch:* = LANTERN 2.

ˈlantern-maker, *s.* Lanternier, -ière.

lanternist [ˈlantərnist], *s.* Opérateur, -trice, de lanterne à projections.

lanthanum [ˈlanθanəm], *s. Ch:* Lanthane *m*.

lanthorn [ˈlantərn], *s. A:* = LANTERN 1.

lanuginous [laˈnjuːdʒinəs], *a. Bot: etc:* Lanugineux.

lanyard [ˈlanjərd], *s.* **1.** *Nau:* Aiguillette *f*; ride *f* (de hauban); (*of knife*) amarrage *m*; (*of oar*) sauvegarde *f*. **2.** *Artil:* (Cordon *m*, cordeau *m*) tire-feu *m inv.*

Lao [ˈleio]. *Geog:* **1.** *Pr.n.* Laos *m*. **2.** *a. & s.* = LAOAN.

Laoan [ˈleiouən], *a. & s. Geog:* Laotien, -ienne.

Laodamia [leiodaˈmaia]. *Pr.n.f. Myth:* Laodamie.

Laodicea [leiodi'si:ə]. *Pr.n. A.Geog:* Laodicée *f*.

Laodicean [leiodi'si:ən], *a. & s.* **1.** *A.Geog:* Laodicéen, -éenne. **2.** *F:* (*Of pers.*) Tiède, peu zélé (en ce qui concerne la religion, la politique).

Laomedon [lei'ɔmedən]. *Pr.n.m. Gr.Myth:* Laomédon.

lap[1] [lap], *s.* **1.** (*a*) Pan *m*, basque *f* (d'un vêtement). (*b*) **Ear-lap,** lobe *m* de l'oreille. **2.** Genoux *mpl*; *A:* giron *m*; *Lit:* sein *m*. *Madonna holding the Child in her lap,* la Vierge tenant l'enfant dans son giron, sur ses genoux. **To sit in, on, s.o.'s lap,** s'asseoir sur les genoux de qn. *To catch sth. in one's lap,* attraper qch. dans son tablier, dans sa jupe. *Whether I shall see him again is in the lap of the gods,* le reverrai-je? Dieu seul le sait. *See also* LUXURY 1. **3.** Creux *m*, pli *m* (d'une colline). **4.** Calimbé *m*, pagne *m* (d'indigène de la Guyane).

'lap-dog, *s.* Bichon *m*, babichon *m*, babiche *f*; chien *m* de salon.

lap[2], *s.* **1.** (*a*) *Mch:* Recouvrement *m* (du tiroir). *Exhaust lap,* avance *f* à l'échappement. **Lap-and-lead** [li:d] **lever,** levier *m* d'avance. (*b*) *Const:* Chevauchement *m*, recouvrement *m* (des tuiles, des ardoises, etc.). (*c*) *I.C.E:* Chevauchement (des soupapes). *Zero lap,* chevauchement nul. *Cin:* **Lap dissolve,** fondu enchaîné; enchaînement *m*. **2.** *El:* Guipage *m* (de coton); couche isolante (de caoutchouc, etc.). **3.** (*a*) Tour *m* (d'une corde autour d'un cylindre, etc.). (*b*) *Sp:* Tour (de piste, de circuit); boucle *f*, circuit *m*. *To do three laps,* faire trois tours de circuit. *To cover a lap in six minutes,* boucler le circuit en six minutes.

'lap-joint[1], *s.* **1.** *Carp: etc:* (*a*) Assemblage *m* à recouvrement; joint *m* à recouvrement; assemblage à clin. (*b*) = *half-lap joint, q.v. under* HALF-LAP. **2.** *Metalw:* Ourlet *m*.

'lap-joint[2], *v.tr.* **1.** (*a*) Assembler (des planches) à clin. (*b*) Assembler (des poutres) (i) à mi-fer; (ii) à mi-bois. **2.** Ourler (une tôle).

'lap-jointed, *a.* A recouvrement, à clin.

'lap-rivet(t)ing, *s.* *Metalw:* Assemblage *m* par recouvrement.

'lap-seam, *s.* *Metalw:* Ourlet *m*.

'lap-streak, *s.* *N.Arch:* Canot (bordé) à clin.

'lap-weld[1], *s.* *Metalw:* Soudure *f* à recouvrement, en écharpe, par amorces.

'lap-weld[2], *v.tr.* Souder en écharpe, à recouvrement.

'lap-welded, *a.* Soudé en écharpe, par amorces, à recouvrement. *L.-w. pipe,* tuyau soudé.

'lap-welding, *s.* Soudure *f* à recouvrement, en écharpe, par amorces.

'lap-winding, *s.* *El.E:* Bobinage *m* à boucles.

lap[3], *v.* (**lapped** [lapt]; **lapping**) **1.** *v.tr.* (*a*) *To lap sth. round sth.,* enrouler qch. autour de qch. **To lap sth. round, up,** *with sth.,* envelopper, entourer, qch. de qch. (*b*) *Const:* Enchevaucher (des planches); poser (des planches) à recouvrement; donner du recouvrement à (des tuiles, etc.). *To lap a joint with sheet-metal,* chaperonner un assemblage. (*c*) *El.E:* Guiper (un câble, etc.). (*d*) *Sp:* (i) Boucler (un concurrent). **To lap one's opponents,** prendre un tour à ses rivaux. (ii) **To lap the course,** boucler le circuit. **2.** *v.i.* **To lap over sth.,** retomber, se rabattre, sur qch.; dépasser, recouvrir, qch.; (*of tiles, etc.*) chevaucher qch. *The boards lap,* les planches sont posées à recouvrement.

lapped, *a.* **1.** (*a*) *Carp: Mec.E: etc:* (Joint *m*) à recouvrement. *Lapped tiles,* tuiles chevauchées. *Nau:* **Lapped seam,** couture *f* à clin. (*b*) = HALF-LAPPED. **2.** *El.E:* **Single-lapped wire, double-lapped wire,** fil *m* à guipage simple, double. **3.** **Lapped in luxury,** entouré de luxe.

lapping[1], *s.* **1.** Recouvrement *m*, chevauchement *m*. **2.** *El:* (i) Guipage *m*, (ii) guipure *f* (d'un câble, etc.).

lap[4], *s.* *Tls:* *Metalw. & Lap:* (*a*) Rodoir *m*. (*b*) Polissoir *m*, polisseuse *f*; meule *f* polissoire.

lap[5], *v.tr.* (*a*) *Metalw:* Roder. **To lap in the gears,** roder les pignons. *To lap to size,* roder à la dimension. (*b*) *Metalw. & Lap:* Polir (au polissoir, etc.).

lapping[2], *s.* (*a*) Rodage *m*; rectification *f*. (*b*) Polissage *m* (à la meule, au tour, etc.). **Lapping machine,** (i) appareil *m* à roder, à rectifier; (ii) meule *f* polissoire.

lap[6], *s.* **1.** Gorgée *f* (de lait, etc.). (*Of cat, etc.*) *To swallow the milk in two laps,* laper le lait en deux coups de langue. **2.** Clapotement *m*, clapotis *m*, batillement *m* (des vagues). **3.** *F:* Lavasse *f*, ripopée *f*. *See also* CAT-LAP.

lap[7]. **1.** *v.tr.* (*Of animal*) **To lap (up) milk,** laper du lait. *F:* **He laps up, down, everything you tell him,** il avale, gobe, tout ce qu'on lui dit. (*Of compliments, etc.*) *Mr Duval was lapping it all up,* M. Duval buvait du lait. *They lap it up, the little dears,* ils s'en pourlèchent les babines, les petits chéris. **2.** *v.i.* (*Of waves*) Clapoter, batiller.

lapping[3], *s.* **1.** Lapement *m* (d'un animal). **2.** Clapotement *m*, clapotis *m*, batillement *m* (des vagues).

laparocele ['laparosi:l], *s.* *Med:* Laparocèle *f*.

laparotomy [lapa'rɔtomi], *s.* *Surg:* Laparotomie *f*.

lapel [la'pel], *s.* *Tail:* Revers *m* (d'un habit).

lapelled [la'peld], *a.* *Tail:* A revers.

lapful ['lapful], *s.* Plein son tablier, plein sa jupe (*of*, de).

lapicide ['lapisaid], *s.* Lapicide *m*; graveur *m* sur pierre.

lapidary ['lapidəri], *a. & s.* Lapidaire (*m*). *See also* MILL[1] 2.

lapidate ['lapideit], *v.tr.* Lapider; tuer (qn) à coups de pierres.

lapidation [lapi'deiʃ(ə)n], *s.* Lapidation *f*.

lapidicolous [lapi'dikələs], *a.* *Nat.Hist:* Lapidicole.

lapidification [lapidifi'keiʃ(ə)n], *s.* Lapidification *f*.

lapidify [la'pidifai], *v.tr.* Lapidifier; donner à (qch.) la consistance de la pierre.

lapis lazuli ['lapis'lazjulai], *s.* *Miner:* Lazulite *m*; lapis(-lazuli) *m inv*; ultramarine *f*, outremer *m*; *F:* pierre *f* d'azur.

Lapithae ['lapiθi:]. *Pr.n.pl. Gr.Myth:* Lapithes *m*.

Lapland ['lapland]. *Pr.n. Geog:* La Laponie.

Laplander ['laplandər], *s.* *Geog:* Lapon, -one.

Lapp [lap]. **1.** *a. & s.* Lapon, -one. **2.** *s. Ling:* Le lapon.

lappet ['lapet], *s.* **1.** (*a*) Pan *m*, basque *f* (de vêtement). (*b*) Revers *m* (de vêtement). (*c*) Barbe *f* (de coiffe, de cornette). (*d*) *Ecc:* Rabat *m*. (*e*) *pl. Ecc:* **Lappets,** fanons *m* (de mitre d'évêque). (*f*) **Ear-lappet,** oreillette *f* (de casquette). **2.** (*a*) *Anat:* Lobe *m* (de l'oreille). (*b*) *Z:* Fanon *m* (de dindon). **3.** Cache-entrée *m inv* (de trou de serrure).

Lappish ['lapiʃ]. **1.** *a. Geog:* Lapon. **2.** *s. Ling:* Le lapon.

lapsana ['lapsana], *s.* *Bot:* Lampsane *f*; *F:* herbe *f* aux mamelles.

lapse[1] [laps], *s.* **1.** (*a*) (*Mistake*) Erreur *f*, faute *f*. **Lapse of the pen,** lapsus *m* calami. **Lapse of the tongue,** lapsus linguæ. **Lapse of memory,** défaillance *f*, absence *f*, lapsus, de mémoire; oubli *m*. (*b*) (*Moral fault*) Chute *f*, faute, défaillance; faux pas; écart *m* de conduite. *L. from one's principles,* dérogation *f* à ses principes. *L. from one's duty,* manquement *m* à son devoir. *Theol:* **Lapse from faith, into heresy,** apostasie *f*. **2.** (*a*) *Jur:* Déchéance (d'un droit). (*b*) *Ecc:* Dévolu *m*, dévolution *f* (d'un bénéfice). **3.** *A:* (i) Écoulement *m*, (ii) chute *f* (des eaux). **4.** Cours *m*, marche *f* (du temps); laps *m* de temps. *After a l. of three months,* après un délai de trois mois; au bout de trois mois. *After the l. of so many years,* après tant d'années écoulées. **5.** *Meteor:* Décroissement *m* (de la température, etc., avec l'élévation de l'altitude).

lapse[2], *v.i.* **1.** (*a*) Déchoir (*from the faith,* de la foi). *To l. from duty,* manquer au devoir; s'écarter de son devoir. **To lapse (back)** *into idleness,* (re)tomber dans la paresse. *To l. into habitual misconduct,* se laisser aller à son inconduite habituelle. *To l. into silence, into obscurity,* rentrer dans le silence, dans l'ombre. **To lapse into a smile,** se laisser aller à sourire. *See also* VULGARITY. (*b*) *Abs.* Manquer à ses devoirs; être coupable d'un écart de conduite; faire un faux pas. **2.** *Jur:* (*Of right, patent, etc.*) Périmer, se périmer; tomber en désuétude; (*of credits, etc.*) tomber en annulation; (*of estate*) devenir disponible; (*of legacy*) devenir caduc; (*of benefice*) tomber en dévolu; (*of law*) s'abroger; cesser d'être en vigueur; *Ins:* (*of policy, etc.*) cesser d'être en vigueur. (*Of right, estate, etc.*) **To lapse to s.o.,** passer à qn. *To allow a right to l.,* laisser périmer, laisser tomber, un droit. *To have lapsed,* être périmé. **3.** (*a*) *A:* (*Of stream*) S'écouler. (*b*) (*Of time*) **To lapse (away),** s'écouler, passer.

lapsed, *a.* **1.** Déchu. **A lapsed Christian,** un chrétien déchu. **2.** (Billet, mandat-poste) périmé. *Jur:* (Droit) périmé; (legs) tombé en dévolu, dévolu par péremption; (contrat, legs) caduc (*f.* caduque).

lapsing, *s.* **1.** Déchéance *f*. **2.** Caducité *f* (d'un legs); *Ecc:* dévolution *f* (d'un bénéfice).

lapstone ['lapstoun], *s.* *Bootm:* Bouisse *f*, buisse *f*.

lapsus ['lapsəs], *s.* Lapsus *m*. **Lapsus calami, linguae,** lapsus calami, linguæ.

Laputan [la'pju:tən], *a. & s.* Habitant *m* de l'île de Laputa (dans les "Voyages de Gulliver" de Swift); visionnaire (*m*); chimérique.

lapwing ['lapwiŋ], *s.* *Orn:* Vanneau *m*.

lar, *pl.* **lares** [lɑ:r, 'lɛəri:z], *s.* *Rom.Ant:* Lare *m*. *Esp. pl.* Dieux lares. *F:* **To remove with one's Lares and Penates,** transporter ailleurs ses lares et ses pénates.

larboard ['lɑ:rbɔ:rd, 'lɑ:rbərd], *s.* *Nau:* *A:* = PORT[3].

larcener ['lɑ:rsənər], **larcenist** ['lɑ:rsənist], *s.* Voleur *m* (de petits objets).

larcenous ['lɑ:rsənəs], *a.* **1.** Voleur, -euse; adonné au vol. **2.** *L. action,* action *f* que l'on peut qualifier de vol.

larceny ['lɑ:rsəni], *s.* (*a*) Larcin *m*; vol insignifiant. (*b*) *Jur:* **Petty larceny,** vol simple; vol minime. *See also* AGGRAVATE 1.

larch [lɑ:rtʃ], *s.* (*a*) *Bot:* Mélèze *m*. (*b*) **Larch(-wood),** bois *m* de mélèze.

'larch-miner (moth), *s.* *Ent:* Teigne *m* du mélèze.

lard[1] [lɑ:rd], *s.* (*a*) Saindoux *m*, panne *f*; graisse *f* de porc. (*b*) *Pharm:* *Ind:* Axonge *f*.

lard[2], *v.tr.* **1.** *Cu:* Larder, barder, piquer (la viande). *Larded joint,* lardé *f*. *F:* **To lard one's writings with quotations,** larder, entrelarder, ses écrits de citations. **2.** **Larded butter,** beurre additionné de saindoux.

larding, *s.* Lardage *m*. **Larding-needle, -pin,** lardoire *f*.

lardaceous [lɑ:r'deiʃəs], *a.* *Med:* (Tissu) lardacé. **Lardaceous degeneration,** dégénérescence graisseuse, lardacée.

larder ['lɑ:rdər], *s.* Garde-manger *m inv*.

lardon ['lɑ:rdən], **lardoon** [lɑ:r'du:n], *s.* *Cu:* Lardon *m*; barde *f* (de lard).

lardy ['lɑ:rdi], *a.* Lardeux.

lardy-dardy ['lɑ:rdi'dɑ:rdi], *a.* *F:* Fat, affecté, prétentieux.

lares ['lɛəri:z], *s.pl.* *See* LAR.

large [lɑ:rdʒ]. I. *a.* **1.** (*a*) (*Not ordinarily used of pers.*) De grandes ou fortes dimensions; grand; gros, vaste, fort, considérable. *L. hands,* de grandes mains. *F:* *A l. policeman,* un gros policeman ou un policeman de forte carrure. *L. town, river,* grande ville, grand fleuve. *L. book, parcel,* gros livre; gros paquet, paquet volumineux. *The largest hall,* la salle la plus vaste. *To grow l., larger,* grossir, grandir. *His estates grow, get, larger and larger,* ses terres s'étendent de plus en plus. **As large as life,** (i) (*of statue, etc.*) de grandeur naturelle; (ii) *F. & Hum:* (*of pers.*) aucunement rabaissé dans sa propre estime. *The day after his defeat he turned up again as l. as life,* le lendemain de sa défaite il reparut comme si de rien n'était. *There she is as l. as life,* la voilà, c'est bien elle! *See also* LIMB[1], WRITE 1. (*b*) *A l. sum,* une grosse, forte, somme; une somme considérable. *L. fortune,* grande, belle, fortune. *Heiress to a l. fortune,* grosse héritière. *L. expenditure,* forte dépense. *To incur l. losses,* éprouver, subir, des pertes sensibles. *L. family, company,* famille, compagnie, nombreuse. *L. meal,* repas copieux. *To take a l. share in the management,* prendre une large part dans la direction. **In a large measure,** en grande partie. **Criminal on a**

large scale, criminel *m* de grande envergure. *Works, attack, on a l. scale,* travaux *m*, attaque *f*, de grande envergure. *War on a l. scale.* grande guerre. *To open a business on a l. scale,* établir une maison (de commerce) sur un grand pied. *To buy and sell on a l. scale,* acheter et vendre de gros montants de marchandises. *To see, do, things on a l. scale,* voir, faire, les choses en grand, sur une grande échelle. *See also* SCALE[5] 1. *To trade in a l. way,* faire les affaires en grand. *See also* ORDER[1] 10. (*c*) (*On a large scale*) **Large farmer,** gros fermier. **2.** (*a*) (*Liberal*) **Large views,** idées *f* larges. *L. tolerance,* large tolérance *f*. *L. hospitality,* large hospitalité *f*. (*b*) (*Wide, extensive*) **Large powers,** pouvoirs larges, étendus. (*c*) *Art:* (Style *m*) large. **-ly,** *adv.* **1.** En grande partie; pour une grande part; dans une large mesure. *They come very l. from round about Birmingham,* ils viennent pour une grande part des environs de Birmingham. **2.** *That is l. sufficient,* cela suffit grandement, largement; c'est largement suffisant, amplement suffisant.

II. **large,** *adv.* *Nau:* **To sail large,** aller largue, courir largue; naviguer vent largue; avoir du largue. *See also* BY II. 1.

III. **large,** *s.* **1. At large.** (*a*) **To set a prisoner at large,** élargir, relaxer, un prisonnier. **To be at large,** être libre, en liberté. *The murderer is still at l.,* l'assassin n'est pas encore arrêté. (*b*) **Society, the people, at large,** le grand public; la grande masse du public. (*c*) Tout au long; en détail. *To speak at l. on sth.,* parler longuement sur qch.; s'étendre sur qch. (*d*) **To talk at large,** parler au hasard. *See also* GENTLEMAN 1. **2. In large,** en grand. *Details shown in l.,* détails *m* en grand. **In little and in large,** en petit et en grand.

'large-crowned, *attrib.a.* *Arb:* (Arbre *m*) à cime étalée.

'large-'handed, *a.* **1.** A grandes mains. **2.** Généreux, libéral, -aux.

'large-'hearted, *a.* **1.** Magnanime. **2.** Généreux.

'large-'heartedness, *s.* **1.** Grandeur *f* d'âme, magnanimité *f*. **2.** Générosité *f*.

'large-minded, *a.* A l'esprit large, aux idées larges; tolérant.

'large-'mindedness, *s.* Largeur *f* d'esprit; largeur d'idées; tolérance *f*.

'large-'sized, *a.* Grand, de grandes dimensions; (livre *m*, plaque *f* photographique) de grand format.

largeness ['lɑːrdʒnəs], *s.* **1.** (*a*) Grosseur *f* (des articulations, du corps). (*b*) Grandeur *f* (des profits, d'une majorité); ampleur *f* (d'un repas). **2.** (*a*) Étendue *f* (d'un pouvoir). (*b*) Largeur *f* (d'idées); grandeur (d'âme).

largess(e) ['lɑːrdʒes], *s.* *A. & Lit:* Largesse *f*.

larghetto [lɑːr'geto], *adv. & s.* *Mus:* Larghetto (*m*).

largish ['lɑːrdʒiʃ], *a.* Assez grand; plutôt grand; assez gros; plutôt gros.

largo ['lɑːrgo], *adv. & s.* *Mus:* Largo (*m*).

lariat ['lariət], *s.* **1.** Corde *f* à piquet. **2.** Lasso *m*.

laridae ['laridiː], *s.pl.* *Orn:* Laridés *m*.

larigot ['larigɔt], *s.* Jeu *m* de larigot (de l'orgue).

Larissa [la'risa]. *Pr.n. Geog:* Larisse *f*.

lark[1] [lɑːrk], *s.* **1.** *Orn:* Alouette *f*. *Wood lark,* alouette des bois. **Crested lark, tufted lark,** cochevis *m*; alouette à huppe. **Short-toed lark,** calandrelle *f*. **Bunting lark,** (bruant *m*) proyer *m*. *See also* FIELD-LARK, SAND-LARK, SEA-LARK, SKYLARK, TITLARK. *F:* **To rise with the lark,** se lever au chant du coq. **She sings like a lark,** elle chante comme une fauvette. *See also* BLITHE, MERRY[2] 1. **2.** *Cu:* Alouette, mauviette *f*.

'lark('s)-heel, *s.* *Bot:* (*a*) Grande capucine; cresson *m* du Pérou. (*b*) = LARKSPUR.

'lark-mirror, *s.* *Ven:* Miroir *m* à alouettes.

'lark's-head (knot), *s.* *Nau: etc:* Nœud *m* en tête d'alouette.

lark[2], *s.* *F:* Farce *f*, rigolade *f*, blague *f*, bamboche *f*, équipée *f*. **To do sth. for a lark,** faire qch. par plaisanterie, pour rire, histoire de rigoler. **Let's have a lark!** suivez-moi et on va rire! et on va rigoler! **What a lark!** quelle farce!

lark[3], *v.i.* Faire des farces; folichonner, rigoler, chahuter; faire le diable à quatre.

larking, *s.* Folichonneries *fpl*, gamineries *fpl*. *Now then, no l.!* allons, un peu de sérieux!

larker ['lɑːrkər], *s.* *F:* Farceur *m*; enfant *m* qui fait le diable; chahuteur *m*.

larkiness ['lɑːrkinəs], *s.* Folichonnerie *f*; espièglerie *f*.

larkspur ['lɑːrkspəːr], *s.* *Bot:* (*a*) Pied-d'alouette *m*, *pl.* pieds-d'alouette; delphinette *f*, dauphinelle *f*, delphinium *m*. (*b*) **Field larkspur,** consoude royale.

larky ['lɑːrki], *a.* *F:* Folichon; farceur; espiègle; qui aime à jouer des tours.

larrikin ['larikin], *s.* *F:* (*In Austr.*) Gavroche *m*; gamin *m* (des rues).

larrup ['larəp], *v.tr.* (**larruped; larruping**) *F:* Battre (qn) comme plâtre; rosser (qn); flanquer une raclée à (qn).

larruping, *s.* Rossée *f*, raclée *f*.

larry ['lari], *s.* *Const:* (**Mortar-)larry,** broyon *m* à mortier; bouloir *m*; doloire *f* (à corroyer la chaux).

larva, *pl.* **-vae** ['lɑːrva, -viː], *s.* *Rom.Ant: Ent:* Larve *f*.

'larva-shaped, *a.* *Biol:* Larviforme.

larval ['lɑːrvəl], *a.* **1.** *Ent:* Larvaire; de larve; en forme de larve. *See also* LAMPREY. **2.** *Med:* (*Of disease*) Latent, larvé. **Larval fever,** fièvre larvée.

larvated ['lɑːrveitid], *a.* *Med:* = LARVAL 2.

larvicolous [lɑːr'vikoləs], *a.* *Ent:* Larvicole.

larviform ['lɑːrvifɔːrm], *a.* *Biol:* Larviforme.

larviparous [lɑːr'viparəs], *a.* *Ent:* Larvipare.

laryngeal [la'rindʒjəl], *a.* **1.** (Muscle, nerf) laryngé. **Laryngeal phthisis,** phtisie laryngée. **2.** *L. cavity,* cavité laryngienne. *Surg:* **Laryngeal tube,** tube laryngien.

laryngitis [larin'dʒaitis], *s.* *Med:* Laryngite *f*.

laryngocatarrh [la'riŋgoka'tɑːr], *s.* *Med:* Catarrhe *m* du larynx.

laryngoscope [la'riŋgoskoup], *s.* *Med:* Laryngoscope *m*.

laryngoscopy [lariŋ'gɔskopi], *s.* *Med:* Laryngoscopie *f*.

laryngotome [la'riŋgotoum], *s.* *Surg:* Laryngotome *m*.

laryngotomy [lariŋ'gɔtomi], *s.* *Surg:* Laryngotomie *f*.

larynx, *pl.* **larynges** ['lariŋks, la'rindʒiːz], *s.* *Anat:* Larynx *m*.

lascar ['laskər], *s.* Lascar *m*.

lascivious [la'siviəs], *a.* Lascif; *F:* (*of man*) paillard. *L. smile,* sourire provocant, lascif. **-ly,** *adv.* Lascivement.

lasciviousness [la'siviəsnəs], *s.* Lasciveté *f*; *F:* (*of man*) paillardise *f*.

lash[1] [laʃ], *s.* **1.** (*a*) Coup *m* de fouet; sanglade *f*, cinglon *m*. (*b*) (i) Lanière *f* (de fouet); (ii) *occ.* mèche *f* (de fouet). (*c*) (**The penalty of) the lash,** le supplice du fouet. *Prisoner sentenced to the l.,* prisonnier condamné au fouet, *A:* aux étrivières. *Sentenced to six strokes of the l.,* condamné à six coups de fouet. *F:* **To be under the lash of criticism,** être exposé aux coups de la critique; être flagellé par la critique. *To be under the l. of desire,* être fouetté, aiguillonné, par le désir. **2.** *Mec.E:* Jeu *m*. **Side lash,** jeu latéral. *See also* BACK-LASH. **3.** = EYE-LASH.

lash[2], *v.tr. & i.* **1.** (*a*) Fouailler, cingler (un cheval, etc.). (*Of rain*) **To lash (against) the windows, the face,** fouetter les vitres, cingler le visage. *Wind that lashes the water,* vent *m* qui tourmente l'eau. (*Of waves*) *To l.* (*against*) *the shore,* battre, fouetter, le rivage. *To l. the sea into fury,* mettre la mer en fureur. *F:* **To lash oneself into a fury,** entrer dans une violente colère, *F:* dans une colère bleue. (*b*) (*Of animal*) **To lash its tail,** se battre les flancs avec la queue. (*Of whale, etc.*) *To l. the sea,* battre la mer de sa queue. (*c*) Flageller, fouailler, cingler (les vices, etc.). *To l. s.o. with one's tongue,* adresser à qn des paroles cinglantes, des reproches sanglants. **2.** *v.i.* *Mec.E:* (*Of running part*) Fouetter.

lash down, *v.i.* (*Of rain*) Tomber à verse.

lash on, *v.tr.* Faire avancer (une bête, etc.) à coups de fouet.

lash out, *v.i.* **1.** (*Of horse*) Ruer; lancer une ruade. *F:* **To lash out at s.o.,** (i) faire une sortie à, contre, qn; (ii) lancer un coup de langue à qn. **2.** (*a*) **To lash out at a horse,** décocher un coup de fouet à un cheval; cingler un cheval. (*b*) **To lash out into expenditure,** se livrer à de folles dépenses.

'lash-out, *s.* Ruade *f* (d'un cheval).

lashing out, *s.* Ruades *fpl*.

lashing[1], *a.* (*Of rain*) Cinglant; *F:* (*of criticism*) acéré, cinglant.

lashing[2], *s.* **1.** (*a*) Coups *mpl* de fouet; le fouet. (*b*) Fouettée *f*; sanglade *f*. (*c*) *Mec.E:* Fouettement *m*. **2.** *pl.* *F:* **Lashings,** tas *m* (*of*, de). *There were lashings of drink, lashings to drink,* il y avait à boire en veux-tu, en voilà.

lash[3], *v.tr.* Lier, attacher; *Nau:* amarrer; saisir (l'ancre). **To lash down** *the load on a waggon,* lier, brider, brêler, la charge sur un chariot. *To l. down bridge planking, etc.,* guinder les planches d'un pont militaire, etc. *To l. boats side by side,* amarrer les bateaux côte à côte; (*alongside quay*) bâcler les bateaux. *Nau:* **To lash a pulley,** aiguilleter une poulie. *To l. two wires together,* ligaturer, ligoter, deux fils. *See also* RACK-LASH.

lashing[3], *s.* **1.** *Nau:* Amarrage *m*, aiguilletage *m*. *Mil.E:* Brêlage *m*. *L. of cables, of wires,* ligature *f* de câbles, de fils. **Lashing-rope,** (i) corde *f* de brêlage, de bridage; (ii) *Nau:* risse *f*; (iii) *Artil: etc:* prolonge *f*. **2.** *Nau:* Amarre *f*; point *m* d'amarrage; aiguillette *f*. *Mil.E:* Corde de brêlage; commande *f* (de pontons). *Const:* Drisse *f*, vingtaine *f* (d'échafaudage). *Nau: Gun lashings,* aiguillettes d'amarrage; saisines *f*. *Hammock lashings,* hanets *m*, rabans *m*, de hamac. **Head lashing** (*of sheers*), portugaise *f*. **To cast off a lashing,** larguer une amarre. *To cast off the tiller l.,* abandonner la cape.

'lash-rope, *s.* = *lashing-rope, q.v. under* LASHING[3] 1.

lashed [laʃt], *a.* (*With adj. prefixed, e.g.*) **Long-lashed eyes,** yeux *m* aux longs cils.

lasher ['laʃər], *s.* **1.** (*a*) *A:* Fouetteur *m*. (*b*) *Ich:* **Lasher bullhead,** scorpion *m* de mer. **2.** *Nau:* = LASHING[3] 2. **3.** *Hyd.E:* (*a*) Déversoir *m* (d'une rivière). (*b*) Remous *m* au pied du déversoir.

lashkar ['laʃkər], *s.* Troupe *f* de soldats afridis.

lashless ['laʃləs], *a.* Sans cils.

lass [las], *s.f.* *Esp. Scot:* Jeune fille. *Country l.,* jeune paysanne. *A lover and his l.,* deux jeunes amoureux *m*.

lassie ['lasi], *s.f.* *Esp. Scot:* Fillette, gamine. *A wee l.,* une petite fille; une toute petite fille.

lassitude ['lasitjuːd], *s.* Lassitude *f*.

lasso[1] ['laso], *s.* Lasso *m*.

lasso[2], *v.tr.* Prendre au lasso; lasser (une bête).

last[1] [lɑːst], *s.* *Bootm:* Forme *f* (à chaussure). *Prov:* **Let the shoemaker stick to his last,** à chacun son métier et les vaches seront bien gardées; cordonnier, mêlez-vous de votre pantoufle! *See also* FOOT[1] 1.

'last-maker, *s.* Formier *m*.

last[2], *v.tr.* *Bootm:* Mettre (l'empeigne) sur la forme.

lasting[1], *s.* Mise *f* sur la forme.

last[3], *s.* *Nau: Meas:* **1.** Last(e) *m* (de laine, de malt, etc.) (poids de deux tonneaux de mer ou 2000 kilogrammes). **2.** Mesure *f* de 12 barriques (de morue ou de harengs).

last[4]. I. *a.* Dernier. **1.** (*a*) **The last two,** *F:* **the two last,** les deux derniers. *The l. eleven to be rescued,* les onze derniers rescapés. **The Last Day,** le jugement dernier. **She was the last to arrive,** elle arriva la dernière. **The last but one, the second last,** l'avant-dernier, *pl.* avant-derniers. *The l. syllable but one,* la (syllabe) pénultième. *The l. but three,* le troisième avant le dernier. *F:* **Last but not least . . .,** (i) et mieux encore . . ., pour le bouquet . . ., brochant sur le tout . . .; (ii) le dernier (nommé), mais non le moindre. *I should be the l. to believe it,* je serais le dernier à le croire. *You are the l. one who ought to criticize,* vous devriez être le dernier à critiquer; vous êtes malvenu à critiquer. *That is the l. thing to try,* ce serait la dernière ressource! drôle de remède!

That's the l. thing that's worrying me, c'est le cadet de mes soucis. *See also* REPROACH² 1. **In the last resort, as a last resort, as a last resource,** en fin de compte; en dernier ressort; en dernière ressource; en dernier recours; en désespoir de cause. **In the last place . . .,** en dernier lieu . . .; pour finir. . . . **In the last analysis,** en dernière analyse. **To have the last word,** (i) parler le dernier; (ii) avoir le dernier mot, *F:* avoir le dernier. *He has said the l. word on the matter*, il a dit le dernier mot, le mot final, là-dessus. *F:* **The last word in hats,** chapeau *m* dernier cri. **It's the last thing** (*in hats, etc.*), c'est le dernier cri. *The l. word in art*, les toutes dernières créations de l'art. **To pay one's last respects to s.o.,** rendre les derniers devoirs à qn. *Pupils in their l. term* (*at school, at college*), élèves sortants. *At the l. moment*, au dernier moment. **Last thing at night,** tard dans la soirée. *s. U.S:* **The last of the week, month, year, etc.,** le dernier jour, la fin, de la semaine, du mois, de l'année, etc. *Com:* **In my last,** dans ma dernière lettre. *See also* DAY¹ 4, FARTHING, GASP¹, HOME¹ I. 1, LEG¹ 1, POST⁷, STRAW¹ 2, SUPPER. (*b*) (*Highest*) **A matter of the last importance,** une affaire de la plus haute importance, de la dernière importance. (*c*) (*Lowest*) *That isn't his l. price*, ce n'est pas son dernier prix. *Now the l. of the nations, though once the first*, aujourd'hui la dernière des nations, bien qu'autrefois la première. **2.** (*Of past time*) **Last Tuesday, Tuesday last,** mardi dernier. *L. Christmas*, à Noël dernier. *L. January*, au mois de janvier dernier. *L. time I saw him . . .*, la dernière fois que je l'ai vu. . . . **The time before last,** l'avant-dernière fois. **Last week,** la semaine dernière; la semaine passée. **Last evening,** hier (au) soir. **Last night,** (i) la nuit dernière; (ii) hier soir. *I slept badly l. night*, j'ai mal dormi cette nuit. **The night before last,** avant-hier (au) soir. **These last six years,** ces six dernières années. *I have not seen him for the l. four days*, je ne l'ai pas vu depuis quatre jours; il y a quatre jours que je ne l'ai vu. *In the l. fortnight, in the l. few weeks*, au cours, dans le courant, de cette dernière quinzaine, de ces dernières semaines. *In the l. fifty years*, dans les cinquante ans qui viennent de s'écouler. **This day last week,** il y a aujourd'hui huit jours. **This day last year,** l'an dernier à pareil jour. **-ly,** *adv.* Pour finir . . .; en dernier lieu.

II. **last,** *s.* **1.** **This last,** ce dernier, cette dernière. *These l. had heard nothing*, ces derniers (arrivés, nommés) n'avaient rien entendu. **To play last across,** jouer à qui sera le dernier à traverser la rue sans se faire écraser (par la voiture). **2.** (*a*) **We shall never hear the last of it,** on ne nous le laissera pas oublier. *We haven't heard the l. of it*, tout n'est pas dit. *That is the l. I saw of him*, je ne l'ai pas revu depuis. *When shall we see the l. of him?* quand verrons-nous ses talons? *Thank God I have seen the l. of her!* Dieu merci, m'en voilà débarrassé! *This is the l. of it, of him, etc.*, c'est la fin. (*b*) **To, till, the last,** jusqu'au bout, jusqu'à la fin, jusqu'au dernier moment. *See also* FIRST II. 2. (*c*) *Adv.phr.* **At last, at long last,** enfin; à la fin (des fins). *Daylight had come at l.*, le jour avait fini par venir; enfin c'était le jour! *Now at l. I understand*, du coup je comprends. (*d*) **To look one's last on sth.,** jeter un dernier regard sur qch.; voir qch. pour la dernière fois. (*e*) (*Death*) Fin *f*. **To be near one's last,** toucher à sa fin. *Towards the l.*, vers la fin.

III. **last,** *adv.* (*a*) *When I saw him l.*, la dernière fois que je l'ai vu. *When did you see him l.?* quand l'avez-vous vu pour la dernière fois? (*b*) (*Or pred.adj.*) **He spoke, came, last,** il a parlé, est arrivé, le dernier. *See also* FIRST III. 1, LAUGH² 1. (*c*) = LASTLY. *First cajolery*, **and last** *threats*, d'abord des cajoleries, pour aboutir à des menaces.

'last-'ditcher, *s. Pol:* Jusqu'au-boutiste *mf*, irréconciliable *mf*.

last⁵. **1.** *v.i.* Durer, se maintenir. **It's too good to last,** c'est trop beau pour durer. *If the good weather, the frost, lasts*, si le beau temps, la gelée, tient; si le beau temps se maintient. *His memory will l.*, son souvenir restera. *How long does your leave l.?* quelle est la durée de votre congé? *The supplies will not* **last (out)** *two months*, les vivres *m* n'iront pas deux mois, ne feront pas deux mois. *This soap lasts longer*, ce savon est plus durable. *Fashion that will not l.*, mode *f* qui passera, qui ne durera pas. *Stuff that will not l. long*, étoffe *f* qui n'est pas solide, qui ne tiendra pas. *My hair-wave didn't l. two days*, mon ondulation *f* n'a pas tenu deux jours. *Their friendship will not l. long*, leur amitié ne fera pas long feu. *These nails will make your shoes l. longer*, ces clous ménageront vos souliers. *Dress which will l. me two years*, robe *f* qui me fera deux ans. *It will l. me a lifetime*, j'en ai pour la vie. *F:* **He won't last (out) long,** il n'ira pas loin; il ne durera pas longtemps. *See also* EVER 2. **2.** *v.tr.* **To last s.o. out,** (i) (*of pers.*) survivre à qn; (ii) (*of thg*) durer autant que qn. *To l. the year out*, durer, aller, jusqu'au bout de l'année. *My overcoat will l. the winter out*, mon pardessus fera encore l'hiver.

lasting². **1.** *a.* (*a*) Durable, permanent, de longue durée; (*of material, etc.*) résistant, d'un bon user. *Friendship that will be l.*, amitié *f* qui durera; *F:* amitié qui fera beaucoup d'usage. **Lasting peace,** paix *f* durable. *L. shine of chromium-plated steel*, brillant *m* tenace de l'acier chromé. (*b*) (Parfum) durable, persistant. *L. cold*, rhume persistant. **2.** *s. Tex:* **Lasting(s),** lasting *m*. **-ly,** *adv.* D'une manière durable, permanente.

lasting³, *s.* (*a*) Durée *f*, permanence *f*; (*of substance*) résistance *f*. (*b*) Persistance *f* (d'un rhume, etc.). (*c*) *Sp:* Endurance *f*.

lastingness ['lɑːstiŋnəs], *s.* Durabilité *f*, permanence *f*.

lat [lat], *s. Num:* Lat *m*; franc-or *m*, *pl.* francs-or (de Lettonie).

latakia [lata'kiːa], *s.* (Tabac *m* de) Latakieh *m*; lattaquié *m*.

latania [la'teinia], *s. Bot:* Latanier *m*.

latch¹ [latʃ], *s.* **1.** (*a*) Loquet *m*, clenche *f*. *Small l.* (*for shutters, etc.*), loqueteau *m*. *See also* DRAW-LATCH. (*b*) Serrure *f* de sûreté (avec clef de maison). **To leave the door on the latch,** (i) fermer la porte au loquet, à la clenche; (ii) fermer la porte à clef (sans la verrouiller); fermer la porte à demi-tour. **2.** *Mec.E:* Enclenchement *m*; cliquet *m* (d'arrêt); verrou *m* (à ressort); valet *m* d'arrêt; chien *m* (d'arrêt).

'latch-key, *s.* Clef *f* de maison; clef de porte d'entrée; passe-partout *m inv*. *My sons have latch-keys*, mes fils ont chacun une clef de la maison (c.-à-d. ils sont libres de rentrer à toute heure). **Latch-key voter,** électeur *m* qui vote du fait qu'il est locataire d'une chambre.

'latch-string, *s.* Cordon *m* (de loquet). *U.S:* *The latch-string is always out for you*, vous êtes toujours le bienvenu.

latch², *v.tr.* **1.** Fermer (la porte) au loquet, à la clenche, ou à demi-tour. **2.** Fermer (la porte) sans mettre le verrou.

latchet ['latʃet], *s. B:* Cordon *m* (de soulier). **Whose shoe-latchet I am not worthy to unloose,** et je ne suis pas digne de délier la courroie de ses souliers.

late [leit]. I. *a.* (later; latest; *see also* LATTER *and* LAST⁴) **1.** (*a*) (*After due time*) En retard. **To be late** (for sth.), être en retard (pour qch.); se faire attendre. *Am I l.?* suis-je en retard? *I shall be l. for my lesson*, je serai en retard à ma leçon. *I don't want to make you l.*, je ne veux pas vous mettre en retard. *The train is l., is ten minutes l.*, le train a du retard, a dix minutes de retard, a un retard de dix minutes. *Number of minutes l.*, importance *f* du retard (d'un train). (*b*) (*Delayed*) Retardé. *I.C.E:* *L. cut-off of the admission*, retard à la fermeture de l'admission; fermeture retardée. **2.** (*a*) (*Far on in the day, etc.*) Tard. **It is late,** il est tard. **It is getting late,** il se fait tard. **It is too late,** il est trop tard; il n'est plus temps. *I was too l.*, je ne suis pas arrivé à temps. *Am I too l. to see him?* est-il trop tard pour que je le voie? *I did not think it was so l.*, je ne pensais pas qu'il fût si tard. *F:* **It is late in the day to change your mind,** il est un peu tard pour changer d'avis. *I was l.* (*in*) *going to bed*, je me suis couché tard. *We are late people*, nous nous couchons tard. *The hour is l.*, il est tard dans la nuit. **At a late hour (in the day, in the night),** bien avant, très avant, fort avant, dans la journée, dans la nuit; à une heure avancée de la nuit. **In the late afternoon,** tard dans l'après-midi; vers la fin de l'après-midi. **In late summer, in late autumn,** vers la fin de l'été, de l'automne. **Easter is late this year,** Pâques est tard cette année. *It was getting l. in the season*, la saison s'avançait. *Prov:* **It is never too late to mend,** il n'est jamais trop tard pour se corriger, pour s'amender, pour bien faire. **Later events** *proved that . . .*, la suite des événements a démontré que. . . . **At a later date than his death,** à une date postérieure à sa mort. *At a later meeting*, dans une séance ultérieure. **Later will,** testament subséquent. **The latest posterity,** la postérité la plus reculée. *It is twelve o'clock* **at (the) latest,** c'est tout au plus s'il est midi. *On Wednesday at the latest*, mercredi au plus tard. *Com:* **Latest date,** terme fatal; terme de rigueur, délai *m* de rigueur. *See also* AUTUMN, HOUR 2, LEARN 1, NIGHT 1. (*b*) (*Far on in period*) **Late stained glass,** vitraux peints de la dernière époque (du moyen âge, etc.). **The later kings** *of the pre-Conquest period*, les derniers en date des rois d'avant la Conquête. **In the late eighties,** dans les années approchant 1890. *See also* LATIN 2. **3.** (Fruit, etc.) tardif. **Late frosts,** gelées tardives, printanières. *Wild flowers are later than garden ones*, les fleurs des champs retardent sur celles des jardins. *See also* FLOWER¹ 1. **4.** (*a*) Ancien, ex-. *The l. minister*, l'ancien ministre, l'ex-ministre; le ci-devant ministre. *Com:* **Jones, late Brown,** Jones, ancienne maison Brown; Jones, ci-devant Brown; Jones successeur de Brown; maison Brown, Jones successeur. (*b*) Feu, défunt, décédé. **My late father,** feu mon père, mon père décédé. *The l. queen*, feu la reine, la feue reine. **5.** (*Of recent date*) Récent, dernier. *The l. rains*, les dernières pluies. *The l. war*, la guerre récente. **Of late years,** (dans) ces dernières années; depuis quelques années. **Of late,** dernièrement, récemment, depuis peu; depuis quelque temps. *This author's latest work*, le dernier ouvrage de cet auteur. *Mr X tells us that his latest book will be his last*, M. X nous annonce que son récent ouvrage sera le dernier que nous aurons de sa main, que son dernier ouvrage ne sera suivi d'aucun autre. *In this book will be found his latest views on the subject*, dans ce livre on trouvera ses vues les plus récentes sur ce sujet. **Latest novelties,** dernières nouveautés. *Latest flavours in ices*, "glaces *f*, parfums du jour." *The very latest improvements*, les tout derniers perfectionnements. *Journ:* **Latest intelligence, latest news,** informations *fpl* de la dernière heure; dernières nouvelles. *The very latest news*, les informations de toute dernière heure. **That is the latest,** (i) c'est ce qu'il y a de plus nouveau; (ii) *F:* ça, c'est le comble! *Have you heard the latest?* savez-vous la dernière nouvelle? **X's latest,** (i) la dernière plaisanterie de X; (ii) le dernier exploit de X. *See also* THING 4. **-ly,** *adv.* Dernièrement, récemment; dans ces derniers temps; il y a peu de temps; depuis peu. *What have you been doing l.?* qu'avez-vous fait ces derniers temps? *We have not heard from him l.*, nous sommes restés sans nouvelles de lui ces temps derniers. **Till lately,** jusqu'à ces derniers temps; jusqu'à une époque récente. **As lately as yesterday,** hier encore; *F:* pas plus tard qu'hier. *It is only l. that the matter has become known*, la chose n'a été sue que ces jours-ci.

II. **late,** *adv.* (later; latest; *see also* LAST⁴) **1.** (*After due time*) En retard. **To arrive too late,** arriver trop tard; arriver après coup. *Prov:* **Better late than never,** mieux vaut tard que jamais. **2.** (*Far on in day, etc.*) Tard. *He came home very l.*, il est rentré fort tard. *If I come it will be fairly l.*, si je viens ce sera sur le tard. **Early and late,** à toute heure du jour; du matin au soir. **Early or late, soon or late, sooner or later,** tôt ou tard. **To keep s.o. late,** attarder qn. **To sit up, stay up, late,** veiller tard. *To stay up l. doing sth.*, s'attarder à faire qch. **Very late at night,** bien avant, fort avant, dans la nuit. **Late into the night,** jusqu'à une heure avancée de la nuit. *He came l. in the afternoon*, il est venu vers la fin de l'après-midi. *Very l. in the day*, à une heure avancée de la journée; très avant dans la journée; *F:* sur le tard. *L. in the year*, vers la fin de l'année. *L. in March*, dans les derniers jours de mars. **Late in life,** à un âge avancé. *He married l. in life*, il se maria tard, sur le tard. *I saw him* **as late as yesterday, no later than yesterday,** hier encore je l'ai vu; je l'ai vu pas plus tard qu'hier. *Traces remained* *as l. as the seventeenth century*, des traces en restaient encore au dix-septième siècle. *Event that occurred ten years later than his death*, événement postérieur de dix ans à son décès. **A moment later**, l'instant d'après. *This happened* **later (on)**, cela est arrivé après, plus tard, ultérieurement. *A few days later on*, à quelques jours de là. *As we shall see later on*, comme nous le verrons plus avant, dans la suite. *Circumstances that the reader will find detailed later*, circonstances que le lecteur trouvera détaillées plus loin. *F:* **See you later!** à plus tard! **3.** *Poet:* = LATELY. **4.** *(Formerly)* **Late of London**, dernièrement domicilié à Londres; autrefois établi à Londres.

'late-blooming, *a. Bot:* Tardiflore.

'late-comer, *s.* Retardataire *mf*; tard-venu, -venue, *pl.* tard-venus, -venues.

'late-flowering, *a. Bot:* = LATE-BLOOMING.

lateen [la'ti:n], *a. Nau:* **Lateen sail**, voile latine. **Storm lateen sail**, tréou *m*. **Lateen yard**, antenne *f*. **Lateen mast**, mât *m* de calcet.

laten [leitn]. **1.** *v.i. (Of hour, season)* S'avancer. **2.** *v.tr.* Retarder (l'heure de qch.).

latening[1], *a.* Qui se fait tard. *The l. hour*, l'heure avancée.

latening[2], *s.* Retardement *m* (du dîner, etc.).

latency ['leitənsi], *s. Biol: etc:* État latent; latence *f*.

lateness ['leitnəs], *s.* **1.** Arrivée tardive (de qn); tardiveté *f* (d'un fruit, etc.). **2. The lateness of the hour**, l'heure avancée. *The l. of the date*, l'époque avancée; le temps avancé. **3.** Date récente, époque peu reculée (d'un événement, etc.).

latent ['leitənt], *a.* Latent; caché, secret; qui dort, qui couve. *L. defect*, défaut caché. *Ph:* **Latent heat**, chaleur latente. **Latent electricity**, électricité dissimulée, latente. *Bot:* **Latent bud**, œil dormant. *See also* PARTNER[1] 1. **-ly**, *adv.* D'une manière latente, secrète.

later ['leitər], *a. & adv. See* LATE.

-later [lətər], *s.suff.* -lâtre *mf*. *Idolater*, idolâtre. *Bibliolater*, bibliolâtre. *F: Babyolater*, idolâtre des bébés, de son bébé.

lateral ['latərəl], *a.* Latéral, -aux. **Lateral avenue**, contre-allée *f*, *pl.* contre-allées. *Hyd.E:* **Lateral wall** *of a lock*, (mur *m*) bajoyer *m* d'une écluse. *Ling:* **Lateral consonant**, consonne latérale. *Bot:* **Lateral bud**, *s.* **lateral**, bourgeon latéral. *Ich:* **Lateral line**, ligne latérale. **-ally**, *adv.* Latéralement.

Lateran ['latərən]. *Pr.n.m. Ecc.Hist:* Latran. **The Lateran Palace**, le palais de Latran. **The Lateran (church)**, **Saint John Lateran**, la basilique de Latran; Saint-Jean de Latran. *Ecc.Hist:* **The Lateran Councils**, les Conciles *m* de Latran.

laterifloral [latəri'flɔ:r(ə)l], *a. Bot:* Latériflore.

laterigrade ['latərigreid], *a. & s. Nat.Hist:* Latérigrade (*m*).

laterite ['latərait], *s. Geol:* Latérite *f*.

latest ['leitəst], *a. & adv. See* LATE.

latex ['leiteks], *s. Bot:* Latex *m*. **Latex-bearing**, laticifère.

lath[1] [lɑ:θ, *pl.* lɑ:ðz *or* lɑθs], *s.* **1.** *Const:* (*a*) Latte *f*; (*in loam work*) palançon *m*. **Partition lath**, latte jointive. **Lath and plaster**, enduit *m* de pan de bois; plâtrage *m*. *L.-and-plaster partition*, cloison lattée et plâtrée. *F:* **That's all lath and plaster**, c'est du plâtrage, tout ça. **He is a lath painted like iron**, c'est un roseau peint en fer. *See also* THIN[1] 1. (*b*) **Slate-lath**, (latte) volige *f*. **2.** Lame *f* (de jalousie). **3.** Batte *f*, latte, sabre *m* de bois (d'Arlequin). **4.** Échalas *m* (de treillis). *U.S:* **Lath screen**, abri *m* pour semis.

'lath-hammer, -hatchet, *s. Const:* Hachotte *f*.

'lath-nail, *s.* Clou *m* à latter.

'lath-seat, *s.* Siège *m* à claire-voie.

'lath-wood, *s.* Bois *m* de fente.

'lath-work, *s.* = LATHING 2.

lath[2], *v.tr.* (*a*) Latter (une cloison). (*b*) Voliger (un toit).

lathing ['lɑθiŋ], *s.* **1.** (*a*) Lattage *m*. (*b*) Voligeage *m*. **2.** *Coll.* Lattis *m*.

lathe[1] [le:ið], *s. Tls:* Tour *m*. **1.** *Spring-pole l.*, tour à perche élastique. **Treadle lathe**, tour à pédale; tour au pied. **Centre lathe, pivot lathe**, tour à pointes. *Power l.*, tour à la mécanique; tour marchant au moteur. **Bench lathe**, tour à banc. **Gap lathe**, tour à banc rompu. *Ungeared l.*, *F:* bidet *m*. *Geared l.*, tour à engrenages. *High-speed l.*, tour à grande vitesse. *Screw-cutting l.*, tour à fileter, à décolleter. *Slicing l.*, tour à décolleter. *Cutting-off l.*, tour à tronçonner. *Duplex l.*, tour à double outil. *Forming l.*, tour à profiler. **Capstan lathe, turret lathe**, tour à revolver. **Polishing lathe**, touret *m* à polir. *I.C.E: Valve-grinding l.*, touret pour rectifier les soupapes. **Made on the lathe**, fait à la machine; fait au tour. *See also* APRON-LATHE, COPYING-LATHE, FACE-LATHE, FOOT-LATHE, GAUGE-LATHE, GUN-LATHE, PEDAL-LATHE, SLIDE-LATHE. **2. Potter's lathe**, tour de potier.

'lathe-bearer, *s.* Toc *m* de tour, toc pour tours; doguin *m*.

'lathe-bed, *s.* Banc *m* de tour; bâti *m* de tour.

'lathe-'centre, *s.* Pointe *f* (de tour).

'lathe-chuck, *s.* = CHUCK[6] 1.

lathe-'head, *s.* Poupée *f* (de tour).

'lathe-turned, *a.* Fait au tour; façonné au tour; tourné.

'lathe-work, *s.* Travail *m* au tour; tournage *m*; chariotage *m*.

lathe[2], *v.tr.* Tourner; charioter; dresser (une pièce) au tour.

lathe[3], *s. Tex:* Battant *m*, chasse *f* (d'un métier).

lathe[4], *s.* Division administrative (du comté de Kent). (Elles sont au nombre de cinq.)

lather[1] ['laðər], *s.* **1.** Mousse *f* de savon. **To make a lather**, faire lever la mousse. **2.** *(On horse)* Écume *f*. *Horse* **all in a lather**, cheval couvert d'écume.

lather[2]. **1.** *v.tr.* (*a*) Savonner (*s.o.'s chin*, le menton à qn). *To l. one's face*, se savonner. *Lathered chin*, menton couvert de savon. (*b*) *F: (Thrash)* Rosser (qn); donner des coups de canne à (qn); fouailler (un cheval). **2.** *v.i.* (*a*) *(Of soap)* Mousser. (*b*) *(Of horse)* Jeter de l'écume.

lathering, *s.* **1.** Savonnage *m* (du menton de qn). **2.** *F:* Rossée *f*; fouaillée *f*.

lathery ['laðəri], *a.* **1.** (Liquide) mousseux, écumeux. **2.** (*a*) (Menton) couvert de savon. (*b*) (Cheval) couvert d'écume.

lathi [lɑ'ti:], *s.* *(In India)* Bâton ferré (de policier); bambou ferré.

lathy ['lɑ:θi], *a.* **1.** *(Of pers.)* Long et mince comme un clou; sec comme un échalas. **2. Lathy partition**, cloison lattée.

laticiferous [lati'sifərəs], *a. Bot:* Laticifère.

laticlave ['latikle:iv], *s. Rom.Ant:* Laticlave *m*.

latifoliate [lati'fouliet], *a. Bot:* Latifolié.

latifundia [lati'fʌndia], *s.pl.* Latifundia *m*; grandes propriétés.

Latin ['latin]. **1.** *a. & s.* Latin, -ine. *The L. races*, les races latines. *Geog:* **Latin America**, l'Amérique latine. **2.** (*a*) *s. Ling:* Le latin. *Classical L.*, latin classique. **Low Latin**, bas latin. **Late Latin**, latin de la décadence. *Written in L.*, écrit en latin. *F:* **Thieves' Latin**, argot *m* des voleurs. (*b*) *a. Typ: etc:* **Latin characters**, lettres romaines. **The Latin Quarter** *(in Paris)*, le Quartier latin; le quartier des Écoles. *See also* DOG-LATIN, LAW-LATIN.

'Latin-A'merican, *a. & s.* Latino-américain, -aine, *pl.* latino-américains, -aines.

Latinism ['latinizm], *s.* **1.** Latinisme *m*; tournure latine. **2.** Action *f* ou influence *f* (i) des races latines, (ii) de l'Église latine.

Latinist ['latinist], *s.* Latiniste *mf*.

Latinity [la'tiniti], *s.* Latinité *f*.

Latinize ['latina:iz], *v.tr. & i.* Latiniser (qn, un mot).

Latinless ['latinləs], *a.* Ignorant le latin.

latish ['leitiʃ]. **1.** *a.* (*a*) Un peu en retard. (*b*) Un peu tard; un peu tardif. **At a latish hour**, à une heure plutôt avancée, assez avancée. **2.** *adv.* (*a*) (Arriver) un peu en retard. (*b*) (Se réveiller, etc.) un peu tard. **Latish in the day**, à une heure assez avancée de la journée; sur le tard.

latitude ['latitju:d], *s.* **1.** (*a*) *A. & Hum:* Largeur *f*, étendue *f*. *Hat with great l. of brim*, chapeau *m* à amples bords. (*b*) **To allow s.o. the greatest latitude**, laisser à qn la plus grande latitude, la plus grande liberté d'action; accorder de la marge à qn. *To allow s.o. l. of thought*, montrer de la tolérance pour les opinions de qn. *To translate with some l.*, traduire sans serrer le texte de trop près. *He relates the facts with considerable l.*, il raconte les faits sans trop s'attacher à la vérité. **2.** *Geog: Nau:* Latitude. **North latitude**, latitude nord. *In northern latitudes*, dans les latitudes boréales. **South latitude**, latitude sud. *In southern latitudes*, dans les latitudes australes. *Nau:* **Difference of latitude**, chemin *m* nord et sud. **In the latitude of . . .**, sous, par, la latitude de. . . . *In l. 30° north*, par 30° (de) latitude nord. *To find the l. by the pole star*, faire une latitude par la polaire. **In these latitudes**, (i) sous ces latitudes; (ii) *F:* dans ces parages. *Poet: In other latitudes*, sous d'autres climats, sous d'autres ciels. *See also* HORSE LATITUDES. **3.** *Astr:* **Celestial latitude**, latitude céleste.

latitudinal [lati'tju:dinəl], *a.* Latitudinal, -aux; transversal, -aux.

latitudinarian [latitju:di'nɛəriən], *a. & s. Rel.H:* Latitudinaire *mf*; latitudinarien, -ienne; partisan, -ane, du tolérantisme (en matière de religion).

latitudinarianism [latitju:di'nɛəriənizm], *s. Rel.H:* Latitudinarisme *m*; tolérantisme *m* (en matière de religion).

Latona [la'touna]. *Pr.n.f. Myth:* Latone.

latria [la'traia], *s. R.C.Ch:* Latrie *f*.

latrines [la'tri:nz], *s.pl.* (*a*) Latrines *f*; *P:* gogueneaux *m*, chiottes *f*. *Camp latrines*, feuillées *f*. (*b*) *Nau:* La poulaine; les poulaines. *Navy: (For officers)* La bouteille; les bouteilles.

-latry [lətri], *s.suff.* -lâtrie *f*. *Idolatry*, idolâtrie. *Bibliolatry*, bibliolâtrie. *F: Babyolatry*, idolâtrie des bébés, de son bébé.

latter ['latər], *a.* **1.** *(Second-mentioned)* Dernier (des deux). **The latter**, ce, le, dernier; cette, la, dernière; ces, les, derniers, -ières; celui-ci, celle-ci; ceux-ci, celles-ci. **2.** *(Belonging to the end)* **The latter half, part, of June, of the story**, la dernière moitié de juin, de l'histoire. *The l. half of August was fine*, pendant la seconde quinzaine d'août il a fait beau. **Latter end**, (i) dernière moitié, fin *f* (d'une époque); (ii) mort *f*, fin (de qn). **In these latter days**, dans ces derniers temps; de nos jours. **3.** *A: (Later)* **The latter rain**, la pluie de l'arrière-saison. **Latter grass**, regain *m*. **-ly**, *adv.* **1.** (*a*) Dans les derniers temps; vers la fin (d'une époque). (*b*) Dans la suite. **2.** = LATELY.

'latter-day, *attrib.a.* Récent, moderne, d'aujourd'hui. *L.-d. opinions*, les opinions contemporaines. *Rel.H:* **The Latter-day Saints**, les Saints *m* du dernier jour; les Mormons *m*.

'latter-wit, *s. U.S:* Esprit *m* de l'escalier.

lattermost ['latərmoust], *a.* = LAST[4] I. 1 (*a*).

lattice[1] ['latis], *s.* (*a*) Treillis *m*, treillage *m*. *L. of boughs*, entrecroisement *m* de branches. **Sliding lattice door**, porte grillagée coulissante. *Civ.E:* **Lattice frame, lattice girder**, poutre *f* en treillis, à croisillons; poutre contre-fichée. **Lattice bracing**, charpente *f* à croisillons. **Lattice mast** *(supporting telegraph wires, etc.)*, pylône *m* métallique. *Geol:* **Lattice structure**, structure fenestrée. *See also* FUSELAGE, GATE[1] 2. (*b*) *A:* Résille *f* (de vitrail). (*c*) *Her:* Treillis.

'lattice-'bridge, *s. Civ.E:* Pont *m* en treillis.

'lattice-'window, *s.* **1.** Fenêtre treillagée, jalousée. **2.** Fenêtre à losanges, à vitraux sertis de plomb.

'lattice-work, *s.* Treillage *m*, treillis *m*; *(metal)* grillage *m*. *To fit l.-w. on to a window*, grillager une fenêtre. **Erector of lattice-work**, grillageur *m*.

lattice[2], *v.tr.* Treillager, treillisser (un mur, etc.).

latticed, *a.* Treillissé, treillagé. *L. boughs*, rameaux entrecroisés. *Window l. with iron*, fenêtre grillagée de fer. **Latticed window** = LATTICE-WINDOW 1.

latticing, *s. Coll.* = LATTICE-WORK.

Latvia ['latvia]. *Pr.n. Geog:* La Lettonie; la Latvie.

Latvian ['latviən], *a. & s. Geog:* Lettonien, -ienne.

laud[1] [lɔːd], *s.* **1.** *Lit. & Poet:* Louange *f.* **2.** *pl. Ecc:* **Lauds,** laudes *f.*
laud[2], *v.tr.* Louer, panégyriser (qn); chanter les louanges de (qn); faire l'éloge de (qn). *See also* SKY[1] 1.
laudability [lɔːdə'biliti], *s.* Caractère *m* louable (*of*, de).
laudable ['lɔːdəbl], *a.* **1.** Louable; digne de louanges; digne d'éloges. **2.** *Med:* (Pus *m*) louable. **-ably,** *adv.* Louablement; d'une manière louable.
laudanum ['lɔːd(ə)nəm], *s.* *Pharm:* Laudanum *m.* *Containing l.,* laudanisé.
laudation [lɔː'deiʃ(ə)n], *s.* Louange *f.*
laudative ['lɔːdətiv], *a.* = LAUDATORY.
laudator [lɔː'deitər], *s.* Louangeur, -euse.
laudatory ['lɔːdətəri], *a.* Élogieux; louangeur, -euse.
laugh[1] [lɑːf], *s.* Rire *m.* **To burst into a (loud) laugh,** éclater de rire; partir d'un grand éclat de rire. *To have a hearty l.,* rire de bon cœur. **To force a laugh, to give a forced laugh,** rire du bout des dents, du bout des lèvres; rire faux, rire jaune. *He gave a short l.,* il eut un court éclat de rire. *Grating l.,* ricanement *m.* **With a laugh,** en riant. *To join in the l.,* rire avec les autres. *We have had many a good l. over it,* cela nous a souvent fait rire. *He loves a l.,* il aime à rire; il aime la plaisanterie. **To raise a laugh,** faire rire. **To raise a general laugh,** provoquer l'hilarité générale. *To raise a l. at one's own expense,* faire rire de soi. *To draw a l. from the audience,* arracher un rire à l'auditoire. *F:* **To have, get, the laugh of s.o.,** mettre les rieurs de son côté. *We had the l. of him,* c'est lui qui est resté penaud. *You have the l. of me there,* c'est à votre tour de rire. **To have the laugh on one's side,** avoir les rieurs de son côté. *The l. was against him,* les rieurs étaient contre lui. **Have your laugh out!** riez tant que vous voudrez!
laugh[2], *v.* **1.** *v.i.* Rire. (*a*) *To l. heartily,* rire de bon cœur; *F:* se faire du bon sang. *To l. immoderately, uproariously,* rire à gorge déployée, à ventre déboutonné; *P:* se crever de rire. *He is always laughing,* (i) il est très rieur; (ii) il ne fait que rire. *To l. and cry at the same time,* pleurer d'un œil et rire de l'autre. **To laugh till one cries, till the tears come,** rire (jusqu')aux larmes. **To laugh till one's sides ache,** rire à s'en tenir les côtes. **We laughed loud and long,** nous avons ri comme des fous. *F:* **It's enough to make a cat laugh,** c'est à dérider un mort. *He laughed incredulously,* il eut un rire d'incrédulité. **To laugh to oneself,** rire en soi-même; rire tout bas. **To laugh in, up, one's sleeve, in one's beard, inwardly,** rire sous cape; rire dans sa barbe; rire en dedans. **To laugh in s.o.'s face,** rire au nez, à la barbe, de qn. *F:* **I soon made him laugh on the wrong side of his face, on the wrong side of his mouth,** je lui ai bientôt fait passer son envie de rire. *Prov:* **He laughs best who laughs last,** rira bien qui rira le dernier. **Laugh to-day and cry to-morrow; laugh on Friday, cry on Sunday,** tel qui rit vendredi dimanche pleurera. (*b*) **To laugh at, over, sth.,** rire de qch. **There is nothing to laugh at,** il n'y a pas de quoi rire; ce n'est pas pour rire. **To laugh at s.o.,** se moquer, (se) rire, s'amuser, se jouer, de qn; railler qn. *They simply laughed at him,* on lui a ri au nez. *To l. at s.o.'s threats,* (se) rire des menaces de qn. *I am afraid of being laughed at,* j'ai peur de prêter à rire. *I won't be laughed at,* je ne souffrirai pas qu'on se moque de moi. **To get laughed at,** se faire moquer de soi. *See also* LOVE[1] 1. **2.** *v.tr.* (*a*) *With cogn. acc.* **He laughed a bitter laugh,** il eut un rire amer. *He laughed his approval,* il approuva en riant. (*b*) **To laugh s.o. out of his bad humour; to laugh s.o. back into good humour,** chasser la mauvaise humeur de qn, rendre à qn sa bonne humeur, à force de plaisanteries, en le faisant rire. *You have laughed me into good trim,* vos plaisanteries m'ont ragaillardi. *We laughed him out of it,* nous nous sommes tellement moqués de lui qu'il y a renoncé. *To l. s.o. out of countenance,* faire perdre contenance à qn. **To laugh down a proposal,** tuer une proposition par le ridicule, à force d'en rire. **To laugh s.o. out of court,** se moquer des prétentions de qn; refuser d'écouter qn. *Lit:* **To laugh s.o. to scorn,** accabler qn de ridicule. **He laughed the matter off,** il tourna la chose en plaisanterie; il a pris la chose en riant. *To l. off one's creditors,* payer ses créanciers en pirouettes. **To laugh a question aside,** traiter une question en plaisanterie; écarter une question en riant. **To laugh away the time with jests,** faire passer le temps à raconter des histoires joyeuses.
laugh out, *v.i.* Rire franchement (*at*, de).
laughing[1], *a.* Riant; rieur. *See also* HYENA, JACKASS 2. **-ly,** *adv.* En riant.
laughing[2], *s.* Rires *mpl.* **In a laughing mood,** en humeur de rire. *I am in no l. mood,* je n'ai pas le cœur à rire.
'laughing gas, *s.* *Ch: etc:* Gaz hilarant; protoxyde *m* d'azote; gaz nitreux.
'laughing-matter, *s.* **It is no laughing-matter,** il n'y a pas là matière à rire; il n'y a pas de quoi rire; cela ne prête pas à rire.
'laughing-muscle, *s.* *Anat:* Risorius *m.*
'laughing-stock, *s.* Objet *m* de risée, de raillerie. **To make a laughing-stock of oneself,** se faire moquer de soi; *F:* donner la comédie aux gens.
laughable ['lɑːfəbl], *a.* Risible, comique, plaisant, ridicule. *L. offer,* offre *f* dérisoire. **-ably,** *adv.* Risiblement; d'une manière risible, comique.
laughableness ['lɑːfəblnəs], *s.* Ridicule *m*, côté *m* comique (d'une situation, etc.).
laugher ['lɑːfər], *s.* Rieur, -euse.
laughter ['lɑːftər], *s.* Rire(s) *m(pl).* *Peals of l.,* éclats *m* de rire; fusées *f* d'éclats de rire. *To cause l.,* provoquer, exciter, les rires, l'hilarité *f.* **He made us cry with laughter,** il nous a fait rire aux larmes. **To be convulsed, to shake, to rock, with laughter,** se tordre de rire; rire à se tordre; se tenir les côtes de rire; *F:* se désopiler; rire comme un bossu; *P:* se rouler, se gondoler. *He convulsed them with l.,* il les faisait tordre de rire; il les faisait mourir de rire. **To roar, shout, scream, with laughter,** éclater de rire; rire aux éclats; rire à gorge déployée; s'esclaffer. *F:* **To split, die, with laughter,** crever de rire; mourir de rire. *To be overcome with l., to be seized with uncontrollable l.,* avoir un accès de fou rire; être pris d'un rire convulsif. **Uncontrollable fit of laughter,** fou rire. *Prov:* **Laughter is good for the digestion,** le rire aide à digérer. *See also* BURST[1] 2, [2]1, FIT[1] 2, SIDE[1] 1.
launce [lɑːns], *s.* *Ich:* Lançon *m.*
Launcelot ['lɔːnslət, 'lɑːns-]. *Pr.n.m.* Lancelot.
launch[1] [lɔːnʃ, lɑːnʃ], *s.* *Nau:* Chaloupe *f.* **Motor launch,** chaloupe à moteur; bateau *m* automobile; vedette *f.* **Police launch,** vedette pour la police. *See also* STEAM-LAUNCH.
launch[2], *s.* **1.** (*a*) = LAUNCHING 1. (*b*) *N.Arch:* Cale *f* de lancement. **2.** Essor *m* (d'un oiseau).
launch[3]. **1.** *v.tr.* (*a*) Lancer (*a missile, a blow, at s.o.,* un projectile, un coup, à qn). *To l. threats, censure, against s.o.,* proférer des menaces contre qn; se répandre en critiques contre qn. *To l. a proclamation,* lancer une proclamation. (*b*) *Nau:* Lancer (un navire); mettre (un navire ou une embarcation) à l'eau, à la mer. *To l. a boat (from a ship),* débarquer un canot; mettre une embarcation à la mer. *To l. a torpedo,* lancer une torpille. *To l. a mine,* mouiller une mine. *F:* **To launch s.o. into eternity,** envoyer qn ad patres. (*c*) *F:* Lancer (qn, une affaire). *To l. an enquiry on a question,* lancer une enquête sur une question. *Mil:* **To launch an offensive,** déclencher une offensive. **2.** *v.i.* (*a*) **To launch out at, against, s.o.,** (i) lancer un coup à qn; (ii) faire une sortie à, contre, qn. (*b*) **To launch out,** *Lit:* **to launch forth,** mettre à la mer. *B:* **Launch out into the deep,** mène en pleine mer. *The first man to l. out beyond the Hebrides, into polar seas,* le premier homme qui a osé voguer au delà des Hébrides, dans les mers polaires. **To launch into eternity,** partir pour l'autre monde. **To launch out into the sea of life,** se lancer dans la vie. (*c*) **To launch out, forth, on an enterprise,** se lancer dans une affaire. **To launch out, forth, into explanations,** se répandre en explications. *To l. into abuse of s.o.,* se répandre en invectives contre qn. *Once he is launched on this subject . . .,* une fois lancé sur ce sujet. . . . **To launch out (into expense),** se lancer dans la dépense; **se mettre en frais.** *F: He's launching out!* il se lance!
launching, *s.* **1.** *Nau:* Lancement *m,* mise *f* à l'eau (d'un navire); mise à l'eau (d'une embarcation). **2.** Lancement (d'une affaire).
'launching-carriage, *s.* *Navy:* Chariot *m* (de torpille).
'launching-ways, *s.pl.* *Av:* Slip *m* (pour hydravion).
launder[1] ['lɔːndər], *s.* *Min:* Auge *f,* caniveau *m.*
launder[2], *v.tr.* Blanchir (le linge). (*With passive force*) (*Of fabric*) *To l. well, badly,* se laisser blanchir, ne pas se laisser blanchir.
laundering, *s.* Blanchissage *m.* **Fine laundering,** blanchissage de fin.
laundress[1] ['lɔːndres], *s.f.* **1.** Blanchisseuse. **Fine laundress,** blanchisseuse de fin; repasseuse de linge fin. **2.** Femme de charge (des études des *Inns of Court*).
laundress[2], *v.tr.* *F:* Blanchir (qn); faire le blanchissage de (qn).
laundry ['lɔːndri], *s.* **1.** Laundry(-works), blanchisserie *f;* buanderie *f.* **2.** Lessive *f;* linge blanchi ou à blanchir. **Laundry list,** liste *f* de blanchissage.
laundryman, *pl.* **-men** ['lɔːndrimən, -men], *s.m.* Blanchisseur, buandier.
Laura ['lɔːra]. *Pr.n.f.* Laure.
lauraceae [lɔː'reisiiː], *s.pl.* *Bot:* Lauracées *f.*
lauraceous [lɔː'reiʃəs], *a.* *Bot:* Lauracé.
laureate[1] ['lɔːriet]. **1.** *a.* (*a*) *Num:* (Buste, etc.) lauré. (*b*) Lauréat. *Esp.* **Poet laureate,** *pl.* **poets laureate,** poète lauréat (poste conféré par la Couronne). **2.** *s.* Lauréat, -ate.
laureate[2] ['lɔːrieit], *v.tr.* *Sch:* *A:* Conférer un grade honorifique à (qn).
laureateship ['lɔːrietʃip], *s.* Titre *m* et dignité *f* de poète lauréat.
laurel ['lɔrəl], *s.* *Bot:* (*a*) Laurier *m.* **Noble laurel,** laurier commun, d'Apollon, des poètes. **Wood laurel,** lauréole *f.* *U.S:* **Mountain laurel,** kalmie *f* à larges feuilles. **Sheep-laurel,** kalmie à feuilles étroites. *See also* BAY[1], CHERRY-LAUREL, SPURGE-LAUREL. **Laurel wreath,** couronne *f* de lauriers. *Crowned with laurel(s),* couronné, ceint, de lauriers. *F:* **To reap, win, laurels,** cueillir, moissonner, des lauriers; faire une moisson de lauriers. **To rest on one's laurels,** se reposer sur ses lauriers, à l'ombre de ses lauriers. **He must look to his laurels,** il est en passe d'être éclipsé. (*b*) *U.S:* Rhododendron *m.*
laurelled ['lɔrəld], *a.* Couronné, ceint, de lauriers.
Laurence ['lɔrəns]. *Pr.n.m.* = LAWRENCE.
laurustine ['lɔrəstain], **laurustinus** [lɔrəs'tainəs], *s.* *Bot:* Laurier-thym *m, pl.* lauriers-thym; laurier-tin *m, pl.* lauriers-tin.
lava ['lɑːva], *s.* Lave *f.* **Lava stream, lava flow,** coulée *f* de lave; coulée lavique; nappe éruptive. **Lava-field,** champ *m* de lave. **Cellular lava,** scories *f* volcaniques.
lavabo, *pl.* **-os** [la'veibo, -ouz], *s.* *Ecc:* Lavabo *m.*
lavatera [lava'tiːəra], *s.* *Bot:* Lavatère *f.*
lavation [la'veiʃ(ə)n], *s.* Lavage *m;* ablution *f.*
lavatory ['lavət(ə)ri], *s.* **1.** Cabinet *m* de toilette; lavabo *m.* **2.** Water-closet *m, pl.* water-closets; cabinets *mpl;* (*in street*) cabinets sous terre ou chalet *m* de nécessité; (*on train*) toilette *f.* *Rail:* **Lavatory carriage,** wagon-toilette *m, pl.* wagons-toilettes. *See also* PAN[1] 2.
lave [leːiv], *v.tr.* **1.** *Lit:* Laver (les mains, etc.); (*of stream, sea*) baigner, laver (un pré, le rivage); arroser (un pré). **2.** *Med:* Bassiner (une plaie).
lavement [leivmənt], *s.* *Med:* Lavement *m.*
lavender ['lavəndər]. **1.** *s.* *Bot:* Lavande *f.* **True lavender,** lavande vraie, lavande femelle. **French lavender, spike lavender, great lavender,** lavande commune, mâle; *F:* aspic *m,* spic *m.* **Sea lavender,** statice *m.* **Oil of lavender,** essence *f* de lavande. *To lay up clothes in l.,* serrer des vêtements avec de la lavande.

F: **Brought up in lavender,** élevé dans du coton. **2.** *a.* (*Colour*) Lavande *inv.* *Cin:* **Lavender print,** copie *f* lavande.

'lavender-cotton, *s. Bot:* Santoline *f*; aurone *f* femelle.

'lavender-water, *s.* Eau *f* de lavande.

laver[1] ['leivər], *s. Algae:* Varech *m* comestible.

laver[2], *s.* **1.** *B:* Cuve *f* (du temple de Salomon). **2.** *A. & Lit:* Aiguière *f.*

laverock ['lavərək], *s.* = LARK[1].

Lavinia [la'vinia]. *Pr.n.f. Lt.Lit:* Lavinie.

lavish[1] ['laviʃ], *a.* **1.** (*Of pers.*) Prodigue (*in, of,* de). **To be lavish in, of, praises,** prodiguer des louanges; être prodigue de louanges; se prodiguer en éloges. *L. of princely gifts,* magnifique. *L. in spending,* prodigue de son argent. **2.** (*Of thg*) Somptueux; abondant. *L. meal,* repas plantureux. *L. expenditure,* dépenses folles. *L. installation,* installation princière. *To live in l. style,* mener la vie à grandes guides. **-ly,** *adv.* Avec prodigalité; à pleines mains. *To spend l.,* dépenser de l'argent à profusion, à poignée(s), à pleine(s) main(s); dépenser sans compter; être prodigue de son argent.

lavish[2], *v.tr.* Prodiguer (son argent); répandre (son argent, l'aumône, etc.). **To lavish sth. on s.o.,** prodiguer qch. à qn. *She lavishes herself on her children,* elle se prodigue pour ses enfants.

lavishing, *s.* Prodigalité *f* (*of,* de).

lavisher ['laviʃər], *s.* Prodigue *mf* (*of,* de).

lavishness ['laviʃnəs], *s.* Prodigalité *f.*

law[1] [lɔː], *s.* **1.** (*a*) Loi *f.* *To pass a law,* voter une loi. *To repeal a law,* abroger une loi. *The laws in force,* la législation en vigueur. *See also* MEDE, POOR-LAW. (*b*) *Ch: Ph: etc:* Loi. *The laws of gravity,* les lois de la pesanteur. *El: Ampere's law,* la loi d'Ampère. **Law of nature,** loi de la nature. *Laws governing the spread of typhus,* lois de diffusion du typhus. *See also* GRIMM. (*c*) *Laws of a game,* règles *f* d'un jeu. **2. The law,** la loi. (*a*) *To put the law into force, to carry out the law,* appliquer la loi. *The law forbids, allows, it,* la loi le défend, le permet. **To keep the law,** observer la loi. **To break the law(s),** enfreindre la loi, les lois. *As the law at present stands,* en l'état actuel de la législation. *Custom that has become law,* usage qui a passé en loi. *To give a measure the force of law,* consacrer une mesure en droit. *Judgment possessing force of law,* décision ayant force de chose jugée. *A: The King's will is law,* si veut le roi, si veut la loi. *F:* **His word is law, what he says is law,** sa parole fait loi, a force de loi; ses ordres *m* font loi; c'est lui qui donne la loi; *F:* c'est la loi et les prophètes; on ne jure que par lui. **To lay down the law,** (i) expliquer la loi; (ii) *F:* faire la loi (*to s.o.,* à qn). *He is fond of laying down the law,* il pontifie, dogmatise, sur tout; il tranche sur tout; il aime à régenter. **He thinks he's above the law,** il se croit tout permis. **To be a law unto oneself,** n'en faire qu'à sa tête. *Prov:* **Necessity, hunger, has no law, knows no law,** nécessité n'a point de loi; la faim chasse le loup du bois. **To have one law for the rich and another for the poor,** avoir deux poids et deux mesures. *See also* EYE[1] 1 (*f*), GUILTY, ORDER[1] 6, WITHIN 2. (*b*) **The Divine law,** la loi divine. (*c*) *Rel.H:* **The Law,** la loi mosaïque. **3.** Droit *m.* **Civil law,** le droit civil. **Common law,** (i) le droit commun, le droit coutumier; (ii) le droit civil. **Criminal law,** le droit criminel; le droit pénal; la législation criminelle. **Commercial law, mercantile law, law merchant,** le droit commercial; le code de commerce. **Air law,** le droit aérien. **Maritime law,** le droit maritime. **Naval law,** la loi navale. **The Law of nations** = *international law, q.v. under* INTERNATIONAL. *Judgment quashed on a point of law,* arrêt cassé pour vice de forme. **To read, study, law,** étudier le droit; faire son droit. **To practise law,** exercer le droit. **To go in for the law,** se faire une carrière dans le droit. **To be in the law,** avoir une étude; être dans une étude; *F:* être dans la basoche. **Law-student,** étudiant en droit. **Law studies,** études *f* de droit. **Doctor of Laws,** docteur *m* en droit. *Doctor of common law* = docteur en droit civil. *See also* CUSTOMARY 1, FIST-LAW, LYNCH-LAW, MARTIAL I. 1, MILITARY, MOB[1] 1, MUNICIPAL 2, NAVIGATION. **4.** (*Justice*) **Court of law,** cour *f* de justice; tribunal *m,* -aux. **To go to law,** avoir recours à la justice; recourir à la justice; aller en justice. *To settle a matter without going to law,* arranger une affaire à l'amiable. *To come to an arrangement is better than going to law,* s'arranger vaut mieux que plaider. **To go to law with s.o.,** *F:* **to have the law of s.o.,** citer, poursuivre, qn en justice; faire, intenter, un procès à qn. *To have recourse to the law,* employer les voies judiciaires. *To put the law into motion,* mettre en jeu l'appareil de la loi; faire agir la loi. *To come under the law,* tomber sous le coup de la loi. *To hand s.o. over to the law,* remettre qn à la justice. **Action at law,** action *f* en justice. **To be at law,** être en procès. **To take the law into one's own hands,** (i) se faire justice à soi-même; (ii) passer outre à la loi; agir de soi-même sans avoir recours à la justice. *The law had its way,* la justice suivit son cours. *Officers of the law,* gens *m* de justice. *F:* **Limb of the law,** suppôt *m* de justice; tabellion *m.* **Law official,** officier ministériel. **Law costs,** frais *mpl* de procédure. *Adm: Com:* **Law department,** bureau *m,* service *m,* du contentieux; le contentieux. *See also* COURT[1] 3, REPORT[1] 1. **5.** (*a*) *Sp: Ven:* **To give (fair) law to . . .,** donner de l'avance à . . .; laisser . . . prendre du champ. (*b*) **To give s.o. three days' law,** accorder à qn trois jours de grâce.

'law-abiding, *a.* Respectueux des lois; soumis aux lois; qui observe la loi. *L.-a. people,* amis *m* de l'ordre.

'law-abidingness, *s.* Respect *m* des lois; **soumission** *f* **aux** lois.

'law-adviser, *s.* Conseiller *m* juridique.

'law-agent, *s. Jur:* (*Scot.*) Avoué *m.*

'law-book, *s.* Livre *m* de droit.

'law-breaker, *s.* Transgresseur *m* de la loi; violateur, -trice, infracteur, -trice, de la loi.

'law-case, *s.* Cause civile; affaire contentieuse.

'law-faculty, *s. Sch:* Faculté *f* de droit.

'law-Latin, *s.* Le jargon de palais du moyen âge; *F:* latin *m* de cuisine.

'law-lord, *s.m. Pol:* Membre juriste de la Chambre des Lords; Lord légiste.

'law-maker, *s.* Législateur *m.*

'law-officer, *s.* Conseiller *m* juridique de la Couronne.

'law-term, *s.* **1.** Terme *m* de droit, de pratique, de procédure, de palais. **2.** Session *f* (des tribunaux).

'law-writer, *s.* **1.** Juriste *m.* **2.** (Commis) expéditionnaire *m.*

law[2], **laws** [lɔː(z)], *int. P:* (= *Lord*) Mon Dieu! Seigneur!

lawful ['lɔːful], *a.* Légal, -aux. **1.** Permis, licite; loisible. *L. trade,* trafic *m* licite. **2.** (Droit *m,* union *f,* enfant *m,* etc.) légitime; (contrat *m*) valide. **Lawful currency,** cours légal. **Lawful share** (*of inheritance*), portion virile. *Jur:* **Lawful day,** jour *m* utile. **3.** (Revendication *f,* etc.) juste. *See also* JUST[2] I. 1. **4.** *Occ.* = LAW-ABIDING. **-fully,** *adv.* Légalement, légitimement.

lawfulness ['lɔːfulnəs], *s.* Légalité *f,* légitimité *f.*

lawgiver ['lɔːgivər], *s.* Législateur *m.* *The lawgivers of the nation,* les sénateurs *m* de la nation.

lawk(s) [lɔːk(s)], *int. P:* = LAW[2].

lawless ['lɔːləs], *a.* **1.** Sans loi. *L. times,* temps *m* d'anarchie. **2.** Sans frein; déréglé, désordonné. **-ly,** *adv.* Sans frein.

lawlessness ['lɔːləsnəs], *s.* Dérèglement *m,* désordre *m,* licence *f,* anarchie *f.*

lawn[1] [lɔːn], *s.* **1.** *Tex:* Batiste *f*; (*fine*) linon *m.* *Bishop's surplice with sleeves of l.,* surplis *m* d'évêque avec manches en linon. **2.** *F:* **The lawn,** l'épiscopat *m.*

lawn-'sieve, *s. Cer: etc:* Tamis fin.

lawn[2], *s.* Pelouse *f*; (parterre *m* de) gazon *m.*

'lawn-grass, *s. Bot:* Gramen *m*; *F:* herbette *f.*

'lawn-mower, *s.* Tondeuse *f* (de gazon).

'lawn-party, *s. U.S:* = GARDEN-PARTY.

'lawn-sprinkler, *s.* Arrosoir *m* de pelouse; tourniquet arroseur.

'lawn-'tennis, *s. See* TENNIS 1.

lawny ['lɔːni], *a.* (*a*) De linon. (*b*) Fin comme du linon.

Lawrence ['lɔrəns]. *Pr.n.m.* Laurent. *F:* **A (lazy) Lawrence,** un fainéant.

lawsuit ['lɔːsjuːt], *s.* Procès *m*; poursuites *f* judiciaires; action *f* judiciaire; *F:* affaire *f.* *To engage in a l.,* engager un procès. **To bring a lawsuit against s.o.,** intenter un procès à qn. *Prov:* **Riches lead to lawsuits,** qui terre a guerre a.

lawyer ['lɔːjər], *s.* **1.** Homme *m* de loi; juriste *m*; jurisconsulte *m.* **Common-lawyer,** jurisconsulte en droit coutumier. *The lawyers,* les gens *m* de robe, les gens du palais. *Prov:* **A good lawyer makes a bad neighbour,** bon avocat, mauvais voisin. *See also* CRIMINAL 1, LIE[2]. **2.** = (i) SOLICITOR, (ii) BARRISTER. *See also* PHILADELPHIA. **3.** *F:* **Penang lawyer,** canne *f* de palmier à fortes épines (avec laquelle se régleraient les disputes à Pénang).

lax [laks], *a.* **1.** (*a*) (*Of conduct, principles*) Relâché; (*of pers.*) négligent, inexact; (discipline *f*) lâche; (gouvernement) mou. **Lax morals,** morale facile, peu sévère; mœurs débraillées. *Lax conscience,* conscience *f* élastique. *To be lax in* (*carrying out*) *one's duties,* ne pas toujours observer ses devoirs; être inexact à remplir ses devoirs. *To be lax in one's conduct,* avoir une conduite peu régulière. *To become lax,* se relâcher. *Lax attendance,* irrégularité *f* de présence. (*b*) (*Of ideas, interpretation, etc.*) Vague; peu exact. *Lax use of a word,* emploi peu exact, peu précis, d'un mot; emploi abusif d'un mot. **2.** (*Limp*) Mou, *f.* molle; flasque. **3.** *Med:* (Ventre) lâche, relâché. **4.** *Bot:* (Inflorescence *f,* etc.) lâche. **-ly,** *adv.* **1.** (*a*) Négligemment; peu rigoureusement. (*b*) Vaguement, sans exactitude. **2.** Mollement, flasquement.

laxative ['laksətiv], *a. & s. Med:* Laxatif (*m*), cathartique (*m*), rafraîchissant (*m*); *a.* solutif.

laxity ['laksiti], *s.* **1.** (*a*) Relâchement *m* (des mœurs, de la discipline). *L. in one's duties,* inexactitude *f* à remplir ses devoirs. *The l. of his predecessor,* la mollesse de son prédécesseur. (*b*) Vague *m,* imprécision *f,* peu *m* d'exactitude (de langage, etc.). **2.** Flaccidité *f,* mollesse, laxité *f* (de tissu, etc.). **3.** *Med:* Relâchement (du ventre).

lay[1] [lei], *s.* **1.** Lai *m,* chanson *f.* **2.** Poème *m* (lyrique). **3.** Poème, chant, récité par un ménestrel.

lay[2], *a.* **1.** Laïque, lai. (*a*) *Ecc:* **Lay brother,** frère lai, frère convers, frère servant. **Lay sister,** sœur laie, sœur converse. **Lay clerk,** chantre *m.* **Lay reader,** prédicateur laïque. (*b*) **Lay lord,** membre *m* de la Chambre des Lords qui n'est pas juriste. *F:* **To the lay mind** *the motor car seems complicated,* aux yeux du profane l'automobile est compliquée. *See also* RECTOR 1. **2.** *Cards:* **Lay suit,** couleur autre que celle d'atout.

lay[3], *s.* **1.** *F:* Genre *m* d'affaires, spécialité *f.* *That doesn't belong to my lay,* ce n'est pas de ma partie. *He isn't on his old lay,* il n'est plus à son ancienne occupation. **2.** Tors *m,* commettage *m* (d'un cordage). **3. Lay of the land,** configuration *f,* disposition *f,* du pays, du terrain; accidents *mpl* de terrain. *To steer by the lay of the land,* gouverner d'après la configuration de la côte. **4.** *Typ:* **To mark the lay on a page,** repérer une page. *Marking the lay,* repérage *m.* *Good lay, bad lay,* bon, mauvais, repérage. **Lay-mark,** repère *m.* **5.** *Nau:* (*Whaling*) Part *f* (des bénéfices de la pêche). *To be on the hundredth lay,* avoir droit à un centième de la pêche. **By the lay,** à la part. **6.** *Ost:* Huîtrière *f.* **7.** *Hens in full lay,* poules *f* en pleine ponte.

lay[4], *v.* (*p.t.* **laid** [leid]; *p.p.* **laid**) I. *v.tr.* **1.** Coucher. (*a*) (*With complement*) **To lay s.o., sth., low, flat,** (i) coucher, étendre, qn, qch. (par terre); (ii) terrasser, abattre, qn. *A bullet laid him low,* **une** balle l'étendit mort. *He laid him dead at his feet,* il l'étendit mort. *To lay* (*a building, etc.*) *in ashes,* réduire (un bâtiment, etc.) en cendres. *To lay low an empire,* mettre à bas un empire. *Laid low by sickness,* terrassé par la maladie. *See also* BARE[1] 1, HEEL[1], OPEN[1] 3, WASTE[1] 1. (*b*) (*Of wind, rain*) Coucher, verser, abattre (le blé).

(*c*) *Needlew:* Remplier (un ourlet, etc.). **2.** (*Cause to subside*) (*a*) Abattre (la poussière, les vagues, etc.). *Prov:* **Small rain lays great dust,** petite pluie abat grand vent. (*b*) Exorciser, conjurer (un fantôme). *To lay s.o.'s fears,* dissiper les craintes de qn. *F: To lay a bogey,* écarter à tout jamais un sujet d'inquiétude, un cauchemar. (*c*) *Nau:* **To lay the land,** noyer la terre. **3.** (*Deposit*) Mettre, placer, poser (*sth. on sth.,* qch. sur qch.). *To lay one's hand on s.o.'s shoulder,* mettre la main sur l'épaule de qn. *To lay a book on the table,* poser un livre sur la table. **To lay one's head on the pillow,** mettre, poser, sa tête sur l'oreiller. **To have nowhere to lay one's head,** n'avoir pas où reposer la tête; n'avoir pas de gîte. **To lay a child to sleep,** coucher un enfant. **To lay s.o. to rest, in the grave,** mettre, coucher, qn au tombeau; déposer qn dans le tombeau; ensevelir qn. **To lay one's homage at s.o.'s feet,** déposer ses hommages aux pieds de qn. *See also* BONE[1] 1, DOOR 1, HAND[1] 1. **4.** (*Of hen, etc.*) Pondre (un œuf). *Abs. Hen beginning to lay again,* poule qui commence à repondre. *See also* NEW-LAID. **5.** Faire (un pari); parier (une somme); mettre (un enjeu, une somme). **To lay so much on a horse,** mettre, parier, miser, tant sur un cheval. *To lay a horse,* parier, miser, sur un cheval. **To lay ten pounds,** y aller de dix livres. **To lay 5 francs on a colour,** miser 5 francs sur une couleur. **To lay that . . .,** parier que. . . . **6.** (*Place*) (*a*) *To lay a spark to the train,* mettre le feu aux poudres. **To lay a ship alongside** (*the quay*), amener, accoster, un navire le long du quai. **To lay the hounds on the scent,** mettre les chiens sur la voie. *See also* CHARGE[1] 6, HOLD[1] 1, SIEGE[1] 1. (*b*) *Artil:* Pointer (un canon). **7.** Soumettre (une question, une demande) (*before s.o.,* devant qn); exposer (les faits). **He laid before me all the facts of the case,** il me présenta tous les faits. *I will lay before him the dangers he is running,* je vais lui mettre sous les yeux, lui exposer, les dangers qu'il court. *To lay complete information before the House,* donner connaissance à la Chambre de tous les faits. *Jur:* **To lay a complaint,** déposer une plainte; porter plainte. **To lay a matter before the court,** saisir le tribunal d'une affaire. **To lay an information,** présenter une information. *See also* CLAIM[1] 2. **8.** (*Impose*) (*a*) Imposer (une peine, une obligation, une charge) (*upon s.o.,* à qn); infliger (une amende, etc.). *The obligation laid upon him,* l'obligation à lui imposée. (*b*) **To lay a tax on sth.,** mettre un impôt sur qch.; frapper qch. d'un impôt. *See also* BLAME[1] 2, STRESS[1] 3. (*c*) *To lay a stick on s.o.'s back,* **to lay (it) on s.o.,** *F:* **to lay into s.o.,** rosser qn; *A:* rouer qn de coups; *F:* taper ferme sur qn. **To lay about one,** frapper de tous côtés; frapper d'estoc et de taille; s'escrimer; frapper, taper, comme un sourd. **9.** (*Dispose, arrange*) (*a*) Poser, jeter, asseoir (des fondements); ranger (des briques); poser (une voie ferrée); poser, immerger (un câble); verser (le béton) en place. **To lay the table, the cloth,** mettre, dresser, le couvert; mettre la nappe; mettre la table. **To lay for three,** mettre la table pour trois personnes; mettre trois couverts. **To lay a carpet,** poser, tendre, un tapis. **To lay the fire,** préparer le feu. *Well-laid road,* route solidement établie. *To lay a surface with paint,* couvrir, enduire, une surface de peinture. *Nau:* **To lay a deck,** border un pont. *Navy:* **To lay a mine,** poser, mouiller, une mine. (*b*) Dresser, tendre (un piège); disposer, dresser, placer, tendre (une embuscade). *See also* TRAP[1] 1 (*b*). (*c*) Former, faire (un projet); former, ourdir, tramer, concerter (un complot). **To lay a scheme to do sth.,** combiner de faire qch. *Prov:* **The best-laid plans may fail,** brebis comptées le loup les mange. (*d*) *The scene of my story is laid in England,* l'action de mon histoire se passe en Angleterre. *Th: The scene is laid in Paris,* la scène se passe à Paris. (*e*) *Nau:* **To lay the course,** tracer, donner, la route. **10.** *Ropem:* Commettre (un cordage). **Back-laid,** commis de droite à gauche. *See also* CABLE-LAID.

II. **lay,** *v.i.* (*a*) *P:* = LIE[4]. *To lay in bed,* rester couché. (*b*) *Nau:* = LIE[4] 4. *To lay at anchor,* être à l'ancre. *See also* LAY TO 2.

lay aside, *v.tr.* Enlever, quitter (un vêtement); se dépouiller de (ses vêtements, ses préjugés, sa réserve); abandonner, mettre de côté (un travail); écarter (un papier); mettre (un papier) de côté; remiser (qch.); épargner (de l'argent); mettre (de l'argent) de côté; déposer (la couronne). **To lay one's sword aside,** pendre, mettre, son épée au croc. **To lay aside all ambition,** se désintéresser de toute ambition. *Laying aside all personal feeling,* faisant abstraction de tout sentiment personnel. *To lay aside one's arrogance,* déposer son arrogance. *To lay aside one's dignity,* se départir de sa dignité.

lay away, *v.tr.* **1.** (*a*) Mettre (qch.) de côté; ranger, serrer (qch.). (*b*) *Tan:* Mettre (les peaux) en potée. **2. Hen that lays away,** poule qui pond loin du nid.

'lay-away, *attrib.a. Tan:* **Lay-away pits,** fosses *f* de potée.

laying away, *s. Tan:* Mise *f* en potée.

lay back, *v.tr.* **1.** Remettre (qch.) (en place). **2.** Retourner, rabattre (qch.). *The horse laid back its ears,* le cheval rabattit, coucha, les oreilles.

laid-back, *a. Golf:* (Club *m*) à face renversée.

lay by, *v.tr.* Mettre (qch.) de côté; réserver (qch.). **To lay money by,** faire des économies; mettre de l'argent en réserve (pour l'avenir); mettre de l'argent de côté. **She had laid by a tidy sum,** elle avait fait sa petite pelote; elle avait un bas de laine bien rempli.

'lay-by, *s.* **1.** (*a*) (*On river*) Gare *f.* (*b*) *Rail:* Voie *f* de garage. **2.** Économies *fpl,* épargne *f.*

lay down. I. *v.tr.* **1.** (*a*) Déposer, poser (qch.). **To lay down one's arms,** mettre bas, rendre, les armes. *Cards:* **To lay down one's hand,** étaler, abattre, son jeu. *We lay down this book with a curse upon war,* on ferme ce livre en maudissant la guerre. (*b*) Coucher, étendre (qn). **To lay oneself down,** se coucher. (*c*) Quitter, se démettre de, résigner (ses fonctions); abdiquer, résigner (le pouvoir). (*d*) **To lay down one's life,** donner, sacrifier, sa vie, faire le sacrifice de sa vie (*for,* pour). *We would lay down our lives for each other,* c'est entre nous à la vie, à la mort. **2.** (*a*) **To lay down a ship,** mettre un navire en chantier; mettre un navire sur cale; poser la quille. **To lay down a railway,** asseoir, établir, poser, une voie ferrée. *To lay down mains, a cable,* poser une canalisation, un câble. (*b*) Poser, imposer, établir, instituer, formuler (un principe, une règle); fixer (des conditions); spécifier (des fonctions); tracer, indiquer, prescrire (une ligne de conduite). *The doctrine laid down by Monroe,* le principe posé par Monroe. **To lay down general rules,** arrêter des dispositions générales. *I lay it down as an absolute rule to . . .,* je m'impose comme règle absolue de. . . . **To lay it down (as a principle) that . . .,** poser en principe que. . . . *To lay down that . . .,* stipuler que . . .; spécifier que. . . . *To lay down a programme for s.o.,* assigner un programme à qn. **To lay down conditions to s.o.,** imposer des conditions à qn. *Prices laid down by the manufacturers,* prix imposés par le fabricant. *Personnel laid down in the agreement,* personnel prévu par le contrat. *See also* LAW[1] 2. (*c*) Tracer, marquer (qch. sur une carte, un plan). *To lay down a map of the district,* lever le plan, dresser la carte, de la région. *Nau:* **To lay down a coast,** relever une côte. **3.** (*a*) **To lay down land to, under, with, grass,** mettre du terrain en pré. (*b*) *To lay down a floor with linoleum,* couvrir un plancher de linoléum. **4.** (*a*) Mettre (du vin) en cave, sur chantier. (*b*) Parquer (des huîtres).

II. **lay down,** *v.i.* **1.** *P:* = LIE DOWN. **2.** *U.S:* (*a*) (*Of machine, etc.*) To lay down (on s.o.), avoir une panne; *P:* flancher. (*b*) (*Of prosecutor*) **To lay down on a charge,** retirer une plainte.

laying down, *s.* **1.** Abdication *f* (du pouvoir); sacrifice *m* (de sa vie). **2.** Établissement *m* (d'un principe). **3.** Pose *f* (d'une canalisation, d'un câble); assiette *f* (d'une ligne); mise *f* en chantier, mise sur cale (d'un navire).

lay in, *v.tr.* **1.** Faire provision, s'approvisionner, de (qch.). *To lay in provisions,* faire des provisions. *Com:* **To lay in goods,** emmagasiner des marchandises. *See also* STOCK[1] 4. **2.** *Nau:* **To lay in the oars,** rentrer les avirons.

laying in, *s.* Emmagasinage *m* (de marchandises). *Laying in of provisions,* approvisionnement *m.*

lay off. I. *v.tr.* **1.** Débaucher, congédier (des ouvriers); mettre (une chaudière) en repos. **2.** *Nau:* **To lay off a bearing,** porter un relèvement (sur la carte). *To lay off a line of position on the chart,* tracer une droite de hauteur sur la carte. *To lay off an angle,* rapporter un angle. **3.** *Ins:* **To lay off a risk,** effectuer une réassurance. *Turf: etc:* **To lay off a bet,** faire la contre-partie d'un pari. **4.** *Paint: To lay off the paint,* lisser la peinture avec la brosse.

II. **lay off,** *v.i.* = LIE OFF. **1.** (*a*) *U.S:* (*Of workman, etc.*) Prendre des vacances ou chômer. (*b*) *U.S: P:* Cesser. **2.** *Nau:* Rester au large.

'lay-off, *s. U.S:* Période *f* de chômage; **vacances** *fpl* **(d'un** ouvrier).

laying off, *s.* **1.** Débauchage *m* (de la main-d'œuvre); mise *f* en repos (d'une machine). **2.** *Ins:* Réassurance *f.*

lay on, *v.tr.* **1.** (*a*) Imposer (des impôts, une peine). (*b*) *Ecc:* **To lay on hands,** imposer les mains. **2.** Étendre, coucher, appliquer (un enduit). *Art:* **To lay on the paint,** peindre dans la pâte; peindre en pleine pâte. *To lay the colour on too thick,* ne pas ménager les couleurs. *F:* **To lay it on,** n'y pas aller de main morte. **To lay it on thick, with a trowel,** (i) flatter qn grossièrement; ne pas épargner les compliments; passer de la pommade à qn; (ii) faire (qch.) à l'excès; exagérer; *P:* charrier, cherrer. *He does lay it on thick,* il n'y va pas avec le dos de la cuiller. *Typ:* **To lay on colours,** toucher des couleurs. **3.** (*a*) *To lay on the lash,* appliquer le fouet. (*b*) *Abs.* Porter des coups. *He laid on with a will,* il frappait, il y allait, de bon cœur. **4.** Installer (le gaz, l'électricité); amener (l'eau, le gaz) (dans la maison). *Bedroom* **with water laid on,** chambre *f* avec eau courante. **5.** *Typ:* Marger (une feuille à tirer). **6.** (*a*) *To lay on a bloodhound,* mettre un limier sur la piste. (*b*) *Ven:* Laisser courre (les chiens).

laid on, *a.* (*Of moulding, etc.*) Rapporté.

laying on, *s.* **1.** (*a*) Imposition *f* (des impôts, d'une peine). (*b*) *Ecc:* **Laying on of hands,** imposition des mains. **2.** Application *f* (d'un enduit). **3.** Installation *f* (de l'eau, du gaz). **4.** *Typ:* **Laying-on table,** table *f* à marger. **5.** *Ven:* **Laying on of the pack,** laisser-courre *m inv.*

lay out, *v.tr.* **1.** Arranger, disposer (des objets); étaler, déployer (des marchandises); servir (un repas). *We found a cold supper ready laid out,* nous trouvâmes un souper froid tout servi. *Nau:* **To lay out a cable, an anchor,** élonger un câble, une ancre. *Navy: To lay out a mine,* aménager une mine. **2.** (*a*) Ensuairer (un mort); faire la toilette (d'un mort). (*b*) *F:* Étendre (qn) d'un coup; coucher (qn) par terre, sur le carreau; mettre (qn) hors de combat; aplatir (qn). *Box:* Mettre (l'adversaire) knock-out. **3. To lay out money,** dépenser, débourser, de l'argent; faire des débours. **4.** Dresser, tracer, aligner, marquer (un camp); dessiner, disposer (un jardin); tracer, planter (une avenue); tracer (une courbe); faire le tracé (d'une route); construire (une route); aménager (un champ de mines). *To lay out a piece of (building) work,* mettre un travail en chantier. **5. To lay oneself out** *to make everyone feel at ease,* faire de son mieux, se mettre en frais, se dépenser, pour mettre tout le monde à l'aise. **To lay oneself out to please,** chercher à plaire. *He commands respect without laying himself out for it,* il impose le respect sans rien faire pour cela.

laying out, *s.* **1.** Arrangement *m,* disposition *f* (des objets); étalage *m* (de marchandises). **2.** Toilette *f* (d'un mort). **3.** Dépense *f,* déboursement *m* (d'argent). **4.** Tracement *m,* tracé *m* (d'une ville, etc.); dessin *m* (d'un jardin); assiette *f* (d'une voie ferrée).

'lay-out, *s.* **1.** Tracé *m* (d'une ville, etc.); dessin *m* (d'un jardin); disposition *f* typographique (d'une annonce, etc.); agencement *m* (d'une boîte de vitesses). *Ind: W.Tel: etc:* Schéma *m* de montage. **2.** Étude *f* (pour la construction d'une machine, etc.). *Aut:* **Chassis lay-out,** étude de châssis. **3.** *U.S: P:* Bande *f* (d'escrocs, etc.).

lay to. 1. *v.tr. Nau:* **To lay to a ship,** mettre un navire à la cape. 2. *v.i.* (*Of ship*) To lay to, prendre la cape.

lay up, *v.tr.* 1. Mettre (qch.) en réserve; accumuler, amasser (des provisions, etc.). **To lay up sth. for a rainy day,** garder une poire pour la soif. **You are laying up trouble for yourself,** vous vous apprêtez bien des ennuis. 2. Désarmer, déséquiper (un navire); mettre (un navire) en rade; dérader (des bateaux de pêche). **To lay up a car,** remiser une voiture (p.ex. pour l'hiver). 3. Aliter (qn); forcer (qn) à garder le lit; rendre (qn) malade. *Esp. in passive:* **To be laid up,** être alité, au lit; *F:* être sur le flanc. *I was laid up,* j'ai dû garder le lit.

'lay-up, *s.* = LAY-OFF.

laying up, *s.* 1. Accumulation *f*, entassement *m* (d'un trésor). 2. Désarmement *m* (d'un navire).

laid, *a.* 1. *Paperm:* Vergé. **Cream-laid paper,** vergé blanc. 2. *Nau:* **Cable-laid, hawser-laid, rope,** cordage commis en grelin, en aussière. **Twice-laid rope,** cordage refait. *See also* SHROUD-LAID.

laying[1], *a.* **Laying hen,** poule pondeuse.

laying[2], *s.* 1. Pose *f* (de rails, de tuyaux, de câbles, etc.); assise *f* (de fondements); immersion *f* (d'un câble sous-marin); commettage *m* (d'un cordage); mouillage *m* (d'une mine). 2. Ponte *f* (des œufs). 3. *Artil:* Pointage *m* (d'un canon).

'lay-days, *s.pl. Com: Nau:* Jours *m* de planche; jours de starie; (jours d')estarie *f*; temps *m* d'escale (accordé en vertu de la charte-partie). **Extra lay-days,** jours de surestarie.

'lay-shaft, *s. Mec.E: Aut:* Arbre *m* intermédiaire (de changement de vitesse); arbre de couche; arbre de renvoi.

lay[5]. *See* LIE[4].

lay[6], *s.* = LATHE[3].

layer[1] ['leiər], *s.* 1. (*Pers.*) (*a*) Poseur *m* (de tuyaux, de rails, de dalles, etc.); tendeur *m* (de pièges). *Navy:* **Mine-layer, net-layer,** mouilleur *m* de mines, de filets. *See also* MINE-LAYER, PLATE-LAYER. (*b*) *Artil:* Pointeur *m*. (*c*) *Rac:* **Layers and backers,** parieurs *m* contre et pour. 2. (*Of hen*) **Good layer,** bonne pondeuse. 3. Couche *f* (de peinture, etc.); *Const:* assise *f*, lit *m* (de béton, etc.); *Geol:* assise, strate *f*, banc *m*, gisement *m* (de pierre, etc.). *Underlying l.*, sous-couche *f*, *pl.* sous-couches. *L. of oil over the engine,* buée *f* d'huile recouvrant le moteur. *Surv:* **Map showing relief by layer colouring, by layers,** carte *f* avec teintes plates pour indiquer les différentes altitudes. *El:* **Magnetic layer,** feuillet *m* magnétique. *Wrapped up in many* **layers of clothing,** *F:* vêtu comme un oignon. 4. *Hort:* Marcotte *f*; provin *m* (de vigne). **Layer-stool,** pied *m* mère. 5. *Agr:* (*a*) Champ *m* de trèfle. (*b*) Plage *f* de blé versé. 6. = LAIR[1] 2. 7. Huîtrière *f*; parc *m* à huîtres.

'layer-cake, *s. Cu:* Gâteau divisé en couches séparées par de la crème.

layer-'on, *s. Typ:* (*Pers.*) Margeur *m*, pointeur *m*.

layer-'out, *s.* (*Pers.*) 1. Dessinateur *m* (de jardins, etc.). 2. Ensuaireuse *f*, ensevelisseuse *f*.

layer[2]. 1. *v.tr.* (*a*) Poser, disposer, en couches. (*b*) *Hort:* Marcotter (un rosier, etc.); provigner (une vigne). 2. *v.i.* (*Of corn*) Se coucher; (se) verser.

layered, *a.* 1. (Roche *f*, etc.) en couches, en strates. 2. *Surv:* (Carte *f*) avec teintes plates pour indiquer les différentes altitudes.

lay-figure ['leifigər], *s.* 1. *Art:* Mannequin *m* (en bois, etc.). 2. *F:* Mannequin; personnage *m* (de roman, etc.) sans individualité; personnage falot; fantoche *m*.

layman, *pl.* **-men** ['leimən, -men], *s.* 1. *Ecc:* Laïque *m*, séculier *m*. 2. Personne *f* qui n'est pas du métier; profane *m*, civil *m*.

laymanship ['leimənʃip], *s.* Laïcité *f*.

laystall ['leistɔːl], *s.* Dépôt *m* d'immondices.

laywoman, *pl.* **-women** ['leiwumən, -wimen], *s.f.* 1. Laïque. 2. Femme qui n'est pas du métier.

lazar ['lazər], *s.m. A:* 1. Malade indigent. 2. Lépreux.

'lazar-house, *s. A:* Hôpital *m* de lépreux; léproserie *f*, maladrerie *f*.

lazaret(to) [laza'ret(o)], *s.* 1. = LAZAR-HOUSE. 2. *Nau:* Lazaret *m* (de quarantaine).

lazarist ['lazarist], *s. Rel.H:* Lazariste *m*.

Lazarus ['lazarəs]. *Pr.n.m. B:* Lazare.

laze[1] [leːiz], *s. F:* **An hour's laze,** une heure de paresse, de flânerie ou de flemme.

laze[2], *v.tr. & i. F:* **To laze; to laze away one's time,** paresser, fainéanter; *P:* flemmarder, flémarder, s'acagnarder; faire le lézard; lézarder. **To laze about,** baguenauder. **To laze in bed,** traînasser au lit; faire la grasse matinée.

laziness ['leizinəs], *s.* Paresse *f*, fainéantise *f*; *P:* flemme *f*, flème *f*.

lazulite ['lazjulait], *s. Miner:* Lazulite *m*; pierre *f* d'azur.

lazy ['leizi], *a.* 1. Paresseux, fainéant; *F:* flémard. **To be lazy,** être paresseux; *F:* avoir les côtes en long; avoir les bras retournés; avoir la peau courte. **Lazy over one's lessons,** paresseux à apprendre ses leçons. *L. about getting up,* paresseux à se lever. *L. individual,* paresseux *m*; *F:* flémard *m*; *P:* balochard *m*, cossard *m*. *To feel l., F:* avoir la flemme, la flème, *P:* la cosse, la cagne. 2. *L. moments,* moments *m* de paresse. **Lazy weather,** temps accablant, qui dispose à la paresse. *To have a l. fit,* se laisser aller à la paresse. *Nau:* **Lazy guy, sheet,** fausse écoute. *See also* PAINTER[2]. **-ily,** *adv.* Paresseusement; (passer le temps) dans la paresse, dans la fainéantise; (vivre) en paresseux.

'lazy-bed, *s. Hort:* Planche *f* (de pommes de terre) entre tranchées.

'lazy-bones, 'lazy-boots, *s.* Paresseux, -euse; fainéant, -ante; *F:* flémard, -arde, flemmard, -arde; *P:* cagnard, -arde; balocheur, -euse; cossard *m*.

'lazy-'pinion, *s. Mec.E:* 1. Roue folle, décalée. 2. Roue de renvoi.

'lazy-tongs, *s.pl.* (*a*) Zigzag *m*, ciseaux *m*; pantographe *m*. (*b*) *Tls:* Pince *f* à zigzags.

lea[1] [liː], *s. Poet:* Prairie *f*, pâturage *m*.

lea[2], *a. Agr:* (*Of land*) En jachère.

'lea-land, *s. Agr:* Terre *f* en jachère.

lea[3], *s. Tex:* Échevette *f* (de fil).

leach[1] [liːtʃ], *s. Tan:* Fosse *f* à jusée.

leach[2]. 1. *v.tr.* (*a*) Filtrer (un liquide). *See also* CESSPOOL 1. (*b*) Lessiver, lixivier (du minerai, de l'écorce). (*c*) **To leach away, leach out, salts,** extraire des sels par lixiviation, par lessivage. 2. *v.i.* (*Of liquid*) Filtrer (*through,* à travers).

leaching, *s.* 1. Filtration *f*. 2. Lessivage *m*, lixiviation *f*.

leachy ['liːtʃi], *a.* (Sol *m*) perméable.

lead[1] [led], *s.* 1. Plomb *m*. (*a*) **Sheet lead,** plomb laminé, en feuilles. *L. wire,* plomb filé. *F:* **To send an ounce of lead into s.o.'s head,** envoyer, mettre, du plomb dans la tête de qn. *Toil:* **Lead comb,** peigne *m* en plomb (pour foncer les cheveux). *Sm.a:* **Lead shot,** grenaille *f* de plomb; petit plomb. (*b*) *Ch: Miner:* **White lead,** blanc *m* de plomb; *F:* rouille *f* de plomb; *Ind:* (blanc de) céruse *f*. **White-lead paint,** couleur *f* à la céruse. **Yellow lead,** massicot *m*. **Red oxide of lead, red lead,** minium *m*. **Hard lead, antimonial lead,** plomb dur, plomb aigre, plomb antimonial. **Potter's lead,** alquifoux *m*. **Lead glance,** galène *f*; plomb sulfuré; sulfure *m* de plomb. **Lead ore,** colombin *m*. *See also* BLACK-LEAD[1] 1, MONOXIDE, POT-LEAD, SUGAR[1] 2. (*c*) **Window-leads,** plombs de vitrail; plombure *f*. (*d*) **Roof-leads,** plombs de couverture. *Hist:* **The Leads of Venice,** les Plombs de Venise. *See also* HIP[1] 2. 2. (*Of pencil*) Mine *f* (de crayon). **Lead pencil,** crayon *m* à la mine de plomb. **Red-lead pencil,** crayon à mine rouge. 3. *Nau:* (Plomb de) sonde *f*. **Hand lead,** sonde à main, petite sonde. **Deep-sea lead,** grande sonde. **Lead line,** ligne *f* de sonde. **To arm the lead,** suiffer la sonde; garnir (de suif) le plomb de sonde. *Nau. & Mil: P:* **To swing the lead,** tirer au flanc; tirer au cul; cagnarder. *See also* HEAVE[2] I. 4. 4. *Typ:* Interligne *f*; entre-ligne *f*, *pl.* entre-lignes. *See also* HAIR-LEAD.

'lead-bearing, *a.* Plombifère.

'lead-coated, *a.* Emplombé; garni de plomb.

'lead-colic, *s. Med:* Coliques *fpl* de plomb; colique saturnine.

'lead-covered, *a. El.E:* (Câble *m*) sous gaine de plomb, à armature de plomb.

'lead-dresser, *s. Tls:* Batte *f* de plombier, rabattoir *m*.

lead-'flat, *s. Const:* Plate-forme *f*, *pl.* plates-formes (de toit).

lead-'foil, *s.* Papier *m* de plomb; mince feuille *f* de plomb.

lead-'glass, *s.* Verre *m* de plomb.

'lead-glaze, *s. Cer:* Glaçure *f* plombifère; vernis *m* de plomb.

'lead-glazed, *s. Cer:* A glaçure plombifère.

'lead-line, *s.* = CAME[1].

'lead-palsy, *s. Med:* Paralysie saturnine.

'lead-plant, *s. U.S: Bot:* Indigo bâtard.

'lead-poisoning, *s. Med:* Intoxication *f* par le plomb; intoxication saturnine; saturnisme *m*.

'lead-swinger, *s. Mil: P:* Tireur *m* au flanc.

'lead-work, *s.* Plomberie *f*.

'lead-works, *s.pl.* (*Usu. with sg. const.*) Usine *f* à plomb; fonderie *f* de plomb; plomberie *f*.

lead[2] [led], *v.* (leaded ['ledid]; leading ['lediŋ]) 1. *v.tr.* (*a*) Plomber (un toit); couvrir, garnir, (un objet) de plomb. (*b*) *Fish:* Plomber, lester, caler (une ligne, un falot). (*c*) Enchâsser (des vitraux) dans les plombs. (*d*) *Typ:* Interligner (des lignes de composition). **To lead out matter,** donner de l'air à la composition; blanchir la composition. *To l. out the type,* espacer les lettres. 2. *v.i.* (*Of gun barrel*) S'encrasser.

leaded, *a.* 1. (*Of window, cane, etc.*) Plombé. **Leaded cable,** câble (armé) sous plomb. 2. *Typ:* Interligné. 3. *Med: P:* Intoxiqué par le plomb.

leading[1], *s.* 1. (*a*) Plombage *m*. (*b*) *Coll.* Plombs *mpl*. 2. *Typ:* Interlignage *m*. 3. (*Of gun barrel*) Encrassement *m*.

lead[3] [liːd], *s.* 1. Conduite *f* (action de conduire). (*a*) **To follow s.o.'s lead,** se laisser conduire par qn; suivre l'exemple de qn; prendre exemple sur qn. *I hope others will not follow his l.!* pourvu qu'il ne fasse pas école! **To give the lead,** *F:* donner le ton. *To give (others) a l., F:* sauter le premier. **To give s.o. a lead,** (i) amener qn (sur un sujet); (ii) mettre qn sur la voie. (*b*) **To take the lead,** (i) prendre la tête; (ii) prendre la direction; (iii) *Sp: etc:* prendre la première place. **To take the lead of, over, s.o.,** prendre le pas, gagner les devants, sur qn; prendre le dessus de qn. *To keep one's l. over s.o.,* garder son avance sur qn. *To have a (considerable) l. over s.o.,* avoir le pas sur qn. *To have a l. of ten yards,* avoir une avance de dix mètres. *To have one minute's l. over s.o.,* avoir une minute d'avance sur qn. **To take the lead in the conversation,** mener, diriger, la conversation; *P:* tenir le crachoir. **Question which takes the lead of all others,** question qui prime toutes les autres. (*c*) *Attrib. Esp. U.S:* (Bœufs *m*, chevaux *m*, etc.) de tête. *Mus:* **Lead violin,** violon principal. 2. *Cards:* Primauté *f*. **To have the lead,** (i) jouer le premier; avoir la main, l'avant-main; (ii) être le premier en cartes. **Your lead!** à vous de jouer (le premier). **To return a lead,** renvoyer de la couleur demandée; jouer dans la couleur de qn; répondre à l'invite de qn; rejouer une couleur. *To follow the club l.,* fournir du trèfle. 3. *Th:* Premier rôle; (rôle de) vedette *f*. *He, she, takes the leads,* c'est lui, elle, qui joue les premiers rôles. **To play juvenile leads,** jouer les jeunes premiers, les jeunes premières. 4. (*a*) *Mec.E:* Hauteur *f* du pas (d'une vis). (*b*) *Mch: I.C.E:* Avance *f* (du tiroir, de la manivelle, de l'allumage, etc.). *See also* EXHAUST[1], LAP[2] 1. (*c*) *El.E:* (Angle of) lead of brushes, (angle *m* de) (dé)calage *m* en avant, (angle d')avance *f*, des balais. *Magneto l.,* avance d'une magnéto. **Lead of the current, (phase) lead,** déphasage *m* en avant. 5. (*For dog*) Laisse *f*. **On a lead,** en laisse. *Dogs must be kept on a l.,* les chiens doivent être tenus en laisse. **6.** *Hyd.E:* Canal, -aux *m*, d'amenée ; canal de prise, (canal de) dérivation *f*. **Mill-lead,** bief *m*, biez *m*, de moulin. **7.** *El.E:* Câble *m*, branchement *m*, de canalisation. *Positive, negative, l. of a dynamo,* conducteur positif, négatif, d'une dynamo. *Battery l.,* connexion *f* de batterie. **Lead and return,** conducteur d'amenée et de retour. *See also* DOWN³ III. 3, EARTH¹ 3. **8.** (*a*) (*In ice-field*) Canal, chenal, -aux *m*, passage *m*, fissure *f*. (*b*) *Min:* Filon *m*. **9.** *Artil:* Raccordement *m* (de la chambre). **10.** *Nau:* (*a*) Parcours *m*, retour *m* (d'une manœuvre). (*b*) **Fair lead,** margouillet *m*.

'lead-bars, *s.pl. Harn:* Volée *f* de devant.

'lead-reins, *s.pl. Harn:* Grandes guides.

'lead-screw, *s. Mec.E:* Vis-mère *f*, *pl.* vis-mères (de tour).

lead⁴ [li:d], *v.* (*p.t.* led [led] ; *p.p.* led) I. *v.tr.* **1.** (*a*) Mener, conduire, guider (*s.o. to a place,* qn à un endroit). **To lead s.o. out of his way,** détourner qn de sa route, de son dessein. **To lead s.o. into temptation,** entraîner qn dans la tentation ; induire qn en tentation. *To be led into temptation,* se laisser entraîner. *Jur:* **To lead a witness,** poser des questions tendancieuses à un témoin. *See also* ASTRAY, CAPTIVE I, GARDEN¹ I. (*b*) **To lead the way, to lead the van,** montrer le chemin ; marcher en tête ; marcher le premier ; aller devant ; précéder les autres ; ouvrir la marche. **2.** Conduire, guider, (un aveugle, etc.) par la main ; mener (un cheval) par la bride ; tenir (un chien) en laisse. **Led horse,** cheval à main, de main. *Prov:* **Some can be led who won't be driven,** tout par amour et rien par force. **He is easily led,** il va comme on le mène. **To lead a woman to the altar,** conduire une femme à l'autel. *See also* NOSE¹ I, WATER¹ I. **3.** Induire, porter, pousser (*s.o. to do sth.,* qn à faire qch.). *This led her to reflect,* cela la fit réfléchir ; cela lui donna à réfléchir. **That leads us to believe that . . .,** cela nous mène à croire que. . . . *Its name would l. one to believe that . . .,* son nom ferait croire que. . . . **I was led to the conclusion that . . .,** je fus amené à conclure que. . . . *This theory led him to try an experiment,* cette théorie le conduisit à tenter une expérience. **4.** Amener (de l'eau à un endroit) ; faire passer (un cordage à travers une poulie). **5.** (*a*) Mener, couler (une vie heureuse) ; mener (une existence misérable). *See also* DOG¹, FREE¹ I. 5. (*b*) **To lead s.o. a wretched life, a dog's life,** faire une vie d'enfer, une vie de chien, à qn. *See also* DANCE¹ I. **6.** (*a*) Commander (une armée). *Leading his troops,* à la tête de ses troupes. (*b*) Mener (la danse, le chant). **To lead an orchestra,** faire fonction de chef d'attaque. **To lead a party, a movement,** être chef de parti ; être à la tête d'un mouvement. *See also* FASHION¹ 3. (*c*) *Abs.* (*Of barrister*) **To lead,** être l'avocat principal (dans un procès). **7.** (*a*) (*In race, etc.*) **To lead the field,** mener le champ. *Abs.* **To lead,** mener le champ ; tenir la tête. *To l.* (*s.o.*) *by eight points,* mener (qn) par huit points. *To l. s.o. by one minute,* avoir une minute d'avance sur qn. *F:* **To lead in importance,** primer. (*b*) *Ven:* **To lead a bird by ten feet,** viser dix pieds en avant du gibier. **8.** *Cards:* **To lead a card,** entamer, attaquer, d'une carte. *To l. clubs,* jouer trèfle ; attaquer trèfle. *Abs.* **To lead,** ouvrir le jeu ; jouer le premier. *To l. from one's long suit,* attaquer dans sa longue.

II. **lead,** *v.i.* **1.** (*Of road*) Mener, conduire (*to,* à). **Road that leads to the town,** chemin *m* qui mène, va, à la ville. *Which street leads to the station?* quel est le chemin de la gare? *Door that leads into the garden,* porte *f* qui communique avec le jardin, qui donne accès au jardin. *This path leads into the high road,* ce sentier aboutit à la grand'route. *Walks that lead to a pond,* allées *f* qui aboutissent à un bassin. *A narrow path leads through the forest,* un chemin étroit traverse la forêt. **2. To lead to a good result,** aboutir à un bon résultat ; produire un heureux effet. **To lead to a discovery,** conduire, aboutir, à une découverte ; amener une découverte. **Everything leads to the belief that . . .,** tout porte à croire que. . . . *Drinking leads to other vices,* la boisson conduit à d'autres vices. *This incident led to a breach,* cet incident amena une rupture. **What will it lead to?** à quoi cela aboutira-t-il? **To lead to nothing,** n'aboutir, ne mener, à rien. *Such are the circumstances which led to his return,* telles sont les circonstances qui motivèrent, déterminèrent, son retour. *A simple act of carelessness may l. to a fire,* une simple négligence peut déterminer un incendie. *Policy that would l. to rebellion,* politique qui amènerait un soulèvement. *Action which led to criticism,* action qui a motivé des critiques. *These revelations led to the fall of the Government,* ces révélations *f* eurent pour résultat la chute du Ministère.

lead about, *v.tr.* Conduire (qn) çà et là ; promener (qn).

lead away, *v.tr.* **1.** Emmener, entraîner (qn). **To lead s.o., an animal, a cart, away (again),** remmener qn, un animal, une charrette. **2.** Entraîner, détourner (qn). *Esp. in passive.* **To be led away,** se laisser détourner (*from,* de) ; se laisser entraîner.

lead back, *v.tr.* Ramener, reconduire (qn). *To l. the conversation back to a subject,* ramener la conversation sur un sujet.

lead down, *v.tr.* Conduire (qn) en bas ; faire descendre (qn).

lead forth, *v.tr.* Amener ou emmener (qn) ; faire sortir, faire avancer (qn).

lead in, *v.tr.* **1.** Faire entrer, introduire (qn). **2.** (*Of electrical conductor*) Amener (le courant).

lead-'in, *s.* (*a*) *W.Tel:* *Tp:* (Fil *m* d')entrée *f* de poste. (*b*) *W.Tel:* Descente *f* d'antenne.

leading-in, *attrib.a.* *El.E:* (Fil) adducteur. *L.-in cable,* (câble *m* d')arrivée *f*. *W.Tel:* **Leading-in tube,** conduit *m* d'entrée.

lead off. 1. *v.tr.* Emmener, entraîner (qn). **2.** *v.i.* (*a*) Commencer, débuter (*with,* par). (*b*) Entamer les débats ; *F:* ouvrir le bal ; jouer le premier. *Bill:* Donner l'acquit.

lead-'off, *s.* Commencement *m* ; ouverture *f* (de la discussion, etc.).

lead on, *v.tr.* Conduire, entraîner (qn) ; montrer le chemin à (qn). *To l. the troops on to victory,* conduire les troupes à la victoire. **Lead on!** en avant! **To lead s.o. on to talk,** encourager qn à parler. *F:* **To lead s.o. on,** (i) aider qn à s'enferrer ; (ii) faire des agaceries à qn ; agacer qn ; (iii) faire des coquetteries à qn ; *P:* aguicher qn. *He is young and he got led on,* il est jeune, et il s'est laissé entraîner.

lead out, *v.tr.* **1.** Emmener, reconduire, faire sortir (qn) ; conduire (qch.) dehors, à l'extérieur. *This pipe leads out the noxious fumes,* ce tuyau donne issue aux gaz nocifs. **2.** *He led them out against the enemy,* il les mena à l'ennemi, les fit marcher contre l'ennemi.

leading-out, *attrib.a.* *El.E:* **Leading-out cable,** départ *m* (de câble).

lead up. 1. *v.tr.* (*a*) Faire monter (qn) ; conduire (qn) en haut. (*b*) Amener, faire avancer (qn). **2.** *v.i.* (*a*) (*Of ladder, etc.*) Conduire, donner accès (au toit, etc.). (*b*) **To lead up to a subject,** amener un sujet. *To l. up to a question in a roundabout way,* aborder une question de biais. **To lead up to the final event (of a drama),** amener le dénouement. *The ending is badly led up to,* le dénouement est mal amené. *He was leading up to his great work by minor attempts,* il préludait à son grand ouvrage par de petits essais.

leading², *a.* **1.** (*a*) *Ch:* *etc:* **Leading tube,** tube abducteur. (*b*) *Jur:* **Leading question,** question posée au témoin de manière à suggérer la réponse ; question tendancieuse. **Leading case,** décision *f* d'un cas d'espèce créant un précédent et fixant la jurisprudence. **Leading cases,** cas d'espèce qui font autorité. (*c*) *Mus:* **Leading note,** note *f* sensible. (*d*) *Nau:* **Leading buoy,** bouée-balise *f*, *pl.* bouées-balises. **Leading marks,** alignement *m* ; amers *mpl.* **2.** (*Chief*) Premier ; principal, -aux ; important. **A leading man,** (i) un homme important ; un des chefs ; une notabilité ; (ii) *Navy:* quartier-maître *m* ou matelot *m* de première classe. **The leading people,** les gens marquants ; les personnalités *f* ; les notabilités (de l'endroit). *The l. people in the world of art,* les sommités *f* de l'art. *The l. surgeon in Manchester,* le premier chirurgien de Manchester. *The l. statesmen of Europe,* les hommes d'État dirigeants de l'Europe. **A leading shareholder,** un des principaux actionnaires ; *F:* un gros actionnaire. **Leading agent** *of the firm,* principal représentant de la maison. *To be had from l. jewellers,* en vente chez les principaux bijoutiers. *One of the l. firms of the country,* une des plus puissantes maisons du pays. **Leading motive of an action,** mobile principal d'une action. **Leading idea,** idée dominante, directrice, maîtresse (d'une œuvre, etc.). **Leading article,** (i) *Journ:* = LEADER 4 (*g*) ; (ii) *Com:* article *m* (de) réclame ; spécialité *f* de réclame. *Underwear in all the l. shades,* lingerie *f* dans tous les coloris mode. *Th:* **Leading part,** premier rôle. **Leading man, lady,** premier rôle ; vedette *f*. *She is l. lady,* elle joue les premiers rôles. *F:* **To play a leading part** *in an affair,* jouer un rôle prépondérant dans une affaire. *Mus:* **Leading violin,** violon principal. *See also* LIGHT¹ 2, SEAMAN I, SPIRIT¹ 3. **3.** (*In front*) (*a*) **Leading car in a race,** voiture *f* de tête dans une course. *Navy:* **Leading column, ship,** colonne *f*, vaisseau *m*, de tête. **The leading ship,** le chef de file. *Mil:* **Leading wing,** aile marchante. *The l. échelon,* le premier échelon. (*b*) *Veh:* **Leading axle, wheels,** essieu porteur d'avant ; essieu avant ; roues porteuses d'avant (d'une locomotive, etc.). *Av:* *Nau:* **Leading edge** (*of wing, of propeller*), bord *m* d'attaque, d'entrée ; arêtier *m* avant (de l'aile). *Nau:* **Leading part** *of a rope,* retour *m* d'une manœuvre. (*c*) *El.E:* **Leading current,** courant déphasé en avant. (*d*) *Cards:* **Leading card,** première carte. (*e*) *Hort:* **Leading shoot,** pousse principale, terminale. **4.** (*Driving*) (*a*) *Nau:* **Leading wind,** vent portant, vent traversier, vent arrière. (*b*) *Mec.E:* **Leading screw** = LEAD-SCREW.

leading³, *s.* **1.** Conduite *f*, menage *m* (de chevaux, etc.). *Harn:* **Leading-rein,** longe *f*, plate-longe *f*, *pl.* plates-longes. *Husb:* **Leading-staff,** bâton fixé à l'anneau nasal d'un taureau. *See also* BLOCK¹ 6. **2.** (*a*) *Mil:* Commandement *m*. (*b*) Direction *f* (d'une entreprise, etc.) ; influence *f* ; exemple *m*. *See also* LIGHT¹ I. **3.** Amenée *f* (de l'eau au moulin, etc.).

'leading-strings, *s.pl.* Lisière *f*. *F:* **To be in leading-strings,** être à la lisière, en brassières. *To keep s.o. in l.-s.,* tenir, mener, qn en laisse, en lisière.

leaden [ledn], *a.* De plomb. **Leaden complexion,** teint couleur de plomb ; teint plombé. *L. sky,* ciel *m* de plomb. **Leaden-eyed,** aux yeux ternes. **Leaden-footed,** à la démarche pesante. **Leaden limbs,** membres inertes, engourdis.

leader ['li:dər], *s.* **1.** (*Pers.*) (*a*) Conducteur, -trice ; guide *m*. *See also* BEAR-LEADER. (*b*) *Mil:* Chef *m*. *He is cut out for a l. of men,* il a l'étoffe d'un grand capitaine ; il est taillé pour commander. *See also* TROOP-LEADER. (*c*) Chef, directeur *m* (d'un parti) ; meneur *m* (d'une émeute). *To be the l. of a party,* être en chef dans un parti. **The leader of the Liberal party,** le leader du parti libéral. **Leader of the House of Commons,** chef de la majorité ministérielle à la Chambre des Communes. **The Leaders,** les personnalités dirigeantes (du pays). **The leaders of society,** la haute société. *Sp:* **Team leader,** chef d'équipe. (*d*) *Mus:* Chef d'attaque ; (*of a group*) chef de pupitre. (*e*) *Jur:* Avocat principal (dans une cause). (*f*) Chef, premier, -ière (d'une file). *See also* FOLLOW-MY-LEADER. (*g*) *Surv:* Jalonneur *m*. **2.** Cheval *m* de volée, de tête, de devant ; (*of unicorn team*) cheval en arbalète. **The leaders,** l'attelage *m* de devant ; (*of gun-team, etc.*) les chevaux de pointe. *See also* OFF¹ III. I. **3.** Question ou observation faite pour orienter la conversation, pour amener un sujet. **4.** (*a*) *Agr:* Conduit *m*. (*b*) *Anat:* = TENDON. (*c*) *Cin:* Section *f* de film sans image. (*d*) *Const:* Tuyau *m* de descente ; descente *f* d'eau ; conduit d'eau. *Arch:* *Civ.E:* **(Water-)leader** (*of embankment, etc.*), dalot *m*. (*e*) *Fish:* Avançon *m* (de la ligne). (*f*) *Hort:* Pousse terminale ; bourgeon terminal, *pl.* bourgeons terminaux. (*g*) *Journ:* Article principal ; article de fond, de tête ; éditorial, -iaux *m* ; (*in Parisian paper*) premier-Paris *m*, *pl.* premiers-Paris ; (*in London paper*) premier-Londres, *pl.* premiers-Londres. (*h*) *Mec.E:* Roue maîtresse. (*i*) *Geol:* *Min:*

Leader (vein), conducteur; filon *m* guide. (*j*) *Nau:* Conduit, guide, chaumard *m* (pour cordages). (*k*) *Typ:* **Leaders,** points conducteurs.

leadered ['li:dəːrd], *a. Journ:* (Sujet) discuté dans l'article principal.

leaderette [li:də'ret], *s. Journ:* Article de tête ou éditorial très court.

leaderless ['li:dərləs], *a.* Sans chef, sans conducteur, sans guide.

leadership ['li:dərʃip], *s.* **1.** (*a*) Conduite *f.* **To be under s.o.'s leadership,** être sous la conduite de qn. (*b*) Qualités requises pour conduire des hommes; qualités de chef. **2.** (*a*) *Mil:* Commandement *m.* (*b*) Fonctions *fpl* de chef; direction *f* (d'un parti, etc.).

leadless ['ledləs], *a. Cer:* (Glaçure *f*) sans plomb.

leadsman, *pl.* **-men** ['ledzmən, -men], *s.m. Nau:* Sondeur; homme de sonde. *Leadsmen in the chains!* les sondeurs à leurs postes!

leadwort ['ledwəːrt], *s. Bot:* Dentelaire *f* d'Europe.

leaf[1], *pl.* **leaves** [li:f, li:vz], *s.* **1.** (*a*) Feuille *f* (de plante, d'arbre). *Bot:* **Leaf-organ,** organe *m* foliaire. (*Of plants, etc.*) **To put out leaves,** (se) feuiller. (*Of tree*) **To shed its leaves,** s'effeuiller. **In leaf,** (arbre) couvert de feuilles, en feuilles. **Fall of the leaf,** chute *f* des feuilles; effeuillaison *f. See also* DEAD-LEAF, SEED-LEAF, TEA-LEAF. (*b*) *F:* Pétale *m* (de fleur). *See also* ROSE-LEAF. (*c*) **Outer leaf** *of a cigar,* robe *f* d'un cigare. **2.** (*a*) Feuillet *m* (de livre). *Bookb:* **Single leaf,** carton *m* de deux pages. **To turn over the leaves of a book,** feuilleter un livre. *F:* **To turn over a new leaf,** (i) changer de conduite; faire peau neuve; se corriger; rentrer dans le bon chemin; revenir de ses erreurs; (ii) faire plan neuf; changer de méthode ou de politique, *F:* changer de gamme. **To take a leaf out of s.o.'s book,** prendre exemple sur qn; imiter, suivre, l'exemple de qn; prendre qn pour exemple. *See also* FLY-LEAF. (*b*) **Counterfoil and leaf,** talon *m* et volant *m* (d'un carnet de chèques, etc.). **3.** Feuille (d'or, d'argent, etc.). **4.** (*a*) Battant *m*, vantail, -aux *m* (de porte); battant (de contrevent); feuille (de paravent); tablier *m* (de pont-levis); lame *f*, feuille, feuillet (de ressort); lamelle *f* (de hausse d'une arme à feu); aile *f* (de pignon). **Leaf of a table,** (*inserted*) (r)allonge *f*; (*hinged*) battant. *See also* SPRING[1] 5. (*b*) *Tex:* (*Set of heddles*) Lame.

'leaf-beetle, *s. Ent:* Chrysomèle *f.*

'leaf-blade, *s. Bot:* Limbe *m* (de feuille).

'leaf-blight, *s. Hort: etc:* Rouille *f* des feuilles.

'leaf-brass, *s.* Laiton *m* en feuilles.

'leaf-bud, *s. Bot:* Bourgeon *m* à feuille, à bois.

'leaf-canopy, *s. For:* Voûte foliacée.

'leaf-curl, *s. Hort:* **Peach leaf-curl,** cloque *f* du pêcher.

'leaf-cutter (bee), *s. Ent:* (Abeille *f*) coupeuse de feuilles; mégachile *f.*

'leaf-'fat, *s.* Couche *f* de graisse (de ventre de porc).

'leaf-fodder, *s. Husb:* Feuillage vert (pour fourrage); feuillard *m.*

'leaf-green. 1. *s. Bot: Ch:* Chlorophylle *f.* **2.** *a. & s.* Vert pré (*m*) *inv.*

'leaf-insect, *s. Ent:* Phyllie *f* feuille sèche.

'leaf-'lard, *s.* Saindoux *m.*

'leaf-like, *a.* Foliacé; phylloïde.

'leaf-litter, *s. Husb:* Litière *f* de feuilles.

'leaf-metal, *s.* Or faux en feuilles (pour dorure).

'leaf-miner, *s. Ent:* Adèle *f.*

'leaf-mould, *s. Hort:* Terreau *m* de feuilles; terre *f* d'engrais; humus *m. Bed of l.-m.,* tombe *f.*

'leaf-roller (moth), *s. Ent:* Tordeuse *f*, rouleuse *f.* **The leaf-rollers,** les tortricidés *m.*

'leaf-rust, *s. Hort: etc:* Rouille *f* des feuilles.

'leaf-sight, *s. Sm.a:* Hausse *f* (à charnière).

'leaf-stalk, *s. Bot:* Pétiole *m.*

'leaf-tobacco, *s.* Tabac *m* en feuilles.

'leaf-turner, *s. Mus:* Tourne-feuille(s) *m, pl.* tourne-feuilles.

'leaf-valve, *s.* Soupape *f* à charnière.

'leaf-work, *s. Arch: etc:* Feuilles *fpl*, feuillage *m.*

leaf[2], *v.i.* **1.** (Se) feuiller; pousser des feuilles; se couvrir de feuilles. **2. To leaf through a book,** feuilleter un livre.

leafing, *s.* Feuillaison *f*, foliation *f.*

leaf[3], *s. Mil: Nau: P:* = LEAVE[1] 2.

leafage ['li:fedʒ], *s.* **1.** Feuillage *m*; (*for fodder*) ramée *f.* **2.** *Art:* Feuillé *m*, feuillée *f.*

-leafed [li:ft] = LEAVED 1 (*b*).

leafiness ['li:finəs], *s.* Abondance *f* de feuillage (d'un arbre).

leafless ['li:fləs], *a.* Sans feuilles, dépourvu de feuilles; (i) dénudé, effeuillé; (ii) aphylle.

leaflessness ['li:fləsnəs], *s.* Absence *f* de feuilles; nudité *f* (d'un arbre).

leaflet ['li:flet], *s.* **1.** *Bot:* Foliole *f*; petite feuille. **2.** Feuillet *m* (de papier); feuille volante, feuille mobile; imprimé *m*; papillon *m* (de publicité).

leafy ['li:fi], *a.* Feuillu; couvert de feuilles. *L. canopy,* dais *m* de feuillage, de verdure.

league[1] [li:g], *s. Meas:* Lieue *f.* **Marine league,** lieue marine; lieue géographique. *A hundred square leagues,* cent lieues superficielles. *See also* SEVEN-LEAGUE.

league[2], *s.* Ligue *f.* **To form a league against s.o.,** se liguer contre qn. *Everyone is in l. against them,* tout le monde est ligué, s'est conjuré, contre eux. **He was in league with them,** il était ligué, il était d'intelligence, de connivence, avec eux. **The League of Nations,** la Société des Nations. *Hist:* **The Solemn League and Covenant,** le Covenant. *Fb:* **The League matches,** les matchs de championnat (professionnels). *See also* OPPOSITION LEAGUE.

league[3]. **1.** *v.tr.* **To be leagued with s.o.,** être ligué avec qn. **To be leagued together,** être ligués, être d'intelligence. **2.** *v.i.* **To league (together),** se liguer, se conjurer (*with, against,* avec, contre) (*in order to,* pour).

leaguer[1] ['li:gər], *s. Hist:* Ligueur, -euse.

leaguer[2], *s. A:* **1.** (*a*) Camp *m* des assiégeants. (*b*) Armée *f* d'investissement. **2.** Investissement *m*, siège *m.*

Leah ['li:a]. *Pr.n.f. B.Hist:* Lia.

leak[1] [li:k], *s.* **1.** (*a*) Fuite *f*, écoulement *m* (d'un liquide); perte *f* d'eau. (*b*) Infiltration *f*, rentrée *f* (d'eau, etc.). *Nau:* Voie *f* d'eau. (*Of ship*) **To spring a leak,** (se) faire une voie d'eau; avoir, contracter, une voie d'eau. *The hull had sprung a l.,* une voie d'eau s'était produite dans la coque. **To stop a leak,** (i) étancher, aveugler, boucher, maîtriser, une voie d'eau; (ii) remédier à, étancher, une fuite (d'eau, etc.). **2.** *W.Tel:* **Grid-leak,** résistance *f* du circuit de la grille; résistance de fuite de la grille.

'leak-detector, *s.* Indique-fuite(s) *m, pl.* indique-fuites; cherche-fuite(s) *m, pl.* cherche-fuites. *El:* Indicateur *m* de pertes à la terre; déceleur *m* de fuites.

'leak-preventer, *s.* Anti-fuite *m inv* (pour radiateur, etc.).

'leak-proof, *a.* Étanche; à l'épreuve des fuites.

leak[2], *v.i.* **1.** (*Of tank, etc.*) Avoir une fuite; fuir, couler, suinter; perdre (son eau); (*of liquid*) fuir, couler. *The boiler is leaking,* il y a une fuite à la chaudière. *Our supply-tanks were leaking,* nos citernes ne retenaient plus l'eau. **To leak away,** (*of liquid*) se perdre; *Ph:* (*of energy*) se dégrader. **2.** *Nau:* (*Of ship, boat*) Faire eau; avoir une voie d'eau.

leak out, *v.i.* (*Of truth, news, etc.*) S'ébruiter, se divulguer, transpirer. **How did the news leak out?** comment cela s'est-il su? *It's bound to l. out,* cela se saura forcément. *To let a piece of news l. out,* laisser filtrer une nouvelle.

leaking[1], *a.* = LEAKY 1.

leaking[2], *s.* = LEAKAGE 1 (*a*).

leakage ['li:kedʒ], *s.* **1.** (*a*) Défaut *m* d'étanchéité; fuite *f* (d'eau, de gaz, d'un tonneau); perte *f*, échappement *m*, coulage *m* (d'eau); perte, fuite, déperdition *f*, déviation *f* (d'électricité) (par dispersion); *Tg:* dérivation *f.* **Leakage of wine** (*from cask*), avalage *m* du vin. **Leakage loss of a canal,** perte d'infiltration d'un canal. *I.C.E:* **Gasket leakage,** défaut d'étanchéité des joints; fuite de joint. *El.E:* **Leakage current,** courant *m* d'excitation. **Earth leakage,** perte à la terre; mauvais isolement. *Armature l.,* dispersion *f* d'induit. *Surface l. of insulator,* décharge superficielle sur l'isolateur. *See also* INDICATOR 2. *Tp: W.Tel:* **Leakage noises,** (bruits *m* de) friture *f.* (*b*) Fuites, pertes, coulage. **2.** *F:* (*a*) Coulage (dans une maison de commerce). (*b*) **Leakage of official secrets,** fuite de secrets officiels.

leakiness ['li:kinəs], *s.* Inétanchéité *f*; manque *m* d'étanchéité; tendance *f* à couler ou à faire eau. *Kettle useless on account of its l.,* bouilloire inutilisable parce qu'elle fuit.

leaky ['li:ki], *a.* **1.** (*a*) (Tonneau *m*) qui coule, qui perd, qui fuit. **Leaky shoes,** souliers *m* qui prennent l'eau. **Leaky pipes,** tuyauterie disjointe. *I.C.E:* **Leaky induction,** fuites *fpl* à l'admission. (*b*) (Bateau) qui fait eau; (bateau) gercé. **2.** *F:* (*a*) (*Of pers., tongue*) Indiscret, -ète; bavard. (*b*) *L. memory,* mémoire *f* peu fidèle.

leal [li:l], *a. Scot:* Loyal, -aux; fidèle. **The land of the leal,** le royaume des cieux, des bienheureux.

lealty ['li:əlti], *s. A:* Loyauté *f*, fidélité *f.*

lean[1] [li:n]. **1.** *a.* Maigre. (*a*) Amaigri, décharné; (*of animal*) efflanqué, étique. **Lean horse,** cheval élancé. *F:* **As lean as a shotten herring,** maigre comme un hareng, comme un clou; gras comme un cent de clous. (*b*) **Lean meat,** viande *f* maigre. (*c*) **Lean crops,** maigres récoltes *f.* **Lean years,** années *f* maigres, déficitaires; années de disette; *F:* période *f* de vaches maigres. **Lean clay,** argile *f* pauvre. **Lean coal,** houille *f* maigre. **Lean diet,** maigre régime; régime frugal. **2.** *s.* Maigre *m* (de la viande).

lean[2], *s.* Inclinaison *f. Outward l.,* inclinaison en dehors. **On the lean,** penché, incliné.

lean[3], *v.* (*p.t. & p.p.* **leant** [lent], *occ.* **leaned** [li:nd]) **1.** *v.i.* (*a*) S'appuyer (*against, on, sth.,* contre, sur, qch.). **To lean on one's elbow** *or* **on one's elbows,** s'accouder. **To lean (up) against the wall, with one's back against the wall; to lean back against the wall,** se mettre contre le mur; s'adosser au mur, contre le mur. *To l.* (*sideways*) *against the wall,* s'accoter au mur, contre le mur. *Leaning against . . .,* appuyé, adossé, accoté, contre. . . . *F:* **To lean on s.o. (for aid),** s'appuyer sur qn. *To l. on an influential friend,* s'étayer sur un ami influent. **To lean on a broken reed,** s'appuyer sur un roseau. *Mil:* **To lean on a wood,** être appuyé à un bois; s'appuyer sur un bois. (*b*) Se pencher (*over, towards, sth.,* sur, vers, qch.); (*of wall, building, etc.*) incliner, pencher, déverser. *She was leaning over his shoulder,* elle se penchait sur son épaule. (*c*) *To l. to, towards, mercy, to an opinion,* incliner vers la clémence, pour une opinion. *To l. to(wards) socialism,* pencher au socialisme. **To lean to romance,** donner dans le romanesque. **2.** *v.tr. To l. a ladder against the wall,* appuyer une échelle contre le mur. **To lean sth. (with its back) against sth.,** adosser qch. à qch. **To lean sth. (with its side) against sth.,** accoter qch. à qch.

lean back. 1. *v.i.* Se pencher en arrière. **To lean back in one's chair,** se renverser dans son fauteuil. **2.** *v.tr.* **To lean one's head back,** renverser la tête.

lean forward. 1. *v.i.* Se pencher en avant. **2.** *v.tr.* Pencher (la tête) en avant.

lean out, *v.i.* Se pencher au dehors. *To l. out of the window,* se pencher à, par, la fenêtre.

leaning[1], *a.* Penché, penchant. *L. wall,* mur *m* qui penche, hors d'aplomb. **The leaning tower of Pisa,** la tour penchée de Pise.

leaning[2], *s.* **1.** Inclination *f*, obliquité *f*, penchement *m* (d'une tour, etc.). **2.** Inclination (*towards,* pour); penchant *m* (*towards,* pour, vers); tendance *f* (*towards,* à). *To have leanings towards a party,* pencher pour un parti. **To have a leaning towards s.o.,** avoir un penchant pour qn.

lean-'to. 1. *Attrib.a.* Lean-to roof, comble *m* en appentis; toit *m* à un égout. 2. *s.* Appentis *m*; abat-vent *m inv*; hangar *m*.

Leander [li'andər]. *Pr.n.m. Gr.Myth:* Léandre.

leanness ['li:nnəs], *s.* Maigreur *f*.

leant [lent]. *See* LEAN[3].

leap[1] [li:p], *s.* 1. Saut *m*, bond *m*; soubresaut *m* (d'un cheval). **To take a leap,** faire un saut. **To take a leap in the dark,** faire un saut dans l'inconnu; s'aventurer; agir en aveugle. **His heart gave a leap,** son cœur bondit; il eut un bondissement de cœur, de joie. *To advance, progress,* **by leaps and bounds,** avancer par bonds et par sauts; prendre un essor prodigieux. *He is progressing by leaps and bounds,* il avance à pas de géant. *Prices are rising by leaps and bounds,* les prix augmentent, montent, d'une manière folle. *The circulation went up by leaps and bounds,* le tirage (du livre) allait augmentant à une allure vertigineuse. 2. Obstacle *m* (à sauter); saut. **Salmon leap,** chute *f* d'eau (que les saumons doivent sauter pour remonter). 3. *Geol: Min:* **Leap up,** rejet *m* en haut (d'un filon). **Leap down,** rejet en bas.

'leap-day, *s.* Jour *m* intercalaire; vingt-neuvième jour ajouté au mois de février; le 29 février.

'leap-frog[1], *s. Games:* Saute-mouton *m*.

'leap-frog[2], *v.tr. & i.* Sauter (qch.) comme à saute-mouton.

'leap-year, *s.* Année *f* bissextile.

leap[2], *v.* (*p.t. & p.p.* **leaped** [li:pt] *or* **leapt** [lept]) 1. *v.i.* (*a*) Sauter, bondir; (*of horse, etc.*) soubresauter. **To leap to one's feet,** se lever brusquement; être sur pied d'un bond. *To l. over the ditch,* sauter le fossé; franchir le fossé (d'un bond). *To l. on to one's horse,* sauter à cheval. (*Of fish*) **To leap at flies,** moucheronner. *F:* **To leap at an offer,** sauter sur une offre. *To l. at the opportunity,* saisir l'occasion au vol. **To leap for joy,** sauter de joie. *His heart leapt (for joy),* son cœur bondit, tressaillit, de joie. **He was ready to leap out of his skin,** il ne se sentait pas de joie, de colère, d'indignation, etc. **To leap up with indignation,** sursauter d'indignation. **To leap right into romance,** sauter de plain-pied dans le roman. **He leapt away,** il s'échappa d'un bond. *See also* HEART[1] 1, LOOK[2] 1. (*b*) (*Of flame, etc.*) **To leap (up),** jaillir. 2. *v.tr.* (*a*) Sauter (un fossé); franchir (un fossé) d'un saut. (*b*) (*Cause to leap*) **To leap a horse over a ditch,** faire sauter, faire franchir, un fossé à un cheval.

leaping[1], *a.* 1. (Animal, etc.) sautillant, bondissant; (*of gait, etc.*) capricant. 2. **Leaping flames,** flammes jaillissantes.

leaping[2], *s.* 1. (*a*) Action *f* de sauter; le saut. (*b*) Sauts. 2. Franchissement *m* (d'une haie, etc.).

leapable ['li:pəbl], *a.* (Fossé *m*, etc.) franchissable d'un saut.

leaper ['li:pər], *s.* Sauteur, -euse.

leapt [lept]. *See* LEAP[2].

learn [lə:rn], *v.tr.* (*p.t. & p.p.* **learnt** [lə:rnt] *or* **learned** [lə:rnd]) 1. Apprendre (le français, les mathématiques, etc.). **To learn to read,** apprendre à lire. *It is easily learnt,* cela s'apprend facilement. **To learn from one's mistakes,** mettre à profit les fautes commises. **He has everything to learn about . . .,** il ignore tout de. . . . *Abs.* **To like to learn,** aimer à apprendre, à s'instruire. *F:* **I have learnt better since then,** j'en sais plus long, je m'y connais mieux, maintenant. *Prov:* **It is never too late to learn; live and learn,** on apprend à tout âge. *See also* HEART[1] 2, ROTE. 2. Apprendre (une nouvelle, etc.). *We are sorry to l. that . . .,* nous sommes désolés d'apprendre que. . . . **To learn sth. about s.o.,** apprendre qch. sur le compte de qn. **I have yet to learn** *why you absented yourself without leave,* j'ignore encore pourquoi vous vous êtes absenté sans permission. 3. *A. & P:* (*Teach*) **To learn s.o. sth.,** apprendre qch. à qn. *P:* **I'll learn** [la:rn] **you to speak to me like that,** je vous apprendrai à me parler de la sorte. *That'll l. him!* ça lui apprendra! c'est bien fait!

learn up, *v.tr.* 1. Apprendre (qch.) par cœur. 2. Répéter (une leçon).

learned ['lə:rnid], *a.* Savant, instruit, érudit, docte. **Learned treatise,** traité savant. **Learned words,** mots savants, *F:* mots en "us." **Learned profession,** profession libérale. **To be learned in the law,** être versé dans le droit; être grand juriste. **-ly,** *adv.* Savamment. *To discourse l. on sth.,* discourir doctement, avec érudition, de qch. *Indigestion is l. spoken of as dyspepsia,* l'indigestion, en langue savante, s'appelle la dyspepsie.

learning, *s.* 1. Action *f* d'apprendre. *The l. of the lessons,* l'étude *f* des leçons. 2. Science *f*, instruction *f*, érudition *f*, savoir *m*, connaissances *fpl*. **Seat of learning,** centre intellectuel. **Man of great learning,** homme de grand savoir; *F:* un puits de science. *He is your equal in l.,* il vous égale en savoir. *Advantages of l.,* avantages *m* de l'instruction. **Polite learning,** belles-lettres *fpl*. *Hist:* **The New Learning,** la Renaissance. *See also* BOOK-LEARNING.

learnable ['lə:rnəbl], *a.* Qui peut être appris; qui peut s'apprendre.

learnedness ['lə:rnidnəs], *s.* Instruction *f*, érudition *f*, savoir *m*, connaissances *fpl*. *The l. of their conversation,* leur conversation érudite.

learner ['lə:rnər], *s.* 1. Celui qui apprend. *To be a quick l.,* apprendre facilement. 2. Élève *mf*, commençant, -ante, débutant, apprenti. *Aut:* Élève chauffeur.

leasable ['li:səbl], *a.* Affermable.

lease[1] [li:s], *s. Tex:* Envergeure *f*, encroix *m*.

lease[2], *s. Jur:* (*a*) Bail *m*, *pl.* baux. **Long lease,** bail à long terme, à longue échéance. **(Ninety-nine year) building-lease,** bail emphytéotique. **Lease of a dwelling,** bail à loyer. **Lease of a farm, of ground, of land,** bail à ferme. **To take land on lease,** louer une terre à bail; affermer une terre. *Lands out on l.,* terres louées à bail. **To take a new lease, to renew the lease, of a house,** renouveler le bail d'une maison. *F:* **To take (on) a new lease of life,** renaître, se reprendre, à la vie; faire corps neuf; renouveler son bail de vie. *The sea air gave him a new l. of life,* l'air de la mer lui a donné un renouveau de vie, un regain de vie. (*b*) Concession *f* (d'une source d'énergie, etc.).

lease[3], *v.tr.* 1. To lease (out), louer; donner (une maison) à bail; affermer (une terre); amodier (une ferme, des droits de pêche, etc.). 2. Prendre (une maison) à bail; louer (une maison); affermer (une terre).

leasing[1], *s.* Location *f* à bail; affermage *m*.

lease[4], *v.tr. Tex:* Mettre (le fil, etc.) en échevettes.

leasehold ['li:should]. 1. *s.* (*a*) Tenure *f* à bail, *esp.* tenure en vertu d'un bail emphytéotique. (*b*) Propriété *f*, immeuble *m*, loués à bail. 2. *a.* Tenu à bail.

leaseholder ['li:shouldər], *s.* Locataire *mf* ou affermataire *mf* à bail.

leash[1] [li:ʃ], *s.* 1. Laisse *f*, attache *f*. **On the leash,** (chien *m*) en laisse, à l'attache. *To put a dog on the l.,* mettre un chien à l'attache. **To hold a dog in leash,** tenir un chien en laisse. **To hold a dog,** *F:* **s.o., on a short leash,** tenir un chien, *F:* qn, de court. 2. (*a*) *Ven:* Harde *f* (de trois chiens, de trois faucons, etc.). (*b*) *F:* **A leash of . . .,** un trio de. . . . 3. *Tex:* Lisse *f*; cordon transversal de lame.

leash[2], *v.tr.* 1. Mettre (un chien) à l'attache; attacher la laisse à (un chien). 2. *Ven:* Harder par trois (des chiens courants, etc.). **Leashed hounds,** chiens à l'accouple.

leasing[2] ['li:ziŋ], *s. A. & B:* Mensonge *m*.

least [li:st]. 1. *a.* (*a*) (The) least, (le, la) moindre, (le, la) plus petit(e). *He hasn't the l. chance,* il n'a pas la moindre chance. *He flares up at the l. thing,* il se fâche pour un rien, pour un oui ou pour un non. *I'm* **not the least bit** *musical,* je ne suis pas musicien pour un sou. *Arith:* **The least common multiple,** le plus petit commun multiple. **Least squares,** moindres carrés. *See also* LAST[4] I. 1, RESISTANCE 2. (*b*) *A:* Le moins important. *Still used in such phrases as:* **This was not the least of his services,** ce n'est pas le moindre des services qu'il nous a rendus. *F:* **That is the least of my cares,** ça, c'est le dernier, le cadet, de mes soucis. 2. *s.* (The) least, (le) moins. **To say the least (of it),** pour ne pas dire plus; pour ne rien dire de plus; pour ne pas dire mieux; pour ne pas mieux dire; au bas mot. **At least,** (tout) au moins, à tout le moins. **I can at least try,** je peux toujours essayer. **But at least it must . . .,** encore faut-il que. . . . *It cost him at l. a hundred,* cela lui a coûté cent livres au bas mot. *It would at l. be advisable to . . .,* il conviendrait tout le moins de. . . . *You should at l. have warned me,* au moins auriez-vous dû m'avertir. *He is back, at l. so it is said,* il est de retour, du moins on l'affirme. *He is at l. as tall as you,* il est pour le moins aussi grand que vous. *A hundred pounds* **at the (very) least,** (tout) au moins cent livres; cent livres pour le moins, au bas mot. **Not in the least (degree),** pas le moins du monde; pas du tout; aucunement, nullement. **It does not matter in the least,** cela n'a pas la moindre importance; cela n'a aucune importance. *I don't understand in the l. what you are saying, F:* je n'entends goutte à ce que vous dites. *Prov:* **(The) least said (the) soonest mended,** trop gratter cuit, trop parler nuit; moins on parle mieux cela vaut; mieux vaut se taire que mal parler. 3. *adv.* (The) least, (le) moins. *The l. unhappy,* le moins malheureux. *He deserves it* **least of all,** il le mérite moins que tous les autres; il le mérite moins que personne. *Don't tell anyone, l. of all your brother,* n'en dites rien, à votre frère moins qu'à personne. *L. of all could it be argued that . . .,* ce n'est qu'en dernier lieu qu'on pourrait arguer que. . . . *L. of all would I . . .,* je ne voudrais surtout pas. . . .

leastways ['li:stweiz], *adv. Dial. & P:* En tout cas . . .; ou du moins. . . .

leat [li:t], *s. Hyd.E:* Canal *m* d'amenée; (canal de) dérivation *f*; bief *m*, biez *m*, buse *f*, abée *f*, bée *f* (de moulin); rayère *f*, reillère *f*.

leather[1] ['leðər], *s.* 1. Cuir *m*. **Undressed leather,** cuir d'œuvre; cuir inapprêté; cuir cru. **Waxed leather, tallowed leather,** cuir en suif. **White leather,** cuir mégis, cuir blanc, cuir aluné. **Brown leather,** cuir havane. **Russia leather,** cuir de Russie. **Leather bottle,** outre *f*. **Leather shoes,** chaussures *f* en cuir. **Leather apron,** tablier *m* de cuir. **Fancy leather goods,** maroquinerie *f*. *L. suit-case,* valise *f* en cuir, en vache. *Mil:* **Leather equipment,** buffleterie *f*. *Equit: F:* **To lose leather,** s'écorcher, s'excorier; *F:* faire du bifteck. **Nothing like leather!** = vous êtes orfèvre, Monsieur Josse! *See also* GRAIN-LEATHER, HELL 2, MOROCCO 2, NEAT'S LEATHER, PATENT[1] I. 2, PEBBLE-LEATHER, SHOE-LEATHER, SOLE[1] 2, SPANISH 1, WASH-LEATHER. 2. (*a*) Cuir (de pompe, de soupape, etc.). **Hand-leather,** manique *f* (de cordonnier, etc.); *Nau:* paumelle *f* (de voilier, etc.). **Upper leather** (*of shoe*), empeigne *f*. *Sp: F:* **The leather,** *Cr:* la balle; *Fb:* le ballon. *Cr: F:* **Leather hunting,** chasse *f* à la balle. *See also* GALLING[2], PUMP-LEATHER, SCUPPER-LEATHER, SIDE-LEATHER, SPUR-LEATHER, TAIL-LEATHER. (*b*) = STIRRUP-LEATHER. *To shorten one's leathers,* raccourcir ses étrivières. (*c*) *pl.* **Leathers,** culotte *f* ou guêtres *f* de cuir. 3. **Artificial leather,** similicuir *m*. **American leather,** moleskine *f*.

'leather-back, *s. Rept:* Tortue *f* à cuir; tortue lyre, tortue luth.

'leather-'board, *s.* Carton-cuir *m*, *pl.* cartons-cuir.

'leather-'bottomed, *a.* (Chaise *f*) à fond de cuir.

'leather-bound, *a.* (Livre) relié (en) cuir.

'leather-cloth, *s.* Toile *f* cuir.

'leather-dresser, *s.* Mégissier *m*, peaussier *m*.

'leather-dressing, *s.* Mégisserie *f*, mégie *f*, peausserie *f*.

'leather-jacket, *s.* 1. *Ich:* (*a*) Baliste *m*. (*b*) Monacanthe *m*. 2. *Ent:* Larve *f* de la tipule.

'leather-like, *a.* Qui ressemble au cuir; (*of food*) coriace.

'leather-paper, *s.* Papier *m* maroquin.

'leather-wood, *s. Bot:* Dirca *m*; bois-cuir *m*.

'leather-work, *s.* 1. Travail *m* en cuir; travail du cuir. 2. (*a*) Cuirs (d'une carrosserie, etc.). (*b*) **Fancy leather-work,** maroquinerie *f*.

leather[2], *v.tr.* 1. (*a*) Garnir (qch.) de cuir. (*b*) **To become leathered,** durcir; prendre la consistance du cuir. 2. *F:* Tanner le cuir à (qn); étriller, rosser (qn).

leathering, *s. F:* Raclée *f*, rossée *f*. **To give s.o. a leathering**, tanner le cuir à qn.

leatherette [leðə'ret], *s.* Similicuir *m*; (i) papier-cuir *m*, *pl.* papiers-cuir; (ii) tissu *m* cuir; toile *f* cuir.

leathern ['leðərn], *a.* De cuir; en cuir.

leatheroid ['leðərɔid], *s.* Cuir *m* d'œuvre artificiel (à base de papier).

leathery ['leðəri], *a.* Qui ressemble au cuir; (*of food*) coriace. *Rept:* **Leathery turtle** = LEATHER-BACK.

leave[1] [li:v], *s.* **1.** Permission *f*, autorisation *f*, permis *m*. **Leave to go out**, permission (de sortir); exeat *m*. **Leave to land**, permis de débarquer. **To beg leave to do sth.**, (i) demander la permission de faire qch.; demander à faire qch.; (ii) *F:* prendre la liberté de faire qch. **To give, grant, s.o. leave to do sth.**, donner, accorder, à qn la permission de faire qch.; permettre à qn, accorder à qn, de faire qch.; autoriser qn à faire qch. **To take leave to do sth.**, prendre la liberté de faire qch.; se permettre de faire qch. *I may take l. to add that . . .*, je me permettrai d'ajouter que. . . . **By your leave, with your leave**, avec votre permission; si vous le voulez bien; ne vous en déplaise. *With not even a by your l.*, *without even saying by your l.*, **without with your leave or by your leave**, sans même en demander la permission. **2.** (*a*) *Mil: Navy: etc:* **Leave (of absence)**, (*in months*) congé *m*; (*in days*) permission *f*. *Special short l.*, permission supplémentaire. **Shore leave**, sortie *f* à terre; permission d'aller à terre. *To apply for l.*, demander un congé ou une permission. **To be on short leave, on leave of absence**, être en permission. **To be on long leave**, être en congé. *Soldier, sailor, on l.*, permissionnaire *m*. *All l. is stopped*, toutes les permissions sont suspendues. **Absence without leave**, absence illégale. **To break leave**, s'absenter sans permission. **To overstay one's leave**, dépasser son congé; *Navy: F:* tirer une bordée. *See also* FULL-PAY, SICK-LEAVE. (*b*) **Release of prisoner on ticket of leave**, libération conditionnelle. *To be out on ticket of l.*, être libéré conditionnellement. *To break one's ticket of l.*, rompre son ban. **Ticket-of-leave man**, (prisonnier) libéré *m* conditionnellement; *P:* fagot *m*. **3.** Adieux *mpl*, congé. **To take one's leave**, prendre congé; faire ses adieux. **To take leave of s.o.**, prendre congé de qn; faire ses adieux à qn. *F: To take l. of pleasures*, dire adieu aux plaisirs. **To take French leave**, (i) filer, s'en aller, à l'anglaise; s'éclipser, s'esquiver; (ii) agir sans attendre la permission. *To take French l. of s.o.*, brûler la politesse à qn. *See also* SENSE[1] 2. **4.** *Bill:* Jeu livré à l'adversaire. **To give one's opponent a leave**, livrer du jeu à son adversaire.

'leave-book, *s. Mil: Navy:* Cahier *m* des permissionnaires.

'leave-breaker, *s. Navy: F:* Tireur *m* de bordée; coureur *m* de bordée.

'leave-breaking, *s.* Dépassement *m* de son congé; absence illégale.

'leave-taking, *s.* Adieux *mpl*.

leave[2], *v.tr.* (*p.t.* **left** [left]; *p.p.* **left**) **1.** Laisser. (*a*) *He left his hat on the table*, il a laissé son chapeau sur la table. *To l. one's fountain-pen at home*, oublier son stylo. *F:* **Take it or leave it**, c'est à prendre ou à laisser. *To invite s.o. to take it or l. it*, mettre à qn le marché en main. *See also* DESIRE[2] 1. (*b*) *To l. a wife and three children*, laisser une femme et trois enfants. **To be well, badly, left**, être laissé dans l'opulence, dans la gêne. *See also* PENNILESS. (*c*) **To leave one's money to s.o.**, laisser, léguer, sa fortune à qn. *He was left a legacy*, il lui échut un héritage. (*d*) (*With complement*) **To leave the door open**, laisser la porte ouverte. *The house was left empty for a few minutes*, la maison se trouva vide pendant quelques minutes. *To l. sth. unfinished*, laisser qch. inachevé. *To l. a page blank*, laisser une page en blanc. *Blue cover with title left in white*, couverture bleue avec titre en réserve blanche. *To l. s.o. free to do what he wants*, laisser qn libre de faire ce qu'il veut. *You won't l. me to have my dinner alone?* vous n'allez pas me laisser dîner tout seul? *Don't l. her standing there*, ne la laissez pas plantée là. *She had been left a widow at thirty*, elle était restée veuve à trente ans. **Left to oneself**, livré à soi-même. *L. him to himself*, laissez-le faire. *Left to myself I should act differently*, si j'étais libre j'agirais autrement. *I wish to be left to my own thoughts*, je désire qu'on me laisse seul avec mes pensées. **Let us leave it at that**, demeurons-en là. *It's bad psychology.—We will l. it at that*, c'est de la mauvaise psychologie.—Soit, et n'en parlons plus. *See also* ALONE 2, COLD[1] 2, INDIFFERENT 2, STANDING[1] 1, UNSAID 2. (*e*) **To leave hold**, *F:* **leave go, of sth.**, lâcher qch. *Don't l. go of the rope*, ne lâchez pas la corde. (*f*) *To l. one's bag, hat*, **in the cloak-room**, laisser, déposer, sa valise à la consigne; déposer son chapeau au vestiaire. **Left luggage**, bagages déposés à la consigne. **Left-luggage office**, consigne. **Left-luggage ticket**, bulletin *m* de consigne. **To leave sth. with s.o.**, déposer qch. entre les mains de qn; confier qch. à qn. **To leave s.o. in charge of sth.**, laisser à qn la garde de qch. *To depart without leaving one's address*, partir sans laisser son adresse. *To l. a message for s.o.* (*that . . .*), laisser un mot, un billet, pour qn; faire dire à qn que . . ., (faire) prévenir qn que. . . . *Has anything been left for me?* a-t-on déposé quelque chose pour moi? *See also* CALL FOR, CARD[1] 2, MARK[1] 4, WORD[1] 3. (*g*) **To leave s.o. to do sth.**, laisser qn faire qch.; laisser à qn le soin de faire qch. *Then the judge leaves the jury to find their verdict*, le juge suspend l'audience pour que le jury puisse délibérer. *I l. the reader to judge*, je laisse à juger au lecteur. **I leave it to you**, je m'en remets à vous, je m'en rapporte à vous, je m'en fie à vous. **Leave it to me**, remettez-vous-en à moi; laissez-moi faire; je m'en charge; j'en fais mon affaire. **Leave it to time**, laissez faire le temps; laissez faire au temps. **Nothing was left to accident**, on avait paré à toutes les éventualités. *I l. it to you to decide*, je vous laisse le soin de décider. *I l. it to you whether I am right or wrong*, je vous laisse à juger si j'ai tort ou raison. *He left it to others to work out the details*, il laissait à d'autres le soin d'élaborer les détails. *It was left for his sons to complete the work*, ce fut à ses fils d'achever le travail. (*h*) *Bill:* **To leave the balls in a good, bad, position**, donner un bon, mauvais, acquit. **To leave nothing for one's opponent**, tirer la carotte; jouer la carotte. (*i*) **To be left**, rester. *There are three bottles left*, il reste trois bouteilles. *There are no strawberries left*, il ne reste plus de fraises. *I have none left*, il ne m'en reste plus. *To stake what money one has left*, jouer le reste de son argent. *To gather together what is left of one's fortune*, réunir les débris de sa fortune. *He had no choice left*, il ne lui restait plus de choix. **Nothing was left to me but to . . .**, il ne me restait qu'à. . . . (*j*) *Arith: Three from seven leaves four*, trois ôté de sept reste quatre. **2.** (*a*) Quitter (un endroit, qn). *He has left London*, il est parti de Londres; il a quitté Londres. *I l. home at eight o'clock*, je pars de la maison à huit heures. *See also* HOME[1] I. 1. *She never leaves the house*, elle ne sort jamais de la maison. *To l. the room*, sortir (de la salle). **To leave one's bed**, quitter le lit; sortir de son lit. *You may l. us*, vous pouvez nous laisser; vous pouvez vous retirer. *His eyes never left her*, il ne la quittait pas des yeux. **To leave the table**, se lever de table. *On leaving the theatre, the meeting*, à la sortie du théâtre; à l'issue de la réunion. *To l. one's situation*, quitter son emploi. *Mil: Navy:* **To leave the service**, quitter le service. **On leaving school** *he went into an office*, au sortir du collège, sitôt après l'école, il entra dans un bureau. *Abs.* **I am leaving at Christmas**, je quitte l'école, je quitte mon emploi, à Noël. (*Of small bird, F: of child*) **To leave the nest**, prendre sa volée. *We left the church on our right*, nous laissâmes l'église à droite. *F:* **How did you leave your relations?** comment se portaient vos parents quand vous les avez quittés? *Nau:* **To leave harbour**, sortir du port. *Mil: To l. the trenches for rest billets*, redescendre des tranchées. *Abs.* **We leave to-morrow**, nous partons demain. *We are leaving for Paris*, nous partons pour Paris. *He left again yesterday*, il est reparti hier. *He has just left*, il sort d'ici. **(Just) as he was leaving, on leaving**, au moment de son départ; en sortant, en partant. *I was just leaving when . . .*, j'étais sur mon départ lorsque. . . . (*b*) Abandonner. *B: They left all and followed Him*, abandonnant tout ils le suivirent. *To l. one's wife*, quitter sa femme; se séparer d'avec sa femme. (*c*) *F:* **To get left**, être dépassé par ses concurrents. *See also* LURCH[1]. (*d*) (*Of train*) **To leave the track, the rails**, dérailler. *The car left the road*, la voiture a quitté la route. (*Of gramophone needle*) *To l. the sound-groove*, dérailler. (*e*) (*Of valve*) *To l. its seat*, décoller.

leave about, *v.tr.* Laisser traîner (des objets de valeur, etc.).

leave behind, *v.tr.* **1.** Laisser, oublier (son parapluie), partir sans (qn). **2.** Laisser (des traces, une odeur, etc.). **3.** Devancer, distancer, dépasser, laisser en arrière, laisser derrière soi (un rival, etc.). *Sp: To l. a competitor behind, F:* semer, lâcher, un concurrent.

leave off. **1.** *v.tr.* (*a*) Cesser de porter, ne plus mettre (un vêtement); quitter (un vêtement d'hiver, etc.). (*b*) Quitter, renoncer à (une habitude). *To l. off smoking*, renoncer au tabac. (*c*) **To leave off work**, cesser le travail. *To l. off crying*, cesser de pleurer. *He left off studying law*, il abandonna le droit. (*With ellipsis*) *At thirty he left off courtier and took orders*, à l'âge de trente ans il abandonna la cour et entra dans les ordres. **2.** *v.i.* Cesser, s'arrêter; en rester là. *Where did we l. off?* où en sommes-nous restés (de notre lecture, etc.)? **Leave off!** cessez donc! finissez! *If the rain does not l. off*, si la pluie ne cesse pas; si la pluie persiste. *The rain never left off*, la pluie tombait sans discontinuer.

left-off, *a.* **Left-off clothing, s. left-offs**, (i) vieilles frusques; (ii) *Com:* friperie *f*.

leaving off, *s.* Cessation *f*. *Ind:* **Leaving-off time**, heure *f* de la sortie des ateliers.

leave out, *v.tr.* **1.** Exclure (qn). *To ask to be left out of an agreement*, demander à être exclu d'un pacte. *See also* COLD[2] 1. **2.** (*a*) Omettre (qch.). *To l. out the details*, supprimer, omettre, les détails. (*b*) Oublier. *To l. out a line (in copying)*, sauter une ligne. *Words that have been left out*, mots qui sont restés au bout de la plume. (*c*) *Mus: To l. out notes*, croquer des notes.

leaving out, *s.* **1.** Exclusion *f* (de qn). **2.** Omission *f*, oubli *m* (de qch.).

leave over, *v.tr.* **1.** Remettre (une affaire) à plus tard. **2.** **To be left over**, rester. *If there are any goods left over from the sale . . .*, s'il reste encore des articles après la vente. . . . *You may keep what is left over*, vous pouvez garder le surplus.

left-over. **1.** *a.* (Provisions *f*, etc.) de surplus, en surplus. *Com:* **Left-over stock, s.pl. left-overs**, restes *m*. *F:* **Left-over moments**, temps inoccupé. **2.** *s.* (*a*) Survivance *f* (des temps passés). (*b*) *P:* (*Of pers.*) Vieille baderne.

leaving, *s.* **1.** Départ *m*. *Sch:* **Leaving examination**, examen *m* de sortie. **Leaving certificate**, certificat *m* d'études (secondaires). *See also* SCHOOL-LEAVING. **2.** *pl.* **Leavings.** (*a*) Restes *m*; débris *m*; reliefs *m* (d'un repas). (*b*) *Min:* Stériles *m*.

leave[3], *v.i.* = LEAF[2].

leaved [li:vd], *a.* **1.** (*a*) Feuillé, feuillu. *Her:* Feuillé. (*b*) (*With adj. or num. prefixed, e.g.*) **Thick-leaved**, aux feuilles épaisses. **Three-leaved**, (volet *m*, paravent *m*, etc.) à trois feuilles. **Broad-leaved tree**, arbre feuillu, à larges feuilles. *Bot:* **Long-leaved**, longifolié. **Narrow-leaved**, à feuilles étroites, linéaires; *Bot:* angustifolié, sténophylle. **Ivy-leaved**, à feuilles de lierre. *See also* FOUR-LEAVED, GREEN-LEAVED, ONE-LEAVED. **2.** (Porte *f*) à deux battants; (table *f*) à rallonges.

leaven[1] [levn], *s.* Levain *m*. *F:* **To purge out the old leaven**, se défaire du vieux levain (du péché). **A leaven of revolt, of hate**, un levain de révolte, de haine.

leaven[2], *v.tr.* **1.** Faire lever (le pain, la pâte). **2.** *F:* Modifier, transformer (le caractère d'un peuple, etc.) (*with*, par); imprégner (*with*, de). *Severity leavened with a little sweetness*, sévérité tempérée par un peu de douceur.

leavening, *a.* **Leavening influences**, influences transformatives.

leaver ['li:vər], *s.* **1.** Personne *f* qui laisse, qui a laissé (qch.). **2.** Personne sur le point de partir ou de prendre congé.
leaves [li:vz]. *See* LEAF[1].
Lebanese [lebə'ni:z], *a.* & *s.* *Geog:* Libanais, -aise.
Lebanon ['lebənən]. *Pr.n. Geog:* Le Liban.
lecher [letʃər], *s.* *A:* Libertin *m*, débauché *m*.
lecherous ['letʃərəs], *a.* Lascif, libertin, lubrique, débauché; (*of old man*) paillard. **-ly,** *adv.* Lascivement, lubriquement; en libertin.
lecherousness ['letʃərəsnəs], **lechery** ['letʃəri], *s.* Lasciveté *f*, lubricité *f*, libertinage *m*, luxure *f*; paillardise *f*.
lecithin ['lesiθin], *s.* *Ch:* Lécithine *f*.
lectern ['lektərn], *s.* *Ecc:* Lutrin *m*, aigle *m*. *To read the lesson from the l.*, lire la leçon au lutrin.
lectionary ['lekʃənəri], *s.* *Ecc:* Lectionnaire *m*.
lector ['lektər], *s.* **1.** *Ecc:* *A:* Lecteur *m*. **2.** *Sch:* Chargé *m* de cours.
lecture[1] ['lektjər], *s.* **1.** Conférence *f* (*on*, sur); leçon *f* (*on*, de). *Course of lectures on history*, cours *m* d'histoire. **To give, deliver, a lecture,** faire une conférence. *To attend a l.*, assister à une conférence. **To attend lectures,** suivre un cours. **Lantern lecture,** *l. with slides*, conférence avec projections, conférence illustrée par des projections. *See also* UNIVERSITY. **2.** *F:* Sermon *m*, semonce *f*, mercuriale *f*. **To read s.o. a lecture,** faire une semonce, faire la morale, à qn; semoncer qn; sermonner qn; chapitrer qn; *F:* faire une homélie à qn. **To get a lecture,** recevoir une semonce. *See also* CURTAIN-LECTURE.
'lecture-hall, -room, *s.* Salle *f* de conférences; amphithéâtre *m*.
lecture[2]. **1.** *v.i.* Faire une conférence, des conférences; faire un cours. **To lecture on history,** (i) faire un cours d'histoire; (ii) parler sur l'histoire. *He lectured on Eastern affairs*, il a traité des affaires d'Orient. *After lecturing for half an hour*, après avoir discouru une demi-heure. **To lecture to students,** faire une conférence, des conférences, faire un cours, à des étudiants. **2.** *v.tr.* *F:* Sermonner, semoncer, réprimander, chapitrer, catéchiser, morigéner (qn); faire la morale à (qn); débiter une tirade à (qn).
lecturing, *s.* Cours *mpl*; conférences *fpl*.
lecturer ['lektjərər], *s.* **1.** Conférencier, -ière. **2.** *Sch:* (*With permanent appointment*) Maître *m* de conférences; (*with temporary appointment*) chargé *m* de cours; (*foreigner in French university*) lecteur, -trice.
lectureship ['lektjərʃip], *s.* *Sch:* Maîtrise *f* de conférences; poste *m* de lecteur, -trice.
lecyth ['lesiθ], **lecythis** [le'siθis], *s.* *Bot:* Lécythis *m*. **Lecythis ollaria,** jacapucayo *m*.
lecythus, -i ['lesiθəs, -ai], *s.* *Cl.Archeol:* Lécythe *m*.
led [led]. *See* LEAD[4].
Leda ['li:də]. *Pr.n.f.* *Gr.Myth:* Léda.
ledge[1] [ledʒ], *s.* **1.** Rebord *m*; saillie *f*; (*on wall, building*) corniche *f*, épaulement *m*, projecture *f*. **Ledge of rock,** corniche de rocher; méplat *m*. *See also* WINDOW-LEDGE. **2.** (*Awash or under water*) Banc *m*, chaîne *f* (de rochers); banc de récifs. **3.** *N.Arch:* Hiloire transversale. **4.** *Civ.E:* Berme *f*, ressaut *m* (d'une voie).
ledge[2], *v.tr.* Poser (qch.) sur un rebord, sur une saillie. *The foot of the ladder was ledged on the window-sill*, le pied de l'échelle portait sur le rebord de la fenêtre.
ledged [ledʒd], *a.* **Ledged rock,** rocher *m* à méplats, à corniches.
ledger ['ledʒər], *s.* **1.** (*a*) *Book-k:* *Com:* *Ind:* Grand livre. **Goods-sold ledger,** grand livre de ventes. **Goods-bought ledger,** grand livre d'achats. **Pay-roll ledger,** grand livre de paye; *Navy:* cahier *m* de solde. (*b*) *U.S:* Registre *m*. **2.** *Const:* **Ledger(-pole),** moise *f*, filière *f* (d'échafaudage). **3.** **Ledger(-stone),** dalle *f* tumulaire; dalle funéraire; pierre tombale. **4.** *Min:* **Ledger(-wall),** chevet *m* (de filon).
'ledger-bait, *s.* Amorce *f* de fond; appât *m* de fond.
'ledger-blade, *s.* *Tex:* Lame *f* femelle (de tondeuse).
'ledger-hook, *s.* *Fish:* Hameçon *m* de ligne dormante.
'ledger-line, *s.* **1.** *Fish:* Ligne dormante; ligne de fond; bricole *f*. **2.** *Mus:* Ligne postiche; ligne supplémentaire, additionnelle, ajoutée (à la portée).
'ledger-tackle, *s.* *Fish:* Appareil *m* de fond.
'ledger-work, *s.* *Book-k:* Écritures *f* au grand livre; tenue *f* du grand livre.
lee [li:], *s.* (*a*) *Nau:* Côté *m* sous le vent. **Under the lee of the land,** sous le vent de la terre; à l'abri de la terre. **To bring a vessel by the lee,** empanner un vaisseau. (*Of ship*) *To be brought by the lee*, empanner. *See also* ALEE, LURCH[2] 1. (*b*) Abri *m* (contre le vent). *Under the lee*, à l'abri du vent. *Cottage under the lee of the hill*, chaumière abritée par la colline.
'lee-board, *s.* *Nau:* Aile *f* de dérive; semelle *f* de dérive; dérive *f*, dériveur *m*.
'lee-current, *s.* *Nau:* Courant *m* portant sous le vent.
'lee-ga(u)ge, *s.* *Nau:* Dessous *m* du vent; désavantage *m* du vent. **To have the lee-gauge of a ship,** être sous le vent d'un navire.
'lee-helm, *s.* *Nau:* Barre *f* dessous. (*Of ship*) **To carry lee-helm,** être mou.
'lee-most, *a.* (Vaisseau, etc.) le plus éloigné du côté sous le vent.
'lee-sheet, *s.* *Nau:* Écoute *f* sous le vent.
'lee-shore, *s.* *Nau* Terre *f* sous le vent.
'lee-side, *s.* (*a*) *Nau:* Côté *m* sous le vent. (*b*) *Hort:* *etc:* Côté abrité contre le vent.
'lee-tide, *s.* Marée *f* qui porte sous le vent.
leech[1] [li:tʃ], *s.* **1.** *Ann:* Sangsue *f*. **The leeches,** les sangsues, les bdellaires *m*. **Leech-breeding,** hirudi(ni)culture *f*. *Med:* **To apply leeches to s.o.,** mettre, poser, des sangsues à qn. *See also* HORSE-LEECH 2, STICK[2] II. 2. **2.** *Med:* **Artificial leech,** sangsue artificielle; ventouse scarifiée. **3.** *F:* Importun, -e; colleur, -euse.
leech[2], *s.* *A.* & *Hum:* Médecin *m*. *See also* HORSE-LEECH 1.
leech[3], *s.* *Nau:* Chute *f* arrière (de voile). *See also* LUFF[1] 1, WEATHER-LEECH.
'leech-line, *s.* *Nau:* Cargue-bouline *f*, *pl.* cargues-boulines.
'leech-rope, *s.* *Nau:* Ralingue *f* de chute.
leechcraft ['li:tʃkrɑ:ft], *s.* *A.* & *Hum:* La médecine; l'art *m* de guérir.
leek [li:k], *s.* *Bot:* *Hort:* Poireau *m*. **Stone leek,** ciboule *f*. **Sand leek,** rocambole *f*. *F:* **To eat the leek,** filer doux; avaler un affront; *F:* avaler un crapaud, une couleuvre. (Allusion à l'insulte faite à Fluellen, Gallois dont le poireau est l'emblème national, et à la satisfaction qu'il exige de Pistol, dans *King Henry V*, de Shakespeare.) **Leek green,** vert poireau (*m*) *inv*.
leer[1] ['li:ər], *s.* (*a*) Œillade *f* en dessous; regard de côté (malicieux et mauvais). (*b*) Regard paillard; regard polisson.
leer[2], *v.i.* **To leer at s.o.,** (i) lorgner, guigner, (qn) d'un air méchant; (ii) lancer des œillades à qn; fixer sur qn un regard paillard, polisson.
leering, *a.* (Regard) en dessous, paillard, polisson. **-ly,** *adv.* **1.** Avec un regard narquois et méchant. **2.** Avec un regard paillard, polisson.
leer[3], *s.* *Glassm:* Four *m* à recuire; four de recuite.
leery ['li:əri], *a.* *P:* **1.** Rusé, malin. **2.** **To be leery of s.o.,** soupçonner qn.
lees [li:z], *s.pl.* Lie *f* (de vin, etc.). **To drink, drain, the cup to the lees,** boire la coupe jusqu'à la lie. *F:* **The lees of society,** les bas-fonds *m* de la société; le rebut, la lie, de la société.
leet [li:t], *s.* *Scot:* Liste *f* des candidats (à un poste). **Short leet,** liste finale des candidats qui seront convoqués pour une entrevue, ou dont les noms seront mis aux voix.
leeward ['li:wərd, 'luərd]. *Nau:* **1.** *a.* & *adv.* Sous le vent. *Geog:* **The Leeward Islands,** les Iles *f* sous le Vent (i) de l'Océanie française, (ii) des Antilles. *See also* WINDWARD. **2.** *s.* Côté *m* sous le vent. **To drop, fall, to leeward,** tomber sous le vent. *To drift, sag, to l.*, être dépalé. **To (the) leeward of . . .,** sous le vent de. . . . *To pass to l. of a ship*, passer sous le vent d'un navire.
leewardly ['li:wərdli, 'luərdli], *a.* *Nau:* (Navire *m*) qui dérive beaucoup, qui tient mal le plus près; (navire) mauvais boulinier.
leewardmost ['li:wərdmoust], *a.* = LEE-MOST.
leeway ['li:wei], *s.* *Nau:* Dérive *f*. **To make leeway,** dériver (à la voile). *F:* **He has considerable leeway to make up,** il a un fort retard à rattraper.
left[1] [left]. **1.** *a.* Gauche. *L. bank of a river*, rive *f* gauche d'un fleuve. **On my left hand,** à ma gauche. *See also* MARRY[1] 2. **2.** *adv.* *Mil:* **Left turn!** à gauche, gauche! **Eyes left!** tête (à) gauche! *See also* RIGHT[1] III. 5. **3.** *s.* (*a*) (i) (*Left hand*) Gauche *f*. **On the left, to the left,** à gauche. *Aut:* *etc:* **'Keep to the left,'** "tenir la gauche." (ii) (*Left fist, arm*) *Box:* Gauche *m*. *To feint with the l.*, feinter du gauche. (iii) *Ven:* Coup *m* (de fusil) à gauche, ou coup du canon gauche. (*b*) (*Left wing*) *Mil:* Gauche *f*; l'aile *f* gauche. (*c*) *Pol:* **The Left,** les gauches *m*; la gauche.
'left-hand, *attrib.a.* **1.** (Poche, etc.) de gauche. *L.-h. blow*, coup *m* de la main gauche; *Box:* coup du gauche. **On the left-hand side,** à gauche. *The l.-h. drawer*, le tiroir de gauche. *The l.-h. corner of the sheet*, le coin à gauche de la feuille. *F:* **Left-hand marriage** = *left-handed marriage*. *Mth:* **Left-hand side of an equation,** premier membre d'une équation. *See also* PAGE[3]. **2.** *Tchn:* (Serrure *f*, vis *f*, foret *m*) à gauche; (filin) commis à gauche. **Left-hand thread** (*of a screw*), filet à gauche; filet renversé. *Av:* **Left-hand air-screw,** hélice *f* à pas à gauche.
left-'handed. **1.** *a.* (*a*) (*Of pers.*) Gaucher, -ère. (*b*) *F:* (*Of pers.*) Gauche, maladroit. (*c*) *F:* Suspect, équivoque. **Left-handed compliment,** compliment peu flatteur; compliment douteux. (*d*) **Left-handed marriage,** mariage *m* de la main gauche; mariage morganatique. (*e*) (Club *m* de golf, etc.) pour gaucher. (*f*) *Tchn:* = LEFT-HAND 2. **2.** *adv.* (*a*) (Virer, etc.) à gauche. (*b*) *To play tennis left-handed*, jouer au tennis de la main gauche. **-ly,** *adv.* A gauche.
left-'handedness, *s.* Habitude *f* de se servir de la main gauche.
left-'hander, *s.* **1.** (*Pers.*) Gaucher, -ère. **2.** (*a*) *Box:* Coup *m* du gauche. (*b*) *F:* Coup de la main gauche.
'left-wing, *a.* (Politique *f*) de gauche.
left-'winger, *s.* *Pol:* Gaucher *m*; député *m* de la gauche. *The left-wingers*, les gauches *m*, la gauche.
left[2]. *See* LEAVE[2].
leftward ['leftwərd]. **1.** *a.* De gauche, à gauche. **2.** *adv.* = LEFTWARDS.
leftwards ['leftwərdz], *adv.* Vers la gauche; à gauche.
leg[1] [leg], *s.* **1.** Jambe *f* (d'homme, de cheval); patte *f* (de chien, d'oiseau, d'insecte, de reptile). *He had a good leg*, il avait la jambe bien faite. **Artificial leg,** jambe artificielle. **Wooden leg,** jambe de bois; *F:* pilon *m*. *F:* **To take to one's legs,** prendre ses jambes à son cou. **I ran as fast as my legs would carry me,** j'ai couru à toutes jambes. **To have good (walking) legs, a good pair of legs,** avoir le jarret solide; avoir du jarret; être bon marcheur. **To put one's best leg foremost, forward** = *to put one's best foot forward, q.v. under* FOOT[1] 1. **To stand on one leg,** se tenir sur un pied. *To jump on one leg*, sauter sur un pied; sauter à cloche-pied. **To be on one's legs,** être debout, être sur pied; (*of public speaker*) être en train de parler; avoir la parole; (*in Fr. Chamber*) être à la tribune. *I have been on my legs all day*, j'ai été sur pied toute la journée. *I was never off my legs*, j'étais toujours debout. **To get on one's legs,** (i) se lever; (ii) prendre la parole; (iii) s'établir; se faire une clientèle. *To get on one's legs again*, (i) se relever; (ii) se rétablir. **To set s.o. on his legs again,** (i) relever qn; remettre qn debout; (ii) rétablir qn dans ses affaires; remettre qn sur pied; tirer qn d'affaire. *To set a business on its legs, F:* mettre une affaire sur pied, sur ses pattes. **To be on one's last legs,** tirer vers sa fin; ne plus battre que d'une aile; en être à sa dernière ressource;

être à la dernière extrémité; être à bout de ressources; être aux abois. *His business is on its last legs*, son affaire ne marche plus. **To walk s.o. off his legs**, éreinter, exténuer, qn à force de le faire marcher. **To take s.o. off his legs**, renverser qn; (*of flood, tide, etc.*) emporter qn. **To be carried off one's legs**, être emporté; perdre pied. **To feel, find, one's legs**, (i) se trouver en état de se tenir debout; (ii) prendre conscience de ses forces; (iii) se faire une clientèle; être assuré de l'avenir. **To keep one's legs**, se maintenir debout; ne pas tomber; ne pas se laisser emporter (par le courant). *They were too exhausted to keep their legs*, ils étaient trop épuisés pour se tenir debout. **To give s.o. a leg up**, (i) faire la courte échelle à qn; (ii) aider qn à monter en selle; (iii) *F:* donner à qn un coup d'épaule, une poussée. **To have the legs of s.o.**, battre qn à la course. *F:* **To pull s.o.'s leg**, se payer la tête de qn; en conter (de belles, de fortes) à qn; monter un bateau à qn; la bailler belle à qn; *P:* faire marcher qn; acheter qn. *Somebody's been pulling your leg*, c'est un farceur, un blagueur, qui vous aura dit cela; on vous a monté un bateau. **To shake a (loose) leg**, danser, gigoter, gambiller. *P:* **To show a leg**, quitter son lit; *P:* se dépagnoter, se dépieuter. *Show a leg!* levez-vous! *Nau:* branle-bas! soulage la toile! soulagez les toiles! *A:* **To make a leg**, (i) faire, tirer, une révérence; (ii) tendre le jarret. *Cr:* **Leg before (wicket)**, (mis hors jeu) à pied obstructif. *See also* BONE[1] 1, BOOT[1] 1, CORK-LEG, HIND[2] 2, JURY[2], MATCH-STICK, RUN[2] II. 1, SEA LEGS, STAND[2] I. 1, STRETCH[2] 1. **2.** *Cu:* **Leg of chicken**, cuisse *f* de volaille. **Leg of beef**, trumeau *m*, gîte *m*. **Leg of veal**, cuisseau *m*. **Leg of pork**, jambon *m*. **Leg of mutton**, gigot *m*. *Cost:* *F:* **Leg-of-mutton sleeves**, manches *f* à gigot. *Nau:* **Leg-of-mutton sail**, voile *f* triangulaire; voile à houari; oreille *f* de lièvre; épaule *f* de mouton. **3.** (*a*) Jambe (de pantalon); tige *f* (de bottine, de bas). (*b*) *Mch:* **(Water-)leg of a boiler**, culotte *f*, cuissard *m*, d'une chaudière. **4.** (*a*) Pied *m* (de table, de chaise); branche *f* (de compas, de trépied); bras *m*, anche *f* (de bigue); jambage *m*, montant *m* (de chevalet). *Min:* Montant, pied-droit *m*, *pl.* pieds-droits (de châssis de mine). *Nau:* Béquille *f* (pour étayer un navire échoué). *Supporting legs* (*of boiler, etc.*), pattes de soutien. *To set a chair on its legs* (*again*), relever une chaise. (*b*) *Surv:* Côté *m* (d'un triangle). **5.** *Cr:* Le terrain à gauche et en arrière du joueur qui est au guichet. **Leg drive,** coup *m* arrière à gauche. *See also* SHORT-LEG, SQUARE-LEG. **6.** *Nau:* Bord *m*, bordée *f*. *To make long, short, legs*, faire de grandes, petites, bordées.

'leg-bail, *s.* *F:* **To give leg-bail,** (i) s'évader; *F:* jouer des flûtes; prendre la poudre d'escampette; (ii) filer à l'anglaise.

'leg-bone, *s.* *Anat:* Tibia *m*.

'leg-bye, *s.* *Cr:* (Point obtenu par) jambe touchée.

'leg-guards, *s.pl.* **1.** = BATTING-PADS. **2.** = LEG-SHIELDS.

'leg-hole, *s.* Entrée *f* (de bas, de chaussette).

'leg-iron, *s.* *Surg:* Attelle *f* en fer.

'leg-lock, *s.* *Wr:* Passement *m* de pied.

'leg-pads, *s.* = LEG-GUARDS 1.

'leg-pipe, *s.* Coude *m* du porte-vent (d'un haut fourneau).

'leg-pull, *s.* *F:* Mystification *f*, attrape *f*, carotte *f*.

'leg-puller, *s.* *F:* Farceur, -euse; mystificateur, -trice.

'leg-rest, *s.* Appui *m* pour la jambe. (*a*) Bout *m* de pied (d'une chaise longue). (*b*) *Surg:* Étrier *m*.

'leg-shields, *s.pl.* Pare-jambes *m inv*, protège-jambes *m inv* (de motocyclette).

'leg-space, *s.* Place *f* pour les jambes; *Aut:* dégagement antérieur du siège arrière.

'leg-strap, *s.* Trousse-pied *m inv* (pour cheval rétif).

'leg-vice, *s.* *Tls:* Étau *m* à pied.

leg[2], *v.tr.* (**legged; legging**) **1.** *F:* **To leg it,** (i) faire la route à pied; *P:* prendre le train onze; (ii) marcher ou courir rapidement; *F:* jouer des jambes; tricoter. **2.** *Cr:* Chasser (la balle) à gauche.

legacy ['legəsi], *s.* Legs *m*. **To leave a legacy to s.o.,** faire un legs à qn. *He was left a l.*, il lui échut un héritage. **To come into a legacy,** faire un héritage. *F:* **Legacy of shame,** héritage de honte.

'legacy-duty, *s.* Droits *mpl* de succession.

'legacy-hunter, *s.* Coureur, -euse, d'héritages, de legs; captateur, -trice, de successions.

legal ['liːg(ə)l], *a.* **1.** Légal, -aux; licite. *L. commerce*, commerce *m* licite. **The legal fare,** le prix du tarif (d'un taxi, etc.). **2.** (*a*) Légal; judiciaire, juridique; selon les lois. **Legal crime,** crime légal; crime prévu par la loi. **By legal process,** par voies légales; par voies de droit. *Forms of l. procedure*, formes processives. **To be brought to a legal trial,** être jugé selon les lois. *L. redress*, recours *m* à la justice. *L. security*, caution *f* judiciaire. **Legal claim to sth.,** titre *m* juridique à qch. **Legal document,** acte *m* authentique. *L. ties*, liens *m* juridiques. (*Of corporation, etc.*) **To acquire legal status,** acquérir la personnalité juridique, civile, morale. *See also* FINENESS 1, HOLIDAY, MEASURE[1] 4, PROCEEDING 2, PUBLICATION 1, TENDER[4] 3. (*b*) **Legal year,** année civile. *L. charges*, frais *m* judiciaires. **Legal department** (*of bank, etc.*), service *m*, bureau *m*, du contentieux. **To go into the legal profession,** se faire une carrière dans le droit. *F:* *Usu. Pej:* **The legal fraternity,** les gens *m* du palais; la basoche. **Legal practitioner,** homme *m* de loi. **Legal expert,** jurisconsulte *m*; avocat *m* conseil. *Of great l. experience*, qui a une profonde connaissance de la procédure. **Legal adviser,** conseiller *m* juridique. **To take legal advice,** consulter un avocat. **Legal writer,** juriste *m*. **Legal language,** phraséologie *f* juridique. **Legal term,** terme *m* de pratique. *The l. mind*, l'esprit *m* juridique. **3.** *Theol:* Légal; se rapportant à la loi de Moïse. **-ally,** *adv.* Légalement; (i) licitement, (ii) judiciairement, juridiquement. *L. responsible*, responsable en droit. *L. justifiable*, légitime en droit.

legality [li'galiti], *s.* Légalité *f*.

legalization [liːgəlai'zeiʃ(ə)n], *s.* Légalisation *f*.

legalize ['liːgəlaiz], *v.tr.* Rendre (un acte) légal; autoriser (un acte); légaliser, certifier, authentiquer (un document).

legate[1] ['leget], *s.* *Ecc:* *Rom.Ant:* Légat *m*. *Ecc:* **The Papal Legate,** le légat du Pape. **Legate a latere,** légat a latere.

legate[2] [le'geit], *v.tr.* Léguer.

legatee [legə'tiː], *s.* Légataire *mf*; institué, -ée. **General legatee, residuary legatee,** légataire (à titre) universel. *See also* SPECIFIC 1.

legateship ['legetʃip], *s.* Légation *f*; fonctions *fpl* de légat (du Pape).

legation [le'geiʃ(ə)n], *s.* *Dipl:* *Ecc:* Légation *f* ((i) la fonction, (ii) l'hôtel de la légation, (iii) le personnel de la légation). *Secretaryship of a l.*, chancellerie *f* diplomatique. **Legation fees,** droits *m* de chancellerie.

legato [le'gɑːto], *adv.* *Mus:* Legato; coulé.

legator [le'geitər], *s.* Testateur, -trice.

legend ['ledʒənd], *s.* **1.** Légende *f*. **The Golden Legend,** la légende dorée. **2.** (*a*) Inscription *f*, légende (sur une médaille, etc.). (*b*) Explication *f*, légende (d'une carte, etc.). (*c*) *N.Arch:* **Legend speed,** vitesse prévue.

legendary ['ledʒəndəri]. **1.** *a.* Légendaire. **2.** *s.* *A:* (*Writer or book*) Légendaire *m*.

legerdemain ['ledʒərdə'mein], *s.* (Tours *mpl* de) passe-passe *m*; tour d'adresse; magie blanche; prestidigitation *f*; escamotage *m*.

leger-line ['ledʒərlain], *s.* = LEDGER-LINE.

-legged [legd], *a.* (*With adj. or num. prefixed, e.g.*) **Short-legged,** aux jambes courtes; court enjambé. **Two-legged,** à deux jambes; à deux pattes. *See also* BARE-LEGGED, BOW-LEGGED, CROSS-LEGGED, FEATHER-LEGGED, LONG-LEGGED, ONE-LEGGED, THREE-LEGGED.

leggings ['leginz], *s.pl.* *Cost:* Jambières *f*; guêtres *f*. **Overall leggings,** jambières, cuissards *m* (de cycliste).

leggy ['legi], *a.* Aux longues jambes; dégingandé; (cheval) haut-monté, *pl.* haut-montés.

Leghorn ['leghɔːrn]. **1.** *Pr.n. Geog:* Livourne *f*. **2.** *s.* *Cost:* **Leghorn (hat),** chapeau *m* de paille d'Italie. **3.** *s.* *Husb:* **Leghorn (fowl),** leghorn *mf*.

legibility [ledʒi'biliti], *s.* Lisibilité *f*, caractère *m* lisible, netteté *f* (d'une écriture).

legible ['ledʒibl], *a.* (Écriture) lisible, nette, qui se lit facilement. **-ibly,** *adv.* (Écrire) lisiblement.

legion ['liːdʒ(ə)n], *s.* Légion *f*. *The Roman legions*, les légions romaines. **The Foreign Legion,** la Légion étrangère. **The Legion of Honour,** la Légion d'honneur. **The British Legion,** l'Association (anglaise) des anciens combattants de la Grande Guerre. *F:* **Their name is Legion,** ils sont innombrables; ils s'appellent légion.

legionary ['liːdʒənəri]. **1.** *a.* Qui se rapporte à une légion, aux légions; légionnaire. **2.** *s.* Légionnaire *m*.

legislate ['ledʒisleit], *v.i.* & *tr.* Faire les lois; légiférer. **To legislate a people into poverty,** réduire un peuple à la misère à force de multiplier les lois; juguler un peuple sous l'étreinte des lois.

legislation [ledʒis'leiʃ(ə)n], *s.* **1.** Législation *f*. *Internal l.*, législation nationale. *To alter the l. in force*, modifier la législation en vigueur. **2.** *Parl:* (*In Canada*) Programme législatif.

legislative ['ledʒislətiv], *a.* **1.** Législatif. *Fr.Hist:* **The Legislative Assembly,** l'Assemblée législative. **2.** *L. power*, la puissance législatrice.

legislator ['ledʒisleitər], *s.* Législateur, -trice.

legislatorial [ledʒislə'tɔːriəl], *a.* Législatif.

legislature ['ledʒislətjər], *s.* Législature *f*; corps législatif.

legist ['liːdʒist], *s.* Légiste *m*.

legitimacy [le'dʒitiməsi], *s.* **1.** Légitimité *f* (d'un enfant, d'un successeur au trône); filiation *f* légitime; descendance *f* (d'un prince) en ligne directe. **2.** Légitimité (d'une opinion).

legitimate[1] [le'dʒitimet], *a.* **1.** (*a*) (Enfant *m*, héritier *m*, souverain *m*, autorité *f*, etc.) légitime. (*b*) *The l. drama*, *F:* **the legitimate,** le vrai théâtre; le théâtre régulier. **2.** (Raisonnement *m*, etc.) légitime. *To draw l. conclusions from the facts*, tirer des conséquences légitimes des faits. **-ly,** *adv.* Légitimement.

legitimate[2] [le'dʒitimeit], *v.tr.* Légitimer (un enfant, etc.).

legitimation [ledʒiti'meiʃ(ə)n], *s.* **1.** Légitimation *f* (d'un enfant). **2.** Légalisation *f* (de la monnaie, etc.).

legitimatize [le'dʒitimətaiz], *v.tr.* Légitimer (un enfant).

legitime ['ledʒitim], *s.* *Jur:* (*Scot.*) Réserve (à laquelle ont droit les enfants du défunt).

legitimism [le'dʒitimizm], *s.* *Hist:* Légitimisme *m*.

legitimist [le'dʒitimist], *a.* & *s.*. *Hist:* Légitimiste (*mf*).

legitimize [le'dʒitimaiz], *v.tr.* = LEGITIMATIZE.

legless ['legləs], *a.* Sans jambes. *L. cripple*, cul-de-jatte *m*, *pl.* culs-de-jatte.

legume ['legjum], *s.*, **legumen** [le'gjuːmen], *s.* **1.** Fruit *m* d'une légumineuse. **2.** *pl.* **Legumes,** légumes *m*.

leguminous [le'gjuːminəs], *a.* *Bot:* Légumineux. **Leguminous plant,** légumineuse *f*.

lehm [leːm], *s.* *Geol:* Lehm *m*.

Leibnitzian [laib'nitsiən], *a.* & *s.* *Phil:* Leibnitzien, -ienne.

Leipzig ['laipsik]. *Pr.n. Geog:* Leipzig.

leister[1] ['liːstər], *s.* *Fish:* Trident *m*.

leister[2], *v.tr.* *Fish:* Prendre (un saumon) au trident.

leisure ['leʒər], *s.* Loisir(s) *m*(*pl*). *How do you fill your l.?* comment occupez-vous vos loisirs? *To have l.*, avoir du loisir. **To have leisure for reading, leisure to read,** avoir le loisir, le temps, de lire. *To enjoy some l.*, prendre des loisirs; disposer de loisirs; avoir du temps de libre. **To be at leisure,** être de loisir; avoir du temps de reste; ne pas être occupé. *He attends to our business when he is at l.*, il s'occupe de notre affaire selon ses disponibilités. **To do sth. at (one's) leisure,** faire qch. à loisir, à tête reposée, dans ses moments de loisir. *Do it at your l.*, faites-le à (votre) loisir. **People of leisure,** les désœuvrés *m*. **Leisure hours,** heures *f* de loisir. **In my leisure moments,** à mes moments perdus. *See also* GENTLEMAN 3, MARRY[1] 2.

leisured ['leʒərd], *a.* **1.** (*Of life, etc.*) De loisir; désœuvré. *The* *refinements of l. life*, les raffinements *m* de l'oisiveté. **2.** (*Of pers.*) Qui a des loisirs; désœuvré. **The leisured classes,** les désœuvrés *m*.

leisureliness [ˈleʒərlinəs], *s.* Absence *f* de hâte; peu *m* de hâte, lenteur *f* (*in doing sth.*, à faire qch.).

leisurely [ˈleʒərli]. **1.** *a.* (*Of pers.*) Qui n'est jamais pressé. *L. air*, air désœuvré. **Leisurely pace,** allure mesurée, posée, tranquille. *To ride at a l. pace*, chevaucher à l'amble, sans hâte, sans se presser. **Leisurely journey,** voyage *m* par petites étapes. *L. walk along the boulevards*, flânerie *f* le long des boulevards. *To do sth. in a l. fashion*, faire qch. sans se presser; *F:* faire qch. à la papa; *P:* faire qch. en peinard. **2.** *adv.* (*a*) A tête reposée. (*b*) Posément; sans se presser; *P:* sans se (la) fouler.

leman[1] [ˈliːmən, ˈlemən], *s.* *A:* Amant *m*, amante *f*.

Leman[2] [ˈliːmən]. *Pr.n. Geog:* **Lake Leman,** le lac Léman.

lemma, *pl.* **-as, -ata** [ˈlemə, -əz, -ətə], *s.* **1.** *Log: Mth:* Lemme *m*. **2.** En-tête *m inv* (d'une composition littéraire).

lemming [ˈlemiŋ], *s.* *Z:* **Lemming(-mouse, -rat),** lemming *m*.

lemna [ˈlemnə], *s.* *Bot:* Lemna *f*; lemne *f*; *F:* lentille *f* d'eau; lenticule *f*.

Lemnian [ˈlemniən], *a.* & *s.* *Geog:* Lemnien, -ienne. *Miner: A.Med:* **Lemnian earth, Lemnian bole,** terre lemnienne.

lemniscate [lemˈnisket], *s.* *Mth:* Lemniscate *f*.

lemniscus [lemˈniskəs], *s.* *Rom.Ant: Pal:* Lemnisque *m*.

lemon [ˈlemən]. **1.** *s.* *Bot:* (*a*) Citron *m*, limon *m*. *Com:* Citron. **Oil of lemons, lemon oil,** essence *f* de citron; citrine *f*. *See also* SALT[1] I. 2, SEA-LEMON, WATER-LEMON. *U.S: P:* **The answer is a lemon,** bernique! des nèfles! des dattes! **She's a lemon,** c'est un remède d'amour. **He's a lemon,** c'est un jobard, un gogo. (*b*) = LEMON-TREE. **2.** *a.* **Lemon(-coloured),** jaune citron *inv*.

'lemon-balm, *s.* *Bot:* Mélisse officinale; citronnelle *f*.

'lemon-cheese, -curd, *s.* *Cu:* Pâte composée d'œufs, de beurre et de jus de citron.

'lemon-drop, *s.* Bonbon acidulé.

'lemon-grass, *s.* *Bot:* Schénanthe *m*; jonc odorant.

'lemon-'kali, *s.* Tartrate de soude bicarbonatée (pour la préparation de la limonade gazeuse).

'lemon-plant, *s.* *Bot:* Verveine *f* citronnelle; verveine odorante.

'lemon-'squash, *s.* Citron pressé; citronnade *f*.

'lemon-squeezer, *s.* Presse-citrons *m inv*; vide-citron *m*, *pl.* vide-citrons.

'lemon-tree, *s.* *Bot:* Citronnier *m*, limonier *m*.

'lemon-ver'bena, *s.* = LEMON-PLANT.

'lemon-wood, *s.* *Bot:* Pittospore *m*.

lemonade [leməˈneid], *s.* Limonade *f*. *Effervescing l.*, limonade gazeuse. *Home-made l.*, **still lemonade,** citronnade *f*; citron pressé; eau citronnée.

lemon-dab, -sole [ləmənˈdab, -ˈsoul], *s.* *Ich:* Plie *f* sole; limande *f* sole.

lemur [ˈliːmər, ˈlemər], *s.* **1.** *Rom.Ant:* (*pl.* **lemures** [ˈlemjuriːz]) Lémure *m*. **2.** *Z:* Lémur *m*, lemur *m*; *F:* maki *m*. **Ring-tailed lemur,** maki catta.

lemurian [liˈmjuəriən], *a.* *Z:* Lémurien, -ienne.

lemuroid [ˈlemjurɔid], *a.* & *s.* *Z:* Lémurien, -ienne.

Lena [ˈliːnə]. *Pr.n.f.* **1.** (*Dim. of Helen*) Hélène. **2.** (*Dim. of Caroline*) Caroline.

lend [lend], *v.tr.* (*p.t.* lent [lent]; *p.p.* lent) **1.** (*a*) Prêter (*sth. to s.o., s.o. sth.*, qch. à qn). *L. me a pen*, prêtez-moi une plume. **To lend money at interest,** prêter de l'argent à intérêt. **To lend against security,** prêter sur gages. *St.Exch:* **To lend money on contango,** prêter, placer, des capitaux en report. **To lend stock,** se faire reporter. *Mil: To l. an officer to s.o.*, détacher un officier auprès de qn. (*b*) **To lend (out) books,** louer des livres; tenir une bibliothèque de prêt. **2.** (*a*) **To lend s.o. aid,** prêter aide, prêter secours, à qn; prêter son concours à qn. *See also* HAND[1] 1. (*b*) **To lend an ear, one's ear(s), to . . .,** prêter l'oreille à. . . . (*c*) *To l. dignity to sth.*, donner, prêter, de la dignité à qch. *See also* DISTANCE[1] 1. **3.** *v.pr.* **To lend oneself, itself, to sth.,** se prêter à qch. *I would not l. myself to such a transaction*, je ne me prêterais pas à un trafic de cette sorte. *Secluded spot that lends itself to meditation*, lieu retiré propice à la méditation.

lending[1], *a.* Prêteur, -euse. *See also* LIBRARY.

lending[2], *s.* Prêt *m* (d'un objet, de l'argent); *Fin:* prestation *f* (de capitaux). *St.Exch:* Placement *m* (de titres en report). **Lending (out) of books,** location *f* de livres.

lender [ˈlendər], *s.* Prêteur, -euse. *See also* MONEY-LENDER.

length [leŋθ], *s.* **1.** Longueur *f*. **Length over all,** longueur totale; longueur hors tout. **To be two feet in length,** avoir deux pieds de longueur, deux pieds de long; être long de deux pieds. *River that is 200 miles in l.*, rivière qui a 200 milles de cours. *Over the whole l. of the course*, sur toute l'étendue de la piste. *Total l. of a pipe-line*, parcours global d'une conduite. *The canal will take heavy barges through the whole of its l.*, le canal est praticable aux gros chalands dans toute sa longueur. **To cut rails,** *etc.*, **to length,** araser des rails, etc. *Cutting to l.*, arasement *m*. **Length of stroke,** course *f* (d'un outil); *Mch:* parcours (du piston). (*Of ship, car, etc.*) **To turn in its own length,** virer sur place. *Row: Turf:* **To win by a length, by half a length,** gagner d'une longueur, d'une demi-longueur. *F:* **Over the length and breadth of the country,** dans toute l'étendue du pays. **To go the length of the street,** aller jusqu'au bout de la rue. **I fell all my length** (*on the ground*), je suis tombé de tout mon long; je me suis étalé (par terre). **Lying at (one's) full length,** étendu de tout son long, tout de son long. *See also* ARM[1] 1, FOCAL, FULL-LENGTH, HALF-LENGTH, MEASURE[2] 1, WAVE-LENGTH. **2.** Longueur (d'un livre, d'un voyage, d'un discours); étendue (d'un discours, etc.). *To make a stay* **of some length,** faire un séjour assez prolongé, d'une certaine durée. *L. of a lease*, durée d'un bail. **Length of service,** ancienneté *f*. *The l. of time required to do sth.*, le temps qu'il faut pour faire qch. **For some length of time,** pendant quelque temps. *He does nothing for any l. of time*, il ne fait rien d'une façon suivie. *Lit:* **Our length of days,** la durée de notre vie. *Adv.phrs.* (i) *To recite sth.* **at (full) length,** réciter qch. tout au long, d'un bout à l'autre. *To speak* **at some length** *on a subject*, parler assez longuement sur un sujet. *He lectured me* **at great length,** il m'a fait une longue semonce; *F:* il m'a débité toute une tartine. *To dwell at too great l. on details*, s'étendre trop longuement sur les détails. *To recount sth. at greater l.*, raconter qch. plus en détail, avec de plus amples détails. (ii) **At length he gave his consent,** enfin, à la fin, il consentit. **3.** (*a*) *Scot:* Distance *f*. **To go the length of London,** aller jusqu'à Londres. (*b*) **To go to the length of asserting . . .,** aller jusqu'à prétendre. . . . *He would go to the l. of crime*, il irait jusqu'au crime. **He would go to any lengths,** rien ne l'arrêterait; il ne reculerait devant rien (*to*, pour). **To go to great lengths,** aller bien loin, pousser les choses bien loin; se donner bien de la peine (pour faire qch.). *I did not think you would go to such lengths*, je ne pensais pas que vous iriez aussi loin, que vous pousseriez les choses aussi loin, jusque-là. **To go to all lengths, to go the whole length,** aller jusqu'au bout; se porter aux dernières extrémités (*against s.o.*, sur, contre, qn). *To go to dangerous lengths*, se risquer trop loin. *Has his disorder got to that l.?* sa maladie en est-elle là? **Have you got (to) that length with him?** en êtes-vous là avec lui? *He carries scepticism* **to some length,** il aboutit à un scepticisme assez poussé. **4.** *Pros:* Longueur (d'une voyelle, d'une syllabe). **5.** *Ten: Cr:* Longueur de balle. **To keep a good length,** conserver une bonne longueur de balle. **6.** Morceau *m*, bout *m* (de ficelle, etc.); pièce *f*, coupon *m* (d'étoffe); morceau (de bois); pan *m* (de mur); tronçon *m* (de tuyau). **To cut a bar into lengths,** tronçonner une barre. *What l. of stuff is required for . . .?* quel métrage d'étoffe faut-il pour . . .? *Dressm: Tail:* **Dress length, trouser length,** coupon de robe, de pantalon. *Cin:* **Full-length film,** long métrage.

lengthen [ˈleŋθən]. **1.** *v.tr.* Allonger, rallonger (une jupe, une chaîne, une table, etc.); prolonger (un intervalle, la vie, une voyelle, etc.). **To lengthen out a story,** étendre un récit. **2.** *v.i.* S'allonger, se rallonger; (*of days*) augmenter, croître, grandir; (*of time*) se prolonger. *F:* **His face lengthened,** son visage s'allongea.

lengthened, *a.* Prolongé.

lengthening, *s.* **1.** Allongement *m*, rallongement *m*; agrandissement *m* (en long); prolongation *f* (d'un séjour, etc.). **2.** Augmentation *f* (des jours).

'lengthening-piece, *s.* Allonge *f*, rallonge *f*.

'lengthening-rod, *s.* *Min:* Rallonge *f* (de sonde).

'lengthening-tube, *s.* Allonge *f* (de cornue, etc.).

lengthily [ˈleŋθili], *adv.* *See* LENGTHY.

lengthiness [ˈleŋθinəs], *s.* Longueurs *fpl*; prolixité *f* (d'un discours).

lengthman, *pl.* **-men** [ˈleŋθmən, -men], *s.m.* *Rail:* Cantonnier.

lengthways [ˈleŋθweiz], *adv.* Longitudinalement; dans le sens de la longueur; en longueur; de long; en long. *Bus with seats arranged l.*, omnibus *m* avec places disposées en long. *To fold cloth l.*, plier le drap en longueur; fauder le drap.

lengthwise [ˈleŋθwaiz]. **1.** *adv.* = LENGTHWAYS. **2.** *a.* (Coupe) en long, en longueur. *L. motion*, déplacement longitudinal.

lengthy [ˈleŋθi], *a.* (Discours, récit) assez long, plein de longueurs, prolixe, qui n'en finit pas. **-ily,** *adv.* (Parler, écrire) longuement, avec prolixité; (raconter) tout au long.

leniency [ˈliːnjənsi], *s.* Clémence *f*; douceur *f*, indulgence *f* (*to, towards*, pour).

lenient [ˈliːnjənt], *a.* Clément; doux, *f.* douce; indulgent (*to, towards*, envers, pour). *To adopt l. measures*, adopter des mesures de douceur. **-ly,** *adv.* Avec clémence, avec douceur, avec indulgence; indulgemment.

Lenin [ˈlenin, leˈniːn]. *Pr.n.m.* Lénine.

Leninism [ˈleninizm], *s.* Léninisme *m*.

lenitive [ˈlenitiv]. **1.** *a.* & *s.* *Med:* Lénitif (*m*); adoucissant (*m*). **2.** *s.* *F:* Palliatif *m*, adoucissement *m*.

lenity [ˈleniti], *s.* = LENIENCY.

leno [ˈliːno], *s.* *Tex:* Toile *f* à patron.

lens [lenz], *s.* **1.** *Opt:* (*a*) Lentille *f*; verre *m* (de lunettes). **Step lens, Fresnel lens,** lentille (de phare) à échelons. **Field lens** (*of surveying instrument*), verre de champ. *Phot:* **Front, back, lens,** système antérieur, postérieur (d'un objectif). *See also* EYE-LENS, PRISMATIC 1. (*b*) (*Magnifying-glass*) Loupe *f*; verre grossissant. (*c*) *Phot:* Objectif *m*. **Single lens, landscape lens,** objectif simple. **Compound lens,** objectif composé. **Portrait lens,** objectif à portraits. **Supplementary lens,** bonnette *f* d'approche, de mise au point. *See also* CROWN-LENS, DOUBLET 4, SOFT-FOCUS, WIDE-ANGLE. (*d*) *Cin:* **Projection lens,** objectif de projection. (*e*) **Mirror lens,** objectif à lentilles spéculaires. **2.** *Anat:* **Crystalline lens,** cristallin *m* (de l'œil); *F:* lentille.

'lens-front, *s.* = LENS-PANEL.

'lens-holder, *s.* *Phot:* Porte-objectif *m inv*.

'lens-hood, *s.* *Opt: Phot:* Parasoleil *m*, garde-soleil *m inv* (d'objectif).

'lens-mount, *s.* *Phot:* Porte-objectif *m inv*.

'lens-panel, *s.* Planchette *f* d'objectif; porte-objectif *m inv*. *See also* STIRRUP 6.

'lens-shade, *s.* = LENS-HOOD.

'lens-shaped, *a.* Lenticulé, lenticulaire, lentiforme.

'lens-shutter, *s.* *Phot:* Obturateur *m* d'objectif.

Lent[1] [lent], *s.* *Ecc:* Le carême. **To keep Lent, to fast in Lent,** faire carême. *The first Sunday in Lent*, le premier dimanche de carême. *See also* MID-LENT.

'lent-'lily, *s.* *Bot:* Narcisse *m* des prés.

'Lent-'term, *s.* *Sch:* Deuxième trimestre *m* de l'année scolaire.

lent[2]. *See* LEND.

lenten ['lentən], *a.* De carême. *F:* **Lenten face,** face *f* de carême.
lenticel ['lentisel], *s.* **1.** *Bot:* Lenticelle *f.* **2.** *Anat:* Glande *f* ciliaire.
lenticellate [lenti'selet], *a.* Lenticellé.
lenticular [len'tikjulər], **lentiform** ['lentifɔːrm], *a.* Lenticulaire, lentiforme.
lentigo, *pl.* **-tigines** [len'taigo, -'tidʒiniːz], *s. Med:* Lentigo *m*; *F:* tache(s) *f(pl)* de rousseur.
lentil ['lentil], *s. Hort:* Lentille *f.* *Cu:* **Lentil soup,** potage *m* à la purée de lentilles. *See also* WATER[1] 3.
lentiscus [len'tiskəs], **lentisk** ['lentisk], *s. Bot:* Lentisque *m.*
lento ['lento], *adv. & s. Mus:* Lento (*m*).
lentoid ['lentɔid], *a.* Lentiforme.
Leo ['liːo]. *Pr.n.* **1.** Léon *m.* **2.** *Astr:* Le Lion.
Leon ['liːən]. *Pr.n.m.* Léon.
Leonard ['lenərd]. *Pr.n.m.* Léonard.
Leonardo da Vinci [leo'nɑːrdoda'vintʃi]. *Pr.n.m.* Léonard de Vinci.
Leonid ['liːonid], *s. Astr:* (*pl.* **Leonides** [li'ɔnidiːz]) Léonide *f*, *pl.* Léonides.
Leonidas [li'ɔnidas]. *Pr.n.m. Gr.Hist:* Léonidas.
leonine[1] ['liːonain], *a.* **1.** De lion(s); léonin. **2.** *Jur:* **Leonine convention,** contrat léonin.
Leonine[2], *a.* **1.** *Pros:* **Leonine verse,** *s.pl.* **Leonines,** vers léonins. **2.** **The Leonine City,** la Cité Léonine (de Rome).
Leonora [lio'nɔːra]. *Pr.n.f.* Léonore.
Leontius [li'ɔnʃjəs]. *Pr.n.m.* Léonce.
leonurus [lio'njuːrəs], *s. Bot:* Léonure *m*; *F:* queue-de-lion *f*, *pl.* queues-de-lion.
leopard ['lepərd], *s. Z:* **1.** Léopard *m.* *B:* **Can the Ethiopian change his skin or the leopard his spots?** le More changera-t-il sa peau et le léopard ses taches? *F:* *Can a l. change his spots?* il mourra dans sa peau. **2.** **American leopard,** jaguar *m.* **Hunting leopard,** guépard *m*; léopard à crinière. **Leopard cat,** ocelot *m.* *See also* SNOW-LEOPARD.
'leopard-moth, *s. Ent:* Zeuzère *f.*
'leopard's 'bane, *s. Bot:* Doronic *m*; herbe *f* aux panthères.
'leopard-'spotted, *a.* (Cheval) tigré.
'leopard-wood, *s. Bot:* Bois *m* de lettres; lettre moucheté.
leopardess ['lepərdes], *s. Z:* Léopard *m* femelle.
Leopold ['liːopould]. *Pr.n.m.* Léopold.
lepadogaster [lepado'gastər], *s. Ich:* Lépadogastre *m*; porte-écuelle *m inv.*
Lepanto [le'panto]. *Pr.n. Geog:* Lépante.
lepas ['liːpas], *s. Moll:* Lépas *m*, anatif(e) *m.*
leper ['lepər], *s.* Lépreux, -euse. *F:* **Moral leper,** personne atteinte de la lèpre du vice.
'leper-hospital, *s.* Léproserie *f.*
'leper-house, *s. A:* = LAZAR-HOUSE.
lepidodendron [lepido'dendrən], *s. Paleont:* Lépidodendron *m.*
lepidolite ['lepidolait], *s. Miner:* Lépidolite *m.*
lepidopter, *pl.* **-ters, -tera** [lepi'dɔptər, -tərz, -təra], *s. Ent:* Lépidoptère *m*; papillon *m.*
lepidopteran [lepi'dɔptərən], *a. & s. Ent:* Lépidoptère (*m*).
lepidopterist [lepi'dɔptərist], *s.* (*Pers.*) Lépidoptériste *m.*
lepidopterous [lepi'dɔptərəs], *a. Ent:* Lépidoptère.
Lepidus ['lepidəs]. *Pr.n.m. Rom.Hist:* Lepidus, Lépide.
lepisma [le'pisma], *s. Ent:* Lépisme *m*; *F:* petit poisson d'argent.
leporidae [le'pɔridiː], *s.pl. Z:* Léporidés *m.*
leporide ['leporid], *s. Z:* Léporide *m.*
leporine ['leporain], *a.* De lièvre.
leprechaun [lepre'kɔːn, lepre'χɔːn], *s. Irish Myth:* Farfadet *m*, lutin *m.*
leprosy ['leprosi], *s. Med:* Lèpre *f.* **Spotted leprosy,** lèpre maculeuse. **Nodular leprosy,** lèpre tuberculeuse. **Anaesthetic leprosy,** lèpre anesthésique. *F:* *Moral l.*, lèpre morale.
leprous ['leprəs], *a.* Lépreux. *F:* *L. old walls,* vieux murs frappés de lèpre.
leptocardian [lepto'kɑːrdiən], *s. Ich:* Leptocardien *m.*
leptocephalic [leptose'falik], *a. Z:* Leptocéphale; au crâne étroit.
leptodactyl [lepto'daktil], *a. & s. Orn:* Leptodactyle (*m*).
leptodactylous [lepto'daktiləs], *a. Orn:* Leptodactyle.
leptorrhine ['leptorin], *a. Nat.Hist:* Leptorhin; aux narines étroites.
leptus ['leptəs], *s. Arachn:* Lepte *m.*
Lerna ['ləːrna]. *Pr.n. A.Geog:* **The Lerna Marsh,** le marais de Lerne.
Lernaean [lər'niːən], *a. Gr.Myth:* **The Lernaean hydra,** l'hydre *f* de Lerne.
lerot ['lerɔt], *s. Z:* Lérot *m*, loir *m.*
Lesbia ['lezbia]. *Pr.n.f. Lt.Lit:* Lesbie.
Lesbian ['lezbiən]. **1.** *a. & s. Geog:* Lesbien, -ienne. **2.** *s.f.* Lesbienne.
Lesbianism ['lezbiənizm], *s.* Saphisme *m.*
lese-majesty [liːz'madʒesti], *s. Jur:* Lèse-majesté *f.*
lesion ['liːʒ(ə)n], *s.* **1.** *Jur:* Lésion *f* (*to s.o.'s rights,* des droits de qn). **2.** *Med:* *Functional l.*, lésion fonctionnelle. *Structural l.*, lésion structurale.
less [les]. **1.** *a.* (*a*) (*Smaller*) Moindre. *Of l. magnitude, importance,* de moindre grandeur, de moindre importance. *Of l. value,* d'une moindre valeur; de moindre valeur. **In a less degree,** à un moindre degré, à un degré inférieur. **Quantities, sums, less than . . .,** quantités *f*, sommes *f*, au-dessous de. . . . **To grow less,** s'amoindrir. **To grow gradually less,** aller décroissant; (*of oscillations*) s'amortir. (*b*) (*Not so much, not so many*) **Eat less meat,** mangez moins de viande. *L. time, trouble, difficulty,* moins de temps, de peine, de difficulté. **He does the less work,** il n'en fait que moins de travail. *With a few l. windows the house would be warmer,* avec quelques fenêtres de moins la maison serait plus chaude. (*c*) *A:* Moins important. (*Still so used in proper names*) **Napoleon the Less,** Napoléon le Petit. **James the Less,** Jacques le Mineur. **2.** *prep.* *Four hundred francs a month,* **less fines,** quatre cents francs par mois, moins les amendes. **Purchase price less 10%,** prix *m* d'achat moins 10%, sous déduction de 10%. *Cost of machine* **less accessories,** coût *m* de la machine sans les accessoires. **3.** *s.* Moins *m.* *In l. than an hour,* en moins d'une heure. *See also* TIME[1] 2. *I shall see him in l. than a fortnight,* je le verrai avant quinze jours (d'ici). *Some have more, others l.*, les uns ont plus, les autres (ont) moins. **So much the less** *to do,* d'autant moins à faire. *I can't let you have it for l.*, je ne peux pas vous le laisser à moins (*than,* de). **4.** *adv.* **Less known,** moins connu. *If I had loved him l.*, si je l'eusse aimé moins; si je l'eusse moins aimé. **One man less,** un homme de moins. *Not a penny l.*, pas un sou de moins. **Less than six,** moins de six. **Less and less,** de moins en moins. *The elder boy is very clever,* **the younger is less so,** l'aîné est très intelligent, le cadet l'est moins. **The less you think of it the better,** moins vous y penserez mieux cela vaudra. **I was (all) the less surprised as . . .,** j'en ai été d'autant moins surpris que. . . . *See also* ALL I. 3. **Still less, even less,** moins encore. *I do not say that he is negligent, much l., still l., that he is dishonest,* je ne dis pas qu'il soit négligent, et encore moins qu'il manque de probité. *He continued* **none the less,** il n'en continua pas moins. *Though lame, he is none the l. active,* bien qu'estropié il n'en est pas moins actif. *Her face was beautiful,* **none the less that** *it was pale and sad,* elle avait un visage sculptural, encore qu'il fût décoloré et empreint de tristesse. *None the less he came in first,* néanmoins il arriva premier. *See also* MORE 2. **5.** (*a*) **Nothing less than.** (i) (*Not less than, at the very least*) Rien (de) moins que. *He will take nothing l. than five shillings,* il ne veut pas prendre moins de cinq shillings; il en veut cinq shillings au bas mot. *He aspires to nothing l. than stepping into your shoes,* il n'aspire à rien (de) moins qu'à vous supplanter. *It is nothing l. than monstrous,* c'est absolument monstrueux. (ii) (*Anything rather than*) Rien moins que. *He resembled nothing l. than a demagogue,* il ne ressemblait à rien moins qu'à un démagogue. (*b*) **No less.** (i) **To fight with no less daring than skill,** se battre avec autant d'habileté que de courage. *The imports are no l. extensive than the exports,* les importations ne sont pas moins importantes que les exportations. **No less good,** également bon. (ii) *They have no l. than six servants,* ils n'ont pas moins de six domestiques. **They have six cars, no less!** ils ont six voitures, pas moins! ils ont six voitures s'il vous plaît! (iii) **The picture is no less than a masterpiece,** le tableau n'est rien moins qu'un chef-d'œuvre. **It was no less a person than the duke,** ce n'était rien moins que le duc. **It was the duke, no less!** c'était le duc, s'il vous plaît! *What were they hunting?*—**Lions, no less!** qu'est-ce qu'ils chassaient?—Des lions, s'il vous plaît! (iv) **He fears it no less than I,** il ne le craint pas moins que moi (je ne le crains). **He fears him no less than me,** il a aussi peur de lui que de moi. **I expected no less from you,** je n'attendais pas moins de vous.
-less [ləs]. **1.** *a.suff.* (*a*) (*Appended to nouns*) Sans, dénué de, dépourvu de. *Countless,* sans nombre. *Guileless,* sans artifice. *Penniless,* sans le sou. *Wifeless,* sans femme. *Treeless,* sans arbres, dépourvu d'arbres. *Tactless,* dénué de tact. *Senseless,* dénué d'intelligence. *The grammarless teaching of a language,* l'enseignement d'une langue sans recours à la grammaire. (*b*) In-, im-, ir-, il-. *Artless,* ingénu. *Pitiless,* impitoyable. *Motionless,* immobile. *Thoughtless,* irréfléchi. (*c*) (*Appended to vbs*) *Dauntless,* intrépide. *Tireless,* infatigable. *Resistless,* irrésistible. **2.** *adv.suff.* *Doubtless,* indubitablement, sans doute.
lessee [le'siː], *s.* **1.** Locataire *mf* (à bail) (d'un immeuble, etc.); tenancier, -ière (d'un casino, etc.); preneur, -euse (d'une terre); fermier *m* (d'une ferme); amodiataire *m* (d'une pêche). **2.** Concessionnaire *mf.*
lessen [lesn]. **1.** *v.i.* S'amoindrir, diminuer; (*of symptoms, etc.*) s'atténuer; (*of receding object*) (se) rapetisser. **2.** *v.tr.* Amoindrir, diminuer; rapetisser; atténuer (le bruit, un crime); ralentir (son activité, son ardeur). *Railways have lessened distances,* les chemins de fer ont rapproché les distances. *Artil:* **To lessen the range,** raccourcir le tir.
lessening, *s.* Amoindrissement *m*, diminution *f*; atténuation *f*, rapetissement *m.*
lesser ['lesər], *attrib.a.* **1.** Petit. *The l. rivers of France,* les petits cours d'eau de France. *The l. talents,* les petits talents. *Astr:* **The Lesser Bear,** la Petite Ourse. *Ph:* **Lesser calory,** petite calorie. *See also* CELANDINE, SPEARWORT. **2.** (*a*) Moindre. **To choose the lesser of two evils, the lesser evil,** de deux maux choisir le moindre. *The l. of the two scoundrels,* the *l. scoundrel of the two,* le moins scélérat des deux. *His l. writings are not lacking in interest,* ses œuvres *f* secondaires ne sont pas sans intérêt. (*b*) *A:* **Lesser Asia,** l'Asie mineure.
lesson[1] ['les(ə)n], *s.* Leçon *f.* **1.** (*a*) *French l.*, leçon de français. **To hear the lessons,** faire réciter les leçons. *We do, go over, our lessons together,* nous travaillons ensemble. *See also* OBJECT-LESSON, HOME[1] III. (*b*) *Dancing lessons,* leçons de danse; cours *m* de danse. **To give, take, lessons in French,** donner, prendre, des leçons de français. *To give private lessons,* donner des leçons particulières, des leçons en ville; donner des répétitions; *F:* courir le cachet. *To deliver a l. on physics to the class,* faire à la classe une leçon de physique. (*c*) *The lessons of experience,* les leçons de l'expérience. **To draw a lesson from sth.,** tirer enseignement, tirer une leçon, de qch. *F:* **Let that be a lesson to you!** que cela vous serve d'exemple, de leçon! *F:* mettez ça sur votre calepin! **To read s.o. a lesson,** réprimander qn; faire la leçon à qn. *See also* TEACH. **2.** *Ecc:* **The first, second, lesson,** la première, la seconde, leçon.
lesson[2], *v.tr.* Faire la leçon à (qn). *He had been well lessoned,* on lui avait fait la leçon.
lessor [le'sɔːr], *s.* Bailleur, -eresse.

lest [lest], *conj.* **1.** De peur, de crainte, que . . . (ne) + *sub. Do not let him have so much power, l. he (should) misuse it*, ne lui laissez pas tant de pouvoir, de peur qu'il n'en abuse. *L. the reader be led astray . . .*, de manière (à ce) que le lecteur ne se méprenne point . . .; afin que le lecteur ne se méprenne point. . . . *Lit:* **Lest we forget,** de peur que nous n'oubliions. **2.** (*After verbs of fearing*) *I feared l. he should fall*, je craignais qu'il (ne) tombât. *I feared l. I should fall*, j'avais peur de tomber; je craignais de tomber.

let[1] [let], *s.* **1.** *A:* Empêchement *m. See also* HINDRANCE. **2.** *Ten:* **Let (ball),** coup *m*, balle *f*, à remettre; balle de filet.

let[2], *v.tr. A:* (*p.t. & p.p.* **letted** *or* **let**) Empêcher; entraver (la justice); retarder (qn).

let[3], *s.* Location *f. When I get a let for the season I spend the time abroad*, quand je loue ma villa pour la saison je passe le temps à l'étranger.

let[4], *v.* (*p.t. & p.p.* **let**; *pr.p.* **letting**) I. *v.tr.* **1.** (*a*) (*Allow*) Permettre; laisser. **To let s.o. do sth.,** laisser qn faire qch.; permettre à qn de faire qch. *He let him go*, il le laissa partir. *I let them talk away*, je les ai laissés dire, *occ.* laissé dire. *To let the wounded take a little exercise*, laisser prendre aux blessés, laisser les blessés prendre, un peu d'exercice. *To let oneself be guided*, se laisser guider. *He let them ruin themselves*, il les a laissés se ruiner. *They let themselves be swindled*, ils se sont laissé filouter. *Let me tell you that . . .*, permettez-moi de vous dire que. . . . *See also* TELL I. 1. *I will let you tell it*, je vous le laisse raconter; je vous laisse le raconter. *If the weather will let us*, si le temps (nous) le permet. *I was never let to run wild*, on ne m'a jamais laissé courir en liberté. **To let fall, slip,** laisser échapper (qch.). *See also* FALL[2] 1, SLIP[2] I. 3. *The opportunity was let slip*, on laissa échapper l'occasion. **He let go the rope,** il lâcha la corde. *See also* GO[2] 12. *He lets pass no occasion of doing homage to . . .*, il ne laisse passer aucune occasion de rendre hommage à. . . . *When can you let me have my coat?—I will let you have it to-morrow*, quand pourrai-je avoir mon habit?—Vous l'aurez demain. *See also* ALONE 2, BE 4, DRIVE[2] II. 1, FLY[3] I. 4, HAVE[2] 3, LIVE[2] 1, LOOSE[1] 1, SLIDE[2] 1. (*b*) (*Cause*) **To let s.o. know sth., about sth.,** faire savoir, faire connaître, qch. à qn; faire part de qch. à qn. *Let me know when . . .*, faites-moi savoir quand. . . . *I will let him know you are here*, je vais le prévenir que vous êtes ici. *You should have let him know*, vous auriez dû le lui faire savoir. *I thought I ought to let you know about it*, j'ai cru devoir vous en faire part. *Let me hear the story*, racontez-moi l'histoire. (*c*) *The police would not let anyone along the street, on the bridge*, la police ne laissait passer personne par la rue, sur le pont. *They let him over the factory*, on lui a permis de visiter l'usine. *The captain let no one aboard*, le capitaine n'a permis à personne de monter à bord. *See also* SIGHT[1] 2. (*d*) *A.Med:* **To let blood,** pratiquer une saignée; saigner qn. **2.** Louer (une maison, etc.). **House to let,** maison à louer. **To be let with immediate possession,** à louer présentement. (*With passive force*) *House that would let easily*, maison qui se louerait facilement.

II. **let,** *v.aux.* (*supplying 1st & 3rd pers. of imperative*) *Let us make haste!* dépêchons-nous! *Let us pray*, prions. *Let you and me try now!* essayons maintenant vous et moi! *Don't let us, F: don't let's, start yet*, ne partons pas encore. *Now, don't let's have any nonsense!* allons, pas de bêtises! *A:* **Let us to supper,** allons souper; passons à la salle à manger. *Let him do it at once!* qu'il le fasse tout de suite! **Let there be light,** que la lumière soit. *Let it be done!* que cela se fasse! **So let it be!** soit! **Let there be no mistake about it!** qu'on ne s'y trompe pas! **Let AB be equal to CD,** supposons que AB soit égal à CD. *Let ABC be any angle*, soit ABC un angle quelconque. **Let me see!** voyons! attendez un peu! *Let me die if . . .*, que je meure si. . . . *Let them all come!* qu'ils viennent tous! vienne qui voudra! *Don't let me see you here again!* que je ne vous retrouve plus ici! *Just let me catch you at it again!* que je vous y reprenne! *Let them do what they will . . .*, ils auront beau faire. . . . *Let them look at the matter in any way . . .*, de quelque façon qu'ils envisagent la question. . . . *Let their love be ever so strong . . .*, si grand que soit leur amour. . . . (*Hypothetical*) *Let the machine stop and there will be an accident*, que la machine vienne à s'arrêter et il y aura un accident.

let down, *v.tr.* **1.** (*a*) Baisser (la glace, le marchepied); descendre (une barrique à la cave); descendre (qn au bout d'une corde). *To let s.o. down again (with a rope)*, redescendre qn (avec une corde). (*b*) Baisser, faire retomber (un store); détrousser (son tablier); défaire, dénouer, dérouler (ses cheveux). (*c*) Allonger (une robe, etc.). **2.** (*a*) *The chair was broken and let him down*, la chaise était cassée et le laissa tomber par terre. (*b*) *F:* **To let s.o. down gently,** user de tact pour faire comprendre à qn qu'il est dans son tort, pour lui refuser qch.; traiter (un coupable) avec indulgence. *Let him down gently!* ne soyez pas trop dur avec lui! (*c*) *F:* (i) Laisser (qn) en panne; faire faux bond à (qn); désappointer (qn); trahir (les intérêts de) (qn); (ii) faire une avanie à (qn); humilier (qn). *I won't let you down*, vous pouvez compter sur moi. *You should never let the firm down*, il faut toujours prendre le parti de la maison. *He has been badly let down*, il a eu un grave mécompte. *I hope you won't be let down*, j'espère que vous ne serez pas déçu. **3.** *Mch: etc:* **To let the fires down,** laisser tomber les feux. **4.** (*a*) Détendre, débander (un ressort); dégonfler (un pneu). (*b*) *Metall:* **To let down the temper of a chisel,** faire revenir, laisser revenir, un burin; recuire, éteindre, un burin. *To let down a metal to quenching temperature*, adoucir un métal.

'let-'down, *s. F:* Désappointement *m*, déception *f*.

letting down, *s.* **1.** Abaissement *m*. **2.** *Metall:* Revenu *m*, recuit *m*, adoucissage *m*.

let in, *v.tr.* **1.** (*a*) Laisser entrer (qn); faire entrer (qn); admettre (qn); ouvrir la porte à (qn); laisser entrer (l'air, la pluie). *He let himself in with his latch-key*, il entra après avoir fait jouer la serrure. *Shoes that let in (water)*, souliers qui prennent l'eau. *This would let in all sorts of abuses*, cela ouvrirait la porte à tous les abus. (*b*) *F:* **To let s.o. in on a secret,** initier qn à un secret. *St.Exch: Rac: etc:* **To let s.o. in on a good thing,** tuyauter qn. **2.** Encastrer (une plaque); percer (une porte); empatter (les raies d'une roue). *Dressm: Tail:* Ajouter, introduire (une pièce). **3.** *F:* (*a*) Mettre (qn) dedans; rouler, duper (qn); mystifier (qn). *I've been let in for a thousand*, j'y suis de mille livres; c'est une perte sèche de mille livres. *They let me in for the expenses*, on m'a laissé solder la note. (*b*) *I've been let in for a speech*, j'ai été forcé de m'engager à faire un discours. *I did not know what I was letting myself in for*, je ne savais pas à quoi je m'engageais.

let-'in, *s. F:* Filouterie *f* ou mystification *f*.

letting in, *s.* **1.** Admission *f*, introduction *f* (de qn, de l'air). **2.** Encastrement *m* (d'une plaque).

let into. **1.** *v.tr.* (*a*) **To let s.o. into the house,** laisser entrer qn dans la maison. **To let s.o. into a secret,** dévoiler un secret à qn; mettre qn dans le secret. *I was let into the secret*, je fus initié au secret. (*b*) (i) *To let a door into a wall*, percer une porte dans un mur. (ii) *To let a slab into a wall*, encastrer une plaque dans un mur. *Dressm: Tail:* **To let a piece into a garment,** ajouter une pièce à un vêtement; incruster une pièce dans une jupe, etc. *To let lace into a dress*, faire un entre-deux de dentelle dans un vêtement. **2.** *v.i. P:* **To let into s.o.,** s'attaquer à qn; se jeter sur qn; *P:* rentrer dans le mou à qn.

let off, *v.tr.* **1.** Faire partir (un fusil, un pétard); tirer, faire partir (un feu d'artifice); décocher (une flèche, une épigramme); détendre brusquement (un ressort). **2.** Lâcher, laisser échapper (de l'eau, de la vapeur). *See also* STEAM[1]. **3.** *To let off a house into flats*, louer un immeuble en appartements. *To let off a flat*, louer un appartement pris sur l'immeuble. **4.** (*a*) **To let s.o. off from sth., from doing sth.,** décharger qn d'une corvée, etc.; dispenser qn de faire qch. *I let you off*, je vous en tiens quitte, je vous en dispense. *You let him off too easily*, vous lui faites la part trop belle. *She offered to let him off (from his engagement)*, elle lui proposa de rompre. (*b*) **To let s.o. off,** faire grâce à qn. *I'll let you off this time*, je vous pardonne, je vous fais grâce, (pour) cette fois-ci. **To be let off with a fine,** en être quitte pour une amende. *To let s.o. off the fine*, faire grâce de l'amende à qn.

let on. **1.** *v.i. F:* **To let on about sth. to s.o.,** rapporter, cafarder, qch. à qn. *Don't you let on!* ne vendez pas la mèche! ne me trahissez pas! *I never let on*, je n'ai pas dit mot. **2.** *v.tr. F:* (*a*) *Don't go and let on that I was there*, n'allez pas dire que j'y étais. *He never let on that he saw her*, il a fait semblant de ne pas la voir. *He never let on that he had heard them*, il ne témoigna aucunement les avoir entendus. (*b*) *U.S:* *To let on to be annoyed*, feindre d'être vexé; faire semblant d'être vexé.

let out, *v.tr.* **1.** (*a*) Laisser sortir (qn); ouvrir la porte à (qn); laisser échapper (un oiseau); élargir (un prisonnier). **To be let out on bail,** être relâché sous caution. *To let out the air from sth.*, laisser échapper l'air de qch.; dégonfler (un ballon, etc.). *To let the water out of a lock*, lâcher les eaux d'une écluse. *F:* **To let out a yell,** laisser échapper un cri. *See also* CAT[1] 1. (*b*) *Aut: etc: F:* **Let her out,** mettez les gaz; laissez-la filer. **2.** (*a*) *To let out a garment*, lâcher les coutures d'un vêtement; rélargir un vêtement. *To let a strap out one hole*, (re)lâcher une courroie d'un cran. (*b*) *Nau:* Lâcher (un cordage); larguer (une voile). *See also* REEF[1]. **3.** **To let chairs out (on hire),** louer des chaises. *To let out sth. on contract*, affermer qch. **4.** **To let out a secret,** laisser échapper un secret; lâcher, révéler, divulguer, un secret; *F:* vendre la mèche. **5.** *v.i. F:* (*a*) **To let out at s.o. with one's foot, fist, etc.,** décocher un coup de pied, de poing, à qn. (*b*) **To let out at s.o.,** faire une algarade à qn; dire son fait à qn.

letting out, *s.* **1.** Élargissement *m* (d'un prisonnier). **2.** Élargissement, rélargissement *m* (d'un vêtement). **3.** Location *f* (de chaises, etc.).

let through, *v.tr.* **1.** Laisser passer (qn). *Garret-window that scarcely lets any light through*, lucarne qui mesure le jour. *Curtains that let through a softened light*, rideaux qui tamisent la lumière. *Nau: Sail that lets the wind through*, voile *f* qui tamise. **2.** *F:* **To let s.o. through (an exam),** admettre qn (à un examen).

let up, *v.i. U.S:* (*Of rain, pressure of business, etc.*) Diminuer; (*of frost, etc.*) s'adoucir. (*Of pers.*) *Once he is started on a course of action he never lets up*, une fois lancé il ne s'arrête plus, jamais il ne se relâche. **To let up on a pursuit,** cesser une poursuite; lâcher.

let-'up, *s. U.S:* Diminution *f* (*in*, de); changement *m* (du temps). *There will be no let-up in our endeavours*, il n'y aura pas la moindre diminution, le moindre relâchement, de nos efforts. *To work fifteen hours* **without a let-up,** travailler quinze heures d'arrache-pied.

letting, *s.* Louage *m*. **Letting value,** valeur locative. *See also* HOUSE-LETTING.

-let [let], *s.suff.* (*Forming diminutives*) *Kinglet*, roitelet. *Booklet*, livret. *Piglet*, petit porc; porcelet. *Flatlet*, petit appartement.

lethal ['li:θəl], *a.* Mortel. **Lethal weapon,** arme meurtrière, léthifère. *L. wound*, blessure mortelle. **Lethal chamber,** salle *f* d'asphyxie (d'une fourrière). *Pharm:* **Lethal dose,** dose mortelle. *See also* GAS[1] 1.

lethargic(al) [le'θɑ:rdʒik(əl)], *a.* **1.** *Med:* Léthargique. **Lethargic sleep,** sommeil *m* léthargique; sopor *m*. **2.** Léthargique, lent, nonchalant. **-ally,** *adv.* D'une manière léthargique; lourdement, paresseusement.

lethargy ['leθərdʒi], *s.* **1.** *Med:* Léthargie *f*. *To sink into a state of l.*, tomber en léthargie. **2.** Torpeur *f*; inertie *f*, inaction *f*.

Lethe ['li:θi]. *Pr.n. Gr.Myth:* Le Léthé.

Lethean [li:'θi:ən], *a.* Du Léthé. *The L. waters, springs*, les eaux *f* du Léthé.

letheon ['li:θiən], *s. Med:* Éther *m* (sulfurique).

lethiferous [li'θifərəs], *a.* Léthifère.

Lett [let], *s.* 1. *Ethn:* Lettonien, -ienne; Letton, -one. 2. *Ling:* Le lette, le lettique, le letton.

lettable ['letəbl], *a.* Qui peut se louer; (immeuble) en état d'être loué.

letter¹ ['letər], *s.* 1. (*a*) Lettre *f*, caractère *m*. *Engr:* **Proof before the letter, before letters,** épreuve *f* avant la lettre. *See also* PROOF¹ 3. *Typ:* **Compound letters,** ligature *f*. *See also* BLACK LETTER, BLOCK-LETTER, RED-LETTER, STENCIL-LETTER. (*b*) **To obey to the letter,** obéir à la lettre, au pied de la lettre. *B:* **The letter killeth but the spirit giveth life,** la lettre tue mais l'esprit vivifie. *See also* DEAD I. 1. 2. (*a*) Lettre, missive *f*. *I have had a l. from him,* j'ai reçu une lettre de lui. **To open the letters,** dépouiller le courrier. *The letters that have passed between us,* notre correspondance *f*. **Open letter,** lettre ouverte. *See also* COVERING¹ 1, DEAD I. 1, FRENCH I. 2, LOVE-LETTER, PASTORAL 1. (*b*) *Com:* **Letter of exchange,** lettre de change. **Letter of advice,** lettre d'avis. *Jur:* **Letters of administration,** lettres d'administration (nommant un administrateur à la succession d'un défunt intestat). *See also* ALLOTMENT 1, ATTORNEY², CREDIT¹ 4, MARQUE, NATURALIZATION, PATENT¹ I. 1, SEA-LETTER. 3. *pl.* **Letters,** lettres; belles-lettres; littérature *f*. **Man of letters,** homme de lettres; littérateur *m*. *The profession of letters,* la profession d'homme de lettres. **The republic of letters, the commonwealth of letters,** la république des lettres.

'letter-balance, *s.* Pèse-lettres *m inv.*

'letter-book, *s.* *Com:* Copie *m* de lettres.

'letter-bound, *a.* Qui s'attache trop à la lettre; esclave de la lettre.

'letter-box, *s.* Boîte *f* aux lettres; boîte à lettres.

'letter-card, *s.* Carte-lettre *f*, *pl.* cartes-lettres.

'letter-case, *s.* Porte-lettres *m inv*, portefeuille *m*. **Letter-and-note case,** portefeuille porte-billets.

'letter-clip, *s.* Serre-papiers *m inv.*

'letter-cutter, *s.* *Typ:* Coupeur *m* de caractères.

'letter-cutting, *s.* *Typ:* Coupe *f* de caractères.

'letter-file, *s.* Classeur *m* de lettres; classe-lettres *m inv*; (*with spring binding*) relieur *m*.

'letter-gauge, *s.* (*For steel wire*) Jauge *f* alphabétique.

'letter-head, *s.* En-tête *m inv* de lettre (imprimé).

'letter-lock, *s.* Serrure *f* ou cadenas *m* à combinaisons, à chiffres.

'letter-opener, *s.* Ouvre-lettres *m inv.*

'letter-pad, *s.* Bloc *m* de papier à lettres; bloc-notes *m*, *pl.* blocs-notes.

'letter-paper, *s.* Papier *m* à lettres.

'letter-perfect, *a.* **To be letter-perfect in one's lessons, in one's part,** savoir ses leçons, son rôle, par cœur.

'letter-post, *s.* Poste *f* aux lettres.

'letter-press, *s.* 1. Presse *f* à copier. 2. *A:* = LETTERPRESS.

'letter-rack, *s.* Porte-lettres *m inv.*

'letter-scales, *s.pl.*, **'letter-weigher,** *s.* = LETTER-BALANCE.

'letter-weight, *s.* Presse-papiers *m inv*, serre-papiers *m inv.*

'letter-wood, *s.* *Bot:* = LEOPARD-WOOD.

'letter-writer, *s.* 1. Auteur *m* de lettres; épistolier, -ière. 2. Recueil *m* de modèles de lettres; "le parfait secrétaire."

letter², *v.tr.* 1. Marquer (un objet) avec des lettres; graver des lettres sur (un objet); estampiller. 2. Mettre le titre à (un livre ou sa couverture). 3. *Com:* *Jur:* Coter (des pièces).

lettered, *a.* 1. (*a*) Marqué avec des lettres. (*b*) (Livre *m*) avec couverture imprimée. 2. (Homme) lettré.

lettering, *s.* 1. Lettrage *m*; estampillage *m*. *Typ:* **Lettering by hand,** repoussage *m*. 2. Lettres *fpl*; inscription *f*; titre *m* (d'un livre). *Embossed l.,* inscription en relief. *Sunken l.,* inscription en creux.

letter³, *s.* 1. Loueur, -euse. 2. **Letter of blood,** saigneur *m*.

letterless ['letərləs], *a.* 1. Dépourvu de lettres ou d'inscription. 2. (*Of pers.*) Illettré.

letterpress ['letərpres], *s.* 1. *Typ:* Impression *f* typographique. **Letterpress printing,** typographie *f*. 2. Texte *m* (accompagnant une illustration).

Lettic ['letik], **Lettish** ['letiʃ]. 1. *a.* & *s.* *Ethn:* *Geog:* Letton, -one. 2. *s.* *Ling:* Le lette, le lettique, le letton.

Lettonian [le'touniən], *a.* & *s.* *Ethn:* Lettonien, -ienne; letton, -one.

lettuce ['letəs], *s.* *Hort:* Laitue *f*. **Cabbage lettuce,** laitue pommée. **Long-leaved lettuce,** alfange *f*. *See also* COS, LAMB'S LETTUCE.

Leucadia [lju'keidiə]. *Pr.n.f.* *A.Geog:* (L'île *f* de) Leucade.

Leucadian [lju'keidiən], *a.* *A.Geog:* **The Leucadian Promontory,** le promontoire de Leucade.

leucania [lju'keiniə], *s.* *Ent:* Leucanie *f*.

leuchaemia [lju'ki:miə], *s.* *Med:* Leucémie *f*.

Leucippus [lju'sipəs]. *Pr.n.m.* *Gr.Phil:* Leucippe.

leucite ['lju:sait], *s.* 1. *Miner:* Leucite *m*, amphigène *m*; schorl blanc. 2. *Bot:* Leucite, leucoplaste *m*.

leuco- ['lju:ko], *pref.* Leuco-. *Med:* *Leucopenia,* leucopénie *f*. *Bot:* *Leucophyll,* leucophylle *f*.

leucoblast ['lju:koblɑ:st], *s.* *Biol:* Leucoblaste *m*.

leucocyte ['lju:kosait], *s.* *Physiol:* Leucocyte *m*.

leucocythaemia [lju:kosi'θi:miə], *s.* *Med:* Leucocythémie *f*, leucémie *f*.

leucocytosis [lju:kosai'tousis], *s.* *Med:* Leucocytose *f*.

leucoderma [lju:ko'də:rmə], *s.* *Med:* Vitiligo *m*.

leucoma [lju'koumə], *s.* *Med:* = ALBUGO.

leucoplast ['lju:koplast], **leucoplastid** [lju:ko'plastid], *s.* *Bot:* Leucite *m*, leucoplaste *m*.

leucorrhoea [lju:ko'ri:ə], *s.* *Med:* Leucorrhée *f*; *F:* fleurs blanches, pertes blanches.

leucosapphire [lju:ko'safaiər], *s.* *Miner:* Rubis blanc.

Leuctra ['lju:ktrə]. *Pr.n.* *A.Geog:* Leuctres.

leud [lju:d], *s.* *Fr.Hist:* Leude *m*; vassal *m*, -aux.

Levant¹ [le'vant]. *Geog:* 1. *Pr.n.* **The Levant,** le Levant. 2. *Attrib.* Du Levant; levantin. *Hist:* **The Levant Company,** la Compagnie du Levant.

levant², *v.i.* *F:* Partir sans payer; (*esp. of bookmaker*) décamper sans payer; lever le pied.

levanter¹ [le'vantər], *s.* *Meteor:* *Nau:* Levantin *m*; vent *m* aigre de l'est (dans la Méditerranée).

levanter², *s.* *F:* Bookmaker *m* qui décampe sans payer.

Levantine [le'vantin, 'levantin]. 1. *a.* & *s.* *Geog:* Levantin, -ine. 2. *s.* *Tex:* (*Silk*) Levantine *f*.

levator [le'veitər], *s.* *Anat:* Élévateur *m*; (muscle) releveur *m*.

levee¹ ['levi], *s.* 1. (*a*) *Hist:* Lever *m* (du roi). (*b*) Réception royale (tenue l'après-midi et pour hommes seulement). 2. [lə'vi:] *U.S:* Réception (chez le Président, etc.). **To hold a levee,** recevoir.

levee² ['levi, le'vi:], *s.* *Civ.E:* *U.S:* Levée *f*, digue *f*, endiguement *m* (d'une rivière).

level¹ [levl]. I. *s.* 1. *Tls:* *etc:* (*a*) Niveau *m* (de charpentier, etc.). **Surveyor's level,** niveau à lunette. **Plummet level, plumb level, vertical level,** niveau à plomb; niveau de maçon. **Air level,** niveau à bulle d'air. *See also* DUMPY¹ 1, SPIRIT-LEVEL, SPOT-LEVEL. (*b*) **Level** (rule), latte *f* de niveau; règle *f* de niveau. (*c*) *Mch:* **Water-level,** niveau d'eau. 2. (*a*) Niveau (de la mer, d'une rivière, d'un plateau); niveau, étage *m* (de la société). **Difference of level** *between two objects,* dénivellation *f* de deux objets. *Surv:* *Differences in l.,* différences *f* de niveau; dénivellements *m*, dénivellations. **Determination of level,** dénivellation. *Geol:* *Civ.E:* **Change of level,** ressaut *m*, dénivellation. **At a higher level,** en contre-haut (*than*, de). **At eye level,** à la hauteur de l'œil; à hauteur des yeux. **On a level with sth.,** de niveau avec qch.; au niveau de qch.; à la hauteur de qch.; sur le même plan que qch. *Fan-light on a l. with the ceiling,* vasistas *m* à hauteur du plafond. *Drawing-room on a l. with the garden,* salon *m* de plain-pied avec le jardin. **To be on a level with s.o.,** être au niveau de qn; être sur le même plan (social, intellectuel) que qn; être l'égal de qn. **To rise to the level of s.o.,** s'élever au niveau de qn. **To come down to s.o.'s level,** se mettre au niveau, à la portée, de qn. *Water tends to find its own l.,* l'eau cherche constamment son niveau. **To find one's level,** trouver son niveau (social, etc.). *See also* STREET, WATER-LEVEL. (*b*) **Out of level,** (i) (*of billiard-table, etc.*) dénivelé; (ii) (*of tiles, etc.*) désaffleurant. *To be out of l.,* (i) être dénivelé; (ii) désaffleurer. **To throw an instrument out of level,** déniveler un instrument. 3. (*a*) Surface *f* de niveau, terrain *m* de niveau. *Aut:* *Rail:* Palier *m*. **Dead level,** palier absolu. *See also* DEAD I. 5. **On the level,** (i) à l'uni; (ii) *F:* (*of pers.*) loyal, -aux; de bonne foi; (iii) *F:* en toute honnêteté, en toute sincérité; loyalement. *Aut:* **Speed on the level,** vitesse *f* en palier. (*b*) *Min:* (i) Niveau, étage; (ii) galerie *f* (de niveau), voie *f* (de niveau). **Blind level,** galerie à siphon. **Deep level,** niveau profond. **Bottom level,** niveau de fond. (*c*) *Geol:* Étage. (*d*) *Ph.Geog:* Plaine *f*. **The Bedford Level, the Great Level,** la grande Plaine (de la région des *fens*). (*e*) Bief *m*, biez *m* (d'un canal). *See also* SUMMIT LEVEL.

II. **level,** *a.* 1. (*a*) (*Not sloping*) (Terrain *m*) de niveau, à niveau; (route *f*, etc.) en palier. *Aut:* *Rail:* **Level run, level stretch,** palier *m*. (*b*) (*Flat*) Égal, -aux; uni. (*c*) **Level with . . .,** de niveau avec . . .; au niveau de . . .; à (la) hauteur de . . .; affleurant avec. . . . *See also* CROSSING 5. *L. with the water,* à fleur de l'eau; à fleur d'eau; au ras de l'eau. *L. with the ground,* à fleur du sol; au ras du sol; à ras de terre; à rase terre. *To lay a building l. with the ground,* raser un édifice. *To make two walls l.* (*with one another*), affleurer, faire affleurer, deux murs. *The water is l. with the top of the bank,* l'eau affleure le haut de la rive. *Sp:* **To draw level with . . .,** arriver à (la) hauteur de . . .; (*in rowing*) venir bord à bord avec. . . . 2. **Level life,** vie réglée, régulière. **Level tone,** ton soutenu, uniforme. **Level head,** tête bien équilibrée. **To keep a level head,** garder sa tête, son sang-froid. *F:* **To do one's level best,** faire tous ses efforts, faire tout son possible; faire de son mieux.

III. **level,** *adv.* *Av:* **To fly level,** (i) voler en palier; (ii) attaquer le palier.

'level-'headed, *a.* Qui a la tête bien équilibrée; pondéré. *He is l.-h.,* c'est une tête carrée, une tête bien organisée; il a l'esprit rassis.

level-'headedness, *s.* Esprit bien équilibré; pondération *f*.

level², *v.tr.* (levelled; levelling) 1. (*a*) Niveler; mettre (un billard, etc.) à niveau, de niveau. (*b*) Niveler, aplanir, aplatir, égaliser, unir (une surface); araser (un terrain, un mur, etc.). (*c*) **To level a town, a building** (*to the ground, Lit: in the dust*), raser une ville, un édifice. (*d*) *Lit:* **To level s.o. to the ground,** étendre qn par terre (d'un coup de poing, etc.). 2. Pointer (un fusil), braquer (un canon), diriger (une longue-vue) (*at*, sur). **To level one's gun at, against, s.o.,** ajuster, viser, qn avec son fusil; coucher, mettre, qn en joue. *F:* **To level sarcasms, accusations, against s.o.,** lancer, diriger, des sarcasmes, des accusations, contre qn. **To level a blow at s.o.,** porter un coup à qn. *The speech was levelled at me,* c'est moi qui étais visé. 3. *Surv:* Déniveler (une région, etc.).

level away, *v.tr.* 1. Aplanir (des inégalités). 2. Abolir (des distinctions sociales, etc.).

level down, *v.tr.* 1. Araser (un mur). 2. Abaisser (qn, qch.) à son niveau.

level up, *v.tr.* 1. **To level sth. up to . . .,** élever qch. au niveau de. . . . 2. Égaliser (le terrain, etc.) (en comblant les creux).

levelling¹, *a.* 1. Nivelant, niveleur, -euse. 2. *Pol:* Égalitaire.

levelling², *s.* 1. (*a*) Nivellement *m*; (i) mise *f* à niveau, de niveau; (ii) aplanissement *m* (d'une surface); égalisation *f* (de la chaussée). (*b*) Arasement *m* (d'un mur). 2. Pointage *m*, braquage *m* (d'une arme à feu).

'levelling-compass, *s.* *Surv:* Boussole *f* éclimètre; graphomètre *m*.

'levelling-pole, -rod, -staff, *s. Surv:* Mire *f* (de nivellement); jalon *m* d'arpentage; balise *f*. **Target levelling-rod,** jalon-mire *m, pl.* jalons-mires; mire-jalon *f, pl.* mires-jalons; mire à voyant.

'levelling-screw, *s.* Vis *f* de calage; vis calante; vis de bride.

leveller ['lev(ə)lər], *s.* **1.** (*Pers.*) (*a*) Niveleur, -euse. (*b*) *Pol:* Égalitaire *mf.* **2.** *Civ.E:* **Road leveller,** (i) rouleau compresseur; (ii) niveleuse *f* de route.

levelness ['lev(ə)lnəs], *s.* **1.** (*a*) Nature plate, unie (d'une surface). (*b*) Position *f* de niveau. **2. His levelness of head,** son esprit bien équilibré; son esprit pondéré.

lever[1] ['liːvər], *s.* **1.** *Mec:* Levier *m.* **Lever of the first order,** levier du premier genre; levier intermobile. **Lever of the second order,** levier du deuxième genre; levier interrésistant. **Lever of the third order,** levier du troisième genre; levier interpuissant. **2.** *Mec.E:* *Tls:* Levier. *Sm.a:* Clé *f*, levier d'ouverture (de fusil de chasse). *Artil:* Espar(t) *m* (de manœuvre d'un canon). *Locksm:* Bascule *f* (d'une serrure). **Cam lever,** poucet *m.* **Bent lever, angle lever,** levier coudé, brisé, à renvoi. *Clockm:* **Regulating lever,** raquette *f* (de montre). *Aut:* **Gear lever,** levier des vitesses. *Av:* **Tail-skid lever,** guignol *m* de béquille. **Elevator lever,** guignol du gouvernail de profondeur. *See also* BELL-CRANK, BOLT-LEVER, CHANGE(-SPEED) LEVER, CONTROL[1] 1, HAND-LEVER, IGNITION, KNEE-LEVER, LOCKING-LEVER, ROCKING-LEVER, STARTING-LEVER, TOGGLE-LEVER, TYRE-LEVER.

'lever-balance, *s.* Peson *m* à contrepoids.

'lever-engine, *s.* Machine *f* à balancier.

'lever-escapement, *s. Clockm:* Échappement *m* à ancre.

'lever-grip, *a. Tls:* *Metalw:* **Lever-grip tongs,** écrevisse *f.*

'lever-handle, *s. Veh:* *etc:* Bascule *f* (de portière); (*of shop door*) bec-de-cane *m, pl.* becs-de-cane.

'lever-jack, *s. Mec.E:* *etc:* Cric *m* à levier.

'lever 'watch, *s. Clockm:* Montre *f* à ancre, à échappement.

lever[2]. **1.** *v.i.* Manœuvrer un levier. (*Of part, etc.*) **To lever against sth.,** faire levier sur qch. **2.** *v.tr.* **To lever sth. up,** soulever qch. au moyen, à l'aide, d'un levier; exercer une pesée pour soulever qch.

leverage ['liːvəredʒ], *s.* **1.** (*a*) Force *f*, puissance *f*, de levier; abattage *m* (de la manivelle d'un treuil). *Mec:* **Leverage of a force,** bras *m* de levier d'une force; rapport *m* des bras de levier. *Row:* *L. of the oar,* levier *m* de l'aviron. (*b*) **To bring leverage to bear on** (*a door, etc.*), exercer des pesées *f* sur (une porte, etc.). (*c*) **To give s.o. leverage,** donner un avantage à qn (sur soi-même). *We have no l. we could bring to bear upon him,* nous n'avons pas de prise sur lui. **2.** Système *m* de leviers.

leveret ['levəret], *s.* Levraut *m.*

Levi ['liːvai]. *Pr.n.m. B.Hist:* Lévi.

leviable ['leviəbl], *a.* **1.** (Impôt *m*) percevable. **2.** (Personne *f*) contribuable.

leviathan [le'vaiəθən], *s.* **1.** *B:* Léviathan *m.* **2.** *F:* Navire *m* monstre.

levigate ['levigeit], *v.tr. Pharm:* **1.** Léviger; réduire en poudre. **2.** Délayer (*with*, avec).

levigation [levi'geiʃ(ə)n], *s.* Lévigation *f.*

levirate ['liːviret], *s. Jew.Hist:* Lévirat *m.*

levitate ['leviteit]. *Psychics:* **1.** *v.i.* Se soulever (par lévitation). **2.** *v.tr.* Soulever (qch., qn) (par lévitation).

levitation [levi'teiʃ(ə)n], *s. Psychics:* Lévitation *f.*

Levite ['liːvait], *s. B:* Lévite *m.*

Levitical [le'vitik(ə)l], *a.* **1.** *B:* Lévitique; des Lévites. **2. Levitical degrees,** degrés de parenté ou d'alliance prohibitifs de mariage. *Marriage within the L. degrees,* mariage *m* entre parents ou alliés au degré prohibé.

Leviticus [le'vitikəs], *s. B:* Le Lévitique.

levity ['leviti], *s.* **1.** Légèreté *f*; manque *m* de sérieux. **2.** *Work marred by frequent levities,* œuvre *f* que dépare une surabondance de propos frivoles.

levogyrate [liːvo'dʒairet], **levogyrous** [liːvo'dʒairəs], *a. Ch:* Lévogyre.

levulose ['levjulous], *s.* = LAEVULOSE.

levy[1] ['levi], *s.* **1.** (*a*) Levée *f* (d'un impôt). (*b*) *Mil:* Levée (des troupes); réquisition *f* (des chevaux, etc.). *Mil:* **Levy in mass,** levée en masse. **2.** Impôt *m*, contribution *f*. *Trade union that collects a political l. from its members,* syndicat *m* qui fait payer à ses membres une cotisation pour l'action politique. *See also* CAPITAL[2] II. 1.

levy[2], *v.tr.* **1.** (*a*) Lever, percevoir (un impôt); imposer (une amende). *To l. a duty on goods,* imposer des marchandises; frapper des marchandises d'un droit. *To l. a fine on s.o.,* frapper qn d'une amende. *To l. the tithes,* prélever la dîme. (*b*) *Members are levied ten shillings a year for the pension fund,* les traitements sont sujets à un prélèvement annuel de dix shillings comme contribution à la caisse de retraite. **2.** *Mil:* (*a*) Lever (des troupes). (*b*) Mettre en réquisition, réquisitionner (des denrées, etc.). **3.** (*a*) *Jur:* **To levy execution on s.o.'s goods,** faire une saisie-exécution sur les biens de qn. (*b*) **To levy war on s.o.,** faire la guerre à, contre, qn. **To levy blackmail,** faire du chantage. *To l. blackmail on s.o.,* soumettre qn à un chantage; *F:* faire chanter qn.

levying, *s.* Levée *f* (d'impôts, de troupes); perception *f* (d'impôts).

lewd [ljuːd], *a.* **1.** Impudique, lascif, lubrique, paillard, crapuleux. *L. smile,* sourire lascif, égrillard. **2.** *A. & B:* Bas, vil, ignoble. **-ly,** *adv.* Impudiquement, lascivement, lubriquement, crapuleusement.

lewdness ['ljuːdnəs], *s.* **1.** Impudicité *f*, lasciveté *f*, paillardise *f*, libidinosité *f*, lubricité *f*. **2.** Luxure *f*, crapule *f*, débauche *f*.

lewis[1] ['luːis]. **1.** Louve *f* (à pierres) en trois pièces. **2.** *Freemasonry:* Louveteau *m.*

lewis[2], *v.tr. Stonew:* Encastrer une louve dans (une pierre).

Lewis[3]. *Pr.n.m.* Louis.

Lewis 'gun, *s. Mil:* Fusil mitrailleur.

Lewis-'gunner, *s. Mil:* Mitrailleur *m.*

lewisson ['luːisən], *s.* = LEWIS[1] 1.

lexical ['leksik(ə)l], *a.* Lexicologique.

lexicographer [leksi'kɔgrəfər], *s.* Lexicographe *m.*

lexicographical [leksiko'grafik(ə)l], *a.* Lexicographique.

lexicography [leksi'kɔgrəfi], *s.* Lexicographie *f.*

lexicological [leksiko'lɔdʒik(ə)l], *a.* Lexicologique.

lexicologist [leksi'kɔlodʒist], *s.* Lexicologue *m.*

lexicology [leksi'kɔlodʒi], *s.* Lexicologie *f.*

lexicon ['leksikən], *s.* Lexique *m.*

lexigraphy [lek'sigrəfi], *s.* Lexigraphie *f.*

lex talionis ['lekstali'ounis], *Lt.phr. Jur:* *Hist:* La loi du talion.

Leyden ['laidən]. *Pr.n. Geog:* Leyde *f.* *See also* JAR[3].

leze-majesty [liːz'madʒesti], *s.* = LESE-MAJESTY.

liability [laiə'biliti], *s.* **1.** *Jur:* Responsabilité *f.* **Joint liability,** responsabilité conjointe. **Several liability,** responsabilité séparée. **Joint and several liability,** responsabilité (conjointe et) solidaire; responsabilité solidaire et indivise; solidarité *f*; coobligation *f*. **Absolute liability,** obligation inconditionnelle. **Employers' liability,** responsabilité des patrons (pour les accidents du travail). **The Employers' Liability Act,** la loi sur les accidents du travail. *See also* COMPANY[1] 4, INSURANCE 1, JOIN[2] II. **2.** *Com:* *Fin:* (*a*) **Contingent liability,** (i) engagements éventuels; passif éventuel, exigible; (ii) tierce caution. *Bank:* **Contingent liability in respect of acceptances,** débiteurs *mpl* par aval. (*b*) *pl.* **Liabilities,** ensemble *m* des dettes; engagements, obligations *fpl*, valeurs passives, dettes passives; le passif; (*in bankruptcy*) masse passive (d'une liquidation après faillite). **Assets and liabilities,** actif *m* et passif. **Current liabilities,** exigibilités *f*. **To meet one's liabilities,** faire face à ses engagements, à ses échéances. *Their liabilities are very large,* leur passif est considérable. **3.** (*a*) **Liability to a fine,** risque *m* d'(encourir une) amende. *L. for, to, military service,* obligation *f* du service militaire. (*b*) Disposition *f*, tendance *f* (*to sth., to do sth.*, à qch., à faire qch.). *To have a l. to catch cold,* avoir une disposition à s'enrhumer; être susceptible de s'enrhumer. (*c*) (*Of product, etc.*) *L. to explode,* danger *m* d'explosion.

liable ['laiəbl], *a.* **1.** *Jur:* Responsable (*for*, de). *You are l. for the damage,* vous êtes responsable du dommage. *See also* DAMAGE[1] 3. *The expenses for which I am l.,* les frais *m* me concernant. *See also* JOINTLY. **2.** Sujet, assujetti, tenu, astreint (*to*, à); redevable, passible (*to*, de). *L. to stamp-duty,* assujetti au timbre. *L. to a tax,* assujetti à un impôt; redevable, passible, d'un impôt. *Dividends l. to income-tax,* dividendes soumis à l'impôt sur le revenu. *To make sth. l. to a tax,* assujettir qch. à un impôt. **Liable to a fine,** passible d'une amende. *L. to arrest,* contraignable par corps. *L. to military service,* astreint au service militaire. **3.** Sujet, apte, exposé (*to*, à). *L. to make mistakes,* enclin à faire des fautes. *Car l. to overturn,* voiture sujette à verser. *Ground l. to be overflowed,* terrain exposé aux inondations, en danger d'être inondé. *Goods l. to go bad,* marchandises *f* susceptibles de se corrompre. *At my age one is l. to rheumatism,* à mon âge on est sujet au rhumatisme. *To be l. to catch cold,* avoir une disposition à s'enrhumer. *L. to be swayed by self-interest,* accessible à l'intérêt. **4.** (*a*) *Difficulties are l. to occur,* des difficultés *f* sont susceptibles de se présenter. *Rule l. to exceptions,* règle *f* qui souffre des exceptions. *Plan l. to modifications,* projet *m* qui pourra subir des modifications. (*b*) *U.S:* (= *likely*) *He is l. to go,* il est probable qu'il ira.

liaison [li'eizən], *s.* Liaison *f.* **1.** *Mil:* *Poor l. between units,* mauvaise liaison entre les troupes. **Liaison officer,** agent *m* de liaison. **2.** Union *f* illicite. **3.** *Cu:* Liaison (d'une sauce). **4.** *Ling:* **To make the liaison,** faire la liaison (entre deux mots).

liana [li'ɑːna], *s. Bot:* Liane *f.*

liar ['laiər], *s.* Menteur, -euse; *P:* craqueur, -euse. *He is a l.!* il en a menti! *He's an arrant l.,* c'est un menteur insigne, achevé; il ment comme un arracheur de dents. *You l.!* menteur que tu es! *F:* **I'm a bit of a liar myself,** *but there are limits!* je veux bien qu'on soit menteur, mais pas à ce point-là!

lias ['laiəs], *s. Geol:* **1.** (*Stone*) Liais *m.* **2.** (*Stratum*) Lias *m.*

lias(s)ic [lai'asik], *a. Geol:* Lias(s)ique.

libation [lai'beiʃ(ə)n], *s.* Libation *f.* *F:* *To indulge in copious libations,* faire d'amples libations; se livrer à des libations copieuses.

libationer [lai'beiʃənər], *s.* *Rom. & Gr.Ant:* Faiseur *m* de libations; sacrificateur *m.*

libel[1] ['laibl], *s.* **1.** (*a*) Diffamation *f*, calomnie *f*. (*b*) *Jur:* Diffamation (par écrit); écrit *m* diffamatoire; libelle *m.* **To utter a libel against s.o.,** publier un article ou un écrit diffamant contre qn. **To bring an action for libel against s.o.,** intenter un procès en diffamation à qn. *To serve s.o. with a writ for l.,* assigner qn en diffamation. *See also* ACTION[1] 5. *F:* **The portrait is a libel on him,** ce portrait ne le flatte pas, est peu flatteur, ressemble à une caricature. **2.** *Jur:* (*Scot.*) Libellé *m* de la plainte.

libel[2], *v.tr.* (**libelled; libelling**) *Jur:* **1.** Diffamer (qn) (par écrit); publier une calomnie contre (qn); calomnier (qn). **2.** (*a*) *Ecc. & Scot:* Libeller une plainte contre (qn). (*b*) Intenter un procès à (un armateur, etc.) devant la Cour de l'Amirauté.

libelling, *s.* Diffamation *f.*

libellant ['laibələnt], *s. Jur:* (*Ecc. & Nau.*) Requérant, -ante.

libellee [laibe'liː], *s.* Défendeur, -eresse (dans un procès en diffamation).

libeller ['laibələr], *s.* Diffamateur, -trice.

libellous ['laibələs], *a.* (Écrit) diffamatoire, diffamant, calomnieux. **-ly,** *adv.* Calomnieusement.

libellula [li'beljula], *s. Ent:* Libellule *f*, *F:* demoiselle *f.*

liber ['laibər], *s. Bot:* Liber *m* (de l'écorce).

liberal ['libərəl], *a.* **1.** (*a*) Libéral, -aux. **Liberal education,** éducation libérale. **The liberal arts,** les arts libéraux. (*b*) (*Of pers.*)

D'esprit large, franc; sans préjugés. *In the most l. sense of the word*, au sens le plus large du mot. **2.** (*a*) Libéral, généreux, prodigue. **Liberal of one's money, of promises,** prodigue de son argent, de promesses. *L. of advice*, prodigue de conseils. **Liberal to, towards, s.o.,** généreux pour, envers, qn. *To be l. in business, with one's servants*, être large en affaires, avec ses domestiques. **Liberal offer,** offre généreuse. (*b*) Libéral, ample, abondant. *L. supply of food*, alimentation abondante, généreuse. *L. provision of . . .*, ample provision *f* de. . . . **3.** *a.* & *s.* *Pol:* Libéral (*m*). **-ally,** *adv.* Libéralement. **1.** Dans un esprit large; sans étroitesse. **2.** Généreusement, largement. *To give l. to s.o.*, faire des libéralités à qn. *To reward s.o. l.*, récompenser grassement qn.

liberalism [ˈlibərəlizm], *s.* *Pol:* *Theol:* Libéralisme *m.*

liberality [libəˈraliti], *s.* Libéralité *f.* **1.** Largeur *f* (de vues). **2.** (*a*) Générosité *f.* (*b*) *He has impoverished himself by his liberalities*, il s'est appauvri par ses libéralités, par ses prodigalités *f.*

liberalization [libərəlaiˈzeiʃ(ə)n], *s.* Élargissement *m* (des idées).

liberalize [ˈlibərəlaːiz], *v.tr.* Libéraliser (les idées, un peuple).

liberate [ˈlibəreit], *v.tr.* **1.** Libérer; mettre en liberté; élargir (un prisonnier); affranchir (un esclave); lâcher (des pigeons). *To l. the mind from prejudice*, délivrer l'âme des préjugés; se libérer de toute prévention. **2.** *Ch:* **To liberate a gas,** libérer, dégager, un gaz. **3.** *Fin:* **To liberate capital,** mobiliser des capitaux.

liberating, *a.* Libérateur, -trice.

liberation [libəˈreiʃ(ə)n], *s.* **1.** Libération *f*; mise *f* en liberté; élargissement *m* (d'un prisonnier); affranchissement *m* (d'un esclave). *L. from the yoke of . . .*, affranchissement du joug de. . . . **2.** *Ch:* *Ph:* Mise en liberté, dégagement *m* (d'un gaz). *L. of heat*, dégagement de chaleur. **3.** *Fin:* **Liberation of capital,** mobilisation *f* de capitaux.

liberationism [libəˈreiʃənizm], *s.* Politique *f* de séparation de l'Église et de l'État.

liberationist [libəˈreiʃənist], *s.* Partisan *m* de la séparation de l'Église et de l'État.

liberator [ˈlibəreitər], *s.* Libérateur, -trice.

Liberia [laiˈbiːəriə]. *Pr.n.* *Geog:* Le Libéria.

Liberian [laiˈbiːəriən], *a.* & *s.* *Geog:* Libérien, -ienne.

libertarian [libərˈtɛəriən], *a.* & *s.* **1.** *Pol:* Libertaire (*mf*). **2.** *Phil:* *Rel.H:* Partisan *m* du libre arbitre.

liberticide[1] [liˈbəːrtisaid], *a.* & *s.* (*Pers.*) Liberticide (*mf*).

liberticide[2], *s.* (*Crime*) Liberticide *m.*

libertinage [ˈlibərtinedʒ], **libertinism** [ˈlibərtinizm], *s.* **1.** Libre pensée *f*; *A:* libertinage *m.* **2.** Libertinage; mœurs dissipées; débauche *f.*

libertine [ˈlibərtin], *a.* & *s.* **1.** Libre penseur (*m*); *A:* libertin (*m*). **2.** Libertin (*m*); débauché (*m*). *See also* CHARTERED.

liberty[1] [ˈlibərti], *s.* **1.** Liberté *f.* (*a*) **Liberty of conscience, of the press,** liberté de conscience, de la presse. **Liberty of thought,** libre examen *m*; liberté de pensée. **The liberty of the subject,** la liberté civile. *To have full l. of action*, avoir pleine liberté d'action. **Liberty to do sth.,** liberté, permission *f*, de faire qch. **At liberty,** (i) en liberté; *Navy:* en permission; (ii) libre, disponible. **To set s.o. at liberty, to give s.o. his liberty,** mettre qn en liberté; donner la clef des champs à qn; élargir, relâcher (un prisonnier). *To secure one's l.*, obtenir sa liberté. **To be at liberty to do sth.,** être libre de faire qch. *You are at l. to believe me or not*, libre à vous, permis à vous, de ne pas me croire. *The chauffeur is not always at l.*, le chauffeur n'est pas toujours disponible. *F:* **This is Liberty Hall,** vous êtes ici comme chez vous; c'est ici l'abbaye de Thélème. *See also* CAP[1] 1. (*b*) **To take the liberty to do, of doing, sth.,** prendre la liberté, se permettre, de faire qch. *I take the l. of drawing your attention to . . .*, je me permets d'attirer votre attention sur. . . . (*c*) **To take liberties with s.o.,** prendre des libertés, se permettre des privautés, avec qn; *F:* batifoler avec (une jeune femme). *He takes a good many liberties*, il se permet bien des choses. *To take liberties with a text*, prendre des libertés avec un texte. **2.** *pl.* *Jur:* *A:* **Liberties.** (*a*) Parties d'un comté non soumises à l'autorité judiciaire du shérif. (*b*) Régions hors des confins d'une cité mais y appartenantes. (*c*) Alentours *m* de certaines prisons, où il était permis aux détenus de demeurer.

ˈliberty-boat, *s.* *Navy:* Vedette *f* des permissionnaires.

ˈliberty-man, *pl.* **-men,** *s.m.* *Navy:* Permissionnaire.

ˈliberty-ticket, *s.* *Navy:* Permission *f* de terre; (feuille *f* de) permission.

Liberty[2], *attrib.a.* **Liberty silks, stuffs, colours, etc.,** soieries *f*, étoffes *f*, couleurs *f* (qui sont des spécialités de la maison) Liberty (de Londres).

libidinal [liˈbidinəl], *a.* *Psy:* (Désirs *m*, etc.) de la libido.

libidinous [liˈbidinəs], *a.* Libidineux, lascif, lubrique. **-ly,** *adv.* Lascivement.

libidinousness [liˈbidinəsnəs], *s.* Libidinosité *f*, lasciveté *f.*

libido [liˈbaidо], *s.* *Psy:* Libido *f.*

Libra [ˈlaibrə]. *Pr.n.* *Astr:* La Balance.

librarian [laiˈbrɛəriən], *s.* Bibliothécaire *m*; conservateur *m* de bibliothèque.

librarianship [laiˈbrɛəriənʃip], *s.* Poste *m*, emploi *m*, de bibliothécaire.

library [ˈlaibrəri], *s.* **1.** Bibliothèque *f* (collection *f* de livres ou salle *f* de lecture). (*a*) **Lending library,** bibliothèque de prêt, de location de livres; cabinet *m* de lecture. **Reference library,** salle de lecture; bibliothèque dont les livres se consultent sur place; bibliothèque qui ne consent pas le prêt. **Free library,** bibliothèque publique; *esp.* bibliothèque municipale; bibliothèque de la ville. **Circulating library,** bibliothèque circulante. *Private l.*, bibliothèque privée. **Library edition,** (i) édition *f* grand format; (ii) édition sur grands papiers; édition soignée. (*b*) *Publ:* **The Everyman Library,** la bibliothèque Everyman, les éditions Everyman. *F:* **He's a walking library,** c'est une bibliothèque vivante. **2.** *For a collection of things other than books, often rendered by* -thèque *f.* *See* FILM[1] 3, RECORD[1] 7.

librate [ˈlaibreit], *v.i.* Osciller (comme un balancier); balancer.

libration [laiˈbreiʃ(ə)n], *s.* **1.** (*a*) Oscillation *f*, balancement *m.* (*b*) Équilibre *m.* **2.** *Astr:* Libration *f* (de la lune).

libratory [ˈlaibrətəri], *a.* (Mouvement *m*) oscillatoire.

librettist [liˈbretist], *s.* *Th:* Librettiste *m.*

libretto, *pl.* **-i, -os** [liˈbreto, -i, -ouz], *s.* Libretto *m*, *pl.* libretti, librettos; livret *m* (d'opéra, etc.).

Liburnia [laiˈbəːrniə, li-]. *Pr.n.* *A.Geog:* La Liburnie.

Liburnian [laiˈbəːrniən, li-], *a.* & *s.* *A.Geog:* Liburnien, -ienne.

Libya [ˈlibiə]. *Pr.n.* *A.Geog:* La Libye.

Libyan [ˈlibiən], *a.* & *s.* *A.Geog:* Libyen, -enne. **The Libyan Desert,** le désert de Libye.

lice [lais]. *See* LOUSE.

licence [ˈlaisəns], *s.* **1.** (*a*) Permission *f*, autorisation *f.* **Under licence from the author, from the inventor,** avec l'autorisation de l'auteur, de l'inventeur. (*b*) *Adm:* Permis *m*, autorisation; patente *f*, privilège *m.* **Licence to sell sth.,** licence *f* pour vendre qch.; patente. *L. for the sale of drink*, **liquor licence,** patente de débit de boissons; licence de débitant. **On-licence,** licence permettant la consommation des boissons sur les lieux. **Off-licence,** licence permettant exclusivement la vente des boissons à emporter. **Occasional licence,** autorisation spéciale. **Pedlar's licence,** autorisation de colportage; patente de colporteur. **Printer's licence,** brevet *m* d'imprimeur. **Trades subject to a licence, requiring a licence,** métiers *m* patentables. **Theatre licence, tobacco licence, wireless licence,** autorisation d'exploiter une salle de spectacles, un débit de tabac, d'avoir un poste de radio (délivrée moyennant payement d'une taxe). **Marriage licence,** rachat *m* des bans (de mariage); dispense *f* de bans. *To get a marriage l.*, acheter des bans. **Gun licence, shooting licence,** permis de chasse; permis de port d'armes; *F:* port *m* d'armes. *Carrying a weapon without a l.*, port d'arme prohibée. **To take out a licence,** se faire inscrire à la patente. **To take out a dog licence,** acquitter la taxe pour son chien. **Licence holder,** patenté *m.* *Aut:* **To take out a licence for a car,** acquitter le droit annuel de mise en circulation. *Dealer's l. number*, numéro d'immatriculation attribué à une maison de commerce. **Driving licence,** permis de conduire; brevet *m* de capacité; brevet de chauffeur; (*in Fr.*) carte *f* rose. (*c*) *Min:* **Mining licence,** acte *m* de concession de mines. **2.** *Sch:* (*In some universities*) Licence (*in law, etc.*, en droit, etc.). **3.** (*a*) (*Abuse of freedom*) Licence. **Poetic licence,** licence poétique. (*b*) = LICENTIOUSNESS.

license[1] [ˈlaisəns], *v.tr.* Accorder un permis, une patente, un brevet, un privilège, à (qn); patenter (qn). *To l. s.o. to sell drink*, délivrer à qn une patente de débit de boissons; autoriser qn à tenir un débit de boissons. **To be licensed to sell sth.,** avoir l'autorisation de vendre qch. **To license a play,** autoriser la représentation d'une pièce. (*Of merchant, etc.*) *To be duly licensed*, payer patente. **Church properly licensed for the celebration of marriages,** église dûment autorisée à célébrer les mariages.

licensed, *a.* **1.** *Adm:* Autorisé, patenté. **Licensed dealer,** patenté, -ée. **Licensed house,** débit *m* de boissons. *Av:* **Licensed pilot,** pilote breveté. *See also* VICTUALLER 1. **2.** Privilégié.

licensing, *s.* Autorisation *f* (de qn à faire qch.); octroiement *m* d'un permis, d'une autorisation (à qn). **Licensing requirements,** conditions *f* d'autorisation. **Licensing acts,** lois relatives aux débits de boissons alcooliques; lois sur les patentes de débitants.

license[2], *s.* *U.S:* = LICENCE.

licensee [laisənˈsiː], *s.* Patenté, -ée; titulaire *mf*; concessionnaire *mf*; détenteur *m* d'une patente ou d'un permis.

licenser [ˈlaisənsər], *s.* (*a*) Octroyeur *m*, concesseur *m* (d'une permission). (*b*) Censeur *m* (de pièces de théâtre, etc.).

licentiate [laiˈsenʃiet], *s.* **1.** *Sch:* Licencié, -ée. **2.** *Ecc:* Aspirant *m* à un pastorat (de l'Église réformée); novice *m* qui a obtenu ses diplômes.

licentious [laiˈsenʃəs], *a.* Licencieux, déréglé, dévergondé, débauché. **-ly,** *adv.* Licencieusement.

licentiousness [laiˈsenʃəsnəs], *s.* Licence *f*, dérèglement *m*, dévergondage *m*, débauche *f*; débordement(s) *m*(*pl*).

lichen [ˈlaikən], *s.* **1.** *Moss:* Lichen *m.* **Greybeard lichen,** usnée barbue. **2.** *Med:* Lichen.

lichened [ˈlaikənd], *a.* (Mur, etc.) couvert de lichen.

lichenology [laikəˈnɔlodʒi], *s.* *Moss:* Lichénologie *f.*

lichenous [ˈlaikənəs], *a.* **1.** Lichénique; couvert de lichen. **2.** *Med:* Lichéneux.

lich-gate [ˈlitʃgeit], *s.* Porche *f* d'entrée de cimetière surmonté d'un appentis (pour abriter le cercueil en attendant l'arrivée du prêtre).

lich-owl [ˈlitʃaul], *s.* *Orn:* Chat-huant *m*, *pl.* chats-huants; chouette *f.*

licit [ˈlisit], *a.* Licite. **-ly,** *adv.* Licitement.

lick[1] [lik], *s.* **1.** (*a*) Coup *m* de langue. (*Of animal*) **To give s.o. a lick,** lécher qn; *P:* faire une lèche à qn. *F:* **To give oneself a lick and a promise,** se faire un brin de toilette. (*b*) *F:* Petite quantité; petite part. *U.S:* **He won't do a lick of work,** il ne fait rien de rien. **2.** *A:* Coup (porté à qn). *He got many a l. of a stick*, il reçut maint coup de bâton. **3.** *F:* **At a great lick, at full lick,** à toute allure; à toute vitesse; *F:* en quatrième vitesse. *We were going at a terrific l.*, nous allions d'un train d'enfer. **4.** = SALT-LICK.

lick[2], *v.* **1.** *v.tr.* Lécher. *The dogs would come and l. my hand*, les chiens *m* venaient me lécher la main. *The flames were already licking the walls*, déjà les flammes léchaient les murs. **To lick one's lips,** *F:* **one's chops,** s'en lécher les babouines; se (pour)lécher les babines. *F:* **To lick s.o.'s boots,** lécher les bottes à qn. *F:* **To lick a recruit into shape,** dégrossir, dégourdir, une recrue. *Travel licks a young man into shape*, les voyages *m* façonnent, forment, un jeune homme. *To l. an article into shape*, mettre un article au point. **To lick sth. up,** (*of animal*) laper qch.; (*of flame*) dévorer qch.

The cat licked up all the spilt milk, le chat a léché tout le lait répandu. *To l. the jam off the spoon*, lécher la cuiller. *See also* CLEAN[1] I. 1, DUST[1] 1. **2.** *v.tr. F:* (*a*) Battre, rosser (qn). (*b*) Battre, rouler, *P:* piler (un adversaire). **This licks me,** ça me dépasse; je n'y comprends rien. **That licks creation,** ça dépasse tout au monde. **3.** *v.i. F:* **As hard as he could lick,** à toute allure, à toute vitesse; *F:* en quatrième vitesse. *P:* **She can't half lick when she's going all out!** ce qu'elle file quand on met tous les gaz!

lick off, *v.tr.* Enlever (qch.) avec la langue, d'un coup de langue.

licking, *s.* **1.** Lèchement *m.* **2.** *F:* (*a*) Raclée *f*, roulée *f*, tripotée *f*; *P:* pile *f*. **To give s.o. a good licking,** rosser qn d'importance; flanquer une raclée, une pile, à qn. **To take one's licking like a man,** recevoir sa raclée sans flancher. (*b*) Défaite *f*.

'lick-spittle, *s.* Parasite *m*, flagorneur *m*, sycophante *m*; *P:* lécheur, -euse.

licker ['likər], *s. P:* **That's a licker,** ça, c'est le comble! il n'y a rien de plus fort que ça!

licker-'in, *s. Tex:* Tambour *m* de réunisseuse.

lickerish ['likəriʃ], *a.* **1.** (*a*) Friand, délicat. (*b*) Gourmand; avide. **2.** = LECHEROUS. **-ly,** *adv.* **1.** (*a*) Avec friandise. (*b*) Avidement. **2.** = LECHEROUSLY.

lickerishness ['likəriʃnəs], *s.* **1.** (*a*) Friandise *f*. (*b*) Gourmandise *f*. **2.** Paillardise *f*, lubricité *f*.

licorice ['likəris], *s.* = LIQUORICE.

lictor ['liktər], *s. Rom.Ant:* Licteur *m*.

lid [lid], *s.* **1.** (*a*) Couvercle *m* (de boîte, etc.). **Snap lid,** couvercle à ressort. *P:* **That puts the lid on it!** ça, c'est le comble! il ne manquait plus que ça! c'est complet! *U.S: P:* **Play with the lid off,** jeu effréné. (*b*) *P:* Chapeau *m*; *F:* couvre-chef *m*, *pl.* couvre-chefs. *Mil:* (1914–1918) Casque *m*, bourguignotte *f*. **2.** = EYELID. **3.** *Nat.Hist:* Opercule *m*.

lidded ['lidid], *a.* **1.** (*a*) (Boîte *f*, etc.) à couvercle. (*b*) *Nat.Hist:* (Capsule *f*, coquille *f*, etc.) à opercule. **2.** (*With adj. prefixed, e.g.*) **Heavy-lidded eyes,** yeux *m* aux paupières lourdes.

lidless ['lidləs], *a.* **1.** (Boîte *f*, etc.) sans couvercle. **2.** (*a*) (Yeux *m*) sans paupières. (*b*) *Poet:* (Yeux) toujours éveillés, toujours vigilants.

lie[1] [lai], *s.* (*a*) Mensonge *m*. **White lie,** mensonge innocent, mensonge pieux; menu mensonge; *Theol:* mensonge officieux. *F: Whopping lie*, mensonge flagrant; gros mensonge. **It's a pack of lies!** c'est un tissu de mensonges! pure invention tout cela! *The papers are always inventing new lies*, les journaux ne savent quoi inventer. **To tell a lie,** faire, dire, un mensonge. **To tell lies,** mentir. **To act a lie,** agir faussement. **That's a lie!** c'est un mensonge! vous mentez! *A direct lie*, un mensonge effronté. (*b*) **To give s.o. the lie (direct), to give the lie (direct) to an assertion,** donner un démenti (formel) à qn, à une assertion; démentir qn, une assertion (formellement); opposer à qn un démenti formel. *See also* DOWNRIGHT 2, FATHER[1] 3.

lie[2], *v.i. & tr.* (*p.t.* **lied** [laid]; *p.p.* **lied**; *pr.p.* **lying** ['laiiŋ]) Mentir (*to s.o.*, à qn). *P:* **To lie like a gas-meter, like a lawyer,** mentir comme un arracheur de dents. *A:* **You lie in your teeth, in your throat,** vous en avez menti par la gorge. **To lie away s.o.'s reputation,** perdre qn de réputation par des mensonges. **To lie oneself into, out of, a scrape,** s'attirer une mauvaise affaire, se tirer d'affaire, par des mensonges.

lying[1], *a.* (*Of pers., appearance*) Menteur, -euse; faux, *f.* fausse; (récit, etc.) mensonger. *L. tongue*, langue trompeuse. **-ly,** *adv.* Menteusement, mensongèrement.

lying[2], *s.* Le mensonge.

lie[3], *s.* **1.** Disposition *f* (du terrain, etc.). *Geol:* Gisement *m* (d'une couche). *Civ.E:* Tracé *m* (d'une route). **Lie of the land,** configuration *f*, disposition, du terrain. *To get an idea of the lie of the land*, (i) s'orienter; (ii) *F:* tâter le terrain. *To follow the lie of the land (in walking)*, marcher à vue de pays. *Nau: To know the lie of the coast*, connaître le gisement de la côte. *Civ.E: Mil:* **Lie of the ground,** site *m*. *Min:* **Lie of the lodes,** gisement. (*In quarrying*) **Lie of the stone,** lit *m* de la pierre. **2.** *Golf:* Position *f*, assiette *f* (de la balle). **3.** *Ven:* Retraite *f*, gîte *m* (d'un animal).

lie[4], *v.i.* (*p.t.* **lay** [lei]; *p.p.* **lain** [lein]; *pr.p.* **lying** ['laiiŋ]) **1.** (*Of pers., animal*) (*a*) Être couché (à plat). *To lie on one's side, on the ground*, être couché sur le côté, sur le sol. *He was lying (helpless) on the ground*, il gisait sur le sol. *The man dropped and lay motionless*, l'homme tomba et resta étendu sans mouvement. *Min: To work lying on one's side*, travailler à col tordu. *To lie against a wall*, être couché, étendu, contre un mur. *To be lying ill in bed*, être (malade et) alité. **To lie asleep,** être endormi. *To lie at the point of death*, être à l'article de la mort. **To lie dead,** être étendu (sur son lit de) mort; être mort. *We found him lying dead*, nous le trouvâmes étendu mort. (*Of the dead*) **To lie in state,** être exposé sur un lit de parade. *The body was lying in state*, le corps reposait sur son lit de parade. **To lie in the churchyard,** reposer au cimetière. **To lie (buried) at a place,** reposer, être enterré, à un endroit. (*On gravestone*) **Here lies . . .,** ci-gît. . . . *See also* OAR[1] 1. (*b*) *A:* Coucher (dans un local). *That night we lay at Southwark*, nous passâmes la nuit dans une hôtellerie de Southwark. *B:* **To lie with a woman,** coucher avec une femme. *See also* BED[1] 1, SLEEPING[1] 1. (*c*) Être, rester, se tenir. *To lie in bed*, rester au lit. **To lie awake,** rester éveillé. **To lie in prison,** être en prison. **To lie at s.o.'s mercy,** être, se trouver, à la merci de qn. **To lie in ambush,** se tenir en embuscade. **To lie still,** rester, se tenir, tranquille. **To lie hid(den),** rester, se tenir, caché. **To lie out of one's money,** ne pas rentrer dans ses fonds. **To lie under an obligation to do sth.,** être, se trouver, dans l'obligation de faire qch. *To lie under s.o.'s displeasure*, encourir le déplaisir de qn. **To lie under a charge,** être sous le coup d'une accusation. **To lie under suspicion,** être soupçonné. *Mil: A large force lay to the south*, une forte armée se trouvait au sud. *Rac:* **To lie on a competitor,** serrer un concurrent. *See also* CLOSE[1] II. 3, DOGGO, LOW[1] I. 2, WAIT[1] 1. **2.** (*Of thg*) (*a*) Être, se trouver. *The papers lay on the table*, les papiers étaient (étendus) sur la table. *His clothes were lying on the ground*, ses habits étaient déposés par terre, gisaient par terre. *Let it lie there!* laissez-le là! *The snow lies deep*, la neige est épaisse. *To lie open*, être ouvert. (*Of building*) **To lie in ruins,** être en ruines. **The obstacles that lie in our way,** les obstacles *m* dont notre chemin est jonché. *Nau:* **Ship lying at her berth,** navire mouillé ou amarré à son poste. *See also* ANCHOR[1]. (*b*) Rester, séjourner. *The petition lies at our office*, la pétition se trouve actuellement dans nos bureaux, a été déposée dans nos bureaux. (*Of money*) **To lie at the bank,** être déposé à la banque. *The stagnant water lies dead in the ditches*, les eaux croupies séjournent dans les fossés. *The snow never lies there*, la neige n'y séjourne jamais. *The snow did not lie*, la neige n'a pas tenu. *These books are lying on my hands*, je ne sais que faire de ces livres. *See also* IDLE[1] 1, WASTE[1] 1. (*c*) (*Of food*) **To lie (heavy) on one's stomach,** peser sur l'estomac; être un poids sur l'estomac; charger l'estomac; rester à qn sur l'estomac; *F:* demeurer sur le cœur (à qn). *There is something lying heavy on my stomach*, j'ai une pesanteur d'estomac. **Sins that lie heavy on the conscience,** péchés *m* qui pèsent sur la conscience. **Time lies heavy on my hands,** le temps me pèse. (*d*) *The onus of proof lies upon, with, them*, c'est à eux qu'incombe le soin de faire la preuve. **It lies upon them to prove . . .,** il leur incombe de prouver. . . . *A heavy responsibility lies on him*, une lourde responsabilité pèse sur lui. *The responsibility lies with the author*, la responsabilité incombe à l'auteur. **It lies (entirely) with you to do it,** il dépend de vous de le faire; il ne tient qu'à vous de le faire. *It lies with you to watch over this child*, c'est à vous de veiller sur cet enfant. **So far as in me lies,** *they shall want nothing*, en tant qu'il tiendra à moi ils ne manqueront de rien. *See also* FUTURE 2. (*e*) Être situé. *Town lying in a plain*, ville située dans une plaine. *The village lies below the castle*, le village se trouve en contre-bas du château. *His house lies on our way*, sa maison se trouve sur notre chemin. *Nau:* **The coast lies east and west,** la côte s'étend à l'est et à l'ouest. *To know how the coast lies*, connaître le gisement de la côte. *The island lies N.N.E.*, l'île *f* gît N.N.E. *See also* LAND[1] 1, WIND[1] 1. *The truth lies between these extremes*, la vérité est entre ces extrêmes. *Strength of style lies in similes*, la force du style réside dans les images. *Where does happiness lie?* où est le bonheur? *He knows where his interest lies*, il sait où se trouve son intérêt. *His fate lies in your hands*, sa destinée dépend de vous. **The difference lies in this, that . . .,** la différence consiste, réside, en ceci que. . . . **The fault lies with you, lies at your door,** la faute vous est imputable; la faute retombe sur vous; la faute en est à vous. **As far as in me lies,** autant qu'il est en mon pouvoir; autant qu'il m'est possible. (*f*) *A vast plain lay before us*, une vaste plaine s'étendait devant nous. *F: A brilliant future lies before him*, un brillant avenir s'ouvre devant lui. (*g*) *Road that lies between two mountains, across a swamp*, route *f* qui passe entre deux montagnes, à travers un marais. *Our road lay along the valley*, notre route longeait la vallée. *Our way lies through the woods*, notre chemin passe par les bois. **There lies your way!** voilà votre chemin! *F:* **My talents do not lie in that direction,** je n'ai pas de dispositions pour cela; là n'est pas mon talent. **3.** *Jur:* (*Of action, appeal*) Être recevable; se soutenir. *It was decided that the action would not lie*, l'action fut jugée non recevable. **A criminal action lies against him,** une action criminelle a été intentée contre lui; il est sous le coup d'un procès au criminel. *No appeal lies against the decision*, la décision ne souffre pas d'appel. **4.** *Nau:* (*Of ship*) **To lie her course,** être en route; porter, tenir, en route.

lie about, *v.i.* (*Of thg*) Traîner (çà et là). *To leave one's papers lying about*, laisser traîner ses papiers. *Your book is lying about again!* voilà encore ton livre qui se promène!

lie along, *v.i. Nau:* (*Of ship*) S'abattre, se coucher; donner de la bande.

lie back, *v.i.* Se laisser retomber; se renverser (dans son lit).

lie by, *v.i.* **1.** *To have sth. lying by*, avoir qch. en réserve. **2.** (*Of pers.*) (*a*) Rester inactif, sans emploi. (*b*) Se tenir à l'écart.

lie down, *v.i.* **1.** Se coucher, s'étendre. *To lie down on one's bed*, s'étendre sur son lit. *U.S: P:* **To lie down and die,** désespérer; renoncer. *To lie down on the ground*, se coucher, s'allonger, par terre. *Lie down for a little*, reposez-vous un peu; étendez-vous un peu. *He has to lie down every day*, il est obligé de faire de la chaise-longue. (*To dog*) **Lie down!** couchez! allez coucher! *See also* FLAT[2] I. 1. **2.** *F:* **To lie down under a defeat, under an insult; to take a defeat, an insult, lying down,** se laisser battre sans résistance; ne pas relever une insulte. *He took it lying down*, il n'a pas dit mot; *P:* il a filé doux. *He won't take it lying down*, il ne se laissera pas faire; il va se rebiffer; *P:* il va rouspéter.

lie in, *v.i.* (*Of woman*) Être en couches; faire ses couches.

lying in, *s.* Couches *fpl*; accouchement *m*. **Lying-in hospital,** hôpital *m* pour les femmes en couches; maternité *f*; *Adm:* centre *m* d'accouchement.

lie off, *v.i.* **1.** *Nau:* (*Of ship*) Rester au large. **2.** *Ind: etc:* Cesser de travailler (pendant un certain temps); chômer (pendant l'hiver, etc.).

lie over, *v.i.* (*Of thg*) Être remis à plus tard; rester en suspens; se trouver ajourné. *The motion was allowed to lie over*, la motion a été ajournée. **To let a bill lie over,** différer l'échéance d'un effet.

lie to, *v.i. Nau:* (*Of ship*) Être à la cape; tenir la cape; capeyer; (*of sailing ship also*) rester en panne.

lie up, *v.i.* **1.** *F:* (*Of pers.*) Garder le lit; garder la chambre. **2.** (*a*) (*Of pers.*) Rentrer dans l'inactivité. (*b*) (*Of ship*) Désarmer.

lie-'up, *s.* Période *f* d'inactivité.

lying[3], *a.* **1.** Couché, étendu. **2.** (*With adj. prefixed, e.g.*) **Good-lying, bad-lying,** (terrain, etc.) bien, mal, placé; bien, mal, situé. *See also* LOW-LYING, OFF-LYING.

lying[4], *s.* **1.** Repos *m*. **Lying(-down) position,** position couchée;

Med: etc: décubitus *m.* **2. Soft lying, hard lying,** lit moelleux, lit dur.

'lie-abed, *s.* Paresseux, -euse (qui fait la grasse matinée); grand dormeur, grande dormeuse.

'lie-awake, *attrib.a.* **Lie-awake nights,** nuits blanches.

lief [li:f], *adv. Lit:* Volontiers. (*Used only in*) **I would, had, as lief** *go to Paris as anywhere else,* j'aimerais autant aller à Paris qu'autre part. *I would as lief have died, I would liefer have died,* j'aurais préféré mourir.

liege [li:dʒ], *a. & s. Hist:* **1.** (Vassal) lige *m.* **'To our trusty lieges,'** "à nos féaux sujets." **2. Liege lord,** (seigneur) suzerain *m.*

liegeman, *pl.* **-men** ['li:dʒmən, -men], *s.m. Hist:* Homme lige.

lien ['li:ən, *occ.* 'laiən, *U.S:* li:n], *s. Jur:* Privilège *m* (sur un meuble, etc.); droit *m* de rétention; droit de nantissement. **General lien,** privilège général. *Vendor's l.,* privilège du vendeur. **Lien on goods,** droit de rétention de marchandises. **To have a lien (up)on a cargo,** avoir un recours sur un chargement. *To have a l. on the personal property of a debtor,* avoir un privilège sur les meubles d'un débiteur.

lienor ['li:ənər], *s. Jur: U.S:* Rétentionnaire *m* (de marchandises).

lienteric [laien'terik], *a. Med:* (Flux *m*) lientérique.

lientery ['laiəntəri], *s. Med:* Lientérie *f.*

lierne [li'ə:rn], *s. Arch:* Lierne *f,* nervure *f* (de voûte).

lieu [lju:, lu:], *s.* (*Used only in the phr.*) **In lieu of . . .,** au lieu de . . .; au lieu et place de . . .; en remplacement de. . . . **In lieu or in addition to . . .,** en remplacement ou en sus de. . . . *To stand in l. of . . .,* tenir lieu de. . . . *Take a month's wages in l. of notice,* voici un mois de gages, et partez sur-le-champ.

lieutenancy [lef'tenənsi], *s.* **1.** *Hist:* Lieutenance *f.* **2.** *Mil:* Grade *m* de lieutenant. **Second-lieutenancy, sub-lieutenancy,** sous-lieutenance *f*; grade de sous-lieutenant.

lieutenant [lef'tenənt, *U.S:* lju'tenənt], *s.* **1.** *Hist:* Lieutenant *m,* délégué *m.* **2.** *Mil:* Lieutenant. *Navy:* Lieutenant de vaisseau. **First lieutenant,** lieutenant en premier. **Second lieutenant,** lieutenant en second; sous-lieutenant *m. See also* FLAG-LIEUTENANT, FLIGHT-LIEUTENANT, LORD[1] 3, SUB-LIEUTENANT.

lieu'tenant-'colonel, *s.* (*pl.* **lieutenant-colonels**) *Mil:* Lieutenant-colonel *m, pl.* lieutenants-colonels.

lieu'tenant-com'mander, *s.* (*pl.* **lieutenant-commanders**) *Navy:* Lieutenant *m* de vaisseau; capitaine *m* de corvette.

lieu'tenant-'general, *s.* (*pl.* **lieutenant-generals**) *Mil:* (*a*) Général *m* de division. (*b*) *U.S: A:* Commandant *m* en chef.

lieu'tenant-'governor, *s.* (*pl.* **lieutenant-governors**). Sous-gouverneur *m*; gouverneur adjoint.

lieutenantship [lef'tenəntʃip], *s.* = LIEUTENANCY.

lievrite ['li:vrait], *s. Miner:* Liévrite *f.*

life, *pl.* **lives** [laif, laivz], *s.* **1.** (*a*) (*Existence*) Vie *f.* **To have life,** être en vie; vivre. *Everything that has l.,* tout ce qui a vie. **Life force,** force vitale. **To give life to s.o.,** donner la vie à qn. **To come to life,** s'animer. *Coming to l.,* animation *f. To come to l. again,* revenir à la vie; (i) ressusciter; (ii) se ranimer. **To bring s.o. to life again, to recall s.o. to life,** ramener, rappeler, qn à la vie; (i) ressusciter qn; (ii) ranimer qn. **It is a matter of life and death,** (i) c'est une question de vie ou de mort; il y va de la vie; (ii) c'est une question d'importance capitale. *He is hovering between l. and death,* il est entre la vie et la mort. **Life-and-death struggle,** lutte désespérée; guerre *f* à mort. **To take s.o.'s life,** tuer qn. *There was no taking of l.,* il n'y a pas eu mort d'homme. **To take one's own life,** se suicider. **To save s.o.'s life,** sauver la vie à qn. *To beg for one's l.,* demander la vie. *To grant s.o. his l.,* accorder la vie à qn. **To sell one's life dearly,** vendre cher sa peau. **He was carrying his life in his hands,** il risquait la mort; il risquait sa vie. **To risk one's life, to risk life and limb,** risquer sa peau; risquer corps et âme. *Without accident to l. or limb,* sans accident personnel. **To escape with one's life, with life and limb,** s'en tirer la vie sauve. **To beat s.o. within an inch of his life,** battre qn à le laisser pour mort; battre qn comme plâtre; battre qn en chair à pâté; rosser qn d'importance. **To lose one's life,** perdre la vie; périr. *Many lives were lost,* beaucoup de personnes ont péri; il a péri beaucoup de personnes; les morts ont été nombreuses. *Number of lives lost,* nombre *m* de morts *m. The catastrophe resulted in* **great loss of life,** la catastrophe a fait beaucoup de victimes. *The town was taken with great sacrifice of l.,* la ville fut prise au prix de beaucoup de sang répandu. **To fly, run, for one's life, for dear life,** chercher son salut dans la fuite; s'enfuir à toutes jambes. *Run for your l.!* fuyez, ou vous êtes un homme mort! *Run for your lives!* sauve qui peut! *He was rowing for dear l.,* il ramait de toutes ses forces. *F: I cannot* **for the life of me** *understand . . .,* il m'est absolument impossible de comprendre . . .; je ne comprends absolument pas. . . . *I wouldn't do it for the l. of me,* je ne le ferais pour rien au monde. **Not on your life!** jamais de la vie! **'Pon my life!** sur ma vie! **To have as many lives as a cat,** avoir la vie dure; être dur à cuire; avoir l'âme chevillée au corps. *See also* ATTEMPT[1] 2, BLOOD[1] 1, BREATH, LAY DOWN I. 1, LETTER[1] 1, NECESSARY 2, STAFF[1] 1, TRY[2] I. 4, WHEEL[1] 1. (*b*) (*Vivacity*) **To be full of life,** être plein de vie. *Picture full of l.,* tableau animé. *The streets were full of l.,* les rues étaient pleines de mouvement, d'animation. **To give life to sth.,** donner de la vie à qch.; animer (la conversation, etc.). **To give new life to s.o., sth., to put new life into s.o., sth.,** redonner des forces à qn; rendre la vie à qn; ranimer, *F:* retaper, ressusciter, qn; ranimer, *F:* galvaniser (une entreprise, etc.). *A little drop of spirits will put new l. into him,* un petit verre va le ravigoter. *To put fresh life into the conversation, into the meeting,* ranimer la conversation, l'assemblée. **He is the life and soul of the party,** c'est le boute-en-train de la compagnie; c'est lui qui met tout en train. *He is the l. and soul of the undertaking,* il est l'âme *f* de l'entreprise. *To be the l. of the conversation,* défrayer la conversation. *F:* **Put some life into it!** activez! *P:* mets-y du nerf! mets-y-en! *There is no l. here,* cela manque d'entrain ici. (*c*) *Art: Lit:* **Statue the size of life,** statue *f* de grandeur naturelle. **Bigger, less, than life,** plus grand, moins grand, que nature. **To draw from life,** dessiner sur le vif; dessiner d'après nature. *Drawing from l.,* dessin *m* d'après nature. *Portrait from l.,* portrait fait sur le vivant. **To paint sth. to the life,** peindre qch. au naturel. *It was Smithson to the l.,* c'était Smithson pris sur le vif. *F:* **He could imitate the master to the life,** il imitait le maître à s'y méprendre. **Characters taken from life,** caractères pris sur le vif. **True to life,** (roman, etc.) vécu, senti. *His acting is absolutely true to l.,* son jeu est tout à fait naturel. *See also* LARGE I. 1. (*d*) *Coll.* **Animal, vegetable, life,** la vie animale, végétale. **Bird life,** les oiseaux *m. The water swarms with l.,* la vie pullule dans l'eau. *There was very little l. to be seen,* on ne voyait presque personne. *Art:* **Still life,** nature morte. **2.** (*Period of existence*) (*a*) Vie, vivant *m* (de qn). *The seventy-two years of his l.,* les soixante-douze ans qu'il avait vécu. *To which I owe my* **long life,** à quoi je dois ma longévité. *To cut short one's l.,* abréger sa vie, sa destinée. *He worked all his l.,* il a travaillé durant toute sa vie, sa vie durant. **Never in (all) my life,** jamais de la vie. **At my time of life,** à mon âge. **Early life,** enfance *f.* **Working life,** période *f,* années *fpl,* d'activité, de travail. **He began life as . . .,** il commença sa vie, sa carrière, comme. . . . **Tired of life,** las de vivre. *To hold a post* **for life,** occuper un poste à vie. *Appointed for l.,* nommé à vie. *Pension, annuity, for l.,* **life annuity, pension,** pension, rente, viagère; pension à vie. **Imprisonment for life,** emprisonnement perpétuel. *Penal servitude for l.,* travaux forcés à perpétuité. **Life senator,** sénateur *m* inamovible. *See also* AFTER-LIFE, ESTATE 4, EXPECTATION 3, LATE II. 2, LEASE[2], PLEASURE[1] 2, PRIME[2] 1, SENTENCE[1] 1, TENANCY 3, TIME[1] 6, 8. (*b*) *Ins:* **To be a good life,** être bon sujet d'assurance; être un bon risque. (*c*) *Lit:* Biographie *f.* **To write s.o.'s life,** écrire la vie de qn. **Plutarch's Lives,** les Vies de Plutarque. (*d*) Vie, durée *f* (d'une société, etc.); durée, longévité (d'une lampe, d'un câble). **3.** (*a*) **This life,** la vie sur terre. **To depart this life,** quitter ce monde; mourir. (*b*) **Manner of life,** manière *f* de vivre; train *m* de vie; genre *m* de vie. *Hermit's l.,* vie d'hermite. *To lead a l. of pleasure,* mener une vie de plaisirs. **High life,** le grand monde; la vie mondaine. **Low life,** le petit monde. *Fashionable l.,* le beau monde. **The gay life,** la vie joyeuse; la noce. *Such a l. is impairing your health,* à vivre ainsi vous vous abîmez la santé. *He had many opportunities for observing l. in prisons,* il eut de nombreuses occasions d'observer la vie de prison. *L. is pleasant here,* il fait bon vivre ici. *F:* **What a life!** quel métier! quelle vie! **Such is life!** ainsi va la vie! c'est la vie! ce que c'est que de nous! *There is nothing in l. that . . .,* il n'y a rien au monde qui . . . **With all the pleasure in life,** avec le plus grand plaisir. **To see life,** (i) se frotter au monde; (ii) s'amuser; voir Londres, etc., la nuit; *P:* vadrouiller; faire la noce, la bamboche; faire la nouba. *He has seen l.,* il a beaucoup vécu. *I have seen something of l.,* je connais la vie. *See also* DOG[1] 1, FAST[2] I. 4, FREE[1] I. 5, QUIET[2] 4.

'life-arrow, *s. Nau:* Flèche *f* porte-amarre.

'life-belt, *s.* Ceinture *f* de sauvetage; (*inflated*) nautile *m.*

'life-blood, *s.* (*a*) *Lit:* Sang *m* (de qn). (*b*) *F:* Ame *f* (d'une entreprise, etc.).

'life-boat, *s. Nau:* Canot *m* de sauvetage; bateau sauveteur; (*on ship*) baleinière *f* de sauvetage. **Life-boat station,** station *f,* poste *m,* de sauvetage. **The Life-boat Association,** la Société de sauvetage des naufragés.

'life-buoy, *s.* Bouée *f,* couronne *f,* de sauvetage. **Sling life-buoy,** bouée de sauvetage pour va-et-vient.

'life-company, *s.* Compagnie *f* d'assurances sur la vie.

'life-estate, *s.* Propriété viagère; propriété en viager.

'life-force, *s.* Force vitale.

'life-giving, *a.* Vivifiant; (principe, pouvoir) animateur; (soleil, fleuve) fécondant. *L.-g. heat,* chaleur féconde.

'life-guard, *s.* **1.** *Mil:* (*a*) Garde *f* du corps. (*b*) (*In British Army*) **The Life Guards,** le corps de cavaliers appartenant à la Maison du roi; les Gardes du corps. **2.** *U.S:* (*At the seaside*) Sauveteur *m.* **3.** (*Device*) *Rail:* Chasse-pierres *m inv. Tramways:* Ramasse-piétons *m inv.*

'life-guardsman, *s.m. Mil:* Cavalier faisant partie des *life guards*; cavalier de la Garde.

'life-interest, *s.* **1.** Usufruit *m* (*in an estate,* d'un bien). **2.** Viager *m*; rente viagère. **To invest one's money at life-interest,** placer son argent en viager.

'life-jacket, *s.* Brassière *f* de sauvetage; gilet *m,* corset *m,* de sauvetage; plastron *m* nautique.

'life-line, *s.* **1.** *Nau:* (*a*) Ligne *f* de sauvetage. **Life-line throwing gun,** (canon *m*) lance-amarre *m, pl.* lance-amarres. (*b*) (*Aboard ship*) Garde-corps *m inv,* attrape *f*; sauvegarde *f.* (*At the seaside, etc.*) *To swim between the life-lines,* nager entre les cordages *m.* (*c*) Corde *f* de communication (de scaphandrier). **2.** (*In hand-reading*) La ligne de vie.

'life-peer, *s.m.* Pair à vie.

'life-peerage, *s.* Pairie personnelle, à vie.

'life-preserver, *s.* **1.** *Nau:* Appareil *m* de sauvetage. **2.** Casse-tête *m inv*; canne plombée; assommoir *m,* nerf *m* de bœuf, porte-respect *m inv*; *P:* sortie *f* de bal.

'life-raft, *s.* Radeau *m* de sauvetage.

'life-saver, *s.* (*Pers.*) Sauveteur *m.*

'life-saving, *s.* Sauvetage *m.* **Life-saving apparatus,** engins *mpl* de sauvetage. **Life-saving rocket,** fusée *f* porte-amarre; flèche *f* porte-amarre. **Life-saving drill,** exercices *mpl* de sauvetage. **Life-saving medal,** médaille *f* de sauvetage.

'life-size, *a. & s.* (Portrait *m,* etc.) de grandeur naturelle; de grandeur nature; (statue *f*) en grand. *To have one's portrait painted (in) l.-s.,* se faire peindre en grand.

'life-sized, *a.* = LIFE-SIZE.

'life-table, *s. Ins:* Table *f* de mortalité.

'life-work, *s.* Travail *m* de toute une vie.

lifeless ['laifləs], *a.* Sans vie; (i) mort; (ii) sans vigueur; (style, etc.) mou, inanimé, froid; (soirée *f*) sans entrain. *L. little town*, petite ville sans mouvement. **-ly,** *adv.* Sans vie; sans vigueur, sans entrain.

lifelessness ['laifləsnəs], *s.* (i) Absence *f* de vie; (ii) absence de mouvement; (iii) manque *m* d'animation; mollesse *f* (de style, etc.).

lifelike ['laiflaik], *a.* (Portrait, etc.) vivant, très ressemblant, qui a de la vie. *He could give a l. imitation of the master*, il imitait le maître à s'y méprendre. *Art: L. flesh*, chairs vraies.

lifelong ['laiflɔŋ], *a.* (Amitié *f*, etc.) de toute la vie.

lifer ['laifər], *s.* **1.** *F:* (*a*) Forçat *m* à perpétuité. (*b*) Travaux forcés à perpétuité. **He was given a lifer,** il fut condamné à perpétuité, *F:* à perpète. **2.** (*With adj. prefixed, e.g.*) **Simple-lifer,** fervent, -ente, de la vie simple.

liferent ['laifrent], *s. Jur:* (*Scot.*) **1.** Usufruit *m* (d'un bien). **2.** Rente viagère.

liferenter ['laifrentər], *s. Jur:* (*Scot.*) **1.** Usufruitier, -ière. **2.** Rentier, -ière, à vie.

lifetime ['laiftaim], *s.* Vie *f*. **In, during, his lifetime,** en son vivant, de son vivant. *A l. of happiness*, toute une vie de bonheur. *It is the labour of a l.*, c'est le travail de toute une vie. *You can wear it for a l.*, c'est inusable. **It is the chance of a lifetime,** cette chance n'arrive qu'une fois dans la vie. *F:* **It is all in a lifetime,** c'est la vie! *See also* LAST[6] 1.

lift[1] [lift], *s.* **1.** (*Act of raising*) (*a*) Haussement *m*; élévation *f* (du bras); levée *f* (d'un fardeau, etc.). *Abrupt l.*, levée brusque. *The l. of the waves*, le soulèvement des flots. *F:* **To give s.o. a lift,** (i) faire monter qn avec soi (dans sa voiture); (ii) donner un coup de main, un coup d'épaule, à qn; (iii) (*with the toe of one's boot*) soulever qn par derrière; enlever le ballon à qn. *Can I give you a l.?* voulez-vous profiter de ma voiture? *I'll give you a l.* (*so far*), je vais vous conduire un bout. **To get a lift up in the world,** monter un degré de l'échelle sociale. *See also* NOSE-LIFT. (*b*) *The proud l. of her neck*, son port de tête hautain. (*c*) **Lift in the ground,** élévation *f* de terrain. **2.** (*a*) (*Extent of rise*) Hauteur *f* de levage, hauteur d'élévation. **Lift of a crane,** hauteur de levage d'une grue. **Lift of a clack-valve,** levée, course *f*, d'un clapet. **Cam lift,** levée de la came. *Hyd.E:* **Lift of a canal-lock,** (hauteur de) chute *f* d'un bief. **Lift of a pump,** hauteur de refoulement d'une pompe. (*b*) Différence *f* de niveau (entre paliers, etc.). *Min:* **Lift between two levels,** hauteur verticale entre deux galeries. *Quarry worked in lifts of 30 feet*, carrière exploitée en étages de 30 pieds. **3.** *Aer:* **Effort sustentateur,** poussée *f* (d'un avion); force ascensionnelle (d'un ballon). *L. per unit of area*, portance *f*. **Loss of lift,** perte *f* de force ascensionnelle; perte de poussée. **4.** (*Raising device*) (*a*) Ascenseur *m*, lift *m*. **'Lift to all floors,'** "ascenseur à tous les étages." **Goods lift,** monte-charge *m inv*; élévateur *m*. **Dinner lift, service lift,** monte-plats *m inv*, passe-plats *m inv*. (*b*) *Bootm:* Sous-bout *m* (de talon). (*c*) *Nau:* Balancine *f* (de vergue, etc.). *See also* TOPPING-LIFT. **5.** (*a*) *Min:* **Lift of mine pumps,** jeu *m* de pompes. (*b*) *Rail:* Rame *f* (de wagons). *To distribute waggons into lifts*, ramer des wagons.

'lift-attendant, *s.* Liftier, -ière (d'un hôtel, etc.).

'lift-boy, *s.m.* Liftier.

'lift-bridge, *s.* = LIFTING-BRIDGE.

'lift-gate, *s.* Barrière oscillante.

'lift-girl, *s.f.* Liftière.

'lift-lock, *s. Hyd.E:* Écluse *f* à sas; écluse double.

'lift-man, *pl.* **-men,** *s.m.* Liftier.

'lift-pump, *s.* Pompe *f* élévatoire. *See also* PUMP[1] 1.

'lift-valve, *s.* (i) Soupape *f*; (ii) clapet *m*.

'lift-wall, *s. Hyd.E:* Mur *m* de chute (d'une écluse).

'lift-wire, *s. Av:* Câble *m* de levée; hauban *m* de soutien.

lift[2], *v.* **I.** *v.tr.* **1.** (*a*) Lever, soulever (un poids); lever, élever, hausser (le bras); lever, dresser (la tête); lever (les yeux). *Crane to l. twenty tons*, grue *f* d'une puissance de levage de vingt tonnes. *The tide will l. the boat*, la marée soulèvera le bateau, renflouera le bateau, remettra le bateau à flot. **To lift one's hand against s.o.,** lever la main sur qn. **To lift sth. up (again),** élever, soulever, relever, qch. **To lift s.o. up,** (i) aider qn à se relever ou à se soulever; (*in bed*) aider qn à se mettre sur son séant; (ii) prendre (un enfant) dans ses bras. **To lift up one's head,** (i) relever, redresser, la tête; (ii) reprendre courage. **To lift up one's hands to heaven,** lever les bras au ciel. **To lift up one's voice,** élever la voix. **To lift sth. down** (*from a shelf, etc.*), descendre qch. *He lifted her* (*down*) *from the horse*, il la prit dans ses bras et la descendit de cheval. *To l. the lid off a box*, enlever le couvercle d'une boîte; soulever le couvercle. **The wind lifted him off his feet,** il a été soulevé par le vent. *She lifted the child out of bed*, elle prit l'enfant dans son lit. *He lifted the spoon to his mouth*, il porta la cuiller à sa bouche. **Trees lifted by the frost,** arbres déchaussés par la gelée. *Av:* **To lift the nose of a plane,** redresser un avion (avant l'atterrissage). *Artil:* **To lift the fire,** allonger le tir. *See also* ELBOW[1] 1, FINGER[1] 1, HAT[1]. (*b*) *The cypress lifts its dark foliage*, le cyprès élève son feuillage noir. *The church lifts its spire to the skies*, l'église *f* dresse sa flèche vers le ciel. (*c*) Élever (l'âme, le cœur). *To be lifted up by a momentary success*, s'enorgueillir d'un succès momentané. (*d*) **To have one's face lifted,** se faire tirer la peau du visage; se faire remonter les bajoues. (*e*) *Nau:* Soulager (une voile). **To lift the rudder,** soulager le gouvernail. (*f*) *Scot:* Ramasser (qch.). *Golf:* **To lift the ball,** ramasser la balle. **2.** (*a*) *Agr:* Lever, arracher, récolter (les pommes de terre). **To lift seedlings,** dépiquer les plants (pour les repiquer). (*b*) *Min:* Remonter (le minerai, le pétrole). (*c*) *Cer:* Démouler (la porcelaine). **3.** *Cr:* *Golf:* Donner de l'essor à (la balle). *Ten:* Lifter (un coup). **4.** *F:* (*a*) Voler, lever (qch.). *To l. cattle*, voler du bétail. *To l. s.o.'s purse*, voler le porte-monnaie de qn. **To lift a passage from an author,** plagier un auteur; démarquer un passage appartenant à un auteur. *These lines are shamelessly lifted from Donne*, ces vers sont un démarquage flagrant de Donne. (*b*) *Sp:* Remporter (une coupe). **5.** Lever (un embargo). **6.** *U.S:* Purger (une hypothèque). **7.** *U.S:* Augmenter, accroître (un impôt, les prix, etc.).

II. lift, *v.i.* **1.** (*a*) (*Of valve, etc.*) Se lever, se soulever. (*b*) (*Of floor*) Se soulever (sous l'action de l'humidité, etc.). **2.** (*a*) (*Of fog*) S'élever; se dissiper. (*b*) *U.S:* (*Of rain*) Cesser. *The rain is lifting*, le temps s'éclaircit. **3.** *Nau:* (*a*) (*Of vessel*) S'élever à la lame. (*b*) (*Of sail*) Faseyer. (*c*) (*Of land or constellation*) Monter à l'horizon; émerger. **4.** *Av:* (*Of aeroplane*) Décoller. (*Of hydroplane floats*) **To lift (off the water),** se déjauger. **5.** *Sp:* (*In walking race*) Marcher sur la pointe des pieds.

lifting[1], *a.* (Fenêtre *f*, etc.) relevable.

lifting-'bridge, *s.* Pont levant; pont-levis *m*, *pl.* ponts-levis (de canal, etc.).

lifting[2], *s.* **1.** Levage *m*, relevage *m*, soulèvement *m* (d'un poids, etc.). *Artil:* Allongement *m* (du tir). **Lifting power, capacity,** puissance *f* de levée (d'une grue, etc.); force portante (d'un aimant). *Av:* **Lifting force,** force de sustentation, force ascensionnelle, force sustentatrice. *See also* FACE-LIFTING, WEIGHT-LIFTING. **2.** (*a*) *Agr:* Arrachage *m*, récolte *f* (des pommes de terre). (*b*) *Min:* Remontée *f* (du minerai). (*c*) *Cer:* Démoulage *m* (de la porcelaine). **3.** *F:* (*a*) Vol *m* (action de dérober qch.). *See also* CATTLE-LIFTING, SHOP-LIFTING. (*b*) (*Of literary work*) Démarquage *m*.

'lifting-gear, *s.* Appareil *m* de levage.

'lifting-hook, *s. Tls:* Crochet *m* de levage; croc *m* de hissage.

'lifting-jack, *s.* Cric *m* de levage; vérin *m*.

'lifting-machinery, *s.* Machines *fpl* à soulever; mécanisme *m* acrobatique.

'lifting-magnet, *s.* Aimant *m* de suspension.

'lifting-rope, *s. Civ.E:* Tiraude *f* (de sonnette à main).

'lift-up, *attrib.a.* (Siège *m*, etc.) à bascule, rabattable. **Lift-up seat,** strapontin *m* (de voiture, de théâtre).

lifter ['liftər], *s.* **1.** (*Pers.*) (*a*) Souleveur *m*. (*b*) *F:* Voleur, -euse. *See also* CATTLE-LIFTER, SHOP-LIFTER. **2.** (*Thg*) (*a*) *Tls:* Crochet *m* (de levage) (pour couvercle de fourneau, etc.). *Metalw:* Crochet de fonderie; (*moulder's tool*) crochet à ramasser. *See also* POTATO-LIFTER. (*b*) *I.C.E:* **Exhaust(-valve) lifter,** décompresseur *m*. *See also* VALVE-LIFTER 2. (*c*) **Magnet-lifter,** électro-aimant *m* de levage, *pl.* électro-aimants de levage. (*d*) *Mec.E:* Came *f*, virgule *f*, levée *f*, alluchon *m*. **Valve lifter,** poussoir *m* de soupape.

ligament ['ligəmənt], *s. Anat:* Ligament *m*.

ligamental [ligə'ment(ə)l], **ligamentary** [ligə'mentəri], **ligamentous** [ligə'mentəs], *a.* Ligamenteux.

ligate ['laigeit], *v.tr. Surg:* Ligaturer.

ligation [lai'geiʃ(ə)n], *s. Surg:* Ligature *f* (action de ligaturer).

ligature[1] ['ligətjər], *s.* **1.** *Surg:* *Typ:* Ligature *f*. **2.** *Mus:* Liaison *f*.

ligature[2], *v.tr.* (*a*) *Surg:* Ligaturer, barrer (une veine). (*b*) Lier. (*c*) Entrelacer (a et e). **Ligatured o e,** o et e entrelacés; *F:* e dans o.

light[1] [lait], *s.* **1.** Lumière *f*. (*a*) **By the light of the sun, of the moon,** à la lumière du soleil; au clair, à la clarté, de la lune. **Artificial light,** lumière artificielle. *By the l. of a candle, of a lamp*, **by candle-light, by lamp-light,** à la lumière, à la clarté, d'une bougie, d'une lampe; à la bougie, à la lampe. *Seen by the l. of a star-shell*, vu à la lueur d'un obus éclairant. **Point of light,** point lumineux. *Bright l.*, lumière vive. **There is plenty of light,** il fait clair. *Ph:* **Light wave,** onde lumineuse. *Mil:* **Light and smoke devices,** artifices *m*. *See also* COUNTENANCE[1] 1, EARTH-LIGHT, PATCH[1] 3, VALVE[1] 3. (*b*) **The light of day,** le jour. *The first l. of dawn*, les premières lueurs, blancheurs, de l'aube. **It is light,** il fait jour. (*Of pers., work, etc.*) **To see the light (of day),** voir le jour, la lumière. *F:* **I was beginning to see light,** le jour se faisait dans mon esprit. *U.S:* *F:* **To see the light,** être convaincu; être converti. *Secret dispatches that would not bear the l.*, dépêches secrètes qui ne supporteraient pas la lumière. (*Of crime, etc.*) **To come to light,** se découvrir. *Some curious facts have come to l.*, quelques faits curieux se sont révélés. **To bring (sth.) to light,** mettre (qch.) en lumière; révéler, découvrir (un crime); mettre à jour, au jour (un crime, un secret); *F:* déterrer, exhumer (des objets anciens, des manuscrits). *Bringing to l.*, mise *f* au jour, révélation *f* (d'un crime, d'un mystère). *See also* HALF-LIGHT, NORTHERN, SOUTHERN. (*c*) Éclairage *m*. *I get my board, lodging, and l.*, je suis nourri, logé, et éclairé. **Top light,** éclairage vertical. (*Cp.* 2 (*c*).) *Bad l.*, mauvais éclairage. (*Of lamp, etc.*) **To give a good light,** éclairer. *This lamp gives a bad l.*, cette lampe n'éclaire pas. *Picture hung* **in a good light, against the light,** tableau accroché dans un bon jour, à contre-jour. *To look at a piece of material, at an egg, against the l.*, mirer une étoffe, un œuf. **Seated with one's back to the light, seated in one's own light,** assis à contre-jour. **To stand in s.o.'s light,** cacher le jour à qn. *You are* (*standing*) *in my l.*, vous êtes dans mon jour, vous me prenez mon jour; vous me faites ombre. *Get out of my l.!* ôtez-vous de mon jour, de mon soleil! *F:* **To stand in one's own light,** être trop modeste; ne pas se faire valoir. **To see a matter in a new light,** voir une affaire sous un jour nouveau, sous un nouvel aspect, d'un nouveau point de vue. **To put sth. in a favourable light,** présenter qch. sous un jour favorable; donner de belles couleurs à qch.; donner un bon tour à qch. *He has shown himself in a good l.*, il s'est fait connaître avantageusement. **I do not look upon it in that light,** ce n'est pas ainsi que j'envisage la chose. *History should be read in the l. of these facts*, l'histoire doit être lue à la lumière de ces faits. *He does not see the matter in the right l.*, il ne voit pas la question sous son vrai jour. **To set the facts in their true light, in their proper light,** mettre les faits dans leur vrai jour; rétablir les faits. **To place s.o.'s conduct in a false light,** dénaturer la conduite de qn; présenter la conduite de qn sous un faux jour. **To**

appear in one's true light, apparaître sous son véritable jour. *To appear in the l. of a scoundrel,* se montrer sous l'apparence d'un scélérat. *His action appeared in the l. of a crime,* son action avait l'apparence d'un crime. (*d*) **To throw, shed, light on sth.,** jeter le jour sur qch.; éclairer qch. *To throw l. on a subject,* éclairer, éclaircir, un sujet; porter la lumière dans un sujet. *That throws a l. on many things, F:* c'est toute une révélation. *We have many new lights on this matter,* nous avons sur cette question des lumières nouvelles. **The light of reason,** les lumières de la raison. **Men of light and leading** *maintain that . . .,* des hommes autorisés affirment que. . . . *He has l. enough to know he does wrong,* il est assez éclairé pour savoir qu'il fait le mal. **To act according to one's lights,** agir dans la mesure de son intelligence; agir selon ses lumières. **To have no lights on** *a science,* être fermé à une science. **2.** (*a*) Lumière, lampe *f*, bougie *f*. *To put out a l.,* éteindre une lumière. *To carry a l.* **in one's** *hand,* porter une lampe, une bougie, à la main. **To show s.o. a light,** éclairer qn. *Bring in a l.,* apportez de la lumière. *Aut:* **Dash-board light,** éclaireur *m* de tablier. **Advertising lights,** enseignes lumineuses. *See also* FAIRY-LIGHT, HIDE[2] 1, NAKED 2, NIGHT-LIGHT. *F:* **A leading, a shining, light of the day,** une lumière de l'époque; *F:* un saint du jour. *One of the leading lights of the party,* une des lumières, un des hommes marquants, du parti. (*b*) **The light, the lights,** la lumière, l'éclairage; l'électricité *f*, le gaz. *F:* **The City of Light,** Paris, la Ville lumière. *See also* FUSE[4] 2, SWITCH OFF, SWITCH ON. (*c*) Feu *m*, phare *m*. *Mil:* **Lights out,** (sonnerie *f* de) l'extinction *f* des feux. *Nau:* **Navigation lights,** feux de route. *The harbour lights,* les feux du port. *Ship's lights,* feux d'un navire. *The lights were burning brightly,* les feux étaient clairs. **Top light,** feu de hune. (*Cp.* 1 (*c*).) *Mast-head l.,* feu de tête de mât. *Side-lights,* feux de côté. *Green l., red l.,* feu vert, feu rouge. *F:* **To see the red light,** se rendre compte du danger. *It made me see the red l.,* cela me mit la puce à l'oreille. **Riding lights,** feux de position. **To steam without lights,** naviguer, faire route, à feux masqués, avec les feux masqués. *She was showing no lights,* ses feux n'étaient pas allumés. **Long(-burning) light,** moine *m*. (*Of lighthouse*) **Fixed light,** feu fixe. **Revolving light, flashing light,** feu tournant, feu à éclats. **Intermittent light, occulting light,** feu intermittent; feu à occultations, à éclipses; signal clignotant. **Light dues,** droits *m* de phare. *Adm:* **Traffic lights,** feux de circulation; appareil *m* de signalisation (à feux multiples). *Aut:* **Rear light, tail light,** feu d'arrière. **Charged with driving without lights,** inculpé d'avoir circulé avec absence totale d'éclairage. **Boundary light,** feu de délimitation. *See also* ANCHOR-LIGHT, FLASH-LIGHT, FLOATING-LIGHT, FLOOD-LIGHT[1], GROUND-LIGHT, HEAD-LIGHT, LANDING[2] 1, PARKING, PENCIL[1] 3, PILOT-LIGHT, POSITION-LIGHT, REAR-LIGHT, SEA-LIGHT, SIGNAL-LIGHT, SPOTLIGHT, STERN-LIGHT, TAIL-LIGHT. (*d*) = LIGHTHOUSE. **The Portland light,** le phare de Portland. **3.** (*a*) (*Fire*) **Give me a light, please,** voudriez-vous bien me donner du feu? *See also* STRIKE[2] I. 2. (*b*) Feu, éclat *m* (du regard). *You should have seen the l. in his eye!* si vous aviez vu comme ses yeux brillaient! *I caught a l. in his eye,* je vis passer une lueur dans ses yeux. **4.** (*a*) Fenêtre *f*; lucarne *f*; jour *m* (de fenêtre à meneaux); carreau *m* (de serre); vitre *f*. *Aut:* Glace *f*. **Rear light,** lunette *f*. *Room with lights on three sides,* chambre *f* recevant le jour sur trois murs. *Window of six lights,* fenêtre *f* de six carreaux. **Fixed light,** verre dormant; vitrage dormant. *Hidden l.,* vue dérobée. *See also* CELLAR-LIGHT, DECK-LIGHT, FAN-LIGHT, PAVEMENT-LIGHT, QUARTER-LIGHT. (*b*) *Jur:* **Right of light,** droit *m* de vues (et de jours); servitude *f* de jour. **Ancient lights,** fenêtres ou ouvertures existant depuis plus de vingt ans (et qui ont acquis de ce fait un droit de prescription). **5.** *Art: Phot:* Lumière, clair *m*. **Light effects,** effets *m* de lumière. *The painter's mastery of l. effects,* la puissance de luminosité du peintre. *To distribute the* **high lights** (*in a painting*), rappeler la lumière. *See also* HIGH I. 2. **Light and shade,** les clairs et les ombres; le clair-obscur. *L. and shade effects,* jeux *m* de lumière. *Mus: F:* **Lights and shades** (*of expression*), nuances *f*. *F: Verse full of delicate l. and shade,* vers vivement nuancés. **6. Lights of an acrostic,** mots ou vers dont les lettres initiales et finales donnent la solution de l'acrostiche. **7.** *P:* **To have a light at the pub,** avoir une ardoise chez le bistro.

'light-bath, *s. Med:* Bain *m* photothérapique; bain de lumière.

'light-boat, *s.* = LIGHTSHIP.

'light-buoy, *s. Nau:* Bouée lumineuse; photophore *m*.

'light-change, *s. Astr:* Variation *f* d'éclat (d'une étoile).

'light-cure, *s. Med:* Photothérapie *f*.

'light-filter, *s. Phot:* Écran *m* orthochromatique. *Graded l.-f., graduated l.-f.,* écran dégradé.

'light-shell, *s. Artil:* Obus éclairant.

'light-source, *s. Opt:* Source lumineuse.

'light-spot, *s.* (*Of recording apparatus*) Spot lumineux.

'light-tight, *a.* Étanche, inaccessible, à la lumière. *Phot: L.-t. shutter of a dark slide,* rideau *m* hermétique d'un châssis.

'light-year, *s. Astr:* Année-lumière *f*, *pl.* années-lumière.

light[2], *v.* (*p.t. & p.p.* **lighted** *or* **lit**) **1.** *v.tr.* (*a*) Allumer (une lampe, un feu). *L. a fire in my room,* faites du feu dans ma chambre. *To l. one's cigarette from the candle,* allumer sa cigarette à la bougie. *Aut:* **To light up the stop signal,** faire apparaître le signal d'arrêt. *Abs.* **To light up,** (i) allumer le gaz, l'électricité; allumer; mettre la lumière; (ii) *Mch: Nau:* mettre les feux; (iii) *F:* allumer sa pipe, sa cigarette. (*b*) Éclairer, illuminer (une chambre, les rues). *House lighted by electricity,* maison éclairée à l'électricité. *The bedrooms are lighted from the courtyard,* les chambres prennent (leur) jour sur la cour. (*c*) **To light s.o. downstairs,** éclairer qn qui descend l'escalier; reconduire qn jusqu'en bas avec la bougie, etc. **To light the way for s.o.,** éclairer qn. (*d*) *A smile lit* (*up*), *lighted* (*up*), *her face,* un sourire illumina son visage, fit rayonner son visage. *Face lit up with a smile,* visage illuminé d'un sourire. **2.** *v.i.* (*a*) (*Of fire, fuse, etc.*) S'allumer, prendre feu. *The match will not l.,* l'allumette ne prend pas. (*b*) (*Of sky*) S'éclairer, s'illuminer. **Her face lit up,** son visage s'éclaira, s'ensoleilla, s'éclaircit. *Her face lit up, lighted up, with joy, with a smile,* la joie éclaira son visage; son visage s'illumina, rayonna, de joie, s'éclaira d'un sourire. *His eyes lit up,* ses yeux s'animèrent. *His eyes lit up with envy,* ses yeux s'allumèrent d'un regard de convoitise. *F:* **Lit up,** un peu gris; allumé, éméché. *See also* STAR-LIT.

light back, *v.i.* (*Of Bunsen burner*) Avoir un retour de flamme.

lighted, *a.* **1.** Allumé. *L. end of a cigarette,* bout allumé d'une cigarette. **2.** Éclairé, illuminé. **Lighted road,** chemin éclairé, pourvu d'un éclairage public. *See also* DIM-LIGHTED.

lighting, *s.* **1.** Allumage *m* (d'une lampe, etc.). **2.** Éclairage *m* (d'une maison, des rues). *Electric l., gas l.,* éclairage à l'électricité, au gaz. **Studio lighting,** jour *m* d'atelier. *Phot: etc: Uniform l., flat l.,* éclairage d'ambiance. *Art: etc:* **Half-lighting** (*of parts of picture, etc.*), demi-jour *m*. *Ecc:* **Lighting expenses,** frais *m* de luminaire. *Adm:* **Lighting-up time,** heure *f* d'éclairage. **(Electric-)lighting engineer,** ingénieur *m* éclairagiste. **Lighting gas,** gaz *m* d'éclairage. *Th:* **Lighting effects,** jeux *m* de lumière. *See also* DIFFUSED, FLOOD-LIGHTING, GROUND-LIGHTING, STAGE[1] 2. **3.** Éclairage, exposition *f* (d'un tableau).

light[3], *a.* **1.** (*Of room, etc.*) Clair; (bien) éclairé. **2.** (*a*) *Painted in l. tones,* peint en tons clairs, lumineux. (*b*) (*Of hair, complexion*) Blond; (*of colour*) clair. **Light blue,** bleu clair *inv*, bleu lavé *inv*. **Light green,** vert gai *inv*. **Light brown,** clair-brun, *pl.* clair-bruns; carmélite *inv*.

'light-coloured, *a.* Clair; *F:* clairet.

light[4]. I. *a.* **1.** (*a*) *L. burden,* fardeau léger. **Light as a feather,** aussi léger qu'une plume. **Lighter than air,** de moindre densité que l'air. **Lighter-than-air craft,** aérostats *mpl*. **Light soil,** terre *f* meuble. **Light pastry,** pâtes légères. *L. blow, l. touch,* coup léger, touche légère. *L. stroke of the pen,* trait de plume léger. *L. chair,* chaise volante. **Sorrows sit light on him,** la douleur ne l'accable pas; les soucis ne lui pèsent guère. (*b*) **With a light step,** d'un pas léger. **Light of foot,** agile, leste. **To be light on one's feet,** avoir le pas léger; danser légèrement. *L. movements,* mouvements souples, gracieux. *See also* HAND[1] 1. (*c*) **Light wine,** vin léger; petit vin. *Wine l. in alcohol,* vin léger en alcool. **Light beer,** bière légère. **Light wind,** vent léger. *L. breeze,* brise faible, molle. *Nau:* **Light airs,** temps *m* presque calme; fraîcheurs *f*. (*d*) (*Deficient*) **Light weight,** poids *m* faible. *See also* LIGHT-WEIGHT. **Light coin,** pièce faible, légère, de mauvais aloi. **2.** (*a*) **Light castings,** petites pièces. *L. cannon,* canon *m* de petit calibre. *Mil:* **Light cavalry,** cavalerie légère; (*in Fr.*) chasseurs *mpl* à cheval. **Light infantry,** infanterie légère; (*in Fr.*) chasseurs à pied. *L. infantryman, A:* voltigeur *m*. *Nau:* **Light sails,** perroquets *m*, cacatois *m*, bonnettes *f*, et clin-focs *m*. *Typ:* **Light face,** œil léger. *See also* DRAUGHT[1] I. 5, RAILWAY 1. (*b*) Non chargé. **To travel light,** voyager avec peu de bagages. *Nau:* **Light boat,** bateau *m* lège. **Light water-line** = LIGHT-LINE. (*Of engine*) **To run light,** (i) *Mch:* marcher à vide, à blanc; (ii) *Rail:* aller haut-le-pied. **Light running,** (i) *Mch:* marche *f* à vide, à blanc; (ii) *Rail:* marche haut-le-pied. *Rail:* **Light engine,** locomotive *f* haut-le-pied. (*c*) **Light crop,** faible récolte *f*. *To take a l. supper,* souper légèrement. (*d*) **Light sleep,** sommeil léger. **To be a light sleeper,** avoir le sommeil léger. **3.** (*a*) **Light punishment,** peine légère. *L. taxation,* faible imposition *f*. *L. expense,* faible dépense *f*. *His lightest wish was met at once,* on allait au-devant de son moindre désir. (*b*) **Light task,** tâche *f* facile. *L. work,* petits travaux; travail peu fatigant. *See also* MANY 1. **4.** (*a*) **Light comedy,** comédie légère. *L. style,* style léger, badin. **Light reading,** lecture(s) amusante(s), récréative(s), délassante(s); livres *mpl* d'agrément. *The lighter arts,* les arts *m* d'agrément; les arts légers. *Mus: L. piece,* divertissement *m*. (*b*) **Light woman,** femme légère, de vertu légère. *L. talk,* propos frivoles, légers. (*c*) *F:* **To make light of sth.,** faire peu de cas de qch.; traiter qch. à la légère; traiter qch. de bagatelle. *To make l. of dangers,* mépriser les dangers. *To make l. of an accusation,* attacher peu d'importance à une accusation; se rire d'une accusation. *He made l. of my advice,* il a fait fi de mes conseils. **To make light of doing sth.,** se faire un jeu de faire qch. **-ly,** *adv.* **1.** Légèrement, à la légère. *To trace, rub, l.,* tracer, frotter, légèrement. *To stroke sth. l.,* effleurer qch. **Lightly clad,** vêtu légèrement, à la légère. *L.-clad nymphs,* nymphes léger-vêtues. *To walk, step, l.,* (i) marcher d'un pas léger; (ii) étouffer son pas. *To skip l. from rock to rock,* sauter agilement de rocher en rocher. **To pass lightly over, touch lightly on, a delicate matter,** glisser légèrement, couler, sur un point délicat. *His hand ran l. over the strings* (*of the harp*), sa main effleura les cordes. *Agr:* **To plough (land) lightly,** effleurer la terre. **His responsibilities sit lightly upon him,** ses responsabilités ne lui pèsent pas, ne l'accablent pas. **To sleep lightly,** dormir légèrement. **2. To get off lightly,** s'en tirer à bon compte, à bon marché. **3.** *A l. written chapter,* un chapitre écrit d'une main légère. **To speak lightly of sth.,** parler de qch. à la légère. **To think lightly of sth.,** faire peu de cas de qch.; attacher peu d'importance à qch. **To commit oneself lightly,** s'engager à la légère.

II. **light,** *adv.* Légèrement. **To sleep light,** (i) avoir le sommeil léger; (ii) dormir d'un sommeil léger. *See also* COME 1 (*a*).

'light-armed, *a.* Armé à la légère.

'light-'duty, *attrib.a. L.-d. machine,* machine *f* de faible puissance; machine auxiliaire. *L.-d. vehicle,* véhicule *m* de poids léger.

'light-faced, *a. Typ:* **Light-faced type,** caractère léger.

light-'fingered, *a.* **1.** A la main légère, aux doigts agiles. **2. The light-fingered gentry,** messieurs les pickpockets; les voleurs à la tire; *P:* la grinche.

light-'footed, *a.* Agile, leste; au pied léger.

light-'handed, *a.* **1.** A la main légère. **2.** Aux mains peu encombrées. **3.** = SHORT-HANDED.
light-'handedness, *s.* Agilité *f* des doigts; légèreté *f* de main.
light-'headed, *a.* **1.** To be light-headed, avoir le délire; être en délire; *F:* battre la campagne. *To feel l.-h.*, avoir, se sentir, le cerveau vide (par défaut de nourriture, etc.). **2.** A la tête légère; étourdi, écervelé. *L.-h. action*, étourderie *f*, inconséquence *f*.
light-'headedness, *s.* **1.** (*a*) Délire *m*. (*b*) Étourdissement *m*; transport *m* au cerveau. **2.** Légèreté *f* (de caractère); manque *m* de sérieux; étourderie *f*.
light-'hearted, *a.* Au cœur léger; gai, enjoué; allègre. **-ly,** *adv.* Gaiement; le cœur léger; de gaîté de cœur.
light-'heartedness, *s.* Gaieté *f*, gaîté *f* (de cœur), enjouement *m*.
'light-line, *s.* *N.Arch:* Ligne *f* de flottaison lège.
light-'minded, *a.* Léger, volage, étourdi, frivole.
light-'mindedness, *s.* Légèreté *f*, étourderie *f*, frivolité *f*.
'light-o'-love, *s.* *A. & Lit:* Femme légère. *He is with his l.-o'-l.*, il est avec sa mie.
'light-weight. **1.** *s.* (*a*) *Box:* Poids léger. (*b*) *U.S:* *F:* Personne insignifiante. **2.** *Attrib.* Léger. *See also* MACKINTOSH.

light[5], *v.* (*p.t.* & *p.p.* **lit** *or* **lighted**) **1.** *v.tr.* (*a*) *A:* Alléger. (*b*) *Nau:* **To light along the fall, to light up the lanyards,** alléger le garant, les rides. *L. the sail out to windward!* portez la toile au vent! **2.** *v.i.* (*a*) (*Of bird*) S'abattre, se poser; (*of thg*) s'abattre, tomber. *A sunbeam lighted upon it*, un rayon de soleil tomba dessus. (*b*) (*Of pers.*) **To light on one's feet,** tomber debout; retomber sur ses pieds. *F:* *He soon lighted on his feet*, il ne fut pas long à trouver une occupation, du travail; il ne fut pas long à se débrouiller. (*c*) **To light (up)on s.o., sth.,** rencontrer qn, qch.; trouver qn, qch., par hasard. *His eyes lighted upon the picture*, ses yeux rencontrèrent le tableau. **To light upon an interesting fact,** tomber sur, rencontrer, un fait intéressant.
light out, *v.i.* *U.S:* *F:* Décamper.

lighten[1] [laitn]. **1.** *v.tr.* Alléger; délester, alester (un navire); réduire le poids de (qch.). *To l. the taxes*, alléger les impôts. *To l. a task*, alléger une tâche. *To l. a sorrow*, alléger, soulager, une douleur. *To l. s.o.'s griefs*, adoucir les peines de qn. *To l. a sentence*, mitiger, adoucir, une sentence, une peine. *To l. one's conscience*, décharger sa conscience. **2.** *v.i.* Perdre du poids; s'alléger. *My heart lightened*, mon cœur fut soulagé.
lightening[1], *s.* Allégement *m* (d'un poids, d'un bateau, d'un impôt, d'une douleur); allégeage *m* (d'un bateau). *This is a great l. of the burden of the State*, c'est une grande décharge pour l'État.

lighten[2]. **1.** *v.tr.* (*a*) Éclairer (les ténèbres, le visage); désassombrir (une habitation, etc.). (*b*) Éclaircir (une couleur, le ciel); dégrader (une couleur). **2.** *v.i.* (*a*) S'éclairer, s'illuminer; se désassombrir. *The sky lightened*, le ciel s'éclaira, s'éclaircit. **His eyes lightened (up),** son regard s'éclaira. (*b*) **It lightens,** il fait des éclairs. *It's lightening again*, voilà encore qu'il éclaire.
lightening[2], *s.* Éclaircissement *m* (du temps).

lightener ['laitənər], *s.* Personne *f* ou chose *f* qui allège (les douleurs, les charges).

lighter[1] ['laitər], *s.* *Nau:* Allège *f*, péniche *f*, gabare *f*; bette *f*, chaland *m*; *occ.* margota(s) *m*, chatte *f*; (*small*) ac(c)on *m*. *Navy:* **Ammunition lighter,** bugalet *m*. *See also* MUD-LIGHTER.

lighter[2], *v.tr.* Bateler (des marchandises); décharger (des marchandises) par allèges; transporter (des marchandises) par chalands.

lighter[3], *s.* **1.** (*Pers.*) Allumeur, -euse. *See also* LAMPLIGHTER. **2.** (*Device*) (*a*) Allumeur, allumoir *m* (de becs de gaz, etc.). **Cigar-lighter,** allume-cigare *m*, *pl.* allume-cigares. **Cigarette-lighter,** allume-cigarette *m*, *pl.* allume-cigarettes. *Flint and wheel l.*, briquet *m*. **Petrol-lighter,** briquet *m* à essence. *See also* FIRE-LIGHTER. (*b*) (*Pipe-spill*) Fidibus *m*.

lighterage ['laitəredʒ], *s.* *Nau:* **1.** Déchargement *m* par allèges, par gabares; transport *m* par chalands; gabarage *m*; ac(c)onage *m*. **2.** Droits *mpl* ou frais *mpl* de chaland(s), d'allège, de gabarage.

lighterman, *pl.* **-men** ['laitərmən, -men], *s.m.* *Nau:* Gabarier, ac(c)onier, batelier.

lighthouse ['laithaus], *s.* *Nau:* Phare *m*; (*on board*) tourelle *f* de fanaux. *Revolving-light l., fixed-light l.*, phare à feu tournant, à feu fixe.
'lighthouse-keeper, *s.* = LIGHTHOUSEMAN.

lighthouseman, *pl.* **-men** ['laithausmən, -men], *s.m.* Gardien de phare; (le) gardien du phare.

lightless ['laitləs], *a.* Sans lumière.

lightness ['laitnəs], *s.* **1.** Légèreté *f*. *L. of foot*, agilité *f*. *L. of heart*, gaieté *f* de cœur. *L. of touch*, légèreté de main (d'un médecin, etc.); légèreté de plume, de pinceau, de style. **2.** **Lightness of a task,** (i) facilité *f* d'une tâche; (ii) caractère peu fatigant d'une tâche.

lightning ['laitniŋ], *s.* Éclairs *mpl*, foudre *f*. **A flash of lightning,** un éclair. **Chain(ed) lightning,** éclairs sinueux. **Forked lightning,** éclairs arborescents, ramifiés; éclairs en zigzag, en sillons; éclairs zigzagués. **Summer lightning, heat lightning,** éclairs de chaleur. **Ribbon lightning, streak lightning,** éclairs fulminants, en sillons. **Beaded lightning,** éclairs en chapelet. **Ball lightning,** globe *m* de feu. *See also* GLOBE-LIGHTNING, SHEET-LIGHTNING. *The l. has struck . . .*, la foudre est tombée sur. . . . **Struck by lightning,** frappé de, par, la foudre. **As quick as lightning, with lightning speed,** *F:* **like greased lightning, like a streak of lightning,** aussi vite que l'éclair, (rapide) comme un éclair; à toute vitesse, en un clin d'œil. *Lit:* *Like unto l., he . . .*, tel un éclair il. . . . *F:* **Lightning progress,** progrès foudroyants. **Lightning blow,** coup *m* raide comme (une) balle. *To make a l. retort*, *F:* riposter du tac au tac. *L. apoplexy*, apoplexie foudroyante. *I.C.E:* **Lightning pick-up,** reprise foudroyante. *Ind:* **Lightning strike,** grève déclarée par les ouvriers sans avis préalable; grève de surprise. *Th:* **Lightning change,** travestissement *m* rapide. *Med:* **Lightning pains,** douleurs fulgurantes (au début de la paralysie).
'lightning-ar'rester, *s.* Parafoudre *m*. *Horn-type l.-a.*, parafoudre à cornes. *See also* BLOW-OUT 2.
'lightning-beetle, -bug, *s.* *U.S:* = FIRE-FLY.
'lightning-con'ductor, *s.* **1.** Conducteur *m* de paratonnerre. **2.** Paratonnerre *m*.
'lightning-dis'charger, *s.* **Plate lightning-discharger,** paratonnerre *m* à lames.
'lightning-pro'tector, *s.* = LIGHTNING-ARRESTER.
'lightning-rod, *s.* Tige *f* de paratonnerre; paratonnerre *m*.

lights [laits], *s.pl.* *Cu:* Mou *m* (de veau, d'agneau).

lightship ['laitʃip], *s.* *Nau:* Bateau-feu *m*, *pl.* bateaux-feux; bateau-phare *m*, *pl.* bateaux-phares; phare flottant.

lightsome[1] ['laitsəm], *a.* *Poet:* **1.** Léger, gracieux. **2.** Au cœur léger, gai. **3.** Agile, preste.

lightsome[2], *a.* **1.** Lumineux. **2.** Clair; bien éclairé.

lightwood[1] ['laitwud], *s.* **1.** *Bot:* Mélanoxylon *m*. **2.** *Com:* Bois léger.

lightwood[2], *s.* *U.S:* **1.** *Bot:* Amyris *f*. **2.** *F:* Bois *m* qui brûle facilement; bois résineux.

lign-aloes [lain'alouz], *s.* **1.** *Pharm:* Aloès *m*. **2.** *Bot:* Bois *m* d'aloès, bois d'aigle.

ligneous ['ligniəs], *a.* Ligneux.

ligniferous [lig'nifərəs], *a.* *Bot:* Lignifère.

lignification [lignifi'keiʃ(ə)n], *s.* Lignification *f*.

ligniform ['lignifɔːrm], *a.* Ligniforme.

lignify ['lignifai]. **1.** *v.tr.* Lignifier. **2.** *v.i.* Se lignifier; (*of young shoot*) aoûter.

lignite ['lignait], *s.* *Miner:* Lignite *m*, houille brune. **Field of lignite,** cendrière *f*.

lignoceric [ligno'serik], *a.* *Ch:* (Acide *m*) lignocérique.

lignum vitae ['lignəm'vaitiː], *s.* *Bot:* (Bois *m* de) gaïac *m*; bois saint.

ligula ['ligjula], *s.* **1.** *Bot:* Ligule *f* (de graminée); languette *f* (de fleur). **2.** *Ann:* Ligule.

ligulate ['ligjulet], *a.* *Bot:* Ligulé. *See also* FLORET.

ligule ['ligjul], *s.* *Bot:* = LIGULA 1.

liguliflorae [ligjuli'flɔːriː], *s.pl.* *Bot:* Chicoracées *f*.

Ligures [li'gjuəriːz], *s.pl.* *Hist:* Ligures *m*.

Liguria [li'gjuəria]. *Pr.n.* *A.Geog:* La Ligurie.

Ligurian [li'gjuəriən], *a.* *A.Geog:* Ligurien, -ienne.

likable ['laikəbl], **likableness** ['laikəblnəs] = LIKEABLE, LIKEABLENESS.

like[1] [laik]. I. *a.* Semblable, pareil, tel. **1.** (*a*) *Two l. cases*, deux cas *m* semblables, pareils, analogues. *Walking-sticks and l. objects*, cannes et objets similaires. *On this and* **the like** *subjects*, sur ce sujet et les sujets similaires. *L. causes produce l. effects*, les mêmes causes produisent les mêmes effets. *Two plants of l. species*, deux plantes de même espèce. *To treat s.o.* **in like manner,** traiter qn de même, pareillement. *Prov:* **Like master, like man,** tel maître tel valet. *Alg:* **Like terms,** termes *m* semblables. **Like quantities,** quantités *f* semblables. *El:* **Like poles,** pôles *m* semblables, de même nom. (*b*) Ressemblant. **The portrait is very like, not like,** le portrait est très, peu, ressemblant. **They are as like as two peas,** ils se ressemblent comme deux gouttes d'eau, à s'y méprendre. (*c*) *Golf:* **We are like as we lie,** nous sommes à deux. **2.** (*a*) *I want to find one l. it*, je veux trouver le pareil, la pareille. *I have one (exactly) l. it*, j'en ai un (tout) pareil. *A critic l. you*, un critique comme vous, tel que vous. *Pej:* **Fellows like you,** des gens *m* de votre sorte, *F:* de votre acabit. *Men of l. passions with you*, des hommes sujets aux mêmes passions que vous. (*Occ. with 'to'*) **Liker to God than to man,** qui ressemble plus à Dieu qu'à l'homme; qui ressemble à Dieu plus qu'à l'homme. **To be like s.o., sth.,** *A. & Lit:* **to be like unto s.o., sth.,** être semblable à qn, à qch., être pareil à qch.; ressembler à qn, à qch. **To be like one's father,** ressembler à son père; tenir de son père. *He is rather l. you*, il a de votre air. *She is l. nobody else*, elle est à part. **What is that tree like?** à quoi ressemble cet arbre? **Whom is he like?** *F:* **who is he like?** à qui ressemble-t-il? **What is he like?** comment est-il? *You know what he is l.*, vous savez comme il est. **He was like a father to me,** il m'a servi de père; il fut pour moi un père. *She wore a dress rather l. this one*, elle portait une robe dans le genre de celle-ci. *When I hear things l. that . . .*, quand j'entends des choses semblables. . . . **Old people are like that,** les vieilles gens sont ainsi faits. *And people l. that I know in plenty*, *F:* et des comme ça, j'en connais pas mal. *There are thousands of us l. that*, nous sommes ainsi des milliers. **I never saw anything like it,** (i) je n'ai jamais rien vu de pareil, de semblable; (ii) je n'ai rien vu d'approchant. *He was magnificent; I have never seen him anything l. it*, il a été magnifique; jamais je ne l'ai vu s'acquitter si brillamment. *Something very much l. it*, quelque chose qui y ressemble beaucoup, qui en approche beaucoup; quelque chose de très approchant. *He had been given something very l. judicial powers*, on lui avait donné quelque chose d'approchant à des pouvoirs judiciaires. **The sum amounts to something like ten pounds,** la somme s'élève à environ dix livres, à quelque dix livres. *I had now been in France something l. five years*, cela faisait maintenant dans les cinq ans que j'étais en France. *F:* **It is just like at home,** c'est tout comme chez nous. **That's something like a day!** voilà une belle journée! *That's something l. rain!* voilà qui s'appelle pleuvoir! **That's something like!** à la bonne heure! voilà qui a bon air! voilà qui est réussi! *France? there's no country l. it*, la France? il n'y a pas de pays qui en approche. **There is nothing like it,** il n'y a rien de semblable, de pareil; il n'y a que cela. *There is nothing l. health*, rien de tel que la santé. *There's nothing l. speaking frankly*, (il n'y a) rien de tel que de parler franchement. *There's nothing l. walking*, il n'y a rien de plus agréable que la marche. **She is nothing like**

so pretty as you, elle est bien loin d'être aussi jolie que vous. *He's nothing l. good enough to play your accompaniments,* il s'en faut de beaucoup qu'il soit à même de jouer vos accompagnements. *See also* FEEL[2] 3, LOOK[2] 3. (*b*) **That's just like a woman!** voilà bien les femmes! *It's just l. him to say so,* c'est bien de lui de dire cela. *That's l. his impudence!* voilà bien son toupet! **That's just like him!** c'est bien de lui! c'est bien digne de lui! voilà comme il est! le voilà bien! je le reconnais bien là! *That action is just l. him,* ce trait l'achève de peindre. **Just like you!** tout comme vous! **3.** *A:* **He is like to succeed,** il est probable qu'il réussira; il a des chances de réussir. *He is l. to die,* il est en cas de mourir. *It is l. we shall see him no more,* il est probable que nous ne le reverrons plus. **He had like to have drowned,** il faillit se noyer.

II. **like,** *prep.* Comme. *I think l. you,* je pense comme vous. *I thought l. you,* j'ai pensé de même que vous. *You don't hold your pen l. me,* vous ne tenez pas votre plume de la même façon que moi. *Just l. anybody else,* tout comme un autre. **To act like a soldier,** (i) agir comme (le ferait) un soldat; (ii) agir en soldat (maintenir sa dignité de soldat). *F:* **He ran like anything, like blazes, like hell, like the devil, like the very devil, like mad,** il courait comme un dératé. *See also* ANYTHING 4, BLAZE[1] 3, DEVIL[1] 1 (*b*), HELL 2. *Don't talk l. that,* ne parlez pas comme ça, de la sorte. *He spoke to him something l. this,* il lui tint à peu près ce langage. **To fit s.o. like a glove,** aller à qn comme un gant. *See also* FIT[4] I. 2. **To pace up and down like a caged beast,** aller et venir telle une bête en cage. *He stood there l. a statue,* il se tenait debout telle une statue. *We live l. cave-men,* nous vivons à la façon, à l'instar, des troglodytes. *L. Narcissus I looked . . .,* à l'instar de Narcisse je regardais. . . . **To hate s.o. like poison,** haïr qn à l'égal de la peste. *He cherished me l. a son,* il me chérissait à l'égal d'un fils.

III. **like,** *adv.* **1.** (*a*) *A:* **Like as . . .,** comme . . ., ainsi que . . ., de même que. . . . (*b*) *F:* **Like enough, very like; (as) like as not,** probablement, vraisemblablement. (*c*) *F: V:* Comme qui dirait. **He looked angry like,** il était comme en colère; il avait l'air furieux. **2.** (*Incorrect conjunctive use* = *as*) *F:* Comme. **Do like I do,** faites comme moi. *I cannot knit* **like mother does,** je ne sais pas tricoter comme (le fait) ma mère.

IV. **like,** *s.* **1.** Semblable *mf*, pareil, -eille. *A cloth the l. of which is not seen nowadays,* un drap comme on n'en voit plus. **We shall never look upon his like again,** nous ne reverrons plus son semblable, son pareil. **He and his like(s),** *P:* **he and the likes of him,** lui et ses congénères. *P: It is too good for the likes of me,* c'est trop bon pour des personnes comme moi. *P: I don't mix with the likes of you,* je ne fréquente pas des gens de votre sorte, de votre espèce, de votre acabit. *Music, painting,* **and the like,** la musique, la peinture, et autres choses du même genre. *Prov:* **Like will to like,** qui se ressemble s'assemble. **I never heard the like (of it),** je n'ai jamais entendu chose pareille. **The like was never seen!** *F:* c'est le monde renversé! **To do the like,** en faire autant, faire de même. **To give s.o. back the like,** rendre la pareille, la réciproque, à qn. **To give, return, like for like,** rendre la pareille. **2.** *Golf:* **The like,** autant. *To play the l.,* jouer le coup d'autant.

V. **-like.** **1.** *a.suff.* Ressemblant à . . ., digne de. . . . *Childlike,* enfantin. *Godlike,* divin. *Ladylike,* de dame; distingué. *Brute-like,* comme les brutes; qui ressemble aux brutes; qui tient des brutes. *Basin-like,* en forme de cuvette. *Angel-like smile,* sourire d'ange. *Sylph-like form,* forme de sylphe. *Bell-like tones,* tons qui évoquent ceux d'une cloche. *Christian-like humility,* humilité vraiment chrétienne. *Lucullus-like banquet,* banquet à la Lucullus. *A Shylock-like avarice,* une avarice de Shylock. **2.** *adv.suff. Womanlike,* en femme (qu'elle est). *Cowardlike,* en poltron. **3.** *a.suff. Scot: Auldlike,* vieux.

'like-'minded, *a.* Dans les mêmes dispositions, du même avis.

like[2], *s.* (*Usu. pl.*) Goût *m*, préférence *f*, inclination *f*. **Likes and dislikes,** sympathies *f* et antipathies *f*; goûts *m*. *Everyone has his likes and dislikes,* des goûts et des couleurs il ne faut pas discuter.

like[3], *v.tr.* **1.** Aimer (qch.); aimer, avoir de la sympathie pour (qn). *I l. him,* je l'aime bien; il me plaît. *My father liked his horses and dogs equally,* mon père aimait également ses chevaux et ses chiens. *My sister did not l. him,* il ne plaisait pas à ma sœur. *Do you l. him?* vous plaît-il? *I came to l. him,* il me devint sympathique. *I don't l. his looks,* son visage ne me revient pas. *How do you l. him?* comment le trouvez-vous? *She seems to l. you,* elle semble avoir un faible pour vous. *They l. each other,* ils se conviennent. *I l. the offer,* l'offre *f* me plaît, m'agrée, me convient. *He likes school,* il se plaît au collège. *I should l. time to consider it,* j'aimerais avoir le temps d'y réfléchir. *Would you l. the armchair?* voulez-vous le fauteuil? *Would you l. my company?* voulez-vous de ma compagnie? voulez-vous que je vous accompagne? *Have a glass of beer; or would you l. tea?* prenez un verre de bière; ou préféreriez-vous, voulez-vous, du thé? *I should l. some tea,* je prendrais bien une tasse de thé. **As much as ever you like,** tant que vous voudrez; *F:* en veux-tu en voilà. *Do you l. tea?* aimez-vous le thé? *How do you l. your tea?* (i) comment prenez-vous votre thé? (ii) comment trouvez-vous votre thé? *See also* HOW[1] 1 (*b*). *Your father won't l. it,* votre père ne sera pas content. *I do not l. it at all,* cela ne me plaît guère; je ne trouve pas cela bon, bien, du tout. *If he doesn't l. it he can go elsewhere,* si ça ne lui va pas qu'il aille ailleurs. *See also* LUMP[3]. *I should l. it of all things,* cela me ferait le plus grand plaisir. *Whether he likes it or not,* qu'il le veuille ou non; bon gré, mal gré. *Plant that likes a sandy soil,* plante *f* qui aime, se plaît dans, les lieux sablonneux. *These plants don't l. damp,* ces plantes craignent l'humidité. *F:* **I like your impudence!** vous êtes bon! **I like that!** en voilà une bonne! par exemple! *I l. oysters but they don't l. me,* j'aime les huîtres mais je ne peux pas les supporter, mais je ne les supporte pas. **2.** (*a*) *I l. to see them now and then,* j'aime à les voir de temps à autre. *I l. to be obeyed,* j'aime qu'on m'obéisse. *Some l. to take the bus, others to take the train,* il plaît aux uns de prendre l'autobus, aux autres de prendre le train. **I hardly like to intervene,** j'ai quelque scrupule à intervenir. **He doesn't like it to be talked of,** il n'aime pas qu'on en parle. *I do not l. women to smoke,* je n'aime pas voir fumer les femmes. *I l. her to be near me,* j'aime qu'elle soit près de moi. *Your going out so often isn't liked,* on trouve à redire à ce que vous sortiez si souvent. *F: He doesn't l. us going into town,* il n'aime pas que nous allions en ville. *F: I don't l. him behaving like that,* cela me déplaît qu'il se conduise de la sorte. *Would you l. to smoke?* voulez-vous, désirez-vous, fumer? *I should l. to go,* je voudrais bien y aller. *I should very much l. to go,* j'aimerais beaucoup y aller; je ne demande pas mieux que d'y aller. *Would you l. to come with us?* vous plairait-il de nous accompagner? *Would you l. me to go with you?* voulez-vous que je vous accompagne? voulez-vous de moi pour compagnon? *I should l. to be able to help you,* je souhaiterais (de) pouvoir vous aider. *I shouldn't l. to be in your shoes,* je ne me voudrais pas à votre place. *See also* SHOE[1] 1. *If he had the courage I should l. to see in him,* s'il avait le courage que je lui voudrais. *I should l. to know whether . . .,* je voudrais bien savoir, je me demande, si. . . . **I should like to have been there,** j'aurais bien voulu m'y trouver, j'aurais aimé m'y trouver. *We should have liked to go further inland,* il nous eût souri de pénétrer plus avant dans le pays. *I should so much have liked to see him!* j'aurais tant aimé, tant voulu, le voir! (*b*) **As you like,** comme vous voudrez. **I can do as I like with him,** je fais de lui ce que je veux. *He is free to act as he likes,* il est libre d'agir à sa guise, comme il lui plaira. **Just as you like,** (c'est, ce sera) comme vous voudrez; comme il vous plaira; à votre aise. *To do just as one likes,* en faire à sa tête, à son idée. **If you like,** si vous voulez; si cela peut vous être agréable. *She is pretty, if you like, but not a beauty,* elle est gentille, je ne dis pas, mais ce n'est pas une beauté. **When I like,** quand je veux. *When you l.,* quand il vous plaira. **He thinks he can do anything he likes,** il se croit tout permis. **People may say what they like . . .,** on a beau dire. . . . **Do what you like with it,** faites-en ce que vous voudrez; *F:* faites-en des choux et des raves. *Take as many as you l.,* prenez-en autant que vous le voudrez. *As much as you l.,* tant que vous voudrez. **3.** *Impers. A:* **It likes me (well) to do sth.,** cela me plaît, me convient, de faire qch.

-liked, *a.* (*With prefixed adv.*) **Much-liked,** populaire. *Little-l. personality,* personnalité *f* peu sympathique.

liking, *s.* Goût *m*, penchant *m*. **To one's liking,** à souhait. *Is it to your l.?* cela est-il à votre goût, à votre gré *m*? **A liking for business,** le goût des affaires. *His l. for study,* son goût pour l'étude. *His l. for me,* son penchant pour moi. *Natural l. for a food,* attirance *f* pour un aliment. **To have a liking for sth.,** avoir du goût, de l'attachement, pour qch. *I have no l. for compliments,* je n'aime pas les compliments. *Career for which I have no l.,* carrière *f* qui n'a pas d'attrait pour moi. **To have a liking for s.o.,** se sentir de l'attrait pour qn; affectionner qn. **To take a liking for, to, sth.,** prendre goût à qch. *I have taken a l. to it,* le goût m'en est venu; j'y ai pris goût. **To take a liking for, to, s.o.,** concevoir de l'amitié pour qn; prendre qn en affection, en amitié; se prendre de sympathie pour qn. *I have taken a l. to him,* je me suis pris d'amitié pour lui; il m'est devenu sympathique.

likeable ['laikəbl], *a.* (*Of pers.*) Agréable, aimable, sympathique.

likeableness ['laikəblnəs], *s.* Agrément *m*; charme *m* (de qn).

likelihood ['laiklihud], **likeliness** ['laiklinəs], *s.* Vraisemblance *f*, probabilité *f*, apparence *f*. *There is little l. of his succeeding,* il y a peu de chances, il n'est guère probable, qu'il réussisse. **In all likelihood,** selon toute probabilité; selon toute apparence; selon toute prévision; selon toute vraisemblance; vraisemblablement.

likely ['laikli]. I. *a.* **1.** Vraisemblable, probable. *L. source of infection,* source *f* probable d'infection. **A likely story,** une histoire vraisemblable. *F: That's a l. story!* la belle histoire! en voilà une bonne! *It is more than l.,* c'est plus que probable. **It is likely to rain,** il y a des chances pour qu'il pleuve; le temps est à la pluie. *It is very l. to happen,* c'est très probable. *It is not l. that I shall see him again,* je ne le reverrai vraisemblablement plus. *It is not l. that he will come,* il n'est pas probable, il est peu probable, qu'il vienne. **Is he likely to come?** est-il probable qu'il vienne? *He is not l. to betray you,* ce n'est pas un homme à vous trahir. *He is hardly l. to succeed,* il a peu de chances de réussir. *He is quite l. to do it, F:* il est dans le cas de le faire. **2.** *Books l. to interest young people,* ouvrages *m* susceptibles d'intéresser la jeunesse. *Motives l. to influence the judgment,* motifs *m* de nature à influer sur le jugement. *Incident l. to lead to a rupture,* incident *m* susceptible d'entraîner une rupture. *Prospectus l. to interest investors,* prospectus *m* susceptible d'intéresser les capitalistes. *This plan is most l. to succeed,* ce projet offre le plus de chances de succès. *They made a proposal which was l. to appeal to him,* on lui fit une proposition qui devait lui plaire. **The most likely, the likeliest, place for camping,** l'endroit *m* le plus propre au camping. *A l. spot for mushrooms,* un endroit où l'on trouvera sûrement des champignons. *The likeliest place to find him in,* l'endroit où on a le plus de chances de le trouver. *The most l. candidates,* les candidats *m* qui ont le plus de chances; les candidats de premier plan. *I asked* **every likely person** *for information,* j'ai demandé des renseignements à toute personne susceptible de me les donner. **3.** (*a*) *A. & U.S:* **Fine likely(-looking) lads,** de beaux gars bien taillés. *A fine l. girl,* un beau brin de fille. (*b*) **A likely young man,** un jeune homme plein de promesses, qui promet beaucoup, qui a des aptitudes.

II. **likely,** *adv.* **1.** **Most likely, very likely,** vraisemblablement; très probablement; *F:* il faut croire! **As likely as not . . .,** (pour) autant que je sache. . . . *He will succeed as l. as not,* il se pourrait bien qu'il réussisse. *P:* **Not (blooming) likely!** plus souvent! pas de danger! **2.** *Scot: You'll l. be staying here?* (i) vous allez sans doute rester ici? (ii) vous êtes en séjour ici peut-être?

liken [laikn], *v.tr.* *Lit:* **1.** Comparer, assimiler (*to, unto, with,* à, avec). *To what can I l. thee?* à quoi puis-je te comparer? **2.** *Occ.* Assimiler, faire ressembler (*sth. to sth.*, qch. à qch.); rendre semblable (*to*, à).

likened, *a.* *B:* = LIKE[1] I. 2 (*a*). **The kingdom of Heaven is likened unto a man who . . .,** le royaume des cieux ressemble à, est semblable à, un homme qui. . . .

likening, *s.* Comparaison *f* (*of sth. to, unto, with, sth.*, de qch. avec qch.).

likeness [ˈlaiknəs], *s.* **1.** Ressemblance *f* (*between*, entre; *to*, à); similitude *f* (de deux personnes, de deux objets). *A close l.*, une ressemblance étroite. *In the l. of s.o.*, à l'image de qn. *See also* FAMILY 1. **2.** Apparence *f*. **An enemy in the likeness of a friend,** un ennemi sous l'apparence d'un ami. *To put on the l. of . . .*, revêtir l'apparence, l'aspect *m*, de. . . . **3.** Portrait *m*, image *f*. **To draw, take, s.o.'s likeness,** faire le portrait de qn. **The picture is a good, a poor, likeness,** le portrait est très ressemblant, peu ressemblant. *See also* CATCH[2] I. 2.

likewise [ˈlaikwaːiz], *adv.* **1.** (*Moreover*) De plus, également, de même, aussi. **2.** (*Similarly*) *Only in the phr.* **To do likewise,** faire de même, en faire autant.

likin [liːˈkiːn], *s.* (*In China*) Likin *m*; droits *mpl* de transit.

lil [lil], *a.* *U.S:* *Dial:* = LITTLE I.

lilac [ˈlailək]. **1.** *s.* *Bot:* Lilas *m*. **Persian lilac,** lilas de Perse. **2.** *a.* **Lilac(-coloured),** lilas *inv.*

liliaceae [liliˈeisiiː], *s.pl.* *Bot:* Liliacées *f*.

liliaceous [liliˈeiʃəs], *a.* *Bot:* Liliacé.

lilied [ˈlilid], *a.* **1.** *Poet:* (Teint) lilial, -aux, de lis. **2.** (Gazon, étang) couvert de lis. **3.** *Her:* (Étendard, écu) fleurdelisé.

Lilliputian [liliˈpjuːʃjən], *a.* & *s.* Lilliputien, -ienne.

lilt[1] [lilt], *s.* **1.** *A.* & *Scot:* Chant (joyeux); air (bien cadencé). **2.** Rythme *m*, cadence *f* (des vers). *The lines go with a l.*, les vers *m* ont du rythme, sont bien cadencés.

lilt[2], *v.tr.* & *i.* Chanter mélodieusement, chanter gaiement.

lilting, *a.* **Lilting metre,** rythme musical. *L. air*, air cadencé, scandé. *L. stride*, pas cadencé.

lily [ˈlili], *s.* **1.** (*a*) *Bot:* Lis *m*. **White lily, madonna lily, Ascension lily,** lis blanc. **Belladonna lily,** amaryllis *f* belle-dame; lis de Saint-Jacques. **Mexican lily,** lis du Mexique. **Egyptian lily, Ethiopian lily, calla lily, trumpet lily,** richardie *f* d'Afrique. **Guernsey lily,** nérine *f*; lis du Japon. **Branched lily,** asphodèle *m* rameau. *F:* **The lilies and roses of her cheeks,** le teint de lis et de roses de ses joues. *Attrib.* **Lily hand,** main blanche comme le lis. *See also* ARUM, DAY-LILY, DROOPING[1], GILD[1], LENT-LILY, MARTAGON, NILE-LILY, ORANGE-LILY, SEA-LILY, SWORD-LILY, TIGER-LILY, TURK'S CAP, WATER-LILY. (*b*) *Hist:* **The lilies,** les fleurs *f* de lis (des Bourbons, de la royauté française). **2.** *Bot:* **Lily of the valley,** muguet *m*; lis des vallées, de mai; convallaire *f*. **3.** *Pr.n.f.* **Lily,** Lily, Lili.

ˈlily-iron, *s.* *Fish:* Harpon *m* à tête mobile (pour la pêche de l'espadon).

ˈlily-like, *a.* Blanc, *f.* blanche, comme le lis.

ˈlily-livered, *a.* *A:* Peureux, poltron, lâche.

ˈlily-pad, *s.* *U.S:* Feuille *f* de nénuphar.

ˈlily-white, *a.* **1.** Blanc, *f.* blanche, comme le lis; d'une blancheur de lis; lilial, -aux. **2.** *U.S:* Opposé à la participation des nègres aux affaires politiques.

Lima[1] [ˈliːma]. *Pr.n.* *Geog:* Lima. **Lima bean,** haricot *m* de Lima. *Pharm:* **Lima bark,** quinquina gris Huanaco.

lima[2] [ˈlaima, ˈliːma], *s.* *Moll:* Lime *f*.

limaceous [laiˈmeiʃəs], **limacine** [ˈlaimasin], *a.* *Moll:* Limacien.

limanda [liˈmanda], *s.* *Ich:* Limande *f*.

limb[1] [lim], *s.* **1.** (*a*) Membre *m*. *The lower limbs*, les membres inférieurs. **Large of limb,** membru; aux gros os. **To tear an animal limb from limb,** mettre un animal en pièces. *See also* LIFE 1, SOUND[6] I. 1. (*b*) (*As a genteelism*) Jambe *f*. **2.** (*a*) **Limb of the devil, of Satan,** tison *m* d'enfer, suppôt *m* de Satan. *See also* LAW[1] 4. (*b*) *F:* Enfant *m* terrible; petit démon; polisson *m*. **3.** (Grosse) branche (d'un arbre); bras *m* (d'une croix); branche (d'un siphon, d'un électro-aimant, etc.); rameau *m*, contrefort *m* (d'une chaîne de montagnes); membre (d'une phrase). *See also* THREE-LIMB.

limb[2], *v.tr.* **1.** Démembrer (un corps). *F:* **I'll limb him,** je lui mangerai, arracherai, le cœur. **2.** Ébrancher (un arbre).

limb[3], *s.* *Astr:* *Bot:* *Mth:* Limbe *m*, bord *m*.

limbate [ˈlimbeit], *a.* *Bot:* Limbifère.

-limbed [limd], *a.* (*With adj. prefixed, e.g.*) *Large-limbed, big-limbed, strong-limbed*, membru, bien membré. *Straight-limbed*, aux membres droits. *Well-limbed horse*, cheval bien membré. *Strong-limbed man*, homme fortement membré, à forte membrure; homme fortement musclé. *See also* LOOSE-LIMBED.

limber[1] [ˈlimbər], *s.* *Artil:* Avant-train *m*, *pl.* avant-trains (d'affût de canon). **Gun and limber,** voiture-canon *f*, *pl.* voitures-canons.

ˈlimber-box, -chest, *s.* *Artil:* Coffre *m* d'avant-train.

ˈlimber-horse, *s.* *Dial:* Limonier *m*.

limber[2], *v.tr.* *Artil:* **To limber a gun,** attacher une pièce de canon à l'avant-train. *Abs.* **To limber up,** amener, accrocher, mettre, l'avant-train.

limber[3], *s.* *Nau:* Anguiller *m*. **Limber passage,** canal, -aux *m*, des anguillers.

ˈlimber-boards, -plates, *s.pl.* Parclose *f*.

limber[4], *a.* (*a*) Souple, flexible. (*b*) (*Of pers.*) Souple, agile.

limber[5], *v.tr.* Assouplir. *Aut:* **To limber up the engine,** dégommer le moteur.

limbic [ˈlimbik], *a.* *Anat:* (Lobe *m*) limbique (du cerveau).

limbo [ˈlimbo], *s.* **1.** *Theol:* Les limbes *m*. *F:* **To descend into limbo,** tomber dans l'oubli. **To pass into the limbo of things outworn,** aller où vont les vieilles lunes. **2.** *F:* Prison *f*. *Esp.* **In limbo,** en prison; *F:* à l'ombre.

Limburger [ˈlimbəːrgər], *s.* Fromage *m* de Limbourg.

limbus [ˈlimbəs], *s.* *Bot:* = LIMB[3].

lime[1] [laim], *s.* **1.** *Poet:* = BIRD-LIME. **2.** Chaux *f*. **Caustic lime,** chaux vive. *Fat l.*, chaux grasse. *Quiet l.*, chaux maigre. **Slaked, slack(ed), lime,** chaux éteinte. *Air-slaked l.*, chaux éteinte à sec; chaux fusée. **Hydraulic lime,** chaux hydraulique. *See also* QUICKLIME. **3.** *Tan:* = LIME-PIT 2.

ˈlime-burner, *s.* Chaufournier *m*, chaulier *m*.

ˈlime-burning, *s.* Cuisson *f* de la chaux; chaufournerie *f*.

ˈlime-cast, *s.* *Const:* Crépi *m*.

ˈlime-ˈfeldspar, *s.* *Geol:* Feldspath *m* calcaire.

ˈlime-kiln, *s.* Four *m* à chaux, chaufour *m*.

ˈlime-pit, *s.* **1.** Carrière *f* de pierre à chaux. **2.** *Tan:* Plain *m*, pelain *m*.

ˈlime-twig, *s.* Gluau *m*, pipeau *m*.

ˈlime-wash[1], *s.* **1.** Lait *m* de chaux; blanc *m* de chaux; badigeon (blanc). **2.** *Tan:* Enchaux *m*.

ˈlime-wash[2], *v.tr.* Blanchir (un mur) à la chaux; chauler (un mur).

ˈlime-washing, *s.* Blanchiment *m*, blanchissage *m*, à la chaux; chaulage *m*.

ˈlime-water, *s.* *Pharm:* *etc:* Eau *f* de chaux.

lime[2], *v.tr.* **1.** Gluer (des ramilles); enduire (des ramilles) de glu. *To l. birds*, prendre des oiseaux à la glu, au gluau. **2.** *Agr:* Chauler (un terrain). **3.** *Tan:* Plainer, plamer, pelainer (les peaux).

liming, *s.* **1.** *Agr:* Chaulage *m*. **2.** *Tan:* Plainage *m*, plamage *m*, pelainage *m*.

lime[3], *s.* *Bot:* **1.** Lime *f*. **Sweet lime,** limette *f*, lime douce. **Acid lime,** lime acide. **2. Lime(-tree),** limettier *m*.

ˈlime-juice, *s.* Jus *m* de limette.

ˈlime-juicer, *s.* *U.S:* *P:* Matelot ou bateau anglais.

lime[4], *s.* *Bot:* **Lime(-tree),** tilleul *m*. *European l., broad-leaved l.*, tilleul à grandes feuilles; tilleul de Hollande. *American l.*, tilleul d'Amérique.

limehouse [ˈlaimhaus], *v.i.* *F:* Faire le démagogue; vitupérer (comme M. Lloyd George à Limehouse (quartier populaire de Londres) en 1909).

limelight[1] [ˈlaimlait], *s.* Lumière *f* oxhydrique. *F:* **In the limelight,** sous les feux de la rampe; très en vue; en vedette.

limelight[2], *v.tr.* (*p.t.* & *p.p.* **limelighted** *or* **limelit**) *Th:* Diriger **les** projecteurs sur (la vedette).

limen [ˈlaimen], *s.* *Psy:* *Physiol:* Seuil *m* (de la conscience, etc.).

limenitis [laiməˈnaitis], *s.* *Ent:* Sylvain *m*.

limerick [ˈlimərik], *s.* Poème *m* en cinq vers, toujours comique et absurde, aux rimes a a b b a. Exemple en français:

Il y avait un jeune homme de Madère
Qui venait de tuer son père.
On demanda pourquoi,
Il répondit: Ma foi,
Vous n'avez pas connu mon père!

(L'origine s'en rattache vaguement à la ville de Limerick, en Irlande.)

limestone [ˈlaimstoun], *s.* *Miner:* Pierre *f* à chaux; pierre calcaire. *Geol:* Calcaire *m*. *Metamorphic l.*, calcaire saccharoïde. *Magnesian l.*, dolomie *f*, dolomite *f*. **Hard limestone,** liais *m*. *Geol:* **Fresh-water limestone,** travertin *m*. *Metall:* **Limestone flux,** castine *f*. *Const:* **Shell limestone, shelly limestone,** coquillart *m*, calcaire coquillier. *See also* CORAL 1.

lime-wort [ˈlaimwəːrt], *s.* *Bot:* = BROOKLIME.

limey [ˈlaimi], *s.* *P:* **1.** *U.S:* Matelot ou bateau anglais. **2.** (*In Austr.*) Anglais nouveau débarqué.

liminal [ˈliminəl], *a.* **1.** *Psy:* (Sensations *f*, etc.) du seuil (de la conscience, etc.). **2.** Liminaire.

limit[1] [ˈlimit], *s.* **1.** Limite *f*, borne *f*. *Within the limits of the city*, dans les limites de la ville. *Within a three-mile l.*, dans un rayon de trois milles. *Within the limits of my power, of my authority*, pour autant qu'il est en mon pouvoir. *Com:* **Credit within limits of . . .,** crédit *m* dans les limites de. . . . **It is true within limits,** c'est vrai dans de certaines limites, dans une certaine limite. **Without limit,** sans bornes. **Age limit,** limite d'âge. *To reach, attain, the age l.*, atteindre la limite d'âge. **Cartage limit,** rayon de livraison. *See also* SPEED-LIMIT, TIME-LIMIT. **To set a limit, limits, to (sth.),** mettre une limite, des limites, des bornes, à (qch.); borner (son ambition, ses désirs). *To fix an extreme l. for a budget*, fixer un plafond à un budget. **There's a limit to everything,** il y a limite à tout. *F:* **That's the limit!** ça c'est le comble! ça c'est par trop fort! ça passe la mesure! il ne manquerait plus que ça! **He's the limit!** il est étonnant! il est impayable! après lui il faut tirer l'échelle! *You're the l.!* vous êtes unique! vous êtes étonnant! *See also* GIDDY[1] 3. *Mth:* **Method of limits,** méthode *f* des limites. *Sp:* **Limit man,** concurrent *m* qui reçoit la plus grande avance (dans une course à handicap). **2.** *Mec.E:* Tolérance *f*. *Plus and minus limits*, tolérances maxima et minima. *Tls:* **Limit gauge,** bague *f* à tolérance, calibre *m* de tolérance; bague à limites.

limit[2], *v.tr.* Limiter, borner, restreindre (qn, qch.). *Their sphere of activity is limited to . . .*, leurs opérations se bornent à. . . . **To limit oneself to . . .,** se borner à. . . . *To l. oneself to strict necessities, to doing what is essential*, se restreindre au strict nécessaire, à faire l'essentiel. *Rain that limits the view*, pluie *f* qui bouche la vue.

limited, *a.* Limité, borné, restreint. *L. number*, nombre limité, restreint. *L. intelligence*, intelligence bornée. *L. market*, marché étroit, restreint. *L. capacity*, capacité limitée, restreinte. *To be of l. understanding*, avoir l'esprit court. *People of l. views*, gens bornés dans leurs vues. *The expenditure, however l. . . .*, les dépenses *f*, si réduites qu'en soient les proportions. . . . *Geol:* **Limited deposit,** gisement cantonné. *Jur:* **Limited owner,** propriétaire *m* sous conditions; usufruitier, -ière. *Rail:* **Limited train,** rapide *m*; *U.S:* train *m* de luxe. *Publ:* **Limited edition,** édition *f* à tirage restreint. *U.S: F:* **Limited divorce,** séparation *f* de corps. *See also* COMPANY[1] 4, MAIL[3], MONARCHY, PARTNERSHIP.

limiting, *a.* **Limiting clause,** article limitatif. **Limiting angle,** angle *m* limite. *El.E:* **Charge-limiting device,** limitateur *m* de charge.

limitary ['limitəri], *a.* **1.** Limité, restreint. **2.** Qui est situé à la frontière. **3.** Qui sert de limite, de borne.

limitation [limi'teiʃ(ə)n], *s.* **1.** Limitation *f*, restriction *f*. *L. of a promise,* restriction apportée à une promesse. **2.** *To free an apparatus from the limitations of the weather,* affranchir un appareil de la servitude du temps. *There are many limitations imposed upon my liberty of action,* de nombreuses servitudes entravent ma liberté d'action. *Limitations of an administration,* limitations imposées à l'action d'une administration. **He has his limitations,** ses connaissances, ses capacités, sont bornées. *I know his limitations,* je sais ce dont il est capable et ce qu'il ne faut pas lui demander de faire. **3.** *Jur:* Prescription (extinctive). **Term of limitation,** délai *m* de prescription. **Time limitation** (*in a suit*), péremption *f*. *See also* BARRED 4, STATUTE 1.

limitative ['limitətiv], *a.* Limitatif. *L. clause,* article restrictif.

limiter ['limitər], *s.* (*Device*) Limiteur *m*; régulateur *m* (de vitesse, etc.). *I.C.E: etc:* **Oil-pressure limiter,** limiteur de pression d'huile.

limitless ['limitləs], *a.* Sans bornes, illimité.

limitrophe ['limitrouf], *a.* Limitrophe (*to,* de).

limn [lim], *v.tr. A:* **1.** Enluminer (un missel, etc.). **2.** (*a*) Faire le portrait de (qn); dessiner (qch.). (*b*) Peindre (un portrait).

limning ['lim(n)iŋ], *s. A:* **1.** Enluminement *m*. **2.** Enluminure *f*, peinture *f*.

limner ['limnər], *s. A:* (*a*) Enlumineur *m*. (*b*) Peintre *m*.

limnology [lim'nɔlədʒi], *s.* Limnologie *f*; étude *f* des eaux stagnantes, des eaux douces.

limnoplankton [limno'plaŋktən], *s. Biol:* Limnoplancton *m*.

limonite ['laimonait], *s. Miner:* Limonite *f*; ocre *f* jaune. **Nodular limonite,** œtite *f*.

limousine ['limuziːn], *s. Aut:* Limousine *f*. **Limousine-brougham,** coupé *m* limousine.

limp[1] [limp], *s.* Boitement *m*, clochement *m*, claudication *f*. **To walk with a limp, to have a limp,** boiter.

limp[2], *v.i.* Boiter, clocher, clopiner, claudiquer; tirer, traîner, la jambe. **To limp along, past, away,** aller, passer, s'en aller, en clopinant, clopin-clopant. **To limp up, down,** monter, descendre, en boitant.

limping[1], *a.* Boiteux. *F: L. verse,* (i) vers *mpl* boiteux; (ii) vers qui se traînent. **-ly,** *adv.* En boitant; clopin-clopant.

limping[2], *s.* = LIMP[1].

limp[3], *a.* Mou, *f.* molle; flasque; sans consistance. *Bookb:* **Limp binding,** cartonnage *m* souple, cartonnage à l'anglaise. (*Of linen*) *To become l.,* devenir mou; (*of starched linen*) se désempeser. *F:* (*Of pers.*) *To feel l.,* se sentir mou, sans énergie; se sentir fatigué. **To feel as limp as a rag,** se sentir mou, flasque, comme une chiffe; être comme une loque. *He was l. with fear,* la peur lui cassait bras et jambes. *L. with the heat,* abattu par la chaleur. *Heat that leaves one l.,* chaleur accablante, déprimante. **-ly,** *adv.* **1.** Mollement, flasquement. **2.** Sans énergie.

limpet ['limpet], *s.* **1.** *Moll:* Lépas *m*, patelle *f*, arapède *m*. *See also* STICK[2] II. 2. **2.** *F:* Fonctionnaire ancré dans son poste.

limpid ['limpid], *a.* Limpide, pellucide, clair, transparent. **-ly,** *adv.* Clairement; avec limpidité.

limpidity [lim'piditi], **limpidness** ['limpidnəs], *s.* Limpidité *f*, clarté *f*.

limpness ['limpnəs], *s.* Mollesse *f*; manque *m* de fermeté (d'un tissu); manque d'énergie (de qn).

limp-wort ['limpwəːrt], *s. Bot:* = BROOKLIME.

limy[1] ['laimi], *a.* **1.** (Sol *m*) calcique, calcaire. **2.** Enduit de glu; gluant.

limy[2], *s. P:* = LIMEY.

linage ['lainedʒ], *s.* **1.** Nombre *m* de lignes (d'un article de journal, etc.). **2.** Paiement *m* à la ligne.

linaria [lai'neəria], *s. Bot:* Muflier bâtard; linaire *f*.

linchcap ['linʃkap], *s. Veh:* Coiffe *f* d'esse (de l'essieu).

linchpin ['linʃpin], *s. Veh:* Esse *f*; clavette *f* de bout d'essieu; cheville *f* d'essieu.

Lincoln ['liŋkən]. *Pr.n. Geog:* Lincoln *m*. *Tex:* **Lincoln green,** étoffe vert clair manufacturée à Lincoln; étoffe merde d'oie.

Lincolnshire [liŋkənʃər]. *Pr.n. Geog:* Le comté de Lincoln.

lincrusta [lin'krʌsta], *s. Const:* Lincrusta *m*.

linden(-tree) ['lindən(-triː)], *s. Bot:* (= LIME[4]) Tilleul *m*.

line[1] [lain], *s. Tex:* Lin sérancé.

line[2], *s.* **I.** (*Cord*) (*a*) *Nau: etc:* Ligne *f*, corde *f*, cordage *m*, amarre *f*; (*small*) passeresse *f*. **Heaving-line, reeving-line,** cordage de faible diamètre; passeresse, touline *f*, halin *m*. **Log-line,** ligne de loch. **Lead-line, sounding line,** ligne de sonde. *See also* BREAST-LINE, CLOTHES-LINE, GIRT-LINE, HEAD-LINE 1, HOUSE-LINE, JACK-LINE 1, LEECH-LINE, LIFE-LINE 1, PLUMB-LINE, REEF-LINE, SPILLING-LINE, TILLER-LINES, TRIPPING-LINE. (*b*) *Fish:* Ligne (de pêche). *To give a fish plenty of l.,* donner de la ligne à un poisson. *F:* **To give s.o. line enough,** (i) donner ses coudées franches à qn; lâcher la bride à qn; (ii) laisser qn s'enferrer. *See also* GREAT-LINE, GROUND-LINE, HAND-LINE, TRAWL-LINE. (*c*) *Tg: Tp:* Ligne, fil *m*. *The l. is bad,* la communication est mauvaise. **I have just been on the line to the private secretary,** je viens d'avoir au bout du fil le chef de bureau. *You have been given the wrong l.,* on vous a mal branché. *See also* HOLD[2] I. 3, LAND-LINE, PARTY LINE, TRUNK-LINE 2. (*d*) *Const: Surv:* Cordeau *m*. **Laid out by the line, by rule and line,** tiré au cordeau. (*e*) *B:* **The lines are fallen unto me in pleasant places,** les cordeaux me sont échus en des lieux agréables. *F:* **It's hard lines,** c'est dur, c'est bien rude; c'est de la mauvaise chance; *F:* c'est de la guigne, du guignon. *It's hard lines on you,* c'est bien malheureux pour vous. *Hard lines!* pas de chance! quelle guigne! (*f*) *pl. Dial. & U.S:* **The lines,** les rênes *f* ou les guides *f*. **2.** Canalisation *f*, tuyauterie *f*. *Electric l.,* canalisation électrique. *See also* PIPE-LINE. **3.** (*a*) Ligne, trait *m*, raie *f*. **To draw a line,** tirer, tracer, une ligne. **Straight line,** ligne droite. *Continuous l.,* ligne pleine; trait plein. **Broken line,** trait discontinu. *Heavy l.,* gros trait. **Black lines, guide-lines, writing-lines** (*supplied with writing-block*), transparent *m*; guide-âne *m*, *pl.* guide-âne(s). *Gold lines* (*on binding, etc.*), filets dorés. *Ten:* **Service line,** ligne de service. *Side service l.,* ligne de côté de service. **On the line,** sur la raie. *W.Tel:* (*Television*) *Definition of 240 lines,* définition *f* de 240 lignes d'exploration. *See also* BACK-LINE, BASE-LINE, CENTRE-LINE, DOTTED 1, GENERATING, GOAL-LINE, SIDE[1] 6, TOE[2] 2, TOUCH-LINE, WATER-LINE, WHITE-LINE. (*b*) **Line of light,** filet de lumière. *L. of colour,* trait de couleur. *Ph:* **Lines of the spectrum, spectrum lines,** raies noires du spectre. **Absorption lines,** raies d'absorption. **The lines of the hand,** les lignes de la main. **The line of life, the life line,** la ligne de vie. *The lines on his forehead,* les rides *f*, les sillons *m*, de son front. *There was a hard l. across his forehead,* un pli dur barrait son front. (*c*) *Geog:* **The line,** la Ligne (équatoriale); l'équateur *m*. *See also* CROSS[2] 1. (*d*) *Ph:* **Line of force,** ligne de force. **Line of sight,** ligne visuelle, rayon visuel; *Sm.a: Artil:* ligne de mire, de visée. *Sm.a: Artil:* **Line of fire,** ligne de tir. **Line of departure,** ligne de tir, de départ. *See also* FAULT-LINE, INCLINATION 2, PITCH-LINE, ZERO LINE. (*e*) *Art:* **Picture hung on the line,** tableau pendu sur la cimaise. (*f*) *U.S:* **To get a line on sth.,** (i) obtenir des tuyaux, se tuyauter, sur qch.; (ii) se rendre compte de qch., arriver à comprendre qch. **To give s.o. a line on sth.,** tuyauter qn sur qch. (*g*) (*Contour*) Ligne (de l'horizon); contours *mpl* (du rivage, du visage); mouvement *m* (d'un chapeau, d'une robe). *The hard lines of his face,* ses traits durs. *The straight lines of her dress,* la coupe droite de sa robe. *Dress that has good lines,* robe qui a de la ligne. *N.Arch:* **Lines of a ship,** formes *f* d'un navire. *Clean lines,* formes fines. *See also* CLEAN[1] I. 2. *Art:* **Boldness, purity, of line,** fermeté *f*, pureté *f*, des lignes. *See also* SKY-LINE. **To lay down the broad lines of a work,** indiquer les grandes lignes d'un ouvrage. *The main, general, lines of a party's policy,* les directives *f* politiques d'un parti. *To govern on Conservative lines,* gouverner d'après les principes conservateurs. **To work on the lines of s.o.,** travailler d'après le modèle tracé par qn. *Houses built on the same lines,* maisons établies sur le même modèle. **To be working on the right lines,** être en bonne voie. *Committee set up on the following lines,* bureau constitué de la manière suivante. *House run on English lines,* maison montée à l'anglaise. *Established on quite new lines,* établi sur un pied tout nouveau. *Lines on which an understanding can be reached,* modalités *f* d'une entente. (*h*) (*Limit*) Ligne (de démarcation). **To draw a line,** établir une démarcation (*between,* entre). *U.S.Hist:* **Mason and Dixon's Line,** *F:* **the Line,** la frontière sud de la Pensylvanie, qui séparait les États libres des États esclavagistes. *F:* **One must draw the line somewhere,** il y a limite à tout; il faut qu'il y ait une limite; il faut savoir s'arrêter. **I draw the line at . . .,** je ne vais pas jusqu'à (mentir, etc.), jusqu'au (mensonge, etc.). *F:* **To overstep the line, to go over the line,** dépasser la mesure. *Sch:* **Paper just on the line,** composition *f* qui peut tout juste passer. **Below the line,** (composition, etc.) qui n'est pas à la hauteur. *See also* BORDER-LINE. **4.** (*Row of persons or thgs*) (*a*) Ligne, rangée *f* (de personnes, d'objets). *To sow a l. of parsley,* semer une traînée de persil. **Building line of a street,** alignement *m* d'une rue. *Const: To project beyond the building l.,* déborder, dépasser, l'alignement. **To stand in a line,** se tenir en ligne, alignés. *To lay out, set, objects in a l.,* aligner des objets. **March in line,** marche *f* de front. **To fall into line, to form line,** se mettre en ligne; s'aligner; prendre les rangs; se mettre en rangs; former les rangs. *F:* **I must try to fall into line with your ideas,** je vais essayer de me conformer à vos idées. **Out of line,** désaligné. **To fall out of line,** se désaligner; (*of individual*) quitter son rang, les rangs. *To throw soldiers, to put a building, out of l.,* désaligner des soldats, un bâtiment. *F:* **To bring s.o. into line with the others,** mettre qn d'accord avec les autres. *Nau:* **To come into line with two landmarks,** fermer deux amers. *F:* **To come into line with the majority,** se ranger, se mettre d'accord, avec la majorité. *This action is not in l. with his character,* cette action ne s'accorde pas, n'est pas en harmonie, avec son caractère. *See also* ABREAST, AHEAD, QUARTER-LINE, SINGLE[2] 1. (*b*) (*One behind the other*) File *f*; *F:* queue *f*. *L. of locks and canals,* chapelet *m* de biefs et de canaux. *Ten carriages in a l.,* dix voitures à la file. **Line of moving traffic,** colonne *f* de véhicules en marche. (*Of vehicle*) **To get into the line of traffic,** prendre la file. **To fall in line in the rear,** *F:* coller derrière. **To stand in a line,** (i) se tenir à la file; (ii) faire queue. *To bring a section* (*of pipe-line*) *into l. with the others,* mettre un tronçon dans le prolongement exact du premier. *See also* BREAD-LINE. (*c*) *Mil: Nau:* **Line of battle,** ligne de bataille. *Army drawn up in three lines,* armée rangée sur trois lignes. **The front lines,** le front. **The back lines,** l'arrière *m*. **Fighting line,** ligne de combat. *Firing l.,* ligne de feu. *Advanced l.,* ligne avancée. *See also* GO UP 2. *L. of skirmishers,* chaîne *f* de tirailleurs. **Infantry of the line, line infantry,** infanterie *f* de ligne. *Troops, cavalry, of the l.,* troupes *f*, cavalerie *f*, de ligne. *Soldier of the l.,* fantassin *m*; *F: A:* lignard *m*. *The 20th regiment of the l.,* le 20e régiment de ligne. **Line officer,** officier *m* de troupe. *Navy:* **Ship of the line, line-of-battle ship,** vaisseau *m* de ligne. *A:* **Twenty sail of the line,** vingt vaisseaux de ligne. (*d*) *pl. Mil:* **Lines,** lignes (de fortification, de cantonnement). **To retire within one's lines,** rentrer dans ses lignes. (*e*) Ligne (de mots écrits, imprimés). *First l. of a paragraph,* alinéa *m*. (*In dictating*) **'Next line,'** "à la ligne." *F:* **To drop s.o. a line,** envoyer un (petit) mot à qn. *Drop me a l.,* écrivez-moi un (petit) mot, deux lignes, un bout de lettre. *I had a l., a few lines, from him,* j'ai reçu un mot de lui. *Just a l. to tell you . . .,* deux mots pour vous dire. . . . **Line of poetry,** vers *m.* **Lines to . . .,** vers adressés à. . . . *F:* **Marriage lines,** acte *m* de mariage. *Th:* **Actor's lines,** rôle *m* d'un acteur. *He does not know his lines,* il ne sait pas son texte. *M.Ins:* (*Of underwriter*) **To write a line,** prendre une part d'un risque. *They have been writing large lines lately,* dernièrement ils ont fait de grosses affaires. *See also* HEAD-LINE 2, READ[2] 4. **5.** Ligne, compagnie *f* (de paquebots, d'autobus, etc.). **Shipping line,** compagnie de navigation; messageries *f* maritimes. *See also* AIR-LINE. **6.** Ligne de descendants. *Genealogical l.,* ligne généalogique. *Male, female, l.,* ligne masculine, féminine. *Long l. of ancestors,* longue suite d'ancêtres. *To come of a good l.,* être de, d'une, bonne famille; être de bonne souche. **In direct line,** en ligne directe. **7.** (*a*) Ligne (de marche, d'intercommunication); voie *f* (de communication), tracé *m* (du Métro). **Line of route,** itinéraire *m.* (*b*) *Rail:* Voie *f,* ligne. **Main line,** voie principale; grande ligne. *Local l.,* chemin *m* de fer d'intérêt local. **Up the line,** en amont. **Down the line,** en aval. **Up line,** voie descendante, paire, de gauche. **Down line,** voie montante, impaire, de droite. *Single-track l.,* ligne à voie simple, à voie unique. *Double-track l.,* ligne à voie double. **'Line clear,'** "voie libre." *See also* BRANCH-LINE, LOOP[1] 2, TRUNK-LINE 1. (*c*) **Line of conduct,** ligne de conduite. *L. of thought,* suite *f* d'idées. *L. of argument,* raisonnement *m.* *Following the direct l. of French tradition,* en plein dans l'axe de la tradition française. *L. of life,* genre *m* de vie. *The l. to be taken,* la conduite à tenir; la marche à suivre. *What l. are you going to take?* quel parti allez-vous prendre? *To take a l. of one's own, to take one's own l.,* aller de son côté. *To adhere to a l. of conduct,* ne pas se départir d'une ligne de conduite. *See also* RESISTANCE 2, STRIKE OUT 1. (*d*) Genre d'affaires; emploi *m,* métier *m.* **What is his line (of business)?** de quel genre de commerce s'occupe-t-il? quel est son genre d'affaires? quel métier exerce-t-il? dans quelle partie est-il? quelle est sa spécialité? quel article fait-il? *He is in the gardening l., in the silk l., in the building l.,* il est dans l'horticulture, dans les soieries, dans le bâtiment. *Men in the same l.,* confrères *m.* *I see you are in that l.,* je vois que vous êtes de la partie. *F:* **That's not in my line, that is out of my line,** ce n'est pas (de) mon métier; ce n'est pas mon rayon; ce n'est pas (dans, de) ma partie; ce n'est pas de mon ressort, de ma compétence. *Tennis, dancing, is not in my l.,* le tennis n'est pas mon fait; je ne suis pas danseur. *Pastime which is not in his l., F:* passetemps *m* qui n'est pas, qui ne rentre pas, dans ses cordes. *That's quite in my l.!* ça me connaît! je ne connais que ça! *Here is something in your l.,* (i) voici quelque chose qui vous intéressera, quelque chose qui est susceptible de vous intéresser; (ii) voici quelque chose dans vos prix. *That's more in his l.,* c'est plus dans son genre. (*e*) *Com:* **Line of goods,** série *f* d'articles; article *m.* *L. of samples,* série, collection *f,* d'échantillons. *Low-priced lines,* articles bon marché. **Leading line,** article de réclame, spécialité de réclame. *Leading l. in umbrellas at . . .,* parapluies *m* réclame à. . . . *The lines in which you deal,* le genre d'articles dont vous vous occupez. *It's not one of our lines,* nous ne tenons pas cet article. *F:* **Something in the fish line,** un plat de poisson quelconque. *A rice pudding or* **something in that line,** du riz au lait ou quelque chose dans ce genre-là.

'line-current, *s.* *Tg:* Courant *m* de ligne.

'line drawing, *s.* Dessin *m* au trait.

'line-drawn, *a.* (Dessin *m*) au trait.

'line-engraver, *s.* Graveur *m* au trait, au burin, en taille-douce.

'line engraving, *s.* Gravure *f* au trait, au burin; taille-douce *f, pl.* tailles-douces.

'line-etcher, *s.* Graveur *m* de trait.

'line-firing, *s.* *Mil:* Feu *m* de ligne.

'line-fisherman, *pl.* **-men,** *s.m.* Pêcheur à la ligne.

'line-fishing, *s.* Pêche *f* à la ligne.

'line-space, *s.* *Typ:* *Typewr:* Entre-ligne *m,* interligne *m.* *Typewr:* **Adjustable line-space,** interligne réglable. *See also* GAUGE[1] 2.

'line-spacer, *s.* *Typewr:* Levier *m* d'interligne. *Automatic l.-s.,* rappel *m* de chariot avec changement de ligne.

'line-wire, *s.* *Tg:* Fil *m* de ligne.

'line-work, *s.* *Art:* Dessin *m* au trait; gravure *f* en relief.

line[3], *v.tr.* **1.** Ligner, régler, rayer (un morceau de papier). *Pain had lined her face,* son visage était ridé par la douleur. (*Of forehead, face*) **To become lined,** se rider. **2.** Border. *To l. a walk with poplars,* border une allée de peupliers. **To line the roads with troops,** aligner des troupes sur les routes. *The banks were lined with soldiers,* les rives étaient bordées de soldats. *The crowd lined the kerb,* la foule s'aligna le long du trottoir. *The troops lined the streets,* les troupes faisaient, formaient, la haie; les rues étaient garnies de troupes. **3.** Érafler, rayer; strier de lignes.

line in, *v.tr.* *Art:* *To l. in a figure in a picture,* esquisser une figure dans un tableau. *To l. in a contour,* réchampir un contour.

line off, *v.tr.* **1.** *Tchn:* **To line off a piece of wood, a stone,** cingler, tringler, dresser, ligner, une pièce de bois; tracer la coupe d'une pierre. **2. To line off a street on a plan,** tracer une rue sur un plan.

lining off, *s.* Lignage *m,* cinglage *m* (du bois, etc.).

line out. 1. *v.tr.* (*a*) = LINE OFF. (*b*) *Hort:* **To line out seedlings,** repiquer des plants. **2.** *v.i.* *Fb:* (*Rugby*) Se mettre en deux lignes parallèles pour la touche.

'line-out, *s.* *Fb:* Alignement *m* des deux équipes pour la touche.

lining out, *s.* = LINING OFF.

line through, *v.tr.* Rayer, biffer (un mot).

line up. 1. *v.tr.* (*a*) Aligner, mettre en ligne (des personnes, des objets). (*b*) Dresser (une machine). **2.** *v.i.* (*a*) (*Of pers.*) (i) S'aligner; se mettre en ligne; se ranger; (ii) faire la queue; prendre la file; prendre sa file. **To line up for the theatre,** faire queue devant le guichet (du théâtre). (*b*) *Mec.E:* (*Of parts*) **To line up,** se repérer.

'line-up, *s.* **1.** (*a*) Mise *f* en rang, en ligne; alignement *m.* (*b*) = *Identification parade, q.v. under* IDENTIFICATION. **2.** *Mec.E:* *etc:* **Line-up mark,** marque *f* de repère.

lining up, *s.* **1.** Formation *f* (i) des rangs, (ii) d'une queue, d'une file. **2.** *Mec.E:* *etc:* Alignement *m*; repérage *m.*

lined[1], *a.* **1.** (*a*) Ligné. *L. leaf,* feuille lignée. **Lined paper,** papier réglé, rayé. **Brow deeply lined,** front creusé de rides. (*b*) Strié; ripé. **2. Straight-lined,** à lignes droites.

lining[1], *s.* **1.** Lignage *m,* réglage *m.* **2.** *Mil:* Alignement *m.* **3.** Stries *fpl.*

line[4], *v.tr.* **1.** *Tail:* *Dressm:* Doubler (un vêtement) (*with,* de). **2.** Garnir à l'intérieur (*with,* de). *To l. a box with paper, with zinc,* tapisser une boîte de papier; doubler une boîte de zinc. *To l. gloves with fur,* fourrer des gants. *Box lined in silk,* coffret *m* avec intérieur en soie. *A membrane lines the stomach,* une membrane tapisse l'estomac. *F:* **To have nothing to line one's stomach with,** n'avoir rien à se mettre dans le buffet. *Nest lined with moss,* nid garni de mousse. *To l. the streets with decorative hangings for a procession,* tapisser les rues pour une procession. *See also* POCKET[1] 1. *Tchn:* **To line a bearing-block,** garnir, recouvrir, un palier. **To line a gun, a cylinder,** chemiser un fusil, un cylindre. *To l. a wall, a furnace,* revêtir, incruster, un mur, un fourneau (*with,* de). *To l. the foot of a wall,* rechausser un mur. *Walls lined with wooden panelling,* murs revêtus de boiseries. **To line a well, a mine-shaft,** tuber, cuveler, un puits. *To l. a flue with cement,* enduire un carneau de ciment. *To l. a shaft with metal,* blinder un puits. *Nau:* **To line a sail,** renforcer une voile. *To l. a surface with glued-on canvas,* maroufler une surface.

lined[2], *a.* (Habit) doublé; (gant) fourré; (frein) garni. **Leather-lined throughout,** doublé entièrement en peau. **Felt-lined,** garni de feutre. **Steel-lined cylinder,** cylindre chemisé d'acier. *See also* HALF-LINED. *F:* **Well-lined purse,** bourse ronde, bien garnie. *Tourists with well-l. purses,* touristes argentés. **To have one's pockets well-lined,** avoir le gousset bien garni; être cousu d'or; *P:* avoir le sac.

lining[2], *s.* **1.** Doublage *m,* garnissage *m*; revêtement intérieur. *I.C.E:* *L. of cylinders,* garnissage des cylindres. **2.** (*a*) *Dressm:* *etc:* Doublure *f* (de robe); coiffe *f* (de chapeau). *Tex:* **Glazed lining,** percaline *f.* **Head-lining,** doublure de chapeau. *Tobacco-pouch with rubber l.,* blague *f* à tabac avec intérieur caoutchouc. *F:* **It's a good lining for the stomach,** c'est un bon cataplasme pour l'estomac. *See also* CLOUD[1] 1, HAT-LINING. (*b*) *Tchn:* Garniture *f,* fourrure *f* (de frein, de coussinet, d'embrayage); chemise *f* (de fourneau, de pompe); revêtement *m,* cuvelage *m* (de puits); parois *fpl* (de cheminée); paroi (d'un tunnel); *Mch:* grain *m* (d'un palier à poussée). **Antifriction lining,** fourrure d'antifriction. *Nau:* *L. of a sail,* doublage *m,* renfort *m,* d'une voile. **Top-lining** (*of sail*), tablier *m.* **Glued-on canvas lining,** marouflage *m.* *Const:* **(Door-, window-)frame lining,** chambranle *m.* *L. of a wall,* incrustation *f* d'un mur. *I.C.E:* **Steel lining** *of a cylinder,* chemise d'acier d'un cylindre. *Com:* *etc:* *Zinc l. of a case,* paroi de zinc d'une caisse. *Min:* *etc:* **Plank lining,** planches *fpl* de coffrage (de puits). *Sm.a:* *Wooden l.* (*of scabbard*), alèze *f.*

line[5], *v.tr.* *Breed:* (*Of dog, wolf*) Couvrir, lacer, monter, aligner (la chienne, la louve).

lining[3], *s.* Monte *f* (de la chienne).

lineage ['liniedʒ], *s.* Lignée *f,* lignage *m*; *F:* race *f,* famille *f.* *Person of high l.,* personne *f* de haut parage. *To boast an ancient l.,* se vanter d'une longue généalogie.

lineal ['liniəl], *a.* **1.** Linéal, -aux. *L. succession,* succession linéale, en ligne directe. **Lineal (descendant),** descendant, -ante, en ligne directe. *L. relative, Jur:* lignager *m.* *In l. descent from . . .,* en descendance directe de. . . . **2.** *Occ.* = LINEAR. **-ally,** *adv.* En ligne directe. *To be l. descended from . . .,* descendre en ligne directe de. . . .

lineament ['liniəmənt], *s.* *Usu. pl.* Trait *m,* linéament *m.* *He showed the lineaments of a Mongol face,* il portait les linéaments d'un visage mongol.

linear ['liniər], *a.* **1.** Linéaire. **Linear measures,** mesures *f* linéaires; mesures de longueur. *L. metre,* mètre courant. *L. movement,* mouvement *m* rectiligne. *Mth:* **Linear equation,** équation *f* linéaire. **2.** *Bot:* **Linear leaf,** feuille *f* linéaire.

lineate ['liniet], *a.* *Bot:* Ligné, rayé.

lineation [lini'eiʃ(ə)n], *s.* **1.** Lignage *m,* lignes *fpl.* **2.** Tracé *m* (de lignes).

lineman, *pl.* **-men** ['lainmən, -men], *s.m.* **1.** *Rail:* Garde-ligne, *pl.* gardes-ligne(s). **2.** *Tg:* *Tp:* (i) Poseur de lignes; (ii) surveillant de ligne.

linen ['linən], *s.* **1.** (*a*) *Tex:* Toile *f* (de lin). **Linen towel,** serviette *f* de, en, toile. *L. thread,* fil *m* de lin. *L. sheets,* draps *m* en toile de fil. **Linen trade,** commerce *m* des toiles. **Linen industry,** industrie linière, toilière. **Linen warehouse,** magasin *m* de blanc. **Linen manufacturer, linen dealer,** toilier *m.* (*b*) **Linen(-finish) paper, linen-faced paper,** papier toilé. **2.** Linge *m,* lingerie *f.* **Table linen, body linen,** linge de table, de corps. **A piece of linen, a linen rag,** un linge. *Soiled l.,* linge sale. *F:* **To wash one's dirty linen at home,** laver son linge sale en famille. *Don't wash your dirty l. in public,* il faut laver son linge sale en famille. *See also* BABY-LINEN.

'linen-draper, *s.* Marchand, -ande, de blanc, de toiles, de nouveautés; linger, -ère; toilier *m.*

'linen-drapery, *s.* (Articles *mpl* de) blanc *m*; toilerie *f,* lingerie *f,* nouveautés *fpl.*

'linen-fold, -pattern, -scroll, *attrib.a.* *Arch:* *Furn:* **Linen-fold panel,** panneau *m* à étoffe(s) pliée(s), à pli(s) de serviette.

'linen-press, *s.* Armoire *f* à, au, linge.

'linen-prover, *s.* *Tex:* Compte-fils *m inv.*
'linen-room, *s.* Lingerie *f.*
linenette [linə'net], *s.* *Tex:* Lustrine *f* (de coton).
liner[1] ['lainər], *s.* **1.** (*Pers.*) Doubleur, -euse (d'habits, etc.). **2.** (*a*) Cale *f* d'épaisseur (en fer, en bois). (*b*) *Mch:* *I.C.E:* Fourreau *m*, chemise (intérieure), manchon (intérieur) (de cylindre). (*c*) *Mch:* Contre-porte *f* (de chaudière). (*d*) *Mec.E:* **Footstep liner,** plaque *f* de butée. (*e*) *Aut:* **Dash-board liner,** calorifuge *m* de tablier.
liner[2], *s.* **1.** (*Pers.*) (*a*) Traceur *m* de filets; fileteur *m.* (*b*) = PENNY-A-LINER. **2.** *Nau:* **(Ocean) liner,** paquebot *m* (d'une grande ligne de navigation); paquebot de ligne. *Atlantic l., transatlantic l.,* (paquebot) transatlantique *m*; *F:* transat *m.* *See also* AIR-LINER.
linesman, *pl.* **-men** ['lainzmən, -men], *s.m.* **1.** *Mil:* Soldat de la ligne; *F:* lignard. **2.** = LINEMAN. **3.** *Fb:* *Ten:* Arbitre de lignes; *Fb:* arbitre de touche; juge de touche.
liney ['laini], *a.* = LINY.
ling[1] [liŋ], *s.* *Ich:* Lingue *f*; morue longue; julienne *f.*
ling[2], *s.* *Bot:* Bruyère commune; callune *f* vulgaire.
-ling, *s.suff.* *Dimin.* (*Usu. Pej:*) *Lordling,* petit seigneur. *Princeling,* petit prince. *Hunchbackling,* petit bossu.
linga(m) ['liŋga(m)], *s.* *Hindoo Rel:* Linga(m) *m*, phallus *m.*
linger ['liŋgər], *v.i.* (*a*) Tarder, s'attarder, traîner, lambiner. *To l. behind the others,* traîner derrière les autres. **To linger about, round, a place; to linger over, upon, a subject,** s'attarder dans un endroit; s'attarder sur, à, un sujet. *He had lingered to bid her good night,* il s'était attardé à lui dire bonsoir. **To linger over a meal,** s'attarder sur, prolonger, un repas. *To l. over a pipe, over one's port,* savourer une pipe, son porto. *To l. over one's cups, F:* rester en tête-à-tête avec les bouteilles. *His eyes lingered on the coffin,* (i) il ne pouvait détacher ses yeux du cercueil; (ii) il appuya un long regard sur le cercueil. *A doubt still lingered in his mind,* un doute subsistait encore dans son esprit. *v.tr.* **To linger away one's time,** perdre son temps en flâneries. **To linger out one's days, one's life,** traîner une vie pénible jusqu'à la tombe. (*b*) (*Of invalid*) **To linger (on),** languir, traîner.
lingering[1], *a.* **1. Lingering look,** regard prolongé. *L. doubt,* doute *m* qui subsiste encore. *There was a l. hope that . . .,* on conservait un vague espoir que. . . . **2. Lingering disease,** maladie *f* qui traîne, maladie chronique. **Lingering death,** mort lente. **-ly,** *adv.* Lentement, longuement. *To look l. on sth.,* contempler longuement qch.; laisser traîner ses regards sur qch.
lingering[2], *s.* Lenteurs *fpl*; retard *m*, attardement *m.*
lingerer ['liŋgərər], *s.* Traînard *m*; retardataire *mf.*
lingerie [lɛ̃ʒ'ri:], *s.* Lingerie *f* (pour femmes). *Com:* **The lingerie department,** le rayon de blanc.
lingo ['liŋgo], *s.* (*pl.* **lingoes** ['liŋgouz]) *F:* **1. The lingo of the country,** (i) la langue du pays; (ii) le baragouin, le jargon, le patois, du pays. **2.** Argot *m* (du théâtre, etc.).
lingua franca ['liŋgwə'fraŋka], *s.* *Ling:* Sabir *m.*
lingual ['liŋgwəl]. **1.** *a.* *Anat:* *Ling:* Lingual, -aux. **2.** *s.* *Ling:* Linguale *f.*
linguatula [liŋ'gwatjula], *s.* *Arach:* Linguatule *f.*
linguiform ['liŋgwifɔ:rm], *a.* Linguiforme.
linguist ['liŋgwist], *s.* Linguiste *mf.* **To be a good linguist, no linguist,** être, ne pas être, doué pour les langues.
linguistic [liŋ'gwistik], *a.* Linguistique. **Linguistic minorities,** minorités *f* linguistiques.
linguistics [liŋ'gwistiks], *s.pl.* (*Usu. with sg. const.*) Linguistique *f.*
lingulate ['liŋgjulet], *a.* *Nat.Hist:* Lingulaire, lingulé.
linguodental [liŋgwo'dent(ə)l]. *Ling:* **1.** *a.* Linguodental, -aux. **2.** *s.* Linguodentale *f.*
linhay ['lini], *s.* *Dial:* Appentis *m*, hangar *m.*
liniment ['linimənt], *s.* Liniment *m.* *See also* SOAP-LINIMENT.
linin ['linin], *s.* *Biol:* Linine *f* (du noyau de la cellule).
link[1] [liŋk], *s.* **1.** (*a*) Chaînon *m*, maillon *m*, maille *f*, anneau *m* (d'une chaîne); *Nau:* paillon *m* (de câble-chaîne). **Link and stud,** maille à talon. *See also* CONNECTING[1]. (*b*) Maille (de tricot). (*c*) **Sleeve-links, cuff-links,** boutons (de manchettes) jumelés, à chaînettes; jumelles *f* de manchettes. (*d*) *Meas:* Centième partie *f* de la chaîne (d'arpenteur), = 7.92 pouces = 20 cm. **2.** (*a*) *Mec.E:* *etc:* Tige *f* d'assemblage. (*b*) Menotte *f* (de ressort). (*c*) *Aut:* Bielle *f* d'accouplement (des roues avant). (*d*) *Mch:* Coulisse *f* (de distribution à coulisse). *See also* DRAG-LINK, TRACK-LINK. **3.** Lien *m*, trait *m* d'union (*between,* entre). *He is a l. between the old world and the new,* il sert de trait d'union entre le vieux monde et le nouveau. **Missing link,** (i) vide *m*, lacune *f* (dans une théorie); (ii) *Biol:* forme intermédiaire disparue; *F:* (l')anneau manquant, (le) pithécanthrope. *F:* **He's the missing link!** quel chimpanzé! **4.** *pl.* *Scot:* **Links.** (*a*) Méandres *m* (d'un fleuve). (*b*) Terrains *m* compris dans les méandres.
'link-belt, *s.* *Mec.E:* Courroie articulée.
'link-block, *s.* *Mch:* Coulisseau *m.*
'link-lever, *s.* *Mch:* Levier *m* de changement de marche; levier de renversement.
'link-motion, *s.* *Mch:* Distribution par, à, coulisse; coulisse *f*; dispositif *m* de détente.
'link-pin, *s.* *Mec.E:* *etc:* Tourillon *m*, fuseau *m* (de chaîne à rouleaux); goujon *m* de chaîne (de bicyclette).
'link-word, *s.* *Ling:* Mot-outil *m*, *pl.* mots-outils.
link[2]. **1.** *v.tr.* Enchaîner, (re)lier, (re)joindre, attacher (*with, to,* à). *Line that* **links (up)** *two towns,* ligne *f* (de chemin de fer) qui relie deux villes. *To link up one's lands at A with those at B,* réunir sa terre de A à sa terre de B. *To l. up records,* relier entre eux des documents. *One can see how things are linked up with one another,* on voit comme les choses s'enchaînent. *To l. up one question with another,* rattacher une question à une autre. *Our business is linked up with the Australian trade,* notre maison est en rapport intime avec le commerce australien. *F:* **To be linked for life to s.o.,** être uni à qn pour la vie. *Facts closely linked together,* faits étroitement unis. **To link hands, arms,** se donner la main, le bras. *She linked her arm in mine,* elle me prit le bras. *Ling:* **To link two words,** lier deux mots. **2.** *v.i.* **To link on to sth., to link in, up, with sth.,** s'attacher, se joindre, s'unir, à qch.
linked, *a.* Lié, joint, associé, uni. *Mch:* *Mec.E:* Articulé. *Connecting-rod l. to a crank-pin,* bielle articulée sur un maneton. *Mil:* **Linked battalions,** bataillons formant brigade. *To walk* **with arms linked,** marcher bras dessus bras dessous.
linking, *s.* **Linking (up),** enchaînement *m*, liaison *f*, union *f* (d'intérêts, etc.). *Nau:* **Linking-ship,** bâtiment *m* de liaison.
link[3], *s.* *A:* Torche *f*, flambeau *m* (dont se faisaient précéder ceux qui circulaient à la nuit tombée).
'link-boy, *s.m.* Porte-flambeau *m inv*; porteur *m* de torche.
linkage ['liŋkedʒ], *s.* **1.** Système *m* de chaînons. **2.** Raccord *m*, liaison *f.* *Aut:* Timonerie *f* (de la direction, de commande de carburateur, etc.).
linkman, *pl.* **-men** ['liŋkmən, -men], *s.m.* **1.** *A:* = LINK-BOY. **2.** *Th:* *Cin:* Commissionnaire.
links [liŋks], *s.pl.* *Scot:* (*a*) Coteaux *mpl* sablonneux ou lande *f* sablonneuse. (*b*) (*Usu. with sg. const.*) Terrain *m*, parcours *m*, de golf.
linn [lin], *s.* *Scot:* Chute *f* d'eau; petite cataracte.
linnaea [li'ni:a], *s.* *Bot:* Linnée *f.*
Linn(a)ean [li'ni:ən], *a.* *Bot:* Linnéen, -éenne.
Linnaeus [li'ni:əs]. *Pr.n.m.* Linné.
linnet ['linet], *s.* *Orn:* Linotte *f*, linot *m.* **Green linnet,** verdier *m.* **North-European linnet,** cabaret *m.*
linney ['lini], *s.* = LINHAY.
lino[1] ['laino], *s.* *F:* = LINOLEUM.
lino[2], *s.* *F:* = LINOTYPE.
lino cut ['lainokʌt, 'li-], *s.* Estampe tirée sur une planche ou des planches en linoléum.
linoleic [lino'li:ik], *a.* *Ch:* (Acide *m*) linoléique.
linoleum [li'nouljəm], *s.* Linoléum incrusté.
linotype ['lainotaip], *s.* *Typ:* Linotype *f.*
linotyper ['lainotaipər], **linotypist** ['lainotaipist], *s.m.* *Typ:* Linotypiste.
linsang ['linsaŋ], *s.* *Z:* Linsang *m.*
linseed ['linsi:d], *s.* Graine *f* de lin; linette *f.* **Linseed meal,** farine *f* de (graine de) lin. **Linseed poultice,** cataplasme *m* de farine de lin. *See also* CAKE[1] 2, OIL[1] 2.
linsey-woolsey ['linzi'wulzi], *s.* *Tex:* Tiretaine *f*; *A:* breluche *f*, breluchet *m.*
linstock ['linstɔk], *s.* *Archeol:* Boutefeu *m.*
lint [lint], *s.* *Med:* **1.** *A:* Charpie *f.* **2.** Charpie anglaise; lint *m*, tissu *m* charpie. **Boracic lint,** lint boriqué.
lintel [lintl], *s.* **1.** Linteau *m*, sommier *m* (de porte ou de fenêtre). *Arch:* **Lintel course,** plate-bande *f*, *pl.* plates-bandes. **2.** Travers *m* (de manteau de cheminée).
lintelled ['lintəld], *a.* (Porte) à linteau.
linters ['lintərz], *s.pl.* *Paperm:* *etc:* Bourres *f* de coton.
liny ['laini], *a.* **1.** (*Of surface*) Strié de lignes; (visage) ridé, marqué de rides. **2.** *Art:* (Tableau *m*) aux contours maigres.
lion ['laiən], *s.* **1.** *Z:* (*a*) Lion *m.* **Lion's cub, lion's whelp,** lionceau *m.* *F:* **The lion's share,** la part du lion; la part léonine. *To take the l.'s share,* se faire la part du lion; *F:* tirer la couverture à soi. **To put one's head into the lion's mouth,** se fourrer dans la gueule du loup, dans la gueule du lion. **A lion in the way, in the path,** un danger ou un obstacle (surtout imaginaire). **A lion at home, a mouse abroad,** rogue chez lui, timide dans le monde. **It's the ass in the lion's skin,** c'est l'âne couvert de la peau du lion. **The British Lion,** le Lion britannique. **To twist the lion's tail,** mettre à l'épreuve la patience de la nation anglaise; faire bisquer les Anglais. *See also* BOLD 1, BRAVE[1] 1, DOG[1] 1, ROUSE[2] I. (*b*) **American lion, mountain lion,** lion d'Amérique, du Pérou; couguar *m.* *See also* SEA-LION. **2.** *F:* (*a*) **To see, show, the lions of a place,** visiter, montrer, les curiosités ou les beautés naturelles d'un endroit. (*b*) Célébrité *f*; personnage marquant; lion. **The lion of the day,** l'homme du jour. **To make a lion of s.o.,** faire une célébrité de qn; mettre qn en vedette. **3.** *Geog:* **The Gulf of Lions,** le golfe du Lion. **4.** *Astr:* **The Lion,** le Lion.
'lion-heart, *s.* Homme courageux. *Hist:* **The Lion-heart,** Richard Cœur de Lion.
'lion-hearted, *a.* Au cœur de lion.
'lion-house, *s.* Fauverie *f.*
'lion-hunter, *s.* **1.** Tueur *m* de lions. **2.** *F:* Hôte ou hôtesse qui cherche à attirer des célébrités dans son salon.
'lion-monkey, *s.* *Z:* Marikina *m*, petit-lion *m*, *pl.* petits-lions.
'lion's-leaf, *s.* *Bot:* Léontice *f.*
lioncel ['laiənsel], *s.* *Her:* Lionceau *m.*
lioness ['laiənes], *s.f.* *Z:* Lionne.
lionize ['laiənaiz], *v.tr.* *F:* **1.** (*a*) Visiter les curiosités dans (un endroit). (*b*) Montrer les curiosités (d'un endroit). (*c*) Montrer les curiosités et beautés d'un endroit à (qn). **2.** Faire une célébrité de (qn); mettre (qn) en vedette.
lip[1] [lip], *s.* **1.** (*a*) Lèvre *f* (de qn); babine *f* (d'un animal). **Lower lip, under lip, nether lip,** lèvre inférieure. **Upper lip,** lèvre supérieure. *F:* **To keep a stiff upper lip,** rester impassible (devant le malheur); ne pas se laisser abattre; faire bonne contenance; faire contre mauvaise fortune bon cœur; garder le sourire. **To hang one's lip,** faire la moue. *A cigar between his lips,* un cigare aux lèvres. *With set lips,* les lèvres serrées. *With parted lips,* la bouche entr'ouverte; les lèvres entr'ouvertes. **To bite one's lip(s),** se mordre les lèvres. **To purse, screw up, one's lips,** pincer les lèvres; faire la moue. **To smack one's lips over sth.,** se lécher les babines; se pourlécher. **To open one's lips,** (i) écarter les lèvres; (ii) *F:* desserrer les dents, les lèvres; parler. *He never opened his lips,* il n'a

pas desserré les dents; il ne lui est pas échappé une parole. *This sounds strange from your lips*, ceci semble étrange sur vos lèvres. *No food has passed his lips to-day*, il n'a pris aujourd'hui aucune nourriture. *Not a word has passed his lips*, il n'a pas desserré les dents. *No complaint ever passes his lips*, jamais il ne se plaint. *Ling:* **Lip consonant,** consonne labiale; labiale *f*. **Lip-teeth consonant,** consonne labio-dentale; dentilabiale *f*. *See also* CURL[2] 1, HANG[2] II. 3, LICK[2] 1, SEAL[4] 2, SET[2] I. 2, STRAP[1] 1. (*b*) *F:* Insolence *f*. **To give lip to s.o.,** répondre insolemment à qn. **None of your lip!** on ne me répond pas sur ce ton-là! en voilà assez! (*c*) Lèvre (d'une plaie). *Bot:* Lèvre (de corolle labiée); labelle *m* (d'orchidée). **2.** (*a*) (*Rim*) Bord *m*, rebord *m* (d'une tasse, d'une cavité); margelle *f* (de puits); orle *m* (de cratère). *Lip of a furnace*, rive *f* d'un four. (*b*) **Pouring lip,** bec *m* (de vase, d'éprouvette); coulée *f* (de creuset). *To break the lip off a jug*, égueuler un pot. (*c*) (*Projection*) Rebord, saillie *f*; balèvre *f* (d'assise de maçonnerie); couronne *f* (de came); visière *f* (de cheminée de locomotive). (*d*) *Tls:* Lèvre, tranchant *m* (de mèche anglaise).

'lip-deep, *a.* (Sentiment) peu profond; (compliment *m*) peu sincère.

'lip-glue, *s.* Colle *f* à bouche.

'lip-homage, *s.* Hommages *mpl* peu sincères.

'lip-language, *s.* Langage *m* phonomimique.

'lip-read, *v.i.* (*Of the deaf*) Interpréter les mots parlés d'après le mouvement des lèvres; lire sur les lèvres.

'lip-reading, *s.* Compréhension *f* des mots parlés d'après le mouvement des lèvres; lecture *f* sur les lèvres.

'lip-service, *s.* **To do, pay, show, lip-service to s.o., to a cause,** rendre à qn, à une cause, des hommages peu sincères; payer de paroles. *He pays l.-s.*, il le dit des lèvres, mais le cœur n'y est pas.

'lip-speaking, *s.* Phonomimie *f*.

lip[2], *v.tr.* (lipped [lipt]; lipping) **1.** (*a*) Mettre les lèvres à (une tasse, etc.); emboucher (un instrument à vent). (*b*) Baiser (la main de qn). **2.** (*Of water*) Toucher, lécher (les rochers). **3.** Prononcer (un mot) du bout des lèvres. **4.** *Golf:* *To lip the ball*, envoyer la balle juste au bord du trou.

lipped, *a.* **1.** (*With adj. prefixed, e.g.*) **Thin-lipped,** aux lèvres minces. **Red-lipped,** aux lèvres rouges. *See also* THICK-LIPPED. **2.** *Bot:* Labié. **3.** (Tuyau *m*, etc.) à rebord; (cruche *f*) à bec.

lipping, *s.* *Mus:* Embouchure *f*, manière *f* d'emboucher (une flûte).

lipaemia [li'pi:miə], *s.* *Med:* Lipémie *f*.

liparite ['lipərait], *s.* *Miner:* Liparite *f*.

lipase ['lipe:iz], *s.* *Ch:* Lipase *f*.

lipography [li'pɔgrəfi], *s.* = HAPLOGRAPHY.

lipohaemia [lipo'hi:miə], *s.* *Med:* = LIPAEMIA.

lipoma [li'poumə], *s.* *Med:* Lipome *m*.

lipomatosis [lipoumə'tousis], *s.* *Med:* Lipomatose *f*.

lipothymy [li'pɔθimi], *s.* *Med:* Lipothymie *f*; défaillance *f*, évanouissement *m*.

lipper ['lipər], *s.* *Dial:* *Nau:* Rides *fpl* (à la surface de l'eau); remous *m*, clapotis *m*. **Wind lipper,** revolin *m*.

lippy ['lipi], *a.* *P:* Insolent.

lipsalve ['lipsɑ:v], *s.* **1.** Pommade *f* pour les lèvres; pommade rosat. **2.** *F:* Flagornerie *f*; *P:* pommade.

lipstick ['lipstik], *s.* *Toil:* Bâton *m* de rouge; crayon *m* à lèvres; *F:* raisin *m*.

liquate ['laikweit], *v.tr.* *Metall:* Liquater (le cuivre et le plomb, etc.).

liquate out. 1. *v.tr.* Séparer (le plomb, etc.) par liquation. **2.** *v.i.* (*Of tin, etc.*) Se séparer par liquation; former une masselotte.

liquation [li'kweiʃ(ə)n], *s.* *Ch:* *Metall:* Liquation *f*.

liquefaction [likwi'fakʃ(ə)n], *s.* Liquéfaction *f*.

liquefiable ['likwifaiəbl], *a.* Liquéfiable.

liquefy ['likwifai]. **1.** *v.tr.* (*a*) Liquéfier (un gaz, etc.). (*b*) *Ling:* Mouiller (une consonne). **2.** *v.i.* (*a*) (*Of gas, etc.*) Se liquéfier; se fluidifier. (*b*) (*Of oil, etc.*) Se défiger.

liquescent [li'kwes(ə)nt], *a.* Liquescent; qui peut se liquéfier ou qui est en train de se liquéfier.

liqueur[1] [li'kjuər], *s.* (*a*) Liqueur *f* (de dessert). **Liqueur glass,** verre *m* à liqueur. **Liqueur wine,** vin *m* de liqueur. **Liqueur brandy,** fine champagne; *F:* fine *f*. (*b*) *Wine-m:* Liqueur (pour doser le champagne); liqueur d'expédition.

liqueur[2], *v.tr.* *Wine-m:* Doser (le champagne).

liquid ['likwid]. **1.** *a.* (*a*) Liquide. *To reduce sth. to a l. state*, liquéfier qch. *Ph:* **Liquid air,** air *m* liquide. **Liquid fire,** (i) *Mil:* pétrole enflammé; (ii) *F:* (*raw spirit*) tord-boyaux *m inv.* *See also* MANURE[1], PARAFFIN[1] 1. (*b*) (Air, œil, etc.) limpide, clair, transparent. (*c*) (Son) doux, harmonieux, clair. (*d*) *F:* (Principe) élastique, changeant. *L. convictions*, convictions flottantes, inconsistantes. (*e*) *Fin:* (Argent *m*) liquide, disponible. **Liquid assets,** valeurs *f* disponibles; actif *m* liquide; disponible *m*; disponibilités *fpl*. **Liquid debt,** dette liquide, dette claire. (*f*) *Ling:* (Consonne *f*) liquide. *See also* L 1. **2.** *s.* (*a*) Liquide *m*. **Liquid measure,** mesure *f* de capacité pour les liquides. (*b*) *Ling:* (Consonne) liquide *f*.

liquidambar [likwi'dambər], *s.* *Bot:* Liquidambar *m*.

liquidate ['likwideit], *v.* *Com:* **1.** *v.tr.* Liquider (une société, une dette); amortir (une dette); mobiliser (des capitaux). **2.** *v.i.* Entrer en liquidation; liquider.

liquidation [likwi'deiʃ(ə)n], *s.* *Com:* Liquidation *f* (d'une société, d'une dette); amortissement *m* (d'une dette); mobilisation *f* (de capitaux). (*Of company*) **To go into liquidation,** entrer en liquidation.

liquidator ['likwideitər], *s.* Liquidateur *m* (d'une société en liquidation).

liquidity [li'kwiditi], *s.* (*a*) Liquidité *f*. (*b*) Limpidité *f* (du regard, etc.).

liquor[1] ['likər], *s.* **1.** Boisson *f* alcoolique. **Spirituous liquors,** spiritueux *m*. *Tax on spirituous liquors*, impôt *m* sur les alcools. **Fermented liquors,** boissons fermentées. *Tax on fermented liquors*, impôt sur les boissons. **The liquor trade,** le commerce des boissons alcooliques. **The liquor traffic,** le trafic des boissons. **Liquor house, liquor shop,** débit *m* de boissons. **The liquor question,** la question de l'alcool. *F:* **To be in liquor, the worse for liquor,** être ivre; être pris de boisson. **He was far in liquor,** *F:* il en avait plein son sac. **To sleep off one's liquor,** cuver son vin. *See also* LICENCE 1. **2.** *Tchn:* (*a*) *Leath:* **Tan(ning) liquor,** jusée *f*. **Dyeing liquor,** jusée colorante. (*b*) *Tex:* Liqueur *f*. (*c*) *Brew:* Eau *f*. (*d*) *Gasm:* **Gas liquor,** eau ammoniacale. **3.** *Cu:* (i) Jus *m* (d'un rôti); (ii) bouillon *m*; (iii) graisse *f* de friture; (iv) eau (des huîtres). **4.** ['laikwɔ:r] (*a*) *Ch:* *Pharm:* Solution *f*, liqueur. (*b*) *Physiol:* Liqueur. **Liquor amnii,** liqueur amniotique.

'liquor-thief, *s.* Pipette *f* tâte-vin.

liquor[2]. **1.** *v.tr.* (*a*) Graisser (le cuir, les bottes). (*b*) *Brew:* Mélanger (le malt) avec l'eau. (*c*) *F:* **To liquor s.o. up,** payer une série de tournées à qn; enivrer qn. **2.** *v.i.* *F:* "Boire." **To liquor up,** absorber des consommations.

liquorice ['likəris], *s.* **1.** *Bot:* Réglisse *f*. **2.** *Pharm:* *etc:* Jus *m* de réglisse. **Liquorice water,** eau *f* de réglisse; *F:* coco *m*. **Stick liquorice,** réglisse en bâton.

liquorish ['likəriʃ], *a.* **1.** Porté à la boisson. *L. eye*, œil *m* d'ivrogne. **2.** = LICKERISH.

lira, *pl.* **lire, liras** ['liərə, 'liəri, 'liərəz], *s.* *Num:* Lire *f*.

liriodendron [lirio'dendrən], *s.* *Bot:* Liriodendron *m*; tulipier *m*.

Lisbon ['lizbən]. *Pr.n.* *Geog:* Lisbonne *f*.

lisle [lail], *a.* *Tex:* **Lisle thread,** fil *m* d'Écosse. **Lisle stockings,** bas *m* de fil.

lisp[1] [lisp], *s.* **1.** Zézayement *m*, susseyement *m*, blèsement *m*. **To have a lisp, to speak with a lisp,** zézayer. **2.** *F:* Bruissement *m*, murmure *m* (des feuilles, d'un ruisseau).

lisp[2], *v.i.* & *tr.* Zézayer, susseyer, bléser; être blèse; *F:* zozoter. **To lisp sth. out,** dire qch. en zézayant. *Child lisping his little prayer*, enfant qui gazouille sa petite prière.

lisping[1], *a.* **1.** Blèse. **2.** *F:* *L. stream*, ruisseau murmurant, susurrant. **-ly,** *adv.* En zézayant; comme un petit enfant.

lisping[2], *s.* Zézayement *m*, blésité *f*.

lisper ['lispər], *s.* Enfant *m* blèse, qui zézaie.

lissom(e) ['lisəm], *a.* Souple, agile, leste. *She was as l. as a hazel wand*, elle était souple comme une baguette de coudrier.

lissom(e)ness ['lisəmnəs], *s.* Souplesse *f* (de taille).

list[1] [list], *s.* **1.** *Tex:* (*a*) Lisière *f*. **Coloured end-list,** entre-bande *f*, *pl.* entre-bandes. (*b*) *Coll.* *To line the edges of a door with l.*, calfeutrer une porte avec des lisières; mettre des bourrelets à une porte. **List slippers,** chaussons *m* de lisière. **2.** *pl.* *A:* **Lists,** lice *f*; champ clos. *F:* **To enter the lists (against s.o.),** entrer en lice (contre qn); se mettre sur les rangs; descendre dans l'arène *f*.

list[2], *v.tr.* Calfeutrer (une porte); garnir (une porte) de lisières, de bourrelets.

listing[1], *s.* **1.** Calfeutrage *m*, calfeutrement *m* (d'une porte, etc.). **2.** *Coll.* *Tex:* Lisière *f*.

list[3], *s.* Liste *f*, rôle *m*, tableau *m*, inventaire *m*, état *m*. **Alphabetical list,** répertoire *m* alphabétique. **List of names,** liste nominative, état nominatif, contrôle nominatif. *His name is on the l.*, son nom se trouve sur la liste. **To make out, draw up, a list,** dresser, faire, une liste. (*In restaurant, etc.*) **Wine list,** carte *f* des vins. *F:* **She reeled off her list of woes,** elle débita le catalogue de ses peines. *Publisher's monthly l.*, bulletin mensuel d'une maison d'édition. *Adm:* **Civil list,** liste civile. **The Army, Navy, list,** l'Annuaire *m* de l'armée, de la marine; la Liste navale. *To remove s.o. from the army list*, rayer qn des cadres. (*In hospitals*) **Danger list,** liste des grands malades. **To be on the danger list,** être dans un état grave. *F:* **Black list,** (i) *Sch:* registre *m* des punitions; (ii) *Com:* liste des insolvables, des mauvais payeurs; (iii) liste des traîtres, des renégats. *Person on the black l.*, personne notée; suspect *m*. **Free list,** (i) *Cust:* liste des marchandises importées en franchise; (ii) *Th:* liste des personnes à qui l'entrée est gratuite. *Fin:* **List of bills for collection,** bordereau *m* d'effets à l'encaissement. *Jur:* **Cases on the cause list,** affaires *f* en instance. *St.Exch:* **Official list,** cote officielle. *Turf:* *F:* **Horse added to the list** (*of geldings in training*), cheval *m* hongre. *See also* ACTIVE 4, CAUSE-LIST, DUTY 4, EXCHANGE[1] 2, HONOUR[1] 4, PASSING OUT, PRICE[1], PRICE-LIST, RESERVE[1] 2, RETIRED 2, SENIORITY 2, SHARE-LIST, SICK-LIST, STRIKE OFF 2.

list[4]. **1.** *v.tr.* Enrôler, enregistrer, inscrire (des noms); cataloguer (des articles). *Fin:* **Listed stock,** valeurs inscrites à la cote (officielle). **2.** *v.i.* *A:* = ENLIST 2.

list[5], *s.* *Nau:* Faux bord; bande *f*, gîte *f*. **To have, take, a list,** donner de la bande; avoir un faux bord; prendre de la gîte; pencher sur le côté. **List to starboard,** gîte à tribord.

list[6], *v.i.* *Nau:* Donner de la bande (*to starboard*, à tribord); avoir un faux bord; prendre de la gîte; incliner; gîter. *The ship is listing*, le navire penche sur le côté. **To list heavily,** donner fortement de la bande.

listing[2], *s.* Bande *f*, gîte *f*.

list[7], *v.tr.* *A:* (3rd *pers. sg., pr.t.* **list** *or* **listeth**; *p.t.* **list** *or* **listed**) (*a*) *Impers.* Plaire; sembler bon. *He shall do what him listeth*, il fera comme bon lui semblera. *He did as him list*, il a fait comme il lui a plu. (*b*) *Ye who list to hear*, vous qui voulez entendre. *The wind bloweth where it listeth*, le vent souffle où cela lui plaît.

list[8], *v.* *A.* & *Poet:* **1.** *v.tr.* = HEAR. **2.** *v.ind.tr.* = LISTEN[2].

listel ['list(ə)l], *s.* *Arch:* Listel *m*, *pl.* -eaux.

listen[1] [lisn], *s.* **To be on the listen,** être aux écoutes; tendre l'oreille; être tout oreilles.

listen[2], *v.ind.tr.* **1.** Écouter. **To listen to s.o., to sth.,** écouter qn, qch. *To l. attentively to s.o.*, prêter une oreille attentive à qn. **To listen with both ears,** écouter de toutes ses oreilles. **To listen to s.o. singing,** écouter chanter qn. **To listen for a footstep,**

écouter, tendre l'oreille, pour entendre un pas. *F:* **Listen!** *here's an idea*, écoutez donc, j'ai une idée. **2.** Faire attention; écouter. *If I were listened to . . .*, si on m'écoutait. . . . *He would not l. (to us)*, il n'a rien voulu savoir; il a refusé de nous entendre. *You have been listening to tales*, vous vous êtes laissé raconter des histoires. **To listen to a few home truths**, empocher quelques bonnes vérités. *See also* REASON[1] 3.

listen in, *v.i.* **1.** (*a*) *Tg: Tp:* Capter un message (téléphonique). (*b*) *F: To l. in to other people's conversations*, écouter les conversations d'autrui. **2.** *W.Tel:* (i) Se mettre à l'écoute; faire l'écoute; écouter; (ii) faire de la radiophonie. *To be listening in*, être, rester, à l'écoute. *Come round and l. in to-night*, venez donc écouter la T.S.F. ce soir.

listening in, *s. W.Tel:* Écoute *f*. **Listening-in station**, poste *m*, station *f*, d'écoute.

listening, *s.* Écoute *f*. *Mil: Navy:* **Listening apparatus**, appareil *m* d'écoute; écouteur *m*. *Mil: Tp: W.Tel:* **Listening-post, -station**, poste *m*, station *f*, d'écoute; écoute *f*. *Mil:* **Listening gallery**, galerie *f* d'écoute.

listener ['lisnər], *s.* (*a*) (i) Auditeur, -trice; (ii) (*usu. Pej.*) écouteur, -euse. *He is a good l.*, il sait écouter. *He is more of a l. than a reader*, il écoute plus volontiers qu'il ne lit. *Prov:* **Listeners never hear good of themselves**, qui écoute aux portes entend plus qu'il ne désire. (*b*) *Mil: Tp: etc:* Écouteur. (*c*) *W.Tel:* **Listener(-in)**, auditeur; sans-filiste *mf*. *Short-wave l.*, amateur récepteur d'ondes courtes.

listerize ['listəraːiz], *v.tr. Surg:* Traiter (une blessure) suivant les méthodes de Lister.

listless ['listləs], *a.* **1.** Nonchalant, indifférent, distrait; apathique, sans énergie. **2.** *A. & Lit:* **Listless of sth.**, inattentif, indifférent, à qch. *L. of the future, of praise*, indifférent à l'avenir, aux louanges. **-ly**, *adv.* Nonchalamment; apathiquement; sans énergie.

listlessness ['listləsnəs], *s.* Nonchalance *f*, apathie *f*; indifférence *f*.

lit [lit]. *See* LIGHT[3].

litany ['litəni], *s. Ecc:* Litanies *fpl*. *L. of the Blessed Virgin*, litanies de la Sainte Vierge.

litchi ['liːtʃiː], *s. Bot:* Litchi *m*, letchi *m*.

-lite [lait], *s.suff. Miner: Paleont: etc:* -lit(h)e *m*. *Coprolite*, coprolit(h)e. *Radiolite*, radiolite.

literacy ['litərəsi], *s.* Degré *m* d'aptitude à lire et à écrire; degré d'instruction.

literal ['litərəl], *a.* **1.** (*a*) Littéral, -aux. **Literal translation**, traduction littérale, mot à mot. (*b*) **In the literal sense of the word**, au sens propre du mot. *To take sth. in a l. sense*, prendre qch. à la lettre, au pied de la lettre. *To use a word in its l. sense*, employer un mot au propre. (*c*) (*Of pers.*) Terre à terre; prosaïque, positif; sans imagination. **2.** (*a*) *Alg:* (Coefficient) littéral. **Literal notation**, notation littérale. (*b*) *Typ:* **Literal error**, *s.* **literal**, coquille *f*. **-ally**, *adv.* Littéralement. *To translate l.*, traduire littéralement, mot à mot. *To take an article l.*, interpréter un article à la lettre. *It is l. true*, cela est littéralement vrai. *He was l. cut to pieces by a shell*, il fut littéralement déchiqueté par un obus. **Literally speaking . . .**, à proprement parler. . . . *F: In the half-mile he l. flew down the track*, dans le demi-mille il a pour ainsi dire volé sur le terrain.

literal-'minded, *a.* = LITERAL 1 (*c*).

literalism ['litərəlizm], *s.* Littéralisme *m*.

literalist ['litərəlist], *s.* *He is a l.*, il prend les choses à la lettre.

literalness ['litərəlnəs], *s.* Littéralité *f*.

literary ['litərəri], *a.* Littéraire. *L. work*, (i) travaux *mpl* littéraires; (ii) œuvre *f* littéraire. **Literary agent**, agent *m* littéraire. *L. agency*, agence *f* littéraire. **Literary property**, propriété *f* littéraire. *L. Greek*, le grec littéral, littéraire. **Literary man**, homme *m* de lettres; littérateur *m*. **Literary society**, société *f* littéraire.

literate ['litəret]. **1.** *a.* (*a*) Qui sait lire et écrire. (*b*) Lettré. *Sch: A:* **Lady Literate in Arts**, *abbr.* **L.L.A.**, diplôme octroyé aux femmes (après examen) par l'Université de St Andrews; (sorte de) Brevet supérieur (aboli vers 1930). **2.** *s. Ecc:* Prêtre qui a été admis aux ordres sans grade universitaire.

literati [litə'reitai], *s.pl.* Littérateurs *m*; hommes *m* de lettres.

literatim [litə'reitim], *adv.* (Copier qch.) littéralement, mot à mot.

literature ['litərətjər], *s.* **1.** Littérature *f*. (*a*) La carrière des lettres. (*b*) Œuvres *f* littéraires. *Light l.*, lectures amusantes; livres amusants. (*c*) *The l. of a country*, la littérature d'un pays. *French l.*, la littérature française. **2.** (*a*) *The l. of a subject*, les écrits traitant d'un sujet; la bibliographie d'un sujet. (*b*) *Com: etc:* Prospectus *mpl*, brochures *fpl*. *To distribute Communist l. to the passers-by*, distribuer aux passants des tracts *m* communistes. *L. sent gratis on request*, documentation envoyée gratuitement sur demande.

lith [liθ], *s.* Loge *f* (d'orange).

-lith [liθ], *s.suff.* **1.** -lithe *m*. *Aerolith*, aérolithe. *Monolith*, monolithe. **2.** -lit(h)e *f*. *Acrolith*, acrolit(h)e. *Coccolith*, coccolit(h)e.

litharge [li'θaːrdʒ], *s. Ch: Ind:* Litharge *f*; massicot *m*; *F:* glette *f*.

lithe [laːið], *a.* (*a*) (*Of pers. or animal*) Souple, agile. (*b*) *To make one's muscles l.*, s'assouplir les muscles.

litheness ['laiðnəs], *s.* Souplesse *f*; agilité *f* (de corps).

lithesome ['laiðsəm], *a.* = LISSOM.

lithia ['liθiə], *s.* **1.** *Ch:* Lithine *f*. **2.** **Lithia water**, *F:* **lithia**, eau lithinée.

lithiasis [li'θaiəsis], *s. Med:* Lithiase *f*, lithiasie *f*.

lithium ['liθiəm], *s. Ch:* Lithium *m*.

lith(o)- ['liθo, li'θɔ], *pref.* Litho-. *Li'thography*, lithographie. *'Lithotome*, lithotome. *Li'thotrity*, lithotritie.

lithochromatic [liθokro'matik]. **1.** *a.* Lithochromatique. **2.** *s.pl.* (*Usu. with sg. const.*) **Lithochromatics**, la lithochromie.

lithoglyptics [liθo'gliptiks], *s.pl.* (*Usu. with sg. const.*) Lithoglyphie *f*.

lithograph[1] ['liθograf, -graːf], *s. Engr:* Lithographie *f*; image lithographiée.

lithograph[2], *v.tr.* Lithographier.

lithographer [li'θɔgrəfər], *s.* Lithographe *m*.

lithographic [liθo'grafik], *a.* Lithographique. **Lithographic printer**, imprimeur *m* lithographe.

lithography [li'θɔgrəfi], *s.* Lithographie *f*; procédés *m* lithographiques.

lithology [li'θɔlodʒi], *s. Geol: Med:* Lithologie *f*.

lithophyte ['liθofait], *s. Coel:* Lithophyte *m*.

lithopone ['liθopoun], *s. Paint:* Lithopone *m*.

lithosis [li'θousis], *s. Med:* Phtisie *f* des tailleurs de pierre; chalicose *f*, *F:* caillouteᅠ*f*.

lithosphere ['liθosfiːər], *s. Geol:* Lithosphère *f*.

lithotome ['liθotoum], *s. Surg:* Lithotome *m*.

lithotomy [li'θɔtomi], *s. Surg:* Lithotomie *f*.

lithotriptor [liθo'triptər], *s.* = LITHOTRITOR.

lithotrite ['liθotrait], *s. Surg:* Lithotriteur *m*.

lithotritor ['liθotraitər], *s. Surg:* Lithotriteur *m*.

lithotrity [li'θɔtriti], *s. Surg:* Lithotritie *f*.

lithotypy [li'θɔtipi], *s. Typ:* Lithotypographie *f*.

Lithuania [liθju'einjə]. *Pr.n. Geog:* La Lithuanie.

Lithuanian [liθju'einjən], *a. & s. Geog:* Lithuanien, -ienne.

litigant ['litigənt]. **1.** *a.* **Litigant parties**, parties plaidantes, en litige. **2.** *s.* Plaideur, -euse.

litigate ['litigeit]. **1.** *v.i.* Plaider; être en procès; *Pej:* plaidailler. **2.** *v.tr.* Contester (une question); mettre (une question, une propriété) en litige.

litigation [liti'geiʃ(ə)n], *s.* Litige *m*; procès *mpl*. **In litigation**, en litige. *Spirit of l.*, humeur litigieuse.

litigious [li'tidʒəs], *a.* **1.** (Point, cas) litigieux, contentieux. **2.** (Homme) litigieux, processif, procédurier, plaidailleur; (homme) à procès. **-ly**, *adv.* (*a*) Contentieusement. (*b*) Par pure chicane.

litigiousness [li'tidʒəsnəs], *s.* Esprit litigieux; esprit de chicane; humeur processive.

litmus ['litməs], *s. Dy: Ch:* Tournesol *m*. **Litmus paper**, papier *m* (de) tournesol. **Litmus solution**, teinture *f* de tournesol.

litotes ['laitotiːz], *s. Rh:* Litote *f*.

litre[1] ['liːtər], *s. Meas:* Litre *m*. **Half-litre**, demi-litre *m*, *pl.* demi-litres.

litre[2] ['laitər], *s. Her:* Litre *f*; ceinture *f* de deuil.

litter[1] ['litər], *s.* **1.** (*a*) *Veh:* Litière *f*. *To be carried in a l.*, être porté en litière. (*b*) Civière *f* (pour le transport des blessés). *See also* MULE-LITTER. **2.** (*a*) *Agr: Hort: Husb:* Litière (de paille, etc.). *To change the horses' l.*, renouveler la litière des chevaux. **Peat litter**, poussier *m* de mottes. *See also* LEAF-LITTER. (*b*) Fumier *m* (d'écurie, etc.). **3.** (*a*) Immondices *fpl*, détritus *m*; papiers *m* et objets *m* malpropres (qui jonchent les rues, etc.). (*b*) Fouillis *m*, désordre *m*. **To make a litter in a room**, mettre tout en désordre, mettre tout sens dessus dessous, dans une pièce. *F: L. of useless knowledge*, fatras *m* de connaissances. **4.** Portée *f*, ventrée *f*, mise-bas *f* (d'un animal); (*of pigs*) cochonnée *f*; (*of pups*) chiennée *f*; (*of kittens*) chattée *f*. *Five young* **at a litter, at one litter**, cinq petits d'une portée.

litter[2], *v.tr.* **1.** (*a*) **To litter (down) a horse, faire la litière à un cheval.** (*b*) **To litter (down) a stable**, étendre de la paille dans une écurie. (*c*) *Hort:* Empailler (des plantes). **2.** (*a*) Mettre en désordre (une chambre, etc.). **To litter papers about, over, the floor**, éparpiller des papiers sur le plancher; joncher le plancher de papiers. *Room littered with books*, chambre *f* où des livres traînent partout. *Table* **littered over** *with papers*, table encombrée, jonchée, de papiers. (*b*) *Papers littered the table*, des papiers gisaient en désordre sur la table; la table était jonchée de papiers. *Clothes littered the floor*, des habits *m* traînaient sur le plancher. **3.** *Usu. abs.* (*Of animals*) Mettre bas (des petits); avoir une portée.

little [litl]. I. *a.* (*For comp. and sup.* **less, least, smaller, smallest**, *q.v.*, *are used. There is also a F. form* **littlest**.) **1.** Petit. *L. boy*, petit garçon; garçonnet *m*. *L. girl*, petite fille; fillette *f*. **Little ones**, (i) enfants *m*, *F:* mioches *m*; (ii) petits *m* (d'un animal). *F:* **The littlest one**, le bébé de la famille; *F:* le petit culot. **The little people**, les fées *f*. *The poor l. fellow, the poor l. girl*, le pauvre petit; la pauvre petite. (*To child*) *Come here*, **my little man**, viens ici, mon petit. *F:* **A tiny little house**, une toute petite maison. *Wait a l. while!* attendez un petit moment! *For so l. a matter*, pour une chose si insignifiante. *The littlest things of daily life*, les choses les plus insignifiantes de la vie quotidienne. *Prov:* **Little and good**, dans les petits pots les bons onguents. **The little finger**, le petit doigt. *Astr:* **The Little Bear**, la petite Ourse. *Orn:* **The little grebe**, le petit grèbe. *See also* ENGLANDER, GAME[1] 1, MARY 2. **2.** Peu (de). **Little money**, peu d'argent. **A little money**, un peu d'argent. *She knows a l. music*, elle sait quelque peu de musique. *To gain but l. advantage from sth.*, ne tirer que peu d'avantage de qch. *They get* **little if any, little or no**, *salary*, ils ne reçoivent que peu ou point de traitement. **Ever so little**, un tout petit peu (de), un tantinet (de). *I took ever so l. of it*, j'en ai pris si peu que rien, moins que rien. **Be it ever so little**, si peu que ce soit. **3.** Mesquin. *It is very l. of him to . . .*, c'est bien mesquin de sa part de. . . . **A little mind**, un petit esprit.

II. **little**, *s.* (*Comp. and sup.* **less, least**) **1.** Peu *m*. **To eat little or nothing**, manger peu ou point. **He eats very little**, il ne mange pas grand'chose. *He knows very l.*, il sait peu de chose; il ne sait pas grand'chose. *He has done l. for us*, il a peu fait pour nous. **I had little to do with it**, j'y ai été pour peu de chose. *I got* **but little** *out of it*, je n'en ai tiré que très peu, que peu de chose. *I see very l., but l., of him*, je ne le vois guère. *I see less of him than you*, je le vois moins que vous. (*Of scheme, etc.*) **To come to little**, aboutir à pas grand'chose. **The little I know**, le peu que je sais. *He did* **what little he could**, il a fait le peu qu'il pouvait. *You are welcome to what l. there is*, le peu qu'il y a est à votre disposition.

I have lost what l. money I had, j'ai perdu le peu d'argent que je possédais. **To think little of s.o.,** tenir qn en médiocre estime. **To make, think, little of sth.,** faire peu de cas de qch. *He makes l. of physical pain*, il fait bon marché de la douleur physique. *He thinks very l. of a ten mile walk*, pour lui ce n'est pas une grande affaire de faire dix milles à pied. *Adv.phr.* **Little by little,** *occ.* **by little and little,** petit à petit; peu à peu. *L. by l. she told me all*, brin à brin, de fil en aiguille, elle m'a tout raconté. **In little,** (reproduction, etc.) en petit. *Prov:* **Every little helps,** (i) tout fait nombre; un peu d'aide fait grand bien; les petits ruisseaux font les grandes rivières; toujours pêche qui en prend un; (ii) il n'y a pas de petites économies; (iii) on fait feu de tout bois. *See also* ELSE 2, PURSE¹ I. **2. A little.** (*a*) *He knows a l. of everything*, **il sait** un peu de tout. *He did* **not a little** *for him*, il a fait beaucoup pour lui. **A little more,** encore un peu. *A l. more and he would have been killed*, peu s'en fallut qu'il ne fût tué; *F:* un peu plus il était tué. *A l. makes us laugh*, un rien nous fait rire. **For a little (while),** pendant un certain temps; pendant quelques instants. **After, in, a little,** au bout de quelque temps; après un certain temps; dans un instant. (*b*) (*Used adverbially*) *He helped him a l., not a l.*, il l'a aidé un peu, il l'a beaucoup aidé. *I was a l. afraid*, j'avais un peu peur. *As soon as one is a l. known*, dès qu'on est tant soit peu connu. **Wait a little!** attendez un peu! attendez un petit moment! *Nau:* **Starboard a little!** à droite doucement!

III. **little,** *adv.* (*Comp. and sup.* **less, least**) Peu. *L. known*, peu connu. *He is l. richer than he was*, il n'est guère plus riche qu'il n'était. *L. more than an hour ago*, il n'y a guère qu'une heure. *Do you see him?—Very l.*, le voyez-vous?—Guère; très peu. **He little knows . . ., thinks . . ., suspects . . .,** il ne sait guère . . ., il ne pense guère . . ., il ne se doute guère. . . . *See also* LOVE², SHORT¹ I. 3.

'little-ease, *s. Hist:* Cachot (trop étroit pour que le prisonnier pût s'étendre).

'little-go, *s. Sch: F:* Premier examen d'admissibilité au grade de B.A. (à l'université de Cambridge).

littleness ['litlnəs], *s.* **1.** Petitesse *f*; petite taille (de qn, etc.). **2.** (*a*) Mesquinerie *f*, petitesse. (*b*) *The littlenesses of his private life*, les petitesses de sa vie privée.

littoral ['litərəl]. **1.** *a.* Littoral, -aux; du littoral. **2.** *s.* Littoral *m. The Red Sea l.*, le littoral de la Mer Rouge.

liturgic(al) [li'təːrdʒik(əl)], *a.* Liturgique.

liturgist ['litərdʒist], *s.* Liturgiste *m.*

liturgy ['litərdʒi], *s.* Liturgie *f.*

livable ['livəbl], *a.* = LIVEABLE.

live¹ [laiv], *a.* **1.** (*a*) Vivant; en vie. **Live weight,** poids vif, vivant (d'un animal de boucherie). *F:* **A real live burglar,** un cambrioleur en chair et en os. *See also* DOG¹ 1, LIVE-BAIT. (*b*) *F:* (Récit) vivant; (homme) plein de vie. *A thoroughly l. play*, une pièce bien vivante. (*c*) **Live question,** question *f* d'actualité. **Live letter-book,** copie *m* de lettres sur les affaires en cours. (*d*) **Live coals,** charbons ardents. (*e*) **Live rock,** roc vif. **2.** (*a*) **Live cartridge,** cartouche chargée. *See also* SHELL¹ 9. (*b*) (Vapeur *f*, courant *m* électrique) sous tension. *Mch:* **Live steam,** vapeur vive, fraîche, vierge. *El.E:* **Live conductor,** conducteur *m* en charge. **Live wire,** fil électrisé; fil en charge; fil sous tension. *F:* **He's a (real) live wire,** il est énergique; il est très entreprenant; il va toujours de l'avant; il a de l'allant; c'est un brasseur d'affaires. *He's the l. wire in the concern*, c'est lui l'animateur de l'affaire. *See also* RAIL¹ 4. **3.** *Tchn:* **Live load,** poids roulant. **Live weight,** poids utile, charge *f* utile. *Mec.E:* **Live axle,** essieu tournant. **Live head** (*of lathe*), poupée *f* fixe. *See also* CENTRE¹ 3, ROLLER. **4.** *Fin:* **Live claims,** créances *f* qui subsistent, créances valables (à l'égard d'un établissement de crédit).

'live-'bait, *s. Fish:* Amorce vive. *To fish with l.-b.*, pêcher au vif.

'live-'bearers, *s.pl. Ich:* Poissons *m* vivipares.

'live-'fence, *s. U.S:* Haie vive.

'live-'oak, *s. Bot: U.S:* Chêne vert.

'live-stock, *s. Husb:* Bétail *m*, bestiaux *mpl*; animaux *mpl* sur pied. *Jur:* Cheptel *m.*

live² [liv]. **1.** *v.i.* Vivre. (*a*) (*Be alive*) *Is he still living?* vit-il encore? *There once lived a king who had two daughters*, il était une fois un roi qui avait deux filles. *In spite of all the tyrants who ever lived*, en dépit de tous les tyrans qui ont jamais été, qui furent jamais. *While my father lives, lived*, du vivant de mon père. **Long live the king!** vive le roi! **He has not long to live,** il n'en a plus pour longtemps à vivre. *He hasn't a year to l., F:* il n'en a pas pour un an. **He will live to be a hundred,** il atteindra la centaine. **I shall never live to see it,** je ne vivrai pas assez longtemps pour voir cela. **As long, so long, as I live,** tant que je vivrai. *He'll be a fool as long as he lives, F:* il mourra dans la peau d'un imbécile. **He cannot live through the winter,** il ne passera pas l'hiver. (*Of ship, etc.*) **To live through a storm,** survivre à une tempête. *He lived through all these events*, il a été spectateur de tous ces événements. *F: The writer's genius lives in every page*, le génie de l'auteur respire dans chaque page. **As I live!** sur ma vie! *Prov:* **Live and learn,** (i) on apprend à tout âge; (ii) qui vivra verra. **Live and let live,** il faut que tout le monde vive; il faut laisser chacun manger avec sa cuiller. *See also* DIE² 1, OLD 1. (*b*) Durer. **His name will live,** son nom vivra, durera, sera immortalisé. (*c*) (*Subsist*) *To l. on vegetables*, vivre de légumes, se nourrir de légumes. *F:* **To live on hope,** vivre d'espérance. *To l. on charity*, vivre d'aumônes. *He earns, gets, enough to l. upon*, il gagne assez pour vivre; il gagne de quoi vivre. *This will be enough for us to l. on*, cela nous suffira pour vivre. **To live on one's capital,** manger son capital; *F:* manger son blé en herbe, en vert. *F:* **To live on one's relations,** vivre aux crochets de ses parents. *To l. on one's reputation*, vivre sur sa réputation. **To live by one's work, by working,** vivre de son travail; gagner sa vie à travailler. *He lives by his pen*, il vit de sa plume; sa plume est son gagne-pain. **A man must live!** il faut bien que je gagne ma vie! il faut bien vivre! *Prov:* **Man lives by hope,** l'espérance fait vivre (l'homme). *See also* AIR¹ I. 1, INCOME 1, NOTHING I., WIT¹ 1. (*d*) (*Pass life*) *To l. honestly, like a saint*, vivre honnêtement; vivre en saint. **To live in style,** mener grand train. *To l. fast, hard, riotously*, faire la vie, faire la noce; mener une vie de bâton de chaise. *At the rate at which they l. they will soon be ruined*, au train dont ils vivent ils seront bientôt ruinés. *I have lived in the world*, j'ai pratiqué le monde. **To live well,** faire bonne chère; ne rien se refuser. **To live up to one's principles,** vivre conformément à ses principes, selon ses principes; conformer sa vie à ses principes. *To l. up to one's income*, (i) mener un train de vie en rapport avec sa fortune; (ii) dépenser tout son revenu, tout ce qu'on gagne. *To l. up to one's reputation*, faire honneur à sa réputation. **To live up to one's promise,** remplir sa promesse. *Prov:* **As we live, so shall we end,** telle vie telle fin. *See also* CAREFULLY, EXPECTATION 2, FAT², HAND¹ 2, SIN¹, WAY¹ 6. (*e*) (*Reside*) *To l. in Paris*, habiter Paris, demeurer à Paris. **Where do you live?** où demeurez-vous? *To l. (out) in the country*, demeurer à, habiter, la campagne. *I l. at number 36, Wilson Street*, je demeure rue Wilson, numéro 36. *I l. on the fifth floor*, j'habite, je demeure, je loge, au cinquième. *Did you l. there long?* y êtes-vous resté longtemps? *The house we used to l. in*, la maison où nous demeurions, que nous avons habitée. **House not fit to live in,** maison inhabitable. **The room doesn't seem to be lived in,** la chambre ne paraît pas habitée. *The island was lived in from the Stone Age*, cette île fut habitée dès l'âge de pierre. (*f*) **To live with s.o.,** vivre, habiter, avec qn. *He is living with his grandparents*, il habite chez ses grands-parents. *To l. happily with s.o.*, mener une vie heureuse, faire bon ménage, avec qn. *See also* EASY¹ I. 3. (*g*) (*Cohabit*) *She is living with him*, ils vivent ensemble; *F:* elle s'est collée avec lui. **2.** *v.tr.* (*a*) (*With cogn. acc.*) **To live a happy life,** mener, passer, une vie heureuse. *He lived a noble life*, il vécut noblement. *Peaceful lives had been lived there*, il s'était vécu là des existences tranquilles. **Is life worth living?** cela vaut-il la peine de vivre? *Once more life seemed worth living*, de nouveau la vie lui semblait bonne. (*b*) *He lived what he narrated*, il a vécu ce qu'il a raconté. **To live a lie,** vivre dans un perpétuel mensonge. *Th:* **To live a part,** entrer dans la peau d'un personnage.

live down, *v.tr.* **To live down a scandal, one's past,** faire oublier un scandale à la longue; faire oublier son passé. *To l. down prejudice*, arriver à vaincre les préjugés. *To l. down a sorrow*, surmonter un chagrin avec le temps.

live in, *v.i.* (*Of servants*) Coucher à la maison; (*of shop assistants*) loger dans l'établissement même, dans les locaux affectés au commerce. *The employees l. in*, les employés sont logés et nourris. *Maid-servant living in*, bonne couchée.

living in, *s.* Logement *m* des employés dans l'établissement.

live on, *v.i.* Continuer à vivre. *His name will l. on*, son nom ne périra pas.

live out. 1. *v.i.* (*Of servant*) Coucher à son domicile; venir en journée; (*of shop assistants*) loger hors de l'établissement. *Maid-servant living out*, bonne non couchée. **2.** *v.tr.* (*a*) **He won't live out the week,** il ne vivra pas jusqu'à la fin de la semaine; il ne passera pas la semaine. (*b*) **To live out one's precepts,** conformer sa vie à ses principes.

living out, *s.* Logement *m* des employés hors de chez l'employeur. **Living-out allowance,** indemnité *f* de logement.

live together, *v.i.* **1.** Vivre ensemble; faire vie commune. **2.** *F:* Faire ménage à deux. *People say they are living together*, on dit qu'ils se sont mis ensemble, *P:* qu'ils sont collés ensemble.

living¹, *a.* **1.** (*a*) Vivant, vif; en vie. *A l. man*, un homme vivant. *While he was l.*, de son vivant. **Living or dead,** mort ou vif. *L. creatures*, êtres vivants; êtres animés; créatures vivantes. **Not a living soul is to be seen,** on ne rencontre pas âme qui vive, *F:* pas un chat. **No living man could do better,** personne au monde ne pourrait mieux faire. *He has done more for them than any man l.*, il a fait plus pour eux que n'importe qui. *The first of l. artists*, le premier des artistes contemporains. *s.* **The living,** les vivants. **He is still in the land of the living,** il est encore vivant, toujours vivant, encore en vie, encore de ce monde. **Mother of all living,** mère *f* de tous les hommes. **Living language,** langue vivante. **Living pictures,** tableaux vivants. *F:* **He is a living ghost,** c'est un cadavre ambulant. **A living death,** une vie pire que la mort. *See also* IMAGE¹ 3, MEMORY 1, SKELETON¹ 1. (*b*) **Living rock,** roc vif. **Living water,** eau vive. **Living force,** force vive. (*c*) *B:* **I am the living bread,** je suis le pain vivant. **2.** (*With adj. prefixed, e.g.*) **Clean-living,** de vie réglée; de bonnes mœurs. **Evil-living,** de mœurs dissolues.

living², *s.* **1.** Vie *f. L. in the country*, la vie à la campagne; l'existence *f* à la campagne. **Style of living, rate of living,** train *m* de vie. *Pol.Ec:* **Standard of living,** niveau *m* de vie, de bien-être, de confort. *Cheap l.*, la vie à bon marché. **Living is dear here,** la vie est chère ici; il fait cher vivre ici. **To be fond of good living,** aimer la bonne chère; aimer la table. *Riotous l., F:* la noce. *Plain l. and high thinking*, une vie sobre et de hautes pensées. *See also* BONUS, COST¹ 1. **2.** (*Livelihood*) **To earn one's living,** gagner sa vie. **To work for one's living, for a living,** travailler pour vivre, pour gagner sa vie. *To work hard for one's l.*, gagner laborieusement sa vie. *To beg for a l.*, mendier sa vie. **What does he do for a living?** de quoi vit-il? comment gagne-t-il sa vie? quels sont ses moyens d'existence? **To make a living,** gagner de quoi vivre; *F:* gagner sa croûte. *He has always made his own l.*, il s'est toujours suffi. **He makes a living out of it,** il en vit. *A mason makes his l. by his trowel*, la truelle du maçon est son gagne-pain. **3.** *Ecc:* Bénéfice *m*, cure *f.* **Crown living,** bénéfice à la nomination de la Couronne. *See also* FAMILY 1.

'living-room, *s.* Petit salon; salle familiale; (*of hostel*) salle commune.

'living-'wage, *s.* Salaire vital; salaire de base.

liveable ['livəbl], *a.* **1.** (*Of house, room*) Habitable, logeable. **2.** (*Of life*) Tenable, supportable. **3.** (*Of pers.*) **Liveable (with)**, accommodant, sociable; avec qui on peut vivre.

-lived [livd, laivd], *a.* (*With adj. prefixed, e.g.*) **Tough-lived**, à la vie dure. *See also* LONG-LIVED, LOW-LIVED, SHORT-LIVED.

livelihood ['laivlihud], *s.* Vie *f*; moyens *mpl* d'existence; gagne-pain *m*. **To earn, gain, a livelihood, to get, make, a livelihood**, gagner sa vie, son pain; gagner de quoi vivre. *To seek a l.*, chercher des moyens d'existence. *To deprive s.o. of his l.*, enlever à qn son gagne-pain, *F:* lui ôter le pain de la main, de la bouche.

liveliness ['laivlinəs], *s.* Vivacité *f*, animation *f*, entrain *m*, vie *f*. *Fin:* Animation (du marché).

livelong[1] ['livlɔŋ, 'laiv-], *a.* *Poet:* **The livelong day, night**, toute la (sainte) journée; tout le long du jour; toute la nuit.

livelong[2] ['livlɔŋ], *s.* *Bot:* Grand orpin; orpin reprise; *F:* herbe *f* aux charpentiers, herbe aux voituriers.

lively ['laivli], *a.* **1.** (*Lifelike*) *L. description*, description animée, pleine de vie. *To give a l. idea of sth.*, exposer qch. d'une manière vivante. **2.** (*a*) Vif, animé; plein d'entrain. **Lively imagination**, imagination vive. *L. conversation*, conversation animée, pleine d'entrain. *L. scene*, scène animée, pleine de vie. *L. music*, musique allante, égayante, entraînante, pleine d'entrain. *Nau:* *L. breeze*, jolie brise. (*b*) *F:* **To make it, things, lively for s.o.**, rendre la vie dure à qn; embêter qn. *Things are getting l.*, ça chauffe. **To have a lively time of it**, (i) avoir fort à faire; (ii) en voir de toutes les couleurs. (*c*) **Lively satisfaction**, vive satisfaction. *To feel a l. pleasure*, éprouver un vif plaisir. **To take a lively interest in sth.**, s'intéresser vivement à qch. (*d*) *Ch:* **Lively reaction**, réaction active, énergique. *A more l. combustion*, une combustion plus active. **3.** (*Of colour*) Vif. **4.** (*Of pers.*) Gai, joyeux, enjoué; guilleret, -ette. **As lively as a cricket**, gai comme un pinson. *F:* **She's a lively one**, c'est une dégourdie. *Fb:* *L. forwards*, avants bien allants. **5.** *Nau:* (Canot) léger sur l'eau, vif. **6.** *Sp:* (*Of cricket pitch, tennis court, etc.*) Vite à rebondir.

liven [laivn]. **1.** *v.tr.* **To liven (up)**, animer, égayer (qn, une réunion, etc.); activer, *F:* chauffer (une affaire); *Th:* mouvementer (l'action). *To l. up the conversation*, ranimer la conversation; donner plus d'entrain à la conversation. *In order to l. up the company . . .*, pour mettre tout le monde en train. . . . **2.** *v.i.* **To liven up**, s'animer, s'activer; *F:* s'échauffer.

livener ['laivnər], *s.* *P:* Quelque chose pour vous remonter; une petite goutte.

liveness ['laivnəs], *s.* Animation *f*.

liver[1] ['livər], *s.* **1.** (*a*) *Anat:* Foie *m*. **Liver disease, complaint**, maladie *f* de foie. *F:* **To have a liver**, (i) être malade du foie; (ii) être de mauvaise humeur. *Cu:* **Calf's liver**, foie de veau. *See also* ATTACK[1] 2, SLUGGISH, TORPID. (*b*) *a.* **Liver and white spaniel**, épagneul *m* foie et blanc *inv*. **2.** *Ch:* **Liver of antimony, of sulphur**, foie d'antimoine, de soufre.

'liver-chestnut, *a.* & *s.* (Cheval *m*) couleur de foie *inv*.

'liver-hearted, *a.* *F:* Peureux, poltron, lâche.

'liver-leaf, *s.* *Bot:* *U.S:* = LIVERWORT 1.

'liver-wing, *s.* *Cu:* Aile droite (d'une volaille).

liver[2], *s.* Personne *f* qui vit (de telle ou telle façon). **Good liver**, (i) homme rangé; (ii) amateur *m* de bonne chère. **Fast liver**, viveur, -euse, noceur, -euse. **Loose liver, evil liver**, libertin *m*, dissolu *m*, débauché *m*.

-livered ['livərd], *a.* (*With noun or adj. prefixed*) Au foie (de telle ou telle façon). *See* LILY-LIVERED, PIGEON-LIVERED, WHITE-LIVERED.

liveried ['livərid], *a.* En livrée. *To be a l. servant*, porter la livrée.

liverish ['livəriʃ], *a.* *F:* Qui a le foie dérangé. *To feel l.*, se sentir mal en train.

liverishness ['livəriʃnəs], *s.* **To have an attack of liverishness**, avoir une crise de foie.

Liverpudlian [livər'pʌdliən], *a.* & *s.* *Geog:* Liverpoolien, -ienne; de Liverpool.

liverwort ['livərwəːrt], *s.* *Bot:* **1.** Hépatique trilobée; trinitaire *f*; herbe *f* à la Trinité. **2.** **Stone-liverwort**, hépatique terrestre, des fontaines.

livery[1] ['livəri], *s.* **1.** (*a*) Livrée *f*. *Full l.*, grande livrée. **In livery**, en livrée. **Out of livery**, sans livrée. **Livery servant**, domestique *m* en livrée. *F:* *The l. of spring*, la livrée du printemps. (*b*) *Coll.* **The livery**, la livrée; les domestiques. (*c*) **Livery company; livery**, corporation *f* d'un corps de métier (de la cité de Londres). (Chaque corporation portait autrefois un uniforme distinctif.) **To take up one's livery**, entrer dans une des *livery companies*. **2.** *A:* Pension *f* (pour chevaux). *Still used in* **To take, keep, horses at livery**, prendre, avoir, des chevaux en pension, à l'attache. **3.** *Jur:* (*a*) Mise *f* en possession. (*Of minor*) **To sue (for) one's livery**, réclamer ses biens à ses tuteurs. (*b*) Émancipation *f* (d'un mineur). (*c*) **Livery of seisin**, envoi *m* en possession; saisine *f*. **4.** *Tex:* **Livery (wool)**, *see* WOOL 1.

'livery-horse, *s.* **1.** Cheval *m* en pension. **2.** Cheval de louage.

'livery-stable, *s.* **1.** Pension *f* pour les chevaux. **2.** Écuries *fpl* de (chevaux de) louage. **Livery-stable keeper**, loueur *m* de chevaux; remiseur *m*.

livery[2], *a.* **1.** (Couleur de) foie *inv*. **2.** (*Of soil*) Gras. **3.** *F:* = LIVERISH.

liveryman, *pl.* **-men** ['livərimən, -men], *s.m.* **1.** Loueur de chevaux; remiseur. **2.** Membre d'une des corporations de la cité de Londres.

lives [laːivz]. *See* LIFE.

livid ['livid], *a.* (Teint *m*) livide, blême; (ciel) plombé. *The l. tinge of death*, le bleu de la mort. **To become livid with anger**, devenir blême de colère; entrer dans une colère blanche.

lividity [li'viditi], **lividness** ['lividnəs], *s.* Lividité *f*.

Livonia [li'vounjə]. *Pr.n.* *Geog:* La Livonie.

Livonian [li'vounjən], *a.* & *s.* *Geog:* Livonien, -ienne.

Livy ['livi]. *Pr.n.m.* *Lt.Lit:* Tite-Live.

lixiviate [lik'sivieit], *v.tr.* Lixivier, lessiver (la cendre de bois).

lixiviation [liksivi'eiʃ(ə)n], *s.* Lixiviation *f*, lessivage *m* (des cendres de bois).

lixivium [lik'siviəm], *s.* Lessive *f*; dissolution *f* alcaline.

lizard ['lizərd], *s.* **1.** *Rept:* Lézard *m*. **Flying lizard**, dragon *m*. **Grey lizard**, margouillat *m*. **Frilled lizard**, iguane australien; chlamydosaure *m*. **Fence lizard, pine lizard**, scélopore *m*. *See also* LOUNGE-LIZARD, WATER-LIZARD. **2.** *Nau:* Margouillet *m*, manchette *f*.

Lizzie, Lizzy ['lizi]. **1.** *Pr.n.f.* (*Dim. of Elizabeth*) Lisette. **2.** *s.m.* *P:* *A:* **Tin Lizzie**, (i) auto *f* Ford; (ii) voiture *f* à bon marché; voiture de type économique; (iii) vieille Ford.

'll [l]. *F:* = (*unstressed*) WILL, SHALL. *I'll come* = *I shall come. He'll come* = *he will come.*

llama ['lɑːmə], *s.* *Z:* Lama *m*.

llanero [l(j)ɑː'nɛəro], *s.* *Ethn:* Llanero *m*.

llano ['l(j)ɑːno], *s.* Llano *m*, grande plaine (de l'Amérique du Sud).

Lloyd's [lɔːidz], *s.* *Nau:* La Société Lloyd, = le (Bureau) Véritas. **Lloyd's register, list**, la classification de navires marchands, = le Véritas. **Lloyd's agent** = l'agent *m* du Véritas.

lo [lou]. **1.** *int.* *A.* & *Lit:* Voici, voilà, voyez, voilà que. . . . *Hum:* **Lo and behold** *there he was*, et voilà qu'il était là. **2.** *s.* *U.S:* *F:* Indien, -ienne. **Mr Lo**, monsieur le Peau-Rouge. (Facétie sur un vers de Pope: "*Lo, the poor Indian. . . .*")

loach [loutʃ], *s.* *Ich:* Loche *f*. **Common loach**, loche franche; *F:* petit barbot; barbotte *f*. **Spined loach**, loche épineuse; loche de rivière.

load[1] [loud], *s.* **1.** (*a*) Fardeau *m*; *Lit:* faix *m*. *To carry a l. on one's shoulders*, porter un fardeau sur ses épaules. (*b*) **Load of a waggon, of a ship**, charge *f*, chargement *m*, d'un wagon, d'un vaisseau. **Maximum load of a barge**, batelée *f*. (*c*) Tombereau *m*, charretée *f* (de gravier, etc.). **2.** (*a*) *Mec.E:* *Const:* *etc:* Charge. **Load per unit**, taux *m* de charge. **Safe load**, charge admissible; charge de sécurité. **Breaking load**, charge de rupture. (*b*) *Mch:* *El.E:* **Load curve**, courbe *f* de charge, de débit. **To put the motor under load**, mettre le moteur en charge. *Starting under l.*, démarrage *m* en charge. **Machine working (at) full load**, machine *f* qui travaille à plein rendement, en pleine charge. *Machine at constant l.*, machine en régime permanent. *Machine* **running with, on, no load**, machine qui marche à vide. *See also* BASE-LOAD, DEAD I. 4, DRAUGHT[1] I. 5, LIVE[1] 3, PEAK[1] 3, POWER-LOAD. **3.** Charge (d'une arme à feu). **4.** **To have a load on one's mind**, avoir un fardeau, un poids, sur l'esprit. *May I no longer have that* **load on my conscience!** que je n'aie plus ce poids, ce paquet, sur la conscience! *You have taken a l. off my mind, off my heart*, vous m'avez soulagé l'esprit, le cœur. *That's a l. off my mind!* quel soulagement! **To give way under a load of misfortunes**, succomber sous le poids des malheurs. *A l. of cares*, des soucis accablants. **5.** *pl.* *F:* **Loads of . . .**, des tas *m*, des quantités *f*, de. . . .

'load-displacement, *s.* *Nau:* Déplacement *m* en charge.

'load(-'water)-line, *s.* *Nau:* Ligne *f* de charge; ligne de flottaison en charge.

load[2]. **1.** *v.tr.* (*a*) Charger (une voiture, un vaisseau, un cheval). **To load s.o. with sth., to load sth. on to s.o.**, charger qn de qch. (*Of bus*) *To l. passengers*, prendre des voyageurs. *Stomach loaded with food*, estomac chargé de nourriture. *F:* **To load oneself up with luggage**, se charger de bagages; s'empêtrer de colis. **To be loaded up with . . .**, être encombré de. . . . *St.Exch:* *To be loaded up with stock*, avoir en portefeuille plus de valeurs qu'on n'en peut écouler. (*b*) **To load s.o. with favours, with praise**, combler qn de faveurs, de louanges. *To l. s.o. with abuse*, accabler qn d'injures. *Loaded with cares*, accablé de soucis. (*c*) **To load a gun with ball-cartridge**, charger un fusil à balle. *F:* *I was not loaded*, mon fusil, mon revolver, n'était pas chargé. *Aut:* **To load the grease-gun**, armer le graisseur. *Phot:* **To load a slide**, charger un châssis. (*d*) **To load a spring**, serrer, bander, un ressort. (*e*) Alcooliser (un vin); charger (le papier). (*f*) Plomber (une canne); piper (des dés). (*g*) *Tp:* **To load a line** (*with inductances*), pupiniser une ligne. (*h*) *Ins:* Majorer (une prime). **2.** *v.i.* (*a*) (*Of ship, etc.*) **To load (up)**, prendre charge; faire la cargaison. *Loading for Bombay*, en charge pour Bombay. **Ship loading**, navire *m* en chargement, en charge. (*b*) *Aut:* *F:* (*Of engine*) **To load up**, s'engorger d'essence; se noyer. (*c*) *F:* (*Of pers.*) **To load up**, se bourrer (de nourriture); boire jusqu'à plus soif.

loaded, *a.* **1.** (Wagon, etc.) chargé. *See also* DISPLACEMENT 1. **2.** (*a*) **Loaded cane**, canne plombée. **Loaded dice**, dés pipés, chargés. *I.C.E:* **Spring-loaded valve**, soupape rappelée sur son siège par un ressort. (*b*) *Paperm:* **Loaded paper**, papier chargé. (*c*) *Med:* **Loaded urine**, urine chargée (de sels). **3.** *Ins:* **Loaded premium**, prime majorée; surprime *f*.

loading, *s.* **1.** (*a*) Chargement *m* (d'un wagon, d'un navire). *Nau:* **Loading port**, port *m* de chargement. **Loading in bulk**, chargement en vrac. *Rail:* **Loading gauge**, gabarit *m* de chargement. *See also* BRIDGE[1] 1, DOCK[4] 1. *Mil:* **Loading centre**, centre *m* de ravitaillement. (*b*) Chargement (d'un fusil). *Artil:* **Loading gear**, appareil *m* de chargement. *Phot:* **Loading of the slides**, chargement des châssis. (*c*) *Tp:* **Loading of the line with inductances**, pupinisation *f* de la ligne. **Loading-coil**, bobine *f* Pupin. (*d*) *Paperm:* **Clay-loading**, charge *f*. **2.** *Aut:* *F:* Engorgement *m*, noyage *m* (du moteur).

loader ['loudər], *s.* **1.** (*Pers.*) (*a*) Chargeur *m*, manœuvre *m*. (*b*) (*With shooting party*) Chargeur des fusils. **2.** (*Device*) Chargeuse *f*. **3.** (*With noun or adj. prefixed*) **Single-loader**, fusil *m* à un coup. *See also* BREECH-LOADER, MUZZLE-LOADER.

loadstar ['loudstɑːr], *s.* = LODESTAR.

loadstone ['loudstoun], *s.* *Miner:* Aimant naturel; pierre *f* d'aimant; magnétite *f*.

loaf[1], *pl.* **loaves** [louf, louvz], *s.* **1.** Pain *m*; miche *f* (de pain).

Round loaf, pain boulot, miche. **Tin(ned) loaf, pan loaf,** pain anglais; pain cuit au moule. **Long loaf, French loaf,** flûte *f*. **Cottage loaf,** pain de ménage. *U.S:* **Loaf cake,** gâteau carré cuit au moule. *F:* **The loaves and fishes,** les bénéfices *m* pécuniaires qui donnent de l'attrait à une charge ecclésiastique. *F:* **To look after the loaves and fishes,** mettre en avant les intérêts pécuniaires. *Prov:* **Half a loaf is better than no bread,** faute de grives on mange des merles. **2. (Sugar-)loaf,** pain de sucre. *See also* SUGAR-LOAF. **3.** Tête *f*, cœur *m* (de chou, de laitue).

loaf-'sugar, *s.* Sucre *m* en pains; sucre blanc.

loaf[2], *v.i.* (*Of cabbage, etc.*) Pommer.

loaf[3], *pl.* **loafs,** *s.* Flânerie *f*. **To be on the loaf,** passer son temps à flâner. *He enjoyed these surreptitious loafs,* il goûtait fort ces flâneries dérobées.

loaf[4]. **1.** *v.i.* **To loaf (about,** *U.S:* **around),** flâner, flânocher, fainéanter, traîner, cagnarder, (se) baguenauder, vaurienner; battre le pavé; traîner la rue; traîner les rues; traîner dans la rue, par les rues; *P:* battre l'asphalte; trôler (de ci, de là). **2.** *v.tr.* **To loaf away the time,** passer son temps à flâner, à fainéanter.

loafing[1], *a.* Fainéant, flâneur; *P:* cagnard.

loafing[2], *s.* Flânerie *f*, fainéantise *f*, baguenaudage *m*.

loafer ['loufər], *s.* Flâneur *m*, fainéant *m*, traîneur *m*; *F:* baguenaudier *m*; *P:* balochard *m*, batteur *m* de pavé, cagnard *m*. **Young loafer,** voyou *m*. *See also* PUB-LOAFER.

loam[1] [loum], *s.* **1.** *Agr: Geol:* Terreau *m*, lehm *m*; terre grasse, forte, franche, végétale, naturelle; herbue *f*. **2.** *Metall: etc:* Terre glaise; glaise *f*; terre (de coulage); potée *f*. **Loam cake,** motte *f* de recouvrement. **Loam-board,** échantillon *m*; planche *f* à trousser. *See also* MOULDING[2] 1, SAND[1] 1. **3.** (*a*) Torchis *m*, pisé *m*. **Loam hut,** cabane *f* de bousillage, de torchis, en torchis; cabane en pisé. (*b*) *Arb:* Engluement *m*, torchis.

loam[2], *v.tr.* Recouvrir (une paroi, etc.) de torchis; torcher; glaiser.

loamy ['loumi], *a.* (*Of soil*) (i) Gras, fort; (ii) argileux, glaiseux. *L. sand,* sable gras.

loan[1] [loun], *s.* **1.** (*a*) Prêt *m*; avance *f* (de fonds). *L. of money,* prêt, avance d'argent. **To oblige s.o. with a loan,** rendre à qn un service d'argent. (*b*) **Loan at notice,** prêt à terme. *L. by the week, with payment of weekly interest,* prêt à la petite semaine. **Short loan,** prêt à court terme. **Loan on trust,** prêt d'honneur. **Loan on overdraft,** prêt à découvert. **Loan against security,** prêt ou emprunt sur gage, sur titres. **Secured loan,** prêt garanti. **Mortgage loan,** prêt sur hypothèque. **Loan without security,** prêt à fonds perdu. **Loan bank,** caisse *f* de prêts. **Loan certificate,** titre *m* de prêt. *See also* BOTTOMRY. **2.** Emprunt *m*. (*a*) **To offer s.o. a loan of sth.; to offer sth. to s.o. on loan, as a loan,** offrir qch. à qn à titre d'emprunt, à titre de prêt. *May I have the l. of . . .?* puis-je vous emprunter . . .? (*b*) *Fin:* **To raise a loan,** contracter un emprunt. *To raise a l. on an estate,* emprunter de l'argent sur une terre. *Adm:* **To raise, issue, a loan,** faire, émettre, un emprunt. *See also* WAR-LOAN. **3.** *Mil: etc:* (*Of officer, etc.*) **On loan,** détaché (*to,* auprès de).

'loan-collection, *s.* Exposition *f* d'objets d'art prêtés.

'loan-holder, *s.* Créancier *m* hypothécaire.

'loan-office, *s.* Établissement *m* de prêt; caisse *f* d'emprunts.

'loan-society, *s.* Établissement *m* de crédit; société *f* de crédit.

'loan-word, *s.* *Ling:* Mot *m* d'emprunt; mot emprunté (à une autre langue).

loan[2], *v.tr.* *U.S:* Prêter (*sth. to s.o.,* qch. à qn).

loaning, *s.* Action *f* de prêter; prêt *m*.

loanable ['lounəbl], *a.* **1.** Prêtable; (capital *m*) disponible pour avances de fonds. **2.** Que l'on peut emprunter.

loanee [lou'ni:], *s.* Emprunteur, -euse.

loaner ['lounər], *s.* Prêteur, -euse.

loath [louθ], *a.* **To be loath to do sth.,** avoir de la répugnance à faire qch., répugner à faire qch.; être peu disposé, peu enclin, à faire qch.; faire qch. à contre-cœur; ne pas vouloir faire qch. *I am l. to punish you,* (i) j'hésite à vous punir; (ii) c'est à regret que je vous punis. **However loath he was to write,** quelque répugnance qu'il eût à écrire. **To be loath for s.o. to do sth.,** ne pas vouloir que qn fasse qch. *He did it* **nothing loath,** il l'a fait très volontiers, sans hésiter, sans se faire prier. *He was nothing l. to sing again,* il ne demandait qu'à chanter encore.

loathe [lo:uð], *v.tr.* Détester, exécrer, *F:* abominer (qn, qch.); avoir, éprouver, de l'aversion, du dégoût, pour (qn, qch.); avoir (qn, qch.) en horreur. *I l. wine,* le vin me répugne; je ne peux pas souffrir le vin; *F:* j'abomine le vin. *That made me l. wine,* cela me fit prendre le vin en dégoût. **To loathe doing sth.,** abhorrer de faire qch. *I l. doing it,* il me répugne de le faire. *He loathes being praised,* il abhorre qu'on lui fasse des éloges.

loathing, *s.* Dégoût *m*, aversion *f*, répugnance *f* (*for,* pour). **To take, conceive, a loathing for s.o.,** prendre qn en dégoût. *To have a l. for milk,* avoir, éprouver, du dégoût pour le lait.

loathliness ['louðlinəs], *s.* *A. & Lit:* = LOATHSOMENESS.

loathly ['louðli], *a.* *A. & Lit:* = LOATHSOME.

loathness ['louθnəs], *s.* Répugnance *f*, aversion *f* (*to do sth.,* à faire qch.).

loathsome ['louðsəm], *a.* Repoussant, écœurant, dégoûtant, répugnant; (*of smell*) nauséabond. **-ly,** *adv.* D'une manière repoussante, répugnante; dégoûtamment.

loathsomeness ['louðsəmnəs], *s.* Nature repoussante, dégoûtante (de qch.).

loave [lo:uv], *v.i.* = LOAF[2]. **loaves.** *See* LOAF[1].

lob[1] [lɔb], *s.* *Dial:* Rustre *m*, lourdaud *m*.

'lob-worm, *s.* Arénicole *f* des pêcheurs; *F:* ver *m* des pêcheurs; ver rouge.

lob[2], *s.* **1.** *Cr:* Balle lente bôlée en dessous. **2.** *Ten:* Chandelle *f*, lob *m*. *To play a l. against s.o.,* lober qn.

'lob-'volley, *s.* *Ten:* Lob-volée *m*, *pl.* lobs-volées.

lob[3]. **1.** *v.i.* To lob (along), se traîner lourdement; (*of shell, etc.*) voler lourdement. To lob up, down, monter, descendre, en chandelle. **2.** *v.tr.* (*a*) *Cr:* Bôler (la balle) en dessous. (*b*) *Ten:* Frapper (la balle) en hauteur; lober (la balle); lancer (la balle) en chandelle; *abs.* lober; renvoyer des chandelles. *To allow one's return to be lobbed,* se faire lober. *To lob one's opponent,* lober son adversaire.

lobar ['loubər], *a.* *Nat.Hist:* Lobaire. *Med:* **Lobar pneumonia,** pneumonie *f* lobaire.

lobate ['loubeit], *a.* Lobé, lobaire.

lobby[1] ['lɔbi], *s.* (*a*) Couloir *m*, antichambre *f*, vestibule *m*; promenoir *m* (d'un tribunal, etc.); entrée *f* (d'un théâtre). (*b*) (*In Parliament*) **The lobby of the House,** la salle des pas perdus; les couloirs de la Chambre. **The division lobbies,** les vestibules où passent les députés lorsqu'ils "se divisent" pour voter.

lobby[2], *v.tr. & i.* **To lobby (members),** fréquenter la salle des pas perdus de la Chambre (en quête de nouvelles, *U.S:* pour influencer des membres du Parlement); faire les couloirs. *U.S:* **To lobby a bill through,** faire passer une mesure à force d'intrigues.

lobbying, *s.* **To go in for lobbying,** faire les couloirs.

lobbyist ['lɔbiist], *s.* *U.S:* Intrigant *m* (qui fréquente les couloirs de la Chambre).

lobe [loub], *s.* **1.** *Arch: Nat.Hist:* Lobe *m* (de rosace, de feuille, de l'oreille, etc.). **Lower lobe** *of the ear,* auricule *f* de l'oreille. *See also* SEED-LOBE. **2.** *F:* Oreille *f* (d'une pièce coulée, etc.). *Mec.E:* **Cam lobe,** bossage *m*, nez *m*, de came.

lobed [loubd], *a.* *Nat.Hist:* Lobé.

lobelet ['loublet], *s.* *Bot:* Lobule *m*.

lobelia [lo'bi:ljə], *s.* *Bot:* Lobélie *f*.

lobiole ['loubioul], *s.* *Bot:* Lobiole *f*.

loblolly [lɔb'lɔli], *s.* *A:* Gruau *m*, bouillie *f* (pour malades, etc.). *Navy: A:* **Loblolly boy, loblolly man,** infirmier *m*.

lob'lolly-bay, *s.* *Bot: U.S:* Gordonie *f* à feuilles glabres.

lobscouse ['lɔbskaus], *s.* *Nau:* Ratatouille *f*, ragoût *m*.

lobster ['lɔbstər], *s.* **1.** Homard *m*. **Hen lobster,** homard femelle. **Spiny lobster,** langouste *f*. **Norway lobster,** langoustine *f*. *Cu:* **Lobster-salad,** salade *f* de homard. **2.** *P:* Soldat *m* (en tunique rouge).

'lobster-boat, *s.* Homardier *m*.

'lobster-ground, *s.* Homarderie *f*.

'lobster-net, *s.* Caudrette *f*.

'lobster-pot, *s.* Casier *m* à homards.

lobular ['lɔbjulər], *a.* Lobulaire.

lobulate ['lɔbjulet], *a.* *Nat.Hist:* Lobulé, lobuleux.

lobule ['lɔbju:l], *s.* *Nat.Hist:* Lobule *m*.

lobulous ['lɔbjuləs], *a.* Lobulé, lobuleux.

local[1] ['louk(ə)l]. **1.** *a.* (*a*) **Local situation,** situation *f* topographique. **Local habitation,** lieu *m* de demeure. (*b*) Local, régional, de la place, du pays, de la localité. **Local authorities,** autorités locales. *L. bank,* banque locale; banque régionale. *L. name,* nom régional; nom de terroir. *L. information,* information recueillie sur les lieux. *L. attachment,* attachement *m* pour un endroit. **Local wine,** vin *m* du pays. **Local colour,** couleur locale. **Local time,** heure (vraie) du lieu. *L. horizon,* horizon apparent, visible. **Local doctor,** médecin *m* du quartier, de l'endroit. **Local interests, quarrels,** intérêts *m*, disputes *f*, de clocher. **Local train, railway,** train *m*, chemin *m* de fer, d'intérêt local. **Local road,** route vicinale. **Local examination,** examen universitaire régional. *Ecc:* **Local preacher,** (chez les méthodistes) laïque autorisé à faire le prêche dans son district. **Local government,** décentralisation *f* de l'administration; administration décentralisée. **Local option,** contrôle direct par les habitants d'une localité du commerce des boissons alcooliques; droit *m* d'autorisation et d'interdiction. **Local veto,** régime abstentionniste voté par les habitants d'une localité. *Rom.Ant:* **Local patron deities,** dieux indigètes. *Meteor:* **Local thunder,** orages *mpl* locaux. *L. showers,* averses éparses. *Nau:* **Local attraction,** déviation locale (du compas) (due au voisinage de terres magnétiques). (*c*) (*On addresses*) **'Local,'** en ville, "E.V." *Bank: Com:* **Local business,** les affaires *f* de la place. **Local bill,** effet *m* sur place. *L. agent,* agent *m* fixe. *L. trade,* commerce local, de la place, dans la localité. *L. purchases,* achats *m* sur place. (*d*) **Local disease, pain,** maladie, douleur, localisée, locale, topique. **Local remedy,** remède topique, local; topique *m*. **Local anaesthetic,** *s. F:* local, anesthésique local. **2.** *s.* (*a*) Personne *f* de l'endroit. (*b*) = *local doctor, local train, local preacher, etc.* (*c*) *Journ:* **'Local,'** "nouvelles locales"; "nouvelles de la région." (*d*) *Sch:* **Locals,** examens régionaux (tenus sous les auspices d'une université). (*e*) *P:* **The local,** le cabaret (du village). **-ally,** *adv.* Localement. *Staff engaged l.,* personnel engagé sur place. *He is well known l.,* il est bien connu dans son pays, dans la région, sur la place. **Wine locally produced,** vin *m* du pays.

local[2] [lou'kɑ:l], *usu.* **locale** [lou'kɑ:l], *s.* Localité *f*; scène *f*, théâtre *m* (des événements).

localism ['loukəlizm], *s.* **1.** (*a*) Localisme *m*, régionalisme *m*. (*b*) Esprit *m* de clocher. **2.** Terme local; trait local; caractéristique locale; usage local.

locality [lo'kaliti], *s.* **1.** (*a*) Caractère local (d'un usage, etc.). (*b*) *Psy:* **(Sense of) locality,** localisation *f* (d'un stimulus). (*c*) *F:* **To have the bump of locality,** avoir une bonne mémoire locale; avoir la mémoire des lieux; avoir la bosse de l'orientation. **2.** Localité *f*. (*a*) Région *f* (d'une faune, d'une flore, etc.); emplacement (d'un gisement, etc.). (*b*) Endroit *m*, voisinage *m*. *In this l.,* dans cette région; dans cet endroit; *F:* dans ces parages. *People from these localities,* gens du pays, de la région. *In my l. . . .,* *F:* dans mon patelin. . . .

localizable [loukə'laizəbl], *a.* Localisable.

localization [loukəlai'zeiʃ(ə)n], *s.* **1.** Localisation *f* (d'une épidémie, etc.). **2.** Repérage *m*. *Ind: etc:* **Localization of a fault,** détermination *f* d'un dérangement.

localize ['loukəlaːiz], *v.tr.* **1.** (*a*) Localiser (une épidémie, une conflagration, etc.). (*Of disease*) **To become localized,** se localiser (*in a part*, dans un organe). *X Rays:* **Localizing apparatus,** localisateur *m.* (*b*) Localiser (un mythe, une légende). **2.** = LOCATE 1 (*a*).

Locarno [lo'kaːrno]. *Pr.n. Geog:* Locarno. **The Locarno Pact, the Treaty of Locarno,** les Accords *m* de Locarno.

locate [lo'keit]. **1.** *v.tr.* (*a*) Localiser (qch.); établir, déterminer, reconnaître, la situation de (qch.). **To locate the seat of a disease,** découvrir, repérer, le siège du mal. **To locate a quotation,** trouver, établir, la source d'une citation. *To l. an event in history*, fixer la date d'un événement dans l'histoire. *The police have located the gang*, la police a repéré la bande. *El:* **To locate a fault,** repérer, localiser, déterminer, un dérangement. *Mil:* **To locate a machine-gun position,** repérer un emplacement de mitrailleuse. (*b*) (*Chiefly U.S.*) Fixer, décider, l'emplacement de (qch.). (*c*) **To be located in a place,** être situé dans un endroit. **2.** *v.i. U.S:* S'établir (dans un endroit).

locating, *s.* Détermination *f* (d'une fuite de gaz, etc.); relève *f* (d'un défaut dans un appareil). *Artil: etc:* Repérage *m* (d'une batterie, etc.). *El.E:* **Locating of faults,** recherche *f*, détermination *f*, de dérangements. *Nau: Av:* **Locating by wireless,** radiogoniométrie *f.*

locater [lo'keitər], *s.* = LOCATOR.

location [lo'keiʃ(ə)n], *s.* **1.** = LOCATING. **2.** (*a*) Établissement *m* (de qn) dans un lieu. (*b*) Situation *f*, emplacement *m*. **3.** (*a*) (*In S. Africa*) Réserve *f* indigène. (*b*) (*In Austr.*) = Élevage *m* (de moutons). (*c*) *U.S:* Concession minière. **4.** *Jur:* (*Scot.*) (*Letting for hire*) Location *f.*

locative ['lɔkətiv], *a.* & *s.* *Gram:* Locatif (*m*). **In the locative,** au locatif.

locator [lo'keitər], *s.* **1.** (*Pers.*) Trouveur, -euse. **2.** *Mec.E:* Pièce *f* de repérage; repère *m.*

loch [lɔx], *s. Scot:* **1.** Lac *m.* **2.** **Sea loch,** bras *m* de mer; loch *m* maritime; fjord *m.*

lochia ['lɔkiə], *s.pl. Obst:* Lochies *f*; suites *f* de couches.

lochial ['lɔkiəl], *a. Obst:* Lochial, -aux.

lock[1] [lɔk], *s.* **1.** (*a*) Mèche *f*, boucle *f* (de cheveux). *See also* ELF-LOCK, LOVELOCK. (*b*) *pl.* **His scanty locks,** ses rares cheveux; ses cheveux peu fournis. **2.** Flocon *m* (de laine). *Tex:* **Lock wool, locks,** écouailles *fpl.*

lock[2], *s.* **1.** Serrure *f*, fermeture *f*. **Double lock,** serrure à double tour. **Safety lock,** serrure de sûreté. **Yale lock,** serrure Yale. **Piped-key lock,** serrure à broche. **Letter-keyed lock,** cadenas *m* à chiffres, à combinaisons. **Drawback lock,** serrure camarde. **Stock-lock, dead-lock,** serrure à pêne dormant. *See also* DEAD-LOCK 2. **Double-sided lock,** serrure bénarde. *To put a l. on a door*, poser une serrure à une porte. **To pick a lock,** crocheter une serrure. **Under lock and key,** sous clef; *F:* (*of pers.*) sous les verrous. *F: To put s.o., sth., under l. and key*, enfermer qn, qch.; mettre qch. sous clef. *See also* BOX-LOCK, BRAMAH, CASE-LOCK, CHAIN-LOCK, CHEST-LOCK, COMBINATION 4, LETTER-LOCK, MORTISE LOCK, PIN-LOCK, PUZZLE-LOCK, SPRING-LOCK, TUMBLER 5. **2.** (*a*) Enrayure *f* (de roue). *See also* BRAKE-LOCK, WOOD-LOCK. (*b*) Verrouillage *m*; verrou *m*, *pl.* verrous. *Rail:* **Switch-lock, control-lock,** verrou de blocage. **Lock and block system,** système *m* à bloc enclenché. *Mec.E:* **Coupling-lock,** verrou d'accouplement. (*c*) *Mec.E:* Crabotage *m*. *Aut:* **Direct-drive lock,** crabotage de prise directe. **3.** Platine *f* (de fusil). *F:* **Lock, stock, and barrel,** tout sans exception; *P:* tout le fourbi. *See also* FIRELOCK, FLINT-LOCK, WHEEL-LOCK. **4.** Embarras *m* (de voitures), arrêt *m* de circulation. **5.** *Wr:* Étreinte *f*, clef *f*. **Arm-lock,** clef de bras. *See also* HAMMER-LOCK[1], LEG-LOCK, WAIST-LOCK. **6.** *Aut: Veh:* **(Steering) lock,** angle *m* de braquage. *Wide steering l.*, grand angle de braquage. *To have a l. of* 30°, braquer à 30°. **7.** *Hyd.E:* Écluse *f*. **Flash lock,** écluse simple. **Pound lock,** écluse à sas. **Ship-canal lock,** ascenseur-écluse *m*, *pl.* ascenseurs-écluses. *To pass a barge through a l.*, écluser, sasser, un chaland. (*Of boat*) *To go through the l.*, sasser. *See also* AIR-LOCK, LIFT-LOCK. **8.** *Med:* **Lock(-hospital),** hôpital *m* pour les maladies vénériennes.

'lock-back, *s. Clasp-knife with l.-b.*, couteau *m* avec arrêt de sûreté, à cran d'arrêt.

'lock-chain, *s. Veh:* Chaîne *f* d'enrayage.

'lock-chamber, *s. Hyd.E:* Sas *m* d'écluse; chambre *f* d'écluse; neptune *m* (de canal).

'lock-fitter, *s.* Ferreur *m* de porte.

'lock-'gate, *s.* Porte *f* d'écluse.

'lock-jaw, *s. Med:* (i) Trisme *m*; (ii) *F:* tétanos *m*; *Vet: F:* mal *m* de cerf.

'lock-keeper, *s.* Gardien *m* d'écluse; éclusier *m.*

'lock-nut, *s.* **1.** = CHECK-NUT. **2.** Écrou *m* indesserrable.

'lock-plate, *s.* Palastre *m* (de serrure).

'lock-sill, *s. Hyd.E:* Seuil *m*, radier *m*, d'écluse; busc *m.*

'lock-step, *s.* **To march in lock-step,** emboîter le pas.

'lock-stitch, *s.* Point *m* de navette (d'une machine à coudre); point indécousable; point noué; point de piqûre. *Double l.-stitch*, point redoublé.

lock[3]. I. *v.tr.* **1.** (*a*) Fermer à clef; donner un tour de clef à (une porte). *See also* DOUBLE-LOCK, STABLE[1] 1. (*With passive force*) **Trunk that won't lock,** malle *f* dont la serrure est abîmée, qu'on ne peut pas fermer à clef. *The door locks on the inside*, la serrure (de la porte) joue à l'intérieur. *All these boxes l.*, tous ces coffrets se ferment à clef. (*b*) **To lock s.o. in a room,** enfermer qn dans une chambre. **2.** (*a*) Enrayer, bloquer, caler (les roues); enclencher (les pièces d'un mécanisme); *Sm.a:* verrouiller (la culasse). *Dent:* **Locked tooth,** dent barrée. **Wheel rigidly locked with another,** roue *f* solidaire d'une autre. *To l. the turret of a lathe*, bloquer, verrouiller, la tourelle d'un tour. **To lock a screw,** arrêter une vis. *The lever becomes locked*, le levier se trouve verrouillé. *Rail:* **To lock a switch,** verrouiller une aiguille. *Ship locked in ice*, navire pris dans les glaces. *Lit:* **Locked in sleep,** plongé dans le sommeil; engourdi par le sommeil. *The secret was safely locked in his breast*, il gardait le secret dans son cœur (avec un soin jaloux). *See also* LANDLOCKED. (*b*) (*Of pers.*) **To be locked (together) in a struggle,** être engagés corps à corps dans une lutte. **To be locked in each other's arms,** se tenir étroitement embrassés, être enlacés. (*c*) **She locked her arms about his neck,** elle lui sauta au cou et l'étreignit. (*d*) **To lock one's teeth,** serrer les dents. *The jaws were tightly locked*, les dents (du cadavre, etc.) étaient serrées. **3.** *Hyd.E:* (*a*) Écluser (un canal); pourvoir (un canal) d'écluses. (*b*) **To lock a boat,** écluser, sasser, un bateau.

II. **lock,** *v.i.* **1.** (*a*) (*Of wheels, etc.*) S'enrayer, se bloquer. (*b*) **The parts lock into each other,** (i) les parties s'enclavent; (ii) les parties s'enclenchent. **2.** *Mil:* (*Of ranks*) Emboîter le pas. **3.** *Hyd.E:* (*Of boat*) Passer par l'écluse.

lock away, *v.tr.* Serrer (qch.) sous clef.

lock in, *v.tr.* (*a*) Enfermer (qn) à clef; **mettre** (qn) sous clef. (*b*) *The lake is locked in with, by, hills*, le lac est enserré de montagnes.

lock off, *v.tr.* Séparer (une partie de la rivière) par une écluse.

lock out, *v.tr.* (*a*) Mettre (qn) dans l'impossibilité de rentrer (en fermant la porte à clef). *If I am not in by ten o'clock I am locked out*, si je ne suis pas rentré à dix heures je trouve porte close. (*b*) *Ind:* Fermer les ateliers comme mesure disciplinaire contre (le personnel); lock-outer (le personnel).

'lock-out, *s. Ind:* Lock-out *m inv.*

lock up, *v.tr.* **1.** (*a*) Mettre, serrer, (qch.) sous clef; enfermer (qch.). *To l. one's griefs up in one's bosom*, renfermer ses chagrins dans son cœur. (*b*) **To lock s.o. up,** enfermer qn; mettre qn sous les verrous, en lieu sûr; écrouer qn au dépôt. **To get locked up by the police,** *F:* se faire coffrer. (*c*) **To lock up a house,** fermer une maison à clef; bâcler une maison. *Abs. It's time to l. up*, c'est l'heure de tout fermer. (*d*) *Typ:* **To lock up the forms,** serrer les formes. **2.** *Fin:* **To lock up capital,** immobiliser, bloquer, engager, des capitaux. **To lock up a stock,** boucler une valeur.

locking up, *s.* **1.** (*a*) Mise *f* sous clef. (*b*) Fermeture *f* (de la maison, etc.) à clef. (*c*) *Typ:* Serrage *m* (des formes). **2. Locking up of capital,** immobilisation *f* de capitaux.

lock-'up, *s.* **1.** *Sch: etc:* Fermeture *f* des portes (pour la nuit). **2.** *Fin:* (*a*) Immobilisation *f*, blocage *m*, engagement *m* (de capital). (*b*) Capital immobilisé, engagé. **Lock-up holding,** placement *m* à long terme. **3.** Hangar *m*, etc., fermant à clef. **Lock-up in a garage,** box *m*. *Attrib.* **Lock-up shop, desk, etc.,** magasin *m*, pupitre *m*, etc., fermant à clef. **4.** *F:* Poste *m* de police, *F:* le violon, le bloc. *He is in the l.-u.*, il est au poste, au violon. **Put in the lock-up,** écroué au dépôt; *F:* coffré.

locking[1], *a.* **1.** Qui se ferme à clef. **2.** A verrouillage, à enclenchement. *See also* SELF-LOCKING.

locking[2], *s.* **1.** Fermeture *f* à clef. **2.** *Mec.E:* Immobilisation *f*, verrouillage *m*, blocage *m*, enclenchement *m*; enrayement *m* (des roues). **Locking of a nut,** blocage d'un écrou. *Aut:* **Handle with interior locking device,** poignée à condamnation. **3.** *Hyd.E:* Éclusage *m*, sassement *m* (d'un bateau).

'locking-bar, *s.* Barrette-verrou *f*, *pl.* barrettes-verrous. *Rail:* Pédale *f* de calage.

'locking-catch, *s.* Encliquetage *m* d'arrêt.

'locking-lever, *s.* Levier *m* d'arrêt, d'accrochage.

'locking-ring, *s.* (*a*) Bague *f* d'arrêt, de blocage, de serrage; collier *m* de serrage. (*b*) *Sm.a:* **Bayonet locking-ring,** virole *f*. *L.-r. pin*, étouteau *m.*

'locking-screw, *s.* Vis *f* de blocage, de serrage, d'arrêt.

lockage ['lɔkedʒ], *s. Hyd.E:* **1.** Différence *f* de niveau (entre biefs). **2.** Éclusage *m*, sassement *m* (d'un bateau). **3.** Péage *m* d'écluse; droit *m* d'écluse. **4.** Construction *f* d'écluses. **5.** *Coll.* Écluses *fpl.*

'lockage-water, *s. Hyd.E:* Éclusée *f.*

-locked [lɔkt], *a.* (*With adj. prefixed*) Aux boucles de cheveux (de telle ou telle façon). **Golden-locked,** aux boucles d'or. **Long-locked,** aux longues boucles.

locker ['lɔkər], *s.* **1.** Armoire *f* ou coffre *m* (fermant à clef). *Every member of the club has his l.*, chaque membre du club a son armoire, sa case. **2.** *Nau:* (*a*) Caisson *m*, coffre. **Signal locker,** coffre aux pavillons; coffre à signaux; caisson à signaux. (*b*) Soute *f*. **Sail locker,** soute à voiles. **Rope locker,** soute à filin. **Cable locker,** (i) soute aux cables; (ii) puits *m* aux chaînes. **Shot-locker,** parc *m* à boulets. *See also* BREAD-LOCKER, CHAIN-LOCKER, DAVY JONES, LAMP-LOCKER, SHOT[2] 1.

locket ['lɔket], *s.* **1.** Médaillon *m* (porté en parure). **2.** *Sm.a:* Bracelet *m*, agrafe *f*, de fourreau.

lockfast ['lɔkfaːst], *a.* **1.** (*a*) Fermant à clef. (*b*) Fermé à clef. **2.** *Mec.E:* Verrouillé; calé.

lockful ['lɔkful], *s. Hyd.E:* Éclusée *f* (d'eau).

locksman, *pl.* **-men** ['lɔksmən, -men], *s.* = LOCK-KEEPER.

locksmith ['lɔksmiθ], *s.* Serrurier *m*. *See also* LOVE[1] 1.

locksmithery ['lɔksmiθəri], *s.* Serrurerie *f.*

loco[1] ['louko], *s. F:* = LOCOMOTIVE 2.

loco[2], *s. U.S:* **1. Loco(-weed),** variété *f* d'astragale qui occasionne le vertigo chez les chevaux. **2. Loco(-disease),** vertigo des chevaux (occasionné par le *loco-weed*).

loco[3], *a. U.S: F:* = LOCOED 2.

locoed ['loukoud], *a. U.S:* **1.** *Vet: F:* (Cheval) atteint de vertigo. **2.** *F:* (*Of pers.*) Timbré, toqué; au cerveau fêlé.

locomote ['loukomout], *v.i.* **1.** *Biol.* & *Hum:* Se déplacer. **2.** *Biol:* Être doué de locomotilité.

locomotion [louko'mouʃ(ə)n], *s.* Locomotion *f.*

locomotive ['loukomoutiv, louko'moutiv]. **1.** *a.* (*a*) Locomotif. *L. machine*, machine locomotive; machine locomobile. *L. faculty*, faculté locomotive ou locomotrice; locomotilité *f*, locomotivité *f*. (*b*) *Hum:* (*Of pers.*) Allant, qui aime à voyager. **2.** *s.* (*a*) *Rail:* Locomotive *f*. *Inner-frame l.*, locomotive à longerons intérieurs. *Outside frame l.*, locomotive à longerons extérieurs. *Rack l.*, locomotive à roue dentée. **Locomotive works,** ateliers *m* de construction de locomotives. (*b*) *Hum:* **To use one's locomotives,** jouer des flûtes.

locomotivity [loukomou'tiviti], *s.* Locomotivité *f.*

locomotor ['loukomoutər]. **1.** *a.* Locomoteur, -trice. *See also* ATAXY. **2.** *s.* Locomoteur *m.*

locomotory [louko'moutəri], *a.* Locomotif; locomoteur, -trice.

loco-price ['loukoprais], *s.* *Com:* Prix *m* sur place; prix loco.

Locrian ['lɔkriən], *a.* & *s.* *A.Geog:* Locrien, -ienne.

Locris ['lɔkris]. *Pr.n.* *A.Geog:* La Locride.

locular ['lɔkjulər], *a.* *Nat.Hist:* Loculaire.

loculate(d) ['lɔkjuleit(id)], *a.* *Nat.Hist:* Loculé.

loculicidal ['lɔkjuli'saidəl], *a.* *Bot:* (Déhiscence *f*, capsule *f*) loculicide.

loculus, *pl.* **-li** ['lɔkjuləs, -lai], *s.* *Nat.Hist:* Locule *f.* *Bot:* Loge *f.*

locum ['loukəm], *s.* *F:* **1.** = LOCUM-TENENS. *You must get a l. and come with us,* il faut vous faire suppléer et nous accompagner. **2.** = LOCUM-TENENCY.

locum-tenency ['loukəm'tiːnənsi], *s.* Poste *m* de remplaçant.

locum-tenens ['loukəm'tiːnenz], *s.* **1.** Remplaçant, -ante; suppléant, -ante (d'un médecin, d'un ecclésiastique). **To act as locum-tenens for a doctor,** faire l'intérim *m* d'un médecin; *F:* faire un remplacement. **2.** = LOCUM-TENENCY.

locus, *pl.* **loci** ['loukəs, 'lousai], *s.* **1.** Situation *f* (d'une concession, d'un bâtiment, etc.); scène *f* (d'un crime, etc.). **2.** *Geom:* Lieu géométrique.

locus 'classicus, *s.* Passage des classiques cité comme autorité.

locus com'munis, *s.* Lieu commun.

locus 'standi, *s.* **1.** Statut personnel. **2.** *Jur:* Droit *m* de comparaître devant la cour. *To have a l.s. to make application to the court,* être en droit d'adresser une requête à la cour.

locust ['loukəst], *s.* **1.** *Ent:* Grande sauterelle d'Orient; locuste *f*; *F:* criquet *m.* **Migratory locust,** criquet pèlerin, voyageur. **2.** *Bot:* (*a*) **Locust(-bean),** caroube *f.* (*b*) = LOCUST-TREE.

'locust-tree, *s.* *Bot:* **1.** Caroubier *m.* **2.** Robinier *m*; faux acacia; acacia vulgaire. **3.** Courbaril *m*; caroubier de la Guyane.

'locust-wood, *s.* *Com:* **1.** Caroubier *m.* **2.** Robinier *m.* **3.** Courbaril *m.*

locution [lo'kjuːʃ(ə)n], *s.* Locution *f.*

locutory ['lɔkjutəri], *s.* *Ecc:* (*a*) Parloir *m* (de couvent). (*b*) Grille *f* (du parloir).

lode [loud], *s.* *Min:* Filon *m*, veine *f*, gisement *m.* **Lode-gold,** or filonien. *See also* MASTER[1] 5.

lodestar ['loudstɑːr], *s.* **1.** Étoile directrice; *esp.* **the lodestar,** l'étoile polaire. **2.** *F:* Point *m* d'attraction, point de mire (de l'attention, etc.).

lodestone ['loudstoun], *s.* = LOADSTONE.

lodge[1] [lɔdʒ], *s.* **1.** (*a*) Loge *f* (de portier, de concierge, etc.). (*b*) **Keeper's lodge,** maison *f* de garde-chasse. **(Gate)-lodge,** pavillon *m* d'entrée (d'une propriété); maisonnette *f* du garde, pavillon du garde. **2.** **Shooting lodge,** pavillon de chasse. **3.** (*a*) Loge, atelier *m* (des francs-maçons). **The Grand Lodge of France,** le Grand Orient (de France). (*b*) **Lodge (meeting),** tenue *f.* **4.** (*At Camb. Univ.*) **Master's lodge,** résidence *f* du principal. **5.** Terrier *m* (de loutre); hutte *f* (de castor). **6.** Hutte (des Indiens de l'Amérique), wigwam *m.* **7.** *Min:* Recette *f*, accrochage *m.*

'lodge-keeper, *s.* Concierge *m.*

lodge[2]. I. *v.tr.* **1.** (*a*) Loger (qn dans un endroit); héberger (qn); avoir (qn) comme locataire (en garni). **To be lodged in a place,** loger, être logé, dans un endroit. *We were well lodged,* nous étions très bien; nous avons trouvé bon gîte. (*b*) *The troops lodged themselves on the enemy's flank,* les troupes *f* se logèrent sur le flanc de l'ennemi. (*c*) **To lodge s.o. in gaol,** incarcérer qn. **2.** *Ven:* (R)embûcher (le cerf). **3.** (*a*) Déposer. **To lodge money with s.o.,** consigner, déposer, remettre, de l'argent chez qn; confier de l'argent à qn. **To lodge power in the hands of s.o.,** donner pouvoir à qn. *The power is lodged in the people,* la souveraineté réside dans le peuple. (*b*) **To lodge a bullet on the target,** loger une balle dans la cible. (*c*) Recevoir. *Navy:* **To lodge a projectile,** encaisser un coup. (*d*) **To lodge a complaint,** porter plainte (*against*, contre). *See also* APPEAL[1] 1, CLAIM[1] 4. **4.** (*Of wind, rain*) Verser, coucher, abattre (le blé).

II. **lodge,** *v.i.* **1.** (*a*) (*Of pers.*) (Se) loger (quelque part). **To lodge with s.o.,** (i) demeurer chez qn (comme locataire en garni); (ii) être en pension chez qn. (*b*) *Ven:* (*Of stag*) S'embûcher. **2.** (*Of thg*) Rester, se loger. *His ball lodged on the roof,* son ballon est resté, s'est logé, sur le toit. *The bullet has lodged in the lung,* la balle s'est logée dans le poumon. **3.** (*Of corn, etc.*) Verser; se coucher.

lodging, *s.* **1.** (*a*) Hébergement *m*, prise *f* en pension ou en garni (de qn). (*b*) Dépôt *m*, consignation *f*, remise *f* (d'argent, de valeurs, etc.). (*c*) *Jur:* Déposition *f* (d'une plainte), interjection *f* (d'appel). (*d*) Verse *f* (du blé). **2.** Logement *m.* **A night's lodging,** le logement pour la nuit; la couchée; le couchage. **Board and lodging,** le vivre et le couvert; pension et chambre(s). *See also* BOARD[1] 2. *Mil:* *Navy:* **Lodging allowance,** indemnité *f* de logement. **3.** (*Often in pl.*) Logement, logis *m*, appartement meublé. **To let lodgings,** louer des chambres, des appartements. **To let furnished lodgings,** louer en garni; tenir un meublé, un hôtel garni. *To live, be,* **in (furnished) lodgings,** loger, habiter, en garni, en hôtel meublé. **To take lodgings,** louer un appartement meublé; louer une chambre, des chambres (avec ou sans pension).

'lodging-house, *s.* **1.** Hôtel garni; maison meublée. **2.** **Common lodging-house,** dépôt *m* de mendicité. *To get a bed at the common l.-h.,* trouver un lit chez la logeuse. **(Common) lodging-house keeper,** logeur, -euse, à la nuit.

lodg(e)ment ['lɔdʒmənt], *s.* **1.** (*a*) *Mil:* (*In siege*) Logement *m* (dans les ouvrages de l'ennemi). (*b*) Prise *f*; point *m* d'appui; assiette *f* (de pied). **To make, find, effect, a lodgement,** prendre pied; s'installer dans une position avantageuse. *A seed had found a l. on the wall,* une graine s'était logée en haut du mur. **2.** *Jur:* Dépôt *m*, remise *f* (d'argent, de valeurs) (*with*, chez). **3.** (*a*) Accumulation *f*, dépôt *m* (de sable, de boue, etc.) (dans une canalisation, etc.). (*b*) *Min:* Recette *f* à eau. **Lodgement level,** galerie *f* de drainage.

lodger ['lɔdʒər], *s.* Locataire *mf* (en meublé) ou pensionnaire *mf* (à la semaine, au mois). *Householders and lodgers,* logeurs et logés; locataires *m* et sous-locataires *m.* **To take lodgers,** tenir un meublé, louer des appartements; prendre des pensionnaires; sous-louer des chambres meublées.

loess ['loues], *s.* *Geol:* Lœss *m*, lehm *m*, limon fin, terre *f* jaune.

loft[1] [lɔft], *s.* **1.** Grenier *m*, soupente *f.* *See also* HAYLOFT, MALT-LOFT. **2.** (*a*) Pigeonnier *m*, colombier *m.* (*b*) **A loft of pigeons,** un vol de pigeons. **3.** Galerie *f*, tribune *f* (dans une église, une salle, etc.). *See also* ORGAN-LOFT. **4.** *Ind:* Atelier *m.* *N.Arch:* **Drawing loft, mould(ing) loft,** salle *f* de gabarits. *See also* RIGGING-LOFT, SAIL-LOFT. **5.** *Golf:* (*a*) Angle *m* de la face (d'une crosse). (*b*) Coup (de crosse) dirigé en hauteur (pour franchir un obstacle).

loft[2], *v.tr.* **1.** *Golf:* (*a*) *To l. the ball,* donner de la hauteur à la balle (pour franchir un obstacle, ou pour qu'elle retombe sans rouler). (*b*) **To loft a club,** incliner la face d'une crosse en arrière. **2.** Garder (des pigeons) dans un pigeonnier.

lofted, *a.* *Golf:* (Crosse) à face renversée.

lofting, *s.* **1.** *Golf:* Envoi *m* (de la balle) en l'air, en hauteur. **Lofting-iron** = LOFTER. **2.** Mise *f* (des pigeons) en pigeonnier.

lofter ['lɔftər], *s.* *Golf:* Lofter *m*; crosse *f* à face renversée.

loftiness ['lɔftinəs], *s.* **1.** Hauteur *f*, élévation *f* (d'un édifice, d'une salle, du plafond). **2.** Hauteur (dans les manières); ton hautain. **3.** (*a*) Élévation (des sentiments). (*b*) Sublimité *f*, élévation (du style).

lofty ['lɔfti], *a.* **1.** (*Of mountain, tree, building, etc.*) Haut, élevé. *L. stature,* haute taille; taille élevée. **2.** (*a*) (*Of pers., air*) Hautain, orgueilleux, altier. (*b*) (Air) condescendant, protecteur. **3.** (*a*) (*Of aim, desire, etc.*) Élevé. **Lofty soul,** âme élevée, de haut vol. *L. moral authority,* haute autorité morale. *L. sense of duty,* haut sentiment du devoir. *The l. and loyal spirit of the prisoner,* la grandeur d'âme et la loyauté du prisonnier. (*b*) (*Of style, etc.*) Élevé, relevé, sublime, soutenu. **-ily,** *adv.* **1.** (Situé) en haut. **2.** (Répondre) avec hauteur; fièrement, altièrement. **3.** (Décrire qch.) d'une manière sublime.

log[1] [lɔg], *s.* **1.** Bloc *m* de sciage; grosse bûche; tronçon *m* de bois. **Chopping log,** billot *m.* **(Saw-)log,** bille *f.* **Timber in the log,** bois *m* de brin; bois en grume. *F:* **To stand like a log,** rester (là) comme une souche. **To fall like a log,** tomber comme une masse. **Roll my log and I'll roll yours,** passez moi la casse et je vous passerai le séné; à charge de revanche. **A King Log,** un roi Soliveau, un roi Solive. *See also* SLEEP[2] 1, YULE-LOG. **2.** *Nau:* (*a*) Loch *m.* **Patent log,** loch enregistreur, à hélice; sillomètre *m.* **Hand log,** loch à main. **To heave, throw, stream, the log,** jeter, filer, le loch. *To haul in the log,* rentrer le loch. **To sail by the log,** naviguer au loch. *See also* GROUND-LOG. (*b*) (*In engine-room*) Indicateur *m* de vitesse. **3.** *Nau:* = LOG-BOOK 1. **Mate's log,** journal, -aux *m*, de bord. **To write up the log,** porter au journal tous les faits à signaler. **The entries in the log,** les éléments *m* du journal. *Mil:* **Log of a listening-post,** journal d'écoute.

'log-basket, *s.* Panier *m* à bois.

'log-board, *s.* *Nau:* Casernet *m* de la timonerie.

'log-book, *s.* **1.** *Nau:* (*a*) Livre *m* de loch. (*b*) *Navy:* Casernet *m* de la timonerie. (*c*) **Ship's log(-book),** (i) (*at sea*) journal *m* de navigation; (ii) (*in harbour*) journal de bord. *See also* LOG[1] 3. **2.** (*a*) *Aut:* *etc:* Carnet *m* de route. (*b*) *Av:* Livre de vol. (*c*) *Ind:* Journal de travail (d'une machine); registre *m.* *W.Tel:* Carnet d'écoute. *Min:* *Driller's l.-b.,* carnet de sondage.

'log-'cabin, *s.* Hutte *f* de troncs d'arbre, cabane *f* de bois.

'log-chip, *s.* *Nau:* = LOG-SHIP.

'log-glass, *s.* *Nau:* Sablier *m.*

'log-house, -hut, *s.* = LOG-CABIN.

'log-jam, *s.* Embâcle *m* de bûches.

'log-line, *s.* *Nau:* Ligne *f* de loch.

'log-man, *pl.* **-men,** *s.* *U.S:* Porteur *m* de bois.

'log-reel, *s.* *Nau:* Tour *m* de loch; tambour *m* de loch.

'log-roll, *v.i.* *U.S:* **1.** *For:* Rouler les billes jusqu'à la rivière. **2.** Se prêter les uns aux autres une entr'aide intéressée; faire du battage.

'log-rolling, *s.* **1.** Transport *m* des billes à la rivière. **2.** (*a*) Alliance *f* politique dans un but intéressé. (*b*) Battage *m* littéraire, camaraderie *f* littéraire. *L.-r. criticism,* critique *f* d'admiration mutuelle.

'log-roller, *s.* *U.S:* **1.** Manœuvre *m* qui roule les billes jusqu'à la rivière. **2.** Personne qui prête à une autre une aide intéressée.

'log-running, *s.* Flottage *m* du bois.

'log-screw, *s.* *Carp:* Tire-fond *m inv.*

'log-ship, *s.* *Nau:* Bateau *m* de loch.

'log-way, *s.* Chemin *m* de rondins.

log[2], *v.tr.* **1.** (*a*) Tronçonner (le bois); débiter (le bois) en bûches. (*b*) *To log a piece of forest,* abattre (et débiter) les arbres d'une coupe. **2.** (*Of ship*) Filer (tant de nœuds). **3.** (*a*) *Nau:* Porter (un fait) au journal. (*b*) *Ind:* Noter (des résultats, etc.) sur le registre. **4.** *W.Tel:* Repérer, étalonner (une station).

logged, *a.* **1.** (*Of water*) Stagnant; (*of soil*) imbibé d'eau, marécageux. **2.** = WATERLOGGED 1. **3.** *U.S:* (Cabane *f*) en rondins.

logging, *s.* **1.** Exploitation *f* des bois et forêts; abattage *m* et façonnage *m.* **2.** Inscription *f* (d'un fait) dans le journal. **3.** *W.Tel:* Étalonnage *m.*

'logging-wheels, *s.* *For:* Trique-balle *m or f*, *pl.* trique-balles.

log[3], *s.* *Mth:* *F:* = LOGARITHM.

loganberry ['louganberi], *s.* *Hort:* Ronce-framboise *f*, *pl.* ronces-framboises.

logan(-stone) ['lougən(stoun)], *s.* *Geol:* Rocher branlant; pierre branlante.

logaoedic [lɔgə'i:dik], *a.* & *s.* *Pros:* (Vers) logaédique (*m*).

logarithm ['lɔgəriθm], *s.* Logarithme *m*. **Napierian logarithm, natural logarithm, hyperbolic logarithm,** logarithme népérien, naturel. **Briggs's logarithm, decimal logarithm, common logarithm,** logarithme ordinaire, à base 10.

logarithmic [lɔgə'riθmik], *a.* **1.** (Courbe *f*, papier *m*) logarithmique; (papier) à divisions logarithmiques. **2. Logarithmic table,** table *f* des logarithmes. **-ally,** *adv.* Au moyen de(s) logarithmes.

loggerhead ['lɔgərhed], *s.* **1.** *A:* Sot *m*, lourdaud *m*. **2.** *Nau:* Boulet *m* à brai. **3.** *Rept:* Caouan(n)e *f*. **4. To be at loggerheads with s.o.,** être en bisbille, en conflit (d'opinions, d'intérêts), en querelle, en désaccord, en zizanie, en brouille, avec qn. *He is at loggerheads with the mayor,* il fait mauvais ménage avec le maire. *A couple at loggerheads,* un couple en mésintelligence; *F:* un ménage où le torchon brûle. **To come to loggerheads with s.o.,** entrer en conflit, en collision, avec qn; *F:* se chamailler avec qn, avoir des histoires avec qn. **To set people at loggerheads,** mettre la discorde, semer la dissension, entre les gens; mettre les gens en bisbille; brouiller, faire quereller, les gens.

loggerheaded ['lɔgərhedid], *a.* **1.** Imbécile, sot. **2.** *Z:* A grande tête.

loggia, *pl.* **-ias, -ie** ['lɔdʒja, -jəz, -je], *s.* *Arch:* Loge *f*, loggia *f*.

logic ['lɔdʒik], *s.* Logique *f*. **The logic of events,** la force des événements. *See also* CHOP[5] 2.

'logic-chopper, *s.* *F:* Ergoteur, -euse. *Cf.* CHOP[5] 2.

logical ['lɔdʒik(ə)l], *a.* **1.** Logique. *It is only l. that he should take back his own,* il est logique qu'il reprenne son bien. **2.** (*Of pers.*) Qui a de la logique; qui a de la suite dans les idées. **-ally,** *adv.* Logiquement.

-logical ['lɔdʒik(ə)l], *a.suff.* -logique. *Psychological,* psychologique. *Sociological,* sociologique. *Theological,* théologique.

logician [lo'dʒiʃən], *s.* Logicien, -ienne.

logie ['lougi], *s.* *Th:* Ornement *m*, bijou *m*, ou parure *f* en clinquant, en zinc, en toc.

-logist [lodʒist], *s.suff.* -logiste *mf*, -logue *mf*. *Sociologist,* sociologiste, sociologue. *Etymologist,* étymologiste. *Zoologist,* zoologiste, zoologue. *Mineralogist,* minéralogiste.

logogram ['lɔgogram], *s.* Sténogramme *m*.

logograph ['lɔgograf], *s.* **1.** = LOGOGRAM. **2.** = LOGOTYPE. **3.** *A:* Phonographe *m*.

logographer [lɔ'gɔgrəfər], *s.* *Gr.Ant:* Logographe *m*.

logogriph ['lɔgogrif], *s.* Logogriphe *m*, énigme *f*, anagramme *f*.

logomachy [lɔ'gɔmaki], *s.* Logomachie *f*; dispute *f* de mots.

logometer [lɔ'gɔmetər], *s.* *Nau:* Lochomètre *m*.

Logos (the) [ðə'lɔgɔs], *s.* *Theol:* Le Verbe.

logotype ['lɔgotaip], *s.* *Typ:* Logotype *m*.

-logue [lɔg], *s.suff.* -logue *m*. *Catalogue,* catalogue. *Dialogue,* dialogue. *Prologue,* prologue. *Epilogue,* épilogue.

logwood ['lɔgwud], *s.* **1.** *Bot:* Bois *m* de Campêche, de Brésil, d'Inde; brésil *m*; campêche *m*. **2.** *Dy:* Extrait *m* de campêche.

-logy [lodʒi], *s.suff.* -logie *f*. **1.** *Astrology,* astrologie. *Chronology,* chronologie. *Etymology,* étymologie. *Physiology,* physiologie. **2.** *Trilogy,* trilogie. *Tetralogy,* tétralogie.

loin [lɔin], *s.* **1.** *pl.* **Loins,** reins *m*. *Anat:* Lombes *m*. **To gird up one's loins,** ceindre ses reins; se ceindre les reins. *Lit:* **Sprung from the loins of . . .,** sorti des reins de. . . . **2.** (*a*) Esquine *f* (d'un cheval). (*b*) *Cu:* Filet *m* (de mouton, de veau); longe *f* (de veau); carré *m* (de mouton); aloyau *m* et faux-filet (de bœuf); échine *f* (de porc).

loin-'chop, *s.* *Cu:* Côtelette *f* de filet; côte première.

'loin-cloth, *s.* *Anthr:* Bande-culotte *f*, *pl.* bandes-culottes; calimbé *m*; pagne *m*.

'loin-strap, *s.* *Harn:* Surdos *m*.

-loined [lɔind], *a.* *With adj. prefixed, e.g.* **Weak-loined,** aux reins faibles; faible des reins.

loir ['lɔiər], *s.* *Z:* Loir *m*.

loiter ['lɔitər], *v.i.* **1.** Flâner, flânocher, traîner. **To loiter on the way,** s'attarder en route; s'amuser en chemin. *Don't l. on your way from school,* ne traîne pas dans la rue en rentrant de l'école. **2.** *Jur:* Rôder (d'une manière suspecte dans un endroit fréquenté).

loiter away, *v.tr.* Perdre (son temps) à flâner.

loitering[1], *a.* Flâneur, -euse; traînard. **-ly,** *adv.* **1.** En flânant; en flânochant. **2.** Avec des airs de flâneur; comme en flânant.

loitering[2], *s.* **1.** Flânerie *f*. **2.** *See* FELONIOUS 2.

loiterer ['lɔitərər], *s.* **1.** Flâneur, -euse; musard, -arde. **2.** Rôdeur *m*.

loll [lɔl]. **1.** *v.tr.* (*Of dog, etc.*) **To loll out its tongue,** laisser pendre la langue. *To l. one's head on sth.,* pencher paresseusement, mollement, nonchalamment, la tête sur qch. **2.** *v.i.* (*a*) (*Of tongue*) **To loll out,** pendre. (*b*) (*Of pers.*) Être étendu (*F:* comme un veau). **To loll (back) in an arm-chair,** paresser, être étendu nonchalamment, paresseusement, se laisser aller, s'affaler, se prélasser, se renverser nonchalamment, dans un fauteuil. *Lolling on the sofa,* vautré sur le canapé. *To l. against the wall,* s'appuyer contre le mur. (*c*) **To loll about,** flâner, fainéanter.

Lollard ['lɔlərd], *s.* *Rel.H:* Lollard *m*.

lollipop ['lɔlipɔp], *s.* Sucrerie *f*; sucre *m* d'orge. **Lollipops,** bonbons *m*.

lollop ['lɔlop], *v.i.* *F:* **1.** (*a*) **To lollop (along),** marcher lourdement; se traîner. (*b*) (*Of ship*) Danser sur les vagues. **2.** = LOLL 2 (*b*).

Lombard ['lʌmbərd, 'lɔmbərd], *a.* & *s.* *Geog:* Lombard, -arde.

'Lombard Street, *s.* Quartier de la haute finance à Londres; la "rue des Lombards." *F:* **It is Lombard Street to a China orange,** toutes les chances sont d'un côté.

Lombardic [lɔm'bɑ:rdik], *a.* Lombard, lombardique; de Lombardie.

Lombardy ['lʌmbərdi]. *Pr.n.* *Geog:* La Lombardie.

lomentaceous [lɔmen'teiʃəs], *a.* *Bot:* Lomentacé.

London ['lʌndən]. *Pr.n.* *Geog:* Londres *f*, *occ. m.* *Attrib.* *The L. poor,* les indigents *m* de Londres. *Geol:* **London clay,** l'argile *f* de Londres. *See also* PARTICULAR II. 2.

'London 'pride, *s.* *Bot:* Saxifrage ombreuse; désespoir *m* des peintres; amourette *f*, mignonnette *f*, mignonnet *m*.

Londoner ['lʌndənər], *s.* Londonien, -ienne; habitant, -ante, de Londres.

Londonese [lʌndə'ni:z], *s.* *F:* Le parler de Londres.

Londonism ['lʌndənizm], *s.* Expression *f* ou prononciation *f* propre au parler de Londres.

Londony ['lʌndəni], *a.* *F:* Qui rappelle Londres; dans le genre de ce qui se porte à Londres.

lone [loun], *a.* **1.** *Poet:* (*Of pers., thg*) Solitaire, seul; (*of place*) isolé, désert. *A l. pine,* un pin solitaire. *U.S:* **The Lone Star State,** le Texas (dont les armoiries ne portent qu'une seule étoile). **2. To play a lone hand,** (i) (*at cards*) faire la chouette; (ii) *F:* agir tout seul; être seul contre tous. **3.** (*a*) *A:* **Lone woman,** femme seule, non mariée ou veuve. (*b*) *F:* *I'm a poor l. woman,* je suis une pauvre femme livrée à ses propres ressources. **4.** *F:* **To be on one's lone(s), by one's lone(s),** être seul avec soi-même.

loneliness ['lounlinəs], *s.* **1.** Solitude *f*, isolement *m*. **2.** Sentiment *m* d'abandon.

lonely ['lounli], *a.* Solitaire, isolé. *To feel very l.,* se sentir bien seul. *L. spot,* endroit désert, solitude *f*. *F:* *He was sipping a l. cocktail,* il sirotait solitairement un cocktail.

lonesome ['lounsəm]. **1.** *a.* *Poet.* & *F:* Solitaire, seul; seulet, -ette. *To feel l.,* se sentir seul. **2.** *s.* *F:* **To be on one's lonesome,** être seul avec soi-même. *To do sth.* **all by one's lonesome,** faire qch. tout seul.

lonesomeness ['lounsəmnəs], *s.* *Poet.* & *F:* = LONELINESS.

long[1] [lɔŋ]. I. *a.* (longer ['lɔŋgər], longest [lɔŋgəst]) Long, *f.* longue. **1.** (*In space*) *A garden longer than it is wide,* un jardin plus long que large. **To be six feet long,** avoir six pieds de long, de longueur; avoir une longueur de six pieds; être long de six pieds. *You need a sheath as l. as the blade,* il vous faut un fourreau aussi long que la lame. *F:* **Words as long as your arm,** mots longs d'une toise; mots sesquipédales. **How long** *is the table?* quelle est la longueur de la table? de quelle longueur est la table? **To make sth. longer,** allonger, rallonger, qch. **To take the longest way round,** prendre par le plus long; *F:* prendre le chemin des écoliers; faire le grand tour. *The best* **by a long way,** *F:* **by a long chalk,** de beaucoup le meilleur. *See also* WAY[1] 3. **Two long miles,** deux bons milles. **Long measure,** mesure *f* de longueur. **A long face,** (i) une figure allongée; (ii) une triste figure. **To pull a long face,** avoir la mine longue; faire longue figure; faire une tête; avoir la figure longue d'une aune. *He pulled a l. face,* il a fait triste figure; il a fait la grimace; sa mine, son visage, son nez, s'allongea. *The news made him pull a l. face,* à cette nouvelle sa mine s'allongea. **Face as long as a fiddle,** figure longue d'une aune, figure d'enterrement. **To have a long head** = *to be* LONG-HEADED. **To have a long tongue,** avoir la langue trop longue; être trop porté à bavarder. **Long in the leg,** haut jambé, *pl.* haut jambés. *F:* **Long Paul,** le grand Paul. *To be l. in the arm, to be* **long-armed,** avoir les bras longs. **To take long views,** être clairvoyant; considérer l'avenir. *Typ:* **Long S,** S allongé. *See also* ARM[1], BROAD 1, CLAY[1] 2, DRINK[1] 1, JUMP[1] 1, LANE 1, MEASURE[1] 1, NOSE[1] 1, PITCHER[1] 1, PRIMER[2] 3, PULL[1] 1, RANGE[1] 5, RUN[1] 4, SIGHT[1] 1, STAPLE[4], STEP[1] 1, SUIT[1] 5, TOM 3, TOOTH[1] 1, WAVE[1] 2, WIND[1] 4, WOOL 1. **2.** (*In time*) *A l. life,* une longue vie. **How long** *are the holidays?* quelle est la durée des vacances? **The long vacation,** les grandes vacances. *See also* LEAVE[1] 2. **The days are getting longer,** les jours rallongent; le soleil remonte. **It will take a long time,** cela prendra longtemps; ce sera long. *A l. time has elapsed,* beaucoup de temps s'est écoulé. **They are a long time, a long while, (in) coming,** ils mettent du temps, ils tardent, à venir; ils se font attendre. *She was a l. time getting over it,* elle fut longue à s'en remettre. **It is a long time since I saw him,** il y a longtemps que je ne l'ai vu. **He has been gone a long time,** il y a longtemps qu'il est parti. **A long time ago,** il y a (bien) longtemps. *He went off a l. time ago, F:* il y a beau temps qu'il est parti. **It was a long time before these facts were acknowledged,** on a été longtemps avant de reconnaître ces faits; on a été longtemps à reconnaître ces faits. *It will be a l. time before the agitation dies down,* l'agitation n'est pas près de se calmer. *To wait* **for a long time,** attendre longtemps. *To have been waiting for a l. time,* attendre depuis longtemps. *For a l. time he was thought to be dead,* pendant longtemps on le crut mort. *They worked in silence for a l. time,* ils travaillèrent en silence pendant longtemps. *For a l. time he did not write,* il fut longtemps sans écrire. *I have not seen him for a l. time,* je ne l'ai pas vu depuis longtemps; *F:* il y a une éternité que je ne l'ai vu. **For a long time past** *he had been contemplating this step,* depuis longtemps, de longue date, de longue main, il méditait cette démarche. **It will not happen for a long time,** cela ne se fera pas de longtemps. *It will be a l. job,* cela va prendre longtemps; ce sera un travail de longue haleine. **Three days at the longest,** trois jours (tout) au plus. **A long memory,** une mémoire tenace. **To have a long tale to tell,** en avoir long à conter. **To have a long talk with s.o.,** causer longuement avec qn; avoir un long entretien avec qn. **To bid s.o. a long farewell,** dire adieu à qn pour longtemps. *Pros: etc:* **Long syllable,** syllabe longue. *Mil: Navy:* **Long service,** engagement *m* à long terme. **Long service men,** engagés à long terme. *See also* DAY 4, HOME[1] I. 1

LAST[4] II. 2, STANDING[2] 3, STORY[1] 1. **3. Long figure,** gros chiffre. **Long price,** grand prix, prix élevé. *To give a l. price for sth.*, payer, donner, gros pour qch. *That's a l. price!* c'est bien payé! *See also* PRICE[1]. **Long family,** grande famille. **Long bill,** grand compte. **Long purse,** bourse bien garnie. *Com:* **Long hundred,** grand cent, cent vingt. *See also* CHANCE[1] 3, DOZEN 2, FIRM[1] 2, ODDS 2. **4.** *Compounds, esp. in Nat.Hist., are frequently rendered by* longi-. **Long-stemmed,** longicaule. **Long-leaved,** longifolié. **Long-handed,** longimane. **Long-footed,** longipède. **Long-winged,** longipenne. **Long-billed,** longirostre. *See also* -PASTERNED, -SIGHTED 2.

II. **long,** *s.* **1.** *(a) He knows* **the long and the short of the matter,** il connaît l'affaire dans tous ses détails; il sait le fort et le fin de l'affaire. *The l. and the short of it, of the matter, of the thing, is that . . .*, en un mot comme en mille . . .; pour dire la chose en deux mots comme en dix . . .; je vous dirai en deux mots que . . .; le fin mot de l'affaire c'est que . . .; en somme. . . . *That is the l. and the short of it*, voilà ni plus ni moins l'affaire; et voilà tout! *(b)* **Longs and shorts,** (i) *Pros:* longues *f* et brèves; (ii) *Const:* chaîne *f* d'encoignure, de liaison. *(c) Sch: F:* **The long,** les grandes vacances. **2. Before long, ere long,** avant peu; dans peu; **sous peu**; avant qu'il soit longtemps; dans un avenir prochain. **For long,** pendant longtemps. **I haven't long to live,** je n'ai pas longtemps à vivre; *F:* je n'en ai pas pour longtemps. **It will not take long,** cela ne prendra pas longtemps, ce sera tôt fait, ce ne sera pas long. *It will not take me l.*, je n'en ai pas pour longtemps. **I had only long enough to . . .,** je n'ai eu que le temps nécessaire pour. . . .

III. **long,** *adv.* **1.** *(a)* Longtemps. *I waited l.*, j'ai attendu longtemps. *Have you been here l.?* y a-t-il longtemps que vous êtes ici? *He has been gone* **ever so long,** il y a beau temps qu'il est parti. **He was not to be long for this world,** il ne devait pas être longtemps de ce monde. **Long live the King!** vive le roi! **So long as, as long as,** (i) aussi longtemps que; (ii) tant que; (iii) pourvu que. *Stay as l. as you like*, restez aussi longtemps que vous voudrez. *As l., so l., as I live*, tant que je vivrai. *There is nothing to be done so l. as he isn't there*, il n'y a rien à faire tant qu'il ne sera pas là. *You may do as you like so l. as you leave me alone*, faites tout ce que vous voudrez pourvu que vous me laissiez tranquille. **To be long (in) doing sth.,** être longtemps à faire qch.; tarder à faire qch. *He was not l. (in) coming*, il ne tarda pas à venir. **The miracle is too long coming,** le miracle se fait trop attendre. **He was not long in, about, over, setting up a ladder,** il eut bientôt fait de dresser une échelle. *He was l. in deciding*, il fut long à prendre une décision. *Don't be l. unpacking*, ne soyez pas trop longtemps à défaire votre malle. **You aren't long about it,** vous allez vite en besogne. *Don't be l. about it, over it*, ne soyez pas longtemps. **He won't be long,** il ne tardera pas. **Now we shan't be long!** (i) nous n'en avons plus pour longtemps; (ii) *F:* voilà qui va bien! **It will be long before we see his like,** de longtemps on ne verra son pareil. *It will be l. before you see him again*, vous ne le reverrez pas de sitôt. *It will be l. before I visit him again, F:* il fera beau temps quand je retournerai chez lui. *We shall not have to wait l. before he comes*, nous ne tarderons pas à le voir venir. **It is long since I saw him,** il y a longtemps que je ne l'ai vu. *F:* **So long!** au revoir, à bientôt! à tantôt! à tout à l'heure! à un de ces jours! *Fin:* **To lend, to borrow, long,** prêter, emprunter, à longue échéance. *See also* LAST[5] 1, LOUD 2, LOVE[2]. *(b)* Depuis longtemps. **I have long been expecting him,** je l'attends depuis longtemps. *I have l. been convinced of it*, j'en suis convaincu depuis longtemps; voilà longtemps que j'en suis convaincu. *Necessity l. recognized*, nécessité reconnue depuis longtemps. *(c)* **How long?** combien de temps? *How l. have you been here?* combien y a-t-il que vous êtes ici? depuis quand êtes-vous ici? *How l. will it be until . . .?* combien de temps faudra-t-il pour que. . . .? **How much longer shall we be?** pour combien de temps en avons-nous encore? **How long will you require?** combien de temps vous faudra-t-il? combien vous faudra-t-il de temps? *How l. shall we suffer it? Lit:* jusques à quand le souffrirons-nous? *How l. does your leave last?* quelle est la durée de votre congé? *How l. is it since then?* combien y a-t-il de cela? **2. Long before, after,** longtemps avant, après. **Not long before, after,** peu de temps avant, après. *He died* **long since, long ago,** il est mort depuis longtemps; il y a longtemps qu'il est mort. *He died* **not long ago,** il n'y a pas longtemps qu'il est mort; il est mort depuis peu. *I knew it* **long before,** je le savais de longue date. *See also* AGO 2. **3. All day, all night, long,** tout le long du jour, de la nuit; pendant toute la journée, la nuit. **His life long,** toute sa vie durant. **4.** *I could* **no longer** *see him*, je ne pouvais plus le voir. *Two women no longer very young*, deux femmes plus très jeunes. *I could not wait* **any longer,** je ne pouvais pas attendre plus longtemps. **How much longer** *will it last?* combien (de temps) cela durera-t-il encore? **I haven't much longer to live,** je n'en ai pas pour longtemps. *Five minutes longer*, cinq minutes de plus; encore cinq minutes. **The longer you stay the better,** plus vous resterez, mieux cela vaudra. **5. Long extended line,** ligne fort étendue. *L. continued noise*, bruit qui dure longtemps; bruit prolongé. *L. sought prize*, prix cherché depuis longtemps. **Long felt want,** besoin senti depuis longtemps. **Long-keeping apples,** pommes *f* de bonne garde.

'long-a'go. **1.** *a.* D'autrefois, d'il y a longtemps, de jadis. *The l.-a. days of my youth*, les jours lointains de ma jeunesse. **2.** *s.* Le temps jadis. **In the days of long-ago,** autrefois, anciennement; au temps jadis. *Tales of l.-a.*, contes *m* du temps jadis, d'autrefois.

'long-arm, *s.* Croc *m* de boucherie.

'long-beard, *s. Moss:* Mousse *f* d'Espagne; barbe *f* de vieillard.

'long-bill, *s. Orn:* *(a)* Bécassine *f.* *(b)* Oiseau *m* longirostre.

'long-boat, *s. Nau:* Grand canot; chaloupe *f.*

long-'boled, *a.* (Arbre) à fût long.

'long-bow, *s. Mil.Hist:* Arc *m* d'homme d'armes. *F:* **To draw the long-bow,** exagérer, hâbler; conter des couleurs; dire des gasconnades; faire le Gascon; outrer les choses; en conter d'incroyables; dire, raconter, des craques. *He is drawing the l.-b.*, il vous en raconte. *He draws the l.-b.*, c'est un franc hâbleur, un vrai gascon, un conteur de craques.

'long-butt, *s. Bill:* Longue queue.

'long-cloth, *s. Tex:* Percale *f.*

'long-'clothes, *A:* **'long-coats,** *s.pl.* Maillot anglais (de nouveau-né); habillement anglais, à l'anglaise. *F: I was still in l.-c. when . . .*, j'étais encore au maillot lorsque. . . .

'long-'dated, *a. Fin:* A longue échéance. **Long-dated bills,** billets *m*, papiers *m*, à longue échéance; *F:* papiers longs.

'long-'distance, *attrib.a.* (Téléphonie *f*, etc.) à longue distance. *Sp:* **Long-distance runner,** coureur *m* de fond; *Cy:* stayer *m*. *See also* RACE[1] 5. *Aut:* **Long-distance endurance test,** *Av:* **long-distance flight,** raid *m*.

'long-'drawn(-'out), *a.* Prolongé. **Long-drawn(-out) sigh,** long soupir; soupir prolongé. **Long-drawn(-out) explanation,** explication filandreuse.

'long-eared, *a.* Aux longues oreilles. *Z:* **Long-eared bat,** oreillard *m*. *See also* OWL.

long-es'tablished, *a.* Établi depuis longtemps.

'long-for'gotten, *a.* Oublié depuis longtemps.

'long-hand, *s.* Écriture ordinaire, courante, non-abrégée.

'long-'headed, *a.* **1.** A (la) tête allongée; *Anthr:* dolichocéphale. **2.** Sagace, perspicace, avisé; fin matois; calculateur, -trice. *He is l.-h., P:* il a le nez creux.

'long-'headedness, *s.* **1.** *Anthr:* Dolichocéphalie *f.* **2.** Sagacité *f*, perspicacité *f*.

'long-horn, *a. & s.* (Bœuf *m*) à longues cornes.

'long-'jointed, *a.* (Cheval) long-jointé, *pl.* long-jointés.

'long-'leaved, *a.* A longues feuilles; longifolié. *See also* LETTUCE.

'long-'legged, *a.* A longues jambes; haut enjambé, *pl.* haut enjambés; *F:* bien fendu; (*of horse*) haut-perché, haut-jointé, *pl.* haut-perchés, -jointés; aux jambes allongées; (*of bird*) à longues pattes. **A long-legged, gawky, young woman,** *F:* une grande gigue. *See also* THRUSH[1].

'long-'lived, *a.* *(a)* Qui a la vie longue; qui vit longtemps; *Nat.Hist:* longévital, -aux; vivace. *(b) L.-l. error*, erreur persistante, vivace. *L.-l. glory*, gloire *f* de longue durée; gloire durable.

'long-'liver, *s.* Personne *f* qui vit longtemps.

'long-'lost, *a.* Perdu depuis longtemps.

'long-'necked, *a.* Au cou long.

'long-'off, *s. Cr:* Chasseur éloigné à la droite du batteur.

'long-'on, *s. Cr:* Chasseur éloigné à la gauche du batteur.

'long-'shanked, *a. F:* = LONG-LEGGED.

'long-'shaped, *a.* (Visage, etc.) allongé.

'long-shore, *attrib.a.* Qui vit sur la côte; qui rôde sur la plage. *See also* LONGSHOREMAN.

'long-'sighted, *a.* **1.** Presbyte; qui a la vue longue. **2.** Prévoyant.

'long-'sightedness, *s.* **1.** Presbytie *f.* **2.** Prévoyance *f.*

'long-'spun, *a.* (Histoire *f*, etc.) interminable.

'long-'standing, *attrib.a.* Ancien; de longue date; de vieille date. *L.-s. accounts*, notes dues depuis longtemps; vieux comptes.

'long-'stop, *s. Cr:* Chasseur posté en arrière du garde-guichet pour arrêter les balles que celui-ci laisse passer.

'long-straws, *s.* **To play long-straws,** tirer à la courte paille.

'long-'suffering. **1.** *s. (a)* Patience *f*, endurance *f.* *(b)* Longanimité *f*, indulgence *f.* **2.** *a. (a)* Patient, endurant. *(b)* Longanime, indulgent.

'long-tail, *s.* Lévrier *m.*

'long-'tailed, *a.* A longue queue; longicaude; (crustacé *m*) macroure. *See also* TITMOUSE.

'long-'tongued, *a.* Bavard.

'long-'waisted, *a.* (*Of pers., dress*) Long de taille.

'long-'winded, *a.* **1.** (Histoire *f*) de longue haleine, interminable. **2.** (*Of speaker*) Verbeux, prolixe, diffus; intarissable. **3.** *Sp:* (*Of pers., horse*) Qui ne s'essouffle pas; qui a du fond.

'long-'winged, *a. Orn:* Longipenne.

long[2], *v.i.* **To long for sth.,** désirer qch. fortement, ardemment; avoir grande envie de qch.; soupirer pour, après, qch.; être assoiffé de qch. **To long for home,** avoir la nostalgie du foyer. *To l. for s.o.'s return*, attendre impatiemment le retour de qn; *F:* avoir faim de revoir qn. **To long to do sth.,** avoir bien envie, avoir une furieuse envie, de faire qch.; être impatient de faire qch.; brûler, rêver, de faire qch. *I l. to go*, il me tarde d'y aller. **He was longing to speak,** *F:* la langue lui démangeait.

longing[1], *a.* Qui désire ardemment, qui attend impatiemment. *To look on sth.* **with longing eyes,** couver qch. des yeux; regarder qch. avec convoitise. **-ly,** *adv.* Avec envie, avec ardeur, avec un vif désir. *To look l. at sth.*, couver qch. des yeux.

longing[2], *s.* *(a)* Désir ardent, grande envie (*for, after*, de); aspiration *f* (*for, after*, à). *(b) Med:* **Longings,** envies (de femme grosse).

longanimity [lɔŋgə'nimiti], *s. Lit:* Longanimité *f.*

longe [lʌndʒ], *s.* = LUNGE[1].

longeron ['lɔndʒərɔn], *s. Av:* Longeron *m.*

longevity [lɔn'dʒeviti], *s.* Longévité *f.*

longevous [lɔn'dʒiːvəs], **longeval** [lɔn'dʒiːvl], *a.* Longévital, -aux; de longue durée; qui vit longtemps.

longicaudate [lɔndʒi'kɔːdet], *a. Nat.Hist:* Longicaude; à longue queue.

longicauline [lɔndʒi'kɔːlain], *a. Bot:* Longicaule; à longue tige.

longicorn [ˈlɔndʒikɔːrn]. *Ent:* **1.** *a.* (Coléoptère *m*) longicorne. **2.** *s.* Cérambyx *m*; capricorne *m*, longicorne *m*.

longimanous [lɔnˈdʒimənəs], *a.* *Z:* Longimane; à longues mains.

Longinus [lɔnˈdʒainəs]. *Pr.n.m. Gr.Lit:* Longin.

longipedate [lɔnˈdʒipedet], *a.* *Z:* Longipède.

longipennate [lɔndʒiˈpenet], *a.* *Orn:* Longipenne.

longiroster [lɔndʒiˈrɔstər], *s.* *Orn:* Longirostre *m*.

longirostral [lɔndʒiˈrɔstrəl], *a.* *Orn:* Longirostre.

longish [ˈlɔŋ(g)iʃ], *a.* Assez long, plutôt long; *F:* longuet, -ette.

longitude [ˈlɔndʒitjuːd], *s.* **1.** *A:* Longueur *f*. **2.** *Astr:* *Geog:* Longitude *f*. *East l.*, longitude est, orientale. *West l.*, longitude ouest, occidentale. **In longitude 20°**, par 20° de longitude. *In the l. of . . .*, sous, par, la longitude de. . . .

longitudinal [lɔndʒiˈtjuːdinəl], *a.* Longitudinal, -aux; en long. **Longitudinal beam, girder, member,** longrine *f*, longeron *m*. *Nau:* **Longitudinal piece,** élongis *m*. **-ally,** *adv.* Longitudinalement, en long.

Longshanks [ˈlɔŋʃaŋks]. **1.** *Pr.n.m. Hist:* **Edward Longshanks,** Édouard Longues-Jambes. **2.** *s.inv.* *Orn:* Échassier *m*.

longshoreman, *pl.* **-men** [ˈlɔŋʃɔːərmən, -men], *s.m.* *Nau:* (*a*) Homme qui travaille dans le port; débardeur. (*b*) Pêcheur de moules, ramasseur de varech, etc.

longways [ˈlɔŋweːiz], **longwise** [ˈlɔŋwaːiz], *adv.* En long, en longueur; dans le sens de la longueur.

loo [luː], *s.* *Cards:* La mouche.

ˈloo-table, *s.* *Furn:* Guéridon *m*.

looby [ˈluːbi], *s.* *Dial.* & *F:* Nigaud *m*, lourdaud *m*.

loof [luːf], *s.* = LUFF[1] 2.

loofah [ˈluːfa], *s.* *Toil:* Loofa(h) *m*, luffa, louffa *m or f*; éponge végétale.

look[1] [luk], *s.* **1.** Regard *m*. **To have a look at sth.,** jeter un coup d'œil sur qch.; regarder qch. *May I have a l.?* puis-je regarder? **He had a good look at it,** il l'a examiné attentivement. *Have a l. at that!* regardez-moi ça! *P:* pige-moi ça! **To take a good look at s.o.,** (i) scruter qn du regard; (ii) dévisager qn. **To cast, direct, a look at s.o.,** lancer un coup d'œil à qn; porter ses regards sur qn. **He gave me a severe look,** il me jeta, me lança, un regard sévère; il me regarda d'un œil sévère. **To have, take, a look round the town,** faire un tour de ville. *To have a l. round the room,* promener son regard autour de la chambre. *See also* KNOWING[1] 3. **2.** (*a*) Aspect *m*, air *m*, apparence *f* (de qn, de qch.); mine *f* (de qn). **To put on a vacant look,** prendre une mine niaise. *He had an ugly l. on his face,* il faisait vilaine mine. *The affair has taken on an ugly l.,* l'affaire a pris une mauvaise tournure. *By her l. one can see that . . .,* à sa mine on voit que. . . . **To judge by looks,** juger d'après les apparences. *To judge by his looks . . .,* à le voir. . . . **I don't like his looks, the look of him,** sa figure ne me revient pas. *I like the l. of you,* votre personne me plaît. **I don't like the look of the thing,** je n'aime pas l'aspect de l'affaire; cela me paraît louche; cela m'est suspect; cela ne me dit rien de bon. *I think it probable* **from, by, the look of you,** cela me paraît très probable, à vous voir. **By the look(s) of it,** d'après l'apparence. *The place has a European l.,* l'endroit *m* a un aspect, un air, européen. **The portrait has a look of your mother,** le portrait ressemble un peu à votre mère. (*b*) *pl.* **(Good) looks,** belle mine, bonne mine, beauté *f*; avantages *m* physiques. *She has good looks,* elle est belle, elle a belle mine, elle a de la mine; c'est une belle fille. *She has looks but no money,* elle a la beauté mais pas la fortune. *See also* KEEP[2] I. 14.

look[2], *v.i.* & *tr.* **I.** *v.i.* Regarder. (*a*) **To look through, out of,** *the window,* regarder par la fenêtre. **To look in at the window,** regarder à la fenêtre. *To l. through a telescope,* regarder au télescope, dans le télescope. *To l. over the wall,* regarder par-dessus le mur. **To look down a list,** parcourir une liste. *To l. down the street, up the street, along the street,* jeter un coup d'œil le long de la rue; enfiler la rue d'un coup d'œil. **To look the other way,** (i) regarder de l'autre côté; (ii) détourner les yeux. *To l. in s.o.'s direction,* tourner les yeux, la tête, vers qn. **To look in s.o.'s face,** (i) regarder qn; (ii) dévisager qn. *To l. into s.o.'s eyes,* regarder dans les yeux de qn; regarder qn dans les yeux. *Prov:* **Look before you leap,** regardez à deux fois avant de sauter; il faut réfléchir avant d'agir. *See also* ASKANCE, NOSE[1] 1. (*b*) **Look (and see) what time it is,** regardez quelle heure il est; *F:* regardez voir quelle heure il est. **Look where you are going,** regardez où vous allez; prenez garde où vous marchez. (*c*) *I had looked to find a stern master,* je m'attendais à trouver un maître sévère. (*d*) **Which way does the house look?** quelle est l'exposition de la maison? **2.** *v.tr.* (*a*) **To look s.o. (full, straight) in the face, in the eyes,** regarder qn (bien) en face, dans les yeux, dans le blanc des yeux, entre les deux yeux; dévisager qn. *He looked her straight in the face, straight between the eyes, with his searching stare,* d'un œil scrutateur il la regarda bien en face. *I can never l. him in the face again,* je me sentirai toujours honteux devant lui. **To look s.o. up and down,** regarder qn de haut en bas; mesurer qn des yeux; toiser qn. *See also* GIFT-HORSE. (*b*) *He looked his surprise,* ses regards exprimèrent sa surprise. *He looked a query at me,* il me lança un regard interrogateur. **To look one's last on sth.,** voir qch. pour la dernière fois; jeter un dernier regard sur qch. *See also* DAGGER 1. **3.** *Pred.* Avoir l'air, paraître, sembler. **To look happy,** *U.S:* **to look to be happy,** avoir l'air heureux, avoir la mine heureuse. *She looks tired,* elle a l'air bien fatigué(e). *To l. old,* paraître, faire, vieux. *He is only thirty, but he looks fifty,* il n'a que trente ans, mais il en paraît cinquante. *To l. older, younger, than one really is,* porter, marquer, plus que son âge, moins que son âge. *She is not so thin as she looks,* c'est une fausse maigre. **He looks young for his age,** il porte bien son âge. **She looks her age,** elle paraît son âge. *She does not l. her age,* elle ne porte pas son âge; on ne lui donnerait pas son âge. *She looks forty,* elle porte quarante ans. **She is forty but she doesn't look it,** elle a quarante ans mais elle ne les paraît pas. *He was frightened, and he looked it,* il avait peur, et cela se voyait. *You l. still the same,* vous avez toujours même visage. **To look ill,** avoir l'air malade; avoir mauvaise mine. **To look well,** (i) (*of pers.*) avoir l'air bien portant; avoir bonne mine, bon visage; (ii) (*of thg*) faire bien; faire bon effet; avoir de l'apparence. *Dress that looks well,* robe *f* qui a bonne façon. *He looks well in uniform,* il a bon air en uniforme; l'uniforme lui va. *Vases that l. well on the mantelpiece,* vases *m* qui font bien sur la cheminée. *It doesn't l. well,* (i) cela manque de cachet; (ii) (*of conduct, etc.*) cela fait mauvais effet. **Business is looking well, looks promising,** les affaires *f* vont bien, prennent une bonne allure. *The crop looks well,* la récolte s'annonce bien, promet. **Things are looking bad, black, nasty, ugly,** les choses prennent une mauvaise tournure, une vilaine tournure, une mauvaise allure. *Dish that looks good, nice,* plat *m* qui a bonne mine. *The Rue de Rivoli looks a bit flashy and cheap,* la rue de Rivoli fait un peu clinquant. **How did he look?** quel air avait-il? quelle mine a-t-il faite? *He reappeared, looking, I thought, rather anxious,* il reparut, avec un air, à ce qu'il me sembla, assez inquiet. **How does my hat look?** quel effet fait mon chapeau? comment trouvez-vous mon chapeau? **He looks as if, as though,** *he wanted to . . .,* il a l'air de vouloir. . . . *You l. as if you had slept badly,* vous avez l'air d'avoir mal dormi. *Pity on my part would l. as if it were dictated by fear,* la pitié de ma part semblerait un effet de la peur. **It looks as if** *they were afraid,* ils ont l'air d'avoir peur; ils semblent avoir peur. *It looks as if he wouldn't go,* il semble qu'il ne veuille pas y aller. *It looks as if, as though, it were going to be fine,* le temps a l'air de se mettre au beau. **It looks to me as if** *the skirt is too long,* la jupe me fait l'effet d'être trop longue. *It does not l. to me as if . . .,* il ne me semble pas que + *sub.* **What does he look like?** comment est-il? à quoi ressemble-t-il? *He looks like a sailor,* il a l'air, l'allure, d'un matelot. *He looked like an elderly clerk,* il avait une tête de vieux commis. *He looked so like a Hindoo that . . .,* il avait si bien l'air d'un Hindou que. . . . *The rock looks like granite,* la roche ressemble à du granit. *Step back a bit to see what it looks like,* reculez un peu pour juger du coup d'œil. **This looks to me like a way in,** ceci m'a l'air d'une entrée. *U.S:* *F:* **Looks like to me** *that he's the culprit,* il me semble bien que c'est lui qui est coupable. **He looks a rascal,** il porte la mine d'un coquin, d'un fripon. *His father looked an earnest, God-fearing man,* son père portait l'empreinte d'un homme sérieux, élevé dans la crainte de Dieu. *He looks a pukka Hindoo,* il a bien l'air hindou. **He looks the part,** il est fait pour ce rôle; il a le physique de l'emploi. **To look like doing sth.,** avoir mine de vouloir faire qch. *He looks like winning,* c'est qu'on dirait qu'il va gagner! *Do I l. like jesting?* est-ce que j'ai l'air de plaisanter? **He looks like it,** il en a l'air. **It looks like it,** cela en a l'air; on le dirait. **It looks like rain,** le temps menace (la pluie), est à la pluie; le temps a l'air d'être à la pluie; il a l'air de vouloir pleuvoir; on dirait qu'il va pleuvoir. *It looks like being fine, like fine weather, like a fine day,* le temps s'annonce bien; il a l'air de vouloir faire beau. *See also* BEST[1] 1, BLACK[1] I. 1, BLUE[1] I., SELF[1] 4, SMALL I. 5. **4.** *F:* **Look here!** écoutez donc! dites donc! regardez! tenez! voyons! *A:* **Look you!** voyez-vous! *See also* ALIVE 3, SHARP[1] III. 4.

look about, *v.i.* **1.** (*Prepositional use*) **To look about one,** regarder autour de soi. *We hardly had time to l. about us,* nous avons à peine eu le temps de nous reconnaître, de nous orienter. **2.** (*Adverbial use*) **To look about for s.o.,** chercher qn des yeux. **To look about for a post,** être à la recherche d'un emploi.

look after, *v.ind.tr.* Soigner (qn, qch.); s'occuper de, avoir soin de (qn, qch.); veiller sur (qn, qch.). *A husband needs to be looked after,* quand on a un mari il faut s'occuper de lui. *If he had a wife to l. after and to l. after him . . .,* s'il avait une femme dont il eût à prendre soin et qui prît soin de lui. . . . *You'll have to do without her to l. after you,* il va falloir vous passer de ses soins. *He is young and needs looking after,* il est jeune et il a besoin qu'on le surveille. *You seem to be well looked after,* vous avez l'air d'être bien soigné, bien servi. **He is able to look after himself,** il sait se suffire; il peut marcher seul; il a bec et ongles; il sait veiller à ses intérêts. *To l. after s.o.'s wants,* (i) être attentif aux besoins de qn; (ii) servir qn; être au service de qn. **To look after one's interests, one's rights,** veiller à ses intérêts, à ses droits; ménager ses intérêts. *I l. after the car myself,* j'entretiens l'auto moi-même. *The chauffeur also looks after the garden,* le chauffeur s'occupe aussi du jardin. *To l. after the fire,* faire marcher le feu. *Who will l. after the shop?* qui est-ce qui va garder la boutique?

look at, *v.ind.tr.* **1.** Regarder, considérer (qn, qch.); porter ses regards sur (qn, qch.). *What are you looking at?* qu'est-ce que vous regardez? *To l. at it is enough,* il suffit d'y porter vos regards. *Let me l. at your work,* faites voir un peu votre ouvrage. **Just look at this!** voyez donc! *It costs nothing to l. at it,* la vue n'en coûte rien. **To look at one's watch** (*in order to see the time*), regarder à sa montre. *To l. straight, steadily, at a source of light,* fixer une source de lumière. **To look at oneself in the glass,** se considérer dans le miroir. *To l. at s.o. inquiringly,* interroger qn du regard. *To l. at s.o. with rapture,* boire qn des yeux. *F:* **She will not look at a man,** elle dédaigne les hommes; les hommes lui sont indifférents. **To look at him** *one would say . . .,* à le voir on dirait. . . . **What sort of a man is he to look at?** quel air a-t-il? *Giant awful to l. at,* géant *m* terrible à voir. **Fair to look at,** de belle apparence. *You are as good as he to l. at,* vous le valez bien au physique. *The house, looked at from the outside . . .,* la maison, à la voir de l'extérieur. . . . *The hotel is* **not much to look at,** l'hôtel *m* n'a pas d'apparence, ne paye pas de mine. *He isn't much to l. at,* il ne représente pas au physique. *See also* CAT[1] 1. **2.** *To l. at s.o.'s motives,* considérer les motifs de qn. *L. at the result,* voyez, considérez, le résultat. **Way of looking at things,** manière *f* de voir les choses. **Look at it as he might . . .,** de quelque façon qu'il envisageât la chose . . .; de n'importe quel point de vue. . . .

look away, *v.i.* Détourner les yeux, les regards.

look back, *v.i.* (*a*) Regarder en arrière; se retourner, tourner la tête (*at sth.*, pour regarder qch.). (*b*) **To look back upon the past,** faire un retour sur le passé; se reporter au passé. *I look back with regret to the past,* je me ressouviens avec tristesse du passé. *What a day to l. back to!* quelle journée à se rappeler plus tard! (*c*) *F:* **Since that day he has never looked back,** depuis ce jour il a fait des progrès ininterrompus.

looking back, *s. Phil:* Rétrospection *f.*

look down. **1.** *v.i.* (*a*) Regarder en bas, par terre; baisser les yeux. *To l. down on the crowd,* abaisser les yeux sur la foule. *The eye looks down into the abyss,* l'œil *m* plonge dans l'abîme. *The castle looks down on the valley,* le château domine la vallée. *Standing here you l. down on the whole plain,* de ce point on domine toute la plaine. *F:* **To look down on s.o.,** regarder, considérer, qn de haut en bas, avec mépris, *F:* du haut de sa grandeur; dédaigner qn. (*b*) *Com:* Baisser (de prix). **2.** *v.tr.* Réprimer (des interrupteurs, etc.) du regard; dompter (qn, un animal) du regard.

looking down, *s.* **Looking down on s.o.,** mépris *m* de qn.

look for, *v.ind.tr.* **1.** Chercher, être à la recherche de (qn, qch.). **To go and look for s.o.,** aller à la recherche de qn. *My son is looking for a job,* mon fils est à la recherche d'une situation sociale. *A journalist looking for copy witnessed the accident,* un journaliste en quête de copie fut témoin de l'accident. *See also* TROUBLE[1] 2. **2.** S'attendre à (qch.). *I never looked for such a result as this,* je ne me serais jamais attendu à un tel résultat; je n'avais pas prévu, envisagé, un tel résultat.

looking for, *s.* Recherche *f* de (qn, qch.).

look forward, *v.i.* **To look forward to sth.,** (i) s'attendre à qch.; (ii) attendre qch. avec plaisir; jouir d'avance de qch.; se faire une fête de qch. *To l. forward to a happy life,* envisager une vie heureuse. *I am looking forward to seeing you again,* je me fais une fête, je compte sur le plaisir, de vous revoir; j'envisage avec plaisir la perspective de vous revoir. *We were looking forward to the holidays,* nous étions impatients de voir arriver les vacances. *I shall l. forward to seeing her,* je la verrai avec plaisir. *Com: I shall l. forward to receiving your answer;* **looking forward to your reply,** au plaisir de recevoir votre réponse; dans l'attente de votre réponse.

looking forward, *s. Phil:* Prospection *f.*

look in, *v.i.* **1.** **To look in (up)on s.o., at s.o.'s house,** entrer chez qn en passant; faire une petite visite à qn; dire un petit bonjour à qn. *I just looked in,* (i) je n'ai fait qu'entrer et sortir; (ii) j'entre en passant. *I've just looked in for a moment,* je ne fais qu'entrer et sortir. *To l. in at one's club,* faire une courte apparition à son club. *To l. in at the office,* prendre l'air du bureau. *I shall l. in again to-morrow,* je repasserai demain. **2.** (*a*) *See* LOOK[2] 1 (*a*). (*b*) *W.Tel: F:* **To look in to a transmission,** recevoir une émission de télévision.

'look-in, *s.* **1.** Petite visite. **To give s.o. a look-in,** passer chez qn; faire une petite visite à qn. *After a look-in at the club . . .,* après une courte apparition à son club. . . . **2.** *Sp: etc:* **He won't have, get, a look-in,** il n'a pas la moindre chance.

look into, *v.ind.tr.* (*a*) Examiner, étudier (une question); prendre (une question) en considération. *To l. into a matter thoroughly,* examiner une affaire à fond. **I will look into it,** j'en prendrai connaissance. (*b*) Feuilleter, parcourir (un livre). (*c*) *To l. into the well,* regarder dans le puits, à l'intérieur du puits.

look on. **1.** (*Prepositional use*) (*a*) = LOOK UPON. (*b*) (*Of building, etc.*) **To look on (to) . . .,** donner sur. . . . *The drawing-room looks on (to) the garden,* le salon donne sur le jardin. **2.** (*Adverbial use*) Être spectateur; faire galerie. *To l. on critically,* suivre le jeu, etc., d'un œil critique. *I'm not playing, I'm merely looking on,* je ne joue pas, je ne fais que regarder. *Suppose you helped me instead of looking on,* si vous m'aidiez au lieu de me regarder faire.

look out. **1.** *v.i.* (*a*) Regarder au dehors. (*b*) *Room that looks out on the yard,* pièce *f* qui prend jour, qui prend vue, sur la cour. *Room that looks out on to the sea,* pièce qui a vue sur la mer. (*c*) Veiller. **To look out for s.o.,** être à la recherche de qn; guetter qn. *Nau:* **Look out forward!** veillez bien devant! ouvrez l'œil devant! (*d*) *F:* Prendre garde; être sur ses gardes. **Look out!** attention! prenez garde! gare à toi! **2.** *v.tr.* Chercher (qch.). *To l. out some old clothes for a jumble sale,* déterrer des fripes pour une vente de charité. *He looked out the finest pears for me,* il me choisit les plus belles poires. *To l. out a train in the time-table,* chercher un train dans l'indicateur.

look-'out, *s.* **1.** Guet *m*, surveillance *f*, garde *f*, observation *f*; *Nau:* veille *f.* **To keep a look-out,** avoir l'œil au guet, être aux aguets; *Nau:* être en vigie; être de vigie. *I shall keep a l.-o.,* j'y aurai l'œil. **To keep a sharp look-out,** guetter d'un œil attentif; faire bonne garde; se tenir bien sur ses gardes; avoir l'œil; *Nau:* faire bonne veille, faire bon quart; bien veiller. *Nau: Neglect to keep a proper l.-o.,* négligence *f* de la part des hommes de veille. **To be (up)on the look-out,** (i) être en observation; être en éclaireur; *Nau:* être de veille; (ii) être sur ses gardes; être sur le qui-vive; *P:* veiller à l'as. *On the l.-o. behind a tree,* en station derrière un arbre. **To be on the look-out for s.o.,** être à l'affût de qn; guetter qn. *We were sharply on the l.-o. for robbers,* on ouvrait l'œil de peur des brigands. *Shoppers on the l.-o. for bargains,* acheteurs *m* à la recherche de soldes. **2.** (*a*) *Mil: Nau:* **Look-out (post),** poste *m* d'observation; poste de guetteur. *Fort:* **Look-out turret,** guérite *f* (sur les remparts, etc.). *Navy:* **Look-out ship,** éclaireur *m*; navire *m* d'observation. *Rail:* **Look-out seat,** guérite (d'un wagon de train de marchandises). *See also* HOOD[1] 2. (*b*) (*Pers.*) **Look-out (man),** (i) *Mil:* guetteur *m*; (ii) *Nau:* homme *m* de veille, de bossoir; vigie *f.* **3.** Vue *f*, perspective *f.* *F:* **That's a bad look-out for him,** c'est de mauvais augure pour lui; c'est une triste perspective. **That's his look-out!** c'est affaire à lui! ça c'est son affaire! ça le regarde! qu'il s'arrange! qu'il se débrouille!

look over. **1.** *v.tr.* (*Adverbial use*) Jeter un coup d'œil sur (qch.); parcourir (qch.) des yeux; examiner (qch.). **To look over a house,** visiter une maison. *To l. over one's things,* faire la revue de ses effets. *To l. over some papers,* parcourir des papiers. *I have looked them over,* je les ai parcourus. **To look over an account (again),** repasser un compte. *You must l. it over again,* il faut le revoir, le relire. **To look s.o. all over,** toiser qn. **2.** (*Prepositional use*) (*a*) **To look over the libretto, etc., with s.o.,** suivre sur le livret, etc., avec qn. (*b*) *To l. over one's neighbour's newspaper,* lire le journal par-dessus l'épaule de son voisin. (*At cards*) *He is looking over your hand,* il regarde votre jeu.

'look-over, *s.* **To give sth. a look-over** = LOOK OVER 1.

looking over, *s.* Examen *m*, revue *f*, de (qch.).

look round, *v.i.* **1.** Regarder autour de soi; jeter un regard circulaire. **To look round for s.o.,** chercher qn du regard. *s.* **Political look-round,** tour *m* d'horizon politique. *F:* **To have time to look round,** avoir le temps de se retourner. **2.** Se retourner (pour voir); tourner la tête. **Don't look round!** ne regardez pas en arrière!

look through, *v.tr.* **1.** Parcourir, examiner (des papiers, etc.); repasser (une leçon). **2.** **To look s.o. through and through,** transpercer qn du regard; regarder qn d'un œil perçant.

look to, *v.i.* **1.** *Building that looks to the north,* bâtiment exposé au nord, qui regarde le nord. **2.** (*a*) **To look to sth.,** s'occuper de qch., voir à qch. *L. to your tools,* veillez à ce que vos outils soient en bon état. *You had better l. to it,* vous ferez bien d'y aviser. *It is time to l. to it,* il est temps d'aviser. **Look to it that . . .,** veillez, faites attention, que + *sub.*; voyez à ce que + *sub.* **To look to the future,** envisager l'avenir. *See also* LAUREL. (*b*) **To look to s.o. to do sth.,** compter sur qn pour faire qch. *I l. to you to help me,* j'attends de vous que vous m'aidiez; je compte sur votre aide. *I l. to you for protection,* je compte sur votre protection. (*c*) *U.S: Scheme looking to the better distribution of wealth,* projet qui a pour but, qui vise à, la meilleure distribution de la richesse.

look towards, *v.i.* (*a*) Regarder du côté de (qn, qch.). (*b*) *The house looks towards the south,* la maison est exposée au midi. (*c*) *P:* **I looks towards you!** à votre santé! à la vôtre!

look up. **1.** *v.i.* (*a*) Regarder en haut; lever les yeux; (re)dresser, relever, la tête. (*b*) *F:* **To look up to s.o.,** respecter, considérer, qn. (*c*) *F:* **Business is looking up,** les affaires *f* reprennent, se relèvent, se raniment, *F:* se repapillotent; les affaires prennent une meilleure tournure; la situation s'améliore. *Things are looking up with him,* ses affaires vont mieux. *These shares are looking up,* ces actions *f* remontent, tendent à la hausse. **2.** *v.tr.* (*a*) **To look up the time-table,** consulter l'indicateur. *To l. up a train,* chercher un train dans l'indicateur. *To l. up a word in the dictionary,* (re)chercher un mot dans le dictionnaire. (*b*) *F:* **To look s.o. up,** passer chez qn; aller voir qn. *L. me up,* venez me voir.

'look-up, *s.* *F:* **Give me a look-up,** venez me voir.

look upon, *v.ind.tr.* **1.** Regarder (qn, qch.). **Fair to look upon,** de belle apparence. *F:* **To look upon death without fear,** envisager la mort sans effroi. **2.** *To l. upon s.o. favourably,* abaisser sur qn un regard favorable; voir qn d'un œil favorable. **He is looked upon as** *a likely candidate,* on le regarde comme un candidat qui a, qui aurait, des chances. *He is looked upon as a ninny,* il passe pour un imbécile. *The Englishman looks upon the country as a holiday ground,* l'Anglais envisage la campagne comme un lieu de délassement. **Look upon that as done,** tenez cela pour fait. **I do not look upon it in that light,** je ne vois pas la chose sous cet aspect; ce n'est pas ainsi que j'envisage la chose.

-looking, *a.* (*With adj. prefixed, e.g.*) **Good-looking,** beau, *f.* belle; joli; de bonne mine. **Better-looking,** de meilleure mine; plus joli. *You are like him but better-l.,* vous lui ressemblez mais en mieux. *She was the* **best-looking** *of the three sisters,* c'était la mieux des trois sœurs. **Queer-looking,** à l'air bizarre; d'un aspect singulier. **Serious-looking,** d'apparence sérieuse. *See also* BAD-LOOKING, MEAN-LOOKING, NICE-LOOKING, PLAIN-LOOKING, SMUG-LOOKING.

'looking-glass, *s.* Miroir *m*, glace *f.* **Looking-glass maker,** miroitier, -ière. **Looking-glass business,** miroiterie *f.* *Bot:* **Venus's looking-glass,** (spéculaire *f*) miroir de Vénus; mirette *f*; campanule *f* doucette.

'look-'see, *s.* *F:* Visite *f* ou coup *m* d'œil d'inspection. *I'll go and have a l.-s.,* je vais y aller voir.

'look-stick, *s.* *P:* Périscope *m.*

looker ['lukər], *s.* **1.** Looker-on, *pl.* lookers-on, spectateur, -trice (*at*, de); assistant *m* (*at*, à). *To be a l.-on,* faire galerie. **Looker-out,** éclaireur *m*, guetteur *m.* **2.** *U.S:* **(Good) looker,** bel homme, belle femme.

loom[1] [luːm], *s.* *Tex:* Métier *m* à tisser. *See also* EMBOSSING 1, HAND-LOOM, POWER-LOOM.

loom[2], *s.* *Nau. & F:* Silhouette estompée ou agrandie (par la brume, etc.).

loom[3], *v.i.* *Nau. & F:* Apparaître indistinctement; s'élever, se dessiner, s'estomper, dans le lointain ou dans le brouillard. *The island loomed out of the fog,* (la silhouette de) l'île apparut à travers le brouillard, se dégagea du brouillard, naissait du brouillard. *A ship* **loomed up** *out of the fog,* un vaisseau surgit, sortit, du brouillard. *A form loomed up in the darkness,* une forme surgit, se dessina, dans l'obscurité; on distingua une forme dans l'obscurité. **Dangers looming ahead,** dangers qui menacent, qui paraissent imminents. *Nau:* **The land looms high,** la terre semble haute. *F:* (*Of event*) **To loom large,** paraître imminent. *His own interests loom large in his mind,* ses propres intérêts occupent le premier plan dans son esprit.

looming[1], *a.* (Silhouette, etc.) vague, estompée.

looming[2], *s.* **1.** Apparence (indistincte). *L. of a coast,* apparence d'une côte. **2.** *Nau:* Mirage *m.*

loom[4], *s.* *Row:* **1.** Manche *m* (d'un aviron). **2.** Genou *m*, giron *m*, collet *m* (de l'aviron).

loom[5], *s.* *Orn:* (Plongeon *m*) catmarin *m*.

loon[1] [lu:n], *s.* *A. & Scot:* **1.** Garçon *m*, jeune homme *m*. **2.** (*a*) Vaurien *m*, chenapan *m*, drôle *m*. (*b*) Rustre *m*, lourdaud *m*.

loon[2], *s.* *Orn:* **1.** Plongeon *m* imbrim; grand plongeon. *See also* DRUNK 1. **2. Greater loon,** grèbe huppé. **Smaller loon,** petit grèbe.

loony ['lu:ni], *a. & s.* *F:* Fou, *f.* folle; *F:* louftingue, loufoque, timbré, maboul. *To be l.*, avoir un grain.

loop[1] [lu:p], *s.* **1.** Boucle *f* (de ruban, de ficelle, etc.); boucle, œil *m*, anse *f*, ganse *f* (d'un cordage); coque *f* (de cravate); boucle, poche *f* (de lettre écrite). (*In knitting*) Maille *f*. **Running loop,** boucle à nœud coulant. *Furn:* **Curtain-loop,** embrasse *f* de rideau. *Harn:* **Strap loop,** passant *m*. **Fixed loop,** passant fixe. *Cost:* **Epaulette loop,** bride *f*, attente *f*, d'épaulette. **Overcoat loop,** attache *f* de pardessus. **Scabbard loop,** tirant *m* de fourreau. *See also* FROG[3] 2. **2.** (*a*) Méandre *m*, sinuosité *f*, boucle (de rivière). *River that makes many loops*, fleuve *m* qui décrit de nombreuses boucles. *Anat:* **Nerve loop,** anse nerveuse. (*b*) Tour *m*, spire *f* (de spirale, de bobine). (*c*) *Ph:* Ventre *m*; antinœud *m* (d'une onde). **Oscillation loop,** ventre de vibration. *El:* **Potential loop,** ventre de tension, de potentiel. (*d*) *Rail:* **Loop(-line),** (voie *f* de) dérivation *f*; voie de raccordement; (*at terminus*) boucle d'évitement; (*avoiding a busy centre, etc.*) ligne *f* de contournement, d'évitement. *See also* SHUNTING 1. (*e*) *Tp:* Ligne dérivée. (*f*) (*In skating*) Croisé *m*.

'loop-stitch, *s.* *Needlew:* Picot *m*.

'loop-way, *s.* Route déviée; route d'évitement.

loop[2]. **1.** *v.tr.* (*a*) Faire une boucle, des boucles, à (une ficelle, etc.); boucler (un ruban, etc.). (*b*) Enrouler (*sth. with sth.*, qch. de qch.). (*c*) **To loop up** *the hair*, retrousser, relever, les cheveux. **To loop back** *a curtain*, retenir un rideau avec une embrasse. (*d*) *Av:* *etc:* **To loop the loop,** boucler la boucle; faire un looping. **2.** *v.i.* Faire une boucle; former des boucles; boucler.

loop[3], *s.* *Metall:* Loupe *f*, balle *f*, renard *m*.

looper ['lu:pər], *s.* *Ent:* Arpenteuse *f*.

loop-hole[1] ['lu:phoul], *s.* **1.** (*a*) *Fort:* Meurtrière *f*, créneau *m*, taillade *f*. *Arch:* Rayère *f*. *Archeol:* (*For gun*) Canonnière *f*; (*for cross-bows*) arbalétrière *f*; (*for arrows*) archière *f*. (*b*) Trou *m*, ouverture *f*. **2.** Échappatoire *f*. **To find a loop-hole of escape,** trouver une échappatoire; se ménager une issue. *It affords a l.-h. for recriminations*, c'est la porte ouverte aux récriminations.

loop-hole[2], *v.tr.* *Fort:* Créneler (un mur); percer (un mur) de meurtrières.

looplet ['lu:plet], *s.* Petite boucle.

loose[1] [lu:s], *a.* **1.** (*a*) (*Of fixed part*) Dégagé, mal assujetti; branlant; (*of page*) détaché; (*of knot*) défait, délié. *L. plank*, planche désajustée. *L. stone* (*in wall*), pierre branlante. *L. horseshoe*, fer *m* qui lâche. *L. tooth*, dent qui branle, qui remue. *El:* *L. connection*, raccord déconnecté, desserré. **To come loose, to get loose,** se dégager, se détacher; (*of knot*) se défaire, se délier; (*of screw*) se desserrer. *Some of the pages have come l.*, quelques-unes des pages se sont détachées. *He tried to get his hand l.*, il chercha à dégager sa main. **To work loose,** (*of machine parts*) se desserrer, se désunir; prendre du jeu; (*of handle*) se démancher; (*of spokes*) dérayer. (*Of chisel, etc.*) **To be loose in the handle,** branler dans le manche. *See also* SCREW[1] 1. (*b*) (*Of animal*) Déchaîné, échappé, lâché. **To let a dog loose,** lâcher, détacher, un chien. *F:* **To let loose one's anger,** donner libre cours à sa colère; lâcher la bonde à sa colère. *To let l. one's passions*, lâcher la bride à ses passions. *To let l. a torrent of abuse*, lâcher, déchaîner, un torrent d'injures. *The boat called at Margate and* **let loose a swarm of trippers,** le bateau toucha à Margate et y débarqua une foule d'excursionnistes. **The lions are got loose!** les lions *m* sont lâchés! **To go loose,** être en liberté. *Rac:* **Loose horse,** cheval *m* sauvage. *See also* BREAK LOOSE, WAR[1]. (*c*) Non assujetti; mobile; (câble) volant. *L. sheets*, feuilles volantes. *Aut:* *etc:* **Loose floor-boards,** plancher *m* mobile. *Ind:* **Loose plant,** matériel *m* mobile. *Mec.E:* **Loose wheel, pulley,** roue folle, décalée; poulie folle. **Loose pinion,** satellite *m*. *L. head-stock*, poupée *f* mobile (de tour). *Metall:* **Loose piece,** pièce rapportée, pièce de rapport. *Carp:* **Loose tongue,** languette rapportée. *Beam with ends l.*, poutre posée. **Loose end** (*of rope*), bout pendant. *F:* *My predecessor had left everything* **at loose ends,** mon prédécesseur avait tout négligé, avait tout laissé en désordre, en pagaille. **To be at a loose end,** se trouver désœuvré, sans rien à faire, sans occupation; avoir une heure à perdre. (*Of rope, etc.*) **To hang loose,** pendre, flotter. *Her hair fell l. over her shoulders*, ses cheveux (i) se répandaient, étaient répandus, sur ses épaules, (ii) tombèrent sur ses épaules. *See also* CAST LOOSE, COUPLING 2, COVER[1] 1, FAST[3] II. 1. (*d*) **The money was loose in his pocket,** l'argent *m* était à même sa poche. **Loose cash,** menue monnaie. *Com:* **Loose goods,** marchandises *f* en vrac. *Civ.E:* *Bank of l. stones*, remblai *m* de pierres sèches. (*e*) *Ch:* (A l'état) libre, non-combiné. (*f*) *Dy:* **Loose colour,** couleur fugitive. **2.** (*Slack*) (*a*) Détendu. *L. rope*, câble mou, détendu. *L. knot*, nœud *m* lâche. (*Of shoe-lace*) **To come loose,** se relâcher. *L. skin*, peau *f* flasque. *L. garment*, vêtement *m* (trop) large, ample. *L. draperies, l. coat*, draperies flottantes, manteau flottant. **He has a loose tongue,** il ne sait pas retenir sa langue. *See also* REIN[1]. (*b*) **Man of loose build,** homme dégingandé. *Med:* **Loose cough,** toux grasse. (*Of cough*) *To get looser*, se dégager. **Loose bowels,** ventre *m* lâche; corps dérangé. (*c*) *Bookb:* *Binding with a* **loose back,** reliure *f* à dos brisé. **3. Loose earth, soil,** terre *f* meuble; terrain inconsistant, sans consistance; terrain ébouleux, coulant, mouvant. **Loose fabric,** étoffe *f* lâche, à claire-voie. **Loose handwriting,** écriture informe. *Nau:* **Loose bottom,** fond *m* de mauvaise tenue (pour l'encre). *Mil:* **Loose order,** ordre dispersé. *Fb:* **Loose play, game,** jeu ouvert. **4.** Vague, peu exact; (style) lâche, décousu. *L. ideas*, idées vagues, décousues, sans liaison. *L. thinker*, esprit décousu. *L. translation*, (i) traduction peu exacte; (ii) traduction qui ne serre pas le texte d'assez près. *I don't like l. answers*, je n'aime pas les à peu près. *To do sth. in a l. manner*, faire qch. sans méthode. *Sp:* **Loose ball,** (i) *Cr:* balle mal lancée; (ii) *Ten:* coup *m* faible. **5.** Dissolu, relâché, débauché, libertin, licencieux. **Loose living,** mauvaise vie; inconduite *f*; excès *mpl* de conduite. *To lead a l. life*, avoir une mauvaise conduite. *L. morals*, mœurs relâchées. *L. woman*, femme *f* de mauvaise vie. *F:* **Loose fish,** homme dévergondé; noceur *m*. *s.* **To be on the loose,** être en bordée, en vadrouille, en rupture de ban; courir la prétantaine; mener une vie de polichinelle. **To go on the loose,** faire la vadrouille, aller en vadrouille. **-ly,** *adv.* **1.** (Tenir qch.) sans serrer. *Fish l. packed*, poissons *m* en vrac. *L. clad*, habillé dans des vêtements amples. **2.** Vaguement, inexactement; (parler) d'une manière décousue. *Word l. employed*, mot employé inexactement, abusivement. *Laws l. administered*, lois mollement appliquées. **3.** (Se conduire) licencieusement, d'une manière dissolue.

'loose box, *s.* Box *m* (d'écurie).

'loose-fitting, *a.* Non ajusté; (vêtement *m*) ample, large; (col) dégagé; (*of woman's dress*) flou.

'loose-jointed, -limbed, *a.* (*Of pers.*) Démanché; dégingandé. *L.-l. horse*, cheval décousu.

'loose-leaf, *attrib.a.* (Album *m*, etc.) à feuilles mobiles. **Loose-leaf ledger,** grand livre biblorhapte. **Loose-leaf binder,** grebiche *f*.

'loose-tongued, *a.* Bavard.

loose[2], *v.tr.* **1.** Délier, détacher. **To loose s.o. from his bonds,** délivrer qn de ses liens; libérer qn. *F:* **To loose s.o.'s tongue,** délier, dénouer, la langue à qn. **To loose one's hold,** lâcher prise. **To loose hold of sth.,** lâcher qch. *See also* BIND[2] 4. **2.** Délier, dénouer, défaire (un nœud, etc.); dénouer, détacher (ses cheveux). *Nau:* Larguer (une amarre). **To loose out a sail,** larguer une voile. **3.** Décocher (une flèche). *Abs.* **To loose at s.o.,** tirer sur qn.

loosen ['lu:s(ə)n]. **1.** *v.tr.* (*a*) (i) Défaire, délier (un nœud); (ii) relâcher (un nœud); desserrer, dégager, décoller (un écrou, etc.); faire décoller (une soupape, etc.); donner du jeu à (un ressort); relâcher, détendre (une corde); délacer (son corset). *To l. the saddle girths*, desserrer, relâcher, les sangles. *To l. s.o.'s bonds*, dénouer les liens de qn. *To l. one's grip*, relâcher son étreinte. *F:* **To loosen s.o.'s tongue,** délier, dénouer, la langue à qn; faire parler qn. *Mec.E:* *To l. a bearing*, dégripper un palier. *F:* **To loosen one's purse-strings,** délier les cordons de sa bourse. *Agr:* **To loosen the soil,** ameublir, mouver, serfouir, la terre. *Med:* **To loosen the bowels,** relâcher le ventre; dégager les intestins. **To loosen a cough,** dégager une toux. **Cough-loosening mixture,** potion expectorante. (*b*) Détacher (*sth. from sth.*, qch. de qch.). (*c*) Relâcher (la discipline). **2.** *v.i.* (*a*) (*Of knot, etc.*) Se délier, se défaire; (*of screw, etc.*) se desserrer; (*of guy-rope, etc.*) se relâcher; (*of machinery, etc.*) prendre du jeu. *Med:* (*Of cough*) Se dégager. (*b*) *U.S:* *F:* (*Of pers.*) **To loosen up,** (i) se mettre à l'aise; ne plus se gêner; (ii) se montrer généreux; *P:* se fendre.

loosening, *s.* **1.** Dégagement *m*, détachement *m*; desserrage *m* (d'un écrou); relâchement *m* (d'un cordage); dégrippage *m* (d'un palier, etc.); dénouement *m* (d'un lien). *Agr:* Ameublissement *m* (du sol). **2.** *Med:* Dégagement (de la toux).

loosener ['lu:s(ə)nər], *s.* Dénoueur, -euse.

looseness ['lu:snəs], *s.* **1.** (*a*) État branlant (d'une dent, d'une pierre); desserrage *m* (d'un écrou); jeu *m* (d'une cheville, etc.). (*b*) Flaccidité *f* (de la peau). **2.** (*a*) Peu *m* de tension, relâchement *m* (d'une corde); ampleur *f* (d'un vêtement). (*b*) *Med:* **Looseness of the bowels,** relâchement du ventre; dévoiement *m* du corps. **3.** Inconsistance *f* (du terrain). **4.** (*a*) Vague *m* (d'une pensée); imprécision *f* (de terminologie); décousu *m* (du style). (*b*) Relâchement (de la discipline, de ses principes). (*c*) Licence *f*. *His l. of life*, sa vie dissolue.

loosestrife ['lu:sstraif], *s.* *Bot:* **1.** Lysimachie *f*, lysimaque *f*. **2.** Salicaire commune.

loot[1] [lu:t], *s.* **1.** Pillage *m*. **Soldiers on the loot,** soldats *m* en maraude *f*. **2.** Butin *m*.

loot[2], *v.tr.* **1.** Piller, saccager, mettre à sac (une ville, etc.). *Abs.* **To loot,** se livrer au pillage. **2.** (*Of soldiery, etc.*) Voler (du bétail, etc.).

looting, *s.* Pillage *m*; sac *m* (d'une ville, etc.).

looter ['lu:tər], *s.* Pilleur *m*, pillard *m*.

lop[1] [lɔp], *s.* *For:* **Lop and top, lop and crop,** élagage *m*, émondes *fpl*.

'lop-wood, *s.* Fagotage *m*.

lop[2], *v.tr.* (**lopped** [lɔpt]; **lopping**) (*a*) Élaguer, ébrancher, tailler, émonder, égayer (un arbre). **To lop away, lop off, a branch,** couper, élaguer, avaler, une branche. (*b*) *To lop off a head, a limb*, abattre une tête, un membre.

lopped, *a.* (Arbre) élagué, émondé, coupé. *Bot:* *Z:* Tronqué. **Lopped tree** *or* **branch,** écot *m*.

lopping[1], *s.* **1.** Élagage *m*, ébranchement *m* (d'un arbre). **2.** *pl.* **Loppings,** élagage, émondes *fpl*; rameaux coupés.

lop[3], *v.i.* **1. To lop (over),** retomber; pendre flasque. **2. To lop about,** flâner; se trimbaler çà et là. **3.** *U.S:* **To lop down in an arm-chair,** se laisser tomber dans un fauteuil. **4.** (*Of animals*) Bondir. **To lop along,** avancer par bonds.

lopping[2], *a.* Flasque; (*of ears*) retombant, pendant.

'lop-ear, *s.* **1.** Oreille pendante. **2.** Lapin *m* aux oreilles pendantes.

'lop-eared, *a.* (Lapin *m*, etc.) aux oreilles pendantes, à oreilles avalées; (cheval) oreillard.

'lop-neck, *s.* *Equit:* Encolure penchante.

lop[4], *s.* *Nau:* Clapotis *m*.

lop[5], *v.i.* *Nau:* (*Of sea*) Clapoter; déferler en vagues courtes.

lopping[3], *a.* Clapoteux.

lope[1] [loup], *s.* Pas de course allongé. *The buck was coming on at an easy l.*, le daim approchait à petits bonds.

lope[2], *v.i.* **1.** (*a*) *A:* Bondir. (*b*) **To lope along,** courir à petits bonds ; avancer à un demi-trot aisé. **2.** *U.S:* (*Of machine*) Galoper.

lophiodon [lo'faiodɔn], *s. Paleont:* Lophiodon *m.*

lophobranch ['loufobraŋk], **lophobranchiate** [loufo'braŋkiet], *a. & s. Ich:* Lophobranche (*m*).

lophophore ['loufofɔːər], *s. Orn:* Lophophore *m.*

lopper ['lɔpər], *s. Tls:* **Branch-lopper,** élagueur *m,* échenilloir *m.*

lopsided [lɔp'saidid], *a.* Qui penche trop d'un côté ; qui manque de symétrie ; déjeté, déversé ; de guingois ; *F:* (*of pers.*) bancal. *L. chair,* chaise bancale. *To make sth. l.,* déjeter qch. *Nau:* **Lopsided ship,** navire *m* qui a un faux bord, un faux côté ; (navire) bordier (*m*).

lopsidedness [lɔp'saididnəs], *s.* (*a*) Manque *m* de symétrie ; déjettement *m.* (*b*) (*Of ship*) Faux bord.

loquacious [lo'kweiʃəs], *a.* Loquace. **-ly,** *adv.* Avec loquacité.

loquaciousness [lo'kweiʃəsnəs], **loquacity** [lo'kwasiti], *s.* Loquacité *f.*

loquat ['loukwɔt], *s. Bot:* Nèfle *f* du Japon ; bibasse *f.* **Loquat-tree,** néflier *m* du Japon ; bibassier *m.*

lor' [lɔːr], *int. P:* (*Attenuated form of Lord*) Mon Dieu ! Seigneur !

lord[1] [lɔːrd], *s.m.* **1.** Seigneur, maître. *Our sovereign l. the king,* notre seigneur souverain, le roi. *Rübezahl, the l. of the Mountain,* Rübezahl, le souverain de la Montagne. *Hist:* **Lord of the manor,** seigneur (censier, foncier) ; châtelain. *F:* **Her lord and master,** son seigneur et maître ; son mari. **The cotton lords,** les rois du coton, les magnats *m* du coton. *See also* MISRULE[1]. **2.** *Ecc:* **Lord God Almighty,** Seigneur Dieu Tout-puissant. **The Lord,** le Seigneur ; Dieu. **Our Lord,** Notre-Seigneur. **In the year of our Lord . . .,** en l'an de grâce. . . . **The Lord's Day,** le jour du Seigneur ; le dimanche. *See also* PRAYER[1], SUPPER. *F:* **(Good) Lord! O Lord! Lord bless my soul!** mon Dieu ! Seigneur (Dieu) ! **Lord knows if . . .,** Dieu sait si. . . . **3.** (*a*) Lord *m* (titre des barons, vicomtes, comtes, et marquis). *Lord X,* lord X ; *F:* milord X. *Pol:* **The House of Lords,** *F:* **the Lords,** la Chambre des Lords. *F:* **To live like a lord,** mener une vie de grand seigneur. **My lord,** (i) monsieur le baron, le comte, le marquis, etc. ; (ii) (*to bishop*) monseigneur ; (*to judge*) monsieur le juge. (*b*) **Lord High Constable,** grand connétable. **Lord High Admiral,** grand amiral. **Lord-lieutenant** (*pl.* **lord-lieutenants**), lord-lieutenant. **The Lord Mayor,** le lord maire (de Londres et de plusieurs autres grandes villes). *See also* ADMIRALTY, ADVOCATE[1] 1, ALMONER, CHAMBERLAIN 1, CHANCELLOR, COMMISSIONER, DRUNK 1, JUSTICE 2, LAW-LORD, SEA-LORD, SHOW[1] 2, TREASURER, WAR-LORD.

'lords and 'ladies, *s. Bot:* Arum maculé ; gouet *m* ; pied-de-veau *m, pl.* pieds-de-veau.

Lord-'Mayoralty, *s.* **1.** Fonctions *fpl* de lord maire. **2.** Durée *f* des fonctions du lord maire. *During his L.-M.,* pendant qu'il exerçait les fonctions de lord maire ; pendant sa magistrature.

lord[2], *v.i. F:* **To lord it,** prendre le haut du pavé ; faire l'important ; poser au grand seigneur ; trancher du grand seigneur. *To l. it in a place, F:* régenter dans un lieu. **To lord it over s.o.,** vouloir dominer qn ; vouloir en imposer à qn ; le prendre de haut avec qn. *To l. it over everyone, F:* vivre comme en pays conquis. *A statue lords it over the public square,* une statue trône sur la place.

lordliness ['lɔːrdlinəs], *s.* **1.** (*a*) Dignité *f.* (*b*) Magnificence *f* (d'un château, etc.). **2.** Hauteur *f,* orgueil *m,* morgue *f.*

lordling ['lɔːrdliŋ], *s.* Petit seigneur ; hobereau *m,* gentillâtre *m.*

lordly ['lɔːrdli], *a.* **1.** De grand seigneur ; noble, majestueux ; magnifique. **2.** Hautain, altier ; *F:* (personnage) grandissime. *To put on a l. air,* prendre des airs, des manières, de grand seigneur. *In a l. manner,* avec hauteur ; avec importance.

lordosis [lɔːr'dousis], *s. Med:* Lordose *f.*

lordotic [lɔːr'dɔtik], *a. Med:* Lordosique.

Lord's [lɔːrdz], *s.* **Lord's cricket ground,** *F:* **Lord's,** terrain *m* du Marylebone Cricket Club, à St John's Wood (Londres), et centre le plus important du cricket en Angleterre.

lordship ['lɔːrdʃip], *s.* **1.** Suzeraineté *f* ; seigneurie *f* (*over,* de). *L. of a demesne,* possession *f* d'un domaine. **2.** Domaine *m,* seigneurie. **3.** **Your lordship,** votre Seigneurie ; (*to nobleman*) monsieur le comte, etc. ; (*to bishop*) monseigneur. *Hum:* *In walked his l., their lordships,* et monsieur, ces messieurs, d'entrer.

lordy ['lɔːrdi], *int. P:* Mon Dieu ! Seigneur !

lore[1] [lɔːər], *s.* Science *f,* savoir *m.* **Bird-lore,** ornithologie *f.* **Fairy-lore,** la tradition et la littérature concernant les fées. *See also* BOOK-LORE, FOLK-LORE.

lore[2], *s. Nat.Hist:* Lore *m* (d'une araignée, d'un oiseau).

lorgnette [lɔːr'njet], **lorgnon** ['lɔːrnjɔn], *s.* **1.** Face-à-main *m, pl.* faces-à-main. **2.** Jumelle *f* (de théâtre) à manche.

lorica [lo'raika], *s. Nat.Hist:* Lorique *f.*

loricarian [lɔri'kɛəriən], *a. & s. Ich:* Loricaire (*f*).

loricate ['lɔrikeit], **loricated** ['lɔrikeitid], *a. Nat.Hist:* Loriqué.

lorikeet [lɔri'kiːt], *s. Orn:* Trichoglosse *m* (de la Malaisie).

loris ['lɔris], *s. Z:* Loris *m.* **Slender loris,** loris grêle.

lorn [lɔːrn], *a. Poet:* Délaissé, solitaire. **Lone lorn creature,** pauvre femme abandonnée à elle-même. *See also* LOVE-LORN.

Lorrainer [lɔ'reinər], *s. Geog:* Lorrain, -aine.

lorry ['lɔri], *s.* **1.** *Veh:* Camion *m.* **Steam lorry,** camion à vapeur. *Adm:* **Heavy lorry,** poids lourd. **Lorry driver,** conducteur *m* de camions. *See also* MOTOR LORRY. **2.** (*a*) Fardier *m,* diable *m.* (*b*) *Rail:* Lorry *m.*

lory ['lɔːri], *s. Orn:* Lori *m.*

losable ['luːzəbl], *a.* (*a*) Perdable ; qui pourrait se perdre. (*b*) (Privilège *m*) amissible.

lose [luːz], *v.tr.* (*p.t.* **lost** [lɔst] ; *p.p.* **lost** ; *pr.p.* **losing** [luːziŋ]) **1.** (*a*) Perdre, égarer (son parapluie, etc.). *Your cheque has been lost,* votre chèque a été égaré. *It is easily lost,* cela se perd facilement. **Lost, a diamond ring,** il a été perdu une bague de diamants. (*b*) Perdre (un droit, son argent, etc.). *I lost a clear thousand francs,* j'ai perdu mille francs ; *F:* j'en ai été de mille francs. (*At cards, etc.*) **To lose heavily,** perdre une forte somme ; *F:* boire un bouillon ; *P:* prendre une culotte. **It is so much money lost,** *F:* c'est de l'argent flambé. **To lose a thousand francs to s.o.,** se faire gagner mille francs par qn. **To stand to lose nothing,** (i) n'avoir rien à perdre ; (ii) être en position de gagner de toutes les façons. *You will l. nothing by waiting,* vous ne perdrez rien pour attendre. *Abs.* **I have not lost by it,** je n'y ai rien perdu. **The incident did not lose in the telling,** cet incident ne perdit rien de son importance à être raconté. **To lose in value, in interest,** perdre de sa valeur, de son intérêt. *To l. in public esteem,* baisser dans l'estime publique. *Rac: etc:* **To lose (ground) on a competitor,** perdre sur un concurrent ; lui laisser prendre de l'avance. *See also* GRASP[1] 1, GRASP[2] 1, GROUND[2] 5, HOLD[1] 1. (*c*) *He has lost an arm,* il lui manque un bras. *He has lost his left arm* (*or hand*), il est manchot du bras gauche. *He lost one eye at . . .,* il eut un œil crevé à. . . . **To lose one's voice,** avoir, attraper, une extinction de voix. *A cough he did not lose for the rest of his life,* une toux qui lui resta pendant le reste de ses jours. **To lose one's reason,** perdre la raison. **To lose one's character,** se perdre de réputation. **He had lost interest in his work, his work had lost interest for him,** son travail ne l'intéressait plus. **To lose strength,** s'affaiblir. *The patient is losing strength,* le malade baisse. **To lose weight,** perdre de son poids. *I have lost twenty pounds,* j'ai perdu vingt livres ; j'ai maigri de vingt livres. *See also* CONSCIOUSNESS 3, FLESH[1] 1, HAIR[1] 1, 2, HEAD[1] 1, 2, HEART[1] 2, HONOUR[1] 3, ILLUSION 1, LEATHER[1] 1, LIFE 1, MEMORY 1, NERVE[1] 1, PATIENCE 1, RAG[1] 1, SELF-RESPECT, TEMPER[1] 2. (*d*) Perdre (son père, etc.). *She has just lost an old relative,* il vient de lui mourir un vieux parent. (*Of doctor*) **To lose a patient,** ne pas réussir à sauver un malade. *To l. a hundred men taken prisoner,* perdre cent hommes prisonniers. *Abs.* **Both armies lost heavily,** les deux armées subirent de fortes pertes. **To be lost at sea,** être perdu en mer ; périr en mer, dans un naufrage. *The ship was lost,* le navire périt. *See also* HAND[1] 3. **2.** **To lose one's way, to lose oneself, to get lost,** perdre son chemin ; se perdre, s'égarer. *To l. oneself, to be lost, in the crowd,* se perdre, se dissimuler, dans la foule ; se mêler à, dans, la foule. *His voice was lost amid the laughter,* sa voix se perdit parmi les rires. **To lose oneself in a book,** s'absorber dans la lecture d'un livre. **To be lost in conjecture, in apologies,** se perdre en conjectures ; se confondre en excuses. *Lost in amazement,* perdu d'étonnement. **To lose sight of s.o.,** perdre qn de vue. *See also* SIGHT[1] 1, 2. *Mountain lost in the clouds,* montagne perdue dans les nuages. *Horizon lost in the rain,* horizon embruiné. *Lost in the haze,* (horizon) embrumé. *See also* ADMIRATION, THOUGHT[1] 3, TOUCH[1] 7. **3.** Gaspiller, perdre (son temps) ; perdre (sa peine). **Lost labour,** peine perdue. *Mec.E:* **Lost motion,** (i) perte *f* de mouvement ; déplacement *m* à vide ; (ii) jeu *m.* *F:* **The joke was lost on him,** il n'a pas saisi la plaisanterie. *All advice is lost upon him,* à le conseiller on perd son temps. *He spoke for half an hour, but it was all lost on me,* il a parlé pendant une demi-heure, mais ce fut en pure perte en ce qui me concernait, mais je n'y ai pas compris un mot. *See also* LOVE[1] 1, TIME[1] 3. **4.** **Clock that loses five minutes a day,** pendule *f* qui retarde de cinq minutes par jour. *Abs.* **The clock is losing,** l'horloge *f* retarde. **5.** (*a*) Manquer (le train, etc.). (*b*) *I lost several words of his answer,* plusieurs mots *m* de sa réponse m'ont échappé. **6.** Perdre (une partie, une bataille, un procès). *To l. a race,* être battu dans une course. (*In debate*) **The motion was lost,** la motion a été rejetée. **7.** Faire perdre (qch. à qn). **That mistake lost him the match, his job,** cette faute lui fit perdre, lui coûta, la partie, son poste.

lose out, *v.i. U.S:* Ne pas réussir ; échouer.

lost, *a.* Perdu. (*a*) **Lost property office,** service *m* des objets trouvés. *U.S:* **Lost river,** rivière souterraine. **To give s.o. up for, as, lost,** abandonner tout espoir de retrouver ou de sauver qn. *To give sth. up for lost,* abandonner tout espoir de retrouver qch. ; *F:* faire son deuil de qch. *They were already given up for lost,* on les considérait déjà comme perdus. **I gave myself up for lost,** je me crus perdu. (*b*) **Lost soul,** âme perdue, âme damnée ; un damné. **He is like a lost soul,** il est comme un corps sans âme. *To wander like a l. soul,* errer comme une âme en peine. (*c*) **He seems lost, looks lost,** il a l'air dépaysé ; il a l'air de ne savoir que devenir. *See also* SHEEP. (*d*) *When he is listening to music* **he is lost to the world,** quand il écoute la musique le monde n'existe plus pour lui. **To be lost to all sense of duty, of shame,** avoir perdu tout sentiment de devoir, de honte ; avoir perdu toute honte.

losing[1], *a.* Perdant. *L. bargain,* mauvais marché. **Losing battle,** bataille *f* de vaincu. **Losing game,** partie perdue d'avance. **To play a losing game,** (i) jouer un jeu à perdre ; (ii) jouer à qui perd gagne ; (iii) défendre une cause perdue. **The losing side,** les vaincus ; *Sp:* l'équipe perdante.

losing[2], *s.* **1.** Perte *f.* **2.** *pl.* **His losings at cards,** ses pertes de jeu.

losel ['louzel], *a. & s.m. A. & Dial:* **1.** (Homme) dépravé, de mauvaise vie ; misérable ; vaurien. **2.** Homme de rien ; pauvre hère.

loser ['luːzər], *s.* **1.** **He will be a loser,** il sera en perte. **I am a, the, loser by it,** j'y perds. **2.** (*a*) **To be the loser of a battle,** perdre une bataille ; être battu dans une bataille. *Prov:* **The losers are always in the wrong,** les battus payent l'amende ; qui perd pèche. (*b*) *Sp: etc:* Perdant, -ante. **The winners and the losers,** les gagnants et les perdants, les vainqueurs et les vaincus. **To be a good, a bad, loser,** être bon, beau, joueur ; être mauvais joueur ; avoir, ne pas avoir, l'esprit sportif. **3.** *Sp:* Coup perdant.

losh [lɔʃ], *int. Scot:* Seigneur ! mon Dieu !

loss [lɔs], *s.* **1.** (*a*) Perte *f* (d'un parapluie, etc.) ; égarement *m* (d'un document, etc.). (*b*) **Loss of sight,** perte, privation *f,* de la vue. *L. of sense of smell,* affaiblissement *m* d'odorat. **Loss of voice,** extinction *f* de voix. **Total loss of reason,** éclipse totale de la raison. **With loss of honour,** aux dépens de l'honneur. **Without loss of time,** sans perte de temps, sans perdre de temps ; sans tarder.

Com: **Loss of custom,** désachalandage *m.* *Ind:* **Loss of service,** rupture *f* de contrat entre employeur et employé (portant préjudice à l'employeur). *Jur:* **Loss of a right,** perte, déchéance *f*, d'un droit. *Theol:* **Loss of grace,** amission *f* de la grâce. *See also* HOPE[1] 1, LIFE 1, MEMORY 1. **2.** (*a*) **To meet with a loss,** subir une perte, un préjudice. *He had a heavy l.*, il a beaucoup perdu; *F:* il a bu un bouillon. **To sustain, suffer, heavy losses,** subir de grosses pertes. **Dead loss,** perte sèche. **To make up the losses,** réparer les dommages; compenser ses pertes. *Com:* **To sell at a loss,** vendre à perte; mévendre. *Sale of goods at a l.*, mévente *f* de marchandises. *F:* **To cut one's losses,** faire la part du feu; *F:* se couper un bras. **It is her loss, the loss is hers,** c'est elle qui y perd. **He, it, is no loss,** la perte n'est pas grande. *See also* GAIN[1] 1, PROFIT[1]. (*b*) *Ins:* Sinistre *m.* *To estimate the l.*, évaluer le sinistre. *M.Ins:* **Total loss,** perte totale. **Constructive total loss,** perte censée totale. **3.** (*a*) Déperdition *f.* *L. of heat*, perte de chaleur. *Diminution in weight by l. of water*, perte de poids par départ d'eau. **Loss in transit,** déchet *m* de route (d'un liquide, etc.). *Mec.E:* **Loss of power, of energy,** travail *m* nuisible; déperdition. *Hyd.E: Mch:* **Loss of head,** perte de charge. *Metalw:* **Loss of temper,** perte de trempe. *El.E:* **Iron losses,** perte(s) dans le fer. **Eddy losses,** perte par tourbillons, par remous. **Commutator loss,** perte au commutateur. **Loss due to arcing,** perte par crachement aux balais (d'une dynamo). *See also* LIFT[1] 3. (*b*) *Med:* Écoulement *m*, perte. **4. To be at a loss,** être embarrassé, dans l'embarras; être désorienté; être à quia. *I am quite at a l.*, je ne sais que faire; je m'y perds. *He seemed at a l.*, il avait l'air dépaysé, désorienté. *He is never at a l.*, il ne s'embarrasse de rien, rien ne l'embarrasse; il sait se retourner. **To be at a loss to . . .,** avoir de la peine à . . .; être en peine de. . . . *I should be at a l. to answer*, je serais bien embarrassé s'il me fallait répondre. *Never to be at a l. to find an excuse, at a l. for an excuse*, ne jamais être en peine de trouver une excuse. *One would be very much at a l. if one had to . . .*, on serait bien empêché s'il fallait. . . . *The stranger is at a l. when he tries to understand us*, l'étranger se trouve désemparé quand il veut nous comprendre. **To be at a loss what to do, what to say,** ne savoir que faire, que dire. **To be at a loss for a topic,** ne savoir sur quoi parler. *Never to be at a l. for an answer*, avoir, trouver, réponse à tout. *He is never at a l. for a word*, il n'est jamais embarrassé pour trouver le mot. **I am at a loss for words to express . . .,** les mots me manquent pour exprimer. . . . *To be at a l. for money*, manquer d'argent; être à court d'argent. *See also* UNDERSTAND 1.

lost [lɔst]. *See* LOSE.

lot[1] [lɔt], *s.* **1.** (*a*) (Chose dont on se sert pour tirer au sort.) **To draw, cast, lots for sth.,** tirer au sort pour qch.; tirer qch. au sort. **To throw in, cast in, one's lot with s.o.,** partager le sort, la fortune, de qn; unir sa destinée à celle de qn; s'attacher à la fortune de qn. (*b*) Sort *m*; tirage *m* au sort. **Drawn by lot** *from amongst . . .*, tiré au sort parmi. . . . *Lombardy fell to him by lot*, la Lombardie lui échut au sort. *Fin:* *The debentures are redeemed by lot*, les obligations sont rachetées par voie de tirage. **2.** (*a*) Sort, part *f*, partage *m*. **The lot fell upon him,** le sort tomba sur lui. **To fall to s.o.'s lot,** échoir, tomber, en partage à qn. *The rough work fell to her lot*, à elle revenaient les travaux rudes. **It fell to my lot to . . .,** il m'arriva de . . .; il me fut donné de . . .; le sort voulut que je + *sub.* *See also* PART[1] I. 2. (*b*) Destin *m*, destinée *f*. **The poor man's lot,** la condition du pauvre; la destinée du pauvre. *To submit to one's lot*, se soumettre à sa destinée. *It is the lot of everyone*, tout le monde y passe. **3.** *A:* Cote *f* (d'un impôt). *See also* SCOT[2] 2. **4.** (*a*) *U.S:* (Lot *m* de) terrain *m*. (*b*) (*At auction*) Lot. (*c*) *Com:* **In lots,** par parties. **To buy in one lot,** acheter en bloc. *See also* JOB-LOT. (*d*) *F:* **A bad lot,** une canaille; un mauvais sujet, un mauvais garnement, un vilain oiseau, un vilain coco; une crapule; une gouape. *He, she, is a bad lot*, il, elle, ne vaut pas cher. *They are a bad lot*, ce sont de vilaines gens; c'est un tas de gredins. *Iron:* **You're a nice lot, you are!** vous êtes admirable, vous! (*e*) *F:* **The lot,** le tout. **That's the lot,** c'est tout. **The whole lot, all the lot, of you,** tous tant que vous êtes. *The whole lot of them*, toute la bande. *P:* **And the whole bally lot,** et tout le bazar; et tout le saint-frusquin. **5.** *F:* (*a*) Beaucoup. *A lot of butter*, beaucoup de beurre. *A lot of sheep*, beaucoup de moutons, force moutons, un grand nombre de moutons. **What a lot!** en voilà-t-il! *What a lot of people!* que de monde! que de gens! *What a lot of time you waste!* ce que vous en perdez du temps! **Such a lot,** tellement. *I've had such a lot of people to-day!* j'ai eu un monde aujourd'hui! *I have* **quite a lot,** j'en ai une quantité considérable; *P:* j'en ai une tapée. *He knows quite a lot about you*, il en sait long sur votre compte. *I saw quite a lot of him in Paris*, je l'ai vu assez souvent pendant mon séjour à Paris. *We are rather a lot for dinner this evening*, nous sommes pas mal à dîner ce soir. *He must have a lot to say*, il doit en avoir à dire. *He would have given a lot to . . .*, il aurait donné gros pour. . . . *I haven't a lot of money*, je n'ai pas grand argent. *They are nothing but a lot of rogues*, c'est une bande de fripons. *adv.* *Times have changed a lot*, les temps *m* ont bien changé. (*b*) *pl.* **Lots of good things,** un tas de bonnes choses. *Lots of people*, quantité de gens; des tas de gens. *He spends lots of money*, il dépense un argent fou, énormément d'argent. *adv.* *I feel* **lots better,** je me sens infiniment mieux.

lot[2], *v.tr.* (lotted; lotting) **1.** To lot out *a piece of ground*, lotir un terrain. **2.** *U.S:* **To lot upon s.o.,** compter sur qn.

lotting, *s.* Lotissement *m.*

Lot[3]. *Pr.n.m.* *B.Hist:* Loth.

loth [louθ] = LOATH.

Lothair [lo'θɛər]. *Pr.n.m.* Lothaire.

Lotharingia [lɔθə'rindʒiə]. *Pr.n.* *A.Geog:* La Lotharingie *f.*

Lothario [lo'θɛərio]. *Pr.n.m.* **A gay Lothario,** un joyeux viveur, un Don Juan. **To be a bit of a L.,** *P:* être porté sur la bagatelle.

lotion ['louʃ(ə)n], *s.* (*a*) *Pharm:* Lotion *f.* *See also* SKIN-LOTION. (*b*) *P:* **To have a lotion,** se rincer la dalle.

loto ['louto]. *Games:* = LOTTO.

lotophagi [lou'tɔfədʒai], *s.pl.* *Gr.Myth:* Lotophages *m*, mangeurs *m* de lotus.

lottery ['lɔtəri], *s.* Loterie *f.* **Charity lottery,** tombola *f.* **To draw a lottery,** tirer une tombola. *Life, marriage, is a l.*, la vie, le mariage, est une loterie, est une affaire de chance. *Fin:* **Lottery loan,** emprunt *m* à lots. *See also* BOND[1] 3.

'lottery-wheel, *s.* Roue *f* pour le tirage des numéros.

lotto ['lɔto], *s.* *Games:* Loto *m.*

lotus, *pl.* **-uses** ['loutəs, -əsiz], *s.* **1.** *Gr.Myth:* Lotus *m.* **2.** *Bot:* (*a*) Lotus *m*, lotier *m*; *esp.* lotier corniculé, trèfle cornu. (*b*) **Egyptian lotus,** nélombo *m*, nélumbo *m*; lotus égyptien; lis *m* du Nil. (*c*) **African lotus,** micocoulier *m.*

'lotus-eater, *s.* (*a*) *Gr.Myth:* Mangeur *m* de lotus; lotophage *m*. (*b*) *F:* Rêveur *m* (pour qui la vie est bonne).

loud [laud]. **1.** *a.* (*a*) Bruyant, retentissant. *L. noise, l. cry*, grand bruit, grand cri. *L. report*, détonation violente, retentissante. *L. laugh*, rire sonore; gros rire. *L. voice*, voix forte, voix haute. *L. and metallic voice*, voix claironnante. **In a loud voice,** à haute voix. *In a very l. voice*, en criant très fort. *One could hear snatches of l. conversation*, on entendait des éclats de voix. **Loud cheers, loud applause,** vifs applaudissements, applaudissements tumultueux. **To be loud in one's admiration, in one's praises, of sth.,** louer qch. chaudement. *To be l. in one's complaints*, se plaindre à hauts cris; se plaindre énergiquement, avec véhémence (*of*, de). *Poet:* *The woods are l. with the song of birds*, les bois *m* retentissent du chant des oiseaux. (*b*) (*Of pers., behaviour*) Bruyant, tapageur; vulgaire, commun. (*c*) (*Of colour, etc.*) Criard, voyant; (*of costume*) tapageur, affichant. **2.** *adv.* (Crier, parler) haut, à haute voix. *To shout, bark, louder*, crier, aboyer, plus fort. *U.S:* **Louder!** parlez plus haut! *It was a case of who could shout loudest*, ils criaient à qui mieux mieux. **We laughed loud and long,** nous avons ri comme des fous. *The surf roars l. on the beach*, les brisants *m* déferlent avec fracas sur la plage. **A loud-ticking clock,** une pendule à tic-tac sonore. **-ly,** *adv.* **1.** (Crier) haut, fort, à voix haute; (rire) bruyamment, avec grand bruit. *To call l. for sth.*, réclamer qch. à grands cris. *They were shouting l.*, ils criaient à qui mieux mieux. *To knock l. at the door*, frapper rudement à la porte. *To proclaim l. that . . .*, annoncer hautement que. . . . **2.** *She dresses very l.*, elle affecte des toilettes extravagantes, criardes. *A l.-dressed individual*, un individu à toilette tapageuse.

loud-'mouthed, *a.* Au verbe haut; *F:* fort en gueule.

'loud-'speaker, *s.* *W.Tel:* Haut-parleur *m*, *pl.* haut-parleurs. *Horn l.-s.*, haut-parleur à pavillon. *Cone(-shaped) l.-s.*, haut-parleur à cône; diffuseur *m*. *Moving-coil l.-s.*, haut-parleur (électro)dynamique, à bobine mobile. *Permanent-magnet moving-coil l.-s.* haut-parleur dynamique à aimant permanent. **Reception at loud-speaker strength,** réception *f* en haut-parleur.

loud-'speaking, *a.* (Téléphone) haut-parleur.

louden ['laud(ə)n]. **1.** *v.tr.* Rendre (un son) plus fort. **2.** *v.i.* (*a*) Devenir plus bruyant; (*of sound, noise*) devenir plus fort; augmenter. (*b*) (*Of pers., manner*) Devenir plus vulgaire; se vulgariser; prendre une allure tapageuse.

loudness ['laudnəs], *s.* **1.** Force *f*, sonorité *f* (d'un bruit, etc.); grand bruit (d'une cataracte, etc.); caractère bruyant (d'une démonstration). **2.** *The l. of her dress*, sa toilette tapageuse, criarde. *The l. of their behaviour*, leur conduite vulgaire, tapageuse.

lough [lɔχ], *s.* (*Irish*) **1.** Lac *m.* **2.** Bras *m* de mer.

Louis ['lu:i]. *Pr.n.m.* (*pl.* **Louis** ['lu:iz]) Louis.

Louisa [lu'i:za]. *Pr.n.f.* Louise.

Louisiana [lu:izi'ɑ:nə]. *Pr.n.* *Geog:* La Louisiane.

Louisianian [lu:izi'anjən], *a.* & *s.* *Geog:* Louisianais, -aise.

lounge[1] [laundʒ], *s.* **1.** (*a*) Flânerie *f*; tour *m* de promenade. (*b*) Allure nonchalante. **2.** (*a*) Promenoir *m*; (*in hotel*) hall *m*; (*in boarding-house*) petit salon. (*b*) *Th:* Foyer *m* (du public). **3.** = LOUNGE-CHAIR.

'lounge-chair, *s.* Chaise-longue *f*, *pl.* chaises-longues; flâneuse *f*, dormeuse *f*, dorlotine *f*.

'lounge-jacket, *s.* *Cost:* Veston *m.*

'lounge-lizard, *s.* *F:* Greluchon *m*, gigolo *m.*

'lounge-suit, *s.* Complet veston *m.* *He was wearing a l.-s.*, il était en veston.

lounge[2], *v.i.* **1.** Flâner. **To lounge about,** *F:* tirer sa flemme. **To lounge along,** avancer en se dandinant. **To lounge through the day,** *v.tr.* **to lounge away the time,** passer la journée, le temps, en flânant, à flâner. **2.** S'étaler, s'étendre paresseusement (sur un canapé, etc.). *Lounging in an arm-chair*, affalé, vautré, dans un fauteuil. *Lounging over a café table*, accoudé à une table de café.

lounging[1], *a.* Flânant; de flâneur; de flânerie.

lounging[2], *s.* Flânerie *f*, badauderie *f*.

lounger ['laundʒər], *s.* Flâneur, -euse. *See also* BAR[1] 4.

loupe [lu:p], *s.* *Metall:* = LOOP[3].

lour[1] ['lauər], *s.* **1.** Air renfrogné, menaçant. **2.** Assombrissement *m* (du ciel); menace *f* (de la tempête).

lour[2], *v.i.* **1.** (*Of pers.*) Se renfrogner; froncer les sourcils. **To lour upon, at, s.o.,** regarder qn d'un mauvais œil; menacer qn du regard. **2.** (*Of sky*) S'assombrir, s'obscurcir, se couvrir; (*of clouds*) s'amonceler; (*of storm*) menacer.

louring[1], *a.* **1.** (Air) renfrogné, menaçant; (front) sombre. **2.** (Ciel) sombre, menaçant, orageux. **-ly,** *adv.* **1.** (Regarder) d'un air renfrogné, menaçant. **2.** *L. the clouds gathered*, les nuages menaçants s'amoncelaient.

louring[2], *s.* = LOUR[1].

loury ['lauəri], *a.* = LOURING[1] 2.

louse, *pl.* **lice** [laus, lais], *s.* Pou *m*, *pl.* poux. *See also* BOOK-LOUSE, PLANT-LOUSE, SEA-LOUSE, WOOD-LOUSE.

lousewort ['lauswə:rt], *s.* *Bot:* Pédiculaire *f*; herbe *f* aux poux.

lousiness ['lauzinəs], *s.* État pouilleux.

lousy ['lauzi], *a.* **1.** Pouilleux; pédiculaire; plein de poux.

2. *F:* (*a*) Sale, ignoble; *P:* moche. *L. fellow, P:* pouilleux *m.* *A l. place,* une vraie pouillerie. **Lousy trick,** sale coup *m*; cochonnerie *f.* *That was a l. trick* (*on his part*), il nous a fait une crasse; il nous a joué un sale tour; ce n'est pas chic de sa part. (*b*) *P: A l. journey,* un voyage peu agréable; un sale voyage. *A l. performance,* une représentation tocarde, qui n'est pas à la hauteur.

lout [laut], *s.* Lourdaud *m*, butor *m*, rustre *m*, pataud *m.* *Clumsy l.,* lourdaud, godichon *m.*

loutish ['lautiʃ], *a.* Rustre, rustaud, lourdaud, pataud. **-ly,** *adv.* En rustre.

loutishness ['lautiʃnəs], *s.* Butorderie *f*, rusticité *f*, grossièreté *f.*

louver, louvre ['luːvər], *s.* **1.** *Arch: A:* Lucarne *f.* **2.** (*a*) *Arch:* Abat-vent *m inv*, abat-son *m*, *pl.* abat-sons (de clocher). (*b*) *Nau:* Jalousie *f* (de sabord, etc.). *Aut: Av:* Auvent *m*, persienne *f.* **Bonnet louvers,** auvents de capot, persiennes du capot; orifices *m* d'aérage.

'louver-board, *s.* = LOUVER 2.

louvered ['luːvərd], *a.* **1.** *Arch:* (Clocher *m*) à abat-sons. **2.** *Nau:* (Sabord *m*) à jalousies. *Aut:* (Capote *f*) à persiennes, à auvent.

lovable ['lʌvəbl], *a.* Aimable, chérissable, digne d'être aimé; (*of pers.*) sympathique. **-ably,** *adv.* Aimablement, d'une manière aimable.

lovableness ['lʌvəblnəs], *s.* Caractère *m* aimable, sympathique (de qn).

lovage ['lʌvedʒ], *s.* *Bot:* (**Italian, garden**) **lovage,** livèche *f*; ache *f* de montagne.

love[1] [lʌv], *s.* **1.** Amour *m.* (*a*) Affection *f*, tendresse *f*, attachement *m.* **Love of, for, towards, s.o.,** amour de, pour, envers, qn; affection pour qn. *L. of, for, sth.,* amour de qch. *Look full of l.,* regard plein de tendresse. *F:* **There is no love lost between them,** ils ne s'aiment pas outre mesure; ils ne peuvent pas se sentir. **The love you bear me,** l'amour que vous me portez. **For the love of God,** pour l'amour de Dieu. *See also* MIKE[3]. *He learnt French* **for the love of it,** il apprit le français par attrait *m* pour cette langue. **To play for love,** jouer pour l'honneur, pour le plaisir. *I don't want* **to work for love,** je ne veux pas travailler pour rien, *F:* pour le roi de Prusse, *P:* pour la peau. **Give my love to your parents,** veuillez bien exprimer à vos parents mes sentiments affectueux; faites mes amitiés à vos parents. **My love to all,** mes amitiés à tous. *Mother sends her l.,* ma mère vous envoie son affectueux souvenir. (*Letter formula*) **'With much love,'** je vous embrasse de tout mon cœur. *With l. from all,* avec mille amitiés de notre part à tous. *F:* **It cannot be had for love or money,** on ne peut se le procurer à aucun prix; il est absolument impossible de s'en procurer. *I wouldn't do it for l. or money,* je ne le ferais pour rien au monde. (*b*) (*Between lovers*) Amour (*the pl. is fem. in Lit. & Poet. use*). **First love,** les premières amours. **Love laughs at locksmiths,** l'amour force toutes les serrures. **Never trifle with love,** on ne badine pas avec l'amour. **To win s.o.'s love,** se faire aimer de qn. **To be in love with s.o.,** être amoureux, épris, de qn; *F:* en tenir pour qn; *P:* avoir un béguin, en pincer, pour qn. **Head over ears in love, madly in love,** féru d'amour, amoureux fou, éperdument amoureux (*with,* de). *See also* PASSIONATELY. **To fall in love with s.o.,** s'éprendre, tomber amoureux, *F:* s'amouracher, de qn. *To fall suddenly in l., F:* avoir le coup de foudre. *To fall in l. with every pretty girl one meets, F:* avoir un cœur d'artichaut. *See also* SIGHT[1] 1. **To make love to s.o.,** faire la cour à qn; *A. & F:* conter fleurette à qn. *He tried to make l. to me, F:* il a essayé de me faire du boniment. *To make l. to all women alike,* courtiser la brune et la blonde. **Love in a cottage,** un cœur et une chaumière. **To live love's young dream,** filer le parfait amour (*with,* avec). *He learnt French* **for love of her,** il apprit le français par amour pour elle. **To marry for love,** faire un mariage d'inclination. *He married her for l.,* il l'épousa par inclination, *F:* pour ses beaux yeux. *See also* AFFAIR, CROSS[2] 1, CUPBOARD, FAIR[2] I. 4, FREE[1] I. 3, HOT[1] 3, LABOUR[1] 3. **2.** (*Pers.*) **My love,** mon amour; mon ami, mon amie. **An old love of mine,** une de mes anciennes amours. *See also* LADY-LOVE. **3.** (*a*) *Pr.n.m.* **Love,** l'Amour, Cupidon. (*b*) **Little Loves** *in a picture,* amours joufflus dans un tableau. (*c*) **What a love of a child, of a hat!** quel amour d'enfant, de chapeau! **4.** (*At tennis, etc.*) Zéro *m*, rien *m*, "love" *m.* **Three love,** trois à zéro. **Love all,** égalité *f* à rien. **Love fifteen, fifteen love,** rien à quinze, quinze à rien. **Love game,** jeu blanc; jeu où l'adversaire n'a rien marqué.

'love-apple, *s.* *A:* Pomme *f* d'amour; tomate *f.*

'love-begotten, *a.* Illégitime; (enfant *m*) de l'amour.

'love-bird, *s.* *Orn:* Psittacule *m*; inséparable *m.*

'love-bond, *s.* Lien passionnel.

'love-child, *s.* Enfant naturel; enfant d'amour, de l'amour.

'love-feast, *s.* *Ecc.Hist:* Agape *f.*

'love-in-a-'mist, *s.* *Bot:* Nigelle *f* (de Damas); cheveux *mpl* de Vénus, patte-d'araignée *f.*

'love-in-'idleness, *s.* *Bot:* Pensée *f*; herbe *f* de la Trinité.

'love-knot, *s.* Lacs *m* d'amour.

'love-lay, *s.* *Poet:* = LOVE-SONG.

'love-letter, *s.* Billet doux; poulet *m.*

'love-lies-(a-)'bleeding, *s.* *Bot:* Amarante *f* à fleurs en queue; queue-de-renard *f.*

'love-lorn, *a.* Délaissé, abandonné; éperdu d'amour.

'love-making, *s.* Cour (amoureuse). *One can't be always engaged in l.-m.,* on ne peut pas être tout le temps à filer le parfait amour, à se bécoter, à faire la cour à sa belle.

'love-match, *s.* Mariage *m* d'amour, d'inclination.

'love-philtre, -potion, *s.* Philtre *m.*

'love-scene, *s.* *Th: etc:* Scène *f* d'amour.

'love-song, *s.* (*a*) Chant *m* d'amour. (*b*) Chanson *f* d'amour; romance *f.*

'love-story, *s.* Histoire *f* d'amour; roman d'amour.

'love-token, *s.* Gage *m* d'amour.

love[2], *v.tr.* **1.** (*a*) Aimer, affectionner (qn). *To l. one another,* s'aimer, s'entr'aimer. *The disciple whom Jesus loved,* le disciple bien-aimé (de Jésus). *F:* **Lord love you!** . . Seigneur Dieu! . . . *Prov:* **Love me love my dog,** qui m'aime aime mon chien. (*b*) Aimer d'amour. *I love you!* je vous aime! **Love me little love me long,** qui aime peu aime longtemps; les passions ardentes sont passagères. *He loved her to distraction,* il l'aimait à la folie. **2.** Aimer (passionnément) (son chez-soi, etc.). *B: He that loveth his life shall lose it,* qui aime sa vie la perdra. **As you love your life . . .,** si vous tenez à la vie. . . . *I l. horse-racing,* les courses de chevaux me passionnent. *To l. music,* être mélomane. *I l. music,* j'adore la musique. **To love to do sth., to love doing sth.,** aimer à faire qch.; adorer faire qch. *He loves to be praised,* il aime qu'on le loue. *His parents loved to hear him praised,* il était doux à ses parents qu'on le louât, de l'entendre louer. *Will you come with me?*—**I should love to,** voulez-vous m'accompagner?—Je ne demande pas mieux; avec le plus grand plaisir; très volontiers. *F: She'll love for me to go with you,* elle sera enchantée que je vous accompagne. *See also* DEARLY 2.

loving, *a.* **1.** Affectueux, affectionné, tendre. **Loving-hearted,** plein de bonté de cœur. *Corr:* **Your loving mother,** votre mère affectionnée. **2.** (*With noun prefixed, e.g.*) **Money-loving, home-loving,** qui aime l'argent, son chez soi. **3. Loving cup,** coupe *f* de l'amitié. **-ly,** *adv.* Affectueusement, tendrement, affectionnément.

'loving-'kindness, *s.* Bonté *f* (d'âme, de cœur).

Lovelace ['lʌvleis]. **1.** *Pr.n.m.* Lovelace. (Personnage de *Clarissa Harlowe,* de Richardson.) **2.** *s.m.* Séducteur de filles; lovelace, libertin; *P:* tombeur *m.*

loveless ['lʌvləs], *a.* Sans amour. **1.** Insensible à l'amour. **2.** Pour qui personne ne ressent d'amour. *She lived l.,* elle vécut délaissée, privée d'amour.

lovelessness ['lʌvləsnəs], *s.* **1.** Insensibilité *f* à l'amour. **2.** Privation *f* d'amour.

loveliness ['lʌvlinəs], *s.* Beauté *f* (d'une femme, du paysage).

lovelock ['lʌvlɔk], *s.* Accroche-cœur *m*, *pl.* accroche-cœur(s); *P:* rouflaquette *f.*

lovely ['lʌvli], *a.* **1.** (*a*) Beau, *f.* belle, charmant, ravissant, séduisant, gracieux. *What a l. woman!* la belle femme! quelle femme ravissante! *What a l. jewel!* quel amour de bijou! (*b*) *F: It's been just l. being with you!* ça a été charmant de me trouver avec vous! *That l. scene in which the bishop is caught with the girls,* cette scène délicieuse où l'évêque est surpris au milieu des jeunes filles. **2.** *U.S:* (Personne *f*) très aimable.

lover ['lʌvər], *s.* **1.** (*a*) Amoureux *m*, prétendant *m.* (*b*) Fiancé *m.* (*c*) *They were lovers,* ils s'aimaient. *The lovers on the seats in the park,* les amoureux assis sur les bancs du parc. *Our village had a Lovers' Walk,* notre village avait son Sentier des amoureux. **2. Her lover,** son amant, *F:* son bon ami. **3.** (*a*) Amateur *m*, ami(e) (de qch.). *Book-, tree-, nature-lovers,* amis des livres, des arbres, de la nature. **Music-lover,** mélomane *mf.* *L. of learning,* amateur des sciences. *L. of the past,* ami du passé. *See also* HOME-LOVER. (*b*) *The Burns lovers,* les admirateurs, -trices, de Burns; les fanatiques *m* de Burns.

'lovers' knot, *s.* = LOVE-KNOT.

loverlike ['lʌvərlaik], **loverly** ['lʌvərli]. **1.** *a.* D'amoureux, d'amant. **2.** *adv.* En amoureux, en amant.

loverwise ['lʌvərwaiz], *adv.* En amoureux, en amant.

lovesick ['lʌvsik], *a.* Féru d'amour; défaillant d'amour; qui languit d'amour. *L. swain,* soupireur *m*; amoureux transi.

lovesickness ['lʌvsiknəs], *s.* Mal *m* d'amour.

loveworthy ['lʌvwəːrði], *a.* Digne d'être aimé.

lovey dovey ['lʌvidʌvi]. **1.** *F:* **1.** *s.* Mon petit chou, ma mie. **2.** *a.* (Parler) sentimental, mignard.

low[1] [lou]. I. *a.* **1.** Bas, *f.* basse. *Low wall,* mur bas, peu élevé. *Low forehead,* front bas. *Low stature,* petite taille. **Low relief,** bas-relief *m.* **Low dress,** robe décolletée. *Low shoe,* soulier découvert, décolleté. *Low collar,* (i) col bas; (ii) col rabattu. *The fire is burning low,* le feu baisse. **Light turned low,** lumière *f* en veilleuse. **Low tide, low water,** marée basse; basse mer; mer basse. *See also* WATER[1] 3. **My purse was getting low,** mes ressources baissaient; ma bourse se dégarnissait. **My stocks are rather low,** mes stocks sont un peu dégarnis. *Typ:* **Letter low to paper,** caractère *m* qui n'affleure pas. *See also* EBB[1] 2, RUN[2] I. 10. **2.** (*a*) *Low ceiling,* plafond bas, peu élevé. *Low bow,* profonde révérence. *To make s.o. a low bow,* saluer qn profondément. *L. valley,* vallée basse, profonde. *Geog:* **The Low Countries,** les Pays-Bas. *Aut:* **Low chassis,** châssis surbaissé. (*b*) **To bring s.o. low,** humilier, abaisser, abattre, ravaler, qn. *He brought Babylon low,* il abaissa Babylone. *See also* LAY[4] I. 1. **To lie low,** (i) se tapir; rester tapi; se tenir accroupi; (ii) *F:* rester coi; se tenir coi; faire le mort. (*c*) **Lower part,** bas *m* (d'une échelle, etc.); aval *m* (d'un cours d'eau). *The lower part of the town,* la basse ville. **Lower Alsace,** la basse Alsace. **The Lower Alps,** les basses Alpes. **The lower regions, the lower world,** les régions infernales. **The lower jaw,** la mâchoire inférieure. **Lower tooth,** dent *f* d'en bas. *See also* CASE[2] 7, DECK[1] 1. (*d*) *Ling:* **Low German,** le bas allemand. **Low Latin,** le bas latin. **3.** (*a*) **Low birth,** basse naissance. *All the people,* **high and low,** tous, du haut en bas de l'échelle sociale. *Low life,* le petit monde. *There was something low about her,* elle avait un je ne sais quoi de peuple, de canaille. **The lower orders,** les basses classes; le bas peuple. *See also* CLASS[1] 1. **Lower ranks,** rangs inférieurs (de l'armée, etc.). **Lower court,** tribunal inférieur. *Pol:* **The lower house,** la Chambre basse. *Lower end of the table,* bas bout de la table. *Sch:* **Lower school,** petit collège. **Lower forms,** petites classes; (*in secondary schools*) classes de grammaire. **The lower-school boys,** les petits. (*b*) Bas, peu élevé. *Of a low type of intelligence,* d'une intelligence peu développée. *Low races*, races peu civilisées. **The lower animals,** les animaux inférieurs. **Low comedy,** la comédie à gros effets; le bas comique. **Low comedian,** comédien *m* à emplois bouffons, à rôles chargés. (*c*) Bas, vil, trivial, canaille. **Low company,** mauvaise compagnie; basses fréquentations. **A low fellow,** un voyou. **A low woman,** (i) une femme vulgaire, grossière; (ii) une femme de mauvaise vie. *To associate with low women*, fréquenter des femmes de rien. **The lowest of the low,** le dernier des derniers. *Low expression*, expression *f* canaille. *A low type of face*, une vraie tête de brute. *To get into low habits*, s'encanailler. *Low part of the town*, quartier mal famé. **Low cunning,** fourberie *f*. **A low thing (to do),** une vilenie; une crasse. *Low tricks*, vilenies, coups *m* de Jarnac. *That's a low trick!* ça c'est un sale coup! **4. Low diet,** régime peu substantiel; régime débilitant. *Low feeding*, nourriture insuffisante. *On a low diet*, à la diète. (*Of invalid*) **To be very low,** être bien bas. *She is very low*, elle va très mal; elle est très déprimée. *Brought low by illness*, affaibli par la maladie. **To feel low, to be in low spirits,** se sentir déprimé; être abattu; *F:* avoir le cafard. *See also* SPIRIT[1] 5. *Med:* **Low physical condition,** atonie *f*. **5. Low price,** bas prix; prix faible. *At a low figure, at a low price*, à bas prix; à bon compte; à bon marché. *The lowest price*, le dernier prix. *The lowest freight*, le minimum de fret. *It will cost a hundred pounds at the very lowest*, cela coûtera cent livres au bas mot, pour le moins. *Low wages*, salaires peu élevés. *Low temperature*, basse température. *Low speed*, petite vitesse, faible vitesse. *See also* GEAR[1] 3. **Low-consumption lamp,** lampe *f* à faible consommation. *Low gradient*, pente *f* faible. **Low fever,** fièvre lente. **Low latitudes,** basses latitudes. *Low number of adherents*, nombre restreint d'adhérents. *Cards: The low cards*, les basses cartes. *Metall:* **Low steel,** acier *m* à faible teneur en carbone. *See also* FREQUENCY 2, TENSION 1. **6. Low note,** note basse. **Low sound,** (i) son bas, grave; (ii) faible son. *Low murmur*, faible murmure *m*. *Low cry*, cri sourd. *In a low voice*, à voix basse, à mi-voix. *She has a low voice*, elle a une voix basse, au timbre grave. *To speak to s.o. in a low whisper*, parler tout bas à qn. **7. Low date,** date récente. **8.** *Ecc:* **Low mass, low celebration,** la messe basse; la petite messe. **Low Sunday,** Pâques closes, (dimanche *m* de) la Quasimodo. **Low Week,** la semaine de la Quasimodo. **-ly,** *adv.* **1. Lowly born,** (i) de basse naissance; (ii) de naissance modeste. **2.** Humblement.

II. **low,** *adv.* **1.** (Pendre, viser) bas. *The village stands lower than the castle*, le village se trouve en contre-bas du château, au-dessous du château. **To bow low,** s'incliner profondément; saluer très bas. *I never fell so low as that*, je ne suis jamais tombé si bas. **I cannot go so low as to do that,** je ne peux pas descendre jusqu'à faire cela. **Dress cut low in the back,** robe décolletée dans le dos. *She wears her hair low on the forehead*, ses cheveux *m* mordent sur le front. *F:* **That's playing it low down,** c'est agir d'une façon peu loyale (ou peu digne); *F:* c'est un coup rosse. *Box:* **To hit low,** toucher bas. *Cf.* LOW-DOWN[1]. *See also* COLLAR[1] 1, HIGH II. 1. **2. To play low,** jouer petit jeu. *The lowest paid employees*, **les** employés les moins payés. *See also* GEAR[1] 3. **3.** (*a*) (Parler) à voix basse. (*b*) *Mus: I cannot get so low as that*, je ne peux pas descendre si bas (dans la gamme). *To set (a song, etc.) lower*, baisser (une chanson, etc.). *Music transposed two tones lower*, musique transposée (de) deux tons au-dessous. **4. To live, feed, low,** (i) ne pas assez manger; prendre des aliments peu nourrissants; (ii) garder la diète. **5.** (*Of dates*) **As low as . . .,** aussi récemment que. . . .

'low-bellied, *a.* (Cheval *m*) dont le ventre s'avale.

'low-born, *a.* **1.** De basse naissance. **2.** D'humble naissance.

'low-boy, *s. Furn: U.S:* Commode basse (sur pieds).

'low-bred, *a.* Mal élevé; grossier.

'low-brow, *F:* **1.** *a.* Terre à terre *inv*; peu intellectuel. **2.** *s.* Personne *f* terre à terre, dépourvue de sens artistique; bourgeois, -oise; philistin, -ine.

'low-browed, *a.* **1.** Au front bas. **2.** (*a*) (*Of building*) A entrée basse. (*b*) (*Of rock*) Surplombant.

'low-built, *a.* Bas, peu élevé. *Nau:* De bas bord; ras (sur l'eau). *L.-b. fortification*, fortification rasante. *Aut:* **Low-built chassis,** châssis surbaissé.

'Low 'Church, *s.* Section de l'Église anglicane qui se distingue par la simplicité du rituel et par l'absence de rigidité en matière de dogme.

'Low-'Churchman, *s. Ecc:* Adhérent *m* de la '*Low Church*.'

'low-class, *a.* De bas étage; vulgaire, inférieur; sans distinction.

'low-crowned, *a.* (Chapeau) bas de forme.

'low-down[1], *a.* **1.** Bas, *f.* basse; près du sol. *Cr: He made a fine l.-d. catch*, il a happé la balle presque à ras de terre avec une adresse remarquable. **2.** Bas, vil, ignoble, canaille; (*of attempt at fraud, etc.*) inavouable. *A l.-d. business*, une affaire honteuse. *L.-d. methods*, procédés déloyaux. *That's a l.-d. trick*, c'est un coup rosse.

'low-down[2], *s. U.S: P:* **To give s.o. the low-down,** renseigner qn; porter les faits véritables à la connaissance de qn; tuyauter qn (*on*, sur).

'low-'flyer, *s. Orn:* Bas voleur.

'low-'flying, *a. Orn:* (Faucon) bas voleur.

'low-grade, *a.* De qualité inférieure. *L.-g. ore*, minerai *m* de qualité inférieure; minerai à, de, faible teneur (en or, etc.), à bas titre (d'or); minerai pauvre. *L.-g. fuel*, combustible *m* ou carburant *m* pauvre, de qualité inférieure.

'low-level, *a.* **1.** Bas, *f.* basse. **2.** En contre-bas. **Low-level station,** (i) situation basse; (ii) *Rail:* gare souterraine.

'low-'lived, -'living, *a.* De mauvaise vie; aux mœurs grossières.

'low-'lying, *a.* Situé en bas; (terrain) enfoncé.

'low-'masted, *a. Nau:* Peu mâté.

'low-'necked, *a.* **Low-necked dress,** robe décolletée, à encolure dégagée.

'low-pass, *attrib.a. W.Tel:* **Low-pass filter,** filtre *m* passe-basse, passe-bas.

'low-'pitched, *a.* **1.** (*a*) (Son *m*) grave. (*b*) (Piano) accordé à un diapason bas. (*c*) *F:* (Idéal) peu élevé. **2.** *Const:* (Comble *m*) à faible inclinaison, à faible pente; (chambre *f*) au plafond bas, à plafond bas.

'low-powered, *a.* (Automobile *f*, etc.) de faible puissance.

'low-pressure, *attrib.a.* (Cylindre *m*, machine *f*) à basse pression, à basse tension.

'low-priced, *a.* A bas prix, de bas prix; bon marché.

'low-'speed, *attrib.a.* (Machine *f*) à petite vitesse, à vitesse réduite.

'low-'spirited, *a.* Abattu, triste, déprimé, découragé. *To be l.-s.*, broyer du noir.

'low-statured, *a.* De petite taille.

'low-swung, *a. Aut:* (Châssis) surbaissé.

'low-'voiced, *a.* **1.** A la voix grave, profonde. **2.** A la voix basse.

'low-'water, *attrib.a.* **1. Low-water mark,** (*of river*) étiage *m*; (*of sea*) (i) niveau *m* des basses eaux, (ii) laisse *f* de basse mer, de basse marée. *Nau:* **Low-water standard,** zéro *m* des cartes. **2.** *See* ALARM[1] 3.

'low-'wheeled, *a.* Bas, *f.* basse, sur roues.

low[2], *s.* Meuglement *m* (d'une vache, du troupeau).

low[3], *v.i.* (*Of cattle*) Meugler; (*occ. of bull, etc.*) beugler.

lowing[1], *a.* (Troupeau) meuglant, *occ.* beuglant.

lowing[2], *s.* Meuglement *m*; *occ.* beuglement *m*.

low[4], *s. Scot:* Flamme *f*, lumière *f*. *The distant low of a large town*, la lueur lointaine d'une grande ville.

low[5], *v.i. Scot:* Brûler, flamber; jeter des lueurs.

lower[1] ['louər]. *See* LOW[1].

lower[2]. **1.** *v.tr.* (*a*) Baisser (la tête, les yeux); abaisser (les paupières); abaisser, rabattre (son voile, son chapeau). *Mil:* **To lower the colour** (*in salute*), saluer du drapeau. (*b*) **To lower s.o. on a rope,** affaler, (faire) descendre, qn au bout d'une corde. *To l. a barrel into the cellar*, descendre, *A:* avaler, un tonneau dans la cave. **To lower a ladder,** descendre une échelle. *Nau:* **To lower a sail,** amener, caler (une voile). **Lower away!** laissez aller! **To lower a boat,** amener une embarcation; mettre une embarcation à la mer. *To l. the boats to the water's edge*, amener les embarcations à fleur d'eau. (*c*) Abaisser (qch.); diminuer la hauteur de (qch.). *Aut:* **To lower the chassis,** surbaisser le châssis. (*d*) Baisser, rabaisser (un prix); réduire, abaisser (la pression); baisser (la lumière); amoindrir (un contraste). *To l. the rents*, diminuer, baisser, les loyers. **To lower the bank rate,** abaisser le taux de l'escompte. *To l. the currency*, avilir la monnaie. *To l. the temperature*, abaisser la température. *See also* VOLTAGE. (*e*) Baisser (la voix, le ton). *To l. the tone of one's complaints*, *F:* mettre une sourdine à ses plaintes. **To lower s.o.'s spirits,** *F:* défriser qn. *To l. the enemy's morale*, déprimer le moral de l'ennemi. (*f*) (R)abaisser, faire baisser, (r)abattre, *F:* aplatir (l'orgueil de qn); abaisser, avilir (qn). *To l. one's pride*, rabattre de sa fierté. **To lower oneself,** s'abaisser, se rabaisser, se ravaler (*to*, à); s'avilir. *He would think he was lowering himself if he accepted*, il croirait déroger en acceptant. *That would l. you in the eyes of the public*, cela vous diminuerait aux yeux du public. **2.** *v.i.* (*a*) (*Of ground, etc.*) S'abaisser, descendre. (*b*) (*Of prices, rents, bank rate, etc.*) Diminuer, baisser.

lowering[1], *a.* **1.** (*Of action, conduct*) Abaissant. **2.** *Med:* (Régime) débilitant.

lowering[2], *s.* **1.** (*a*) Abaissement *m*; baissement *m* (de la tête, etc.). (*b*) Descente *f* (d'une échelle dans un puits, etc.); *Nau:* calage *m* (d'une voile); mise *f* à la mer (d'une embarcation). (*c*) Abaissement, diminution *f* de la hauteur (de qch.). **2.** Rabattage *m*, rabais *m*, diminution (des prix); réduction *f* (de la pression). *L. of taxation*, diminution des impôts. *Phot:* **Lowering of sensitiveness,** dépression *f* de la sensibilité.

lower[3, 4] ['lauər], *s.* & *v.i.*, **lowering[3]**, *a.*, **loweringly,** *adv.* = LOUR[1, 2], LOURING(LY).

lowerable ['louərəbl], *a.* (Mât, etc.) abaissable.

lowermost ['louərmoust], *a.* Le plus bas.

lowland ['loulənd], *s.* (*a*) Plaine basse; terre *f* en contre-bas. (*b*) *pl.* **Lowlands,** basses-terres; pays plat. *Geog:* **The Lowlands,** (i) la Basse-Écosse, (ii) les Pays-Bas. *Attrib.* **The Lowland counties,** les comtés de la Basse-Écosse, des Basses-Terres d'Écosse.

lowlander ['louləndər], *s.* Habitant *m* (i) des basses terres, (ii) de la Basse-Écosse.

lowliness ['loulinəs], *s.* Humilité *f*.

lowly[1] ['louli], *adv. See* LOW[1].

lowly[2], *a. A. & Lit:* Humble, modeste, sans prétention. *s.pl.* **The lowly,** les humbles *m*, les petites gens *m*. *A l. retainer*, un partisan obscur. *L. entourage*, entourage *m* de petites gens. *L. rank*, rang *m* infime. **-lily,** *adv.* Humblement.

lowmost ['loumoust], *a.* Le plus bas.

lowness ['lounəs], *s.* **1.** Manque *m* de hauteur (d'un mur, etc.); petitesse *f* (d'un arbre, etc.); situation basse (d'une île); faible altitude *f* (d'une île, des collines). **2.** (*a*) Infimité *f* (de situation). (*b*) *In the l. of my circumstances*, dans le dénuement où j'étais. **3.** (*a*) Gravité *f* (d'un son). (*b*) Faiblesse *f* (d'un bruit); peu *m* d'élévation (de la température); modicité *f* (de prix). **4.** Bassesse *f* (de conduite). **5. Lowness (of spirits),** abattement *m*, découragement *m*, dépression *f*.

loxodromic [lɔkso'drɔmik]. **1.** *a. Nau:* (Navigation *f*, etc.) loxodromique. **2.** *s.* (Ligne) loxodromique *f*; loxodromie *f*.

loxodromics [lɔkso'drɔmiks], *s.pl.* (*Usu. with sg. const.*) Navigation *f* loxodromique.

loxodromy [lɔk'sɔdrɔmi], *s.* Loxodromie *f*.

loyal ['lɔiəl], *a.* **1.** (Ami, etc.) fidèle, dévoué (*to*, à); loyal, -aux (*to*, envers). **2.** Fidèle au roi, à la famille royale; *A:* féal, -aux. *To drink* **the loyal toast,** boire le toast au roi, au souverain. *s.pl.* **The loyals,** les partisans assurés du roi, de la famille royale. **-ally,** *adv.* Fidèlement.

loyalism ['lɔiəlizm], *s.* *Pol:* Loyalisme *m.*

loyalist ['lɔiəlist], *s.* Loyaliste *mf.*

loyalty ['lɔiəlti], *s.* **1.** *A:* Fidélité *f* à sa promesse, à son serment, etc. **2.** Fidélité à la Couronne; loyalisme *m.* *L. to one's party, to one's friends,* fidélité à son parti; loyauté *f* envers ses amis. *Geog:* **Loyalty Island,** l'île Loyauté.

Loyolite ['lɔiolait], *s.* *Rel.Hist:* Loyolite *m.*

lozenge ['lɔzəndʒ], *s.* **1.** *Geom:* *Her:* Losange *m.* *Her:* **Lozenge voided,** macle *f.* **2.** *Pharm:* Pastille *f*, tablette *f.* *See also* COUGH-LOZENGE.

lozenged ['lɔzəndʒd], *a.* **1.** Losangique; en losange, en losanges. **2.** *Her:* = LOZENGY.

lozengy ['lɔzəndʒi], *a.* *Her:* Losangé. **Lozengy barry,** losangé en barre.

lubber ['lʌbər], *s.* **1.** (*a*) Lourdaud *m*, balourd *m*, *P:* godiche *m.* (*b*) *Nau:* Maladroit *m*, empoté *m.* **2.** *Nau:* **(Land-)lubber,** marin *m* d'eau douce; terrien *m.* **Lubber's hole,** trou *m* du chat (entre mât et hune). **Lubber's line** (*of compass*), ligne *f* de foi.

lubberland ['lʌbərland], *s.* *A:* Pays *m* de Cocagne.

lubberliness ['lʌbərlinəs], *s.* **1.** Balourdise *f*, gaucherie *f*; rusticité *f.* **2.** Lourdeur *f* de corps.

lubberly ['lʌbərli]. **1.** *a.* Lourdaud, balourd; empoté, gauche; rustre. **2.** *adv.* Lourdement, gauchement; d'un air empoté.

lubricant ['lju:brikənt, 'lu:-], *a.* & *s.* Lubrifiant (*m*); graisse *f*, huile *f* (pour machines, etc.).

lubricate ['lju:brikeit, 'lu:-], *v.tr.* **1.** Lubrifier; graisser, huiler. *Synovia lubricates the joints,* la synovie lubrifie les articulations. *To l. the wheels,* graisser les roues. **2.** *P:* Graisser la patte à (qn).

lubricating[1], *a.* Lubrifiant. *See also* SELF-LUBRICATING.

lubricating[2], *s.* Lubrification *f*, graissage *m.* **Lubricating oil,** huile *f* de graissage. *See also* CUP[1] 5.

lubrication [lju:bri'keiʃ(ə)n, lu:-], *s.* Lubrification *f*, lubrifaction *f*, graissage *m.* **Forced-feed lubrication,** graissage forcé, graissage sous pression. **Drop-feed lubrication,** graissage à goutte, à compte-gouttes. *See also* ONE-SHOT, SPLASH-LUBRICATION, WIPER.

lubricator ['lju:brikeitər, 'lu:-], *s.* Graisseur *m*; appareil *m* de graissage. **Cap lubricator,** graisseur à chapeau. **Drop lubricator,** graisseur compte-gouttes. **Hand-pump lubricator,** (graisseur à) coup-de-poing *m*, *pl.* coups-de-poing. **Lubricator cap,** chapeau graisseur. *See also* SIGHT-FEED.

lubricity [lju'brisiti, lu-], *s.* **1.** (*a*) Onctuosité *f* (d'un lubrifiant). (*b*) *A:* Nature glissante; caractère fuyant (de qn); caractère rusé; matoiserie *f*, fourberie *f.* **2.** Lubricité *f*, lasciveté *f.*

lubrify ['lju:brifai, 'lu:-], *v.tr.* *A:* Lubrifier.

Lucan[1] ['lu:kən], *a.* *B.Hist:* De (saint) Luc.

Lucan[2]. *Pr.n.m.* *Lt.Lit:* Lucain.

Lucania [lu'keinjə]. *Pr.n.* *A.Geog:* La Lucanie.

Lucanian [lu'keinjən], *a.* & *s.* *A.Geog:* Lucanien, -ienne.

lucanus [lu'keinəs], *s.* *Ent:* Lucane *m*, cerf-volant *m*, *pl.* cerfs-volants.

Lucca ['lʌka]. *Pr.n.* *Geog:* Lucques *f.* **Lucca oil,** huile *f* d'olives de Lucques.

Lucchese [lʌ'ki:z], *a.* & *s.* *Geog:* Lucquois, -oise.

luce [lju:s], *s.* *Ich:* Brochet *m.*

lucency ['lju:sənsi], *s.* Brillance *f*, luminosité *f.*

lucent ['lju:sənt], *a.* **1.** Brillant, lumineux. **2.** Clair, transparent.

lucernal [lju'sə:rnəl], *a.* **Lucernal microscope,** microscope lucernal.

lucern(e)[1] [lju'sə:rn], *s.* *Bot:* *Agr:* Luzerne *f.*

Lucerne[2] [lu'sə:rn]. *Pr.n.* *Geog:* Lucerne *f.* **The Lake of Lucerne,** le lac des Quatre-Cantons.

Lucia ['lu:sia]. *Pr.n.f.* Lucie.

Lucian ['lu:sjən, -ʃjən]. *Pr.n.m.* *Gr.Lit:* Lucien.

Lucianic [lusi'anik], *a.* Satirique (à la manière de Lucien).

lucid ['lju:sid, 'lu:-], *a.* **1.** (*a*) *Poet:* Brillant, lumineux. (*b*) *Ent:* *Bot:* Luisant. (*c*) *Astr:* (Étoile *f*) visible à l'œil nu. **2.** (*a*) (Esprit *m*, style *m*) lucide. *L. explanation,* explication claire. (*b*) *Med:* **Lucid interval,** intervalle *m* lucide, de lucidité. (*c*) *Poet:* (*Of water, etc.*) Clair, transparent. **-ly,** *adv.* Lucidement; avec lucidité.

lucidity [lju:'siditi, lu:-], *s.* **1.** (*a*) Luminosité *f.* (*b*) Transparence *f.* **2.** (*a*) Lucidité *f* (d'esprit, de style). (*b*) Lucidité (d'un malade entre périodes de démence). (*c*) *Psy:* Lucidité, cryptesthésie *f.*

lucidness ['lju:sidnəs, 'lu:-], *s.* = LUCIDITY, 1, 2 (*a*).

Lucifer[1] ['lju:sifər]. *Pr.n.m.* **1.** *Astr:* Lucifer; Vénus *f.* **2.** *B:* Lucifer. *See also* PROUD 1.

lucifer[2], *s.* **Lucifer (match),** allumette *f* (chimique).

lucifugous [lju'sifjugəs], *a.* (Insecte *m*, etc.) lucifuge.

lucilia [lju'siljə], *s.* *Ent:* Lucilie *f*; mouche dorée de la viande.

Lucina [lju'saina, lu-]. *Pr.n.f.* *Rom.Myth:* Lucine.

luciola [lu'siːola], *s.* *Ent:* Luciole *f.*

luck [lʌk], *s.* **1.** Hasard *m*, chance *f*, fortune *f.* **Good luck,** bonne chance, heureuse fortune, bonheur *m.* **Good luck to you!** bonne chance! **Ill luck, bad luck,** mal(e)chance *f*, mauvaise fortune, fortune adverse; malheur *m*; *F:* déveine *f*, guigne *f*, guignon *m.* *See also* ILL-LUCK. *Good l., ill l., cannot last for ever,* il n'y a chance qui ne rechange. *He's had rank bad l.,* il a eu une déveine extraordinaire. *I always had the best of l.,* la chance m'a toujours été favorable. **To be down on one's luck,** avoir de la déveine, *F:* avoir la guigne, *P:* la poisse; être dans la déveine, dans l'adversité; *F:* être dans la dèche, *P:* dans la purée, dans la débine. **He is having a run of bad luck,** c'est la déveine; l. guignon le poursuit; il est enguignonné. **To turn a player's luck,** *F:* dé(sen)guignonner un joueur. **To try one's luck,** tenter la fortune, la chance, l'aventure. *See also* TRUST[2] 2. **To bring s.o. good luck,** porter bonheur, porter chance, porter veine, à qn. **To bring s.o. bad luck,** porter malheur, *F:* porter la guigne, à qn. **Better luck next time!** ça ira mieux, vous ferez mieux, une autre fois. **Just my luck!** c'est bien ma chance! pas de veine! *P:* je suis encore de la revue! **Worse luck!** tant pis! **Hard luck!** pas de chance! *What deuced bad l.!* quelle fichue guigne! *It is bad l. to walk under a ladder,* passer sous une échelle porte malheur. **As luck would have it,** *I witnessed the scene,* le hasard voulut que je fusse témoin de la scène. *See also* POT-LUCK, ROTTEN 2. **2.** Bonheur *m*, bonne fortune, (bonne) chance. **To have the luck to . . .,** avoir la chance de . . ., être assez heureux pour. . . . **To keep sth. for luck,** garder qch. comme porte-bonheur. **Bit, piece, stroke, of luck,** coup *m* de fortune, coup de veine; **aubaine** *f.* **To be in luck, in luck's way,** être en veine, en bonheur; jouer de bonheur; avoir de la chance, de la veine; *F:* avoir le vent en poupe. *You are in l. and no mistake,* pour de la chance, c'est de la chance! **To be out of luck,** être en guignon, jouer de malheur, être en malheur. **My luck's in!** quelle veine! **My luck's out!** c'est la guigne! *P:* c'est la poisse! **He is having a run of luck,** il est en veine. *He has all the l.,* c'est un veinard. **To have the devil's own luck, the luck of the damned,** avoir un bonheur insolent, une chance de tous les diables, *P:* une veine de cocu; avoir de la corde de pendu dans sa poche. **As luck would have it . . .,** par bonheur. . . .

luckiness ['lʌkinəs], *s.* Bonheur *m*; bonne fortune; chance *f.*

luckless ['lʌkləs], *a.* **1.** (*Of pers.*) Malheureux, malchanceux, infortuné. **2.** *L. day,* jour malencontreux. *L. hour,* heure fatale.

lucklessness ['lʌkləsnəs], *s.* Malchance *f*, malheur *m.*

lucky[1] ['lʌki], *a.* (*a*) (*Of pers.*) Heureux, fortuné; qui a de la chance, de la veine; *F:* veinard; *P:* chançard. *F:* **Lucky dog! lucky beggar!** veinard, chançard, que vous êtes! **To be lucky,** avoir de la chance, jouer de bonheur. *You are always l.,* vous avez la main heureuse. *L. at cards, in love,* heureux au jeu, en amour. (*b*) **Lucky hit, shot,** coup *m* de bonheur; coup de veine; coup heureux; trouvaille *f.* *To make a l. guess, a l. hit,* tomber juste. *L. hour,* heure *f* propice. *L. day,* jour *m* de veine. *At a l. moment,* à un moment propice; au bon moment. *Now, isn't that l.?* c'est de la veine, hein? **How lucky!** quelle chance! comme ça se trouve! comme ça se rencontre! *How l. you came!* quelle chance que vous soyez venu! **It was lucky for him he did,** bien lui en prit. *F:* **To strike (it) lucky,** jouer de chance; *F:* gagner le gros lot. (*c*) **Lucky stone, pig,** *etc.*, pierre *f* porte-bonheur; petit cochon porte-bonheur, etc. (*Of thg*) **To be lucky,** porter bonheur. *See also* PLANET[1], STAR[1] 1. **-ily,** *adv.* Heureusement, par bonheur. **Luckily for me** *I was not observed,* j'ai eu la chance de ne pas être aperçu.

'lucky-bag, -dip, -tub, *s.* = BRAN-PIE.

lucky[2], *s.* *P:* **To cut one's lucky,** filer; fiche(r) le camp.

lucky[3], *s.f.* *Scot:* *F:* (*a*) La mère (une telle). (*b*) La petite mère; la vieille.

lucrative ['lju:krətiv, 'lu:-], *a.* Lucratif. **-ly,** *adv.* D'une manière lucrative; lucrativement.

lucrativeness ['lju:krətivnəs], *s.* Bon rapport. *L. of a trade,* gros bénéfices que rapporte un métier.

lucre ['lu:kər], *s.* **1.** Lucre *m.* **To do sth. for (filthy) lucre,** agir par amour du gain, du lucre. **2.** *A:* **Lucre of gain,** l'amour du lucre.

Lucretia [lu'kri:ʃja]. *Pr.n.f.* *Rom.Hist:* Lucrèce.

Lucretian [lu'kri:ʃjən], *a.* De Lucrèce; qui se rapporte à la philosophie de Lucrèce *m.*

Lucretius [lu'kri:ʃjəs]. *Pr.n.m.* *Rom.Lit:* Lucrèce.

lucubrate ['lju:kjubreit], *v.i.* Écrire des élucubrations; travailler tard dans la nuit.

lucubration [lju:kju'breiʃ(ə)n], *s.* **1.** Élucubration *f*, veilles *fpl.* **2.** (*Often in pl.*) Élucubration(s).

lucubrator ['lju:kjubreitər], *s.* Élucubrateur, -trice.

lucule, *pl.* **-ae** ['lju:kju:l, 'lju:kjuli:], *s.* *Astr:* Lucule *f.*

Lucy ['lu:si]. *Pr.n.f.* Lucie.

lud [lʌd], *s.* (*In addressing judge in law-courts*) **My lud** [mlʌd] (= *my lord*), monsieur le président; monsieur le juge.

Luddites ['lʌdaits], *s.pl.* *Eng.Ind.Hist:* Bande *f* d'ouvriers (1811-1816) qui parcouraient le pays pour détruire les machines.

ludicrous ['lju:dikrəs, 'lu:-], *a.* Risible, comique, ridicule, grotesque, plaisant. **-ly,** *adv.* Risiblement, comiquement, ridiculement, grotesquement, plaisamment.

ludicrousness ['lju:dikrəsnəs, 'lu:-], *s.* Côté plaisant, aspect *m* comique, côté risible (d'un incident); absurdité *f* (d'une réclamation, etc.).

luff[1] [lʌf], *s.* *Nau:* **1.** Lof *m*, ralingue *f* du vent, chute *f* avant (d'une voile). (*Of sail*) **To tear from luff to leech,** se déchirer dans toute sa longueur, dans toute sa largeur. **2.** *N.Arch:* Épaule *f* (de l'avant). **3.** **Luff(-tackle),** palan *m* à croc; (i) palan de dimanche, du dimanche; (ii) dispositif *m* de relevage (d'une grue). **4.** **To spring the luff,** faire une aulof(f)ée. **To keep the luff,** tenir le vent; tenir le plus près.

luff[2], *v.tr.* & *i.* **1.** *Nau:* (*a*) *v.i.* Lof(f)er; faire une aulof(f)ée. **Luff!** loffe! **Luff round!** loffe tout! (*b*) *v.tr.* **To luff the boat (up),** faire loffer la barque. (*c*) *v.tr.* (*In yachting*) **To luff an antagonist away,** passer au vent d'un concurrent. **2.** *v.tr.* (*Of crane*) Transborder (la charge) par la volée.

luffing, *s.* **1.** Aulof(f)ée *f.* *Y:* **To have a luffing match with s.o.,** disputer le vent à qn. **2.** **Luffing gear** (*of crane*), dispositif *m* de relevage.

luffer-board ['lʌfərbɔ:rd], *s.* = LOUVER 2.

lug[1] [lʌg], *s.* **Lug(-worm)** = LOB-WORM.

lug[2], *s.* *Nau:* = LUGSAIL.

lug[3], *s.* **1.** *Scot:* *F:* (*a*) (*Ear*) Oreille *f.* (*b*) Oreillette *f* (de casquette). **2.** *Tchn:* Oreille, tenon *m*, mentonnet *m*, ressaut *m*; bouton *m*, saillie *f*; arrêtoir *m*; happe *f* (d'une chaudière, etc.); (*on gearing, etc.*) ergot *m.* **Fixing lug, fastening lug,** patte *f* d'attache; étrier *m* d'attache; oreille de fixation. *Lug of a tile,* nez *m* d'une tuile. *El:* *Accumulator-plate lug,* queue *f* de plaque d'accumulateur.

I.C.E: Lugs of the piston, bossages *m* du piston. *Metall: Lug of a casting*, tasseau *m* d'une pièce venue de fonte. *See also* WIRING-LUG.

lug[4], *s.* Traction violente, subite; action *f* de tirer (qch.).

lug[5], *v.tr.* (lugged; lugging) Traîner, tirer (qch. de pesant). **To lug sth. along, away,** entraîner qch. **To lug sth. about with one,** promener, trimbaler, qch. avec soi. *To lug in a subject*, amener un sujet à toute force. *v.i.* **To lug at sth.,** tirer qch.; exercer une traction sur qch.

luge[1] [lju:dʒ], *s. Sp:* Luge *f.*

luge[2], *v.i. Sp:* Luger; faire de la luge.

luger ['lju:dʒər], *s. Sp:* Lugeur, -euse.

luggage ['lʌgedʒ], *s.* **1.** Bagage(s) *m(pl).* **Heavy luggage,** gros bagages; gros colis *pl.* **Articles of luggage,** colis; colis-bagages *m.* **Personal luggage,** *l. travelling with the passenger*, bagages accompagnés. **Luggage in advance,** bagages non accompagnés. **Luggage receipt,** bulletin *m* d'enregistrement de bagages. *See also* HAND[1] II, LEAVE[2] I, RACK[2] I. **2.** *U.S:* Articles *mpl* de voyage; malleterie *f.*

'luggage-carrier, -grid, *s. Aut: etc:* Porte-bagages *m inv.*

'luggage-label, *s.* Étiquette *f* à bagages; étiquette de direction. **Luggage-label holder,** porte-étiquette *m inv.*

'luggage-porter, *s.* **1.** *Rail:* Facteur *m.* **2.** *(At hotel)* Bagagiste *m.*

'luggage-rail, *s.* Galerie *f* (de fiacre, de taxi).

'luggage-room, *s. Nau:* Soute *f* aux bagages.

'luggage-ticket, *s.* Bulletin *m* d'enregistrement de bagages.

'luggage-trolley, *s. Rail:* Chariot *m* à bagages; diable *m.*

'luggage-van, *s. Rail:* Fourgon *m* (aux bagages); wagon *m* à bagages.

lugger ['lʌgər], *s. Nau:* Lougre *m.* **Coasting lugger,** houri *m*; chasse-marée *m inv.*

lugsail ['lʌgseil, lʌgsl], *s. Nau:* Voile *f* à bourcet; voile au tiers; tréou *m*; taille-vent *m inv.*

lugubrious [lju'gu:briəs, lu-], *a.* Lugubre. **-ly,** *adv.* Lugubrement.

lugubriousness [lju'gu:briəsnəs, lu-], *s.* Caractère *m* lugubre (*of*, de). *The l. of the place*, l'aspect *m* lugubre de l'endroit. *The l. of his voice*, sa voix lugubre.

Luke [lu:k]. *Pr.n.m.* Luc. **Saint Luke,** saint Luc. *See also* SUMMER[1].

lukewarm ['lju:kwɔ:rm, 'lu:-], *a.* (*Of water, friendship, etc.*) Tiède; (*of water*) dégourdi. *To become l.*, s'attiédir. *To make l.*, (at)tiédir (l'eau, etc.). **-ly,** *adv.* Tièdement; sans enthousiasme.

lukewarmness ['lju:kwɔ:rmnəs, lu:-], *s.* Tiédeur *f* (de l'eau, *F:* d'un accueil, etc.).

lull[1] [lʌl], *s.* Moment *m* de calme; (*before storm*) bonace *f.* *Nau:* Accalmie *f*, embellie *f.* *There was a l. in the storm*, une accalmie s'est produite. *There was a l. in the wind, in the conversation*, le vent, la conversation, tomba.

lull[2]. **1.** *v.tr.* (*a*) Bercer, endormir (qn). **To lull a child asleep, to sleep,** endormir un enfant. (*b*) Endormir (les soupçons de qn); assoupir (une douleur). *To l. s.o. with false hopes*, bercer qn d'espérances trompeuses. (*c*) Calmer, apaiser (la tempête). *The winds were lulled*, les vents *m* se calmèrent. **2.** *v.i.* (*Of tempest, sea*) Se calmer, s'apaiser, tomber; *Nau:* calmir.

lulling[1], *a.* Endormant, calmant.

lulling[2], *s.* **1.** Bercement *m* (d'un enfant, etc.). **2.** Assoupissement *m*; tombée *f* (de la mer, du vent).

lullaby ['lʌləbai], *s. Mus:* Berceuse *f.*

Lullianist ['lʌliənist], **Lullist** ['lʌlist], *s. Hist:* Lulliste *m.*

Lully ['lʌli]. *Pr.n.m. Hist:* Raymond Lulle.

lum [lʌm], *s. Scot:* Cheminée *f.* **Lum hat,** chapeau *m* haut de forme.

lumachel(le) [ljuma'kel], *s. Miner:* Lumachelle *f.*

lumbago [lʌm'beigo], *s. Med:* Lumbago *m.*

lumbar ['lʌmbər], *a. & s. Anat:* Lombaire (*f*).

lumber[1] ['lʌmbər], *s.* **1.** (*a*) Vieux meubles; objets encombrants; fatras *m.* (*b*) *Sp: Turf:* Excès *m* de chair. **2.** *U.S:* Bois *m* de charpente, de construction; bois en grume. *See also* RAFT[1] 2.

'lumber-jack, *s. U.S:* Bûcheron *m.*

'lumber-mill, *s. U.S:* Scierie *f.*

'lumber-room, *s.* (Pièce *f* qui sert de) fourre-tout *m inv*; cabinet *m*, chambre *f*, de débarras; *F:* débarras *m*; (chambre *f* de) décharge *f*; *F:* capharnaüm *m.*

'lumber-trade, *s. U.S:* Commerce *m* des bois de charpente.

'lumber-tree, *s. For:* Arbre *m* à bois d'œuvre.

'lumber-yard, *s. U.S:* Chantier *m* de bois.

lumber[2]. **1.** *v.tr.* (*a*) Encombrer, embarrasser (un lieu); remplir (un lieu) de fatras. **To lumber (up)** *a room with furniture*, encombrer une pièce de meubles. (*b*) Entasser (des objets) pêle-mêle. **2.** *v.tr. & i. U.S:* Débiter (le bois).

lumbered, *a.* Encombré (*with*, de); rempli de fatras.

lumbering[1], *s.* **1.** Encombrement *m* (d'un lieu). **2.** *U.S:* (i) Débit *m* des bois; (ii) exploitation forestière.

lumber[3], *v.i.* (*a*) **To lumber along, in, out, up,** avancer, entrer, sortir, monter, à pas pesants, d'un pas lourd, lourdement. (*b*) **To lumber about,** se trimbaler çà et là.

lumbering[2], *a.* Lourd, pesant.

lumberer[1] ['lʌmbərər], *s.* Lourdaud *m.*

lumberer[2], *s. U.S:* Bûcheron *m.*

lumberman, *pl.* **-men** ['lʌmbərmən, -men], *s.m. U.S:* (*a*) Exploiteur de forêts. (*b*) Marchand de bois.

lumbersome ['lʌmbərsəm], *a.* = LUMBERING[2].

lumbrical ['lʌmbrik(ə)l], *a. & s. Anat:* (Muscle) lombrical, -aux (*m*).

lumbricus ['lʌmbrikəs], *s. Ann:* Lombric *m*; ver *m* de terre.

lumen, *pl.* **-mina** ['lju:men, -mina], *s.* **1.** *Anat: Surg:* Ouverture *f*, passage *m.* **2.** *Ph.Meas:* (*pl.* **lumens**) Lumen *m* (unité de flux lumineux).

luminarist ['lju:minərist, 'lu:-], *s. Art:* Luminariste *m.*

luminary ['lju:minəri, 'lu:-], *s.* **1.** Corps lumineux; luminaire *m*, astre *m.* **2.** *F:* (*Of pers.*) Lumière *f*; flambeau *m* (de la science, etc.). *Discovery vouched for by several luminaries of physics*, découverte attestée par plusieurs physiciens éminents.

luminesce [lju:mi'nes, lu:-], *v.i.* Devenir luminescent.

luminescence [lju:mi'nes(ə)ns, lu:-], *s.* Luminescence *f.*

luminescent [lju:mi'nes(ə)nt, lu:-], *a.* Luminescent.

luminiferous [lju:mi'nifərəs, lu:-], *a.* Luminifère; qui répand ou qui transmet la lumière.

luminosity [lju:mi'nɔsiti, lu:-], *s.* Luminosité *f.*

luminous ['lju:minəs, 'lu:-], *a.* **1.** Lumineux. **Luminous paint,** peinture lumineuse. *See also* SELF-LUMINOUS. **2.** (Génie, etc.) illuminant; (explication) lumineuse. *The examples that make his lectures so l.*, les exemples *m* dont il illumine ses conférences. **-ly,** *adv.* Lumineusement.

luminousness ['lju:minəsnəs, 'lu:-], *s.* **1.** = LUMINOSITY. **2.** Clarté *f* (d'une explication, etc.).

lumme ['lʌmi], *int. P:* (*Attenuated form of* '*Lord love me*') Sapristi!

lump[1] [lʌmp], *s.* **1.** (*a*) Gros morceau, bloc *m* (de pierre); motte *f* (de terre, d'argile); morceau (de sucre); masse *f* (de plomb, etc.); grugeon *m* (de cassonade); (*in porridge, etc.*) boule *f*, motton *m*; *Paperm:* pâton *m* (dans le papier). *B: Lit: To leaven the whole l.*, faire lever toute la pâte. **To sell sth. in the lump,** vendre qch. en bloc, en gros, globalement. **Lump sum,** (i) somme grosse, globale; prix global; (ii) prix à forfait; payement *m* forfaitaire. *See also* SUGAR[1] 1. *F:* **To have a lump in one's throat,** avoir la gorge serrée; avoir un serrement de gorge, une boule dans la gorge; se sentir le cœur gros. *He felt a l. in his throat*, l'émotion l'étreignit, lui serra la gorge; son cœur se gonfla. **He is a lump of selfishness,** il est pétri d'égoïsme; c'est l'égoïsme même. (*b*) (*Caused by bruise*) Bosse *f* (au front, etc.). (*c*) *Vet: etc:* Excroissance *f.* **2.** *F:* (*Of pers.*) Empoté *m*, pataud *m*, lourdaud *m.* **Big lump of a lass,** grosse dondon. *Great l. of a man*, gros plein de soupe; grand mollasse. *Fat l. of a man*, gros patapouf.

lump[2]. **1.** *v.tr.* (*a*) Mettre en bloc, en masse, en tas. (*b*) **To lump things together,** réunir des choses ensemble. *To l. persons together*, considérer des personnes en bloc. *Items lumped under the heading . . .*, articles qui sont bloqués, réunis, sous la rubrique. . . . *F:* **To lump (one's all) on a horse,** parier son (va-)tout sur un cheval. **2.** *v.i.* (*a*) (*Of earth*) Former des mottes. *F:* **To lump large in s.o.'s eyes,** occuper une place importante aux yeux de qn. (*b*) **To lump along,** marcher lourdement, à pas pesants. **To lump down,** tomber lourdement.

lumping[1], *a. F:* Gros, énorme.

lumping[2], *s.* Réunion *f* (de plusieurs choses dans la même catégorie, sous la même rubrique).

lump[3], *v.tr. F:* S'arranger à contre-cœur de (qch.). *Only in the phr.* **If he doesn't like it, he may lump it,** si cela ne lui plaît pas, qu'il s'arrange; s'il n'est pas content, qu'il aille le dire à Rome.

lump[4]**(-fish, -sucker)** ['lʌmp(fiʃ, -sʌkər)], *s. Ich:* Lompe *m*; gros-mullet *m.*

lumper ['lʌmpər], *s.* **1.** *Nau:* Déchargeur *m*, débardeur *m.* **2.** *P:* Travailleur *m* à l'entreprise; petit entrepreneur (de travaux).

lumpiness ['lʌmpinəs], *s.* **1.** Tendance *f* (de la terre, etc.) à se mettre en mottes. **2.** Profusion *f* de mottes ou de bosses. *The l. of the paper*, les nombreux pâtons dans le papier.

lumpish ['lʌmpiʃ], *a.* **1.** Gros, lourd, balourd, pesant, pataud, godiche, godichon. *L. fellow*, lourdaud *m*, pataud *m*, mastoc *m.* **2.** A l'esprit lent; à l'intelligence peu ouverte. **-ly,** *adv.* Lourdement, pesamment.

lumpishness ['lʌmpiʃnəs], *s.* **1.** Lourdeur *f*, balourdise *f.* **2.** Stupidité *f.*

lumpkin ['lʌm(p)kin], *s. Dial:* Lourdaud *m*, butor *m.* *F:* **A Tony Lumpkin,** un grand dadais, un godelureau. (Nom d'un personnage de *She Stoops to Conquer*, de Goldsmith.)

lumpy ['lʌmpi], *a.* **1.** (*a*) (*Of earth*) Rempli de mottes; (*of sauce, etc.*) grumeleux; (*of paper*) chantonné. (*b*) **Lumpy sea,** mer courte, houleuse, clapoteuse. (*c*) Couvert de protubérances; (front, etc.) couvert de bosses. *Vet: F:* **Lumpy jaw,** actinomycose *f.* **2.** (*Of pers.*) = LUMPISH.

lunacy ['lu:nəsi], *s.* **1.** Aliénation mentale; folie *f*; *Jur:* démence *f.* **Commission of lunacy,** commission chargée de prononcer sur un cas présumé d'aliénation mentale. **The Commissioners in lunacy,** les inspecteurs *m* des asiles d'aliénés. **Master in lunacy,** magistrat chargé d'examiner les cas présumés d'aliénation mentale et le cas échéant d'aviser à la tutelle du dément. **2.** *F:* Action ou idée folle; folie. **It's sheer lunacy,** c'est de la folie (pure et simple).

lunar ['lu:nər], *a.* **1.** Lunaire; de (la) lune. *Astr:* **Lunar cycle,** cycle *m* lunaire. **Lunar month,** mois *m* lunaire; mois de consécution. **2.** En forme de croissant. *Anat:* **Lunar bone,** os *m* semi-lunaire. **3.** *Ch:* **Lunar caustic,** *see* CAUSTIC 2.

lunaria [lu'nɛəria], *s. Bot:* Lunaire *f.*

lunarian [lu'nɛəriən]. **1.** (*a*) *a.* Lunarien, -ienne. (*b*) *s.* Habitant *m* de la lune; lunicole *m.* **2.** *s.* Observateur *m* de la lune.

lunate ['lu:net], *a. Nat.Hist:* Luné, luniforme; en forme de croissant. *Bearing l. markings*, lunifère.

lunatic ['lu:nətik]. **1.** *a.* (*a*) De fou(s), d'aliéné(s). *F: L. behaviour*, conduite folle, extravagante. (*b*) *B:* Lunatique. **2.** *s.* Fou, *f.* folle; aliéné, -ée; *Jur:* dément, -ente. *See also* ASYLUM 2.

lunation [lu'neiʃ(ə)n], *s.* Lunaison *f.*

lunch[1] [lʌnʃ], *s. F:* (*a*) = LUNCHEON. **Quick lunch,** petit repas, casse-croûte *m inv* (à un bar, etc.). (*b*) *U.S:* Petit repas, morceau *m* sur le pouce (à n'importe quelle heure).

lunch[2]. **1.** *v.i.* (*a*) Déjeuner, luncher. *We l. at the restaurant*, nous prenons le lunch au restaurant. (*b*) *U.S:* Prendre un petit repas; manger un morceau sur le pouce. **2.** *v.tr.* Donner à déjeuner à (qn); faire déjeuner (qn). *I lunched him well at Frascati's*, je lui ai offert un bon déjeuner chez Frascati.

luncheon ['lʌnʃ(ə)n], *s.* **1.** Déjeuner *m* (à la fourchette); lunch *m*; repas *m* de midi. *I was asked to stay to l.*, on me pria de rester à déjeuner. *We take l. at the restaurant*, nous prenons le lunch au restaurant. *We take, have, l. at noon*, nous déjeunons, lunchons, à midi. *Rail:* **Second luncheon,** deuxième service *m.* **Luncheon-basket,** (i) panier *m* à provisions, cantine *f*; (ii) *Rail:* panier-repas *m, pl.* paniers-repas. *See also* CAR 3. **2.** Collation (matinale).

luncher ['lʌnʃər], *s.* Déjeuneur *m.*

lune [lu:n], *s. Geom:* Lunule *f*, croissant *m. Spherical l.*, trochoïde *m.*

lunette [lu'net], *s. Arch: Fort:* Lunette *f.*

lung [lʌŋ], *s.* **1.** (*a*) Poumon *m. F:* **To shout at the top of one's lungs,** crier à tue-tête. **To have good lungs,** avoir de bons poumons; avoir la voix forte. **Inflammation of the lungs,** congestion *f* pulmonaire; *F:* fluxion *f* de poitrine. *Cold on the lungs*, rhume *m* de poitrine. **Lung trouble,** maladie *f* pulmonaire, *esp.* phtisie *f.* (*b*) (*Of slaughtered animal*) Mou *m.* **2.** *Bot:* **Lungs of oak** = LUNGWORT.

'lung-disease, *s.* Maladie *f* des poumons.

'lung-fish, *s. Ich:* Dipnoïque *m*, dipneuste *m.*

'lung-power, *s.* Force *f* de poumons.

'lung-protector, *s.* Protège-poumons *m inv.*

lunge[1] [lʌndʒ], *s. Equit:* **1.** Longe *f*, allonge *f*; plate-longe *f, pl.* plates-longes. **2.** Piste *f* (circulaire).

lunge[2], *v.tr. Equit:* Faire trotter (un cheval) à la longe; dresser (le cheval) à la longe.

lunging, *s.* Exercice *m* à la longe. **Lunging-rein,** (al)longe *f. See also* WHIP[1] 1.

lunge[3], *s.* **1.** *Fenc:* Botte *f*; développement *m*; coup droit; coup de pointe. **To make a full lunge,** se fendre à fond. **2.** (*a*) Mouvement (précipité) en avant. (*b*) *With each l. of the ship*, chaque fois que le navire tanguait; à chaque coup de roulis.

lunge[4], *v.i.* **1.** (*a*) *Fenc:* Se fendre. *To l. at the adversary*, porter, pousser, allonger, une botte à l'adversaire. (*b*) *To l. at s.o. with one's walking-stick*, lancer un coup de pointe à qn avec sa canne. **To lunge out at s.o.,** (i) (*of pers.*) allonger un coup de poing à qn; (ii) (*of horse*) lancer une ruade à qn. *v.tr.* (*Of insect*) **To lunge out its sting,** darder son aiguillon. **2. To lunge forward,** se précipiter en avant; se jeter en avant. *He tried to stand up, and lunged against the table*, il voulut se lever, et bouscula la table. *He came lunging across the room*, il traversa la salle en titubant, en zigzaguant.

lunged [lʌŋd], *a.* **1.** *Ich:* Muni de poumons. **2.** (*With adj. prefixed, e.g.*) **Strong-lunged, weak-lunged,** aux poumons forts, faibles.

lunger ['lʌŋər], *s. U.S: F:* Poitrinaire *mf.*

lungi ['lu:ŋgi], *s. Anthr:* Pagne *m* (d'Hindou).

lungwort ['lʌŋwə:rt], *s. Bot:* Pulmonaire *f*; herbe *f* au cœur; herbe aux poumons.

luniform ['lu:nifɔ:rm], *a.* Luniforme, luné; en forme de croissant.

lunisolar [lu:ni'soulər], *a.* (Année *f*, etc.) luni-solaire.

lunistice ['lu:nistis], *s. Astr:* Lunistice *m.*

lunitidal [lu:ni'taid(ə)l], *a. Oc:* **Lunitidal interval,** intervalle *m* entre le passage de la lune au méridien et la haute marée.

lunula, *pl.* **-ae** ['lu:njula, -i:], *s. Anat: Geom:* Lunule *f.*

lunular ['lu:njulər], *a.* Lunulaire.

lunulate(d) ['lu:njuleit(id)], *a. Nat.Hist:* Lunulé, lunulaire.

lunule ['lu:nju:l], *s. Anat: Geom: etc:* Lunule *f.*

lupa ['lu:pa], *s. Crust:* Lupa *f.*

Lupercalia [lupər'keilia], *s.pl. Rom.Ant:* Lupercales *f.*

lupin ['lju:pin, 'lu:-], *s. Bot:* Lupin *m.*

lupine ['lju:pain, 'lu:-], *a.* Lupin; de loup.

lupulin ['lju:pjulin, 'lu:-], *s.* **1.** *Bot: Brew:* Lupulin *m*, lupuline *f.* **2.** *Ch:* Lupuline.

lupus ['lju:pəs, 'lu:-], *s. Med:* Lupus *m.*

lurch[1] [lə:rtʃ], *s.* Déconfiture *f. Now only in the phr.* **To leave s.o. in the lurch,** laisser qn dans l'embarras, en panne, en plan, dans le pétrin; planter là qn; laisser là qn; laisser qn le bec dans l'eau.

lurch[2], *s.* **1.** Embardée *f*, coup *m* de roulis (d'un navire). *L. to starboard*, embardée à tribord. **Weather lurch,** fort coup de rappel. **Lee lurch,** arrivée *f.* **2.** Cahot *m*, embardée (d'une voiture). **3.** Pas titubant, embardée (d'un ivrogne); titubation *f.*

lurch[3], *v.i.* **1.** (*a*) (*Of ship*) Faire une embardée; embarder. (*b*) *F:* (*Of carriage, etc.*) Embarder; avoir un fort cahot. **2.** (*Of pers.*) **To lurch along,** marcher en titubant. *To l. along the street, F:* tanguer à grandes enjambées le long de la rue. **To lurch in, out,** entrer, sortir, en vacillant, en titubant. *To l. across the road, F:* faire une embardée.

lurching[1], *a.* **1.** (Mouvement) de roulis. **2.** (Pas) titubant.

lurching[2], *s.* **1.** (*a*) *Nau:* Coups *mpl* de roulis; embardage *m.* (*b*) *F:* Embardage, cahots *mpl* (d'une voiture). **2.** Titubation *f*; marche *f* en zigzag.

lurcher ['lə:rtʃər], *s.* **1.** (*a*) Filou *m, pl.* filous. (*b*) Chipeur, -euse; chapardeur, -euse. (*c*) = LURKER. **2.** Chien croisé d'un lévrier avec un chien de berger (très en faveur chez les braconniers).

lure[1] ['ljuər, 'luər], *s.* **1.** (*a*) *Ven:* Leurre *m* (de fauconnier). (*b*) *Fish:* Leurre; appât *m* factice. **2.** *F:* (*a*) Piège *m. He fell a victim to her lures*, il tomba dans le piège; il se laissa séduire. (*b*) Attrait *m.* **The lure of the sea,** l'attrait de la mer; *Lit:* l'attirance *f* de la mer.

lure[2], *v.tr.* **1.** (*a*) *Ven:* Leurrer (un faucon). (*b*) Leurrer (un poisson, etc.). **2.** Attirer, séduire, allécher. *To be lured into the trap*, être attiré, entraîné, dans le piège; *F:* se faire prendre à l'appeau. **To lure s.o. away** *from a duty*, détourner qn d'un devoir; débaucher qn. *To l. s.o. with bright prospects, F:* faire miroiter l'avenir aux yeux de qn. *To be lured on to destruction*, être entraîné à sa perte.

luring, *a.* Séduisant, attrayant.

lurid ['ljuərid, 'lu-], *a.* **1.** (*a*) (Ciel) blafard, fauve; (teint) livide, blafard, *Med:* luride. *L. light*, lueur blafarde, sinistre. *F:* **This casts a lurid light on the facts,** cela jette une lumière sinistre, tragique, sur les faits. (*b*) *Nat.Hist:* Luride. **2.** (*a*) Cuivré. *L. flames*, flammes rougeoyantes. (*b*) *F:* Corsé; (récit) fortement coloré; (langage) haut en couleur. **-ly,** *adv.* **1.** (*a*) Avec une lueur blafarde. (*b*) Sinistrement, tragiquement. **2.** (*a*) En rougeoyant. (*b*) En corsant les effets.

luridness ['ljuəridnəs, 'lu-], *s.* **1.** Lueur blafarde, aspect *m* sinistre (du ciel, etc.). **2.** (*a*) Ton cuivré, rougeoiement *m* (de l'horizon, etc.). (*b*) *F: The l. of his language*, son langage corsé.

lurk[1] [lə:rk], *s.* **1. To be on the lurk,** être aux aguets. **2.** Retraite *f*, cachette *f.*

lurk[2], *v.i.* Se cacher; se tenir caché; rester tapi (dans un endroit). *The cavalry were lurking about the village*, la cavalerie se dissimulait dans le village. *Under his moustache lurked a kindly smile*, sous sa moustache se cachait un sourire bon enfant. *Among so many qualities lurks a weakness*, parmi tant de qualités se dissimule un défaut.

lurking, *a.* Caché; secret, -ète. **A lurking suspicion,** un vague soupçon. *A l. thought of revenge*, une arrière-pensée de vengeance, de revanche.

'lurking-place, *s.* (*a*) Cachette *f*, retraite *f*; repaire *m* (de voleurs). (*b*) *Ven:* Affût *m.*

lurker ['lə:rkər], *s.* **1.** Personne cachée. **2.** Personne aux aguets; espion *m*; *F:* mouchard *m.*

Lusatia [lju'seiʃja]. *Pr.n. A.Geog:* La Lusace.

Lusatian [lju'seiʃən], *a. & s. A.Geog:* Lusacien, -ienne.

luscious ['lʌʃəs], *a.* **1.** Succulent, savoureux, délicieux; (fruit) fondant. **2.** *Pej:* (*a*) (Vin) liquoreux, trop sucré; un peu écœurant. (*b*) (Style) trop riche, trop fleuri. (*c*) (Littérature, musique) d'un charme trop voluptueux.

lusciousness ['lʌʃəsnəs], *s.* **1.** Succulence *f* (d'un fruit); goût délicieux. **2.** *Pej:* Douceur extrême, affadissante.

lush[1] [lʌʃ], *a.* (*Of grass, plant*) Plein de sève; luxuriant.

lush[2], *s. P:* **1.** Boisson *f.* **2.** Ribote *f.*

lush[3]. *P:* **1.** *v.tr.* Payer à boire à (qn); rincer la dalle à (qn); arroser (les copains). **2.** *v.i.* (*a*) Boire (au cabaret, etc.). (*b*) S'enivrer; riboter.

lushness ['lʌʃnəs], *s.* Surabondance *f*, luxuriance *f* (de l'herbe, etc.).

lushy ['lʌʃi], *a. P:* Saoul.

Lusiad (the) [ðə'lu:siad], *s. Portug.Lit:* Les Lusiades *f.*

Lusitania [lu:si'teinja]. *Pr.n. A.Geog:* La Lusitanie.

Lusitanian [lu:si'teinjən], *a. & s. A.Geog:* Lusitanien, -ienne; Lusitain, -aine.

lust[1] [lʌst], *s.* **1.** (*a*) *Theol:* Appétit *m* (coupable); convoitise *f.* **Lusts of the flesh, fleshly lusts,** concupiscence *f. To mortify the carnal lusts, the lusts of the flesh*, mortifier les appétits. *To arouse unholy lusts in s.o.*, allumer des convoitises, des désirs malsains, chez qn. (*b*) Luxure *f*; désir (charnel, libidineux). *He never spared a woman in his l.*, jamais il n'épargna la femme qui avait allumé son désir. **2.** *Lit:* **Lust of honours, of riches, of power,** soif *f* des honneurs, des richesses, du pouvoir. *Poet: L. of battle, of conquest*, désir effréné de se battre, de faire des conquêtes.

lust[2], *v.ind.tr. Lit:* **1.** (*a*) *To l. for, after, sth.*, convoiter qch. (*b*) *To l. after a woman*, désirer une femme. **2.** *To l. for riches, for power, for revenge*, avoir soif des richesses, du pouvoir; avoir soif de vengeance.

lusting[1], *a.* **1.** (Œil) de convoitise. **2.** = LUSTFUL.

lusting[2], *s.* **1.** Convoitise *f.* **2.** Désir (charnel).

lustful ['lʌstful], *a. Lit:* Lascif, sensuel, libidineux, luxurieux, lubrique. *To cast l. eyes on s.o.*, regarder qn avec désir, d'un œil de convoitise. **-fully,** *adv.* Lascivement, libidineusement.

lustfulness ['lʌstfulnəs], *s.* Appétits charnels, sensuels; luxure *f*; libidinosité *f.*

lustily ['lʌstili], *adv. See* LUSTY.

lustiness ['lʌstinəs], *s.* Vigueur *f*; santé exubérante.

lustral ['lʌstrəl], *a.* **1.** Lustral, -aux. *Rom.Ant:* **Lustral games,** jeux lustraux. *Ecc:* **Lustral water,** eau lustrale. **2.** Quinquennal, -aux.

lustrate ['lʌstreit], *v.tr. Rom.Ant: etc:* Purifier (qn, une ville).

lustration [lʌs'treiʃ(ə)n], *s.* Lustration *f.*

lustre[1] ['lʌstər], *s.* **1.** Éclat *m*, brillant *m*, lustre *m*; nitescence *f*; *Tex:* cati *m*, lustre (du drap). *F:* **To shed lustre on a name; to add fresh lustre to a name,** donner du lustre à un nom; ajouter un nouveau lustre à un nom. *Action that added fresh l. to his fame*, action *f* qui a relevé sa gloire. *Work that has conferred l. on his name*, ouvrage *m* qui a rendu son nom illustre. *These victories shed an added l. on his reign*, ces victoires *f* contribuèrent à illustrer son règne, à l'illustration de son règne. *See also* LACK-LUSTRE. **2.** (*a*) Pendeloque *f* (de lustre). (*b*) Lustre (de plafond). **3.** *Tex:* **(Cotton) lustre,** lustrine *f.*

'lustre-ware, *s. Cer:* Poterie *f* à reflets métalliques; poterie lustrée.

lustre[2], *v.tr.* **1.** *Tex:* Lustrer, catir (une étoffe). **2.** *Cer:* Lustrer (la poterie).

lustring[1], *s.* Lustrage *m*; catissage *m.*

lustre[3], *s. Rom.Ant:* Lustre *m* (espace de cinq ans).

lustreless ['lʌstərləs], *a.* Mat, terne; (bijoux *m*, yeux *m*) sans éclat.

lustrine ['lʌstrin], *A:* **lustring**[2] ['lʌstriŋ], *s. Tex:* Lustrine *f.*

lustrous ['lʌstrəs], *a.* Brillant, éclatant; (*of material*) lustré, satiné.

lustrousness ['lʌstrəsnəs], *s.* Éclat *m*, lustre *m.*

lustrum, *pl.* **-a, -ums** ['lʌstrəm, -a, -əmz], *s. Rom.Ant:* = LUSTRE[3].

lusty ['lʌsti], *a.* Vigoureux, fort, robuste; *F:* puissant (de corps). **A lusty fellow,** un garçon solidement découplé, bien bâti. **-ily,** *adv.* (Travailler, etc.) vigoureusement, de toutes ses forces; (chanter, crier) à pleine poitrine, à pleine gorge; (se battre) vaillamment. *They were shouting l.*, ils criaient à qui mieux mieux.

lutanist ['l(j)u:tənist], *s.* = LUTE-PLAYER.

lute[1] [l(j)u:t], *s. Mus:* Luth *m. See also* RIFT.

'lute-maker, *s.* Luthier *m.*

'lute-player, *s.* Joueur, -euse, de luth; luthiste *mf.*
'lute-string, *s.* Corde *f* de luth.
lute², *s.* **1.** Lut *m*, mastic *m* (pour cornues, etc.). *Metall:* Brasque *f.* **2.** *Arb:* Mastic *m* à greffer, engluement *m.*
lute³, *v.tr.* **1.** Luter, boucher, mastiquer (une cornue, etc.). *Metall:* Brasquer (un creuset, etc.). *To l. a flue with cement,* enduire un carneau de ciment. **2.** *Arb:* Enduire *f* (une greffe) de mastic.
luting, *s.* **1.** Lutation *f*, lutage *m.* **2.** = LUTE².
lutecium [l(j)u'tiːʃiəm], *s. Ch:* Lutécium *m.*
lutein ['ljuːtiin], *s. Biol: Ch:* Lutéine *f.*
luteous ['ljuːtiəs], *a. Nat.Hist:* Orangé.
lutestring ['l(j)uːtstriŋ], *s. Tex:* = LUSTRINE.
Lutetia [l(j)u'tiːʃja]. *Pr.n. A.Geog:* Lutèce *f.*
Lutetian [l(j)u'tiːʃjən]. **1.** *a.* Lutétien, -ienne. **2.** *s. Geol:* Lutétien *m.*
Lutheran ['l(j)uːθərən], *a. & s. Rel.H:* Luthérien, -ienne.
Lutheranism ['l(j)uːθərənizm], *s. Rel.H:* Luthéranisme *m.*
lux, *pl.* **luces** [lʌks, 'ljuːsiːz], *s. Ph.Meas:* Lux *m* (unité de lumière).
'lux-meter, *s. Opt:* Luxmètre *m.*
luxate ['lʌkseit], *v.tr.* Luxer; déboîter (l'épaule, etc.).
luxation [lʌk'seiʃ(ə)n], *s.* Luxation *f*; déboîtement *m* (de l'épaule, etc.).
Luxembourg ['lʌksəmbəːrg]. *Pr.n. Geog:* Le Luxembourg (province de Belgique).
Luxemburg ['lʌksəmbəːrg]. *Pr.n. Geog:* **The Grand Duchy of Luxemburg,** le grand-duché de Luxembourg.
Luxor ['lʌksɔːr]. *Pr.n. Geog:* Louxor *m*, Louqsor *m.*
luxuriance [lʌk'sjuəriəns, lʌgz-], *s.* Exubérance *f*, luxuriance *f* (de la végétation, de style, etc.).
luxuriant [lʌk'sjuəriənt, lʌgz-], *a.* Exubérant, luxuriant. **-ly,** *adv.* Avec exubérance; en abondance.
luxuriate [lʌk'sjuərieit, lʌgz-], *v.i.* **1.** (*Of vegetation*) Croître avec exubérance; pousser dru. **2.** (*Of pers.*) (*a*) *To l. in opulence,* vivre dans l'opulence, dans le luxe; nager dans l'opulence. *To l. in an armchair,* prendre ses aises dans un fauteuil. *To l. on choice wines,* savourer longuement des vins de choix. (*b*) *To l. in dreams,* se griser de rêves. *He luxuriated in this new life,* il jouissait avec délices de cette vie nouvelle; il se livrait avec délices à cette vie nouvelle.
luxurious [lʌk'sjuəriəs, lʌgz-], *a.* **1.** (Appartement) luxueux, somptueux. *L. life,* vie *f* de luxe; vie luxueuse. **2.** (*Of pers.*) (*a*) Adonné au luxe. (*b*) Sensuel; voluptueux. **3.** *A:* Adonné à la luxure; luxurieux. **-ly,** *adv.* **1.** Luxueusement; avec luxe; dans le luxe. **2.** Avec volupté.
luxuriousness [lʌk'sjuəriəsnəs], *s.* Luxe *m*; somptuosité *f.*
luxury ['lʌkʃəri], *s.* **1.** Luxe *m.* **To live in (the lap of) luxury,** vivre dans le luxe, au sein de l'abondance; *F:* coucher sur le duvet. *Bred in (the lap of) l.,* élevé au sein du luxe. *I have never known either want or l.,* je n'ai jamais connu ni le besoin ni le luxe. **2.** Objet *m* de luxe. **Luxury article,** objet de luxe. *To let,* **luxury flat,** appartement *m* de luxe à louer. *Strawberries at Christmas are a l.,* les fraises à Noël sont un luxe. **The luxuries of life,** les superfluités *f* agréables de la vie. *I can't afford luxuries,* je n'ai pas les moyens de me payer des douceurs, de faire du luxe. **Table luxuries,** friandises *f.* **To indulge in the luxury of a cigar,** se payer le luxe d'un cigare. *It is quite a l. for us,* c'est du luxe pour nous; c'est un régal pour nous. *What a l. to be free at this time!* quel délice d'être libre à cette heure! **Luxury tax,** taxe *f* de luxe. **The luxury trades,** le commerce des articles de luxe. **Luxury car,** voiture *f* de (grand) luxe. **3.** Luxe (d'un appartement, etc.). **4.** *A:* Luxure *f.*
Luzon ['luːzɔn]. *Pr.n. Geog:* Luçon *m.*
-ly¹ [li], *a.suff.* **1.** (*Having the qualities of*) -al, -aux. *Kingly,* royal. *Soldierly,* martial. *Beastly,* bestial. *Scholarly,* de savant, d'érudit. *Ruffianly,* de brigand, de bandit. *Manly,* d'homme; viril, mâle. **2.** (*Denoting periodic recurrence*) *Daily,* journalier, quotidien. *Hourly,* qui a lieu d'heure en heure. *Yearly,* annuel. *Monthly,* mensuel. *Weekly,* hebdomadaire.
-ly², *adv.suff.* (*a*) -ment. *Feebly,* faiblement. *Nicely,* gentiment. *Heavily,* lourdement. *Easily,* aisément. *Learnedly,* savamment. *Precisely,* précisément. (*b*) *Daily,* tous les jours. *Hourly,* d'heure en heure. *Yearly,* annuellement.
lycanthrope ['laikanθroup], *s.* **1.** Lycanthrope *m.* **2.** Loup-garou *m*, *pl.* loups-garous.
lycanthropy [lai'kanθrəpi], *s.* Lycanthropie *f.*
lycaon [lai'keiən], *s. Z:* Lycaon *m*; loup peint.
Lyceum [lai'siːəm], *s.* **1.** *Gr.Ant:* **The Lyceum,** le Lycée (où enseignait Aristote). **2.** (*Literary institution, etc.*) Lycée, Lycéum *m.*
lych-gate ['litʃgeit], *s.* = LICH-GATE.
lychnis ['liknis], *s. Bot:* Lychnide *f*, lychnis *m.*
Lycia ['lisia]. *Pr.n. A.Geog:* La Lycie.
Lycian ['lisiən], *a. & s. A.Geog:* Lycien, -ienne.
lycopod ['laikopɔd], *s. Bot:* Lycopode *m.*
lycopodium [laiko'poudiəm], *s.* **1.** *Bot:* = LYCOPOD. **2.** *Pharm: etc:* Poudre *f* de lycopode; soufre végétal.
lycopsis [lai'kɔpsis], *s. Bot:* Lycopside *f.*
lycopus [lai'koupəs], *s. Bot:* Lycope *m*; chanvre *m* d'eau.
Lycurgus [lai'kəːrgəs]. *Pr.n.m. Gr.Hist:* Lycurgue.
lyddite ['lidait], *s. Exp:* Lyddite *f.*
Lydia ['lidia]. **1.** *Pr.n. A.Geog:* La Lydie. **2.** *Pr.n.f.* Lydie.
Lydian ['lidiən], *a. & s. A.Geog:* Lydien, -ienne. *Mus:* (*Gr.Ant. & Ecc:*) **Lydian mood,** mode lydien.
lye [lai], *s.* Lessive *f* (de soude, de potasse). **Caustic soda lye,** lessive de soude caustique. *To pass the lye through the washing,* couler la lessive.
'lye-ashes, *s.pl. Agr: Glassm:* Charrée *f.*
'lye-water, *s. Ind:* Eau seconde; eau des savonniers; lessive *f* faible.
lygeum [lai'dʒiːəm], *s. Bot:* Lygée *f.*
lying¹, ², ³, ⁴, ['laiiŋ], *a. & s. See* LIE²⁻⁴.
lyke-wake ['laikweik], *s.* Veillée *f* de corps; veillée funèbre.
lyme-grass ['laimgrɑːs], *s. Bot:* Élyme *m* (des sables).
lymph [limf], *s.* **1.** *Physiol:* Lymphe *f.* **2.** *Med:* Vaccin *m. See also* SEED-LYMPH.
'lymph-producing, *a.* **1.** Lymphogène. **2.** Vaccinogène.
lymphadenoma [limfade'nouma], *s. Med:* Lymphadénome *m.*
lymphang(e)itis [limfan'dʒaitis], *s. Med:* Lymphatite *f.*
lymphatic [lim'fatik]. **1.** *a.* (Vaisseau *m*, *F:* tempérament *m*) lymphatique. *See also* GLAND¹. **2.** *s.pl.* **Lymphatics,** (vaisseaux) lymphatiques *m.*
lymphatism ['limfatizm], *s. Med:* Lymphatisme *m.*
lymphocyte ['limfosait], *s. Physiol:* Lymphocyte *m.*
lymphoid ['limfɔid], *a.* (Cellule *f*) lymphoïde.
lymphoma [lim'fouma], *s. Med:* Lymphome *m*, lymphadénome *m.*
lyncean [lin'siːən], *a.* (Perspicacité, œil) de lynx; (personne) aux yeux de lynx.
Lynceus [lin'siːəs]. *Pr.n.m. Gr.Myth:* Lyncée.
lynch [linʃ], *v.tr.* Lyncher.
lynching, *s.* Lynchage *m.*
lyncher ['linʃər], *s.* Lyncheur *m.*
lynch-law ['linʃlɔː], *s.* Loi *f* de Lynch.
lynx [liŋks], *s. Z:* Lynx *m*; loup-cervier *m*, *pl.* loups-cerviers. **She-lynx,** loup-cerve *f*, *pl.* loups-cerves. **Persian lynx,** caracal, -als *m.* **Spanish lynx,** chat-pard *m*, *pl.* chats-pards.
'lynx-eyed, *a.* Aux yeux de lynx.
Lyon ['laiən], *s. Her:* **Lyon King of Arms, Lyon Herald,** le roi d'armes d'Écosse.
Lyonese [laiə'niːz], *a. & s. Geog:* Lyonnais, -aise.
Lyons ['laiənz]. *Pr.n. Geog:* Lyon *m.*
Lyra ['laiəra]. *Pr.n. Astr:* La Lyre.
lyrate ['laiəreit], *a. Nat.Hist:* Lyré; en forme de lyre.
lyre ['laiər], *s.* **1.** *Mus:* Lyre *f.* **2.** *Mec.E:* Tête *f* de cheval de tour; cœur *m* de renversement.
'lyre-bird, *s. Orn:* Ménure *m*; ménure-lyre *m*, *pl.* ménures-lyres; oiseau-lyre *m*, *pl.* oiseaux-lyres.
'lyre-flower, *s. Bot:* Cœur-de-Marie *m*, cœur-de-Jeannette *m*, *pl.* cœurs-de-Marie, -de-Jeannette.
lyric ['lirik]. **1.** *a.* (Poète *m*, drame *m*) lyrique. **2.** *s.* Poème *m* lyrique. *Wordsworth's lyrics,* la poésie lyrique de Wordsworth. *Th:* **Lyrics by . . .,** les morceaux *m* lyriques, les chansons *f*, du livret sont de. . . .
lyrical ['lirik(ə)l], *a.* **1.** Lyrique. **2.** *F:* Dit ou écrit sur un ton lyrique, sur un ton de faux lyrisme.
lyricism ['lirisizm], *s.* **1.** Lyrisme *m. The l. of the Bible,* le lyrisme de la Bible. **2.** *F:* (Faux) lyrisme.
lyricist ['lirisist], *s.* Poète *m* lyrique.
lyriform ['lirifɔːrm], *a.* Lyriforme.
lyrism ['lirizm], *s.* = LYRICISM.
lyrist ['lirist], *s.* **1.** *Mus:* Joueur *m* de lyre. **2.** = LYRICIST.
Lysander [lai'sandər]. *Pr.n.m. Gr.Hist:* Lysandre.
lyse [laːiz], *v.tr. Biol:* (*Of lysin*) Lyser, dissoudre (une cellule).
Lysimachus [lai'simakəs]. *Pr.n.m. A.Hist:* Lysimaque.
lysin ['laisin], *s.* **1.** *Biol: Ch:* Lysine *f.* **2.** **-lysin,** *comb.fm. Biol:* -lysine *f. Haemolysin,* hémolysine *f.*
Lysippus [lai'sipəs]. *Pr.n.m. Gr.Art:* Lysippe.
lysis ['laisis], *s. Biol:* Lyse *f*; dissolution *f* (d'une cellule) par une lysine.
Lysistratus [lai'sistratəs]. *Pr.n.m.* Lysistrate.
lysol ['laisɔl], *s. Pharm:* Lysol *m.*
lyssa ['lisa], *s. Med:* Rage *f.*
lytic ['litik], *a. Biol:* (Action *f*, sérum *m*) lytique.

M

M, m [em], *s.* (La lettre) M, m *f.* *Tp:* **M for Mary,** M comme Marie.
ma [mɑː], *s.* *P:* = MAMMA[1].
ma'am [mɑːm; *at Court in addressing members of the royal family: from servant to mistress:* mʌm], *s.* **1.** = MADAM. **2.** *U.S:* *F:* **School-ma'am** [mɑːm], maîtresse *f* d'école.
mac [mak], *s.* *F:* = MACKINTOSH 1.
macaco[1] [ma'keiko], *s.* *Z:* Maki *m*, mococo *m*, lémur *m.*
macaco[2], *s.* *Z:* = MACAQUE.
macadam [ma'kadəm], *s.* *Civ.E:* Macadam *m.* **Tar macadam,** macadam au goudron, tarmacadam *m.* **Macadam road,** route macadamisée. *M. plant*, installation *f* pour macadamisation.
macadamization [makadəmai'zeiʃ(ə)n], *s.* *Civ.E:* Macadamisage *m*, macadamisation *f.*
macadamize [ma'kadəmaiz], *v.tr.* *Civ.E:* Empierrer, macadamiser, ferrer (une route). **Macadamized road,** macadam *m.*
macadamizing, *s.* = MACADAMIZATION.
macaque [ma'kɑːk], *s.* *Z:* Macaque *m*, magot *m.* **Bonneted macaque,** bonnet chinois.
Macarius [ma'kɛəriəs]. *Pr.n.m.* *Ecc.Hist:* Macaire.
macaroni [maka'rouni], *s.* **1.** *Cu:* Macaroni *m.* **Macaroni cheese,** macaroni au gratin. **2.** (*pl.* **macaronies**) *Hist:* (i) Élégant *m*; (ii) fat *m*; petit-maître, *pl.* petits-maîtres.
macaronic [maka'rɔnik]. **1.** *a.* Macaronique. **2.** *s.pl.* **Macaronics,** vers *m* macaroniques.
macaronism [maka'rounizm], *s.* *Hist:* Dandysme *m.*
macaroon [maka'ruːn], *s.* *Cu:* Macaron *m.*
Macassar [ma'kasər]. **1.** *Pr.n.* *Geog:* Macassar. **2.** *s.* **Macassar** (oil), huile *f* de Macassar (pour les cheveux).
macaw[1] [ma'kɔː], *s.* *Orn:* Ara *m.*
macaw[2], *s.* *Bot:* **Macaw-tree, -palm,** (palmier) acrocome *m.*
maccabaw ['makabɔː], *s.* = MACCABOY.
Maccabean [maka'biːən], *a.* *Hist:* Mac(c)habéen; des Mac(c)habées.
Maccabees ['makabiːz]. *Pr.n.m.pl.* *Hist:* (Les) Mac(c)habées.
Maccabeus [maka'biːəs]. *Pr.n.m.* *Hist:* Mac(c)habée.
maccaboy ['makabɔi], *s.* Macouba *m*; tabac *m* à la rose de la Martinique.
mace[1] [meis], *s.* **1.** *Hist:* Masse *f* d'armes; massue *f* (de guerre). **2.** (*a*) Masse (portée par le massier devant un fonctionnaire). (*b*) = MACE-BEARER. **3.** *Bill:* *A:* Masse (avec laquelle on queutait la bille).
'mace-bearer, *s.* Massier *m*, porte-masse *m inv*; appariteur *m* (d'une Université, d'une corporation).
mace[2], *s.* *Bot:* *Cu:* Macis *m*; fleur *f* de muscade. *See also* REED-MACE.
Macedon ['masedən]. *Pr.n.* *A.Geog:* = MACEDONIA.
Macedonia [mase'dounja]. *Pr.n.* *Geog:* La Macédoine.
Macedonian [mase'dounjən], *a.* & *s.* *Geog:* *Hist:* Macédonien, -ienne.
macer ['meisər], *s.* **1.** Massier *m.* **2.** *Jur:* (*Scot.*) Huissier audiencier.
macerate ['masəreit]. **1.** *v.tr.* Macérer; faire macérer; infuser (des herbes, etc.) à froid. **2.** *v.i.* Macérer.
macerating, *s.* Macération *f.*
maceration [masə'reiʃ(ə)n], *s.* Macération *f.*
macerator ['masəreitər], *s.* *Ind:* Cuve *f* de macération; macérateur *m.*
machaerodus [ma'kiːərodəs], *s.* *Paleont:* Machérode *m.*
machete [ma'tʃete], *s.* = MATCHET.
Machiavel(li) ['makiavel, makia'veli]. *Pr.n.m.* *Hist:* Machiavel.
Machiavellian [makia'veliən], *a.* Machiavélique.
Machiavellism [makia'velizm], *s.* Machiavélisme *m.*
Machiavellist [makia'velist], *s.* Machiavéliste *m.*
machicolated [ma'tʃikoleitid], *a.* *A.Fort:* (Porte *f*, etc.) à mâchicoulis.
machicolation [matʃiko'leiʃ(ə)n], **machicoulis** [maʃi'kuːli], *s.* Mâchicoulis *m.*
machinability [maʃiːnə'biliti], *s.* *Metalw:* Usinabilité *f* (d'un métal).
machinable [ma'ʃiːnəbl], *a.* *Metalw:* Usinable.
machinate ['makineit], *v.i.* Comploter; tramer des complots.
machination [maki'neiʃ(ə)n], *s.* Machination *f*, complot *m*, intrigue *f.* *The machinations of our opponents*, les agissements *m* de nos adversaires.
machinator ['makineitər], *s.* Machinateur, -trice; intrigant, -ante.
machine[1] [ma'ʃiːn], *s.* **1.** (*a*) Machine *f.* *Copying m.*, machine à copier. (*Of pers.*) **To be a mere machine,** n'être qu'un automate. *To make a m. of s.o., to reduce s.o. to a mere m.*, machiniser qn; se servir de qn comme d'une machine. *See also* MILLING-MACHINE, MOWING-MACHINE, PERFECTING 3, SCREW-CUTTING, SEWING-MACHINE, SHINGLING, SINGLE-CYLINDER, SLOT-MACHINE, TYPE-SETTING, WEIGHING-MACHINE. (*b*) (*Often not translated in French*) **Reaping-machine,** moissonneuse *f.* **Wringing-machine,** essoreuse *f.* **Rivet(t)ing-machine,** riveuse *f.* *See also* BORING-MACHINE. (*c*) *Pol:* *F:* **The party machine,** les leviers *m* de commande du parti; l'organisation *f* politique du parti; le comité. **2.** (*a*) *Scot:* Voiture *f.* (*b*) Bicyclette *f.* (*c*) *Av:* Appareil *m*, avion *m.* (*d*) *U.S:* Pompe *f* à incendie. *See also* BATHING-MACHINE, TRAINING-MACHINE. **3.** *Attrib.* **Machine-winding,** bobinage *m* mécanique. **Machine-wound,** bobiné à la machine. *See also* OIL[1] 1, PROOF[1] 3.
ma'chine bolt, *s.* Boulon *m* mécanique.
ma'chine-com'positor, *s.* *Typ:* Claviste *m.*
ma'chine-cut, *a.* Taillé à la machine.
ma'chine-'finish, *v.tr.* *Metalw:* Usiner.
ma'chine-gun, *s.* Mitrailleuse *f.*
ma'chine-gunner, *s.* Mitrailleur *m.*
ma'chine-made, *a.* (Fait) à la mécanique, à la machine. *M.-m. lace*, dentelle *f* mécanique, à la machine.
ma'chine-minder, *s.* **1.** *Ind:* Surveillant *m*, soigneur *m*, de machines. **2.** *Typ:* Conducteur *m* de presse.
ma'chine-pistol, *s.* *Sm.a:* Mitraillette *f.*
ma'chine-production, *s.* *Ind:* Production *f* en série, à la machine.
ma'chine-setter, *s.* *Typ:* Opérateur *m.*
ma'chine-shed, *s.* Hangar *m* des machines.
ma'chine-shop, *s.* **1.** Atelier *m* de construction mécanique, de construction de machines, de réparation de machines. **2.** Atelier d'usinage. **3.** Atelier des machines. *The m.-shops*, la machinerie *f.*
ma'chine-stitched, *a.* Cousu à la machine, à la mécanique.
ma'chine-tool, *s.* Machine-outil *f*, *pl.* machines-outils.
ma'chine-turned, *a.* Fait au tour.
ma'chine-twist, *s.* *U.S:* Cablé *m* de soie pour machines à coudre.
ma'chine-work, *s.* Travail *m* aux machines; travail d'usinage.
machine[2], *v.tr.* **1.** *Ind:* (*a*) Façonner (une pièce). (*b*) Usiner, ajuster. *To m. a casting*, ajuster une pièce fondue. **To machine down the metal,** amincir le métal. **2.** *Dressm:* Coudre, piquer, à la machine.
machined, *a.* **1.** (*a*) Façonné. (*b*) Travaillé à la machine; usiné. **Machined to size,** usiné à dimension. **2.** Cousu, piqué, à la machine.
machining, *s.* **1.** Usinage *m*; ajustage *m* mécanique. **Machining down,** amincissement *m.* **Machining allowance,** surépaisseur *f* pour ajustage. **2.** *Typ:* Tirage *m* à la machine. **3.** Couture *f*, piquage *m*, à la machine (à coudre).
machinery [ma'ʃiːn(ə)ri], *s.* **1.** Mécanisme *m*; machines *fpl*, machinerie *f*; appareil(s) *m(pl)*, outillage *m.* *Auxiliary m.*, machines auxiliaires. *Ind:* **The driving machinery,** *Nau:* **the propelling machinery,** l'appareil moteur. **Done by machinery,** fait à la mécanique, à la machine. **2.** *F:* **The intricate machinery of government,** les rouages *m* du gouvernement, de la machine gouvernementale. *I shall put in motion the m. at my disposal*, je mettrai en œuvre les organes *m* dont je dispose. *The m. is wanting by which to carry this law into effect*, les moyens *m* manquent pour mettre cette loi en vigueur. **3.** *Lit:* *Th:* Le merveilleux.
machinist [ma'ʃiːnist], *s.* **1.** (*a*) Machiniste *m*; mécanicien *m.* (*b*) Ajusteur *m* de machines-outils. **2.** *Ind:* (*At sewing-machine*) Mécanicienne *f.*
mack [mak], *s.* *F:* = MACKINTOSH 1.
mackerel ['mak(ə)rel], *s.* *Ich:* Maquereau *m*, scombre *m*; *F:* merlan bleu. *See also* HORSE-MACKEREL, SPRAT.
'mackerel-boat, -smack, *s.* *Fish:* Maquilleur *m.*
'mackerel-'breeze, *s.* *Nau:* Bonne brise.
'mackerel-'shark, *s.* *Ich:* Requin *m* marsouin; chien-dauphin *m*, *pl.* chiens-dauphins; lamie *f* long-nez.
'mackerel-'sky, *s.* Ciel pommelé; nuages pommelés; ciel couvert de cirro-cumulus.
mackinac ['makinak], **mackinaw** ['makinɔː], *s.* *U.S:* **Mackinaw** (blanket), couverture épaisse (employée dans le nord-ouest de l'Amérique). (Nom d'une île des Grands Lacs.)
mackintosh ['makintɔʃ], *s.* **1.** (Manteau *m* en) caoutchouc *m*; mackintosh *m*; imperméable *m*; waterproof *m.* *Light-weight m.*, paraverse *m.* **2.** Tissu caoutchouté; étoffe *f* ou toile *f* imperméable.
mackintoshed ['makintɔʃt], *a.* Vêtu d'un imperméable.
mackle[1], **macle**[1] [makl], *s.* *Typ:* Bavochure *f*, maculature *f*, frison *m.*
mackle[2], **macle**[2]. *Typ:* **1.** *v.tr.* Maculer, bavocher, mâchurer (une feuille). **2.** *v.i.* (*Of paper*) (Se) maculer; (*of type*) bavocher; (*of proof*) friser, papilloter.
mackled, *a.* Bavocheux.
mackling, *s.* Papillotage *m.*
macle[3], *s.* *Cryst:* *Miner:* Macle *f.*
macled [makld], *a.* *Cryst:* Maclé.
macramé [ma'krɑːmi], *s.* *Needlew:* Macramé *m.*
macro- ['makro], *comb.fm.* Macro-. *Macrobiotics*, macrobiotique. *Macrophyllous*, macrophylle.
Macrobius [ma'kroubiəs]. *Pr.n.m.* *Lt.Lit:* Macrobe.
macrocephalic [makrose'falik], **macrocephalous** [makro'sefaləs], *a.* *Bot:* *Z:* Macrocéphale.
macrocephaly [makro'sefali], *s.* Macrocéphalie *f.*
macrocosm ['makrokɔzm], *s.* Macrocosme *m.*

macrodactyl [makro'daktil], **macrodactylous** [makro'daktiləs], *a. Z:* Macrodactyle.
macron ['makrɔn], *s. Pros: Gram:* Marque *f* de longueur (d'une voyelle).
macropod ['makropɔd], *a. & s. Z:* Macropode (*m*).
macropodous [ma'krɔpədəs], *a. Z:* Macropode.
macroscopic [makro'skɔpik], *a.* Macroscopique.
macrosporange [makrospo'randʒ], **macrosporangium** [makrospo'randʒiəm], *s. Bot:* Macrosporange *m.*
macrospore ['makrospɔːər], *s. Bot:* Macrospore *f.*
macruran [ma'kruərən], **macrurous** [ma'kruərəs], *a. Crust:* Macroure.
macrurus [ma'kruərəs], *s. Crust:* Macroure *m.*
macula, *pl.* **-ae** ['makjula, -iː], *s.* **1.** *Astr: Med:* Macule *f.* **2.** *Anat:* Tache *f* jaune (de la rétine).
macular ['makjulər], *a. Med:* Pigmentaire.
maculate ['makjuleit], *v.tr.* Maculer, souiller.
maculation [makju'leiʃ(ə)n], *s.* **1.** Maculation *f*, maculage *m.* **2.** *Astr: Med:* Disposition *f* des macules.
maculature [ma'kjulətjuər], *s. Phot.Engr:* Maculature *f.*
macule ['makjuːl], *s.* **1.** *Med:* = MACULA 1. **2.** *Typ:* = MACKLE[1].
mad [mad], *a.* (madder, maddest) **1.** Fou, *f.* folle; aliéné; *Jur:* dément. **Raving mad**, fou furieux; atteint de folie furieuse. *F:* **Stark mad, raving mad, as mad as a hatter, as mad as a March hare**, tout à fait fou; complètement fou; fou à lier; archifou, -folle; bon à enfermer. *F: To be a bit mad*, être maboul; avoir un grain (de folie), un coup de marteau. **To drive s.o. mad**, rendre qn fou; affoler qn; faire perdre la tête à qn. *It is enough to drive one mad*, il y a de quoi vous rendre fou, de quoi devenir fou; c'est à vous rendre fou; c'est enrageant. **To go mad**, *A. & Lit:* **to run mad**, devenir fou; perdre la tête; tomber en démence; être pris de folie. *F:* **Imperialism gone mad**, impérialisme forcené. **Mad with pain**, fou, éperdu, de douleur. *To be mad with toothache*, avoir un mal de dents fou. **Mad with joy**, ivre de joie. *Mad with fear*, affolé de peur. *He was mad to try*, c'était une folie de sa part que d'essayer. *Cp.* 2. *A mad hope*, un fol espoir. *A mad plan*, un projet insensé. *A mad gallop*, un galop furieux, effréné. *Mil: F:* **Mad minute**, feu *m* rapide à répétition. *F:* **Like mad**, comme un enragé, comme un perdu; en désespéré; follement. *To run like mad*, courir comme un dératé. *See also* DRIVE[2] I. 2. *Nau:* **The compass is mad**, le compas est fou, affolé. **2. Mad for revenge**, assoiffé de revanche. **To be mad about, after, on, upon, sth.**, être fou de qch.; aimer qch. à la folie, à la rage; avoir la folie, la rage, la manie, de qch.; être entiché de qch.; raffoler de qch. *To be mad on sport*, avoir la passion des sports. *She is mad on dancing*, elle ne pense qu'à danser. *He's mad on fishing, on pictures*, c'est un pêcheur enragé; il a la passion des tableaux. *To be building mad*, avoir la fureur de bâtir. *Dial: He was mad to try*, il brûlait d'essayer. *Cp.* 1. **3.** *Dial. & F:* (*a*) Furieux, furibond. **To be mad with s.o.**, être furieux contre qn. **It made me mad only to see him**, rien que de le voir me rendait furieux. (*b*) *U.S:* Fâché (*with*, contre). **4.** (*a*) **Mad bull**, taureau furieux, enragé. (*b*) *Vet:* **Mad dog**, chien enragé. **-ly**, *adv.* **1.** Follement; en fou; comme un fou. **2.** (Aimer) à la folie, éperdument. **3.** Furieusement.
'mad-doctor, *s. F:* Médecin *m* des fous, des aliénés; médecin aliéniste.
Madagascan [mada'gaskən], *a. Ethn: Geog:* Malgache, madécasse.
Madagascar [mada'gaskər]. *Pr.n. Geog:* Madagascar. **The Madagascar region**, la région malgache.
Mada'gascar 'cat, *s. Z:* Maki *m*, maque *m.*
madam ['madəm], *s.f.* **1.** (*Title of address in business and commerce, and from servant to mistress*) Madame, mademoiselle. (*In letters*) **Dear Madam**, Madame, Mademoiselle. **2.** *F:* (*With pl.*) **She's a bit of a madam**, elle est autoritaire; elle aime à le prendre de haut. *These madams!* ces péronnelles!
Madame [ma'dam, 'madəm], *s.f.* **Madame X**, madame *X* (cantatrice, grande couturière ou modiste, ou soi-disant telle, tireuse de cartes, etc.).
madapol(l)am [mada'pɔləm, ma'dapoləm], *s. Tex:* Madapol(l)am *m.*
madcap ['madkap], *a. & s.* Écervelé, -ée; étourdi, -ie; petite folle.
madden [madn]. **1.** *v.tr.* Rendre (qn) fou; exaspérer (qn). **2.** *v.i.* Devenir fou; se mettre en rage.
maddening, *a.* A rendre fou; enrageant, exaspérant. *M. attacks of toothache*, des rages *f* de dents à vous rendre fou.
madder ['madər], *s.* **1.** (*a*) *Bot:* Garance *f.* (*b*) *Dy:* Teinture de garance. **2.** *Ind.Ch: Dy:* **Madder dye**, alizarine *f.*
'madder-root, *s.* Alizari *m*, garance *f.*
madding ['madiŋ], *a. Poet:* Fou, *f.* folle; furieux. **To live far from the madding crowd**, vivre loin de la foule bruyante, loin du bruit; *Lit:* se retirer dans une thébaïde.
made [meid]. *See* MAKE[2].
Madeira [ma'diːəra]. **1.** *Pr.n. Geog:* Madère *f.* **2.** *Attrib.* (*a*) **Madeira wine**, *s.* **Madeira**, vin *m* de Madère; madère *m.* (*b*) **Madeira cake**, gâteau *m* de Savoie. (*c*) *Arb: U.S:* **Madeira nut**, noyer commun. **Madeira wood**, acajou *m.*
Madeiran [ma'diːərən], *a. & s. Geog:* Madérien, -ienne; madérois, -oise.
Madeline ['mad(ə)liːn]. *Pr.n.f.* Madeleine.
Madge [madʒ]. *Pr.n.f.* (*Dim. of Margaret*) Margot.
madhouse ['madhaus], *s.* Maison *f* de fous; asile *m* d'aliénés. *F: The place is like a m.!* on se croirait à Charenton!
madia ['meidia], *s. Bot:* Madi *m*, madie *f.* *Husb:* **Madia oil**, huile *f* de madi.
madman, *pl.* **-men** ['madmən, -men], *s.m.* Fou, insensé, aliéné. *To fight like a m.*, se battre en désespéré, comme un forcené. *To shout like a m.*, crier comme un perdu.
madness ['madnəs], *s.* **1.** Folie *f*, fureur *f*; *Jur:* démence *f.* **Fit of madness**, accès *m* de folie; *Med:* accès démentiel. *In a fit of m.*, dans un accès de folie; dans un moment de folie. *F:* **It is sheer madness** *of, for, him to go out in this weather*, c'est insensé qu'il sorte, c'est folie de sa part de sortir, par le temps qu'il fait. **Midsummer madness**, (i) le comble de la folie. (ii) *It is mere midsummer m.*, c'est une aberration qui passera. **2.** *A. & Dial:* (*Rage*) Rage *f*, fureur, furie *f.* **3.** (*Of animals*) Rage; hydrophobie *f.*
madonna [ma'dɔna], *s.f.* Madone. **To wear one's hair Madonna-braided**, se coiffer à la Vierge. *See also* LILY 1.
Madras [ma'drɑːs]. **1.** *Pr.n. Geog:* Madras *m.* **2.** *Tex:* **Madras (muslin)**, madras *m.* **Madras (handkerchief)**, (foulard *m* de) madras.
Madrasi [ma'drɑːsi], *a. & s. Geog:* (Originaire *m*, natif *m*) de Madras.
madreporaria [madripɔ'reəria], *s.pl. Z:* Madréporaires *m.*
madrepore ['madripɔːər], *s. Coel:* Madrépore *m.*
madreporic [madri'pɔrik], *a.* Madréporique, madréporien.
madreporiform [madri'pɔːrifɔːrm], *a.* = MADREPORIC.
madreporite [madri'pɔːrait], *s. Echin:* Madréporite *f*; plaque *f* madréporique.
madrigal ['madrigəl], *s. Lit: Mus:* Madrigal, -aux *m.*
madrigalesque [madrigə'lesk], *a.* Madrigalesque.
madrigalian [madri'geiliən], *a.* Madrigalique.
Madrilenian [madri'liːniən], *a. & s. Geog:* Madrilène (*mf*); de Madrid.
madwort ['madwəːrt], *s. Bot:* Alysse *f*, alysson *m*, corbeille *f* d'or, râpette *f.*
Maecenas [miː'siːnəs]. *Pr.n.m. Lt.Lit. & F:* Mécène.
Maelstrom ['meilstroum], *s.* **1.** *Geog:* **The Maelstrom**, le Maelström. **2.** *F:* **A maelstrom**, un tourbillon, un gouffre. *The m. of society life*, le tourbillon de la vie mondaine.
maenad ['miːnad], *s.f. Gr.Myth:* Ménade.
maestoso [mɑːes'touso], *adv. Mus:* Maestoso.
maestro, *pl.* **-tri** ['mɑːestro, -triː], *s.m. Mus:* Maestro, *pl.* maestros.
mafeesh [mɑː'fiːʃ], *a. & adv. P:* **1.** Fini; plus rien! **2.** Mort.
maffick ['mafik], *v.i. F:* Se livrer dans la rue à des réjouissances bruyantes, extravagantes, (comme celles qui accueillirent la délivrance de Mafeking en 1900).
mafficking, *s.* Réjouissances bruyantes; manifestation extravagante de la joie publique; chahut *m.*
mafficker ['mafikər], *s. F:* Chahuteur *m.*
mag[1] [mag], *s. P:* Sou *m.*
mag[2], *s. F:* **1.** = MAGAZINE 2. **2.** = MAGNETO.
magazine [maga'ziːn], *s.* **1.** (*a*) *A:* Dépôt *m* de marchandises. (*b*) *Mil:* Magasin *m* d'armes, de vivres, d'équipement; dépôt de munitions. *Navy:* Soute *f* à munitions. **Powder magazine**, (i) *Mil:* dépôt de poudre; poudrière *f*, magasin à poudres; (ii) *Navy:* soute aux poudres, à poudre. (*c*) Magasin (d'un fusil, *Cin:* d'un projecteur, etc.). *Phot:* **Magazine camera**, chambre *f*, appareil *m*, à magasin. **Magazine gun**, fusil à répétition. **2.** Revue *f* ou recueil *m* périodique; périodique *m. Illustrated m.*, magazine *m. Publ:* **Magazine rights**, droits *m* de reproduction dans les périodiques.
magazinist [maga'ziːnist], *s.* Collaborateur, -trice, d'un périodique.
Magdalen(e) ['magdalen, 'magdəliːn, -'liːni]. **1.** (*a*) *Pr.n.f.* Madeleine; *F:* Madelon. (*b*) **Magdalen -asylum, -hospital**, maison *f* de filles repenties; *A:* maison des Madelonnettes; *F:* les Repenties *f*, *A:* les Madelonnettes *f.* **2. Magdalen College** (Oxford) et **Magdalene College** (Cambridge) se prononcent ['mɔːdlin 'kɔledʒ].
Magdalenian [magda'liːniən], *a. & s. Anthr:* (Art) magdalénien; (culture) magdalénienne.
Magdeburg ['magdəbəːrg]. *Pr.n. Geog:* Magdebourg *m.*
Magellanic [mage'lanik], *a.* Magellanique. *Astr:* **Magellanic clouds**, nuées *f* magellaniques.
magenta [ma'dʒenta], *s. & a.* (*Colour*) Magenta (*m*) *inv.*
Maggie ['magi]. *Pr.n.f.* (*Dim. of Margaret*) Margot.
Maggiore [ma'dʒɔːre]. *Pr.n. Geog:* **Lake Maggiore**, le lac Majeur.
maggot ['magət], *s.* **1.** Larve *f* apode; *F:* ver *m*, asticot *m*; ver de viande. **2.** *F:* Caprice *m*, lubie *f.* **As the maggot bites her**, comme il lui en prend fantaisie. *She's got some m. into her head*, elle a je ne sais quelle idée en tête.
maggoty ['magəti], *a.* **1.** Plein de vers. **2.** (*Of pers.*) Plein de lubies; capricieux, fantasque.
magi ['meidʒai], *s.pl. See* MAGUS.
magian ['meidʒiən]. **1.** *a.* Des Mages. **2.** *s. Rel.Hist:* Magiste *mf.*
magianism ['meidʒiənizm], *s. Rel.Hist:* Magisme *m.*
magic ['madʒik]. **1.** *s.* Magie *f*, enchantement *m. Black m., white m.*, magie noire, blanche. **As if by magic, like magic**, comme par enchantement. *The m. of his eloquence*, la magie de son éloquence. **2.** *a.* Magique, enchanté. *M. wand*, baguette *f* magique. *F: His m. skill with the brush*, son pinceau magique. *See also* FLUTE[1] 1, LANTERN 1.
magical ['madʒik(ə)l], *a.* Magique. **-ally**, *adv.* Magiquement; par magie; comme par enchantement.
magician [ma'dʒiʃ(ə)n], *s.* Magicien, -ienne.
magicianly [ma'dʒiʃənli], *a.* (Adresse *f*) de magicien.
magism ['meidʒizm], *s. Rel.Hist:* = MAGIANISM.
magisterial [madʒis'tiːəriəl], *a.* **1.** (Air, ton) magistral, -aux; (air) de maître. **2.** De magistrat. **-ally**, *adv.* **1.** (*a*) Magistralement, d'une façon magistrale. (*b*) En maître. **2.** (*a*) En qualité de magistrat, de juge. (*b*) (Interrogé, jugé, etc.) par des magistrats, par des juges.
magistracy ['madʒistrəsi], *s.* **1.** Magistrature *f.* **2.** *Coll.* **The magistracy**, la magistrature; les magistrats *m.*
magistral [ma'dʒistrəl], *a.* **1.** *Pharm:* (Remède) magistral, -aux. **2.** *Fort:* (*Of line, gallery*) Magistral.
magistrate ['madʒistret], *s.* Magistrat *m*, juge *m.* **Police-court magistrate**, juge de paix. (*In Fr.*) *Examining m., investigating m.*, juge d'instruction.

magistrateship ['madʒistratʃip], **magistrature** ['madʒistratjuər], *s.* Magistrature *f.*

magma, *pl.* **-mata, -mas** ['magma, -mata, -maz], *s. Ch: Geol:* Magma *m*; pâte *f.*

Magna C(h)arta ['magna'kɑːrta], *s. Engl.Hist:* La Grande Charte (de l'année 1215).

Magna Graecia ['magna'griːʃja]. *Pr.n. A.Geog:* La Grande-Grèce.

magnalium [mag'neiliəm], *s. Metall:* Magnalium *m.*

magnanimity [magna'nimiti], *s.* Magnanimité *f*; grandeur *f* d'âme.

magnanimous [mag'nanimas], *a.* Magnanime. *To show oneself m.*, se montrer magnanime; faire preuve de grandeur d'âme. **-ly,** *adv.* Magnanimement; avec magnanimité.

magnate ['magneit], *s.* 1. *Hist:* Magnat *m* (de la Pologne ou de la Hongrie). 2. *Esp.pl.* **The magnates of industry, of finance,** les magnats, *F:* les gros bonnets, de l'industrie, de la finance. *Pej: Armament magnates*, marchands *m* de canons.

Magnesia[1] [mag'niːʃja]. *Pr.n. A.Geog:* La Magnésie.

magnesia[2], *s.* 1. *Ch:* Magnésie *f*; oxyde *m* de magnésium. 2. *Pharm:* Magnésie blanche; magnésie anglaise.

Magnesian[1] [mag'niːʃjən], *a. & s. A.Geog:* Magnésien.

magnesian[2], *a. Ch:* Magnésien. *See also* LIMESTONE.

magnesic [mag'niːsik], *a. Ch:* Magnésique.

magnesiferous [magniː'sifərəs], *a.* Magnésifère.

magnesite ['magnisait], *s. Miner:* Magnésite *f.*

magnesium [mag'niːziəm], *s. Ch:* Magnésium *m.* **Magnesium oxide,** magnésie *f.* **Magnesium light,** lumière *f* magnésique; éclair *m* au magnésium. *M. ribbon*, ruban *m* de magnésium.

magnet ['magnet], *s.* 1. Aimant *m.* **Bar magnet,** barreau aimanté. **Horse-shoe magnet, U-shaped magnet,** aimant en fer à cheval. **Compound magnet, bunch of magnets,** faisceau aimanté; aimant à lames. **Magnet steel,** acier *m* à aimant. 2. Électro-aimant *m*, *pl.* électro-aimants. **(Electric) lifting magnet,** électro-aimant de levage. *See also* FIELD-MAGNET, RING-MAGNET.

magnetic [mag'netik], *a.* 1. Magnétique; aimanté. *M. attraction, m. field*, attraction *f*, champ *m*, magnétique. *M. bar, needle*, barreau aimanté, aiguille aimantée. **Magnetic iron ore,** aimant naturel; pierre *f* d'aimant. *See also* EQUATOR, LAG[1], NORTH 1, VARIATION. 2. (*Of pers., power*) Magnétique, hypnotique. *The m. fluid*, le fluide magnétique. *His eyes are m.*, il a le regard magnétique. **-ally,** *adv.* Magnétiquement (au moyen du magnétisme animal).

magnetism ['magnetizm], *s.* Magnétisme *m.* 1. **Animal magnetism,** magnétisme animal; hypnotisme *m*; *A:* mesmérisme *m. F: Personal m.*, magnétisme personnel; ascendant *m* occulte sur l'esprit de ses auditeurs, etc. 2. Aimantation *f.* **Residual magnetism, sub-permanent magnetism,** magnétisme remanent, résiduel; remanence *f.*

magnetite ['magnetait], *s. Miner:* Magnétite *f*; fer oxydulé; aimant naturel; pierre *f* d'aimant.

magnetizable ['magnetaizəbl], *a.* Aimantable.

magnetization [magnetai'zeiʃ(ə)n], *s.* 1. *A:* Magnétisation *f* (par hypnotisme). 2. Aimantation *f.*

magnetize ['magnetaːiz], *v.tr.* 1. (*a*) *A:* Magnétiser, hypnotiser (qn). (*b*) *F:* Magnétiser, attirer (qn, par magnétisme personnel). 2. (*a*) Aimanter (une aiguille, etc.). (*b*) (*With passive force*) (*Of iron, etc.*) S'aimanter.

magnetizing, *s.* 1. Magnétisation *f* (de qn, des esprits). 2. Aimantation *f. Permeability under low m.*, perméabilité *f* à faible aimantation.

magnetizer ['magnetaizər], *s.* 1. *A:* (*Pers.*) Magnétiseur, -euse. 2. Dispositif *m* d'aimantation.

magneto [mag'niːto], *s. I.C.E: etc:* Magnéto *f. Anti-clockwise m.*, magnéto pour rotation à gauche. *The m. won't fire*, la magnéto n'allume pas. *See also* IGNITION 2, TENSION 1.

mag'neto-exploder, *s. Min:* Exploseur *m* à magnéto.

magneto-electric [magniːtoi'lektrik], *a. Ph:* Magnéto-électrique.

magnetometer [magne'tɔmetər], *s. Ph:* Magnétomètre *m.*

magneton [mag'niːtɔn], *s. Meas:* Magnéton *m* (unité de moment magnétique).

magneto-therapy [magniːto'θerapi], *s. Med:* Magnétothérapie *f.*

magnific [mag'nifik], *a. A. & Lit:* 1. Sublime, grandiose. 2. = MAGNIFICENT.

magnificat [mag'nifikat], *s. Ecc:* Magnificat *m.*

magnification [magnifi'keiʃ(ə)n], *s.* 1. *Opt:* Grossissement *m*, grandissement *m*, amplification *f.* 2. Exaltation *f* (de qn, d'une action).

magnificence [mag'nifis(ə)ns], *s.* 1. Magnificence *f. The m. of an Oriental court*, le pompeux appareil d'une cour orientale. 2. *A:* Munificence *f*; libéralité princière.

magnificent [mag'nifis(ə)nt], *a.* Magnifique; (repas) somptueux; *P:* catapultueux. *M. jewels*, bijoux *m* de toute beauté. 2. *A:* Magnifique; d'une libéralité princière. **-ly,** *adv.* Magnifiquement.

magnifico [mag'nifiko], *s.* (*a*) *Hist:* Magnifique *m*, grand *m* (de Venise). (*b*) *Hum:* Grand seigneur.

magnifier ['magnifaiər], *s.* 1. Verre grossissant; loupe *f. Phot:* Bonnette *f* d'approche. **Focussing magnifier,** loupe de mise au point. 2. (*Pers.*) Exagérateur, -trice, amplificateur, -trice (d'événements, etc.).

magnify ['magnifai], *v.tr.* 1. (*a*) Grossir, agrandir (une image); amplifier, renforcer (un son). (*b*) *F: To m. an incident*, grossir, exagérer, un incident; donner à (un incident) une importance exagérée. 2. *A:* Magnifier (le Seigneur); exalter, glorifier (qn, qch.).

magnified, *a.* Grossi, agrandi; (son) amplifié, renforcé.

magnifying[1], *a.* Grossissant, amplifiant, amplificatif, amplificateur, -trice. **Magnifying glass,** loupe *f*; verre grossissant.

magnifying[2], *s. Opt:* **Magnifying power,** grossissement *m* (d'une lentille, d'un objectif).

magniloquence [mag'niləkwəns], *s.* Emphase *f*; langage pompeux; grandiloquence *f.*

magniloquent [mag'niləkwənt], *a.* Emphatique, pompeux (en paroles); grandiloquent.

magnitude ['magnitjuːd], *s.* Grandeur *f. Astr:* Magnitude *f. The m. of the interests at stake*, l'importance *f* des intérêts en jeu. **Star of the first magnitude,** étoile *f* de première magnitude, *A:* de première grandeur.

magnolia [mag'noulja], *s.* 1. *Bot:* (*a*) Magnolia *m.* (*b*) **Magnolia (-tree),** magnolia, magnolier *m. Great-flowered magnolia*, laurier-tulipier *m*, *pl.* lauriers-tulipiers. *Small magnolia*, arbre *m* de castor. 2. *Metall:* **Magnolia (-metal),** magnolia.

magnum, *pl.* **-ums** ['magnəm(z)], *s.* Magnum *m* (de champagne, etc.).

magnum opus ['magnəm'oupəs]. *Lt.s.phr. F:* Grand ouvrage; chef-d'œuvre *m. How's the m. o. getting on?* et votre grand ouvrage, ça avance?

magot ['magət, 'magou], *s.* 1. *Z:* Magot *m*; singe *m* sans queue (de Gibraltar, etc.). 2. Magot (de porcelaine, d'ivoire); magot de Chine.

magpie ['magpai], *s.* 1. *Orn:* (*a*) Pie *f. See also* CHATTER[2] 1, THIEVISH. (*b*) Pigeon *m* pie. 2. *Mil: F:* Coup *m* (de fusil) qui atteint l'avant-dernier cercle extérieur de la cible. (Il est signalisé par un fanion blanc et noir.) 3. *Hum:* La simarre noire et le rochet blanc (des évêques anglicans).

Magrab (the) [ðə'mɔːgrab]. *Pr.n. A.Geog:* Le Maghreb.

magus, *pl.* **-gi** ['meigəs, -dʒai], *s. Rel.Hist:* Mage *m. B.Hist:* **The Three Magi,** les trois Mages.

Magyar ['magjɑːr, 'madjɑːr], *a. & s.* 1. *Ethn:* Ma(d)gyar, -are. 2. **Magyar nightdress,** chemise *f* de nuit forme kimono.

Magyarize ['magjaraːiz, 'madjaraːiz], *v.tr.* Magyariser.

mahaleb ['mahaleb], *s.* (*a*) *Com:* Mahaleb *m*; bois *m* de Sainte-Lucie. (*b*) *Bot:* **Mahaleb cherry-tree,** cerisier *m* Sainte-Lucie.

maharajah [mɑːha'rɑːdʒa], *s.m.* Maharajah.

maharanee [mɑːha'rɑːniː], *s.f.* Maharani; la femme du maharajah.

Mahdi ['mɑːdi], *s.* Mahdi *m.*

mahlstick ['mɔːlstik], *s.* = MAULSTICK.

mahogany [ma'hɔgəni], *s.* 1. (*a*) *Bot:* Acajou *m.* (*b*) Bois *m* d'acajou; acajou. *See also* BIRD'S-EYE 3. *Attrib.* **Mahogany table,** table *f* en acajou. **Mahogany complexion,** teint *m* acajou *inv.* 2. **Bastard mahogany,** (bois) caïl-cédra *m.*

Mahomet [ma'hɔmet]. *Pr.n.m. Rel.H:* Mahomet.

Mahometan [ma'hɔmətən], *a. & s.* = MOHAMMEDAN.

Mahometanism [ma'hɔmətənizm], *s.* Mahomét(an)isme *m.*

Mahound [ma'huːnd]. *Pr.n.m. Rel.H: A:* Mahon (le faux prophète Mahomet; en Écosse, Satan).

mahout [ma'haut], *s.* Cornac *m*, mahout *m.*

Mahratta [ma'rata]. 1. *a. & s. Ethn:* Mahratte (*mf*). 2. *s.Ling:* Le mahratte.

Mahratti [ma'ratiː], *s. Ling:* Le mahratte.

maia ['meija, 'maija], *s. Crust:* Maja *f.*

maid [meid], *s.f.* 1. *Lit:* = MAIDEN 1 (*a*). 2. *A. & Poet:* = MAIDEN 1 (*b*). **The Maid (of Orleans),** la Pucelle (d'Orléans). 3. **Old maid,** vieille fille. *To remain an old m.*, rester fille; *F:* coiffer sainte Catherine. 4. Bonne, domestique, servante. **Lady's maid,** caméériste, femme de chambre. *See also* HOUSEMAID, KITCHEN-MAID, NURSEMAID, PARLOUR-MAID, SCULLERY MAID, SEWING-MAID. 5. **Maid of honour,** (i) fille d'honneur (de la reine, d'une princesse); (ii) *U.S:* (*at wedding*) première demoiselle d'honneur; (iii) *Cu:* petite tarte genre flan.

'maid-of-'all-work, *s.f.* Bonne à tout faire.

maidan [mai'dɑːn], *s.* (*In India*) Meydan *m*, maïdan *m*, esplanade *f*, promenade *f.*

maiden [meidn], *s.* 1. (*a*) Jeune fille *f.* (*b*) Vierge *f.* (*c*) *Hist:* **The (Scottish) Maiden,** la "guillotine" (érigée à Édimbourg dès le XVIe siècle). 2. *Attrib.* (*a*) **Maiden aunt,** tante non mariée, restée fille. **Maiden lady,** demoiselle *f.* (*b*) **Maiden modesty,** modestie *f* de jeune fille. **Maiden name,** nom *m* de jeune fille; nom de demoiselle. *Adm: Mary Robinson,* **maiden name Jones,** Mary Robinson, née Jones. *What was her m. name?* qui est-elle née? (*c*) *Jur:* **Maiden assize,** assises *fpl* où il n'y a pas de causes à juger; session blanche. *Cr:* **Maiden over,** série *f* de balles où aucun point n'a été marqué. *Rac:* **Maiden horse,** cheval *m* qui n'a jamais gagné de prix. *See also* STAKE[1] 4. (*d*) **Maiden city, sword,** ville *f*, épée *f*, vierge. *Arb:* **Maiden tree,** arbre franc de pied. **Maiden soldier,** soldat non éprouvé. (*e*) **Maiden voyage, maiden trip,** premier voyage (d'un vaisseau). **Maiden speech,** premier discours (en public); discours de début (d'un député).

maidenhair ['meidnhɛər], *s. Bot:* **Maidenhair (fern),** adiante *m*, capillaire *m*; *F:* cheveux *mpl* de Vénus.

maidenhead ['meidnhed], *s.* 1. Virginité *f*, pucelage *m.* 2. *A:* Étrenne *f* (de qch.). 3. *Anat:* Hymen *m.*

maidenhood ['meidnhud], *s.* Célibat *m* (de fille); condition *f* de fille. *During her m.*, du temps qu'elle était encore fille; avant son mariage.

maidenlike ['meidnlaik], **maidenly** ['meidnli]. 1. *a.* De jeune fille; virginal, -aux, modeste. 2. *adv.* En jeune fille, avec modestie, avec pudeur. *She bent her gaze maidenly to the ground*, elle baissa les yeux vers la terre avec modestie. *Maidenlike, she refused*, en jeune fille modeste qu'elle était, elle refusa.

maidenliness ['meidnlinəs], *s.* Qualités *fpl*, tenue *f*, de jeune fille.

maidless ['meidləs], *a.* Sans servante, sans bonne.

maidservant ['meidsəːrvənt], *s.f. Lit:* Fille de service; servante; bonne.

maieutics [ma'juːtiks], *s.pl.* Maïeutique *f.*

mail[1] [meil], *s.* 1. *Archeol:* Mailles *fpl. Clad in m.*, vêtu d'une cotte de mailles. *See also* COAT[1] 1. 2. *Tex:* Maille, maillon *m.*

mail[2], *v.tr. Archeol:* Revêtir (qn) de mailles, d'une cotte de mailles.

mailed, *a.* **1.** (*a*) *Archeol:* (Guerrier) revêtu de mailles, maillé; (navire) cuirassé. (*b*) *F:* **The mailed fist**, la main gantelée; le gantelet de fer; la force armée. **To show the mailed fist**, recourir à la manière forte. **2.** *Z:* Cuirassé.

mail³, *s.* *Post:* **1.** Courrier *m*; *A:* dépêches *fpl*; *F:* la poste. **To open the mail**, dépouiller le courrier. *To do one's m.*, faire son courrier. *The outward m.*, le courrier pour l'étranger, pour la province. *The inward m.*, le courrier arrivant de l'étranger, de la province. *When does the next m. leave?* à quand le prochain départ du courrier? **2.** (*a*) *A:* Malle *f*; malle-poste *f*, *pl.* malles-poste(s). (*b*) *Rail:* **Limited mail**, train-poste *m*, *pl.* trains-poste(s). (*c*) La poste. **The Royal Mail** = le Service des postes. *Nau:* **The Indian mail**, la malle des Indes. *Nau:* **Mail flag**, pavillon postal. **Mail steamer**, navire postal. *See also* AIR-MAIL.

'**mail-bag**, *s.* Sac *m* de dépêches, sac de poste; dépêches *fpl*.

'**mail-boat**, *s.* Courrier postal; paquebot-poste *m*, *pl.* paquebots-poste.

'**mail-car, -carriage**, *s.* *Rail:* Wagon-poste *m*, *pl.* wagons-poste.

'**mail-cart**, *s.* **1.** *Post:* *A:* Voiture *f* de la poste. **2.** Chariot *m* d'enfant; charrette *f* d'enfant; *F:* poussette *f*.

'**mail-coach**, *s.* **1.** *A:* Malle-poste *f*, *pl.* malles-poste(s). **2.** *Rail:* = MAIL-CAR.

'**mail-guard**, *s.* *A:* Courrier *m* de la malle.

'**mail-order**, *s.* *Com:* Commande faite par l'entremise de la poste. **Mail-order business**, achat *m* et vente *f* par correspondance. **Mail-order firm, business**, maison *f* qui expédie directement à la clientèle de province et de l'étranger. **Mail-order catalogue**, tarif-album *m*, *pl.* tarifs-albums.

'**mail-packet**, *s.* = MAIL-BOAT.

'**mail-service**, *s.* Service *m* des postes. *Air m.-s.*, poste aérienne.

'**mail-train**, *s.* Train-poste *m*, *pl.* trains-poste(s).

'**mail-van**, *s.* **1.** = MAIL-CAR. **2.** Fourgon *m* des postes; fourgon postal.

mail⁴, *v.tr.* *Esp.U.S:* Envoyer par la poste, expédier (des lettres, des paquets). *Please add our name to your* **mailing list**, veuillez bien nous faire régulièrement le service de votre tarif-album, de vos catalogues, etc.

mail⁵, *s.* *Scot:* Impôt *m*, tribut *m*, loyer *m*.

mailable ['meiləbl], *a.* *U.S:* Transmissible par la poste.

maim [meim], *v.tr.* Estropier, mutiler (qn); *F:* mutiler (un texte).

maimed, *a.* Estropié, mutilé.

main¹ [mein], *s.* **1.** Vigueur *f*, force *f*. *Only in the phr.* **With might and main**, de toutes mes, ses, forces. *To hit out, to lay about one, with might and m.*, frapper à coups redoublés, à bras raccourcis, à tour de bras. **2.** *Poet:* Océan *m*, haute mer. *See also* SPANISH **1.** **3.** **In the main**, en général, en gros, en somme; généralement parlant; pour la plupart; à tout prendre. **4.** (*a*) *Civ.E:* Canalisation maîtresse, principale. *El:* Conducteur principal; câble *m* de distribution. *The mains*, les communications *f*. **Town mains**, canalisation de la ville; réseau *m* de distribution de la ville. *Nau:* **The fire mains**, les collecteurs *m* d'incendie. *El:* *F:* **To take one's power from the mains**, brancher sur le secteur. *W.Tel:* **Mains set**, poste *m* secteur. **All-mains set**, poste secteur tous courants. (*b*) *Nau:* = MAINMAST. *The Spanish flag was flying at the m.*, le pavillon espagnol flottait au grand mât. (*c*) *Rail:* = *main line, q.v. under* MAIN² **2.** *See also* GAS-MAIN, RISING¹ **2**, SUPPLY-MAIN.

main², *a.* **1.** **By main force**, de vive force; de haute lutte; à main armée. **2.** Principal, -aux; premier, essentiel. (*a*) **The main body**, le gros (de l'armée, de la flotte, etc.); la plus grande partie. *Hort:* *Agr:* **Main crop**, culture principale. (*b*) **The main point, the main thing**, l'essentiel, le principal. *The m. thing is to understand one another*, il s'agit surtout, l'essentiel est, le tout est, de bien se comprendre. *The m. thing is that no one shall know anything about it*, le principal est que personne n'en sache rien. **Main idea**, idée *f* mère (d'une œuvre, etc.). **Main features** *of a speech*, linéaments *m* d'un discours; grands traits, points saillants, d'un discours. *One of his* **main objects** *in life*, un des maîtres buts de sa vie. *See also* CHANCE¹ **1.** *Com:* *Ind:* **The main office**, la direction générale; le siège social. *Factory contained in three m. buildings*, usine *f* en trois corps *m* de bâtiment. *Gram:* **Main clause**, proposition principale. *Cu:* **Main dish**, plat *m* de résistance. (*c*) *Tchn:* **Main air-current**, courant d'air principal. **Main road, main highway**, grande route; route à grande circulation. **Main street**, rue principale. **Main sewer**, égout collecteur; grand collecteur. **Main drain**, maître drain; drain collecteur. **Main leaf**, lame maîtresse (d'un ressort). *El.E:* **Main cable**, câble principal. *Min:* **Main lode**, filon principal; filon mère. *Av:* **Main wing**, aile sustentatrice. **Main rib** (*of wing*), nervure principale. *Rail:* *etc:* **Main line**, voie principale, grande ligne. *See also* BEAM¹ **1, 2**, BOLT¹ **4**, SHAFT¹ **5.** (*d*) *Nau:* **The main masts**, les mâts majeurs. *See also* MAINMAST. **Main hatch**, grand panneau. **Main pump**, pompe royale. **Main boiler**, chaudière principale. **Main breadth**, fort *m* (d'un navire). *See also* RIGGING¹ **2.** **-ly**, *adv.* **1.** Principalement, surtout. **2.** En grande partie.

'**main-brace**, *s.* *Nau:* Grand bras (de vergue). *F:* **To splice the main-brace**, boire un coup. *He had his m.-b. well spliced*, il avait son plumet; il était mûr.

'**main-'deck**, *s.* *Nau:* Pont principal; premier pont; franc tillac.

'**main-sheet**, *s.* *Nau:* Grand'écoute *f*.

'**main-top**, *s.* *Nau:* Grand'hune *f*.

'**main-top'gallant**, *s.* *Nau:* *M.-t. sail*, grand perroquet. *M.-t. mast*, mât *m* de grand perroquet.

'**main-'topmast**, *s.* *Nau:* Grand mât de hune.

'**main-'topsail**, *s.* *Nau:* Grand hunier.

'**main-yard**, *s.* *Nau:* Grand'vergue *f*.

Main³ (the) [ðə'main]. *Pr.n.* *Geog:* Le Mein.

Maine [mein]. *Pr.n.* *Geog:* Le Maine ((i) ancienne province de France; (ii) État des États-Unis).

mainland ['meinland], *s.* Continent *m*; terre *f* ferme; grande terre.

mainmast ['meinmɑːst, -məst], *s.* *Nau:* Grand mât; (*of lateen-rigged ship*) (arbre *m* de) mestre *m*.

mainsail ['meinseil, meinsl], *s.* *Nau:* Grand'voile *f*; (*of lateen-rigged ship*) voile *f* de mestre; (*of boat*) taille-vent *m inv.* **The mainsails**, le fard de grand mât.

mainspring ['meinspriŋ], *s.* **1.** Grand ressort; ressort moteur (d'une pendule, etc.). **2.** *F:* Mobile essentiel, cause principale, cheville ouvrière (d'une situation, etc.). *M. of our actions*, principe *m* de nos actions.

mainstay ['meinstei], *s.* **1.** *Nau:* Étai *m* de grand mât. **2.** *F:* Soutien principal; point *m* d'appui (d'une cause, etc.). **The mainstays of religion**, les arcs-boutants *m* de la religion.

maintain [men'tein], *v.tr.* **1.** Maintenir (l'ordre, la discipline); soutenir (une guerre, un siège, une lutte, un procès, la conversation, sa dignité, sa réputation); entretenir (des relations, une correspondance); conserver (la santé); garder, observer (une attitude, le silence); garder (son sang-froid). *To m. the speed, the pace*, conserver l'allure. *To m. s.o., sth., in a position*, maintenir qn, qch., dans une position. *The improvement is maintained*, l'amélioration se maintient; le mieux se soutient. *This friendship has been maintained*, cette amitié s'est soutenue. **2.** Entretenir, soutenir, nourrir, faire vivre, faire subsister (une famille, etc.). *To have to m. s.o.*, avoir qn à sa charge. *He undertook the charge of maintaining me*, il prit à sa charge les frais de mon entretien. *Jur:* **To neglect to maintain one's family**, négliger de subvenir aux besoins de sa famille. **3.** Entretenir (une armée, une route, un feu). *El:* *To m. a battery*, entretenir un accu. **4.** Soutenir, défendre (une cause). **To maintain one's rights**, défendre ses droits. **5.** Garder (un avantage); se maintenir dans (un poste). *They maintained their ground for three hours*, ils ont tenu pendant trois heures. *At the end of the day we had maintained our ground*, à la fin de la journée nous restions sur nos positions. *F:* *I m. my ground*, j'en suis pour ce que j'ai dit; je n'en démords pas. **6.** (S'obstiner à) soutenir (une opinion, un fait). **To maintain that . . .**, maintenir, soutenir, prétendre, que. . . . *He maintains that he is innocent*, il affirme qu'il est innocent; il affirme son innocence.

maintainable [men'teinəbl], *a.* **1.** (Position *f*) tenable. **2.** (Opinion *f*) soutenable.

maintainer [men'teinər], *s.* **1.** (*a*) Celui qui maintient, soutient (l'ordre, etc.); protecteur *m*, souteneur *m* (d'un système). (*b*) *Sch:* Soutenant, -ante (d'une thèse). **2.** Personne *f* qui soutient, qui fait vivre (une famille); gagne-pain *m inv*, soutien *m* (d'une famille).

maintenance ['meintənəns], *s.* **1.** Maintien *m* (de l'ordre, de qn dans un emploi). **2.** (*a*) Entretien *m* (d'une famille, des troupes, des routes). *Sch:* **Maintenance grant**, bourse *f* d'entretien. *El:* *M. of a battery*, entretien d'un accu. *Hyd.E:* **Maintenance dredging**, dragage *m* d'entretien. *Ind:* *Rail:* *etc:* **Maintenance staff**, personnel chargé de la surveillance. (*b*) (Moyens *mpl* de) subsistance *f*; *Jur:* pension *f* alimentaire. *Jur:* **Separate maintenance**, séparation *f* de biens; pension alimentaire servie par le mari à sa femme séparée de corps. **Maintenance order**, obligation *f* alimentaire. *Adm:* **Maintenance of the poor**, aliment *m* des pauvres. *See also* IN-MAINTENANCE. **3.** *M. of one's rights*, défense *f* de ses droits. **In maintenance of this opinion . . .**, à l'appui de cette opinion. . . . **4.** *Jur:* Aide pécuniaire apportée à une des parties, intervention officieuse et vexatoire (dans un procès ou l'on n'est pas intéressé).

Maintz [maints]. *Pr.n.* *Geog:* Mayence *f*.

maison(n)ette [meizo'net], *s.* **1.** Petit appartement (à un ou plusieurs étages) prélevé sur un immeuble. **2.** Maisonnette *f*.

maize [meːiz], *s.* **1.** Maïs *m*; blé *m* de Turquie, d'Inde, d'Espagne; turquet *m*. **Water maize**, maïs d'eau. **2.** *a.* & *s.* (*Colour*) Jaune maïs *inv*; maïs *inv*.

majestic(al) [mə'dʒestik(əl)], *a.* Majestueux, auguste. *Majestic bearing*, maintien plein de majesté. **-ally**, *adv.* Majestueusement, augustement.

majesty ['madʒəsti], *s.* Majesté *f*. (*a*) *The m. of the Roman people*, la majesté du peuple romain. *God in all His m.*, Dieu dans toute sa majesté. (*b*) **His Majesty, Her Majesty**, Sa Majesté le Roi, Sa Majesté la Reine. *Your Majesty has deigned to visit your humble servant*, Votre Majesté a daigné visiter son humble serviteur. **On His Majesty's Service**, *abbr.* **O.H.M.S.**, (pour le) service de Sa Majesté (= service de l'État); *Post:* en franchise.

majolica [mə'dʒɔlikə], *s.* *Cer:* Majolique *f*, maïolique *f*.

major¹ ['meidʒər], *s.* *Mil:* **1.** Commandant *m*; chef *m* de bataillon (d'infanterie); chef d'escadron (de cavalerie). *See also* TOWN-MAJOR. **2.** *F:* = SERGEANT-MAJOR.

'**major-'general**, *s.* Général, -aux *m*, de brigade.

major². **1.** *a.* (*a*) **The major portion**, la majeure partie, la plus grande partie. *The m. poets*, les grands poètes. *Ecc:* **The major orders**, les ordres majeurs. *See also* PROPHET **1.** *Log:* **Major premiss**, prémisse majeure. *Geom:* **Major axis**, axe *m* transverse, grand axe (d'une ellipse). *Mus:* **Major key**, ton majeur; mode majeur. **Major third**, tierce majeure. *Aut:* **Major road**, route *f* de priorité. *Cards:* (*At bridge*) **The major suits**, les couleurs principales (pique et cœur). (*b*) **Drum-major**, tambour-major *m*, *pl.* tambours-majors. *See also* SERGEANT-MAJOR. *Sch:* **Smith major**, Smith aîné (l'aîné des deux Smith). **2.** *s.* (*a*) *Jur:* (*Pers.*) Majeur, -eure; personne majeure. (*b*) *Log:* Majeure *f*. (*c*) *Sch:* *U.S:* Sujet (d'études) principal, spécial (d'un étudiant qui se spécialise dans un groupe).

major³, *v.i.* *Sch:* *U.S:* **To major in a subject** = *to take honours in a subject, q.v. under* HONOUR¹ **5.**

Majorca [mə'dʒɔːrkə]. *Pr.n.* *Geog:* Majorque *f*, Maïorque *f*.

Majorcan [mə'dʒɔːrkən], a. & s. Majorcain, -aine; Majorquin, -ine.

major-domo, pl. -os ['meidʒər'doumou, -ouz], s. Majordome m.

majority [mə'dʒɔriti], s. 1. Majorité f (des voix, des suffrages). (a) Absolute majority, majorité absolue. Relative majority, majorité relative. A two-thirds m., une majorité de deux tiers, de deux contre un. To be in a majority, in the majority, être en majorité, avoir la majorité. To be in a m. over . . ., avoir la majorité sur. . . . To secure a majority, (r)emporter la majorité. Decision taken by a majority, décision prise à la majorité (des voix). Elected by a m., élu à la pluralité des voix. Elected by a m. of ten, élu à dix voix de majorité, à la majorité de dix voix. Election by an absolute m., scrutin m majoritaire. Narrow m., faible majorité. Representation of the m., vote m majoritaire. Jur: Majority verdict, verdict m de la majorité (du jury); verdict non-unanime. (b) La plus grande partie, le plus grand nombre (des hommes, etc.). F: To join the (great) majority, mourir; s'en aller ad patres. (c) U.S: Majorité absolue. 2. Jur: Majorité. To attain one's majority, atteindre sa majorité; devenir majeur. 3. Mil: = MAJORSHIP. He has just obtained his m., il vient de passer commandant.

majorize ['meidʒəraːiz], v.i. Fb: (At Rugby) Convertir un essai en but (augmenter les points de 3 à 5).

majorship ['meidʒərʃip], s. Mil: Grade m de commandant.

majuscule [mə'dʒʌskjuːl], a. & s. Pal: Majuscule (f).

make[1] [meik], s. 1. (a) Façon f, forme f, fabrication f, construction f; coupe f (d'une robe, etc.). (b) Com: Ind: Marque f (d'un produit). Com: Of French m., de fabrication française, de construction française. Our own m., de notre marque. I have had cars of three makes, three makes of cars, j'ai eu des voitures de trois marques. Standard make, marque courante. Bicycle of the best m., bicyclette f de première marque. Hat of first-rate m., chapeau m de chez le bon faiseur. 2. Taille f (de qn). Man of slight m., homme m plutôt mince, peu musclé. 3. F: To be on the make, tenir à gagner de l'argent d'une façon ou d'une autre; poursuivre un but intéressé. 4. El.E: Fermeture f (du circuit). At make, en circuit. M. position, position f de fermeture du circuit. (Cf. MAKE-AND-BREAK.)

make[2], v. (p.t. made [meid]; p.p. made) I. v.tr. 1. (a) Faire, construire (une machine, une boîte, etc.); faire, façonner (un vase, etc.); faire, fabriquer (du papier, etc.); faire, confectionner (des vêtements, etc.). God made man, Dieu a fait, a créé, l'homme. To m. an opening for the wires, ménager une ouverture pour les fils. You are made for this work, vous êtes fait pour ce travail. They seem made for each other, ils semblent créés l'un pour l'autre. Caesar made a bridge, César fit faire, fit construire, un pont. Knitting: To make one, faire un jeté simple. To m. two, faire un jeté double, faire deux augmentations. F: He's as cute as they make 'em, c'est un malin entre tous. (b) Bread is made of corn, le pain est fait de blé, le pain se fait avec du blé. There would be no corn to m. bread of, il n'y aurait pas de blé pour faire le pain, avec quoi faire le pain. What is it made of? en quoi est-ce? c'est en quoi? What is brass made of? de quoi le laiton se compose-t-il? To m. a box out of a bit of mahogany, faire une boîte d'un morceau d'acajou. To make a friend of s.o., faire de qn son ami; s'attirer l'amitié de qn. He made a business of politics, il faisait de la politique son occupation. I don't know what to make of it, I can make nothing of it, je n'y comprends rien; je n'y vois que du feu. What do 'you make of it? et vous, qu'en pensez-vous? See also NOTHING I. You will m. more of it than I shall, vous en tirerez meilleur parti que moi. To show what one is made of, donner sa mesure. See also BEST[1] 1, FOOL[1] 1, 3, GOD[1] 1, HABIT[1] 1, LITTLE II. 1, MOST 2, MUCH 3. (c) To make milk into butter, transformer le lait en beurre. (d) To make one's will, faire son testament. Fin: To make a promissory note, a bill of exchange, souscrire un billet à ordre; libeller une lettre de change. See also NOTE[1] 3. (e) To make the bed, the tea, faire le lit, le thé. To m. a fire, faire du feu. Cards: To make the cards, battre les cartes. See also BED[1] 1, SAIL[1] 1. (f) To make trouble, causer, occasionner, des désagréments. To make objections, soulever (des objections). To make a noise, faire du bruit, du tapage. To make peace, faire, conclure, la paix. To make an opportunity for s.o. to do sth., ménager à qn l'occasion de faire qch. (g) To make a law, faire une loi. To make a rule, établir une règle. To make a distinction, faire une distinction. (h) To make a speech, an attempt, faire un discours, une tentative. To make a mistake, faire, commettre, une faute; se tromper. You have made me m. a mistake, vous m'avez fait tromper. The statement made to him, la déclaration à lui faite. To make war, faire la guerre. To make a good dinner, faire un bon dîner; bien dîner. To make one's escape, s'échapper, se sauver. To make excuses, faire des excuses; s'excuser. This recommendation was made by . . ., cette recommandation émane de. . . . He made a sudden gesture, il eut un mouvement brusque. (i) We made the whole distance in ten days, nous avons couvert toute la distance en dix jours. See also END[1] 3, EYE[1] 1, LOVE[1] 1, MISCHIEF 1, RESPONSE 1, TROUBLE[1] 2. 2. (a) Établir, assurer (a connection between . . ., le raccordement de . . .). El: (Of contact points) To make the circuit, fermer le circuit. (b) (Constitute) Two and two make four, deux et deux font, égalent, quatre. This book makes pleasant reading, ce livre est d'une lecture agréable. He and his cousin would m. a handsome couple, lui et sa cousine feraient un beau couple. To make a good husband, a good wife, se montrer bon époux, bonne épouse. She made him a good wife, elle a été pour lui une excellente épouse. Will you make one (of the party, of us)? voulez-vous être des nôtres? Prov: The cowl does not make the monk, l'habit ne fait pas le moine. (c) 'Mouse' makes 'mice' in the plural, "mouse" fait "mice" au pluriel. 3. (Acquire) Faire (de l'argent). To make three pounds a week, gagner, se faire, trois livres par semaine. To make a fortune, one's fortune, faire fortune; gagner une fortune. F: To make a bit, se faire un peu d'argent; (of servants in marketing) faire danser l'anse du panier. To make a name, friends, se faire un nom, des amis. To make profits, réaliser des bénéfices. To m. a good deal by . . ., tirer beaucoup de profit de. . . . What will you make by it? quel profit vous en reviendra-t-il? Com: (Of goods) To make a price, rapporter un prix. The prices made yesterday, les cours pratiqués hier. Cards: To make a trick, faire une levée. To make one's contract, réussir son contrat. Little slam bid and made, petit chelem demandé et réussi. Abs. (Of card) To make, faire la levée. Mil: P: To make sth., voler, faucher, "faire" (un lapin, etc.). U.S: F: To make it, réussir; y arriver. U.S: (Of book) To make the Best Seller list, prendre rang parmi les grands succès. See also CARD[1] 1, GOOD I. 5, MARK[1] 4, MARKET[1], MONEY 1. 4. (a) Faire la fortune de (qn). The cotton trade has made Manchester, l'industrie cotonnière a fait la prospérité de Manchester. This book made him, ce livre lui assura la célébrité, la renommée. It was thus that he was made, c'est ainsi qu'il est devenu quelqu'un. See also MAR. (b) Equit: To make a horse, refaire un cheval. 5. Pred. To make s.o. happy, rendre qn heureux. To m. s.o. hungry, thirsty, sleepy, hot, donner faim, soif, sommeil, chaud, à qn. To m. a box too heavy, rendre une boîte trop lourde. To m. s.o. angry, fâcher qn. To m. a dish hot, (faire) chauffer un plat. To make s.o. an earl, faire qn comte. They made him their leader, on le prit pour chef. To m. s.o. one's heir, constituer qn son héritier. To m. s.o. a judge, nommer qn juge. He was made a knight, il fut créé chevalier. He intended to make his son a barrister, de son fils il voulait faire un avocat. This made him a hero, cela fit de lui un héros. To m. s.o. rich, rendre qn riche; enrichir qn. To make sth. known, felt, understood, faire connaître, sentir, comprendre, qch. See also KNOW[2] 6. To make oneself heard, se faire entendre. To m. oneself comfortable, se mettre à l'aise. See also HOME[1] I. 1. To m. oneself ill, se rendre malade. To m. oneself drunk, se griser. To make it a rule, one's object, to . . ., se faire une règle, un but, de. . . . What makes you so late? qu'est-ce qui vous met si en retard? Can you come at six?—Make it half-past, pouvez-vous venir à six heures?—Plutôt la demie. We must make progress our aim, il faut prendre le progrès pour but. See also SURE 1. 6. (Represent as) Irving made Shylock a tragic figure, Irving faisait de Shylock, représentait Shylock comme, une figure de tragédie. The climate is not so bad as you make it, le climat n'est pas si mauvais que vous le dites, que vous le faites. What do you make the time? What time do you make it? quelle heure croyez-vous qu'il soit? quelle heure avez-vous? 7. (Cause, compel) To make s.o. speak, sleep, faire parler, dormir, qn. To m. s.o. behave stupidly, faire faire des bêtises à qn. To m. s.o. commit errors, faire commettre des erreurs à qn. You should make him do it, vous devriez le lui faire faire; vous devriez le forcer à le faire. I made him stop, je le fis s'arrêter. He was made to stop, on le fit s'arrêter. What made you go? qu'est-ce qui vous a déterminé à partir? What made you say that? pourquoi avez-vous dit cela? This answer made Mary wonder whether . . ., cette réponse fit se demander à Marie si. . . . The events that m. things (to be) what they are, les événements m qui font que les choses sont ce qu'elles sont. See also BELIEVE 3, DO[1] I. 5. 8. Nau: (a) We hope to make Falmouth to-morrow night, nous espérons arriver à Falmouth demain soir. To make a headland, (i) arriver en vue d'un cap; reconnaître un cap; (ii) doubler, franchir, une pointe. To make a light, reconnaître un feu. To m. the island, atterrir sur l'île. See also LAND[1] 1. (b) (Of ship) To make twenty knots, faire vingt nœuds; filer à vingt nœuds. F: We made bad weather all the way, nous avons essuyé du mauvais temps pendant toute la traversée.

II. **make**, v.i. 1. To make for, towards, a place, se diriger vers un endroit; se rendre dans un lieu; F: filer sur un endroit. To m. for the door, gagner la porte; se diriger vers la porte. To m. for home, tirer vers la maison familiale. To m. for France, prendre le chemin de la France; se mettre en chemin pour la France. The crowd made for the heights, la foule se porta vers les hauteurs. He made for, after, at, me like a madman, il s'élança, se précipita, sur moi comme un fou. To make for the sound of guns, marcher au canon. She made at me with her umbrella, elle me menaça de son parapluie. Nau: To make for . . ., faire route sur . . ., mettre le cap sur. . . . Ship making for Hull, navire m à destination de Hull. To make for the open sea, prendre le large. To m. for the anchorage, se rendre au mouillage. 2. Such conduct makes for the happiness of all, une telle conduite contribue au bonheur de tous. These agreements m. for peace, ces accords tendent à maintenir la paix. This fine weather makes for optimism, ce beau temps favorise l'optimisme. To make against sth., nuire à, être contraire à, qch. 3. To make as if, as though, to do sth., faire mine ou faire semblant de faire qch. He made as if he would speak, il a eu l'air de vouloir parler. She made as if, as though, she would move away, elle fit mine de s'éloigner. He made as if to strike me, (i) il fit un geste comme pour me frapper; (ii) il fit semblant de vouloir me frapper. 4. (Of tide) Se faire; (of flood-tide) monter; (of ebb) baisser. 5. El.E: (Of current) To make and break, s'interrompre et se rétablir.

make away, v.i. (a) S'éloigner. (b) To make away with sth., détruire, faire disparaître, enlever, qch.; dérober (de l'argent, etc.); dissiper, dévorer, gaspiller (sa fortune). To make away with s.o., mettre qn à mort; se défaire de qn; F: supprimer qn. To make away with oneself, se suicider; se donner la mort.

making away, s. Destruction f (with sth., de qch.).

make back, v.i. Retourner, revenir (to a place, à un endroit).

make down, v.tr. Refaçonner (un vêtement) en plus petit. Jane always wore dresses made down from Mary's, Jeanne portait toujours des robes taillées dans celles de Marie.

make off, v.i. Se sauver; décamper, tourner court; s'éclipser, filer, déguerpir; gagner la porte; F: se défiler; se carapater; P: calter. To m. off with the cash, filer avec l'argent; P: manger la grenouille; faire sauter la grenouille; lever le pied He made off to America with the money, il fila sur l'Amérique avec l'argent. *Somebody has made off with my overcoat, F:* on m'a subtilisé mon pardessus.

make out, *v.tr.* **1.** Faire, établir, dresser (une liste, etc.); dresser, rédiger (un mémoire); établir, dresser, relever (un compte); faire, tirer, créer (un chèque). *To m. out a cheque to s.o.*, établir un chèque au nom de qn. *To m. out a document in duplicate*, établir un document en double exemplaire. **2.** (*a*) Établir, prouver (qch.). **How do you make that out?** comment arrivez-vous à ce résultat, à cette conclusion? *See also* CASE[1] 3. (*b*) **To make s.o. out to be** *richer than he is*, faire qn plus riche qu'il ne l'est. **They made out that** *they were friends of ours*, ils prétendaient être de nos amis; ils se disaient de nos amis. **He is not such a fool as people make out,** il n'est pas aussi bête qu'on le dépeint, qu'on le croit, qu'on le fait. **3.** (*a*) Comprendre (une énigme, un problème, un caractère); démêler (les raisons de qn, la signification de qch.); déchiffrer, débrouiller (une écriture). **I can't make it out,** je ne puis m'y retrouver; je n'y comprends rien; c'est incompréhensible; je n'y vois que du feu. (*b*) Distinguer, discerner (qch.); *Nau:* interpréter (un signal). *To m. out a light*, reconnaître un feu. **4.** *U.S:* Étendre, prolonger. **5.** *v.i. U.S: F:* Réussir, faire son chemin.

making out, *s.* Dressement *m*, rédaction *f* (d'une liste); relevé *m* (d'un compte); création *f*, tirage *m* (d'un chèque).

make over, *v.tr.* **1.** Céder, transférer, transmettre (*sth. to s.o.*, qch. à qn). **To make over the whole of one's property to s.o.,** disposer de tous ses biens en faveur de qn; faire donation entière de ses biens à qn; faire l'abandon de tous ses biens à qn. **2.** *U.S:* Refaçonner (un vêtement, une maison).

making over, *s.* **1.** Cession *f*, transmission *f* (d'un bien). **2.** *U.S:* Refaçonnage *m* (d'un vêtement, etc.).

make up. I. *v.tr.* **1.** Compléter, parfaire (une somme); combler, suppléer à (un déficit). *To m. up the difference*, parfaire la différence. **To make up the even money,** faire l'appoint. *Means of making up one's income*, ressources *f* d'appoint. *To m. up the missing numbers of a publication*, compléter sa collection d'une publication. **2. To make up lost ground,** regagner le terrain perdu. *To m. up back payments*, solder l'arriéré. **To make it up to s.o. for sth.,** dédommager qn de qch.; indemniser qn. *See also* LEEWAY. **3.** Faire (un paquet). *Pharm:* Composer, préparer (une potion, une ordonnance). **To make up the goods into a parcel,** faire un paquet des marchandises. **4.** (*a*) Faire, confectionner, façonner, monter (des vêtements); arranger (de l'étoffe). **'Customers' own material made up,'** "on travaille à façon"; "tailleur à façon." (*b*) Dresser (une liste). (*c*) Régler, établir, arrêter (un compte); régler, balancer (les livres). **To make up one's accounts,** vider ses comptes. *To m. up a balance-sheet*, confectionner un bilan. (*d*) Inventer, forger (une histoire, des excuses); improviser (une épigramme). **Made up story,** histoire inventée de toutes pièces; histoire faite à plaisir. *The whole thing is made up!* pure invention tout cela! **5.** (*a*) Rassembler, réunir (une compagnie); rassembler (une somme d'argent). (*b*) **To make up the fire,** ajouter du combustible au feu; (re)charger le poêle; arranger le feu. (*c*) *Abs. Typ:* **To make up,** mettre en pages. **6.** Former, composer (un ensemble). *All animals are made up of cells*, tous les animaux sont composés de cellules. *The bones and muscles that m. up the body*, les os et les muscles qui forment le corps. *This lens is made up of four elements*, cet objectif comporte quatre éléments. *Days made up of regrets and alarms*, jours tissus de regrets et d'alarmes. *The payments m. up a considerable total*, ces versements atteignent une somme considérable. **7. To make (oneself) up,** se farder, se maquiller; *F:* se peindre; faire son visage, sa façade; *Th:* faire sa figure; se maquiller; (*of man*) se grimer. **Made-up face,** visage fardé, peint. *To m. up for a part*, se faire la tête d'un rôle. **8. To make up one's mind,** se décider, prendre son parti. *See also* MIND[1] 2. **9.** Arranger, accommoder (un différend). **To make it up (again),** se réconcilier, se remettre bien ensemble, *F:* se raccommoder, se rabibocher.

II. **make up,** *v.i.* **1.** (*a*) **To make up for lost time,** rattraper, réparer, le temps perdu. *To m. up for one's losses*, compenser ses pertes; se rattraper de ses pertes. *That will m. up for your losses*, cela vous dédommagera de vos pertes. *To m. up for one's faults*, racheter, réparer, ses erreurs. **That makes up for it,** c'est une compensation. *You've no garden but the terrace makes up for it*, vous manquez d'un jardin, mais en revanche vous avez la terrasse. (*b*) **To make up for the want of sth.,** suppléer au manque de qch. *To m. up for insufficient wine with cider*, suppléer au vin par le cidre. *As there wasn't much meat I had to m. up with vegetables*, faute de viande il a fallu me rattraper sur les légumes. **2. To make up on a ship, on a competitor,** gagner sur un navire, sur un concurrent. *See also* HAND[1] 2 (*k*). **3. To make up to s.o.,** (i) s'avancer vers qn, s'approcher de qn; (ii) *F:* faire des avances, faire la cour, à qn; courtiser qn.

'make-up, *s.* **1.** Composition *f*, arrangement *m* (de qch.); confection *f* (des vêtements). **2.** *Th:* (*a*) Maquillage *m*, fard *m*. **Make-up box,** boîte *f* nécessaire (pour maquillage). **Make-up man,** maquilleur *m*. (*b*) *Irving's m.-up in Hamlet*, la présentation physique du personnage de Hamlet, comme la comprenait Irving. **3.** *Typ:* Mise *f* en pages. **4.** Invention *f*; histoire inventée (de toutes pièces). **5.** Appoint *m*. **Make-up length** (*of pipe, etc.*), pièce jointive; pièce de raccordement. *El:* **Make-up water** (*for accumulator*), eau *f* pour faire le plein; eau d'appoint, de renivellement.

made-up, *a.* **1. Made-up box,** caisse assemblée. *Rail:* **Made-up train,** rame *f* de wagons. **2.** Artificiel, factice; faux, *f.* fausse. *M.-up voice*, voix factice, artificielle. **3.** (Vêtement) tout fait.

making up, *s.* **1.** Compensation *f* (*for losses, errors*, de pertes, d'erreurs). **Making-up length** (*of pipe*), pièce *f* de raccordement. **Making-up strip,** cale *f* d'ajustage. **2.** *Pharm:* Préparation *f*, composition *f* (d'un médicament). **3.** (*a*) Confection *f*, façon *f* (de vêtements). (*b*) Dressage *m* (d'une liste). (*c*) *Com: Fin:* Confection (d'un bilan); arrêté *m*, alignement *m* (des comptes); clôture *f* (des livres). *St.Exch:* **Making-up price,** cours *m* de compensation. (*d*) Invention *f* (d'une histoire, d'excuses). **4.** *Typ:* **Making up and imposing,** mise *f* en pages. **5.** Composition, formation *f* (d'un ensemble). **6.** *Th: etc:* Maquillage *m*. **7. Making up of one's mind,** décision *f*, résolution *f*. **8.** Arrangement *m*, raccommodement *m* (d'un différend).

made, *a.* **1.** Fait, fabriqué, confectionné. *Well, badly, m.*, bien, mal, fait. **Foreign-made,** fait à l'étranger. **French-made articles,** articles *m* de fabrication française. *'Made in Japan,'* "fabriqué au Japon." (*Of pers.*) **Stoutly made,** solidement bâti. *See also* HOME-MADE, READY-MADE, SELF-MADE, WELL-MADE. **2.** *Civ.E: etc:* **Made ground,** terre rapportée; terre de rapport. *Nau:* **Made mast,** mât *m* d'assemblage; mât en plusieurs pièces. *See also* DISH[1] 2. **3.** *Equit:* **Made horse,** cheval fait. **4.** *F:* **He is a made man,** le voilà arrivé; son avenir, son sort, est assuré; sa fortune est faite.

-making[1], *a.* (*With adj. or sb. prefixed, e.g.*) **Young-making,** rajeunissant. **Shy-making,** intimidant. *The* **hungry-making, hunger-making,** *air of the sea-front*, l'air affamant de la plage.

making[2], *s.* **1.** (*a*) Fabrication *f* (de la toile, du papier); confection *f*, façon *f* (de vêtements); construction *f* (d'un pont, d'une machine); composition *f* (d'un poème); création *f* (du monde, d'un poste). **The material and the making,** le matériel et la main-d'œuvre. **Ingredients that go to the making of . . .,** ingrédients qui entrent dans la composition de. . . . **The dress was of her own making,** la robe était de sa confection. *A dish of her own m.*, un plat de sa façon, de sa confection. *The marriage* **was none of her making,** ce n'était pas elle qui avait arrangé le mariage. *The war was not of England's m.*, ce n'est pas l'Angleterre qui a déclenché la guerre, qui a voulu la guerre. *B:* **Of making many books there is no end,** il n'y a point de fin à faire plusieurs livres. **This incident was the making of him,** c'est à cet incident qu'il dut sa fortune, tout son succès. *This failure was the m. of him*, cet échec réforma son caractère. *That will be the m. of him*, cela fera sa fortune; cela le posera. **History in the making,** l'histoire en train de se faire; la genèse de l'histoire. *Mankind in the m.*, l'humanité en voie de progrès. (*b*) **To have the makings of . . .,** avoir tout ce qu'il faut pour devenir. . . . **I have not the makings of a hero (in me),** je n'ai rien du héros. *He has the makings of a statesman*, il y a en lui l'étoffe d'un homme d'État. (*c*) *El:* **Making and breaking,** fermeture *f* et ouverture *f* (du circuit). **2.** *pl.* **Makings.** (*a*) Recettes *f*; petits profits. (*b*) *U.S:* De quoi rouler une cigarette; de quoi composer un cocktail.

'make-and-'break, *s.* *El:* Conjoncteur-disjoncteur *m*, *pl.* conjoncteurs-disjoncteurs; interrupteur-distributeur *m*, *pl.* interrupteurs-distributeurs; trembleur *m*, vibreur *m*, coupleur *m*; *I.C.E:* dispositif *m*, levier *m*, de rupture; autorupteur *m*; rupteur-distributeur. **Make-and-break coil,** bobine *f* à rupteur, à trembleur. **Make-and-break current,** courant intermittent. **Make-and-break key,** brise-circuit *m inv.*

'make-believe[1]. **1.** *s.* Semblant *m*, feinte *f*, trompe-l'œil *m*. **That's all make-believe,** tout cela est feint; *P:* tout ça c'est de la frime; tout ça c'est du chiqué. *All this cordiality is but m.-b.*, toute cette cordialité n'est qu'une comédie. **The land of make-believe,** le pays des chimères. **2.** *a.* **Make-believe soldiers,** *etc.*, soldats, etc., pour rire.

make-be'lieve[2], *v.i.* (made-believe) **1.** (*Of children*) Jouer à faire semblant; faire semblant. **2.** *P:* La faire au chiqué.

'make-do, *attrib.a.* **Make-do expedient,** moyen *m* de fortune.

'make-ready, *s.* *Typ:* Mise *f* en train.

'make-rhyme, -rime, *s.* Cheville *f* pour la rime.

'make-weight, *s.* Complément *m* de poids; supplément *m*. **As a make-weight,** (i) pour parfaire le poids; (ii) *F:* pour faire nombre.

makefast ['meikfɑːst], *s.* *Nau:* Amarre *f*.

maker ['meikər], *s.* **1.** Faiseur, -euse. *Com: Ind:* Fabricant *m* (de drap, etc.); constructeur *m* (de machines). **Biscuit-maker,** fabricant de biscuits. *See also* LACE-MAKER. **2.** *Rel:* **Our Maker, the Maker of all,** le Créateur. **3.** *A. & Lit:* Auteur *m* (d'un livre, etc.). **4. 'Maker-'up.** (*a*) *Typ:* Metteur *m* en pages. (*b*) *Th:* Maquilleur *m*. (*c*) *Tex:* Mesureur-emballeur-expéditeur *m*.

makeshift ['meikʃift], *s.* Pis-aller *m*, expédient *m*; moyen *m* de fortune; dispositif *m* de circonstance, de fortune. *M. apparatus*, installation *f* de fortune. *A m. peace*, une paix d'expédient; une paix telle quelle. *A m. dinner*, un dîner de fortune.

mal- [mal], *pref.* Mal-, mé-. **1.** (*In borrowings from Fr.*) *Maladroit*, maladroit. *Maltreat*, maltraiter. *Malcontent*, mécontent, *A:* malcontent. **2.** (*In Engl. formations*) *Malformation*, malformation. *Malodorous*, de mauvaise odeur. *Malpractice*, malfaçon.

Malabar [malə'bɑːr]. **1.** *Pr.n. Geog:* Malabar *m*. **2.** *a. & s.* (Natif) de Malabar; Malabare (*mf*). **The 'Malabar Coast,** la côte de Malabar. **3.** *s. Ling:* Le malabare.

Malacca [mə'lakə]. **1.** *Pr.n. Geog:* Malacca. **2.** *s.* = *Malacca cane, q.v. under* CANE[1] 1.

malaceous [mə'leiʃəs], *a.* *Bot:* Pomacé.

Malachi ['malakai]. *Pr.n.m. B.Hist:* Malachie.

malachite ['malakait], *s.* *Miner:* Malachite *f*; vert *m* de cuivre, de montagne; cendre verte.

malacia [mə'leiʃjə], *s.* *Med:* Malacie *f*.

malacoderm ['malakodəːrm], *a. & s.* *Z: Ent:* Malacoderme (*m*).

malacodermatous [malako'dəːrmatəs], *a.* *Z:* Malacoderme.

malacology [malə'kɔlodʒi], *s.* Malacologie *f*; étude *f* des mollusques.

malacopterygian [malakɔptə'ridʒiən], *a. & s.* *Ich:* Malacoptérygien (*m*).

malacostracan [malə'kɔstrəkən], *a. & s.* *Crust:* Malacostracé (*m*).

malacozoic [malako'zouik], *a.* *A:* Malacozoaire.

maladaptation [mal*a*dap'teiʃ(ə)n], *s. Biol: etc:* Défaut *m* d'adaptation.
maladjustment [mal*a*'dʒʌstmənt], *s. Mec.E: etc:* Ajustement défectueux; déréglage *m.*
maladministration [maladminis'treiʃ(ə)n], *s.* Mauvaise administration; mauvaise gestion (des affaires publiques, etc.). *Jur:* Forfaiture *f. M. of justice*, prévarication *f.*
maladministrator [malad'ministreitər], *s. Jur:* Forfaiteur *m.*
maladroit ['mal*a*drɔit], *a.* Maladroit. **-ly,** *adv.* Maladroitement.
maladroitness ['mal*a*drɔitnəs], *s.* Maladresse *f.*
malady ['mal*a*di], *s.* Maladie *f*, mal *m.*
Malaga ['mal*a*g*a*]. **1.** *Pr.n. Geog:* Malaga *m.* **2.** *s.* Vin *m* de Malaga; malaga *m.*
Malagasy [mal*a*'gasi], *a.* & *s. Geog: Ethn: Ling:* Malgache, madécasse.
malaguetta [mal*a*'get*a*], *s.* **Malaguetta (pepper),** graines *fpl* de Guinée, graines de paradis; poivre *m* de Guinée; malaguette *f.*
malanders ['maləndərz], *s.pl. Vet:* Malandre *f*, malandres *fpl.*
malapert ['mal*a*pəːrt]. *A:* **1.** *a.* Insolent, impertinent, malappris. **2.** *s.* Insolent, -ente; péronnelle *f.*
malapertness ['mal*a*pəːrtnəs], *s. A:* Insolence *f*, impertinence *f.*
malaprop ['mal*a*prɔp], *s.* Mot savant déformé ou employé hors de propos (comme en affecte Mrs Malaprop dans *The Rivals* de Sheridan); pataquès *m.*
malapropism ['mal*a*prɔpizm], *s.* **1.** Emploi *m* de mots savants déformés ou hors de propos; incongruité *f.* **2.** = MALAPROP.
malapropos [malapro'pou], *adv.* & *a.* Mal à propos; inopportun; inopportunément.
malar ['meilər], *a.* & *s. Anat:* (Os *m*) malaire (*m*).
malaria [m*a*'lɛəri*a*], *s. Med:* Malaria *f*; fièvre paludéenne; (im)paludisme *m.* **Malaria-stricken,** impaludé.
malarial [m*a*'lɛəriəl], *a.* **Malarial fever,** fièvre paludéenne. *M. infection*, infection paludéenne. *M. germ*, germe *m* du paludisme.
malarious [m*a*'lɛəriəs], *a.* **Malarious swamps,** marécages impaludés.
malate ['meilet], *s. Ch:* Malate *m.*
malaxate ['mal*a*kseit], *v.tr.* Malaxer.
malaxation [mal*a*k'seiʃ(ə)n], *s.* Malaxage *m.*
malaxator ['mal*a*kseitər], *s.* Malaxeur *m* (à argile, à beurre, etc.).
Malay [m*a*'lei]. **1.** *a.* & *s. Geog:* Malais, -aise. **The Malay Peninsula,** la presqu'île Malaise; Malacca *m.* **The Malay Archipelago,** la Malaisie. **2.** *s. Ling:* Le malais.
Malayan [m*a*'leijən], *a. Geog:* Malais.
Malayo-Polynesian [m*a*'leijopɔli'niːziən], *a. Geog:* Maléo-polynésien.
Malaysia [m*a*'leisi*a*]. *Pr.n. Geog:* La Malaisie.
Malaysian [m*a*'leisiən], *a. Geog:* Malais.
malconformation [malkɔnfɔr'meiʃ(ə)n], *s. Med: etc:* Mauvaise conformation.
malcontent ['malkontent], *a.* & *s.* Mécontent, -ente.
male [meil]. **1.** *a.* (*a*) Mâle. **Male sex,** sexe masculin. *M. child*, enfant *m* mâle; enfant du sexe masculin. **Male heir,** héritier *m* mâle. *A m. cousin*, un cousin. *A m. friend*, un ami. **Male line** (*of descent*), ligne masculine. **On the male side,** du côté de la barbe. *Bot:* **Male fern,** fougère *f* mâle. (*b*) **Male rime,** rime masculine. *See also* SCREW[1] 1. **2.** *s.m.* Mâle. **Male ward** (*in a hospital*), salle *f* pour hommes.
malediction [mali'dikʃ(ə)n], *s.* Malédiction *f.*
maledictory [mali'diktəri], *a.* De malédiction.
malefaction [mali'fakʃ(ə)n], *s.* Méfait *m.*
malefactor ['malifaktər], *s.* Malfaiteur, -trice.
malefic [m*a*'lefik], *a.* Maléfique.
maleficence [m*a*'lefis(ə)ns], *s.* Malfaisance *f.*
maleficent [m*a*'lefis(ə)nt], *a.* **1.** Malfaisant (*to*, envers). **2.** (*Of pers.*) Criminel.
malevolence [m*a*'levoləns], *s.* Malveillance *f* (*towards*, envers).
malevolent [m*a*'levolənt], *a.* Malveillant. **-ly,** *adv.* Avec malveillance; (regarder) d'un œil malveillant.
malfeasance [mal'fiːzəns], *s.* **1.** *Jur:* Agissements *m* coupables; malversation *f.* **2.** Méfait *m.*
malfeasant [mal'fiːzənt], *a. Jur:* Contrevenant; criminel.
malformation [malfɔr'meiʃ(ə)n], *s. Med: etc:* Malformation *f*, difformité *f*; défaut *m*, vice *m*, de conformation.
malformed [mal'fɔːrmd], *a.* Mal conformé; difforme.
malic ['meilik], *a. Ch:* Malique.
malice ['malis], *s.* **1.** (*a*) Malice *f*, malveillance *f*, méchanceté *f*; rancune *f.* **Out of malice,** par malice, par méchanceté. *He is without m.*, il n'a point de fiel; il est sans venin. **To bear malice to, towards, s.o., to bear s.o. malice,** vouloir du mal à qn, en vouloir à qn; garder rancune à qn; avoir de la rancune contre qn. *I bear him no m.*, je ne lui garde pas de rancune. **No malice, I hope,** sans rancune, j'espère. (*b*) *Occ.* Désir *m* de taquiner; malice, espièglerie *f.* **2.** *Jur:* Intention criminelle ou délictueuse. **With, of, through, malice prepense, with malice aforethought,** avec intention criminelle; avec préméditation; de propos délibéré.
malicious [m*a*'liʃəs], *a.* **1.** (*a*) Méchant, malveillant. (*b*) Rancunier. (*c*) *Occ.* Taquin, espiègle, malicieux; malin, -igne. **2.** *Jur:* Fait avec intention criminelle ou délictueuse; criminel. **Malicious intent,** intention délictueuse. **Malicious destruction of property,** sabotage *m. M. prosecution*, poursuites intentées par malveillance. **-ly,** *adv.* **1.** (*a*) Avec méchanceté, avec malveillance. (*b*) Par rancune. (*c*) Malicieusement; avec une intention taquine. **2.** *Jur:* Avec intention criminelle; dans l'intention de nuire; avec préméditation.
maliciousness [m*a*'liʃəsnəs], *s.* (*a*) Méchanceté *f*, malveillance *f.* (*b*) Malice *f.*
malign[1] [m*a*'lain], *a.* **1.** (*Of thg*) Pernicieux, nuisible. **2.** *Astrol:* (Astre) malin; (planète) maligne. **3.** *Med:* = MALIGNANT 2. **4.** *A:* (*Of pers.*) Malveillant.
malign[2], *v.tr.* Calomnier, diffamer, noircir (qn); dire du mal de (qn). *I've heard you maligned in every way, F:* on m'en a dit de toutes les couleurs sur votre compte.
malignancy [m*a*'lignənsi], *s.* **1.** Malignité *f*, méchanceté *f*, malveillance *f.* **2.** *Med:* Malignité, virulence *f* (d'une maladie).
malignant [m*a*'lignənt], *a.* **1.** (*a*) Malin, *f.* maligne; méchant; *F:* venimeux. (*b*) *Astrol:* = MALIGN[1] 2. **2.** *Med:* Malin. *M. fever*, fièvre maligne. **Malignant tumour,** *s. F:* **malignant,** tumeur maligne; cancer *m.* **3.** *s.pl. Hist:* **The malignants,** les dissidents (opposés au parti de Cromwell); les malcontents; les partisans de Charles Ier. **-ly,** *adv.* Avec malignité; méchamment.
maligner [m*a*'lainər], *s.* Calomniateur, -trice; diffamateur, -trice.
malignity [m*a*'ligniti], *s.* = MALIGNANCY.
Malines [m*a*'liːnz]. *Pr.n. Geog:* Malines. **Malines lace,** point *m*, dentelle *f*, de Malines. *Husb:* **Malines fowl,** coucou *m* de Malines.
malinger [m*a*'liŋgər], *v.i. Mil: Navy:* Faire le malade; simuler une maladie; *P:* tirer au flanc; carotter le service.
malingering, *s.* Simulation *f* (de maladie); *P:* tirage *m* au flanc; carottage *m.*
malingerer [m*a*'liŋgərər], *s. Mil: Navy:* Faux malade; simulateur *m*; *P:* tireur *m* au flanc; tire-au-flanc *m inv*; carottier *m*, carotteur *m.*
malison ['malisən], *s. A:* Malédiction *f.*
mall [mɔːl], *s.* **1.** *Games: A:* (*a*) Mail *m*, maillet *m* (pour le jeu de mail). (*b*) Le (jeu de) mail. (*c*) L'allée *f* (du jeu de mail). **2.** (*a*) Mail; promenade publique. (*b*) **The Mall,** le Mall (avenue qui longe St James's Park, à Londres).
mallard ['malərd], *s. Orn:* Malard *m*, malart *m*; canard *m* sauvage. *U.S:* **Mallard shooting,** chasse *f* au canard.
malleability [maliə'biliti], *s.* Malléabilité *f.*
malleable ['maliəbl], *a.* Malléable; forgeable; (fer) affiné. *F:* (*Of pers.*) *M. nature*, caractère *m* malléable.
mallein[1] ['maliːin], *s. Vet:* Malléine *f* (pour inoculation).
mallein[2], *v.tr. Vet:* Malléiner, malléiniser (des équidés).
mallenders ['maləndərz], *s.pl.* = MALANDERS.
malleolar [m*a*'liːolər, 'maliolər], *a. Anat:* Malléolaire.
malleolus, *pl.* **-li** [m*a*'liːoləs, -lai], *s.* **1.** *Anat:* Malléole *f.* **2.** *Hort:* Malléole.
mallet ['malet], *s.* **1.** (*a*) Maillet *m*, mailloche *f.* (*b*) Tapette *f* (pour enfoncer les bouchons). **2.** *Games:* Maillet (de croquet, de polo).
malleus, *pl.* **-ei** ['maliəs, -iai], *s. Anat:* Marteau *m* (de l'oreille).
mallow ['malo], *s. Bot:* **1.** (*Often pl. with sg. const.*) Mauve *f.* **Jews' mallow,** guimauve potagère. *See also* ROSE MALLOW, TREE-MALLOW. **2.** = MARSH-MALLOW.
malm [mɑːm], *s.* **1.** *Geol:* Malm *m.* **2.** *Agr: etc:* Marne *f.*
malmsey ['mɑːmzi], *s.* Vin *m* de Malvoisie; malvoisie *m or f.*
malnutrition [malnju'triʃ(ə)n], *s.* **1.** Sous-alimentation *f.* **2.** Mauvaise hygiène alimentaire; alimentation défectueuse.
malobservation [malɔbzər'veiʃ(ə)n], *s.* Observation fautive (des faits).
malodorous [m*a*'loudərəs], *a.* Malodorant; vireux, nauséabond.
Malpighian [mal'pigiən], *a. Anat:* (Corpuscules, etc.) de Malpighi.
malpractice [mal'praktis], *s.* **1.** Méfait *m.* **2.** *Jur:* (*a*) Négligence *f*, incurie *f* (d'un médecin). (*b*) Malversation *f.*
malt[1] [mɔlt], *s. Brew: etc:* Malt *m.* **Malt liquor,** bière *f.* *Pharm: etc:* **Extract of malt, malt extract,** extrait *m* de malt.
'malt-floor, *s. Brew:* Côtière *f.*
'malt-house, *s. Brew:* Malterie *f.*
'malt-kiln, *s. Brew:* Touraille *f.*
'malt-loft, *s. Brew:* Germoir *m.*
malt[2]. **1.** *v.tr. Brew:* Malter (l'orge); convertir (l'orge) en malt. **2.** *v.i.* (*Of grain*) Se convertir en malt.
malted, *a.* **Malted milk,** farine lactée.
malting, *s.* **1.** Maltage *m.* **Malting water,** trempe *f.* **2.** = MALT-HOUSE.
Malta ['mɔlt*a*]. *Pr.n. Geog:* Malte *f. Med:* **Malta fever,** fièvre *f* de Malte. *Hist:* **The Knights of Malta,** les Chevaliers *m* (de l'ordre) de Malte.
maltase [mɔl'teis], *s. Ch:* Maltase *f.*
Maltese [mɔl'tiːz], *a.* & *s.* **1.** *Geog: Ethn:* Maltais, -aise. *Her: Mec.E:* **Maltese cross,** croix *f* de Malte. **2.** *Hist:* De l'ordre de Malte.
maltha ['malθ*a*], *s. Miner:* Malthe *f*; bitume glutineux; pissasphalte *m.*
Malthusian [mal'θjuːziən], *a. Pol.Ec:* Malthusien.
Malthusianism [mal'θjuːziənizm], *s. Pol.Ec:* Malthusianisme *m.*
maltman, *pl.* **-men** ['mɔltmən, -men], *s.m.* = MALTSTER.
maltose [mɔl'tous], *s. Ch:* Maltose *m.*
maltreat [mal'triːt], *v.tr.* Maltraiter, malmener, brutaliser (qn); maltraiter, déshonorer (un tableau, un arbre, etc.).
maltreating, *s.* = MALTREATMENT.
maltreatment [mal'triːtmənt], *s.* Mauvais traitement.
maltster ['mɔltstər], *s.m.* Malteur.
malvaceae [mal'veisiiː], *s.pl. Bot:* Malvacées *f.*
malvaceous [mal'veiʃəs], *a. Bot:* Malvacé, malvé; de la famille des malvacées.
Malvasia [malva'siː*a*]. *Pr.n. Geog:* La Malvasia; la (Nauplie de) Malvoisie.
malversation [malvər'seiʃ(ə)n], *s.* **1.** Malversation *f.* **2.** Mauvaise administration, gestion *f* coupable (*of public money*, des fonds publics).
mamelon ['mamələn], *s.* Mamelon *m.*
mameluke ['mamәljuːk], *s. Hist:* Mamel(o)uk *m.*
mamilla [m*a*'mil*a*], *s.* **1.** *Anat:* Bout *m* de sein. **2.** *Anat: Bot:* Mamelon *m.*
mamillary ['mamiləri], *a.* **1.** Mamillaire. **2.** = MAMMIFORM. **3.** = MAMILLATED.
mamillated ['mamileitid], *a. Anat: Geog:* Mamelonné.
mamilliform [m*a*'milifɔːrm], *a.* Mamelliforme.
mamma[1] [m*a*'mɑː], *s.f. F:* (? *A:*) Maman.

mamma[2], *pl.* **-ae** ['mamə, -iː], *s.* Mamelle *f.*

mammal ['maməl], *s. Z:* Mammifère *m.* **The higher mammals,** les primates *m.*

mammalia [mə'meiliə], *s.pl. Z:* Mammifères *m.*

mammalian [mə'meiliən], *a. & s.* Mammifère (*m*).

mammalogy [mə'malodʒi], *s.* Mammalogie *f.*

mammary ['maməri], *a. Anat:* Mammaire. *The m. glands, s.* **the mammaries,** les glandes *f* mammaires; les mammaires *f. M. tissue,* tissu *m* mamellaire.

mammate ['mamet], *a.* (Animal) mamelé.

mammee [ma'miː], *s. Bot:* Mammée *f*; arbre *m* aux mamelles; abricotier *m* de Saint-Domingue.

mammiferous [ma'mifərəs], *a. Z:* Mammifère.

mammiform ['mamifɔːrm], *a.* Mammiforme.

mammitis [ma'maitis], *s. Med:* Mammite *f.*

Mammon ['mamən]. *Pr.n. B.Lit:* Mammon *m. The worshippers of M.,* les adorateurs *m* de Mammon.

mammonish ['mamənɪʃ], *a.* Adorateur de Mammon.

mammonist ['mamənist], **mammonite** ['mamənait], *s.* Adorateur, -trice, de Mammon.

mammoth ['maməθ]. **1.** *s. Paleont:* Mammouth *m.* **2.** *Attrib. a. F:* Géant, monstre. **Mammoth coach,** autocar *m* mastodonte. *Bot:* **Mammoth tree,** sequoia *m.*

mammy ['mami], *s.f.* **1.** *A. & P:* Maman; *P:* mémère. **2.** *U.S:* Négresse bonne d'enfants.

'mammy-sick, *a.* (*Of child*) Qui demande sa mère en pleurnichant.

man[1], *pl.* **men** [man, men], *s.m.* **1.** (*a*) (*Human being*) Homme. *The rights of man,* les droits *m* de l'homme. *One can tell the hand of man,* on reconnaît la main de l'homme. *God was made man,* Dieu se fit homme. **Entertainment for man and beast,** ici on loge à pied et à cheval. *Food not fit for man or beast,* aliments *m* qu'un chien ne mangerait pas; nourriture *f* détestable. *Board at so much per man,* pension *f* à tant par tête. **Every man,** tout le monde; tous; chacun. **Any man,** quelqu'un; n'importe qui; tout le monde. **No man,** personne. *There is no man who can do it,* il n'existe aucun homme capable de le faire. **No man's land,** (i) terrains *m* vagues; (ii) *Mil:* (1914-18) zone *f* neutre; terrain contesté; (iii) *Nau:* trou *m* de la drome; parc *m.* **So many men, so many minds,** (au)tant d'hommes, (au)tant d'avis; autant de têtes, autant d'opinions. *Some men,* quelques personnes, quelques-uns. *Few men,* peu de gens. **Men say that . . .,** on dit que. . . . *A man has a right to speak!* on a bien le droit de parler! **A man must live,** il faut bien vivre. *What can a man do in such a case?* qu'est-ce qu'on peut faire en pareil cas? que faire en pareil cas? *Solitude changes a man,* la solitude, ça vous change. *With money a man commands the world,* avec de l'argent on est maître du monde. *See also* GINGERBREAD, ONE-MAN, STREET. (*b*) (*Mankind*) L'homme. *The brain of man,* le cerveau de l'homme. **Man proposes, God disposes,** l'homme propose et Dieu dispose. (*c*) *Theol:* **The inner man,** l'homme intérieur. *See also* OUTER[1] 1. **The old, the new, man,** le vieil homme, le nouvel homme. *See also* NEW I. 1, OLD 1. *F. & Hum:* **The inner man,** Messer Gaster. **To satisfy the inner man,** se refaire, se restaurer, se réfectionner. *Food satisfying to the inner man,* nourriture *f* qui restaure. *To spend a great deal on the inner man,* faire de grosses dépenses de table. **2.** (*Adult male*) Homme. (*a*) **Men and women,** les hommes et les femmes. *I have lived here* **man and boy** *for forty years,* j'habite ici depuis mon plus jeune âge, cela fait quarante ans. *Man lives by ideas, woman by sensations,* l'homme vit d'idées, la femme de sensations. *The good man accompanied us,* le brave homme nous accompagna. **Man for man,** homme pour homme. **Between man and man,** d'homme à homme. *May I speak to you* **as man to man?** puis-je vous parler d'homme à homme? **To fight man against man,** se battre homme à homme. **They were killed to a man,** ils furent tués jusqu'au dernier. *They replied* **as one man,** ils répondirent d'une seule voix, comme un seul homme. *I like him as a man,* je l'aime comme homme. **To show oneself a man,** se montrer homme. **To make a man of s.o.,** faire un homme de qn; rendre qn viril. **To bear sth. like a man,** supporter qch. avec courage. *To be man enough to refuse,* avoir assez de courage pour refuser. **He is not the man to** (*refuse, etc.*), il n'est pas homme à (refuser, etc.). *He seems to be the very man for the job,* il paraît tout indiqué pour ce travail. **I'm your man,** (i) je suis votre homme; je vous suis tout acquis; (ii) cela me va! *He is just the man for me,* c'est mon homme. **To be one's own man,** (i) être maître de soi; (ii) ne dépendre que de soi; s'appartenir; être à soi. *I am my own man again,* je suis de nouveau indépendant, libre de mes activités. **A man's man,** un vrai homme, un homme que les autres hommes admirent. *See also* LADY 1. *F: Come here,* **my little man!** viens ici, mon enfant, mon petit bonhomme! *What are you doing there,* **my (good) man?** que faites-vous là, mon brave (homme), mon ami, l'ami? *Here, take it, man!* tenez, prenez-le donc! **Good man!** bravo! *Good-bye,* **old man!** adieu, mon vieux! *See also* ALIVE 1, EVERY. (*b*) (*Often not translated*) *An old man,* un vieillard. *See also* OLD 5, OLD-MAN. *The dead man,* le mort. *An ambitious man,* un ambitieux. *The head man,* le chef. **The man Smith,** le nommé Smith, le dit Smith. *That man Smith,* (i) Smith que voilà; (ii) ce chenapan de Smith. (*c*) *The men of Somerset,* les habitants, les natifs, du Somerset. *The good men of York,* les braves citoyens d'York. *Sch:* **He's an Oxford man,** (i) c'est un étudiant d'Oxford; (ii) il a fait ses études à l'Université d'Oxford. **Man of law,** homme de loi. (*d*) *Attrib.* **Man cook,** cuisinier. **Man midwife,** accoucheur. *See also* HAULAGE 1. (*e*) **Oyster-man, rabbit-man,** marchand d'huîtres, de lapins. *See also* BRAKEMAN, HAMMERMAN, *etc.* **3.** (*Husband, lover*) (*a*) *Scot:* **Her man,** son mari. (*b*) **Man and wife,** mari et femme. **To live as man and wife,** vivre maritalement. **He made them man and wife,** il les maria. *Adm: Jur: The man Dupont and his wife,* les époux Dupont; le ménage Dupont. (*c*) *P:* **My young man,** (i) mon bon ami; (ii) mon futur, mon fiancé. **4.** (*a*) *Hist:* (*Vassal*) Homme. (*b*) (*Manservant*) Domestique *m*, valet *m. Mil:* Ordonnance *m or f*; brosseur *m*; *P:* tampon *m. See also* FRIDAY, MASTER[1] 1. (*c*) *Adm: Com:* Employé *m*, garçon *m.* (*d*) *Ind:* (*Usu. pl.*) Ouvrier *m*, employé. **The masters and the men,** les patrons et les ouvriers. (*e*) *Mil: Nau:* (*Usu. pl.*) Homme. **Officers, N.C.O.'s, and men,** officiers, sous-officiers, et hommes de troupe. (*f*) *Sp:* Joueur *m. Cr:* **Twelfth man,** le joueur de réserve. *See also* ODD 1. **5.** *Nau:* **An East-Indiaman** [iːst'indjəmən], un vaisseau qui va aux Indes. *See also* CHINAMAN 2, MAN-OF-WAR, MERCHANTMAN. **6.** *Games:* (*At chess*) Pièce *f*; (*at draughts*) pion *m.* **7.** *U.S: P:* **The Big Man,** l'agence *f* de filature de Pinkerton.

man-at-'arms, *s.m.* (*pl.* **men-at-arms**) *A:* Homme d'armes.

'man-child, *s.m.* Enfant mâle, du sexe masculin.

'man-eater, *s.* (*pl.* **man-eaters**) **1.** (*Of pers.*) Anthropophage *m*, cannibale *m.* **2.** (*Of animal*) (*a*) Mangeur *m* d'hommes. (*b*) Cheval *m* qui mord.

'man-eating, *a.* **1.** (Tribu *f*, etc.) anthropophage. **2.** (Tigre, etc.) mangeur d'hommes; (cheval) qui mord.

'man-engine, *s. Min:* Échelle *f* mécanique; échelle mobile.

'man-handle, *v.tr.* **1.** Manutentionner (des marchandises, etc.); transporter, déplacer, (un canon, etc.) à force de bras. *Nau:* Haler, enlever, (qch.) à la main. **2.** *F:* Brutaliser, maltraiter, malmener, bousculer (qn).

'man-hater, *s.* Misanthrope *m*; androphobe *mf.*

'man-hating, *a.* Misanthrope, androphobe.

'man-hole, *s.* **1.** Trou *m* d'homme (de chaudière); trou de visite, regard *m* (d'aqueduc, d'égout); bouche *f* d'accès (d'égout). **Man-hole cover, lid,** (i) tampon *m* (d'un égout); (ii) *Mch:* autoclave *m* d'un trou d'homme. **Man-hole door,** porte *f* autoclave. **2.** *Rail:* Refuge *m*, abri *m*, retraite *f*, niche *f* (de tunnel, etc.). **3.** *Min:* Passage *m* pour les hommes.

'man-hunter, *s.* (*pl.* **man-hunters**) Chasseur *m* de têtes.

'man-made, *a.* **Man-made customs,** usages *m* d'institution.

man-of-'war, *s.* (*pl.* **men-of-war**) **1.** *Nau:* Vaisseau *m*, bâtiment *m*, de guerre; vaisseau de ligne. **2.** *Coel:* **Portuguese man-of-war,** physalie *f*, galère *f.*

'man-orchis, *s. Bot:* Acéras *m*; *F:* l'homme pendu.

'man-power, *s.* **1.** *Mec.E:* La force des bras. **2.** *Coll.* (*a*) *Ind:* Main-d'œuvre *f.* (*b*) *Mil:* Effectifs *mpl. Shortage in, of, m.-p.,* crise *f* d'effectifs.

'man-rope, *s. Nau:* Garde-corps *m inv* (en filin); sauvegarde *f*; tire-v(i)eille *f inv.*

'man-servant, *s.m.* (*pl.* **men-servants**) Domestique; valet (de chambre).

'man-trap, *s.* Piège *m* à hommes, à loups; chausse-trape *f*, *pl.* chausse-trapes.

man[2], *v.tr.* (**manned; manning**) **1.** Garnir d'hommes. (*a*) *Mil: To man a trench,* garnir une tranchée. *To man a fort,* mettre une garnison dans un fort; garnir un fort. *To man a gun,* armer une pièce. (*b*) *Nau:* Armer, équiper (un canot). **Boat manned by . . .,** embarcation montée par. . . . **Fully manned boat,** canot *m* à armement complet. **To man a prize,** amariner, armer, une prise. *To man a rope,* se mettre à, sur, une manœuvre. *To man the pumps,* armer les pompes. *See also* CAPSTAN 1, ENGLISH-MANNED, FALL[1] 9. *Navy:* (*In salute, etc.*) **To man ship,** faire passer l'équipage à la bande. *To man the yards,* monter les vergues. *Man the side!* du monde sur le bord! **2. To man oneself,** se fortifier; se donner du cœur; s'armer de courage.

manning, *s.* Équipement *m* en hommes. **1.** *Artil:* Armement *m* (d'une pièce). **2.** *Nau:* Armement (d'un canot, du cabestan); amarinage *m* (d'une prise).

manacle[1] ['manəkl], *s. Usu. pl.* **Manacles,** (i) menottes *f*; (ii) *F:* chaînes *f*; entraves *f.*

manacle[2], *v.tr.* Mettre les menottes à (qn); emmenotter (qn).

manage ['manedʒ], *v.tr.* **1.** (*a*) Manier (un outil, un instrument). *Nau:* Diriger, manœuvrer (un navire). *To m. a canoe,* conduire une pirogue. (*b*) *To m. the stage effects with great skill,* diriger, ménager, avec beaucoup d'habileté les effets de scène. **2.** Conduire (une entreprise, etc.); administrer, diriger, gérer (une affaire, une société, une banque, etc.); gouverner (une banque); régir (une propriété); mener (une affaire). *Well-managed town,* ville bien administrée. *To m. s.o.'s affairs,* gérer les affaires de qn. *To m. the household,* diriger l'intérieur. *To m. a quarry,* diriger l'exploitation d'une carrière. *To have a fortune to m.,* être à la tête d'une fortune. **3.** Gouverner, mater (qn); venir à bout de (qn); tenir (des enfants, etc.); maîtriser, dompter (un animal). **To know how to manage s.o.,** savoir prendre qn. *He is a difficult person to m.,* il faut savoir le prendre. **4.** Arranger, conduire (une affaire). **To manage a piece of work,** venir à bout d'un travail. **To manage to do sth.,** s'arranger pour faire qch.; arriver, parvenir, à faire qch.; faire en sorte, venir à bout, de faire qch.; trouver moyen de faire qch. **I shall manage it,** j'en viendrai à bout; ça ira. *I think I can m. it,* je crois que je pourrai le faire. *I must m. it,* il faut que j'y arrive. *I know how to m. it,* je sais comment m'y prendre; je m'y connais. *He managed it very cleverly,* il en est venu à bout très adroitement; il ne s'y est pas mal pris. *If I can see how to m. it,* si je vois moyen de le faire. *At last he managed to get rid of it,* il trouva enfin à s'en débarrasser. *I shall never m. to learn it,* jamais je n'arriverai, je ne réussirai, à l'apprendre. *I managed to have him put in my battalion,* je parvins à le faire placer dans mon bataillon; je trouvai moyen de le faire placer dans mon bataillon. *To m. matters so well that . . .,* faire tant et si bien que. . . . *I don't know how they managed it,* (i) je ne sais pas comment ils en sont venus à bout; (ii) je ne sais pas comment ils firent leur compte, (mais . . .). *F: He managed to fail at the oral,* il a trouvé moyen de se faire recaler à l'oral. *How do you m. not to dirty your hands?* comment faites-vous pour ne pas vous salir les mains? *He managed to profit by it,* il a su en profiter. *I managed to master my rising anger,* j'ai su maîtriser la colère qui montait en moi. **A hundred pounds is the most that I can manage,** cent livres, c'est tout ce que je peux faire (pour vous). *He managed to see the minister,* il arriva jusqu'au ministre. *If you can m. to see him,* si vous pouvez vous arranger pour le voir. *I managed to see him again,* j'ai pu le revoir. *Try to m. to have everything done in an orderly fashion,* tâchez d'arriver à ce que tout se fasse avec ordre. *F:* **Can you manage a few more cherries?** pouvez-vous manger encore quelques cerises? **5.** *Abs.* **She manages well,** (i) elle sait s'y prendre; (ii) elle est bonne maîtresse de maison, bonne ménagère. **Manage as best you can,** arrangez-vous comme vous pourrez; débrouillez-vous. *We shall m. better next time,* nous ferons mieux la prochaine fois. *With your help I shall m. all right,* avec votre aide je m'arrangerai très bien, je me tirerai d'affaire, je m'en tirerai. *He'll m. all right,* il saura bien se retourner; il se débrouillera. *With ten pounds I could m.,* avec dix livres je pourrais arriver. **We could just manage,** on vivait bien juste; on arrivait juste à se tirer d'embarras. **Perhaps we can manage with that,** peut-être cela suffira-t-il. **How will you manage about the children?** et pour les enfants, comment ferez-vous? *How did you m., since you didn't speak Spanish?—Oh,* **we managed!** comment faisiez-vous, puisque vous ne parliez pas l'espagnol?—On se débrouillait! on se tirait d'affaire tout de même!

managing[1], *a.* **1.** Directeur, -trice; gérant. **Managing director,** (i) administrateur directeur; (ii) administrateur délégué; (iii) administrateur gérant. **Managing clerk,** *Adm: Com:* chef *m* de bureau; commis *m* chef; commis principal; *Jur:* premier clerc, *A:* maître clerc. *See also* ENGINEER[1] 1. **2.** (*Of woman*) Bonne ménagère; qui s'entend bien au ménage. **3. A managing man,** un brasseur d'affaires; un homme énergique, entreprenant. **A managing woman,** une maîtresse femme.

managing[2], *s.* = MANAGEMENT 1.

manageable ['manedʒəbl], *a.* **1.** (*Of thg*) Maniable; (canot *m*) manœuvrable. **2.** (*Of pers.*) Maniable, traitable, docile, facile à diriger, gouvernable. **3.** (*Of undertaking*) Praticable, faisable.

manageableness ['manedʒəblnəs], *s.* **1.** Maniabilité *f* (d'un avion, etc.). **2.** Docilité *f* (d'un enfant, etc.).

management ['manedʒmənt], *s.* **1.** (*a*) Maniement *m* (d'un outil, des hommes, des affaires). (*b*) Direction *f*, conduite *f* (d'une affaire); gérance *f*, gestion *f* (d'une usine, d'une propriété); exploitation *f* (d'une carrière, etc.). *To assume the m. of affairs,* prendre la direction des affaires. **Ill management,** mauvaise organisation. *Owing to ill m. . . .,* faute d'organisation. . . . **'Under new management,'** (i) "changement *m* de propriétaire"; (ii) "nouvelle direction." *See also* COMMITTEE 1. **2.** Adresse *f*; savoir-faire *m*. **3.** *Coll.* Les administrateurs *m*; les directeurs *m*; l'administration *f*, la direction.

manager ['manedʒər], *s.* **1.** (*a*) Directeur *m*, administrateur *m*; gérant *m*; agent *m* de gestion; régisseur *m* (d'une propriété). *Com:* **Sales manager,** directeur commercial. **Departmental manager,** chef *m* de service. *Rail: etc:* **Traffic manager,** ingénieur *m* de service; chef d'exploitation. *Ind:* **Works manager,** chef du service; directeur d'usine. **Business manager,** (i) directeur commercial; (ii) *Journ:* administrateur; (iii) *Th:* impresario *m* (d'une actrice, etc.). *See also* ASSISTANT 1, BOARD[1] 3, DEPUTY 1, STAGE-MANAGER. (*b*) *U.S:* Chef (d'un parti politique). **City manager,** chef des services municipaux. **2.** Ménager, -ère. *She is a good m.,* elle est bonne ménagère, bonne maîtresse de maison. **He is no manager,** il n'a aucune entente des affaires, aucun sens pratique. *What a capital m. you are!* comme vous vous entendez bien à arranger les choses! **3.** *Jur:* **Receiver and manager,** administrateur (d'une faillite, d'une succession grevée); syndic *m* de faillite.

manageress ['manedʒəres], *s.f.* Directrice, gérante.

managerial [mane'dʒi:əriəl], *a.* Directorial, -aux.

managership ['manedʒərʃip], *s.* Direction *f*, gérance *f*; intendance *f*; gouvernement *m* (d'une entreprise, etc.).

manakin ['manəkin], *s.* *Orn:* Manakin *m*.

Manasseh [ma'nase]. *Pr.n.m. B.Hist:* Manassé.

manatee [mana'ti:], *s.* *Z:* Lamantin *m*. **Manatee butter,** graisse *f* de lamantin.

Manchester ['mantʃestər]. *Pr.n. Geog:* Manchester (dans le Lancashire; centre de l'industrie cotonnière). **Manchester goods, wares,** produits cotonniers; tissus *m* de coton. *Pol.Ec:* **The Manchester School,** l'école *f* de Cobden; les libre-échangistes *m*.

manchineel [mantʃi'ni:l], *s.* *Bot:* **1.** Mancenille *f*. **2.** **Manchineel(-tree),** mancenillier *m*.

Manchu [man'tʃu:]. = MANCHURIAN.

Manchukuo ['mantʃu'ku:o]. *Pr.n. Geog:* = MANDCHU-KUO.

Manchuria [man'tʃu:riə]. *Pr.n. Geog:* La Mandchourie. *See also* CRANE[1] 1.

Manchurian [man'tʃuəriən], *a. & s.* *Ethn:* Mandchou, -oue, *pl.* -ous, -oues.

manciple ['mansipl], *s.* Intendant *m*, économe *m*, dépensier *m* (d'un collège, d'une communauté, etc.).

Mancunian [man'kju:niən], *a. & s.* *Geog:* (Originaire, natif) de Manchester.

-mancy [mansi], *comb.fm.* -mancie *f*. *Chiromancy,* chiromancie. *Necromancy,* nécromancie. *Pyromancy,* pyromancie.

mandamus [man'deiməs], *s.* *Jur:* Mandement *m* (de la *Court of King's Bench* à une cour inférieure, à un fonctionnaire, etc.).

mandarin[1] ['mandərin], *s.* **1.** *Chinese Adm:* Mandarin *m*. *Toys:* **Nodding mandarin,** branle-tête *m inv.* *Orn:* **Mandarin duck,** canard *m* mandarin. **2.** *F:* Haut fonctionnaire; *F:* mandarin.

mandarin[2], **mandarine** ['mandəri:n], *s.* **1.** *Bot:* Mandarine *f*. **Mandarine orange-tree,** mandarinier *m*. **2.** *Dist:* Mandarine. **3.** *a. & s.* (*Colour*) **Mandarine** (-orange, -yellow), mandarine *inv.*

mandatary ['mandətəri], *s.* *Jur:* Mandataire *mf*.

mandate[1] ['mandet], *s.* **1.** *Poet: Lit:* Commandement *m*, ordre *m*. **2.** (*a*) *Hist: Jur:* Mandement *m*. *Ecc.Jur: Scot.Jur:* Mandat *m*. (*b*) *Bank:* **Mandate form,** lettre *f* de signatures autorisées. **3.** *Pol:* (*a*) Mandat. **International mandate,** mandat international (donné par la Société des Nations). *The m. for Palestine,* le mandat sur la Palestine. *To confer a m. on a Power,* attribuer un mandat à une Puissance. (*b*) **Electoral mandate,** mandat de député.

mandate[2] [man'deit], *v.tr.* *To m. a country to one of the Powers,* attribuer sous mandat un pays à une des Puissances; mettre un pays sous le mandat d'une des Puissances. **The mandated territories,** les territoires *m* sous mandat.

mandatory ['mandətəri]. **1.** *a.* (*a*) Qui prescrit, qui enjoint. **Mandatory writ,** mandement *m*. (*b*) *U.S:* Obligatoire. (*c*) *Pol:* **Mandatory states,** états *m* mandataires. **2.** *s.* = MANDATARY.

Mandchu-Kuo ['mantʃu'ku:o]. *Pr.n. Geog:* Le Man Tchéou Kouo; l'État mandchou.

mandible ['mandibl], *s.* **1.** *Z:* Mandibule *f*. **2.** *Anat:* Mâchoire inférieure.

mandibular [man'dibjulər], *a.* *Z:* Mandibulaire.

mandibulate [man'dibjuleit], *a.* (Insecte) mandibulé; (organe *m*) mandibulaire.

mandola [man'doulə], *s.* *Mus:* Mandore *f*.

mandolin(e) ['mandolin], *s.* *Mus:* Mandoline *f*.

mandolinist ['mandolinist], *s.* *Mus:* Mandoliniste *mf*.

mandora [man'dɔ:rə], *s.* *Mus:* = MANDOLA.

mandragora [man'dragorə], *s.* = MANDRAKE.

mandrague ['mandrag], *s.* *Fish:* Madrague *f*.

mandrake ['mandreik], *s.* *Bot:* **1.** Mandragore *f*; anthropomorphe *m*. **2.** = MAY-APPLE.

mandrel[1] ['mandrel], **mandril** ['mandril], *s.* *Mec.E:* **1.** Mandrin *m*, arbre *m* (de tour); douille filetée. **Chucking mandrel,** mandrin pour tour en l'air. **Hollow mandrel,** mandrin à manchon. **2.** (*a*) *Metalw:* Mandrin (pour évaser les tubes). (*b*) *Jewellery:* (*For rings*) Triboulet *m*. **3.** *Dial:* Pic *m* (de mineur) à deux pointes.

mandrel[2], *v.tr.* Mandriner, évaser (un tube).

mandrill ['mandril], *s.* *Z:* Mandrill *m*.

manducable ['mandjukəbl], *a.* Manducable.

manducate ['mandjukeit], *v.tr.* Mâcher; mastiquer (chaque bouchée).

manducation [mandju'keiʃ(ə)n], *s.* (*a*) Mastication *f* (des aliments). (*b*) *Ecc:* Manducation *f*; participation actuelle à l'eucharistie.

manducatory ['mandjukeitəri], *a.* Masticatoire.

mane [mein], *s.* Crinière *f* (du cheval, du lion, etc.). **The mane and tail,** les crins *m* (d'un cheval). *Horse with flowing m. and tail,* cheval à tous crins.

maned [meind], *a.* A crinière. **Black-maned,** à la crinière noire.

manege [ma'ne:ʒ], *s.* **1.** Manège *m* (du cheval). **2.** Salle *f* de manège; manège.

manes ['meini:z], *s.pl.* *Rom.Ant:* Mânes *m*.

manful ['manful], *a.* Vaillant, courageux, hardi, intrépide, viril. **-fully,** *adv.* Vaillamment, courageusement, hardiment, intrépidement; avec virilité.

manfulness ['manfulnəs], *s.* Vaillance *f*; hardiesse *f*, virilité *f*.

manganate ['maŋganet], *s.* *Ch:* Manganate *m*.

manganese [maŋga'ni:z], *s.* **1.** *Miner:* (Oxyde noir de) manganèse *m*; péroxyde *m* de manganèse. **Red manganese,** rhodonite *f*. *Dioxide of m., grey oxide of m.,* bioxyde *m*, ferroxyde *m*, de manganèse. **Grey manganese ore,** manganite *f*. **Bog manganese,** asbolane *f*, wad *m*. **2.** *Ch:* Manganèse. **Manganese oxide,** magnésie *f* des peintres. *Metall:* **Manganese pig,** fonte manganésée. **Manganese bronze,** bronze *m* au manganèse, bronze manganésé. **Manganese steel,** acier *m* au manganèse.

manganesian [maŋga'ni:ziən], *a.* *Ch:* Manganésien.

manganic [man'ganik], *a.* *Ch:* Manganique.

manganite ['maŋganait], *s.* **1.** *Miner:* Manganite *f*, acerdèse *f*. **2.** *Ch:* Manganite.

mange [meindʒ], *s.* Gale *f*, *F:* rogne *f* (du chien, du chat, etc.). *See also* FOX-MANGE.

mangel-wurzel ['maŋg(ə)l'wə:rz(ə)l], *s.* Betterave *f* champêtre; betterave fourragère.

manger ['meindʒər], *s.* **1.** Mangeoire *f*, crèche *f*; auge *f* d'écurie. *F:* **He is a dog in the manger,** il fait, c'est, le chien du jardinier. *See also* RACK[2] 1. **2.** *N.Arch:* Gatte *f*.

mangerful ['meindʒərful], *s.* Augée *f*.

manginess ['meindʒinəs], *s.* État galeux (d'un chien, etc.).

mangle[1] [maŋgl], *s.* *Laund:* Calandreuse *f*, calandre *f*. **Mangle and wringer,** essoreuse-calandreuse *f*, *pl.* essoreuses-calandreuses.

mangle[2], *v.tr.* Calandrer, cylindrer (le linge); passer (le linge) à la calandre.

mangling[1], *s.* Calandrage *m*.

mangle[3], *v.tr.* **1.** Déchirer, lacérer, écraser, mutiler (qn, les membres de qn); charcuter, massacrer (une volaille, une pièce de viande). *The body was found frightfully mangled,* on a retrouvé le corps affreusement mutilé. **2.** Mutiler, déformer (un mot); estropier (une citation); mutiler, dénaturer (un texte).

mangling[2], *s.* Lacération *f*; mutilation *f*.

mangle[4], *s.* = MANGROVE.

mangler ['maŋglər], *s.* **1.** (*Pers.*) Calandreur, -euse. **2.** *Ind:* Machine *f* à calandrer.

mango, *pl.* **-oes** ['maŋgou, -ouz], *s.* *Bot:* **1.** Mangue *f*. **2.** **Mango (-tree),** manguier *m*. (*In India*) **The mango trick,** le tour du manguier qui pousse à vue d'œil.

'mango-fish, *s.* *Ich:* Polynème *m* mangue.

mangonel ['maŋgonel], *s.* *Mil.Archeol:* Mangonneau *m*; machine *f* à lancer des pierres.

mangosteen ['maŋgosti:n], *s.* *Bot:* **1.** Mangouste *f*. **2.** **Mangosteen(-tree),** mangoustan *m*.

mangrove ['maŋgrouv], *s.* *Bot:* **1.** Mangle *f*. **2.** **Mangrove(-tree),** manglier *m*, palétuvier *m*. **Mangrove bark,** écorce *f* de manglier.

mangy ['meindʒi], *a.* **1.** Galeux. **2.** (*a*) *F:* (*Of furniture, etc.*) Minable, miteux. (*b*) *P:* "Sale," moche. *A m. show*, un spectacle moche, de rien du tout. *M. trick*, sale tour *m.*

Manhattanese [manhatə'ni:z], *a. & s.* (Originaire, natif) de Manhattan.

manhood ['manhud], *s.* **1.** Humanité *f*; nature humaine. **2.** Âge *m* d'homme; âge viril; virilité *f. Pol:* **Manhood suffrage,** suffrage universel. **3.** *A:* = MANLINESS.

mania ['meiniə], *s.* **1.** *Med:* (i) Manie *f*; folie *f*; délire *m*; (ii) folie furieuse. **Suicidal mania,** folie du suicide. *See also* PERSECUTION. **2.** *F:* Manie, passion *f* (de qch.). *The gardening m.*, la folie du jardinage; la jardinomanie. *Aut: Speed m.*, manie de la vitesse. **To have a mania for sth., for doing sth.,** avoir la manie de qch., de faire qch.; aimer qch. à la rage. *It is the m. of the day*, c'est l'engouement *m* du jour.

-mania [meiniə], *comb.fm.* -manie *f. Anglomania*, anglomanie. *Bibliomania*, bibliomanie. *Kleptomania*, cleptomanie. *F: Bancomania*, manie de fonder des banques. *Scribbleomania*, scribomanie.

maniac ['meiniak]. **1.** *a. & s. Med:* Fou furieux, folle furieuse. **2.** *s. F:* Enragé, -ée (de qch.). **Tobacco maniac,** tabacomane *mf*, fumeur invétéré.

-maniac [meiniak], *comb.fm.* -mane *mf. Anglomaniac*, anglomane. *Bibliomaniac*, bibliomane. *Kleptomaniac*, cleptomane.

maniacal [mə'naiək(ə)l], *a. Med:* **1.** Fou, folle. **2.** De fou; de fou furieux.

manic ['manik], *a. Psy:* (Désir, etc.) qui tient de la folie.

Manichean [mani'ki:ən]. *Rel.Hist:* **1.** *a.* Manichéen; des Manichéens. **2.** *s.* = MANICHEE.

Manichee ['maniki:], *s. Rel.Hist:* Manichéen, -éenne.

Manicheism ['maniki:izm], *s. Rel.Hist:* Manichéisme *m.*

manicure[1] ['manikjuər], *s.* **1.** Soin *m* des mains; toilette *f* des ongles. **Manicure set,** trousse *f* de manucure; onglier *m.* **Manicure knife,** gratte-ongles *m inv.* **2.** = MANICURIST.

manicure[2], *v.tr.* **1.** Soigner les mains de (qn); faire les mains à (qn). **2.** Soigner (les mains). **To manicure one's nails,** se faire les ongles.

manicurist ['manikjuərist], *s.* Manucure *mf.*

manifest[1] ['manifest], *a.* Manifeste, évident, clair. *To make sth. m.*, manifester qch.; rendre qch. manifeste. **-ly,** *adv.* Manifestement. *She is m. wrong*, il est clair qu'elle a tort.

manifest[2], *s. Nau:* Manifeste *m* (de sortie); déclaration *f* d'expédition.

manifest[3]. **1.** *v.tr.* (*a*) Manifester, témoigner, montrer (qch.). *They manifested great activity*, ils faisaient preuve d'une grande activité. (*b*) **To manifest itself,** se manifester. *No disease has manifested itself*, il ne s'est manifesté, ne s'est révélé, aucune maladie. (*c*) *Nau:* (i) Déclarer (une cargaison) en douane. (ii) Faire figurer (une marchandise) sur le manifeste. **2.** *v.i.* (*a*) *Pol: etc:* Manifester; prendre part à une manifestation. (*b*) *Psychics:* (*Of ghost, spirit*) Se manifester.

manifestation [manifes'teiʃ(ə)n], *s.* Manifestation *f. Pol:* **Mass manifestation,** manifestation collective.

manifesto [mani'festo], *s. Pol: etc:* Manifeste *m*, proclamation *f*; déclaration publique (d'un prince ou d'un parti).

manifold[1] ['manifould]. **1.** *a.* (*a*) Divers, varié; de diverses sortes. *The m. wisdom of God*, la sagesse infiniment variée de Dieu. (*b*) Multiple, nombreux. *M. temptations*, de nombreuses tentations. *B:* **How manifold are thy works!** que tes œuvres sont en grand nombre! **2.** *s.* (*a*) *Phil:* Diversité *f.* (*b*) *Com: etc:* Polycopie *f*; document polycopié; copie (tirée sur un polygraphe). **Manifold writer,** appareil *m* à polycopier; appareil de reproduction graphique; polygraphe *m. Typewr:* **Manifold paper,** papier *m* à copies multiples. (*c*) *I.C.E: etc:* Tubulure *f*, tuyauterie *f*; collecteur *m*, culotte *f. Mch:* Collecteur (du surchauffeur). **Exhaust manifold,** tubulure d'échappement; tuyautage *m* d'échappement; collecteur d'échappement; culotte d'échappement. **Inlet manifold, admission manifold,** tuyauterie d'aspiration, d'admission. **Oil manifold,** collecteur d'huile. (*d*) *Mth:* **Vector-manifold,** multiplicité vectorielle. **-ly,** *adv.* **1.** Diversement; de diverses manières. **2.** En nombre multiple.

manifold[2], *v.tr.* Polycopier, autocopier.

manifolding, *s.* Polycopie *f*, autocopie *f*; reproduction *f* (de circulaires, etc.). **Manifolding machine,** appareil *m* à polycopier; autocopiste *m.*

manifolder ['manifouldər], *s.* = *manifolding machine, q.v. under* MANIFOLDING.

manifoldness ['manifouldnəs], *s.* Multiplicité *f*, diversité *f*; aspects variés (de qch.).

manikin ['manikin], *s.* **1.** Petit homme; petit bout d'homme; homoncule *m*, nabot *m.* **2.** *Art: Med: Surg:* Mannequin *m.* **3.** *Orn:* = MANAKIN.

manilla[1] [mə'nilə], *s. Anthr:* Manille *f* (de tribus africaines).

Manil(l)a[2]. *Pr.n. Geog:* Manille *f. Com:* **Manilla hemp,** (i) chanvre *m* de Manille; (ii) (*tree*) bananier *m* textile. **Manilla rope,** cordage *m* en manille; manille *f.* **Manilla cheroot,** cigare *m* de Manille; manille *m. Paperm:* **Manilla paper,** papier *m* bulle.

manille [mə'nil], *s. Cards:* Manille *f.*

manioc ['maniɔk], *s.* **1.** *Bot:* Manioc *m.* **2.** *Cu:* Cassave *f.*

maniple ['manipl], *s.* **1.** *Rom.Ant:* Manipule *m*; compagnie *f* d'infanterie. **2.** *Ecc:* Manipule, fanon *m.*

manipular [mə'nipjulər]. **1.** *a. & s. Rom.Ant:* Manipulaire (*m*). **2.** *a.* = MANIPULATIVE.

manipulate [mə'nipjuleit], *v.tr.* **1.** Manipuler (un objet); manœuvrer, actionner (un dispositif mécanique); agir sur (un levier, une pédale). **2.** *F:* **To manipulate accounts,** tripoter, cuisiner, arranger, des comptes. *St.Exch:* **To manipulate the market,** agir sur le marché; travailler le marché; provoquer des mouvements de Bourse.

manipulation [manipju'leiʃ(ə)n], *s.* Manipulation *f.* **1.** *Surg: Med:* Exploration *f* (des organes). **2.** Manœuvre *f. Wrong m.*, fausse manœuvre. **3.** *Pej:* Tripotage *m. M. of the market*, tripotages en Bourse; *A:* agiotage *m.*

manipulative [mə'nipjuleitiv], *a.* De manipulation; accompli au moyen de manipulations. **Manipulative surgery,** thérapeutique manuelle.

manipulator [mə'nipjuleitər], *s.* **1.** Manipulateur *m.* **2.** *Pej:* Tripoteur *m. St.Exch:* Agioteur *m.*

Manipur [mani'puər]. *Pr.n. Geog:* Manipour *m.*

Manipuri [mani'puəri], *s. Geog:* Originaire, natif, de Manipour.

mankind, *s.inv.* **1.** [man'kaind]. Le genre humain; l'homme *m*; l'humanité *f*; l'espèce humaine. **2.** ['mankaind]. (*Opp. to womankind*) Les hommes. *The credulity common to m. and womankind*, la crédulité commune aux hommes et aux femmes.

manlike ['manlaik], *a.* **1.** (*a*) D'homme; mâle; digne d'un homme. *M. he stood his ground*, en homme qu'il était, il tint bon. (*b*) (*Of woman*) Hommasse. **2.** Semblable à un homme. **The manlike apes,** les anthropoïdes *m.*

manliness ['manlinəs], *s.* Caractère mâle, viril; virilité *f.*

manly ['manli], *a.* D'homme; mâle, viril. *The m. genius of Corneille*, le mâle génie de Corneille. *M. voice*, voix *f* mâle. *The m. qualities*, les qualités qui conviennent à l'homme.

manna ['manə], *s.* **1.** *B: etc:* Manne *f.* **2.** *Pharm:* Manne du frêne. *M. in tears*, manne en larmes. *M. in sorts*, manne en sortes. **Turkish, Syrian, manna,** tréhala *m.* **Manna sugar,** mannite *f. See also* ASH[1] 1.

mannequin ['manikin], *s.* (*Pers.*) Mannequin *m. See also* PARADE[1] 3.

manner ['manər], *s.* **1.** (*a*) Manière *f*, façon *f* (de faire qch.). **In, after, this manner,** de cette manière, de cette façon; ainsi. *No one would use it in that m.*, personne n'en userait de la sorte. *He answered in a different m.*, il a répondu d'une autre façon. *The m. in which . . .*, la manière dont. . . . *He answered in an easy m.*, il répondit d'un air dégagé. *He is religious after his own m.*, il est religieux à sa façon. **In like manner,** de la même manière; de même. **In such a manner that . . .,** de manière que, de sorte que + *ind. or sub.* **In the same manner as . . .,** de la même manière que . . ., de même que. . . . **In a manner (of speaking),** en quelque sorte, en quelque manière; dans un certain sens; d'un certain point de vue; pour ainsi dire. **It is a manner of speaking,** c'est une façon de parler. *Gram:* **Adverb of manner,** adverbe *m* de manière. (*b*) *Art: Lit:* Manière. **The manner and the matter,** la forme et le fond. **Novel after the manner of Dickens,** roman *m* à la manière de Dickens; *F:* roman à la Dickens. *Painted* **in the Watteau manner,** peint dans le goût, dans le style, de Watteau. *It sounds rather like Verdi in his early m.*, cela ressemble à du Verdi de la première manière. **2.** *A. & Lit:* Manière, coutume *f*, habitude *f. Paul,* **as his manner was, . . .,** Paul, comme c'était son habitude, ... *After the m. of the kings of old*, à la manière, selon l'habitude, des rois d'autrefois; à l'instar des anciens rois. *He does it* **as (if) to the manner born,** il le fait comme s'il était né pour cela, comme si de sa vie il n'avait fait que cela. **3.** *pl.* Mœurs *f*, usages *m* (d'un peuple). *Such were the manners of the time*, telles étaient les mœurs de l'époque. **Manners change with the times,** autres temps, autres mœurs. *See also* COMEDY 1, CUSTOM 1. **4.** Maintien *m*, tenue *f*, air *m*, abord *m. Her modest m.*, son maintien modeste. *His easy m.*, son air dégagé. *I do not like his m. to his teachers*, je n'aime pas son attitude envers ses professeurs. *He has a bad m.*, il ne sait pas se présenter. **5.** *pl.* (*a*) Manières. **Bad manners,** mauvaises manières; manque *m* de savoir-vivre; manque de tenue. **It is bad manners to stare,** c'est mal élevé de dévisager les gens. *Shocking manners, F: shocking bad manners*, manque complet de savoir-vivre. *He wants to be taught better manners*, il a besoin qu'on lui apprenne à vivre. *See also* MEND[2] I. 2. (*b*) (Good) **manners,** bonnes manières, savoir-vivre *m*, politesse *f*, bienséance *f.* **To teach s.o. manners,** donner à qn une leçon de politesse, de bienséance. *I'll teach him manners!* je lui apprendrai à vivre! **To forget one's manners,** oublier les convenances; **s'oublier.** *Don't forget your manners*, n'oubliez pas vos bonnes manières. **Where are your manners,** *Tommy?* voyons, Tommy, est-ce que tu ne sais pas te tenir? d'où sors-tu? *He has no manners*, c'est un malappris; il ne sait pas vivre; il manque d'éducation, de savoir-vivre, d'usage. *Lack of manners*, manque de procédés. *Aut: Road manners*, politesse *f* sur la route. (*At table*) **To leave a piece for manners,** laisser un morceau par bienséance. *See also* BREACH[1] 1, COMPANY[1] 2. **6.** Espèce *f*, sorte *f.* **What manner of man is he?** quelle espèce d'homme est-il? quel genre d'homme est-ce? *What m. of man would have denied her charm?* quel est l'homme qui aurait nié son charme? **All manner of people, of things,** toutes sortes de gens, de choses. **No manner of doubt,** aucune espèce de doute. *You have no m. of right to interfere*, vous n'avez aucunement le droit de vous en mêler. *See also* MEAN[1] 2.

mannered ['manərd], *a.* **1.** (*With a. or adv. prefixed, e.g.*) **Rough-mannered,** aux manières rudes; (homme *m*) brusque. **Simple-mannered,** aux manières simples. *See also* ILL-MANNERED, WELL-MANNERED. **2.** *Art: Lit:* Maniéré; affecté; (style) recherché, précieux. *I find the style slightly m.*, je trouve un peu de maniérisme, un peu de recherche, dans l'expression.

mannerism ['manərizm], *s.* **1.** Maniérisme *m*, affectation *f.* **2.** Particularité *f* (d'un écrivain, etc.); *F:* tic *m. He has his mannerisms*, il a sa manière.

mannerist ['manərist], *s. Art: Lit:* Maniériste *mf.*

mannerized ['manəra:izd], *a.* = MANNERED 2.

mannerless ['manərləs], *a.* Aux mauvaises manières; sans tenue; qui manque de savoir-vivre.

mannerliness ['manərlinəs], *s.* Bonnes manières; courtoisie *f*; politesse *f.*

mannerly ['manərli], *a.* Poli; courtois; qui a de bonnes manières; bien élevé.

mannish ['maniʃ], *a.* **1.** D'homme; qui caractérise l'homme. *A m. bedroom*, une vraie chambre de garçon. **2.** (*Of woman*) Hommasse. *M. ways*, habitudes garçonnieres. *To become m.*, prendre des allures garçonnières; *F:* se garçonner. *To be m. in one's dress*, s'habiller d'une manière masculine.

mannishness ['maniʃnəs], *s.* **1.** Caractère masculin. **2.** Caractère hommasse (d'une femme). *M. of dress*, mise masculine.

mannite ['manait], *s. Ch:* Mannite *f.*

manœuvrable [mə'nuːvrəbl, -njuː-], *a.* (Avion *m*, etc.) manœuvrable, maniable.

manœuvre[1] [mə'nuːvər, -njuː-], *s.* **1.** *Mil: Navy:* Manœuvre *f.* **Army manœuvres**, les grandes manœuvres. *Fleet manœuvres*, manœuvres d'escadre. *Troops on manœuvres*, troupes *f* en manœuvre. **2.** *F:* (*a*) *A clever, a false, m.*, une manœuvre habile, une fausse manœuvre. (*b*) *pl. Pej:* (**Underhand**) **manœuvres**, menées *f*, intrigues *f* (contre le Gouvernement, etc.). *The low manœuvres of politicians*, la sale cuisine politicienne.

manœuvre[2]. **1.** *v.tr.* Manœuvrer, faire manœuvrer (une armée, une flotte). **To manœuvre the enemy out of a position**, user de moyens adroits pour déloger l'ennemi. *F:* **To manœuvre s.o. into a corner**, (i) acculer qn dans un coin; (ii) amener adroitement qn dans une impasse. **2.** *v.i.* (*Of troops, etc.*) Manœuvrer. *Nau:* (*Of ships, yachts*) Évoluer. *F:* **To manœuvre for position**, s'efforcer d'obtenir une bonne position initiale, de se mettre en bonne posture.

manœuvring, *s.* **1.** Manœuvres *fpl.* **2.** *Pej:* Intrigues *fpl*, menées *fpl.*

manœuvrer [mə'n(j)uːvrər], *s.* **1.** Manœuvrier *m* (d'une armée, etc.). **2.** *F:* Intrigant, -ante.

manometer [mə'nɔmetər], *s.* Manomètre *m.*

manometric(al) [mano'metrik(əl)], *a.* Manométrique.

manor ['manər], *s. Hist:* Seigneurie *f.* **Capital manor**, domaine *m* d'un seigneur suzerain. *See also* LORD[1] 1.

'manor-house, *s.* Château seigneurial; demeure seigneuriale; manoir *m.*

manorial [mə'nɔːriəl], *a.* Seigneurial, -aux.

mansard ['mansərd], *s.* **Mansard (roof)**, toit *m*, comble *m*, en mansarde; comble à la mansarde; comble brisé. **Mansard-roofed**, mansardé.

manse [mans], *s. Esp. Scot:* Presbytère *m* (résidence *f* du pasteur).

mansion ['manʃ(ə)n], *s.* **1.** (*In country*) Château *m*; (*in town*) hôtel (particulier). *A 16th century m.*, une demeure du 16e siècle. **2.** *pl.* **Mansions**, immeuble divisé en appartements; maison *f* de rapport. **3.** *Astrol:* Maison.

'mansion-house, *s.* **1.** Château seigneurial; manoir *m.* **2.** **The Mansion House**, la résidence officielle du Lord Maire de Londres (dans la *City*).

manslaughter ['manslɔːtər], *s. Jur:* (*a*) Homicide *m* involontaire, par imprudence. (*b*) Homicide sans préméditation. **Voluntary manslaughter**, meurtre *m.*

manslayer ['mansleiər], *s.* Meurtrier *m*, homicide *m.*

mansuetude ['manswitjuːd], *s. A:* Mansuétude *f.*

mantel ['mant(ə)l], *s.* = MANTELPIECE.

'mantel-board, *s.* Dessus *m*, tablette *f*, de cheminée.

'mantel-tree, *s.* = MANTELPIECE 1.

mantelet ['mantlət], *s.* = MANTLET.

mantelpiece ['mantlpiːs], *s.* **1.** Manteau *m*, linteau *m*, chambranle *m*, de cheminée. **2.** Dessus *m*, tablette *f*, de cheminée; *F:* cheminée *f. See also* CLOCK[1].

mantelshelf ['mantlʃelf], *s.* = MANTELPIECE 2.

mantilla [man'tila], *s. Cost:* Mantille *f.*

Mantinea [manti'niːa]. *Pr.n. A.Geog:* Mantinée *f.*

mantis ['mantis], *s. Ent:* Mante *f.* **Praying mantis**, mante religieuse; prie-Dieu *f inv.*

'mantis-shrimp, *s. Crust:* Squille *f*; mante *f* de mer.

mantissa [man'tisa], *s. Mth:* Mantisse *f* (d'un logarithme).

mantle[1] [mantl], *s.* **1.** *Cost:* (*a*) Manteau *m* (sans manches); cape *f.* (*b*) Mante *f*, pèlerine *f* (de femme). *See also* LADY'S MANTLE. **2.** (*a*) Manteau (de lave, de neige, de lierre). (*b*) Voile *m* (d'obscurité, de brume). **3.** *Moll: Orn:* Manteau. **4.** (*a*) Manchon *m* (de bec de gaz à incandescence). (*b*) *Metall:* (i) Chemise extérieure, enveloppe extérieure (de haut-fourneau). (ii) Manteau, surtout *m* (de moule). (*c*) *Const:* Parement *m* (d'un mur).

'mantle-knot, *s.* Nœud *m* de diamants.

mantle[2]. **1.** *v.tr.* (*a*) Couvrir, vêtir, envelopper (qn) d'un manteau, d'une mante, d'une cape. (*b*) Jeter un manteau sur (qch.); cacher, voiler (qch.). (*c*) Couvrir, envelopper (*with*, de). *Wall mantled with ivy*, mur tapissé de lierre. **2.** *v.i.* (*a*) (*Of liquid*) Écumer, mousser; se couvrir d'une couche d'écume. (*b*) (*Of blood, blush*) Se répandre (*over the cheeks*, sur les joues); (*of face, cheeks*) rougir, s'empourprer. *The dawn mantles in the sky*, l'aurore *f* envahit le ciel.

mantling, *s. Her:* Lambrequin *m* (de casque, etc.).

mantlet ['mantlet], *s.* **1.** *Cost:* Mantelet *m.* **2.** *Mil:* (*a*) *A:* Mantelet (de siège). (*b*) Pare-balles *m inv* (d'une pièce).

mantua[1] ['mantjua], *s. A.Cost:* (*a*) Mante *f.* (*b*) Robe flottante.

'mantua-maker, *s. A:* Couturière *f.*

Mantua[2]. *Pr.n. Geog:* Mantoue *f.*

Mantuan ['mantjuən], *a.* & *s. Geog:* Mantouan, -ane. **The Mantuan Swan**, le Cygne de Mantoue; Virgile.

manual ['manjuəl]. **1.** *a.* (*a*) Manuel; (fait) à la main, à bras. *M. work, labour*, travail manuel; travail de manœuvre. *See also* LABOUR[1] 2. *M. haulage*, traction *f* à bras d'hommes. **Manual fire-engine**, pompe *f* à bras. **The manual alphabet**, l'alphabet manuel, l'alphabet des sourds-muets. *M. method of communication*, méthode *f* dactylologique; dactylologie *f. See also* SIGN-MANUAL. (*b*) *Mil:* **Manual exercise**, maniement *m* des armes. **2.** *s.* (*a*) Manuel *m*; aide-mémoire *m inv*; *F:* guide-âne *m*, *pl.* guide-âne(s). (*b*) *Mus:* Clavier *m* (d'un orgue). **Great-manual**, clavier du grand orgue. *See also* SWELL-MANUAL. **-ally**, *adv.* Manuellement; à la main.

manufactory [manju'faktəri], *s.* Fabrique *f*, usine *f*, manufacture *f.*

manufacture[1] [manju'faktjər], *s.* **1.** (*a*) Fabrication *f*, élaboration *f* (d'un produit industriel); confection *f* (de vêtements, etc.). *Article of foreign m.*, article fabriqué à l'étranger; article de fabrication étrangère. *F: Verses of my own m.*, vers *m* de ma propre invention; vers de mon cru. (*b*) Industrie *f. The woollen m.*, l'industrie de la laine; l'industrie lainière. **2.** Produit fabriqué; produit manufacturé.

manufacture[2], *v.tr.* **1.** (*a*) Fabriquer, manufacturer (un produit industriel); confectionner (des vêtements, etc.). (*b*) *F: To m. novels, verse*, fabriquer des romans, des vers. (*c*) *F:* **To manufacture news**, forger, fabriquer, des nouvelles. **2.** *Poisons manufactured within the system*, poisons élaborés dans l'organisme.

manufacturing[1], *a.* Manufacturier, industriel. **Manufacturing chemist**, fabricant *m* de produits chimiques. **Manufacturing town**, ville industrielle. *See also* ENGINEER[1] 1.

manufacturing[2], *s.* Fabrication *f*; confection *f* (de vêtements).

manufacturer [manju'faktjərər], *s.* **1.** Fabricant *m*, industriel *m*, manufacturier *m*, usinier *m. Cloth m.*, fabricant de draps. *Boiler m.*, constructeur *m* de chaudières. *See also* PRICE[1]. **2.** *Pej: F:* Fabricateur *m*, inventeur *m* (de mensonges, de nouvelles, de mots nouveaux).

manumission [manju'miʃ(ə)n], *s. Hist:* Manumission *f*, affranchissement *m*, émancipation *f* (d'un esclave); mainmise *f* (d'un serf).

manumit [manju'mit], *v.tr.* (**manumitted; manumitting**) *Hist:* Affranchir, émanciper (un esclave); mainmettre (un serf).

manumitter [manju'mitər], *s. Hist:* Affranchisseur *m*, émancipateur *m.*

manure[1] [mə'njuər], *s.* Engrais *m.* **Farmyard manure**, fumier *m* (d'étable). **Fish manure**, engrais de poisson. **Chemical manure, artificial manure**, engrais artificiel; compost *m.* **Liquid manure**, engrais flamand; eaux-vannes *fpl*, purin *m*, *F:* bouillon *m.* **Manure heap**, tas *m* de fumier; *F:* fumier; *Hort:* meule *f.* **Manure pit**, trou *m* au fumier. *Liquid m. pit or sump*, fosse *f* à purin. **Manure crop**, culture sidérale. **Green manure**, engrais vert; verdage *m. Fertilization by m. crops*, sidération *f. See also* BONE-MANURE.

manure[2], *v.tr.* Fumer, engraisser (la terre).

manuring, *s.* Fumage *m*, engraissement *m.*

manurial [mə'njuəriəl], *a.* (Valeur, etc.) comme engrais; (valeur) fertilisante.

manuscript ['manjuskript]. **1.** *s.* Manuscrit *m.* **To have poems in manuscript**, *F:* avoir des vers en portefeuille. **2.** *a.* Manuscrit; écrit à la main.

Manutius [mə'njuːʃjəs]. *Pr.n.m. Typ.Hist:* Manuce.

Manx [maŋks]. **1.** *a. Geog:* Mannois; manxois; manx; de l'île de Man. *The old M. customs*, les vieilles mœurs manxes. **Manx cat**, chat *m* sans queue de l'île de Man. **2.** *s.* (*a*) *Ling:* Le mannois, le manx, le manxois. (*b*) *pl.* **The Manx**, les Mannois; les habitants de l'île de Man.

Manxman, *pl.* **-men**, *f.* **-woman**, *pl.* **-women** ['maŋksmən, -men, -wumən, -wimen], *s. Geog:* Mannois, -oise.

many ['meni]. **1.** *a.* & *s.* (more, most, *q.v.*) Un grand nombre (de); beaucoup (de); bien des; plusieurs, maint, force. *M. times*, beaucoup de fois; bien des fois. **Many a time, many and many a time**, *Lit:* **many a time and oft**, mainte(s) fois; mainte et mainte fois; de multiples fois. **Many a man, many a one**, bien des gens; plus d'un. **Many's the time** *I've heard that song*, j'ai entendu cette chanson bien des fois, plus d'une fois. *M. people*, beaucoup de gens, bien des gens. *M. customers write to us . . .*, de nombreux clients, nombre de clients, nous écrivent. . . . *We shall see him* **before many days, before many weeks, have passed**, nous le verrons avant qu'il soit longtemps. *To pay s.o. m. compliments*, faire à qn force compliments. **Of many kinds**, de toutes sortes. **In many instances**, dans bien des cas. *It can be done* **in many ways**, on peut le faire de plusieurs manières. **For many years**, pendant de longues années. *I have known him for (ever so) m. years*, je le connais depuis des années. **Ever so many times**, je ne sais combien de fois. *His mistakes were m. and bad*, ses fautes étaient nombreuses et sérieuses. *Prov:* **Many hands make light work**, à plusieurs la besogne va vite. **Many of us, of them**, beaucoup, un grand nombre, d'entre nous, d'entre eux. *M. of his observations have proved correct*, beaucoup de ses observations se sont vérifiées. **Many have seen it**, beaucoup de personnes l'ont vu; il y en a beaucoup qui l'ont vu. **They were so many**, ils étaient si nombreux; il y en avait tant. *Like so m. others*, comme tant d'autres; comme il y en a tant. **So many men, so many minds**, (au)tant d'hommes, (au)tant d'avis. *The skulls were crushed* **like so many** *egg-shells*, les crânes étaient broyés comme autant de coquilles d'œufs, étaient broyés telles des coquilles d'œufs. *The boys climb like so m. monkeys*, les garçons grimpent comme autant de singes, comme de vrais singes. *He told me* **in so many words that . . .**, il m'a dit en propres termes que. . . . **Too many people**, trop de monde. *They are too m.*, ils sont trop. *Three of you are* **none too many** *for the job*, vous n'êtes pas trop de trois pour ce travail. **A card too many**, une carte de trop. *See also* TOO 1. **How many horses have you?** combien de chevaux avez-vous? *How m. are there of you here? F:* qu'est-ce que vous êtes de personnes ici? *I have* **as many books as you**, j'ai autant de livres que vous. *I have* **not got so many books as you**, je n'ai pas autant de livres que vous. *How m. (of them) can I have?* —As many as you want, combien puis-je en avoir?—Autant que vous voulez. **As many again, as many more, twice as many**, deux fois autant, encore autant. *Three times as m.*, trois fois autant. **As many as ten people saw it**, jusqu'à dix personnes l'ont vu.

As many words as make up a line, le nombre de mots nécessaire pour faire une ligne. *Admit as m. as come,* laissez entrer tous ceux qui viendront. *Four accidents in as m. days,* quatre accidents en quatre jours. **A great many people,** un grand nombre de personnes. **A good many things,** un assez grand nombre de choses; pas mal de choses. *A good m. people saw him,* bon nombre de gens l'ont vu. **There are a good many,** il y en a pas mal. *Those,* **not very many,** *who* . . ., ceux, en petit nombre, qui. . . . **2.** *s.* **The many,** la multitude; la foule. **3.** *Comb.fm.* (*a*) **Many-voiced,** aux voix nombreuses. **Many-toned,** aux sons variés. **Many-languaged,** aux diverses langues. (*b*) **Many-flowered, -lobed,** multiflore, multilobé.

many-'coloured, *a.* Multicolore. *The m.-c. hues of flowers,* les tons multicolores des fleurs.

many-'fingered, *a. Nat.Hist:* Multidigité.

many-'headed, *a.* Aux têtes nombreuses; à plusieurs têtes. *F:* **The many-headed beast, monster,** la multitude, la foule, la populace.

many-'sided, *a.* **1.** (Figure *f*) à plusieurs côtés, multilatère. **2.** (Problème) complexe, compliqué. **3.** (Personne) aux talents variés.

many-'sidedness, *s.* **1.** Complexité *f* (d'une question). **2.** Diversité *f*, variété *f*, de talents. *His m.-s.,* la diversité de ses talents.

manyplies ['menipla:iz], *s.pl. Dial:* Feuillet *m*; troisième poche *f* de l'estomac (des ruminants).

Maori ['maori], *a. & s. Ethn: Geog:* Maori, -ie. *s.pl.* **The Maoris, the Maori,** les Maoris.

Maoriland ['maoriland]. *Pr.n. Geog: F:* La Nouvelle-Zélande.

Maorilander ['maorilandər], *s.* Néo-Zélandais, -aise (d'origine Européenne).

map¹ [map], *s.* Carte *f* (géographique). *Map to the scale of* 1/500,000, carte au 500,000[me]. **Outline map, skeleton map,** carte muette. *Map with the names marked,* carte écrite. **Map of a town,** plan *m* d'une ville. *Rac: Map of the circuit,* carte du parcours. **Sketch map,** carte-croquis *f*, *pl.* cartes-croquis; *F:* topo *m*. *Sketch map of the ground,* plan sommaire du terrain. **Map of the world,** mappemonde *f*. **Dissected map,** carte montée sur toile avec sections découpées suivant les plis. *F: These questions are very much* **on the map** *at present,* ce sont des questions d'actualité. *These questions are now* **off the map,** ces questions ne sont plus de saison, n'ont plus rien à voir avec les circonstances actuelles. *See also* CONTOUR-MAP, EMBOSSMENT-MAP, ORDNANCE 2, RELIEF² 1, ROAD-MAP.

'map-board, *s. Surv: etc:* Planchette *f*.

'map-case, *s.* Poche *f* à cartes; porte-carte *m*, *pl.* porte-cartes; cache-carte *m*, *pl.* cache-carte(s). **Celluloid map-case,** lecteur *m* de cartes.

'map-cover, *s. Mil:* Cache-carte *m*, *pl.* cache-carte(s).

'map-holder, *s. Mil: etc:* Liseur *m*; porte-carte *m*, *pl.* porte-cartes.

'map-maker, *s.* Cartographe *m*.

'map-making, *s.* Cartographie *f*.

'map-measurer, 'map-meter, *s.* Curvimètre *m*; molette *f* métrique.

'map-sheet, *s.* Coupure *f* (de carte).

map², *v.tr.* (mapped; mapping) **1.** Dresser une carte, un plan, de (la région, etc.). **To map the basin of a river,** dresser la carte du bassin d'un fleuve. **2. To map out a route,** tracer un itinéraire. **To map out a course of action,** se tracer un plan d'action. *To map out one's time,* dresser, arranger, son emploi du temps.

mapping, *s.* Cartographie *f*.

maple [meipl], *s. Bot:* **1. Maple(-tree).** (*a*) Érable *m*. **English maple, common maple, field maple,** érable champêtre. **Silver maple,** érable du Canada. **Sugar maple, rock maple,** érable à sucre. **Maple sugar,** sucre *m* d'érable. **Maple syrup,** sirop *m* de sucre d'érable. (*b*) **Great maple,** sycomore *m* maple, (érable) faux platane, *F:* (érable) sycomore. **2. Maple(-wood),** (bois *m* d')érable. *See also* BIRD'S-EYE 3.

mar [mɑːr], *v.tr.* (**marred; marring**). Gâter, gâcher (le plaisir de qn); troubler (la joie de qn); défigurer (le visage de qn); déparer (la beauté de qn). *F:* **To make or mar s.o.,** faire la fortune ou la ruine de qn. *Such trials either make or mar a man,* ce sont de ces épreuves qui trempent le caractère ou qui l'énervent à tout jamais. *That will either mend or mar matters,* cela va tout arranger ou tout gâcher. *Nothing marred the unanimity of the proceedings,* rien n'a porté atteinte à l'unanimité des décisions. *Serious defects mar his work,* de graves imperfections déparent son œuvre. *Detail that mars a picture,* détail qui fait tache dans un tableau, qui gâte un tableau.

marring, *s.* Trouble apporté (au plaisir de qn); dommage causé (à un visage, etc.).

marabou ['marabu:], *s.* **1.** *Orn:* Marabout *m*; cigogne *f* à sac. **Marabou feather, plume,** plume *f* de marabout. **2.** *Coll.* Duvet *m* de marabout.

marabout ['marabu:t], *s. Rel:* Marabout (musulman).

maram ['marəm], *s.* = MARRAM.

maraschino [maraˈskiːno], *s. Dist:* Marasquin *m*.

marasmius [maˈrazmiəs], *s. Fung:* Marasme *m*.

marasmus [maˈrazməs], *s. Med:* Marasme *m*; maigreur *f* extrême.

Marathon ['maraθon]. *Pr.n. A.Geog:* Marathon. *Rac:* **Marathon (race),** marathon *m*.

Marathonian [maraˈθounjən], *a. & s. A.Geog:* Marathonien, -ienne.

maraud [maˈrɔːd]. **1.** *v.i.* Marauder; aller en maraude, aller à la maraude. **To maraud (up)on a place, (up)on the population,** piller un endroit; marauder un village, la population. **2.** *v.tr.* Piller, marauder (un village, etc.).

marauding¹, *a.* Maraudeur, -euse; de maraudeurs.

marauding², *s.* Maraude *f*; *Jur:* maraudage *m*. **To go marauding,** aller à la maraude.

marauder [maˈrɔːdər], *s.* Maraudeur *m*.

maravedi [maraˈveidi], *s. Num:* Maravédis *m*.

marble¹ [mɑːrbl], *s.* **1.** Marbre *m*. (*a*) **Brabançon marble,** petit antique. **Clouded marble,** marbre tacheté; brocatelle *f*. **Landscape marble,** marbre fleuri. **Branded marble** = ONYX-MARBLE. **Imitation marble,** similimarbre *m*. **Marble statue,** statue *f* de marbre. **Marble pavement,** dallage *m* en marbre; dalles *fpl* de marbre. **The marble industry,** l'industrie marbrière. (*Pers.*) **Marble cutter,** marbrier *m*. **Marble cutting,** marbrerie *f*. **Marble quarry,** carrière *f* de marbre; marbrière *f*. *M. works,* marbrerie. **Marble whiteness,** blancheur de marbre; *Lit:* blancheur marmoréenne. *See also* BRECCIA, HALL 2, ONION-MARBLE. (*b*) *Art: Collection of marbles,* collection *f* de marbres. **The Elgin marbles,** les marbres d'Elgin. **2.** *Games:* Bille *f*. **To play marbles,** jouer aux billes.

'marble-'edged, *a. Bookb:* Marbré sur tranche; à tranches marbrées.

marble², *v.tr.* Marbrer (une boiserie, etc.). *Bookb:* Marbrer, raciner (les plats); jasper, marbrer (les tranches).

marbled, *a.* **1.** Marbré. *Bookb:* (*Of cover*) Raciné, marbré; (*of edge*) jaspé, marbré. **Marbled calf,** veau marbré, raciné. **2.** (Salle *f*, etc.) à revêtement de marbre. **3. Marbled meat, beef,** *etc.*, viande persillée, bœuf persillé.

marbling, *s.* Marbrure *f*. *Bookb:* Racinage *m* (des plats); jaspage *m*, jaspure *f* (des tranches).

marbleize ['mɑːrblaːiz], *v.tr. U.S:* = MARBLE².

marbler ['mɑːrblər], *s. Bookb:* (*Pers.*) Marbreur *m*; racineur *m* (des plats); jaspeur *m* sur tranches.

marblet ['mɑːrblet], *s. Rept:* Marbré *m*.

marbly ['mɑːrbli], *a.* Comme le marbre; marbré.

marc [mɑːrk], *s.* Marc *m* (de raisin, etc.). *Agr:* Tourte *f* (de lin, pour engrais).

marcasite ['mɑːrkasait], *s. Miner:* Marcas(s)ite *f*; pyrite blanche, crêtée.

marcel¹ [mɑːrˈsel], *s. Hairdressing:* **Marcel(-wave),** ondulation *f*. *To have one's hair* **marcel-waved,** se faire faire une ondulation.

marcel², *v.tr.* Faire une ondulation à (une chevelure). *To have one's hair marcelled,* se faire faire une ondulation.

Marcella [mɑːrˈsela]. *Pr.n.f.* Marcelle.

Marcellinus [mɑːrseˈlainəs]. *Pr.n.m. Rel.H:* Marcellin.

Marcellus [mɑːrˈseləs]. *Pr.n.m. Rel.H:* Marcel.

marcescence [mɑːrˈses(ə)ns], *s. Bot:* Marcescence *f*, flétrissure *f*.

marcescent [mɑːrˈses(ə)nt], *a. Bot:* Marcescent.

March¹ [mɑːrtʃ], *s.* Mars *m*. *In M.*, en mars, au mois de mars. (*On*) *the first, the seventh, of M.*, le premier, le sept, mars. **March winds,** vents *m* de mars. *See also* MAD 1.

March fly, *s. Ent:* Bibion *m*.

march², *s. Hist:* (*Often in pl.*) Marche *f*; frontière *f* militaire.

'march-land, *s.* Marches *fpl*; pays *m* limitrophe.

'march-stone, *s. Dial:* Borne *f*.

march³, *v.i.* (*Of country, domain*) **To march upon, with . . .,** confiner à, être adjacent à, être limitrophe de, aboutir à. . . . *Lands marching on an estate,* tenants *m* d'une propriété.

march⁴, *s.* **1.** *Mil:* (*a*) Marche *f*. **On the march,** en marche. *To set troops on the m. towards a place,* acheminer des troupes sur, vers, un endroit. **To do a day's march,** faire, fournir, une étape. **March out,** sortie *f*. **March past,** défilé *m* (de revue, etc.). **Diagonal march,** marche oblique; écharpement *m*. **Route march,** promenade *f* militaire; marche militaire. **Order of march,** ordre de marche. *See also* FORCED 2, STEAL I. 1. (*b*) Pas *m*, allure *f*. **Slow march, parade march,** pas ordinaire. **Quick march,** pas cadencé, accéléré, redoublé. **Double march,** pas gymnastique; pas de charge, de course. **2.** Marche, progrès *m* (des événements, du temps, de l'esprit humain). **The march of thought,** le cheminement de la pensée. **3.** *Mus:* Marche. *See also* DEAD MARCH, WEDDING-MARCH.

march⁵. **1.** *v.i.* (*a*) *Mil: etc:* Marcher. **Quick march!** (*when stationary*) en avant, marche! (*when at the double*) pas cadencé! **March at ease!** pas de route! **March at attention!** pas cadencé, marche! **To march along,** marcher, avancer. *He marched on,* il continua sa route. **To march to, towards, a place,** s'acheminer sur, vers, un endroit. **To march in,** entrer. **To march out,** sortir. **To march away,** partir. **To march off,** (i) se mettre en marche; (ii) *F:* décamper; plier bagage. *The column marched off,* la colonne s'ébranla. **To march by, past (s.o.),** défiler (devant qn). (*b*) (*Of enterprise, events*) Marcher, avancer, faire des progrès. **2.** *v.tr.* (*a*) Faire marcher, mettre en marche (des troupes). (*b*) *F:* **He was marched off, away, to gaol,** on lui a fait prendre le chemin de la prison; il a été emmené en prison.

marching¹, *a. Mil:* (Régiment *m*) de ligne.

marching², *s. Mil:* Marche *f*. **Marching past,** défilé *m*. **Marching order,** tenue *f* de route. *In heavy m. order,* en tenue de campagne. **Marching orders,** feuille *f* de route. *F:* **To give s.o. his marching orders,** signifier son congé à qn. **Marching song,** chanson *f* de route.

marchioness ['mɑːrʃənes], *s. f.* **1.** Marquise. **2.** *Hum: The m.*, la bonne à tout faire. (Voir Dickens, *The Old Curiosity Shop*, ch. 17.)

marchpane ['mɑːrtʃpein], *s.* = MARZIPAN.

Marcianus [mɑːrsiˈeinəs]. *Pr.n.m. Hist:* Marcien.

Marcomanni [mɑːrkoˈmani], *s.m.pl. Hist:* Marcomans.

marconi [mɑːrˈkouni], *v.tr. W.Tel:* Transmettre (un message) par sans-fil.

marconigram [mɑːrˈkounigram], *s. W.Tel:* Marconigramme *m*, radiotélégramme *m*; dépêche *f* par sans-fil; *F:* sans-fil *m inv.*

Marcus ['mɑːrkəs]. *Pr.n.m.* Marcus; Marc. *See also* ANTONIUS, AURELIUS.

mare ['meər], *s.* Jument *f*. *Lit. & Poet:* Cavale *f*. *F:* **The grey mare is the better horse,** c'est la femme qui porte la culotte. *The discovery turned out to be* **a mare's nest,** la découverte s'est avérée illusoire. *See also* SHANK¹ 1, STUD-MARE.

'mare's-tail, *s.* **1.** *Bot:* (*a*) Pesse *f* d'eau. (*b*) Prêle *f*.

2. *Nau:* (Nuage *m* en) queue-de-chat *f, pl.* queues-de-chat; cirrus *m.*
mareca [ma'ri:ka], *s. Orn:* Maréca *m*; canard siffleur.
maremma [ma'rema], *s.* Maremme *f. Geog:* **The Maremma,** la Maremme.
Margaret ['mɑ:rgəret]. *Pr.n.f.* Marguerite.
margaric [mɑ:r'garik], *a. Ch:* (Acide *m*) margarique.
margarin ['mɑ:rgərin], *s. Ch:* Margarine *f.*
margarine ['mɑ:rgəri:n, 'mɑ:rdʒəri:n], *s. Com:* Margarine *f. Bread and m.,* tartine *f* à la margarine.
margay ['mɑ:rgei], *s. Z:* Margay *m*; chat-tigre *m, pl.* chats-tigres.
marge[1] [mɑ:rdʒ], *s. Poet:* = MARGIN[1] I.
marge[2], *s. F:* = MARGARINE.
Margery ['mɑ:rdʒəri]. *Pr.n.f.* Marguerite.
margin[1] ['mɑ:rdʒin], *s.* **1.** (*a*) Marge *f*; lisière *f* (d'un bois); bord *m*, rive *f* (d'une rivière); rive (d'un glacier). *Nat.Hist:* Marge (d'une feuille, de l'anus, etc.). (*b*) Marge, écart *m. The m. between the rates of interest ruling in the two countries,* l'écart existant entre les taux d'intérêts des deux pays. *Such terms leave us no m. of profit,* des conditions pareilles ne nous laissent aucune marge, aucun bénéfice. **To allow s.o. some margin,** accorder quelque marge à qn. *To allow a m. for mistakes, for error,* faire la part des erreurs possibles; calculer large. *M. of £10 for unforeseen expenses,* disponibilité *f* d'imprévus de £10. (*c*) *Com: Fin:* Marge, couverture *f*, provision *f. St.Exch:* Acompte (versé au courtier); couverture. (*d*) *Mec.E: etc:* **Margin (of error),** tolérance *f*, limite *f. M. of power,* excédent *m* de puissance. **Margin for safety,** marge de sécurité. **Thickness-margin, length-margin,** tolérance sur l'épaisseur, sur la longueur. **2.** Marge, blanc *m* (d'une page). *Phot:* Liséré *m* (d'une épreuve). *Typ:* **Head margin, top margin,** marge supérieure. **Tail margin, bottom margin,** marge inférieure. **Back margin, inner margin,** marge intérieure; marge de fond; petit fond. **Outer margin,** marge extérieure; grand fond. *Faulty m.,* fausse marge. **On, in, the margin,** en marge. *F:* **In the margin of history,** en marge de l'histoire. *Bookb:* *To cut down, trim, the margins of the sheets,* émarger les feuilles. *Typewr:* **Margin stop,** margeur *m*; curseur *m*, régulateur *m*, de marges. *Com:* **As per margin,** comme ci-contre.
margin[2], *v.tr.* **1.** (*a*) Marginer, annoter en marge (un livre). (*b*) **To margin a fact,** noter un fait en marge. **2.** (*a*) Mettre une marge à (une feuille). *Pages insufficiently margined,* pages *f* à marges insuffisantes. (*b*) *River margined with grass,* rivière bordée d'herbe. **3.** *St.Exch:* Fournir une couverture pour (une commande).
margin up, *v.i. St.Exch: U.S:* Verser les couvertures requises.
marginal ['mɑ:rdʒin(ə)l], *a.* **1.** (*a*) Marginal, -aux; en marge. **Marginal note,** note marginale, glose marginale; manchette *f. To make m. notes in a book,* émarger un livre. (*b*) *Opt: Phot:* **Marginal sharpness** *or* **definition,** netteté *f* aux bords (de l'image). **Marginal rays,** rayons *m* périphériques. **2.** *Typewr:* **Marginal stop** = *margin stop, q.v. under* MARGIN[1] 2. **3.** (*a*) *Nat.Hist:* (*Of hair, etc.*) Marginal. *Ph.Geog:* **Marginal sea,** mer bordière. (*b*) **Marginal case,** cas *m* limite.
marginalia [mɑ:rdʒi'neilia], *s.pl.* Notes marginales.
marginate ['mɑ:rdʒinet], *a. Nat.Hist:* Marginé.
margrave ['mɑ:rgre:iv], *s. Hist:* Margrave *m.*
margraviate [mɑ:r'greiviet], *s. Hist:* Margraviat *m.*
margravine ['mɑ:rgravi:n], *s. Hist:* Margrave *f*, margravine *f.*
marguerite [mɑ:rgə'ri:t], *s. Bot:* (*a*) (*Ox-eye daisy*) Leucanthème *m* vulgaire; grande marguerite, marguerite de la Saint-Jean; marguerite des champs. (*b*) (*Paris daisy*) Marguerite en arbre; chrysanthème frutescent; anthémis *m.* (*c*) **Blue marguerite,** agathée *f* amelloïde; agathée céleste.
Maria [ma'raia]. *Pr.n.f.* Maria. *F:* **Black Maria,** la voiture cellulaire; *F:* le panier à salade.
Marian[1] ['mariən, 'mɛəriən]. *Pr.n.f.* Marianne.
Marian[2] ['mɛəriən], *a.* **1.** De (la Vierge) Marie. *Theol:* Marial, -aux. **2.** *Eng.Hist:* (*a*) De Marie (reine d'Angleterre, ou de Marie Stuart, reine d'Écosse). (*b*) *s.* Partisan *m* de Marie Stuart. **3.** *Rom.Hist:* De Marius.
Marianas [mari'ɑ:nas], *a. Geog:* **The Marianas Islands,** les îles Mariannes; les îles des Larrons.
marianism ['mɛəriənizm], *s. Rel.Hist:* Marianisme *m.*
Marignano [mari'ŋɑ:no]. *Pr.n. Geog:* Marignan.
marigold ['marigould], *s. Bot:* **1.** Souci *m. See also* MARSH-MARIGOLD. **2.** **African marigold,** œillet *m* d'Inde. *French m.,* petit œillet d'Inde. **3.** **Corn marigold, field marigold, yellow marigold,** marguerite dorée.
marigot ['marigɔt], *s.* (*In W. Africa*) Marigot *m*; bras *m* de fleuve.
marigram ['marigram], *s. Meteor:* Marégramme *m.*
marigraph ['marigrɑ:f, -graf], *s. Meteor:* Marégraphe *m*, méré(o)-graphe *m.*
marinade[1] [mari'neid], *s. Cu:* Marinade *f.*
marinade[2] ['marineid], *v.tr. Cu:* (Faire) mariner (un gigot, etc.).
marine [ma'ri:n]. **1.** *a.* (*a*) (Animal, gisement) marin, pélagien. *Art:* **Marine painter,** peintre *m* de marines; mariniste *mf.* (*b*) **Marine insurance,** assurance *f* maritime. (*c*) **Marine forces,** troupes *f* de la marine; forces navales. *M. infantry,* infanterie *f* de marine; infanterie coloniale. *M. artillery,* artillerie *f* de marine. *See also* AVIATION. (*d*) **Marine barometer,** baromètre marin. **Marine boiler,** chaudière *f* (de) marine. **Marine engine,** machine *f* (de) marine. **Marine glue,** colle marine. *See also* STORE[1] 2. **2.** *s.* (*a*) Marine *f.* **Mercantile marine,** marine marchande; marine de commerce. (*b*) Soldat *m* de l'infanterie de marine. **The red, the blue, marines,** l'infanterie, l'artillerie, de marine. *An officer in the marines,* un officier de l'infanterie de marine, de l'infanterie coloniale, *F:* de la coloniale. **Royal marine,** *approx.* = fusilier marin. *F:* **Tell that to the (horse-)marines!** à d'autres! allez conter ça ailleurs! croyez cela et buvez de l'eau! vous me la baillez belle! allons donc! on ne me la fait pas! *See also* DEAD I. 1, HORSE-MARINES. (*c*) *Art:* Marine. (*d*) Bleu *m* de mer.
marined [ma'ri:nd], *a. Her:* Mariné.
mariner ['marinər], *s. Nau:* Marin *m* (officier ou matelot). *See also* COMPASS[1] 4, MASTER[1] 5, CARD[1] 2.
Marinism [ma'ri:nizm], *s. Lit.Hist:* Marinisme *m.*
Marinist [ma'ri:nist], *s. Lit.Hist:* Mariniste *m.*
Mariolater [mɛəri'ɔlətər], *s. Theol:* Mariolâtre *mf.*
Mariolatry [mɛəri'ɔlətri], *s. Theol:* Mariolâtrie *f.*
marionette [mario'net], *s.* Marionnette *f.*
marisca [ma'riska], *s. Med:* Marisque *f*, hémorroïde *f.*
Marist ['mɛərist], *s. R.C.Ch:* Marianite *m*, Mariste *m.*
marital ['marit(ə)l, ma'rait(ə)l], *a.* **1.** Marital, -aux. **2.** Matrimonial, -aux. **-ally,** *adv.* Maritalement.
maritime ['maritaim], *a.* (Navigation *f*, plante *f*, province *f*) maritime. *The great m. powers,* les grandes puissances maritimes.
marjoram ['mɑ:rdʒorəm], *s. Bot:* Origan *m*, marjolaine *f.* **Wild marjoram,** origan commun. **Sweet marjoram,** marjolaine. *Pharm:* **Marjoram tops,** sommités *f* d'origan.
Marjory ['mɑ:rdʒəri]. *Pr.n.f.* = MARGERY.
mark[1] [mɑ:rk], *s.* **1.** (*a*) (*Target*) But *m*, cible *f.* **To hit the mark,** atteindre le but, frapper juste; *F:* mettre dans le noir. **To miss the mark,** manquer le but. *See also* OVERSHOOT. *F:* **Beside the mark,** à côté de la question; hors de propos. **To be near, over, under, wide of, the mark,** être près de, au-dessus de, au-dessous de, loin de, la réalité, la vérité. *You little know how near you are to the m.,* vous ne croyez pas si bien dire. *You are wide of the m.,* vous êtes loin de compte; vous n'y êtes pas du tout. *I don't think I am far from the m.,* je ne crois pas me tromper de beaucoup, être loin de la vérité, être loin de compte. (*b*) *F:* **He's an easy mark,** c'est un jobard, *P:* une poire, un chopin, un daim. (*c*) *Box:* **Blow on, to, the mark,** coup *m* au creux de l'estomac, à la pointe du sternum, à l'épigastre. **2.** *Nau:* Marque *f*; point *m* de reconnaissance; amer *m*; (*on buoy*) voyant *m. See also* DAY-MARK, LANDMARK[1], LEADING[2] 1, SEA-MARK. **3.** (*a*) (*Sign*) Marque, preuve *f*, signe *m*, témoignage *m.* **Mark of good-will, of resentment,** marque, signe, de bienveillance, de dépit. **As a mark of my esteem,** en témoignage de mon estime. *It is a m. of good temper,* c'est la marque, le signe, d'un bon caractère. *Such an answer is the m. of the boor,* cette réponse est d'un rustre. *To bear the m. of a strong conviction,* porter l'empreinte *f* d'une forte conviction. *House that bears every m. of poverty,* maison *f* qui sue la misère (par tous les pores), qui porte tous les stigmates *m* de la misère. (*b*) *Farr:* **Mark of mouth,** marque (d'âge, aux dents du cheval); germe *m* de fève; cornet *m.* (*Of horse*) **To have mark of mouth,** marquer; avoir de la dent. **To lose mark of mouth,** démarquer. *Horse that has lost m. of mouth,* cheval rasé. **4.** (*Visible trace*) (*a*) Marque, tache *f*, signe, empreinte. *M. on the skin,* marque, signe, sur la peau. **Marks of a blow,** marques d'un coup. *The marks of fatigue upon his face,* la fatigue empreinte sur son visage. **Marks of old age,** marques, traces *f*, de la vieillesse. *To bear marks of suffering on one's face,* porter sur son visage la trace de la souffrance. **To leave one's mark upon sth.,** laisser sa marque, son empreinte, sur qch. *His fingers had left their m.,* ses doigts avaient laissé leurs traces. *Man who leaves his m. on all who associate with him,* homme qui laisse son empreinte sur tous ceux qui le fréquentent. *To make one's m. on the life of the country,* exercer une influence sur la vie du pays. **To make one's mark,** se faire un nom, une réputation; arriver; percer; faire sa trouée. **(God) save the mark!** Dieu me pardonne! passez-moi le mot! passez-moi l'expression! *Our modern Caesars, save the m.!* nos soi-disant Césars; *P:* nos Césars à la manque. *See also* BIRTH-MARK, EAR-MARK, HALL-MARK, POCK-MARK, PORT-WINE, PRESS-MARK, STRAWBERRY-MARK, TRADE-MARK. (*b*) **The mark of a foot,** la marque, l'empreinte, d'un pied. **By his mark you may know him,** à la griffe, à l'ongle, on connaît le lion. *Fb:* **To make a mark, one's mark,** faire une marque; signifier un arrêt de volée. *See also* FINGER-MARK, FOOT-MARK. **5.** (*Written mark*) (*a*) Marque, signe. *He cannot write;* **he makes his mark,** il ne sait pas écrire; il fait une croix. **Proof-correction marks,** signes de correction. **Punctuation marks,** signes de ponctuation. **Interrogation mark,** point *m* d'interrogation. *Pros:* **Long mark,** signe de longueur (sur une voyelle). *See also* EXCLAMATION. (*b*) *Sch:* Point *m*, note *f* d'appréciation. **Good mark, bad mark,** bon, mauvais, point. *He gained six marks,* il a obtenu six points. *Examination marks,* notes *f* d'examen. *The marks awarded to a composition,* la cote d'un thème. (*c*) *St.Exch:* Cote (d'une valeur). **To lodge an objection to (the) mark,** mettre des oppositions à la cote. **6.** (*Line, etc., to indicate position*) (*a*) Marque, repère *m*, trace. **Guiding mark, guide-mark, lay-mark, reference mark,** (point *m* de) repère. *Mec.E:* **Dead-centre mark,** repère de point mort. **Setting mark,** repère de calage. **Scriber mark,** trace de style. **Assembly mark,** repère de montage, d'ajustage. *To adjust, fix, set, an instrument, etc., by guide-marks, by reference marks,* repérer un instrument, etc. *Adjusting, fixing, setting, by guide-marks, by reference marks,* repérage *m* (d'un instrument, etc.). (*b*) *Nau:* **Plimsoll's mark,** ligne *f* Plimsoll. *F:* (*Of pers.*) **To be up to the mark,** (i) (*in ability*) être à la hauteur; (ii) (*in health*) être dans son assiette; être en train; être vaillant; être gaillard. *I am not, I don't feel, up to the m., I am* **below the mark,** cela ne va pas; je ne suis pas dans mon assiette; je me sens peu d'aplomb, peu valide. *You don't look up to the m.,* vous avez mauvaise mine. (*Of thg*) **To be, to come, up to the mark,** répondre à l'attente, à toutes les exigences; être à la hauteur. *It is hardly up to the m.,* cela laisse à désirer. *See also* TIDE-MARK, LEADING[2] 1, WATER-MARK 1. (*c*) *For:* (*Blaze*) Blanchi(s) *m.* (*d*) *Sp:* Ligne de départ. (*To runners*) **On the mark!** à vos places! (*Of motor*) **To be quick off the mark,** démarrer vivement. *See also* TOE[2] 2. **7.** **Man of mark,** homme marquant. *People of m.,* personnages *m* de marque. **Of great, of little, mark,** de grande importance, de peu d'importance.

mark², *v.tr.* **1.** (*a*) Marquer, chiffrer (du linge, de l'argenterie, des arbres, des marchandises); estampiller (des marchandises); *For:* griffer (des baliveaux); *Tchn:* signer (de la bijouterie, etc.). *To m. timber* (*for sawing*), *stones* (*for cutting*), établir du bois, des pierres. **To mark the cards**, biseauter, piper, piquer, maquiller, les cartes. **Marked 'breakable,'** revêtu de la mention "fragile." *Marked 'ne varietur' by . . .*, revêtu de la mention "ne varietur" apposée par. . . . (*b*) (*Usu. passive*) *Face marked with smallpox*, visage marqué de, par, la petite vérole. *Nat.Hist:* **To be marked with spots, stripes**, être marqué de taches, de lignes. **2.** (*a*) **To mark (the price of) an article**, mettre le prix à un article. . . . *St.Exch:* **To mark stock**, coter des valeurs. (*b*) *Sch:* **To mark an exercise**, coter un devoir; donner une note à un devoir. **3. To mark s.o., sth., as . . .**, désigner, choisir, qn, qch., pour. . . . *I marked him as, for, an easy prey*, je le jugeai une proie facile. **Cattle marked for slaughter**, bestiaux désignés pour être tués. *If we are marked to die*, si nous sommes destinés à mourir. **4.** (*a*) Marquer, repérer, indiquer. **To mark the points in a game, to mark the game**, marquer les points du jeu. *To m. the degrees on a thermometer*, repérer les degrés sur un thermomètre. *To m. a place on the map*, indiquer un lieu sur la carte. *To m. the wrecks in a channel*, baliser les épaves d'un chenal. (*b*) *Stream that marks the bounds of the estate*, ruisseau *m* qui marque la limite de la propriété. *Post marking the course*, poteau indicateur de piste. *Hand that marks the minutes, the seconds*, aiguille *f* qui marque les minutes, qui scande les secondes. (*c*) Indiquer. *Signs that mark the trend of public opinion*, signes indicateurs de l'orientation de l'opinion. **Such an answer marks the boor**, cette réponse est d'un rustre. **5.** (*a*) **To mark one's approval, one's displeasure (by . . .)**, témoigner, montrer, son approbation, son mécontentement (par . . . ; en faisant qch.). **To mark the rhythm**, accentuer le rythme. **To mark time**, (i) *Mil:* marquer le pas; (ii) *F:* piétiner sur place. *F: We are marking time*, on piétine, on n'avance pas. (*b*) *The cordiality which has marked our proceedings*, la cordialité qui a été (la) caractéristique de nos débats. *His reign was marked by great victories*, de grandes victoires signalèrent son règne; son règne fut marqué, signalé, par de grandes victoires. **To mark an era**, faire époque. **6.** (*a*) *Lit: Poet:* Observer, regarder, guetter (qn, qch.). *He marked him closely*, il l'observait attentivement. (*b*) *To mark the fall of a shell*, distinguer, repérer, le point de chute d'un obus. (*c*) Observer, remarquer, noter (qch.). **Mark well what I say!** faites bien attention à ce que je dis! **Mark me! mark you! mark my words!** écoutez-moi bien! notez bien ce que je vous dis! prenez-y garde! **7.** *Fb:* Marquer (un adversaire).

mark down, *v.tr.* **1. To mark down the price of an article**, baisser un article de prix. *To m. down goods*, démarquer, dévaloriser, des marchandises. **2.** *Ven:* **To mark down the game**, repérer le gibier; rembûcher (un cerf). **3.** *F:* Inscrire (un article à l'inventaire, etc.).

mark off, *v.tr.* **1.** (*a*) *Surv:* **To mark off a line, a road**, bornoyer, jalonner, une ligne, une route. (*b*) *To m. off a distance on the map*, (i) prendre, mesurer, (ii) rapporter, une distance sur la carte. **2. To mark s.o., sth., off from . . .**, distinguer, séparer, qn, qch., de. . . . *Qualities which m. him off from his colleagues*, qualités *f* qui le distinguent de ses confrères.

marking off, *s.* Séparation *f* (*of sth. from sth.*, de qch. d'avec qch.). **Marking-off tool**, outil *m* de traçage.

mark out, *v.tr.* **1. To mark out boundaries**, délimiter, aborner, tracer, des frontières. *To m. out a course*, tracer un itinéraire. *To m. out a field*, borner, bornoyer, un champ. *To m. out a claim*, jalonner une concession. *To m. out a tennis court*, marquer un tennis. **2.** (*a*) *His neat attire marked him out from the crowd*, sa mise soignée le distinguait de la foule. (*b*) **To mark s.o., sth., out for . . .**, destiner qn, qch., à . . . ; désigner qn, qch., pour. . . . *Industry marked out for a brilliant future*, industrie appelée à un brillant avenir.

marking out, *s.* Tracement *m*, tracé *m*, jalonnement *m* (d'une route); traçage *m*, tracé (d'un tennis); bornage *m*, abornement *m* (d'un champ).

mark up, *v.tr.* *Com:* Hausser, élever, le prix de (qch.) (dans l'album-tarif, sur les étiquettes).

marked, *a.* **1. Marked card**, carte marquée, biseautée, piquée, maquillée. *See also* FINGER-MARKED, POCK-MARKED. **2. Marked man**, homme marqué (par ses ennemis); homme repéré, qui va tomber d'un jour à l'autre. **3.** Marqué, prononcé, accusé. **Marked difference**, différence marquée, prononcée. **Marked improvement**, amélioration marquée, sensible. **Strongly marked features**, traits fortement accentués, fortement accusés. *Strongly m. tendency*, tendance fortement marquée. *To have a very m. German accent*, avoir un accent allemand très prononcé, très accusé. **The change is becoming more marked**, le changement s'accentue. *To treat s.o. with m. incivility*, traiter qn avec une impolitesse marquée. **There was a marked absence of his supporters**, on a pu constater l'absence de ses partisans. *See also* WELL-MARKED.

marking¹, *a.* (Incident, etc.) marquant.

marking², *s.* **1.** (*a*) Marquage *m* (du linge, etc.); *For:* établissement *m* (du bois à couper). (*b*) *Mec.E: etc:* Repérage *m* (du point mort, etc.). (*c*) *St.Exch:* Cotation *f* (des valeurs). **2.** *pl.* **Markings**, marques *f*; (*on animal*) taches *f*, rayures *f*. *Planet's surface markings*, accidents *m* de la surface d'une planète.

'marking-board, *s.* *Games:* Tableau *m* (pour marquer les points).

'marking-clerk, *s.* *St.Exch:* Coteur *m*.

'marking-gauge, *s.* *Carp:* Trusquin *m*.

'marking-ink, *s.* Encre *f* à marquer.

'marking-tool, *s.* *Tls:* Rouanne *f*; pointe *f* à tracer; style *m* de repérage.

mark³, *s.* *Num:* Mark *m*, marc *m*. *Gold marks*, marks or.

Mark⁴. *Pr.n.m.* Marc. **The Gospel of (Saint) Mark**, l'évangile *m* de saint Marc. *F:* **A Mark Tapley**, un homme qui voit toujours les choses par leur bon côté; un optimiste. (Personnage de *Martin Chuzzlewit*, de Dickens.) *See also* ANTONY.

markedly ['mɑːrkidli], *adv.* D'une façon marquée. *Four m. different kinds*, quatre espèces d'une différence marquée, d'une différence très prononcée. *He was m. civil to us*, il s'empressait autour de nous avec une civilité marquée. *M. polite*, d'une politesse marquée.

markedness ['mɑːrkidnəs], *s.* Caractère marqué (de la politesse de qn, etc.).

marker ['mɑːrkər], *s.* **1.** (*Pers.*) (*a*) Marqueur, -euse (de linge, etc.). (*b*) (*At games*) Marqueur *m*, pointeur *m*. *See also* BILLIARDS. (*c*) *Mil:* (i) Jalonneur *m*. (ii) (*At butts*) Marqueur. **2.** (*a*) *Ten: etc:* (*Marking machine*) **Court-marker**, marqueur à chaux. (*b*) *Cards:* **Bridge marker**, carnet-bloc *m*, *pl.* carnets-blocs (de bridge). (*c*) = BOOK-MARKER. (*d*) *Cin:* **Synchrony marker**, dispositif *m* de marquage de synchronisme. **3.** *U.S:* Plaque commémorative ou monument commémoratif.

market¹ ['mɑːrket], *s.* **1.** (*a*) Marché *m*. **Open-air market**, marché en plein vent. **Covered market**, halle *f*, halles *fpl*. *Cattle m., meat m.*, marché aux bestiaux, à la viande. **The market square**, la place du marché; le carré des halles. **In the market**, au marché, à la halle. *F:* **To take one's pigs to a bad market**, mal conduire ses affaires. *See also* CROSS¹ 1, FISH-MARKET, OVERT, PHOTOGRAPHY. (*b*) **Overseas markets**, marchés d'outre-mer. *The sale in foreign markets*, la vente sur les marchés étrangers. *St.Exch:* **The outside market**, la Coulisse. **In the market**, sur le marché, sur la place. (*Of pers.*) **To be in the market for sth.**, être acheteur de qch. (*Of thg*) **To be on the market, to come into the market**, être à vendre, être mis en vente. *St.Exch: Shares on the m.*, titres flottants. *To put an article on the m.*, introduire un article sur le marché; lancer un article dans le commerce. **To find a market for sth.**, trouver un débouché, des acheteurs, pour qch. *They could find no m. for . . .*, on ne put trouver d'acheteurs pour. . . . (*Of thg*) **To find a ready market**, trouver une prompte vente; être d'un débit facile; se placer facilement. *F: She had three daughters* **in the marriage market**, elle avait trois filles à marier aux plus offrants. *St.Exch:* **To make a market**, se porter contrepartiste. **The market has risen**, le marché a haussé; les cours *m* sont en hausse. *U.S:* **To play the market, the stock-market**, spéculer. *See also* LABOUR-MARKET, MISS² 1, MONEY-MARKET, PRICE¹, STREET, VALUE¹ 1. **2.** *A:* Achat *m* et vente *f*; trafic *m*, affaire *f*. *Still so used in* **To make a market of one's honour**, faire trafic de son honneur; trafiquer de son honneur.

'market-basket, *s.* Panier *m* à provisions.

'market-day, *s.* Jour *m* de marché; jour de place; *St.Exch:* jour de Bourse, de place.

'market-'garden, *s.* Jardin maraîcher.

'market-'gardener, *s.* Maraîcher, -ère.

'market-'gardening, *s.* Horticulture maraîchère; maraîchage *m*.

'market-house, *s.* Halle *f*.

'market-maker, *s.* *St.Exch:* Contrepartiste *m*.

'market-making, *s.* *St.Exch:* Contre-partie dissimulée, occulte.

'market-penny, *s.* *F:* Sou *m* du franc.

'market-place, *s.* Place *f* du marché.

'market-price, *s.* *Com:* Prix courant.

'market-rigger, *s.* *Fin: St.Exch:* Contrepartiste *m* occulte.

'market-rigging, *s.* Contre-partie *f* occulte.

'market 'square, *s.* Place *f* du marché.

'market-'town, *s.* Ville *f* où se tient un marché; place marchande; bourg *m*, bourgade *f*.

'market-'watchman, *pl.* **-watchmen**, *s.m.* Hallier.

'market-woman, *pl.* **-women**, *s.f.* Femme de la halle; marchande.

market², *v.* (**marketed**; **marketing**) **1.** *v.i.* Faire son marché, faire ses emplettes. **2.** *v.tr.* Vendre; trouver des débouchés pour (ses marchandises); lancer (un article) sur le marché.

marketing, *s.* **1.** (*a*) Achat *m*, vente *f*, (de qch.) au marché. **To go marketing**, aller faire son marché; aller aux provisions. (*b*) **Marketing of a product**, service commercial d'un produit. *Adm:* **The Milk-marketing Board**, le Comité de contrôle de la vente du lait; l'Office *m* du lait. **2.** *Coll.* Denrées (apportées au marché).

marketable ['mɑːrketəbl], *a.* **1.** (*Of goods*) Vendable; d'un débit facile; de vente courante. **2. Marketable value**, valeur marchande, vénale.

markhor ['mɑːrkɔːr], *s.* *Z:* Chèvre *f* markhor (des Indes).

Markmen ['mɑːrkmen], *s.m.pl.* *Hist:* Marcomans.

marksman, *pl.* **-men** ['mɑːrksmən, -men], *s.* **1.** Tireur *m* de première classe; bon tireur; tireur d'élite. **2.** Illettré *m* (qui fait une croix en guise de signature).

marksmanship ['mɑːrksmənʃip], *s.* Adresse *f*, habileté *f*, au tir.

marl¹ [mɑːrl], *s.* *Agr:* Marne *f*. *Geol:* Caillasse *f*. *See also* SHELL-MARL.

'marl-pit, *s.* Marnière *f*.

marl², *v.tr.* *Agr:* Marner (le sol).

marling¹, *s.* *Agr:* Marnage *m*.

marl³, *v.tr.* *Nau:* Merliner (une ralingue, une voile). **To marl down a rope**, guirlander un cordage.

marling², *s.* *Nau:* Guirlande *f*.

'marling-hitch, *s.* *Nau:* Transfilage *m* avec demi-clef; demi-clef *f* à capeler, *pl.* demi-clefs à capeler.

marl⁴, *a.* (*Of knitting wool*) Bigarré.

Marlburian [mɑːrl'bjuəriən], *s.m.* Élève ou ancien élève de Marlborough College.

marled [mɑːrld], *a.* *Scot:* Bigarré.

marline ['mɑːrlin], *s.* *Nau:* (*Two yarns*) Lusin *m*; (*three yarns*) merlin *m*.

marline-spike, marlinspike ['mɑːrlinspaik], **marlingspike** ['mɑːrliŋspaik], *s. Tls: Nau:* Épissoir *m*; poinçon *m* à épisser. **Marline-spike hitch** = MARLING-HITCH.

marly ['mɑːrli], *a.* (Sol) marneux, crayonneux.

marm ['mɑːrm], *s. U.S:* **1.** = MADAM. **2.** = MOTHER.

marmalade ['mɑːrməleid], *s. Cu:* Confiture *f* d'oranges.

marmalite, marmolite ['mɑːrməlait], *s. Miner:* Marmolite *f*.

Marmora ['mɑːrmora]. *Pr.n. Geog:* **The Sea of Marmora,** la mer de Marmara.

marmoreal [mɑːr'mɔːriəl], **marmorean** [mɑːr'mɔːriən], *a. Poet:* Marmoréen; de marbre.

marmoset [mɑːrmo'zet], *s. Z:* Ouistiti *m*, marmouset *m*. **Silky marmoset,** tamarin *m*.

marmot ['mɑːrmɔt], *s.* **1.** *Z:* Marmotte *f*. **Canadian marmot,** siffleur *m*. **2.** *Cost:* Marmotte.

marocain ['marokein], *s. Tex:* Crêpe marocain.

Maronite ['maronait], *s. Rel.Hist:* Maronite *m*.

maroon[1] [mə'ruːn]. **1.** *a.* & *s.* (*Colour*) Marron pourpré *inv*; rouge foncé *inv*. **2.** *s. Pyr:* Marron *m*; fusée *f* à pétard.

maroon[2], *s.* **1.** Nègre marron, négresse marronne. **2.** *Nau:* Personne abandonnée dans une île déserte, sur une côte sans habitants. **3.** *U.S: F:* Partie *f* de camping.

maroon[3]. **1.** *v.tr.* (*a*) Abandonner (qn) dans une île déserte. (*b*) *F: Riverside dwellers marooned by the floods,* riverains isolés par les inondations. **2.** *v.i.* (*a*) (*Of negro slave*) S'enfuir dans les bois. (*b*) *F: A:* Errer à l'aventure; flâner. (*c*) *U.S:* Faire du camping.

marooner [mə'ruːnər], *s.* **1.** (*a*) *A:* Boucanier *m*. (*b*) *The marooners of X,* ceux qui avaient débarqué X (sur l'île déserte, sur la côte). **2.** *A:* = MAROON[2] 2.

marplot ['mɑːrplɔt], *s.* Brouillon *m*; brouille-tout *m inv*; gaffeur *m*.

marque [mɑːrk], *s. Hist:* **1. Letters of marque (and reprisal),** lettres *f* de marque; lettres de représailles. **2. Letter of marque,** corsaire (muni de lettres de marque); vaisseau armé en course.

marquee [mɑːr'kiː], *s.* (Tente-)marquise *f*, *pl.* (tentes-)marquises.

Marquesas (the) [ðəmɑːr'keizɑs]. *Pr.n.pl. Geog:* Les Îles *f* Marquises.

marquess ['mɑːrkwes], **marquis** ['mɑːrkwis], *s.* Marquis *m*.

marquetry ['mɑːrkətri], *s.* Marqueterie *f*.

marquisate ['mɑːrkwiset], *s.* Marquisat *m*.

marquise [mɑːr'kiːz], *s.* **1.** (*Of foreign nobility*) Marquise *f*. **2.** (*a*) **Marquise ring,** marquise. (*b*) **Marquise sunshade,** marquise. (*c*) *Hort:* **Marquise pear,** marquise.

Marrakesh [mara'keʃ]. *Pr.n. Geog:* Marrakech.

mar(r)am ['marəm], *s. Bot: Dial.* & *Austr:* **Marram (-grass),** gourbet *m*; (*in N. of Fr.*) oyat *m*.

marriage ['maridʒ], *s.* **1.** Mariage *m*; union (conjugale). **To give s.o. in marriage,** donner qn en mariage. **To take s.o. in marriage,** épouser qn. **To seek s.o., s.o.'s hand, in marriage,** rechercher qn en mariage; prétendre à la main de qn. **Offer of marriage,** demande *f* en mariage. *To refuse an offer of m.,* refuser un parti. **Uncle by marriage,** oncle *m* par alliance. **Money m.,** mariage d'argent. **'A marriage has been arranged between . . . and . . .,'** "on nous annonce le prochain mariage de . . . avec. . . ." *'The m. will be celebrated at . . .,'* "la bénédiction nuptiale sera donnée à. . . ." **Civil marriage,** mariage civil. **Marriage articles,** contrat *m* de mariage. **Marriage settlement,** conventions matrimoniales; dispositions *fpl* entre époux. *See also* SETTLEMENT 3. **Marriage certificate,** *F:* **marriage lines,** acte *m* de mariage. **Marriage ring,** (bague *f* d')alliance *f*; *Lit:* anneau nuptial. **The marriage service,** la célébration du mariage; la bénédiction nuptiale. **The marriage tie,** le lien conjugal. *See also* BED[1] 1, BORDER MARRIAGE, CONVENIENCE 1, GRETNA GREEN, LICENCE 1, MORGANATIC, PORTION[1] 1. **2.** Mariage, union (entre les choses). *The m. of line and colour,* l'union de la ligne et de la couleur. **3.** *Cards:* (*At bezique*) Mariage.

marriageable ['maridʒəbl], *a.* (*a*) (Fille *f*, âge *m*) nubile. *She is of m. age,* elle est d'âge à se marier, en âge de se marier. (*b*) *To have three m. daughters,* avoir trois filles mariables, à marier.

married ['marid]. *See* MARRY[1].

marrow ['maro], *s.* **1.** (*a*) Moelle *f*. **Spinal marrow,** moelle épinière; *Cu:* amourettes *fpl* (de mouton, etc.). *F:* **To be frozen to the marrow,** être transi de froid; être glacé jusqu'à la moelle. (*b*) *F:* Moelle, essence *f* (de qch.). *To extract the m. of a book,* tirer, extraire, la moelle d'un livre. *See also* CHILL[3] 1, PALM-MARROW, PITH[1] 2. **2.** *Hort:* **Vegetable marrow,** courge *f* à la moelle; courge aubergine, moelle végétale; cougourde *f*, courgette *f*.

'marrow-scoop, -spoon, *s.* Tire-moelle *m inv*.

marrowbone ['maroboun], *s.* Os *m* à moelle. *F.* & *Hum:* **On your marrowbones!** à genoux!

marrowfat ['marofat], *s.* **1.** *U.S:* Graisse *f* de moelle. **2.** *Hort:* **Marrowfat (pea),** pois carré.

marrowless ['marolәs], *a.* (*a*) (Os *m*) sans moelle. (*b*) *F:* (*Of pers.*) Sans énergie; veule.

marrowy ['maroui], *a.* **1.** (Os) plein de moelle. *F:* (Livre, enseignement) plein de moelle, plein de substance, substantiel. **2.** Qui ressemble à de la moelle; onctueux.

marrubium [ma'ruːbiəm], *s. Bot:* Marrube *m*.

marry[1] ['mari], *v.tr.* **1.** (*Of priest, parent*) Marier; unir (en mariage). *He married his daughter to my eldest son,* il a marié sa fille à mon fils aîné. *She has three daughters* **to marry off,** elle a trois filles à marier, à caser. *She has not got her daughter married yet,* elle n'a pas encore marié sa fille. *They were married by the bishop, by the mayor,* l'évêque, le maire, les a mariés; c'est l'évêque qui a prononcé la bénédiction nuptiale; c'est le maire qui les a unis. **2.** (*a*) Se marier avec, à (qn); s'unir à (qn); épouser (qn). *They married each other,* ils s'épousèrent; *F:* ils se sont mariés ensemble. *He married his cook,* il s'est marié avec sa cuisinière; il a épousé sa cuisinière. **To marry money,** faire un mariage d'argent, un beau mariage. (*b*) *Abs.* **To marry,** se marier. *Why have you never married?* pourquoi ne vous êtes-vous jamais marié? **To marry again, a second time,** se remarier; *Lit.* & *Hum:* convoler en secondes noces. **To marry into a family,** s'allier, s'apparenter, à une famille; entrer par alliance dans une famille. **To marry beneath one,** se marier au-dessous de son rang; se mésallier; faire une mésalliance; épouser qn qui n'est pas de son monde; épouser qn au-dessous de soi. *He has married well,* il a fait un beau mariage. *Natives that* **marry in and in,** indigènes qui se marient entre eux. **To marry with the left hand, over the broomstick,** se marier, faire un mariage, de la main gauche. *To m. in haste and repent at leisure,* se marier par coup de tête et s'en repentir toute sa vie. *Prov:* **Marry in haste and repent at leisure,** tel se marie à la hâte qui s'en repent à loisir. *See also* LOVE[1] 1. **3.** *Nau:* Marier (deux cordages).

married, *a.* **1. Married man,** homme marié. *M. people,* gens mariés, époux *m*. **A married couple,** un ménage. *They are a happily m. couple,* c'est un ménage heureux. *Newly m. couple,* nouveaux mariés. *Now she is married,* la voilà casée. **To get married,** se marier. *Of an age to be m.,* (i) en âge de se marier; d'âge à se marier; (ii) *Physiol:* (*of maiden*) nubile. **2. Married love,** l'amour conjugal. *M. life,* la vie conjugale; le mariage; *F:* la vie à deux. *The m. state,* l'état *m* de mariage. **To enter on married life,** se marier. *Intimacies of m. life,* secrets *m* de l'alcôve. *The first year of their m. life,* leur première année de mariage.

marrying[1], *a.* **1.** *F: He's not the m. sort,* il n'est pas enclin au mariage; il n'est pas porté à se marier. **2.** *The incompetency of the m. official,* l'incompétence de l'officier de l'état civil qui a célébré le mariage.

marrying[2], *s.* Union *f* en mariage. **Of a marrying age,** en âge de se marier; d'âge à se marier.

marry[2], *int. A:* Par la sainte Vierge! pardi! ma foi! **Marry come up!** ta, ta, ta! turlututu!

Mars [mɑːrz]. *Pr.n.m. Rom.Myth: Astr:* Mars. **The planet Mars,** la planète Mars.

Marsala [mɑːr'sɑːla]. **1.** *Pr.n. Geog:* Marsala. **2.** *s.* Vin *m* de Marsala; marsala *m*.

Marseilles [mɑːr'seilz]. *Pr.n. Geog:* Marseille *f*. *See also* VINEGAR.

marsh [mɑːrʃ], *s.* Marais *m*, marécage *m*. *See also* SALT-MARSH.

'marsh-'fever, *s. Med:* (Im)paludisme *m*; fièvre paludéenne.

'marsh-'gas, *s.* Gaz *m* des marais; *Ch:* formène *m*; méthane *m*.

'marsh-'harrier, *s. Orn:* Busard *m* des marais; harpaye *f*.

'marsh-'hen, *s. Orn:* Poule *f* d'eau.

'marsh-'mallow, *s. Bot:* Guimauve *f*, althée *f*.

'marsh-'marigold, *s. Bot:* Souci *m* d'eau; populage *m*.

marshal[1] ['mɑːrʃəl], *s.* **1.** *Hist:* Maréchal, -aux *m*. **Knight-marshal,** maréchal de la Maison du Roi (et chef de la sûreté dans la zone où réside le roi). *See also* EARL-MARSHAL. **2.** (*a*) *Mil:* **Field-marshal,** (i) *Hist:* feld-maréchal *m*; (ii) maréchal. (*b*) *Mil. Av:* **Air-marshal,** général, -aux *m*. *See also* VICE-MARSHAL. **3.** Maître *m* des cérémonies. **City marshal,** fonctionnaire chargé de l'application des lois de la Cité (de Londres) et qui précède le lord-maire dans les processions. **4. Judge's marshal,** secrétaire *m* d'un juge en tournée.

marshal[2], *v.* (**marshalled; marshalling**) **1.** *v.tr.* (*a*) Placer (des personnes) en ordre, en rang. *To m. a company at table,* placer une compagnie à table. (*b*) *Mil:* Ranger (des troupes). (*c*) *F:* **To marshal facts,** rassembler des faits et les mettre en ordre. *He has marshalled his arguments well,* il a bien arrangé, bien disposé, ses arguments. *Jur:* **To marshal the assets,** établir l'ordre entre les éléments d'actif (d'une succession). (*d*) *Her:* *To m. two coats of arms in one shield,* disposer deux blasons sur un écu. (*e*) *Rail:* Classer, trier, manœuvrer (des wagons). (*f*) (*Of usher, footman, etc.*) Introduire (*s.o. into a room,* qn dans une salle). **To marshal s.o. out,** reconduire qn (cérémonieusement). **2.** *v.i.* Se ranger, se placer en ordre. *We marshalled in the yard,* nous nous mîmes en rang, nous prîmes nos rangs, dans la cour.

marshalling, *s.* **1.** Disposition *f* en ordre (de personnes, de choses). *Jur:* **Marshalling the assets,** ordre établi par l'exécuteur testamentaire entre les éléments d'actif (d'une succession). **2.** *Rail:* Classement *m*, triage *m*, manœuvre *f* (des wagons). **Marshalling yard,** voies *f* de classement; gare *f* de triage.

Marshalsea ['mɑːrʃəlsiː], *s. Hist:* **1.** Tribunal *m* du maréchal de la Maison du Roi (à Londres). **2.** Prison *f* de Southwark (à Londres), qui ressortissait au maréchal de la Maison du Roi.

marshalship ['mɑːrʃəlʃip], *s.* Maréchalat *m*; dignité *f* de maréchal.

marshiness ['mɑːrʃinəs], *s.* État marécageux (du terrain).

marshland ['mɑːrʃland], *s.* Terrain marécageux, terrain uliginaire.

marshy ['mɑːrʃi], *a.* (Sol, air, animal) marécageux.

marsupial [mɑːr'sjuːpiəl]. **1.** *a.* (Repli, etc.) marsupial, -aux. **2.** *s. Z:* Marsupial *m*. **The marsupials,** les marsupiaux; les didelphes *m*.

mart [mɑːrt], *s.* **1.** *Lit:* = MARKET-PLACE. **2. (Auction-)mart,** salle *f* de vente. **3.** Centre *m* de commerce. *The great marts of trade,* les grands marchés (de l'Europe, etc.).

martagon ['mɑːrtagən], *s. Bot:* **Martagon-(lily),** martagon *m*, *F:* turban *m*.

martellato [mɑːrte'lɑːto], *adv. Mus:* Martelé.

martello [mɑːr'telo], *s. Fort:* **Martello tower,** tour *f* à la Martello; fort *m* circulaire (défendant les côtes).

marten[1] ['mɑːrten], *s. Z:* Mart(r)e *f*. **Beech-marten, stone-marten,** fouine *f*. **Pine-marten,** martre des pins; martre commune.

marten[2], *s. Orn:* = MARTIN[2].

Martha ['mɑːrθa]. *Pr.n.f.* Marthe.

martial ['mɑːrʃ(ə)l]. **I.** *a.* **1.** Martial, -aux, guerrier. **Martial bearing,** air martial. *M. spirit,* esprit martial, guerrier. **Martial exercises,** exercices *m* de guerre. *M. array,* ordre *m* de bataille. **Martial law,** loi martiale. *To declare m. law* (*in a town*), déclarer l'état *m* de siège. *See also* COURT-MARTIAL[1]. **2.** *Pharm: etc: A:* Ferrugineux, martial. **-ally,** *adv.* Martialement; d'une manière martiale; en guerrier.

II. **Martial,** *a. Astr:* (Atmosphère *f*, etc.) de (la planète) Mars. III. **Martial.** *Pr.n.m. Lt.Lit:* Martial.

Martian [ˈmɑːrʃjən], *a. & s. Astr: etc:* Martien, -ienne. *The Martians,* les habitants *m* de Mars.

Martin[1] [ˈmɑːrtin]. *Pr.n.m.* Martin. **St Martin's day,** la Saint-Martin. *See also* SUMMER[1].

martin[2], *s. Orn:* **(House-)martin,** martinet *m*; hirondelle *f* de fenêtre. **Sand-martin, bank-martin,** hirondelle de rivage; cotyle *f*; *F:* mottereau *m*. **Black-martin, screech-martin,** martinet noir; arbalétrier *m*.

martinet[1] [mɑːrtiˈnet], *s. Orn: A:* Hirondelle *f* de fenêtre.

martinet[2], *s. Mil: Nau:* Officier *m* à cheval sur la discipline; *F:* officier qui fait pivoter ses hommes; *P:* pètesec *m*. **He is a regular martinet,** c'est un vrai garde-chiourme; il fait marcher ses employés militairement. *She's a m.*, c'est un vrai gendarme.

martingale [ˈmɑːrtiŋgeil], *s.* **1.** *Harn:* Martingale *f*. **2.** *Nau:* (*a*) **Martingale(-guy, -stay),** martingale du beaupré. (*b*) (*Dolphin-striker*) Arc-boutant *m* de martingale. **3.** *Gaming:* Martingale.

Martini [mɑːrˈtiːni], *s.* **1.** **Martini(-Henry rifle),** fusil *m* Martini-Henry. **2.** Cocktail composé de gin, vermouth et bitter d'orange; martini *m*.

Martinmas [ˈmɑːrtinməs], *s.* La Saint-Martin. *F: M. summer of love,* arrière-saison *f* de l'amour; dernière flambée d'amour ou de l'amour.

martite [ˈmɑːrtait], *s. Miner:* Martite *f*.

martlet [ˈmɑːrtlet], *s.* **1.** *Orn:* Martinet *m*. **2.** *Her:* Merlette *f*.

martyr[1] [ˈmɑːrtər], *s.* Martyr, *f.* martyre. *F:* **To be a martyr to gout, to rheumatism,** être sujet à la goutte, aux rhumatismes; être torturé par la goutte; être travaillé de, par, la goutte; être perclus de rhumatismes; souffrir (beaucoup) des rhumatismes. **He makes a perfect martyr of himself,** il se torture le cœur à plaisir; il se donne gratuitement de la peine. **To die a martyr in, to, a cause,** mourir martyr d'une cause; mourir pour une cause. *The martyrs in the cause of science,* les martyrs de la science.

martyr[2], *v.tr.* Martyriser (qn). *A martyred people,* un peuple martyr. *F: Martyred with gout,* martyrisé par la goutte.

martyrdom [ˈmɑːrtərdəm], *s.* Martyre *m*. *F: These cruel trials had made his life one long m.*, ces cruelles épreuves avaient fait de sa vie un long supplice, un long calvaire.

martyrization [mɑːrtiraiˈzeiʃ(ə)n], *s.* Martyre *m* (*of s.o.*, de qn).

martyrize [ˈmɑːrtiraiz], *v.tr.* **1.** Faire subir le martyre à (qn). **2.** *F:* Martyriser (ses domestiques, etc.).

martyrizing, *s.* **1.** Martyre *m*. **2.** *F:* Persécution *f*.

martyrological [mɑːrtiroˈlɔdʒik(ə)l], *a.* Martyrologique.

martyrologist [mɑːrtiˈrɔlodʒist], *s.* Martyrologiste *m*.

martyrology [mɑːrtiˈrɔlodʒi], *s.* **1.** (*List of martyrs*) Martyrologe *m*; (*in the Gk Church*) ménologe *m*. **2.** (*History of martyrs*) Martyrologie *f*.

martyry [ˈmɑːrtiri], *s.* Martyrium *m*; chapelle commémorative d'un martyr.

marvel[1] [ˈmɑːrv(ə)l], *s.* **1.** (*a*) Merveille *f*. *The children gazed at these marvels,* les enfants contemplaient ces merveilles. (*b*) *F:* **It is a marvel to me that . . .**, cela m'étonne beaucoup que. . . . *It was a m. that he wasn't killed,* merveille qu'il ne se soit pas tué. **No marvel then if . . .**, il n'est donc pas étonnant si. . . . **He is a marvel of learning,** c'est une merveille, un prodige, un miracle, de science. *The house was a m. of neatness,* la maison était une merveille de propreté. **To work marvels,** faire des merveilles. *These injections work marvels,* ces piqûres *f* font merveille. **2.** *A:* Étonnement *m*, émerveillement *m*. **3.** *Bot:* **Marvel of Peru,** belle *f* de nuit.

marvel[2], *v.i.* (**marvelled** [mɑːrvld]; **marvelling** [ˈmɑːrvliŋ]) S'émerveiller, s'étonner (*at*, de). *I m. that he should remain so calm,* je m'étonne (de ce) qu'il reste si calme. *I have not stopped marvelling why you should want to be a soldier,* je me demande toujours pourquoi vous voulez être soldat.

marvelling, *a.* Émerveillé.

marvellous [ˈmɑːrv(ə)ləs]. **1.** *a.* Merveilleux, étonnant, miraculeux. **It is marvellous to me that . . .**, je m'étonne que + *sub.* **2.** *s.* **It savours of the marvellous,** cela tient du prodige. *I don't believe in the m.*, je ne crois pas au merveilleux. **-ly,** *adv.* A merveille; merveilleusement; *F:* miraculeusement. *M. well done,* fait à miracle.

marvellousness [ˈmɑːrvələsnəs], *s.* Merveilleux *m*; nature merveilleuse (d'une guérison, etc.).

Marxian [ˈmɑːrksiən], *a. & s. Pol.Ec:* Marxiste (*mf*).

Marx(ian)ism [ˈmɑːrks(iən)izm], *s. Pol.Ec:* Marxisme *m*.

Marxist [ˈmɑːrksist], *a. & s. Pol.Ec:* Marxiste (*mf*).

Mary [ˈmɛəri]. *Pr.n.f.* **1.** Marie. *M. Stuart, M. Queen of Scots,* Marie Stuart. **2.** *P:* **Little Mary,** l'estomac *m*. **3.** *P:* (*In Austr.*) **A Mary,** une femme indigène.

Maryland [ˈmɛəriland]. *Pr.n. Geog:* Le Maryland. **Maryland tobacco,** maryland *m*.

Marylander [ˈmɛərilandər], *a. & s.* (Natif, originaire) du Maryland.

marzipan [mɑːrziˈpan], *s. Cu:* Massepain *m*. *M. dates,* dattes farcies.

mascara [masˈkɑːra], *s. Toil:* Cosmétique *m* pour cils et sourcils; mastic *m* pour les yeux; mascara *m*; khôl *m*.

mascaron [ˈmaskarən], *s. Arch:* Mascaron *m*.

mascle [mɑːskl], *s. Archeol: Her:* Macle *f*.

mascot [ˈmaskɔt], *s.* Mascotte *f*; porte-bonheur *m inv.* *Aut:* **Radiator mascot,** fétiche *m*, mascotte, de bouchon de radiateur.

masculine [ˈmaskjulin], *a.* **1.** Masculin, mâle. *M. descent,* descendance *f* mâle. *M. style,* style mâle, viril. *M. woman,* femme masculine, hommasse. **2.** *Gram:* **Masculine noun,** substantif masculin. *This word is m.*, ce mot est du masculin. **In the masculine gender,** *s.* **in the masculine,** au masculin. *Pros:* **Masculine rhyme,** rime masculine. **-ly,** *adv.* En homme, virilement. *M. vigorous,* d'une vigueur mâle.

masculineness [ˈmaskjulinnəs], **masculinity** [maskjuˈliniti], *s.* Masculinité *f*.

masculinize [ˈmaskjulinaiz], *v.tr.* Masculiniser (la femme, etc.).

mash[1] [maʃ], *s.* **1.** *Brew:* Fardeau *m* (de malt et d'eau chaude). **2.** *Husb:* Mâche *f*, mash *m* (pour chevaux); pâtée *f* (pour chiens et volaille). **Bran-mash,** eau blanche, barbotage *m* (pour chevaux et bestiaux); son mouillé. **3.** *F:* Purée *f* de pommes de terre. **4.** Mélange *m*; pâte *f*; bouillie *f*. *To reduce sth. to m.*, réduire (du papier, etc.) en pâte, en bouillie.

'mash-tub, *s.* **1.** *Brew:* Cuve-matière *f*, *pl.* cuves-matière; brassin *m*. **2.** *Husb:* Barbotière *f*.

'mash-tun, *s.* *Brew:* = MASH-TUB 1.

mash[2], *v.tr.* **1.** (*a*) *Brew:* Brasser, mélanger, démêler (le moût). (*b*) *Dial:* *To m. the tea,* faire infuser le thé. *v.i.* (*Of the tea*) *To mash,* infuser. **2.** **To mash sth. (up),** broyer, écraser, qch. *Cu:* **To mash potatoes, turnips,** écraser, mettre en purée, des pommes de terre, des navets. *F:* **To get one's arm mashed up,** avoir le bras réduit en capilotade.

mashed, *a.* **1.** Écrasé. **2.** *Cu:* En purée. **Mashed potatoes,** purée *f* de pommes de terre; pommes *f* mousseline.

mashing, *s.* **1.** *Brew:* Brassage *m*, mélange *m*, démêlage *m* (du moût). **2.** Écrasage *m* (de qch.); mise *f* en purée (des pommes de terre, etc.).

mash[3], *s. F:* Béguin *m*. (*a*) **To have a mash on s.o.,** avoir un béguin pour qn. **To make a mash on s.o.,** entreprendre la conquête de qn; se jeter à la tête de qn. (*b*) **To be out with one's mash,** se promener avec son béguin.

mash[4], *v.tr. F:* **1.** (*a*) Faire la conquête de (qn). (*b*) Faire des avances à (qn); faire de l'œil à (qn). **2.** **To be mashed on s.o.,** être fortement amoureux de qn; avoir un béguin pour qn; être emballé pour qn.

masher[1] [ˈmaʃər], *s. Tchn:* (*Device*) Broyeur *m*, écraseur *m*, mélangeur *m*. *See also* POTATO-MASHER.

masher[2], *s. F:* Gommeux *m*, bellâtre *m*, dandy *m*.

mashie, mashy [ˈmaʃi], *s. Golf:* Mashie *m*.

mask[1] [mɑːsk], *s.* **1.** (*a*) Masque *m*; (*silk or velvet*) loup *m*. *To put a m. on s.o.*, masquer qn. *To put on a m.*, se masquer. **Carnival mask,** masque de carnaval. *F:* **Under the mask of devotion, of friendship,** sous le masque, sous le voile, sous le semblant, de la dévotion, de l'amitié; sous de faux semblants de dévotion, d'amitié. **To throw off, drop, the mask,** lever le masque; jeter, mettre bas, le masque; se démasquer. **With the mask off,** à visage découvert. (*b*) **Protective mask,** masque de protection. *Mil:* **Face mask,** loup (de masque contre le gaz). **Fencing mask,** masque protecteur, masque d'escrime. *Ind:* **Welder's mask,** capot protecteur. *See also* GAS-MASK. (*c*) *Gr.Th:* **The tragic mask,** le masque tragique. **2.** *Ven:* Face *f* (de renard, etc.). **Mounted mask,** face naturalisée sur écusson. **3.** Moulage *m*, masque (d'un visage). *See also* DEATH-MASK. **4.** *Arch:* Mascaron *m*. **5.** *Phot:* **(Printing-)mask,** cache *m*. *Soft m.*, cache flou. *Sharp m.*, cache net.

mask[2], *v.tr.* **1.** Masquer. **To mask one's face,** se masquer. *Mil:* **Masked troops,** troupes munies de masques de protection contre le gaz. **2.** (*a*) *Mil:* Masquer (une batterie, une place forte). *To m. one's own batteries,* masquer ses propres batteries; gêner le tir de ses propres batteries. (*b*) **To mask a light beam,** masquer un faisceau lumineux. **3.** (*a*) *Phot:* Poser un cache à (un cliché). (*b*) *Paint:* Poser un papier-cache à (une surface à protéger). **4.** *F:* (*a*) Cacher, déguiser (ses sentiments, ses pensées); voiler (ses défauts, etc.). (*b*) *Med:* Masquer, déguiser, *F:* blanchir (une maladie).

masked, *a.* **1.** Masqué. *M. man,* homme masqué. **Masked ball,** bal masqué. *To be m.*, être masqué, porter un masque. *Bot:* **Masked flower,** fleur personée. **2.** *Mil:* **Masked battery,** batterie masquée. **3.** (*a*) *M. smile,* sourire caché. *M. dictatorship,* dictature larvée. (*b*) *Med:* **Masked fever,** fièvre larvée.

masking, *s.* **1.** (*a*) Pose *f* d'un masque ou d'un cache; couverture *f*. *Paint:* **Masking paper,** papier-cache *m*, *pl.* papiers-caches. (*b*) *Cin:* **Masking blade,** secteur *m* d'obscuration (de l'obturateur). **2.** Déguisement *m* (de sa pensée, etc.).

Maskat [masˈkat]. *Pr.n. Geog:* Mascate.

masker [ˈmɑːskər], *s.* (*Pers.*) **1.** Masque *m*. **2.** *Th: A:* Acteur *m* (d'un masque).

maslin [ˈmazlin], *s. Agr: Husb:* Méteil *m*, dragée *f*; (blé *m*) mouture *f*.

masochism [ˈmazokizm], *s. Psy:* Masochisme *m*.

masochist [ˈmazokist], *s. Psy:* Masochiste *mf*.

masochistic [mazoˈkistik], *a.* (Perversion *f*, etc.) de masochiste.

mason[1] [ˈmeis(ə)n], *s.* **1.** Maçon *m*. *Foreman m.*, appareilleur *m*. *See also* MONUMENTAL 2. **2.** = FREEMASON.

'mason-'bee, *s. Ent:* Abeille *f* maçonne.

mason[2], *v.tr* (masoned; masoning) Maçonner (un mur, etc.); construire (qch.) en maçonnerie.

masonic [maˈsɔnik], *a.* Maçonnique; des francs-maçons; de la franc-maçonnerie.

masonry [ˈmeisənri], *s.* **1.** Maçonnerie *f*, maçonnage *m*. *See also* DRY[1] 1. **2.** **Piece of masonry,** ouvrage *m* en pierre. **3.** = FREEMASONRY.

Masora(h) [maˈsɔːra]. *Pr.n. Rel.Lit:* Massore *f*, massorah *f*.

Masorete [ˈmasoriːt], *s. Rel.H:* Massorète *m*.

Masoretic [masoˈretik], *a. Rel.H:* Massorétique.

masque [mɑːsk], *s. Lit: Th: A:* Masque *m* (pantomime ou féerie).

masquerade[1] [mɑːskəˈreid], *s.* Mascarade *f*; (i) bal masqué; troupe masquée; (ii) *F:* déguisement *m*, hypocrisie *f*.

masquerade[2], *v.i.* Se masquer, aller en masque, faire une mascarade. **To masquerade as . . .**, se déguiser en. . . . *Soldier masquerading as a general,* soldat *m* qui se fait passer pour un général. *To m. under an assumed name,* s'affubler d'un faux nom.

masquerading, *s.* Mascarade *f*, déguisement *m*.

masquerader [mɑːskəˈreidər], *s.* **1.** Masque *m* (qui prend part à une mascarade). **2.** (*a*) Personne déguisée, masquée; déguisé, -ée. (*b*) Imposteur *m*.

mass[1] [mas], *s. Ecc:* Messe *f*. **High mass,** la grand'messe, la messe haute, solennelle. **Low mass,** la messe basse, la basse messe, la petite messe. *A:* **Dry mass,** messe sèche, missa sicca. **Requiem mass,** messe des morts. **To attend, hear, mass,** assister à la messe. **To say mass,** dire la messe. *Masses were said for his soul,* des messes furent dites pour le repos de son âme.

ˈmass-book, *s.* Livre *m* de messe; (*on the altar*) missel *m*.

mass[2], *s.* **1.** (*a*) Masse *f*, amas *m*, agglomération *f*. *Rock m.*, masse rocheuse. *M. of ore,* amas *m* de minerai. *A m. of snow broke away,* une masse de neige se détacha. (*b*) *Mec:* Masse (d'un corps). **Power per unit of mass,** puissance *f* unitaire massique. (*c*) *Ch:* **Law of mass action,** loi *f* d'action de masse. **2.** (*a*) **A mass of people,** une foule, une multitude, des masses, de gens. *Solid m. of traffic,* masse compacte, serrée, de voitures. *To gather in masses,* se masser. *A m. of letters,* des quantités *f*, une collection, de lettres. *A m. of evidence,* des témoignages *m* en abondance. *A m. of sound,* un grand volume de son. *F:* **The exercise was a mass of mistakes,** le devoir était cousu de fautes. *He was a m. of bruises,* il était tout couvert de meurtrissures; il n'était que meurtrissures. **Mass executions,** exécutions *f* en masse. *Mil:* **Mass formation,** masse. **Mass attack** *against the enemy,* action massive contre l'ennemi. (*b*) **The great mass of the people,** la plus grande partie, la grande majorité, de la population. **The masses,** les masses; la foule. *See also* CLASS[1] 1. *The nation* **in the mass,** la nation prise en bloc. *The power of* **mass suggestion,** la puissance de la suggestion sur les masses.

ˈmass meeting, *s.* Réunion *f*, assemblée *f*, en masse; *F:* meeting *m* monstre.

ˈmass proˈduction, *s. Ind:* Fabrication *f*, travail *m*, en (grande) série. *M. p. has taken the place of quality,* la masse et la série ont remplacé la qualité. **Mass-production car,** voiture *f* de série.

mass[3]. **1.** *v.tr.* Masser (des troupes, etc.); agglomérer (des individus). *Formidable armaments were being massed on the frontier,* on concentrait des armements formidables sur la frontière. **2.** *v.i.* (*Of troops*) Se masser; (*of clouds*) s'amonceler.

massing, *s.* Amoncellement *m* (de nuages); réunion *f*, rassemblement *m*, (de troupes) par masses; agglomération *f* (d'individus, des neiges, etc.).

massacre[1] [ˈmasəkər], *s.* **1.** Massacre *m*, tuerie *f*, hécatombe *f* (d'hommes, de gibier). **2.** *Her:* Massacre.

massacre[2], *v.tr.* Massacrer (des hommes); faire un massacre de (gibier).

massacring, *s.* Massacre(s) *m*(*pl*).

massacrer [ˈmasəkrər], *s.* Massacreur *m*.

massage[1] [maˈsɑːʒ], *s.* (*a*) *Med:* Massage *m*. **Hand massage,** massage manuel. *See also* VIBRO-MASSAGE. (*b*) *Hairdressing:* **Scalp massage,** friction *f*.

massage[2], *v.tr. Med:* Masser (le corps); malaxer (les muscles).

Massalian[1] [maˈseiliən], *a. A.Geog:* Massaliote (de l'ancienne Marseille).

Massalian[2], *a. & s.* = MESSALIAN.

Massaliot [maˈsaliət], *s. A.Geog:* Massaliote *mf*.

Massawa [maˈsɑːwa]. *Pr.n.* = MASSOWAH.

massé [ˈmase], *s. Bill:* Massé *m*. **To take a massé (shot),** masser la bille; faire un massé.

masseter [maˈsiːtər], *a. & s. Anat:* (Muscle) masséter *m*.

masseur, *f.* **masseuse** [maˈsəːr, maˈsəːz], *s. Med:* Masseur, -euse.

massicot [ˈmasikət], *s. Ch: Ind:* Massicot *m*.

massive [ˈmasiv], *a.* **1.** (*a*) (Monument, etc.) massif. *Mil:* **Massive work,** ouvrage *m* à fort profil. *Cup in m. gold,* coupe *f* en or massif. (*b*) **Massive protest,** protestation *f* en masse. **2.** *Geol:* Aggloméré; sans structure cristalline. **-ly,** *adv.* Massivement.

massiveness [ˈmasivnəs], *s.* Massiveté *f*; caractère ou aspect massif (d'un monument, etc.).

Massora(h) [maˈsɔːra], **Massorete** [ˈmasoriːt], **Massoretic** [masoˈretik] = MASORA(H), etc.

Massowah [maˈsaua]. *Pr.n. Geog:* Massaouah *m*, Massouah *m*.

massy [ˈmasi], *a.* = MASSIVE 1.

mast[1] [mɑːst], *s.* **1.** *Nau:* Mât *m*; (*of lateen rig*) arbre *m*. *Masts,* mâts, mâture *f*. **Small mast, hand-mast,** mâtereau *m*. **Single-tree mast,** mât d'une pièce. **Made mast, built mast,** mât d'assemblage. *Military m.*, mât militaire. **Lower mast,** bas mât. *To set up the lower masts of a ship,* mâter un navire. *To take down the masts of a ship,* démâter un navire. **Before the mast,** en avant du grand mât; sur le gaillard d'avant. **Sailor before the mast,** simple matelot *m*. **To sail before the mast,** servir comme simple matelot. *See also* COLOUR[1] 4, DOWN[3] I. 2, HALF-MAST, JIGGER[1] 4, JURY[2], MIZZEN-MAST, MIZZEN-TOPGALLANT, POLE-MAST, TRYSAIL, UPRIGHT I. 1. **2.** (*a*) Pylône *m* (de T.S.F., etc.). *See also* MOORING 1, SIGNAL-MAST. (*b*) **Venetian mast,** mât de pavoisement. **3.** *Mec.E:* Anche *f* (de bigue). *See also* CRANE[1] 2.

ˈmast-ˈhead[1], *s. Nau:* Tête *f* de mât; ton *m* de mât; haut *m* du mât; mât *m* de flèche. **Lateen mast-head,** calcet *m*. (*Of pers.*) *To be at the m.-h.,* être en vigie. *See also* FLAG[6] 1.

ˈmast-ˈhead[2], *v.tr. Nau:* Envoyer (qn) en haut du mât.

ˈmast-ˈheel, *s. Nau:* Pied *m* de mât.

ˈmast-ˈhole, *s. Nau:* Cheminée *f* de mât; (trou *m* d')étambrai *m*.

ˈmast-ˈhouse, *s.* Bâtiment *m* de la mâture; *F:* la mâture.

ˈmast-ˈlight, *s.* Feu *m* de tête de mât.

ˈmast-ˈrope, *s.* Guinderesse *f*.

ˈmast-ˈstep, *s.* Emplanture *f* de mât.

ˈmast-ˈwedges, *s. pl.* Coins *m* de mât.

mast[2], *v.tr. Nau:* **1.** Mâter (un bâtiment). **2.** Hisser haut (une vergue).

masted, *a. Nau:* (*a*) Mâté. *Heavily m.*, fortement mâté. (*b*) (*With num. or adj. prefixed, e.g.*) **Three-masted, four-masted ship,** navire *m* à trois, à quatre, mâts. *See also* UPRIGHT I. 1.

mast[3], *s. Husb:* (*a*) Faînes *fpl* (de hêtre); faînée *f*; glands *mpl* (de chêne); glandée *f*; châtaignes (données en nourriture aux porcs). **Mast-year,** année *f* de glandée. (*b*) **Ground-mast,** aliments *mpl* que les porcs trouvent à la surface du sol.

ˈmast-fed, *a.* (Porc) élevé au pâturage.

-master [ˈmɑːstər], *s. Nau:* (*With num. prefixed, e.g.*) **Three-master, four-master,** trois-mâts *m inv*, quatre-mâts *m inv*; navire *m* à trois, à quatre, mâts.

master[1] [ˈmɑːstər], *s.* **1.** (*Man in control*) (*a*) Maître *m*. **The master of the house,** le maître de la maison. **To be master in one's own house,** être maître chez soi. *If I were m. . . .,* si j'étais le maître. . . . **To be master of oneself,** être maître de soi-même; avoir de l'empire sur soi. **To be one's own master,** s'appartenir; être à soi; ne dépendre que de soi; n'avoir de comptes à rendre à personne. *I am not my own m.*, je n'ai pas la disposition de moi-même. *The dog learns to obey his m.*, le chien apprend à obéir à son maître. *To be m. of a quarry, of a foundry, etc.*, posséder une carrière, une fonderie, etc. *See also* QUARRY-MASTER. *To be m. of a large fortune,* disposer d'une grosse fortune. **To be master of the situation,** être maître de la situation. **To remain master of the field,** rester maître du champ de bataille. **To meet one's master,** trouver son maître. **To be master of a subject,** posséder un sujet à fond. **To make oneself master of sth.,** (i) se rendre maître de qch.; (ii) apprendre qch. à fond. *See also* LORD[1] 1. (*b*) (*Employer*) Maître, patron *m*, chef *m*. **Like master like man,** tel maître tel valet. *Ind:* *The masters and the men,* les patrons et les ouvriers. (*As spoken by servant*) **My master,** *F:* **the master, is not at home,** monsieur n'y est pas. (*c*) (*Director*) (*At Oxford and Cambridge*) Directeur *m*, principal, -aux *m* (de certains collèges universitaires). (*d*) *Nau:* Patron, maître (d'un navire de commerce, d'un bateau de pêche). *M. of a trading vessel,* capitaine *m* au long cours; capitaine marchand. *M. of a coasting vessel,* maître, patron, au cabotage. *See also* CERTIFICATE[1] 2, HARBOUR-MASTER, PRIZE-MASTER, SHIPPING 1. (*e*) (*Principal man*) *Ven:* **Master of foxhounds,** maître d'équipage; grand veneur. *Adm:* **Master of the Mint,** directeur de la Monnaie. **Master of Ceremonies,** maître des cérémonies; (*at Court*) introducteur *m* des ambassadeurs, etc. *Jur:* **Master in Chancery,** conseiller *m* à la cour de la Chancellerie. **Master of the Rolls,** maître des rôles; garde *m* des archives (juge de la Chancellerie prenant rang après le Lord Chancelier). **Master of the King's Music,** Maître de chapelle du Roi. *Th:* **Chorus master,** répétiteur *m*. *Mil:* **Billet master,** répartiteur *m* (des billets de logement). *Hist:* **The Master of the Horse,** le Grand Écuyer; (*in Fr. Hist.*) Monsieur le Grand. *See also* CHOIR-MASTER, MISRULE[1], ROBE[1] 1, TOAST-MASTER. (*f*) (*Freemasonry*) Vénérable *m*. **2.** *Sch:* (*a*) Maître; professeur *m* ou instituteur *m*. **Form master,** professeur principal (d'une classe). **Writing master,** maître d'écriture. *See also* ASSISTANT 1, HEAD-MASTER, HOUSEMASTER. (*b*) **Fencing master,** professeur d'escrime; maître d'armes. **Riding master,** professeur d'équitation. (*c*) **Master of Arts,** maître ès arts = licencié ès lettres *m*. *M. of Science,* maître ès sciences = licencié ès sciences. **To take one's master's degree** = passer sa licence. **3.** (*a*) *A:* Artisan établi à son compte, travaillant en chambre. *See also* GARRET-MASTER. (*b*) **Master of an art,** maître d'un art. *To make oneself m. of a language,* se rendre maître d'une langue; apprendre à fond une langue. *To be a m. of one's art,* posséder son art en maître. *Painter, sculptor, who is a m. of his craft,* peintre *m*, sculpteur *m*, qui a du métier. *Already his writing was that of a m.*, déjà il écrivait en maître. *See also* PAST-MASTER. *Art:* **An old master,** un maître d'autrefois. **This picture is an old master,** ce tableau est d'un ancien maître. **4.** (*As title*) (*a*) *A:* **Master John Smith,** Messire Jean Smith. *Good Master Francis, F:* maître François. **My masters,** messieurs. (*b*) *Dial:* Monsieur. *Good morning, m.*, bonjour, monsieur. (*c*) (*As title given to boys not out of their teens*) **Master John,** Monsieur Jean. (*On envelope*) **Master John Smith,** Monsieur John Smith. (*d*) *Scot:* Titre *m* de l'héritier d'une pairie au-dessous du rang de "*earl*." **The Master of Ravenswood,** le "Maître" de Ravenswood. **5.** *Attrib.* (*a*) **Master carpenter, master mason,** maître charpentier, maître maçon. **Master mariner,** capitaine au long cours; capitaine d'un navire de commerce; capitaine marchand. (*b*) **Master hand,** main *f* de maître. *It is the work of a m. hand,* c'est fait de main de maître. *He is a m. hand at* (*doing sth.*), il est passé maître dans l'art de (faire qch.). (*c*) **Master mind,** esprit supérieur; esprit magistral; *Lit:* aigle *m*. **Master passion,** passion dominante. *Cards:* **Master card,** carte maîtresse. (*d*) Principal, -aux. *Mec.E:* **Master-gauge,** calibre *m* mère, calibre d'ensemble. **Master-tap,** taraud *m* mère. *Min:* **Master-lode,** filon *m* mère, filon principal. *Cin:* **Master print,** copie originale (du film). *Gramophones:* **Master record,** disque originel, original. *See also* CLOCK[1].

ˈmaster-at-ˈarms, *s. Navy:* Capitaine *m* d'armes.

ˈmaster ˈbuilder, *s.* **1.** *Const:* Entrepreneur *m* de bâtiments; constructeur *m* (de maisons). **2.** *F:* Passé maître en architecture.

ˈmaster-key, *s.* Passe-partout *m inv*.

master-keyed, *a.* (Serrures *f*) à passe-partout.

ˈmaster-singer, *s. Mus.Hist:* Maître chanteur.

ˈmaster-stroke, *s.* Coup *m* de maître.

master[2], *v.tr.* **1.** Dompter, maîtriser (qn); se rendre maître, maîtresse, de (qn); vaincre (un cheval). **2.** Maîtriser, dompter (ses passions); surmonter (sa colère); apprendre (un sujet) à fond. *To m. a difficulty,* surmonter une difficulté; triompher d'une difficulté; venir à bout d'une difficulté. *To m. one's feelings or passions,* se surmonter. *To have mastered a subject,* posséder un sujet à fond. *To m. the meaning of sth.,* saisir la signification de qch. *To m. the use of a tool, to m. the saxophone,* se familiariser avec le maniement d'un outil, avec le saxophone. **3.** Régir (la maison, etc.).

masterful ['mɑːstərful], *a.* (*Of pers., manner, etc.*) Impérieux, dominateur, -trice, autoritaire.

masterly ['mɑːstərli], *a.* De maître; magistral, -aux. *M. stroke,* coup *m* de maître. *M. work,* œuvre magistrale. *M. work on . . .,* savant ouvrage sur. . . . **In a masterly manner,** de main de maître; magistralement, supérieurement.

masterpiece ['mɑːstərpiːs], *s.* Chef-d'œuvre *m, pl.* chefs-d'œuvre. *It is a m.,* c'est fait de main de maître; c'est un chef-d'œuvre.

mastership ['mɑːstərʃip], *s.* **1.** Autorité *f* (*over,* sur); maîtrise *f* (*over,* de). **2.** Fonction *f* de "*Master.*" **Mastership of the Rolls,** dignité *f* de "*Master of the Rolls.*" **3.** *Sch:* (*a*) Poste *m* de principal (de certains collèges universitaires ou d'une école secondaire). *See also* HEAD-MASTERSHIP. (*b*) **(Assistant-)mastership,** poste de professeur, de maître (dans une école secondaire); chaire *f* de professeur. **4.** *A:* **Your Mastership,** monsieur; *Hum:* votre Seigneurie *f*. **5.** Connaissance approfondie (d'un sujet).

masterwort ['mɑːstərwəːrt], *s. Bot:* Impératoire *f*. **Black masterwort,** astrance *f*.

mastery ['mɑːstəri], *s.* **1.** Maîtrise *f* (*of,* de); autorité *f,* domination *f* (*over,* sur). *To get the m. of a dog,* maîtriser un chien; mater un chien. **To gain the mastery,** l'emporter (*over,* sur); avoir le dessus. *See also* SELF-MASTERY. **2.** Connaissance approfondie (d'un sujet). *His m. of the violin,* sa maîtrise du violon.

mastic ['mastik], *s.* **1.** (*Resin*) Mastic *m*. **2.** (*Cement*) Mastic. *Aut:* **Tyre mastic,** pâte *f* bouche-trous. *Carp:* **Glue and sawdust mastic,** futée *f*.

'mastic(-tree), *s. Bot:* Lentisque *m*.

masticate ['mastikeit], *v.tr.* **1.** Mâcher, mastiquer (un aliment). **2.** *Ind:* Triturer (le caoutchouc, etc.); malaxer.

mastication [masti'keiʃ(ə)n], *s.* **1.** Mastication *f,* mâchement *m*. **2.** *Ind:* Trituration *f*.

masticator ['mastikeitər], *s.* **1.** (*a*) *Anat:* **Masticator muscles,** muscles masticateurs. (*b*) *pl. F:* **Masticators,** mâchoires *f*. (*c*) (*Animal*) Masticateur *m*. **2.** *Ind:* (*Apparatus*) Masticateur; triturateur *m* (de caoutchouc, etc.); malaxeur *m*.

masticatory ['mastikətəri]. **1.** *a.* Masticateur, -trice. **Masticatory teeth,** dents mâchelières (des ruminants). **2.** *s. Pharm:* Masticatoire *m*.

mastiff ['mɑːstif], *s.* Mâtin *m*; dogue anglais. **Mastiff-pup,** mâtineau *m*. *See also* BAT[1].

mastitis [mas'taitis], *s. Med:* Mastite *f,* mammite *f*.

mastless ['mɑːstləs], *a.* **1.** Sans mât(s). **2.** Démâté.

mastodon ['mastodɔn], *s. Paleont:* Mastodonte *m*.

mastoid ['mastɔid], *a. Anat:* Mastoïde. **Mastoid process,** *s.* **mastoid,** apophyse *f* mastoïde. *Med:* **Inflammation of the mastoid,** *F:* **'mastoid,'** mastoïdite *f*.

mastoidean [mas'tɔidiən], *a. Anat:* Mastoïdien.

masturbate ['mastərbeit], *v.i. & pr.* Se masturber.

masturbation [mastər'beiʃ(ə)n], *s.* Masturbation *f*.

Masurenland [ma'zuərənland]. *Pr.n. Geog:* La Masurie.

mat[1] [mat], *s.* **1.** (*a*) Natte *f* (de paille, de jonc). (*b*) Tapis *m,* carpette *f* (de laine, etc.). (*c*) Paillasson *m*. *Fibre mat,* tapis-brosse *m, pl.* tapis-brosses. *Wire-woven mat,* tapis décrottoir. *Rubber mat,* tapis décrottoir en caoutchouc. *F:* **To have s.o. on the mat** = *to have s.o. on the carpet, q.v. under* CARPET[1] 1. *See also* BATH-MAT, COCOA[1] 1, DOOR-MAT, SCRAPER-MAT. (*d*) **Table-mat,** dessous *m* de plat; rond *m* de table; garde-nappe *m, pl.* garde-nappe(s); porte-plat *m, pl.* porte-plats; porte-assiette *m, pl.* porte-assiette(s). **Stove-mat,** plateau *m* d'amiante. *See also* DINNER-MAT. (*e*) *Hort:* Abrivent *m*. **Grass mat,** rabane *f* de raphia. (*f*) *Typ:* Empreinte *f* (de clichage). **2.** *Nau:* Paillet *m,* sangle *f,* baderne *f*. **Collision mat,** paillet Makarov; paillet d'abordage; bonnette lardée. **3.** *Hyd.E:* Clayonnage *m*.

'mat-grass, *s. Bot:* Nard *m* raide.

mat[2], *v.tr.* (matted; matting) **1.** Natter (une chambre), couvrir (une chambre) de nattes. **2.** *Hort:* To mat (up), paillassonner, empailler (des semis, des espaliers, etc.). **3.** *Hyd. E:* **To mat the bank of a canal,** clayonner le talus d'un canal. **4.** (*a*) Natter, tresser (le jonc). (*b*) Emmêler (les cheveux, etc.). (*c*) (*With passive force*) (*Of hair, fibres, etc.*) To mat, s'emmêler, se coller ensemble.

matted, *a.* **1.** (*a*) (Plancher, etc.) natté, couvert de nattes. (*b*) (Chaise, etc.) de jonc, de paille. **2.** **Matted hair,** cheveux emmêlés, entremêlés. (*Of stuff, etc.*) **To become matted, se feutrer.**

matting[1], *s.* **1.** (*a*) Enchevêtrement *m,* emmêlement *m* (de fils, etc.). (*b*) Paillassonnage *m* (des plantes). (*c*) Tressage *m* (de la paille). **2.** (*a*) Natte(s) *f(pl),* paillassons *mpl*. **Indian matting,** natte de Chine. *See also* COCO(A[1]) 1. (*b*) *Hort:* Rabane *f,* auvent *m,* abrivent *m*.

mat[3]. **1.** *a.* (*Of colour, surface*) Mat. *Mat complexion,* teint mat. *Phot:* **Mat paper,** papier mat. **Semi-mat paper,** papier demi-brillant. *Mat varnish,* (vernis *m*) mattolin *m*. **2.** *s.* (*a*) *Gilding:* Mat *m,* dorure mate. (*b*) Monture dorée, filet *m* d'or mat, *U.S:* filet (doré ou non) (d'une gravure, etc.). (*c*) *Metalw:* Surface matie (granitée ou dépolie).

mat[4], *v.tr.* (matted; matting) *Tchn:* Matir (la dorure), mater (le cuivre, etc.); dépolir (le verre).

matting[2], *s.* Matage *m* (de la dorure, du cuivre); dépolissage *m* (du verre). *Metalw:* **Matting tool,** matoir *m*.

matador ['matadɔːr], *s.* **1.** Matador *m*. **2.** *Cards: etc:* Matador.

match[1] [matʃ], *s.* **1.** (*a*) (*Of pers.*) Égal, -ale; pareil, -eille. **To find, meet, one's match,** trouver à qui parler; trouver son homme, avoir affaire à forte partie, *F:* trouver chaussure à son pied. *To meet more than one's m.,* trouver, s'attaquer à, plus fort que soi; trouver son maître. *He is up against more than his m.,* c'est le pot de terre contre le pot de fer. **To be a match for s.o.,** être de force à lutter avec qn; pouvoir le disputer à qn. *You are no m. for him,* vous n'êtes pas de force, de taille, à lutter, à vous mesurer, avec lui; il vous mettrait dans sa poche. **To be more than a match for s.o.,** (i) être trop fort pour qn; rendre des points à qn; (ii) circonvenir qn. **He has not his match,** il n'a pas son pareil. (*b*) (*Of thgs*) **To be a bad match,** aller mal ensemble. **To be a (good) match,** aller bien ensemble; être bien assortis. *Two pictures which are a m.,* deux tableaux qui (se) font pendant. *Perfect m. of colours,* assortiment parfait de couleurs. **2.** *Sp:* Lutte *f,* partie *f,* match *m*. **Tennis match,** partie de tennis. **Football match,** match de football. *Pistol-shooting m.,* poule *f* au pistolet. *Box: M. of twenty rounds,* match en vingt reprises. *To win the m.,* gagner la partie. *See also* CHALLENGE[2] 1, FENCING-MATCH, RETURN[1] 5, SPARRING. **3.** (*a*) Mariage *m,* alliance *f,* union *f*. *F:* (*Of two pers.*) **To make a match of it, se marier. To make a good match,** faire un bon mariage; se marier avantageusement. (*b*) **He is a good match,** c'est un bon parti, un excellent parti. *See also* LOVE-MATCH.

'match-ball, *s. Ten:* = MATCH-POINT.

'match-maker[1], *s.* Faiseur, -euse, de mariages; *F:* agenceuse *f* de mariages; courtière *f* en mariages; marieur, -euse. *She's a regular m.-m.,* c'est une marieuse acharnée; elle ne pense qu'à marier les gens.

'match-making[1], *s.* Manie *f* d'arranger des mariages.

'match-play, *s.* **1.** *Ten:* Jeu *m* de match. **2.** *Golf:* Partie *f* par trous. *M.-p. competition,* concours *m* par trous.

'match-point, *s. Ten:* Point *m* dont dépend l'issue du match.

match[2]. **1.** *v.tr.* (*a*) **To match s.o. with s.o.,** faire épouser qn à qn; donner qn en mariage à qn; unir qn à qn. (*b*) Égaler (qn); être l'égal de (qn); rivaliser avec (qn). *Pretty evenly matched,* à peu près de force égale. *For wine no country can m. France,* en fait de vins aucun pays ne saurait rivaliser avec la France. *I can m. your story,* j'en sais une qui vaut bien la vôtre. (*c*) **To match s.o. against s.o.,** opposer qn à qn; mettre qn aux prises avec qn. *Sp:* **To match opponents,** matcher des adversaires. (*d*) Apparier, rapparier (des gants, des bas); rappareiller (un service à thé, etc.); appareiller (des chevaux); assortir, allier (des couleurs). *Cushions to m. the colour of her dress,* coussins assortis à la couleur de sa robe. *Hat to m. a costume,* chapeau *m* pour accompagner un costume. *Stuff to m. this one,* une étoffe pareille à celle-ci. *Com: Articles difficult to m.,* rassortiments *m* difficiles à obtenir. *This picture wants another to m. it,* il faut un pendant à ce tableau. *St.Exch: U.S:* **Matched orders,** ordres couplés d'achat et de vente (pour stimuler le marché). *See also* WELL-MATCHED. (*e*) *Carp:* **To match boards,** bouveter des planches. **2.** *v.i.* S'assortir; s'harmoniser. *Ornaments that m.,* ornements *m* qui se font pendant, qui se correspondent. **Colours to match,** couleurs assorties. *Dress with hat to m.,* robe avec chapeau assorti, pareil; robe et un chapeau à l'avenant. *Shoes, stockings, and everything to m.,* chaussures, bas, et tout l'assortiment. *Paper and envelopes to m.,* papier *m* et enveloppes *fpl* pour aller avec. *Ribbons that do not m. with the dress,* rubans *m* qui ne vont pas, qui ne s'accordent pas, avec la robe. **To match well,** aller bien ensemble, être bien assortis, faire la paire.

matching[1], *s.* **1.** Assortiment *m,* appareillement *m* (de couleurs); appariement *m,* appariation *f* (d'objets). **2.** = MATCH-BOARDING.

'match-board, *s. Carp:* Planche bouvetée.

'match-boarding, *s. Carp:* Planches bouvetées; assemblage *m* à rainure; jointes *fpl*; planches de recouvrement.

'match-mark, *s. Mec.E:* (Trait *m* de) repère *m*.

'match-plane, *s. Carp:* Bouvet *m* à joindre.

match[3], *s.* **1.** Allumette *f*. **Safety match,** allumette suédoise; allumette amorphe; allumette de sûreté. **Wax match,** allumette-bougie *f, pl.* allumettes-bougies. **Book-matches,** allumettes Jupiter. *See also* BRIMSTONE 1. **To strike a match,** frotter, gratter, craquer, une allumette. **2.** *A.Artil:* Mèche *f*. *Min:* Canette *f,* raquette *f*. **Slow match,** corde *f* à feu. *F:* **To set a match to the train,** mettre le feu aux étoupes.

'match-box, *s.* Boîte *f* à allumettes; boîte d'allumettes.

'match-maker[2], *s.* Fabricant *m* d'allumettes; allumettier, -ière.

'match-making[2], *s.* Fabrication *f* des allumettes.

'match-stand, *s.* Porte-allumettes *m inv.*

'match-stick, *s. F:* Allumette *f*. *F:* **To have legs like match-sticks,** avoir des jambes comme des allumettes; avoir des mollets de coq.

'match-tub, *s. Nau: A:* Marmotte *f*.

match[4], *v.tr.* Mécher (un fût, une barrique).

matching[2], *s.* Méchage *m*.

matchable ['matʃəbl], *a.* **1.** Qui peut être égalé (*by,* par). **2.** Que l'on peut rassortir; auquel on peut trouver un pendant.

matcher ['matʃər], *s. Com:* Assortisseuse *f*.

matchet ['matʃet], *s.* Machette *f*; grand coutelas.

matchless ['matʃləs], *a.* Incomparable, inimitable; sans égal, sans pareil, sans second. **-ly,** *adv.* Incomparablement.

matchlessness ['matʃləsnəs], *s.* Incomparabilité *f*.

matchlock ['matʃlɔk], *s. Hist:* Fusil *m* à mèche.

matchwood ['matʃwud], *s.* Bois *m* d'allumettes. *F:* **Smashed to matchwood,** mis en miettes; mis en capilotade. *See also* BURN[2] 2, REDUCE 2.

mate[1] [meit], *s. Chess:* = CHECKMATE[1]. **Fool's mate,** coup *m* du berger. *See also* STALEMATE[1].

mate[2], *v.tr. Chess:* Faire (le roi) échec et mat; mater (le roi). *To m. in three,* faire (échec et) mat en trois coups. *See also* STALEMATE[2].

mate[3], *s.* **1.** (*Fellow-worker*) Camarade *mf,* compagnon, *f.* compagne; *F:* copain *m*. **School-mate,** camarade de classe; condisciple *m*. *Ind:* **(Workman's) mate,** compagnon. *P:* **I say, mate!** dis donc, (le) camaro! **2.** (*One of a united pair*) (*Of persons, birds*) Compagnon, compagne; (*of birds*) mâle *m* ou femelle *f*; pair *m*; (*of persons*) époux, *f.* épouse. **3.** *Nau:* (*a*) (*On merchant vessel*) Officier *m*. **First mate, chief mate,** second *m*. **Second mate,** lieutenant *m*. **Third mate,** second lieutenant. *The master and the mates,* le capitaine et les officiers. (*b*) *Navy:* Second maître. **Carpenter's**

mate, second maître charpentier; contre-maître charpentier. *See also* BOATSWAIN, COOK[1], PURSER.

mate[4]. I. *v.tr.* (*a*) Marier, unir (*s.o. with s.o.*, qn à qn). (*b*) Accoupler (des oiseaux); apparier (des animaux). 2. *v.i.* (*a*) (*Of pers.*) **To mate with s.o.**, s'unir à qn; se marier avec qn; épouser qn. (*b*) (*Of birds*) S'accoupler, s'apparier. (*c*) *F:* (*Of pers.*) Tenir compagnie (*with*, à); frayer (*with*, avec); vivre en compagnie (*with*, de).

mating, *s.* Union *f* (de personnes); accouplement *m* (d'oiseaux); appareillement *m*, appariation *f*, apparîment *m*, appariement *m* (d'animaux). **The mating season,** la saison des amours; (*of domestic animals*) la monte.

maté ['mate], *s.* Maté *m*; thé *m* du Paraguay, des Jésuites.

mateless ['meitləs], *a.* Sans compagnon, sans compagne. *To live m.*, vivre seul(e).

matelote [mat'lɔt], *s.* *Cu:* Matelote *f.*

mater ['meitər], *s.* I. *Anat:* *See* DURA MATER, PIA MATER. 2. *F:* **The mater,** ma mère; maman.

material [mə'ti:əriəl]. I. *a.* I. (*a*) *Phil:* *Ph:* *Theol:* Matériel. (*b*) (*Of conduct, point of view*) Matériel, grossier, terre-à-terre, matérialiste. *To be engrossed in m. things*, être enfoncé dans la matière. (*c*) (*Of comfort, interests*) Matériel. **To have enough for one's material comforts, for one's material needs,** avoir de quoi vivre matériellement; *F:* avoir sa matérielle. 2. (*a*) Important, essentiel (*to*, pour). *It has been of m. service to me*, cela m'a rendu un service sensible, considérable, appréciable. *The m. witnesses were in hiding*, les témoins essentiels se cachaient. (*b*) (Fait) pertinent. *Facts which are not m. to the point in question*, faits qui n'ont aucun rapport avec la question. *Jur:* *M. evidence*, témoignages pertinents. **-ally,** *adv.* I. Matériellement, essentiellement. *Log:* *Formally correct but m. false*, exact quant à la forme, mais faux quant au fond. 2. Sensiblement; d'une manière appréciable. *Path through the fields that shortens the road m.*, sentier *m* à travers champs qui raccourcit sensiblement la route.

II. **material,** *s.* I. (*a*) Matière *f*, matériaux *mpl*. **Raw materials,** matières premières, matières brutes. **Building materials,** matériaux de construction; matériau *m*. *Labour and m.*, main-d'œuvre *f* et matériel *m*. **War material,** matériel de guerre. *El:* **Insulating material,** substance isolante. *To collect m. for a literary work*, rassembler les matériaux pour un travail littéraire. *To provide m. for conversation, for long discussions*, fournir des sujets de conversation; alimenter la conversation; fournir matière à de longues discussions. (*b*) *pl.* **Materials,** fournitures *f*, accessoires *m*. *Photographic materials*, fournitures, accessoires, pour la photographie. **Writing materials,** tout ce qu'il faut pour écrire; de quoi écrire. *Office materials*, fournitures de bureau. 2. *Tex:* Étoffe *f*, tissu *m*. **'Customers' own material made up,'** "on travaille à façon." *See also* DRESS[1] I.

materialism [mə'ti:əriəlizm], *s.* *Phil:* Matérialisme *m.*

materialist [mə'ti:əriəlist]. I. *s.* Matérialiste *m.* 2. *a.* = MATERIALISTIC.

materialistic [məti:əriə'listik], *a.* I. Matérialiste. 2. (*Of pleasures, mind, etc.*) Matériel. **-ally,** *adv.* Matériellement.

materiality [məti:əri'aliti], *s.* I. Matérialité *f.* 2. *Jur:* Importance *f* (d'un fait, etc.).

materialization [məti:əriəlai'zeiʃ(ə)n], *s.* I. Matérialisation *f.* 2. Aboutissement *m* (d'un projet, etc.).

materialize [mə'ti:əriəlaiz]. I. *v.tr.* (*a*) Matérialiser (l'âme, qn). (*b*) *Psychics:* Donner une forme matérielle à (un esprit); faire apparaître (un esprit). 2. *v.i.* (*a*) (*Of psychic ectoplasm*) Se matérialiser. (*b*) *F:* (*Of occurrence*) Se réaliser, s'actualiser; (*of policy*) prendre forme, prendre corps; (*of plans*) aboutir. *These possibilities may m.*, ces possibilités se réaliseront peut-être.

materializing, *s.* I. Matérialisation *f.* 2. Réalisation *f.*

materia medica [mə'ti:əriə 'medikə], *s.* *Med:* Matière médicale.

maternal [mə'tə:rn(ə)l], *a.* Maternel. *M. grandfather*, aïeul maternel. **-ally,** *adv.* Maternellement.

maternity [mə'tə:rniti], *s.* Maternité *f.* **Maternity hospital,** maison *f* d'accouchement; maternité. **Maternity ward,** salle *f* des accouchées; service *m* de la maternité. **Maternity centre,** centre *m* d'accouchement, de natalité. **Maternity dress, maternity belt,** robe *f*, ceinture *f*, pour grossesse.

matey ['meiti], *a.* *P:* Amical, -aux. **To get matey with s.o.,** se lier d'amitié avec qn; devenir copain avec qn.

mathematical [maθe'matik(ə)l], *a.* I. (Science *f*, calcul *m*) mathématique. *M. accuracy*, *F:* exactitude *f* algébrique, géométrique. *To apply m. conceptions to a question*, mathématiser une question. 2. (Étudiant *m*) en mathématiques; (professeur *m*, livre *m*) de mathématiques; (connaissance *f*) des mathématiques; (connaissances) en mathématiques; (disposition *f*) pour les mathématiques; (carrière *f*) de mathématicien. *To be m., to have a m. turn of mind*, être doué pour les mathématiques. *He is a m. genius*, c'est un mathématicien de génie. *See also* INSTRUMENT[1] 2. **-ally,** *adv.* Mathématiquement.

mathematician [maθemə'tiʃ(ə)n], *s.* Mathématicien, -ienne.

mathematicize [maθe'matisaiz], **mathematize** ['maθemətaiz]. I. *v.tr.* Considérer (qch.) mathématiquement; mathématiser (une question). 2. *v.i.* Raisonner mathématiquement.

mathematics [maθe'matiks], *s.pl.* (*Usu. with sg. const.*) Mathématiques *fpl.* **Higher mathematics,** mathématiques spéciales. **Pure mathematics,** mathématiques pures. **Applied mathematics,** mathématiques appliquées. *To study m.*, étudier les mathématiques. *To work at m.*, *F:* *to do m.*, faire des mathématiques. *Strong in m.*, fort en mathématiques; *F:* fort en X.

mathiola [mə'θaiolə], *s.* *Bot:* = MATTHIOLA.

maths [maθs], *s.pl.* *F:* = MATHEMATICS.

Mathurin ['maθjurin]. *Rel.H:* I. *Pr.n.m.* Mathurin. *A:* **Malady of St Mathurin,** colique *f* de Saint-Mathurin. 2. (*a*) *a.* De l'ordre des mathurins. **Mathurin friar,** mathurin *m*. (*b*) *s.m.* Mathurin.

matie ['meiti], *s.* Hareng marchais.

Matilda [mə'tildə]. *Pr.n.f.* Mathilde.

matinée ['matinei], *s.* *Th:* (Représentation *f* en) matinée *f.*

matiness ['meitinəs], *s.* *F:* Camaraderie *f.*

matins ['matinz], *s.pl.* *Ecc:* Matines *f.* *The bell was ringing to m.*, la cloche sonnait matines.

matrass ['matrəs], *s.* *Ch:* Matras *m*; ballon *m* (à long col).

matriarch ['meitriɑ:rk], *s.f.* *Hum:* Femme qui porte les chausses.

matriarchal ['meitriɑ:rk(ə)l], *a.* Matriarcal, -aux.

matriarchy ['meitriɑ:rki], *s.* Matriarcat *m.*

matric [mə'trik], *s.* *F:* = MATRICULATION 2. **To take, pass, one's matric** = passer son bachot.

matricidal ['meitrisaid(ə)l, 'ma-], *a.* Matricide.

matricide[1] ['meitrisaid, 'ma-], *s.* Matricide *mf.*

matricide[2], *s.* (*Crime*) Matricide *m.*

matriculant [mə'trikjulənt], *s.* *Sch:* Étudiant, -ante, qui s'inscrit (à l'université).

matriculate [mə'trikjuleit]. I. *v.tr.* Immatriculer (un étudiant). 2. *v.i.* Passer l'examen d'entrée à l'université (et prendre ses inscriptions).

matriculated, *a.* Immatriculé.

matriculation [mətrikju'leiʃ(ə)n], *s.* *Sch:* I. Immatriculation *f*, inscription *f* (comme étudiant). 2. Examen *m* de fin d'études secondaires (qui admet à l'université). *Cf.* MATRIC.

matrilineal [matri'liniəl], **matrilinear** [matri'liniər], *a.* (Descendance *f*) par la ligne maternelle.

matrimonial [matri'mounjəl], *a.* Matrimonial, -aux; conjugal, -aux. **-ally,** *adv.* Conjugalement.

matrimony ['matrimoni], *s.* Le mariage; la vie conjugale. **Joined in holy matrimony,** unis par les saints nœuds du mariage.

matrix, *pl.* **-ixes, -ices** ['meitriks, 'meitriksiz, mə'traisi:z, *in sense* 3 'matrisi:z], *s.* I. *Anat:* Matrice *f*, utérus *m*. 2. *Geol:* *Miner:* Matrice, gangue *f*, gaine *f*; roche *f* mère. *Emerald m.*, roche d'émeraude. **Matrix-gem,** pierre précieuse engagée dans sa gangue. 3. *Metall:* *Typ:* *etc:* Matrice, moule *m*. *Art:* *Cer:* Mère *f* (de moulages en plâtre, etc.). *Gramophones:* Matrice de disques; matrice de réserve.

matron ['meitrən], *s.f.* I. Matrone; mère de famille. *Dressm:* *Style suitable for the m., for matrons*, genre *m* (de costumes) pour dames d'un certain âge. *Jur:* **Jury of matrons,** jury de matrones (appelé à décider de la grossesse d'une femme condamnée à mort). 2. (*a*) Intendante (d'une institution). (*b*) Infirmière en chef, infirmière-major, *pl.* infirmières-majors (d'un hôpital). (*c*) *Sch:* Intendante ou économe *f* (d'un pensionnat, d'une maison d'étudiants).

matronage ['meitrənedʒ], *s.* I. *Coll.* Matrones *fpl.* 2. Condition *f* de matrone. 3. Surveillance *f*, soins *mpl*, responsabilités *fpl*, qui incombe(nt) à l'intendante.

matronal ['meitrənəl], **matronly** ['meitrənli], *a.* Matronal, -aux; de matrone. *Matronal duties*, devoirs *m* domestiques. *A kindly matronly woman*, une brave maman. *At thirty she looked quite matronly*, à trente ans elle en portait quarante.

matronship ['meitrənʃip], *s.* Poste *m* d'intendante d'institution, d'infirmière en chef. *Cf.* MATRON 2.

matt [mat], *a.* & *s.* = MAT[3].

matte [mat], *s.* *Metall:* Matte *f.*

matter[1] ['matər], *s.* I. Matière *f*; substance *f*. (*a*) *Log:* *etc:* **Form and matter,** la forme et la matière; la forme et le fond. *See also* MANNER I. (*b*) *Ph:* **The indestructibility of matter,** l'indestructibilité *f* de la matière. (*c*) **Vegetable matter,** matières végétales. *Colouring m.*, matière colorante. *M. in suspension in a liquid*, matières en suspension dans un liquide. *See also* FAECAL, GREY[1] I. 2. *Med:* Matière (purulente); pus *m*, sanie *f*; chassie *f* (des yeux). *To squeeze some m. out of the wound*, faire sortir du pus de la plaie. 3. (*a*) Matière, sujet *m* (d'un discours, d'un ouvrage). *The book contains much useless m.*, le livre contient beaucoup de choses inutiles. **Reading matter,** choses *f* à lire (dans un journal, etc.). *To provide m. for discussion*, fournir matière à discussion. **Matter of, for, astonishment,** sujet d'étonnement. *M. of dispute*, sujet de controverse. *It is a m. for regret*, c'est à regretter. *See also* SUBJECT-MATTER. (*b*) *Typ:* Matière, copie *f*. **Plain matter,** composition *f* en plein. **Mixed matter,** composition lardée. *Adm:* **Postal matter,** lettres et paquets postaux. *U.S:* **First-class matter,** lettre close ou paquet clos. **Second-class matter,** imprimé *m* périodique. **Third-class matter,** imprimé non périodique. **Fourth-class matter,** échantillons *mpl*. *See also* PRINT[2] 2. 4. **It makes no matter,** n'importe; cela ne fait rien. **No matter how you do it,** de n'importe quelle manière que vous le fassiez. *No m. when you do it*, n'importe à quel moment vous le ferez. *No m. how fast you run, you will not catch him*, vous avez beau courir, vous ne le rattraperez pas. **What matter?** qu'importe? *Never a service, no matter what (it was), but had its reward*, jamais un service, tel qu'il fût, n'a été sans récompense. 5. Affaire *f*, chose, cas *m*. *The m. I speak of*, l'affaire dont je parle. *See also* HAND[1] 2. *We will deal with this m. to-morrow*, nous traiterons demain ce chapitre. **It is an easy matter,** c'est facile; *F:* ce n'est pas une affaire. **It is no easy matter,** ce n'est pas facile; ce n'est pas aisé; cela ne va pas sans peine. *It is no easy m. to . . .*, ce n'est pas chose aisée de. . . . **It is no great matter, this is a small matter,** ce n'est pas grand'chose; c'est peu de chose; ce n'est pas (là) une affaire. *For so small a m.*, pour si peu de chose. **That's quite another matter,** c'est un autre article; c'est toute autre chose; *F:* ça c'est une autre paire de manches. **As matters stand,** au point où en sont les choses. **Money matters,** affaires d'intérêt. **Business matters,** affaires. *He is interested in all* **matters musical,** tout ce qui est musique l'intéresse. *Jur:* **Summary matters,** matières sommaires. **In all matters of . . .,** dans tout ce qui a rapport à. . . . *In matters of religion*, en ce qui concerne la religion. *Toleration in religious matters*, tolérance *f* en matière de religion. **In the matter of . . .,** quant à . . .; en ce qui concerne. . . . *To be strict in the m. of* *discipline*, être strict sur le chapitre de la discipline. *In the m. of custom fools lay down the law*, en matière d'usage ce sont les sots qui font la loi. **In this matter . . .,** à cet égard. . . . *Jur:* **In the matter of** *the Companies Act* 1929 . . ., vu la loi de 1929 sur les sociétés. . . . **A matter of business,** une question d'affaires. **Matter of taste, of opinion,** affaire de goût, d'opinion. **Matter of conscience,** cas de conscience. **Matter of history,** fait *m* historique. **Matter of habit,** question d'habitude. **It is simply a matter of time,** c'est une simple question de temps. **It is a matter of a hundred pounds,** c'est l'affaire, une affaire, de cent livres; il y va de cent livres. *That will cost you a m. of ten shillings*, cela vous coûtera une dizaine de shillings, dans les dix shillings; ça vous reviendra à quelque chose comme dix shillings. *It will be a m. of ten days*, ce sera l'affaire de dix jours; cela prendra dans les dix jours. *F:* **He had had a matter of four wives,** il avait eu jusqu'à quatre épouses. **For that matter, for the matter of that,** pour ce qui est de cela; quant à cela; si ce n'est que cela; d'ailleurs; aussi bien. . . . **Nor, for that matter, do I regret it,** et à vrai dire je ne le regrette pas. **What is the matter?** qu'est-ce qu'il y a? qu'y a-t-il? de quoi s'agit-il? **There is something the matter,** il y a quelque chose. *Something must be the m.*, il doit y avoir quelque chose. *As if nothing was the m.*, comme si de rien n'était. **There is something the matter with him,** il a quelque chose. *What is the m. with you?* qu'est-ce que vous avez? qu'avez-vous? qu'est-ce qui vous prend? quelle mouche vous pique, vous prend? **There is something the matter with his throat,** il a quelque chose à la gorge. *What is the m. with your finger?* qu'est-ce que vous avez au doigt? *There is nothing the m. with you*, vous n'avez rien du tout. *I don't know what's the m. with me*, je ne sais pas ce que j'ai; je me sens je ne sais comment. *Is there anything the m. with the engine?* est-ce qu'il y a quelque chose qui ne marche pas au moteur? *You don't like that book?* **What is the matter with it?** vous n'aimez pas ce livre? Qu'est-ce que vous y trouvez à redire? *See also* ALTER 1, COURSE[1] 1, CUT[2] 2, FACT 2, HANGING[2] 1, LAUGHING-MATTER, MEND[2] I. 3, MINCE[2] 2.

'matter-of-'course, *a.* (*Of manner, words, actions*) Naturel, qui va de soi.

'matter-of-'fact, *a.* (*Of pers., manner*) Pratique, positif, terre-à-terre, prosaïque.

matter[2], *v.i.* **1.** Importer (*to s.o.*, à qn); avoir de l'importance. *It matters little*, peu importe. *It does not m.*, n'importe; cela ne fait rien. *It does not m. in the least*, *F:* **it doesn't matter a bit,** cela n'a pas la moindre importance. *It doesn't m. whether . . .*, peu importe que + *sub.* *A day or two more or less doesn't m.*, nous n'en sommes pas à un ou deux jours près. *Nothing else matters*, tout le reste n'est rien. *It matters a good deal to me*, cela importe beaucoup pour moi. *It matters little to me whether the elections take place this year or later*, je me préoccupe peu que les élections se fassent cette année ou plus tard. **2.** *F:* (*Of wound*) Suppurer.

matterful ['matərful], *a.* (*Of book, author*) Substantiel.

Matterhorn (the) [ðə'matərhɔːrn]. *Pr.n. Geog:* Le Mont Cervin.

Matthew ['maθju]. *Pr.n.m.* Mathieu.

Matthias [ma'θaiəs]. *Pr.n.m.* Mathias.

matthiola [ma'θaiola], *s. Bot:* Matthiole *f*; giroflée *f* des jardins.

mattins ['matinz], *s.pl.* = MATINS.

mattock[1] ['matək], *s. Tls: Agr:* Hoyau *m*; pioche *f*; pioche-hache *f*, *pl.* pioches-haches; pic *m* à tranche; bigot *m*.

mattock[2], *v.tr.* Piocher (la terre).

mattress ['matrəs], *s.* **1.** (*a*) Matelas *m*. **Hair mattress, wool mattress,** matelas de crin, de laine. *See also* STRAW MATTRESS. (*b*) Sommier *m*. **Spring mattress, box mattress,** sommier élastique. **Wire mattress,** sommier métallique. **2.** *Hyd.E:* Clayonnage *m*, claie *f*.

'mattress-maker, *s.* Matelassier, -ière.

Matty ['mati]. *Pr.n.f.* (*Diminutive*) Mathilde.

maturant ['matjurənt], *s. Med:* Maturatif *m*.

maturate ['matjureit]. **1.** *v.tr. Med:* Mûrir, faire mûrir (un abcès). **2.** *v.i.* (*Of abscess, etc.*) (*a*) Mûrir. (*b*) Suppurer.

maturation [matju'reiʃ(ə)n], *s.* Maturation *f* (d'un fruit, d'un abcès, etc.); développement *m* (de l'intelligence, etc.).

maturative [ma'tjuərətiv], *a. & s. Med:* Maturatif (*m*).

mature[1] [ma'tjuər], *a.* **1.** (*Of fruit, intelligence, person, etc.*) Mûr. *Person of m. years*, personne *f* d'âge mûr. *After m. consideration*, après mûre réflexion. *To give a question m. deliberation*, étudier mûrement une question; mûrir une question. **2.** *Fin:* (Papier) échu. **-ly,** *adv.* Mûrement; d'une manière mûrie, réfléchie.

mature[2]. **1.** *v.tr.* (*a*) Mûrir (une plante, qn); affiner (le vin, le fromage). (*b*) *His plans were not yet matured*, ses projets n'étaient pas encore mûris, pas encore mûrs. **2.** *v.i.* (*a*) (*Of plant, wine, etc.*) Mûrir. (*b*) *To let an affair m.*, laisser mûrir une affaire. *Plan propounded before it has matured*, projet exposé avant maturité. (*c*) *Fin:* (*Of bill*) Échoir; arriver à l'échéance. **Bills to mature,** papier *m* à échéance. *Bills about to m.*, *F:* papier brûlant.

matured, *a.* **1.** Mûr, mûri; (vin) mûri, fait, en boite, de bonne boite; (cigare) sec. **2.** *Fin:* Échu. **Matured capital,** capitaux *mpl* dont la date de paiement est échue.

maturing, *s.* Maturation *f* (du tabac, etc.); affinage *m* (du vin, du fromage).

matureness [ma'tjuərnəs], *s.* Maturité *f* (du jugement, du style, etc.).

maturity [ma'tjuəriti], *s.* **1.** Maturité *f* (d'un fruit, etc.); maturité, boite *f* (du vin). **To come to maturity,** arriver à maturité, à plein développement. **The years of maturity,** l'âge mûr, l'âge moyen (de qn). *The work of his m.*, l'œuvre *f* de sa maturité. *For:* **Age of maturity,** âge d'exploitabilité (d'une forêt). **2.** *Fin: Com:* **(Date of) maturity,** échéance *f* (d'une traite, d'un billet). **Payable at maturity,** payable à l'échéance.

matutinal [matju'tain(ə)l], *a.* Matutinal, -aux, matinal, -aux; du matin.

maty ['meiti], *a.* = MATEY.

Maud[1] [mɔːd]. *Pr.n.f.* Mathilde.

maud[2], *s.* **1.** Châle *m*, plaid *m*, à rayures grises (de berger écossais). **2.** Couverture *f* de voyage en étoffe rayée.

maudlin ['mɔːdlin], *a.* **1.** Larmoyant, pleurard, pleurnicheur; d'une tendresse exagérée. *M. voice*, voix pleurarde. *M. sentimentality*, sentimentalité larmoyante. **To be maudlin in one's cups,** avoir le vin triste ou tendre. **2.** Dans un état d'ivresse larmoyante.

Maugrabin ['mɔːgrəbin], *a. & s. Ethn: Geog:* Maghrebin, -ine, mograbin, -ine.

maugre ['mɔːgər], *prep. A:* Malgré.

maul[1] [mɔːl], *s.* **1.** *Tls:* Maillet *m*, mailloche *f*, mail *m*, masse *f*; batterand *m* (de carrier). *N.Arch:* **Pin maul,** moine *m*. **2.** *Archeol:* Massue *f*.

maul[2], *v.tr.* **1.** (*a*) Meurtrir, malmener (qn); (*of crowd*) houspiller (qn). **To be mauled by a tiger,** être écharpé, mutilé, par un tigre. **To maul s.o. about,** tirer qn de ci de là; tripatouiller (une femme). (*b*) Éreinter (un auteur, une œuvre). **2.** *U.S:* Fendre (une bûche) au coin.

mauling, *s.* Tripotée *f*; mauvais quart d'heure.

maulstick ['mɔːlstik], *s. Art:* Appui-main *m*, *pl.* appuis-main.

maunder ['mɔːndər], *v.i.* **1. To maunder (along),** flâner, baguenauder; se trimbaler. **2. To maunder (on),** divaguer, radoter. **Maunderings,** divagations *f*.

maundy ['mɔːndi], *s.* **1.** *A:* Cérémonie *f* du lavement des pieds des pauvres par le monarque, le jeudi saint. **2.** Largesse *f* du jeudi saint. **Maundy money,** pièces frappées pour les largesses du jeudi saint.

'Maundy 'Thursday, *s.* Le jeudi saint.

Mauresque [mo'resk], *a.* = MORESQUE.

Mauritania [mɔri'teinja]. *Pr.n. Geog:* La Mauritanie.

Mauritius [mo'riʃəs]. *Pr.n. Geog:* L'île *f* Maurice; *A:* l'île de France.

Mauser ['mauzər], *s. Sm.a:* **Mauser (rifle),** Mauser *m*.

mausoleum, *pl.* **-lea, -leums** [mɔːso'liːəm, -'liːa, -'liːəmz], *s.* Mausolée *m*.

mauve [moːuv], *a. & s.* (*Colour*) Mauve (*m*).

maverick ['mav(ə)rik], *s. U.S:* **1.** *A:* Bouvillon *m* errant sans marque de propriétaire. **2.** Trimardeur *m*, chemineau *m*.

mavis ['meivis], *s. Orn: Poet:* Grive (chanteuse); calandrette *f*.

mavourneen [ma'vuərniːn]. (*Irish*) Ma chérie.

maw [mɔː], *s.* **1.** (*a*) *Z:* Quatrième poche *f* de l'estomac (d'un ruminant); caillette *f*. (*b*) Jabot *m* (d'oiseau). (*c*) *F. & Hum:* Estomac *m*, panse *f*. **To fill one's maw,** se remplir le jabot, la panse. **2.** Gueule *f* (du lion, du brochet).

mawkish ['mɔːkiʃ], *a.* (*a*) Fade, insipide. (*b*) D'une sensiblerie outrée. **-ly,** *adv.* (*a*) Fadement; avec fadeur. (*b*) Sentimentalement.

mawkishness ['mɔːkiʃnəs], *s.* (*a*) Fadeur *f*, insipidité *f*. (*b*) Sensiblerie *f*; fausse sentimentalité.

mawseed ['mɔːsiːd], *s.* Graine *f* de pavot.

mawworm ['mɔːwəːrm]. **1.** *s.* Ver intestinal; ascaride *m* ou oxyure *f*. **2.** *Pr.n.m. Lit:* (Personnage de la comédie de Bickerstaffe "L'Hypocrite," 1769) = Tartufe.

Maxentia [mak'senʃja]. *Pr.n.f.* Maxence.

Maxentius [mak'senʃjəs]. *Pr.n.m.* Maxence.

maxilla, *pl.* **-ae** [mak'sila, -iː], *s. Anat:* (Os *m*) maxillaire *m*; maxillaire supérieur.

maxillary [mak'siləri], *a. Anat:* Maxillaire.

maxim[1] ['maksim], *s.* **1.** Maxime *f*, dicton *m*. *It was a m. of his that one ought to . . .*, il tenait pour maxime que l'on doit. . . . *See also* COPY-BOOK. **2.** *Jur:* Brocard *m*; maxime du droit.

Maxim[2], *s. Artil:* **Maxim (machine gun),** mitrailleuse *f* Maxim.

maximal ['maksiməl], *a.* Maximum.

Maximalist ['maksiməlist], *s. Pol:* Maximaliste *mf*.

Maximian [mak'simiən]. *Pr.n.m. Rom.Hist:* Maximien.

Maximilian [maksi'miljən]. *Pr.n.m.* Maximilien.

maximize ['maksimaːiz], *v.tr.* Porter (qch.) au maximum.

maximum, *pl.* **-a** ['maksiməm, -a]. **1.** *s.* Maximum *m*, *pl.* -ums, -a. **To a maximum,** au maximum. **Maximum thermometer,** thermomètre *m* à maxima. **2.** *a. M. price*, prix *m* maximum. *M. load*, charge *f* limite; limite *f* de charge. *The average m. day temperatures*, la moyenne des maxima diurnes. *See also* FLYING-HEIGHT, SPEED[1] 1.

Maximus[1] ['maksiməs]. *Pr.n.m. Rom.Hist:* Maxime.

maximus[2], *a. Sch:* **Smith maximus,** l'aîné des Smith (qui sont au moins trois).

may[1] [mei], *v.aux.* (*2nd pers. sing.* **mayest, mayst;** *3rd pers. sing.* **he may;** *p.t.* **might** [mait]; *no pres. or past participle*) **1.** (*Expressing possibility*) (*a*) *He may return at any moment*, il peut revenir d'un moment à l'autre. *With luck I may succeed*, avec de la chance je peux réussir. *He may not be hungry*, il n'a peut-être pas faim; il se peut qu'il n'ait pas faim. **That may or may not be true,** c'est une affirmation dont il est permis de douter. *The air may, might, revive her*, l'air peut, pourrait, la ranimer, la remettre. *It is still possible that one of the bills may be passed*, il est encore possible que l'une des lois soit votée. *He may, might, miss the train*, il se peut, se pourrait, qu'il manque le train. *I may* (*possibly*) *have done so, have said so*, j'ai pu le faire, le dire. *He might have dropped it in the street*, (i) il aurait pu, (ii) il a pu, le laisser tomber dans la rue. *He may have lost it*, il a pu le perdre; peut-être qu'il l'a perdu; il se peut qu'il l'ait perdu. *Any sum which may be allocated*, toute somme qui viendrait à être allouée. *Such documents as may be of interest to you*, les documents susceptibles de vous intéresser. *He recognized the place*, **as well he might,** *seeing that . . .*, il reconnut l'endroit, et rien d'étonnant, vu que. . . . (*b*) *How old may, might, she be?* quel âge peut-elle bien avoir? *And how old* *might you be?* et quel âge avez-vous, sans indiscrétion? *And how many may you be?* et combien êtes-vous? **Who may 'you be?** à qui ai-je l'honneur de parler? qui êtes-vous, sans indiscrétion? *What may he be doing over there?* je me demande ce qu'il fait là-bas! qu'est-ce qu'il peut bien être en train de faire là-bas? *Might it not be well to warn him?* est-ce qu'on ne ferait pas bien de l'avertir? *I wonder what I may have done to offend him,* je me demande ce que j'ai bien pu faire pour le fâcher. (*c*) **It may, might, be that . . .,** il se peut, se pourrait, bien que + *sub.*; il peut, pourrait, se faire que + *sub.* **Be that as it may,** quoi qu'il en soit. *Be that as it may, I heard you,* toujours est-il que je vous ai entendu. **That's as may be,** c'est selon. *As you may suppose,* comme vous (le) pensez bien. *He might be impatient, he might be restless, but he remained faithful to his wife,* s'il lui arrivait de se montrer impatient, agité, il resta pourtant fidèle à sa femme. *Whatever faults he may have he is never dull,* quels que soient ses défauts, il n'est jamais ennuyeux. *See also* COME 2, COST[2] 1. **Run as he might he could not overtake me,** il a eu beau courir, il n'a pas pu me rattraper. *I consented* **as cheerfully as might be,** je consentis aussi allègrement que possible. *Lit: He climbed on his horse* **with what speed he might,** il monta à cheval en toute hâte. (*d*) *You may win the prize if you work hard,* vous pourrez gagner le prix si vous travaillez ferme. *He might have arrived in time if he had run quicker,* il aurait pu arriver à temps s'il avait couru plus vite. **We may, might, as well stay where we are,** autant vaut, vaudrait, rester où nous sommes. *See also* MIGHT-HAVE-BEEN, WELL[3] I. 1. (*e*) **I say, you might shut the door!** dites donc, vous pourriez bien fermer la porte! si vous vouliez bien fermer la porte! *He might have offered to help,* il aurait bien pu offrir son aide. *All the same, you might have made less noise,* tout de même vous auriez (bien) pu faire moins de bruit. 2. (*Asking or giving permission*) **May I?** vous permettez? **May I come in?—You may,** puis-je entrer?—Mais certainement; mais parfaitement. *You may go out when you have finished,* vous pourrez sortir quand vous aurez fini. *May I venture to . . .?* m'est-il permis de . . .? qu'il me soit permis de. . . . **If I may say so,** si j'ose (le) dire; si je l'ose dire; si l'on peut dire; si je puis dire; s'il est permis de s'exprimer ainsi. *The Council may decide . . .,* il appartient, au besoin, au Conseil de décider. . . . *Any friend of the family may send flowers or a wreath,* tout ami de la famille est autorisé à envoyer des fleurs ou une couronne. 3. (*In clauses expressing purpose, fear, etc.*) *Eat that you may live,* il faut manger pour vivre. *He took such a course as might avert the danger,* il prit des mesures pour écarter le danger, susceptibles d'écarter le danger. *Let the dog loose that he may have a run,* lâchez le chien pour qu'il coure, afin qu'il coure un peu, pour qu'il puisse, afin qu'il puisse, courir un peu. *I hope it may be true,* j'espère que c'est vrai; pourvu que cela soit vrai. *I hope he may succeed,* j'espère qu'il réussira. *I was afraid it might be true,* j'avais peur que ce ne fût vrai. *I hoped it might come true,* j'espérais que cela se réaliserait. *I was afraid he might have done it,* j'avais peur qu'il ne l'eût fait. *The catastrophe which he had hoped might have been averted,* la catastrophe qu'il avait espéré voir conjurer. 4. (*Expressing a wish*) **May I rather die!** puissé-je plutôt mourir! que je meure plutôt! *May God bless you!* (que) Dieu vous bénisse! *May he rest in peace!* qu'il repose en paix! **Much good may it do you!** grand bien vous fasse! *Long may you live to enjoy it!* puissiez-vous vivre longtemps pour en jouir! *May he defend our laws,* puisse-t-il défendre nos lois.

may[2], *s. Poet: A:* = MAIDEN.

May[3], *s.* 1. (*a*) Mai *m.* *In (the month of) May,* en mai; au mois de mai. (*On*) *the first, the seventh, of May,* le premier, le sept, mai. *Ecc: etc:* **The May meetings,** les assemblées *f* (de l'Église libre, etc.) du mois de mai. **Queen of the May, May queen,** reine *f* du premier mai. *F:* **May and December,** une jeune fille qui épouse un vieillard, qui est unie à un vieillard. *Prov:* **A hot May makes a fat churchyard,** chaleur en mai engraisse le cimetière. (*b*) *Poet:* **In the May of life,** au printemps de la vie. 2. *Bot:* (*a*) May(-bush, -tree), aubépine *f*, noble-épine *f.* (*b*) May(-blossom), fleurs *fpl* d'aubépine. 3. *Sch:* (*At Cambridge*) (*a*) **The May(s),** les examens *m* du mois de mai. (*b*) **The Mays,** les courses *f* à l'aviron de la fin de mai.

'may-apple, *s. Bot: U.S:* Podophylle *m* en bouclier.

'may-beetle, -bug, *s. Ent:* Hanneton *m.* **May-bug grub,** turc *m.*

'May-day, *s.* Le premier mai.

'may-dew, *s.* Rosée *f* de mai.

'may-fly, *s. Ent:* Éphémère *m* vulgaire; phrygane *f.* *The may-flies,* les éphémérides *m.*

'May-week, *s.* (*At Cambridge*) La semaine des courses à l'aviron (fin mai).

May[4]. *Pr.n.f.* (*Dim. of Mary*) May, Marie.

Maya(n) ['mɑːja, 'mɑːjən], *a. & s. Ethn:* Maya (*mf*).

maybe ['meibi], *adv.* Peut-être. *M. yes, m. no,* peut-être bien que oui, et peut-être bien que non. *U.S: F:* **I don't mean maybe,** et pas d'erreur; *P:* et c'est pas peut-être.

mayday ['meidei], *int. W.Tel:* (Signal international de détresse en mer ou en cours de vol, = le signal en Morse S.O.S.) "M'aider!" à l'aide!

Mayfair ['meifɛər]. *Pr.n.* Quartier *m* aristocratique de Londres; Mayfair.

mayflower ['meiflauər], *s. Bot:* 1. Primevère *f*, coucou *m.* 2. Cardamine *f* des prés; cresson *m* des prés; cresson élégant. 3. *U.S:* Épigée rampante.

mayhap ['meihap], *adv. A. & Lit:* = MAYBE.

mayhem[1] ['meihem], *s. Jur: A. & U.S:* (*a*) Mutilation *f*; action *f* d'estropier qn. (*b*) *U.S: F:* **To commit mayhem on s.o.,** se livrer à des voies de fait contre qn.

mayhem[2], *v.tr. Jur: A. & U.S:* Mutiler, estropier (qn).

maying ['meiiŋ], *s.* 1. **To go (a-)maying,** (i) fêter le premier mai; (ii) se promener en douce compagnie au mois de mai. 2. *U.S:* Cueillette *f* des fleurs d'aubépine.

mayonnaise [meiə'neːiz], *s. Cu:* Mayonnaise *f.*

mayor ['mɛər], *s.m.* Maire. **Deputy mayor,** adjoint (au maire); (*in Belgium*) échevin. *See also* LORD[1] 3.

mayoralty ['mɛərəlti], *s.* Mairie *f* ((i) exercice *m* des fonctions de maire; (ii) temps *m* d'exercice des fonctions de maire).

mayoress ['mɛəres], *s.f.* Femme du maire. *See also* LADY 4.

maypole ['meipoul], *s.* 1. Mai *m.* *To set up a m.,* planter un mai. 2. *F:* (*Tall man*) Échalas *m*; (*woman*) grande perche.

mayweed ['meiwiːd], *s. Bot:* Camomille puante; maroute *f.*

Mazandaran [ma'zɑndarɑːn]. *Pr.n. Geog:* Mazandéran.

Mazandarani [mazɑnda'rɑːni], *s. Geog:* Mazandérani *m.*

mazard ['mazərd], *s. Bot:* Cerise noire; guigne *f.*

mazarine [maza'riːn]. 1. *a. & s.* Bleu foncé *inv.* 2. *s. Ent:* **Mazarine (blue),** (papillon *m*) adonis *m*; argus bleu.

Mazdaism ['mazdəizm], *s. Rel.H:* Mazdéisme *m.*

maze[1] [meːiz], *s.* Labyrinthe *m*, dédale *m.* **To tread a maze,** se perdre dans un dédale (de complications, etc.). *F: M. of streets,* enchevêtrement *m* de rues. *F:* **To be in a maze,** être désorienté; ne savoir où donner de la tête.

maze[2], *v.tr.* Égarer, troubler, embrouiller, désorienter, *F:* méduser (qn).

mazed, *a.* Égaré, troublé, embrouillé, désorienté; *F:* médusé, ahuri.

mazily ['meizili], *adv.* *See* MAZY.

maziness ['meizinəs], *s.* 1. Complexité *f.* 2. Sinuosité *f.*

maz(o)ut [ma'zut], *s.* Mazout *m.*

mazurka [ma'zəːrka], *s. Danc:* Mazurka *f.*

mazy ['meizi], *a.* 1. (Cours, etc.) sinueux. 2. *F:* Embrouillé, compliqué, complexe. **-ily,** *adv.* 1. En dédale. 2. D'une manière compliquée, embrouillée.

me[1] [*unstressed* mi, *stressed* miː], *pers.pron., objective case.* 1. (*Unstressed*) (*a*) Me, (*before a vowel sound*) m'; moi. *They see me,* ils me voient. *They hear me,* ils m'entendent. *He told me so,* il me l'a dit. *Hear me!* écoutez-moi! *Give me some,* donnez-m'en. *Lend it* (*to*) *me,* prêtez-le-moi. *Will you lend it me?* voulez-vous me le prêter? *He wrote me a letter,* il m'a écrit une lettre. (*b*) (*Refl.*) Moi. *I will take it with me,* je le prendrai avec moi. *I had not closed the door behind me,* je n'avais pas refermé la porte derrière moi. (*c*) (*Refl.*) *A. & Lit: I laid me down,* je me suis couché. *Then I bethought me that . . .,* puis je me suis avisé que. . . . 2. (*Stressed*) Moi. *Big enough to hold you and me,* assez grand pour que nous y tenions (et) vous et moi. *Come to me,* venez à moi. *He loves me alone,* il n'aime que moi. *Do you suspect* (*even*) *me!* vous me soupçonnez, moi! *He is thinking of me,* il pense à moi. *That is for me,* c'est pour moi. *No one ever thought of* **poor little me,** personne ne pensait à ma pauvre petite personne. 3. (*Stressed; as a nominative*) *F: It's me,* c'est moi. *He is younger than me,* il est plus jeune que moi. 4. (*In interjections*) **Ah me!** que je suis malheureux! pauvre de moi! *Ah me, what a beautiful night!* mon Dieu, quelle belle soirée! **Dear me!** mon Dieu! vraiment! par exemple! **Poor me!** pauvre de moi!

me[2] [mi], *poss. adj. P:* = MY.

mead[1] [miːd], *s.* Hydromel (vineux).

mead[2], *s. Poet:* = MEADOW.

meadow ['medou], *s.* Pré *m*, prairie *f.* *See also* SAFFRON 1, SAGE[2], SAXIFRAGE 1, 2, WATER-MEADOW.

'meadow-grass, *s. Bot:* Pâturin *m*; herbe *f* des prés. *Smooth-stalked m.-g.,* pâturin des prés. *Rough m.-g.,* pâturin commun. *English m.-g.,* ray-grass anglais.

'meadow-land, *s.* Prairie(s) *f* (*pl*); pâturages *mpl*; herbage *m.*

'meadow-lark, *s. Orn:* 1. = TITLARK. 2. *U.S:* Grande sturnelle; sturnelle à collier.

'meadow-'rhubarb, -'rue, *s. Bot:* Pigamon *m* des prés; rue *f* des prés; fausse rhubarbe; rhubarbe des paysans, des pauvres.

'meadow-sweet, *s. Bot:* (Spirée *f*) ulmaire *f*; reine *f* des prés; vignette *f*; herbe *f* aux abeilles.

meadowy ['medoui], *a.* De prairie; herbu, herbeux.

meagre[1] ['miːgər], *a.* (*a*) *A:* (*Of pers.*) Maigre, décharné. (*b*) Maigre, peu copieux. *M. repast,* repas pauvre, succinct; maigre repas. *M. fare,* maigre chère *f.* *To make a m. dinner,* dîner succinctement. *M. attendance at a meeting,* assistance peu nombreuse. *To be at work on a m. subject,* travailler à un sujet maigre, ingrat. **-ly,** *adv.* Maigrement, pauvrement. *M. furnished room,* chambre pauvrement meublée.

meagre[2], *s. Ich:* Maigre *m* (d'Europe).

meagreness ['miːgərnəs], *s.* Maigreur *f*; pauvreté *f* (d'un repas, d'un sujet à traiter). *The m. of the attendance,* la rareté des spectateurs, de l'auditoire.

meal[1] [miːl], *s.* (*a*) Farine *f* (d'avoine, de seigle, d'orge, de maïs); *esp.* = OATMEAL. (*b*) Farine ou poudre *f* (de diverses substances). *See also* BONE-MEAL, HORN-MEAL, LINSEED, PEASE-MEAL, WHOLE MEAL.

'meal-beetle, *s. Ent:* Ténébrion *m* de la farine; cafard *m*, escarbot *m*, meunier *m.*

'meal-chest, *s.* Coffre *m*, huche *f*, à farine; farinière *f.*

'meal-mite, *s. Ent:* Acaride *m* de la farine.

'meal-Monday, *s. Sch:* (*Scot.*) Congé *m* de demi-trimestre. (A l'origine ce congé permettait aux étudiants de rentrer dans leurs familles pour renouveler leur provision de farine d'avoine.)

'meal-moth, *s. Ent:* Pyrale *f.*

'meal-offering, *s. B:* = MEAT-OFFERING.

'meal-tub, *s.* = MEAL-CHEST.

'meal-worm, *s. Ent:* Ver *m* de farine.

meal[2], *v.tr. Pyr:* Égruger (la poudre).

mealing, *s.* Égrugeage *m.*

meal[3], *s.* 1. Repas *m.* **Square meal,** *hearty m., full m.,* repas copieux, substantiel, sérieux, solide, complet; ample repas. **Light meal,** repas léger; petit repas. *Soldier's morning, evening, m., F:* soupe *f* du matin, du soir. **To take, make, a meal,** faire un repas. *I want* *to get a m.*, je voudrais me restaurer. *To make a huge m.*, manger comme quatre; *P:* se caler les joues. **To make a meal of it,** en faire son repas. *Everything helps to make a m., F: A:* tout fait ventre. *For once we had* **a regular sit-down meal,** pour une fois nous fîmes un vrai repas. *I like to rest after a m.*, j'aime à me reposer après le repas, après manger. *Pharm:* **'To be taken after meals,'** "à prendre après les principaux repas." **2.** *Husb:* (Lait fourni par une vache à chaque) traite *f*.

'meal-time, *s.* Heure *f* du repas. **At meal-times,** aux heures de repas.

meal[4], *v.i.* **To meal with s.o.,** prendre ses repas avec qn.

mealie ['mi:li], *s. Usu.pl.* **Mealies,** maïs *m.*

mealiness ['mi:linəs], *s.* (*a*) Nature farineuse (d'un produit). (*b*) *F:* Onctuosité *f* (de paroles).

mealy ['mi:li], *a.* **1.** Farineux; (fruit) cotonneux. *M. potatoes*, pommes de terre farineuses. **2.** (*a*) Saupoudré de blanc; poudreux; (fruit) cotonné, duveteux. *Ent:* **Mealy bug,** *F:* **mealy-wings,** aleurode *m*; cochenille *f* des serres. *See also* REDPOLL 1. (*b*) *F:* (Visage *m*) de papier mâché; (visage) terreux, farineux. **3. Mealy(-mouthed),** doucereux, mielleux, patelin; au parler onctueux. **4.** (Cheval) moucheté.

mean[1] [mi:n], *s.* **1.** (*a*) Milieu *m*; moyen terme. **The golden mean, the happy mean,** le juste milieu; la juste mesure. (*b*) *Mth:* Moyenne *f*. **Arithmetical mean,** moyenne arithmétique. **Geometrical mean,** moyenne géométrique; moyenne proportionnelle. **2.** *pl.* (*Often with sg. constr.*) **Means,** moyen(s) *m(pl)*, voie(s) *f(pl)*. **To find (a) means to do sth.,** trouver moyen de faire qch. *To use every possible means to do sth., F:* employer tous les moyens pour accomplir qch. *The best means of doing sth.*, le meilleur moyen de faire qch. *There is no means of escape*, il n'y a aucun moyen de fuite. **By any means it must be done,** il faut le faire à n'importe quel prix. *There is no means of doing it*, il n'y a pas moyen; *F:* il n'y a pas mèche. *It has been the means of extending our trade*, c'est par ce moyen, c'est grâce à cela, que nous avons élargi nos affaires. *He has been the means of . . .*, c'est par lui que. . . . *See also* END[1] 4, WAY[1] 5. **By all (manner of) means,** (i) par tous les moyens (possibles); (ii) mais certainement! mais oui! je vous en prie! mais faites donc! *Do it by all means*, que rien ne vous en empêche! *May I come in?* —**By all means!** puis-je entrer?—Mais, comment donc! *May I take my hat?—By all means!* permettez-moi de prendre mon chapeau.—Faites, monsieur, faites! *Are you coming with us?—By all means*, venez-vous avec nous?—Je veux bien. **By no (manner of) means,** en aucune façon; aucunement; nullement; pas du tout; pas le moins du monde. *By no means is it possible to . . .*, par aucun moyen l'on ne peut. . . . *He is* **not by any means** *a hero*, il n'est rien moins qu'un héros. **By this, that, means,** par ce moyen. **By some means or other,** de manière ou d'autre. *By means of s.o.*, par l'entremise de qn. **By means of sth.,** au moyen, par le moyen, de qch.; à la faveur de qch.; en se servant de qch. *See also* FAIR[2] I. 4. **3.** *pl.* Moyens (de vivre); ressources *fpl*; fortune *f*. *According to our means*, selon nos moyens. *It does not lie within my means*, je n'en ai pas les moyens. **To live beyond one's means,** vivre au delà de ses moyens; dépenser plus que son revenu. *This car is beyond my means*, cette voiture est hors de ma portée. *A wireless set within my means*, un poste de T.S.F. dans mes prix. **Private means,** ressources personnelles; fortune personnelle. *Gentleman of private means*, rentier. *To live on one's private means*, vivre de ses rentes. **He is a man of means,** c'est un homme qui a des ressources; il a une belle fortune. *The man who has the means*, l'homme qui a de la fortune. **To be without means,** (i) être sans ressources; (ii) être sans fortune. *Com: etc: He has ample means at his disposal*, il dispose de capitaux considérables. *See also* AMPLE 1, INDEPENDENT 1, SLENDER 2.

mean[2], *a.* Moyen. *M. quantity, pressure*, quantité, pression, moyenne. **Mean time,** temps moyen. *Physiol: M. reaction time*, temps moyen de réaction. *Mth:* **Mean proportional,** moyenne proportionnelle. *Com:* **Mean tare,** tare commune. *Nau: M. draft*, tirant d'eau moyen. **In the mean time, in the mean while,** *see* MEANTIME, MEANWHILE.

mean[3], *v.tr.* **To mean (up) results,** établir la moyenne des résultats.

mean[4], *a.* **1.** (*a*) Misérable, pauvre, humble, minable. *The m. appearance of their son*, le manque de prestance de leur fils. *M. street*, rue *f* à l'aspect misérable. *M. rank*, rang *m* infime. *A m. individual*, un individu d'aspect minable. **Of mean birth,** de basse extraction. *The meanest citizen*, le dernier des citoyens. *The meanest flower that blows*, la plus humble de toutes les fleurs. *That ought to be clear to the meanest intelligence*, cela devrait être compris par l'esprit le plus borné. *His masters had the meanest opinion of him*, ses maîtres le tenaient en très médiocre estime. (*b*) **He is no mean scholar,** c'est un homme d'une érudition considérable; c'est un érudit estimable. *He is no m. performer on the violin*, il joue supérieurement du violon. **He had no mean opinion of himself,** il ne se croyait pas peu de chose. *B: No m. city*, cité qui n'est pas sans importance. (*c*) *U.S: M. job*, besogne ennuyeuse, difficile, fastidieuse. **To feel mean,** se sentir tout chose; se sentir mal en train. **2.** (*Of pers., character, action*) Bas, méprisable, plat, vil, mesquin. *A m. rascal*, un bas coquin. *A m. individual*, un plat personnage. *M. souls*, petites âmes; âmes basses, viles. **A mean trick,** un vilain tour; un tour déloyal. *That's a m. trick!* ça c'est un sale coup! *That was a m. trick*, ce n'est pas beau à vous. **It's mean of him,** ce n'est pas chic de sa part. *To take a m. revenge*, se venger petitement. **To take a mean advantage of s.o.,** exploiter indignement qn; faire une crasse à qn. *F: It made me feel rather m.*, cela m'a mis mal à l'aise. **Don't be so mean!** ne soyez pas si désobligeant! **3.** Avare, ladre, vilain, mesquin, chiche, regardant, intéressé, *P:* chien. *To be m. beyond expression*, être d'une crasse outrée. **-ly,** *adv.* **1.** Misérablement, pauvrement, humblement; peu avantageusement. *M. clad*, pauvrement vêtu. *To live m.*, vivre petitement. **Meanly born,** de basse naissance. **To think meanly of sth.,** avoir une piètre, une médiocre, opinion de qch.; faire peu de cas de qch. **2.** (Se conduire) bassement, platement, vilement, abjectement, peu loyalement. **3.** (Récompenser qn) mesquinement, chichement.

'mean-looking, *a.* **1.** A l'aspect misérable, humble, minable. **2.** A l'aspect plat, louche.

mean-'spirited, *a.* A l'âme basse; vil, abject.

mean[5], *v.tr.* (*p.t.* **meant** [ment]; *p.p.* **meant**) **1.** (*Purpose*) (*a*) Avoir l'intention (*to do sth.*, de faire qch.); se proposer (de faire qch.). *Do you m. to stay long?* avez-vous l'intention de rester longtemps? comptez-vous rester longtemps? *What do you m. to do?* que comptez-vous faire? *He meant to do me a service*, il voulait me rendre service. *I meant to write, F: I meant to have written*, je voulais vous écrire; j'avais l'intention de vous écrire. *I never meant going*, je n'ai jamais eu l'intention d'y aller. *He didn't mean them to think that he meant them to hear*, il ne voulait pas leur donner à penser que ceci était dit à leur intention. *I certainly m. them to give it back to me*, je prétends bien qu'ils me le rendent. **He means no harm,** il n'y entend pas malice; il ne pense pas à mal. **I mean him no harm,** je ne lui veux pas de mal. **He meant no offence,** il ne vous a pas offensé sciemment; il n'avait nullement l'intention de vous offenser. *He never meant us anything but good*, il ne nous a jamais voulu que du bien. *See also* BUSINESS 2, MISCHIEF 1. **He didn't mean (to do) it,** il ne l'a pas fait exprès, à dessein; il n'en avait pas l'intention. *I never meant it*, ce n'a jamais été mon intention. **Without meaning it,** sans le vouloir; sans intention; sans y prendre garde. *The letter was meant to irritate him*, la lettre avait été écrite dans l'intention de l'irriter. *See also* SAY[2] 1 (*b*). (*b*) **To mean well by s.o.,** avoir de bonnes intentions à l'égard de qn; vouloir le bien de qn; vouloir du bien à qn. **He means well,** il a de bonnes intentions; il est bien intentionné; il agit dans les meilleures intentions; ses intentions sont bonnes. *See also* WELL-MEANT. (*c*) **I mean to be obeyed,** j'entends qu'on m'obéisse; je veux absolument être obéi. *I m. to succeed*, je veux réussir. *I m. to have it*, je suis résolu à l'avoir. *I don't m. to put up with that insult*, je n'entends pas avaler cette insulte. **2.** (*Destine*) (*a*) *I meant this purse for you*, je vous destinais cette bourse. *He was meant for a soldier*, on le destinait à la carrière militaire. (*b*) *The remark was meant for you*, la remarque s'adressait à vous; c'est à vous que s'adresse cette observation. *He meant that for you*, c'est pour vous qu'il a dit cela. *He meant the blow for you*, c'est à vous qu'il destinait le coup. (*c*) **Do you mean me?** est-ce de moi que vous parlez? est-ce moi à qui vous faites allusion? *I am not talking of you, I m. John*, il ne s'agit pas de vous, je veux parler de Jean. *This portrait is meant for Mr A.*, ce portrait est censé représenter Monsieur A. **3.** (*Signify*) (*a*) (*Of word, phrase*) Vouloir dire; signifier. *What does that word mean?* que signifie ce mot? *The word means nothing to me*, ce mot n'a pas de sens pour moi. *The name means nothing to me*, ce nom ne me dit rien. *What is meant by . . .?* que veut dire . . .? *All that means nothing, F:* tout cela ne rime à rien. (*b*) (*Of pers.*) Vouloir dire. **What do you mean?** que voulez-vous dire? **What do you mean by that?** qu'entendez-vous par là? *What do you m. by such behaviour?* que signifie une pareille conduite? qu'est-ce que cela signifie? à quoi ressemble votre conduite? *F:* à quoi ça ressemble-t-il? de quoi ça a-t-il l'air? *What do you m. by doing such a thing?* a-t-on jamais vu faire chose pareille? **What exactly do you mean?** expliquez-vous. **This is what I mean . . .,** je m'explique. . . . **Does he mean what he says?** dit-il réellement sa pensée? *Do you think he meant what he said?* pensez-vous qu'il l'ait dit sérieusement? *They don't m. anything by it*, cela ne signifie rien. *You mustn't think he meant anything by it*, il ne faut pas y voir malice. *I did not m. that*, ce n'est pas cela que je voulais dire; je me suis mal exprimé. *These figures are not meant to be accurate*, je ne veux pas dire que ce soient là des chiffres précis. **I meant the remark for a joke,** j'ai dit cela par plaisanterie. *He meant it as a kindness*, il l'a fait par bonté. *I never say what I don't m.*, je ne dis jamais ce que je ne pense pas. *Do you m. that . . .?* ai-je bien compris que . . .? est-ce à dire que . . .? **You don't mean it!** vous voulez rire! vous plaisantez! vous n'y pensez pas! pas possible! vous ne parlez pas sérieusement! *I m. it*, je parle sérieusement; c'est sérieux. *When I say 'no,' I m. 'no,'* quand je dis non, c'est non, c'est pour tout de bon, je sais ce que je veux dire. (*c*) *His refusal means my ruin*, son refus entraînera ma ruine. *The price means nothing to him*, le prix n'est rien pour lui. *All that means nothing*, tout cela est sans importance. *Ten pounds means a lot to him!* dix livres, c'est une somme pour lui! *If you knew what it means to live alone!* si vous saviez ce que c'est que de vivre seul! *I cannot tell you what he has meant to me*, je ne saurais vous dire tout ce qu'il a été pour moi.

meaning[1], *a.* **1.** (*With adv. prefixed, e.g.*) **Well-meaning,** bien intentionné. **2.** (Regard) significatif; (sourire) d'intelligence. *He mentioned this detail in a m. way*, il cita ce détail d'une manière qui en disait long. **-ly,** *adv.* D'un air, d'un ton, significatif; avec une intention marquée. *To glance m. at s.o.*, lancer une œillade, un coup d'œil, à qn.

meaning[2], *s.* (*a*) Signification *f*, sens *m*, acception *f* (d'un mot, d'une phrase, etc.). *What is the m. of that word?* que signifie, que veut dire, ce mot? *Full m. of a word*, valeur *f* d'un mot. *To bring out the inner m. of a thought*, faire valoir le fond d'une pensée. *F:* (*Expressing indignation*) **What's the meaning of this?** qu'est-ce que cela signifie? que signifie? *See also* DISTORT 1, DOUBLE-MEANING 1. (*b*) *To understand s.o.'s m.*, comprendre ce que quelqu'un veut dire. *That is not my m.*, ce n'est pas là ce que je veux dire; ce n'est pas là ma pensée. *You mistake my m.*, vous me comprenez mal. (*c*) **Look full of meaning,** regard significatif. *To say sth.* **with meaning,** dire qch. d'un ton significatif.

Meander[1] [mi'andər]. I. *Pr.n. A.Geog:* **The (river) Meander,** le Méandre.

II. **meander,** *s.* **1.** (*a*) *Ph.Geog:* Méandre *m*, repli *m*, sinuosité *f*, détour *m* (d'un cours d'eau, etc.). *Incised m.*, méandre encaissé. *Flood-plain m.*, méandre divagant. *Cut-off m.*, méandre recoupé; bras mort (d'un cours d'eau). (*b*) *pl. The meanders of a stream*, les méandres d'un cours d'eau. *F: The meanders of the law*, les méandres, le dédale, de la loi. **2.** *Art:* Méandre, frettes *fpl.*

meander[2], *v.i.* **1.** (*Of river, etc.*) Serpenter, se replier. **2.** *F:* (*Of pers.*) Errer çà et là; errer à l'aventure.

meandering[1], *a.* **1.** (Sentier, etc.) sinueux, tortueux, serpentant. **2.** (Discours, etc.) sans plan, qui passe d'un sujet à l'autre, sans suite.

meandering[2], *s.* Sinuosités *fpl*, détours *mpl*, replis *mpl*, serpentement *m.*

meandrine [mi'andrin], *a. Coel:* **Meandrine coral,** méandrine *f*; *F:* cerveau *m* de Jupiter.

meandrous [mi'andrəs], *a.* (*Of river, path, etc.*) Sinueux, tortueux.

meaningless ['mi:niŋləs], *a.* Dénué, vide, de sens; qui n'a pas de sens; qui ne signifie rien. *A m. act, utterance*, un non-sens.

meanness ['mi:nnəs], *s.* **1.** Médiocrité *f*, pauvreté *f*, petitesse *f* (de qch.); bassesse *f*, petitesse, platitude *f* (d'esprit); bassesse (de naissance). *The m. of her attire*, la pauvreté de sa toilette. **2.** (*a*) Mesquinerie *f*, avarice *f*, ladrerie *f*. (*b*) Vilenie *f*. **A piece of meanness,** (i) une mesquinerie; (ii) une vilenie; *F:* une crasse.

meant [ment]. *See* MEAN[3].

meantime ['mi:ntaim], **meanwhile** ['mi:nwhail], *s. & adv.* **(In the) meantime, (in the) meanwhile,** dans l'intervalle, dans l'entre-temps; pendant ce temps-là; en attendant; d'ici là; sur ces entrefaites. *M. pay up, we'll arrange later*, payez toujours, on verra après.

measled [mi:zld], *a.* **1.** (*Of pers.*) Atteint de rougeole; qui a la rougeole. **2.** *Vet:* (Porc *m*) ladre, atteint de ladrerie.

measles [mi:zlz], *s.pl.* (*Usu. with sg. const.*) **1.** *Med:* (*a*) Rougeole *f*. **German measles,** rougeole bénigne; roséole *f* (épidémique). (*b*) *P:* Syphilis *f*. **2.** *Vet:* Ladrerie *f* (des porcs).

measly ['mi:zli], *a.* **1.** (Éruption *f*, etc.) qui ressemble à la rougeole. **2.** *Vet:* (Porc *m*) ladre, atteint de ladrerie. **3.** *F:* Insignifiant, misérable; de peu de valeur. *At Christmas he gave me a m. knife*, à Noël il m'a donné un couteau de rien du tout. **This is a measly hole!** quel sale endroit!

measurability [meʒərə'biliti], *s.* Mensurabilité *f.*

measurable ['meʒərəbl], *a.* Mesurable, mensurable. *Ch: etc:* (Constituent) dosable. *F:* **Within measurable distance of success,** à peu de distance du succès; en bonne voie de réussite; à deux doigts de la réussite. **-ably,** *adv.* **1.** *U.S:* Dans une certaine mesure; jusqu'à un certain point. **2.** A un degré appréciable; sensiblement.

measure[1] ['meʒər], *s.* Mesure *f*. **1.** (*a*) **Linear measure, long measure, measure of length,** mesure de longueur; unité *f* de longueur; mesure linéaire. **Square measure,** mesure, unité, de surface. **Cubic measure,** mesure de volume. **Liquid measure,** mesure pour les liquides. **Dry measure,** mesure de capacité pour matières sèches. *Dry or liquid m.*, **measure of capacity,** mesure de capacité. *Agrarian measures, land-measures*, mesures agraires. **To sell sth. by measure,** vendre qch. à la mesure. **Give me full, good, measure,** faites-moi pleine mesure, bonne mesure. **Heaped-up measure,** mesure comble. **To pour out a measure of wine,** verser une mesure de vin. *See also* BARE[1] 2, STRIKE-MEASURE, WEIGHT[1] 2. (*b*) *Dressm: Tail:* **Chest-, hip-measure,** tour *m* de poitrine, de hanches. **To take s.o.'s measure for a suit,** prendre les mesures de qn pour un complet. *F:* **To take the measure of a man,** prendre la mesure d'un homme; jauger un homme. **To have a suit made to measure,** se faire faire un complet sur mesure. **Made to measure,** fait sur mesure. (*c*) *Nau:* Cubage *m*, jaugeage *m*. **Measure goods,** marchandises *f* de cubage, d'encombrement. (*d*) *Typ:* **Narrow measure,** petite justification. (*e*) *Fenc:* Mesure. *To be out of m.*, être hors de mesure. **2.** (*Instrument for measuring*) (*a*) Mesure (à grain, à lait, etc.). *Ch:* **Graduated measure,** mesure graduée, éprouvette graduée, verre gradué, gobelet gradué. (*b*) *Const: Tail: etc:* Mesure, mètre *m*. *See also* TAPE-MEASURE. **3.** (*Limit*) Mesure, limite *f*. **To set measures to . . .,** assigner des limites à. . . . **To know no measure,** ignorer toute mesure. *To retain a sense of m.*, conserver quelque pondération. *To do everything* **in, with, due measure,** faire toutes choses mesurément, avec mesure. **Beyond measure,** outre mesure; sans mesure; à l'excès; démesurément. *Exasperated beyond m.*, à la dernière limite de l'exaspération. **In a measure, in some measure,** dans une certaine mesure; en partie; jusqu'à un certain point. **In a large measure,** en grande partie. **4.** (*a*) Mesure, démarche *f*, manœuvre *f*. *Preventive measures*, mesures préventives. *Protective measures*, mesures de protection. *Precautionary m.*, mesure de précaution. *Measures of conciliation*, voies *f* d'accommodement. *The success of this m.*, le résultat de cette manœuvre. **To take, adopt, measures to . . .,** prendre des mesures pour. . . . *To take all due measures*, bien prendre ses mesures. *He took measures accordingly*, il a pris ses arrangements en conséquence. *To take faulty measures*, mal prendre ses arrangements. **To take extreme measures,** employer les grands moyens; *F:* couper dans le vif. *To drive s.o. to extreme measures*, pousser qn à des extrémités. **To take legal measures,** avoir recours aux voies légales, aux voies de droit. *To do away with sth.* **as a measure of economy,** supprimer qch. par mesure d'économie. *See also* HALF-MEASURE. (*b*) Projet *m* de loi. **5.** *Ar:* Facteur *m*, diviseur *m* (d'un nombre). **Common measure,** commune mesure; diviseur commun. **Greatest common measure,** plus grand commun diviseur. **6.** *pl. Geol:* **Coal measures,** étage houiller, gîte houiller, gisements houillers; série *f* carbonifère. *Min:* **Barren measures,** morts-terrains *m*. **7.** *Mus: Pros:* Mesure. *Mus:* **Duple measure,** mesure à deux-quatre. *See also* TREAD[2] 2.

measure[2], *v.tr.* **1.** (*a*) Mesurer (le débit d'un cours d'eau, l'intensité d'un courant électrique, une distance, le temps, etc.); métrer (un mur, etc.); cuber (le bois, des pierres); stérer (du bois de chauffage). *To m. a piece of ground*, mesurer, arpenter, toiser, un terrain; faire l'arpentage d'un terrain. *To m. sth. with compasses*, mesurer qch. au compas; compasser (des dimensions). (*Of pers.*) *To be measured* (*for one's height*), passer à la toise. *To m. the tonnage of a ship*, jauger un navire. *F:* **To measure one's length (on the ground),** s'étaler par terre; tomber tout de son long, de tout son long; mesurer le sol, la terre. **To measure s.o. (with one's eye),** mesurer, toiser, qn (du regard); prendre la mesure de qn. *The gravity of the situation could be measured by their anxiety*, on pouvait mesurer à leur anxiété la gravité de la situation. *We must m. our spending by our means*, il faut mesurer nos dépenses à nos ressources; il faut régler nos dépenses d'après nos ressources. (*b*) *Dressm: Tail:* Mesurer (qn); prendre la mesure de (qn); prendre mesure à (qn). **I am going to be measured for an overcoat,** je vais me faire prendre mesure, je vais faire prendre mes mesures, pour un pardessus. (*c*) **To measure one's strength, oneself, with s.o.,** mesurer ses forces avec qn; se mesurer avec, contre, qn. (*d*) **To measure one's words,** mesurer, peser, ses paroles. *See also* SWORD 1. **2.** *This book measures six inches by four*, ce livre a six pouces de long sur quatre de large; ce livre est long de six pouces et large de quatre. *Column that measures twenty feet*, colonne *f* qui mesure vingt pieds.

measure off, *v.tr.* Mesurer (de l'étoffe, etc.). *M. off six inches from the end of the line*, mesurez six pouces à partir du bout de la ligne.

measure out, *v.tr.* **1.** Mesurer (un terrain de tennis, etc.). **2.** Distribuer (les parts qui reviennent à chacun); répartir (qch.); mesurer (du blé, etc.); verser (du blé) dans une mesure. *He measured out a tot of rum to each of us*, il nous servit à chacun un petit verre de rhum, mesuré de justesse.

measure up. **1.** *v.tr.* Mesurer (du bois). **2.** *v.i. U.S:* **To measure up to one's task,** se montrer à la hauteur de sa tâche. **To measure up to s.o.,** égaler qn; être l'égal de qn.

measured, *a.* **1.** (*Of time, distance, etc.*) Mesuré, déterminé. *M. highway*, route munie de bornes milliaires, de bornes routières; (*in Fr.*) route kilométrée. *Nau:* **Measured ton,** tonneau *m* d'encombrement. *See also* MILE. **2.** (*a*) (Mouvement, pas) cadencé. *M. tread*, marche scandée. *Equit: M. movements*, mouvements écoutés. (*b*) **With measured steps,** à pas mesurés, à pas comptés. **3.** **Measured language,** langage modéré; paroles mesurées, pondérées. *To speak in m. tones*, parler sur un ton modéré, parler avec mesure. *With m. insolence*, avec une insolence calculée. **4.** *Pros:* (Vers, etc.) mesuré.

measuring, *s.* Mesurage *m* (du drap, etc.); mensuration *f*, métrage *m*; mesure *f* (du temps); arpentage *m* (d'un terrain); cubage *m* (de pierres, etc.); stérage *m* (de bois de chauffage); (*with compasses*) compassement *m*. *Ch:* Dosage *m*. *Nau:* Jaugeage *m* (d'un bâtiment). *Mil:* Appréciation *f* (des angles, des pentes). **Measuring tool, apparatus,** outil *m*, appareil *m*, de mesure. **Measuring machine,** mesureuse *f*. *Ch:* **Measuring cylinder,** (tube *m*) mesureur *m*. *See also* WHEEL[1] 1.

'measuring-chain, *s.* *Surv:* Chaîne *f* d'arpenteur, chaîne d'arpentage.

'measuring-glass, *s.* Verre gradué.

'measuring-rod, *s.* **1.** Pige *f*, réglette-jauge *f*, *pl.* réglettes-jauges. **2.** Mètre *m* (de drapier, etc.).

'measuring-staff, *s.* *Surv: etc:* Règle divisée.

'measuring-tape, *s.* Mesure *f* à ruban; mètre *m* à ruban, en ruban; ruban-mesure *m*, *pl.* rubans-mesures; cordeau *m* (de mesure).

'measuring-tube, *s.* *Ch:* Tube *m* pour dosage.

'measuring-worm, *s.* *Ent:* (Chenille *f*) arpenteuse *f*.

measureless ['meʒərləs], *a.* Infini, illimité, sans bornes. *A m. expanse*, un paysage fuyant à perte de vue. *M. insolence*, une insolence sans bornes.

measurement ['meʒərmənt], *s.* **1.** = MEASURING. *Nau:* **Measurement goods,** marchandises *f* de cubage, d'encombrement. *See also* TON 2. **2.** Mesure *f*, dimension *f*. **Head-, bust-, waist-, hip-measurement,** tour *m* de tête, de poitrine, de taille, de hanches. **To take s.o.'s measurements,** prendre les mesures de qn, prendre mesure à qn; *Adm: Anthr:* prendre les mensurations de qn. **Chest measurement,** périmètre *m* thoracique. *Const: etc:* **Inside measurement, outside measurement,** mesure dans œuvre, mesure hors d'œuvre.

measurer ['meʒərər], *s.* **1.** (*Pers.*) Mesureur, -euse; arpenteur *m*, toiseur *m*, métreur *m*. **2.** (*Device*) Mesureur; mesureuse.

meat [mi:t], *s.* **1.** (*a*) Viande *f*. **Fresh meat,** viande fraîche. *Cu:* **Cold meat,** viande froide. *P: To make cold m. of s.o.*, tuer, *P:* refroidir, qn. **Frozen or chilled meat,** viande frigorifiée, congelée; *F:* frigo *m*. **Brown meat,** viande noire. **White meat,** (i) viande blanche; (ii) *U.S:* blanc *m* (de poulet). *U.S:* **Dark meat,** chair *f* (du poulet, etc.). *Abuse of m.*, nourriture trop carnée. *Abstention from m.*, abstinence *f* des viandes. *Ecc:* **To abstain from meat,** faire maigre. *The invalid is forbidden all m.*, toute alimentation carnée est interdite au malade. **Meat diet,** régime carné; régime gras. **Meat tea,** thé-collation *m* avec un plat de viande. *See also* BUTCHER[1] 1, FLY[1] 1, OLIVE 4, PRESERVED 1, SAUSAGE-MEAT. (*b*) *A. & U.S:* Chair (d'huître, de fruit, de noix); intérieur *m* (d'un œuf). *F:* **Book as full of facts as an egg is full of meat,** livre bourré de faits. (*c*) *Med: F:* Préparations *f* microscopiques. **2.** *A:* Aliment *m*, nourriture *f*. (*Still so used in*) **Meat and drink,** le manger et le boire. *F:* **This was meat and drink to them,** (i) c'est ce qui les faisait vivre; (ii) ils s'en repaissaient les yeux et les oreilles; ils en faisaient des gorges chaudes. **To get the meat out of a book,** extraire la moelle d'un livre. (*Of book, style, etc.*) **This is (too) strong meat for him,** c'est trop corsé pour lui. *There is no m. in his argument*, son raisonnement est dépourvu de toute solidité, n'a rien de substantiel. *Prov:* **One man's meat is**

another man's poison, ce qui guérit l'un tue l'autre; *A:* ce qui nuit à l'un duit à l'autre. *See also* BROKEN, GREEN[1] I, SPOON-MEAT, WORTH[1] I. **3.** *A:* Repas *m.* (*Still used in*) **Grace before meat,** prière *f* avant le repas; bénédicité *m.* **4.** *P: A bit of m.*, une putain.

'meat-'broth, *s.* **1.** *Cu:* Bouillon gras. **2.** *Bac:* **Gelatine meat-broth,** bouillon de culture.

'meat-chopper, *s.* **1.** Feuille *f* de boucher. **2.** *Cu:* Hache-viande *m inv.*

'meat-eater, *s.* **1.** Mangeur, -euse, de viande. **2.** (Animal) carnivore *m.*

'meat-eating, *a.* (Animal *m*) carnivore.

'meat-grower, *s.* Éleveur *m* (de bêtes pour boucherie).

meat-hook, *s.* **1.** Croc *m* de boucherie; allonge *f* de boucher. **2.** *P:* Accroche-cœur *m, pl.* accroche-cœurs; rouflaquette *f.*

'meat-offering, *s.* *B:* Offrande *f* du gâteau.

'meat-safe, *s.* Garde-manger *m inv.*

'meat-saw, *s.* *Tls:* Scie *f* de boucher.

meatless ['mi:tləs], *a.* **1.** (Ville assiégée) à court de viande. **2.** (Repas *m*) maigre.

meatus, *pl.* **-us, -uses** [mi'eitəs, -ju:s, -əsiz], *s.* *Anat:* Méat *m.* *See also* AUDITORY I.

meaty ['mi:ti], *a.* **1.** Charnu. **2.** (Odeur *f*, etc.) de viande. **3.** *F:* (Style, sujet) étoffé, fourni.

mebbe ['mebi], *adv.* *P:* (= *may be*) Peut-être; ça se peut.

Mecca ['meka]. *Pr.n. Geog:* La Mecque. *F: Stratford-on-Avon, the tourists' Mecca,* Stratford-on-Avon, la Mecque des touristes.

Meccan ['mekən], *a.* & *s.* *Geog:* (Originaire, natif) de la Mecque.

mechanic [me'kanik], *s.* **1.** Artisan *m*, ouvrier *m.* **2.** Mécanicien *m.* **Motor mechanic,** mécanicien automobiliste. **Dental mechanic,** mécanicien dentiste.

mechanical [me'kanik(ə)l], *a.* **1.** Mécanique. *M. art,* art *m* mécanique. *M. skill,* mécanisme *m*, mécanique *f* (d'un art, etc.). **2.** *M. power,* puissance *f* mécanique. *Mec:* **The six mechanical powers,** les six machines simples. *M. civilization,* civilisation mécanicienne. *Mil:* **Mechanical transport,** transport *m* automobile. *See also* DRAWING 3, ENGINEER[1] I, ENGINEERING I, STOKER 2. **3.** (*Of personal actions*) Machinal, -aux; automatique. **-ally,** *adv.* **1.** Mécaniquement. *M. operated,* à commande mécanique. *See also* PROPEL. **2.** Machinalement; par habitude.

mechanicalism [me'kanikəlizm], *s.* **1.** *Phil:* Mécanisme *m.* **2.** Mécanicité *f* (d'une profession, etc.).

mechanicalization [mekanikəlai'zeiʃ(ə)n], *s.* = MECHANIZATION.

mechanicalize [me'kanikəla:iz], *v.tr.* = MECHANIZE.

mechanics [me'kaniks], *s.pl.* **1.** (*Usu. with sg. const.*) La mécanique. **Pure mechanics, analytical mechanics,** *abstract m., theoretic m.,* mécanique rationnelle, analytique. **Applied mechanics,** mécanique appliquée. **2.** Mécanisme *m* (du corps humain, etc.).

mechanism ['mekənizm], *s.* **1.** *Psy:* *Biol:* *Pol.Ec:* (*Theory or system*) Machinisme *m.* **2.** Appareil *m*, dispositif *m*; mécanisme *m*, mécanique *f.* **3.** *Art:* Mécanisme (d'un artiste); technique *f* (du piano, etc.).

mechanist ['mekənist], *s.* Mécanicien *m*; mécanicien constructeur.

mechanization [mekənai'zeiʃ(ə)n], *s.* Mécanisation *f* (d'une industrie, etc.); motorisation *f*, mécanisation (d'une armée).

mechanize ['mekəna:iz], *v.tr.* Mécaniser (une industrie, etc.). **Mechanized army,** armée mécanisée, motorisée.

mechanotherapy [mekəno'θerəpi], *s.* Mécanothérapie *f.*

Mechlin ['meklin]. **1.** *Pr.n. Geog:* Malines *f.* **2.** *s.* **Mechlin (lace),** dentelle *f* de Malines; malines *f.*

Mecklenburg ['meklənbə:rg]. *Pr.n. Geog:* Mecklembourg *m.*

meconate ['mi:konet], *s.* *Ch:* Méconate *m.*

meconic [me'kɔnik], *a.* *Ch:* (Acide *m*) méconique.

meconium [me'kouniəm], *s.* *Physiol:* Méconium *m* (du nouveau-né).

med [med], *s.* *P:* Étudiant *m* en médecine; *P:* carabin *m.*

medal ['med(ə)l], *s.* Médaille *f.* *To award a m. to s.o.,* médailler qn; décerner une médaille à qn. **To wear,** *F:* **sport, all one's medals,** porter, mettre, toutes ses décorations; *F:* sortir sa batterie de cuisine. *Hum:* **To deserve a putty medal,** mériter une médaille en carton. *F:* **The reverse of the medal,** le revers de la médaille.

'medal-caster, *s.* Fondeur *m* en médailles.

'medal-play, *s.* *Golf:* Concours *m* par coups.

'medal-ribbon, *s.* Ruban *m* de décoration.

medalled ['med(ə)ld], *a.* Médaillé.

medallic [me'dalik], *a.* De médaille(s); en médaille(s).

medallion [me'daljən], *s.* Médaillon *m.*

medallist ['medəlist], *s.* **1.** Médailliste *m*; amateur *m* de médailles. **2.** Médailleur *m*; graveur *m* en médailles. **3.** Médaillé, -ée. **Gold medallist,** titulaire *mf* d'une médaille d'or.

meddle [medl], *v.i.* **To meddle with sth.,** se mêler de qch. **To meddle in sth.,** s'immiscer dans qch.; s'ingérer dans qch.; intervenir dans qch. *To m. in, with, other people's affairs,* se mêler des affaires d'autrui. *Don't m. with my tools!* ne touchez pas à mes outils! ne dérangez pas mes outils! *It is dangerous to m. with him,* il ne fait pas bon (de) se frotter à lui. *I don't want the women meddling,* je ne veux pas que les femmes s'en mêlent. *Prov:* **Meddle and smart for it,** qui s'y frotte s'y pique.

meddling[1], *a.* = MEDDLESOME.

meddling[2], *s.* **1.** Intervention *f*, ingérence *f*, immixtion *f* (*in, with, a matter,* dans une affaire). **2.** Manigances *fpl*, menées *fpl.*

meddler ['medlər], *s.* Officieux, -euse; fâcheux *m*; intrigant, -ante; touche-à-tout *m inv*; *P:* trifouilleur, -euse.

meddlesome ['medlsəm], *a.* Officieux, intrigant; qui se mêle de tout; qui touche à tout.

meddlesomeness ['medlsəmnəs], *s.* Manie *f* de se mêler des affaires d'autrui.

Mede [mi:d], *s.* *Hist:* Mède *m.* *F:* **It is like the laws of the Medes and Persians,** c'est réglé comme du papier à musique, comme une pendule, comme une horloge.

Medea [me'di:a]. *Pr.n.f. Gr.Myth:* Médée.

media[1], *pl.* **-iae** ['mi:dia, -ii:], *s.* **1.** *Ling:* Consonne occlusive sonore. **2.** *Anat:* Tunique moyenne (des artères).

media[2]. *See* MEDIUM.

Media[3]. *Pr.n. A.Geog:* La Médie.

mediaeval [medi'i:v(ə)l], *a.* **1.** Du moyen âge; médiéval, -aux. *M. customs,* coutumes *f* du moyen âge. **2.** *F:* Moyenâgeux. *M. costumes,* costumes *m* moyen âge.

mediaevalism [medi'i:vəlizm], *s.* **1.** Culture médiévale. **2.** Médiévisme *m.*

mediaevalist [medi'i:vəlist], *s.* Médiéviste *mf*; *F:* moyenâgiste *mf.*

medial ['mi:diəl]. **1.** *a.* (*a*) Intermédiaire (*to*, entre). *Nat.Hist:* (*Of line, etc.*) Médian. *Ling:* (*Of letter*) Médial, -als, -aux. *M. consonant, letter,* médiale *f.* (*b*) De grandeur moyenne, de dimensions moyennes. **2.** *s.* *Ling:* Médiale *f.* **-ally,** *adv.* Médialement.

medialize ['mi:diəla:iz], *v.tr.* *Ling:* Sonoriser (une consonne occlusive).

median[1] ['mi:diən]. **1.** *a.* *Anat:* *Bot:* *Geom:* Médian. **2.** *s.* (*a*) *Anat:* Nerf médian; veine médiane. (*b*) *Geom:* (Ligne) médiane *f.*

Median[2]. *A.Geog:* **1.** *a.* Médique, mède. **2.** *s.* Mède *mf.*

mediant ['mi:diənt], *s.* *Mus:* Médiante *f.*

mediastinum, *pl.* **-a** [mi:dias'tainəm, -a], *s.* *Anat:* Médiastin *m.*

mediate[1] ['mi:diet], *a.* **1.** Médiat, intermédiaire, interposé (*between*, entre). **2.** *Hist:* **Mediate lord,** prince médiat. **3.** *Log:* **Mediate inference,** déduction médiate. *Jur:* **Mediate testimony,** témoignage *m* de seconde main. *See also* AUSCULTATION. **-ly,** *adv.* Médiatement.

mediate[2] ['mi:dieit]. **1.** *v.i.* (*a*) (*Of pers.*) S'entremettre, s'interposer; agir en médiateur, servir de médiateur (*between . . . and . . .*, entre . . . et . . .). (*b*) (*Of thg*) Former un lien, un trait d'union (entre deux choses). **2.** *v.tr.* *To m. a peace,* intervenir en qualité de médiateur pour amener la paix.

mediating, *a.* **1.** (*Of opinion, etc.*) Modéré. **2.** (*Of party, etc.*) Médiateur, -trice.

mediation [mi:di'eiʃ(ə)n], *s.* Médiation *f*; intervention (amicale). *Offer of m.,* offre *f* d'intervention. **Through the mediation of . . .,** par l'entremise *f* de. . . .

mediative ['mi:diətiv], *a.* Médiateur, -trice.

mediatization [mi:diətai'zeiʃ(ə)n], *s.* *Hist:* Médiatisation *f* (d'un État).

mediatize ['mi:diəta:iz]. **1.** *v.tr.* *Hist:* Médiatiser (un État). **2.** *v.i.* = MEDIATE[2] I.

mediator ['mi:dieitər], *s.* Médiateur, -trice; entremetteur, -euse.

mediatory ['mi:diətəri], *a.* Médiateur, -trice.

mediatress ['mi:diətres], **mediatrix,** *pl.* **-trices** [mi:di'eitriks, mi:diə'traisi:z], *s.f.* Médiatrice.

Medic ['mi:dik], *a.* *A.Geog:* = MEDIAN[2] I.

medicable ['medikəbl], *a.* Guérissable.

medical ['medik(ə)l]. **1.** *a.* Médical, -aux; de médecine. *The m. profession,* (i) le corps médical; (ii) la profession de médecin. *M. attendance, m. attention,* soins médicaux, soins du médecin. *You must have m. attention,* il faut vous faire soigner par un médecin. **Medical school,** école *f* de médecine. *Army m. college* = École du Service de santé militaire. **Medical student,** étudiant *m* en médecine; *P:* carabin *m.* *M. books,* livres *m* de médecine. **Medical stores,** matériel *m* sanitaire. **Medical man,** médecin *m.* *Our m. friend,* notre ami le médecin. *Who is your* **medical adviser?** quel est votre médecin? **Medical officer,** médecin sanitaire; *Mil:* médecin militaire; major *m*; (*in hospital*) chef *m* de service. **To come before the medical officer,** passer (à) la visite. *Mil: Assistant m. officer,* aide-major *m, pl.* aides-majors. *Adm:* **Medical officer of health,** médecin d'état civil; médecin départemental. *Mil:* **The medical department,** le service de santé; le corps de santé. **Medical board,** conseil *m* de santé. *See also* ADVICE I, ATTENDANT 2, CERTIFICATE[1] I, EXAMINATION I, EXPERT[2], FACULTY 2, JURISPRUDENCE, PRACTITIONER. **2.** *s.* *F:* Étudiant *m* en médecine; *P:* carabin *m.* **-ally,** *adv.* *M. speaking,* médicalement parlant. *Viewed m.,* considéré au point de vue médical. *M. trained,* qui a reçu un enseignement médical. **To be medically examined,** subir un examen médical.

medicament [me'dikəmənt], *s.* Médicament *m.*

medicaster ['medikastər], *s.* Médicastre *m*; charlatan *m.*

medicate ['medikeit], *v.tr.* **1.** Médicamenter, traiter (qn). **2.** Rendre (du vin) médicamenteux; rendre (du coton) hydrophile.

medicated, *a.* (Papier) médicamenté; (vin) médicamenteux; (savon) hygiénique; (coton) hydrophile.

medication [medi'keiʃ(ə)n], *s.* **1.** Médication *f*; emploi *m* de médicaments. **2.** Imprégnation *f* (du papier, etc.) avec des médicaments.

medicative ['medikətiv], *a.* Curatif; médicateur, -trice.

Medicean [medi'si:ən], *a.* *Ital.Hist:* Médicéen; des Médicis.

Medici ['meditʃi]. *Pr.n.pl.* *Ital.Hist:* **The Medici,** les Médicis. *Lorenzo de' M.,* Laurent de Médicis.

medicinal [me'disin(ə)l], *a.* Médicinal, -aux, médicamenteux. **Medicinal baths,** bains médicinaux. *Taking of m. baths,* balnéation *f.* **Medicinal bath treatment,** balnéothérapie *f.* **-ally,** *adv.* Médicinalement. *To take whisky m.,* prendre du whisky comme médicament, à titre de médicament.

medicine[1] ['med(i)sin], *s.* **1.** La médecine. *To study m.,* faire sa médecine. *To practise m.,* exercer la médecine. *See also* DOCTOR[1] 2, FORENSIC. **2.** (*a*) Médicament *m*, médecine, remède *m*; *F:* drogue *f.* *F:* **To give s.o. a dose, a taste, of his own medicine,** rendre la pareille à qn. *U.S:* **To take, swallow, one's medicine,** avaler la pilule; supporter les conséquences (de son action); avaler sa médecine. *See also* PATENT[1] 2. (*b*) *F:* Purgatif *m.* **To take medicine,** se purger. *To give s.o. a dose of m.,* administrer un purgatif à qn; purger qn. **3.** (Chez les Peaux-Rouges) (i) Sorcellerie *f*, magie *f*; (ii) charme *m.*

'medicine-ball, *s.* *Sp:* Medicine-ball *m.*
'medicine-case, *s.* **Pocket medicine-case,** pharmacie *f* de poche.
'medicine-chest, *s.* (Coffret *m* de) pharmacie *f*; coffre *m* à médicaments; armoire *f* à pharmacie.
'medicine-glass, *s.* Verre gradué.
'medicine-man, -woman, *s.* (Sorcier *m*) guérisseur *m*; (sorcière *f*) guérisseuse *f*.
medicine², *v.tr.* Traiter (qn) par des médicaments; médicamenter (qn).
medick ['mi:dik], *s.* *Bot:* **(Purple) medick,** luzerne *f*. **Black medick, hop medick,** luzerne houblon; triolet *m*, lupuline *f*; petit trèfle jaune; minette (dorée). **Yellow medick, sickle medick,** luzerne en faux.
medico ['mediko], *s.* *F:* Médecin *m* ou chirurgien *m*; *P:* carabin *m*.
medico-legal ['mediko'li:g(ə)l], *a.* Médico-légal, -aux.
medieval [medi'i:v(ə)l], **medievalism** [medi'i:vəlizm] = MEDIAEVAL, MEDIAEVALISM.
Medina [me'di:na]. *Pr.n. Geog:* Médine *f*.
medinal ['medinal], *s.* *Pharm:* Véronal *m* sodique.
mediocre ['mi:dioukər], *a.* Médiocre. *s.* *To rise above the m.*, s'élever au-dessus du médiocre.
mediocrity [mi:di'ɔkriti], *s.* **1.** Médiocrité *f* (de qn, de qch.). **2.** *Cabinet of mediocrities*, ministère composé de médiocrités.
medio-dorsal ['mi:dio'dɔ:rs(ə)l], *a.* *Anat:* Médio-dorsal, -aux.
meditate ['mediteit]. **1.** *v.tr.* Méditer (un projet, une entreprise); projeter (un ouvrage). *To m. mischief*, méditer un mauvais coup. **To meditate doing sth.,** méditer de faire qch.; se proposer de faire qch.; avoir l'intention de faire qch.; penser à faire qch. **2.** *v.i.* (*a*) Méditer (*on, upon*, sur); réfléchir (*on, upon*, sur, à). (*b*) Se livrer à la méditation; méditer; se recueillir.
meditation [medi'teiʃ(ə)n], *s.* **1.** Méditation *f* (*upon*, sur); recueillement *m*. *To be plunged in m.*, être plongé dans la méditation. **2.** *Lit:* *The Meditations of Marcus Aurelius*, les Pensées *f* de Marc-Aurèle.
meditative ['meditətiv], *a.* Méditatif, recueilli. *M. walks*, promenades consacrées à la méditation. **-ly,** *adv.* D'un air méditatif; avec recueillement.
meditativeness ['meditətivnəs], *s.* Nature méditative; recueillement *m*.
meditator ['mediteitər], *s.* Penseur, -euse; rêveur, -euse; méditatif, -ive.
Mediterranean [medite'reinjən]. **1.** *a.* *Geog:* Méditerrané. (*a*) Qui est au milieu des terres. (*b*) Qui est entouré par des terres. **The Mediterranean Sea,** *s.* **the Mediterranean,** la (mer) Méditerranée. *M. climate*, climat méditerranéen. **2.** *s.* *The Mediterraneans*, les races *f* du littoral méditerranéen.
medium, *pl.* **-a, -ums** ['mi:diəm, -a, -əmz]. I. *s.* **1.** Milieu *m*; moyen terme (*between*, entre). **Happy medium,** juste milieu. *To stick to a happy m.*, s'en tenir à un juste milieu. **2.** (*a*) *Ph:* Milieu, véhicule *m*. *Air is the m. of sound*, l'air *m* est le véhicule du son. *The air is the m. in which we live*, l'air est le milieu dans lequel nous vivons. (*b*) **(Social) medium,** milieu, atmosphère *f*, ambiance *f*. (*c*) *Biol:* **Culture medium,** bouillon *m* de culture. (*d*) *Pharm:* *Paint:* Véhicule. **3.** (*a*) Intermédiaire *m*, entremise *f*. *To impose peace through the m. of war*, imposer la paix par la voie des armes. *The newspaper as a m. for advertising*, le journal comme moyen de réclame. **Through the medium of the press,** par l'intermédiaire de la presse; par la voie des journaux. **Advertising medium,** organe *m* de publicité. (*b*) *Pol.Ec:* **Circulating medium, medium of circulation, of exchange,** agent *m* de circulation; agent monétaire. (*c*) Agent (chimique). (*d*) Moyen *m* d'expression. **4.** *Psychics:* Médium *m*.
II. **medium,** *a.* Moyen. *Of m. height*, de taille moyenne. *Of m. length*, demi-long. **Medium-sized,** de grandeur moyenne, de taille moyenne. *M.-powered car*, voiture *f* de moyenne puissance.
mediumism ['mi:diəmizm], *s.* *Psychics:* Médiumnité *f*.
mediumistic [mi:diəm'istik], *a.* *Psychics:* Médiumnique, médianique, médianimique.
mediumship ['mi:diəmʃip], *s.* **1.** Intermédiaire *m*, entremise *f*. **2.** *Psychics:* Médiumnité *f*; profession *f* de médium.
medlar ['medlər], *s.* *Bot:* **1.** (*a*) Nèfle *f*. (*b*) **Medlar (-tree),** néflier *m*. **2.** **Japan medlar,** (i) nèfle du Japon; (ii) (*tree*) néflier du Japon; bibassier *m*, bibacier *m*. **Neapolitan medlar,** (i) azerole *f*; (ii) (*tree*) azerolier *m*.
medley¹ ['medli]. **1.** *s.* (*a*) Mélange *m*, confusion *f*, méli-mélo *m*, *pl.* mélis-mélos, pêle-mêle *m inv*, olla-podrida *f*, ambigu *m* (de personnes, d'objets); bigarrure *f* (de couleurs, etc.); bariolage *m* (d'idées, d'expressions). *Lit:* Macédoine *f*. *Mus:* Pot pourri. *M. of all kinds of people*, mélange hétéroclite de toutes sortes de gens. (*b*) *A:* Bagarre *f*, rixe *f*. *See also* CHANCE-MEDLEY. **2.** *a.* (*a*) *A:* (*Of colour, cloth*) Bariolé, bigarré. (*b*) Mêlé, mélangé, hétéroclite.
medley², *v.tr.* Entremêler (des choses mal assorties).
medoc, médoc [me'dɔk], *s.* **Medoc (claret),** vin *m* de Médoc; médoc *m*.
medulla [me'dʌla], *s.* **1.** *Bot:* Médulle *f*, moelle *f*. **2.** *Anat:* Moelle (d'un os, d'un poil). **The medulla oblongata,** la moelle allongée.
medullary [me'dʌləri], *a.* *Anat:* Médullaire. *Bot:* Médullaire, médulleux. **Medullary sheath,** (i) *Bot:* étui *m* médullaire; vaisseaux *m* primaires; (ii) *Anat:* myéline *f*. *Bot:* **Medullary ray,** rayon *m* médullaire.
medullated [me'dʌleitid], *a.* *Anat:* Médullaire. *Bot:* Médullaire, médulleux; à moelle.
medullitis [medʌ'laitis], *s.* *Med:* Médullite *f*.
Medusa [me'dju:za]. **1.** *Pr.n.f.* *Gr.Myth:* Méduse. *Bot:* *Echin:* **Medusa's head,** tête *f* de Méduse. **2.** *s.* *Coel:* Méduse *f*.
medusan [me'dju:zən], **medusoid** [me'dju:sɔid]. *Coel:* **1.** *a.* Médusaire. **2.** *s.* Médusaire *m*, acalèphe *m*, discophore *m*.

meed [mi:d], *s.* *Poet:* Récompense *f*. *Lit:* **To offer one's meed of praise,** apporter sa part, son tribut, d'éloges, de louanges.
meek [mi:k], *a.* Doux, *f.* douce; humble, soumis, résigné. *M. creatures*, douces et humbles créatures. *F:* **Meek as a lamb, meek as Moses,** doux comme un agneau, comme un mouton. *B:* **Blessed are the meek,** bienheureux (sont) les débonnaires. **-ly,** *adv.* Avec douceur; avec soumission; humblement.
'meek-eyed, *a.* Au regard doux.
meek-'hearted, *a.* D'un caractère doux; au cœur doux; *A:* débonnaire.
meek-'heartedness, *s.* Douceur *f* de caractère.
meekness ['mi:knəs], *s.* Douceur *f* de caractère; soumission *f*, humilité *f*, mansuétude *f*. *M. of spirit*, résignation *f*.
meerschaum ['mi:ərʃəm], *s.* **1.** *Miner:* Magnésite *f*; écume *f* de mer. **2.** **Meerschaum (pipe),** pipe *f* d'écume de mer, en écume de mer.
meet¹ [mi:t], *a.* *A. & Lit:* Convenable; à propos; séant. *Diamonds m. for a queen*, diamants *m* qui conviendraient à une reine, dignes d'une reine, propres à une reine. *Book m. for attention*, livre *m* qui mérite attention. *Subject m. to consider, to be considered*, sujet qui mérite d'être considéré. **It is meet that we should do so,** il convient que nous le fassions. **As was meet,** comme il convenait. **-ly,** *adv.* Convenablement; à propos; comme il faut; dignement.
meet², *s.* **1.** (*a*) *Ven:* Rendez-vous *m* de chasse; assemblée *f* de chasseurs. (*b*) Réunion *f* (de cyclistes, etc.). **2.** *Geom:* Point *m* de section (de deux lignes); point de tangence, de rencontre (de deux courbes).
meet³, *v.* (*p.t.* **met** [met]; *p.p.* **met**) I. *v.tr.* **1.** Rencontrer (qn); faire la rencontre de (qn); se rencontrer avec (qn). *I hope to m. you soon*, j'espère avoir sous peu l'occasion, le plaisir, de me rencontrer avec vous. *To m. s.o. on the stairs*, croiser qn, se croiser avec qn, faire une rencontre, dans l'escalier. *To m. a ship*, rencontrer un navire. *To m. another car*, croiser une autre voiture. *To avoid dazzle when meeting another car*, éviter l'éblouissement au moment des croisements. **He met his death, his fate, at . . .,** il trouva la mort, sa perte, à. . . . *F:* **You don't meet it every day,** c'est le trèfle à quatre feuilles. *See also* END¹ 3, FACE¹ 1, WELL³ I. 1. **2.** (*a*) Rencontrer (l'ennemi, qn en duel). *See also* MATCH¹ 1. (*b*) Affronter (la mort, une épreuve, un danger); parer à (un danger); faire face à (une difficulté). **3.** *Nau:* **To meet her with the helm, to meet the helm,** rencontrer (l'embardée) avec la barre. **Meet her!** rencontrez! **4.** Rejoindre, (re)trouver (qn); se rencontrer avec (qn). **To come forward to meet s.o.,** s'avancer à la rencontre de qn. **To go to meet s.o.,** aller au-devant de qn; aller à la rencontre de qn. *When there is danger ahead I go to m. it*, quand il y a du danger je vais au-devant. **To meet s.o. at the station,** aller chercher, aller recevoir, qn à la gare; aller au-devant de qn à la gare; aller attendre qn à la gare. *To send s.o. to m. s.o.*, envoyer qn au-devant de qn; envoyer qn chercher qn. *The omnibus meets all trains*, le service d'autobus est en correspondance avec tous les trains. **To arrange to meet s.o.,** donner (un) rendez-vous à qn; fixer un rendez-vous avec qn. *To arrange to m. s.o. at three o'clock*, prendre rendez-vous avec qn pour trois heures. *We are to m.* (*again*) *at the station*, nous devons nous retrouver à la gare. *To m. a doctor in consultation*, avoir une consultation avec un docteur. *She is too young to be meeting young men*, elle est trop jeune pour fréquenter les jeunes gens. *She still meets him*, elle a continué à le voir. **5.** Faire la connaissance de (qn). **An at-home to meet s.o.,** une réception en l'honneur de qn. *I met her at the Smiths'*, je l'ai rencontrée, je l'ai vue, chez les Smith. *He met his wife in Paris*, il avait connu sa femme à Paris. *U.S:* **Meet Mr Smith,** je vous présente M. Smith. **Pleased to meet you,** enchanté de faire votre connaissance. **6.** *The request was met by the reply that . . .*, il a été répondu à cette demande que. . . . *At the very door we are met by a smell of cabbage*, dès l'entrée une odeur de choux saisit l'odorat. **What a scene met my eyes!** quel spectacle s'offrit à mes yeux, à ma vue! quel spectacle frappa mes regards! *If this should m. the eye of . . .*, si ceci tombe sous les yeux de. . . . **There is more in it than meets the eye,** on ne voit pas le dessous des cartes. *More is meant than meets the ear*, ces paroles cachent quelque dessein. *A strange noise met my ear*, une clameur étrange me frappa l'oreille. *My eye met his*, nos regards se croisèrent. **I dared not meet his eye,** je n'osais pas le regarder en face. **7.** *Here the road meets the railway*, c'est ici que la route rencontre, croise, le chemin de fer. *The Saone meets the Rhone at Lyons*, la Saône conflue avec le Rhône, se jette dans le Rhône, à Lyon. **8.** (*a*) *To m. s.o.'s views*, se conformer aux vues de qn. *F:* **To meet s.o.,** faire des concessions à qn; s'efforcer d'être agréable à qn. *I will do my best to m. you*, je vais faire mon possible pour vous donner satisfaction, pour me conformer à vos désirs. *See also* HALF-WAY 1. (*b*) Satisfaire à, parer à, remplir (un besoin); faire face à (une demande, un besoin); satisfaire à, prévoir, prévenir (une objection). *That meets a long-felt want*, cela répond à un besoin qui s'est fait longtemps ressentir. *That does not m. the difficulty*, cela ne remédie pas à l'inconvénient. *To m. s.o.'s wishes*, satisfaire, remplir, les désirs de qn. *Your desires have been met*, vos désirs *m* ont reçu satisfaction. *It does not m. my requirements*, cela ne répond pas à mes besoins. *The house meets our requirements*, la maison est à notre convenance. (*c*) *Com:* Faire honneur à, faire bon accueil à, accueillir (un effet, une lettre de change). *To m. one's commitments*, faire honneur à ses engagements; remplir ses engagements. (*d*) **To meet expenses,** faire face aux dépenses, à ses dépenses; supporter les dépenses; subvenir aux frais. *He met all expenses*, il a subvenu à tout. *I myself can m. all expenses*, moi seul je suffis à toutes les dépenses.
II. **meet,** *v.i.* (*a*) (*Of pers.*) Se rencontrer, se voir. *We met in Paris*, nous nous sommes rencontrés à Paris. *We have met before*, nous nous sommes déjà vus. *When shall we m. again?* quand nous reverrons-nous? *I hope we shall m. again*, au plaisir de vous revoir.

Until we meet again, au revoir. *Ships meeting*, navires *m* faisant des routes directement opposées. (*b*) (*Of society, assembly*) To meet (together), se réunir (en session); s'assembler. *The society meets at* . . ., la société tient ses réunions à. . . . *Persons met together from all parts*, personnes *f* qui ont afflué de toutes parts (pour se réunir). **Parliament meets to-morrow**, les Chambres *f* se réunissent demain. (*c*) (*Of thgs*) Se rencontrer, se réunir, se joindre. *Two lines that m.*, deux lignes *f* qui se rencontrent. *Two rivers that m.*, deux rivières *f* qui confluent, qui se (re)joignent. *Prov:* **Extremes meet**, les extrêmes *m* se touchent. **Many virtues met in him**, beaucoup de qualités se réunissaient en lui. **Our eyes met**, nos regards se croisèrent. *These boards do not m.*, ces planches *f* ne joignent pas. *F:* **To make both ends meet**, joindre les deux bouts; attraper le bout de l'année; arriver à boucler son budget. *We make both ends m. and nothing more*, on s'en tire, voilà tout. (*d*) **To meet with sth.**, rencontrer, trouver, découvrir, qch. *It is met with everywhere*, cela se trouve, se rencontre, partout; *F:* cela traîne partout. *Such men are often met with*, de tels hommes se rencontrent souvent. *To m. with detractors*, rencontrer des détracteurs sur son chemin. *To m. with a kindly reception*, être accueilli avec bonté; recevoir un accueil plein de bonté. *To m. with difficulties*, éprouver des difficultés; rencontrer des obstacles. **To meet with a check, a loss**, éprouver, essuyer, subir, un échec, une perte. *To m. with losses*, faire des pertes. *To m. with a refusal*, essuyer un refus; être éconduit. *The request met with the reply that* . . ., il a été répondu à cette demande que. . . . **To meet with an accident**, être victime d'un accident. *He has met with an accident*, il lui est arrivé un accident. *To m. with a fall*, faire une chute. **To meet with death**, trouver la mort. *The fate met with by his friend*, le sort échu à son ami. *Nau:* **To meet with a gale**, essuyer un coup de vent. *See also* APPROVAL 1, SUCCESS.

meeting, *s.* **1.** Rencontre *f* (de personnes, de routes, de rivières); confluent *m* (de rivières, *Geol:* de veines). *M. of cars*, croisement *m* de voitures. *Man who is shy at a first m.*, homme *m* à l'abord timide. **Right of public meeting**, droit *m* de réunion. **2.** (*a*) Assemblée *f*, réunion *f*, séance *f*; *Pol: Sp:* meeting *m*. **To hold a meeting**, tenir une réunion; *F:* tenir chapitre. *The m. will be held at* . . ., la réunion aura lieu à. . . . *The association holds its meetings at* . . ., l'association *f* se réunit à. . . . *The m. to be held to-morrow*, la réunion prévue pour demain. **To have, hold, a public meeting, an open meeting**, se réunir en assemblée publique; tenir une séance publique. *M. of shareholders*, assemblée d'actionnaires. **To call a meeting of the shareholders**, convoquer les actionnaires. **Notice of meeting**, circulaire convocatrice. *Jur: M. of creditors (in a case of bankruptcy, etc.)*, assemblée *f* de créanciers. *At the m. in London*, à la séance tenue à Londres; dans une réunion tenue à Londres. **To open the meeting**, déclarer la séance ouverte. **To dissolve the meeting**, lever la séance. **To address the meeting**, prendre la parole. **To put a resolution to the meeting**, mettre une résolution aux voix. *See also* GATE-MEETING, MASS MEETING, RACE-MEETING. (*b*) *Rel:* To go to meeting, aller au temple. **Meeting clothes**, habits *m* du dimanche. **Meeting time**, heure *f* de l'office. *See also* GO-TO-MEETING.

'meeting-house, *s.* Temple *m* (des Quakers).

'meeting-place, *s.* Lieu *m* de réunion; rendez-vous *m*.

'meeting-point, *s.* **1.** = MEETING-PLACE. **2.** Point *m* de jonction; *Mth:* point de rencontre (de deux courbes).

meetness ['miːtnəs], *s.* Convenance *f*; à-propos *m inv.*

Meg [meg]. *Pr.n.f.* (*Dim. of Margaret*) Margot.

meg(a)- [meg(*a*)], *comb.fm.* Még(a)-. **1.** *Megalithic*, mégalithique. *Megaphone*, mégaphone. *Megapode*, mégapode. **2.** *Meas:* Un million de. . . . *Megerg*, mégerg. *Megadyne*, mégadyne.

megacephalic [meg*a*se'falik], **megacephalous** [meg*a*'sefələs], *a. Anthr:* Mégacéphale, mégalocéphale.

megadyne ['meg*a*dain], *s. Mec.Meas:* Mégadyne *f*.

Megaera [me'giːəra]. *Pr.n.f. Gr.Myth:* Mégère.

megaerg ['megaəːrg], *s. Mec.Meas:* Mégerg *m*.

megafarad ['meg*a*farad], *s. El.Meas:* Mégafarad *m*.

megalith ['megaliθ], *s. Archeol:* Mégalithe *m*.

megalithic [meg*a*'liθik], *a.* Mégalithique.

megalo- ['meg*a*lo], *comb.fm.* Mégalo-. *Megaloblast*, mégaloblaste *m*. *Megalocyte*, mégalocyte *m*.

megalocephalic [meg*a*lose'falik], **megalocephalous** [meg*a*lo'sefələs], *a. Anthr:* Mégalocéphale.

megalocephaly [meg*a*lo'sefəli], *s. Anthr:* Mégalocéphalie *f*.

megalomania [meg*a*lo'meinia], *s.* Mégalomanie *f*.

megalomaniac [meg*a*lo'meiniak], *a.* & *s.* (De) mégalomane (*mf*).

Megalopolitan [meg*a*lo'pɔlitən], *a.* & *s. A.Geog:* Mégalopolitain, -aine.

megalosaurus [meg*a*lo'sɔːrəs], *s. Paleont:* Mégalosaure *m*.

megampere ['megampeər], *s. El:* Mégampère *m*.

megaphone ['meg*a*foun], *s.* Porte-voix *m inv.* *Sp: etc:* Mégaphone *m*.

megaphoned ['meg*a*found], *a.* (Ordre, etc.) transmis par mégaphone.

megapod, -pode ['meg*a*pɔd, -poud], *s. Orn:* Mégapode *m*.

Megara ['meg*a*ra]. *Pr.n. A.Geog:* Mégare *f*.

Megarian [me'geəriən], *a.* & *s.* **1.** *A.Geog:* Mégarien, -ienne. **2.** *Phil.Hist:* **The Megarian school**, l'École de Mégare. *The M. philosophy*, la philosophie mégarique.

Megaric [me'garik], *a.* = MEGARIAN 2.

Megaris ['meg*a*ris]. *Pr.n. A.Geog:* La Mégaride.

megaseism ['meg*a*saizm], *s. Geol:* Tremblement de terre violent.

megass [me'gas], *s. Sug.-R:* Bagasse *f*.

megatherium, *pl.* **-ia** [meg*a*'θiːriəm, -*ia*], *s. Paleont:* Mégathérium *m*.

megavolt ['meg*a*voult], *s. El.Meas:* Mégavolt *m*.

megerg ['megəːrg], *s.* = MEGAERG.

megger ['megər], *s. El.E:* Appareil *m* pour mesurer la résistance de l'isolement.

megilp[1] [me'gilp], *s. Art:* Véhicule (de couleur) composé d'huile et de vernis.

megilp[2], *v.tr. Art:* Donner du lustre, de la transparence, à (la couleur).

megohm ['megoum], *s. El.Meas:* Mégohm *m*.

megrim ['miːgrim], *s. A:* **1.** *Med:* Migraine *f*. **2.** Fantaisie *f*, lubie *f*. **3.** *pl.* **Megrims**, (i) le spleen; vapeurs *fpl*; (ii) *Vet:* le vertigo.

meiocene ['maiosiːn], *a.* & *s.* = MIOCENE.

meiosis [mai'ousis], *s. Rh:* = LITOTES.

Mekong [mei'kɔŋ]. *Pr.n. Geog:* Mékong *m*.

melaena [me'liːn*a*], *s. Med:* Melæna *m*.

melampyrum [mel*a*m'pairəm], *s. Bot:* Mélampyre *m*; queue-de-loup *f*, *pl.* queues-de-loup.

melancholia [melən'koulj*a*], *s. Med:* Mélancolie *f*, hypocondrie *f*.

melancholic [melən'kɔlik], *a. Med:* Mélancolique, hypocondriaque. **-ally**, *adv.* Mélancoliquement.

melancholy ['melənkoli]. **1.** *s.* Mélancolie *f*; vague tristesse *f*. **2.** *a.* (*a*) (*Of pers.*) Atrabilaire. (*b*) (*Of pers.*) Mélancolique; triste. (*c*) *M. news*, triste nouvelle; nouvelle attristante.

Melanesia [melə'niːzia]. *Pr.n. Geog:* La Mélanésie.

Melanesian [melə'niːziən], *a.* & *s. Geog:* Mélanésien, -ienne.

Melania [me'leini*a*]. *Pr.n.f.* Mélanie.

melanic [me'lanik], *a. Med:* Mélanique; atteint de mélanose.

melanism ['melənizm], *s. Physiol: etc:* Mélanisme *m*.

melanite ['melənait], *s. Miner:* Mélanite *f*.

melanose ['melənous], *a. Med:* (Tumeur *f*, etc.) mélanique.

melanosis [melə'nousis], *s. Med:* Mélanose *f*.

melanotic [melə'nɔtik], *a. Med:* Mélanique.

Melchisedec, Melchizedec [mel'kizidek]. *Pr.n.m. B.Lit:* Melchisédech.

Melchite ['melkait], *s. Rel.H:* Melchite *m*.

Meleager [meli'eidʒər]. *Pr.n.m. Gr.Myth:* Méléagre.

meliaceae [meli'eisiiː], *s.pl. Bot:* Méliacées *f*.

melianthus [meli'anθəs], *s. Bot:* Mélianthe *m*.

Meliboeus [meli'biːəs]. *Pr.n.m. Lt.Lit:* Mélibée.

melic[1] ['melik], *a. Gr.Lit:* (Poésie *f*) mélique.

melic[2], *a.* & *s. Bot:* **Melic (grass)**, mélique *f*.

melicocca [meli'kɔk*a*], *s. Bot:* Mélicoque *m*.

melilot ['melilɔt], *s. Bot:* Mélilot *m*.

melinite ['melinait], *s. Exp:* Mélinite *f*.

meliorate ['miːlioreit], *v.tr.* & *i.* = AMELIORATE.

melioration [miːlio'reiʃ(ə)n], *s.* = AMELIORATION.

meliorism ['miːliorizm], *s. Phil:* Méliorisme *m*.

meliorist ['miːliorist], *s. Phil:* Mélioriste *mf*.

melissa [me'lis*a*], *s. Bot:* Mélisse *f*; *F:* citronnelle *f*. *Pharm:* **Melissa cordial**, eau *f* de mélisse.

melitaea [meli'tiː*a*], *s. Ent:* Mélitée *f*, damier *m*.

melittis [me'litis], *s. Bot:* Mélitte *f*; mélisse *f* sauvage.

melituria [meli'tjuːəri*a*], *s. Med:* Méliturie *f*, glycosurie *f*.

mellifera [me'lifər*a*], *s.pl. Ent:* Mellifères *m*.

melliferous [me'lifərəs], *a.* Mellifère.

mellific [me'lifik], *a.* Mellifique.

mellification [melifi'keiʃ(ə)n], *s. Ent:* Mellification *f*.

mellifluence [me'lifluəns], *s.* Mellifluité *f* (d'un discours, etc.).

mellifluous [me'lifluəs], *a.* (*Of eloquence, words, etc.*) Mielleux, doucereux; melliflu (*usu. f.*). *M. eloquence*, éloquence melliflue.

mellivorous [me'livorəs], *a. Z:* Mellivore.

mellow[1] ['melou], *a.* **1.** (Fruit) fondant, mûr; (vin) moelleux, velouté. *M. old town*, vieille ville qui a la patine de l'âge. **2.** (Terrain *m*) meuble. **3.** (*Of voice, light, sound*) Moelleux; doux, *f.* douce; (*of colour*) doux, tendre, voilé. *M. whites*, blancs onctueux. *Life there is pleasantly m.*, il y règne une agréable douceur de vivre. **4.** (Esprit, caractère) mûr. **To grow mellow**, mûrir; s'adoucir. **5.** (*Of pers.*) (*a*) Jovial, -aux, enjoué, débonnaire. (*b*) *F:* Un peu gris; entre deux vins; *P:* mûr. **-ly**, *adv.* Moelleusement.

mellow[2]. **1.** *v.tr.* (*a*) (Faire) mûrir (des fruits); donner du moelleux à (un vin, une couleur, un son). *Old church mellowed by age*, vieille église patinée par le temps. (*b*) Ameublir (le sol). (*c*) Mûrir, adoucir (le caractère de qn). **2.** *v.i.* (*a*) (*Of fruit, wine*) Mûrir; prendre du velouté; (*of sound, light*) prendre du moelleux; (*of colour*) prendre de la patine; **s'atténuer**. (*b*) (*Of character*) S'adoucir.

mellowing, *s.* **1.** Maturation *f* (des fruits, du vin); adoucissement *m* (de la voix, des couleurs, du caractère). **2.** *Agr:* Ameublissement *m* (du sol).

mellowness ['melonəs], *s.* **1.** Maturité *f* (des fruits); moelleux *m* (du vin, d'un tableau); velouté *m* (du vin); velouté, moelleux (de la voix); douceur *f* (du caractère). *The m. of these pastels*, le fondu de ces pastels. **2.** Maturité, richesse *f* (du sol).

melocactus, *pl.* **-i** [melo'kaktəs, -ai], *s. Bot:* Mélocacte *m*, mélocactus *m*.

melodeon, melodion [me'loudiən], *s. Mus:* **1.** *A:* Mélodion *m*, mélodium *m*; orgue expressif. **2.** Accordéon *m*.

melodic [me'lɔdik], *a. Mus:* (Progression, etc.) mélodique. *See also* PASSAGE[1] 5, SCALE[3] 2.

melodious [me'loudjəs], *a.* Mélodieux, harmonieux. **-ly**, *adv.* Mélodieusement.

melodiousness [me'loudjəsnəs], *s.* Caractère mélodieux; mélodie *f* (du style, d'un poème).

melodist ['melodist], *s.* Mélodiste *m*.

melodize ['melodaːiz]. **1.** *v.i.* Faire des mélodies; chanter des mélodies. **2.** *v.tr.* (*a*) Rendre (qch.) mélodieux. (*b*) Mettre (un chant) en musique.

melodrama ['melodrɑːm*a*], *s.* Mélodrame *m*; *P:* le mélo.

melodramatic [melodr*a*'matik], *a.* Mélodramatique. **-ally**, *adv.* D'un air ou d'un ton mélodramatique; d'un air de mélodrame.

melodramatist [melo'dramatist], *s.* Auteur *m* de mélodrames; mélodramatiste *m.*

melodramatize [melo'dramata:iz], *v.tr.* Mélodramatiser (un sujet).

melody ['melodi], *s.* **1.** Mélodie *f*, air *m*, chant *m*. *Old Irish melodies*, vieux airs irlandais, vieilles mélodies irlandaises. **Melody writer**, mélodiste *m*. **2.** *Mus:* (*a*) Chant *m*, thème *m*. *M. taken up by the clarinets*, chant repris par les clarinettes. *To emphasize the m.*, mettre le thème bien en dehors. (*b*) (*As opposed to harmony*) Mélodie.

melomania [melo'meinia], *s.* Mélomanie *f.*

melomaniac [melo'meiniak], *s.* Mélomane *mf.*

melon ['melən], *s.* **1.** Melon *m*. **Musk melon**, (melon) cantaloup *m*. **Sugary melon**, (melon) sucrin *m*. *See also* SQUASH-MELON, WATER-MELON. **2.** *U.S: F:* Gros bénéfices à distribuer. **To carve, cut up, the melon**, distribuer les bénéfices.

'melon-bed, *s.* Melonnière *f.*

'melon-cutting, *s.* *U.S: F:* Distribution *f* des bénéfices.

'melon-shaped, *a.* En forme de melon; melonné.

Melos ['mi:lɔs]. *Pr.n. A.Geog:* Milo. **The Venus of Melos**, la Vénus de Milo.

Melpomene [mel'pɔmeni]. *Pr.n.f. Gr.Myth:* Melpomène.

melt[1] [melt], *s.* *Metall: etc:* **1.** Fusion *f*, fonte *f*. **On the melt**, en fusion. **2.** Coulée *f* (de métal). *Five melts a week*, cinq coulées, cinq fontes, par semaine.

melt[2], *v.* (*p.t.* **melted**; *p.p.* **melted**; *p.p. adj.* **molten** ['moult(ə)n]) I. *v.i.* **1.** Fondre; se fondre; (*of jelly*) se déprendre. *Butter melts in the sun*, le beurre fond au soleil. *See also* BUTTER[1] 1. *To begin to m.*, commencer à fondre; (*of glass, metals*) entrer en fusion. *F:* **Money melts in his hands**, l'argent lui fond entre les mains, entre les doigts. *The fog was beginning to m. into a drizzle*, le brouillard commençait à se résoudre en bruine. *Hum: We were all melting*, nous étions tous en eau, en nage. **2.** (*Of pers.*) S'attendrir; fléchir. **His heart melted with pity**, son cœur (se) fondait de pitié; la pitié lui attendrissait le cœur. **To melt into tears**, fondre en larmes. **3.** (*a*) (*Of solid in liquid*) Fondre, (se) dissoudre. *F:* **Pear that melts in the mouth**, poire fondante. (*b*) (*Of colour, etc.*) **To melt into . . .**, se fondre dans . . ., se perdre dans. . . . *F: The beggar melted into the night*, le mendiant s'évanouit dans la nuit. *See also* AIR[1] I. 1.

II. **melt**, *v.tr.* **1.** (Faire) fondre (la glace, les métaux). *Melted snow*, neige fondue. *See also* BUTTER[1] 1. **2.** Attendrir, émouvoir (qn). *See also* HEART[1] 2. **3.** (Faire) fondre, (faire) dissoudre (un sel, etc.).

melt away, *v.i.* **1.** (*Of snow, etc.*) Fondre complètement. **2.** (*Of clouds, vapour*) Se dissiper; (*of crowd*) se disperser. *The army was melting away in the desert*, l'armée *f* se fondait dans le désert. *His money is gradually melting away*, son argent fond, s'écoule, peu à peu. *His anger was melting away*, sa colère s'évaporait.

melt down, *v.tr.* Fondre (de la ferraille, des bijoux, de l'argenterie).

melt up, *v.tr.* *U.S:* = MELT DOWN.

molten, *a.* **1.** *Metall: Glassm:* En fusion; fondu. *M. lead*, plomb fondu. *M. gold*, or *m* en fusion, en bain. **2.** *A:* (*Of statue, etc.*) Venu de fonte; coulé.

melting[1], *a.* **1.** (*a*) (Neige *f*, cire *f*) qui (se) fond; (neige) fondante. (*b*) (*Of voice, etc.*) Attendri. **Melting mood**, attendrissement *m*. (*c*) (Fruit) fondant. **2.** (*a*) *M. sun*, soleil brûlant, torride. (*b*) (*Of words, scene, etc.*) Attendrissant, émouvant. **-ly**, *adv.* D'une manière attendrissante.

melting[2], *s.* **1.** Fonte *f*, fusion *f* (de la neige, des métaux). **2.** Attendrissement *m* (des cœurs).

'melting-point, *s.* Point *m* de fusion.

'melting-pot, *s.* (*a*) *Tchn:* Creuset *m*; pot *m* ou chaudière *f* à fusion. (*b*) *F:* **Everything is in the melting-pot**, on est en train de tout refondre; on procède à une refonte générale. *To put everything back into the m.-pot*, tout remettre en question.

melter ['meltər], *s.* **1.** (*Pers.*) Fondeur *m*. **2.** = MELTING-POT (*a*).

Melusina [melju'si:na]. *Pr.n.f. Myth:* Mélusine.

member ['membər], *s.* **1.** (*a*) *A:* Membre *m* (du corps). (*b*) **Member of Christ**, membre de Jésus-Christ. (*c*) *Nat.Hist:* Organe *m*. *See also* UNRULY, VIRILE. **2.** (*a*) *Arch:* Membre (d'une façade, etc.). *Carp:* Pièce *f* (d'une charpente). *Civ.E:* Barre *f* (de membrure); longeron *m* (d'un pont, etc.). *Mec.E:* Organe (d'une machine). *Auxiliary members of a framework*, éléments *m* auxiliaires d'un système articulé. *Const: Diagonal members*, jambes *f* de force en croix. *Aut: Lowest members of the body framework*, brancards *m* de caisse. *See also* LONGITUDINAL, SIDE-MEMBER. (*b*) *Gram: Mth:* Membre (de la phrase, d'une équation). *Mth: Left-hand m. of the equation*, premier membre de l'équation. *Right-hand m.*, deuxième membre. **3.** (*a*) Membre (d'une famille, d'une société, d'un corps politique). *He is a m. of the family*, il fait partie de la famille. *M. of the audience*, assistant, -ante. *M. of a learned, etc., society*, sociétaire *mf*. *To become a m. of an association*, devenir membre d'une société. *To elect s.o. as a m. (of a learned body, etc.)*, élire qn membre (d'une société); s'associer qn; associer qn à ses travaux. *The new m. delivered his speech*, le récipiendaire prononça son discours. *Ordinary members (paying members) of an association*, cotisants *m*. *See also* HONORARY 1, HOUSE[1] 2. (*b*) **Member of Parliament**, *F:* **M.P.**, membre de la Chambre des Communes; (*in Fr.*) député *m*. **Our member**, notre représentant (à la Chambre). *See also* HONOURABLE 2.

membered ['membərd], *a.* **1.** *A:* = -LIMBED. **2.** Qui a des membres; à membres. **3.** *Her:* Membré.

membership ['membərʃip], *s.* **1.** Qualité *f* de membre; sociétariat *m*. *Qualifications for m.*, titres *m* d'éligibilité (*of*, à). **Membership card**, carte *f* de membre, de sociétaire. *See also* HONORARY 1. **2.** (*a*) Nombre *m* des membres (d'une société, etc.). *Club with a m. of a thousand*, club *m* de mille membres. (*b*) *F: The opinion of the majority of our m.*, l'avis de la majorité de nos membres.

membranaceous [membra'neiʃəs], *a.* *Biol:* Membraneux.

membrane ['membrein], *s.* (*a*) *Nat.Hist:* Membrane *f*. *Mucous m.*, (membrane) muqueuse *f*. *Investing m.*, enveloppe *f*; tunique *f* (d'un organe). *See also* NICTITATING. (*b*) *Med:* **Diphtheric membrane**, couenne *f*. **False membrane**, fausse membrane; pseudo-membrane *f*. (*c*) *Ph: Ind: etc:* **Porous membrane**, membrane poreuse.

membraned ['membreind], *a.* (Doigt, orteil) membrané.

membraniform [mem'breinifɔ:rm], *a.* Membraniforme.

membranous ['membranəs], *a.* Membraneux, membrané.

membrum virile ['membrəmvi'raili], *s.* *Anat:* Membre viril.

Memel ['mem(ə)l]. *Pr.n. Geog:* Memel.

Memelland ['mem(ə)lland]. *Pr.n. Geog:* Le territoire de Memel.

memento, *pl.* **-oes, -os** [me'mento, -ouz], *s.* **1.** Mémento *m*, souvenir *m*. *His wounds are glorious mementoes of his victories*, ses blessures *f* sont de glorieux souvenirs de ses victoires. **Memento mori** ['mɔ:rai], memento mori *m*; tête *f* de mort. **2.** *Ecc:* (*R.C. Liturgy*) Mémento.

memo ['memo], *s.* *F:* = MEMORANDUM 1.

memoir ['memwɔ:r], *s.* (*a*) Mémoire *m*, dissertation *f*, étude *f* (scientifique, etc.). (*b*) (i) Notice *f* biographique; (ii) *Journ:* article *m* nécrologique. (*c*) *pl.* **Memoirs**, mémoires; mémorial *m*.

memoirist ['memwɔrist], *s.* Auteur *m* de mémoires, d'un mémoire, d'une notice.

memorabilia [memorə'bilia], *s.pl.* Événements *m* mémorables. *Gr.Lit:* **The Memorabilia**, les (Entretiens) Mémorables *m* (de Xénophon).

memorable ['memorəbl], *a.* Mémorable. *A sail round the island is m.*, faire le tour de l'île en bateau laisse un souvenir impérissable. **-ably**, *adv.* Mémorablement.

memorandum, *pl.* **-da, -dums** [memo'randəm, -da, -dəmz], *s.* **1.** Mémorandum *m*, *F:* mémo *m*; note *f*. **To make a memorandum of sth.**, prendre note de qch.; noter qch. **2.** (*a*) Mémoire *m* (d'un contrat, d'une vente, etc.); sommaire *m* des articles (d'un contrat). (*b*) *Jur:* **Memorandum of association**, charte constitutive d'une Société à responsabilité limitée; acte *m* de société. **Memorandum and articles of association**, statuts *mpl*. **3.** (*a*) *Adm:* Circulaire *f*. (*b*) Note diplomatique; mémorandum. **4.** *Com:* Bordereau *m*.

memo'randum-book, *s.* Mémorandum *m*; carnet *m*, calepin *m*, agenda *m*.

memo'randum-pad, -tablet, *s.* Bloc-notes *m*, *pl.* blocs-notes.

memo'randum-sheet, *s.* Agenda *m*.

memorial [me'mɔ:riəl]. **1.** *a.* (*a*) (*Of statue, festival, etc.*) Commémoratif. (*b*) (*Of power, faculty*) Mémoratif. **2.** *s.* (*a*) Monument (commémoratif). **As a memorial of sth.**, en commémoration, en souvenir, de qch. **War memorial**, monument aux morts de la guerre. (*b*) *pl.* **Memorials**, mémoires *mpl*, mémorial *m*. (*c*) Mémorial (diplomatique). (*d*) Pétition, demande, requête (adressée à un gouvernement). (*e*) *Jur:* **Memorial of a deed**, extrait *m* pour enregistrement.

memorialist [me'mɔ:riəlist], *s.* **1.** Pétitionnaire *mf*. **2.** Mémorialiste *m*; auteur *m* de mémoires ou d'un mémoire.

memorialize [me'mɔ:riəla:iz], *v.tr.* **1.** Commémorer (qn, qch.). **2.** Pétitionner (qn); présenter une requête à (qn).

memorization [memorai'zeiʃ(ə)n], *s.* Mémorisation *f*.

memorize ['memora:iz], *v.tr.* **1.** Rappeler (qn, qch.) au souvenir. **2.** Apprendre (qch.) par cœur; *F:* se loger (qch.) dans la mémoire.

memorizing, *s.* = MEMORIZATION.

memory ['meməri], *s.* **1.** Mémoire *f*. **To commit sth. to memory**, apprendre qch. par cœur; se mettre, *F:* se loger, qch. dans la mémoire. **To have a good, bad, memory**, avoir (une) bonne mémoire, (une) mauvaise mémoire. *F:* **Memory like a sieve**, mémoire de lièvre, cervelle *f* de lièvre. *I have a bad m. for names*, je n'ai pas la mémoire des noms. *The shortness of my m.*, mon peu de mémoire. **To lose one's memory**, perdre la mémoire. **Loss of memory**, perte *f* de mémoire; amnésie *f*. *The incident has stuck in my m.*, l'incident s'est gravé dans ma mémoire. *The thing comes back to my m.*, la chose me revient en mémoire. **It escaped, slipped, my memory, it went out of my memory**, cela m'est sorti de la mémoire, de l'esprit. **If my memory serves me well, aright . . .**, si mes souvenirs sont exacts . . ., si j'ai bonne mémoire. . . . **To the best of my memory . . .**, autant que je m'en souviens, que je m'en souvienne . . .; autant qu'il m'en souvient, qu'il m'en souvienne. . . . *It happened within my m.*, c'est arrivé de mon temps. **Never within living memory, never in the memory of man**, jamais de mémoire d'homme. *Within the m. of man one has never seen . . .*, de mémoire d'homme on n'a jamais vu. . . **Beyond the memory of man, from time beyond all memory**, de temps immémorial. *Jur:* **Time of legal memory**, période *f* qui remonte au commencement du règne de Richard Ier (1189). *To play, recite, sth.* **from memory**, jouer, réciter, qch. de mémoire. *To paint from m.*, peindre de mémoire, de pratique. **Memory sketch**, esquisse *f* de mémoire. *See also* FAIL[2] 1, JOG[2] 1, RETENTIVE 1. **2.** Mémoire, souvenir *m* (de qn, de qch.). *To retain a clear m. of sth.*, conserver un souvenir net de qch. **Childhood memories**, souvenirs d'enfance. *That dates from my earliest memories*, c'est du plus loin qu'il me souvienne. *What sweet memories I have of . . .*, *Lit:* combien j'ai douce souvenance de. . . . *He has a very pleasant m. of you*, il conserve, il a conservé, de vous un excellent souvenir. **We shall keep his memory**, nous garderons son souvenir; nous nous souviendrons de lui. *See also* GREEN[1] 1. **In memory of . . .**, en mémoire de . . ., à la mémoire de . . ., en souvenir de. . . . **Of famous, happy, memory**, de glorieuse, d'heureuse, mémoire. *The late king, of blessed m.*, le feu roi, d'heureuse mémoire.

'memory-book, *s.* *U.S:* = SCRAP-BOOK.

Memphian ['memfiən], *a.* & *s.* *A.Geog:* Memphite (*mf*).

Memphite ['memfait], *s.* *A.Geog:* Memphite *mf*.

Memphitic [mem'fitik], *a. A.Geog:* Memphite.
mem-sahib ['memsɑ:ib], *s.f.* (*In India*) Madame (titre de respect donné par les indigènes à une Européenne mariée).
men [men], *s.m.pl. See* MAN[1].
menace[1] ['menes], *s. Lit:* Menace *f.* **It is a menace to our safety,** c'est une menace pour notre sûreté. *Food that is a m. to dyspeptic subjects,* aliment *m* néfaste aux dyspeptiques. *In a voice of m.,* d'une voix menaçante.
menace[2], *v.tr. Lit:* **1.** Menacer (qn). *My plan is menaced with ruin,* mon projet est menacé de ruine. **2.** *Those who m. war,* ceux qui nous menacent de la guerre.
menacing[1], *a.* Menaçant; *Lit:* (regard *m*) torve. **-ly,** *adv.* D'un air, d'un ton, menaçant.
menacing[2], *s.* Menaces *fpl.*
menacer ['menesər], *s.* Menaceur, -euse.
Menaechmi [me'ni:kmai], *s.pl. Lt.Lit:* **The Menaechmi (of Plautus),** les Ménechmes *m.*
menagerie [me'nadʒəri], *s.* **1.** Ménagerie *f.* **2.** *Th: P:* **The menagerie,** l'orchestre *m.*
Menai Strait ['menai'streit]. *Pr.n. Geog:* Le Détroit de Menaï.
Menander [me'nandər]. *Pr.n.m. Gr.Lit:* Ménandre.
mend[1] [mend], *s.* **1.** (*In fabric, etc.*) Reprise *f,* raccommodage *m.* **2.** Amélioration *f.* (*Of pers.*) **To be on the mend,** être en train de se remettre, être en voie de guérison. *Trade is on the m.,* les affaires *f* reprennent.
mend[2]. I. *v.tr.* **1.** Raccommoder, *A:* raccoutrer (un vêtement); raccommoder (des souliers); repriser, ravauder (des bas); rem(m)ailler (un filet); réparer (un outil, une route, etc.). *Civ.E:* Repiquer (une route). **To mend up one's clothes,** raccommoder ses vêtements. **To mend invisibly,** stopper, rentraire (un vêtement). **To mend the fire,** arranger le feu; y remettre du combustible. *A: To m. a pen,* tailler une plume. *See also* FENCE[1] 2. **2.** Rectifier, corriger. **To mend one's manners,** changer de manières, changer de ton. **To mend one's ways,** changer de conduite, de vie; S'amender, se corriger; rentrer dans le bon chemin. **3.** (*a*) Réparer (une faute, un mal). *Prov:* **Least said soonest mended,** trop gratter cuit, trop parler nuit; moins on parle, mieux cela vaut. (*b*) **To mend matters,** améliorer la situation, arranger les choses. *It does not m. matters to . . .,* cela n'arrange pas les choses de. . . . *Crying will not m. matters,* pleurer n'arrangera pas les choses. (*c*) **To mend one's pace,** hâter, presser, le pas.
II. **mend,** *v.i.* **1.** (*Of invalid, etc.*) Se remettre. *My health is mending,* ma santé se rétablit, s'améliore. *The weather is mending,* le temps se remet au beau. **2.** (*Of pers.*) S'amender, se corriger. *See also* LATE I. 2. **3.** (*a*) (*Of fault*) Se corriger. (*b*) (*Of condition*) S'améliorer. *Things did not m.,* les choses ne s'arrangeaient pas. *Matters seemed to m. a little,* la situation parut s'améliorer.
mending, *s.* **1.** Raccommodage *m* (de vêtements, etc.); ravaudage *m,* reprisage *m* (de bas); réparation (d'un mur, etc.). *Civ.E:* Repiquage *m* (d'une route). *Dom.Ec:* **Mending outfit,** trousse *f* de raccommodage. **Mending cotton,** coton *m* à repriser. **Invisible mending,** (i) stoppage *m,* rentrayage *m*; (ii) rem(m)aillage *m* (de bas). *To repair sth. by invisible m.,* stopper, rentraire, (un vêtement, un trou); rem(m)ailler (des bas). **2. Basketful of mending,** panier *m* de vêtements à raccommoder.
mendable ['mendəbl], *a.* **1.** (Vêtement) raccommodable; (outil, etc.) réparable. **2.** (Faute) corrigible; (condition) améliorable.
mendacious [men'deiʃəs], *a.* Menteur, mensonger. **-ly,** *adv.* Mensongèrement.
mendaciousness [men'deiʃəsnəs], **mendacity** [men'dasiti], *s.* **1.** Penchant *m* au mensonge; habitude *f* du mensonge. **2.** Fausseté *f.* **3.** *Barefaced mendacities,* mensonges effrontés.
Mendelian [men'di:liən], *a. Biol:* Mendélien.
Mendelism ['mendelizm], *s. Biol:* Mendélisme *m.*
mender ['mendər], *s.* Raccommodeur, -euse; raccoutreur, -euse, ravaudeur, -euse (de vêtements); repriseuse *f* (de dentelles, etc.); réparateur *m* (de bicyclettes, etc.). **Invisible mender,** stoppeur, -euse; rentrayeur, -euse. *See also* CHAIR-MENDER.
mendicancy ['mendikənsi], *s.* Mendicité *f.*
mendicant ['mendikənt]. **1.** *a.* Mendiant, de mendiant. *Ecc:* **Mendicant orders,** ordres mendiants, ordres quêteurs. **2.** *s.* Mendiant, -ante.
mendicity [men'disiti], *s.* = MENDICANCY.
mene, tekel, upharsin ['mi:ni:, 'ti:kel, ju'fɑ:rsin]. *B:* Mané, Thécel, Pharès.
Menelaus [mene'leiəs]. *Pr.n.m. Gr.Lit:* Ménélas.
menfolk ['menfouk], *s.m.pl.* Hommes. *Their m. were all away fishing,* leurs hommes étaient tous partis à la pêche.
menhaden [men'heid(ə)n], *s. Ich: U.S:* Menhaden *m.* **Menhaden oil,** huile *f* de menhaden.
menhir ['menhiər], *s. Archeol:* Menhir *m*; pierre levée; (*in Brittany*) peulven *m.*
menial ['mi:njəl]. **1.** *a.* (*Of duties, offices*) De domestique; servile; bas, *f.* basse. **2.** *s. Usu. Pej:* Domestique *mf*; valet *m,* laquais *m. Hum:* **The pampered menial,** le larbin. **-ally,** *adv.* En domestique; servilement.
meningeal [me'nindʒiəl], **meningic** [me'nindʒik], *a. Anat:* Méningé. **Meningeal artery,** artère méningée. *Med: M. involvement,* complication méningée.
meninges [me'nindʒi:z], *s.pl. See* MENINX.
meningitis [menin'dʒaitis], *s. Med:* Méningite *f.* **Spinal meningitis,** myélo-méningite *f.* **Cerebro-spinal meningitis,** méningite cérébro-spinale.
meningocele [me'niŋgosi:l], *s. Med:* Méningocèle *f.*
meningo-coccus, *pl.* **-cocci** [me'niŋgo'kɔkəs, 'kɔksai], *s. Bac:* Méningocoque *m.*
meningo-myelitis [me'niŋgomaie'laitis], *s. Med:* Méningo-myélite *f.*
meningorrhagia [meniŋgo'reidʒia], *s. Med:* Méningorragie *f.*
meninx, *pl.* **meninges** ['mi:niŋks, me'nindʒi:z], *s. Anat:* Méninge *f.*
Menippus [me'nipəs]. *Pr.n.m. Gr.Lit:* Ménippe.
meniscus [me'niskəs], *s. Geom: Ph: etc:* Ménisque *m. Opt: Converging m.,* ménisque convergent; lentille *f* convexo-concave. *Diverging m.,* ménisque divergent; lentille concavo-convexe.
menisperm ['menispə:rm], *s. Bot:* Ménisperme *m.*
menispermaceae [menispə:r'meisii:], *s.pl. Bot:* Ménispermacées *f.*
menispermaceous [menispə:r'meiʃəs], *a. Bot:* Ménispermacé.
menkind ['menkaind], *s.* **1.** = MANKIND 2. **2.** = MENFOLK.
Mennonite ['menonait], *s. Rel.H:* Mennonite *m.*
menology [me'nɔlodʒi], *s. Gr.Church:* Ménologe *m.*
Menominee [me'nɔmini:], *s. Ethn:* (Indien) Ménomène *m.*
menopause ['menopɔ:z], *s. Physiol:* Ménopause *f.*
menorrhagia [meno'reidʒia], *s. Med:* Ménorragie *f.*
menorrhagic [meno'reidʒik], *a. Med:* Ménorragique.
menorrhoea [meno'ri:a], *s. Physiol:* Ménorrhée *f*; flux menstruel.
menostasis [me'nɔstəsis], *s. Med:* Ménostase *f.*
menses ['mensi:z], *s.pl. Physiol:* Menstrues *f,* règles *f,* époques *f* (d'une femme).
Menshevik ['menʃevik], **Menshevist** ['menʃevist], *a. & s. Pol:* Menchevik *m,* minimaliste *m.*
menstrual ['menstruəl], *a.* Menstruel. **Menstrual flow,** flux menstruel, ménorrhée *f.*
menstruation [menstru'eiʃ(ə)n], *s. Physiol:* Menstruation *f.*
menstruum, *pl.* **-a** ['menstruəm, -a], *s. Ch:* Dissolvant *m*; *A:* menstrue *f.*
mensurability [mensjurə'biliti], *s.* Mensurabilité *f.*
mensurable ['mensjurəbl], *a.* **1.** Mensurable, mesurable. **2.** *A.Mus:* Mesuré, rythmé.
mensuration [mensju'reiʃ(ə)n, menʃu-], *s.* **1.** Mesurage *m,* mesure *f.* **2.** *Geom:* Mensuration *f.*
-ment [mənt], *s.suff.* (*Result or means of verbal action; process or action.*) **1.** (*Added to verb stems*) (*a*) -(e)ment *m. Accomplishment,* accomplissement. *Astonishment,* étonnement. *Commencement,* commencement. *Enlightenment,* éclaircissement. (*b*) *Betterment,* amélioration. *Embodiment,* incarnation. *Abridgement,* abrégé. **2.** (*Added to adj. stems*) *Funniment,* drôlerie. *Merriment,* gaieté.
mental[1] ['ment(ə)l], *a.* Mental, -aux; de l'esprit. *In the m. sphere,* dans le domaine de l'esprit. *The m. habit of a nation,* la mentalité d'un peuple. *M. culture,* culture intellectuelle. **Mental reservation,** restriction mentale; arrière-pensée *f, pl.* arrière-pensées; sous-entente *f, pl.* sous-ententes. **Mental arithmetic,** calcul mental, calcul de tête. *M. disease,* maladie morale. **Mental deficiency,** déficience mentale; idiotie *f,* petite mentalité, débilité mentale. **The mental defectives, the mental deficients,** les déficients *m*; les petits mentaux; les débiles intellectuels; *Jur:* les irresponsables *m* (pénalement); *F:* les minus habens *m.* **A mental case,** *F:* **a mental,** un aliéné, une aliénée. *P: He's m.,* il est fou; il déménage. **Mental hospital, mental home,** asile *m,* hospice *m,* d'aliénés; maison *f* de santé. **Mental specialist,** médecin *m* aliéniste. **-ally,** *adv.* Mentalement. **Mentally defective, mentally deficient,** à petite mentalité; (enfant) déficient, anormal. *Sch: The m. deficient,* les petits mentaux. *See also* RETARDED.
mental[2], *a. Anat: Z:* Mentonnier; du menton. **Mental foramen,** trou mentonnier.
mentality [men'taliti], *s.* **1.** Mentalité *f* (d'un arriéré, etc.). **2.** *To understand the French m.,* comprendre l'esprit des Français, la mentalité française.
menthol ['menθɔl], *s. Ch:* Menthol *m. Med:* **Menthol pencil,** crayon mentholé; crayon anti-migraine.
mentholated ['menθoleitid], *a. Pharm:* (*Of vaseline, etc.*) Mentholé, mentholique.
mention[1] ['menʃ(ə)n], *s.* **1.** Mention *f* (de qn, de qch.). **To make mention of sth.,** faire mention de qch., parler de qch. *M. was made of . . .,* on a parlé de. . . . *M. may be made of three churches . . .,* on peut citer trois églises. . . . **To make no mention of sth.,** passer qch. sous silence. *There was never any m. of that,* il n'a jamais été question de cela. *See also* DISPATCH[1] 4, ORDER[1] 11. **2.** *Sch: etc:* **Honourable mention,** mention (honorable); accessit *m.*
mention[2], *v.tr.* Mentionner, citer, faire mention de, parler de (qn, qch.); relever (un fait). *The firm mentioned on the accompanying slip,* la maison indiquée sur le bordereau ci-joint. *I may m. as an instance . . .,* je citerai en exemple, comme exemple. . . . *I will m. that I have seen you,* je dirai que je vous ai vu. *We need hardly m. that . . .,* il est bien entendu que. . . . *I had forgotten to m. that . . .,* j'avais oublié de vous dire que. . . . *You never mentioned it,* vous ne m'en avez jamais rien dit. **I shall mention it to him,** je lui en toucherai un mot. *It must never be mentioned again,* il ne faut plus jamais en reparler. *The custom is mentioned in . . .,* il est fait mention de cette coutume dans. . . . *Nothing of the kind is mentioned in the report,* le rapport ne porte rien de tout cela. *Too numerous to m.,* trop nombreux pour les citer. **It isn't worth mentioning,** cela est sans importance. *He has no property worth mentioning,* il n'a aucun bien qui vaille. **Not to mention . . .,** pour ne rien dire de . . .; sans parler de . . .; sans compter. . . . *Not to m. the fact that . . .,* outre que. . . . *I could m. a house where . . .,* je sais une maison où . . .; je sais telle maison où. . . . *The price mentioned gave us a start,* l'énoncé *m* du prix nous fit sauter. *I heard my name mentioned,* j'entendis prononcer mon nom. *You must never m. his name,* il ne faut jamais prononcer son nom. *We never m. her,* jamais nous ne parlons d'elle. *He is always mentioned with respect,* son nom est toujours prononcé avec respect. **To write mentioning s.o.'s name,** écrire en se recommandant de qn. *I have promised not to m. his name,* j'ai promis de taire son nom. **He mentioned no names,** il n'a nommé personne. **To mention s.o. in one's will,** coucher qn sur son testament. *Sch: etc:* **To be honourably mentioned,** être mentionné

honorablement; recevoir une mention (honorable). *See also* DISPATCH[1] 4. *F:* **Don't mention it!** (i) ne m'en parlez pas! n'en parlez pas! cela ne vaut pas la peine d'en parler! (ii) il n'y a pas de quoi! *Thank you, madam.—Don't m. it, sir,* merci, madame. —De rien, monsieur. *I beg your pardon, madam.—Don't m. it, sir,* pardon, madame.—Du tout, monsieur.

-mentioned, *a.* (*With adv. prefixed, e.g.*) **Before-mentioned, above-mentioned,** dont mention est faite ci-dessus; mentionné ci-dessus; prénommé. **Under-mentioned,** dont mention ci-dessous; mentionné ci-dessous.

Mentone [men'toune]. *Pr.n. Geog:* Menton *m.*

Mentor ['mentər]. **1.** *Pr.n.m. Gr.Lit:* Mentor. **2.** *s. F:* Mentor *m*, guide *m.*

menu ['menju], *s.* Menu *m.* **Menu card,** menu. **Menu holder,** porte-menu *m inv.*

menura, *pl.* **-ae** [me'njuərə, -iː], *s. Orn:* Ménure *m*; oiseau-lyre *m*, *pl.* oiseaux-lyres.

menyanthes [meni'anθiːz], *s. Bot:* Ményanthe *m* (à trois feuilles); trèfle *m* d'eau.

Mephistophelean [mefistɔfi'liːən], *a.* Méphistophélique.

Mephistopheles [mefis'tɔfeliːz]. *Pr.n.m.* Méphistophélès, *F:* Méphisto.

Mephistophelian [mefistɔ'fiːliən], *a.* Méphistophélique.

mephitic [me'fitik], *a.* Méphitique. **Mephitic air,** mofette *f. To make m.,* méphitiser.

mephitis [me'faitis], **mephitism** ['mefitizm], *s.* Méphitisme *m.*

mercantile ['məːrkəntail], *a.* **1.** Mercantile, marchand, commercial, -aux, commerçant, de commerce. *M. operations,* opérations *f* mercantiles. *M. affairs,* affaires commerciales. *M. nation,* nation commerçante. *M. establishment,* maison *f* de commerce. **Mercantile broker,** agent *m* de change. *See also* LAW[1] 3, MARINE 2. **2.** *Pol.Ec:* **The mercantile system, the mercantile theory,** la théorie de l'argent source de richesse; le système mercantile. **3.** *Pej:* Mercantile, intéressé.

mercantilism ['məːrkəntilizm], *s.* **1.** *Pej:* Mercantilisme *m.* **2.** *Pol.Ec:* Le système mercantile.

Mercator [mər'keitər]. *Pr.n.m.* Mercator. **Mercator's sailing,** navigation *f* loxodromique; navigation plane. **Mercator's projection,** projection *f* de Mercator. *See also* CHART[1] 1.

Mercatorial [məːrkə'tɔːriəl], *a.* (Méridien *m*) de la projection de Mercator.

mercenariness ['məːrsenərinəs], *s.* Mercenarisme *m.*

mercenary ['məːrsenəri]. **1.** *a.* (Âme *f*, esprit *m*) mercenaire, intéressé. **2.** *s.* (*Soldier*) Mercenaire *m.* **-ily,** *adv.* Mercenairement, d'une manière mercenaire.

mercer ['məːrsər], *s.* **1.** (**Silk-**) **mercer,** marchand, -ande, de soieries. **2.** *A:* Mercier, -ière.

mercerization [məːrsərai'zeiʃ(ə)n], *s. Tex:* Mercerisage *m.*

mercerize ['məːrsəraiz], *v.tr.* Merceriser.

mercerized, *a.* (Coton) mercerisé.

mercerizing, *s.* Mercerisage *m.*

mercery ['məːrsəri], *s.* **1.** Commerce *m* des soieries. **2.** *Coll:* Soieries *fpl.*

merchandise ['məːrtʃəndaiz], *s.* Marchandise(s) *f(pl).*

merchant ['məːrtʃənt]. **1.** *s.* (*a*) Négociant, -ante; commerçant, -ante; marchand, -ande, en gros. **Merchant prince,** grand négociant, prince *m* du commerce. *See also* WINE-MERCHANT. (*b*) *Scot. & U.S:* Marchand, -ande; boutiquier, -ière. (*c*) *P:* Type *m*, individu *m. He's one of your funny merchants,* c'est un farceur. **Speed merchant,** chauffard *m.* **2.** *a.* (*a*) Marchand; de commerce, du commerce. **Merchant ship, merchant vessel,** navire marchand; navire de commerce; *F:* cargo *m. See also* CRUISER 1, MILL[1] 1. (*b*) **The law merchant,** le droit commercial.

'merchant-ad'venturer, *s. A:* Marchand aventurier.

'merchant-'seaman, *pl.* **-men,** *s.m.* Matelot marchand; marin du commerce.

'merchant-'service, *s.* Marine marchande. *To be in the m.-s.,* servir dans la marine marchande; naviguer au commerce.

'merchant tailor, *s.* Marchand-tailleur *m*, *pl.* marchands-tailleurs. **The Merchant Taylors Company,** une des *livery companies, q.v. under* LIVERY[1] 1.

'merchant-'venturer, *s. A:* = MERCHANT-ADVENTURER.

merchantable ['məːrtʃəntəbl], *a.* **1.** En état d'être livré au commerce; vendable. **2.** De débit facile, de bonne vente.

merchantman, *pl.* **-men** ['məːrtʃəntmən, -men], *s.* Navire marchand, navire de commerce.

merchantry ['məːrtʃəntri], *s.* Commerce *m.*

Mercia ['məːrʃjə]. *Pr.n. A.Geog:* La Mercie.

Mercian ['məːrʃjən], *a. & s. Hist:* Mercien, -ienne.

merciful ['məːrsiful], *a.* Miséricordieux (*to,* pour); clément (*to,* envers); pitoyable. **Be merciful to me,** faites-moi miséricorde. **Blessed are the merciful,** bienheureux sont les miséricordieux. *See also* ALL-MERCIFUL. **-fully,** *adv.* Miséricordieusement; avec clémence; avec pitié.

mercifulness ['məːrsifulnəs], *s.* Miséricorde *f*, clémence *f*, pitié *f.*

merciless ['məːrsiləs], *a.* Impitoyable, immiséricordieux; sans pitié, sans merci, sans indulgence. **-ly,** *adv.* Impitoyablement; sans pitié, sans indulgence, sans merci.

mercilessness ['məːrsiləsnəs], *s.* Caractère *m* impitoyable; manque *m* de pitié.

mercurial [məːr'kjuəriəl]. **1.** *a.* (*a*) *Astr: Rom.Myth:* De Mercure. (*b*) (*Of pers.*) Vif, éveillé; à l'esprit prompt; ingénieux. (*c*) (*Of pers.*) Inconstant; d'humeur changeante. (*d*) *Med: Pharm:* Mercuriel. **2.** *Med: Pharm:* (*a*) *a.* (Produit) mercuriel, hydrargyrique. **Mercurial poisoning,** mercurialisme *m*, hydrargyrisme *m. See also* OINTMENT. (*b*) *s. Pharm:* Produit mercuriel; préparation mercurielle.

mercurialism [məːr'kjuəriəlizm], *s. Med:* Mercurialisme *m*, hydrargyrisme *m*; intoxication *f* par le mercure.

mercuriality [məːrkjuəri'aliti], *s.* **1.** Vivacité *f*; ingéniosité *f*; promptitude *f* d'esprit. **2.** Inconstance *f*; esprit changeant.

mercurialize [məːr'kjuəriəlaiz], *v.tr. Med: Pharm:* Mercurialiser.

mercuric [məːr'kjuərik], *a. Ch:* (Sel, etc.) mercurique. **Red mercuric sulphide,** cinabre *m.*

mercurous ['məːrkjurəs], *a. Ch:* (Sel) mercureux.

Mercury ['məːrkjuri]. I. *Pr.n.m. Myth: Astr:* Mercure.

II. **mercury,** *s.* **1.** *Ch:* Mercure *m*, *A:* vif-argent *m. Pharm:* **Ammoniated mercury,** mercure précipité blanc. *Soil containing m.,* terrain *m* mercurifère. **Mercury ore,** minerai *m* de mercure. *F:* **The mercury is falling,** le baromètre baisse. **The mercury is rising,** le baromètre remonte. **Mercury light,** lumière *f* à vapeur(s) de mercure. *See also* ARC[1] 2, LAMP[1] 3, RECTIFIER 2. **2.** *Bot:* (*a*) Mercuriale *f*, *F:* vignette *f.* **Dog's mercury, wild mercury,** mercuriale vivace; chou *m* de chien. **Annual mercury, French mercury, garden mercury,** mercuriale annuelle; foirolle *f*, foirande *f.* (*b*) **English mercury, false mercury,** épinard *m* sauvage, bon-henri *m*, *pl.* bons-henris.

'mercury-bearing, *a. Miner:* Mercurifère.

mercy ['məːrsi], *s.* Miséricorde *f*, grâce *f*, merci *f*, pitié *f.* (*a*) **Divine mercy,** la miséricorde divine. *The infinite m. of God,* la miséricorde infinie de Dieu. *There is no m. in him,* il n'a pas de pitié; c'est un homme sans merci. *He has no m.,* il est sans pitié; il a un cœur d'airain. **Without mercy,** impitoyable(ment), sans pitié. **To show mercy to s.o.,** faire miséricorde à qn; user de miséricorde envers qn. *He shows nobody any m.,* il ne fait de quartier à personne. **To have mercy on s.o.,** avoir pitié de qn. *To have no m. on the slightest mistakes,* être impitoyable pour les moindres défauts. **To call, beg, for mercy,** demander grâce; crier merci. *To crave (for) m.,* implorer merci. **To cry mercy,** crier merci. **To throw oneself on s.o.'s mercy,** s'abandonner à la merci de qn. **For mercy's sake,** de grâce; par pitié. **To find mercy with s.o.,** être pardonné par qn; trouver grâce auprès de qn. **No sin but should find mercy,** à tout péché miséricorde. *Jur:* **With a recommendation to mercy,** en demandant au chef de l'État d'user de son droit de grâce. *The jurymen recommended the murderer to m.,* les jurés ont signé le recours en grâce. *Int. F:* **Mercy (on us)!** grand Dieu! miséricorde! **Mercy 'me!** merci de ma vie! merci de moi! (*b*) **At the mercy of s.o., of sth.,** à la discrétion, à la merci, de qn, de qch. **To be, lie, at s.o.'s mercy,** être à la merci de qn. *I have him at my m.,* il est à ma merci; *F:* je le tiens à la gorge. **At the mercy of the waves,** au gré des flots, à la dérive. *We are all at the m. of fortune,* nous dépendons tous de la fortune. *He was left to the m. of God,* il fut abandonné à la grâce de Dieu. *Iron:* **Left to the tender mercies of . . .,** livré au bon vouloir de . . ., à la merci de. . . . (*c*) **Thankful for small mercies,** reconnaissant des moindres bienfaits *m.* **It is a mercy you were able to come,** c'est un vrai bonheur que vous ayez pu venir. **What a mercy!** quel bonheur! quelle chance! (*d*) **Works of mercy,** œuvres *f* de charité. *See also* SISTER 2.

'mercy-seat, *s. B:* Propitiatoire *m.*

mere[1] ['miːər], *s. Poet. & Dial:* Lac *m*, étang *m.*

mere[2], *s.* Limite *f*, borne *f.*

mere[3], *a.* Simple, pur, seul; rien que. . . . *M. justice demands that . . .,* la simple justice exige que. . . . *A m. glance will show that . . .,* il suffit d'un coup d'œil pour se rendre compte que. . . . *A m. coincidence,* une pure et simple coïncidence. *As a m. spectator,* en simple observateur. *Out of m. spite,* par pure méchanceté. *It's m. chance,* c'est un pur hasard. *It was only* **by the merest chance** *that . . .,* ce n'est que par le plus grand des hasards que. . . . *By the merest accident I heard that . . .,* par pur accident j'ai appris que. . . . *The m. sight of her,* sa seule vue. *I shudder at the m. thought of it, the m. thought of it makes me shudder,* je frissonne rien que d'y penser; cette seule pensée me fait frissonner. *To condemn s.o. on a m. suspicion,* condamner qn sur un simple soupçon. *He's a m. boy,* ce n'est qu'un enfant; *F:* ce n'est qu'un gosse. *For a m. halfpenny,* pour un misérable sou. *See also* NOBODY 2, NOTHING II. 3. **-ly,** *adv.* Simplement, seulement; purement (et simplement); tout bonnement. *The invitation is m. formal,* l'invitation est de pure forme. *M. a word,* rien qu'un mot. **Not merely . . .,** non pas seulement. . . . **Not merely . . ., but also . . .,** non seulement . . ., mais encore. . . . *He m. smiled,* il se contenta de sourire. *I m. observed that . . .,* je me suis borné à faire remarquer que. . . . *I said it m. as a joke,* j'ai dit cela histoire de rire. *I have come m. to see you,* je viens uniquement pour vous voir. *M. to tell of it made him tremble,* il tremblait rien qu'en le racontant, rien que de le raconter.

merestone ['miːərstoun], *s.* Borne *f* (de bornage).

meretricious [meri'triʃəs], *a.* **1.** De courtisane. **2.** (Style, etc.) factice, d'un éclat criard, truqué. **-ly,** *adv.* Avec un faux brillant.

meretriciousness [meri'triʃəsnəs], *s.* Clinquant *m*, faux brillant (du style, etc.).

meretrix, *pl.* **meretrices** ['meritriks, meri'traisiːz], *s.* **1.** *A. & Lit:* Courtisane *f*, prostituée *f.* **2.** *Moll:* Mérétrice *f*, mérétrix *f.*

merganser [mər'gansər], *s. Orn:* Merganser *m*, harle *m. Common m.,* grand harle, harle bièvre. **Red-breasted merganser,** harle huppé. **White merganser,** harle piette.

merge [məːrdʒ]. **1.** *v.tr.* Fondre, fusionner (deux systèmes, deux classes). **To merge sth. in, into, sth.,** fondre qch. dans qch.; amalgamer qch. avec qch. *Fear was gradually merged in curiosity,* la peur petit à petit se transforma en curiosité. *These states were, became, merged in the Empire,* ces États furent englobés dans l'Empire. *Jur:* **Rights that are merged in one person,** droits confus en une personne. **2.** *v.i.* Se fondre, se perdre (*in, into,* dans); se confondre (*in, into,* avec); (*of banks, etc.*) s'amalgamer, fusionner.

Doctrines that m. in pantheism, doctrines *f* qui aboutissent au panthéisme, qui se confondent avec le panthéisme.

merging, *s.* = MERGENCE.

mergence [ˈməːrdʒəns], *s.* Fusion *f* (de deux choses) (*into*, en); fusionnement *m.*

merger [ˈməːrdʒər], *s.* **1.** *Fin:* Fusion *f*, amalgamation *f* (de plusieurs sociétés en une seule). **Industrial merger,** unification industrielle. **Merger company,** sociétés réunies. **2.** *Jur:* Extinction *f* par consolidation, confusion, ou fusion; consolidation *f* (de l'usufruit avec la nue propriété).

mericarp [ˈmerikɑːrp], *s. Bot:* Méricarpe *m.*

meridian [meˈridiən]. **1.** *s.* (*a*) Méridien *m.* **Zero meridian, first meridian,** premier méridien, méridien d'origine; méridien-origine *m*, *pl.* méridiens-origines. *F: Designed for the m. of suburbia*, destiné à convenir aux goûts de la banlieue. (*b*) Point culminant (d'un astre). *F:* **At the meridian of his glory,** à l'apogée de sa gloire. **The meridian of life,** le midi de la vie, la force de l'âge. **2.** *a.* (*a*) Méridien. **Meridian line,** méridienne *f. M. altitude*, hauteur méridienne. (*b*) Culminant. *He was in his m. splendour*, sa gloire était à son apogée.

meridional [meˈridiən(ə)l]. **1.** *a. & s.* (*a*) Méridional, -aux; du sud. (*b*) Du Midi de la France; méridional. **2.** *a. Astr: Nau: A:* = MERIDIAN 2 (*a*). *Still so used in* **Meridional difference of latitude,** *F:* **meridional distance,** différence *f* en longitude.

meringue [məˈraŋ], *s. Cu:* Meringue *f. To enclose in a m. shell*, meringuer (des entremets, etc.).

meringued [məˈraŋd], *a.* Meringué.

merino [meˈriːno], *s. Husb: Tex:* Mérinos *m. M. ewe*, brebis *f* mérinos.

merismatic [merizˈmatik], *a. Biol:* (Reproduction *f*, etc.) mérismatique. *Bot:* **Merismatic tissue,** méristème *m.*

meristem [ˈmeristem], *s. Bot:* Méristème *m.*

merit[1] [ˈmerit], *s.* **1.** (*a*) Mérite *m.* **To make a merit of sth., of doing sth.,** se faire un mérite de qch., de faire qch. *To take great m. to oneself for sth.*, se faire un grand mérite de qch. (*b*) **To treat s.o. according to his merits,** traiter qn selon ses mérites. (*c*) *Jur:* **The merits of a case,** le bien-fondé d'une cause; le fond (par opposition à la forme). **The case is at issue upon its merits,** le fond de la cause est en état. *To judge (a proposal) on its merits*, juger (une proposition) au fond, en considérant ses qualités intrinsèques. *To discuss, go into, the merits of sth.*, discuter qch.; discuter le pour et le contre de qch. **2.** Valeur *f*, mérite. *Work of little m.*, œuvre *f* de peu de mérite. *Book of sterling m., of true m.*, livre de véritable valeur, du meilleur aloi. **Man of merit,** homme *m* de valeur. *Sooner or later m. will come to the front*, tôt ou tard le mérite se fait jour; *F:* le bon grain finit toujours par lever. *Sch: etc:* **Certificate of merit,** accessit *m.*

merit[2], *v.tr.* Mériter (une récompense, une punition). *He merited to be trusted*, il méritait qu'on se fiât à lui; il méritait toute confiance.

merithal [ˈmeriθal], **merithallus,** *pl.* **-i** [meriˈθaləs, -ai], *s. Bot:* Mérithalle *m*; entre(-)nœud *m*, *pl.* entre(-)nœuds.

meritorious [meriˈtɔːriəs], *a.* (*Of pers.*) Méritant; (*of deed*) méritoire; (*of conduct*) digne, méritoire. *Sch:* **Prize for meritorious work,** prix *m* d'encouragement. **-ly,** *adv.* Méritoirement; d'une façon méritoire.

meritoriousness [meriˈtɔːriəsnəs], *s.* Mérite *m.*

merlin[1] [ˈməːrlin], *s. Orn:* Émerillon *m.*

Merlin[2]. *Pr.n.m. Med.Lit:* Merlin.

merlon [ˈməːrlən], *s. Fort:* Merlon *m.*

mermaid [ˈməːrmeid], *Poet:* **mermaiden** [ˈməːrmeidn], *s.f.* (*a*) Sirène. (*b*) *F:* Charmeuse.

ˈmermaid-fish, *s. Ich:* Ange *m* de mer, angelot *m.*

ˈmermaid's purse, *s. Ich:* Oreiller *m* de mer.

merman, *pl.* **-men** [ˈməːrmən, -men], *s.m. Myth:* Triton.

mero-[1] [ˈmero], *comb.fm. Biol: etc:* Méro-. *Merocyte*, mérocyte. *Merology*, mérologie.

mero-[2] [ˈmiəro], *comb.fm. Med: etc:* Méro-. *Merocele*, mérocèle.

meroblastic [meroˈblastik], *a. Biol:* Méroblastique.

merohedral [meroˈhiːdrəl], *a. Cryst:* Mériédrique.

-merous [mərəs], *a.suff.* -mère. *Bot: Ent: Dimerous, 2-merous*, dimère. *Pentamerous, 5-merous, five-merous*, pentamère.

Merovaeus [meroˈviːəs]. *Pr.n.m. Hist:* Mérovée.

Merovingian [meroˈvindʒiən], *a. & s. Hist:* Mérovingien, -ienne.

merriment [ˈmerimənt], *s.* Gaieté *f*, hilarité *f*, réjouissance *f*, divertissement(s) *m(pl)*, amusement(s) *m(pl)*.

merry[1] [ˈmeri], *s. Bot: Hort:* **1.** Merise *f.* **2. Merry (-tree),** merisier *m.*

merry[2], *a.* (merrier, merriest) **1.** (*a*) Joyeux, gai; jovial, -aux. **Merry as a lark, as a cricket, as a grig, as merry as the day is long,** gai comme un pinson. *To lead a m. life*, mener joyeuse vie. **To be always merry and bright,** être toujours plein d'entrain; avoir toujours l'air heureux et content. **To make merry,** se divertir, s'amuser, s'égayer, se réjouir. *To make m. over sth.*, se divertir, se moquer, de qch. **A merry Christmas!** joyeux Noël! **The merry monarch,** Charles II (d'Angleterre); "le gai monarque." *Prov:* **The more the merrier,** plus on est de fous, plus on rit. *See also* SAND-BOY, WIFE 2. (*b*) *F:* **To be merry,** être éméché; être un peu parti, un peu gris. **To be merry in one's cups,** avoir le vin gai. **2.** *A:* (*a*) Agréable, aimable. (*Still so used in*) **Merry England,** l'aimable Angleterre. **The merry month of May,** le gentil mois de mai. (*b*) *Robin Hood and his* **merry men,** Robin des Bois et sa troupe de gaillards. **-ily,** *adv.* Gaiement, joyeusement; avec entrain. *The sails of the windmill revolve m.*, les ailes du moulin tournent à toute volée.

merry-ˈandrew, *s.m.* Paillasse, bouffon, pitre, baladin; *P:* gugusse.

ˈmerry-go-round, *s.* (Manège *m* de) chevaux *mpl* de bois; carrousel *m. To have a ride on the m.-g.-r.*, faire un tour de chevaux de bois.

ˈmerry-maker, *s.* (*a*) Celui qui se divertit, qui se réjouit, qui s'amuse. *The merry-makers*, la bande joyeuse. (*b*) Noceur, -euse; fêtard, -arde.

ˈmerry-making, *s.* (*a*) Réjouissances *fpl*, divertissement *m.* (*b*) Réunion joyeuse, partie *f* de plaisir. **Merry-makings,** réjouissances. *These walls have seen many merry-makings*, ces murs furent témoins de mainte joyeuse scène.

merrythought [ˈmeriθɔːt], *s.* Lunette *f*, fourchette *f* (d'une volaille).

Merseburg [ˈməːrsəbəːrg]. *Pr.n. Geog:* Mersebourg.

Mervi [ˈməːrvi], *a. & s. Geog:* Mervien, -ienne.

Mervig [ˈməːrvig]. *Pr.n.m. Hist:* Mérovée.

mesail [ˈmeseil], *s. Archeol:* Mézail *m* (de casque).

mescal [mesˈkal], *s.* **1.** *Bot:* Mescal *m*, peyotl *m.* **2.** *Dist:* Mescal.

Mesdames [meiˈdam], *s.fpl.* (*Used for pl. of Mrs*) Mesdames. *For all the Mesdames Grundy who ever lived . . .*, en dépit de toutes les prudes qui ont jamais existé. . . .

meseems [miˈsiːmz], *v.impers. A. & Lit:* Il me semble; m'est avis (*that*, que).

mesembryanthemum [mesembriˈanθiməm], *s. Bot:* Mésembryanthème *m*, ficoïde *f.*

mesenchyma [meˈseŋkima], *s. Biol:* Mésenchyme *m.*

mesenteric [mesenˈterik], *a. Anat:* Mésentérique.

mesenteritis [mesenteˈraitis], *s. Med:* Mésentérite *f.*

mesentery [ˈmesəntəri, ˈmez-], *s. Anat:* Mésentère *m.*

mesh[1] [meʃ], *s.* **1.** (*a*) Maille *f* (d'un filet). **Double-mesh,** contre-maille *f*, *pl.* contre-mailles. *To undo the meshes of a net*, démailler un filet. *To mend the meshes of a net*, re(m)mailler un filet. *Mending of the meshes*, re(m)maillage *m* (d'un filet). *F: To entangle s.o. in the meshes of intrigue*, engager qn dans un réseau d'intrigues. *M. of railways*, réseau de voies ferrées. *Geol: etc:* **Mesh structure,** structure maillée. (*b*) *pl. Nat.Hist:* **Meshes,** réseau *m* (vasculaire, etc.). **2.** *Mec.E:* Prise *f*, engrènement *m*, engrenage *m.* **Constant mesh,** prise continue. **Constant-mesh gear,** pignons *mpl* constamment en prise; pignons de prise constante. **In mesh with** (*a pinion, etc.*), en prise avec (un pignon, etc.). *F:* **Mesh of circumstances,** engrenage de circonstances. **3.** *El.E:* **Mesh connection,** couplage *m* (des enroulements d'une dynamo polyphasée) à phases reliées entre elles. *Esp.* **Three-phase mesh connection,** couplage en triangle. *Four-phase m. connection*, couplage en carré.

ˈmesh-bag, *s.* Aumonière *f.*

ˈmesh-stick, *s.* Moule *m* (de filet).

mesh[2]. **1.** *v.tr.* (*a*) Prendre (des poissons) au filet. (*b*) *Mec.E:* Endenter, engrener (des roues dentées). (*c*) *Occ.* Mailler (un filet). *See also* DOUBLE-MESH. **2.** *v.i.* (*a*) (*Of fish*) Se laisser prendre au filet. (*b*) (*Of teeth of wheel*) Engrener, s'engrener; être en prise, se mettre en prise (*with*, avec). *Wheels that m. with one another*, roues *f* qui (s')engrènent.

-meshed, *a.* (*With adj. prefixed, e.g.*) **Wide-meshed net,** filet *m* à larges mailles *f. El: Wide-m. grid*, grillage *m* (d'accumulateur) à larges alvéoles. *See also* CLOSE-MESHED.

meshing, *s.* **1.** *Mec.E:* (*a*) Prise *f*, venue *f* en prise; engrènement *m*, endentement *m.* (*b*) Mise *f* en prise. **2.** (*a*) Mailles *fpl* (d'un filet). (*b*) **Wire meshing,** treillis *m* en fil de fer; treillis métallique.

mesial [ˈmiːziəl, ˈmesiəl], *a. Anat: etc:* Médian; médial, -als, -aux. **-ally,** *adv.* Médialement.

meslin [ˈmezlin], *s.* = MASLIN.

mesmerian [mezˈmiːəriən], **mesmeric** [mezˈmerik], *a.* Mesmérien, mesmérique, magnétique, hypnotique.

mesmerism [ˈmezmərizm], *s.* Mesmérisme *m*, magnétisme *m* (animal); hypnotisme *m.*

mesmerist [ˈmezmərist], *s.* **1.** Hypnotiseur *m.* **2.** *Occ.* = MESMERITE.

mesmerite [ˈmezmərait], *s.* Mesmérien, -ienne; partisan *m* du mesmérisme; *Hist:* partisan de Mesmer.

mesmerize [ˈmezməraːiz], *v.tr.* Magnétiser; hypnotiser.

mesmerizer [ˈmezməraizər], *s.* Magnétisant, -ante, magnétiseur, -euse; hypnotiseur *m.*

mesne [miːn], *a.* Intermédiaire. *Jur:* **Mesne process,** cours *m* de l'instance (entre les actes introductifs et le jugement). **Mesne profits,** bénéfices retirés d'un bien pendant un intervalle de détention illégitime. *Hist:* **Mesne lord,** vassal d'arrière-fief; vavasseur *m.*

meso- [ˈmeso, meso, meˈzɔ-], *pref.* Méso-. *Mesoˈgaster*, mésogastre. *Mesoˈzoic*, mésozoïque.

mesoblast [ˈmesoblɑːst, -blast], *s. Biol:* Mésoblaste *m*, mésoderme *m.*

mesocarp [ˈmesokɑːrp], *s. Bot:* Mésocarpe *m.*

mesocarpus [mesoˈkɑːrpəs], *s. Algae:* Mésocarpe *f.*

mesocolon [mesoˈkoulən], *s. Anat:* Mésocôlon *m.*

mesoderm [ˈmesodəːrm], *s. Biol:* Mésoderme *m*, mésoblaste *m.*

mesodermal [mesoˈdəːrməl], **mesodermic** [mesoˈdəːrmik], *a. Biol:* Mésodermique.

mesodevonian [mesodiˈvounjən], *a. Geol:* Mésodévonien.

mesogastric [mesoˈgastrik], *a. Anat:* Mésogastrique.

mesology [meˈsɔlodʒi], *s. Biol:* Mésologie *f.*

mesophyll [ˈmesofil], **mesophyllum** [mesoˈfiləm], *s. Bot:* Mésophylle *m.*

mesophyte [ˈmesofait], *s. Bot:* Mésophyte *m.*

Mesopotamia [mesopoˈteimjə]. *Pr.n. Geog:* La Mésopotamie.

Mesopotamian [mesopoˈteimjən], *a. & s.* Mésopotamien, -ienne; de la Mésopotamie.

mesopotamic [mesopoˈtamik], *a.* Situé entre deux fleuves.

mesotherium, *pl.* **-ia** [mesoˈθiːəriəm, -iə], *s. Paleont:* Mésothérium *m.*

mesothorax [mesoˈθɔːraks], *s. Anat: Ent:* Mésothorax *m.*

mesozoon, *pl.* **-zoa** [mesoˈzouɔn, -ˈzouə], *s. Z:* Mésozoaire *m.*

Mespot ['mespɔt]. *Pr.n. Mil: P:* = MESOPOTAMIA.

mesquit(e) ['meski:t, me'ski:t], *s. Bot:* **1.** Prosopis *m.* **2. Mesquit(e)-grass,** bouteloue *m.*

mess[1] [mes], *s.* **1.** *(Of food) (a) A:* Plat *m*, mets *m. B. & F:* **Mess of pottage** = plat de lentilles. *(b) Husb: (For animal)* Ration *f*, pâtée *f.* **2.** Saleté *f.* **To make a mess of the table-cloth,** salir la nappe. *To clear up the m. made by the cat,* enlever les saletés du chat. **3.** Fouillis *m*, désordre *m*, gâchis *m. Everything is in a m.*, tout est en désordre. **What a mess! here's a pretty mess!** quel gâchis! en voilà du propre! voilà un joli fouillis! *F: (Of pers.)* **To be in a mess,** être dans le pétrin, *P:* dans les choux. *I'm in a pretty m.!* me voilà dans de beaux draps! me voilà frais! me voilà propre! **To get into a mess,** se mettre dans le pétrin, dans de beaux draps. *To get out of a m.*, sortir d'un mauvais pas, du pétrin; *P:* se dépoisser. *To get s.o. out of a m.*, tirer à qn une épine du pied. **To make a mess of a job,** gâcher, massacrer, bousiller, un travail. **To make a mess of it,** tout gâcher; faire fiasco. *You've made a fine m. of it! a nice m. you've made of it!* vous avez fait du joli! vous avez fait là un joli gâchis, un beau coup, une belle équipée, un beau chef-d'œuvre! vous avez bien mêlé les cartes! *You've made a fine m. of my watch!* vous avez bien arrangé ma montre! *He went off yesterday, and has left me* **to clear up the mess,** il est parti hier, et m'a laissé le soin de débrouiller les choses, de remettre les choses en ordre. **4.** *(a) Mil: Navy: (For officers)* Table *f*, mess *m*, *F:* popote *f*; *(for men) Mil:* ordinaire *m*, *Navy:* plat *m. Mil:* **(Company) mess fund,** fonds *m* d'ordinaire. **Mess-jacket,** veston *m* de mess. **To be in mess dress, in mess kit,** être en tenue de mess. *Nau: F:* **To lose the number of one's mess,** mourir; perdre le goût du pain. *(b)* **Officers' mess,** cercle *m* militaire. *(c) Navy:* **Sailors' mess,** poste *m* des matelots; poste d'équipage.

'mess-kettle, *s. Navy:* Gamelle *f.*

'mess-room, *s.* **1.** *Mil:* Salle *f* de mess. **2.** *Navy:* Carré *m* (des officiers).

'mess-sergeant, *s.m. Mil: Navy:* Chef *m* de gamelle.

'mess-tin, *s. Mil:* Gamelle (individuelle). *Navy:* Quart *m.*

mess[2]. **1.** *v.tr. (a)* Salir, souiller, *F:* souillonner (qch.). *(b)* **To mess (up) a business,** gâcher, galvauder, une affaire. *To m. up a car, a watch,* abîmer, bousiller, une voiture, une montre. **2.** *Mil: Navy: (a) v.i. (Of officers)* Faire table, *(of men)* faire plat; manger en commun, faire gamelle *(with,* avec). **To mess together,** manger à la même table; *F:* faire popote ensemble. *Privates must m. together,* la troupe doit manger à l'ordinaire. *(b) v.tr.* **To mess a regiment, a crew,** approvisionner la table d'un régiment; aplater un équipage.

mess about. *F:* **1.** *v.tr. (a)* **To mess s.o. about,** houspiller, sabouler, qn; déranger la tenue de qn. *To m. sth. about,* abîmer, tripoter, qch. *(b)* Déranger les habitudes de (qn); mettre la confusion dans les projets de (qn). **2.** *v.i. (a)* Patauger, saloper, grabouiller (dans la boue). *(b)* Bricoler; gaspiller son temps. *(c)* Se conduire légèrement, faire des bêtises, polissonner (avec des personnes du sexe opposé). *To m. about with a girl,* faire du plat, des caresses, *P:* des papouilles, à une jeune fille; tripoter une jeune fille.

'mess-up, *s. F:* **1.** Gâchis *m.* **2.** Embrouillement *m*, *F:* embrouillamini *m*; contretemps *m*; *P:* cafouillage *m. There's been a bit of a mess-up over booking the seats,* il y a eu je ne sais quel malentendu pour la location, *Rail:* la réservation, des places.

messing, *s.* **1.** Habitude *f* de manger en commun; *F:* popote *f* en commun. **Messing allowance,** indemnité *f* de table. **2.** *Mil: Navy:* Approvisionnement *m* de la table (d'un régiment, etc.).

message[1] ['mesedʒ], *s.* **1.** *(a) (Delivered by messenger)* Message *m.* **To deliver messages for s.o.,** faire les messages de qn. **To deliver a message to s.o.,** s'acquitter d'une commission auprès de qn. **To leave a message for s.o.,** laisser un mot pour qn. *(b)* **Message to Parliament,** message aux Chambres. *(c)* Communication *f* (par téléphone, etc.). *Telephoned m.*, message téléphoné; communication par téléphone. *Telegraph m.*, télégramme *m*; dépêche *f. See also* WIRELESS[1]. **2.** *(Errand)* Commission, course *f. To send s.o. on a m.*, envoyer qn faire une commission, une course. **To run messages,** faire les commissions, les courses. **3.** *(a)* Prédiction *f*, révélation *f*, évangile *m* (d'un prophète). *(b)* Enseignement *m*, leçon spirituelle (d'un écrivain, d'un poète, d'un livre). *Ruskin's m. to his age,* l'évangile que Ruskin a prêché à ses contemporains.

message[2], *v.tr.* **1.** Envoyer, transmettre, (une communication) par messager. **2.** Transmettre (un ordre, etc.) par signaux, par télégramme, par T.S.F.; signaler (un message).

Messalian [me'seiljən], *a. & s. Rel.H:* Messalien, -ienne.

Messalina [mesa'li:na]. *Pr.n.f. Rom.Hist:* Messaline.

Messene [me'si:ni]. *Pr.n. A.Geog:* Messène *f.*

messenger ['mesəndʒər], *s.* **1.** *(a)* Messager, -ère; courrier *m*, *F:* ambassadeur *m.* *(b)* Commissionnaire *m*; garçon *m* de bureau. *Mil: Navy: etc:* Porteur *m* d'ordres. *Navy:* Timonier coureur. **Hotel messenger,** chasseur *m.* **Telegraph messenger,** facteur *m* des télégraphes; facteur-télégraphiste *m*, *pl.* facteurs-télégraphistes. *See also* BANK-MESSENGER, EXPRESS[1] 1. *(c) Adm:* Courrier (diplomatique). **King's messenger** = messager d'État. *(d) A:* Porteur *m*, annonciateur *m* *(of good tidings,* de bonnes nouvelles). **2.** *Nau:* Tournevire *m* (du cabestan); marguerite *f* (de l'ancre, etc.). **3.** *(On kite-string)* Postillon *m.*

'messenger cable, *s. Civ.E: El.E: etc:* Câble *m* porteur.

Messenia [me'si:nia]. *Pr.n. A.Geog:* La Messénie.

Messenian [me'si:niən], *a. & s. A.Geog:* Messénien, -ienne.

Messiah [me'saia]. *Pr.n.* Messie *m.*

messianic [mesi'anik], *a.* Messianique.

messianism [me'saiənizm], *s.* Messianisme *m.*

Messina [me'si:na]. *Pr.n. Geog:* Messine *f.* **The Strait of Messina,** le détroit, le phare, de Messine.

Messinese [mesi'ni:z], *a. & s. Geog:* Messinois, -oise.

messmate ['mesmeit], *s.* Commensal, -ale, -aux; camarade *m* de table; *Navy:* camarade de plat; convive *m.*

Messrs ['mesərz], *s.m.pl. Com: etc:* Messieurs, *abbr.* MM. *Messrs W. Smith & Co.*, Messieurs W. Smith et Cie.

messuage ['meswedʒ], *s. Jur:* Maison, dépendances et terres *fpl*; *A:* manse *m.* **Ancient messuage,** maison bâtie avant le règne de Richard Ier, et qui de ce fait jouit de droits de prescription. **Capital messuage,** manse seigneurial.

messy ['mesi], *a. F:* **1.** *(a)* Sale, malpropre. *(b)* En désordre. **2.** Qui salit; salissant. *Cleaning the car oneself is a m. business,* à entretenir soi-même la voiture on salit tout. *Oranges are a m. fruit,* les oranges vous poissent les doigts.

mestiza [mes'ti:za], *s.f.* Métisse.

mestizo, *pl.* **-os** [mes'ti:zo, -ouz], *s.m.* Métis.

met [met]. *See* MEET[3].

meta- [meta, me'ta], *pref.* Méta-. *Metabi'osis,* métabiose. *Me'tabasis,* métabase. *Me'tabolous,* métabole.

metabisulphite [metabai'sʌlfait], *s. Ch:* Métabisulfite *m.*

metabolic [meta'bɔlik], *a. Biol:* Métabolique.

metabolism [me'tabolizm], *s. Biol:* Métabolisme *m. Constructive m.*, anabolisme *m. Destructive m.*, catabolisme *m.*

metabolize [me'tabolaiz], *v.tr.* Transformer (un tissu, etc.) par métabolisme.

metacarpal [meta'ka:rpəl], *a. & s. Anat:* (Os) métacarpien *m.*

metacarpus [meta'ka:rpəs], *s. Anat:* Métacarpe *m.*

metacentre ['metasentər], *s. Hyd: N.Arch: Av:* Métacentre *m. Height of the m.*, hauteur *f* métacentrique.

metacentric [meta'sentrik], *a.* (Courbe *f*, etc.) métacentrique.

metage ['mi:tedʒ], *s.* **1.** Mesurage *m*, pesage *m.* **2.** Taxe *f* de pesage, etc.

metagenesis [meta'dʒenesis], *s. Biol:* Métagénèse *f.*

metagenetic [metadʒe'netik], *a. Biol:* Métagénésique.

metal[1] ['met(ə)l], *s.* **1.** *(a)* Métal, -aux *m.* **Base metal,** métal commun. **Precious metals, noble metals,** métaux précieux, nobles. *Staff tipped with m.*, bâton ferré. **Metal engraver,** graveur *m* sur métaux. *See also* POLISH[1] 2. *(b) Metall:* Métal, fonte *f.* **To convert the ore into metal,** métalliser le minerai. *Conversion of the ore into m.*, métallisation *f* du minerai. **Coarse metal,** matte *f.* **Sheet metal,** tôle *f* (mince). **Metal founding,** moulage *m* des métaux. **The metal industries,** les industries *f* métallurgiques; la métallurgie. *See also* BABBIT-METAL, BELL-METAL, BRITANNIA, GUN-METAL, LEAF-METAL, POT-METAL, WHITE METAL, YELLOW[1] 1. *(c)* **To coat, cover, a surface with metal,** métalliser une surface. **2.** *Glassm:* Verre *m* en fusion. **3.** *(a) Min:* Pierre *f* de mine; minerai *m.* *(b) Min:* Roc *m.* *(c) Civ.E:* (Matériau *m* d')empierrement *m*; ballast *m* (de voie ferrée). **Road metal,** cailloutis *m*, pierraille *f*; caillasse *f*, chaille *f.* **4.** *Typ:* Caractères *mpl.* **To read in the metal,** lire sur le plomb. **Old metal,** vieille matière. **5.** *pl. Rail: etc:* **The metals,** les rails *m.* *(Of engine, etc.)* **To leave, jump, the metals,** quitter les rails; dérailler. **6.** *Her:* Métal. *The metals,* les métaux (or et argent).

'metal-bearing, *a.* Métallifère.

'metal-like, *a.* Métalliforme; métalloïde.

'metal-'oxide, *attrib. a. El:* (Valve *f*) cuproxyde.

'metal-work, *s.* **1.** *(a)* Travail *m* des métaux; serrurerie *f. Art m.-w.*, serrurerie d'art. *(b)* Métal ouvré. *Open m.-w.*, grillage *m.* **2.** *pl. (Usu. with sg. const.)* **Metal-works,** (i) usine *f* métallurgique; (ii) tôlerie *f.*

'metal-worker, *s.* Ouvrier *m* en métaux; serrurier *m. Art m.-w.*, serrurier d'art. **The metal-workers,** les (ouvriers) métallurgistes *m.*

'metal-working, *s.* Travail *m* sur métaux.

metal[2], *v.tr.* (metalled; metalling) **1.** Empierrer, ferrer, macadamiser, caillouter (une route). **2.** *(a)* Métalliser (le bois, etc.). *(b)* Doubler de métal (une carène de navire, etc.).

metalled, *a.* **Metalled road,** route empierrée, ferrée, en cailloutis. **Metalled road-surface,** revêtement *m* en empierrement.

metalling, *s.* **1.** *Civ.E:* *(a)* Empierrement *m* (des routes); macadam *m.* *(b)* Couche *f* d'empierrement. **2.** Métallisation *f*, métallisage *m* (d'une surface).

metaldehyde [me'taldihaid], *s. Ch:* Métaldéhyde *f.*

metalepsis [meta'lepsis], *s. Rh:* Métalepse *f.*

metallescent [meta'les(ə)nt], *a.* Métallescent.

metallic [me'talik], *a.* Métallique, métallin. *Fin:* **Metallic reserve,** réserve *f* métallique. **Metallic voice,** voix *f* métallique. *Loud and m. voice,* voix claironnante. *M. aspect,* aspect métallique, métallin. *M. taste,* goût *m* de métal.

metalliferous [meta'lifərəs], *a.* Métallifère.

metalliform [me'talifɔ:rm], *a.* Métalliforme.

metalline ['metalain], *a.* Métallin.

metallization [metalai'zeiʃ(ə)n], *s.* **1.** Métallisation *f*, métallisage *m.* **2.** Vulcanisation *f* (du caoutchouc).

metallize ['metalaiz], *v.tr.* **1.** Métalliser (une surface). **2.** Vulcaniser (le caoutchouc).

metallographic [metalo'grafik], *a.* Métallographique.

metallography [meta'lɔgrəfi], *s.* Métallographie *f.*

metalloid ['metalɔid], *a. & s.* Métalloïde *(m).*

metallurgic(al) [meta'lə:rdʒik(əl)], *a.* Métallurgique. **The Metallurgical Review,** la Revue de Métallurgie.

metallurgist [me'talərdʒist], *s.* Métallurgiste *m.*

metallurgy [me'talərdʒi], *s.* Métallurgie *f. The m. of iron,* la sidérotechnie; la sidérurgie.

metamer ['metamər], *s. Ch:* Composé *m* métamère.

metamere ['metamiːər], *s. Nat.Hist:* Métamère *m.*

metameric [meta'merik], *a. Ch:* Métamère.

metamerism [me'tamərizm], *s. Nat.Hist: Ch:* Métamérie *f.*

metamorphic [meta'mɔ:rfik], **metamorphous** [meta'mɔ:rfəs], *a.* Métamorphique.

metamorphism [meta'mɔ:rfizm], *s.* Métamorphisme *m.*

metamorphosable [metamɔ:r'fouzəbl], *a.* Métamorphosable.

metamorphose [meta'mɔːrfouz]. **1.** *v.tr.* Métamorphoser, transformer (*to, into*, en). **2.** *v.i.* Se transformer (*into*, en).
metamorphosis, *pl.* **-oses** [meta'mɔːrfosis, -osiːz], *s.* Métamorphose *f.*
metaphony [me'tafoni], *s. Ling:* Métaphonie *f*; modification *f* vocalique.
metaphor ['metafər], *s.* Métaphore *f*; image *f.* **Mixed metaphor,** métaphore disparate, incohérente. *Homer is full of metaphors,* presque tout est image dans Homère. **To speak in metaphors,** parler par métaphores; métaphoriser.
metaphoric(al) [meta'fɔrik(əl)], *a.* Métaphorique. **-ally,** *adv.* Métaphoriquement.
metaphorist ['metaforist], *s.* Métaphoriste *mf.*
metaphosphate [meta'fɔsfet], *s. Ch:* Métaphosphate *m.*
metaphosphoric [metafɔs'fɔrik], *a. Ch:* Métaphosphorique.
metaphrase ['metafreːiz], *s.* Métaphrase *f*; traduction *f* mot à mot; traduction littérale.
metaphrast ['metafrast], *s.* Métaphraste *m.*
metaphrastic [meta'frastik], *a.* Métaphrastique; (traduction *f*) mot à mot.
metaphysical [meta'fizik(ə)l], *a.* Métaphysique. **-ally,** *adv.* Métaphysiquement.
metaphysician [metafi'ziʃ(ə)n], *s.* Métaphysicien, -ienne.
metaphysicize [meta'fizisaːiz], *v.i.* Métaphysiquer.
metaphysics [meta'fiziks], *s.pl.* (*Usu. with sg. const.*) Métaphysique *f*; ontologie *f.*
metaplasm¹ ['metaplazm], *s. Gram: Rh:* Métaplasme *m.*
metaplasm², *s. Biol:* Deutoplasma *m*, deutoplasme *m.*
metapsychic(al) [meta'saikik(əl)], *a.* Métapsychique.
metapsychics [meta'saikiks], *s.pl.* (*Usu. with sg. const.*) Métapsychique *f.*
metargon [me'tɑːrgən], *s. Ch:* Métargon *m.*
metastable ['metasteibl], *a. Ph:* (État *m*) métastable.
metastasis [me'tastasis], *s.* **1.** *Med:* Métastase *f.* **2.** *Biol:* Métabolisme *m.*
metastatic [meta'statik], *a.* (Abcès, etc.) métastatique.
metatarsal [meta'tɑːrsəl], *a. Anat: Nat.Hist:* Métatarsien.
metatarsus, *pl.* **-i** [meta'tɑːrsəs, -ai], *s. Anat: Nat.Hist:* Métatarse *m.*
metathesis, *pl.* **-eses** [me'taθesis, -esiːz], *s.* **1.** *Ling: Surg: Phil:* Métathèse *f.* **2.** *Ch:* Décomposition *f* double; substitution *f.*
metathorax [meta'θɔːraks], *s. Ent:* Métathorax *m.*
Metaurus [me'tɔːrəs]. *Pr.n. A.Geog:* **The (river) Metaurus,** le Métaure.
metazoa [meta'zoua], *s.pl. See* METAZOON.
metazoan [meta'zouən]. *Biol:* **1.** *a.* Métazoaire; des métazoaires. **2.** *s.* Métazoaire *m.*
metazoic [meta'zouik], *a.* Métazoaire.
metazoon, *pl.* **-zoa** [meta'zouɔn, -'zoua], *s. Biol:* Métazoaire *m.*
mete¹ [miːt], *s. Jur:* **Metes and bounds,** bornes *f.*
mete², *v.tr. Lit: Poet:* **1.** Mesurer. **2.** **To mete (out) punishments, rewards,** assigner des punitions; distribuer, décerner, des récompenses.
meting, *s.* **1.** Mesurage *m.* **2.** **Meting out,** allocation *f*, distribution *f*, décernement *m.*
metempsychosis, *pl.* **-oses** [metempsi'kousis, -ousiːz], *s.* Métempsyc(h)ose *f.* *Believer in m.*, métempsyc(h)osiste *mf.*
meteor ['miːtiər], *s.* Météore *m.* *Aerial, aqueous, igneous, meteors,* météores aériens, aqueux, ignés.
meteoric [miːti'ɔrik], *a.* **1.** Météorique. *M. stones,* pierres *f* météoriques. **Meteoric iron,** sidérolithe *f.* *F: M. rise in the social scale,* montée *f* rapide de l'échelle sociale. **2.** Atmosphérique. **Meteoric agents,** agents *m* d'intempérisme. **-ally,** *adv.* (Briller, surgir, etc.) comme un météore.
meteorism ['miːtiorizm], *s. Med: Vet:* Météorisation *f*, météorisme *m.*
meteorite ['miːtiorait], *s.* Météorite *m or f*; aérolithe *m.*
meteoritic [miːtio'ritik], *a. Meteor:* Météoritique.
meteorograph ['miːtiorograf, -grɑːf], *s. Meteor:* Météorographe *m.*
meteoroid ['miːtiorɔid], *s.* Météore *m*, météorite *m or f.*
meteorolite ['miːtiorolait], *s.* = METEORITE.
meteorological [miːtioro'lɔdʒik(ə)l], *a.* Météorologique, aérologique. **The Central Meteorological Office,** le Bureau central météorologique.
meteorologist [miːtio'rɔlodʒist], *s.* Météorologiste *m*, météorologue *m.*
meteorology [miːtio'rɔlodʒi], *s.* Météorologie *f*, aérologie *f.*
meter¹ ['miːtər], *s.* **1.** *A:* (*Pers.*) (*a*) Mesureur *m*, peseur *m.* (*b*) Arpenteur *m.* **2.** (*Device*) Compteur *m*; jaugeur *m.* **Electric meter, current meter,** compteur de courant. **Water meter,** compteur d'eau, à eau. **Petrol meter,** compteur-jaugeur *m* d'essence, *pl.* compteurs-jaugeurs. **To turn off the gas at the meter,** fermer le compteur. *See also* EXPOSURE 1, FREQUENCY-METER, GAS-METER, SLOT-METER, SPARK-METER.
meter², *v.tr.* **1.** (*Of gas company, etc.*) Mesurer (le gaz, etc.) au compteur. **2.** (*Of apparatus*) Mesurer (le débit de gaz, etc.).
meter³, *s. U.S:* = METRE¹, ².
-meter [metər], *comb.fm.* -mètre *m.* *Barometer,* baromètre. *Gasometer,* gazomètre. *Galvanometer,* galvanomètre. *Voltameter,* voltamètre.
meterage ['miːtəredʒ], *s.* Mesurage *m*; pesage *m*; mesurage au compteur.
methane ['meθein], *s. Ch:* Méthane *m*, formène *m*; gaz *m* des marais. **Phenyl methane,** toluène *m.*
metheglin [me'θeglin], *s. Hist. & Dial:* (*Wales*) Hydromel *m.*
methinks [mi'θiŋks], *v.impers.* (*p.t.* **methought** [mi'θɔːt]) *A. & Lit:* Il me semble. *M. I see her now,* il me semble encore la voir.
methionic [meθi'ɔnik], *a. Ch:* Méthionique.
method ['meθəd], *s.* (*a*) Méthode *f*; manière *f* (*of doing sth.*, de faire qch.); procédé *m* (pour faire qch.). *Experimental m.*, méthode expérimentale. *M. of application of a treaty,* modalité *f* de l'application d'un traité. *New m. of illumination,* nouveau mode, nouveau système, d'éclairage. *Adm:* **Methods of payment,** modalités *f* de paiement. *Mil: Tactical methods,* procédés de combat. *Aut: M. of gear changing,* procédés des changements de vitesse. (*b*) **Man of method,** homme *m* d'ordre; homme méthodique. *To work without m.*, travailler sans méthode, à bâtons rompus. *Lack of m.*, absence *f* de méthode; manque *m* de suite *f*, d'esprit de suite. *F:* **There's method in his madness,** il n'est pas si fou qu'il en a l'air.
methodical [me'θɔdik(ə)l], *a.* Méthodique. *M. life,* vie réglée, ordonnée. *M. man,* homme *m* d'ordre; homme méthodique. *To be m.*, avoir l'esprit méthodique, avoir de l'ordre. *He is very m.*, il a beaucoup de méthode. **-ally,** *adv.* Méthodiquement, avec méthode.
methodism ['meθodizm], *s.* **1.** Souci exagéré de la méthode. **2.** *Med.Hist: Rel.Hist:* Méthodisme *m.*
Methodist ['meθodist], *a. & s. Med.Hist: Rel.Hist:* Méthodiste *mf.*
methodistic(al) [meθo'distik(əl)], *a. Pej:* **1.** Qui a le souci exagéré de la méthode. **2.** D'un méthodisme rigide, outré.
Methodius [me'θoudiəs]. *Pr.n.m. Ecc.Hist:* Méthode.
methodize ['meθodaːiz], *v.tr.* Ordonner, régler; mettre de la méthode dans (une nomenclature, etc.).
methodology [meθo'dɔlodʒi], *s.* Méthodologie *f.*
methol ['meθɔl], *s. Ch:* Méthol *m.*
methought [mi'θɔːt]. *See* METHINKS.
Methuselah [me'θjuːzəla], *F:* **Methusalem** [me'θjuːzələm]. *Pr.n.m.* Mathusalem. *See also* OLD 1.
methyl ['meθil], *s. Ch:* Méthyle *m.* **Methyl alcohol,** alcool *m* méthylique.
methylamine ['meθilamain], *s. Ch:* Méthylamine *f.*
methylate ['meθileit], *v.tr. Ch:* Méthyler.
methylated, *a.* **Methylated spirit,** alcool dénaturé; alcool à brûler.
methylene ['meθiliːn], *s. Ch:* Méthylène *m.*
methylic [me'θilik], *a. Ch:* Méthylique.
metic ['metik], *s. Gr.Ant:* Métèque *m.*
meticulosity [metikju'lɔsiti] *s.* Méticulosité *f.*
meticulous [me'tikjuləs], *a.* Méticuleux. *To be m. in the choice of words,* avoir des scrupules dans le choix des mots. *To be m. in little things, F:* observer les points et les virgules. **-ly,** *adv.* Méticuleusement. *To be always m. accurate,* avoir le souci de l'exactitude.
meticulousness [me'tikjuləsnəs], *s.* Méticulosité *f.*
metis ['meitis], *s.* (*In Canada*) Métis, -isse.
metol ['metɔl], *s. Phot:* Génol *m*, *occ.* métol *m.* **Metol developer,** révélateur *m* au génol, au métol.
Metonic [me'tɔnik], *a. Astr:* **The Metonic cycle,** le cycle métonien.
metonymical [meto'nimik(ə)l], *a. Rh:* Métonymique.
metonymy [me'tɔnimi], *s. Rh:* Métonymie *f.*
metope ['metopi], *s. Gr.Arch:* Métope *f.*
metralgia [me'traldʒia], *s. Med:* Métralgie *f*; douleur utérine.
metre¹ ['miːtər], *s. Pros:* Mètre *m*, mesure *f.* **In metre,** en vers.
metre², *s. Meas:* Mètre *m* (= 39·37 *inches* = 1·09 *yard*). **Linear metre, running metre,** mètre courant. **Square metre,** mètre carré. **Cubic metre,** mètre cube. *Com:* **Stacked cubic metre,** stère *m* (de bois).
metric¹ ['metrik], *a. Meas:* Métrique. **The metric system,** le système métrique. *M. area, volume,* métrage *m*. *See also* TON 1.
metric²(al) ['metrik(əl)], *a.* (Poésie *f*, etc.) métrique.
metrician [me'triʃ(ə)n], *s. Pros:* Métricien *m.*
metrics ['metriks], *s.pl. Pros:* (*Usu. with sg. const.*) Métrique *f.*
metrist ['metrist], *s. Pros:* Versificateur *m*, métricien *m.*
metritis [me'traitis], *s. Med:* Métrite *f*; inflammation *f* de la matrice.
metrological [metro'lɔdʒik(ə)l], *a.* Métrologique.
metrology [me'trɔlodʒi], *s.* Métrologie *f.*
metromania [metro'meinia], *s.* Métromanie *f.*
metromaniac [metro'meiniak], *s.* Métromane *mf.*
metronome ['metronoum], *s. Mus:* Métronome *m.*
metronomic [metro'nɔmik], *a.* Métronomique.
metropolis [me'trɔpolis], *s.* **1.** Métropole *f*, capitale *f*; ville métropolitaine. **2.** *Ecc:* Siège métropolitain; métropole.
metropolitan [metro'pɔlitən]. **1.** *a.* Métropolitain. *M. police, railway,* police métropolitaine, chemin de fer métropolitain. **The Metropolitan area,** l'ensemble *m* des vingt-huit *boroughs* de la ville de Londres. (La '*City*' n'y est pas comprise.) *See also* EXTRA-METROPOLITAN. **2.** *s.* (*a*) Habitant de la métropole, de la capitale. (*b*) *Ecc:* (i) Métropolitain *m*, archevêque *m.* (ii) = METROPOLITE.
metropolite [me'trɔpolait], *s. Ecc:* Métropolite *m* (de l'Église russe).
metrorrhagia [miːtro'reidʒia], *s. Med:* Métrorragie *f*; hémorragie utérine.
-metry [metri], *comb.fm.* -métrie *f.* *Geometry,* géométrie. *Trigonometry,* trigonométrie. *Anthropometry,* anthropométrie. *Galvanometry,* galvanométrie. *Gasometry,* gazométrie.
mettle [metl], *s.* **1.** (*Of pers.*) Ardeur *f*, courage *m*, feu *m*; (*of horse*) fougue *f.* **Full of mettle,** (*of pers.*) courageux, plein de courage, plein d'ardeur; (*of horse*) fougueux, plein de fougue. **To try a horse's mettle,** pousser un cheval. **To try s.o.'s mettle,** tâter le courage de qn. **To put s.o. on his mettle,** piquer qn d'honneur; exciter l'émulation de qn; stimuler l'amour-propre, le zèle, de qn; pousser qn à faire de son mieux. **To be on one's mettle,** se sentir poussé à faire de son mieux; se piquer d'honneur. *I was on my m.*, je m'étais piqué au jeu. **2.** Caractère *m*, disposition *f*, tempérament *m.* **To show one's mettle,** donner sa mesure, faire

ses preuves. *He showed the m. he was made of, F:* il a montré de quel bois il se chauffait.

mettled [metld], *a.* **1.** (*Of pers.*) Ardent, vif, plein de courage; (*of horse*) fougueux. **2.** (*With adj. prefixed, e.g.*) **High-mettled horse,** cheval plein de fougue, fougueux.

mettlesome ['metlsəm], *a.* = METTLED 1.

meum ['mi:əm], *s. Bot:* Méum *m.*

mew¹ [mju:], *s. Orn:* **(Sea-)mew,** mouette *f*, goéland *m*; *F:* mauve *f*.

mew², *s.* Mue *f*, cage *f* (pour les faucons). *Pheasant-mew,* volière *f* à faisans.

mew³, *v.tr.* **1.** (R)enfermer (un faucon) dans une mue; mettre (des faisans) en cage. **2.** *F:* **To mew s.o. (up),** claquemurer, renfermer, qn. *To mew oneself up from the world,* se retirer du monde, se cloîtrer.

mew⁴, *v.tr. & i. A:* (*Of hawk*) **To mew (its feathers),** muer.

mewing¹, *s.* Mue *f*.

mew⁵, *s.* (*Of cat, sea-gull*) Miaulement *m.*

mew⁶, *v.i.* (*Of cat, sea-gull*) Miauler.

mewing², *s.* Miaulement *m.*

mewl [mju:l], *v.i.* (*Of infant*) Vagir, piailler; (*of cat*) miauler.

mewling¹, *a.* (Enfant) piaillard.

mewling², *s.* Vagissement *m*, piaillerie *f*, miaulement *m.*

mews [mju:z], *s.* (*Originally pl., now used as sg.*) **1.** Écuries *fpl.* **2.** (*In London*) Impasse *f*, ruelle *f* (sur laquelle donnaient des écuries).

Mexican ['meksikən], *a. & s. Geog:* Mexicain, -aine. *See also* HOG¹ 1.

Mexico ['meksiko]. *Pr.n. Geog:* **1.** Le Mexique. *See also* NEW MEXICO. **2.** (*The city*) Mexico.

mezereon [me'zi:əriən], *s. Bot:* Mézéréon *m*; *F:* bois gentil, garou *m* des bois.

mezzanine ['mezani:n], *s.* **1.** *Arch:* **Mezzanine(-floor),** mezzanine *f*, entresol *m. M. window,* fenêtre *f* d'entresol; mezzanine. **2.** *Th:* Premier dessous (de la scène).

mezza voce ['medza 'voutʃe], *adv. Mus:* A demi-voix; mezza voce.

mezzo ['medzo], *s. F:* = MEZZO-SOPRANO.

mezzo-relievo ['medzori'ljeivo], *s.* Demi-relief *m*, *pl.* demi-reliefs.

mezzo-soprano, *pl.* **-os, -i** ['medzoso'prɑ:no, -ouz, -i:], *s.* Mezzo-soprano *m*, *pl.* mezzo-sopranos, -i.

mezzotint¹ ['medzotint], *s. Engr:* **1.** Mezzo-tinto *m inv*; gravure *f* à la manière noire. **2.** Estampe *f* à la manière noire.

mezzotint², *v.tr.* Graver (qch.) à la manière noire.

mezzotinter ['medzotintər], *s.* Graveur *m* à la manière noire.

mi [mi:], *s. Mus:* **1.** (*Fixed mi*) Mi *m.* **2.** (*Movable mi, in tonic solfa also* me) La médiante.

miaow¹ [mjau], *s.* Miaulement *m*, miaou *m* (du chat).

miaow², *v.i.* (*Of cat*) Miauler.

miasma, *pl.* **-ata, -as** [mai'azma, -əta, -əz], *s.* Miasme *m.*

miasmal [mai'azməl], **miasmatic** [maiaz'matik], *a.* Miasmatique.

miaul [mjaul], *v.i.* (*a*) Miauler. (*b*) *F:* Chanter comme un chat. *v.tr. To m. a song,* chanter une chanson d'une voix éraillée.

miauling, *s.* Miaulement *m.*

mica ['maika], *s. Miner:* Mica *m.* **Rhombic mica,** phlogopite *f.* **Pearl mica,** margarite *f. El.E: etc:* **Mica sheet,** feuille *f*, lamelle *f*, de mica.

'mica-schist, -slate, *s.* Schiste micacé; micaschiste *m*; mica *m* schistoïde.

micaceous [mai'keiʃəs], *a.* Micacé. **Micaceous chalk,** tuf(f)eau *m.*

Micah ['maika]. *Pr.n.m. B.Hist:* Michée.

Micawber [mi'kɔ:bər]. *Pr.n.m.* Type du "déchard" optimiste, qui s'attend toujours à un coup de veine. (Personnage de *David Copperfield* de Dickens.)

mice [mais]. *See* MOUSE¹.

Michael [maikl]. *Pr.n.m.* Michel.

Michaelmas ['miklməs], *s.* **1.** La Saint-Michel (jour de terme). **Michaelmas term,** *Sch:* premier trimestre (de l'année scolaire); *Jur:* session *f* de la Saint-Michel. **2.** *Bot:* **Michaelmas daisy,** marguerite *f* de la Saint-Michel, marguerite d'automne; aster *m* œil-du-Christ.

Michelangelesque [maikəlandʒə'lesk], *a. Art:* Michelang(el)esque.

Michelangelo [maikəl'andʒəlo]. *Pr.n.m. Hist. of Art:* Michel-Ange.

Michigander [miʃi'gandər], *s. Geog:* Habitant, -ante, du Michigan.

Mick [mik]. **1.** *Pr.n.m.* (*Dim. of Michael*) Michel. **2.** *s. P:* Irlandais *m.*

mickle [mikl]. *A. & Scot:* **1.** *a.* (*a*) Moult; beaucoup de. (*b*) Grand. **2.** *s. Prov:* **Many a little** (*or* **many a pickle**) **makes a mickle,** les petits ruisseaux font les grandes rivières.

micro- [maikro], *comb.fm.* Micro-. **1.** *Microcephalous,* microcéphale. *Microcosmic,* microcosmique. *Microphone,* microphone. *Microscope,* microscope. **2.** Micro(scopique). *Micro-organism,* micro-organisme. **3.** *Meas:* Un millionième de. . . . *Microampere,* microampère.

microampere [maikro'ampɛər], *s. El:* Microampère *m.*

micro-balance ['maikro'baləns], *s. Ph:* Microbalance *f.*

microbe ['maikroub], *s.* Microbe *m.*

microbial [mai'kroubiəl], **microbic** [mai'krɔbik], *a.* Microbien, microbique. *M. infection,* microbisme *m* (du corps).

microbicidal [mai'kroubisaid(ə)l], *a.* Microbicide.

microbicide [mai'kroubisaid], *s.* Microbicide *m.*

microbiology [maikrobai'ɔlodʒi], *s.* Microbiologie *f.*

microbism ['maikrobizm], *s. Med:* Microbisme *m. Latent m.,* microbisme latent.

microcephalic [maikrose'falik], *a. & s. Nat.Hist:* Microcéphale (*mf*).

microcephalous [maikro'sefələs], *a.* Microcéphale.

microcephaly [maikro'sefəli], *s.* Microcéphalie *f.*

microchemistry [maikro'kemistri], *s.* Microchimie *f.*

micrococcus, *pl.* **-cocci** [maikro'kɔkəs, -'kɔksai], *s. Biol:* Micrococcus *m*, microcoque *m.*

microcosm ['maikrokɔzm], *s.* Microcosme *m.*

microcosmic [maikro'kɔsmik], *a.* Microcosmique.

microfarad [maikro'farad], *s. El.Meas:* Microfarad *m.*

micrography [mai'krɔgrəfi], *s.* Micrographie *f.*

microhenry [maikro'henri], *s. El.Meas:* Microhenry *m.*

microhm ['maikroum], *s. El.Meas:* Microhm *m.*

microlith ['maikroliθ], *s. Miner:* Microlithe *m.*

microlithic [maikro'liθik], *a.* Microlithique.

micrology [mai'krɔlodʒi], *s.* Micrologie *f.*

micrometer [mai'krɔmetər], *s.* Micromètre *m.* **Micrometer screw,** vis *f* micrométrique. **Micrometer gauge, micrometer caliper(s),** calibre *m* à vis micrométrique; palmer *m. Sliding m. gauge,* compas *m* à coulisse. **Micrometer thimble,** poignée *f*, dé *m*, de palmer. **Micrometer balance,** microbalance *f. See also* SPARK-MICROMETER.

micrometric(al) [maikro'metrik(əl)], *a.* Micrométrique.

micrometry [mai'krɔmetri], *s.* Micrométrie *f.*

micromillimetre [maikro'milimi:tər], *s. Meas:* **1.** Micromillimètre *m*; millionième *m* de millimètre. **2.** = MICRON.

micron ['maikrɔn], *s. Meas:* Micron *m*; millième *m* de millimètre.

Micronesia [maikro'ni:zia]. *Pr.n. Geog:* La Micronésie.

Micronesian [maikro'ni:ziən], *a. & s. Geog:* Micronésien, -ienne.

micro-organism [maikro'ɔ:rgənizm], *s.* Micro-organisme *m*, *pl.* micro-organismes.

microphone ['maikrofoun], *s.* (*a*) *Tp: etc:* Microphone *m. Carbon-granule m.,* microphone à granules de charbon. *Carbon-stick m.,* microphone à barrette de charbon. *Inset m.,* pastille *f* microphonique. (*b*) *W.Tel:* Microphone. *Condenser m.,* microphone condensateur. *Moving-coil m.,* microphone électrodynamique. *Directional m., parabolic-horn m.,* microphone directionnel, à concentrateur parabolique. *Concealed m.,* espion *m.* **Microphone test,** épreuve *f* de phonogénie. *Cin: Following m.,* microphone mobile.

microphonous [mai'krɔfonəs], *a.* Microphone.

microphotograph [maikro'foutograf, -grɑ:f], *s.* Microphotographie *f* ((i) réduction microscopique d'une image; (ii) agrandissement d'une image microscopique).

microphotography [maikrofo'tɔgrəfi], *s.* (Pratique *f* de la) microphotographie.

microphyllous [mai'krɔfiləs], *a. Bot:* Microphylle.

microphyte ['maikrofait], *s. Bot:* Microphyte *m*; microbe végétal.

micropyle ['maikropail], *s. Biol:* Micropyle *m.*

microscope ['maikroskoup], *s.* Microscope *m. Simple m., compound m.,* microscope simple, composé. *Binocular m.,* microscope binoculaire. *To examine an object under the m.,* examiner un objet au microscope. **Visible under the microscope,** visible au microscope. *See also* LUCERNAL.

microscopic(al) [maikro'skɔpik(əl)], *a.* **1.** (Animalcule *m*, etc.) microscopique. **2.** **Microscopical examination,** examen *m*, essai *m*, au microscope; essai microscopique. **-ally,** *adv.* **1.** (Examiner qch.) au microscope. **2.** Microscopiquement.

microscopist [mai'krɔskopist], *s.* Microscopiste *m.*

microscopy [mai'krɔskopi], *s.* Microscopie *f.*

microseism [maikro'saizm], *s. Meteor:* Microséisme *m.*

microseismograph [maikro'saizmograf, -grɑ:f], *s.* Micros(é)ismographe *m.*

microspore ['maikrospɔ:ər], *s.* **1.** *Med:* Microsporon *m.* **2.** *Bot:* Microspore *m.*

microsporon [mai'krɔsporɔn], *s.* = MICROSPORE 1.

microstome ['maikrostoum], *s. Ich:* Microstome *m.*

microstomous [mai'krɔstoməs], *a.* Microstome.

microtelephone [maikro'telefoun], *s.* Microtéléphone *m.*

microtherm ['maikroθə:rm], *s. Ph.Meas:* Microthermie *f.*

microtome ['maikrotoum], *s.* Microtome *m. M. section,* tranche coupée au microtome.

microvolt ['maikrovoult], *s. El.Meas:* Microvolt *m.*

microzoa [maikro'zoua], *s.pl. Biol:* Microzoaires *m.*

microzoan [maikro'zouən], *a.* Microzoaire.

microzyme ['maikrozaim], *s. Biol:* Microzyma *m.*

micturate ['miktjureit], *v.i. Med:* Uriner.

micturition [miktju'riʃ(ə)n], *s. Med:* **1.** Micturition *f.* **2.** *F:* Urination *f*, miction *f.*

mid¹ [mid], *a.* Du milieu; mi-, moyen. *In mid afternoon,* au milieu de l'après-midi. *From mid June to mid August,* de la mi-juin à la mi-août. *Mid position,* position moyenne. **Mid-Victorian style,** style *m* du milieu de l'époque victorienne. *Mch:* **Mid stroke,** mi-course *f* (du piston). *St.Exch:* **Mid month, mid (month) account,** quinze *m* du mois. *See also* CAREER¹ 1.

mid 'air, *s.* **In mid air,** entre ciel et terre; au milieu des airs; à une certaine hauteur (au-dessus du sol). *To hang in mid air,* être suspendu entre ciel et terre. *Av: Stunts in mid air,* acrobaties *f* en plein ciel.

'mid-'channel, *s.* **In mid-channel,** au milieu du chenal. **In mid-Channel,** au milieu de la Manche; à moitié chemin de la traversée.

'mid-'course, *s.* **In mid-course,** au milieu de sa carrière; en pleine carrière.

'mid-di'ameter, *s. For:* Diamètre *m* (d'un arbre) à mi-hauteur.

'mid-iron, *s. Golf:* Fer moyen; crosse moyenne en fer.

'mid-'leg, *adv.* **Mid-leg (high, deep),** jusqu'à mi-jambe; jusqu'aux genoux. *To walk m.-l. (deep) through the mud,* marcher enfoncé jusqu'à mi-jambe dans la boue. *To stand m.-l. deep in water,* avoir de l'eau jusqu'à mi-jambe.

'mid-'Lent, *s.* Mi-carême *f.*
'mid-'ocean, *s.* Haute mer, pleine mer.
mid-'off, *s. Cr:* Chasseur *m* en avant et à droite (du batteur).
mid-'on, *s. Cr:* Chasseur *m* en avant et à gauche (du batteur).
'mid-'sea, *s.* = MID-OCEAN.
mid-'season, *s.* Demi-saison *f, pl.* demi-saisons.
'mid-'week, *s.* Milieu *m* de la semaine.

mid[2], *prep. Poet:* = AMID.

midday ['middei], *s.* Midi *m.* **Midday heat,** chaleur *f* de midi; chaleur méridienne. **Midday meal,** repas *m* de midi. **Midday dinner,** *F:* déjeuner *m* dînatoire.

midden [midn], *s.* **1.** *Dial:* Tas *m* de fumier; le fumier. **2.** = KITCHEN-MIDDEN.
'midden-pit, *s.* Fosse *f* à fumier et à purin.

midder ['midər], *s.* (*In medical students' slang*) = MIDWIFERY 2.

middle[1] [midl]. **1.** *Attrib.a.* Du milieu; central, -aux; moyen, intermédiaire. *Seated at the m. table,* assis à la table du milieu. *The m. house,* la maison du milieu. *M. position,* position médiale, centrale, intermédiaire. **Middle wall,** mur mitoyen; mur de refend. *The m. region of the air,* la moyenne région de l'air. *M. point of a straight line,* milieu *m* d'une droite. *The m. points,* les points milieux. **To take a middle course,** prendre un parti moyen, un entre-deux. *There is no m. course,* il n'y a pas de milieu; *F:* il faut qu'une porte soit ouverte ou fermée. *The work of his m. years,* l'œuvre *f* de sa maturité. *M. station (in life),* situation moyenne. **Middle size,** grandeur moyenne. **Middle height,** taille moyenne. *Box:* **Middle weight,** poids moyen. *St.Exch:* **Middle price,** cours moyen. *Log:* **Middle (term),** moyen terme. *Gr.Gram:* **Middle voice,** voix moyenne; le moyen. *See also* AGE[1] 1, 2, DECK[1] 1, DISTANCE[1] 1, EAR[1] 1, EAST 1, FINGER[1] 1, POST[1] 1, SPACE[1] 3, UNDISTRIBUTED, WATCH[1] 4, WEST[1] 1. **2.** *s.* (*a*) Milieu, centre *m.* *The m. of the century,* le milieu du siècle. **The middle of life,** l'âge mûr. **In the middle of . . .,** au milieu de. . . . *The ball hit him in the m. of the back,* la balle l'atteignit en plein dos. *To accost s.o. in the m. of the street,* aborder qn en pleine rue. *In the m. of the summer,* au cœur de l'été; en plein été. *About the m. of August,* à la mi-août. **In the very middle of . . ., right in the middle of . . .,** au beau milieu de. . . . *In the very m. of the night, of the harvest,* en pleine nuit, en pleine moisson. *F:* **I was in the middle of reading,** j'étais en train de lire; j'étais en pleine lecture. *See also* PART[2] 1, PARTING[2] 3. (*b*) Taille *f,* ceinture *f.* **Round his middle,** autour de sa taille. *To seize s.o. round the m.,* prendre qn à bras-le-corps. *He was* **up to his middle** *in water,* il était dans l'eau jusqu'à la ceinture. *The water came up to his m.,* l'eau lui venait à mi-corps. *F:* **I've got a pain in my middle,** j'ai mal au ventre.
middle-'aged, *a.* (*Of pers.*) Entre deux âges; d'un certain âge.
middle 'class. 1. *s.* **The middle class(es),** la classe moyenne; la bourgeoisie. *The upper, higher, m. c.,* la haute bourgeoisie. *The lower m. c.,* la petite bourgeoisie. **Middle-class society,** société bourgeoise. *M.-c. prejudices,* préjugés bourgeois. *M.-c. school,* école *f* pour les enfants des classes bourgeoises. **2.** *a. It's horribly m.-c.!* c'est du dernier bourgeois!
Middle 'Empire (the), *s.* L'Empire *m* du Milieu; (l'Empire de) la Chine.
Middle 'English, *s. Ling:* Le moyen anglais (1150-1500).
Middle 'Kingdom (the), *s.* = THE MIDDLE EMPIRE.
middle-'sized, *a.* De grandeur moyenne; de taille moyenne; de grosseur moyenne.
'Middle 'White, *s. Husb:* Porc blanc intermédiaire (de la race de Yorkshire).

middle[2], *v.tr.* **1.** (*a*) *Tchn:* Centrer (un poinçon, etc.); placer (qch.) au centre. (*b*) *Fb:* Centrer (le ballon). **2.** *Nau:* Plier (une voile) en deux.

middleman, *pl.* **-men** ['midlmən, -men], *s.m.* **1.** *Com:* Intermédiaire, revendeur. **Middleman's business,** commerce *m* intermédiaire. **2.** *Pej:* Entremetteur.

middlemost ['midlmoust], *a.* Le plus au milieu; le plus au centre; central, -aux.

middling ['midliŋ]. **1.** *a.* (*a*) (i) Médiocre; (ii) passable, assez bon. **How are you?—Middling,** comment allez-vous?—Assez bien; pas mal; comme ci comme ça. *See also* FAIR[2] I. 5. (*b*) *Of m. size, capacity,* de grandeur moyenne, de capacité moyenne. (*c*) *Com:* Entre-fin; bon ordinaire; de qualité moyenne. **2.** *adv.* **Middling(ly),** assez bien; passablement; ni bien ni mal. **3.** *s.pl.* **Middlings.** (*a*) *Com:* Marchandises entre-fines. (*b*) *Mill:* Issues *f* de blé; remoulage mêlé; recoupe *f.* (*c*) *Ore-dressing:* Mixtes *m.*

middy ['midi], *s.m. Nau: F:* = MIDSHIPMAN.

midge [midʒ], *s.* **1.** *Ent:* Moucheron *m;* cousin *m.* **2.** = MIDGET 1.

midget ['midʒet], *s.* **1.** Nain, *f.* naine; nabot, -ote. **2.** *Phot:* Miniature *f.* **3.** *Attrib.* Minuscule. *M. golf-course,* terrain *m* de golf en miniature.

Midianite ['midjənait], *a. & s. B.Hist:* Madianite (*mf*).

midland ['midlənd]. **1.** *s.pl.* **The Midlands,** les Midlands *m,* les comtés centraux (de l'Angleterre); les comtés du centre. **2.** *a.* (*a*) Des comtés du centre (de l'Angleterre). (*b*) *A. & Poet:* **The Midland Sea,** la mer Méditerranée.

midmost ['midmoust]. **1.** *a.* (Le) plus près du milieu; central, -aux. **2.** *adv. Lit:* Tout au centre de. . . . **3.** *s. In the m. of the mountains,* tout au centre des montagnes.

midnight ['midnait], *s.* Minuit *m.* *Towards m., F:* vers les minuit. *To arrive about m.,* arriver sur le minuit, *F:* sur les minuit. *F:* **The midnight of the Middle Ages,** les ténèbres *f* du moyen âge. **Midnight sun,** soleil *m* de minuit. **Midnight mass,** messe *f* de minuit. *M. revels,* réjouissances *f* nocturnes. *M. gloom,* ténèbres de la nuit. *See also* OIL[1] 1.

midnoon [mid'nu:n], *s. A:* = MIDDAY.

midrib ['midrib], *s. Bot:* Nervure médiane, côte *f* (d'une feuille).

midriff ['midrif], *s. Anat:* Diaphragme *m.* *To get a blow on the m.,* recevoir un coup au creux de l'estomac. *F:* **To shake, tickle, the midriff,** faire crever de rire.

midship ['midʃip], *s. N.Arch:* Milieu *m* du navire. *Esp.attrib.* **Midship frame,** maître couple *m.* **Half-midship section,** demi-coupe *f* au maître. *See also* FLOOR[1] 1.

midshipman, *pl.* **-men** ['midʃipmən, -men], *s.m. Nau:* Aspirant (de marine); midship.

midshipmite ['midʃipmait], *s. Nau: F:* = MIDSHIPMAN.

midships ['midʃips], *adv.* = AMIDSHIPS.

midst [midst]. **1.** *s.* (*a*) **In the midst of sth.,** au milieu de, parmi (la foule, etc.). *In the m. of his work,* au milieu de son travail. *In the m. of pleasure,* au milieu des plaisirs. *Born in the m. of wealth,* né au sein des richesses. *In the m. of the storm,* au milieu, au fort, de l'orage. *In the m. of winter,* en plein hiver; au cœur de l'hiver. **In the midst of all this,** sur ces entrefaites. *F:* **I was in the midst of reading,** j'étais en train de lire. (*b*) **In our midst, in your midst, in their midst,** au milieu de nous, de vous, d'eux; parmi nous, vous, eux. **2.** *prep. Poet:* = AMID(ST).

midstream [mid'stri:m], *s.* **1.** Ligne médiane, thalweg *m* (d'un fleuve). **2.** **In midstream,** au milieu du courant. *See also* HORSE[1] 1.

midsummer ['midsʌmər], *s.* (*a*) Milieu *m* de l'été; plein *m* de l'été; cœur *m* de l'été. (*b*) Le solstice d'été. **Midsummer day,** la Saint-Jean (jour de terme). *Lit:* **A Midsummer Night's Dream,** le Songe d'une nuit d'été. *See also* MADNESS 1.

midway ['midwei]. **1.** *adv.* A mi-chemin, à moitié chemin. *M. up the hill,* à mi-côte. **Midway between . . . and . . .,** à mi-distance entre . . . et. . . . *A style m. between X's and Y's,* un style intermédiaire entre celui de X et celui de Y. **2.** *s. U.S:* Allée centrale (d'une exposition).

midwife, *pl.* **-wives** ['midwaif, -wa:ivz], *s.f.* Sage-femme, *pl.* sages-femmes; accoucheuse. *See also* TOAD 1.

midwifery ['midwifri], *s.* **1.** Profession *f* de sage-femme. **2.** Obstétrique *f;* tocotechnie *f.*

midwinter [mid'wintər], *s.* (*a*) Milieu *m* de l'hiver, fort *m* de l'hiver, cœur *m* de l'hiver. *The m. frosts,* les gelées *f* du fort de l'hiver. (*b*) Le solstice d'hiver.

mien [mi:n], *s. Lit:* Mine *f,* air *m,* contenance *f,* aspect *m* (de qn). *Lofty m.,* port hautain.

miff[1] [mif], *s. F:* **1.** Boutade *f;* accès *m* d'humeur; fâcherie *f.* **To be in a miff,** être de mauvaise humeur. **2.** Pique *f,* brouille *f* (entre deux personnes).

miff[2]. *F:* **1.** *v.i.* Se brouiller, **se** fâcher (*with s.o.,* avec qn). **To miff at sth.,** prendre la mouche au sujet de qch. **2.** *v.tr.* **To be miffed,** être froissé, piqué, fâché.

miffy ['mifi], *a. F:* Susceptible; qui prend la mouche facilement.

might[1] [mait], *s.* **1.** Puissance *f,* force(s) *f(pl).* *The m. of God,* la puissance de Dieu. **Man of might,** homme fort et vaillant. **To work with all one's might,** travailler de toute sa force, de toutes ses forces. *See also* MAIN[1] 1. **Might against right,** la force contre le droit; le droit du plus fort. *Prov:* **Might is right,** force passe droit; la force prime le droit; la raison du plus fort est toujours la meilleure; les gros poissons mangent les petits. **2.** *Dial:* Grande quantité, tas *m* (de difficultés, etc.).

might[2], *v. See* MAY[1].
'might-have-been, *s.* **1.** *To talk of m.-h.-b.,* parler de tout ce qui aurait pu arriver, de ce qui aurait pu être. **2.** **He is a might-have-been,** il aurait pu être quelque chose; c'est un raté.

mightiness ['maitinəs], *s.* **1.** Puissance *f,* force *f;* grandeur *f.* **2.** *Usu.Iron:* **His High Mightiness,** sa Toute-Puissance (un tel).

mighty ['maiti]. I. *a.* (*a*) Puissant, fort. *A m. nation,* une grande nation. *B:* **Mighty works,** miracles *m,* prodiges *m.* *s.* **He hath put down the mighty from their seats,** il a renversé de dessus leurs trônes les puissants. *See also* HIGH I. 2. (*b*) Grand, vaste, grandiose. (*c*) *F:* Grand, considérable. *There was a m. bustle,* il y eut un grand remue-ménage. *You're in a m. hurry,* vous êtes diablement pressé. *We had a m. meal,* on a fait un fameux repas. **-ily,** *adv.* **1.** Puissamment, fortement, vigoureusement. **2.** *F:* Extrêmement, fameusement. *We enjoyed ourselves m.,* on s'est fameusement, rudement, amusé. *He was m. pleased,* il a été rudement content.
II. **mighty,** *adv. F:* Fort, extrêmement, rudement. *That is m. good,* c'est rudement bon. *M. rich,* puissamment riche. *You are making a m. big mistake,* vous commettez là une fameuse erreur.

mignonette [minjə'net], *s.* **1.** *Bot:* Réséda odorant; *F:* herbe *f* d'amour. **2.** **Mignonette (lace),** mignonnette *f.*

migraine [mi'grein], *s. Med:* Migraine *f.*

migrant ['maigrənt]. **1.** *a.* = MIGRATORY 1. **2.** *s.* (*a*) (*Of pers., bird, etc.*) Migrateur, -trice. (*b*) (*Of pers.*) Émigrant, -ante; nomade *mf.*

migrate [mai'greit], *v.i.* (*Of pers.*) Émigrer, passer (*from one country to another,* d'un pays dans un autre); (*of birds*) émigrer, voyager.

migration [mai'greiʃ(ə)n], *s.* **1.** (*a*) Migration *f* (des oiseaux, etc.). (*In Canada*) Foule *f* (du caribou). (*b*) Émigration *f.* **2.** *El:* **Migration of the ions,** transport *m* des ions.

migrator [mai'greitər], *s.* = MIGRANT 2.

migratory ['maigrətəri], *a.* **1.** (Peuple) migrateur, nomade; (tribu) migratrice; (oiseau) migrateur, voyageur, de passage; (gibier) nomade. **2.** (Mouvement) migratoire.

Mikado [mi'ka:do], *s.m.* Mikado.

mike[1] [maik], *s. F:* **1.** *W.Tel:* Microphone *m, F:* micro *m.* **2.** *Esp.Med:* Microscope *m.* **3.** *Mec.E:* Micromètre *m.*

mike[2], *v.i. Mil: P:* Tirer au flanc.

Mike[3]. *Pr.n.m.* (*Dim. of Michael*) Michel. *F:* **For the love of Mike . . .,** pour l'amour de Dieu. . . .

mil [mil], *s.* **1.** *Meas:* (*a*) *Pharm:* Millilitre *m.* (*b*) *Ind:* Millième *m* de pouce (unité de mesure des fils métalliques). (*c*) *Artil:* Millième (unité d'angle). **2.** *Com:* *So much* **per mil,** tant par mille.

milage ['mailedʒ], *s.* = MILEAGE.

Milan [mi'lan]. *Pr.n. Geog:* Milan *m.*

Milanese [milə'ni:z]. **1.** *a.* & *s.* *Geog:* (*a*) Milanais, -aise. (*b*) *Hist:* **The Milanese,** le Milanais (le territoire). **2.** *s.* *Tex:* Milanaise *f*, milanèse *f*.

milch [miltʃ], *a.* (*Of domestic animals*) A lait, laitière.

'milch-cow, *s.* (*a*) Vache laitière. (*b*) *F:* (*Pers.*) Vache *f* à lait; Monsieur Poirier.

'milch-ewe, *s.* Brebis allaitante.

milcher ['miltʃər], *s.* (Vache, etc.) laitière *f*.

mild [maild], *a.* **1.** (*Of pers., word*) Doux, *f.* douce. *M. look,* air doux. *M. reply,* réponse conciliatrice. *M. criticism,* critique anodine. *The mildest man alive,* le plus doux des hommes. *F:* **As mild as a dove, as milk,** doux comme un mouton, douce comme une colombe. **2.** (*Of rule, punishment*) Doux, peu sévère, peu rigoureux. *Milder measures,* des mesures moins rigoureuses. *M. punishment,* punition légère. **3.** (Climat) doux, tempéré; (ciel) clément; (hiver) doux, bénin. *The weather is growing milder,* le temps s'adoucit, devient plus doux. *It is milder here,* il fait meilleur ici. *The weather has turned milder with the south wind,* le vent du sud a radouci le temps. **4.** (*a*) (Plat) doux, peu relevé; (médicament) doux, bénin; (tabac) doux. *A m. cigar,* un cigare doux, suave. **Mild beer,** bière légère, peu houblonnée. *F:* **Draw it mild!** tout doux! n'exagérez pas! ne vous emballez pas! (*b*) *Med:* Bénin, *f.* bénigne; clément. **A mild form of measles,** une forme bénigne de la rougeole. *To have scarlet fever* **in a mild form,** avoir la scarlatine sous une forme bénigne. (*c*) *Med:* *M. purgative,* purgatif bénin, qui agira doucement. **5.** (Exercice) modéré; (amusement) innocent, anodin. *M. gaiety,* douce gaieté. *M. efforts,* faibles efforts *m*. *M. cheers,* acclamations modérées. *The play was a m. success,* la pièce a obtenu un succès d'estime. **6.** *Tchn:* **Mild steel,** acier doux. **-ly,** *adv.* **1.** Doucement; avec douceur. **2.** Modérément. **To put it mildly,** pour m'exprimer avec modération.

'mild-'tempered, *a.* D'une disposition douce.

milden ['maildən]. **1.** *v.tr.* Adoucir; rendre plus doux. **2.** *v.i.* S'adoucir; devenir plus doux.

mildew[1] ['mildju:], *s.* **1.** (*a*) *Agr:* Rouille *f* (sur le froment, etc.). (*b*) Mildiou *m*, mildew *m* (sur les vignes, les arbres, etc.); *Vit:* rosée *f* de farine; oïdium *m* (des vignes). *Winem:* **Mildew specks,** fleurs *f* de vin. (*c*) Chancissure *f* (sur le pain, etc.). **2.** Moisissure *f*, taches *fpl* d'humidité, piqûres *fpl* (sur le papier, le cuir).

mildew[2]. **1.** *v.tr.* (*a*) *Agr:* Rouiller, moisir (une plante); frapper (une plante) de rouille, de mildiou. (*b*) (*Of damp, etc.*) Piquer (le papier, etc.); chancir (le pain, les confitures). **2.** *v.i.* (*a*) (*Of plant*) Se rouiller, se moisir. (*b*) (*Of paper, etc.*) Se piquer.

mildewed, *a.* **1.** (*a*) (Blé) rouillé. (*b*) *M. vine,* vigne mildiousée, atteinte de mildiou, de mildew. (*c*) (Pain, etc.) chanci. **2.** (Papier, etc.) piqué, taché d'humidité.

mildewy ['mildjui], *a.* **1.** (Blé) moisi, rouillé; atteint de mildiou; mildiousé. **2.** (Odeur *f*) de moisi.

mildness ['maildnəs], *s.* **1.** Douceur *f*, clémence *f* (de qn, du temps); caractère anodin (d'une critique); légèreté *f* (d'une punition). **2.** *Med:* Bénignité *f* (d'une maladie).

mile [mail], *s.* *Meas:* Mille *m*. **Statute mile, English mile** (= 1760 *yards* = 1609 m. 31), mille anglais, mille terrestre. *Five miles, approx.* = huit kilomètres = deux lieues. **Nautical mile, sea mile, geographical mile** (= 2206 *yards* = 1852 m), mille marin, mille nautique. **Square mile** (= 259 hectares), mille carré. *Nau:* **Measured mile,** base *f* (pour essais de vitesse). *For miles and miles you see nothing but trees,* on parcourt des kilomètres sans voir autre chose que des arbres. *He lives miles away,* il demeure au diable. *F:* **Not a hundred miles away,** tout près. **A thirty mile journey, a thirty miles' journey,** un voyage de trente milles. *They attacked* **on a mile front,** ils attaquèrent sur un front de bataille d'un mille. *F:* **To be miles from believing sth.,** être à mille lieues de croire qch. **To be miles better,** valoir infiniment mieux. **Nobody comes, is, within miles of him,** personne ne lui monte à la cheville. *See also* MISS[1] 1.

'mile-post, *s.* Borne *f* milliaire.

mileage ['mailedʒ], *s.* **1.** (*a*) Distance *f* en milles; kilométrage *m*. *Rail:* **Mileage of a system,** longueur *f* des lignes d'un réseau. **Daily mileage,** parcours kilométrique journalier; parcours journalier (d'une locomotive). *Car with very small m.,* auto *f* qui a très peu roulé. **Mileage rate,** tarif *m* par mille. (*b*) Vitesse *f* (en milles). (*c*) *Aut:* *Av:* Rayon *m* d'action. (*d*) Durée *f* kilométrique (d'un pneu, etc.). **2.** *U.S:* (*a*) Indemnité de déplacement allouée à un membre de la législature. (*b*) Carnet *m* de billets de chemin de fer, chacun bon pour un mille.

-miler ['mailər], *s.* *F:* (*With num. prefixed*) **Ten-miler, fifteen-miler,** promenade *f* de dix, quinze, milles.

Milesian[1] [mai'li:zjən], *a.* & *s.* *A.Geog:* Milésiaque (*mf*), Milésien, -ienne; de Milet.

Milesian[2], *a.* & *s.* (*a*) *Myth:* Descendant *m* de Milésius (roi d'Espagne dont les fils conquirent l'Irlande). (*b*) Irlandais (*m*).

milestone[1] ['mailstoun], *s.* **1.** Borne milliaire, routière; (*in Fr.*) borne kilométrique. **2.** *F:* *Milestones in s.o.'s life,* événements qui jalonnent la vie de qn.

milestone[2], *v.tr.* Jalonner. *Events which m. his career,* événements *m* qui jalonnent sa carrière.

Miletus [mai'li:təs]. *Pr.n.* *A.Geog:* Milet *m*.

milfoil ['milfɔil], *s.* *Bot:* Mille-feuille *f*, *pl.* mille-feuilles; achillée *f*; *F:* herbe *f* aux charpentiers, aux voituriers. *See also* WATER-MILFOIL.

miliaria [mili'εəriə], *s.* *Med:* Fièvre *f* miliaire; suette *f* miliaire; miliaire *f*.

miliary ['miliəri], *a.* *Physiol:* *Med:* Miliaire. **Miliary fever,** (fièvre *f*) miliaire *f*, suette *f* miliaire. **Miliary eruption,** millet *m*.

milieu ['mi:ljø], *s.* Milieu (social). *Guests drawn from every m.,* des invités de tous les milieux.

militancy ['militənsi], *s.* Esprit militant; (*in politics*) activisme *m*.

militant ['militənt]. **1.** *a.* Militant. **The Church militant,** l'Église militante. *Hist:* **Militant suffragette,** *s.* **militant,** suffragette *f* activiste. **2.** *s.* *Pol:* *etc:* *The militants,* les activistes *m*; les partisans *m* de l'action directe.

militarism ['militərizm], *s.* Militarisme *m*, *F:* caporalisme *m*.

militarist ['militərist], *s.* Militariste *m*.

militarization [militərai'zeiʃ(ə)n], *s.* Militarisation *f*.

militarize ['militəraiz], *v.tr.* Militariser, *F:* caporaliser.

military ['militəri]. **1.** *a.* Militaire. *M. service,* service *m* militaire. *To impress workmen into m. service,* militariser des ouvriers. *M. government,* stratocratie *f*. **Military man,** militaire *m*. **Of military age,** en âge de servir. **Military law,** le code (de justice) militaire. *Subject to m. law,* justiciable des tribunaux militaires. *M. offence,* délit *m* ressortissant aux tribunaux militaires. **Military chest,** trésor *m* de guerre. *To give a civilian* (*temporary*) *m. status,* militariser un civil. *Med:* **Military fever,** fièvre *f* des armées, peste *f* de guerre; le typhus ou la fièvre typhoïde. **2.** *s.pl.* *Coll.* **The military,** les militaires *m*, les soldats *m*; la force armée; l'armée *f*. *The m. were called in,* on fit venir la force armée. *F:* *There are some m. going by,* voilà de la troupe qui passe. **-ily,** *adv.* Militairement. *To occupy a town m.,* occuper une ville militairement.

militate ['militeit], *v.i.* **1.** Militer (*in favour of, against,* en faveur de, contre). *The bad weather militated against the festivities,* les fêtes ont été desservies par le mauvais temps. *Facts that m. against the prisoner,* faits *m* qui militent contre l'accusé. **2.** *A:* Servir (dans l'armée); se battre, combattre.

militia [mi'liʃə], *s.* Milice *f*; garde nationale. *M. troops,* milices.

militiaman, *pl.* **-men** [mi'liʃəmən, -men], *s.m.* Milicien, soldat de la milice; garde national.

milk[1] [milk], *s.* **1.** Lait *m*. **New milk,** lait (encore) chaud; lait du jour. *M. fresh from the cow,* lait fraîchement trait. **Cow in milk,** vache *f* en train de donner du lait. **Milk foods,** laitage *m*. **Milk diet,** régime lacté. *To be on a m. diet,* être au lait. *F:* **To come home with the milk,** rentrer au grand jour. **Land of milk and honey,** pays *m* de cocagne. *See also* FLOW[2] 4. **Milk for babes,** littérature *f* ad usum Delphini; littérature pour jeunes filles. **Milk and water,** (i) lait coupé (d'eau); (ii) discours *m* ou littérature fade, insipide, sans sel, à l'eau de rose. *See also* MILK-AND-WATER. (*Complexion of*) **milk and roses,** teint *m* de lis et de roses. *Prov:* **It is no use crying over spilt milk,** ce qui est fait est fait; inutile de pleurer, ça ne changera rien; à chose faite point de remède. *See also* BREAD, BUTTERMILK, CART[1], CONCENTRATE[2] 1, CONDENSED, DIET[1] 2, FULL[1] I. 5, GOAT'S-MILK, KINDNESS 1, MALTED, MARKETING 1, PUNCH[4], SKIM-MILK. **2.** Lait, eau *f* (de noix de coco). *See also* COCO(A[1]) 1. **Milk of almonds, of lime,** lait d'amandes, de chaux. **Milk of sulphur,** lait de soufre. *See also* SUGAR[1] 2.

'milk-and-'water, *a.* *F:* Fade, insipide; gnan-gnan. *M.-and-w. literature, discipline,* littérature *f*, discipline *f*, à l'eau de rose.

'milk-can, *s.* Boîte *f* à lait; (*dairyman's*) berthe *f*.

'milk-crust, *s.* *Med:* Croûtes *fpl* de lait.

'milk-fever, *s.* *Med:* Fièvre laiteuse, fièvre lactée, fièvre de lait.

'milk-gauge, *s.* Lacto-densimètre *m*, *pl.* lacto-densimètres; lactomètre *m*, pèse-lait *m inv.*

'milk-glass, *s.* *Glassm:* Opaline *f*.

'milk-jug, *s.* Pot *m* à lait; (le) pot au lait.

'milk-leg, *s.* *Med:* *F:* = WHITE-LEG.

'milk-loaf, *s.* Pain *m* de fantaisie.

'milk-pail, *s.* Seau *m* à lait.

'milk-pan, *s.* Jatte *f*, terrine *f*, à lait.

'milk powder, *s.* Poudre *f* de lait; lait desséché.

'milk 'pudding, *s.* *Cu:* Riz *m*, sagou *m*, tapioca *m*, etc., au lait; entremets sucré au lait.

'milk-tester, *s.* Pèse-lait *m inv*, lactomètre *m*.

'milk-thistle, *s.* *Bot:* Chardon argenté; chardon Marie; lait *m* Sainte-Marie.

'milk-tooth, *pl.* **-teeth,** *s.* Dent *f* de lait. *Milk-teeth,* dentition *f* de lait; dents de lait.

'milk-vetch, *s.* *Bot:* Tragacanthe *f*, astragale *m*.

'milk-walk, *s.* Tournée *f* de laitier.

'milk-white, *a.* (*a*) Blanc comme du lait; d'une blancheur de lait. (*b*) *Tchn:* (*Of liquid*) Lactescent.

'milk-woman, *pl.* **-women,** *s.f.* Laitière, crémière.

milk[2]. I. *v.tr.* **1.** Traire (une vache, etc.). *F:* **To milk the ram, the bull,** vouloir accomplir des impossibilités; entreprendre l'impossible. **2.** *F:* Dépouiller, écorcher (qn); exploiter (qn). To milk the till, *P:* barboter la caisse. **3.** (*a*) **To milk sap from a tree,** saigner un arbre. **To milk the venom from a snake,** capter le venin d'un serpent. (*b*) *Tg:* *Tp:* *F:* **To milk a message** (*from a telephone or a telegraph line*), **to milk the wire,** capter une communication (à l'écoute).

II. **milk,** *v.i.* *El:* (*Of accumulator*) Devenir perlé.

milking, *s.* **1.** Traite *f*, mulsion *f* (d'une vache, etc.). **Milking machine,** trayeuse *f* mécanique. **2.** *Tg:* *Tp:* Captation *f* (d'une communication).

'milking-cell, *s.* *El:* Élément *m* supplémentaire (d'une batterie).

milker ['milkər], *s.* **1.** (*a*) (*Pers.*) Trayeur, -euse. (*b*) **Mechanical milker,** trayeuse mécanique. **2.** (*Cow, etc.*) **Good milker, bad milker,** bonne laitière, mauvaise laitière.

milkiness ['milkinəs], *s.* Couleur laiteuse, trouble laiteux, aspect laiteux, lactescence *f* (d'un liquide, etc.).

milkmaid ['milkmeid], *s.f.* **1.** Laitière, crémière. **2.** Trayeuse; fille de laiterie.

milkman, *pl.* **-men** ['milkmən, -men], *s.m.* Laitier, crémier.

milksop ['milksɔp], *s.* *F:* Poule mouillée; poule laitée; poltron *m*. *You little m.!* petit peureux!

milkweed ['milkwi:d], *s.* *Bot:* Plante *f* à suc laiteux. *Esp.* (*a*) Laiteron *m*, lait *m* d'âne. (*b*) Fenouil *m* de porc. (*c*) Réveille-matin *m inv.*

(*d*) *U.S:* Asclépiade *f* de Syrie; plante *f* à soie; apocyn *m* à ouate soyeuse; soyeuse *f*; coton *m* sauvage.

milkwort ['milkwəːrt], *s. Bot:* **1.** Polygale commun; laitier *m*; herbe *f* au lait. **2.** Glaux *m*. **Sea milkwort,** glauque *f*.

milky ['milki], *a.* Laiteux; lactescent; blanchâtre; (*of gem*) pâteux. *Astr:* **The Milky Way,** la Voie lactée; la Galaxie. *El:* **Milky cell,** accumulateur perlé, laiteux.

mill[1] [mil], *s.* **1.** (*a*) **(Flour-)mill,** moulin *m* (à farine). **Merchant mill, steam mill,** minoterie *f*. *See also* HORSE-MILL, POST-MILL, WATER-MILL, WINDMILL. *F:* **To put s.o. through the mill,** faire passer qn au laminoir. **To go, pass, through the mill,** passer par de dures épreuves; manger de la vache enragée. *He's been through the m.*, (i) il en a vu de dures, de toutes les couleurs; (ii) (*of artist, etc.*) il a de l'acquis; il a passé par l'école. *He has come through the whole m.*, il a passé par la filière. *See also* GRIST[1] 1. (*b*) **Coffee-mill, pepper-mill,** moulin à café, à poivre. *See also* SALT-MILL. (*c*) **(Crushing-)mill,** (moulin) broyeur *m*, concasseur *m*. **Paint mill,** broyeur malaxeur. *See also* OIL-MILL, STAMPING-MILL. (*d*) **Cider-mill,** pressoir *m*. **2.** (*a*) **Lapidary's mill,** lapidaire *m*; meule *f* lapidaire. (*b*) *Metalw:* **Rolling-mill,** laminoir *m*. **Tube mill,** laminoir à tubes. *See also* RUMBLING-MILL. (*c*) *Num:* **Mill (and screw),** presse *f* monétaire. **3.** *Tls:* = MILLING-CUTTER. **4.** (*a*) *F:* = TREADMILL. (*b*) *U.S: P:* Moteur *m* d'avion. **5.** Usine *f*; manufacture *f*. **Cloth-mill,** fabrique *f* de drap. **Cotton-mill,** filature *f* de coton. **Oil-mill,** huilerie *f*. **Spinning-mill,** filature. **Sugar-mill,** raffinerie *f*. **Weaving-mill,** usine de tissage. *See also* PAPER-MILL, ROLLING-MILL 1, SAWMILL. **6.** *F:* Combat *m* à coups de poing; assaut *m* de boxe. **7.** *Crust:* **Gastric mill,** moulinet *m* gastrique. **8.** *Min:* Cheminée *f* à minerai.

'mill-bar, *s. Metall: Com:* Fer *m* en barre.

'mill-cake, *s. Husb:* Tourteau *m*.

'mill-course, *s.* Canal, -aux *m*, courant *m*, bief *m*, de moulin.

'mill-'dam, *s.* Barrage *m* de moulin.

'mill-dust, *s.* Folle farine.

'mill-finishing, *s.* Apprêt *m*, apprêtage *m* (du papier).

'mill-girl, *s.f.* Ouvrière d'usine, de filature.

'mill-hand, *s.* (*a*) Ouvrier, -ière, d'usine, de fabrique, de filature. (*b*) Ouvrier meunier, de minoterie; garçon meunier. (*c*) *Metalw:* Lamineur *m*.

'mill-hopper, *s.* Trémie *f* (de moulin à farine).

'mill-'leat, *s.* = MILL-RACE.

'mill-owner, *s.* **1.** Propriétaire *m* de moulin. **2.** Chef *m* de fabrique; industriel *m*; usinier *m*; manufacturier *m*; filateur *m*.

'mill-pond, *s.* **1.** Réservoir *m* de moulin; retenue *f*. *See also* CALM[2], SMOOTH[1] 1. **2.** *F:* **The Mill-pond,** l'océan *m* Atlantique.

'mill-'race, *s.* Bief *m*, biez *m*, de moulin; chenal, -aux *m*; coursier *m*.

'mill-rind, *s. Mill: Her:* Anille *f*.

'mill-'run, *s.* **1.** = MILL-RACE. **2.** *Ind: Min: etc:* Campagne *f*.

'mill-tail, *s.* Bief *m* d'aval, biez *m* de fuite (d'un moulin).

'mill-wheel, *s.* Roue *f* de moulin.

mill[2]. **1.** *v.tr.* (*a*) Moudre (le blé, la farine). (*b*) Broyer; bocarder (du minerai). (*c*) *Tex:* Fouler (le drap). (*d*) *Mec.E:* Fraiser, tailler (des engrenages, etc.). (*e*) Molet(t)er, godronner (la tête d'une vis). *Num:* Créneler (une pièce de monnaie). (*f*) Faire mousser (du chocolat, de la crème). (*g*) *F:* Moudre, rouer, (qn) de coups. **2.** *v.i. Esp. U.S:* (*a*) (*Of cattle*) Tourner en masse. (*b*) (*Of crowd*) Fourmiller; tourner en rond. (*c*) (*Of whale*) Revenir sur son sillon. (*d*) *F:* Boxer, cogner.

milled, *a.* **1.** (*a*) *Mec.E:* (Écrou) moleté, godronné. *See also* CUTTER 2. (*b*) *Num:* Crénelé. **Milled edge** (*on coin*), crénelage *m*, grènetis *m*, cordon *m*. **2.** *Tex:* Foulé. **3.** *Cu:* **Milled chocolate,** mousse *f* au chocolat.

milling, *s.* **1.** Métier *m* de meunier, de minotier; meunerie *f*, minoterie *f*. *See also* FLOUR-MILLING[2]. **2.** (*a*) Mouture *f*, moulage *m* (du grain). *Wheat of high m. value,* blé *m* de grande valeur boulangère. (*b*) Broyage *m*; bocardage *m* (du minerai). (*c*) Foulage *m* (du drap). **3.** *Metalw:* (*a*) Fraisage *m*, fraisement *m* (des dents d'engrenage, etc.); dressage *m* à la fraise. *See also* GEAR-MILLING. (*b*) Molet(t)age *m*, godronnage *m* (d'une tête de vis). **4.** *F:* Coups *mpl* de poing; raclée *f*, rossée *f*.

'milling-cutter, *s. Mec.E:* Fraise *f*; fraiseuse *f*.

'milling-machine, *s. Mec.E:* Fraiseuse *f*, machine *f* à fraiser.

'milling-spindle, *s. Metalw:* Porte-fraise *m*, *pl.* porte-fraises.

'milling-tool, *s. Mec.E:* **1.** = MILLING-CUTTER. **2.** Godronnoir *m*; porte-molette *m*, *pl.* porte-molettes.

mill[3], *s. U.S:* Millième *m* (de dollar).

millboard ['milbɔːrd], *s.* Carton-pâte *m inv*; fort carton, gros carton, carton épais (pour reliure, pour dessin).

millenarian [mile'nɛəriən]. *Rel.H:* **1.** *s.* Millénaire *m* (membre *m* d'une secte juive). **2.** *a.* Qui se rapporte au millénium.

millenarianism [mile'nɛəriənizm], *s. Rel.H:* Millénarisme *m*.

millenary ['milenəri]. **1.** *a.* (*a*) Millénaire (de mille ans). (*b*) *Rel.H:* Du millénium. **2.** *s.* Millénaire *m* (période de mille ans).

millennial [mi'lenjəl]. **1.** *a.* Millénaire; du millénaire; qui dure depuis mille ans. **2.** *s.* Millième anniversaire *m*.

millennium [mi'leniəm], *s.* **1.** *Rel.H:* Millénium *m*; règne *m* millénaire (du Messie). **2.** Millénaire *m*; mille ans *m*.

millepede ['milipiːd], *s.* **1.** *Myr:* Mille-pattes *m inv*, mille-pieds *m inv*. **2.** *Crust:* Armadille *m or f*.

millepore ['milipɔːər], *s. Coel:* Millépore *m*.

miller ['milər], *s.* **1.** Meunier *m*; (*of steam mill*) minotier *m*. *The miller's wife,* la meunière. *See also* DROWN 1, DUSTY MILLER. **2.** *Mec.E:* (*a*) (*Pers.*) Fraiseur *m*. (*b*) (*Machine*) Fraiseuse *f*; machine *f* à fraiser. **3.** *Ent: F:* (*a*) Hanneton *m*. (*b*) (Variétés de) chenille *f* (saupoudrées de blanc).

'miller's 'dog, *s. Ich:* Cagnot *m*.

'miller's 'thumb, *s. Ich:* = BULLHEAD 1.

millesimal [mi'lesiməl], *a. & s.* Millième (*m*).

millet ['milet], *s. Bot:* Millet *m*, mil *m*. **African, Indian, black, millet,** sorgho *m*; millet d'Afrique, d'Inde; doura *m*. **Italian millet,** panic *m* d'Italie.

'millet-grass, *s. Bot:* **(Wood) millet-grass,** millet *m*.

'millet-seed, *s.* Graine *f* de millet.

milli- [mili], *comb.fm. Meas:* Milli-; un millième de. . . . *Millimetre,* millimètre. *Milligram(me),* milligramme. *Milliare,* milliare.

milliammeter [mili'ametər], *s. El:* Milliampèremètre *m*.

milliamp ['miliamp], *s. El: F:* = MILLIAMPERE.

milliampere [mili'ampɛər], *s. El.Meas:* Milliampère *m*.

milliamperemeter [mili'ampɛərmiːtər], *s.* = MILLIAMMETER.

milliard ['miljɑrd], *s.* Milliard *m*, billion *m*.

milliary ['miliəri], *a. Rom.Ant: Archeol:* **Milliary column,** *s.* **milliary,** borne *f* milliaire; colonne *f* milliaire.

millibar ['milibɑːr], *s. Meteor.Meas:* Millibar *m*.

millieme ['milieim], *s. Artil:* Millième *m* (d'artilleur).

milligrade ['miligreid], *s. Angular Meas:* Milligrade *m*.

milligram(me) ['miligram], *s. Meas:* Milligramme *m*.

millihenry, *pl.* **-henries** ['milihenri, -z], *s. El.Meas:* Millihenry *m*.

millilitre ['mililiːtər], *s. Meas:* Millilitre *m*.

millimetre ['milimiːtər], *s. Meas:* Millimètre *m*. **Millimetre scale,** échelle *f* millimétrique.

millimicron ['milimaikrɔn], *s. Ph.Meas:* Millimicron *m*.

milliner ['milinər], *s.* Marchande *f* de modes; modiste *f*. **Man milliner,** marchand *m* de modes. **Milliner's shop,** magasin *m* de modes. *See also* APPRENTICE[1] 1.

millinery ['milinəri], *s.* (Articles *mpl* de) modes *fpl*.

million ['miljən], *s.* **1.** Million *m*. *A m. men, one m. men,* un million d'hommes. *Two m. men, two millions of men,* deux millions d'hommes. *Four m. four thousand men,* quatre millions quatre mille hommes. *One thousand million(s),* un milliard, un billion. *A quarter of a m. men,* deux cent cinquante mille hommes. *Half a m. men,* un demi-million d'hommes. *F:* (*Of pers.*) **Worth millions, worth ten millions,** riche à millions; dix fois millionnaire. *They have millions and millions,* ils sont archimillionnaires. *To talk in millions, F:* ne parler que mille et cents. **A two-million(-pound) battleship,** un cuirassé coûtant deux millions de livres. **2.** *F:* **The million,** la foule, le commun, les masses *f*.

millionaire [miljə'nɛər], *a. & s.* Millionnaire (*mf*).

millionairedom [miljə'nɛərdəm], *s.* La grosse fortune; le monde des millionnaires. **The way to millionairedom,** comment devenir millionnaire.

millionth ['miljənθ], *a. & s.* Millionième (*m*).

millivolt ['milivoult], *s. El.Meas:* Millivolt *m*.

millstone ['milstoun], *s.* Meule *f* (de moulin). **Upper millstone,** meule courante, meule tournante; surmeule *f*. **Lower millstone,** *A:* **nether millstone,** meule gisante, de dessous; gîte *m*. *F:* **Heart as hard as the nether millstone,** cœur aussi dur que la pierre, que le roc; cœur de pierre. *F:* **To be between the upper and the nether millstone,** être entre l'enclume et le marteau. **To see far into a millstone,** être très perspicace. **It will be a millstone round his neck all his life,** c'est un boulet qu'il traînera toute sa vie. *See also* GRIT[1] 2, SWIM[2] I. 1.

'millstone-factory, *s.* Meulière *f*.

'millstone-maker, *s.* Meulier *m*.

'millstone-quarry, *s.* Meulière *f*.

millwright ['milrait], *s.* Constructeur *m* de moulins. *Ind:* **Millwright work,** petit outillage.

Milo[1] ['mailo]. *Pr.n.m. Gr. & Rom.Hist:* Milon.

Milo[2]. *Pr.n. Geog:* Milo, Milos. *Art:* **The Venus of Milo,** la Vénus de Milo.

milreis [mil'reis], *s. Num:* Milreis *m*.

milt[1] [milt], *s.* **1.** Rate *f* (des mammifères). **2.** Laitance *f*, laite *f* (des poissons).

'milt-wort, *s. Bot:* = MILTWASTE.

milt[2], *v.tr. Ich:* Féconder.

milter ['miltər], *s. Ich:* Poisson laité; poisson mâle.

Miltiades [mil'taiadiːz]. *Pr.n.m. Gr.Hist:* Miltiade.

Miltonian [mil'tounjən], **Miltonic** [mil'tɔnik], *a. Lit.Hist:* Miltonien.

miltwaste ['miltweist], *s. Bot:* Cétérac officinal.

mime[1] [maim], *s. Gr. & Lt.Ant:* Mime *m* (comédie ou acteur). **Mime-writer,** mimographe *m*.

mime[2]. **1.** *v.tr.* Mimer (une scène). **2.** *v.i.* Jouer par gestes.

mimeograph ['mimiograf, -grɑːf], *s.* Autocopiste *m* (au stencil).

mimesis [mai'miːsis], *s.* **1.** *Rh:* Mimèse *f*. **2.** *Nat.Hist:* Mimétisme *m*.

mimetic [mai'metik], *a.* **1.** D'imitation; imitatif. **2.** = MIMIC[1] 1. **3.** *Nat.Hist:* (Papillon *m*, etc.) mimétique. **-ally,** *adv.* Par mimique.

mimetism ['maimetizm], *s. Nat.Hist:* Mimétisme *m*.

mimic[1] ['mimik]. **1.** *a.* (*a*) (*Of gesture, etc.*) Mimique; imitateur, -trice. **The mimic art,** la mimique. (*b*) (*Of warfare, etc.*) Factice. **2.** *s.* (*a*) Mime *m*. (*b*) Imitateur, -trice; contrefaiseur, -euse. **He's a great mimic,** *F:* c'est un vrai singe.

mimic[2], *v.tr.* **(mimicked; mimicking) 1.** Imiter, mimer, contrefaire; *F:* singer (qn). **2.** Imiter, contrefaire (la nature, etc.). *Wood painted to m. marble,* bois peint à l'imitation du marbre. *Vice has learned to m. virtue,* le vice a appris à contrefaire la vertu.

mimicker ['mimikər], *s.* Contrefaiseur, -euse; imitateur, -trice; *F:* singe *m*.

mimicry ['mimikri], *s.* **1.** Mimique *f*, imitation *f*. **2.** *Nat.Hist:* Mimétisme *m*.

miminy-piminy ['mimini'pimini], *a. F:* Affété, précieux, prétentieux.

mimographer [mai'mɔgrəfər], *s.* Mimographe *m*; auteur *m* de mimes.

mimosa [mi'mouza, -ousa], *s. Bot:* Mimosa *m.*

mimoseae [mi'mousiiː], *s.pl. Bot:* Mimosées *f.*

mimulus ['mimjuləs], *s. Bot:* Mimule *m.*

mina[1], *pl.* **-ae, -as** ['maina, -iː, -az], *s. A.Gr.Meas. & Num:* Mine *f.*

mina[2], *s. Orn:* Mainate religieux.

minacious [mi'neiʃəs], *a. Lit:* Menaçant; *Jur:* comminatoire. **-ly,** *adv.* D'un ton, d'un air, menaçant.

minar [mi'nɑːr], *s.* (*In India*) **1.** Phare *m.* **2.** Tourelle *f.*

minaret ['minaret], *s.* Minaret *m.*

minatory ['minətəri], *a.* Menaçant; *Jur:* comminatoire.

mince[1] [mins], *s. Cu:* Hachis *m* (de viande).

mince[2], *v.tr.* **1.** Hacher, hacher menu, mincer (de la viande, etc.). **2.** (*Always in the neg.*) **Not to mince one's words,** avoir son franc parler; ne pas mâcher ses mots; parler carrément (*with s.o.,* à qn). *He didn't m. his words,* il n'a pas ménagé ses termes. **Not to mince matters,** parler net, parler sans phrase, dire les choses carrément, trancher le mot. *I did not m. matters with him,* je n'ai pas pris de mitaines, je n'ai pas usé de ménagements, pour le lui dire; je lui ai dit tout net ce que je pensais. *He doesn't m. matters,* il n'y va pas par quatre chemins. **3. To mince one's words,** *abs.* **to mince,** parler avec une élégance affectée, parler du bout des lèvres; (*of woman*) minauder; (*of man*) mignarder; faire des grimaces, des simagrées, des manières. **4.** *v.i.* Marcher d'un air affecté.

minced, *a. Cu:* Haché. *M. veal,* hachis *m* de veau. **Minced meat,** hachis.

mincing[1], *a.* (*a*) (*Of manner, tone*) Affecté, minaudier, affété; (*of man*) mignard; (*of woman*) minaudière. *Affected, m., young lady.* demoiselle grimacière. (*b*) *To take m. steps,* marcher à petits pas. **-ly,** *adv.* D'un ton, d'un air, affecté; avec une élégance affectée; mignardement.

mincing[2], *s.* **1.** Mise *f* en hachis (de la viande, etc.). **2.** Airs affectés; afféteries *fpl.*

'mincing-knife, *s.* Hachoir *m.*

'mincing-machine, *s.* = MINCER.

mincemeat ['minsmiːt], *s. Cu:* Compote de raisins secs, de pommes, d'amandes, d'écorce d'orange, etc., liée avec de la graisse et conservée avec du cognac; mincemeat *m. F:* **To make mincemeat of sth.,** hacher menu qch. *F:* **To make mincemeat of s.o.,** réduire qn en chair à pâté; hacher qn menu comme chair à pâté; mettre qn en charpie.

mince-pie [mins'pai], *s. Cu:* Petite tarte contenant du mincemeat; mince-pie *m.*

mincer ['minsər], *s. Cu:* Hache-viande *m inv,* hachoir *m* automatique.

Mincing Lane ['minsiŋ'lein]. *Pr.n.* Rue de la Cité de Londres, le centre du commerce du thé.

mind[1] [maind], *s.* **1.** (*Remembrance*) (*a*) Souvenir *m,* mémoire *f.* **To bear, keep, sth. in mind,** (i) se souvenir de qch.; garder la mémoire de qch.; songer à qch.; avoir soin de faire qch.; ne pas oublier qch.; (ii) tenir compte de qch. *I shall bear, keep, your words in m.,* je tiendrai compte de votre avis. *Keep, bear, him in m.,* songez à lui. *Advice that I always keep in m.,* conseil que j'ai toujours présent à l'esprit. *This is an aim to be kept in m.,* voici un but qu'il ne faut pas perdre de vue. *Bear in m. that she is only a child,* rappelez-vous, n'oubliez pas, que ce n'est qu'une enfant. *You must keep in m. his youth,* il faut tenir compte de sa jeunesse. *I shall try to bear it in m.,* je tâcherai de m'en souvenir. *I am bearing it in m.,* je l'ai en tête. *It must be borne in m. that . . .,* il ne faut pas oublier que . . ., il faut considérer que. . . . *Bear that in m.!* prenez-en bonne note! sachez bien cela! **To bring, (re)call, sth. to s.o.'s mind,** rappeler qch. à la mémoire de qn, remémorer qch. à qn. **To call sth. to mind,** évoquer le souvenir de qch. *To recall to m. a past event,* se retracer un événement passé. *I cannot call it to m.,* je ne peux pas me le rappeler, m'en souvenir. *To call sth. to m. again,* se remémorer qch. **To put s.o. in mind of s.o.,** rappeler qn à qn; faire penser qn à qn. *He puts me in m. of his father,* il me rappelle, il me représente, son père; il me fait penser à son père. *She puts me in m. of a sparrow,* elle me fait l'effet d'un moineau. *There comes to my m. a curious story,* il me souvient d'une histoire curieuse. **To go, pass, out of mind,** tomber dans l'oubli. **It went out of my mind,** cela m'est sorti de l'esprit. *It had gone clean out of my m.,* cela m'était entièrement sorti de la tête, de la mémoire, de l'idée. *It sent my appointment clean out of my m.,* cela me fit complètement oublier mon rendez-vous. *See also* SIGHT[1] 2, TIME[1] 4. (*b*) *Ecc:* **Year's mind,** service *m* du bout de l'an. **2.** (*a*) (*Opinion*) Pensée *f,* avis *m,* idée *f.* **To tell s.o. one's mind, to let s.o. know one's mind,** dire sa façon de penser à qn. **To give s.o. a piece, a bit, of one's mind,** dire son fait, ses vérités, à qn; tancer vertement qn; parler carrément à qn; *P:* donner un savon à qn. *I gave him a piece of my m.,* je lui ai dit carrément ma façon de penser, ce que j'en pensais. **She sent her mind** *to Aunt Charlotte,* elle écrivit à la tante Charlotte pour lui dire son fait. *See also* SPEAK II. 1. **To be of s.o.'s mind, to be of the same mind as s.o., to be of a mind with s.o.,** être du même avis que qn; être d'accord avec qn. (*Of several pers.*) **To be of a mind, of one mind,** être dans les mêmes idées, être du même avis, être d'accord. *We are of the same m.,* nos vues *f* coïncident. **To my mind,** à mon avis; selon mon avis; selon moi; à ce que je pense. *That, to my m., is excellent advice,* voilà, ce me semble, un bon conseil. (*b*) (*Purpose, desire*) **To know one's own mind,** savoir ce qu'on veut. *He does not know his own m.,* (i) il ne sait pas ce qu'il veut; (ii) il est indécis. **To make up one's mind,** prendre son parti; se décider; prendre une décision. *Come, make up your m.!* allons, décidez-vous! *Man who cannot make up his m.,* homme *m* qui ne sait pas vouloir, *F:* qui ressemble à l'âne de Buridan. **To make up one's mind to do sth.,** se décider, se résoudre, à faire qch. *To make up one's m. about sth.,* prendre une décision au sujet de qch. **To make up one's mind to, for, sth.,** (i) se résigner à qch.; (ii) décider en faveur de qch. *My m. is made up,* ma résolution est prise; mon parti est pris; *F:* c'est tout réfléchi. *She couldn't make up her m. what to choose,* elle ne pouvait se décider à choisir. **To be in two minds about sth., about doing sth.; to be in two minds how to act,** être indécis sur qch., pour faire qch., quant au parti à prendre; balancer si l'on fera qch. *I was in two minds whether to go or to remain,* je ne savais trop si je devais partir ou rester. **The bright weather put me in the mind for walking,** le beau temps me donna l'envie de faire une promenade. **To change, alter, one's mind,** changer d'avis, de pensée, d'idée; se raviser. **Change of mind,** changement *m* d'avis ou d'intention. **I have a mind, a good mind, a great mind, to . . .,** j'ai (grande) envie, j'ai bien envie, j'ai pas mal envie, de . . .; je suis fortement disposé à. . . . **To have half a mind to do sth.,** avoir pas mal envie, avoir presque envie, avoir quelque velléité, de faire qch. *Do as you have a m.!* faites à votre idée, à votre guise! *If you have a m. for it,* si le cœur vous en dit. *To have no m. to do sth.,* n'avoir aucun désir de faire qch., aucune intention de faire qch. *Those who have a m. can go,* ceux qui le désirent peuvent y aller. (*c*) (*Direction of thoughts, desires*) **To let one's mind run upon sth.,** caresser la pensée de qch.; songer à qch. **To set one's mind on sth.,** désirer qch. ardemment; vouloir absolument avoir qch. **To have set one's mind on doing sth.,** avoir à cœur de faire qch.; être déterminé à faire qch.; s'être promis de faire qch. *He has set his m. on writing a novel,* il s'est mis dans la tête d'écrire un roman. *His m. turned to . . .,* il se mit à songer à . . .; sa pensée se tourna vers. . . . **To give one's mind to sth.,** s'adonner, s'appliquer, à qch.; s'occuper de qch. *To give one's whole m. to sth.,* appliquer toute son attention à qch. **To bring one's mind to bear on sth.,** porter son attention sur qch. **To have sth. in mind,** avoir qch en vue. *The person I have in m.,* la personne à qui je pense. **To find sth. to one's mind,** trouver qch. à son goût, à son gré. *It was not much to my m.,* cela ne me souriait guère. *These opinions are not much to my m.,* ces opinions *f* ne sont pas à mon goût, de mon goût. **3.** (*Spirit, temper*) Esprit *m,* âme *f.* **State of mind,** état *m* d'âme. **Turn of mind,** mentalité *f* (de qn). **Attitude of mind,** manière *f* de penser. *He was not in a state of m. to . . .,* (i) il n'était pas disposé à . . .; (ii) il n'était pas en état de. . . . *See also* FRAME[1] 1. **Peace of mind,** tranquillité *f* d'esprit. *Peace of m. is essential to . . .,* la paix de l'âme est essentielle à. . . . *To enjoy peace of m.,* avoir l'esprit en repos. *To disturb s.o.'s peace of m.,* troubler l'esprit de qn. *Man lacking strength of m.,* homme *m* sans caractère. *To return to a better m.,* venir à résipiscence. **4.** (*a*) *Phil: Psy:* (*Opposed to body*) Ame; (*opposed to matter*) esprit; (*opposed to emotions*) intelligence *f.* (*b*) Esprit, idée. *Such a thought had never entered his m.,* une telle pensée ne lui était jamais venue à l'esprit. *It never entered my mind that I already had an appointment,* je ne songeais pas que j'étais déjà pris. *It comes to my m. that . . .,* l'idée me vient que . . ., il me vient l'idée que . . ., il me vient à l'esprit que. . . . *See also* CROSS[2] 1, FLASH[3] I. 1. *To have a weak m.,* avoir l'esprit faible. *To possess unusual powers of m.,* être doué d'une intelligence peu commune. **She has something on her mind,** elle a quelque chose qui la préoccupe. **To take s.o.'s mind off his sorrow,** distraire qn de son chagrin; faire diversion à la tristesse, à la douleur, de qn. *He said everything he had on his m.,* il a dit tout ce qu'il avait sur la conscience. **To be easy, uneasy, in one's mind,** avoir, ne pas avoir, l'esprit tranquille. *To understand what is in s.o.'s m.,* entrer dans la pensée de qn. **To set one's mind to sth.,** réfléchir à qch. **To turn one's mind to a study,** appliquer son esprit, s'appliquer, à une étude. *He wants to have his m. clear about it,* il veut en avoir le cœur net. **That is a weight off my mind,** voilà qui me soulage l'esprit; je me sens l'esprit plus léger. *We must get it thoroughly into our minds that . . .,* il faut bien se pénétrer que. . . . *To get an idea fixed in one's m.,* se mettre qch. dans la cervelle. **Put it out of your mind,** n'y pensez plus. **I can't get that out of his mind,** je ne peux pas lui ôter cela de l'idée. *You may dismiss that idea from your m.,* vous pouvez chasser cette idée de votre esprit. *See also* APPLY 1, BACK[1] I. 2, EYE[1] 1, OWN[2] 1, PRESENCE 2, REST[1] 1. (*c*) *A noble, a grovelling, m.,* une belle âme, une âme de boue. *Prov:* **Great minds think alike,** les beaux esprits, les grands esprits, se rencontrent. *See also* MASTER[1] 5. (*d*) **The mind of man,** l'esprit de l'homme; l'esprit humain. *The religious m.,* l'esprit religieux. *The minds of men were roused,* les esprits étaient excités. *To rouse the public m.,* agiter les esprits. *See also* LAY[2] 1. **5.** Raison *f.* **To be out of one's mind,** avoir perdu la raison, la tête; être hors de son bon sens; n'avoir plus sa raison. **To go out of one's mind,** perdre la raison, la tête, l'esprit; tomber en démence. *You'll send drive, me ou of my m.!* vous me ferez perdre la tête! vous me rendrez fou! *You must be out of your m.!* vous perdez l'esprit! vous êtes fou! *Are you out of your m.?* avez-vous votre raison? *His misfortunes have unsettled his m.,* ses malheurs *m* ont troublé sa raison. *His m. entirely gave way,* sa raison sombra complètement. **To be in one's right mind,** être dans son bon sens; avoir toute sa raison. *See also* RIGHT[1] I. 4. **Of sound mind, sound in mind,** sain d'esprit; qui est en possession de toutes ses facultés. *See also* DERANGED 2, UNHINGED 2, UNSOUND 1.

'mind-child, *s.* Enfant *mf* imaginaire; camarade *m* imaginaire (d'un enfant solitaire).

'mind-cure, *s.* Psychiatrie *f,* psychothérapie *f.*

'mind-healer, *s.* Psychiatre *m.*

'mind-healing, *s.* = MIND-CURE.

'mind-picture, *s.* Représentation mentale.

'mind-reader, *s.* Liseur, -euse, de pensées.

'mind-reading, *s.* Lecture *f* de la pensée.

mind[2], *v.tr.* **1.** (*Attend to, give heed to*) Faire attention à, prêter (son) attention à (qn, qch.). **Never mind him; never mind what he says,** ne faites pas attention à lui, à ce qu'il dit; ne vous préoccupez pas de ce qu'il dit. *You ought to m. your elders,* vous devez écouter vos aînés. *If he had minded me . . .,* s'il avait écouté mes conseils. . . . *Never m. orders, do as I tell you,* il n'est ordre qui tienne, faites ce que je vous dis. *Never m. that,* qu'à cela ne tienne. *Never m. the money!* ne faites pas attention à l'argent! ne regardez pas à l'argent! *Never m. the remainder,* je vous tiens quitte du reste. *Nobody seems to m.,* personne ne paraît y prêter attention. **Mind my words!** écoutez bien ce que je vous dis! **Mind! mind you!** notez bien ceci! notez bien! remarquez bien! **Never you mind!** ça, c'est mon affaire! *P:* t'occupe pas! **2.** (*Apply oneself to*) S'occuper de, se mêler de (qch.). **Mind your own business!** occupez-vous, mêlez-vous, de ce qui vous regarde! occupez-vous de vos affaires! on ne vous demande pas l'heure! *P:* occupez-vous de vos oignons! mouche ton nez! je ne t'ai pas demandé ton âge! **3.** (*Chiefly in neg. or quasi-neg. sentences*) (*a*) (*Object to*) *Would you m. shutting the door?* voudriez-vous bien fermer la porte? auriez-vous l'obligeance, cela ne vous ferait-il rien, de fermer la porte? *Would you m. repeating it?* cela vous ennuierait-il de le répéter? *Do you m. coming?* cela vous est-il égal de venir? *F:* **D'you mind** *if I open the window?* ça ne vous fait rien que j'ouvre la fenêtre? *Do you m. my shutting the door?* cela vous est-il égal que je ferme la porte? vous voulez bien que je ferme la porte? *You don't m. my keeping you waiting?* cela ne vous ennuie pas que je vous fasse attendre? *You don't m. my smoking?* vous voulez bien que je fume? la fumée (de tabac) ne vous gêne pas, ne vous incommode pas? *Do you m. my asking . . .?* peut-on vous demander sans indiscrétion . . .? *You don't m. my mentioning it?* cela ne vous froisse pas que je vous le dise? *Would you m. if . . .?* cela vous gênerait-il que . . .? ça ne vous fait rien que . . .? **If you don't mind,** si cela vous est égal; si cela ne vous fait rien; si cela ne vous dérange pas; si vous le voulez bien. *I don't m.,* (i) cela m'est égal; (ii) je veux bien. *I hope you don't m.,* j'espère que vous n'y voyez pas d'inconvénient. *So long as nobody minds,* pour autant que personne n'y voit d'inconvénient. **I don't mind trying,** je veux bien essayer. **I shouldn't mind a cup of tea,** je prendrais volontiers une tasse de thé. *He won't m. doing it,* il le fera volontiers. *I don't m. saying that . . .,* je n'hésite pas à affirmer que. . . . *A glass of wine?*—**I don't mind,** un verre de vin?—Ce n'est pas de refus. (*b*) (*Trouble oneself about*) *Don't m. them,* ne vous inquiétez pas d'eux. **Never mind the consequences!** ne vous souciez pas des conséquences! *Don't you m. being thought a fool?* ça ne vous fait rien qu'on vous prenne pour un imbécile? **Never mind!** (i) n'importe! peu importe! c'est égal! ça ne fait rien! (ii) ne vous inquiétez pas! *Do you really m. leaving me?* ça vous fait vraiment quelque chose de me quitter? **I don't mind what people say, what Mrs Grundy says,** je ne m'inquiète guère de ce qu'on dit; peu m'importe ce que l'on dit; je me moque du qu'en-dira-t-on. *Who minds what he says?* qui s'occupe de ce qu'il dit? *He never minds privations,* les privations ne lui font rien. *I don't m. the cold,* le froid ne me gêne pas. *I don't m. hard work,* le travail ne me fait pas peur. *He doesn't m. expense,* il ne regarde pas à la dépense. **I don't mind,** cela m'est égal; cela n'a pas d'importance; peu (m')importe. **4.** (*Take care*) **Mind that she is kept quiet!** veillez à ce qu'elle soit tranquille! *M. you're not late!* songez à ne pas être en retard! ayez soin de ne pas être en retard. *M. you waken me early!* n'oubliez pas de m'éveiller de bonne heure! *M. you write to him!* écrivez-lui sans faute! ne manquez pas de lui écrire! **Mind what you are about!** prenez garde à ce que vous faites! *M. what you are doing!* faites attention (à ce que vous faites)! *M. what you say!* prenez garde à vos paroles! *M. your language!* observez votre langage! *M. you don't stay too long,* ne vous avisez pas, gardez-vous, de rester trop longtemps. **Mind you don't fall!** prenez garde de tomber! *F:* **Mind and don't be late!** ayez soin de ne pas être en retard! **Mind the step!** prenez garde à la marche! attention à la marche! *M. the paint!* attention à la peinture! **Mind yourself!** *F:* **mind your eye!** gare à vous! méfiez-vous! ayez l'œil! *Nau:* **Mind your port helm!** défiez bâbord! *See also* P. **5.** (*Look after*) Soigner, surveiller, avoir l'œil sur (des enfants); garder (des animaux, etc.). **To mind the house, the shop,** garder la maison; veiller sur la maison; garder, tenir, la boutique. **6.** *A. & Dial:* (*Remember*) Se souvenir de, se rappeler (qn, qch.).

minded ['maindid], *a.* **1.** (*a*) Disposé, enclin (*to do sth.,* à faire qch.). *To be m. to do sth.,* songer à faire qch.; être d'humeur à faire qch. **If you are so minded,** si le cœur vous en dit; si vous en éprouvez l'envie; si vous y êtes disposé. *See also* LIKE-MINDED. (*b*) (*With advs.*) *Commercially m.,* à l'esprit commercial. *Imperially m.,* à l'esprit impérialiste. *Architecturally-m. visitors,* touristes *m* au courant des problèmes de l'architecture, qui s'intéressent à l'architecture. **2.** (*With sb. or adj. prefixed, e.g.*) **Bloody-, feeble-, healthy-, minded,** à l'esprit sanguinaire, faible, sain. **Base-minded,** à l'âme basse. **Acute-minded,** sagace. **Food-minded,** qui apprécie, goûte, la nourriture; amateur, -trice, de bonne chère. **Theatre-minded people,** amateurs *m* de théâtre. **The book-minded public,** le public liseur. *See also* AIR-MINDED, BROAD-MINDED, EVIL-MINDED, FAIR-MINDED, FICKLE-MINDED, FREE-MINDED, HIGH-MINDED, LIGHT-MINDED, NARROW-MINDED, NOBLE-MINDED, OPEN-MINDED, RIGHT-MINDED, SERIOUS-MINDED, SIMPLE-MINDED, SMALL-MINDED, SOBER-MINDED, STRONG-MINDED, WEAK-MINDED, WELL MINDED.

-mindedly ['maindidli], *adv.* **Simple-mindedly,** avec candeur. **Narrow-mindedly,** sans largeur de vues. *See also* ABSENT-MINDEDLY, OPEN-MINDEDLY, STRONG-MINDEDLY.

-mindedness ['maindidnəs], *s.* (*With sb. or adj. prefixed, e.g.*) **Strong-mindedness,** force *f* de caractère. **Narrow-mindedness, small-mindedness,** étroitesse *f* de vues, d'esprit; petitesse *f* d'esprit; esprit borné, rétréci. *See also* BOOK-MINDEDNESS, BROAD-MINDEDNESS, HIGH-MINDEDNESS, NARROW-MINDEDNESS, NOBLEMINDEDNESS, OPEN-MINDEDNESS, SIMPLE-MINDEDNESS, WEAKMINDEDNESS.

minder ['maindər], *s.* **1.** (*a*) Gardeur, -euse (de bestiaux); surveillant, -ante (d'enfants). (*b*) *Ind:* = MACHINE-MINDER **2.** *F: A:* Enfant (d'ouvrière, etc.) commis à la garde d'une crèche d'une école maternelle.

mindful ['maindful], *a.* **1.** Attentif (*of one's health,* à sa santé); soigneux (*of,* de). *To be m. of one's good name,* être soigneux, avoir soin, de sa réputation. *He is always m. of others,* il pense toujours aux autres. *He is ever m. of his duty,* son devoir le préoccupe toujours. **2. To be mindful of an event,** se souvenir d'un événement, ne pas oublier un événement. **To be mindful to do sth.,** se souvenir, ne pas oublier, de faire qch. **-fully,** *adv.* Attentivement, soigneusement.

mindfulness ['maindfulnəs], *s.* Attention *f* (*of,* à); soin *m* (*of,* de).

mindless ['maindləs], *a.* **1.** Sans esprit, sans intelligence. **2.** (*a*) Insouciant (*of,* de); indifférent (*of,* à). (*b*) Oublieux (*of,* de).

mine[1] [main], *s.* **1.** Mine *f* (de houille, d'or, de cuivre). *See also* COAL-MINE, ROCK-SALT, SULPHUR MINE, SURFACE[1] 1. *F:* **His book is a mine of information,** son livre est une mine, un trésor, d'informations, de renseignements. *He is a regular m. of information, a perfect m. of anecdote,* c'est un vrai bureau de renseignements, un vrai répertoire d'anecdotes. **2.** (*Ore*) Mine de fer, minerai *m* de fer. **3.** (*a*) *Mil:* Mine. **To spring, touch off, a mine,** faire jouer une mine. (*b*) *Navy:* Mine. **Ground mine,** mine de fond; mine dormante; *A:* torpille *f* de fond; torpille dormante. **Contact mine,** mine vigilante. *Submarine m.,* mine sous-marine. *Floating m.,* mine flottante. *Drifting mines,* mines dérivantes. **To lay a mine,** poser, mouiller, une mine.

'mine-digger, *s.* Ouvrier *m* mineur.

'mine-digging, *s.* Travaux miniers.

'mine-dragging, *s.* = MINE-SWEEPING.

'mine-dredger, *s.* *Navy:* Drague *f* pour mines.

'mine field, *s.* **1.** *Min:* District minier, région minière. **2.** *Navy:* Champ *m* de mines.

'mine-head, *s.* *Min:* Front *m* de taille.

'mine-hoist, *s.* *Min:* Treuil *m* d'extraction.

'mine-layer, *s.* *Navy:* Vaisseau *m* porte-mines; poseur *m,* mouilleur *m,* de mines.

'mine-laying[1], *a.* *Navy:* **Mine-laying vessel** = MINE-LAYER.

'mine-laying[2], *s.* *Navy:* Pose *f,* mouillage *m,* de mines.

'mine-owner, *s.* Propriétaire *m* de mine(s), de houillères.

'mine-shaft, *s.* Puits *m* de mine.

'mine surveyor, *s.* *Min:* Inspecteur *m* des mines.

'mine-sweeper, *s.* *Navy:* Dragueur *m* de mines; relève-mines *m inv.*

'mine-sweeping, *s.* *Navy:* Drag(u)age *m* des mines.

'mine-thrower, *s.* *Mil:* Lance-mines *m inv,* mortier *m* de tranchée.

'mine-warfare, *s.* *Mil:* Guerre souterraine, *F:* guerre de taupes.

mine[2], *v.tr. & i.* **1.** (*a*) **To mine (under) the earth,** fouiller (sous) la terre, creuser la terre. *To m. a hole,* creuser un trou; faire un sondage. (*b*) *Mil:* Miner, saper (une muraille). *F:* *River that mines the foundations of a house,* rivière qui creuse, fouille, mine, sape, les fondements d'une maison. *Excesses which have mined his constitution,* excès qui lui ont miné le corps. *To m. the foundations of a doctrine,* saper les fondements d'une doctrine. (*c*) *Navy:* **To mine the sea,** poser, semer, des mines en mer. *To m. a harbour,* miner un port. *Mined area,* zone semée de mines. **2.** *Min:* **To mine (for) coal, gold,** exploiter le charbon, l'or; faire des travaux pour trouver du charbon, de l'or. *To m. a bed of coal,* exploiter une couche de houille. *To m. coal by undercutting,* abattre le charbon par havage.

mining, *s.* **1.** *Mil:* Sape *f.* **2.** *Navy:* Pose *fpl* de mines. **3.** *Min:* Exploitation minière, des mines; travaux *mpl* de mines; l'industrie minière. **Open mining,** abatage *m* à ciel ouvert. **Salt mining,** exploitation du sel. **Mining industry,** industrie minière. **Mining village,** village minier. *M. accidents,* accidents *m* de mines. *M. crew,* équipe *f* de mineurs. **Mining engineer,** ingénieur *m* des mines. *See also* LICENCE 1, ROYALTY 3.

'mining-timber, *s.* Bois *m* de mine.

mine[3]. **1.** *poss.pron.* Le mien, la mienne, les miens, les miennes. (*a*) *Your country and m.,* votre patrie et la mienne. *This letter is m.,* (i) cette lettre est à moi, m'appartient; c'est ma lettre; (ii) cette lettre est de moi. *This signature, criticism, is not m.,* cette signature, cette critique, n'est pas de moi. *Your interests are m.,* vos intérêts sont les miens. *Lend me your gloves, m. are too dirty,* prêtez-moi vos gants, les miens sont trop sales. *He gave presents to his brothers and m.,* il a donné des cadeaux à ses frères et aux miens. *I took her hands in both of m.,* je pris ses mains dans les deux miennes. **A friend of mine,** un(e) de mes ami(e)s; un(e) ami(e) à moi; un(e) mien(ne) ami(e). *A friend of yours and m.,* un de vos amis et des miens. *That pride of m.,* mon orgueil *m.* **It is no business of mine,** ce n'est pas mon affaire. **No effort of mine,** aucun effort de ma part. (*b*) (*My kindred*) *Be good to* **me and mine,** soyez gentil pour moi et les miens. (*c*) (*My property*) **Mine and thine,** le mien et le tien. *What is m. is thine,* ce qui est à moi est à toi. **2.** *poss.a. A. & Poet:* Mon, *f.* ma, *pl.* mes. (*a*) (*Before a noun or adj. beginning with a vowel or h*) **Mine ears, mine heart,** mes oreilles, mon cœur. *M. only son,* mon fils unique. *Hum: M. host,* l'aubergiste. (*b*) (*After voc.*) **Mistress mine!** ma (belle) maîtresse!

mineable ['mainəbl], *a.* **1.** *Mil:* Minable, qui peut être miné. **2.** *Min:* (Charbon *m*) exploitable.

miner ['mainər], *s.* **1.** (*a*) *Min:* (Ouvrier *m*) mineur *m*; ouvrier du fond. **Miner's lamp,** lampe *f* de mineur. **Miner's compass,** boussole *f* de mine. **Miners' disease,** maladie *f,* anémie *f,* des mineurs. *See also* BAR[1] 1, PICK[1] 1. (*b*) *Mil:* Mineur, sapeur *m.* **2.** *Ent:* Larve mineuse. *See also* LARCH-MINER, LEAF-MINER.

mineral ['minərəl]. **1.** *a.* Minéral, -aux. **The mineral kingdom,** le règne minéral. **Mineral waters,** (i) eaux minérales; (ii) (*also* *s.pl. F:* **minerals)** boissons (hygiéniques) gazeuses. **Mineral spring,** source minérale. **Mineral oil,** huile minérale. **Mineral jelly,** vaseline *f*. **Mineral charcoal,** charbon *m* fossile. *M. cleavage,* clivage *m* des minéraux. *See also* PITCH[1], WOOL 3. **2.** *s.* (*a*) Minéral *m*. (*b*) *Min:* Minerai *m*; (*in coal-mining*) charbon *m*, houille *f*. **Mineral mining,** exploitation minière. **Mineral claim,** concession minière. **Mineral rights,** droits miniers.

'mineral-bearing, *a.* (*Of rock*) Minéralisé.

mineralizable [minərə'laizəbl], *a.* Minéralisable.

mineralization [minərəlai'zeiʃ(ə)n], *s.* Minéralisation *f*.

mineralize ['minərəla:iz], *v.tr.* Minéraliser.

mineralized, *a.* **1.** Minéralisé. **2.** *Adm: Com:* **Mineralized methylated spirits,** alcool dénaturé additionné de naphte.

mineralizing, *a.* Minéralisateur, -trice.

mineralizer ['minərəlaizər], *s.* Minéralisateur *m*.

mineralogical [minərə'lɔdʒik(ə)l], *a.* Minéralogique.

mineralogist [minə'ralodʒist], *s.* Minéralogiste *m*.

mineralogy [minə'ralodʒi], *s.* Minéralogie *f*.

Minerva [mi'nə:rva]. **1.** *Pr.n.f. Rom.Myth:* Minerve. **2.** *s. Typ:* **Minerva (jobbing machine),** minerve *f*.

minever ['minivər], *s.* = MINIVER.

mingle [miŋgl]. **1.** *v.tr.* Mêler, mélanger (*sth. with sth.*, qch. avec qch.; *two things together*, deux choses ensemble). *The Seine and the Marne mingle their waters,* la Seine et la Marne confondent leurs eaux. *Respect mingled with admiration,* respect mêlé d'admiration. *Lit:* **To mingle one's tears with s.o.'s,** mêler ses larmes à celles de qn; confondre ses larmes avec celles de qn. **2.** *v.i.* (*a*) (*Of thg*) Se mêler, se mélanger, se confondre (*with*, avec). (*b*) (*Of pers.*) Se mêler (*in, with, a company*, à une compagnie). *To m. with the crowd,* se mêler à, dans, la foule.

mingling, *s.* Mélange *m*, mêlement *m*.

mingle-mangle ['miŋgl'maŋgl], *s. F:* Mélange *m*, confusion *f* (de personnes, d'objets).

Mingrelia [min'gri:lia]. *Pr.n. Geog:* La Mingrélie.

Mingrelian [min'gri:liən], *a.* & *s. Geog:* Mingrélien, -ienne.

mingy ['mindʒi], *a. F:* Mesquin, chiche, pingre, grigou. *A m. fellow,* un pingre, un grigou.

miniature ['miniatjər]. **1.** *s.* Miniature *f*. (*a*) *Temple which is a m. of the Parthenon,* temple qui est un Parthénon en miniature, qui est un modèle réduit du Parthénon. **To paint in miniature,** peindre en miniature. **A Niagara in miniature,** un Niagara en miniature, en petit. *The family is society in m.*, la famille est la société en raccourci. (*b*) (Portrait *m* en) miniature. **Miniature painter,** peintre *m* de miniatures; miniaturiste *mf*. **Miniature painting,** miniature. **2.** *a.* En miniature, en raccourci. (*a*) **A miniature edition of a book,** une édition minuscule d'un livre. *M. mountain,* montagne *f* minuscule. *Our pond was a m. lake,* notre étang *m* était un lac en miniature, en petit. *He's quite a m. Napoleon,* c'est un Napoléon au petit pied. *Phot:* **Miniature camera,** appareil *m* de petit format. (*b*) *Ind: etc:* **Miniature model,** maquette *f*. *Cin:* **Miniature work,** prise *f* de vues avec maquette.

miniaturist ['miniatjurist], *s.* Miniaturiste *mf*; peintre *m* en miniature.

minification [minifi'keiʃ(ə)n], *s.* Amoindrissement *m*, réduction *f*.

minify ['minifai], *v.tr.* Amoindrir, réduire, diminuer. *To m. an accident,* réduire l'importance d'un accident.

minikin ['minikin]. **1.** *s.* (*a*) Homuncule *m*, nabot *m*; petite poupée (de femme). (*b*) **Minikin (pin),** camion *m*. (*c*) *Typ:* Diamant *m* (corps $3\frac{1}{2}$). **2.** *a.* (*a*) Tout petit, mignon. (*b*) Affecté, précieux, minaudier.

minim ['minim], *s.* **1.** *Mus:* Blanche *f*; (*in plain song*) minime *f*. *See also* REST[1] 2. **2.** *Meas:* Goutte *f*. **3.** *F:* Homoncule *m*, homuncule *m*, bout *m* d'homme, bout de femme. **4.** *Ecc.Hist:* (*Mendicant order of*) **Minims,** (ordre mendiant des) minimes *m*. **5.** (*Handwriting*) Jambage *m*.

minimal ['miniməl], *a.* **1.** Minime. **2.** Minimum. *Mth:* **Minimal value,** valeur minima.

minimalist ['minimәlist], *s. Russ.Pol:* Minimaliste *m*, menchevik *m*.

minimize ['minima:iz], *v.tr.* Minimiser, réduire au minimum; restreindre (le bruit, le frottement, etc.) au minimum. *To m. an accident,* mettre au minimum l'importance d'un accident.

minimum, *pl.* **-a** ['miniməm, -a], *s.* Minimum *m*, *pl.* minimums, minima. **To reduce sth. to a minimum,** réduire qch. au minimum; minimiser qch.; *F:* mettre (une entreprise, une usine) en veilleuse. **Minimum price,** prix *m* minimum. *M. width,* largeur *f* minimum, largeur minima. *M. altitudes,* altitudes *f* minima, minimums. *M. speed,* minimum de vitesse. *The m. densities,* les minimums de densité. *Mth: M. value,* valeur minima. **Minimum thermometer,** thermomètre *m* à minima. *See also* CIRCUIT-BREAKER.

minimus, *pl.* **-mi** ['miniməs, -mai]. **1.** *s.* (*a*) *A:* Homoncule *m*, homuncule *m*; nabot, -ote. (*b*) Petit doigt (de la main, du pied). **2.** *a. Sch:* **Jones minimus,** le plus jeune des Jones (qui sont au moins trois).

minion ['minjən], *s.* **1.** *Pej:* (*a*) Favori, -ite; *A:* mignon, -onne. *A m. of fortune,* un favori de la fortune; *A:* un mignon de la fortune. (*b*) **The minions of the law,** les recors *m* de la justice. *M. of the government,* homme vendu au gouvernement. (*c*) *A:* Amante *f*, maîtresse *f*. **2.** *Typ:* Mignonne *f*; corps 7.

minish ['miniʃ], *v.tr.* & *i. A:* Diminuer.

minister[1] ['ministər], *s.* **1.** *Adm:* Ministre *m*. (*a*) **Minister of War, for War,** Ministre de la guerre. *See also* PRIME MINISTER. (*b*) *British m. at Paris,* ministre, ambassadeur *m*, britannique à Paris. *See also* PLENIPOTENTIARY. **2.** *Ecc:* (*a*) Ministre, pasteur *m* (d'un culte réformé). **Minister of the Gospel,** ministre de l'Évangile. (*In Scot.*) **Minister's man,** bedeau *m*. *Adm:* **Minister of religion,** prêtre *m* ou pasteur. (*b*) *R.C.Ch:* Ministre (des Jésuites). **Minister general,** Ministre général.

minister[2]. **1.** *v.i.* (*a*) **To minister to s.o., to s.o.'s needs,** soigner qn; pourvoir, subvenir, aux besoins de qn; donner ses soins à qn. *To m. to s.o.'s pleasures,* aider aux plaisirs de qn. (*b*) *Ecc:* **To minister to a parish,** desservir une paroisse. **2.** *v.tr. A:* Fournir, procurer (de la consolation); fournir (du secours).

ministering[1], *a.* (Ange, etc.) secourable.

ministering[2], *s.* Soins *mpl*, service *m* (*to*, de).

ministerial [minis'ti:əriəl], *a.* **1.** Exécutif. *M. functions,* fonctions exécutives. *Jur: Adm:* **Ministerial act,** acte accompli par un fonctionnaire dans l'exercice de ses fonctions. **2.** Accessoire, subsidiaire. **To be ministerial to . . .,** contribuer à . . .; aider à. . . . **3.** *Ecc:* (*Of duties, life, etc.*) De ministre; sacerdotal, -aux. **4.** *Pol:* Ministériel, gouvernemental, -aux; du Gouvernement. **The ministerial benches,** les bancs ministériels (des Chambres). *M. team,* équipe gouvernementale. *M. reverse,* échec *m* du Gouvernement. **-ally,** *adv.* **1.** Ministériellement; en ministre. **2.** En ministre, en prêtre.

ministerialism [minis'ti:əriəlizm], *s.* **1.** *Pol:* Appui prêté au ministère. **2.** *Ecc:* Caractère *m* de ministre, caractère sacerdotal.

ministerialist [minis'ti:əriəlist], *s. Pol:* Ministériel *m*; partisan *m* du Gouvernement.

ministrant ['ministrənt]. **1.** *a. M. to s.o., sth.*, (i) qui sert qn, qui subvient à qch.; (ii) *Ecc:* qui dessert la paroisse ou qui officie à l'église, au temple. **2.** *s.* (*a*) Ministre *m*; dispensateur, -trice (*of*, de). (*b*) *Ecc:* Desservant *m* ou officiant *m*.

ministration [minis'treiʃ(ə)n], *s.* **1.** Service *m*; ministère *m*, soins *mpl*. *Thanks to the ministrations of two devoted nurses . . .,* grâce aux soins dévoués de deux gardes-malades. . . . **2.** *Ecc:* (*a*) Saint ministère; sacerdoce *m*. (*b*) *To go about one's ministrations,* vaquer à ses devoirs sacerdotaux. *To receive the ministrations of a priest,* être administré par un prêtre. **3.** Action de fournir (qch.), d'administrer (des remèdes).

ministry ['ministri], *s.* **1.** (*a*) *Pol:* Ministère *m*, gouvernement *m*. **To form a ministry,** former un ministère. (*b*) *Adm:* Ministère, département *m*. **The Air Ministry,** le Ministère de l'Air. *The M. of Finance,* le Département des Finances. **2.** *Ecc:* **The ministry,** le saint ministère; *R.C.Ch:* le ministère des autels; le sacerdoce. *He was intended for the m.*, il fut destiné à l'Église. *See also* GOSPEL. **3.** Ministère, entremise *f* (*of*, de).

minium ['miniəm], *s.* Minium *m*; plomb *m* rouge.

miniver ['minivər], *s.* **1.** *Z: A:* Petit-gris *m*, *pl.* petits-gris. **2.** (*Fur*) Petit-gris.

mink [miŋk], *s.* **1.** *Z:* **(American) mink,** vison *m*; martre *f* du Canada. **2.** (*Fur*) Vison.

Minnie[1] ['mini]. *Pr.n. F:* (*a*) Wilhelmine *f*. (*b*) *Geog: U.S:* Minneapolis.

Minnie[2], *s. Mil: P:* = MINE-THROWER.

minnow ['mino], *s. Ich:* Vairon *m*; (*also loosely*) épinoche *f*. *See also* MUD-MINNOW, TRITON 2.

Minoan [mai'nouən], *a. Archeol:* Minoen, -enne.

minor ['mainər]. **1.** *a.* (*a*) (*Lesser*) Petit, mineur. *M. planets,* petites planètes. *Ecc:* **Minor orders,** ordres mineurs. *Rel.H:* **Minor (friar),** frère mineur. *See also* PROPHET 1. (*b*) (*Comparatively unimportant*) Petit, menu, peu important. **Minor poet,** petit poète, poète de second ordre. *M. accidents,* accidents *m* minimes, peu graves. *M. expenses,* menus frais. *M. repairs,* petites réparations; menues réparations; réparations peu importantes. *Question of m. interest,* question *f* d'intérêt secondaire. *Parl: M. amendment,* amendement *m* subsidiaire, de portée restreinte. *This drawback is of m. importance,* cet inconvénient est secondaire, de moindre importance. *To play a m. part,* jouer un rôle subalterne, accessoire. *Cards:* **Minor suit,** petite couleur (trèfle ou carreau). *Med:* **Minor surgery,** petite chirurgie; chirurgie ministrante. **Minor operation,** opération *f* d'importance secondaire. *See also* DETAIL[1] 1. (*c*) *Log:* **Minor term,** *s.* **minor,** petit terme; mineure *f*. (*d*) *Mus:* **Minor scale,** gamme mineure. **Minor third,** tierce mineure. **In the minor (key),** en mineur. **In A minor,** en la mineur. *F: His conversation was pitched in a m. key,* sa conversation était plutôt triste. (*e*) *Sch:* **Jones minor,** le plus jeune des Jones (qui sont deux). **2.** *s.* (*a*) *Jur:* Mineur, -eure. (*b*) *Ecc:* **The Minors,** les frères mineurs; l'ordre *m* de saint François d'Assise.

Minorca [mi'nɔ:rka]. **1.** *Pr.n. Geog:* Minorque *f*. **2.** *s. Husb:* Coq *m*, poule *f*, de Minorque; minorque *f*.

Minorcan [mi'nɔ:rkən], *a.* & *s. Geog:* Minorquin, -ine.

Minorite ['mainorait], *s. Ecc:* Frère mineur; franciscain *m*. **The Minorite order,** l'ordre *m* des frères mineurs; l'ordre de saint François d'Assise.

minority [mi'nɔriti, mai-], *s.* **1.** (*a*) Minorité *f*. **To be in a minority, in the minority,** être en minorité. **To be in a minority of one,** être seul de son opinion. (*b*) *Minorities have their rights,* les minorités ont leurs droits. *Attrib.* **Minority member,** membre *m* (d'un comité) qui représente une minorité. **Minority report,** rapport (d'une commission d'enquête) rédigé par la minorité. **2.** *Jur:* Minorité. *During the m. of Louis XV,* pendant la minorité de Louis XV.

Minotaur ['minotɔ:r]. *Pr.n. Gr.Myth:* **The Minotaur,** le Minotaure.

minster ['minstər], *s.* **1.** Cathédrale *f*. **York Minster,** la cathédrale d'York. **2.** Église abbatiale; église de monastère.

minstrel ['minstrəl], *s.* **1.** (*a*) *Hist:* Ménestrel *m*. (*b*) *F:* Poète *m*, musicien *m*, chanteur *m*; *Lit:* chantre *m* (de hauts faits). **2. Negro minstrels, nigger minstrels, Christy minstrels,** troupe *f* de chanteurs et de comiques déguisés en nègres (dont le répertoire est censé être d'origine nègre).

minstrelsy ['minstrəlsi], *s.* **1.** Art *m* du ménestrel; chant *m* des ménestrels. **2.** *Coll.* Chants (d'une nation, d'une région).

mint[1] [mint], *s.* **1. The Mint,** l'Hôtel *m* de la Monnaie; l'Hôtel des Monnaies; la Monnaie. (*Of coin*) **Fresh from the mint,** à fleur de coin. (*Of medal, stamp, print, book, etc.*) **In mint state, in mint condition,** à l'état (de) neuf. *Fin:* **Mint par,** pair *m* intrinsèque, pair théorique. *F:* **To be worth a mint of money,** (i) (*of pers.*)

rouler sur l'or; (ii) (*of thg*) valoir une somme fabuleuse, une fortune. *To spend a m. of money*, dépenser des sommes folles. *It costs a m. of money*, cela coûte les yeux de la tête. **2.** Source *f*, origine *f*. *The m. of our noblest speech*, la source de ce qu'il y a de plus noble dans notre langue.

'mint-mark, *s. Num:* Déférent *m*, différent *m*; nom *m*, marque *f*, de l'atelier monétaire.

'mint-master, *s.m.* Directeur de la Monnaie.

mint², *v.tr.* **1.** (*a*) **To mint money**, (i) frapper de la monnaie, battre monnaie; (ii) *F:* amasser de l'argent à la pelle. (*b*) Monnayer (de l'or, etc.). **2.** Inventer, forger, fabriquer, créer (un mot, une expression).

minting, *s.* = MINTAGE 1.

'minting-press, *s.* Presse *f* monétaire.

mint³, *s. Bot:* Menthe *f*. **Garden mint**, baume vert; menthe verte. **Wild mint**, menthe sauvage; baume des champs. *See also* WATER¹ 3.

'mint-'sauce, *s. Cu:* Vinaigrette *f* à la menthe (qui accompagne toujours un rôti d'agneau).

'mint-'sling, *s. U.S:* Boisson alcoolique parfumée à la menthe.

mintage ['mintedʒ], *s.* **1.** (*a*) Monnayage *m*; frappe *f* de la monnaie. (*b*) Invention *f* (d'un mot); fabrication *f* (d'une théorie). **2.** Espèces monnayées (de telle date ou de telle Monnaie). **3.** Droit *m* de monnayage; droit de frappe. **4.** *Num:* Empreinte *f*.

minter ['mintər], *s.* Monnayeur *m*.

Minturnae [min'təːrniː]. *Pr.n. A.Geog:* Minturnes *fpl*.

minuend ['minjuend], *s. Ar:* Nombre *m* à soustraire.

minuet [minju'et], *s. Danc:* Menuet *m*.

minus ['mainəs]. **1.** *prep.* Moins. *Ten m. eight leaves two*, dix moins huit égale deux. *F: He managed to escape, but* **minus his luggage**, il parvint à s'enfuir, mains sans (ses) bagages, mais privé de ses bagages. *I got out of it m. one eye*, je m'en tirai avec un œil en moins. *A pedestal m. its statue*, un piédestal veuf de sa statue. *Bond m. its coupons*, titre démuni de coupons. **2.** *a. Mth:* **Minus sign**, *s.* **minus**, moins *m*. **Minus quantity**, quantité négative. *F:* **It is a minus quantity**, cela n'existe pas.

minuscule [mi'nʌskjul]. **1.** *a.* Minuscule. **2.** *s. Pal:* Minuscule *f*.

minute¹ ['minit], *s.* **1.** (*a*) Minute *f* (de temps). *To wait ten minutes*, attendre dix minutes. *It is* **ten minutes to three, ten minutes past three**, il est trois heures moins dix; il est trois heures dix. *To live ten minutes from the station*, habiter à dix minutes de la gare. (*b*) *F: A minute's rest*, un moment de repos. **Wait a minute!** attendez un instant! *He has come in* **this (very) minute**, il rentre à l'instant (même). **He was here a minute ago**, il sort d'ici. *I'll come* **in a minute**, *I'll be with you in a m.*, j'arriverai dans un instant, je suis à vous dans un instant. *In a few minutes*, dans quelques minutes; *F:* dans un petit quart d'heure. *I shan't be a m.*, (i) j'en ai pour une seconde; (ii) je ne ferai qu'aller et (re)venir. *I shan't be many minutes*, je ne serai pas longtemps. *It won't take a m.*, ce n'est que l'affaire d'un instant. *I have just popped in for a m.*, je ne fais qu'entrer et sortir. *Just give me a m. to sign my letters*, le temps de signer mes lettres, et je suis à vous. *I haven't a free m.*, mon temps est entièrement pris. **On the minute, to the minute**, ponctuel, exact. *To arrive to the m.*, arriver à l'heure précise. *He appeared at nine to the m.*, *F:* il est arrivé à neuf heures tapant. *Two hours to the m.*, deux heures montre en main. **He was punctual to a minute**, il a été exact à une minute près; il était à la minute. *See also* UP-TO-THE-MINUTE. **I expect him every minute, any minute**, je l'attends à tout moment, d'un moment à l'autre, d'un instant à l'autre. *I'll send him to you* **the minute (that)** *he arrives*, je vous l'enverrai dès qu'il arrivera, dès son arrivée. *The m. the news became known*, sitôt que la nouvelle se sut. **2.** *Geom: Astr:* Minute (de degré). **Centesimal minute**, minute centésimale. **3.** Minute, brouillon *m*, projet *m* (d'un contrat, etc.). **4.** (*a*) Note *f*. **To make a minute of sth.**, prendre note de qch.; faire la minute (d'une transaction, etc.). *To take minutes of a conversation*, noter une conversation. **Minute of dissent**, insertion *f* au procès-verbal de l'avis contraire d'un membre (de la commission). (*b*) *pl.* **Minutes of a meeting**, procès-verbal *m* d'une séance. *To confirm the minutes of the last meeting*, approuver le procès-verbal de la dernière séance. *To keep the minutes of the meetings*, tenir le procès-verbal des réunions. *Dipl: Minutes of a convention*, recez *m* d'une convention. (*c*) **Treasury minute**, approbation *f* de la Trésorerie; communiqué *m* de la Trésorerie.

'minute-book, *s.* **1.** Registre *m* des procès-verbaux; registre des délibérations. **2.** *Adm:* Journal *m* de correspondance et d'actes. **3.** *Jur:* Minutier *m*.

'minute-gun, *s.* Coup *m* de canon de minute en minute (en signe de deuil ou *Nau:* comme signal de détresse).

'minute-hand, *s.* Aiguille *f* des minutes, grande aiguille (d'horloge, etc.).

'minute-wheel, *s.* Roue *f* des minutes (d'une montre, etc.).

minute², *v.tr.* **1.** Compter (une entrevue, etc.) à la minute. *Sp:* Chronométrer (une course). **2.** (*a*) Faire la minute de, minuter (un contrat, etc.). (*b*) **To minute sth. down**, prendre note de qch.; noter qch.; prendre acte de qch. (*c*) **To minute (the proceedings of) a meeting**, dresser le procès-verbal, le compte rendu, d'une séance; verbaliser une séance.

minute³ [mai'njuːt, mi'njuːt], *a.* **1.** (*a*) Tout petit; menu, minuscule, minime. *M. particle*, parcelle *f* minuscule. *M. graduations*, graduations *f* minimes. (*b*) *The minutest particulars*, les moindres détails, les détails les plus infimes, les derniers détails. **2.** Minutieux. *M. examination*, inspection minutieuse. *M. account*, compte rendu très détaillé.

minutely¹ [mai'njuːtli, mi'njuːtli], *adv.* Minutieusement; en détail; dans les moindres détails.

minutely² ['minitli]. **1.** *a.* De chaque minute, à chaque minute. **2.** *adv.* A chaque minute.

minuteness [mai'njuːtnəs, mi-], *s.* **1.** Petitesse *f*, exiguïté *f*. **2.** Minutie *f*; exactitude minutieuse; détails minutieux.

minutia, *pl.* **-iae** [mi'njuːʃia, -iiː], *s. Usu. in pl.* **Minutiae**, minuties *f*; petits détails; détails infimes.

minx [miŋks], *s.f. Hum:* Friponne, coquine; *A:* péronnelle. **You little minx!** petite espiègle! petite polissonne! *She's a sly m.*, c'est une fine mouche.

Minyans ['minjənz], *s.pl. A.Hist:* Minyens *m*.

miocene ['maiosiːn], *a.* & *s. Geol:* Miocène (*m*).

mirabelle [mira'bel], *s. Hort:* **Mirabelle (plum)**, mirabelle *f*.

miracle ['mirəkl], *s.* **1.** (*a*) Miracle *m*. **To work, accomplish, a miracle**, faire, opérer, un miracle. **By a miracle**, par miracle. (*b*) *F:* Miracle, prodige *m*. *It sounds like a m.*, cela tient du miracle, du prodige. **"A miracle," was the cry**, on cria au miracle. *F:* **It is a miracle that . . .**, c'est (un) miracle que + *sub*. **To a miracle**, à miracle, à merveille. *M. of architecture*, miracle d'architecture. *M. of ingenuity*, merveille *f* d'ingéniosité. **2.** *Lit.Hist:* **Miracle (play)**, miracle.

'miracle-monger, -worker, *s.* Faiseur, -euse, de miracles; thaumaturge *m*.

miraculous [mi'rakjuləs], *a.* (*a*) Miraculeux. (*b*) *F:* Miraculeux, extraordinaire, merveilleux. *There's something m. about that*, cela tient du miracle, du prodige. *To have a m. escape*, échapper comme par miracle. **-ly**, *adv.* (*a*) Miraculeusement. (*b*) *F:* Par miracle.

miraculousness [mi'rakjuləsnəs], *s.* Caractère miraculeux; le miraculeux (d'un événement, d'une guérison, etc.).

mirador(e) [mira'dɔːr], *s.* Mirador(e) *m*; belvédère *m*.

mirage [mi'rɑːʒ], *s.* Mirage *m*.

mirbane ['məːrbein], *s. Ch:* Mirbane *f*. **Essence, oil, of mirbane**, essence *f* de mirbane.

mire¹ ['maiər], *s.* (*a*) Bourbier *m*; fondrière *f*. (*b*) Boue *f*, bourbe *f*, fange *f*; (*river deposit*) vase *f*. **To sink into the mire**, (i) s'enfoncer dans la boue, dans un bourbier; **s'embourber**; (ii) *F:* s'embourber, s'avilir; (iii) s'embourber, s'embarrasser; se mettre dans le pétrin. *F:* **To drag s.o., s.o.'s name, through the mire**, traîner qn dans la fange, dans la boue.

'mire-crow, *s. Orn:* Mouette rieuse.

'mire-drum, *s. Orn: F:* Butor *m*.

mire². **1.** *v.tr.* (*a*) Embourber (qn, une charrette, etc.); enfoncer (qn) dans un bourbier. *The car was mired*, la voiture était embourbée, enlisée dans la boue. (*b*) Salir (qn) de boue; crotter (qn). **2.** *v.i. A:* S'embourber; **s'enfoncer dans un bourbier**; tomber dans la fange.

miriness ['maiərinəs], *s.* État boueux, état fangeux (des routes, etc.).

mirror¹ ['mirər], *s.* Miroir *m*, glace *f*. **Hand mirror**, glace à main, miroir à main. *F:* **To hold up a mirror to one's contemporaries**, présenter le miroir **à ses** contemporains. *Aut:* **Driving mirror**, (miroir) rétroviseur *m*. *Med:* **Head mirror**, miroir frontal. *Furn:* **Mirror wardrobe**, armoire *f* à glace. *Psy: Med:* **Mirror writing**, écriture *f* spéculaire; écriture en miroir. *Com:* **Mirror manufacture, mirror trade**, miroiterie *f*. **Mirror factory**, miroiterie. **Mirror maker**, miroitier *m*. *See also* BURNING-MIRROR, LARK-MIRROR, WINDOW-MIRROR.

mirror², *v.tr.* Refléter. *The steeple is mirrored in the lake*, le clocher se reflète, se mire, dans le lac. *F: Literature that mirrors an age*, littérature qui est le reflet d'une époque.

mirth [məːrθ], *s.* Gaieté *f*, allégresse *f*; réjouissance *f*; rire *m*, hilarité *f*. *The loud m. of the guests*, la joie bruyante des convives.

'mirth-provoking, *a.* Qui provoque le rire, l'hilarité; désopilant, risible.

mirthful ['məːrθful], *a.* **1.** Gai, joyeux. **2.** Amusant, désopilant. **-fully**, *adv.* Gaiement, joyeusement.

mirthfulness ['məːrθfulnəs], *s.* Allégresse *f*; gaieté *f*.

mirthless ['məːrθləs], *a.* Sans gaieté; triste. *M. laughter*, rire forcé, amer. **-ly**, *adv.* Sans gaieté; tristement.

mirthlessness ['məːrθləsnəs], *s.* Manque *m* de gaieté; tristesse *f*.

miry ['maiəri], *a.* **1.** Fangeux, bourbeux, boueux; vaseux. **2.** *F:* Fangeux, ignoble.

Mirzapur ['miːərzapuːər]. *Pr.n. Geog:* Mirzapour *m*.

mis-¹ [mis], *pref.* **1.** Mé-, més-. *Misadventure*, mésaventure. *Misbecome*, messeoir. *Misbelieving*, mécréant. *Miscalculation*, mécompte. *Mistrust*, méfiance. *Misuse*, mésuser. **2.** (*a*) Mal (+ *vb*); mauvais (+ *noun*). *Misapplication*, mauvaise application. *Misapply*, mal appliquer. *Misapprehend*, mal comprendre. *Misbehave*, se mal conduire. *Misbehaviour*, mauvaise conduite. *Misdeal*, maldonner. *Misemployment*, mauvais emploi. *Mishit*, faux coup. *To mishit*, frapper à faux. *Misinformed*, mal renseigné. *Mistranslate*, mal traduire. (*b*) *Misbecoming*, peu convenable. *Misconjecture*, fausse conjecture. *Misnomer*, erreur de nom, faux nom. *Misprint*, erreur typographique, faute d'impression. *Mispronunciation*, prononciation incorrecte. *Misreport*, rapport inexact.

mis-², *comb.fm. See* MIS(O)-.

misaddress [misa'dres], *v.tr.* Mal adresser (une lettre, etc.).

misadjustment [misa'dʒʌstmənt], *s.* **1.** Mauvais ajustage. **2.** *Mec.E: etc:* Déréglage *m*.

misadventure [misad'ventjər], *s.* Mésaventure *f*, contretemps *m*; *F:* avatar *m*. *See also* HOMICIDE².

misadvise [misad'vaiz], *v.tr.* Mal conseiller (qn).

misaligned [misa'laind], *a.* Mal aligné. *Mec.E:* (*Of wheel, etc.*) Excentré.

misalignment [misa'lainmənt], *s.* Mauvais alignement; défaut *m* d'alignement.

misalliance [misa'laiəns], *s.* Mésalliance *f*.

misanthrope ['misanθroup, miz-], *s.* Misanthrope *m*, androphobe *mf*.

misanthropic(al) [misan'θrɔpik(əl), miz-], *a.* (Personne *f*, caractère *m*) misanthrope, androphobe; (humeur *f*, réflexion *f*) misanthropique.

misanthropist [mis'anθropist, miz-], *s.* = MISANTHROPE.

misanthropy [mis'anθropi, miz-], *s.* Misanthropie *f*, misanthropisme *m*.

misapplication [misapli'keiʃ(ə)n], *s.* **1.** Mauvaise application, emploi abusif (d'un mot, etc.); mauvais usage (d'un remède). **2.** Emploi injustifié (d'une somme d'argent); détournement *m* (de fonds).

misapply [misə'plai], *v.tr.* **1.** Mal appliquer (qch.); appliquer (qch.) mal à propos; faire un mauvais usage (d'un remède). **2.** Faire un emploi injustifié (d'une somme); détourner (des fonds).

misappreciate [misə'priːʃieit], *v.tr.* Méconnaître.

misappreciation [misəpriːʃi'eiʃ(ə)n], *s.* Méconnaissance *f* (des faits, d'un talent).

misapprehend [misapri'hend], *v.tr.* Mal comprendre (qn, qch.); se méprendre sur (les paroles de qn); mal saisir (un mot).

misapprehension [misapri'henʃ(ə)n], *s.* Malentendu *m*, méprise *f*. *M. of the facts*, fausse interprétation, idée fausse, des faits. *To do sth.* **under a misapprehension**, faire qch. par méprise, pour s'être mal rendu compte des faits. *See also* LABOUR[2] I.

misapprehensive [misapri'hensiv], *a.* Qui se méprend (*of*, sur); qui comprend mal, qui a mal saisi.

misappropriate [misə'prouprieit], *v.tr.* Détourner, distraire, dilapider, dépréder (des fonds).

misappropriation [misəproupri'eiʃ(ə)n], *s.* Détournement *m*, distraction *f*, dilapidation *f*, divertissement *m*, déprédation *f* (de fonds). *Jur:* Abus *m* de confiance. *M. of public funds*, détournement des deniers de l'État, des deniers publics; concussion *f*.

misbecome [misbi'kʌm], *v.tr.* (*Conj. like* BECOME) Mal convenir à, messeoir à (qn, qch.).

misbecoming, *a.* **1.** Peu convenable. **2.** Malséant, peu seyant (*to*, à). **-ly**, *adv.* Peu convenablement; d'une manière malséante.

misbegotten [misbi'gɔtn], *a.* **1.** (*a*) (Enfant) illégitime, bâtard. (*b*) *M. plant or animal*, avorton *m*. **2.** *F:* Vil, misérable; qui ne ressemble à rien. *Another of his m. plans!* encore un de ses projets biscornus, qui ne riment à rien, qui n'aboutissent à rien.

misbehave [misbi'heːiv], *v.i. & pron.* **To misbehave (oneself)**, se mal conduire; avoir une mauvaise conduite. *I hope the children haven't misbehaved*, j'espère que les enfants n'ont pas été méchants.

misbehaving, *s.* = MISBEHAVIOUR.

misbehaviour [misbi'heivjər], *s.* (*a*) Mauvaise conduite; inconduite *f*, déportements *mpl*. (*b*) Faute *f*; écart *m* de conduite.

misbelief [misbi'liːf], *s.* **1.** (*a*) *Theol:* Fausse croyance. (*b*) Opinion erronée. **2.** *A:* Incrédulité *f*.

misbeliever [misbi'liːvər], *s.* Mécréant *m*, infidèle *m*.

misbelieving [misbi'liːviŋ], *a.* Mécréant, infidèle; hétérodoxe.

misbeseem [misbi'siːm], *v.tr.* = MISBECOME.

miscalculate [mis'kalkjuleit]. **1.** *v.tr.* Mal calculer (une somme, un effort, une distance, etc.). **2.** *v.i.* *To m. about sth.*, se tromper sur qch.

miscalculation [miskalkju'leiʃ(ə)n], *s.* Faux calcul; calcul erroné; mécompte *m*; erreur *f* de calcul, erreur de compte.

miscall [mis'kɔːl], *v.tr.* **1.** Mal nommer; nommer improprement; attribuer un faux nom à (qn). *He was miscalled 'the Good,'* on l'a appelé à tort "le Bon." **2.** *Dial:* Injurier, invectiver (qn).

miscarriage [mis'karedʒ], *s.* **1.** Égarement *m*, perte *f* (d'une lettre, d'un colis, confiés à la Poste ou au chemin de fer). **2.** (*a*) Avortement *m*, insuccès *m*, échec *m*, échouement *m* (d'un projet). (*b*) *Jur:* **Miscarriage of justice**, erreur *f* judiciaire; mal-jugé *m*; déni *m* de justice. **3.** *Med:* Fausse couche; avortement (spontané). **To have a miscarriage**, faire une fausse couche; accoucher avant terme.

miscarry [mis'kari], *v.i.* **1.** (*Of letter*) (i) S'égarer, se perdre; (ii) parvenir à une fausse adresse. **2.** (*Of scheme, enterprise*) Avorter, échouer; ne pas réussir; manquer, rater, mal tourner. *Plan that looks like miscarrying*, projet *m* qui fait long feu. **3.** *Med:* Faire une fausse couche; avorter; accoucher avant terme.

miscast [mis'kɑːst], *a.* *Th:* **1.** (*Of actor*) Désigné pour un rôle qui ne lui convient pas. **2.** (*Of play*) Mal distribué (parmi les acteurs).

miscegenation [misidʒe'neiʃ(ə)n], *s.* Métissage *m*; croisement *m* (de races).

miscellanea [mise'leinjə], *s.pl.* *Lit:* Miscellanées *f*; mélanges *m*.

miscellaneous [mise'leinjəs], *a.* **1.** Varié, mêlé, mélangé, divers. *M. remarks*, remarques diverses. *M. news*, nouvelles variées. *M. prose works*, mélanges *m* en prose. *Journ:* **Miscellaneous column**, avis *mpl* divers. (*In catalogue*) **Miscellaneous (items)**, mélanges. **2.** (*Of pers.*) A l'esprit souple; qui a écrit en plusieurs genres. **-ly**, *adv.* Avec variété; diversement; de diverses façons. *To write m.*, écrire sur des sujets variés.

miscellaneousness [mise'leinjəsnəs], *s.* Variété *f*, diversité *f*.

miscellanist [mi'selənist], *s.* *Lit:* Auteur *m* de mélanges.

miscellany [mi'seləni], *s.* **1.** Mélange *m*; collection *f* d'objets variés. **2.** *Lit:* (*a*) *pl.* **Miscellanies**, miscellanées *f*, mélanges *m*. (*b*) Mélange, recueil *m*, macédoine *f*; édition *f* factice. **Prose miscellany**, mélanges en prose.

mischance[1] [mis'tʃɑːns], *s.* **1.** Mauvaise chance. **2.** Malheur *m*, mésaventure *f*, accident *m*, infortune *f*. **By mischance**, par mal(e)chance.

mischance[2], *v.i.* *A:* Méchoir.

mischief ['mistʃif], *s.* **1.** Mal *m*, tort *m*, dommage *m*, dégât(s) *m(pl)*; mauvais coup. **To do mischief**, faire le mal. **To do s.o. a mischief**, faire du mal ou du tort à qn; porter un mauvais coup à qn; faire un malheur. **To mean mischief**, chercher à nuire; méditer un mauvais coup; avoir de mauvais desseins, des intentions malveillantes. **To make mischief**, apporter le trouble, semer la zizanie, dans un ménage, dans une famille; semer la discorde. *To make m. between two people*, créer de la discorde entre deux personnes; brouiller deux personnes. **The mischief of it is that . . .**, ce qui est malheureux c'est que . . ., ce qu'il y a d'ennuyeux c'est que . . .; le terrible c'est que. . . . *F:* **Where the mischief have you been?** où diantre avez-vous été? **2.** Malice *f*. **Out of pure mischief**, par pure malice; (i) par pure espièglerie; (ii) par pure méchanceté. *He is full of m.*, il est malin comme un singe; il est très espiègle, très diable. *Ready for m.*, (i) prêt à jouer des tours; (ii) prêt à toutes les méchancetés. (*Of child*) **To be always getting into mischief**, être toujours à faire des siennes. *Don't get into m.! keep out of m.!* (i) ne faites pas de bêtises! (ii) faites attention à ne pas vous attirer d'ennuis! **To keep s.o. out of mischief**, empêcher qn de faire des sottises, des bêtises. *He is up to (some) m.*, (i) il médite une malice, une espièglerie; (ii) il médite quelque mauvais tour, quelque vilenie, un mauvais coup. *I wonder what m. he's up to*, je me demande ce qu'il fricote. *Prov:* **Satan finds some mischief still for idle hands to do**, l'oisiveté est la mère de tous les vices. **3.** (*Pers.*) Fripon, -onne; malin, -igne. **Little mischief**, petit(e) espiègle, petit(e) coquin(e); petit(e) fripon(ne) d'enfant. *She looks a little m.*, elle a l'œil fripon.

'mischief-maker, *s.* Brandon *m* de discorde; tison *m* de discorde; mauvaise langue.

'mischief-making[1], *a.* Malfaisant, tracassier; qui sème la discorde.

'mischief-making[2], *s.* Tracasserie *f*; méchanceté *f*. *To like m.-m.*, aimer à brouiller les gens.

mischievous ['mistʃivəs], *a.* **1.** (*a*) (*Of pers.*) Méchant, malfaisant. *Tp:* *M. call*, appel malveillant. (*b*) (*Of thg*) Mauvais, malfaisant, nuisible, pernicieux. **2.** (Enfant) espiègle, malicieux, gamin. *M. eye*, œil fripon. *M. trick, prank*, espièglerie *f*, farce *f*. **As mischievous as a monkey**, malin, malicieux, comme un singe. **-ly**, *adv.* **1.** (*a*) Méchamment; par malveillance. (*b*) Nuisiblement. **2.** Malicieusement; par espièglerie.

mischievousness ['mistʃivəsnəs], *s.* **1.** Nature malfaisante. (*a*) Méchanceté *f*. (*b*) Nature nuisible (de qch.). **2.** Malice *f*, espièglerie *f*, gaminerie *f* (d'un enfant).

mischoice [mis'tʃɔis], *s.* Mauvais choix.

mischoose [mis'tʃuːz], *v.tr.* (**mischose** [mis'tʃoːuz]; **mischosen** [mis'tʃoːuzn]) Mal choisir.

miscibility [misi'biliti], *s.* Miscibilité *f*.

miscible ['misibl], *a.* Miscible (*with*, avec).

miscolour [mis'kʌlər], *v.tr.* Représenter (qch.) sous un faux jour; dénaturer (un fait).

miscomputation [miskɔmpju'teiʃ(ə)n], *s.* Faux calcul; erreur *f* de calcul; mécompte *m*.

miscompute [miskɔm'pjuːt], *v.tr.* Mal compter, mécompter.

misconceive [miskon'siːv]. **1.** *v.ind.tr.* **To misconceive of one's duty**, mal concevoir son devoir. **2.** *v.tr.* Mal comprendre (un mot); prendre (un passage) de travers.

misconceived, *a.* **1.** Mal conçu. **2.** *To have a m. idea of sth.*, avoir une fausse idée de qch.

misconception [miskon'sepʃ(ə)n], *s.* **1.** Conception erronée; idée fausse. **2.** Malentendu *m*.

misconduct[1] [mis'kɔndʌkt], *s.* **1.** Mauvaise administration, mauvaise gestion (d'une affaire). **2.** (*Of pers.*) (*a*) Mauvaise conduite; inconduite *f*; déportements *mpl*. (*b*) *Jur:* Adultère *m*, *F:* faute *f*. **Misconduct took place**, il y a eu faute, inconduite.

misconduct[2] [miskon'dʌkt], *v.tr.* **1.** Mal diriger, mal gérer (une affaire). **2.** **To misconduct oneself**, se mal conduire.

misconstruction [miskon'strʌkʃ(ə)n], *s.* Fausse interprétation; mésinterprétation *f*; contre-sens *m*.

misconstrue [mis'kɔnstruː, miskon'struː], *v.tr.* Mal interpréter, mésinterpréter (qch.); interpréter (qch.) à contre-sens; prendre (qch.) à rebours, à contre-pied; tourner (une action) en mal. *You have misconstrued my words*, vous avez mal pris mes paroles; vous avez pris le contre-sens de mes paroles. *To m. praise into blame*, prendre (à tort) la louange pour un blâme.

miscount[1] [mis'kaunt], *s.* (*a*) Erreur *f* de calcul; faux calcul. (*b*) Erreur d'addition; *esp.* erreur dans le dépouillement du scrutin.

miscount[2], *v.tr.* Mal compter. *Abs.* Faire une erreur de calcul.

miscreant ['miskriənt]. **1.** *a.* (*a*) Scélérat, misérable. (*b*) *A:* Infidèle; sans croyance. **2.** *s.* (*a*) Scélérat *m*, misérable *m*, vaurien *m*, gredin *m*. (*b*) *A:* Mécréant *m*, infidèle *m*.

miscreated [miskri'eitid], *a.* Difforme; monstrueux. *F:* *These m. wretches*, ces misérables avortons *m*.

mis-cue[1] [mis'kjuː], *s.* *Bill:* Fausse queue; faux coup de queue.

mis-cue[2], *v.i.* *Bill:* Faire fausse queue.

misdate [mis'deit], *v.tr.* Mal dater (une lettre, un chèque, un événement historique). *To m. an event, a document*, faire une erreur de date.

misdating, *s.* Erreur *f* de date.

misdeal[1] [mis'diːl], *s.* *Cards:* Maldonne *f*, fausse donne, mauvaise donne. *It's a m.*, il y a maldonne.

misdeal[2], *v.tr.* (**misdealt** [mis'delt]) *Cards:* *To m. the cards*, *abs.* to misdeal, faire maldonne; maldonner.

misdeed [mis'diːd], *s.* Méfait *m*. (*a*) Mauvaise action. (*b*) Crime *m* ou délit *m*.

misdelivery [misdi'livəri], *s.* Erreur *f* de livraison.

misdemean [misdi'miːn], *v.pron.* **To misdemean oneself**, se mal comporter, se mal conduire.

misdemeanant [misdi'miːnənt], *s.* *Jur:* Délinquant, -ante; coupable *mf*.

misdemeanour [misdi'miːnər], *s.* **1.** *Jur:* Délit contraventionnel (coups et blessures, fraude, faux témoignage, diffamation); acte délictueux (de moindre gravité que la *felony*). **High misdemeanour**, grave délit. **2.** Écart *m* de conduite; méfait *m* (d'un enfant, etc.).

misdescription [misdis'kripʃ(ə)n], *s.* *Jur:* Fausse désignation (d'un article de commerce).

misdirect [misdai'rekt, misdi-], *v.tr.* **1.** Mal adresser (une lettre) **2.** Mal diriger (un coup); mal viser avec (un revolver, etc.). **3.** Mal diriger (une entreprise, etc.). *To m. s.o.'s studies*, donner une mauvaise direction aux études de qn. **4.** Mal renseigner, mal diriger (qn); mettre (qn) sur la mauvaise voie. **5.** *Jur:* (*Of judge*) **To misdirect the jury,** mal instruire le jury (sur un point de droit ou de fait).

misdirected, *a.* **1.** (*Of letter, parcel, etc.*) Mal adressé. **2.** (Coup) frappé à faux; (feu) mal ajusté, mal visé. **3.** (Zèle) mal employé.

misdirection [misdai'rekʃ(ə)n, misdi-], *s.* **1.** (*a*) (*On letter*) Erreur *f* d'adresse; fausse adresse. (*b*) Indication erronée, renseignement erroné. *Jur:* **Misdirection of the jury,** indications inexactes de la part du juge sur des points de droit ou de fait, dans le résumé qu'il adresse au jury. **2.** *A:* Mauvaise direction.

misdoing [mis'du:iŋ], *s.* Méfait *m*, faute *f*.

misdoubt [mis'daut], *v.tr.* *A. & Dial:* **1.** Douter de (qch., qn). *There was no misdoubting it,* il n'y avait pas de doute là-dessus. *Misdoubting my words,* incrédule à mes paroles. **2.** Se douter de (qch.); soupçonner (qch.). *I misdoubted as much,* je m'en doutais. *I m. that such is the case,* je me doute bien qu'il en est ainsi.

mise [mi:z], *s.* *Hist:* **1.** Don *m* de joyeux avènement. **2.** Accord *m*. *Esp.* **The Mise of Amiens, the Mise of Lewes,** l'Accord d'Amiens, de Lewes.

misemploy [misem'plɔi], *v.tr.* Mal employer; faire un mauvais emploi de (son temps, son argent, ses talents, etc.).

misemployment [misem'plɔimənt], *s.* Mauvais emploi, mauvais usage (de son temps, etc.).

misentry [mis'entri], *s.* Inscription erronée, inexacte. *Book-k:* Contre-position *f*, *pl.* contre-positions.

Misenum [mai'si:nəm]. *Pr.n.* *A.Geog:* Le cap Misène.

miser[1] ['maizər], *s.* Avare *m*, amasseur, -euse; *F:* grigou *m*; ladre *m*. *Prov:* **There's nothing like a miser's feast,** il n'est chère que de vilain.

miser[2], *s.* *Min:* Tarière *f* à gravier.

miserable ['mizərəbl], *a.* **1.** (*Of pers.*) Malheureux, triste. *Utterly m., F:* malheureux comme les pierres. *To feel m., F:* avoir le cafard. **To make s.o.'s life miserable,** rendre la vie dure à qn. *F: You make everybody m.,* vous donnez le cafard à tout le monde. **2.** (*Of event, condition*) Misérable, déplorable. *What m. weather! F:* quel chien de temps! *M. journey,* voyage *m* pénible, désagréable. **3.** (*a*) Misérable, pauvre, piteux, pitoyable. *M. dwelling,* logement *m* misérable, sordide. *Her m. dress,* sa méchante robe. *M. sum,* somme insignifiante. *M. speech,* pauvre, piteux, discours. *It was a m. performance,* la représentation a été lamentable. *M. salary,* salaire *m* dérisoire. (*b*) *F: I want only a m. seven hundred pounds to get straight,* il ne me faudrait que sept cents misérables livres pour me remettre d'aplomb. *At the end of thirty years' work he had saved a m. five or six hundred pounds,* au bout de trente ans de travail, il avait amassé cinq ou six pauvres cents livres. **-ably,** *adv.* Misérablement. (*a*) Malheureusement, lamentablement. *To die m.,* mourir misérablement. (*b*) Pauvrement, piètrement. **To be miserably paid,** avoir un salaire de misère.

miserableness ['mizərəblnəs], *s.* État malheureux, état misérable.

misère [mi'zɛər], *s.* *Cards:* Misère *f*. **To go misère,** jouer la misère.

miserere [mizə'ri:əri], *s.* *Ecc:* **1.** Miséréré *m*, miserere *m*. **2. Miserere (seat)** = MISERICORD 1 (*b*).

misericord [mi'zerikɔ:rd], *s.* **1.** *Ecc:* (*a*) Miséricorde *f* (de monastère). (*b*) Miséricorde, patience *f* (de stalle). **2.** *A:* **Misericord(e) (dagger),** miséricorde.

miserliness ['maizərlinəs], *s.* Avarice *f*, ladrerie *f*.

miserly ['maizərli], *a.* **1.** (*Of pers.*) Avare, pingre, ladre. **2.** (*Of habits, etc.*) D'avare; sordide.

misery ['mizəri], *s.* **1.** Souffrance(s) *f(pl)*, supplice *m*. **To put s.o. out of misery,** mettre fin aux souffrances de qn. **To put an animal out of its misery,** achever un animal; donner le coup de grâce à un animal. **2.** Misère *f*, détresse *f*. **3.** (*Pers.*) *F:* Geigneur, -euse; geignard, -arde.

misesteem[1] [mises'ti:m], *s.* Mésestime *f*.

misesteem[2], *v.tr.* Mésestimer (qn); mal apprécier (qn, qch.).

misestimate[1] [mis'estimet], *s.* Mésestimation *f*.

misestimate[2] [mis'estimeit], *v.tr.* Mésestimer (qch.); estimer (qch.) à tort.

misexplain [miseks'plein], *v.tr.* Donner une fausse explication de (qch.).

misfashioned [mis'faʃ(ə)nd], *a.* Difforme; mal fait.

misfeasance [mis'fi:zəns], *s.* *Jur:* Infraction *f* à la loi; *esp.* abus *m* de pouvoir; abus d'autorité.

misfield [mis'fi:ld], *v.tr.* *Cr:* *Fb:* Manquer de ramasser (la balle, le ballon).

misfire[1] [mis'faiər], *s.* **1.** (*a*) *Sm.a:* *Artil:* Raté *m*. (*b*) *I.C.E:* Raté d'allumage. **2.** *Brickm:* Brique mal cuite.

misfire[2], *v.i.* (*a*) (*Of gun*) Rater, faire long feu. (*b*) *I.C.E:* (*Of engine*) Avoir des ratés; rater; ne pas donner; *P:* bafouiller, cafouiller. (*c*) *F:* (*Of joke, etc.*) Manquer son effet; tomber à plat.

misfit[1] [mis'fit], *s.* Vêtement manqué, mal réussi; paire de souliers manquée. *Com:* Laissé-pour-compte *m*, *pl.* laissés-pour-compte. *F:* **The social misfits,** les inaptes *m*, les inadaptés *m*.

misfit[2], *v.tr.* Mal aller à (qn).

misfortune [mis'fɔ:rtjun], *s.* Infortune *f*, malheur *m*, calamité *f*. *That has been his m.,* c'est cela qui a fait son malheur. *To fall into m.,* tomber dans le malheur. **It is more his misfortune than his fault,** il est plus à plaindre qu'à blâmer. *Prov:* **Misfortunes never come singly,** un malheur ne vient jamais seul; un malheur en appelle un autre. *P: Her husband's had a m.,* son mari est sous les verrous.

misgive [mis'giv], *v.tr.* (*p.t.* **misgave** [mis'ge:iv]; *p.p.* **misgiven** [mis'givn]) **My heart, mind, misgives me,** j'ai de mauvais pressentiments, des doutes, des inquiétudes. *My heart misgives me that . . .,* j'ai le pressentiment que. . . .

misgiving[1], *a.* Méfiant, craintif; plein de doutes, de pressentiments.

misgiving[2], *s.* Doute *m*, crainte *f*, méfiance *f*, soupçon *m*, pressentiment *m*, inquiétude *f* (*about sth.*, sur qch.). *Not without misgivings,* non sans hésitation. *I am not without misgivings,* je suis assez peu rassuré. *His own prospects caused him no misgivings,* son propre avenir ne l'inquiétait point. *I had a m. that I was going to have a bad time,* j'avais le pressentiment que je passerais par de rudes épreuves.

misgotten [mis'gɔtn], *a.* **1.** Mal acquis. **2.** *A:* = MISBEGOTTEN.

misgovern [mis'gʌvərn], *v.tr.* Mal gouverner.

misgovernment [mis'gʌvərnmənt], *s.* Mauvais gouvernement; mauvaise administration.

misguidance [mis'gaidəns], *s.* **1.** Renseignements erronés. **2.** Mauvais conseils *mpl*.

misguide [mis'gaid], *v.tr.* **1.** Mal guider (qn); égarer (qn). **2.** Mal conseiller (qn).

misguided, *a.* **1.** (*Of pers.*) Qui manque de jugement; dont l'enthousiasme porte à faux; qui se fourvoie. *These m. people . . .,* ces malheureux. . . . **2.** (*Of conduct*) Peu judicieux; (*of zeal*) hors de propos; (*of attempt*) malencontreux. **-ly,** *adv.* Sans jugement.

misguidedness [mis'gaididnəs], *s.* Manque *m* de jugement.

mishandle [mis'handl], *v.tr.* **1.** Malmener, maltraiter, rudoyer (qn). **2.** Mal traiter (un sujet).

mishap [mis'hap], *s.* Mésaventure *f*, contretemps *m*; désagrément *m*; accident *m*; *F:* avatar *m*. *Aut:* Panne *f*. *After many mishaps . . .,* après bien des péripéties. . . . *The horse and the jockey met with a slight m.,* le cheval et le jockey ont eu un léger accroc. *F:* **She's had a mishap,** elle a eu une fausse couche.

mishear [mis'hi:ər], *v.tr.* (**misheard** [mis'hə:rd]) Mal entendre.

mish-mash ['miʃmaʃ], *s.* *F:* Fatras *m*, mélange *m*, méli-mélo *m*; *P:* salade *f*.

mishna(h) ['miʃna], *s.* *Rel.H:* Mischna *f*.

misinform [misin'fɔ:rm], *v.tr.* Mal renseigner.

misinformed, *a.* Mal informé; mal renseigné.

misinformation [misinfɔr'meiʃ(ə)n], *s.* Fausse information, faux renseignement(s); renseignements erronés.

misinterpret [misin'tə:rpret], *v.tr.* Mal interpréter, mésinterpréter (qn, les paroles de qn); mal traduire la pensée de (qn).

misinterpretation [misintə:rpre'teiʃ(ə)n], *s.* **1.** Fausse interprétation. **2.** (*In translating*) Contre-sens *m inv.*

misinterpreter [misin'tə:rpretər], *s.* Mauvais interprète (*of*, de).

misjoin [mis'dʒɔin], *v.tr.* *Jur:* Constituer faussement (les parties).

misjoinder [mis'dʒɔindər], *s.* *Jur:* **Misjoinder of parties,** fausse constitution de parties.

misjudge [mis'dʒʌdʒ], *v.tr.* Mal juger (qn, qch.); se tromper sur le compte de (qn); ne pas se rendre compte de (qch.); mal juger de (qch.); méconnaître (qn). *To m. a motive,* se méprendre sur un motif. *To m. the distance,* se tromper dans l'estimation de la distance.

misjudged, *a.* (*Of opinion, action*) Erroné, peu judicieux.

misjudg(e)ment [mis'dʒʌdʒmənt], *s.* Jugement erroné; fausse estimation (d'une distance); méprise *f*.

mislay [mis'lei], *v.tr.* (*p.t.* **mislaid** [mis'leid]; *p.p.* **mislaid**) Égarer (son parapluie, etc.). *Jur:* Adirer (un document, etc.).

mislead [mis'li:d], *v.tr.* (*p.t.* **misled** [mis'led]; *p.p.* **misled**) **1.** (*a*) Induire (qn) en erreur; tromper (qn). *To m. s.o. as to one's intentions,* tromper, abuser, qn sur ses intentions. (*b*) Égarer, fourvoyer (qn). **2.** Corrompre, dévoyer (qn).

misleading, *a.* Trompeur, -euse; fallacieux.

misleader [mis'li:dər], *s.* **1.** Trompeur, -euse. **2.** Séducteur, -trice; corrupteur, -trice.

mislike[1, 2] [mis'laik], *s. & v.tr.* *A. & Dial:* = DISLIKE[1, 2].

mismanage [mis'manedʒ], *v.tr.* Mal conduire, mal diriger, mal administrer, mal gérer (une affaire, une entreprise).

mismanagement [mis'manedʒmənt], *s.* (*a*) Mauvaise administration, mauvaise gestion. (*b*) *There has been some m.,* l'affaire a été mal menée; on a commis des bévues.

mismarriage [mis'maridʒ], *s.* Mariage malheureux.

mismarry [mis'mari], *v.tr.* Mal marier (sa fille, etc.).

mismarried, *a.* Mal marié(e).

misname [mis'neim], *v.tr.* Mal nommer (qn, qch.); nommer (qn, qch.) improprement.

misnomer [mis'noumər], *s.* **1.** *Jur:* Erreur *f* de nom. **2.** (*a*) Faux nom; fausse appellation; nom mal approprié. (*b*) *Changes which, by a great m., are called progress,* changements auxquels on donne fort mal à propos le nom de progrès.

mis(o)- [mais(o), mis(o), mi'sɔ], *comb.fm.* Mis(o)-. *Mi'sogynist,* misogyne. *Misan'thropic,* misanthrope. *Misone'istic,* misonéiste.

misogamist [mi'sɔgəmist], *s.* Misogame *mf*.

misogamy [mi'sɔgəmi], *s.* Misogamie *f*.

misogynist [mi'sɔdʒinist], *s.* Misogyne *m*.

misogynous [mi'sɔdʒinəs], *a.* Misogyne.

misogyny [mi'sɔdʒini], *s.* Misogynie *f*.

misoneism [miso'ni:izm], *s.* Misonéisme *m*.

misoneist [miso'ni:ist], *s.* Misonéiste *mf*.

mispickel ['mispikəl], *s.* *Miner:* Mispickel *m*; fer arsenical; pyrite arsenicale; arsénopyrite *f*.

misplace [mis'pleis], *v.tr.* **1.** Placer à faux (l'accent tonique, etc.). **2.** Mal placer (ses affections, sa confiance). **3.** Se tromper en remettant en place (un livre, etc.); déplacer (un livre, etc.).

misplaced, *a.* **1.** (*Of confidence, etc.*) Mal placé. **2.** (Mot) déplacé; (observation *f*) hors de propos.

misplacement [mis'pleismənt], *s.* Erreur *f* de mise en place; déplacement *m*.

misplead [mis'pli:d], *v.i.* *Jur:* Faire erreur dans la production des moyens de droit.

misprint[1] [mis'print], *s.* *Typ:* Faute *f* d'impression; erreur *f* typographique; *F:* coquille *f*.

misprint[2], *v.tr.* Imprimer (un mot) incorrectement.

misprision[1] [mis'priʒ(ə)n], *s.* **1.** *Jur:* **Misprision of treason, of**

felony, non-révélation *f* de haute trahison, d'un crime. **2.** *A:* Méprise *f*; erreur *f* d'interprétation.

misprision[2], *s.* *A:* **1.** Mépris *m.* **2.** Méconnaissance *f* (de la valeur de qch., etc.); sous-estimation *f.*

misprize [mis'praːiz], *v.tr.* **1.** Mépriser. **2.** *A:* Méconnaître (qn); sous-estimer (qn, qch.).

mispronounce [mispro'nauns], *v.tr.* Mal prononcer; *F:* estropier (un mot).

mispronunciation [misprənʌnsi'eiʃ(ə)n], *s.* Mauvaise prononciation; prononciation incorrecte; faute *f* de prononciation.

misproportioned [mispro'pɔːrʃ(ə)nd], *a.* Mal proportionné.

misquotation [miskwo'teiʃ(ə)n], *s.* Fausse citation; citation inexacte.

misquote [mis'kwout], *v.tr.* Citer (qch.) à faux, inexactement. *To m. a writer*, estropier une citation d'un auteur; citer un auteur incorrectement.

misread [mis'riːd], *v.tr.* (*p.t.* **misread** [mis'red]; *p.p.* **misread**) Mal lire, mal interpréter (un texte, etc.). *F:* **To misread s.o.'s feelings**, mal lire dans le cœur de qn; se tromper sur les sentiments de qn.

misreading, *s.* Interprétation erronée (des faits, etc.).

misreckon [mis'rek(ə)n], *v.tr.* **1.** Mal calculer; mal compter. **2.** *Abs.* Calculer à faux; manquer de perspicacité.

misreckoning, *s.* **1.** Calcul erroné. **2.** Manque *m* de perspicacité.

misrecollect [misreko'lekt], *v.tr.* **If I do not misrecollect**, si la mémoire ne me fait pas défaut.

misrelate [misri'leit], *v.tr.* Raconter, rapporter, (qch.) inexactement.

misrelated, *a.* **1.** Rapporté inexactement. **2.** **Misrelated facts**, faits qui n'ont rien en commun, qui ne vont pas ensemble.

misrelation [misri'leiʃ(ə)n], *s.* **1.** Rapport inexact; récit inexact. **2.** **The misrelation of the facts**, le mauvais groupement des faits.

misreport[1] [misri'pɔːrt], *s.* Rapport inexact, narration inexacte.

misreport[2], *v.tr.* Rapporter (les faits) inexactement.

misrepresent [misrepri'zent], *v.tr.* Mal représenter; dénaturer, travestir (les faits); présenter (les faits) sous un faux jour.

misrepresentation [misreprizen'teiʃ(ə)n], *s.* Faux rapport, faux exposé; présentation erronée des faits, d'un bilan, etc.; *Jur:* (i) fausse déclaration; (ii) réticence *f.* *Jur:* **Wilful misrepresentation**, dol *m*; fraude civile.

misrule[1] [mis'ruːl], *s.* Mauvaise administration, mauvais gouvernement, désordre *m*, confusion *f.* *Hist:* **Lord, Abbot, Master, of Misrule**, évêque *m* de la déraison, pape *m* des fous (dans les réjouissances de Noël).

misrule[2], *v.tr.* Mal gouverner.

miss[1] [mis], *s.* **1.** Coup manqué (pour n'avoir pas atteint le but); coup perdu. *Bill:* Manque *m* de touche; manque à toucher. *Bill:* **To give a miss**, éviter de toucher. **To score a miss**, marquer un point du fait que l'adversaire a manqué à toucher. *F:* **To give (s.o., sth.) a miss**, passer le tour de (qn); négliger de voir, de visiter (un monument), sécher (une conférence). (*At dinner*) *I'll give the fish course a miss*, je ne prendrai pas de poisson; je laisserai passer le poisson. *Prov:* **A miss is as good as a mile**, manquer de près ou de loin, c'est toujours manquer. **2.** *Med:* *F:* (*Miscarriage*) Fausse couche. **3.** *A:* Manque, absence *f*, défaut *m* (*of*, de). *Still so used in P:* **He's no great miss**, on peut se passer de lui; personne ne regrettera son absence.

miss[2], *v.tr.* **1.** (*Fail to hit or to find*) (*a*) Manquer, *F:* rater (le but). *To m. one's blow*, manquer, rater, son coup; taper dans le vide. **To miss one's mark, one's aim**, manquer son coup, son but; tirer à côté; frapper à faux, à vide. *His blow missed the mark*, le coup donna à côté. *The bullet missed me by a hair's breadth*, il s'en est fallu d'un cheveu que la balle (ne) m'atteignît. *Abs.* **He never misses**, il ne manque jamais son coup. **To miss the point** (*in one's answer*), répondre à côté. *This criticism misses the point*, cette critique porte à faux. *Bill:* To miss, manquer à toucher; manquer de touche. *Th:* (*Of actor*) **To miss one's entrance**, louper son entrée. *Nau:* **To miss stays**, manquer à virer; (*of ship*) refuser de virer. *I.C.E:* (*Of engine*) **To miss fire**, *abs.* **to miss**, = MISFIRE[2] (*b*). *See also* HIT[2] 1. (*b*) **To miss one's way**, se tromper de route; s'égarer. **He missed his footing**, le pied lui manqua. (*c*) Ne pas trouver, ne pas rencontrer (qn). *I called at his house yesterday, but missed him*, je suis passé chez lui hier, mais je l'ai manqué, mais je ne l'ai pas rencontré, *F:* mais je l'ai raté. (*d*) Manquer, *F:* rater (un train, le bateau). *To m. the train by three minutes*, manquer le train de trois minutes. *His trunk had missed being put on board*, on avait négligé d'embarquer sa malle. *See also* BUS[1] 1. (*e*) Manquer, laisser échapper, laisser passer, *F:* rater (une occasion). **An opportunity not to be missed**, une occasion à saisir; une occasion qu'il ne faut pas manquer. *I have missed my turn*, j'ai perdu mon tour. *Do come back, you are missing all the fun!* revenez donc! vous ne savez pas comme on s'amuse en ce moment. *If you don't see it you'll be missing something*, si vous n'allez pas voir ça vous allez rater quelque chose qui en vaut la peine. *F:* **You haven't missed much!** ce n'était pas bien intéressant. **To miss the market**, (i) laisser échapper le moment favorable pour la vente; (ii) *F:* laisser échapper l'occasion. (*f*) Ne pas se voir décerner (une récompense, un honneur). *I missed my holiday this year*, je n'ai pas eu de vacances cette année. (*g*) Manquer (une conférence, un discours, un rendez-vous, un repas). *F:* Sécher (une classe, une conférence). *I would not have missed his speech for anything*, pour rien au monde je n'aurais voulu manquer son discours. *I never m. going there*, je ne manque jamais d'y aller. *How many lessons have you missed?* combien de leçons avez-vous manquées? (*h*) **He narrowly missed, just missed, being killed**, il a failli se faire tuer. *The train just missed being destroyed*, le train échappa tout juste à la destruction. (*i*) **To miss a remark, a joke**, ne pas saisir une observation, une plaisanterie ((i) ne pas l'entendre; (ii) ne pas la comprendre). *You have missed the true meaning of the text*, le sens véritable du texte vous a échappé. **To miss the obvious**, *F:* chercher midi à quatorze heures. *I missed the church you told me about*, je n'ai pas vu l'église dont vous m'aviez parlé. *I missed the house*, j'ai passé la maison sans m'en apercevoir. *You can't miss the house*, la maison s'impose à la vue; vous ne pouvez pas manquer de reconnaître la maison. **2.** (*Omit*) **To miss (out) a word, a line**, omettre, passer, sauter, un mot, une ligne. (*At dinner*) **To miss out the fish course**, laisser passer le poisson. **3.** (*a*) (*Notice absence of*) Remarquer l'absence de (qn, qch.); s'apercevoir de la disparition de (qch.); remarquer qu'il manque (qn, qch.). *He missed money from his cash-box*, il s'aperçut qu'il manquait de l'argent dans sa caisse. *I miss the tree that was before the window*, je ne vois plus l'arbre qui était devant la fenêtre. *I m. several books*, je vois qu'il me manque plusieurs livres. *I missed my spectacles*, je ne trouvais plus mes lunettes. **It will never be missed**, on ne s'apercevra pas que cela n'y est plus. *We are sure to be missed*, on s'apercevra sûrement de notre absence. *All at once I missed him*, (i) tout à coup je le perdis de vue, il disparut à mes yeux; (ii) tout à coup je m'aperçus qu'il n'était plus là! (*b*) (*Feel want of*) Regretter (qn); regretter l'absence de (qn); *Dial:* s'ennuyer de, après (qn). *I miss you*, vous me manquez. *To m. an absent friend*, regretter un ami absent. **They will miss one another**, ils se manqueront. *I am not allowed cigarettes, but I do not m. them*, on me défend les cigarettes, mais je n'en sens pas le besoin, mais ce n'est pas une privation. *The late Mr Jones is sadly missed*, M. Jones a laissé, emporté, des regrets.

missing[1], *a.* Absent; égaré, perdu; disparu, manquant. *The m. umbrella was found at the Smiths'*, le parapluie égaré a été retrouvé chez les Smith. *Some books are m.*, il manque quelques livres. *One man is m.*, un homme manque. *There is only one m.*, il n'en manque qu'un(e). *He has been m. for two days*, voilà deux jours qu'on ne l'a vu; on est sans nouvelles de lui depuis deux jours. *Mil: etc:* **Killed, wounded, or missing**, tués, blessés, ou disparus. *s.pl.* **The missing**, les disparus. *See also* LINK[1] 3.

missing[2], *s.* **1.** **Missing of a chance**, perte *f* d'une occasion. **2.** *I.C.E:* Ratés *mpl*, *P:* bafouillage *m*, cafouillage *m.*

miss[3], *s.f.* **1.** **Miss Smith**, *pl.* **the Miss Smiths, the Misses Smith**, mademoiselle Smith, Mlle Smith; les demoiselles Smith; (*as address*) Mademoiselle Smith, Mesdemoiselles Smith. *Thank you, Miss Smith*, merci, mademoiselle. *I knew her when she was Miss X*, je l'avais connue demoiselle. *F:* (*Of man*) **A Miss Nancy**, un mollasson, une poule mouillée. **2.** *V:* (*With omission of proper name*) *Yes, Miss; good morning, Miss; three whiskeys, Miss*, oui, mademoiselle; bonjour mademoiselle; trois whiskys, mademoiselle. **3.** (*a*) *Hum:* Demoiselle. **A modern miss**, une jeune fille moderne. *Is that little miss a friend of yours?* elle est de vos amies, cette petite demoiselle-là? (*b*) *Com:* Fillette. **Shoes for misses**, chaussures *f* pour fillettes.

miss[4], *v.tr.* *F:* Appeler (qn) mademoiselle.

missal ['misal], *s.* *Ecc:* Missel *m.*

missel(-thrush) ['mis(ə)l(θrʌʃ)], *s.* *Orn:* Draine *f*; grosse grive; *F:* grive de brou.

mis-shapen [mis'ʃeipn], *a.* (*Of dwarf, limb, etc.*) Difforme, contrefait; (*of hat, figure, etc.*) déformé; (*of building, mind*) biscornu.

missile ['misail, -il]. **1.** *a.* (Arme *f*) de jet, de trait. **2.** *s.* Projectile *m.*

mission[1] ['miʃ(ə)n], *s.* **1.** Mission *f.* (*a*) **To be sent on a mission to s.o.**, être envoyé en mission auprès de qn. *Minister on a special m. to Paris*, ministre en mission spéciale à Paris. (*b*) *U.S:* Ambassade *f.* (*c*) *Ecc:* **Foreign missions**, missions étrangères. **Mission (station)**, mission. (*d*) *She thinks* **her mission in life** *is to help lame dogs*, elle croit avoir mission de secourir les malheureux. **2.** *Attrib.* *U.S:* De l'époque de la mission espagnole à l'Amérique du Sud. **Mission furniture**, meubles massifs et sans ornementation.

mission[2]. **1.** *v.tr.* (*a*) Envoyer (qn) en mission. *To be missioned to . . .*, avoir mission de. . . . (*b*) Évangéliser (les sauvages, etc.). **2.** *v.i.* *Ecc:* Diriger une mission.

missionary ['miʃənəri]. **1.** *a.* (Prêtre *m*) missionnaire; (société *f*) de missionnaires; (vocation *f*) de missionnaire; (tronc *m*) des missions. **The missionary field**, les missions (étrangères). **2.** *s.* (*a*) Missionnaire *m.* (*b*) **Police-court missionary**, délégué(e) d'une œuvre de miséricorde auprès des tribunaux de simple police.

'missionary-box, *s.* Tronc *m* pour les missions étrangères.

missioner ['miʃənər], *s.* Missionnaire (préposé aux œuvres d'une paroisse).

missis ['misiz], *s.f.* *P:* (*Corruption of mistress*) (*a*) Madame. *I say, Missis!* eh dites donc, la petite mère! (*b*) (*Wife*) Femme. **The missis, my missis**, ma femme, *P:* ma bourgeoise, ma légitime, la patronne, la ménagère. *Your m.*, votre dame. (*c*) (*Used by servants*) **(The) missis is in the drawing-room**, madame est au salon.

missish ['misiʃ], *a.* *F:* (Manières *f*, etc.) de petite pensionnaire.

Mississippi (the) [ðəmisi'sipi]. *Pr.n.* *Geog:* Le Mississipi.

Mississippian [misi'sipjən], *a.* & *s.* Mississipien, -ienne.

missive ['misiv]. **1.** *a.* *Hist.* & *Jur:* **Letter missive**, lettre missive. **2.** *s.* Lettre *f*, missive *f.*

Missourian [mi'suəriən], *a.* & *s.* *Geog:* Missourien, -ienne.

mis-spell [mis'spel], *v.tr.* (*p.t.* **mis-spelt** [mis'spelt]; *p.p.* **mis-spelt**) Mal épeler, mal orthographier; écrire (un mot) incorrectement.

mis-spelling, *s.* Faute *f* d'orthographe; cacographie *f.*

mis-spend [mis'spend], *v.tr.* (*p.t.* **mis-spent** [mis'spent]; *p.p.* **mis-spent**) Dépenser (de l'argent) mal à propos; mal employer (son argent, son temps); gâcher (son argent); faire un mauvais emploi de (son temps). **A mis-spent youth**, (i) une jeunesse mal employée; (ii) une jeunesse passée dans la dissipation.

mis-state [mis'steit], *v.tr.* Exposer, rapporter, (qch.) incorrectement; rendre un compte inexact de (qch.); altérer (des faits).

mis-statement [mis'steitmənt], *s.* Exposé inexact, rapport

inexact, compte rendu erroné. *Chapter full of mis-statements,* chapitre rempli d'erreurs de fait.
mis-suit [mis'sju:t], *v.tr.* Convenir mal à (qn), messeoir à (qn).
missus ['misəs], *s.f. P:* = MISSIS.
missy ['misi], *s.f. F:* Mademoiselle; ma petite demoiselle.
mist[1] [mist], *s.* **1.** Brume *f, F:* brouillasse *f. Heavy m.,* embrun *m.* **Scotch mist,** bruine *f,* crachin *m. F:* **Lost in the mists of time,** perdu dans la nuit des temps. **2.** Buée *f* (sur une glace, etc.). **To have a mist before one's eyes,** avoir un voile devant les yeux. **To see things through a mist,** voir trouble.
'mist-preventive, *s. Aut: etc:* Antibuée *m.*
mist[2]. **1.** *v.tr.* Couvrir (une glace, etc.) de buée. **2.** *v.i.* **To mist over,** (i) (*of landscape, etc.*) disparaître sous la brume; (ii) (*of mirror, etc.*) se couvrir de buée.
mistakable [mis'teikəbl], *a.* **1.** Sujet à méprise. **2.** *Easily m. for sth.,* facile à confondre avec qch.
mistake[1] [mis'teik], *s.* Erreur *f,* inadvertance *f*; méprise *f,* faute *f. M. in calculating,* faux calcul; erreur de calcul. *M. in labelling,* erreur d'étiquetage. *Exercise full of mistakes,* exercice plein de fautes. *Grammatical mistakes,* fautes de grammaire. **To make a mistake,** faire une faute; commettre une faute, une erreur, une confusion; être dans l'erreur; se méprendre, se tromper (*about, regarding,* sur, au sujet de, quant à). *You made me make a m.,* vous m'avez fait tromper. *To make a bad m.,* commettre une lourde méprise. **To make the mistake of doing sth.,** avoir le tort de faire qch. *He made the m. of speaking too soon,* il a eu le tort de parler trop tôt. *To do sth.* **by mistake,** faire qch. par erreur, par inadvertance, par mégarde, par méprise. **To labour under a mistake,** être dans l'erreur. *To acknowledge one's m.,* avouer (être dans) son tort. *It is a m. to believe that . . .,* c'est se tromper que de croire que . . ., c'est un abus (que) de croire que. . . . *It was a great m. to ask him for advice,* nous avons fait une grosse bévue, nous avons commis une grosse faute, en lui demandant conseil. **There is some mistake!** il y a erreur! *There must be some m.,* il doit y avoir confusion. *There is, can be, no m. about that,* il n'y a pas à s'y tromper, à s'y méprendre; *F:* c'est bien le cas de le dire. **Let there be no mistake about it; make no mistake,** que l'on ne s'y trompe pas. *F: I am unlucky* **and no mistake!** décidément je n'ai pas de chance! *He was angry and no m.!* il était absolument furieux. *It is warm and no m.!* il n'y a pas à dire, il fait chaud! c'est qu'il fait chaud! il fait chaud, je vous en réponds! *You are a duffer and no m.!* pour un maladroit, vous en êtes un! **To take s.o.'s umbrella in mistake for one's own,** prendre le parapluie de qn par erreur pour le sien.
mistake[2], *v.tr.* (*p.t.* **mistook** [mis'tuk]; *p.p.* **mistaken** [mis'teik(ə)n]) **1.** Comprendre mal (les paroles de qn); se méprendre sur (les paroles, les intentions, de qn). *To m. the time, one's way,* se tromper d'heure, de route. *He mistook the times in which he lived,* il ne se rendait pas compte de l'époque où il vivait. *I have mistaken the house,* je me suis trompé de maison. *To m. the way,* faire fausse route. **If I mistake not,** si je ne me trompe. **There is no mistaking the facts,** on ne peut pas se tromper à cet égard. *There's no mistaking it,* il n'y a pas à s'y méprendre. *There can be no mistaking his words,* on ne peut pas se méprendre sur le sens de ses paroles. **You have mistaken your man,** vous vous adressez mal. **2. To mistake s.o., sth., for s.o., sth.,** confondre qn, qch., avec qn, qch.; prendre qn, qch., pour qn, qch. *To m. s.o. for somebody else,* prendre qn pour quelqu'un d'autre.
mistaken, *a.* **1.** (*Of pers.*) **To be mistaken,** être dans l'erreur; faire erreur. **To be mistaken about, in, s.o.,** se tromper sur le compte de qn, quant à qn. *To be m. regarding s.o.'s intentions,* s'abuser sur les intentions de qn; se méprendre, se tromper, sur les intentions de qn. *To be m. regarding s.o.,* s'abuser sur le compte de qn. **If I am not mistaken,** si je ne me trompe; sauf erreur. *That's Smith,* **or I am much mistaken,** voilà Smith, ou je me trompe fort. **That is just where you are mistaken!** c'est justement ce qui vous trompe. **2. Mistaken opinion,** opinion erronée. *M. zeal,* zèle mal entendu, hors de propos. *M. ideas,* idées fausses. *M. kindness,* bonté mal placée. **3. Mistaken identity,** erreur *f* sur la personne. **Mistaken statement,** (i) déclaration mal comprise; (ii) déclaration erronée. **-ly,** *adv.* **1.** Par erreur, par méprise. **2.** Sans réflexion, peu judicieusement.
mistaking, *s.* Méprise *f,* erreur *f,* confusion *f.*
mistakenness [mis'teikənnəs], *s.* Erreur *f,* fausseté *f* (de vues, d'opinions).
mister[1] ['mistər], *s.* **1.** (*Always abbreviated to* **Mr**) **Mr Smith,** monsieur Smith; M. Smith; (*on address*) Monsieur Smith. **Mr Chairman,** monsieur le président. *Com:* **Our Mr A,** notre sieur A. *See also* BLANK[1] II. 5. **2.** *F:* **A mere mister,** un simple particulier, un bourgeois. *Be he nobleman or mere m.,* qu'il soit noble ou roturier. **3.** *V:* (*With omission of proper name*) Monsieur. *What's the time, mister?* quelle heure est-il, monsieur?
mister[2], *v.tr. F:* Appeler (qn) monsieur; donner du "monsieur" à (qn).
misterm [mis'tə:rm], *v.tr.* Nommer (qch.) improprement. *A shanty which the village mistermed a hotel,* une baraque que le village dénommait abusivement un hôtel.
mistime [mis'taim], *v.tr.* Faire (qch.) mal à propos, à contre-temps; mal calculer (un coup).
mistimed, *a.* Inopportun, mal à propos; (coup) mal calculé.
mistiness ['mistinəs], *s.* **1.** (*a*) État brumeux, obscurité *f.* (*b*) *Owing to the m. of the wind-screen . . .,* à cause de la buée qui obscurcissait le pare-brise. . . . **2.** Brouillard *m,* bruine *f,* vapeurs *fpl.*
mistitled [mis'taitld], *a.* Qualifié improprement (de . . .).
mistletoe ['misltou, 'mizltou], *s. Bot:* Gui *m.* **Red-berried mistletoe,** gui d'Espagne. *Orn:* **Mistletoe thrush** = MISSEL-THRUSH.
mistook [mis'tuk]. *See* MISTAKE[2].
mistral ['mistrəl, mis'tra:l], *s.* Mistral *m.*
mistranslate [mistra:ns'leit, -tra-], *v.tr.* Mal traduire; interpréter (une phrase) à contre-sens.
mistranslation [mistra:ns'leiʃ(ə)n, -tra-], *s.* Mauvaise traduction; traduction inexacte; erreur *f* de traduction; contre-sens *m inv.*
mistress ['mistres], *s.f.* **1.** (*a*) Maîtresse (qui exerce l'autorité). *Underlings and m.,* subalternes *m* et maîtresse. **To be one's own mistress,** être sa propre maîtresse; s'appartenir. **To be mistress of oneself,** être maîtresse de soi-même; avoir de l'empire sur soi-même. **She is mistress of her subject,** elle possède son sujet à fond. *See also* ROBE[1] 1. (*b*) **Mistress of a family, of a household,** maîtresse de maison. (*To servant*) *Is your m. at home?* madame y est-elle? **My mistress, the mistress, mistress,** *is not at home,* madame n'y est pas. (*c*) *Com:* Patronne. *Speak to the m.,* adressez-vous à la patronne. (*d*) Maîtresse (qui enseigne); (*in elementary schools*) institutrice; (*in secondary schools*) professeur *m. The French m.,* la maîtresse de français, le professeur de français. *She is a music m.,* elle est professeur de musique; elle enseigne la musique. *See also* ASSISTANT 1, HEAD-MISTRESS. **2.** (*a*) *A:* Amante, maîtresse (recherchée en mariage); bien-aimée, *pl.* bien-aimées. (*b*) Maîtresse, concubine; *F:* bonne amie; amie. **Kept mistress,** femme entretenue. **3.** (*In titles*) (*a*) *A:* Madame. **Mistress Quickly,** Madame Quickly. (*b*) (*Now always abbreviated to* **Mrs** ['misiz]) *Mrs Smith,* Madame Smith, Mme Smith. *See also* BLANK[1] II. 5.
mistress-ship ['mistresʃip], *s.* **1.** (*a*) Qualité *f* de maîtresse (de maison). (*b*) Maîtrise *f* (des mers). **2.** *Sch:* Poste *m* de maîtresse, de professeur ou d'institutrice. *See also* HEAD-MISTRESS-SHIP.
mistrial [mis'traiəl], *s.* (*a*) Erreur *f* judiciaire. (*b*) Jugement entaché d'un vice de procédure.
mistrust[1] [mis'trʌst], *s.* Méfiance *f,* défiance *f* (*of, in,* de); soupçons *mpl* (*of, in,* à l'endroit de, à l'égard de); manque *m* de confiance (*of, in,* en).
mistrust[2], *v.tr.* Se méfier de, se défier de, soupçonner (qn, qch.); ne pas avoir confiance en (qn).
mistrustful [mis'trʌstful], *a.* Méfiant, défiant; soupçonneux (*of,* à l'égard de, à l'endroit de). **-fully,** *adv.* Avec méfiance, avec défiance.
mistrustfulness [mis'trʌstfulnəs], *s.* Méfiance *f,* défiance *f.*
mistrustless [mis'trʌstləs], *a.* Sans défiance (*of,* de).
mistune [mis'tju:n], *v.tr.* Mal accorder, désaccorder (un piano, un circuit de T.S.F., etc.).
misty ['misti], *a.* (Temps, lieu, etc.) brumeux, brumailleux, embrumé. *M. light,* lumière vaporeuse. *It is m.,* le temps est brumeux; il brumasse. *F:* **Misty outlines,** contours vagues, flous. *M. image,* forme estompée. *M. eyes,* yeux voilés de larmes. *M. recollection,* souvenir vague, confus. **-ily,** *adv.* (Voir qch.) dans une brume, obscurément.
misunderstand [misʌndər'stand], *v.tr.* (*p.t.* **misunderstood** [misʌndər'stud]; *p.p.* **misunderstood**) **1.** Mal comprendre (qch., qn); mal entendre, se méprendre sur (qch.); mal interpréter (une action). *If I have not misunderstood . . .,* si j'ai bien compris. . . . *You have misunderstood this passage,* vous avez compris de travers ce passage; vous avez pris ce passage à contre-sens. *We misunderstood each other,* il y a eu quiproquo. **2.** Méconnaître (qn); se méprendre sur le compte de (qn).
misunderstood, *a.* **1.** Mal compris; mal interprété. **2.** (*Of pers.*) Méconnu, incompris.
misunderstanding, *s.* **1.** (*a*) Conception erronée. (*b*) Malentendu *m,* quiproquo *m. Through a m.,* faute de s'entendre; par malentendu. *To clear some misunderstandings,* éclaircir quelques confusions *f.* **2.** Mésintelligence *f,* malentente *f,* mésentente *f,* brouille *f.*
misusage [mis'ju:zedʒ], *s.* **1.** Mauvais traitements *mpl.* **2.** *A:* = MISUSE[1].
misuse[1] [mis'ju:s], *s.* Abus *m,* mauvais usage, emploi abusif, mauvais emploi, mésusage *m* (de qch.); malmenage *m* (d'un instrument de précision, etc.). *M. of authority,* abus d'autorité. *M. of words,* confusion *f* de mots; emploi abusif des mots. *Jur:* **Fraudulent misuse of funds,** détournement *m* de fonds; abus de confiance.
misuse[2] [mis'ju:z], *v.tr.* **1.** Faire (un) mauvais usage, (un) mauvais emploi, de (qch.); mésuser de (qch.); abuser de (qch.). *To m. a term,* employer un terme abusivement. **2.** Maltraiter, malmener (qn).
misused, *a.* **1.** (Chien) maltraité. **2.** (Sens) abusif (d'un mot).
misuser [mis'ju:zər], *s. Jur:* Abus *m* (d'un droit); abus de jouissance.
miswrite [mis'rait], *v.tr.* (*p.t.* **miswrote** [mis'rout]; *p.p.* **miswritten** [mis'ritn]) Mal écrire (un mot); écrire (un mot) incorrectement.
mite [mait], *s.* **1.** (*a*) **The widow's mite,** le denier, l'obole *f,* de la veuve. *F:* **To offer one's mite,** donner son obole. (*b*) **Mite of consolation,** brin *m* de consolation. *There's not a m. left,* il n'en reste plus une miette. **2.** Petit gosse, petite gosse; mioche *mf,* bambin, -ine; moutard *m. He was quite a little m.,* **a mite of a child,** il était haut comme ma botte. *Poor little m.!* pauvre petit marmot! pauvre petit! pauvre petite! **3.** *Arach:* Acarien *m*; mite *f.* **Cheese mite,** mite du fromage. *See also* BIRD-MITE, MEAL-MITE, RUST-MITE, WATER-MITES.
mitella [mi'telə], *s.* **1.** *Bot:* Mitelle *f.* **2.** *Surg:* Mitelle, écharpe *f.*
Mithra ['miθrə]. *Pr.n.m.* = MITHRAS.
Mithradates [miθrə'deiti:z]. *Pr.n.m.* = MITHRIDATES.
Mithraic [mi'θreiik], *a. Rel.H:* Mithriaque.
Mithraism ['miθreiizm], *s. Rel.H:* Mithracisme *m.*
Mithras ['miθras]. *Pr.n.m. Rel.H:* Mithra(s).
mithridate ['miθrideit], *s. A.Pharm:* Mithridate *m.*
Mithridates [miθri'deiti:z]. *Pr.n.m. Gr.Hist:* Mithridate.
mithridatism ['miθrideitizm], *s. Med:* Mithridatisation *f*; mithridatisme *m.*
mithridatize [mi'θridəta:iz], *v.tr. Med:* Immuniser (qn) contre un poison.
mitigate ['mitigeit], *v.tr.* **1.** Adoucir (la colère de qn). **2.** Adoucir,

atténuer (la souffrance, le chagrin, un mal); apaiser (la douleur); alléger (un fardeau); amoindrir (un mal); mitiger, modérer, atténuer (une peine, la sévérité d'une peine); adoucir (une critique). **3.** Tempérer (la chaleur, un climat); adoucir (le froid). **4.** Atténuer (un crime, une faute).

mitigating, *a.* **1.** Adoucissant, atténuant, mitigeant. **2. Mitigating circumstances**, circonstances atténuantes.

mitigation [miti'geiʃ(ə)n], *s.* **1.** Adoucissement *m* (d'une douleur); amoindrissement *m* (d'un mal); mitigation *f*, réduction *f*, atténuation *f*, modération *f* (d'une peine); allègement *m* (d'un fardeau). *Jur: Plea in m. of damages*, demande *f* en réduction de dommages-intérêts. **2.** Atténuation (d'une faute).

mitosis, *pl.* **-oses** [mi'tousis, -ousi:z], *s. Biol:* Mitose *f*, karyokinèse *f*, caryocinèse *f*.

mitral ['maitrəl], *a. Anat: Med:* Mitral, -aux. **Mitral valve**, *s.* mitral, valvule mitrale.

mitre[1] ['maitər], *s. Ecc:* Mitre *f*.

'mitre-wort, *s. Bot:* Mitelle *f*.

mitre[2], *s. Carp:* **1. Mitre(-joint)**, (assemblage *m* à) onglet *m*. **2.** = MITRE SQUARE. **3.** = MITRE-WHEEL.

'mitre-bevel, *s.* = MITRE SQUARE.

'mitre-block, -board, -box, *s. Carp:* Boîte *f* à onglet(s).

'mitre-gates, *s.pl. Hyd.E:* Portes busquées.

'mitre-gear, *s. Mec.E:* Engrenage *m* à onglet, à 45°; engrenage d'équerre.

'mitre-plane, *s. Tls:* Guillaume *m* à onglets.

'mitre-post, *s. Hyd.E:* Poteau busqué; poteau battant; montant *m* de busc.

'mitre rule, *s. Tls:* Biveau *m* (de tailleur de pierres).

'mitre-sill, *s. Hyd.E:* Busc *m*; seuil *m* d'écluse.

'mitre square, *s. Tls:* Équerre *f* (à) onglet; onglet *m*; angle *m* oblique.

'mitre-valve, *s. I.C.E: etc:* Soupape *f* conique.

'mitre-wheel, *s. Mec.E:* Roue *f* d'angle, roue (dentée) conique; engrenage *m* conique; roue, pignon *m*, d'échange.

mitre[3], *v.tr.* **1.** (*a*) *Carp: Metalw: etc:* Tailler (une pièce) à onglet. (*b*) *Bookb: To m. the fillets*, biseauter les filets. **2.** Assembler (deux pièces) à onglet.

mitred[1], *a. Carp:* En onglet, à onglet.

mitring, *s.* **1.** *Carp:* Assemblage *m* à onglet. **Mitring-machine**, machine *f* à couper les onglets. **2.** *Bookb:* Biseautage *m*.

mitred[2] ['maitərd], *a. Ecc:* Mitré; coiffé d'une mitre. **Mitred abbot**, abbé mitré.

mitriform ['maitrifɔ:rm], *a. Nat.Hist:* Mitriforme.

mitt [mit], *s.* **1.** = MITTEN 1. **2.** *U.S: F:* Poing *m*. **To hand s.o. the frozen mitt**, tourner le dos à qn.

mitten [mitn], *s.* **1.** Mitaine *f*. *F:* **To give a suitor the mitten**, éconduire un soupirant. **To get the mitten**, (i) être éconduit; (ii) (*of official, employee, etc.*) être congédié; recevoir son congé; *P:* être saqué. **2.** *U.S. & Mil:* Gant *m* moufle; moufle *f*. **3.** *pl. Box: F:* **The mittens**, les gants, *P:* les mitaines.

mittened ['mitənd], *a.* (*Of pers.*) Portant (i) des mitaines, (ii) des moufles; (*of hand*) (i) en mitaine, (ii) revêtue d'une moufle.

mittimus ['mitiməs], *s.* **1.** *Jur:* Mandat *m* de dépôt (d'un prévenu). **2.** *F:* Renvoi *m*. **To get one's mittimus**, (i) être mis à la porte; (ii) avoir son affaire; recevoir son compte.

mity ['maiti], *a.* (Fromage, etc.) plein de mites, mité.

Mitylene [miti'li:ni]. *Pr.n. Geog:* Mytilène.

mix[1] [miks], *s.* **1.** Mélange *m* (de ciment, etc.). **2.** *F:* **To be in a mix**, avoir les idées brouillées. **3.** *Cin:* Fondu enchaîné; enchaînement *m* (des images).

mix[2]. **1.** *v.tr.* (*a*) Mêler, mélanger (*several things together, sth. with sth.*, plusieurs choses ensemble, qch. à, avec, qch.); allier (des métaux). *To mix good people with bad*, confondre, mélanger, les bons et les méchants. *To mix two races*, mêler deux races. *To mix wine with water*, mêler, mélanger, diluer, du vin avec de l'eau; allonger du vin. (*b*) Préparer, faire (une mayonnaise, etc.); composer (un breuvage). *Pharm:* **To mix drugs**, mixtionner des drogues. (*c*) Brasser (des billets de loterie, etc.); malaxer (le mortier, etc.). *Cu:* **To mix a salad**, battre, retourner, accommoder, une salade. *To mix the salad*, faire la salade; *F:* fatiguer la salade. *Glassm: To mix the glass*, macler le verre. (*d*) Confondre (des faits). (*e*) *P:* **To mix it**, en venir aux coups (*with*, avec). **2.** *v.i.* Se mêler, se mélanger (*with*, à, avec); (*of fluids*) s'allier. (*Of colours, etc.*) **To mix well**, aller bien ensemble, s'accorder bien. (*Of pers.*) **To mix with s.o.**, s'associer à, avec, qn; se frotter à qn. **To mix in society, with people**, fréquenter la société, les gens. *To mix with the aristocracy*, frayer avec l'aristocratie. *To mix with the crowd*, se mêler dans, au milieu de, la foule.

mix in, *v.i. P:* **1.** En venir aux coups. **2.** Se mêler à la bagarre.

'mix-in, *s. P:* Rixe *f*, bagarre *f*.

mix up, *v.tr.* **1.** Mêler, mélanger (plusieurs substances, qch. à, avec, qch.); embrouiller (ses papiers, etc.). **2.** Confondre (*with*, avec). *I was mixing you up with your brother*, je vous confondais avec votre frère; je faisais confusion entre vous et votre frère. **3. To be mixed up in an affair**, être mêlé à une affaire; se trouver engagé, être compromis, impliqué, dans une affaire. *Don't mix me up in it*, n'allez pas me mêler là-dedans. **Mixed up with a gang**, accointé avec une bande. **4.** (*a*) Embrouiller (qn). *I was getting all mixed up*, je ne savais plus où j'en étais. (*b*) *Everything had got mixed up*, tout était en pagaïe, en pagaille.

'mix-up, *s.* **1.** Confusion *f*, embrouillement *m*; emmêlement *m* (de voitures, etc.); *F:* pagaïe *f*, pagaille *f*. *What a mix-up!* (i) quelle cohue! (ii) quel embrouillamini! *There's been a bit of a mix-up over the booking of the seats*, il y a eu je ne sais quel malentendu pour la réservation des places. **2.** *F:* Bagarre *f*.

mixed, *a.* **1.** Mêlé, mélangé, mixte. *M. wines*, vins mélangés. *M. sweets*, bonbons assortis. *M. ice, m. salad*, glace, salade, panachée. *M. metal*, alliage *m*. *M. forest*, peuplement mélangé. *Nau:* **Mixed cargo**, chargement *m* de divers. *M. company*, compagnie mêlée; monde mêlé; milieu *m* hétéroclite. *M. society*, société hétérogène, *F:* panachée. **Mixed marriage**, mariage *m* mixte. *Ven:* **Mixed bag**, tableau *m* (de gibier) où il y a un peu de tout. *F:* **A mixed bag of plays**, collection *f* de pièces très diverses. **Mixed feelings**, sentiments *m* mixtes. *The orator was accorded a m. reception*, l'orateur fut salué d'acclamations mêlées de huées. *To act from m. motives*, agir pour des motifs complexes. *Adm:* **Mixed income**, revenu en partie composé de rentes. *Ling:* **Mixed sound**, son mixte, métis. *M. vowel*, voyelle métisse. *Mth:* **Mixed number**, nombre *m* fractionnaire. *Jur:* **Mixed action**, action *f* mixte. *See also* METAPHOR. **2. Mixed school**, école mixte, géminée; école pour garçons et filles. **Mixed bathing**, bains *m* mixtes. *Ten:* **Mixed double**, double *m* mixte. *To play in the m. doubles*, jouer en double mixte. **3.** (*Of pers.*) **To get mixed**, s'embrouiller; perdre la tête. *He got mixed over the dates*, il s'embrouillait dans les dates; il confondait les dates.

mixing, *s.* **1.** Mélange *m* (de qch. avec qch.). *Cin:* Mixage *m*, mélange (des sons); mélange microphonique. *The m. of social classes*, le mélange, *F:* le brassage, des classes sociales. **2.** Préparation *f* (d'un composé). *Pharm:* Mixtion *f* (d'un onguent, etc.). **3.** Brassage (de billets de loterie, etc.); barbotage *m* (des liquides); malaxage *m* (du mortier). *Glassm:* Maclage *m* (du verre).

'mixing-apparatus, *s. Cin:* Appareil *m* de mélange.

'mixing-bowl, *s. Gr.Ant:* Cratère *m*.

'mixing-chamber, *s. I.C.E:* Chambre *f* de mélange, de carburation.

'mixing-cone, *s. I.C.E:* Diffuseur *m*.

'mixing-machine, *s. Ind:* Malaxeur *m*; mélangeoir *m*; mélangeur *m*, mélangeuse *f*.

'mixing-mill, *s. Ind:* Broyeur malaxeur, broyeur mélangeur.

'mixing-panel, *s. Cin:* Mélangeur *m* de sons; tableau *m* de mélange, de mixage.

mixen [miksn], *s. Dial:* Tas *m* de fumier.

mixer ['miksər], *s.* **1.** (*Pers.*) (*a*) *Metall: Ind:* Brasseur *m*. (*b*) Garçon *m* du bar des cocktails. (*c*) *Cin:* Opérateur *m* des sons. **2.** (*Machine*) (*a*) *Ind: etc:* Mélangeur *m*, mélangeoir *m*, mélangeuse *f*; barboteur *m*, malaxeur *m*, agitateur *m*. **Mortar mixer**, tonneau *m* à mortier. *See also* CONCRETE[1] 3. (*b*) *Cin:* Mélangeur de sons. (*c*) *I.C.E:* Diffuseur *m*. **3.** (*Pers.*) *F:* **Good, bad, mixer**, personne *f* qui sait, qui ne sait pas, s'adapter à son entourage. *He is a good m.*, il est liant avec tout le monde; il a du liant; il sait se rendre sympathique dans tous les milieux.

mixtilineal [miksti'liniəl], **mixtilinear** [miksti'liniər], *a.* Mixtiligne.

mixtion ['miksʃ(ə)n], *s. Art: etc:* Mixtion *f*, mordant *m* (pour la dorure).

mixture ['mikstjər], *s.* **1.** Mélange *m* (de qch. avec qch.); amalgame *m*, *F:* ambigu *m* (de choses, de personnes). *See also* FREEZING-MIXTURE. **2.** *Pharm:* Mixtion *f*, mixture *f*. *See also* COUGH[1]. **3.** *I.C.E:* **(Explosive) mixture**, mélange explosif, tonnant. **Rich mixture**, mélange riche; carburation *f* riche. **4.** *Tex:* Étoffe mélangée. **With mixture weave**, chiné. *See also* OXFORD. **5.** *Mus:* **Mixture-stop**, (jeu *m* de) fourniture *f*, jeu de mixture (d'un orgue).

Mizpah ['mizpɑ:]. *Pr.n. B:* Mitspa. **Mizpah-ring**, anneau donné en gage d'amour.

miz(z)en [mizn], *s. Nau:* **Miz(z)en (-sail)**, artimon *m*. *See also* STORM MIZZEN.

'miz(z)en-mast, *s.* Mât *m* d'artimon.

'miz(z)en-royal, *s.* Cacatois *m* de perruche.

'miz(z)en-top, *s.* Hune *f* d'artimon.

'miz(z)en-top'gallant, *attrib. a.* **Mizzen-topgallant sail**, perruche *f*. **Mizzen-topgallant mast**, mât *m* de perruche. **Mizzen-topgallant yard**, vergue *f* de perruche.

'miz(z)en-'topmast, *s.* Mât *m* (de perroquet) de fougue; mât de hune d'artimon, mât de flèche d'artimon. *See also* STAYSAIL.

'miz(z)en-'topsail, *s.* Perroquet *m* de fougue.

'miz(z)en-yard, *s.* Vergue *f* de perroquet.

mizzle[1] [mizl], *s.* Bruine *f*, crachin *m*.

mizzle[2], *v.i.* Bruiner, brouillasser, crachiner.

mizzle[3], *v.i. P:* Déguerpir, filer.

mizzly ['mizli], *a.* Bruineux. *M. rain*, petite pluie fine. *M. morning*, matin *m* de pluie fine.

mnemonic [ni'mɔnik], *a.* Mnémonique. *To remember sth. by m. methods*, mnémoniser qch.

mnemonics [ni'mɔniks], *s.pl.* (*Usu. with sg. const.*) Mnémonique *f*, mnémotechnie *f*.

mnemonist ['ni:monist], *s.* Mnémotechnicien *m*.

mnemonize ['ni:monaiz], *v.tr.* Mnémoniser.

mnemotechnic [ni:mo'teknik], *a.* Mnémotechnique.

mnemotechny [ni:mo'tekni], *s.* Mnémotechnie *f*, mnémonique *f*.

mo [mou], *s. P:* = MOMENT 1. **Half a mo!** une minute!

moa ['mouə], *s. Paleont:* Dinornis *m*.

Moabite ['mouəbait], *a. & s. B.Hist:* Moabite (*mf*).

moan[1] [moun], *s.* **1.** Gémissement *m*, plainte *f*. *A:* **To make (one's) moan**, se plaindre. **2.** *Nau: P:* Grognonnerie *f*. **To have a moan**, grognonner.

moan[2]. **1.** *v.i.* (*a*) Gémir; pousser des gémissements; se lamenter; (*of wind*) gémir. *He is everlastingly moaning and groaning*, ce sont des lamentations à n'en plus finir. (*b*) *Nau: P:* Grognonner. **2.** *v.tr.* (*a*) *A. & Lit:* Gémir de, sur (qch.); se lamenter sur (qch.); pleurer (qn). (*b*) Dire (qch.) en gémissant. **To moan out a prayer**, gémir une prière.

moaning[1], *a.* (Enfant, vent) gémissant.

moaning[2], *s.* Gémissement *m*.

moat[1] [mout], *s.* Fossé *m*, douve *f* (d'un château, de fortifications).

moat[2], *v.tr.* Entourer (un château) d'un fossé.

moated, *a.* (Château) entouré d'un fossé, de fossés.

mob[1] ['mɔb], *s.* **1.** **The mob,** la populace; le bas peuple; *F:* la canaille, la voyoucratie; *P:* le populo. **Mob law,** la loi de la populace. **Mob rule,** voyoucratie, ochlocratie *f.* **Mob oratory,** éloquence tribunitienne. *To join the mob,* descendre dans la rue. **2.** Foule *f,* cohue *f,* rassemblement *m,* attroupement *m,* ameutement *m*; bande *f* d'émeutiers; (*of people in pursuit*) meute *f.* *To form a mob, to gather into a mob,* s'attrouper, s'ameuter. *The army had become a mob,* l'armée *f* n'était plus qu'une cohue. **Mob psychology,** psychologie *f* des foules. **3.** *P:* **The swell mob,** la haute pègre.

mob[2], *v.* (mobbed; mobbing) **1.** *v.tr.* (*a*) (*Of angry crowd*) Houspiller, attaquer, malmener (qn). *To be mobbed by the crowd,* être attaqué, molesté, malmené, par la foule. (*b*) (*Of admiring crowd*) Assiéger (qn); faire foule autour de (qn). **2.** *v.i.* S'attrouper; former un rassemblement.

mobbish ['mɔbiʃ], *a.* **1.** De la populace; populacier, canaille. **2.** Tumultueux.

mob-cap ['mɔb'kap], *s.* *Cost:* *A:* Bonnet *m* (de femme) s'attachant sous le menton; petite coiffe; cornette *f*; toquet *m.*

mobile[1] ['moubail, -bil], *a.* **1.** (*Of troops, police, limb, etc.*) Mobile. *M. features,* physionomie *f* mobile. *Mil:* *etc:* *M. medical column,* formation médicale itinérante. *Ph:* **Mobile equilibrium,** équilibre indifférent. **2.** (*Of pers., character*) Changeant, versatile.

mobile[2] ['moubili], *s.* *A.Astr.* & *F:* **The primum mobile,** le premier mobile.

mobiliary [mo'biljəri], *a.* **1.** *Jur:* (*In Channel Islands*) Mobilier. **2.** *Mil:* (Facilités *fpl*) de mobilisation.

mobility[1] [mo'biliti], *s.* Mobilité *f.* *M. of features,* mobilité de physionomie.

mobility[2], *s.* *F:* Populace *f,* bas peuple, canaille *f.*

mobilizable [moubi'laizəbl], *a.* Mobilisable.

mobilization [moubilai'zeiʃ(ə)n], *s.* Mobilisation *f* (des troupes, de capitaux, etc.). **Mobilization order,** (i) (*public*) appel *m* de mobilisation; (ii) (*personal*) ordre *m* de mobilisation.

mobilize ['moubilaiz]. **1.** *v.tr.* Mobiliser (des troupes, *Pol.Ec:* le capital); effectuer la mobilisation (d'une flotte, etc.). **2.** *v.i.* (*Of army*) Entrer en mobilisation.

mobocracy [mɔ'bɔkrəsi], *s.* *F:* Voyoucratie *f,* démagogie *f,* ochlocratie *f.*

mobsman, *pl.* **-men** ['mɔbzmən, -men], *s.m.* *P:* Filou chic. *The mobsmen,* la haute pègre. **Swell-mobsman,** pègre *m* de la haute; escroc de haut vol.

moccasin ['mɔkəsin], *s.* Mocassin *m.*

moccasined ['mɔkəsind], *a.* Chaussé de mocassins.

Mocha[1] ['moukə], *s.* **1.** *Miner:* **Mocha (stone, pebble),** pierre *f* de Moka; agate mousseuse. **2.** *Ent:* **Mocha (moth),** éphyre *f.*

mocha[2], *s.* **Mocha (coffee),** (café *m*) moka *m.* *Cu:* **Mocha cake,** moka.

mock[1] [mɔk], *attrib.a.* D'imitation; feint, contrefait; faux, *f.* fausse; pour rire; burlesque. **Mock tortoise-shell,** écaille *f* imitation. *Miner:* **Mock lead,** fausse galène; blende *f.* **Mock prophet,** faux prophète. **Mock modesty,** modestie feinte, contrefaite. **Mock king,** roi *m* pour rire. **Mock tragedy,** tragédie *f* burlesque. **Mock trial,** simulacre *m* de procès; procès dérisoire, pour rire. **Mock fight,** simulacre de combat; petite guerre. *See also* ORANGE[1] 2, VELVET 1.

mock-he'roic, *a.* Héroï-comique, *pl.* héroï-comiques; burlesque.

'mock-'moon, *s.* *Meteor:* Parasélène *f.*

'mock-'sun, *s.* *Meteor:* Parhélie *m*; soleil apparent; faux soleil.

'mock 'turtle, *s.* *Cu:* Tête *f* de veau en tortue. **Mock turtle soup,** potage *m* (à la) fausse tortue; potage à la tête de veau.

'mock-'venison, *s.* *Cu:* Mouton faisandé.

mock[2], *s.* *A:* **1.** Moquerie *f,* dérision *f.* **2.** Sujet *m* de moquerie. (*Still so used in*) **To make a mock of s.o., of sth.,** se moquer de qn, de qch.; tourner qn, qch., en ridicule. **3.** Semblant *m,* simulacre *m.*

mock[3]. **1.** *v.tr.* & *i.* **To mock (at) s.o., sth.,** se moquer de qn, de qch.; railler qn, qch.; bafouer qn. **2.** *v.tr.* (*a*) Narguer (qn). (*b*) Se jouer de, tromper (qn). (*c*) Imiter, contrefaire, singer (qn, qch.).

mocking[1], *a.* **1.** Moqueur, -euse, railleur, -euse. *M. irony,* ironie gouailleuse. **2.** (Ton) d'imitation, de singerie. **-ly,** *adv.* En se moquant; d'un ton moqueur, railleur; par moquerie, par dérision.

'mocking-bird, *s.* *Orn:* *U.S:* Oiseau moqueur; moqueur *m.*

mocking[2], *s.* Moquerie *f,* raillerie *f.*

mocker ['mɔkər], *s.* (*a*) Moqueur, -euse; railleur, -euse. (*b*) Trompeur, -euse.

mockery ['mɔkəri], *s.* **1.** Moquerie *f,* raillerie *f,* dérision *f.* **2.** Sujet *m* de moquerie, de raillerie; objet *m* de risée, de dérision. **3.** Semblant *m,* simulacre *m* (*of,* de). *His trial was a mere m., he was subjected to the m. of a trial,* son procès ne fut qu'un simulacre; son procès fut une pure moquerie; on lui fit subir un simulacre de procès.

mock-up [mɔk'ʌp], *s.* *Ind:* Maquette *f* (d'un avion, etc.).

Mod [moud], *s.* *Scot:* Jeux floraux.

modal ['moud(ə)l], *a.* *Log:* *Mus:* *etc:* Modal, -aux. *Log:* **Modal proposition,** modale *f.* *Jur:* **Modal legacy,** legs conditionnel. *Mus:* **Modal note,** modale *f.*

modality [mo'daliti], *s.* Modalité *f.*

mode [moud], *s.* **1.** (*Manner*) Mode *m,* méthode *f,* manière *f* (*of,* de). *M. of life,* façon *f* de vivre; manière de vivre, train *m* de vie. *M. of dressing,* façon de s'habiller. *Nau:* *M. of sailing,* allure *f.* **2.** (*Fashion*) Mode *f.* *To-day* thé dansant *is the m.,* aujourd'hui la mode est au thé dansant, le thé dansant est à la mode. **3.** *Mus:* (*a*) Mode *m.* **Major, minor, mode,** mode majeur, mineur. **Church mode,** ton *m* d'église. (*b*) Mode *m* (de plain-chant). **4.** *Log:* *Phil:* Mode *m.*

model[1] ['mɔd(ə)l], *s.* **1.** (*a*) Modèle *m.* **Wax model** (*in shop*), figurine *f* de cire. **Working model,** modèle pouvant fonctionner. *To make a m. of a statue,* (i) modeler une statue; (ii) faire la maquette d'une statue. *To make a m. of a bridge, of a monument, etc.,* faire la maquette d'un pont, d'un monument, etc. **Constructed after model,** construit sur modèle ou sur maquette. *Cin:* **Model work,** prise *f* de vues avec maquettes. **Model maker,** modelliste *m.* (*b*) *N.Arch:* *etc:* Gabarit *m.* **2.** (*a*) *Art:* *Figure drawn from the m.,* figure dessinée d'après le modèle. **To paint, draw, without a model,** peindre, dessiner, de chic. **Anatomical model,** écorché *m.* (*b*) **On the model of s.o., of sth.,** à l'imitation de qn, de qch. **To take s.o. as one's model,** prendre modèle sur qn; prendre qn pour modèle. **To be a model of virtue,** être un modèle, un exemple, de vertu. (*c*) *Art:* (*Pers.*) Modèle *mf.* **Character model,** modèle pour tableaux de genre. *He married one of his models,* il a épousé un(e) de ses modèles. **3.** *Dressm:* (*a*) Modèle *m,* patron *m.* **Model frock, hat,** modèle. (*b*) Mannequin *m.* **4.** *Attrib.* (*a*) **Model farm, workshop,** ferme *f* modèle, atelier *m* modèle. **Model dwellings,** maisons *f* modèles; cité ouvrière. *M. husband, m. wife,* époux modèle, épouse modèle; le modèle des époux, des épouses. (*b*) **Model aeroplane, model yacht,** modèle (réduit) d'avion, de yacht; avion *m* miniature, yacht *m* miniature.

'model-drawing, *s.* *Sch:* Dessin *m* d'après le modèle.

'model-room, *s.* *Ind:* Atelier *m* des modèles.

model[2], *v.tr.* (modelled ['mɔd(ə)ld]; modelling) **1.** Modeler (une figure, un groupe). *She has a beautifully modelled figure,* elle a une belle plastique. **2.** **To model sth. after, on, upon, sth.,** modeler qch. sur qch.; former, faire, qch. d'après le modèle de qch. *His work is modelled on the Spanish,* ses œuvres sont inspirées des maîtres espagnols. **To model oneself on s.o.,** se modeler sur qn, se faire la copie de qn; prendre exemple sur qn.

modelling, *s.* **1.** (*a*) Modelage *m.* (*b*) Facture *f* sur modèle, sur gabarit. **2.** Création *f* de modèles.

'modelling-board, *s.* **1.** Table *f* de modeleur. **2.** *Metall:* Échantillon *m.*

modeller ['mɔdələr], *s.* Modeleur *m* (*of,* de).

Modena. **1.** *Pr.n.* *Geog:* [mo'deina, -'diːna] Modène *f.* **2.** *s.* ['mɔdinə] **Modena (red),** pourpre foncé.

Modenese [mɔde'niːz], *a.* & *s.* *Geog:* Modénais, -aise.

moderantism ['mɔdərəntizm], *s.* *Fr.Hist:* Modérantisme *m.*

moderantist ['mɔdərəntist], *s.* *Fr.Hist:* Modérantiste *m.*

moderate[1] ['mɔdəret]. **1.** *a.* (*a*) Modéré; moyen, ordinaire, raisonnable; (travail *m*) médiocre. *M. in one's desires,* modéré dans ses désirs. *M. in one's demands upon s.o.,* modéré envers qn. *M. man,* (i) (*in opinions*) homme modéré; (ii) (*in conduct*) homme réglé. *M. drinker,* buveur tempéré; buveur plutôt sobre. *To be m. with drink,* user modérément des boissons alcooliques. *M. advice,* conseils modérés. *M. language,* langage mesuré. *See also* TERM[1] 3. **Moderate price,** prix modéré, doux, modique, moyen. *M. income,* revenus *m* modiques. *To demand a m. ransom,* demander une rançon honnête. *M. capacities,* talents *m* ordinaires, moyens. *M. size,* grandeur moyenne. *M. fire,* feu modéré, retenu. *Nau:* **Moderate breeze,** jolie brise. *M. weather, sea,* temps *m,* mer *f,* maniable. *See also* GALE[1] 1. (*b*) *Ecc:* *Pol:* **Moderate party, opinions,** parti modéré, opinions modérées. (*c*) Frugal, -als. *M. meal,* repas *m* sobre, frugal. **2.** *s.* (*Pers.*) *Ecc:* *Pol:* Modéré *m.* **-ly,** *adv.* Modérément; avec modération; mesurément, sobrement; modiquement, médiocrement, moyennement, passablement.

'moderate-'priced, *a.* De prix moyen.

'moderate-'sized, *a.* De grandeur moyenne.

moderate[2] ['mɔdəreit]. **1.** (*a*) *v.tr.* Modérer (ses exigences, ses désirs); ralentir (son zèle); modérer, tempérer (l'ardeur du soleil). *To m. one's pretensions,* rabattre de ses prétentions; *F:* mettre de l'eau dans son vin; en rabattre. (*b*) *v.i.* (*Of tempest, etc.*) Se modérer. **2.** *Ecc:* (*Esp. Scot.*) (*a*) *v.i.* Présider (une assemblée). (*b*) *v.i.* & *v.tr.* **To moderate (in) a call,** entériner l'invitation à remplir un pastorat.

moderating, *a.* **Moderating influence,** influence modérante, apaisante, modératrice.

moderateness ['mɔdəretnəs], *s.* **1.** Modération *f* (dans les opinions); modicité *f* (de prix). **2.** Médiocrité *f* (du travail, etc.).

moderation [mɔdə'reiʃ(ə)n], *s.* **1.** Modération *f,* mesure *f,* retenue *f*; sobriété *f* (de langage). **With moderation,** mesurément. **In moderation,** avec modération, avec mesure, modérément. *To eat and drink in m.,* manger et boire avec sobriété, avec frugalité, frugalement. **2.** *pl.* *Sch:* (*At Oxford University*) **Moderations,** *F:* **Mods,** premier examen pour le grade de *Bachelor of Arts.*

moderator ['mɔdəreitər], *s.* **1.** Président *m* (d'une assemblée). **2.** *Sch:* (*a*) *A:* Cathédrant *m* (président à une soutenance de thèse). (*b*) (*At Cambridge University*) Président du jury pour le *tripos* en mathématiques. (*c*) (*At Oxford University*) Examinateur *m* pour les *Moderations.* **3.** *Ecc:* (Dans l'Église réformée) Président de l'assemblée paroissiale, ou de l'assemblée régionale des ministres. (*Scot.*) **Moderator of the General Assembly,** modérateur *m,* président, de l'Assemblée générale (de l'Église d'Écosse). **4.** *A:* **Moderator (lamp),** lampe *f* à modérateur.

moderatorship ['mɔdəreitərʃip], *s.* *Esp. Ecc:* Fonctions *fpl* de modérateur; présidence *f.*

modern ['mɔdərn], *a.* Moderne. *M. house,* maison *f* moderne. *To build in the m. style,* bâtir à la moderne. *M. times,* le temps présent, les temps modernes. *s.* *Lit.Hist:* *The ancients and the moderns,* les anciens *m* et les modernes *m.* *See also* SIDE[1] 5.

modernism ['mɔdərnizm], *s.* **1.** (*a*) Modernité *f*; caractère *m* moderne. (*b*) Goût *m* de ce qui est moderne. (*c*) *Theol:* Modernisme *m.* **2.** (*a*) Invention *f* moderne; usage nouveau, moderne. (*b*) Néologisme *m.*

modernist ['mɔdərnist], *s.* **1.** *Sch:* Partisan *m* de l'enseignement moderne. **2.** *Theol:* Moderniste *m.*

modernistic [mɔdər'nistik], *a.* (Doctrine *f,* etc.) moderniste.

modernity [mɔ'dəːrniti], *s.* Modernité *f.*
modernization [mɔdərnai'zeiʃ(ə)n], *s.* Modernisation *f.*
modernize ['mɔdərnaiːz], *v.tr.* Moderniser; rendre (qch.) moderne; rénover; mettre (ses idées, etc.) à jour, *F:* à la page.
modernizing, *s.* Modernisation *f.*
modernness ['mɔdərnnəs], *s.* Modernité *f.*
modest ['mɔdest], *a.* Modeste. (*a*) *M. hero, m. air,* héros *m* modeste, air *m* modeste. **To be modest about one's achievements,** être modeste au sujet de ses succès. (*b*) (*Of woman*) Pudique, modeste, chaste. *A m. woman,* une femme honnête. (*c*) Modéré. **To be modest in one's requirements,** être modéré, modeste, dans ses demandes. *M. fortune,* fortune *f* modeste. (*d*) (*Of cottage, etc.*) Sans prétentions. **-ly,** *adv.* **1.** Modestement; avec modestie. **2.** Pudiquement, chastement. **3.** Modérément. **4.** Sans prétentions; sans faste.
modesty ['mɔdesti], *s.* **1.** Modestie *f.* *Be it said* **with all due modesty,** soit dit sans vanité, avec toute la modestie du monde. *See also* FALSE 1. **2.** Pudeur *f,* pudicité *f;* honnêteté *f* (chez une femme). *To offend m.,* commettre un outrage à la pudeur. *Cost:* **Modesty-front, -vest,** plastron *m.* **3.** Modération *f* (d'une demande, etc.); modicité *f* (d'une dépense). **4.** Absence *f* de prétention. *The m. of their home,* la simplicité de leur intérieur.
modicum ['mɔdikəm], *s.* **A (small) modicum of . . .,** une petite portion, une faible quantité, de. . . . *To live upon a very small m.,* vivre d'une maigre pitance. *Simple meals with a m. of wine,* repas très simples avec un peu de vin.
modifiable ['mɔdifaiəbl], *a.* **1.** Modifiable. **2.** Susceptible d'atténuation.
modification [mɔdifi'keiʃ(ə)n], *s.* **1.** Modification *f* (d'un plan, *Ling:* d'une voyelle). **To make modifications in sth.,** apporter des modifications à qch. **2.** Atténuation *f.*
modificative ['mɔdifikeitiv], *a.* & *s.* *Gram:* Modificatif (*m*).
modificatory ['mɔdifikeitəri], *a.* Modificateur, -trice.
modifier ['mɔdifaiər], *s.* Modificateur, -trice.
modify ['mɔdifai], *v.tr.* **1.** (*a*) Modifier; apporter des modifications à (qch.). (*b*) Mitiger, atténuer (une peine). *To m. one's demands,* rabattre de ses prétentions. **2.** *Gram:* *Ling:* Modifier (le verbe, une voyelle, etc.).
modified, *a.* Modifié. *Jur:* **Modified penalty,** peine mitigée.
modifying, *a.* Mitigeant.
modillion [mo'diljən], *s.* *Arch:* Modillon *m.*
modish ['moudiʃ], *a.* **1.** *Usu. Pej:* Qui se pique d'être à la mode; qui suit les outrances de la mode; (*of pers.*) faraud, *f.* faraude. *A m. hat,* un chapeau un peu criard, qui tire l'œil. **2.** *A:* A la mode; fashionable. **-ly,** *adv.* (Habillé(e)) très à la mode.
modishness ['moudiʃnəs], *s.* Conformité *f* à la mode; asservissement *m* à la mode; élégance affectée (d'une toilette, etc.).
modiste [mɔ'diːst], *s.f.* Modiste.
Mods [mɔdz]. *See* MODERATION 2.
modular ['mɔdjulər], *a.* *Arch:* *Mth:* Modulaire.
modulate ['mɔdjuleit]. **1.** *v.tr.* (*a*) Moduler (sa voix, des sons). *Cin:* *Modulated parts of the sound-track,* parties modulées de la bande photophonique. *W.Tel:* *Cin:* *Modulated output power,* puissance modulée; watts modulés. (*b*) Ajuster, approprier (*sth. to sth.,* qch. à qch.). **2.** *v.i.* *Mus:* **To modulate from one key (in)to another,** passer d'un ton à, dans, un autre; moduler.
modulation [mɔdju'leiʃ(ə)n], *s.* **1.** Modulation *f,* inflexion *f* (de la voix). **2.** *Mus:* Modulation. *See also* EXTRANEOUS.
modulator ['mɔdjuleitər], *s.* *Mus:* **1.** (*Pers.*) Modulateur, -trice. **2.** Tableau *m* pour solfège (donnant toutes les notes de la gamme, d'après le système *sol-fa*).
module ['mɔdjuːl], *s.* *Arch:* *Hyd:* *Meas:* Module *m.*
modulus, *pl.* **-i** ['mɔdjuləs, -ai], *s.* *Mth:* *Mec:* Module *m,* coefficient *m.* *Mec:* **Young's modulus, modulus of elasticity,** module, coefficient, d'élasticité.
modus operandi ['moudəsɔpə'randai], *s.* Façon *f,* manière *f,* d'opérer.
modus vivendi ['moudəsvai'vendai], *s.* **1.** Manière *f* de vivre. **2.** *Jur:* Modus *m* vivendi; accord *m.*
Moesia ['miːʃja]. *Pr.n.* *A.Geog:* La Mésie.
Moeso-Goth [miːso'gɔθ], *s.* *Hist:* Goth *m* de Mésie.
Moeso-Gothic [miːso'gɔθik]. **1.** *a.* *Hist:* Mésogothique. **2.** *s.* *Ling:* Le mésogothique.
mofette [mo'fet], *s.* *Geol:* Mofette *f.*
mofussil [mou'fʌsil], *s.* (*Anglo-Indian*) Localités rurales (de l'Inde). *M. life,* vie rurale.
Mograbin ['mɔːgrəbin], *a.* & *s.* *Geog:* Mograbin, -ine.
Mogul [mou'gʌl], *s.* Mogol *m.* **The Great, Grand, Mogul,** le Grand Mogol.
mohair ['mouhɛər], *s.* Mohair *m;* poil *m* de chèvre d'Angora; angora *m;* turcoin *m.*
Mohammed [mo'hamed]. *Pr.n.m.* **1.** Mohammed. **2.** *Rel.H:* Mahomet. *See also* MOUNTAIN 1.
Mohammedan [mo'hamedən], *a.* & *s.* Mahométan, -ane.
Mohammedanism [mo'hamedənizm], *s.* *Rel.H:* Mahométisme *m.*
Mohican ['mouikən]. *Ethn:* **1.** *s.* Mohican *m.* **2.** *a.* Des Mohicans.
Mohock ['mouhɔk], *s.* *Hist:* Membre *m* d'une bande de roués qui au 18e siècle infestaient les rues de Londres la nuit.
mohur ['mouhər], *s.* *Num:* (*India*) **(Gold) mohur,** mohur *m* (= 15 roupies).
moidore ['mɔidɔːər], *s.* *Num:* *A:* Moïdore *f* (du Portugal).
moiety ['mɔiəti, -iti], *s.* *A.* & *Jur:* **1.** Moitié *f.* *Jur:* **Cheptel by moiety,** cheptel *m* à moitié. **2.** Part *f,* demi-portion *f,* une des deux fractions (d'un tout).
moil [mɔil], *v.i.* Peiner. (*Used only in the phr.*) **To toil and moil,** *q.v. under* TOIL[2].
moire [mwɑːr], *s.* *Tex:* Moire *f.* **Moire crêpe,** crêpe ondé.
moiré[1] ['mwɑːre]. **1.** *a.* & *s.* *Tex:* Moiré (*m*). **2.** *s.* *Metalw:* Moiré *m,* moirure *f.*
moiré[2], *v.tr.* (moiré'd) **1.** *Tex:* Moirer (des rubans, etc.). **2.** *Metalw:* Moirer (le métal).
moist [mɔist], *a.* **1.** (Climat *m,* région *f,* chaleur *f,* etc.) humide; (peau *f,* main *f,* chaleur) moite. **Eyes moist with tears,** yeux humectés, mouillés, de larmes. *To grow m.,* devenir humide; s'humecter, se mouiller. (*Of horse*) **Moist mouth,** bouche fraîche. *Paint:* **Moist colours,** couleurs *f* moites. *See also* SUGAR[1] 1. **2.** *Med:* Qui coule; qui jette du pus; purulent. *See also* ECZEMA.
moisten ['mɔis(ə)n]. **1.** *v.tr.* (*a*) Humecter, mouiller; moitir, amoitir (la peau); arroser (la pâte, etc.); bassiner (la pâte). *Tchn:* Humidifier, madéfier. (*b*) **To moisten a rag, a sponge, with . . .,** imbiber un chiffon, une éponge, de. . . . **2.** *v.i.* S'humecter, se mouiller.
moistening, *s.* Mouillage *m,* mouillement *m;* humidification *f,* humectage *m,* humectation *f;* madéfaction *f;* arrosage *m,* arrosement *m* (de la pâte).
moistener ['mɔisnər], *s.* (*Device*) Mouilleur *m.* **Finger moistener,** humecteur digital.
moistness ['mɔistnəs], *s.* Humidité *f;* moiteur *f* (de la peau).
moisture ['mɔistjər], *s.* Humidité *f;* buée *f* (sur une glace, etc.). *M. of plants,* suc *m* des plantes. **Moisture-proof,** à l'épreuve de l'humidité.
moke [mouk], *s.* **1.** *P:* Bourricot *m,* bourrique *f;* âne *m.* **2.** *U.S:* *P:* Nègre *m.*
mola ['moula], *s.* *Obst:* Môle *f;* embryon *m* informe.
molar[1] ['moulər]. **1.** *a.* (Dent *f*) molaire. **2.** *s.* Molaire *f,* grosse dent, dent du fond. **Milk molar,** molaire de lait. *See also* FORCEPS 1.
molar[2], *a.* Qui se rapporte à la masse; (concrétion *f,* etc.) molaire. *M. physics,* physique *f* molaire.
molasse [mo'las], *s.* *Geol:* Mol(l)asse *f.*
molasses [mo'lasiz], *s.pl.* (*With sg. const.*) Mélasse *f, F:* doucette *f.*
Moldavia [mɔl'deivja]. *Pr.n.* *A.Geog:* La Moldavie.
Moldavian [mɔl'deivjən], *a.* & *s.* *A.Geog:* Moldave (*mf*).
mole[1] [moul], *s.* **1.** Grain *m* de beauté (au visage). **2.** Nævus *m.*
mole[2], *s.* *Z:* Taupe *f.* *See also* BLIND[1] 1.
'mole-cast, *s.* = MOLE-HILL.
'mole-catcher, *s.* Taupier *m;* preneur *m* de taupes.
'mole-cricket, *s.* *Ent:* Taupe-grillon *f, pl.* taupes-grillons; courtilière *f,* tridactyle *m.*
'mole-hill, *s.* Taupinière *f.* *See also* MOUNTAIN 1.
'mole-rat, *s.* *Z:* Rat-taupe *m, pl.* rats-taupes; spalax *m.*
'mole-shaped, *a.* Talpiforme.
'mole-trap, *s.* Taupière *f.*
mole[3], *s.* Môle *m;* brise-lames *m inv;* digue *f;* jetée *f.*
mole[4], *s.* *Obst:* = MOLA.
molecular [mo'lekjulər], *a.* (Poids *m,* etc.) moléculaire. *M. attraction,* attraction *f* moléculaire; force *f* de cohésion.
molecularity [molekju'lariti], *s.* **1.** Qualité *f* moléculaire. **2.** Force *f* moléculaire.
molecule ['moulikjuːl, 'mɔ-], *s.* **1.** *Ch:* Molécule *f.* **2.** *F:* Molécule, parcelle *f.*
moleskin ['moulskin], *s.* **1.** (Peau *f* de) taupe *f.* *M. coat,* manteau *m* en taupe. **2.** (*a*) *Tex:* Velours *m* de coton. (*b*) *pl.* *Cost:* **Moleskins,** pantalon *m* en velours de coton (de garde-chasse, etc.).
molest [mo'lest], *v.tr.* (*Usu. in neg. implications*) **1.** *A.* & *Jur:* Molester, importuner, inquiéter (qn). **2.** Rudoyer (qn); se livrer à des voies de fait contre (qn).
molestation [moules'teiʃ(ə)n], *s.* **1.** Molestation *f.* **2.** Voies *fpl* de fait.
moline [mo'lain]. **1.** *s.* *Mill:* *Her:* Anille *f.* **2.** *a.* *Her:* **Cross moline,** croix anillée.
Molinism[1] ['mɔlinizm], *s.* *Ecc.Hist:* Molinisme *m;* la doctrine de Molina.
Molinism[2], *s.* *Ecc.Hist:* Molinosisme *m;* la doctrine de Molinos; quiétisme *m.*
Molinist[1] ['mɔlinist], *s.* *Ecc.Hist:* Moliniste *m.*
Molinist[2], *s.* *Ecc.Hist:* Molinosiste *m.*
Moll [mɔl]. **1.** *Pr.n.f.* = MOLLY. **2.** *s.f.* *P:* *A:* Catin, goton.
mollifiable ['mɔlifaiəbl], *a.* (Colère) qu'on peut adoucir, apaiser; (personne) dont on peut apaiser la colère.
mollification [mɔlifi'keiʃ(ə)n], *s.* Apaisement *m,* adoucissement *m* (de qn, de la colère de qn).
mollifier ['mɔlifaiər], *s.* **1.** (*Pers.*) Apaiseur *m.* **2.** (*Thg*) Adoucissant *m.*
mollify ['mɔlifai], *v.tr.* **To mollify s.o.,** adoucir, apaiser, qn, la colère de qn; émousser la colère de qn. *He refused to be mollified (by them),* il leur tenait rigueur.
mollifying, *a.* *In a m. tone,* d'un ton doux.
mollusc ['mɔləsk], *s.* *Z:* Mollusque *m.*
mollusca [mo'lʌska], *s.pl.* Les mollusques *m.*
molluscum [mo'lʌskəm], *s.* *Med:* Verrue sébacée.
Molly ['mɔli]. *Pr.n.f.* (*Dim. of Mary*) Mariette, Manon. *F:* **A Miss Molly,** une poule mouillée.
'molly-coddle[1], *s.* *F:* (*a*) Petit chéri à sa maman. (*b*) (Homme) douillet *m* (*c*) Poule mouillée.
'molly(-coddle)[2], *v.tr.* Dorloter, câliner, ouater (un enfant); élever (un enfant) dans du coton.
Moloch ['moulɔk]. **1.** *Pr.n.m.* *B:* Moloch. **2.** *s.* *Rept:* Moloch *m.*
Molossian [mo'lɔsiən], *a.* & *s.* *A.Geog:* Molosse (*m*). *A:* **Molossian dog, hound,** molosse *m.*
molossus, *pl.* **-i** [mo'lɔsəs, -ai], *s.* **1.** *Pros:* Molosse *m.* **2.** *Z:* (*Mastiff-bat*) (Chauve-souris *f*) molosse *m.*
molten ['moult(ə)n]. *See* MELT[2].
Molucca [mo'lʌka]. *Pr.n.* *Geog:* **1.** **The Moluccas, the Molucca Islands,** les Moluques *f.* *Native, inhabitant, of the Moluccas,* Moluquois, -oise. **2.** *Bot:* (*a*) **Molucca balm,** molucelle *f* lisse; mélisse *f* des Moluques; moluque odorante. (*b*) **Molucca bean,** bonduc *m* jaune; œil-de-chat *m, pl.* œils-de-chat; guénic *m.*
moly ['mouli], *s.* **1.** *Myth:* Moly *m.* **2.** *Bot:* Ail doré; moly.

molybdate [mo'libdeit], *s. Ch:* Molybdate *m.*
molybdenite [mo'libdənait], *s. Miner:* Molybdénite *f.*
molybdenum [məlib'di:nəm], *s. Ch:* Molybdène *m.*
molybdic [mo'libdik], *a. Ch: Miner:* Molybdique.
moment ['moumənt], *s.* **1.** Moment *m*, instant *m. I haven't a m. to spare*, je n'ai pas un instant de libre. **Come this moment!** venez à l'instant, tout de suite! **Wait a moment! one moment!** *F:* **half a moment!** *P:* **half a mo!** une minute! un moment! un instant! **One moment, please!** (i) *Tp:* **ne quittez pas!** (ii) *W.Tel:* **ne quittez pas l'écoute! Every moment,** à chaque instant. **To expect s.o. every moment,** attendre qn d'un moment à l'autre, d'un instant à l'autre. *To interrupt at every m.*, interrompre à tout propos, à tout coup, à tout bout de champ. *He may return* **at any moment,** il peut revenir d'un instant à l'autre. *You may expect me at any m.*, j'arriverai incessamment. *One hour* **to a moment,** une heure à une minute près. *His entry was* **timed to the moment,** son entrée était calculée à la minute. *I have* **just this moment, only this moment,** *heard of it*, je viens de l'apprendre à l'instant; je l'apprends à l'instant. *I saw him* **a moment ago,** je l'ai vu il y a un instant. **I came the (very) moment I heard of it,** je suis venu aussitôt que, dès que, je l'ai appris. *The m. I saw him I recognized him*, je ne l'eus pas plus tôt vu que je le reconnus. *The m. he arrives . . .*, dès son arrivée. . . . **From the moment when . . .,** dès l'instant où. . . . **At this moment, at the present moment,** en ce moment; actuellement. *I am busy* **at the moment,** je suis occupé pour le moment, en ce moment. *I was busy at the m.*, j'étais occupé à ce moment. *At the m. I should have liked to have killed him*, à ce moment-là je l'aurais tué! *At the m. I thought . . .*, sur le moment je pensai. . . . **At that (very) moment . . .,** au même instant. . . . **At the last moment,** à la dernière minute. *The book appeared* **just at the right moment,** le livre parut à point nommé. **To arrive at an awkward moment,** arriver dans un mauvais moment. *To study* **at odd moments,** étudier à ses moments perdus. **In my spare moments,** dans mes moments perdus. *I will come* **in a moment,** je viendrai dans un instant. *It is done in a m.*, c'est l'affaire d'un instant. *It was all over, it all happened, in a m.*, cela s'est fait en un clin d'œil. *I want nothing* **for the moment,** je n'ai besoin de rien pour le moment. *I forget for the m.*, j'oublie pour le moment, pour l'instant. *I stood listening* **(for) a moment,** je suis resté à écouter pendant un moment. *He disappeared for a m.*, il disparut momentanément. **Not for a moment!** jamais de la vie! pour rien au monde! **Writer of the moment,** écrivain *m* du moment. **The man of the moment,** l'homme *m* de l'heure. *See also* LUCKY[1], NOTICE[1] 1, PSYCHOLOGICAL, SPUR[1] 2. **2.** *Mec:* Moment (d'une force); couple moteur. **Moment of force about a point,** moment de force par rapport à un point. **Moment of inertia,** moment d'inertie. **Moment of momentum,** moment des quantités de mouvement. **Bending moment,** moment de flexion; effort de flexion. (*Of piece*) **To carry the bending moment,** travailler à la flexion. **3.** (*Of fact, event*) **To be of moment,** être important; *F:* être de conséquence. *Of great, little, no, m.*, de grande, de petite, d'aucune, importance. **It is of no moment whether . . .,** peu importe **que** + *sub.* **Of the first moment,** de première importance.
momentary ['mouməntəri], *a.* **1.** Momentané, passager. **2.** De tous les moments. **In momentary expectation of his arrival,** attendant à chaque instant son arrivée. **-ily,** *adv.* **1.** Momentanément, passagèrement. **2.** D'un moment à l'autre; à tout moment.
momently ['mouməntli], *adv.* **1.** A tout moment. **2.** D'un moment à l'autre; d'un instant à l'autre. **3.** Momentanément.
momentous [mo'mentəs], *a.* Important. *M. decision*, décision capitale. **On this momentous occasion,** en cette occasion mémorable. *The risks of war are too m. to be faced lightly*, la guerre offre des risques trop graves pour qu'on les affronte de gaieté de cœur.
momentousness [mo'mentəsnəs], *s.* Importance *f.*
momentum, *pl.* **-ta** [mo'mentəm, -ta], *s.* **1.** *Mec: Ph:* Force vive; force d'impulsion; quantité *f* de mouvement (mv). **2.** *F:* (*Impetus*) Vitesse acquise. (*Of movement*) **To gather momentum,** acquérir de la force (vive), de la vitesse. **Carried away by my own momentum,** emporté par mon propre élan.
Momus ['mouməs]. *Pr.n.m. Gr.Myth:* Momus, Momos.
monac(h)al ['mənək(ə)l], *a.* Monacal, -aux.
monachism ['mənəkizm], *s.* Monachisme *m.*
monad ['mənad], *s. Phil: Biol: Ch:* Monade *f.*
monadelph ['mənadelf], *s. Bot:* Plante *f* monadelphe.
monadelphia [məna'delfia], *s. A.Bot:* Monadelphie *f.*
monadelphous [məna'delfəs], *a. Bot:* Monadelphe.
monadic [mə'nadik], *a.* **1.** *Ch:* Univalent, monoatomique. **2.** *Phil:* Monadiste; monadaire.
monadism ['mənadizm], *s. Phil:* Monadisme *m.*
Mona Lisa ['mouna'li:za]. *Pr.n.f. Hist. of Art:* La Joconde.
monander [mə'nandər], *s. Bot:* Plante *f* monandre.
monandria [mə'nandria], *s. A.Bot:* Monandrie *f.*
monandrous [mə'nandrəs], *a. Bot:* Monandre.
monandry [mə'nandri], *s. Anthr:* Monandrie *f.*
monanthous [mə'nanθəs], *a. Bot:* Monanthe.
monarch ['mənərk], *s.* **1.** Monarque *m.* **2.** *Ent:* Danaïde *f.*
monarchic(al) [mə'nɑ:rkik(əl)], *a.* Monarchique; de monarque. **-ally,** *adv.* Monarchiquement; (i) en monarque; (ii) en monarchie.
monarchism ['mənərkizm], *s. Pol:* Monarchisme *m.*
monarchist ['mənərkist], *s. Pol:* Monarchiste *m.*
monarchize ['mənərka:iz]. **1.** *v.tr.* Monarchiser (une nation). **2.** *v.i.* Faire le monarque; se conduire en monarque.
monarchy ['mənərki], *s.* Monarchie *f. Limited m.*, monarchie tempérée.
monastery ['mənəst(ə)ri], *s.* Monastère *m.*
monastic [mə'nastik], *a.* **1.** Monastique; monacal, -aux; claustral, -aux. **2.** *Bookb:* **Monastic binding,** reliure dorée à froid. **-ally,** *adv.* Monastiquement; en moine.
monasticism [mə'nastisizm], *s.* **1.** Vie *f* monastique. **2.** Système *m* monastique; monachisme *m.*
monatomic [məna'təmik], *a. Ch:* Monoatomique.
monaxial [mə'naksiəl], *a.* **1.** *Biol:* Monoaxe. **2.** *Bot:* Monoaxifère.
monazite ['mənazait], *s. Miner:* Monazite *f.*
mond [mənd], *s. Her:* Monde *m.*
Monday ['mʌndi], *s.* Lundi *m. He comes on Mondays*, il vient le lundi; *occ.* il vient les lundis. *He comes every M.*, il vient tous les lundis. **To take Monday off;** *A:* **to keep Saint Monday,** faire le lundi; fêter la Saint-Lundi. *Sch: F:* **Black Monday,** le lundi de la rentrée. *See also* EASTER, PLOUGH-MONDAY, SHROVE 2.
Mondayish ['mʌndeiiʃ], *a.* Qui a la maladie du lundi (comme les prêtres qui ressentent la fatigue des services du dimanche).
Monegasque ['mənigask], *a.* & *s. Geog:* Monégasque (*mf*).
Monemvasia [mənem'veizia]. *Pr.n. Geog:* (Nauplie *f* de) Malvoisie *f.*
moneron, *pl.* **-a** ['mənərən, -a], *s. Prot:* Monère *f.*
monetary ['mʌnetəri], *a.* Monétaire. *M. reform*, réforme *f* monétaire.
monetization [mʌnetai'zeiʃ(ə)n], *s.* Monétisation *f.*
monetize ['mʌnetaiz], *v.tr.* Monétiser (de l'argent, etc.).
money ['mʌni], *s.* **1.** (*a*) Monnaie *f*, numéraire *m*, espèces monnayées; argent *m.* **Piece of money,** pièce *f* de monnaie. *Foreign m.*, monnaie étrangère. *Silver m.*, monnaie d'argent; numéraire d'argent; argent blanc, monnayé. **Paper money,** papier-monnaie *m.* *U.S:* **Hard money,** espèces monnayées. **Soft money,** billets *mpl*; papier-monnaie. *See also* SHELL-MONEY. **Current money,** monnaie qui a cours. **Counterfeit money, bad money, base money,** fausse monnaie. *F:* **To throw good money after bad,** s'enfoncer davantage dans une mauvaise affaire. **Ready money,** argent comptant, argent liquide. *To pay in ready m.*, payer (au) comptant. *See also* BUY 1, LOVE[1] 1. **Money payment,** paiement *m* en argent, en numéraire. **Money allowance,** allocation *f* en deniers, en espèces. *See also* DOWN[3] I. 1. (*b*) *One's own m.*, deniers personnels. *Fin:* **Money is scarce, plentiful,** l'argent est rare, les capitaux *m* sont rares; les capitaux abondent. *Bank:* **Money at call,** dépôts *mpl* à vue. To make money, faire, gagner, de l'argent; *F:* faire sa pelote. *He made his m. by selling . . .*, il s'est enrichi, il a fait sa fortune, en vendant. . . . *F:* **To be coining money,** être en train de faire fortune. *See also* GOOD I. 1. **To come into money,** faire un héritage; hériter d'une fortune. **To be made of money,** être cousu d'or; avoir un argent fou. **He has a pot of money,** c'est le père aux écus; il a des écus. *See also* POT[1] 3, TON 1. **To be rolling in money,** nager dans l'opulence, dans l'or; rouler sur l'or, être tout cousu d'or; *P:* être aux as, être riche à crever. **To part with one's money,** débourser, s'exécuter. *I want to get my m. back*, je voudrais rentrer dans mes fonds. *I got my m. back*, on m'a remboursé. **Money means nothing to him,** il ne regarde pas à l'argent; l'argent n'est rien pour lui; l'argent ne lui coûte guère. *Tourists well provided with m.*, *F:* touristes bien argentés. **To do sth. for money,** faire qch. pour de l'argent, à prix d'argent. **It is a bargain for the money,** c'est une occasion à ce prix-là. *You can live there for little m.*, on peut y vivre pour pas cher. *F:* **They are the people for my money,** parlez-moi de ces gens-là! *It is cheap but* **not everybody's money,** c'est bon marché mais ce n'est pas de vente courante. **There is money in it,** c'est une bonne affaire; on peut en tirer de l'argent. **It will bring in big money,** cela rapportera gros. **To be worth money,** (i) (*of thg*) valoir de l'argent; avoir du prix, de la valeur; (ii) (*of pers.*) avoir de l'argent, de la fortune. *See also* MINT[1] 1. **You have had your money's worth,** vous en avez eu pour votre argent. **It's like money in the bank,** c'est du blé au grenier. *To throw away one's m. for nothing*, gaspiller son argent. **It is money thrown away,** c'est de l'argent jeté par la fenêtre. **Money makes, begets, money,** un bien en acquiert un autre; un sou amène l'autre. **Your money or your life!** la bourse ou la vie! **Money matters,** affaires *f* d'argent. **Money interest,** intérêt *m* pécuniaire. (*Of competitor*) **To be in the money,** gagner un prix. *Journ:* **Money article,** bulletin financier. *See also* BLOOD-MONEY, BURN[2] 1, CONSCIENCE-MONEY, DOOR-MONEY, ENTRANCE-MONEY, GATE-MONEY, HUSH-MONEY, KEY-MONEY, MARRY[1] 2, ORDER[1] 11, PIN-MONEY, POCKET-MONEY, PRESS-MONEY, PRIZE-MONEY, PURCHASE-MONEY, PUT UP 8, RAISE[2] 7, RUN[1] 1, SHIP-MONEY, TABLE-MONEY, WHISTLE[2] 1. **2.** (*With pl.* **moneys,** *occ.* **monies**) Pièce *f* de monnaie; monnaie *f.* **Money of account,** monnaie de compte. **3.** *pl. A. & Jur:* **Moneys, monies,** argent, fonds *mpl.* *Moneys paid out*, versements opérés. *Moneys paid in*, recettes effectuées. **Public moneys,** deniers publics; le trésor public. *Sundry monies owing to him*, diverses sommes à lui dues.
'money-act, *s. Adm:* Acte financier.
'money-bag, *s.* **1.** (*a*) Sac *m* à argent; sacoche *f* (d'un receveur d'autobus, etc.). (*b*) *pl. F:* Sacs d'argent, d'or; *F:* sacs. **To marry s.o. for her money-bags,** épouser qn pour son sac d'écus, pour son magot. **2.** *F:* (*Pers.*) **A money-bags,** un richard.
'money-belt, *s.* Ceinture *f* à porte-monnaie.
'money-bill, *s.* Loi *f* de finance(s).
'money-box, *s.* **1.** Tirelire *f.* **2.** Caisse *f*, cassette *f.*
'money-broker, *s.* Courtier *m* de change.
'money-changer, *s.* Changeur *m*, cambiste *m.*
'money-changing, *s.* Vente *f* des monnaies; change *m.*
'money-grubber, *s.* Grippe-sou *m*, *pl.* grippe-sous; tire-sou *m*, *pl.* tire-sous; pingre *m*, thésauriseur *m*, homme *m* d'argent.
'money-grubbing[1], *a.* Cupide, avare.
'money-grubbing[2], *s.* Thésaurisation *f.*
'money-lender, *s.* **1.** Prêteur *m* d'argent; **banquier usurier;** maison *f* de prêt. **2.** *Com:* Bailleur *m* de fonds.
'money-maker, *s.* Amasseur *m* d'argent.

'money-making[1], *a.* (*a*) (Personne *f*) qui fait de l'argent. (*b*) (Commerce *m*) qui rapporte.
'money-making[2], *s.* Acquisition *f* de l'argent.
'money-market, *s.* Marché *m* de l'argent; marché monétaire, financier; place *f* de change; bourse *f*. **In the money-market**, à la Bourse; sur la place.
'money-spider, -spinner, *s. Arach:* Petite araignée rouge qui annonce la richesse à ceux sur qui elle tombe.
'money-taker, *s.* Caissier, -ière; receveur, -euse.
'money-wort, *s. Bot:* (Lysimaque *f*, lysimachie *f*) nummulaire *f*; monnayère *f*; herbe *f* aux écus.
moneyed ['mʌnid], *a.* **1.** Riche; qui a de l'argent. **Moneyed man**, richard *m*, capitaliste *m*. **The moneyed classes**, les classes possédantes; les gens fortunés. **2. The moneyed interest**, les rentiers *m*, les capitalistes. **Moneyed resources**, ressources *f* pécuniaires, ressources en argent.
moneyless ['mʌniləs], *a.* Sans argent; *F:* sans le sou.
monger ['mʌŋgər], *s.* (*Chiefly in combination*) **1.** Marchand, -ande. **Cheesemonger, fishmonger**, marchand de fromage, de poisson. **Ironmonger**, marchand de fer; quincaillier *m*. *See also* BALLAD-MONGER, IDEA-MONGER. **2.** *Usu. Pej:* **News-monger**, colporteur *m* de nouvelles. **Mystery-monger**, colporteur de mystères. **Slander-monger**, mauvaise langue; médisant, -ante. **Strike-monger**, gréviculteur *m*. **Fashion-monger**, fervent, -ente, de la mode. **Maxim-monger**, débiteur *m* de maximes. *See also* PANIC-MONGER, PROMISE-MONGER, SCANDAL-MONGER, WAR-MONGER, WHOREMONGER.
-mongering[1] ['mʌŋgəriŋ], *a.* (*Always in combination*) **Slander-mongering, scandal-mongering**, médisant.
-mongering[2], *s.* (*Always in combination*) **Scandal-mongering, slander-mongering**, médisance *f*. *See also* WAR-MONGERING.
Mongol ['mɔŋgɔl], *a.* & *s. Ethn:* Mongol, -ole.
Mongolia [mɔŋ'goulj*a*]. *Pr.n. Geog:* La Mongolie.
Mongolian [mɔŋ'gouljən]. **1.** *a. Anthr:* Mongolien, Mongolique. **2.** *s.* (*a*) *Anthr:* Mongol, -ole. (*b*) *Ling:* Le mongol. (*c*) *Med:* Idiot, -ote, atteint(e) de mongolisme.
Mongolic [mɔŋ'gɔlik]. **1.** *a.* Mongolique. **2.** *s. Ling:* Le mongol.
Mongoloid ['mɔŋgolɔid], *a. Ethn:* Mongoloïde.
mongoose, *pl.* **-ses** ['mʌŋguːs, 'mɔŋ-, -siz], *s. Z:* Mangouste *f*; *F:* rat *m* d'Égypte, rat de Pharaon; ichneumon *m*.
mongrel ['mʌŋgrəl]. **1.** *s.* (*Of dog, animal, pers.*) Métis, -isse; (*of dog*) bâtard, -arde. **2.** *a.* (*a*) (Animal) métis; (plante) métisse. **Mongrel cur**, roquet *m*. (*b*) *F:* (Dialecte) bâtard; (peuple) mélangé, métis.
mongrelize ['mʌŋgrəlaːiz], *v.tr.* Métisser.
monial ['mouniəl], *s. Arch:* Meneau *m*.
Monica ['mɔnik*a*]. *Pr.n.f.* Monique.
monies ['mʌniz], *s.pl. See* MONEY 2, 3.
moniliform [mɔ'nilifɔːrm], *a.* Moniliforme.
monism ['mɔnizm], *s. Phil:* Monisme *m*.
monist ['mɔnist], *s. Phil:* Moniste *m*.
monistic [mɔ'nistik], *a. Phil:* Monistique.
monition [mo'niʃ(ə)n], *s.* **1.** (*a*) Avertissement *m* (*of a danger*, d'un danger). (*b*) *Ecc:* Monition *f*. **2.** *Jur:* Citation *f* (à comparaître).
monitor[1] ['mɔnitər], *s.* **1.** (*a*) Moniteur, -trice. (*b*) *Sch:* Élève choisi parmi les grands pour maintenir la discipline; moniteur *m*. (*c*) *Cin:* **Projection-room monitor**, haut-parleur *m* de cabine, de contrôle. **Monitor man**, ingénieur *m* du son. **2.** *Rept:* Varan *m*. **3.** (*a*) *Navy:* *A:* (*Iron-clad*) Monitor *m*. (*b*) *Hyd.E:* *Min:* Monitor; géant *m*; lance *f* hydraulique. (*c*) *Mec.E:* Revolver *m*, tourelle *f* (de tour).
'monitor 'roof, *s. U.S:* Lanterneau *m* (d'atelier, de wagon).
'monitor room, *s. Cin:* Cabine *f* d'enregistrement sonore; cabine d'écoute; box *m* d'écoute (pour le contrôle acoustique).
'monitor 'top, *s.* = MONITOR ROOF.
monitor[2], *v.tr. Cin:* Contrôler (l'enregistrement sonore).
monitorial [mɔni'tɔːriəl], *a.* **1.** = MONITORY 1. **2.** *Sch:* **Monitorial system**, système *m* d'éducation où la discipline est en partie assurée par des moniteurs.
monitory ['mɔnitəri]. **1.** *a.* (*a*) (Mot *m*) d'admonition, d'avertissement. (*b*) *Ecc:* Monitoire; monitorial, -aux. **Monitory letter**, monitoire *m*. **2.** *s. Ecc:* Monitoire *m*.
monitress ['mɔnitres], *s.f.* **1.** Monitrice. **2.** Élève choisie parmi les grandes pour maintenir la discipline.
monk [mʌŋk], *s.m.* Moine, religieux. *To be a m.*, porter le froc. **Black monk**, bénédictin. **White monk**, (moine) cistercien. *See also* COWL[1] 1.
'monk-fish, *s. Ich:* Moine *m*; ange *m* de mer.
'monk-seal, *s. Z:* Moine *m*; phoque *m* à ventre blanc.
'monk's-hood, *s. Bot:* (Aconit *m*) napel *m*; char *m* de Vénus; casque *m* de Jupiter; capuchon-de-moine *m*, *pl.* capuchons-de-moine; coqueluchon *m*; herbe *f* à loup.
monkdom ['mʌŋkdəm], *s. Coll. F:* La moinaille.
monkery ['mʌŋkəri], *s. F.* & *Pej:* **1.** Moinerie *f*; esprit *m* monastique. **2.** *Coll.* Moines *mpl*, moinaille *f*. **3.** Monastère *m*.
monkey[1] ['mʌŋki], *s.* **1.** *Z:* Singe *m*. **Female monkey, she-monkey**, guenon *f*, guenuche *f*, singesse *f*. **Green monkey**, callitriche *m*. **Long-tailed monkey**, guenon. *See also* PIGTAILED 1, PROBOSCIS-MONKEY, SPIDER-MONKEY, SQUIRREL-MONKEY, WHITE-NOSED. *F:* **You young monkey!** petit polisson! petit garnement! petit(e) espiègle! *A:* petit babouin! petite babouine! *Roguish little* **monkey face**, petite frimousse espiègle. *P:* **To put s.o.'s monkey up**, mettre qn en colère; faire sortir qn de ses gonds. **To get one's monkey up**, se mettre en colère; se fâcher; prendre la mouche. *His m. is up*, il est d'humeur massacrante; *P:* il est en rogne. **To suck the monkey**, faire un piquage de fût. **I won't stand any monkey business!** vous n'allez pas me la faire! *See also* BLUSH[1] 2, MISCHIEVOUS 2. **2.** Alcarazas *m*. **3.** *Civ.E:* *etc:* Mouton *m*, singe (de sonnette). **4.** *Metall:* Trou *m* à laitier, trou de la scorie. **5.** *P:* (Somme *f* de) cinq cents livres, *U.S:* de cinq cents dollars.
'monkey-block, *s. Nau:* Retour *m* de palan.
'monkey-boat, *s. Nau:* Plate *f*.
'monkey-bread, *s. Bot:* **1.** Pain *m* de singe; calebasse *f*. **2. Monkey-bread (tree)**, baobab *m*; arbre *m* à pain.
'monkey-carriage, *s. Civ.E:* Chariot *m* de roulement (d'un pont roulant).
'monkey-drift, *s. Min:* Galerie *f* de recherches, de prospection.
'monkey-flower, *s. Bot:* Mimule *m*.
'monkey-gaff, *s. Nau:* Corne *f* de pavillon.
'monkey gland, *s. Surg:* Testicule *m* de chimpanzé. **Monkey-gland operation**, greffe *f* de testicules de chimpanzé.
'monkey-house, *s.* Singerie *f*; pavillon *m* des singes.
'monkey-jacket, *s.* Veston court, veste courte (de chasseur de café, etc.).
'monkey-like, *a.* Simiesque.
'monkey-meat, *s. U.S:* *P:* Bœuf *m* de conserve; *P:* singe *m*.
'monkey nut, *s.* = PEANUT.
'monkey-pot, *s.* **1.** *Bot:* (*a*) Marmite *f* de singe. (*b*) **Monkey-pot (tree)**, lécythide *f*. **2.** = MONKEY[1] 2.
'monkey-puzzle, -puzzler, *s. Bot:* Araucaria *m*, araucarie *f*; pin *m* du Chili.
'monkey-rigged, *a. Nau:* A gréement léger.
'monkey-shines, *s.pl. U.S:* *F:* Tours *m* de singe; singeries *f*.
'monkey-spanner, *s.* = MONKEY-WRENCH.
'monkey-spar, *s. Nau:* Vergue parisienne; parisienne *f*.
'monkey-tricks, *s.pl.* Singeries *f*, tours *m* de singe, chinoiseries *f*, espiègleries *f*.
'monkey-wrench, *s.* Clé anglaise; clé à molette; clé réglable. *F:* **To throw a monkey-wrench into the machinery**, saboter l'affaire; mettre des bâtons dans les roues.
monkey[2]. **1.** *v.tr.* (*a*) Singer (qn). (*b*) *P:* **To monkey s.o. out of sth.**, subtiliser qch. à qn. **2.** *v.i.* (*a*) Faire des tours de singe. (*b*) *P:* **To monkey (about) with sth.**, tripoter qch.; toucher à qch. (qu'il faut laisser tranquille).
monkeyish ['mʌŋkiiʃ], *a.* De singe.
monkhood ['mʌŋkhud], *s.* **1.** Monachisme *m*. **2.** *Coll.* Moinerie *f*, *F:* moinaille *f*.
monkish ['mʌŋkiʃ], *a. Pej:* De moine; monacal, -aux.
mon(o)- ['mɔno, mo'nɔ], *comb.fm.* Mon(o)-. *Monacanthid*, monacanthe. *Monoclinic*, monoclinique. *Monogamic*, monogame. *Monologize*, monologuer. *Monosyllable*, monosyllabe.
monobasal [mɔno'beis(ə)l], *a. Cryst:* (Cristal *m*) monobase.
monobasic [mɔno'beisik], *a.* **1.** *Ch:* (Acide *m*) monobasique. **2.** *Bot:* (Phanérogame *f*) monobase.
monobloc(k) ['mɔnoblɔk], *a. I.C.E:* (Moteur *m*) monobloc *inv.*
monocarp ['mɔnokaːrp], *s. Bot:* Plante monocarpienne.
monocarpellary [mɔno'kaːrpeləri], *a. Bot:* Monocarpellaire.
monocarpic [mɔno'kaːrpik], *a. Bot:* Monocarpien, monocarpique.
monocarpous [mɔno'kaːrpəs], *a. Bot:* **1.** = MONOCARPELLARY. **2.** = MONOCARPIC.
monocephalous [mɔno'sefələs], *a. Bot:* Monocéphale.
Monoceros [mɔ'nɔsərəs], *s. Astr:* *A:* La Licorne.
monochord ['mɔnokɔːrd], *s.* **1.** *A.Mus:* Monocorde *m*. **2.** *Ph:* Monocorde, sonomètre *m*.
monochromatic [mɔnokro'matik], *a.* (Éclairage *m*, lampe *f*) monochromatique.
monochrome ['mɔnokroum]. *Art:* **1.** *a.* Monochrome. **2.** *s.* Peinture *f* monochrome; monochrome *m*. **Yellow monochrome**, tableau *m* de cirage; camaïeu *m* jaune.
monochromic [mɔno'kromik], **monochromous** [mɔno'krouməs], *a.* Monochrome.
monocle ['mɔnokl], *s.* Monocle *m*.
monocled ['mɔnokld], *a.* (Homme) à monocle, portant monocle.
monoclinal [mɔno'klain(ə)l], *a. Geol:* (Pli, etc.) monoclinal, -aux.
monocline ['mɔnoklain], *s. Geol:* Pli monoclinal, *pl.* plis monoclinaux.
monoclinic [mɔno'klinik], *a. Cryst:* (Cristal *m*) monoclinique.
monoclinous [mɔno'klainəs], *a. Geol:* = MONOCLINAL.
monocoque ['mɔnokɔk], *s. Av:* Avion *m* monocoque.
monocotylea [mɔnoko'tili*a*], *s.pl. Moll:* Monocotylés *m*.
monocotyledon [mɔnokɔti'liːdən], *s. Bot:* Monocotylédone *f*.
monocotyledonous [mɔnokɔti'liːdənəs], *a. Bot:* Monocotylédone.
monocular [mɔ'nɔkjulər], *a.* Monoculaire.
monocycle ['mɔnosaikl], *s. Cy:* Monocycle *m*.
monodactylous [mɔno'daktiləs], *a. Z:* Monodactyle.
monodelph ['mɔnodelf], *s. Z:* Monodelphe *m*.
monodelphian [mɔno'delfiən], **monodelphic** [mɔno'delfik], *a. Z:* Monodelphe.
monodic [mɔ'nɔdik], *a. Mus:* Monodique.
monody ['mɔnodi], *s. Gr.Lit:* *etc:* Monodie *f*.
monoecia [mɔ'niːʃj*a*], *s.pl. Bot:* Monœcies *f*.
monoecian [mɔ'niːʃjən], *s. Bot:* Monœcie *f*.
monoecious [mɔ'niːʃjəs], *a.* **1.** *Bot:* Monœcique, monoïque. **2.** *Z:* Hermaphrodite.
monoecism [mɔ'niːsizm], *s.* **1.** *Bot:* Monœcie *f*. **2.** *Z:* Hermaphrodisme *m*.
monogamic [mɔno'gamik], *a. Anthr:* **1.** (*Of rule, custom*) Monogamique. **2.** (*Of pers.*) = MONOGAMOUS.
monogamist [mɔ'nɔgəmist], *s.* **1.** *Anthr:* Monogamiste *mf*. **2.** Monogame *mf*.
monogamous [mɔ'nɔgəməs], *a. Anthr:* Monogame.
monogamy [mɔ'nɔgəmi], *s.* Monogamie *f*.
monogenesis [mɔno'dʒenesis], *s. Biol:* Monogénèse *f*.
monogenetic [mɔnodʒe'netik], *a.* **1.** *Geol:* (Roche *f*) monogénique. **2.** *Biol:* (*a*) (Reproduction *f*) monogène, monogénésique. (*b*) (Espèce *f*, trématode *m*, etc.) monogénèse.

monogenic [mɔnoˈdʒenik], *a.* **1.** *Geol:* Monogénique. **2.** *Mth:* (Fonction *f*) monogène. **3.** *Biol:* Monogène, monogénésique.
monogenism [mɔˈnɔdʒenizm], *s. Biol:* Monogénisme *m.*
monogram [ˈmɔnogram], *s.* Monogramme *m*, chiffre *m.*
monogrammatic [mɔnograˈmatik], *a.* Monogrammatique.
monograph [ˈmɔnogrɑːf, -graf], *s.* Monographie *f.*
monographer [mɔˈnɔgrəfər], **monographist** [mɔˈnɔgrəfist], *s.* Auteur *m* d'une monographie; monographe *m.*
monogyn [ˈmɔnodʒin], *pl.* **monogynia** [mɔnoˈdʒinia], *s.* *A.Bot:* Plante *f* monogyne.
monogynous [mɔˈnɔdʒinəs], *a.* **1.** *Bot:* Monogyne. **2.** *Anthr:* (Homme) monogame.
monogyny [mɔˈnɔdʒini], *s.* **1.** *Bot:* Monogynie *f.* **2.** *Anthr:* Monogamie *f.*
monohydrate [mɔnoˈhaidret], *s. Ch:* Monohydrate *m.*
monohydrated [mɔnoˈhaidretid], *a. Ch:* Monohydraté.
monohydric [mɔnoˈhaidrik], *a. Ch:* (Composé *m*) monohydrique.
monolith [ˈmɔnoliθ], *s.* Monolithe *m.*
monolithic [mɔnoˈliθik], *a.* **1.** (Monument *m*) monolithe. **2.** (Époque *f*, âge *m*) des monolithes.
monologist [mɔˈnɔlodʒist], *s.* Monologueur, -euse.
monologize [mɔˈnɔlodʒaːiz], *v.i.* Monologuer.
monologue[1] [ˈmɔnolɔg], *s.* Monologue *m.*
monologue[2], *v.i.* = MONOLOGIZE.
monologuist [mɔˈnɔlogist], *s.* = MONOLOGIST.
monomania [mɔnoˈmeinia], *s.* Monomanie *f.*
monomaniac [mɔnoˈmeiniak], *s.* Monomane *mf*, monomaniaque *mf.*
monomaniacal [mɔnomaˈnaiək(ə)l], *a.* Monomane, monomaniaque.
monometallic [mɔnomeˈtalik], *a. Pol.Ec:* (Pays *m*, système *m*) monométalliste.
monometallism [mɔnoˈmetəlizm], *s. Pol.Ec:* Monométallisme *m.*
monometallist [mɔnoˈmetəlist], *s. Pol.Ec:* Monométalliste *m.*
monometer [mɔˈnɔmetər], *s. Pros:* Monomètre *m.*
monometric [mɔnoˈmetrik], *a.* **1.** *Pros:* Monométrique. **2.** *Cryst:* = ISOMETRIC 2.
monometrical [mɔnoˈmetrik(ə)l], *a. Pros:* = MONOMETRIC 1.
monomial [mɔˈnoumiəl], *a. & s. Mth:* Monôme (*m*).
monomorphic [mɔnoˈmɔːrfik], **monomorphous** [mɔnoˈmɔːrfəs], *a.* (Insecte *m*) qui ne subit pas de métamorphose.
mononuclear [mɔnoˈnjuːkliər], *a. Biol:* (Cellule *f*) mononucléaire.
monopetalous [mɔnoˈpetələs], *a. Bot:* Monopétale.
monophase [ˈmɔnofeːiz], **monophasic** [mɔnoˈfazik], *a.* *El.E:* (Courant) monophasé, uniphasé.
monophthong [ˈmɔnɔfθɔŋ], *s.* Voyelle *f* simple.
monophthongal [mɔnɔfˈθɔŋg(ə)l], *a.* (Son *m*) consistant en une voyelle simple.
monophyletic [mɔnofaiˈletik], *a. Biol:* Monophylétique; (espèces *f*) à souche commune.
monophyllous [mɔnoˈfiləs], *a. Bot:* Monophylle.
monophysite [mɔˈnɔfizait], *a. & s. Rel.H:* Monophysite (*m*).
monoplane [ˈmɔnoplein]. *Av:* **1.** *s.* Monoplan *m.* **2.** *a.* **Monoplane empennage**, empennage monoplan.
monoplast(id) [ˈmɔnoplast(id)], *s. Biol:* Monoplastide *m.*
monoplegia [mɔnoˈpliːdʒia], *s. Med:* Monoplégie *f.*
monopodial [mɔnoˈpoudiəl], *a. Bot:* Monopode.
monopodium [mɔnoˈpoudiəm], *s. Bot:* Monopode *m.*
monopodous [mɔˈnɔpodəs], *a.* Monopode.
monopolist [mɔˈnɔpolist], *s.* **1.** Monopolisateur *m*; accapareur, -euse. **2.** *Pol:* Partisan *m* du monopole.
monopolistic [mɔnɔpoˈlistik], *a.* Monopolisant; monopolisateur, -trice.
monopolization [mɔnɔpolaiˈzeiʃ(ə)n], *s.* Monopolisation *f.*
monopolize [mɔˈnɔpolaːiz], *v.tr.* **1.** *Com:* Monopoliser, accaparer (une denrée, etc.). **2.** *F:* Accaparer (qn, qch.). *To m. the conversation*, s'emparer de la conversation; tenir le dé de, dans, la conversation; *P:* tenir le crachoir.
  monopolizing, *s.* Monopolisation *f.*
monopolizer [mɔˈnɔpolaizər], *s.* **1.** = MONOPOLIST 1. **2.** *F:* Accapareur, -euse (de la conversation, etc.).
monopoly [mɔˈnɔpoli], *s.* Monopole *m.* **To have the monopoly of sth.**, *U.S:* on sth., avoir, faire, le monopole de qch. *To have a m. in doing sth.*, avoir le monopole de faire qch.
monopteral [mɔˈnɔptərəl], *a.* **1.** *Arch:* Monoptère. **2.** *Ich: Z:* Monoptère.
monopteros [mɔˈnɔptərɔs], *s. Arch:* Temple *m* monoptère.
monorail [ˈmɔnoreil], *a. & s. Rail: etc:* Monorail (*m*). **Monorail transporter**, chariot transbordeur sur monorail.
monorchid [mɔˈnɔːrkid], *a. & s. Physiol:* Monorchide (*m*).
monorchis, *pl.* **-ides** [mɔˈnɔːrkis, -idiːz], *s. Physiol:* Monorchide *m.*
monorchism [mɔˈnɔːrkizm], *s. Physiol:* Monorchidie *f.*
monorefringent [mɔnoriˈfrindʒənt], *a. Ph:* Monoréfringent, uniréfringent.
monorime, monorhyme [ˈmɔnoraim]. *Pros:* **1.** *a.* Monorime. **2.** *s.* Monorime *f.*
monorimed, monorhymed [ˈmɔnoraimd], *a.* = MONORIME 1.
monosepalous [mɔnoˈsepələs], *a. Bot:* Monosépale.
monospermous [mɔnoˈspəːrməs], *a. Bot:* Monosperme.
monostich [ˈmɔnostik], *a. & s. Pros:* Monostique (*m*).
monostichous [mɔˈnɔstikəs], *a. Cryst:* Monostique.
monostomatous [mɔnoˈstɔmətəs], *a. Ann:* Monostome.
monostome [ˈmɔnostoum], *a. & s. Ann:* Monostome (*m*).
monosyllabic [mɔnosiˈlabik], *a.* Monosyllabe, monosyllabique.
monosyllabism [mɔnoˈsiləbizm], *s.* Monosyllabisme *m.*
monosyllable [mɔnoˈsiləbl], *s.* Monosyllabe *m.* **To speak in monosyllables**, parler par monosyllabes.
monotheism [ˈmɔnoθiːizm], *s.* Monothéisme *m.*
monotheist [ˈmɔnoθiːist], *a. & s.* Monothéiste (*mf*).
monotint [ˈmɔnotint], *s. Art:* Monochrome *m.* **In monotint**, monochrome; en camaïeu.
monotone [ˈmɔnotoun]. **1.** *a.* Monotone; qui ne change pas de ton. **2.** *s.* (*a*) Débit *m* monotone, sans modulation. **To speak in a monotone**, parler d'une voix uniforme, qui ne change pas de ton. (*b*) Manque *m* de variété (dans le style, etc.).
monotonous [mɔˈnɔtonəs], *a.* Monotone. **1.** (*a*) Dont le ton ne varie pas. (*b*) (Instrument *m*) qui ne donne qu'une note. **2.** Sans variété; ennuyeux; fastidieux. **-ly**, *adv.* Monotonement; fastidieusement.
monotony [mɔˈnɔtoni], *s.* Monotonie *f.*
monotremata [mɔnoˈtriːməta], *s.pl. Z:* Monotrèmes *m.*
monotreme [ˈmɔnotriːm], *a. & s. Z:* Monotrème (*m*).
monotropa [mɔˈnɔtropa], *s. Bot:* Monotrope *m.*
monotype [ˈmɔnotaip], *s.* **1.** *Nat.Hist:* Espèce *f* unique. **2.** *Typ:* Monotype *f.*
monotypic(al) [mɔnoˈtipik(əl)], **monotypous** [mɔˈnɔtipəs], *a.* *Nat.Hist:* Monotype.
monovalence [mɔnoˈveiləns], **monovalency** [mɔnoˈveilənsi], *s.* *Ch:* Monovalence *f*, univalence *f.*
monovalent [mɔnoˈveilənt], *a. Ch:* Monovalent, univalent.
monoxide [mɔˈnɔksaid], *s. Ch:* Protoxyde *m.* **Lead monoxide**, oxyde *m* de plomb. *See also* CARBON 1, NITROGEN.
Monroe [mʌnˈrou]. *Pr.n.m. U.S.Hist: Pol:* **The Monroe doctrine**, la doctrine de Monroë.
Monroeism [mʌnˈrouizm], *s. U.S.Hist: Pol:* La doctrine de Monroë.
Monroeist [mʌnˈrouist], *s. U.S.Hist: Pol:* Partisan *m* de la doctrine de Monroë.
mons, *pl.* **montes** [mɔnz, ˈmɔntiːz], *s. Anat:* **Mons pubis**, pénil *m.* **Mons veneris**, (i) *Anat:* mont *m* de Vénus; (ii) *Palmistry:* monticule *m*, mont, de Vénus.
monsignor, *pl.* **-ori** [mɔnˈsiːnjɔːr, mɔnsiːˈnjɔːriː], *s.m. Ecc:* Monseigneur, *pl.* messeigneurs, nosseigneurs; (*of papal prelates*) monsignore, *pl.* monsignori.
monsoon [mɔnˈsuːn], *s. Meteor:* Mousson *f.* **Wet monsoon, rainy monsoon**, mousson d'été. **Dry monsoon**, mousson d'hiver.
monster [ˈmɔnstər]. **1.** *s.* (*a*) *Ter:* Monstre *m*; monstruosité *f.* *Jur:* Monstre; avorton *m*; enfant viable mais qui n'a pas forme humaine. (*b*) *Myth. & F:* Monstre. *The monsters of the deep*, les monstres marins. **Monster of ingratitude**, monstre d'ingratitude. *See also* GREEN-EYED. (*c*) *F:* Colosse *m*; géant, -ante. **2.** *a. F:* Monstre, monstrueux; colossal, -aux; énorme; immense.
monstrance [ˈmɔnstrəns], *s. Ecc:* Ostensoir *m*, soleil *m*; *F:* saint sacrement.
monstrosity [mɔnˈstrɔsiti], *s.* Monstruosité *f.* **1.** Monstre *m.* **2.** Énormité *f* (d'un crime, etc.).
monstrous [ˈmɔnstrəs]. **1.** *a.* (*a*) (*Of offspring*) Monstrueux; contre nature. (*b*) Odieux, monstrueux. *F:* **It is perfectly monstrous that** *such a thing should be allowed*, c'est monstrueux que cela soit permis. (*c*) Monstrueux, énorme; colossal, -aux; immense. **2.** *adv. A:* Énormément. *M. wise*, d'une sagacité prodigieuse. **-ly**, *adv.* Monstrueusement, énormément, prodigieusement.
monstrousness [ˈmɔnstrəsnəs], *s.* Monstruosité *f*, énormité *f* (d'un crime, etc.).
montage [ˈmɔntɑːʒ], *s. Cin:* Montage *m.*
Montague [ˈmɔntagjuː]. *Pr.n.m.* Montagu; (*in Shakespeare*) Montaigu.
Montanian [mɔnˈteinjən], *a. & s. Geog:* (Habitant *m*, originaire *m*) du Montana.
Montanism [ˈmɔntanizm], *s. Rel.H:* Montanisme *m.*
Montanist [ˈmɔntanist], *a. & s. Rel.H:* Montaniste (*m*).
Mont Blanc [mɔ̃ˈblɑ̃]. *Pr.n. Geog:* Le Mont-Blanc.
montbretia [mɔntˈbriːʃja], *s. Bot:* Montbrétie *f*, tritonie *f.*
Monte Cassino [ˈmɔntekaˈsiːno]. *Pr.n. Geog:* Le Mont Cassin.
Montenegrin [mɔntiˈniːgrin], *a. & s. Geog:* Monténégrin, -ine.
Montenegro [mɔntiˈniːgro]. *Pr.n. Geog:* Le Monténégro.
Monte Rosa [mɔnteˈrouza]. *Pr.n. Geog:* Le Mont Rose.
Montgolfier [mɔntˈgɔlfiər]. *Pr.n. Aer:* **Montgolfier (balloon)**, montgolfière *f.*
month [mʌnθ], *s.* Mois *m.* **Lunar month**, mois lunaire; mois de consécution. **Calendar month**, mois du calendrier; mois civil, commun. *See also* SYNODIC(AL). *In the m. of August*, au mois d'août; en août. *Current m.*, mois en cours. *At the end of the current m., of the present m.*, fin courant. **What day of the month is this?** quel est le quantième (du mois)? *F:* le combien sommes-nous? c'est le combien (du mois) aujourd'hui? **This day month**, dans un mois, jour pour jour. **This day a month ago**, il y a un mois aujourd'hui; il y a aujourd'hui un mois. *A thirteen months' old baby girl*, une enfant de treize mois. *To hire sth.* **by the month**, louer qch. au mois. **From month to month**, de mois en mois. **Once a month**, une fois par mois; mensuellement. **Twice a month**, bimensuellement. *To receive one's* **month's pay**, toucher son mois. *A m.'s credit*, un mois de crédit. *Fin:* **Bill at three months**, papier *m* à trois mois (d'échéance). *Ecc:* (*R.C.Ch.*) **The Month of Mary**, le mois de Marie. *F:* **A month of Sundays**, une éternité.
monthly[1] [ˈmʌnθli]. **1.** *a.* (*a*) (*Of account, publication*) Mensuel. *M. occurrence*, événement *m* qui se produit tous les mois. *Com:* **Monthly payment, monthly instalment**, mensualité *f.* *M. statement of account*, situation *f* de fin de mois. *See also* HALF-MONTHLY, ROSE[1] 1. (*b*) **Monthly nurse**, *s. F:* monthly, garde-malade *f* (après accouchement), *pl.* gardes-malades; garde *f* d'accouchée. *Rail:* **Monthly return ticket**, billet *m* d'aller et retour valable pour un mois. **2.** *s.* (*a*) *F:* Revue mensuelle; publication mensuelle. (*b*) *pl. P:* Monthlies, menstrues *f*, règles *f.*
monthly[2], *adv.* Mensuellement; une fois par mois; chaque mois; tous les mois.

monticule ['mɔntikjul], *s.* **1.** Monticule *m.* **2.** *Anat: Z:* Petite éminence.

Montreal [mɔntri'ɔːl]. *Pr.n. Geog:* Montréal *m.*

monument ['mɔnjumənt], *s.* **1.** Monument *m.* **The Monument,** la colonne commémorative de l'incendie de 1666 (Cité de Londres). **The Ancient Monuments Act,** la Loi sur la préservation des monuments historiques. **2.** Monument funéraire; pierre tombale. **3.** Document *m*; *pl.* archives *f.*

monumental [mɔnju'ment(ə)l], *a.* **1.** (*a*) (*Of statue, etc.*) Monumental, -aux. (*b*) (*Of literary work, etc.*) Monumental; de longue haleine, de grande envergure. *F:* **Monumental ignorance,** ignorance monumentale, prodigieuse. **2. Monumental mason,** entrepreneur *m* de monuments funéraires; marbrier *m.*

moo[1] [muː], *s.* **1.** Meuglement *m*, beuglement *m.* **2.** *U.S: P:* (Viande *f* de) bœuf *m* (de gargote); *P:* carne *f.*

moo[2], *v.i.* (mooed; mooing) Meugler, beugler.

mooch[1] [muːtʃ], *s. P:* Flânerie *f.* **To be on the mooch,** (i) passer son temps à flâner; (ii) rôder (en quête d'un coup à faire).

mooch[2]. *P:* **1.** *v.i.* **To mooch about,** flâner, traîner; se balader; baguenauder. *To m. about the streets,* battre le pavé. **2.** *v.tr.* Chiper, chaparder (qch.).

moocha ['muːtʃa], *s. Cost:* Pagne *m* (de Cafre).

moocher ['muːtʃər], *s. P:* **1.** Flâneur, -euse; traîneur, -euse. **2.** (*a*) Chipeur, -euse; chapardeur, -euse. (*b*) *U.S:* Mendiant *m.*

mood[1] [muːd], *s. Gram: Log: Mus:* Mode *m.*

mood[2], *s.* **1.** Humeur *f*, disposition *f*; état *m* d'âme. **To be in a good, bad, mood,** être bien, mal, disposé; être de bonne, méchante, humeur. *He is in one of his good, bad, moods,* il est bien, mal, luné, disposé. *Try to catch him in one of his good moods,* tâchez de le prendre dans un de ses bons moments. *To be in a generous m.,* être en veine de générosité. **To be in the mood to write,** être en disposition d'écrire. *I am not in the m. to read,* je suis en mauvaise disposition pour lire. *To be in the m. for reading,* **in a reading mood,** être en humeur de lire. *To feel, be, in no m. for laughing,* **in no laughing mood,** ne pas avoir le cœur à rire; n'avoir aucune envie de rire; ne pas être d'humeur à rire; ne pas être en humeur, en train, de rire. *To put s.o. in the right m. for sth.,* mettre qn en haleine pour qch. *To be in the m. to refuse point blank,* être d'humeur à refuser net. **2.** *pl.* **To have moods,** avoir des lunes, des lubies; avoir ses mauvaises heures. **Man of moods,** homme lunatique.

moodiness ['muːdinəs], *s.* **1.** Humeur chagrine; morosité *f*, maussaderie *f.* **2.** Humeur changeante.

moody ['muːdi], *a.* **1.** Chagrin, morose, maussade, atrabilaire. **2.** D'humeur changeante. To be moody, (i) être maussade; (ii) être mal luné; (iii) avoir des lunes; avoir des lubies; avoir ses mauvaises heures. **-ily,** *adv.* D'un air chagrin, d'un air morose; maussadement.

moon[1] [muːn], *s.* **1.** (*a*) Lune *f.* **New moon,** nouvelle lune. **The moon is new,** c'est la nouvelle lune. **Full moon,** pleine lune. *F:* **Full-moon face,** visage *m* de pleine lune. *See also* FULL[1] II. 2. **April moon,** lune rousse. **There is a moon to-night,** il fait clair de lune ce soir. *There was no m.,* c'était une nuit sans lune. *F:* **To cry for the moon, to ask for the moon and stars,** faire des demandes par-dessus les maisons; demander la lune. **To promise s.o. the moon and stars,** promettre la lune à qn; promettre monts et merveilles à qn. **Once in a blue moon,** tous les trente-six du mois; en de rares occasions; une fois par extraordinaire; une fois en passant. **The man in the moon,** l'homme *m* de la lune. *See also* CHEESE[1] 1, DECREMENT 1, GLIMPSE[1], HALF-MOON, HARVEST-MOON, HUNTER 1, INCREMENT 1, SHOOT[2] II. 1. (*b*) *The moons of Saturn,* les lunes de Saturne. **2.** (*Month*) *Astr:* Lunaison *f. Poet:* Mois *m.* **3.** *The moons of the finger-nails,* les lunules *f* des ongles.

'moon-blind, *a.* **1.** *Vet:* (Cheval) lunatique, sujet à l'ophtalmie périodique. **2.** Frappé de cécité passagère (pour avoir dormi sous les rayons de la lune).

'moon-blindness, *s. Vet:* Œil *m* lunatique (de cheval).

'moon-blink, *s.* Moment *m* de cécité (de ceux qui, sous les tropiques, ont dormi sous les rayons de la lune).

'moon-calf, *s.* **1.** *A:* Monstre *m* ou avorton *m* non viable. **2.** Idiot, -ote; crétin *m.*

'moon-eye, *s. Vet:* Œil *m* lunatique (de cheval).

'moon-eyed, *a.* **1.** *Vet:* = MOON-BLIND 1. **2.** (Plume *f*, etc.) à lunule(s).

'moon-fish, *s. Ich:* Vomer *m*; poisson-lune *m*, *pl.* poissons-lunes.

'moon-flower, *s. Bot:* **1.** (*a*) Marguerite dorée. (*b*) Marguerite des champs; œil-de-bœuf *m*, *pl.* œils-de-bœuf. **2.** Ipomée *f* bonne-nuit.

'moon-shaped, *a.* En forme de lune; lunulé, lunulaire.

'moon-sheered, *a. Nau:* (Vaisseau) enhuché.

moon[2]. **1.** *v.i.* **To moon about, to moon along,** muser, musarder, flâner. **2.** *v.tr.* **To moon away two hours,** passer deux heures à musarder, à flâner.

moonbeam ['muːnbiːm], *s.* Rayon *m* de lune.

moonless ['muːnləs], *a.* (Nuit, etc.) sans lune.

moonlight ['muːnlait], *s.* Clair *m* de lune. **In the moonlight, by moonlight,** au clair de (la) lune; à la clarté de la lune; à la lumière de la lune. **It was moonlight,** il y avait, il faisait, clair de lune. *It was a glorious* **moonlight night,** il faisait un clair de lune merveilleux. **Moonlight walk,** promenade *f* au clair de lune. *See also* FLIT[1].

moonlighter ['muːnlaitər], *s. Irish Hist:* Assassin *m* nocturne (agissait contre ceux qui étaient désignés par la Ligue agraire); terroriste *m.*

moonlighting ['muːnlaitiŋ], *s.* (*a*) Méfaits *m* nocturnes. (*b*) *Irish Hist:* Terrorisme nocturne (auquel se livraient les membres de la Ligue agraire).

moonlit ['muːnlit], *a.* Éclairé par la lune.

moonraker ['muːnreikər], *s. Nau:* (*Sail*) Papillon *m*; contre-cacatois *m inv.*

moonrise ['muːnraiːz], *s.* Lever *m* de la lune.

moonshine ['muːnʃain], *s.* **1.** Clair *m* de lune. **2.** *F:* Balivernes *fpl*, calembredaines *fpl*, fariboles *fpl*, sornettes *fpl*; contes *mpl* en l'air. *That's all m.,* tout ça c'est de la blague. **3.** *U.S: F:* Eau *f* de vie de contrebande.

moonshiner ['muːnʃainər], *s. U.S: F:* (i) Contrebandier *m* de boissons alcooliques; (ii) bouilleur non patenté; bouilleur de contrebande.

moonshiny ['muːnʃaini], *a.* **1.** Éclairé par la lune. **2.** (Lueur, etc.) de lune. **3.** *F:* Vain; trompeur, -euse; chimérique.

moonstone ['muːnstoun], *s. Lap:* Adulaire *f*; feldspath nacré; pierre *f* de lune.

moonstruck ['muːnstrʌk], *a.* **1.** (*a*) A l'esprit dérangé; toqué. (*b*) Halluciné. **2.** *F:* Abasourdi, médusé, hébété; *F:* sidéré.

moonwort ['muːnwəːrt], *s. Bot:* Botrychium *m* lunaire.

moony ['muːni], *a.* **1.** (Lueur, etc.) de lune. **2.** En forme de lune, de croissant; ressemblant à la lune. **3.** (*Of pers.*) (i) Rêveur, -euse, musard; (ii) perdu dans de vagues rêveries; dans les nuages, dans la lune.

moor[1] [muːər], *s.* **1.** *A:* Terrain marécageux. **High moor,** plateau marécageux. **2.** (*a*) Lande *f*, brande *f*, bruyère *f.* (*b*) *Scot:* Chasse réservée.

'moor-buzzard, *s. Orn:* Busard *m* des marais; harpaye *f.*

'moor-cock, *s. Orn:* Lagopède *m* d'Écosse mâle.

'moor-fowl, -game, *s. Orn:* Lagopède *m* rouge d'Écosse.

'moor-grass, *s. Bot:* **1.** Drosère *f* à feuilles rondes. **2.** *Scot:* Potentille ansérine; argentine *f.* **3.** Linaigrette *f* à larges feuilles.

'moor-hen, *s. Orn:* **1.** Poule *f* d'eau. **2.** Poule lagopède d'Écosse.

moor[2], *s. Nau:* Amarrage *m*, affourchage *m.* **To make a running moor,** mouiller avec de l'erre.

moor[3], *v. Nau:* **1.** *v.tr.* Amarrer, affourcher (un navire); mouiller (une bouée, une mine). *To m. a ship alongside (the quay),* accoster un navire le long du quai. **2.** *v.i.* S'amarrer, s'affourcher; prendre le corps-mort; donner fond. (*Of two ships*) *To m. head and tail,* s'amarrer à contre-bord l'un de l'autre. *To m. with two, three, anchors ahead,* mouiller en barbe, en patte d'oie. *To m. broadside on, to m. with a spring,* embosser.

mooring, *s. Nau:* **1.** Amarrage *m*, affourchage *m* (d'un navire); mouillage *m* (d'une bouée, etc.). **Mooring bridle,** patte *f* d'oie de corps-mort; branche *f* de corps-mort. **Mooring chocks,** écubiers *m* d'embossage. **Mooring dues** = MOORAGE 2. **Mooring pipe,** écubier. **Mooring post,** pieu *m* d'amarrage; bitton *m*, dauphin *m.* **Mooring ring,** anneau *m* d'amarrage; organeau *m.* **Mooring rope,** amarre *f*; aussière *f* en filin; câbleau *m.* **Mooring swivel,** émerillon *m* d'affourche. **Mooring tackle,** affourche *f.* **Mooring wire,** aussière en acier. *See also* BUOY[1]. *Aer:* **Mooring mast,** mât *m* d'amarre; mât d'amarrage. **2.** *pl.* **Moorings.** (*a*) Amarres; affourche. (*b*) Corps-morts *m.* **Ship at her moorings,** navire sur ses amarres. **To pick up one's moorings,** prendre son coffre.

Moor[4], *s.* Maure *m*, More *m*; Mauresque *f.*

moorage ['muːəredʒ], *s. Nau:* **1.** Amarrage *m*, affourchage *m*, mouillage *m.* **2.** Droits *mpl* de corps-mort; droits d'attache; (*in river*) droits de rivage.

Moorish ['muːəriʃ], *a.* Mauresque, moresque, maure, more. *A Moorish woman,* une Mauresque. *See also* ARCH[1] 1.

'Moorish 'idol, *s. Ich:* Tranchoir *m.*

moorland ['muːərlənd], *s.* = MOOR[1] 1, 2 (*a*).

moorsman, *pl.* **-men** ['muːərzmən, -men], *s.m.* Habitant des landes.

moorstone ['muːərstoun], *s. Miner:* Granit *m* de Cornouailles.

moorva ['muːərva], *s. Bot:* Sansevière *f.*

moose [muːs], *s. Z:* Élan *m*, orignac *m*, orignal *m.*

moot[1] [muːt], *s.* **1.** *Hist:* Assemblée *f* (du peuple). **2.** (*At Gray's Inn*) Parlotte *f*; procès fictif (exercice d'étudiants); conférence *f* de stage. **Moot court,** salle *f* où se tiennent les procès fictifs.

moot[2], *a.* (*Of question, etc.*) Sujet à controverse; discutable, disputable; pendant, indécis. *Jur:* **Moot case, moot point,** point *m* de droit.

moot[3], *v.tr.* Soulever (une question). *This question is mooted again,* cette question est remise sur le tapis.

mop[1] [mɔp], *s.* **1.** (*a*) Balai *m* à laver; balai à franges. **Dish-mop,** lavette *f* (à vaisselle). **Window-mop,** nettoie-glaces *m inv.* **Baker's oven-mop,** écouvillon *m.* (*b*) *Nau:* Faubert *m*, penne *f. See also* PITCH-MOP, TAR-MOP. **2.** *F:* **Mop of hair,** tignasse *f*, toison *f.*

'mop-head, *s.* **1.** Tête *f* de balai (à laver). **2.** *F:* Tignasse *f*, toison *f.*

mop[2], *v.tr.* (mopped; mopping) Éponger, essuyer, (le parquet) avec un balai. *Nau:* Fauberder, fauberter (le pont). *F:* **To mop one's brow** (*with one's handkerchief*), s'éponger, se tamponner, le front avec son mouchoir. *Bak:* **To mop the oven,** écouvillonner le four. *See also* FLOOR[1] 1.

mop up, *v.tr.* (*a*) Éponger (de l'eau); essuyer (la transpiration, etc.). (*b*) Rafler, absorber. *F:* **Losses that mop up all the profits,** pertes *f* qui engloutissent tous les bénéfices. (*c*) *P:* Licher, siffler, lamper (un verre de vin, etc.). (*d*) *Mil: F:* **To mop up the trenches** (*after an attack*), *abs.* **to mop up,** nettoyer les tranchées. (*e*) *P:* Aplatir, rouler (un rival, un concurrent).

mopping up, *s.* (*a*) Épongeage *m* (de l'eau, etc.). (*b*) *Mil: F:* Nettoyage *m* des tranchées.

mopping[1], *s.* Épongeage *m*, essuyage *m* (du parquet, etc.). *Bak:* Écouvillonnage *m* (du four).

mop[3], *s. A:* Grimace *f. Still used in Lit:* **Mops and mows,** grimaces, grimaceries *f.*

mop[4], *v.i. A:* Grimacer. *Still used in Lit:* **To mop and mow,** grimacer.

mopping[2], *s.* **Mopping and mowing,** grimacerie *f.*

mop[5], *s.* **Mop (fair),** foire *f* de louage.
mope[1] [moup], *v.i.* Être triste, mélancolique; s'ennuyer; *F:* broyer du noir. *To m. in solitude,* languir dans la solitude. **To mope (oneself) to death,** mourir d'ennui.
mope[2], *s.* **1.** Personne *f* triste, mélancolique. **2.** *F:* **To have the mopes,** avoir des idées noires; broyer du noir; *F:* avoir le cafard.
mopey ['moupi], **mopish** ['moupiʃ], *a.* Triste, mélancolique, morose.
mopishness ['moupiʃnəs], *s.* Tristesse *f*, mélancolie *f*, morosité *f*.
mopoke ['moupouk], *s.* *Orn:* **1.** (*New Zealand*) Hibou *m.* **2.** (*Tasmania*) Engoulevent *m.*
mopy ['moupi], *a.* = MOPEY.
moquette [mɔ'ket], *s.* *Tex:* Moquette *f.*
mora ['mɔra], *s.* *Games:* La mourre.
moraine [mo'rein], *s.* *Geol:* Moraine *f.* *End m., lateral m., medial m.,* moraine frontale, latérale, médiane.
morainal [mo'rein(ə)l], **morainic** [mo'reinik], *a.* *Geol:* Morainique.
moral ['mɔrəl]. I. *a.* Moral, -aux. **1.** Qui concerne les mœurs. **The moral sciences,** les sciences morales. **Moral philosophy,** la morale, l'éthique *f.* *The m. faculties,* les facultés morales. *M. precepts,* préceptes moraux. **The moral sense,** le sentiment du bien et du mal; le sens moral. *To raise the m. standard of the community,* moraliser la société; relever les mœurs de la société. *See also* IMPROVEMENT 1. **2.** Conforme aux bonnes mœurs. *To live a m. life,* se conduire moralement; avoir de bonnes mœurs; *F:* avoir des mœurs, de la conduite. *M. books,* livres moraux. **3.** Qui est du ressort de l'âme. **The moral nature of man,** la nature morale, le côté moral, de l'homme. **The moral virtues,** les vertus morales. **Moral courage,** courage moral. **Moral victory,** victoire morale. *See also* IMPERATIVE 2, SUASION. **4.** Fondé sur l'expérience. **Moral certainty,** (i) certitude morale; (ii) *Turf: etc: F:* gagnant sûr; certitude. **Moral impossibility,** impossibilité morale. **-ally,** *adv.* Moralement. **1. Morally bound** *to do sth.,* moralement obligé de faire qch. **2.** *To live m.,* vivre moralement; avoir des mœurs. **3. Morally certain,** moralement certain. **Morally speaking . . .,** moralement parlant. . . .
II. **moral,** *s.* **1.** Morale *f*, moralité *f* (d'un conte). **Story with a moral,** conte moral. **To draw the moral of an experience,** tirer une leçon de ce qui vous est arrivé. *See also* POINT[2] I. 2. **2.** *pl.* **Morals,** moralité, mœurs *fpl.* *Man without morals,* homme *m* sans mœurs. *Man of loose morals,* homme de peu de moralité, qui manque de conduite. *Person of good morals,* personne *f* de bonnes mœurs. *To reform, improve, the morals of a country,* moraliser un pays. **3.** = MORALE. **4.** *pl. Lit:* **Morals,** morale(s) (de Sénèque, etc.). **The Morals of Epictetus,** la Morale d'Épictète.
morale [mɔ'rɑːl], *s.* (*No pl.*) Moral *m* (d'une armée, etc.). *The high m. of the troops,* l'excellent moral des troupes. *To undermine the m. of the army,* démoraliser les troupes. *Loss of m.,* démoralisation *f.*
moralist ['mɔrəlist], *s.* Moraliste *mf.*
moralistic [mɔrə'listik], *a.* Moraliste; didactique.
morality [mɔ'raliti], *s.* **1.** *A:* (*Ethics*) Morale *f.* **2.** (*a*) Moralité *f*; principes moraux; sens moral. *Commercial m.,* probité commerciale. (*b*) Bonnes mœurs; mœurs; conduite *f.* (*c*) *pl.* **Moralities,** principes moraux. **3.** Réflexion morale; moralité. *I am tired of your moralities,* j'en ai assez de vos sermons. **4.** *Th: A:* **Morality (-play),** moralité.
moralization [mɔrəlai'zeiʃ(ə)n], *s.* **1.** *Lit:* Interprétation morale. **2.** (*a*) Prédication morale. (*b*) Réflexions morales. **3.** Moralisation *f* (de qn, d'une race).
moralize ['mɔrəlaːiz]. **1.** *v.i.* Moraliser, faire de la morale (*on, upon, sth.,* sur qch.). **2.** *v.tr.* (*a*) Donner une interprétation morale à (qch.). (*b*) Moraliser (une tribu, etc.). (*c*) Indiquer la morale (d'une fable, etc.).
moralizing[1], *a.* Moralisateur, -trice.
moralizing[2], *s.* = MORALIZATION 2, 3. *F: None of your m.!* pas de morale!
morass [mɔ'ras], *s.* Marais *m*, marécage *m*, fondrière *f.* *F: M. of vice,* bourbier *m* de vice.
morassic [mɔ'rasik], **morassy** [mɔ'rasi], *a.* Marécageux.
moratorial [mɔrə'tɔːriəl], *a.* (*Of interest, etc.*) Moratoire.
moratorium [mɔrə'tɔːriəm], *s.* *Fin:* Moratorium *m*, *pl.* moratoria *or better* moratoires *m.* *Debt for which a m. has been granted,* dette moratoriée.
moratory ['mɔrətəri], *a.* Moratoire.
Moravia [mɔ'reivjə]. *Pr.n. Geog:* La Moravie.
Moravian[1] [mɔ'reivjən], *a. & s.* **1.** *Geog:* Morave (*mf*). **2.** *Rel.H:* **Moravian brethren,** frères *m* moraves; hernutes *m.*
Moravian[2], *a. & s.* *Geog:* (Originaire *m*, natif *m*) de Moray (en Écosse).
moray [mɔ'rei], *s.* *Ich: U.S:* Murène *f.*
morbid ['mɔːrbid], *a.* **1.** (Symptôme *m*, idée *f*) morbide. *M. curiosity,* curiosité malsaine, maladive. *To have a m. outlook on life,* voir les choses en noir. *See also* HUNGER[1]. **2.** *Med:* **Morbid anatomy,** anatomie *f* pathologique. **-ly,** *adv.* Morbidement, maladivement.
morbidezza [mɔːrbi'detsa], *s.* *Art:* Morbidesse *f.*
morbidity [mɔːr'biditi], *s.* **1.** (*a*) Morbidité *f*; état maladif. (*b*) Tristesse maladive (des pensées de qn). **2.** Morbidité (d'un pays, etc.).
morbidness ['mɔːrbidnəs], *s.* = MORBIDITY 1.
morbiferous [mɔːr'bifərəs], **morbific** [mɔːr'bifik], *a.* Morbifique.
morcellation [mɔːrsə'leiʃ(ə)n], *s.* *Surg:* Morcellement *m* (d'un myome).
mordacity [mɔːr'dasiti], **mordancy** ['mɔːrdənsi], *s.* Mordacité *f*, causticité *f* (d'une critique, etc.).
mordant[1] ['mɔːrdənt]. **1.** *a.* (*a*) (Acide) mordant, caustique. (*b*) (Sarcasme) mordant, caustique, incisif. (*c*) *M. pain,* douleur aiguë. **2.** *s.* (*a*) (Acide) mordant *m.* (*b*) *Dy: etc:* Mordant. *Phot:* **Mordant toning,** (virage *m* par) mordançage *m.*
mordant[2], *v.tr.* *Dy: etc:* Mordancer.
mordanting, *s.* Mordançage *m.*
Mordecai [mɔːrdi'keiai]. *Pr.n.m. B.Hist:* Mardochée.
mordent ['mɔːrdənt], *s.* *Mus:* Mordant *m.*
more ['mɔːər]. **1.** *a.* Plus (de). *He has* **more patience** *than I,* il a plus de patience que moi. *There is m. truth in it than you imagine,* il y a plus de vérité là-dedans que vous ne (le) croyez. *We need* **more men,** il nous faut un plus grand nombre d'hommes; il nous faut un surcroît de main-d'œuvre. *He is afraid it means m. work,* il craint un surcroît de besogne. *They were m. than we had expected,* ils étaient plus nombreux, en plus grand nombre, que nous ne l'avions prévu. *He has m. money than he knows what to do with,* il a de l'argent à n'en savoir que faire. **More than ten men,** plus de dix hommes. *I want a place where I can be sure of spending not m. than ten shillings a day,* il me faut un endroit où je sois certain de dépenser au plus dix shillings par jour. **One more,** un de plus, encore un. **One or more,** un ou plusieurs. *Ten pounds m.,* dix livres de plus; encore dix livres. *Ten shillings and* **not a shilling more,** dix shillings sans plus; dix shillings et rien de plus. **(Some) more bread,** *please!* encore du pain, s'il vous plaît! **To have some more wine,** reprendre du vin. **I had some more,** j'en ai repris; *F:* j'ai repiqué au plat. **Is there any more?** y en a-t-il encore? en reste-t-il? **There is hardly, scarcely, any more,** il en reste à peine. *There is* **plenty more,** il en reste des quantités; il y en a encore à foison, en abondance. *Do you want (any) m., some m.?* en voulez-vous encore? **What more do you want?** que vous faut-il de plus! *I want* **a little more,** il m'en faut encore un peu. **There is nothing more to be said,** il n'y a plus rien à dire. *Nothing m. is wanted to finish it,* il n'en faut pas davantage pour l'achever. *Have you* **any more books?** avez-vous d'autres livres? **A few more,** encore quelques-uns. *With* **a few more days** *I could manage it,* avec quelques jours de plus j'en viendrais à bout. *I need* **a good deal more, a good many more,** il m'en faut encore pas mal. *I need* **still more,** il m'en faut encore davantage. *I need* **much more, a lot more, ever so many more,** il m'en faut encore beaucoup, des quantités, *F:* des tas. **Many more** *were killed,* beaucoup d'autres encore furent tués. *Give me* **as many more,** donnez-m'en encore autant. *See also* HASTE[1]. **2.** *s. or indef. pron.* **More.** *I cannot give m.,* je ne peux donner davantage. *He gave what he promised and m.,* il a donné ce qu'il avait promis et même plus, et même davantage. *Oliver Twist* **has asked for more!** Oliver Twist en a redemandé! **I needn't say more,** pas besoin d'en dire davantage; c'est tout dire. *It is m. than I asked for,* c'est aller au delà de mes désirs. **That's more than enough,** c'est plus qu'il n'en faut (*to,* pour). *That hat costs m. than this one,* ce chapeau-là coûte plus cher que celui-ci. *He knows m. about it than you,* il en sait plus que vous, *F:* plus long que vous, là-dessus. **I hope to see more of him,** j'espère faire plus ample connaissance avec lui; j'espère le voir plus souvent à l'avenir. **I hope to hear more of him,** j'espère bien avoir encore de ses nouvelles. **That is more than I can tell, than I can say,** cela, je n'en sais rien. *How he manages to live is m. than I can tell,* comment il fait pour vivre, ça me dépasse. *He is thirty* **and more,** il a trente ans et même davantage. *Children of twelve years old and m.,* les enfants de douze ans et au-dessus. *This incident,* **of which more anon . . .,** cet incident, sur lequel nous reviendrons. . . . **What is more . . .,** qui plus est. . . . *We are plotting, and what is m., against you,* nous conspirons, et contre toi encore. **Kind hearts are more than coronets,** un cœur chaud vaut mieux que des lettres de noblesse. *It is* **little more than** *petty pilfering,* ce n'est guère que du chapardage. *She was m. of a tie than a companion,* elle était une attache plutôt qu'une compagne. *She is m. of a woman than her sister,* elle est plus femme que sa sœur. *It costs five pounds,* **neither more nor less,** cela coûte cinq livres, ni plus ni moins. *See also* ENOUGH 1. **3.** *adv.* (*a*) Plus, davantage. *M. easily,* plus facilement. *This is far m. serious,* c'est bien autrement sérieux; c'est bien, beaucoup, plus sérieux. *To make sth. m. difficult,* augmenter la difficulté de qch. **More and more,** de plus en plus. *I feel it m. and m. every day,* je le ressens chaque jour davantage. *You are rich but he is* **more so,** vous êtes riche mais il l'est davantage. *His public life was not m. exemplary than his private life was pure,* sa vie publique n'était pas plus exemplaire que sa vie privée n'était pure. *He was* **more surprised than annoyed,** il était plutôt surpris que fâché. **More than half dead,** plus qu'à demi mort; plus d'à demi mort. *M. than satisfied,* plus que satisfait; satisfait au delà de ses souhaits. *His total debts are m. than covered by his assets,* le chiffre de ses dettes est couvert et au delà par son actif. *Nobody is m. expert at it than he,* il s'y connaît comme personne. *M. than usually brilliant,* plus brillant encore que d'ordinaire. **Do it more like this,** faites-le plutôt comme ça. *There was m. like a hundred than two hundred,* il y en avait plutôt cent que deux cents. *Attend m. to details,* faites plus d'attention aux détails. *If you must work so hard, how much m. must I!* si vous devez travailler si fort, je le dois bien plus encore. **I did not do it any more than you did,** je ne l'ai pas fait plus que vous. *He should not be allowed to do it any m. than I am,* on ne devrait pas le permettre à lui plus qu'à moi. **More or less,** plus ou moins; sensiblement. *Silence was m. or less restored,* le silence fut rétabli plus ou moins, *A:* tellement quellement. *They are m. or less cousins,* ils sont tant soit peu cousins. *He spoke to me m. or less in the following terms,* il me tint à peu près ce langage. **Neither more nor less than ridiculous,** ni plus ni moins que ridicule. (*b*) **Once more,** encore une fois, une fois de plus. **Never more,** jamais plus, plus jamais. *If I see him* **any more,** si jamais je le revois. (*c*) *He is no help to me;* **nay more,** *he stops me from working,* il ne m'aide pas; bien plus, il m'empêche de travailler. **4. The more.** (*a*) *a. He only does the m. harm,* il n'en fait que plus de mal. **The more fool you** *to have done it,* tant plus sot êtes-vous de l'avoir fait. **(The) more's the pity, c'est**

d'autant plus malheureux, plus regrettable; tant pis. See also MERRY[2] 1. (b) s. The more one has the more one wants, plus on a, plus on désire avoir; Prov: l'appétit vient en mangeant. (c) adv. All the more . . ., à plus forte raison . . .; d'autant plus. . . . I am (all) the m. surprised as . . ., j'en suis d'autant plus surpris que. . . . It makes me all the m. proud, je n'en suis que plus fier. The more so as . . ., d'autant plus que. . . . The fewer the joys of life, the more we value them, on attache d'autant plus de prix aux joies de la vie qu'elles sont moins nombreuses. The m. he drank the thirstier he got, (tant) plus il buvait, (tant) plus il avait soif. 5. No more, not any more, plus (with ne expressed or understood). (a) a. I have no m. money, je n'ai plus d'argent. No m. soup, thank you, plus de potage, merci. Some m. soup?—No more, thanks, encore du potage?—Plus, merci. No m. talking! assez causé! The poor in this parish are no more than they are elsewhere, les pauvres, dans cette paroisse, ne sont pas plus nombreux qu'ailleurs. (b) s. I have no m., je n'en ai plus. I can do no m., je ne peux pas en faire davantage. To say no more, ne pas en dire davantage. I need say no m., inutile d'en dire plus long; c'est tout dire. Let us say no m. about it, qu'il n'en soit plus question; passons l'éponge là-dessus; n'en parlons plus; brisons là; tranchons là. Say no more! cela suffit! No m. of your joking! trêve de plaisanteries! assez de plaisanteries! There remains no more but to thank you, il ne reste plus qu'à vous remercier. I had no m. than half of my men left, il ne me restait plus que la moitié de mes hommes. (c) adv. (i) I can see her no m., je ne peux plus la voir. He is no m. in England, il n'est plus en Angleterre. When I shall be no more, quand je ne serai plus. The house is no more, la maison n'existe plus. To return no m., ne plus jamais revenir. I shall see her no m., je ne la verrai jamais plus. (ii) (Just as little) He is no longer young, no more am I, il n'est plus jeune, ni moi non plus. He is no more a lord than I am, il n'est pas plus, pas davantage, (un) lord que moi. He thought you had no wish to see him.—No more I have, no more I had, il a pensé que vous ne vouliez pas le voir.—Ce qui est, était, parfaitement juste. I can't make out how it has come about.—No m. can I, je ne m'explique pas comment c'est arrivé.—Ni moi non plus.

Morea [mɔ'riːə]. Pr.n. Geog: La Morée. (Native, inhabitant) of Morea, moréote (mf).

moreen [mɔ'riːn], s. Tex: Moreen f.

morel [mɔ'rel], s. Bot: Morelle f. Great morel, morelle furieuse; belladone f. Petty morel, morelle noire; crève-chien m inv; herbe f à la gale.

morel(le) [mɔ'rel], s. Fung: Morille f.

morello [mɔ'relo], s. Hort: Griotte f. Morello-tree, griottier m.

morendo [mɔ'rendo], adv. Mus: En mourant; morendo.

moreover [mɔːə'rouvər], adv. Lit: D'ailleurs; du reste; au reste; de plus; au surplus; en outre; et qui plus est. M. circumstances are favourable, aussi bien les circonstances sont-elles favorables. And m. . . ., bien plus. . . .

morepork ['mɔːərpɔːrk], s. Orn: = MOPOKE.

Moresque [mɔ'resk]. 1. a. Mauresque, moresque. 2. s.f. Femme du pays more; Moresque, Mauresque.

morganatic [mɔːrgə'natik], a. Morganatique. Morganatic marriage, mariage m morganatique; F: mariage de la main gauche. **-ally**, adv. Morganatiquement.

Morgan le Fay ['mɔːrgənlə'fei]. Pr.n.f. Medieval Lit: La Fée Morgane; Morgane la Fée.

morgue[1] [mɔːrg], s. Lit: Morgue f, orgueil m.

morgue[2], s. Esp. U.S: (Mortuary) Morgue f; dépôt m mortuaire.

moribund ['mɔribʌnd], a. & s. Moribond, -onde.

morillon [mɔ'rilən], s. Vit: Morillon m.

morion[1] ['mɔriən], s. Archeol: Morion m.

morion[2], s. Miner: Morion (quartz), morion m.

Morisco [mɔ'risko]. 1. a. Mauresque, moresque. 2. s. Maure m, More m. 3. s. Danc: = MORRIS-DANCE.

Mormon ['mɔːrmən], a. & s. 1. Rel: Mormon, -one. 2. s. F: Polygame m.

Mormonism ['mɔːrmənizm], s. Rel: Mormonisme m.

morn [mɔːrn], s. Poet: = MORNING. Rosy-fingered m., l'aurore f aux doigts de rose.

morne [mɔːrn], s. Archeol: Morne f (de lance courtoise).

morning ['mɔːrniŋ], s. 1. (a) Matin m. To work from morning till night; to work morning, noon and night, travailler du matin au soir. I saw him this morning, je l'ai vu ce matin. To-morrow morning, demain matin. The next morning, the morning after, le lendemain matin. The morning before, la veille au matin. P: The m. after the night before, le lendemain de la bombe, de la cuite. Every Monday morning, tous les lundis matins. On the morning of Thursday the second, le jeudi deux au matin. Four o'clock in the morning, quatre heures du matin. (The) first thing in the morning, dès le matin; à la première heure; en vous levant; au saut du lit; au sortir du lit. Early in the morning, matinalement, de grand matin. I work best in the morning(s), c'est le matin que je travaille mieux. What do you do in the m., of a morning? que faites-vous le matin? Good morning, bonjour. See also NIGHT 1, TRAVELLER 1. (b) Matinée f. All the morning, toute la matinée. In the course of the morning, dans la matinée. The m. was wet, il a plu dans la matinée. Morning off, matinée de congé. A morning's work, une matinée de travail. That's my morning's work, voilà ce que j'ai fait ce matin. It was on a cold winter morning, c'était par une froide matinée d'hiver. (c) Lit: In the morning of life, à l'aube f de la vie. 2. Attrib. (Of breeze, etc.) Matinal, -aux; du matin. Morning-girl, bonne f qui vient faire le ménage le matin. Th: etc: Morning performance, matinée f. Morning tea, tasse de thé prise avant de se lever. See also COAT[1] 1, DRESS[1] 1, PRAYER[1] 1, STAR[1] 1.

'morning-gift, s. A: Don m qui remplaçait le douaire dans les unions morganatiques.

'morning-'glory, s. Bot: Volubilis m des jardins.

'morning-'gun, s. Coup m de canon de diane.

'morning-room, s. Petit salon.

'morning-'watch, s. Nau: Quart m du jour.

Moroccan [mɔ'rɔkən], a. & s. Geog: Marocain, -aine.

Morocco [mɔ'rɔko]. 1. Pr.n. Geog: Le Maroc. Hist: The Empire of Morocco, l'empire du Maroc; l'empire chérifien. 2. s. (a) Morocco (leather), maroquin m. French m., maroquin français. Levant m., maroquin du Levant. Morocco (leather) tanning, maroquinage m, maroquinerie f. M. (leather) tannery, maroquinerie. M. (leather) goods, maroquinerie. M. (leather) tanner, dresser, maroquinier m. Lined m., squared m., maroquin quadrillé. To make a skin into m. (leather), maroquiner une peau. Bookb: In morocco, morocco bound, (relié) en maroquin. (b) Morocco paper, maroquin.

moron ['mɔːrən], s. 1. (Homme, femme) faible d'esprit, anormal(e). 2. F: Idiot, -ote.

morose[1] [mɔ'rous], a. 1. (Of pers., of disposition) Chagrin, morose. To be m., F: voir tout en noir. 2. M. climate, climat m morne, triste. **-ly**, adv. Chagrinement; d'un air chagrin, morose.

morose[2], a. Theol: Qui s'attarde (sur une pensée). Esp. Morose delectation, délectation f morose.

moroseness [mɔ'rousnəs], s. Morosité f; humeur chagrine, morose.

Morpheus ['mɔːrfjuːs]. Pr.n.m. Myth: Morphée. F: In the arms of Morpheus, dans les bras de Morphée.

morphia ['mɔːrfjə], **morphine** ['mɔːrfiːn], s. Morphine f. Morphine addict, morphinomane mf. The morphine habit, la morphinomanie. To be addicted to m., se piquer à la morphine.

morphinism ['mɔːrfinizm], s. Morphinisme m.

morphi(n)omania [mɔːrfi(n)o'meiniə], s. Morphinomanie f.

morphi(n)omaniac [mɔːrfi(n)o'meiniak], a. & s. Morphinomane (mf).

morphological [mɔːrfo'lɔdʒik(ə)l], a. Biol: Ling: Morphologique. **-ally**, adv. Morphologiquement.

morphology [mɔːr'fɔlədʒi], s. Morphologie f.

morphosis, pl. **-oses** [mɔːr'fousis, -ousiːz], s. Biol: Morphose f.

morra ['mɔrə], s. = MORA.

Morris ['mɔris]. 1. Pr.n.m. A: Maurice. 2. s. Aut: F: A Morris, une auto Morris, une voiture Morris.

'Morris 'chair, s. Fauteuil m à dossier réglable.

'Morris 'tube, s. Sm.a: Tube réducteur (de calibre).

morris-dance ['mɔrisdɑːns], s. Danse champêtre et travestie (dans laquelle les danseurs représentent des personnages de la légende de Robin Hood).

morris-dancer ['mɔrisdɑːnsər], s. Danseur, -euse, de la morris-dance.

morrow ['mɔrou, 'mɔro], s. A. & Lit: Lendemain m. On the morrow, le lendemain. What has the m. in store for us? qu'est-ce que demain nous réserve? A: Good morrow, bonjour. See also THOUGHT[1] 3, TO-MORROW.

morse[1] [mɔːrs], s. Z: Morse m.

Morse[2]. Pr.n.m. Tg: The Morse alphabet, code, l'alphabet m Morse. See also LAMP[1] 1, SENDER 2.

Morse[3], v.i. Tg: Télégraphier en morse.

morse[4], s. Ecc.Cost: Mors m, fermail m (de chape).

morsel[1] ['mɔːrsəl], s. Morceau m; petit morceau. Choice morsel, dainty morsel, morceau friand, de choix. Not a m. of bread, pas une bouchée de pain. A m. of land, un petit lopin de terre.

morsel[2], v.tr. (morselled; morselling) Morceler (une terre, etc.).

mort[1] [mɔːrt], s. Ven: Hallali m. To blow the mort, sonner l'hallali.

mort[2], s. Fish: Saumon m de trois ans.

mort[3], s. Dial: I have a mort of things to do, j'ai un tas, des tas, de choses à faire. She's had a m. of trouble, elle a eu toutes sortes de malheurs.

mortal ['mɔːrt(ə)l], a. Mortel. 1. (a) Sujet à la mort. All men are m., tous les hommes sont mortels. Mortal remains, dépouille mortelle. F: Unknown to mortal man, inconnu de tous. See also COIL[3]. (b) s. The mortals, les mortels. F: She's a queer mortal, c'est une drôle de femme. (c) F: Humain. The biggest head I ever saw on m. shoulders, la plus grosse tête que j'aie jamais vue sur des épaules humaines. 2. (a) Qui cause la mort; funeste; fatal, -als (to, à). M. blow, disease, coup mortel, maladie mortelle. M. poison, poison mortel. This change was m. to his hopes, ce revirement était fatal à ses espérances. (b) Mortal sin, péché mortel. To commit a m. sin, pécher mortellement; commettre un péché mortel. 3. Mortal enemy, ennemi mortel; ennemi à mort. M. hatred, affront, haine mortelle; affront mortel. Mortal combat, combat m à outrance, à mort. 4. Mortal struggles, affres f de la mort. 5. (a) M. anxiety, inquiétude mortelle. To be in m. anxiety, avoir la mort dans l'âme. To be in m. fear of . . ., avoir une peur mortelle, F: une peur bleue, de. . . . (b) F: Two mortal hours, deux mortelles heures; deux heures interminables. P: You're in a m. hurry! vous êtes bien pressé! (c) P: Any mortal thing, n'importe quoi. Every m. expedient, tous les expédients possibles et imaginables. It's no mortal use, ça ne sert absolument à rien. 6. adv. P: Très. Missis was mortal angry, madame était dans une colère bleue. **-ally**, adv. 1. Mortellement. Mortally wounded, blessé à mort. 2. F: Mortally offended, mortellement offensé. He was m. afraid of women, il avait une peur bleue des femmes, de la femme.

mortality [mɔːr'taliti], s. 1. Mortalité f (de l'homme, d'un péché). 2. Coll. Les mortels m, les humains m. 3. Mortalité; nombre m des décès, de ceux qui ont succombé. Epidemic with a heavy m., épidémie f qui a entraîné une forte mortalité. Ins: Mortality tables, tables f de mortalité.

mortar[1] ['mɔːrtər], s. 1. (a) Pharm: etc: Mortier m (pour piler). Dom.Ec: Égrugeoir m. Pestle and mortar, pilon m et mortier.

(*b*) *Artil:* Mortier, lance-bombes *m inv. See also* TRENCH-MORTAR. **2.** *Const:* (*a*) Mortier, enduit *m*. **Lime mortar,** mortier ordinaire. **Cement mortar,** mortier ou enduit de ciment. **Slow-setting mortar, slow-hardening mortar,** mortier à prise lente. *Strong m.*, mortier résistant. **Hydraulic mortar,** mortier hydraulique. *See also* LARRY. (*b*) **Clay and straw mortar,** bauge *f*.

'mortar-board, *s.* **1.** *Const:* Planche *f* à mortier; taloche *f*. **2.** *Cost: Sch: F:* Mortier universitaire anglais; mortier carré (en forme de calotte surmontée d'une planche à mortier).

'mortar-trough, *s.* Auge *f* à mortier.

mortar[2], *v.tr. Const:* Lier (les pierres) avec du mortier.

mortgage[1] ['mɔːrgedʒ], *s.* **1.** Hypothèque *f*. **Blanket mortgage,** hypothèque générale. **Chattel mortgage,** hypothèque sur biens meubles; *A:* mort-gage, *pl.* morts-gages. **First mortgage,** hypothèque en premier rang. **First mortgage bonds,** obligations *f* de première hypothèque. *See also* BOND[1] 3. **Loan on mortgage,** prêt *m* hypothécaire. **Mortgage charge,** affectation *f* hypothécaire. **To raise a mortgage,** prendre, lever, une hypothèque. *To secure a debt by m.*, hypothéquer une créance. **To pay off, redeem, a mortgage,** purger une hypothèque. **Registrar of mortgages,** conservateur *m* des hypothèques. **Mortgage registry,** bureau *m* des hypothèques. *See also* DEBENTURE 2. **2. Mortgage(-deed),** contrat *m* hypothécaire.

mortgage[2], *v.tr.* Hypothéquer, grever (une terre, un immeuble, des titres); engager, mettre en gage (des marchandises, des titres); déposer (des titres) en nantissement. *Mortgaged estate,* domaine affecté d'hypothèques. *Land that may be mortgaged,* terrain *m* affectable. *F:* **To mortgage one's happiness,** engager son bonheur. *To m. one's reputation,* risquer sa réputation.

mortgaging, *s.* Engagement *m*.

mortgageable ['mɔːrgedʒəbl], *a.* Hypothécable.

mortgagee [mɔːrge'dʒiː], *s.* Créancier *m* hypothécaire; hypothécaire *m*.

mortgager, mortgagor ['mɔːrgedʒər], *s.* Débiteur *m* hypothécaire; débiteur sur hypothèque.

mortice[1, 2] ['mɔːrtis], *s. & v.tr.* = MORTISE[1, 2].

mortician [mɔːr'tiʃiən], *s. U.S:* Entrepreneur *m* de pompes funèbres.

mortification [mɔːrtifi'keiʃ(ə)n], *s.* **1.** Mortification *f*. *M. of the body, of the passions,* mortification corporelle; mortification des passions. **2.** Mortification, déconvenue *f*, humiliation *f*. *To suffer bitter mortifications, F:* avaler des poires d'angoisse. **3.** *Med:* Mortification, sphacèle *m*, sphacélisme *m*, gangrène *f*. **Mortification is setting in,** la plaie, le membre, se gangrène.

mortify ['mɔːrtifai]. **1.** *v.tr.* (*a*) Mortifier, châtier (son corps, ses passions). (*b*) Mortifier, humilier (qn); *F:* donner un coup de caveçon à (qn). (*c*) *Med:* Mortifier, gangrener, sphacéler. **2.** *v.i. Med:* Se gangrener, se mortifier.

mortified, *a.* **1.** Mortifié, humilié. **2.** *Med:* Gangrené, mortifié, sphacélé.

mortifying[1], *a.* **1.** Mortifiant, humiliant. **2.** Mortifère.

mortifying[2], *s.* Mortification *f*. *M. of the flesh* (*by fasting, etc.*), macération *f* (par le jeûne, etc.).

mortise[1] ['mɔːrtis], *s. Carp:* Mortaise *f*. *To join two pieces by open m.*, affourcher deux pièces. *See also* CHISEL[1] 1, JOINT[1] 1, STUB-MORTISE.

'mortise gauge, *s. Tls:* Trusquin *m* (de menuisier).

'mortise lock, *s.* Serrure *f* à mortaiser; serrure encastelée, encastrée, encloisonnée.

mortise[2], *v.tr.* Mortaiser. *To m. two beams together,* emmortaiser, emboîter, deux poutres.

mortised, *a.* Assemblé à mortaise; emmortaisé, emboîté.

mortising, *s.* Mortaisage *m*. **Mortising machine,** machine *f* à mortaiser; mortaiseuse *f*. *M. tool,* outil mortaiseur. **Mortising axe,** besaiguë *f*.

mortmain ['mɔːrtmein], *s. Jur:* Mainmorte *f*. **Goods in mortmain,** biens *m* de mainmorte. *F:* **To hold sth. in mortmain,** conserver qch. posthumement sous son empire.

mortuary ['mɔːrtjuəri]. **1.** *a.* Mortuaire. **2.** *s.* (*a*) Dépôt *m* mortuaire; salle *f* mortuaire (d'hôpital, etc.). (*b*) Morgue *f*. (*c*) *Jur:* *A:* Droit mortuaire (prélevé sur la succession du défunt au profit du prêtre de la paroisse).

mosaic[1] [mo'zeiik]. **1.** *a.* (*a*) De, en, mosaïque. *M. flooring,* dallage *m* en mosaïque. **Mosaic work,** (ouvrage *m* en) mosaïque *f*; pièces rapportées. *Ch:* **Mosaic gold,** or mussif. *Phot:* **Mosaic screen film,** film *m* en trichromie à réseau mosaïque. (*b*) *Hort:* **Mosaic disease,** *s.* **(leaf) mosaic,** mosaïque *f*. (*c*) *Biol:* **Mosaic hybrid,** *s.* **mosaic,** hybride *m* mosaïque. **2.** *s.* Mosaïque *f*. **Worker in mosaic, mosaic worker,** mosaïste *m*.

Mosaic[2], *a. B.Hist:* (Loi *f*, etc.) mosaïque, de Moïse.

mosaicist [mo'zeiisist], *s. Art: Const:* Mosaïste *m*.

Mosaism ['mouzeizm], *s. Rel.H:* Mosaïsme *m*.

mosasaurus [mouzə'sɔːrəs], *s. Paleont:* Mosasaure *m*.

moschatel [mɔskə'tel], *s. Bot:* **(Tuberous) moschatel,** moscatelle *f*; *F:* herbe *f* du musc; petite musquée.

Moscow ['mɔskou]. *Pr.n. Geog:* Moscou *m*.

moselle [mo'zel], *s.* Vin *m* de Moselle; moselle *m*

Moses ['mouziz]. *Pr.n.m.* **1.** (*a*) *B.Hist:* Moïse. *See also* MEEK. *int. P:* **Holy Moses!** grand Dieu! par exemple! (*b*) *F:* **To be taken in like Moses at the fair,** faire l'échange de l'Indien. (Allusion à Moses, fils du "Vicaire de Wakefield.") **2.** *P:* (Désigne un) juif, usurier.

mosey ['mouzi], *v.i. U.S: P:* **1.** Filer, décamper. **2.** Se grouiller. **3. To mosey along,** aller son petit bonhomme de chemin.

Moskva (the) [ðə'mɔskva]. *Pr.n. Geog:* La Moskowa, la Moscova.

Moslem ['mɔslem, 'mɔz-]. **1.** *a.* Mahométan, musulman. **2.** *s.* Mahométan, -ane; Musulman, -ane; moslem *m*.

Moslemism ['mɔslemizm], *s.* Mahomét(an)isme *m*.

mosque [mɔsk], *s.* Mosquée *f*.

mosquito, *pl.* **-oes** [mɔs'kiːto, -ouz], *s. Ent:* Moustique *m*. **Yellow-fever mosquito,** stégomyie *f*.

mos'quito-bite, *s.* Piqûre *f* de moustique.

mos'quito craft, *s. Coll.* (*With pl. construction*) *Navy:* Bâtiments légers.

mos'quito-curtain, *s.* Moustiquaire *f*.

mos'quito-fly, -gnat, *s.* Moustique *m*.

mos'quito-net, *s.* Moustiquaire *f*.

mos'quito-netting, *s.* Tulle *m*, gaze *f*, à moustiquaire.

moss [mɔs], *s.* **1.** (*a*) Marais *m*, marécage *m*. (*b*) **(Peat-) moss,** tourbière *f*. **2.** *Bot:* (*a*) Mousse *f*. *Algae:* **Irish moss, pearl-moss,** carragheen *m*; mousse perlée; mousse d'Irlande. **Ceylon moss,** agar-agar *m*. *See also* DYER 2, ICELAND, PEAT-MOSS 2, REINDEER-MOSS, ROLLING[1] 1, SCALE-MOSS, SEA-MOSS. (*b*) *pl.* **The mosses,** les muscinées *f*.

'moss-'agate, *s. Miner:* Agate mousseuse.

'moss-back, *s. U.S:* **1.** *Hist:* Embusqué *m*. **2.** *Pol: A: F:* Vieille baderne; retardataire *m*; conservateur *m* à outrance; réactionnaire *m*.

'moss-clad, *a.* = MOSS-GROWN 1.

'moss-grown, *a.* **1.** Couvert de mousse; moussu. **2.** *F:* (*Of doctrine, etc.*) Désuet, suranné; *F:* moisi.

'moss-hag, *s. Scot:* Tourbière épuisée; fondrière *f*.

'moss pink, *s. Bot:* Phlox subulé.

'moss rose, *s. Bot:* Rose moussue; *F:* rose mousseuse.

'moss stitch, *s. Knitting:* Point *m* de riz.

'moss-trooper, *s. Hist:* Maraudeur *m* des frontières d'Écosse (au XVIIe siècle).

mossbunker ['mɔsbʌŋkər], *s. Ich: U.S:* Menhaden *m*.

mossed [mɔst], *a.* Moussu, mousseux.

mossoo [mo'suː], *s.m. P:* **1.** Monsieur. **2.** Français.

mossy ['mɔsi], *a.* Moussu. **Mossy stone,** pierre mousseuse. *Lying on a m. bed,* étendu sur un lit de mousse. *See also* SAXIFRAGE 1.

most [moust]. **1.** *a.* (*a*) Le plus (de). *You have made* (*the*) *m. mistakes,* c'est vous qui avez fait le plus de fautes. *He has the m. power,* c'est lui qui a le plus de pouvoir. (*b*) **Most men,** la plupart des hommes. *M. people have forgotten him,* la plupart des gens l'ont oublié. **In most cases,** dans la généralité des cas; dans la majorité des cas. **For the most part,** (i) pour la plupart, pour la plus grande partie, en majeure partie; (ii) le plus souvent; presque toujours; pour la plupart du temps. **2.** *s. & indef. pron.* (*a*) Le plus. *Do the m. you can,* faites le plus que vous pourrez. **At (the) (very) most,** au maximum; (tout) au plus. *At the m. there are only about twenty women in the hall,* c'est tout au plus si l'on peut compter jusqu'à vingt femmes dans la salle. **To make the most of sth.,** (i) tirer le meilleur parti possible, le plus grand parti possible, de qch.; faire valoir (son argent); bien employer (son temps); exploiter (son talent); ménager le plus possible (ses provisions, etc.); bien gouverner (ses ressources); (ii) représenter qch. sous son plus beau jour ou sous son plus vilain jour; accentuer (ses souffrances, etc.). *To make the m. of one's hair,* se coiffer à son plus grand avantage. *To make the m. of one's wares,* faire valoir sa marchandise. *He doesn't know how to make the m. of himself,* il ne sait pas se faire valoir. *To know how to make the m. of one's time,* savoir tirer le meilleur parti possible de son temps. *See also* INCH[1]. (*b*) La plupart. *M. of the work,* la plupart, la plus grande partie, du travail. *He had devoured m. of the pie, F:* il avait dévoré les trois quarts du pâté. **Most of the time,** la plupart du temps; la majeure partie, *F:* les trois quarts, du temps. *He spends m. of his time* (*in*) *gambling,* il passe le plus clair de son temps à jouer. **Most of his friends, most of them,** *have forgotten him,* la plupart de ses amis, la plupart d'entre eux, l'ont oublié. (*c*) **He is more reliable than most,** on peut compter sur lui plus que sur la plupart des hommes. **3.** *adv. as superlative of comparison.* (*a*) (*With vb*) Le plus. **What I desire most,** ce que je désire le plus, surtout, par-dessus tout. (*b*) (*With adj.*) **The most,** le plus, la plus, les plus. *The m. intelligent child, children,* l'enfant le plus intelligent; les enfants les plus intelligents. *The m. beautiful woman,* la plus belle femme. (*c*) (*With adv.*) Le plus. *Those who have answered m. accurately,* ceux qui ont répondu le plus exactement. **4.** *adv.* (*Intensive*) Très, fort, bien. **That's most strange,** c'est bien étrange; voilà qui est très curieux, fort curieux. **Most likely,** très probablement. *A m. costly motor car,* une auto très coûteuse, des plus coûteuses. *He has been m. rude,* il a été on ne peut plus grossier. *He is m. strict with the boys,* il est extrêmement sévère avec les élèves. *It is m. remarkable,* c'est tout ce qu'il y a de plus remarquable. *He is a m. excellent man,* c'est le meilleur homme qui soit. *A m. dangerous man,* un homme dangereux entre tous. **The Most Honourable . . .,** le Très Honorable. . . . **His most Christian Majesty,** sa Majesté très chrétienne. **5.** *adv. Dial. & U.S:* = ALMOST. **Most everybody's here,** presque tout le monde est là. **Most all** *we have done,* à peu près tout ce que nous avons fait. **-ly,** *adv.* **1.** Pour la plupart; principalement. *They come m. from Scotland,* ils viennent surtout, pour la plupart, de l'Écosse. *The town is m. built of brick,* la ville est pour la plus grande partie bâtie en briques. **2.** Le plus souvent, (pour) la plupart du temps. *She is m. out,* elle est presque toujours sortie.

-most, *a.suff.* (*Forms superlatives of place and time*) Extrême; le plus. . . . *The furthermost mountains,* les montagnes les plus éloignées. *The easternmost coast,* le littoral le plus à l'est. *The hindermost troops, the backmost troops,* les troupes *f* les plus en arrière. *In my innermost heart, in my inmost heart,* au plus profond de mon cœur. *The topmost peak,* le sommet le plus élevé. *The outmost scaffolding,* l'échafaudage le plus en dehors. *See also* FOREMOST, MIDMOST, UPPERMOST, UTMOST.

Mosul [mo'suːl]. *Pr.n. Geog:* Mossoul *m*.

mot [mo, mou], *s. Lit:* Bon mot; mot piquant; trait *m* d'esprit.

mote[1] [mout], *s.* Atome *m* de poussière. **To behold the mote in one's brother's eye,** voir la paille dans l'œil de son prochain.

mote[2], *s.* *A:* (*a*) Monticule *m*, butte *f*. (*b*) Motte *f* (place du château).
mote[3], *v.i.* *P:* Aller en auto; faire de l'auto.
motet [mo'tet], *s.* *Mus:* Motet *m*.
moth [mɔθ], *s.* *Ent:* Lépidoptère *m*. **1.** (*a*) **(Clothes-) moth,** mite *f*; teigne *f* des draps, ver *m* des étoffes, artison *m*, gerce *f*. *Black-cloaked clothes-m.*, teigne des tapisseries. *Single-spotted clothes-m.*, teigne des pelleteries. **Honeycomb moth,** fausse teigne; teigne de la cire. *See also* CORN-MOTH, TURNIP-MOTH, WOOD-MOTH. (*b*) *Coll.* *Fur coat* **ruined by moth,** manteau de fourrure abîmé par les mites. *Riddled with m.*, criblé de mangeures *fpl.* **2.** Papillon *m* nocturne, de nuit; phalène *f*. **Emperor moth,** paon *m* de nuit. **Death's-head moth,** sphinx *m* tête de mort. *F:* **He's like a moth round a candle-flame,** il va se brûler à la chandelle comme un papillon. *See also* DART-MOTH, GHOST-MOTH, GIPSY-MOTH, GOAT-MOTH, HAWK-MOTH, PLUME-MOTH, SILK-MOTH, TIGER-MOTH.
'moth-balls, *s.pl.* Boules *f* de naphtaline.
'moth-eaten, *a.* **1.** Rongé des mites, des vers; mangé des mites; mité; piqué (des vers); criblé de mangeures. **2.** *F:* (*Of idea, scheme, etc.*) Suranné. **3.** *F:* Misérable; sans valeur.
'moth-hole, *s.* Piqûre *f* de vers; trou *m* de mite.
'moth 'mullein, *s.* *Bot:* Molène *f* blattaire; herbe *f* aux mites.
'moth-worm, *s.* Chenille *f* de la teigne; mite *f*.
mother[1] ['mʌðər], *s.f.* **1.** (*a*) Mère. **Yes, Mother!** oui, mère! *Remember me kindly to your m.*, rappelez-moi au bon souvenir de madame votre mère. *She is the m. of six, of a family*, elle est mère de six enfants; elle **est** mère de famille. *F:* **Every mother's son,** tous sans exception. *U.S:* **Mother's day** = *mothering Sunday, q.v. under* MOTHERING **2**. *See also* RUIN[1] 3, UNMARRIED. (*b*) **Greece, the mother of the arts,** la Grèce, mère des arts. *See also* NECESSITY 1. (*c*) *Husb:* **Artificial mother,** mère artificielle (pour poussins); éleveuse *f*. (*d*) *Attrib.* **Mother goat,** chèvre *f* femelle. *M. hen*, mère poule. **2.** *A.* & *F:* (*Of elderly woman*) **Mother Brown, old Mother Brown,** la mère Brown. **Mother Goose stories,** contes *m* de ma mère l'Oie. **Old Mother Hubbard,** personnage *m* d'une chanson de nourrice. *s.* **A Mother Hubbard,** robe volumineuse d'indienne (telle qu'en portent les négresses d'Amérique). *See also* CHICKEN. **3.** *Ecc:* **Reverend mother,** (i) (sœur) supérieure; (ii) *Corr:* Madame la Supérieure; (iii) (*term of address*) ma mère. **The Mother Superior,** la Mère supérieure. **4.** (*a*) *Metall:* **Mother metal,** métal *m* mère. *Miner:* **Mother rock,** roche *f* mère. *See also* CLOVE[3] 1, GATE[4] 2, TINCTURE[1] 1. (*b*) = MOTHER LIQUOR, MOTHER-WATER, MOTHER OF VINEGAR.
'mother 'cell, *s.* *Biol:* Cellule *f* mère.
'mother-church, *s.* **1.** Église *f* mère, église matrice. **2.** **'Mother 'Church,** notre sainte mère l'Église.
'mother 'country, *s.* Mère-patrie *f*, *pl.* mères-patries; métropole *f* (d'une colonie).
'mother 'earth, *s.* La terre notre mère, la terre nourricière. *F:* **To come into violent contact with mother earth,** prendre un billet de parterre.
'mother-in-law, *s.f.* **1.** Belle-mère, *pl.* belles-mères (mère du mari ou de la femme de qn). **2.** *A:* = STEPMOTHER.
'mother 'language, *s.* = MOTHER TONGUE.
'mother 'liquor, *s.* *Ch:* *Ind:* Eau *f* mère.
'mother 'naked, *a.* Nu comme l'enfant qui vient de naître; nu comme un ver, comme la main.
'mother of 'millions, *s.* = MOTHER OF THOUSANDS.
'mother of 'pearl, *s.* Nacre *f*. **Mother-of-pearl button,** bouton *m* de nacre, en nacre.
'mother of 'thousands, *s.* *Bot:* (Linaire *f*) cymbalaire *f*.
'mother of 'vinegar, *s.* *Ch:* *Ind:* Mère *f* de vinaigre.
'mother 'ship, *s.* *Navy:* Ravitailleur *m*; navire-atelier *m*, *pl.* navires-ateliers; vaisseau *m* gigogne, navire-gigogne *m*, *pl.* navires-gigogne.
'mother 'tongue, *s.* **1.** Langue maternelle (d'une personne). **2.** Langue mère, langue matrice (d'une autre langue).
'mother 'tree, *s.* *For:* (Arbre) porte-graine *m inv.*
'mother-'water, *s.* *Ch:* Eau *f* mère.
'mother 'wit, *s.* Bon sens, sens commun.
mother[2], *v.tr.* **1.** *F:* Donner naissance à (qch.); enfanter (qch.). **2.** (*a*) Donner des soins maternels à (qn); servir de mère à (qn). (*b*) Dorloter (qn). **3.** (*a*) Se faire passer pour la mère de (qn). (*b*) *F:* S'avouer l'auteur de (qch.). (*c*) Adopter (un enfant). **4.** (*a*) **To mother a child (up)on s.o.,** attribuer la maternité d'un enfant à qn. (*b*) **To mother a young wolf upon a bitch,** faire élever un louveteau par une chienne.
mothering, *s.* **1.** Soins maternels. **2.** **Mothering Sunday,** (i) dimanche *m* de la mi-carême, (ii) *U.S:* deuxième dimanche de mai (où les enfants font des cadeaux à leur mère).
mothercraft ['mʌðərkrɑːft], *s.* Puériculture *f*.
motherhood ['mʌðərhud], *s.* Maternité *f*.
motherland ['mʌðərland], *s.* Patrie *f*; pays natal.
motherless ['mʌðərləs], *a.* Sans mère; orphelin (de mère).
motherliness ['mʌðərlinəs], *s.* **1.** Affection maternelle. **2.** Bonté *f*, affection *f*, digne d'une mère.
motherly[1] ['mʌðərli], *a.* **1.** Maternel, de mère. **2.** Digne d'une mère.
motherly[2], *adv.* Maternellement.
mothership ['mʌðərʃip], *s.* Soins maternels; puériculture *f*.
motherwort ['mʌðərwəːrt], *s.* *Bot:* Cardiaire *f*, cardiaque *f*; léonure *m*; agripaume *f*; queue-de-lion *f*, *pl.* queues-de-lion.
mothery ['mʌðəri], *a.* (Vin) couvert de moisissures.
mothy ['mɔθi], *a.* Mité; plein de mites.
motif [mou'tiːf], *s.* **1.** *Dressm:* Motif *m* (de broderie). **2.** *Art:* *Mus:* Motif.
motile ['moutil, -ail], *a.* *Biol:* Doué de mouvement.
motility [mo'tiliti], *s.* *Biol:* Mobilité *f*, motilité *f*.

motion[1] ['mouʃ(ə)n], *s.* **1.** Mouvement *m*, déplacement *m*. **Perpetual motion, continuous motion,** mouvement perpétuel. *Forward m.*, avancement *m*; marche *f*. *Backward m.*, mouvement en arrière; recul *m*; marche arrière. *Impressed m.*, mouvement acquis. **In motion,** en mouvement, en marche. *Body in m.*, corps *m* en mouvement. *Car in m.*, voiture *f* en circulation, en marche. **To put, set, (sth.) in motion,** imprimer un mouvement à (qch.); mettre (qch.) en mouvement, en jeu, en marche; faire mouvoir, faire aller, faire jouer (qch.); faire agir (la loi). *To set the troops in m.*, mettre les troupes en marche. *To set a machine in m.*, mettre une machine en train, en route; engrener, embrayer, une machine. *To set the apparatus in m.*, déclencher l'appareil. *Smooth m.*, allure régulière; roulement silencieux (d'une voiture, etc.). **2.** (*a*) Mouvement (du bras, etc.). *To go through the motions of swimming*, exécuter les mouvements de la natation. *To make a m. towards the door*, faire mine de sortir. *Gym:* **Exercise in three motions,** exercice *m* en trois temps, en trois mouvements. (*b*) Signe *m*, geste *m*. **To make motions to s.o. to do sth.,** faire signe à qn de faire qch. *With a m. of his hand*, d'un geste de la main. **3.** (*a*) *To do sth.* **of one's own motion,** faire qch. de sa propre initiative. **On whose motion?** sous l'impulsion de qui? (*b*) Motion *f*, proposition *f*. **To propose, move, bring forward, a motion,** faire une proposition; présenter une motion. **To put the motion,** mettre la proposition aux voix. **To carry a motion,** faire adopter une motion. *The m. was carried*, la motion fut adoptée. *To speak for the m., to support the m.*, soutenir la motion. *To speak against the m.*, soutenir la contre-partie. (*c*) *Jur:* Demande *f*, requête *f*. **4.** (*a*) Mécanisme *m*. **Reversing motion,** mécanisme de renversement de marche. **Planetary motion,** engrenage *m* planétaire. *See also* FEED-MOTION, LINK-MOTION, VALVE-MOTION. (*b*) *Clockm:* *etc:* Mouvement (d'une montre). **5.** *Mus:* **Similar motion, contrary motion, oblique motion,** mouvement semblable, contraire, oblique. **6.** *Med:* Évacuation *f*, selle *f*. *To have a m.*, aller à la selle. *Two easy motions daily*, deux selles par jour.
'motion analysis, *s.* *Mec:* Analyse *f* du mouvement; chronophotographie *f*.
'motion-bar, *s.* *Mch:* Règle *f*, guide *m* (de la tête du piston).
'motion picture, *s.* *Cin:* Projection animée. **Motion-picture cartoon,** dessin animé. **Motion(-picture) camera,** (ciné-)caméra *f*.
'motion-rod, *s.* *Mec.E:* Tringle *f* de transmission de mouvement.
'motion-study, *s.* = MOTION ANALYSIS.
'motion-work, *s.* *Clockm:* Minuterie *f*.
motion[2], *v.tr.* & *i.* **To motion (to) s.o. to do sth., faire** signe à qn de faire qch. **To motion s.o. away, in,** faire signe à qn de s'éloigner, d'entrer. *He motioned me to a chair*, d'un geste il m'invita à m'asseoir.
motional ['mouʃən(ə)l], *a.* De mouvement.
motionless ['mouʃ(ə)nləs], *a.* Immobile; immobilisé; sans mouvement. *To remain m.*, (i) ne pas bouger, rester immobile; (ii) ne pas broncher.
motivate ['moutiveit], *v.tr.* Motiver (une action). *To m. the entrances and exits in a play*, motiver les entrées et les sorties dans une pièce de théâtre.
motive[1] ['moutiv]. **1.** *a.* (*a*) Moteur, -trice. **Motive power,** force motrice; source *f* d'énergie; moyen *m* de propulsion. *See also* THERMO-MOTIVE. (*b*) *Mec:* **Motive energy,** énergie *f* cinétique. **2.** *s.* (*a*) Motif *m* (*for acting*, d'action). *To act* **for, from, a given motive,** agir poussé par un motif déterminé. *To have a m. in doing sth.*, avoir un motif à, pour, faire qch. *From a religious m.*, poussé par un sentiment religieux. (*b*) Mobile *m* (d'une action). *The crime was committed from a political m.*, le mobile du crime était politique. *Interest is a powerful m.*, l'intérêt est un puissant ressort. *To unravel the skein of human motives*, démêler l'écheveau des mobiles humains. *He has not yet felt the higher m. to study*, il ignore encore le mobile désintéressé de l'étude. *See also* ULTERIOR 2. **3.** *s.* *Art:* Motif (d'un tableau, etc.).
motive[2], *v.tr.* Motiver (une action).
motivity [mo'tiviti], *s.* **1.** Motilité *f*. *Biol:* Motricité *f* (des neurones). **2.** *Mec:* Énergie *f* cinétique.
motley ['mɔtli]. **1.** *a.* (*a*) Bariolé, bigarré. *A:* **Motley fool,** bouffon *m* (de cour) en livrée. (*b*) Divers, mêlé, bigarré. *M. crowd*, foule bigarrée, panachée, mélangée. **2.** *s.* (*a*) Couleurs bigarrées. (*b*) Mélange *m* (de choses disparates). (*c*) *A:* Livrée *f* de fou de cour, de bouffon de cour. **To don the motley,** revêtir la livrée de bouffon; faire le bouffon.
motometer [mo'tɔmetər], *s.* *Mec.E:* Compteur *m* de tours; compte-tours *m inv.*
motor[1] ['moutər]. **1.** *a.* (*Of power, etc.*) Moteur, -trice. *Anat:* **Motor nerve,** nerf moteur. **2.** *s.* (*a*) Moteur *m*. *Fitted with a m.*, pourvu d'un moteur; motorisé. *Driven by a clockwork m.*, entraîné, mû, par un mouvement d'horlogerie. *Gramophones: Four-spring m.*, mécanisme *m* à quatre ressorts. *See also* COMPRESSOR 1, WIND-MOTOR. (*b*) *El.E:* **Motor generator,** moteur générateur; dynamo génératrice; générateur *m*. **Motor transmitter,** moteur électrique; réceptrice *f*. *Rail:* **(Electric) motor carriage,** motrice *f*. (*c*) *I.C.E:* **Four-stroke, two-stroke, motor,** moteur à quatre, à deux, temps. **Cycle motor,** moteur amovible pour cycles. *N.Arch:* *etc:* **Auxiliary motor,** servo-moteur *m*, *pl.* servo-moteurs. *See also* AERO, CYCLETTE, GLIDER, LAUNCH[1], OUTBOARD 1, TRICYCLE. (*d*) *Attrib.* **Motor vehicle,** voiture *f* automobile; véhicule *m* à traction automotrice **Motor car** *F:* **motor,** automobile *f*, *F:* auto *f*, voiture. **Motor show,** salon *m* de l'automobile. **Motor caravan,** (i) roulotte *f* automobile; (ii) caravane *f* remorque. *See also* AMBULANCE 2, UNIT 2.
'motor bandit, *s.* Gangster *m*, bandit *m*, en automobile.
'motor bicycle, *F:* **'motor bike,** *s.* = MOTOR CYCLE[1].
'motor-board, *s.* Panneau horizontal du moteur (d'un phonographe).

'motor boat, *s.* Canot *m* automobile; vedette *f* à moteur. *Navy:* **Coastal motor boat,** vedette porte-torpilles, vedette lance-torpilles, glisseur *m* lance-torpilles.
'motor-boating, *s.* **1.** Promenades *fpl* ou courses *fpl* en canot automobile; navigation *f* automobile. **2.** *W.Tel: F:* Ronflement *m* (du courant alternatif, etc.).
'motor bus, *s.* Autobus *m.*
'motor coach, *s.* Autocar *m*; car *m.* **Motor saloon coach,** autocar de luxe.
'motor cycle[1], *s.* Motocyclette *f*, *F:* moto *f.* *Adm:* Motocycle *m.* **Motor-cycle track,** piste *f* autocyclable.
'motor-cycle[2], *v.i.* **1.** Faire de la moto(cylette). **2.** Se rendre à motocylette (*to*, à).
motor-cycling, *s.* Motocyclisme *m.*
'motor cyclist, *s.* Motocycliste *mf.*
'motor-driven, *a.* **1.** Actionné, commandé, par moteur. **2.** A électromoteur. *Cin:* **Motor-driven camera,** motocaméra *f.*
'motor 'dynamo, *s.* (*a*) = *motor generator, q.v. under* MOTOR[1] 2 (*b*). (*b*) *Aut:* Dynamoteur *m*; dynastart *m.*
'motor-fuel, *s.* *I.C.E:* Carburant *m.*
'motor lorry, *s.* Auto-camion *m*, *pl.* autos-camions; camion *m* automobile. *Light m. l.*, camionnette *f.*
'motor-man, *pl.* **-men,** *s.m.* *U.S:* Wattman, *pl.* wattmen; conducteur, contrôleur (de train ou de tramway électrique).
'motor pump, *s.* Motopompe *f.*
'motor-road, *s.* Autostrade *f.*
'motor saw, *s.* Motoscie *f.*
'motor-school, *s.* Auto-école *f*, *pl.* auto-écoles.
'motor scooter, *s.* Motopatinette *f*; trottinette *f* automobile.
'motor ship, *s.* Vaisseau *m* à moteurs.
'motor spirit, *s.* Essence *f* pour automobiles.
'motor thresher, *s.* *Agr:* Motobatteuse *f.*
'motor tractor, *s.* Mototracteur *m*; auto-tracteur *m*, *pl.* autos-tracteurs.
'motor trolley, *s.* *Ind:* Patin transbordeur.
'motor yacht, *s.* *Nau:* Autoyacht *m.*
motor[2]. **1.** *v.i.* (*a*) Aller, voyager, circuler, en auto(mobile). **To motor over to see s.o.,** aller visiter qn en auto. *I motored over,* j'ai pris la voiture; je suis venu en voiture. (*b*) *Sp:* Faire de l'auto. **2.** *v.tr.* Conduire (qn) en auto(mobile); transporter (qn) par automobile.
motoring, *s.* Automobilisme *m*; tourisme *m* en automobile; le sport de l'automobile. **To go in for motoring,** faire de l'automobile; *F:* faire de l'auto. **School of motoring,** auto-école *f*, *pl.* auto-écoles. *Technical m. terms,* termes *m* techniques de l'automobile. **Motoring centre,** centre *m* de tourisme (automobile).
motorable ['moutərəbl], *a.* (Route *f*) viable.
motordrome ['moutərdroum], *s.* Autodrome *m.*
motorial [mo'tɔːriəl], *a.* *Physiol:* Moteur, -trice. *M. excitement,* excitation motrice.
motorist ['moutərist], *s.* Automobiliste *mf.*
motorization [moutərai'zeiʃ(ə)n], *s.* Motorisation *f* (de l'armée, etc.).
motorize ['moutəraiːz], *v.tr.* Motoriser (une voiture, l'armée, etc.).
motorized, *a.* **Motorized bicycle,** bicyclette *f* à moteur, motorisée; vélomoteur *m.* **Motorized agriculture, farming,** motoculture *f.*
motorless ['moutərləs], *a.* (Avion *m*, etc.) sans moteur.
motory ['moutəri], *a.* *Anat:* (*Of nerve, etc.*) Moteur, -trice.
mottle[1] [mɔtl], *s.* **1.** Tache *f*, tacheture *f*, moucheture *f.* **2.** (*a*) Marbrure *f*, diaprure *f.* (*b*) *Tex:* Laine chinée. **3.** *Attrib.* **Mottle-faced,** au visage couperosé; au teint brouillé.
mottle[2], *v.tr.* Tacheter, diaprer, marbrer, moucheter. **To mottle metal,** moirer le métal. **To mottle(-finish),** jasper (des outils, etc.). *The cold mottles the skin,* le froid marbre la peau. *The clouds that m. the sky,* les nuages *m* qui marbrent le ciel.
mottled, *a.* Truité, tiqueté, tacheté, moucheté, diapré, marbré, pommelé. **Mottled soap,** savon marbré, madré. **Mottled wood,** bois madré. **Mottled bakelite,** bakélite marbrée. *Leath:* **Mottled chamois,** chamois moucheté. *Bookb:* **Mottled skin,** peau marbrée. *Metall:* **Mottled pig-iron,** fonte truitée. *Tex:* **Mottled fabric,** tissu chiné.
mottling, *s.* Marbrure *f*, diaprure *f*, tiqueture *f.* *Tex:* Chinage *m*, chiné *m.* *Phot:* *M. of the gelatine,* réticulation *f* de la gélatine.
motto, *pl.* **-oes** ['mɔto, -ouz], *s.* **1.** Devise *f.* **Cracker motto,** devise de diablotin. **2.** *Her:* Mot *m*, âme *f* (d'une devise). **3.** *Typ:* Épigraphe *f* (en tête de chapitre). **4.** *Mus:* Motif *m.*
mouch [muːtʃ], *s.* & *v.i.*, **moucher** ['muːtʃər], *s.* = MOOCH, MOOCHER.
moufflon ['muːflɔn], *s.* *Z:* Mouflon *m.* *Maned m., ruffled m.,* mouflon à manchettes.
moujik ['muːʒik], *s.* Moujik *m.*
mould[1] [mould], *s.* Terre végétale, franche, meuble, naturelle. **Vegetable mould,** terreau *m*, humus *m.* *See also* LEAF-MOULD. *F:* **Man of mould,** (i) homme mortel; (ii) homme bien doué.
'mould(-board), *s.* *Agr:* Orillon *m*, oreille *f*, versoir *m* (de charrue).
mould[2], *v.tr.* *Hort:* Butter (des pommes de terre, etc.).
moulding[1], *s.* Buttage *m.*
mould[3], *s.* **1.** *Const:* (*Template*) Calibre *m*, profil *m.* *N.Arch:* Gabarit *m.* **Wheelwright's mould,** cintre *m.* **2.** (*a*) *Art:* *Cer:* *etc:* Moule *m*, mère *f.* *To cast the piece in the m.*, jeter la pièce au moule. *F:* **To be cast in an heroic mould,** être de la pâte dont on fait les héros. *Characters cast in the same m.*, caractères jetés dans le même moule. *Man cast in a simple m.*, homme tout d'une pièce. *Her mind was of a different m. from mine,* elle avait une tournure d'esprit toute différente de la mienne. *Cu:* **Jelly mould,** moule à gelée. *See also* CHEESE-MOULD[1]. (*b*) *Metall:* **Casting mould,** moule à fonte. **Outer mould,** surtout *m.* **Box mould,** châssis *m* à mouler. **Built-up mould,** moule monté. **Dry-sand mould,** moule en sable gras. **Green-sand mould,** moule en sable maigre. **Half-mould,** coquille *f* de moule. **To withdraw a pattern from the mould,** démouler un modèle. *See also* PIG-MOULD, SAND-MOULD. (*c*) *Typ:* **(Type-)mould,** matrice *f.* **3.** (*a*) *Geol:* Moule externe (de coquillage fossile). (*b*) *Typ:* Empreinte (prise sur la forme); flan *m.* **4.** *Cu:* **Rice-mould,** gâteau *m* de riz. *See also* CUSTARD. **5.** *Arch:* Moulure *f.*
'mould candle, *s.* Chandelle moulée.
'mould-loft, *s.* *N.Arch:* Salle *f* des gabarits.
'mould-press, *s.* *Metall:* Serre *f*; machine *f* à mouler sous pression.
mould[4], *v.tr.* **1.** Mouler, façonner. *To m. in wax,* mouler en cire. *F:* **To mould s.o.'s character,** pétrir, former, façonner, le caractère de qn. *Easily moulded character,* caractère docile, malléable; *F:* caractère de cire. **2.** *Bak:* (*a*) Pétrir (la pâte). (*b*) Mettre (le pain) en forme. **3.** *N.Arch:* Gabarier (la quille, etc.). **4.** (*a*) *Typ:* **To mould a page,** prendre l'empreinte d'une page. (*b*) *To m. a gramophone record,* presser un disque.
moulded, *a.* **1.** Moulé, façonné. *M. steel, glass,* acier moulé, verre moulé. **2.** *N.Arch:* **Moulded depth,** creux *m* sur quille. **Moulded breadth,** largeur *f* hors membres.
moulding[2], *s.* **1.** (*a*) Moulage *m.* *Metall:* **Loam moulding,** moulage en terre, en argile. **Chill-moulding,** moulage en coquille. *See also* BOX[2] 4, SAND-MOULDING. (*b*) *Bak:* (i) Pétrissage *m.* (ii) Mise *f* en forme (du pain). (*c*) Pressage *m* (d'un disque de phonographe). (*d*) *N.Arch:* Gabariage *m.* (*e*) *F:* Formation *f* (du caractère). **2.** Moulure *f*, moulage, profil mouluré. (*a*) *Const:* **Frame-moulding,** chambranle *m* (de porte, etc.). **Cover-joint moulding,** baguette *f* couvre-joint. (*b*) **Watertight moulding** (*of window, of motor car window*), jet *m* d'eau. *See also* DRIP-MOULDING, WEATHER-MOULDING. (*c*) *Arch:* (*Small*) **square moulding,** baguette *f*, tringle *f.* **Plain moulding,** bandeau *m*, listeau *m*, listel *m.* **Grooved moulding,** moulure à gorge. *See also* EGG[1] 2, NEBULY 2, NECK-MOULDING, WAVE-MOULDING, ZIGZAG[1]. (*d*) *Goldsmith's work:* **Pellet-moulding,** grenеté *m.* (*e*) *Com:* *Ind:* **Mouldings,** profils moulurés, profilés *m* (en fer, etc.).
'moulding-board, *s.* Planche *f* à pâtisserie.
'moulding-loft, *s.* = MOULD-LOFT.
'moulding-machine, *s.* Machine *f* à moulurer. *Spindle m.-m.*, toupie *f.*
'moulding-pin, *s.* Pointe *f* de mouleur.
'moulding-plane, *s.* *Tls:* *Carp:* Rabot *m* à moulures; mouchette *f*; (*for grooves*) bouvet *m*, gorget *m*, tarabiscot *m*; (*for doucines*) doucine *f.* *Neck m.-p.*, congé *m.* *See also* QUARTER-HOLLOW.
mould[5], *s.* Moisi *m*, moisissure *f*, chancissure *f.* *See also* CHEESE-MOULD[2], IRON-MOULD.
mould[6], *v.i.* (Se) moisir. **Blue-moulded cheese,** fromage persillé.
mould[7], *s.* *Anat:* *Dial:* Fontanelle *f.*
moulder[1] ['mouldər], *v.i.* Tomber en poussière; s'effriter; (*of empire, etc.*) tomber en ruine; (*of institution, etc.*) dépérir. **To moulder in one's grave,** subir la corruption du temps. *To m. in idleness,* s'abrutir, s'hébéter, s'encroûter, dans l'oisiveté.
mouldered, *a.* (Réduit, tombé) en poussière.
mouldering[1], *a.* Qui tombe en poussière.
mouldering[2], *s.* Effritement *m.*
moulder[2], *s.* *Cer:* *Metall:* *etc:* Mouleur *m*, façonneur *m.* *See also* SAND-MOULDER.
mouldiness ['mouldinəs], *s.* **1.** État moisi. **2.** Moisissure *f*, moisi *m.*
mouldwarp ['mouldwɔːrp], *s.* *Dial:* Taupe *f.*
mouldy[1] ['mouldi], *a.* (*a*) Moisi. *M. bread, jam,* pain chanci, confiture chancie. **To go mouldy,** (se) moisir. *To smell m.*, sentir le moisi. (*b*) *Pej:* *P:* **It was a mouldy party,** ç'a été une soirée assommante. *I feel pretty m.*, (i) je me sens mal en train; (ii) j'ai le cafard. *A m. bit of work,* un sale boulot.
mouldy[2], *s.* *Navy:* *P:* Torpille *f.*
moulinet [muli'net], *s.* *Fenc:* Moulinet *m.*
moult[1] [moult], *s.* Mue *f.* **Bird in the moult,** oiseau *m* en mue.
moult[2]. **1.** *v.i.* (*Of bird, reptile, etc.*) Muer; perdre ses plumes, sa peau, sa carapace. **2.** *v.tr.* Perdre (ses plumes, sa peau, sa carapace).
moulting[1], *a.* En mue.
moulting[2], *s.* Mue *f.* **Moulting-time, moulting-season,** mue.
mound[1] [maund], *s.* **1.** (*a*) (*Artificial*) Tertre *m*, monticule *m*, butte *f.* *Civ.E:* *etc:* Remblai *m.* *Low m.*, champignon *m.* **Sepulchral mound,** tumulus *m.* *M. of a windmill,* motte *f* d'un moulin à vent. (*b*) Monceau *m*, tas *m* (de pierres, etc.). (*c*) (*Natural*) Monticule. **2.** *Anat:* *etc:* Mont *m.* *See also* VENUS.
'mound-bird, -builder, *s.* *Orn:* Mégapode *m.*
mound[2], *s.* *Her:* Monde *m*; globe *m.*
mounseer [maun'siːər], *s.m.* *F:* *A:* **1.** Monsieur. **2.** Français.
mount[1] [maunt], *s.* **1.** Mont *m*, montagne *f.* **Mount Sinai,** le mont Sinaï. *See also* OLIVE 1, SERMON 1. **2.** *Palmistry:* Mont *m.* *See also* VENUS.
mount[2], *s.* **1.** (*a*) Montage *m*, support *m*; monture *f* (d'un éventail); armement *m* (d'une machine); affût *m*, pied *m* (de télescope). *Brass mounts,* ferrures *f* en cuivre. *M. of a lens, of a prism,* monture d'une lentille, d'un prisme. *Phot:* *Cin:* **Flange mount,** monture normale (de l'objectif). (*b*) *Art:* **Picture mount,** carton *m* de montage; pourtour *m.* **White open mount, cut mount,** passe-partout anglais (pour aquarelles). *Phot:* **Sunk mount,** monture rentrante. *See also* SLIP-MOUNT. (*c*) **Stamp mount** (*in stamp album*), charnière *f.* **2.** (*a*) Monture (d'un cavalier); cheval, -aux *m*, etc. *My m. was a camel,* j'étais monté sur un chameau.

(*b*) *F:* Bicyclette *f*; machine *f* (d'un cycliste). **3.** *Turf:* Monte *f*. *Jockey who has had three mounts during the day*, jockey *m* qui a eu trois montes dans la journée.

mount[2]. I. *v.i.* **1.** Monter. *The blood mounted to his head*, le sang lui est monté à la tête. **2.** *Equit:* Se mettre en selle; monter, sauter, à cheval. **3.** (*Of total, bill, etc.*) Se monter, s'élever (*to so much*, à tant).

II. **mount,** *v.tr. & i.* **1. To mount (on, upon) a chair,** monter sur une chaise. **To mount (on) the scaffold,** monter sur l'échafaud. **To mount the throne,** monter sur le trône. *To m. the pulpit*, monter en chaire. **To mount the breach,** monter sur la brèche. (*Of motor car, etc.*) **To mount the pavement,** monter sur le trottoir. **2. To mount (on, upon) a horse, a bicycle,** monter sur, enfourcher, un cheval, une bicyclette; sauter à cheval. *Horse hard to m.*, cheval *m* difficile au montoir.

III. **mount,** *v.tr.* **1.** Monter, gravir (l'escalier, une colline). *To m. a ladder*, monter à une échelle. *To m. a step-ladder*, monter sur un escabeau. **2. To mount s.o. (on a horse),** (i) hisser qn sur un cheval; (ii) pourvoir (un soldat, etc.) d'un cheval. **To mount a squadron of cavalry,** monter un escadron de cavalerie. **3.** (*a*) *Artil:* Affûter, armer (une pièce). (*b*) *Fort, ship, mounting eighty guns*, fort, navire, armé de quatre-vingts canons; vaisseau *m* qui porte quatre-vingts canons. (*c*) **To mount guard,** monter la garde (*over s.o., sth.*, auprès de qn, de qch.). **4.** (*a*) Monter (un diamant, une scie); monter, armer (un métier à tisser, etc.); installer (une machine); coller, monter, entoiler (un tableau); entoiler, encoller (une carte de géographie); monter, naturaliser (une fourrure, etc.). *Fish:* Monter, empiler (un hameçon). *Tortoise-shell mounted glasses*, lunettes *f* à monture d'écaille. *Diamonds mounted in platinum*, diamants montés sur platine, sertis de platine. (*b*) *Th:* Mettre (une pièce) à la scène. *The play is well mounted*, la pièce est bien présentée.

mount up, *v.i.* Croître, monter, augmenter. **The bill was mounting up,** la facture augmentait. **It all mounts up,** les petits ruisseaux font les grandes rivières.

mounted, *a.* **1.** Monté; (canon) armé, affûté; (hameçon) empilé. **2.** Monté (à cheval). **Mounted police,** agents *mpl* à cheval; agents montés. *Well m., badly m., troops*, troupes bien, mal, montées. *See also* ORDERLY 2.

mounting, *s.* **1.** (*a*) Montage *m*, assemblage *m*, installation *f* (d'une machine); affûtage *m* (d'un canon); armement *m* (d'une batterie, d'une machine). (*b*) Entoilage *m*, encollage *m*. *Phot:* Collage *m*. **Dry mounting,** collage à sec. **Dry-mounting tissue,** adhésif *m*. **Mounting paper,** papier *m* d'emmargement. (*c*) *Fish:* Empilage *m* (d'un hameçon). (*d*) *Th:* Mise *f* à la scène (d'une pièce). **2.** (*a*) Monture *f*, garniture *f* (de fusil, etc.); monture (d'hameçon, d'éventail, etc.). **Iron mounting,** ferrure *f*; garniture de fer. **The engine mountings,** les pièces *f* d'assemblage de la machine, du moteur. *Mountings of the coachwork*, ferrures de la carrosserie. (*b*) *Artil:* Affût *m* (de canon, de mitrailleuse). **Tripod mounting,** affût-trépied *m*, *pl.* affûts-trépieds. *Fixed m.*, affût à poste fixe. *Pedestal m.*, affût à piédestal, à pivot central. **Railway mounting,** affût-truc *m*, *pl.* affûts-trucs. (*c*) = MOUNT[1] 1. **3.** *Tex:* = HARNESS[1] 2.

'mounting-block, *s.* *Equit:* Montoir *m*.

mountain ['mauntən], *s.* **1.** (*a*) Montagne *f*. *F:* **To make a mountain (out) of sth.,** (se) faire une montagne d'un obstacle insignifiant. **To make mountains out of mole-hills,** se faire d'une mouche un éléphant; se faire d'un œuf un bœuf; se faire des monstres de tout. *He makes a m. of every mole-hill*, il se noierait dans une goutte d'eau, dans un crachat. **The waves rose, ran, mountain(s) high,** les vagues étaient hautes, se dressaient, comme des montagnes. **If the mountain won't come to Mohammed, Mohammed must go to the mountain,** si la montagne ne vient pas à nous, il faut aller à elle. *See also* LABOUR[1] 4, ROCKY[1] 2. (*b*) *F:* Montagne, tas *m* énorme, monceau *m* (de trésors, de cadavres, etc.). *He is a m. of flesh*, il est énorme. **2.** *Fr.Hist:* **The Mountain,** la Montagne (le parti de Robespierre et de Danton). **3.** *Attrib.* **Mountain stream,** ruisseau *m* de montagne. *M. scenery*, paysage montagneux. *M. flower*, fleur *f* des montagnes. **Mountain tribe,** tribu montagnarde. *M. retreat*, retraite *f* dans les montagnes. **Mountain system,** système *m* de montagnes. *See also* PANTHER 1, PINE[1] 1, SICKNESS 2.

'mountain artillery, *s.* Artillerie *f* de montagne.

'mountain 'ash, *s.* *Bot:* Arbre *m* à grives; sorbier *m* des oiseaux, des oiseleurs; sorbier commun, sauvage; cochêne *m*.

'mountain 'chain, *s.* Chaîne *f* de montagnes.

'mountain 'cork, *s.* *Miner:* = MOUNTAIN FLAX 2.

'mountain 'dew, *s.* Whisky *m* d'Écosse.

'mountain 'flax, *s.* **1.** *Bot:* Lin purgatif. **2.** *Miner:* Amiante *f*, *F:* liège *m* fossile, de montagne; cuir *m* fossile, de montagne.

'mountain 'pass, *s.* Col *m*; défilé *m*, passage *m* (de montagne).

'mountain 'railway, *s.* **1.** Chemin *m* de fer de montagne. **2.** (*Scenic railway*) Montagnes *f* russes.

'mountain 'range, *s.* Chaîne *f* de montagnes.

'mountain 'sheep, *s.* *U.S:* Mouton *m* des montagnes Rocheuses.

'mountain 'soap, *s.* *Miner:* Savon blanc; savon minéral, de montagne.

'mountain 'spectre, *s.* *Opt:* Spectre *m* du Brocken.

mountaineer[1] [mauntə'niːər], *s.* **1.** Montagnard, -arde. **2.** Alpiniste *mf*, ascensionniste *mf*.

mountaineer[2], *v.i.* Faire des ascensions en montagne; faire de l'alpinisme.

mountaineering, *s.* Alpinisme *m*.

mountainous ['mauntənəs], *a.* **1.** (Pays, etc.) montagneux. **2. Mountainous seas,** vagues hautes comme des montagnes.

mountant ['mauntənt], *s.* *Phot:* Colle *f* pour épreuves.

mountebank ['mauntibaŋk], *s.* (*a*) Saltimbanque *m*, bateleur *m*, faiseur *m* de tours, baladin *m*. (*b*) Charlatan *m*. **Political mountebank,** paillasse *m*, cabotin *m*, polichinelle *m*, de la politique.

mountebankery ['mauntibaŋkəri], *s.* Charlatanisme *m*.

mounter ['mauntər], *s.* Monteur, -euse (de photographies, de diamants, de machines, etc.); metteur *m* en œuvre (de diamants, etc.).

mounty ['maunti], *s.* *F:* Membre *m* de la *Royal Canadian Mounted Police*.

mourn [mɔːrn], *v.i. & tr.* Pleurer, (se) lamenter, s'affliger. **To mourn (for, over) sth.,** pleurer, déplorer, qch. **To mourn for s.o.,** pleurer (la mort de) qn. *To m. for one's lost youth*, pleurer sa jeunesse perdue. *His death was universally mourned*, sa mort fut un deuil général. *You find us mourning the death of a friend*, vous nous trouvez tout tristes de la mort d'un ami. *B:* **Blessed are they that mourn,** heureux les affligés.

mourning[1], *a.* **1.** Qui pleure, s'afflige, se lamente. **2.** En deuil.

'mourning 'bride, *s.* *Bot:* (Fleur *f* de) veuve *f*.

mourning[2], *s.* **1.** Tristesse *f*, affliction *f*, deuil *m*, désolation *f*. *The whole country was plunged in m.*, tout le pays était plongé dans le deuil. **2.** (*a*) Deuil *m*. **House of mourning,** maison endeuillée. **Mourning apparel,** habits *mpl* de deuil. **Mourning coach,** voiture *f* d'enterrement, de deuil. (*b*) Habits de deuil. **In deep mourning,** en grand deuil. **To go into mourning,** se mettre en deuil; prendre le deuil. **To wear mourning, be in mourning (for s.o.),** porter le deuil (de qn); être en deuil (de qn); être vêtu (tout) de noir; être en noir. **To go out of mourning,** quitter le deuil. *Church hung with m.*, église tendue de noir, de deuil. *F:* **Finger nails in mourning,** ongles *m* en deuil. **Eye in mourning,** œil *m* au beurre noir. *See also* HALF-MOURNING.

'mourning-band, *s.* (*a*) Crêpe *m*; brassard *m* de deuil. (*b*) *Her:* Litre *f*.

'mourning-paper, *s.* Papier *m* de deuil.

mourner ['mɔːrnər], *s.* **1.** Affligé, -ée; personne *f* qui porte le deuil. **2.** Personne qui suit le cortège funèbre. **The mourners,** le convoi; le cortège funèbre; le deuil. **To be chief mourner,** mener, conduire, le deuil. **3.** *A:* (*Professional*) Pleureur, -euse. **4.** *U.S:* Pénitent, -ente. **Mourner's bench** = *penitent form, q.v. under* PENITENT 2.

mournful ['mɔːrnful], *a.* Triste, lugubre, mélancolique; *F:* (air *m*, figure *f*) d'enterrement; (voix *f*) funèbre. **Tell me not in mournful numbers . . .,** ne venez pas me dire en accents mélancoliques. . . . **-fully,** *adv.* Tristement, lugubrement, funèbrement, mélancoliquement.

mournfulness ['mɔːrnfulnəs], *s.* Tristesse *f* (d'un chant, etc.); aspect *m* lugubre (d'un lieu); air funèbre; air désolé (d'une campagne).

mouse[1], *pl.* **mice** [maus, mais], *s.* **1.** *Z:* Souris *f*. *Little m., young m.*, souriceau *m*. **Wood mouse,** mulot *m*; souris de terre. **Meadow mouse,** campagnol *m*. **Jumping mouse,** (i) souris sauteuse, de montagne; (ii) zapode *m*. *F:* **Little mouse of a thing, of a girl,** petite souris. *See also* CAT[1] 1, FIELD-MOUSE, HARVEST-MOUSE, LION 1, POOR 1, SHREW-MOUSE. **2.** *Nau:* (*a*) Aiguilletage *m* (de croc). (*b*) Guirlande *f*, bouton *m* (d'un cordage). **3.** Contre-poids *m* (de fenêtre à guillotine). **4.** *P:* (*a*) Œil *m* au beurre noir. (*b*) Meurtrissure *f*, *F:* bleu *m*.

'mouse-bird, *s.* *Orn:* Veuve *f*.

'mouse-catcher, *s.* (*Cat, etc.*) Souricier *m*.

'mouse-colour, -dun, *s.* (Couleur *f*) gris *m* (de) souris.

'mouse-coloured, -dun, *a.* Gris *inv* (de) souris. *M.-c. horse, fur*, cheval *m*, fourrure *f*, gris souris.

'mouse-ear, *s.* *Bot:* (*a*) **Mouse-ear (hawkweed),** oreille *f* de souris; piloselle *f*. (*b*) **Mouse-ear (scorpion grass),** myosotis *m* (des marais), oreille de souris. (*c*) **Mouse-ear (chickweed),** céraiste cotonneux; oreille de souris; argentine *f*.

'mouse-grey, *a. & s.* = MOUSE-COLOUR(ED).

'mouse-hole, *s.* Trou *m* de souris.

mouse[2] [mauz]. **1.** *v.i.* (*a*) (*Of cat, etc.*) Chasser aux souris; chasser les souris. (*b*) *F:* **To mouse (about),** rôder çà et là (à la recherche de qch.); fouiner. **2.** *v.tr.* *U.S:* **To mouse sth. out,** dénicher qch. **3.** *v.tr.* *Nau:* (*a*) Faire une guirlande à (un cordage). (*b*) Moucheter, aiguilleter, guirlander (un croc).

mousing[1], *a.* **1.** Qui chasse aux souris. **2.** Fouinard; fureteur; curieux.

mousing[2], *s.* **1.** Chasse *f* aux souris. **2.** *Nau:* Aiguilletage *m*.

mouser ['mauzər], *s.* Chasseur *m* de souris; (*cat, etc.*) souricier *m*. **Good mouser,** chat bon souricier.

mousetail ['mausteil], *s.* *Bot:* Queue-de-rat *f*, *pl.* queues-de-rat; ratoncule *f*, myosure *m*.

mousetrap ['maustrap], *s.* Souricière *f*. *Round wire m.*, calotte *f* à souris.

mousmee ['musme], *s.* Mousmé(e) *f*.

moustache [mus'tɑːʃ], *s.* Moustache(s) *f(pl)*. **To wear a moustache,** porter la moustache. *Short m., clipped m.*, moustache courte, en brosse. *See also* WALRUS, WAXED 1.

moustached [mus'tɑːʃt], *a.* Moustachu.

Mousterian [mus'tiːriən], *a.* *Archeol:* Moustérien.

mousy ['mausi], *a.* **1.** Gris (de) souris. **2.** (Odeur *f*, etc.) de souris. **3.** Infesté de souris. **4.** (*Of pers.*) Qui aime à s'effacer; timide.

mouth[1] [mauθ], *s.* (*pl.* mouths [mauðz]) **1.** (*Of pers.*) Bouche *f*. *With a pipe in his m.*, une pipe à la bouche; *F:* une pipe au bec. *To have one's m. full*, avoir la bouche pleine. **To make s.o.'s mouth water,** faire venir l'eau à la bouche à qn. *His m. waters*, l'eau lui vient à la bouche. **To make a (wry) mouth,** faire une vilaine moue, une grimace. *To make a pretty m.*, faire la bouche en cœur. *F:* **To open one's mouth too wide,** demander plus que de raison (en dommages-intérêts, pour un article que l'on veut vendre, etc.). **To make a poor mouth,** crier famine; crier misère; pleurer misère. **To make mouths at s.o.,** faire des grimaces à qn. **To have a (foul) mouth,** avoir mauvaise bouche; avoir la bouche mauvaise;

(*after a drinking bout*), *P:* avoir la gueule de bois. **To condemn oneself out of one's own mouth,** se condamner par ses propres paroles. *That sounds strange in your m.*, cela me paraît drôle de vous l'entendre dire. **To put a speech into s.o.'s mouth,** attribuer un discours à qn. **The news spread from mouth to mouth,** la nouvelle s'est communiquée, a volé, de bouche en bouche. **Rumours in everybody's mouth,** bruits *m* qui courent les rues. *He uses adjectives that are in everybody's m.*, il emploie de ces adjectifs qui traînent partout. **To stop s.o.'s mouth,** clore la bouche à qn. *To stop s.o.'s m. with a bribe*, *F:* mettre un bâillon d'or à qn. **To give mouth to a feeling,** exprimer un sentiment. *See also* BABE 1, DOWN[3] I. 4, HAND[1] 2, HEART[1] 1, LAUGH[2] 1, OPEN[2] I. 2, SHUT[1] 1, WORD[1] 2, 3. **2.** Bouche (de cheval, d'âne, de bœuf, de mouton, d'éléphant, de baleine, de poisson); gueule *f* (de chien, d'animaux carnassiers, de requin, de brochet, et autres gros poissons). *Equit:* **Horse with a hard mouth,** cheval fort en bouche, sans bouche, pesant à la main; cheval à l'appui lourd. *Soft m.*, bouche tendre, sensible. *Horse with a delicate m.*, cheval délicat d'embouchure. **To spoil a horse's mouth,** égarer un cheval. *See also* MARK[1] 3. *Ven:* (*Of hounds*) **To give mouth,** donner de la voix; chanter. **3.** (*a*) Bouche (de puits, de volcan); orifice *m*, halde *f* (de puits de mine); amorce *f* (de galerie de mine); goulot *m* (de bouteille); pavillon *m* (d'entonnoir); guichet *m* (de boîte à lettres); gueule (de sac, de canon, de four); ouverture *f*, entrée *f* (de tunnel, de caverne); gueulard *m* (de haut fourneau); dégorgement *m* (d'égout); bée *f*, abée *f* (de bief); entrée *f* (de port, de rade, d'un détroit). *Tls:* Lumière *f* (d'un rabot). *M. of a hole*, entrée d'un trou. *See also* GOAL-MOUTH. (*b*) Embouchure *f* (de rivière). *The mouths of the Ganges, of the Rhône*, les embouchures, les Bouches, du Gange; les Bouches du Rhône.

'mouth-filling, *a.* (Compliment, etc.) ampoulé, emphatique; (phrases) ronflantes.

'mouth glue, *s.* Colle *f* à bouche.

'mouth-organ, *s.* Harmonica *m.*

'mouth-shaped, *a.* Oriforme.

'mouth-tube, *s.* Porte-vent *m inv* (de cornemuse).

'mouth-wash, *s. Pharm:* Collutoire *m*; eau *f* dentifrice; dentifrice *m.*

mouth[2] [mauð]. **1.** *v.tr.* (*a*) **To mouth (out) one's words,** déclamer ses phrases. *To m. empty threats*, *P:* débagouler de vaines menaces. (*b*) Happer (qch.); attraper (qch.) avec la bouche. (*c*) Prendre (qch.) dans la bouche. (*d*) *Equit:* Assurer la bouche (d'un cheval). **2.** *v.i.* (*a*) Grimacer; faire des grimaces. (*b*) Déclamer. *F:* **To mouth it,** prendre la manière d'un orateur.

mouthing, *s.* **1.** Emphase *f*, enflure *f* (dans le discours). **Rhetorical mouthings,** rhétorique ampoulée. **2.** Grimaces *fpl.*

-mouthed [mauðd], *a.* (*With adj. prefixed, e.g.*) **1.** (*a*) **Single-mouthed,** à une seule bouche, à une seule gueule. *See also* OPEN-MOUTHED, WIDE-MOUTHED. (*b*) (*Of pers.*) **Clean-mouthed,** au langage honnête, décent. *See also* FOUL-MOUTHED, MEALY[3]. **2.** *Equit:* **Well-mouthed horse,** cheval bien embouché. *See also* HARD-MOUTHED, SOFT-MOUTHED, TENDER-MOUTHED.

mouthful ['mauθful], *s.* **1.** Bouchée *f.* **To swallow sth. at one mouthful; to make one mouthful of sth.,** ne faire qu'une bouchée, qu'un morceau, de qch. *Not to miss a m.*, ne pas perdre un coup de dent, une bouchée. *F: To take just a m. of soup*, prendre une goutte de soupe. *M. of wine*, gorgée *f*, *F:* lampée *f*, de vin. *Another little m.!* encore une becquée! **2.** *F:* (*a*) Mot, nom, long d'une aune, qui vous remplit la bouche. (*b*) *U.S:* **You've said a mouthful!** vous avez parlé d'or!

mouthpiece ['mauθpi:s], *s.* **1.** (*a*) Embouchure *f* (de chalumeau, etc.); embout *m* (de porte-voix); tuyau *m*, bout *m*, bouquin *m* (de pipe à tabac). (*b*) *Mus:* Bec *m*, embouchure (de clarinette, etc.); (embouchure en) bocal *m* (de cornet, etc.). (*c*) *Tp:* Embouchure, pavillon *m*, microphone *m.* **2. To be the mouthpiece of a party,** être le porte-parole *inv* d'un parti.

mouthy ['mauði], *a. F:* (*a*) Fort en gueule; braillard. (*b*) Emphatique, ampoulé.

mov(e)ability [mu:və'biliti], *s.* Mobilité *f.*

mov(e)able ['mu:vəbl]. **1.** *a.* (*a*) Mobile. **Movable feast,** (i) fête *f* mobile; (ii) *F:* repas très irrégulier. *Typ:* **Movable type,** caractère(s) *m* mobile(s); mobile(s) *m(pl).* (*b*) *Jur:* Mobilier, meuble. **Movable effects,** effets mobiliers. *M. property*, biens *m* meubles. **2.** *s.pl.* **Movables.** (*a*) Mobilier *m*; agencements *m* amovibles. (*b*) *Jur:* Biens mobiliers, biens meubles; meubles (meublants).

mov(e)ableness ['mu:vəblnəs], *s.* = MOV(E)ABILITY.

move[1] [mu:v], *s.* **1.** (*a*) *Chess: etc:* Coup *m. Mate in four moves*, (échec et) mat en quatre coups. **Knight's move,** marche *f* du cavalier. *To allow s.o. two moves (at the start)*, donner deux traits à qn. **To have first move,** avoir le trait. **To make a move,** jouer. **To take back a move,** déjouer. **Whose move is it?** c'est à qui de jouer? *Your m.*, à vous de jouer. (*b*) Coup, démarche *f. Smart m.*, coup habile. *What is the next m.?* qu'est-ce qu'il faut faire maintenant? *The next m. is with you*, c'est (à) votre tour d'agir. **To make the first move** (*towards peace, etc.*), faire le premier pas. *He must make the first m.*, c'est à lui d'agir le premier. *He decided to make the first m.*, il décida de prendre les devants. *A new m. on the part of France*, (i) une nouvelle mesure, une nouvelle démarche, une nouvelle action, de la part de la France; (ii) un nouveau coup, une nouvelle manœuvre, de la part de la France. *F:* **He is up to every move, he knows every move (in the game),** il la connaît dans les coins. **He is up to a move or two,** il a plus d'un tour dans son sac. **He has made a good move,** (i) (*at chess, draughts*) il a bien joué; (ii) *F:* il a fait acte de bonne politique. *A daring m. put them in possession of the village*, un coup, un mouvement, audacieux leur livra le village. **2.** Mouvement *m. To make a m. towards sth.*, faire un mouvement vers qch. *F:* **We must make a move, we must be on the move,** il faut partir; en route! **Time to make a move!** il est temps de songer à partir, à nous retirer, à prendre congé. **To be always on the move,** être toujours en mouvement; s'agiter toujours; ne jamais rester en place; ne faire qu'aller et venir; être toujours par monts et par vaux, par voie et par chemin. **Carriage on the move,** voiture *f* en marche. *The column got on the m.*, la colonne s'ébranla. *F:* **To get a move on,** se dépêcher; se presser; *P:* se grouiller. **Get a move on!** activez! remuez-vous un peu! secouez-vous! *P:* grouillez-vous! **3.** Déménagement *m.*

move[2]. I. *v.tr.* **1.** (*a*) Déplacer (un meuble, etc.). *To m. sth. from its place*, changer qch. de place; déranger qch. *To m. one's position*, changer de place. *To m. one's chair*, changer sa chaise de place. *To m. one's chair near the fire*, approcher sa chaise du feu. *To m. s.o., sth., elsewhere*, envoyer qn, transporter qch., ailleurs. *To m. an official (to another district, etc.)*, déplacer un fonctionnaire; donner son changement à un fonctionnaire. *Sch: To be moved up*, passer dans la classe supérieure. *Mil:* **To move troops,** déplacer des troupes. **The faith that moves mountains,** la foi qui transporte les montagnes. *Chess:* **To move a piece,** jouer une pièce. *To m. a piece to a square*, mettre, poser, une pièce sur une case. *Abs.* **It is for you to move,** c'est à vous de jouer; à vous le coup. *You m. first*, à vous le trait. (*b*) **To move house,** *abs.* **to move,** déménager. *To m. into the country*, aller s'installer à la campagne. *Last year we moved into town*, l'année dernière nous sommes venus (nous installer) en ville. *We shall have to m. at the half-quarter*, il faudra déloger à mi-terme. **2.** (*a*) Remuer, bouger (la tête, etc.). **Not to move hand or foot,** ne remuer ni pied ni patte. **Not to move a muscle,** ne pas sourciller; ne pas cligner (des yeux). *Stone that cannot be moved*, pierre *f* qu'on ne peut pas bouger. *The wind moving the trees*, le vent qui agite les arbres. *See also* HEAVEN 1. (*b*) Mouvoir, animer (qch.); mettre (qch.) en mouvement; mettre en marche (une machine). *The water moves the mill-wheel*, l'eau *f* meut, fait mouvoir, fait marcher, la roue du moulin. *Moved by a spring, by electricity*, mû par un ressort, par l'électricité. (*c*) *Med:* **To move the bowels,** provoquer une selle; faire aller qn à la selle; relâcher le ventre. **3.** (*a*) Faire changer d'avis à (qn); ébranler la résolution de (qn). **He is not to be moved, nothing will move him,** il est inébranlable; rien ne lui fait. (*b*) **To move s.o. to do sth.,** pousser, inciter, qn à faire qch. *The spirit moved him to speak*, il se sentit poussé à prendre la parole. *F: I will do it* **when the spirit moves me,** je le ferai quand j'y serai disposé, quand cela me plaira, quand le cœur m'en dira. (*c*) Émouvoir, toucher, affecter (qn). *These demonstrations m. me very little*, ces démonstrations *f* me touchent très peu. *Much moved by the news*, vivement affecté par, de, la nouvelle. *Easily moved*, émotionnable. *To m. s.o.'s heart*, remuer le cœur de qn, à qn. *To m. the soul*, faire vibrer les cordes sensibles de l'âme. *Moved with anger*, mû par la colère; sous le coup de la colère. **To move s.o. to anger,** provoquer la colère de qn; *F:* échauffer la bile à qn. *To m. s.o. to laughter*, faire rire qn; exciter l'hilarité de qn. **To move s.o. to tears,** émouvoir, affecter, qn jusqu'aux larmes; toucher qn à le faire pleurer; attendrir qn. *To be easily moved to tears*, avoir la larme facile; avoir toujours la larme à l'œil. **To move s.o. to pity,** exciter la pitié de qn. *Now and again he is moved to pity*, la pitié lui vient parfois. *Tears will not m. him (to pity)*, les larmes ne le fléchiront pas. *To (allow oneself to) be moved (to pity)*, se laisser ébranler, se laisser attendrir; s'attendrir. **4.** *A: To m. anger, pity, laughter*, exciter la colère, la pitié, les rires. **5. To move a resolution,** proposer une motion; mettre aux voix une résolution; déposer une résolution. **To move that . . .,** faire la proposition que . . ., proposer que + *sub. His counsel moved that the case be adjourned for a week*, son avocat a conclu à ce que la cause soit remise à huitaine. *Abs.Pol:* **To move for papers,** demander que les pièces soient soumises à la Chambre; demander la publication des pièces. *See also* QUESTION[1] 3.

II. **move,** *v.i.* **1.** (*a*) Se mouvoir, se déplacer. *The crowd moving in the street*, la foule qui circule dans les rues. **Keep moving!** circulez! *To m. one step*, faire un pas, se déplacer d'un pas. *To m. edgeways*, se déplacer latéralement. *To m. to another seat*, changer de place; aller s'asseoir autre part. *The night was too dark to m.*, il faisait trop nuit pour que l'on pût circuler. **Body moving at a speed of . . .,** mobile animé d'une vitesse de. . . . **Moving tram,** tramway *m* en marche. *His hand moved over the strings*, sa main effleura les cordes (de la harpe). *Com: F:* **This article is not moving,** cet article est d'un écoulement difficile, est difficile à écouler; cet article ne se vend pas. (*Of pers.*) **To move in high society,** fréquenter la haute société; pratiquer le grand monde. *Real life does not m. on the political plane*, la vie réelle n'évolue pas sur le plan politique. *See also* PLACE[1] 1. (*b*) *Nau:* (*Of ship*) Déhaler (avec la machine, des remorqueurs, ou des amarres). (*c*) **To move (about),** faire un mouvement; bouger, (se) remuer. **Don't move!** ne bougez pas! *Lights were moving (about) in the darkness*, des lumières *f* s'agitaient dans l'obscurité. *Mec.E:* (*Of part*) **To move freely,** jouer librement; avoir du jeu. (*d*) Marcher, aller; s'avancer, défiler. *The earth moves round the sun*, la terre se meut autour du soleil. *The procession moved through the streets*, le cortège défilait par les rues. *To m. towards a place*, aller, se diriger, s'avancer, vers un endroit. **He moved with dignity,** il avait une démarche digne. *Things are moving slowly*, les choses marchent, avancent, lentement. *The old man's life was moving towards its end*, la vie du vieillard s'acheminait vers sa fin. *F:* **It is time we were moving,** il est temps de partir. *Chess: The bishop moves diagonally*, le fou marche diagonalement. **2.** Agir. *It is for him to m. first in the matter*, c'est à lui d'agir le premier dans l'affaire. **3.** *A:* (*and now V:*) **To move to s.o.,** saluer qn (d'une inclination de tête).

move about. **1.** *v.i.* Aller et venir. **2.** *v.tr. To m. things about*, déplacer des objets; tout changer de place.

move away. **1.** *v.tr.* Écarter, éloigner (qch.). **2.** *v.i.* S'éloigner, s'écarter, s'en aller, se retirer.

moving away, *s.* Éloignement *m.*

move back. **1.** *v.tr.* (*a*) Reculer; faire reculer. *The police moved us back to the pavement,* la police nous fit reculer jusqu'au trottoir. (*b*) Ramener (qch.) en arrière. **2.** *v.i.* (*a*) (Se) reculer. (*b*) Revenir en arrière.

moving back, *s.* **1.** Reculement *m.* **2.** Retour *m* en arrière.

move forward. **1.** *v.tr.* Avancer (la main, etc.); faire avancer, porter en avant (des troupes). **2.** *v.i.* (*a*) (S')avancer. *The mind moves forward through induction and deduction,* l'esprit chemine par induction et par déduction. (*b*) (*Of troops*) Se porter en avant.

moving forward, *s.* Avancement *m* (d'un outil, etc.); marche *f* en avant (des troupes).

move in. **1.** *v.tr.* Emménager (son mobilier). **2.** *v.i.* (*a*) (*Of crowd*) Entrer, pénétrer, dans la salle de spectacle, etc. (*b*) Emménager.

moving in, *s.* Emménagement *m.*

move off, *v.i.* S'éloigner, s'en aller; (*of army, train, etc.*) se mettre en marche, se mettre en branle, s'ébranler; (*of motor, etc.*) démarrer. *The train, etc., is moving off,* nous voilà partis. *Aut: The drivers were preparing to m. off,* les chauffeurs *m* préparaient le démarrage.

moving off, *s.* Départ *m.*

move on. **1.** *v.tr.* Faire circuler (la foule, etc.). **2.** *v.i.* (*a*) Avancer; continuer son chemin, passer son chemin. **Move on, please!** circulez, s'il vous plaît! *To get the crowd to m. on,* faire écouler la foule. (*b*) (*Of carriage, etc.*) Se remettre en route.

move out. **1.** *v.tr.* (*a*) Sortir (qch.); faire sortir (qn). (*b*) Déménager (ses meubles). **2.** *v.i.* (*a*) Sortir. (*b*) Déménager.

moving out, *s.* **1.** Sortie *f.* **2.** Déménagement *m.*

move round. **1.** *v.tr.* Tourner (la table, sa chaise, etc.). **2.** *v.i.* Tourner en rond; faire le tour pour se rendre de l'autre côté.

moving[1], *a.* **1.** En mouvement; mouvant, mobile. *M. body,* corps *m* mobile; mobile *m.* **Moving target,** but *m* mobile; cible *f* mobile. **Moving staircase,** escalier roulant, escalier mobile; escalier à marches mobiles; *Rail:* escalator *m. M. parts of a machine,* pièces *f* en mouvement d'une machine. **Moving coil,** bobine *f* mobile (de haut-parleur). *Cin:* **Moving pictures,** projections animées. **2.** (*Of force, etc.*) Moteur, -trice. *M. ideas of the age,* idées motrices de l'époque. **The moving spirit,** l'âme *f* (d'une entreprise); le meneur du jeu. **3.** (Ton, etc.) émouvant, touchant, attendrissant, pathétique. *M. tale,* conte émotionnant. **-ly,** *adv.* D'une manière émouvante, touchante.

moving[2], *s.* **1.** Mouvement *m* (de qch.); déplacement *m* (d'un meuble, d'un fonctionnaire). *Nau:* Déhalage *m.* **2.** Déménagement *m.* **Moving-day,** jour *m* du déménagement; le jour du terme. *U.S:* **Moving man,** déménageur *m.*

movement ['muːvmənt], *s.* Mouvement *m.* **1.** (*a*) Déplacement *m. There was a general m. towards the door,* tout le monde se dirigea vers la porte. *The m. of the hand on the dial,* le déplacement de l'aiguille sur le cadran. (*b*) *pl.* **To study s.o.'s movements,** épier les mouvements, les allées et venues, de qn, les agissements *m* (d'un criminel). *Journ: Nau:* **Movements of ships,** déplacements. (*c*) *Mil: Navy:* Manœuvre *f*; mouvement. *See also* ENCIRCLING. (*d*) *Fin:* **Upward movement of stock,** mouvement de hausse des actions. **2.** (*a*) Mouvement (du bras, de la jambe). *To make a m. of impatience,* faire un geste d'impatience. *Med:* (*In massage*) **Passive movements,** gymnastique passive. (*b*) *Med:* Selle *f. Two easy movements of the bowels daily,* deux selles par jour. **3.** Mouvement (de l'esprit); impulsion *f. M. of anger,* mouvement de colère. **4.** **Popular movement,** mouvement populaire. *Social, religious, m.,* mouvement social, religieux. *The Labour m.,* le mouvement travailliste. *F:* **To be in the movement,** être dans le mouvement, dans le train. **5.** **Movement of freight, of goods,** transport *m* de la marchandise. **6.** **Clockwork movement,** mouvement d'horlogerie; mécanisme *m* d'horlogerie. **7.** (*a*) *Art: Lit:* Mouvement (d'un poème, d'un tableau). (*b*) *Mus:* **Symphony in three movements,** symphonie *f* en trois mouvements.

mover ['muːvər], *s.* **1.** Moteur *m. God, the sovereign M. of nature,* Dieu, souverain moteur de la nature. **Prime mover,** (i) *Mec:* machine motrice; premier moteur, premier mobile; (ii) (*pers.*) premier moteur, premier mobile (dans un complot, etc.); animateur *m,* inspirateur *m* (du complot, etc.). *To be the prime m. of an enterprise,* être l'âme *f* d'une entreprise. **2.** Auteur *m,* proposeur *m* (d'une motion, d'une proposition); motionnaire *m.* **3.** *Chess: F:* **Three-mover,** problème *m* en trois coups.

movie ['muːvi], *s. Cin: U.S. & F:* Film (muet). **The movies,** le cinéma, *F:* le ciné. **Movie star,** étoile *f* de cinéma; vedette *f* du ciné, de l'écran.

'movie-man, *pl.* **-men,** *s.m.* Opérateur; preneur de vues.

movietone ['muːvitoun], *attrib.a. Cin:* **Movietone print,** positif *m* son et image.

mow[1] [mau], *s. Husb: Dial. & U.S:* **1.** (*a*) Meule *f,* moie *f* (de foin). (*b*) Tas *m* (de blé en grange). **2.** Las *m* (de grange).

'mow-burnt, *a.* (Foin) échauffé (dans la meule).

mow[2] [mau, mou], *s. A. & Lit:* Moue *f,* grimace *f. See* MOP[3].

mow[3] [mau, mou], *v.i.* (*p.t.* **mowed**; *p.p.* **mowed**) *A. & Lit:* Faire la moue; grimacer. *See* MOP[4].

mow[4] [mou], *v.tr.* (*p.t.* **mowed**; *p.p.* **mown**) **1.** Faucher, moissonner (le blé, un champ). *F:* **To mow down the enemy,** faucher l'ennemi. *See also* NEW-MOWN. **2.** Tondre (le gazon).

mowing, *s.* **1.** (*a*) Fauchage *m,* moissonnage *m* (du foin, etc.). (*b*) Tonte *f,* tondaison *f* (du gazon). **2.** Fauchée *f.*

'mowing-grass, *s.* Herbe *f* sur pied (destinée aux foins); foins *mpl.*

'mowing-machine, *s.* **1.** Faucheuse *f.* **2.** Tondeuse *f* (de gazon).

'mowing-time, *s.* Fauchaison *f.*

mowable ['mouəbl], *a.* Fauchable.

mower ['mouər], *s.* **1.** (*Pers.*) Faucheur, -euse. **2.** (*Machine*) **Motor mower,** faucheuse à moteur. **Lawn mower,** tondeuse *f* (de gazon).

mown [moun]. *See* MOW[4].

Mozabite ['mɔzabait], *a. & s. Geog: Ling:* Mozabite (*mf*), mzabite (*mf*), mzabi (*m*).

Mozarab [mo'zarab], *s. Rel.H:* Mozarabe *mf.*

Mozarabic [mo'zarabik], *a.* Mozarabique, mozarabe.

mozetta [mo'zeta], *s. Ecc.Cost:* Mosette *f.*

Mr ['mistər]. *See* MISTER[1] 1.

Mrs ['misis]. *See* MISTRESS 3 (*b*).

MS., *pl.* **MSS.** ['em'es, em'esiz], *s.* Manuscrit *m*; MS., *pl.* MSS.

mu[1] [mjuː], *s.* **1.** *Gr.Alph:* Mu *m.* **2.** *W.Tel:* Coefficient *m* d'amplification (d'une lampe amplificatrice).

mu[2], *s.* (*Abbrev. of 'mutual conductance'*) *W.Tel:* Pente *f.* **Variable mu valve,** lampe *f* à pente variable.

much [mʌtʃ]. **1.** *a.* (*a*) Beaucoup (de); bien (du, de la, des). *M. care,* beaucoup de soin; bien des soins. *I have m. difficulty in convincing her,* j'ai bien du mal à la convaincre. *He was subjected to m. flattery,* il était en butte à mainte flatterie. *M. rain,* grande pluie. *Iron:* **Much good may it do you,** grand bien vous fasse. *F:* **We have not much garden to speak of,** notre jardin est bien petit. (*b*) **How much bread?** combien de pain? *How m. time do you need?* combien de temps vous faut-il? combien vous faut-il de temps? **How much is it?** c'est combien? combien cela coûte-t-il? *How m. is it a pound?* cela se vend combien la livre? *P: He has cracked his os innominatum.—Cracked his how much?* il s'est cassé l'os innominé.—Cassé quoi? **2.** *adv.* Beaucoup, bien. **(Very) much better,** beaucoup mieux. *M. worse,* bien pis. **It doesn't matter much,** cela ne fait pas grand'chose. *He is not m. richer than I,* il n'est guère plus riche que moi. **Ever so much** *more intelligent,* infiniment plus intelligent; bien autrement intelligent. *M. less agreeable,* bien moins agréable. *I have suffered m.,* j'ai bien souffert; j'ai beaucoup souffert. *M. pleased,* fort content; très content. *Being m. attracted by your sign, we should like to stay at your inn,* attirés que nous sommes par votre enseigne, nous voudrions loger dans votre hôtellerie. **Much to be desired,** fort à désirer. **Much the largest,** de beaucoup le plus grand; le plus grand de beaucoup. *It m. exceeds my expectations,* cela dépasse de beaucoup mon attente. **Thank you very much (for . . .),** merci bien, je vous remercie infiniment (de . . .). *I enjoyed it very m.,* cela m'a fait bien du plaisir. **Much the same age, much of an age,** à peu près du même âge. *See also* MUCHNESS 2. **It is pretty much the same thing,** c'est à peu près la même chose. **He is much about the same** (*in health*), il est toujours pareil. **Much to my astonishment,** *m. to my regret,* à mon grand étonnement, à mon grand regret. *I don't want two,* **much less three,** il ne m'en faut pas deux, encore moins trois. *P:* **Not much!** plus souvent! je t'en fiche! *See also* HOWEVER 1. **3.** *s.* (*a*) *M. still remains to be done,* il reste encore beaucoup à faire. *M. of the paper is damaged,* une bonne partie du papier est avariée. *The total does not amount to m.,* le total ne s'élève pas à une très forte somme. *There is not m. of it,* il n'y en a pas beaucoup; *F:* il n'y en a pas gras. **Do you see much of one another?** vous voyez-vous souvent? *There is not m. to see,* il n'y a pas grand'chose à voir. **To have much to be thankful for,** avoir tout lieu d'être reconnaissant. *See also* LOOK AT 1, SAY[2] 1. **It is not worth much;** *F:* **it is not up to much,** cela ne vaut pas grand'chose; cela ne vaut pas cher; ce n'est pas fameux; *F:* ça ne casse rien. *His work isn't up to m.,* son travail est quelconque. *F:* **There's not much in it, nothing much in it,** (i) *Turf: Sp:* les chances sont à peu près égales; (ii) *F:* ça se vaut. **There is not much in him,** il manque d'étoffe; il n'a rien de remarquable. *No matter how m. of a quack he is, I believe in him,* quelque charlatan qu'il puisse être, j'ai confiance en ses soins. *F:* **He's not much of a scholar,** c'est un piètre savant; ce n'est pas ce qu'on appelle un savant. *He wasn't m. of a teacher,* il ne valait pas grand'chose comme professeur; il n'était pas fameux comme professeur. *I am not m. of a playgoer,* je ne vais guère au théâtre. *He's not m. of a father,* ce n'est pas le modèle des pères. *Not m. of a dinner,* un dîner médiocre; un pauvre dîner. *Iron:* **Much he knows about it!** il n'en sait absolument rien! comme s'il y connaissait quelque chose! *Prov:* **Much will have more,** l'appétit vient en mangeant. (*b*) **This much,** autant que ceci. **That much,** autant que cela. *This m., that m., too big,* trop grand de ceci, de cela. *The sleeves are too long* **by that much,** les manches sont trop longues de tout cela. *Cut that m. off,* coupez-en long comme ça. *Give me that m.,* donnez-m'en cette quantité-là. *Can you spare this m.?* pouvez-vous vous passer d'un bout comme ça? *I will say this m. for him,* je dirai ceci en sa faveur. *He did tell me that m.,* voilà ce qu'il m'a dit. *He admitted that m.,* il est allé jusque-là dans ses aveux. *Let me belong to you that m.!* que je sois à vous au moins jusque-là! *This m. is certain, that . . .,* il y a ceci de certain que. . . . *You haven't grown up without knowing that m.,* vous n'avez pas grandi sans savoir au moins cela. (*c*) **To make much of sth.,** (i) attacher beaucoup d'importance à qch.; faire beaucoup de cas, grand cas, de qch.; (ii) vanter qch.; *F:* monter qch. en épingle. *M. has been made of the incident,* on a beaucoup parlé de cet incident. **To make much of s.o.,** (i) faire fête à qn; être aux petits soins pour qn, auprès de qn; (ii) câliner, choyer, dorloter, mignoter (un enfant, etc.); (iii) flatter qn. *To make m. of a horse,* caresser un cheval; faire des caresses à un cheval. **I did not make much of that book,** je n'ai pas compris grand'chose à ce livre. **I don't think much of it,** j'en fais peu de cas; je n'en fais pas grand cas; ça ne me dit pas grand'chose. *I don't think m. of his work,* je n'ai pas une bien haute idée de son travail. **4.** (*a*) **Much as.** *M. as I like him . . .,* quelle que soit mon affection pour lui. . . . *Com: M. as we should like to meet you . . .,* si grand que soit notre désir de vous être agréable . . .; pour autant que nous désirions vous être agréable. . . . *M. as I dislike it . . .,* pour autant que cela me déplaise.

M. as I tried I could never find it again, j'eus beau chercher, je ne le retrouvai pas. (*b*) **As much,** autant (de). **As much again,** encore autant. *Give me half as m. again,* donnez-m'en encore la moitié; donnez-m'en la moitié en plus. *Quite as m.,* tout autant. *Twice as m. water,* deux fois autant d'eau. *Three times as m.,* trois fois autant, *occ.* deux fois autant. *F:* **I expected as much, I thought as much, I guessed as much,** je m'y attendais; c'est (bien) ce que je pensais; je m'en doutais bien. *Can you do as m.?* êtes-vous capable d'en faire autant? *I will oblige you, but you must do as m. for me,* je vais vous obliger, mais c'est à titre de revanche, c'est à charge d'autant. *There is as m. to be said about him,* il y en a autant à dire de lui. (*c*) **As much as . . .,** autant que. . . . *Do as m. as you can,* faites(-en) autant que vous pourrez. *I have three times as m. as I want,* j'en ai trois fois plus qu'il ne m'en faut; j'en ai trois fois autant qu'il m'en faut. *Quite as m. as . . .,* tout autant que . . .; non moins que. . . . *It is as m. your fault as mine,* c'est autant votre faute que la mienne. *He hates you as m. as you like him,* autant vous l'aimez, autant il vous déteste. *F:* **It is as much as he can do** *to keep out of debt,* il a toutes les peines du monde à ne pas contracter des dettes. *It is as m. as he can do to read,* c'est tout juste s'il sait lire. *It was as m. as I could do not to cry,* je me tenais à quatre pour retenir mes larmes. **It is as much as saying** *that I am a liar,* autant dire que je mens. *He looked at me* **as much as to say . . .,** il me regarda avec l'air de vouloir dire. . . . *I would give as m. as fifty pounds,* j'irais jusqu'à cinquante livres. *The wall must be as m. as sixty feet high,* le mur ne doit pas avoir moins de soixante pieds de haut. (*d*) **As much (as), so much (as),** tant (que), autant (que). *To like nothing as m. as fighting,* n'aimer rien (au)tant que de se battre. *One cannot say so m. for everybody,* on ne peut pas en dire autant de tout le monde. *He does not like me as m. as her,* il ne m'aime pas autant qu'il l'aime. *Do you owe him as m. as that?* est-ce que vous lui devez autant que cela? *Do you love her as m. as that?* vous l'aimez à ce point-là? **He is not so much a scholar as a writer,** il est plutôt un écrivain qu'un érudit. *Oceans do not so m. divide the world as unite it,* les océans ne divisent pas tant le monde qu'ils l'unissent. *I would not even have done so m.,* je n'en aurais pas même fait autant. **I haven't so much as my fare,** je n'ai pas même, seulement, le prix de mon voyage. **He went away without so much as saying goodbye,** il s'en alla sans même dire au revoir. *F:* **He would not so much as look at it,** il n'a pas même voulu le regarder. **I would not so much as raise a finger to help him,** je ne lèverais pas même, pas seulement, le petit doigt pour l'aider. (*e*) **So much,** tant (de), autant (de). *So m. money,* tant d'argent. *I did not know he was so m. respected,* je ne le savais pas autant respecté. *So m. exaggerated,* si exagéré; tellement exagéré. *So m. of his time is spent on trifles,* il perd une si grande partie de son temps à des vétilles. *P:* **Not so much of it!** la barbe! la ferme! *He has drunk so m. that . . .,* il a tant, tellement, bu que. . . . **That is so much to the good,** c'est autant de gagné. **So much the better,** tant mieux. **So much the more, the less, as . . .,** d'autant plus, moins, que. . . . *It will be so m. the less to pay,* ce sera autant de moins à payer. **So much so that . . .,** à ce point que . . .; au point que . . .; à tel point que . . .; *F:* à telle(s) enseigne(s) que. . . . **So much for** *our journey; and now . . .,* voilà pour notre voyage; maintenant. . . . *So m. for his friendship!* et voilà ce qu'il appelle l'amitié! *So m. for that!* voilà tout ce qu'il y a à dire là-dessus; voilà une affaire finie; et d'une. *So m. for him!* voilà son compte réglé! (*f*) **So much per cent,** tant pour cent. (*g*) **Too much,** trop (de). *Too m. bread,* trop de pain. *Too m. oil, vinegar,* excès *m* d'huile, de vinaigre. **Much too much,** beaucoup trop (de). **Ten pounds too much,** dix livres de trop. **It is too much by half,** c'est trop de moitié. *To cost too m.,* coûter trop cher. *He was going to say too m.,* il allait trop en dire, en dire trop. **To think too much of oneself,** s'en faire accroire. **To make too much of sth.,** attacher trop d'importance à qch.; s'exagérer la portée de qch. *To make too m. of trifles,* (i) s'attacher superstitieusement aux choses sans intérêt; (ii) attacher trop d'importance à des vétilles. *Don't make too m. of it,* ne vous impressionnez pas; *F:* ne vous frappez pas. *This author has been made too m. of,* on a surfait cet auteur. *F:* **That's too much of a good thing,** cela passe la mesure; cela passe les bornes. *Prov:* **One can have too much of a good thing,** tout soûle à la fin. **You can't have too much of a good thing,** abondance de bien ne nuit pas; quand on prend du galon, on n'en saurait trop prendre. **Too much is as bad as none at all,** trop et trop peu n'est pas mesure. *See also* TOO 1. **-ly,** *adv. F:* Beaucoup.

'much-admired, *a.* Admiré de tous.

'much-loved, *a.* Bien-aimé.

'much-to-be-ad'mired, *a.* Admirable.

'much-to-be-'pitied, *a.* Malheureux; bien digne de pitié.

muchness ['mʌtʃnəs], *s.* **1.** *A. & F:* (*a*) Quantité *f.* (*b*) Grandeur *f.* **2.** *F:* **It's much of a muchness,** c'est bonnet blanc et blanc bonnet; c'est chou vert et vert chou; *P:* c'est kif-kif.

muciform ['mju:sifɔ:rm], *a.* Muciforme.

mucilage ['mju:siledʒ], *s.* **1.** Mucilage (végétal, animal). **2.** *U.S:* Colle *f* (de bureau); colle de poisson ou gomme *f* arabique.

mucilaginous [mju:si'ladʒinəs], *a.* Mucilagineux.

mucin ['mju:sin], *s. Ch:* Mucine *f.*

muck[1] [mʌk], *s.* **1.** (*a*) Fumier *m.* (*b*) Fange *f, P:* gadoue *f;* (*from the streets*) crotte *f,* ordures *fpl;* (*from drain, etc.*) curures *fpl;* (*from machinery*) cambouis *m.* **To be all in a muck,** être crotté jusqu'à l'échine, comme un barbet. *F:* **To be in a muck of a sweat,** suer à grosses gouttes; être tout en nage. **2.** *F:* (i) Choses dégoûtantes; saletés *fpl;* (ii) camelote *f.* *To eat m.,* manger de la saleté, des cochonneries. *The food was awful m.,* la nourriture était abominable. *To read m.,* (i) lire des bêtises, des ouvrages sans valeur, des niaiseries; (ii) lire des saletés. *To sing m.,* chanter de la musiquette. *P:* **Muck for mugs,** balivernes *fpl* pour les ballots. **3.** *P:* (*a*) Confusion *f, F:* pagaille *f.* (*b*) **To make a muck up of sth.,** gâcher, bousiller, qch.

'muck-bar, *s. Metall:* Barre *f* de fer brut; ébauché *m.*

'muck-heap, *s.* Tas *m* d'ordures; fumier *m.*

'muck-iron, *s. Metalw:* Fer ébauché.

'muck-rake[1], *s.* Racloir *m* à boue; râteau *m* à fumier.

'muck-rake[2], *v.i. U.S: F:* Déterrer, publier, des scandales, des cas de corruption.

'muck-raker, *s. U.S: F:* Déterreur *m* de scandales.

'muck-roll, *s. Metall:* Dégrossisseur *m.*

muck[2]. **1.** *v.tr.* (*a*) **To muck (out) a stable,** nettoyer une écurie. (*b*) Salir, souiller, crotter. (*c*) *P:* **To muck (up) a job,** gâcher, bousiller, *P:* cochonner, une besogne. **2.** *v.i. P:* **To muck about,** flâner, flânocher.

muck in, *v.i. P:* **To muck in with s.o.,** chambrer avec qn.

mucker[1] ['mʌkər], *s. P:* Chute *f,* culbute *f; P:* bûche *f.* **To come a mucker** = *to come a cropper, q.v. under* CROPPER[1] 4. **To go a mucker on sth., over the purchase of sth.,** dépenser sans compter pour obtenir qch. (qui n'en vaut pas la peine).

mucker[2], *s. U.S:* Homme *m* de basse extraction; rustre *m.*

muckiness ['mʌkinəs], *s.* Saleté *f,* malpropreté *f.*

muckle [mʌkl], *s. Scot:* = MICKLE.

muckworm ['mʌkwə:rm], *s.* **1.** (*a*) *Ent:* Larve *f* du bousier. (*b*) *F:* Ver *m* de fumier. **2.** *P: A:* (*a*) Grippe-sou *m, pl.* grippe-sous; avare *mf;* ladre, *f.* ladresse; pingre *m.* (*b*) = GUTTER-SNIPE 1.

mucky ['mʌki], *a.* Sale, crotté, souillé, malpropre.

muco-purulent [mju:ko'pjuərulənt], *a. Med:* Muco-purulent, *pl.* muco-purulents.

muco-pus ['mju:ko'pʌs], *s. Med:* Muco-pus *m.*

mucor ['mju:kɔ:r], *s. Fung:* Mucor *m.*

mucosity [mju'kɔsiti], *s. Physiol:* Mucosité *f.*

mucous ['mju:kəs], *a.* Muqueux. *See also* MEMBRANE.

mucro, *pl.* **-os, -ones** ['mju:kro, -ouz, mju'krouni:z], *s. Bot:* Mucron *m,* pointe *f.*

mucronate ['mju:kronet], **mucronated** ['mju:kroneitid], *a. Bot:* Mucroné.

mucus ['mju:kəs], *s.* **1.** *Physiol:* Mucus *m,* mucosité *f,* glaire *f.* **2.** *Bot:* Mucosité.

mud [mʌd], *s.* (*a*) Boue *f,* bourbe *f; Lit:* fange *f.* **River mud,** limon *m,* vase *f;* (*used as fertilizer*) wagage *m.* *Caked mud,* boue agglomérée. *To be covered in mud,* **to be all over mud,** être crotté comme un barbet; être crotté jusqu'à l'échine. **To get stuck in the mud,** s'embourber. *Nau: Vessel stuck in the mud,* navire supé. *See also* STICK[2] II. 3. (*Of ship*) *To settle down, to sink, in the mud,* s'envaser. *Med:* **To bathe a patient in mud,** donner un bain de boues à un malade; illuter un malade. *F:* **To drag s.o.'s name in the mud,** lancer des calomnies fangeuses contre qn; traîner qn dans la boue. **To fling, throw, mud at s.o.,** couvrir qn de boue, de fange; déblatérer contre qn. **His name is mud,** (i) sa réputation ne vaut pas cher, son nom traîne dans la boue; (ii) c'est un homme fini. *Prov:* **If you throw mud enough, some of it will stick,** calomniez, calomniez, il en reste toujours quelque chose. Mud bottom (*of sea, river*), vasard *m.* **Mud hut,** hutte *f* de terre; adobe *m.* Mud wall, mur bousillé, en torchis, en pisé. *Mud walling,* bousillage *m.* *Mud-wall builder,* bousilleur *m.* *See also* CLEAR[1] I. 1, FLOOR[1] 1, SURE 2, VOLCANO. (*b*) *Mch:* Boue; tartres boueux. Mud hole, trou *m* de sel (d'une chaudière); trou de vidange; vasière *f.*

'mud-bank, *s.* Banc *m* de sable, de vase; affangissements *mpl,* javeau *m* (dans le lit d'un cours d'eau).

'mud-barge, *s.* Marie-salope *f* (de drague), *pl.* maries-salopes; bateau vasier.

'mud-bath, *s. Med:* Bain *m* de boues; illutation *f.*

'mud-bound, *a.* **1.** (Fleuve, etc.) vasard. **2.** (Bateau) enlisé, pris dans la vase; (bateau) supé.

'mud-built, *a.* Construit avec de la boue; construit en torchis, en bousillage.

'mud-cock, *s. Mch:* Purgeur *m;* robinet *m* d'ébouage.

'mud-cure, *s. Med:* Illutation *f.*

'mud-dredger, *s.* = DREDGE-BOAT.

'mud-flap, *s. Cy:* Bavette *f* garde-boue.

'mud-flat, *s.* Plage *f* de vase.

'mud-geyser, *s.* Source jaillissante boueuse.

'mud-headed, *a. P:* Bête, idiot.

'mud-lighter, *s.* = MUD-BARGE.

'mud-mask, *s. Toil:* Emplâtre *m* de boues.

'mud-minnow, *s. Ich:* Umbre *m.*

'mud-pack, *s.* = MUD-MASK.

'mud-pie, *s.* Pâté *m* de sable ou de boue (fait par les enfants).

'mud-scraper, *s.* Décrottoir *m* (de cylindre compresseur).

'mud-shovel, *s.* Bogue *f.*

'mud-slinger, *s. F:* Calomniateur, -trice; médisant, -ante.

'mud-slinging, *s. F:* Calomnies *fpl;* médisance *f.*

'mud-spring, *s.* Fontaine *f* de boue.

'mud-stained, *a.* (Vêtement) souillé de boue.

'mud-stream, *s. Geol:* Avalanche boueuse.

'mud-turtle, *s. Rept:* (Tortue *f*) bourbeuse *f.*

'mud-worm, *s.* Appât *m* de vase.

mudar [mʌ'dɑ:r], *s. Bot: Pharm:* Mudar *m.*

mudded ['mʌdid], *a.* Crotté; couvert de boue. (*Of pers.*) **Mudded all over,** crotté jusqu'à l'échine, jusqu'aux oreilles; crotté comme un barbet.

muddied ['mʌdid]. *See* MUDDY[2].

muddiness ['mʌdinəs], *s.* **1.** État crotté; saleté *f.* **2.** (*a*) Turbidité *f,* état *m* trouble (d'un liquide). (*b*) *F: M. of mind,* manque *m* de clarté dans les idées; confusion *f* d'esprit.

muddle[1] [mʌdl], *s.* Confusion *f,* emmêlement *m,* embrouillement *m,* (em)brouillamini *m,* fouillis *m.* *The m. and waste of government* *departments, F:* la gabegie de l'administration. **To be in a muddle,** (i) (*of thgs*) être en confusion, en désordre, en pagaille; (ii) (*of pers.*) avoir les idées brouillées. **To get into a muddle (about sth.),** s'embrouiller (au sujet de qch.). *To get an affair in a m.*, **to make a muddle of** *an affair*, embrouiller, emmêler, une affaire; *F:* brouiller les fils; jeter la pagaille dans une affaire. *To make a m. of one's life*, gâcher sa vie. *The party was a complete m.*, la pagaille a régné pendant toute la fête.

'muddle-head, *s.* Brouillon *m.*

'muddle-headed, *a.* A l'esprit confus; brouillon. *M.-h. ideas*, idées confuses, embrouillées.

'muddle-'headedness, *s.* Confusion *f* d'esprit; stupidité *f*, bêtise *f*.

muddle², *v.tr.* (*a*) Embrouiller, brouiller (qch.); emmêler (une histoire); brouiller, gâcher (une affaire). *To m. one's papers*, mêler ses papiers; mettre la pagaille dans ses papiers. **To muddle things (up),** embrouiller les choses; *F:* brouiller les fils. *To m. (up) a drawer*, déranger un tiroir; tripoter, *F:* farfouiller, dans un tiroir. *Business muddled at the start*, affaire mal emmanchée. (*b*) Brouiller l'esprit à (qn); embrouiller (qn).

muddle about, *v.i.* *F:* Traîner, traînasser, lambiner.

muddle on, *v.i.* *F:* Avancer cahin-caha (dans son travail, etc.). *We muddled on for ten years*, pendant dix ans on a vécu cahin-caha, au jour le jour.

muddle through, *v.i.* Se débrouiller; s'en acquitter, se tirer d'affaire, tant bien que mal.

muddled, *a.* **1.** (*Of thgs*) Brouillé; en désordre. **2.** (*Of pers.*) (*a*) Confus, brouillé, embrouillé. **I've got muddled (up),** je n'y suis plus. (*b*) **Muddled with drink,** un peu gris; éméché; hébété par la boisson.

muddling, *a.* **1.** (*Of pers.*) Qui embrouille tout; brouillon, -onne. **2.** (*Of thg*) Qui embrouille l'esprit.

muddledom ['mʌdldəm], *s.* *F:* Le règne de la confusion, de la pagaille.

muddler ['mʌdlər], *s.* Brouillon, -onne; esprit brouillon; gâte-tout *m inv.*

muddy¹ ['mʌdi], *a.* **1.** (*a*) (Chemin) boueux, fangeux, bourbeux, détrempé; (cours d'eau) bourbeux, vaseux, limoneux. *Nau:* **Muddy bottom,** fond *m* de vase. *F:* **It's muddy in that quarter,** il fait sale dans ce quartier. *U.S:* **The Big Muddy,** (i) le Missouri, (ii) le Mississipi. (*b*) (Vêtement, etc.) crotté, couvert de boue. **2.** (*a*) (Liquide *m*, vin *m*, etc.) trouble. *M. ink*, encre pâteuse, épaisse. (*b*) (Couleur) sale, enfumée; (lumière *f*) terne (dans le brouillard, etc.). **Muddy complexion,** teint brouillé, terreux. *To paint m.-coloured ancient ruins*, peindre de terreuses ruines antiques. *M. voice*, voix grasse, pâteuse. (*c*) (Style, etc.) confus. *A m. terminology does not stand for profundity*, une terminologie obscure n'est pas une garantie de profondeur de pensée. **3.** **To taste muddy,** avoir un goût de vase.

muddy², *v.tr.* **1.** Encrotter, crotter (ses habits, etc.). **2.** (*a*) Troubler (l'eau). (*b*) Brouiller (le teint). **3.** Embrouiller, brouiller (l'esprit de qn).

muddied, *a.* **1.** = MUDDED. **2.** (Cours d'eau) bourbeux.

mudguard ['mʌdgɑːrd], *s.* Garde-boue *m inv*, garde-crotte *m inv*, pare-boue *m inv* (de voiture, de bicyclette); aile *f* (d'automobile).

mudir [mu'diːr], *s.m.* *Turk.Adm:* Moudir.

mudlark¹ ['mʌdlɑːrk], *s.* Gamin *m* des rues; *F:* loupiot *m.*

mudlark², *v.i.* *F:* (*Of street urchins*) Jouer dans le ruisseau.

muezzin [mu'ezin], *s.* Muezzin *m.*

muff¹ [mʌf], *s.* **1.** *Cost:* Manchon *m.* *See also* FOOT-MUFF, RADIATOR-MUFF. **2.** *Mec.E:* Manchon d'accouplement (de tuyaux).

'muff-coupling, *s.* *Mec.E:* **1.** Accouplement *m* à manchon. **2.** Manchon *m* d'accouplement.

muff², *s.* *F:* **1.** (*Pers.*) Empoté *m*; *P:* andouille *f*, tourte *f*, cornichon *m*, nouille *f*. **2.** *Sp:* *Games:* Coup raté. **To make a muff of a catch,** *etc.*, rater la balle, etc.; rater, louper, son coup.

muff³, *v.tr.* *F:* Rater, bousiller, louper. *Golf: etc:* **To muff a shot, a stroke,** manquer, rater, un coup. *Cr:* **To muff a catch,** rater, manquer, une balle (en essayant de l'attraper). *Av:* *To m. one's landing*, louper son atterrissage.

muffetee [mʌfi'tiː], *s.* *A:* Manchette *f* de tricot; miton *m.*

muffin ['mʌfin], *s.* Petit pain mollet (plat et rond; se mange à l'heure du thé, beurré à l'intérieur et rôti). *F:* **Muffin face,** visage *m* sans expression.

'muffin-bell, *s.* Sonnette *f* à main (de marchand de *muffins*).

'muffin-man, *s.m.* Marchand de *muffins* ambulant.

muffle¹ [mʌfl], *s.* Mufle *m* (de bœuf, de vache).

muffle², *s.* **1.** *Cost:* Moufle *f*, mitaine *f*. **2.** *Metall:* *Cer:* Moufle *m.* **Muffle-furnace,** four *m* à moufle; moufle.

muffle³, *v.tr.* **1.** Emmitoufler. **To muffle oneself up,** s'emmitoufler. *To m. up one's throat*, s'emmitoufler la gorge. **2.** (*a*) Envelopper (qch., pour amortir, assourdir, voiler, le son); assourdir (les avirons, une cloche). *Mus:* Voiler, assourdir (un tambour). (*b*) *The carpet muffles every footfall*, le tapis éteint, étouffe, tout bruit de pas. *The snow muffles the approaches to the camp*, la neige ouate les abords du camp. (*c*) Envelopper la tête ou la bouche de (qn, pour l'empêcher de crier); bâillonner (qn).

muffled, *a.* **1.** Emmitouflé. **Muffled up in thick furs,** emmitouflé d'épaisses fourrures. **2.** (Son) sourd; (aviron) assourdi. **Muffled drums,** tambours voilés. *M. voice*, voix étouffée.

muffling, *s.* Assourdissement *m* (d'un tambour, d'une cloche).

muffler ['mʌflər], *s.* **1.** Cache-nez *m inv*; cache-col *m*, *pl.* cache-col(s). **2.** (*a*) *Box:* Gant *m.* (*b*) *F:* Moufle *f*, mitaine *f*. **3.** (*a*) *Mus:* Étouffoir *m* (de piano). (*b*) *Mch:* **(Exhaust-)muffler,** (i) gueule-de-loup *f*, *pl.* gueules-de-loup; (ii) *I.C.E:* pot *m* d'échappement; silencieux *m.*

mufflered ['mʌflərd], *a.* Emmitouflé dans un cache-nez.

mufti ['mʌfti], *s.* **1.** *Moham.Rel:* Mufti *m*, muphti *m.* **2.** *Mil:* *Navy:* *F:* Tenue bourgeoise, costume civil, de ville. **In mufti,** en civil, en bourgeois; *P:* en pékin, en péquin.

mug¹ [mʌg], *s.* **1.** (*For beer*) Chope *f*, pot *m*; (*for tea*) (grosse) tasse (à paroi perpendiculaire). **Tin mug,** timbale *f*, gobelet *m.* **2.** *Sp:* *Hum:* (*Cup*) Coupe *f*; *F:* coquetier *m.*

mug², *s.* *P:* **1.** Jobard *m*, nigaud *m*; dupe *f*; *F:* daim *m*, (bonne) poire. **That's a mug's game,** c'est bon pour les nigauds, pour les jobards; c'est de la jobardise. *He looks a bit of a mug*, il a l'air d'une poire. *Th:* *etc:* **The mug who pays for his seat,** le cochon de payant. **2.** = MUFF² **1.**

mug³, *s.* *Sch:* *F:* Bûcheur, -euse; potasseur *m.*

mug⁴, *v.tr.* & *i.* (mugged; mugging) *Sch:* *F:* **To mug (at) a subject, to mug up a subject,** étudier un sujet en vue d'un examen; bûcher, potasser, piocher, un sujet. *To mug up some Greek for an exam*, faire un peu de grec pour un examen. *To mug up for an examination*, chauffer un examen.

mug⁵, *s.* *P:* **1.** (*a*) (*Face*) Mufle *m*, museau *m*, binette *f*, fiole *f*, tirelire *f*. **Ugly mug,** vilaine binette; vilain museau; tête *f* à gambier. (*b*) *U.S:* *P:* Signalement *m* (d'un repris de justice). **2.** (*Mouth*) Gueule *f*, margoulette *f*.

mug⁶, *v.tr.* (mugged) *U.S:* *P:* Photographier (qn).

mugful ['mʌgful], *s.* Chope *f*, pot *m* (de bière); timbale *f* (d'eau, etc.).

mugger ['mʌgər], *s.* *Z:* Crocodile *m* des marais, de l'Inde.

mugginess ['mʌginəs], *s.* **1.** Chaleur *f* humide, lourdeur *f* (du temps). **2.** Manque *m* d'air, odeur *f* de renfermé (d'une salle).

muggins ['mʌginz], *s.* **1.** *P:* = JUGGINS. **2.** *Dominoes:* (Variété *f* de) matador *m.*

muggy ['mʌgi], *a.* **1.** (Temps) mou, lourd; (temps) chaud et humide. **2.** (Salle, etc.) qui manque d'air, qui sent le renfermé.

mugwort ['mʌgwəːrt], *s.* *Bot:* Armoise commune; barbotine *f*; herbe *f* à cent goûts.

mugwump ['mʌgwʌmp], *s.* *U.S:* *F:* **1.** Personnage important; gros bonnet; *P:* grosse légume. **2.** *Pol:* Indépendant *m.*

mujik ['muːʒik], *s.* = MOUJIK.

Mukden ['mukden]. *Pr.n.* *Geog:* Moukden *m.*

mulatto [mju'lato]. **1.** *a.* (*a*) Mulâtre. (*b*) (Teint) basané. **2.** *s.* Mulâtre, -esse.

mulberry ['mʌlbəri], *s.* *Bot:* **1.** Mûre *f*. **2.** **Mulberry (-bush, -tree),** mûrier *m.* *See also* PAPER-MULBERRY.

mulch¹ [mʌltʃ], *s.* *Hort:* Paillis *m*; litière *f* en décomposition. *Surface m.*, couverture *f* d'humus.

mulch², *v.tr.* *Hort:* Pailler; fumer (avec des feuilles mortes).

mulching, *s.* Paillage *m.*

mulct¹ [mʌlkt], *s.* Amende *f*.

mulct², *v.tr.* **1.** *Jur:* Mettre (qn) à l'amende; frapper (qn) d'une amende; *A:* mulcter (qn). **To mulct s.o. (in) a certain sum,** infliger à qn une amende d'une certaine somme. *He was mulcted (in) five pounds*, on lui imposa une amende de cinq livres; *A:* on le mulcta de cinq livres. **2.** Priver (*s.o. of sth.*, qn de qch.). **To mulct a man of a week's pay,** suspendre la solde d'un homme pour huit jours.

mule¹ [mjuːl], *s.* **1.** **(He-)mule,** mulet *m.* **(She-)mule,** mule *f*. **Young mule,** muleton *m*, mulasse *f*. **On a mule,** à dos de mulet. *See also* PACK-MULE, STUBBORN 1, TRACK¹ 2. **2.** Métis, -isse; hybride *m.* **Mule canary,** arlequin *m.* **3.** *Tex:* Mule-jenny *f*, *pl.* mule-jennys; renvideur *m.* *Self-acting m.*, renvideur automatique. **4.** *U.S:* Tracteur *m* électrique (pour le halage des bateaux). **5.** *U.S:* *P:* Eau-de-vie *f* de maïs.

'mule-breeding, *s.* **1.** Mulasserie *f*. **2.** **Mule-breeding mare,** jument mulassière.

'mule-driver, *s.* Muletier *m.*

'mule-headed, *a.* *P:* Têtu comme une mule.

'mule-jenny, *s.* *Tex:* Mule-jenny *f*, *pl.* mule-jennys.

'mule-litter, *s.* Cacolet *m.*

'mule-train, *s.* Équipage muletier.

mule², *s.* (*Slipper*) Mule *f*.

muleteer [mjuːlə'tiːər], *s.* Muletier *m.*

muley ['mjuːli], *a.* & *s.* *U.S:* (Vache) sans cornes.

Mülhausen ['mʌlhauz(ə)n]. *Pr.n.* *Geog:* Mulhouse.

muliebrity [mjuːli'ebriti], *s.* Féminéité *f*; féminité *f*.

mulish ['mjuːliʃ], *a.* **1.** De mulet. **2.** Entêté, têtu, comme un mulet; rétif; opiniâtre. **-ly,** *adv.* Avec entêtement; par pure obstination.

mulishness ['mjuːliʃnəs], *s.* Entêtement *m*, obstination *f*; caractère têtu.

mull¹ [mʌl], *s.* *Tex:* **1.** Mousseline *f*; *A:* mallemolle *f*. *Silk m.*, mousseline de soie. **2.** *Bookb:* Mousseline de relieur; organdi *m.*

mull², *s.* Gâchis *m.* **To make a mull of sth.,** gâcher, *F:* bousiller (une affaire); rater (un coup).

mull³, *v.tr.* **1.** *Sp:* Rater, manquer (la balle); bousiller (une affaire). **2.** *U.S:* *F:* **To mull over a notion,** ruminer une idée; tourner une idée dans son esprit.

mull⁴, *v.tr.* Chauffer (du vin ou de la bière) avec des épices. **Mulled wine,** vin chaud épicé.

mull⁵, *s.* *Scot:* Cap *m*, promontoire *m.*

mull⁶, *s.* *Scot:* Tabatière *f*.

mull⁷, *v.tr.* *Phot.Engr:* Grainer (une plaque de zinc).

mullah ['mʌla], *s.* *Moham.Rel:* Mollah *m.*

mullein ['mʌlen], *s.* *Bot:* Molène *f*, cierge *m.* **Great mullein,** molène commune; bouillon-blanc *m*, *pl.* bouillons-blancs; cierge de Notre-Dame. **Mullein pink,** coquelourde *f*; passe-fleur *f*, *pl.* passe-fleurs. *See also* MOTH MULLEIN.

muller ['mʌlər], *s.* Molette *f*, porphyre *m* (de broyeur de couleurs, de pharmacien).

mullet¹ ['mʌlet], *s.* *Ich:* **1.** Muge *m*, mulet *m.* **Common grey mullet,** muge capiton, mulet. **Striped mullet,** muge à grosse tête;

mulet de mer. **2.** Mulle *m.* **Red mullet,** rouget *m*; mulle barbu; surmulet *m.*

'mullet-net, *s. Fish:* Muletières *fpl.*

mullet[2], *s. Her:* Molette *f* (d'éperon).

mulligan ['mʌligən], *s. Cu: U.S: F:* Ratatouille *f.*

mulligatawny [mʌligə'tɔːni], *s.* Potage *m* au cari, au curry.

mulligrubs ['mʌligrʌbz], *s.pl. F:* **1.** Le cafard. **2.** Colique *f.*

mullion ['mʌljən], *s. Arch:* Meneau (vertical).

mullioned ['mʌljənd], *a. Arch:* (Fenêtre *f*) à meneau(x).

mullock ['mʌlək], *s.* (*In Austr.*) (*a*) Roche *f* non aurifère. (*b*) Déchets *mpl* de roche aurifère.

multangular [mʌl'tæŋgjulər], *a. Geom:* Multangulaire.

multeity [mʌl'tiːiti], *s.* **1.** Pluralité *f.* **2.** Nombre *m* considérable.

multi- ['multi], *comb.fm.* Multi-. **1.** *Forming adjectives. Multicellular,* multicellulaire. *Multidentate,* multidenté. *Multitubular,* multitubulaire; à tubes multiples. *Multi-star cast,* ensemble d'acteurs comprenant plusieurs vedettes. **2.** *Forming nouns. Multiformity,* multiformité.

multi-ar'ticulate, *a.* Multiarticulé.

'multi-colour(ed), *a.* Multicolore.

'multi-disc, *a. See* CLUTCH[1] 2.

multi-'engined, *a. Aer:* (Appareil *m*) à plusieurs moteurs, à moteurs multiples; (appareil) multimoteur.

'multi-step, *attrib.a.* Étagé; à gradins. **Multi-step hydroplane,** hydravion *m* à redans multiples.

'multi-wire, *attrib.a.* Multifilaire. *W.Tel:* **Multi-wire aerial,** antenne *f* multifilaire; antenne en nappe ou en cage.

multicapsular [mʌlti'kapsjulər], **multicapsulate** [mʌlti'kapsjulet], *a. Bot:* Multicapsulaire.

multicauline [mʌlti'kɔːlin], *a. Bot:* Multicaule.

multicuspid(ate) [mʌlti'kʌspid(et)], *a. Bot:* Multicuspidé.

multicylinder [mʌlti'silindər], *attrib.a. I.C.E:* (Moteur *m*) à plusieurs cylindres, polycylindrique.

multidigitate [mʌlti'didʒitet], *a. Z:* Multidigité.

multifarious [mʌlti'fɛəriəs], *a.* Varié, divers; multiple. *My m. duties,* le nombre et la variété de mes occupations.

multifariousness [mʌlti'fɛəriəsnəs], *s.* Variété *f,* diversité *f*; multiplicité *f.*

multifid ['mʌltifid], **multifidous** [mʌl'tifidəs], *a. Nat.Hist:* Multifide.

multifloral [mʌlti'flɔːrəl], **multiflorous** [mʌlti'flɔːrəs], *a. Bot:* Multiflore, pluriflore.

multifoil ['mʌltifɔil], *a. Arch:* (Arc) polylobé.

multiform ['mʌltifɔːrm], *a.* Multiforme.

multilateral [mʌlti'latərəl], *a.* = MANY-SIDED.

multilobate [mʌlti'loubeit], **multilobated** [mʌltilo'beitid], **multilobular** [mʌlti'lɔbjulər], *a. Nat.Hist:* Multilobé.

multilocular [mʌlti'lɔkjulər], **multiloculate(d)** [mʌlti'lɔkjuleit(id)], *a. Bot:* (Ovaire *m*) multiloculaire, pluriloculaire.

multimillionaire [mʌltimiljə'nɛər], *a. & s.* Multimillionnaire (*mf*), milliardaire (*mf*).

multinervate [mʌlti'nəːrvet], **multinervose** [mʌlti'nəːrvous], *a. Nat.Hist:* Multinervé.

multinomial [mʌlti'noumiəl], *a. & s. Alg:* Polynôme (*m*).

multiparity [mʌlti'pariti], *s. Biol:* Multiparité *f.*

multiparous [mʌl'tiparəs], *a. Biol:* Multipare.

multipartite [mʌlti'pɑːrtait], *a.* A divisions multiples.

multiped ['mʌltiped], *a.* (Tracteur *m*) multipédale.

multiphase ['mʌltifeːiz], *a. El.E:* (Courant) multiphasé, polyphasé.

multiplane ['mʌltiplein], *a. & s. Av:* Multiplan (*m*), polyplan (*m*).

multiple ['mʌltipl]. **1.** *a.* Multiple. *Firm with m. shops;* **multiple store,** maison *f* à succursales (multiples). *Tp: M. switchboard,* commutateur *m* multiple. **Multiple-jack panel,** multiple *m*. *El:* **Multiple connection,** montage *m* en parallèle, en surface, en dérivation. *Batteries in m.,* accus *m* en parallèle. *Mec.E:* **Multiple-spindle drilling-machine,** perceuse *f* à plusieurs broches. *Psych:* **Multiple personality,** personnalité simultanée; dédoublement *m* de la personnalité. *See also* CLUTCH[1] 2, PLOUGH[1] 1. **2.** *s.* Multiple *m*. *Ar:* **Least common multiple,** plus petit commun multiple.

multiplex ['mʌltipleks], *a.* (Télégraphe *m*) multiplex.

multipliable ['mʌltiplaiəbl], **multiplicable** ['mʌltiplikəbl], *a.* Multipliable.

multiplicand [mʌltipli'kand], *s. Mth:* Multiplicande *m.*

multiplication [mʌltipli'keiʃ(ə)n], *s.* Multiplication *f.* (*a*) *M. of the human species,* multiplication du genre humain. (*b*) *Mth: M. of a number by another,* multiplication d'un nombre par un autre. (*c*) *Mec.E:* **Speed multiplication,** amplification *f* de vitesse; multiplication de vitesse. *See also* COMPOUND[1] I, TABLE[1] 8.

multiplicative ['mʌltiplikətiv], *a.* Multiplicatif.

multiplicity [mʌlti'plisiti], *s.* Multiplicité *f. People complain of the m. of books,* on se plaint de la multitude des livres.

multiplier ['mʌltiplaiər], *s.* **1.** *Mth:* Multiplicateur *m.* **2.** *El.E:* Résistance additionnelle en série; multiplicateur.

multiply ['mʌltiplai]. **1.** *v.tr.* Multiplier. (*a*) *To m. one's examples,* multiplier ses exemples. (*b*) *Mth: To m. two numbers together,* multiplier deux nombres l'un par l'autre. *Abs.* **To multiply up,** chasser les dénominateurs (d'une équation). **2.** *v.i.* (*Of species, etc.*) Se multiplier.

multiplied, *a.* Multiplié; multiple.

multiplying[1], *a.* Multipliant; multiplicateur, -trice; multiplicatif. *Opt:* **Multiplying glass,** (verre) multipliant *m.*

multiplying[2], *s.* Multiplication *f.*

multipolar [mʌlti'poulər], *a. El.E: Biol:* Multipolaire.

multitone ['mʌltitoun], *attrib.a. Aut:* **Multitone horn,** trompe *f* à sons multiples.

multitubular [mʌlti'tjuːbjulər], *a. Mch:* (Chaudière *f*) multitubulaire.

multitude ['mʌltitjuːd], *s.* **1.** Multitude *f,* multiplicité *f* (de raisons, etc.). **2.** Multitude, foule *f,* affluence *f. Play that will appeal to the m.,* pièce qui plaira à la multitude, au peuple, à la foule.

multitudinous [mʌlti'tjuːdinəs], *a.* **1.** Nombreux, innombrable. **2.** De toutes sortes; multiple. **3.** Immense, vaste. *M. sound,* flot *m* de sons.

multivalence [mʌlti'veiləns], *s. Ch:* Polyvalence *f.*

multivalent [mʌlti'veilənt, mʌl'tivələnt], *a. Ch:* Polyvalent.

multivalve ['mʌltivalv], *a. & s. Moll:* Multivalve (*m or f*).

multivalvular [mʌlti'valvjulər], *a.* Multivalve.

multivocal [mʌlti'vouk(ə)l], *a. & s.* (Mot *m*) qui a plusieurs significations, au sens équivoque.

multure ['mʌltjər], *s.* Mouture *f* (salaire *m* du meunier).

mum[1] [mʌm], *int. & a.* Chut! **Mum's the word!** motus! chut! bouche close! *P:* avale ta langue! **To keep mum** (*about sth.*), ne pas souffler mot, ne pas sonner mot (de qch.).

mum[2], *s. F:* Maman *f.*

mum[3], *s. P:* = MADAM 1.

mum[4], *v.i.* (mummed; mumming) Mimer.

mumming, *s.* Momerie *f*; momeries *fpl.*

mumble[1] [mʌmbl], *s.* Marmottage *m*; paroles marmottées.

mumble[2], *v.tr.* (*a*) Marmotter, marmonner; barboter (ses mots). *Abs.* Parler entre ses dents; manger ses mots. *To m. a prayer,* marmotter, mâchonner, une prière. *He mumbled a few words,* il prononça quelques mots entre ses dents. *To m. through a sermon,* ânonner un sermon. (*b*) *A:* Mâchonner (de la nourriture).

mumbling[1], *a.* **1.** Qui marmotte, marmonne; marmottant. **2.** *A:* Qui mâchonne. **-ly,** *adv.* Indistinctement, en marmottant.

mumbling[2], *s.* **1.** Marmottage *m.* **2.** *A:* Mâchonnement *m.*

mumbler ['mʌmblər], *s.* **1.** Marmotteur, -euse. **2.** *A:* Mâchonneur, -euse.

Mumbo Jumbo ['mʌmbo 'dʒʌmbo], *s.* **1.** *A:* Idole *f* (de certaines tribus nègres). **2.** (*a*) Objet auquel on rend un culte ridicule. (*b*) Personne qu'on encense, à laquelle on prodigue des honneurs peu mérités.

mumchance ['mʌmtʃɑːns], *a. A:* **To sit, keep, mumchance,** rester coi, *f.* coite.

mummer ['mʌmər], *s.* **1.** Acteur *m* de pantomimes; mime *m.* **2.** *Pej: F:* Acteur; cabotin, -ine.

mummery ['mʌməri], *s.* **1.** *Th: A:* Pantomime *f.* **2.** *Pej:* Momerie *f.*

mummification [mʌmifi'keiʃ(ə)n], *s.* Momification *f.*

mummiform ['mʌmifɔːrm], *a.* (Sarcophage *m*, etc.) en forme de momie.

mummify ['mʌmifai]. **1.** *v.tr.* Momifier. **2.** *v.i.* Se momifier.

mummy[1] ['mʌmi]. **1.** (*a*) *Med: A:* Poudre *f* de momie. *F:* **To beat sth. to a mummy,** réduire qch. en poussière, en miettes, en bouillie. *To beat s.o. to a m.,* battre qn comme plâtre. (*b*) *Art:* Momie *f* (couleur brune). **2.** Momie. (*a*) Momie égyptienne. (*b*) Cadavre desséché.

'mummy-cloth, *s.* Bandelette *f* (de momie).

mummy[2], *v.tr.* (mummied) Momifier.

mummy[3], *s. F:* Maman *f.*

mump[1] [mʌmp], *v.i. & tr. A:* Mendier, coquiner.

mump[2], *v.i. A:* **1.** Bouder. **2.** Prendre une mine confite; faire la sainte nitouche.

mumpish ['mʌmpiʃ], *a. A:* Maussade.

mumps [mʌmps], *s.pl.* (*Usu. with sg. const.*) **1.** *Med:* Parotidite *f* épidémique; *F:* oreillons *mpl.* **2.** *A:* Bouderie *f,* maussaderie *f.* **To have the mumps,** broyer du noir; avoir le cafard.

munch [mʌnʃ], *v.tr.* Mâcher, mâchonner. *v.i.* **To munch away,** jouer des mâchoires.

Münchhausen [mʌn'tʃauz(ə)n, -'tʃɔː-]. *Pr.n.* **Baron Münchhausen** = Monsieur de Crac.

mundane ['mʌndein], *a.* Mondain. **1.** Terrestre, *F:* sublunaire. *See also* EXTRAMUNDANE. **2.** **Mundane pleasures,** plaisirs mondains. **3.** = COSMIC.

mundaneness ['mʌndeinnəs], **mundanity** [mʌn'daniti], *s.* Mondanité *f.*

Mungo ['mʌŋgo], *s. Tex:* Mungo *m*; laine *f* ou drap *m* "renaissance."

mungoose ['mʌŋguːs], *s.* = MONGOOSE.

municipal [mju'nisip(ə)l], *a.* **1.** Municipal, -aux. *M. loans,* emprunts *m* de ville. *M. administration,* administration municipale; l'édilité *f.* **Municipal buildings,** mairie *f*; hôtel *m* de ville. *See also* CORPORATION 4. **2.** *Jur:* **Municipal law,** droit national, interne; législation *f* d'État, intérieure. **-ally,** *adv.* Municipalement.

municipalism [mju'nisipəlizm], *s.* **1.** Municipalisme *m.* **2.** Esprit *m* de clocher.

municipality [mjuːnisi'paliti], *s.* Municipalité *f.*

municipalize [mju'nisipəlaːiz], *v.tr.* Municipaliser.

municipium [mjuːni'sipiəm], *s. Rom.Ant:* Municipe *m.*

munificence [mju'nifis(ə)ns], *s.* Munificence *f*; grande libéralité. *Through the m. of an anonymous donor,* grâce à la générosité d'un donateur anonyme.

munificent [mju'nifis(ə)nt], *a.* Munificent, généreux, libéral, -aux. **-ly,** *adv.* Avec munificence; libéralement, généreusement.

muniment ['mjuːnimənt], *s.* **1.** *pl.* **Muniments,** titres *m,* chartes *f,* archives *f,* documents *m.* **2.** *Attrib.* **Muniment room,** archives.

munition[1] [mju'niʃ(ə)n], *s.* **Munition(s) of war,** munitions *f* de guerre. **The Ministry of munitions,** le Ministère de l'Armement; *F:* les Armements *m.*

mu'nition-factory, *s.* Fabrique *f* de munitions; usine *f* de guerre.

mu'nition-worker, *s.* Ouvrier, -ière, d'une fabrique de munitions.

munition², *v.tr.* Approvisionner; ravitailler en munitions (une armée); armer (un vaisseau).

munitioning, *s.* Munition *f*; ravitaillement *m* en munitions.

muntin ['mʌntin], *s. Const:* Meneau *m* (de fenêtre).

muntjac, muntjak ['mʌntdʒak], *s. Z:* Muntjak *m*; cervule *m* de Malaisie.

Muntz [mʌnts]. *Pr.n. Metall: N.Arch:* **Muntz metal,** *s.* **muntz,** métal *m* Müntz (pour doublage de la coque).

Murad ['mjuərad]. *Pr.n.m. Hist:* Mourad, Amurat.

muraena [mju'ri:nɑ], *s. Ich:* Murène *f*.

mural ['mjuərəl]. **1.** *a.* Mural, -aux. *M. paintings*, peintures murales. *Rom.Ant:* **Mural crown,** couronne murale. *Astr:* **Mural circle,** cercle mural. **2.** *s. U.S:* Peinture murale.

murc [mə:rk], *s. Winem:* Marc *m*.

Murcia ['mə:rsjɑ]. *Pr.n. Geog:* La Murcie.

murder¹ ['mə:rdər], *s.* Meurtre *m*; *Jur:* homicide *m* volontaire. **Premeditated murder,** *U.S:* **murder in the first degree,** assassinat *m*. *U.S:* **Murder in the second degree,** meurtre *m*. **To commit (a) murder, to do murder,** commettre un meurtre, un assassinat. *Thou shalt do no m.*, tu ne tueras point. *F: It is downright m. to . . .*, c'est un meurtre de. . . . **Murder!** au meurtre! à l'assassin! **To cry murder,** crier à l'assassin. *F:* **To cry blue murder,** crier à l'assassin; crier au meurtre; crier à tue-tête, comme un perdu. *Prov:* **Murder will out,** la vérité, le crime, se découvre toujours, se trahit toujours, finit toujours par se découvrir, par se savoir; tôt ou tard la vérité se découvre, se fait jour. *F:* **The murder is out,** on a découvert le pot aux roses.

murder², *v.tr.* **1.** Assassiner. *Jur:* **Person murdered,** personne homicidée. **2.** *F:* Estropier (un mot, un vers, une citation); massacrer, saboter, assassiner (une valse, une chanson); écorcher (le français, l'anglais).

murdering¹, *a.* Qui assassine; meurtrier, assassin.

murdering², *s.* **1.** Assassinat *m*, meurtre *m*. **2.** *F:* Massacre *m*.

murderer ['mə:rdərər], *s.m.* Meurtrier, assassin.

murderess ['mə:rdəres], *s.f.* Meurtrière, assassine.

murderous ['mə:rdərəs], *a.* Meurtrier, assassin. *M. weapons*, armes meurtrières. *M. war*, guerre *f* homicide. *With m. intent*, dans une intention homicide. **-ly,** *adv.* D'une manière meurtrière, sanguinaire. *To attack s.o. m.*, se livrer à une attaque sanguinaire contre qn.

mure ['mjuər], *v.tr. A. & Lit:* **1. To mure in a town,** murer une ville. **2. To mure up a window,** murer, condamner, une fenêtre. **3.** *F:* **To be mured up** *in a small room all day*, être cloîtré, claquemuré, dans une petite chambre pendant toute la journée.

murex, *pl.* **-exes, -ices** ['mjuəreks, -eksiz, -isi:z], *s. Moll:* Murex *m*.

muriate ['mjuəriet], *s. A.Ch: Com:* Muriate *m*, chlorure *m*.

muriated ['mjuərieitid], *a. A.Ch:* Muriaté, chlorhydraté.

muriatic [mjuəri'atik], *a. Com:* **Muriatic acid,** acide *m* chlorhydrique; *F:* esprit *m* de sel.

muricate ['mjuəriket], *a. Nat.Hist:* Muriqué.

muridae ['mjuəridi:], *s.pl. Z:* Muridés *m*.

murine ['mjuərain, -rin], *a. Z:* Murin.

murk¹ [mə:rk], *s.* **1.** *Scot:* (*a*) Obscurité *f*, ténèbres *fpl*. (*b*) Fumée *f*. **2.** *U.S: P:* Café *m*.

murk², *s.* = MURC.

murkiness ['mə:rkinəs], *s.* Obscurité *f*; fuliginosité *f*.

murky ['mə:rki], *a.* Fuligineux, obscur, ténébreux. *M. darkness*, ténèbres épaisses. *M. sky*, ciel brouillé. *F:* **Murky past,** passé obscur, ténébreux.

murmur¹ ['mə:rmər], *s.* **1.** (*a*) Murmure *m* (des vagues, d'un ruisseau, de la foule); bruissement *m*. (*b*) *Med:* **Cardiac murmur,** murmure cardiaque; bruit *m* cardiaque. **2.** Murmure (d'approbation ou d'improbation). *He swallowed it* **without a murmur,** (i) il l'a avalé sans murmurer; (ii) *F:* il a avalé ça comme du petit-lait. **3.** *To converse in murmurs*, s'entretenir par murmures, à voix basse.

'murmur vowel, *s. Ling:* Voyelle *f* transitoire.

murmur², *v.i. & tr.* (**murmured** ['mə:rmərd]; **murmuring**) **1.** Murmurer, susurrer; (*of brook*) bruire. **2. To murmur at sth., against s.o.,** murmurer contre qch., contre qn. **3.** *To m. a secret into s.o.'s ear*, murmurer un secret à l'oreille de qn. *He murmured a name*, il prononça un nom à voix basse.

murmuring¹, *a.* **1.** Murmurant, susurrant. **2.** Murmurateur, -trice (*against*, contre).

murmuring², *s.* **1.** Murmure *m*. **2.** Murmures (*against*, contre).

murmurer ['mə:rmərər], *s.* Murmurateur, -trice (*against*, contre).

murmurous ['mə:rmərəs], *a. Lit:* Plein de murmures; murmurant, bruissant.

murphy ['mə:rfi], *s. A. & P:* Pomme *f* de terre.

murrain ['mʌrin], *s.* **1.** *A:* Peste *f*. **A murrain on him!** (la) peste soit de lui! **2.** *Vet:* Épizootie *f*.

murrained ['mʌrind], *a. Vet:* (Troupeau) atteint d'une épizootie.

murrhine ['mʌrain, -rin], *a. & s. Cer: Glassm:* Murrhin (*m*).

musaceae [mju'zeisii:], *s.pl. Bot:* Musées *f*.

Musaeus [mju'zi:əs]. *Pr.n.m. Gr.Lit:* Musée.

muscadine ['mʌskadain], *a. & s. Vit:* **Muscadine (grape),** (raisin *m*) muscat *m*.

muscardine [mʌs'kɑ:rdin], *s. Ser:* Muscardine *f*.

muscat¹ ['mʌskat], *a. & s.* **Muscat (grape),** (raisin *m*) muscat *m*. **Muscat (wine),** (vin *m*) muscat.

Muscat². *Pr.n. Geog:* Mascate.

muscatel [mʌska'tel], *s.* **1.** *Vit:* = MUSCAT¹. **2. Muscatel raisins;** **muscatels,** raisins secs de Malaga.

muscidae ['mʌsidi:], *s.pl. Ent:* Muscidés *m*; les mouches *f*.

muscle¹ [mʌsl], *s.* Muscle *m*. *To have m.*, avoir du muscle. *He has a good deal of m.*, il est bien musclé. *Man of m.*, homme musculeux, musclé. *See also* LAUGHING-MUSCLE, MOVE² I. 2.

muscle², *v.i. U.S: P:* **To muscle in,** s'immiscer dans l'affaire. *To m. in on a claim*, empiéter sur une concession (aurifère, etc.); usurper une concession.

-muscled [mʌsld], *a.* **Strong-muscled,** aux muscles puissants; fortement musclé.

muscleless ['mʌslləs], *a.* Mou, *f.* molle; dépourvu de force musculaire.

muscology [mʌs'kɔlodʒi], *s. Bot:* Muscologie *f*, bryologie *f*.

muscovado [mʌsko'vɑ:do], *s. Sug.-R:* Cassonade *f*; sucre brut.

Muscovite ['mʌskovait]. **1.** *a. & s. A.Geog:* Moscovite (*mf*). **2.** *s. Miner:* Muscovite *f*; verre *m* de Moscovie; mica *m*.

Muscovy ['mʌskovi]. *Pr.n. A.Geog:* La Moscovie.

'Muscovy duck, *s. Orn:* = MUSK-DUCK.

'Muscovy glass, *s. Miner:* = MUSCOVITE 2.

muscular ['mʌskjulər], *a.* **1.** (*Of system, tissue, action*) Musculaire. **2.** *M. man*, homme musculeux, musclé, bien découplé. *To be m.*, *F:* avoir du biceps. **3. Muscular Christianity,** christianisme *m* qui met en première ligne la santé du corps; christianisme robuste et joyeux.

muscularity [mʌskju'lariti], *s.* **1.** Muscularité *f* (d'un tissu). **2.** Musculosité *f* (d'un membre); vigueur *f* musculaire.

musculation [mʌskju'leiʃ(ə)n], *s. Art:* Musculature *f*.

musculature ['mʌskjulatjər], *s. Art:* Musculature *f*.

musculo-cutaneous ['mʌskjulokju'teiniəs], *a. & s. Anat:* (Nerf) musculo-cutané *m*.

Muse¹ [mju:z], *s.f.* **1.** *Myth:* Muse. **The Muses,** les Muses; les filles du Pinde; les neuf Sœurs. *Suckling of the Muses*, nourrisson *m* des Muses. **2.** *Lit:* (*a*) **The Muse,** la Muse; l'inspiration *f* poétique. (*b*) **The Muses,** les Muses, les arts libéraux.

muse², *s. Lit:* Rêverie *f*, méditation *f*. **To fall into a muse** *over sth.*, se mettre à méditer sur qch.

muse³, *v.i.* Méditer, rêver, rêvasser. **To muse on, upon, about, sth.,** méditer sur qch.; réfléchir à qch. *To m. on the scene*, contempler le paysage. *To m. on the mystery of death*, méditer sur le mystère de la mort. *To m. on an idea*, ruminer une idée. *To m. on the future*, rêvasser à l'avenir. *"That's queer," he mused*, "voilà qui est bien étrange," murmura-t-il d'un ton rêveur.

musing¹, *a.* Pensif, contemplatif, méditatif; rêveur, -euse. **-ly,** *adv.* D'un air songeur, rêveur, méditatif; pensivement.

musing², *s.* Rêverie *f* (*on*, à); méditation *f* (*on*, sur); contemplation *f* (*on*, de). **Idle musings,** rêvasseries *f*.

muser ['mju:zər], *s.* Rêveur, -euse; rêvasseur, -euse; contemplateur, -trice.

musette [mju'zet], *s. Mus:* Musette *f*.

museum [mju'zi:əm], *s.* Musée *m* (d'antiquités, d'arts et métiers). **Natural history museum,** muséum *m* d'histoire naturelle. **Museum piece,** objet exposé ou digne d'être exposé; *A:* pièce *f* de cabinet.

mu'seum-beetle, *s. Ent:* Anthrène *m* des musées; *F:* amourette *f*.

mush¹ [mʌʃ], *s.* **1.** *Cu: U.S:* Bouillie *f* de farine de maïs; *A:* gaudes *fpl*. **2.** *F:* (*a*) Bouillie, panade *f*. (*b*) *W.Tel:* Cafouillage *m*; (bruits *mpl* de) friture *f*; brouillage *m*. (*c*) Désordre *m*, fouillis *m*. **3.** *P:* Bêtises *fpl*, sottises *fpl*, futilités *fpl*, niaiseries *fpl*. *That's all m.*, tout ça c'est de la balançoire.

'mush-ice, *s.* Glace à moitié prise, sans consistance, qui ne porte pas.

mush², *s. Canada & U.S:* Voyage *m* en traîneau (tiré par des chiens).

mush³, *v.i. Canada & U.S:* Voyager sur la neige (avec traîneaux et chiens).

mushiness ['mʌʃinəs], *s.* **1.** État détrempé, spongieux; manque *m* de consistance (d'un aliment, du terrain, etc.); état bourbeux (des rues, etc.). **2.** Fadeur *f* (de sentiments); sensiblerie *f*.

mushroom¹ ['mʌʃrum], *s.* **1.** Champignon *m* (comestible, de couche). *Cultivated mushrooms*, champignons de couche. **Flap mushroom,** cèpe *m*. *F:* **Club-top mushroom,** clavaire *f*. **Button mushroom,** (i) champignon encore en bouton; (ii) bouton d'argent. *Cu:* **Mushroom sauce, ketchup,** sauce *f* aux champignons. **Mushrooms on toast,** croûte *f* aux champignons. *See also* SPAWN¹ 3. **2.** *F:* (*a*) (*Of pers.*) Parvenu, -ue. (*b*) **Town of mushroom growth, mushroom town,** ville *f* champignon. **3.** *Dom.Ec:* **Darning mushroom,** œuf *m*, boule *f*, à repriser.

'mushroom-'anchor, *s. Nau:* Crapaud *m* de mouillage, d'amarrage.

'mushroom-bed, *s.* Couche *f* de champignons; meule *f* à champignons; champignonnière *f*.

'mushroom-'burner, *s.* Brûleur *m* à champignon.

'mushroom-grower, *s.* Champignonniste *m*.

'mushroom-'headed, *a.* (Soupape *f*, etc.) à tête de champignon, en tête de champignon.

'mushroom-'insulator, *s. El.E:* Isolateur *m* à cloche.

'mushroom-'sinker, *s.* = MUSHROOM-ANCHOR.

'mushroom-'valve, *s. I.C.E: etc:* (Soupape *f* en) champignon *m*; soupape circulaire; clapet *m*.

mushroom², *v.i.* **1.** Ramasser des champignons; faire la cueillette des champignons. **2.** (*a*) (*Of bullet, etc.*) Faire champignon; s'aplatir. (*b*) (*Of fire, flames*) **To mushroom out** *on the upper floor*, se répandre aux étages supérieurs.

mushrooming, *s.* **1.** Cueillette *f* des champignons. *To go m.*, *F:* aller aux champignons. **2.** Aplatissement *m* (d'une balle de fusil, etc.).

mushy ['mʌʃi], *a.* **1.** (*Of food, etc.*) Détrempé; spongieux; sans consistance; baveux; (*of ground, etc.*) détrempé, bourbeux; (*of pear, medlar, etc.*) blet, *f.* blette. **2.** *F:* **Mushy sentimentality,** sensiblerie *f*. **3.** *W.Tel:* **Mushy reception,** réception brouillée.

music¹ ['mju:zik], *s.* Musique *f*. **To set verses to music,** mettre des vers en musique. *Mass set to m.* (*other than plainsong*), messe *f* en musique. *Orchestral m.*, musique d'orchestre. **College of music,**

conservatoire *m*. *To be fond of m.*, aimer la musique; être mélomane. *Fondness, passion, for m.*, mélomanie *f*. **Music hater,** mélophobe *mf*. *M.-hating*, mélophobe. *To listen to paltry m.*, écouter de la musiquette. *A.Phil:* **The music of the spheres,** l'harmonie *f* céleste. *See also* CHAMBER-MUSIC, EAR[1] 1, FACE[2] 1, ROUGH[1] I. 2, SCHOOL[1] 3.

'music-book, *s*. Cahier *m* de musique.
'music-cabinet, *s*. Casier *m* à musique.
'music-carrier, -case, *s*. Porte-musique *m inv*.
'music-desk, *s*. Pupitre *m* à musique.
'music-hall, *s*. Music-hall *m*, *pl*. music-halls; *A:* café *m* concert.
'music-holder, *s*. = MUSIC-ROLL 1.
'music-lover, *s*. Musicomane *mf*; mélomane *mf*; amateur, -trice, de musique.
'music-'mad, *a*. Fou, *f*. folle, de la musique; *F:* mélomane.
'music-paper, *s*. Papier *m* à, de, musique.
'music-pen, *s*. Patte *f*, griffe *f* (pour tracer les portées).
'music-rest, *s*. Tablette *f* de piano.
'music-roll, *s*. 1. (*Carrier*) Rouleau *m* à musique. 2. **Perforated music-roll,** rouleau perforé, bande perforée (pour piano mécanique).
'music-satchel, *s*. Porte-musique *m inv*.
'music-stand, *s*. = MUSIC-DESK.
'music-stool, *s*. Tabouret *m* de piano.

music[2]. 1. *v.tr.* (**musicked; musicking**) Mettre (des paroles) en musique; *A:* musiquer (des vers, etc.). 2. *v.i.* Musiquer; faire de la musique. *She was out musicking*, elle était sortie faire de la musique.

musical ['mju:zik(ə)l], *a*. 1. Musical, -aux. **Musical evening,** soirée musicale, chantante. *To have a m. ear*, avoir l'oreille musicale. **Musical instrument,** instrument *m* de musique. **Musical box,** boîte *f* à musique. *M. snuff-box*, tabatière *f* à musique. **Musical watch,** montre *f* à carillon. *See also* COMEDY 1, GLASS[1] II. 2. (*Of pers.*) (*a*) (Bon) musicien, (bonne) musicienne. (*b*) Amateur, -trice, de bonne musique. *To be m.*, aimer la musique; être mélomane. *All m. London*, le Tout-Londres mélomane. 3. (*Of sounds, verses*) Harmonieux, mélodieux, chantant. *Aut:* **Musical horn,** avertisseur *m* à tonalité musicale. **-ally,** *adv*. 1. Musicalement. 2. Mélodieusement, harmonieusement.

musicale [mju:zi'kɑ:l], *s*. *U.S:* Soirée ou matinée musicale.

musicalness ['mju:zikəlnəs], *s*. Mélodie *f*, harmonie *f*, qualité chantante (des vers, de la voix).

musician [mju'ziʃ(ə)n], *s*. Musicien, -ienne. *See also* STREET.

musicianly [mju'ziʃ(ə)nli], *a*. (Interprétation *f*, etc.) de virtuose ou digne d'un virtuose.

musicographer [mju:zi'kɔgrəfər], *s*. Musicographe *m*.

musicomania [mju:ziko'meinia], *s*. Musicomanie *f*, mélomanie *f*.

musk [mʌsk], *s*. 1. (*a*) Musc *m*. *To perfume with m.*, musquer. (*b*) Odeur *f* fauve (du corps). 2. *Bot:* **Musk(-plant),** musc *m*. *See also* MELON 1.

'musk-cat, *s*. *Z:* Civet *m*.
'musk-coloured, *a*. Couleur de musc.
'musk-deer, *s*. *Z:* (Chevrotain *m*) porte-musc *m inv*; musc *m*.
'musk-duck, *s*. *Orn:* Canard turc, de Barbarie; canard musqué; cane *f* du Caire, de Guinée.
'musk-'mallow, *s*. *Bot:* 1. Mauve musquée. 2. **Musk-mallow of India,** ambrette *f*.
'musk-ox, *s*. *Z:* Bœuf musqué; ovibos *m*.
'musk-pear, *s*. Muscat *m*; poire musquée.
'musk-rat, *s*. *Z:* 1. Rat musqué; ondatra *m*. 2. Desman musqué.
'musk-rose, *s*. 1. Rose musquée. 2. **Musk-rose (bush),** rosier musqué.
'musk-seed, *s*. *Toil:* Ambrette *f*.

muskeg ['mʌskeg], *s*. *Canada:* Fondrière *f*, marécage *m*.

musket ['mʌsket], *s*. *Sm.a:* *A:* Mousquet *m*.
'musket-shot, *s*. *A:* Coup *m* de mousquet; *A:* mousquetade *f*. *Within m.-s.*, à portée de fusil.

musketeer [mʌske'ti:ər], *s*. *A:* Mousquetaire *m*.

musketoon [mʌske'tu:n], *s*. *A:* Mousqueton *m*.

musketry ['mʌsketri], *s*. *Mil:* 1. *A:* Mousqueterie *f*. 2. Tir *m*. **Musketry instruction,** exercices *mpl* de tir; école *f* de tir. *Instructor in m.*, instructeur *m* de tir.

muskiness ['mʌskinəs], *s*. Odeur *f*, goût *m*, de musc.

musky ['mʌski], *a*. Musqué; qui sent le musc. **Musky smell,** (i) odeur *f* de musc; (ii) odeur fauve.

Muslim ['mʌzlim], *a*. & *s*. = MOSLEM.

muslin ['mʌzlin], *s*. 1. *Tex:* (*a*) Mousseline *f*. **Cambric muslin,** percale *f*. **Foundation muslin,** mousseline forte. *F:* **A bit of muslin,** (i) une jeune fille; (ii) *Pej:* une donzelle. *See also* BOOK-MUSLIN, BUTTER-MUSLIN. (*b*) *U.S:* = CALICO 1 (*a*). 2. **Muslin glass,** (verre *m*) mousseline *f*.

muslined ['mʌzlind], *a*. (*Of room*) Tendu de mousseline; (*of pers.*) habillée de mousseline.

musquash ['mʌskwɔʃ], *s*. 1. *Z:* Rat musqué; ondatra *m*. 2. *Com:* Castor *m* du Canada.

muss[1] [mʌs], *s*. *U.S:* Désordre *m*, fouillis *m*.

muss[2], *v.tr.* *U.S:* **To muss up s.o.'s hair,** déranger la coiffure de qn. *Hair all mussed up*, cheveux ébouriffés. **To muss up a dress,** froisser une robe. *Mussed up frock*, robe chiffonnée. *To m. up one's hands*, se salir les mains. **I'm all mussed up,** je ne sais plus où j'en suis.

mussel ['mʌs(ə)l], *s*. *Moll:* *Cu:* Moule *f*. *M. industry*, industrie moulière.
'mussel-bank, -bed, -farm, *s*. Banc *m* de moules; moulière *f*; parc *m* mytilicole; bouchot *m*.
'mussel-duck, *s*. *Orn:* Morillon *m*.

Mussulman, *pl*. **-mans** ['mʌslman, -manz], *a*. & *s*. Musulman, -ane.

mussy ['mʌsi], *a*. *U.S:* *F:* En désordre; dérangé, froissé; sale.

must[1] [mʌst], *s*. *Vit:* Moût *m*; vin doux. *New m.*, surmoût *m*.

must[2], *s*. Moisi *m*; moisissure *f*.

must[3], *a*. & *s*. **Must elephant, elephant in must,** éléphant *m* en rage; éléphant furieux. To go must, se mettre en rage.

must[4], *modal aux. v.* (*pr.t.* & *p.t.* must *in all persons; no pr.p., p.p., or future. 'Must not' is often contracted into* **mustn't** ['mʌsnt]) (*Finite tenses of*) Falloir, devoir. 1. (*a*) (*Expressing obligation*) *You m. be ready at four o'clock*, vous devrez être prêt, il faut, faudra, que vous soyez prêt, à quatre heures. *I m. go and see him*, il faut que j'aille le voir. *You m. hurry up*, il faut vous dépêcher. *You mustn't tell anyone*, il ne faut le dire à personne. **It must be done,** il faut que cela se fasse. *The subject m. be dealt with in a different manner*, le sujet demande à être traité autrement. *Plant that m. have continual attention*, plante qui demande, qui réclame, des soins continuels. *All drivers m. pass an examination*, pour tous les chauffeurs un examen est obligatoire; tous les chauffeurs sont astreints à passer un examen. **Cars must not be parked in front of this gate,** défense de stationner devant cette grille. *Motors m. slow down over the bridge*, les automobiles sont tenues de ralentir en passant sur le pont. *To pay my bills I m. sell my pictures*, pour régler mes comptes je suis obligé de, je dois, vendre mes tableaux. **You 'must get to know him,** il faut absolument que vous fassiez sa connaissance. **They 'must have new clothes,** il leur faut absolument de nouveaux habits. *In that crowd* **you simply 'must drink,** dans ce monde-là on ne peut pas se défendre de boire. *He simply 'must come*, il est de toute nécessité qu'il vienne; il faut absolument qu'il vienne. *You simply 'must visit the Louvre*, une visite au Louvre s'impose. **I am leaving you because I must,** c'est malgré moi que je vous quitte. *You m. stay till to-morrow*. **You just 'must!** il faut que vous restiez jusqu'à demain. Nous le voulons! **Do so if you must,** faites-le si vous le devez, s'il le faut. **Why must you be always meddling?** pourquoi vous mêlez-vous toujours de nos affaires? *I m. have a complete success*, je veux un succès complet. *He is failing*, **I must say,** il faut avouer qu'il baisse. *See also* SAY[2] 1. *The reader m. understand that . . .*, le lecteur comprendra que. . . . *The room*, **you must know,** *was panelled*, je dois vous dire que la salle était lambrissée. *See also* NEEDS. (*b*) (*Expressing probability*) *There's a ring*, **it must be the doctor,** on sonne, ce doit être le médecin. *You m. be hungry after your walk*, vous devez avoir faim après votre promenade. **It must have been getting on for noon,** il ne devait pas être loin de midi. *He m. have missed the train*, il aura manqué le train. *He m. have suspected something*, il a dû se douter de quelque chose. **I must have made a mistake,** je me serai trompé. *If he says so, it m. be true*, s'il l'affirme il faut donc que ce soit vrai. *If you do as I say you m. win*, si vous faites comme je vous dis vous êtes sûr de gagner. **You must know that it is not true,** vous savez pourtant bien, vous n'êtes pas sans savoir, que cela n'est pas vrai. **You 'must know him,** vous n'êtes pas sans le connaître; vous ne pouvez pas ne pas le connaître. 2. (*Past Tense*) (*a*) *The matter was urgent*, **he 'must arrive in time,** il y avait urgence, il fallait absolument qu'il arrivât à temps. *Beyond the fields was a wood through which he m. pass*, au delà des champs se trouvait un bois par lequel il lui fallait passer. *I saw that I m. appear guilty*, je me rendais compte que je ne pouvais que paraître coupable. *As the mistake was his he agreed that he m. take the consequences*, l'erreur étant sienne il convenait qu'il lui fallait en subir les conséquences. *I saw that he m. have suspected something*, je vis bien qu'il avait dû se douter de quelque chose. *Had he attempted the task he m. have failed*, s'il eût tenté cette tâche il aurait forcément échoué. *If he had looked, he must have seen the lights of the approaching train*, s'il avait regardé, il aurait sûrement aperçu les feux du train qui s'approchait. (*b*) *As we were starting what m. he do but cut his finger!* au moment de partir voilà qu'il se fait une entaille au doigt! *The idiot* **must (needs)** *go and get ill*, voilà mon imbécile qui tombe malade! *Just as I was busiest he m. come worrying*, au moment où j'étais le plus occupé, ne voilà-t-il pas qu'il vient me tracasser! il a fallu qu'il vienne me tracasser!

mustachio, *pl*. **-os** [mʌs'tɑ:ʃo, mu-, -ouz], *s*. *A:* = MOUSTACHE.

mustang ['mʌstæŋ], *s*. *Z:* Mustang *m*.

mustard ['mʌstərd], *s*. 1. *Cu:* *Med:* **(Flour of) mustard,** (farine *f* de) moutarde *f*. *To infuse (a remedy) with m., to add m. to (a remedy)*, sinapiser (un remède). *See also* KEEN[3] 4. 2. *Bot:* (*a*) Moutarde. **Black mustard,** moutarde noire; sénevé *m*. **White mustard,** moutarde blanche. (*b*) **Wild mustard,** moutarde des champs; moutardin *m*, moutardon *m*; sanve *f*. (*c*) **Hedge-mustard,** sisymbre officinal; *F:* herbe *f* aux chantres; tortelle *f*, vélar *m*. **Treacle-mustard,** (i) tabouret *m* des champs; *F:* monnayère *f*, herbe aux écus; (ii) vélar fausse-giroflée. **Poor man's mustard,** alliaire officinale. *Hort:* **Mustard and cress,** moutarde blanche et cresson alénois. *See also* GARLIC 2.
'mustard-'bath, *s*. *Med:* Bain sinapisé.
'mustard-'gas, *s*. *Mil:* Ypérite *f*; gaz *m* moutarde.
'mustard-'leaf, *s*. *Med:* Sinapisme *m*; papier rigollot.
'mustard-maker, *s*. Moutardier *m*.
'mustard-'plaster, *s*. = MUSTARD-LEAF.
'mustard-pot, *s*. Moutardier *m*; pot *m* à moutarde.
'mustard-'poultice, *s*. Cataplasme sinapisé; cataplasme à la farine de moutarde; *A:* sinapisme *m*.
'mustard seed, *s*. 1. Graine *f* de moutarde. *B:* **Grain of mustard seed,** grain *m* de sénevé. 2. *Ven:* *U.S:* Cendrée *f*; menu plomb (de chasse).

mustelidae [mʌs'telidi:], *s.pl*. *Z:* Mustélidés *m*.

muster[1] ['mʌstər], *s*. 1. (*a*) Rassemblement *m* (d'une tribu, etc.). (*b*) *Mil:* Revue *f*. **To make, take, muster of troops,** faire la revue des troupes; passer des troupes en revue. **Muster parade,** inspection *f*. *F:* **To pass muster,** passer, être passable; être à la hauteur. *Work that will pass m.*, travail *m* acceptable; travail qui peut passer. (*c*) *Nau:* Appel *m*. 2. (*a*) Assemblée *f*, réunion *f*. *To turn out* **in full muster,** se présenter au grand complet. (*b*) **Muster of peacocks,** troupe *f* de paons.

'**muster-roll,** *s.* Feuille *f* d'appel. *Mil:* Contrôles *mpl. Nau:* Rôle *m* de l'équipage. *Navy:* Casernet *m* d'appel. *To be on the m.-r.*, figurer sur les cadres.

muster[2]. **1.** *v.tr.* (*a*) Rassembler (ses partisans, etc.). *Society that musters a hundred (members)*, association qui compte cent membres, qui s'élève à cent membres. *We mustered ten*, nous étions dix. (*b*) *Mil:* Passer (des troupes) en revue; faire, passer, la revue (des troupes). (*c*) *Nau:* Faire l'appel (des hommes); assembler (l'équipage). (*d*) Rassembler (ses troupeaux, ses livres, etc.). **To muster (up) one's courage,** rassembler toutes ses forces; prendre son courage à deux mains. **2.** *v.i.* S'assembler, se réunir, se rassembler.

mustiness ['mʌstinəs], *s.* Moisi *m*; moisissure *f*; goût *m* ou odeur *f* de moisi; relent *m*.

musty ['mʌsti], *a.* **1.** (*a*) (Goût *m*, odeur *f*) de moisi. **To smell musty,** sentir le moisi; (*of room, etc.*) sentir le renfermé; (*of food*) sentir l'évent. **Musty smell, taste,** relent *m*. (*b*) (Pain, etc.) moisi. *To grow m.*, moisir. **2.** *F:* Suranné; vieux jeu *inv. M. old laws*, vieilles lois désuètes.

mutability [mjutə'biliti], *s.* **1.** Mutabilité *f*, variabilité *f*. **2.** *A:* Inconstance *f*; humeur changeante.

mutable ['mju:təbl], *a.* **1.** (*a*) Muable, changeant, variable. (*b*) *A:* Inconstant; d'humeur changeante. **2.** *Ling:* (*Of consonant or vowel*) Sujet à la mutation.

mutage ['mju:tedʒ], *s.* Mutage *m* (du vin).

mutant ['mju:tənt], *a.* & *s.* *Biol:* (Espèce) mutante.

mutarotation [mju:tərо'teiʃ(ə)n], *s.* *Ch:* Mutarotation *f* (des sucres).

mutation [mju'teiʃ(ə)n], *s.* **1.** Mutation *f*, altération *f*, changement *m*. *Biol:* **Mutation of type,** métatypie *f*. **2.** *Mus:* (*a*) *A:* Muance *f*. (*b*) **Mutation stop,** jeu *m* de mutation. **3.** *Ling:* Mutation (d'une consonne initiale, etc.). **Vowel mutation,** mutation vocalique; métaphonie *f*.

mutch [mʌtʃ], *s.* *Scot:* Bonnet (blanc), coiffe *f* (de femme).

mutchkin ['mʌtʃkin], *s.* *Scot:* (Mesure *f* de) trois quarts de pinte.

mute[1] [mju:t]. I. *a.* **1.** (*Of pers., appeal, etc.*) Muet. *F:* **Mute as a fish,** muet comme un poisson, comme une carpe. *She stood m. with wonder*, elle restait immobile, dans un étonnement muet, muette d'étonnement. *Jur:* **To stand mute (of malice),** refuser de plaider ou de répondre. *Ven:* **Mute hound,** chien secret. **2.** *Ling:* (*a*) **Mute letter,** lettre muette. H **mute,** h muet. (*Of sound*) **To become mute,** s'amuïr. (*b*) **Mute consonant,** consonne sourde. **-ly,** *adv.* Muettement; en silence.

II. **mute,** *s.* **1.** (*Pers.*) (*a*) Muet, -ette. *See also* DEAF-MUTE. (*b*) Employé *m* des pompes funèbres; (i) croque-mort *m*, *pl.* croque-morts; (ii) *A:* pleureur *m*. (*c*) *Th:* Personnage muet. (*d*) (*In the Orient*) Muet (du sérail). **2.** *Ling:* Consonne sourde. **3.** *Mus:* Sourdine *f*. **With the mute on,** en sourdine. **4.** *Cin:* *F:* Film muet.

mute[2], *v.tr.* **1.** Amortir, étouffer, assourdir (un son). **2.** *Mus:* Mettre une sourdine à, assourdir (un violon, etc.). **3.** *Vit:* Muter (le vin).

muted, *a.* *Mus:* (Violon *m*) en sourdine; (corde) sourde.

muting, *s.* **1.** Amortissement *m*, assourdissement *m* (d'un son). **2.** Mise *f* d'une sourdine à (un violon, etc.). **3.** *Vit:* Mutage *m*.

mute[3], *v.i.* *A.* & *Dial:* (*Of birds*) Fienter.

muteness ['mju:tnəs], *s.* **1.** Mutisme *m*. *See also* DEAF-MUTENESS. **2.** Mutisme, silence *m*.

mutilate ['mjutileit], *v.tr.* Mutiler, estropier (qn); mutiler (une statue, une pièce de théâtre); tronquer (un passage, une citation).

mutilating, *s.* Mutilation *f*.

mutilation [mjuti'leiʃ(ə)n], *s.* Mutilation *f*. *See also* SELF-MUTILATION.

mutilator ['mjutileitər], *s.* Mutilateur, -trice.

mutineer [mjuti'ni:ər], *s.* *Mil:* *Nau:* Révolté *m*, mutiné *m*, mutin *m*.

mutinous ['mjutinəs], *a.* Rebelle, mutiné, mutin; (équipage *m*) en révolte. **-ly,** *adv.* D'un air ou d'un ton de révolte.

mutinousness ['mjutinəsnəs], *s.* Tendance *f* à la révolte; insoumission *f*.

mutiny[1] ['mjutini], *s.* *Mil:* *Nau:* Révolte *f*, mutinerie *f*. *Hist:* **The Indian Mutiny,** la Révolte des cipayes.

mutiny[2], *v.i.* Se révolter, se mutiner (*against*, contre).

mutism ['mju:tizm], *s.* Mutisme *m*.

mutoscope ['mju:toskoup], *s.* Mutoscope *m*.

mutt [mʌt], *s.* *U.S:* *P:* = MUTTON-HEAD.

mutter[1] ['mʌtər], *s.* Murmure *m* (entre les dents).

mutter[2], *v.tr.* & *i.* Marmonner, marmotter, murmurer, grommeler; *F:* maronner; (*of thunder*) gronder. **To mutter an oath,** grommeler, maronner, un juron. **To mutter at, against, s.o.,** murmurer contre qn.

muttering[1], *a.* Qui marmotte, qui marmonne; murmurant, grondant.

muttering[2], *s.* Marmottage *m*, grommellement *m*, murmures *mpl*; rumeurs sourdes; grondement *m* (du tonnerre). *Hostile mutterings*, hostilité sourde. *Mutterings of revolt*, grondements de l'émeute.

mutterer ['mʌtərər], *s.* Marmotteur, -euse.

mutton ['mʌt(ə)n], *s.* **1.** *Cu:* Mouton *m*. **Leg of mutton,** gigot *m*. *See also* LEG[1] 2. **Shoulder of mutton,** épaule *f* de mouton; éclanche *f*. *F:* (*Of woman*) **Mutton dressed as lamb,** vieux tableau. **To eat s.o.'s mutton,** manger la soupe avec qn. **Mutton fat,** graisse *f* de mouton; suif *m* de mouton. *See also* DEAD I. 1. **2.** *Hum:* **Let us return to our muttons,** revenons à nos moutons.

'**mutton-'chop,** *s.* *Cu:* Côtelette *f* de mouton. *F:* **Mutton-chop whiskers,** favoris *m* en côtelette; *F:* côtelettes.

'**mutton-'cutlet,** *s.* *Cu:* Côtelette *f* de mouton.

'**mutton-'ham,** *s.* *Cu:* Gigot *m* de mouton salé et fumé.

'**mutton-head,** *s.* *F:* Nigaud *m*, benêt *m*.

'**mutton-'headed,** *a.* *F:* Bête (comme ses pieds); nigaud.

'**mutton-'sheep,** *s.* Mouton destiné à la boucherie.

mutual ['mju:tjuəl], *a.* **1.** (*Of feelings, etc.*) Mutuel, réciproque. *M. improvement*, enseignement mutuel. *To arrange a transaction* **on mutual principles, on mutual terms,** conclure un marché stipulant un échange de services, avec stipulation de réciprocité. **Governess engaged on mutual terms,** institutrice engagée au pair. **Mutual benefit society,** société *f* de secours mutuels. *Member of m. benefit society*, mutualiste *mf*. **Mutual assurance,** coassurance *f*. **Mutual assurance company,** compagnie *f* d'assurances mutuelles; mutuelle *f*. *Jur:* **Mutual testament,** donation *f* au dernier survivant. *W.Tel:* **Mutual conductance,** pente *f* (d'une lampe). *See also* AID[1] 1, CONSENT[1]. **2.** *F:* Commun. **Mutual friend,** ami commun. **-ally,** *adv.* Mutuellement, réciproquement.

mutualism ['mju:tjuəlizm], *s.* *Biol:* *Pol.Ec:* Mutualisme *m*.

mutualist ['mju:tjuəlist], *s.* *Pol.Ec:* Mutualiste *mf*.

mutuality [mju:tju'aliti], *s.* Mutualité *f*, réciprocité *f*.

mutule ['mju:tju:l], *s.* *Arch:* Mutule *f*.

muzzle[1] [mʌzl], *s.* **1.** Museau *m* (d'un animal). **2.** Bouche *f*, gueule *f* (d'une arme à feu). *See also* ENERGY 2. **3.** Muselière *f* (pour chiens, etc.); bâillon *m* (pour chevaux). **To put a muzzle on . . .** = MUZZLE[2] 1. *See also* WEANING[2].

'**muzzle-cover,** *s.* Couvre-bouche *m* (de pièce d'artillerie), *pl.* couvre-bouches; capuchon *m* (de canon de fusil).

'**muzzle-loader,** *s.* *Artil:* Pièce *f* se chargeant par la bouche.

'**muzzle-'loading,** *a.* *Artil:* Se chargeant par la bouche.

'**muzzle-ring,** *s.* *Artil:* Ceinture *f* de bouche (de canon).

'**muzzle-ve'locity,** *s.* *Ball:* Vitesse initiale; vitesse à la bouche.

muzzle[2], *v.tr.* **1.** Museler (un chien, *F:* la presse, etc.); *F:* bâillonner (la presse, etc.). **2.** *Nau:* Haler bas (une voile).

muzzling, *s.* Musellement *m*, bâillonnement *m*.

muzzy ['mʌzi], *a.* **1.** (*a*) (*Of pers.*) Brouillé dans ses idées; hébété; au cerveau fumeux. (*b*) (*Of ideas*) Confus, vague; (*of outline*) flou, estompé. *M. painting*, peinture floue. (*c*) (*Of weather, place*) Brumeux, embrumé, sombre. **2.** Un peu gris; éméché; enfumé par la boisson.

my [mai], *poss.a.* **1.** Mon, *f.* ma, *pl.* mes; (*in the fem. before a vowel sound*) mon. *My book and my pen*, mon livre et ma plume. *My shoes and socks*, mes souliers et mes chaussettes. *My opinion and yours*, mon opinion et la vôtre. *One of my friends*, un de mes amis; un ami à moi; *Lit:* un mien ami. *My father and mother*, mon père et ma mère; *Jur:* mes père et mère. *My king and master*, mon roi et maître. *My own son*, mon propre fils. *I fell on my back*, je tombai sur le dos. *I have broken my arm*, je me suis cassé le bras. *My hair is grey*, j'ai les cheveux gris. (*Emphatic*) *'My idea would be to . . .*, mon idée à moi serait de. . . . *Games: etc:* **My turn! my ball!** à moi! *int. P:* **My!** sapristi! rien que ça! par exemple! **2.** (*Ethical*) *I know my Homer from beginning to end*, je connais mon Homère d'un bout à l'autre.

myalgia [mai'aldʒiə], *s.* *Med:* Myalgie *f*, myodynie *f*.

myasis [mai'eisis], *s.* *Med:* My(i)ase *f*.

myasthenia [maias'θi:niə], *s.* *Med:* Myasthénie *f*.

mycelium [mai'si:liəm], *s.* *Fung:* Mycélium *m*, mycélion *m*; *F:* blanc *m* de champignon.

Mycenae [mai'si:ni:]. *Pr.n.* *A.Geog:* Mycènes.

Mycenian [maisi:'ni:ən], *a.* & *s.* *A.Geog:* Mycénien, -ienne.

mycetes [mai'si:ti:z], *s.pl.* *Fung:* Mycètes *m*, champignons *m*.

mycetology [maisi'tolədʒi], *s.* *Bot:* Mycétologie *f*.

mycetoma [maisi'toumə], *s.* *Med:* Mycétome *m*.

mycetozoa [maisito'zouə], *s.pl.* *Fung:* Mycétozoaires *m*.

mycoderm ['maikodə:rm], **mycoderma** [maiko'də:rmə], *s.* *Fung:* Mycoderme *m*.

mycodermic [maiko'də:rmik], **mycodermatoid** [maiko'də:rmatoid], *a.* *Fung:* Mycodermique.

mycologic(al) [maiko'lodʒik(əl)], *a.* *Bot:* Mycologique.

mycologist [mai'kolodʒist], *s.* *Bot:* Mycologue *m*.

mycology [mai'kolədʒi], *s.* *Bot:* Mycologie *f*.

mycorrhiza [maiko'raizə], *s.pl.* *Fung:* Mycorhizes *m*.

mycosis [mai'kousis], *s.* *Med:* Mycose *f*.

myelencephalon ['maiəlen'sefələn], *s.* *Anat:* Myélencéphale *m*.

myelin(e) ['maiəlin], *s.* *Anat:* Myéline *f*.

myelitis [maiə'laitis], *s.* *Med:* Myélite *f*.

myeloma [maiə'loumə], *s.* *Med:* Myélome *m*.

myelo-meningitis ['maiəlomenin'dʒaitis], *s.* *Med:* Myélo-méningite *f*.

mygale ['migəli], *s.* *Arach:* Mygale *f*.

myiasis [maii'eisis], *s.* *Med:* My(i)ase *f*.

myoblast ['maiobla:st], *s.* *Physiol:* Myoblaste *m*.

myocarditis [maioka:r'daitis], *s.* *Med:* Myocardite *f*.

myocardium [maio'ka:rdiəm], *s.* *Anat:* Myocarde *m*.

myography [mai'ogrəfi], *s.* *Anat:* Myographie *f*.

myologic(al) [maio'lodʒik(əl)], *a.* *Anat:* Myologique.

myologist [mai'olodʒist], *s.* *Anat:* Myologiste *m*.

myology [mai'olədʒi], *s.* *Anat:* Myologie *f*.

myoma [mai'oumə], *s.* *Med:* Myome *m*.

myope ['maioup], *s.* Myope *mf*.

myopia [mai'oupiə], *s.* *Med:* Myopie *f*.

myopic [mai'opik], *a.* Myope.

myopotamus [maio'potəməs], *s.* *Z:* Myopotame *m*.

myosis [mai'ousis], *s.* *Med:* Myosis *m*.

myosotis [maio'soutis], *s.* *Bot:* Myosotis *m*.

myotic [mai'otik], *a.* *Med:* Myotique.

myotomy [mai'otomi], *s.* *Surg:* Myotomie *f*.

myriad ['miriəd]. **1.** *s.* Myriade *f*. **2.** *a.* *Poet:* Innombrable.

myriagramme ['miriagram], *s.* *Meas:* Myriagramme *m*.

myriameter ['miriami:tər], *s.* *Meas:* Myriamètre *m*.

myriapod ['miriəpod], *a.* & *s.* *Z:* Myriapode (*m*); *F:* mille-pattes *m inv.*

myriapoda [miri'apoda], *s.pl. Z:* Myriapodes *m*, mille-pattes *m*.
myriapodous [miri'apodəs], *a. Z:* Myriapode.
myrica ['mirika], *s. Bot:* Myrica *m*.
myriophyllum [mirio'filəm], *s. Bot:* Myriophylle *m*.
myrmecophagous [mə:rme'kɔfagəs], *a. Z:* Myrmécophage; mangeur de fourmis.
Myrmidon ['mə:rmidən]. **1.** *Pr.n. Gr.Myth:* Myrmidon *m*. **2.** *s. F:* (*a*) Assassin *m* à gages; spadassin *m*. (*b*) **The myrmidons of the law,** les officiers publics; les policiers *m*; les stipendiaires *m*, les sbires *m*, de la police; les suppôts *m* de la loi.
myrobalan [mai'rɔbalən], *s.* **1.** *Bot:* Myrobalan *m*, myrobolan *m*. **2. Myrobalan plum,** prunier myrobolan.
myrrh[1] [mə:r], *s.* Myrrhe *f*.
myrrh[2], *s. Bot:* Myrrhis odorant; cerfeuil odorant, musqué, d'Espagne.
myrtaceae [mə:r'teisii:], *s.pl. Bot:* Myrtacées *f*.
myrtaceous [mə:r'teiʃəs], *a.* Myrtacé.
myrtiform ['mə:rtifɔ:rm], *a.* Myrtiforme.
myrtle [mə:rtl], *s. Bot:* **1.** Myrte *m*. **2. Bog myrtle, Dutch myrtle,** myrte bâtard, des marais; trèfle *m* d'eau; galé (odorant); piment royal; poivre *m* de Brabant; ·-sent-bon *m*. **3.** *U.S:* Pervenche grimpante.
  'myrtle-berry, *s.* **1.** Baie *f* de myrte. **2.** Airelle *f* myrtille.
  'myrtle-'wax, *s.* Cire *f* de myrica.
myself [mai'self], *pers.pron. See* SELF[1] 4.
mystagogue ['mistagɔg], *s. Gr.Ant:* Mystagogue *m*.
mystagogy ['mistagɔdʒi], *s. Gr.Ant:* Mystagogie *f*.
mysterious [mis'ti:əriəs], *a.* **1.** Mystérieux. **A mysterious business,** une affaire mystérieuse, une ténébreuse affaire. *That's a very m. business,* c'est la bouteille à l'encre que cette affaire. **2.** (*Of pers.*) Mystérieux; qui aime le mystère. *There was m. talk of . . .,* on parlait sourdement de. . . . **-ly,** *adv.* Mystérieusement. *To behave, act, m.,* mettre du mystère dans sa conduite; se conduire avec mystère.
mysteriousness [mis'ti:əriəsnəs], *s.* Caractère mystérieux (*of*, de); mystère *m*.
mystery[1] ['mistəri], *s.* **1.** Mystère *m*. **To make a mystery of sth.,** faire mystère de qch. *I see no m. about it,* je n'y entends pas mystère; je n'y vois rien de mystérieux. *It is a m. to me,* pour moi c'est un mystère; c'est lettre close pour moi. *There was some m. about it that I didn't understand,* il y avait là un mystère que je ne comprenais pas. **Wrapped in mystery,** enveloppé de mystère. *The mysteries of science,* les arcanes *m* de la science. *Navy:* **Mystery ship,** bateau-piège *m*, *pl.* bateaux-pièges. *See also* FATHOM[2] 1. **2.** *A.Th:* **Mystery(-play),** mystère. **3.** *Theol:* **The Holy Mysteries,** les saints mystères; l'eucharistie *f*.
mystery[2], *s. A:* **Arts and mysteries,** arts et métiers *m*.
mystic ['mistik]. **1.** *a.* (*a*) (*Of rites, arts*) Ésotérique, cabalistique, mystique. (*b*) (*Of power*) Occulte; (*of formula*) magique. (*c*) Surnaturel. *The m. hour of midnight,* minuit, l'heure des mystères. (*d*) *Theol:* Mystique. (*e*) **The mystic dove,** la colombe mystique. *Jur:* **Mystic will,** testament *m* mystique. **2.** *s.* (*a*) Magicien *m*, initié *m*. (*b*) *Theol:* Mystique *mf*.
mystical ['mistik(ə)l], *a.* Mystique. **Mystical theology,** mystique *f*. *M. vision,* science infuse. **-ally,** *adv.* Mystiquement; avec mysticisme.
mysticism ['mistisizm], *s.* Mysticisme *m*.
mystification [mistifi'keiʃ(ə)n], *s.* **1.** Mystification *f*; farce jouée à qn; *F:* fumisterie *f*; *P:* bateau *m*. **2.** Embrouillement *m*, désorientation *f* (de l'esprit de qn); obscurcissement *m*, complication *f* (d'une question).
mystifier ['mistifaiər], *s.* **1.** Mystificateur, -trice. **2.** Embrouilleur, -euse; personne qui désoriente l'esprit de qn, qui obscurcit, complique, une question.
mystify ['mistifai], *v.tr.* **1.** Mystifier (qn). *Mystified by . . .,* intrigué par. . . . **2.** Embarrasser, embrouiller, désorienter, dérouter. **3.** Envelopper, parer, (qch.) de mystère; faire un mystère de (qch.); (em)brouiller, obscurcir, compliquer (une question).
myth [miθ], *s.* Mythe *m*.
mythical ['miθik(ə)l], *a.* Mythique.
mythicize ['miθisa:iz], *v.tr.* **1.** Donner un caractère mythique à (un phénomène naturel, etc.). **2.** Interpréter (les saintes Écritures, etc.) mythologiquement.
mythographer [mi'θɔgrəfər], *s.* Mythographe *m*.
mythography [mi'θɔgrəfi], *s.* Mythographie *f*.
mythological [miθo'lɔdʒik(ə)l], *a.* Mythologique. **-ally,** *adv.* Mythologiquement.
mythologist [mi'θɔlodʒist], *s.* Mythologue *m*, mythologiste *m*.
mythology [mi'θɔlodʒi], *s.* Mythologie *f*.
mythopoeic [miθo'pi:ik], **mythopoetic** ['miθopou'etik], *a.* Qui crée des mythes.
Mytilene [miti'li:ni]. *Pr.n. Geog:* Mytilène.
myxo-amoeba [miksoa'mi:ba], *s. Biol:* Myx(o)amibe *f*.
myxoedema [miksi:'di:ma], *s. Med:* Myxœdème *m*.
myxoma, *pl.* **-ata** [mik'souma, -ata], *s. Med:* Myxome *m*.
myxomycetes [miksomai'si:ti:z], *s.pl. Fung:* Myxomycètes *m*.

N

N, n [en], *s.* (*a*) (La lettre) N, n *f.* *Tp:* **N for Nellie,** N comme Nicolas. *Ecc: What is your name?—N or M,* comment vous appelez-vous?—N ou M. *Ph:* **N-rays,** rayons *m* n. (*b*) *Mth:* **To the nth (power),** à la $n^{ième}$ puissance. *The* n^{th} *power of* a *is written* a^n, la $n^{ième}$ puissance de *a* s'écrit a^n. *F:* **To the nth,** au suprême degré. (*c*) *Typ:* **N(-quadrat),** demi-cadratin *m.* *Line of* 50 *n's,* ligne *f* de 50 n. *Indent* 2 *n's,* à rentrer d'un cadratin.

nab [nab], *v.tr.* **(nabbed; nabbing)** *P:* **1.** (*a*) Saisir, arrêter, *P:* pincer, choper, poisser (qn). *The police nabbed him,* il s'est fait pincer par la police. *The police nabbed the lot,* la police les a ratissés. **To get nabbed,** se faire pincer; se faire poisser; se faire cueillir; se faire choper. (*b*) Prendre (qn) sur le fait; prendre (qn) la main dans le sac. **2.** Escamoter, chiper, chaparder, barboter (qch.). *He has nabbed my watch,* il m'a chipé, il m'a fauché, ma montre.

Nabataean [nabə'tiːən], *a. & s. Hist:* Nabathéen, -enne.

nabob ['neibɔb], *s.* Nabab *m.* **His nabob uncle** *has invited us to dinner,* son oncle (i) qui est colossalement riche, (ii) qui a fait une grosse fortune dans l'Inde anglaise, nous a invités à dîner.

Naboth ['neibɔθ]. *Pr.n.m. B.Hist:* Naboth. **Naboth's vineyard,** la vigne de Naboth.

nabs [nabz], *s. P:* = NIBS.

nacarat ['nakarat], *a. & s.* **1.** *Dy:* Nacarat (*m*). *N. ribbons,* rubans *m* nacarat. **2.** *Tex:* **Nacarat (crape),** nacarat (de Portugal).

nacelle [na'sel], *s. Aer:* (*a*) Nacelle *f* (de ballon). (*b*) Gondole *f,* nacelle (de dirigeable). (*c*) Nacelle, carlingue *f* (d'avion).

nacre ['neikər], *s.* **1.** *Moll:* Pinne marine; *F:* jambonneau *m.* **2.** Nacre *f.*

nacreous ['neikriəs], **nacrous** ['neikrəs], *a.* (Coquillage, etc.) nacré; (nuage, etc.) nacré, perlaire.

nadir ['neidər], *s. Astr:* Nadir *m.* *F: A people at the n. of degradation,* un peuple tombé au plus bas de la dégradation.

naevus, *pl.* **-i** ['niːvəs, -ai], *s. Med:* (*a*) Nævus *m, pl.* nævi. (*b*) Tumeur *f* érectile.

nag[1] [nag], *s. F:* (*a*) Petit cheval (de selle); bidet *m.* (*b*) *Pej: A:* Bique *f,* bourrin *m,* canard *m.*

nag[2], *s.* Chamaillerie *f.* **Nag, nag, all day long,** rien que des criailleries, que des querelles, pendant toute la journée.

nag[3], *v.tr. & i.* **(nagged; nagging)** Chamailler, quereller (qn); gronder (qn) sans cesse; criailler (*at s.o.,* contre qn). **To be always nagging (at) s.o.,** être toujours après qn; être toujours sur le dos de qn; être toujours à critiquer qn; harceler qn de querelles, de plaintes. *She nagged him into going with her,* à force de le harceler elle a obtenu qu'il l'accompagne.

nagging[1], *a.* **1.** (*Of pers.*) Querelleur, -euse, grondeur, -euse, chamaillard, hargneux, -euse, bougon, -onne. **2.** (*Of pain, etc.*) Agaçant, énervant.

nagging[2], *s.* = NAG[2].

nagana [na'gɑːna], *s. Vet:* Nagana *m;* trypanosomiase communiquée par la mouche tsétsé.

nagger ['nagər], *s.f.* Femme querelleuse, grondeuse; mégère.

Nagpur [nag'puːər]. *Pr.n. Geog:* Nagpour *m.*

nagyagite ['nadʒiəgait, 'nagiəgait], *s. Miner:* Nagyagite *f,* élasmose *f.*

naiad, *pl.* **-ads, -ades** ['naiad, -adz, -adiːz], *s.* **1.** *Myth:* Naïade *f;* nymphe *f* des eaux. **2.** *Bot: Moll:* Naïade. **3.** *Ent:* Nymphe.

naiant ['neiənt], *a. Her:* Nageant.

nail[1] [neil], *s.* **1.** (*a*) (*Of pers., occ. of animal, bird*) Ongle *m* (de doigt, d'orteil). *To bite one's (finger-)nails,* se ronger les ongles. *F:* **To bite one's nails with impatience,** mordre ses doigts; se ronger les ongles. *Med:* **Nail biting,** onychophagie *f.* *F:* **To a nail, to the nail,** à la perfection. *See also* PARE 1, POLISH[2] 2, THUMB-NAIL, TOOTH[1] 1, TRIM[3] 1, VARNISH[1] 1. (*b*) Lamelle *f* (du bec du canard, etc.). **2.** Clou *m, pl.* clous. **French nail, wire nail,** clou de Paris; pointe *f* de Paris. *Wire-nail cutting machine,* bistoquet *m.* *Nail factory,* clouterie *f.* *Wire-nail works,* pointerie *f.* **Brass-headed nail,** clou à tête en laiton; clou doré. *To drive in a n.,* enfoncer un clou. *To drive a n. into the wall,* planter un clou dans le mur. *F:* **To drive the nail home,** mener une affaire à bonne fin. *To draw, take out, a n.,* arracher un clou. *F:* **To hit the (right) nail on the head,** frapper juste, tomber juste; mettre le doigt dessus. *Prov:* **One nail drives out another,** un clou chasse l'autre. *See also* BULLEN-NAIL, CLINCH-NAIL, CLOUT-NAIL, COFFIN[1] 1, CUT[3] 1, DECK-NAIL, DOG-NAIL, FROST-NAIL, HARD I. 1, HOOK[1] 1, HORSESHOE[1] 1, SCREW-NAIL, SCUPPER-NAIL, SLATE-NAIL, SPIKE[1] 2, STUB-NAIL, WANT[1] 1, WEIGHT-NAIL. **3.** *F:* **To pay on the nail,** payer argent comptant; payer rubis sur l'ongle. **Question that is on the nail,** question *f* qui est sur le tapis.

'nail-box, *s.* Cloutière *f.*

'nail-brush, *s. Toil:* Brosse *f* à ongles.

'nail-claw, *s. Tls:* Arrache-clou(s) *m inv;* arrache-pointe(s) *m inv,* tire-clou(s) *m inv;* pince *f;* loup *m;* pied-de-biche *m, pl.* pieds-de-biche; pied-de-chèvre *m, pl.* pieds-de-chèvre; bec-de-corbin *m, pl.* becs-de-corbin.

'nail-clippers, *s.pl.* Coupe-ongles *m inv,* taille-ongles *m inv.*

'nail-cutter, *s. Tls: Ind:* Bistoquet *m.*

'nail-dealer, *s.* Cloutier *m.*

'nail-drawer, -extractor, *s.* = NAIL-CLAW.

'nail-file, *s. Toil:* Lime *f* à ongles.

'nail-head, *s.* **1.** Tête *f* de clou. **2.** *Arch:* Pointe *f* de diamant.

'nail-headed, *a.* **1.** A tête de clou. **2.** *Arch:* (Moulure, etc.) à pointes de diamant.

'nail-hole, *s.* **1.** (*a*) (*In hinge, horseshoe, etc.*) Étampure *f,* estampure *f.* (*b*) Clouure *f;* trou fait par un clou. **2.** (*On blade of penknife*) Onglet *m.*

'nail-maker, -manufacturer, *s.* Cloutier *m.*

'nail-making, *s.* Clouterie *f.* **Nail-making machine,** machine cloutière.

'nail-puller, *s.* = NAIL-CLAW.

'nail-punch, *s.* = NAIL-SET.

'nail-scissors, *s.pl. Toil:* Ciseaux *m* à ongles; ongliers *m.*

'nail-set, *s. Tls:* Chasse-clou *m,* chasse-pointe *m, pl.* chasse-clous, -pointes.

'nail-shaped, *a. Anat:* Ongulé.

'nail-smith, *s.* Cloutier *m.*

'nail-works, *s.pl.* (*Usu. with sg. const.*) Clouterie *f.*

'nail-wrench, *s.* = NAIL-CLAW.

nail[2], *v.tr.* **1.** Clouer. **To nail (up) a notice on, to, a wall,** clouer une affiche au mur; fixer, attacher, une pancarte au mur avec un clou ou avec des clous. *F:* **To nail one's eyes on sth.,** clouer, fixer, les yeux sur qch. **He stood nailed to the ground,** il resta cloué au sol. **To nail a lie to the counter, to the barn door,** démontrer la fausseté d'une affirmation. *See also* COLOUR[1] 4. **2.** Clouter (des chaussures, une porte, etc.). *If you are going to do any climbing, you should have your boots nailed,* si vous avez l'intention de faire de l'alpinisme, vous devriez faire mettre des clous à vos souliers. **3.** *P:* (*a*) Attraper, saisir, tenir (qn); mettre la main sur (qn). (*b*) **To nail it,** piger le truc. *The master never nailed it when cribbing went on,* le professeur ne se rendait jamais compte si l'on se servait de traductions.

nail down, *v.tr.* **1.** Clouer (le couvercle d'une boîte). **2.** *F:* **To nail s.o. down to his promise,** obliger qn à tenir sa promesse. *He tried to wriggle out of the argument but we nailed him down,* il cherchait une échappatoire, mais nous l'avons acculé, nous l'avons mis au pied du mur.

nail up, *v.tr.* (*a*) Clouer (une caisse); condamner (une porte). (*b*) *Hort:* Palisser (un arbre fruitier).

'nailed-up, *a. Th: F:* (Pièce) mal construite, mal charpentée.

nailing up, *s.* (*a*) Condamnation *f* (d'une porte). (*b*) *Hort:* Palissage *m* (d'un pêcher, etc.).

nailed, *a.* **1.** (*a*) Cloué. (*b*) Clouté; garni de clous. *N. shoes,* souliers cloutés. *Heavily n. door,* porte garnie, ornementée, de gros clous. **2.** Pourvu d'ongles. **Long-nailed,** aux ongles longs.

nailing[1], *a. F:* Excellent, épatant. *A n. good day with the hounds,* une épatante journée de chasse.

nailing[2], *s.* **1.** (*a*) Clouage *m,* clouement *m.* (*b*) Cloutage *m.* **2.** *Coll.* (*a*) Les clous *m.* *The n. gave way,* les clous ont lâché. (*b*) Clouterie *f.*

nailer ['neilər], *s.* **1.** (*a*) = NAIL-SMITH. (*b*) Cloueur *m* (de caisses, de peaux, etc.). **2.** *F:* (*Of pers.*) Bon type; type épatant; (*of thg*) chose épatante. **To be a nailer at sth.,** être de première force à qch. *He's a n. at it,* c'est un artiste dans la matière; c'est un as.

nailery ['neiləri], *s.* Clouterie *f.*

nailless ['neilləs], *a.* **1.** Sans ongles. **2.** Sans clous.

nainsook ['neinsuk], *s. Tex:* Nansouk *m,* nanzouk *m.*

naïve [na'iːv], **naive** [neiv], *a.* (*Of pers., manner, etc.*) Naïf, *f.* naïve; ingénu. *To make n. remarks,* dire des simplicités, des naïvetés. **-ly,** *adv.* Naïvement, ingénument.

naïvety [na'iːvti, 'neivti], *s.* Naïveté *f.*

naja ['neidʒa, 'neːja], *s. Rept:* Naja *m.*

naked ['neikid], *a.* Nu. **1.** (*a*) (*Of pers.*) Sans vêtements; *P:* à poil. **Stark naked, mother naked,** tout nu; entièrement, complètement, nu; *F:* nu comme un ver, comme la main. **To strip (oneself) naked,** se mettre à nu, *P:* à poil. *s. B:* **To cover the naked,** couvrir celui qui est nu, ceux qui sont nus. (*b*) (Bras, dos, etc.) découvert, nu. *The toga left the right arm n.,* la toge laissait à découvert, à nu, le bras droit. (*c*) (Mur, etc.) nu, dégarni, sans ornement; (pays) dénudé, *F:* pelé; (paysage) sans verdure, sans arbres; (arbre) dénudé, dépouillé de ses feuilles, sans feuillage. *Nat.Hist:* (*Of stalk, tail, etc.*) Nu. *See also* OAT 1. (*d*) *To ride on a n. horse,* monter un cheval à nu, à cru, à poil. **2.** (*a*) Sans protection; à découvert. **Naked sword,** épée nue, sans fourreau. *To fight* **with naked fists,** se battre sans gants. **Naked light,** feu nu, flamme nue; lumière *f* sans fanal; *Min:* lampe *f* à feu libre. (*b*) Sans aide. **Visible to the naked eye,** visible à l'œil nu, à la vue simple. *To observe the heavens with the n. eye,* observer le ciel à l'œil nu. (*c*) **The naked truth,** la vérité toute nue, sans fard; la pure vérité. *To reveal the n. truth, F:* défarder la vérité. *To reveal one's n. heart,* mettre son cœur à nu. *N. facts,* faits bruts. (*d*) *To believe sth. upon s.o.'s n. assertion,* croire à qch. sur le simple dire de qn. *Jur:* **Naked**

bond, contrat *m* sans garantie. **-ly,** *adv.* (S'exposer) sans voiles, à nu; (conter des faits) nûment, simplement, sans déguisement.

'naked 'lady, 'naked 'boys, *s. Bot:* = *meadow saffron, q.v. under* SAFFRON I.

nakedness ['neikidnəs], *s.* Nudité *f* (de qn, des murs, des rochers, etc.); *F:* pauvreté *f*, indigence *f* (d'esprit, etc.). *To reveal the crime in all its n.*, faire voir le crime dans toute sa nudité. *B:* **To see the nakedness of the land** *ye are come*, vous êtes venus pour remarquer les lieux faibles du pays.

namby-pamby ['nambi'pambi]. **1.** *a.* (*Of style, etc.*) Affété, mignard, fade; (*of pers.*) maniéré, affecté; sentimental, -aux; mignard, minaudier; gnan-gnan *inv.* *To behave in a n.-p. fashion*, faire la petite bouche; minauder, mignarder. **2.** *s.* (*a*) (i) Personne maniérée, affectée, sentimentale, mignarde, minaudière; (ii) *F:* mollasson *m*, poule mouillée. (*b*) *A writer of n.-p.*, un auteur d'œuvres fades, affétées.

namby-pambyism ['nambi'pambiizm], *s.* Afféterie *f*, fadeur *f*, sentimentalisme *m*, mignardise *f* (de qn, du style).

name[1] [neim], *s.* **1.** Nom *m.* (*a*) **Full name,** nom et prénoms. **Christian name, given name,** *U.S:* **first name,** prénom *m*; petit nom; nom de baptême. **Family name,** nom de famille. *Boy's n., girl's n.*, prénom masculin, féminin. *See also* ASSUMED I, DOUBLE-BARRELLED, MAIDEN 2, PEN-NAME, PET[1] 2, STAGE-NAME. *To give a child the n.* (*of*) *George*, appeler un enfant Georges. **My name is . . .,** je m'appelle . . ., je me nomme. . . . *Her n. was Phyllis*, elle avait nom Philis. *See also* ANSWER[2] I, LEGION, WHAT'S-HIS-NAME. *What is his Christian n.?* comment s'appelle-t-il de son petit nom? *His Christian n. is John*, il se prénomme Jean, il a le prénom de Jean. *His real name is Smith*, de son vrai nom il s'appelle Smith. *N. assumed when travelling, when swimming* (*the Channel, etc.*), nom de voyage; nom de nage. **Name of a ship,** devise *f* d'un navire. *To change the n. of a ship*, débaptiser un navire. *He knows the names of all the engines*, il connaît toutes les locomotives par leur nom. **Name of a firm,** nom social; raison sociale, de commerce. *The n. of the company is . . .*, la société a pour dénomination . . ., la société prend la dénomination de. . . . **Name of an account,** intitulé *m* d'un compte. **A man, X by name, by name X, of the name of X,** un homme du nom de X; *Jur:* le dénommé X. **To have, bear, a name,** porter un nom. **To go by, under, the name of . . .,** être connu sous le nom de. . . . *He was known, went, by the n. of Jones*, on le connaissait sous le nom de Jones. **To know s.o. (only) by name,** (ne) connaître qn (que) de nom. **To refer to s.o. by name,** désigner qn nominalement. *He was called upon by n. to answer*, il fut sommé nominativement de répondre. *F:* **To mention no names, to name no names,** ne nommer personne. *Certain members, I mention no names . . .*, certains membres, je ne précise pas. . . . *Her n. is never mentioned*, on ne la nomme jamais. **To give one's (full) name,** décliner son nom et ses prénoms. (*To caller*) **What name shall I say?** qui dois-je annoncer? *The caller went away without giving his n.*, le visiteur s'en alla sans s'être nommé, sans avoir donné son nom. **To send in one's name,** (i) se faire inscrire (dans un concours, etc.); (ii) passer sa carte; se faire annoncer. **To set, put, one's name to a document,** signer un document; mettre sa signature au bas d'un document. **To put one's name down (for sth.),** (i) poser sa candidature; (ii) s'inscrire (pour qch.). *Before he was thirty he had his n. up in Harley St.*, avant trente ans il avait sa plaque dans Harley Street. (*At Oxford or Cambridge*) **To have one's name on the books,** être inscrit sur les registres. **To take one's name off the books,** se faire rayer du registre. **List of names,** liste nominative. *F:* **To take s.o.'s name and address,** dresser une contravention à qn. **In the name of . . .,** au nom de . . ., de la part de. . . . *I am speaking in the n. of Mr . . .*, je parle au nom de M. . . . *The shares are in my n.*, les actions sont à mon nom. **In the name of the king,** de par le roi. (*Of official*) *To act in one's own n.*, agir en son nom personnel. *F:* **What in the name of goodness, of fortune, are you doing?** que diable faites-vous là? *What in the n. of goodness is that?* pour l'amour de Dieu qu'est-ce que c'est que ça? *See also* GOD[1] 2. **A king in name only,** un roi de nom seulement. *It exists only in n.*, cela n'existe que nominalement. *F:* **I'll do it, or my name is not (Smith, etc.),** je le ferai ou j'y perdrai mon nom. *See also* PENNY I, SURE 2, VAIN 4. (*b*) Terme *m.* *Endearing names*, termes d'amitié. *Insulting n.*, appellation injurieuse. *See also* CALL[2] I. 3. (*c*) *Names of things*, noms de choses. *Names of the different parts of sth.*, noms, dénomination *f*, des différentes parties de qch. *Gram:* **Proper name,** nom propre. **Another name for . . .,** autre nom pour. . . . *By whatever n. you call it . . .*, de quelque nom qu'on le nomme. . . . *To give a new plant a n.*, dénommer une nouvelle plante. *F:* (*In offering drink, etc.*) **Give it a name! put a name to it!** qu'est-ce que cela sera? qu'est-ce que vous prenez? *Com:* **Registered name, trade name,** nom déposé. (*d*) Titre *m* (d'une pièce de théâtre, d'un roman, etc.). *Attrib.* **Name part,** rôle *m* qui donne le titre à une pièce. **Name story,** conte *m* qui donne le titre à un recueil. **2.** Réputation *f*, renommée *f*. **He has a good, a bad, name,** il a une bonne, une mauvaise, réputation. *To get a bad n.*, se faire un mauvais renom. *See also* DOG[1] I. *Trade-mark with a good n.*, marque réputée. *To defend one's good n.*, défendre sa réputation. *Man who has lost his good n.*, homme décrié; homme perdu de réputation. *Prov:* **A fair name is better than riches,** bonne renommée vaut mieux que ceinture dorée. **To have the name of (being) a skilful doctor,** avoir la réputation d'être un habile médecin. **He has a name for honesty; he has the name of being honest,** il passe pour honnête. *He had made a n. as a weather prophet*, il s'était fait une réputation d'oracle en fait de météorologie. **To make a name for oneself, to make one's name,** se faire un grand nom; se faire une réputation; s'illustrer; sortir du rang. *Author who is beginning to make a n.*, auteur *m* qui commence à percer. *It made his n.*, cela a fait sa réputation. **People of name,** gens renommés. *F:* **To have nothing but one's name and sword,** n'avoir que la cape et l'épée. *She is connected with the proudest names in England*, elle est alliée aux plus beaux noms d'Angleterre. *To lend one's n. to an undertaking*, prêter son nom pour une entreprise. *See also* MUD.

'name-board, *s. Nau:* Tableau *m* (d'un vaisseau).

'name-child, *s.* Personne *f* à qui l'on a donné le prénom d'une autre en l'honneur de celle-ci. *He is my n.-c.*, il porte mon prénom; on lui a donné mon prénom.

'name-day, *s.* **1.** Fête *f* (de qn). **2.** *St.Exch:* Deuxième jour *m* de liquidation.

'name-plate, *s.* (*a*) Plaque *f* (pour porte, etc.); écusson *m*, médaillon *m* (avec le nom). (*b*) Plaque de voiture, etc. *Manufacturer's n.-p.*, plaque du constructeur.

name[2], *v.tr.* **1.** Nommer. (*a*) Donner un nom à (qn, qch.). *He was named Peter*, (i) on lui a donné le nom de Pierre; on l'a appelé, on l'a nommé, Pierre; (ii) il s'appelait, se nommait, Pierre. *A person named Jones*, un nommé Jones. *To n. a new mineral*, dénommer un nouveau minéral. *Way of naming plants*, appellation *f* des plantes. **To name s.o. after s.o.,** *U.S:* **for s.o.,** donner à qn le nom de qn. *He is named after his father*, il porte le prénom de son père. (*b*) *I know his face, but I cannot n. him*, je le connais de vue mais je ne me rappelle pas son nom, mais son nom m'échappe. **2. To name s.o. to an office,** nommer qn à un poste. **To name s.o. mayor,** nommer qn maire. **3.** (*a*) Désigner (qn, qch.) par son nom; mentionner, dénommer (qn). *N. the kings of England*, donnez les noms des rois d'Angleterre. *F:* **He is not to be named in the same breath with his brother,** il ne va pas à la cheville de son frère; il est loin de valoir son frère. *Parl:* (*To member making insinuation*) **Name! Name!** nommez-le! son nom? *See also* NAME[1] I. (*b*) (*Of the Speaker, in Eng. House of Commons*) **To name a member,** signaler à la Chambre l'indiscipline d'un membre. **4.** (*a*) Citer (un exemple, un fait). (*b*) Fixer (le jour, l'heure, une somme). *N. any price you like*, fixez tel prix que vous voudrez. **To name a day for . . .,** indiquer, arrêter, un jour pour. . . . *See also* DAY 4.

-named, *a. & s.* (*With adv. prefixed*) **Before-named, afore-named, fore-named,** précité, -ée. **The first-named,** celui-là, celle-là. **The last-named,** celui-ci, celle-ci. *See also* ABOVE-NAMED.

naming, *s.* **1.** Attribution *f* d'un nom. *There was a great deal of discussion over the n. of the child*, on a beaucoup discuté sur le choix du prénom, des prénoms, à donner à l'enfant. **2.** Nomination *f* (d'un fonctionnaire). **3.** Dénommement *m*, désignation *f* (de qn, qch.).

nam(e)able ['neiməbl], *a.* Que l'on peut nommer.

nameless ['neimləs], *a.* **1.** (*Of pers., etc.*) Sans nom, inconnu, obscur. **2.** (Écrivain, etc.) anonyme. **A lady who shall be nameless,** une dame dont je tairai le nom, que je ne nommerai pas. **Nameless grave,** tombe *f* sans nom, sans inscription. **3.** (*a*) (*Of dread, grief, etc.*) Indéfinissable, indicible, inexprimable. (*b*) (Vice, etc.) abominable, inouï, innommable.

namely ['neimli], *adv.* (*a*) (A) savoir; c'est-à-dire. (*b*) Nommément.

namesake ['neimseik], *s.* Homonyme *m* (de qn). *He is my n.*, il s'appelle comme moi; il a le même nom que moi; il porte mon nom.

Nan [nan]. *Pr.n.f.* (*Dim. of Anne*) Nanette, Annette.

Nancy ['nansi]. **1.** *Pr.n.f.* (*Dim. of Anne*) Nanette, Annette. **2.** *s. P:* **Nancy(-boy),** mignon *m*, giton *m*, *P:* tapette *f*.

nancy-story, -tale ['nansistɔːri, -teil], *s. F:* **1.** Conte *m* légendaire des nègres. **2.** Conte en l'air; tissu *m* d'absurdités.

nandu ['nandu], *s. Orn:* Nandou *m*, rhée *f*.

Nanette [na'net]. *Pr.n.f.* Nanette.

nankeen [nan'kiːn], *s.* **1.** *Tex:* Nankin *m.* **2.** *pl.* **Nankeens,** pantalon *m* de nankin. **3.** (*Colour*) Chamois *inv*, nankin *inv*, jaune pâle *inv.* **4.** *Cer:* Porcelaine *f* de Nankin. *Com:* Porcelaine de Chine.

Nanking [nan'kiŋ]. *Pr.n. Geog:* Nankin.

Nanny ['nani]. **1.** *Pr.n.f.* = NANCY I. **2.** *s.f.* (*Child's speech*) Nounou, bobonne. **3.** *s.f.* = NANNY-GOAT.

'nanny-goat, *s.f. F:* Chèvre (femelle); bique, biquette.

Naomi ['neiomi]. *Pr.n.f. B.Hist:* Noémi.

nap[1] [nap], *s.* Petit somme, petit assoupissement. **Afternoon nap,** sieste *f*, *F:* méridienne *f*. **To take a nap, have a nap,** faire un petit somme; *P:* piquer un roupillon; piquer un chien; (*after the midday meal*) faire la sieste.

nap[2], *v.i.* (**napped; napping**) Faire un petit somme; sommeiller. **To catch s.o. napping,** (i) surprendre qn en train de dormir; (ii) *F:* surprendre la vigilance de qn; prendre qn à l'improviste, au dépourvu; prendre qn sans vert; prendre le lièvre au gîte; (iii) *F:* surprendre qn en défaut, en faute; trouver qn en faute.

nap[3], *s.* **1.** *Tex:* (*a*) (*Of velvet, cloth, felt*) Poil *m*; (*of cloth*) duvet *m*, lainer *m.* *Cloth with raised nap*, étoffe molletonnée, tirée à poil, garnie. **Short-nap velvet,** velours ras, à fils courts. **Against the nap,** à contre-poil, à rebrousse-poil, à rebours. *To wear off the nap of a garment*, élimer un vêtement. *His overcoat had lost its nap*, son pardessus était râpé, élimé. *Cloth that is beginning to show a nap*, drap *m* qui commence à (se) cotonner, à pelucher. (*b*) *pl. Tex:* **Naps,** draps à poil. **2.** *F:* Duvet (d'un fruit).

nap[4], *v.tr.* *Tex:* Garnir, gratter, lainer, rebrousser, rebourser, tirer à poil (le drap, etc.); molletonner (la laine, le coton); faire la peluche (d'un tissu).

napping, *s.* Garnissage *m*, grattage *m*, lainage *m*, rebroussement *m*, rebourssement *m*, tirage *m* à poil. **Napping machine,** laineuse *f*. **Napping comb,** rebroussoir *m*, reboussette *f*, reboursoir *m*.

nap[5], *s.* **1.** *Cards:* Napoléon *m*; nap *m.* **To go nap,** demander les cinq levées. *F:* **To go nap on a horse, on sth. happening,** jouer son va-tout sur un cheval, sur la chance que qch. se fera. **To deal oneself a nap hand,** se donner un jeu parfait. **To hold a nap hand,**

avoir en main toutes les cartes pour réussir. **2.** *Turf:* Tuyau certain.

nap[6], *v.tr.* *Turf:* *F:* **To nap a horse,** donner un tuyau assuré; recommander une certitude.

Napa ['napa]. **1.** *Pr.n.* *U.S.* *Geog:* (La ville de) Napa. **2.** *s.* *U.S:* **Napa (leather),** cuir mégissé.

nape [neip], *s.* **The nape (of the neck),** la nuque.

napery ['neipəri], *s.* *A. & Scot:* Linge *m* de table; nappage *m.*

naphtha ['nafθa], *s.* (Huile *f* de) naphte *m*; bitume *m* liquide. *Crude n.,* naphte brut. *Shale n.,* naphte de schiste. *Petroleum n.,* naphte de pétrole. *Coal-tar n.,* naphte de houille; huile de houille.

naphthalene, -ine ['nafθəli:n], *s.* *Ch:* *Com:* Naphtaline *f,* naphtalène *m.*

naphthol ['nafθɔl], *s.* *Ch:* *Pharm:* Naphtol *m.*

naphthyl ['nafθil], *s.* *Ch:* Naphtyle *m.*

naphthylamine [naf'θilami:n], *s.* *Ch:* Naphtylamine *f.*

napierian [nei'piːəriən], *a.* *Mth:* (Logarithme) népérien.

napiform ['neipifɔ:rm], *a.* *Bot:* (Racine *f,* etc.) napiforme.

napkin ['napkin], *s.* **1.** (*a*) **(Table-)napkin,** serviette *f* (de table). *See also* RING[1] 2. (*b*) (*To protect table-cloth*) Napperon *m.* (*c*) *Ecc:* (*For consecrated bread*) Tavaïole *f.* **2.** (*For infant*) Couche *f,* pointe *f.* **3.** *A:* Linge *m.* *See also* TALENT 1.

napless ['napləs], *a.* **1.** (Drap *m*) sans poil. **2.** (Drap, etc.) râpé, usé, élimé.

Napoleon [na'pouliən]. **1.** *Pr.n.m.* *Hist:* Napoléon. **2.** *s.* (*a*) *Num:* Napoléon *m*; pièce *f* de vingt francs. **Double napoleon,** pièce de quarante francs. (*b*) *pl.* *Cost:* *A:* Bottes *f* de chasse; bottes à revers. (*c*) *Cards:* *A:* = NAP[5] 1.

Napoleonic [napouli'ɔnik], *a.* Napoléonien.

Napoleonism [na'pouliənizm], *s.* *Pol:* Napoléonisme *m.*

Napoleonist [na'pouliənist], *s.* *Pol:* Napoléonien, -ienne.

napoo[1] [nɑ:'pu:]. *P:* (1914-1918) (Déformation du français 'il n'y en a plus') **1.** *int.* = '*nothing doing,*' *q.v. under* DO[1] I. 1. **2.** *pred.a.* (*a*) Fini, épuisé. (*b*) Bon à rien. (*c*) Mort; *P:* fichu, capout.

napoo[2], *v.tr.* *P:* Tuer (qn); régler son compte, faire son affaire, à (qn); faire capout (à) (qn).

nappa ['napa], *s.* = NAPA 2.

nappe [nap], *s.* **1.** *Hyd.E:* Nappe *f* d'eau. **2.** *Mth:* Nappe (d'hyperboloïde).

napper[1] ['napər], *s.* *Tex:* **1.** (*Pers.*) Garnisseur, -euse; gratteur, -euse; laineur, -euse. **2.** (*Machine*) Laineuse.

napper[2], *s.* *P:* **1.** = NUT 1 (*b*). **2.** Bouche *f,* gueule *f.* *You keep your n. shut!* ferme ça! la ferme! ta gueule!

nappy[1] ['napi], *a.* **1.** (Drap, etc.) poilu, pelucheux. **2.** *A:* (*Of ale, etc.*) (*a*) Écumeux, mousseux. (*b*) Capiteux, fort.

nappy[2], *s.* *F:* = NAPKIN 2.

narceine ['nɑ:rsiin], *s.* *Ch:* Narcéine *f.*

narcissism ['nɑ:rsisizm], *s.* *Psy:* Narcissisme *m.*

narcissistic [nɑ:rsi'sistik], *a.* *Psy:* (*Of tendency, etc.*) Narcissique.

Narcissus [nɑ:r'sisəs]. **1.** *Pr.n.m.* *Myth:* Narcisse. **2.** *s.* (*pl.* narcissi [nɑ:r'sisai], **narcissuses**) *Bot:* Narcisse *m,* genette *f.* **Poets' narcissus,** narcisse des poètes; œillet *m* de Pâques; œil-de-faisan *m,* *pl.* œils-de-faisan; jeannette blanche. *See also* WIND-FLOWER.

narcolepsy ['nɑ:rkolepsi], *s.* *Med:* Narcolepsie *f.*

narcosis [nɑ:r'kousis], *s.* *Med:* Narcose *f.*

narcotic [nɑ:r'kɔtik], *a.* & *s.* Narcotique (*m*), stupéfiant (*m*), somnifère (*m*); *s.* opiat *m.*

narcotine ['nɑ:rkotin], *s.* *Ch:* *Med:* Narcotine *f.*

narcotism ['nɑ:rkotizm], *s.* **1.** *Med:* Narcotisme *m.* **2.** Influence *f* narcotique (du tabac, etc.).

narcotization [nɑ:rkotai'zeiʃ(ə)n], *s.* Action *f* narcotique (*of,* sur).

narcotize ['nɑ:rkotaiz], *v.tr.* Donner un narcotique à (qn); narcotiser (qn).

nard [nɑ:rd], *s.* **1.** *Bot:* Nard *m.* **2.** *A.Pharm:* Nard indien; calamus vrai.

narghile, nargileh ['nɑ:rgile], *s.* Narghileh *m,* narguilé *m.*

nark[1] [nɑ:rk], *s.* *P:* **Copper's nark,** espion *m* de police; *F:* mouchard *m*; *P:* bourrique *f,* casserole *f.*

nark[2], *v.tr.* *P:* (*Austr.*) Prendre (qn) à rebrousse-poil; fâcher, irriter (qn).

narky ['nɑ:rki], *a.* *Dial:* *P:* En colère; fâché; *P:* en rogne. *Don't get n.!* ne vous fâchez pas! ne vous mettez pas en rogne!

narrate [na'reit], *v.tr.* Narrer, raconter, relater (qch.); faire le narré de (qch.).

narrating, *s.* = NARRATION 1.

narration [na'reiʃ(ə)n], *s.* **1.** Narration *f* (d'une histoire, etc.). **2.** (*a*) = NARRATIVE[1] 1. (*b*) *Rh:* Narration. (*c*) *Book-k:* Libellé *m* (d'un article de journal).

narrative[1] ['narativ], *s.* **1.** Récit *m,* narration *f,* narré *m,* relation *f*; histoire *f,* conte *m.* **2.** (L'art *m* de) la narration.

narrative[2], *a.* (Style, poème) narratif. **Narrative writer,** narrateur, -trice.

narrator [na'reitər], *s.* (*a*) Narrateur, -trice. (*b*) (*In oratorio*) Récitant *m.*

narratress [na'reitres], *s.f.* Narratrice.

narrow[1] ['narou, 'narə]. **1.** *a.* (*a*) (Chemin, etc.) étroit; (vallon, etc.) serré, resserré, encaissé; (passage, chenal) étranglé; (jupon, etc.) étriqué. *Shoes n. at the toe(s),* souliers étroits du bout. *N. across the shoulders,* étroit de carrure. **To grow narrow,** se rétrécir. *The road becomes narrower as one goes on,* la route va en s'étrécissant. *Com:* **Narrow goods,** les rubans *m.* *Rail:* **Narrow gauge,** voie étroite. **Narrow gauge railway,** chemin *m* de fer à voie étroite. *Min:* **Narrow work,** travail *m* à l'étroit; travaux étriqués. *Nau:* **The narrow seas,** la Manche et la mer d'Irlande. *See also* LEAVED 1. (*b*) Restreint, étroit; de faibles dimensions, de peu d'étendue; (esprit) étroit, borné, rétréci; (existence) limitée, bornée, circonscrite. *N. limits,* limites restreintes. **Within narrow bounds,** dans des limites étroites. **Within a narrow compass,** sur une petite échelle. **In the narrowest sense,** dans le sens le plus étroit, le plus strict, le plus exact. *F:* **To live in narrow circumstances,** vivre à l'étroit; friser la gêne. (*c*) (Examen, etc.) minutieux, soigneux, appliqué, méticuleux. (*d*) **A narrow majority,** une faible majorité; une majorité bien juste. **To have a narrow escape,** *F:* **a narrow shave,** *P:* **a narrow squeak,** l'échapper belle. *Sp:* *N. victory,* victoire *f* de justesse. *See also* ESCAPE[1] 1, SHAVE[2] 2. (*e*) *Ling:* **Narrow vowel,** voyelle tendue. **2.** *s.pl.* *Nau:* *etc:* **Narrows,** passe étroite (entre deux terres); goulet *m* (d'un port); étranglement *m* (de rivière, de détroit, de vallée); pertuis *m* (de fleuve). **-ly,** *adv.* **1.** (*a*) (Interpréter qch.) strictement, étroitement, rigoureusement. (*b*) (Examiner qch.) minutieusement, soigneusement, attentivement, méticuleusement, de près. **2.** (Enfermer qch.) étroitement, à l'étroit. **3.** Tout juste. *The match was n. won by . . .,* le match fut gagné de bien peu par. . . . **He narrowly missed being run over,** il faillit être écrasé. *In crossing the street, he n. avoided a taxi,* en traversant la rue, il esquiva de justesse un taxi. **He narrowly escaped falling,** il a failli tomber; peu s'en fallut qu'il ne tombât. *See also* ESCAPE[2] 2.

narrow-'chested, *a.* (*a*) (Personne *f*) à poitrine étroite. (*b*) (Vêtement) étriqué de poitrine.

narrow-'minded, *a.* Borné; à l'esprit étroit, à l'esprit rétréci; illibéral, -aux; *F:* qui porte des œillères. *N.-m. ideas,* idées étroites, mesquines. **-ly,** *adv.* Sans largeur de vues.

narrow-'mindedness, *s.* Étroitesse *f,* petitesse *f,* d'esprit; esprit borné, rétréci, mesquin.

narrow-'mouthed, *a.* (Vase, etc.) à embouchure étroite.

narrow-'necked, *a.* (Bouteille, etc.) à goulot étroit, étranglé.

narrow-'ringed, *a.* *Arb:* (Arbre *m*) à couches minces.

narrow-'shouldered, *a.* Aux épaules étroites.

narrow-'zoned, *a.* *Arb:* = NARROW-RINGED.

narrow[2]. **1.** *v.tr.* (*a*) Resserrer, (r)étrécir. *Narrowed eyelids,* paupières mi-closes. (*b*) Restreindre, limiter, borner; rétrécir (un espace, les idées, etc.). *Phot:* **To narrow the field,** restreindre le champ. (*c*) *A. & Lit:* Mettre (qn) à l'étroit; gêner les mouvements de (qn); acculer (qn). **2.** *v.i.* (*a*) Devenir plus étroit; se resserrer, se rétrécir; (*of channel*) s'étrangler. (*b*) *Equit:* (*Of horse*) S'étrécir.

narrow down. **1.** *v.tr.* *Further inquiries have narrowed the search down to two men,* de plus amples renseignements ont limité l'enquête à la recherche de deux hommes. **2.** *v.i.* *Here the stream narrows down to a few feet,* ici le cours d'eau se rétrécit jusqu'à n'avoir plus que quelques pieds.

narrowing[1], *a.* **1.** (*a*) Qui resserre, qui rétrécit. (*b*) (*Of influence, etc.*) Qui restreint, qui limite, qui borne. **2.** Qui se resserre, qui se rétrécit.

narrowing[2], *s.* **1.** Resserrement *m,* (r)étrécissement *m*; contraction *f* (d'une route). *Knitting:* Diminution *f,* rétrécie *f.* **2.** Restriction *f,* limitation *f.*

narrowish ['narouiʃ], *a.* Assez étroit, plutôt étroit.

narrowness ['naronəs], *s.* **1.** (*a*) Étroitesse *f,* rétrécissement *m,* manque *m* de largeur (d'un passage, etc.). *Med:* Angustie *f* (du bassin). (*b*) Petitesse *f,* exiguïté *f,* manque d'étendue (d'un espace, etc.); limitation *f,* circonscription *f* (de la vie, de l'intelligence, etc.); insuffisance *f,* étroitesse (des moyens de qn). **Narrowness of mind,** étroitesse d'esprit. **2.** Minutie *f*; caractère soigneux, appliqué, méticuleux (d'un examen, des recherches).

narthex ['nɑ:rθeks], *s.* *Archeol:* Narthex *m.*

narwhal ['nɑ:rwəl], *s.* *Z:* Narval *m,* *pl.* -als; licorne *f* de mer.

nasal ['neiz(ə)l]. **1.** *a.* (*a*) *Anat:* Nasal, -als, -aux. **The nasal fossae,** les fosses nasales. *F:* **Nasal organ,** nez *m.* (*b*) (*Of sound, letter, etc.*) Nasal. **Nasal accent,** accent nasillard. **To have a nasal voice,** parler du nez. *Ling:* (*Of vowel, etc.*) *To lose its n. sound,* se dénasaler, se dénasaliser. *See also* TWANG[1] 2. **2.** *s.* (*a*) *Archeol:* Nasal *m* (de casque). (*b*) *Anat:* Épine nasale. (*c*) *Ling:* Nasale *f.* **-ally,** *adv.* *To speak n.,* parler du nez, d'un ton nasillard; nasiller. *To pronounce a vowel n.,* nasaliser une voyelle.

nasality [nei'zaliti], *s.* Nasalité *f* (d'articulation, etc.). *The n. of the Americans,* le nasillement des Américains.

nasalization [neizəlai'zeiʃ(ə)n], *s.* Nasalisation *f* (d'une voyelle, etc.).

nasalize ['neizəlaiz]. **1.** *v.tr.* Nasaliser (une syllabe, etc.). **2.** *v.i.* Nasiller; parler du nez.

nascent ['nasənt], *a.* (*Of plant, society, etc.*) Naissant. *Ch:* (Corps, élément) à l'état naissant.

nase [ne:iz], *s.* = NAZE.

naseberry ['neizberi], *s.* *Bot:* **1.** Sapotille *f.* **2.** **Naseberry(-tree),** sapotillier *m.*

naso-pharyngeal [neizofa'rindʒiəl], *a.* *Anat:* Naso-pharyngien, *pl.* naso-pharyngiens.

nastiness ['nɑ:stinəs], *s.* **1.** Mauvais goût, odeur *f* désagréable. **2.** (*Of pers.*) Méchanceté *f,* rosserie *f.* **3.** *Esp. U.S:* (*a*) Saleté *f,* malpropreté *f.* (*b*) Indécence *f,* obscénité *f.*

nasturtium [nas'tə:rʃəm], *s.* **1.** *Bot:* Nasturce *m*; cresson *m* de fontaine. **2.** *Hort:* Capucine *f*; cresson d'Inde. **Dwarf nasturtium, Tom Thumb nasturtium,** capucine naine. **Nasturtium seeds,** (i) graines *f* de capucines; (ii) câpres *f* capucines.

nasty ['nɑ:sti], *a.* **1.** (*a*) Désagréable, dégoûtant, nauséabond. *To smell n.,* sentir mauvais. *F:* *His cowardice left me a n. taste in the mouth,* sa lâcheté m'a laissé un mauvais souvenir. (*b*) **Nasty weather,** sale, mauvais, vilain, temps. *A n. job,* une besogne difficile, dangereuse. *N. corner,* tournant dangereux. *N. disease,* vilaine maladie. *N. illness, accident,* maladie grave, accident sérieux. *N. wound,* vilaine blessure. **To receive a nasty blow,** (i) recevoir un mauvais coup; (ii) (*of fortune*) *F:* recevoir une tuile. *That's a n. one!* quelle tuile! *To have a n. look in one's eye,* avoir l'air mauvais, menaçant. *See also* LOOK[2] 3. *A n. little vase,* un vilain petit vase. *See also* CHEAP 1. **2.** (*Of pers.*) Méchant, déplaisant, hargneux, *P:* rosse. **To turn nasty,** prendre un air méchant. **To be nasty to s.o.,** être vilain avec qn; faire des méchancetés à qn; être désobligeant envers qn. *Don't be n.!* ne faites donc pas le méchant! **Nasty trick,** vilain tour; rosserie *f.* **3.** *Esp.U.S:* (*a*) Sale, malpropre, immonde. *F:* **He's a nasty piece of work,** c'est un sale individu, un sale type, un vilain coco, une rosse. (*b*) (*Of language, book, etc.*) Indécent, obscène, ordurier, malpropre. **To have a nasty mind,** avoir l'esprit mal tourné; voir des obscénités où il n'y en a pas. **-ily,** *adv.* **1.** Désagréablement, d'une façon dégoûtante. *To behave n.,* se conduire méchamment, d'une manière déplaisante. **2.** *Esp.U.S:* (*a*) Malproprement, salement. (*b*) Indécemment, d'une façon obscène.

'nasty-minded, *a.* A l'esprit graveleux, malsain.

natal[1] ['neit(ə)l], *a.* (Jour, etc.) natal, -als, -aux; (jour) de naissance.

Natal[2] [na'tal]. *Pr.n. Geog:* Le Natal.

natality [na'taliti], *s.* Natalité *f.* **Natality statistics,** la statistique des naissances.

natant ['neitənt], *a. Bot:* (*Of leaf, plant*) Nageant, natant.

natation [na'teiʃ(ə)n], *s.* Natation *f.*

natatores [neita'tɔːriːz], *s.pl. Orn:* Les nageurs *m.*

natatorial [neita'tɔːriəl], **natatory** ['neitatəri], *a. Nat.Hist:* (Organe *m*, membrane *f*) natatoire.

nates ['neitiːz], *s.pl. Anat:* **1.** Fesses *f.* **2.** Nates *m*, tubercules quadrijumeaux antérieurs (du cerveau).

Nathan ['neiθan]. *Pr.n.m.* Nathan.

Nathaniel [na'θanjəl]. *Pr.n.m.* Nathanael.

nath(e)less ['neiθləs], *adv. A:* = NEVERTHELESS.

nation[1] ['neiʃ(ə)n], *s.* **1.** Nation *f.* (*a*) *The nations of Europe,* les nations de l'Europe; les peuples européens. *People of all nations,* des gens de toutes les nationalités. *Sch:* (*At Glasgow and Aberdeen*) **The four nations of the University,** les quatre nations de l'Université. *Hist:* **The Battle of the Nations,** la bataille des Nations; la bataille de Leipzig. *See also* COMITY, FAVOURED 1, LAW[1] 3, LEAGUE[2]. (*b*) *pl. B.Hist:* **The Nations,** les nations, les gentils *m.* **2.** *The whole n. rose in arms,* tout le pays se souleva. **Nation-wide movement,** mouvement répandu par tout le pays. **The voice of the nation,** la voix du peuple. *To serve the n.,* servir l'État *m.*

nation[2]. **1.** *int. P:* = DAMNATION 3. **2.** *s. U.S: P:* **A nation of . . .,** des tas de. . . .

national ['naʃən(ə)l]. **1.** *a.* (*a*) National, -aux; de l'État. *Adm:* **National status,** nationalité *f.* *N. forces,* armée nationale. *A:* **National school,** (i) école communale; (ii) école établie par la *National Society* fondée en 1811. *Fr.Hist:* **The National Guard,** la garde nationale; les sectionnaires *m.* *A n. guard(sman),* un sectionnaire. *Nau:* **National flag,** pavillon *m* de nation. *Pol:* **The National Government,** le Gouvernement de concentration nationale (de l'Angleterre). *See also* ANTHEM 2, DEBT, GRAND NATIONAL, INSURANCE 2. (*b*) *N. poet, dress,* poète, costume, national. *N. custom,* coutume *f* du pays. *He is intensely n.,* il est d'un nationalisme extrême. **2.** *s.pl.* **Nationals,** nationaux *m*, ressortissants *m* (d'un pays). **3.** *s. Rac: F:* **The National** = *the* GRAND NATIONAL. **-ally,** *adv.* Nationalement; du point de vue national.

'national-'socialism, *s. Pol:* National-socialisme *m.*

'national-'socialist, *a. & s.* National-socialiste (*m*), *pl.* national-socialistes.

nationalism ['naʃənəlizm], *s.* (*a*) Nationalisme *m.* (*b*) *Pol:* Étatisme *m*; socialisme *m* d'État.

nationalist ['naʃənəlist], *s.* **1.** Nationaliste *mf.* **2.** *Pol:* Étatiste *mf.*

nationalistic [naʃənə'listik], *a.* Nationaliste.

nationality [naʃə'naliti], *s.* **1.** Nationalité *f.* *Twenty nationalities were represented,* vingt nationalités étaient représentées. **He is of Italian nationality,** il est de nationalité italienne. **2.** *To preserve the n. of a museum,* conserver le caractère national d'un musée. **3.** Nationalisme *m*, patriotisme *m*, esprit national.

nationalization [naʃənəlai'zeiʃ(ə)n], *s.* **1.** Nationalisation *f* (d'un peuple, etc.). **2.** Naturalisation *f* (d'un étranger). **3.** Nationalisation, étatisation *f* (d'une industrie).

nationalize ['naʃənəlaiz], *v.tr.* **1.** Nationaliser (un peuple, etc.). **2.** Naturaliser (un étranger, etc.). *To become nationalized, v.i.* **to nationalize,** se naturaliser; obtenir des lettres de naturalisation. **3.** Nationaliser, étatiser, étatifier (une ligne de chemins de fer, etc.).

native ['neitiv]. **I.** *s.* **1.** (*a*) Natif, -ive (d'un pays, d'une ville); naturel, -elle (du Congo, etc.). *Adm: Jur:* Régnicole *mf.* **Native of Australia,** Australien, -ienne, de naissance. *A n. of Paris, F:* un enfant de Paris. **He speaks English like a native,** il parle l'anglais comme un habitant du pays. *F:* **To astonish the natives,** épater la population, le populo. (*b*) (*Of non-European country*) Indigène *mf.* *A little n. of warmer climes, F:* un petit pays chaud. *F:* (*Of white man*) **To go native,** adopter la vie des indigènes; s'assimiler aux indigènes. **2.** (*a*) (*Of plant, animal*) Indigène. *The elephant is a n. of Asia,* l'éléphant *m* est originaire de l'Asie. (*b*) *pl.* **Natives,** huîtres *f* du pays. **3.** *Mediaeval Hist:* Esclave natif; serf *m* de naissance.

II. native, *a.* **1.** Natif. (*a*) (*Of qualities, etc.*) Naturel, inhérent, inné. **Native to s.o., to sth.,** inhérent à qn, à qch. (*b*) *A:* (*Of state, colours, feelings, etc.*) Simple, naturel. *To behave with n. ease,* se conduire avec naturel. **2.** (*a*) (*Of country, place*) Natal, -als, -aux; de naissance. **Native language,** langue maternelle. **Native land,** terre natale; patrie *f*, pays *m.* *To breathe one's n. air,* respirer l'air natal. *He loves his n. home,* il aime le coin qui l'a vu naître; *F:* il aime son clocher. *He returned to his n. London,* il est revenu à Londres, sa ville natale. (*b*) (Costume *m*, huîtres *fpl*) du pays. *They were guaranteed the use of their n. customs and religion,* on leur garantit l'usage de leurs coutumes et de leur religion propres, particulières. *See also* TANG[1] 2. (*c*) *Adm: Jur:* (*Of pers.*) Régnicole. **3.** (*a*) (*Of metals, minerals*) (A l'état) natif. **Native gold,** or natif. (*b*) *Ch:* **Native substance,** principe immédiat. (*c*) **Native albumin,** albumine naturelle. **4.** (*Of plants, inhabitants, etc.*) Indigène, originaire, aborigène (*to*, de). *Ling:* **Native word,** mot *m* indigène. **A native rising,** une insurrection des indigènes. **Native States,** États *m* indigènes (de l'Inde anglaise). *To make use of n. labour,* employer de la main-d'œuvre indigène. **-ly,** *adv.* Nativement; de sa nature; par nature.

'native-'born, *a.* **1.** Indigène, natif. *A n.-b. German,* un Allemand de naissance. **2.** (Enfant d'Européens) né aux colonies, dans l'Inde, etc.

nativism ['neitivizm], *s.* **1.** *Pol: U.S:* Exclusivisme *m* en faveur des natifs des États-Unis. **2.** *Phil:* Nativisme *m*; innéisme *m.*

nativist ['neitivist], *s.* **1.** *Pol: U.S:* Partisan *m* de l'exclusivisme en faveur des natifs. **2.** *Phil:* Nativiste *m.*

nativity [na'tiviti], *s.* **1.** (*a*) *A:* Naissance *f.* *Land of one's n.,* pays *m* de naissance. (*b*) Naissance, nativité *f* (du Christ, de la Vierge, de saint Jean-Baptiste). (*c*) *Ecc:* **The (festival of the) Nativity,** la Nativité; la fête de Noël. **2.** *Astrol:* Nativité, horoscope *m.* **To cast s.o.'s nativity,** faire, dresser, tirer, l'horoscope de qn.

na'tivity play, *s.* *Th:* Mystère *m* de la Nativité.

natrolite ['natrolait, 'nei-], *s.* *Miner:* Natrolite *f*; pierre *f* de soude.

natron ['natrən, 'nei-], *s.* *Miner:* Natron *m*, natrum *m.* **Natron lake,** lac *m* à natron.

natter ['natər], *v.i.* *F:* (*Of woman*) Gronder, criailler.

natterjack ['natərdʒak], *s.* *Amph:* **Natterjack (toad),** crapaud *m* des roseaux; calamite *f.*

nattier blue ['natjər 'bluː], *s.* *Art:* Bleu *m* Nattier.

nattiness ['natinəs], *s.* **1.** Coquetterie *f*, élégance *f* (de qn, de la mise). **2.** Adresse (manuelle); dextérité *f* (de qn).

natty ['nati], *a.* **1.** (*Of pers., dress, etc.*) Pimpant; coquet, -ette; soigné. **2.** (*a*) (*Of pers.*) Adroit (de ses mains). **To be natty with one's hands,** être adroit de ses mains, de ses doigts. (*b*) (*Of contrivance, etc.*) Habilement exécuté; bien ménagé; commode. **A natty little gadget,** un petit dispositif bien trouvé. **-ily,** *adv.* **1.** Coquettement; d'une façon pimpante; avec soin. **2.** Adroitement, habilement; avec adresse.

natural ['natjurəl]. **I.** *a.* Naturel. **1.** (*a*) Qui est conforme à la nature. **Natural law,** loi *f* de la nature. **Natural size,** grandeur naturelle; de grandeur normale. **Natural day,** jour vrai. **Natural magic,** magie blanche. **Natural life,** vie mortelle, vie sur terre. *s. F:* **For the rest of my natural,** pour le reste de ma vie. *N. tone of voice,* ton naturel. *N. modesty,* modestie *f* simple, sans affectation. **Be natural!** soyez naturel! **In the natural state,** à l'état primitif; à l'état de nature. *Tex:* **Natural wool,** laine *f* beige. *Cloth in n. colour,* étoffe *f* en beige. *See also* DIE[2] 1, PERSON 1, YEAR. (*b*) *Mth:* **Natural logarithms,** logarithmes naturels, hyperboliques, népériens. (*c*) *Mus:* **Natural note,** note naturelle. **The natural keys,** les tons naturels. **2.** (*a*) Natif, inhérent, inné. *N. goodness,* bonté foncière. *N. gift,* don naturel. **To have a natural tendency to do sth.,** avoir une tendance naturelle à faire qch. **It comes natural to him,** c'est un don chez lui; c'est un de ses talents naturels. *It comes n. to him to . . .,* il a une facilité innée pour. . . . *It comes n. to him to write in verse,* il lui est naturel d'écrire en vers. **Laughter is natural to man,** le rire est le propre de l'homme. *It is n. to a man to . . .,* il est de la nature de l'homme de. . . . *The cat is the n. enemy of the dog,* le chat est l'ennemi naturel du chien. *Ph:* **Natural oscillation,** oscillation propre, fondamentale. *N. frequency, period,* fréquence *f* propre. *Ac:* *N. resonance,* résonance *f* propre. (*b*) **It is natural that . . .,** il est (bien) naturel que + *sub.*; il n'y a rien de surprenant à ce que + *sub.* **As is natural,** comme de raison. **3. Natural child,** enfant naturel, illégitime. **4. The natural world,** le monde physique. **Natural history,** l'histoire naturelle. **Natural philosophy,** la physique. **Natural philosopher,** physicien *m.* **-ally,** *adv.* Naturellement. **1.** (*a*) De sa nature, par nature, nativement. *N. lazy,* paresseux de sa nature, par tempérament. *N. curly hair,* cheveux *m* qui frisent naturellement. *He was n. of a kind disposition,* il était foncièrement bon. **It comes naturally to him to . . .,** il est dans sa nature, il lui est naturel, de. . . . *Statesmanship comes n. to him,* il est doué pour la politique. (*b*) **To speak naturally,** parler naturellement, sans affectation, sans art, simplement. *He writes n.,* son style coule de source. (*c*) **To die naturally,** mourir de sa belle mort. **2.** (= *Of course*) *He n. does not wish . . .,* comme il est naturel, naturellement, comme de raison, il ne veut pas. . . . *Did you answer him?*—**Naturally,** lui avez-vous répondu?—Naturellement; cela va sans dire. *These questions were n. somewhat embarrassing,* ces questions, comme vous le pensez bien, n'étaient pas sans m'embarrasser.

II. natural, *s.* **1.** *A:* Idiot, -ote (de naissance). (*Still so used in*) **The village natural,** l'innocent *m* du village. **2.** *Mus:* (*a*) Note naturelle. (*b*) (*Sign*) Bécarre *m.* **3.** *Cards:* **To have a natural,** avoir vingt et un d'entrée.

'natural-born, *a.* De naissance. *Esp.* **Natural-born subject,** Anglais, Français, etc., de naissance.

'natural his'torian, *s.* Savant *m* naturaliste.

naturalism ['natjurəlizm], *s.* *Phil: Art: Lit: etc:* Naturalisme *m.*

naturalist ['natjurəlist]. **1.** *s.* (*a*) *Bot: Z: Lit: Art:* Naturaliste *mf.* (*b*) Naturaliste, taxidermiste *m.* **2.** *a.* (Religion *f*) naturaliste.

naturalistic [natjurə'listik], *a.* **1.** Naturaliste. **2.** *Art: Lit:* Naturiste. **-ally,** *adv.* *To paint n.,* être de l'école des naturistes; *F:* peindre nature.

naturalization [natjurəlai'zeiʃ(ə)n], *s.* **1.** Naturalisation *f* (d'un étranger, d'un mot étranger). **Letters of naturalization,** déclaration *f* de naturalisation. **2.** Acclimatation *f* (d'une plante, d'un animal).

naturalize ['natjurəlaiz]. **1.** *v.tr.* (*a*) Naturaliser (un étranger, un mot) (*to*, dans, en). (*b*) Acclimater (une plante, un animal). (*c*) Rendre (l'art, etc.) conforme à la nature; donner du naturel à (son style, etc.). (*d*) Expliquer (le surnaturel, etc.) selon les lois naturelles. **2.** *v.i.* (*a*) (*Of plant, etc.*) S'acclimater. (*b*) Faire de l'histoire naturelle (en plein air); herboriser.

naturalized, *a.* Naturalisé. *To become a n. Frenchman*, se faire naturaliser Français.

naturalizing, *s.* **1.** Naturalisation *f*, acclimatation *f* (d'une plante, d'un animal). **2.** Histoire naturelle en plein air; herborisation *f*.

naturalness ['natjurəlnəs], *s.* **1.** (*a*) Caractère naturel (d'une action, etc.). (*b*) *The portrait lacks n.*, le portrait manque de naturel. **2.** Naturel *m*; absence *f* d'affectation. *To behave with n.*, se conduire avec naturel.

nature ['neitjər], *s.* Nature *f*. **1.** (*a*) (*Of thg*) Essence *f*, caractère *m*. *The n. of the affair*, la nature, l'essence, de l'affaire. *N. of the climate, of the soil*, nature du climat, du sol. *The physical and the spiritual n. of man*, la nature physique et la nature spirituelle de l'homme. **The nature of fish is to swim,** le propre des poissons est de nager. *Love is jealous* **by nature,** il est de l'essence de l'amour d'être jaloux; l'amour est jaloux par nature. **It is in the nature of things that . . .,** il est dans l'ordre des choses que. . . . **In, by, from, the nature of things, of the case,** *we cannot hope for more*, vu la nature de l'affaire nous ne pouvons espérer mieux. *Metaphysics in conformity with the true n. of things*, métaphysique *f* conforme à l'être *m* véritable des choses. **To take the nature out of leather,** avachir le cuir. **Wood full of nature,** bois plein de sève. (*b*) (*Of pers.*) Naturel *m*, caractère, tempérament *m*. *His warped n.*, son caractère mal fait. *A jealous n.*, un caractère jaloux; une nature jalouse. **To have, to be of, a happy nature,** être d'un heureux naturel. **It is not in his nature to . . .,** il n'est pas de sa nature de. . . . **By nature,** par nature, par tempérament, de (sa) nature, naturellement. *He was timid by n.*, il était naturellement timide. *Monkeys are mischievous by n.*, le singe est malicieux de nature. *Envious by n.*, envieux par nature. **It comes to him by nature,** cela lui vient tout naturellement; il tient cela de nature. **Habit is a second nature,** l'habitude *f* est une seconde nature. *There are some natures that cannot stand the cold*, il y a des natures qui ne peuvent pas supporter le froid. *See also* GOOD NATURE, ILL NATURE. **2.** Espèce *f*, sorte *f*, genre *m*. *Things of this n.*, les choses *f* de ce genre. **Something in the nature of a . . .,** une espèce, une sorte, de. . . . *Invitation in the n. of a command*, invitation *f* en forme d'ordre. *His words were in the n. of a threat*, ses paroles *f* tenaient de la menace. **Facts of a nature to astonish us,** faits *m* de nature à nous étonner. *This news was of a n. to alarm her*, ces nouvelles étaient faites pour l'alarmer. **3.** (*a*) (La) nature. *F:* **Dame Nature,** la Nature. **The laws of nature,** les lois *f* de la nature. **Nature study,** histoire naturelle. **Nature gods,** dieux naturels. **Nature worship,** l'adoration *f* des phénomènes naturels. **Nature myth,** mythe naturel. **To draw from nature,** dessiner d'après nature. *Lit: Art:* **(Depiction of) nature without artifice,** le naïf. **Against nature,** (i) contre nature; (ii) miraculeux. **In nature,** dans la nature. **In a state of nature,** en l'état de pure nature; à l'état de nature, (i) à l'état naturel, (ii) *F:* dans l'habit du père Adam. **Return to nature,** retour *m* à l'état de nature. *U.S: F:* **That beats all nature,** ça dépasse tout (au monde); ça c'est le comble! *See also* COURSE[1] 1, DEBT, FREAK[1] 3, GENTLEMAN 2. (*b*) **(Human) nature,** la nature humaine. **It was not in nature** *to do otherwise*, il n'était pas possible de faire autrement. (*c*) Force vitale, fonctions vitales, naturelles (de l'homme). *Diet insufficient to support n.*, régime insuffisant pour entretenir la vie, pour se sustenter. *See also* RELIEVE 1.

'nature-lover, *s.* Amoureux *m*, amant *m*, ami *m*, de la nature.

'nature-printing, *s.* *Phot.Engr:* Impression naturelle directe.

-natured ['neitjərd], *a.* (*With adj. prefixed, e.g.*) **Hard-natured,** au cœur dur. **Simple-natured,** au cœur simple. *Simple-n. face*, visage *m* bonasse. *See also* GOOD-NATURED, ILL-NATURED. **-ly,** *adv.* (*With adj. prefixed, e.g.*) **Good-naturedly,** avec bonté, avec bonhomie; aimablement, complaisamment. **Ill-naturedly,** avec méchanceté; méchamment, mauvaisement.

naturist ['neitjərist], *s.* *Lit: Phil: Art: etc:* Naturiste *m*.

naturistic [neitjə'ristik], *a.* Naturiste.

naught [nɔːt], *s.* **1.** *A. & Lit:* Rien *m*, néant *m*. **To come to naught,** échouer; n'aboutir à rien. *The attempt came to n.*, la tentative n'a pas abouti. **To bring an attempt to naught,** faire échouer, faire avorter, une tentative. *To bring s.o.'s plans to n.*, confondre les projets de qn. *Fortune reduced to n.*, *F:* fortune réduite à zéro. **To set at naught (the law, etc.),** ne tenir aucun compte, aller à l'encontre, de (la loi, etc.); passer outre, faire échec, à (la loi, etc.); braver (la loi). *To set advice at n.*, ne tenir aucun compte, faire peu de cas, d'un conseil. *B: Set at n.*, chargé de mépris; méprisé. **All for naught,** en vain, inutilement. *His efforts were all for n.*, ce furent des efforts perdus. **A man of naught,** un homme de néant, de rien. **2.** *Ar:* Zéro *m*. **To get a naught** (*in an exam*), avoir, attraper, un zéro.

naughtiness ['nɔːtinəs], *s.* **1.** Mauvaise conduite, désobéissance *f* (d'un enfant, *F:* d'une grande personne). **2.** *F:* Caractère risqué, grivois (d'un conte, d'un mot).

naughty ['nɔːti], *a.* **1.** (*Of child, F: of pers.*) Vilain, méchant; pas sage; désobéissant. *You n. child!* petit méchant! oh, le laid! oh, la laide! petit polisson! *F: You n. man!* quel polisson vous faites! *He's been a n. boy*, il a été méchant; il n'a pas été sage. **2.** *F:* (*Of tale*) Risqué, grivois, leste. *N. song*, chanson gaillarde, polissonne. *To tell n. stories*, conter des gaillardises *f*; en raconter de corsées, de salées, d'égrillardes. *To make rather n. jokes*, plaisanter un peu lestement. **The naughty nineties,** les années 1890-1900 (qui furent un peu polissonnes). **-ily,** *adv.* *To behave n.*, se mal conduire; ne pas être sage; être méchant.

naumachia, *pl.* **-iae, -ias** [nɔː'meikiə, -iiː, -iəs], **naumachy** ['nɔːməki], *s.* *Rom.Ant:* Naumachie *f* (combat ou piscine).

Nauplia ['nɔːpliə]. *Pr.n. Geog:* Nauplie *f*.

nauplius, *pl.* **-plii** ['nɔːpliəs, -pliai], *s.* *Crust:* Nauplius *m*.

nauropometer [nɔːro'pɔmetər], *s.* *Nau:* Oscillographe *m*.

nausea ['nɔːsiə], *s.* **1.** (*a*) Nausée *f*, envie *f* de vomir, soulèvement *m* de cœur. *To be overcome with n.*, avoir mal au cœur; avoir des nausées. (*b*) Mal *m* de mer. **2.** *F:* Dégoût *m*, nausée, écœurement *m*. **Sated to nausea** *with travelling*, rassasié de voyages jusqu'à l'écœurement.

nauseate ['nɔːsieit]. **1.** *v.tr.* (*a*) Refuser (la nourriture, etc.) avec dégoût; avoir du dégoût pour (qch.); prendre (qch.) en dégoût. (*b*) Écœurer, dégoûter (qn); donner des nausées, donner mal au cœur, à (qn). **2.** *v.i.* Avoir mal au cœur; éprouver des nausées. *To n. at sth.*, avoir la nausée de qch.; être écœuré par qch.

nauseating, *a.* **1.** *Med:* Nauséeux. **2.** Nauséabond, dégoûtant, écœurant. *It is n.*, cela soulève le cœur; cela donne mal au cœur; cela donne des nausées; cela vous donne la nausée. **-ly,** *adv.* D'une façon dégoûtante, écœurante. *F: He is n. hypocritical*, il est d'une hypocrisie répugnante.

nauseous ['nɔːsiəs, -ʃjəs], *a.* = NAUSEATING.

nauseousness ['nɔːsiəsnəs, -ʃjəs-], *s.* Caractère nauséabond, dégoûtant, écœurant (de qch.).

nautch [nɔːtʃ], *s.* (*India*) Natche *f*; ballet *m*.

'nautch-girl, *s.f.* Danseuse de natche; bayadère.

nautical ['nɔːtik(ə)l], *a.* Nautique, marin; naval, -als. *N. chart*, carte marine. *N. term*, terme *m* de navigation, de marine. *N. star*, étoile *f* servant aux observations. **Nautical almanac,** almanach *m* nautique; connaissance *f* des temps; éphémérides *fpl*. *N. day*, jour *m* astronomique. *F: N. yarn*, histoire *f* de marin; conte bleu. *N. matters*, questions navales. *Article on n. matters*, article *m* sur la marine. *See also* MILE. **-ally,** *adv.* D'une façon nautique. **Nautically speaking . . .,** nautiquement parlant. . . .; pour parler en marin. . . .

nautilus, *pl.* **-uses, -i** ['nɔːtiləs, -əsiz, -ai], *s.* *Moll:* Nautile *m*. **Paper nautilus,** argonaute *m*, voilier *m*; chaloupe cannelée. **Pearly nautilus,** nautile flambé.

naval ['neiv(ə)l], *a.* Naval, -als; de marine (de guerre); marinier. *N. power*, puissance *f* maritime. *N. forces of a state*, marine *f* (de guerre, militaire), armée navale, d'un État. *N. war(fare)*, guerre navale. *N. engagements*, combats navals; combats en mer. **Naval station, naval base,** port *m* de guerre; station navale. **Naval officer,** (i) officier *m* de marine, de la flotte; (ii) *U.S:* douanier chargé de recevoir les déclarations d'entrée. **Naval college,** école navale. *To enter the N. College, F:* entrer à Navale. **Naval stores,** approvisionnements *mpl*, matériel *m*; fournitures *fpl* de navires. *Rom.Ant:* **Naval crown,** couronne rostrale, navale. *See also* ARCHITECTURE, ARTILLERY, AVIATION, CONSTRUCTION 1, CONSTRUCTOR, GUN[1] 1, SURVEYOR 1, YARD[2] 2. **-ally,** *adv.* Au point de vue naval.

Navarino [navə'riːno]. *Pr.n. Geog:* Navarin *m*.

Navarre [nə'vɑːr]. *Pr.n. A.Geog:* **The kingdom of Navarre,** le royaume de Navarre; la Navarre.

Navarrese [navə'riːz], *a. & s.* *A.Geog:* Navarrais, -aise.

nave[1] [neːiv], *s.* Moyeu *m* (de roue). *See also* BAND[1] 1, RING[1] 2.

'nave-block, *s.* Selle *f* (de charron).

'nave-box, *s.* *Veh:* Boîte *f* de roue; douille *f* de roulement.

'nave-hole, *s.* *Veh:* Emboîture *f* de moyeu.

nave[2], *s.* Nef *f*, vaisseau *m* (d'église); vaisseau de la nef.

navel ['neiv(ə)l], *s.* (*a*) *Anat:* Nombril *m*, ombilic *m*. (*b*) *F:* Milieu *m*, centre *m*, cœur *m* (d'un pays, d'une forêt, etc.). (*c*) *Her:* **Navel (-point),** nombril (de l'écu).

'navel-hole, *s.* Trou *m* de meule de moulin.

'navel-'orange, *s.* *Hort:* Orange *f* navel *inv* (à petite orange incluse dans le fruit).

'navel-pipe, *s.* *Nau:* Écubier *m* de pont.

'navel-string, *s.* *Anat:* Cordon ombilical.

'navel-wort, *s.* *Bot:* Ombilic *m*, *F:* gobelets *mpl*; nombril *m* de Vénus; petite bourrache; cabaret *m* des murailles; cotylédon *m*.

navicular [nə'vikjulər]. **1.** *a. & s.* *Anat: Vet:* **Navicular (bone),** os *m* naviculaire. *Vet:* **Navicular (disease),** encastelure *f*; maladie *f* naviculaire. **2.** *a.* *Anat:* **Navicular fossa,** fossette *f* de l'anthélix; fosse *f* naviculaire.

navicularthritis [navikjulaːr'θraitis], *s.* *Vet:* Maladie *f* naviculaire.

navigability [navigə'biliti], **navigableness** ['navigəblnəs], *s.* Navigabilité *f* (d'un fleuve, d'un vaisseau); dirigeabilité *f* (d'un ballon).

navigable ['navigəbl], *a.* (Fleuve *m*, mer *f*, vaisseau *m*) navigable; (ballon *m*) dirigeable. *N. river*, rivière navigable, marchande, qui porte bateau. *Waters n. by sea-going vessels*, eaux *f* accessibles aux bâtiments de mer. **Ship in navigable condition,** vaisseau en bon état de navigabilité, en état de prendre la mer.

navigate ['navigeit]. **1.** *v.i.* Naviguer. **2.** *v.tr.* (*a*) Parcourir (les mers); naviguer dans, sur (les mers, etc.); voyager dans (les airs). (*b*) Gouverner, diriger (un navire). *Aer:* Piloter (un dirigeable). **Navigating officer,** officier *m* de navigation; officier des montres. *F:* **To navigate a bill through Parliament,** conduire un projet de loi à bon port.

navigating, *s.* Navigation *f*. *Aer:* **Navigating room,** cabine *f* de navigation.

navigation [navi'geiʃ(ə)n], *s.* Navigation *f*; conduite *f* (d'un navire, d'un ballon). *The art of n.*, la marine. **High-seas navigation, foreign navigation,** navigation hauturière, au long cours, au large. **Aerial navigation,** navigation aérienne. *See also* COASTAL, INLAND 2. **Steamship navigation company,** compagnie *f* de navigation à vapeur. **The Navigation Laws,** le Code maritime. **Navigation school,** école *f* d'hydrographie. **Navigation officer,** (i) *Nau:* officier *m* de navigation, des montres; (ii) *Aer:* officier du corps des aérostiers. *See also* LIGHT[1] 2.

navi'gation act, *s.* Loi *f* maritime.

navi'gation-coal, *s.* Charbon *m* à vapeur.

navigational [navi'geiʃən(ə)l], *a.* (Appareils *mpl*) de navigation.
navigator ['navigeitər], *s.* **1.** (*a*) Navigateur *m* (d'un navire, d'un dirigeable, etc.). (*b*) Navigateur, marin *m.* **2.** *A:* = NAVVY[1] 1.
navvy[1] ['navi], *s.* **1.** (*Pers.*) Terrassier *m.* **2.** *Civ.E: etc:* **Mechanical navvy, steam-navvy,** excavateur *m* à vapeur; pelle *f* à vapeur; piocheuse *f.*
navvy[2], *v.i.* (navvied) Travailler comme terrassier.
navvying, *s.* Travaux *mpl* de terrassier, de terrassement.
navy ['neivi], *s.* **1.** Marine *f* de guerre, marine militaire; forces navales, armée *f* de mer. *To serve in the n.,* servir sur mer. *His son is in the n.,* son fils est dans la marine de guerre, *F:* dans la flotte. **The Royal Navy,** la marine de l'État. **Seaman in the Navy,** matelot *m* de l'État. *U.S:* **Secretary for the Navy** = ministre *m* de la Marine. *See also* LIST[3], REGISTER[1] 1, YARD[2] 2. **2.** *A:* **The navies of Solomon,** les flottes de Salomon. **3.** *F:* = NAVY BLUE.
'navy 'agent, *s.* Agent *m* maritime.
'navy 'blue, *s.* Bleu *m* marine *inv*; bleu foncé *inv. Navy-blue uniforms,* uniformes *m* bleu marine.
'Navy Board (the), *s. A:* = *The Board of Admiralty, q.v. under* ADMIRALTY 1.
'navy cut, *s. Com:* Carotte de tabac hachée.
'Navy Department (the), *s. U.S:* Le Ministère de la Marine.
nawab [na'wɔ:b], *s.* = NABOB.
nay [nei]. **1.** *adv.* (*a*) *A. & Lit:* Non. (*b*) *Lit:* (*Introducing a more emphatic statement*) (Et) même, ou plutôt, pour mieux dire, bien plus, qui plus est, voire. *I am astounded, nay, disgusted,* j'en suis ahuri, et même révolté, voire révolté. *A friend, nay, a brother!* un ami, que dis-je! un frère! **2.** *s.* Non *m. He will not take nay,* il n'accepte pas de refus. **I cannot say him nay,** je ne peux pas le lui refuser. *Do not say me nay,* ne me refusez pas cette faveur, cette grâce. *No one dared to say him nay,* personne n'osait l'empêcher. **Yea and nay,** barguignage *m.*
Nazarene [naza'ri:n], *a. & s. B.Hist:* Nazaréen, -éenne.
Nazarite[1] ['nazarait], *a. & s. B.Hist:* = NAZARENE.
Nazarite[2], *s. B.Hist:* Naziréen, -éenne.
naze [ne:iz], *s. Geog:* Promontoire *m,* cap *m,* pointe *f.*
Nazi ['natsi], *a. & s. Pol:* Nazi, -ie.
Naziism ['natsiizm], *s. Pol:* Nazisme *m.*
Neanderthal (the) [ðəni'andərta:l]. *Pr.n. Geog:* Le Néanderthal. *Ethn:* **The Neanderthal man,** l'homme *m* de Néanderthal.
Neanderthaloid [niandər'ta:lɔid], *a. Ethn:* (Crâne *m*) néanderthaloïde.
neap[1] [ni:p], *a. & s.* **Neap tide,** marée *f* de morte eau. *N. tides, F:* **neaps,** mortes-eaux; marées de morte eau, de quadrature; marées bâtardes. *N. season,* époque *f* des mortes-eaux. **At dead neaps,** à la plus basse marée des mortes-eaux.
neap[2]. **1.** *v.i.* (*a*) (*Of tides*) Aller en décroissant vers les mortes eaux; décroître. (*b*) (*Of neap tide*) Être aux mortes eaux. **2.** *v.tr. Nau:* (*Of ship*) **To be neaped,** être retenu par manque d'eau; être échoué jusqu'aux vives-eaux; être amorti; être au plein. *To get neaped,* amortir.
Neapolitan [nia'pɔlitən], *a. & s. Geog:* Napolitain, -aine; de Naples. **Neapolitan ice-cream,** tranche napolitaine.
near[1] ['ni:ər]. I. *adv.* **1.** (*a*) (*Denoting proximity in space and time*) Près, proche. *To stand quite n.,* se tenir tout près; se tenir à proximité. **To come near, draw near,** s'approcher (*to,* de). *Come nearer,* venez plus près; approchez-vous. **Drawing near,** approche *f* (*to,* de; *of,* de). *He drew nearer,* il s'approcha davantage; il se rapprocha. *The hour is drawing near,* l'heure *f* approche. *To bring sth. nearer,* rapprocher qch. (*to,* de). **Nearer and nearer,** de plus en plus proche. **Near at hand,** (*of thg*) à proximité, tout près, à portée de la main; (*of event*) tout proche. *To pay calls n. at hand* (*in town*), faire des visites de quartier. *The time is* **near upon six o'clock,** il est près de six heures; il n'est pas loin de six heures. *It was very n. to Christmas,* on touchait à Noël; c'était aux approches de Noël. *Keep n. to me,* restez près de moi. *He was standing n. to the table,* il se tenait auprès de la table. *N. to where I was sitting,* près de l'endroit où j'étais assis. *We live n. to them,* nous habitons près de chez eux. *He has been very n. to death's door,* il a vu la mort de près. *With Chateaubriand we are very n. to the Romantic period,* avec Chateaubriand nous touchons à l'époque romantique. *See also* FAR[1] I. 1. (*b*) *Nau:* (*Of ship*) Près du vent. (*To man at the helm*) *No nearer!* pas plus au vent! *As n. as she can!* au plus près! (*c*) (*Closely connected by kinship or intimacy*) Proche. **They are near of kin,** ce sont des proches, de proches parents. **Those near and dear to him,** ceux qui lui touchent de près. **2.** (*a*) *He was* **as near as could be to** *getting drowned,* il n'a tenu à rien qu'il ne se noyât. **As near as I can remember,** autant que je puisse m'en souvenir; autant qu'il m'en souvient, qu'il m'en souvienne. *That's as n. as you can get,* vous ne trouverez pas mieux. *Keep as n. as possible to the prices quoted,* ne vous écartez pas trop des prix indiqués. *It went n. to break his heart,* cela lui a presque brisé le cœur. *Your conduct comes n. to treachery,* votre conduite *f* confine à la trahison. *His get-up was n. to being a uniform,* son costume ressemblait assez à un uniforme, se rapprochait d'un uniforme. *I came n. to crying,* je fus sur le point de pleurer. **Near upon thirty men,** près de trente hommes. (*b*) (*Usu. 'nearly'*) Presque, à peu près. *He was* **very near asleep,** il était presque endormi. *These conditions lasted n. a century,* ces conditions durèrent à peu près, environ, un siècle. *He is* **not near,** *F:* **nowhere near, so strong as you,** il n'est pas à beaucoup près aussi fort que vous; il s'en faut de beaucoup qu'il (ne) soit aussi fort que vous. *F: Is the bus* **anywhere near full?** s'en faut-il de beaucoup que l'autobus (ne) soit plein? **3.** *Farr:* **Horse that goes, stands, near behind,** cheval serré de derrière. **4.** *F:* **To live near,** vivre parcimonieusement.

II. **near,** *prep.* **1.** Près de, auprès de (qn, qch.). **Near the village,** près, auprès, du village; *Adm: Jur:* proche le village, proche du village. *The houses n. the mountains,* **les maisons** *f* **dans le voisinage** des montagnes. *Bring your chair near, nearer, the fire,* (r)approchez votre chaise du feu. *Stand n. him,* mettez-vous, tenez-vous, auprès de lui. *Don't come n. me,* ne m'approchez pas. *Being near the station has its drawbacks,* le voisinage de la gare a ses inconvénients. *Geog:* **Plessis near Tours,** Plessis-lez-Tours. *See also* GO NEAR, WIND[1] 1. **2.** Près de, sur le point de. *N. twelve o'clock,* près de midi. *N. death,* près de mourir; sur le point de mourir. **To be near the end, near the goal,** toucher à la fin, au but. *His hopes were n. fulfilment,* ses espoirs *m* étaient près de se réaliser. **He was very near, he came near, being run over,** il s'en est fallu de peu qu'il n'ait été écrasé. *The plan came n. being realized,* ce projet fut sur le point de se réaliser. **3. To be, to come, near s.o., sth.,** se rapprocher de qn, de qch. (par la ressemblance); ressembler à qn, à qch. *Language that is nearer the Latin than the Italian,* langue *f* qui est plus près du latin que de l'italien, qui ressemble plus au latin qu'à l'italien. *It is the same* **or near it,** c'est la même chose ou peu s'en faut. **Nobody can come anywhere near her,** il n'y a personne à son niveau. **He is nowhere near it!** il n'y est pas du tout! **4.** *Com: U.S:* **Near absinth(e),** succédané *m* de l'absinthe. **Near beer,** imitation *f* de bière. **Near seal,** fourrure *f* façon loutre. **Near silk,** soie artificielle. **Near gold,** similor *m. F: She gave a n. smile,* elle esquissa un sourire.

III. **near,** *a.* **1.** (*Of relative*) Proche; (*of friend*) intime, cher. **Our near relations,** nos proches (parents). *They are n. relatives* (*of each other*), ils se touchent de près. *The nearest heir to the throne,* le plus proche héritier du trône. **2.** (*a*) **The near side,** le côté gauche. **The near horse,** le cheval de gauche; (*of team*) le porteur. *N. side* (*of horse*), côté gauche; côté du montoir; côté montoir. *N. foreleg,* pied *m* du montoir. *N. rein,* rêne *f* du dedans. (*b*) *U.S:* **The near side,** le côté droit. **The near horse,** le cheval de droite. **3.** (*Of place, time, event*) Proche. *The nearest inn,* l'auberge la plus voisine, la plus proche, (la plus) prochaine. *Go to the nearest chemist's,* allez à la prochaine pharmacie. *Spectacles that make objects look nearer,* lunettes *f* qui rapprochent les objets. *To get a nearer view of sth.,* examiner qch. de plus près. **Near work,** travail fin, délicat. **The hour is near,** l'heure *f* est proche. *N. prospect of happiness,* attente *f* d'un bonheur proche. *Mth:* **To the nearest place** (*of decimals*), au plus près. *Ch: etc: To the nearest milligramme,* à un milligramme près. *See also* EAST 1, FUTURE 2. **4.** (*Of road*) Court, direct. **To go by the nearest road,** prendre par le plus court. **5.** Qui touche ou serre de près. *It is a very n. concern of mine,* c'est une affaire qui me touche de très près. **Near translation,** traduction serrée, qui serre le texte de près. **Near resemblance,** grande ressemblance; ressemblance exacte. *U.S:* **Near portrait,** portrait très ressemblant. *N. guess,* conjecture *f* à peu près juste. *N. race,* course très disputée. **It was a near thing, a near escape,** *F:* **a near go,** nous l'avons échappé belle; il s'en est fallu de peu; *P:* il était moins cinq. **6.** (*Of pers.*) Regardant, chiche, parcimonieux, ladre. **-ly,** *adv.* **1.** (De) près. *Do not approach too n.,* ne vous approchez pas trop (près). *We are n. related,* nous sommes proches parents. *To be n. acquainted with the people of a country,* connaître intimement le peuple d'un pays. *Nat.Hist:* **Nearly allied species,** espèces voisines. *They resemble each other very n.,* ils se ressemblent beaucoup. *News that concerns you very n.,* nouvelles *f* qui vous touchent de très près. **2.** (*a*) Presque, à peu près, près de. *It is n. midnight,* il est bientôt minuit. *They were n. home,* ils étaient presque arrivés chez eux. *We are n. there now,* nous voilà bientôt arrivés. *N. the whole of our resources,* la presque totalité de nos ressources. *The two results are pretty n. equal,* les deux résultats se valent à peu (de chose) près. *It is the same thing or n. so,* c'est la même chose ou peu s'en faut. *It is done or n. so,* c'est achevé ou peu s'en faut. *Is he dead?* —**Pretty nearly,** est-il mort?—Il ne s'en faut guère. **Very nearly,** peu s'en faut. *She is very n. twenty,* elle a tout près de vingt ans; elle va sur ses vingt ans. **He was nearly appointed,** il fut près d'être nommé. *I n. caught them,* j'ai été près de les pincer. *I n. fell,* je faillis tomber, j'ai manqué de tomber; peu s'en est fallu, il s'en est fallu de peu, que je ne sois tombé. *The doctors n. killed me,* les médecins ont failli me tuer. *She very n. threw him out,* peu s'en est fallu qu'elle ne le jetât dehors. *He very n. died,* il a frôlé la mort. *We very n. shouted,* pour un peu on eût crié. (*b*) *She is* **not nearly** *so old as you,* il s'en faut de beaucoup qu'elle soit aussi âgée que vous; elle n'est pas si âgée que vous à beaucoup près; elle est loin d'être aussi âgée que vous.

'near 'by. 1. *adv. & prep.* Tout près (de), tout proche (de). *Near by the church,* tout près de l'église; *Adm:* proche (de) l'église. *Near by stood a windmill,* près de là se trouvait un moulin à vent. **2.** *a. Esp.U.S:* **The 'near-by house,** la maison avoisinante.
near-'sighted, *a.* Myope. *She is n.-s.,* elle a la vue basse.
near-'sightedness, *s.* Myopie *f.*
near[2], *v.tr. & i.* (S')approcher (de qn, de qch.). *As we were nearing Oxford,* comme nous approchions d'Oxford. *He is nearing his end,* il est près de sa fin; il s'éteint. *The road is nearing completion,* la route est près d'être achevée. *We are nearing the goal,* nous touchons au but.
Nearchus [ni'a:rkəs]. *Pr.n.m. A.Hist:* Néarque.
nearctic [ni'a:rktik], *a. Nat.Hist:* (Faune *f,* etc.) néarctique.
nearness ['ni:ərnəs], *s.* **1.** (*a*) (*Of time, place*) Proximité *f;* (*of place*) voisinage *m.* (*b*) (*Of translation*) Fidélité *f,* exactitude *f.* (*c*) (*Of friends*) Intimité *f. N. of relationship,* proche parenté *f.* **2.** Parcimonie *f,* économie *f,* ladrerie *f.*
neat[1] [ni:t], *s.* **1.** *Occ.* Bête bovine. **2.** *Coll.* Gros bétail.
'neat-house, *s.* Vacherie *f;* étable *f* à vaches.
'neat's foot, *s.* Pied *m* de bœuf. **Neat's-foot oil,** huile *f* de pied de bœuf.
'neat's leather, *s.* Cuir *m* de vache.
'neat's tongue, *s. Cu:* Langue *f* de bœuf.
neat[2], *a.* **1.** (*Of spirits*) Pur, sans eau. *To take, drink, one's whisky n.,* boire son whisky sec. **2.** (*a*) (*Of clothes, etc.*) Simple et de bon goût;

(*of room, drawer, etc.*) bien rangé, en ordre; (*of exercise-book, etc.*) bien tenu, propre; (*of garden, etc.*) bien tenu, coquet, *F:* propret. *N. handwriting*, écriture nette. **Neat ankles**, fines chevilles, fines attaches. **Neat leg**, jambe bien tournée, bien faite. *She has a n. figure*, elle est bien faite; elle a une gentille tournure. *His n. attire*, sa mise soignée. **As neat as a new pin**, tiré à quatre épingles; propre comme un sou neuf. (*b*) (*Of style*) Élégant, choisi; (*of phrase, answer, etc.*) bien trouvé, bien tourné, adroit. *N. little speech*, petit discours bien tourné, bien troussé. *N. piece of work*, ouvrage bien exécuté. *To make a n. job of sth.*, faire du bon travail. **3.** (*Of pers.*) Ordonné, qui a de l'ordre; propre. *To be n. with one's hands*, être adroit de ses mains. **-ly**, *adv.* **1.** (Ranger, etc.) d'une manière soignée, ordonnée, avec ordre. *N. written*, écrit avec netteté. *N. dressed*, habillé avec goût. *She was poorly but n. dressed*, elle était vêtue pauvrement, mais avec soin. *Quietly and n. dressed*, vêtue avec une simplicité de bon goût. **2.** Adroitement, dextrement. *N. turned compliment*, compliment bien tourné, *F:* bien troussé. *That is n. put*, c'est joliment dit.

'neat-handed, *a. Lit:* Aux mains adroites; adroit de ses mains.

neaten [ni:tn], *v.tr.* Ajuster (qch.); donner meilleure tournure à (qch.).

'neath [ni:θ], *prep. Poet:* = BENEATH 2.

neatherd ['ni:thə:rd], *s.* Bouvier *m*, vacher *m*.

neatness ['ni:tnəs], *s.* **1.** Simplicité *f*, bon goût (dans la mise); apparence soignée (d'un jardin); netteté *f* (d'écriture, de style); bon ordre (d'une chambre, d'un tiroir, etc.); propreté *f* (d'un cahier, etc.); jolie ligne (de jambe); finesse *f* (de la cheville, des attaches); tournure adroite (d'une phrase). **2.** (*Of pers.*) (*a*) Ordre *m*, propreté. (*b*) Adresse *f*, habileté *f*, dextérité *f*.

neb [neb], *s. Scot:* **1.** (*a*) Bec *m* (d'oiseau). (*b*) (i) Bouche *f*, (ii) nez *m* (de qn); museau *m* (d'animal). **2.** Bout *m*, pointe *f*, extrémité *f* (de qch.).

Nebuchadnezzar [nebjukəd'nezər], **Nebuchadrezzar** [nebjukəd'rezər]. *Pr.n.m. B.Hist:* Nabuchodonosor.

nebula, *pl.* **-ae** ['nebjula, -i:], *s.* **1.** (*a*) *Med:* (*On eye*) Taie *f*; néphélion *m*. (*b*) (*In quartz, chemicals, etc.*) Nuage *m*. **2.** *Astr:* Nébuleuse *f*. **3.** Brume *f*.

nebular ['nebjulər], *a. Astr:* Nébulaire.

nebule ['nebjul], *s.* **1.** = NEBULA 2. **2.** (*a*) = NEBULA 3. (*b*) Buée *f*. **3.** *Arch:* Nébule *f*.

nebulium [ne'bjuliəm], *s. Ch:* Nébulium *m*.

nebulosity [nebju'lɔsiti], **nebulousness** ['nebjuləsnəs], *s. Astr: etc:* Nébulosité *f*.

nebulous ['nebjuləs], *a. Astr: etc:* Nébuleux. *F:* **Nebulous thoughts**, pensées nébuleuses, fumeuses, brumeuses, vagues. *N. character, n. part*, personnage flou. **-ly**, *adv.* Nébuleusement.

nebuly ['nebjuli], *a.* **1.** *Her:* Nébulé, nuagé. **2.** *Arch:* **Nebuly moulding**, nébules *fpl*.

necessarian [nese'sɛəriən], *a. & s.* = NECESSITARIAN.

necessary ['nesesəri]. **1.** *a.* (*a*) Nécessaire, indispensable (*to, for*, à). **It is necessary to (do sth.)**, il est nécessaire, il est besoin, de (faire qch.); il faut (faire qch.). *It is n. for him to return*, il faut qu'il revienne. *Matters n. to be known*, choses *f* qu'il est nécessaire de savoir. *I find it n. to . . .*, je juge nécessaire de. . . . *It is n. that . . .*, il est nécessaire, il faut, que + *sub. Is it n. for me to . . .?* est-il nécessaire que je + *sub. I shall do everything n. to . . .*, je ferai tout ce qu'il faudra pour. . . . **To make all necessary arrangements**, prendre toutes dispositions utiles. *Rendered n. by circumstances*, commandé par les circonstances. *N. compliments*, compliments obligés. **To make it necessary for s.o. to do sth.**, mettre qn dans la nécessité de faire qch. *This clause makes it n. for us to . . .*, cette clause entraîne pour nous l'obligation de. . . . **If necessary**, si cela est nécessaire; s'il le faut; s'il y a lieu; le cas échéant; au besoin; en cas de besoin. *If a meeting is n.*, s'il y a lieu de se réunir. *Not to do more than is absolutely n.*, ne faire que le strict nécessaire, que l'essentiel. *You have more knowledge than is n.*, vous avez plus de connaissances qu'il n'en faut. *Is all that n.?* faut-il de tout cela? *Is all that fuss n.?* faut-il faire tant de façons? *To stay no longer than is strictly n.*, réduire la durée de son séjour à l'indispensable. *I did not go beyond what was strictly n.*, je me suis borné au strict nécessaire, à l'indispensable. *We shall do what is n. to . . .*, nous ferons le nécessaire pour. . . . (*b*) (Résultat *m*, conclusion *f*, loi *f*, etc.) nécessaire, inévitable, inéluctable. (*c*) *Phil:* **Necessary agent**, agent *m* nécessaire. **2.** *s.* (*a*) *Usu.pl.* **Necessaries**, ce qui est nécessaire à l'existence; le nécessaire. *To procure the bare necessaries*, se procurer le strict nécessaire. **The necessaries of life**, les nécessités *f* de la vie; la vie matérielle; l'indispensable *m*; *Jur:* les aliments *m*. *She has only enough for the bare necessaries of life*, elle est réduite à la portion congrue. **Travel necessaries**, articles *m* indispensables au voyageur. *Printing necessaries*, articles pour imprimerie. *A motor car is a n. of life nowadays*, aujourd'hui une auto est un objet de nécessité, une auto est indispensable. (*b*) *F:* **His father will provide the necessary**, son père fournira les frais *m* de l'entreprise. **To do the necessary**, faire le nécessaire; *esp.* payer la note. **-ily**, *adv.* Nécessairement, de (toute) nécessité; inévitablement, infailliblement, forcément, inéluctablement. *What he says is not n. what he thinks*, ce qu'il dit n'est pas forcément ce qu'il pense. *It does not n. follow that the ring is lost*, il ne s'ensuit pas forcément que la bague soit perdue. *This will n. remind him of his promise*, cela ne pourra manquer de lui rappeler sa promesse. *You don't n. read the whole book*, vous n'êtes pas obligé de lire le livre entier.

necessitarian [nesesi'tɛəriən], *a. & s. Rel.H:* Nécessarien (*m*); déterministe (*mf*).

necessitarianism [nesesi'tɛəriənizm], *s.* Doctrine *f* des nécessariens; déterminisme *m*.

necessitate [ne'sesiteit], *v.tr.* Nécessiter (qch.), rendre (qch.) nécessaire. *Process that necessitates very high pressures*, procédé *m* qui impose, comporte, des pressions très élevées. *The prisoner's violence necessitated his being handcuffed*, la violence du prisonnier a rendu nécessaire qu'on lui mît les menottes.

necessitating, *a. Theol:* (*Of grace, action*) Nécessitant.

necessitous [ne'sesitəs], *a.* Nécessiteux, besogneux. *To be in n. circumstances*, être dans le besoin, dans la nécessité.

necessitousness [ne'sesitəsnəs], *s.* Nécessité *f*, indigence *f*, dénuement *m*.

necessity [ne'sesiti], *s.* **1.** Nécessité *f*. (*a*) Obligation *f*, contrainte *f*, force *f*. *Dire n. compels me to . . .*, la dure nécessité me force à. . . . **By, from, out of, necessity**, par nécessité, par force, par la force des choses. *To do sth. out of n.*, être réduit à la nécessité de faire qch. **Of necessity**, de (toute) nécessité; nécessairement, inévitablement. *Of absolute n.*, de nécessité absolue. *This journey is a matter of n.*, ce voyage est une nécessité. **To be under the necessity of doing sth., to be compelled by necessity to do sth.**, être dans la nécessité, être contraint, se trouver dans l'obligation, de faire qch. *To throw upon s.o. the n. of doing sth.*, mettre qn dans l'obligation de faire qch. *To lay, put, s.o. under the n. of doing sth.*, mettre qn dans la nécessité de faire qch. **Case of absolute necessity**, cas *m* de force majeure. *Phil:* **Doctrine of necessity**, doctrine *f* des nécessariens; déterminisme *m*. *Prov:* **Necessity is the mother of invention**, de tout s'avise à qui pain faut; nécessité est mère d'industrie, d'invention. *See also* LAW[1] 2, PLEA 1, VIRTUE 1. (*b*) Besoin *m*. *The n. for sth.*, le besoin de qch. *You understand the n. for your return*, vous comprenez la nécessité de votre retour. *If the n. should arise*, si le besoin s'en faisait sentir. **In case of necessity**, au besoin, en cas de besoin. *Is there any n.?* est-il besoin? *There is no n. for you to come*, vous n'avez pas besoin de venir; il n'y a pas urgence à ce que vous veniez. *The n. of doing sth.*, le besoin, la nécessité, de faire qch. (*c*) **A logical necessity**, une nécessité logique. *Heat follows friction as a n.*, le frottement entraîne nécessairement la chaleur. **2.** = NECESSARY 2 (*a*). *This is one of the necessities of life*, c'est une des nécessités de l'existence. **3.** Nécessité, indigence *f*, dénuement *m*, besoin. **To be in necessity**, être dans la nécessité, dans le besoin.

neck[1] [nek], *s.* **1.** (*a*) Cou *m* (d'une personne, d'un animal). **Stiff neck**, (i) torticolis (passager); (ii) *A. & Lit:* opiniâtreté *f*. *To have a stiff n.*, avoir un, le, torticolis. *See also* DERBYSHIRE. *To be up to one's n. in sth.*, être dans qch. jusqu'au cou. *F:* **To be up to one's neck in work**, avoir du travail par-dessus la tête. **To fling one's arms round s.o.'s neck**, sauter, se jeter, au cou de qn. *See also* FALL[2] 4. *He held me round the n.*, il me tenait par le cou. **To break one's neck**, se casser le cou. *F:* **To break the neck of a task**, faire le plus gros d'un ouvrage. **To save one's neck**, sauver sa peau; échapper à la potence. *P:* **To have a neck**, avoir du toupet, du culot; en avoir un toupet. *P:* **To get it in the neck**, écoper; en prendre pour son compte, pour son rhume. **The neck and withers** (*of a horse*), l'encolure *f*. *Rac:* **To win by a neck**, gagner par une encolure. *To finish* **neck and neck**, arriver à égalité; finir dead-heat. *They ran a mile n. and n.*, ils se sont disputé la première place pendant un mille. *F: To keep n. and n. with the printers*, marcher de pair avec les imprimeurs. *We are n. and n.*, nous sommes manche à manche. *F:* **Neck and crop**, tout entier; à corps perdu. *To pitch s.o. out n. and crop*, flanquer qn dehors, mettre qn à la porte, sans autre forme de procès. **It is neck or nothing**, il faut tout hasarder; il faut risquer, jouer, le tout pour le tout. *He rode at the fence n. or nothing*, il lança son cheval à corps perdu contre la barrière. *See also* CRANE[2] 1, HALTER[1] 2, MILLSTONE, SCRUFF, TALK[2] I. 1, WEIGHT[1] 2, WRING[2] 1. (*b*) *Cu:* Collet *m* (de mouton, etc.); collier *m* (de bœuf). *Best end of the n.*, côtelettes premières (de mouton). (*c*) Encolure (de robe, de chemise). *Dressm:* **Square neck, round neck**, encolure carrée, ronde. **V neck**, encolure en pointe, en V. **High neck**, col montant. **Low neck**, décolleté *m*. **2.** (*a*) Orifice *m*, tubulure *f*; goulot *m*, col *m* (de bouteille); col (d'un vase); goulet *m* (d'un port); rétrécissement *m*, étranglement *m* (de tuyau); col (de cornue); appendice *m*, raccordement *m*, manchon *m* (de ballon). *Anat:* Col (de l'utérus). *Fort:* Gorge *f* (de l'embrasure). *Ch:* **Three-neck bottle**, flacon *m* à trois tubulures. **To knock the neck off a bottle**, faire sauter le goulot d'une bouteille. *See also* BOTTLE-NECK, FILLING-NECK, GOOSE-NECK, SWAN-NECK. (*b*) Langue *f* (de terre); collet (de ciseau, de dent, de vis, etc.); manche *m*, collet (de violon); coude *m* (de baïonnette); gorge, raccordement (de cartouche); gorge (d'arme à feu). *Arch:* Gorge, gorgerin *m*, colarin *m* (de chapiteau dorique). *Bot:* Collet (de racine). *Mec.E:* Fusée *f*, tourillon *m*, gorge (d'essieu). *N. of a jack*, col d'un vérin.

'neck-band, *s.* Tour-du-cou *m*, *pl.* tours-du-cou (de chemise); col *m*. (*In measurements*) **Neck-band** 15½", 40 cm. d'encolure.

'neck-beef, *s. Cu:* Collier *m* de bœuf.

'neck-'deep, *a.* (Enfoncé) jusqu'au cou.

'neck-feathers, *s.pl. Orn:* Plumes *f* collaires; camail *m*.

'neck-flap, *s. Cost:* Couvre-nuque *m*, *pl.* couvre-nuques (de képi, etc.).

'neck-line, 'neck-opening, *s. Dressm:* Encolure *f*, échancrure *f* (d'une robe de jour); (*low*) décolletage *m*, décolleté *m* (d'une robe de soir).

'neck-mould(ing), *s. Arch:* Annelets *mpl* (de chapiteau).

'neck-piece, *s.* (*a*) Collet *m* (d'un vêtement). (*b*) *Archeol:* Colletin *m*, collerette *f* (d'une armure).

'neck-tie, *s. Cost:* Cravate *f*. **Made-up neck-tie**, nœud tout fait. *U.S: P:* **Neck-tie party**, lynchage *m*.

'neck-verse, *s. Hist:* Verset de psaume latin que l'on donnait à lire à ceux qui revendiquaient le bénéfice de clergie (pour échapper à la potence). **The neck-verse**, le premier verset du psaume LI: "Miserere mei."

'neck-wear, *s. Com:* Cols *mpl*, cravates *fpl*, foulards *mpl*, etc.

neck[2], *v.tr.* **1.** *P:* Pinter, lamper (de la bière, etc.). **2.** *U.S: F:* Caresser, câliner, *P:* peloter (qn).

necking, *s.* **1.** *Arch:* Gorge *f* (de colonne). **2.** *Mch:* Anneau *m* de serrage; grain *m* (d'une boîte à étoupe). **3.** *U.S: F:* Caresses *fpl*, câlinerie *f*; *F:* pelotage *m*, papouilles *fpl*.

neck³, *s. Dial:* Dernière gerbe de la moisson.

neckcloth ['nekklɔθ], *s. A:* (*a*) Foulard *m*, cravate *f*, tour *m* de cou; cache-col *m*, *pl.* cache-col(s). (*b*) *F:* Cravate de chanvre.

-necked [nekt], *a.* (*With noun or adj. prefixed, e.g.*) **1.** (*Of pers.*) **Bull-necked,** au cou de taureau; au col court. **Short-necked,** à col court; court de col, de cou. *See also* LONG-NECKED, RING-NECKED, STIFF-NECKED, SWAN-NECKED. **2. Wide-necked bottle,** flacon *m* à large goulot. **3.** (*Of dress*) **Square-necked, V-necked,** à décolletage carré, en pointe. *See also* HIGH-NECKED, LOW-NECKED, OPEN-NECKED.

neckerchief ['nekərtʃif], *s. A:* Foulard *m*; mouchoir *m*, tour *m*, de cou; cache-col *m*, *pl.* cache-col(s); (*woman's dress*) fichu *m*.

necklace ['nekles], *s.* **1.** (*a*) Collier *m* (de diamants, etc.). (*b*) **Chain necklace,** chaîne *f* de cou; sautoir *m*. **2.** *Nau:* Collier (de mât).

necklet ['neklet], *s.* Collier *m* (de perles, de fourrure, etc.). **Fur necklet,** tour *m* de cou (en fourrure).

necrobiosis [nekrobai'ousis], *s. Med:* Nécrobiose *f*.

necrobiotic [nekrobai'ɔtik], *a.* Nécrobiotique.

necrographer [ne'krɔgrəfər], *s.* Nécrologue *m*.

necrolatry [ne'krɔlətri], *s.* Nécrolâtrie *f*.

necrological [nekro'lɔdʒik(ə)l], *a.* Nécrologique.

necrologist [ne'krɔlodʒist], *s.* Nécrologue *m*.

necrology [ne'krɔlodʒi], *s.* **1.** Nécrologe *m* (d'une église, d'une année, etc.). **2.** Nécrologie *f*.

necromancer ['nekromansər], *s.* Nécromancien, -ienne, *A:* nécromant *m*.

necromancy ['nekromansi], *s.* Nécromancie *f*.

necromantic ['nekromantik], *a.* Nécromantique.

necrophagous [ne'krɔfagəs], *a. Z:* Nécrophage.

necrophobia [nekro'foubia], *s. Med:* Nécrophobie *f*.

necrophore ['nekrofɔːr], *s. Ent:* Nécrophore *m*.

necropolis [ne'krɔpolis], *s.* Nécropole *f*.

necropsy [ne'krɔpsi], *s. Med:* **1.** Autopsie *f*, *occ.* nécropsie *f*. **2.** Dissection *f*.

necrose [ne'krous], *v.i.* = NECROTIZE.

necrosis [ne'krousis], *s.* **1.** *Med:* Nécrose *f*; gangrène *f* des os; mortification *f*. **Necrosis of the jaw,** *F:* mal *m* chimique. *To cause n. in a bone,* nécroser un os. *See also* PHOSPHORUS NECROSIS. **2.** *Arb:* Nécrose.

necrotic [ne'krɔtik], *a.* Nécrosique, nécrotique.

necrotize ['nekrotaiz], *v.i.* Se nécroser.

nectar ['nektər], *s. Myth: Bot:* Nectar *m*.

nectared ['nektərd], **nectareous** [nek'tεəriəs], *a.* Nectaré.

nectariferous [nekta'rifərəs], *a. Bot:* Nectarifère.

nectarine¹ ['nektərin, -iːn], *s. Hort:* Brugnon *m*. **Nectarine-tree,** brugnonier *m*.

nectarine² ['nektərin], *a.* = NECTARED.

nectary ['nektəri], *s.* **1.** *Bot:* Nectaire *m*. **2.** *Ent:* Cornicule *f* (de puceron).

Ned [ned]. *Pr.n.m.* (*Dim. of Edward*) Édouard.

Neddy ['nedi]. **1.** *Pr.n.m.* = NED. **2.** *s. F:* Bourricot *m*, âne *m*.

née [nei], *Fr. p.p.* Née. *Mrs Ch. Robinson, née Smith,* Mme Ch. Robinson, née Smith.

need¹ [niːd], *s.* **1.** Besoin *m*. (*a*) **If need be, if needs be, in case of need,** en cas de besoin, au besoin; si cela est nécessaire, s'il le faut; si besoin est; s'il y a lieu; à l'occasion; le cas échéant; en cas d'urgence. *I shall come if n. be,* je viendrai si besoin est. **There is no need for violence,** la violence n'est pas de mise; point n'est besoin de violence. *There is no n. to . . .,* il n'est pas nécessaire de . . ., il n'est pas besoin de. . . . *There is no n. for you to do it,* vous pouvez vous dispenser de le faire; rien ne vous oblige à le faire. **What need is there** *to send for him?* à quoi bon le faire venir? *What n. is there to go?* qu'est-il besoin d'y aller? *What n. was there for doing that?* quelle nécessité y avait-il de faire cela? *No n. to say that . . .,* inutile de dire, point n'est besoin de dire, que. . . . **To have need (to) do sth.,** avoir besoin de, avoir à, devoir, être dans la nécessité de, faire qch. *He had n. (to) remember that . . .,* il doit, devrait, se rappeler que. . . . *You had no n. to speak,* vous n'aviez que faire de parler. (*b*) **To have need, stand in need, be in need, of sth.,** avoir besoin de qch.; manquer de qch. *Should you stand in n. of . . .,* si vous avez besoin de. . . . *Premises in great n., badly in n., of repairs,* local *m* qui a grand besoin de réparations. *I have no n. of your assistance,* je n'ai que faire de votre aide. *You will have n. of me some day,* un jour viendra où vous aurez besoin de moi; *F:* vous viendrez cuire à mon four. **2.** (*a*) Adversité *f*, difficulté *f*, embarras *m*. **In times of need, in the hour of need,** aux moments difficiles. *To fail s.o. in his n.,* abandonner qn dans l'adversité. *See also* FRIEND 1, HOUR 2. (*b*) Besoin, indigence *f*, dénûment *m*, misère *f*. *My n. is great,* je suis dans un grand dénûment; je suis dénué de tout. **To be in need,** être dans la nécessité, dans le besoin. *To be in great n.,* être dans le plus grand besoin, dans la misère noire. *Their n. is greater than mine,* ils sont plus malheureux que moi. **3.** *pl.* **Needs.** (*a*) *Present needs,* besoins actuels. *My needs are few,* il me faut peu de chose; peu me suffit. **To attend, minister, to s.o.'s needs, to supply the needs of s.o.,** pourvoir aux besoins de qn. *That will meet my needs,* cela fera mon compte, mon affaire. (*b*) **To do one's needs,** faire ses petits besoins; faire ses besoins.

need², *v.* **1.** *v.tr.* (*3rd pers. sg. pr. ind.* **needs**; *p.t. & p.p.* **needed**) (*a*) (*Of pers.*) Avoir besoin de (qn, qch.); (*of thg*) réclamer, exiger, demander (qch.). *To n. rest,* avoir besoin de repos. *I n. you,* j'ai besoin de vous. *After all, they n. one another,* tout compte fait, ils ont besoin l'un de l'autre. *Take what you n.,* prenez ce qui vous est nécessaire. *Work that needs much care,* travail *m* qui exige, réclame, nécessite, beaucoup de soin. *The soil needs rain,* la terre demande de la pluie. *This will n. some explanation,* ceci demande à être expliqué. *These facts n. no comment,* ces faits *m* se passent de commentaire. *Situation that needs tactful handling,* situation qui demande à être maniée avec tact. *This chapter needs rewriting,* ce chapitre a besoin d'être remanié, demande à être remanié. **That needs no saying,** cela va sans dire. *Iron: What he needs is a thrashing,* ce qu'il mérite, ce qu'il lui faudrait, c'est une bonne raclée. **To need a lot of asking,** se faire prier; se faire tirailler. *He needed no second invitation,* il ne se le fit pas dire deux fois. *I shall n. you to take down some letters,* j'aurai quelques lettres à vous dicter. (*b*) **To need to do sth.,** être obligé, avoir besoin, de faire qch. *I n. to clean the room,* il faut que je nettoie la chambre. *They n. to be told everything,* ils ont besoin, il faut, qu'on leur dise tout. *Affair that needs to be dealt with carefully,* affaire qui veut être conduite avec soin. *Do you n. to work?* avez-vous besoin, êtes-vous obligé, de travailler? *I did not n. to be reminded of it,* je n'avais pas besoin qu'on me le rappelât. *My readers will not n. to be reminded that . . .,* point n'est besoin de rappeler à la mémoire de mes lecteurs que. . . . *You only needed to ask,* vous n'aviez qu'à demander. *We shall not n. to reflect whether . . .,* nous n'aurons pas à nous demander si. . . . *Some people use ten times more words than they n. (to use),* il y a des gens qui emploient dix fois plus de mots qu'il ne faut. **2.** *Modal aux.* (*3rd pers. sg. pr. ind.* **need**; *p.t.* **need**; *no pr.p.; no p.p.*) **Need he go?** a-t-il besoin, est-il obligé, d'y aller? *N. he go so soon?* y a-t-il urgence à ce qu'il parte? est-il besoin qu'il parte si tôt? *He needn't go,* **need he?** il n'est pas tenu d'y aller, n'est-ce pas? *He n. not attend,* il n'est pas tenu, il peut se dispenser, d'y assister. *You n. not trouble yourself,* (vous n'avez) pas besoin de vous déranger. *You n. not wait,* inutile d'attendre. *He n. not write to me,* il est inutile qu'il m'écrive. *You needn't do, say, any more,* je vous fais grâce du reste. *See also* MORE 5. *I n. not, I n. hardly, tell you . . .,* point n'est besoin de vous dire . . .; point n'est besoin que je vous dise. . . . *Why n. he bother us?* qu'a-t-il besoin de nous déranger? *You needn't be in such a hurry,* ce n'est pas la peine de tant vous presser. *He n. not have been in such a hurry,* il n'avait pas besoin de tant se presser. *All that I n. do was to hide until the danger was past,* je n'avais qu'à rester caché jusqu'à ce que le danger fût passé. *We, you, n. only show energy,* il n'est que de faire preuve d'énergie. *You n. not have knocked,* c'était inutile de frapper. *Don't be longer than you n. (be),* faites aussi vite que possible. *There n. be no questions asked,* point besoin de questions. *Why n. there be . . .?* qu'est-il besoin de . . .? **3.** *Impers. It needs much skill for this work,* il faut beaucoup d'habileté pour ce travail. *It needed the horrors of war to open our eyes,* il a fallu les horreurs de la guerre pour nous ouvrir les yeux. *A: There needs a new spirit of brotherhood,* besoin est d'un nouvel esprit de fraternité. **4.** *v.i.* (*Be in need*) Être dans le besoin, dans la gêne. *To give to those that n.,* donner à ceux qui sont dans le besoin.

needed, *a.* Nécessaire, dont on a besoin. *A much n. lesson,* une leçon dont on avait grand besoin.

needful ['niːdful], *a.* Nécessaire (*to, for,* à, pour). *The one thing n.,* la chose indispensable. *As much as is n.,* autant qu'il est besoin, autant qu'il en faut. *s. F:* **To do the needful,** faire ce qui est nécessaire; faire le nécessaire (p. ex. *Fb:* transformer l'essai en but). **To supply the needful,** fournir l'argent *m* nécessaire; financer; *P:* éclairer, casquer.

needfulness ['niːdfulnəs], *s.* Nécessité *f*, besoin *m* (*of,* de).

neediness ['niːdinəs], *s.* Indigence *f*, nécessité *f*, dénuement *m*.

needle¹ [niːdl], *s.* Aiguille *f*. **1.** (*a*) Aiguille à coudre, à tricoter, etc. *Wool n., tapestry n.,* aiguille pour tapisserie. *Nau:* **Roping needle,** aiguille à ralinguer. *Surg:* **Suture needle,** aiguille à suture. **Vaccinator needle,** aiguille à vaccin. **Hypodermic needle,** aiguille pour injections hypodermiques. **The needle trade,** l'aiguillerie *f*. **Needle factory,** aiguillerie. *F:* **To look for a needle in a bottle of hay, in a haystack,** chercher une aiguille, une épingle, dans une botte de foin. *See also* BAITING-NEEDLE, CREWEL-NEEDLE, DARNING-NEEDLE, EXPLORING, EYE¹ 3, KNITTING-NEEDLE, LARDING, NETTING-NEEDLE, PACKING-NEEDLE, PIN¹ 1, PLY² 1, SAIL-NEEDLE, SEA-NEEDLE, SHARP¹ I. 2. (*b*) *Bot:* **Adam's needle, beggar's needle, shepherd's needle,** scandix *m*; cerfeuil *m* à aiguillettes; peigne *m* de Vénus; aiguille de berger; aiguillette *f* de berger. *See also* PINE-NEEDLE. (*c*) *P:* **The needle,** attaque *f* de nerfs; le trac. **To have the needle,** (i) être de mauvaise humeur; (ii) avoir les nerfs en pelote. **To get the needle,** se froisser; se fâcher; prendre la mouche. **To give s.o. the needle,** taper sur les nerfs à qn; agacer qn. **2.** *Tchn:* (*a*) Aiguille (de phonographe, etc.). *I.C.E:* Pointeau *m* (du carburateur). **Valve-needle,** pointeau de soupape (de pneu). *Mil: Min:* **Priming needle** *or* **blasting needle,** épinglette *f*. *Sm.a:* **Firing needle,** aiguille de culasse; percuteur *m*. *Metall:* **Assayer's needle, touch needle, test needle,** aiguille d'essai; touchau *m*, toucheau *m*. *Art:* **Engraving needle,** pointe *f* pour taille-douce; pointe sèche. *See also* ETCHING 1. (*b*) Aiguille (de boussole, d'indicateur de vitesse, etc.); aiguille, langue *f*, languette *f* (de balance). **Magnetic needle, mariner's needle,** aiguille aimantée. **Telegraph needle,** aiguille, index *m*. **Needle telegraph,** télégraphe *m* à cadran. *See also* DIP-NEEDLE. **3.** (*a*) *Archeol:* Obélisque *m*. **Cleopatra's Needle,** l'Obélisque de Cléopâtre. (*b*) *Geol: Geog:* Aiguille (rocheuse). (*c*) *Ch: Miner:* *Crystalline needles,* aiguilles cristallines. **4.** *Const:* Cale *f* (d'étayage).

'needle-bath, *s. Med:* Douche *f* en pluie fine sous pression.

'needle-beam, *s. Civ.E:* Aiguille *f* (de pont).

'needle-book, *s.* Jeu *m* d'aiguilles; sachet *m* d'aiguilles.

'needle-box, *s.* Sébile *f* à aiguilles (de phonographe).

'needle-case, *s.* Étui *m* à aiguilles; porte-aiguilles *m inv*, cousette *f*.

'needle-craft, *s.* Travaux *mpl* à l'aiguille; la couture.

'needle-dam, *s. Hyd.E:* Barrage *m* à aiguilles, à fermettes.

'needle-dial, *s.* Cadran *m* à aiguille.

'needle-fish, *s. Ich:* Aiguille *f* de mer.

'needle-furze, -gorse, *s. Bot:* Genêt épineux.

'needle-gate, *s.* = NEEDLE-DAM.

'needle-gun, *s. Sm.a:* Fusil *m* à aiguille.
'needle-holder, *s. Surg: etc:* Porte-aiguille *m inv.*
'needle-lace, *s.* Dentelle *f* à l'aiguille.
'needle-like, *a. Cryst: etc:* Apiciforme, aciculaire.
'needle-making, *s.* Aiguillerie *f.*
'needle-paper, *s.* Papier *m* antirouille.
'needle-point, *s.* **1.** (*a*) Pointe *f* d'aiguille. (*b*) Pointe sèche (de compas). **2. Needle point (lace)** = NEEDLE-LACE.
'needle-pointed, *a.* (Rocher, flèche, etc.) en pointe d'aiguille.
'needle-shaped, *a.* En forme d'aiguille; (stylet, etc.) aiguillé; (cristal *m*) aciculaire.
'needle-threader, *s. Dom.Ec:* Filifère *m*; enfile-aiguilles *m inv.*
'needle-valve, *s. I.C.E:* Soupape *f* à pointeau. *See also* SEATING 3.
'needle-weir, *s.* = NEEDLE-DAM.

needle[2]. **1.** *v.tr.* (*a*) *Occ.* Coudre (un vêtement, etc.). *F:* **To needle (one's way through) a wood,** se faufiler à travers un bois. (*b*) *Surg:* Opérer (une cataracte) avec l'aiguille. (*c*) *P:* **To needle s.o.,** irriter, exciter, agacer, qn. (*d*) *Const:* Caler en sous-œuvre (un mur); encastrer une cale d'étayage dans (un mur). (*e*) *U.S: F:* Ajouter de l'alcool à (une consommation); renforcer (une consommation). **2.** *v.i.* (*a*) Coudre. (*b*) *Miner: etc:* Se cristalliser en aiguilles.

needleful ['ni:dlful], *s.* Aiguillée *f* (de fil).

needless ['ni:dləs], *a.* Inutile, peu nécessaire, superflu. *N. remark,* remarque déplacée, peu nécessaire. **(It is) needless to say that . . .,** (il est) inutile de dire que . . ., point n'est besoin de dire que. . . . *N. to say we shall refund . . .,* il va de soi que nous rembourserons. . . . *She is n. to say very pleased about it,* il va sans dire qu'elle en est très contente. **Comment is needless,** voilà qui se passe de commentaire; pas besoin de commentaire. *All this discussion is n.,* toute cette discussion ne sert à rien. **-ly,** *adv.* Inutilement; sans nécessité.

needlessness ['ni:dləsnəs], *s.* Inutilité *f* (de qch.); caractère déplacé (d'une remarque, etc.).

needlewoman, *pl.* **-women** ['ni:dlwumən, -wimen], *s.f.* **1.** *She is a good n.,* elle coud bien; elle sait coudre; elle travaille adroitement à l'aiguille. **2.** Couturière à la journée; (*in institution*) lingère.

needlework ['ni:dlwə:rk], *s.* Travail *m* à l'aiguille; travaux à l'aiguille; ouvrages *mpl* de dames; ouvrage manuel; (*as a school subject*) couture *f.* *She does n.,* (i) elle travaille à l'aiguille; (ii) elle est dans la couture. *Bring your n.,* apportez votre ouvrage. **Needlework case,** mallette *f* de couture.

needs [ni:dz], *adv.* (*Used only before or after 'must'*) (*a*) Nécessairement, de toute nécessité, par un besoin absolu. **I must needs obey, I needs must obey,** (i) force m'est d'obéir; (ii) force me fut d'obéir. *There is no train, so we must n. walk,* il n'y a pas de train, il (nous) faudra donc faire le trajet à pied. **If needs must . . .,** s'il le faut. . . . *Prov:* **Needs must when the devil drives,** nécessité n'a pas de loi. (*b*) *Pej:* *He n. must interfere!* il a fallu qu'il vienne s'en mêler. *He had no money, but she must n. go and marry him,* il était sans le sou, mais la voilà qui commet la sottise de l'épouser, mais il a fallu qu'elle aille l'épouser.

needy ['ni:di], *a.* (*Cf pers.*) Nécessiteux, besogneux, indigent. *To be in n. circumstances,* être dans l'indigence. *s.* **The needy,** les nécessiteux *m.*

neem [ni:m], *s. Bot:* Margousier *m.*

ne'er [nεər], *adv. Poet:* = NEVER. **Ne'er the less** = NEVERTHELESS.
'ne'er-do-well, *Scot:* **-weel. 1.** *a.* Propre à rien. **2.** *s.* Vaurien *m. He's a n.-d.-w.,* c'est un propre à rien.

nefarious [ne'fεəriəs], *a.* (*Of pers., purpose, etc.*) Infâme, scélérat. *He plied his n. trade,* il exerçait son vilain métier. **-ly,** *adv.* D'une manière infâme, scélérate.

nefariousness [ne'fεəriəsnəs], *s.* Scélératesse *f.*

negate [ne'geit], *v.tr.* **1.** Nier. *If you n. the soul . . .,* si vous niez l'existence de l'âme. . . . **2.** Nullifier (la loi, etc.).

negation [ne'geiʃ(ə)n], *s.* Négation *f* (d'un fait, etc.).

negative[1] ['negətiv]. I. *a.* Négatif. (*a*) *Pol:* **To have a negative voice,** avoir voix négative. *Nau:* **Negative signal,** triangle *m* non. (*b*) *N. virtues,* vertus négatives. *N. evidence,* preuve négative. *To maintain a n. attitude,* se tenir sur la négative. *See also* PRESCRIPTION 2. (*c*) *Alg:* **Negative quantity,** quantité négative. **Negative sign,** (signe *m*) moins *m.* *El:* **Negative electrode,** cathode *f.* *Opt:* *N. optical system,* système optique divergent, négatif. *See also* BOOSTER 2, DIRECTION 3. (*d*) *Phot:* **Negative proof,** épreuve négative. **-ly,** *adv.* Négativement.
II. **negative,** *s.* **1.** (*a*) Négative *f.* *Gram:* Négation *f.* **To answer in the negative, to return a negative,** répondre négativement; répondre par la négative. *The answer is in the n.,* la réponse est négative, est non. *To argue in the n.,* soutenir la négative. *Two negatives make an affirmative,* deux négations valent une affirmation. (*b*) Valeur négative. *Alg:* Quantité négative. **2.** (*a*) *Phot:* Négatif *m,* cliché *m.* *Ind:* **Brown-print negative,** brun négatif. *Phot.Engr:* **Direct negative,** phototype négatif. (*b*) (*Of gramophone record*) Poinçon *m.* *Master n.,* poinçon de réserve. (*c*) *El:* Plaque négative (de pile).

negative[2], *v.tr.* **1.** (*a*) S'opposer à, rejeter (un projet, etc.). *To n. an amendment,* repousser un amendement. (*b*) *U.S:* Refuser (un candidat). **2.** Réfuter (une hypothèse); contredire, nier (un rapport). *Nau: etc:* **To negative a signal,** annuler un signal. **3.** Neutraliser (un effet, etc.).

negatory ['negətəri], *a.* Négatoire.

neglect[1] [ne'glekt], *s.* **1.** (*a*) Manque *m* d'égards (*of,* envers, pour). (*b*) Manque de soin ou de soins. *His habitual n. of his person,* le peu de soin qu'il prend de sa personne. *To leave one's children in utter n.,* laisser ses enfants à l'abandon. *To die in total n.,* mourir complètement abandonné. (*Of cattle, etc.*) **To suffer from neglect,** pâtir. (*c*) Mauvais entretien (d'une machine, etc.). **2.** Négligence *f,* inattention *f.* **Out of neglect, from neglect, through neglect,** par négligence. *N. of proper precautions,* négligence, manque, de précautions convenables. *N. of one's duties,* oubli *m* de ses devoirs; inattention à ses devoirs.

neglect[2], *v.tr.* **1.** (*a*) Manquer d'égards envers (qn); négliger (qn); laisser (qn) de côté. (*b*) Manquer de soins pour (qn); ne prendre aucun soin de (ses enfants, etc.). *He utterly neglected his family,* il laissait sa famille à l'abandon. *During my absence the cattle have been neglected,* pendant mon absence le bétail a pâti. *Everything is being neglected, F:* tout va à vau-l'eau. **2.** Négliger, oublier (ses devoirs, un avis, etc.). *To n. an opportunity,* laisser échapper une occasion. **To neglect to do sth.,** négliger, omettre, de faire qch. *I had neglected to fill the fire-extinguisher,* j'avais négligé de remplir l'extincteur. *We have neglected looking after our safety,* nous avons négligé de pourvoir à notre sûreté.
neglected, *a.* (*Of appearance, etc.*) Négligé. *N. beard,* barbe mal soignée. *N. garden,* jardin mal tenu; jardin à l'abandon. *N. wife,* épouse délaissée.

neglectable [ne'glektəbl], *a.* = NEGLIGIBLE.

neglectful [ne'glektful], *a.* Négligent. **To be neglectful of sth., of s.o.,** négliger qch., qn; être oublieux de qch., de qn. *N. of his interests,* insoucieux de ses intérêts. *Lit:* **To be neglectful to do sth.,** omettre de faire qch. **-fully,** *adv.* Négligemment; avec négligence.

neglectfulness [ne'glektfulnəs], *s.* = NEGLIGENCE 1.

negligence ['neglidʒəns], *s.* **1.** (*a*) Négligence *f,* incurie *f;* manque *m* de soins; inobservation *f* des règlements. **Through negligence,** par négligence. *See also* CONTRIBUTORY 1. (*b*) Nonchalance *f,* insouciance *f,* indifférence *f.* **2.** *Our sins and negligences,* nos péchés et nos négligences, et nos fautes *f* d'omission.

negligent ['neglidʒənt], *a.* **1.** Négligent. **To be negligent of sth.,** négliger qch.; être oublieux de (ses devoirs, etc.). **2.** (Air, ton) nonchalant, insouciant. *N. attire,* tenue négligée. **-ly,** *adv.* **1.** Négligemment; avec négligence. **2.** Nonchalamment; avec insouciance.

negligible ['neglidʒibl], *a.* (Détail *m,* quantité *f*) négligeable.

negotiability [negouʃiə'biliti], *s.* Négociabilité *f,* commercialité *f* (d'un effet, etc.).

negotiable [ne'gouʃiəbl], *a.* **1.** *Fin: etc:* (Effet *m,* titre *m,* etc.) négociable, commerciable, bancable. *Stocks n. on the Stock Exchange,* titres *m* négociables en Bourse. **Not negotiable,** non-négociable; (*of military pension, etc.*) incessible. *See also* INSTRUMENT[1] 3. **2.** *F:* (Barrière, montagne, etc.) franchissable; (chemin, etc.) praticable.

negotiant [ne'gouʃiənt], *s.* Négociateur, -trice.

negotiate [ne'gouʃieit], *s.* **1.** *v.tr.* (*a*) Négocier, traiter (une affaire, un mariage); négocier (un emprunt). (*b*) *To n. a bill,* négocier, trafiquer, un effet. *Bills difficult to n.,* valeurs *f* difficiles à placer. *To n. a treaty,* (i) négocier un traité; (ii) conclure un traité. (*c*) *F:* Franchir (une haie, une côte); surmonter (une difficulté). *To n. a difficult road,* venir à bout d'un chemin difficile. *Aut:* *To n. a curve,* s'inscrire dans la courbe; prendre un virage. *He can't n. the hills,* il ne sait pas prendre les côtes. **2.** *v.i.* **To be negotiating with s.o. for . . .,** être en traité, en marché, avec qn pour. . . . *To n. for peace,* entreprendre des pourparlers de paix; traiter de la paix. *To n. for new premises,* traiter pour un nouveau local.

negotiation [negouʃi'eiʃ(ə)n], *s.* **1.** Négociation *f* (d'un traité, d'un emprunt, etc.). **Under negotiation,** en négociation. *By n.,* par voie de négociations. *Price a matter for n.,* prix *m* à débattre. **To be in negotiation with s.o.,** être en pourparler(s) avec qn. **To enter into, upon, negotiations with s.o.,** engager, entamer, des négociations avec qn; entrer en pourparler, entamer des pourparlers, avec qn; *Pej:* se livrer à des tractations avec qn. *Who will conduct the negotiations?* qui va conduire, mener, les négociations? *Negotiations are proceeding,* des négociations sont en cours. **2.** *F:* Franchissement *m* (d'un obstacle); prise *f* (d'un virage).

negotiator [ne'gouʃieitər], *s.m.* Négociateur.

negotiatress [ne'gouʃieitres], **negotiatrix** [ne'gouʃieitriks], *s.f.* Négociatrice.

negress ['ni:gres], *s.f.* Négresse.

negrillo [ne'grilo], *s.* **1.** Négrillon, -onne. **2.** *Ethn:* Négrille *m.*

Negritic [ne'gritik], *a. Ethn:* Négroïde.

Negrito [ne'gri:to], *a. & s. Ethn:* Négrito, *f.* négrita.

negro, *pl.* **-oes** ['ni:gro, -ouz]. **1.** *s.* (*a*) Nègre *m.* **The negro race,** la race nègre. *U.S.Hist:* **The Negro States,** les États *m* esclavagistes. (*b*) *Ling:* Le nègre. **2.** *a.* (Race *f,* quartier *m,* etc.) nègre. *See also* MINSTREL 2, SPIRITUAL 2.
'negro-head, *s.* **1.** Tabac noir en carotte. **2.** Caoutchouc *m* de qualité inférieure.

negroid ['ni:grɔid], *a. Ethn:* Négroïde.

Negroland ['ni:groland]. *Pr.n. F:* Le Pays des Nègres (c.-à-d. l'Afrique nègre).

negrophil ['ni:grofil], **negrophilist** [ni:'grɔfilist], *s.* Négrophile *mf.*

Negropont ['ni:gropɔnt]. *Pr.n. A.Geog:* Le Négrepont, l'Eubée *f.*

Negus[1] ['ni:gəs], *s.* **The Negus,** le Négus (d'Éthiopie).

negus[2], *s.* Boisson composée de vin, d'eau chaude, d'épices et de sucre.

Nehemiah [ni:(h)e'maia]. *Pr.n.m. B.Hist:* Néhémie.

neigh[1] [nei], *s.* Hennissement *m.*

neigh[2], *v.i.* Hennir.
neighing[1], *a.* (Cheval) hennissant.
neighing[2], *s.* Hennissement *m.*

neighbour[1] ['neibər], *s.* **1.** Voisin, -ine. *To have good, bad, neighbours,* être bien, mal, avoisiné. *I have him as a n.,* je l'ai pour voisin. *My right-, left-hand n.,* mon voisin de droite, de gauche. *My n. at table,* mon voisin de table. *See also* LAWYER 1, NEXT DOOR 4. **2.** *B: etc:* Prochain *m.* **Love thy neighbour as thyself,** aime ton prochain comme toi-même. *One's duty towards one's n.,* le devoir envers son prochain. *It isn't easy to love one's n. as oneself*, ce n'est pas facile d'aimer autrui comme soi-même. *Thou shalt not covet thy neighbour's goods*, bien d'autrui ne convoiteras.

neighbour², *v.tr. & ind.tr.* (*Of pers.*) **To neighbour (with) s.o.**, être le voisin de qn. (*Of lands*) **To neighbour (with) an estate**, avoisiner (avec) une terre.

neighbouring¹, *a.* Avoisinant, voisin; proche.

neighbouring², *s.* Voisinage *m* (de maisons, etc.).

neighbourhood ['neibərhud], *s.* **1.** Voisinage *m*; rapports *mpl* entre voisins. *Good n.*, bons rapports entre voisins; rapports de bon voisinage. **2.** Voisinage, proximité *f* (*of*, de). **To live in the (immediate) neighbourhood of . . .**, demeurer à proximité de. . . . *The theatre is in his n.*, le théâtre est à proximité de chez lui. *F:* **Something in the neighbourhood of** *ten pounds, of fifteen miles*, environ dix livres, quinze milles; une somme dans les dix livres. **3.** (*a*) Alentours *mpl*, environs *mpl*, approches *fpl* (d'un lieu). *In the n. of the town*, aux alentours, aux approches, de la ville. (*b*) Voisinage, quartier *m*, région *f*, parages *mpl*. *There is no park in this n.*, il n'y a pas de parc dans ce quartier. *The fruit grown in that n.*, les fruits cultivés dans cette région, dans ces parages. *All the youth of the n.*, toute la jeunesse du voisinage. *To be in a good, bad, n.*, être bien, mal, avoisiné. *The whole n. is talking of it*, tout le voisinage en parle.

neighbourliness ['neibərlinəs], *s.* (*Of pers.*) (Relations *fpl* de) bon voisinage; bons rapports entre voisins.

neighbourly ['neibərli], *a.* (*Of pers.*) Obligeant, amical, -aux; bon voisin; (*of action, etc.*) de bon voisin; de bon voisinage. *To act in a n. fashion*, agir en bon voisin. *To be n. with s.o.*, voisiner avec qn. *N. intercourse*, voisinage *m*. *N. visits*, visites *f* de bon voisinage.

neighbourship ['neibərʃip], *s.* **1.** = NEIGHBOURHOOD 1. **2.** Proximité *f*.

neither ['naiðər, 'niːðər]. **1.** *adv. & conj.* (*a*) **Neither . . . nor . . .**, ni . . . ni. . . . *He will n. eat nor drink*, il ne veut ni manger ni boire. *N. you nor I know*, ni vous ni moi ne le savons; je ne le sais pas, ni vous non plus. *N. disease nor difficulties could vanquish him*, la maladie pas plus que les obstacles, non plus que les obstacles, ne put le vaincre. *Is she happy or merely resigned?*—**Neither (the) one nor the other**, est-elle heureuse ou seulement résignée?—Ni l'un ni l'autre. *See also* HERE 6, THING 3. (*b*) Non plus. *As he does not work*, **neither will I**, puisqu'il ne travaille pas, (moi) je ne travaillerai pas non plus. *If you do not go, n. shall I*, si vous n'y allez pas, je n'irai pas non plus. (*c*) *I don't know*, **neither can I guess**, je n'en sais rien et je ne peux pas davantage le deviner. *I haven't read it, n. do I intend to*, je ne l'ai pas lu et d'ailleurs je n'en ai pas l'intention. **2.** *a. & pron.* Ni l'un(e) ni l'autre; aucun(e). *N. tale, n. of the tales, is true*, aucune, ni l'une ni l'autre, des deux histoires n'est vraie. **Neither (of them) knows**, ils ne le savent ni l'un ni l'autre; ni l'un ni l'autre ne le savent, ne le sait. *N. of them ever speaks of it*, ils n'en parlent jamais ni l'un ni l'autre. *On n. side*, ni d'un côté ni de l'autre.

Nell, Nellie, Nelly¹ [nel, 'neli]. *Pr.n.f.* (*Dim. of Ellen*) Éléonore, Hélène.

nelly², *s.* *Orn:* Pétrel géant.

Nelson ['nelsən], *s.* *Wr:* Double prise *f* de tête à terre. *See also* HALF NELSON.

nelumbium [ne'lʌmbiəm], **nelumbo** [ne'lʌmbo], *s.* *Bot:* Nélombo *m*, nélumbo *m*.

nemathelminth [nema'θelminθ], *s.* *Ann:* Némathelminthe *m*.

nematoblast ['nematoblɑːst], *s.* *Biol:* Nématoblaste *m*.

nematocyst ['nematosist], *s.* *Biol:* Nématocyste *m*, cnidoblaste *m*.

nematode ['nematoud], *s.* *Ann:* Nématode *m*.

nem. con. ['nem'kɔn], **nem. diss.** ['nem'dis]. *Lt.adv.phr.* (*nemine contradicente, nemine dissidente*) Unanimement; à l'unanimité; sans opposition. **To vote a law nem. con.**, voter une loi sans opposition.

Nemea [ne'miːa]. *Pr.n.* *A.Geog:* Némée *f*.

Nemean [ne'miːən], *a.* *A.Geog:* Néméen. **The Nemean games**, les jeux néméens. **The Nemean lion**, le lion de Némée.

nemertean [ne'məːrtiən], **nemertine** [ne'məːrtain], *s.* *Ann:* Némertien *m*.

nemesia [ne'miːsia], *s.* *Bot:* Némésie *f*.

Nemesis ['nemesis]. *Pr.n.f.* *Myth:* Némésis.

nemoral ['nemorəl], *a.* Némoral, -aux.

nenuphar ['nenjufɑːr], *s.* *Bot:* Nénufar *m*, nénuphar *m*.

neo- [niːo], *pref.* Néo-. *Neo-Christian*, néo-chrétien. *Neo-Celtic*, néo-celtique. *Neo-Darwinism*, néo-Darwinisme. *Neoplasm*, néoplasme.

neo-Catholic [niːo'kaθolik], *a.* Néo-catholique.

neo-Catholicism ['niːoka'θɔlisizm], *s.* Néo-catholicisme *m*.

neo-Celtic [niːo'keltik, -'seltik], *a.* Néo-celtique.

neo-Christian [niːo'kristjən], *a.* Néo-chrétien.

neo-Christianity ['niːokristi'aniti], *s.* Néo-christianisme *m*.

neo-classicism [niːo'klasisizm], *s.* Néo-classicisme *m*.

neocomian [niːo'koumiən]. *Geol:* **1.** *a.* Néocomien, -ienne. **2.** *s.* Le Néocomien.

neography [ni'ɔgrəfi], *s.* Néographie *f*.

neo-Greek [niːo'griːk], *a.* Néo-grec, *f.* -grecque.

neo-Hellenism [niːo'helenizm], *s.* Néo-hellénisme *m*.

neo-Latin [niːo'latin], *a.* Néo-latin.

neolith ['niːoliθ], *s.* *Archeol:* Outil *m* ou arme *f* néolithique.

neolithic [niːo'liθik], *a.* Néolithique. *See also* AGE¹ 2.

neologism [ni'ɔlodʒizm], *s.* **1.** *Ling:* Néologisme *m*. **2.** *Theol:* Rationalisme *m* de la nouvelle École.

neologist [ni'ɔlodʒist], *s.* **1.** *Ling:* Néologiste *m*, néologue *m*. **2.** *Theol:* Rationaliste *m* de la nouvelle École.

neology [ni'ɔlodʒi], *s.* **1.** = NEOLOGISM. **2.** Néologie *f*.

neo-Malthusianism [niːomal'θjuːziənizm], *s.* Néo-malthusianisme *m*.

neomenia [niːo'miːnia], *s.* *Gr. & Jew. Ant:* Néoménie *f*.

neon ['niːɔn], *s.* *Ch:* Néon *m*; gaz *m* néon. *El.E:* **Neon-tube lighting**, éclairage *m* par luminescence. **Neon (gas lighting) tube**, tube *m* au néon. **Neon glow lamp**, lampe *f* au néon.

neophobia [niːo'foubia], *s.* Néophobie *f*.

neophyte ['niːofait], *s.* Néophyte *mf*; *F:* débutant, -ante; commençant, -ante.

neoplasm ['niːoplazm], *s.* *Med:* Néoplasme *m*.

Neoplatonic [niːopla'tɔnik], *a.* *Phil:* Néoplatonicien.

Neoplatonism [niːo'pleitonizm], *s.* *Phil:* Néoplatonisme *m*.

Neoplatonist [niːo'pleitonist], *s.* *Phil:* Néoplatonicien, -ienne.

Neoptolemus [niɔp'tɔleməs]. *Pr.n.m.* *Gr.Lit:* Néoptolème.

neozoic [niːo'zouik], *a.* *Geol:* Néozoïque.

nepa ['niːpa], *s.* *Ent:* Nèpe *f*; scorpion *m* d'eau.

Nepal, Nepaul [ne'pɔːl]. *Pr.n.* *Geog:* Le Népâl, le Népaul.

Nepalese [nepɔ'liːz], *a. & s.* *Geog:* Népâlais, -aise.

nepenthe [ne'penθi], **nepenthes** [ne'penθiːz], *s.* **1.** *Gr.Lit:* Népenthès *m*. **2.** *Bot:* Népenthès; plante *f* distillatoire.

nephalism ['niːfalizm], *s.* Néphalisme *m*.

nephalist ['niːfalist], *s.* Néphaliste *m*.

nepheline ['nefəlin], **nephelite** ['nefəlait], *s.* *Miner:* Néphéline *f*.

nephelosphere ['nefəlosfiːər], *s.* *Astr:* Zone *f* de nuages (environnant une planète).

nephew ['nevju], *s.m.* Neveu.

nephology [ne'fɔlodʒi], *s.* Science *f* des nuages.

nephoscope ['nefoskoup], *s.* *Meteor:* Néphoscope *m*.

nephralgia [ne'fraldʒia], *s.* *Med:* Néphralgie *f*.

nephralgic [ne'fraldʒik], *a.* *Med:* Néphralgique.

nephrite ['nefrait], *s.* *Miner:* Néphrite *f*; jade *m*; néphrétique *f*.

nephritic [ne'fritik], *a.* *Med:* Néphrétique.

nephritis [ne'fraitis], *s.* *Med:* Néphrite *f*; douleur rénale.

nephroptosis [nefrɔp'tousis], *s.* *Med:* Néphroptose *f*; rein mobile, flottant.

nepotism ['nepotizm], *s.* Népotisme *m*.

Neptune ['neptjuːn]. *Pr.n.m.* *Rom.Myth:* *Astr:* Neptune.

Neptunian [nep'tjuːnjən], *a.* *Geol:* *etc.* Neptunien.

Nereid ['niːəriid], *s.* *Myth:* *Ann:* Néréide *f*.

Nereus ['niːəriuːs]. *Pr.n.m.* *Myth:* Nérée.

neritic [ne'ritik], *a.* *Oc:* (Zone *f*, faune *f*) néritique; (zone) des coquillages.

Nero ['niːəro]. *Pr.n.m.* *Rom.Hist:* Néron.

neroli ['niːəroli], *s.* *Dist:* Néroli *m*.

Neronian [ni'rouniən], *a.* Néronien.

nerval ['nəːrv(ə)l], *a.* *Anat:* *etc:* Nerval, -aux; neural, -aux.

nervate ['nəːrvet], *a.* *Bot:* (*Of leaf, etc.*) Nervé.

nervation [nər'veiʃ(ə)n], *s.* *Bot:* *etc:* Nervation *f*.

nerve¹ [nəːrv], *s.* **1.** (*a*) *Anat:* Nerf *m*. *The optic n.*, le nerf optique. *F:* **To have iron nerves, to have nerves of steel**, être le maître absolu de ses nerfs. *F:* **Fit of nerves**, attaque *f* de nervosité. **To be in a state of nerves**, être énervé; avoir ses nerfs. **She is all nerves**, c'est un paquet de nerfs. *He does not know what nerves are*, rien ne le démonte; il reste toujours calme. **To get on s.o.'s nerves**, porter, donner, *F:* taper, sur les nerfs à qn; énerver, crisper, qn; donner des crispations à qn. *That child gets on my nerves*, cet enfant m'agace, m'horripile, me porte sur les nerfs, *P:* me tape sur le système. *Noise that gets on the nerves*, bruit *m* qui irrite les nerfs. *It gets on my nerves to see him always there*, cela m'agace qu'il soit toujours là. **Nerve specialist**, neurologue *m*. **Nerve-case, -patient**, névropathe *mf*. **Nerve food**, aliment *m* pour les nerfs. *See also* BUNDLE¹ 1, EDGE¹ 3, FRAY³ 1, GRATE³ II, RAW¹ I. 4. (*b*) *F:* Courage *m*, assurance *f*, fermeté *f*, sang-froid *m*. **To lose one's nerve**, perdre son sang-froid; avoir le trac. *His n. failed him*, le courage lui manqua. (*c*) *F:* Audace *f*, aplomb *m*. **To have the nerve to . . .**, avoir l'aplomb de. . . . *P:* **You 'have got a nerve! you've got some nerve!** tu en as un toupet! *P:* quel culot! tu n'as pas la trouille! **2.** *Bot:* *Ent:* *Arch:* Nervure *f*. **3.** (*a*) *A. & Lit:* Tendon *m*, *F:* nerf. *F:* **To strain every nerve to do sth.**, mettre toute sa force à faire qch.; faire des pieds et des mains, déployer tous ses efforts, pour faire qch.; se mettre en quatre pour faire qch. **Good communications are the very nerves of the country**, de bonnes voies de communication sont l'armature, les nerfs mêmes, du pays. (*b*) Force *f* (musculaire); vigueur *f*. **Man of nerve and sinew**, homme vigoureux, à muscles d'acier.

'nerve-cell, *s.* *Anat:* Cellule nerveuse; neurone *m*.

'nerve-centre, *s.* *Anat:* Centre nerveux.

'nerve-fibre, *s.* *Anat:* Fibre nerveuse; tube nerveux.

'nerve-impulse, *s.* *Physiol:* Influx nerveux.

'nerve-knot, *s.* *Anat:* Ganglion nerveux.

'nerve-racking, -trying, *a.* Énervant, horripilant; qui martyrise les nerfs.

nerve², *v.tr.* (*a*) Fortifier; donner du nerf, de la force, à (son bras, etc.); encourager (qn); donner du courage à (qn). (*b*) **To nerve oneself to do sth., to doing sth.**, s'armer de courage, de sang-froid, pour faire qch.; rassembler tout son courage pour faire qch.; faire appel à tout son courage pour faire qch. *To n. oneself to make a speech*, s'enhardir à parler. *She cannot n. herself to accepting his offer*, elle ne peut pas se décider à accepter son offre; elle ne se sent pas assez de courage pour accepter son offre.

nerved [nəːrvd], *a.* *Bot:* Nervé. **Equally nerved leaves**, feuilles parinervées.

nerveless ['nəːrvləs], *a.* **1.** (*Of pers., limb, etc.*) Inerte, faible, sans force; (style, etc.) sans vigueur, mou, languissant. *N. hand*, main (i) défaillante, (ii) inerte. **2.** (*a*) *Anat:* *Z:* Sans nerfs. (*b*) *Bot:* (*Of leaf*) Sans nervures; énervé. **-ly**, *adv.* D'une manière inerte, faible; mollement; sans force.

nervelessness ['nəːrvləsnəs], *s.* Inertie *f*; manque *m* de force, d'énergie.

Nervii ['nəːrviai], *s.pl.* *Hist:* Nerviens *m*.

nervine ['nəːrviːn], *a. & s.* *Pharm:* Nervin (*m*).

nerviness ['nəːrvinəs], *s.* *F:* Nervosité *f*; énervement *m*.

nervose ['nəːrvous], *a.* **1.** *Anat:* *A:* Nerveux; nerval, -aux; des nerfs. **2.** *Bot:* Nervé; à nervures.

nervosity [nər'vɔsiti], *s.* Nervosité *f*.

nervous ['nəːrvəs], *a.* **1.** (*Of pers.*) (*a*) Excitable, irritable. (*b*) Inquiet, -ète; ému; intimidé. (*c*) Timide, peureux, craintif. **To feel nervous, se sentir ému;** (*of singer, etc.*) avoir le trac. *Any sound of a shot made her feel n.*, la moindre détonation l'effrayait; elle s'effrayait de, à, la moindre détonation. *To feel n. in s.o.'s presence*, se sentir intimidé en présence de qn. **To get nervous, s'intimider.** *N. state of mind*, état *m* d'agitation; émoi *m*; nervosité *f*. *I was n. on his account*, j'avais peur pour lui. **To be nervous of doing sth.**, éprouver une certaine timidité à faire qch. **2.** *A. & Lit:* (Style, etc.) nerveux, énergique. **3.** (*a*) *Anat:* Nerveux; des nerfs. **The nervous system,** le système nerveux. (*b*) *Med:* **Nervous diathesis,** nervosisme *m*. *See also* BREAK-DOWN 2, WRECK[1] 1. *N. involvement*, complication nerveuse. **-ly,** *adv.* **1.** Timidement; d'un air ou d'un ton ému ou intimidé. **2.** Craintivement. **3.** *A. & Lit:* Avec vigueur; énergiquement.

nervousness ['nəːrvəsnəs], *s.* **1.** (*a*) Nervosité *f*, état nerveux, état d'agitation. (*b*) Timidité *f*; *F:* trac *m*. **2.** *A. & Lit:* Vigueur *f*, force *f*, puissance *f*.

nervure ['nəːrvjuər], *s.* *Bot:* *Ent:* Nervure *f*.

nervy ['nəːrvi], *a.* **1.** *F:* (*a*) Énervé, irritable; *F:* à cran. **To feel nervy,** *to be in a n. state*, être dans un état d'agacement, d'énervement; avoir les nerfs agacés; avoir les nerfs en pelote; être à cran. *She is n.*, elle est très nerveuse; c'est un paquet de nerfs. *To soothe s.o. when he is n.*, calmer les nervosités de qn. (*b*) *N. movement*, mouvement nerveux, sec, saccadé. **2.** *P:* Impudent, effronté. **I call it pretty nervy,** j'appelle ça du toupet; c'est ce qui s'appelle avoir du culot; quel culot! **3.** *A. & Poet:* Vigoureux, fort, puissant.

nescience ['neʃjəns, 'nesiəns], *s.* Nescience *f*; ignorance *f* (*of*, de).

nescient ['neʃjənt, 'nesiənt]. **1.** *a.* Nescient; ignorant (*of*, de). **2.** *a. & s.* Agnostique (*mf*).

ness [nes], *s.* Promontoire *m*, cap *m*.

-ness [nəs], *s.suff.* S'ajoute aux adjectifs et aux participes passés pour indiquer l'état ou la condition. **1.** -té *f*. *Cleverness*, habileté, dextérité. *Darkness*, obscurité. *Hardness*, dureté. *Kindness*, bonté. *Nearness*, *F:* *get-at-ableness*, proximité. *F:* *Everydayness*, banalité. **2.** -eur *f*. *Coldness*, froideur. *Roundness*, rondeur. *Thickness*, épaisseur. *Thinness*, minceur. *Ugliness*, laideur. **3.** -ise *f*. *Frankness*, franchise. *Greediness*, gourmandise. **4.** -itude *f*. *Aptness*, aptitude. *Dubiousness*, incertitude. *Exactness*, exactitude. *Tiredness*, lassitude. **5.** -ment *m*. *Contentedness*, contentement. *Eagerness*, empressement. *Pigheadedness*, entêtement. **6.** *Awareness*, conscience. *Bitterness*, amertume. *Nothingness*, néant. *Unwatchfulness*, invigilance. *He was in an irreproachable state of clean-shirtedness and crush-hattedness*, il portait une chemise blanche et un gibus impeccables.

nest[1] [nest], *s.* **1.** (*a*) Nid *m* (d'oiseaux, de guêpes, de souris, etc.). *The bird builds its n.*, l'oiseau fait, façonne, son nid. **Squirrel's nest,** bauge *f*. **Caterpillar's nest,** chenillère *f*. *See also* BIRD 1, BIRD'S-NEST[1], FEATHER[1] 1, HORNET, LEAVE[2] 2, WASP. (*b*) Repaire *m*, nid (de brigands, etc.). **2.** Nichée *f* (d'oiseaux, etc.). *F:* *Regular n. of beggars*, fourmilière *f* de mendiants. **3.** Série *f*, jeu *m* (d'objets). *N. of boxes*, jeu de boîtes. **Nest of tables,** table *f* gigogne. **Nest of drawers,** chiffonnier *m*; (*for office, etc.*) classeur *m* (à tiroirs). **Nest of shelves,** casier *m*. *Mch:* *etc:* *N. of boiler-tubes*, faisceau *m* tubulaire. *N. of springs*, faisceau de ressorts. *N. of gear-wheels*, équipage *m* d'engrenage. *Mil:* *N. of machine-guns*, nid de mitrailleuses. *Rail:* *N. of short tracks* (*leading from main line*), épi *m* de voies.

'nest-box, *s.* *Husb:* Pondoir *m*.

'nest-egg, *s.* **1.** *Husb:* Nichet *m*; œuf *m* en faïence. **2.** *F:* Argent mis de côté; pécule *m*, boursicot *m*. *To have a nice little n.-e.*, avoir un bas de laine bien garni (d'écus); avoir un bon petit magot; avoir une gentille petite somme en banque.

nest[2]. **1.** *v.i.* (*a*) (*Of birds, etc.*) Se nicher; nicher; faire son nid. *Brood nested among the branches*, couvée nichée dans les branches. (*b*) = BIRD'S-NEST[2]. **2.** *v.tr.* Emboîter (des tubes, etc.) les uns dans les autres. (*With passive force*) *Boxes that nest in each other*, boîtes qui s'emboîtent l'une dans l'autre. **Nested boxes,** caisses emboîtées. *Geol:* **Nested cones,** cônes emboîtés. *See also* CRATER[1] 1.

nesting[1], *a.* (Oiseau) nicheur.

nesting[2], *s.* **1.** **Nesting time,** époque *f* des nids, de la couvaison. **2.** (*a*) Emboîtage *m*. (*b*) Emboîture *f*, emboîtement *m*.

nestful ['nestful], *s.* Nichée *f*.

nestle [nesl], *v.i. & tr.* **1.** *Occ.* = NEST[2] 1 (*a*). **2.** Se nicher, se pelotonner. **To nestle (down) in an armchair,** se blottir, se pelotonner, dans un fauteuil. **To nestle close (up) to s.o.,** se serrer contre qn. **To nestle (one's face) against s.o.'s shoulder,** se blottir sur l'épaule de qn. *Village nestling in a valley, in a wood, among trees*, village blotti, tapi, dans une vallée; village niché dans un bois, parmi les arbres.

'nestling-place, *s.* *F:* (*a*) Endroit *m* où l'on peut se cacher, se blottir; endroit où l'on peut se faire un nid. (*b*) Nid (où l'on s'établit).

nestling ['nestliŋ], *s.* Oisillon; petit oiseau (encore au nid).

Nestor ['nestɔːr]. *Pr.n.m.* *Gr.Lit. & F:* Nestor.

Nestorian [nes'tɔːriən], *a. & s.* *Rel.H:* Nestorien, -ienne.

Nestorianism [nes'tɔːriənizm], *s.* *Rel.H:* Nestorianisme *m*.

net[1] [net], *s.* **1.** (*a*) *Fish:* *etc:* Filet *m*. *Square net*, carrelet *m*. *Poke net*, sac *m*. *Hand net*, salabre *m*. **Cast(ing) net,** épervier *m*. *Entangling net*, manet *m*. **Shrimp(ing) net,** filet à crevettes; crevettière *f*, puche *f*, bichette *f*, haveneau *m*, treille *f*, tonilière *f*. *Prawn net*, treille. *Crayfish net*, balance *f* à écrevisses. *Tunny net*, combrière *f*. **Butterfly net,** filet à papillons; freloche *f*. (*b*) *Ven:* (Game) **net,** rets *m*; pan *m* de rets; panneau *m*; filet. *Poaching with nets*, filetage *m*. **To make a net,** lacer un filet. **To spread a net,** tendre un filet. **To be caught in the net,** être pris au filet, au piège. *F:* **To walk, fall, into the net,** tomber, donner, dans le panneau. *See also* BOW-NET, DRAG-NET, DRAUGHT-NET, FISH[1] 1, GILL-NET, HOOP-NET, LANDING-NET, LOBSTER-NET, PARTRIDGE-NET, RING-NET, SHAD-NET, SPOON-NET, STAKE-NET, SWEEP-NET, TORPEDO-NET, TOW-NET, TRAIL-NET, TRAMMEL[1] 1. **2.** (*a*) **Hair net,** filet, résille *f*, réseau *m* (pour cheveux). **Marketing net,** filet à provisions. *See also* BALL-NET, FLY-NET, HORSE-NET. (*b*) *Ind:* **Guard net,** filet protecteur. *Veh:* **Parcel net,** filet à bagages; filet porte-bagages. (*c*) *Ten:* (i) Filet. **To go, come, up to the net,** monter au filet. **Net play,** jeu *m* au filet. (ii) = LET[1] 2. **3.** *Tex:* Tulle *m*. **Brussels net,** tulle bruxelles. *Spotted net*, tulle à pois; tulle point d'esprit. *Figured net*, tulle façonné, brodé. **Foundation net,** mousseline forte. *See also* GROUND[2] 3.

'net-bag, *s.* Filet *m* à provisions.

'net-ball, *s.* *Sp:* Net-ball *m*.

'net-cutter, *s.* *Navy:* Coupe-filets *m inv*; sécateur *m* (de sous-marin, etc.).

'net-fishing, *s.* Pêche *f* au filet.

'net-layer, *s.* *Navy:* Mouilleur *m* de filets.

'net-maker, *s.* = NETTER.

net[2], *v.* (netted; netting) **1.** *v.tr.* (*a*) Prendre (des poissons, des lièvres, etc.) au filet. (*b*) Pêcher dans (une rivière, etc.) au moyen de filets; tendre des filets dans (une rivière). (*c*) *Sp:* Envoyer (le ballon, la balle) dans le filet. *Abs.* *Fb:* Marquer un but. (*d*) Faire (un hamac, etc.) au filet. **2.** *v.i.* Faire du filet.

netted, *a.* **1.** Couvert d'un filet, d'un réseau. **2.** (*a*) *Tex:* (Tissu *m*) en filet. (*b*) (*Of veins, paths, etc.*) En lacis, en réseau. (*c*) *Nat.Hist:* *etc:* Réticulé. **3.** (Oiseau, poisson) pris au filet.

netting, *s.* **1.** Fabrication *f* du filet. **2.** (*a*) Pêche *f* au(x) filet(s); filetage *m*. (*b*) Pose *f* de filets, de rets. *See also* TRAPPING 1. **3.** (*a*) *Tex:* Tulle *m*. *See also* MOSQUITO-NETTING. (*b*) *Nau:* Filet (pour hune, pour bastingages, etc.). **Nettings,** bastingages *mpl*. *Overhead n.*, filet de casse-tête. *Rail:* *N. of locomotive smoke-box*, grille *f* à flammèches; pare-étincelles *m inv*. *See also* WIRE-NETTING.

'netting-needle, *s.* Navette *f*.

'netting-pin, *s.* Moule *m* (pour filets).

net[3], *a.* (*Of weight, price, etc.*) Net, *f.* nette. *Net yield*, revenu net. *Net proceeds of a sale*, (produit) net *m* d'une vente. **'Terms strictly net cash,'** "sans déduction"; "payable au comptant."

net[4], *v.tr.* (netted; netting) **1.** (*Of pers.*) Toucher net, gagner net (tant de bénéfices, etc.). *I netted (a full profit of) £200*, cela m'a donné, rapporté, un bénéfice net de £200. **2.** (*Of enterprise, etc.*) Rapporter net, produire net (une certaine somme).

netful ['netful], *s.* (Plein) filet (*of*, de).

nether ['neðər], *a.* Inférieur, bas. **The nether lip,** la lèvre inférieure. **Nether garments,** pantalon *m*. *Hum:* **His nether person,** ses extrémités inférieures. **The nether regions, the nether world,** l'enfer *m*; les régions infernales. *See also* MILLSTONE.

Netherlander ['neðərlandər], *s.* Néerlandais, -aise; Hollandais, -aise.

Netherlandish ['neðərlandiʃ]. **1.** *a.* Néerlandais, hollandais. **2.** *s.* *Ling:* Le hollandais.

Netherlands (the) [ðə'neðərlandz]. *Pr.n.pl.* *Geog:* Les Pays-Bas *m*; la Hollande. *In the N.*, dans les, aux, Pays-Bas.

nethermost ['neðərmoust], *a.* Le plus bas; le plus profond. *In the n. parts of the earth*, dans les profondeurs *f* de la terre; au plus profond de la terre.

netlike ['netlaik], *a.* Rétiforme.

netsuke ['netsuke], *s.* *Japan.Cost:* Netsuké *m*.

nett [net], *a.* = NET[3].

netter ['netər], *s.* Filetier *m*; fabricant *m* de filets; laceur, -euse.

nettle[1] [netl], *s.* *Bot:* Ortie *f*. (*a*) **Stinging nettle,** ortie brûlante. **Annual nettle, great nettle,** ortie dioïque; grande ortie. **Perennial nettle, small nettle,** ortie grièche; petite ortie. *See also* GRASP[2] 1. (*b*) **Blind nettle, dead nettle,** ortie blanche; lamier (blanc). *See also* HEMP-NETTLE.

'nettle-rash, *s.* *Med:* Urticaire *f*; fièvre ortiée; cnidose *f*.

'nettle-sting, *s.* Piqûre *f* de l'ortie; urtication *f*.

'nettle-tree, *s.* *Bot:* Micocoulier *m*, perpignan *m*.

nettle[2], *v.tr.* **1.** (*a*) Ortier; fustiger (qn) avec des orties. (*b*) **To nettle oneself,** se piquer à des orties. **2.** *F:* (*a*) Piquer, irriter (qn); faire monter la moutarde au nez de (qn). (*b*) Piquer (qn) d'honneur; stimuler (qn).

nettled, *a.* *F:* (*Of pers., tone, etc.*) Piqué, irrité, vexé. *Greatly n. by, at, this remark*, piqué au vif par cette parole.

nettle[3], *s.* = KNITTLE.

network ['netwəːrk], *s.* **1.** (*a*) Travail *m* au filet. (*b*) Ouvrage *m* en filet. (*c*) **Wire network,** treillis *m*; lacis *m* en fil(s) de fer. **2.** Réseau *m* (de veines, de voies ferrées, etc.); lacis (de nerfs, de tranchées, etc.); enchevêtrement *m* (de ronces, etc.). **Road network, highway network,** système *m* de routes; réseau routier. *Lighting n.*, réseau d'éclairage. *F:* *His story is a n. of lies*, son histoire est un tissu de mensonges.

neum(e) [njuːm], *s.* *A.Mus:* Neume *m*.

neural ['njuərəl], *a.* **1.** *Anat:* (*Of cavity, etc.*) Neural, -aux. **2.** (*Of remedy*) Nerval, -aux.

neuralgia [njuə'raldʒia], *s.* *Med:* Névralgie *f*. **Facial neuralgia,** tic douloureux.

neuralgic [njuə'raldʒik], *a.* *Med:* Névralgique.

neurasthenia [njuəras'θiːnia], *s.* *Med:* Neurasthénie *f*, psychasthénie *f*.

neurasthenic [njuəras'θenik], *a. & s.* *Med:* Neurasthénique (*mf*); psychasthénique.

neuration [njuə'reiʃ(ə)n], *s.* = NERVATION.

neurine ['njuərain], *s.* **1.** *Anat:* Tissu nerveux. **2.** *Ch:* Névrine *f*, neurine *f*.

neuritis [nju'raitis], *s. Med:* Névrite *f.*
neurologist [njuə'rɔlədʒist], *s. Med:* Neurologue *m.*
neurology [njuə'rɔlədʒi], *s. Med:* Neurologie *f*, névrologie *f.*
neuroma, *pl.* **-mata** [njuə'roumə, -mətə], *s. Med:* Névrome *m.*
neuron ['njuərɔn], *s. Anat:* **1.** Neurone *m*; cellule nerveuse. **2.** Le système cérébro-spinal.
neuropath ['njuərəpæθ], *s. Med:* Névropathe *mf.*
neuropathic [njuərə'pæθik], *a. Med:* Névropathique.
neuropathology [njuərəpə'θɔlədʒi], *s. Med:* Névropathologie *f*, neuropathologie *f.*
neuropathy [njuə'rɔpəθi], *s. Med:* Névropathie *f.*
neuroptera [njuə'rɔptərə], *s.pl. Ent:* Névroptères *m.*
neuropteran [njuə'rɔptərən], *s. Ent:* Névroptère *m.*
neuropterous [njuə'rɔptərəs], *a. Ent:* Névroptère.
neurosis, *pl.* **-es** [nju'rousis, -i:z], *s. Med:* Névrose *f. See also* DEFENSIVE I.
neurotic [nju'rɔtik]. **1.** *a. Med:* (*a*) (*Of pers.*) Névrosé, neurotique. (*b*) (*Of drug*) Névrotique; nerval, -aux. **2.** *s.* Névrosé, -ée; névropathe *mf*; neurasthénique *mf.*
neuroticism [nju'rɔtisizm], *s.* Caractère névrosé (du roman moderne, etc.).
neurotomy [njuə'rɔtəmi], *s. Med:* Névrotomie *f.*
Neustria ['nju:striə]. *Pr.n. A.Geog:* La Neustrie.
Neustrian ['nju:striən], *a. & s. Hist:* Neustrien, -ienne.
neuter[1] ['nju:tər]. **1.** *a.* (*a*) *Gram:* (Genre *m*, verbe *m*, etc.) neutre. *This word is n.*, ce mot est du neutre. (*b*) *Biol:* Neutre, asexué. *N. bee*, abeille *f* neutre. (*c*) = NEUTRAL 1 (*a*). **To stand neuter,** garder la neutralité. **2.** *s.* (*a*) *Gram:* (Genre) neutre *m.* **In the neuter,** au neutre. (*b*) Abeille ou fourmi asexuée, ouvrière. (*c*) Animal châtré.
neuter[2], *v.tr. Vet:* Châtrer, *F:* couper (un chat, etc.).
neutral ['nju:trəl]. **1.** *a.* (*a*) *Pol: etc:* Neutre. *To remain n.*, garder la neutralité; rester neutre. (*b*) Neutre; intermédiaire, moyen, indéterminé; *Ch:* (sel *m*, etc.) neutre, indifférent. **Neutral tint,** teinte *f* neutre; grisaille *f. N. blue*, bleu *m* grisaille. *El.E:* **Neutral conductor,** conducteur *m* neutre, conducteur d'équilibre; fil *m* intermédiaire, médian; fil de compensation. (*c*) *Aut:* **Neutral (position) of change-gear,** point mort. *To put the (gear) lever into n.*, mettre le levier au point mort. *See also* GEAR[1] 3. **2.** *s. Pol:* (*a*) (État *m*) neutre *m. Rights of neutrals*, droits *m* des neutres. (*b*) Sujet *m* d'un État neutre. **-ally,** *adv.* Neutralement.
'neutral-'tinted, *a.* Grisaillé; en grisaille; d'une teinte neutre. *F: N.-t. existence*, vie *f* monotone; existence *f* terne.
neutrality [nju'træliti], *s.* (*a*) *Pol: etc:* Neutralité *f.* **Armed neutrality,** neutralité armée. (*b*) *Ch:* Neutralité, indifférence *f* (d'un sel).
neutralization [nju:trəlai'zeiʃ(ə)n], *s.* Neutralisation *f.*
neutralize ['nju:trəlaiz], *v.tr.* Neutraliser (un pays, un effet, *Ch:* une solution, *El.E:* un fil, etc.). (*Of forces*) *To n. one another*, se détruire.
neutralizing, *a.* Neutralisant.
neutrodyne ['nju:trodain], *a. & s. W.Tel:* Neutrodyne (*m*).
neutron ['nju:trɔn], *s. El:* Neutron *m.*
névé ['neve], *s. Geol:* Névé *m.*
never ['nevər], *adv.* (*a*) (Ne . . .) jamais. *I n. go there*, je n'y vais jamais. *I n. drink anything but water*, je ne bois jamais que de l'eau. *There is n. any mustard in the pot*, il n'y a jamais de moutarde dans le moutardier. **Never again, never more,** jamais plus; plus jamais (. . . ne). *He was n. heard of again*, on n'eut plus jamais de ses nouvelles. **He never came back,** il ne revint plus. *The thing had* **never before** *been seen*, jusqu'alors la chose ne s'était jamais vue. *It had n. been heard of before*, on n'en avait encore jamais entendu parler. *I have* **never yet** *seen* . . ., jusqu'ici je n'ai jamais vu . . .; je n'ai encore jamais vu. . . . *I have n. found a fault in him yet*, j'en suis encore à lui trouver un défaut. *N. was a woman more unhappy*, jamais femme ne fut plus malheureuse. *N. master had a more faithful servant*, jamais maître n'eut de domestique plus fidèle. **Never, never,** *shall I forget it*, jamais, au grand jamais, je ne l'oublierai. **Never in (all) my life, never in all my born days,** jamais de la vie. *I n. heard such a speech!* de la vie je n'ai entendu pareil discours! *F:* **To-morrow come never,** au lendemain de jamais; trois jours après jamais; (dans) la semaine des quatre jeudis; à Pâques ou à la Trinité; à la Saint-Glinglin. **Never-to-be-sufficiently-punished crime,** crime qu'on ne saurait jamais assez punir. **The Never Never Land,** (i) le nord du Queensland; (ii) *F:* le pays de cocagne. *See also* FORGET 1, LATE II. 1, NOW I. 1. (*b*) (*Emphatic negative*) **He never slept a wink all night,** il n'a pas fermé l'œil de la nuit. *I n. expected him to come*, je ne m'attendais aucunement à ce qu'il vînt. *It n. seemed to have occurred to him*, ça n'avait pas l'air de lui être (jamais) venu à l'esprit. *He n. said a word to him about it*, il ne lui en a pas dit le moindre mot. *He n. paused in his speech*, pas un instant il ne s'arrêta de parler. *I n. touched your papers!* je n'ai pas touché à vos papiers! **Never a one,** pas un seul. *He answered* **never a word,** il ne répondit pas un (seul) mot. *He is n. the worse for being well educated*, il ne perd rien à être instruit. *F:* **You (surely) never left him all alone!** ne me dites pas que vous l'avez laissé tout seul! *You have n. forgotten to post that letter, have you?* ne me dites pas que vous avez oublié de mettre cette lettre à la poste! *He has eaten it all.*—**Never!** il a tout mangé. —Pas possible! jamais de la vie! **Well I never!** jamais! par exemple! c'est formidable! en voilà une forte! *P:* ça, c'est pas banal! mince alors! *See also* FEAR[2] 2, MIND[2] 1, 3. (*c*) *Lit:* **Be he never so brave,** quelque courageux qu'il soit; si courageux soit-il. *Tread he n. so lightly*, si léger que soit son pas.
never-'ceasing, *a.* Incessant, continuel, ininterrompu. *N.-c. complaints*, plaintes sempiternelles.
never-'dying, *a.* (Gloire, etc.) impérissable; (flamme) qui ne s'éteindra jamais.
never-'ending, *a.* Perpétuel, éternel; sans fin; qui n'en finit plus. *It is a n.-e. job*, c'est une tâche interminable; *F:* c'est le rocher de Sisyphe; c'est la toile de Pénélope.
never-'fading, *a.* **1.** (Fleur) immortelle; (gloire) impérissable, immortelle. **2.** *Tex:* (Drap *m*) bon teint.
never-'failing, *a.* **1.** (Remède *m*, etc.) infaillible. **2.** (Source *f*, puits *m*) inépuisable, intarissable.
never-'wuzzer, *s. U.S: P:* Fruit sec; raté *m.*
nevermore [nevər'mɔ:ər], *adv.* (Ne . . .) plus jamais, (ne . . .) jamais plus. *N. shall we hear his voice*, plus jamais nous n'entendrons sa voix. **Nevermore!** jamais plus! plus jamais!
nevertheless [nevərðə'les], *adv.* Néanmoins, quand même, tout de même, cependant, toutefois, pourtant; *F:* quoique ça. *I shall do it n.*, je le ferai quand même. *I dislike it, n. I am eating it*, je ne l'aime pas, néanmoins je le mange. *It n. makes me anxious*, cela ne laisse pas (que) de m'inquiéter; cela n'empêche pas que je sois inquiet; toujours est-il que cela m'inquiète.
new [nju:]. I. *a.* **1.** (*a*) Nouveau, -elle. *New fashion, newest fashion*, nouvelle mode; mode nouvelle. *New theory*, nouvelle théorie; théorie nouvelle. *Ever new topic*, sujet toujours nouveau. *Mr X's new novel*, le nouveau roman de M. X. *I am reading a new novel*, je lis un roman nouveau. *Here's something new*, (i) voici quelque chose de nouveau; (ii) *F:* voici du nouveau! en voici bien d'une autre! *To find something new*, trouver du neuf, du nouveau. **It was something new for a woman to be called to the bar,** il était nouveau qu'une femme se fît avocat. *F:* **That's nothing new! tell us something new!** rien de nouveau à cela! *See also* SUN[1]. *New ideas*, idées nouvelles, idées neuves. *New country*, pays neuf. *New ground*, terre *f* vierge. *See also* BREAK[2] I. 1. **A district quite new to me,** une région qui est toute nouvelle pour moi, qui m'est toute nouvelle. *To add three new rooms to one's house*, ajouter trois nouvelles chambres à sa maison. *This beauty preparation will give you a completely new skin*, ce produit de beauté vous rénovera la peau. **That has made a new man of him,** cela a fait de lui un autre homme. *To become a new man*, faire peau neuve. *He wears a new suit every day*, il porte tous les jours un nouveau complet. *Lamp requiring a new battery*, lanterne *f* qui a besoin d'une pile nouvelle. *New batteries cost sixpence*, les piles de rechange coûtent six pence. *Mil:* **The new guard,** la garde montante. *Sch:* **The new boys,** les nouveaux; les élèves entrants. *Games: New player*, rentrant, -ante. *See also* LEAF[1] 2, LIFE 1, MOON[1] 1, RICH 1, WORLD 2. (*b*) **The new learning,** la science moderne. **The new woman,** la femme moderne. (*c*) (*Of pers.*) **To be new to business,** être nouveau aux affaires; être neuf aux affaires. *New to his trade*, neuf dans son métier. *I was new to that kind of work*, je n'étais pas fait, je n'étais pas habitué, à ce genre de travail. *I am new to this town*, je suis nouveau venu dans cette ville. **New from school,** frais émoulu du collège. *Servant quite new from the country*, domestique (tout) frais arrivé de (la) province, *f.* (toute) fraîche arrivée de la province. **2.** (*a*) Neuf, *f.* neuve; non usagé. **(Shop-)new garment,** vêtement neuf. *To be dressed in new clothes*, être habillé de neuf; *Hum:* être de neuf vêtu. *He wore new gloves*, il était ganté de frais. *Com: In new condition*, **as new,** à l'état (de) neuf. *Absolutely as new*, état neuf absolu. **To make, do up, sth. like new,** remettre qch. à neuf. (*b*) **New ideas,** idées neuves. *The subject is quite new*, ce sujet est neuf, n'a pas encore été traité. *See also* BRAND-NEW, BROOM 2, GOOD I. 4. **3. New bread,** pain frais, pain tendre. **New potatoes,** pommes de terre nouvelles. **New wine,** vin nouveau; vin jeune. *Wines that are palatable when new*, vins bons dans la primeur. *The cheese is too new*, ce fromage n'est pas encore fait. *Meadows of new grass*, prés *m* d'herbe neuve. *Geol:* **The New Red Sandstone,** le grès rouge récent. *See also* MILK[1] 1. **-ly,** *adv.* (*Usu. hyphenated when in conjunction with attrib. a.*) Récemment, nouvellement, fraîchement. **He is (just) newly arrived,** il est tout fraîchement arrivé; il est arrivé tout dernièrement. *He was* **newly shaven,** il était rasé de frais. *The* **newly-elected** *members*, les députés nouveaux élus. *The* **newly-born** *child*, le nouveau-né, la nouveau-née. *N.-painted wall*, mur fraîchement peint. *A child's n.-awakened curiosity*, la curiosité neuve d'un enfant. *N.-beaten tracks*, sentiers nouveau-battus. *N.-formed bud*, bourgeon naissant. *N.-formed friendship*, amitié *f* de fraîche date, de date récente. *N.-landed Swedish lady*, Suédoise fraîche(ment) débarquée. *See also* APPOINT 1, MARRIED 1, RICH 1, WEDDED 1.
II. **new,** *adv.* (*Only used to form compound adjs.*) Nouvellement. *New-set-up business*, commerce nouvellement établi.
New 'Amsterdam. *Pr.n. Geog:* La Nouvelle-Amsterdam.
'new-blown, *a.* (*Of flower*) Nouvellement éclos; frais éclos, *f.* fraîche éclose; frais épanoui, *f.* fraîche épanouie. *See also* ROSE[1] 1.
'new-born, *a.* **1.** Nouveau-né. *N.-b. children*, enfants nouveau-nés. *N.-b. daughter*, fille nouveau-née. *F: A n.-b. passion*, une passion de fraîche date. *See also* INNOCENT 2. **2.** *Theol:* Régénéré.
'new-'bottom, *v.tr.* Renfoncer (un tonneau).
New 'Britain. *Pr.n. Geog:* La Nouvelle-Bretagne.
New 'Brunswick. *Pr.n. Geog:* Le Nouveau-Brunswick.
New Cale'donia. *Pr.n. Geog:* La Nouvelle-Calédonie.
New Cas'tile. *Pr.n. Geog: A:* La Nouvelle-Castille.
'new-coined, *a.* (Argent) nouvellement frappé. *F:* **New-coined word,** néologisme *m.*
'new-come, *a.* Récemment arrivé; nouveau venu, *f.* nouvelle venue.
'new-comer, *s.* Nouveau venu, nouvel arrivé, nouvel arrivant, *f.* nouvelle venue, etc. *The new-comers*, les nouveaux venus, etc. *She is a n.-c. to, in, our circle*, c'est une nouvelle venue dans notre société.
'new-discovered, *a.* Récemment trouvé ou découvert.
'new-drawn, *a.* (Vin) nouvellement tiré, nouveau-tiré; (bière) nouveau-tirée.
New 'England. *Pr.n. Geog:* La Nouvelle-Angleterre.
New 'Englander, *s.* Habitant, -ante, de la Nouvelle-Angleterre.

New 'English, *a.* De la Nouvelle-Angleterre.
'new-fallen, *a.* Qui vient de tomber. *N.-f. snow,* neige fraîche tombée. *N.-f. leaves,* feuilles fraîches tombées.
'new-fashioned, *a. See* FASHIONED 2.
'new-fledged, *a.* (Oiseau) nouvellement emplumé.
'new-'foot, *v.tr.* Rempiéter (un bas).
'new-found, *a.* Récemment découvert ou inventé.
'new-'front, *v.tr.* Refaire la façade (d'un bâtiment). *Bootm:* Remonter (des bottes).
new-fronting, *s.* Réfection *f* de façade (de bâtiment); remontage *m* (de bottes).
New 'Guinea. *Pr.n. Geog:* La Nouvelle-Guinée; la Papouasie.
New 'Hebrides (the). *Pr.n.pl. Geog:* Les Nouvelles-Hébrides.
'new-invented, *a.* Récemment inventé.
New 'Jersey. *Pr.n. Geog:* Le New-Jersey.
'new-laid, *a.* (Œuf) frais, frais pondu; (œuf) du jour.
'new-'line, *v.tr.* Redoubler (un manteau, etc.); mettre une nouvelle doublure à (un manteau, etc.).
'new-made, *a.* Neuf, *f.* neuve; nouveau, *f.* nouvelle; de facture récente; nouvellement construit. *N.-m. coat,* habit neuf. *N.-m. grave,* fosse fraîchement creusée. *F: N.-m. widow,* nouvelle veuve.
'new-married, *a.* = *newly married, q.v. under* MARRIED 1.
New 'Mexico. *Pr.n. Geog:* Le Nouveau-Mexique.
'new-mown, *a.* Nouvellement coupé; (foin) frais fauché. *Toil:* **New-mown hay,** (parfum *m*) foin coupé.
New Or'leans. *Pr.n. Geog:* La Nouvelle-Orléans.
'new-'ridge, *v.tr.* Renfaîter (un toit).
new-ridging, *s.* Renfaîtage *m.*
'New South 'Wales. *Pr.n. Geog:* La Nouvelle-Galles du Sud.
'new-sprung, *a.* **1.** Nouvellement paru; nouvellement établi. **2.** Pourvu de ressorts neufs.
'New 'Year, *s.* Nouvel an; nouvelle année. **New-Year's Day,** *U.S:* **New Year's,** le nouvel an; le jour de l'an. **New-Year's Eve,** la Saint-Sylvestre. **To see the New Year in,** faire la veillée, le réveillon, de la Saint-Sylvestre; prendre part au réveillon du jour de l'an; réveillonner. *Seeing the New Year in,* réveillon de la Saint-Sylvestre. **To wish s.o. a happy New Year,** souhaiter la bonne année, une bonne année, à qn; *F:* la souhaiter bonne (et heureuse) à qn. **New-Year's gift,** étrennes *fpl*; cadeau *m* de nouvel an, de jour de l'an. *See also* HONOUR[1] 4.
New 'York. *Pr.n. Geog:* New-York. *A New York syndicate,* un syndicat newyorkais.
New 'Yorker, *s.* Newyorkais, -aise.
New 'Zealand. *Pr.n. Geog:* La Nouvelle-Zélande. *See also* SPINACH.
New 'Zealander, *s.* Néo-Zélandais, -aise, *pl.* Néo-Zélandais, -aises.

newel ['njuəl], *s. Const: etc:* **1.** Noyau *m* (d'escalier tournant, de vis d'Archimède). **Open, hollow, newel stair,** vis *f* à jour. **2. Newel(-post),** pilastre *m* (de rampe d'escalier).

newfangled [nju:'fangld], *a. Pej:* (*Of word, notion, etc.*) D'une modernité outrée; *F:* du dernier bateau. *Determined opponent of n. ideas,* misonéiste endurci.

Newfoundland ['nju:fənd'land, nju:'faundlənd]. **1.** *Pr.n. Geog:* Terre-Neuve. *The N. fishermen, the N. fishing-boats,* les terre-neuviers *m*, les terre-neuviens *m.* **2.** *s.* [nju:'faundlənd] **Newfoundland (dog),** chien *m* de Terre-Neuve; terre-neuve *m inv.*

Newfoundlander [nju:'faundləndər], *s.* **1.** *Geog:* Terre-neuvien, -ienne. **2.** *Fish:* (*Pers. or ship*) Terre-neuvien, terre-neuvier *m.*

Newgate ['nju:get], *s. A:* La Prison de Newgate (à Londres). *F:* **Newgate bird,** gibier *m* de potence. *P:* **Newgate knocker,** accroche-cœur *m*, *pl.* accroche-cœurs; *P:* rouflaquette *f. See also* FRILL[1] 1, SLANG[1].

newish ['nju:iʃ], *a.* Assez neuf ou assez nouveau.

Newmanism ['nju:mənizm], *s. Rel.H:* La doctrine de J. H. Newman (1801-90) (avant sa conversion au catholicisme).

Newmanite ['nju:mənait], *s. Rel.H:* Adhérent *m* à la doctrine de J. H. Newman; adhérent de l'"*Oxford movement.*"

Newmarket ['nju:mɑ:rket]. *Pr.n.* Newmarket (centre d'élevage des chevaux de course). *Cost: A:* **Newmarket coat,** newmarket *m*; pardessus-taille *m inv.*

newness ['nju:nəs], *s.* **1.** (*a*) Nouveauté *f* (d'une mode, d'une idée, etc.). (*b*) Inexpérience *f* (d'un employé, etc.). **2.** État neuf (d'une étoffe, d'un vêtement, etc.). **3.** (*a*) Fraîcheur *f* (du pain, d'un œuf, etc.). (*b*) Manque *m* de maturité (du vin, du fromage, etc.); jeunesse *f* (du vin).

news [nju:z], *s.pl.* (*Usu. with sg. const.*) Nouvelle *f*, nouvelles. **1. What (is the) news?** quelles nouvelles? qu'est-ce qu'il y a de nouveau, de neuf? quoi de nouveau, de neuf? *I have n. for you,* il y a du neuf, j'ai appris du nouveau. *F:* **That is news to me,** c'est du nouveau. **That's no news,** ce n'est pas une nouvelle. *It will be n. that . . .,* on apprendra avec surprise que. . . . *A sad* **piece of news,** *sad n.*, une triste nouvelle. **To break the news to s.o.,** faire part d'une mauvaise nouvelle à qn; apprendre, annoncer, la nouvelle à qn; préparer qn à entendre la nouvelle. *From America comes n. that . . .,* d'Amérique nous vient la nouvelle que. . . . *To send no n. of oneself,* ne pas donner de ses nouvelles; ne donner aucun signe de vie; ne pas donner signe de vie. *Provs:* **Ill news runs apace, flies apace,** les mauvaises nouvelles ont des ailes; les malheurs s'apprennent bien vite. **No news is good news,** point de nouvelles, bonnes nouvelles. *See also* JOB[4]. **2.** *Journ: etc:* (*a*) **Official news,** communiqué officiel. *Musical n., financial n.,* chronique musicale, financière; informations financières. '*The Sporting News,*' "la Gazette du Turf." **News in brief, news items** = faits divers. *F:* **To be in the news,** être à la cote. *X was in the n.,* on faisait beaucoup de bruit dans la presse autour de X; on parlait beaucoup de X dans les journaux. **The election is all the news,** les élections défrayent l'actualité. *W.Tel:* **(Broadcast) news,** journal parlé; informations; communiqué. *Journ:* **News picture,** reportage *m* photographique. *Cin:* **News cinema,** ciné-actualités *m, pl.* cinés-actualités; *F:* cinéac *m.* **News film, reel,** film *m* d'actualité; film documentaire. *See also* BULLETIN, STOP-PRESS. (*b*) Sujet *m* propre au reportage. *A public-house brawl isn't n.*, une rixe de cabaret est sans intérêt pour le public.
'news-agency, *s.* Agence *f* d'informations.
'news-agent, *s.* **1.** Agent *m* d'informations. **2.** Marchand, -ande, de journaux; dépositaire *mf* de journaux.
'news-board, *s.* Voyant *m* (de résultats de courses, de résultats d'élections, etc.).
'news-boy, *s.m.* Vendeur de journaux, crieur de journaux; marchand de journaux; *F:* petit camelot.
'news-hawk, *s. U.S:* = NEWS-BOY.
'news-man, *pl.* **-men,** *s.m.* Vendeur de journaux; crieur de journaux; *F:* camelot.
'news-print, *s.* Papier *m* de journal; papier-journal.
'news-room, *s.* (*In library*) Salle *f* des journaux.
'news-sheet, *s.* Feuille *f.*
'news-stall, -stand, *s.* Boutique *f* ou étalage *m* de marchand de journaux; (*in Fr.*) kiosque *m.*
'news-writer, *s.* Journaliste *mf.*

newsdealer ['nju:zdi:lər], *s. U.S:* = NEWS-AGENT 2.

newsiness ['nju:zinəs], *s.* Abondance *f* de nouvelles (dans une lettre, etc.).

newsmonger ['nju:zmʌŋgər], *s.* Débiteur, -euse, de nouvelles; colporteur, -euse, de nouvelles, de cancans, de potins. *F: He's the universal n.*, c'est la trompette du quartier.

newspaper ['nju:zpeipər], *s.* Journal, -aux *m*; feuille *f*; *A:* gazette *f.* **Daily newspaper,** (journal) quotidien *m*; feuille quotidienne. **Weekly newspaper,** (journal) hebdomadaire *m.* **To be on a newspaper,** être attaché à la rédaction d'un journal. **The newspaper press,** la presse d'information. **Newspaper report,** reportage *m.* **Newspaper cuttings,** coupures *f* de journaux. **Newspaper man,** (i) marchand *m* de journaux; (ii) journaliste *m.* *Post:* **'Newspaper post,'** "imprimé *m* périodique."

newsvendor ['nju:zvendər], *s.* = NEWS-AGENT 2.

newsy ['nju:zi]. **1.** *a.* (*Of letter, etc.*) Plein de nouvelles. **2.** *s. U.S: F:* = NEWS-BOY.

newt [nju:t], *s. Amph:* Triton *m*; salamandre *f* aquatique; *F:* lézard *m* d'eau. **Crested newt, greater water-newt,** triton crêté, à crête. **Smooth newt,** triton ponctué.

Newtonian [nju:'tounjən], *a. & s.* Newtonien, -ienne; de Newton.

Newtonianism [nju:'tounjənizm], *s.* Newtonianisme *m*, Newtonisme *m.*

next [nekst]. **I.** *a.* **1.** (*Of place*) Prochain, le plus proche, (le plus) voisin. *The n. town,* la ville prochaine, la ville la plus proche. *The n. room,* la chambre voisine. **Her room is next to mine,** sa chambre est contiguë à, avec, la mienne; sa chambre touche à la mienne. *The garden n. to mine,* le jardin attenant au mien. *The chair n. to the piano,* la chaise à côté, tout près, du piano. *Seated n. to me,* assis à côté de moi. *The n. house,* la maison d'à côté. **The next house but one,** la deuxième maison à partir d'ici; deux portes plus loin. **2.** (*a*) (*Of time*) Prochain, suivant. *The n. year, week,* l'année suivante, la semaine suivante. **The next day,** le jour (d')après, le lendemain. **The next day but one,** le surlendemain. *The n. three days,* les trois jours suivants. *The n. Sunday after Easter,* le dimanche qui suit Pâques. *The Sunday n. before Easter,* le dimanche avant Pâques. *On the Wednesday n. but one after the Monday of the explosion,* le deuxième mercredi après le lundi de l'explosion. **(The) next morning,** le lendemain matin. *The n. instant,* l'instant d'après. **From one moment to the next,** d'un instant à l'autre. (*Future time*) **Next year, next week,** l'année prochaine, la semaine prochaine. *By this time n. year,* dans un an d'ici. **The year after next,** dans deux ans. **On Friday next, next Friday,** vendredi prochain. *N. April, in April n.*, en avril prochain. (*b*) (*Of order*) *The n. chapter,* le chapitre suivant. *Journ: Continued in n. column,* la suite à la colonne suivante. **To be continued in our next** (*number*), (la) suite au prochain numéro. *I will tell you* **in my next** (*letter*), je vous le dirai dans ma prochaine lettre. **Her next** (*child*) *was a girl,* l'enfant qui suivit fut une fille. **The next time I see him,** la prochaine fois que je le verrai; la première fois que je le reverrai. **The next time I saw him,** la première fois que je l'ai revu. **Ask the next person you meet,** demandez à la première personne que vous rencontrerez. **The next thing is to . . .,** maintenant il s'agit de. . . . **In the next place . . .,** ensuite. . . . *F:* **What next!** par exemple! **What next indeed!** et quoi encore? *P:* mais chez qui? et avec ça? (*In shop*) **Next thing, please? What next, please?** et avec cela? et ensuite? **Next (gentleman) please!** le premier de ces messieurs! au suivant! *Sch:* **Next (boy)!** au suivant! **Who is, comes, next? whose turn next?** à qui le tour? *You are n., your turn n.*, c'est votre tour; à vous maintenant. **Next came the band,** ensuite venait la musique. **I come next to him,** je viens (immédiatement) après lui. **He is next before me, next after me,** il me précède, me suit, immédiatement. *X was the n. man who died, the n. man to die was X,* ce fut ensuite au tour de X à mourir. *See also* LINE[2] 4, WORLD. (*c*) **The next larger, smaller, size** (*in gloves, shoes, etc.*), la pointure au-dessus, au-dessous. *The n. town to London in size,* la première ville, pour l'étendue, après Londres. **The next best thing would be to . . .,** à défaut de cela, le mieux serait de . . .; à défaut de cela, ce qu'il y aurait de mieux à faire ce serait de. . . . *F: I got it for* **next to nothing,** je l'ai eu pour presque rien, pour un rien. *To eat n. to nothing,* se nourrir de rien. *There is* **next to no evidence,** il n'y a pour ainsi dire pas de preuves. *There was* **next to nobody** *at the meeting,* il n'y avait presque personne à la réunion. *That is* **next to impossible,** cela est pour ainsi dire impossible. **3.** *Jur:* **Next**

friend, ami le plus proche; représentant *m* ad litem. *See also* KIN 2. **4.** *U.S: F:* **To get next to s.o.,** faire la connaissance de qn; entrer en relations avec qn. *To get n. to an idea,* saisir une idée. *To put s.o. n. to the ways of the world,* mettre qn au courant des usages du monde.

II. **next,** *adv.* **1.** Ensuite, après. *N. we went to A's,* ensuite nous sommes allés chez A. *What shall we do n.?* qu'est-ce que nous allons faire maintenant, après cela? **The week next ensuing,** la semaine suivante. *He is Irishman first, critic n.,* il est tout d'abord Irlandais, et critique en second lieu, et puis critique. **2.** La prochaine fois. **When next you are that way,** la prochaine fois que vous passerez par là. *When I n. saw him,* quand je le revis. *When shall we meet n.?* quand nous reverrons-nous?

III. **next,** *prep.* Auprès de, à côté de. *I was sitting n. him,* j'étais assis auprès de lui, à côté de lui. *He placed his chair n. hers,* il mit sa chaise auprès de la sienne. *The carriage n. the engine,* la première voiture près de la locomotive. *To wear flannel n. the skin,* porter de la flanelle sur la peau. *I can't bear wool n. my skin,* je ne peux pas supporter la laine à même la peau. *F:* **The thing next my heart,** la chose la plus chère à mon cœur. *She loves me* **next her own son,** elle m'aime presque autant que son propre fils.

next door. **1.** *s.* La maison d'à côté. *The girl from n. d.,* la jeune fille (de la maison) d'à côté. **2.** *adv.phr.* (*a*) **To live next door to s.o.,** demeurer porte à porte avec qn. *He lives n. d. (to us),* il habite dans la maison voisine; il habite à côté (de chez nous); nous habitons porte à porte. *He lives n. d. to the school,* il demeure à côté de l'école, à deux pas de l'école. (*b*) *F:* **Next door to sth.,** approchant de qch.; qui avoisine qch. *Flattery is n. d. to lying,* de la flatterie au mensonge il n'y a qu'un pas; la flatterie frise le mensonge. *Ideas n. d. to madness,* idées *f* qui avoisinent, qui frisent, la folie; idées qui touchent à, qui confinent à, la folie. *If he isn't a quack, he's n. d. to it,* si ce n'est pas un charlatan, il ne s'en faut de guère. **Next door to nothing,** autant dire rien. *We were n. d. to having the house burnt down,* nous avons été tout près de voir flamber la maison. **3.** *adv.* **The people next door,** les gens d'à côté. **4.** *Attrib.* **Next-door neighbours,** voisins *m* de porte à porte, d'à côté; proches voisins; voisins immédiats. *To be n.-d. neighbours,* demeurer porte à porte.

nexus ['neksəs], *s. F:* Connexion *f,* liaison *f,* lien *m.* **Causal nexus,** connexion causale.

Niagara [nai'agərə]. *Pr.n. Geog:* Le Niagara. **The Niagara Falls,** les chutes *f* du Niagara; le saut du Niagara. *F:* **To shoot Niagara,** courir un grand risque; tenter une entreprise dangereuse.

nib[1] [nib], *s.* **1.** (*a*) *A:* Taillon *m* (de plume d'oie). (*b*) (Bec *m* de) plume *f.* *Broad nib,* grosse plume; plume à gros bec. *Fine nib,* plume fine; plume à bec fin; fausset *m.* **2.** (*a*) Pointe *f* (d'outil, etc.). (*b*) Talon *m,* crochet *m* (de tuile). **3.** *See* COCOA-NIB.

nib[2], *v.tr.* (**nibbed; nibbing**) (*a*) *A:* Tailler (une plume). (*b*) Mettre une plume à (un porte-plume).

nibbed, *a.* **1.** (Plume) à bec. **Hard-nibbed pen,** plume *f* à bec dur; plume dure. *See also* GOLD-NIBBED. **2.** (*a*) (Outil) à pointe. (*b*) (Tuile) à talon, à crochet.

nibble[1] [nibl], *s.* **1.** (*a*) Grignotage *m,* grignotement *m,* mordillure *f.* *To have a n. at the cake,* grignoter le gâteau. (*b*) *Fish:* Touche *f.* **I never had a nibble all day,** le poisson n'a pas mordu de toute la journée. **2.** Juste de quoi grignoter, de quoi brouter; petit morceau (de biscuit); petite touffe (d'herbe).

nibble[2]. **1.** *v.tr. & i.* Grignoter, mordiller (qch.); (*of sheep*) brouter (l'herbe). **To nibble (at) a biscuit,** grignoter, chipoter, mangeot(t)er, du biscuit. (*Of fish, F: of pers.*) **To nibble (at the bait),** toucher; piquer; mordre à l'hameçon. *To n. at an offer,* être attiré par une offre (sans pouvoir se décider); se sentir tenté. *F:* **To nibble at sth.,** critiquer qch.; chicaner, ergoter, sur qch. **2.** *v.tr.* (*a*) *Metalw:* Découper (une tôle) à vive arête; grignoter (une tôle). (*b*) Gruger (le verre); arrondir (une lentille).

nibble off, *v.tr.* (*Of fish*) Manger (l'appât, sans s'enferrer).

nibbling, *s.* Grignotement *m,* grignotage *m,* mordillage *m;* arrondissage *m* (d'une lentille). *Tchn:* **Nibbling machine,** machine *f* à découper, à grignoter, à gruger; grignoteuse *f.*

nibbler ['niblər], *s.* Grignoteur, -euse.

niblick ['niblik], *s. Golf:* Niblick *m.*

nibs [nibz], *s. Hum: P:* **His nibs,** sa seigneurie. *Who should walk in but his nibs!* à la porte apparaît sa seigneurie elle-même!

Nicaea [nai'si:ə]. *Pr.n. A.Geog:* Nicée *f.*

Nicaean [nai'si:ən], *a. & s.* = NICENE.

Nicaraguan [nika'ragjuən], *a. & s. Geog:* Nicaraguayen, -enne.

niccolite ['nikolait], *s. Miner:* Nickéline *f.*

nice [nais], *a.* **1.** *Lit:* (*a*) (*Of pers.*) (i) Difficile, délicat, exigeant; (ii) scrupuleux, méticuleux. **To be nice about, in, the choice of words,** avoir des scrupules dans le choix des mots. *To be n. about one's food,* être difficile pour sa nourriture. *He is not too n. about the means,* il n'est pas trop scrupuleux quant aux moyens. *See also* OVER-NICE. (*b*) (*Of experiment, question, etc.*) Délicat; (*of distinction, taste, etc.*) subtil, fin, recherché; (*of enquiry, etc.*) minutieux; (*of ear, eye, etc.*) sensible, juste. *That's a very n. point,* voilà une question délicate. **2.** *F:* (*a*) (*Of pers.*) Gentil, *f.* gentille; sympathique, agréable, aimable. *Child of a n. disposition,* enfant d'un bon naturel. *He was as n. as could be,* il s'est montré aimable au possible. **To be nice to s.o.,** se montrer gentil, aimable, avec qn, pour qn, envers qn. *You were not over n. to him,* vous avez été peu affable avec lui; vous n'avez pas été bien gentil(le) avec lui. **That is very nice of you,** vous êtes bien aimable, très gentil. **It is nice of you to . . .,** vous êtes bien aimable de. . . . *How n. of you to come!* comme c'est gentil à vous d'être venu! **It's not nice (of you) to be jealous,** c'est vilain (à vous) d'être jaloux. **He is a nice fellow,** (i) c'est un gentil garçon; (ii) *Iron:* c'est un joli coco! *Iron:* **You're a nice fellow, a nice one,** *to talk like that!* c'est du joli de parler comme ça! **And a nice sort of chap you are!** ah, bien, tu es gentil, toi! (*b*) (*Of thg*) Joli, bon. *N. dinner,* bon dîner. *N. evening,* soirée *f* agréable. *N. car,* jolie auto. *The garden is beginning to look n.,* le jardin s'embellit. *To say n. things to a lady,* dire des gentillesses *f* à une dame. *N. fat chicken,* bon poulet bien en chair. *To have a n. long chat,* faire une bonne petite causette. *A n. little sum,* une somme grassouillette, rondelette. *It is not n. to be poor,* il ne fait pas bon être pauvre. *It is n. here,* il fait bon ici. **How nice!** *F:* ça c'est chic! (*c*) (*Intensive*) **Nice and . . .,** bien. . . . **It is nice and cool,** le temps est agréablement frais, d'une fraîcheur agréable. *They are n. and warm in their cots,* ils sont bien au chaud dans leurs petits lits. *It is n. and easy,* c'est très facile. *The tea was n. and sweet,* le thé était bien sucré. *The car was going n. and fast,* l'auto roulait à une bonne allure. *How n. and early you are,* c'est bien gentil à vous de venir de si bonne heure. *P: You'll be n. and ill in the morning!* ce que tu vas être malade demain matin! *Everything's* **as nice as nice can be,** tout est agréable au possible. (*d*) **Nice people,** des gens bien. **Not nice,** pas tout à fait convenable; peu convenable. *It is not a n. story,* c'est une histoire peu savoureuse. (*e*) *Iron:* **We are in a nice mess!** nous sommes dans de beaux draps! **That's a nice way to talk!** c'est du joli ce que vous dites là! **Nice state of affairs** = *pretty state of affairs, q.v. under* PRETTY 1. **-ly,** *adv.* **1.** *Lit:* (*a*) Minutieusement, scrupuleusement, méticuleusement, soigneusement. *N. prepared meal,* repas soigné. *N. turned epigram,* épigramme joliment tournée. (*b*) Exactement; avec justesse. **2.** Joliment, gentiment, bien, agréablement; de la bonne façon. *N. situated house,* maison agréablement située. *Everything was n. done,* tout était bien fait. *Those will do n.,* ceux-là feront très bien l'affaire. *He spoke to me very n.,* il m'a parlé très aimablement, très gentiment. *He spoke very n. about you,* il m'a parlé de vous en très bons termes. *F:* **How are you?—Nicely,** comment allez-vous?—Bien. *Sp:* **Nicely!** bien! bravo! *See also* GET ALONG 1.

'**nice-looking,** *a.* (*Of pers., thg*) Joli, beau, de bel aspect; (*of pers.*) bien de sa personne.

Nicene ['nai'si:n], *a. & s.* Nicéen, -éenne; de Nicée. **The Nicene councils,** les conciles *m* de Nicée. *Theol:* **The Nicene creed,** le symbole de Nicée.

niceness ['naisnəs], *s.* **1.** *Lit:* (*a*) (*Of pers.*) (i) Goût *m* difficile, délicatesse exagérée; (ii) scrupulosité *f,* méticulosité *f.* (*b*) (*Of experiment, etc.*) Délicatesse *f;* (*of distinction, taste*) subtilité *f,* finesse *f;* (*of enquiry, etc.*) minutie *f;* (*of ear, eye*) sensibilité *f,* justesse *f.* **2.** *F:* Gentillesse *f,* amabilité *f* (de qn); agrément *m,* caractère *m* agréable (de qch.); goût agréable (d'un aliment).

nicety ['naisiti], *s.* **1.** = NICENESS 1 (*a*). **2.** (*a*) Exactitude *f,* justesse *f,* précision *f* (d'un calcul, etc.). **To a nicety,** exactement, à la perfection. *Her dress fits her to a n.,* sa robe lui va à merveille, d'une manière irréprochable, comme un gant, comme un bas de soie. *Roast done to a n.,* rôti cuit juste à point. (*b*) Subtilité *f,* délicatesse *f* (d'une question, etc.). **A point of great nicety,** une question très délicate, très subtile. **3.** *pl.* **Niceties.** (*a*) *A:* Bonnes choses (à manger, etc.). (*b*) Minuties *f.* *Niceties of a craft,* finesses *f* d'un métier.

niche[1] [nitʃ], *s.* (*a*) Niche *f* (pour statue, etc.). *Secret n.,* resserre *f.* *F:* **To be worthy of a niche in the temple of Fame,** mériter une niche dans le temple de la Renommée. **To find one's niche in life,** trouver à se caser. (*b*) *Mil:* Niche (d'une tranchée).

niche[2]. **1.** *v.tr.* Placer (une statue, etc.) dans une niche. **2.** *v.pr.* Se nicher, se caser (dans un coin, etc.).

Nicholas ['nikoləs]. *Pr.n.m.* Nicolas.

Nick[1] [nik]. *Pr.n.m.* (*Dim. of Nicholas*) Nicolas. *F:* **Old Nick,** le diable. *He has the cheek of Old N.,* il a un toupet du diable.

nick[2], *s.* **1.** (*a*) (*In plank, etc.*) Entaille *f,* encoche *f,* cran *m;* (*in tally-stick, etc.*) coche *f,* encoche, hoche *f;* (*in screw-head*) fente *f.* *Typ:* (*In shank of type*) Cran. (*b*) Saignée *f* (de graissage, etc.); onglet *m* (de lame de couteau); gorge *f.* (*c*) Brèche *f* (au tranchant d'une lame). **2.** (*In dice games*) Coup gagnant. **3.** Point nommé, moment *m* critique. **(Just) in the nick of time,** à point nommé; fort à propos; au bon moment; juste à temps, juste à point. *You came to my aid in the n. of time,* vous êtes venu à mon secours à point nommé. *You have come just in the n. of time,* vous tombez bien; vous tombez à pic; *F:* vous arrivez comme marée en carême.

nick[3]. **1.** *v.tr.* (*a*) Entailler, encocher, cocher (un bâton, etc.); fendre (la tête d'une vis); dumdum(is)er (une balle); biseauter (les cartes). *Typ:* Créner (la tige d'une lettre). **To nick a tally,** faire une coche à une taille; hocher une taille. (*b*) Anglaiser, niqueter (la queue d'un cheval, un cheval). (*c*) Pratiquer une saignée dans (une surface de glissement, etc.). (*d*) Ébrécher (une lame, etc.). **2.** *v.tr.* (*a*) Deviner (la vérité, etc.). **To nick it,** deviner juste. *He has nicked it!* il y est! (*b*) **To nick the time,** arriver à point nommé, juste à temps. *I just nicked the boat,* je parvins tout juste à attraper le bateau. (*c*) (*In dice games*) Gagner (un coup). (*d*) *P:* (*Esp. of police*) Pincer, choper (qn). (*e*) *P:* Choper, chiper, faucher, barboter (qch.). **3.** *v.i.* (*a*) *Rac:* **To nick in,** couper son concurrent; s'insinuer. (*b*) (*Of breeding stocks*) S'accoupler (*with,* avec). **Stocks that nick effectually,** races *f* qui se croisent heureusement. (*c*) *Sch: Dial:* Faire l'école buissonnière; sécher la classe.

nicked, *a.* **1.** (*a*) (*Of stick, etc.*) Entaillé, encoché, coché; (*of bullet*) dumdum(is)é, mâché. **Nicked-tooth milling-cutter,** fraise *f* à denture interrompue. (*b*) (*Of horse's tail*) Niqueté, anglaisé. **2.** Ébréché.

nicking, *s.* **1.** (*a*) Entaillage *m.* (*b*) *Typ:* Crénage *m* (de la tige d'une lettre). (*c*) Anglaisage *m* (de la queue d'un cheval). **2.** Ébrèchement *m* (d'un ciseau, etc.).

nickel[1] [nikl], *s.* **1.** Nickel *m.* *Metall:* **Nickel iron,** fer *m* au nickel. *See also* SILVER[1] 1, STEEL[1] 1. **2.** (*a*) Pièce *f* de monnaie en nickel. (*b*) *U.S:* (*Half-dime*) Pièce de cinq "cents."

'**nickel-bearing,** *a. Miner:* Nickélifère.

nickel-'chrome, *s. Metall:* Nickel-chrome *m.*

nickel-'plate, *v.tr. Metalw:* = NICKEL².
'nickel-plater, *s. Metalw:* Nickeleur *m.*
nickel², *v.tr.* (nickelled; nickelling) Nickeler (un radiateur, une fourchette, etc.).
nickelled, *a.* (*Of spoon, etc.*) Nickelé.
nickelling, *s.* **1.** (*Action*) Nickelage *m.* **2.** Nickelure *f.*
nickeliferous [nikə'lifərəs], *a. Miner:* Nickélifère.
nicker-nut ['nikərnʌt], *s. Bot:* Œil-de-chat *m, pl.* œils-de-chat.
nick-nack(ery) ['nik'nak(əri)], *s.* = KNICK-KNACK(ERY).
nickname¹ ['nikneim], *s.* **1.** Surnom *m.* **2.** (*a*) (*In derision*) Sobriquet *m.* (*b*) (*Shortened name*) Diminutif *m.*
nickname², *v.tr.* **1.** Surnommer (qn). *Hist: Louis, nicknamed the Fat,* Louis, surnommé le Gros. **2.** (*a*) Donner un sobriquet à (qn). *He was nicknamed the Hunchback,* il était connu sous le sobriquet du Bossu. (*b*) Appeler (qn) par son diminutif.
Nicodemus [niko'di:məs]. *Pr.n.m. B.Hist:* Nicodème.
nicol ['nik(ə)l], *s. Opt:* Nicol *m.*
Nicolette [niko'let]. *Pr.n.f.* Nicolette, Colinette.
Nicomachean [nikɔma'ki:ən], *a. Gr.Lit:* **The Nicomachean Ethics,** l'Éthique *f* à Nicomaque (d'Aristote).
Nicomachus [nai'kɔməkəs]. *Pr.n.m.* Nicomaque.
Nicomedes [niko'mi:di:z]. *Pr.n.m. A.Hist:* Nicomède.
nicotian [ni'kouʃjən]. **1.** *a.* Nicotique. **2.** *s. Hum:* Fumeur, -euse; *F:* tabacomane *mf.*
nicotine ['nikoti:n], *s. Ch:* Nicotine *f.*
nicotinism ['nikoti:nizm], *s. Med:* Nicotinisme *m,* tabagisme *m.*
nict(it)ate ['nikt(it)eit], *v.i.* Cligner les yeux; ciller; (*of horses*) nicter.
nict(it)ating, *a.* Nictitant. *Z:* **Nictitating membrane,** membrane nictitante, clignotante; paupière *f* interne; *F:* onglet *m* (d'oiseau, etc.).
nict(it)ation [nik(ti)'teiʃ(ə)n], *s.* Nict(it)ation *f,* clignotement *m,* cillement *m.*
niddering ['nidəriŋ], *a.* & *s. A:* Poltron (*m*), scélérat (*m*), misérable (*m*).
niddle-noddle¹ ['nidl'nɔdl], *a.* (Vieillard, etc.) à la tête branlante.
niddle-noddle², *v.i.* = NID-NOD.
nide [naid], *s. A:* Couvée *f,* nichée *f* (de faisans).
nidification [nidifi'keiʃ(ə)n], *s.* Nidification *f.*
nidify ['nidifai], *v.i.* (*Of birds*) Nidifier.
nid-nod ['nid'nɔd], *v.i.* Branler, hocher, la tête; dodeliner (de) la tête.
nidus, *pl.* **-uses, -i** ['naidəs, -əsiz, -ai], *s.* **1.** (*a*) Nid *m* (d'insectes, etc.). (*b*) Dépôt *m* d'œufs (d'insectes, etc.). **2.** *Bot:* Endroit *m* favorable (pour la croissance des spores, des graines). **3.** Endroit d'origine, foyer *m,* source *f* (d'une maladie, d'une doctrine, etc.).
niece [ni:s], *s.f.* Nièce.
niellist [ni'elist], *s.* Nielleur, -euse.
niello [ni'elo], *s. Metalw:* **1.** Nielle *m. To inlay with n.,* nieller. *Inlaying with n.,* niellage *m.* **2.** **Niello(-work),** niellure *f,* niellage. *N. enamels,* émaux *m* de niellure.
ni'ello-worker, *s.* Nielleur, -euse.
nielloed [ni'eloud], *a.* (Argent, or, sabre, etc.) niellé.
Nietzschean ['ni:tʃiən], *a.* & *s. Phil:* Nietzschéen, -éenne.
Nietzschism ['ni:tʃizm], *s.* Nietzschéisme *m.*
niff¹ [nif], *s. P:* Puanteur *f,* mauvaise odeur.
niff², *v.i.* Puer; *P:* cocoter, schlinguer. *To niff of garlic,* puer l'ail.
niffy ['nifi], *a. P:* Puant.
nifty ['nifti], *a. U.S: F:* Coquet, pimpant.
nigella [nai'dʒela], *s. Bot:* Nigelle *f, F:* cheveux *mpl* de Vénus.
Niger (the) [ðə'naidʒər]. *Pr.n. Geog:* Le Niger.
Nigerian [nai'dʒi:əriən], *a.* & *s. Geog:* Nigérien, -ienne; du Niger.
niggard ['nigərd]. **1.** *s.* Grippe-sou *m, pl.* grippe-sou(s); ladre, *f.* ladresse; pingre *m,* avare *m.* **2.** *a. Poet:* Avare, parcimonieux, ladre.
niggardliness ['nigərdlinəs], *s.* Ladrerie *f,* pingrerie *f,* parcimonie *f,* avarice *f,* mesquinerie *f.*
niggardly¹ ['nigərdli], *a.* (*Of pers.*) Chiche, ladre, pingre, parcimonieux, mesquin; *P:* rapiat; (*of sum, portion*) mesquin.
niggardly², *adv.* Chichement, parcimonieusement, mesquinement.
nigger¹ ['nigər], *s.* **1.** *F:* (*Contemptuous*) Nègre *m, f.* négresse; noir *m, f.* noire; moricaud *m, P:* bamboula *m. A little n. boy,* un négrillon; *F:* un petit pays chaud. *U.S: F:* **There's a nigger in the wood-pile,** il y a quelque anguille sous roche. *That's the n. in the wood-pile!* voilà le fin mot (de l'affaire, de l'histoire)! *Cf.* NEGRO 1. *See also* HEAVEN 1, MINSTREL 2, WORK² I. 1. **2.** *Ent:* Larve *f* de la tenthrède. **3.** *Phot: U.S:* Écran noir (pare-soleil).
'nigger-'brown, *a.* (*Colour*) Tête-de-nègre *inv,* nègre *inv.*
'nigger-driver, *s. F:* Un vrai garde-chiourme, *pl.* gardes-chiourme.
nigger², *v.pr. F:* **To nigger oneself,** se noircir le visage.
niggerling ['nigərliŋ], *s.* Négrillon, -onne.
niggle [nigl], *v.i.* Vétiller; tatillonner. *Art:* Fignoler, pignocher, blaireauter. *To n. over trifles,* s'attarder à des vétilles, à des riens.
niggling¹, *a.* (*a*) (*Of details, etc.*) Insignifiant; de rien du tout; (*of work*) trop caressé; fignolé; léché; (*of pers.*) tatillon, -onne. (*b*) *N. handwriting,* pattes *fpl* de mouche.
niggling², *s.* Vétillerie *f,* chicanerie *f.*
niggler ['niglər], *s.* Tatillon, -onne. *Art:* Pignocheur, -euse.
niggly ['nigli], *a. F:* Insignifiant; de rien du tout.
nigh [nai]. *Poet: Dial:* **1.** *adv.* = NEAR¹ I. 1 (*a*), (*c*), 2. **Nigh unto death,** à l'article de la mort; près, *A:* proche, de mourir. *See also* WELL-NIGH. **2.** *prep.* = NEAR¹ II. **3.** *a.* = NEAR¹ III. 1, 3, 4, 5.
night [nait], *s.* **1.** (*a*) Nuit *f,* soir *m.* **Last night,** la nuit dernière; cette nuit; hier (au) soir. **The night before last,** la nuit ou le soir d'avant-hier; avant-hier soir. **The night before,** la veille (au soir). **To-morrow night,** demain soir. *The n. from Monday to Tuesday,* la nuit de lundi à mardi, du lundi au mardi. **Ten o'clock at night,** dix heures du soir. *See also* LATE II. 2. **Far into the night,** jusqu'à une heure avancée de la nuit. **All night, the whole night (long),** toute la nuit. *To sit up all n. doing sth.,* passer la nuit à faire qch. *See also* ALL-NIGHT. *To be accustomed to late nights,* avoir l'habitude de veiller; être accoutumé aux veilles. **To have a good, a bad, night('s rest),** bien, mal, dormir; passer une bonne, une mauvaise, nuit. *I never slept the whole n. through,* je n'ai pas dormi de la nuit; j'ai passé une nuit blanche. **Good night!** bonsoir! (*when retiring*) bonne nuit! **To say good night to s.o.; to wish, bid, s.o. good night,** dire bonsoir, souhaiter le bonsoir, à qn. *He will not live through the n.,* il ne passera pas la nuit. **To make a night of it,** faire la noce toute la nuit; tirer une bordée; passer la nuit (à faire la fête). **To make night hideous,** faire du chambard bien avant dans la nuit. *The servant's* **night out,** le soir de sortie de la bonne. *This is our theatre n.,* c'est notre soir de représentation. *See also* OUT¹ I. 1, SLEEPLESS 1. **To work day and night,** travailler nuit et jour. **To turn day into night,** faire de la nuit le jour. *To say one's prayers n. and morning,* dire ses prières matin et soir. *See also* MORNING 1. **At night,** la nuit, à la nuit. *A: I cannot sleep* **o' nights,** la nuit je ne dors pas. **In the night,** (pendant) la nuit. *To get up in the n.,* se (re)lever la nuit. **By night,** de nuit; nuitamment. *Escape by n.,* évasion *f* nocturne. *To work, to escape, by n.,* travailler, s'échapper, de nuit, la nuit. *Brawling by n.,* tapage *m* nocturne. **Over night,** pendant la nuit. *See also* OVER NIGHT. *In the silence of the n.,* dans le silence nocturne. **Night's lodging,** logement *m* pour la nuit. **The Arabian Nights,** les Mille et une Nuits. **Night attire,** vêtement *m,* toilette *f,* de nuit. **The night boat,** le bateau de nuit. **Night service,** service *m* de nuit. **Night flying,** vol *m* de nuit. *See also* NURSERY 1, PARROT¹, SCHOOL¹ 3. (*b*) *Th:* Représentation *f.* **The last nights,** les dernières représentations (d'une pièce). **First night,** première *f.* **Wagner night,** soirée musicale consacrée à Wagner; festival *m* Wagner. **2.** Obscurité *f,* nuit, ténèbres *fpl. N. is falling, coming on,* il commence à faire nuit; la nuit tombe. *N. had come, had closed in, had fallen,* la nuit était venue. *N. was falling on the plain,* la plaine s'enténébrait. *To go forth into the n.,* s'en aller dans les ténèbres, dans l'obscurité. *Art:* **Night effect,** effet *m* de nuit. *Phot:* **Night film,** film *m* pour prises de vues nocturnes. *F:* **The night of ignorance,** les ténèbres de l'ignorance. *The n. of time,* la nuit des temps. *See also* BLACK¹ I. 1.
'night-bag, *s.* Sac *m* de nuit.
'night-bird, *s.* **1.** Oiseau *m* de nuit; oiseau nocturne. **2.** *F:* Coureur, -euse, de nuit; noctambule *mf;* oiseau de nuit.
'night-blind, *a.* Nyctalope, nyctalopique.
'night-blindness, *s. Med:* Nyctalopie *f.*
'night-cap, *s.* **1.** (i) Bonnet *m* de nuit (de femme); (ii) bonnet de coton (d'homme); *P:* casque *m* à mèche. *Wearing a cotton n.-c.,* coiffé, *F:* casqué, d'un bonnet de coton. *See also* NOAH. **2.** *F:* Grog *m* (avant de se coucher).
'night-cart, *s.* Voiture *f* de vidange.
'night-chair, *s.* Chaise percée; chaise garde-robe.
'night-club, *s.* Établissement *m* de nuit; *F:* boîte *f* de nuit.
'night-dress, *s.* Chemise *f* de nuit (de femme, d'enfant).
'night-driver, *s. Aut:* (i) Touriste *m* nocturne; (ii) conducteur *m* de poids lourds qui accomplit son trajet la nuit.
'night-flower, *s.* Fleur *f* nocturne.
'night-flowering, *a. Bot:* Noctiflore.
'night-glass, *s. Opt:* Lunette *f* de nuit.
'night-gown, *s.* = NIGHT-DRESS.
'night-hawk, *s.* **1.** *Orn:* = NIGHTJAR. **2.** *F:* Rôdeur *m* de nuit.
'night-lamp, -light, *s.* **1.** Veilleuse *f.* **2.** *Nau:* **Night-lights,** feux *m* de position.
'night-long, *a.* (Veille *f,* etc.) qui dure toute la nuit.
'night-piece, *s. Art:* Effet *m* de nuit.
'night-prowler, *s.* **1.** (*Pers.*) (*a*) Noctambule *m.* (*b*) (*Ruffian*) Rôdeur *m* de nuit. **2.** Fiacre *m* noctambule; taxi *m* noctambule.
'night-scene, *s.* **1.** *Art:* = NIGHT-PIECE. **2.** *Th: etc:* Scène *f* nocturne.
'night-shelter, *s.* Asile *m* de nuit.
'night-shift, *s. Ind:* Équipe *f* de nuit. (*Of workman*) **To be on night-shift,** être de nuit.
'night-shirt, *s.* Chemise *f* de nuit (d'homme).
'night-soil, *s. Hyg:* Matières *fpl* de vidange; vidanges *fpl;* gadoue *f;* poudrette *f.*
'night-stick, *s. U.S:* Casse-tête *m inv;* matraque *f* (d'agent de police).
'night-stool, *s.* = NIGHT-CHAIR.
'night-time, *s.* La nuit. **At night-time, la nuit. In the night-time,** de nuit; pendant la nuit.
'night-walker, *s.* **1.** *A:* (*a*) Rôdeur *m* de nuit. (*b*) Prostituée *f,* pierreuse *f.* **2.** Animal *m* noctambule. **3.** = SLEEP-WALKER.
'night-walking, *s.* **1.** Noctambulisme *m.* **2.** = SLEEP-WALKING.
'night-watch, *s.* **1.** (*a*) Garde *f* de nuit; veille *f. See also* WATCH¹ 1. (*b*) *Nau:* Quart *m* de nuit. **2.** (*Watchmen*) (*a*) Garde de nuit. (*b*) *Nau:* (Hommes du) quart de nuit. **3.** Veille de nuit (passée auprès d'un malade, à attendre le retour de qn, etc.).
'night-watchman, *pl.* **-men,** *s.m. Ind: etc:* Veilleur de nuit; garde *m,* gardien, de nuit.
'night-work, *s.* Travail *m* de nuit.
nightfall ['naitfɔ:l], *s.* Tombée *f* du jour, de la nuit; la brune. **At nightfall,** à la nuit tombante; à nuit close; à la tombée de la nuit, au tomber du jour; *F:* à la brune.
nightingale ['naitiŋgeil], *s. Orn:* Rossignol *m. F:* **To sing like a nightingale,** chanter comme un rossignol. *To have a n.'s throat,* avoir un gosier de rossignol.
nightjar ['naitdʒɑ:r], *s. Orn:* Engoulevent *m; F:* crapaud volant; tette-chèvre *m, pl.* tette-chèvres; corbeau *m* de nuit.

nightly ['naitli]. **1.** *a.* (*a*) (*Happening at night*) De nuit, de soir, nocturne. (*b*) De tous les soirs, de toutes les nuits. **Nightly performance,** représentation *f* (de) tous les soirs; soirée quotidienne. **2.** *adv.* Tous les soirs, toutes les nuits. **Performances nightly,** représentations tous les soirs.

nightman, *pl.* **-men** ['naitmən, -men], *s.m.* Vidangeur; *F:* gadouard.

nightmare ['naitmeər], *s.* Cauchemar *m.* *To have (a) n.*, avoir le cauchemar. *F:* **He is the nightmare of the family,** il est le tourment de sa famille. *The prospect was a n. to me*, cette perspective me donnait le cauchemar; *P:* ça me cauchemardait.

nightmarish ['naitmeəriʃ], *a.* Qui ressemble à un cauchemar, aux cauchemars; qui donne des cauchemars; *P:* cauchemardant.

nightshade ['naitʃeid], *s.* *Bot:* **(Black) nightshade,** morelle noire; *F:* crève-chien *m inv*; raisin *m* de loup. **Woody nightshade,** douce-amère *f*, *pl.* douces-amères; vigne *f* de Judée, de Judas. **Enchanter's nightshade,** circée *f*; sorcier *m*; herbe *f* à la magicienne. **Deadly nightshade,** (atrope *f*) belladone *f*; *F:* morelle furieuse; herbe empoisonnée; belle-dame *f*, *pl.* belles-dames. **Malabar nightshade,** baselle *f*.

nighty ['naiti], *s.* *F:* = NIGHT-DRESS.

nigrescence [nai'gresəns], *s.* *Nat.Hist:* Teinte *f* noirâtre; noirceur *f* (de peau, etc.).

nigrescent [nai'gresənt], *a.* *Nat.Hist:* Nigrescent, noirâtre; qui tire sur le noir.

nigrite ['naigrait], *s.* *El.E:* Nigrite *f*.

Nigritia [nai'griːʃja]. *Pr.n.* *Geog:* La Nigritie; le Soudan.

nigritic [ni'gritik], *a.* *Ethn:* Nigritique.

nigritude ['nigritjuːd], *s.* Noirceur *f*.

nigrosine ['nigrosin], *s.* *Ch:* Nigrosine *f*.

nihilism ['nai(h)ilizm], *s.* *Phil:* *Pol:* Nihilisme *m.*

nihilist ['nai(h)ilist], *s.* Nihiliste *mf.*

nihilistic [nai(h)i'listik], *a.* Nihiliste.

nihility [nai'(h)iliti], *s.* **1.** Néant *m.* **2.** Rien *m*, bagatelle *f*.

nil [nil], *s.* Rien *m*; (*on report-sheet, etc.*) néant *m.* *Sp:* Zéro *m.* *The balance is nil*, le solde est nul.

Nile (the) [ðənail]. *Pr.n.* *Geog:* Le Nil. *Hist:* **The Battle of the Nile,** la bataille d'Aboukir.

'Nile-'blue, *a.* & *s.* (Couleur *f*) bleu Nil (*m*) *inv*; nil (*m*) *inv.*

'Nile-lily, *s.* *Bot:* Nélombo *m*, nélumbo *m.*

nilgai ['niːlgai], *s.* *Z:* Nilgau(t) *m.*

nilometer [nai'lɔmetər], *s.* Nilomètre *m.*

nilotic [nai'lɔtik], *a.* *Geog:* *Ethn:* Nilotique.

nimble [nimbl], *a.* (*Of pers., etc.*) Agile, leste, preste, alerte; (*of mind, etc.*) délié, subtil, agile, prompt. (*Of old pers.*) **Still nimble,** encore ingambe. *N. at, in, doing sth.*, agile à faire qch. **-bly,** *adv.* Agilement; avec agilité; lestement, prestement, souplement, légèrement. *To spring n. up the stairs*, gravir d'un pas alerte, allégrement, les degrés de l'escalier.

nimble-'fingered, *a.* Aux doigts agiles, souples; agile de ses doigts.

nimble-'footed, *a.* Aux pieds agiles, lestes, légers.

nimble-'minded, -'witted, *a.* **1.** A l'esprit délié, subtil. **2.** A l'esprit prompt. *He is n.-w.*, il saisit vite.

nimbleness ['nimblnəs], *s.* Agilité *f*, souplesse *f* (des membres, etc.); subtilité *f* ou vivacité *f* (d'esprit, etc.).

nimbus, *pl.* **-i, -uses** ['nimbəs, -ai, -əsiz], *s.* **1.** Nuage lumineux; *Th:* gloire *f* (environnant une divinité, etc.). **2.** (*a*) *Art:* Nimbe *m*, auréole *f*, gloire. (*b*) *Meteor:* Aréole *f* (autour de la lune). **3.** *Meteor:* Nimbus *m.* *Insulated n.*, haut-pendu *m*, *pl.* hauts-pendus.

nimbused ['nimbəst], *a.* Nimbé.

Nimeguen [ni'meigen]. *Pr.n.* *Geog:* Nimègue.

niminy-piminy ['nimini'pimini], *a.* = NAMBY-PAMBY I.

Nimrod ['nimrɔd]. *Pr.n.m.* (*a*) *B.Hist:* Nemrod. (*b*) *s.* *F:* Nemrod; "fort chasseur devant l'Éternel."

Nimwegen [nim'weigen]. *Pr.n.* *Geog:* = NIMEGUEN.

nincompoop ['ninkəmpuːp], *s.* *F:* Benêt *m*, nigaud *m*, innocent *m*, niais *m*, serin *m*, nicodème *m*, nicolas *m.*

nine [nain], *num.a.* & *s.* Neuf (*m*). **Nine times out of ten,** neuf fois sur dix; *F:* en général, d'ordinaire. **To have nine lives** (*like a cat*), avoir l'âme chevillée au corps. *Ar:* **To cast out the nines,** faire la preuve par neuf. *Myth:* **The Nine,** les neuf sœurs *f*; les Muses *f.* *Pros:* **Nine-line stanza,** neuvain *m.* *Golf:* **Nine-hole course,** parcours *m* de neuf trous; neuf-trous *m inv.* *Adv.phr.* *F:* **To the nines,** à la perfection. *See also* CRACK UP 1, DRESS UP 1, POSSESSION 1, WONDER[1] 1. (*For other phrases see* EIGHT.)

'nine-holes, *s.* *Games:* *A:* Trou-madame *m.*

ninefold ['nainfould]. **1.** *a.* Nonuple; répété neuf fois. **2.** *adv.* Neuf fois autant, au nonuple. *To increase n.*, nonupler.

ninepence ['nainpəns], *s.* (Somme *f*, *A:* pièce *f*, de) neuf pence *m.*

ninepin ['nainpin], *s.* **1.** *pl.* **Ninepins,** (jeu *m* de) quilles *fpl.* **2.** Quille. *F:* **To go down like ninepins,** tomber comme autant de quilles, comme des capucins de cartes. *Nau:* **Ninepin block,** marionnette *f*.

nineteen [nain'tiːn], *num.a.* & *s.* Dix-neuf (*m*). *She is n.*, elle a dix-neuf ans. *Nineteen* ['naintiːn] *houses*, dix-neuf maisons. *See also* DOZEN. (*For other phrases see* EIGHT I.)

nineteenth [nain'tiːnθ]. **1.** *num. a.* & *s.* Dix-neuvième. *Golf:* *F:* **The nineteenth (hole),** le bar; la buvette. (*For other phrases see* EIGHTEENTH.) **2.** *s.* (*Fractional*) Dix-neuvième *m.*

ninetieth ['naintiəθ], *num. a.* & *s.* Quatre-vingt-dixième.

ninety ['nainti], *num. a.* & *s.* Quatre-vingt-dix (*m*). **Ninety-one, ninety-nine,** quatre-vingt-onze, quatre-vingt-dix-neuf. **The nineties,** les années entre 1890 et 1900. *In the nineties*, dans les années quatre-vingt-dix. *See also* NAUGHTY 2. (*Of pers.*) **To be in the nineties,** être nonagénaire. *Jur:* **Ninety-nine years' lease,** bail *m* emphytéotique.

Nineveh ['ninive]. *Pr.n.* *A.Geog:* Ninive *f*.

Ninevite ['ninivait], *a.* & *s.* *A.Geog:* Ninivite (*mf*); habitant(e) de Ninive.

ninny ['nini], *s.* *F:* Niais *m*, niaise *f*; serin *m*, serine *f*; nigaud *m*, *f.* nigaude; (*of man*) benêt *m*, nicodème *m*, béjaune *m*, *P:* bêta *m.*

ninon ['niːnɔn], *s.* *Tex:* Crêpe *m* Ninon.

ninth [nainθ]. **1.** *num. a.* & *s.* Neuvième (*m*). *The n. (boy) in the class*, le neuvième (élève) de la classe. (*For other phrases see* EIGHTH.) **2.** *s.* (*Fractional*) Neuvième *m.* **3.** *s.* *Mus:* Neuvième *f.* **-ly,** *adv.* Neuvièmement, en neuvième lieu.

Niobe ['naiobi]. *Pr.n.f.* *Myth:* Niobé.

niobium [nai'oubiəm], *s.* *Ch:* Niobium *m*, colombium *m.*

nip[1] [nip], *s.* **1.** (*a*) Pincement *m*, pinçade *f*, pince *f*. **To give s.o. a nip,** pincer qn; faire un pinçon à qn. *Tool that has no nip*, outil *m* qui manque de pince. (*b*) Étranglement *m*, resserrement *m* (d'une chaîne, etc.). (*c*) Prise *f*, enclavement *m* (d'un vaisseau dans les glaces). (*d*) *Min:* Étreinte *f*, serrement *m* (d'un filon). **2.** (*a*) *Nau:* Portage *m*, étrive *f* (d'une manœuvre). **To freshen the nip,** (i) changer le portage; (ii) *P:* boire une goutte; se rincer la dalle. (*b*) *Mec.E:* **Spring nip,** sabot *m* de ressort. **3.** (*a*) Morsure *f* (de la gelée, du froid); *Hort:* coup *m* de gelée. (*b*) *The nip of the early morning air*, le froid, le piquant, du petit jour. *There was a nip in the air*, l'air était piquant; l'air piquait. **4.** *Geog:* Échancrure *f* (du littoral). **5.** *U.S:* *To race along* **nip and tuck** *with s.o.*, courir manche à manche avec qn.

nip[2], *v.* **(nipped; nipping)** I. *v.tr.* **1.** Pincer. *He nipped his finger*, il s'est pincé le doigt. *Her arm was nipped black and blue*, elle avait le bras couvert de pinçons. *Pincers that nip the iron*, tenaille *f* qui mord le fer. *Ship nipped in the ice*, navire pris dans les glaces, enclavé. *Aut:* **To nip an inner tube,** pincer, cisailler, une chambre à air (en roulant). *Nau:* **To nip a cable,** étriver, étrangler, un cordage. **2.** *Hort:* Pincer, éborgner (des bourgeons, etc.). *F:* **To nip in the bud,** faire avorter (un complot, etc.); écraser, détruire, (un complot) dans l'œuf; étouffer (un complot) dans le germe, au berceau; étrangler (un complot) au berceau, au nid. *To nip an evil, an offensive, in the bud*, juguler un mal, une offensive. **3.** (*Of cold, frost*) (*a*) Pincer, piquer, mordre (la figure, les doigts, etc.). *Abs.* *The wind nipped*, le vent était piquant. (*b*) Brûler (les bourgeons, etc.); (*of sun*) brouir (les bourgeons, etc.). **Nipped by the frost, frost-nipped,** (*of plant*) brûlé par la gelée; gelé; (*of fruit-tree, etc.*) champlé. *The vines will be nipped*, les vignes *f* vont geler.

II. **nip,** *v.i.* **1.** *Nau:* *The foot-rope nips round the stay*, la ralingue est étrivée par l'étai, étrive l'étai. **2.** *F:* (*Move quickly*) *Just* **nip up, down, across, along, round,** *to the baker's and get a loaf*, cours vite chez le boulanger, fais donc un saut, file donc, jusque chez le boulanger, prendre un pain. *Nip upstairs and fetch me a handkerchief*, courez en haut me chercher un mouchoir. *He nipped on to a tram*, il a sauté sur un tramway qui passait. *To nip in and out of the traffic*, se faufiler adroitement parmi les voitures.

nip in, *v.i.* Entrer lestement. *To nip in for a moment*, ne faire qu'entrer et sortir.

nip off. **1.** *v.tr.* Enlever, couper, (qch.) en le pinçant. **2.** *v.i.* Filer, s'esquiver.

nip out. **1.** *v.tr.* *F:* Sortir prestement (un revolver, etc.). **2.** *v.i.* *F:* Sortir lestement; s'esquiver.

nip up. **1.** *v.tr.* *F:* Ramasser vivement (qch.). **2.** *v.i.* Monter lestement.

nipping[1], *a.* **1.** (*Of tool, etc.*) Qui pince. **2.** (*Of language, taunt, etc.*) Mordant, caustique; (*of frost, wind, etc.*) coupant, âpre, cuisant.

nipping[2], *s.* **1.** Pincement *m* (d'un objet). *Aut:* Cisaillement *m* (de la chambre à air). **2.** *Nau:* (*a*) Étrive *f*, étranglement *m* (d'un cordage, etc.). (*b*) Enclavement *m* (d'un navire dans les glaces). **3.** *Hort:* Pincement, pinçage *m*, éborgnage *m.*

'nipping-press, *s.* *Bookb:* Presse *f* à percussion.

nip[3], *s.* *F:* Goutte *f*, petit verre, doigt *m* (d'eau-de-vie, etc.). **To take a nip,** boire une goutte.

nip[4], *v.i.* **(nipped; nipping)** *F:* Boire la goutte (toute la journée); siroter.

nipper ['nipər], *s.* **1.** *Usu.pl.* **(Pair of) nippers.** (*a*) Pince(s) *f(pl)* (de serrage); pincette(s) *f(pl)*, tenaille(s) *f(pl)*. *Spring nippers*, brucelles *f.* (*b*) Cisaille(s) *f(pl)*; bec-de-corbeau *m*, *pl.* becs-de-corbeau. **Ticket nipper,** pince à contrôle. *See also* CUTTING-NIPPERS. (*c*) *Civ.E:* Déclic *m* (de sonnette). (*d*) Pince-nez *m inv.* **2.** (*a*) Dent incisive, pince (d'un herbivore). (*b*) Pince (d'un homard, etc.). **3.** *Nau:* **(Rope-)nipper,** garcette *f* de tournevire. **4.** *F:* Gamin *m*, gosse *m.* *My little n.*, mon petit bonhomme; mon mioche.

nippiness ['nipinəs], *s.* Agilité *f* (d'une personne).

nipple [nipl], *s.* **1.** (*a*) *Anat:* Mamelon *m*; bout *m* de mamelle; bout de sein; *F:* bouton *m* du sein. (*b*) **Nipple (shield),** bout de sein (en caoutchouc, etc.). (*c*) Tétine *f* (de biberon). **2.** (*a*) (*In glass, metal, on mountain summit, etc.*) Mamelon. (*b*) *Sm.a:* *A:* Cheminée *f* (d'un fusil à percussion). (*c*) *Tchn:* Raccord *m*, jonction *f* (d'un bec, d'une conduite de vapeur, etc.); jet raccordé (de chalumeau). *Cy:* *Aut:* Douille *f*, écrou *m* (d'un rayon de roue). *Mec.E:* **Grease nipple,** raccord de graissage; embout *m.* **Hook nipple,** raccord à crochet. *Cy:* *Aut:* **Nipple key,** clef *f* pour écrou de rayon.

'nipple-cactus, *s.* *Bot:* Mamillaire *f*.

nipplewort ['niplwəːrt], *s.* *Bot:* Lampsane *f*; herbe *f* aux mamelles.

Nippon [ni'pɔn]. *Pr.n.* *Geog:* Le Nippon.

Nipponian [ni'pouniən], *a.* *Geog:* Nippon, -one; japonais, -aise.

nippy ['nipi], *a.* *F:* **1.** (*a*) Alerte, dispos, vif; qui ne perd pas de temps. *Tell him to be n. about it*, *P:* dites-lui de se grouiller. (*b*) *s.f.* Serveuse (dans les établissements Lyons). **2.** (*a*) (Vent, etc.) coupant, âpre. (*b*) (Condiment) piquant.

nirvana, nirwana [nər'vɑːna], *s.* *Buddhist Theol:* Nirvâna *m*, nirvana *m.* *Cult of n.*, nirvanisme *m.*

Nish [niʃ]. *Pr.n. Geog:* Nissa, Nisch.

nisi ['naisai], *Lt.conj. Jur:* (*Of decree, order, etc.*) Provisoire; (*of decision*) rendu sous condition. **Nisi prius court,** tribunal civil. *See also* DECREE[1] 3.

nit [nit], *s.* **1.** Lente *f*; œuf *m* de pou. **2.** *U.S: P:* (*Of pers.*) Nullité *f*, zéro *m*.

nitrate[1] ['naitret], *s. Ch:* Nitrate *m*, azotate *m* (d'argent, de chaux, de magnésie, etc.). **Sodium nitrate,** *F:* **nitrate,** nitrate de soude; soude nitratée; nitrate du Chili. **Nitrate of potash, potassium nitrate,** *F:* **nitrate,** nitrate de potassium; nitre *m*, salpêtre *m*. **Basic nitrate,** sous-nitrate *m*. **Nitrate fertilizers,** engrais azotés. *Exploitation of n. fields*, exploitation nitratière. *St.Exch: N. shares*, *F:* **nitrates,** (valeurs) nitratières *f*.

nitrate[2] ['naitreit], *v.tr.* Nitrer; traiter (une matière) à, par, l'acide azotique.

nitrated, *a.* Nitré.

nitration [nai'treiʃ(ə)n], *s.* Nitration *f*.

nitre ['naitər], *s.* Nitre *m*, salpêtre *m*; azotate *m* de potasse; potasse nitratée. **Cubic nitre,** salpêtre du Chili; nitrate *m* de soude. *To turn into n.*, se nitrifier. **Nitre works,** nitrière *f*.

'nitre-bed, *s.* Nitrière *f*.

nitric ['naitrik], *a. Ch:* Nitrique, azotique. **Nitric acid,** acide *m* nitrique, azotique; *Com:* eau-forte *f*. **Nitric dioxide,** peroxyde *m* d'azote. *Nitric oxide*, bioxyde *m* d'azote.

nitride[1] ['naitraid], *s. Ch:* Nitrure *m*.

nitride[2], *v.tr.* Nitrurer.

nitriding, *s.* Nitruration *f*.

nitrification [naitrifi'keiʃ(ə)n], *s.* Nitrification *f*.

nitrify ['naitrifai]. **1.** *v.tr.* Nitrifier. **2.** *v.i.* Se nitrifier.

nitrite ['naitrait], *s. Ch:* Nitrite *m*, azotite *m*.

nitro-bacteria [naitrobak'tiːəriə], *s. Biol:* Nitrobactérie *f*.

nitrobenzene [naitro'benziːn], *s.* Nitrobenzène *m*, nitrobenzine *f*; essence *f* de mirbane; mirbane *f*.

nitro-cellulose [naitro'seljulous], *s.* **1.** *Exp:* Nitrocellulose *f*. **2.** *Attrib. N.-c. product*, produit *m* cellulosique. *Aut: etc:* **Nitro-cellulose finish,** enduit *m* cellulosique.

nitro-compound [naitro'kɔmpaund], *s. Ch:* Dérivé nitré; composé nitré.

nitro-explosive [naitroeks'plousiv], *s. Exp:* Explosif nitraté; poudre nitratée.

nitro-gelatine [naitro'dʒelətiːn], *s. Exp:* Gélatine-dynamite *f*; nitrogélatine *f*.

nitrogen ['naitrodʒen], *s. Ch:* Azote *m*, *A:* nitrogène *m*. **Nitrogen monoxide,** protoxyde *m* d'azote. *N. peroxide*, peroxyde *m* d'azote. *N. trioxide*, anhydride azoteux. **Nitrogen gas,** gaz *m* azote. *See also* PENTOXIDE.

nitrogenous [nai'trɔdʒenəs], *a. Ch:* Azoté.

nitroglycerin(e) [naitro'glisəriːn], *s. Exp:* Nitroglycérine *f*.

nitrosulphuric [naitrosʌl'fjuərik], *a. Ch:* (Acide *m*) nitrosulfurique.

nitrous ['naitrəs], *a.* Nitreux, azoteux. **Nitrous acid,** acide nitreux. **Nitrous anhydrid(e),** anhydride azoteux. **Nitrous oxide,** protoxyde *m* d'azote. *To become n.*, se nitrifier.

nitroxyl [nai'trɔksil], *s.* Nitryle *m*, azotyle *m*.

nitty ['niti], *a.* (*Of hair, etc.*) Plein de lentes.

nitwit ['nitwit], *s. U.S: P:* Pauvre *mf* d'esprit; imbécile *mf*; crétin, -ine.

nitwitted ['nitwitid], *a. U.S: P:* Pauvre d'esprit.

nival ['naiv(ə)l], *a. Bot:* (*Of plant*) Nivéal, -aux.

niveous ['niːviəs], *a.* Neigeux; niviforme, nivéen.

nix [niks]. **1.** *s.* Rien (du tout), *P:* peau *f* de balle. *To work for nix*, travailler pour des prunes, pour le roi de Prusse. *U.S:* **Nix on that game!** ça ne prend pas! je ne marche pas! **2.** *int.* Paix! pet! vingt-deux! **To keep nix,** faire le paix, le pet.

nix(ie) ['niks(i)], *s. Myth:* Nix(e) *f*; nymphe *f* des eaux; ondine *f*.

Nizam [ni'zɑːm]. *Pr.n.m.* Nizam (d'Haïderabad).

no [nou]. I. *a.* **1.** Nul, pas de, point de, aucun (*with* ne *expressed or understood*). *To have no heart*, n'avoir pas de cœur. *This fact has no importance whatever*, ce fait n'a aucune importance. *He made no reply*, il ne fit aucune réponse; il ne répondit pas. *To have no intention to . . .*, n'avoir nulle intention, aucune intention, de. . . . *No father was ever more indulgent*, jamais père ne fut plus indulgent. *No words can describe . . .*, il n'y a pas de mots pour décrire . . .; les mots nous manquent pour décrire. . . . *He had no business to be there at all*, ce n'était nullement sa place. *He spared no pains*, il n'est pas de soins, il n'est sorte de soins, qu'il n'ait pris. *I have no room to write more*, la place me manque pour vous en écrire davantage. **It is no distance,** ce n'est pas loin; c'est tout près. **No 'one man** *could have done it*, aucun homme n'aurait pu le faire à lui seul. *No 'one example will suffice*, il ne suffit pas d'un seul exemple. *No two men are alike*, il n'y a pas deux hommes qui se ressemblent. *They would have no King Log*, ils ne voulaient pas d'un Roi Solive. *He was a writer of great polish but no profundity*, ce fut un écrivain au style impeccable, mais sans profondeur de pensée. *Details of no interest*, détails *m* de peu d'intérêt, sans intérêt. *Corr:* **Letter of no date,** lettre *f* sans date. *There must be no talking about it*, il ne faudra en parler à personne. **No surrender!** on ne se rend pas! **No nonsense!** pas de bêtises! **No admittance (except on business),** entrée interdite, défense d'entrer dans les chantiers, *Nau:* défense de monter à bord (sauf pour affaires). **No smoking,** défense de fumer. **No sale,** non-vente. *See also* END[1] 3, FEAR[1] 1, FUND[1] 2, GOOD II. 1, LITTLE I. 1, MAN[1] 1, MEAN[1] 2, MISTAKE[1], NEED[1] 1, OTHER 2, SIDE[1] 4, THOROUGHFARE, TIME[1] 1, USE[1] 3. **2.** Peu, ne . . . pas (du tout). (*a*) *Intentions of no honourable kind*, intentions *f* peu honorables. *With no pleased air*, d'un air peu content. *The task is no easy one*, ce n'est pas une tâche facile. *He was no great walker*, il n'était pas grand marcheur. **It is no small matter,** ce n'est pas une petite affaire. *See also* MATTER[1] 4. **No such thing,** pas du tout; nullement. *See also* SUCH I. 1. (*b*) **He is no artist,** il n'est pas artiste. **She is no beauty,** ce n'est pas une beauté; elle n'est pas belle du tout. *He was no general*, il n'avait aucune des qualités d'un général. *He is no friend of mine*, il n'est pas de mes amis, tant s'en faut. **King or no king,** *he has no right to interfere*, qu'il soit roi ou non, il n'a pas le droit d'intervenir. **It is no place for me,** ce n'est pas un endroit pour une personne de mon âge. *See also* BALL[1] 1, CHICKEN 1, FOOL[1] 1, GO[1] 4, RACE[1] 5. (*c*) (*With gerund*) *There is no agreeing with him, no pleasing him*, il n'y a pas moyen de s'accorder avec lui, de le satisfaire. *There is no getting out of it*, impossible de s'en tirer; impossible de sortir de là. *See also* ACCOUNT[2] 2, SAYING 1. **3. No one.** (*a*) *See* 1 *above.* (*b*) = NOBODY 1.

II. **no,** *adv.* **1. Or no,** ou non. *Pleasant or no, it is true*, agréable ou non, c'est vrai. *Do you want it or no?* le voulez-vous, ou non? **Whether or no,** que cela soit ou non. *Whether you want it or no*, que tu le veuilles ou non. *He could see in the eyes of his audience whether or no he was understood*, il savait lire dans les yeux de ses auditeurs s'il se faisait comprendre ou non. *I may see him to-morrow, but I'll write to you whether or no*, il se peut que je le voie demain, mais je vous écrirai dans tous les cas. **2.** *Scot:* = NOT. *See also* CANNY 1. **3.** (*With comparatives*) Ne . . . plus, ne . . . pas. *I am no taller, no richer, than he*, je ne suis pas plus grand, plus riche, que lui. *The patient is no better*, le malade ne va pas mieux. *See also* BETTER[1] 1. *He is* **no longer** *here*, il n'est plus ici. **No sooner** *had she opened it than . . .*, elle ne l'eut pas plus tôt ouvert que. . . . *See also* LESS 5 (*b*), MORE 5.

III. **no. 1.** *adv.* (*a*) Non. *Have you seen him?—No*, l'avez-vous vu?—Non. *No, no, you are mistaken!* mais non, mais non, vous vous trompez! **To say no,** (i) dire non; (ii) (*deny*) dire que non. *See also* SAY[2] 1. *My answer is No*, je réponds par la négative. (*b*) (*Introducing emphatic statement*) *One man could not lift it, no, not half a dozen*, un homme seul ne saurait le soulever, ni même six, pas même six. **2.** *s.* (*pl.* **noes**) Non *m inv.* **Not to take (a) no for an answer,** ne pas accepter de refus; ne pas admettre de refus. (*In voting*) **Ayes and noes,** votes *m*, voix *f*, pour et contre. *The noes have it*, les voix contre, les non, l'emportent; le vote est contre, la majorité est défavorable. *See also* AY(E)[1] 2.

'no-ball, *v.tr. Cr:* **To no-ball the bowler,** déclarer nulle la balle servie par le bôleur.

no-'load, *attrib.a. Ind: Mec.E:* (Marche *f*) à vide. *El.E: No-l. current*, courant *m* à vide. **No-load release,** (i) déclenchement *m* à vide; (ii) disjoncteur *m*, interrupteur *m*, à vide, à zéro.

no-'popery, *attrib. Hist:* **No-popery riots,** émeutes *f* anti-papistes.

no-'trumper, *s. Cards:* Jeu *m* de sans-atout.

Noachian [nou'eikiən], *a.* De Noé; du temps de Noé.

Noah ['nouə]. *Pr.n.m. B.Hist:* Noé. **Noah's ark,** l'arche *f* de Noé. *Bot:* **Noah's night-cap,** eschscholtzie *f* (de Californie).

nob[1] [nɔb], *s. P:* Tête *f*, boule *f*, caboche *f*. *Cards:* (*At cribbage*) **One for his nob,** point marqué par le joueur qui a le valet de la couleur retournée.

nob[2], *s. P:* Aristo *m*, type chic. **The nobs,** les rupins *m*.

nobble [nɔbl], *v.tr. P:* **1.** *Turf:* (i) Écloper (un cheval), (ii) donner une boulette à (un cheval) (avant la course). **2.** Soudoyer, acheter (qn, un journal). *To n. the votes of . . .*, capter les suffrages de. . . . **3.** Subtiliser, filouter (l'argent de qn). **4.** Pincer, choper, piger (un malfaiteur).

nobby ['nɔbi], *a. P:* Chic, élégant.

nobiliary [no'biljəri], *a.* Nobiliaire. **The nobiliary particle,** la particule nobiliaire.

nobility [no'biliti], *s.* **1.** Noblesse *f* (de rang, de cœur, etc.). **Patent of nobility,** lettres *fpl* d'anoblissement. **2.** *Coll.* Noblesse; (la classe des) nobles *m*. *The n. and gentry*, la haute et la petite noblesse. *The old n.*, la noblesse d'extraction; l'ancienne noblesse; la noblesse d'épée. *Vacuous* **sprigs of nobility,** noblaillons idiots.

noble [noubl]. **1.** *a.* (*a*) (Naissance *f*, personne *f*, etc.) noble. *His n. birth on his mother's side*, **sa haute naissance par sa mère.** *To be of n. birth*, être de grande naissance, de naissance noble; être noble de race. (*b*) (Sentiment, etc.) noble, sublime, relevé généreux, grand. *N. soul*, grande âme. (*c*) (*Of monument, proportions, etc.*) Superbe, admirable, grandiose. *To do things on a n. scale*, faire les choses en grand, faire grandement les choses. *A n. mountain*, une montagne altière, magnifique, imposante. *N. building*, édifice aux dimensions impressionnantes, empreint de grandeur. *F: Falstaff's n. paunch*, la panse généreuse de Falstaff. *N. wine*, grand vin. (*d*) (*Of metals, stones*) Noble, précieux. **2.** *s.* Noble *m*, aristocrate *m*, gentilhomme *m*, *pl.* gentilshommes. *A newly-created n.*, un anobli (de date récente). **-bly,** *adv.* **1.** Noblement, d'une manière noble. *N. born*, noble de naissance. **2.** Magnifiquement, superbement (proportionné, etc.); généreusement. *You did n.!* vous avez été magnifique!

'noble-'minded, *a.* (*Of pers.*) Magnanime, généreux; aux nobles sentiments; à l'âme noble, haute.

nobleman, *pl.* **-men** ['noublmən, -men], *s.m.* Noble; gentilhomme, *pl.* gentilshommes. *An English n.*, *F:* (*in Fr.*) un milord anglais.

noblemindedness [noubl'maindidnəs], *s.* Magnanimité *f*, générosité *f*; noblesse *f* d'âme; noblesse de sentiments.

nobleness ['noublnəs], *s.* **1.** Noblesse *f* (de naissance, etc.). **2.** (*a*) Noblesse, magnanimité *f*, générosité *f* (d'esprit, d'une action, etc.). *N. of mind*, grandeur *f* d'âme. (*b*) Proportions *f* superbes, admirables (d'une statue, d'un cheval, etc.); dimensions impressionnantes (d'un édifice, etc.).

noblewoman, *pl.* **-women** ['noublwumən, -wimen], *s.f.* (Femme) noble.

nobody ['noubodi]. **1.** *pron.* (*a*) Personne *m*, nul *m*, aucun *m* (*with* ne *expressed or understood*). *I spoke to n.*, je n'ai parlé à personne. *N. spoke to me*, personne ne m'a parlé. *Who is there?—Nobody*, qui est là?—Personne. *N. knows it*, personne, nul, ne le sait. *N. knows it better* (*than he*), il le sait mieux que personne. *N. is* *perfect*, nul n'est parfait. *N. is more expert at it than he is*, il s'y connaît comme personne, comme pas un. *There's n. killed*, il n'y a personne de mort. *There is n. better informed*, il n'y a personne de mieux renseigné. *N. was more surprised than I*, cela me surprit plus que personne. *Did n. among you notice anything?* personne de vous n'a rien remarqué? *N. is happier than I*, il n'y a personne de plus heureux que moi. *N. is in his place*, personne n'est à sa place. *N. could find their places*, personne n'arrivait à trouver sa place. *I shall marry my cousin or n.*, j'épouserai ma cousine ou personne. *There was* **nobody else** *on board*, personne (d')autre n'était à bord. *See also* ELSE 2, NEXT I. 2. *N. that was there heard anything*, aucun de ceux qui étaient là, personne parmi tous ceux qui étaient là, n'a rien entendu. **There was nobody there, nobody about,** il n'y avait pas âme qui vive; l'endroit était désert. *F: Who has gone and broken it?*—**Mr Nobody,** qui est-ce qui l'a cassé?—Monsieur Personne. (*b*) *F: I knew him when* **he was nobody,** j'ai été en relations avec lui alors qu'il était encore inconnu. *Before that success he was n.*, avant ce succès c'était un inconnu. **2.** *s.* (*Pers.*) (i) Nullité *f*, zéro *m*; personne *f* de rien (du tout); (ii) parvenu, -ue; *F:* homme d'hier. **A little nobody,** un petit rien du tout, une petite rien du tout. **A mere nobody,** un homme de rien; un rien du tout. *They are (mere) nobodies*, ce sont des gens *m* de rien. *To treat s.o. as a mere n.*, traiter qn comme le dernier venu. *A mere n. like you*, un paltoquet de votre espèce, de votre acabit. *There was a mere handful of nobodies, F:* il y avait là quatre pelés et un tondu; il y avait là trois teigneux et un pelé.

nock[1] [nɔk], *s.* Encoche *f*, coche *f* (d'une flèche, de l'arc).

nock[2], *v.tr.* **1.** Encocher (une flèche); tailler les coches (de l'arc). **2.** Ajuster (la flèche).

nock[3], *s. Nau:* Empointure *f* (d'une voile carrée).

noctambulant [nɔk'tambjulənt], *a.* **1.** Noctambule. **2.** Somnambule.

noctambulism [nɔk'tambjulizm], *s.* **1.** Noctambulisme *m.* **2.** Somnambulisme *m.*

noctambulist [nɔk'tambjulist], *s.* **1.** Noctambule *mf.* **2.** Somnambule *mf.*

noctambulous [nɔk'tambjuləs], *a.* = NOCTAMBULANT.

noctiflorous [nɔkti'flɔːrəs], *a. Bot:* Noctiflore.

noctiluca, *pl.* **-cae** [nɔkti'ljuːka, -siː], *s. Prot:* Noctiluque *f.*

noctua ['nɔktjua], **noctuid** ['nɔktjuid], *s. Ent:* Noctuelle *f.*

noctule ['nɔktjuːl], *s. Z:* **Noctule (bat),** noctule *f.*

nocturn ['nɔktəːrn], *s. R.C.Ch:* Nocturne *m.*

nocturnal [nɔk'təːrnəl]. **1.** *a.* Nocturne. **2.** *s.pl. Orn:* **Nocturnals,** nocturnes *m.*

nocturne ['nɔktəːrn], *s.* **1.** *Mus:* Nocturne *m.* **2.** *Art:* Effet *m* de nuit.

nocuous ['nɔkjuəs], *a.* Nocif, nuisible.

nod[1] [nɔd], *s.* Inclination *f* de la tête. **1.** (*a*) Signe *m* d'assentiment, signe de tête affirmatif. *To give a nod of assent*, donner, faire, un signe de consentement. *To answer with a nod*, répondre d'une inclination, d'un mouvement, de tête. *F:* **To get sth. on the nod,** avoir qch. à l'œil. (*b*) Signe de tête (impératif). **To be at s.o.'s nod; to be dependent upon s.o.'s nod,** être assujetti aux moindres caprices de qn. *To have s.o. at one's nod*, avoir qn à ses ordres. *To obey (s.o.) on the nod*, obéir (à qn) au doigt et à l'œil. *See also* WINK[1]. **2.** Signe de la tête (en guise de salut familier). *He gave me a nod*, il me fit un petit signe de la tête. **3.** Penchement *m* de tête (dû au sommeil). **The land of Nod,** le pays des rêves. *To go to the land of Nod*, s'assoupir; partir pour le pays des songes.

nod[2], *v.tr. & i.* (nodded; nodding) **1.** To nod (one's head), faire un signe de tête (de haut en bas); incliner la tête. **To nod to s.o.,** (i) faire un signe de tête à qn (en guise d'ordre ou pour exprimer son consentement); (ii) adresser de la tête un salut à qn; saluer qn d'une inclination de tête. **To nod assent, approval, to nod 'yes,'** faire signe que oui; faire un signe de consentement; consentir d'un signe de tête; opiner de la tête; *F:* opiner du bonnet. *I nodded to him and he opened another bottle*, sur mon signe affirmatif il déboucha encore une bouteille. **2.** Dodeliner (de) la tête; somnoler, sommeiller. *The old man's head was nodding*, le vieillard dodelinait de la tête. **Even Homer sometimes nods,** Homère lui-même sommeille quelquefois. *There is hardly an author but is caught nodding*, il n'y a guère d'auteur qui ne sommeille quelquefois, qui ne soit quelquefois sujet à des inadvertances. **3.** (*a*) (*Of plume, etc.*) Ballotter, danser. *Plumes nodding in the wind*, panaches agités par le vent. (*b*) (*Of tree, etc.*) Pencher. *Trees with heads nodding apart*, arbres à têtes inclinées chacune de leur côté. (*Of building, empire, etc.*) **To nod to its fall,** pencher vers sa ruine; menacer ruine.

nodding[1], *a.* **1.** (Vieillard *m*, etc.) à la tête dodelinante, branlante; (fleur *f*, panache *m*) qui se balance (au vent, etc.). *See also* MANDARIN[1] 1. **2.** (Édifice, etc.) chancelant, qui menace ruine. **3.** *Nat.Hist:* (*Of leaf, horn, etc.*) Penché, incliné.

nodding[2], *s.* **1.** Inclination *f* de tête. **To have a nodding acquaintance with s.o.,** connaître qn vaguement. *We have only a n. acquaintance*, nous nous saluons seulement. *F: To have a n. acquaintance with Greek*, avoir une légère teinture de grec. **2.** (*From drowsiness, old age*) Dodelinement *m* (de la tête). **3.** Balancement *m* (d'un panache, des fleurs, etc.).

nodal ['noud(ə)l], *a. Ph: Opt: etc:* Nodal, -aux. **Nodal points,** points nodaux.

noddle[1] [nɔdl], *s. P:* Tête *f*, boule *f*, caboche *f*, ciboulot *m*, citron *m*. **To get sth. into one's noddle,** (i) se mettre qch. dans la tête, dans la caboche; (ii) s'enticher (d'une idée).

noddle[2], *v.tr. P:* **To noddle one's head,** remuer continuellement la tête; branler la tête; dodeliner (de) la tête.

noddy ['nɔdi], *s.* **1.** *P:* = NINNY. **2.** *Orn:* Noddi *m*; oiseau fou.

node [noud], *s.* **1.** *Astr: Ph: Geom: etc:* Nœud *m*. *El: W.Tel:* **Potential node** (*in circuit, in aerial*), nœud de potentiel, de tension. **2.** (*a*) Nœud, nodosité *f* (d'un tronc d'arbre, etc.). (*b*) *Med:* Nodus *m*; nodosité (arthritique, etc.). *Bot:* Nœud, articulation *f*, bracelet *m* (des graminées).

nodose [no'dous], *a.* Noueux.

nodosity [no'dɔsiti], *s.* **1.** Nodosité *f*; état noueux. **2.** Nodosité, nœud *m*, renflement *m*, protubérance *f*.

nodular ['nɔdjulər], *a. Geol: Med: etc:* (Concrétion *f*, etc.) nodulaire.

nodule ['nɔdjuːl], *s.* **1.** (*a*) *Geol:* Nodule *m*, rognon *m*. **Flint nodule,** rognon de silex. *Miner: Phosphatic n.* (*in green sand*), coquin *m*. (*b*) *Cer:* Géode *f*, druse *f* (dans la porcelaine). **2.** *Med: Bot:* Nodule, petite nodosité.

noduled ['nɔdjuːld], *a.* Nodulaire, noduleux; couvert de nœuds.

nodulose [nɔdju'lous], **nodulous** ['nɔdjuləs], *a. Bot: Z: Geol:* Noduleux.

nodus, *pl.* **-i** ['noudəs, -ai], *s. Lit:* Nœud *m* (de la question); point *m* difficile.

Noël. **1.** *int.* [nou'el] = NOWEL[1]. **2.** *Pr.n.m.* ['nouəl] Noël.

noetic [no'etik]. **1.** *a.* (*Of truth, activity, etc.*) Intellectuel. **2.** *s.* (*Also* **noetics,** *s.pl.*) Science *f* de l'intellect, de l'intelligence.

nog[1] [nɔg], *s.* **1.** Cheville *f* de bois. **2.** (*On tree*) Chicot *m.* **3.** *pl. Min:* **Nogs,** soliveaux de soutènement (empilés à plat).

nog[2], *v.tr.* **1.** Cheviller (un joint, etc.). **2.** *Const: Min:* Hourder (une cloison, un mur).

nogged, *a.* (*Of wall, etc.*) Hourdé.

nogging, *s. Const:* Hourdage *m*, hourdis *m*; remplissage *m* (en briques).

'nogging-piece, *s.* Moise *f* (d'une cloison).

nog[3], *s.* Bière forte. *See also* EGG-NOG.

noggin ['nɔgin], *s.* **1.** (Petit) pot (en étain, etc.). **2.** *Meas:* Quart *m* de pinte; deux canons *m.*

nohow ['nouhau], *adv. F:* **1.** Aucunement, nullement, en aucune façon. **2.** *P:* (Être, se sentir, avoir l'air) mal à l'aise, mal en train; (*of thg*) dérangé, mal fait, mal entretenu. **I feel all nohow,** je ne me sens pas dans mon assiette, je suis tout patraque.

noil(s) [nɔil(z)], *s.* (*pl.*) *Tex:* Blousse *f.*

noise[1] [nɔiz], *s.* Bruit *m.* **1.** Tapage *m*, vacarme *m*, fracas *m.* *The n. of the traffic*, le tintamarre des rues. **To make a noise,** (i) faire du bruit, du vacarme, du tapage; (ii) *Farr:* (*of horse*) corner. *F:* **To make a noise in the world,** faire du bruit dans le monde; faire parler de soi. *To make a lot of n. about a novel*, faire du tintamarre autour d'un roman. (*To child, etc.*) *There's nothing to make a n. about*, il n'y a pas de quoi pleurer. *V:* **Hold your noise!** taisez-vous! tais-toi! *P:* **The big noise,** le grand manitou (de l'entreprise). *A big n.*, un gros bonnet; *P:* une grosse légume. **2.** Son *m.* *Tinkling n.*, tintement *m.* *Clicking n.*, cliquetis *m.* *Hammering n.*, bruit de marteau. *Buzzing n.*, bourdonnement *m*; *Tp: etc:* ronflement *m* ou friture *f*; *W.Tel:* bruit de fond. (*Of gramophone*) *Needle n.*, bruissement *m* de l'aiguille. *The n. of the bells*, le son des cloches. **To have noises in the ears,** avoir les oreilles qui vous cornent; avoir des bourdonnements d'oreilles.

noise[2], *v.tr.* **To noise sth. abroad,** ébruiter, divulguer, publier, *F:* corner (un scandale, une nouvelle, etc.); publier, crier, (qch.) sur les toits. *It was noised (abroad) on all sides that . . .*, le bruit se répandit, se répéta, de tous côtés que. . . . *This success was, got, noised abroad*, ce succès fut célébré à grand bruit.

noiseless ['nɔizləs], *a.* Sans bruit; (appareil, mouvement) silencieux. *With n. tread*, à pas feutrés. *Cin:* **Noiseless studio,** studio complètement sourd à l'intérieur; studio insonorisé. **-ly,** *adv.* Silencieusement, en silence; sans bruit, à petit bruit.

noiselessness ['nɔizləsnəs], *s.* Silence *m*; absence *f* de bruit. *N. of a machine*, marche silencieuse, silence *m* de fonctionnement, d'une machine.

noisily ['nɔizili], *adv. See* NOISY.

noisiness ['nɔizinəs], *s.* Caractère bruyant, caractère tapageur (de qn, qch.); turbulence *f* (des enfants, etc.). *The n. of the streets*, le tintamarre des rues.

noisome ['nɔisəm], *a.* **1.** *A:* (*Of plant, germ, etc.*) Nocif, nuisible. *See also* NOISY 1. **2.** (*Of smell, water, etc.*) Puant, fétide, infect, méphitique. **3.** *F: N. task*, tâche *f* désagréable, repoussante, répugnante.

noisomeness ['nɔisəmnəs], *s.* **1.** *A:* Nocivité *f* (d'une plante, etc.). **2.** Puanteur *f*, fétidité *f*, infection *f.* **3.** *F:* Caractère désagréable, répugnant (d'un travail).

noisy ['nɔizi], *a.* **1.** Bruyant, tapageur; (enfant) turbulent; (*of crowd, street*) tumultueux. (*Of pers.*) *To be n.*, faire du bruit, du tapage, du vacarme; *F:* faire le diable. *The street was very n.*, on faisait beaucoup de bruit dans la rue. *Jur:* **Premises for carrying on noisy, noxious or noisome trades,** établissements incommodes, ou insalubres et dangereux. **2.** (*Of colours, etc.*) Voyant, criard; (style) tapageur, boursouflé. **-ily,** *adv.* Bruyamment, tapageusement; avec grand bruit.

nolens volens ['noulenz'voulenz]. *Lt.phr.* Bon gré, mal gré; de gré ou de force.

Noll [nɔl]. *Pr.n.m. F:* (*Dim. of Oliver*) Olivier.

nolle prosequi ['nɔli'prɔsekwai]. *Lt.phr. Jur:* Minute *f* de désistement (des poursuites); abandon *m* de poursuites.

nomad ['nɔmad, 'nou-], *a. & s.* Nomade (*mf*).

nomadic [no'madik], *a.* Nomade.

nomadism ['nɔmadizm], *s.* Nomadisme *m.*

nomadize ['nɔmadaiz]. **1.** *v.tr.* Nomadiser. **2.** *v.i.* Vivre en nomade(s).

nomarch ['nɔmaːrk], *s.* Nomarque *m.*

nombril ['nɔmbril], *s. Her:* Nombril *m* (de l'écu).

nom de plume [nɔmdə'pluːm], *s.* Nom *m* de guerre; pseudonyme *m.*

nome [noum], *s. A.Hist:* Nome *m* (de l'Égypte).

nomenclator ['noumenkleitər], *s.* Nomenclateur *m.*

nomenclature ['noumenkleitjər], *s.* Nomenclature *f.*

nominal ['nɔmin(ə)l], *a.* **1.** Nominal, -aux. *N. authority*, autorité nominale. **To be the nominal head,** n'être chef que de nom. *N. value*, valeur nominale, fictive. *N. price*, prix fictif. *N. rent*, loyer *m* payable pour la forme; loyer insignifiant. *St.Exch:* **Nominal market,** marché presque nul. *See also* HORSE-POWER. **2.** *Mil: etc:* **Nominal roll,** contrôle nominatif, état nominatif. **-ally,** *adv.* **1.** Nominalement; de nom. *He is only n. head*, il n'est chef que de nom. **2.** Nommément, nominativement.

nominalism ['nɔminəlizm], *s. Phil:* Nominalisme *m*.

nominalist ['nɔminəlist], *s. Phil:* Nominaliste *m*.

nominate ['nɔmineit], *v.tr.* **1.** *Occ.* (*a*) Nommer (qn, qch.); désigner (qn, qch.) par son nom. (*b*) Fixer (un lieu de rendez-vous, une date, etc.). **2.** (*a*) Nommer, choisir, désigner (qn). **To nominate s.o. to, for, a post,** nommer qn à un emploi. (*b*) Proposer, présenter (un candidat).

nomination [nɔmi'neiʃ(ə)n], *s.* **1.** (*a*) Nomination *f* (de qn à un emploi, etc.). (*b*) Droit *m* de nommer qn à un poste, de désigner qn pour un poste. **2.** Présentation *f* (d'un candidat).

nominatival [nɔminə'taiv(ə)l], *a. Gram:* Nominatif.

nominative ['nɔminətiv]. **1.** *Gram:* (*a*) *a.* & *s.* Nominatif (*m*). **Noun in the nominative (case),** substantif *m* au nominatif, au cas sujet. **Nominative of address,** vocatif *m*. **Nominative absolute,** nominatif absolu. (*b*) *s.* Sujet *m* (de la phrase). **2.** *a.* (Fonctionnaire, candidat, membre) désigné, nommé. *The n. and elective members*, les membres désignés et les membres élus.

nominator ['nɔmineitər], *s.* Présentateur *m* (d'un candidat).

nominee [nɔmi'niː], *s.* **1.** (*For an annuity, etc.*) Personne dénommée. *Ecc: A:* (*For a living*) Nominataire *m*. **2.** (*For a post*) Personne nommée, désignée; candidat désigné, choisi.

nomogram ['nɔmogram], **nomograph** ['nɔmograf, -grɑːf], *s. Mth:* Abaque *m*, nomogramme *m*.

nomographer [nɔ'mɔgrəfər], *s.* Nomographe *m*.

nomographical [nomo'grafik(ə)l], *a. Mth:* Nomographique.

nomography [nɔ'mɔgrəfi], *s.* Nomographie *f*.

nomos ['nɔmɔs], *s.* = NOME.

non- [nɔn], *pref.* **1.** Non-. *Non-admission*, non-admission. *Non-combatant*, non-combattant. *Nonconformist*, non-conformiste. *Non-ego*, non-moi. *Non-execution*, non-exécution. *Non-existence*, non-existence. *Non-metallic*, non-métallique. *Non-payment*, non-payement. *Nonsuch*, nonpareil. *Non-unionist*, non-syndiqué. **2.** In-. *Non-ability*, incapacité. *Non-accomplishment*, inaccomplissement. *Non-compliance*, insoumission. *Non-execution*, inexécution. *Non-effective*, ineffectif. *Non-observance*, inobservation. *Non-reversible*, irréversible. **3.** Sans. *Non-alcoholic*, sans alcool. *Non-condensing*, sans condensation. *Non-stop*, sans arrêt. **4.** *Non-strenuous people*, les gens peu énergiques.

non-absorbent [nɔnab'sɔːrbənt], *a.* (Matériel *m*, etc.) non perméable.

non-abstainer [nɔnabs'teinər], *s.* Personne *f* qui n'est pas abstème, qui ne renonce pas aux boissons alcooliques.

non-acceptance [nɔnak'septəns], *s. Com: etc:* Non-acceptation *f*, inacceptation *f*, refus *m* d'acceptation (d'un effet, d'une traite). **Draft returned under protest for non-acceptance,** traite protestée faute d'acceptation.

non-access [nɔnak'ses], *s. Jur:* **To plead non-access,** plaider l'impossibilité légale de cohabitation (dans un déni de paternité).

non-accomplishment [nɔnə'kɔmpliʃmənt], *s.* Inaccomplissement *m*.

non-activity [nɔnak'tiviti], *s.* Non-activité *f*.

non-adjustable [nɔnə'dʒʌstəbl], **non-adjusting** [nɔnə'dʒʌstiŋ], *a.* Non réglable.

non-affiliated [nɔnə'filieitld], *a. Ind:* (Syndicat) non confédéré.

nonage ['nounedʒ], *s.* **1.** Minorité *f*. **To be still in one's nonage,** être encore mineur; n'avoir pas encore atteint sa majorité. **2.** *F:* Immaturité *f*, enfance *f* (d'une nation, etc.).

nonagenarian [nounadʒe'nɛəriən], *a.* & *s.* Nonagénaire (*mf*).

non-aggression [nɔnə'greʃ(ə)n], *s.* Non-agression *f*. **Non-aggression pact,** pacte *m* de non-agression.

non-alcoholic [nɔnalko'hɔlik], *a.* (*Of drinks*) Sans alcool; non alcoolique; non alcoolisé.

non-appearance [nɔnə'piːərəns], *s. Jur: etc:* Défaut *m* (de comparution); non-comparution *f*.

non-arcing [nɔn'ɑːrkiŋ], *a. El:* (Fusible *m*) anti-arc(s), brise-arcs *inv*.

non-arrival [nɔnə'raivəl], *s.* Non-arrivée *f*.

nonary ['nounəri]. *Mth:* **1.** *a.* (Système de numération) ayant neuf comme base. **2.** *s.* Groupe *m* de neuf.

non-attendance [nɔnə'tendəns], *s.* Absence *f*.

non-availability [nɔnəveilə'biliti], *s.* Non-disponibilité *f*.

non-available [nɔnə'veiləbl], *a.* Non-disponible.

non-beneficed [nɔn'benefist], *a.* (Prêtre) habitué.

non-caking [nɔn'keikiŋ], *a.* (Charbon) non-collant, maigre, sec.

nonce [nɔns], *s.* *Used only in the phr.* **For the nonce,** pour la circonstance; pour l'occasion, pour le coup.

'**nonce-word,** *s.* Mot créé, forgé, pour l'occasion; mot de circonstance.

nonchalance ['nɔnʃələns], *s.* Nonchalance *f*, indifférence *f*.

nonchalant ['nɔnʃələnt], *a.* Nonchalant; indifférent. **-ly,** *adv.* Nonchalamment; avec nonchalance; d'un air négligent ou indifférent.

non-claim ['nɔn'kleim], *s. Jur:* Défaut *m* de porter plainte dans les délais.

non-clashing [nɔn'klaʃiŋ], *a. Aut: etc:* (Boîte *f* de vitesses, etc.) à emprises silencieuses.

non-clogging [nɔn'klɔgiŋ], *a.* **1.** (Ajutage *m*, etc.) imbouchable. **2.** (Huile *f*) qui n'encrasse pas.

non-collegiate [nɔnkɔ'liːdʒiet]. **1.** *a.* & *s.* (Étudiant, -ante, d'Université) n'appartenant à aucun collège. **2.** *a.* (Université) qui n'est pas divisée en collèges.

non-com. ['nɔn'kɔm], *s. Mil: F:* (= *non-commissioned officer*) Sous-officier *m*; gradé *m*; *F:* sous-off *m*, *pl.* sous-offs.

non-combatant [nɔn'kʌmbətənt], *a.* & *s. Mil:* Non-combattant (*m*), *pl.* non-combattants.

non-commissioned [nɔnko'miʃ(ə)nd], *a. Mil:* Sans brevet. **Non-commissioned officer,** sous-officier *m*; gradé *m*.

non-committal [nɔnko'mit(ə)l], *a.* (*Of answer, etc.*) Qui n'engage à rien; diplomatique, *F:* normand. *To be n.-c.* (*in answering, etc.*), observer une sage, une prudente, réserve; être très réservé. *I'll be quite n.-c.*, je ne m'engagerai à rien.

non-communicant [nɔnko'mjuːnikənt], *s. Ecc:* Non-communiant, -ante.

non-completion [nɔnkəm'pliːʃ(ə)n], *s.* Non-achèvement *m* (d'un travail); non-exécution *f* (d'un contrat).

non-compliance [nɔnkəm'plaiəns], *s.* Refus *m* (de consentement). **Non-compliance with an order,** résistance *f*, refus d'obéissance, à un ordre.

non compos mentis ['nɔn'kɔmpɔs'mentis]. *Lt.phr.* Aliéné, fou.

non-compressible [nɔncom'presibl], *a.* Incompressible.

non-concur [nɔnkɔn'kəːr], *v.tr.* & *ind.tr.* *U.S:* **To non-concur (in, with) an amendment,** rejeter un amendement.

non-condensing [nɔnkon'densiŋ], *a. Mch:* (Machine *f*) sans condensation, à échappement libre.

non-conductibility [nɔnkondʌkti'biliti], *s. Ph:* Défaut *m* de conductibilité; mauvaise conductibilité.

non-conducting [nɔnkon'dʌktiŋ], **non-conductive** [nɔnkon'dʌktiv], *a. Ph:* Non-conducteur, -trice; mauvais conducteur; (*with regard to heat*) calorifuge; (*with regard to electricity*) inconducteur, isolant, diélectrique.

non-conductor [nɔnkon'dʌktər], *s. Ph:* Non-conducteur *m*, mauvais conducteur; (*of heat*) calorifuge *m*; (*of electricity*) isolant *m*, inconducteur *m*.

nonconformist [nɔnkon'fɔːrmist], *s.* & *a. Ecc:* Non-conformiste (*mf*); dissident, -ente.

nonconformity [nɔnkon'fɔːrmiti], *s. Ecc:* Non-conformité *f*.

non-consent [nɔnkon'sent], *s.* Refus *m* (de consentement).

non-content ['nɔnkontent], *s. Parl:* Voix *f* contre (à la Chambre des Lords).

non-contributory [nɔnkon'tribjutəri], *a.* (Caisse *f* de retraite, etc.) sans versements de la part des bénéficiaires.

non-cooperation [nɔnkouɔpə'reiʃ(ə)n], *s. Pol: etc:* Refus *m* de coopération.

non-corrodible [nɔnko'roudibl], *a.* Inoxydable.

non-dazzle [nɔn'dazl], *a. Aut:* **Non-dazzle head-light,** phare-code *m*, *pl.* phares-code.

non-delivery [nɔndi'livəri], *s.* Non-livraison *f*; défaut *m* de livraison; non-réception *f* (de marchandises, etc.); non-remise *f* (de lettres).

nondescript ['nɔndiskript], *a.* & *s.* (Personne *f*, chose *f*) indéfinissable, inclassable, difficile à décrire ou à classer. *N. costume*, costume *m* hétéroclite.

non-detachable [nɔndi'tatʃəbl], *a.* Non démontable; (pièce *f*) inamovible.

non-disclosure [nɔndis'klouʒər], *s. Jur:* Réticence *f*.

none [nʌn]. **1.** *pron.* (*With sg. or now often pl. verb*) (*a*) Aucun. *N. of them is, are, known to us*, nous n'en connaissons aucun. *N. of you can tell me . . .*, personne d'entre vous, aucun d'entre vous, ne peut me dire. . . . *Those weaknesses from which n. of us are free*, ces faiblesses *f* dont aucun de nous n'est exempt. *N. of the young ladies has, have, gone out*, personne parmi ces demoiselles n'est sortie. **None of this** *concerns me*, rien de ceci ne me regarde. *I want n. of these things*, je ne veux aucune de ces choses. *No news to-day?*—**None,** pas de nouvelles aujourd'hui?—Aucune(s). *Strawberries!* **there are none,** des fraises! il n'y en a pas. **None at all,** pas un seul, pas une seule. *Any occupation is better than n. at all*, une occupation quelle qu'elle soit est préférable à pas d'occupation du tout. *For this reason,* **if for none other,** *I wish to . . .*, pour cette raison, à défaut d'une autre, je voudrais. . . . **I will have none of it!** je ne veux pas en entendre parler! **None of your impudence!** pas d'insolences de votre part! **None of that!** *F:* pas de ça! **He is none of the richest,** il n'est pas des plus riches. *He is n. of my friends*, il n'est pas de mes amis. *His nature is n. of the calmest*, sa nature n'est pas des plus calmes. *He is n. of your rabid radicals*, ce n'est pas un de ces radicaux à tous crins. **I sought peace and found none,** j'ai cherché la paix et ne l'ai pas trouvée. (*b*) Personne, nul. **None can tell,** personne ne le sait; nul ne le sait. *N. had ever asked her that before*, personne ne lui avait encore jamais fait cette question. *He is aware,* **none better,** *that . . .*, il sait mieux que personne que. . . . **None but he** *knew of it*, lui seul le savait, nul que lui ne le savait. *I have told n. but you*, je n'en ai parlé à personne d'autre que vous. *N. but a woman could have written 'Cranford,'* seule une femme pouvait écrire "Cranford." *N. but a fool would do such a thing*, il n'y a qu'un imbécile pour faire une chose pareille. *The visitor was* **none other than** *the king*, le visiteur n'était autre que le roi. *See also* BUSINESS 1, GAME[1] 1, SECOND[2] I. 1. (*c*) *Adm:* (*In schedules, etc.*) **'None,'** "néant." **2.** *a.* (*Now only used separated from the noun*) **Money I had none,** de l'argent, d'argent, je n'en avais pas, point. *Sounds there were n., save the barking of a dog*, de sons aucun, sauf les aboiements d'un chien. *Direct communication between these towns there is n.*, entre ces villes, aucune communication directe. *Village there was n.*, de village point. **Disciplinarian I am none,** disciplinaire, je ne le suis pas du tout. **3.** *adv.* (*a*) **He is none the happier for his wealth,** ce n'est pas sa richesse qui le rend plus heureux; pour être riche, il n'en est pas plus heureux. **I like him none the better, none the worse, for that,** je ne l'en aime pas mieux, pas moins. *See also* LESS 4, WISE[1] 2, WORSE 1. (*b*) **He was none too soon,** il arriva juste à temps; il était temps qu'il arrive. *The pay is n. too high*, le salaire n'est pas énorme. *They love each other n. too well*, ils ne sont pas fort épris l'un de l'autre. *It was n. too warm*, il ne faisait pas chaud. *The evening passed n. too gaily*, la soirée fut peu gaie. *His position is n. too secure*, sa position n'est rien moins qu'assurée. *He was n. too amiable*, none so amiable, il ne s'est pas montré trop aimable; il a manqué d'amabilité. *It's n. so easy*, ça n'est pas si facile que ça. (c) *U.S*: I slept none *last night*, je n'ai pas fermé l'œil de la nuit. *We have progressed n. since Plato*, depuis Platon, nous n'avons pas fait de progrès, nous n'avons pas fait un pas en avant.

non-effective [nɔne'fektiv], 1. *a.* Ineffectif. 2. *a.* & *s.* *Mil: Nav:* (Officier *m*, etc.) en non-activité; (homme *m*) non-valide.

non-ego [nɔn'ego], *s.* *Phil:* Non-moi *m*.

non-elective [nɔni'lektiv], *a.* *Pol:* (Chambre) non élective.

non-encrusting [nɔnin'krʌstiŋ], *a.* (Zinc) non incrustant.

nonentity [nɔn'entiti], *s.* 1. Non-être *m*, non-existence *f*, néant *m*. 2. (*a*) Personne insignifiante, de peu d'importance; mince personnage *m*; non-valeur *f*; nullité *f*. (*b*) *Th: F:* Panne *f*.

nones [nounz], *s.pl.* 1. *Rom.Ant:* Nones *f*. 2. *Ecc:* None.

non-essential [nɔne'senʃ(ə)l], *a.* = UNESSENTIAL.

nonesuch ['nʌnsʌtʃ], *a.* & *s.* = NONSUCH.

nonet [nou'net], *s.* *Mus:* Nonetto *m*.

non-Euclidean [nɔnju'klidiən], *a.* *Geom:* Non-euclidien; qui ne ressortit pas à la géométrie classique.

non-existence [nɔneg'zistəns], *s.* Non-existence *f*, non-être *m*; néant *m*.

non-existent [nɔneg'zistənt], *a.* Non-existant; inexistant. *Almost n.-e. capital*, capitaux presque nuls.

non-explosive [nɔneks'plousiv], *a.* Inexplosible.

non-fading [nɔn'feidiŋ], *a.* (*Of colour*) Résistant à la lumière, au soleil; bon teint.

non-feasance [nɔn'fiːzəns], *s.* *Jur:* Délit *m* par abstention.

non-filter [nɔn'filtər], *attrib.a.* *Phot:* Non-filter plate, plaque *f* orthochromatique à écran adhérent.

non-flam ['nɔnflam], *a.* (Film *m*, etc.) ininflammable.

non-fogging [nɔn'fɔgiŋ], *a.* *Phot:* (Plaque *f*) anti-voile.

non-formation [nɔnfɔːr'meiʃ(ə)n], *s.* *Bot:* Avortement *m* (d'une fleur, etc.).

non-fouling [nɔn'fauliŋ], *a.* *Ind: etc:* Inencrassable.

non-freezing [nɔn'friːziŋ], *a.* Incongelable. *See also* GRAPHITE.

non-fulfilment [nɔnful'filmənt], *s.* Non-exécution *f*, inexécution *f* (d'un contrat, etc.).

non-fusibility [nɔnfjuːzi'biliti], *s.* Infusibilité *f*.

non-greasy [nɔn'griːzi, -si], *a.* (Onguent, etc.) qui ne laisse pas de traces grasses, qui ne graisse pas.

non-halation [nɔnha'leiʃ(ə)n], *attrib.a.* *Phot:* Non-halation plates, plaques *f* antihalo.

nonic ['nɔnik], *a.* *Mth:* Courbe *f* du neuvième degré.

non-inflammable [nɔnin'flaməbl], *a.* Ininflammable, ignifuge.

non-interference [nɔnintər'fiːərəns], **non-intervention** [nɔnintər'venʃ(ə)n], *s.* *Pol: etc:* Non-intervention *f*; laisser-faire *m*; non-ingérence *f*.

non-joinder [nɔn'dʒɔindər], *s.* *Jur:* Fait de ne pas mettre en cause une personne qui aurait dû être partie à une instance.

non-juring [nɔn'dʒuəriŋ], *a.* *Hist:* (Prêtre) insermenté, inassermenté, non assermenté, non-jureur (en 1689).

non-juror [nɔn'dʒuərər], *s.* *Hist:* Prêtre insermenté, inassermenté (en 1689); non-jureur *m*.

non-jury [nɔn'dʒuəri], *a.* & *s.* *Jur:* Non-jury (case, action), procès dans lequel la présence du jury n'est pas requise.

non-ladder [nɔn'ladər], *attrib.a.* (Bas *m*) indémaillable.

non-member [nɔn'membər], *s.* (*At club, etc.*) Invité, -ée. Open to non-members, ouvert au public.

non-metal [nɔn'met(ə)l], *s.* *Ch:* Métalloïde *m*.

non-metallic [nɔnme'talik], *a.* Non-métallique; *Ch:* métalloïdique.

non-migrant [nɔn'maigrənt], **non-migratory** [nɔn'maigrətəri], *a.* *Orn:* (Oiseau *m*) sédentaire.

non-mobile [nɔn'moubail], *a.* *Mil:* Non-mobile troops, troupes *f* sédentaires.

non-moral [nɔn'mɔrəl], *a.* Amoral, -aux.

non-negotiable [nɔnne'gouʃiəbl], *a.* (Billet *m*, etc.) non-négociable.

non-observance [nɔnob'zəːrvəns], *s.* Inobservance *f* (des lois, du carême, etc.).

non-official [nɔno'fiʃəl], *a.* Qui n'est pas revêtu du caractère officiel. Non-official report, rapport officieux. *Non-o. hours*, heures *f* (de travail) supplémentaires.

non-oxidizing [nɔn'ɔksidaiziŋ], *a.* Inoxydable.

nonpareil [nɔnpa'rel]. 1. (*a*) *a.* Nonpareil; sans égal; incomparable. (*b*) *s.* Personne sans pareille; chose sans pareille. 2. *s.* (*a*) *Typ:* Nonpareille *f*; corps *m* six. (*b*) (*Apple, comfit*) Nonpareille. (*c*) *Orn:* Nonpareil *m*.

non-participating [nɔnpɑːr'tisipeitiŋ], *a.* *Ins:* (Police *f*) sans participation aux bénéfices.

non-payment [nɔn'peimənt], *s.* Non-payement *m*; défaut *m*, faute *f*, de payement (d'un effet de commerce, etc.).

non-performance [nɔnpər'fɔːrməns], *s.* Non-exécution *f*, inexécution *f* (d'un contrat, d'une obligation, etc.). *See also* PENALTY 1.

non-pitting [nɔn'pitiŋ], *a.* (*Of metal, I.C.E: of valves*) Ne se piquant pas.

nonplus[1] ['nɔnplʌs], *s.* Embarras *m*, perplexité *f*. *Esp. in the phr.* To be at a nonplus, être réduit à quia; ne savoir que faire. To bring, reduce, s.o. to a nonplus, réduire, mettre, qn à quia.

nonplus[2], *v.tr.* (nonplussed; nonplussing) Embarrasser, confondre, interdire, interloquer (qn); mettre, réduire, (qn) à quia. *Nothing ever nonplussed her*, elle n'était jamais embarrassée par rien. *This question nonplussed the candidates*, cette question a dérouté les candidats. To be nonplussed, être désemparé. *I was absolutely nonplussed*, je ne savais plus que penser.

non-profit [nɔn'prɔfit], *attrib.a.* (Association) sans but lucratif.

non-provided [nɔnpro'vaidid], *a.* *Adm:* Non-provided school, école primaire libre (mais subventionnée).

non-puncturable [nɔn'pʌŋktjərəbl], *a.* = PUNCTURE-PROOF.

non-recurring [nɔnri'kʌriŋ, -kəːr-], *a.* Non-recurring expenditure, frais *m*, dépenses *f*, extraordinaires.

non-removable [nɔnri'muːvəbl], *a.* Inamovible.

non-residence [nɔn'rezidəns], *s.* 1. Non-résidence *f* (d'un prêtre, d'un propriétaire). 2. *Sch: etc:* Externat *m* (d'un étudiant, etc.).

non-resident [nɔn'rezidənt], *a.* & *s.* 1. (*a*) (*Of priest, etc.*) Non-résident (*m*). *The canons were n.-r.*, les chanoines ne résidaient pas. (*b*) *Non-r. landowner*, propriétaire forain. 2. *Sch: etc:* Externe (*mf*). *Non-r. medical officer*, externe (des hôpitaux).

non-resistance [nɔnre'zistəns], *s.* *Hist:* Obéissance passive.

non-return [nɔnri'təːrn], *attrib.a.* Non-return handle, manivelle *f* à retour empêché. Non-return valve, clapet *m* de retenue, de non-retour.

non-reversible [nɔnri'vəːrsibl], *a.* *Mec.E:* (Mouvement *m*) irréversible.

non-rigid [nɔn'ridʒid], *a.* *Aer:* (Dirigeable *m*) souple, non rigide.

non-ripping [nɔn'ripiŋ], *a.* (Couture *f*) indécousable.

nonsense ['nɔnsəns], *s.* 1. Non-sens *m*. 2. Absurdité *f*, déraison *f*. A piece of nonsense, une bêtise, une absurdité, une extravagance, une ânerie, une ineptie. To talk nonsense, déraisonner; dire des bêtises, des sottises, des absurdités, des imbécillités, des inepties, des balivernes; divaguer, radoter; raconter des âneries; *A:* raconter des sornettes. *Why do you talk such n.?* pourquoi dire des bêtises comme ça? *He talked a lot of wild n.*, il a dévidé un tas d'extravagances. This passage makes nonsense, ce passage est inintelligible. To make sense out of nonsense, donner un sens à l'inintelligible. *Who ever heard of such n.!* a-t-on jamais entendu la pareille! That's all nonsense! tout ça c'est de la balançoire! *See also* STUFF[1] 1. *His n. suits my n.*, ses idées biscornues s'accordent avec les miennes. Nonsense! quelle bêtise! pas possible! allons donc! à d'autres! bah! quelle blague! taisez-vous donc! vous me faites rire! avec ça! *It is n. to think that* . . ., c'est absurde de penser que. . . . He will stand no nonsense, he won't stand any nonsense, il n'est pas d'humeur facile; il ne permet pas qu'on prenne des libertés avec lui; il ne permet pas de bêtises. *He won't stand any n. about it*, il ne plaisante pas là-dessus. That will take, knock, the nonsense out of him! voilà qui l'assagira! cela lui fera passer ses lubies! cela le ramènera à la raison! Now, no nonsense! allons, pas de bêtises! pas d'enfantillage! Nonsense verses, vers *m* amphigouriques. Nonsense rhyme, cliquette *f*.

nonsensical [nɔn'sensik(ə)l], *a.* 1. (*Of speech, reason, etc.*) Absurde; qui n'a pas de sens, qui n'a pas le sens commun. 2. *Don't be n.!* ne soyez pas si sot, si bête! ne dites pas de bêtises, d'absurdités. **-ally**, *adv.* Absurdement; contre le bon sens; contre le sens commun.

non-sequence [nɔn'siːkwəns], *s.* Lacune *f*.

non-sinkable [nɔn'siŋkəbl], *a.* (Canot de sauvetage) insubmersible.

non-skid(ding) [nɔn'skid(iŋ)], **non-slipping** [nɔn'slipiŋ], *attrib.a.* *Aut: etc:* (Bandage) antidérapant.

non-smoker [nɔn'smoukər], *s.* 1. (*Pers.*) I am a non-smoker, je ne suis pas fumeur; je ne fume pas. 2. *Rail:* Compartiment dans lequel il est défendu de fumer.

non-stop [nɔn'stɔp]. 1. *Attrib.a.* Non-stop train, train faisant le trajet sans arrêt; train direct. Non-stop journey, trajet sans arrêt. *Av:* Non-stop flight, vol *m* sans escale. *F: Run over by a non-stop car*, écrasé par une auto qui a pris la fuite. *Cin:* Non-stop performance, spectacle permanent. 2. *adv.* Sans arrêt. *To fly to the Cape non-stop*, voler jusqu'au Cap sans escale.

non-stretching [nɔn'stretʃiŋ], *a.* (Courroie *f*, etc.) inextensible.

non-success [nɔnsʌk'ses], *s.* Non-succès *m*, insuccès *m*, non-réussite *f*.

nonsuch ['nʌnsʌtʃ]. 1. *a.* & *s.* = NONPAREIL 1. 2. *s.* (*a*) *Bot:* (Black) nonsuch, lupuline *f*; petit trèfle jaune; triolet *m*; minette (dorée). (*b*) Nonsuch apple, nonpareille *f*.

nonsuit[1] ['nɔnsjuːt], *s.* *Jur:* 1. *A:* Désistement *m* d'instance. 2. Débouté *m*, déboutement *m*; ordonnance *f* de non-lieu. To direct a nonsuit, rendre une ordonnance de non-lieu.

nonsuit[2], *v.tr.* Débouter (un plaideur) (de son appel); renvoyer (qn) de sa demande, des fins de sa plainte; mettre (qn) hors de cour. To be nonsuited, être débouté de sa demande; être déclaré irrecevable en son action.

non-transferable [nɔn'trɑːnsfərəbl], *a.* (Billet, etc.) personnel.

non-union [nɔn'juːnjən], *attrib.* (Ouvrier) non-syndiqué.

non-unionist [nɔn'juːnjənist], *s.* Non-syndiqué(e); *F:* jaune *mf*.

non-usage [nɔn'juːzedʒ], **non-user** [nɔn'juːzər], *s.* *Jur:* Non-usage *m*. *See also* BASEMENT 1.

non-valid [nɔn'valid], *a.* *Alg:* Non-valid solution *of a problem*, solution étrangère d'un problème.

non-viability [nɔnvaiə'biliti], *s.* *Med:* Non-viabilité *f* (d'un enfant nouveau-né).

non-viable [nɔn'vaiəbl], *a.* *Med:* (Enfant *m*) non-viable.

non-wasting [nɔn'weistiŋ], *a.* *Pol.Ec:* (Actif *m*) indéfectible.

nonyl ['nɔnil], *s.* *Ch:* Nonyle *m*.

noodle [nuːdl], *s.* Bêta, -asse; niais, -aise, nigaud, -aude; benêt *m*; *P:* cornichon *m*, nouille *f*.

noodles [nuːdlz], *s.pl.* *Cu:* Nouilles *f*; (*small*) nouillettes *f*.

nook [nuːk], *s.* (*a*) Coin *m*, recoin *m*. *A peaceful n. in the country*, un coin paisible à la campagne. Nooks and corners, coins et recoins. (*b*) Renfoncement *m* (dans une salle). *See also* INGLE-NOOK.

noon [nuːn], *s.* Midi *m*. *To arrive about n.*, arriver sur le midi, *F:* sur les midi. *The sun at n.*, le soleil de midi. *Shadow at n.*, ombre méridienne. At the height of noon, au milieu du jour.

noonday ['nuːndei], **noontide** ['nuːntaid], *s.* Midi *m*; plein jour.

The noonday sun, noontide sun, le soleil de midi. *F: He was at the n. of his prosperity,* il était à l'apogée *m* de sa prospérité.

noose[1] [nu:s], *s.* (*a*) Nœud coulant; (*for catching hares, etc.*) lacet *m*, lacs *m*, collet *m*. **Running noose,** nœud coulant. *F:* **To be caught in a noose,** être pris dans un piège; être pris au piège. (*b*) **Hangman's noose,** corde *f* (de potence); *F:* cravate *f* de chanvre. *F:* **To put one's head in the (marriage) noose,** se passer la corde au cou. (*c*) Lasso *m*.

noose[2], *v.tr.* **1.** Faire un nœud coulant à (une corde). **To noose a rope round s.o.'s neck,** mettre la corde au cou de qn. **2.** (*a*) Prendre (un lièvre, etc.) au lacet, au collet, dans un lacs. (*b*) Attraper (une bête) au lasso.

nopal ['noup(ə)l], *s. Bot:* Nopal *m, pl.* -als; cochenillier *m*; *F:* raquette *f*, semelle *f* du pape.

nopalry ['noupəlri], *s. Hort:* Nopalerie *f* (pour l'éducation de la cochenille).

nope [noup], *adv. U.S: P:* (= *no*) Non.

nor[1] [nɔ:r, nɔr], *conj.* **1.** (*Continuing the force of a negative*) (Ne, ni . . .) ni. *He has* **neither** *father* **nor** *mother, he has no mother nor father,* il n'a père ni mère, il n'a pas de père ni de mère. *Neither you nor I know,* ni vous ni moi ne le savons; je n'en sais rien, ni vous non plus. *Not a man, woman nor child could be seen,* on ne voyait ni homme ni femme ni enfant. *He shall not go* **nor you either,** il n'ira pas, ni vous non plus. *I have never known him nor seen him,* je ne l'ai jamais connu ni vu. *He sticks at no act of treachery, nor at any act of cruelty,* il ne recule devant aucune perfidie, comme devant aucune cruauté. **2.** (*And not*) (*a*) *I do not know, nor can I guess,* je n'en sais rien et je ne peux pas le deviner. *I will not apologize, nor do I admit that I am wrong,* je ne ferai pas d'excuses, et je n'admets pas davantage que j'aie tort. *He had promised not to interfere, nor did he,* il avait promis de ne pas intervenir et il tint sa promesse. *Nor does it seem that . . .,* il ne semble pas davantage que . . ., il ne semble pas non plus que . . ., d'ailleurs il ne semble pas que. . . . *Nor was this all . . .,* et ce n'était pas tout. . . . *Nor had I forgotten the wine,* je n'avais pas non plus oublié le vin. *Nor had I ever thought of it,* jamais non plus je n'y avais songé. (*b*) *A. & Lit:* (*With no other negative expressed*) **Nor** *thou* **nor** *I have made the world,* ni toi ni moi n'avons créé la terre.

nor[2], *conj. Dial:* (*Esp.Scot.*) = THAN. *He works better nor you,* il travaille mieux que vous.

nor' [nɔ:r], *s. & a. Nau:* = NORTH. **Nor'east, nor'west,** *etc., see* NORTH-EAST, NORTH-WEST, *etc.*

Nora(h) ['nɔ:ra]. *Pr.n.f.* Éléonore.

Nordic ['nɔ:rdik], *a. Ethn:* Nordique, scandinave.

Norfolk ['nɔ:rfək]. *Pr.n. Geog:* (Le comté de) Norfolk *m*. **Norfolk jacket,** veston *m* Norfolk. *F:* **Norfolk dumpling,** habitant *m* du Norfolk. **Norfolk capon,** hareng saur. *See also* PLOVER 1.

noria ['nɔ:ria], *s. Hyd.E:* Noria *f*; (pompe *f* à) chapelet *m*; patenôtre *f*.

norland ['nɔ:rlənd], *s.* Les régions *f* du nord.

norlander ['nɔ:rləndər], *s.* = NORTHERNER 1.

norm [nɔ:rm], *s.* Norme *f*. *According to the n.,* selon la norme; normal, -aux.

normal ['nɔ:rm(ə)l]. **1.** *a.* (*a*) *Geom:* (*Of line, etc.*) Normal, -aux, perpendiculaire (*to*, à). (*b*) Normal, de régime, régulier, ordinaire. *N. person,* personne normale, ordinaire, saine de corps et d'esprit. *Outside n. experience,* qui échappe à la norme. *N. working, n. running* (*of engine, etc.*), régime *m*. *N. speed,* vitesse *f* de régime. *N. bed of a river,* lit mineur d'une rivière. *El: N. current,* courant *m* de régime. *Med: N. temperature,* température moyenne, normale. (*c*) *Ch:* (*Of solution, etc.*) Normal, titré. **Normal salt,** sel *m* neutre. (*d*) *Sch:* **Normal school,** école normale. **2.** *s.* (*a*) *Geom:* Normale *f*, perpendiculaire *f*. (*b*) Condition normale. *The office was not at its n.,* le bureau n'était pas dans son état normal. *Med: Temperature* **above the normal,** température au-dessus de la normale. **-ally,** *adv.* Normalement.

normalcy ['nɔ:rməlsi], *s. U.S:* Normalité *f*.

normality [nɔ:r'maliti], *s.* Normalité *f*.

normalization [nɔ:rməlai'zeiʃ(ə)n], *s.* Normalisation *f*.

normalize ['nɔ:rməla:iz], *v.tr.* Rendre (un état, etc.) normal; normaliser; régulariser.

Norman ['nɔ:rmən], *a. & s.* Normand, -ande. **Norman architecture,** (i) l'architecture normande; (ii) l'architecture romane (anglaise). *Hist:* **The Norman Conquest,** la conquête de l'Angleterre par les Normands; la conquête normande. **Norman French,** le français des Normands de la Conquête (dont il reste quelques survivances dans la langue du Palais).

Normandy ['nɔ:rməndi]. *Pr.n. Geog:* La Normandie.

normanesque [nɔ:rmə'nesk], *a. Arch:* D'après le style normand; roman.

normative ['nɔ:rmətiv], *a.* Normatif.

Norn [nɔ:rn]. *Pr.n.f. Myth:* Norne.

Norroy ['nɔrɔi], *s. Her:* Norroy *m* (roi d'armes ayant juridiction au nord de la rivière Trent).

Norse [nɔ:rs]. **1.** *a.* (*a*) Norvégien. *See also* ARCH[1] 1. (*b*) *Hist:* Nordique, nor(r)ois. **2.** *s. Ling:* (*a*) Les langues *f* nordiques, scandinaves; *esp.* le norvégien. (*b*) **Old Norse,** le nordique primitif; le vieux norrois.

Norseland ['nɔ:rslənd]. *Pr.n. Geog: Hist:* La Norvège.

Norseman, *pl.* **-men** ['nɔ:rsmən, -men], *s. Hist:* Norvégien *m*.

north [nɔ:rθ]. **1.** *s.* (*a*) Nord *m*. *True n.,* nord géographique, vrai. **Magnetic north,** nord magnétique; pôle *m* magnétique. *House facing (the) n.,* maison exposée au nord. *To look to the n.,* regarder vers le nord. **On the north, to the north (of),** au nord (de). *Bounded on the n. by . . .,* borné au nord par. . . . *To the n. the hotel overlooks the lake,* du côté du nord l'hôtel a vue sur le lac. (*Of wind*) **To veer (to the) north,** (a)nordir; tourner au nord. *The wind is in the n.,* le vent est au nord. (*b*) **To live in the north of England,** demeurer dans le nord de l'Angleterre. (*c*) *U.S: Hist:* **The North,** les États *m* du nord (des États-Unis); les États anti-esclavagistes. **2.** *adv.* Au nord. **To travel north,** voyager vers le nord. *Scotland lies n. of England,* l'Écosse est située au nord de l'Angleterre. **The wind blows north,** le vent vient, souffle, du nord; le vent est (du) nord. *Nau:* **To sail due north,** aller droit vers le nord; avoir le cap au nord; faire du nord. **North by east,** nord-quart-nord-est. **North by west,** nord-quart-nord-ouest. **3.** *a.* Nord *inv*; septentrional, -aux; (pays *m*) du nord; (mur *m*, fenêtre *f*) exposé(e) au nord. **North aspect,** exposition *f* au nord. *Studio with a* **north light,** atelier *m* qui reçoit la lumière du nord. *On the n. side,* du côté nord. **The north wind,** le vent du nord, *Lit. & Poet:* la bise. **North coast,** côte *f* nord. **North Britain,** l'Écosse *f*. **North Briton,** Écossais, -aise. *Arch:* **North transept** (*of church*), transept septentrional. *See also* AMERICA, LATITUDE 2, STAR[1] 1.

North A'merican. *Geog:* **1.** *a.* De l'Amérique du Nord. **2.** *s.* Américain, -aine du Nord.

'north-bound, *a.* (Train *m*, etc.) allant vers le nord; (*on underground*) en direction de la banlieue nord.

'North 'Cape (the), *s. Geog:* Le Cap Nord.

'North 'Country (the), *s.* L'Angleterre du nord. **A 'North-country maid,** une jeune fille du nord.

North 'countryman, *pl.* **-men,** *s.* Homme *m* du nord (de l'Angleterre).

north-'east, *Nau:* **nor''east.** **1.** *s.* Nord-est *m*; *Nau:* nordé *m*. (*Of wind*) *To veer to the n.-e.,* tourner au nord-est; *Nau:* nordester. **2.** *a.* (Du) nord-est *inv. See also* PASSAGE[1] 2. **3.** *adv.* Vers le nord-est. **North-east by east,** nord-est-quart-est. **North-east by north,** nord-est-quart-nord.

north-'easter, *Nau:* **nor''easter,** *s.* Vent *m* du nord-est.

north-'easterly, *Nau:* **nor''easterly.** **1.** *a.* (*Of wind, etc.*) Du nord-est; (*of district, etc.*) (au, du) nord-est; (*of direction*) vers le nord-est. **2.** *adv.* Vers le nord-est.

north-'eastern, *Nau:* **nor''eastern,** *a.* (Du) nord-est *inv.*

north-'eastward. **1.** *s.* Nord-est *m*. **2.** *a.* Au, du, nord-est. **3.** *adv.* = NORTH-EASTWARDS.

north-'eastwards, *adv.* Vers le nord-est.

north-north-'east, *Nau:* **nor' nor''east.** **1.** *a. & s.* Nord-nord-est (*m*) *inv.* **2.** *adv.* Vers le nord-nord-est.

north-north-'west, *Nau:* **nor' nor''west.** **1.** *a. & s.* Nord-nord-ouest (*m*) *inv.* **2.** *adv.* Vers le nord-nord-ouest.

'North 'Sea (the), *s. Geog:* La mer du Nord.

north-'west, *Nau:* **nor''west.** **1.** *s.* Nord-ouest *m*, *Nau:* norois *m*. *To veer to the n.-w.,* tourner au nord-ouest; *Nau:* nordouester. **2.** *a.* (Du) nord-ouest *inv. See also* PASSAGE[1] 2. **3.** *adv.* Vers le nord-ouest. **North-west by west,** nord-ouest-quart-ouest. **North-west by north,** nord-ouest-quart-nord.

north-'wester, *Nau:* **nor''wester,** *s.* Vent *m* du nord-ouest *m*.

north-'westerly, *Nau:* **nor''westerly.** **1.** *a.* (*Of wind, etc.*) Du nord-ouest; (*of district, etc.*) (au, du,) nord-ouest; (*of direction*) vers le nord-ouest. **2.** *adv.* Vers le nord-ouest.

north-'western, *Nau:* **nor''western,** *a.* (Du) nord-ouest *inv.*

north-'westward. **1.** *s.* Nord-ouest *m*. **2.** *a.* Au, du, nord-ouest. **3.** *adv.* = NORTH-WESTWARDS.

north-'westwards, *adv.* Vers le nord-ouest.

norther ['nɔ:rðər], *s. U.S:* (*Texas*) Vent *m* du nord; tempête venue du nord.

northerly ['nɔ:rðərli]. **1.** *a.* (*Of wind, etc.*) Du nord; (*of district, etc.*) (du, au,) nord; (*of direction*) vers le nord. *N. latitude,* latitude *f* nord, boréale. *N. aspect,* exposition au nord. **2.** *adv.* Vers le nord.

northern ['nɔ:rðərn], *a.* (Du) nord; septentrional, -aux. **The northern counties,** les comtés *m* du nord. **Northern Asia,** l'Asie septentrionale. **Northern Ireland,** l'Irlande du nord. *N. railway,* chemin de fer du Nord. *N. hemisphere,* hémisphère nord, boréal. **Northern lights,** aurore boréale. *Cold n. slope of a valley,* envers *m* d'une vallée. *See also* TERRITORY 2.

northerner ['nɔ:rðərnər], *s.* **1.** Habitant *m* du nord (de l'Angleterre, etc.); homme, femme, du nord. **The Northerners,** les septentrionaux *m*. **2.** *U.S: Hist:* Nordiste *m*.

northernmost ['nɔ:rðərnmoust], *a.* (Point, etc.) le plus au nord.

northing ['nɔ:rθiŋ], *s. Nau:* Chemin *m* nord; marche *f*, route *f*, vers le nord.

northland ['nɔ:rθlənd], *s.* **1.** **The northland,** le nord du pays. **2.** *pl* **The northlands,** les pays du nord.

Northman, *pl.* **-men** ['nɔ:rθmən, -men], *s.* **1.** *Hist:* Scandinave *m*. **2.** *U.S:* = NORTHERNER.

northmost ['nɔ:rθmoust], *a.* = NORTHERNMOST.

Northumbrian [nɔ:r'θʌmbriən], *a. & s. Geog:* Northumbrien, -ienne; du Northumberland.

northward ['nɔ:rθwərd]. **1.** *s.* Nord *m*; direction *f* du nord. **To the northward,** au nord. **2.** *a.* Au, du, nord; du côté du nord. **3.** *adv.* = NORTHWARDS.

northwards ['nɔ:rθwərdz], *adv.* Vers le nord.

Norway ['nɔ:rwei], *Pr.n. Geog:* La Norvège. *See also* LOBSTER 1, PINE[1] 1, RAT[1] 1, SPRUCE[3].

Norwegian [nɔ:r'wi:dʒən]. **1.** *a. & s.* Norvégien, -ienne. *See also* KNIFE[1] 1. **2.** *s. Ling:* Le norvégien.

nor'wester [nɔ:r'westər], *s.* **1.** = NORTH-WESTER. **2.** *P: A:* Grand verre d'eau-de-vie, de whisky, etc. **3.** *Cost: Nau:* Suroît *m*.

nose[1] [no:uz], *s.* **1.** (*Of pers.*) Nez *m*; (*of many animals*) museau *m*; (*of dog, etc.*) nez. **Snub nose,** nez court, camus, *F:* en pomme de terre. **Turn(ed)-up nose,** nez retroussé. **Flat nose,** nez épaté; nez camus. *See also* BOTTLE-NOSE, HOOK-NOSE, PUG-NOSE, ROMAN. **To blow one's nose,** se moucher. **To hold one's nose,** se boucher le nez. **To speak through the nose,** nasiller; parler du nez. *F:* **The parson's nose,** le croupion (d'une volaille); *P:* l'as *m* de pique; le sot-l'y-laisse, le bonnet d'évêque. *F:* **It's under your very**

nose, vous l'avez sous le nez ; ça vous crève les yeux. *He took it from under my very n.*, il l'enleva à mon nez, à ma barbe. *I did it under his n.*, je l'ai fait à son nez, à sa barbe. **To poke one's nose into sth.**, frotter son nez à, dans, qch. *To poke one's n. into everything, into other people's business*, fourrer son nez partout, dans les affaires des autres ; intervenir, s'immiscer, dans les affaires des autres. **To look down one's nose**, faire un nez. **To look down one's nose at s.o.**, regarder qn de haut en bas. **To make a long nose at s.o.**, faire un pied de nez à qn ; *F:* jouer de la flûte, de la clarinette, sur le bout de son nez. *F:* **To pull s.o.'s nose**, moucher qn. **To cut off one's nose to spite one's face**, s'arracher, se couper, le nez pour faire dépit à son visage, pour faire une niche à sa figure ; bouder contre son ventre. **To lead s.o. by the nose**, mener qn par le bout du nez ; mener qn à la baguette. *F:* **To count, tell, noses**, (i) faire le compte (de ses adhérents, etc.) ; (ii) compter les voix. *See also* BITE OFF, FOLLOW[2] I. 1, GRINDSTONE, JOINT[1] 2, PAY[2] 1, PLAIN I. 2, RUB[2] 1, SNAP OFF 1, TURN UP II. 1, WIPE[2] 1. **2.** (*a*) Odorat *m*. **To have a good nose**, avoir un odorat exquis, avoir l'odorat fin. **Dog with a good nose**, chien qui a du flair, du nez. *F:* (*Of pers.*) **To have a nose for sth.**, avoir un flair, du flair, pour qch. (*b*) Bouquet *m* (d'un vin, du thé, etc.) ; parfum *m* (du foin, etc.). **3.** *Tchn:* Nez (d'un bateau, d'un avion, etc.) ; avant *m* (d'un bateau) ; bec *m* (d'un loquet) ; nez, bec, taillant *m* (d'un outil) ; tête *f* (d'un poinçon) ; pilote *m* (de fraise) ; mentonnet *m* (d'une clavette) ; ajutage *m* (d'un tuyau) ; buse *f* (du porte-vent d'une tuyère) ; bec de coulée, calotte *f* (d'un convertisseur Bessemer). *Mil:* Pointe *f* (d'une balle). *Navy:* Cône *m* de choc (d'une torpille). *Rail:* Pointe (de l'aiguille) ; cœur *m* (de croisement). *See also* PLIERS. **4.** (*Verbal noun from* NOSE[2]) *F:* **To have a nose round**, faire le tour de la maison, du village, etc., en furetant dans tous les recoins.

'nose-ape, *s. Z:* Nasique *m*.

'nose-bag, *s.* Musette *f* (mangeoire) ; moreau *m*, pochet *m* (de cheval) ; sac *m* à fourrages. *F:* (*Of traveller*) **To take a nose-bag with one**, emporter à manger avec soi.

'nose-band, *s. Harn:* Muserolle *f* ; dessus *m* de nez ; cache-nez *m inv*.

'nose-bleeding, *U.S:* **'nose-bleed**, *s.* Saignement *m* du nez.

'nose-cap, *s.* **1.** *Sm.a:* Embouchoir *m* à quillon (du fusil). **2.** (*a*) *Aer:* Coiffe *f* (de dirigeable). (*b*) *Artil:* Coiffe (d'obus).

'nose-dip, -dive[1], *s. Av:* Vol piqué ; piquage *m* (de nez) ; piqué *m*. **Spiral nose-dive**, descente *f* en spirale.

'nose-dive[2], *v.i. Av:* Piquer du nez ; descendre en piqué.

'nose-key, *s. Mec.E:* Contre-clavette *f*, *pl.* contre-clavettes.

'nose-lift, *s. Av:* Cabrage *m*.

'nose-monkey, *s. Z:* = NOSE-APE.

'nose-piece, *s.* **1.** (*a*) *Archeol:* Nasal *m* (du heaume). (*b*) *Harn:* = NOSE-BAND. **2.** Ajutage *m*, bec *m* (de tuyau d'arrosage, etc.) ; buse *f*, tuyère *f* (de soufflet). *Opt:* Porte-objectifs *m inv* (de microscope). *Revolving n.-p.*, revolver *m* (porte-objectifs)(de microscope).

'nose-pipe, *s.* Bec *m*, buse *f*, tuyère *f* (de soufflet, de haut fourneau) ; ajutage *m*.

'nose-rag, *s. P:* Mouchoir *m* ; *P:* tire-jus *m inv*.

'nose-ring, *s.* **1.** *Husb:* Anneau nasal, nasière *f*, mouchette *f* (de taureau, de porc). **2.** *Anthr:* Anneau porté au nez.

'nose-spar, *s. Av:* Arêtier *m* (de plan).

'nose-sprayer, *s. Med:* Insufflateur *m*.

'nose-warmer, *s. P:* Brûle-gueule *m inv* ; pipe courte.

'nose-wedge, *s. Mec.E:* = NOSE-KEY.

'nose-wiper, *s. P:* = NOSE-RAG.

nose[2]. **1.** (*a*) *v.tr.* Flairer, sentir, mettre le nez dans (qch.). *He noses jobbery in everything*, il flaire du tripotage partout. (*b*) *v.i.* **To nose at sth.**, flairer qch. **To nose about, (a)round**, fouiller, fureter, fouiner ; fourrer le nez partout. *To n. about the village*, se promener dans le village en fouinant dans tous les coins. **To n. into s.o.'s business**, mettre le nez dans les affaires de qn. **To nose after, for, sth.**, chercher qch. (en furetant). *With cogn.acc.* **The ship nosed (her way) through the fog**, le navire s'avançait à l'aveuglette à travers le brouillard. (*Of ship*) *To n. (her way) along the coast*, longer la côte. **2.** *v.tr. Const:* Garnir d'un nez (la marche d'un escalier).

nose down, *v.i. Av:* Faire piquer l'appareil.

nose in, *v.i.* **1.** *F:* S'insinuer dans la compagnie. **2.** *Geol:* (*Of stratum, lode*) S'incliner, plonger.

nose out. **1.** *v.tr.* (*a*) (*Of dog*) **To nose out the game**, flairer le gibier. (*b*) *F:* **To nose out a secret**, découvrir, éventer, un secret. *To have a gift for nosing things out*, avoir du flair. *To nose s.o. out*, dépister, dénicher, qn. **2.** *v.i. Geol:* (*Of stratum, lode*) Affleurer.

nose up, *v.i.* (*Of aeroplane*) Monter.

nosed, *a.* **1.** Red-nosed, au nez rouge. *See also* BROAD-NOSED, FLAT-NOSED, HAWK-NOSED, ROMAN-NOSED, SNUB-NOSED, WHITE-NOSED. **2.** **Brass-nosed stair-tread**, marche *f* à nez de laiton.

nosing, *s.* **1.** *Const:* (*Of stair-tread*) Nez *m*, profil *m*, astragale *m*. *Arch:* Arête *f* (de moulure). **2.** (*Of door-bolt*) Gâche *f*.

nosegay ['nouzgei], *s.* Bouquet *m* (de fleurs odorantes).

noser ['nouzər], *s. Nau: F:* **Dead noser**, fort vent debout.

nosography [nɔ'sɔgrəfi], *s.* Nosographie *f* ; description *f* des maladies.

nosological [nɔsə'lɔdʒik(ə)l], *a.* Nosologique.

nosologist [nɔs'ɔlodʒist], *s.* Nosologiste *mf* ; nosographe *mf*.

nosology [nɔs'ɔlodʒi], *s.* Nosologie *f*.

nostalgia [nɔs'taldʒiə], *s.* Nostalgie *f* ; *F:* mal *m* du pays ; maladie *f* du pays.

nostalgic [nɔs'taldʒik], *a.* Nostalgique.

nostoc ['nɔstɔk], *s. Algae:* Nostoc *m*, nodulaire *f* ; *F:* crachat *m* de lune.

nostril ['nɔstril], *s.* (*Of pers.*) Narine *f* ; aile *f* du nez ; (*of horse, ox, etc.*) naseau *m*. *F:* **To stink in s.o.'s nostrils**, puer au nez de qn.

-nostrilled ['nɔstrild], *attrib.a.* **Thin-nostrilled**, aux narines minces.

nostrum ['nɔstrəm], *s.* Panacée *f*, drogue *f*, orviétan *m*, remède *m* empirique, de charlatan ; remède universel.

nosy ['nouzi], *a. P:* **1.** Fouineur, fouinard, fureteur ; indiscret. **Don't be so nosy!** ne soyez pas si curieux ! mêlez-vous de vos affaires ! **A Nosy Parker**, un indiscret, *F:* un fouinard. **Nosy-Parkerism**, immixtion *f* dans les affaires d'autrui. **2.** Au nez fort. **3.** D'odeur désagréable ; qui sent. **4.** (*Of tea*) Parfumé.

not [nɔt], *adv.* (Ne) pas, (ne) point. **1.** *A. & Lit:* (*Following the verb*) *I know not*, je ne sais pas. **Fear not**, n'ayez pas peur ; n'ayez point de crainte. **2.** (*a*) (*Following the aux. vb, frequently affixed as* **n't**) **I cannot, can't, answer**, je ne peux pas répondre ; *Lit:* je ne saurais répondre. **He will not, won't, come**, il ne viendra pas. *He will not come till after dinner*, il ne viendra qu'après le dîner. **He will not come at all**, il ne viendra pas du tout. **She is not, isn't, there**, elle n'est pas là. **Do not, don't**, *stir*, ne bougez pas. *We are not in the least surprised*, nous ne sommes nullement surpris. *You understand*, do you not, don't you? vous comprenez, n'est-ce pas ? *He is here*, isn't he, is he not? il est ici, n'est-ce pas ? *F:* il est ici, pas (vrai) ? (*b*) (*Stressed*) *I am ready.—You are 'not ready*, je suis prêt.—Non, vous n'êtes pas prêt. *No, she would 'not wear an apron!* non ! un tablier, elle n'en porterait pas. (*c*) (*Elliptically, in replies, etc.*) *What is she like?—Not pretty*, comment est-elle ?—Pas jolie. *Are you ill?*—**Not at all**, êtes-vous malade ?—Pas du tout. *You are angry, aren't you?—Not at all!* vous êtes fâché, n'est-ce pas ?—Mais pas du tout ! en aucune façon ! que non pas ! *Thank you so much!—Not at all!* mille mercis !—De rien (monsieur, madame) ! *Are you going?*—**Certainly not**, y allez-vous ?—Ah ça, non ! *See also* CERTAINLY. *If fine, we shall go out*, **if not, not**, s'il fait beau nous sortirons, sinon, pas. *F:* **Not if I know it!** jamais de la vie ! **Why not?** pourquoi pas ? *I wish it were not (so)*, je voudrais bien que non, que cela ne soit pas. **Not so**, *if you please*, non pas, s'il vous plaît. *I don't care* **whether he comes or not**, qu'il vienne ou non, cela m'est égal. *You are free to believe it or not*, permis à vous de ne pas le croire. *Whether he likes it or not*, que cela lui plaise ou non. *We walk* **little or not at all**, nous marchons peu ou pas, peu ou point. **I think not**, je crois que non, il me semble que non. **I fear not**, je crains que non. **I hope not**, j'espère que non. *Wasn't he invited?*—**He says not**, est-ce qu'on ne l'a pas invité ?—Il dit que non. *Lesson not known*, leçon non sue. **Not even** *in France*, (non) pas même en France. **Not negotiable**, non négociable. **Not guilty**, non coupable. *See also* TRANSFERABLE. **3.** (*With the vb infinite*) *Not wishing to be seen, I drew the curtain*, ne désirant pas être vu, comme je ne désirais pas être vu, je tirai le rideau. **Not including . . ., not to mention . . .**, sans compter. . . . *He begged me not to move*, il me pria de ne pas me déranger. *He did wrong in not speaking*, il a eu tort de ne pas parler. *I didn't know what to do, or what not to do*, je ne savais ni que faire, ni de quoi m'abstenir. **4. Not that . . .**, ce n'est pas que . . ., ce n'est point à dire que . . ., non que . . ., non pas que. . . . *Not that I fear him*, non (pas) que je le craigne. *What is he doing now?* **Not that I care**, qu'est-ce qu'il fait maintenant ? D'ailleurs je m'en soucie peu ! *I cannot do it*, **not but what, not but that**, *you may be able to*, moi, je suis incapable de le faire, mais ce n'est pas à dire que vous en soyez incapable. **Not that I can remember**, pas autant qu'il m'en souvienne. **5.** (*In contrasts*) *She is not my mother but yours*, elle n'est pas ma mère à moi, mais la vôtre. *She is not my mother but my aunt*, ce n'est pas ma mère, c'est ma tante. *She is your aunt, (and) not mine*, elle est votre tante à vous et non la mienne. **6.** (*With pronoun*) *Are you going to tell him?*—**Not I!** allez-vous le lui dire ?—Moi ? Bien sûr que non ! *He'll never pay*, **not he!** il ne payera jamais, cela c'est sûr ! *She wouldn't consent*—**not she!** elle n'y consentirait pas, vous la connaissez bien ! **Not everybody** *can be a Milton*, il n'est pas donné à tout le monde d'être un Milton. **7.** (*In litotes*) *I was not sorry to go*, j'étais joliment content de partir. *There were* **not a few** *women amongst them*, il y avait pas mal de femmes parmi eux. *The news caused* **not a little** *surprise*, grande fut la surprise à cette nouvelle. *He is not a little ashamed of himself*, il est rempli de honte. **Not once nor twice**, plusieurs fois ; bien des fois. **Not without reason**, non sans raison. *P:* **Not half!** beaucoup ! un peu ! tu parles ! *See also* HALF 3. *An air of dignity not unmingled with shyness*, un air digne qui n'allait pas sans une certaine timidité. **8. Not a murmur** *was heard*, pas un murmure ne se fit entendre. *Not a dog would bark at him*, pas un chien n'aboyait après lui.

nota bene ['noutə'bi:ni], *Lt.phr.* (*Abbrev.* **N.B.**) Nota bene.

notability [noutə'biliti], *s.* **1.** (*Pers.*) Notabilité *f*, notable *mf*, célébrité *f*, personne *f* considérable. **2.** Notabilité *f*, caractère notable, prééminence *f* (d'un fait, etc.).

notable ['noutəbl], *a.* **1.** (*a*) (*Of pers., thg*) Notable, considérable, insigne, remarquable ; (*of pers.*) éminent. (*b*) *s.* Notable *m*. *Esp. Fr.Hist:* **Assembly of Notables**, Assemblée *f* des notables. **2.** *Ch:* (*Of quantity, etc.*) Perceptible, sensible. **3.** *A:* ['nɔtəbl] (Femme) économe ; bonne ménagère. **-ably**, *adv.* **1.** Notablement, remarquablement. **2.** Notamment, particulièrement, spécialement.

notableness ['noutəblnəs], *s.* = NOTABILITY 2.

notarial [no'tεəriəl], *a. Jur:* **1.** (*Of charge, seal, etc.*) Notarial, -aux ; (*of style, etc.*) de notaire. **2.** (*Of deed, etc.*) Notarié.

notary ['noutəri], *s.* **1.** *Jur:* **Notary (public)**, notaire *m*. **Before a notary**, par-devant notaire. **2.** *Ecc:* **Apostolical notary**, notaire apostolique.

notation [no'teiʃ(ə)n], *s.* Notation *f*. *N. of a sound by a symbol*, figuration *f* d'un son par un symbole. *Ar:* **Decimal notation**, numération décimale.

notch[1] [nɔtʃ], *s.* **1.** (*a*) Entaille *f*, encoche *f*, cran *m* ; hoche *f* (faite sur une taille) ; enfourchement *m* (de tenon) ; trait *m* (de scie) ; cran, dent *f* (d'une roue) ; barbe *f* (de pêne) ; *Dressm:* cran.

For: (*In tree to be cut*) Blanchi(s) *m*, miroir *m*. *Mec.E:* **Stop-notch,** cran d'arrêt. (*In jumping*) **To raise the bar one notch,** hausser la barre d'un cran. *Aut: etc:* **To adjust** (*the brake, etc.*) **a notch,** faire un cran. *Sm.a:* **Sight(ing) notch,** cran de mire. *Carp:* **Skew-notch,** embrèvement *m*. *See also* JOINT[1] I, TOP-NOTCH. (*b*) Brèche *f* (dans une lame, etc.). (*c*) Échancrure *f*. *Anat:* **Sciatic notch,** échancrure sciatique. (*d*) *Cr: A:* = RUN[1] I (*d*). **2.** *U.S:* Défilé *m*, gorge *f* (de montagne). **3.** *Metall:* **Cinder-notch,** sortie *f* du laitier.

'notch-board, *s. Const:* Limon *m* d'escalier.

notch[2], *v.tr.* **1.** (*a*) Entailler, encocher, cocher, hocher (un bâton, etc.); denteler, créneler (une roue, etc.); *For:* griffer (de jeunes baliveaux). **To notch a tally,** faire une hoche, une coche, à une taille. *Dressm:* **To notch a seam, an armhole,** faire des crans à, échancrer, une couture, une emmanchure. *Carp:* **To notch two planks together,** assembler deux planches à entailles. *To n. a post or beam* (*where it is to bed*), ruiner un poteau, une poutre. (*b*) Ébrécher (une lame, etc.). **2.** *Const:* **To notch steps in a staircase,** poser les marches d'un escalier. **3.** **To notch up, down,** *a sum, items,* cocher une somme, des détails. **4.** (*Archery*) = NOCK[1]. **5.** *Cr: A:* *To n. ten,* faire dix courses.

notched, *a.* (*a*) (*Of plank, stick, etc.*) Entaillé, à entailles, à coches, à crans, à encoches; (*of wheel, chisel, etc.*) à dents. **Notched quadrant,** secteur denté. *Carp:* **Notched joint,** trave *f*, assemblage *m* à entailles. *See also* TROWEL[1] I. (*b*) (*Of blade, etc.*) Ébréché. (*c*) *Nat.Hist:* Dentelé.

notching, *s.* Entaillage *m*, encochement *m* (d'un bâton, etc.); bretture *f* (de la pierre avec une gradine); *For:* griffage *m*; *Carp:* ruinure *f* (d'un poteau, d'une poutre).

note[1] [nout], *s.* **1.** *Mus: etc:* (*a*) Note *f*; caractère *m* de musique. *See also* GRACE-NOTE, GROUND-NOTE, HOLDING I, KEY-NOTE. (*b*) Touche *f* (d'un piano, etc.). (*c*) Note, son *m*. **To strike the note,** donner la note (aux chanteurs, etc.). *To sing, play, a false n.*, faire une fausse note. *See also* GOOSE 3. (*d*) Chant *m*, ramage *m* (d'oiseau). (*Of bird*) **To give note,** chanter. *F: There was a* **note of impatience** *in his voice,* son ton indiquait une certaine impatience. **To sound the note of war,** parler de guerre. *Speech that hits the right n.*, discours *m* dans la note voulue. *See also* CHANGE[2] I, HARP[2]. **2.** (*a*) Marque *f*, signe *m*, indice *m* (d'un fait, d'une qualité, etc.). (*b*) *A:* **Note of infamy,** stigmate *m*; marque déshonorante. *To set a n. of infamy on* . . ., marquer d'un stigmate, d'une note d'infamie. (*c*) *Typ: etc:* **Note of exclamation, of interrogation,** point *m* d'exclamation, d'interrogation. **3.** (*a*) Note, mémorandum *m*, mémento *m*. **Note on an agreement,** note ayant trait à un contrat. **To make, take (down), notes,** prendre des notes. *To make, take, a n. of sth. in one's pocket-book,* noter qch., prendre note de qch., sur son carnet. *Let me have a n. on the matter,* remettez-moi une note à ce sujet. *To take a n. of an address,* prendre une adresse en note. **To take note of a declaration,** prendre acte d'une déclaration. **To speak from, with, notes,** parler avec des notes; prononcer un discours en s'aidant de notes; consulter ses notes en parlant. *To preach without notes,* prêcher sans notes. (*b*) Note, commentaire *m*, annotation *f*, remarque *f* (sur un texte). *Critical notes on a work,* remarques critiques sur un ouvrage. **Notes on Tacitus,** commentaire sur Tacite. *To write, make, notes on a text,* annoter un texte, accompagner un texte de notes, de remarques. *Dickens's 'American Notes,'* les "Notes sur l'Amérique" de Dickens. **Bibliographical note** (*printed at end of book*), souscription *f*. *See also* FOOT-NOTE, SHOULDER NOTE. (*c*) Billet *m*; petite lettre; mot *m*. *I wrote off a n. to her at once,* je lui ai tout de suite écrit un mot, un billet. (*d*) **Diplomatic note,** note diplomatique, mémorandum. *See also* IDENTIC. **4.** *Fin: Com:* (*a*) Billet, bordereau *m*. **Note of hand,** reconnaissance *f* (de dette). **Promissory note,** billet (simple); bon *m*. *See also* PROMISSORY. **Commission note,** bon *m* de commission. **Discount note,** bordereau d'escompte. **Credit note,** note, facture *f*, de crédit, d'avoir. **Advice note,** note, lettre, d'avis. **Custom-house note,** bordereau de douane. *See also* CIRCULAR I, CONSIGNMENT I, DEMAND[1] I. (*b*) (**Bank**) **note,** billet (de banque). **Ten-franc, five-franc, notes,** coupures *f* de dix francs, de cinq francs. *Country notes,* billets de banque de province. *See also* CURRENCY 3, TREASURY-NOTE. **5.** (*a*) Distinction *f*, marque *f*, renom *m*. **Man of note,** homme marquant, de renom, de marque; homme bien connu; notoriété *f*. *All the people of n. in the town had received invitations,* on avait convié toutes les notabilités de la ville. (*b*) Attention *f*, remarque *f*. **It is worthy of note that . . .,** il convient de noter que. . . . **Nothing of note,** rien d'important. **To take note of sth.,** retenir qch. dans sa mémoire; remarquer qch.; faire la remarque de qch. *See also* COMPARE[2] I.

'note-book, *s.* Carnet *m*, calepin *m*, mémorandum *m*, agenda *m*; (*of shorthand-writer, etc.*) bloc-notes *m*, *pl.* blocs-notes; (*in large size*) cahier *m*. *Pocket n.-b.*, carnet *m* de poche.

'note-broker, *s. Fin: U.S:* Courtier *m* de change.

'note-case, *s.* Porte-coupures *m inv*; porte-billets *m inv*. *See also* LETTER-CASE.

'note-pad, *s.* Bloc-notes *m*, *pl.* blocs-notes; bloc *m* (de) correspondance.

'note-paper, *s.* Papier *m* à lettres, à écrire. **Foreign note-paper,** papier pelure (d'oignon); coquille *f* pelure.

note[2], *v.tr.* **1.** Noter, constater, remarquer, prendre note de (qch.). *To n. a misprint, a mistake,* relever une faute d'impression, une erreur. **To note a resemblance between . . .,** constater une ressemblance entre. . . . *The improvement noted is maintained,* l'amélioration enregistrée se maintient. **To note sth. as a fact, to note a fact,** constater, noter, un fait; prendre acte d'un fait. *'Which fact is hereby duly noted,'* "dont acte." **Note that** *the child is only ten years old,* faites attention que l'enfant n'a que dix ans. *I n. that you do not deny it,* je constate que vous ne vous en défendez pas. **We duly note that . . .,** nous prenons bonne note (de ce) que. . . . *You will n. that there is an error in the account,* vous remarquerez qu'il y a erreur dans le compte. *I noted his dress-clothes to be well-cut,* je remarquai que son habit était de bonne façon. *Com:* **We have noted your order for . . .,** nous avons pris bonne note de votre commande de. . . . **2.** **To note sth.** (**down**), écrire, inscrire, qch. *To n. events in one's books,* tenir registre des événements. **3.** *A:* Annoter (un texte).

noted, *a.* (*Of pers.*) Distingué, célèbre, éminent, illustre; (*of thg*) fameux, célèbre, remarquable (*for sth.*, par qch.).

notehead ['nouthed], *s.* En-tête *m inv*. **Notehead paper,** papier *m* à en-tête.

noter ['noutər], *s.* **1.** Remarqueur, -euse. **2.** *Great n. of events,* grand enregistreur des événements.

noteworthiness ['noutwəːrðinəs], *s.* Importance *f*, qualité *f* remarquable (d'un fait, etc.).

noteworthy ['noutwəːrði], *a.* (*Of fact, etc.*) Remarquable, mémorable, digne d'attention, de remarque. *It is n. that* . . ., il convient de noter que. . . .

nothing ['nʌθiŋ]. **I.** *s. or pron.* Rien (*with* ne *expressed or understood*). (*a*) *I ate n. for three days,* je n'ai rien mangé pendant trois jours. **Nothing could be simpler,** rien de plus simple; c'est tout ce qu'il y a de plus simple. *N. could be finer than* . . ., rien de plus beau que. . . . *I see n. that I like,* je ne vois rien qui me plaise. *N. that I saw pleased me,* rien de ce que j'ai vu ne m'a plu. **You can't live on nothing,** on ne peut pas vivre de rien. *To live on* **(next to) nothing,** *F:* vivre de l'air du temps. *One can live here for next to n.*, la vie est pour rien ici. *See also* NEXT I. 2. *F:* **I feel like nothing on earth,** je ne sais pas ce que je ressens; je suis en proie à un fort malaise. **His hat looked like nothing on earth,** il portait un chapeau invraisemblable. *You look like n. on earth with that hat!* de quoi avez-vous l'air avec ce chapeau! *As if n. had happened,* comme si de rien n'était. **Fit for nothing,** propre, bon, à rien. *I can do n. in the matter,* je n'y peux rien. **Say nothing about it,** n'en dites rien. **To say nothing of . . .,** sans parler de. . . . *They quarrel about n., for n.*, ils se querellent à propos de rien. *They know n. about it,* ils n'en savent rien. **To know nothing (whatsoever), absolutely nothing, nothing about anything,** ne savoir rien de rien. *The purse has n. in it,* il n'y a rien dans la bourse; la bourse est vide. **There's nothing in these rumours,** ces bruits sont sans fondement. **There is nothing in it,** *F:* **to it,** (i) cela n'a pas d'importance; c'est sans intérêt; (ii) (*in choice*) l'un vaut l'autre; ça se vaut. *The house is n. without the garden,* la maison n'est rien sans le jardin. **He was nothing if not discreet,** il était surtout discret; il était discret avant tout. **To rise from nothing,** partir de rien. *To create an army out of n.*, créer une armée de toutes pièces. *My father's conservative, my brother's liberal,* **but I'm nothing,** mon père est conservateur, mon frère libéral, mais moi je ne suis rien, je n'appartiens à aucun parti. *Catholics, protestants, and people who are n.*, catholiques, protestants, et ceux qui n'appartiennent à aucune religion. *F: No tea, no coffee, no milk,* **no nothing,** pas de thé, pas de café, pas de lait, rien de rien. *Prov:* **Nothing venture, nothing win,** qui ne risque rien n'a rien. *See also* DANCE[2] I, DO[1] I. I, NECK[1] I. (*b*) (*Followed by adj.*) Rien de. . . . **Nothing new,** rien de nouveau, rien de neuf. *That's n. unusual,* cela n'a rien d'anormal. *There is n. heroic about him,* il n'a rien d'un héros. **Nothing much,** pas grand'chose. *I had n. much to complain of except my poverty,* je n'avais guère à me plaindre d'autre chose que de ma pauvreté. *His income is n. very much,* il n'a pas grand'chose comme revenu. *He was a good N.C.O.,* **nothing more,** il a été un bon gradé, sans plus. *There is n. more to be said,* il n'y a rien de plus à dire; il n'y a plus rien à dire; *F:* un point, c'est tout! *We had n. more to say to one another,* nous n'avions plus rien, rien de plus, à nous dire. (*c*) **I have nothing to do,** je n'ai rien à faire. **There is nothing to be done,** il n'y a rien à faire. **To have nothing to do with sth.,** n'avoir rien à faire, n'avoir aucun rapport, avec qch. *I have n. to do with the matter, with it,* je n'y suis pour rien; je suis étranger à l'affaire; je n'entre pas dans l'affaire. *I will have n. to do with it,* je ne veux rien avoir à faire avec. *That has n. to do with the matter,* cela n'entre pas en ligne de compte. **That is nothing to do with you,** ce n'est pas votre affaire; vous n'avez rien à y voir; cela ne vous regarde pas. **There is nothing to cry about,** il n'y a pas de quoi pleurer. **There is nothing to laugh at,** il n'y a pas de quoi rire. **That is nothing to be proud of,** il n'y a pas de quoi être fier. **He has nothing to say for himself,** (i) il ne sait pas se faire valoir; (ii) il ne peut rien dire pour se défendre; il est sans excuse. *I had n. to say against the proposal,* je n'avais rien à objecter à la proposition. *See also* WRITE 2. (*d*) **He has nothing of his father in him,** il n'a rien de son père. *He is n. of a scholar,* ce n'est pas du tout un savant. *See also* KIND[1] 2, SORT[1] I. (*e*) **Nothing else,** rien d'autre. **Nothing but . . .,** rien que. . . . **Nothing else but . . ., nothing else than . . .,** rien d'autre que. . . . *Do you require n. else?* il ne vous faut rien d'autre? rien autre chose? **I have nothing (else) to do but . . .,** je n'ai rien (d'autre) à faire que de. . . . *N. else could be done,* (i) on ne pouvait rien faire de plus; (ii) on ne pouvait faire autrement. *It is n. else but, than, pure laziness,* c'est de la paresse pure et simple. **Nothing but the truth,** rien que la vérité. *There was n. of the bear left but the skin,* il ne restait (rien) de l'ours que la peau. *He does n. but go in and out,* il ne fait qu'entrer et sortir. **There is nothing for it but to submit,** il n'y a qu'à se soumettre; il n'y a pas d'autre alternative, il ne reste rien à faire, que de se soumettre; il n'y a pas d'alternative, il faut céder. *There is n. for it but to go yourself,* vous ne pouvez pas faire autrement, il n'y a rien (d'autre) à faire, que d'y aller vous-même. *There was n. for it but to wait,* (i) force nous était d'attendre; (ii) force nous fut d'attendre. **There's nothing else for it,** c'est inévitable; *F:* il faut passer par là ou par la fenêtre. *You walked back?—There was n. else for it,* vous êtes revenu à pied?—Il a bien fallu. (*f*) **For nothing. To do sth. for nothing,** (i) faire qch. en vain, inutilement; (ii) faire qch. sans raison, à propos de rien; (iii) faire qch. gratuitement. **It is not for nothing that . . .,** (i) ce n'est pas sans raison que . . .;

(ii) ce n'est pas sans motif que . . .; (iii) *F:* ce n'est pas pour des prunes que. . . . *He let me have it* **for (almost) nothing,** il me l'a cédé pour (presque) rien, *F:* pour une bouchée de pain. **To work for nothing, to have all one's trouble for nothing,** *F:* travailler pour la gloire, *P:* pour la peau. **My labour went for nothing, I got nothing out of it,** j'ai travaillé pour le roi de Prusse; j'en suis pour mes frais. *All my efforts went for n.*, ce furent des efforts perdus. **All that goes for nothing,** tout cela ne compte pas. *To stand for n.*, ne compter pour rien. *Prov:* **Nothing for nothing,** point d'argent, point de Suisse. (*g*) **Nothing to s.o., sth.,** (i) indifférent à qn; (ii) pas comparable à qn, à qch. **She is nothing to him,** elle lui est indifférente. *£100 is n. to him,* cent livres ne sont rien pour lui. *It is n. to me whether he comes or not,* qu'il vienne ou non, cela m'est égal. **That is nothing to you,** (i) pour vous ce n'est rien; (ii) cela ne vous intéresse pas; (iii) cela ne vous regarde pas. **At tennis she is nothing to her sister,** au tennis elle ne vaut pas sa sœur. (*h*) **To make, think, nothing of sth.,** (i) ne pas se soucier de qch.; n'attacher aucune importance à qch.; ne faire aucun cas de qch.; (ii) ne pas se faire scrupule de faire qch. *He makes n. of walking twenty miles,* il se fait un jeu de faire vingt milles à pied. *The artillery thinks n. of this steep ascent,* les artilleurs n'ont cure de cette montée presque à pic. *He makes n. of borrowing from the till,* il ne se fait pas scrupule d'emprunter à la caisse. *He thinks n. of a lie,* un mensonge ne lui coûte rien. (*i*) **I can make nothing, nothing at all, of it,** je n'y comprends rien, rien du tout, absolument rien.

II. **nothing,** *s.* **1.** *Ar:* Zéro *m.* **2.** Néant *m*; rien. **To come to nothing,** ne pas aboutir; (*of hopes, etc.*) s'anéantir; *F:* tomber à, dans, l'eau. *The negotiations came to n.*, les négociations n'ont pas abouti. *The scheme has come to n.*, le projet s'est effondré. *The attempt has come to n.*, c'est un coup d'épée dans l'eau. *The colours have faded away to n.*, les couleurs sont complètement passées. *To reduce an army to n.*, anéantir une armée. *F:* **To beat s.o., sth., all to nothing,** réduire qn, qch., à rien. **3.** Bagatelle *f*; vétille *f*; rien *m.* **Airy nothings,** des bagatelles. *The little nothings of life,* les petits riens de la vie. *See also* SWEET I. 5. **A mere nothing,** si peu que rien. *A hundred francs? A mere n.!* cent francs? Une misère! une bêtise! *To punish a child for a mere n.*, punir un enfant pour une vétille. *He is a mere n.*, c'est un homme de rien, un zéro. **It is nothing,** ce n'est rien; j'en ai vu bien d'autres. *In those days it was n. to see . . .*, en ce temps-là on voyait facilement. . . .

III. **nothing,** *adv.* Aucunement, nullement; pas du tout. **This helps us nothing,** ceci ne nous avance pas du tout. **That is nothing to the purpose,** cela ne fait rien à l'affaire. **Nothing loath,** volontiers, sans hésiter. *See also* DAUNT. **He is nothing the worse for it,** il ne s'en porte pas plus mal. *He would be n. the worse for a good hiding,* une bonne raclée ne lui ferait pas de mal. *It was* **nothing (like)** *so wonderful as one imagined,* ce n'était nullement aussi merveilleux que l'on se le figurait. *See also* LIKE[1] I. 2. **Nothing near** *so large,* loin d'être aussi grand. **It is nothing less** *than madness,* c'est de la folie ni plus ni moins. *See also* LESS 5.

nothingness ['nʌθiŋnəs], *s.* **1.** Néant *m.* **To pass into nothingness,** s'anéantir; rentrer dans le néant. *God created the world out of n.*, Dieu a tiré l'univers du néant. *The n. of human greatness,* le vide des grandeurs humaines. **2.** *F:* Nullité *f* (de qn); insignifiance *f* (d'un fait).

notice[1] ['noutis], *s.* **1.** (*a*) Avis *m*, notification *f*, intimation *f.* **Notice of receipt,** avis de réception. (*b*) Préavis *m*, avertissement *m.* **To give s.o. notice of sth.,** prévenir qn de qch. *To give s.o. n. of one's intentions,* avertir qn de ses intentions. **I must have notice,** il faudra m'en avertir, m'en donner avis préalable. **To give official notice of . . ., that . . .,** donner acte de . . ., que. . . . *To give s.o. formal n. of sth.*, intimer qch. à qn. *To give n. of sth.*, donner avis de qch. **Without notice (given),** *he sold the house,* sans avis préliminaire, sans avis préalable, sans en aviser personne, il a vendu la maison. *To give n. to the authorities,* informer, prévenir, l'autorité (*of*, de). *Pol:* **To give notice of a question, of an amendment,** donner avis préalable d'une interpellation, d'un amendement. *I must have n. of that question,* je demande que cette interpellation soit inscrite à l'ordre du jour. *Aut:* **To give notice of approach,** annoncer son approche. **To give out a notice,** lire une communication; faire l'annonce de qch. **Take notice that** *after the 12th inst. . . .*, vous êtes prévenu, avisé, qu'à partir du 12 crt. . . . **Notice is hereby given that . . .,** le public est avisé que . . .; on fait savoir que. . . . **Public notice,** avis au public. *Important n.*, avis important. *N. of a meeting,* convocation *f* d'assemblée. **Until further notice,** jusqu'à nouvel ordre; jusqu'à nouvel avis; jusqu'à avis contraire. **Notice of termination of a treaty,** dénonciation d'un traité. *Jur:* **Notice of measures about to be taken,** dénonciation des mesures que l'on va prendre. *See also* APPEAL[1] I. (*c*) Avis formel, instructions formelles; (*served by bailiff, tipstaff*) exploit *m.* *To give s.o. n. to do sth.*, aviser qn de faire qch. *To send s.o. a second n.*, réavertir qn. *Jur:* **Peremptory notice to do sth.,** mise en demeure formelle de faire qch. *To receive n. to do sth.*, être mis en demeure de faire qch. **Notice to pay,** avertissement. *N. to perform a contract,* sommation *f*; mise *f* en demeure. **To give notice of distraint,** dénoncer une saisie. **To serve a notice on s.o.,** signifier un arrêt à qn. (*d*) **At short notice,** à court délai; à bref délai. *I can't do it at such short n.*, je ne peux pas le faire dans un aussi court délai. *Always ready to start at short n., at a day's n.*, toujours prêt à partir à l'instant, du jour au lendemain. **To give s.o. short notice,** prendre qn de court. *To be taken at short n.*, être pris de court. *I had to leave* **at half an hour's notice,** j'ai dû partir une demi-heure après avoir reçu avis. **At a moment's, a minute's, notice,** à la minute, à l'instant, sur-le-champ. **Without a moment's notice,** sans crier gare. *To replace s.o. at a moment's n., without a moment's n.*, *F:* remplacer qn au pied levé. *To dismiss s.o. at a moment's n.*, renvoyer qn sans avertissement préalable, sur-le-champ, du jour au lendemain. *Weapons ready for use at a moment's n.*, armes prêtes à servir au premier signal. *To give six months' n. of sth.*, donner avis de qch. six mois d'avance. *To require three months' n.*, exiger un préavis de trois mois. *Com:* *Can be delivered at three days' n.*, livrable dans un délai de trois jours. *Fin:* **Realizable at short notice,** réalisable à court terme. *Bank:* *Deposit at seven days' n.*, dépôt à sept jours de préavis. **Notice of withdrawal,** mandat *m.* *See also* LOAN[1] I. *Nau:* **To remain at six hours' notice,** tenir les chaudières, les feux, à six heures d'appareillage. *What n. are you at?* quel est l'état de vos feux? (*e*) **Notice (to quit),** congé *m*; avis de congé; *Jur:* intimation de vider les lieux. *To give a tenant n. to quit,* **to serve notice upon a tenant,** donner congé, signifier son congé, à un locataire. *He received n. to remove his belongings within twenty-four hours,* on lui notifia qu'il eût à déménager, à vider les lieux, dans les vingt-quatre heures. **To be under notice to quit,** avoir reçu son congé. *What n. do you require?* quel est le terme du congé? **To give notice to an employee,** donner, signifier, son congé à un employé; remercier un employé. *To give s.o. a month's n.*, donner congé un mois d'avance, à un mois de date. **A week's notice,** un congé, un préavis, de huit jours. (*Of master or servant*) *To give s.o. a week's n.*, donner ses huit jours à qn. **To give notice (to one's employer),** signifier, donner, sa démission; (*of servant*) donner ses huit jours; *F:* (*of cook*) rendre son tablier. **2.** (*a*) Affiche *f*; indication *f*, avis (au public, etc.); placard *m*; (*on a card*) écriteau *m.* **Public notice,** avis au public. *N. of sale by auction,* publication de vente aux enchères. *To stick up a n.*, placarder une affiche. (*b*) (*In newspaper, etc.*) Annonce *f*, note *f*, notice *f*, entrefilet *m.* **Notices of new publications,** bulletin *m* littéraire. *To put a n. in the papers,* mettre une annonce, faire passer une note, dans les journaux. *See also* OBITUARY. (*c*) Revue *f* (d'un ouvrage). **3.** (*a*) Attention *f*, connaissance *f*, observation *f.* **To take notice of sth.,** observer qch.; faire attention à qch.; tenir compte, prendre connaissance, de qch. **'Take notice,'** "avis au public." **To take no, not the least, notice of sth.,** ne faire aucune attention, ne pas prêter la moindre attention, à qch. *To take no n. of an objection,* passer outre à une objection. **Without seeming to take any notice,** sans faire semblant de rien. *I was there but nobody took any n. of me,* j'étais présent mais personne n'a pris garde à moi, personne ne s'est intéressé à moi. *I have never taken any n. of it,* je n'y ai jamais pris garde. **I did not take any particular notice,** je n'y ai pas fait particulièrement attention. *The rumour received no particular n.*, la rumeur n'a excité que peu d'intérêt. **The fact came to his notice that . . .,** son attention fut attirée par le fait que. . . . **To attract notice,** se faire remarquer, *F:* s'afficher. **To come into notice,** commencer à être connu. *Author who is beginning to come into n., to attract n.*, auteur *m* qui commence à percer. **To avoid notice,** se dérober aux regards. **To bring, call, a matter to s.o.'s notice,** porter une affaire à la connaissance de qn; mettre qch. sous les yeux de qn; faire observer qch. à qn. *To bring s.o. into n.*, (i) faire connaître qn; (ii) faire remarquer qn. *To bring oneself into n.*, se mettre en évidence, en valeur. **He will rise to notice,** il se fera connaître. **It is not worth notice, it is beneath notice,** cela ne vaut pas la peine qu'on y fasse attention, cela est indigne de notre attention. *See also* ESCAPE[2] 2. (*b*) **Baby begins to take notice,** bébé commence à avoir conscience des choses. *F:* **To sit up and take notice,** se réveiller; dresser l'oreille.

'notice-board, *s.* **1.** (*On house to let, etc.*) Écriteau *m*; (*in schools, clubs, etc.*) tableau *m* d'affichage, d'annonces, de publicité; planche *f* aux affiches; porte-affiches *m inv.* **2.** Panneau indicateur (de route); panneau de signalisation routière; plaque indicatrice.

notice[2], *v.tr.* **1.** Observer, remarquer, s'apercevoir de, tenir compte de, prendre garde à (qn, qch.); faire la remarque de (qch.); relever (des fautes). **To notice s.o. in a crowd,** remarquer qn dans la foule. **Let us now notice the effect of . . .,** considérons maintenant l'effet de. . . . **I have never noticed it,** je n'y ai jamais pris garde. *Without his noticing it,* sans qu'il y prît garde. *He did not n. that he had offended her,* il ne prit pas garde qu'il l'avait froissée. *I noticed from the appearance of the room that . . .*, je reconnus à l'aspect de la pièce que. . . . *He noticed she was less attentive,* il la voyait moins attentive. *I noticed her wipe away a tear,* je vis qu'elle essuyait une larme. **To get oneself noticed,** attirer l'attention (sur soi). *Mistake that is noticed at once,* faute qui attire l'attention, qui saute aux yeux. *F:* (*With passive force*) **Does it notice?** est-ce que ça se voit? **2.** Donner congé, signifier son congé, à (un locataire, etc.). *He was noticed to quit,* il avait reçu son congé. **3.** *A:* **To notice sth. to s.o.,** mentionner, faire remarquer (qch. à qn); faire la remarque de qch. à qn.

noticeable ['noutisəbl], *a.* **1.** (*Of fact, etc.*) Digne d'attention, de remarque. *To be n. on account of sth.*, se faire remarquer par qch. **2.** Perceptible, sensible; apparent. **It is not noticeable,** cela ne s'aperçoit pas, ne se voit pas; cela échappe aux yeux. *The difference is very n.*, la différence est très sensible. **-ably,** *adv.* Perceptiblement, sensiblement, visiblement.

notifiable ['noutifaiəbl], *a.* (Maladie) dont la déclaration aux autorités est obligatoire.

notification [noutifi'keiʃ(ə)n], *s.* Avis *m*, notification *f*, annonce *f* (d'un fait, etc.); déclaration *f* (de naissance). *Jur:* Cédule *f* (de citation). *See also* CONTRARY[1] 2.

notify ['noutifai], *v.tr.* Annoncer, notifier (qch.); déclarer (une naissance, etc.). **To notify s.o. of sth.,** avertir, aviser, qn de qch.; notifier qch. à qn; faire connaître qch. à qn. *To n. s.o. of the day of one's visit,* aviser qn du jour de sa visite. **To notify the authorities of a fact,** saisir l'administration d'un fait. **To notify the police of sth.,** signaler qch. à la police. **To be notified of sth.,** recevoir notification de qch.; être avisé, averti, de qch. *He was notified that he must depart at once,* on lui signifia de partir sur-le-champ. *Jur:* **To notify the parties,** faire des intimations aux parties. **To notify s.o. of a decision,** signifier un arrêt à qn.

notion ['nouʃ(ə)n], *s.* **1.** *Phil:* Notion *f*, concept *m.* **2.** (*a*) Notion, idée *f*. **To form a true notion of sth.**, se former une idée exacte de qch. *You have formed a wrong n. of my worldly circumstances*, vous vous êtes fait une idée fausse de ma situation de fortune. **To have no notion of sth.**, n'avoir pas la moindre notion, n'avoir guère conscience, ne pas se douter, de qch. *To have no n. of time*, n'avoir pas le sens, la notion, de l'heure. **I haven't the first notion about it**, je n'en ai pas la moindre idée; je n'en sais pas le premier mot. (*b*) Opinion *f*, pensée *f*, idée, sentiment *m*. **I have a notion that . . .**, j'ai dans l'idée que . . .; je me suis mis en tête que . . .; il me vient à la pensée que. . . . *Such is the common n.*, telle est l'opinion commune. (*c*) Caprice *m*. **As the notion takes him**, selon son caprice. *To have a n. to do sth.*, s'aviser, se mettre en tête, de faire qch. *I have no n. of letting myself be . . .*, je n'ai pas l'intention de me laisser. . . . **3.** (*a*) *A*: Invention *f*. (*b*) *pl. U.S*: Notions, petites inventions bon marché; petits articles ingénieux.

notional ['nouʃ(ə)nəl], *a*. **1.** (*Of knowledge, etc.*) Spéculatif. **2.** (*Of thgs, relations, etc.*) Imaginaire. **3.** *Esp. U.S*: (*Of pers.*) Capricieux, fantasque, visionnaire.

notobranchiate [nouto'braŋkiet], *a*. *Ann*: Dorsibranche.

notochord ['noutokɔːrd], *s*. *Biol*: Notoc(h)orde *f*.

notonecta [nouto'nekta], *s*. *Ent*: Notonecte *m*.

notoriety [nouto'raiəti], *s*. **1.** Notoriété *f*. **To bring s.o., sth., into notoriety**, faire connaître qn, qch. **To seek notoriety**, chercher à se faire remarquer; rechercher la gloriole; s'afficher. **2.** (*Pers.*) Notabilité *f*, notable *m*.

notorious [no'tɔːriəs], *a*. **1.** (Fait) notoire, bien connu, reconnu. **It is notorious that . . .**, il est de notoriété publique que . . .; il est reconnu que. . . . **2.** *Pej*: D'une triste notoriété; (menteur, etc.) insigne; (malfaiteur) reconnu, notoire; (endroit) mal famé; (voleur) fieffé. *A n. woman*, une femme perdue de réputation. *The n. case of . . .*, le cas si tristement célèbre de. . . . **-ly**, *adv*. Notoirement. *N. cruel*, connu pour sa cruauté.

notoriousness [no'tɔːriəsnəs], *s*. Notoriété *f*.

notwithstanding [nɔtwiθ'standiŋ]. **1.** *prep*. Malgré, en dépit de, nonobstant. *N. all I could say*, malgré tout ce que j'ai pu dire. *He went n. our remonstrances*, il est parti malgré, en dépit de, nos remontrances. **This notwithstanding**, *his accent betrayed him*, ce nonobstant, son accent le trahissait. *Jur*: *N. the provisions of . . .*, par dérogation aux dispositions de. . . . **This rule notwithstanding . . .**, par, en, dérogation à cette règle. . . . **2.** *adv*. Quand même, tout de même; néanmoins, nonobstant; pourtant. *He knows the road is dangerous but takes it n.*, il sait que le chemin est dangereux, mais il le suit tout de même, quand même. **3.** *conj*. *A*: Quoique, en dépit de ce que, bien que + *sub*. **Notwithstanding (that)** *I enjoyed myself, I am glad to be back*, quoique je me sois bien amusé, je suis content d'être de retour.

nougat ['nuːgɑː], *s*. Nougat *m*.

nought [nɔːt], *s*. = NAUGHT.

noumenon, *pl*. **-na** ['naumənɔn, -na], *s*. *Phil*: Noumène *m*.

noun [naun], *s*. *Gram*: Substantif *m*, nom *m*. *Attrib*. **Noun clause**, proposition substantive.

nourish ['nʌriʃ], *v.tr*. **1.** (*a*) Nourrir (qn, une plante, etc.); alimenter (qn); sustenter (le corps, etc.). **To nourish s.o. on, with, sth.**, nourrir qn de qch. *To be well, ill, nourished*, être bien, mal, nourri. *See also* SNAKE[1] 1. (*b*) *Ind*: **To 'nourish' the wood**, "nourrir" le bois. *To n. leather*, entretenir le cuir. **2.** *F*: Nourrir, entretenir (un sentiment, un espoir, etc.).

nourishing, *a*. Nourrissant, nutritif. *Milk is n.*, le lait nourrit. *It is too n.*, cela nourrit trop.

nourishment ['nʌriʃmənt], *s*. **1.** (*a*) Alimentation *f*, nourriture *f* (de qn, qch.). (*b*) *Leath*: Entretien *m* (du cuir). **2.** Nourriture, aliments *mpl*. *To take (some) n.*, prendre de la nourriture.

nous [naus], *s*. **1.** *Gr.Phil*: **The nous**, l'esprit *m*. **2.** *F*: Intelligence *f*, sagacité *f*; savoir-faire *m*; *F*: jugeotte *f*, judiciaire *f*. *He's got plenty of n.*, il a du gingin.

nova, *pl*. **-ae** ['nouva, -iː], *s*. *Astr*: Nova *f*.

Novara [no'vɑːra]. *Pr.n. Geog*: Novare.

Nova Scotia ['nouva'skouʃja]. *Pr.n. Geog*: La Nouvelle-Écosse.

novation [no'veiʃ(ə)n], *s*. *Jur*: Novation *f* (de débiteur, de contrat, etc.).

Nova Zembla ['nouva 'zembla]. *Pr.n. Geog*: La Nouvelle-Zemble.

novel[1] ['nɔv(ə)l], *s*. *Lit*: **1.** *A*: Nouvelle *f* (de Boccace, etc.). **2.** Roman *m*. *Detective n.*, roman policier. *Saga n.*, roman-fleuve, roman-cycle. **Novel writer**, romancier, -ière. *F*: **His adventures read like a novel**, ses aventures ont tout l'intérêt d'un roman.

novel[2], *a*. Nouveau, -elle; original, -aux; singulier. *That's a n. idea!* voilà qui est original!

novelette [nɔvə'let], *s*. *Lit*: (*a*) Nouvelle *f*. (*b*) Petit roman à bon marché. *She was a great reader of penny novelettes*, elle était grande liseuse de romans d'amour de troisième ordre, de romans pour midinettes.

novelist ['nɔvəlist], *s*. *Lit*: Romancier, -ière.

novelistic [nɔvə'listik], *a*. Du roman, de roman.

novelize ['nɔvəlaːiz], *v.tr*. Mettre (une pièce, l'histoire) en roman. *To n. a film*, écrire la version romancée d'un film. *Novelized biography*, biographie romancée.

novelty ['nɔvəlti], *s*. **1.** Chose nouvelle; innovation *f*. *Com*: (Article *m* de) nouveauté *f*. *The latest novelties*, les articles *m* de haute nouveauté, les dernières nouveautés. **2.** Nouveauté, étrangeté *f* (de qch.). *The charm of n.*, le charme de la nouveauté.

November [no'vembər], *s*. Novembre *m*. **In November**, au mois de novembre; en novembre. (*On*) *the first, the seventh, of N.*, le premier, le sept, novembre.

novena [no'viːna], *s*. *R.C.Ch*: Neuvaine *f*.

novercal [no'vəːrk(ə)l], *a*. De belle-mère; de marâtre.

novice ['nɔvis], *s*. **1.** *Ecc*: Novice *mf*. **2.** (*a*) *F*: Novice, apprenti, -ie, débutant, -ante. **To be a novice in, at, sth.**, être novice dans, à, qch. *He is no n.*, il n'en est pas à son coup d'essai. (*b*) (*At horse-show*) Cheval *m* qui n'a jamais gagné un prix.

noviciate, novitiate [no'viʃiet], *s*. **1.** (*a*) *Ecc*: (Temps *m* du) noviciat *m*. *To go through one's n.*, faire son noviciat. (*b*) *F*: Apprentissage *m*. **2.** *A*: = NOVICE. **3.** *Ecc*: Noviciat; maison *f* des novices.

novocaine ['nouvokein], *s*. *Pharm*: Novocaïne *f*.

now [nau]. I. *adv*. **1.** (*a*) Maintenant, en ce moment, à présent, actuellement, à l'heure actuelle; *F*: à l'heure qu'il est. *He is now in London*, il est actuellement à Londres. *He must be an old man now*, il doit être un vieillard à l'heure qu'il est. *She is a woman now*, la voilà devenue femme. *The now reigning emperor*, l'empereur qui règne actuellement. **Now or never, now if ever**, *is the time to . . .*, c'est le cas ou jamais de. . . . *F*: **It's a case of now or never**, il s'agit de faire vite, de se dépêcher. **Now or never!** allons-y! risquons le coup! *See also* HERE 1. (*b*) Maintenant; dans ces circonstances. *He won't be long now*, il ne tardera plus guère. *Even now, I don't understand*, même maintenant je ne comprends pas. *I cannot now very well refuse*, dans ces circonstances je ne peux guère refuser. (*c*) Maintenant; tout de suite; immédiatement. *It is going to begin now*, cela va commencer tout de suite, dans un instant. *We will now hear the lessons*, nous allons maintenant réciter les leçons. *And now I must depart*, sur ce je vous quitte. *Now I'm ready*, me voilà prêt. *Now the band strikes up*, voici qu'éclate la fanfare. *U.S*: **Right now**, tout de suite. *I'm going now, U.S*: *right now*, j'y vais de ce pas. (*d*) (*In narrative*) Alors, à ce moment-là. *All was now ready*, dès lors tout était prêt. *He was now on the way to fortune*, il était maintenant en bonne voie pour faire fortune. *He was* **even now** *on his way*, il était déjà en route. (*e*) **Just now**, (i) (*past, also A*: **even now, but now**) tout à l'heure, il y a un instant, il y a peu de temps; (ii) (*future*) tout à l'heure, dans un instant. *I saw him just now*, je l'ai aperçu il y a un instant. *I have just now*, **only now**, *arrived*, je ne fais que d'arriver. *See also* JUST[2] II. 1. **(Every) now and then, (every) now and again**, de temps en temps, de temps à autre; de loin en loin; parfois, par intervalles, par moments, par occasion, par-ci par-là. **Now . . . now . . ., now . . . then . . ., now . . . and again . . .**, tantôt . . . tantôt. . . . **Now here now there**, tantôt ici tantôt là, par-ci par-là. **Up to now**, jusqu'ici. **By now**, maintenant, à l'heure qu'il est. **Even now . . .**, même à cette heure tardive. . . . *A favourable harvest is now assured*, une belle récolte est désormais assurée. **2.** (*Without temporal significance*) (*a*) (*Explanatory, or in development of an argument*) Or. *Now Barabbas was a robber*, or Barabbas était un brigand. *Now it chanced that . . .*, or il advint que. . . . *Now . . ., therefore . . .*, or . . ., donc. . . . *Now this was little enough, but he was asked to take less*, c'était déjà peu, mais on lui demanda de prendre encore moins. (*b*) (*Interjectional expletive*) *Now what's the matter with you?* qu'avez-vous donc? voyons, qu'est-ce que vous avez? *Now what do you mean?* que voulez-vous donc dire? *That is really not bad now!* cela n'est vraiment pas mal! **Come now! Now, now!** *stop quarrelling!* voyons, voyons! assez de querelles! *Now don't nag!* allons, ne faites pas de sermons! **Well now!** eh bien! **Now then!** (i) attention! (ii) voyons! allons! *Now then, look out!* allons, faites attention! *Now then, where have you been?* or çà, d'où venez-vous? *See also* HOW[1] 1, THERE II.

II. **now**, *conj*. Maintenant que, à présent que. **Now (that)** *I am older I think otherwise*, maintenant que je suis plus âgé je pense autrement. *It isn't worth while now that we have waited so long*, ce n'est plus la peine, depuis le temps que nous attendons.

III. **now**, *s*. Le présent, le temps actuel. *I shall see you* **between now and then**, je vous verrai d'ici là. **In three or four days from now**, d'ici trois ou quatre jours. *He ought to be here* **by now**, *he ought to have been here* **before now**, il devrait déjà être arrivé. **Until now**, jusqu'ici, jusqu'à présent. **From now (on)**, dès maintenant, dès à présent, à partir de maintenant.

nowaday ['nauədei], *attrib.a*. D'aujourd'hui.

nowadays ['nauədeiz], *adv*. Aujourd'hui; de nos jours; à l'heure actuelle; *F*: à l'heure qu'il est; par le temps qui court.

noway(s) ['nouwei(z)], *adv*. = NOWISE.

nowel[1] [nou'el], *int*. & *s*. *A*: Noël (*m*)!

nowel[2] ['nouəl], *s*. *Metall*: Grand noyau (de moule).

nowhere ['nouhwɛər]. **1.** *adv*. Nulle part, en aucun lieu. *He was n. to be found*, on ne le trouvait nulle part; il restait introuvable. **Nowhere near . . .**, pas . . . à beaucoup près. *He is n. near as tall as you*, il n'est pas à beaucoup près aussi grand que vous; il s'en faut de beaucoup qu'il soit aussi grand que vous. *F*: **To be nowhere** (*in race, examination, etc.*), être distancé; être battu à plate couture. *My horse was n.*, mon cheval est arrivé dans les choux. **2.** *s*. Le néant. *A man in uniform came out of n.*, un homme en uniforme apparut soudain.

nowise ['nouwaiz], *adv*. En aucune façon; aucunement, nullement.

nowt [naut]. *Dial. & P*: = NOTHING.

noxious ['nɔkʃəs], *a*. Nuisible, nocif; malfaisant, malsain; pernicieux; (plante *f*) délétère, vireuse; (gaz *m*) méphitique, délétère; (exhalation *f*) miasmatique; (air) contagieux. *They are n. even to man*, ils nuisent, sont nuisibles, même aux hommes. **-ly**, *adv*. Nuisiblement; d'une manière malsaine, pernicieuse.

noxiousness ['nɔkʃəsnəs], *s*. Nuisibilité *f*, nocivité *f*; nature malfaisante, pernicieuse (de qch.).

noyau ['nwajo], *s*. (*Liqueur*) Crème *f* de noyau.

nozzle [nɔzl], *s*. Ajutage *m*. (*a*) Jet *m* (de tuyau); lance *f* (de tuyau de pompe à incendie, *Mil*: d'un lance-flammes); canule *f* (de seringue). **Water-hose nozzle**, (i) ajutage (de tuyau d'arrosage), lance à eau, lance d'arrosage; (ii) robinet *m* du flexible. *See also* ANTI-SPLASH. (*b*) Bec *m*, tuyau *m*, buse *f* (de soufflet); ventouse *f*, suceur *m*, buse aspiratrice (de nettoyeuse par le vide); tuyère *f*, ajutage (d'injecteur, de turbine, etc.). **Spray-nozzle**, (i) ajutage d'arrosage; (ii) *I.C.E.*: gicleur *m*, diviseur *m* d'essence. **Drip-nozzle**, ajutage à gouttes réglables. *Gasm*: **Gas-nozzle** (*of coke-oven*), busette *f*.

'nozzle-man, *s. Mil:* Porte-lance *m inv* (de lance-flammes).

n't [nt], *adv. F:* = *'not' in* **aren't, haven't, couldn't, mustn't,** *etc. See* NOT 2.

nu [nju:], *s. Gr.Alph:* Nu *m inv.*

nub [nʌb], *s.* **1.** Petit morceau (de charbon, etc.). **2.** *A:* Bosse *f*, protubérance *f.* **3.** *U.S:* **The nub of the matter,** l'essentiel *m* de l'affaire.

nubbin ['nʌbin], *s. U.S: F:* Épi de maïs petit et mal formé.

nubble [nʌbl], *s.* = NUB 1.

nubbly ['nʌbli], *a.* **1.** (*Of coal, etc.*) En petits morceaux. **2.** Couvert de bosses, de protubérances.

nubecula, -ae [nju'bi:kjula, -i:], *s.* **1.** Nubécule *f*, taie *f* (sur l'œil). **2.** *Astr:* Nuée *f* magellanique.

Nubia ['nju:bja]. *Pr.n. Geog:* La Nubie.

Nubian ['nju:bjən], *a. & s. Geog:* Nubien, -ienne.

nubile ['nju:bil], *a.* Nubile.

nubility [nju'biliti], *s.* Nubilité *f.*

nucellus [nju'seləs]. *Bot:* Nucelle *f* (d'ovule).

nucha ['nju:ka], *s. Anat:* Nuque *f.*

nuchal ['nju:k(ə)l], *a.* De la nuque.

nuciferous [nju'sifərəs], *a. Bot:* Nucifère.

nuciform ['nju:sifɔ:rm], *a. Bot: Anat: etc:* Nuciforme.

nucivorous [nju'sivorəs], *a. Z:* Nucivore.

nuclear ['nju:kliər], *a.* Nucléaire.

nuclease ['nju:klieis], *s. Ch:* Nucléase *f.*

nucleate[1] ['nju:klieit]. **1.** *v.tr.* Former (qch.) en noyau; assembler (plusieurs choses) en noyau. **2.** *v.i.* Se former, s'assembler, en noyau.

nucleated, *a.* = NUCLEATE[2].

nucleate[2] ['nju:kliet], *a. Biol: etc:* Nucléé.

nuclein ['nju:kliin], *s. Ch:* Nucléine *f.*

nucleobranch ['nju:kliobraŋk], *s. Moll:* Nucléobranche *m.*

nucleobranchiata [nju:kliobraŋki'ɑ:ta], *s.pl. Moll:* Nucléobranches *m.*

nucleolar ['nju:kliolər], *a.* Nucléolaire.

nucleolate ['nju:klioleit], **nucleolated** ['nju:klioleitid], *a. Biol: etc:* Nucléolé.

nucleole ['nju:klioul], **nucleolus,** *pl.* **-i** [nju'kli:oləs, -ai] *s. Biol: etc:* Nucléole *m.*

nucleus, *pl.* **-ei** ['nju:kliəs, -iai], *s. Astr: Biol: Ph:* Noyau *m* (d'atome, de cellule, de comète, *F:* d'une société, etc.); *Biol:* nucléus *m* (de cellule). *F:* **The nucleus of a library,** un commencement de bibliothèque. *The n. of the affair,* le fond, l'essentiel *m*, de l'affaire. *Nau:* **Nucleus crew,** noyau d'équipage.

nude [nju:d]. **1.** *a.* (*a*) (*Of pers., limbs, etc.*) Nu. *Art: To paint n. figures,* peindre des nus, des académies *f. Com:* **Nude stockings,** bas *m* couleur chair. (*b*) *Jur:* (*Of contract*) Unilatéral, -aux. **2.** *s. Art:* (*a*) Nudité *f*; figure nue. (*b*) **The nude,** le nu. **To draw, paint, from the nude,** dessiner, peindre, d'après le nu; dessiner, peindre, des académies. **A study from the nude,** une académie; un nu.

nudge[1] [nʌdʒ], *s.* Coup *m* de coude.

nudge[2], *v.tr.* Pousser (qn) du coude; donner un coup de coude à (qn) (en guise de signal ou d'avertissement). **I nudged him to stand up,** je le poussai du coude pour le faire lever.

nudism ['nju:dizm], *s.* Nudisme *m.*

nudist ['nju:dist], *s.* Nudiste *mf.*

nudity ['nju:diti], *s.* **1.** Nudité *f* (de qn, etc.). **2.** *Art:* Nudité; figure nue; nu *m.*

'nuff [nʌf], *adv. P:* (*Enough*) **'Nuff said,** pas besoin d'en dire plus long, d'en dire davantage.

nugatory ['nju:gətəri], *a.* Frivole, futile, sans valeur; (*of law, attempt, etc.*) nul, inefficace.

nugget ['nʌgit], *s.* Pépite *f* (d'or); nugget *m.*

nuisance ['nju:s(ə)ns], *s.* **1.** *Jur:* Dommage *m*; atteinte portée (i) aux droits du public, (ii) à la moralité publique, (iii) aux droits privés des voisins. (*Public notice*) **Commit no nuisance,** (i) défense *f* d'uriner; (ii) défense de déposer des immondices. **2.** *F:* (*a*) (*Pers.*) Peste *f*, fléau *m*; gêneur, -euse. *He is a perfect n.,* il est assommant; *P:* il est sciant. *What a n. that child is!* quel tourment que cet enfant-là! *Go away, Jack, you're a n.!* va-t'en, Jack, tu m'embêtes! **To make oneself a nuisance to one's neighbours,** incommoder ses voisins. *N. of a man,* personnage encombrant; fâcheux *m. One of those public nuisances who . . .,* un de ces individus, véritables fléaux sociaux, qui. . . . (*b*) (*Thg*) Ennui *m*, incommodité *f*; chose fâcheuse; *F:* embêtement *m. Long skirts are a n.,* les jupes longues sont gênantes. **It is a nuisance for, to, me to . . .,** cela me gêne de. . . . **That's a nuisance!** voilà qui est bien ennuyeux! **What a nuisance!** quel ennui! quelle contrariété! comme c'est contrariant, ennuyant, ennuyeux! c'est embêtant, agaçant, fichant! quelle tuile! *P:* **What a bally nuisance!** quel fichu embêtement! quelle scie! ce que c'est bisquant!

null [nʌl]. **1.** *a.* (*a*) *Jur: etc:* (*Of decree, act, etc.*) Nul, *f.* nulle; (*of legacy*) caduc, *f.* caduque. **Null and void,** nul et de nul effet, nul et sans effet, nul et non avenu, radicalement nul. **To render null,** annuler, infirmer (un décret, un testament). (*b*) (*Of thg*) Inefficace, sans valeur; (*of pers.*) nul, insignifiant. **2.** *s.* (*Dummy letter in cipher*) Nulle *f.*

nullah ['nʌla], *s.* (*Anglo-Indian*) Ravine *f*, ravin *m*; cours *m* d'eau; lit *m* de rivière ou de torrent.

nullification [nʌlifi'keiʃ(ə)n], *s.* Annulation *f*, infirmation *f.*

nullify ['nʌlifai], *v.tr.* Annuler, nullifier; infirmer (un acte); dirimer (un contrat, etc.).

nulliparous [nʌ'lipərəs], *a. Med: Jur:* (Femme *f*) nullipare.

nullity ['nʌliti], *s.* **1.** *Jur:* (*a*) Nullité *f*, invalidité *f* (d'un mariage, etc.); caducité *f* (d'un legs, etc.). *Jur:* **Nullity suit,** demande *f* en nullité d'un mariage. (*b*) *To declare an act a n.,* déclarer un acte nul. **2.** (*a*) Nullité (de qn, etc.). (*b*) (*Pers.*) **A nullity,** une non-valeur; un zéro; un homme nul. (*c*) (*Of an army, etc.*) *To shrink to a n.,* se réduire à zéro, à rien.

Numantia [nju'manʃja]. *Pr.n. A.Geog:* Numance *f.*

numb[1] [nʌm], *a.* (*Of limb, mind, etc.*) Engourdi; (*of limb*) privé de sentiment; gourd. **Hands numb with cold,** mains engourdies par le froid; mains gourdes. *F:* **Numb hand,** personne maladroite; empoté, -ée. **-ly,** *adv.* D'une manière engourdie.

'numb-fish, *s. Ich:* Torpille *f*, crampe *f.*

'numb-skull, *s.* = NUMSKULL.

numb[2], *v.tr.* Engourdir (les membres, l'esprit, etc.).

numbed, *a.* Engourdi (*with*, par); transi. *Senses n. with terror,* sens glacés d'effroi.

number[1] ['nʌmbər], *s.* **1.** (*a*) *Ar:* Nombre *m. Even n., odd n.,* nombre pair, impair. *Whole numbers,* nombres entiers. (*b*) *The n. of people present,* le nombre des assistants. *The greater n. are of this opinion,* le plus grand nombre est de cette opinion. *The greatest n. on record is fifty persons,* le plus grand nombre enregistré est de cinquante personnes. *Parties in equal numbers,* partis *m* en nombre égal. *Given equal numbers we should be the stronger,* à nombre égal nous serions les plus forts. **To swell the number,** faire nombre. *To swell the n. of subscribers,* grossir la liste des souscripteurs. *They volunteered* **to the number of 10 000,** ils s'engagèrent au nombre de 10 000. **They were six in number,** ils étaient au nombre de six. *An army small in n.,* une armée numériquement faible. *They are few in n.,* ils sont en petit nombre. *They are more in n. than . . .,* ils sont plus nombreux que. . . . *They exceed us in n.,* ils nous dépassent en nombre, par le nombre. **Books without number,** des livres *m* innombrables. *See also* TIME[1] 9. (*c*) **A (certain) number of** *persons, of things, of hours,* un certain nombre de personnes, de choses, d'heures; plusieurs personnes, etc. *We have a great n. of apples,* nous avons une quantité de pommes. **A (large) number of** *men were killed,* nombre d'hommes, de nombreux hommes, furent tués. *A small n. were saved,* un petit nombre de gens furent sauvés. *Such a n. of . . .,* un si grand nombre de. . . . *F:* **Any number of . . .,** un grand nombre de . . .; bon nombre de . . .; une quantité de. . . . *I have shown him any n. of kindnesses,* il a reçu de moi mille bienfaits. (*d*) *pl.* **Numbers.** *Numbers of people died of it,* nombre de personnes, de nombreuses personnes, en moururent. *To be present in small numbers, in (great) numbers,* être présents en petit nombre, en grand nombre. *They were in such numbers that . . .,* ils étaient si nombreux que. . . . **The power of numbers,** le pouvoir du nombre. **To win by (force of) numbers,** l'emporter par le nombre, par la force du nombre. *To be overpowered by numbers, to yield to numbers,* succomber sous le nombre; céder au nombre. *Victory does not depend on numbers,* la victoire ne dépend pas du nombre. (*e*) Compagnie *f*, groupe *m* (de personnes). **One of their number,** (l')un d'entre eux. *He is not of our n.,* il n'est pas des nôtres; il n'est pas de notre compagnie. *X was now added to the n. of his enemies,* X fit dès lors partie de ses ennemis. (*f*) *B:* **(The book of) Numbers,** les Nombres. **2.** Chiffre *m. To write the n. on a page,* mettre le chiffre à une page; numéroter une page. **3.** (*a*) Numéro *m* (d'une maison, d'un commissionnaire, etc.); (numéro) matricule *m* (d'un soldat, d'un fusil, d'un prisonnier, etc.). *To stamp the n. on an engine,* matriculer un moteur. **I live at number forty, High Street,** je demeure au numéro quarante de la Grand'rue. *The chemist at n. two, Rue Lepic,* le pharmacien du numéro deux, rue Lepic. *Running numbers,* numéros de série. *Com:* **Reference number,** numéro de commande. **Registered number, registration number,** numéro matricule; (*of car*) numéro de police. **To take a car's number,** relever le numéro d'une auto. *F:* **To take, get, s.o.'s number,** savoir ce que vaut qn; *F: A:* connaître le numéro de qn. **Chassis number,** numéro d'ordre, numéro de fabrication, du châssis. **Road number,** numéro administratif (d'une route). *F:* **His number is up,** il a son affaire, son affaire est faite; il va mourir; *F:* il est fichu, flambé. *See also* FILE-NUMBER, MESS[1] 4, ONE II. 1, OPPOSITE 1, PLATE[1] 1, SERIAL 1, SUPPLY[1] 1, TELEPHONE[1], WRONG[1] 1.3.(*b*) *Ch: etc:* (*In analysis*) **Acetyl number, iodine number,** indice *m* d'acétyle, indice d'iode. (*c*) *Tex:* Numéro, titre *m* (des fils du coton, du lin). **4.** *Gram:* Nombre. **5.** (*a*) *Th:* Numéro. *The last n. on the programme,* le dernier numéro du programme. (*b*) *Publ:* Numéro (d'un journal, etc.); livraison *f*, fascicule *m* (d'un ouvrage qui paraît par fascicules). *The Christmas n.,* le numéro de Noël. **To buy a periodical by the number,** acheter un périodique au numéro. *See also* BACK-NUMBER. **6.** *pl. Lit. & Poet:* (*a*) *Mus:* Mesures *f. Soft numbers,* doux accords. (*b*) *Pros:* Vers *mpl*, poésie *f. See also* MOURNFUL.

'number-board, *s. Sp:* Tableau *m* d'affichage.

'number-signal, *s. Nau:* Signal *m* numérique; numéraire *m.*

number[2], *v.tr.* **1.** Compter. (*a*) *To n. the stars,* compter, dénombrer, les étoiles. **His days are numbered,** il n'a plus longtemps à vivre, ses jours sont comptés. (*b*) **To number s.o. among one's friends,** compter qn parmi ses amis. *To be numbered with the saints,* être au nombre des saints. *This painting is numbered among the treasures of the gallery,* ce tableau compte parmi les trésors du musée. (*c*) **He numbers fourscore years,** il a quatre-vingts ans. *The town, the army, numbers thirty thousand,* la ville, l'armée, compte trente mille habitants, trente mille hommes. *To n. about a thousand,* s'élever environ à mille. *They n. several thousand,* ils sont au nombre de plusieurs mille; leur nombre se chiffre par milliers. *Our company numbered forty,* nous étions quarante. **2.** (*a*) Numéroter (une caisse, les maisons d'une rue, etc.). *To n. serially,* numéroter en série. (*b*) *v.i. Mil:* **To number (off),** se numéroter. **Number!** numérotez-vous!

numbering, *s.* **1.** Comptage *m*, compte *m*, dénombrement *m* (d'objets, de personnes). **2.** Numérotage *m* (des maisons, des routes, etc.).

'numbering-machine, -stamp, *s.* Numéroteur *m*; (*for pages of ledgers, etc.*) folioteur *m*; folioteuse *f. Rail: etc:* **Automatic (dating and) numbering machine,** composteur *m.*

numberer ['nʌmbərər], *s.* (*Pers.*) **1.** Compteur, -euse. **2.** Numéroteur, -euse.

numberless ['nʌmbərləs], *a.* Innombrable. *N. invitations*, des invitations *f* sans nombre.

numbles [nʌmblz], *s.pl. A:* Entrailles *f* (de cerf).

numbness ['nʌmnəs], *s.* Engourdissement *m* (des doigts, etc.); torpeur *f* (de l'esprit).

numdah ['nʌmdɑ], *s.* = NUMNAH.

numerable ['njumərəbl], *a.* Nombrable; que l'on peut compter ou dénombrer.

numeral ['njumərəl]. **1.** *a.* (*Of word, letter, etc.*) Numéral, -aux. *Nau:* **Numeral signal** = NUMBER-SIGNAL. **2.** *s.* (*a*) Chiffre *m*, nombre *m*. (*b*) *The cardinal numerals*, les numéraux cardinaux. *See also* ARABIC 1. (*c*) Nom *m* de nombre.

numerary ['njumərəri], *a.* (Valeur *f*, etc.) numéraire. *Nau:* **Numerary signal** = NUMBER-SIGNAL.

numeration [njumə'reiʃ(ə)n], *s. Ar:* Numération *f*.

numerator ['njuməreitər], *s.* **1.** *Mth:* Numérateur *m* (d'une fraction). **2.** (*Pers.*) = NUMBERER.

numerical [nju'merik(ə)l], *a.* Numérique. **-ally**, *adv.* Numériquement.

numerous ['njumərəs], *a.* **1.** (*a*) Nombreux. *Competitors are not n.*, les concurrents sont peu nombreux, il n'y a pas beaucoup de concurrents. (*b*) *A: The n. voice of the people*, la voix du peuple en foule. *A n. dinner*, un dîner de nombreux convives. **2.** (*Of verse*) Cadencé, harmonieux; *A:* nombreux. **-ly**, *adv.* **1.** En grand nombre; abondamment. **2.** Harmonieusement; en vers cadencés; *A:* avec nombre.

numerousness ['njumərəsnəs], *s.* **1.** (Grand) nombre; abondance *f* (*of*, de). **2.** *Pros:* Cadence *f*, harmonie *f*; *A:* nombre *m* (du vers).

Numidia [nju'midjə]. *Pr.n. Geog:* La Numidie.

Numidian [nju'midjən], *a.* & *s.* Numide (*mf*). *See also* CRANE[1] 1.

numismatic [njumiz'matik], *a.* Numismatique.

numismatics [njumiz'matiks], *s.pl.* (*Usu. with sg. constr.*) La numismatique.

numismatist [nju'mizmatist], *s.* Numismate *m*, numismatiste *m*.

nummary ['nʌməri], **nummulary** ['nʌmjuləri], *a.* (*Of weight, language, etc.*) Monétaire; relatif à la monnaie. **Nummary pound**, livre *f* numéraire.

nummulite ['nʌmjulait], *s. Paleont:* Nummulite *f*. *Geol:* **Nummulite limestone**, calcaire *m* à nummulites; *F:* pierre *f* à liards.

nummulitic [nʌmju'litik], *a. Geol:* (Calcaire *m*) à nummulites.

numnah ['nʌmnɑ], *s. Equit:* Tapis *m* de selle (aux Indes).

numskull ['nʌmskʌl], *s. F:* Nigaud, -aude; *F:* bêta, -asse; buse *f*; idiot, -ote.

nun [nʌn]. **1.** *s.f. Ecc:* Religieuse, *F:* nonne. *To become a nun*, entrer en religion; se faire religieuse. *He was nursed by the nuns*, il a été soigné par les religieuses, par les sœurs. **2.** *s. Orn:* (*a*) Mésange bleue. (*b*) Harle *m* piette. (*c*) Pigeon *m* nonnain, à capuchon. **3.** *Ent:* Nun(-moth), nonne *f*; psilure *m* moine.

'nun's thread, *s. Needlew:* Coton *m* à broder.

'nun's veiling, *s. Tex:* Flanelle *f* mousseline.

nun-buoy ['nʌnbɔi], *s. Nau:* Bouée *f* en olive; tonne *f*.

nunciature ['nʌnʃiətjər], *s. Ecc:* Nonciature *f*.

nuncio ['nʌnʃio], *s. Ecc:* Nonce *m*. **Papal nuncio**, nonce du Pape.

nuncupate ['nʌnkjupeit], *v.tr. Jur:* (*Of soldier or sailor on active service*) Exprimer verbalement devant témoins (ses dispositions testamentaires).

nuncupative ['nʌnkjupeitiv], *a. Jur:* **Nuncupative will.** (i) *Rom.Ant:* Testament nuncupatif. (ii) Dispositions testamentaires (d'un soldat ou d'un marin en service actif) exprimées verbalement devant témoins et consignées ensuite par écrit.

nunhood ['nʌnhud], *s.* État *m* de religieuse.

nunnation [nʌ'neiʃ(ə)n], *s. Ling:* Nunnation *f*.

nunnery ['nʌnəri], *s.* Couvent *m* (de religieuses); *Hum:* nonnerie *f*.

nuphar ['njuːfər], *s. Bot:* Nuphar *m*; nénuphar *m* jaune; lis *m* des étangs; jaunet *m* d'eau.

nuptial ['nʌpʃəl]. **1.** *a.* Nuptial, -iaux. *The n. ring*, l'anneau nuptial. *Hum: To fix the n. day*, fixer la date du mariage. **2.** *s.pl.* **Nuptials**, noces *f*; *A.* & *Dial:* épousailles *f*.

Nuremberg ['njurəmbəːrg]. *Pr.n. Geog:* Nuremberg.

Nuremberger ['njurəmbəːrgər], *a.* & *s.* Nurembergeois, -oise.

nurse[1] [nəːrs], *s.* **1.** (*a*) (**Wet-**)**nurse**, nourrice *f*. **To put a baby out to nurse**, mettre, placer, un bébé en nourrice. **A child at nurse**, un enfant en nourrice. (*b*) *See* DRY-NURSE[1]. (*c*) Bonne *f* (d'enfants). **2.** (**Sick-**)**nurse**, garde-malade *f*, *pl.* gardes-malades; garde *f*. (**Hospital**) **nurse**, infirmière *f*. *The night n.*, l'infirmière de nuit. **Army nurse**, infirmière militaire; ambulancière *f*. *Mil:* **The head nurse**, l'infirmière major. **Male nurse**, garde-malade *m*; infirmier *m*. *See also* DISTRICT-NURSE, MONTHLY[1] 1. **3.** (*a*) *Ent:* (*Of bees, ants*) Ouvrière *f*. (*b*) *Z:* Nourrice. **4.** *For:* = NURSE-TREE.

'nurse-balloon, *s. Aer:* Ballon *m* nourrice.

'nurse-child, *s.* Nourrisson *m*.

'nurse-crop, *s. For:* Peuplement *m* d'abri.

'nurse-frog, *s. Amph:* Alyte *m*; crapaud accoucheur.

'nurse-ship, *s.* = MOTHER SHIP.

'nurse-tree, *s. For:* Arbre *m* d'abri (d'un jeune plant).

nurse[2], *v.tr.* **1.** Nourrir (de son lait), allaiter (un enfant). *F:* **To be nursed in luxury**, être élevé dans le luxe. **2.** (*a*) Soigner (un malade). **She nursed him back to health**, elle lui fit recouvrer la santé grâce à ses soins. (*b*) *F:* **To nurse a cold**, soigner un rhume. **3.** (*a*) Soigner, abriter (des plantes, etc.); administrer (une propriété) avec économie; ménager (un cheval, une équipe, etc.) en vue du dernier effort à donner. *This is a connection that should be nursed*, c'est une relation à cultiver. **To nurse one's public**, soigner sa popularité. *Pol: To n. a constituency*, cultiver, soigner, une circonscription électorale, les électeurs. (*b*) *Bill:* **To nurse the balls**, rassembler les billes; conserver, garder, les billes groupées; jouer un jeu très groupé. (*c*) Nourrir, entretenir (un sentiment, un espoir, un chagrin, etc.); mitonner, mijoter (un projet). (*d*) *F:* **To nurse the fire**, couver le feu; rester au coin du feu. **4.** Bercer (un enfant); tenir (qn, qch.) dans ses bras; caresser (qch.) dans ses mains. *I nursed him when he was a baby*, je l'ai dorloté tout petit enfant. *F:* **To nurse one's knee**, tenir son genou dans ses mains. **To have a lot of unsaleable stocks to nurse**, avoir un tas de valeurs invendables sur les bras. **5.** *Turf:* **To nurse a horse**, serrer un cheval contre la corde (ou entre deux autres) pour le gêner.

nursing[1], *a.* **1.** Qui nourrit. **Nursing mother**, (i) mère *f* qui nourrit (au sein); (ii) mère adoptive, (mère) nourricière *f*. *Rooms for n. mothers*, chambres *f* d'allaitement. **Nursing father**, père adoptif, (père) nourricier *m*. **2.** Qui soigne. (*In hospital*) **The nursing staff**, le personnel des infirmières.

nursing[2], *s.* **1.** Allaitement *m* (d'un enfant). *During the n. time*, pendant l'allaitement. **2.** Culture assidue (des plantes, d'une terre, etc.); ménagement *m* (d'une affaire); entretien *m* (d'un sentiment, etc.). **3.** (*a*) Soins *mpl* (d'une garde-malade). *Good n. will soon put him right*, bien soigné, il se remettra vite. (*b*) Profession *f* de garde-malade, d'infirmière. **To go in for nursing**, se faire infirmière. **She does nursing**, elle fait des gardes. **4.** Bercement *m*, dorlotement *m* (d'un enfant) (dans les bras, sur les genoux).

'nursing home, *s.* (*For mental cases, etc.*) Maison *f* de santé; (*for surgical cases*) clinique *f*; hôpital privé; (*for rest-cure*) maison de convalescence; maison de repos.

nurse[3], *s. Ich: F:* (Nom donné à diverses familles de) squale *m*.

nurseling ['nəːrsliŋ], *s.* = NURSLING.

nursemaid ['nəːrsmeid], *s.f.* Bonne d'enfants.

nursery ['nəːrsəri], *s.* **1.** (*a*) Chambre *f* des enfants; nursery *f*. **Night nursery**, dortoir *m* des enfants. *See also* DAY-NURSERY. **Nursery tale**, conte *m* de nourrice; conte pour (les) enfants; *A:* conte de ma mère l'Oie. **Nursery rhyme**, poésie enfantine; chanson *f* de nourrice; cliquette *f*. (*b*) Crèche *f*; garderie *f*. **Resident nursery**, pouponnière *f*. **Nursery school**, maternelle *f*. **2.** (*a*) *For: Hort:* Pépinière *f*. *Permanent n.*, pépinière fixe. *Shifting n.*, pépinière volante. *F:* **Nursery of, for, soldiers, artists**, pépinière de soldats, d'artistes. *See also* SILKWORM. (*b*) *Pisc:* Alevinier *m*, vivier *m*.

'nursery(-cannons), *s.* (*pl.*) *Bill:* Série *f* de carambolages sur billes groupées ou collées.

'nursery-'garden, *s. Hort:* Pépinière *f*.

'nursery-'gardener, *s.* Pépiniériste *mf*.

'nursery-'governess, *s.f.* Gouvernante pour (les) jeunes enfants.

nurseryman, *pl.* **-men** ['nəːrsərimən, -men], *s.m.* Pépiniériste.

nursey ['nəːrsi], *s.f.* (*Child's speech*) Nounou, bobonne.

nursling ['nəːrsliŋ], *s.* (*a*) Nourrisson *m*. *F: N. of the Muses*, nourrisson des Muses. (*b*) *F:* **Publisher's nurslings**, poulains *m* d'un éditeur.

nurture[1] ['nəːrtjər], *s.* Nourriture *f*. **1.** Éducation *f*; soins *mpl*. *N. of the mind*, nourriture de l'esprit. *Prov:* **Nurture is stronger than nature**, nourriture passe nature. **2.** Aliments *mpl*.

nurture[2], *v.tr.* **1.** Nourrir (les enfants, etc.); *F:* nourrir, entretenir (des sentiments, etc.). *Children must be nurtured on truth*, il faut nourrir les enfants de (la) vérité. **2.** Élever, faire l'éducation de (qn); instruire (qn).

nurturer ['nəːrtjərər], *s.* Nourricier, -ière; protecteur, -trice.

nut [nʌt], *s.* **1.** (*a*) (i) Noix *f*. (ii) (**Hazel-**) **nut**, noisette *f*, aveline *f*. *F:* **Tough, hard, nut to crack**, (i) problème *m* difficile à résoudre; (ii) personne *f* difficile, peu commode; *F:* dur *m* à cuire; (iii) personne difficile à tromper. *It is a hard nut to crack*, cela n'ira pas sans peine; *F:* c'est un os bien dur à ronger. **He can't sing for nuts**, il ne sait pas chanter du tout; il n'a aucun talent. (*Of pers.*) **To be dead nuts on s.o., on sth.**, raffoler de qn, de qch.; aimer qn, qch., en diable; être entiché de qn. (*Of thg*) **To be nuts to s.o.**, être un plaisir pour qn. *See also* BEECH-NUT, BETEL-NUT, BRAZIL-NUT, CHESTNUT, COB[1] 3, COCOA[1] 1, EARTH-NUT, GALL-NUT, GROUND-NUT, HOG-NUT, MONKEY NUT, OIL-NUT, PEANUT, PIG-NUT, PISTACHIO 1, RUSH-NUT, WALNUT. (*b*) *P:* Tête *f*; *P:* ciboulot *m*, boule *f*, caboche *f*, calebasse *f*, coloquinte *f*, cafetière *f*, citron *m*. **To be off one's nut**, être timbré, toqué, loufoque; avoir un coup de marteau, avoir le coco fêlé; avoir perdu la boule. *He is off his nut*, il, sa tête, déménage. (*c*) *P:* = KNUT. **2.** Écrou *m*. **Cap(ped) nut**, écrou à chapeau. **Fly-nut, thumb-nut, wing-nut, butterfly-nut**, écrou à oreilles, à ailettes; écrou ailé; (écrou) papillon *m*. **Collar nut**, écrou à embase. *Hexagonal nut*, écrou à six pans. **Sleeve-nut, barrel-nut**, manchon taraudé; manchon écrou; écrou à lanterne. *See also* CASTLE-NUT, CHECK-NUT, JAM-NUT, LOCK-NUT, PINCH-NUT, SELF-LOCKING, SET[3] 1. **3.** *Clockm:* Roue droite, à denture droite (de petites dimensions). **4.** (*a*) *Mus:* Sillet *m* (de violon). *Tail-piece nut*, grand sillet. *Nut at the neck*, petit sillet. (*b*) *Mus:* Hausse *f* (d'archet). **'At, with, the nut,'** "du talon." (*c*) *Nau: Nuts of an anchor-shank*, tenons *m* de la verge d'une ancre. **5.** *Com: Min:* **Nut coal, nuts**, gailletin *m*; têtes *f* de moineau. **6.** *Cu:* Petit gâteau ou biscuit rond. *See also* DOUGHNUT, GINGER-NUT.

'nut-bearing, *a. Bot:* Nucifère.

'nut-brown, *a.* (Couleur) noisette *inv.* **Nut-brown hair**, cheveux châtains. *Poet: N.-b. maid*, jeune fille au teint brun (noisette).

'nut-butter, *s.* Beurre *m* de noix.

'nut-cracker, *s.* **1.** (*a*) (**Pair of**) **nut-crackers**, casse-noisette(s) *m inv*, casse-noix *m inv*. *F:* **Nut-cracker (nose and) chin**, (nez *m* et) menton *m* en casse-noisette, en pince de homard. (*b*) *P:* **The nut-crackers**, les dents *f*. **2.** *Orn:* Casse-noix.

'nut-gall, *s. Bot: Dy:* Noix *f* de galle.

'nut-oil, *s.* Huile *f* de noix. *Husb:* **Nut-oil cake**, nougat *m* (pour bestiaux).

'nut-palm, *s. Bot:* Cycas *m* de l'Australie.

'nut-tree, *s. Bot:* Noisetier *m*; *F:* coudre *m*, coudrier *m*.

'nut-weevil, *s. Ent:* Charançon *m* des noisettes; balanin *m.*
nutant ['nju:tənt], *a. Bot:* Nutant.
nutation [nju'teiʃ(ə)n], *s. Astr: Bot: Med:* Nutation *f.*
nuthatch ['nʌthatʃ], *s. Orn:* (Sittelle *f*) torche-pot *m, pl.* torche-pots; pic *m* maçon; casse-noisette *m inv*; geai *m* de montagne.
nutmeg ['nʌtmeg], *s.* (Noix *f* de) muscade *f,* noix de Banda. **Californian nutmeg,** noix de Californie. *See also* PLUME-NUTMEG.
'nutmeg-grater, *s.* Râpe *f* à (noix de) muscade.
'nutmeg-'liver, *s. Med:* Cirrhose *f* atrophique du foie.
'nutmeg-tree, *s. Bot:* Muscadier *m.*
nutria ['njutriə], *s.* **Nutria (fur),** fourrure *f* de coypou; *Com:* castor *m* du Chili, loutre *f* d'Amérique, ragondin *m,* nutria *m.*
nutrient ['njutriənt], *a.* & *s.* = NUTRITIVE.
nutriment ['njutrimənt], *s.* Nourriture *f*; aliments nourrissants.
nutrition [nju'triʃ(ə)n], *s.* Nutrition *f.*
nutritionist [nju'triʃənist], *s.* Hygiéniste *m* alimentaire; diététicien *m*; expert *m* en matière d'alimentation.
nutritious [nju'triʃəs], *a.* Nutritif, nourrissant.
nutritiousness [nju'triʃəsnəs], *s.* Nutritivité *f.*
nutritive ['njutritiv]. **1.** *a.* Nutritif, nourrissant. **2.** *s.* Substance nutritive; aliment *m.*
nutshell ['nʌtʃel], *s.* Coquille *f* de noix. *F:* **That's the whole thing in a nutshell,** voilà toute l'affaire (résumée) en un mot, en deux mots. *There you have your man in a n.,* voilà votre homme campé en peu de mots. *The whole thing lies in a n.,* c'est simple comme bonjour. *To put it in a n. . . .,* pour me résumer. . . .
nuttiness ['nʌtinəs], *s.* **1.** Goût *m* de noisette. **2.** *F:* Élégance *f,* chic *m.*
nutting ['nʌtiŋ], *s.* Cueillette *f* des noisettes. **To go nutting,** aller à la cueillette, faire la cueillette, des noisettes; aller aux noisettes.
nutty ['nʌti], *a.* **1.** (Pays, arbre) abondant en noisettes, en noix. **2.** (*a*) (Vin, etc.) ayant un goût de noisette, de noix. (*b*) (Conte, etc.) savoureux, plein de saveur. **3.** *P:* **To be nutty (up)on s.o.,** raffoler de qn, aimer qn en diable, être entiché de qn. *To go n. on s.o.,* s'enticher de qn. **4.** *U.S: P:* Un peu fou; piqué, timbré.
nux vomica [nʌks'vɔmikə], *s. Bot: Pharm:* Noix *f* vomique. **Nux vomica tree,** vomiquier *m.*
nuzzle [nʌzl], *v.i.* **1.** (*Of pig, etc.*) Fouiller avec le groin. *To n. into the mud,* fouiller dans la boue. **2. To nuzzle against s.o.'s shoulder,** (*of dog, horse*) fourrer son nez sur l'épaule de qn; faire des caresses à qn; (*of pers.*) se blottir sur l'épaule de qn. **To nuzzle close to s.o., up to s.o.,** se serrer contre qn. *The dog came nuzzling about my calves,* le chien me reniflait les mollets.
nyctalope ['niktəloup], *a.* & *s.* **1.** Nyctalope (*mf*); nyctalopique. **2.** Héméralope (*mf*); héméralopique.
nyctalopia [niktə'loupiə], *s.* **1.** Nyctalopie *f.* **2.** Héméralopie *f.*
nylghau ['nilgɔ:], *s. Z:* = NILGAI.
nymph [nimf], *s.f.* **1.** *Myth:* Nymphe. **Tree-nymph, wood-nymph,** hamadryade. **Ocean-nymph,** océanide. **Grotto** *or* **mountain nymph,** oréade. *See also* SEA-NYMPH, WATER-NYMPH. **2.** *s. Ent:* Nymphe *f.*
nymphae ['nimfi:], *s.pl. Anat:* Nymphes *f*; petites lèvres.
nymphaea [nim'fi:ə], *s. Bot:* Nymphée *f,* nymphéa *m*; nénuphar blanc.
nymphaeaceae [nimfi'eisii:], *s.pl. Bot:* Nymphéacées *f.*
nymphaeum [nim'fi:əm], *s. Archeol:* Nymphée *m or f.*
nymphalidae [nim'falidi:], *s.pl. Ent:* Nymphalidés *m.*
nymphean [nim'fi:ən], *a.* De nymphe; des nymphes.
nympholepsy ['nimfolepsi], *s.* Nympholepsie *f.*
nympholept ['nimfolept], *a.* Nympholepte.
nymphomania [nimfo'meiniə], *s. Med:* Nymphomanie *f.*
nymphomaniac [nimfo'meiniak], *s.f. Med:* Nymphomane.
nyssa ['nisə], *s. Bot:* Nyssa *m.*
nystagmus [nis'tagməs], *s. Med:* Nystagmus *m,* nystagme *m.*

O¹, o, *pl.* **o's, oes, os** [ou, oːuz], *s.* **1.** (La lettre) O, o *m. Tp:* **O for Oliver,** O comme Oscar. **2.** *Tp:* (*Nought*) Zéro *m.* **3.** Cercle *m*, rond *m.*

O², *int.* **1.** (*Vocative*) O, ô. *Ecc:* **The O's of Advent,** les sept O de Noël. **2.** (*Expressing surprise, pain, etc.*) O, oh. *O how tired I am!* ah! que je suis fatigué! *O for a glass of water!* que ne donnerais-je pas pour un verre d'eau! *O for a real home!* si seulement j'avais un véritable chez-moi! *O to be in England!* que ne suis-je en Angleterre! si seulement j'étais en Angleterre! **O me!** misère de moi! *See also* DEAR IV.

o' [ə], *prep. F:* **1.** (= *of*) **Man-o'-war,** bâtiment *m* de guerre. **Six o'clock,** six heures. **2.** (= *on*) *I dream of it* **o'nights,** j'en rêve la nuit.

oaf, *pl.* **-s, oaves** [ouf, -s, oːuvz], *s.* **1.** *A:* Enfant *m* de fée. **2.** Idiot, -ote (de naissance); innocent *m.* **3.** (*a*) Lourdaud *m*, balourd *m*, godiche *m.* (*b*) Bon *m* à rien; imbécile *m.*

oafish ['oufiʃ], *a.* Lourdaud, stupide. **-ly,** *adv.* D'un air lourdaud; stupidement.

oafishness ['oufiʃnəs], *s.* Balourdise *f*, stupidité *f.*

oak [ouk], *s.* **1.** (*a*) *Bot:* Chêne *m.* **Common (French and British) oak,** chêne pédonculé, commun, anglais, à grappes. **Chestnut oak,** chêne à glands sessiles, à fleurs sessiles. **Austrian oak, Russian oak,** chêne rouvre. **Turkey oak, moss-capped oak,** chêne chevelu; chêne de Bourgogne. **Black oak, dyer's oak,** chêne tinctorial (d'Amérique); chêne des teinturiers; chêne quercitron. **Evergreen oak, holm-oak,** yeuse *f*; chêne vert. *See also* CORK-OAK, EGGER, GALL-OAK, STROKE¹ 1. (*b*) **Oak sapling,** chêne de brin, chêneau *m.* **Oak-plantation, oak-grove,** *U.S:* **oak-yard,** chênaie *f*; bois *m* de chênes. *U.S:* **Oak barren, oak flat,** lande couverte de taillis de chêne. (*c*) (Bois *m* de) chêne. **Bog oak,** chêne de tourbière. **Oak furniture,** meubles *mpl* de, en, chêne. **Dark oak colour,** couleur *f* vieux chêne. *See also* HEART¹ 3. (*d*) Porte extérieure (d'un appartement) (dans les universités, etc.). **To sport one's oak,** s'enfermer à double porte; défendre, condamner, sa porte; *F:* montrer visage de bois. (*e*) **The Royal Oak,** le chêne qui servit de cachette à Charles II lorsqu'il fut poursuivi le 6 septembre 1651. *A:* **To wear oak,** porter des feuilles de chêne à la boutonnière (le 29 mai). (*Cf.* OAK-APPLE.) **2.** *Bot:* **Oak of Cappadocia,** ambrosie *f* maritime. *See also* POISON-OAK, SEA-OAK. **3.** *Turf:* **The Oaks,** course pour pouliches de 3 ans, courue à Epsom le vendredi qui suit le jour du Derby. (Fondée en 1779.) Équivaut au "Prix de Diane."

'**oak-apple,** *s.* = OAK-GALL. **Oak-apple Day,** le 29 mai, anniversaire de la Restauration du roi Charles II. (En souvenir du chêne qui servit de cachette au roi lorsqu'il fut poursuivi le 6 septembre 1651.)

'**oak-bark,** *s. Tan: Pharm:* Écorce *f* de chêne. **Oak-bark tanned,** tanné à l'écorce de chêne.

'**oak-beauty,** *s. Ent:* Amphidasys *m* prodromaire. **Great oak-beauty,** boarmie *f* du chêne.

'**oak-button,** *s.* = OAK-GALL.

'**oak-coppice,** *s. For:* Taillis *m* à écorce.

'**oak-gall,** *s.* Noix *f* de galle; pomme *f* de chêne; cinelle *f.*

'**oak-leaf,** *s.* Feuille *f* de chêne. **Oak-leaf brown,** (couleur *f*) feuille-morte *inv.*

'**oak-mast,** *s. Husb:* Glands *mpl* de chêne; glandée *f.*

'**oak-moth,** *s. Ent:* Tordeuse *f* des chênes.

'**oak-pest,** *s. Ent: U.S:* Phylloxéra *m* du chêne.

'**oak-pruner,** *s. Ent: U.S:* Capricorne *m* du chêne.

'**oak-tree,** *s.* Chêne *m.*

'**oak-wart,** *s.* = OAK-GALL.

'**oak-wood,** *s.* **1.** Bois *m* de chênes; chênaie *f.* **2.** (Bois de) chêne *m.*

oaken ['oukən], *a.* De, en, chêne.

oaklet ['ouklet], **oakling** ['oukliŋ], *s.* Chêneau *m*; baliveau *m* de chêne.

oakum ['oukəm], *s.* Étoupe *f*, filasse *f. Nau:* *To drive o. into the seams,* faire entrer l'étoupe dans les coutures. **To pick oakum,** (i) démêler, tirer, de l'étoupe; faire de la filasse; (ii) *F:* (*as prison task* =) casser des cailloux; tresser des chaussons de lisière. *See also* CHEW² 2.

oar¹ [ɔːər], *s.* **1.** (*a*) Aviron *m*, rame *f.* **To ply the oars, to pull at the oars,** tirer à la rame; *Nau:* souquer ferme. **To pull a good oar,** être bon tireur d'aviron, bon rameur. *Nau:* **Oars!** lève rames! **To rest, lie, on one's oars,** (i) lever les rames, les avirons; (ii) *F:* s'accorder un moment de répit; (iii) *F:* dormir sur ses lauriers. *Nau: Rest on your oars!* avirons en galère! *F:* **To be chained to the oar,** être enchaîné à son banc de galérien; être toujours à la tâche. **To die at the oar,** mourir à la tâche, à la peine. *F:* **To put in one's oar, to stick one's oar in,** intervenir (mal à propos); s'en mêler. *He has an oar in every man's boat,* il est mêlé à tout. *See also* BOW-OAR 1, FOUR-OAR, LABOURING¹ 1, PAIR-OAR, STEERING-OAR, STERN-OAR, STROKE-OAR. (*b*) (*Opposed to scull*) Aviron de pointe. (*c*) (*Oarsman*) **Good oar,** bon tireur d'aviron; bon rameur. *See also* BOW-OAR 2. **2.** *Lit: Poet:* (*Wing, fin*) Rame. **3.** *Brew:* (*For stirring mash*) Vague *f.*

'**oar-fish,** *s. Ich:* Régalec *m.*

oar². **1.** *v.i.* Ramer. **2.** *v.tr.* (*a*) **To oar a boat,** faire aller une embarcation. *To oar one's way towards sth.,* ramer vers qch. *To oar one's way along,* avancer à la rame. *Lit:* (*Of bird*) *To oar its flight towards its nest,* voler à grands coups d'aile vers son nid. (*b*) *To oar one's arms,* (i) se servir de ses bras comme d'avirons; (ii) agiter les bras.

-oared ['ɔːərd], *a.* (*With num. prefixed, e.g.*) **Four-oared, eight-oared,** à quatre, à huit, rames ou avirons. **Eight-oared boat,** huit *m* de pointe.

oarlocks ['ɔːərlɔks], *s.pl.* = ROWLOCKS.

oarsman, *pl.* **-men** ['ɔːərzmən, -men], *s.m.* Rameur; tireur d'aviron; *Nau:* nageur.

oarsmanship ['ɔːərzmənʃip], *s.* L'art *m* de ramer; "l'aviron."

oarswoman, *pl.* **-women** ['ɔːərzwumən, -wimen], *s.f.* Rameuse; tireuse d'aviron.

oasal [o'eis(ə)l], **oasitic** [oei'sitik], *a.* Oasien.

oasis, *pl.* **oases** [o'eisis, 'ouasis, -iːz], *s. Ph.Geog:* Oasis *f. F:* *It is a little green o. in the middle of dusty houses,* c'est une verte oasis au milieu des maisons poudreuses.

oast [oust], *s.* Séchoir *m* (à houblon); four *m* à houblon.

'**oast-house,** *s.* Sécherie *f* (pour le houblon).

oat [out], *s.* **1.** (*a*) *Bot:* Avoine commune. **Naked oat, hill oat,** avoine à gruau. **False oat,** fromental, -aux *m*, faux froment, ray-grass *m* de France. **Wild oat(s),** folle avoine, avéneron *m*, haveron *m. F:* **To sow one's wild oats,** faire des fredaines, des bêtises; faire ses farces; jeter sa gourme, semer sa folle avoine. *Agr: A field of oats,* un champ d'avoine. (*b*) *pl. Husb:* **Oats,** avoine. **Bruised oats,** avoine égrugée. (*Of horse*) **To feel its oats,** être vif; être en l'air. *F:* (*Of pers.*) **To feel one's oats,** (i) se sentir gaillard; (ii) *U.S:* se rengorger; se donner des airs; faire l'important. (*Of horse*) **To be off its oats,** refuser de manger; être malade. *F:* (*Of pers.*) **To be off one's oats,** être indisposé, mal en train. **2.** *A:* Tige *f* d'avoine (employée comme chalumeau); chalumeau *m.*

'**oat-'cake,** *s. Cu:* (*Scot.*) Galette *f* d'avoine.

'**oat-grass,** *s. Bot:* Folle avoine.

oaten ['outən], *a.* **1.** (De farine) d'avoine. **2.** *A:* (Chalumeau) fait d'une tige d'avoine.

oath, *pl.* **oaths** [ouθ, oːuðz], *s.* **1.** Serment *m.* **To swear, make, an oath,** faire un serment; jurer. **To take an oath,** *Jur:* **to take the oath,** prêter serment. **Taking of an oath, of the oath,** prestation *f* de serment. *See also* FEALTY. **I'll take my oath on it, to it,** j'en jurerais; *F:* j'en lève la main, j'en mettrais la main au feu. *F:* **Dicer's oath,** serment de joueur, d'ivrogne. *See also* BIBLE, GOSPEL. **To put s.o. on his oath, to administer, tender, the oath to s.o.,** faire prêter (le) serment à qn; déférer le serment à qn; assermenter qn. *See also* TENDER⁵ 1. **On, upon, under, oath,** sous (la foi du) serment. **Witness on oath,** témoin assermenté. *To declare sth. on o.,* déclarer, certifier, qch. sous serment. *Guarantee given on o.,* caution *f* juratoire. **On my (Bible) oath** *it happened as I am telling you,* je vous jure que c'est arrivé comme je vous le dis. **To break one's oath,** fausser, rompre, son serment; manquer à son serment; se parjurer. *To release, relieve, s.o. from his o.,* délier, relever, qn de son serment; rendre son serment à qn. **2.** Juron *m*; gros mot. **To let out, rap out, an oath,** laisser échapper un juron; lâcher un juron. *To utter a profane o.,* lâcher un juron; *A:* renier Dieu. *See also* VOLLEY¹ 2.

'**oath-bound,** *a.* Lié par serment.

'**oath-breaker,** *s.* Parjure *mf.*

'**oath-breaking,** *s.* Violation *f* de serment; parjure *m.*

oatmeal ['outmiːl], *s.* Farine *f* d'avoine. *Cu:* **Oatmeal porridge,** bouillie *f* d'avoine.

Obadiah [ouba'daia]. *Pr.n.m.* Abdias.

obbligato [ɔbli'gɑːto]. *Mus:* **1.** *a. & s. A:* (Partie) obligée. **2.** *s.* Accompagnement (de violon, de flûte, etc.) à volonté (ajouté à une romance, etc.).

obconic(al) [ɔb'kɔnik(əl)], *a. Nat.Hist:* Obconique.

obcordate [ɔb'kɔːrdet], *a. Bot:* (Feuillet) obcordiforme, obcordé.

obdiplostemonous [ɔbdiplo'stiːmonəs], *a. Bot:* Obdiplostémone.

obduracy ['ɔbdjurəsi], *s.* **1.** (*a*) Endurcissement *m* (de cœur); opiniâtreté *f*, entêtement *m.* (*b*) Inexorabilité *f*, inflexibilité *f.* **2.** *Theol:* Impénitence *f*; incirconcision *f* du cœur.

obdurate ['ɔbdjuret, ɔb'duːreit], *a.* **1.** (*a*) Endurci, obstiné, têtu, opiniâtre. (*b*) Inexorable, inflexible. **2.** *Theol:* Impénitent. **-ly,** *adv.* (*a*) Avec entêtement; opiniâtrement. (*b*) Inexorablement, inflexiblement.

obdurateness ['ɔbdjuretnəs], *s.* = OBDURACY.

obeah ['oubia], *s.* **1.** Fétiche *m.* **2.** Sorcellerie *f* des obis.

'**obeah-man, -doctor,** *s.* Obi *m*, sorcier nègre.

obedience [o'biːdjəns], *s.* **1.** (*a*) Obéissance *f. O. to the will of s.o.,* soumission *f* aux volontés de qn. *He expected implicit o. to his will,* il demandait une parfaite obéissance à ses volontés. **Passive obedience,** obéissance passive. **To enforce obedience to the law,** faire respecter la loi. **To compel obedience from s.o.,** se faire obéir par qn. **To reduce s.o. to obedience,** *F:* mettre qn au pas. **He commands obedience,** il sait se faire obéir. *Com:* **In obedience to your orders . . .,** conformément à vos ordres . . .; en exécution de vos ordres. . . . *To show prompt o., F:* obéir au doigt et à l'œil. (*b*) **To owe obedience to the king,** devoir obéissance au roi. **To return to one's obedience,** rentrer dans l'obéissance. **2.** *Ecc:* Obédience *f.* (*a*) *O. of a monk to his superior,* obédience d'un religieux à son supérieur. (*b*) **The Roman obedience,** l'obédience de Rome.

obedient [o'biːdjənt], *a.* Obéissant, soumis, docile. *To be o. to s.o.,* être obéissant envers, vis-à-vis de, qn; obéir à qn. *See also* SERVANT 1. **-ly,** *adv.* Avec obéissance, avec soumission. *Corr:* **Yours obediently,** agréez, Monsieur (Madame), mes salutations empressées; votre très obéissant serviteur; *Com:* toujours à vos ordres.

obeisance [o'beis(ə)ns], *s.* **1.** *A. & Lit:* Salut *m*, révérence *f.* **To make (an) obeisance to s.o., to do, pay, obeisance to s.o.,** faire un salut à qn, s'incliner devant qn. *To come forward with many obeisances,* s'avancer avec force prosternations *f*, avec force révérences. **2.** Obéissance *f*, hommage *m.* **To do, make, pay, obeisance to s.o.,** prêter obéissance à (un prince); rendre, faire, hommage à qn.

obeliscal [ɔbi'lisk(ə)l], **obeliscoid** [ɔbi'liskɔid], *a.* Obéliscal, -aux.

obelisk ['ɔbilisk], *s.* **1.** *Archeol:* Obélisque *m.* **2.** (*a*) *Pal:* Obèle *m.* (*b*) *Typ:* Croix *f*; obèle. **Double obelisk,** diésis *m.*

obelize ['ɔbilaːiz], *v.tr. Pal:* Marquer (un passage, etc.) d'un obèle.

obelus, *pl.* **-li** ['ɔbiləs, -lai], *s.* = OBELISK 2.

obese [o'biːs], *a.* Obèse.

obesity [o'biːsiti], **obeseness** [o'biːsnəs], *s.* Obésité *f.*

obey [o'bei], *v.tr.* Obéir à (qn, un ordre). *Abs.* Obéir, être obéissant. *To o. s.o. implicitly,* obéir à qn au doigt et à l'œil. *He can make himself obeyed,* il sait se faire obéir. *He is obeyed,* il est obéi. *The orders must be obeyed,* il faut obéir aux ordres. *The order was obeyed,* l'ordre fut obéi. **I must obey orders,** je ne connais que la consigne. **To obey the law,** obéir, se plier, aux lois. **To obey a summons, the magistrates,** *Adm:* **an order,** obtempérer à une sommation, aux magistrats, à un ordre. *To o. the dictates of one's conscience,* écouter sa conscience. (*Of ship*) **To obey the helm,** obéir à la barre.

obeyer [o'beiər], *s. The obeyers of the laws,* ceux qui obéissent aux lois.

obfuscate ['ɔbfʌskeit], *v.tr.* **1.** *A:* Obscurcir, assombrir (le ciel, etc.); éclipser (un astre). **2.** Obscurcir, offusquer (la vue, le jugement, etc.). *P:* **To be obfuscated** (*by drink*), être hébété, stupéfié, par la boisson; avoir l'esprit brouillé par la boisson; être dans les brouillards; être gris.

obfuscation [ɔbfʌs'keiʃ(ə)n], *s.* *A:* Obscurcissement *m*; *A:* offuscation *f.*

obi[1] ['oubi], *s. Jap. Cost:* Obi *f.*

obi[2], *s.* = OBEAH.

obit ['ɔbit, 'oubit], *s. Ecc:* *A:* Obit *m. See also* POST-OBIT.

obiter ['ɔbitər], *Lt. adv.* En passant. *Jur:* **'Obiter 'dictum,** opinion judiciaire incidente. *Lit:* **'Obiter 'dicta,** opinions *f* et propos *m* (d'un écrivain).

obituarist [o'bitjuərist], *s.* (*Pers.*) Nécrologue *m.*

obituary [o'bitjuəri], *a. & s.* **Obituary(-list),** registre *m* des morts, obituaire *m*, nécrologe *m.* **Obituary notice,** notice *f* nécrologique. *Journ:* **Obituary column,** nécrologie *f.*

object[1] ['ɔbdʒekt], *s.* **1.** Objet *m.* (*a*) Objet, chose *f. A distant o.,* un objet éloigné. *The o. looked at under the microscope,* l'objet observé au microscope. (*b*) *Phil:* **Formal object, material object,** objet formel, matériel. (*c*) *O. of, for, pity,* objet ou sujet *m* de pitié. *To be an o. of ridicule,* être en butte au ridicule. *They had become objects of universal hatred,* ils étaient devenus les objets d'une haine universelle. *In the o. of one's love everything is to be admired,* dans l'objet aimé tout est admirable. *The Flood had been the o. of his studies,* le Déluge avait été le sujet de ses études. *F:* **Did you ever see such an object?** a-t-on jamais vu une telle horreur? *He's a funny-looking o.,* il a l'air drôle; il a une drôle de touche. **2.** (*a*) But *m*, objectif *m*, objet, fin *f.* **To have sth. for, as, an object,** avoir qch. pour objectif, pour objet; avoir qch. pour but. *The o. of this letter is to inform you that . . .,* nous vous écrivons pour vous informer que. . . . **With this object . . .,** dans ce but . . .; à cette fin. . . . *With the same o. in view,* dans le même but; avec la même intention. *With the sole o. of . . .,* à seule fin de. . . . *To wander about without any o.,* flâner sans objet, sans but. *This law has two objects,* cette loi vise un double but, comporte un double objectif. *With the sole o. of (doing sth.),* à seule fin de (faire qch.). *What is the o. of all this?* à quoi vise tout cela? *What o. is there in running these risks?* à quoi bon courir ces risques? **There's no object in doing that,** cela ne sert à rien de faire cela. *I see no o. in relating . . .,* je juge inutile de raconter. . . . **I should be defeating my object if . . .,** je manquerais mon but si. . . . **To attain one's object, to succeed in one's object,** atteindre son objet. *Wealth is his sole o.,* il n'a pour objet que la richesse. (*b*) (*In applying for a post, etc.*) **Salary no object,** les appointements importent peu. *F:* (*Through a misuse*) **Expense, distance, is no object,** on ne regarde pas à la dépense; la longueur du trajet importe peu; la distance importe peu. **3.** *Gram:* Complément *m*, régime *m*, objet. **Cognate object,** objet interne **Direct object, indirect object,** complément direct, indirect. **Object clause,** proposition complétive.

'object-ball, *s. Bill:* La bille que l'on vise.

'object-chart, *s. Sch:* Tableau *m* pour leçons de choses.

'object-glass, -lens, *s. Opt:* Objectif *m. Photomicrographic o.-g.,* micro-objectif *m, pl.* micro-objectifs.

'object-lesson, *s.* (*a*) *Sch:* Leçon *f* de choses. (*b*) Exemple *m. His modesty is an o.-l. to others,* sa modestie doit servir d'exemple, de leçon, aux autres.

'object-slide, *s.* Porte-objet *m inv* (de microscope).

'object-staff, *s. Surv:* Jalon *m.*

'object-system, *s. Sch:* Enseignement visuel.

object[2] [ob'dʒekt]. **1.** *v.tr.* (*a*) **To object sth. to s.o.,** objecter qch. à qn. (*Esp. in the passive*) *It was objected to him that . . .,* on lui objecta que . . .; on lui fit cette critique que. . . . *Abs. I objected that there was no time,* j'ai objecté le manque de temps. *It was objected that . . .,* on a objecté que . . .; on a fait valoir que. . . . (*b*) **To object sth. to a proposal,** objecter qch. à une proposition. (*c*) **To object sth. against s.o.,** objecter, alléguer, qch. contre qn. *What have you got to o. against him?* qu'avez-vous à alléguer contre lui? que lui reprochez-vous? **2.** *v.i.* **To object to sth.,** faire objection, élever une objection, s'opposer, trouver à redire, à qch.; désapprouver qch.; protester, réclamer, contre qch. **To object to s.o.,** avoir des objections à faire contre qn. *Jur:* **To object to a witness,** récuser un témoin. *He objects to my dress,* il désapprouve mon costume. **To object to doing sth.,** se refuser à faire qch. *I o. to his doing it,* je m'oppose à ce qu'il le fasse. *I strongly o. to it,* cela me répugne absolument. *I strongly o. to waiting another year,* je ne tiens pas du tout à attendre encore une année; il me déplairait fort d'attendre encore une année. *I don't o. to waiting,* cela ne me fait rien d'attendre. *He objects to my singing,* (i) il n'aime pas ma façon de chanter; (ii) il lui déplaît que je chante. *Do you o. to my smoking?* la fumée vous gêne-t-elle? cela ne vous ennuie pas que je fume? *You do not o. to my correcting your mistakes?* vous ne trouvez pas mal que je corrige vos fautes? *I don't o. to a glass of wine,* un verre de vin ne serait pas de refus. *He objects,* il s'y oppose.

objectification [obdʒektifi'keiʃ(ə)n], *s. Phil:* Objectivation *f.*

objectify [ob'dʒektifai], *v.tr. Phil:* Objectiver.

objection [ob'dʒekʃ(ə)n], *s.* **1.** Objection *f.* **To raise an objection,** dresser, soulever, élever, formuler, une objection. **To raise objections to sth.,** opposer des objections à qch., soulever des objections contre qch.; faire, élever, des difficultés *f. The o. has been raised that . . .,* on a objecté que. . . . **To find, make, an objection to sth.,** objecter à qch.; trouver un empêchement à qch. *There is one o. to be made,* il y a un mais. **To take objection to sth.,** (i) faire des objections à qch.; (ii) se fâcher de qch. *The only o. that can be taken to your plan is that . . .,* le seul grief qu'on puisse faire à votre projet, c'est que. . . . *Jur:* **Objection to a witness, to an arbitrator,** récusation *f* de témoin, d'arbitre. **To lodge an objection to . . .,** mettre opposition à. . . . **To make no objection to, against, sth.,** ne rien objecter contre qch. *I have no o. to that proposal,* je n'ai rien à objecter, à opposer, à cette proposition. *I have no o. to his doing so,* je ne m'oppose pas à ce qu'il le fasse. *Have you any o. to my approaching him on the subject?* vous déplairait-il que je lui en touche un mot? *I have no o. to it,* (i) je ne m'y oppose pas, je n'ai rien à dire là-contre, à l'encontre; (ii) je le veux bien, je ne demande pas mieux. *I have no o. to him,* je n'ai rien à dire contre lui. *I have a strong o. to him,* (i) il me déplaît fortement; (ii) j'ai de fortes objections à soulever contre lui. *His youth is the chief o. to him,* ce qu'on lui objecte surtout, ce qu'on allègue surtout contre lui, c'est sa jeunesse. *I have a strong o. to doing that,* il me répugne (fortement) de faire cela. **If you have no objection,** si cela ne vous fait rien; si vous le voulez bien; ne vous déplaise. *See also* CONSCIENTIOUS 2. **2.** Obstacle *m*, inconvénient *m. There is no o. to your leaving at once,* il n'y a pas d'obstacle à ce que vous partiez immédiatement. *The chief o. to your plan is . . .,* l'inconvénient principal, le plus grand désavantage, de votre projet, c'est. . . . *This presents objections,* cela offre des inconvénients. *There are objections to doing . . .,* il y a des inconvénients à faire. . . . *I see no o. (to it),* je n'y vois pas d'inconvénient, pas d'obstacle. *I see no o. to doing so,* je ne vois aucun inconvénient, aucun empêchement, à ce que cela se fasse.

objectionable [ob'dʒekʃ(ə)nəbl], *a.* **1.** A qui, à quoi, on peut trouver à redire; répréhensible. *Most o. conduct,* conduite *f* que l'on ne saurait qualifier, inqualifiable. **2.** Désagréable, répugnant. *Idea that is most o. to me,* idée *f* qui me répugne. *To use o. language,* dire des grossièretés; tenir des propos choquants, lâcher des gros mots. *He is a most o. person,* c'est un homme que personne ne peut souffrir; c'est un vilain monsieur, *P:* un vilain coco. **-ably,** *adv.* Désagréablement; d'une manière répugnante.

objectionableness [ob'dʒekʃ(ə)nəblnəs], *s.* Caractère répugnant, désagréable (d'une action); grossièreté *f* (de langage).

objectivate [ob'dʒektiveit], *v.tr.*, **objectivation** [obdʒekti'veiʃ(ə)n], *s.* = OBJECTIFY, OBJECTIFICATION.

objective [ob'dʒektiv]. **1.** *a.* (*a*) *Phil:* *Med:* (*Of reality, symptom, etc.*) Objectif. (*b*) *Gram:* **Objective case,** cas *m* régime, cas objectif. *O. genitive,* génitif objectif. (*c*) *Mil:* **Objective point,** objectif *m.* **2.** *s.* (*a*) But *m*, objectif. (*b*) *Opt:* Objectif. *Immersion o.,* objectif à immersion (d'un microscope). (*c*) *Gram:* = *objective case.* **-ly,** *adv.* **1.** Objectivement. *To consider sth. o.,* contempler qch. d'une manière objective. **2.** *Gram:* En fonction de régime.

objectiveness [ob'dʒektivnəs], **objectivity** [ɔbdʒek'tiviti], *s. Phil:* Objectivité *f.*

objectless ['ɔbdʒektləs], *a.* Sans but, sans objet.

objector [ob'dʒektər], *s.* **1.** Protestataire *m*, réclameur *m. See also* CONSCIENTIOUS 2. **2.** Personne *f* qui soulève des objections; contradicteur *m.*

objurgate ['ɔbdʒərgeit], *v.tr.* Accabler (qn) de reproches.

objurgation [ɔbdʒər'geiʃ(ə)n], *s.* Objurgation *f*, réprimande *f.*

objurgatory [ob'dʒəːrgətəri], *a.* Objurgatoire.

oblate[1] ['ɔbleit], *s. Ecc:* Oblat, -ate. **Oblate Father,** père oblat.

oblate[2] ['ɔbleit, o'bleit], *a. Geom:* (Ellipsoïde, etc.) aplati (aux pôles), raccourci.

oblateness [o'bleitnəs], *s. Geom:* Aplatissement *m* (d'un ellipsoïde, etc.).

oblation [o'bleiʃ(ə)n], *s. Ecc:* Oblation *f* (l'action ou la chose offerte). **The great oblation,** le sacrement de l'Eucharistie. *To make an o. of sth. to God,* faire l'oblation de qch. à Dieu.

obley ['ɔbli], *s. Ecc: A:* Pain *m* à chanter, pain d'autel.
obligate ['ɔbligeit], *v.tr. Jur:* To obligate s.o. to do sth., imposer à qn l'obligation de faire qch. *To be obligated to do sth.*, avoir l'obligation de faire qch.
obligation [ɔbli'geiʃ(ə)n], *s.* Obligation *f.* (*a*) *O. of humanity*, devoir *m* d'humanité. *Moral obligations*, obligations morales. *Greatness has its obligations*, la grandeur a ses assujettissements *m.* **To put, lay, s.o. under an obligation to do sth.**, imposer à qn l'obligation de faire qch. *To be under an o. to do sth.*, être dans l'obligation de, être astreint à, être tenu de, faire qch. *Ecc:* **Day, holiday, of obligation**, fête *f* d'obligation, de commande. *Jur:* **Perfect obligation**, obligation parfaite; obligation légale. **Imperfect obligation**, obligation imparfaite; obligation morale, naturelle. **Joint and several obligation**, solidarité *f.* (*b*) Dette *f* de reconnaissance. **To be under obligations, under an obligation, to s.o.**, avoir des obligations envers qn; devoir de la reconnaissance à qn; avoir envers qn une dette de reconnaissance. *To remain under an o. to s.o.*, demeurer en reste avec qn. *I am under a great o. to him*, je lui suis redevable de beaucoup, *F:* je lui dois une fière chandelle. **To lay, put, s.o. under an obligation**, obliger qn; créer une obligation à qn. *I don't want him to put me under an o.*, je ne voudrais pas être son obligé. *You are laying me under an o.*, c'est à charge de revanche. (*c*) *Com:* **To meet one's obligations**, faire honneur à ses obligations, à ses affaires; faire face à ses engagements. *To fail to meet one's obligations*, manquer à ses obligations.
obligato [ɔbli'gɑːto], *s.* = OBBLIGATO.
obligatory ['ɔbligətəri], *a.* **1.** Obligatoire. **To make it obligatory on, upon, s.o. to do sth.**, obliger qn à faire qch.; imposer à qn l'obligation de faire qch. *The wearing of a moustache is o.*, le port de la moustache est de rigueur. **2.** *Jur:* **Writing obligatory**, obligation *f* (par écrit, par acte notarié).
oblige [o'blaːidʒ], *v.tr.* **1.** (*Compel*) (*a*) *Usu.Jur:* Obliger, astreindre, assujettir (*s.o. to do sth.*, qn à faire qch.). **To oblige oneself to s.o.**, s'obliger envers qn (par engagement authentique, par devant notaire). (*b*) **To be obliged to do sth.**, être obligé, tenu, de faire qch.; *Adm:* être astreint à faire qch. *He was obliged to go*, il a dû s'en aller. *I was obliged to obey*, je fus contraint d'obéir; force me fut d'obéir. **2.** (*Do s.o. a favour*) Obliger. (*a*) **To oblige a friend**, rendre service à un ami. *O. me by thinking no more about it*, faites-moi le plaisir de l'oublier. *You would greatly o. (me) by sending me . . .*, vous m'obligeriez beaucoup en m'envoyant . . ., si vous m'envoyiez. . . . **Will you oblige me with a cheque?** auriez-vous l'obligeance de me donner un chèque? *Can you o. me with a light?* auriez-vous l'amabilité de me donner du feu? *He did it to o. (us)*, il l'a fait par pure complaisance. *In order to o. you . . .*, pour vous être agréable. . . . *Abs. To be* **always willing to oblige**, être toujours prêt à rendre service; être très obligeant, très complaisant. **An answer by bearer will oblige**, prière de vouloir bien confier la réponse au porteur. *P:* **Anything to oblige**, tout ce que vous voudrez pour vous faire plaisir. **Mr Smith obliged with a song**, M. Smith a eu l'obligeance, l'amabilité, de chanter, a été assez aimable pour chanter. *P:* (*Of charwoman*) To go out obliging, aller en journée. (*b*) **To be obliged to s.o.**, être obligé à qn. *I am much obliged to you for your kindness*, je vous suis bien reconnaissant, je vous sais infiniment gré, de votre bonté. *I am obliged to you for backing me up*, je vous ai de l'obligation de m'avoir soutenu. *We should be greatly obliged if you would . . .*, nous vous saurions gré de vouloir bien. . . .
obliging, *a.* Obligeant, complaisant, serviable, prévenant; *F:* arrangeant. *Very o. man*, homme d'une grande obligeance. *It is very o. of you*, c'est très obligeant de votre part. **-ly**, *adv.* Obligeamment, complaisamment. *The facilities which you o. granted to us*, les facilités *f* que vous avez bien voulu nous accorder.
obligee [ɔbli'dʒiː, oblai'dʒiː], *s.* **1.** *Jur:* Créancier *m* (en vertu d'une obligation); obligataire *m.* **2.** *F:* Personne *f* redevable à une autre d'un service; obligé, -ée.
obliger [o'blaidʒər], *s.* Personne *f* qui vous oblige, qui vous a obligé; dispensateur, -trice, d'amabilités.
obligingness [o'blaidʒiŋnəs], *s.* Obligeance *f*, complaisance *f*, prévenance *f.*
obligor [ɔbli'gɔːr, oblai'dʒɔːr], *s. Jur:* Obligé, -ée; débiteur, -trice.
oblique[1] [o'bliːk]. **1.** *a.* (*a*) (Ligne *f*, angle *m*, cône *m*, etc.) oblique (*to*, à). *O. glance*, regard *m* de biais. *Arch:* **Oblique arch**, voûte biaise. *Astr:* **Oblique sphere**, sphère *f* oblique. *Bot:* **Oblique leaf**, feuille *f* oblique, asymétrique. *Anat:* **Oblique muscle**, oblique *m.* *Superior o. muscle*, grand oblique; muscle *m* pathétique (de l'œil). *Mus:* **Oblique motion**, mouvement *m* oblique. *Nau:* **Oblique sailing**, route *f* oblique. *Mil:* **Oblique fire**, tir *m* oblique; tir d'écharpe. (*b*) *F:* **Oblique ways**, moyens indirects. *To achieve sth. by o. means*, accomplir qch. par des moyens indirects, détournés. (*c*) *Gram:* **Oblique case**, cas indirect, oblique. **Oblique oration**, discours indirect. **2.** *s.* (*a*) *Anat:* = *oblique muscle.* (*b*) *Geom:* Figure *f* oblique. (*c*) *Mil: etc:* (Mouvement *m*) oblique *m.* *To make a left o.*, exécuter un oblique à gauche; obliquer à gauche. **-ly**, *adv.* (*a*) Obliquement, de biais, en biais. *Carp:* En mouchoir. *Fusillade that caught the enemy o.*, fusillade *f* qui prit l'ennemi en écharpe. (*b*) *F:* D'une façon indirecte, par des moyens détournés, de biais.
oblique[2], *v.i. Mil: etc:* Obliquer (*to the right*, à droite).
obliqueness [o'bliːknəs], *s.* = OBLIQUITY 1.
obliquity [o'blikwiti], *s.* **1.** Obliquité *f*, biais *m.* *O. of the eye*, l'obliquité de l'œil. *Astr:* **Obliquity of the ecliptic**, obliquité de l'écliptique. **2.** Obliquité (de conduite); défaut *m* de droiture; manque *m* de franchise.
obliterate [o'blitəreit], *v.tr.* **1.** (*a*) Faire disparaître, effacer, gratter (des chiffres, etc.). **Obliterated passage** (*in a newspaper*), caviar *m.* *To o. the writing of a cheque, F:* laver un chèque. *Carvings obliterated by time and weather*, sculptures effacées par le temps. **To obliterate the past**, faire oublier le passé; passer l'éponge sur le passé. (*b*) Oblitérer, composter (un timbre). **2.** *Med: Anat: etc:* Oblitérer (un conduit, etc.).
obliterating, *a.* (*Of stamp, etc.*) Oblitérateur, -trice.
obliteration [oblitə'reiʃ(ə)n], *s.* **1.** (*a*) Effaçage *m*, grattage *m.* (*b*) Rature *f.* **2.** Oblitération *f* (d'un timbre). **3.** *Med: Anat:* Oblitération *f* (d'un conduit, etc.).
obliterator [o'blitəreitər], *s.* Effaceur, -euse.
oblivion [o'bliviən], *s.* (État *m* d')oubli *m.* *Poem doomed to o.*, poème voué à l'oubli. **To fall into oblivion**, tomber dans l'oubli. *It has sunk into o.*, le souvenir en est perdu. *To rescue s.o., sth., from o.*, sauver qn, qch., de l'oubli. *Pol:* **Act, Bill, of Oblivion**, loi *f* d'amnistie; amnistie *f.*
oblivious [o'bliviəs], *a.* **1.** (*a*) Oublieux (*of*, de). *O. of my presence*, oublieux de ma présence. (*b*) *F:* **Oblivious of everything**, qui a perdu connaissance; sans connaissance; évanoui. **2.** *A:* Qui engendre l'oubli. **-ly**, *adv.* Oublieusement.
obliviousness [o'bliviəsnəs], *s.* Oubli *m.*
oblong ['ɔblɔŋ]. **1.** *a.* Oblong, -ongue; (sphéroïde) allongé; (rectangle) plus long que large. *Bot:* **Oblong leaf**, feuille allongée. *Typ: etc:* **Oblong format**, format *m* à l'italienne. **2.** *s.* Rectangle *m.*
obloquy ['ɔblokwi], *s.* (*a*) Calomnie *f*; blâme (malveillant). **To cover s.o. with obloquy, to heap obloquy upon s.o.**, cribler qn d'attaques malveillantes. **Held up to public obloquy**, poursuivi par, exposé à, la vindicte publique; *F:* cloué au pilori. *To come under public o.*, encourir le blâme public. (*b*) Honte *f*, déshonneur *m*, opprobre *m.*
obnoxious [ob'nɔkʃəs], *a.* **1.** *A:* Exposé (*to a danger*, à un danger). **2.** (*a*) Haïssable, odieux; désagréable, déplaisant, antipathique (*to s.o.*, à qn); détesté (*to*, par); mal vu (*to*, de). (*b*) *O. smell*, odeur repoussante, désagréable. *O. conduct*, conduite *f* insupportable. **-ly**, *adv.* D'une façon désagréable, déplaisante, insupportable.
obnoxiousness [ob'nɔkʃəsnəs], *s.* Caractère déplaisant, désagréable, insupportable (de qch.).
obnubilation [obnjubi'leiʃ(ə)n], *s. Med:* Obnubilation *f* (de l'esprit, des facultés).
oboe ['oubou, 'oubɔi], *s. Mus:* **1.** Hautbois *m.* **Oboe player** = OBOIST. **2.** *Organ:* Jeu *m* d'anches.
oboist ['oubouist], *s. Mus:* Hautboïste *mf*, oboïste *mf.*
obol ['ɔbol], *s.* = OBOLUS.
obole ['ɔboul], *s. Fr.Num:* Obole *f.*
obolus, *pl.* **-li** ['ɔbələs, -lai], *s. Gr.Ant:* Obole *f.*
obovate [ɔ'bouveit], *a. Bot:* (Feuille *f*, etc.) obovale.
obpyramidal [ɔbpi'ramid(ə)l], *a. Bot:* (Fruit, etc.) obpyramidal, -aux.
obscene [ob'siːn], *a.* (*a*) (Chanson *f*, parole *f*, etc.) obscène. *To circulate o. books*, faire circuler des obscénités *f.* *O. author*, auteur *m* obscène. (*b*) *A. & Poet: O. beasts, deities*, bêtes, déités, hideuses, horribles. *In rags o.*, vêtu de haillons répugnants. **-ly**, *adv.* D'une manière obscène. *To talk o.*, dire des obscénités.
obscenity [ob'siːniti], *s.* Obscénité *f.*
obscurant [ob'skjuərənt], *s.* = OBSCURANTIST.
obscurantism [ob'skjuərəntizm], *s.* Obscurantisme *m.*
obscurantist [ob'skjuərəntist]. **1.** *s.* Obscurantiste *mf*, obscurant *m.* **2.** *a.* Obscurantiste.
obscuration [ɔbskju'reiʃ(ə)n], *s.* **1.** Obscurcissement *m.* **2.** *Astr:* Obscuration *f*, éclipse *f*, occultation *f* (d'un astre).
obscure[1] [ob'skjuər], *a.* **1.** (*a*) Obscur, ténébreux, sombre. **To grow obscure, become obscure**, s'obscurcir. *Ph:* **Obscure rays**, rayons *m* invisibles. *O. colour*, couleur obscure. (*b*) (*Hidden*) *O. village, retreat*, village caché, retraite obscure. **2.** (Discours, livre) obscur. *O. argument*, argument obscur, peu clair. *O. illness*, maladie obscure. *O. style*, style obscur, confus, abscons, ténébreux, *F:* style d'Apocalypse. *The part he played in the rebellion remains o.*, le rôle qu'il joua dans la rebellion n'a jamais été éclairci, *F:* n'a jamais été tiré au clair. **3.** (*Undistinguished*) *O. birth*, naissance obscure. *O. author*, auteur obscur, inconnu, peu connu. **-ly**, *adv.* (i) (Voir qch.) obscurément. (ii) (Disserter) obscurément (sur un sujet). (iii) (Vivre) obscurément.
obscure[2], *v.tr.* **1.** (*a*) *A:* Assombrir. (*b*) Obscurcir, cacher. *To o. sth. from s.o.'s view*, cacher qch. à qn. *Clouds obscured the sun*, des nuages voilaient le soleil. *Nau: To o. the (sailing) lights*, masquer les feux. *To steam with all lights obscured*, naviguer avec les feux masqués. *Light obscured by the land*, feu masqué par la terre. (*c*) Obscurcir (un argument, les faits). *To o. the understanding*, aveugler l'entendement. *See also* ISSUE[1] 6. **2.** (*Overshadow*) Éclipser, surpasser. *His fame was obscured by that of his greater father*, sa gloire était éclipsée, surpassée, par celle de son père plus célèbre, par le grand nom de son père.
obscuring, *s.* Obscurcissement *m*; obscuration *f.* *Cin:* **Obscuring period**, phase *f* d'obscuration. **Obscuring blade**, secteur *m* d'obscuration.
obscureness [ob'skjuərnəs], *s.* = OBSCURITY 2.
obscurity [ob'skjuəriti], *s.* **1.** Obscurité *f* (de la nuit, d'un bois, etc.). **2.** Obscurité (de style, etc.). **To lapse into obscurity**, tomber dans l'obscurité; devenir obscur; *F:* se perdre dans les nuages. **3.** Obscurité (de naissance, de famille, etc.). **To live in obscurity**, vivre dans l'obscurité. *To spring, rise, emerge, from o.*, sortir de l'obscurité, du néant; *F:* sortir de sa chrysalide. *To sink into o.*, tomber dans l'obscurité.
obsecration [ɔbse'kreiʃ(ə)n], *s. Ecc: Rh:* Obsécration *f.*
obsequent ['ɔbsekwənt], *a. Geol:* (Cours d'eau) obséquent.
obsequies ['ɔbsekwiz], *s.pl.* Obsèques *f*, funérailles *f.* **To attend the obsequies**, suivre le convoi (de qn).
obsequious [ob'siːkwiəs], *a.* Obséquieux. *O. bow*, révérence obséquieuse. *O. man*, homme obséquieux; *F:* (homme) complimenteur. **-ly**, *adv.* Obséquieusement.
obsequiousness [ob'siːkwiəsnəs], *s.* Obséquiosité *f.*

observable [ob'zəːrvəbl], *a.* **1.** (Cérémonie *f*, formule *f*, etc.) à observer, à laquelle on doit se conformer. **2.** (*Discernible*) Observable, visible. *An o. change took place*, il y eut un changement perceptible, sensible, appréciable. **3.** (*Worthy of note*) Remarquable; digne de remarque, d'attention; à noter. *It is o. that . . .*, il sied de noter que. . . . **-ably,** *adv.* Sensiblement, perceptiblement, visiblement.

observance [ob'zəːrvəns], *s.* **1.** (*a*) Observation *f*, observance *f* (de la loi, etc.). *O. of the Sabbath*, observance, sanctification *f*, du dimanche. (*b*) *Ecc:* Règle *f*, observance (d'un ordre religieux). **Friars of the strict observance,** frères *m* de l'étroite observance. **2. Religious observances,** pratiques religieuses. *To maintain the customary observances*, pratiquer les rites habituels.

observant [ob'zəːrvənt], *a.* **1.** (*a*) Observateur, -trice (*of*, de). *He is always o. of his duty*, il est toujours très attentif à son devoir; son devoir le préoccupe toujours. (*b*) Attentif. *O. mind*, esprit observateur. *We should cultivate an o. mind*, on doit cultiver l'esprit d'observation. *He is very o.*, rien ne lui échappe; *F:* il a l'œil; il n'a pas les yeux dans sa poche. **2.** *Ecc: A:* **Observant Friar, (Friar) Observant,** religieux *m* observantin; observantin *m*. **-ly,** *adv.* Attentivement; d'un œil pénétrant ou éveillé.

observation [ɔbzər'veiʃ(ə)n], *s.* Observation *f*. **1.** (*a*) **To put, keep, s.o., sth., under observation,** mettre, tenir, qn, qch., en observation. *To come under s.o.'s o.*, tomber sous les yeux de qn. *Your behaviour is under constant o.*, on vous surveille continuellement; on observe tous vos faits et gestes. **To escape observation,** se dérober aux regards *m*. *Hidden from o.*, caché aux regards. *Mil: O. of the enemy, of the ground*, surveillance *f* de l'ennemi, du terrain. **Army of observation,** armée *f* d'observation. **Observation post,** poste *m* d'observation; observatoire *m*; (*in tree, etc.*) mirador(e) *m*. *Med:* **Observation ward,** salle *f* des malades en observation. *Experiment carried out under the o. of . . .*, expérience accomplie sous la surveillance de. . . . *See also* BALLOON[1] 1, LADDER[1] 1, TOWER[1] 1. (*b*) *A man* **of no observation,** un homme peu observateur. (*c*) *Astr: Surv:* Coup *m* de lunette. *Observations in the dark*, visées *f* dans l'obscurité. *Meteor:* **Wind observation,** sondage *m*. *Astronomical o.*, observation astronomique. **To take an observation,** prendre, faire, une observation. *To enter observations*, inscrire des observations, des coups de lunette. *Reading of each o.*, cote *f* de chaque observation. *Nau:* **Sailing by observation(s),** navigation observée. **Position by observation,** point observé. *Opt:* **Observation-slit, -aperture,** regard *m*. *Rail: U.S:* **Observation-car,** wagon *m* d'observation. **2.** (*a*) Remarque *f*. *He didn't make a single o. during dinner*, il n'a pas fait une seule observation, il n'a pas ouvert la bouche, il n'a pas soufflé mot, pendant le dîner. (*b*) *pl.* **Observations.** *To publish one's observations on . . .*, publier ses observations sur. . . . *To make observations on the habits of ants*, faire des observations sur les habitudes des fourmis.

observatory [ob'zəːrvətəri], *s.* **1.** *Astr:* Observatoire *m*. *Mil:* **Field observatory,** échelle-observatoire *f*, *pl.* échelles-observatoires. **2.** (*Gazebo*) Belvédère *m*.

observe [ob'zəːrv], *v.tr.* **1.** Observer (la loi, un jeûne, etc.); se conformer à (un ordre). *To o. the proprieties*, observer les convenances. **To observe silence,** garder un silence absolu; observer le silence. *To o. care in doing sth.*, apporter des précautions à faire qch. *He observed moderation in what he said*, il a mis de la modération dans ses paroles. **To observe the Sabbath,** observer, sanctifier, le dimanche. *Failure to o. the law*, inobservation *f* de la loi; *F:* entorse *f* à la loi. **2.** (*a*) Observer, regarder (les étoiles, etc.). (*b*) *Mil:* **To observe the enemy's movements,** surveiller l'ennemi. **3.** Apercevoir, remarquer, noter (un fait, etc.). *He had been observed gazing at a shop-window*, on l'avait surpris en contemplation devant une vitrine. *I observed him draw the curtains*, je le vis tirer les rideaux. *I observed him to stop*, je le vis s'arrêter. *I didn't o. the colour of her eyes*, je n'ai pas remarqué la couleur de ses yeux. *You will o. there is a mistake in the account*, vous remarquerez qu'il y a erreur dans le compte. *Abs. He is a man who observes keenly but says little*, c'est un homme qui observe attentivement, à qui rien n'échappe, mais qui parle peu. **4.** (*a*) Dire. '*You are wrong*,' **he observed,** "vous avez tort," dit-il, fit-il. *I observed (to him) that . . .*, je lui fis remarquer, je lui fis l'observation, que. . . . *You were going to o., sir?* vous alliez dire, vous alliez remarquer, monsieur? *May I o. that . . .?* je vous prie d'observer que. . . . (*b*) *Abs. No one has observed on this fact*, personne n'a commenté ce fait; ce fait a été passé sous silence.

observing[1], *a.* = OBSERVANT 1. **-ly,** *adv.* = OBSERVANTLY.

observing[2], *s.* Observation *f*, contemplation *f*, surveillance *f*.

observer [ob'zəːrvər], *s.* **1.** Observateur, -trice (des lois, des règles, etc.). *A strict o. of etiquette*, un scrupuleux observateur de l'étiquette. **2.** Observateur, -trice (des événements, *Av: Mil:* des mouvements de l'ennemi). *O. of the stars*, observateur du mouvement des astres. *Pol:* **Observer at the League of Nations,** observateur (délégué par un pays) près la Société des Nations.

obsess [ob'ses], *v.tr.* (*a*) (*Of evil spirit*) Obséder (qn). (*b*) **To be obsessed with an idea,** être obsédé, travaillé, hanté, par une idée; être en proie à une idée. *The thoughts, memories, that o. me*, les pensées, les souvenirs, qui m'obsèdent. *See also* SEX-OBSESSED.

obsessing, *a.* (*Of thought*) Obsédant.

obsession [ob'seʃ(ə)n], *s.* **1.** Obsession *f* ((i) par un démon, (ii) par une idée, etc.). **2.** Obsession, *F:* hantise *f*, monomanie *f*, idée *f* fixe. *Sufferer from an o.*, obsédé, -ée.

obsessional [ob'seʃən(ə)l], *a.* *Med:* (Névrose) due à une obsession.

obsessionist [ob'seʃənist], *s.* Obsédé, -ée.

obsessive [ob'sesiv], *a.* (*Of idea, etc.*) Obsessif.

obsidian [ob'sidiən], *s.* *Miner:* Obsidienne *f*, obsidiane *f*, *F:* miroir *m* des Incas; pierre *f*, verre *m*, des volcans; verre, silex *m*, volcanique; agate noire, d'Islande.

obsidional [ob'sidiənəl], *a.* *Num:* **Obsidional coin,** monnaie obsidionale. *Rom.Ant:* **Obsidional crown,** couronne obsidionale.

obsolescence [ɔbso'les(ə)ns], *s.* **1.** Tendance *f* à tomber en désuétude, à devenir désuet; vieillissement *m*. **2.** *Biol:* Atrophie *f*, contabescence *f* (d'un organe, etc.).

obsolescent [ɔbso'les(ə)nt], *a.* **1.** Qui est presque hors d'usage, qui tombe en désuétude; vieillissant. *This word is o.*, ce mot a vieilli. **2.** *Biol:* (Organe, etc.) atrophié, qui tend à disparaître.

obsolete ['ɔbsoliːt], *a.* **1.** (*Of word, etc.*) Désuet, -ète; inusité; obsolète; hors d'usage; tombé en désuétude; (*of fashion, hat, car*) suranné; (*of tool, etc.*) abandonné; hors d'usage; (*of engine, design, etc.*) démodé; (*of ship*) déclassé, démodé; (*of institution*) aboli. *To grow o.*, s'abroger, passer de mode, tomber en désuétude. *The word is o.*, le mot n'est plus usité. **2.** (*Worn out*) **Obsolete inscription,** inscription effacée par le temps. **3.** *Biol: etc:* Obsolète. *O. groove, tooth*, sillon *m*, dent *f*, à peine visible, dont il reste à peine une trace.

obsoleteness ['ɔbsoliːtnəs], *s.* Vétusté *f*, désuétude *f*.

obstacle ['ɔbstəkl], *s.* Obstacle *m*, empêchement *m*. *Path strewn with obstacles*, voie semée d'achoppements *m*. **To put obstacles in s.o.'s way,** dresser, susciter, des obstacles à qn. *To put an o. in the way of the marriage*, mettre obstacle au mariage. *To pass round an o.*, doubler un obstacle. *To be an o. to sth., to s.o.*, faire obstacle à qch.; se trouver sur le chemin de qn. *The only o. to their reconciliation*, le seul obstacle à leur réconciliation. *Fact that might have proved an o. to his promotion*, fait *m* qui aurait pu nuire à son avancement. *Sp:* **Obstacle-race,** course *f* d'obstacles. **Obstacle riding,** monte *f* à l'obstacle.

obstetric(al) [ɔb'stetrik(əl)], *a.* Obstétrical, -aux. *Amph:* **Obstetrical toad,** crapaud accoucheur.

obstetrician [ɔbste'triʃ(ə)n], *s.* Accoucheur *m*.

obstetrics [ɔb'stetriks], *s.pl.* (*Usu. with sg. const.*) Obstétrique *f*; science *f* et pratique *f* des accouchements; tocologie *f*.

obstinacy ['ɔbstinəsi], *s.* **1.** Obstination *f*, entêtement *m*, opiniâtreté *f*, ténacité *f*. *O. in denying sth.*, acharnement *m* à nier qch. *To show o.*, s'obstiner. *It's rank o.*, c'est un parti pris (chez lui). **2.** *Med:* Persistance *f* (d'une maladie).

obstinate ['ɔbstinet], *a.* **1.** Obstiné (*in doing sth.*, à faire qch.); opiniâtre, volontaire, tenace. *To be o.*, s'entêter. *O. nature*, caractère buté. **Obstinate as a mule,** entêté, têtu, comme un mulet, comme une mule, comme un âne. *O. resistance to an attack*, résistance déterminée à une attaque. *O. contest*, combat acharné. **2.** *Med:* **Obstinate fever,** fièvre *f* rebelle. *An o. cold*, un rhume obstiné. **-ly,** *adv.* Obstinément, opiniâtrement, volontairement. *He o. refused*, il s'obstina à refuser. *He o. refuses to eat*, il s'entête à ne pas vouloir manger. *To fight o.*, se battre avec acharnement.

obstreperous [ob'strepərəs], *a.* (*a*) Bruyant, tapageur. (*b*) Rebelle, turbulent. (*Of arrested drunkard, etc.*) **To be obstreperous,** *P:* faire de la rouspétance; rouspéter. **-ly,** *adv.* (*a*) Bruyamment, tapageusement. (*b*) *P:* En rouspétant.

obstreperousness [ob'strepərəsnəs], *s.* (*a*) Tapage *m*. (*b*) Turbulence *f*; *P:* rouspétance *f*.

obstruct [ob'strʌkt], *v.tr.* (*a*) Obstruer, embarrasser, encombrer (la rue, etc.); colmater (un filtre); engorger, boucher (un tuyau, etc.). *Med:* Oblitérer, obstruer (l'intestin). *To o. s.o.'s path*, barrer le chemin à qn. **'Do not obstruct the gangway,'** "n'encombrez pas le passavant." **To obstruct the view,** incommoder, gêner, la vue. *Building that obstructs the light*, bâtiment *m* qui intercepte la lumière, le jour. (*b*) **To obstruct s.o.'s movements,** gêner, entraver, empêcher, les mouvements de qn; embarrasser qn. *To o. s.o. in the execution of his duty*, gêner qn dans l'exercice de ses fonctions. *Jur:* **To obstruct process,** empêcher un huissier dans l'exercice de ses devoirs. *Parl:* **To obstruct a bill,** faire de l'obstruction. (*c*) **To obstruct the traffic,** embarrasser, entraver, gêner, la circulation. *To o. another car*, empêcher une autre voiture. *To o. navigation*, gêner la navigation.

obstruction [ob'strʌkʃ(ə)n], *s.* **1.** (*a*) Engorgement *m* (d'un tuyau, etc.); colmatage *m*, encrassement *m* (d'un filtre, etc.). *Med: O. of the bowels, of a duct*, occlusion, obstruction, oblitération, intestinale; oblitération d'un conduit. (*b*) Empêchement *m* (de qn dans ses affaires). (*c*) *Parl:* Obstruction. **To practise obstruction,** faire de l'obstruction. **2.** Encombrement *m*, embarras *m* (dans la rue); gêne *f* (dans la circulation); entrave *f* (à la navigation); engorgement, stoppage *m* (dans un tuyau). *Rail: An o. on the line*, un obstacle sur la voie. *P.N:* (*On road*) **Beware of obstructions,** travaux en cours.

'obstruction-guard, *s.* *Rail:* Chasse-corps *m inv*, chasse-pierres *m inv* (de la locomotive).

obstructionism [ob'strʌkʃənizm], *s.* *Pol:* Obstructionnisme *m*.

obstructionist [ob'strʌkʃənist], *s.* *Pol:* Obstructionniste *mf*.

obstructive [ob'strʌktiv], *a.* **1.** *Med:* Obstructif, obstruant. **2.** *O. member of the House*, membre *m* de la Chambre qui fait de l'obstruction; obstructionniste *mf*. *O. tactics, o. measures*, tactique *f* d'obstruction; tactique obstructionniste; mesures *f* vexatoires. **-ly,** *adv.* (Agir) d'une manière gênante, de manière à entraver l'action de la police; dans un but d'obstruction (politique).

obstructiveness [ob'strʌktivnəs], *s.* Procédés *mpl* d'obstruction; empêchement *m* de l'action de la police; empêchement de la circulation.

obstructor [ob'strʌktər], *s.* Empêcheur, -euse.

obstruent ['ɔbstruənt], *a. & s.* *Med:* Obstruant (*m*).

obtain [ob'tein]. **1.** *v.tr.* (*a*) Obtenir, se procurer, avoir (qch.). **To obtain information,** recueillir des renseignements. *Commodity which is only to be obtained at . . .*, denrée *f* qu'on ne peut se procurer que chez. . . . *Difficulty in obtaining provisions*, difficulté *f* à se procurer des provisions. **To obtain sugar from beet,** retirer du sucre de la betterave. *The pleasure obtained from music*, le plaisir que l'on retire de la musique; le plaisir que donne la musique. **To obtain s.o.'s appointment to a post,** obtenir la nomination de qn; faire nommer qn à un poste. *His merit obtained him the appointment*, son mérite lui a valu sa nomination. *He has just* *obtained his captaincy*, il vient de passer capitaine. *To o. first place*, remporter la première place (dans un concours). *I obtained permission to see him*, j'ai obtenu la permission de le voir; *A. & Lit:* j'ai obtenu de le voir. *To o. a week's leave*, se faire accorder huit jours de congé. *Com: The rates obtained at to-day's market*, les cours réalisés au marché d'aujourd'hui. *Fb: To o. the ball*, capturer le ballon. (*b*) *A:* (*Attain*) *To o. one's object*, atteindre son but. **2.** *v.i.* Avoir cours; prévaloir. *Pronunciation that still obtains*, prononciation encore courante, qui prévaut encore. *Practice that obtains among the rich*, pratique établie, qui règne, dans les classes riches. *System now obtaining*, régime *m* en activité, actuellement en vigueur.

obtainable [ob'teinəbl], *a.* Procurable. *Where is that o.?* où cela s'obtient-il? où peut-on se procurer cela? où est-ce que ça se trouve? *These shares are not o. on our market*, il est impossible d'acquérir ces actions sur notre place.

obtainment [ob'teinmənt], **obtention** [ob'tenʃ(ə)n], *s.* Obtention *f* (*of*, de).

obtrude [ob'truːd]. **1.** *v.tr.* Mettre (qch.) en avant. **To obtrude sth. on, upon, s.o.**, importuner qn pour lui faire acheter ou accepter qch.; *F:* jeter qch. à la tête de qn. **To obtrude oneself**, s'imposer à l'attention. *To o.* (*oneself*) *on s.o.*, importuner qn. *To o. oneself upon the company*, s'imposer à la société. *Politics o. themselves everywhere*, la politique envahit tout. **2.** *v.i. To o. upon s.o.'s attention*, s'imposer à l'attention de qn; se montrer importun.

obtruncate [ɔb'trʌŋkeit], *v.tr.* Décapiter.

obtrusion [ob'truːʒ(ə)n], *s.* Intrusion *f*; importunité *f*. *O. of s.o. on s.o.*, introduction importune de qn à ou chez qn.

obtrusive [ob'truːsiv], *a.* **1.** Importun, intrus; indiscret, -ète; qui se met en avant. **2.** *O. smell*, odeur pénétrante. **-ly,** *adv.* Importunément; en intrus; inopportunément, indiscrètement.

obtrusiveness [ob'truːsivnəs], *s.* Importunité *f*.

obtund [ob'tʌnd], *v.tr. Med:* Émousser (les facultés, etc.).

obturate ['ɔbtjureit], *v.tr.* Boucher, obturer (une ouverture, un tuyau, *Artil:* la culasse, etc.).

obturating, *a.* Obturateur, -trice; obturant.

obturation [ɔbtju'reiʃ(ə)n], *s.* Obturation *f* (d'un tuyau, d'une ouverture, etc.).

obturator ['ɔbtjureitər], *s.* **1.** *Surg: Artil: Phot: etc:* Obturateur *m*. **Obturator plate,** plaque obturatrice; plaque de fermeture. *Artil:* **Obturator ring** (*of gun*), coupelle *f*. *Sm.a:* **Obturator spindle,** tige *f* de tête mobile. *See also* VALVE-OBTURATOR. **2.** *Anat:* **Obturator membrane,** membrane obturatrice. **Obturator foramen, nerve,** trou, nerf, obturateur. **Obturator muscles,** muscles obturateurs.

obtuse [ob'tjuːs], *a.* **1.** (*a*) Obtus, émoussé. *O. point*, pointe obtuse. *Geom:* **Obtuse angle,** angle obtus. *See also* ARCH[1] 1. (*b*) (Sentiment) émoussé. **Obtuse pain,** douleur sourde. **2.** (Esprit) obtus, inintelligent, peu intelligent. **-ly,** *adv.* **1.** D'une manière obtuse; obtusement. **2.** Stupidement, bêtement; inintelligemment.

obtuse-angled, *a.* Obtusangle.

obtuseness [ob'tjuːsnəs], *s.* (*a*) Manque *m* de tranchant ou de pointe. (*b*) Inintelligence *f*, stupidité *f*.

obtusifolious [obtjuːsi'fouliəs], *a. Bot:* Obtusifolié.

obverse ['ɔbvəːrs]. **1.** *a. Nat.Hist:* (Organe) plus large au sommet qu'à la base; renversé. **2.** *a. & s.* (*a*) *Num:* **Obverse (side) of a medal,** avers *m*, obvers(e) *m*, tête *f*, face *f*, d'une médaille. (*b*) **Obverse of a truth,** opposé *m* d'une vérité.

obvert [ob'vəːrt], *v.tr. Log:* Retourner (une proposition).

obviate ['ɔbvieit], *v.tr.* Prévenir, éviter, parer à, obvier à (une difficulté, etc.); prévenir (des scrupules, etc.); aller au-devant (d'une objection).

obvious ['ɔbviəs], *a.* (*a*) Évident, clair, manifeste; de toute évidence; indiscutable; qui tombe sous les sens; *Lit:* obvie. **It is obvious that . . .,** il est de toute évidence, il tombe sous les sens, que. . . . *It is quite o. that he is lying*, il ment, cela saute aux yeux. **It's obvious,** cela ne se demande pas; *F:* c'est clair comme bonjour. *That's o.*, cela se devine. *The o. importance of . . .*, l'importance *f* manifeste de. . . . *O. fact*, fait patent, qui crève les yeux. *How can we deny o. facts?* comment nier l'évidence même? *O. truth*, vérité patente. **It was the obvious thing to do,** c'était indiqué. *An o. remark*, une vérité de M. de la Palisse; une lapalissade. *O. tricks*, finesses cousues de fil blanc. **To miss the obvious,** chercher midi à quatorze heures. (*b*) *The tower is more o. than elegant*, la tour est plus voyante qu'élégante. *Her rather o. clothes*, ses habits un peu voyants. *His patriotism is a little o.*, son patriotisme sonne faux. *Z:* **Obvious stripe,** raie distincte. **-ly,** *adv.* Clairement, évidemment, manifestement. *She is o. wrong*, il est clair qu'elle a tort.

obviousness ['ɔbviəsnəs], *s.* Évidence *f*, clarté *f*, caractère *m* manifeste (*of*, de).

obvolute ['ɔbvəljuːt], *a. Bot:* Obvoluté.

ocarina [ɔkə'riːna], *s. Mus:* Ocarina *m*.

occasion[1] [o'keiʒ(ə)n], *s.* **1.** (*a*) Sujet *m*, cause *f*, occasion *f*. *There is, you have, no o. to be alarmed*, il n'y a pas lieu de vous inquiéter; vous n'avez pas à vous inquiéter. *I have no o. for complaint*, je n'ai aucun sujet de plainte, de me plaindre. *I have no o. for his help*, je n'ai aucun besoin, je n'ai que faire, de son aide. **To give s.o. occasion to do sth.,** donner à qn une occasion de faire qch. *To give o. to an outburst of popular indignation*, donner lieu à un mouvement d'indignation populaire. *To give o. for scandal*, donner occasion à la médisance. *His return was the o. for a family gathering*, son retour a donné lieu à une réunion de famille. *What o. is there for all this unpleasantness?* pourquoi tant de désagréments? *There's no o. to crow*, il n'y a pas de quoi chanter victoire. **If there is occasion; should the occasion arise,** s'il y a lieu; le cas échéant. (*b*) (*In contrast to cause*) Cause occasionnelle; cause immédiate. **2.** *pl.* Occupations *f*. **To go about one's lawful occasions,** vaquer à ses affaires (dans le cadre de la loi). **3.** Occasion, occurrence *f*. *He was absent on this o.*, il fut absent en cette occasion. **On the occasion of . . .,** à l'occasion de . . .; lors de. . . . **On the present occasion; on this particular occasion,** (i) actuellement; cette fois; (ii) à cette occasion; cette fois. **On one occasion,** une fois. **On another occasion,** une autre fois; dans une autre circonstance. **On several occasions,** à plusieurs reprises. **On divers occasions,** à diverses reprises. **On rare occasions,** dans de rares circonstances; rarement. *On such an o.*, en pareille occasion. **On great occasions, on state occasions,** dans les grandes, les graves, occasions. *That will serve you on every o.*, cela vous servira en toute rencontre, en toute occasion. *On all occasions*, en toute occasion. **On occasion,** en de différentes occasions; de temps à autre, de temps en temps. *She is an acrobat on o.*, elle est acrobate à l'occasion. *There is no country where one may feel more alone on o.*, il n'y a pas de pays où l'on se sente éventuellement plus seul. **On occasion only,** occasionnellement. **As occasion requires, may require, as occasion arises,** suivant l'occasion; au besoin; quand les circonstances le demandent; *Jur:* à telle fin que de raison. **Words appropriate to the occasion,** paroles *f* de circonstance. *To dress as befits the o.*, faire une toilette de circonstance. *Your hat doesn't exactly suit the o.*, votre chapeau n'est pas tout à fait dans la note. *Law made, play written*, **for the occasion,** loi *f*, pièce *f*, de circonstance. *This is not an o. for trifling*, ce n'est pas le moment de badiner. **We'll make this an occasion,** ce n'est pas tous les jours fête. *See also* EQUAL[1] 1, RISE[2] 5. **4.** (*Opportunity*) **To take occasion to do sth.,** saisir l'occasion de faire qch. *I'll speak to him on the first o.*, je lui parlerai à la prochaine occasion. *See also* FORELOCK[1], IMPROVE 1.

occasion[2], *v.tr.* **1.** Occasionner, entraîner, donner lieu à (qch.); déterminer (des frottements, etc.). *Incident, opportunity, that occasioned a rising*, cause occasionnelle d'une révolte. *To o. emotion*, faire naître l'émotion. **2. To occasion s.o. to do sth.,** porter, déterminer, qn à faire qch.

occasional [o'keiʒən(ə)l], *a.* **1.** (*a*) **Occasional play, poem, verse,** pièce *f*, poème *m*, vers *mpl*, de circonstance, de situation. (*b*) **Occasional table,** table *f* de fantaisie, table volante; guéridon *m*. *O. chair*, chaise volante. (*c*) *Ind:* **Occasional hand** (*in a workshop, etc.*), surnuméraire *m*, extra *m*; employé intermittent. **2.** *An o. visitor*, un visiteur qui vient de temps en temps. *To make an o. remark*, faire une remarque de temps en temps. *To have o. bouts of pain*, avoir de vives douleurs de temps à autre. **Occasional showers,** averses éparses. *To meet an o. tramp on the road*, rencontrer des chemineaux çà et là sur le chemin. **3. Occasional cause,** cause occasionnelle. **-ally,** *adv.* De temps en temps; par occasion; occasionnellement; parfois; par intervalles.

occasionalism [o'keiʒənəlizm], *s. Phil:* Occasionnalisme *m*.

occident ['ɔksidənt], *s.* Occident *m*, ouest *m*, couchant *m*. *Geog: Pol:* **The Occident,** l'Occident.

occidental [ɔksi'dent(ə)l], *a.* (*a*) Occidental, -aux; de l'ouest. *O. civilization*, la civilisation occidentale. *Astr:* **Occidental planet,** planète occidentale. (*b*) **Occidental turquoise,** turquoise occidentale.

occidentalism [ɔksi'dentəlizm], *s.* Goût *m* des choses de l'Occident.

occidentalize [ɔksi'dentəlaːiz], *v.tr.* Occidentaliser.

occiduous [ɔk'sidjuəs], *a. Astr:* **Occiduous amplitude,** amplitude *f* occase.

occipital [ɔk'sipit(ə)l], *a. & s. Anat:* Occipital, -aux (*m*).

occipito-atlantal [ɔk'sipitoat'lant(ə)l], *a. Anat:* Atloïdo-occipital, *pl.* atloïdo-occipitaux; occipito-atloïdien, *pl.* occipito-atloïdiens.

occiput ['ɔksipʌt], *s. Anat:* Occiput *m*.

occlude [ɔ'kluːd]. **1.** *v.tr.* (*a*) Fermer, boucher, obstruer (un orifice, un conduit, etc.). *To o. rays of light*, occlure les rayons de lumière. *Surg:* **To occlude the eyelids,** occlure les paupières. (*b*) *Ch:* (*Of a metal*) Absorber, condenser (et retenir) (un gaz); occlure (un gaz). **2.** *v.i.* (*Of molars*) S'emboîter les unes dans les autres (quand la bouche est fermée).

occlusion [ɔ'kluːʒ(ə)n], *s.* **1.** (*a*) Occlusion *f*, bouchage *m*, fermeture *f* (d'un conduit, etc.); recouvrement *m* (d'une plaie, etc.). *Surg:* **Occlusion of the eyelids,** occlusion des paupières. (*b*) *Ch:* Occlusion (d'un gaz). **2.** *Dent:* Emboîtement *m* (des molaires supérieures et des molaires inférieures).

occult[1] [ɔ'kʌlt], *a.* Occulte; secret, -ète. **The occult sciences,** les sciences *f* occultes. **-ly,** *adv.* Occultement.

occult[2]. **1.** *v.tr. Astr:* Occulter, immerger (une planète, une étoile, etc.). **2.** *v.i. Nau:* (*Of light*) S'éclipser. *See also* LIGHT[1] 2.

occultation [ɔkʌl'teiʃ(ə)n], *s. Astr:* Occultation *f*, obscuration *f*, immersion *f* (d'un astre).

occultism [ɔ'kʌltizm], *s.* Occultisme *m*.

occultist [ɔ'kʌltist], *s.* Occultiste *m*.

occultness [ɔ'kʌltnəs], *s.* Caractère *m* occulte (*of*, de).

occupancy ['ɔkjupənsi], *s.* **1.** *Jur:* Possession *f* à titre de premier occupant. **2.** Occupation *f*, habitation *f* (d'un immeuble); possession (d'un emploi).

occupant ['ɔkjupənt], *s.* **1.** (*a*) Occupeur *m*, occupant, -ante (de terres); locataire *mf* (d'une maison); titulaire *mf* (d'un emploi). *F: At present the sole occupants are rats*, à présent les seuls occupants, les seuls locataires, sont des rats. (*b*) *Jur:* Premier occupant. **2. The occupants of the car,** les voyageurs *m*, les passagers *m*.

occupation [ɔkju'peiʃ(ə)n], *s.* Occupation *f*. **1.** (*a*) *Jur:* Prise *f* de possession (d'un bien, à titre de premier occupant). (*b*) **To be in occupation** *of a house*, occuper une maison. **House fit for occupation,** maison habitable. *During his o. of the house*, pendant la période où il a occupé la maison; pendant la période de sa location. **Occupation road,** chemin privé; chemin de passage (vers une enclave). *Adm:* **Occupation franchise,** droit *m* de vote à titre de locataire. (*c*) **Army of occupation, occupation troops,** armée *f*, troupes *f*, d'occupation. **Military authority in occupation,** autorité militaire occupante. *Hist:* **The Roman occupation** *of Great Britain*, l'occupation romaine de la Grande-Bretagne. **2.** (*a*) **To give**

s.o. **occupation**, donner de l'occupation à qn; occuper qn. *He is fond of o.*, il aime à s'occuper. *To do sth. for want of o.*, faire qch. par désœuvrement. (*b*) Métier *m*, emploi *m*, profession *f*. **What is he by occupation? what is his occupation?** qu'est-ce qu'il est de son métier? quel est son emploi? *He has no heart in his o.*, il n'a pas le cœur au métier. *Men out of o.*, hommes sans travail, désœuvrés, en chômage. **Occupation disease**, maladie professionnelle.

occupational [ɔkju'peiʃən(ə)l], *a.* Ayant trait à une profession, aux professions. **Occupational name**, nom *m* de métier. **Occupational disease**, maladie professionnelle. **Occupational centre**, centre *m* d'organisation de travaux utiles pour occuper les chômeurs.

occupier ['ɔkjupaiər], *s.* **1.** Occupant, -ante; locataire *mf*; habitant, -ante (d'une maison). **2.** *Jur:* Premier occupant.

occupy ['ɔkjupai], *v.tr.* **1.** (*a*) Occuper, habiter (une maison, une chambre, etc.). *My friends o. the ground floor*, mes amis occupent le rez-de-chaussée. *This room has never been occupied*, cette pièce n'a jamais été habitée. (*b*) Occuper, remplir (une fonction, un emploi). *To o. an important post*, occuper un poste important. *He occupies a high position in society*, il occupe un rang distingué dans la société, dans le monde. (*c*) Occuper (un pays ennemi, etc.); garnir (une place de guerre); s'emparer (d'un point stratégique). **2.** (*a*) Remplir (un espace, etc.); occuper (une place, le temps, l'attention). *The table occupies half the floor space*, la table tient la moitié de la pièce. *This seat is occupied*, cette place est occupée. (*b*) **To occupy one's time in, with, doing sth.**, remplir, occuper, son temps à faire qch. *The work occupied much time*, le travail a pris beaucoup de temps. *His work occupies all his time*, son travail l'absorbe. *It occupied all my time*, cela a rempli mon temps. *Her toilet occupies her whole morning*, sa toilette est l'unique occupation *f* de sa matinée. **3.** Occuper (qn); donner du travail à (qn); donner à travailler à (qn).

occupied, *a.* Occupé. *I am o. at present*, je suis occupé pour l'instant; j'ai à faire en ce moment. *To be o. in doing sth.*, être occupé, s'occuper, à faire qch. *To be o. with sth.*, être occupé à qch.; tenir la main à qch. *O. population*, population active. *The children must be kept usefully o.*, il faut occuper les enfants à des choses utiles. *Gainfully o.*, ayant une profession lucrative. **To keep one's mind occupied**, s'occuper l'esprit. *Pleasantly o. with the thought of . . .*, agréablement absorbé par la pensée de. . . .

occur [o'kəːr], *v.i.* (**occurred**; **occurring**) **1.** (*Happen*) (*Of event, etc.*) Avoir lieu; survenir, arriver; se présenter; se produire; (*of fire, etc.*) se déclarer. *The collision occurred at midnight*, l'abordage s'est produit à minuit. *Festival that occurs every ten years*, fête *f* qui revient tous les dix ans. *An outbreak of disease occurred in the town*, une épidémie se déclara dans la ville. **Should the case occur**, le cas échéant. *A complete change has occurred*, un changement complet s'est opéré, s'est produit. *If another opportunity occurs . . .*, si une autre occasion se présente, s'offre. . . . *If the slightest hitch occurs . . .*, survienne le moindre accroc. . . . *This seldom occurs*, ce fait est assez rare. (*Of difficulty, etc.*) **To occur again**, se représenter. *Such a chance will not o. again*, une occasion pareille ne se retrouvera pas. *I hope it will not o. again*, j'espère que cela ne se répétera pas. **Don't let it occur again!** que cela n'arrive plus! que cela ne se reproduise plus! pas de récidive! **2.** (*To be met with*) (*Of objects, minerals, types, etc.*) Se rencontrer, se trouver, se présenter. *Mineral that occurs in nature in a native state*, minéral *m* qui se présente dans la nature à l'état natif. *Ore occurring in beds*, minerai disposé en couches. *This word occurs twice in the letter*, ce mot se rencontre deux fois dans la lettre. **3.** Se présenter à l'esprit. **It occurs to me that . . .**, il me vient à l'idée, à l'esprit, que . . .; il me vient l'idée que . . .; l'idée me vient que . . .; je m'avise que. . . . *The thought occurred to me that . . .*, il me vint à la pensée que. . . . *I say things as they o. to me*, je dis les choses comme elles me viennent. *Such an idea would never have occurred to me*, une pareille idée ne me serait jamais venue à l'esprit.

occurrence [o'kʌrəns], *s.* **1.** (*a*) *Two hours before its o.*, deux heures avant que cela eût lieu. **To be of frequent occurrence**, arriver souvent; se produire, se renouveler, fréquemment. (*b*) Venue *f*, rencontre *f* (de minéraux, etc.). *O. of gold in a region*, venues aurifères dans une région. **2.** Événement *m*, fait *m*, occurrence *f*. **An everyday occurrence**, un fait journalier. *A singular o.*, une occurrence singulière. *At the time of these occurrences*, lors de ces faits. *These occurrences are rare*, ces faits sont assez rares. **3.** *Ecc:* Occurrence (de deux fêtes).

occurrent [o'kʌrənt], *a.* Occurrent. **Rarely occurrent**, qui ne se rencontre pas souvent; rare.

ocean ['ouʃ(ə)n]. **1.** *s.* (*a*) Océan *m*. **The ocean waves**, les flots *m* de l'océan. **Ocean bottom**, fond sous-marin. **Ocean currents**, courants *m* océaniques. *See also* GREYHOUND 2, LINER[2] 2. (*b*) *Geog:* **The German Ocean**, la Mer du Nord. *See also* ATLANTIC, INDIAN 1, PACIFIC 2, *etc.* (*c*) *F:* **An ocean of sand**, une mer de sable. *P: There's oceans of room*, ce n'est pas la place qui manque. *They've got oceans of money*, ils sont colossalement riches; ils ont un argent fou. **2.** *a. A. & Poet:* **The ocean sea**, la mer océane.

'ocean-'chart, *s. Nau:* Carte *f* à petit point.

'ocean-going, *a.* **Ocean-going ship, steamer**, navire *m* de haute mer, au long cours; long-courrier *m*, *pl.* long-courriers.

'ocean-'lane, *s. Nau:* Route *f* de navigation.

'ocean-'river, *s.* Grand fleuve navigable.

Oceania [ouʃi'einja]. *Pr.n. Geog:* L'Océanie *f*.

Oceanian [ouʃi'einjən], *a. & s. Geog:* Océanien, -ienne; de l'Océanie.

oceanic [ouʃi'anik], *a.* **1.** (*a*) (*Of voyage, currents, etc.*) Océanique. (*b*) (*Of fauna, etc.*) Pélagique. **2.** = OCEANIAN.

Oceanid, *pl.* **-ids, -ides** [o'siːanid(z), ousi'anidiːz]. **1.** *s.f. Gr.Myth:* Océanide. **2.** *s.pl.* **Oceanids**, coquillages *m* de mer; mollusques marins.

oceanographer [ouʃiən'ɔgrəfər], *s.* Océanographe *m*.

oceanographic(al) [ouʃiano'grafik(əl)], *a.* Océanographique.

oceanography [ouʃiən'ɔgrəfi], *s.* Océanographie *f*; thalassographie *f*.

Oceanus [o'siːənəs]. *Pr.n.m. Gr.Myth:* Océan.

oceanward(s) ['ouʃənwərd(z)], *adv.* Vers l'océan.

ocellate ['ɔselet], **ocellated** ['ɔseleitid], *a. Nat.Hist:* Ocellé, oculé.

ocelliform [o'selifɔːrm], *a.* Ocelliforme.

ocellus, *pl.* **-i** [o'seləs, -ai], *s. Nat.Hist:* **1.** Ocelle *m*; œil *m* simple. **2.** Ocelle (d'aile de papillon); miroir *m* (de plume de paon).

ocelot ['ousilɔt], *s. Z:* Ocelot *m*.

ochlocracy [ɔk'lɔkrəsi], *s.* Ochlocratie *f*.

ochre[1] ['oukər], *s. Miner:* Ocre *f*. **Red ochre**, ocre rouge; arcanne *f*, rubrique *f*, sanguine *f*. **Yellow ochre**, jaune *m* d'ocre; ocre jaune; terre *f* de montagne.

ochre[2], *v.tr.* Ocrer.

ochring, *s.* Ocrage *m*.

ochreous ['oukriəs], **ochrous** ['oukrəs], *a.* Ocreux.

-ock [ək], *s.suff.* (*Forming diminutives*) *Bullock*, bouvillon. *Hillock*, monticule. *Bittock*, petit morceau.

o'clock [o'klɔk], *adv.phr. See* CLOCK[1].

ocrea, *pl.* **-eae** ['ɔkria, -iiː], *s. Bot:* Ocréa *f*, gaine *f*.

oct(a)- ['ɔkt(a)], **oct(o)-** ['ɔkt(o)], *comb.fm.* Octa-, octo-. *Octachord*, octacorde. *Octahedral*, octaédrique. *Octopetalous*, octopétale. *Octosyllable*, octosyllabe.

octachord ['ɔktakɔːrd]. *Mus:* **1.** *a. & s.* Octac(h)orde (*m*). **2.** *s.* Série *f* de huit notes; gamme *f*.

octad ['ɔktad], *s.* **1.** Huitaine *f*; groupe *m* de huit. **2.** *Ch:* Corps ou radical octovalent.

octagon ['ɔktagən], *s. Geom:* Octogone *m*. *Mec.E:* **Octagon nut**, écrou *m* à huit pans.

octagonal [ɔk'tagən(ə)l], *a.* Octogonal, -aux; (écrou *m*, etc.) à huit pans.

octahedral [ɔkta'hiːdrəl, -'hedrəl], *a.* Octaèdre, octaédrique.

octahedron, *pl.* **-ons, -a** [ɔkta'hiːdrən(z), -'hedrən(z), -*a*], *s. Geom:* Octaèdre *m*.

octameter [ɔk'tametər], *a. & s. Pros:* (Vers *m*) de huit pieds.

octan ['ɔktən], *a. Med:* **Octan fever**, fièvre octane.

octane ['ɔktein], *s. Ch:* Octane *m*.

octant ['ɔktənt], *s. Geom: Astr:* Octant *m*.

octavalent [ɔkta'veilənt], *a. Ch:* Octovalent.

octave ['ɔktev, 'ɔkteːiv], *s. Ecc: Fenc: Mus: Pros:* Octave *f*. *Mus:* **Double octave**, intervalle triplé.

'octave-cask, *s.* Quartaut *m*; caque *f* (de vin de champagne).

'octave-coupler, *s. Mus:* Double-main *f* (d'orgue), *pl.* doubles-mains.

'octave flute, *s. Mus:* Octavin *m*; petite flûte.

'octave-stop, *s. Organ:* Jeu *m* d'octave.

Octavia [ɔk'teivja]. *Pr.n.f. Rom.Hist:* Octavie.

Octavius [ɔk'teivjəs]. *Pr.n.m. Rom.Hist:* Octave.

octavo [ɔk'teivo], *a. & s. Typ:* In-octavo (*m*).

octennial [ɔk'tenjəl], *a.* **1.** Qui dure huit ans. **2.** Qui a lieu tous les huit ans.

octet [ɔk'tet], *s.* **1.** *Mus:* Octuor *m*. **2.** *Pros:* Huitain *m*; les deux quatrains (d'un sonnet).

octette [ɔk'tet], *s.* = OCTET 1.

octillion [ɔk'tiljən], *s.* **1.** Sextillion *m* d'octillions, 10^{48}. **2.** *U.S:* Octillion *m*, 10^{27}.

October [ɔk'toubər], *s.* Octobre *m*. *In O.*, au mois d'octobre, en octobre. (*On*) *the first, the seventh, of O.*, le premier, le sept, octobre.

octodecimo [ɔkto'desimo], *a. & s. Typ:* In-dix-huit (*m*).

octogenarian [ɔktodʒe'neəriən], *a. & s.* Octogénaire (*mf*).

octogynous [ɔk'tɔdʒinəs], *a. Bot:* Octogyne.

octopetalous [ɔkto'petələs], *a. Bot:* Octopétale.

octopod, *pl.* **-pods, -poda** ['ɔktopɔd(z), ɔk'tɔpoda], *s. Moll:* Poulpe *m*.

octopolar [ɔkto'poulər], *a. El.E:* Octopolaire.

octopus ['ɔktopəs], *s. Moll:* Poulpe *m*; *esp.* pieuvre *f*.

octoroon [ɔkto'ruːn], *s. Ethn:* Octavon, -onne.

octosyllabic [ɔktosi'labik]. **1.** *a.* Octosyllabe, octosyllabique. **2.** *s.* Vers *m* octosyllabe.

octosyllable [ɔkto'siləbl], *s.* **1.** Vers *m* octosyllabe, octosyllabique. **2.** (Mot) octosyllabe *m*.

octovalent [ɔkto'veilənt], *a. Ch:* Octovalent.

octuple[1] ['ɔktjupl], *a.* Octuple.

octuple[2], *v.tr.* Octupler.

octyl ['ɔktil], *s. Ch:* Octyle *m*.

ocular ['ɔkjulər]. **1.** *a.* Oculaire. *O. estimate*, estimation *f* à vue d'œil. **2.** *s. Opt:* Oculaire *m* (de microscope, etc.). **-ly**, *adv.* Oculairement.

ocularist ['ɔkjulərist], *s.* Oculariste *m*; fabricant *m* d'yeux artificiels, d'yeux de verre.

oculate ['ɔkjulet], *a. Nat.Hist:* Oculé, ocellé.

Oculi ['ɔkjulai], *s.pl. Ecc:* **Oculi Sunday**, Oculi *m*.

oculiform ['ɔkjulifɔːrm], *a. Biol:* Oculiforme.

oculist ['ɔkjulist], *s.* Oculiste *m*.

odalisque ['oudalisk], *s.* Odalisque *f*.

odd [ɔd], *a.* **1.** (*a*) (Nombre) impair. **To play at odd or even**, jouer à pair ou impair. (*b*) **A hundred (and) odd sheep**, cent moutons et quelques; une centaine de moutons; quelque cent moutons. *Fifty thousand odd*, cinquante mille et quelques centaines. **Fifty odd thousand**, cinquante à soixante mille. *A hundred odd yards*, cent et quelques mètres. *He had a hundred odd men left*, il lui restait cent et quelques hommes. **Twenty pounds odd**, vingt livres et quelques shillings. *A few odd ounces over* quelques onces de plus, de surplus. *The odd three halfpence*, les trois sous de reste. **To be odd man**, rester en surnombre. **Odd day** (*of leap year*), bissexte *m*. (*At tennis, cards, etc.*) **The odd game**, la belle.

Com: **Odd money,** passe *f*. To make up the odd money, faire l'appoint *m*. *See also* TRICK[1] 5. (*c*) *s. Golf:* **The odd,** coup *m* (de crosse) de plus que l'adversaire; le plus. *To play the odd,* jouer un de plus. (*In handicapping*) **Two odds,** deux de plus. **2.** (*a*) (*Of one of a set*) Dépareillé; (*of one of a pair*) déparié, disparate. *Odd one* (*of pair*), demi-paire *f*. *Odd glove,* gant déparié, dépareillé. *Odd stockings,* bas *m* qui ne vont pas ensemble. *A few odd volumes,* quelques tomes dépareillés. *Table service made up of odd pieces,* service de table désassorti. (*b*) Quelconque. *Any odd piece of cloth,* un bout d'étoffe quelconque. **Odd moments,** moments de loisir, moments perdus. **At odd times,** par-ci par-là. *In an odd corner,* (i) dans un coin quelconque; (ii) dans un coin écarté. **Odd man, odd hand,** homme à tout faire. *See also* JOB[1] 1. *Com:* **Odd lot,** (i) solde *m*; (ii) *occ.* lot *m* d'appoint. **3.** Non usuel. (*a*) *Com: Ind:* **Odd size,** dimension spéciale, non courante. *See also* PITCH[3] 6. (*b*) Singulier, drôle; (*of pers.*) excentrique, original, -aux. *He knew all the odd people of the inferior stage,* il connaissait tout ce monde curieux du bas théâtre. *The odd thing about it is that . . .,* le curieux de l'affaire, c'est que . . .; ce qui est bizarre, c'est que. . . . *It's odd your not knowing about it,* il est curieux, il est singulier, que vous n'en sachiez rien. *How odd that he should have forgotten it!* comme c'est drôle qu'il l'ait oublié! **Well, that's odd!** voilà qui est singulier! c'est curieux! c'est extraordinaire! c'est bizarre! *See also* FISH[1] 1. **-ly,** *adv.* Bizarrement, singulièrement. **Oddly enough** *nobody knew anything about it,* chose curieuse, personne n'en savait rien. *O. enough I came across him in London,* par un hasard singulier je le rencontrai à Londres.

'odd-come-'short, *s. F:* Bribe *f* d'étoffe; petit bout; coupon *m*.

'odd-come-'shortly. *F:* **1.** *adv.* Un jour ou l'autre, dans quelques jours. **2.** *s.* **One of these odd-come-shortlies,** un de ces jours, un de ces quatre matins.

'odd-looking, *a.* Bizarre, baroque.

'odd-man-'out, *s.* Homme éliminé (après avoir joué à pile ou face, etc.).

odd-'numbered, *a.* Impair; portant un nombre impair.

'odd-shaped, *a.* D'une forme bizarre.

odd-'toed, *a. Z:* Imparidigité.

oddfellow ['ɔdfelo], *s.* Oddfellow *m*. (Membre d'une société de secours mutuels organisée en société secrète.)

oddish ['ɔdiʃ], *a.* Un peu bizarre.

oddity ['ɔditi], *s.* **1.** (*a*) Singularité *f*, bizarrerie *f*, excentricité *f*. (*b*) *He has some little oddities,* il a quelques petits travers. **2.** (*a*) Personne excentrique; original, -ale. (*b*) Chose *f* bizarre; curiosité *f*.

oddments ['ɔdmənts], *s.pl. Com:* Articles dépareillés, articles en solde; fonds *m* de boutique; coupons *m* d'étoffe; fins *f* de série. (*Book-trade*) Défets *m*. **Remnants and oddments,** fins et pièces; soldes *m* et occasions.

oddness ['ɔdnəs], *s.* **1.** Imparité *f* (d'un nombre). **2.** Singularité *f*, bizarrerie *f*, étrangeté *f*.

odds [ɔdz], *s.pl.* (*Occ. with sg. const.*) **1.** Inégalité *f*. **To make odds evens,** égaliser les conditions, les avantages, etc.; répartir les choses également. **2.** (*a*) Avantage *m*; chances *fpl*. **The odds are against him, in his favour,** les chances sont contre lui, pour lui. *He has heavy odds against him,* toutes les chances sont contre lui. **To fight against (great, long) odds,** (i) lutter, combattre, contre des forces supérieures, plus nombreuses; combattre à armes inégales; (ii) avoir affaire à forte partie, à plus fort que soi. *To fight against crushing odds,* lutter contre une supériorité écrasante. **To succumb to odds,** succomber sous le nombre; céder à la force. (*b*) Différence *f*. **What's the odds?** qu'est-ce que ça fait? **It makes no odds, it's no odds,** ça ne fait rien; cela n'a pas d'importance. *It makes no odds to me whether . . .,* ça ne me fait rien que + *sub.* (*c*) *Turf: etc:* Cote *f*. **Odds on** *or* **against a horse,** cote d'un cheval. **Long odds,** forte cote. **Short odds,** faible cote. *What are the odds on his horse?* quelle cote fait son cheval? **The odds are (at) ten to one,** la cote est à dix contre un. **To give, take, odds,** faire un pari inégal. *P:* **To shout the odds,** se vanter; faire de la gloriole. *The art of laying and taking odds,* la technique de la mise. *F:* **The odds are that . . .; it is long odds that . . .,** il y a gros à parier que. . . . *It's within the odds,* c'est possible. (*d*) *Sp:* **To give s.o. odds,** donner (de) l'avantage, donner de l'avance, à un concurrent; concéder des points à qn. *Player who has been given odds,* joueur avantagé. *U.S:* **I ask no odds from anybody,** je ne demande de faveurs à personne. **3. To be at odds with s.o.,** (i) ne pas être d'accord avec qn; (ii) être brouillé avec qn. *They are always at odds,* (i) ils sont toujours en désaccord; (ii) ils sont toujours en bisbille. **4. Odds and ends,** petits bouts; bribes *f* et morceaux *m*; bibelots *m*, chiffonneries *f*; (*of food*) restes *m*, reliefs *m*. *I have some odds and ends left,* j'en ai quelques restes dépareillés.

ode [oud], *s. Lit:* Ode *f*.

-ode[1] [oud], *s.suff. Bot: Miner:* **1.** -ode *m*. *Cladode,* cladode. *Sarcode,* sarcode. *Staminode,* staminode. **2.** -ode *f*. *Geode,* géode. *Phyllode,* phyllode.

-ode[2], *s.suff. El:* -ode *f*. *Anode,* anode. *Cathode,* cathode. *Electrode,* électrode.

odeum, *pl.* **-eums, -ea** [o'di:əm(z), -i:a], *s. Gr.Ant:* Odéon *m*.

Odilia [o'dilia]. *Pr.n.f.* Odile.

Odin ['oudin]. *Pr.n.m. Myth:* Odin.

odious ['oudjəs], *a.* Odieux (*to,* à); détestable. *He is o. to me,* il m'est odieux. *The o. part of the business is that . . .,* l'odieux *m* de l'affaire, c'est que. . . . **-ly,** *adv.* Odieusement, détestablement.

odiousness ['oudjəsnəs], *s.* Caractère odieux (d'une action).

odium ['oudiəm], *s.* **1.** Réprobation *f*; détestation *f*. *To bring, cast, o. upon s.o.,* rendre qn odieux. *He incurred all the o. of the transaction,* il supporta toute la réprobation attachée à cette transaction. *Exposed to widespread o.,* exposé à toutes les haines. **Odium theologicum,** haine entre gens d'église. **2.** = ODIOUSNESS. *He realized the o. of the transaction,* il se rendait compte de l'odieux *m* de cette transaction.

Odo ['oudo]. *Pr.n.m.* Odon, Eudes.

Odoacer [oudo'eisər]. *Pr.n.m. Hist:* Odoacre.

odograph ['ɔdograf, -grɑːf], *s. Mec:* Odographe *m* (d'un mouvement).

odometer [ɔ'dɔmetər], *s.* = HODOMETER.

odontalgia [ɔdɔn'taldʒjə], *s. Med:* Odontalgie *f*; mal *m* de dents.

odontalgic [ɔdɔn'taldʒik], *a. & s. Med: Pharm:* Odontalgique (*m*).

odontoglossum [ɔdɔnto'glɔsəm], *s. Bot:* Odontoglosse *m*.

odontoid [ɔ'dɔntɔid], *a. Anat:* (*a*) (Apophyse *f*) odontoïde. (*b*) (Ligament) odontoïdien.

odontolite [ɔ'dɔntolait], *s. Miner:* Turquoise osseuse; turquoise occidentale.

odontology [ɔdɔn'tɔlodʒi], *s.* Odontologie *f*.

odoriferous [oudə'rifərəs], *a.* Odoriférant, parfumé.

odorous ['oudərəs], *a.* Odorant. (*a*) Qui exhale une odeur (bonne ou mauvaise). (*b*) Parfumé.

odour ['oudər], *s.* **1.** (*a*) Odeur (bonne ou mauvaise). *F: A faint o. of his early beliefs still attaches to his works,* on remarque encore dans son œuvre littéraire l'écho lointain, un arrière-goût, de ses croyances de jeunesse. (*b*) Parfum *m*; odeur agréable. (*c*) *A:* Substance parfumée; parfum, encens *m*, baume *m*. **2. To be in good, bad, odour,** être en bonne, mauvaise, odeur. *To be in good, bad, o. with s.o.,* être bien, mal, vu de qn; être, ne pas être, en faveur auprès de qn. *He is in good o., Iron:* sa réputation fleure comme baume. **To die in (the) odour of sanctity,** mourir en odeur de sainteté.

odourless ['oudərləs], *a.* Inodore; sans odeur.

Odyssean [ɔdi'si:ən], *a.* Digne d'Ulysse; (aventures *f*) qui ressemblent à l'Odyssée.

Odyssey ['ɔdisi], *s. Gr.Lit:* **The Odyssey,** l'Odyssée *f*. *F: His journey was a real o.,* son voyage fut une véritable odyssée; son voyage n'a pas été sans tribulations.

oecological [i:ko'lɔdʒik(ə)l], *a.* Œcologique.

oecology [i:'kɔlodʒi], *s. Biol:* Œcologie *f*.

oecumenical [i:kju'menik(ə)l], *a.* **1.** *Ecc:* (Conseil *m*) œcuménique. **2.** *F:* Universel.

oedema [i:'di:ma], *s. No pl. Med:* Œdème *m*.

oedematous [i:'demətəs, -'di:-], *a. Med:* Œdémateux.

Oedipus ['i:dipəs]. *Pr.n.m. Gr.Lit:* Œdipe. **Oedipus Rex, Oedipus Tyrannus,** Œdipe roi. **Oedipus Coloneus,** Œdipe à Colone. *Psy:* **Oedipus complex,** complexe *m* d'Œdipe.

oenanthic [i:'nanθik], *a. Ch:* (Acide *m*, éther *m*) œnanthique.

oenanthylate [i:'nanθileit], *s. Ch:* Œnanthylate *m*.

oenanthylic [i:nan'θilik], *a. Ch:* Œnanthylique.

oenologist [i:'nɔlodʒist], *s.* Œnologiste *m*, œnologue *m*.

oenology [i:'nɔlodʒi], *s.* Œnologie *f*.

oenometer [i:'nɔmetər], *s.* Œnomètre *m*, vinomètre *m*; pèse-vin *m inv*.

o'er [ɔ:ər], *prep. Poet:* = OVER I.

oersted ['ə:rsted], *s. El.Meas:* Œrsted *m*. (Unité de perméance magnétique.)

oesophageal [i:so'fadʒjəl], *a. Anat:* Œsophagien.

oesophagotomy [i:sofa'gɔtomi], *s. Surg:* Œsophagotomie *f*.

oesophagus, *pl.* **-gi, -guses** [i:'sɔfagəs, -gai, -dʒai, -gəsiz], *s. Anat:* Œsophage *m*.

oestrum, oestrus ['i:strəm, 'i:strəs], *s.* **1.** *Ent:* Œstre *m*. **2.** (*a*) Stimulant *m*, aiguillon *m* (des sens). (*b*) *Physiol:* Chaleur *f*, rut *m*.

of [ɔv, əv], *prep.* De. **1.** (*a*) (*Indicating separation*) *South of,* au sud de. *Within a mile of,* à moins d'un mille de. *Free of,* libre de. *Cured of,* guéri de. *Destitute of,* dépourvu de. *U.S:* **Five minutes, a quarter, of one,** une heure moins cinq, moins le quart. (*b*) (i) (*Origin*) *Of noble birth,* de naissance noble. *Works of Shakespeare,* œuvres *f* de Shakespeare. *To buy sth. of s.o.,* acheter qch. de, à, chez, qn. **'Of all booksellers,'** "chez tous les libraires." *To expect sth. of s.o.,* attendre, s'attendre à, qch. de qn. *To ask a favour of s.o.,* demander une faveur à qn. (*For 'beg of,' 'crave of,' 'inquire of,' etc., see the verbs.*) (ii) (*Cause*) *Of necessity,* par nécessité. *Of one's own accord,* de soi-même. *Of my own choice,* de mon propre choix. **The miracle came about of itself,** le miracle s'est accompli tout seul. *Nothing can move of itself,* rien ne peut se mouvoir de soi-même. *To pray God of His mercy to . . .,* prier Dieu que dans sa miséricorde il. . . . *To die of a wound,* mourir (des suites) d'une blessure. *She died of grief,* elle mourut de douleur. *Sick, proud, of sth.,* las, fier, de qch. (*For 'to smell of,' 'to taste of,' etc., see the verbs.*) **2.** (*Agency*) (*a*) *A:* (= *by*) *Forsaken of God and man,* abandonné de Dieu et des hommes. *Beloved of all,* aimé de tout le monde. (*b*) *It is very good, very kind, of you* (*to invite me, etc.*), c'est bien aimable de votre part, c'est très aimable, très gentil, à vous (de m'inviter, etc.). **3.** (*a*) (*Material*) *Made of wood,* fait de, en, bois. *Wall of stone,* mur *m* en pierre. *A house of cards,* une maison de cartes. *The floor was of tiles,* le sol était carrelé. (*b*) *Full of water,* plein d'eau. *See also* BEST[1] 1, FOOL[1] 1, 3, IT[1] 2. **4.** (*Concerning, in respect of*) (*a*) (*Introducing ind. obj. of verb*) *To think of s.o.,* penser à qn. *Judge of my surprise,* jugez de ma surprise. *It admits of no doubt,* cela ne souffre pas de doute. *To warn s.o. of sth.,* avertir qn de qch. *What do you think of him?* que pensez-vous de lui? *What has become of him?* qu'est-il devenu? (*b*) (*After adjs*) *Guilty of,* coupable de. *Capable of,* capable de. *Enamoured of,* amoureux de. (*c*) *Doctor of medicine,* docteur *m* en médecine. *Master of arts, A:* maître ès arts. (*d*) *F:* **Well, what of it?** eh bien, et après? **5.** (*Descriptive genitive*) (*a*) (i) *Name of Jones,* nom *m* de Jones. *The city of Rome,* la cité de Rome. *State of rest,* état *m* de repos. *Man of genius,* homme *m* de génie. *Tales of children,* contes *m* évoquant des enfants. *Boots of our own manufacture,* bottes *f* de notre fabrication. **Trees of my planting,**

arbres que j'ai plantés moi-même. *Flag of three colours*, drapeau *m* de trois couleurs. *People of foreign appearance, of dark complexion*, gens à l'air étranger, au teint foncé. *The isle of green meadows*, l'île *f* aux vertes prairies. *Child of ten*, enfant (âgé) de dix ans. *The fact of your speaking to him*, le fait que vous lui avez parlé; le fait de lui avoir parlé. (ii) *To be of good cheer*, être vaillant, courageux. *To be of no account*, ne pas compter. *Swift of foot*, aux pieds légers. *Hard of heart*, au cœur dur. (*b*) *A fine figure of a woman*, une belle femme, un beau corps de femme. *They possess a palace of a house*, ils possèdent une maison qui est un vrai palais. *That fool of a sergeant*, cet imbécile de sergent. (*c*) **All of a tremble**, tout tremblant. *All of a sudden*, tout d'un coup. **6.** (*a*) (*Subjective genitive*) *The temptations of the devil*, les tentations *f* du diable. *The love of a mother*, l'amour d'une mère. (*b*) (*Objective genitive*) *The temptation of Eve*, la tentation d'Ève. *The fear of God*, la crainte de Dieu. *Hope of relief*, espoir *m* de secours. *Great drinker of whisky*, grand buveur de whisky. *Writer of theosophical treatises*, auteur *m* de traités théosophiques. *Explanation of a fact*, explication *f* d'un fait. *P:* **To be (a-)doing of sth.**, être en train de faire qch. **7.** (*Partitive*) (*a*) *Three parts of the whole*, trois quarts du tout. *The whole of the apple*, toute la pomme. *F:* **No more of that!** plus de cela! *How much of it do you want?* combien en voulez-vous? *See also* IT[1] 5. *Two of them died*, deux d'entre eux moururent. *Many of us, several of us*, beaucoup, plusieurs, d'entre nous. *There were two, several, of us*, nous étions deux, plusieurs. *The car carried the four of us*, l'auto *f* nous transporta tous les quatre. **He is one of us**, il est des nôtres. *One of the best*, un des meilleurs. **Of the twenty only one was bad**, sur les vingt un seul était mauvais. **A man of a thousand**, un homme entre mille. *There's something of good in every man*, il y a quelque chose de bon en tout homme. (*b*) (*After superlative*) *The best of men*, le meilleur des hommes. *She had the best of governesses*, (i) elle a eu la meilleure des institutrices, (ii) elle a eu les meilleures institutrices qu'il fût possible de se procurer. *The bravest of the brave*, le brave des braves. *The one he loved* **most of all**, celui qu'il aimait entre tous. **First of all**, avant tout. (*c*) (*Out of*) *He*, **of all men, of all people**, *should have been grateful*, lui entre tous aurait dû se montrer reconnaissant. *She dreaded Tom's anger* **of all things**, elle craignait au-dessus de toutes choses la colère de Tom. *It is a time* **of all others** *for rejoicing*, c'est, plus que tout autre, le moment de se réjouir. *The one thing of all others that I want*, ce que je désire surtout, par-dessus tout, avant tout. *This day of all days*, ce jour entre tous. (*d*) (*Intensive*) *The Holy Holies, of* le saint des saints. *A fool of fools*, un triple sot. *He is an aristocrat of aristocrats*, c'est un aristocrate entre tous. *He is a radical of radicals*, c'est un ultra-radical. *The virtue of all virtues is success*, la vertu qui prime toutes les autres, c'est de réussir. *At that time castor oil was the remedy of remedies*, à cette époque, le remède par excellence c'était l'huile de ricin. (*e*) *Poet:* *To drink of hemlock*, boire de la ciguë. *B:* *Hast thou not eaten of the tree . . .*, n'as-tu pas mangé du fruit de l'arbre. . . . (*For 'partake of,' 'taste of,' etc., see the verbs.*) **8.** (*Possession or dependence*) (*a*) *The widow of a barrister*, la veuve d'un avocat. *Leg of the table*, pied *m* de la table. *Citizen of London*, citoyen *m* de Londres. *Topic of conversation*, sujet *m* de conversation. *The first of the month*, le premier du mois. *The first of June*, le premier juin. (*b*) (+ *possessive*) *He is* **a friend of mine**, *of my father's*, c'est un de mes amis, un des amis de mon père; c'est un ami de mon père. *Is he a friend of yours?* il est de vos amis? *It's no business of yours*, cela ne vous regarde pas; ce n'est pas votre affaire. *That hat of his*, ce chapeau qu'il porte. *That frail little husband of hers*, ce frêle petit homme qu'elle a pour mari. *I was reading something of Carlyle's*, je lisais quelque chose de, par, Carlyle. *That's not a bad paper of Smith's*, cette composition de Smith n'est pas mauvaise. **9.** (*In temporal phrases*) (*a*) *Of a child, he was sickly*, il a été maladif dès son enfance. *See also* LATE I. 5, OLD 7, YORE. (*b*) **What do you do of a Sunday?** que faites-vous le dimanche? *He looks in of an evening*, il nous fait de temps en temps une petite visite le soir. *Dial:* **To sit up late of nights**, veiller tard la nuit.

off[1] [ɔf]. I. *adv.* **1.** (*Away*) (*a*) *House a mile off*, maison *f* à un mille de distance. *Some way off*, à quelque distance. *Far off*, au loin, dans le lointain. *See also* FAR-OFF. *Further off*, plus loin. *To keep s.o. off*, empêcher qn d'approcher ou de se rapprocher; tenir qn à distance. *See also* HOLD OFF, KEEP OFF, WARD[2] 1. (*b*) (*Departure*) **To go off**, *F:* **to be off**, s'en aller, partir; *F:* décamper, filer. *I'm off to church, to London*, je pars à la messe, je pars pour Londres. *I'm off to Paris again*, je repars pour Paris. *It's getting late*, **I'm off**, il se fait tard, je me sauve, je pars, je file. *It's time I was off*, il est temps que je plie bagage. **I must be off**, *F:* il faut que je me trotte, que je me sauve. **Be off!** allez-vous-en! partez! filez! *F:* déguerpissez! **They're off! off they go!** (i) les voilà partis! (ii) *F:* les voilà lancés! **Off we go!** (i) en route! *F:* fouette, cocher! (ii) nous voilà partis! **Off with him!** emmenez-le! **To go off (to sleep)**, s'endormir. *I was nearly off myself*, moi-même j'étais presque endormi. (*For 'drive off,' 'give off,' 'ride off,' etc., see the verbs.*) *See also* HAND[1] 1. (*c*) *Nau:* Au large. **To sail off and on**, louvoyer tantôt vers le large, tantôt vers la terre. (*See also* 4.) (*d*) *Th:* **'Off,'** à la cantonade; derrière la toile. **2.** (*a*) (*Removal*) *To take off one's coat*, ôter son habit. **With one's coat off**, en bras de chemise. *I have never seen her with her hat off*, je ne l'ai jamais vue sans chapeau. **Hats off!** chapeaux bas! **Off with your boots!** ôtez vos souliers! *A button has come off, is off*, un bouton a sauté. **You'd better have it off**, vous ferez bien (i) de l'enlever, (ii) de vous le faire enlever, (iii) (*of beard, etc.*) de vous la faire couper, (*of leg*) de vous la faire amputer. *To cut s.o.'s head off*, couper la tête à qn; décapiter qn. **Off with his head!** allez! qu'on (me) le décapite! (*For 'bite off,' 'tear off,' etc., see the verbs.*) *To turn off the gas*, fermer le gaz; (*at the main*) couper le gaz. *See also* TURN OFF. *The water is off*, on a coupé l'eau. **'Off,'** (*steam heating, etc.*) "fermé"; (*on electric oven, etc.*) "zéro." *The brakes are off*, les freins sont desserrés. *I.C.E:* *The ignition is off*, l'allumage est coupé. (*In restaurant*) **Dish that is off**, plat qui est épuisé. *Chicken is off*, il n'y a plus, il ne reste plus, de poulet. **The deal, the concert, is off**, le marché est rompu, ne se fera pas; le concert est abandonné, n'aura pas lieu. *It's all off, the whole thing is off*, tout est rompu; *F:* l'affaire est tombée dans l'eau. **Football is off and tennis is not yet on**, le football est fini et le tennis n'a pas encore commencé. **The play is off**, la pièce a quitté l'affiche. (*b*) Qui n'est plus frais. **Meat that is slightly off**, viande un peu avancée. *F:* *This beer's off*, cette bière est éventée. *P:* **That's a bit off!** ça c'est pas chic! ce n'est pas loyal! (*c*) (Idée d'achèvement) *To finish off a piece of work*, parachever un travail. *Sp:* *To run off a heat*, courir une éliminatoire. (*For 'drink off,' 'pay off,' 'polish off,' etc., see the verbs.*) **3. To be well off**, *see* WELL OFF. **To be badly, poorly, off**, être dans la gêne, dans la misère, mal en point, à l'étroit, mal loti. **To be badly off for sth.**, avoir grand(ement) besoin de qch. *I am badly off for tools*, je suis dépourvu d'outils. *We are badly off for provisions*, nous sommes à court de vivres. **To be better off**, (i) être plus à son aise matériellement; (ii) se trouver dans de meilleures conditions. *He is better off where he is*, il est bien mieux, dans une meilleure situation, où il est. **He is worse off**, sa situation a empiré. **4.** *Adv.phr.* **Off and on; on and off**, par intervalles; à différentes reprises; par instants; de temps en temps. **To be on and off with sth.**, travailler à qch. par à-coups, par foucades. *I work at it off and on*, j'y travaille avec des interruptions. **Right off, straight off**, immédiatement, sur-le-champ, tout de suite, tout de go.

II. **off**, *prep.* **1.** (*a*) *Usu.* De. *To fall off sth.*, tomber de qch. *To fall off one's horse*, tomber à bas de son cheval. *To get off the table*, descendre de la table. *To drive a cat off the flower-bed*, chasser un chat du parterre. *To take a ring off one's finger*, ôter une bague de son doigt. **To take sth. (from) off a shelf**, prendre qch. sur une tablette, de dessus une tablette. *Door that is off its hinges*, porte *f* qui est hors de ses gonds. **To eat off silver plate**, manger dans des assiettes d'argent. *To cut a slice off sth.*, couper une tranche de qch. **To dine off a leg of mutton**, dîner d'une tranche de gigot. **To take sth. off the price**, rabaisser qch. du prix. *A third off everything*, rabais *m* d'un tiers sur tout. *adv.* **To allow** $2\frac{1}{2}\%$ **off for ready money**, faire une réduction, une remise, de $2\frac{1}{2}\%$ pour paiement comptant. *To borrow money off s.o.*, emprunter de l'argent à qn. *That is a great weight off my mind*, cela me soulage l'esprit d'un grand poids. *See also* CUSHION[1] 2. (*b*) Écarté de, éloigné de. *Village off the beaten track*, village éloigné, hors, du chemin battu. *A yard off me*, à un mètre de moi. *The car was standing off the road*, la voiture stationnait aux abords de la route. *Street off the main road*, (i) rue qui donne sur la grande route, aboutissant à la grande route; (ii) rue éloignée de la grande route. **All that is off the point**, tout cela est étranger à la question. *P:* **To be right off it**, se tromper du tout au tout; *P:* dérailler. *Games:* **'Off ground,'** (jeu *m* du) chat perché. *Fb:* **Player off side**, joueur *m* hors jeu. **The off-side rule**, la règle du hors jeu. *See also* MARK[1] 6, STRAIGHT II. 1. (*c*) **To be off one's food**, être dégoûté de sa nourriture; n'avoir pas d'appétit. *To be off meat*, (i) être dégoûté de la viande, (ii) suivre un régime qui ne comporte pas de viande. *I am off that work now*, je ne fais plus ce travail. *F:* **To have time off (work)**, avoir du temps de libre. *Have you any time off during the week?* avez-vous des libertés pendant la semaine? *To take some time off*, prendre des loisirs. **An afternoon off**, un après-midi libre; un après-midi de congé, de liberté. **Day off**, jour *m* de congé, de liberté. *To have a day off*, avoir un jour de congé. *To give the staff a day off*, donner congé à son personnel pour la journée. *To arrange to take two days off*, se libérer pour deux jours. *See also* COLOUR[1] 3, DUTY 4, FEED[1] 1, GAME[1] 1, HEAD[1] 2, STROKE[1] 2. **2.** *Nau:* (*a*) **Off the Cape**, à la hauteur du Cap; au large du Cap. *Off Calais*, devant Calais. *Off the entrance to the bay*, à l'ouvert de la baie. (*b*) **To sail off the wind**, naviguer vent largue. **3.** (*In compounds*) **Off-white**, blanc légèrement teinté. **Off-black**, presque noir.

III. **off**, *a.* **1.** (*a*) *Equit: etc:* *Off rein, off leg*, rêne *f*, jambe *f*, de dehors. **The off side**, le côté extérieur; le côté droit; *U.S:* le côté gauche; *Equit:* le côté hors montoir; *Turf:* l'extérieur *m* de la piste. *To mount a horse on the off side*, monter à cheval en fauconnier; fauconner. **Off horse**, (cheval de) sous-verge *m*; bricolier *m*. *Off leader*, sous-verge de devant. *See also* WHEELER 2. (*b*) *Cr:* *Drive to the off-side, abs.* **drive to the off**, coup en avant à droite. *See also* LONG-OFF. (*c*) *Bookb:* **Off side**, verso *m*. **2.** Subsidiaire. *Off street*, rue *f* secondaire; rue latérale. *Off issue*, question *f* d'importance subsidiaire. *See also* CHANCE[1] 1. **3. Off day**, (i) jour *m* où l'on ne travaille pas; jour de chômage ou jour férié; jour de liberté; (ii) jour où l'on n'est pas en train, où l'on ne brille pas. (*Of athlete*) *It was one of his off days*, il n'était pas dans un de ses meilleurs jours. **Off season**, morte-saison *f*, *pl.* mortes-saisons; inter-saison *f*, *pl.* inter-saisons. **4.** *Adm:* **Off consumption** (*of intoxicants*), consommation *f* à domicile. *Beer for off consumption*, bière *f* à emporter. *See also* LICENCE 1.

'off-board, *s.* *Bookb:* Verso *m*; plat inférieur.

'off-centre, 'off-centred, *a.* Désaxé, décalé, déporté; en porte-à-faux. *I.C.E:* **Off-centred engine**, moteur décalé.

'off-drive[1], *s.* *Cr:* Coup *m* en avant à droite.

'off-drive[2], *v.tr.* (off-drove; off-driven) *Cr:* Faire un coup en avant à droite.

'off-glide, *s.* *Ling:* Détente *f*.

off-hand. **1.** *adv.* [ɔf'hand] (*a*) Sans préparation; sur-le-champ; au pied levé; au premier abord; à première vue; en un tour de main. *To play an accompaniment o.-h.*, jouer un accompagnement à vue. *To speak o.-h.*, parler impromptu; parler d'abondance; improviser un discours. (*b*) Sans cérémonie, sans façon; brusquement, cavalièrement; d'un air dégagé. **2.** *a.* (*When attrib.* ['ɔfhand]) (*a*) Spontané, improvisé, impromptu. *'Off-hand speech*, discours impromptu, improvisé. (*b*) Brusque, cavalier, dégagé, désinvolte; sans cérémonie, sans façon(s), sans-gêne *inv.* **To be off-'hand with**

s.o., se montrer désinvolte à l'égard de qn. *To treat s.o. in an 'off-hand manner*, traiter qn d'une façon très dégagée; traiter qn sans façon, à la cavalière, cavalièrement, avec désinvolture.

off-'handed, *a.* = OFF-HAND 2 (*b*). **-ly,** *adv.* = OFF-HAND 1 (*b*).

off-'handedness, *s.* Brusquerie *f*, sans-façon *m*, désinvolture *f*.

'off-load, *v.tr.* (*Of bus*) **To off-load passengers,** débarquer des voyageurs.

'off-lying, *a.* Lointain, éloigné.

'off-position, *s.* **1.** Position *f* de desserrage (des freins). **2.** *El:* Position de rupture de circuit; position d'extinction (des lampes).

'off-print, *s.* *Typ:* Tirage *m* à part; tiré-à-part *m*, *pl.* tirés-à-part.

'off-saddle. **1.** *v.tr.* Desseller (un cheval); ôter la selle à (un cheval). *Abs.* **To off-saddle,** desseller. **2.** *v.i.* Descendre de selle; s'arrêter (pour faire étape).

'off-scourings, *s.pl.* Rebut *m*. *The o.-s. of humanity*, la lie du peuple.

off(-)shore. *Nau:* **1.** *adv.* ['ɔf'ʃɔːr] Vers le large, au large. **2.** *a.* ['ɔfʃɔːər] (*a*) Du côté de la terre. **Off-shore wind,** vent *m* de terre. (*b*) Éloigné de la côte. *See also* BAR[1] 1.

off², *v.i.* **1.** *Nau:* Prendre le large. **2.** *P:* (*a*) **To off with one's coat,** mettre bas, ôter, son habit; *P:* tomber la veste. (*b*) **To off it,** partir, s'en aller.

offal ['ɔfəl], *s.* **1.** (*a*) Rebut *m*, restes *mpl*, débris *mpl*, déchets *mpl*, détritus *m*. *U.S:* **Offal timber,** bois *m* de rebut. *Husb:* **Offal (wheat),** blé avarié (donné aux poules, etc.). (*b*) Ordures *fpl*, immondices *fpl*. (*c*) Charogne *f*. (*d*) *Fish:* Poissons *mpl* de qualité inférieure. **2.** *Cu: etc:* Déchets d'abattage (de boucherie); abats *mpl*; issues *fpl*; *F:* tripaille *f*. **3.** *Mill:* Issues.

offcome ['ɔfkʌm], *s.* *Scot:* Issue *f*. (*a*) Succès *m*. (*b*) Moyen *m* de sortir.

offcut ['ɔfkʌt], *s.* **1.** Découpure *f*. **2.** *Bookb:* Bande *f*, carton *m*. *Typ:* **Imposition with offcut,** imposition *f* avec coupure.

offence [o'fens], *s.* **1.** *A:* Scandale *m*. *B:* *Woe unto that man by whom the o. cometh*, malheur à l'homme par qui le scandale arrive. **Rock of offence,** pierre *f* de scandale; *B:* pierre d'achoppement. **2.** Attaque *f*, agression *f*. **War of offence,** guerre offensive. *See also* DEFENCE 1. **3.** Blessure faite à la susceptibilité de qn; sujet *m* de mécontentement, de déplaisir. *This music is an o. to the ear*, cette musique offense l'oreille. **To cause offence to s.o.,** formaliser, froisser, qn. *Abs.* **To cause offence,** déplaire. **To take offence (at sth.),** se formaliser, se froisser, se choquer (de qch.); *F:* prendre la mouche. *To take o. at the slightest thing*, s'offenser, se piquer, se blesser, d'un rien; se fâcher pour rien, pour un rien. *He took o. at not being invited*, il a mal pris qu'on ne l'ait pas invité; il s'est formalisé de ce qu'on ne l'avait pas invité. **To give offence to s.o.,** offenser, blesser, froisser, qn. **If I may say so without (giving) offence,** soit dit sans vous blesser. **I meant no offence,** je ne voulais offenser personne. **No offence meant.—And none taken,** pardonnez-moi cette hardiesse.—C'est tout pardonné. **4.** (*a*) Offense *f*, faute *f*. *Minor o., trifling o.*, faute légère. *Serious o.*, faute grave. *Pardon our offences*, pardonnez-nous nos offenses. **To commit an offence against the law,** commettre une infraction à la loi; commettre un délit ou un crime puni par la loi. *To commit an o. against s.o.'s rights*, porter atteinte aux droits de qn; outrager les droits de qn. *To commit an o. against good taste, against common decency*, commettre une infraction au bon goût; faire outrage aux convenances. *O. against God*, offense faite à Dieu. (*b*) *Jur:* **Indictable offence,** violation *f* de la loi; crime ou délit; acte délictueux. **Petty offence, minor offence,** contravention *f* (de simple police). **Capital offence,** crime capital. **Second offence,** récidive *f*. *Unnatural o.*, crime contre nature. *Indecent o.*, outrage *m* aux mœurs; attentat *m* aux mœurs. *See also* TECHNICAL 2.

offenceless [o'fensləs], *a.* **1.** Sans faute; innocent. **2.** Inoffensif.

offend [o'fend]. **1.** *v.i.* (*a*) *A:* Pécher, faillir. (*b*) **To offend against the law,** violer, enfreindre, la loi; faire un délit à la loi. *To o. against the laws of courtesy*, pécher contre la politesse. *To o. against grammar*, offenser la grammaire. **2.** *v.tr.* (*a*) *A. & B:* Scandaliser. *B:* *But whoso shall o. one of these little ones*, mais quiconque scandalise un de ces petits. *If thy right hand o. thee, cut it off*, si votre main droite vous est un sujet de scandale, vous fait tomber dans le péché, coupez-la. (*b*) Offenser, blesser, froisser, choquer (qn); faire une offense à (qn); *F:* marcher sur le pied à (qn). *If I have offended you in word or deed . . .*, si je vous ai offensé par parole ou par action. . . . *Abs.* **I have no wish to offend,** je ne veux offenser personne. **To be offended at, with, by, sth.,** se piquer, se fâcher, de qch. **To be offended with s.o.,** être fâché contre qn. *I accept your invitation so that you may not be offended*, j'accepte votre invitation pour ne pas vous désobliger. **To be easily offended,** être très susceptible; se froisser facilement. (*c*) (*Of thg*) **To offend the eye,** choquer les regards, la vue; offusquer l'œil. *Word that offends the ear*, mot *m* qui sonne mal. *People whose ears are easily offended*, gens aux oreilles chatouilleuses. *It offends our sense of justice*, cela outrage notre sentiment de la justice. *Idea that offends common sense*, idée *f* qui choque le bon sens. *Book that offends morals*, livre outrageant pour les bonnes mœurs.

offended, *a.* **1.** Fâché, froissé. *In an o. tone of voice*, d'un ton bourru, d'un ton de dépit, d'une voix offensée. **2.** *Jur:* **The offended party,** l'offensé, -ée. **-ly,** *adv.* D'un ton froissé.

offending, *a.* Offensant, fautif.

offender [o'fendər], *s.* **1.** (*a*) Pécheur, -eresse. (*b*) *Jur:* Délinquant, -ante, contrevenant, -ante, malfaiteur, -trice; criminel, -elle. **A first offender,** un délinquant primaire. **The First Offenders Act,** la loi de sursis; (*in Fr.*) la loi Bérenger. **To be an old, a hardened, offender,** (i) être un récidiviste, un repris de justice, *F:* un cheval de retour; (ii) *F:* être coutumier du fait. *The chief o.*, le grand coupable. *See also* JUVENILE 1. **2.** Offenseur *m*. *She is the o.*, c'est elle qui est l'offenseur.

offensive [o'fensiv]. **1.** *a.* (*a*) *Mil: etc:* Offensif. *O. and defensive arms*, armes offensives et défensives. (*b*) (*Of word, action*) Offensant, blessant, choquant, sale; (spectacle) désagréable, repoussant; (odeur) nauséabonde, délétère, déplaisante. *Jur:* **Offensive trades,** métiers *m* incommodes ou insalubres. *Word o. to the ear*, mot *m* qui choque l'oreille; mot malsonnant. *Book that is morally o.*, livre outrageant pour les bonnes mœurs. (*c*) (*Of pers.*) **To be offensive to s.o.,** insulter qn; injurier qn; dire des grossièretés à qn. *O. answer*, réponse blessante, injurieuse. *To give an o. answer*, répondre grossièrement. *In an o. tone*, d'un ton rogue, injurieux. **2.** *s.* *Mil: etc:* Offensive *f*. **To take the offensive,** prendre l'offensive. **-ly,** *adv.* **1.** *Mil: etc:* Offensivement. **2.** (*a*) Désagréablement; d'une manière offensante, choquante. (*b*) D'un ton injurieux, blessant.

offensiveness [o'fensivnəs], *s.* **1.** Nature offensante, désagréable (d'un spectacle, d'un son, d'une odeur). **2.** Nature injurieuse, blessante (d'une réponse, etc.).

offer¹ ['ɔfər], *s.* **1.** Offre *f*. **Verbal offer,** offre verbale. **To make an offer of sth. to s.o.,** faire offre de qch. à qn; offrir qch. à qn. *Com: etc:* **To make an offer for sth.,** faire une offre pour qch. **To close with an offer,** accepter une offre. **On offer,** en vente. *That is the best o. I can make*, c'est le plus que je puis offrir; *F:* c'est mon dernier mot. **Offer of marriage,** demande *f* en mariage. *Jane had had several offers*, Jane avait eu plusieurs demandes en mariage, avait plus d'une fois été demandée en mariage. *To decline an o.*, rejeter, décliner, refuser, repousser, une offre, une demande en mariage. **2.** *A:* Tentative *f* (*at*, de); mouvement spontané (pour faire qch.).

offer². **1.** *v.tr.* (*a*) Offrir. *To o. s.o. sth.*, offrir qch. à qn. **To offer an apology,** présenter des excuses. **To offer (up) prayers to God,** adresser des prières à Dieu. *To o. s.o. money*, proposer de l'argent à qn. *He was offered a post*, un emploi lui a été offert. *To o. oneself for a post*, s'offrir, se proposer, se présenter, à un emploi; poser sa candidature à un emploi. *Com:* **To offer goods (for sale),** offrir des marchandises en vente. *The conditions that we are able to o. you*, les conditions *f* que nous sommes à même de vous faire. *To o. one's lips (for a kiss)*, tendre les lèvres. *To o. one's flank to the enemy*, prêter le flanc à l'ennemi. **To offer battle,** inviter le combat. **To offer to do sth.,** faire l'offre, offrir, de faire qch.; s'offrir à faire qch. *To o. to fight s.o.*, défier qn. (*b*) **To offer a remark, an opinion,** faire une remarque; avancer une opinion. *To o. a definition*, proposer une définition. *Jur:* *To o. a plea*, exciper d'une excuse. (*c*) *The fireworks offered a fine spectacle*, le feu d'artifice a présenté, a offert, un beau spectacle. *The scheme offered considerable difficulties*, le projet présentait des difficultés considérables. (*d*) Essayer, tenter. **To offer resistance,** faire (de la) résistance. *To o. violence to s.o.*, faire violence à qn. **To offer to strike s.o.,** lever la main sur qn. *He offered to strike me*, il fit mine de me frapper; il voulut, essaya de, me frapper. *Th:* **'Offers to go,'** "fausse sortie." *He offers to go*, il va pour sortir; il dessine une sortie. **2.** *v.i.* (*Of occasion, etc.*) S'offrir, se présenter. **If a good occasion offers,** s'il s'offre une belle occasion. *If more passengers offered*, s'il se présentait plus de voyageurs.

offering, *s.* **1.** (*Action*) Offre *f*. **2.** (*Thg offered*) Offre; *Ecc:* offrande *f*. **Sin offering, trespass offering,** offrande ou sacrifice *m* expiatoire. **Burnt offering,** holocauste *m*. *To place one's o. in the alms-box*, déposer son offrande dans le tronc. *See also* DRINK-OFFERING, EASTER, MEAT-OFFERING, PEACE-OFFERING, THANK-OFFERING, VOTIVE.

offerer ['ɔfərər], *s.* Offreur *m*. (*At sale*) *No offerers*, pas d'amateurs *m*, pas d'offrants *m*. **To the highest offerer,** au plus offrant.

offertory ['ɔfərtəri], *s.* *Ecc:* **1.** Offertoire *m*, oblation *f*. **2.** (*a*) Quête *f* (de l'offrande). (*b*) Montant *m* de la quête.

office ['ɔfis], *s.* **1.** (*a*) Office *m*, service *m*. **To do s.o. a good, a bad, office,** rendre un bon, un mauvais, service à qn. **Through, owing to, the good offices of . . .,** grâce aux bons offices de . . ., par les soins de. . . . *Good offices to one another*, échange *m* de services. (*b*) **Last offices** (*to the dead*), (i) derniers devoirs (rendus à un mort); (ii) obsèques *f*. *To perform the last offices*, rendre au mort les derniers devoirs. **2.** (*a*) Fonctions *fpl*, devoir. **To perform the office of secretary,** faire l'office de secrétaire. **It is my office to . . .,** il est de mon devoir de . . .; il rentre dans mes fonctions de. . . . (*b*) Charge *f*, emploi *m*, place *f*, fonctions. *High o., important o.*, fonctions élevées; haute charge. **Public office,** fonctions publiques, emploi public. *The o. of bishop*, la dignité d'évêque. *Pol:* *The o. of Chancellor of the Exchequer*, le portefeuille des Finances. **To be in office, to hold office,** (i) remplir un emploi; être en charge, en fonctions; (ii) (*of government*) être au pouvoir; (iii) (*of minister of State*) avoir un portefeuille. *F:* *People in o.*, les gens *m* en place; les bureaucrates *m*. *The noble lords in o.*, les nobles lords à la tête des affaires. **To be called to office,** être appelé à un ministère. **To take office, to come into office,** (i) entrer en fonctions; (ii) (*of government*) arriver au pouvoir; prendre le pouvoir; (iii) (*of minister*) entrer au ministère; accepter un portefeuille. *To continue in o.*, demeurer en fonctions. **To leave office,** se démettre de ses fonctions; quitter ses fonctions; *abs.* se démettre. **To aim at office, to be ambitious of office,** ambitionner un portefeuille; *F:* ambitionner le maroquin. **Office-seeking politician,** politicien qui ambitionne un portefeuille. *To act in virtue of one's o.*, agir d'office. *See also* JACK[1] II. 1. **3.** *Ecc:* **Office of the day,** office du jour. **Office for the Dead,** office des morts; vigiles *fpl* des morts. **4.** (*a*) Bureau *m*; (*lawyer's*) étude *f*. *Business o.*, bureau commercial. **Head office, registered offices** (*of company*), bureau principal, bureau central, maison *f* mère; siège (social). *Adm:* **Telegraph office,** bureau télégraphique. **The Complaints Office,** le Service des réclamations. **Office supplies,** articles *m* de bureau. **Office expenses,** frais *m* de bureau. *See also* AUDIT-OFFICE, BRANCH[1] 2, DRAWING-OFFICE, HOUR 1, PARCEL[1] II. 2, POST-OFFICE, REGISTRY OFFICE, SUB-OFFICE.

(*b*) **Private office,** cabinet particulier. *The manager's o.,* le bureau du directeur. *The secretary's o.,* le secrétariat. **Cash office,** caisse *f.* **Porter's office,** loge *f* du concierge. *See also* BOOKING-OFFICE, BOX-OFFICE, PAY-OFFICE. (*c*) **Government office,** ministère *m* (d'État). **The Home Office** = le ministère de l'Intérieur. **The Foreign Office** = le ministère des Affaires Étrangères. **The War Office** = le ministère de la Guerre; *F:* la Guerre. **War Office staff,** personnel *m* des bureaux de la Guerre. (*d*) **Insurance office,** compagnie *f* d'assurances. (*e*) *Ecc: Hist:* **The Holy Office,** le Saint-Office (de l'Inquisition). (*f*) *pl.* **Offices** (*of a house*), communs *m* et dépendances *f.* **'The usual offices,'** les lieux *m* d'aisances. **5.** *P: A:* **To give s.o. the office,** avertir, prévenir, qn; *P:* passer la consigne à qn.

'office-bearer, *s.* (*a*) Officier *m*, fonctionnaire *m*. (*b*) Membre *m* du bureau (d'une société, etc.).

'office-boy, *s.m.* Saute-ruisseau *inv.*

'office-holder, *s. U.S:* Employé *m* de l'État; fonctionnaire *m.*

'office-seeker, *s. F:* Politicien *m* qui ambitionne un portefeuille; intrigant *m.*

'office-work, *s.* Travail *m* de bureau.

officer[1] ['ɔfisər], *s.* **1.** (*a*) Fonctionnaire *m*, officier *m*. *Adm:* **Municipal officer,** officier municipal. **Custom-house officer,** douanier *m.* *Jur:* **Police officer,** agent *m* de police, de la sûreté; officier de police; *Adm:* gardien *m* de la paix; *F:* sergent *m* de ville. **Sheriff's officer,** huissier *m.* *See also* HEALTH 1, LAW-OFFICER, MEDICAL 1, RELIEVING[1] 1. (*b*) **Officers of a society,** membres *m* du bureau d'une société. **2.** (*a*) *Mil:* **Regimental officer,** officier de corps, de troupe. **Staff officer,** officier d'état-major. **Field officer,** officier supérieur. *General o.,* officier général. *See also* JUNIOR 2, LIAISON 1, NON-COMMISSIONED, REGULAR I. 3. *Sch:* **Officers' training corps,** *F:* **O.T.C.** [outi:'si:], bataillon *m* scolaire. *Mil.Av:* **Flying officer,** lieutenant *m* aviateur. **Pilot officer,** sous-lieutenant *m* aviateur. (*b*) *Navy:* **Executive officer, deck officer,** officier de pont. **The Executive officer,** le commandant en second, l'officier en second; *F:* le second. **Engineer-officer,** officier mécanicien. **Gunnery officer,** officier de tir. *See also* FLAG-OFFICER, NAVAL, NAVIGATION, PETTY[1] 3. (*c*) *O. in the Salvation Army,* officier, *f.* officière, de l'Armée du Salut. **3. High Officer** (*of an Order*), grand dignitaire.

officer[2], *v.tr. Mil:* **1.** Fournir des officiers à (un corps); encadrer (un bataillon). **2.** (*Esp. in passive*) Commander. **A well-officered battalion,** un bataillon bien commandé.

officering, *s.* **1.** Encadrement *m* (d'un corps de troupes). **2.** Commandement *m.*

official [o'fiʃəl]. **1.** *a.* (*a*) Officiel. *O. letter,* pli officiel, de service. *O. seal,* cachet *m* réglementaire, de service. *O. language,* langage officiel; langage administratif. *To act in one's o. capacity,* agir dans l'exercice de ses fonctions. *See also* RECEIVER 1. (*b*) **Official news,** nouvelles authentiques, officielles. *Fin:* **Official quotation,** cours *m* authentique. (*c*) Titulaire. *The o. organist,* le titulaire de l'orgue; le préposé officiel à l'orgue. (*d*) *Med:* Officinal, -aux; autorisé par la pharmacopée; conforme au Codex. **2.** *s.* (*a*) Fonctionnaire *m*; *F:* bureaucrate *m.* **Railway official,** employé *m* des chemins de fer. **Post-office officials,** employés des Postes. (*b*) *Ecc:* **Official Principal,** official, -aux *m.* **-ally,** *adv.* Officiellement.

officialdom [o'fiʃəldəm], **officialism** [o'fiʃəlizm], *s.* Bureaucratie *f*, fonctionnarisme *m.*

officiant [o'fiʃjənt], *s. Ecc:* (*At service*) Officiant *m*; (*in parish, etc.*) desservant *m.*

officiate [o'fiʃieit], *v.i.* **1.** *Ecc:* *To o. at a service,* officier à un office. *To o. at a church, in a parish,* desservir une église, une paroisse. **Officiating minister,** (ministre) officiant *m.* **2.** *F:* **To officiate as host, as hostess,** remplir, exercer, les fonctions d'hôte, de maîtresse de maison. *To o. at table,* officier à table. *I officiated for him during his illness,* je l'ai remplacé pendant sa maladie.

officinal [o'fisinəl], *a. Pharm:* Officinal, -aux.

officious [o'fiʃəs], *a.* **1.** Empressé; trop zélé; officieux. **2.** (*Unofficial*) *Adm:* Officieux. **-ly,** *adv.* **1.** Avec trop de zèle. **2.** Officieusement; à titre officieux.

officiousness [o'fiʃəsnəs], *s.* Officiosité *f*; excès *m* de zèle, d'empressement *m.* *Letter that smacks of o.,* lettre *f* d'un ton officieux, obséquieux.

offing ['ɔfiŋ], *s. Nau:* **1. The offing,** le large; la pleine mer. **In the offing,** au large; dehors. **2. To make, get, an offing,** prendre le large, gagner au large. **To keep an offing,** tenir le large. **3.** *F:* **I have a job in the offing,** j'ai une place en perspective.

offish ['ɔfiʃ], *a.* **1.** *F:* = STAND-OFFISH. **2.** *P:* Mal en train.

offishness ['ɔfiʃnəs], *s. F:* = STAND-OFFISHNESS.

offset[1] ['ɔfset], *s.* **1.** *Occ.* = OUTSET 1. **2.** (*a*) *Hort:* Rejeton *m*, œilleton *m*, stolon *m*, stolone *f.* *F:* **Offset of a noble house,** rejeton d'une famille noble. *See also* BULB[1] 1. (*b*) *Geol:* Contrefort *m* (de montagne). **3.** Repoussoir *m.* **To serve as an offset to s.o.'s beauty,** faire ressortir la beauté de qn. **4.** (*a*) Compensation *f*, dédommagement *m.* *As an o.,* en compensation . . .; pour faire contrepoids. . . . *To be an o. to a fault,* compenser une faute. (*b*) *Book-k:* Compensation (d'une écriture). **5.** (*a*) *Arch:* Ressaut *m*, saillie *f*, portée *f*; retrait *m* (d'un mur). (*b*) *Mec.E: etc:* Désaxage *m*, décalage *m*, déport *m*, déportage *m*, décentrement *m.* **Angular offset,** inclinaison *f.* (*c*) Rebord *m* (de piston, etc.); bord biseauté (d'une roue, etc.). (*d*) Double coude *m*, siphon *m* (d'un tuyau, pour contourner un obstacle). **6.** *Surv:* Perpendiculaire *f*; ordonnée *f.* **7.** (*a*) *Typ:* Maculage *m.* **Offset blanket,** décharge *f.* (*b*) *Phot.Engr:* **Offset process,** tirage *m* par report; impression *f* rotocalcographique; offset *m.* *Printed in o.,* tiré en offset. **8.** *Nau:* Courant *m* en direction du large.

offset[2], *v.* (*Conj. like* **set**) **1.** *v.tr.* (*a*) Compenser, contrebalancer (ses pertes, etc.). (*b*) *Mec.E:* Désaxer, décentrer (une roue, etc.); déporter, décaler (un organe). (*c*) Faire déborder (une pièce). (*d*) Prévoir un dégagement, une courbure à (un outil, etc.); faire un double coude à (un tuyau). **2.** *v.i.* (*a*) *Hort:* (*Of plant*) Pousser des rejetons. (*b*) *Typ:* Faire du maculage; maculer.

offset[3], *a. Mec.E: etc:* **1.** Désaxé, déporté; en porte-à-faux. **Drive offset to the left,** transmission décalée, déportée, vers la gauche. *I.C.E:* **Offset connecting-rod,** bielle déportée. **2.** A épaulement. **3.** (Coussinet, etc.) désaffleurant.

offshoot ['ɔfʃu:t], *s.* **1.** (*a*) Rejeton *m* (d'un arbre, d'une famille). (*b*) *F:* *All the offshoots of this policy,* toutes les ramifications de cette politique. **2.** *Geol:* Caprice *m* (d'un filon).

offspring ['ɔfspriŋ], *s.* **1.** *Coll.* Progéniture *f*, descendance *f*; enfant(s) *m(pl)*, descendant(s) *m(pl)*. **2.** Descendant, rejeton *m*; *F:* fruit *m*, produit *m.* *O. of a long line of merchants,* rejeton d'une longue lignée de négociants.

offtake ['ɔfteik], *s.* **1.** Écoulement *m* (de marchandises, etc.). **2.** *Min:* Galerie *f* ou voie *f* d'écoulement. **3.** *Hyd.E:* Prise *f* d'eau (d'un canal dérivé d'une rivière, etc.).

offward ['ɔfwərd]. *Nau:* **1.** *adv.* Vers le large, au large. **2.** *s.* Côté *m* du large. **To the offward,** au large. **3.** *a.* Du (côté du) large.

oft [ɔft], *adv. Poet:* Souvent. **Many a time and oft,** mainte(s) et mainte(s) fois; *A:* souventefois, souventes fois. *Oft-told,* raconté maintes fois. *Oft-recurring,* revenant fréquemment.

'oft-times, *adv.* = OFTENTIMES.

often [ɔfn], *adv.* Souvent, fréquemment, mainte(s) fois. **Often and often,** maintes et maintes fois. *I see him o., I o. see him,* je le vois souvent. *I o. forget,* il m'arrive souvent d'oublier. **How often?** (i) combien de fois? (ii) tous les combien? *How o. do you see him?* tous les combien le voyez-vous? *How o. do the buses run?* il y a un autobus tous les combien? *F:* **How often have I told you!** que de fois, combien de fois, ne vous l'ai-je pas dit! **As often as . . .,** toutes les fois, chaque fois, que. . . . *F:* **As often as not, more often than not,** assez souvent, le plus souvent. *U.S: F:* **Every so often,** de temps en temps; de temps à autre; parfois. *You cannot do it too o.,* on ne peut trop le faire. *It cannot be too o. repeated . . .,* on ne saurait trop répéter. . . . **Once too often,** une fois de trop.

oftentimes ['ɔfntaimz], *adv. A. & Poet:* Souvent, *A:* souventefois.

ogam ['ɔgəm], *s. Pal:* = OGHAM.

ogee ['oudʒi:, ou'dʒi:], *s. Arch:* **Ogee (-moulding),** doucine *f*, cimaise *f*, talon *m.* **Ogee arch,** arc *m* en doucine, en dos d'âne. *Tls:* **Ogee plane,** bouvement *m*, doucine.

ogham ['ɔgəm], *s. Pal:* Ogam *m*, ogham *m* (des manuscrits celtiques).

ogival [ou'dʒaiv(ə)l], *a. Arch:* Ogival, -aux. **Ogival arch,** arc *m* ogive; arc en ogive; arc à lancette. *O. bridge,* pont *m* en dos d'âne.

ogive ['oudʒa:iv, ou'dʒai:v], *s. Arch:* Ogive *f.* **Ogive vault,** voûte *f* en ogive; voûte ogive.

ogle[1] [ougl], *s.* Œillade (amoureuse); lorgnade *f.*

ogle[2]. **1.** *v.tr.* Lorgner, guigner (qn); lancer des œillades à (qn); faire les yeux doux à (qn); reluquer (qn); faire des yeux en coulisse à (qn); jeter à (qn) un regard en coulisse; *P:* faire de l'œil à (qn). **2.** *v.i.* Jouer de la prunelle; lancer des œillades.

ogling[1], *a.* Qui lorgne; lorgnant.

ogling[2], *s.* Lorgnerie *f*; yeux doux; regards *mpl* en coulisse.

ogler ['ouglər], *s.* Lorgneur, -euse; reluqueur, -euse.

Ogpu ['ɔgpu:], *s. Russian Adm:* Le Guépéou.

ogre, *f.* **ogress** ['ougər, 'ougres], *s.* Ogre, *f.* ogresse.

ogr(e)ish ['oug(ə)riʃ], *a.* **1.** Qui ressemble à un ogre. **2.** *An o. mouth,* une bouche d'ogre.

Ogygia [o'dʒidʒia]. *Pr.n. Gr.Myth:* (L'île *f* d') Ogygie *f.*

Ogygian [o'dʒidʒiən], *a. Gr.Myth:* Ogygien.

oh [ou], *int.* = O[2].

Ohm [oum]. **1.** *Pr.n.* Ohm. *Ph:* **Ohm's law,** la loi d'Ohm. **2.** *s. El.Meas:* Ohm *m.* **Congress ohm,** ohm légal. **British Association ohm,** ohm pratique.

ohmic ['oumik], *a. El:* (Mesure *f*, etc.) ohmique.

ohmmeter ['oummi:tər], *s. El:* Ohmmètre *m.*

oho [o'hou], *int.* Oh! ah! ho, ho!

oh yes ['ou 'jes], *int.* = OYEZ.

-oid [ɔid], *a. & s.suff. Anat: Z: etc:* **1.** *a.* -oïde. *Anthropoid,* anthropoïde. *Arytenoid,* aryténoïde. *Coracoid,* coracoïde. *Ichthyoid,* ichtyoïde. **2.** *s.* (*a*) -oïde *m.* *Alkaloid,* alcaloïde. *Asteroid,* astéroïde. *Rhomboid,* rhomboïde. *Trapezoid,* trapézoïde. (*b*) -oïde *f.* *Conchoid,* conchoïde. *Cycloid,* cycloïde.

-oidal ['ɔid(ə)l], *a.suff.* -oïdal, -aux; -oïde. *Alkaloidal,* alcaloïde. *Conchoidal,* conchoïdal, conchoïde. *Cycloidal,* cycloïdal. *Trapezoidal,* trapézoïdal, trapézoïde.

oidium [ou'idiəm], *s. Fung: Vit:* Oïdium *m.*

oil[1] [ɔil], *s.* Huile *f.* **1.** *Sweet oil,* huile douce. *Ecc:* **The holy oil,** les saintes huiles (pour l'extrême onction, etc.). **Lubricating oil, machine oil,** huile à graisser, de graissage, à usine, à mécanisme. **Engine oil,** huile de machine. **Burning oil, lamp oil,** (i) huile à brûler; huile d'éclairage, lampante; (ii) pétrole lampant. *F:* **To burn the midnight oil,** travailler, veiller, fort avant dans la nuit. *Work that smells of the (midnight) oil,* ouvrage *m* qui sent l'huile, l'étude, l'effort. *F:* **To take oil to extinguish a fire; to add oil to the flames,** jeter de l'huile sur le feu. **To pour oil on troubled waters,** calmer la tempête; apaiser le désordre par des paroles de conciliation. *P:* **To give s.o. a little strap oil, a little stirrup oil,** donner les étrivières à qn. *See also* FATTY 1, FIXED 3. **2. Vegetable oil,** huile végétale. *Cooking oil,* huile de cuisine; huile à frire. *Oil cookery,* cuisine *f* à l'huile. *Fried in oil,* frit à l'huile. **Linseed oil,** huile de (graine de) lin. **Boiled (linseed) oil,** huile cuite. *Paint oil,* huile à peinture. **Painting in oil(s),** peinture *f* à l'huile. *See also* CAKE[1] 2, CASTOR OIL, COTTON-SEED, EARTH-NUT 2, NUT-OIL,

OLIVE-OIL, PALM-OIL, RAPE-OIL, SALAD-OIL. **3. Animal oil,** huile animale. *See also* COD-LIVER-OIL, NEAT'S FOOT, SEAL[1] I, TRAIN-OIL, WOOL-OIL. **4.** (*a*) **Mineral oil,** huile minérale. *Ind:* **Heavy oil** (*distilled from tar*), oléonaphte *m*. **Paraffin oil,** (huile de) pétrole; pétrole lampant. **Fuel oil, crude oil,** mazout *m*; huile brute; brut *m*. **Oil fuel,** *F:* **oil,** (i) pétrole, (ii) mazout. *Ship burning oil,* **oil-fuelled ship,** vaisseau *m* qui chauffe (i) au pétrole, (ii) au mazout. **Oil-fuel tank,** (*ashore*) réservoir *m* à mazout; (*on board*) soute *f* à mazout. **Oil gas,** gaz *m* de pétrole. **Oil concession,** concession pétrolière. (*Mineral*) *oil exploiter,* exploitant *m* d'un gisement pétrolifère. *The oil industry,* l'industrie pétrolière, du pétrole. *See also* ROCK-OIL, STRIKE[2] I. 7. (*b*) *Fin:* **Oil shares,** *F:* **oils,** valeurs *f* pétrolifères; pétroles. **5. Essential oil,** huile essentielle; essence *f*. **Oil of cloves,** huile de girofle. *See also* FRANKINCENSE, FUSEL OIL, LAVENDER I, LEMON I, RHODIUM[2], TURPENTINE. **6. Oil of vitriol,** (huile de) vitriol *m*.

'oil-arresting, *a*. Qui arrête l'huile; étanche à l'huile. *I.C.E: etc:* **Oil-arresting ring,** bague *f* gratte-huile (d'un moteur Diesel, etc.).

'oil-bath, *s*. *Ind: Mec.E:* Bain *m* d'huile.

'oil-bearing, *a*. **1.** *Bot:* (*Of plant*) Oléagineux, oléifère. **2.** *Geol:* (*Of shale, stratum*) Pétrolifère.

'oil-belt, *s*. *Geol:* Zone *f* pétrolifère.

'oil-box, *s*. *Mec.E:* Boîte *f* ou godet *m* à huile, à graisse.

'oil-brush, *s*. *Mch: etc:* Balai graisseur.

'oil-burner, *s*. *Nau:* Vaisseau chauffé au mazout.

'oil-can, *s*. **1.** (*a*) Bidon *m* ou broc *m* à huile. (*b*) Estagnon *m* à huile. **2.** = OILER 2 (*a*).

'oil-catcher, *s*. *I.C.E: etc:* Puisoir *m* à huile (de la bielle).

'oil-colour, *s*. Couleur *f* à l'huile.

'oil-cruet, *s*. Huilier *m* (domestique).

'oil-cup, *s*. *Mec.E:* Godet graisseur; godet à l'huile.

'oil-duct, *s*. *Mec.E:* Tube *m* de graissage.

'oil-engine, *s*. Moteur *m* à pétrole. **Heavy oil-engine,** moteur à huile lourde.

'oil-feeder, *s*. *Mec.E:* Burette *f* à huile; alimentateur *m* d'huile. *Force-feed oil-feeder,* burette à piston.

'oil-field, *s*. *Geol:* Gisement *m*, champ *m*, région *f*, pétrolifère.

'oil-fired, *a*. (*Of engine, etc.*) Chauffé au mazout.

'oil-firing, *s*. *Mch:* Chauffe *f* au mazout.

'oil-gauge, *s*. *Mec.E: Aut:* Jauge *f* de niveau d'huile.

'oil-groove, *s*. *Mec.E:* Rainure *f* de graissage; saignée *f* de graissage. *Oil-grooves of a bearing,* pattes *f* d'araignée d'un palier graisseur.

'oil-guard, *s*. *Mec.E:* Pare-gouttes *m inv*, garde-gouttes *m inv*.

'oil-hardening, *s*. *Metall:* Trempe *f* à l'huile; huilage *m*.

'oil-hole, *s*. *Mec.E:* Trou *m* de graissage; lumière *f* (de graissage).

'oil-king, *s*. *F:* Roi *m* du pétrole.

'oil-lamp, *s*. Lampe *f* à huile ou à pétrole.

'oil-meal, *s*. *Husb:* Tourteau moulu.

'oil-merchant, *s*. = OILMAN I.

'oil-mill, *s*. **1.** Moulin *m* à l'huile; tordoir *m*. **2.** Huilerie *f*; fabrique *f* d'huile.

'oil-nut, *s*. *Bot:* **1.** (*a*) Graine *f* du ricin. (*b*) Graine de l'éléis de Guinée. **2.** Noix *f* du noyer cendré.

'oil-paint, *s*. = OIL-COLOUR.

'oil-painting, *s*. **1.** Peinture *f* à l'huile. **2.** Tableau peint à l'huile; peinture à l'huile.

'oil palm, *s*. *Bot:* Éléis *m* de Guinée; palmier *m* à l'huile.

'oil pan, *s*. *Mec.E:* Poche *f* d'huile; poche à huile; carter *m* à huile; fond *m* ou cuvette *f* de carter; auge *f* de graissage.

'oil-paper, *s*. Papier *m* à calquer; papier huilé.

'oil-pipe, *s*. *Mec.E:* Tube *m* de graissage.

'oil-poppy, *s*. *Bot:* Œillette *f*.

'oil-press, *s*. Pressoir *m* à huile; tordoir *m*.

'oil-presser, *s*. (*Pers.*) Presseur *m* d'huile.

'oil-producing, *a*. = OIL-BEARING I.

'oil pump, *s*. Pompe *f* à huile.

'oil-rights, *s.pl*. *Min:* Droit *m* d'exploiter le pétrole.

'oil-ring, *s*. **1.** *Mec.E:* Anneau graisseur. **2.** Cartel *m* d'exploitants de gisements pétrolifères; cartel du pétrole.

'oil-seal, *s*. *Mec.E:* **1.** Disque *m* de retenue d'huile. **2.** Joint *m* d'huile.

'oil-seed, *s*. **1.** (*a*) Graine *f* de lin. (*b*) Semence *f* du ricin. **2.** Graine oléagineuse.

'oil-separator, *s*. **1.** *Aut: Ind:* Déshuileur *m*; séparateur *m* d'huile. **2.** *Mch:* Dégraisseur *m* de vapeur.

'oil-sheet, *s*. **1.** Toile cirée, vernie. **2.** *Geol:* Nappe *f* pétrolifère.

'oil ship, *s*. (Bateau) pétrolier *m*.

'oil shop, *s*. Huilerie *f*; boutique *f* de marchand d'huile.

'oil-silk, *s*. = *oiled silk, q.v. under* OILED.

'oil-spring, *s*. *Geol:* Source *f* de pétrole.

'oil-stove, *s*. Réchaud *m* ou fourneau *m* à pétrole.

'oil-tank, *s*. **1.** Réservoir *m* d'huile. **2.** Caisse *f*, soute *f*, à pétrole.

'oil-tanning, *s*. *Tan:* Tannage *m* à l'huile; chamoisage *m*.

'oil-tempered, *a*. *Metall:* Trempé à huile.

'oil-tempering, *s*. Trempe *f* à huile; huilage *m*.

'oil-tracks, *s.pl*. *Mec.E:* Araignée *f* (d'un palier).

'oil-tree, *s*. *Bot:* (*a*) Ricin commun. (*b*) Ricin d'Amérique; médicinier *m*. (*c*) Bassie *f* à longues feuilles. (*d*) Éléis *m* de Guinée.

'oil-varnish, *s*. Vernis *m* à l'huile; vernis gras.

'oil-way, *s*. = OIL-GROOVE.

'oil-well, *s*. Puits *m* pétrolifère; puits de, à, pétrole.

'oil-works, *s.pl*. (*Usu. with sg. const.*) Huilerie *f*; fabrique *f* d'huile.

'oil-yielding, *a*. = OIL-BEARING.

oil[2]. **1.** *v.tr*. (*a*) Huiler, graisser, lubrifier (une machine, etc.). **To oil the wheels,** graisser les roues, *F:* faciliter les choses. **To oil one's tongue,** user de flatteries, parler d'un ton mielleux. **To oil the door-knocker,** graisser la patte du concierge; *F:* graisser le marteau. **To oil s.o.'s hand, s.o.'s palm,** graisser la patte à qn. (*b*) **To oil a pool** (*against mosquitoes*), pétroler une mare. (*c*) Huiler (la toile, etc.). (*d*) *Tex:* Ensimer (la laine). (*e*) Fondre (le beurre, etc.). **2.** *v.i.* (*a*) (*Of butter, etc.*) Devenir huileux. (*b*) *Nau:* Faire le plein de mazout.

oil up, *v.tr*. (*a*) Encrasser (d'huile). (*b*) (*With passive force*) S'encrasser (d'huile).

oiling up, *s*. Encrassement *m*.

oiled, *a*. Huilé. (*a*) Graissé. *To keep one's tools slightly o.,* tenir ses outils un peu gras. *F:* **Well-oiled tongue,** langue bien pendue. *P:* **To be well oiled,** être parti pour la gloire; avoir son plumet; être rond. (*b*) **Oiled silk,** taffetas *m* imperméable. **Oiled raincoat,** imperméable *m* en toile huilée. **Oiled paper,** papier imprégné d'huile; papier huilé.

oiling, *s*. **1.** (*a*) Graissage *m*, huilement *m*, huilage *m*, lubrification *f*, onction *f*. (*b*) Onction (d'un athlète, etc.). **2.** Pétrolage *m* (d'une mare, etc.). **3.** *Tex:* Ensimage *m* (de la laine).

oilcake ['ɔilkeik], *s*. *Husb:* Tourteau *m* (pour bétail).

oilcloth ['ɔilklɔθ], *s*. **1.** (*For waterproofs, etc.*) Tissu huilé. **2.** (*For tables, shelves, etc.*) Toile cirée. **3.** (*For floors*) Linoléum imprimé.

oiler ['ɔilər], *s*. **1.** (*Pers.*) (*a*) Graisseur *m*. (*b*) *P:* Individu mielleux. **2.** (*a*) Burette *f* à huile; burette de graissage. *O. with spring bottom,* burette à fond cloquant. **Hand oiler,** coup-de-poing *m*, *pl*. coups-de-poing; graisseur à percussion. **Wick oiler,** burette à mèche. *See also* FORCE-FEED, PRESSURE-OILER. (*b*) Godet graisseur. (*c*) **Ring-oiler,** graisseur à bague. *See also* BANJO-OILER. **3.** *Nau:* (*a*) Bateau pétrolier. (*b*) Vaisseau chauffé au mazout.

Oïleus [ou'i:ljəs]. *Pr.n.m. Gr.Lit:* Oïlée.

oiliness ['ɔilinəs], *s*. **1.** État ou aspect graisseux; onctuosité *f* (de qch.). **2.** *Pej:* Onctuosité (d'une personne).

oilman, *pl*. **-men** ['ɔilmən, -men], *s.m*. **1.** (*a*) Huilier, marchand d'huile. (*b*) Marchand de couleurs; droguiste. **2.** Graisseur (de machines, etc.).

oilskin ['ɔilskin], *s*. **1.** Toile cirée, vernie, huilée. **2.** *Nau:* (*Garment*) Ciré *m*, caban *m* (de matelot). *Suit of oilskins,* blouse *f* et pantalon *m* en toile huilée; cirage *m*.

oilstone[1] ['ɔilstoun], *s*. *Tls:* Pierre *f*, queue *f*, à huile (pour affûter); pierre à morfiler, à repasser; affiloir *m*, affiloire *f*.

oilstone[2], *v.tr*. Passer (un outil) à la pierre à huile.

oily ['ɔili], *a*. **1.** Huileux; gras, *f*. grasse; graisseux; (papier) imprégné d'huile. **2.** *F:* (*Of manner, etc.*) Onctueux. **Oily voice,** voix grasse. **Oily (-tongued) rogue,** fripon mielleux, patelin.

ointment ['ɔintmənt], *s*. Onguent *m*, pommade *f*. *Pharm:* **Blue ointment, mercurial ointment,** onguent mercuriel double; onguent gris, napolitain. *Diachylon o.,* onguent diachylon. *Iodine o.,* pommade d'iode. **Zinc ointment,** pommade à l'oxyde de zinc. *Sulphur o.,* pommade soufrée. *See also* FLY[1] I.

O.K.[1] [ou'kei], *a*. *F:* (*a*) (*When spoken*) Très bien! parfait! ça va! bon! d'accord! (*b*) (*When written*) "Vu et approuvé." *Everything is O.K.,* tout est en règle. *The totals are O.K.,* les totaux sont exacts.

O.K.[2], *v.tr*. (**O.K'd**) *F:* *To O.K. an order,* passer, approuver, une commande; contresigner, parafer, un ordre.

okapi [o'kɑ:pi], *s*. *Z:* Okapi *m*.

okonite ['oukonait], *s*. *El.E:* Okonite *f* (composé isolant).

okra ['ɔkra], *s*. *Hort:* Gombo *m*, gobo *m*; ketmie *f* comestible.

-ol [ɔl], *s.suff*. *Ch:* -ol *m*. *Alcohol,* alcool. *Phenol,* phénol. *Furfurol,* furfurol.

old [ould], *a*. **1.** (*a*) (*Aged*) Vieux; (*in sing. before a qualified noun beginning with a vowel or h 'mute'*) vieil *or* vieux; *f*. vieille; *pl*. vieux, *f*. vieilles; âgé. *My old comrade, my old friend,* mon vieux camarade, mon vieil ami, mon vieux ami. *Old in body, young in mind,* vieux de corps, jeune d'esprit. **To be growing, getting, old,** prendre de l'âge; avancer en âge; tirer sur l'âge; se faire vieux, vieille; vieillir. **To grow older,** vieillir; devenir vieux, vieille. *Her dress makes her look old; F:* **she dresses old,** sa façon de s'habiller la vieillit. *She dresses too old for her age,* elle s'habille plus vieux que son âge. **An old man,** un homme âgé, un vieillard, *F:* un vieux. *He is an old man,* il est vieux. *F:* **He is as old as Methuselah,** il est vieux comme Hérode. **The Old Man of the Mountains,** le Vieux de la Montagne. **He's like the old man of the sea,** c'est un crampon. (Allusion à l'histoire de Sindbad le Marin.) *Th:* *To play old men,* jouer les vieillards, les grimes *m*. **An old woman,** une vieille femme, *F:* une vieille. **The Old Woman who lived in a shoe** = la mère Gigogne. *See also* THREADNEEDLE STREET. *Old John,* le père Jean. *See also* TOM 4. *Old Mrs Brown,* la vieille Mme Brown; *F:* la mère Brown. *Old people, old folk(s),* les vieux. *See also* FOLK 2. **Old wife,** vieille femme; commère *f*. **Old wives' tale,** conte *m* de vieille femme, de bonne femme; conte bleu. *See also* REMEDY[1] I. **Old bachelor,** vieux garçon. *See also* MAID 3. *Prov:* (*Nothing like, it takes, etc.*) **the old horse for the hard road,** il n'est chasse que de vieux chien. *s.pl*. **Old and young,** grands et petits. **Old age,** la vieillesse. *To die at a good old age,* mourir à un grand âge, à un âge avancé, à un bel âge. *To live to an old age, to live to be old,* vivre vieux, vieille. *In his older days,* (i) à un âge plus mûr; (ii) au déclin de sa vie. **He is saving for his old age,** il économise pour ses vieux jours. *See also* BUFFER[2], FOGY, FOGYDOM, PENSION[1] I, SHOULDER[1] I. (*b*) (*Of thgs*) *Old clothes,* vieux habits. *Old bread,* pain rassis. *Old wine,* vin vieux. *See also* GOLD. **2.** (*See also* ELDER[1] I, ELDEST.) **How old are you?** quel âge avez-vous? *How old would you take him to be?* quel âge lui donnez-vous? *The oldest of the tribe,* l'aîné, -ée, de la tribu. **To be five years old,** avoir cinq ans; être âgé de cinq ans. *He is older than I,* il est plus âgé que moi; il est mon aîné. *He looks five years older,* il a, est, vieilli de cinq ans.

To be ten years older than . . ., avoir dix ans de plus que . . .; être plus âgé de dix ans que. . . . **At six years old** *he was playing the organ in public*, à l'âge de six ans il tenait l'orgue en public. *He left Paris at ten years old*, il a quitté Paris à dix ans. **A two-year-old child,** *s. F:* a two-year-old, un enfant (âgé) de deux ans. *Turf:* **Two-year-old, three-year-old,** cheval, poulain *m*, pouliche *f*, de deux ans, de trois ans. **To be old enough to do sth.,** être d'âge à faire qch.; être en âge de faire qch. *When you are old enough*, quand tu seras grand. *He is old enough to behave better*, il est en âge de, il est assez âgé pour, se conduire mieux. *He has an old head on young shoulders*, il est sérieux pour son âge. *News a week old*, nouvelles vieilles d'une semaine. **3.** *(a)* (*Long-established*) Vieux, ancien. **An old family,** une famille de vieille souche. *An old Norfolk family*, une vieille famille du Norfolk. *A very old family*, une famille très ancienne. *Old debt*, dette *f* d'ancienne date. *This theory agrees with the older one*, cette théorie est d'accord avec son aînée. *He's an old friend of mine*, c'est un de mes vieux amis. **An old story,** une vieille histoire. *See also* STORY[1] I. *That's old stuff*, c'est vieux. **That's an old dodge,** c'est un coup classique. **That's as old as the hills,** c'est vieux comme le monde, comme le Pont-Neuf, comme Hérode, comme les rues. **It's as old as Adam,** cela remonte au déluge. *See also* CATHOLIC 2, GLORY[1] 4, HUNDREDTH I, STANDING[2] 3. *(b)* (*Experienced*) Vieux. *Old campaigner*, vieux soldat, vieux brisquard. **Old hand,** ouvrier expérimenté; *Nau: etc:* vétéran *m*. **He's an old hand (at it),** il est vieux dans ce métier; il possède la pratique du métier; il n'est pas novice; il en a l'expérience; il n'en est pas à son coup d'essai; c'est un vieux madré; il n'est pas né d'hier; *P:* il connaît le fourbi, le métier; il la connaît. **He was old in crime,** c'était un criminel de longue date. **He is old in sin,** c'est un pécheur endurci. *See also* BRIGADE[1] I, CHAFF[1] I, SCHOOL[1] 6, SOLDIER[1] I, STAGER. *(c) To travel over old ground*, revenir sur un terrain déjà parcouru. **4.** (*Former*) Ancien. *(a)* **Old boy, old pupil,** ancien élève. *Old civil servant*, fonctionnaire retraité; ancien fonctionnaire. *Old customs*, anciennes coutumes. *We did so* **in the old days,** nous l'avons fait dans le temps. *Old memories*, (i) souvenirs *m* du temps passé; (ii) souvenirs de jeunesse. *(b)* **The Old World,** l'ancien monde. **The Old Country,** la mère-patrie. *U.S:* **The Old Colony,** le Massachusetts. **The Old Testament,** l'Ancien Testament. *B. & F:* **To put off the old man,** dépouiller le vieil homme. *See also* ADAM[1], BAILEY 2, DOMINION 3, YEAR. **5.** *F:* *(a)* (*With 'any'*) *You can dress* **any old how,** vous pouvez vous mettre n'importe comment. **Any old thing,** la première chose venue; n'importe quoi. *Take any old hat*, prenez un chapeau quelconque. *Come at any old time*, venez quand vous voudrez. *See also* TIME[1] 6. *(b)* **Old man, old fellow, old chap,** *P:* **old bean, old cock, old top,** mon vieux, mon brave, ma vieille branche! *Dear old Smith! good old Smith!* ce bon vieux Smith! ce cher Smith! *P:* **The old man,** (i) papa; (ii) le patron, *P:* le singe; (iii) *Nau:* le capitaine, *P:* le capiston; (iv) *Mil:* le colonel, *P:* le colon, le colo. *U.S:* *Old man Smith*, le père Smith. *P:* **My old man,** mon homme. **My old woman,** ma femme; la bourgeoise; ma moitié. *See also* GIRL I. **The old 'un,** l'ancien. *See also* GENTLEMAN 4, HARRY[1] 2, NICK[1]. *(c) F:* *Your old book*, ton bouquin; *your old pipe*, ta bouffarde; *your old bike*, ton clou; *the old school*, le bahut. **6.** *Bot:* **Old man,** aurone *f*. **Old man's beard** = *wild clematis*, *q.v. under* CLEMATIS. **7. Of old.** *(a) Adj.phr.* Ancien, d'autrefois. *The knights of old*, les chevaliers *m* de jadis. *See also* DAY 6. *(b) Adv.phr.* (i) Jadis, autrefois. (ii) **I know him of old,** je le connais depuis longtemps; *F:* il y a belle lurette que je le connais.

'old-ac'quainted, *a.* De vieille connaissance. *We are old-a.*, nous nous connaissons depuis longtemps.

'old-'clothes-man, *pl.* **-men,** *s.m.* Marchand d'habits; fripier.

'old-'clothes-shop, *s.* Boutique *f* d'habits d'occasion; friperie *f*.

'old-'clothes-woman, *pl.* **-women,** *s.f.* Marchande d'habits; fripière.

'old-es'tablished, *a.* Ancien; établi depuis longtemps.

'old-fangled, *a.* Démodé.

old-'fashioned, *a.* **1.** (*Of dress, hat, etc.*) (i) A la vieille mode; à l'ancienne mode; (ii) démodé; passé de mode; suranné, antique. *Old-f. rifle*, fusil *m* vieux modèle. *Old-f. Christmas*, Noël *m* à l'ancienne mode. *A sweet old-f. atmosphere*, une atmosphère doucement surannée. **2.** (i) (*Of pers.*) Partisan, -ane, des anciens usages; de la vieille roche; (*of manner, etc.*) de l'ancien temps; (ii) (*of ideas, etc.*) arriéré, vieillot, vieux jeu. *I am very old-f.*, je suis très vieux jeu. **3.** *Dial. & F:* *Old-f. child*, enfant *mf* précoce. *Old-f. look*, regard *m* de travers.

old-'fashionedness, *s.* **1.** Caractère démodé, suranné (d'une installation, etc.). **2.** Caractère arriéré, vieux jeu (de qn, des idées).

old-'maid(en)hood, *s.* Célibat *m* (d'une vieille fille); état *m* de vieille fille. *She was on the way to old-m.*, elle se faisait vieille fille.

old-'maidish, *a.* *(a)* (Façons *f*, etc.) de vieille fille. *(b) F:* (*Of man*) (i) Maniaque comme une vieille fille; (ii) qui a des pruderies de vieille fille. *He, she, is rather old-m.*, il, elle, est un peu collet monté, ou un peu maniaque.

old-'man, *s. Const:* (*In excavating*) Témoin *m*, dame *f*.

'old-standing, *a.* Ancien. *Old-s. debt*, dette *f* d'ancienne date. *Cf.* STANDING[2] 3.

'old-'style, *attrib.a.* A l'ancienne mode. *Hist:* **The old-style calendar,** le calendrier vieux style, ancien style; le vieux calendrier.

'old-'time, *attrib.a.* Du temps jadis. *Old-t. songs*, chants *m* d'autrefois. *Old-t. ceremonial*, antique cérémonial *m*.

'old-'timer, *s.* Un vieux (de la vieille); un ancien; un qui a passé par là.

'old-'world, *attrib.a.* **1.** *(a)* Des temps anciens, antiques; de l'ancien temps. *(b)* De l'ancien monde (opposé (i) au monde moderne, (ii) à l'Amérique). **2.** = OLD-TIME. *Old-w. appearance*, aspect *m* d'antan. *Old-w. village*, village qui n'a pas changé au cours des siècles.

olden[1] ['ouldən], *a. Lit. & Poet:* **In olden time(s),** au temps jadis; autrefois; du temps que Berthe filait. *Cities of o. time*, villes *f* antiques. *Men of o. times*, hommes *m* d'autrefois.

olden[2], *v.i. & tr.* Vieillir.

Oldenburg ['ouldənbəːrg]. *Pr.n. Geog:* Oldenbourg.

Oldenburger ['ouldənbəːrgər], *a. & s. Geog:* Oldenbourgeois, -oise.

oldish ['ouldiʃ], *a.* Vieillot, -otte; assez vieux, assez vieille; assez ancien.

oldster ['ouldstər], *s. F:* **1.** Vieillard *m*; vieux, *f.* vieille. *To be an o.*, n'être plus jeune. **2.** *Navy:* Aspirant *m* qui a quatre ans de service.

oleaceae [ouli'eisiiː], *s.pl. Bot:* Oléacées *f*.

oleaginous [ouli'adʒinəs], *a.* **1.** (*Of liquid, plant, etc.*) Oléagineux, huileux. **2.** *F:* (*Of manner, etc.*) Onctueux. **-ly,** *adv. F:* Onctueusement.

oleander [ouli'andər], *s. Bot:* Oléandre *m*; laurier-rose *m*, *pl.* lauriers-rose(s).

oleaster [ouli'astər], *s. Bot:* Oléastre *m*; olivier *m* sauvage.

oleate ['ouliet], *s. Ch: Pharm:* Oléate *m*.

olecranon [ouli'kreinən], *s. Anat:* Olécrâne *m*.

oleic [ou'liːik], *a. Ch:* (Acide *m*) oléique.

oleiferous [ouli'ifərəs], *a.* Oléifère, oléagineux.

olein ['ouliin], *s. Ch:* Oléine *f*; huile *f* de suif; huile absolue (de Braconnot).

oleo- ['oulio], *comb.fm.* Oléo-. *Oleophosphoric*, oléophosphorique. *Oleorefractometer*, oléoréfractomètre.

oleograph ['ouliograf, -grɑːf], *s.* Oléographie *f*.

oleomargarine [oulio'mɑːrgəriːn], *s.* Oléomargarine *f*.

oleometer [ouli'ɔmetər], *s. Ph: Ind:* Oléomètre *m*.

oleoresin [oulio'rezin], *s. Ch: Ind:* Oléorésine *f*.

oleum ['ouliəm], *s. Com:* (Huile *f* de) vitriol fumant; oléum *m*.

olfaction [ɔl'fakʃ(ə)n], *s.* Olfaction *f*.

olfactive [ɔl'faktiv], *a.* = OLFACTORY I.

olfactory [ɔl'faktəri]. **1.** *a.* Olfactif. **2.** *s.* Organe olfactif.

olibanum [o'libanəm], *s.* Oliban *m*; encens *m* mâle.

oligarch ['ɔligɑːrk], *s.* Oligarque *m*.

oligarchic(al) [ɔli'gɑːrkik(əl)], *a.* Oligarchique.

oligarchy ['ɔligɑːrki], *s.* Oligarchie *f*.

oligist ['ɔlidʒist], *a. & s. Miner:* **Oligist (iron),** (fer) oligiste *m*.

olig(o)- ['ɔlig(o)], *comb.fm.* Olig(o)-. *Oligophyllous*, oligophylle.

oligocarpous [ɔligo'kɑːrpəs], *a. Bot:* Oligocarpe.

oligocene ['ɔligosiːn], *a. Geol:* Oligocène.

olio ['oulio], *s.* **1.** *Cu: A:* Oille *f*, olla-podrida *f*. **2.** *F:* Macédoine *f*, pot pourri, mélange *m*, salmigondis *m* (de mélodies, d'extraits littéraires, etc.).

oliphant ['ɔlifənt], *s. Medieval Lit:* Olifant *m*; cor *m* d'ivoire.

olivaceous [ɔli'veiʃəs], *a.* Olivacé, olivâtre; vert olive *inv*.

olivary ['ɔlivəri], *a.* Olivaire. *Anat:* **Olivary body,** olive *f* (de la moelle).

olive ['ɔliv], *s.* **1.** *Bot:* **Olive (-tree),** olivier *m*. *B.Hist:* **The Mount, Garden, of Olives,** le Mont, le Jardin, des Oliviers. *The o. family*, les oléacées *f*. *See also* SPURGE-OLIVE. **2.** *Bot: Cu:* Olive *f*. **Pickled olive,** picholine *f*. *See also* CAKE[1] 2. **3.** *(a) Cost: etc:* Olive. *(b) Moll:* = OLIVE-SHELL. **4.** *Cu:* (Meat-)olive, paupiette *f*. **5.** *a.* Olive *inv*; olivâtre. *O. ribbons*, rubans *m* olive.

'olive-branch, *s.* **1.** (Rameau *m* d')olivier *m*. *F:* **To hold out the olive-branch to s.o.,** se présenter à qn l'olivier à la main, un rameau d'olivier à la main; présenter l'olivier; faire des avances, les premières avances, à qn (pour une réconciliation); proposer la paix à qn. **2.** *pl. F. & Hum:* **Olive-branches,** rejetons *m*, enfants *m*.

'olive-coloured, *a.* (Couleur d')olive *inv*; olivacé, olivâtre; (*of pers.*) au teint olivâtre.

'olive-crop, *s.* Olivaison *f*; récolte *f* d'olives.

'olive-crown, *s.* Couronne *f* d'olivier.

'olive-drab, *a. U.S:* Gris olivâtre *inv* (des militaires).

'olive garden, *s.* = OLIVE-YARD.

'olive-'green. **1.** *a.* = OLIVE-COLOURED. *O.-g. ribbons*, rubans *m* olive. **2.** *s.* (Couleur *f* d')olive *m*.

'olive-grove, *s.* Olivette *f*, olivaie *f*, oliveraie *f*.

'olive-grower, *s.* Oléiculteur *m*.

'olive-harvest, *s.* Olivaison *f*; récolte *f* des olives.

'olive-hued, *a.* = OLIVE-COLOURED.

'olive-moulding, *s. Arch:* Olive *f*.

olive-'oil, *s.* Huile *f* d'olive. *O.-o. factory*, oliverie *f*. *O.-o. manufacturer*, oléiculteur *m*.

'olive-plantation, *s.* = OLIVE-GROVE.

'olive-season, *s.* Olivaison *f*.

'olive-shaped, *a.* Olivaire; oliviforme.

'olive-shell, *s. Moll:* Olive *f*.

'olive-wood, *s.* **1.** = OLIVE-GROVE. **2.** (Bois d')olivier *m*.

'olive-yard, *s.* Olivaie *f*; jardin *m* d'oliviers.

Oliver[1] ['ɔlivər]. *Pr.n.m.* Olivier. *See also* BATH OLIVER, ROLAND.

oliver[2], *s. Metalw:* Marteau *m* à pédale.

olivet ['ɔlivet], **olivette** [ɔli'vet], *s.* **1.** *Cost:* Olive *f*. **2.** (*Imitation pearl*) Olivette *f*.

Olivetan [ɔli'viːtən], *s. Ecc.Hist:* Olivétain *m*.

Oliveto [ɔli'veito]. *Pr.n. Geog:* **Monte** ['mɔnte] **Oliveto,** le Mont-Olivet.

Olivia [o'livja]. *Pr.n.f.* Olivie, Olivia.

olivin(e) ['ɔlivin], *s. Miner:* Olivine *f*; péridot *m* (granulaire); chrysolithe *f*.

olla podrida ['ɔlapo'driːda], *s.* = OLIO.

'ologies ['ɔlodʒiz], *s.pl. F:* Sciences *f*. *Doctor in the 'ologies*, *F:* savant *m* en us.

Olympia[1] [o'limpiə]. *Pr.n. A.Geog:* Olympie *f*.
Olympia[2]. *Pr.n.f.* Olympe.
olympiad [o'limpiad], *s. Gr.Ant:* Olympiade *f*.
Olympian [o'limpiən], *a. & s.* Olympien, -ienne. *The O. gods,* les dieux *m* de l'Olympe.
Olympic [o'limpik], *a.* Olympique. **The Olympic games,** les jeux *m* olympiques.
Olympus [o'limpəs]. *Pr.n. A.Geog: Gr.Myth:* L'Olympe *m*.
Olynthiac [o'linθiak]. **1.** *a.* = OLYNTHIAN. **2.** *s.pl. Gr.Lit:* **The Olynthiacs,** les Olynthiennes *f* (de Démosthène).
Olynthian [o'linθiən], *a. & s. A.Geog:* Olynthien, -ienne.
Olynthus [o'linθəs]. *Pr.n. A.Geog:* Olynthe *m*.
ombre ['ɔmbər], *s. Cards: A:* (H)ombre *m*.
ombrology [ɔm'brɔlodʒi], *s. Meteor:* Étude *f* de la pluie.
ombrometer [ɔm'brɔmetər], *s.* Ombromètre *m*, pluviomètre *m*.
omega ['oumega], *s. Gr.Alph:* Oméga *m*.
omelet(te) ['ɔmlet], *s. Cu:* Omelette *f*. *Savoury o.,* omelette aux fines herbes. *Sweet o.,* omelette aux confitures. *Prov:* **You cannot make an omelet without breaking eggs,** on ne saurait faire une omelette sans casser des œufs.
omen[1] ['oumen], *s.* Présage *m*, augure *m*, pronostic *m*, auspice *m*. **It is of good omen that . . .,** il est de bon augure que. . . . *To look on sth. as a good o.,* regarder qch. comme un bon présage, comme de bon augure. **To take sth. as a good omen,** prendre qch. à bon augure. **Bird of ill omen,** oiseau *m* de sinistre présage, de mauvais augure; messager *m* de malheur; porte-malheur *m inv*.
omen[2], *v.tr.* Augurer, présager.
-omened, *a.* (*With adj. or adv. prefixed, e.g.*) **Well-omened, ill-omened,** de bon, de mauvais, augure; de bon, de mauvais, présage.
omental [o'ment(ə)l], *a. Anat:* Épiploïque; omental, -aux.
omentum, *pl.* **-a** [o'mentəm, -ə], *s. Anat:* Épiploon *m*.
omicron [o'maikrɔn], *s. Gr.Alph:* Omicron *m*.
ominous ['ɔminəs], *a.* **1.** **Ominous of** (*good, evil, etc.*), qui présage, augure (qch. de bon, de mauvais, etc.). **2.** De mauvais augure; sinistre; inquiétant. *O.-looking sky,* ciel menaçant. *O. symptoms,* symptômes inquiétants. *An o. silence,* un silence lourd de menaces. *I heard an o. crack,* j'entendis un craquement qui ne présageait rien de bon. *O. for the future,* de mauvais augure pour l'avenir. **-ly,** *adv.* Sinistrement; d'une façon menaçante, inquiétante.
ominousness ['ɔminəsnəs], *s.* Caractère *m* sinistre ou inquiétant (de qch.).
omissible [o'misibl], *a.* Négligeable; qui peut s'omettre.
omission [o'miʃ(ə)n], *s.* **1.** Omission *f* (d'un mot, etc.). *See also* ERROR 1. **2.** Négligence *f*, oubli *m*; *Theol:* omission. *To rectify an o.,* réparer un oubli. *Theol:* **Sin of omission,** péché *m*, faute *f*, d'omission. **Sins of commission and omission,** péchés par action ou par omission; péchés d'omission et de commission. **3.** *Typ:* Bourdon *m*.
omissive [o'misiv], *a.* (Faute *f*, etc.) d'omission.
omit [o'mit], *v.tr.* (**omitted; omitting**) **1.** (*a*) Omettre, passer sous silence (des détails, etc.). (*b*) *Typ:* Bourdonner (un mot). **2.** **To omit to do sth.,** oublier, omettre, de faire qch.; manquer à faire qch. *Not to o. to do sth.,* ne pas manquer de faire qch. *To o. an opportunity of doing sth.,* manquer, laisser passer, une occasion de faire qch.
Ommiad [ɔ'maiad]. *Pr.n. Hist:* **The Ommiad dynasty, the Ommiads,** les Omm(é)iades *m*, les Ommeyades *m*.
omni- ['ɔmni], *comb.fm.* Omni-. *Omnipresent,* omniprésent.
omnibus, *pl.* **-uses** ['ɔmnibəs, -əsiz]. **1.** *s.* (i) *A:* (Horse-)omnibus, omnibus *m*; (ii) (motor) omnibus (*usu.* bus, *q.v.*), autobus *m*; omnibus automobile. *Private o.,* (i) omnibus de famille; (ii) autobus réservé. **Railway omnibus,** (voiture *f* de) correspondance *f*. **2.** *a.* Omnibus *inv*. **Omnibus book,** gros recueil (de contes, de poèmes, etc.); publication *f* en un volume de plusieurs ouvrages d'un auteur. **Omnibus bill,** projet *m* de loi embrassant des mesures diverses. *El:* **Omnibus bar, omnibus wire,** barre *f*, fil *m*, omnibus; bande commune. *Th:* **Omnibus box,** grande loge (louée à plusieurs abonnés en commun). *Rail:* **Omnibus train,** train *m* omnibus.
'omnibus-conductor, *s.* Receveur *m* (i) *A:* d'omnibus, (ii) d'autobus.
'omnibus-driver, *s.* (i) *A:* Cocher *m* d'omnibus; (ii) chauffeur *m* d'autobus.
'omnibus-route, *s.* Ligne *f* d'autobus.
omnicompetence [ɔmni'kɔmpetəns], *s. Jur:* Compétence *f* en toute matière; compétence générale.
omnicompetent [ɔmni'kɔmpetənt], *a.* (Juge) compétent en toute matière; (juge) de droit commun.
omnifarious [ɔmni'fɛəriəs], *a.* De toutes sortes; en grande variété.
omniform ['ɔmnifɔːrm], *a.* Omniforme.
omnigenous [ɔm'nidʒenəs], *a.* De toutes sortes.
omnipotence [ɔm'nipotəns], *s.* Omnipotence *f*; toute-puissance *f*.
omnipotent [ɔm'nipotənt]. **1.** *a.* Omnipotent, tout-puissant, *pl.* tout-puissants; *f.* toute-puissante, *pl.* toutes-puissantes. **2.** *s.* **The Omnipotent,** le Tout-Puissant.
omnipresence [ɔmni'prez(ə)ns], *s.* Omniprésence *f*; ubiquité *f*.
omnipresent [ɔmni'prez(ə)nt], *a.* Omniprésent.
omniscience [ɔm'niʃjəns], *s.* Omniscience *f*; *Theol:* toute-science *f*.
omniscient [ɔm'niʃjənt], *a.* Omniscient.
omnium gatherum ['ɔmniəm'gaðərəm], *s. F:* **1.** Ramassis *m*, méli-mélo *m* (de choses, de personnes). **2.** Réception (mondaine) mêlée, où il y a des gens de tous les mondes.
omnivorous [ɔm'nivorəs], *a.* Omnivore. *F: O. reader,* lecteur *m* insatiable, qui lit tout ou de tout. **-ly,** *adv. F: To read o.,* lire de tout.
omnivorousness [ɔm'nivorəsnəs], *s.* Omnivorité *f*.
omophagia [oumo'feidʒiə], **omophagy** [o'mɔfədʒi], *s. Anthr:* Omophagie *f*.
omophagic [oumo'fadʒik], **omophagous** [o'mɔfagəs], *a. Anthr:* Omophage; qui se nourrit de chair crue.
omophagist [o'mɔfədʒist], *s. Anthr:* Omophage *mf*.
omoplate ['oumopleit], *s. Anat: A:* Omoplate *f*.
Omphale ['ɔmfəliː]. *Pr.n.f. Gr.Myth:* Omphale.
omphalocele ['ɔmfalosiːl], *s. Med:* Omphalocèle *f*; hernie ombilicale.
omphalos ['ɔmfalɔs], *s.* **1.** *Gr.Ant:* Omphalos *m* ((i) à Delphes, (ii) d'un bouclier). **2.** *F:* Centre *m*, pivot *m* (d'un empire, etc.).
omphalotomy [ɔmfə'lɔtomi], *s. Obst:* Omphalotomie *f*.
on[1] [ɔn]. I. *prep.* **1.** (*a*) *Usu.* Sur. *Put it on the table,* mettez-le sur la table. *Floating on the water,* flottant sur l'eau. *To tread on sth.,* marcher sur qch. *Do not tread on it,* ne marchez pas dessus. *On the Continent,* sur le Continent. *On the high seas,* en haute mer. *Can we have dinner on the train?* peut-on dîner dans le train? (*b*) *On shore,* à terre. *On foot,* à pied. *On horseback,* à cheval. *On a bicycle,* à bicyclette. *He had his rucksack on his back,* il portait le sac au dos. *See also* FOOT[1] 1, FOUR, KNEE[1] 1, TIP-TOE[1]. (*c*) (*Member of*) **To be on the committee,** être membre du comité; faire partie du bureau. *To be on the staff,* faire partie du personnel. **To be on a newspaper,** être attaché à la rédaction d'un journal. *He's on the 'Daily Mail,'* il est au "Daily Mail." *See also* BENCH[1] 1, CHANGE[1] 4. (*d*) *To swear sth. on the Bible,* jurer qch. sur la Bible. *See also* HONOUR[1] 3. **2.** (*a*) *Hanging on the wall,* pendu au mur, contre le mur. *On the ceiling,* au plafond. *Stuck on (to) the wall,* collé au mur. *He has a ring on his finger,* il a une bague au doigt. *Shoes on his feet,* des souliers *m* aux pieds. *His hat on his head,* son chapeau sur la tête. *His coat on (= over) his arm,* son manteau sur son bras. **Have you any money on you?** avez-vous de l'argent (sur vous)? *Dog on the lead, on the chain,* chien *m* en laisse, à la chaîne. **To play on the violin,** jouer du violon. **He played it on his violin,** il l'a joué sur son violon. *I read it in the paper, on page four,* je l'ai lu dans le journal, à, sur, la quatrième page, à la page quatre. *Journ: Continued on page four,* la suite en quatrième page. (*b*) (*Proximity*) (i) *Fort on the frontier,* forteresse *f* sur la frontière. *House on the main road,* maison *f* sur la grande route. *Châlons on the Marne,* Châlons-sur-Marne. **Clacton-on-Sea,** Clacton-sur-mer. (ii) **Just on a year ago,** il y a près d'un an; il y aura bientôt un an. *Just on £5,* tout près de cinq livres. **3.** (*Direction*) (*a*) **On (to),** sur, à. *To jump on (to) the table,* sauter sur la table. *To drift on to the shore,* dériver sur la terre, vers la terre, à terre. *Room that looks on (to) the street,* chambre *f* qui donne sur la rue. (*b*) *On the right, left,* à droite, à gauche. *On this side,* de ce côté. *On the north,* du côté du nord. (*c*) (*Towards*) **To march on London,** avancer vers, sur, Londres. **To smile on s.o.,** sourire à qn. *To turn one's back on s.o.,* tourner le dos à qn. (*d*) *To hit s.o. on the head,* frapper qn sur la tête. **To serve a writ on s.o.,** signifier un arrêt à qn. *To leave one's card on s.o.,* déposer une carte chez qn. **A curse on him!** maudit soit-il! qu'il soit maudit! **4.** (*Basis, ground*) *Based on a fact,* fondé sur un fait. **To have sth.** *on good authority,* savoir qch. de source certaine, de bonne part. *To act on the advice of . . .,* agir d'après les conseils de. . . . *Arrested on a charge of murder,* arrêté sous l'inculpation de meurtre. *Put to death on a false accusation,* mis à mort sur une fausse accusation. **On pain, penalty, of death,** sous peine de mort. *On a commercial basis,* sur une base industrielle. *On an average,* en moyenne. *Tax on tobacco,* impôt *m* sur le tabac. *Interest on capital,* intérêt *m* du capital. *To borrow money on security,* emprunter de l'argent sur nantissement. *To retire on a pension of £500 a year,* prendre sa retraite avec une pension de cinq cents livres par an. *To be on half-pay,* être en demi-solde. *Dependent on circumstances,* qui dépend des circonstances. *On condition that . . .,* à condition que. . . . *To buy sth. on good terms,* acheter qch. à d'excellentes conditions. *See also* ACCOUNT[1] 2, 3, PURPOSE[1] 1, SCALE[3] 1, TERM[1] 3, WHOLE II. **5.** (*In expressions of time*) (*a*) (*Preposition omitted in French*) **On Sunday,** dimanche (prochain ou dernier). **On Sundays,** le(s) dimanche(s). *On the day of my arrival,* le jour de mon arrivée. *On the following day,* le lendemain. **On April 3rd,** le trois avril. *I was born on (the morning of) the fifth of May,* je suis né le (matin du) cinq mai. *On the evening of the first of June,* le premier juin au soir. (*b*) *On a fine day in June,* par une belle journée de juin. *On a warm day like this,* par une chaleur comme celle-ci, comme aujourd'hui. *Light visible on a dark night,* feu *m* visible par une nuit noire. *On certain days,* à (de) certains jours. **On and after the fifteenth,** à partir du quinze; à dater du quinze. **On or about the twelfth,** vers le douze. *On the occasion of his wedding,* à l'occasion de son mariage. *On that occasion,* à, dans, cette occasion. *On the death of his mother,* à la mort de sa mère. *On his majority,* à, lors de, sa majorité. *On my arrival,* à mon arrivée. *On application,* sur demande. *On examination,* après examen. *Payable on sight,* payable à vue. *On delivery of the letter,* lors de la remise de la lettre. (*c*) **On (my) entering the room . . .,** quand j'entrai, en entrant, dans la salle . . .; à, dès, mon entrée dans la salle. . . . *On our knocking the door was instantly opened,* nous frappâmes, et la porte s'ouvrit aussitôt. *On Mrs X telling her husband the news . . .,* lorsque Mme X annonça la nouvelle à son époux. . . . *On asking for Mr Smith she was taken to the lift,* lorsqu'elle demanda à voir M. Smith, on la conduisit à l'ascenseur. *On coming nearer to them one realizes that . . .,* à les approcher on se rend compte que. . . . (*d*) **On time, on the minute,** ponctuel, exact. *See also* TIME[1] 6. (*e*) *A:* (*Sometimes abbr. to* o') Pendant. **On nights, o' nights,** la nuit, de nuit. **6.** (*Manner*) (*a*) *A:* **On this wise,** de cette manière, ainsi. (*b*) (*With adjs*) **On the cheap,** à bon marché. **On the sly,** en sourdine, en catimini. **7.** (*State*) En. **On sale,** en vente. **On tap,** en perce. *See also* DUTY 4, FIRE[1] 1, GUARD[1] 1, TAP[1] 1. **8.** (*About, concerning*) *Lecture, book, on the League of Nations,* conférence *f*, livre *m*, sur

la Société des Nations. *A lecture on history*, une conférence d'histoire. *Inquiry on sth.*, enquête *f* sur qch. *Congress on colonial organization*, congrès *m* de l'organisation coloniale. *You must read Hume Brown on John Knox*, il faut lire l'appréciation *f* de John Knox par Hume Brown. *Note on an agreement*, note *f* ayant trait à un contrat. *To congratulate s.o. on his success*, féliciter qn de son succès. *Keen on sth.*, porté sur qch. *Mad on s.o.*, fou, entiché, de qn. **9.** (*Engaged upon*) *I am here on business*, je suis ici pour affaires. *On tour*, en tournée. *On holiday*, en congé, en vacances. *To be (working) on sth.*, travailler à qch. *On the way*, en chemin, chemin faisant. **10.** (*a*) *To have pity on s.o.*, avoir pitié de qn. *Effect of sth. on s.o.*, effet *m* de qch. sur qn. *Attack on s.o.*, attaque *f* contre qn. *To confer a reward on s.o.*, décerner une récompense à qn. *Decision binding on s.o.*, décision *f* obligatoire pour qn, qui lie qn. *F:* **This round (of drinks) is on me,** c'est moi qui paie cette tournée. *To have one on the house*, prendre une consommation aux frais du cafetier. *U.S:* **I have nothing on him,** je n'ai rien contre lui. **To have something on s.o.,** avoir l'avantage sur qn. (*b*) *Fin: Com:* **Cheque on a bank, on Paris,** chèque *m* sur une banque, sur Paris. **11. To live on one's private income,** vivre de ses rentes. *Many live on less than that*, beaucoup vivent avec moins que ça. **12.** (*Added to*) **Disaster on disaster,** désastre sur désastre. **13.** *Turf: Games:* **To put money on a horse, on a colour,** parier sur un cheval; miser sur une couleur.

II. **on,** *adv.* **1.** (*a*) *To put on the cloth*, mettre la nappe. *To put the kettle on*, mettre la bouilloire à chauffer. *The steak is on (the grill)*, le bifteck est en cuisson. *Th:* (*Of actor*) **To be on,** être en scène. (*b*) *To put on one's clothes*, mettre ses habits. *To put on one's gloves*, se ganter. **To have one's boots on,** avoir ses bottines aux pieds; être chaussé. *To have one's hat on*, avoir son chapeau sur la tête. *With his spectacles on*, avec ses lunettes. **What had he got on?** comment était-il vêtu? qu'est-ce qu'il portait? **To have nothing on,** être tout nu. **On with your coat!** mettez votre veston! **2.** (*Expressing continuation*) *To fly on, go on, journey on, march on, ride on, run on, stroll on, walk on, work on*, continuer son vol, son chemin, son voyage, sa marche, sa chevauchée, sa course, sa flânerie, sa route, son travail. *To burn on, climb on, crawl on, drive on, hold on, sail on, shout on, swim on, talk on, wander on*, continuer à brûler, à grimper, à ramper, à rouler, à tenir, à naviguer, à crier, à nager, à parler, à errer. *To soldier on*, rester au service. *Sing on!* continuez à chanter! *Sleep on!* continuez à dormir! *The train didn't stop at Rugby, and I was carried on to Crewe*, le train a brûlé Rugby et j'ai été emmené jusqu'à Crewe. **Go on!** continuez! allez toujours! *Move on!* circulez! **On, Stanley, on!** en avant, Stanley, en avant! *To toil* **on and on,** peiner sans fin. **And so on,** et ainsi de suite. *See also* SO I. 2. **3.** (*Towards*) *To be broadside on to the shore*, présenter le côté à la terre; avoir la terre par le travers. *To keep an airship nose on to the wind*, tenir un dirigeable le nez au vent. **4.** (*a*) (*In expressions of time*) **Later on,** plus tard. **From that day on,** à dater de ce jour. *See also* NOW III. **Well on in April,** fort avant dans le mois d'avril. *Well on in the evening, in the night*, à une heure avancée de la soirée, de la nuit. *To talk away well on into the small hours*, rester à causer bien avant dans la nuit. **Well on in years,** d'un âge avancé. *See also* GET ON II. 2. (*b*) *P:* **To be a bit on,** être un peu parti, un peu gris; être éméché. (*c*) *P:* **To have s.o. on,** monter un bateau à qn; faire marcher qn. **5.** *To turn on the tap*, ouvrir le robinet. *See also* TURN ON 1. **'On,'** "ouvert"; (*of electric circuit*) "fermé." *The machine was on*, la machine était en marche. *The brakes are on*, les freins sont appliqués, serrés. *The rain is on again!* voilà qu'il repleut! *A terrible row was on*, on entendait un vacarme terrible. *The performance is now on*, la représentation est commencée, a déjà commencé. **On with the show!** (i) que le spectacle commence! (ii) que le spectacle continue! **What plays are on, what is on (at the theatre), just now?** qu'est-ce qu'on joue, qu'est-ce qui se joue, actuellement? qu'y a-t-il (à l'affiche) au théâtre? *The play was on for weeks*, la pièce a tenu l'affiche pendant des semaines. *I see Hamlet is on again*, je vois qu'on redonne Hamlet. *What's on to-night?* (i) qu'est-ce qui se passe ce soir? (ii) que fait-on ce soir? **Have you anything on this evening?** avez-vous quelque chose à faire ce soir? avez-vous quelque chose en vue pour ce soir? êtes-vous occupé, invité, ce soir? *There's nothing on at present*, c'est la morte-saison. **6.** *F:* (*a*) **I'm on (for it)!** je suis de la partie! j'en suis! je vous accompagne! ça me va! **I'm not on,** je ne marche pas. **He's neither on nor off,** c'est tantôt oui tantôt non; il ne dit ni oui ni non. (*b*) **To be on to sth.,** comprendre, saisir, qch. *He was on to it at once*, il a compris au premier mot; *P:* il a pigé tout de suite. *They were on to him at once*, ils ont tout de suite vu clair dans son jeu. (*c*) *I was on to him on the phone this morning*, je lui ai parlé au téléphone ce matin. *I'll put you on to him*, je vais vous donner la communication. *The police are on to him*, la police est sur sa piste. (*d*) **He is always on to me,** il s'en prend toujours à moi. **7. On and off.** *See* OFF[1] I. 4.

III. **on,** *a.* **1.** *Cr: Drive to the 'on side, abs.* **drive to the on,** coup *m* avant à gauche. *See also* LONG-ON. **2.** (*Of athlete, etc.*) **It was not one of his 'on days,** il n'était pas dans un de ses meilleurs jours. **3.** *Adm:* **'On consumption** (*of intoxicants*), consommation *f* sur les lieux. *See also* LICENCE 1.

'on-coming[1], *a.* **1.** (*a*) Approchant, qui approche (en sens inverse); (danger) imminent. (*b*) *Ind:* **On-coming shift,** poste entrant. **2.** *F:* Hardi(e), déluré(e); qui n'a pas froid aux yeux; peu timide.

'on-coming[2], *s.* Approche *f* (de l'hiver, etc.).

'on-drive, *s. Cr:* Coup *m* avant à gauche.

'on-glide, *s. Ling:* Arrivée *f.*

'on-goings, *s.pl.* = GOINGS-ON.

'on-position, *s.* Position *f* de serrage (des freins); position de mise en marche (d'un moteur); *El:* position de fermeture (du circuit).

'on-shore, *a.* **On-shore wind,** vent *m* du large.

'on 'side, *adv.phr. Fb:* **To keep just on side,** rester juste en deçà de la limite du hors jeu.

'on-sweep, *s.* Progrès *m* rapide, avance *f* irrésistible (des vagues, de la civilisation, etc.).

on[2], *v.i. P:* **To on with one's coat,** mettre sa veste.

onager, *pl.* **-gers, -gri** ['ɔnadʒər, -dʒərz, -grai], *s. Z:* Onagre *m.*

onanism ['ɔnanizm], *s.* Onanisme *m*, masturbation *f.*

onanist ['ɔnanist], *s.* Onaniste *m.*

onanistic [ɔna'nistik], *a.* Onaniste.

once [wʌns], *adv.* **1.** (*a*) Une fois. **Once only,** une seule fois. **More than once,** plus d'une fois; *Lit:* à maintes reprises. **Once a week, a fortnight,** tous les huit jours, tous les quinze jours. **Once or twice,** une ou deux fois, une fois ou deux. **Once more, once again,** une fois de plus, encore une fois. **Once and again, once in a way, once in a while,** une fois par-ci par-là; une fois de temps en temps; une fois en passant, par hasard; par extraordinaire. **Once (and) for all,** une fois pour toutes, une bonne fois. *To settle a question o. and for all*, en finir avec une question. **You may do so this once, just for (this) once,** je vous le permets pour une fois, pour cette fois(-ci). *He never once asked himself what the outcome might be*, il ne se demanda pas un instant ce qui pourrait en résulter. **Once is enough,** une fois est assez; c'est assez d'une fois. *Prov:* **Once a flirt always a flirt,** qui a flirté flirtera. *See also* BITE[2] 1. (*b*) **(If) once . . ., (when) once . . .,** dès que . . ., pour peu que. . . . *If o. you lose sight of him, it's a job to find him again*, dès qu'on le perd de vue, on a toutes les difficultés du monde à le retrouver. *O. grasp this fact and everything becomes plain*, comprenez bien cela et tout s'éclaircit. **He didn't once look our way,** pas un instant il n'a regardé de notre côté. **2.** Autrefois. **Once (upon a time) there was . . .,** il était une fois . . ., il y avait jadis . . ., il y avait autrefois. . . . **I knew him once,** je l'ai connu autrefois, dans le temps. **Once famous painter,** peintre *m* célèbre autrefois, dans le temps. *A:* **His once friend,** son ami d'autrefois. *Book o. so popular*, livre *m* autrefois si populaire. *A collar that had o. been white*, un faux col jadis blanc. *O. when I was young . . .*, il arriva un jour, quand j'étais petit, que. . . . **3. At once.** (*a*) (*Without delay*) Tout de suite; à l'instant; sur-le-champ; sur l'heure; aussitôt; immédiatement; instantanément; séance tenante; *F:* illico. *Come at o.!* venez tout de suite! *I will do it at o.*, je vais le faire dès maintenant. *I am going at o.*, (i) j'y vais de ce pas; (ii) je pars à l'instant. *With them I shall at o. do battle!* je vais de ce pas leur livrer bataille! *We expect him almost at o.*, nous l'attendons incessamment. (*b*) (*At the same time*) **Don't all speak at once,** ne parlez pas tous à la fois, en même temps. *To do several things at o., F: to have several things on at o.*, faire plusieurs choses à la fois; mener plusieurs choses de front. **At once a food and a tonic,** à la fois un aliment et un fortifiant. *To do a great deal at o.*, faire beaucoup (i) en une fois, (ii) à la fois. *To drink the whole bottle at o.*, boire toute la bouteille d'un coup. *Prov:* **One can't do two things at once,** on ne peut sonner les cloches et aller à l'église; on ne peut pas être (à la fois) au four et au moulin. *See also* ALL I. 3.

'once-over, *s. U.S: F:* **To give sth. the once-over,** jeter un seul coup d'œil scrutateur sur qch.; s'assurer d'un coup d'œil que tout est bien.

oncer ['wʌnsər], *s. F:* Personne *f* qui ne va qu'une fois à l'église le dimanche, qui n'assiste qu'à un seul office.

ondatra [ɔn'datra], *s. Z:* Ondatra *m*; rat musqué.

ondograph ['ɔndograf, -grɑːf], *s. El:* Ondographe *m.*

ondometer [ɔn'dɔmetər], *s. El:* Ondemètre *m.*

one [wʌn]. I. *num.a.* **1.** (*a*) Un. *Twenty-one apples, one and twenty apples*, vingt et une pommes. *Fifty-one*, cinquante et un. *Seventy-one*, soizante et onze. *Eighty-one*, quatre-vingt-un. *A hundred and one*, cent un. *A thousand and one*, mille un. **The Thousand and one Nights,** les Mille et une Nuits. **One or two** *people saw it*, quelques personnes, une ou deux personnes, l'ont vu. (*b*) *He comes* **one day out of two,** il vient un jour sur deux, de deux jours l'un. **One man in a hundred,** un homme entre, sur, cent. *See also* THOUSAND. *F:* **That's one way of doing it,** c'est une manière comme une autre de le faire. **That's one comfort,** c'est déjà une consolation. *I can't go;* **for one thing** *I'm short of funds*, je ne pourrai pas y aller; entre autres raisons je suis à court d'argent. *It is needless to ask whether one book fulfils its aim better than another*, inutile de demander si tel ouvrage remplit son but mieux que tel autre. *See also* ANOTHER 4. *The speech of the Prime Minister in* **the one** *House and of Lord X in* **the other . . .,** le discours du Premier Ministre dans l'une des Chambres et de Lord X dans l'autre. . . . *See also* THING 3. **2.** (*a*) Seul, unique. **My one and only son,** mon fils unique. *My one and only collar*, mon seul et unique faux col. *Families with one child*, familles *f* avec un seul enfant. *The one way to do it*, le seul moyen de le faire. *His one care*, son seul souci; son unique souci. *The one real danger is that . . .*, le seul véritable danger c'est que. . . . **This 'one thing,** cette seule et unique chose. *Pol: Ballot for one member only*, scrutin uninominal. **Some 'one man** *must command*, il faut qu'un seul homme commande; il faut laisser le commandement à un seul. **No 'one man** *can do it*, il n'y a pas d'homme qui puisse le faire à lui seul, *F:* qui puisse le faire tout seul. **No 'one of you** *could accomplish it*, pas un de vous ne pourrait l'accomplir à lui seul. *I do not limit myself to the books issued from* **any 'one publishing house,** je ne me restreins pas aux publications d'une seule maison, quelle soit-elle. *The largest estate owned by any 'one proprietor*, le plus grand domaine qui soit revendiqué par un propriétaire unique. (*b*) *They cried out* **with one voice, as one man,** ils s'écrièrent d'une seule voix, d'une commune voix. **To advance like one man,** avancer comme un seul homme. (*c*) Même. *All in one direction*, tous dans la même direction. *All gathered in one spot*, tous rassemblés en un même lieu. **One and the same** *thought came into our* *minds*, une seule et même pensée nous vint à l'esprit. *I am sure the two visitors are one*, je suis sûr que les deux visiteurs ne font qu'un. **To remain for ever one,** être toujours le même; ne jamais changer. *F:* **It's all one,** cela revient au même, c'est tout un; *P:* c'est kif-kif. **It's all one to me whether . . .,** cela m'est égal, cela m'est parfaitement indifférent, si . . .; peu m'importe que + *sub.*; cela ne me fait ni chaud ni froid que + *sub.* (*d*) *God is one*, Dieu est un. **To become one, to be made one,** s'unir, se marier. **To be one with sth.,** ne faire qu'une pièce avec qch.; faire corps avec qch. **I am one with you,** je suis de votre avis.

II. **one,** *s.* **1.** (*a*) *Eleven is written with two ones*, onze s'écrit avec deux un. *Chapter one*, chapitre un, chapitre premier. **Number one,** (i) numéro un; (ii) *P:* soi-même; (iii) *P:* petit besoin; pipi. *Table number one (in restaurant, etc.)*, *F:* l'as *m*. *P:* **To look after, take care of, number one,** avoir soin de son individu, de sa personne; soigner sa petite personne; mettre ses intérêts en premier lieu; *F:* tirer la couverture à soi. *He knows how to look after number one*, il n'oublie jamais ses intérêts; il ne s'oublie pas. *That's for number one*, *P:* ça c'est pour bibi. *v.i.* **To number-one,** faire pipi. *F:* **Since the year one,** depuis un temps immémorial. *Gym: Sp:* **One, two! one, two!** une deux! une deux! **One, two, three, go!** un(e), deux, trois, partez! (*b*) *Dominoes:* As. **One blank,** l'as blanc. **2.** (*a*) *There is only one left*, il n'en reste qu'un. *You have fifty readers for every one that he can claim*, pour un qui lit ses livres ils sont cinquante qui lisent les vôtres. *A tyranny of one*, la tyrannie d'un seul. **The topmost stair but one, the bottom stair but one,** l'avant-dernière marche. *See also* LAST[4] I. 1, NEXT I. 1, 2. **To arrive in ones and twos,** arriver par un et par deux, un ou deux à la fois. *To issue shares* **in ones,** émettre des actions en unités. *Goods that are sold in ones*, marchandises *f* qui se vendent à la pièce. *Price of one*, prix *m* de l'unité. **Cylinders cast in one,** cylindres venus de fonte d'une seule pièce. **Garment all in one,** vêtement *m* en une pièce. *Two volumes in one*, deux volumes en un. **To be at one with s.o.,** être d'accord avec qn. *We are at one in thinking that . . .*, nous sommes, nous demeurons, nous tombons, d'accord pour reconnaître que . . .; nous sommes unanimes à reconnaître que. . . . **One of two things,** de deux choses l'une. (*b*) **One and sixpence,** un shilling (et) six pence. **One (o'clock),** une heure. *I shall come between one and two*, je viendrai entre une et deux heures, *F:* entre une et deux. *See also* CLOCK[1]. *F:* **To give s.o. one on the nose,** donner à qn un coup de poing sur le nez. *P: Shut up, or I'll catch you one in the eye!* la ferme, ou je te poche un œil! *I fetched, landed, him one*, je lui ai flanqué un marron. **To call at the pub for a quick one,** entrer au cabaret pour s'en enfiler une. **That is one (up) for us!** et d'un dans nos filets! *Knitting:* **To make one,** faire une augmentation. *See also* BETTER[1] 2, TOO 1. (*c*) *St.Exch:* Unité *f*; unité de mille livres (au prix nominal des actions).

III. **one,** *dem.pron.* (*a*) *This one*, celui-ci, *f.* celle-ci. *That one*, celui-là, *f.* celle-là. *Which one do you prefer?* lequel, laquelle, préférez-vous? *The one on the table*, celui, celle, qui est sur la table. *The one who spoke*, celui qui a parlé. *The one I spoke of*, celui, celle, dont j'ai parlé. *She is the one who helped Louise*, c'est elle qui a aidé Louise. *That's his likeness—the one hanging over the door*, voilà son portrait—celui qui pend au-dessus de la porte. *That's the Mayor, the one with glasses*, voilà monsieur le maire, celui qui porte un lorgnon. (*b*) *To pick the ripe plums and leave the green ones*, cueillir les prunes mûres et laisser les vertes. *He has chosen good ones*, il en a choisi de bons. *She put her feet (she has very pretty ones) on a chair*, elle posa ses pieds (elle les a fort jolis) sur une chaise. *Her former visits had been ones of pleasure*, ses visites antérieures avaient été pour le plaisir. *The portraits on the walls, especially the full-length ones . . .*, les portraits pendus aux murs, surtout les portraits en pied. . . . *His father was a sailor and he wants to be one too*, son père était marin et il veut l'être aussi. *She became a Catholic and a very devout one*, elle devint catholique et même catholique très dévote. *The scheme of demobilization was a good one on paper*, le plan de démobilisation était excellent en théorie. **That's a good one!** celle-là est bonne! *It is a mere farce and a poor one*, c'est une simple farce et qui est médiocre. *The best one*, le meilleur, la meilleure. *He's a knowing one*, c'est un malin. *My sweet one*, ma chérie. *My own one!* mon trésor! *The absent one*, l'absent. *Our dear ones*, ceux qui nous sont chers. *The great ones of the earth*, les grands de la terre. *The little ones*, les petits enfants; (*of animals*) les petits. *The young ones are at school*, les gamins sont à l'école. *A nest with five young ones*, un nid avec cinq petits. **The Evil One,** le Malin, l'Esprit malin. **The Holy One,** l'Éternel. *Lit: Foolish one, I knew all!* mais, grand nigaud, je savais tout! *See also* ONLY I.

IV. **one,** *indef.a.* **One day,** un jour. *See also* DAY 4. *One stormy evening in January*, par une soirée orageuse de janvier. *On one occasion I travelled in the guard's van*, il arriva une fois que je fis le voyage dans le fourgon.

V. **one,** *indef.pron.* **1.** (*pl.* **some, any**) *I haven't a pencil, have you got one?* je n'ai pas de crayon, en avez-vous un? *I noticed two men; one walked with a limp*, j'ai remarqué deux hommes; l'un d'eux boitait. *The word has two pronunciations, one English and one French*, ce mot se prononce de deux façons, à l'anglaise ou à la française. *This question is one of extreme delicacy*, ce problème est délicat entre tous. *The idea is one which occurs in primitive societies*, cette idée est de celles que l'on rencontre dans les sociétés primitives. **One of them,** l'un d'entre eux; l'un d'eux. *This plan is not one of those which . . .*, ce projet n'est pas de ceux qui. . . . **He is one of the family,** il fait partie de la famille; il est de la famille. *To treat s.o. as one of the family*, traiter qn comme s'il était de la famille. *I was one of the party*, j'étais du groupe. **He is one of us,** il est des nôtres. *Will you make one of us?* voulez-vous vous mettre de la partie? voulez-vous être des nôtres? *One of my friends*, un de mes amis; un ami à moi; *A. & Lit:* un mien ami. *He is one of my usual visitors*, il est au nombre de mes visiteurs. *One of the ladies will see to it*, l'une de ces dames va s'en occuper. *You are sure to find it in one of the other shops in the town*, vous le trouverez sûrement dans quelqu'un des autres magasins de la ville. **Any one of us,** l'un quelconque d'entre nous; n'importe lequel d'entre nous. *See also* EVERY (*c*). **Never a one,** pas un. **One and all,** tous sans exception. *They one and all declined*, tous sans exception refusèrent. *The women, the monk, the old people, one and all had got out*, femmes, moine, vieillards, tout était descendu. *The anxieties he had caused one and all*, les alarmes qu'il avait causées à tous et à chacun. **(The) one . . . the other,** l'un . . . l'autre. *You can't have one without the other*, l'un ne va pas sans l'autre. *When you contrast the one's stupidity with the intelligence of the other . . .*, lorsqu'on met en contraste la stupidité de l'un et l'intelligence de l'autre. . . . **One after the other,** l'un après l'autre. *He drank three glasses of beer, one after the other*, il a bu trois bocks à la file. *To enter by* **one or other** *of the doors*, entrer par l'une quelconque des portes. *He had been seen by one or other of the masters*, l'un ou l'autre des maîtres l'avait aperçu. **One . . . another,** *see* ANOTHER 4 (*c*). **One by one,** un à un, une à une. *Door that lets visitors through one by one*, porte *f* qui admet les visiteurs un à un. *Time destroys our hopes one by one*, le temps effeuille nos espérances. *The chestnut-trees shed their leaves one by one*, les marronniers égrènent leurs feuilles. *See also* AMONG. **2.** *I want the opinion of one better able to judge*, je voudrais avoir l'opinion de quelqu'un qui soit plus capable de juger. *He set about it with the manner of one accustomed to the task*, il s'y mit à la manière de quelqu'un à qui la tâche était familière. *This ingratitude on the part of one he knew so well*, cette ingratitude de la part d'un homme qu'il connaissait si bien. *One whom I do pity is . . .*, un que je plains c'est. . . . **He looked like one dead,** il avait l'air d'un mort. **One possessed,** un (homme) possédé. *'Mother isn't at home,' she said, in the voice of one who repeats a lesson*, "ma mère n'y est pas," dit-elle du ton de voix de quelqu'un qui récite, qui réciterait, une leçon. *To one who can read between the lines, it is evident that . . .*, à qui sait lire entre les lignes, il est évident que. . . . **One Mr Jenkins,** un certain M. Jenkins; un nommé Jenkins. *A protégé of his—one Hyde*, un de ses protégés—un certain Hyde, un homme du nom de Hyde. **I, for one, shall come,** moi, entre autres, je viendrai; quant à moi, je viendrai. *I, for one, do not believe it*, pour ma part je n'en crois rien. **I am not (the) one to . . .,** je ne suis point homme à. . . . *He's the one to talk!* il a la langue bien pendue! il a du bagout! *She was not one to retain angry feelings*, elle n'était pas de celles qui restent fâchées; elle n'était pas rancunière. *I am not the one to scoff at it*, ce n'est pas moi qui en rirais. *F:* **She was a one for football,** c'était une emballée, une passionnée, du football, une grande amatrice de football. **I'm not much of a one for sweets,** je ne suis pas grand amateur de plats sucrés. *I'm not much of a one for saying pretty things*, je ne suis pas expert à dire des gentillesses. *P:* **You 'are a one,** vous êtes fameux, vous! **3.** *Lit:* (*a*) (*Nom.*) On. *One cannot always be right*, on ne peut pas toujours avoir raison. *One can do that easily*, cela se fait facilement. *The book is so pleasant that one is sorry it is so short*, le livre est si agréable que l'on regrette qu'il soit si court. *Occ.* **One . . . he . . .** *Were one to judge humanity from novels, he would conclude that . . .*, si l'on jugeait l'humanité d'après les romans, on arriverait à la conclusion que. . . . (*b*) (*Acc.*) Vous. *It is enough to kill one*, il y a de quoi vous faire mourir. *This synopsis puts one in a position to answer any argument*, ce résumé vous met à même de répondre à n'importe quel argument. **4. One's,** son, *f.* sa, *pl.* ses; votre, *pl.* vos. *To give one's opinion*, donner son avis. *When one is allowed to see one's friends*, quand il nous est permis de voir nos amis. *One never knows one's own happiness*, on ne connaît jamais son bonheur. *To cut one's finger*, se couper le doigt. *One may surely do what one likes with one's own*, on a bien le droit de faire ce qu'on veut avec ce qui vous appartient.

'one-armed, *a.* A un seul bras; (*of pers.*) manchot.

'one-celled, *a. Bot:* Uniloculaire.

'one-cylinder, *attrib.a. I.C.E:* (Moteur *m*) à cylindre unique; (moteur) monocylindrique. **One-cylinder car,** *F:* une monocylindre.

'one-design, *attrib.a.* **One-design sailing boats,** voiliers *m* monotypes.

'one-eared, *a.* (Lapin *m*, etc.) monaut *m*.

'one-er, *s. F:* = ONER.

'one-eyed, *a.* **1.** (*a*) *Z: etc:* Unioculé. (*b*) (*Of pers.*) Borgne. *To be one-e.*, n'avoir qu'un œil; être borgne. *One-e. man, woman*, borgne *mf*. (*c*) *F:* (Marché *m*, etc.) inéquitable. **2.** *U.S: F:* = ONE-HORSE 2 (*b*).

'one-flowered, *a. Bot:* Monanthe.

'one-footed, *a. Z:* Monopode.

'one-'handed, *a.* **1.** (*Of pers.*) Manchot. **2.** (*a*) Fait d'une seule main. *adv.* **To do sth. one-handed,** faire qch. d'une main. (*b*) (Outil *m*, etc.) à une main.

'one-horse, *attrib.a.* **1.** (*Of vehicle*) A un cheval. **2.** (*a*) *A one-h. farmer*, fermier *m* qui ne possède qu'un cheval. (*b*) *U.S: F:* **A one-horse show,** (i) un spectacle de deux sous; (ii) une affaire de quatre sous. **One-horse town,** petite ville de province sans rien de marquant; petit bourg de rien du tout; trou perdu; patelin insignifiant.

'one-leaved, *a. Bot:* Unifeuillé, unifolié.

'one-legged, *a.* **1.** (*a*) Qui n'a qu'une jambe; amputé de la jambe. *One-l. man, woman*, *F:* béquillard, -arde. (*b*) *Z:* Monopode. **2.** *F:* (Contrat, etc.) inégal, -aux.

'one-man, *attrib.a.* **One-man job,** tâche *f* pour un seul homme. *See also* BAND[3] 2.

'one-'pair, *attrib.a. F:* (Appartement *m*) au premier. **One-pair front,** appartement au premier sur la rue. **One-pair back,** appartement au premier sur la cour. (*Cf.* PAIR[1] 2.)

'one-'piece, *attrib.a.* Monobloc *inv*; d'une seule pièce. **One-piece bathing costume,** maillot *m* une pièce.

'one-'price, *attrib.a.* **One-price article, store,** article *m*, magasin *m*, à prix unique; magasin uniprix.

'one-shot, *attrib.a. Aut:* **One-shot lubrication,** graissage central; graissage monocoup.

'one-'sided, *a.* **1.** (*a*) (*Of contract, etc.*) Unilatéral, -aux. (*b*) *One-s. street,* rue bâtie d'un seul côté. **2.** (*Of shape, etc.*) Asymétrique. **3.** (*a*) (*Of contract, etc.*) Inégal, -aux; injuste; inéquitable. (*b*) (*Of judgment, etc.*) Partial, -aux; injuste. *One-s. information,* renseignements entachés de partialité. **-ly,** *adv.* **1.** Unilatéralement. **2.** Inéquitablement, partialement.

'one-'sidedness, *s.* (*a*) Asymétrie *f*. (*b*) Partialité *f* (d'opinion, etc.); manque *m* d'équité (d'un marché, etc.).

'one-step, *s. Danc:* One-step *m*.

'one-storied, *a.* (Maison *f*) sans étage.

'one-way, *attrib.a.* **1. One-way ticket,** billet simple; billet d'aller. **2. One-way street,** rue *f* à sens unique (de circulation); rue à sens interdit. **One-way traffic,** circulation *f* en sens unique.

-one [oun], *s.suff. Ch:* -one *f*. *Acetone,* acétone. *Quinone,* quinone.

onefold ['wʌnfould], *a.* Simple.

oneirocritic [onairo'kritik], *a.* & *s.* Onirocritique (*m*); *s.* interprète *m* des songes.

oneirocriticism [onairo'kritisizm], *s.* Onirocritique *f*, onirocritie *f*, interprétation *f* des songes.

oneirocritics [onairo'kritiks], *s.pl.* (*Usu. with sg. const.*) = ONEIROCRITICISM.

oneiromancer [o'nairomansər], *s.* Oniromancien, -ienne.

oneiromancy [o'nairomansi], *s.* Oniromancie *f*.

oneness ['wʌnnəs], *s.* **1.** Unité *f*, unicité *f*. **2.** Identité *f* dans le temps. **3.** Accord *m* (d'opinions).

oner ['wʌnər], *s.* **1.** *F:* Personne *f* unique, qui n'a pas sa pareille; *P:* type épatant. **A regular oner,** (i) un as; (ii) *A:* un sacripant. **He's a oner at billiards,** c'est un as au billard; il est fameux, transcendant, au billard. **2.** *P:* (*a*) Coup *m* d'assommoir; maître coup (de poing, etc.). (*b*) Mensonge *m*. *He told me a oner,* son mensonge était de taille. **3.** *Games: F:* Coup qui compte un point.

onerous ['ɔnərəs], *a.* **1.** (Devoir, impôt, etc.) onéreux. *O. responsibility,* lourde responsabilité. *O. task,* tâche pénible. **2.** *Jur:* (*Scot.*) **Onerous title,** titre onéreux. **Onerous contract,** contrat *m* à titre onéreux. **-ly,** *adv.* Onéreusement; à titre onéreux.

onerousness ['ɔnərəsnəs], *s.* Onérosité *f*.

oneself [wʌn'self], *pron. See* SELF[1] 4.

Onesimus [o'niːsiməs]. *Pr.n.m. Rel.H:* Onésime.

onion ['ʌnjən], *s.* **1.** O(i)gnon *m*. **Spring onion,** ciboule *f*; petit oignon. *Cu: Stewed with spring onions,* aux petits oignons. *O.-stew,* fricassée *f* aux oignons; oignonade *f*. **Pickling onion,** petit oignon. **Welsh onion,** ciboule. *String of onions,* chapelet *m*, corde *f*, d'oignons. *See also* SEA-ONION, SPANISH 1. **2.** *P:* Tête *f*; *P:* ciboulot *m*, citrouille *f*. **Off his onion,** fou, *P:* maboul. **3.** *P:* Bermudien, -ienne.

'onion-bed, *s.* Plant *m* d'oignons; oignonière *f*.

'onion-couch, -grass, *s. Bot:* Avoine élevée; fromental *m*.

'onion-'marble, *s. Miner:* Cipolin *m*.

'onion-plot, *s.* = ONION-BED.

'onion-'sauce, *s. Cu:* Sauce blanche à l'oignon.

'onion-seed, *s.* Graine *f* d'oignon.

'onion-skin, *s.* **1.** Pelure *f* d'oignon. **2.** *Com:* Papier *m* pelure (d'oignon).

oniony ['ʌnjəni], *a.* Qui sent l'oignon; qui a un goût d'oignon.

onlooker ['ɔnlukər], *s.* Spectateur, -trice. *The onlookers,* l'assistance *f*; les assistants *m*; (*at indoor sports, etc.*) la galerie. *To be an o. at a football match,* assister à une partie de football.

only ['ounli]. I. *a.* Seul, unique. **Only son, only child,** fils *m* unique, enfant *m* unique. *O. copy extant,* exemplaire unique. **His one and only hope,** son seul et unique espoir. *His o. answer was to burst out laughing,* pour toute réponse il éclata de rire. *His o. relaxation was to walk, was walking,* pour toute distraction il faisait des promenades à pied, *F:* il faisait du footing. *Hunting is their o. source of food,* seule la chasse leur fournit des vivres. *His o. weapon was a walking-stick,* pour toute arme il avait une canne. *We are the o. people that know it,* nous sommes seuls à le savoir. *He was the o. one who noticed it,* il fut le seul à s'en apercevoir, il n'y eut que lui pour s'en apercevoir. *They were the o. ones killed,* il n'y a eu qu'eux de tués. **You are not the only one,** vous n'êtes pas le seul; il n'y a pas que vous. *Country life is the o. life,* il n'y a rien de tel que de vivre à la campagne. *Silk stockings are the o. thing these days,* il n'y a que les bas de soie aujourd'hui. **The only thing is** *it is rather expensive,* seulement ça coûte cher.

II. **only,** *adv.* Seulement, ne . . . que, rien que, simplement. *He has o. one brother,* il n'a qu'un seul frère. *I have o. three.*—**Only three?** je n'en ai que trois.—Que trois? *It is true, isn't it?*—**Only too true,** c'est bien vrai, n'est-ce pas?—Que trop vrai. **Only half an hour more,** plus qu'une demi-heure. **One man only,** un seul homme. *Rail: etc:* **'Ladies only,'** "dames seules." (*Entrance for*) *season tickets only,* entrée réservée aux abonnés. *O. an expert could advise us,* seul un expert pourrait nous conseiller; il n'y a qu'un expert qui puisse nous conseiller. *O. he can say,* lui seul saurait le dire. *O. the binding is damaged,* il n'y a que la reliure d'abîmée. *O. five men remained alive,* il ne restait de vivants que cinq hommes. *It is o. in Paris that one really lives, F:* on ne vit qu'à Paris. **A little chap only 'so high,** un petit bonhomme pas plus haut que ça. **He can only refuse,** il ne peut que refuser. *I o. touched it,* je n'ai fait que le toucher. **He has only to ask for it,** il n'a qu'à le demander. *It is o. a matter of having good taste,* il suffit d'avoir du goût. *We are born o. to die,* nous ne naissons que pour mourir. *I will o. say . . .,* je me bornerai à dire. . . . *He is going o. to please you,* il y va seulement pour vous faire plaisir. *I shall be* only too pleased *to . . .,* je me ferai un véritable plaisir de. . . . **Only to think of it,** rien que d'y penser. *O. to think of what might have happened!* quand je pense à ce qui aurait pu arriver! **Only think . . .,** imaginez un peu. . . . **If only** *I knew where he is!* si seulement je savais où il est! *We must respect him if o. for his honesty,* il faut le respecter rien que pour sa probité, quand ce ne serait que pour sa probité. **Not only . . . but also . . .,** non seulement . . . mais aussi, mais encore. . . . **Only yesterday,** hier encore; pas plus tard qu'hier. *See also* JUST[2] II. 2, 4.

III. **only,** *conj.* Mais. *The book is interesting, o. rather too long,* le livre est intéressant, mais un peu trop long, seulement un peu long. *Conj.phr. I would do it* **only that . . .,** je le ferais n'était que . . ., si ce n'était que. . . . *The house looked like a castle, o. that the windows were modern,* la maison avait tout d'un ancien château, si ce n'est que les fenêtres étaient de notre époque.

'only-be'gotten, *a. O.-b. son,* fils unique. *s.* **The only-begotten of the Father,** le Fils unique du Père.

onomastic [ɔno'mastik], *a.* Onomastique.

onomatop(e) ['ɔnomatɔp, -toup], *s.* Mot *m* onomatopéique.

onomatopoeia [ɔnomato'piːa], *s.* Onomatopée *f*.

onomatopoeic [ɔnomato'piːik], **onomatopoetic** [ɔnomatopou'etik], *a.* Onomatopéique.

onrush ['ɔnrʌʃ], *s.* Ruée *f*; attaque *f*. *The o. of water,* l'eau qui se précipite.

onset ['ɔnset], *s.* **1.** Assaut *m*, attaque *f*. *To withstand the o. of the enemy,* soutenir le choc de l'ennemi. *The o. on Verdun,* la ruée sur Verdun. *The first o. of a disease,* la première attaque d'une maladie. **2.** (*a*) **At the (first) onset,** d'emblée, de prime abord, à l'abord, au premier abord. **From the onset,** dès l'abord. (*b*) *Ch:* Départ *m* (d'une réaction).

onsetting ['ɔnsetiŋ], *s. Min:* Accrochage *m*. **Onsetting station,** recette *f*.

onslaught ['ɔnslɔːt], *s.* = ONSET 1. *To make a savage o. on the Prime Minister,* attaquer véhémentement le Premier ministre; faire une charge à fond contre le Premier ministre. *The repeated onslaughts of a disease,* les assauts répétés d'une maladie.

onto ['ɔntu], *prep.* = on to, *q.v. under* ON[1] I. 3.

onto- ['ɔnto, ɔn'tɔ], *pref.* Onto-. *Ontogenesis,* ontogénèse. *Ontogonic,* ontogonique.

ontogenesis [ɔnto'dʒenesis], **ontogeny** [ɔn'tɔdʒeni], *s. Biol:* Ontogénèse *f*, ontogénie *f*.

ontogenetic [ɔntodʒe'netik], *a. Biol:* Ontogénique, ontogénétique.

ontological [ɔnto'lɔdʒik(ə)l], *a.* Ontologique.

ontologist [ɔn'tɔlodʒist], *s.* Ontologiste *m*.

ontology [ɔn'tɔlodʒi], *s.* Ontologie *f*.

onus ['ounəs], *s.* Responsabilité *f*, charge *f*; obligation onéreuse; soin laissé à qn (de faire qch.). *To have the o. of proving . . .,* avoir la charge de prouver. . . . **The onus lies upon the government to . . .,** il incombe au gouvernement de. . . . *Jur:* **Onus probandi** [pro'bandai], charge de la preuve.

onward ['ɔnwərd]. **1.** *adv.* = ONWARDS. **2.** *a.* (*Of motion, etc.*) En avant. *The o. march of ideas,* la marche en avant, la marche progressive, des idées.

onwards ['ɔnwərdz], *adv.* (*a*) En avant, plus loin. *To move o.,* s'avancer. (*b*) **From to-morrow onwards,** à partir de demain. **From this time onwards,** désormais, dorénavant.

onyx ['ɔniks], *s.* **1.** *Miner:* Onyx *m*. **Black onyx,** jais artificiel. **2.** *Med:* Ongle *m* (à l'œil).

'onyx-'marble, *s. Miner:* Marbre *m* onyx; onyx *m* calcaire, onyx d'Algérie; albâtre *m* onychite.

o(o)- ['ou(o)], *pref.* O(o)-. *Oolite,* oolithe. *Oosporic,* oosporé. *Ooecium,* oécie.

oodles [uːdlz], *s.pl. P:* **There are oodles of it, of them,** il y en a des tas.

oof [uːf], *s. P:* De l'argent; *P:* galette *f*, braise *f*, pognon *m*. *Let's see the oof!* aboule ton pèze! allume!

oofy ['uːfi], *a. P:* **1.** Galetteux. **2. To be oofy,** être en fonds; *P:* être au pognon, aux as.

oogenesis [ouo'dʒenesis], *s. Biol:* Oogénèse *f*.

oolite ['ouolait], *s. Miner: Geol:* Oolithe *m*.

oolitic [ouo'litik], *a. Miner: Geol:* Oolithique.

oology [ou'ɔlodʒi], *s. Orn:* Oologie *f*.

oom [uːm], *s.* (*In S. Africa*) Oncle *m*. *Hist:* **Oom Paul,** le Président Kruger.

oomycetes [ouomai'siːtiːz], *s.pl. Fung:* Oomycètes *m*.

oont [uːnt], *s.* (*In India*) Chameau *m*.

oospore ['ouospɔːər], *s. Bot:* Oospore *f*.

ooze[1] [uːz], *s.* **1.** Vase *f*, limon *m*; bourbe *f*, boue *f*. *See also* GLOBIGERINA-OOZE. **2.** Suintement *m*, infiltration *f*, dégouttement *m* (d'un liquide). **3.** *Tan:* Jus *m*, jusée *f*.

'ooze-calf, -leather, *s. Tan:* Cuir *m* de jusée.

ooze[2], *v.i.* (*a*) Suinter; s'infiltrer; dégoutter. *To o. through the ground,* filtrer à travers le terrain; s'infiltrer dans la terre. *Oil was oozing through the walls,* l'huile suintait à travers les murs. *Waters that o. out from the rock,* eau *f* qui sourd de la roche. *Sap that oozes (from the tree),* sève *f* qui s'écoule. *F:* **The secret was oozing out,** le secret transpirait. **His courage is oozing away,** son courage l'abandonne; son ardeur se refroidit; *F:* il commence à avoir le trac. (*b*) (*With cogn. acc.*) Suer, suinter (de l'eau, etc.); laisser dégoutter (l'eau, etc.). *The walls were oozing (with) water,* les murs suintaient l'eau; l'eau suintait des murs. *F:* **To ooze hatred,** suinter la haine. *He is oozing self-conceit,* il sue l'orgueil par tous les pores. (*c*) *U.S: P:* **To ooze out,** s'éclipser, se défiler, filer.

oozing[1], *a.* (*Of water*) Stillant.

oozing[2], *s.* Suintement *m*, fuite *f* (de l'eau, etc.); (*from rock, etc.*) stillation *f*. *F:* **Oozing out of a secret,** ébruitement *m* d'un secret.

ooze[3], *s. Tex:* Poil *m*, duvet *m* (des tissus non flambés).

oozy ['u:zi], *a.* **1.** Vaseux, bourbeux, limoneux. **2.** Suintant, humide.

op [ɔp], *s.* **1.** *Med: F:* Opération (chirurgicale). **2.** *U.S: F:* (*Operator*) Télégraphiste *mf.*

opacity [o'pasiti], *s.* **1.** Opacité *f.* **2.** Lourdeur *f* (d'intelligence); esprit obtus.

opah ['oupa], *s.* *Ich:* Poisson-lune *m*, *pl.* poissons-lunes.

opal ['oup(ə)l], *s.* **1.** (*a*) *Lap:* Opale *f.* **Jasper opal,** opale jaspe. *See also* ASTERIATED, FIRE-OPAL, PEARL-OPAL, WATER-OPAL. (*b*) *a.* & *s.* (*Colour*) Opale (*m*) *inv.* *The sea was a milky o.*, la mer était d'un opale laiteux. **2.** *Glassm:* **Opal glass,** verre opalin; verre opale; opaline *f.*

opalescence [oupa'les(ə)ns], *s.* Opalescence *f.*

opalescent [oupa'les(ə)nt], *a.* Opalescent; (*of hue*) opale *inv*; (*of haze, etc.*) *F:* opalisé.

opalesque [oupa'lesk], *a.* Opalescent, opalin.

opaline ['oupəlain]. **1.** *a.* Opalin. **2.** *s.* ['oupəlin] *Glassm:* = *opal glass, q.v. under* OPAL **2.**

opalized ['oupəlaizd], *a.* (*Of wood, etc.*) Opalisé.

opaque [o'peik], *a.* **1.** Opaque. **To make opaque,** rendre opaque, opacifier (qch.). **To become opaque,** s'opacifier. *Opt:* **Opaque projection, opaque projector,** projection *f*, projecteur *m*, épiscopique. **2.** (*Of pers.*) Peu intelligent; à l'esprit épais, obtus. *O. mind,* esprit lourd, épais. *He was too o. to understand the allusion,* il avait l'esprit trop épais pour saisir cette allusion.

opaqueness [o'peiknəs], *s.* = OPACITY.

ope [oup], *v.tr.* & *i.* *Poet:* = OPEN[2].

open[1] ['oup(ə)n], *a.* Ouvert. **1.** (*a*) *O. door, window,* porte, fenêtre, ouverte. **To fling, throw, the door wide open,** ouvrir la porte toute grande. *See also* WIDE OPEN. *Internat.Pol:* **The policy of the open door,** la politique de la porte ouverte. **The door flew open,** la porte s'ouvrit brusquement, en coup de vent. *To pull, push, the door o.*, ouvrir la porte (en tirant dessus; d'une poussée). **To burst the door open,** (i) ouvrir brusquement la porte; (ii) enfoncer la porte. **Half open,** entr'ouvert, entrebâillé. **To keep open doors, open house, an open board,** tenir table ouverte; *F: A:* tenir auberge. *F:* **To force an open door,** enfoncer une porte ouverte. *Hyd.E:* **Open sluice,** gueule bée. (*Of mill*) *To work with all sluice-gates o.*, marcher à gueule bée. *See also* THROW[2] I. (*b*) (*Of box, etc.*) Ouvert; (*of bottle, etc.*) débouché; (*of parcel*) défait. **Open letter,** lettre décachetée. (*Cf.* 4 (*a*).) **Open grave,** tombe *f* qui attend son cercueil. *Mus:* **Open pipe** (*of organ*), tuyau ouvert. *El:* **Open circuit,** circuit ouvert, coupé. **To break open, burst open, smash open,** *a box,* éventrer une boîte. **To slit open, rip open,** *an envelope,* couper, éventrer, une enveloppe. **To cut open,** couper, ouvrir. **To bite open,** ouvrir (qch.) avec les dents. **To lay s.o.'s skull open,** ouvrir, fendre, le crâne à qn. **To read s.o. like an open book,** lire à livre ouvert dans la pensée de qn. (*c*) *The offices are o. from ten to five,* les bureaux sont ouverts de dix heures à cinq heures. (*Of museum, etc.*) **Open to the public,** ouvert, accessible, au public; visible. **Open all night,** ouvert la nuit. *Police station o. day and night,* permanence *f* de police. *Ven:* *The season is o.*, la chasse est ouverte. (*d*) **In (the) open court,** en plein tribunal. *To pronounce judgment in the o. court,* rendre un jugement à huis ouvert. **Open trial,** jugement public. **Open market,** marché public. *See also* ASSEMBLY I. (*e*) **Posts open to all,** charges *f* accessibles à tout le monde. *Career o. to few,* carrière très fermée. *Sp:* **Open race,** omnium *m.* **Open event,** course internationale. **Open champion,** champion *m* du monde. *See also* COMPETITION **2.** *Ind:* **Open shop,** atelier *m*, chantier *m*, qui admet les ouvriers non-syndiqués. **2.** Sans limites; sans bornes. **In the open air,** *s.* **in the open,** au grand air; à ciel ouvert. *This experiment must be carried out in the o. air,* il faut faire cette expérience à l'air libre, en plein air. *To sleep in the o. (air),* coucher à la belle étoile, dehors. *See also* OPEN-AIR. *In the o. street, in the o. fields,* en pleine rue, en pleins champs. *To sow seed in the o. ground,* semer des graines en pleine terre. **Open country,** pays découvert. *In the o. country,* en pleine campagne, en rase campagne. *Open patch of green* (*in a forest*), terrain découvert; clairière *f.* *The house stands in the o.*, la maison est située en pleine campagne. *Trees that grow in the o.*, arbres *m* qui croissent à l'état isolé. **The open sea,** la haute mer; le large. *In the o. sea,* en pleine mer. *To pilot a ship into the o.*, piloter un navire vers le large; mener un navire en furin. *Mil:* **Open warfare,** guerre *f* en rase campagne; guerre de mouvement. *Fb:* **Open play,** jeu dégagé. *To have an o. field,* avoir le champ libre devant soi. **3.** (*a*) Découvert; non couvert. **Open carriage, open car,** voiture découverte. **Open boat,** bateau ouvert, découvert; bateau non ponté. **Open mine,** mine *f* à ciel ouvert. **Open light,** feu nu. *See also* HEARTH **2.** (*b*) **Open field,** champ sans enclos; champ ouvert. *Nau:* **Open roadstead,** rade foraine. *See also* GARAGE[1]. (*c*) (*Of coast, position, etc.*) Exposé (*to,* à). *O. to all the winds,* ouvert à tous les vents. *Fortress o. to attack from the south,* forteresse *f* attaquable au sud. (*d*) **To lay oneself open to a charge, to criticism,** prêter le flanc, donner prise, à une accusation, à la critique. *To lay oneself o. to calumny,* s'exposer à, se mettre en butte à, la calomnie. *Idea that is o. to objections,* idée *f* qui appelle des objections, qui prête à des objections. *Procedure o. to criticism,* procédure *f* qui pourrait donner lieu à des critiques; procédure critiquable. *An author is o. to criticism,* un auteur est justiciable de la critique. *O. to doubt,* exposé au doute; douteux. *O. to ridicule,* qui prête au ridicule. (*e*) **To be open to prejudices, to conviction,** être accessible aux préjugés, à la conviction. **To be open to advice,** être tout prêt à accueillir des conseils. *O. to pity,* accessible à la pitié. *O. to any reasonable offer,* disposé à considérer toute offre raisonnable. *Invention o. to improvement,* invention *f* susceptible d'amélioration. **4.** (*a*) Manifeste, public, -ique. **Open scandal,** scandale public. **Open secret,** secret *m* de Polichinelle. **Open letter,** lettre ouverte (communiquée à la presse). **To lay open a plan,** mettre un projet à découvert, à nu; exposer un projet au grand jour. **Fact open to all,** fait patent. **Open hostilities,** guerre ouverte. (*b*) Ouvert; franc, *f.* franche; déclaré. *O. admiration,* franche admiration. *O. enemy of the Government,* ennemi déclaré du Gouvernement. *He is an o. atheist,* il est franchement athée. **To be open with s.o.,** parler franchement à qn; ne rien cacher à qn. *F:* **He is as open as a child,** il est franc comme l'or. **5.** (*a*) (*Of flower, the lips, the hand, etc.*) Ouvert. *Eyes wide o. with surprise,* yeux écarquillés de surprise. *See also* EYE[1] I (*a*). **To stand with open mouth before sth.,** rester bouche bée devant qch. **Open wound,** plaie (i) béante, (ii) non cicatrisée. *F:* **Ever-open wound** (*to the feelings, etc.*), plaie incicatrisable; blessure toujours saignante. *Dress o. at the neck,* robe échancrée au col. *Physiol:* **Open pores,** pores dilatés. *See also* ARM[1] I, EAR[1] I. (*b*) *Ling:* **Open vowel,** voyelle ouverte. **6.** (*a*) Non serré. *For:* **Open felling,** coupe claire. *Agr:* **Open soil,** terre *f* meuble. (*b*) *Mil:* *To attack in open order,* attaquer en ordre dispersé. *Navy:* *Ships in o. order,* vaisseaux *m* à distance normale. (*c*) **Open fence,** clôture *f* à claire-voie. *O. tissue,* tissu *m* à jour. **7.** (*a*) Libre, non obstrué. **Open road,** chemin *m* libre. **Road open to traffic,** route ouverte à la circulation (publique). *Rail:* **Open signal,** signal effacé. *Tp:* **Line always open,** ligne *f* d'abonnement. **Open view,** vue dégagée. *O. forest,* forêt *f* de haute futaie. *Aut:* **Open corner,** virage découvert. **To keep the bowels open,** tenir le ventre libre. *Mus:* **Open string,** corde *f* à vide. **Open sounds** (*of a horn, etc.*), sons ordinaires (non bouchés). *See also* ARREST[1] I, HAWSE **2.** (*b*) **To keep a day open for s.o.,** réserver un jour pour qn. *To keep a job o.*, ne pas pourvoir à un emploi. *The job is still o.*, la place est toujours vacante. *There was no course o. to me but flight,* je n'avais d'autre ressource que la fuite. *Two courses are o. to us,* deux moyens *m* s'offrent à nous. **It is open to you to object,** il vous est permis, loisible, de faire des objections, d'y trouver à redire. *It is o. to me to do so,* j'ai toute latitude pour le faire; je peux le faire si je veux. **8.** (*a*) Non résolu. **Open question,** question discutable, discutée, pendante, indécise, en suspens. **To keep an open mind on sth.,** rester sans parti pris; ne pas avoir d'idée préconçue sur qch.; se réserver; réserver son opinion, sa liberté de jugement, sur qch. *To leave the matter o.*, réserver la question. *Jur:* **Open contract,** contrat *m* dont toutes les stipulations ne sont pas encore arrêtées. *See also* VERDICT I. (*b*) *M.Ins:* **Open policy,** police flottante, d'abonnement. **9.** **Open weather,** temps doux. *O. winter,* hiver clément. **10.** *Fin: Com:* **Open account,** compte ouvert; compte courant. *O. credit,* crédit *m* à découvert; crédit en blanc. **Open cheque,** chèque ouvert, non barré. **-ly,** *adv.* Ouvertement, franchement, en toute franchise; publiquement, au vu (et au su) de tous, en pleine rue, à visage découvert. *To act o.*, agir à découvert, cartes sur table; jouer franc jeu. *To speak o.*, parler sans déguisement, sans réticence, sans feinte, sans rien déguiser. *To go about it o.*, y aller (de) franc jeu. *He is o. an atheist,* il est franchement athée.

'open-air, *attrib.a.* Au grand air, en plein air. *Open-air restaurant,* restaurant *m* en plein air. **Open-air life,** la vie des champs. **Open-air plants,** végétaux *m* de pleine terre. **Open-air meeting, market,** assemblée *f*, marché *m*, en plein vent. *Art:* **An open-air portrait,** un plein air. *Med:* **Open-air treatment,** cure *f* d'air. *See also* SCHOOL[1] I (*a*), THEATRE I.

open-'armed, *a.* (Accueil *m*) à bras ouverts. *To receive s.o. o.-a.*, accueillir qn les bras ouverts, à bras ouverts.

'open-cast, *attrib.a.* *Min:* (Exploitation *f*) à ciel ouvert.

open-'eared, *a.* *To listen o.-e. to s.o.*, écouter qn de toutes ses oreilles.

open-'eyed, *a.* **1.** (*a*) Qui a les yeux ouverts; qui voit clair; qui ne se laisse pas duper. (*b*) *He acted o.-e.*, il se rendait parfaitement compte de ce qu'il faisait. **2.** **To look at s.o. with open-eyed astonishment, to gaze open-eyed at s.o.,** regarder qn les yeux écarquillés de surprise, en écarquillant les yeux; ouvrir de grands yeux.

open-'faced, *a.* Au visage franc, ouvert.

open-'handed, *a.* Libéral, -aux, généreux. *To be o.-h.*, avoir la main ouverte. **-ly,** *adv.* Libéralement, généreusement. *To give o.-h.*, donner à pleines mains.

open-'handedness, *s.* Libéralité *f*, générosité *f.*

open-'hearted, *a.* **1.** Ouvert; franc, *f.* franche; sincère; expansif; au cœur ouvert. *To be very o.-h.*, avoir le cœur sur la main, sur les lèvres. *In an o.-h. moment,* dans un moment d'expansion. *O.-h. welcome,* accueil cordial. **2.** Au cœur tendre, compatissant. **-ly,** *adv.* Franchement; à cœur ouvert; cordialement.

open-'heartedness, *s.* Franchise *f*, ouverture *f* de cœur, expansion *f*; cordialité *f* (d'un accueil).

open-'minded, *a.* Qui a l'esprit ouvert, large; impartial, -aux. *To be o.-m.* (*on a subject*), n'avoir pas de parti pris, de préjugés, d'idée préconçue, avoir l'esprit libre (sur un sujet). **-ly,** *adv.* Sans partialité; sans préjugés.

open-'mindedness, *s.* Largeur *f* (d'esprit); absence *f* de parti pris.

open-'mouthed, *a.* **1.** (Qui a) la bouche toute grande ouverte. **2.** **To remain open-mouthed with astonishment,** rester bouche bée; *P:* en rester baba.

open-'necked, *a.* (i) (Chemise *f*) avec col (à la) Danton; (ii) (robe) décolletée.

'open-work, *s.* **1.** (*a*) Ouvrage à jour, ajouré. *O.-w. balustrade,* balustrade ajourée, à jour, à claire-voie. *O.-w. stockings,* bas ajourés, à jour. *See also* SEAM[1] I. (*b*) Ajours *mpl*, jours *mpl.* *Needlew:* **Row of open-work,** rivière *f* à jour. **Faggot open-work,** jours à faisceaux. **2.** *Min:* Exploitation *f* à ciel ouvert, au jour.

open[2], *v.* I. *v.tr.* **1.** (*a*) Ouvrir (une porte, etc.); baisser (une glace). *To o. the door wide,* ouvrir la porte toute grande. *To half o. the door,* entrebâiller, entr'ouvrir, la porte. *To o. again,* rouvrir. *F:* **To open the door to abuses,** ouvrir la porte aux abus; prêter aux abus.

See also DOOR 1. (*b*) Déboucher, entamer (une bouteille); écailler (une huître); décacheter (une lettre); ouvrir (un livre); défaire (un paquet); déplier (un journal, etc.); déluter (une cornue à gaz); lâcher (une écluse). **To open the mail,** dépouiller le courrier. *Opened bottle,* bouteille *f* en vidange. *El:* **To open the circuit,** (inter)rompre, couper, le courant. *Mil:* **To open a battery,** démasquer une batterie. *Med:* **To open the bowels,** relâcher les intestins. (*c*) **To open one's shop,** ouvrir son magasin. *To o. a new shop, a new branch,* ouvrir, fonder, monter, un nouveau magasin; fonder une succursale. *To o. a park to the public,* ouvrir un parc au public. **To open a road,** livrer une route à la circulation. (*Cp.* 3.) (*d*) Présider à l'inauguration de, inaugurer (une institution, un établissement). **To open Parliament,** ouvrir la session du Parlement. **2.** (*a*) Écarter (les jambes, etc.); ouvrir (la main, les yeux, etc.). **To open one's shoulders,** écarter les épaules; se carrer. *He never opened his mouth,* il n'a pas ouvert la bouche. *I have not opened my mouth all day,* je n'ai pas desserré les dents de la journée. *Not to dare to o. one's lips,* ne pas oser ouvrir la bouche. *To half o. one's eyes,* entr'ouvrir les yeux. *See also* EYE[1] 1. *Mil:* **To open the ranks,** ouvrir les rangs. (*b*) *Nau:* **To open two sea-marks, a bay,** ouvrir deux amers *m*, une baie. **3. To open a hole** *in a wall, etc.,* pratiquer, percer, un trou dans un mur, etc. **To open a vein,** ouvrir une veine. **To open a road,** ouvrir, frayer, un chemin. (*Cp.* 1 (*c*).) *To o. a quarry,* éventer une carrière. **4.** Découvrir, exposer, révéler. **To open one's heart, to open oneself,** (i) épancher son cœur; (ii) ouvrir son cœur, s'ouvrir (*to s.o.,* à qn). **To open one's mind to s.o.,** s'ouvrir à qn. *A: To o. one's designs to s.o.,* dévoiler ses intentions à qn. *That opens new prospects for me,* cela m'ouvre de nouveaux horizons; cela me donne de nouvelles espérances. **5.** Commencer. *To o. negotiations, a conversation, a debate,* entamer, engager, des négociations, une conversation, un débat. *See also* BALL[2]. *His name opens the list,* son nom ouvre la liste. **To open fire,** commencer le feu. **To open ground,** défricher, défoncer, un terrain (vierge). **To open the budget,** présenter le budget. *Com:* **To open an account in s.o.'s name,** ouvrir un compte à qn, en faveur de qn. *To o. a loan,* ouvrir un emprunt. *Jur:* **To open the case,** ouvrir l'affaire; exposer les faits. *Cards:* **To open the play,** attaquer, entamer (d'une carte). *To o. clubs,* attaquer trèfle; entamer trèfle. *To o. the bidding,* ouvrir les enchères. *To o.* (*the bidding*) *with two hearts,* annoncer deux cœurs d'entrée. *Abs.* (*Poker*) To open, ouvrir le pot.

II. **open,** *v.i.* S'ouvrir. **1.** (*a*) (*Of door, etc.*) **To half open, to open a little,** s'entre-bâiller, s'entr'ouvrir. *The door won't o.,* la porte tient. **Door, room, that opens into, on to, the garden,** porte, salle *f*, qui donne sur, dans, le jardin, qui ouvre sur, qui communique avec, le jardin. *Rooms that o. out of one another,* chambres qui se commandent. *The exits o. directly on to the street,* les sorties *f* donnent accès directement à la rue. *Lane that opens into the main road,* chemin *m* qui aboutit à la grande route. *Stairway opening on the pavement,* escalier *m* débouchant sur le trottoir. (*b*) *El:* (*Of cut-out*) Décoller. (*c*) *Mch:* (*Of inlet port, etc.*) Se découvrir; s'ouvrir. (*d*) (*Of shop, etc.*) Ouvrir. *The bank opens at ten,* la banque ouvre, ouvre ses portes, à dix heures. *As soon as the season opens,* dès l'ouverture *f* de la saison. **2.** (*a*) (*Of view, prospects, etc.*) S'étendre. (*b*) (*Of flower*) S'épanouir, s'ouvrir. *Half-opened bud,* bouton entr'éclos. (*c*) *Nau:* (*Of bay, etc.*) S'ouvrir. **3.** Commencer. *Play that opens with a brawl,* pièce *f* qui s'ouvre, commence, débute, par une rixe. *He opened with a remark about the weather,* il entama la conversation par une remarque à propos du temps. *St.Exch:* **Rubber opened firm,** le caoutchouc a ouvert ferme. **4.** *Ven:* (*Of hounds*) Donner de la voix.

open out. 1. *v.tr.* (*a*) Ouvrir, étendre, déplier (une feuille de papier, etc.). (*b*) Développer (une entreprise, etc.). (*c*) Élargir, aléser, agrandir (un trou); évaser, mandriner (la bouche d'un tuyau). **2.** *v.i.* (*a*) (*Of view, prospects, etc.*) S'ouvrir, s'étendre. (*b*) **To open out to s.o.,** s'ouvrir à qn; s'épancher. (*c*) *Aut:* Mettre tous les gaz, ouvrir les gaz.

opening out, *s.* Développement *m* (des ailes d'un oiseau, d'un projet, etc.).

open up. 1. *v.tr.* Ouvrir (une mine, etc.); éventer (une carrière); exposer, révéler (une perspective, etc.); frayer, pratiquer (un chemin). *To o. up a thoroughfare between two quarters,* faire une percée entre deux quartiers. **To open up a country to trade,** ouvrir un pays au commerce. *Metall:* **To open up a mould,** dévêtir un moule. **2.** *v.i.* (*a*) = OPEN OUT 2 (*a*). (*b*) *Com:* Ouvrir une boutique, une maison, une succursale (*in, at, a place,* dans un endroit). *To o. up in a new country,* entamer des affaires dans un nouveau pays.

opening[1], *a.* **1.** (*a*) (*Of door, etc.*) Qui s'ouvre; praticable. (*b*) *The o. season,* la saison qui commence. (*c*) *The o. buds,* les boutons *m* en train d'éclore. **2. Opening medicine,** laxatif *m*.

opening[2], *s.* **1.** (*a*) Ouverture *f* (de la porte, d'un musée, de son cœur, *Com:* d'un compte); débouchement *m* (d'une bouteille); décachetage (d'une lettre); dépouillement *m* (du courrier); *Mch:* découvrement *m* (d'une lumière). *O. of a new street,* percement *m* d'une nouvelle rue. (*b*) **Formal opening,** inauguration *f*. **Opening of Parliament,** ouverture du Parlement. **The opening of the courts,** la rentrée des tribunaux. (*c*) Commencement *m* (d'une conversation, etc.). *Jur:* Exposition *f* des faits. *Artil: etc:* Déclanchement *m* (du tir). (*d*) *Rail:* **To wait for an opening,** siffler au disque. (*e*) *Cards:* Attaque *f*. (*f*) *Chess openings,* débuts *m* de partie. **2.** (*a*) *The sudden o. of a chasm at their feet,* l'ouverture d'un gouffre à leurs pieds. (*b*) Épanouissement *m* (d'une fleur, etc.). (*c*) *El:* Décollement *m* (d'un interrupteur). (*d*) Commencement, début (d'une pièce de théâtre, etc.). **3.** Trou *m*, ouverture, orifice *m*; embouchure *f* (d'un sac, etc.); embrasure *f*, baie *f*, jour *m* (dans un mur, etc.); percée *f* (dans une forêt, un mur); éclaircie *f* (dans les nuages); clairière *f* (dans un bois); échappée *f* (entre les arbres); cloche *f* (de carrière). *Min:* Amorce *f* (de galerie). *Hyd.E:* Gueule *f* bée. *The town has several openings on to the river,* la ville a plusieurs percées qui mènent à la rivière. *To make an o. in sth.,* percer qch. *Nau:* **Gangway opening,** coupée *f*. *O. of a wind-sail,* guérite *f* de manche à vent. *See also* NECK-OPENING. **4.** Occasion *f* favorable. *Com:* Débouché *m* (pour une marchandise). **To wait for an opening,** attendre une occasion. *Fine o. for a young man,* beau débouché pour un jeune homme. **To give an adversary an opening,** prêter le flanc à un adversaire. *F: To give a good o. to . . .,* donner une bonne chance à. . . . **5.** *Attrib.* D'ouverture; inaugural, -aux. *O. ceremony,* cérémonie *f* d'inauguration. *The o. day of the session,* le jour d'ouverture de la session. *O. address, speech,* discours *m* d'ouverture. *In his o. speech . . .,* en ouvrant la séance. . . . *O. sentence,* phrase *f* de début. *St.Exch:* **Opening price,** cours *m* de début, d'ouverture; premier cours. *Cards:* (*At bridge*) **Opening bid,** annonce *f* d'entrée, d'indication.

'open-and-'shut, *a.* *U.S:* (Cas *m*, etc.) simple, sans difficultés. **It is open and shut that . . .,** il est de toute évidence que. . . .

'open 'sesame. 1. *int.* Sésame, ouvre-toi! **2.** *s.* *F:* **Money is a good open sesame,** l'argent *m* est un bon passe-partout; l'argent ouvre bien des portes.

openable ['oupənəbl], *a.* Que l'on peut ouvrir. *Th:* (Porte *f*, fenêtre *f*) praticable.

opener ['oup(ə)nər], *s.* **1.** (*Pers.*) Ouvreur, -euse. *See also* OYSTER-OPENER 1. **2.** (*Device*) (*a*) *See* CASE-OPENER, CROWN-CORK, EYE-OPENER, LETTER-OPENER, OYSTER-OPENER 2, SPRING[1] 5, TIN-OPENER. (*b*) *Tex:* Ouvreuse *f* (de la laine, du coton). **3.** *pl.* *Cards:* **Openers,** cartes avec lesquelles on peut ouvrir (au poker). **4.** *U.S:* *F:* Purgatif *m*, laxatif *m*.

openness ['oupənnəs], *s.* **1.** Situation exposée (d'une côte, etc.); aspect découvert (du terrain). **2.** Pénétrabilité *f* (d'un radiateur, etc.). **3.** (*a*) Franchise *f*, candeur *f*, ouverture *f* de cœur. (*b*) Largeur *f*, libéralité *f* (d'esprit). (*c*) Douceur *f*, clémence *f* (du temps).

opera, *pl.* **-as** ['ɔpəra, -az], *s.* Opéra *m*; drame *m* lyrique. **Grand opera,** grand opéra (et aussi "opéra comique"). **Comic opera, opera bouffe,** opéra bouffe. **Light opera,** opérette *f*.

'opera-cloak, *s.* *Cost:* Sortie *f* de bal, de théâtre.

'opera-glass(es), *s.(pl.)* Jumelle(s) *f* (de théâtre); lorgnette *f*.

'opera-hat, *s.* (Chapeau *m*) claque *m*; gibus *m*; chapeau mécanique.

'opera-house, *s.* (Théâtre *m* de l')opéra *m*; théâtre lyrique.

opera 'top, *s.* *Cost:* *Vest with an o. top,* chemise américaine forme opéra.

operable ['ɔpərəbl], *a.* *Surg:* (*Of patient, tumour, etc.*) Opérable.

operate ['ɔpəreit]. I. *v.i.* **1.** (*a*) Opérer. *Med:* (*Of physic*) Opérer; agir; produire son effet; avoir de l'effet. (*b*) *U.S:* Fonctionner. *Mch:* (*Of motor, etc.*) *To o. on direct current, on alternating current,* fonctionner sur courant continu, sur courant alternatif. (*c*) *U.S:* *Burglar who operates in the swell districts,* cambrioleur *m* qui opère dans les quartiers riches. (*d*) Jouer. *The rise in wages will o. from the first of January,* l'augmentation des salaires jouera à partir du premier janvier. **2.** *A:* **To operate upon** *s.o.'s natural shyness,* agir sur la timidité innée de qn. **3.** *St.Exch:* Faire des opérations. **To operate for a rise, for a fall,** jouer, spéculer, à la hausse, à la baisse. *To o. against one's client,* faire de la contre-partie. **4.** *Surg:* **To operate on s.o., on an appendix,** opérer qn, un appendice. *To o.* (*up*)*on s.o. for appendicitis,* opérer qn de l'appendicite; faire à qn l'opération de l'appendicite. *To o. on s.o. in the acute stage,* opérer qn à chaud. *To o. between attacks,* opérer à froid. *To be operated* (*up*)*on,* subir une opération. *To be operated upon for rupture, for gall-stones,* être opéré pour une hernie, de la lithiase.

II. **operate,** *v.tr.* **1.** Opérer, effectuer, accomplir (une guérison, un changement, etc.). **2.** (*a*) *Esp. U.S:* (*Of pers.*) **To operate a machine,** faire manœuvrer une machine. *To o. the breech of a rifle,* faire jouer la culasse d'un fusil. *To o. the brakes,* actionner les freins. (*b*) (*Of part of machine*) *To o. another part,* commander, actionner, attaquer, un autre organe. *Operated by electricity,* commandé électriquement; actionné par l'électricité. *Mechanically operated valve,* soupape commandée. **3.** *U.S:* Gérer, diriger (une maison de commerce, etc.); exploiter (un chemin de fer, une ligne d'autobus, etc.).

operating[1], *a.* **1.** Qui opère. *Surg:* **Operating surgeon,** (chirurgien) opérateur *m*. *Ind:* *U.S:* **Operating staff,** personnel exploitant. **2.** *Theol:* **Operating grace,** grâce opérante.

operating[2], *s.* **1.** (*a*) Fonctionnement *m*. (*b*) Action *f* (d'un remède). **2.** *U.S:* Manœuvre *f*, commande *f* (d'une machine, etc.). *O. of a car,* manœuvre d'une voiture. **3.** *U.S:* Exploitation *f* (d'une compagnie de chemins de fer, etc.). **Operating profits,** bénéfices *m* d'exploitation. **4.** *Surg:* Conduite *f* d'une opération; opération.

'operating-lever, *s.* *Mec.E:* *U.S:* Levier *m* de manœuvre, de commande.

'operating-rod, *s.* *Rail:* *U.S:* Bielle *f* de commande.

'operating-room, *s.* **1.** *Surg:* Salle *f* d'opération. **2.** *Cin:* Cabine *f* de projection.

'operating-table, *s.* *Surg:* Table *f* d'opération; *F:* le billard.

'operating-theatre, *s.* *Surg:* Salle *f* d'opération; amphithéâtre *m*.

operatic [ɔpə'ratik]. **1.** *a.* D'opéra. **Operatic singer,** chanteur, -euse, dramatique, d'opéra. **2.** *s.pl.* *F:* **Operatics,** opéra *m* d'amateurs. *At Christmas we had some operatics in the school hall,* à Noël nous avons représenté un opéra dans la grande salle de l'école.

operation [ɔpə'reiʃ(ə)n], *s.* Opération *f*. **1.** (*a*) Fonctionnement *m*. **To come into operation,** entrer en vigueur. *To bring a decree into o.,* rendre un décret opérant; appliquer un décret. *To interfere with the o. of a rule,* gêner la mise à exécution d'un règlement. *To suspend the o. of a law,* suspendre l'action d'une loi. *To exclude* *from the o. of the Convention*, soustraire au régime, aux effets, de la Convention. **To be in operation**, fonctionner, jouer; être en vigueur, en activité. **In full operation**, en pleine activité. *Restrictions at present in o.*, restrictions *f* actuellement en vigueur. **Mode of operation**, mode *m* opératoire. *The method of o. is always the same*, le processus est toujours le même. *If one could stay the o. of old age*, si l'on pouvait résister à l'action de la vieillesse. (*b*) *Mec.E: Esp. U.S:* Commande *f* (d'une machine, etc.). (*c*) Exploitation *f* (d'un navire). **2.** (*a*) **Mathematical operation**, opération mathématique. (*b*) *Mil:* **Base of operations**, base *f* d'opération. **Night operations**, *F:* **night op's**, opérations de nuit. (*c*) *St.Exch:* **Stock operations**, opérations sur les valeurs. **3.** *Surg:* *To perform an o. on s.o. for cataract*, faire subir à qn l'opération de la cataracte. *To undergo an o.*, subir une opération, une intervention chirurgicale; *P:* monter sur le billard. **Emergency operation** (*for appendicitis, etc.*), opération à chaud. **Interval operation**, opération à froid. **Illegal operation**, avortement provoqué par manœuvres criminelles.

operational [ɔpəˈreiʃən(ə)l], *a.* Qui se rapporte à des opérations militaires. *Mil:* *Units combined for o. purposes*, unités combinées pour grandes manœuvres.

operative [ˈɔpərətiv]. **1.** *a.* (*a*) Opératif, actif. (*Of law, etc.*) **To become operative**, entrer en vigueur; prendre effet. *To make a decree o.*, rendre un décret opérant. *An o. obligation*, une obligation exécutoire. *The rise in wages has been o. since the first of January*, l'augmentation *f* des salaires joue depuis le premier janvier. *Jur:* **Operative part of an act**, clause essentielle d'un acte. (*b*) Pratique. *The o. side of an industry*, les ateliers *m*. (*c*) *Surg:* **Operative field**, champ *m* opératoire; champ d'opération. **2.** *a.* & *s.* Ouvrier, -ière; artisan *m*. **The operative class**, la classe ouvrière.

operatize [ˈɔpərətaiz], *v.tr.* *F:* *To o. a book*, tirer un opéra d'un livre.

operator [ˈɔpəreitər], *s.* **1.** Opérateur, -trice. (*a*) *Cin:* Opérateur (des caméras). *Tg:* Télégraphiste *mf*. *Nau: etc:* **Wireless (telegraphy) operator**, opérateur de T.S.F.; sans-filiste *mf*, *pl.* sans-filistes. *Tp:* **To call the operator**, appeler la téléphoniste. (*b*) *St.Exch:* **Operator for a fall, for a rise**, opérateur, joueur *m*, à la hausse, à la baisse. **2.** *U.S:* (*a*) Conducteur *m* (d'une auto); pilote *m*. (*b*) Ouvrier *m*. **3.** *Surg:* Opérateur.

opercular [oˈpəːrkjulər], *a.* *Nat.Hist:* Operculaire.

operculata [opəːrkjuˈleitə], *s.pl.* *Moll:* Operculés *m*.

operculate [oˈpəːrkjulet], **operculated** [ɔˈpəːrkjuleitid], *a.* *Nat.Hist:* Operculé.

operculiform [oˈpəːrkjulifɔːrm], *a.* Operculiforme.

operculum, *pl.* **-la** [oˈpəːrkjuləm, -lə], *s.* *Nat.Hist:* Opercule *m*.

operetta [ɔpəˈretə], *s.* *Mus:* Opérette *f*.

Ophelia [oˈfiːljə]. *Pr.n.f.* Ophélie.

ophicalcite [ɔfiˈkalsait], *s.* *Miner:* Ophicalcite *f*.

ophicleide [ˈɔfiklaid], *s.* *Mus:* **1.** Ophicléide *m*. **2.** (*In organ*) Tuba *m*.

ophicleidist [ˈɔfiklaidist], *s.* (Joueur *m* d')ophicléide *m*.

ophidia [oˈfidiə], *s.pl.* *Rept:* Ophidiens *m*; serpents *m*.

ophidian [oˈfidiən], *a.* & *s.* *Rept:* Ophidien (*m*); serpent *m*.

ophidium [oˈfidiəm], *s.* *Ich:* Ophidie *f*; *F:* donzelle *f*.

ophioglossum [ɔfioˈglɔsəm], *s.* *Bot:* Ophioglosse *m*; *F:* langue-de-serpent *f*, *pl.* langues-de-serpent; herbe *f* sans couture.

ophiography [ɔfiˈɔgrəfi], *s.* Ophiographie *f*.

ophiolatry [ɔfiˈɔlətri], *s.* Ophiolâtrie *f*.

ophiolite [ˈɔfiolait], *s.* *Miner:* Vert *m* antique.

ophiologist [ɔfiˈɔlodʒist], *s.* *Nat.Hist:* Ophiologiste *m*.

ophiology [ɔfiˈɔlodʒi], *s.* *Nat.Hist:* Ophiologie *f*.

ophite [ˈɔfait], *s.* *Miner:* Ophite *m*; marbre serpentin; serpentine *f*.

Ophiuchus [ɔfiˈjuːkəs]. *Pr.n.* *Astr:* Le Serpentaire.

ophiuran [ɔfiˈjuəriən], *s.* *Echin:* Ophiure *f*.

ophrys [ˈɔfris], *s.* *Bot:* Ophrys *f*.

ophthalmia [ɔfˈθalmiə], *s.* *Med:* Ophtalmie *f*. *Sewerman's o.*, *F:* mitte *f*.

ophthalmic [ɔfˈθalmik], *a.* **1.** Ophtalmique. *O. remedy*, ophtalmique *m*, collyre *m*. **2.** *O. hospital*, hôpital, -aux, *m* pour les maladies des yeux; hôpital ophtalmologique.

ophthalmologic(al) [ɔfθalmoˈlɔdʒik(əl)], *a.* Ophtalmologique.

ophthalmology [ɔfθalˈmɔlodʒi], *s.* Ophtalmologie *f*.

ophthalmoscope [ɔfˈθalmoskoup], *s.* *Med:* Ophtalmoscope *m*.

ophthalmoscopic [ɔfθalmoˈskɔpik], *a.* *Med:* Ophtalmoscopique.

ophthalmoscopy [ɔfθalˈmɔskopi], *s.* *Med:* Ophtalmoscopie *f*.

ophthalmotomy [ɔfθalˈmɔtomi], *s.* *Surg:* Ophtalmotomie *f*.

opiate[1] [ˈoupiet]. **1.** *a.* *A:* Opiacé. **2.** *s.* *Pharm:* Opiacé *m*, opiat *m*, narcotique *m*. *F:* **Opiate-mongers**, endormeurs *m*; bourreurs *m* de crâne.

opiate[2] [ˈoupieit], *v.tr.* Opiacer (un médicament).

opiated, *a.* *Pharm:* Opiacé.

opine [oˈpain]. **1.** *v.tr.* (*a*) Être d'avis (*that*, que). (*b*) Émettre l'avis (*that*, que). **2.** *v.i.* Opiner. *They opined for peace*, ils opinèrent pour la paix.

opinion [oˈpinjən], *s.* (*a*) Opinion *f*, avis *m*. **In my opinion**, à, selon, mon avis, à mon sens. *In my father's o.*, *F:* au sentiment de mon père. *In the o. of experts*, de l'avis, au dire, au jugement, des experts; suivant, selon, l'opinion des experts. *In my o. it's a liver attack*, pour moi c'est une crise de foie. *In my o. he ought to come*, je suis d'avis qu'il vienne. *In his o. there was no danger*, dans sa pensée, suivant lui, il n'y avait aucun danger. *Is that really his o.?* a-t-il dit réellement sa pensée? **To be of (the) opinion that . . .**, être d'avis, estimer, que. . . . *I am of o. that he will never come back*, *in my o. he will never come back*, à mon avis il ne reviendra jamais. **To be entirely of s.o.'s opinion**, abonder dans le sens de qn. *To be of the same o. as s.o.*, être du même avis que qn. **Matter of opinion**, affaire *f* d'opinion, d'appréciation. *To express, put forward, an o.*, émettre un avis, une opinion. *To express an o. for, against, in favour of, a proposition*, opiner pour, contre, une proposition, en faveur d'une proposition. **To give one's opinion**, dire, émettre, son opinion. *To change one's opinion*, changer d'avis. *To share s.o.'s o.*, partager l'opinion de qn. **To ask s.o.'s opinion**, se référer à qn; demander l'avis de qn; consulter qn. **To take s.o.'s opinion**, prendre l'avis de qn. **To have the courage of one's opinions**, avoir le courage de ses opinions, de ses convictions *f*. *To form an o. on s.o., sth.*, se faire une opinion sur, de, qn, qch. *To have an o. about sth.*, avoir une opinion sur qch. *What is your o. of him?* que pensez-vous de lui? **To have, hold, a high, a low, opinion of s.o.**, avoir une bonne, une mauvaise, opinion de qn; tenir qn en haute, en basse, estime. *To have a high o. of oneself*, avoir bonne opinion de soi-même; *P:* se gober. *See also* POOR 2. **To have no opinion of sth.**, n'avoir pas une haute opinion de qch.; ne pas faire grand cas de qch. *To fall in s.o.'s (good) o.*, baisser dans l'estime de qn; encourir la mésestime de qn. **Public opinion**, l'opinion (publique); la voix du peuple; *F:* le qu'en-dira-t-on. *To excite, rouse, public o.*, créer un mouvement d'opinion; *F:* battre l'appel (dans les journaux). *Com:* *The local financial o. inclines to the belief that . . .*, les milieux financiers de notre place inclinent à croire que. . . . *Prov:* **Different people have different opinions**, autant de têtes autant d'avis. (*b*) Consultation *f* (de médecin, etc.). *You ought to have another o.*, vous devriez consulter un autre médecin. *Jur:* **Counsel's opinion**, consultation écrite délivrée par un "barrister"; avis motivé. *To take counsel's o.*, consulter un avocat, un conseiller juridique. *After taking counsel's o.*, après consultation. (*c*) *Jur:* **Opinion of the Court**, jugement rendu par le tribunal sur un point de droit soulevé au cours d'un arbitrage.

opinionated [oˈpinjəneitid], **opinionative** [oˈpinjəneitiv], *a.* Opiniâtre; entier (dans ses opinions); imbu de ses opinions; exclusif (de caractère). **-ly**, *adv.* Opiniâtrement.

opinionativeness [oˈpinjəneitivnəs], *s.* Opiniâtreté *f*; dogmatisme *m*.

opiomaniac [oupioˈmeiniak], *s.* Opiomane *mf*.

opisometer [ɔpisˈɔmetər], *s.* *Surv:* Curvimètre *m*.

opium [ˈoupjəm], *s.* Opium *m*. **Opium extract**, extrait *m* thébaïque. *See also* POPPY 1.

'opium den, *s.* Fumerie *f* d'opium.

'opium-eater, *s.* Mangeur, -euse, d'opium; opiophage *mf*.

'opium-eating, *a.* **1.** Opiophage. **2.** (*Of pers., habit*) Opiomane.

'opium-fiend, *s.* *F:* Opiomane *mf*.

'opium-poisoning, *s.* *Med:* Intoxication *f* par l'opium; thébaïsme *m*.

'opium-smoker, *s.* Fumeur *m* d'opium.

opodeldoc [ɔpoˈdeldɔk], *s.* *Pharm:* Opodeldoch *m*.

opopanax [oˈpɔpənaks], *s.* *Bot:* Opopanax *m*. *Pharm:* Opoponax *m*.

Oporto [oˈpɔːrto]. *Pr.n.* *Geog:* Porto *m*.

opossum [oˈpɔsəm], *s.* *Z:* **1.** Opossum *m*; sarigue *m, f*. sarigue *f*. **Water opossum**, crabier *m*. **2.** (*In Austral.*) Phalanger *m*, couscous *m*. *See also* POSSUM.

opotherapy [ɔpoˈθerəpi], *s.* *Med:* Opothérapie *f*.

Oppian [ˈɔpiən]. *Pr.n.m.* *Gr.Lit:* Oppien.

oppidan [ˈɔpidən], *s.* **1.** *A:* Citoyen *m*. **2.** *Sch:* Externe *m* (à l'école d'Eton).

oppilate [ˈɔpileit], *v.tr.* *Med:* Opiler, obstruer.

oppilation [ɔpiˈleiʃ(ə)n], *s.* *Med:* Opilation *f*, obstruction *f*.

opponens [ɔˈpounənz], *a.* & *s.* *Anat:* **Opponens (muscle)**, opposant *m*. *O. pollicis, minimi digiti*, opposant du pouce, du petit doigt.

opponent [oˈpounənt]. **1.** *a.* Opposé. *Anat:* **Opponent muscle**, opposant *m*. **2.** *s.* Adversaire *mf*, antagoniste *mf* (*of*, de), opposant, -ante (*of*, à). *A formidable o.*, une adversaire redoutable; *F:* un rude jouteur.

opportune [ˈɔpɔrtjuːn], *a.* (*Of time*) Opportun, convenable, commode; (*of action*) à propos. *You have come at an o. moment*, vous tombez bien; vous arrivez à propos. *This cheque is most o.*, ce chèque tombe à merveille. **-ly**, *adv.* Opportunément, en temps opportun, à propos. *It comes, happens, very o., most o.*, cela arrive à point (nommé); *F:* cela arrive comme marée en carême; ça tombe à pic.

opportuneness [ˈɔpɔrtjuːnnəs], *s.* Opportunité *f*; à-propos *m*.

opportunism [ˈɔpɔrtjunizm], *s.* Opportunisme *m*.

opportunist [ˈɔpɔrtjunist], *s.* Opportuniste *mf*.

opportunity [ɔpɔrˈtjuniti], *s.* **1.** Occasion *f* (favorable). **Golden opportunity**, affaire *f* d'or. *To throw away a golden o.*, laisser échapper une occasion magnifique. *At the first, earliest, o.*, à la première occasion; au premier jour. *See also* EARLY I. 3. **An opportunity occurs, offers; an opportunity presents itself**, une occasion se présente. *When the o. occurs*, à l'occasion. **To have, get, many opportunities for doing sth.**, avoir de nombreuses occasions de faire qch. **I have had opportunity** *to come into contact with all sorts of people*, j'ai eu l'occasion de fréquenter toutes sortes de gens. *To have a good o.*, avoir la balle belle. **If I get an opportunity . . .**, si l'occasion se présente. . . . **To take an opportunity**, saisir une occasion. *See also* SEIZE[2] I. 3. **To avail oneself of, to take, the opportunity to do sth.**, profiter de l'occasion pour faire qch.; saisir l'occasion de faire qch. **To miss, throw away, let slip, an opportunity**, laisser passer une occasion, perdre une occasion. *The o. is too good to be missed*, l'occasion s'offre trop belle pour ne pas la saisir. *To throw away a great o. of doing sth.*, laisser échapper une belle occasion de faire qch. **To make an opportunity of doing sth.**, se ménager une occasion de faire qch. *It affords an o. for recriminations*, c'est l'entrée aux récriminations. *To provide opportunities for education*, assurer des facilités d'accès à l'éducation. *Prov:* **Opportunity makes the thief**, l'occasion fait le larron. **2.** = OPPORTUNENESS.

opposability [ɔpouzəˈbiliti], *s.* Opposabilité *f*.

opposable [oˈpouzəbl], *a.* Opposable (*to*, à).

oppose [oˈpoːuz], *v.tr.* **1.** Opposer. (*a*) *To o. a dike to the fury of the waves*, opposer une digue à la fureur des flots. (*b*) Mettre (deux couleurs, etc.) en opposition, en contraste. (*c*) *To o. the thumb and middle finger*, opposer le pouce au médius. **2.** S'opposer à (qn, qch.); aller au contraire de (qch.); mettre obstacle, mettre opposition, à (qch.); résister à (qn, qch.); combattre (qn, qch.); contrarier, contrecarrer (qn, qch.); se bander contre (qn, qch.). *To o. s.o.'s plans*, se mettre, se jeter, à la traverse des projets de qn. **To oppose the motion,** soutenir la contre-partie; parler contre. *Abs. The opposition must always o.*, l'opposition doit toujours soutenir la contre-partie. *Jur:* **To oppose an action, a marriage,** se rendre opposant à un acte, à un mariage. *I do not o. it*, je ne vais pas là-contre. *I opposed it tooth and nail*, je m'y suis opposé de toutes mes forces.

opposed, *a.* **1.** (*a*) Opposé, hostile. *The armies o. to each other*, les armées qui s'opposent. *The papers o. to the Government*, les journaux hostiles au Gouvernement. (*b*) **To be opposed to s.o., to sth.,** être opposé à qn, à qch. *To be o. to sth.('s) being done*, être opposé à ce que qch. se fasse. **2.** *What he says is o. to all reason*, ce qu'il dit est le rebours, l'envers, du bon sens. *Directly o. evidence*, témoignages *m* en contradiction directe. *See also* DIAMETRICALLY. *Country life* **as opposed to** *town life*, la vie à la campagne à la différence de, par opposition à, celle dans les grandes villes. **3.** (*a*) **Horizontally opposed cylinders,** cylindres opposés. *Mec: O. forces*, forces opposées. (*b*) *Mus:* **Opposed part** (*in counterpoint*), contre-partie *f*.

opposing, *a.* (*Of armies, characters, etc.*) Opposé; (*of party, etc.*) opposant. *Sp: O. team*, équipe *f* adverse. *Jur:* **Opposing counsel,** contradicteur *m*. *Mec: O. couple*, couple *m* antagoniste.

opposer [o'pouzər], *s.* **1.** *Sch: A:* Opposant *m*, contradicteur *m* (dans une soutenance de thèse). **2.** = OPPONENT.

opposite ['ɔpozit]. **1.** *a.* (*a*) Opposé (*to*, à); vis-à-vis (*to*, de); en face (*to*, de). *O. sides of a square*, côtés opposés d'un carré. **Vertically opposite angles,** angles opposés par le sommet. *Bot:* **Opposite leaves,** feuilles opposées. *See the diagram on the o. page*, voir la figure ci-contre. *Text with illustration on the o. page*, texte *m* avec illustration en regard. *House o. to the church*, maison *f* en face de l'église, qui fait face à l'église; maison à l'opposite de l'église. *The house o.*, la maison qui est, qui fait, vis-à-vis; la maison (d')en face. *He was passing on the o. pavement*, il passait sur le trottoir d'en face. *Mil: Navy: etc:* **Opposite number,** correspondant *m* en grade; *F:* similaire *m*. *F: We are to meet our o. numbers from abroad*, nous devons nous rencontrer avec nos confrères d'outre-mer. (*b*) Contraire (*to, from*, à). **The opposite sex,** l'autre sexe *m*. *Magn:* **Opposite poles,** pôles *m* contraires, de nom contraire. *The o. result from what was expected*, un résultat tout le contraire de celui qu'on espérait. *To take the o. course, the o. view, to . . .*, prendre le contre-pied de. . . . **In the opposite direction,** en sens inverse, en sens contraire, dans le sens opposé. *They went in o. directions*, ils prirent des directions opposées. *Cars passing in o. directions*, voitures *f* qui défilent à contre-sens. *Nau: To run in o. directions, to o. points*, courir à contre. *Ships going in o. directions*, navires *m* allant à contre-bord. (*Of ships*) *To steer on an o. course*, faire route inverse. *To sail on parallel and o. courses*, courir à contre-bord. *To pass a ship on an o. course*, croiser un navire faisant route à contre-bord. *See also* TACK[1] 3. **2.** *s.* Opposé *m*; le contre-pied; l'opposite *m*. *Picture that does not assort with its o.*, tableau *m* qui n'assortit pas avec son pendant. *Just the o. of what he says*, tout le contraire de ce qu'il dit. *See also* DIRECT[2] 1. *He is the exact o. of his brother*, il est tout l'opposite de son frère. **3.** *adv.* Vis-à-vis; en face. *We had two ladies sitting o.*, deux dames nous faisaient vis-à-vis. **4.** *prep.* En face de, vis-à-vis (de). **To stand, sit, opposite s.o.,** faire vis-à-vis à qn. *O. one another*, en face l'un de l'autre; l'un en face de l'autre; vis-à-vis l'un de l'autre; l'un vis-à-vis de l'autre. *We live o. them*, nous habitons en face de chez eux. *Stop o. number* 128, arrêtez-vous à la hauteur du numéro 128. *To set a mirror o. a window*, opposer une glace à une fenêtre. *Th:* **She played opposite Irving,** elle a donné la réplique à Irving. *See also* PROMPTER 2.

opposition [ɔpo'ziʃ(ə)n], *s.* Opposition *f*. (*a*) *Nat.Hist: O. of the thumb and little finger*, opposition du pouce au petit doigt. *Astr:* **Superior opposition, inferior opposition,** opposition supérieure, inférieure (de deux astres). **In opposition,** en opposition. **To set two things in opposition (to each other),** opposer deux objets l'un à l'autre. **To place oneself in opposition to the general opinion,** prendre le contre-pied de l'opinion publique. *To act in o. to public opinion*, agir contrairement à l'opinion publique. *Parties in o.*, partis *m* qui se combattent. (*b*) Résistance *f*. *To offer a determined o. to a measure*, faire une opposition résolue à une mesure. **To break down all opposition,** vaincre toutes les résistances; *F:* forcer toutes les barricades. *To insist on doing sth. in spite of all o.*, faire qch. à toute force. (*c*) (Le) camp adverse. *Pol:* **The party in opposition,** *F:* **the opposition,** (le parti de) l'opposition. (*d*) *Com:* **To start in opposition to s.o.,** ouvrir un magasin en concurrence avec qn.

oppo'sition league, *s.* Contre-coalition *f*, *pl.* contre-coalitions.

oppo'sition meeting, *s.* Contre-assemblée *f*, *pl.* contre-assemblées.

oppositive [o'pɔzitiv], *a.* Qui oppose, qui fait contraste.

oppress [o'pres], *v.tr.* (*a*) Opprimer (un peuple vaincu, etc.). (*b*) Oppresser, opprimer, accabler (l'esprit, etc.). *Oppressed by asthma*, oppressé par l'asthme.

oppressed, *a.* (Peuple) opprimé. **The oppressed,** les opprimés.

oppression [o'preʃ(ə)n], *s.* (*a*) Oppression *f* (d'un peuple, etc.). *Jur:* Abus *m* d'autorité. (*b*) Accablement *m* (de l'esprit, etc.); resserrement *m* (de cœur). **To have fits of oppression,** avoir des étouffements.

oppressive [o'presiv], *a.* **1.** (*Of law, etc.*) Oppressif, opprimant, tyrannique. *A religion neither oppressed nor o.*, une religion ni opprimée ni opprimante. **2.** (*a*) (*Of atmosphere, etc.*) Lourd, entêtant, étouffant, alourdissant. (*b*) (*Of mental burden*) Accablant. **-ly,** *adv.* **1.** Tyranniquement. **2.** D'une manière accablante. *It is o. hot*, il fait une chaleur accablante, étouffante.

oppressiveness [o'presivnəs], *s.* **1.** Caractère oppressif, tyrannique (d'un gouvernement, etc.). **2.** Lourdeur *f* (du temps).

oppressor [o'presər], *s.* (*a*) Oppresseur *m*. (*b*) *The oppressors and the oppressed*, les opprimants *m* et les opprimés *m*.

opprobrious [o'proubriəs], *a.* Injurieux, outrageant, infamant. **-ly,** *adv.* Injurieusement.

opprobriousness [o'proubriəsnəs], *s.* Caractère injurieux (d'une insinuation, etc.).

opprobrium [o'proubriəm], *s.* Opprobre *m*.

oppugn [o'pju:n], *v.tr.* Attaquer, assaillir (un principe, etc.); s'attaquer à (une opinion, un principe, etc.).

oppugner [o'pju:nər], *s.* Attaqueur *m*; antagoniste *mf*; adversaire *m*.

opsonic [ɔp'sɔnik], *a.* *Bac: Med:* Opsonique. **Opsonic index,** indice *m*, index *m*, opsonique.

opsonin ['ɔpsonin], *s.* *Bio-Ch:* Opsonine *f*.

opt [ɔpt], *v.i.* Opter (*for*, pour; *between*, entre).

optant ['ɔptənt], *s.* *Pol:* Optant (hongrois, etc.).

optative [ɔp'teitiv, 'ɔptətiv], *a.* & *s.* *Gram:* Optatif (*m*). *Verb* **in the optative,** verbe à l'optatif. **-ly,** *adv.* Optativement.

optic ['ɔptik]. **1.** *a.* *Anat:* **Optic nerve,** nerf *m* optique. *Physiol:* **Optic angle,** angle *m* de vision; angle optique. **2.** *s.pl.* *F.* & *Hum:* **The optics,** les yeux *m*, *P:* les mirettes *f*, les calots *m*. (*In sg.*) **He was landed one on the optic,** il a reçu un pain sur l'œil.

optical ['ɔptik(ə)l], *a.* **1.** Optique. *Opt:* **Optical flat,** plan *m* optique. **2.** (Instrument *m*, etc.) d'optique. **Optical illusion,** illusion *f* d'optique. *Surv:* **Optical square,** équerre *f* d'arpenteur à réflexion. **-ally,** *adv.* Optiquement.

optician [ɔp'tiʃ(ə)n], *s.* Opticien *m*, *F:* lunettier *m*.

optics ['ɔptiks], *s.pl.* (*Usu. with sg. const.*) L'optique *f*.

optime ['ɔptimi], *s.* *Sch:* **Senior optime, junior optime,** gradué, -ée, en mathématiques de la seconde, de la troisième, partie de la promotion (à l'Université de Cambridge).

optimism ['ɔptimizm], *s.* Optimisme *m*.

optimist ['ɔptimist], *s.* Optimiste *mf*. *To be an o.*, être porté à l'optimisme.

optimistic [ɔpti'mistik], *a.* Optimiste. *To feel o. about a matter, about the future*, augurer bien d'une affaire, de l'avenir. **-ally,** *adv.* D'une manière optimiste; avec optimisme.

optimum ['ɔptiməm]. **1.** *s.* *Biol:* Optimum *m* (des conditions de croissance et de reproduction). **2.** *a.* *O. conditions*, conditions les meilleures; conditions optimum; conditions optima.

option ['ɔpʃ(ə)n], *s.* **1.** Option *f*, choix *m*. (*a*) **To make one's option,** faire son option, son choix; opter (*between*, entre). *It is left to the o. of the student to study French or German*, l'étude du français ou de l'allemand est laissée au choix des étudiants. *Lease renewable* **at the option of the tenant,** bail *m* renouvelable au gré du locataire. *See also* LOCAL[1] 1. (*b*) Faculté *f*. **To have the option of doing sth.,** avoir la faculté, le choix, de faire qch. *This fact leaves us no o.*, ce fait nous ôte toute alternative. **To have no option but to . . .,** ne pouvoir faire autrement que de . . ., ne pas avoir d'autre choix que de. . . . *He had no o. but to obey*, force lui fut d'obéir. *To rent a building* **with the option of purchase,** louer un immeuble avec faculté d'achat. *Jur:* **Imprisonment without the option of a fine,** emprisonnement *m* **sans** substitution d'amende. *F:* **Six months without the option,** six mois d'emprisonnement sans substitution d'amende. **2.** (*a*) *To take an o. on all the future works of an author*, prendre une option sur tous les ouvrages à paraître d'un auteur. *To ask for an o. on the film rights of a book*, demander une option pour un sujet de film. (*b*) *St.Exch: etc:* Option; (marché *m* à) prime *f*. **Double option,** double option, doubles primes, stellage *m*. *To buy an o. on stock*, souscrire des valeurs à option. **Put option,** prime comportant le droit de livrer. **To take up an option,** lever une prime; consolider un marché à prime. **Taker of an option,** optant *m*. **Giver of an option,** optionnaire *m*. *Taker of o. money*, vendeur *m* de primes. *Giver of o. money*, acheteur *m* de primes. *Exercise of an o.*, levée *f* d'une prime. **Option dealing(s),** opérations *fpl* à prime; négociations *fpl* à prime, à option. **Option deal,** opération à prime. *To deal in options*, faire des marchés à prime. **Option day, declaration of options,** (jour *m* de la) réponse des primes; jour d'option. **To declare options,** donner la réponse. **Option rate,** dont *m*. *See also* DECLARE 1, SELLER 1.

optional ['ɔpʃənəl], *a.* Facultatif. *It is o. with you whether you go or stay*, vous avez le choix de partir ou de rester. **Evening dress is optional,** l'habit *m* n'est pas de rigueur.

optometer [ɔp'tɔmetər], *s.* *Opt:* Optomètre *m*.

optometry [ɔp'tɔmetri], *s.* *Opt:* Optométrie *f*.

optophone ['ɔptofoun], *s.* Optophone *m*.

opulence ['ɔpjuləns], *s.* Opulence *f*, richesse *f*. *To live in o.*, vivre dans l'opulence.

opulent ['ɔpjulənt], *a.* (*a*) Opulent, riche. *To marry an o. widow*, épouser une veuve opulente. (*b*) *F: Her o. hair*, sa chevelure abondante. *Hum:* **Her opulent charms,** l'opulence *f* de ses charmes; ses appas plantureux. **-ly,** *adv.* Opulemment; avec opulence.

opuscule [ɔ'pʌskjul], **opusculum, -a** [ɔ'pʌskjuləm, -*a*], *s.* Opuscule *m*.

or[1] [ɔ:r], *s.* *Her:* Or *m*.

or[2], *prep.* & *conj.* *A.* & *Poet:* = ERE. *Esp.* **Or e'er,** avant même que. . . .

or[3], *conj.* (*a*) Ou; (*with neg.*) ni. *Will you have beef or ham?* voulez-vous du bœuf ou du jambon? *Mohammed or Mahomet*, Mohammed ou (bien) Mahomet. **Either one or the other,** soit l'un soit l'autre; l'un ou l'autre. **Either come in or (else) go out,** entrez ou (bien) sortez. *See also* ELSE 1. *Either you or he has done it; he or you have done it*, c'est vous ou (c'est) lui, c'est l'un de vous deux, qui l'a fait. *I cannot either read or write, I cannot read or write*, je ne sais ni lire ni écrire. *Without money or luggage*, sans argent ni bagages. *He has not left it here or at home*, il ne l'a pas laissé ici ni chez lui. *No light, sound or movement was perceptible*, on ne percevait ni lumière, ni son, ni mouvement. **In a day or two**, dans un ou deux jours. *See also* ONE I. 1. **A mile or so**, environ un mille. *It will cost you ten or twelve shillings*, cela vous coûtera de dix à douze shillings. *F:* **He is sick or something**, il est malade, ou bien il y a quelque chose qui ne va pas. (*b*) *Don't move, or I'll shoot*, ne bougez pas, sinon je tire.

-or [ər], *s.suff.* (*a*) -eur *f.* *Error*, erreur. *Liquor*, liqueur. *Terror*, terreur. (*b*) -eur *m.* *Actor*, acteur. *Doctor*, docteur. *Tutor*, tuteur. (*c*) -ier *m.* *Bachelor*, bachelier. *Chancellor*, chancelier. *Heritor*, héritier. (*d*) -oir *m.* *Mirror*, miroir. *Manor*, manoir.

orach ['ɔrətʃ], *s.* *Bot:* Arroche *f.* **Garden orach**, arroche des jardins; bonne-dame *f*, belle-dame *f*.

oracle ['ɔrəkl], *s.* Oracle *m.* *Ant:* **The Delphic oracle**, l'oracle de Delphes; *Lit:* le trépied de Delphes. *To pronounce, utter, an o.*, rendre un oracle. *F:* **To talk like an oracle**, parler comme un oracle. *P:* **To work the oracle**, (i) faire agir certaines influences; (ii) arriver à ses fins; soutirer de l'argent à qn. *It is he who works the o.*, c'est lui qui tient les fils. **To be Sir Oracle**, pontifier; trancher sur tout.

oracular [ɔ'rakjulər], *a.* 1. D'oracle; équivoque, obscur; (réponse *f*, etc.) en style d'oracle. 2. *Our o. press*, nos journaux qui tranchent sur tout. **-ly**, *adv.* En (style d')oracle.

oral ['ɔːrəl], *a.* 1. Oral, -aux. *Sch:* **Oral examination**, *s. F:* **oral**, (examen) oral *m.* *Jur:* **Oral evidence**, preuve testimoniale. *See also* TEST[1] 2. 2. (*a*) *Anat: etc:* **Oral cavity**, cavité orale, buccale. (*b*) *Med:* *O. administration* (*of a drug*), administration *f* par la bouche. **-ally**, *adv.* 1. Oralement; de vive voix. 2. *Med:* Par la bouche.

orange[1] ['ɔrəndʒ], *s.* 1. Orange *f.* **Bitter orange, Seville orange**, orange amère; bigarade *f.* **Valencia orange**, valence *f.* **China orange**, orange douce. *See also* LOMBARD STREET. *F:* **A squeezed orange, a sucked orange**, (i) un homme fini, vidé; (ii) une chose dont on ne peut plus rien tirer. *See also* BLOOD-ORANGE, NAVEL-ORANGE, PEEL[3]. 2. (*a*) **Orange(-tree)**, oranger *m.* (*b*) *U.S:* **Mock orange**, seringa(t) *m.* **Osage orange**, oranger des Osages. 3. *a.* & *s.* Orangé (*m*); orange (*m*) *inv.* **Orange-red**, rouge orange (*m*) *inv*; nacarat (*m*) *inv.* *O. ribbons*, rubans orangés, rubans orange. *To dye, colour, sth. o.*, oranger qch.

'orange-blossom, *s.* Fleurs *fpl* d'oranger.

'orange-coloured, *a.* (Couleur d')orange *inv*; orangé.

'orange-flower, *s.* Fleur *f* d'oranger. *Dist:* **Orange-flower water**, eau *f* de fleur(s) d'oranger. **Orange-flower oil**, (essence *f* de) néroli *m.*

'orange-girl, *s.f.* Marchande d'oranges; orangère.

'orange-house, *s.* Orangerie *f.*

'orange-lily, *s.* *Bot:* Lis orangé.

'orange-man, *s.m.* Marchand, vendeur, d'oranges; oranger. *Cp.* ORANGEMAN.

orange-'marmalade, *s.* Marmelade *f* d'orange(s).

'orange-milk, *attrib.a.* *Fung:* **Orange-milk agaric**, oronge *f.*

'orange-seller, *s.* Marchand, -ande, d'oranges; oranger, -ère.

'orange-stick, *s.* *Toil:* Bâtonnet *m*; bâton *m* d'oranger.

'orange-wood, *s.* Bois *m* d'oranger.

Orange[2]. *Pr.n.* *Geog:* 1. **The Orange (river)**, le fleuve Orange, l'Orange *m.* **The Orange River Colony**, *A:* **the Orange Free State**, la Colonie du fleuve Orange; *A:* l'État *m* libre d'Orange. 2. (*In S. of Fr.*) Orange. *Hist:* **The Prince of Orange**, le prince d'Orange.

orangeade [ɔrən'dʒeid], *s.* Orangeade *f.*

orang(e)ism ['ɔrəndʒizm], *s.* *Hist:* Orangisme *m.*

orangeman, *pl.* **-men** ['ɔrəndʒmən, -men], *s.m.* *Hist:* Orangiste (du parti protestant de l'Irlande du Nord).

orangery ['ɔrəndʒəri], *s.* Orangerie *f.*

orang-(o)utang [o'raŋu'taŋ], *s.* *Z:* Orang-outan(g) *m*, *pl.* orangs-outangs.

orate [ɔ'reit], *v.i.* *Hum:* Pérorer; faire un laïus ou des laïus; piquer un laïus; laïusser.

oration [ɔ'reiʃən], *s.* 1. Allocution *f*, discours *m*; morceau *m* oratoire; *Hum.* & *Pej:* harangue *f*; *Sch:* *F:* laïus *m.* **Funeral oration**, oraison *f* funèbre. 2. *Gram:* **Direct oration, indirect oration**, discours direct, indirect.

orator ['ɔrətər], *s.* Orateur *m.* **Woman orator**, femme orateur; *occ.* oratrice. *Great mob o.*, grand harangueur de foules. *See also* SOAP-BOX, STUMP[1] 3.

oratorian [ɔrə'tɔːriən], *a.* & *s.* *Ecc:* Oratorien (*m*).

oratorical [ɔrə'tɔrik(ə)l], *a.* 1. (*a*) (Style *m*) oratoire. (*b*) (Discours) verbeux, ampoulé. 2. (*Of pers.*) (*a*) Grand parleur; disert. (*b*) Phraseur. **-ally**, *adv.* Oratoirement; dans un style d'oration; sur un ton oratoire.

oratorio [ɔrə'tɔːrio], *s.* *Mus:* Oratorio *m*; *A:* opéra spirituel.

oratory[1] ['ɔrətəri], *s.* L'art *m* oratoire; l'éloquence *f.* *A brilliant piece of o.*, un brillant spécimen d'art oratoire; un discours brillant. *Flight of o.*, envolée éloquente. *Pulpit o.*, éloquence de la chaire. *Forensic o., parliamentary o.*, éloquence du barreau, de la tribune. *See also* MOB[1] 1.

oratory[2], *s.* 1. *Ecc:* Oratoire *m*; chapelle privée. 2. *Ecc.Hist:* **The Oratory (of St Philip Neri)**, l'Oratoire (de Jésus); les pères de l'Oratoire. 3. *A:* Prie-Dieu *m inv.*

oratress ['ɔrətres], *s.f.* Femme orateur; *occ.* oratrice.

orb [ɔːrb], *s.* 1. Orbe *m.* (*a*) Globe *m*, sphère *f.* *The orb of the sun*, le globe du soleil. *See also* SEA-ORB. (*b*) *Poet:* Corps *m* céleste; astre *m.* (*c*) (*Of regalia*) Globe. (*d*) *Her:* Monde *m.* 2. *Poet:* (Globe de l')œil *m.* 3. *A:* Orbite *f* (d'une planète).

orbed [ɔːrbd, *Poet:* 'ɔːrbid], *a.* Rond, sphérique. **Full-orbed moon**, lune *f* dans son plein.

orbicular [ɔːr'bikjulər], **orbiculate** [ɔːr'bikjulet], *a.* Orbiculaire, sphérique.

orbit ['ɔːrbit], *s.* 1. *Astr:* Orbite *f* (d'une planète). 2. *Anat:* Orbite (de l'œil); fosse *f* orbitaire.

orbital ['ɔːrbit(ə)l], *a.* 1. *Astr:* Orbital, -aux. 2. *Anat:* *Z:* Orbitaire.

orc [ɔːrk], *s.* *Z:* Épaulard *m*; *F:* orque *f.*

Orcadian [ɔːr'keidiən], *a.* & *s.* *Geog:* (Originaire, natif) des Orcades. *Geol:* Orcadien, -ienne.

orchard ['ɔːrtʃərd], *s.* Verger *m.*

'orchard-grass, *s.* *Bot:* Dactyle pelotonné.

orcharding ['ɔːrtʃərdiŋ], *s.* 1. Fructiculture *f*; arboriculture fruitière. 2. *Coll.* *U.S:* Terrains aménagés en vergers.

orchardist ['ɔːrtʃərdist], **orchardman**, *pl.* **-men** ['ɔːrtʃərdmən, -men], *s.m.* Fructiculteur, pomiculteur.

orchestra ['ɔːrkestra], *s.* 1. *Gr.Ant:* *Th:* Orchestre *m.* **Orchestra stalls**, fauteuils *m* d'orchestre. 2. (*Band*) Orchestre. **String orchestra**, orchestre d'archets. **With full orchestra**, à grand orchestre. *The members of the o.*, les musiciens *m.* *See also* PIT[2] 2.

orchestral [ɔːr'kestrəl], *a.* Orchestral, -aux.

orchestrate ['ɔːrkestreit], *v.tr.* *Mus:* Orchestrer, instrumenter (une symphonie, etc.).

orchestration [ɔːrkes'treiʃ(ə)n], *s.* Orchestration *f*, instrumentation *f.*

orchid ['ɔːrkid], *s.* *Hort:* Orchidée *f.* *Bot:* **Wild orchid**, orchis *m.*

orchidaceae [ɔːrki'deisiiː], **orchideae** [ɔːr'kidiiː], *s.pl.* *Bot:* Orchidées *f.*

orchidist ['ɔːrkidist], *s.* Cultivateur, -trice, d'orchidées.

orchil ['ɔːrtʃil], **orchilla(-weed)** [ɔːr'tʃila(wiːd)], *s.* *Bot:* *Dy:* Orseille *f.*

orchis ['ɔːrkis], *s.* *Bot:* Orchis *m.* **Butterfly orchis**, orchis à deux feuilles, orchis papilionacé. *Purple o.*, orchis pourpre. *Spotted o.*, orchis taché. *See also* BEE-ORCHIS, FLY-ORCHIS, MAN-ORCHIS, SPIDER ORCHIS.

orchitis [ɔːr'kaitis], *s.* *Med:* Orchite *f*; inflammation *f* du testicule.

Orchomenus [ɔːr'kɔminəs]. *Pr.n.* *A.Geog:* Orchomène.

orcin ['ɔːrsin], **orcinol** ['ɔːrsinɔl], *s.* *Ch:* Orcine *f.*

ordain [ɔːr'dein], *v.tr.* Ordonner. 1. *Ecc:* Conférer les ordres à (un prêtre). *Pred.* **To ordain s.o. deacon**, ordonner qn diacre. **To be ordained**, recevoir les ordres. *B:* *To o. elders*, établir des anciens. 2. (*Of the Deity, of fate*) (*a*) Destiner. *B:* *As many as were ordained to eternal life*, tous ceux qui étaient destinés à la vie éternelle. *Ordained of God to be judge*, destiné de Dieu pour être juge. (*b*) Ordonner, fixer. *Fate ordained, it was ordained, that we should meet*, le sort a voulu que nous nous rencontrions; le sort voulut que nous nous rencontrâmes. *The hour ordained for his death*, l'heure que Dieu avait fixée, avait décrétée, pour sa mort. (*c*) (*Of pers.*) Prescrire, décréter (une mesure). **To ordain that . . .**, statuer que + *ind.* *To o. an enquiry*, statuer une enquête. *That which is ordained by law*, ce qui est prescrit, commandé, par la loi.

ordaining, *s.* *Ecc:* Ordination *f* (d'un prêtre).

ordainer [ɔːr'deinər], *s.* 1. *Ecc:* Ordinant *m.* 2. Ordonnateur, -trice.

ordeal [ɔːr'diː(ə)l, 'ɔːrd-], *s.* 1. *Hist:* Épreuve *f* judiciaire; *A:* ordalie *f*; jugement *m* de Dieu. *To decide a case by o.*, *A:* trancher une cause par ordalie. **Ordeal by fire**, épreuve du feu. *See also* BEAN 1. 2. Épreuve; danger *m* (qui éprouve la force et le courage). *To go through a terrible o.*, passer par une rude épreuve. *It is an o. for me to make a speech*, je suis au supplice quand je dois prononcer un discours.

'ordeal-'bark, *s.* *Bot:* Tanghin *m*, tanghen *m.*

'ordeal-'tree, *s.* *Bot:* Tanghin *m*, tanghen *m.* **Ordeal-tree of Guinea**, mancône *m.*

order[1] ['ɔːrdər], *s.* Ordre *m.* 1. (*a*) *All orders of men*, toutes les classes sociales. **The higher, lower, orders** (*of society*), les classes supérieures; les classes inférieures, les basses classes, le menu peuple. **Talents of the first order, of a high order**, talents *m* du premier ordre, d'un ordre élevé. (*b*) *pl.* *Ecc:* **Holy orders**, ordres sacrés, ordres majeurs. **Minor orders**, ordres mineurs. **To take holy orders**, *F:* **to take orders**, prendre les ordres; recevoir les ordres; entrer dans les ordres (sacrés), dans la cléricature; recevoir la prêtrise; *F:* (*in Fr.*) prendre la soutane. *Taking of holy orders*, susception *f* des ordres sacrés. **To be in holy orders**, être prêtre; *F:* (*in R.C.Ch.*) porter la soutane. **To confer holy orders on s.o.**, ordonner qn prêtre. (*c*) **Monastic order**, ordre religieux; communauté *f.* *The Franciscan o.*, l'ordre des Franciscains. **Order of knighthood**, ordre de chevalerie. **The Order of the Garter**, l'Ordre de la Jarretière. *See also* BOOT[1] 1. (*d*) *To be wearing all one's orders*, porter tous ses ordres, toutes ses décorations. (*e*) *Arch:* **Ionic order, Doric order**, ordre ionique, ordre dorique. (*f*) *Mth:* **Curve of the second order**, courbe *f* du second ordre. (*g*) *Nat.Hist:* Ordre (d'un règne). *Biol:* Sous-embranchement *m*, *pl.* sous-embranchements. 2. Succession *f*, suite *f*. **In alphabetical order**, par ordre alphabétique. *In chronological o.*, par ordre de dates. *In o. of age*, par rang d'âge. *O. of the words in a sentence*, arrangement *m* des mots dans une phrase. **Out of (its) order**, hors de son rang. *I.C.E:* **Order of firing**, rythme *m* d'allumage. *For:* **Order of felling**, succession *f* des coupes. 3. *Mil:* (*a*) **Close order**, ordre serré. *In close o.*, en ordre serré; *Navy:* à distance serrée. **Scouting order**, dispositif *m* d'éclairage. **Order of battle**, *Mil:* ordre de bataille; répartition générale des forces; *Navy:* ordre tactique. *See also* EXTENDED 1, OPEN[1] 6. *U.S:* *F:* **In quick, short, order**, (i) au plus vite; (ii) immédiatement, sur-le-champ. (*b*) Tenue *f.* **In marching order**, en tenue de route. *In review o., in gala o.*, en grande tenue. 4. **The old order of things**, l'ancien régime. *The present o. of things*, le régime actuel. *To set up a new o.*, établir un nouveau régime. *It is not in the natural o. of events that . . .*, il n'est pas dans l'ordre des choses que. . . 5. (*a*) **To put a**

matter in order, mettre une question en règle; mettre ordre à une affaire; arranger une affaire. *The matter is now in o.*, l'affaire est dès maintenant en règle. *To put, set, one's affairs in o.*, mettre ses affaires en état, en ordre; mettre ordre à ses affaires; mettre de l'ordre dans ses affaires; régler ses affaires. **To set one's house in order,** (i) remettre de l'ordre dans son ménage; (ii) *F:* remettre de l'ordre dans ses affaires; (*of country, etc.*) assainir les finances, l'administration. *Com: So that our accounts, our books, may be kept in o.*, pour la bonne tenue de nos écritures. *Receipt that is not in o.*, quittance *f* qui n'est pas en bonne forme, qui n'est pas en règle. **Document that is not in (legal) order,** document *m* informe. **Is your passport in order?** votre passeport est-il en règle? **Cargo received in good order,** chargement reçu en bon état. *Machine* **in good (working) order,** machine *f* en bon état (de fonctionnement). *See also* WORKING[2] 3. **Out of order,** en mauvais état; (*of room, business affairs, etc.*) en désordre; (*of machinery, etc.*) détraqué, dérangé; (*of compass, etc.*) déréglé. **To get out of order,** se dérégler, se déranger, se détraquer. *Liable to get out of o.*, déréglable. *Machine that cannot get out of o.*, machine indéréglable. **To put a machine out of order,** dérégler, détraquer, une machine. *To put everything out of o.*, tout mettre en désordre; tout mêler; tout brouiller. *Machine that is out of o.*, machine qui ne marche pas, qui ne fonctionne pas. *The lift is out of o.*, l'ascenseur est arrêté; nous avons une panne d'ascenseur. **My stomach is out of order,** j'ai l'estomac dérangé, malade; j'ai de l'embarras gastrique; *F:* j'ai l'estomac détraqué. *See also* APPLE-PIE I. (*b*) *Pol: etc:* **In order,** dans les règles. *It is not in o.*, ce n'est pas réglementaire. **To rule a question out of order,** statuer qu'une interpellation n'est pas dans les règles, n'est pas pertinente. *F:* **Before leaving this subject a short résumé would not be out of order,** avant de quitter ce sujet un petit résumé ne serait pas hors de propos. *Such levity is not quite in o.*, un tel manque de sérieux n'est pas de mise. **To rise to (a point of) order,** se lever pour demander le rappel à l'ordre. **To call s.o. to order,** rappeler qn à l'ordre. **Order! order!** à l'ordre! *See also* CALL[2] I. 2. **Order of the day,** ordre du jour. *F:* **Six-cylinder cars are the order of the day,** les six-cylindres sont à l'ordre du jour, sont en vogue. **6. Law and order,** l'ordre public. *To support law and o.*, prêter main-forte à la justice. **To keep order** *in a town, in a class-room,* maintenir, assurer, l'ordre dans une ville, faire la police dans une ville; maintenir la discipline dans une classe. **To keep the children in order,** (i) soumettre les enfants à la discipline; (ii) avoir les enfants bien en main. **To restore order,** rétablir l'ordre. **7.** *Ecc:* **Order of service,** office *m*. **8.** *Mil:* **Arms at the order,** l'arme au pied. **To come to the order, to return to the order** (*from the slope*), reposer l'arme. **9.** *Conj.phr.* **In order to do sth.,** afin de, pour, à l'effet de, à dessein de, en vue de, faire qch. **In order that . . .,** afin que, pour que, + *sub.* **10.** (*a*) Commandement *m*, instruction *f*. *Mil: Navy:* Consigne *f*. **To give orders for sth. to be done, that sth. should be done,** ordonner qu'on fasse qch., que qch. se fasse. *I gave orders for the boxes to be packed*, je donnai l'ordre de faire les malles. *He gave me orders to do it*, il m'a donné (l')ordre de le faire. *I have orders to remain here*, j'ai ordre de rester ici. *His orders are to let nobody pass*, il a pour consigne de ne laisser passer personne. *No admission to-day, those are the orders*, on n'entre pas aujourd'hui, c'est la consigne. **Orders are orders,** je ne connais que la consigne. *To obey orders*, se conformer aux ordres, à ses instructions; suivre la consigne. *Duty covered by orders*, service commandé. *Orders sent out by . . .*, ordres émanant de. . . . *To take orders only from s.o.*, n'obéir qu'aux ordres de qn. *F:* **I do not take my orders from him,** je ne dépends pas de lui. **Standing orders,** ordres permanents, ordres à perpétuité; *Pol: Com:* règlement(s) *m*. **Until further orders,** jusqu'à nouvel ordre; jusqu'à nouvel avis; sauf avis contraire. **By order of . . .,** par ordre de. . . . *By o. of the king*, de par le roi. *It was done by the o. of . . .*, cela s'est fait sur les ordres de. . . . (*b*) *Com:* **Pay to the order of . . .,** payez à l'ordre de. . . . **Pay X or order,** payez à X ou à son ordre. **Bill to order,** billet *m* à ordre. **Cheque to order, order cheque,** chèque *m* à ordre. (*c*) *Com:* Commande *f*, demande *f*. *To solicit orders*, faire (à qn) ses offres de service. (*Of tradesman*) **To call for orders,** passer prendre les commandes. **To place an order with s.o., to give an order to s.o.,** (i) confier, passer, une commande à qn; donner à qn une commission pour acheter qch.; (ii) commander qch. à qn. *He has given us an o. for five tons of . . .*, il nous a fait une commande de cinq tonnes de . . ., il nous a commandé cinq tonnes de. . . . (*In restaurant*) *Have you given your o.?* avez-vous commandé? *He has sent us a good o.*, il nous a fait une commande importante. **To put goods on order,** commander des marchandises; mettre des marchandises en commande. *It is on o.*, c'est commandé. **By order and for account of . . .,** d'ordre et pour compte de. . . . **Made to order,** fabriqué sur commande, à la demande. *Suit made to o.*, complet fait sur mesure. *Books written to o.*, ouvrages écrits sur commande. **Clothes to order,** vêtements *m* sur commande. *P:* **That's (rather) a tall, large, order!** ça c'est une grosse affaire! c'est demander un peu trop! ce que vous demandez là n'est pas commode! **11.** (*a*) **Written order,** ordre par écrit. *Upon presentation of a written o. from him*, sur présentation d'un mot de lui. *Adm:* **General order,** arrêté *m*. *To issue an o.*, prendre un arrêt. **Departmental order,** arrêté ministériel. **Order to pay, order for payment,** ordonnance *f* de payement; ordonnancement *m*. **Order to view** (*a house*), permis *m* de visiter. **Order in Council** = décret présidentiel, arrêté ministériel; décret-loi *m*, *pl.* décrets-lois. *Jur:* **Judge's order,** ordonnance. (*Of judge*) **To give an administration order,** ordonner une gestion. **Deportation order,** arrêté d'expulsion. **Order of the court,** injonction *f* de la cour. *O. of court submitting case to public prosecutor*, communication *f* au ministère public. *Forced sale by o. of court*, vente forcée par autorité de justice. *See also* INTERIM 3. *Mil:* **Regimental orders,** décisions *f*. **Mention in orders,** citation *f* (à l'ordre du jour). **Orders in brief,** mémorandum *m*. *Navy:* **Sailing orders,** instructions *f* pour la marche. **To be under sailing orders,** avoir reçu l'ordre d'appareiller. **Sealed orders,** ordres cachetés; pli secret; pli cacheté. **Battle orders,** mémorandum *m* de combat. **Engine-room orders,** commandements à la machine. *Orders for the night*, "service *m* de nuit." *See also* MARCHING[2], WALKING[2]. (*b*) Mandat *m*. **Order on a bank,** mandat sur une banque. **Money order,** *F:* **post-office order,** mandat de poste; mandat postal; mandat-poste, *pl.* mandats-poste. *Foreign, international, money o.*, mandat-poste international, sur l'étranger. **Postal order,** bon *m* de poste. (*c*) *Th: etc:* Billet *m* de faveur.

'order-blank, *s.* *Com:* Bon *m*, bulletin *m*, de commande.

'order-book, *s.* *Com:* Carnet *m* de commandes.

'order-form, *s.* *Com:* **1.** Formule *f* de commission. **2.** = ORDER-BLANK.

'order-paper, *s.* *Parl:* Copie *f* de l'ordre du jour.

order[2], *v.tr.* **1.** (*a*) Arranger, ranger, ordonner (des papiers, des meubles, etc.); régler (sa vie, etc.). *To o. one's affairs*, mettre ordre à ses affaires. *See also* WELL-ORDERED. (*b*) *Mil:* **To order arms,** reposer l'arme, les armes. **Order arms!** reposez armes! **2.** = ORDAIN 2. **3.** (*a*) **To order s.o. to do sth.,** ordonner, commander, à qn de faire qch. *He ordered his standard to be brought*, il donna l'ordre d'apporter, il fit apporter, son étendard. *They ordered him to be hanged*, ils ordonnèrent qu'on le pendît. *The book was ordered to be publicly burned*, l'ordre fut donné de brûler le livre publiquement. *He is ordered to report to-morrow*, il a reçu l'ordre de se présenter demain. *Jur:* **To be ordered to pay costs,** être condamné aux dépens. *To o. an enquiry*, statuer une enquête. **The doctor ordered him a change of air,** le médecin lui a ordonné de changer d'air. *His doctor ordered him south*, son médecin lui ordonna un séjour dans le midi. **To order s.o. home,** ordonner à qn de rentrer (chez lui). *I was ordered abroad*, je reçus l'ordre de partir pour l'étranger. *To o. an officer to Plymouth*, désigner un officier pour Plymouth. *Ship ordered to the Mediterranean*, navire désigné pour la Méditerranée. (*b*) *Med:* Prescrire, ordonner (un traitement, un remède, à qn). *I have been ordered a little wine*, sur l'avis du médecin je bois un peu de vin. (*c*) *Com: etc:* Commander, demander, commissionner (qch.); mettre (qch.) en commande. *To o. goods from Paris*, commander des articles, faire des commandes, à Paris. *To o. a suit of clothes*, commander un complet; se faire faire un complet. *You must o. a barrel of beer*, vous ferez venir un tonneau de bière. *O. a cab*, faites venir un fiacre. *I shall o. the carriage*, je vais faire atteler. *What have you ordered for dinner?* qu'avez-vous commandé pour le dîner? **4.** *Ecc: A:* Conférer les ordres à, ordonner (un prêtre).

order about, *v.tr.* Envoyer (qn) de côté et d'autre, à droite et à gauche; *F:* faire marcher, faire aller (qn); faire pivoter (qn). *He is fond of ordering people about*, il aime à commander.

order away, *v.tr.* Ordonner à (qn) de s'en aller; renvoyer (qn).

order back, *v.tr.* Ordonner à (qn) de revenir; rappeler (qn). *To o. a man back to his post*, renvoyer un homme à son poste.

order down, *v.tr.* Ordonner à (qn) de descendre; faire descendre (qn).

order in, *v.tr.* **1.** Ordonner à (qn) d'entrer; faire entrer (qn). **2. To order in supplies,** commander des approvisionnements.

order off, *v.tr.* Ordonner à (qn) de s'éloigner, de s'en aller. *Fb:* **To order a player off (the field),** ordonner à un joueur de quitter la partie, faire sortir un joueur du terrain (pour brutalité).

order out, *v.tr.* Ordonner à (qn) de sortir. *To o. s.o. out of the room, out of the house*, mettre qn à la porte. **To order out troops,** faire sortir des troupes; appeler la troupe.

order up, *v.tr.* Ordonner à (qn) de monter; faire monter (qn, qch.).

ordering, *s.* **1.** Mise *f* en ordre (des affaires); agencement *m* (d'un appartement, etc.); disposition *f* (de troupes, de sa maison, etc.); ordonnance *f* (d'un campement, etc.); arrangement *m* (des mots dans la phrase); règlement *m* (de sa vie, etc.). **2.** *Ecc: A:* Ordination *f* (d'un prêtre).

orderer ['ɔːrdərər], *s.* **1.** Ordonnateur, -trice. **2.** Chef *m*, commandant *m*.

orderless ['ɔːrdərləs], *a.* Sans ordre, en désordre, désordonné.

orderliness ['ɔːrdərlinəs], *s.* **1.** Bon ordre; méthode *f*. **2.** Habitudes *fpl* d'ordre. **3.** Discipline *f*; calme *m*; bonne conduite (d'une foule, etc.).

orderly ['ɔːrdərli]. **1.** *a.* (*a*) (*Of arrangement, etc.*) Ordonné, méthodique; (*of life, etc.*) réglé, rangé, régulier. *Books arranged* **in an orderly fashion,** livres rangés méthodiquement, avec ordre, en bon ordre. (*Of pers.*) *To be very o.*, avoir beaucoup de méthode, beaucoup de soin. *See also* BIN[1]. (*b*) (*Of crowd, etc.*) Tranquille, discipliné. *Quiet and o. person*, personne sage et posée. (*c*) *Mil:* **Orderly officer,** officier *m* de service; officier de semaine. **Orderly room,** salle *f* de rapport. **2.** *s.* (*a*) *Mil:* Planton *m*. **Mounted orderly,** estafette *f*. **Hospital orderly, medical orderly,** infirmier *m*, ambulancier *m*. **To be on orderly duty,** être de service, de semaine; (*of private*) être de planton. *See also* POST ORDERLY. (*b*) **Street orderly,** balayeur *m*, arroseur *m* (de rues); boueur *m*.

ordinal ['ɔːrdinəl]. **1.** *a.* (Nombre) ordinal, -aux. **2.** *s.* (*a*) Adjectif ordinal. (*b*) *Ecc:* Ordinal *m*.

ordinance ['ɔːrdinəns], *s.* **1.** Ordonnance *f*, décret *m*, règlement *m*. **Police ordinance,** ordonnance de police; arrêté *m* de police; (*in Fr.*) arrêté préfectoral. *Traffic o.*, ordonnance sur la circulation. *Amnesty o.*, ordonnance d'amnistie. **2.** *Ecc:* (*a*) Rite *m*, cérémonie *f* (du culte). (*b*) **The (sacred) Ordinance,** l'Eucharistie *f*.

ordinand ['ɔːrdinand], *s.* *Ecc:* Ordinand *m*.

ordinant ['ɔːrdinənt], *s.* *Ecc:* Ordinant *m*.

ordinariness ['ɔːrdinərinəs], *s.* Caractère *m* peu remarquable, banalité *f* (d'un spectacle, etc.).

ordinary ['ɔːrdinəri]. I. *a.* **1.** (*a*) Ordinaire; (*of routine, etc.*) coutumier; normal, -aux; courant. *O. scale of remuneration,* barême courant de rémunération. *Tools in o. use*, outils couramment employés, d'emploi courant. *In o. times*, **in the ordinary way,** *it isn't done*, en temps ordinaire cela ne se fait pas. *Dipl:* **Ordinary ambassador,** ambassadeur ordinaire. *Fin:* **Ordinary share,** action ordinaire. **Ordinary agent,** agent attitré. *See also* BICYCLE[1], DECENCY 2, SEAMAN 1. (*b*) *O. Englishman*, Anglais moyen, typique. *The o. reader*, le commun des lecteurs. *He was just an o. tourist*, c'était un touriste comme un autre. *He's just an o. person*, il appartient au commun des mortels. **2.** *Pej:* **A very ordinary kind of man,** un homme tout à fait quelconque, un homme à la douzaine. *A small and very o. room*, une petite chambre banale, très quelconque. *We can't give him an o. job*, on ne peut pas lui donner un emploi quelconque. *The two girls were anything rather than o.*, ces deux jeunes filles étaient loin d'être quelconques, n'étaient nullement banales. **-ily,** *adv.* Ordinairement, communément, normalement; d'ordinaire, d'habitude; à l'ordinaire.

II. **ordinary,** *s.* **1.** Ordinaire *m.* **Out of the ordinary,** exceptionnel; peu ordinaire; qui sort de l'ordinaire; anormal, -aux. *That's out of the o.*, cela sort des proportions ordinaires; *F:* ça c'est pas banal! **Man above the ordinary,** homme à part, distingué, au-dessus du commun. **Physician-in-ordinary to the king,** médecin *m* ordinaire du roi. *Purveyors in o. to his Majesty*, fournisseurs attitrés de sa Majesté. **2.** (*a*) (*In restaurant*) Table *f* d'hôte; ordinaire *m.* (*b*) *U.S:* Auberge *f.* **3.** *Her:* Pièce *f* honorable. **4.** (*Pers.*) (*a*) *Jur:* (*Scot.*) Juge *m.* (*b*) *Ecc.Jur:* Ordinaire (archevêque ou évêque). **5.** *Ecc:* **The Ordinary (of the mass),** l'Ordinaire (de la messe). **6.** *Navy:* **Ship in ordinary,** navire *m* en réserve, désarmé.

ordinate [ˈɔːrdinet], *s. Mth:* Ordonnée *f. See also* PLOT[2] I. 2.

ordination [ɔːrdiˈneiʃ(ə)n], *s.* **1.** Arrangement *m*; classification *f* (des plantes, etc.). **2.** Ordonnance *f* (de Dieu, etc.). **3.** *Ecc:* Ordination *f.*

ordnance [ˈɔːrdnəns], *s.* **1.** Artillerie *f.* **Piece of ordnance,** bouche *f* à feu; pièce *f* d'artillerie. *Ship with heavy o.*, navire fort en artillerie. **Ordnance factory,** manufacture *f* d'artillerie. **Naval ordnance officer,** ingénieur *m* de l'artillerie navale. **2.** *Mil:* (*a*) Service *m* du matériel, des dépôts. **Ordnance and supplies,** ravitaillement *m.* (*b*) **Ordnance Survey,** (i) service *m* topographique, cartographique; (ii) corps *m* des ingénieurs-géographes. **Ordnance(-survey) map,** carte *f* d'état-major; carte du dépôt de la guerre. *See also* DATUM 2.

ordovician [ɔːrdoˈviʃjən], *s. Geol:* Silurien inférieur.

ordure [ˈɔːrdjuər], *s.* Ordure *f.* (*a*) Excrément *m.* (*b*) Immondice *f*, saleté *f.* (*c*) *F:* Langage ordurier; ordures.

ore [ˈɔːər], *s.* Minerai *m*; pierre *f* de mine; *A:* mine *f.* **Iron ore,** minerai de fer. *Metall:* *Crushed ore*, schlich *m. Refractory ores*, substances rebelles. *See also* SULPHUR-ORE, YELLOW[1] I.

'ore-bearing, *a. Min:* Métallifère. *O.-b. earth*, minière *f.*

'ore-way, *s. Min:* Voie *f* d'extraction.

oread [ˈɔːriad], *s.f. Gr.Myth:* Oréade.

Oregon [ˈɔrigən]. *Pr.n. Geog:* **1.** (Le fleuve) Orégon. **2.** L'État *m* d'Orégon. *See also* PINE[1] I.

Oregonian [ɔriˈgounjən], *a.* & *s. Geog:* (Originaire, natif) de l'Orégon.

Orenburg [ˈɔrənbəːrg]. *Pr.n. Geog:* Orenbourg *m.*

Oresteia [ɔresˈtaiɑ], *s. Gr.Lit:* **The Oresteia,** l'Orestie *f.*

Orestes [ɔˈrestiːz]. *Pr.n.m. Gr.Lit:* Oreste.

orfe [ɔːrf], *s. Ich:* Ide *m.*

orfray [ˈɔːrfrei], *s.* = ORPHREY.

organ [ˈɔːrgən], *s.* **1.** *Mus:* (*a*) Orgue *m*, orgues *fpl.* **Grand organ** (*in organ-loft*), grand orgue; grandes orgues. **Full organ,** (i) orgue à plein jeu; orgue plein; (ii) (*as direction to player*) grand orgue. *To be, preside, at the o.*, tenir l'orgue, les orgues. *To play the o.*, jouer de l'orgue; toucher de l'orgue. *Dressm:* **Organ folds,** plis *m* en tuyaux d'orgue. *See also* CHOIR-ORGAN, SWELL-ORGAN I. (*b*) **American organ,** orgue de salon. *See also* REED-ORGAN. (*c*) **Street organ,** orgue de Barbarie. *See also* BARREL-ORGAN, BIRD-ORGAN, HAND-ORGAN, MOUTH-ORGAN. **2.** (*a*) Organe *m* (de l'ouïe, de la vue, etc.). **Organ of hearing,** organe de l'ouïe. **The vocal organs,** l'appareil vocal. *F:* **Strong, manly organ,** organe, voix *f*, mâle et sonore. (*b*) Journal *m*, bulletin *m*, organe, porte-parole *m inv* (d'un parti politique, etc.). *The official o.*, l'organe officiel; le porte-parole du Gouvernement. *Through the Government organs*, par la voie des organes ministériels.

'organ-blower, *s.* **1.** Souffleur *m* (d'orgue). **2.** La soufflerie (hydraulique, etc.).

'organ-builder, *s. Mus:* Facteur *m* d'orgues.

'organ-building, *s. Mus:* Facture *f* d'orgues.

'organ-case, -chest, *s. Mus:* Buffet *m* d'orgue; fût *m* d'orgue.

'organ-grinder, *s.* Joueur, -euse, d'orgue de Barbarie.

'organ-loft, *s.* Tribune *f* (de l'orgue).

'organ-pipe, *s.* Tuyau *m* d'orgue. *See also* CORAL I.

'organ-screen, *s. Ecc.Arch:* Jubé *m* (formant tribune d'orgue).

'organ-stop, *s.* Jeu *m* d'orgue.

organdi(e) [ˈɔːrgəndi], *s. Tex:* Organdi *m.*

organic [ɔːrˈganik], *a.* **1.** (Maladie *f*, fonction *f*) organique. **2.** (*a*) *O. beings*, êtres organisés. *The law of o. growth*, la loi de croissance organisée. (*b*) **Organic chemistry,** chimie *f* organique. *O. compound*, composé *m* organique. **3.** Systématisé. *To bind up dissimilar entities into an* **organic** *whole*, réunir des entités disparates dans un ensemble organisé, systématique.

organically [ɔːrˈganikəli], *adv.* Organiquement. (*Of pers.*) **To have something organically wrong,** souffrir d'une maladie organique. *F: There is nothing o. wrong with the system*, le système n'est pas foncièrement mauvais.

organicism [ɔːrˈganisizm], *s.* Organicisme *m.*

organism [ˈɔːrgənizm], *s.* **1.** *Biol:* Organisme *m.* **2.** Économie *f* (d'un corps, d'un système).

organist [ˈɔːrgənist], *s.* Organiste *mf.*

organization [ɔːrgənaiˈzeiʃ(ə)n], *s.* **1.** Organisation *f*; aménagement *m* (d'une forêt, etc.). *The o. of labour*, le régime du travail. *Mil: O. in divisions, corps, etc.*, répartition générale des forces. **2.** Organisme *m* (politique, etc.). *National organizations*, collectivités nationales. *International labour o.*, organisme international du travail. *Charity o.*, œuvre *f* de charité.

organize [ˈɔːrgənaiz], *v.tr.* **1.** Organiser; policer (un pays). *Workmen organized into trade-unions*, ouvriers organisés en syndicats. *Well-organized body of adherents*, partisans bien embrigadés. **2.** (*a*) Organiser, arranger (un concert, etc.). *Badly organized fête*, fête mal organisée. (*b*) Aménager (ses loisirs, etc.).

organized, *a.* **1.** *Biol:* (Corps, etc.) organisé, pourvu d'organes. **2.** (*Of society, etc.*) Organisé; (état) policé. *The o. bodies of the country*, les corps constitués du pays. **Organized labour,** les organisations ouvrières. *Sch:* **Organized games,** jeux dirigés.

organizing, *s.* **1.** Organisation *f. O. ability*, qualités *fpl* d'organisation. *O. committee*, comité *m* d'organisation. **2.** Aménagement *m* (de ses loisirs, etc.).

organizer [ˈɔːrgənaizər], *s.* Organisateur, -trice. *The o. of the festivities*, l'ordonnateur *m* de la fête.

organometallic [ɔːrgənomeˈtalik], *a. Ch:* Organométallique.

organotherapy [ɔːrgənoˈθerəpi], *s. Med:* Organothérapie *f*, opothérapie *f.*

organzine[1] [ˈɔːrgənziːn], *s. Tex:* Organsin *m.*

organzine[2], *v.tr. Tex:* Organsiner.

orgasm [ˈɔːrgazm], *s.* **1.** Paroxysme *m* (de rage, etc.); excitation *f.* **2.** *Physiol:* Orgasme *m.*

orgeat [ˈɔːrʒɑ, ˈɔːrdʒiət], *s.* Orgeat *m.*

orgiac [ˈɔːrdʒiak], **orgiastic** [ɔːrdʒiˈastik], *a.* Orgiaque.

orgy [ˈɔːrdʒi], *s.* Orgie *f*; *F:* bacchanale *f. F: O. of colour*, orgie, profusion *f*, de couleurs.

oriel [ˈɔːriəl], *s. Arch:* **Oriel(-window),** (i) fenêtre *f* en saillie; (ii) fenêtre en encorbellement.

orielled [ˈɔːriəld], *a. Arch:* A fenêtres en encorbellement.

orient[1] [ˈɔːriənt]. **1.** *s.* (*a*) *Astr: Geog:* Orient *m.* **The Orient,** l'Orient; *U.S:* l'Asie *f.* (*b*) **(Pearl of) orient,** perle orientale. (*c*) **Pearl of a fine orient,** perle d'un bel orient. **2.** *a.* (*a*) Oriental, -aux; de l'orient ou de l'Orient. (*b*) **Orient pearl,** (i) perle orientale; (ii) perle d'un bel orient. *O. ruby, o. sapphire*, rubis, saphir, oriental. (*c*) *A.* & *Lit:* Étincelant, brillant. (*d*) *Lit:* (Soleil, etc.) levant.

orient[2] [ɔːriˈent], *v.tr.* = ORIENTATE.

oriental [ɔːriˈentəl]. **1.** *a.* Oriental, -aux; d'orient. *O. languages*, langues orientales. *An o. bookseller*, un libraire spécialiste des ouvrages sur l'Orient. *O. splendour*, luxe oriental, *F:* asiatique. **2.** *s.* Indigène *mf* de l'Orient; Oriental, -ale.

orientalism [ɔːriˈentəlizm], *s.* Orientalisme *m.*

orientalist [ɔːriˈentəlist], *s.* Orientaliste *mf.*

orientalize [ɔːriˈentəlaiz]. **1.** *v.tr.* Orientaliser. **2.** *v.i.* S'orientaliser.

orientate [ˈɔːrienteit], *v.tr.* **1.** Orienter (une église, un plan, etc.). **2.** **To orientate oneself,** s'orienter.

orientation [ɔːrienˈteiʃ(ə)n], *s.* Orientation *f.*

orifice [ˈɔrifis], *s.* Orifice *m*, ouverture *f*, trou *m.*

oriflamme [ˈɔriflam], *s. Hist:* Oriflamme *f.*

origanum [ɔˈrigənəm], *s. Bot:* Origan *m.*

Origen [ˈɔridʒen]. *Pr.n.m. Rel.H:* Origène.

origin [ˈɔridʒin], *s.* Origine *f.* **1.** *The o. of the universe*, la genèse des mondes. *To trace an event to its o.*, remonter à l'origine d'un événement. **2.** *Word of Greek o.*, mot *m* d'origine grecque. (*Of pers.*) *To be of noble o.*, être d'origine illustre. *A man of humble o.*, un homme d'humble extraction *f. This family had its o. in Spain*, cette famille tire son origine de l'Espagne. *Com:* **Country of origin,** pays *m* de provenance. *Goods of foreign o.*, marchandises *f* de provenance étrangère. *Cust:* **Certificate of origin,** certificat *m* d'origine. *Arch: etc:* **Point of origin,** point *m* d'origine, point de naissance (d'une courbe, etc.).

original [oˈridʒinəl]. **1.** *a.* (*a*) Original, -aux, primordial, -aux, primitif. *O. meaning of a word*, sens premier d'un mot. *O. aims of an association*, fins primordiales d'une société. *O. idea of a work*, idée *f* mère d'une œuvre. *O. colour of a dress*, couleur première, originale, d'une robe. *O. material* (*of an experiment*), produit *m* de départ. *The o. question*, la question primitive. *O. member of a club*, membre *m* originaire d'un club. *Fin:* **Original subscriber,** souscripteur primitif. *Theol:* **Original sin,** péché originel. (*b*) *O. edition*, édition *f* princeps. *The o. picture is at . . .*, le tableau original est au musée de. . . . **Original document,** (i) *Jur:* primordial *m*; (ii) *Book-k:* pièce *f* comptable. *O. bill, o. cheque*, primata *m* d'une traite, d'un chèque. (*c*) (Style, écrivain, ouvrage, etc.) original; (spectacle, etc.) inédit. *The scheme is not an o. one*, ce projet n'est pas inédit. *To give an o. touch to one's writings*, donner un tour original à ses écrits; originaliser ses écrits. **2.** *s.* (*a*) *A:* Origine *f.* (*b*) Original *m* (d'un tableau, d'une facture, etc.). *Fin:* Primata *m* (d'une traite). **To copy sth. from the original,** copier qch. sur l'original. *To read the classics in the o.*, lire les classiques dans l'original. **3.** *s.* Personne originale; original, -ale; *F:* un type à part; un type. **-ally,** *adv.* **1.** (*a*) Originairement; à l'origine, dans l'origine. (*b*) Originellement; dès l'origine. **2.** Originalement; d'une façon originale, singulière.

originality [oridʒiˈnaliti], *s.* Originalité *f.*

originate [oˈridʒineit]. **1.** *v.tr.* Faire naître, donner naissance à, être l'auteur de (qch.); amorcer (une réforme, etc.). *He originated this industry*, ce fut lui le promoteur de cette industrie; c'est lui qui a créé cette industrie. *This car was originated by . . .*, cette voiture a été créée par. . . . **2.** *v.i.* Tirer son origine, dériver, provenir (*from, in*, de); avoir son origine, prendre sa source (*from, in*, dans). *To o. from a common ancestor*, tirer ses origines d'un ancêtre commun. *The fire originated under the floor*, le feu a pris naissance sous le plancher. *The strike originated in the*

demands of . . ., la grève a eu pour origine les revendications de. . . . *The scheme originated with me*, je suis l'auteur de ce projet.
origination [oridʒi'neiʃ(ə)n], *s.* (*a*) Source *f*, origine *f*. (*b*) Création *f*, invention *f* (d'une machine, etc.); ébauche *f* (d'un projet, etc.). (*c*) Naissance *f* (d'une rumeur, etc.).
originative [o'ridʒineitiv], *a.* (Esprit, etc.) inventif, créateur.
originator [o'ridʒineitər], *s.* Créateur, -trice; auteur *m*; initiateur, -trice; promoteur *m* (d'une industrie); premier mobile (d'un complot).
orill(i)on [ɔ'ril(j)ən], *s.* *Fort:* *A:* Orillon *m* (d'un bastion).
orinasal [ɔːri'neiz(ə)l], *a.* *Ling:* (Voyelle *f*) nasale.
Orinoco (the) [ðiori'nouko]. *Pr.n.* *Geog:* L'Orénoque *m*.
oriole ['ɔːrioul], *s.* *Orn:* **1.** Loriot *m*. **Golden oriole**, merle *m* d'or; grive dorée; *F:* oiseau *m* aux cerises; compère-loriot *m*, *pl.* compères-loriots. **2.** *U.S:* Ictère *m*, troupiale *m*.
Orion [o'raiən]. *Pr.n.* *Astr:* Orion *m*. **Orion's belt**, le baudrier d'Orion; le bâton de Jacob; les trois Rois; les trois Mages. **Orion's hound**, Sirius *m*.
orison ['ɔrizən], *s.* *A:* Oraison *f*, prière *f*. *Esp.pl.* *She was at her orisons*, elle était en prière.
-orium ['ɔːriəm], *s.suff.* -orium *m*, -oire *m*. *Ciborium*, ciboire. *Crematorium*, crématorium. *Sensorium*, sensorium.
Orkneys (the) [ði'ɔːrkniz]. *Pr.n. pl.* *Geog:* Les Orcades *f*.
Orlando [ɔːr'lændo]. *Pr.n.m.* **1.** *Hist:* Roland. *Lit:* **Orlando Furioso**, Roland Furieux. **2.** (*In Shakespeare*) Orlando.
orle [ɔːrl], *s.* *Arch:* *Her:* Orle *m*.
Orleanist ['ɔːrliənist], *a.* & *s.* *Fr.Hist:* Orléaniste *mf*.
Orleanistic [ɔːrliə'nistik], *a.* *Fr.Hist:* Orléaniste.
Orleans [ɔːr'liːənz]. **1.** *Pr.n.* *Geog:* Orléans. *See also* NEW ORLEANS. **2.** *s.* ['ɔːrliənz] (*a*) *Tex:* **Orleans (cloth)**, orléans *f*. (*b*) *pl.* Pruneaux *m* d'Orléans.
orlop ['ɔːrlɔp], *s.* *Nau:* **Orlop(-deck)**, faux-pont *m*, *pl.* faux-ponts.
ormer ['ɔːrmər], *s.* *Moll:* Ormeau *m*; oreille *f* de mer.
ormolu ['ɔːrmolu], *s.* **1.** Or moulu. *Attrib.* **Ormolu clock**, pendule *f* en or moulu. **2.** Similor *m*; chrysocale *m*.
ornament[1] ['ɔːrnəmənt], *s.* **1.** (*a*) *Coll.* Ornement *m* (du style, d'architecture, etc.); agrément *m*, garniture *f* (sur une robe, etc.). *By way of o.*, pour ornement; en fait d'ornements. *Rich in o.*, d'une ornementation riche. (*b*) Ornement. *Vases and other ornaments*, vases et autres ornements. *To strip sth. of (its) ornaments*, déparer qch. *Ecc:* *The altar ornaments*, le parement d'autel. *Aut:* *Radiator o.*, bouchon *m* artistique de radiateur. *Wheel-hub o.*, enjoliveur *m*, embellisseur *m* de moyeu. *F:* *He would be an o. to any circle*, il serait un ornement pour n'importe quelle société. **2.** *pl.* *A.Mus:* **Ornaments**, agréments.
ornament[2] ['ɔːrnəmənt, ɔːrnə'ment], *v.tr.* Orner, ornementer, décorer (une chambre, etc.); agrémenter, embellir (une robe, etc.); orner (son style) (*with*, de).
ornamental [ɔːrnə'ment(ə)l], *a.* Ornemental, -aux; d'ornement, d'ornementation, d'agrément; décoratif. *O. tree*, arbre *m* d'ornement. *O. piece*, enjolivement *m*, enjolivure *f*. *Phot:* *Cin:* *O. mask*, cache *m* artistique. *See also* LAKE[2]. **-ally**, *adv.* **1.** Pour servir d'ornement. **2.** Décorativement.
ornamentalist [ɔːrnə'mentəlist], *s.* Ornemaniste *m*.
ornamentation [ɔːrnəmen'teiʃ(ə)n], *s.* **1.** Ornementation *f*, embellissement *m*, décoration *f*. **2.** Les ornements *m*, les embellissements, les décorations.
ornamenter ['ɔːrnəmentər], *s.* Embellisseur, -euse; décorateur, -trice.
ornamentist [ɔːrnə'mentist], *s.* *Art:* *Arch:* Ornemaniste *m*.
ornate [ɔːr'neit], *a.* Orné, chamarré; surchargé d'ornements. *O. style*, style imagé, fleuri. **-ly**, *adv.* Avec une surabondance d'ornements; en style trop fleuri.
ornateness [ɔːr'neitnəs], *s.* Ornementation exagérée; clinquant *m* (du style).
ornithological [ɔːrniθo'lɔdʒik(ə)l], *a.* Ornithologique.
ornithologist [ɔːrni'θɔlodʒist], *s.* Ornithologue *m*, ornithologiste *m*.
ornithology [ɔːrni'θɔlodʒi], *s.* Ornithologie *f*.
ornithopter [ɔːrni'θɔptər], *s.* *Av:* Ornithoptère *m*.
ornithorhynchus [ɔːrniθo'riŋkəs, ɔːrnai-], *s.* *Z:* Ornithorynque *m*; *F:* bec-d'oiseau *m*, *pl.* becs-d'oiseau.
orobus ['ɔrobəs], *s.* *Bot:* Orobe *m* or *f*.
orographic(al) [ɔro'grafik(əl)], *a.* Orographique, orologique.
orography [ɔ'rɔgrəfi], *s.* Orographie *f*, orologie *f*.
orological [ɔro'lɔdʒik(ə)l], *a.* = OROGRAPHICAL.
orologist [ɔ'rɔlodʒist], *s.* Orographe *m*.
orology [ɔ'rɔlodʒi], *s.* = OROGRAPHY.
orometer [ɔ'rɔmetər], *s.* *Surv:* Oromètre *m*.
orometric [ɔro'metrik], *a.* *Surv:* Orométrique.
orometry [ɔ'rɔmetri], *s.* *Surv:* Orométrie *f*.
Orontes (the) [ðiɔ'rɔntiːz]. *Pr.n.* *Geog:* L'Oronte *m*.
Orosius [ɔ'rousjəs]. *Pr.n.m.* *Ecc.Hist:* Orose.
orotund ['ɔrotʌnd], *a.* **1.** (Style *m*, discours *m*) sonore, mâle. **2.** (Style) emphatique, ampoulé.
orphan ['ɔːrfən]. **1.** *s.* (*a*) Orphelin, -ine. *To be left an o.*, rester, devenir, orphelin. (*b*) *Adm:* Pupille *mf* de l'assistance publique; enfant assisté. **War orphan**, pupille de la Nation. **Orphan home**, orphelinat *m*. **2.** *a.* **An orphan child**, un(e) orphelin(e).
orphanage ['ɔːrfənedʒ], *s.* **1.** Orphelinage *m*; état *m* d'orphelin. **2.** Orphelinat *m*. *To place a child in an o.*, mettre un enfant aux Orphelins.
orphaned ['ɔːrfənd], *a.* **1.** Orphelin, -ine. *O. at an early age he was brought up by . . .*, resté orphelin en bas âge, il fut élevé par. . . . *O. both of father and mother*, orphelin de père et (de) mère. **2.** *F:* (*Of machinery, make of motor car, etc.*) Qui n'est plus fabriqué; dont les fabricants ont disparu.
orphanhood ['ɔːrfənhud], *s.* = ORPHANAGE 1.
orphanize ['ɔːrfənaiz], *v.tr.* Rendre orphelin.
Orphean [ɔːr'fiːən], *a.* (Luth *m*, etc.) d'Orphée; (dogme *m*, etc.) orphique.
Orpheus ['ɔːrfjuːs]. *Pr.n.m.* *Myth:* Orphée. **Orpheus in the Underworld**, Orphée aux Enfers (d'Offenbach).
Orphic ['ɔːrfik], *a.* **1.** (Dogme *m*, mystère *m*) orphique. **2.** (*Of music, etc.*) Ravissant; enchanteur, -eresse.
orphrey ['ɔːrfrei, -fri], *s.* *Ecc.Cost:* Orfroi *m*, parement *m* (de chasuble).
orpiment ['ɔːrpimənt], *s.* *Miner:* Orpiment *m*, orpin *m*; sulfure *m* jaune d'arsenic.
orpin(e) ['ɔːrpin], *s.* *Bot:* Grand orpin, orpin reprise; *F:* herbe *f* à la coupure; herbe aux charpentiers.
orrery ['ɔrəri], *s.* *Astr:* Planétaire *m*.
orris[1] ['ɔris], *s.* Passementerie *f*; galon *m* d'or.
orris[2], *s.* *Bot:* Iris *m*. *Pharm:* *Toil:* **Orris-root**, racine *f* d'iris. **Orris-powder**, poudre *f* d'iris.
orth(o)- ['ɔːrθo, ɔːr'θɔ], *pref.* Ortho-. *'Orthodox*, orthodoxe. *Or'thography*, orthographe. *'Orthopaedy*, orthopédie. *Or'thoptera*, orthoptères. *Ortho'scopic*, orthoscopique.
orthocentre [ɔːrθo'sentər], *s.* *Geom:* Orthocentre *m*.
orthocentric [ɔːrθo'sentrik], *a.* *Geom:* Orthocentrique.
orthochromatic [ɔːrθokro'matik], *a.* *Phot:* Orthochromatique.
orthochromatism [ɔːrθo'kroumətizm], *s.* *Phot:* Orthochromatisme *m*.
orthochromatization [ɔːrθokromatai'zeiʃ(ə)n], *s.* *Phot:* Orthochromatisation *f*.
orthochromatize [ɔːrθo'kroumətaiz], *v.tr.* *Phot:* Orthochromatiser.
orthoclase ['ɔːrθokleis], *s.* *Miner:* Orthoclase *f*, orthose *m*.
orthodiagraphy [ɔːrθo'daiəgrafi], *s.* *Med:* (*X rays*) Orthodiagraphie *f*.
orthodontics [ɔːrθo'dɔntiks], *s.pl.* (*Usu. with sg. const.*) Orthodontosie *f*; redressement *m* des dents irrégulières.
orthodox ['ɔːrθodɔks], *a.* **1.** (Église *f*, dogme *m*, etc.) orthodoxe. **2.** (*a*) (*Of pers.*) Bien pensant. (*b*) (*Of method, opinion, etc.*) Orthodoxe; classique. **-ly**, *adv.* Orthodoxement.
orthodoxy ['ɔːrθodɔksi], *s.* Orthodoxie *f*, *F:* conformisme *m* (d'une doctrine, etc.).
orthodromy [ɔːr'θɔdromi], *s.* *Nau:* Orthodromie *f*.
orthoepic [ɔːrθo'epik], *a.* Orthoépique.
orthoepy [ɔːr'θouepi], *s.* Orthoépie *f*.
orthogenesis [ɔːrθo'dʒenesis], *s.* *Biol:* Orthogénèse *f*.
orthogenetic [ɔːrθodʒi'netik], *a.* *Biol:* (Forme *f*, etc.) orthogénétique.
orthognathous [ɔːr'θɔgnaθəs], *a.* *Anthr:* Orthognathe.
orthogonal [ɔːr'θɔgonəl], *a.* *Geom:* Orthogonal, -aux; orthographique. **-ally**, *adv.* Orthogonalement; à angle droit.
orthograde ['ɔːrθogreid], *a.* *Z:* (Animal) qui marche debout.
orthographic(al) [ɔːrθo'grafik(əl)], *a.* **1.** *Gram:* Orthographique. **2.** *Geom:* = ORTHOGONAL.
orthography [ɔːr'θɔgrəfi], *s.* **1.** *Gram:* Orthographe *f*. **2.** *Geom:* *Arch:* Projection *f* ou coupe *f* perpendiculaire; projection orthogonale.
orthopaedic [ɔːrθo'piːdik], *a.* Orthopédique.
orthopaedics [ɔːrθo'piːdiks], *s.pl.* (*With sg. or pl. const.*) Orthopédie *f*.
orthopaedist [ɔːrθo'piːdist], *s.* Orthopédiste *m*.
orthopaedy ['ɔːrθopiːdi], *s.* Orthopédie *f*.
orthopter [ɔːr'θɔptər], *s.* *Ent:* *Av:* Orthoptère *m*.
orthoptera [ɔːr'θɔptəra], *s.pl.* *Ent:* Orthoptères *m*.
orthopteran [ɔːr'θɔptərən], *s.* *Ent:* Orthoptère *m*.
orthopterous [ɔːr'θɔptərəs], *a.* *Ent:* Orthoptère.
orthorhombic [ɔːrθo'rɔmbik], *a.* *Cryst:* Orthorhombique.
orthoscopic [ɔːrθo'skɔpik], *a.* *Phot:* (Objectif *m*) orthoscopique.
ortive ['ɔːrtiv], *a.* *Astr:* (Amplitude *f*) ortive.
ortol ['ɔːrtɔl], *s.* *Phot:* Ort(h)ol *m*.
ortolan ['ɔːrtolən], *s.* *Orn:* **1.** **Ortolan (bunting)**, ortolan *m*; jardinière *f*. **2.** *U.S:* = BOBOLINK.
orts [ɔːrts], *s.pl.* *A:* Restes *m*, bribes *m*, reliefs *m* (de viande, etc.). *F:* **To make orts of sth.**, faire peu de cas de qch.
orval ['ɔːrv(ə)l], *s.* *Bot:* *A:* Orvale *f*, sauge *f* sclarée.
-ory[1] [əri], *s.suff.* -oire *m*, -oir *m*. *Dormitory*, dortoir. *Laboratory*, laboratoire. *Observatory*, observatoire. *Oratory*, oratoire. *Promontory*, promontoire.
-ory[2], *a.suff.* **1.** -oire. *Hortatory*, exhortatoire. *Illusory*, illusoire. *Obligatory*, obligatoire. **2.** -(at)eur. *Accusatory*, accusateur, -trice. *Predatory*, prédateur.
oryx ['ɔriks], *s.* *Z:* Oryx *m*; antilope *f* à sabre.
Osage [o'seidʒ, *attrib.* 'ousedʒ], *a.* & *s.* *Ethn:* (Indien) osage. *See also* ORANGE[1] 2.
Oscan ['ɔskən], *a.* & *s.* *A.Geog:* Osque (*mf*).
oscillate ['ɔsileit]. **1.** *v.i.* (*a*) Osciller. (*Of indicator needle*) *To o. violently*, s'affoler. *F:* **To oscillate between two opinions**, osciller, balancer, hésiter, entre deux opinions. (*b*) *Ph:* *W.Tel:* Osciller. *F:* (*Of listener-in*) Laisser osciller le poste. **2.** *v.tr.* Balancer; faire osciller.
oscillating[1], *a.* (*a*) Oscillant. *Mch:* **Oscillating cylinder, engine**, cylindre oscillant, machine oscillante. (*b*) *El:* **Oscillating current**, courant *m* oscillatoire. (*c*) *W. Tel:* Oscillateur. **Oscillating coil**, bobine oscillatrice, bobinage oscillateur; oscillateur *m*. **Oscillating valve**, lampe oscillatrice.
oscillating[2], *s.* Oscillation *f*. *W.Tel:* **Oscillating point**, limite *f* d'accrochage.
oscillation [ɔsi'leiʃ(ə)n], *s.* *Ph:* *etc:* Oscillation *f* (d'un pendule, etc.). *Double o.*, oscillation complète (d'un pendule). *Violent o.*, affolement *m* (d'une aiguille). *W.Tel:* *etc:* **Damped oscillations, sustained oscillations**, oscillations amorties, entretenues. *See also* TRANSFORMER 3.
oscillator ['ɔsileitər], *s.* *W.Tel:* **1.** (*a*) Oscillateur *m*; bobine

oscillatrice. (*b*) Lampe oscillatrice. **2.** *F:* Sans-filiste *m* qui laisse osciller son poste. **3.** *Cin:* **Mirror oscillator,** miroir oscillant (pour enregistrement de la piste sonore).

oscillatory [ˈɔsilətəri], *a.* Oscillant, oscillatoire. *El: O. discharge,* décharge oscillante. *W.Tel:* **Oscillatory circuit,** circuit *m* vibratoire.

oscillogram [ˈɔsilogram], *s. El.E:* Oscillogramme *m.*

oscillograph [ˈɔsilograf, -grɑːf], *s. El.E:* Oscillographe *m. Cathode-ray o.,* oscillographe cathodique. *Cin:* **Oscillograph recording apparatus,** équipage *m* oscillographique.

osculant [ˈɔskjulənt], *a. Nat.Hist: O. species, genera,* espèces *f,* genres *m,* qui se touchent, qui ont des caractères communs.

oscular [ˈɔskjulər], *a.* **1.** (*a*) *Anat:* (Muscle *m,* etc.) osculaire. (*b*) *Hum: O. demonstrations,* épanchements *m* en embrassades. **2.** *Geom:* Osculateur, -trice.

osculate [ˈɔskjuleit], *v.i.* **1.** *Geom:* (*Of curve*) **To osculate with a line,** baiser une ligne. *Curves that osculate,* courbes *f* qui se baisent. **2.** *Nat.Hist:* (*Of genera, species*) Avoir des traits en commun; avoir des traits communs (*with,* avec). **3.** *F. & Hum:* S'embrasser.

osculation [ɔskjuˈleiʃ(ə)n], *s.* **1.** *Geom:* Osculation *f.* **Point of osculation,** point *m* d'attouchement. **2.** *F. & Hum:* Embrassement *m;* baisers *mpl.*

osculatory[1] [ˈɔskjulətəri], *a. Geom:* Osculateur, -trice.

osculatory[2], *s. Ecc:* Paix *f.*

osculum, *pl.* **-a** [ˈɔskjuləm, -*a*], *s. Z:* Oscule *m* (d'éponge, etc.).

-ose[1] [ous], *a.suff.* **1.** -eux, -euse. *Bellicose,* belliqueux. *Globose,* globuleux. *Otiose,* oiseux. *Verbose,* verbeux. **2.** -ose. *Grandiose,* grandiose. *Morose,* morose.

-ose[2], *s.suff. Ch:* -ose *f or m. Cellulose,* cellulose. *Glucose,* glucose. *Maltose,* maltose. *Saccharose,* saccharose.

osier [ˈouʒjər], *s.* Osier *m.* **Common osier, velvet osier,** osier blanc, vert; saule *m* des vanniers. **Golden osier,** osier jaune. *Red o., purple o.,* osier rouge, pourpre. **Osier basket,** panier *m* d'osier. **Osier tie,** pleyon *m.*

'osier-bed, -holt, *s.* Oseraie *f.*

osiery [ˈouʒiəri], *s.* **1.** Oseraie *f.* **2.** Vannerie *f.*

os innominatum [ɔsinɔmiˈneitəm], *s. Anat:* Os innominé; os iliaque.

-osis [ˈousis], *s.suff.* -ose *f. Neurosis,* névrose. *Trichinosis,* trichinose. *Tuberculosis,* tuberculose.

Osmanli [ɔsˈmanli], *a. & s. Hist:* Osmanli, -ie; Turc d'Europe.

osmic [ˈɔsmik, ˈɔz-], *a. Ch:* Osmique.

osmiridium [ɔsmiˈridjəm], *s. Miner:* = IRIDOSMINE.

osmium [ˈɔsmiəm, ˈɔz-], *s. Ch:* Osmium *m.*

osmograph [ˈɔsmograf, ɔz-, -grɑːf], **osmometer** [ɔsˈmɔmetər, ɔz-], *s. Ph:* Osmomètre *m.*

osmose [ˈɔsmous, ˈɔz-], **osmosis** [ɔsˈmousis, ɔz-], *s. Ph:* Osmose *f.* **Electric osmose,** électrosmose *f.*

osmotic [ɔsˈmɔtik, ɔz-], *a. Ph:* (Pression *f*) osmotique.

osmund [ˈɔsmənd, ˈɔz-], *s. Bot:* Osmonde *f.* **Osmund royal,** osmonde royale; fougère fleurie.

osprey [ˈɔsprei], *s.* **1.** *Orn:* Orfraie *f,* pygargue *m;* balbuzard pêcheur; *F:* huard *m.* **2.** *Cost:* Aigrette *f.*

Ossa [ˈɔsa]. *Pr.n. A.Geog:* Ossa *m. F:* **To pile Pelion on Ossa,** entasser Pélion sur Ossa.

ossature [ˈɔsatjər], *s. Const:* Ossature *f* (d'un comble, d'une voûte, etc.).

ossein(e) [ˈɔsiin], *s. Ch:* Osséine *f,* ostéine *f.*

osselet [ˈɔs(ə)let], *s. Farr:* Osselet *m* (du boulet, etc.).

osseous [ˈɔsiəs], *a.* **1.** (Système, tissu, etc.) osseux. **2.** *Geol:* (Terrain) osseux, à ossements (fossiles). **3.** *Ich:* (Poisson) osseux, téléostéen.

Ossianesque [ɔsiəˈnesk], *a. Lit.Hist:* Ossianesque; qui rappelle les poésies d'Ossian.

Ossianic [ɔsiˈanik], *a. Lit.Hist:* Ossianique.

Ossianism [ˈɔsiənizm], *s. Lit.Hist:* Ossianisme *m;* imitation *f* des poésies attribuées à Ossian.

Ossianist [ˈɔsiənist], *s. Lit.Hist:* Ossianiste *mf.*

ossicle [ˈɔsikl], *s. Anat:* Osselet *m;* ossicule *m.*

ossicusp [ˈɔsikʌsp], *s. Z:* Épiphyse osseuse du frontal, *F:* corne *f* (de la girafe, de l'okapi).

ossification [ɔsifiˈkeiʃ(ə)n], *s.* Ossification *f.*

ossifrage [ˈɔsifredʒ], *s. Orn:* Orfraie *f.*

ossify [ˈɔsifai]. **1.** *v.i.* S'ossifier. **2.** *v.tr.* Ossifier (un cartilage, *F:* le cœur, etc.).

ossuary [ˈɔsjuəri], *s.* Ossuaire *m.*

ostein(e) [ˈɔstiin], *s. Ch:* = OSSEIN(E).

osteitis [ɔstiˈaitis], *s. Med:* Ostéite *f.*

Ostend [ɔsˈtend]. *Pr.n. Geog:* Ostende.

ostensible [ɔsˈtensibl], *a.* Prétendu; qui sert de prétexte; soi-disant; feint. *The o. object of . . .,* le but avoué de. . . . *He went out with the o. object of . . .,* il est sorti sous prétexte de. . . . *My o. purpose was to seek provisions,* j'étais censé être à la recherche de vivres. **-ibly,** *adv.* En apparence; *F:* censément. *He is living at Nice, o. for his health's sake,* il est en séjour à Nice, soi-disant pour sa santé. *He went out, o. to buy tobacco,* il sortit sous prétexte d'acheter du tabac, censément pour acheter du tabac.

ostensive [ɔsˈtensiv], *a.* Ostensible, manifeste.

ostensory [ɔsˈtensəri], *s. Ecc:* Ostensoir *m.*

ostentation [ɔstenˈteiʃ(ə)n], *s.* Ostentation *f,* faste *m,* apparat *m,* parade *f.*

ostentatious [ɔstenˈteiʃəs], *a.* Fastueux; plein d'ostentation, qui fait de l'ostentation; (luxe) affichant. *To show o. generosity,* afficher la générosité; faire montre de générosité. *Less o. in appearance,* plus modeste d'apparence. **-ly,** *adv.* Avec ostentation; avec faste. *To display sth. o.,* faire ostentation de qch. *O. acquitted,* acquitté avec éclat.

ostentatiousness [ɔstenˈteiʃəsnəs], *s.* Ostentation *f.*

osteo-arthritis [ɔstioɑːrˈθraitis], *s. Med:* Ostéo-arthrite *f.*

osteoblast [ˈɔstioblast], *s. Biol:* Ostéoblaste *m.*

osteoclasis [ɔstioˈkleisis], *s. Surg:* Ostéoclasie *f.*

osteodentine [ɔstioˈdentiːn], *s. Anat:* Ostéodentine *f.*

osteogenesis [ɔstioˈdʒenesis], *s. Biol:* Ostéogenèse *f,* ostéogénie *f.*

osteography [ɔstiˈɔgrəfi], *s.* Ostéographie *f.*

osteologic(al) [ɔstioˈlɔdʒik(əl)], *a.* Ostéologique.

osteologist [ɔstiˈɔlodʒist], *s.* Ostéologue *m.*

osteology [ɔstiˈɔlodʒi], *s.* Ostéologie *f.*

osteoma [ɔstiˈouma], *s. Med:* Ostéome *m.*

osteomalacia [ɔstiomaˈleisia], *s. Med:* Ostéomalacie *f.*

osteomyelitis [ɔstiomaieˈlaitis], *s. Med:* Ostéomyélite *f.*

osteopath [ˈɔstiopaθ], *s.* Praticien manipulateur des os et des articulations.

osteopathy [ɔstiˈɔpaθi], *s. Med:* **1.** Ostéopathie *f.* **2.** Traitement *m* des affections de la santé par la manipulation des os et des articulations. **3.** Théorie médicale qui préconise ce mode de traitement.

osteoplasty [ɔstioˈplasti], *s. Surg:* Ostéoplastie *f.*

osteosarcoma [ɔstiosɑːrˈkouma], *s. Med:* Ostéosarcome *m.*

osteotomy [ɔstiˈɔtomi], *s. Surg:* Ostéotomie *f.*

Ostia [ˈɔstia]. *Pr.n. Geog:* Ostie *f.*

ostler [ˈɔslər], *s.m.* Valet d'écurie; garçon d'écurie; garçon d'attelage; palefrenier.

ostracion [ɔsˈtreisiən], *s. Ich:* Ostracion *m,* coffre *m.*

ostracism [ˈɔstrəsizm], *s.* Ostracisme *m.*

ostracize [ˈɔstrəsaiz], *v.tr.* **1.** *Gr.Ant:* Ostraciser, exiler, bannir. **2.** *F:* Ostraciser; frapper (qn) d'ostracisme; mettre (qn) au ban de la société.

ostreiculture [ˈɔstriikʌltjər], *s.* Ostréiculture *f.*

ostrich [ˈɔstritʃ], *s.* Autruche *f. Young o.,* autruchon *m. F:* **To pursue an ostrich policy,** refuser de reconnaître les faits; se refuser à l'évidence du danger; faire comme l'autruche. *See also* DIGESTION 1.

'ostrich-farm, *s.* Autrucherie *f.*

'ostrich-farming, *s.* Élevage *m* des autruches.

'ostrich-feather, *s.* Plume *f* d'autruche.

'ostrich-plume, *s.* Plume *f* ou plumes d'autruche.

Ostrogoth [ˈɔstrogɔθ], *a. & s. Hist:* Ostrogot(h), -e.

otalgia [oˈtaldʒia], *s. Med:* Otalgie *f;* douleur *f* d'oreille.

otalgic [oˈtaldʒik], *a. Med:* Otalgique.

otariid, *pl.* **-idae** [oˈtariid, -idiː], *s. Z:* Otaridé *m.*

otary [ˈoutəri], *s. Z:* Otarie *f;* lion marin.

other [ˈʌðər]. **1.** *a.* Autre. (*a*) **The other one,** l'autre. **Every other day,** un jour sur deux; tous les deux jours. *See also* EVERY. *I saw him* **the other day,** je l'ai vu l'autre jour. **The other 'world,** l'autre monde *m;* l'au-delà *m. Attrib: She heard* **'other-world voices,** elle entendait des voix qui venaient de l'au-delà, qui n'étaient pas de ce monde. *Com: St.Exch:* **The other side** (*in a deal*), la contre-partie. *F: If he doesn't like it,* **he can, must, do the other thing,** si cela ne lui plaît pas, ne lui va pas, tant pis pour lui. *See also* HAND[1] 2, SELF[1] 1. (*b*) **The other four,** les quatre autres. *The o. two hundred francs,* les deux cents autres francs. *Potatoes and (all) o. vegetables,* les pommes de terre et autres légumes. **Other things being equal,** toutes choses égales (d'ailleurs). (*c*) *Potatoes and (some) o. vegetables,* les pommes de terre et d'autres légumes. **Other people** *have seen it,* d'autres l'ont vu. *O. people's property,* le bien d'autrui. *Any o. book,* tout autre livre. *I have no o. friends,* je n'ai pas d'autres amis. *No one* **other than he** *knows it,* nul autre que lui, personne d'autre, ne le sait; il n'y a que lui qui le sache; il est seul à le savoir. *All verbs o. than those in -er,* tous les verbes autres que ceux en -er. *Prov:* **Other days, other ways,** autres temps, autres mœurs. *See also* SOME I. 1. (*d*) (*Different*) **I do not wish him other than he is,** je ne le souhaite pas autre qu'il n'est; je ne souhaite pas qu'il soit autrement qu'il n'est. *A film is something o. than a play,* un film diffère d'une pièce de théâtre. *He is* **far other from** *the Smith I knew as a boy,* il est bien différent du Smith que j'ai connu quand j'étais petit. **Quite other** *reasons induced me to . . .,* des raisons tout autres m'ont engagé à. . . . **2.** *pron.* Autre. (*a*) **One after the other,** l'un après l'autre. *See also* EACH 2, ONE V. 1. (*b*) *pl.* **The others,** les autres, le reste. *All the others are there,* tous les autres sont là. *What about the others?* eh bien, et les autres? (*c*) **Some . . . others . . .,** les uns . . . les autres. . . . *Have you any others?* (i) en avez-vous encore? (ii) en avez-vous d'autres? *There are three others,* (i) il y en a encore trois; (ii) il y en a trois autres. *I have no o.,* je n'en ai pas d'autre. *Since then I have used no o.,* depuis lors je ne me suis servi d'aucun autre. *For this reason,* **if for no other,** *I wish to . . .,* pour cette raison, à défaut d'une autre, je voudrais. . . . **He and no other** *told me so,* lui et nul autre me l'a dit. **No other than he,** nul autre que lui. **It was no other than the Emperor,** c'était l'Empereur lui-même, en personne. *I wish the owner or* **some other** *would build a new road,* si seulement le propriétaire ou quelqu'un d'autre construisait un nouveau chemin! **One or other of us** *will see to it,* l'un de nous y veillera, s'en occupera. *I don't want to add* **one other** *to the list of failures,* je ne voudrais pas ajouter encore un nom à la liste des ratés. *This day* **of all others,** ce jour entre tous. *See also* SOMETHING I. 1, THIS I. 2. (*d*) *pl.* (*Of pers.*) **Others,** d'autres; (*in oblique cases also*) autrui *m. They prefer you to all others,* ils vous préfèrent à tout autre. *I find my happiness in that of others,* je trouve mon bonheur dans celui d'autrui. **Let us do unto others as we would be done by,** faisons pour autrui ce que nous voudrions qu'il fît pour nous. (*e*) **I could not do other than . . ., I could do no other than . . .,** (i) je n'ai pu faire autrement que . . .; (ii) je n'ai pu m'empêcher de. . . . *He cannot be o. than amused by it,* cela ne laissera pas de le divertir. **3.** *adv.* Autrement. *To see things o. than they are,* voir les choses autrement qu'elles ne sont. *I could not do it o. than hurriedly,* je n'ai pu le faire qu'à la hâte. *See also* SOMEHOW 1.

otherguess [ˈʌðərges], *a.* *F:* Tout différent.

otherwhere [ˈʌðərhwɛər], *adv.* *Lit:* Ailleurs.

otherwise [ˈʌðərwaːiz], *adv.* **1.** Autrement (*than*, que). *To see things o. than (as) they are*, voir les choses autrement qu'elles ne sont. **He could not do otherwise, could not do any otherwise, could do no otherwise, than obey**, il n'a pu faire autrement que d'obéir. *It cannot be o. than harmful*, cela ne peut être que nuisible. *I do not remember him o. than with a beard*, je ne me le rappelle pas autrement que barbu, que portant la barbe. **Should it be otherwise**, dans le cas contraire; s'il en était autrement. **To think otherwise**, penser autrement; être d'un autre avis, d'une autre opinion. *I could have wished it o.*, j'aurais préféré qu'il en fût autrement. **If he is not otherwise engaged**, s'il n'est pas occupé à autre chose. **Except where otherwise stated . . .**, sauf indication contraire. . . . *Except where o. expressly provided . . .*, sauf disposition expressément contraire. . . . **Tales moral and otherwise**, histoires morales et autres. *Some people are wise and some are otherwise*, certaines gens sont sages, et d'autres ne le sont guère. *Poquelin, otherwise Molière*, Poquelin dit Molière. *Alf Smith, o. the Bruiser*, Alf Smith, autrement dit le Cogneur. *All people, rich or o.*, tout le monde, riches ou pauvres. **2.** Autrement; sans quoi, sans cela; dans le cas contraire. *Do what I tell you, o. all will go wrong*, faites ce que je vous dis, autrement, sans cela, tout ira de travers. *Work, o. you shall not eat*, travaille, sans quoi tu ne mangeras pas. *O. we will take legal proceedings against you*, faute de quoi nous vous poursuivrons en justice. **3.** Sous d'autres rapports. *Wrong date given by a historian o. worthy of credence*, date fausse donnée par un historien par ailleurs digne de foi. *The house is too large and o. undesirable*, la maison est trop grande, et peu désirable sous d'autres rapports. *O. he is quite sane*, à d'autres égards, *F:* à part ça, il est complètement sain d'esprit.

otherworldliness [ʌðərˈwəːrldlinəs], *s.* Détachement *m* de ce monde.

otherworldly [ʌðərˈwəːrldli], *a.* Détaché de ce monde.

Otho [ˈouθo]. *Pr.n.m.* Othon.

otic [ˈoutik, ˈɔ-], *a.* *Anat:* **Otic bone**, os pétreux; rocher *m*. *The o. bones*, les osselets *m* de l'oreille.

-otic [ˈɔtik], *a.suff.* -otique. *Amaurotic*, amaurotique. *Cyanotic*, cyanotique. *Hypnotic*, hypnotique. *Narcotic*, narcotique.

otiose [ˈouʃious], *a.* **1.** Inutile, superflu, oiseux. *O. epithet*, épithète oiseuse. **2.** *Occ.* Oisif, fainéant. **-ly**, *adv.* **1.** Inutilement; sans profit; oiseusement. **2.** *Occ.* Oisivement.

otioseness [ouʃiˈousnəs], *s.* Superfluité *f*; caractère *m* inutile (d'une explication, etc.).

otitis [ouˈtaitis], *s.* *Med:* Otite *f*. **Otitis media**, otite moyenne.

otology [ouˈtɔlodʒi], *s.* *Med:* Otologie *f*.

otorrhoea [outoˈriːa], *s.* *Med:* Otorrhée *f*.

otoscope [ˈoutoskoup], *s.* *Med:* Otoscope *m*.

otoscopy [ouˈtɔskopi], *s.* *Med:* Otoscopie *f*.

Otranto [ɔˈtranto]. *Pr.n.* *Geog:* Otrante.

otter [ˈɔtər], *s.* **1.** *Z:* Loutre *f*. *See also* SEA-OTTER. **2.** *Fish:* **Otter(-board)**, otter *m*. **3.** *Nau:* (Paravane *m* genre) otter.

'otter-hound, *s.* Chien *m* pour chasse aux loutres; *Breed:* otterhound *m*.

'otter-skin, *s.* Loutre *f*. **Otter-skin cap**, casquette *f* en loutre.

otto[1] [ˈɔto], *s.* = ATTAR.

Otto[2]. *Pr.n.m.* **1.** Othon. **2.** *I.C.E:* **Otto cycle**, cycle *m* à quatre temps (inventé par A. N. Otto, 1876).

Ottoman[1] [ˈɔtomən], *a.* & *s.* Ottoman, -ane; turc, *f.* turque.

ottoman[2], *s.* *Furn:* Divan *m*, ottomane *f*. *See also* BOX-OTTOMAN.

oubliette [uːbliˈet], *s.* *Hist:* Oubliettes *fpl*.

ouch [autʃ], *int.* (*Expr. pain or annoyance*) Aïe! zut!

Oudh [aud]. *Pr.n.* *Geog:* L'Oude *f*.

ought[1] [ɔːt], *v.aux.* (*With present and past meaning; inv. except for A:* **oughtest or oughtst**) (*Parts of*) devoir, falloir. **1.** (*Obligation*) *One o. never to be unkind*, il ne faut, on ne doit, jamais être malveillant. *This o. to have been done before*, on aurait dû, il aurait fallu, le faire auparavant. *To behave as one o.*, se conduire comme il convient. *If he had done as he o.*, s'il avait fait ce qu'il devait faire. *To drink more than one o.*, boire plus que de raison. *I thought I o. to let you know about it*, j'ai cru devoir vous en faire part. *We o. to inform you that . . .*, nous croyons devoir vous faire savoir que. . . . *Cars stop* **where they ought not**, les voitures stationnent où ce n'est pas licite. *Coffee o. to be drunk hot*, il faut boire le café chaud; le café aime à être bu chaud. *F:* **I know the law, or at least I ought to**, je connais la loi; je l'ai assez pratiquée. **2.** (*Vague desirability or advantage*) *You o. to go and see the Exhibition*, vous devriez aller voir l'Exposition. *You o. to have helped yourself*, vous auriez dû vous servir vous-même. *You o. not*, *P:* *you* **didn't ought**, *to have waited*, il n'aurait pas fallu attendre; vous n'auriez pas dû attendre. *You o. to have said so*, il fallait le dire. **He ought to have been a doctor**, c'est un médecin manqué. *F:* **I ought to be going**, il est temps que je parte. **You ought to have seen it!** il fallait voir ça! **3.** (*Probability*) *Your horse o. to win*, votre cheval a de grandes chances de gagner. *That o. to do*, je crois que cela suffira. *There o. to be some fun at to-morrow's meeting*, je pense qu'on s'amusera à la réunion de demain.

ought[2], *s.* = AUGHT.

ought[3], *s.* *F:* = NAUGHT.

ouija(-board) [ˈwiːja(bɔːrd), ˈwiːdʒa], *s.* *Psychics:* Oui-ja *m*.

ounce[1] [auns], *s.* *Meas:* Once *f*. **1.** (Mesure de poids) **Avoirdupois ounce** = 28gr. 35; **Troy ounce** = 31gr. 1035. *F:* **He hasn't an ounce of courage**, il n'a pas pour deux sous de courage. *See also* LEAD[1] 1. **2.** (Mesure de capacité) **Fluid ounce** = 28cm^3, 4.

ounce[2], *s.* **1.** *Z:* Once *f*; léopard *m* des neiges; irbis *m*. **2.** *A.* & *Poet:* Lynx *m*.

our [auər], *poss.a.* Notre, *pl.* nos. *Our house and garden*, notre maison et notre jardin. *Our friends*, nos ami(e)s. *Our father and mother*, notre père et notre mère; nos père et mère. *Furniture of our own make*, meubles *mpl* de notre propre fabrication. **Let us look after our own**, (i) soignons le nôtre; (ii) occupons-nous des nôtres. *Com:* **Our Mr Jones**, M. Jones de notre maison; notre sieur Jones.

ours [ˈauərz], *poss.pron.* (*a*) Le nôtre, la nôtre, les nôtres. *Your house is larger than ours*, votre maison est plus grande que la nôtre. **This is ours**, ceci est à nous; ceci nous appartient. *Provinces that have become ours again*, provinces redevenues nôtres. *Ours is a nation of travellers*, nous sommes une nation de voyageurs. *Ours is a day of rapid changes*, les choses changent rapidement à notre époque. **A friend of ours**, un(e) de nos ami(e)s; un(e) ami(e) à nous. *It is no business of ours*, ce n'est pas notre affaire; cela ne nous regarde pas. *No effort of ours . . .*, aucun effort de notre part. . . . *F:* *Pej:* **That gardener of ours**, notre sacré jardinier. *Com:* **Mr Smith of ours**, M. Smith de notre maison. *Mil:* *Major de Vere of ours*, le commandant de Vere de notre régiment, des nôtres. (*b*) **It is not ours to blame him**, ce n'est pas à nous de le blâmer; il ne nous appartient pas de le blâmer.

ourself [auərˈself], *pers.pron.* (*Of monarch, editor, etc.*) Nous-même. *We o. are convinced that . . .*, nous sommes nous-même convaincu que. . . . (*Cf.* WE 2 (*a*).)

ourselves [auərˈselvz], *pers.pron.pl.* *See* SELF[1] 4.

-ous [əs], *a.suff.* **1.** -eux, -euse. (*a*) *Advantageous*, avantageux. *Courageous*, courageux. *Mountainous*, montagneux. *Pulpous*, pulpeux. *Viscous*, visqueux. (*b*) *Ch:* *Chlorous*, chloreux. *Cuprous*, cuivreux. *Ferrous*, ferreux. *Sulphurous*, sulfureux. **2.** -e. *Adulterous*, adultère. *Omnivorous*, omnivore. *Sonorous*, sonore.

ousel [ˈuːz(ə)l], *s.* = OUZEL.

oust [aust], *v.tr.* **1.** (*a*) *Jur:* Déposséder, évincer (qn) (*of*, de). (*b*) *To oust s.o. from his post, from his command*, déloger qn de son poste. **2.** Prendre la place de (qn); évincer, supplanter, déplacer (qn); *F:* débusquer, dégotter, dégommer (qn).

ouster [ˈaustər], *s.* *Jur:* Éviction *f*; dépossession illégale.

out[1] [aut]. **I.** *adv.* **1.** Dehors. (*a*) (*With motion*) *To go out, walk out*, sortir. *To skip out*, sortir en gambadant. *To run out*, sortir en courant; courir dehors. *To creep out*, (i) sortir en rampant; (ii) sortir silencieusement, à pas de loup. *Where are you going?—Out*, où allez-vous?—Dehors; je sors. **Out you go!** hors d'ici! allez, hop! vous pouvez prendre le chemin de la porte! **Put him out! out with him!** mettez-le dehors! emmenez-le! à la porte! *Don't let him out*, ne le laissez pas sortir. *My daughter goes out a great deal*, ma fille sort beaucoup. *To go in at one door and out at the other*, entrer par une porte et sortir par l'autre. **The voyage out**, l'aller *m*. *Voyage out and home, a.* **out-and-home voyage**, voyage *m* d'aller et retour. *To insure a ship out and home*, assurer un navire pour l'aller et le retour. *Golf:* **To go out in** 40 (*strokes*), faire les neuf premiers trous en 40 coups. *See also* CALL OUT 1, DRIVE OUT, GET OUT, GO OUT, PUT OUT, SEE OUT, SHOW OUT, *etc.* (*b*) (*Without motion*) *My father is out*, mon père est sorti. *'Mrs X is out,'* "Madame est sortie." *My daughter is out a great deal*, ma fille sort beaucoup. *I was out with some friends yesterday*, (i) j'ai fait une sortie, (ii) j'étais sorti, avec des amis hier. *I am dining out this evening*, je dîne dehors, en ville, ce soir. *They are out shooting*, ils sont partis à la chasse. **He is out and about again**, il est de nouveau sur pied. **Day out**, jour *m* de sortie (d'une domestique, etc.). *To have one day out a week*, avoir un jour de libre par semaine. *It is my Sunday out*, c'est mon dimanche de sortie. *This is my night out*, ce soir je suis de sortie. *F:* **To have a night out**, passer la nuit à faire la bombe. **To be out on business**, être en course(s); être sorti pour affaires. (*Of commercial traveller*) **To be out**, être en tournée, en route. *The mob was out*, la populace était descendue dans la rue. **The workmen are out**, les ouvriers *m* sont en grève. **The troops are out**, les troupes *f* sont sur pied. *A well-known duellist, who had been out several times*, duelliste bien connu, qui avait été plusieurs fois sur le terrain, qui plus d'une fois s'était aligné sur le terrain. *He does not live far out (of the town)*, il ne demeure pas loin de la ville. *Attrib.a.* *Sp:* **Out match**, match joué chez les adversaires. **Out at sea**, en mer, au large. *Four days out from Liverpool*, à quatre jours de Liverpool. **Out in America**, en Amérique. **Out there**, là-bas. *We live quite out in the country*, nous habitons dans un trou perdu à la campagne. **The tide is out**, la marée est basse. (*Library*) *book 'out,'* livre *m* en lecture. *Fish:* *Nau:* *Our lines were out*, nos lignes *f* étaient dehors. **2.** (*a*) En dehors. **To turn one's toes out**, tourner les pieds en dehors. *See also* INSIDE 1. (*b*) Au dehors. **To lean out** (*of the window, etc.*), se pencher au dehors. *To protrude out beyond the building*, faire saillie hors du bâtiment. *See also* HANG OUT 2, HEEL[1] 1, HIT OUT, HOLD OUT 1, JUT[2], LOOK OUT, STICK OUT. **3.** (*a*) Au clair; découvert, exposé; (*of secret*) échappé, éventé; (*of bird*) éclos; (*of sword*) tiré, au clair. **The sun is out**, il fait du soleil. *F:* **The best game out**, le meilleur jeu qui soit. **The book is out, is already out, is just out**, le livre est paru, a déjà paru, vient de paraître. *Med:* **The eruption is out**, l'éruption s'est produite. **The secret is out**, le secret est connu, éventé. *A warrant is out against him*, un mandat d'amener est lancé contre lui. **Girl who is out**, jeune fille *f* qui a fait son entrée dans le monde. *Servant who has never been out before*, domestique *mf* qui n'a jamais été en service, en place. (*b*) (*With motion*) *To whip out a revolver*, tirer, sortir, vivement un revolver. *F:* **He out with a knife**, il tira, sortit, un couteau. *F:* **Out with it!** achevez donc! racontez-nous cela! allons, dites-le! expliquez-vous! *P:* allons, accouche! *See also* GIVE OUT 1, MURDER[1], TRUTH 1. (*c*) (*Of sail, etc.*) Déployé; (*of flower, etc.*) épanoui. **The may is out**, l'aubépine *f* est en fleur. *The rope is out to its full length*, tout le cordage est filé. (*d*) *F:* **To be out after s.o., sth.**, être à la recherche de qn, de qch. *He's simply out for money*, tout ce qui l'intéresse c'est l'argent. *I'm not out for compliments*, je ne suis pas en quête de compliments. *See also* BLOOD[1] 1. **I am not out to reform the world**, je n'ai pas entrepris, je n'ai pas à tâche, mon but n'est pas, de réformer le monde.

To go (all) out for sth., mettre toute son énergie, se donner corps et âme, pour faire aboutir qch.; tendre tous ses efforts vers un but; mettre tout en œuvre pour obtenir qch. *I am (going) out for big results,* je vise aux grands résultats. *He's going all out for a headship,* il met tout en œuvre pour se faire nommer directeur. *I'm all out for reform,* je suis entièrement pour les réformes. (*e*) *Sp: Aut: etc:* **All out,** à toute vitesse, à toute allure; à plein rendement. *Sp: To start all out,* partir à fond. *Boat that can do thirty knots when she is going all out,* bateau *m* qui fait trente nœuds à toute vapeur. *Aut: She does 80 when she's going all out,* elle fait du 130 quand on la laisse filer, quand on met tous les gaz. (*f*) **Out loud,** tout haut, à haute voix. **To tell s.o. sth. straight out, right out,** dire qch. à qn carrément, franchement, sans détours, sans ambages. *See also* CALL OUT 2, CRY OUT, SHOUT OUT, *etc.* **4. Shoulder out** (*of joint*), épaule luxée. **My hand is out** (*of practice*), je n'ai plus la main; j'ai perdu le tour de main; je suis rouillé. **The Tories are out** (*of power*), les Tories *m* ne sont plus au pouvoir. *The players who are out* (*of the game*), les joueurs qui sont hors du jeu, éliminés. *Cr:* (*Of batsman*) **Out,** hors jeu. **'Essex all out,'** "toute l'équipe d'Essex hors de jeu." (*Of batsman*) **Not out,** (i) (*as spoken by umpire*) la balle est bonne; le coup est bon; (ii) qui était encore au guichet à la fin de l'*innings* ou de l'après-midi. (*Of boxer*) **To be out for seven seconds,** rester sur le plancher pendant sept secondes. *To put s.o. out with a cudgel,* assommer qn d'un coup de gourdin. *See also* KNOCK OUT 2. **To be fifty pounds out** (*of pocket*), être en perte de cinquante livres. **To be out with s.o.,** être fâché, brouillé, en bisbille, avec qn. **5.** Dans l'erreur. **To be out in one's calculations,** être loin de compte; avoir dépassé ses prévisions. *To be out in one's reckoning,* s'être trompé dans son calcul. **He is five pounds out** (*in his accounts*), il a une erreur de cinq livres dans ses comptes. *I was not far out,* je ne me trompais pas de beaucoup. *You are quite out,* vous n'y êtes pas du tout. *Watch that is ten minutes out,* montre *f* qui est en avance ou en retard de dix minutes. *You have put me out,* vous m'avez dérouté; vous m'avez fait perdre le fil de mes idées. **6.** *The fire, gas, is out,* le feu, le gaz, est éteint. *Mil:* **Lights out,** extinction *f* des feux. *Nau:* **To steam with all lights out,** naviguer avec tous les feux masqués. **7.** (*a*) A bout, achevé. **My patience is out,** ma patience est à bout. *The crew was rowed out at the finish,* à la fin de la course l'équipe *f* était à bout. *My pipe is smoked out,* j'ai fini ma pipe. **The copyright is out,** l'ouvrage est tombé dans le domaine public. *The lease is out,* le bail est expiré. *This style is out,* cette mode est passée. **Before the week is out,** avant la fin de la semaine; avant que la semaine soit achevée. (*At dominoes*) **To be out,** faire domino. *See also* DIE OUT, DOWN[3] I. 4, GIVE OUT 2, IN[1] II. 4, RUN OUT, TIRE[1] 1, YEAR. (*b*) Jusqu'au bout. **Hear me out,** entendez-moi, écoutez-moi, jusqu'à la fin, jusqu'au bout. *She had her cry out,* elle s'est soulagé le cœur; elle a dégonflé son cœur; elle a pleuré tout son soûl. **To have one's sleep out,** dormir tout son soûl; finir de dormir; finir son somme. *See also* FIGHT OUT, HAVE OUT 2, HOLD OUT 2, LAST[5] 2, PUZZLE OUT, RIDE OUT 2, WORK OUT. **8.** *Adv.phr.* **Out and away.** *See* AWAY 4. **9.** *Prep.phr.* **From out.** *From out the open window came bursts of laughter,* par la fenêtre ouverte arrivaient des éclats de rire. **10. Out of.** (*a*) Hors de, au dehors de, en dehors de. *Animal that is not found out of Europe,* animal *m* qu'on ne trouve pas hors de l'Europe, qui ne se trouve qu'en Europe. *That is out of our power,* cela n'est pas en notre pouvoir. **Out of danger,** (i) hors de danger; (ii) à l'abri du danger. *See also* QUARANTINE[1] 1. **Out of sight,** hors de vue. *See also* MIND[1] 1, SIGHT[1] 2. *To live out of the world,* vivre retiré du monde. *Hardly were the words out of my mouth when . . .,* à peine avais-je prononcé ces mots que. . . . **Are you out of your time?** avez-vous fini votre apprentissage? *He is out of all his troubles* (*i.e. he is dead*), il a laissé derrière lui les tribulations de ce monde. *See also* PAIN[1] 1. *F: I am glad I am out of the whole business,* je suis content d'en être quitte. **He is well out of the whole business,** il en est quitte, il s'en est tiré, à bon marché. **To be out of it,** (i) n'être pas de la partie (de plaisir, de chasse, *etc.*); (ii) n'être pas de connivence; (iii) être laissé à l'écart. *You're absolutely out of it!* vous n'y êtes pas du tout! **To feel out of it,** se sentir dépaysé, en dehors du mouvement; se sentir de trop. *See also* PLACE[1] 2, REACH[1] 2. (*b*) **Out of season,** hors de saison. *See also* SEASON[1] 1. **Times out of number,** maintes et maintes fois. **Out of measure,** outre mesure. **To be out of one's mind,** avoir perdu la raison. *See also* MIND[1] 5. **Out of spirits,** mal en train. **Out of health,** malade, *F:* patraque. *See also* JOINT[1] 2, LEVEL[1] I. 2, LIE[4] 1, PRACTICE 3, QUESTION[1] 2, SENSE[1] 2, SORT[1] 1, STRAIGHT II. 1, TIME[1] 11, TRUTH 1, TUNE[1] 2, *etc.* (*c*) (*With motion*) *To go out of the house,* sortir de la maison. *Is there a way out of it?* y a-t-il (un) moyen d'en sortir? *To throw sth., to leap, out of the window,* jeter qch., sauter, par la fenêtre. *To jump out of bed,* sauter à bas du lit. *To turn s.o. out of the house,* mettre, *F:* flanquer, qn à la porte. *To get the cart out of the ditch,* faire sortir la charrette du fossé. *To get money out of s.o.,* obtenir de l'argent de qn; soutirer ou extorquer de l'argent à qn. *I got ten pounds out of it,* j'y ai gagné dix livres. (*d*) *Breed:* **Gladiator by Monarch out of Gladia,** Gladiateur par Monarch et Gladia. (*e*) Dans, à, par. **To drink out of a glass,** boire dans un verre. **To drink out of the bottle,** boire à (même) la bouteille. *To eat out of the same dish,* manger au même plat. *See also* EAT[2] 1. **To copy sth. out of a book,** copier qch. dans un livre. *Steps cut out of the solid rock,* escalier taillé à même la pierre. *You will pay yourself out of what remains over,* vous vous payerez sur le surplus. *The firemen are paid out of the town funds,* on paye les pompiers sur le budget de la ville. (*f*) Parmi, d'entre. *Choose one out of these ten,* choisissez-en un parmi les dix. *One fact out of a thousand,* un seul fait entre mille. *It happens once out of a thousand times,* cela arrive une fois sur mille. *Three days out of four,* trois jours sur quatre. *One out of every three,* un sur trois, de trois l'un. (*g*) *Hut* **made out of** *a few old planks,* cabane faite de quelques vieilles planches. (*h*) **Out of respect for you,** par respect pour vous. *To do sth. out of friendship, out of curiosity,* faire qch. par amitié, par curiosité. *To act out of fear,* agir sous le coup de la peur. (*i*) **To be out of tea,** ne plus avoir de thé; être démuni, dépourvu, à court, de thé; manquer de thé. **Out of cash,** démuni d'argent. *Com:* **This article is out of stock, I am out of this article,** je suis désassorti de cet article. *See also* BREATH, POCKET[1] 1, WORK[1] 4.

II. **out,** *int.* *A. & Lit:* **Out upon him!** fi de lui! *A:* haro! *Out upon you!* fi du vilain!

III. **out,** *attrib.a.* **1.** Extérieur, à l'extérieur. *The out parts of the diocese,* les parties extérieures, éloignées, du diocèse. *See also* OUT-GUARD, OUT-PARISH, OUT-PATIENT, OUT-STATION, *etc.* **2.** Hors de l'ordinaire. *See* OUT SIZE.

IV. **out,** *s.* **1. Ins and outs.** *See* IN[1] III. 1. **2.** *Typ:* Bourdon *m.* **To make an out,** sauter un mot. **3.** *pl. Med: F:* **Outs** (= *out-patients' department*), policlinique *f*, dispensaire *m.* **4.** *Ind:* Pièce *f* de rebut. *Cin:* Prise *f* de vues à écarter. **5.** *U.S: F:* (*a*) **To be at outs with s.o.** = *to be out with s.o., q.v. under* I. 4. (*b*) **To make a poor out,** se mal acquitter.

V. **out-.** *In combination.* **1.** (*Participles from verbs*) (*Cast out*) *Outcast,* expulsé. (*Lie out*) *Outlying,* écarté, éloigné. (*Spread out*) *Outspread,* étendu. (*Speak out*) *Outspoken,* franc, clair. *Outspokenness,* franchise. (*Stand out*) *Outstanding,* saillant, marquant. (*Bend out*) *Outbent,* tourné en dehors. **2.** (*Nouns corresponding to verbs*) (*Break out*) *Outbreak,* éruption. (*Burst out*) *Outburst,* explosion. (*Flow out*) *Outflow,* écoulement. (*Grow out*) *Outgrowth,* excroissance. **3.** (*a*) (*Nouns from nouns*) *Out-building,* bâtiment extérieur. *Outsole,* semelle extérieure. *Out-relief,* secours à domicile. *Out-ward,* arrondissement extra muros. *Out-dweller,* personne qui demeure hors de la ville. *Out-worker,* ouvrier à domicile. *Outlander,* étranger. (*b*) (*Out of*) *Outdoor,* extérieur, au dehors, au grand air. **4.** (*With sense of going beyond*) *Outclass,* surclasser. *Outdistance,* dépasser. *Outdare,* surpasser en audace. *Outdo,* surpasser. *Outgeneral,* surpasser en tactique. *Outlast, outlive,* survivre (à). *Outnumber,* surpasser en nombre. *Outride,* dépasser à cheval. *Outrun,* dépasser à la course. *Th: Out-act,* éclipser le jeu de (qn). *Out-argue,* vaincre (qn) dans un argument. *Outbellow,* crier, beugler, plus fort que (qn). *Outbid,* renchérir sur (qn). *Outrival,* l'emporter sur (qn). *Outwit,* surpasser (qn) en finesse. *Outspeed,* courir plus vite que (qn). *Outweigh,* dépasser en poids. *Novels out-trashing the very trashiest,* romans qui dépassent en nullité tout ce qu'il y a de plus nul.

out-'act, *v.tr.* Éclipser le jeu de (qn) (sur la scène).

'out and 'out. 1. *adv.phr.* Complètement, absolument, sans restriction. *To oppose sth. out and out,* s'opposer à qch. avec la dernière énergie. *To be beaten out and out,* être battu à plate couture. **2.** *a.* **Out-and-out** *liar,* menteur fieffé, accompli, achevé. *Out-and-out rogue,* franc coquin. *Out-and-out fool,* sot renforcé. *Out-and-out republican,* républicain outrancier, convaincu, enragé, à tous crins, à tout crin. *Out-and-out nationalist,* nationaliste intransigeant. *Out-and-out flatterer,* adulateur, -trice, à outrance. *Out-and-out bourgeois,* bourgeois renforcé.

'out-and-'outer, *s. F:* **1.** (*Pers.*) (*a*) Outrancier, -ière. (*b*) Fripon accompli. **2.** (*a*) Mensonge effronté. (*b*) Chef-d'œuvre *m*, *pl.* chefs-d'œuvre.

out-'argue, *v.tr.* Vaincre (qn) dans un débat; mettre (qn) à bout d'arguments.

out at 'elbows, *adj.phr.* Aux coudes troués. *To look out at elbows,* avoir l'air râpé. *See also* ELBOW[1] 1.

'out-book, *s. Com:* = OUT-CLEARING BOOK.

'out-bound, *a. Nau:* (Navire) sortant.

out-'brag, *v.tr.* (**out-bragged; -bragging**) Surpasser (qn) en fanfaronnades.

'out-breeding, *s. Breed:* Rafraîchissement *m* du sang (dans l'élevage).

'out-building, *s.* Bâtiment extérieur; annexe *f.* **Out-buildings,** communs *m*, dépendances *f.*

out-'by(e), *adv.phr. Scot:* Dehors.

'out-clearer, *s. Bank:* Commis *m* (d'un *clearing banker* qui travaille à la Chambre de Compensation et qui est) chargé du livre du dehors. (*Cf.* IN-CLEARER.)

'out-clearing book, *s.* Livre *m* du dehors. (*Cf.* IN-CLEARING BOOK.)

'out-college, *attrib.a. Sch:* (Étudiant, -ante) externe.

'out-dweller, *s. Out-d. of a town,* habitant, -ante, des faubourgs ou de la banlieue.

'out-fighting, *s.* **1.** *Box:* Combat *m* à bras tendus. **2.** *Navy:* Combats d'avant-garde.

'out-guard, *s. Mil:* Garde avancée.

'out-of-'date, *adj.phr.* **1.** Suranné, vieilli; passé de mode, démodé. *Out-of-date theories,* théories désuètes. *Out-of-date methods,* méthodes périmées. *To become out-of-date,* passer de mode. *See also* DATE[2] 1. **2.** (Billet, passeport) périmé.

'out-of-'doors, *adv.phr.* = OUTDOORS.

'out-of-'fashion, *a.* Démodé, passé de mode.

'out-of-'pocket, *attrib.a.* **Out-of-pocket expenses,** débours *mpl.*

'out-of-'round, *s.* Faux-rond *m*, *pl.* faux-ronds.

'out-of-the-'way, *a.* **1.** (*Of place, house, etc.*) Écarté; *F:* perdu. *Out-of-the-way spot,* endroit peu fréquenté, loin de tout et de tous. *Little out-of-the-way place,* (petit) trou perdu. **2.** Peu ordinaire, peu commun, insolite; (prix) excessif, exorbitant.

'out-of-the-'world, *a.* = OUT-OF-THE-WAY 1.

'out-of-'work, *s.* Chômeur *m.* **The out-of-work(s),** les sans-travail *m.*

'out-parish, *s.* (*a*) Paroisse *f* extra-muros. (*b*) Paroisse écartée.

'out-patient, *s.* (*a*) Malade *mf* qui est soigné(e) à domicile (par l'assistance publique). (*b*) Malade qui vient consulter à la clinique. **Out-patients' department** (*of hospital*), policlinique *f*, dispensaire *m*; (*on door, etc.*) "consultation externe."

'out-porter, *s. Rail: etc:* Commissionnaire messager.

'out-relief, *s. Adm:* Secours *mpl* à domicile.

'out size, *s. Com:* **1.** Dimension *f* ou pointure *f* hors série; taille exceptionnelle; dimensions spéciales; (*in men's clothes*) très grand patron. **2.** *Attrib.* **Out-size dress,** robe *f* en taille exceptionnelle. *Out-s. shoes,* pointure hors série. **3.** Personne *f* de taille exceptionnelle. **For out sizes,** pour les grandes tailles.

'out-sized, *a.* De taille exceptionnelle.

'out-station, *s.* Station écartée, éloignée.

'out-take, *s. Min:* Puits *m* de sortie.

'out-thrust, *s. Arch:* Poussée *f* en dehors.

'out-turn, *s. Ind:* Production *f* (d'une mine, etc.); rendement net.

'out-voter, *s.* Électeur, -trice, qui ne réside pas dans la circonscription (mais qui a le droit d'y venir voter en tant que propriétaire foncier).

'out-ward, *s.* Arrondissement *m* hors de la ville.

'out-worker, *s.* Ouvrier, -ière, à domicile.

out², *v.tr.* **1.** *Cr:* Mettre (le batteur) hors jeu. **2.** (*a*) *Box:* = KNOCK OUT 2. (*b*) *F:* Assommer (qn) ou faire perdre connaissance à (qn) **3.** (*a*) *F:* Mettre (qn) à la porte. (*b*) *Ten:* Chasser (la balle) hors des limites.

outback ['autbæk]. (*Austral.*) **1.** *adv.* A l'intérieur. **2.** *Attrib.a.* (Ferme *f*, etc.) de l'intérieur. **3.** *s.* **The outback,** l'intérieur *m*.

outbalance [aut'bæləns], *v.tr.* L'emporter sur (qch.); être plus important que (qch.).

outbent [aut'bent], *a.* Tourné en dehors.

outbid [aut'bid], *v.tr.* (*p.t.* **outbade, outbid;** *p.p.* **outbid, -bidden;** *pr.p.* **outbidding**) **1.** (*At auction*) (R)enchérir, surenchérir, sur (qn); mettre sur (qn); faire une surenchère sur (qn). **2.** *F:* Surpasser. *To o. s.o. in generosity,* surpasser qn en générosité; renchérir sur qn.

outbidding, *s.* Surenchère *f*.

outbidder [aut'bidər], *s.* Surenchérisseur, -euse; renchérisseur, -euse.

outblaze [aut'bleːiz], *v.tr.* Surpasser (qn, qch.) en éclat.

outboard ['autbɔːrd]. **1.** *a. Esp. Nau:* (*a*) (*Of rigging, etc.*) Extérieur, hors bord, en abord. **Outboard motor,** moteur *m* hors bord. **Outboard motor boat,** hors-bord *m inv.* *O. cabin, Nau:* cabine extérieure, *Navy:* chambre extérieure. *Mec.E:* **Outboard bearing,** palier *m* à chevalet isolé; palier en porte-à-faux; palier extérieur. (*b*) (Tuyau *m*, etc.) qui court vers l'extérieur. **2.** *adv. Esp. Nau:* (*a*) Au dehors; hors bord; par-dessus le bord. **Outboard slung motor,** motogodille *f*. (*b*) Vers l'extérieur.

outbrave [aut'breːiv], *v.tr.* **1.** Braver (le danger, etc.). **2.** Surpasser (qn) en bravoure.

outbreak ['autbreik], *s.* **1.** Éruption *f* (volcanique, etc.); début *m*, commencement *m*, ouverture *f* (des hostilités, etc.); débordement *m* (des sentiments). *O. of temper,* explosion *f* de rage; bouffée *f*, accès *m*, de colère; déchaînement *m* de colère; sortie violente. *O. of an epidemic,* première manifestation d'une épidémie. *At the o. of an epidemic,* lorsqu'une épidémie se déclare. *Precautions against an o. of typhus,* précautions *f* contre le typhus. *O. of pimples,* poussée *f* de boutons; éruption. *O. of fire,* incendie *m*. **New outbreak,** recrudescence *f* (d'une épidémie, du feu, etc.); nouveau foyer (d'incendie). *At the o. of war . . .,* quand la guerre éclata . . . *See also* HOSTILITY 2. **2.** Révolte *f*, émeute *f*. **3.** *Geol: Min:* Affleurement *m* (d'un filon).

outburst ['autbəːrst], *s.* **1.** Éruption *f*, explosion *f*; éclat *m* (de rire, etc.); élan *m* (de générosité); déchaînement *m* (de colère). **Outburst of temper,** bouffée *f*, accès *m*, de colère; sortie violente; mouvement *m* d'humeur; algarade *f* (*against s.o.,* contre qn). **2.** *Geol: Min:* = OUTBREAK 3.

outcast ['autkɑːst], *a.* & *s.* Expulsé, -ée, exilé, -ée, proscrit, -ite, banni, -ie. *An o. of society,* un déchet, un(e) réprouvé(e), de la société; un paria. *Social outcasts,* le rebut, les déchus *m*, de la société. *F: The outcasts of fortune,* les déshérités *m*.

outcaste¹ ['autkɑːst]. **1.** *a.* Qui n'appartient à aucune caste; hors caste. **2.** *s.* Hors-caste *mf inv*; paria *m*.

outcaste² [aut'kɑːst], *v.tr.* Mettre (qn) hors caste.

outclass [aut'klɑːs], *v.tr. Sp:* Surclasser (qn).

outcome ['autkʌm], *s.* Issue *f*, résultat *m*, conséquence *f*, aboutissement *m*, dénouement *m*. *The o. of our labours,* le fruit de nos travaux. *Atheism is the logical o. of this doctrine,* l'athéisme *m* est le terme logique de cette doctrine. *I don't know what the o. will be,* je ne sais pas ce qui en résultera.

outcrop¹ ['autkrɔp], *s. Geol: Min:* Affleurement *m*, pointement *m*; *Geol:* tranche *f* de couche. *Psy:* **Outcrop of the unconscious,** affleurement de l'inconscient.

outcrop², *v.i.* (**outcropped; outcropping**) *Geol: Min:* (*Of seam*) Affleurer.

outcropping¹, *a.* Affleurant au jour, à la surface.

outcropping², *s.* = OUTCROP¹.

outcry ['autkrai], *s.* (*a*) Cri *m*, cris (de réprobation, d'indignation); clameur *f*. **To raise an outcry against s.o.,** crier haro, tollé, sur qn. (*Of proposal, etc.*) *To raise a general o.,* soulever un tollé général. (*b*) Réclamations indignées (*against,* contre).

outdare [aut'dɛər], *v.tr.* **1.** Braver, défier (le danger, etc.). **2.** Surpasser (qn) en intrépidité; se montrer plus hardi que (qn).

outdid [aut'did]. *See* OUTDO.

outdistance [aut'distəns], *v.tr.* Distancer, dépasser (un concurrent, etc.).

outdo [aut'duː], *v.tr.* (*p.t.* **outdid** [aut'did]; *p.p.* **outdone** [aut'dʌn]) Surpasser (*s.o. in sth.,* qn en qch.); l'emporter, renchérir, sur (qn); vaincre (un concurrent); *P:* faire la pige à (qn). *To o. s.o. in kindness,* enchérir sur la bonté de qn; surpasser qn en bonté. *They are all anxious to o. each other,* c'est à qui fera le mieux. *They tried to o. each other in generosity,* ils faisaient assaut de générosité.

outdoer [aut'duər], *s.* Renchérisseur, -euse (*of,* sur).

outdoor ['autdɔːr], *a.* **1.** Extérieur, -eure; au dehors; (vie *f*, jeux *mpl*, etc.) au grand air, en plein air. **Outdoor clothes,** vêtements *m* de ville. *Cin:* **Outdoor scenes,** extérieurs *m*. **2.** *Adm:* (*a*) (*Of pauper, etc.*) Externe. (*b*) **Outdoor relief,** secours *mpl* à domicile.

outdoors [aut'dɔːrz], *adv.* Dehors; hors de la maison; au dehors; en plein air. *To live o.,* vivre au grand air. *To sleep o.,* coucher à la belle étoile.

outdrive [aut'draːiv], *v.tr.* (*p.t.* **outdrove** [aut'droːuv]; *p.p.* **outdriven** [aut'drivn]) *Golf:* Dépasser (son adversaire) (du premier coup de crosse); avoir la crossée plus longue que (qn).

outer¹ ['autər]. **1.** *a.* Extérieur, -eure; externe; circonférentiel. *The o. side of . . .,* le côté extérieur, externe, de. . . . **The outer darkness,** les ténèbres extérieures. **The outer man,** (i) le corps; (ii) l'extérieur (d'un homme), l'homme extérieur. **Outer garments,** vêtements *m* de dessus. *Arch:* **Outer door,** avant-portail *m*, *pl.* avant-portails. *Mil: etc:* **Outer wall,** contre-mur *m*, *pl.* contre-murs. **Outer flank** (*of wheeling movement*), aile marchante. *See also* FORM¹ 8, HILL¹ 1, LEAF¹ 1, PORT¹. **2.** *s.* (*In range-shooting*) Balle *f* hors zone.

outer², *s. Box: F:* Knock-out *m*.

outermost ['autərmoust], *a.* **1.** Extérieur, -eure; le plus à l'extérieur; le plus en dehors. **2.** Le plus écarté; extrême. *To the o. parts of the earth,* jusqu'aux extrémités de la terre.

outface [aut'feis], *v.tr.* Faire baisser les yeux à (qn); dévisager, décontenancer (qn).

outfall ['autfɔːl], *s.* Embouchure *f* (d'une rivière, d'une vallée); déversoir *m*, déchargeoir *m*, décharge *f*, débouché *m* (d'un égout, etc.). **Outfall sewer,** égout de décharge.

outfield ['autfiːld], *s. Cr:* Le terrain éloigné des guichets.

outfight [aut'fait], *v.tr.* (*p.t.* **outfought** [aut'fɔːt]; *p.p.* **outfought**) L'emporter sur (qn) dans le combat, dans la lutte; surpasser (un général) en tactique. *To be outfought,* se montrer inférieur.

outfit ['autfit], *s.* **1.** Appareil *m*, appareillage *m*, équipement *m*, équipage *m*; attirail *m* (de chasse, etc.). *Nau:* Armement *m* (d'un navire). *O. of tools,* ensemble *m* d'outils; jeu *m* d'outils; outillage *m*. **First aid outfit,** trousse *f* de premiers secours; boîte *f* de secours. **Repairing outfit,** nécessaire *m*, trousse, de réparation, à réparations. **2.** (*Of clothes*) Trousseau *m*; effets *mpl*; ensemble *m* des articles de vêtement. *Mil:* Équipement *m*. *Scout's o.,* uniforme *m* de boy-scout. **Outfit allowance,** indemnité *f*, gratification *f*, de première mise, d'équipement. **3.** *U.S: F:* (*a*) Équipe *f* d'ouvriers. (*b*) *Mil: F:* Compagnie *f* ou bataillon *m*.

outfitter ['autfitər], *s. Com:* Fournisseur, -euse, d'articles d'habillement; confectionneur, -euse; ensemblier *m*. **Gentlemen's outfitter,** marchand *m* de confections et chemisier *m*.

outfitting ['autfitiŋ], *s.* **1.** Équipement *m*; armement *m* (d'un navire). **2.** *Com:* **Outfitting department,** rayon *m* de confection *f* (pour hommes, pour dames).

outflank [aut'flæŋk], *v.tr.* (*a*) *Mil:* Déborder (l'ennemi, etc.). *An outflanking attack,* une attaque débordante. (*b*) *F:* Circonvenir (qn).

outflew [aut'fluː]. *See* OUTFLY.

outflow ['autflou], *s.* **1.** Écoulement *m*, dépense *f* (d'eau, de gaz, etc.); coulée *f* (de lave, etc.); décharge *f* (d'un égout, d'un bief, etc.). **2.** = OUTFLOWING² 2.

outflowing¹ ['autflouiŋ], *a.* **1.** (Courant, etc.) effluent, de sortie. **2.** *Poet:* *O. hair,* cheveux flottants.

outflowing², *s.* **1.** = OUTFLOW 1. **2.** Épanchement *m* (de sentiments, etc.).

outfly [aut'flai], *v.tr.* (*p.t.* **outflew** [aut'fluː]; *p.p.* **outflown** [aut'floun]) Dépasser au vol; voler plus vite, plus haut, ou plus loin que. . . .

outfool [aut'fuːl], *v.tr.* **1.** (*a*) Surpasser (qn) en sottise; être plus sot que (qn). (*b*) Surpasser (qn) en bouffonnerie. **2.** Duper (qn); se montrer plus habile que (qn).

outfoot [aut'fut], *v.tr.* Courir plus vite que . . .; dépasser à la course.

outfought [aut'fɔːt]. *See* OUTFIGHT.

outgeneral [aut'dʒenərəl], *v.tr.* Surpasser (qn) en tactique; l'emporter sur (qn) en tactique.

outgoer ['autgouər], *s.* Sortant, -ante.

outgoing¹ ['autgouiŋ], *a.* (*Of tenant, traffic, office-holder, etc.*) Sortant; (*of train*) en partance. **Outgoing tide,** marée descendante. *O. ministry,* ministère *m* démissionnaire. **Outgoing mail,** correspondance montante. *O. pipe,* tuyau *m* de départ, de sortie. *El.E:* *O. cable,* câble *m* de départ, de sortie.

outgoing², *s.* **1.** Sortie *f* (de qn). **Outgoing inventory,** inventaire *m* de sortie (lorsqu'on quitte un immeuble). **2.** *pl.* **Outgoings,** dépenses *f*, débours *m*; sorties de fonds. *The outgoings exceed the incomings,* les dépenses excèdent les recettes *f*.

outgrow [aut'grou], *v.tr.* (*p.t.* **outgrew** [aut'gruː]; *p.p.* **outgrown** [aut'groun]) **1.** Croître plus vite que (qn, qch.), devenir plus grand que (qn, qch.); dépasser (d'autres plantes, etc.) en hauteur. **2.** (*a*) Devenir trop grand pour (ses vêtements, etc.). **To outgrow one's strength,** grandir trop vite. (*b*) **To outgrow a habit,** perdre une habitude avec le temps, en grandissant, en vieillissant; se défaire d'une habitude. *To o. an opinion,* se défaire d'une opinion; revenir sur une opinion.

outgrowth ['autgrouθ], *s.* (*a*) Excroissance *f*. *Geol:* Apophyse (éruptive). (*b*) Conséquence naturelle, résultat *m* (de certains faits, etc.).

outhaul ['authɔːl], *s. Nau:* Drisse *f*. **Jib outhaul,** hale-dehors *m inv.*

out-Herod [aut'herəd], *v.tr.* *F:* **To out-Herod Herod,** (i) se montrer plus violent, plus ronflant, qu'Hérode (allusion

Hamlet); surhéroder Hérode; (ii) dépasser les bornes; passer toute mesure.
outhouse ['authaus], *s.* (*a*) Bâtiment extérieur; dépendance *f.* **Outhouses**, communs *m.* (*b*) Appentis *m*, hangar *m*, toit *m.*
outing ['autiŋ], *s.* (*a*) Promenade *f.* (*b*) Excursion *f*, sortie *f*, partie *f* de plaisir, *F:* fugue *f.* *Day's o.* (*in a car, etc.*), randonnée *f.* *To have a nice o.*, faire une belle promenade (à pied, à cheval, en voiture). *To go for an o. on Sundays*, faire une sortie le dimanche.
outjockey [aut'dʒɔki], *v.tr.* *F:* L'emporter sur (qn) (en ruse); rouler, duper (qn).
outlander ['autlandər], *a.* & *s.* **1.** Étranger, -ère. **2.** *Hist:* Uitlander (*m*).
outlandish [aut'landiʃ], *a.* **1.** *A:* Étranger. **2.** (*a*) (*Of manner, costume, etc.*) Baroque, incongru, bizarre, étrange; (langage *m*) barbare. (*b*) (*Of place*) Retiré, écarté. *To live in an o. place*, habiter au bout du monde.
outlandishness [aut'landiʃnəs], *s.* Bizarrerie *f*, étrangeté *f* (de manières, de costume).
outlast [aut'lɑːst], *v.tr.* Durer plus longtemps que (qch.); survivre à (qn).
outlaw[1] ['autlɔː], *s.* Hors-la-loi *m inv*; proscrit, -ite; banni, -ie.
outlaw[2], *v.tr.* Mettre (qn) hors la loi; proscrire (qn).
outlawed, *a.* Banni.
outlawry ['autlɔːri], *s.* Mise *f* hors la loi; proscription *f.*
outlay ['autlei], *s.* Débours *mpl*, frais *mpl*, dépenses *fpl.* *Ind: etc:* **First outlay, initial outlay**, première mise de fonds; frais de premier établissement. *National o. on armaments*, effort financier qu'un État consacre à ses armements. **To get back, recover, one's outlay**, rentrer dans ses fonds, dans ses débours, dans ce qu'on a déboursé. **Without any great outlay, with no considerable outlay**, (i) sans grande mise de fonds; (ii) à peu de frais.
outlet ['autlet], *s.* **1.** Orifice *m* d'émission; issue *f* (de tunnel, etc.); sortie *f*, départ *m* (d'air, de gaz); échappement *m* (de vapeur); débouché *m* (de tuyau); sortie (de mine). *Hyd.E:* Dégorgeoir *m*, épanchoir *m*, bonde *f* (d'un lac). **Water outlet, steam outlet**, sortie d'eau, de vapeur. *To give sth. an o.*, donner issue à qch. *To provide an o. for the smoke*, ménager un passage pour la fumée. *Hyd.E:* **Outlet pipe, outlet drain**, tuyau *m* d'écoulement; colateur *m.* **Discharge outlet**, émissaire *m*, débouché (d'un égout, etc.). *O. works of a reservoir*, éjecteur *m* d'un réservoir. *F:* **Outlet for one's energies**, issue, déversoir *m*, pour son trop-plein d'énergie. *See also* VALVE[1] 1. **2.** *Com:* Débouché (pour marchandises).
outlier ['autlaiər], *s.* **1.** (*a*) *Geol:* Massif détaché; lambeau *m* de recouvrement; témoin *m*; butte-témoin *f*, *pl.* buttes-témoins. (*b*) Annexe *f* (d'une institution quelconque). **2.** *Ven: etc:* Bête *f* solitaire, qui gîte au loin.
outline[1] ['autlain], *s.* **1.** (*a*) **Outline(s)**, contour(s) *m*, profil *m* (d'une colline, etc.); configuration *f* (de la terre); galbe *m*, gabarit *m* (d'un monument, etc.); silhouette *f* (de qn, d'un édifice); linéature *f* (des traits, du visage, etc.). *Elegant o. of a car*, galbe élégant, ligne élégante, d'une auto. *Arch:* (*Proportion and*) *outlines of a cornice*, modénature *f* d'une corniche. (*b*) Dessin *m* au trait; tracé *m.* *Vase drawn* **in outline**, vase dessiné au trait. (*c*) Argument *m*, canevas *m* (d'une pièce, d'un roman). **Main outlines, general outline, broad outlines, of a scheme**, grandes lignes, données générales, aperçu *m*, d'un projet. *To give a bold o. of sth.*, décrire qch. à grands traits. *I am only giving you an o.*, je ne vous donne que les grandes lignes. **Outlines of astronomy**, éléments *m* d'astronomie. *Art: Lit:* **Rough outline**, premier jet. **2.** (*Shorthand*) Sténogramme *m*, sigle *m.*
outline[2], *v.tr.* **1.** Contourner, silhouetter (le profil de qch.). *The mountains are outlined against the sky*, les montagnes *f* se dessinent, se profilent, sur le ciel. *The castle turrets are outlined against the horizon*, le château découpe ses tourelles sur l'horizon. **2.** Exposer à grands traits, dans ses lignes générales (une théorie, etc.); esquisser (un roman, un projet); tracer les grandes lignes (d'un projet, etc.); ébaucher, indiquer (un plan d'action). **3.** *Draw: etc:* Tracer, esquisser à grands traits, délinéer (un dessin, etc.).
outlining, *s.* **1.** Contournement *m* (du profil de qch., etc.). **2.** Exposition *f* (d'un projet, etc.); ébauchage *m* (d'un roman, etc.). **3.** *Draw:* Traçage *m*, délinéation *f* (d'un dessin).
outlive [aut'liv], *v.tr.* Survivre à (qn, une défaite, etc.). *He will o. us all*, *F:* il nous enterrera tous, il nous mettra tous au tombeau. *The patient will not o. the winter*, le malade ne passera pas l'hiver. (*Of ship*) *To o. a storm*, survivre à une tempête; sortir indemne d'une tempête. *To o. one's day*, se survivre.
outlook ['autluk], *s.* **1.** Guet *m.* **To be on the outlook**, être aux aguets. **To be on the outlook for sth.**, guetter qch. **2.** Vue *f*, perspective *f.* *The o. is none too promising*, la perspective n'est pas des plus rassurantes. *The political o. is darkening*, l'horizon *m* politique se rembrunit. *O. upon life*, conception *f* de la vie. *To have a melancholy o. on life*, voir les choses en noir. **Breadth of outlook**, largeur *f* de vues.
outlying ['autlaiiŋ], *a.* Éloigné, écarté; (*of rock, island, etc.*) isolé; d'en dehors. *O. quarter*, quartier *m* excentrique. *O. dispensaries*, dispensaires *m* périphériques. *O. building*, annexe *f.* *O. farm-buildings*, dépendances *f.* *Nau:* **Outlying tackle** (*of fishing-boat*), appareil immergé, qui déborde. *Navy:* **Outlying station**, point *m* d'appui. *See also* PICKET[1] 2.
outmanœuvre [autmə'nuːvər, -'njuːvər], *v.tr.* L'emporter sur (l'ennemi) en tactique; *F:* déjouer (qn, les plans de qn); rouler (qn).
outmarch [aut'mɑːrtʃ], *v.tr.* **1.** Battre (qn) à la marche. **2.** Devancer, dépasser (l'ennemi, etc.).
outmatch [aut'matʃ], *v.tr.* *Sp: etc:* Surpasser, battre (qn); se montrer supérieur à (qn). *To o. one's rivals*, devancer ses rivaux.
outmoded [aut'moudid], *a.* Démodé.
outmost ['autmoust]. **1.** *a.* = OUTERMOST. **2.** *s.* *A:* **To the outmost**, au plus haut degré. **At the outmost**, au maximum.

outnumber [aut'nʌmbər], *v.tr.* L'emporter en nombre sur, surpasser en nombre, être plus nombreux que (l'ennemi, etc.).
outpace [aut'peis], *v.tr.* Dépasser, devancer, distancer (un concurrent, etc.); gagner (qn) de vitesse.
outplay [aut'plei], *v.tr.* Jouer mieux que (qn). *Sp:* **To outplay the other side**, dominer la partie. *F:* *To be outplayed*, trouver son maître.
outpoint [aut'pɔint], *v.tr.* **1.** *Y:* Courir plus près du vent que (son concurrent). **2.** *Sp:* Gagner plus de points que, battre aux points (son adversaire).
outport ['autpɔːrt], *s.* **1.** Port *m* de mer (d'une ville). **2.** Port de partance.
outpost ['autpoust], *s.* *Mil: etc:* Avant-poste *m*, *pl.* avant-postes; poste avancé. *See also* PICKET[1] 2.
outpouring ['autpɔːəriŋ], *s.* Épanchement *m*, effusion *f* (de sentiments); débordement *m* (d'injures). *Outpourings of the heart*, effusions de cœur.
output ['autput], *s.* **1.** (*a*) Rendement *m* (d'une machine, d'une usine, etc.); production *f* (d'une mine); débit *m* (d'un générateur); débit, refoulement *m* (d'une pompe). *Ind: etc:* **Output per hour**, puissance *f* horaire; rendement à l'heure. **Maximum output, peak output**, record *m.* **Effective output of power**, puissance réelle, effective. *Machine with a large o.*, machine *f* qui débite beaucoup d'ouvrage. *To reduce the o.*, ralentir la production. (*b*) *Cin: etc:* **Sound output**, émission *f* du son. **2.** *W.Tel:* **Output valve**, lampe *f* de sortie; lampe terminale.
outrage[1] ['autreidʒ], *s.* (*a*) Outrage *m*, atteinte *f.* **To commit an outrage on, against, s.o., sth.**, faire outrage à qn, à qch. *O. against society, against humanity*, crime *m* de lèse-société, de lèse-humanité. *What an o.!* quelle indignité! *Jur:* **Outrage against morals**, outrage aux (bonnes) mœurs; attentat *m* à la pudeur. (*b*) **Bomb outrage**, attentat avec machine infernale.
outrage[2], *v.tr.* Outrager, faire outrage à (la religion, etc.); violenter, faire outrage à (une femme). *To o. nature, the law*, outrager la nature, la loi. *F:* *To o. common sense*, aller à l'encontre du bon sens.
outrageous [aut'reidʒəs], *a.* (*a*) (*Of cruelty, etc.*) Immodéré, indigne; (*of price*) excessif, exorbitant. (*b*) (*Of statement, accusation*) Outrageant, outrageux; (*of conduct, etc.*) outrageux, atroce, indigne, révoltant, scandaleux; *F:* (*of trick, etc.*) pendable. *O. insult*, insulte sanglante. *O. injustice*, injustice flagrante, criante, révoltante. *It is o.!* c'est indigne! c'est une indignité! *It is o. that . . .*, cela dépasse toutes les bornes que. . . . *The most o. part of it is that . . .*, ce qu'il y a de plus violent, c'est que. . . . (*c*) *F:* *O. hat*, chapeau *m* impossible. *What an o. hat!* quelle horreur, ce chapeau! **-ly**, *adv.* (*a*) Immodérément, outre mesure. *They spoil him o.*, on le gâte abominablement. *O. expensive*, horriblement cher. *To charge o. for sth.*, demander un prix exorbitant pour qch. (*b*) D'une façon scandaleuse, indigne.
outrageousness [aut'reidʒəsnəs], *s.* **1.** Caractère outrageant, outrageux (d'un soupçon, etc.). **2.** *The o. of his conduct*, l'indignité *f* de sa conduite. *O. of a price*, exorbitance *f* d'un prix.
outran [aut'ran]. *See* OUTRUN.
outrange [aut'reindʒ], *v.tr.* (*a*) (*Of gun*) Avoir une portée plus grande que. . . . (*b*) Surpasser (*s.o. in sth.*, qn en qch.).
outride [aut'raid], *v.tr.* (*p.t.* **outrode** [aut'roud]; *p.p.* **outridden** [aut'ridn]) **1.** Chevaucher plus vite que (qn); dépasser, devancer, (qn) à cheval. *He outrode all his pursuers*, il distança tous ceux qui étaient à sa poursuite. **2.** *Nau:* Étaler (une tempête).
outrider ['autraidər], *s.* Piqueur *m*, jockey *m* (de carrosse, de diligence).
outrig ['autrig], *s.* *Nau:* Épatement *m* (des haubans).
outrigged ['autrigd], *a.* *Nau:* **1.** (*Of shrouds*) Épaté. **2.** (*Of boat*) A porte-nage en dehors.
outrigger ['autrigər], *s.* **1.** *Nau:* Espar *m* en saillie; arc-boutant *m*, *pl.* arcs-boutants. **2.** *Row:* (*a*) Porte-nage *m inv* en dehors; porte-en-dehors *m inv*; dame *f* de nage. (*b*) (*Boat*) Outrigger *m.* **3.** *Nau:* Balancier *m* (d'un prao). **4.** *Av:* **(Tail-)outrigger**, longeron *m* de support du plan fixe; poutre *f* de liaison.
outright [aut'rait]. I. *adv.* **1.** (*a*) Complètement. **To buy sth. outright**, acheter qch. comptant, à forfait, à un prix forfaitaire. *To buy rights o.*, acquérir des droits en bloc. (*b*) Du premier coup; sur le coup. **To kill s.o. outright**, tuer qn raide. *He was killed o.*, il fut tué net, sur le coup. **2.** Sans ménagement; franchement, carrément. *To give one's opinion o.*, donner carrément son opinion. **To laugh outright** (*at s.o.*), partir d'un franc rire (au nez de qn), éclater de rire. *To refuse o.*, refuser tout net.
II. **outright**, *a.* (*Attrib.* ['autrait]) **1.** (*a*) **Outright sale**, vente *f* à forfait. *O. purchase*, marché *m* forfaitaire. (*b*) *It is o. wickedness*, c'est de la pure méchanceté, de la méchanceté pure. **2.** (*Of manner*) Franc, *f.* franche; carré.
outrightness [aut'raitnəs], *s.* Franchise (un peu brutale).
outrival [aut'raiv(ə)l], *v.tr.* (**outrivalled; outrivalling**) Surpasser, devancer (qn); l'emporter sur (qn).
outrode [aut'roud]. *See* OUTRIDE.
outrun [aut'rʌn], *v.tr.* (*p.t.* **outran** [aut'ran]; *p.p.* **outrun**; *pr.p.* **outrunning**) **1.** Dépasser, gagner, (qn) de vitesse; distancer (un concurrent). *B:* *The other disciple did outrun Peter*, l'autre disciple *m* courait plus vite que Pierre. **2.** **His zeal outruns his discretion**, son ardeur *f* l'emporte sur son jugement. *His imagination outruns the facts*, son imagination *f* outrepasse les faits. *To o. one's income*, dépenser plus que son revenu. *F:* **To outrun the constable**, dépenser au delà de ses moyens.
outrunner ['autrʌnər], *s.* Piqueur *m*; *F:* avant-coureur *m*, *pl.* avant-coureurs (d'un carrosse, etc.).
outrush ['autrʌʃ], *s.* Jaillissement *m*; fuite *f* (d'eau, de gaz).
outsail [aut'seil], *v.tr.* Gagner (de vitesse), dépasser (un navire); *Y:* distancer (un concurrent).
outsat [aut'sat]. *See* OUTSIT.

outsell [aut'sel], *v.tr.* (*p.t.* **outsold** [aut'sould]; *p.p.* **outsold**) (*Of goods*) (i) Se vendre en plus grande quantité que, être plus demandé que (qch.); (ii) se vendre plus cher que (qch.).

outset ['autset], *s.* **1.** Commencement *m.* **At the outset,** au départ, au début; tout d'abord; du, au, premier coup d'œil. **From the outset,** dès le début, dès le premier jour, dès l'origine, dès l'abord, dès le principe. *At, from, the o. of his career,* au début, dès le début, de sa carrière. **2.** Courant *m* qui coule vers le large.

outshine [aut'ʃain], *v.tr.* (*p.t.* **outshone** [aut'ʃɔn]; *p.p.* **outshone**) Surpasser (qch.) en éclat; surpasser, dépasser, éclipser (qn, qch.). *He formed pupils who outshone him,* il a formé des élèves qui l'ont surpassé.

outside [aut'said]. **1.** *s.* (*a*) Extérieur *m*, dehors *m* (d'une maison, d'un livre, etc.). **On the outside of sth.,** au dehors, en dehors, à l'extérieur, de qch. *To judge sth. by the o.,* juger qch. sur, d'après, son extérieur. *To open a door from the o.,* ouvrir une porte du dehors. *The house, looked at from the o. . . .,* la maison, à la voir de l'extérieur. . . . *The window opens to the o.,* la fenêtre s'ouvre (de dedans) en dehors. **To turn a skin outside in,** retourner une peau (de lapin, etc.). (*b*) **At the outside,** tout au plus; au maximum. *It is twelve o'clock at the o.,* c'est tout au plus s'il est midi. *He gets £100 at the o., F:* s'il a cent livres de traitement c'est le bout du monde. (*c*) (i) Impériale *f* (d'un omnibus); banquette *f* (d'un coche, d'une diligence); (ii) voyageur, -euse, de l'impériale. (*d*) *Cu:* Rissolé *m* (d'un mets). (*e*) *Fb:* Ailier *m.* **Outside left, outside right,** ailier gauche, droit. (*f*) *Paperm:* **Outsides,** papier cassé (à l'extérieur de la rame). **2.** *Attrib.a.* ['autsaid] (*a*) Du dehors, extérieur, -eure. **Outside cal(l)ipers,** compas *m* d'extérieur. *Const:* **Outside measurements,** dimensions *f* hors d'œuvre. **Outside seat,** (i) (*on omnibus*) banquette *f* sur, de, l'impériale; (ii) (*of a row of seats*) siège *m*, place *f*, du bout. *See also* EDGE[1] 2, PASSENGER 1. (*b*) **Outside porter,** commissionnaire messager. **Outside worker,** ouvrier, -ière, à domicile. (*c*) *Recluse who knows nothing of* **the outside world,** reclus qui ne sait rien du monde extérieur. **To get an outside opinion,** obtenir un avis du dehors, un avis étranger. **Outside man,** homme *m* qui n'est pas du métier; *F:* profane *m.* *St.Exch:* **Outside transactions,** transactions coulissières. *Turf:* **Outside bookmaker,** bookmaker qui n'est pas membre du Tattersall's. *See also* BROKER 1, MARKET[1] 1. (*d*) **Outside prices,** les plus hauts prix; prix maximum. *F:* **It's the outside edge,** ça c'est un peu fort de café, après ça il faut tirer l'échelle. (*e*) *F:* **It was an outside chance,** il y avait tout juste une chance (de réussite). **3.** *adv.* (*a*) Dehors, à l'extérieur, en dehors. *I've left my dog o.,* j'ai laissé mon chien dehors, à la porte. *The taxi is o.,* le taxi vous attend à la porte. **To put s.o. outside,** mettre qn dehors. *Seen from o.,* vu de dehors. *Government controlled by influence from o.,* gouvernement sous l'empire d'influences extérieures. *Vase that is black o. and in,* vase qui est noir au dehors et au dedans, à l'extérieur et à l'intérieur. **To ride outside,** voyager sur l'impériale. *To sit o.* (*at a café*), s'asseoir à la terrasse. (*b*) *Prep.phr.* **Outside of,** hors de, à l'extérieur de, en dehors de. *F:* **Outside of a good horse,** monté sur un bon cheval. **To get outside of a good dinner,** s'envoyer un bon dîner. *Get o. of that, and you'll feel a different man,* avale-moi ça; ça te remontera. **4.** *prep.* En dehors de, hors de, à l'extérieur de. *O. my bedroom,* (i) à la porte de ma chambre; (ii) sous les fenêtres de ma chambre. *Garden lying o. my grounds,* jardin extérieur à ma propriété. *Ship lying o. the harbour,* navire mouillé au large du port. *O. the town,* en dehors de la ville; extra-muros. *The* (*railway*) *lines lying o. the Saar,* les lignes extra-sarroises. *They are o. my circle of friends,* ils sont en dehors de mon cercle d'amis. *Occupation o. my office work,* occupation *f* en dehors de mon travail de bureau. *O. the Conference,* en marge de la Conférence. **That's outside the question,** c'est en dehors du sujet. *Phrase little used o. the business letter,* locution peu employée en dehors des lettres d'affaires. (*Of writer, artist*) *To go o. his range,* sortir de son talent. *Parsons shouldn't* **stand outside things,** le clergé ne doit pas se tenir à l'écart, ne doit pas se tenir en dehors du mouvement. *These questions lie o. the scope, o. the purpose, of my address,* ces questions *f* dépassent la portée, le but, de mon discours. *P: I can't get o. my pudding,* je ne peux pas venir à bout de mon pudding.

outsider [aut'saidər], *s.* *F:* **1.** Étranger, -ère, profane *mf.* **He's an outsider,** (i) il n'est pas du métier, de la partie; (ii) il n'est pas de notre monde. *He's a rank o.,* c'est un intrus dans notre monde; c'est un pleutre. **2.** *St.Exch:* Courtier marron; courtier libre; coulissier *m.* **3.** *Turf:* Cheval non classé; outsider *m.* **4.** *Fb:* Ailier *m.*

outsit [aut'sit], *v.tr.* (*p.t.* **outsat** [aut'sat]; *p.p.* **outsat**; *pr.p.* **outsitting**) Rester plus longtemps que (les autres personnes en visite, etc.).

outskirts ['autskəːrts], *s.pl.* **1.** Limites *f*, (a)bords *m*; lisière *f* (d'une forêt); faubourgs *m* (d'une ville); banlieue *f*, périphérie *f* (d'une grande ville). **The outskirts of society,** le demi-monde. **2.** Approches *f* (d'une ville, etc.).

outsmart [aut'smaːrt], *v.tr.* *U.S: F:* Surpasser (qn) en finesse; damer le pion à (qn).

outsold [aut'sould]. *See* OUTSELL.

outsole ['autsoul], *s.* *Bootm:* Semelle extérieure.

outspan[1] ['autspan], *s.* (*In S. Africa*) **1.** Dételage *m.* **2.** Campement *m* d'étape.

outspan[2], *v.* (**outspanned; outspanning**) (*In S. Africa*) **1.** *v.i.* (*a*) Dételer. (*b*) Camper à l'étape. **2.** *v.tr.* Dételer (les bœufs).

outspoken [aut'spoukən], *a.* (*Of pers.*) Franc, *f.* franche; carré, rond. *To be o.,* avoir son franc-parler; parler franc; ne pas mâcher ses mots. *He is an o. man,* il aime son franc-parler. **-ly,** *adv.* Franchement, carrément, rondement.

outspokenness [aut'spoukənnəs], *s.* Franchise *f* un peu brusque; franc-parler *m.*

outspread[1] ['autspred], *a.* Étendu, étalé, déployé. *With o. wings,* les ailes déployées. *With o. sails,* toutes (les) voiles au vent.

outspread[2], *s.* Étendue *f*, étalage *m*, déploiement *m.*

outstanding [aut'standiŋ], *a.* **1.** (*Of detail, feature, etc.*) Saillant; qui fait saillie; (*of pers., incident*) marquant; (*of artist, etc.*) hors ligne, éminent. *O. features of a race,* traits dominants d'une race. *There were no o. events in his life,* aucun événement ne marqua dans sa vie. *Man of o. personality, of o. merit,* homme *m* au-dessus du commun, de première valeur. *Man of o. bravery,* homme brave parmi les braves. *Matter of o. importance,* affaire *f* de la première importance. **2.** (Affaire) en suspens, en cours de règlement; (compte, etc.) impayé, dû, à recouvrer, à percevoir, en suspens, en souffrance; (paiement) arriéré, en retard; (intérêt) échu, arriéré. *O. debts* (*due to us*), créances *f* à recouvrer; recouvrements *m*, actifs *m* créances. *O. coupons,* coupons *m* en souffrance. *O. notes,* billets effectivement mis en circulation. *There is nothing o.,* tout est réglé. **-ly,** *adv.* Éminemment. *He is not o. intelligent,* il n'a pas une intelligence hors ligne.

outstare [aut'stεər], *v.tr.* Fixer qn jusqu'à ce qu'il détourne son regard; faire baisser les yeux à qn.

outstay [aut'stei], *v.tr.* **1.** Rester plus longtemps que (qn). **2.** *To o. an invitation,* prolonger sa visite au delà du moment où il eût été séant de partir. **To outstay one's welcome,** lasser l'amabilité de ses hôtes.

outstep [aut'step], *v.tr.* = OVERSTEP.

outstretched ['autstretʃt], *a.* Déployé, étendu; (bras) tendu. **With outstretched arms** *he . . .,* les bras ouverts, les bras étendus, il. . . .

outstrip [aut'strip], *v.tr.* (**outstripped; outstripping**) (*a*) Devancer, dépasser (qn à la course); gagner (qn) de vitesse. *Sp:* Distancer (un concurrent). (*b*) Surpasser (qn en générosité, etc.).

outstroke ['autstrouk], *s.* *Mch:* Course *f* aller, course avant (du piston).

outvalue [aut'valju], *v.tr.* Surpasser (qch.) en valeur; valoir plus que (qch.).

outvie [aut'vai], *v.tr.* **1.** Surpasser (qn en splendeur, etc.); l'emporter sur (un concurrent). **2. They outvie each other in study,** ils rivalisent d'ardeur à l'étude; ils étudient à qui mieux mieux.

outvote [aut'vout], *v.tr.* (*Usu. in pass.*) Obtenir une majorité sur, l'emporter sur (qn). *We were outvoted,* la majorité des voix a été contre nous. *To find oneself outvoted,* être mis en minorité.

outwalk [aut'wɔːk], *v.tr.* Dépasser, devancer, (qn) en marchant; faire preuve de plus d'endurance à la marche que (qn); être meilleur marcheur que (qn).

outward ['autwərd]. **1.** *a.* (*a*) (*Of direction, etc.*) En dehors. *Nau:* Pour l'étranger. **Outward voyage, outward cargo,** voyage *m* d'aller; cargaison *f*, chargement *m*, d'aller. *The o. and the homeward voyages,* l'aller *m* et le retour. *We had a fair wind on the o. passage,* nous avons eu bon vent à l'aller. **Outward freight,** frêt *m* de sortie. *Rail: etc:* **Outward half** (*of ticket*), billet *m* d'aller. (*b*) Extérieur, de dehors. **Outward form,** extérieur *m*, dehors *m.* *O. things,* affaires *f* du dehors. *Pharm:* **For outward application,** pour l'usage externe. **To outward seeming,** apparemment. **The outward man,** (i) le corps; (ii) *F:* les vêtements *m.* **2.** *adv.* = OUTWARDS. **3.** *s.* Extérieur *m*, dehors *m.* **-ly,** *adv.* **1.** A l'extérieur, extérieurement, au dehors. **2.** En apparence.

'outward-'bound, *a.* *Nau:* **1.** (Navire) sur son départ, en partance, sortant. **2.** (Navire) en route, faisant route, pour l'étranger.

outwardness ['autwərdnəs], *s.* **1.** Objectivité *f* (d'un jugement, etc.). **2.** Extériorité *f.*

outwards ['autwərdz], *adv.* Au dehors; vers l'extérieur. *To turn one's feet o.,* tourner les pieds en dehors. *The window opens o.,* la fenêtre s'ouvre en dehors.

outwash ['autwɔʃ], *s.* Eaux *fpl* de fusion (d'un glacier).

outwear [aut'wεər], *v.tr.* (*p.t.* **outwore** [aut'wɔːər]; *p.p.* **outworn** [aut'wɔːrn]) **1.** User complètement. *Outworn shibboleth,* doctrine désuète; doctrine vieux jeu. *Outworn ideas,* vieilleries *f.* *Survivors of an outworn age,* survivants *m* d'une époque périmée. **2.** Se défaire (d'une habitude, etc.). **3.** Durer plus longtemps que (qch.); faire plus d'usage que (qch.).

outweigh [aut'wei], *v.tr.* **1.** Peser plus que (qch.); dépasser (qch.) en poids. **2.** *F:* Avoir plus d'influence, plus de poids, que (qn); l'emporter sur (qch.).

outwit [aut'wit], *v.tr.* (**outwitted; outwitting**) **1.** Circonvenir (qn); déjouer les intentions, les menées, de (qn); surpasser (qn) en finesse; se montrer plus malin que (qn); duper (qn). **2.** (*Of hunted animal or pers.*) Dépister (les chiens, la police); mettre (les chiens, la police) en défaut.

outwork[1] ['autwəːrk], *s.* **1.** *Fort:* Ouvrage avancé; travail, -aux *m*, de défense. *Arch: Const:* Hors-d'œuvre *m inv.* **2.** *Ind: Com:* (*Also* **out-work**) Travail fait à domicile.

outwork[2] [aut'wəːrk], *v.tr.* Travailler mieux ou plus vite que (qn).

outworn [aut'wɔːrn]. *See* OUTWEAR.

ouzel [uːzl], *s.* *Orn:* **1.** (*a*) **Ring ouzel,** merle *m* à plastron. (*b*) **Water ouzel,** merle d'eau; cincle plongeur. (*c*) **Brook ouzel,** râle *m* d'eau. **2.** *A. & Lit:* = BLACKBIRD.

ova ['ouvə]. *See* OVUM.

oval ['ouv(ə)l]. **1.** *a.* Ovale; en ovale. *O. knob,* bouton *m* à olive. *Anat:* **Oval foramen,** trou *m* ovalaire. **To make sth. oval,** ovaliser qch. (*Of piston*) **To wear oval,** s'ovaliser. **2.** *s.* Ovale *m.* *Cartesian ovals,* ovales de Descartes. *O. of a letter,* panse *f* d'une lettre. *Cr:* **The Oval,** terrain *m* de cricket dans le sud de Londres. **-ally,** *adv.* En ovale.

ovalization [ouvəlai'zeiʃ(ə)n], *s.* *Mec.E: I.C.E:* Ovalisation *f*, faux rond (d'un cylindre de moteur, etc.).

ovalize ['ouvəlaiz]. *Mec.E:* **1.** *v.tr.* Ovaliser. **2.** *v.i.* S'ovaliser.

ovalized, *a.* (Cylindre, etc.) ovalisé. *To become o.,* s'ovaliser.

ovarian [o'vεəriən], *a.* *Anat: Bot:* Ovarien.

ovariotomy [ouvεəri'ɔtomi], *s.* *Surg:* Ovariotomie *f.*

ovary ['ouvəri], *s. Anat: Bot:* Ovaire *m. Bot: Inferior o.*, ovaire infère. *Superior o.*, ovaire supère.

ovate ['ouvet], *a. Nat.Hist:* Ové, ovale.

ovation [o'veiʃ(ə)n], *s.* Ovation *f. To give s.o. an o.*, faire une ovation, un triomphe, à qn; ovationner qn. *To receive an o.*, être l'objet d'une ovation.

oven ['ʌv(ə)n], *s.* **1.** (Cooking) **oven**, four *m. In the o.*, au four. **To cook sth. in a gentle, a slow, oven**, cuire qch. à (un) feu doux. **To cook sth. in a quick oven**, cuire qch. à (un) feu vif. **Dutch oven**, cuisinière *f*, rôtissoire *f. F: This room is a regular o.*, cette salle est une fournaise. *See also* GAS-OVEN, HOT[1] 1, PAN[1] 1. **2. Drying oven,** étuve *f. Ind:* **Enamelling oven,** étuve à émailler. **Japanning oven,** four à vernir.

'oven-bird, *s. Orn:* Fournier *m.*

'oven-man, *pl.* **-men,** *s.m. Ind:* Fournier.

over ['ouvər]. I. *prep.* **1.** (*a*) Sur, dessus, par-dessus. *To spill ink over the table*, répandre de l'encre sur la table. *To spill ink over it*, répandre de l'encre dessus, par-dessus. *To spread a cloth over sth.*, étendre une toile sur, par-dessus, qch. (*b*) **All over** *the north of England*, sur toute l'étendue du nord de l'Angleterre. **Famous all over the world,** célèbre dans le monde entier, par tout le monde. *He has travelled all over the world*, il a voyagé par le monde entier; *F:* il a visité les quatre coins du monde. *Measured over its widest part*, mesuré sur la partie la plus large. **Length over all,** longueur *f* hors tout; longueur totale; *N.Arch:* longueur de tête en tête. *See also* OVER-ALL, OVERALL. *P:* **To be all over s.o.,** (i) faire l'empressé auprès de qn; (ii) s'enthousiasmer pour qn. **He is all over himself,** (i) il se croit le premier moutardier du pape; (ii) il ne se connaît pas de joie. *See also* HILL[1] 1, PLACE[1] 1, SHOP[1] 1, WRITE 1. (*c*) **Over (the top of) sth.,** par-dessus (qch.). *See also* TOP[1] I. 1. *To throw sth. over the wall*, jeter qch. par-dessus le mur. *To get over sth.*, passer par-dessus qch. *To read over s.o.'s shoulder*, lire par-dessus l'épaule de qn. *With his coat over his shoulder*, le pardessus sur l'épaule. *We heard voices over the wall*, nous entendîmes des voix de l'autre côté du mur. *To fall over a cliff*, tomber du haut d'une falaise. *See also* FALL OVER 2. **To stumble, trip, over sth.,** buter contre qch., s'achopper à, contre, qch.; trébucher sur qch. **2.** (*a*) **Jutting out over the street,** faisant saillie sur la rue, au-dessus de la rue. *A court with a glazed roof over it*, une cour avec un vitrage au-dessus. *His name is over the door*, il a son nom au-dessus de la porte. **Hanging over our heads,** suspendu au-dessus de, sur, nos têtes. **With his hat over his eyes,** le chapeau enfoncé jusqu'aux yeux. **His hat over one ear,** le chapeau sur l'oreille. **To be over one's ankles in water,** avoir de l'eau par-dessus la cheville. *See also* EAR[1] 1, HAND[1] 2. (*b*) **To have an advantage over s.o.,** avoir un avantage sur qn. **To reign over a land,** régner sur un pays. **To prevail over s.o.,** l'emporter sur qn. *He is over me* (*in the office*), il est au-dessus de moi. (*c*) *Bending over his work*, courbé sur son travail. **Sitting over the fire,** assis tout près du feu; *F:* couvant le feu. **To have a chat over a glass of wine,** causer tout en buvant, en prenant, un verre de vin. *Story told over the liqueurs*, histoire racontée au moment des liqueurs, en sirotant les liqueurs. **How long will you be over it?** cela vous prendra combien de temps? combien de temps allez-vous être là-dessus? **To go to sleep over one's work,** s'endormir sur son travail. **3.** (*Across*) (*a*) **To cross over the road,** traverser la rue. **The house over the way,** la maison d'en face; la maison vis-à-vis. *The people from over the way*, les gens *m* d'en face. **Over the border,** au delà de la frontière. **To live over the river,** demeurer de l'autre côté de la rivière. **From over the seas,** de par delà les mers. (*b*) **The bridge over the river,** le pont qui traverse la rivière; le pont sur la rivière. **4.** (*In excess of*) **Numbers over a hundred,** numéros au-dessus de cent. **Over fifty pounds,** plus de cinquante livres. *Our company numbered rather over forty*, nous étions quarante et quelques. **Over five (years of age),** au-dessus de cinq ans. *He is over fifty*, il a (dé)passé la cinquantaine. **He spoke for over an hour,** il a parlé pendant plus d'une heure. *Prep.phr. He receives tips* **over and above** *his salary*, il reçoit des pourboires indépendamment de ses gages, en sus de ses gages. *Over and above what he owes me*, en plus de ce qu'il me doit. **5. Over the last three years** *wages have diminished*, au cours des trois dernières années les salaires ont diminué. *Over the summer*, pendant tout l'été. **Can you stay over Sunday?** pouvez-vous rester jusqu'à lundi? jusqu'après dimanche? *He will not live over to-day*, il ne passera pas la journée.

II. **over,** *adv.* **1.** (*a*) Sur toute la surface; partout. *Studded over with spangles*, parsemé de paillettes. **To search Paris over,** chercher par tout Paris. *I have searched Europe over to find any trace of him*, j'ai parcouru toute l'Europe pour retrouver sa trace. **Famous all the world over,** célèbre dans le monde entier, par tout le monde. **To be all over dust, mud,** être tout couvert de poussière, de boue; *F:* être crotté jusqu'à l'échine. **To ache all over,** avoir mal partout; souffrir de partout; être courbaturé. **He's French all over,** il est français jusqu'au bout des ongles. **That's you all over,** je vous reconnais bien là. *In compounds.* **Overwooded** *with oaks*, couvert de chênes. (*b*) D'un bout à l'autre. *To read a letter over*, lire une lettre en entier. *I have had to do it* **all over again,** j'ai dû le refaire d'un bout à l'autre, le faire de nouveau, encore une fois, à nouveau. *We have had that story over at least three times*, il nous a raconté cette histoire tout au long au moins trois fois. *See also* GO OVER 1, LOOK OVER. (*c*) (*Repetition*) **Ten times over,** dix fois de suite. *Twice over*, à deux reprises. **Over and over (again),** à plusieurs, maintes, reprises; maintes et maintes fois; *F:* tant et plus; mille fois; à n'en plus finir; *Adm:* itérativement. **2.** (*a*) Par-dessus (qch.). *To look over into a garden*, regarder dans un jardin par-dessus le mur. *The ball went over into the road*, la balle a passé par-dessus la haie, le mur, et est tombée dans la rue. *The milk boiled over*, le lait s'est sauvé. *In compounds.* **To overarch,** (*of trees, etc.*) former un arc au-dessus de (qch.). **Overbeetling,** faisant saillie au-dessus de (qch.); surplombant. (*b*) *In compounds.* (Supériorité hiérarchique) **Over-inspector,** inspecteur *m* en chef. **To oversee,** surveiller. (*c*) **To lean over,** (i) (*of pers.*) se pencher (à la fenêtre, etc.); (ii) (*of thg*) pencher. **3.** (*a*) À la renverse. **To fall over,** (i) (*of pers.*) tomber à la renverse; (ii) (*of thg*) se renverser; être renversé. **To knock sth. over,** renverser qch. *A slight knock would send it over*, un coup léger le renverserait. **And over I went,** et me voilà par terre; et j'ai fait la culbute. (*b*) **Please turn over! P.T.O.,** voir au dos; tournez, s'il vous plaît, *abbr.* T.S.V.P. **To turn sth. over and over,** tourner et retourner qch., retourner qch. dans tous les sens. *See also* TURN OVER. **To bend sth. over,** replier qch. (*c*) *Nau:* **Hard over!** la barre toute! *Aut: To put the wheel hard over*, braquer jusqu'à la dernière limite. **4.** (*Across*) (*a*) *He led me over to the window*, il me conduisit à la fenêtre. **To cross over,** (i) traverser (la rue, etc.); (ii) faire la traversée (de la Manche, etc.). *To cross over to France*, se rendre en France. **Over there, over yonder,** là-bas. *When I was over there*, quand j'étais là-bas, de l'autre côté. **Over here,** ici; de ce côté. **Over against sth.,** vis-à-vis de qch.; en face de qch. **Over in France** *they think otherwise*, en France on est d'une autre opinion. **He is over from France,** il vient de France; il est en Angleterre, à Londres, etc., en ce moment (venant de France). **Ask him over,** demandez-lui de venir. *We are having some friends over for the evening*, nous avons invité à passer la soirée quelques amis (qui demeurent dans un autre quartier, dans un autre château, etc.). *To deliver, hand, sth. over to s.o.*, remettre qch. à qn, entre les mains de qn. *Cr:* **Over!** changez! (C.-à-d. changez de places pour attaquer l'autre guichet.) *See also* GET OVER, GIVE OVER 1, MAKE OVER, THROW OVER, WIN OVER. (*b*) **Pot measuring three inches over,** pot qui a trois pouces de largeur. **5.** En plus, en excès. (*a*) **Children of fourteen and over,** les enfants qui ont quatorze ans et davantage, et au delà. *Three into seven goes twice* **and one over,** sept divisé par trois donne deux, et il reste un. *Nineteen divided by five makes three, and four over*, dix-neuf divisé par cinq, je pose trois, reste quatre. *He is six foot* **and a bit over,** il a six pieds et le pouce. (*b*) *You will keep* **what is (left) over,** vous garderez l'excédent, le surplus. *I have a card over*, j'ai une carte de trop, en trop. *I have one card left over*, il me reste encore une carte. *What have you got left over?* que vous reste-t-il? *Adv.phr. And* **over and above,** *he is younger than you*, et en outre, et d'ailleurs, il est moins âgé que vous. *St.Exch:* **Sellers over,** excès *m* de vendeurs. *Publ:* **Over-copies,** exemplaires *m* de passe. (*c*) (*Till later*) **To hold over a decision,** ajourner une décision. *The question is held over*, la question est différée. *Bills held over*, effets *m* en souffrance, en suspens. (*d*) *Compounded with adjs. and advs.* Trop, à l'excès. **Over-abundant,** surabondant. *Do not be* **over-shy,** ne vous montrez pas timide à l'excès. *Maiden not over-shy*, jeune fille peu farouche. **Over-simple,** (théorie *f*, explication *f*) simpliste. **Over-tired,** trop fatigué. **To be over-anxious,** être porté à se tourmenter. **To be over-staffed,** avoir un personnel trop nombreux, avoir du superflu de main-d'œuvre. **To be over-hasty in doing sth.,** mettre trop de hâte à faire qch. *Doctor* **over-slow** *in taking action*, médecin trop lent à adopter un traitement. **To be over-particular,** être (par) trop exigeant, trop méticuleux. **Over-scrupulous,** scrupuleux (jusqu')à l'excès; timoré. *He is not over-scrupulous*, il a la conscience large. **Over-scrupulously,** avec trop de scrupules. *To act* **over-cautiously,** agir trop prudemment, avec trop de prudence; se montrer prudent à l'excès. **Not over-gay,** peu gai. *You are* **not over-cheerful,** vous n'êtes pas d'une gaîté folle. *I was* **not over-pleased,** cela me fit un maigre plaisir. *F: He was* **not over-delighted,** il ne se montra pas autrement enchanté. *We are not* **over-busy,** nous n'avons pas trop à faire. (*e*) *Compounded with a noun.* Excès de. **Over-confidence,** excès de confiance; confiance trop grande. **Over-simplification,** simplisme. (*f*) *Compounded with a verb.* (i) Trop, sur-. **To overstretch a spring,** trop tendre, surtendre, un ressort. **To overfish a stream,** épuiser un cours d'eau par des pêches excessives. **To overdrink,** boire à l'excès. **To oversmoke,** abuser du tabac. **To overjump oneself,** se donner une entorse ou un effort en sautant. **To overwalk oneself,** s'excéder, s'exténuer, à la promenade. (*Of author*) **To overwrite himself,** trop écrire, épuiser sa veine, son talent. *See also* BANK[2] 3. (ii) Outre. **To overpass, overstep,** outrepasser. **6.** Fini, achevé. *The storm, danger, is over*, l'orage est passé, est dissipé; le danger est passé. *The rain is over*, la pluie a cessé. *The game is over*, la partie est finie. *The holidays are over!* en allées, les vacances! *Winter was* **just over,** on sortait de l'hiver. *The war was just over*, la guerre venait de finir. *When dinner, the sermon, is over*, à l'issue du dîner, du sermon. *When the play is, was, over*, à la sortie du théâtre. **It is all over,** c'est fini; tout est fini. *All that is over long ago*, il y a longtemps que tout cela a pris fin. **It is all over with me,** c'en est fait de moi. *Youthful follies, that's all over*, les folies de jeunesse, c'est fini, tout ça. **That's over and done with,** voilà qui est fini et bien fini; *F:* adieu, paniers, vendanges sont faites. *See also* GIVE OVER 2. **7.** *Compounded with verbs.* **To overawe,** intimider. **To overmaster,** maîtriser, subjuguer. **To overpersuade s.o.,** persuader qn contre lui.

III. **over,** *s.* **1.** *Cr:* Série *f* (de six balles); sixain *m.* **2.** (*a*) *Com:* **Over in the cash,** excédent *m* dans l'encaisse. **Shorts and overs,** déficits et excédents. (*b*) *Typ:* **Overs,** main *f* de passe; simple passe *f.* **Double overs,** double passe. **3.** *Artil:* Coup long. **4.** *Knitting: A:* Augmentation *f.* **Single over, double over, jeté** *m* simple, jeté double.

over-'active, *a.* Trop actif.

over-ac'tivity, *s.* Suractivité *f.*

'over-all, *a.* **Over-all length,** longueur *f* hors tout; *Aut:* encombrement *m*; longueur de la voiture complète. *Over-all length of a screw*, longueur d'une vis tête comprise. *Over-all width*, largeur *f* hors tout. *Over-all dimensions*, (dimensions *f* d')encombrement. *Cp.* OVERALL.

over-an'neal, *v.tr. Metalw:* Brûler (l'acier).

over-an'xiety, *s.* **1.** Vives inquiétudes. **2.** Excès *m* de zèle.
over-as'sessment, *s.* Surtaux *m.*
'over-'bold, *a.* **1.** Aventureux, téméraire. **2.** Présomptueux.
'over-bridge, *s.* *Rail: etc:* = OVERCROSSING.
'over-by, *adv.* *Scot:* Là-bas.
over-'capitalized, *a.* *Fin:* Surcapitalisé.
over-com'plaisance, *s.* Complaisance exagérée.
over-com'press, *v.tr.* Surcomprimer.
over-'confidence, *s.* **1.** Confiance exagérée (*in*, en). **2.** Suffisance *f*, présomption *f*, témérité *f.*
over-'confident, *a.* **1.** Trop confiant (*in s.o.*, en qn). **2.** Suffisant, présomptueux, téméraire.
over-'cool, *v.tr.* Surrefroidir; trop refroidir.
over-cor'rection, *s.* *Phot:* *Chromatic o.-c.*, surcorrection *f* chromatique.
over-'critical, *a.* = HYPERCRITICAL.
'over-cut, *v.tr.* Trop éclaircir (une forêt).
over-de'velop, *v.tr.* Développer à l'excès. *Phot:* *Overdeveloped negative*, négatif trop poussé.
over-de'velopment, *s.* Développement excessif.
over-dis'charge, *v.tr.* *El:* Décharger (une batterie) jusqu'à épuisement; mettre (un accu) à plat.
over-elaborate[1] [ouvəri'laboret], *a.* Trop compliqué; (*of literary style*) trop fouillé, trop poussé, tourmenté, tarabiscoté.
over-elaborate[2] [ouvəri'laboreit], *v.tr.* Élaborer (un argument) outre mesure; trop pousser (son style).
over-estimate[1] [ouvər'estimet], *s.* Surestimation *f* (du prix, etc.); majoration *f* (de l'actif, etc.).
over-estimate[2] [ouvər'estimeit], *v.tr.* Surestimer (le coût de qch., les talents de qn, etc.); exagérer (le danger, etc.); trop présumer de (ses forces); *Com:* majorer (son actif). **To over-estimate one's own importance,** s'en faire accroire. *Artil:* **To over-estimate the distance, the range,** apprécier long.
over-ex'pose, *v.tr.* *Phot:* Surexposer; donner trop de pose à (une plaque, etc.).
over-ex'posure, *s.* *Phot:* Surexposition *f*; excès *m* de pose; exagération *f* de pose.
over-fa'miliar, *a.* **To be over-familiar with s.o.,** se montrer trop familier avec qn; prendre des libertés, des privautés, avec qn.
over-fa'tigue[1], *s.* Fatigue excessive; surmenage *m.*
over-fa'tigue[2], *v.tr.* Surmener; *F:* éreinter.
over-im'pression, *s.* *Typ:* Excès *m* de foulage.
over-in'dulge. **1.** *v.tr.* (*a*) Montrer trop d'indulgence envers (qn); gâter (qn). (*b*) Se laisser aller trop librement à (une passion, etc.). **2.** *v.i.* **To over-indulge in metaphor,** abuser, faire abus, des métaphores. *To over-i. in wine*, trop boire.
over-in'dulgence, *s.* **1.** Indulgence excessive (*of s.o.*, envers qn). **2.** Abus *m* (*in wine, etc.*, du vin, etc.). *To avoid o.-i. at table*, éviter les excès de table.
over-in'flate, *v.tr.* Distendre (un ballon); trop gonfler (un pneu).
over-in'flation, *s.* Distension *f*; gonflage excessif (d'un pneu, etc.).
over-in'surance, *s.* Assurance *f* pour une somme excédant la valeur de la chose assurée.
over-in'sure, *v.tr.* Assurer (qch.) pour une somme excédant la valeur.
over-'issue[1], *s.* *Fin:* Surémission *f*; émission excessive (de papier-monnaie, etc.).
over-'issue[2], *v.tr.* Faire une surémission de (papier-monnaie).
'over-king, overking, *s.m.* Roi suzerain.
over-'long. **1.** *adv.* Trop longtemps. **2.** *a.* Trop long, *f.* longue.
over-'many, *a.* Trop de (personnes, choses).
over-ma'ture, *a.* Trop mûr; (fromage) trop fait.
'over-measure, *s.* Mesure trop forte.
over-'nice, *a.* **1.** (*Of pers.*) Trop exigeant, dégoûté, renchéri. **To be over-nice,** (i) trop faire le délicat; (ii) être trop scrupuleux. **2.** *O.-n. distinction*, distinction vétilleuse, subtile.
over-'nicety, *s.* Vétillerie *f*, subtilité *f.*
over night, overnight [ouvər'nait]. **1.** *adv.* (*a*) La veille (au soir). (*b*) (Pendant) la nuit. *The produce arrives o.*, les arrivages *m* ont lieu pendant la nuit. **To stay overnight,** rester jusqu'à demain, jusqu'au lendemain; passer la nuit. (*Of food*) **To keep overnight,** se conserver jusqu'au lendemain. **2.** ['ouvərnait], *attrib.a.* (*a*) De la veille. (*b*) *Fin:* **Over-night loans,** prêts *m* du jour au lendemain.
over-po'lite, *a.* Trop poli; (gens *m*) qui font des embarras; *F:* (gens) à chichis.
over-'populated, *a.* Surpeuplé.
over-popu'lation, *s.* Surpeuplement *m.*
over-'pot, *v.tr.* *Hort:* Planter dans un pot trop grand.
over-'pressure, *s.* Surpression *f*; surtension *f* (de la vapeur); surmenage *m* (intellectuel); accumulation *f* (des affaires).
'over-print[1], *s.* Surcharge *f* (de timbre-poste).
over-'print[2], *v.tr.* **1.** Surcharger (un timbre-poste). **2.** *Typ:* Tirer trop d'exemplaires de (qch.). **3.** *Phot:* Trop pousser (une épreuve).
'over-proof, *attrib. a.* (*Of spirits*) Au-dessus de preuve.
'over-quire, *s.* *Typ:* Main *f* de passe; simple passe *f.*
over-re'fine, *v.tr.* **1.** Suraffiner (un métal). **2.** Alambiquer (son style, etc.).
over-refining, *s.* Suraffinage *m* (des métaux).
over-re'finement, *s.* (*a*) Afféterie *f*, affectation *f.* (*b*) Alambiquage *m*, préciosité *f* (du style).
over-'ripe, *a.* Trop mûr; (*of cheese*) trop fait; (*of fruit*) blet, *f.* blette.
over-'ripeness, *s.* Bletture *f* (des fruits).
over-'slurred, *a.* *Mus:* (Jeu) empâté.
over-sub'scribe, *v.tr.* *Fin:* Surpasser (une émission).
over-'time, *v.tr.* *Phot:* Surexposer (une plaque); surestimer (le temps de pose). (*Cf.* OVERTIME.)
over-'tone, *v.tr.* *Phot:* Pousser trop avant, trop pousser, le virage (d'une épreuve). (*Cf.* OVERTONE.)
over-'train, *v.tr.* & *i.* *Sp:* (S')épuiser par un entraînement trop sévère; "claquer."
over-training, *s.* Surentraînement *m.*
'over-trick, *s.* *Cards:* (*At bridge*) Levée *f* en plus de la demande.
over-'turn, *v.tr.* **To over-turn a screw,** forcer une vis. (*Cf.* OVERTURN.)
over-'use[1] [-jus], *s.* Emploi excessif (*of*, de).
over-'use[2] [-juːz], *v.tr.* Faire un emploi excessif de (qch.).
over-'zealous, *a.* Trop zélé. *To be o.-z.*, pécher par excès de zèle.
overact [ouvər'akt], *v.tr.* *Th:* Outrer, charger, exagérer (un rôle).
overacting, *s.* Charge *f* (d'un rôle); exagération *f* (dans l'interprétation d'un rôle).
overall ['ouvərɔːl], *s.* **1.** Blouse *f* (d'écolière, etc.); (*child's, carter's*) sarrau *m*, *pl.* -aus, -aux; (*lady's*) garde-robe *m*, *pl.* garde-robes; tablier-blouse *m*, *pl.* tabliers-blouses. **Overall coat,** blouse paletot. **2.** *Ind:* **Overalls,** vêtement *m* couvre-tout; salopette *f*; combinaison *f*; *F:* bleus *mpl.* *See also* LEGGINGS.
overalled ['ouvərɔːld], *a.* Portant (i) une blouse, (ii) un tablier-blouse, (iii) une salopette, des bleus *m.*
overarm ['ouvərɑːrm], *attrib.a.* **1.** (*a*) *Swim:* **Overarm (side-)stroke,** brasse indienne; nage indienne; nage à l'indienne; coupe (indienne). (*b*) *Ten:* **Overarm service,** service *m* au-dessus de la tête. (*c*) *Box:* **Overarm blow,** coup croisé. **2.** *Mec.E:* **Overarm bracket,** support *m* en porte-à-faux.
overawe [ouvər'ɔː], *v.tr.* Intimider; en imposer à (qn). *Overawed admiration*, admiration mêlée de crainte.
overbalance[1] ['ouvərbaləns], *s.* Excédent *m* (de poids, de valeur).
overbalance[2] [ouvər'baləns]. **1.** *v.tr.* (*a*) Peser plus que (qch.). (*b*) Surpasser, l'emporter sur (qch.). (*c*) Renverser (qch.). **2.** *v.i.* & *pr.* **To overbalance (oneself),** perdre l'équilibre; *F:* faire la bascule. **3.** *v.i.* (*Of thg*) Se renverser; tomber.
overbank ['ouvərbaŋk], *attrib.a.* *Artil:* **Overbank-fire,** tir *m* en barbette.
overbear [ouvər'bɛər], *v.tr.* (*p.t.* **overbore** [ouvər'bɔːər], *p.p.* **overborne** [ouvər'bɔːrn]) **1.** Renverser, terrasser, passer sur le corps de (son adversaire). **2.** (*a*) **To overbear s.o., s.o.'s will,** ne tenir aucun compte de qn, des volontés de qn; passer outre aux volontés de qn. (*b*) Intimider (qn). **3.** Surpasser, l'emporter sur (qch.), avoir plus d'importance que (qch.).
overbearing, *a.* Arrogant, impérieux, autoritaire, arbitraire, dictatorial, -aux. *In an o. manner*, avec arrogance, avec raideur, autoritairement, arbitrairement. **-ly,** *adv.* Avec arrogance, autoritairement.
overbearingness [ouvər'bɛəriŋnəs], *s.* Arrogance *f.*
overbid [ouvər'bid], *v.tr.* (*p.t.* **overbid**; *p.p.* **overbidden**) **1.** Enchérir sur (qn). **2.** *Cards:* = OVERCALL.[2]
overbidder [ouvər'bidər], *s.* Surenchérisseur, -euse.
overblow [ouvər'blou]. **1.** *v.i.* *Nau:* *A:* (*Of wind*) Surventer. **2.** *v.tr.* *Mus:* Faire quintoyer (une clarinette).
overblown[1], *a.* (*Of storm*) Passé, dissipé.
overblown[2] [ouvər'bloun], *a.* (*Of flower*) Trop épanoui.
overboard ['ouvərbɔːrd], *adv.* *Nau:* Hors du bord; par-dessus (le) bord. **To be washed overboard,** être enlevé par une lame. **To heave, throw, sth., s.o., overboard,** (i) jeter qch. par-dessus (le) bord, à la mer; (ii) *F:* abandonner, lâcher, délaisser (un projet, etc.); (iii) abandonner, trahir (qn). **To fall overboard,** tomber à la mer. **Man overboard!** un homme à la mer!
overbrim [ouvər'brim], *v.tr.* & *i.* **(overbrimmed; overbrimming)** (*Of liquid or container*) Déborder.
overbuild [ouvər'bild], *v.tr.* (*p.t.* **overbuilt** [ouvər'bilt]; *p.p.* **overbuilt**) Trop bâtir de maisons dans (une localité).
overbuilt, *a.* **1.** *O. areas*, localités *f* trop denses. **2.** *Land o. with bungalows*, terrain couvert de bungalows.
overburden[1] ['ouvərbəːrd(ə)n], *s.* **1.** Surcharge *f* (de travail, etc.). **2.** *Geol:* *Min:* Terrain(s) *m(pl)* de couverture, de recouvrement; morts-terrains *m* de recouvrement; cosse *f.* *To remove the o.*, pratiquer la découverte. **Thickness of overburden,** hauteur *f* stérile.
overburden[2] [ouvər'bəːrdn], *v.tr.* Surcharger, accabler (*with*, de). *F:* *Not overburdened with principles*, peu encombré de principes. *Heart not overburdened with gratitude*, cœur léger de reconnaissance.
overbuy [ouvər'bai], *v.tr.* (*p.t.* **overbought** [ouvər'bɔːt], *p.p.* **overbought**) *St.Exch:* *etc:* Acheter au delà de ses moyens ou au delà de ce qu'on pourra écouler.
overcalcine [ouvər'kalsain], *v.tr.* *Ch:* *etc:* Surcalciner.
overcall[1] ['ouvərkɔːl], *s.* *Cards:* (*At bridge*) Annonce *f* qui force sur celle du partenaire.
overcall[2] [ouvər'kɔːl], *v.tr.* *Cards:* (*At bridge*) **1.** Forcer sur l'annonce de (qn). **2.** **To overcall one's hand,** *abs.* **to overcall,** annoncer au-dessus de ses moyens.
overcame [ouvər'keim]. *See* OVERCOME.
overcapitalization ['ouvərkapitəlai'zeiʃ(ə)n], *s.* *Fin:* Surcapitalisation *f.*
overcast[1] ['ouvərkɑst], *s.* **1.** *Needlew:* Surjet *m.* **2.** *Min:* Croisement *m* de manches à air.
overcast[2] [ouvər'kɑːst], *v.tr.* (*p.t.* **overcast**; *p.p.* **overcast**) **1.** Obscurcir, assombrir (le ciel, l'esprit); couvrir (le ciel). **2.** *Needlew:* Surjeter, surfiler. *To o. a seam*, faire un surjet.
overcast[3], *a.* **1.** (*a*) Obscurci, assombri, couvert (*with*, de). *Face o. with sadness*, visage voilé d'un nuage de tristesse. *Minds o. with fear*, esprits sous le coup de la peur. (*b*) **Overcast sky,** ciel couvert, sombre, nuageux, obnubilé, assombri. *O. weather*, temps bouché. *The weather is becoming o.*, le ciel se charge, s'obscurcit, s'assombrit; le temps se couvre. **2.** *Geol:* **Overcast strata,** couches

chevauchées. 3. *Needlew:* **Overcast stitch,** (point *m* de) surjet *m*. *See also* SEAM[1] I.

overcharge[1] ['ouvərtʃɑːrdʒ], *s.* I. Surcharge *f* (d'une mine, d'un accumulateur, etc.). 2. (*a*) Survente *f*; prix excessif; prix surfait. *To make an o. on sth.*, survendre qch. *St.Exch:* **Fraudulent overcharge,** extorsion *f*; *P:* carotte *f*. (*b*) Majoration *f* (d'un compte).

overcharge[2] [ouvər'tʃɑːrdʒ], *v.tr.* I. (*a*) Surcharger (une mine, un canon, une batterie d'accus). (*b*) *To o. a book with quotations*, surcharger un livre de citations. (*c*) *A:* Exagérer, charger (un portrait, etc.). 2. (*a*) **To overcharge goods,** survendre, surfaire, des marchandises. **To overcharge s.o.,** faire payer trop cher un article à qn; *F:* écorcher qn; *St.Exch: etc: P:* carotter qn. *You have overcharged me a hundred francs for it*, vous me l'avez surfait de cent francs. (*b*) **To overcharge on an account,** majorer une facture; compter qch. en trop sur une facture. *You are overcharging me*, vous me comptez trop.

overclothe [ouvər'klouð], *v.tr.* (*p.t.* **overclothed;** *p.p.* **overclothed, overclad**) I. Couvrir (*with*, de). 2. **To overclothe oneself,** se surcharger de vêtements; porter trop de vêtements.

overcloud [ouvər'klaud]. I. *v.tr.* (*a*) Couvrir de nuages. (*b*) Obscurcir, assombrir. *Care had overclouded his brow*, les soucis lui avaient assombri le front. 2. *v.i.* (*a*) (*Of the sky*) Se couvrir de nuages. (*b*) S'obscurcir, s'assombrir.

overcoat ['ouvərkout], *s.* Pardessus *m*, paletot *m*; *Mil:* capote *f*. *Hooded o.*, caban *m* (d'officier de marine).

overcolour [ouvər'kʌlər], *v.tr.* Exagérer (un incident, etc.).

overcome [ouvər'kʌm], *v.tr.* (*p.t.* **overcame** [ouvər'keim]; *p.p.* **overcome**) Triompher de, vaincre, mettre bas (ses adversaires, etc.); venir à bout de, avoir raison de (qn, qch.); dominer, maîtriser, surmonter (son émotion, etc.). *To o. s.o.'s resistance*, venir à bout de la résistance de qn. **To overcome an obstacle,** triompher d'un obstacle, surmonter, vaincre, un obstacle. *To o. a leak*, maîtriser une voie d'eau. *How we overcame the German submarines, F:* comment on a eu les sous-marins allemands.

overcome, *a.* **To be overcome with, by (sth.),** être accablé de (douleur, etc.); être paralysé par (l'effroi, etc.); être transi de (peur); être gagné par (le sommeil, les larmes). *To be o. by a spectacle*, être fortement ému par un spectacle. **To be overcome by the heat, by emotion,** succomber à la chaleur, à l'émotion; *F:* être assommé par la chaleur. *I was o. with fatigue*, je n'en pouvais plus; *F:* j'étais éreinté, vanné, sur le flanc. *To be o. by fumes*, être asphyxié par des gaz. *To be o. by temptation*, se laisser vaincre par la tentation. *He was again o. by shyness*, sa timidité l'a repris. *See also* LAUGHTER.

overcomer [ouvər'kʌmər], *s.* Vainqueur *m* (*of*, de); triomphateur *m*.

overcompound [ouvərkom'paund], *v.tr.* *El.E:* Hypercompounder.

overcompounding, *s.* *El.E:* Hypercompoundage *m*.

overcrop [ouvər'krɔp], *v.tr.* *Agr:* Épuiser (un champ).

overcrossing ['ouvərkrɔsiŋ], *s.* *Rail: etc:* Passage *m* en dessus, passage supérieur (de route).

overcrowd [ouvər'kraud], *v.tr.* (*a*) Trop remplir (un autobus, etc.). *To o. a shelf with ornaments*, surcharger une planche d'ornements. *W.Tel:* **To overcrowd the ether,** embouteiller l'éther. (*b*) Surpeupler (une ville, une forêt).

overcrowded, *a.* (*a*) Trop rempli (*with*, de); (appartement, autobus) bondé (*with people*, de monde). *Flat o. with furniture*, appartement encombré, surchargé, de meubles. *Sch:* *O. form*, classe surchargée, pléthorique. **The hall was overcrowded,** la salle regorgeait de monde. (*b*) (Ville) surpeuplée; (forêt *f*) trop dense, surpeuplée.

overcrowding, *s.* I. Remplissage excessif, surcharge *f* (d'un autobus, etc.); encombrement *m* (d'une salle, etc.). *W.Tel:* **Overcrowding of the ether,** embouteillage *m* de l'éther. 2. Surpeuplement *m* (des villes, d'une forêt).

overdaring [ouvər'deəriŋ], *a.* Téméraire.

overdecorate [ouvər'dekoreit], *v.tr.* Trop fleurir (son style); apporter trop de décorations à (une maison, etc.).

overdo [ouvər'duː], *v.tr.* (*p.t.* **overdid;** *p.p.* **overdone** [ouvər'dʌn]) I. Outrer (les choses); charger (un rôle, etc.). *F:* **To overdo it,** forcer la note; exagérer; dépasser la mesure. *Type of advertisement that has been overdone*, genre d'annonces dont on a abusé, dont le public est fatigué. 2. Excéder de fatigue, surmener, éreinter (un cheval, etc.). **To overdo oneself,** *F:* **to overdo it,** se fatiguer outre mesure; se surmener. **Don't overdo it!** pas de zèle! 3. *Cu:* Trop cuire (de la viande).

overdone, *a.* I. Outré, excessif, exagéré; dont on abuse. 2. Fourbu, éreinté. 3. (*Of meat, etc.*) Trop cuit, surcuit. 4. **To be overdone with sth.,** avoir trop de qch.

overdoor ['ouvərdɔːər], *s.* Dessus *m* de porte.

overdose[1] ['ouvərdous], *s.* Trop forte dose; dose (i) nuisible, (ii) mortelle.

overdose[2] [ouvər'dous], *v.tr.* Administrer à (qn) des remèdes à trop forte(s) dose(s). *To o. oneself*, prendre des médicaments à trop fortes doses.

overdraft ['ouvərdrɑːft], *s.* *Bank:* Découvert *m*; solde débiteur. (*Of bank*) **To grant a firm overdraft facilities,** consentir des facilités de caisse à une maison. *See also* LOAN[1] I.

overdraw [ouvər'drɔː], *v.tr.* (*p.t.* **overdrew** [ouvər'druː]; *p.p.* **overdrawn** [ouvər'drɔːn]) I. Charger (le portrait de qn); trop colorer (un récit). 2. *Bank:* **To overdraw one's account,** mettre son compte à découvert; tirer à découvert. *Overdrawn account*, compte découvert, désapprovisionné. **To be overdrawn at the bank,** avoir débit en banque.

overdress [ouvər'dres], *v.tr.* & *i.* Habiller (qn) avec trop de recherche. **To overdress (oneself),** faire trop de toilette. *She is rather overdressed*, sa toilette est un peu criarde; sa toilette manque de simplicité et de bon ton.

overdrive[1] ['ouvərdraiv], *s.* *Aut:* Vitesse surmultipliée.

overdrive[2] [ouvər'draiv], *v.tr.* (*p.t.* **overdrove** [ouvər'drouv]; *p.p.* **overdriven** [ouvər'drivn]) I. Surmener, *F:* éreinter (un cheval, un employé); surmener, fatiguer (une machine, etc.). 2. *Golf:* = OUTDRIVE.

overdue [ouvər'djuː], *a.* (*a*) (*Of account*) Arriéré, échu, en retard, en souffrance. **Interest on overdue payments,** intérêts moratoires. *The interest is o.*, l'intérêt n'a pas été payé à l'échéance. (*b*) **Train ten minutes overdue,** train en retard de dix minutes. *The train, the ship, is o.*, le train, le navire, est en retard. *He is long o.*, il devrait être là depuis longtemps. (*c*) **Overdue reform,** réforme *f* dont le besoin se fait sentir depuis longtemps.

overeat [ouvər'iːt], *v.pr.* & *i.* (*p.t.* **overate** [ouvər'et]; *p.p.* **overeaten** [ouvər'iːtn]) **To overeat (oneself),** trop manger.

overexcite [ouvərek'sait], *v.tr.* Surexciter; surexalter (l'imagination, les esprits).

overexcitement [ouvərek'saitmənt], *s.* Surexcitation *f*. *Med:* Exaltation *f*.

overexert [ouvəreg'zəːrt], *v.tr.* Surmener; fatiguer outre mesure. *To o. oneself*, se fatiguer; abuser de ses forces; se surmener.

overexertion [ouvəreg'zəːrʃ(ə)n], *s.* Surmenage *m*; abus *m* de ses forces.

overfall ['ouvərfɔːl], *s.* (*a*) Raz *m* de courant causé par les hauts fonds. (*b*) *Hyd.E:* Déversoir *m*, dégorgeoir *m* (d'un étang).

overfault ['ouvərfɔːlt], *s.* *Geol:* Pli-faille *m* inverse, *pl.* plis-failles inverses.

overfeed[1] ['ouvərfiːd], *attrib.a.* *Ind:* **Overfeed stoker,** foyer *m* automatique à alimentation par en dessus.

overfeed[2] [ouvər'fiːd], *v.* (*p.t.* **overfed;** *p.p.* **overfed**) I. *v.tr.* Suralimenter, *F:* surnourrir (*on*, de). 2. *v.i.* & *pr.* Trop manger; se nourrir trop abondamment.

overfed, *a.* I. Suralimenté. 2. *F:* Pansu, ventru.

overfeeding, *s.* Suralimentation *f*.

overfloat [ouvər'flout], *v.tr.* Surnager. *The oil wells up with water, which it always overfloats*, le pétrole sort avec de l'eau, qu'il surnage toujours.

overflow[1] ['ouvərflou], *s.* I. (*a*) Débordement *m*, épanchement *m* (d'un liquide). (*b*) Inondation *f*. 2. Trop-plein *m inv.* **Overflow-pipe,** (tuyau *m* de) trop-plein; tuyau d'écoulement; déversoir *m* (d'une citerne); dégorgeoir *m* (d'un étang). **Float-type overflow,** trop-plein à flotteur. *Attrib.* **Overflow sill, weir,** vanne *f*. **Overflow arm (of river),** fausse rivière. 3. **Overflow meeting,** réunion *f* supplémentaire (pour ceux qui en arrivant ont trouvé salle comble). 4. *Pros:* Enjambement *m*, rejet *m*.

overflow[2] [ouvər'flou]. I. *v.tr.* (*a*) (*Of liquid*) Déborder de (la coupe, etc.). (*b*) (*Of river, etc.*) Inonder (un champ). *The river overflowed its banks*, la rivière est sortie de son lit. 2. *v.i.* (*a*) (*Of cup, heart, etc.*) Déborder. **Room overflowing with people,** salle qui regorge de monde. *Cafés overflowing on to the pavement*, cafés débordant sur le trottoir. **To overflow with riches,** surabonder de, en, richesses. (*b*) (*Of liquid*) Déborder, s'épancher; (*of gutter, stream*) dégorger.

overflowing[1], *a.* Débordant; plein à déborder; (*of kindness*) surabondant. *O. wit*, débordement *m* d'esprit. *Her o. activity*, son activité débordante. *Th: etc:* **Overflowing house,** salle *f* comble.

overflowing[2], *s.* Débordement *m*. **Full to overflowing,** plein à déborder.

overfly [ouvər'flai], *v.tr.* (*p.t.* **overflew** [ouvər'fluː]; *p.p.* **overflown** [ouvər'floun]) I. (*Of hawk, of aeroplane*) Survoler (la proie, une région). 2. Voler plus vite que . . .; dépasser.

overfold ['ouvərfould], *s.* *Geol:* Pli renversé; pli déversé; pli de charriage; pli de chevauchement; chevauchement *m*.

overfraught [ouvər'frɔːt], *a.* Surchargé (*with*, de).

overfree [ouvər'friː], *a.* Trop familier (*with*, avec). *To be o. in one's conduct*, se conduire trop librement.

overfront ['ouvərfrʌnt], *s.* Pèlerine *f* (d'un *Inverness coat*).

overfrozen [ouvər'frouzn], *a.* Couvert de glace.

overfull [ouvər'ful], *a.* Trop plein (*of, with*, de).

overgarment ['ouvərgɑːrmənt], *s.* Vêtement *m* de dessus.

overgeared [ouvər'giːərd], *a.* *Aut:* I. **Overgeared fourth,** quatrième vitesse surmultipliée. 2. *The car is o.*, les multiplications sont trop fortes pour la puissance du moteur.

overgild [ouvər'gild], *v.tr.* (*p.t.* **overgilded;** *p.p.* **overgilded,** *occ.* **overgilt**) Incruster (qch.) d'or; dorer (qch.).

overgrow [ouvər'grou], *v.tr.* (*p.t.* **overgrew** [ouvər'gruː]; *p.p.* **overgrown**) I. (*Of plants, etc.*) Couvrir, recouvrir (un mur, etc.); envahir (un terrain, etc.). 2. (*Of child, etc.*) Devenir trop grand pour (ses habits, etc.). **To overgrow oneself,** grandir trop vite.

overgrown, *a.* I. Couvert (*with sth.*, de qch.). **Garden, road, overgrown with weeds,** jardin envahi, recouvert, par les mauvaises herbes; route mangée d'herbes. *O. with ivy*, tapissé de lierre. *Path o. with brambles*, sentier encombré de ronces. *O. with grass*, envahi par l'herbe. 2. (*Of child*) Qui a grandi trop vite. **To be overgrown,** être trop grand pour son âge.

overgrowth ['ouvərgrouθ], *s.* I. Surcroissance *f*; croissance excessive. 2. Couverture *f* (d'herbes, de ronces, de poils, etc.). 3. *For:* Étage supérieur.

overhand ['ouvərhand], *attrib.a.* I. = OVERARM I. 2. *Nau:* **Overhand-knot,** demi-nœud *m*, *pl.* demi-nœuds; nœud simple. 3. *Min:* **Overhand stopes,** gradins renversés.

overhang[1] ['ouvərhaŋ], *s.* Surplomb *m*; porte-à-faux *m inv*, saillie *f*. *Const:* *To have an o.*, porter à faux.

overhang[2] [ouvər'haŋ], *v.tr.* (*p.t.* **overhung** [ouvər'hʌŋ]; *p.p.* **overhung**) Surplomber; faire saillie au-dessus de, pencher sur (qch.). *F:* (*Of danger, etc.*) Menacer; être suspendu sur la tête de (qn). *A slight mist overhung the forest*, une brume légère planait sur la forêt. *The ivy overhanging the ruins*, le lierre qui retombe sur les ruines.

overhung, *a.* **1.** (*a*) En surplomb; surplombant; en saillie; protubérant; (*of crank, etc.*) en porte-à-faux. **Overhung girder,** poutre en encorbellement, en console. (*b*) Avec attaches en dessus. (*c*) **Eyes overhung with beetling brows,** yeux surplombés par des sourcils touffus. **2.** *Cu:* (*Of meat*) Trop attendu.

over'hanging¹, *a.* Surplombant, en surplomb, en porte-à-faux; (mur) déversé. *O. foliage,* feuillage ombreux. *Civil E:* **Overhanging footway,** trottoir *m* en encorbellement.

'overhanging², *s.* Surplombement *m*; porte-à-faux *m inv.*

overhaul¹ ['ouvərhɔːl], *s.* (*a*) Examen détaillé (d'un malade, etc.); révision *f* (d'une machine, etc.); visite *f* (pour réparations). *To subject a machine to a careful o.,* soumettre une machine à un examen minutieux. (*b*) Remise *f* en état (d'une machine, etc.).

overhaul² [ouvər'hɔːl], *v.tr.* **1.** Examiner en détail (un malade, une machine); arranger (une montre); réviser, visiter, remettre en état, remettre au point, réparer, démonter, réfectionner (une machine, etc.); vérifier (les machines, les contacts, etc.). *Nau:* Radouber (un navire). **To get overhauled by a doctor,** se faire examiner par un médecin. '*Car, just overhauled,*' "auto, vient d'être révisée." *To o. the life-boats,* faire la visite des canots de sauvetage. **To overhaul the seams of a ship,** parcourir les coutures d'un navire. **To overhaul the rigging,** repasser le gréement. **2.** *Nau:* Rattraper, gagner de vitesse, dépasser, *A:* aganter (un autre navire). **3.** *Nau:* Affaler, reprendre (un palan).

overhauling, *s.* = OVERHAUL¹.

overhead [ouvər'hed]. **1.** *adv.* Au-dessus (de la tête); en haut, en l'air. *The planes were flying o.,* les avions volaient au-dessus de nos têtes. *The clouds o.,* les nuages qui flottaient sur nos têtes. *Our neighbours o.,* nos voisins *m* d'au-dessus, d'en haut. **2.** *Attrib.a.* (*a*) Aérien. **Overhead cable,** câble aérien. *O.* (*cable*) *transport,* transport *m* par trolley; telphérage *m*. *O. system,* système suspendu. *See also* CRANE¹ 2, NETTING 3. (*b*) *I.C.E:* **Overhead valves,** soupapes *f* en dessus, en tête. *O.-valve cylinder,* cylindre à soupapes en dessus. *See also* ENGINE¹ 3. (*c*) *Com:* **Overhead expenses,** *s. F:* **overhead(s),** frais généraux; dépenses générales. (*d*) **Overhead price,** prix *m* forfaitaire. (*e*) *Ten:* **Overhead volley,** volley pris au-dessus de la tête. *Art: Phot:* **Overhead lighting,** éclairage vertical.

overhear [ouvər'hiːər], *v.tr.* (*p.t.* **overheard** [ouvər'həːrd]; *p.p.* **overheard**) Surprendre (une conversation, etc.). *I overheard a few words,* j'ai surpris quelques mots.

overheat [ouvər'hiːt]. **1.** *v.tr.* (*a*) Surchauffer, trop chauffer (un four, etc.). (*b*) **To overheat oneself,** s'échauffer (trop). **2.** *v.i.* (*With passive force*) (*Of engine, etc.*) Chauffer.

overheated, *a.* (*Of engine, etc.*) Surchauffé. **To get overheated,** (i) (*of pers.*) s'échauffer, prendre chaud; (ii) (*of engine, etc.*) chauffer. *O. brakes,* freins qui chauffent.

overheating, *s.* **1.** Surchauffe *f*, surchauffage *m*. **2.** *Mec.E:* Échauffement (anormal); chauffe *f*, chauffage *m*. *Mch:* **Local overheating,** coup *m* de feu.

overjoy [ouvər'dʒɔi], *v.tr.* Transporter (qn) de joie; combler (qn) de joie; ravir (qn).

overjoyed, *a.* Transporté de joie. **To be overjoyed,** nager dans la joie; être au comble de la joie, rempli de joie; *F:* sauter au plafond (de joie). *To be o. to see s.o.,* être ravi de voir qn. **I was overjoyed at the news,** cette nouvelle me remplit de joie, me transporta de joie, me mit au comble de la joie. *She was o. that he was coming with her,* elle était tout heureuse qu'il l'accompagnât, de ce qu'il l'accompagnait.

overlabour [ouvər'leibər], *v.tr.* Élaborer (un argument) outre mesure.

overladen [ouvər'leidn], *a.* Surchargé (*with,* de).

overlaid [ouvər'leid]. *See* OVERLAY².

overlain [ouvər'lein]. *See* OVERLIE.

overland [ouvər'land]. **1.** *adv.* Par voie de terre. *O. and overseas,* par terre et par mer. **2.** *Attrib.a.* ['ouvərland] Qui voyage par voie de terre. **Overland route,** voie *f* de terre.

overlap¹ ['ouvərlap], *s.* Recouvrement *m*; chevauchement *m*; (*of slates, etc.*) chevauchure *f*, imbrication *f*. *To lay* (*tiles, slates*) *with an o.,* enchevaucher, embroncher (des tuiles, des ardoises). *Coat that has not enough o.,* habit qui ne croise pas assez. *Carp:* **Overlap joint,** joint *m* à recouvrement. *Geol:* **Overlap fault,** faille *f* inverse.

overlap² [ouvər'lap], *v.tr.* & *i.* (**overlapped** [-lapt]; **overlapping**) **1.** (*a*) Recouvrir (partiellement). (*Of tiles, slates*) **To overlap (one another),** chevaucher. (*b*) (*Of roofer*) Enchevaucher, embroncher (les tuiles, etc.). **2.** Dépasser, outrepasser (l'extrémité de qch.). *Cover that overlaps* (*the edges*), couverture *f* (de livre) qui déborde. **3.** (*Of categories, etc.*) Se chevaucher. *Catalogue that overlaps another,* catalogue *m* qui fait double emploi avec un autre, qui empiète sur un autre.

overlapping¹, *a.* Chevauchant, imbriqué, imbriquant; (dents *f*) qui chevauchent. *Av:* **Overlapping plane,** plan débordant.

overlapping², *s.* **1.** Recouvrement *m*, chevauchement *m*, chevauchure *f*, imbrication *f*; enchevauchure *f* (de tuiles, etc.). *Geol:* Chevauchement. *I.C.E:* **Overlapping of the explosions,** chevauchement des explosions. **2.** Double emploi *m*. *O. of two offices,* chevauchement, empiètement *m*, de deux emplois.

overlay¹ ['ouvərlei], *s.* **1.** *Furn:* (*a*) Matelas *m*. (*b*) Couvre-lit *m*, *pl.* couvre-lits. **2.** *Min: Geol:* Cosse *f*. **3.** *Typ:* Hausse *f*, béquet *m*. *See also* CHALK-OVERLAY.

overlay² [ouvər'lei], *v.tr.* (*p.t.* **overlaid**; *p.p.* **overlaid**) **1.** (*a*) Recouvrir, couvrir (*with,* de). *Overlaid with mud,* enduit (d'une couche) de boue. (*b*) *Const:* **To overlay a wall,** incruster un mur. **2.** = OVERLIE 2. **3.** *Typ:* Mettre des hausses sur (le tympan).

overlaying, *s.* **1.** (*a*) Recouvrement *m*. (*b*) *Const:* Incrustation *f* (d'un mur). **2.** *Metall:* Acérage *m* (de l'acier). **3.** = OVERLYING² 2.

overlay³. *See* OVERLIE.

overleaf [ouvər'liːf], *adv.* Au dos, au verso (de la page). '**See overleaf,**' "voir au verso."

overleap [ouvər'liːp], *v.tr.* (*p.t.* & *p.p.* **overleaped** *or* **overleapt** [-lept]) **1.** Sauter par-dessus (qch.); *F:* franchir, dépasser (les bornes de qch.). **2.** *v.pr.* **To overleap oneself,** sauter trop loin; dépasser son but.

overlie [ouvər'lai], *v.tr.* (*p.t.* **overlay**; *p.p.* **overlain**) **1.** Recouvrir, couvrir. *Her:* **Charge overlying another,** pièce qui broche sur une autre. **2.** Étouffer, suffoquer (un enfant en bas âge). *Cf.* OVERLYING² 2.

overlying¹, *a.* Superposé; (*of stratum*) surjacent. *Her:* Brochant.

overlying², *s.* **1.** Recouvrement *m*. **2.** Suffocation *f* par mésaventure d'un enfant en bas âge (couché à côté de sa mère).

overlighting [ouvər'laitiŋ], *s.* *Phot: etc:* Excès *m* d'éclairage.

overlive [ouvər'liv], *v.tr.* = OUTLIVE.

overload¹ ['ouvərloud], *s.* **1.** Poids *m* en surcharge; surcharge *f*. **2.** *Mch: El.E:* **Overload running,** marche *f* en surcharge. *Sudden o.,* à-coup *m* (brusque) de surcharge; coup *m* de collier. *I.C.E:* **Overload knock,** cognement dû à une charge excessive. *See also* CUT-OUT 3.

overload² [ouvər'loud], *v.tr.* Surcharger. **1.** *Roof that overloads the walls,* toiture *f* qui charge trop les murs. **2.** Surmener (une machine, le moteur).

overloading, *s.* **1.** Surchargement *m*, surcharge *f*. **2.** Surmenage *m* (du moteur, etc.).

overlook [ouvər'luk], *v.tr.* **1.** (*a*) *A:* Regarder par-dessus (une haie, etc.). (*b*) Avoir vue sur (qch.); (*of building, etc.*) dominer, commander (un vallon, etc.); (*of window*) donner sur (la rue, etc.). *Room overlooking the garden,* chambre *f* sur le jardin. **2.** (*a*) Oublier, laisser passer (l'heure, etc.); négliger, laisser échapper (une occasion). **I overlooked the fact,** ce fait m'a échappé. *I shall not o. this assurance,* je tiendrai compte de cette promesse. (*b*) Fermer les yeux sur (qch.), passer sur (qch.), laisser passer (une erreur). **Overlook it this time,** passez-le-moi cette fois. *I cannot o. the fact that . . .,* je ne peux pas me dissimuler que. . . . **3.** Surveiller (un travail); avoir l'œil sur (qn). **4.** Jeter le mauvais œil à (qn); jeter un sort sur (qn).

overlooker ['ouvərlukər], *s.* **1.** Espion *m*. **2.** (*a*) Surveillant, -ante. *Ind:* Contremaître, -tresse. (*b*) *Nau:* Capitaine *m* d'armement.

overlord ['ouvərlɔːrd], *s.* Suzerain *m*.

overlordship [ouvər'lɔːrdʃip], *s.* Suzeraineté *f*.

overly ['ouvərli], *adv.* *U.S: F:* Trop; à l'excès.

overman, *pl.* **-men** ['ouvərmən, -men], *s.* **1.** *Ind:* Contremaître, -tresse. *Min:* Maître-mineur *m*, *pl.* maîtres-mineurs; porion *m*. **2.** *Phil:* Surhomme *m* (de Nietzsche).

overmantel ['ouvərmant(ə)l], *s.* Étagère *f* de cheminée.

overmantle [ouvər'mantl], *v.tr.* Couvrir (qch.) comme d'un manteau.

overmaster [ouvər'mɑːstər], *v.tr.* Maîtriser, subjuguer; dominer (la volonté de qn, etc.).

overmastering, *a.* (*a*) (*Of will, etc.*) Dominateur, -trice. (*b*) (*Of passion, etc.*) Irrésistible.

overmatch [ouvər'matʃ], *v.tr.* Être trop forte partie pour (qn); surclasser, vaincre (qn). **To be overmatched,** avoir affaire à plus fort que soi.

overmuch [ouvər'mʌtʃ]. **1.** *adv.* (Par) trop; à l'excès; excessivement; outre mesure. *This author has been praised o.,* on a surfait cet auteur. *To exert oneself o.,* se dépenser à l'excès. **2.** *a.* Excessif. *It is o. work for a child,* c'est un travail excessif pour un enfant. **3.** *s.* Excès *m*; le trop.

overmuchness [ouvər'mʌtʃnəs], *s.* Excès *m*.

overpass [ouvər'pɑːs], *v.tr.* **1.** Traverser (un pays, etc.). **2.** Surmonter, vaincre (un obstacle). **3.** Surpasser (*s.o. in sth.,* qn en qch.). **4.** Outrepasser (les bornes de . . .). **5.** *A:* Fermer les yeux sur, laisser passer, passer sous silence (une erreur, etc.).

overpast [ouvər'pɑːst], *pred.a.* Passé. *The time is o. to . . .,* il est bien trop tard pour. . . .

overpay [ouvər'pei], *v.tr.* (*p.t.* **overpaid**; *p.p.* **overpaid**) Surpayer; trop payer (qn). *Overpaid workmen,* ouvriers trop payés. *It appears that I am overpaid,* il paraît que je suis payé au-dessus de ce que je vaux.

overpayment [ouvər'peimənt], *s.* **1.** Surpaye *f*; paiement *m* en trop; plus-payé *m*, *pl.* plus-payés. **2.** Rétribution excessive.

overpeople [ouvər'piːpl], *v.tr.* Surpeupler.

overpitch [ouvər'pitʃ], *v.tr.* **1.** *Cr:* Lancer (la balle) trop longue. **2.** *F:* *To o. one's praise of s.o.,* chanter trop haut les louanges de qn.

overplacement [ouvər'pleismənt], *s.* (*a*) Superposition *f*. (*b*) *Geol:* Terrains *mpl* de (re)couvrement.

overplus ['ouvərplʌs], *s.* **1.** Excédent *m*, surplus *m*, excès *m*. **2.** *Const:* Balèvre *f* (d'une assise de maçonnerie). **3.** *Typ:* = OVER-QUIRE.

overpoise [ouvər'pɔiz], *v.tr.* = OUTWEIGH.

overpower [ouvər'pauər], *v.tr.* Maîtriser, dominer, vaincre, subjuguer (un fou, les passions). **Overpowered with grief,** accablé de douleur. *To be overpowered by superior numbers, by fumes,* succomber sous le nombre, sous l'effet des gaz; être écrasé sous le nombre. **I was overpowered** (*by the news, etc.*), les bras m'en tombaient. *Your kindness overpowers me,* je suis confus de vos bontés.

overpowering, *a.* (*Of emotion, etc.*) Accablant; (*of desire, etc.*) tout-puissant, irrésistible. *O. forces,* forces écrasantes. **Overpowering heat,** chaleur accablante. *O. fumes,* vapeurs suffocantes.

overpraise [ouvər'preːiz], *v.tr.* Trop louer; outrer l'éloge de (qn).

overpraised, *a.* Survanté; surfait.

overproduce [ouvərprə'djuːs], *v.tr.* *Pol.Ec:* Produire trop de (qch.). *Abs.* (*Of industry, etc.*) Produire trop.

overproduction [ouvərprə'dʌkʃ(ə)n], *s.* *Pol.Ec:* Surproduction *f*.

overran [ouvər'ran]. *See* OVERRUN[2].

overrate [ouvər'reit], *v.tr.* **1.** Surévaluer, surestimer, surfaire (qn, qch.); faire trop de cas de (qch.); exagérer (les qualités de qn). **To overrate one's strength,** trop présumer de ses forces. *Overrated town,* ville surfaite. **2.** *Adm:* Surtaxer.

overreach [ouvər'riːtʃ], *v.tr.* **1.** Dépasser. **2.** Tromper, duper (qn). **3. To overreach oneself,** (i) se donner un effort; (ii) trop présumer de ses forces; (iii) être victime *f* de sa propre fourberie. **4.** *v.i.* (*Of horse*) Forger, (s')attraper, se nerférer.

overreacher [ouvər'riːtʃər], *s.* *Farr:* Cheval *m* qui forge.

override [ouvər'raid], *v.tr.* (*p.t.* **overrode** [ouvər'roud]; *p.p.* **overridden** [ouvər'ridn]) **1.** (*a*) (*Of mounted troops*) Ravager, dévaster (une région ennemie). (*b*) Passer (à cheval) sur le corps de (qn). **2.** (*a*) Outrepasser (ses ordres, etc.); passer outre à (la loi); fouler aux pieds (les droits de qn). **To override one's commission,** outrepasser ses pouvoirs; commettre un abus de pouvoir, d'autorité. (*b*) Avoir plus d'importance que (qch.). *Considerations that o. all others,* considérations qui l'emportent sur toutes les autres. *Decision that overrides a former decision,* arrêt qui annule, casse, un arrêt antérieur. **3.** Surmener, outrer, harasser (un cheval). *Overridden horse,* cheval usé. **4.** *v.i.* (*Of ends of fractured bone, of the toes, etc.*) Chevaucher.

overriding, *a.* **Overriding principle,** principe premier, primordial, auquel il ne saurait être dérogé. *Jur:* **Overriding clause,** clause *f* dérogatoire.

overrig [ouvər'rig], *v.tr.* (**overrigged; overrigging**) *Nau:* Gréer (un yacht, etc.) au delà de ce qu'il doit porter de voilure.

overrule [ouvər'ruːl], *v.tr.* **1.** Gouverner, diriger (avec une autorité supérieure). *The Board of Education overrules all decisions,* toutes les décisions sont soumises à l'assentiment du Ministère de l'Éducation nationale. **2.** (*a*) Décider contre (l'avis de qn, etc.). (*b*) *Jur:* Annuler, casser (un arrêt, etc.); rejeter (une réclamation). (*c*) Passer outre à (une difficulté); passer à l'ordre du jour sur (une objection). **3.** Être plus fort que. . . . *Fate overruled him,* le destin fut plus fort que lui.

overrun[1] ['ouvərrʌn], *s.* **1.** *Typ:* (*At end of line*) Chasse *f*; (*at end of page*) report *m*; ligne(s) *f* à reporter. **2.** *Aut:* Poussée *f*. **On the overrun,** lorsque le moteur est entraîné par le véhicule. **Overrun noises,** bruits *m* de rétro.

overrun[2] [ouvər'rʌn], *v.* (*p.t.* **overran**; *p.p.* **overrun**; *pr.p.* **overrunning**) I. *v.tr.* **1.** (*a*) (*Of invaders*) (i) Se répandre sur, envahir (un pays); (ii) dévaster, ravager (un pays). **To overrun the land,** faire des incursions dans tout le pays. *The district was overrun with bandits,* toute la région était courue par des bandits. (*b*) *These eastern towns are overrun with soldiers,* ces villes de l'est grouillent de soldats. **Garden overrun with weeds,** jardin envahi par les mauvaises herbes. **House overrun with mice,** maison infestée de souris. (*c*) (*Of floods*) Inonder (un champ, etc.). **2.** Dépasser, aller au delà de (la limite). *Rail:* **To overrun a signal,** brûler un signal. **To overrun oneself,** être emporté trop loin par son élan. *F:* **To overrun the constable** = *to outrun the constable, q.v. under* OUTRUN. **3.** (*a*) Surmener, fatiguer (une machine); *El:* survolter, pousser, surmener (une lampe). (*b*) **To overrun oneself,** se surmener (en courant). **4.** *Typ:* Reporter (un mot) à la ligne ou à la page suivante; remanier (les lignes). *Abs. Words that o. (the line),* mots *m* qui chassent. *Line that overruns into the margin,* ligne sortante.

II. **overrun,** *v.i.* **1.** (*Of car*) (i) Rouler plus vite que le moteur; entraîner le moteur; (ii) rouler à roue libre. **2.** (*Of liquid, of river*) Déborder.

overrunning, *s.* **1.** (*a*) Incursions *fpl*; envahissement *m*, dévastation *f*. (*b*) Inondation *f*. **2.** *El:* Survoltage *m*. **3.** *Typ:* Report *m*; remaniement *m* (des lignes).

overrunner [ouvər'rʌnər], *s.* Envahisseur *m*.

oversailing [ouvər'seiliŋ], *attrib.a.* (*Of course of masonry*) Débordant.

oversea ['ouvərsiː]. **1.** *Attrib.a.* (Colonie *f*, commerce *m*) d'outre-mer; (région) transmarine; (dette) extérieure. **2.** *adv.* Par delà les mers.

overseas [ouvər'siːz], *adv.* = OVERSEA 2. **Visitors from overseas,** visiteurs d'outre-mer, de par delà les mers.

oversee [ouvər'siː], *v.tr.* (*p.t.* **oversaw** [ouvər'sɔː]; *p.p.* **overseen** [ouvər'siːn]) Surveiller, *F:* avoir l'œil sur (un atelier, etc.).

overseer ['ouvərsiːər], *s.* **1.** Surveillant, -ante; inspecteur, -trice; *Ind:* contremaître, -tresse; chasse-avant *m inv*; chef *m* d'atelier. *Civ.E:* Brigadier *m*. *Typ:* Prote *m*. *Case o.,* prote à la composition. *O. of the machine-room,* prote aux machines. **2.** *Adm:* **Overseer of the poor** = directeur *m* du Bureau de bienfaisance.

overseership ['ouvərsiːərʃip], *s.* Charge *f* de surveillant; inspectorat *m*.

oversell [ouvər'sel], *v.tr.* *St.Exch:* Vendre plus de (qch.) qu'on ne peut livrer.

overset [ouvər'set], *v.tr. & i.* (*p.t.* **overset**; *p.p.* **overset**) = UPSET[2].

oversew ['ouvərsou], *v.tr.* (*p.p.* **oversewn** ['ouvərsoun]) *Needlew:* Surjeter; assembler (deux pièces) au point de surjet.

overshade [ouvər'ʃeid], *v.tr.* Ombrager.

overshadow [ouvər'ʃado], *v.tr.* **1.** Ombrager; couvrir de son ombre. *Clouds that o. the sky,* nuages qui obscurcissent le ciel. **2.** Éclipser (qn); surpasser (qch., qn) en éclat.

overshoe ['ouvərʃuː], *s.* Couvre-chaussure *m*, *pl.* couvre-chaussures; galoche *f*, *A:* claque *f*. **Rubber overshoes,** caoutchoucs *m*.

overshoot [ouvər'ʃuːt], *v.tr.* (*p.t.* **overshot** [ouvər'ʃɔt]; *p.p.* **overshot**) **1.** Dépasser, outrepasser (le point d'arrêt, etc.); (*of shot, gun*) porter au delà de (qch.). **To overshoot the mark,** (i) dépasser le but; aller au delà du but; (ii) *F:* dépasser les bornes. **To overshoot oneself,** être victime de sa propre fourberie. **2.** Trop chasser sur (une terre); dépeupler (une chasse).

'overshot, *a.* **1.** *Hyd.E:* **Overshot wheel,** roue *f* (à augets) en dessus; roue à auges, à augets, à godets. **2.** *Tex:* **Overshot pick,** duite *f* d'endroit. **3.** [ouvər'ʃɔt] (Chien *m*) dont la mâchoire supérieure fait saillie. *See also* FETLOCK.

overside [ouvər'said], *adv.* *Nau:* *To load, unload, a vessel o.,* charger, décharger, un bâtiment par allèges. *Overside* ['ouvərsaid] *loading,* chargement *m* par allèges.

oversight ['ouvərsait], *s.* **1.** Oubli *m*, omission *f*, bévue *f*, inadvertance *f*. **Through, by, an oversight,** par mégarde; par étourderie; par inadvertance; par oubli; par négligence. **2.** Surveillance *f*. *Rights of o. of a commission,* droits de tutelle *f* d'une commission.

oversize ['ouvərsaːiz], *s.* **1.** (*a*) *Mec.E: etc:* Surépaisseur *f*. (*b*) Dimensions *fpl* (i) au-dessus de la moyenne, (ii) *Mec.E:* au-dessus de la cote. **Oversize in tyres,** surprofil *m* de bandages. *Attrib.* **Oversize tyre,** bandage surprofilé. *I.C.E:* **Oversize piston,** piston surprofilé; piston à cote de réalésage. **2.** Refus *m* du crible.

oversized ['ouvərsaizd], *a.* Au-dessus des dimensions moyennes.

oversleep [ouvər'sliːp], *v.* (*p.t.* **overslept** [ouvər'slept]; *p.p.* **overslept**) **1.** *v.i. & pr.* **To oversleep (oneself),** dormir trop longtemps; s'éveiller après l'heure. **2.** *v.tr.* Dormir au delà de (l'heure de se lever, etc.).

oversleeve ['ouvərsliːv], *s.* Fausse manche; manchette *f*; garde-manche *m*, *pl.* garde-manches; manche en lustrine.

oversow [ouvər'sou], *v.tr.* (*p.t.* **oversowed**; *p.p.* **oversowed, oversown**) Sursemer (un champ, une graine).

overspeed ['ouvərspiːd], *s.* Excès *m* de vitesse; allure excessive. *Mec.E:* **Overspeed-gear,** modérateur *m* de vitesse.

overspread [ouvər'spred], *v.tr.* (*p.t.* **overspread**; *p.p.* **overspread**) **1.** Couvrir (*with,* de). *Hatred overspread with jealousy,* haine doublée de jalousie. *Contempt overspread with blandness,* mépris caché sous l'affabilité. **2.** Se répandre, s'étendre, sur (qch.); (*of floods, light, etc.*) inonder (qch.). *A flush overspread his face,* une rougeur lui couvrit le visage. *A deathly pallor overspread her countenance,* une pâleur mortelle se répandit sur son visage. *The snow overspreads the plain,* la neige recouvre la plaine. *A mist overspread the forest,* une brume planait sur la forêt.

overstate [ouvər'steit], *v.tr.* Exagérer (les faits, etc.). *I am neither overstating nor understating the case,* je n'exagère ni dans un sens ni dans l'autre.

overstatement [ouvər'steitmənt], *s.* **1.** Exagération *f*. **2.** Récit exagéré; affirmation exagérée.

overstay [ouvər'stei], *v.tr.* Dépasser (son congé, etc.). *See also* WELCOME[2].

overstep [ouvər'step], *v.tr.* (**overstepped** [-stept]; **overstepping**) Franchir, outrepasser, dépasser (les bornes de qch., etc.). *To o. the truth,* outrepasser les bornes de la vérité. *F:* **Don't overstep the mark,** n'y allez pas trop fort. *See also* LINE[2] 3.

overstimulation [ouvərstimju'leiʃ(ə)n], *s.* *Med: etc:* Surexcitation *f*.

overstitch ['ouvərstitʃ], *s.* *Needlew:* Point *m* de surjet.

overstock[1] ['ouvərstɔk], *s.* Surabondance *f*; encombrement *m*, surcharge *f* (de marchandises).

overstock[2] [ouvər'stɔk], *v.tr.* (*a*) Encombrer (le marché, etc.) (*with,* de). (*b*) Trop meubler (une ferme) de bétail; entretenir un cheptel au delà de ce que (la ferme) peut nourrir; surcharger (un étang) de poissons. **To overstock a shop,** encombrer un magasin de stocks.

overstocked, *a.* Encombré, surchargé (*with,* de); (peuplement forestier) trop dense.

overstocking, *s.* Encombrement *m* (de marchandises); approvisionnement exagéré.

overstoping [ouvər'stoupiŋ], *s.* *Min:* Abattage *m* en gradins renversés.

overstrain[1] ['ouvərstrein], *s.* **1.** Tension excessive. **2.** Surmenage *m*.

overstrain[2] [ouvər'strein], *v.tr.* **1.** Surtendre (un câble, etc.). **2.** (*a*) Outrer; surmener (qn, un cheval). **To overstrain oneself with working,** se surmener (à travailler). (*b*) *To o. an argument,* pousser trop loin un argument. *To o. the truth,* donner une entorse à la vérité.

overstress[1] ['ouvərstres], *s.* *Mec.E:* Surcharge *f*.

overstress[2] [ouvər'stres], *v.tr.* **1.** *Mec.E:* Surcharger (une transmission, etc.). **2.** Trop insister sur (un détail, etc.).

overstride [ouvər'straid], *v.tr.* (*p.t.* **overstrode** [ouvər'stroud]; *p.p.* **overstridden** [ouvər'stridn]) **1.** Enjamber (qch.). **2.** Marcher à plus grands pas que (qn).

overstrung [ouvər'strʌŋ], *a.* **1.** (*Of pers.*) Surexcité, énervé; dans un état de surexcitation nerveuse. **2. Overstrung piano,** piano *m* oblique (à cordes croisées).

overswarm [ouvər'swɔːrm]. **1.** *v.tr.* (*Of troops, etc.*) Se répandre sur (un pays). **2.** *v.i.* (*Of bees*) Essaimer au delà de la capacité de la ruche.

overswollen [ouvər'swoulən], *a.* **1.** (*Of heart*) Gonflé. **2.** (*Of river, etc.*) Enflé.

overt ['ouvərt], *a.* Patent, évident, manifeste. *Jur:* **Overt act,** acte *m* manifeste. **Market overt,** marché public (légalement tout magasin). **-ly,** *adv.* Manifestement, ouvertement; à découvert.

overtake [ouvər'teik], *v.tr.* (*p.t.* **overtook** [ouvər'tuk]; *p.p.* **overtaken** [ouvər'teik(ə)n]) **1.** (*a*) Rattraper, atteindre (qn). *To step out in order to o. s.o.,* allonger le pas pour rejoindre qn. *F:* **To overtake arrears of work,** rattraper le retard dans son travail; se remettre au courant. (*b*) Doubler, dépasser, devancer, gagner de vitesse, *F:* gratter (un concurrent, une voiture, un bateau). **2.** (*Of accident*) Arriver à (qn); (*of evil fate, etc.*) s'abattre sur (qn). *The calamity that has overtaken us,* le malheur qui nous frappe. *The catastrophe overtook many people,* la catastrophe atteignit beaucoup de gens. *Overtaken by a storm,* surpris par un orage. *Darkness overtook us,* la nuit nous gagna. **3.** *F:* **Overtaken in drink,** ivre.

overtaking, *s.* *Aut:* **'Overtaking and passing forbidden; no**

overtaking,' "défense de doubler." **Overtaking signal**, signal *m* pour dépasser.

overtask [ouvər'tɑːsk], *v.tr.* Surcharger, accabler, (qn) de travail; surmener (qn). **To overtask one's strength**, se surmener (à marcher, à travailler, etc.); abuser de ses forces.

overtax [ouvər'taks], *v.tr.* **1.** (*a*) Pressurer (le peuple); accabler (la nation) sous les impôts. (*b*) Surcharger (qn). **To overtax one's strength**, se surmener; abuser de ses forces. *To o. a horse's strength*, trop exiger (des forces) d'un cheval. **2.** *Adm:* Surtaxer (qn); surimposer (un immeuble).

overtaxation [ouvərtak'seiʃ(ə)n], *s.* Surchargement *m* d'impôts; surimposition *f* (d'un immeuble).

overthrow¹ ['ouvərθrou], *s.* **1.** Subversion *f*, chute *f*, renversement *m* (d'un empire); ruine *f*, défaite *f* (de qn, d'un projet); déroute *f* (des projets de qn). **2.** *Cr:* Balle *f* qui dépasse le guichet.

overthrow² [ouvər'θrou], *v.tr.* (*p.t.* overthrew [ouvər'θruː]; *p.p.* overthrown [ouvər'θroun]) **1.** Renverser (une table, etc.); abattre, *F:* enfoncer (un adversaire). **2.** Défaire, vaincre (qn); abattre, mettre à bas (un empire); mettre par terre, renverser, culbuter, démolir (un ministère, etc.); ruiner, réduire à néant (les projets de qn).

overthrower [ouvər'θrouər], *s.* Vainqueur *m*, renverseur, -euse, *F:* démolisseur, -euse (d'un empire, d'un ministère, etc.).

overthrust¹ ['ouvərθrʌst], *s.* *Geol:* Chevauchement *m*, recouvrement *m*.

overthrust² [ouvər'θrʌst], *v.i.* (*p.t.* **overthrust**; *p.p.* **overthrust**) *Geol:* (*Of strata*) Chevaucher.

overthrust³, *a.* *Geol:* Chevauché. **Overthrust fault**, faille *f* de chevauchement, de charriage.

overthrusting, *s.* *Geol:* Chevauchement *m*, charriage *m*.

overtight [ouvər'tait], *a.* Trop serré.

overtime ['ouvərtaim]. **1.** *s.* *Ind:* Heures *f* supplémentaires (de travail); heures hors cloche; surtemps *m*. *An hour of o., an hour's o.*, une heure supplémentaire. *All o. to be paid by . . .*, tous les frais de travail hors d'heures seront payés par. . . . **2.** *adv.* **To work overtime**, faire des heures supplémentaires. (*Cf.* OVER-TIME.)

overtire [ouvər'taiər], *v.tr.* Surmener (qn). **To overtire oneself**, se fatiguer outre mesure; se surmener.

overtness ['ouvərtnəs], *s.* Franchise *f*.

overtone ['ouvərtoun], *s.* *Mus:* Harmonique *m*. *Harmonic overtones*, harmoniques supérieurs. (*Cf.* OVER-TONE.)

overtook [ouvər'tuk]. *See* OVERTAKE.

overtop [ouvər'tɔp], *v.tr.* (overtopped; overtopping) **1.** S'élever au-dessus de (qn, qch.); dépasser (qn, qch.) en hauteur. *Mountain that overtops the range*, montagne *f* qui domine la chaîne. *He will soon have overtopped his father*, il aura bientôt dépassé son père; il sera bientôt plus grand que son père. **2.** Surpasser (qn); l'emporter sur (qn).

overtrump [ouvər'trʌmp], *v.tr.* *Cards:* Surcouper.

overtrumping, *s.* Surcoupe *f*.

overture ['ouvərtjuər], *s.* **1.** Ouverture *f*, offre *f*. **To make overtures to s.o.**, faire des ouvertures à qn. *Overtures of peace*, ouvertures de paix. *His overtures met with no response*, on ne répondit pas à ses initiatives *f*, à ses propositions *f*. **2.** *Mus:* Ouverture (d'opéra, etc.).

overturn¹ ['ouvərtəːrn], *s.* *Geol:* Renversement *m*, déversement *m*.

overturn² [ouvər'təːrn]. **1.** *v.tr.* (*a*) Renverser (une table, etc.); mettre (qch.) sens dessus dessous; faire verser (une voiture); (faire) chavirer (un canot). (*b*) = OVERTHROW² **2.** **2.** *v.i.* (*a*) Se renverser; (*of carriage*) verser; (*of boat*) chavirer. (*b*) (*Turn turtle*) *Aut:* *Av:* *Nau:* Capoter; *F:* faire capote. (*Cf.* OVER-TURN.)

overturning, *s.* **1.** Renversement *m* (d'un banc, d'une voiture, etc.); chavirement *m*, chavirage *m* (d'un canot). **2.** Capotage *m* (d'une auto, d'un canot, d'un avion).

overtype ['ouvərtaip], *attrib.a.* *El:* (Armature *f*, dynamo *f*) (du) type supérieur. *Mch:* **Overtype engine**, machine superposée.

overvaluation [ouvərvalju'eiʃ(ə)n], *s.* **1.** *Com:* Surestimation *f*, surévaluation *f*; majoration *f* (de l'actif, etc.). **2.** Trop haute idée (de qch.).

overvalue¹ [ouvər'valjuː], *s.* Survaleur *f* (des monnaies).

overvalue², *v.tr.* **1.** *Com:* Surestimer, majorer (l'actif, etc.); estimer (un objet) au-dessus de sa valeur. **2.** Faire trop de cas de (la capacité de qn).

overveil [ouvər'veil], *v.tr.* Voiler; recouvrir d'un voile.

overvoltage [ouvər'voultedʒ], *s.* *El:* Surtension *f*.

overweening [ouvər'wiːniŋ], *a.* Outrecuidant, présomptueux, suffisant. *O. confidence*, présomption *f*.

overweight¹ ['ouvərweit]. **1.** *s.* (*a*) Surpoids *m*; poids *m* en excès; excédent *m* (de poids); poids fort. (*b*) Excédent (de bagages). **2.** *a.* Au-dessus du poids réglementaire. **Parcel two pounds overweight**, colis *m* qui excède, dépasse, de deux livres le poids réglementaire, qui a un excédent de deux livres. **Overweight luggage**, excédent de bagages. *Num:* **Overweight coin**, pièce forte.

overweight² [ouvər'weit], *v.tr.* Surcharger (un bateau, un mulet, etc.) (*with*, de). *So as not to o. this volume . . .*, pour ne pas surcharger ce volume. . . . *Tower whose height overweights the main building*, tour *f* dont la hauteur écrase le corps de bâtiment.

overwhelm [ouvər'hwelm], *v.tr.* **1.** Ensevelir (une ville dans la lave, etc.); submerger (un champ, etc.). *Pompeii was overwhelmed by dust and ashes*, Pompéi fut ensevelie sous les poussières et les cendres. **2.** (*a*) Écraser, accabler (l'ennemi, etc.). (*b*) *To be overwhelmed with work*, être accablé, débordé, de travail. (*c*) Combler (qn de bontés, etc.); confondre (qn de honte, etc.). *You o. me with your praises*, vous me confondez par vos louanges. *I am overwhelmed by your kindness*, je suis confus de vos bontés. *They were overwhelmed at the news*, cette nouvelle les a atterrés. *Overwhelmed with joy*, au comble de la joie.

overwhelming¹, *a.* Irrésistible; accablant. *O. misfortune*, malheur anéantissant, atterrant. **Overwhelming majority**, majorité écrasante. **-ly**, *adv.* Irrésistiblement. *O. polite*, d'une politesse accablante.

overwhelming², *s.* **1.** Ensevelissement *m* (sous la lave, etc.). **2.** Écrasement *m*.

overwind [ouvər'waind], *v.tr.* (*p.t.* **overwound** [ouvər'waund]; *p.p.* **overwound**) (*a*) **To overwind a watch**, trop remonter une montre; trop tendre le grand ressort. (*b*) *Min:* **To overwind the cage**, envoyer la cage aux molettes.

overwinding, *s.* *Min:* Envoi *m* aux molettes.

overwork¹ ['ouvərwəːrk], *s.* **1.** Travail *m* en plus. **2.** Surmenage *m*; travail outre mesure. *He has broken down through o.*, il s'est détraqué la santé à force de travailler. *He died of o.*, il est mort à la peine; il s'est tué de travail. *Med:* *Suffering from o.*, très fatigué.

overwork² [ouvər'wəːrk]. **1.** *v.tr.* (*a*) Surmener (qn); outrer (un cheval, etc.); surcharger (qn) de travail. *F:* **He doesn't overwork himself**, il ne se foule pas la rate; *P:* il ne se casse rien. (*b*) *To o. a literary device*, se servir trop souvent d'un effet de style; abuser d'un truc. **2.** *v.i.* Se surmener; travailler outre mesure.

overworking, *s.* Surmenage *m*.

overworld ['ouvərwəːrld], *s.* Monde supérieur; monde au-dessus du nôtre (où habitaient les dieux, etc.).

overwrought [ouvər'rɔːt], *a.* **1.** Trop travaillé; (*of literary work*) tourmenté. **2.** (*Of pers.*) Excédé (de fatigue); surmené. *O. senses*, sens surexcités.

ovi-¹ [ouvi], **ovo-** [ouvo], *comb.fm.* Ovi-, ovo-. *Oviduct*, oviducte. *Oviform*, oviforme. *Ovogenesis*, ovogénèse.

ovi-², *comb.fm.* *Z:* Ovi-. *Ovibovine*, ovibosiné. *Ovinae*, ovinés.

ovibos ['ouvibɔs], *s.* *Z:* Ovibos *m*; bœuf musqué.

Ovid ['ɔvid]. *Pr.n.m.* *Lt.Lit:* Ovide.

ovidae ['ouvidiː], *s.pl.* *Z:* Ovidés *m*.

oviduct ['ouvidʌkt], *s.* *Nat.Hist:* Oviducte *m*.

oviferous [o'vifərəs], **ovigerous** [o'vidʒərəs], *a.* *Nat.Hist:* Ovifère, ovigère.

oviform ['ouvifɔːrm], *a.* Oviforme, ovoïde.

ovine ['ouvain], *a.* (Race *f*) ovine.

oviparity [ouvi'pariti], *s.* *Biol:* Oviparité *f*, oviparisme *m*.

oviparous [o'viparəs], *a.* *Nat.Hist:* Ovipare.

oviposit [ouvi'pɔzit], *v.tr.* *Ent:* Pondre.

oviposition [ouvipo'ziʃ(ə)n], *s.* *Ent:* Ponte *f*.

ovipositor [ouvi'pɔzitər], *s.* *Ent:* Ovipositeur *m*, pondoir *m*.

ovisac ['ouvisak], *s.* *Nat.Hist:* Ovisac *m*.

ovo- [ouvo]. *See* OVI-¹.

ovocentre ['ouvosentər], *s.* *Biol:* Ovocentre *m*.

ovoid ['ouvɔid]. **1.** *a.* Ovoïde. **2.** *s.* (*a*) Figure *f* ovoïde. (*b*) *pl.* *Com:* Ovoids, boulets *m* (de charbon).

ovoidal [o'vɔid(ə)l], *a.* Ovoïdal, -aux.

ovolo, *pl.* **-li** ['ouvolo, -li], *s.* *Arch:* **1.** Ove *m*; (*small*) ovicule *m*. **2.** Boudin *m* (de base de colonne); quart *m* de rond; échine *f* (de chapiteau dorique).

'ovolo-plane, *s.* *Tls:* Boudin *m*; quart *m* de rond.

ovoviviparous [ouvovi'viparəs], *a.* *Biol:* Ovovivipare.

ovular ['ouvjulər], *a.* *Biol:* Ovulaire.

ovulation [ouvju'leiʃ(ə)n], *s.* *Biol:* *Physiol:* Ovulation *f*.

ovule ['ouvjuːl], *s.* *Biol:* Ovule *m*.

ovum, *pl.* **ova** ['ouvəm, 'ouva], *s.* **1.** *Biol:* Ovule *m*; œuf *m*. **2.** *Arch:* Ove *m*.

owe [ou], *v.tr.* (*p.t.* & *p.p.* owed [oud], *A:* ought, *q.v.*) Devoir. **1.** (*a*) To owe s.o. sth., to owe sth. to s.o., devoir qch. à qn. *A sum owed (to) her by her brother*, une somme à elle due par son frère. *He still owes me*, **he owes me back**, *ten shillings*, il me redoit dix shillings; il m'est redevable de dix shillings. *Abs.* **I still owe you for the petrol**, je vous dois encore l'essence; j'ai encore à vous payer l'essence. *He owes for three months' rent*, il doit trois mois de loyer. *See also* GRUDGE¹. (*b*) *To owe respect to one's father*, devoir du respect à son père. *The duties that I owe him*, les devoirs auxquels je suis tenu envers lui. **To owe allegiance, obedience, to s.o.**, devoir obéissance à qn. *Their idols are owed only the scantiest reverence*, ils n'apportent à leurs idoles qu'une médiocre vénération. **You owe it to yourself to do your best**, vous vous devez à vous-même de faire de votre mieux. *I owe it to my friends to spare them this sorrow*, je dois à mes amis de leur éviter ce chagrin. (*c*) *Sp:* Rendre (tant de points à son adversaire). *Ten:* **Owe fifteen, love**, moins quinze à rien. **2.** **I owe my life to you**, je vous suis redevable de ma vie; je vous dois la vie. *She owes her happiness to you*, c'est à vous qu'elle doit son bonheur. *He owes his ability to his mother*, il tient sa capacité de sa mère. *The haughty look that he owes to his race*, le regard hautain que lui vaut sa race. *He owes his misfortunes to himself*, il est l'artisan de ses malheurs. **To whom, to what, do I owe this honour?** à qui suis-je redevable de cet honneur? qu'est-ce qui me vaut cet honneur?

owing. **1.** *Pred.a.* Dû. **All the money owing to me**, tout l'argent qui m'est dû. *There are twenty shillings still o. to me*, il m'est redû vingt shillings. *Com:* **The moneys owing to us**, nos créances *f*. *Peoples to whom war indemnities are o.*, peuples créanciers d'indemnités de guerre. **2.** *Prep.phr.* Owing to, à cause de, par suite de, en raison de. *I am giving up the journey o. to the expense*, je renonce au voyage à cause de la dépense. *O. to the heat I shall travel by night*, vu la chaleur je voyagerai de nuit. **Owing to a recent bereavement . . .**, en raison d'un deuil récent. . . . *O. to his wound*, par suite de sa blessure. *All this is o. to your carelessness*, tout cela vient, provient, de votre négligence. *It is o. to you that I did not succeed*, c'est vous qui êtes la cause que je n'ai pas réussi; c'est à vous que mon échec est imputable.

Owen ['ouən]. *Pr.n.m.* Ouen.

owl [aul], *s.* *Orn:* Hibou *m*, *pl.* hiboux. *The owl*, le hibou. **Brown owl, wood owl, tawny owl, hoot owl**, chat-huant *m*, *pl.* chats-huants; chouette *f* des bois; *F:* corbeau *m* de nuit; hulotte *f*. **Barn owl**, white owl, screech owl, church owl, effraie *f*; chouette des clochers. Horn(ed) owl, duc *m*. Great horn(ed) owl, eagle-owl, stock-owl, grand duc. (Long-)eared owl, moyen duc. Short-eared owl, hibou brachyote. Little owl, sparrow owl, chevêche commune. Snowy owl, great white owl, harfang *m* des neiges. The owls, les strigiens *m*, les strigidés *m*. *F:* A wise old owl, un vieux sage. To look like a stuffed owl, avoir l'air d'un hibou empaillé. *See also* FERN-OWL, PARROT[1], SCOPS, SEA-OWL, STUPID 2.

'Owl-glass. *Pr.n.m. Lit:* Eulenspiegel.

'owl-light, *s. F:* Le crépuscule.

'owl-monkey, *s. Z:* Nyctipithèque *m*.

'owl-moth, *s. Ent:* Cordon bleu.

'owl-train, *s. U.S: P:* Train *m* de nuit.

owlery ['aulǝri], *s.* Repaire *m* de hiboux; nid *m* de hiboux.

owlet ['aulet], *s. Orn:* Petit hibou, jeune hibou.

'owlet-moth, *s. Ent:* Noctuelle *f*.

owlish ['auliʃ], *a.* De hibou. *O. air of wisdom*, air *m* de profonde sagesse.

own[1] [oun], *v.tr.* **1.** Posséder. *In the days when I owned a boat . . .*, du temps que j'étais possesseur d'un bateau, du temps que j'avais un bateau à moi. . . . *Who owns this land?* quel est le propriétaire de cette terre? **2.** Reconnaître. (*a*) To own a child, a poor relation, avouer un enfant, un parent pauvre. *He had never owned the child*, il n'avait jamais reconnu l'enfant. *Dog nobody will own*, chien que personne ne réclame, que personne ne veut admettre comme sien. *Pred.* To own s.o. as one's brother, avouer qn pour frère. (*b*) Avouer (qch.); convenir de (qch.). I own I was wrong, j'ai eu tort, je l'avoue, j'en conviens, je le reconnais. *He owns he was lying*, il convient qu'il a menti. *She owned that she was unhappy*, elle avouait être malheureuse. *Pred. To own oneself beaten*, se reconnaître vaincu. (*c*) Reconnaître l'autorité, la suzeraineté, de (qn). *They refused to own the King*, ils refusaient de reconnaître le Roi. *All creatures own Thy sway*, toutes les créatures te reconnaissent pour maître, reconnaissent ton empire. **3.** *v.ind.tr.* To own to a mistake, reconnaître, avouer, une erreur; convenir d'une erreur. *To own to being mistaken*, reconnaître s'être trompé. *To own to disliking s.o.*, avouer qu'on n'aime pas qn. She owns (up) to (being) thirty, elle ne se défend pas d'avoir trente ans; elle accuse trente ans. To own up to a crime, faire l'aveu d'un crime. *He owned up to the deed*, il se déclara l'auteur du méfait. *To own up to having done sth.*, avouer avoir fait qch. *Abs. F:* To own up, faire des aveux; *P:* s'attabler; manger le morceau.

own[2]. **1.** *a.* (*a*) *Attrib.* Propre. *Her own money*, son propre argent; son argent à elle. *I saw it with my own eyes*, je l'ai vu de mes propres yeux. *It is what in my own mind I call . . .*, c'est ce que j'appelle en mon particulier. . . . Own brother, sister, frère germain, sœur germaine. *One of my own children*, un de mes enfants. *One of my own friends*, un mien ami. *I had my own table*, j'avais ma table à part. I do my own cooking, je fais la cuisine moi-même; je fais ma propre cuisine. *She makes her own dresses*, elle fait ses robes elle-même. *He sometimes asked his own questions*, il faisait quelquefois des questions par lui-même. *See also* ACCORD[1] 2, ACCOUNT[1] 3, MAN[1] 2, MASTER[1] 1, RIGHT[1] II. 2, RISK[1]. (*b*) *Pred.* Le mien, le tien, etc.; à moi, à toi, etc. *The house is my own*, la maison est à moi; la maison m'appartient (en propre). To make sth. one's own, s'approprier qch. *Your interests are my own*, vos intérêts sont (les) miens. *My money and your own*, mon argent et le vôtre. *His ideas are his own*, ses idées lui sont propres. My time is my own, mon temps est à moi; mon temps m'appartient; je suis maître, libre, de mon temps. *There are moments when my time is not my own*, il y a des heures où je ne m'appartiens pas. **2.** *s.* My own, his own, one's own, *etc.* (*a*) Le mien, le sien, etc. *To look after one's own*, soigner le sien. I have money of my own, j'ai de l'argent à moi. *She has a hundred thousand francs of her own*, elle a cent mille francs vaillant. *He has nothing of his own*, il n'a rien à lui. *I have no resources of my own*, je n'ai pas de ressources qui me soient propres. *A child of his own*, un enfant à lui; un de ses enfants. *A small thing, but my own*, une bagatelle, mais qui est de moi. *He has a copy of his own*, il a un exemplaire à lui, en propre. *I have a house of my own*, je suis propriétaire; *F:* j'ai pignon sur rue. *See also* HOME[1] I. 1. For reasons of his own, pour des raisons particulières, à lui connues. A style of one's own, all one's own, un style original. *The landscape has a wild beauty of its own*, le paysage a une beauté sauvage qui lui est propre. *I have a hair-wash of my own*, je me sers d'un shampooing de ma composition. *I am not adding anything of my own*, je n'y mets rien du mien. May I have it for my (very) own? est-ce que je peux l'avoir pour moi seul? There's not a thing here that I can call my own, il n'y a pas ici un objet qui m'appartienne en propre. To come into one's own, entrer en possession de son bien. *To claim, take back, one's own*, réclamer, reprendre, son bien. *See also* GET BACK 2, HOLD[2] I. 3, WILL[1] 1. (*b*) *Coll.* Les miens, les siens, etc. *B:* His own received him not, les siens ne l'ont point reçu. (*c*) My own (sweetheart)! ma chérie! (*d*) *Adv.phr.* To do sth. on one's own, faire qch. (i) de sa propre initiative, de son chef, *P:* d'autor, (ii) indépendamment, à soi tout seul. To be, work, on one's own, être établi à son propre compte. *F:* I am (all) on my own to-day, je suis seul aujourd'hui.

owner ['ounǝr], *s.* **1.** Propriétaire *mf*, possesseur *m*; patron *m* (d'une maison de commerce). Rightful owner, possesseur légitime; *Jur:* ayant *m* droit. *Sole o.*, propriétaire unique. *Absolute o.*, propriétaire incommutable. Goods sent at the owner's risk, marchandises expédiées aux risques et périls du destinataire. *Cars parked here at owner's risk*, garage pour autos aux risques et périls de leurs propriétaires. *The owners of a ship*, les armateurs *m*. *See also* SHIP-OWNER. *Aut:* Owner-driver, conducteur *m* propriétaire, propriétaire *m* conducteur. *See also* PART-OWNER, TITHE-OWNER. **2.** *Nau: esp. Navy: F:* The Owner, le capitaine.

ownerless ['ounǝrlǝs], *a.* Sans propriétaire. Ownerless dog, chien égaré; *Adm:* chien épave.

ownership ['ounǝrʃip], *s.* (Droit *m* de) propriété *f*; possession *f*. *Jur:* Bare ownership, nue propriété. Common ownership, collectivité *f*. 'Under new ownership,' "changement *m* de propriétaire." *Jur:* Claim of ownership, action *f* pétitoire.

ox, *pl.* **oxen** [ɔks, 'ɔks(ǝ)n], *s.* Bœuf *m*. Humped ox, zébu *m*. Indian ox, zébu de l'Inde. Wild oxen, bovidés *m* sauvages. *Lit:* The black ox has trod on his foot, (i) il est tombé dans le malheur; (ii) il n'est plus jeune. *P:* To play the giddy ox, faire la bête. *See also* GALL[1] 1, HORN[1] 1, KNEE[1] 1, MUSK-OX.

'ox-bird, *s. Orn:* Bécasseau *m*.

'ox-bow, *s.* **1.** Collier *m* de bœuf. **2.** *Ph.Geog:* Ox-bow (lake), délaissé *m*, bras mort (d'un cours d'eau).

'ox-cart, *s.* Char *m* à bœufs.

'ox-eye, *s.* **1.** Œil *m* de bœuf. **2.** *Bot:* (*a*) Ox-eye daisy, white ox-eye, marguerite *f* des champs; grande marguerite; chrysanthème *m* des prés; œil-de-bœuf *m*, *pl.* œils-de-bœuf. Yellow ox-eye, marguerite dorée. Ox-eye camomile, camomille *f* œil-de-bœuf. (*b*) Buphtalme *m*. **3.** *Orn:* (Mésange *f*) charbonnière *f*; mésangère *f*.

'ox-eyed, *a.* Aux yeux de bœuf.

'ox-fence, *s.* Haie bordée d'une palissade.

'ox-pecker, *s. Orn:* Pique-bœuf *m*, *pl.* pique-bœufs.

'ox-tail, *s. Cu:* Queue *f* de bœuf. Ox-tail soup, oxtail *m*.

'ox-tongue, *s.* **1.** Langue *f* de bœuf. **2.** *Bot:* Picride *f* (échioïde).

'ox-waggon, *s.* = OX-CART.

oxalate ['ɔksalet], *s. Ch:* Oxalate *m*. Oxalate of iron, ferrous oxalate, oxalate de fer. *Com:* Acid potassium oxalate, sel *m* d'oseille.

oxalic [ɔk'salik], *a. Ch:* Oxalique.

oxalis ['ɔksalis], *s. Bot:* Oxalide *f*.

Oxford ['ɔksfǝrd]. *Pr.n. Geog:* Oxford. Oxford shoes, souliers *m* de ville. *F:* Oxford bags, pantalon *m* très large. Oxford man = OXONIAN 2. *Tex:* Oxford mixture, drap *m* de laine gris foncé. Oxford shirting, oxford *m*. *Typ:* Oxford border, encadrement *m* à croisillons. Oxford (picture-)frame, cadre *m* à croisillons. *Rel.H:* The Oxford Movement, mouvement qui visa à la restauration de la foi et des rites catholiques au sein de l'Église anglicane; le Mouvement d'Oxford. *See also* BLUE[1] II. 1.

oxherd ['ɔkshǝ:rd], *s.* Bouvier, -ière.

oxhide ['ɔkshaid], *s.* Cuir *m* de bœuf.

oxhorn ['ɔkshɔ:rn], *s.* Corne *f* de bœuf.

oxidant ['ɔksidǝnt], *s. Ch:* Oxydant *m*.

oxidation [ɔksi'deiʃ(ǝ)n], *s. Ch:* Oxydation *f*. *Metall:* Calcination *f*. *Physiol:* *To destroy by o.*, brûler.

oxide ['ɔksaid], *s. Ch:* Oxyde *m*. *O. of magnesium*, oxyde de magnésium. *Cupric o.*, oxyde de cuivre. *See also* LEAD[1] 1, NITRIC, NITROUS, ZINC[1].

oxidizable [ɔksi'daizǝbl], *a. Ch:* Oxydable.

oxidize ['ɔksidaiz], **1.** *v.tr. Ch: etc:* Oxyder, oxygéner. *Metall:* Calciner. **2.** *v.i.* S'oxyder.

oxidizing[1], *a.* Oxydant. Oxidizing agent, oxydant *m*. *See also* FIRE[1] 1, FLAME[1] 1.

oxidizing[2], *s.* Oxydation *f*.

oxidizer ['ɔksidaizǝr], *s. Ch:* Oxydant *m*.

oxisalt ['ɔksisɔlt], *s.* = OXYSALT.

oxlip ['ɔkslip], *s. Bot:* Primevère élevée; primevère à grandes fleurs.

Oxonian [ɔk'sounjǝn]. **1.** *a. Geog:* Oxfordien, -ienne; oxonien, -ienne. **2.** *s.* Membre *m* de l'Université d'Oxford. He is an old Oxonian, c'est un ancien étudiant de l'Université d'Oxford.

oxter ['ɔkstǝr], *s. Dial:* Aisselle *f*. *See also* PLATE[1] 1.

oxy- ['ɔksi, ɔksi], *comb.fm.* Oxy-. **1.** *Oxymoron*, oxymoron. *Oxytone* oxyton. **2.** *Ch:* *Oxychloride* oxychlorure. *Oxyhydrogen*, oxhydrique.

oxyacetylene [ɔksia'setili:n], *attrib.a. Metalw:* Oxyacétylénique. Oxyacetylene cutting out, oxy-coupage *m*. *See also* WELDING.

oxyacid [ɔksi'asid], *s. Ch:* Oxacide *m*, oxyacide *m*.

oxy-calcium [ɔksi'kalsiǝm], *attrib.a. Ch:* Oxy-calcium light, lumière *f* oxhydrique.

oxygen ['ɔksidʒǝn], *s. Ch:* Oxygène *m*. Oxygen bottle, cylinder, bouteille *f* d'oxygène. *Metalw:* Oxygen-cutting, oxy-coupage *m*.

oxygenate [ɔk'sidʒǝneit], *v.tr. Ch:* Oxygéner, oxyder.

oxygenated, *a.* Oxygéné.

oxygenation [ɔksidʒǝ'neiʃ(ǝ)n], *s. Ch:* Oxygénation *f*.

oxygenizable [ɔksidʒǝ'naizǝbl], *a. Ch:* Oxygénable.

oxygenize [ɔk'sidʒǝnaiz], *v.tr. Ch:* Oxygéner.

oxyhaemoglobin ['ɔksihi:mo'gloubin], *s. Physiol:* Oxyhémoglobine *f*.

oxyhydrogen [ɔksi'haidrodʒǝn], *attrib.a.* Oxyhydrogen blowpipe, chalumeau *m* oxhydrique. Oxyhydrogen light, lumière *f* oxhydrique.

oxylith ['ɔksiliθ], *s.* Oxylithe *f* (pour appareils respiratoires).

oxymoron [ɔksi'mɔ:rɔn], *s. Rh:* Oxymoron *m*.

oxyrhynchus [ɔksi'riŋkǝs], *s. Ich:* Oxyrhinque *m*, oxyrhynque *m*.

oxysalt ['ɔksisɔlt], *s. Ch:* Oxysel *m*.

oxysulphide [ɔksi'sʌlfaid], *s. Ch:* Oxysulfure *m*.

oxytone ['ɔksitoun], *s. Gr.Gram:* Oxyton *m*.

oyer ['ɔiǝr], *s. Jur: A:* (*a*) Oyer (and terminer), audition *f* et jugement *m* (d'une cause criminelle). (*b*) Cause criminelle.

oyes! oyez! [ou'jes], *int.* Oyez! (Interjection par laquelle le crieur public réclame le silence avant de faire une publication.)

oyster ['ɔistǝr], *s. Moll:* Huître *f*. Pearl oyster, (huître) perlière *f*; perle *f* mère; mère *f* perle. Native oyster, huître du pays. *The o. industry*, l'industrie ostréicole. *Cu:* Oyster sauce, sauce *f* aux huîtres. *F:* He's a regular oyster, il est très taciturne. He's as close as an oyster, il sait garder un secret; jamais il ne jase. *See also* DUMB[1] 1, SEED-OYSTERS.

'oyster-bank, *s. U.S:* Banc *m* d'huîtres.

'oyster-bed, *s.* Huîtrière *f.* (*a*) Banc *m* d'huîtres. (*b*) Parc *m* à huîtres.
'oyster-breeder, *s.* Ostréiculteur *m.*
'oyster-breeding, *s.* Ostréiculture *f.*
'oyster-catcher, *s. Orn:* Huîtrier *m*; bécasse *f* de mer.
'oyster-dealer, *s.* Écailler, -ère; marchand, -ande, d'huîtres.
'oyster-farm, *s.* Parc *m* à huîtres; clayère *f.*
'oyster-farming, *s.* L'industrie huîtrière.
'oyster-fishing, *s.* Pêche *f* aux huîtres.
'oyster-knife, *s.* Couteau *m* à huîtres; écaillère *f*; ouvre-huîtres *m inv.*
'oyster-man, *s.m.* Écailler; marchand d'huîtres.
'oyster-opener, *s.* **1.** (*Pers.*) Écailleur, -euse. **2.** (*Device*) Ouvre-huîtres *m inv*; écaillère *f.*
'oyster-park, *s.* = OYSTER-FARM.
'oyster-plant, *s. Bot:* Salsifis (blanc).
'oyster-shell, *s.* Écaille *f* d'huître.
'oyster-sheller, *s.* = OYSTER-OPENER.
'oyster-woman, *s.f.* Écaillère; marchande d'huîtres.

oz(a)ena [o'zi:na], *s. Med:* Ozène *m*; *F:* punaisie *f.*

ozobrome ['ouzobroum], *s. Phot:* Ozobromie *f.*

ozocerite [o'zosərait], **ozokerite** [o'zoukərit], *s. Miner:* Ozocérite *f*, ozokérite *f*; cire minérale; *F:* suif *m* de montagne.

ozone [o'zoun], *s. Ch:* Ozone *m.* **Ozone apparatus,** ozoniseur *m.*

ozonization [ouzonai'zeiʃ(ə)n], *s. Ch:* Ozonisation *f.*

ozonize ['ouzona:iz], *v.tr. Ch:* Ozoniser, ozoner.

ozonizer ['ouzonaizər], *s. Ch:* Ozonateur *m*, ozoniseur *m*, ozoneur *m.*

ozonometer [ouzo'nɔmetər], *s. Ph:* Ozonomètre *m.*

ozonometry [ouzo'nɔmetri], *s.* Ozonométrie *f.*

ozotype ['ouzotaip], *s. Phot:* Ozotype *m.*

P, p [piː], *s.* (La lettre) P, p *m.* *Tp:* **P for Peter,** P comme Pierre. *F:* **To mind one's P's and Q's,** (i) se surveiller, être sur son bien-dire; (ii) faire bien attention, ouvrir l'œil.

pa [pɑː], *s.m.* *F:* Papa.

pabulum ['pabjuləm], *s.* Aliment *m*, nourriture *f.* *Esp.F:* **Mental pabulum,** nourriture, aliment, de l'esprit.

pace[1] [peis], *s.* **1.** Pas *m.* **Ten paces off,** à dix pas de distance. *In a few paces the horse joined the others,* en quelques foulées le cheval a rejoint les autres. *Mil:* *Odd numbers, one p. forward!* numéros impairs, un pas en avant! *See also* HALF-PACE 1. **2.** (*a*) (*Gait*) Allure *f.* **Paces of a horse,** allures d'un cheval. **To put a horse through its paces,** *to show the paces of a horse,* faire parader un cheval; faire passer un cheval à la montre; faire montre d'un cheval. *F:* **To put s.o. through his paces,** faire passer qn à la montre; mettre qn à l'épreuve. **To ruin a horse's paces,** détraquer un cheval. (*b*) (*Speed*) Vitesse *f*, train *m*, allure. **To gather pace,** prendre de la vitesse, gagner en vitesse. **At a good, a quick, a smart, pace,** bon train, à vive allure. **At a slow pace,** au petit pas. **At a walking pace, at (a) foot-pace,** au pas. *Sp:* **Even pace,** train soutenu. *See also* BREAK-NECK, FUNERAL 2, LEISURELY 1, SNAIL[1] 1. *To walk at a rapid p.,* marcher, aller, d'un pas rapide. *At the p. you are going,* au train dont vous allez. **To quicken, hasten, the pace, one's pace,** hâter, presser, le pas. **To force the pace,** forcer le pas, l'allure, la vitesse. **To slacken the pace,** ralentir le pas, la marche, l'allure. *Mus:* **To press the pace,** presser la mesure. *To hold a horse to the p.,* soutenir un cheval. **To set, make, the pace,** donner le pas (*for s.o.,* à qn); *Sp:* donner l'allure; mener le train. **To keep pace with s.o.,** marcher du même pas que qn; s'accommoder à l'allure de qn; garder la même allure que qn; marcher de pair avec qn. *To keep p. with modern invention,* marcher de pair avec les inventions modernes, se tenir au courant des inventions modernes. *F:* **To go the pace,** (i) mener la vie à grandes guides; (ii) mener un train d'enfer; *F:* rôtir le balai; mener une vie de bâton de chaise; cascader. *Man, woman, who goes the p.,* viveur, -euse; cascadeur, -euse. **3.** *Equit:* Amble *m.*

'pace-maker, *s.* **1.** *Sp:* (*a*) Entraîneur *m* (d'un coureur). (*b*) Meneur *m* de train. *Cy:* Pacemaker *m.* **2.** *Ind:* *F:* Ouvrier *m* qui règle l'allure de l'équipe.

'pace-making, *s.* *Sp:* Règlement *m* de l'allure.

pace[2]. **1.** *v.i.* (*a*) Aller au pas; marcher à pas mesurés. **To pace up and down,** faire les cent pas. *To p. up and down the room,* arpenter la salle à grands pas. (*b*) *Equit:* Ambler; aller l'amble. **2.** *v.tr.* (*a*) Arpenter (la rue, une salle, etc.). (*b*) **To pace (off) a distance,** mesurer une distance au pas. (*c*) *Sp:* Entraîner (un cycliste, etc.).

pacing, *s.* **1.** (*a*) Marche *f.* (*b*) Mesurage *m* au pas. **2.** *Sp:* Entraînement *m* (d'un cycliste). **3.** *Equit:* Amble *m.*

pace[3], ['peisi]. *Lt. s. in the abl.* (*In adv. phrs.*) **Pace tua,** avec votre permission. *P. the free-traders,* n'en déplaise aux libre-échangistes.

-paced [peist], *a.* (*With adj. prefixed, e.g.*) **Slow-paced,** à l'allure lente; lent d'allure. **Even-paced,** à l'allure égale. **Easy-paced** *horse,* cheval *m* au train doux. *See also* THOROUGH-PACED.

pacer ['peisər], *s.* **1.** *Sp:* Entraîneur *m.* **2.** *Equit:* Cheval ambleur, jument ambleuse.

pacey ['peisi], *a.* *F:* *P. car,* voiture *f* rapide, vite.

pacha [pa'ʃɑː, 'pɑːʃa], *s.* = PASHA.

pachyderm ['pakidəːrm], *s.* **1.** *Z:* Pachyderme *m.* **2.** *F:* Personne *f* qui ne sent pas les affronts.

pachydermata [paki'dəːrmata], *s.pl.* *Z:* Pachydermes *m.*

pachydermatous [paki'dəːrmatəs], *a.* **1.** *Z:* Pachyderme, pachydermique, à la peau épaisse. **2.** *F:* Peu sensible au ridicule, aux affronts.

pachydermia [paki'dəːrmia], *s.* *Med:* Pachydermie *f.*

pachymeningitis [pakimenin'dʒaitis], *s.* *Med:* Pachyméningite *f.*

pachymeter [pa'kimetər], *s.* *Ph:* Pachomètre *m.*

pacific [pa'sifik], *a.* **1.** (*a*) Pacifique. (*b*) Paisible. **2.** *Geog:* **The Pacific (Ocean),** l'océan *m* Pacifique; le Pacifique. **The Pacific coast** (*of America*), le littoral du Pacifique. *The P. States,* les États qui bordent le Pacifique. **-ally,** *adv.* Pacifiquement, paisiblement.

pacification [pasifi'keiʃ(ə)n], *s.* Pacification *f* (d'un pays, etc.); apaisement *m* (de qn).

pacificatory [pa'sifikətəri], *a.* Pacificateur, -trice.

pacifier ['pasifaiər], *s.* Pacificateur, -trice.

pacifism ['pasifizm], *s.* *Pol:* Pacifisme *m.*

pacifist ['pasifist], *s.* & *a.* Pacifiste *mf.*

pacify ['pasifai], *v.tr.* Pacifier (une foule, un pays, etc.); apaiser, adoucir, calmer (qn, la colère de qn).

pacifying[1], *a.* Pacificateur, -trice.

pacifying[2], *s.* **1.** Pacification *f.* **2.** Apaisement *m.*

pack[1] [pak], *s.* **1.** (*a*) Paquet *m*, ballot *m*; balle *f* (de coton, etc.); ballot (de colporteur); bât *m* (de bête de charge). *Mil:* Paquetage *m*; sac *m* d'ordonnance; havresac *m.* *Put on packs!* sac au dos! *To remove the packs,* mettre sac à terre. *Com:* **Pack-goods,** marchandises *f* en balle. *See also* WOOL-PACK. (*b*) *F:* *Pej:* **Pack of nonsense,** tas *m* de sottises. *P. of lies,* tissu *m*, tas, de mensonges. **2.** (*a*) Bande *f* (de loups); volée *f* (de gibier); presse *f* (de gens). **Pack of thieves,** bande de voleurs. *P. of fools,* tas d'imbéciles. *See also* HOWL[2] 1. (*b*) *Fb:* **The pack,** le pack. (*c*) *Ven:* **Pack of hounds,** meute *f*, équipage *m.* *P. of boar-hounds,* vautrait *m.* **To lay on the pack,** laisser courre. *Gathering* (*of hounds*) *into a p.,* ameutement *m.* *F:* *P. of people* (*in pursuit*), meute de gens. **3.** Jeu *m* (de cartes, de dominos); paquet (de cartes). *See also* FILM[1] 2. **4.** (*a*) *Min:* Remblai *m* (de terre). (*b*) *Nau:* **(Ice-)pack,** embâcle *m* (de glaçons); pack. *Packs of ice,* amas *m* de glace. **5.** (*a*) *Med:* **Cold pack, wet pack,** drap humide, drap mouillé; enveloppement humide, enveloppement froid. *See also* FACE-PACK, ICE-PACK 2. (*b*) *Med:* *Toil:* Emplâtre *m.*

'pack-animal, *s.* Bête *f* de charge, de somme; animal porteur; sommier *m.*

'pack-ar'tillery, *s.* *Mil:* Artillerie *f* sur bât.

'pack-cloth, *s.* Toile *f* d'emballage; serpillière *f.*

'pack-drill, *s.* *Mil:* Punition *f* de l'exercice en tenue de route; *P:* "le bal" (en tenue de route).

'pack-film, *s.* *Phot:* Bloc-film *m*, *pl.* blocs-films.

'pack-'full, *a.* Plein à déborder.

'pack-harden, *v.tr.* *Metalw:* Tremper en paquet.

'pack-horse, *s.* Cheval *m* de bât, de somme, de suite; *pl.* chevaux de bât, etc.; sommier *m.*

'pack-ice, *s.* Glace *f* de banquise; pack *m.*

'pack-mule, *s.* Mulet *m* de bât, de somme; (*for carrying wounded*) mulet de cacolet.

'pack-needle, *s.* = PACKING-NEEDLE.

'pack-road, *s.* Chemin muletier.

'pack-saddle, *s.* Bât *m.*

'pack-sheet, *s.* = PACKING-SHEET.

'pack-trail, *s.* Piste muletière.

'pack-train, *s.* *U.S:* Convoi *m* de bêtes de somme.

'pack-wool, *s.* Laine *f* en balles.

pack[2]. I. *v.tr.* (packed [pakt]) **1.** (*a*) Emballer, empaqueter (des objets). **To pack (up) one's things,** emballer ses effets; mettre ses effets, ses affaires, dans sa malle, dans sa valise. *To p. up one's wares,* faire un ballot de ses marchandises. *See also* TRAPS. *To p. up again,* remballer, rempaqueter. *Abs.* **To pack (up),** (i) faire ses malles, ses paquets, *P:* faire son baluchon; (ii) plier bagage, *F:* prendre ses cliques et ses claques; (iii) *P:* (*of engine, etc.*) flancher, caler. *To p. the bags in the dickey of the car,* arrimer les valises dans le spider. (*With passive force*) *Tent that packs* (*up*) *easily,* tente *f* qui est facile à emballer, qui s'emballe facilement. (*b*) *Com:* Conserver (de la viande) en boîtes; embariller, encaquer (des harengs, etc.); baguer (des marchandises périssables). (*c*) *Med:* **To pack a patient,** envelopper un malade dans un drap mouillé; lui faire un enveloppement froid. **2.** (*a*) Tasser (de la terre dans un trou, etc.); *F:* entasser, serrer, empaqueter, empiler (des voyageurs dans une voiture, etc.). **Packed (in) like herrings, like sardines in a box,** serrés, pressés, comme des harengs en caque. (*b*) *Nau:* **To pack on all sail,** faire force de voiles; mettre toutes voiles dehors. **3.** Remplir, bourrer (*sth. with sth.,* qch. de qch.). *Civ.E:* *Min:* *etc:* Remblayer (un fossé, etc.). **To pack one's trunk,** faire sa malle. *To p. a carriage with passengers,* combler une voiture de voyageurs; empiler des voyageurs dans une voiture. **The train was packed** (*with people*), le train était bondé, le train regorgeait de monde. *Packed hall,* salle *f* comble. *The hall was packed and more than packed,* la salle était pleine et archipleine. *Harbour packed with craft,* port *m* où les barques s'entassent par centaines. *Book packed with facts,* livre bourré, nourri, de faits. *Mec.E:* **To pack a cup with grease,** remplir, bourrer, un graisseur de graisse. **4.** (*a*) *Mec.E:* *Mch:* Garnir, étouper (un gland, etc.); fourrer (un assemblage); garnir (un piston). (*b*) **To pack (up) the short leg of a table,** caler le pied (court) d'une table. (*c*) *To p. a pipe in cork,* garnir de liège un tuyau. *Typ:* **To pack a cylinder,** habiller un cylindre. **5.** Bâter (un mulet, etc.). **6.** (*a*) **To pack a jury,** se composer un jury favorable. **To pack a meeting, the house,** s'assurer un nombre prépondérant de partisans à une réunion, dans l'assemblée; faire la salle. **Packed meeting,** salle faite d'avance. (*b*) *Cards:* **To pack the cards,** apprêter les cartes. **7.** *Ven:* Ameuter (des chiens). **8.** (*a*) **To pack a child off to bed,** envoyer un enfant au lit. *His father packed him off to America,* son père l'expédia en Amérique, l'embarqua pour l'Amérique. (*b*) *F:* **To send s.o. packing,** envoyer promener qn; envoyer paître qn; envoyer balader qn; renvoyer qn bien loin; faire déguerpir qn.

II. **pack,** *v.i.* **1.** (*Of earth, etc.*) Se tasser. (*Of snow, etc.*) **To pack down hard,** se tasser dur. **2.** (*a*) (*Of wolves*) S'assembler en bande; (*of birds*) s'assembler en compagnie. (*b*) (*Of people*) S'attrouper, se presser ensemble. *They packed round the speaker,* ils se pressaient autour de l'orateur. (*c*) (*Of runners, etc.*) Se former en peloton. *Fb:* (*Rugby*) Former le pack. **3.** *U.S:* Voyager à pied le sac au dos.

packing, *s.* **1.** (*a*) Emballage *m*, empaquetage *m*; arrimage *m.* **To do one's packing,** faire ses malles. (*b*) Embarillage *m* (des harengs, etc.); conservation *f* (de la viande, etc.). (*c*) Remblayage *m* (d'un fossé). (*d*) *Med:* Enveloppement *m* (dans un drap mouillé). **2.** Tassement *m*, agglomération *f* (de la terre, etc.). **3.** Manipulation *f* (du choix des jurés, d'une réunion, etc.). **4.** *Mch:* Bourrage *m*, étoupage *m*, garnissage *m* (d'un gland, etc.); garnissage (d'un piston). *Typ:* Habillage *m* (d'un cylindre). *See also* WASHER[2] I. **5.** (*a*) Matière *f* pour garnitures, pour empaquetage, pour emballage. (*b*) *Mch:* Garniture *f* (d'un piston, etc.); joint *m* (d'un gland, etc.); fourrure *f* (d'un assemblage). *Felt p.*, garniture en feutre. *Copper-asbestos p.*, garniture en cuivre amiante.

'packing agent, *s.* *Com:* Emballeur *m*.

'packing-bolt, *s.* *Mec.E:* Boulon *m* de serrage.

'packing-box, *s.* *Mch:* Presse-étoupe *m inv.*

'packing-case, *s.* Caisse *f* ou boîte *f* d'emballage; layette *f*. **Packing-case maker**, layetier *m*. *P.-c. making*, layet(t)erie *f*.

'packing-cloth, *s.* = PACK-CLOTH.

'packing-crate, *s.* Cadre *m* d'emballage.

'packing-disk, *s.* *Mec.E: etc:* Rondelle *f* de joint.

'packing-extractor, *s.* *Mec.E:* Tire-bourre *m inv.*

'packing-gland, *s.* *Mch:* Chapeau *m* de presse-étoupe; presse-étoupe *m inv.*

'packing house, *s.* Fabrique *f* de conserves; conserverie *f*.

'packing-needle, *s.* Carrelet *m*; aiguille *f* d'emballage, d'emballeur.

'packing-paper, *s.* Papier *m* d'emballage; papier gris. *Coarse p.-p.*, strasse *f*.

'packing-plate, *s.* *Rail:* Selle *f* d'appui, d'arrêt (d'un rail).

'packing-ring, *s.* **1.** *Mec.E:* Rondelle *f*, bague *f*, de garniture; bague de fond (d'un cylindre); collet *m* (de presse-étoupe); anneau *m* d'obturation; cercle *m* d'étoupe. **2.** *Mch:* Segment *m*, bague, garniture *f* (de piston).

'packing-room, *s.* *Com:* Salle *f* d'emballage.

'packing-sheet, *s.* **1.** Drap *m* d'emballage. **2.** *Med:* Drap mouillé; enveloppement froid, humide.

'packing-stick, *s.* Cheville *f* à tourniquet.

'packing-strip, *s.* *Mec.E:* Bande *f* antifriction pour rattraper l'usure; cale *f*, lardon *m*, d'ajustage.

'packing-trade, *s.* Fabrication *f* de conserves; conserverie *f*.

package ['pakedʒ], *s.* **1.** Empaquetage *m*, emballage *m*. **2.** Paquet *m*, colis *m*, ballot *m*. *Tex:* Moche *f* (de soie filée). *Nau: etc:* **Consular packages**, plis *m* consulaires. *U.S:* **Package library**, bibliothèque roulante, circulante. **3.** Emballage (les caisses et papiers, etc.).

packer ['pakər], *s.* **1.** Emballeur *m*, paqueteur *m*; garçon ficeleur. **2.** Fabricant *m* de conserves en boîtes. **3.** *Min:* Remblayeur *m*.

packet ['paket], *s.* **1.** (*a*) Paquet *m* (de lettres, etc.); pochette *f* (de papier photographique, etc.). **Packet teas**, thés *m* en paquets. *P:* **To stop a packet**, attraper un coup; être atteint par une balle. **To make a packet**, gagner un argent fou. *See also* PRIZE-PACKET, SURPRISE[1] 2. (*b*) *Rail: etc:* Colis *m*; article *m* de messagerie. **Postal packet**, colis postal. **2. Packet-(boat)**, paquebot *m*.

packfong ['pakfɔŋ], *s.* *Metall:* Pacfung *m*, packfond *m*, packfong *m*; cuivre blanc, cuivre chinois, maillechor(t) *m*.

packman, *pl.* **-men** ['pakmən, -men], *s.m.* Colporteur, porteballe.

packthread ['pakrθed], *s.* Fil *m* d'emballage; ficelle *f*.

pact [pakt], *s.* Pacte *m*, convention *f*, contrat *m*. **The Locarno Pact**, le pacte de Locarno. *Four-power p.*, pacte à quatre. **To make a pact with s.o.**, faire, signer, un pacte, *Pej:* pactiser, avec qn. *To make a suicide p.*, prendre l'engagement de se suicider ensemble.

Pactolus (the) [ðəpak'touləs]. *Pr.n.* *A.Geog:* Le Pactole.

pad[1] [pad], *s.* **1.** *Dial:* *P:* Chemin *m*, route *f*; *P:* trimard *m*. **Gentleman, knight, of the pad**, voleur *m* de grand chemin. *See also* FOOTPAD. **To stand pad**, apitoyer les passants. **To be on the pad**, vagabonder; être sur le trimard; trimarder. **2. Pad(-nag)**, cheval *m* à l'allure aisée, *pl.* chevaux . . .; cheval de promenade; bidet *m*. **3.** Bruit sourd des pas d'une bête (chien, loup, etc.); bruit de pas feutrés.

pad[2], *v.tr.* & *i.* (**padded; padding**) (*a*) *P:* Aller à pied. **To pad the road**, cheminer à pied; parcourir la route à pied; *F:* vagabonder. *F:* **To pad it, to pad the hoof**, trimarder. (*b*) (*Of dog, camel, etc.*) **To pad (along)**, trotter à pas sourds. (*Of pers.*) **To pad about the room**, aller et venir à pas feutrés, à pas de loup.

pad[3], *s.* **1.** (*a*) Bourrelet *m*, coussinet *m*. **(Porter's) carrying pad**, surdos *m*, torche *f*, tortillon *m*. *Fb:* **Ankle-pad**, protège-cheville *m inv.* *See also* BATTING-PADS, LILY-PAD, SEA-PAD. (*b*) Tampon *m* (d'ouate, etc.). *Med:* **Electric (warming) pad**, cataplasme *m* électrique. **Polishing pad, velvet pad** (*for shoes, etc.*), bichon *m*. **Stamp pad**, tampon à timbrer. **Inking pad**, tampon encreur. **Self-inking pad**, tampon perpétuel, inépuisable. *Mus:* **Key pads** (*of a flute, etc.*), tampons des clefs. *Engr:* **Engraver's pad**, tapette *f*. *Artil:* **Obturator pad**, galette *f*. *Phot:* **Foot pads** (*for tripod*), chaussons *m*. (*c*) *Toil:* **Hair-pad**, crépon *m*, crêpé *m*. (*d*) *Harn:* (i) Mantelet *m*, sellette *f* (de cheval de trait). (ii) *A:* Selle *f* sans arçon. (iii) **Collar pad**, coussin *m* de collier. (*e*) *Fenc:* Plastron *m*. **2.** (*a*) Pelote digitale (de certains animaux, de l'homme); pulpe *f* (du doigt, de l'orteil). *Ent:* Pelote adhésive (d'insecte). (*b*) Patte *f* (de lapin, de renard, de chameau, etc.). **3.** (*a*) Bloc *m* (de papier). **Note-pad**, bloc-notes *m*, *pl.* blocs-notes. (*b*) Sous-main *m*, *pl.* sous-mains. *See also* BLOTTING-PAD, WRITING-PAD. **4.** *Tls:* (*a*) Mandrin *m* (de vilebrequin). (*b*) Manche *m* porte-outils. **5.** (*a*) *Mec.E: etc:* Support *m*, amortisseur *m*; cale *f* de support (de moteur, etc.). *Bumper pad*, butée *f*; tampon amortisseur. *Spring pad*, patin *m* de ressort. *Metalw:* **Blanking pad**, support de découpage. (*b*) *Cin:* Patin *m*, étouffoir *m*, glissière *f* (de la bande). *Pressure pad*, patin presseur, de pression (de la fenêtre de vues).

'pad-saw, *s.* *Carp:* Scie *f* à guichet démontable; scie à manche.

pad[4], *v.tr.* (**padded; padding**) **1.** Bourrer, rembourrer (un coussin, etc.); matelasser (une porte, etc.); capitonner, ouater (un meuble); ouater (un vêtement); coussiner (le collier d'un cheval); bouler (les cornes d'un taureau); *Nau:* larder (un paillet, etc.). *Tail:* *To pad the shoulders of a coat*, garnir les épaules d'un habit. **2.** *F:* **To pad (out) a book**, ajouter des pages de remplissage dans un livre; *F:* allonger la sauce. *To pad out a chapter or an article*, tirer à la ligne. *To pad a speech*, délayer un discours. *To pad a line of verse*, cheviller un vers.

padded, *a.* Rembourré; garni de bourre; matelassé. **Padded cell**, cellule matelassée, capitonnée; cabanon *m*. *Nau:* **Padded mat**, paillet lardé. *See also* SHUTTER[1] I.

padding, *s.* **1.** (*a*) Remplissage *m*, rembourrage *m*. (*b*) Délayage *m* (d'un discours). **2.** (*a*) Ouate *f*, bourre *f*; matelassure *f*; coussin *m* (de collier de cheval). *Com:* Fer *m* en meubles. *To remove the p. from an armchair*, débourrer un fauteuil. *See also* EXTRACTOR 2. (*b*) Remplissage, délayage (dans une œuvre littéraire); cheville *f* (dans un vers).

pad[5], *s.* *Com:* Bourriche *f*.

padauk [pa'dɔːk], *s.* = PADOUK.

paddle[1] [padl], *s.* **1.** Pagaie *f*. *Double p.*, pagaie à double pale. *To ply a p.*, pagayer. **2.** (*a*) Aube *f*, pale *f*, palette *f* (de roue hydraulique, de bateau à roues); jantille *f*, volet *m* (de roue hydraulique); palette (de pompe à huile, etc.). (*b*) = PADDLE-WHEEL. *See also* STEAMSHIP. (*c*) Vannelle *f* (de porte d'écluse). (*d*) (*For beating clothes in running water*) Battoir *m* (à linge). (*e*) *Glassm:* *Tan:* Moulinet *m*. **3.** *Z: etc:* Nageoire *f* (de cétacé, de manchot, de tortue); aileron *m* (de requin); aile *f* (de manchot); patte *f* (de canard); palette (de cténophore).

'paddle-board, *s.* = PADDLE[1] 2 (*a*).

'paddle-boat, *s.* Bateau *m*, vapeur *m*, à aubes, à roues.

'paddle-box, *s.* Tambour *m* de la roue à aubes; caisse *f* de roue; garde-roue *m*, *pl.* garde-roues (de paquebot).

'paddle-float, *s.* = PADDLE[1] 2 (*a*).

'paddle-valve, *s.* *Hyd.E:* Vannelle *f*.

'paddle-wheel, *s.* Roue *f* à aubes, à palettes.

paddle[2], *s.* *Row:* (*a*) Allure douce. **To row at the paddle**, tirer en douce. (*b*) Promenade *f* (en canot) à allure douce.

paddle[3], *v.tr.* **1.** (*a*) Pagayer. *F:* **To paddle one's own canoe**, aller son chemin; arriver par soi-même. *He can p. his own canoe*, il conduit bien sa barque. (*b*) *v.i.* *Row:* Tirer en douce. **2.** (*Of horse*) Faucher. **3.** *Tan:* Mouliner (des peaux). **4.** (*a*) Battre (le linge, avec le battoir). (*b*) *U.S:* Donner une fessée à, fesser (un enfant).

paddle[4], *s.* Barbotage *m*. (*Of child*) **To go for a paddle, aller** barboter dans la mer, dans la rivière.

'paddle-pond, *s.* = PADDLING-POOL.

paddle[5], *v.i.* **1.** Barboter, *F:* grenouiller, grabouiller (dans l'eau, etc.); patauger, patouiller (dans la boue, etc.). **2.** *A:* **To paddle about sth., with sth., on sth.**, tripoter, patouiller, qch. **3.** (*Toddle*) Trottiner. **To paddle about the house**, trottiner par la maison.

'paddling-pool, *s.* *F:* Grenouillère *f* (pour les enfants).

paddler ['padlər], *s.* **1.** Pagayeur, -euse (de canoë, de périssoire). **2.** *pl.* *Cost:* **Paddlers**, barboteuse *f* (d'enfant).

paddock[1] ['padək], *s.* **1.** (*a*) Parc *m*, enclos *m*, pré *m* (pour chevaux); paddock *m*. *To put a horse in the p.*, parquer un cheval. (*b*) *Turf:* Pesage *m*, paddock. **2.** *Min:* Chantier *m* à ciel ouvert.

paddock[2], *s.* *Scot:* Grenouille *f*. **Paddock-stool** = TOADSTOOL.

Paddy[1] ['padi]. **1.** *Pr.n.m.* (*Dim. of Patrick*) (*a*) Patrice, Patrick. (*b*) *F:* Irlandais. **2.** *s.* *P:* **To be in a paddy**, être en colère, *P:* en rogne. **To put s.o. in a paddy**, faire endêver, faire enrager, qn; *P:* mettre qn en rogne. **3.** *s.* *Civ.E:* Excavateur *m* à vapeur.

paddy[2], *s.* *Com:* Paddy *m* (riz non décortiqué).

'paddy-field, *s.* Champ *m* de riz.

paddywhack ['padiwak], *s.* *P:* **1.** = PADDY[1] 2. **2.** Raclée *f*, rossée *f*.

Pad(i)shah ['pɑːd(i)ʃɑː], *s.* Padisha *m*, padischah *m*.

padlock[1] ['padlɔk], *s.* Cadenas *m*.

padlock[2], *v.tr.* (**padlocked** ['padlɔkt]) Cadenasser; fermer (une porte, etc.) au cadenas.

padouk [pa'duk], *s.* *Com:* Padouk *m*; bois *m* de corail.

padre ['pɑːdre], *s.m.* *Mil:* *Navy:* Aumônier (militaire).

padrone [pa'droune], *s.m.* **1.** *Nau:* Patron (de navire de commerce de la Méditerranée). **2.** Aubergiste (italien).

Padua ['padjua]. *Pr.n.* *Geog:* Padoue *f*.

Paduan ['padjuən], *a.* & *s.* *Geog:* Padouan, -ane.

paduasoy ['padjuasɔi], *s.* *Tex:* *A:* Pou-de-soie *m*, *pl.* poux-de-soie.

paean ['piːən], *s.* *Gr.Ant:* Péan *m*, pæan *m*.

paederast ['piːdirast, 'ped-], *s.* Pédéraste *m*; *P:* tapette *f*.

paederastic [piːdi'rastik, ped-], *a.* Pédérastique.

paederasty ['piːdirasti, 'ped-], *s.* Pédérastie *f*.

paeon ['piːən], *s.* *Pros:* Péon *m*.

paeonic [piː'ɔnik], *a.* *Pros:* Péonique.

pagan ['peigən], *a.* & *s.* Païen, -ïenne.

pagandom ['peigəndəm], *s.* Le monde païen, le paganisme.

paganish ['peigəniʃ], *a.* Païen; qui incline au paganisme.

paganism ['peigənizm], *s.* Paganisme *m*.

paganize ['peigənaiz], *v.tr.* & *i.* Paganiser; rendre païen ou vivre en païen.

page[1] [peidʒ], *s.* **1.** (*a*) *A:* Petit laquais. (*b*) (*Attending person of rank*) Page *m*. **Page of honour**, page du roi, de la reine. **2.** = PAGE-BOY. **3.** *Cost:* Page, relève-jupe *m inv.*

'page-boy, *s.m.* Petit groom (d'hôtel); chasseur.

page[2], *v.tr.* **1.** *U.S:* Envoyer chercher (qn) par un chasseur. **2.** Servir (qn) comme laquais, comme page.

page[3], *s.* Page *f*. **Right-hand page**, recto *m*; *Typ:* belle page. **Left-hand page**, verso *m*; *Typ:* fausse page. **On page 6, à la page 6.** *See also* BLANK[1] I. 1, OPPOSITE 1.

'page-proof, *s. Typ:* Épreuve *f* en pages.
page[4], *v.tr.* **1.** Numéroter (les feuilles); paginer, folioter (un livre); chiffrer les pages (d'un registre, etc.). **2.** *Typ:* Mettre (la composition) en pages.
paging, *s.* **1.** Numérotage *m* des pages; pagination *f*, foliotage *m*. **Paging machine,** machine *f* à numéroter; folioteuse *f*. **2.** *Typ:* Mise *f* en pages.
pageant ['padʒənt], *s.* **1.** (*a*) Spectacle pompeux. (*b*) **An empty pageant,** un pur spectacle; un trompe-l'œil. **2.** (*a*) Cortège *m* ou cavalcade *f* historique. (*b*) Grand spectacle historique donné en costume (avec ou sans chœurs, déclamation, etc.). **Dickens pageant,** reconstitution *f* historique des personnages de Dickens. **3. Air pageant,** fête *f* d'aviation; fête aéronautique.
pageantry ['padʒəntri], *s.* Apparat *m*, pompe *f*. **Mere pageantry,** un pur spectacle; un trompe-l'œil.
pagehood ['peidʒhud], *s.* Condition *f* de page. **Out of pagehood,** hors de page.
pageship ['peidʒʃip], *s.* Office *m* de page.
paginal ['padʒin(ə)l], *a.* **1. Paginal references,** renvois *m* à la page. **2.** (*Of reprint, etc.*) Reproduit, copié, page à page.
paginate ['padʒineit], *v.tr.* Paginer (un livre); numéroter, folioter, les pages (d'un livre).
pagination [padʒi'neiʃ(ə)n], *s.* Pagination *f*; numérotage *m*, foliotage *m* (des pages). *Mistake in p.*, faute *f* de pagination.
Pagliacci [pa'ljɑːtʃi]. *Pr.n. Th:* Paillasse *m* (opéra de Leoncavallo).
pagne [paɲ], *s.* Pagne *m* (des indigènes des pays chauds).
pagoda [pa'gouda], *s.* **1.** Pagode *f*; temple (chinois, indien, etc.). **2.** *Num: A:* Pagode.
pa'goda sleeves, *s.pl.* Manches *f* pagodes.
pa'goda-tree, *s.* **1.** *Bot:* (i) Sophora *m* du Japon; (ii) figuier *m* des Banians. **2.** *F:* (*India*) **To shake the pagoda-tree,** gagner de l'argent avec peu de peine; faire fortune aux Indes. (*Cf.* PAGODA 2.)
pagoscope ['pagoskoup], *s. Ph:* Pagoscope *m*.
pagurian [pa'gjuəriən], *s. Crust:* Pagure *m*; *F:* bernard-l'ermite *m*.
pah [pɑː], *int.* Pouah!
Pahlavi ['pɑːlavi], *s. Ling:* Le pehlvi.
paid [peid]. *See* PAY[2].
pail [peil], *s.* **1.** Seau *m*; (*wooden*) seille *f*. *Nau:* Baille *f*. **Household pail,** seau de ménage. **Tar pail,** baille à brai. **Milking pail,** seille à traire. **Pail of latrines,** gogueneau *m*. *See also* ICE-PAIL, SLOP-PAIL. **2.** *A p. of water*, un seau d'eau.
pailful ['peilful], *s.* (Plein) seau (de lait, etc.). *To bring a p. of water*, apporter (plein) un seau d'eau.
paillasse [pal'jas], *s.* Paillasse *f*.
paillette [pal'jet], *s. Cost: etc:* Paillette *f*.
pailletted [pal'jetid], *a.* Pailleté.
pain[1] [pein], *s.* **1.** (*a*) Douleur *f*, souffrance *f*; (*mental*) peine *f*. **To give s.o. pain,** (i) (*of tooth, etc.*) faire mal à qn, faire souffrir qn; (ii) (*of incident, etc.*) faire de la peine à qn. *It gives me much p. to . . .*, il me peine beaucoup de. . . . **To be in (great) pain,** souffrir beaucoup. *Is he in p.?* souffre-t-il? *To cry out with p.*, pousser un cri, des cris, de douleur. **To be out of pain,** avoir cessé de souffrir. **To put a wounded animal out of its pain,** achever un animal blessé, donner le coup de grâce à un animal. (*b*) **Shooting pains,** élancements *m*, douleurs lancinantes. *A p. in the side*, une douleur dans le côté; un point de côté. *To have a p. in the head, in one's head, to suffer from pains in the head*, avoir mal à la tête; souffrir de la tête. *See also* GROWING-PAINS. **2.** *pl.* **Pains.** (*a*) Peine. **To take pains, be at great pains, to do sth.; to go to, be at, the pains of doing sth.,** prendre, se donner, de la peine, beaucoup de peine, pour faire qch.; se donner du mal pour faire qch.; s'appliquer, mettre tous ses soins, mettre un soin infini, à faire qch. *To take great pains*, se donner beaucoup de peine, beaucoup de mal. **To take pains over sth.,** s'appliquer à qch. *He takes great pains, is at great pains, that his letter should be well written*, il met tous ses soins à ce que sa lettre soit bien écrite. **To have one's labour for one's pains, to have one's pains for nothing, to have nothing for one's pains,** en être pour sa peine, pour ses frais; perdre ou avoir perdu sa peine; *F:* travailler pour le roi de Prusse. **They are fools for their pains,** ils en sont pour leur peine. *You will only get laughed at for your pains*, vous n'en rapporterez que des moqueries. *He was well thrashed for his pains*, tout ce qu'il en tira fut une raclée. **You will lose your pains,** vous y perdrez votre peine. *See also* GAIN[1] 1, SPARE[2] 1. (*b*) Travail *m* d'enfant; douleurs *fpl* de l'enfantement. *See also* AFTER-PAINS. **3.** *A:* Châtiment *m*. *Still so used in* **On, upon, pain of (death, etc.),** sous peine de (mort, etc.). **Pains and penalties,** châtiments et peines.
'pain-killer, *s.* Anodin *m*, antalgique *m*, calmant *m*.
'pain-killing, *a.* Anodin, antalgique, calmant.
pain[2], *v.tr.* Faire souffrir (qn); (*physically*) faire mal à (qn); (*mentally*) faire de la peine à (qn), peiner, affliger (qn). *My arm pains me, my arm is paining*, mon bras me fait souffrir. *It pains me to see him*, cela me fait (du) mal de le voir. *It pains me to say so*, cela me coûte à dire; il m'en coûte de le dire.
pained, *a.* **1.** Attristé, peiné (*at*, de). **2.** *With a p. face*, avec un visage attristé, douloureux.
painful ['peinful], *a.* **1.** (*Of wound, part of the body*) Douloureux. *I find walking p.*, je souffre à marcher. (*Of limb, etc.*) **To become painful,** s'endolorir. *My knee was getting p.*, mon genou, le genou, commençait à me faire mal. **2.** (*Of spectacle, effort*) Pénible. *P. subject*, sujet *m* pénible. *P. to behold*, pénible à voir. *It is p. to hear him*, on souffre, cela fait peine, de l'entendre. *Misery that is p. to see*, misère *f* qui fait peine à voir. **It is painful for me to have to say so,** cela me coûte de le dire. *It was p. for me to be suspected*, il m'était pénible d'être soupçonné, qu'on me soupçonnât. **3.** *A:* (Travail) laborieux, pénible. **-fully,** *adv.* **1.** Douloureusement, péniblement. **2.** *A:* Laborieusement.
painfulness ['peinfulnəs], *s.* Nature douloureuse, pénible (*of*, de).
painless ['peinləs], *a.* **1.** (Extraction *f*, etc.) sans douleur. **2. Painless tumour,** tumeur indolente, indolore.
painlessness ['peinləsnəs], *s.* Absence *f* de douleur; indolence *f* (d'une tumeur).
painstaking[1] ['peinzteikiŋ], *a.* Soigneux, assidu. *P. schoolboy*, élève travailleur, appliqué. *P. work*, travail soigné.
painstaking[2], *s.* *With a little p. you will manage it*, en vous donnant un peu de peine vous y arriverez.
paint[1] [peint], *s.* Peinture *f*. **1. To give sth. a paint,** (i) peindre qch.; peinturer qch.; passer une couche de peinture sur qch.; (ii) *Med:* badigeonner (à la teinture d'iode, etc.). **2.** (*a*) **Coat of paint,** couche *f* de peinture. *Give it a coat of p.*, il faut le peindre. *To cover (a wall, etc.) with a coat of p.*, peinturer (un mur, etc.). **Thin paint** (*for spraying*), bruine *f*. **'Wet paint!' 'mind the paint!'** "attention, prenez garde, à la peinture, à la couleur (fraîche)!" "peinture fraîche!" *See also* FRESH I. 4. (*b*) Couleur *f*. **Box of paints,** boîte *f* de couleurs; boîte d'aquarelle. *See also* OIL-PAINT. (*c*) (*For the face*) Fard *m*, *F:* plâtre *m*. *See also* WAR-PAINT.
'paint-brush, *s.* **1.** Pinceau *m*; brosse *f* à peinture. **2.** *Bot: U.S:* Castillèje *f*.
'paint-pot, *s.* Pot *m* à peinture; camion *m*.
'paint-remover, *s. Ind:* Décapant *m* pour peintures.
'paint-sprayer, *s.* Pistolet *m* à peindre; pistolet vaporisateur.
paint[2], *v.tr.* Peindre. **1.** (*a*) *To p. a portrait in oils*, peindre un portrait à l'huile. *To p. a sunset*, peindre un coucher de soleil. *To p. shutters on a wall*, figurer des persiennes sur un mur. *To p. the passions*, dépeindre les passions. *F:* **To paint everything in rosy colours,** peindre tout en beau. *See also* BLACK[1] I. 2. (*b*) *Abs.* Faire de la peinture. *To p. in water-colours, in gouache*, faire de l'aquarelle, de la gouache. **2.** Dépeindre. *What words can p. the scene?* comment dépeindre cette scène? **3.** (*a*) Enduire, couvrir, de peinture; peinturer. *To p. a door green*, peindre une porte en vert. *Th:* *To p. the scenery for a play*, brosser les décors d'une pièce. **To paint an escutcheon heraldically,** blasonner un écu. *P:* **To paint the town red,** faire une orgie, une noce, à tout casser; faire les cent (dix-neuf) coups; chahuter; faire la nouba. *Spring paints the fields with a thousand hues*, le printemps diapre les champs de mille couleurs. *See also* FINCH, HYENA. (*b*) *To p. one's face, abs.* **to paint,** se farder; se peindre; *F:* se plâtrer (le visage); se mettre du fard aux joues. *See also* JEZEBEL 2, LADY 7. (*c*) *Med:* Badigeonner (la gorge, etc.). *To p. with iodine*, badigeonner à la teinture d'iode.
paint out, *v.tr.* Faire disparaître, effacer, (un nom, etc.) au moyen d'une couche de peinture; *F:* passer la brosse sur (qch.).
painting, *s.* Peinture *f*. **1.** (*a*) *To study p.*, étudier la peinture. *See also* OIL-PAINTING 1, WORD-PAINTING. (*b*) *Med:* Badigeonnage *m*. (*c*) *Ind:* **(Ornamental) painting,** décoration *f* (en bâtiment, etc.). *See also* SPRAY-PAINTING. **2.** Tableau *m* (à l'huile ou à l'aquarelle); peinture. *See also* OIL-PAINTING 2.
painter[1] ['peintər], *s.* **1.** (*a*) *Art:* Peintre *m*. *The p. of the picture*, l'auteur *m* du tableau. *She was a famous p.*, elle fut un peintre célèbre. **Painter of animals,** animalier *m*. **Ivory painter, china painter,** peintre sur ivoire, sur porcelaine. **Heraldic painter,** peintre de blason. *See also* LANDSCAPE-PAINTER, MINIATURE 1, PORTRAIT-PAINTER, SCENE-PAINTER. (*b*) Coloriste *mf* (de cartes postales, de jouets). **2. (House-)painter,** peintre en bâtiments, en décor; peintre décorateur. **Industrial painter,** peintureur *m*.
'painter's 'colic, *s. Med:* Colique saturnine.
painter[2], *s. Nau:* Bosse *f*, câbleau *m*, amarre *f*. **Lazy painter,** fausse bosse. *See also* SHANK-PAINTER. **To slip the painter,** (i) filer son amarre, son nœud; (ii) *F:* mourir. **To cut the painter,** (i) couper, trancher, l'amarre; (ii) *F:* (*of colony*) se séparer de la mère-patrie.
paintress ['peintres], *s.f.* Peintresse; peintre *m*.
painty ['peinti], *a.* (Odeur *f*, etc.) de peinture.
pair[1] ['pɛər], *s.* **1.** (*a*) Paire *f* (de chaussures, de vases, de ciseaux, de jambes, etc.). *Two pair(s) of scissors*, deux paires de ciseaux. *Arranged in pairs*, arrangés deux par deux, par paires, par couples. *The p. of you*, vous deux. *The two of them are a pretty p.*, les deux font la paire. *Mec.E:* **Pair of brasses,** jeu *m* de coussinets. **Pair of gears,** couple *m* d'engrenages. (*b*) **A pair of trousers, of drawers,** un pantalon, un caleçon. **A pair of scales,** une balance. (*c*) Attelage *m* (de deux chevaux). **Carriage and pair,** voiture *f* à deux chevaux. **Pair of oxen,** couple *f* de bœufs. (*d*) (*Man and wife*) Couple *m*. **The happy pair,** les deux conjoints *m*. *P. of pigeons* (*cock and hen*), couple de pigeons. (*e*) (*Match*) **These two pictures are a pair,** ces deux tableaux se font pendant. *Stockings that are not a p.*, bas *m* disparates, qui ne vont pas ensemble. (*f*) *Where is the p. of this glove?* où se trouve l'autre gant de cette paire? **2. Pair of stairs,** escalier *m* (en deux volées); étage *m*. *I had to go down* **two pair of stairs,** il me fallait descendre deux étages. **To lodge on the three-pair front, on the three-pair back,** loger au troisième (étage) sur la rue, sur la cour. *See also* ONE-PAIR. **Pair of steps,** marchepied (volant), escabeau *m*. **3.** *Parl:* (*a*) Paire de membres de partis adverses qui se sont pairés pour un vote ou pour une période déterminée. (*b*) **To apply for a pair,** demander aux chefs de partis de désigner un membre du parti adverse avec qui l'on puisse se pairer.
'pair-horse, *attrib.a.* (Voiture *f*, etc.) à deux chevaux.
'pair-oar, *s.* Embarcation *f* à deux rames; deux *m* de pointe (sans barreur).
'pair-'royal, *s. Cards:* Brelan *m*. *Dice:* Rafle *f*.
pair[2]. **1.** *v.tr.* (*a*) Appareiller, apparier, assortir (des gants, etc.). (*b*) Accoupler, apparier (des oiseaux, etc.). **2.** *v.i.* (*a*) Faire la paire (*with s.o., sth.*, avec qn, qch.). *Two vases that p.*, deux vases *m* qui (se) font pendant. (*b*) (*Of birds, etc.*) S'accoupler, s'apparier (*with*, avec). (*c*) *Parl:* **To pair (off),** se pairer (*with s.o.*, avec qn); s'absenter après entente avec un adversaire qui désire aussi s'absenter (de façon que la majorité parlementaire reste la même).

pair off. **1.** *v.tr.* Arranger, distribuer, (des personnes, des objets) deux par deux. **2.** *v.i.* (*a*) S'en aller, se disperser, défiler, deux par deux, deux à deux, en couples. (*b*) *F:* Se marier (*with*, avec).

paired, *a.* En couples, deux par deux. *Av:* **Paired floats,** flotteurs disposés en catamaran. *Artil: etc:* **Guns paired on turret,** canons conjugués.

pairing, *s.* (*a*) Appariement *m* (de chaussures, etc.); conjugaison *f* (de machines, des canons d'une tourelle); appareillement *m* (de bœufs pour le joug). (*b*) Appariement, accouplement *m* (d'animaux mâle et femelle). **Pairing-season, -time,** saison *f* des amours; (*of birds*) pariade *f*.

pajama [pa'dʒɑːma], *s. U.S:* = PYJAMA.

pakfong ['pakfɔŋ], **paktong** ['paktɔŋ], *s.* = PACKFONG.

pal[1] [pal], *s. P:* Camarade *mf*; *P:* copain, *f.* copine; poteau *m.* *We are great pals,* nous sommes bons copains. *Like a true pal,* en vrai camarade. **To make a pal of s.o.,** se faire un camarade de qn.

pal[2], *v.i. P:* (**palled** [pald]; **palling**) **To pal in, up, with s.o.,** se lier (d'amitié) avec qn; nouer amitié avec qn; se prendre d'amitié pour qn; *P:* devenir copain avec qn.

palace ['pales], *s.* **1.** Palais *m.* **Buckingham Palace,** Buckingham Palace. **The Palace of Versailles,** le palais de Versailles. **Bishop's palace,** évêché *m*; palais épiscopal, -aux. *Archbishop's p.,* archevêché *m*; palais archiépiscopal. **2.** (*Cinema, hotel, etc.*) Palace *m.* **Palace hotel,** (hôtel *m*) palace. *Rail:* **Palace car,** voiture *f* de luxe. *See also* GIN-PALACE, PICTURE-PALACE.

paladin ['paladin], *s.* Paladin *m.*

Palaemon [pa'liːmən]. **1.** *Pr.n.m. Myth:* Palémon. **2.** *s. Crust:* Palémon *m*, bouquet *m*; grande crevette salicoque.

palae(o)- ['pali(o), pali'ɔ], *comb.fm.* Palé(o)-. *Palaeoarchaeology,* paléoarchéologie. *Palaeocene,* paléocène.

palae(o)ethnology [pali(o)eθ'nɔlodʒi], *s.* Paléoethnologie *f.*

palaeogeography [paliodʒi'ɔgrəfi], *s.* Paléogéographie *f.*

palaeographer [pali'ɔgrəfər], *s.* Paléographe *m*; archiviste *m.*

palaeographic(al) [palio'grafik(əl)], *a.* Paléographique.

palaeography [pali'ɔgrəfi], *s.* Paléographie *f.*

palaeolithic [palio'liθik], *a.* Paléolithique, archéolithique. **The palaeolithic age,** l'âge *m* de la pierre taillée.

palaeologist [pali'ɔlodʒist], *s.* Paléologue *m.*

Palaeologus [pali'ɔlogəs]. *Pr.n.m. Hist:* (Michel, etc.) Paléologue.

palaeontological [paliɔnto'lɔdʒik(ə)l], *a.* Paléontologique.

palaeontologist [paliɔn'tɔlodʒist], *s.* Paléontologiste *m.*

palaeontology [paliɔn'tɔlodʒi], *s.* Paléontologie *f.*

palaeoslavonic [paliosla'vɔnik], *s. Ling:* Le vieux-slave (d'Église); le slavon.

palaeothere ['palioθiːər], **palaeotherium** [palio'θiːəriəm], *s. Paleont:* Paléothérium *m.*

palaeozoic [palio'zouik], *a. Geol:* Paléozoïque.

palaeozoology [paliozo'ɔlodʒi], *s.* Paléozoologie *f.*

palaestra [pa'liːstra], *s. Gr.Ant:* Palestre *f.*

palaestral [pa'liːstrəl], *a.* Palestrique.

palafitte ['palafit], *s. Archeol:* Palafitte *m.*

palais de danse ['paleidə'dɑːns], *s.* Dancing *m.*

Palamedes [pala'miːdiːz]. *Pr.n.m. Gr.Myth:* Palamède.

palank ['palaŋk], *s. Fort:* Palanque *f.*

palankeen, palanquin [palan'kiːn], *s.* Palanquin *m.*

palatable ['palətəbl], *a.* (*a*) D'un goût agréable; agréable au palais, au goût; sapide. *P. wine, p. fruit,* vin *m* qui se laisse boire; fruit *m* qui se laisse manger. (*b*) (*Of doctrine, etc.*) Agréable (*to*, à). *Truth is seldom p. to kings,* il est rare que la vérité soit agréable aux rois.

palatal ['palat(ə)l]. **1.** *a. Anat: Ling:* Palatal, -aux. **Palatal l,** l mouillée. **2.** *s. Ling:* Palatale *f.*

palatality [pala'taliti], *s. Ling:* Mouillure *f* (d'une consonne).

palatalization [palatəlai'zeiʃ(ə)n], *s. Ling:* Palatalisation *f.*

palatalize ['palatəlaiz], *v.tr. Ling:* Transformer (une consonne) en palatale; mouiller (une l, la combinaison gn).

palate ['palet], *s.* **1.** (*a*) *Anat:* (**Hard**) **palate,** palais *m.* **Soft palate,** voile *m* du palais. **Cleft palate,** palais fendu. (*b*) *F:* **To have a delicate palate,** avoir le palais fin. *Depraved p.,* dépravation *f* du goût. *To have no p. for broad humour,* ne pas goûter, ne pas savourer, les plaisanteries corsées. **2.** *Bot:* Palais (de la corolle du muflier, etc.).

palatial [pa'leiʃəl], *a.* (Édifice *m*) qui ressemble à un palais, magnifique, grandiose, *F:* palatial, -aux.

palatic [pa'latik], *a. Anat:* Palatal, -aux.

palatinate [pa'latinet], *s.* **1.** Palatinat *m. Hist:* **The Palatinate,** le Palatinat. **2.** *Sch:* **Palatinate purple,** pourpre *f* (i) des robes académiques, (ii) des insignes sportifs, de l'université de Durham. **To get one's palatinate,** être choisi comme membre de l'équipe universitaire.

palatine[1] ['palatain], *a.* & *s.* **1.** *Hist:* Palatin, -ine. *See also* COUNT[3], COUNTY 1. **2.** *A.Geog:* **The Palatine (Hill),** le (mont) Palatin. **3.** *A.Cost:* **Palatine (tippet),** palatine *f.* **4.** *s. A.Cost:* Palatine *f.*

palatine[2]. **1.** *a. Anat:* Palatal, -aux, palatin; du palais. **2.** *s.pl.* **Palatines,** (os) palatins; la voûte palatine.

palato-dental ['palato'dent(ə)l], *a. Ling:* Palato-dental, *pl.* palato-dentaux.

palato-pharyngeal ['palatofa'rindʒiəl], *a. Anat: Ling:* Palato-pharyngien, *pl.* palato-pharyngiens.

palaver[1] [pa'lɑːvər], *s.* **1.** Palabre *f*; conférence *f* (avec les indigènes). *F: After a long p.,* après de longues palabres. **2.** *F:* (*a*) Cajoleries *fpl*; flagornerie *f.* (*b*) Embarras *mpl*; *P:* chichis *mpl. None of your p.!* pas tant d'histoires! *What's all the p. about?* qu'est-ce qu'il y a qui cloche?

palaver[2]. **1.** *v.i.* Palabrer. **2.** *v.tr. F:* Entortiller (qn) par de belles paroles; amadouer, cajoler, flagorner (qn).

pale[1] [peil], *s.* **1.** Pieu *m* (de clôture); pale *f*; pal *m*, *pl.* pals, *occ.* paux; *F:* palis *m.* **2.** (*a*) *A:* Bornes *fpl*, limites *fpl. Still so used in* **Outside the pale of society, beyond the pale,** au ban de la société, de l'humanité. **Within the pale of the Church,** dans le giron, dans le sein, de l'Église. **To be outside the pale** (*of the Church*), être hors de l'arche. **Within the pale of reason,** accessible à la raison. (*b*) *Hist:* **The (English) Pale** (*in Ireland*), la Pale (la région sous la juridiction de l'Angleterre). **The English Pale in France,** le territoire de Calais. **3.** *Her:* Pal. **Shield parted per pale,** écu mi-parti.

pale[2], *v.tr.* **To pale (in) a field,** palissader, clôturer, un champ.

paled, *a.* Palissadé, à palissade.

paling[1], *s.* **1.** (*Fencing; also* **palings**) Clôture *f* à claire-voie; palissade *f*, palis *m*; échalier *m.* **2.** = PALE[1] 1.

pale[3], *a.* (*a*) Pâle, blême; sans couleur; (*of complexion*) délavé. *Her face was p. and sad,* son visage décoloré était empreint de tristesse. **Pale as death, deadly pale, ghastly pale,** pâle comme la mort, comme un mort; d'une pâleur mortelle; blême. **Pale as ashes,** blanc comme un linge. **To grow, become, pale,** pâlir. *To turn p. with fright,* pâlir de terreur. *This dress makes you look p.,* cette robe vous pâlit. (*b*) (*Of colour*) Pâle, clair. **Pale blue dress,** robe *f* d'un bleu pâle; robe bleu clair. *See also* ALE 1. (*c*) *A p. and watery sun,* un soleil pâle qui annonce la pluie; un soleil blafard. *By the p. light of the moon,* à la lumière blafarde de la lune.

-ely, *adv.* Pâlement; sans éclat.

'pale-face, *s.* Visage *m* pâle. (Blanc, *f.* blanche, dans le parler des Peaux-Rouges.)

'pale-faced, *a.* Au visage, au teint, pâle ou blême; à face pâle.

pale[4]. **1.** *v.i.* (*a*) Pâlir, blêmir. (*b*) *F: My adventures p. beside yours, before yours,* mes aventures *f* pâlissent auprès des vôtres. *His star is paling,* son étoile *f* pâlit. **2.** *v.tr.* Faire pâlir; pâlir. *Fever had paled him,* la fièvre l'avait pâli.

paling[2], *s.* Pâlissement *m.*

pale[5], *s.*, **palea,** *pl.* **-eae** ['peilia, -iiː], *s. Bot:* Paillette *f* (d'une composée).

paleness ['peilnəs], *s.* Pâleur *f.*

pale(o)- ['pali(o)], *comb.fm.* = PALAE(O)-.

Palermitan [pa'ləːrmitən], *a.* & *s. Geog:* Palermitain, -aine.

Palermo [pa'ləːrmo]. *Pr.n. Geog:* Palerme.

Palestine ['palestain]. *Pr.n. Geog:* La Palestine.

Palestinian [pales'tiniən], *a.* & *s. Geog:* Palestin, -ine; palestinien, -ienne.

palestra [pa'lestra], *s.*, **palestral** [pa'lestrəl], *a.* = PALAESTRA, PALAESTRAL.

palette ['palet], *s.* **1.** *Art:* Palette *f.* **To set the palette,** faire, charger, sa palette. **2.** *Tls:* Conscience *f*, plastron *m* (d'un porte-foret).

'palette-knife, *pl.* **-knives,** *s. Art:* Couteau *m* à palette; amassette *f.*

palfrey ['pɔːlfri], *s. Lit:* Palefroi *m.*

Pali ['pɑːli], *s. Ling:* Le pali.

palikar ['palikɑːr], *s. Gr.Hist:* Palicare *m*, palikare *m.*

palimpsest ['palimpsest], *a.* & *s.* Palimpseste (*m*).

palindrome ['palindroum], *s.* Palindrome *m.*

palindromic [palin'drɔmik], *a.* Palindrome.

palingenesia [palindʒe'niːsia], **palingenesy** [palin'dʒenesi], *s. Biol:* Palingénésie *f*; retour *m* à la vie; renaissance *f*; régénération *f.*

palingenesis [palin'dʒenesis], *s. Phil: Biol:* Palingénésie *f*; reproduction des mêmes traits, des mêmes évolutions.

palingenetic [palindʒe'netik], *a. Biol: Phil:* Palingénésique; palingénésiaque.

palinode ['palinoud], *s. Lit: etc:* Palinodie *f.*

Palinuro (Cape) ['keippali'njuəro]. *Pr.n. Geog:* Le cap Palinure.

Palinurus [pali'njuərəs]. **1.** *Pr.n.m. Lt.Lit:* Palinure. **2.** *s. Crust:* Palinure *m*, langouste *f.*

palisade[1] [pali'seid], *s.* Palissade *f.*

pali'sade-'tissue, *s. Bot:* Palissade *f* (d'une feuille).

pali'sade-tree, *s. Hort:* Arbre *m* en espalier.

pali'sade-worm, *s. Ann: Vet:* Strongle géant.

palisade[2], *v.tr.* Palissader.

palisading, *s.* Palissadement *m*; fortification *f* au moyen de palissades; érection *f* d'un enclos palissadé.

palisander [pali'sandər], *s. Com:* (*Wood*) Palissandre *m*, jacaranda *m.*

palish ['peiliʃ], *a.* (*a*) Un peu pâle; pâlot, -otte. (*b*) Décoloré; (*of light*) blafard.

palissé ['palisi], *a. Her:* Palissé.

pall[1] [pɔːl], *s.* **1.** *Ecc:* (*a*) Poêle *m*; drap *m* funéraire, mortuaire. (*b*) = PALLA. (*c*) = PALLIUM 1. **2.** *F:* Manteau *m* (de neige, etc.); voile *m* (de fumée, etc.). **3.** *Her:* (**Cross-**)**pall,** pairle *m*, pallium *m.*

'pall-bearer, *s.* Porteur *m* (d'un cordon du poêle). *The pall-bearers were . . .,* les cordons du poêle étaient tenus par. . . .

pall[2], *v.tr.* Couvrir d'un poêle; *F:* voiler.

pall[3]. **1.** *v.i.* S'affadir; devenir fade, insipide (*on s.o.*, pour qn). *These pleasures p.,* on se blase de ces plaisirs. *Happiness that never palls on me,* bonheur *m* dont je ne me suis jamais rassasié. *Food, literature, that palls,* nourriture dont on se dégoûte vite; littérature fastidieuse à la longue. *Sustained eloquence palls,* l'éloquence continue ennuie. *Even pleasure palls on one,* l'accoutumance *f* diminue le plaisir même. *It soon palls upon the taste,* on s'en blase vite. *It never palls on you,* on ne s'en dégoûte jamais. **2.** *v.tr.* Blaser, émousser (les sens); rassasier (l'appétit).

palled, *a.* Rassasié (*with*, de); blasé (*with*, de, sur).

palla ['pala], *s. Ecc:* Pale *f.*

palladium[1] [pa'leidiəm], *s. Myth: etc:* Palladium *m. F: The laws are the p. of liberty,* les lois sont le palladium de la liberté.

palladium[2], *s. Ch:* Palladium *m.*

pallet[1] ['palet], *s.* (*a*) Paillasse *f.* (*b*) Grabat *m.*

pallet[2], *s.* **1.** Palette *f* (de doreur, de potier, etc.). **2.** *Art:* = PALETTE I. **3.** *Mec.E:* Cliquet *m.* *Clockm:* Palette (de l'arbre). **4.** *Mus:* (*Organ*) Soupape *f* (du sommier).

pallet[3], *s.* *Her:* Vergette *f.*

palliasse ['paljas], *s.* Paillasse *f.*

palliate ['palieit], *v.tr.* Pallier (la misère, une faute, une maladie, etc.); lénifier (une maladie); pallier, atténuer (un vice, etc.).

palliating, *a.* Qui pallie; (*of medicine*) lénitif. **Palliating circumstances**, circonstances atténuantes.

palliation [pali'eiʃ(ə)n], *s.* Palliation *f* (de la misère, d'une maladie, d'une faute, etc.); atténuation *f* (d'une faute).

palliative ['paliətiv]. **1.** *a.* = PALLIATING. **2.** *s.* Palliatif *m*, lénitif *m*, anodin *m*.

pallid ['palid], *a.* (*a*) Pâle, décoloré. (*b*) (*Of light, moon, etc.*) Blafard. (*c*) (*Of face*) Blême. **-ly**, *adv.* Pâlement.

pallidness ['palidnəs], *s.* Pâleur *f*; pâlissement *m*.

pallium, *pl.* **-ia** ['paliəm, -ia], *s.* **1.** *Gr.Ant:* *Ecc:* Pallium *m.* **2.** Manteau *m* (de mollusque, de brachiopode).

pall-mall ['pel'mel]. **1.** *s.* *A:* (*a*) (Jeu *m* de) mail *m*. (*b*) Terrain *m* de mail. **2.** *Pr.n.* Pall-Mall (rue de Londres entre Trafalgar Square et St James's Palace, centre des clubs).

pallor ['palər], *s.* Pâleur *f.*

pally ['pali], *a.* *P:* **1.** Qui se lie facilement (d'amitié); liant. **2.** *To be p. with s.o.*, être lié, être copain, avec qn.

palm[1] [pɑːm], *s.* **1.** (*Tree*) Palmier *m.* **Bourbon palm**, latanier *m* de Bourbon. **Dwarf palm**, palmette *f.* *See also* FAN-PALM, FIBRE 2, OIL PALM, SAGO-PALM, WAX PALM, WINE-PALM. **2.** (*Branch*) (*a*) Palme *f.* *Ecc:* Rameau *m.* **Palm Sunday**, le dimanche des Rameaux, *F:* les Rameaux, *A:* Pâques fleuries. *F:* **To bear, win, the palm**, remporter la palme. **To yield, assign, the palm to s.o.**, céder, décerner, la palme à qn. (*b*) Branche *f* de saule marceau.

'palm-borer, *s.* *Ent:* = PALM-WORM.

'palm-branch, *s.* Palme *f.*

palm-'butter, *s.* Beurre *m* de palme, de palmier.

palm-'cabbage, *s.* *Bot:* (Chou *m*) palmiste *m*.

'palm-cat, -civet, *s.* *Z:* (*a*) Paradoxure *m*, pougouné *m*; marte *f* des palmiers. (*b*) Ocelot *m.*

'palm-grove, *s.* Palmeraie *f.*

'palm-grub, *s.* *Ent:* = PALM-WORM.

'palm-house, *s.* Serre *f* de palmiers.

'palm-leaf, *s.* **1.** Feuille *f* de palmier. **2.** *Arch:* **Palm-leaf** (**moulding**), palmette *f.*

'palm-'marrow, *s.* Palmite *m.*

'palm-oil, *s.* **1.** Huile *f* de palme, de palmier; pumicin *m.* **2.** *F:* Pot-de-vin, *pl.* pots-de-vin. *A little palm-oil will get you in*, graissez la patte au portier, donnez un pourboire, et vous entrerez. (*Cp.* PALM[2] I.)

'palm-plantation, *s.* = PALM-GROVE.

'palm-squirrel, *s.* *Z:* Rat *m* palmiste.

'palm-stand, *s.* *Furn:* Jardinière *f.*

'palm-sugar, *s.* Sucre *m* de palme.

'palm-tree, *s.* *Bot:* Palmier *m.*

'palm-wax, *s.* Cire *f* de palme.

'palm-weevil, *s.* *Ent:* Calandre *f* palmiste.

'palm-wine, *s.* Vin *m* de palme.

'palm-worm, *s.* *Ent:* Ver *m* palmiste.

palm[2], *s.* **1.** (*a*) Paume *f* (de la main). *P:* **To grease, oil, tickle, s.o.'s palm**, graisser la patte de, à, qn. *F:* **To hold s.o. in the palm of one's hand**, avoir qn sous sa coupe. (*b*) Empaumure *f* (d'un gant). **2.** *A.Meas:* Palme *m.* **3.** *Nau:* (*a*) Patte, oreille *f* (d'ancre). (*b*) *Tls:* Paumelle *f*, paumet *m* (de voilier). **4.** *Ven:* (Em)paumure (de bois de cerf).

palm[3], *v.tr.* **1.** Manier, tripoter, patiner (qch., qn). **2.** **To palm a card**, empalmer, escamoter, une carte; filer la carte. **3.** *P:* Graisser la patte de, à (qn).

palm off, *v.tr.* Faire passer, *F:* colloquer, refiler (*sth.* (*up*)*on s.o.*, qch. à qn). (*Conjuring*) **To palm off a card**, filer la carte. *To p. off old stock on a client*, refiler des rossignols à un client. *To p. off a bad coin on s.o.*, (re)passer, *P:* refiler, une fausse pièce à qn. *To p. off sth. as a genuine article*, faire passer une contrefaçon pour un article d'origine. *They have palmed off pebbles on you for diamonds*, on vous a fait prendre du quartz pour des diamants.

palming, *s.* Empalmage *m* (d'une carte).

Palma Christi [palmə'kristi], *s.* *Bot:* Palma-christi *m inv*; ricin *m*.

palmar ['palmər], *a.* & *s.* *Anat:* Palmaire (*m*).

palmary ['palməri], *a.* *A:* Excellent; digne de la palme.

palmate ['palmet], **palmed** [pɑːmd], *a.* *Nat.Hist:* Palmé.

palmer[1] ['pɑːmər], *s.* **1.** (*a*) Pèlerin *m* de retour de la Terre Sainte (en foi de quoi il portait un rameau); *A:* paumier *m*. (*b*) Pèlerin. **2.** (*a*) = PALMER-WORM I. (*b*) *Fish:* (Mouche *f*) araignée *f* (d'hameçon).

'palmer-worm, *s.* **1.** *Ent:* Chenille poilue, velue. **2.** *B:* (*Joel* I. 4) Sauterelle *f.*

palmer[2], *s.* Prestidigitateur *m.*

palmette [pal'met], *s.* *Arch:* Palmette *f.*

palmetto [pal'meto], *s.* *Bot:* (*a*) Palmier nain; palmette *f.* **Bristly palmetto**, palmier nain sétigère. (*b*) (Chou *m*) palmiste *m.* *U.S:* *F:* **The Palmetto State**, la Caroline du Sud.

palmic ['palmik], *a.* *Ch:* (Acide *m*) palmique.

palmiform ['palmifɔːrm], *a.* *Bot:* Palmiforme.

palmiped ['palmiped], *a.* & *s.* *Orn:* Palmipède (*m*).

palmist ['pɑːmist], *s.* Chiromancien, -ienne.

palmistry ['pɑːmistri], *s.* Chiromancie *f.*

palmitic [pal'mitik], *a.* *Ch:* (Acide *m*) palmitique.

palmitin ['palmitin], *s.* *Ch:* Palmitine *f.*

palmy ['pɑːmi], *a.* **1.** *Poet:* (*Of plain, etc.*) Couvert de palmiers. **2.** **Palmy days**, jours heureux; époque florissante (d'une nation, etc.). *In his p. days*, dans ses beaux jours.

Palmyra [pal'mairə]. **1.** *Pr.n.* *A.Geog:* Palmyre *f.* **2.** *s.* *Bot:* Rondier *m*, borasse *m*.

Palmyrene [palmai'riːn], *a.* & *s.* *A.Geog:* Palmyrien, -ienne.

palp [palp], *s.* *Nat.Hist:* Palpe *f*, barbillon *m* (d'insecte); palpe (d'annélide).

palpability [palpə'biliti], **palpableness** ['palpəblnəs], *s.* **1.** Palpabilité *f.* **2.** Évidence *f* (d'un fait, etc.).

palpable ['palpəbl], *a.* **1.** Palpable; que l'on peut toucher. **2.** Palpable, *F:* manifeste, clair, évident. *P. difference*, différence *f* sensible. **-ably**, *adv.* Palpablement, *F:* manifestement; sensiblement.

palpate ['palpeit], *v.tr.* *Med:* Palper.

palpation [pal'peiʃ(ə)n], *s.* *Med:* Palpation *f.*

palpebra, *pl.* **-ae** ['palpibra, -iː], *s.* *Anat:* Paupière *f.*

palpebral ['palpibrəl], *a.* *Anat:* Palpébral, -aux.

palpitate ['palpiteit], *v.tr.* Palpiter.

palpitating, *a.* Palpitant.

palpitation [palpi'teiʃ(ə)n], *s.* (*a*) Palpitation *f.* (*b*) *pl.* *Med:* **Palpitations** (*of the heart*), palpitations.

palpus, *pl.* **-i** ['palpəs, -ai], *s.* *Nat.Hist:* = PALP.

palsgrave ['pɔːlzgreiːv], *s.m.* *Hist:* Comte palatin.

palsied ['pɔːlzid], *a.* Paralysé, paralytique.

palsy ['pɔːlzi], *s.* *Med:* Paralysie *f.* *Shaking p.*, paralysie agitante. *See also* LEAD-PALSY.

'palsy-stricken, *a.* Frappé de paralysie; paralytique.

palter ['pɔːltər], *v.i.* **1.** **To palter (with s.o.)**, chercher des faux-fuyants, biaiser, feindre (avec qn); tergiverser. *To p. with one's honour*, transiger sur, avec, l'honneur. **2.** Marchander (*with s.o. about sth.*, qch. avec qn); marchandailler, barguigner. *To p. with s.o.*, marchander qn. **3.** **To palter with a question**, jouer, badiner, avec une question; traiter une question à la légère, *F:* par-dessous la jambe.

paltering[1], *a.* **1.** (Individu *m*) de mauvaise foi. **2.** Marchandeur, -euse; barguigneur, -euse.

paltering[2], *s.* **1.** Compromission *f*; faux-fuyants *mpl.* **2.** Marchandage *m*, barguignage *m*.

palterer ['pɔːltərər], *s.* **1.** Chercheur, -euse, d'équivoques; individu *m* de mauvaise foi. **2.** Marchandeur, -euse; marchandailleur, -euse; barguigneur, -euse. **3.** Baguenaudier *m*; velléitaire *mf.*

paltriness ['pɔːltrinəs], *s.* Mesquinerie *f* (d'un cadeau, etc.).

paltry ['pɔːltri], *a.* Misérable, mesquin. *For a p. two thousand pounds*, pour deux pauvres (billets de) mille livres. *I had lost a p. five-franc piece*, j'avais perdu une malheureuse pièce de cinq francs. *P. excuses*, plates excuses; pauvres excuses. *P. reason*, raison chétive. *A p. fellow*, un gringalet. *P. conduct*, *F:* une conduite pas chic.

paludal [pa'ljuːd(ə)l, 'paljud(ə)l], *a.* *Med:* (*Of plain, fever*) Paludique; paludéen, -enne.

paludism ['paljudizm], *s.* *Med:* Paludisme *m*, impaludisme *m*.

palustral [pa'lʌstrəl], *a.* (Terrain *m*, plante *f*) palustre.

paly[1] ['peili], *a.* *Poet:* = PALISH.

paly[2], *a.* *Her:* Palé; vergeté.

pam [pam], *s.* *Cards:* Mistigri *m*; valet *m* de trèfle. (*At poker*) **Pam-flush**, flush terminé par le valet de trèfle.

pamé ['pami], *a.* *Her:* (Dauphin) pâmé.

Pamela ['pamelə]. *Pr.n.f.* Paméla.

pampas ['pampəs], *s.pl.* Pampas *f.*

'pampas-grass, *s.* *Bot:* Gynérion argenté; *F:* herbe *f* des pampas.

Pampean [pam'piːən, 'pampiən], *a.* & *s.* *Ethn:* Pampéro (*m*); Indien, -ienne, des pampas.

Pampeluna [pampe'luːnə]. *Pr.n.* *Geog:* Pampelune *f.*

pamper ['pampər], *v.tr.* **1.** Choyer, dorloter, mignoter, mitonner, douilletter (un enfant); flatter, charmer, délecter (l'esprit, la vanité de qn). **2.** *A:* Gorger (qn) de bonne chère.

pampered, *a.* Choyé, dorloté, mignoté, mitonné. *To have p. tastes*, avoir des goûts difficiles, exigeants, luxueux.

pampero [pam'pɛːəro]. **1.** *a.* & *s.* = PAMPEAN. **2.** *s.* (*Wind*) Pamper *m*; pampéro *m*.

pamphlet ['pamflet], *s.* Brochure *f*; (*literary, scientific*) opuscule *m*; (*libellous or scurrilous*) pamphlet *m.* *Publ:* **Stabbed pamphlet**, brochure à piqûre métallique; piqûre *f*

pamphleteer[1] [pamfle'tiːər], *s.* Auteur *m* de brochures; (*scurrilous*) pamphlétaire *m*.

pamphleteer[2], *v.i.* *Usu.Pej:* Écrire des pamphlets; se livrer à une guerre de pamphlets.

Pamphylia [pam'filjə]. *Pr.n.* *A.Geog:* La Pamphylie.

Pamplona [pam'plounə]. *Pr.n.* *Geog:* Pampelune *f.*

pampre ['pampər], *s.* *Arch:* *Art:* Pampre *m.*

pan[1] [pan], *s.* **1.** (*a*) *Cu:* Casserole *f*, poêlon *m*; (*for jumping potatoes, etc.*) sautoir *m*, sauteuse *f.* **Frying-pan**, poêle *f.* *See also* FRYING-PAN. **Tart-pan**, tourtière *f.* **Cake-pan**, moule *m* à gâteaux. **Oven pan, baking-pan**, plat *m* à rôtir, à four. **Pots and pans**, batterie *f* de cuisine. *See also* DRIPPING-PAN, GREASE-PAN, MILK-PAN, PRESERVING-PAN, SAUCEPAN, VACUUM-PAN. (*b*) **Perfume pan**, cassolette *f*, brûle-parfums *m inv.* (*c*) **Settling pan**, bac *m* de décantation. *Earthenware pan*, vaisseau *m* de terre. *Art:* *Moist colours in pans*, couleurs *f* moites en godets. *Med:* **Douche pan**, bock laveur. *See also* BED-PAN, BREAD-PAN, DRIP-PAN, DUST-PAN, FIRE-PAN, FOOT-PAN, OIL PAN, SEED-PAN, WARMING-PAN. (*d*) *U.S:* *P:* Visage *m*, binette *f.* **2.** (*a*) (i) Plateau *m*, plat, (ii) bassin *m* (d'une balance). *See also* BRAIN-PAN. (*b*) *Mec.E:* *Ind:* Carter *m*, tôle inférieure, cuvette *f* (de moteur, etc.); faux carter. (*c*) *Aut:* *Seat pan*, soubassement *m* de siège. (*d*) *Hyg:* **Lavatory pan**, cuvette de cabinets. *Pan of night-commode*, vase *m* de chaise percée; seau *m* hygiénique. (*e*) *Gold-min:* Bat(t)ée *f*, gamelle *f*, écuelle *f*, sébile *f*;

(*small*) augette *f*. **3.** *A:* **(Priming-)pan,** bassinet *m* (d'un fusil). *See also* FLASH[2] I, [3] I. 1. **4.** *Geol:* (*a*) Cuvette. *Min:* **Diamond pan,** gisement *m* diamantifère. *See also* SALT-PAN. (*b*) = HARD-PAN.

'pan-closet, *s. Hyg:* Cabinet *m* (d'aisances) avec cuvette à valve.

'pan-handle[1], *s.* **1.** Queue *f* de casserole. **2.** *U.S:* Enclave *f* (entre deux États).

'pan-handle[2], *v.i. U.S: P:* Mendier.

'pan-head, *s.* Tête *f* cylindrique (de rivet).

'pan-loaf, *s.* Pain cuit au moule; pain anglais.

'pan-washing, *s. Gold-min:* Lavage *m* à la batée.

pan[2], *v.* **(panned; panning)** *Gold-min:* **1.** *v.tr.* **To pan (out, off),** laver (le gravier, etc.) à la batée. **2.** *v.i.* (*a*) **To pan out at so much,** rendre tant à la batée. (*b*) *F:* **The business did not pan out well,** l'affaire n'a pas réussi, n'a pas donné. *Things did not pan out as he intended,* les choses ne se sont pas passées comme il l'aurait voulu. *U.S: It panned out different from what I'd figured,* ça n'a pas abouti comme je pensais; ça n'a pas donné ce que j'espérais. (*c*) *F:* **To pan out about sth.,** s'étendre sur un sujet.

panning[1], *s.* Lavage *m* (des graviers).

pan[3] [pɑːn], *s.* Bétel *m* (masticatoire).

pan[4] [pan], *v.tr.* **(panned; panning)** *U.S: F:* Rabaisser, ravaler, décrier, éreinter (qn, qch.).

Pan[5] [pan]. *Pr.n.m. Myth:* (Le dieu) Pan. **Pan's pipes, Pan-pipe,** flûte *f* de Pan.

pan[6], *v.tr.* **(panned; panning)** *Cin: F:* Panoramiquer (une vue).

panning[2], *s.* Panoramiquage *m.*

pan- [pan], *comb.fm.* Pan-. *Pandynamometer,* pandynamomètre. *Panspermatism,* panspermie. *Pansophy,* pansophie.

panacea [panə'siːə], *s.* Panacée *f*; remède universel; *F:* remède guérit-tout *inv.*

panache [pa'nɑːʃ], *s.* **1.** Panache *m* ((i) de casque, (ii) *Arch:* de pendentif). **2.** *F:* Panache, ostentation *f.*

panada [pɑ'nɑːdə], *s. Cu:* Panade *f.*

pan-African [pan'afrikən], *a.* Panafricain.

Panama [panə'mɑː]. **1.** *Pr.n. Geog:* Le Panama. (*Native, inhabitant*) **of Panama,** panamien, -ienne. **2.** *s. Cost:* **Panama (hat),** panama *m.*

pan-American [panə'merikən], *a.* Panaméricain; panaméricaniste.

pan-Americanism [panə'merikənizm], *s.* Panaméricanisme *m.*

panary ['panəri], *a.* **Panary fermentation,** fermentation *f* panaire.

panatella [panə'telə], *s.* (Cigare *m*) panatel(l)a *m.*

panathenaea [panəθe'niːə], *s.pl. Gr.Ant:* Panathénées *f.*

panathenaean [panəθe'niːən], **panathenaic** [panəθe'neiik], *a. Gr.Ant:* Panathénaïque.

pancake[1] ['pankeik], *s.* **1.** *Cu:* Crêpe *f.* **To toss a pancake,** faire sauter une crêpe. **Pancake day,** mardi gras. *See also* FLAT[2] I. 1. **2.** *Nau:* **Pancake ice,** gâteaux *mpl* de glace; glace *f* en fragments.

pancake[2], *v.i. Av:* **To pancake (to the ground),** asseoir l'appareil; descendre à plat; (se) plaquer.

panchromatic [pankro'matik], *a. Phot:* (Plaque *f*) panchromatique.

Pancras ['paŋkrəs]. *Pr.n.m. Rel.Hist:* Pancrace.

pancratic [pan'kratik], *a. Gr.Ant:* Du pancrace.

pancratium [pan'kreiʃiəm], *s. Gr.Ant:* Pancrace *m.*

pancreas ['paŋkriəs], *s. Anat:* Pancréas *m.*

pancreatic [paŋkri'atik], *a. Anat: Physiol:* Pancréatique.

pancreatin ['paŋkriətin], *s. Ch: Pharm:* Pancréatine *f.*

panda ['pandə], *s. Z:* Panda *m.*

Pand(a)ean [pan'diːən], *a. Myth:* De Pan. **Pandean pipe,** flûte *f* de Pan.

pandects ['pandekts], *s.pl. Rom.Jur:* Pandectes *f.*

pandemia [pan'diːmiə], *s.* = PANDEMIC 2.

pandemic [pan'demik]. *Med:* **1.** *a.* Pandémique. **2.** *s.* Pandémie *f*; épidémie généralisée.

pandemonium [pandi'mounjəm], *s.* Pandémonium *m. F: It's p.,* c'est une vraie tour de Babel. *F:* **To kick up a fearful pandemonium,** faire un bruit infernal; faire un bacchanal de tous les diables. *In five minutes there was p.,* au bout de cinq minutes ce fut une scène de désordre indescriptible.

pander[1] ['pandər], *s.* Entremetteur *m*, proxénète *m*, *P:* maquereau *m.*

pander[2], *v.tr. & i.* Servir de proxénète à (qn). **To pander to s.o., a vice,** encourager bassement, se faire l'auxiliaire de qn; se prêter, conniver, à un vice. *To p. to s.o.'s vices, F:* tenir la chandelle à qn. *To p. to a taste,* flatter bassement un goût.

panderer ['pandərər], *s.* **To be a panderer to s.o.'s vices,** encourager les vices de qn; servir les vices de qn avec une basse complaisance.

panderess ['pandəres], *s.f. A:* Procureuse, proxénète, entremetteuse.

pandit ['pandit], *s.* = PUNDIT.

pandoors ['panduərz], *s.pl.* = PANDOURS.

Pandora [pan'dɔːrə]. *Pr.n.f. Gr.Myth:* Pandore. **Pandora's box,** la boîte, le coffret, de Pandore.

pandours ['panduərz], *s.pl. Austrian Hist:* Pandours *m.*

pane[1] [pein], *s.* **1.** Vitre *f*, carreau *m* (de fenêtre). *Glassm:* Plat *m* (de verre). **2.** Carreau (d'une étoffe à carreaux). **3.** Pan *m* (d'un mur, d'un écrou).

pane[2], *s.* Panne *f* (d'un marteau). **Pane-hammer** = PEEN-HAMMER.

paned [peind], *a.* **1.** (*Of cloth*) A carreaux. **2. Many-paned window,** fenêtre *f* à nombreux carreaux, à nombreuses vitres.

panegyric [pani'dʒirik], *a. & s.* Panégyrique (*m*).

panegyrical [pani'dʒirik(ə)l], *a.* Panégyrique; élogieux.

panegyrist [pani'dʒirist], *s.* Panégyriste *m.*

panegyrize ['panidʒiraiz], *v.tr.* Panégyriser (qn); faire le panégyrique de (qn); prononcer ou écrire l'éloge de (qn).

panel[1] ['pan(ə)l], *s.* **1.** (*a*) Panneau *m*; placard *m* (de porte); pan *m*, caisson *m* (de plafond). *Carp:* **Sunk panel,** panneau en retrait; arrière-corps *m inv. Wainscot p.,* panneau de lambris. *Folding p.,* vantail *m*, -aux (de triptyque). *Aut:* **Back panel,** panneau arrière; panneau de fond. *Metal p.,* panneau tôlé. **Panel-guard** (*of luggage carrier*), protège-panneau *m inv. Aut: Av:* **Instrument panel,** tableau *m* de manœuvre, de bord; planche *f* de bord. *Av:* **Observation panel,** panneau d'observation. *Tp:* **Panel switch,** sélecteur *m* à panneau. *Bookb:* **Panels,** entre-nerfs *m. See also* LENS-PANEL, RIPPING-PANEL. (*b*) *Dressm:* Panneau. **Shaped panel,** volant *m.* (*c*) *Arch: Civ.E:* Entre-deux *m inv.* **2.** *Min:* Panneau; chambre isolée. **3.** *Harn:* (*a*) Panneau, coussinet *m* (d'une selle). (*b*) *A:* Selle *f* sans arçon. **4.** (*a*) *Jur:* (i) Tableau, liste *f*, du jury. (ii) **The panel,** le jury. (*b*) *Adm:* (i) Tableau, liste, des médecins désignés pour le service des assurances sociales; (ii) liste des assurés inscrits sur le rôle d'un certain médecin. **Doctor on the panel** = PANEL-DOCTOR. (*c*) *Scot:* Commission *f* (d'enquête, etc.).

'panel-beater, *s. Aut.Ind: etc:* Tôlier *m.*

'panel-doctor, *s.* Médecin désigné pour le service des assurances sociales (contre les accidents et la maladie).

'panel-filling, *s. Civ.E:* Masque *m.*

'panel-patient, *s.* Malade *mf* figurant sur la liste d'un '*panel-doctor,*' *q.v.*

'panel-saw, *s. Tls:* Scie *f* à tenons.

'panel-stake, *s. Const:* Palançon *m.*

'panel-strip, *s. Carp:* Couvre-joint, *pl.* couvre-joints.

'panel-work, *s.* **1.** Lambrissage *m*; lambris *mpl*, boiseries *fpl.* **2.** *Min:* Exploitation *f* par chambres.

'panel-working, *s.* = PANEL-WORK 2.

panel[2], *v.tr.* **(panelled; panelling) 1.** (*a*) Diviser (un mur, etc.) en panneaux; construire (un mur) à panneaux. (*b*) Recouvrir de panneaux; lambrisser (une paroi); plaquer (une surface). (*c*) *To p. a sheet of metal,* estamper une tôle. **2.** *Min:* Exploiter (une mine) par chambres isolées. **3.** *Dressm:* Garnir (une robe) de panneaux.

panelled, *a.* (*Of room*) Boisé, lambrissé; (*of wall*) revêtu de boiseries. **Panelled in oak, oak-panelled,** à panneaux de chêne; lambrissé de chêne. **Panelled ceiling,** plafond à caissons, lambrissé. **Panelled door,** porte *f* à placard, à panneaux.

panelling, *s.* **1.** (*a*) Division *f* (d'un mur) en panneaux; panneautage *m* (d'une surface). (*b*) Lambrissage *m* (d'une salle). (*c*) *Min:* Exploitation *f* par chambres isolées. **2.** (*a*) Lambris *m* de hauteur, boiserie *f*; placage *m*, panneautage. **Oak panelling,** panneaux *mpl* de chêne; lambris *mpl* de chêne. *Walls lined with wooden p.,* murs revêtus de boiseries. (*b*) (*Wood for panelling*) Aubage *m.*

panful ['panful], *s.* Bassinée *f*, poêlée *f.*

pang [paŋ], *s.* Angoisse *f*, douleur *f*; serrement *m* de cœur. **The pangs of death,** l'agonie *f* (de la mort); les affres *fpl*, angoisses, de la mort. *Pangs of love,* blessures *f* de l'amour. *Pangs of jealousy,* tourments *m* de la jalousie. **To feel a pang,** sentir une petite pointe au cœur. **To feel the pangs of hunger,** entendre crier ses entrailles.

pangene ['pandʒiːn], *s. Biol:* Pangène *m.*

pangenesis [pan'dʒenesis], *s. Biol:* Pangenèse *f.*

pan-German [pan'dʒəːrmən], *a.* Pangermanique.

pan-Germanism [pan'dʒəːrmənizm], *s.* Pangermanisme *m.*

pan-Germanist [pan'dʒəːrmənist], *s.* Pangermaniste *m.*

pan-Germany [pan'dʒəːrməni], *s.* État *m* pangermanique.

pangolin [paŋ'goulin], *s. Z:* Pangolin *m.*

panhellenic [panhe'liːnik], *a.* Panhellénique, panhellénien.

panhellenism [pan'helenizm], *s.* Panhellénisme *m.*

panic[1] ['panik], *a. & s.* **Panic (terror),** (terreur *f*) panique *f*; affolement *m. P. on the Stock Exchange,* panique en Bourse. *To create a p.,* causer une panique. *To throw the crowd into a p.,* affoler la foule. *They fled in a p.,* pris de panique ils s'enfuirent. **Panic press,** presse *f* alarmiste.

'panic-bolt, *s.* Crémone *f* de sûreté (des issues d'une salle de spectacle, etc.; cède sous une pression exercée de l'intérieur).

'panic-monger, *s.* Semeur, -euse, de panique; *F:* paniquard *m.*

'panic-stricken, 'panic-struck, *a.* Pris de panique; affolé.

panic[2], *v.* **(panicked** ['panikt]; **panicking) 1.** *v.tr.* Remplir de panique; affoler (la foule, etc.). **2.** *v.i.* Être pris de panique; perdre la tête; s'affoler.

panic[3](-grass) ['panik(grɑːs)], *s. Bot:* Panic *m* (d'Italie); panis *m*; millet *m* des oiseaux.

panicky ['paniki], *a. F:* (*Of feelings*) Panique; (*of pers.*) sujet à la panique; (*of market, etc.*) enclin à la panique; (*of newspaper, etc.*) alarmiste. *Don't get p.,* ne vous impressionnez pas; ne vous frappez pas; ne prenez pas les choses au tragique. *P. measures, rumours,* mesures dictées par la panique; bruits *m* alarmistes.

panicle ['panikl], *s. Bot:* Panicule *f.*

panicled ['panikld], **paniculate** [pa'nikjulet], *a. Bot:* Paniculé.

panification [panifi'keiʃ(ə)n], *s.* Panification *f.*

panislam [pan'izlɑːm], *s.* Le monde *m* panislamique.

panislamic [paniz'lamik], *a.* Panislamique.

panislamism [pan'izləmizm], *s.* Panislamisme *m.*

Panjab (the) [ðəpʌn'dʒɑːb]. *Pr.n. Geog:* = PUNJAB.

panjandrum [pan'dʒandrəm], *s. F:* Gros bonnet; grand personnage. *Esp.* **Grand Panjandrum,** mamamouchi *m*, grand Manitou.

panmixia [pan'miksiə], *s. Biol:* Panmixie *f.*

pannage ['panedʒ], *s.* **1.** *Jur:* Panage *m*, paisson *m.* **2.** Glandée *f.*

panne [pan], *s. Tex:* Panne *f.*

pannier ['panjər], *s.* **1.** (*a*) (*Basket*) Panier *m.* (*b*) Panier de bât (d'une bête de somme); *Husb:* verveux *m.* (*c*) Hotte *f*, benne *f* (de vendangeur). (*d*) *Med:* Pharmacie portative. **2.** *Dressm:* **Dress with panniers,** robe *f* à paniers.

pannikin ['panikin], *s.* Écuelle *f* ou gobelet *m* (en fer blanc).

Pannonia [pa'nounjə]. *Pr.n. A.Geog:* La Pannonie.

Pannonian [pa'nounjən], *a. & s. A.Geog:* Pannonien, -ienne.

panoplied ['panoplid], *a.* Armé de pied en cap.

panoply ['panopli], *s.* **1.** Panoplie *f.* **2.** *A. & Lit:* **Pomp and panoply,** grand apparat.

panorama [pano'rɑːmɑ], *s.* Panorama *m.*

panoramic [pano'ramik], *a.* Panoramique.

panoramist [pano'ramist], *s.* Peintre *m* de panoramas.

pan-Serbian [pan'səːrbjən], *a.* Panserbe.

pan-Slavic [pan'slɑːvik], *a.* Panslave.

panslavism [pan'slɑːvizm], *s.* Panslavisme *m.*

panslavist [pan'slɑːvist], *s.* Panslaviste *mf.*

panslavistic [panslɑː'vistik], *a.* Panslaviste.

pansy ['panzi], *s.* **1.** *Bot:* Pensée *f.* **Wild pansy,** petite jacée. **2.** *F:* = NANCY 2.

pant[1] [pant], *s.* Souffle pantelant, haletant; halètement *m*; battement *m* (de cœur).

pant[2], *v.i.* **1.** (*a*) Panteler; (*of animal*) battre du flanc; (*of heart*) palpiter. (*b*) Haleter, ahaner. **To pant for breath,** chercher à reprendre haleine; être à court de souffle. **2. To pant to do sth.,** désirer ardemment faire qch.; brûler de faire qch. **To pant for, after, sth.,** soupirer après, pour, qch. **3.** *Nau:* (*Of ship's sides*) Travailler.

pant out, *v.tr.* Dire (qch.) en haletant, d'une voix entrecoupée.

panting[1], *a.* **1.** (*a*) Pantelant; (*of heart*) palpitant; (*of bosom*) bondissant. (*b*) Haletant. **2.** Désireux (*after, for, sth.,* de qch.).

panting[2], *s.* **1.** (*a*) Essoufflement *m*, halètement *m*, ahan *m.* (*b*) Palpitation *f* (du cœur). **2. Panting after, for, sth.,** désir ardent de qch.

'panting-beam, *s.* *N.Arch:* Barrot *m* de coqueron.

pantagraph ['pantagrɑːf, -graf], *s.* = PANTOGRAPH.

pantagruelian [pantagru'eliən], **pantagruelic** [pantagru'elik], *a.* Pantagruélesque, pantagruélique.

pantagruelism [panta'gruelizm], *s.* Pantagruélisme *m.*

pantagruelist [panta'gruelist], *s.* Pantagruéliste *mf.*

pantalettes [panta'lets], *s.pl.* **1.** *A:* Pantalon *m* (de femme ou d'enfant, ruché aux chevilles). **2.** *Hum:* *A. & U.S:* Culotte *f* cycliste (de femme).

Pantaloon [panta'luːn], *s.* **1.** *A.Th:* (*Pers.*) Pantalon *m*, Cassandre *m.* **2.** *Cost:* *A. & U.S:* **(Pair of) pantaloons,** pantalon.

pantalooned [panta'luːnd], *a.* *A:* Pantalonné.

pantaloonery [panta'luːnəri], *s.* *A.Th:* Pantalonnade *f.*

pantechnicon [pan'teknikən], *s.* **1.** Garde-meuble *m*, *pl.* garde-meubles; dépôt *m* pour les meubles. **2. Pantechnicon(-van),** fourgon *m*, voiture *f*, de déménagement.

pantelegraph [pan'telegrɑːf, -graf], *s.* *Tg:* Pantélégraphe *m.*

panter ['pantər], *s.* **1.** Personne haletante. **2.** Personne désireuse (*after, for, sth.,* de qch.).

pantheism ['panθiizm], *s.* Panthéisme *m.*

pantheist ['panθiist], *s.* Panthéiste *m.*

pantheistic(al) [panθi'istik(əl)], *a.* Panthéiste, panthéistique.

pantheon [pan'θiːən, 'panθiən], *s.* Panthéon *m.*

panther ['panθər], *s.* *Z:* **1.** Panthère *f* (mâle). **Mountain panther,** once *f*; léopard *m* des neiges. **2.** *U.S:* Couguar *m*, puma *m.*

pantheress ['panθəres], *s.f.* Panthère *f* (femelle).

pantherine ['panθərin, -rain], *a.* Panthérin. *P. bound,* bond *m* de panthère.

panties ['pantiz], *s.* *F:* **1.** Culotte *f* de petit enfant. **2.** Culotte collante (de femme).

pantile ['pantail], *s.* **1.** Tuile flamande, en S; panne *f.* **2.** *pl.* *A:* Pantiles, dallage *m* en carreaux hollandais.

pantler ['pantlər], *s.* *A:* Panetier *m*, crédencier *m.* **Pantler's office,** paneterie *f.*

pant(o)- ['pant(o), pan'tɔ], *comb.fm.* Pant(o)-. *Panto'phobia,* pantophobie. *Pan'tophagy,* pantophagie. *'Pantagogue,* pantagogue.

pantograph ['pantogrɑːf, -graf], *s.* **1.** *Draw:* Pantographe *m*, singe *m.* **2.** *El.E:* Pantographe (de locomotive électrique, etc.).

pantographic(al) [panto'grafik(əl)], *a.* Pantographique. **-ally,** *adv.* Pantographiquement.

pantometer [pan'tɔmetər], *s.* *Geom:* *Surv:* Pantomètre *m.*

pantomime ['pantomaim], *s.* *Th:* **1.** *Rom.Ant:* (*Pers.*) Pantomime *m*, mime *m.* **2.** (*a*) (*Dumb show*) Pantomime *f.* (*b*) Revue-féerie à grand spectacle (représentée aux environs de la Noël).

pantomimic [panto'mimik], *a.* (*a*) Pantomimique. (*b*) De féerie; à transformations féeriques, dignes d'une féerie.

pantomimist ['pantomaimist], *s.* **1.** Pantomime *m.* **2.** Acteur, -trice, de féerie.

pantoscope ['pantoskoup], *s.* *Phot:* Pantoscope *m.*

pantry ['pantri], *s.* **1.** Garde-manger *m inv*; dépense *f.* **2.** (*a*) **Butler's pantry,** office *f*; sommellerie *f.* (*b*) *Nau:* Office du maître d'hôtel.

pantryman, *pl.* **-men** ['pantrimən, -men], *s.m.* **1.** Sommelier. **2.** *Nau:* Matelot de l'office.

pants [pants], *s.pl.* *Cost:* *F:* **(Pair of) pants,** (i) *U.S:* pantalon *m*; (ii) *Com:* caleçon *m.*

pap[1] [pap], *s.* **1.** *A. & Dial:* Mamelon *m*, tétin *m*, bout *m* de sein. *See also* COW-PAPS. **2.** *Ph.Geog:* Mamelon, piz *m*, pis *m* (de montagne). **The Paps of Jura,** les pitons *m* de l'île de Jura.

pap[2], *s.* (*a*) Bouillie *f.* *Fed on pap,* nourri de bouillies. (*b*) Pulpe *f*, pâte *f* (très liquide).

pap[3], *v.tr.* Mettre (qch.) en bouillie.

pap[4], *s.m.* *U.S:* *F:* = PAPA.

papa [pa'pɑː], *s.m.* *F:* Papa; petit père.

papacy ['peipəsi], *s.* **1.** Papauté *f.* *To aspire to the p., F:* aspirer à la tiare. **2.** = POPERY.

papal ['peip(ə)l], *a.* Papal, -aux; apostolique. **Papal legate,** légat *m* du Pape. **The Papal States,** les États *m* de l'Église; les États Pontificaux. *See also* NUNCIO, SEE[2].

papalize ['peipəlaiz], **1.** *v.i.* Tourner au catholicisme (de Rome). **2.** *v.tr.* Convertir au catholicisme, à la foi catholique.

papaveraceae [pəpeivə'reisiiː], *s.pl.* *Bot:* Papavéracées *f.*

papaveraceous [pəpeivə'reiʃəs], *a.* *Bot:* Papavéracé.

papaverous [pa'peivərəs], *a.* **1.** Qui ressemble au pavot. *Bot:* Papavéracé. **2.** *F:* Soporifique.

papaw [pa'pɔː], *s.* *Bot:* **1.** Papaye *f.* **2. Papaw(-tree),** papayer *m.*

paper[1] ['peipər], *s.* **1.** Papier *m.* (*a*) *Sheet of p.,* feuille *f* de papier. **Hand-made paper,** papier (fait) à la main; papier cuve; papier à forme. **Machine-made paper,** papier mécanique. **Letter-paper,** papier à lettres in-quarto (pour correspondance commerciale). **Note-paper,** papier à lettres petit format (pour correspondance privée). **Foreign (note-)paper,** papier pelure. *Black-edged p.,* papier deuil. **Petition paper,** papier ministre. **Typewriting paper,** papier machine (à écrire). **India paper, Bible paper,** papier indien, papier Bible. **Sized paper,** papier collé. **Baryta paper, art paper, coated paper,** papier couché, baryté. *P. in reels,* papier continu. **Packing paper, wrapping paper, brown paper,** papier d'emballage, papier gris. *Bulking p.,* papier bouffant. *Coarse p., thick p.,* papier fort. **Body paper, raw paper,** papier brut, papier support (pour tentures, etc.). **Roofing paper,** carton *m* de toiture. **Cigarette paper,** papier à cigarettes. *Phot:* **Self-toning paper,** papier autovireur, isovireur. *Glazed p., glossy p.,* papier brillant, lissé. *Unglazed p.,* papier mat. *Semi-matt p.,* papier demi-mat. *Soft p.,* papier pour effets doux. *Ind.Phot:* **Blue-print paper,** papier autocopiste. *See also* BIRCH[1] 1, BLOTTING-PAPER, BROMIDE 1, CAP-PAPER, CARBON PAPER, CARTRIDGE-PAPER, DRAWING-PAPER, EMERY, FILTER-PAPER, GAS-LIGHT, GLASS-PAPER, LAID 1, MANIL(L)A[2], MAT[3] 1, MOUNTING 1, MUSIC-PAPER, NEEDLE-PAPER, PITCH-PAPER, PLOTTING-PAPER, POT-PAPER, PRINTING-PAPER, RAG-PAPER, RICE-PAPER, SANDPAPER[1], SEPIA 2, SILK PAPER, SILVER PAPER, STAMPED 2, TEST-PAPER 1, TISSUE-PAPER, TOILET-PAPER, TRACING-PAPER, TRANSFER-PAPER, WALL-PAPER, WASTE[1] 2, WOVE. (*b*) **To commit sth. to paper, to put sth. down on paper,** coucher qch. par écrit; mettre qch. sur papier. *To explain sth. on p.,* expliquer qch. par écrit. *A fine army* **on paper,** une belle armée sur le papier. *The scheme is a good one on p.,* ce projet est excellent en théorie. *On p. he is the better man,* ses certificats sont les meilleurs. **Form on paper,** forme fictive (d'une équipe de football, etc.). *Turf:* *To bet on form on p.,* jouer le papier. **Paper strength,** force *f* (d'une armée) sur le papier. **Paper profits,** profits fictifs. *See also* BLOCKADE[1] 1. (*c*) *Th:* *P:* Billets *mpl* de faveur. *The house is full but half of it is p.,* la salle est pleine mais la moitié des places sont à l'œil. **Paper house,** salle qui a peu contribué à la recette. (*d*) *Coll. U.S:* *P:* Cartes pipées. **2.** (Morceau *m* de) papier. **Hair-paper, curl-paper,** papillote *f.* **To put one's hair in (curl-)papers,** s'empapilloter les cheveux. *She had her hair in (curl-)papers,* elle était en papillotes; elle avait la tête en papillotes. *Com:* **Paper of pins,** carte *f* d'épingles. *Cu:* **Buttered paper,** (i) papier beurré; (ii) papillote. *See also* END-PAPER, FLY-PAPER. **3.** (*a*) Écrit *m*, document *m*, pièce *f.* *My private papers,* "mes papiers." *Family papers,* papiers domestiques; documents de famille. *Old papers,* paperasse(s) *f(pl)*; vieux papiers. *Papers of a business concern,* écritures *fpl* d'une maison de commerce. *We have handed these papers to our solicitors,* nous avons remis ces pièces à notre avoué. *Adm:* *To have one's papers viséd,* faire viser ses papiers. **An officer's papers,** les papiers, le dossier, d'un officier. **To send in one's papers,** donner sa démission. **Ship's papers,** papiers du bord; lettre *f* de mer. *See also* CLIP[1] 1. (*b*) *Fin:* *Com:* Valeurs *fpl*, papier(s). **Negotiable paper,** papier(s) négociable(s). **Paper securities,** papiers-valeurs *m*; titres *m* fiduciaires. (*c*) Billets *m* (de banque). *See also* CURRENCY 3, MONEY 1. (*d*) **Voting-paper,** bulletin *m* de vote. (*e*) *pl.* *Parl:* **Papers,** documents (relatifs à une affaire) communiqués à la Chambre. *See also* MOVE[2] I. 5. **4.** *Sch:* **(Examination-)paper.** (*a*) Composition *f* (d'examen); épreuve *f*; questionnaire écrit. *History p.,* composition en histoire. **To set a paper,** choisir un sujet, les sujets, de composition. *To set s.o. a p. on sth.,* donner une composition sur qch. à qn. **Paper work,** épreuves écrites. *See also* TEST-PAPER 2. (*b*) Copie *f.* *To do a good mathematics p.,* rendre une bonne copie de mathématiques. **5.** Étude *f*, mémoire *m* (sur un sujet scientifique, etc.). **To read a paper,** (i) faire une communication (à une société savante, etc.); (ii) faire une conférence, un exposé. **6.** Journal, -aux *m*; feuille *f.* *It's in the p.,* c'est dans le journal. **Weekly paper,** hebdomadaire *m.* **Sunday paper,** (journal) hebdomadaire du dimanche. **Fashion paper,** journal de modes. **To write in the papers,** faire du journalisme. **Paper war(fare),** guerre *f* de plume. *See also* DAILY 1, GUTTER-PAPER. **7.** *F:* **A paper of sandwiches,** un paquet de sandwichs. **8.** *Attrib.* **Paper bag,** sac *m* de, en, papier. **Paper parcel,** paquet enveloppé de papier.

'paper-back, *s.* *F:* Livre broché; roman *m* à bon marché.

'paper-backed, 'paper-bound, *a.* *Bookb:* Broché.

'paper-bark, *s.* *Bot:* Mélaleuque *m* leucadendron; cajeput *m.*

'paper-boy, *s.m.* Vendeur de journaux.

'paper-case, *s.* **1.** Serre-papiers *m inv.* **2.** Papeterie *f*; nécessaire *m* de correspondance.

'paper-chase, *s.* *Sp:* Rallye-paper *m*, *pl.* rallye-papers; rallie-papier *m*, *pl.* rallie-papiers.

'paper-clamp, *s.* Pince-notes *m inv*, pince-feuilles *m inv.*

'paper-covered, *a.* *Bookb:* Broché.

'paper-cutter, *s.* **1.** = PAPER-KNIFE. **2.** *Paperm:* *Bookb:* Coupeuse *f.*

'paper-factory, *s.* = PAPER-MILL.

'paper-fastener, *s.* Attache *f* métallique (à tête).

'paper-guide, *s.* *Typewr:* Guide-papier *m*, *pl.* guide-papier(s).

'paper-hanger, *s.* Colleur *m* de papiers peints.

'paper-hanging, *s.* **1.** Collage *m* de papiers peints, de papier tenture. **2.** *pl.* **Paper-hangings,** tapisserie *f*, papier(s) peint(s).

'paper-industry, *s.* Industrie papetière; papeterie *f.*

'paper-knife, *s.* **1.** Coupe-papier *m inv*; tranche-papier *m inv*; couteau *m* à papier. **2.** *Bookb:* Plioir *m.*

'paper-maker, *s.* *Ind:* **1.** Fabricant *m* de papier. **2.** Ouvrier papetier.

'paper-making, -manufacturing, *s.* Papeterie *f.*
'paper-manufacturer, *s.* = PAPER-MAKER I.
'paper-merchant, *s.* Marchand *m* de papier.
'paper-mill, *s.* Papeterie *f*; moulin *m* à papier; fabrique *f* de papier.
'paper-'mulberry, *s.* *Bot:* Mûrier *m* à papier; mûrier de Chine; arbre *m* à papier; broussonnétie *f* à papier.
'paper-stainer, *s.* Imprimeur *m* de papiers peints.
'paper-trade, *s.* Papeterie *f.*
'paper-wasp, *s.* *Ent:* Mouche papetière; (guêpe) cartonnière *f.*
'paper-weight, *s.* Presse-papiers *m inv.*
'paper-wrappered, *a.* *Bookb:* Broché.

paper[2], *v.tr.* **1.** (*a*) (i) Empaqueter (qch.) dans une feuille de papier. (ii) Encarter (des épingles). (*b*) Doubler (une boîte) de papier. (*c*) Tapisser (une chambre). *Room papered in blue,* pièce tapissée d'un papier bleu, tapissée de bleu; pièce tendue de (papier) bleu. **2.** *Th: P:* Remplir (la salle) de billets de faveur. **3.** Émeriser (qch.); passer (qch.) à la toile d'émeri, au papier de verre. *See also* SANDPAPER[2].
paperer ['peipərər], *s.* = PAPER-HANGER.
papery ['peipəri], *a.* Semblable au papier; mince comme le papier. *Nat.Hist:* Papyracé.
Paphian ['peifiən]. **1.** *a.* & *s.* *A.Geog:* Paphien, -ienne. **The Paphian Goddess,** la déesse de Paphos; Vénus. **2.** *s.f.* Courtisane.
Paphlagonia [pafla'gounja]. *Pr.n.* *A.Geog:* La Paphlagonie.
Paphlagonian [pafla'gounjən], *a.* & *s.* *A.Geog:* Paphlagonien, -ienne.
papier mâché [papje'mɑːʃe], *s.* Carton-pâte *m*; papier-pierre *m*; pâte *f* de carton.
papier poudré [papje'puːdre], *s.* *Toil:* Feuilles *fpl* à poudrer.
papilionaceae [papilio'neisiiː], *s.pl.* *Bot:* Papilionacées *f.*
papilionaceous [pəpilio'neiʃəs], *a.* *Bot:* Papilionacé. *P. plant,* papilionacée *f.*
papilla, *pl.* **-ae** [pə'pila, -iː], *s.* *Nat.Hist:* Papille *f.*
papillary [pə'piləri], *a.* *Nat.Hist:* Papillaire.
papillate ['papilet], **papillated** ['papileitid], *a.* Papillé, papillaire.
papillifera [papi'lifəra], *s.pl.* *Moll:* Papillifères *m.*
papilliferous [papi'lifərəs], *a.* *Nat.Hist:* Papillifère.
papilliform [pə'pilifɔːrm], *a.* Papilliforme.
papillose ['papilous], *a.* *Nat.Hist:* Papilleux, papillé.
papism ['peipizm], *s.* Papisme *m.*
papist ['peipist], *s.* Papiste *mf.*
papistic(al) [pə'pistik(əl)], *a.* *Pej:* Qui sent le papisme; papiste; *A:* papalin.
papistry ['peipistri], *s.* *Pej:* Papisme *m.*
papoose [pə'puːs], *s.* Enfant *mf* en bas âge (des Indiens de l'Amérique du Nord).
pappiferous [pə'pifərəs], *a.* *Bot:* Pappifère.
pappose [pə'pous], *a.* *Bot:* Pappeux.
pappus ['papəs], *s.* *Bot:* Pappe *m,* aigrette *f.*
pappy ['papi], *a.* **1.** Pâteux, pulpeux. **2.** *F:* (*Of character*) Mou, *f.* molle; flasque.
paprica, paprika ['paprika], *s.* Paprika *m.*
Papua ['papjua]. *Pr.n.* *Geog:* La Papouasie; la Nouvelle-Guinée.
Papuan ['papjuən], *a.* & *s.* *Geog:* Papou, -oue.
papula, *pl.* **-ae** ['papjula, -iː], **papule** ['papjuːl], *s.* *Med:* *Bot:* Papule *f.*
papulose ['papjulous], **papulous** ['papjuləs], *a.* Papuleux.
papyraceous [papi'reiʃəs], *a.* *Nat.Hist:* Papyracé.
papyrus, *pl.* **-ri** [pə'pairəs, -rai], *s.* *Bot:* *Pal:* Papyrus *m.*
par[1] [pɑːr], *s.* Pair *m,* égalité *f.* (*a*) **To be on a par with s.o., sth.,** être au niveau de, aller de pair avec, qn, qch.; être l'égal de qn. (*b*) *Fin:* **Par of exchange,** pair du change. **Above par, below par,** au-dessus, au-dessous, du pair. **Value at par, par value,** valeur *f* du pair; valeur au pair. *Repayable at par,* remboursable au pair. **Exchange at par,** change *m* à (la) parité. *See also* MINT[1] I. (*c*) Moyenne *f.* **On a par,** en moyenne. **Below par,** au-dessous du commun, de la moyenne; médiocre. *A race below par,* une race anémiée, débilitée. *F:* **To feel below par,** n'être pas dans son assiette; être mal en train. *On that occasion he was below par,* il n'était pas en train ce jour-là. (*d*) *Golf:* = BOGEY 2.
par[2], *s.* (*Paragraph*) **1.** *Journ:* *F:* Entrefilet *m*; fait-divers *m, pl.* faits-divers. **Writer of pars, par writer,** courriériste *m,* échotier *m*; fait-diversier *m, pl.* fait-diversiers. **2.** Paragraphe *m*; alinéa *m.*
Para ['pɑːra, pa'rɑː]. *Pr.n.* *Geog:* Para *m.* **Para rubber,** para *m.* *Bot:* **Para rubber plant,** hévé *m.*
par(a)- ['par(a), par(a), pa'ra], *comb.fm.* Par(a)-. **1.** *Paracarp,* paracarpe. *Paralexia,* paralexie. *Paraplegia,* paraplégie. *Parhelion,* parhélie. *Paraphrase,* paraphraser. **2.** *Ch:* *Paracasein,* paracaséine. *Paraldehyde,* paraldéhyde. *Parastannic,* parastannique. *Paratartaric,* paratartrique.
parabasis, *pl.* **-ases** [pə'rabasis, -asiːz], *s.* *Gr.Th:* Parabase *f.*
parablast ['parablast], *s.* *Biol:* Parablaste *m*; feuillet *m* vasculaire.
parable ['parəbl], *s.* Parabole *f.* **To speak in parables,** parler par, en, paraboles.
parabola [pə'rabola], *s.* *Geom:* Parabole *f.*
parabolic(al) [para'bɔlik(əl)], *a.* Parabolique. **1.** **Parabolic teaching,** enseignement *m* parabolique, en paraboles. **2.** *Geom:* **Parabolic curve,** courbe *f* parabolique. **-ally,** *adv.* Paraboliquement.
paraboloid [pə'rabolɔid], *s.* *Geom:* Paraboloïde *m.*
Paracelsus [para'selsəs]. *Pr.n.m.* *Med.Hist:* Paracelse.
paracentral [para'sentrəl], *a.* *Anat:* (Lobe, etc.) paracentral, -aux.
paracentric [para'sentrik], *a.* *Mth:* *Mec:* (Courbe *f,* mouvement *m*) paracentrique.
parachronism [pə'rakronizm], *s.* Parachronisme *m*; erreur *f* de date (trop tardive).
parachute[1] ['paraʃuːt], *s.* *Aer:* Parachute *m.* *Back-type p.,* parachute sac dorsal.
parachute[2], *v.i.* *Av:* **To parachute down,** descendre en parachute.
parachutist [para'ʃuːtist], *s.* Parachutiste *mf.*
Paraclete (the) [ðə'parakliːt], *s.* *Theol:* Le Paraclet; le Saint-Esprit.
parade[1] [pə'reid], *s.* **1.** Parade *f.* **To make a parade of one's poverty,** faire parade, ostentation, étalage, de sa pauvreté; afficher sa pauvreté. *To make a p. of learning,* faire étalage d'érudition; faire parade d'érudition. **2.** *Mil:* (*a*) Rassemblement *m.* **Parade under arms,** prise *f* d'armes. *See also* MUSTER[1] I. **Church parade,** (i) *Mil:* rassemblement du bataillon, etc., pour assister à l'office du dimanche; (ii) *F:* promenade *f* du beau monde après l'office; tour *m* de plage, du parc, après l'office. (*b*) Exercice *m.* **On parade,** à l'exercice. *Guard-mounting p.,* parade. **To go on parade,** parader. *To march as if on p.,* marcher au pas de parade. **Parade-ground,** terrain *m* de manœuvres; place *f* d'armes. **3.** (*a*) Procession *f,* défilé *m* (de chômeurs, etc.). (*b*) **Mannequin parade,** défilé de mannequins. (*c*) **Beauty parade,** concours *m* d'élégance. **4.** Esplanade *f*; promenade publique; boulevard *m* (le long de la plage, etc.).
parade[2]. **1.** *v.tr.* (*a*) Faire parade, ostentation, étalage, de (ses richesses, ses connaissances, etc.). *To p. one's poverty,* afficher sa pauvreté. *He is fond of parading his knowledge,* il aime à faire parade de ses connaissances. *To p. a false title,* se parer d'un faux titre. (*b*) *Mil:* Faire l'inspection (des troupes); rassembler (un bataillon); faire parader, faire défiler (les troupes). *F:* *After church he would p. his whole family in the Park,* après l'office il promenait fièrement toute sa famille dans le Parc. **2.** *v.i.* (*a*) *Mil:* Se rassembler; faire la parade; parader (pour l'exercice, pour l'inspection). **To parade under arms,** prendre les armes. (*b*) **To parade (through) the streets,** marcher en procession dans les rues; défiler dans les rues. *F:* **To parade on the pier in full dress,** faire un tour de jetée en grande tenue; se pavaner, parader, sur la jetée.
parader [pə'reidər], *s.* **1.** Promeneur, -euse (sur son trente et un). **2.** Manifestant *m.*
paradigm ['paradaim], *s.* *Gram:* Paradigme *m*; modèle *m* (de conjugaison, etc.).
paradisaic(al) [paradi'zeiik(əl)], *a.* Paradisiaque.
paradise ['paradais], *s.* Paradis *m.* **1.** **The Earthly Paradise,** le Paradis terrestre. *An earthly p.,* un paradis sur terre; un jardin de délices. **2.** (*a*) **To go to paradise,** aller en paradis. *Lit:* **Paradise Lost,** le Paradis perdu. *The joys of p.,* les joies *f* paradisiaques. *F:* **To live in a fool's paradise,** se bercer d'un bonheur illusoire. **The Yankee paradise,** le paradis des Américains; Paris. (*b*) *Th: P:* Le paradis, le poulailler. **3.** *Orn:* **Bird of paradise,** paradisier *m*; oiseau *m* de paradis. *See also* GRAIN[1] 2, STOCK[1] I.
'paradise-crane, *s.* *Orn:* Grue *f* de paradis.
'paradise-fish, *s.* *Ich:* Paradisier *m,* macropode *m.*
paradisiac [para'diziak], **paradisiacal** [paradi'zaiəkəl], **paradisial** [para'diziəl], *a.* Paradisiaque.
parados ['paradɔs], *s.* *Fort:* Parados *m.*
paradox ['paradɔks], *s.* Paradoxe *m*; antinomie *f.* *Ph:* **The hydrostatic paradox,** le paradoxe hydrostatique.
paradoxical [para'dɔksik(ə)l], *a.* Paradoxal, -aux; antinomique. *It would be p. on his part to vote with the Left,* il serait paradoxal qu'il votât avec la Gauche. **-ally,** *adv.* Paradoxalement.
paradoxure [para'dɔksjuər], *s.* *Z:* Paradoxure *m.*
paraesthesia [pares'θiːzia], **paraesthesis** [pares'θiːsis], *s.* *Med:* Paresthésie *f.*
paraffin[1] ['parafin], **paraffine**[1] [para'fiːn], *s.* **1.** *Ch:* Paraffine *f.* **Crude paraffin,** graisse minérale. *Pharm:* **Liquid paraffin,** huile *f* de vaseline; vaseline *f* liquide; huile de paraffine. **Paraffin hydrocarbons,** carbures *m* paraffiniques. *To coat with p.,* paraffiner. **2.** *Com:* *F:* = PARAFFIN OIL.
paraffin 'candle, *s.* Bougie *f* de paraffine.
paraffin 'engine, *s.* Moteur *m* à pétrole.
paraffin 'lamp, *s.* Lampe *f* à pétrole.
paraffin 'oil, *s.* (Huile *f* de) pétrole *m*; **pétrole lampant.**
paraffin-'paper, *s.* Papier paraffiné.
'paraffin 'series, *s.* *Ch:* Paraffènes *mpl.*
paraffin 'wax, *s.* Paraffine *f* solide.
paraffin(e)[2], *v.tr.* **1.** Paraffiner. **2.** Pétroler (un marais, etc.).
paraffining, *s.* **1.** Paraffinage *m.* **2.** Pétrolage *m* d'un marais, etc.).
paraffinic [para'finik], *a.* *Ch:* Paraffinique.
paraffiny [para'fiːni], *a.* (Odeur *f*) de pétrole.
paragenesis [para'dʒenesis], *s.* *Biol:* Paragénésie *f.*
paragoge [para'goudʒi], *s.* *Gram:* Paragoge *f.*
paragogic [para'gɔdʒik], *a.* *Gram:* Paragogique.
paragon[1] ['paragən], *s.* **1.** Parangon *m,* modèle *m* (de beauté, de vertu, etc.); *F:* phénix *m.* **2.** *Lap:* (Diamant *m*) parangon.
paragon[2], *v.tr.* *A:* **1.** Citer (qch., qn) comme parangon. **2.** Comparer (*with,* à, avec).
paragonite ['paragonait], *s.* *Miner:* Paragonite *f.*
paragraph[1] ['paragrɑːf, -graf], *s.* **1.** Paragraphe *m,* alinéa *m.* *The last p. of article 6,* le dernier alinéa de l'article 6. *To begin a new p.,* aller à la ligne. (*In dictating*) **'New paragraph,'** "à la ligne." *Typ:* **Paragraph (mark),** pied *m* de mouche. **2.** *Journ:* Entrefilet *m.* **Personal paragraph writer,** échotier *m.*
paragraph[2], *v.tr.* **1.** Diviser, mettre, (une page, etc.) en paragraphes, en alinéas. **2.** *Journ:* Écrire un entrefilet sur (qn, qch.). *Much paragraphed young actress,* jeune actrice qui défraye d'échos et d'anecdotes les journaux et périodiques; jeune actrice très en vue dans les journaux.
paragraphing, *s.* **1.** Mise *f* en paragraphes; **aménagement** *m* des alinéas. **2.** *Journ:* Composition *f* des entrefilets.
paragrapher ['paragrɑːfər], *s.* *U.S:* = PARAGRAPHIST.

paragraphist ['paragrɑːfist], *s.* Journaliste *m* qui recueille les échos, qui rédige les entrefilets; échotier *m*.
Paraguay ['paragwei]. **1.** *Pr.n. Geog:* Le Paraguay. **2.** *s. Bot:* **Paraguay(-tea)**, maté *m*; thé *m* du Paraguay.
Paraguayan [para'gweiən], *a.* & *s. Geog:* Paraguayen, -enne.
parakeet ['parakiːt], *s. Orn:* Perruche *f*.
paraldehyde [pa'raldihaid], *s. Ch:* Paraldéhyde *m*.
Paralipomena (the) [ðəparalai'pɔmənə], *s.pl. B.Lit:* Les Paralipomènes *m*.
paralipsis [para'lipsis], *s. Rh:* Paralipse *f*, prétérition *f*.
parallactic [para'laktik], *a. Astr:* Parallactique.
parallax ['paralaks], *s. Astr:* Parallaxe *f*. *Diurnal p., geocentric p.*, parallaxe diurne. *Horizontal p.*, parallaxe horizontale.
parallel[1] ['paralel]. I. *a.* Parallèle (*with, to, sth.*, à qch.). **1.** *To make two lines p.*, rendre deux lignes parallèles; paralléliser deux lignes. **To be, run, parallel with, to, sth.**, être parallèle à qch. *Streets running p. to the boulevard*, rues collatérales au boulevard. *In a p. direction with sth.*, parallèlement à qch. **Parallel ruler** *or* **rule**, règles *f* parallèles; règle à parallèles; parallèle *m*. *Tls:* **Parallel pliers**, pince *f* (à serrage) parallèle. *Mec:* **Parallel motion**, parallélogramme articulé; parallélogramme de Watt. *El:* **Parallel connection**, accouplement *m* parallèle. *Abs.* **To connect two cells in parallel**, accoupler deux piles en parallèle, en quantité, en dérivation. *Av:* **Parallel floats**, flotteurs disposés en catamaran. *See also* BAR[1] 1, FLOW[1] 1. **2.** Pareil, semblable; (cas *m*) analogue (*to, with, sth.*, à qch.).
II. **parallel**, *s.* **1.** (*a*) (Ligne *f*) parallèle *f*. (*b*) *Geog: Astr:* Parallèle *m* (de latitude, de déclinaison, etc.). *Situated on the p. of ...*, situé sur le parallèle de.... *Nau:* **Parallel sailing**, navigation *f* sur un parallèle. *Astr:* **Twilight parallel**, cercle *m* crépusculaire. (*c*) *Fort:* (Tranchée *f*) parallèle *f*. (*d*) *pl. Typ:* **Parallels**, barres *f*. (*e*) *Tls:* Calibre *m* d'épaisseur. **2.** Parallèle *m*, comparaison *f*, analogue *m*. **To draw a parallel between two things**, établir un parallèle, une comparaison, entre deux choses; mettre une chose en parallèle avec une autre. *Wickedness* **without parallel**, méchanceté *f* sans pareille. *There is no p. to this catastrophe*, il n'y a rien que l'on puisse comparer à cette catastrophe; il n'y a rien de comparable à cette catastrophe. **3.** *El.E:* *Dynamos* **out of parallel**, **dynamos** déphasées, hors de phase, hors de synchronisme.
parallel[2], *v.tr.* **(paralleled; paralleling)** **1.** Placer parallèlement. **2.** Mettre (deux choses) en parallèle; comparer (deux choses). **3.** (*a*) Trouver un parallèle à (qch.). (*b*) Égaler (qch.); être égal, pareil, à (qch.). *Greed that has never been paralleled*, avidité *f* sans pareille. **4.** *El.E:* Synchroniser (deux dynamos, etc.).
parallelepiped [parale'lepiped], *s. Geom:* Parallélépipède *m*.
parallelism ['paralelizm], *s.* Parallélisme *m* (entre qch. et qch., de qch. à qch.). *P. between the axis of the tail-stock and the runner*, parallélisme de l'axe de la contre-pointe à la glissière (d'un tour).
parallelogram [para'lelogram], *s. Geom:* Parallélogramme *m*. *Mec:* **Parallelogram of forces, of velocities**, parallélogramme des forces, des vitesses.
parallelopiped [parale'lɔpiped], *s.* = PARALLELEPIPED.
paralogism [pa'ralodʒizm], *s. Log:* Paralogisme *m*; faux raisonnement.
paralogize [pa'ralodʒaiz], *v.i. Log:* Commettre un paralogisme; raisonner à faux.
paralysation [paralai'zeiʃ(ə)n], *s.* Immobilisation *f* (de l'industrie, de la circulation, etc.).
paralyse ['paralaiz], *v.tr.* Paralyser. (*a*) *Paralysed in one leg, in both arms*, paralysé d'une jambe, des deux bras. (*b*) *F:* *Laws that p. industry*, lois *f* qui paralysent l'industrie. **Paralysed with fear**, paralysé par l'effroi; glacé d'effroi; transi de peur; médusé. *Fear paralysed his steps*, la peur enchaînait ses pas. *I was paralysed by the news*, cette nouvelle m'a cassé bras et jambes.
paralysing, *a.* Paralysant; paralysateur, -trice. *It is p. in its effect, F:* c'est la tête de Méduse.
paralyser ['paralaizər], *s.* Agent paralysateur.
paralysis [pa'ralisis], *s.* **1.** *Med:* Paralysie *f*. *Stricken with p.*, frappé de paralysie. **Creeping paralysis**, paralysie progressive. *Bilateral p.*, diplégie *f*. *P. of all the limbs*, tétraplégie *f*. *General p.*, diaplégie *f*. **Bell's paralysis, histrionic paralysis**, paralysie de Bell. *See also* DIVER 1, INFANTILE 2. **2.** *F:* Paralysie, impuissance *f*.
paralytic [para'litik]. **1.** *a.* Paralytique. **Paralytic stroke**, attaque *f* de paralysie. *To have a p. stroke*, tomber en paralysie. **2.** *s.* Paralytique *mf*.
paramagnetic [paramag'netik], *a. Ph:* Paramagnétique.
paramagnetism [para'magnətizm], *s. Magn:* Paramagnétisme *m*.
Paramatta [para'mata]. **1.** *Pr.n. Geog:* Par(r)amatta *m*. **2.** *s. Tex:* **Paramatta(-tweed)**, par(r)amatta *m*.
paramecium [para'miːsiəm], *s. Prot:* Paramécie *f*.
parameter [pa'rametər], *s. Mth:* Paramètre *m*.
parametral [pa'rametrəl], **parametric** [para'metrik], *a. Mth:* Paramétrique.
paramorphism [para'mɔːrfizm], *s. Miner:* Paramorphose *f*.
paramount ['paramaunt], *a.* **1.** Éminent, souverain. **Lord paramount**, suzerain *m*. **Lady paramount**, suzeraine *f*. **2.** Suprême. *Of p. importance*, d'une suprême importance; de la plus haute importance. **Duty is paramount (to everything) with him**, chez lui le devoir l'emporte (sur tout), vient avant tout. *P. necessity*, nécessité *f* de toute première urgence.
paramountcy ['paramauntsi], *s.* **1.** Suzeraineté *f*. **2.** Primauté *f*, prééminence *f*.
paramour ['paramuər], *s.* (i) Amant *m*; (ii) maîtresse *f*, *Lit:* amante *f*.
parang ['pɑːraŋ], *s.* Couteau malais.
paranoea [para'niːa], **paranoia** [para'nɔia], *s. Med:* Paranoïa *f*.
parapet ['parapet], *s.* (*a*) *Fort:* Parapet *m*; berge *f* (de tranchée). *Artil:* **To fire over the parapet**, tirer en barbette. **Parapet mounting** (*of machine gun*), affût *m* de rempart. (*b*) *Civ.E:* *etc:* Parapet; garde-fou *m*, *pl.* garde-fous; garde-corps *m inv* (d'un pont, etc.).
parapeted ['parapetid], *a.* (Pont *m*, etc.) à parapet(s), à garde-fous.
paraph[1] ['paraf], *s.* Paraphe *m*, parafe *m*.
paraph[2], *v.tr.* Parapher, parafer.
paraphernal [para'fəːrn(ə)l], *a. Jur:* *A:* Paraphernal, -aux.
paraphernalia [parafər'neiljə], *s.pl.* **1.** *Jur:* *A:* Biens paraphernaux. **2.** *F:* (*a*) Effets *m*; affaires *f*. *All the p.*, tout le bataclan, tout le barda. (*b*) Ornements *m*, falbalas *m* (de toilette). (*c*) Attirail *m*, appareil *m*, accessoires *mpl* (de pêche, de prestidigitation, etc.).
paraphrase[1] ['parafreiz], *s.* Paraphrase *f*; (i) traduction amplifiée; (ii) traduction en vers (des psaumes, etc.).
paraphrase[2], *v.tr.* Paraphraser (un discours, etc.).
paraphrast ['parafrast], *s.* Paraphraste *m*.
paraphrastic [para'frastik], *a.* Paraphrastique.
paraplegia [para'pliːdʒia], *s. Med:* Paraplégie *f*. **Spastic paraplegia**, paraplégie spasmodique.
paraplegic [para'pledʒik], *a. Med:* Paraplégique.
parapodium, *pl.* **-ia** [para'poudiəm, -ia], *s. Ann:* Parapode *m*.
parasang ['parasaŋ], *s. Meas: Hist:* Parasange *f*.
paraselene, *pl.* **-nae** [parase'liːni, -niː], *s. Astr:* Parasélène *f*.
parasite ['parasait], *s.* Parasite *m*. (*a*) (*Of pers.*) Écornifleur, -euse; pique-assiette *mf inv*; flaireur, -euse, de cuisine. (*b*) *Biol:* Parasite. **To be a parasite on sth.**, être parasite de qch.
parasitic(al) [para'sitik(əl)], *a.* (Insecte *m*, plante *f*, etc.) parasite (*on*, de). *Biol:* **Parasitical life**, vie *f* parasitaire. *Agr:* **Parasitical weeds**, herbes gourmandes. *See also* CONE[1] 5.
parasiticide [para'sitisaid], *a.* & *s.* Parasiticide (*m*).
parasitism ['parasaitizm], *s.* Parasitisme *m*.
parasitize ['parasaitaiz], *v.tr.* Vivre en parasite chez (un animal, etc.). *Esp.Pass.* **Parasitized**, infesté de parasites.
parasitology [parasai'tɔlodʒi], *s.* Parasitologie *f*.
parasol [para'sɔl], *s.* **1.** Ombrelle *f*, parasol *m*. *Fung:* **Parasol mushroom**, parasol. *See also* PINE[1] 1. **2.** *Av:* Parasol.
parasynthesis [para'sinθesis], *s. Ling:* Dérivation *f* parasynthétique.
parasynthetic [parasin'θetik], *a. Ling:* Parasynthétique.
parasyphilitic [parasifi'litik], *a. Med:* (Accident *m*) parasyphilitique.
paratactic [para'taktik], *a. Gram:* Paratactique.
parataxis [para'taksis], *s. Gram:* Parataxe *f*.
paratyphoid [para'taifɔid], *s. Med:* Paratyphoïde *f*.
paravane ['paravein], *s. Navy:* Paravane *m*; pare-mines *m inv*. *To get out the paravanes*, mettre à l'eau les paravanes.
parboil ['pɑːrbɔil], *v.tr. Cu:* Faire cuire à demi (dans l'eau); faire bouillir à demi; étourdir (de la viande).
parbuckle[1] ['pɑːrbʌkl], *s. Nau:* Trévire *f*.
parbuckle[2], *v.tr. Nau:* Trévirer (un ballot, un canon, etc.).
Parcae (the) [ðə'pɑːrsiː]. *Pr.n.f.pl. Rom.Myth:* Les Parques.
parcel[1] ['pɑːrs(ə)l]. I. *s.* **1.** (*a*) *A:* Partie *f*. *See also* PART[1] I. 1. (*b*) Pièce *f*, morceau *m*, parcelle *f* (de terrain). (*c*) *St.Exch:* *etc:* **Parcel of shares**, paquet *m* d'actions, de titres. *P. of goods*, (i) lot *m*, (ii) envoi *m*, de marchandises. *Min:* *P. of ore*, lot de minerai. *P:* **To make a parcel**, arrondir sa pelote; faire son magot. *Pej:* **A parcel of girls**, une troupe, une bande, de jeunes filles. **Parcel of lies**, tas *m* de mensonges. **2.** Paquet, colis *m*; article *m* de messagerie. **Postal parcel**, colis postal. **Sealed parcel**, paquet clos. *To make, do up, a p.*, faire un paquet. *To do up goods into parcels*, empaqueter des marchandises. *Rail:* *etc:* **Parcels office**, bureau *m* de(s) messageries. **Parcel to be called for**, colis restant.
II. **parcel**, *adv. Lit:* Partiellement, en partie.
'parcel(s) de'livery, *s.* Factage *m*; service *m* de livraison; service de messageries; remise *f* de colis à domicile. *Post:* Poste *f* aux paquets. **Parcel(s) delivery company**, entreprise *f* de factage, de messageries.
'parcel-'gilt, *a.* (Bol, etc.) doré à l'intérieur; à intérieur en vermeil.
'parcel 'post, *s.* Poste *f* aux paquets; service *m* des colis postaux; service de messageries. **To send sth. by parcel post**, envoyer qch. comme, par, colis postal.
parcel[2], *v.tr.* **(parcelled; parcelling)** **1.** (*a*) **To parcel (out)**, parceller, partager (un héritage); morceler (*into*, en); lotir (des terres, etc.); répartir (des vivres, etc.). *Com:* *To p. out goods*, lotir des marchandises. (*b*) Empaqueter (du thé, etc.). **To parcel up** *a consignment of books*, mettre en paquets, emballer, un envoi de livres. **2.** *Nau:* (*a*) Limander (un cordage). (*b*) Aveugler (une couture).
parcelling, *s.* **1.** Partage *m*, parcellement *m*, lotissement *m*; morcellement *m*, répartition *f* (*into*, en). **2.** *Nau:* Limande *f*.
parcellary [pɑːr'seləri], *a.* (Plan *m*, etc.) parcellaire.
parcenary ['pɑːrsənəri], *s. Jur:* = COPARCENARY.
parcener ['pɑːrsənər], *s. Jur:* = COPARCENER.
parch [pɑːrtʃ]. **1.** *v.tr.* (*a*) Rôtir, griller, sécher (des céréales, etc.). (*b*) *F:* (*Of fever*) Brûler (qn); (*of sun, etc.*) dessécher (une plaine, etc.). **Grass parched (up) by the wind**, herbe desséchée par le vent. *Food that parches the mouth*, mets *m* qui altère. **To be parched with thirst**, avoir une soif ardente, dévorante; avoir la bouche sèche; étrangler de soif. **2.** *v.i.* Se dessécher.
parched, *a.* Desséché; (désert *m*) aride. **Parched tongue**, langue sèche.
parching[1], *a.* (Vent, etc.) desséchant, brûlant.
parching[2], *s.* **1.** Rôtissage *m*, grillage *m*, séchage *m* (de céréales, etc.). **2.** Dessèchement *m*.
parchment ['pɑːrtʃmənt], *s.* **1.** (*a*) Parchemin *m*. **Parchment manuscript**, manuscrit *m* sur parchemin. *F:* **Parchment face**, figure parcheminée. *See also* DRUM[1] 1. (*b*) **Parchment paper, vegetable parchment, imitation parchment, cotton parchment,**

papier parchemin; papier parcheminé; papier sulfurisé; papier pergamine. **2.** Parchemin (du café).

'parchment-like, *a.* Parcheminé, parchemineux.

'parchment-maker, *s.* Parcheminier, -ière.

'parchment-making, -trade, -works, *s.* Parcheminerie *f.*

pard[1] [pɑːrd], *s. A. & Poet:* Léopard *m.*

pard[2], *s. U.S: P:* (*a*) Camarade *m*, copain *m.* (*b*) Associé *m.*

pardon[1] ['pɑːrd(ə)n], *s.* **1.** Pardon *m.* **I beg your pardon for** *the liberty I am taking,* je vous demande pardon de la liberté que je prends. **I beg your pardon!** je vous demande pardon! mille fois pardon! mille pardons! **I beg your pardon?** *F:* **pardon?** plaît-il? pardon? *F:* comment (dites-vous)? **2.** *Ecc:* Indulgence *f.* **3.** *Jur:* (*a*) **Free pardon,** grâce *f.* (*Of monarch*) *To grant s.o. a free p.,* faire grâce à qn. **The right of pardon,** le droit de grâce. **To receive the King's pardon,** être gracié. **General pardon,** amnistie *f.* (*b*) Lettre *f* de grâce.

pardon[2], *v.tr.* **1.** Pardonner, excuser, passer (une faute, etc.). *P. the liberty I am taking,* pardonnez la liberté que je prends. *P. my contradicting you, p. me for contradicting you,* pardonnez(-moi) si je vous contredis. **2.** (*a*) *To p. s.o.,* pardonner à qn. **Pardon me!** faites excuse! mille pardons! (*b*) **To pardon s.o. sth.,** absoudre qn de qch. *To p. s.o. an offence,* remettre une offense à qn. *To p. s.o. for having done sth.,* pardonner à qn d'avoir fait qch.; excuser qn d'avoir fait qch. **3.** *Jur:* Faire grâce à (qn); gracier, amnistier (qn).

pardonable ['pɑːrdənəbl], *a.* **1.** Pardonnable, excusable. **2.** *Jur:* Graciable. **-ably,** *adv.* Excusablement.

pardonableness ['pɑːrdənəblnəs], *s.* **1.** Nature *f* pardonnable; excusabilité *f* (d'une faute). **2.** *Jur:* Nature graciable (d'un délit).

pardoner ['pɑːrdənər], *s.* **1.** Pardonneur, -euse. **2.** *Ecc.Hist:* (Prêtre ou moine des ordres mendiants) vendeur *m* d'indulgences.

pare [pɛər], *v.tr.* **1.** Rogner (ses ongles, etc.); parer (le bois, le fer); doler, délarder (le bois); ébarber (la tranche d'un livre). *Leath:* Doler, bouter (les peaux). *Farr:* Parer, rénetter (le sabot d'un cheval). **To pare one's nails to the quick,** se rogner les ongles jusqu'au vif. *His claws have been pared,* on lui a rogné les griffes. **2.** Éplucher; peler (un fruit). **3.** *Agr:* Dégazonner (un terrain).

pare away, off, *v.tr.* Enlever (des irrégularités) au couteau.

pare down, *v.tr.* Rogner (ses ongles, *F:* les dépenses, etc.); amenuiser, amaigrir (un bâton, etc.).

paring, *s.* **1.** (*a*) Rognage *m*, rognement *m* (des ongles, etc.); parage *m* (du bois, du fer); ébarbage *m*, ébarbement *m* (d'un livre). *Leath:* Dolage *m* (des peaux). (*b*) Épluchage *m*, épluchement *m* (de fruits, etc.). (*c*) *Agr:* Dégazonnage *m.* **2.** *Usu. pl.* (*a*) Rognures *f.* *Parings of metal,* cisaille *f.* *Tchn:* *Parings of leather,* parure *f* de cuir. (*b*) Épluchures *f*, pelures *f* (de légumes, etc.). *See also* CHEESE-PARING.

'paring-chisel, *s.* (*a*) *Carp:* Ciseau long. (*b*) *Const:* Riflard *m.*

'paring-iron, *s.* = PARING-KNIFE 2.

'paring-knife, *s.* **1.** Rognoir *m*; paroir *m.* *Bootm:* Tranchet *m.* **2.** *Farr:* Rénette *f*, reinette *f*, boutoir *m*, rogne-pied *m inv.*

paregoric [pari'gɔrik], *a. & s.* *Pharm:* Parégorique (*m*).

pareira [pa'rɛəra], *s.* *Bot:* Pareire *f*, cissampélos *m.*

parella [pa'rela], *s.* *Bot:* Parelle *f.*

parenchyma [pa'reŋkima], *s.* *Anat:* *Bot:* Parenchyme *m.*

parenchymal [pa'reŋkim(ə)l], *a.* *Anat:* *Bot:* Parenchymal, -aux.

parenchymatous [pareŋ'kimətəs], *a.* *Anat:* *Bot:* Parenchymateux.

parent ['pɛərənt], *s.* **1.** Père *m*, mère *f*; *pl.* parents *m*, les père et mère. *Our first parents,* nos premiers parents. *Are you a p.?* avez-vous des enfants? *Parents and relations,* les ascendants directs et les collatéraux. *Adm:* *Pension to parents (of service-men),* pension *f* d'ascendants. **2.** Origine *f*, source *f*, mère (d'un malheur, etc.); souche *f* (d'une famille). **Parent rock,** roche mère. **Parent branch** (*of tree*), branche mère. **Parent state** (*of colonies*), mère patrie; métropole *f.* *Com:* **Parent company, establishment,** compagnie mère, maison mère.

parentage ['pɛərəntedʒ], *s.* Parentage *m*, origine *f*, naissance *f*, extraction *f.* *Born of humble p.,* né de parents humbles; d'humble naissance.

parental [pa'rent(ə)l], *a.* (Autorité *f*, etc.) des parents, des père et mère; (pouvoir) paternel. *We were forbidden by p. authority to continue,* nos parents nous défendirent de continuer. **-ally,** *adv.* Comme des parents; (agir) en père, en mère.

parenteral [pa'rentərəl], *a.* *Med:* (*Of injection, etc.*) Parentéral, -aux.

parenthesis, *pl.* **-theses** [pa'renθesis, -θesiːz], *s.* **1.** Parenthèse *f.* **In parentheses,** entre parenthèses. **2.** *F:* Intermède *m*; intervalle *m.*

parenthesize [pa'renθesaiːz], *v.tr.* (*a*) Mettre (des mots) entre parenthèses. (*b*) Mentionner (qch.) par parenthèse; intercaler (une observation).

parenthetic(al) [paren'θetik(əl)], *a.* **1.** Entre parenthèses. **2.** *Gram:* **Parenthetical clause,** incidente *f.* **-ally,** *adv.* Par parenthèse, en manière de parenthèse.

parenthood ['pɛərənthud], *s.* Paternité *f*, maternité *f.*

parentless ['pɛərəntləs], *a.* Sans père ni mère; orphelin.

parer ['pɛərər], *s.* **1.** Rogneur, -euse. **2.** *Tls:* Rognoir *m.* *Leath:* Paroir *m*, doloir *m.*

parergon, *pl.* **-ga** [pa'rəːrgɔn, -ga], *s.* **1.** *Art:* Hors-d'œuvre *m inv.* **2.** Travail *m* supplémentaire.

paresis ['paresis], *s.* *Med:* Parésie *f.*

parget[1] ['pɑːrdʒet], *s.* *Const:* **1.** Plâtre *m.* **2.** Crépi *m*, crépissure *f.*

parget[2], *v.tr.* **1.** Recouvrir (un mur) d'une couche de plâtre. **2.** Crépir.

pargeting, *s.* **1.** (*a*) Plâtrage *m.* (*b*) Crépissage *m.* **2.** = PARGETRY.

pargetry ['pɑːrdʒetri], *s.* **1.** Plâtres *mpl*; plâtrage *m*; couche *f* de plâtre. **2.** Crépi *m*, crépissure *f.*

parheliacal [pɑːrhiː'laiək(ə)l], **parhelic** [pɑːr'hiːlik], *a.* *Meteor:* Par(h)élique.

parhelion, *pl.* **-ia** [pɑːr'hiːliən, -ia], *s.* *Meteor:* Par(h)élie *m*; faux soleil.

pariah ['pɛəria, 'paria], *s.* Paria *m.*

'pariah-dog, *s.* Chien métis des Indes.

'pariah-kite, *s.* *Orn:* Milan *m* brahme.

Parian ['pɛəriən], *a. & s.* **1.** *Geog:* Parien, -ienne. **Parian marble,** marbre *m* de Paros. **2.** *Cer:* **Parian (biscuit),** parian *m.*

parietal [pa'raiət(ə)l], *a.* *Anat:* *Bot:* Pariétal, -aux. **Parietal bone,** pariétal *m.*

pari passu [pɛərai 'pasjuː]. *Lt.phr.* **To go pari passu with . . .,** marcher de pair avec. . . . *Here stock-raising goes p. p. with agriculture,* ici l'élevage est en fonction de l'agriculture.

paripinnate [pari'pinet], *a.* *Bot:* Paripenné.

Paris[1] ['paris]. *Pr.n.* *Geog:* Paris *m.* *Com:* **Paris goods,** articles *m* de Paris. **Paris white,** blanc *m* de Paris. *Dressm:* **Paris doll,** mannequin *m.* *Hort:* **Paris green,** vert *m* de Scheele (employé comme insecticide). *See also* PLASTER[1] 2, SAUSAGE 1.

Paris[2]. *Pr.n.m.* *Gr.Lit:* Pâris.

Paris[3]. *See* HERB 2.

parish ['pariʃ], *s.* (*a*) *Ecc:* Paroisse *f.* **Parish church,** église paroissiale; *F:* la paroisse. **Parish register,** registre paroissial, registre paroissien. *See also* CLERK[1] 2, LANTERN 1, PRIEST 1. (*b*) **Civil parish,** commune *f.* **Parish Council** = conseil municipal (d'une petite commune). **Parish councillor,** conseiller municipal. **Parish school,** école communale. **Parish road,** chemin vicinal. **Parish boy,** enfant trouvé, enfant assisté. *F:* **To come, go, on the parish,** tomber à la charge de la commune; tomber dans l'indigence; devenir un indigent. **Parish-pump politics,** politique *f* de clocher. *See also* RELIEF[1] 2.

parishioner [pa'riʃənər], *s.* (*a*) Paroissien, -ienne. (*b*) Habitant, -ante, de la commune.

Parisian [pa'riʒjən, -iz-], *a. & s.* Parisien, -ienne.

Parisianism [pa'riʒjənizm, -iz-], *s.* Parisianisme *m.*

Parisianize [pa'riʒjənaiːz, -iz-], *v.tr.* Parisianiser; rendre Parisien.

parison ['parizən], *s.* *Glassm:* Paraison *f.* **Parison mould,** moule *m* de paraison; moule mesureur.

parisyllabic [parisi'labik], *a.* Parisyllabe; parisyllabique.

parity ['pariti], *s.* **1.** (*a*) Égalité *f* (de rang, etc.); parité *f.* (*b*) Analogie *f*, comparaison *f.* *P. of reasoning,* raisonnement *m* analogue; analogie de raisonnement. **2.** *Fin:* **Exchange at parity** change *m* à (la) parité; change au pair. **3.** *Ar:* *A:* (*Evenness*) Parité (d'un nombre).

park[1] [pɑːrk], *s.* **1.** (*a*) Parc (clôturé). *Ven:* Réserve *f.* **Deer-park,** chasse gardée pour le cerf. (*b*) **Public park,** jardin public; parc. *F:* **The Park,** Hyde Park (à Londres). (*c*) Dépendances *fpl* d'un château. **2.** **(Motor-)car park,** (parc, endroit *m*, de) stationnement *m*, garage *m* pour autos. **Car-park attendant,** gardien *m* d'autos. **Flying corps park,** aéro-parc *m*, *pl.* aéro-parcs. *Mil:* **Artillery-park, waggon-park,** parc d'artillerie, de wagons. *See also* BALLOON[1] 1, OYSTER-PARK.

park[2], *v.tr.* **1.** (*a*) Enfermer (des moutons, etc.) dans un parc; parquer (des moutons). (*b*) Mettre (de l'artillerie, etc.) en parc. **2.** (*a*) Parquer, garer (une auto). *P:* *To p. one's hat in the hall,* laisser son chapeau dans le vestibule (en entrant faire une visite). (*b*) *Abs.* *Aut:* Stationner. (*c*) *U.S:* *P:* **To park (oneself),** s'installer, *P:* se planquer (quelque part). *His mother-in-law came and parked herself on him,* sa belle-mère s'installa chez lui. *I shall p. myself here till he sees me,* je ne bouge pas d'ici avant qu'il m'accorde une entrevue.

parked, *a.* **1.** Parqué. **2.** *Aut:* En stationnement.

parking, *s.* Parcage *m* (de bêtes à laine, d'huîtres, d'automobiles, etc.). *Aut:* **'Parking prohibited,' 'no parking here,'** "défense de stationner"; "stationnement interdit"; "parcage interdit." **Parking place,** (parc *m*, endroit *m*, de) stationnement *m.* **Parking attendant,** gardien *m* d'autos. **Parking lights,** feux *m* de position.

parkerize ['pɑːrkəraiːz], *v.tr.* *Metalw:* Parkériser (un métal ferreux).

parkerizing, *s.* Parkérisation *f.*

parkin ['pɑːrkin], *s.* *Cu:* Croquet *m* (de farine d'avoine et de mélasse).

Parkinson ['pɑːrkinsən]. *Pr.n.* *Med:* **Parkinson's disease,** maladie *f* de Parkinson; paralysie agitante.

parky ['pɑːrki], *a.* *P:* (*Of weather*) Frisquet; un peu froid. *The p. morning air,* l'air vif du matin.

parlance ['pɑːrləns], *s.* Langage *m*, parler *m.* **In common parlance,** dans la langue familière, en langage courant, en langage ordinaire; *F:* vulgo. *To adopt the common p. . . .,* pour parler vulgairement, comme tout le monde. . . . **In legal parlance,** en langage, en termes, de pratique.

parley[1] ['pɑːrli], *s.* Conférence *f*, parlementage *m.* *Mil:* Pourparlers *mpl* (avec l'ennemi). **To hold a parley,** parlementer (*with,* avec). *We had been* **in parley** *for an hour,* nous parlementions depuis une heure. *Mil:* *A:* **To beat, sound, a parley,** battre la chamade.

parley[2]. **1.** *v.i.* Être ou entrer en pourparlers; parlementer; engager, entamer, des négociations (*with the enemy,* avec l'ennemi). **2.** *v.tr.* *A. & Hum:* Parler (une langue étrangère).

parleyvoo[1] [pɑːrli'vuː], *s.* *Hum:* **1.** Le français. **2.** Un Français.

parleyvoo[2], *v.i.* *Hum:* Parler français.

parliament ['pɑːrləmənt], *s.* Le Parlement; (*in Fr.*) les Chambres *f.* *P. was prorogued on the 24th,* le Parlement a été prorogé le 24. **The Houses of Parliament,** le palais, les chambres, du Parlement (*in Fr.*) les Chambres. **In parliament,** au parlement. *See also* MEMBER 3.

'parliament-cake, *s.* Gâteau sec en pain d'épice.

'parliament-heel, *s. Nau:* Demi-bande *f*, *pl.* demi-bandes.

parliamentarian [pɑːrləmen'tɛəriən]. **1.** *s.* (*a*) Parlementaire *m*, membre *m* du Parlement. *Skilled p.*, député rompu aux débats de la Chambre; politicien expérimenté. (*b*) *Eng.Hist:* Parlementaire (au cours de la guerre civile). **2.** *a.* Parlementaire.

parliamentary [pɑːrlə'mentəri], *a.* (Régime *m*, gouvernement *m*) parlementaire. **Parliamentary election,** élection législative. *P. candidate*, candidat *m* à la Chambre des communes; (*in Fr.*) candidat à la députation. *An old p. hand*, un vétéran de la politique; un politicien expérimenté. *P. eloquence*, éloquence *f* de la tribune. **Parliamentary agent,** conseiller juridique attitré auprès des Chambres représentant une corporation intéressée à un projet de loi. *P. language*, langage *m* parlementaire, courtois. *A:* **Parliamentary train,** train *m* à prix minimum; train omnibus.

parlour ['pɑːrlər], *s.* Petit salon; salon (d'une maison modeste); parloir *m* (d'un couvent, etc.); cabinet *m* du directeur (d'une banque). *U.S:* Salon (de coiffure); cabinet (de dentiste, etc.). **Bar parlour,** arrière-salle *f*, *pl.* arrière-salles, de la taverne. **Parlour games,** petits jeux de salon, de société. *F:* **Parlour tricks,** (i) arts *m* d'agrément; (ii) talents *m* de société. **Parlour anarchist,** anarchiste *m* en chambre. *See also* BEAUTY-PARLOUR, SUN-PARLOUR.

'parlour-'boarder, *s. Sch:* Élève *mf* en chambre; pensionnaire *mf* habitant avec la famille du directeur ou de la directrice.

'parlour-car, *s. Rail: U.S:* Wagon-salon *m*, *pl.* wagons-salons.

'parlour-maid, *s.f.* Bonne (affectée au service de table). *See also* HOUSE-PARLOURMAID.

parlous ['pɑːrləs]. **1.** *a.* (*a*) *Lit:* Périlleux, précaire, dangereux. *The p. state of the finances*, l'état alarmant des finances. (*b*) *A. & Dial:* (*Of pers.*) Malin, -igne; madré; fourbe. (*c*) *A. & Dial:* (*Intensive*) Terrible; fameux (coquin); rude (surprise). **2.** *adv. A. & Dial:* (*Intensive*) Extrêmement, terriblement; joliment, rudement. **-ly,** *adv.* **1.** Dangereusement. **2.** *A:* = PARLOUS 2.

Parma ['pɑːrma]. *Pr.n. Geog:* (*a*) Le duché de Parme. (*b*) (La ville de) Parme. *See also* VIOLET 1.

Parmenio [pɑːr'miːnio]. *Pr.n.m. Gr.Hist:* Parménion.

Parmesan [pɑːrmi'zan]. **1.** *a. & s. Geog:* Parmesan, -ane. **2.** *s.* **Parmesan (cheese),** parmesan.

Parnassian [pɑːr'nasiən], *a. & s.* Parnassien, -ienne.

Parnassus [pɑːr'nasəs]. *Pr.n. Geog: Gr.Ant:* Le Parnasse. *See also* GRASS[1] 1.

Parnellite ['pɑːrnelait], *s. Hist:* Parnelliste *m*.

parochial [pa'roukjəl], *a.* (*a*) *Ecc:* Paroissial, -aux. *The p. hall*, la salle d'œuvres de la paroisse. *See also* EXTRA-PAROCHIAL. (*b*) (*Of civil parish*) Communal, -aux. *F:* **Parochial spirit,** esprit *m* de clocher.

parochialism [pa'roukjəlizm], *s.* Esprit *m* de clocher; patriotisme *m* de clocher.

parodist ['parodist], *s.* Parodiste *m*; pasticheur, -euse; travestisseur, -euse.

parody[1] ['parodi], *s.* Parodie *f*, pastiche *m*. *F:* **A parody of justice,** un travestissement de la justice.

parody[2], *v.tr.* Parodier, pasticher; *F:* travestir (la justice, etc.).

parol ['parol]. **1.** *s.* Parole *f*. *Used only in Jur:* **By parol,** verbalement. **2.** *a. Jur:* **Parol contract,** contrat verbal, *pl.* contrats verbaux. **Parol evidence,** témoignage verbal.

parole[1] [pa'roul], *s. Esp.Mil:* **1.** Parole *f* (d'honneur); parole donnée. **Prisoner on parole,** (i) *Mil:* prisonnier *m* sur parole, sur sa foi; (ii) *Jur: U.S:* prisonnier (de droit commun) libéré conditionnellement. **To be put on parole,** être libéré sur parole. **To break one's parole,** manquer à sa parole. **2.** *A:* Mot *m* d'ordre.

parole[2], *v.tr.* Libérer (un prisonnier) (i) sur parole, (ii) conditionnellement.

paroli ['pɑːroli], *s.* (*At faro, etc.*) Paroli *m*.

paronomasia [parəno'meizia, -sia], *s.* Paronomase *f*; jeu *m* de mots.

paronym ['paronim], *s. Ling:* Paronyme *m*.

paronymous [pa'rɔniməs], *a. Ling:* Paronymique.

paronymy [pa'rɔnimi], *s.* Paronymie *f*.

parotic [pa'rɔtik], *a. Anat:* Parotique.

parotid [pa'rɔtid]. *Anat:* **1.** *a.* (Glande *f*) parotide; (canal) parotidien. **2.** *s.* (Glande) parotide *f*.

parotidean [parɔti'diːən], *a.* = PAROTID 1.

parotitis [paro'taitis], *s. Med:* Parotidite *f*; *F:* oreillons *mpl*.

-parous [parəs], *a.suff. Z:* -pare. *Biparous*, bipare. *Multiparous*, multipare. *Oviparous*, ovipare. *Viviparous*, vivipare.

Parousia [pa'rauzia], *s. Theol:* Parousie *f*; second avènement.

paroxysm ['paroksizm], *s.* (*a*) *Med:* Paroxysme *m* (d'une fièvre, etc.). (*b*) *F:* Crise *f* (de fou rire, de rage, etc.); accès *m* (de fureur). *P. of tears*, crise de larmes. *P. of toothache*, rage *f* de dents.

paroxysmal [parok'sizməl], **paroxysmic** [parok'sizmik], *a.* Paroxysmique; paroxysmal, -aux; paroxystique.

paroxytone [pa'rɔksitoun], *a. & s. Gr.Gram:* Paroxyton (*m*).

parpen ['pɑːrpen], *s. Const:* Parpaing *m*. **Parpen wall,** cloison *f* mince en briques; mur *m* de parpaing.

parquet ['pɑːrke], *s.* **1. Parquet (floor),** parquet *m* (en parquetage). **Parquet flooring,** parquetage *m*. **2.** *Th: U.S:* Premiers rangs du parterre.

parqueted ['pɑːrketid], *a.* Parqueté.

parquetry ['pɑːrketri], *s.* Parquetage *m*, parqueterie *f*.

par(r) [pɑːr], *s. Ich:* Saumon *m* d'un an; saumoneau *m*, parr *m*, tacon *m*.

parrakeet [para'kiːt], *s.* = PARAKEET.

parral, parrel ['parəl], *s. Nau:* Racage *m*, matagot *m*. **Parrel truck,** pomme *f* de racage. **Parrel rope,** bâtarde *f* de racage.

parricidal [pari'said(ə)l], *a.* Parricide.

parricide[1] ['parisaid], *s.* (*Pers.*) Parricide *mf*.

parricide[2], *s.* (Crime *m* de) parricide *m*.

parrot[1] ['parət], *s. Orn:* Perroquet *m*. **Hen-parrot,** perruche *f*. **Owl parrot, night parrot,** strigops *m*. *F:* **She's a mere parrot,** elle parle comme un perroquet. *See also* POLL-PARROT, SEA-PARROT.

'parrot disease, *s. Med:* Psittacose *f*.

'parrot-fish, *s. Ich:* Scare *m*; *F:* perroquet *m* de mer; bec-de-perroquet *m*, *pl.* becs-de-perroquet.

parrot-'green, *a. & s.* Céladon (*m*) *inv.*

parrot[2], *v.tr.* (**parroted; parroting**) **1.** Répéter (qch.) comme un perroquet. *Abs.* Parler comme un perroquet. **2.** Seriner (*sth. to s.o.*, qch. à qn).

parrotry ['parətri], *s.* Psittacisme *m*.

parry[1] ['pari], *s. Fenc: Box:* Parade *f*. *See also* THRUST[1] 1.

parry[2], *v.tr.* (*a*) Parer, détourner (un coup, etc.); *F:* détourner (un danger); tourner, éviter (une difficulté, etc.); parer (une question). (*b*) *Abs. Fenc: To p. with the riposte*, parer et porter en même temps; riposter du tac au tac.

parse [pɑːrz], *v.tr.* Faire l'analyse (grammaticale) (d'un mot); analyser (grammaticalement) (une phrase).

parsing, *s.* Analyse grammaticale.

parsec [pɑːr'sek], *s. Astr.Meas:* Parsec *m* (unité de distance stellaire).

Parsee [pɑːr'siː]. **1.** *a. & s.* Parsi, -ie; Parse (*mf*). **2.** *s. Ling:* Le parsi, le parse.

Parseeism [pɑːr'siːizm], *s.* Parsisme *m*.

Parsifal ['pɑːrsifəl, -fɑːl]. *Pr.n.m. Mediev.Lit:* Parsifal.

parsimonious [pɑːrsi'mounjəs], *a.* Parcimonieux. (*a*) Économe, regardant. (*b*) *Pej:* Pingre. **-ly,** *adv.* Parcimonieusement.

parsimony ['pɑːrsimoni], *s.* Parcimonie *f*. (*a*) Épargne *f*. (*b*) *Pej:* Pingrerie.

Parsival ['pɑːrsivəl, -vɑːl]. *Pr.n.m.* = PARSIFAL.

parsley ['pɑːrsli], *s. Bot:* Persil *m*. *See also* COW-PARSLEY, FOOL'S-PARSLEY, HORSE-PARSLEY.

'parsley-fern, *s. Bot:* Fougère *f* femelle.

'parsley-frog, *s. Rept:* Pélodyte *m*.

'parsley-'piert [piːərt], *s. Bot:* Alchémille *f* des champs.

'parsley-'sauce, *s. Cu:* Sauce *f* persil.

parsnip ['pɑːrsnip], *s. Bot: Cu:* Panais *m*. *See also* COW-PARSNIP, WORD[1] 1.

parson ['pɑːrsən], *s. Ecc:* **1.** Titulaire *m* d'un bénéfice; recteur *m*. **2.** *F:* Ecclésiastique *m*; prêtre *m* ou pasteur *m*. *F:* **Parson's week,** congé *m* de treize jours. *See also* NOSE[1] 1.

'parson-bird, *s. Orn:* **1.** Prosthémadère *m* (de la Nouvelle-Zélande). **2.** *F:* Freux *m*.

parsonage ['pɑːrsənedʒ], *s.* Presbytère *m*, cure *f*.

parsondom ['pɑːrsəndom], *s.* **1.** L'état *m* ecclésiastique; la prêtrise. **2.** *Coll.* (*a*) La prêtrise. (*b*) *Pej:* La calotte.

part[1] [pɑːrt]. I. *s.* **1.** Partie *f*. (*a*) *To cut sth. into two parts*, couper qch. en deux parties. *P. of house to let*, portion *f* de maison à louer. *P. of the paper is damaged*, une partie du papier est avariée. *P. of my money*, une partie de mon argent. **Good in parts,** bon en partie. *It is not bad in parts*, il y a des parties qui ne sont pas mauvaises, qui ne sont pas mal. *The pathetic parts of the story*, les endroits *m*, les passages *m*, pathétiques de l'histoire. *F:* **The funny part (about it) is that . . .,** le comique de l'histoire, ce qu'il y a de comique, c'est que. . . . *In the early p. of the week*, dans les premiers jours de la semaine. **Part of the year** *he is in Paris*, il est à Paris pendant une partie de l'année. **The greater part** *of the inhabitants*, la plus grande partie, la plupart, des habitants. **To be, form, part of sth.,** faire partie de qch. **It is part and parcel of . . .,** c'est une partie intégrante, essentielle, de. . . . *It is p. of his functions to . . .*, il lui appartient de. . . . **It is no part of my intentions to . . .,** il n'entre pas dans mes intentions de. . . . **In (a) great part due to . . .,** dû en grande partie à. . . . *To pay* **in part,** payer partiellement. *To contribute in p. to the expenses of production*, contribuer pour partie aux frais de production. *See also* BEST[1] 1, MOST 1. (*b*) *Mth: Ch: etc: Five parts of the whole*, cinq parties du tout; les cinq sixièmes. *Ten parts of water to one of milk*, dix parties d'eau pour une partie de lait. *To obtain results accurate to one p. in ten million*, obtenir des résultats justes à un dix millionième près. *F:* **Three parts drunk,** aux trois quarts ivre. (*c*) *The parts of the body*, les parties du corps. *See also* PRIVATE I. 3. (*d*) *Ind:* Pièce *f*, organe *m*, élément *m*. **Machine part,** élément de machine. *Moving parts*, organes en mouvement. *Single parts*, pièces détachées. **Spare parts,** pièces de rechange; accessoires *m*, objets *m*, de rechange. *Small parts*, petites pièces. (*e*) *Gram:* **Parts of speech,** parties du discours. **Principal parts** (*of a verb*), temps principaux. (*f*) *Mth:* (*Calculus*) **Parts of a fraction,** petites parties d'une fraction. (*g*) *Publ:* Fascicule *m*, livraison *f* (d'une œuvre littéraire). *To take a work in parts*, prendre un ouvrage par livraisons. (*h*) **The five parts of the world,** les cinq parties du monde. **In that part of the world,** (i) dans ces régions; (ii) *F:* dans ce coin-là. **2.** Part *f*. (*a*) **To take (a) part in sth.,** prendre part à, participer à, qch.; aider à qch.; apporter son appoint à qch. *To take p. in the conversation*, se mêler à la conversation; prendre part à la conversation. *Mil: Navy: To take p. in the action*, participer à l'engagement, prendre part à l'action. **To take no part in sth.,** se désintéresser de qch. *It was done without my taking any p. in it*, cela s'est fait sans ma participation. **To have neither part nor lot, no part or lot, in sth.,** n'avoir aucune part dans (une affaire, etc.). *To have no p. in the plot*, être étranger au complot. *I had no p. in it*, cela s'est fait en dehors de moi; je n'y suis pour rien. **To do one's part,** faire son devoir. *Each one did his p.*, chacun s'acquitta de la tâche qui lui incombait. *See also* ART[2] 2. (*b*) *Th:* Rôle *m*, personnage *m*. *Small parts*, utilités *f*. *She plays small parts*, elle joue des rôles effacés; *F:* on ne lui confie que des pannes. *To play the hero's p., heroes' parts*, jouer le rôle du héros, jouer les héros. *F:* **He is playing a part,** il joue la comédie; c'est une comédie qu'il nous fait. **To play one's part,** remplir son rôle; tenir sa place. *In all this imagination plays a large p.*, dans tout ceci l'imagination entre pour beaucoup. *He played no p. in the business*, il n'a joué aucun rôle dans l'affaire; il ne s'est pas mêlé de l'affaire. **It is not my part** *to speak about it*, ce n'est pas à moi d'en parler. *It is the p. of parents to . . .*, il est du devoir des parents de. . . . **It is the part of prudence to . . .**, c'est agir avec sagesse que de. . . . *See also* ACT[2] 2, LEADING[2] 2, NAME[1] I, WALKING-ON. (*c*) *Mus:* **Orchestral parts**, parties d'orchestre. **Part music**, musique *f* d'ensemble. **To sing in parts**, chanter à plusieurs parties, à plusieurs voix. *Song in three parts*, chant *m* à trois parties, à trois voix. **3.** (*a*) *pl.* **You don't belong to these parts?** vous n'êtes pas de ces parages? vous n'êtes pas d'ici, de ce pays, du pays? *What are you doing in these parts?* qu'est-ce que vous faites dans ces parages? *We are from the same parts, F:* nous sommes pays. *See also* FOREIGN 2. (*b*) Côté *m*. **On the one part . . ., on the other part . . .**, d'un côté . . ., de l'autre . . .; d'une part . . ., d'autre part. . . . (*c*) Parti *m*. **To take s.o.'s part, to take part with s.o.**, prendre le parti de qn; prendre parti pour qn; *F:* prendre fait et cause pour qn. (*d*) *An indiscretion* **on the part of . . .**, une indiscrétion de la part de . . . *He was subjected to much criticism on the p. of his courtiers*, il était en butte à mainte critique de la part de ses courtisans. *I presume an intention of fraud on the p. of the tenant*, je présume chez le locataire une intention de fraude. **On our part** *we would request you to . . .*, de notre côté nous vous prions de vouloir bien. . . . *It would be very nice* **on your part**, ce serait bien aimable de votre part. **For my part . . .**, quant à moi, pour moi, pour mon compte, pour ma part, pour ce qui est de moi, parlant pour ce qui me concerne. . . . *For my p. I am willing*, moi, je veux bien; je veux bien, moi. **4. To take sth. in good part, in bad part, in ill part**, prendre qch. en bonne part, en mauvaise part; prendre qch. du bon côté, du mauvais côté. *To take a remark in good p.*, prendre une observation en bonne part; *F:* encaisser une observation. **5.** *pl.* Moyens *m*, facultés *f*. **Man of (good) parts**, homme *m* de valeur, de talent; homme bien doué. *Man of slender parts*, homme sans grandes connaissances, sans grand savoir.

II. **part**, *adv.* Partiellement; en partie. **Part machined**, semi-usiné. *P. eaten*, partiellement mangé; mangé en partie. *Material p. silk p. cotton*, étoffe *f* mi-soie et mi-coton. **Part one and part the other**, moitié l'un moitié l'autre. *P. obstinacy, p. stupidity, they would not . . .*, en partie par opiniâtreté, en partie par stupidité, ils n'ont pas voulu. . . . *See also* EXCHANGE[1] I, PAYMENT 2.

'part-'owner, *s.* Copropriétaire *mf*. *Nau:* Coarmateur *m*.

'part-singing, *s.* Chant *m* en parties; chant à plusieurs voix.

'part-song, *s.* Chant *m*, chanson *f*, à plusieurs parties, à plusieurs voix.

'part-time, *s.* & *attrib.a.* (Emploi, etc.) pour une partie de la journée, de la semaine. **To be on part-time**, être en chômage partiel.

'part-timer, *s.* Employé, -ée, qui travaille pour le compte de plusieurs employeurs.

'part-writing, *s.* *Mus:* Composition *f* à plusieurs parties.

part[2]. **I.** *v.tr.* (*a*) Séparer en deux; (*of island*) diviser (un cours d'eau); (*of pers.*) faire une trouée dans (une foule, etc.); fendre (la foule). **To part one's hair**, se faire une raie (dans les cheveux). *To p. one's hair in the middle, at the side*, faire, porter, la raie au milieu, sur le côté. *She wears her hair parted down the middle*, elle porte les cheveux en bandeaux. *Her:* **Shield parted per pale**, écu mi-parti. *Shield parted per bend sinister*, écu taillé. (*b*) Séparer (*sth. from sth.*, qch. de qch.); séparer, déprendre (deux boxeurs, etc.). *See also* LIP[1] I. (*c*) Rompre (une amarre, etc.). *Nau:* **To part one's cable**, casser sa chaîne; rompre son amarre, sa touée. *See also* BRASS-RAGS, COMPANY[1] I. (*d*) *Ch:* Départir (des métaux). (*e*) *A:* Partager, répartir. **2.** *v.i.* (*a*) (*Of crowd, etc.*) Se diviser; se ranger de part et d'autre. (*b*) (*Of two pers.*) Se quitter, se séparer; (*of two thgs*) se séparer; (*of roads*) diverger. **To part good friends**, se quitter bons amis. *Prov:* **The best of friends must part**, il n'y a si bonne compagnie qui ne se sépare. (*c*) (*Of cable, etc.*) Rompre, se rompre, partir, céder. *The frigate parted amidships*, la frégate se cassa en deux. (*d*) *A:* S'en aller; partir.

part from, *v.i.* Quitter (qn); se séparer de, d'avec (qn).

part with, *v.i.* Céder (qch.); se dessaisir, se défaire, se départir, de (qch.). *Jur:* Aliéner (un droit, un bien). *To p. with one's child*, se séparer de son enfant. *F:* **He hates to part (with his money)**, il n'aime pas à débourser, *F:* à casquer; il est dur à la détente.

parting with, *s.* Cession *f* de (ses droits, etc.); délaissement *m* de (ses biens, etc.); séparation *f* d'avec (un enfant, etc.).

parting[1], *a.* **1.** Séparant; qui sépare. **Parting line**, ligne *f* de séparation. **2.** Qui se sépare, qui cède. **3.** *A:* Partant; s'en allant. *Poet:* **The parting day**, le jour qui tombe.

parting[2], *s.* **1.** (*a*) Séparation *f*; (*of waters*) partage *m*. **To be at the parting of the ways**, (i) se trouver là où les deux routes se séparent, s'écartent; (ii) *F:* être au carrefour. (*b*) Départ *m*. *The bitterness of p.*, l'amertume *f* du départ, de la séparation. **Parting kiss**, baiser *m* d'adieu. *A few p. directions*, quelques dernières recommandations. **Parting visit**, visite *f* d'adieu; (*of ambassador*) audience *f* de congé. (*c*) *Ch:* Départ (des métaux). **2.** Rompement *m*, rupture *f* (d'un câble, etc.). **3.** (*a*) (*Of the hair*) Raie *f*. *P. in the middle*, raie médiane. *P. on the left*, raie à gauche. *P. of a horse's mane*, épi *m* de la crinière. (*b*) *Min:* Entre-deux *m inv.*

'parting-bead, -strip, *s.* Baguette *f* (de panneaux, de carrosserie).

'parting-sand, *s.* *Metall:* Sable sec; sable à saupoudrer; poussier isolant.

'parting-tool, *s.* *Mec.E:* Outil *m* à tronçonner, à saigner; gouge *f* triangulaire; carrelet *m*; burin *m* (à bois).

partake [pɑːr'teik], *v.* (*p.t.* **partook** [pɑːr'tuk]; *p.p.* **partaken** [pɑːr'teik(ə)n]) **1.** *v.tr.* Partager (le sort de qn, etc.); prendre part à (un sentiment général, etc.). **2.** *v.i.* (*a*) **To partake in, of, sth.**, prendre part, participer, à qch. (*with s.o.*, avec qn). *To p. of a meal*, (i) partager le repas de qn; prendre un repas (avec d'autres); (ii) prendre un repas. *To p. of a dish*, goûter, manger, un mets. *Abs.* **To partake heartily**, manger ou boire copieusement. *He had partaken freely of the bottle*, il s'était versé plus d'une rasade. *Ecc:* **To partake of the Sacrament**, s'approcher des sacrements. (*b*) *Language that partakes of boastfulness*, langage *m* qui participe, qui tient, de la jactance, où il y a une part de jactance.

partaking, *s.* Participation *f* (*in, of*, à).

partaker [pɑːr'teikər], *s.* Participant, -ante (*in sth.*, à qch.); partageant, -ante (*in sth.*, de qch.). *We were whole-hearted partakers in their sorrow*, de tout notre cœur nous prenions part à leur chagrin. *Ecc:* **To be a regular partaker of the Sacrament**, fréquenter les sacrements.

parter ['pɑːrtər], *s.* *P:* **Good, bad, parter**, bon, mauvais, payeur. *He's a bad p.*, il est dur à la détente.

parterre [pɑːr'teər], *s.* **1.** *Hort:* Parterre *m*. **2.** *Th:* *A.* & *U.S:* Parterre.

parthenogenesis ['pɑːrθeno'dʒenesis], *s.* *Biol:* Parthénogénèse *f*.

Parthenon (the) [ðə'pɑːrθenɔn], *s.* *Gr.Ant:* Le Parthénon.

Parthenopean [pɑːrθeno'piːən], *a.* & *s.* *Geog:* Parthénopéen, -éenne.

Parthia ['pɑːrθiə]. *Pr.n.* *A.Geog:* La Parthie.

Parthian ['pɑːrθiən], *a.* & *s.* *A.Geog:* Parthe (*mf*); de Parthe. *F:* **A Parthian shot, shaft**, la flèche du Parthe.

partial ['pɑːrʃ(ə)l], *a.* **1.** (*a*) Partial, -aux (*to, towards, s.o.*, envers qn); injuste. (*b*) *F:* **To be partial to s.o., sth.**, avoir un faible, une prédilection, pour qn, qch.; avoir un penchant pour qn. *I am p. to a pipe after dinner*, je fume volontiers une pipe après dîner. *He was too p. to the bottle*, il aimait trop la bouteille. *I am not p. to being made fun of*, je n'aime pas qu'on se moque de moi. **2.** Partiel; en partie. *P. damage to goods*, avarie *f* d'une partie des marchandises. *P. eclipse*, éclipse partielle. *Phot:* *P. mask*, cache partiel. *P. board*, demi-pension *f*. *Mth:* **Partial product**, produit partiel. **Partial differences**, différences partielles. *See also* FRACTION 3. **-ally**, *adv.* **1.** Partialement; avec partialité. **2.** Partiellement; en partie.

partialist ['pɑːrʃəlist], *s.* **1.** Partialiste *mf*. **2.** *Theol:* Particulariste *m*.

partiality [pɑːrʃi'aliti], *s.* **1.** (*a*) Partialité *f* (*for, to*, pour, envers); injustice *f*. (*b*) Favoritisme *m*. *A mother's p. for her children*, la faiblesse d'une mère pour ses enfants. **2.** Prédilection *f*, préférence marquée, faible *m* (*for*, pour). **To have a partiality for sth.**, marquer de la prédilection pour qch. *A p. for the bottle*, un penchant pour la boisson.

participant [pɑːr'tisipənt], *a.* & *s.* Participant, -ante (*in*, à).

participate [pɑːr'tisipeit]. **1.** *v.tr.* *A:* *To p. sth. with s.o.*, partager qch. avec qn; prendre part à (la joie, etc.) de qn. **2.** *v.i.* (*a*) **To participate in sth.**, prendre part, participer, s'associer, à qch. *To p. in the conversation*, prendre part à la conversation. *To p. in s.o.'s joy, work*, s'associer à la joie, aux travaux, de qn. *He did not p. in the plot*, il n'a eu aucune participation au complot. (*b*) (*Of thg*) Participer, tenir (*of sth.*, de qch.).

participation [pɑːrtisi'peiʃ(ə)n], *s.* Participation *f* (*in sth.*, à qch.).

participative [pɑːr'tisipeitiv], *a.* Participatif, -ive.

participator [pɑːr'tisipeitər], *s.* Participant, -ante (*in*, de). *To be a p. in a crime*, (i) s'associer à un crime; (ii) avoir trempé dans un crime; avoir participé à un crime.

participial [pɑːrti'sipiəl], *a.* *Gram:* Participial, -aux.

participle ['pɑːrtisipl], *s.* *Gram:* Participe *m*. **Verb in the participle**, verbe *m* au participe. **Present participle, past participle**, participe présent, passé.

particle ['pɑːrtikl], *s.* **1.** Particule *f*, parcelle *f*, atome *m*; paillette *f* (de métal); gouttelette *f* (de liquide). *A p. of sand*, une particule de sable. *F:* **There is not a particle of truth in this story**, il n'y a pas l'ombre, pas une once, de vérité dans ce récit. *Without a p. of malice*, sans un grain, sans la moindre parcelle, de méchanceté. *Not a p. of evidence against the accused*, pas la moindre preuve, pas un semblant de preuve, contre le prévenu. **2.** (*a*) *Gram:* Particule. (*b*) **The nobiliary particle**, la particule nobiliaire.

parti-coloured ['pɑːrtikʌlərd], *a.* **1.** Mi-parti. **2.** Bigarré, bariolé, panaché, versicolore.

particular [pər'tikjulər]. I. *a.* **1.** (*a*) Particulier; spécial, -aux. *That p. pencil*, ce crayon-là; ce crayon-ci; ce crayon en particulier. *A p. object*, un objet déterminé. *A bottle of a p. old wine*, une bouteille d'un certain vin vieux. **Particular branch** (*of a service*), spécialité *f*. *My own p. sentiments*, mes sentiments particuliers; mes propres sentiments; mes sentiments personnels. *Our p. wrongs*, les torts dont nous avons à nous plaindre personnellement. *I cannot fasten the article on any p. person*, je serais incapable d'attribuer l'article à tel ou tel. *Theol:* **Particular election**, grâce particulière. *Rel.H:* **Particular Baptists**, Baptistes *m* particularistes. (*b*) **A particular friend of mine**, un ami intime; un de mes bons, meilleurs, amis. **To take particular care over doing sth.**, faire qch. avec un soin particulier. *I have called on p. business*, je viens pour une affaire spéciale. *I have a p. dislike for him, F:* plus que tout autre il a le privilège de me déplaire. *I left* **for no particular reason**, je suis parti sans raison précise, sans raison bien définie. **To have nothing particular to do**, n'avoir rien de particulier à faire. *I didn't notice anything p.*, je n'ai rien remarqué de particulier. *Adv.phr.* **In particular**, en particulier; notamment, nommément. *The influence of climate and in p. of moisture*, l'influence du climat et nommément, notamment, celle de l'humidité. **2.** (*Of account, etc.*) Détaillé, circonstancié. **3.** (*Of pers.*) Méticuleux, minutieux, soigneux; pointilleux, vétilleux, exigeant, regardant, renchéri. **To be particular about one's food**, être difficile, exigeant, sur la nourriture. *To be p. about one's dress*, soigner sa mise; avoir de la coquetterie pour sa tenue. *P. on points of honour*, délicat sur le point d'honneur; pointilleux sur l'honneur. *He is p. in, as regards, his choice of friends*, il est difficile dans le choix, quant au choix, de ses relations. *To be very p. about having things done methodically*, s'attacher à ce que tout se fasse avec ordre. *Don't be too p.*, ne vous montrez pas trop exigeant. *He is not so p. as all that*, il n'y regarde pas de si près. **He is not particular to a few pounds, to a day or two**, il n'y regarde pas à quelques livres; il ne fera pas d'histoires pour un jour ou deux. **4.** *F:* **I am not particular about it**, je n'y tiens pas plus que ça. **-ly**, *adv.* Particulièrement; spécialement; en particulier. *Notice p. that . . .*, notez en particulier que. . . . *I want this* (**most**) **particularly** *for to-morrow*, il me le faut absolument pour demain. *I p. asked him to be careful*, je l'ai prié instamment de faire attention. *To refer p. to a fact*, faire ressortir un fait. *F:* **He is not particularly rich**, il n'est pas autrement riche.

II. **particular**, *s.* **1.** Détail *m*, particularité *f*. *Alike* **in every particular**, semblables en tout point. *To execute an order in every p.*, exécuter un ordre de point en point. **To give particulars of sth.**, donner les détails de qch.; particulariser (un projet); entrer dans les détails. **To give full particulars**, donner les menus détails, tous les détails. *To ask for fuller particulars regarding sth.*, demander des précisions *f*, des indications *f* supplémentaires, sur qch. **For further particulars apply to . . .**, pour plus amples détails, pour plus amples renseignements, s'adresser à. . . . **Without entering into particulars**, sans entrer dans les détails. *Adm:* **Particulars on the postmark**, mentions *f* du cachet d'oblitération. *Com:* **Particulars of sale**, description *f* de la propriété à vendre; cahier *m* des charges. *Cust: etc:* **Particulars of a car**, signalement *m* d'une voiture. *Jur:* **Particulars of charge**, chef *m* d'accusation. **2.** *F:* **A London particular**, un brouillard spécial à Londres; un de ces brouillards comme on n'en voit qu'à Londres.

particularism [pɑr'tikjulərizm], *s. Pol: Theol: etc:* Particularisme *m*.

particularist [pɑr'tikjulərist], *a. & s. Pol: Theol:* Particulariste (*m*).

particularistic [pɑrtikjulə'ristik], *a.* Particulariste.

particularity [pɑrtikju'lariti], *s.* **1.** Particularité *f*. **2.** Méticulosité *f*; minutie *f* (d'une description, etc.). **3.** *pl.* Soins assidus (*to s.o.*, auprès de qn); assiduités *f* (auprès de qn).

particularization [pɑrtikjulərai'zeiʃ(ə)n], *s.* Particularisation *f*.

particularize [pɑr'tikjulərɑːiz], *v.tr.* (*a*) Particulariser, spécifier. (*b*) *Abs.* Entrer dans les détails; préciser. *Certain members, I do not wish to p. . . .*, certains membres, je ne nomme personne, je ne précise pas. . . .

particulate [pɑr'tikjulet], *a. Ph:* Particulaire.

partisan[1] ['pɑːrtizan, pɑːrti'zan], *s.* **1.** Partisan *m*. *The partisans of the present Government*, les tenants *m* du gouvernement actuel. **To act in a partisan spirit**, (i) faire preuve d'esprit de parti; (ii) faire preuve de parti pris. **2.** *Hist:* Partisan; soldat *m*, officier *m*, d'une troupe irrégulière.

partisan[2] ['pɑːrtizən], *s. Archeol:* Pertuisane *f*.

partisanship [pɑːrti'zanʃip], *s.* Partialité *f*; esprit *m* de parti; sectarisme *m* (politique, littéraire).

partite ['pɑːrtait], *a. Bot:* Parti, -i(t)e.

partition[1] [pɑr'tiʃ(ə)n], *s.* **1.** (*a*) Partage *m* (d'un domaine); répartition *f* (d'un héritage, etc.) (entre cohéritiers); morcellement *m* (d'une terre); démembrement *m* (d'un empire). *Hist:* **The partition of Poland**, le partage de la Pologne. **The Partition Treaties**, les traités de partage de la Succession d'Espagne (1698, 1700). (*b*) *Hort:* Éclatage *m* (des racines). **2.** (*a*) Cloison *f*, cloisonnage *m*; entre-deux *m inv*. *Min:* Serrement *m* (pour retenir l'eau). *P. quartering the kernel of a nut*, zeste *m* d'une noix. *Const:* **Internal partition**, mur *m* de refend; mur de séparation. *Wooden p.*, pan *m* de bois. *Framed p.*, hourdis *m* de pan de bois. *Brick p.*, cloison de briques; galandage *m*. **Glass partition**, vitrage *m*; (*in vehicle*) glace *f* de séparation. *See also* HALF-PARTITION, HOLLOW[1] I. 1. (*b*) Compartiment *m* (de cale, etc.); section *f*. (*c*) *Her:* Partition *f* (de l'écu). **3.** *Mus: A:* Partition.

par'tition-'wall, *s. Const:* Cloison *f*, paroi *f*; mur *m* de refend, de séparation; mur transversal; galandage *m*.

partition[2], *v.tr.* **1.** (*a*) Morceler (un domaine); répartir (un héritage); partager, démembrer (un pays vaincu). (*b*) *Hort:* Éclater (des racines). **2. To partition (off) a room**, cloisonner une chambre; séparer une chambre par une cloison.

partitioned, *a.* Cloisonné; à compartiments.

partitioning, *s.* **1.** = PARTITION[1] 1. **2.** Cloisonnage *m*, compartimentage *m*.

partitive ['pɑːrtitiv], *a. & s. Gram:* Partitif (*m*). **-ly**, *adv.* Comme (un) partitif.

partizan[1] ['pɑːrtizan, pɑːrti'zan], *s.* = PARTISAN[1].

partizan[2] ['pɑːrtizən], *s.* = PARTISAN[2].

Partlet ['pɑːrtlet]. *Pr.n. Hum:* **Dame Partlet**, madame la Poule.

partly ['pɑːrtli], *adv.* Partiellement; en partie. *Wholly or p.*, en tout ou en partie. *P. by force p. by persuasion*, moitié de force moitié par persuasion. *Fin:* **Partly paid up**, (action) non (complètement) libérée; (capital) non entièrement versé.

partner[1] ['pɑːrtnər], *s.* **1.** (*a*) Associé, -ée (*with s.o. in sth.*, de qn dans qch.). *To be s.o.'s p. in a crime*, être associé à qn, être l'associé de qn, dans un crime. **The predominant partner**, l'Angleterre (vis-à-vis des autres pays de la Grande-Bretagne). **Partner in life**, époux ou épouse; conjoint ou conjointe. *Com:* **Senior partner**, associé principal. **Sleeping partner, silent partner, secret partner, latent partner**, (associé) commanditaire *m*; associé à responsabilité limitée; bailleur *m* de fonds. **Active partner**, (associé) commandité *m*. *Jur:* **Contracting partner**, cocontractant, -ante. *See also* JUNIOR 2. (*b*) Partenaire *mf* (au tennis, aux cartes, etc.). (*c*) *Danc:* (*Woman's p.*) Cavalier *m*, meneur *m*. (*Man's p.*) Dame *f*. **My partner**, mon danseur, ma danseuse. **2.** *pl. Nau:* **Partners**, étambrai *m*. **3.** *attrib. Biol:* (*Of plant, insect, etc.*) Associé (à un autre) par symbiose.

partner[2], *v.tr.* **1.** (*a*) Être associé, s'associer, à (qn), avec (qn). (*b*) *Sp: Games:* Être le partenaire de (qn). (*c*) *Danc:* Mener (une dame). **2. To partner s.o. with s.o.**, donner qn à qn (i) comme associé ou comme partenaire, (ii) comme cavalier ou comme danseuse.

partnership ['pɑːrtnərʃip], *s.* **1.** (*a*) Association *f* (*in sth. with s.o.*, avec qn dans qch.). *P. in crime*, association dans le crime. *I was charged with p. in the crime*, on m'accusa de complicité; on m'accusa d'avoir été associé à ce crime. (*b*) *Com:* **To enter, go, into partnership with s.o.**, entrer en association avec qn; s'associer avec qn. *To take up a p. in a venture*, s'intéresser dans une affaire. **To take s.o. into partnership**, prendre qn comme associé; s'associer qn; associer qn à ses affaires. *To give s.o. a p. in the business*, intéresser qn dans son commerce. *To dissolve a p.*, dissoudre une association. **Deed, articles, of partnership**, contrat *m*, acte *m*, de société, d'association. *See also* SHARE[2] 3. *Ar:* **Rule of partnership**, règle *f* de société, de compagnie. **2.** *Com: Ind:* Société *f*. **General partnership**, société commerciale en nom collectif. **Limited partnership, sleeping partnership**, (société en) commandite *f*. **Partnership limited by shares**, (société en) commandite par actions. *Pol.Ec:* **Industrial partnership**, participation *f* des travailleurs aux bénéfices.

partook [pɑːr'tuk]. *See* PARTAKE.

partridge ['pɑːrtridʒ], *s. Orn:* (*pl.* **partridges**, *Ven:* **partridge**) (*a*) Perdrix *f*. *Young p.*, **partridge poult**, perdreau *m*. *Common or grey p.*, perdrix grise. **French partridge, red(-legged) partridge**, perdrix rouge. **Rock partridge, Greek partridge**, perdrix bartavelle, perdrix grecque. **A brace of partridge**, une couple de perdrix. *Partridge are scarce this year*, les perdrix sont rares cette année. (*b*) **American partridge**, colin *m*. (*c*) *Cu:* Perdreau.

'partridge-berry, *s. Bot:* Gaulthérie *f* du Canada.

'partridge-net, *s.* Tomberelle *f*.

'partridge-wood, *s. Com:* Bois *m* d'angelin.

parturient [pɑr'tjuəriənt], *a.* (*a*) En parturition; à son terme; (*of woman*) en travail; sur le point d'accoucher; (*of animal*) sur le point de mettre bas. (*b*) *F:* (*Of mind*) En train de faire naître (une idée, etc.); *P:* en train d'accoucher (d'une idée).

parturition [pɑrtju'riʃ(ə)n], *s.* Parturition *f*; (*of woman*) travail *m*, enfantement *m*; (*of animal*) mise *f* bas.

party[1] ['pɑːrti], *s.* **1.** (*Faction*) Parti *m*. *Political parties*, partis politiques. *The Labour p.*, le parti travailliste. *The Central p.*, le bloc du centre. *The democratic p.*, l'opinion *f* démocratique. **Party leader**, chef *m* de parti. **Party warfare**, guerre *f* de partis. *To win s.o. to one's p.*, attirer qn à sa cause. *To desert one's p.*, abandonner son parti. *To belong to s.o.'s p.*, *F:* être du parti, *Pej:* de la bande, de qn. *To join s.o.'s p.*, se ranger sous la bannière de qn. *They form a p. of their own*, ils font secte à part; ils font bande à part. **2.** Réunion *f*, groupe *m*, troupe *f* (de personnes). (*a*) **Pleasure party**, partie *f* de plaisir. *To get up a* **shooting party**, organiser une partie de chasse. *Will you join our p.?* voulez-vous être des nôtres? **We are a small party**, nous sommes peu nombreux. *We shall be a small p. this evening*, nous serons en petit comité ce soir. **I was one of the party**, j'étais de la partie. *To have a p. to dinner*, avoir du monde à dîner. *See also* HOUSE-PARTY. (*b*) **Private party**, réunion privée, intime; réception *f*. **Evening party**, soirée *f*. **Dancing party**, soirée dansante. **To give a party**, recevoir du monde. *To go to a p.*, aller en soirée. **Party dress**, toilette *f* de soirée. *F:* **My party frock**, ma belle robe; ma robe des dimanches. *See also* DINNER-PARTY, GARDEN-PARTY, TEA-PARTY. **3.** (*a*) Bande *f*, groupe *m* (de voyageurs, de touristes, etc.). *The Woodward p. had just left*, la bande des Woodward venait de partir. *To form a p. to go to France*, réunir un groupe d'amis, former un groupe de tourisme, pour un voyage en France. *Room reserved for a private p.*, salle retenue par un groupe de particuliers. (*b*) Brigade *f*, équipe *f*, groupe (de mineurs, etc.); atelier *m* (d'ouvriers, etc.). *A p. of German prisoners was working in the field*, un groupe de prisonniers allemands travaillait dans le champ. **Rescue party**, équipe de secours. (*c*) *Mil: Navy:* Détachement *m*. **The advance party**, les éléments *m* d'avant-garde. **Water party, ration party**, corvée *f* d'eau, de vivres. **Firing party**, peloton *m* d'exécution. *Navy:* **Landing party**, compagnie *f* de débarquement. *See also* COLOUR[1] 4, FATIGUE[1] 2, SEARCH-PARTY, STORMING-PARTY. (*d*) *Mil:* Parti (détaché pour battre la campagne). *Several parties came right up to the gates of Winchester*, plusieurs partis vinrent jusqu'aux portes de Winchester. **4.** (*a*) *Jur:* **Party to a suit, to a dispute**, partie *f*. *The parties to the case*, les parties en cause. *To be p. to a suit*, être en cause. *To become p. to an action*, se rendre partie dans un procès. *The belligerent parties*, les parties belligérantes. (*b*) *Com:* **To become a party to an agreement**, signer (à) un contrat. *Parties to a bill of exchange*, intéressés *m* à une lettre de change. **A third party**, un tiers, une tierce personne. *To deposit a sum in the hands of a third p.*, déposer une somme en main tierce. **For account of a third party**, pour le compte d'autrui. *Payment on behalf of a third p.*, paiement *m* par intervention. *To become a third p. to an agreement*, intervenir à un contrat. **Third party risks**, risques *m* de préjudice aux tiers. **Third party insurance**, assurance *f* au tiers. *See also* CONTRACTING[1], FAULT[1] 2, INJURED 1. (*c*) **To be, become, (a) party to a crime**, être, se rendre, complice d'un crime; prendre part à un crime; tremper dans un crime. *To be no p. to sth.*, ne pas se mêler de qch.; ne pas s'associer à qch.; n'être pour rien dans qch. *I shall never be* (*a*) *p. to any such thing*, je ne donnerai jamais mon consentement à chose pareille. **To make s.o. a party to an undertaking**, associer qn à une entreprise. (*d*) *P. & Hum:* Individu *m*. *A p. of the name of Jones*, un individu, *P:* un type, du nom de Jones; un nommé Jones. *An old p. in the front seat clapped vigorously*, un vieux monsieur (ou une vieille dame) assis(e) au premier rang applaudit avec vigueur.

'party line, *s. Tp:* Ligne *f* de postes embrochés, conjugués; ligne à postes groupés. **Party-line telephone**, poste groupé. *P.-l. system*, système *m* à postes groupés.

'party-man, *pl.* **-men,** *s.m. Pol:* Homme de parti.
'party-'politics, *s.pl.* (*Usu. with sg. const.*) Politique *f* de parti.
'party-'spirit, *s.* Esprit *m* de parti.
'party-'spirited, *a.* Qui a l'esprit de parti.
'party-'wall, *s. Const:* Mur mitoyen.

party[2], *a. Her:* Parti. **Party per bend,** tranché.
'party-coloured, *a.* = PARTI-COLOURED.

parvifolious [pɑːrvi'fouliəs], **parvifoliate** [pɑːrvi'fouliet], *a. Bot:* Parvifolié.

parvis ['pɑːrvis], *s.* Parvis *m* (d'une cathédrale, etc.).

Pasch [pɑːsk], *s. A:* **1.** La Pâque. **2.** Pâques *m*.
'Pasch-egg, *s. Dial:* Œuf *m* rouge; œuf de Pâques.

paschal ['pɑːsk(ə)l], *a.* Pascal, -aux.

pash [paʃ], *s. P:* = PASSION 4. **To have a pash for s.o.,** être entiché, toqué, de qn; *P:* avoir un pépin pour qn.

pasha ['pɑːʃa, 'paʃa, pa'ʃɑː], *s.* Pacha *m. P. of two, three, tails,* pacha à deux, trois, queues.

pashalic ['pɑːʃalik, pa'ʃɑːlik], *s.* Pachalik *m*.

Pasiphae [pa'sifaiː]. *Pr.n.f. Gr.Myth:* Pasiphaé.

pasque-flower ['pɑːskflauər], *s. Bot:* (Anémone *f*) pulsatille *f*; fleur *f* de Pâques; coquelourde *f*; herbe *f* du vent; passe-fleur *f*, *pl.* passe-fleurs.

Pasquin ['paskwin]. *Pr.n.m.* (*Mutilated statue at Rome, to which lampoons were affixed*) Pasquin.

pasquinade[1] [paskwi'neid], *s. Lit.Hist:* Pasquin *m*, pasquinade *f*.

pasquinade[2], *v.tr. A:* Pasquiner, pasquiniser (qn).

pass[1] [pɑːs], *s.* **1.** Col *m*, défilé *m*, passage *m* (de montagne). *Hist:* **The Pass of Thermopylae,** le Pas des Thermopyles. **To hold the pass,** (i) *Mil:* tenir le défilé; (ii) *F:* tenir la clef d'une position. **To sell the pass,** trahir son pays ou son parti. **2.** *Nau:* Passe *f* (entre des hauts-fonds). **3.** *Pisc:* **Fish-pass,** passage à poissons; échelle *f* à poissons (dans un barrage).

pass[2], *s.* **1.** (*a*) *A. & Lit:* **To come to pass,** arriver, avoir lieu. **It came to pass that . . .,** or il arriva, il advint, il se passa, il se fit, que. . . . *See also* BRING. (*b*) **Things have come to a pretty pass,** les choses sont dans un bel état; les choses sont dans une mauvaise passe; voilà donc où en sont les choses! **Things came to such a pass that . . .,** les choses en vinrent à ce point, à tel point, au point, que. . . . **2.** *Sch:* **To obtain a pass** (*in an examination*), passer tout juste. *He got a bare p.*, il a été reçu sans mention. **Pass-mark,** moyenne *f*. **Pass degree,** (i) diplôme *m* sans spécialisation (*cf.* HONOUR[1] 5); (ii) diplôme sans mention. **3.** (*a*) Passe *f* (de magnétiseur, de prestidigitateur). (*In card tricks*) **To make the pass,** faire sauter la coupe. (*b*) *Fenc:* Passe, passade *f*, botte *f*. *To make a p. at s.o.*, porter une botte à qn. **4.** *Metalw:* (*a*) Passe, passage *m* (du métal dans le laminoir). *Final p.*, passe finale. (*b*) Cannelure *f* (du laminoir). **Rail pass,** cannelure à rail. *See also* GIRDER-PASS. **5.** Permis *m*, passe, permission *f*, laissez-passer *m inv. Mil:* Titre *m* de permission; *P:* perme *f*. *Soldier* **on pass,** soldat *m* en permission. **(Free) pass,** (i) *Rail:* passe de chemin de fer; titre, carte *f*, de circulation; (ii) *Th: etc:* billet gratuit; carte d'entrée; billet de faveur. *Adm:* **Police pass,** coupe-file *m inv.* **Custom-house pass,** laissez-passer de douane. *Aut:* **International travelling pass,** certificat international de route; permis international de circulation. *See also* CUSTOM 3, SEA-PASS. **6.** *Fb:* Passe. *See also* FORWARD[1] I. 1.
'pass-book, *s.* **1.** Carnet *m* de banque; livret *m* de banque. *Com:* Livre *m* de comptes. **2.** *Aut:* **Customs pass-book,** carnet de passage en douane.
'pass-check, *s. Th:* Contremarque *f* (de sortie).
'pass-duty, *s. Cust:* Droits *mpl* de passe-debout.
'pass-key, *s.* (Clef *f*) passe-partout *m inv.*
'pass-man, *pl.* **-men,** *s.m. Sch:* (i) Candidat qui passe sans mention; (ii) gradué qui n'a pas choisi de spécialité.

pass[3], *v.* (*p.p.* (*in compound tenses*) **passed,** (*as adj.*) **past** [pɑːst]) I. *v.i.* Passer. **1.** (*a*) *To p. from one place to another*, passer d'un endroit à un autre. **To pass again,** repasser. **To pass into** *a room*, entrer dans une salle. *This land passed into the hands of a nephew*, cette terre passa entre les mains d'un neveu. *A blush* **passed across** *her face*, une rougeur parcourut son visage. **Words passed between them,** il y eut un échange d'injures, de propos désobligeants. *Some blows passed between them*, il y eut quelques coups d'échangés. *The correspondence that has passed between us*, la correspondance qui a eu lieu entre nous; notre échange *m* de lettres. *Mil:* **Pass friend!** avance à l'ordre! *B:* **Let this cup pass from me,** éloignez de moi ce calice. (*b*) *The procession* **passed** (by) *slowly*, le cortège passa, se déroula, défila, lentement. *To p. before s.o.'s eyes*, passer sous les yeux de qn. *I am waiting for the postman to p.*, j'attends le passage du facteur. *Everyone smiles as he passes*, chacun sourit à son passage. *He passed (by) on the other side of the street*, il passa de l'autre côté de la rue. *The crowd passing to and fro*, la foule qui se croise. *He passed by my window*, il est passé, a passé, devant ma fenêtre. *Road that passes close to the village*, route *f* qui passe tout près du village. **To allow s.o. to pass, to let s.o. pass,** livrer passage à qn; laisser passer qn. *To p. unobserved*, passer inaperçu. **Let it pass!** passe pour cela! *Let that p.*, glissons là-dessus. **Be it said in passing,** (ceci) soit dit en passant. *Chess:* **Passed pawn,** pion passé. **2.** (*Of time*) **To pass (by),** (se) passer, s'écouler. *A fortnight passed (by)*, quinze jours se passèrent, s'écoulèrent. *When five minutes had passed*, au bout de cinq minutes. *Years have passed since then*, des années *f* ont passé depuis. *How time passes!* comme le temps passe vite! *He* **let pass** *the occasion*, il laissa passer l'occasion. **3.** *Water passes into steam*, l'eau *f* se transforme en vapeur. *This saying of Molière's has passed into a proverb*, ce mot de Molière est passé en proverbe. **4.** (*a*) **To pass (away),** disparaître; (*of empire, etc.*) périr; (*of clouds, etc.*) se dissiper. *His anger soon passed (away)*, sa colère a vite passé. *Charms that will soon p.*, charmes *m* qui passeront, disparaîtront, bientôt. *Custom that is passing*, usage *m* en voie de disparition. *To p. into nothingness*, rentrer dans le néant. *All these civilizations have passed into nothingness*, de toutes ces civilisations il ne reste rien. (*b*) **To pass hence** = PASS AWAY 1 (*b*). **5.** Arriver, avoir lieu. *What was passing*, ce qui se passait, avait lieu. *I know what has passed*, je sais ce qui s'est passé. **6.** (*a*) *Coin that passes in England*, pièce qui passe, qui a cours, en Angleterre. *Conduct that would p. in certain circles*, conduite qui passerait dans certains milieux. *That won't pass!* (i) c'est inacceptable! (ii) ça ne prend pas! *See also* CROWD[1] 1. (*b*) Être réputé. *She passes for a great beauty*, elle passe pour une beauté, pour être très belle. *To p. for a liberal*, passer ou se faire passer pour un libéral. **To pass by the name of Smith,** être connu sous le nom de Smith. **7.** *Hyg: Med:* (*Of stools*) S'évacuer, être évacué. **8.** *Jur:* (*Of verdict*) Être prononcé, rendu (*for*, en faveur de).

II. **pass,** *v.tr.* **1.** (*a*) Passer devant, près de (qn, la fenêtre, etc.). *To p. s.o. on the stairs*, croiser qn dans l'escalier. *They p. each other frequently in the street*, ils se croisent souvent dans la rue. *See also* LIP[1] 1. (*b*) Passer sans s'arrêter. *Rail:* **To pass a station** (*without stopping*), ne pas s'arrêter à une station; *F:* brûler une station. (*c*) *U.S:* (*Of company*) **To pass a dividend,** conclure un exercice sans payer de dividende. (*Cp.* II. 2 (*a*).) (*d*) Passer, franchir (la frontière, la mer, etc.). (*e*) Dépasser (le but); outrepasser (les bornes de qch.). *To p. the place where one ought to have stopped*, dépasser l'endroit où il fallait s'arrêter. *Nau:* *To p. a headland*, dépasser, doubler, un cap. *F:* **To have passed the fifty mark,** avoir doublé le cap de la cinquantaine. **That passes my comprehension,** cela passe ma compréhension; cela dépasse mon entendement; cela me dépasse. **He has passed the Chair,** il a déjà exercé les fonctions de président; il a fait son année de présidence. (*f*) Surpasser (qn); gagner (qn) de vitesse; dépasser, rattraper (qn, un autre navire, etc.). *Sp:* Devancer, gratter (un concurrent). (*g*) *To p. a test*, subir une épreuve avec succès. (*h*) **To pass an examination,** passer un examen; être reçu, admis, à un examen; se faire recevoir, réussir, à un examen. **To pass the written examination,** passer à l'écrit; être admissible. **To pass the oral** (*examination*), passer, être reçu, à l'oral. *See also* MUSTER[1] 1. (*i*) *Bill that has passed the House of Commons*, projet de loi qui a été voté par la Chambre des Communes. *Abs. If the bill passes*, si le projet de loi est voté; si la loi passe. (*j*) **To pass the censor, the customs,** être accepté par la censure, par la douane. **2.** Approuver. (*a*) **To pass an invoice,** approuver, admettre, apurer, une facture. *Adm:* *To p. an item of expenditure*, allouer une dépense. (*Of company*) **To pass a dividend of 5%,** approuver un dividende de 5%. (*Cp.* II. 1 (*c*).) *Boiler passed by the surveyors*, chaudière certifiée par la commission de surveillance; chaudière timbrée. *The censor has passed the play*, la censure a accordé le visa. (*b*) *Sch:* **To pass a candidate,** recevoir un candidat; admettre un candidat (à un examen). (*c*) *Parl: etc:* **To pass a bill, a resolution,** passer, voter, adopter (un projet de loi, une résolution, un ordre du jour). **3.** (*a*) Transmettre, donner. *To p. sth. from hand to hand*, passer qch. de main en main. *P. me the water, some more water, please*, passez-moi l'eau, repassez-moi de l'eau, s'il vous plaît. **To pass one's word,** donner, engager, sa parole. *Fb:* **To pass the ball,** *abs.* **to pass,** passer le ballon; faire une passe ou faire des passes. (*b*) *Book-k:* **To pass an item to current account,** passer, porter, un article en compte courant. *See also* BUCK[6]. (*c*) (Faire) passer, écouler, *F:* refiler (un faux billet de banque, etc.). **4.** Mettre, glisser. *To p. one's hand between the bars*, glisser, passer, sa main à travers les barreaux. *To p. a rope round s.o.'s neck*, passer une corde autour du cou de qn. *To p. the thread through the eye of the needle*, passer le fil dans le trou de l'aiguille. *To p. a sponge over sth.*, passer l'éponge sur qch. *To p. one's eye over sth.*, jeter un coup d'œil sur qch. **5.** *Mil:* **To pass troops in review,** passer des troupes en revue. **6.** *Nau:* **To pass a stopper,** fouetter une bosse. **7.** **To pass the spring abroad,** passer le printemps à l'étranger. *To p. a few pleasant days with s.o.*, couler quelques jours agréables chez qn. **To pass (away) the time,** passer le temps. **To pass the time (in) painting,** passer le temps à peindre; s'amuser à faire de la peinture. **8.** (*a*) *Jur:* **To pass sentence,** prononcer le jugement. *See also* JUDGMENT 1, SENTENCE[1] 1. (*b*) **To pass a criticism on sth.,** faire la critique de qch. *F:* **To pass remarks on sth.,** faire des remarques, des commentaires, sur qch. *See also* TIME[1] 6. **9.** *Hyg: Med:* Évacuer. *To p. sth. with the stools*, rendre qch. avec, dans, les selles. **To pass blood,** être affecté d'hématurie; *F:* pisser du sang. **10.** *Abs. Cards: etc:* Passer (son tour); renoncer; passer parole. (*At dominoes*) Bouder.

pass across, *v.i.* Traverser (la rue, etc.).

pass along. **1.** *v.i.* (*a*) (*Prepositional use*) Passer par (la rue, etc.). *Rail: etc:* **Pass along the car!** avancez! dégagez la portière! (*b*) (*Adverbial use*) **Pass along!** (i) circulez! (ii) passez votre chemin! *The procession passed along in perfect order*, la procession s'est déroulée dans le plus bel ordre. **2.** *v.tr.* Faire passer (qch.) de main en main.

pass away. **1.** *v.i.* (*a*) *See* PASS[3] I. 4 (*a*). (*b*) Passer de vie à trépas; trépasser, rendre le dernier soupir. *He passed away in the night*, il a passé, il est mort, pendant la nuit. *He passed away in my arms*, il s'éteignit entre mes bras. *His old friends have all passed away*, ses vieux amis ont tous disparu. **2.** *v.tr.* *See* PASS[3] II. 7.
passing away, *s.* Mort *f*, trépas *m*.

pass beyond, *v.i.* Passer au delà de, dépasser (qch.).

pass by. **1.** *v.i.* *See* PASS[3] I. 1 (*b*), 2. **2.** *v.tr.* Négliger, omettre (qch.); passer (qch.) sous silence; fermer les yeux sur (une faute); passer, pardonner (une faute); ne tenir aucun compte de (qn, qch.); ne pas relever (un mot piquant, etc.).

pass down. **1.** *v.i.* Passer par, descendre (la rue). **Pass down the car!** avancez! dégagez la portière! (*Of inspecting officer*) **To pass down the ranks,** passer sur le front (des hommes rassemblés). **2.** *v.tr.* *To p. sth. down from a shelf*, descendre qch. d'un rayon (pour le remettre aux mains de qn).

pass in, *v.i.* **1.** Entrer. **2.** *U.S: F:* Trépasser, mourir.

pass off. **1.** *v.i.* (*a*) (*Of pain, smell, etc.*) Se passer; disparaître. *The novelty will soon p. off,* la nouveauté passera bientôt. *My headache has passed off,* mon mal de tête est passé, a passé. (*b*) *Everything passed off smoothly,* tout s'est bien passé. *The demonstration passed off without disorder,* la manifestation s'est déroulée sans désordre. **2.** *v.tr.* (*a*) **To pass sth. off on s.o.,** repasser, *F:* colloquer, qch. à qn. *Jur: To p. off one's goods as those of another make,* faire passer ses propres produits pour ceux d'une autre marque (délit de concurrence déloyale). (*b*) **To pass oneself off as, for, an artist,** se faire passer pour artiste. (*c*) **To pass sth. off as a joke,** (i) prendre qch. en riant; (ii) dire que cela a été fait pour rire.

pass on. **1.** *v.i.* (*a*) Passer son chemin; passer outre; continuer sa route. *To p. on to a new subject,* passer à un nouveau sujet. (*b*) Passer à la vie éternelle; trépasser. **2.** *v.tr.* Faire circuler (qch.); faire passer (qch.) de main en main. *To p. on an order, a warning, to s.o.,* passer, transmettre, un ordre, un avertissement, à qn. *Read this and p. it on,* lisez ceci et faites circuler.

passing on, *s.* Transmission *f* (d'un ordre, etc.).

pass out. **1.** *v.i.* (*a*) Sortir (d'une salle, etc.). (*b*) *This estate must not p. out of your hands,* il ne faut pas que ce domaine vous sorte des mains, que ce domaine passe à d'autres. (*c*) *Sch:* (*Of pupils, after final examination*) Sortir. *Cadets passing out,* élèves sortants. (*d*) (i) *U.S: F:* S'évanouir; se trouver mal. (ii) *F:* Mourir. **2.** *v.tr.* (*a*) *To p. sth. out of the window,* sortir qch. par la fenêtre. (*b*) Distribuer (des catalogues, etc.).

passing out, *s.* *Sch:* **Passing-out list,** classement *m* de sortie.

pass-'out check, ticket, *s.* *Th: etc:* Contremarque *f* de sortie.

pass over. I. *v.i.* **1.** (*Prepositional use*) (*a*) *To p. over a river,* traverser, franchir, une rivière. *To p. over an obstacle,* franchir un obstacle; passer sur un obstacle. *A change passed over his face,* son visage changea d'expression. *A smile passed over her lips,* un sourire glissa sur ses lèvres. (*b*) Passer (qch.) sous silence; passer sur, glisser sur, couler sur (une difficulté, les défauts de qn). *P. over the details,* vous pouvez omettre les détails. **2.** (*Adverbial use*) (*a*) **To pass over to the enemy,** passer à l'ennemi. (*b*) (*Of storm*) Se dissiper, finir. (*c*) Passer à la vie éternelle; trépasser.

II. **pass over,** *v.tr.* **1.** Donner, transmettre (qch. à qn). **2.** **To pass s.o. over** (*in making a promotion*), passer par-dessus le dos à qn; faire un passe-droit.

pass round. **1.** *v.i.* (*a*) (*Prepositional use*) Contourner (un village, un obstacle). (*b*) (*Adverbial use*) *The bottle passes round,* la bouteille passe, circule, de main en main. **2.** *v.tr.* Faire circuler, faire passer (les gâteaux, etc.). *To p. round the wine,* faire circuler le vin. *See also* HAT[1].

pass through, *v.i.* **1.** *To p. through the garden,* passer par le jardin. *To p. through a country,* traverser un pays. *Traveller passing through Paris,* voyageur *m* de passage à Paris. *Ships passing through the Suez Canal,* navires transiteurs du canal de Suez. *To p. through a portal,* franchir un portail. **2.** *To p. through heavy trials,* passer par de rudes épreuves. *To p. through a crisis,* traverser une crise.

passing through, *s.* Traversée *f* (d'une ville, etc.).

pass up, *v.tr.* **1.** Monter (qch.). **2.** *U.S: To p. up an opportunity,* négliger, laisser passer, une occasion. *To p. up ministerial office,* refuser un portefeuille. *To p. up all hopes of success,* renoncer à tout espoir de réussir.

passing[1]. **1.** *a.* (*a*) (*Of pers., etc.*) Passant. *A p. cyclist,* un cycliste qui passait par là. *P. traveller,* voyageur, -euse, de passage. *Nau:* **Ships passing,** navires *m* à contre-bord. **Passing events,** événements actuels, du jour; actualités *f*. *P. remark,* remarque *f* en passant. (*b*) Passager, éphémère. *P. whim,* lubie *f*. *A p. fancy, F:* une passionnette *f*. *P. desire,* désir fugitif. *The p. hour,* l'heure fugitive. **2.** *adv.* Extrêmement, fort (riche, etc.). **Passing fair,** de toute beauté; beau, belle, comme le jour, comme un ange.

passing[2], *s.* **1.** (*a*) Passage *m* (d'un train, etc.); passe *f* (d'oiseaux, etc.). (*b*) (*Overtaking*) Dépassement *m*, doublement *m* (d'une autre voiture). **2.** (*a*) Disparition *f* (du charme de qn, etc.); écoulement *m* (du temps). (*b*) Mort *f*, trépas *m*. *Lit:* **The passing of Arthur,** le trépas, la mort, d'Arthur. **3.** Admission *f* (d'un candidat). **4.** *Jur:* Prononcé *m* (du jugement). **5.** (*a*) *Pol: etc:* Adoption *f* (d'une résolution, etc.); vote *m* (d'une loi). (*b*) *P. of the accounts,* approbation *f* des comptes. **6.** *Fb:* Passe *f* (du ballon).

'passing-bell, *s.* Glas *m* (pour annoncer l'agonie de qn).

'passing-note, *s.* *Mus:* Note *f* de passage.

'passing-place, *s.* **1.** (*a*) Gué *m*. (*b*) Endroit *m* où l'on peut passer en bac. **2.** *Rail:* Voie *f* d'évitement, de dédoublement.

passable ['pɑːsəbl], *a.* **1.** (*a*) (Rivière *f*, bois *m*, etc.) traversable, franchissable; (route *f*) praticable. *P. by vehicles,* carrossable. (*b*) (Monnaie *f*) ayant cours. **2.** (*a*) Passable, assez bon, *F:* potable. (*b*) *adv.* **Passable good,** assez bon. **-ably,** *adv.* Passablement, assez. *He plays very p.,* il joue très passablement. *She is p. good-looking,* elle est assez jolie. *A p. good-looking individual,* un individu pas trop mal tourné.

passacaglia [pasa'kɑːlja], *s.* *Danc: A:* Passacaille *f*.

passade [pa'seid], *s.* *Equit:* Passade *f*.

passage[1] ['pasedʒ], *s.* **1.** Passage *m*. (*a*) *P. of a ray of light through a prism,* trajet *m* d'un rayon à travers un prisme. *The p. of the herrings,* le passage des harengs. *P. of birds,* passe *f* d'oiseaux. **Bird of passage,** oiseau *m* de passage, oiseau passager. *Nau:* **To have a bad, a fine, passage,** avoir, faire, une mauvaise, une belle, traversée. **Passage(-money),** (prix *m* du) passage, (prix de la) traversée. *To pay for one's p.,* payer son passage. **To work one's passage,** gagner son passage. *To book a p. on a boat,* prendre passage sur un bateau. (*To ferryman*) *Can you give me a p. in your boat?* pouvez-vous me passer? *Tex:* **Passage of the shuttle,** trajet de la navette. *Surg:* **False passage,** fausse-route *f*, *pl.* fausses-routes (d'une bougie, etc.). (*b*) **To force a passage,** se frayer un passage de force. *Jur:* **Right of passage,** droit *m* de passage. (*c*) *Pol:* **Passage of a bill,** adoption *f* d'un projet de loi. (*d*) *The sudden p. from heat to cold,* le passage subit, la transition abrupte, du chaud au froid. **2.** (*a*) Couloir *m*, corridor *m*. *N.Arch:* Coursive *f*. (*b*) Passage, ruelle *f*, allée *f*; (*at end of street*) échappée *f*. (*c*) *Geog. & Nau:* **The North-West passage, the North-East passage,** le passage Nord-Ouest, Nord-Est. **3.** (*a*) *Mec.E: etc:* **Steam passage,** conduite *f* de vapeur; canal, -aux *m*, à vapeur. **Air passage,** conduit *m* d'aérage; conduit à air; conduite à air. (*b*) *Med: F:* **The passage,** (i) l'urètre *m*, (ii) le rectum. *See also* WIND-PASSAGE. **4.** (*a*) *pl.* **Passages,** rapports (amoureux, etc.); relations *f* intimes. *Passages of confidence,* échange *m* de secrets. *I had noted some passages between the postman and the maid,* j'avais surpris certaines privautés entre le facteur et la bonne. (*b*) **Passage of arms, at arms,** (i) *A:* pas *m* d'armes; (ii) *F:* passe *f* d'armes; échange *m* de mots vifs. **To have a passage at arms with s.o.,** avoir une prise de bec avec qn. *There was a p. of arms between them at the meeting,* ils se sont pris à partie au cours de la réunion. **5.** Passage (d'un texte, d'un morceau de musique). *An obscure p. in Virgil,* un passage obscur de Virgile. **The love passages,** les pages *f* d'amour (du livre); les scènes *f* d'amour, les scènes amoureuses (de la comédie). *The most touching p. in the book,* l'endroit le plus touchant du livre. **Selected passages,** morceaux choisis. *Mus:* **Melodic passage,** trait *m*. **6.** *Equit:* Passage, passège *m*. **7.** *Physiol:* Évacuation *f*.

'passage-way, *s.* **1.** (*Way for passage*) Passage *m*. *To leave a p.-w.,* laisser le passage libre. **2.** (*a*) Passage, ruelle *f*. (*b*) *U.S:* (*In house*) Couloir *m*, corridor *m*, vestibule *m*.

passage[2]. **1.** *v.i.* *Equit:* (*Of horse*) Passager, passéger. **2.** *v.tr.* Passager, passéger, appuyer (un cheval); porter (un cheval) de côté.

passant ['pasənt], *a.* *Her:* Passant. **Lion passant gardant,** lion léopardé.

passenger ['pas(ə)ndʒər], *s.* **1.** Voyageur, -euse; (*by sea or air*) passager, -ère. *Ship's p.,* embarquant, -ante. (*On bus*) *The outside passengers,* les voyageurs de l'impériale. *The inside passengers,* les voyageurs de l'intérieur. *Aut: The passengers in the car,* les occupants *m* de la voiture; les voyageurs. *Nau:* **Cabin passenger, first-class passenger,** passager de première classe; voyageur de salon. **Deck passenger,** passager de pont. **Steerage passenger,** passager de troisième classe; passager d'entrepont, passager de l'avant. *See also* FOOT-PASSENGER. **2.** *Sp: Ind: etc: F:* Non-valeur *f*, *pl.* non-valeurs; cinquième roue *f* (de carrosse).

'passenger car, *s.* *Rail: U.S:* Wagon *m* à voyageurs.

'passenger carriage, *s.* Voiture *f* à voyageurs.

'passenger coach, *s.* **1.** Diligence *f*. **2.** *Rail:* Wagon *m* à voyageurs.

'passenger-pigeon, *s.* *Orn:* Ectopiste migrateur, tourterelle *f* du Canada, pigeon *m* de passage.

'passenger train, *s.* *Rail:* Train *m* de voyageurs, de grande vitesse; convoi *m* de voyageurs. **To send, forward, a box by passenger-train,** expédier un colis par grande vitesse, en grande vitesse, comme messagerie.

passe-partout [pɑspɑːr'tuː], *s.* **1.** (Clef *f*, cadre *m*) passe-partout *m inv.* *Typ:* **Passe-partout plate** *or* **block,** passe-partout. **2.** Ruban *m* de bordure (de photographie sous verre, etc.); bande gommée. **Passe-partout framing,** encadrement *m* en sous-verre.

passer(-by) ['pɑːsər('bai)], *s.* (*pl.* **passers(-by)**) Passant, -ante.

passeres ['pasəriːz], *s.pl.* *Orn:* Passereaux *m*.

passerine ['pasərain]. *Orn:* **1.** *a.* Des passereaux. **2.** *s.* Passereau *m*.

passible ['pasibl], *a.* *Esp.Theol:* Passible; capable d'éprouver la douleur ou le plaisir. *Saints with bodies of flesh p.,* saints revêtus d'une chair passible.

passiflora [pasi'floːra], *s.* *Bot:* Passiflore *f*.

passimeter [pa'simetər], *s.* *Rail:* Tourniquet-compteur *m*, *pl.* tourniquets-compteurs.

passion ['paʃ(ə)n], *s.* **1.** **The Passion** (*of Christ*), la passion de Jésus-Christ; la Passion. **Passion Sunday,** le dimanche de la Passion. **Passion Week,** la semaine sainte, la semaine de la Passion. **Passion sermon,** sermon *m* sur la passion; *F:* passion. *Mus:* **The Saint Matthew Passion,** la Passion selon saint Matthieu (de J. S. Bach). **2.** Passion. *To master one's passions,* dominer ses passions. *Indulgence of the passions,* abandon passionnel. **Ruling passion,** passion dominante. *Pictures are his sole p.,* les tableaux sont ses seules amours. *P. for music,* passion pour la musique. *A p. for the truth,* la passion de la vérité. **To have a passion for painting, for gaming,** avoir la passion de la peinture, la rage du jeu. *P. for work,* acharnement *m* au travail, pour le travail. *To have a p. for doing sth.,* avoir la passion de, s'acharner à, faire qch. *Their p. for seeing soldiers pass,* la passion qu'ils avaient de regarder passer les soldats. *Enthusiasm lends p. to his style,* l'enthousiasme passionne son style. **3.** Accès *m* de colère, de fureur; colère *f*, emportement *m*. **Fit of passion,** accès de colère. **To put s.o. into a passion,** mettre qn en colère. **To be in a passion,** être furieux; être pris de colère. *See also* FLY[3] I. 3. **4.** Amour *m*, passion. **To conceive a passion for s.o.,** se prendre d'amour pour qn; *F:* s'enticher de qn. **5.** Accès, transport *m* (de douleur, etc.); crise *f* (de larmes). *She burst into a p. of tears,* elle eut une crise de larmes terrible. *See also* ILIAC[1] I.

'passion-flower, *s.* *Bot:* Passiflore *f*; fleur *f* de la Passion; passionnaire *f*.

'passion-play, *s.* *Lit.Hist:* Mystère *m*, représentation *f*, de la Passion.

'Passion-tide, *s.* Semaine *f* de la Passion.

passional[1] ['paʃən(ə)l], *a.* *Phil:* (Sentiment) passionnel; (attraction) passionnelle.

passional[2], **passionary** ['paʃənəri], *s.* *Ecc:* Passionnaire *m*.

passionate ['paʃənet], *a.* **1.** Emporté, irascible; (discours) véhément. **2.** Passionné, ardent. *P. embrace*, étreinte ardente, passionnée. **-ly,** *adv.* **1.** Passionnément, ardemment; avec passion. **To be passionately in love with s.o.,** aimer qn à la folie, à la fureur, à la passion; éprouver une grande passion pour qn. *P. interesting piece of work*, œuvre passionnante à entreprendre. **To be passionately fond of sth., of doing sth.,** être passionné de qch.; avoir la passion de faire qch. *To become p. fond of sth.*, se passionner pour qch. **2.** Avec colère, avec emportement.

passionateness ['paʃənetnəs], *s.* **1.** Passion *f*, ardeur *f*. **2.** Véhémence *f*, emportement *m*.

Passionist ['paʃənist], *s.* *Ecc:* Passion(n)iste *m*.

passionless ['paʃənləs], *a.* Sans passion, dépourvu de passion; impassible. **-ly,** *adv.* Sans passion; d'un air ou d'un ton impassible.

passive ['pasiv]. **1.** *a.* (*a*) Passif. **Passive resistance,** résistance passive; résistance inerte. *The nation remained p.*, la nation ne réagissait pas; l'opinion *f* restait inerte. (*b*) *Com:* **Passive debts,** dettes *f* ne portant pas intérêt. (*c*) *Lacem:* **Passive bobbins,** fuseaux *m* de la chaîne. **2.** *a. & s. Gram:* **The passive (voice),** la voix passive; le passif. **Verb in the passive,** verbe *m* à la voix passive; verbe au passif. **-ly,** *adv.* Passivement.

passiveness ['pasivnəs], **passivity** [pa'siviti], *s.* Passivité *f* (de l'esprit, d'un métal, etc.); inertie *f*.

passover ['pɑːsouvər], *s.* **1.** La Pâque. **2. To eat the passover,** manger la pâque, l'agneau pascal.

passport ['pɑːspɔːrt], *s.* (*a*) Passeport *m*. (*b*) **Ship's passport,** permis *m* de navigation. *F: Money is a p. to everything*, l'argent *m* est un bon passe-partout.

password ['pɑːswəːrd], *s.* Mot *m* de passe; mot d'ordre; consigne *f*; mot de ralliement.

past[1] [pɑːst]. **1.** *a.* (*a*) Passé, ancien. *Those days are p.*, ces jours sont passés. *P. event*, événement passé. **In ages past and gone,** au temps passé et disparu. **In times past,** autrefois; *F:* au temps jadis. *See also* RECORD[1] 5. (*b*) *Gram:* **Past participle,** participe passé. **Verb in the past tense,** verbe *m* au passé. (*c*) (*Immediately past*) Passé, dernier. *The p. week*, la semaine dernière, passée. *The p. few years*, ces dernières années; ces années passées. **For some time past,** depuis quelque temps. *For a week p. he had . . .*, pendant une semaine auparavant il avait. . . . **2.** *s.* Passé *m*. (*a*) **In the past,** au temps passé; autrefois. **As in the past,** comme par le passé. *The old plan is* **a thing of the past,** l'ancien projet (i) n'existe plus; (ii) est périmé. *This is no longer the England of the p.*, ce pays n'est plus l'Angleterre des temps passés, d'autrefois. *Gram:* **Verb in the past,** verbe *m* au passé. (*b*) **Town with a past,** ville *f* historique. (*c*) (*Of pers.*) Antécédents *mpl*. **Woman with a past,** femme *f* avec un passé (qu'il vaut mieux taire). *See also* RAKE UP.

'past-'master, *s.* **1.** (*a*) *A:* Passé maître, maître passé (d'un corps de métier). (*b*) *F:* **Past-master in deceit, past-master of irony,** maître passé en fait de tromperie, en fait d'ironie. *He is a p.-m. at it*, il est expert dans la matière. *To be a p.-m. at doing sth.*, être passé maître dans l'art de faire qch. **2.** Ancien maître (d'une loge de francs-maçons); ancien président (d'une des corporations de la Cité).

'past 'president, *s.* Ancien président.

past[2]. **1.** *prep.* Au delà de. (*a*) *A little p. the bridge*, un peu plus loin que le pont. *To walk p. s.o., p. the house*, passer qn, la maison; passer devant qn, devant la maison. *The train ran p. the signal*, le train brûla, dépassa, le signal. *I had some difficulty in getting p. the sentry*, j'ai eu du mal pour passer devant le factionnaire, pour forcer la consigne du factionnaire. (*b*) Plus de. *He is p. eighty*, il a plus de quatre-vingts ans; il a quatre-vingts ans passés. **It is past four (o'clock),** il est passé quatre heures; il est quatre heures passées; il est plus de quatre heures. **A quarter past four,** quatre heures et quart; quatre heures un quart. **Ten (minutes) past four,** quatre heures dix (minutes). **Half past four,** quatre heures et demie. **Half past twelve,** midi et demi, minuit et demi. *We will wait till* **half past,** nous attendrons jusqu'à la demie. *It is half past*, il est la demie. *Every hour at half past, every thirty minutes past the hour*, toutes les heures à la demie. (*c*) **Past all understanding,** hors de toute compréhension. **Past endurance,** qui ne peut être supporté plus longtemps; insupportable. *Malady p. cure*, maladie *f* inguérissable, incurable. *See also* CURE[1] 2. *That is p. all belief*, cela n'est pas à croire. **To be past one's work,** être trop vieux pour travailler, n'être plus en état de travailler. *I am p. dancing, p. work*, je ne suis plus d'âge à danser, à travailler. *To be p. child-bearing*, avoir passé l'âge d'avoir des enfants. *To be p. caring for sth.*, être revenu de qch. *F:* **I wouldn't put it past him** *that he did it himself*, je ne le croirais pas incapable de l'avoir fait lui-même. *See also* HOPE[1] I, PRAY I, SHAME[1] I. **2.** *adv.* **To walk, go, past,** passer. **To run past,** passer en courant. **To march past,** défiler. **Going past,** passage *m*. **Marching past,** défilé *m*.

paste[1] [peist], *s.* **1.** *Cu:* Pâte *f* (de pâtisserie). *See also* PUFF-PASTE. **2.** Pâte. *To make a powder into a p.*, mettre une poudre en pâte, en bouillie, faire une pâte avec une poudre. **Dental paste,** pâte dentifrice. **Nail paste,** gelée *f* pour les ongles. *Cu:* **Bloater paste,** beurre *m* de harengs. *Anchovy p.*, beurre d'anchois. **Italian paste,** pâte d'Italie; pâtes alimentaires. *El:* **Accumulator paste,** empâtage *m* pour grilles d'accumulateurs. *See also* ALMOND-PASTE, RAZOR-PASTE, TOOTH-PASTE. **3.** Colle *f* (de pâte). **Starch paste,** colle d'amidon. *See also* SCISSOR[1] I. **4.** *Lap:* Stras(s) *m*; faux brillants. *F:* **Made of paste,** creux et faux; en toc; sans valeur. **5.** *Miner:* Pâte (d'une roche). **6.** *Cer:* Pâte. **Soft paste,** pâte tendre. **Hard paste,** pâte dure.

'paste-board, *s.* *Cu:* Planche *f* à pâte. (*Cp.* PASTEBOARD I.)

'paste-cutter, *s.* *Cu:* Coupe-pâte *m inv*.

'paste-pot, *s.* Pot *m* à colle.

paste[2], *v.tr.* **1.** Coller. (*a*) **To paste (up) a placard,** coller une affiche; afficher un avis. (*b*) *To p. a screen with pictures*, coller des images sur un écran. **2.** Empâter (une plaque d'accumulateur, etc.). *Pasted plate*, plaque empâtée, tartinée. **3.** *P:* Flanquer une raclée, une rossée, à (qn). *To p. s.o. on the face*, flanquer un soufflet à qn; coller son poing sur la figure de qn.

'paste-'on, *s.* **1.** *Typ:* Becquet *m*, béquet *m*. **2.** *Attrib.* **Paste-on album,** album *m* à coller des images, des articles, etc. *Bookb:* **Paste-on label,** applique *f*.

paste up, *v.tr.* *Journ:* Rassembler dans un cahier (des articles parus).

'paste-'up, *s.* Série *f* d'articles mis en ordre et collés dans un cahier.

pasting, *s.* **1.** (*a*) Collage *m* (d'affiches, d'images). (*b*) Empâtage *m* (de plaques d'accus). **2.** *P:* Rossée *f*. **To give s.o. a pasting,** flanquer une raclée, une rossée, à qn.

pasteboard ['peistbɔːrd], *s.* **1.** (*a*) Carton *m* (de collage); carton-pâte *m*, *pl.* cartons-pâte. **Pasteboard box,** carton. *P. nose*, nez *m* en carton. *F:* **Pasteboard house,** maison *f* en carton-pâte; bâtisse *f*. (*b*) *F:* (i) Carte *f* (de visite); (ii) carte à jouer; cartes à jouer; (iii) billet *m* (de chemin de fer, etc.); *P:* biffeton *m*. *To drop a p. on s.o.*, déposer sa carte, un bristol, son carton, chez qn. **2.** = PASTE-BOARD.

paste-egg ['peisteg], *s.* *Dial:* = PASCH-EGG.

pastel[1] ['pastəl], *s.* *Art:* Pastel *m*; crayon *m* pastel. *Picture in p.*, tableau *m* au pastel. *P. drawing, drawing in p.*, (dessin *m* au) pastel. *To draw in p.*, dessiner au pastel. **Pastel blue,** bleu pastel. **Pastel shades,** couleurs *f* tendres.

pastel[2], *s.* *Bot:* *Dy:* Pastel *m*, guède *f*.

pastel(l)ist ['pastelist], *s.* *Art:* Pastelliste *mf*.

pastern ['pastərn], *s.* *Farr:* Paturon *m*. **Small pastern,** os *m* coronaire. *Horse short in the p.*, cheval court-jointé. **Pastern-joint,** boulet *m*.

-pasterned ['pastərnd], *a.* (*With adj. prefixed, e.g.*) **Long-pasterned** *horse*, cheval haut-jointé, long-jointé. **Short-pasterned,** court-jointé.

Pasteurian [pas'təːriən], *a.* *Bio-Ch:* Pasteurien. *See also* STERILIZER.

Pasteurism ['pastəːrizm], *s.* *Hyg:* Méthode pasteurienne; méthodes de Pasteur.

Pasteurization [pastəːrai'zeiʃ(ə)n], *s.* Pasteurisation *f*; stérilisation *f* (d'un aliment).

Pasteurize ['pastəːraːiz], *v.tr.* Pasteuriser; stériliser. **Pasteurized milk,** lait pasteurisé.

Pasteurizer ['pastəːraizər], *s.* (*Device*) Pasteurisateur *m* (de lait, etc.).

pasticcio [pas'titʃo], **pastiche** [pas'tiːʃ], *s.* *Art:* *Lit:* *Mus:* Pastiche *m*.

pastille [pas'tiːl], *s.* **1.** Pastille *f* (à manger). *Chocolate pastilles*, pastilles de chocolat. **2.** Pastille à brûler.

pastime ['pɑːstaim], *s.* Passe-temps *m inv*, amusement *m*, distraction *f*, divertissement *m*, délassement *m*.

pastiness ['peistinəs], *s.* **1.** Nature pâteuse, consistance pâteuse (du pain, etc.). **2.** Teint brouillé; pâleur terreuse (du teint).

pastor ['pɑːstər], *s.* **1.** *A:* Pasteur *m*, berger *m*, pâtre *m*. **2.** *Ecc:* (*a*) Pasteur, ministre *m*. (*b*) *U.S:* Prêtre *m*, ecclésiastique *m*. **3.** *Orn:* Martin roselin; martin rose.

pastoral ['pɑːstərəl]. **1.** *a.* Pastoral, -aux. (*a*) **Pastoral tribes,** tribus pastorales; peuples pasteurs. **Pastoral land,** (terre *f* en) pâturages *mpl*. (*b*) **Pastoral epistles** (*of St Paul*), épîtres pastorales. *Ecc:* **Pastoral letter,** *s.* **pastoral,** (lettre) pastorale; instruction pastorale; mandement *m* (de l'évêque). **The pastoral ring,** l'anneau pastoral. **2.** *s.* Pastorale *f*. (*a*) *Lit:* Poème pastoral; bergerie *f*; églogue *f*; pastourelle *f*. *Mus:* **Pastoral song,** pastourelle; bergerette *f* champêtre. (*b*) *Art:* Scène pastorale. (*c*) *Th:* Pièce pastorale. **-ally,** *adv.* *Ecc:* Pastoralement.

pastorale, *pl.* **-li** [pasto'rɑːle, -liː], *s.* *Mus:* *Th:* Pastorale *f*.

pastorate ['pɑːstəret], **pastorship** ['pɑːstərʃip], *s.* *Ecc:* **1.** Pastorat *m*. **2.** *Coll.* Les pasteurs *m*.

pastry ['peistri], *s.* **1.** Pâtisserie *f*. **To make pastry,** faire de la pâtisserie; pâtisser. *See also* GENOESE. **2.** Pâte *f*. *See also* PUFF-PASTRY, SHORT[1] I. 4.

'pastry-brush, *s.* Doroir *m*.

'pastry-cook, *s.* Pâtissier, -ière. **Pastry-cook's business,** pâtisserie *f*.

'pastry-making, *s.* Pâtisserie *f*.

'pastry-stand, *s.* Clayon *m* pour pâtisseries; volette *f*.

pasturable ['pɑːstjurəbl], *a.* (Plaine *f*, etc.) pâturable.

pasturage ['pɑːstjuredʒ], *s.* **1.** (*a*) Pâturage *m*, pacage *m* (des bestiaux, du cheptel). (*b*) *Jur:* (*Scot.*) Droit *m* de pacage. **2.** = PASTURE[1] I.

pasture[1] ['pɑːstjər], *s.* **1.** Lieu *m* de pâture; pré *m*; pâturage *m*, pâtis *m*, herbage *m*; gagnage *m*, pacage *m*; (*for deer*) viandis *m*. **Forest pasture,** pâturage en forêt. **To take cattle out to pasture,** mener des bêtes en pâture. **Common pasture,** vaine pâture. **2.** = PASTURAGE I. **Right of pasture,** droit *m* de parcours et vaine pâture.

'pasture-ground, *s.* Lieu *m* de pâturage; pacage *m*.

'pasture-land, *s.* Pâturages *mpl*; herbages *mpl*.

pasture[2]. **1.** (*Of animals*) (*a*) *v.i.* Paître, pâturer, pacager. (*b*) *v.tr.* Paître (l'herbe); pâturer (un pré). **2.** *v.tr.* (*Of shepherd*) (*a*) (Faire) paître, mener paître (les bêtes). (*b*) Pâturer (un pré).

pasturing, *s.* Pacage *m*.

pasty[1] ['peisti], *a.* **1.** Empâté; pâteux. **2. Pasty complexion,** teint terreux, brouillé; teint colle de pâte. **Pasty face,** visage terreux; *F:* figure en papier mâché.

'pasty-faced, *a.* Au teint brouillé, terreux.

pasty[2] ['pasti], *s.* *Cu:* Pâté *m* (de gibier, etc.) sans terrine. *Partridge p.*, ballottine *f* de perdreau.

pat[1] [pat], *s.* **1.** (*a*) Coup *m* de patte; coup léger; petite tape *f*; tapette *f*. (*b*) Caresse *f*. *To give a dog a pat*, caresser un chien. *F:* **Pat on the back,** éloge *m*; mot *m* d'encouragement. **To give s.o.,**

oneself, a pat on the back = *to pat s.o., oneself, on the back, q.v. under* PAT². **2.** Bruit sourd de pas, etc.; pas feutrés. *See also* PIT-A-PAT. **3.** (*a*) Rondelle *f*, médaillon *m*, pelote *f* (de beurre). (*b*) Motte *f*, pain *m* (de beurre). **4.** Palette *f*. *See* BUTTER-PAT I.

pat², *v.tr.* (**patted; patting**) (*a*) Taper, tapoter. *To pat one's hair*, se taper les cheveux. (*b*) Caresser, faire des caresses à (un animal, etc.); flatter (qn, un animal, etc.) de la main. *He patted my cheek, patted me on the cheek*, il me tapota la joue, il me donna une petite tape sur la joue. *To pat a dog on the back*, flatter le dos d'un chien. **To pat s.o. on the back,** (i) donner une tape à qn dans le dos; (ii) encourager qn. **To pat oneself on the back over sth., for having done sth.,** s'applaudir de qch.; s'enorgueillir d'avoir fait qch.

pat down, *v.tr.* Aplatir (qch.) avec des petits coups de la main; tapoter (qch.) pour l'aplatir.

patting, *s.* Tapotement *m*; caresses *fpl*.

'pat-ball, *s.* **1.** *Games:* Balle *f* au camp. **2.** *Ten:* Jeu faiblard; jeu de petites pensionnaires.

pat³. **1.** *adv.* À propos. *The example came pat to his purpose*, cet exemple lui vint à propos, tout juste à point. **To answer s.o. pat,** donner la réplique à qn; répondre sur-le-champ, sans hésiter, chou pour chou, à qn. *He answered pat, his answer came pat*, il répliqua sur-le-champ, du tac au tac. **To know sth. off pat,** savoir qch. exactement, par cœur. **To stand pat,** (i) *Cards:* jouer d'autorité; (ii) *U.S:* refuser de bouger. *U.S: I'll stand pat on that*, je m'en tiens à ce que j'ai dit; **je n'en démordrai pas.** **2.** *a.* (*a*) (*Of remark, etc.*) Apte; à propos. **Pat answer,** (i) réponse bien tapée; (ii) réponse faite sans hésiter. *He always has an excuse pat*, il a toujours une excuse toute prête. (*b*) *Cards:* (*At poker*) **Pat hand,** jeu *m* dont on ne veut rien écarter. **-ly,** *adv.* = PAT³ I.

Pat⁴. *Pr.n.m.* (*Dim. of Patrick*) Patrice. (*Pat* est le surnom habituel des Irlandais.)

patagium, *pl.* **-ia** [pata'dʒaiəm, -aiə], *s.* *Rom.Ant.* & *Z:* Patagium *m*.

Patagonia [pata'gounjə]. *Pr.n. Geog:* La Patagonie.

Patagonian [pata'gounjən], *a.* & *s.* *Geog:* Patagon, -one.

patch¹ [patʃ], *s.* **1.** (*a*) Pièce *f* (pour raccommoder). **To put a patch on a garment,** poser une pièce à, rapiécer, un vêtement. *F:* **Not to be a patch on s.o., on sth.,** ne pas aller à la cheville de qn; n'être pas de taille avec qn; être loin de valoir qch. (*b*) Pièce rapportée; *Nau:* placard *m* (de voile). *Tail:* **Patch pocket,** poche rapportée, appliquée, plaquée. *Mil:* **Collar patch,** écusson *m*. *Aer:* **Rigging patch,** placard pour le raccordement du cordage. **2.** (*a*) Emplâtre *m* (sur une plaie). *Aut: etc:* **(Rubber) patch,** (*for inner tyre*) pastille *f*, patch *m*; (*for outer cover*) emplâtre, corset *m*, cuirasse *f*, chape *f*, guêtre *f*. (*b*) **(Eye-)patch,** couvre-œil *m*, *pl.* couvre-œils. (*c*) *Toil: A:* Mouche (**assassine**); *A:* assassin *m*. **3.** Tache *f* (de couleur, de lumière, etc.). *Dark p. on the horizon*, tache sombre à l'horizon. **Patch of blue sky,** pan *m*, coin *m*, échappée *f*, de ciel bleu. *P. of snow on the mountain*, flaque *f* de neige sur la montagne. *P. of oil in the street*, flaque d'huile dans la rue. *His cheeks show two red patches*, deux points *m* rouges lui tachent les joues. *Art: Darkness broken, relieved, by patches of light*, obscurité trouée de réveillons. *A station is heralded by a p. of light on the sky*, une gare s'annonce par un halo sur le ciel. *Metalw: Rough patches of a bearing*, plages *f* présentant des aspérités. *F:* **To strike a bad patch,** être en guigne, en déveine. **Book that is good in patches,** livre *m* qui a de bonnes parties. *See also* PURPLE¹ I. **4.** (*a*) Morceau *m*, coin, lopin *m*, parcelle *f* (de terre). (*b*) Carré *m*, plant *m* (de légumes). *See also* CABBAGE-PATCH.

'patch-box, *s.* *Toil:* Boîte *f* à mouches.

patch², *v.tr.* **1.** (*a*) Mettre une pièce à, rapiécer, raccommoder (un vêtement, etc.); poser une pastille à (une chambre à air); mettre une pièce à (un pneu). (*b*) Placarder (une voile). (*c*) **To patch the fragments of sth. together,** réunir les fragments de qch; raccorder (deux récits). **2.** *Usu.pass.* Tacheter (qch.). *Grey rocks patched with moss*, roches grises plaquées de mousse.

patch up, *v.tr.* (*a*) Rapetasser, ravauder (de vieux vêtements), rafistoler, *F:* rabibocher, *P:* rabobiner (une machine, etc.); *F:* arranger, ajuster, *F:* rabibocher, replâtrer (une querelle); mettre un emplâtre à (sa fortune). *F:* **Patched up peace,** paix fourrée, plâtrée, boiteuse; replâtrage *m*. *To go south to p. up one's lungs*, aller dans le Midi pour se retaper, pour se radouber, les poumons. (*b*) Bâcler, bousiller, saveter, saboter (un travail).

patching up, *s.* (*a*) Rapetassage *m*, ravaudage *m*, rafistolage *m*. (*b*) Bâclage *m*, sabotage *m*.

patching, *s.* Rapiècement *m*, rapiéçage *m*, raccommodage *m*.

patcher ['patʃər], *s.* **1.** (*a*) Raccommodeur, -euse, rapetasseur, -euse. (*b*) **Patcher-up,** badigeonneur *m* (de meubles, etc.). **2.** **Patcher-up,** bâcleur, -euse; bousilleur, -euse; saboteur, -euse.

patchiness ['patʃinəs], *s.* (*a*) Effet *m* de teintes ou couleurs mal fondues, mal venues. (*b*) Manque *m* d'harmonie (d'un paysage, etc.). *P. of a book*, manque d'unité d'un livre.

patchouli [pa'tʃuːli], *s.* *Bot: Toil:* Patchouli *m*. **'Patchouli oil,** essence *f* de patchouli.

patchwork ['patʃwəːrk], *s.* Ouvrage fait de pièces et de morceaux, de pièces de rapport, de pièces disparates. *F:* (*Of literary composition, etc.*) Marqueterie *f*. *P. of fields*, campagne bigarrée. *Book that is mere p.*, livre *m* qui n'est qu'un rapiéçage, qu'un placage. *Attrib.* **Patchwork quilt,** couvre-pied *m*, *pl.* couvre-pieds, à combinaisons enchevêtrées. *P. building*, bâtiment *m* hétéroclite. **Patchwork peace,** traité *m* de paix sans unité de conception; paix *f* disparate.

patchy ['patʃi], *a.* (*a*) (*Of paint, etc.*) Qui offre des taches, qui manque de fondu; inégal, -aux. (*b*) (*Of book, etc.*) Inégal; qui manque d'unité.

pate [peit], *s.* *F.* & *Hum:* Tête *f*, caboche *f*, caillou, -oux *m*. *See also* BALD-PATE, GRIZZLE-PATE.

-pated ['peitid], *a.* *F:* (*With adj. prefixed, e.g.*) **Empty-pated,** à la tête vide, qui n'a rien dans la caboche. *See also* GIDDY-PATED.

patella [pa'telə], *s.* **1.** *Anat:* Rotule *f* (du genou). **2.** *Archeol: Moll: Bot:* Patelle *f*.

patellar [pa'telər], *a.* *Anat:* (Ligament, etc.) rotulien.

paten ['pat(ə)n], *s.* *Ecc:* Patène *f*.

patency ['peitənsi], *s.* **1.** Évidence *f* (d'un fait, etc.). **2.** État ouvert, inobstrué (d'une entrée, etc.).

patent¹ ['peitənt]. I. *a.* **1.** *Jur:* **Letters patent,** lettres patentes; (i) brevet *m* d'invention, d'inventeur; (ii) lettres de noblesse. **2.** Breveté. *P. goods*, articles brevetés. *P. collar-stud*, bouton *m* de col à système. **Patent medicine,** spécialité pharmaceutique, médicale. **Patent food,** spécialité alimentaire. **Patent fuel,** briquettes *fpl*, boulets *mpl*, agglomérés *mpl*, etc. **Patent leather,** cuir verni. *P.-leather shoes*, souliers vernis. *F:* **To have a patent way of doing sth.,** avoir une façon à soi de faire qch. *See also* LOG¹ 2, TOPSAIL. **3.** (*a*) (*Of door*) Ouvert; (*of passage*) inobstrué, libre. (*b*) *Bot:* (*Of petals, leaves, etc.*) Étalé. **4.** (Fait, etc.) patent, manifeste, clair, évident. *How can we deny p. facts?* comment nier l'évidence même? *Jur:* **Patent offence,** délit constant. **Patent and established crime,** crime avéré. **-ly,** *adv.* Manifestement; clairement.

II. **patent,** *s.* **1.** (*a*) Lettres patentes. **Patent of nobility,** lettres d'anoblissement, de noblesse. *F:* **Patent of gentility,** marque *f*, signe *m*, de gentillesse. (*b*) *A:* Privilège *m* (de vente, de fabrication). **2.** (*a*) Brevet *m* d'invention. *P. relating to improvements*, brevet de perfectionnement. **To take out a patent,** prendre un brevet; **se faire breveter par le gouvernement.** *To take out a p. for an invention*, faire breveter une invention. **To grant a patent to s.o.,** délivrer un brevet à qn; breveter (qn). **Patent applied for,** une demande de brevet a été déposée. **Infringement of a patent,** contrefaçon *f*. *Invention the p. of which has expired*, invention tombée dans le domaine public. **Commissioner of patents,** directeur *m* de brevets. **Patent agent,** agent *m* en brevets (d'invention). **Patent engineer,** ingénieur *m* conseil (en matière de propriété industrielle). **Patent office,** bureau *m* des brevets; office national de la propriété industrielle. **Patent-rights,** propriété industrielle. **Patent-rolls,** registres *m* portant nomenclature des brevets d'invention. (*b*) Invention ou fabrication brevetée.

patent², *v.tr.* Protéger par un brevet, faire breveter (une invention); prendre un brevet pour (une invention). *F: Style patented by this author*, style *m* dont cet auteur a la spécialité; style de son invention.

patenting, *s.* Brevetage *m*.

patentable ['peitəntəbl], *a.* Brevetable.

patentee [peitən'tiː], *s.* Breveté *m*; détenteur *m*, concessionnaire *m*, possesseur *m*, titulaire *m*, du brevet.

pater (the) [ðə'peitər], *s.m.* *P:* Mon père; papa; *P:* le paternel.

patera ['patərə], *s.* *Rom.Ant: Arch:* Patère *f*.

paterfamilias [peitərfa'milias], *s.m.* *Hum:* Père de famille; chef *m* de maison.

paternal [pa'təːrn(ə)l], *a.* Paternel. *P. authority*, autorité paternelle. *The p. roof*, la maison paternelle. **The paternal side,** le côté paternel; le côté du père (dans la descendance). **-ally,** *adv.* Paternellement.

paternity [pa'təːrniti], *s.* (*a*) Paternité *f*. *F:* **To admit the paternity of a book,** avouer la paternité d'un livre. (*b*) *F:* Origine *f*. *Of doubtful p.*, de paternité douteuse, incertaine.

paternoster [patər'nɔstər], *s.* **1.** (*a*) Patenôtre *f*; pater *m*. *To say five paternosters*, dire cinq paters. *F:* **White paternoster,** patenôtre blanche. (*b*) **Paternoster (bead),** pater *m* (de rosaire). **2.** *Fish:* **Paternoster(-line),** pater-noster *m inv*; arondelle *f*. **3.** *Hyd.E: Min: Arch:* Patenôtre. **Paternoster-pump,** pompe *f* à chapelet, à godets; chapelet *m* hydraulique.

path, *pl.* **paths** [pɑːθ, pɑːðz], *s.* **1.** (*a*) Chemin *m*; sentier *m*; (*in garden, etc.*) allée *f*; (*in forest*) layon *m*. **To be in s.o.'s path,** se trouver sur la route de qn. *The* **beaten path,** le chemin battu. *The* **path of glory,** le chemin, les sentiers, de la gloire. *To follow the p. of duty, of honour*, suivre la ligne du devoir, de l'honneur. *See also* BRIDLE-PATH, DOWNWARD I, FOOTPATH, SERVICE-PATH, TOW-PATH, WAR-PATH. (*b*) = PATHWAY (*b*). (*c*) *Rac:* Piste *f*. **2.** Cours *m*, course *f* (d'un corps en mouvement); orbite *f* (d'une planète); trajectoire *f* (d'une comète); route *f* (du soleil); passage *m* (d'un rayon de lumière); ligne *f* (de vol); parcours *m* (d'une manivelle). **Path of a bullet,** (i) (*through the air*) trajectoire d'une balle; (ii) (*through the body*) sillon *m* d'une balle. *Meteor:* **Path of a storm,** trajectoire d'une dépression. *El:* **Armature path,** circuit *m* d'induit. *Magn: P. of the lines of force*, flux *m* des lignes de force.

'path-breaker, *s.* Pionnier *m*, défricheur, -euse (d'un sujet).

'path-finder, *s.* **1.** Pionnier *m*. **2.** *U.S: P:* Espion *m* de la police; mouchard *m*.

'path-racer, *s.* Bicyclette *f* pour course sur piste.

'path-racing, *s.* *Cy:* Course *f* sur piste.

Pathan [pa'tɑːn, pa'θɑːn], *s.* *Ethn:* Pat(h)an, -ane.

pathetic [pa'θetik]. **1.** *a.* (*a*) Pathétique, touchant, attendrissant. *This p. Queen of Scots*, cette malheureuse reine d'Écosse. *F:* **Isn't it pathetic?** **c'est tout de même malheureux,** triste! *She's a p. creature*, c'est une créature pitoyable. (*b*) *Anat:* **Pathetic muscle,** muscle *m* pathétique (de l'œil); grand oblique de l'œil. (*c*) Qui a rapport aux émotions. *See also* FALLACY I. **2.** *s.pl.* **Pathetics.** (*a*) Sentiments *m* pathétiques; étalage *m* de sensiblerie. (*b*) Étude *f* du pathétique. **-ally,** *adv.* Pathétiquement.

pathless ['pɑːθləs], *a.* Sans chemin frayé; sans chemin battu; (terrain *m*) vierge.

patho- ['paθo, pa'θɔ], *comb.fm.* *Med: etc:* Patho-. *Pathomania*, pathomanie. *Pathophobia*, pathophobie. *Pathopoeous*, pathopoétique.

pathogen ['paθodʒən], *s.* *Bac:* Microbe *m* pathogène.

pathogenesis [paθo'dʒenesis], *s.* *Med:* Pathogénie *f*.

pathogenetic [paθodʒe'netik], **pathogenic** [paθo'dʒenik], *a.* *Med:* Pathogénique.

pathogeny [pa'θɔdʒeni], *s.* = PATHOGENESIS.

pathognomonic [paθogno'mɔnik], *a. Med:* Pathognomonique.
pathological [paθo'lɔdʒik(ə)l], *a.* Pathologique. **-ally,** *adv.* Pathologiquement.
pathologist [pa'θɔlodʒist], *s.* Pathologiste *m.*
pathology [pa'θɔlodʒi], *s.* Pathologie *f.*
pathos ['peiθɔs], *s.* **1.** (*a*) Pathétique *m. Told with p.*, raconté d'une façon touchante. (*b*) **Affected pathos,** pathos *m.* **2.** *Mus: Lit:* **Ethos and pathos,** l'éthos *m* et le pathos.
pathway ['pɑːθwei], *s.* (*a*) Sentier *m.* (*b*) Trottoir *m* (de rue); accotement *m* (de grand chemin).
-pathy [paθi], *s.suff. Med:* -pathie *f. Hydropathy,* hydropathie. *Homoeopathy,* homéopathie. *Allopathy,* allopathie.
patience ['peiʃ(ə)ns], *s.* **1.** Patience *f.* **The patience of Job,** une patience d'ange; l'endurance *f* de Job. **To try, tax, s.o.'s patience,** mettre la patience de qn à l'épreuve; éprouver, exercer, la patience de qn. *His p. was severely tried,* sa patience a été mise à une rude épreuve. *To exhaust s.o.'s p.*, mettre la patience de qn à bout; lasser la patience de qn; mettre qn à bout de patience; impatienter qn. *My p. is exhausted, is at an end,* ma patience est à bout; je suis à bout de patience. **To have patience with s.o.,** prendre patience avec qn. *Have p.!* (prenez) patience! ayez de la patience! **To lose patience, to get out of patience,** perdre patience. *He lost p.*, il a perdu patience; il perdit son sang-froid; la patience lui échappa. *I lost all p. with him,* il m'a mis hors de moi; il a mis ma patience à bout. **Out of (all) patience,** à bout de patience; énervé, excédé. **To put s.o. out of patience,** faire perdre patience à qn. *It puts me out of p. that nothing is done,* je suis impatienté qu'on ne fasse rien. *To be out of p. with s.o.*, être à bout de patience avec qn. *I am out of p. with him,* **I have no patience with him,** il m'impatiente; il a mis ma patience à bout. *I have no p. with all your foolishness,* vous m'impatientez avec vos folies. **To possess one's soul in patience, to exercise patience,** patienter; prendre patience; s'armer, se munir, de patience. **2.** *Cards:* Réussite *f*; *A:* patience. **Russian patience,** nigaud *m.* **To play patience,** faire des réussites.
'**patience-dock,** *s. Bot:* Patience *f*; oseille-épinard *f*, *pl.* oseilles-épinards.
patient ['peiʃənt]. I. *a.* **1.** Patient, endurant. *To be p.*, patienter; prendre patience. *To be p. towards, to, with, s.o.*, avoir de la patience avec qn. **Patient of adversity,** qui sait supporter, endurer, l'adversité; qui prend l'adversité en patience. **2.** *A: Word p. of misconstruction,* mot *m* qui prête à de fausses interprétations; mot susceptible d'être mal interprété. **-ly,** *adv.* Patiemment. *To bear sth. p.*, prendre qch. en patience. *To wait p. for s.o.*, attendre qn avec patience. *We must wait p.*, il faut patienter.
II. **patient,** *s.* Malade *mf*; (*undergoing surgical treatment*) patient, -ente; (*operated upon*) opéré, -ée. *A doctor's patients,* les clients *m* d'un médecin. *See also* IN-PATIENT, OUT-PATIENT.
patina ['patina], *s.* **1.** Patine *f.* (*Of bronze*) *To take on a p.*, se patiner. *To give a p. to bronze, etc.*, patiner le bronze, etc. **2.** *Ecc: A:* = PATEN.
patinated ['patineitid], *a.* Couvert d'une patine; (bronze) patiné.
patio ['pɑːtio], *s.* **1.** *Arch:* Patio *m.* **2.** *Min:* Chantier *m* de lavage.
Patmos ['patmɔs]. *Pr.n. A.Geog:* Pat(h)mos *m.*
patness ['patnəs], *s.* A-propos *m* (d'une observation, etc.).
patriarch ['peitriɑːrk], *s.* Patriarche *m.*
patriarchal [peitri'ɑːrk(ə)l], *a.* Patriarcal, -aux. **-ally,** *adv.* Patriarcalement; en patriarche.
patriarchate ['peitriɑːrket], *s. Ecc:* Patriarcat *m.*
patrician [pa'triʃən]. **1.** *a.* & *s. Rom.Hist:* Patricien, -ienne. **The dignity of patrician, the order of the patricians,** le patriciat. **2.** *s.* (*In the later Rom. Empire*) Patrice *m.*
patriciate [pa'triʃiet], *s.* (*a*) Patriciat *m.* (*b*) *F:* Aristocratie *f* (d'un pays).
Patrick ['patrik]. *Pr.n.m.* Patrice.
patrilineal [patri'liniəl], **patrilinear** [patri'liniər], *a.* (Descendance *f*) par la ligne paternelle.
patrimonial [patri'mounjəl], *a.* Patrimonial, -aux. **-ally,** *adv.* Patrimonialement.
patrimony ['patrimoni], *s.* **1.** Patrimoine *m.* **2.** Biens fonds *mpl*, revenu *m*, d'une église; *A:* patrimoine. **3.** *Hist:* **The Patrimony of St Peter,** le Patrimoine de Saint-Pierre.
patriot ['peitriət, 'pa-], *s.* Patriote *m.*
patriotic [peitri'ɔtik, pa-], *a.* **1.** (*Of pers.*) Patriote. **2.** (Discours *m*, chanson *f*, etc.) patriotique. **-ally,** *adv.* Patriotiquement; en patriote.
patriotism ['peitriətizm, 'pa-], *s.* Patriotisme *m. Lack of p.*, antipatriotisme *m.*
patristic [pa'tristik]. *Theol:* **1.** *a.* Patristique; des Pères de l'Église. **2.** *s.pl.* (*Usu. with sing. construction*) **Patristics,** patristique *f*, patrologie *f.*
Patroclus [pa'trɔkləs]. *Pr.n.m. Gr.Lit:* Patrocle.
patrol[1] [pa'troul], *s.* **1.** Patrouille *f.* (*a*) **To go on patrol,** aller en patrouille, faire la patrouille; faire une ronde. *To be on p.*, être en patrouille; faire sa ronde. *U.S: Police officer's p.*, ronde *f* de policier. **Patrol seaplane,** hydravion *m* de surveillance. (*b*) **Patrol of six men,** patrouille de six hommes. *Mounted p.*, patrouille à cheval. *Mil: Member of a p.*, patrouilleur *m.* **Patrol leader,** chef *m* de patrouille. **2. A.A. patrol,** patrouilleur employé par l'Association automobile (dans le but de rendre aux automobilistes tous les services possibles).
pa'trol-boat, *s.* (Bateau *m*) patrouilleur *m.*
pa'trol-ship, *s.* Patrouilleur *m.*
pa'trol-wagon, *s. U.S:* Voiture *f* cellulaire; *F:* panier *m* à salade.
patrol[2], *v.* (**patrolled; patrolling**) **1.** *v.i.* Patrouiller, aller en patrouille; faire une ronde; faire la patrouille. **2.** *v.tr.* Faire la patrouille dans (un quartier, etc.). *Navy:* **To patrol the line,** patrouiller sur la ligne. *At night the streets were patrolled,* la nuit des patrouilles parcouraient les rues, faisaient des rondes.

patrolman, *pl.* **-men** [pa'troulmən, -men], *s.m. U.S:* **1.** Patrouilleur. **2.** = POLICEMAN.
patrology [pa'trɔlodʒi], *s. Theol:* Patrologie *f*, patristique *f.*
patron ['peitrən]. **1.** *s.m.* (*a*) Protecteur, ami, mécène (des artistes, des arts, etc.); patron (d'une œuvre de charité, etc.). (*b*) *Ecc:* **Patron saint,** patron, -onne; saint patronal, sainte patronale (d'une église, de qn). *P. saint's day,* fête patronale (d'une localité). (*c*) *Ecc:* Patron, collateur *m*, présentateur *m* (d'un bénéfice). (*d*) *Rom.Ant:* Patron. **2.** *s.m.* & *f. Com:* Client, -ente, pratique *f* (d'un magasin); habitué, -ée (d'un cinéma, etc.). *The patrons of the drama, of the cinema,* le public du théâtre, du cinéma.
patronage ['patrənedʒ], *s.* **1.** (*a*) Protection *f*, encouragement *m* (des arts, etc.); patronage *m. To ensure s.o.'s p.*, s'assurer l'appui de qn. **To extend one's patronage to s.o.,** accorder sa protection à qn. *To confer one's p. upon an undertaking,* apporter son patronage à une œuvre. **Concert under the patronage of . . .,** concert honoré d'une souscription de. . . . (*b*) *Pej:* Air protecteur (*of*, envers); (air de) condescendance *f.* **2.** Clientèle *f* (d'un hôtel, etc.). **3.** *Ecc:* Droit *m* de présentation (*of a living,* à un bénéfice).
patronal [pa'troun(ə)l], *a.* (*Of feast, etc.*) Patronal, -aux.
patronate ['patronet], *s. Rom.Ant: etc:* Patronat *m.*
patroness ['peitrənes], *s.f.* **1.** Protectrice (des arts, etc.); (dame) patronnesse (d'une œuvre de charité). **2.** *Ecc:* Collateur *m*, patronne (d'un bénéfice).
patronize ['patrənaiz], *v.tr.* **1.** (*a*) Patronner, protéger (un artiste, etc.); favoriser, encourager (un art); appuyer, patronner (une société, etc.); subventionner (un hôpital, etc.); souscrire pour, à (une œuvre de bienfaisance). (*b*) Traiter (qn) d'un air protecteur, avec condescendance, de haut en bas; traiter (qn) de son haut. **2.** Accorder sa clientèle à (une maison); favoriser (une maison) de ses commandes. *To p. a cinema,* être un habitué d'un cinéma; fréquenter un cinéma.
patronizing, *a.* (*a*) Protecteur, -trice. (*b*) **Patronizing tone, air,** ton *m*, air *m*, de condescendance. *P. nod,* petit signe de tête protecteur. *To become p.*, prendre un air protecteur. **-ly,** *adv.* D'un air protecteur; d'un air de condescendance.
patronizer ['patrənaizər], *s.* Protecteur, -trice.
patronymic [patro'nimik]. **1.** *a.* Patronymique. **2.** *s.* Nom *m* patronymique.
patten ['pat(ə)n], *s.* **1.** *A:* Claque *f*, socque *m*, patin *m* (pour garantir les chaussures contre la boue). **2.** *Arch:* Socle *m* (de colonne); patin (de mur, de fondement).
patter[1] ['patər], *s.* **1.** (*a*) Argot *m* (des voleurs, etc.). (*b*) Boniment *m* (de prestidigitateur, de charlatan); bagout *m.* (*c*) *F:* Bavardage *m*, jaserie *f*, caquet *m.* **2.** Parlé *m* (dans une chansonnette, etc.).
patter[2], *v.* **1.** *v.tr.* Bredouiller, expédier (ses prières, etc.); parler tant bien que mal (le français, etc.). **2.** *v.i.* Bavarder sans arrêt; jaser, caqueter. *They pattered on,* elles continuèrent à caqueter.
patter[3], *s.* Petit bruit (de pas précipités, etc.); crépitement *m* (de la grêle, etc.); fouettement *m* (de la pluie). *A p. of feet,* un bruit de pas précipités.
patter[4], *v.i.* (*a*) (*Of footsteps*) Sonner par petits coups; (*of hail, rain*) crépiter, fouetter. (*b*) (*Of pers.*) **To patter about,** trottiner çà et là. **To patter away,** s'en aller à petits pas pressés.
pattering, *s.* = PATTER[3].
pattern[1] ['patərn], *s.* **1.** Modèle *m*, exemple *m*, type *m. To take s.o. as a p.*, **to take pattern by s.o.,** se modeler sur qn; prendre exemple, modèle, sur qn; prendre qn pour modèle; suivre l'exemple de qn; s'inspirer de qn. *F:* **To be a pattern of virtue,** être un exemple, un modèle, de vertu. **Pattern son,** fils modèle; le modèle des fils. **2.** (*a*) Modèle, dessin *m. Garments of different patterns,* vêtements *m* de coupes différentes. **English-pattern tools,** outils *m* à l'anglaise, façon anglaise. *Machines all* **built to one pattern,** machines toutes bâties sur le même modèle. (*b*) *Dressm: etc:* Patron *m* (en papier, etc.). *To cut out a shirt on a p.*, tailler une chemise sur un patron. **To take a pattern,** relever un patron. (*c*) *Metall:* **Casting pattern,** modèle, gabarit *m*, calibre *m.* **3.** Échantillon *m.* **Not to be up to pattern,** ne pas être conforme à l'échantillon. **4.** (*a*) Dessin, motif *m* (de papier peint, etc.). *Tex:* Broché *m* (d'une étoffe). (*b*) Grille *f* (de mots croisés). (*c*) *Sm.a: Ven:* Groupement *m* des plombs (sur la cible).
'**pattern-book,** *s. Com:* Livre *m* d'échantillons.
'**pattern-card,** *s. Com:* Carte *f* d'échantillons.
'**pattern-designer,** *s. Ind:* Dessinateur, -trice, de modèles.
'**pattern-maker,** *s. Mec.E: Ind:* Modeleur *m.*
'**pattern-making,** *s. Mec.E: Ind:* Modelage *m.*
'**pattern-shop,** *s. Mec.E: Ind:* Atelier *m* de modelage; atelier des modèles.
pattern[2], *v.tr.* **1. To pattern sth. after, on, upon, sth.,** modeler qch. sur qch.; faire qch. d'après le modèle de qch. **2.** Tracer des dessins, des motifs, sur (qch.); orner (qch.) de motifs. **Patterned stuffs,** étoffes imprimées, à dessins.
pattinsonization [patinsonai'zeiʃ(ə)n], *s. Metall:* Pattinson(n)age *m* (du plomb argentifère).
pattinsonize ['patinsonaiz], *v.tr. Metall:* Pattinson(n)er (le plomb argentifère).
patty[1] ['pati], *s. Cu:* Petit pâté; bouchée *f* à la reine. *Oyster patties,* bouchées aux huîtres.
Patty[2]. *Pr.n.f. F:* (*Diminutive*) **1.** Marthe. **2.** Mathilde.
pattypan ['patipan], *s. Cu:* Petit moule à pâté.
patulous ['patjuləs], *a.* **1.** (Orifice) ouvert, bâillant. **2.** (*a*) (Arbre) ombreux, à rameaux déployés. (*b*) *Bot:* Étalé.
pauciflorous [pɔːsi'flɔːrəs], *a. Bot:* Pauciflore.
paucity ['pɔːsiti], *s.* Manque *m*, disette *f*; rareté *f*; *A:* paucité *f. P. of new plays,* indigence *f* de la production théâtrale. *There is a p. of news,* il y a disette de nouvelles. *P. of money,* manque d'argent, pénurie *f* d'argent; rareté de l'argent. *P. of words,* sobriété *f* de mots.
Paul [pɔːl]. *Pr.n.m.* Paul. *See also* PRY[1], ROB.
Paula ['pɔːla]. *Pr.n.f.* Paule, Paula.

Paulician [pɔː'lisjən], *s. Rel.H:* Paulicien *m.*
Paulina [pɔː'liːnə], **Pauline**[1] ['pɔːliːn]. *Pr.n.f.* Pauline.
Pauline[2] ['pɔːlain]. **1.** *a. Ecc:* Paulinien. **The Pauline Epistles,** les épîtres *f* de saint Paul. **2.** *s. Sch:* Élève ou ancien élève de *St. Paul's School.*
Paulinus [pɔː'lainəs]. *Pr.n.m. Rel.H:* Paulin.
paulo-post-future ['pɔːlopoust'fjuːtjər], *s.* **1.** *Gr.Gram:* Paulo-post-futur *m*; futur antérieur passif. **2.** *F:* Un avenir prochain.
paulownia [pɔː'lɒvnia, -'lounia], *s. Bot:* Paulownia *m.*
Paulus ['pɔːləs]. *Pr.n.m. Rom.Hist:* **Aemilius Paulus,** Paul-Émile.
paunch [pɔːnʃ], *s.* **1.** *(a)* Panse *f*, ventre *m*, abdomen *m*, *F:* bedaine *f* (de qn). *(b)* Panse, herbier *m*, rumen *m* (des ruminants). **2.** *Nau:* Paillet *m*, baderne *f* (de protection).
paunched [pɔːnʃt], **paunchy** ['pɔːnʃi], *a.* Pansu.
paunchiness ['pɔːnʃinəs], *s.* Corpulence *f.*
pauper ['pɔːpər], *s.* **1.** *(a) Adm:* Indigent, -ente. **Pauper children,** enfants assistés. **Pauper asylum,** hôpital *m*, hospice *m*, des pauvres. **Indoor pauper,** hospitalisé, -ée. *See also* GRAVE[1]. *(b) Jur:* Indigent admis à l'assistance judiciaire. **2.** *F:* Mendiant, -ante; pauvre, -esse.
pauperdom ['pɔːpərdəm], *s.* **1.** Indigence *f*, pauvreté *f.* **2.** *Coll.* Les indigents *m.*
paupered ['pɔːpərd], *a.* Réduit à l'indigence.
pauperism ['pɔːpərizm], *s.* Paupérisme *m.*
pauperization [pɔːpərai'zeiʃən], *s.* **1.** Réduction *f* (de qn) à l'indigence. **2.** Encouragement *m* de la population à compter sur l'assistance publique.
pauperize ['pɔːpəraiz], *v.tr.* **1.** Réduire (qn) à l'indigence. **2.** Accoutumer (une famille, etc.) à compter sur les secours d'autrui, sur l'assistance publique. *To p. a population,* amener une population au paupérisme.
pause[1] [pɔːz], *s.* **1.** *(a)* Pause *f*, arrêt *m.* **To make a pause,** faire une pause. *There was a p. in the conversation,* il y eut un silence. *(b)* **To give pause to s.o.,** faire hésiter qn; arrêter l'élan de qn. *No scruples gave him p.,* aucun scrupule ne l'arrêtait. **2.** *Pros:* Repos *m*, césure *f.* **3.** *Mus:* Point *m* d'orgue; repos; *(over a rest)* point *d'*arrêt. **To make a pause on a note,** tenir une note.
pause[2], *v.i.* **1.** Faire une pause; s'arrêter un instant; marquer un temps. *He paused at the door to say to me . . .,* il s'arrêta à la porte pour me dire. . . . *To p. at every shop-window,* faire des stations devant toutes les vitrines. *The troops have paused in their march,* les troupes *f* ont suspendu leur marche. **2.** Hésiter. **To make s.o. pause,** faire hésiter qn; donner à réfléchir à qn. **3.** **To pause (up)on a word,** s'arrêter, pauser, sur un mot. *Mus:* **To pause on a note,** tenir une note.
pavan(e) ['pavən, pa'van], *s. Danc:* Pavane *f.*
pave [peːiv], *v.tr.* (*p.p.* **paved.** *In A. or Lit. uses the adj.* **paven** *is found.*) Paver (une rue, etc.); carreler (une cour, etc.). **Wood-paved,** pavé en bois. *F:* **To pave the way,** préparer le terrain; frayer la voie; *F:* graisser la girouette avant de souffler dessus. **To pave the way to fame for s.o.,** frayer à qn le chemin des honneurs. *See also* FLAG-PAVED, INTENTION 1.
paven ['peːiv(ə)n], *a. A. & Lit: The town is clean and well p.,* la ville est propre et bien pavée.
paving, *s.* **1.** Pavage *m*, dallage *m*, carrelage *m.* **2.** Pavé *m*, dalles *fpl. See also* CRAZY[3].
'paving-beetle, *s.* Hie *f*, dame *f*, demoiselle *f.*
'paving-block, *s.* = PAVING-STONE.
'paving-brick, *s.* Carreau *m* de pavage; malon *m.*
'paving-flag, *s. See* FLAG[3].
'paving-stone, *s.* Pierre *f* à paver; pavé *m*, cadette *f.* *Standard p.-s.,* pavé d'échantillon. *P.-s. of half size,* pavé refendu. *Rough p.-s.,* pavé brut. *Dressed p.-s.,* pavé piqué.
'paving-tile, *s.* Carreau *m* (de pavage).
pavement ['peivmənt], *s.* **1.** *(a)* Pavé *m*, pavage *m*, dallage *m*, carrelage *m.* *Ornate p.,* pavement *m.* *Marble p.,* pavement de marbre. *Wood p., brick p.,* pavé en bois, en briques. *Cobblestone p.,* empierrement *m* en cailloux. *Glass p.,* pavé en verre. *See also* FLAG[3]. *(b)* Trottoir *m*; *A:* pavé. **The inside, the outside, of the pavement,** le haut, le bas, du pavé. *F:* **To be on the pavement,** être sur le pavé; se trouver sans asile. *(c) U.S:* Chaussée *f.* **2.** *Min:* Sole *f* (d'une galerie); mur *m* (d'une couche de houille).
'pavement-artist, *s.* Barbouilleur, -euse, de trottoir.
'pavement-glass, -light, *s.* Dallage *m* en verre; dallage éclairant; verre *m* dalle; verdal, *pl.* -als; vue *f* de terre.
paver ['peivər], *s.* **1.** = PAVIOUR. **2.** = PAVING-STONE.
pavia[1] ['peiviə], *s. Bot:* Pavier *m*; marronnier *m* à fleurs rouges.
Pavia[2] [pa'viːa, 'peiviə]. *Pr.n. Geog:* Pavie *f.*
pavilion[1] [pa'viljən], *s.* **1.** *A:* Pavillon *m*, tente *f.* *Her:* Pavillon. **2.** *(a) Sp: etc:* Pavillon. **Golf-pavilion,** pavillon de golf. *(b) Mus:* **Chinese pavilion,** chapeau chinois. **3.** *Arch:* Pavillon. **Pavilion roof,** comble *m* en pavillon. **4.** *Anat:* Pavillon (de l'oreille). **5.** *Lap:* Pavillon (de diamant).
pavilion[2], *v.tr.* *A:* **1.** Abriter (une fête, etc.) sous un pavillon, sous des tentes. **2.** Dresser des pavillons sur (un champ, etc.).
paviour ['peivjər], *s.* Paveur *m*, dalleur *m*, ou carreleur *m.*
pavis(e) ['pavis], *s. Archeol:* Pavois *m.*
Pavo ['pɑːvo]. *Pr.n. Astr:* Le Paon.
pavonazzo [pɑːvo'natso], *a. & s.* **Pavonazzo (marble),** pavonazzo *m.*
pavonine ['pavonain]. **1.** *a. (a)* (Démarche, etc.) de paon. *(b)* Irisé. **2.** *s. Miner:* Iris *m.*
paw[1] [pɔː], *s.* **1.** *(a)* Patte *f* (d'animal onguiculé). *See also* CAT'S-PAW. *(b) P:* Main *f*; *P:* patte, patoche *f* (de qn). **2.** Piaffement *m* (de cheval).
paw[2], *v.tr.* **1.** *(a) (Of animal)* Donner des coups de patte, de griffe, à (qn, qch.). *v.i. To paw at, upon, the door,* gratter sur la porte. *(b) (Of horse)* **To paw the ground,** *abs.* **to paw,** piaffer; gratter (la terre) du pied; battre la poussière. **2.** *(Of pers.) (a) F:* Patiner, tripoter, tripotailler (qn, qch.). *Don't paw me like that,* ne me tripotez pas comme ça. *(b) P:* Peloter, patouiller, tripatouiller (une femme).
pawing, *s.* **1.** Piaffement *m* (de cheval). **2.** *F:* Patinage *m* (de qn, qch.); pelotage *m* (de qn).
-pawed [pɔːd], *a.* *(With adj. prefixed, e.g.)* **Large-pawed, broad-pawed,** (chien) pattu, à grosses pattes.
pawkiness ['pɔːkinəs], *s. Scot:* **1.** Malice *f*, finasserie *f.* **2.** Humour *m* de pince-sans-rire.
pawky ['pɔːki], *a. Scot:* **1.** Rusé, malicieux, finaud. **2.** *A p. fellow,* un pince-sans-rire *inv.* *A p. answer,* une réponse normande.
-ily, *adv.* Avec un grain de malice.
pawl[1] [pɔːl], *s. Mec.E: etc:* Linguet *m*, ginguet *m* (de cabestan, etc.); cliquet *m* (d'arrêt), chien *m* (d'arrêt), arrêtoir *m*; doigt *m* d'encliquetage. **Disengaging pawl,** cliquet de débrayage. *Driving p.,* linguet d'entraînement. *To let fall the p.,* décliqueter. *Sm.a:* **Rotating pawl** *of revolver,* barrette *f* de revolver. *See also* RATCHET 2.
'pawl-bitt, *s. Nau: etc:* Saucier *m* (de cabestan, de treuil).
'pawl-head, *s. Nau:* Butoir *m* (du cabestan).
'pawl-rim, *s. Nau:* Couronne *f* des linguets (du cabestan).
pawl[2], *v.tr. Mec.E: etc:* Mettre les linguets à (un cabestan, etc.); fournir (qch.) d'un cliquet, d'un chien d'arrêt.
pawn[1] [pɔːn], *s.* **1.** Gage *m*, nantissement *m.* **2.** **In pawn,** en gage; *esp.* chez le prêteur; *P:* chez ma tante. **To put one's watch in pawn,** mettre sa montre en gage; engager sa montre; *(in Fr.)* déposer sa montre au crédit municipal. **To take sth. out of pawn,** dégager, désengager, qch.; *P:* déclouer, dépiquer (sa montre, etc.).
'pawn-office, *s.* Bureau *m* du prêteur sur gages; maison *f* de prêt.
'pawn-ticket, *s.* Reconnaissance *f* (de dépôt de gage).
pawn[2], *v.tr.* *(a)* Mettre (qch.) en gage; engager (qch.); *P:* mettre (qch.) chez ma tante, pendre (qch.) au clou. *(b) St.Exch:* **Pawned stock,** titres *mpl* en pension. *(c) A:* **To pawn one's life, one's word, one's honour,** engager sa vie, sa parole, son honneur.
pawning, *s.* Mise *f* en gage; engagement *m.*
pawn[3], *s. Chess:* Pion *m.* **Ringed pawn,** pion coiffé. *F:* **To be s.o.'s pawn,** être le jouet de qn. *See also* GAMBIT.
pawnable ['pɔːnəbl], *a.* Engageable.
pawnbroker ['pɔːnbroukər], *s.* Prêteur, -euse, sur gage(s); *(in Fr.)* commissionnaire *m* au crédit municipal. *Article* **at the pawnbroker's,** article *m* en gage, *P:* chez ma tante.
pawnbroking ['pɔːnbroukiŋ], *s.* Prêt *m* sur gage(s).
pawnee[1] [pɔː'niː], *s. Jur:* Détenteur *m* du gage; créancier *m* sur gage.
Pawnee[2], *s. Ethn:* Paunie *mf*, Pawnee *mf.*
pawner ['pɔːnər], *s. Jur:* Emprunteur, -euse, sur gage(s).
pawnshop ['pɔːnʃɔp], *s.* Bureau *m* de prêt sur gage(s); maison *f* de prêt.
pax [paks]. **1.** *s. (a)* **Pax romana,** la paix romaine. *(b) Ecc:* Paix *f*, patène *f.* **2.** *int. Sch: P: (a)* Pouce! *(b)* Paix! attention!
paxwax ['pakswaks], *s. Anat: F:* Ligament cervical.
pay[1] [pei], *s.* **1.** Paye *f*, paie *f*, salaire *m* (d'un ouvrier, d'un employé); gages *mpl* (d'un domestique); traitement *m* (d'un fonctionnaire); indemnité *f* (d'un parlementaire). *Mil: Navy:* Solde *f.* *Ordinary pay and allowances,* soldes et indemnités. **Leave pay,** solde de congé. **Unemployed pay,** solde de non-activité. *See also* HALF-PAY. **Back pay,** arrérages *mpl* de salaire, de traitement; *Mil: Navy:* arrérages de solde. **To draw one's pay,** toucher sa paye, son mois; toucher sa solde. *He has thoroughly earned his pay, F:* il a bien gagné son avoine. *Ind: Holidays with pay,* congés payés. **To be in s.o.'s pay,** être à la solde, aux gages, de qn. **To have, keep, s.o. in one's pay,** (i) avoir qn à ses gages; (ii) *Pej:* soudoyer (des troupes, etc.); avoir à sa solde (des espions, etc.). *See also* EXTRA 1, FULL[1] I. 5, STRIKE-PAY. **2.** *In compounds.* **Pay-bed,** lit *m* pour malade payant (à un hôpital). **Pay-seats,** places payantes. **Pay-school,** école payante.
'pay-bill, *s.* = PAY-ROLL.
'pay-box, *s.* Caisse *f*; comptoir-caisse *m*, *pl.* comptoirs-caisses; *F:* box *m.* *Th: etc:* Guichet *m.* *The lady in the pay-box,* la préposée à la recette.
'pay-day, *s.* **1.** Jour *m* de paie, de paiement; *P:* (jour de) banque *f*; la Sainte-Touche. **2.** *St.Exch:* = ACCOUNT-DAY.
'pay-desk, *s.* = PAY-BOX.
'pay-dirt, *s. Gold-Min:* Alluvion *f* exploitable; alluvion rémunératrice.
'pay-gate, *s.* Tourniquet *m.*
'pay-office, *s.* **1.** Caisse *f*, guichet *m.* **2.** *Mil:* Bureau *m* de l'officier payeur, du trésorier.
'pay-roll, -sheet, *s.* Feuille *f* de paie, des salaires. *Adm:* Feuille d'émargement. *Mil:* État *m* de solde.
pay[2], *v.tr.* (*p.t. & p.p.* **paid** [peid]) **1.** *(a) To pay s.o. ten francs,* payer, compter, dix francs à qn. *A thousand pounds to be paid in four instalments,* mille livres payables en quatre termes. *How much did you pay on my behalf?* combien avez-vous dépensé pour mon compte? *Dividend paid out of capital,* dividende prélevé sur le capital. **To pay s.o. an annuity,** servir une rente à qn. *F:* **What's to pay?** (i) les frais? (ii) c'est combien? *Abs.* **To pay ready money, cash down,** payer (argent) comptant; verser (au) comptant. *To pay in advance,* payer d'avance. **'Pay at the gate,'** "entrée payante." *Spectator who pays,* spectateur payant. *F:* **To pay through the nose,** payer un prix excessif. *We had to pay through the nose,* on nous a salés. *To make s.o. pay through the nose,* tenir la dragée haute à qn; écorcher qn. *Com:* **Pay to the order of . . .,** payez à l'ordre de. . . . *(On cheque)* **Pay self, selves,** payez à moi-même, à nous-mêmes. *See also* DEVIL[1] 1, HELL 2, INSTALMENT 1, NAIL[1] 3. *(b)* Payer (un domestique); solder (des troupes); rétribuer (un employé). *The firemen are paid out of the town funds,* on paye les pompiers sur la caisse de la ville. *We are paid on Fridays,* on touche (ses appointements) le vendredi. **Badly paid situation,**

situation mal payée, mal rétribuée. *It is not highly paid*, ce n'est pas grassement payé; *F:* ce n'est pas le Pérou. *See also* PIPER I. (*c*) **To pay s.o. to do sth.**, payer qn pour faire qch. *I paid him ten pounds to hold his tongue*, j'ai payé, acheté, son silence dix livres. **2.** (*a*) Payer (une dette, une amende, etc.). *To pay one's passage*, payer son passage. *Carriage to be paid by sender*, le port est à la charge de l'envoyeur. **To pay a bill**, payer, solder, régler, acquitter, un compte; s'acquitter d'un compte. (*On receipted bill*) **'Paid,'** "pour acquit." *F:* **To put paid to s.o.'s account**, régler son compte à qn. *That has put paid to his account*, il a son compte. *Cust: To pay the duty on sth.*, acquitter les droits sur qch. *See also* CARRIAGE I, DEBT, DEPOSIT[1] 2, EXPENSE I, PENALTY I, POSTAGE, POST-PAID, WAY[1] 2. (*b*) **To pay honour to s.o.**, faire honneur à qn. **To pay one's respects to s.o.**, présenter ses respects à qn. **To pay s.o. a visit**, faire, rendre, une visite à qn. *See also* ATTENTION I, 2, CALL[1] 3, COMPLIMENT[1] I, COURT[1] 2, HOMAGE 2. **3. To pay money into an account**, verser une somme au compte de qn. **To pay a cheque into the bank**, encaisser un chèque. *Jur:* **To pay a sum of money into court**, cantonner une somme. **4. It will pay you to . . .**, c'est votre intérêt de . . .; vous y gagnerez à. . . . *It will not pay me*, je n'en tirerai aucun avantage. *Abs.* **Business that does not pay**, affaire *f* qui ne rapporte, ne rend, rien. *His business is not paying*, il ne fait pas ses affaires. *This work doesn't pay*, ce travail n'est pas rémunérateur. *Land that pays well*, terre *f* de bon rapport. *It doesn't pay*, on n'y trouve pas son compte. *Prov:* **It pays to advertise**, la publicité rapporte; il faut faire de la réclame; pas d'affaires sans réclame. *See also* HONESTY I.

pay away, *v.tr.* **1.** Dépenser (de l'argent). **2.** *Nau:* Laisser filer (un câble).

pay back, *v.tr.* **1.** Rendre, restituer (de l'argent emprunté). *Advance to be paid back within a year*, avance *f* restituable dans un an. **2.** Rembourser (qn). *F:* **To pay s.o. back in his own coin**, rendre la pareille à qn; rendre à qn la monnaie de sa pièce, payer qn de la même monnaie.

paying back, *s.* Restitution *f* (d'un emprunt).

pay down, *v.tr.* **1.** (*a*) Payer (qch.) comptant. (*b*) **To pay something down**, verser une provision, des provisions; verser une somme à titre de provision. **2.** *Nau:* Affaler (un câble).

pay for, *v.tr.* **1.** (*a*) **To pay (s.o.) for sth.**, payer qch. (à qn). *She paid (him) ten pounds for it*, elle le (lui) paya dix livres. *What do you pay for tea?* combien payez-vous le thé? *The meat has been paid for*, la viande a été payée. *To pay too much for sth.*, surpayer qch. *I had paid for his schooling*, j'avais subvenu aux frais de ses études. *To pay for services*, rémunérer des services. *To pay s.o. for his services*, payer qn de ses services; rétribuer qn. **To pay s.o. for his trouble**, dédommager qn de sa peine. *F: I wouldn't do it again* **even if I was paid for it**, on me payerait que je ne le ferais plus. (*b*) *F:* **To pay dear(ly) for one's happiness**, payer cher son bonheur. *I paid dearly for it*, je l'ai payé cher; cela m'a coûté cher; il m'en a cuit. *To pay dearly for one's experience*, acquérir de l'expérience à ses propres dépens. **To pay for one's folly**, être victime de sa propre folie; *F:* payer la folle enchère. **He paid for it up to the hilt**, il a expié durement sa faute; il a subi toutes les conséquences de sa faute. *To pay for the misdeeds of others*, payer pour les coupables. *He paid for his rashness with his life*, il a payé sa témérité de sa vie. **He shall pay for this! I'll make him pay for this!** il me le payera cher! je le lui ferai payer! *F:* il ne le portera pas loin; il ne l'emportera pas en paradis! **2. To pay for s.o.** (*at the restaurant, at the theatre, etc.*), régaler qn; offrir à qn une place au théâtre, etc. *He paid for me at the pictures*, il m'a payé le cinéma. *He likes to invite people and to pay for them, and he dislikes to be invited and paid for*, il aime à inviter les gens à ses frais, et il n'aime pas à être invité aux frais d'autrui.

pay in, *v.tr.* Verser (de l'argent). **To pay in a cheque**, donner un chèque à l'encaissement; encaisser un chèque. *Abs.* **To pay in to a fund**, contribuer à une caisse, à une œuvre.

paying in, *s.* Versement *m* (d'argent à la banque, etc.). *Bank:* **Pay(ing)-in slip**, bordereau *m*, bulletin *m*, feuille *f*, de versement, de paiement. **Paying-in book**, carnet *m* de versements.

pay off, *v.tr.* **1.** Éteindre, solder, liquider, amortir, régler, acquitter (une dette); s'acquitter de (ses dettes); purger (une hypothèque); rembourser (une annuité, un bon). *See also* GRUDGE[1], SCORE[1] 3. **2.** (*a*) Rembourser, désintéresser (un créancier); donner son compte à (un employé, etc.). (*b*) Congédier (un domestique, etc.); licencier (des troupes). *Nau:* Débarquer, mettre en congé (des marins); désarmer (un navire). *Abs.* (*Of ship*) **To pay off**, entrer en désarmement. **3.** *Nau:* **To pay off the ship's head**, laisser arriver le navire. *Abs.* **To pay off**, abattre sous le vent; laisser arriver. *To pay off on the right tack, on the wrong tack*, abattre de bon bord, à contre-bord. (*To small boat*) **Pay off!** (restez) au large!

paying off, *s.* **1.** Liquidation *f*, règlement *m*, extinction *f*, amortissement *m* (d'une dette); purge *f* (d'une hypothèque). **2.** (*a*) Désintéressement *m*, remboursement *m* (d'un créancier). (*b*) Congédiement *m* (d'un employé); licenciement *m* (de troupes). *Nau:* Débarquement *m* (d'un marin); désarmement *m* (d'un navire). *See also* PENDANT[1] 2.

pay out, *v.tr.* **1.** Payer, verser, débourser, *Com:* décaisser (de l'argent). *To pay out the wages*, faire la paye; distribuer la paye. *To keep on paying out small sums*, boursiller. *Abs.* **To be always paying out**, avoir toujours la main à la poche; avoir sans cesse l'argent à la main. *Cards: etc: To pay out all round*, arroser. **2. To pay s.o. out**, (i) désintéresser qn; (ii) *F:* se venger de qn, sur qn; rendre à qn la pareille. **I'll pay you out for that!** je vous revaudrai cela! **3.** *Nau:* (Laisser) filer (un câble, une touée). *Cin: etc:* Débiter, dérouler (la bande de film, etc.).

paying out, *s.* **1.** Déboursement *m*, décaissement *m* (d'argent). **2.** *Nau:* Filage *m* (d'un câble).

pay over, *v.tr.* Rendre, verser (de l'argent à qn).

pay up, *v.tr.* **1. To pay up one's debts**, *abs.* **to pay up**, se libérer (de ses dettes); *F:* s'exécuter. **Pay up!** payez! *P:* casquez! **2.** *Fin:* Libérer (des actions). *See also* CAPITAL[2] II. 1, SHARE[2] 2.

paying up, *s.* *Fin:* Libération *f* (d'actions).

paid, *a.* (Domestique) à gages; (employé) rétribué; (assassin, etc.) soudoyé, à gages. **Paid work**, travail rétribué.

paying[1], *a.* **1.** (Élève, etc.) payant. **Paying guest**, pensionnaire *mf*. **2.** (*Of business, etc.*) Rémunérateur, lucratif, profitable; qui rapporte.

paying[2], *s.* **1.** Payement *m*, paiement *m*, versement *m* (d'argent); remboursement *m* (d'un créancier). **2.** Paiement, règlement *m*, acquittement *m*, liquidation *f* (d'une dette).

pay[3], *v.tr.* (*p.t. & p.p.* **payed**, *occ.* **paid**) *Nau:* Enduire (un navire) de goudron, de brai, de suif; goudronner, espalmer, brayer, coaltariser, suiffer (un navire); donner du suif à (un navire).

paying[3], *s.* Goudronnage *m* ou suiffage *m*. **Paying stuff**, suif *m*.

payable ['peiəbl], *a.* **1.** Payable, acquittable. *Taxes p. by the tenant*, impôts *m* à la charge du locataire. *Com:* **Payable at sight, to order, to bearer**, payable à vue, à ordre, au porteur. *P. on presentation*, payable au comptant, à présentation. **Payable on delivery**, payable à la livraison. *The amount that would have been p.*, le montant qui aurait été dû. *Bill p. in one, two, months*, lettre *f* de change à une usance, à deux usances, à trente jours, à soixante jours. *P. on the 15th prox.*, valeur au 15 prochain. *To make an expense p. out of public funds*, assigner une dépense sur le trésor public. **To make a bill payable to s.o.**, faire un billet à l'ordre de qn. *To make a cheque p. to bearer*, souscrire un chèque au porteur. **Bonds made payable in francs**, bons libellés en francs. *Book-k:* **Bills payable book**, échéancier *m*. *See also* DEMAND[1] 1. **2.** *Min:* (*Of seam, etc.*) Rémunérateur, exploitable.

payee [pei'iː], *s.* (*a*) Preneur, -euse, bénéficiaire *mf* (d'un bon de poste, etc.). *Payable at address of p.*, payable à domicile. (*b*) *Com:* Porteur *m* (d'un effet).

payer ['peiər], *s.* Payeur, -euse, payant, -ante. *He is a good, a prompt, p.*, c'est un bon payeur. *He is a bad, a slow, p.*, il paie mal; *F:* c'est une mauvaise paye. *St.Exch:* **Payer of contango**, reporté *m*. *See also* RATE-PAYER, TAX-PAYER.

paymaster ['peimɑːstər], *s.* **1.** *Mil: etc:* Payeur *m*, trésorier *m*. **2.** *Navy:* Commissaire *m*. **Assistant paymaster**, sous-commissaire *m*.

paymastership ['peimɑːstərʃip], *s.* Fonction *f* de payeur, de trésorier. *Navy:* Commissariat *m*.

payment ['peimənt], *s.* **1.** = PAYING[2]. **2.** (*a*) Payement *m*, paiement *m*; versement *m*. **On payment of** *ten francs*, moyennant paiement de dix francs. **Work against payment**, travail rétribué. **Subject to payment**, à titre onéreux. **Without payment**, gracieusement; à titre gracieux; à titre bénévole. *Adm:* **To pass an account for payment**, ordonnancer un état. **Issue of orders for payment**, ordonnancement *m*. **To present a cheque for payment**, présenter un chèque au payement, à l'encaissement. **To stop payment of a cheque**, frapper un chèque d'opposition. (*Of bank, etc.*) **To stop payment**, suspendre, cesser, les payements; fermer les guichets. **Method, place, of payment**, mode *m*, lieu *m*, de règlement. **Cash payment**, payement comptant. **Payment in advance**, payement d'avance. **Payment on account, part payment**, versement à compte, paiement partiel; acompte *m*. **Payment in full**, parfait paiement; liquidation *f* (d'un compte); libération (d'une action). *P in full on allotment*, libération (d'actions) à la répartition. **Payment of interest**, service *m* de l'intérêt. *Book-k:* **Inward payment**, payement reçu; encaissement *m*; rentrée *f* de fonds. **Outward payment**, payement effectué; décaissement *m*; sortie *f* de fonds. *Jur:* **Payment into court**, offre réelle consignée à la Caisse des Dépôts et Consignations. **'Payment received,'** "pour acquit." *See also* BALANCE[1] 3, EASY[1] I. 3, KIND[1] 5. (*b*) Rémunération *f*. *As p. for your services*, en rémunération de vos services. *The only p. I received for my pains was a thorough soaking*, pour toute récompense j'ai été mouillé jusqu'aux os.

paynim ['peinim], *s.* *A. & Hist:* Païen, -enne (musulman(e)); infidèle *mf*.

pea[1] [piː], *s.* **1.** (*a*) *Hort:* Pois *m*. *Cu:* **Green peas**, petits pois; pois verts. *Dried peas*, pois secs. *Split peas*, pois cassés. *See also* EASY[1] I. 3, LIKE[1] I. 1, WHISTLE[1] 2. (*b*) *Thimble-rigger's pea*, muscade *f*. **2.** (*a*) *Bot:* **Sweet pea**, pois de senteur; gesse odorante. *See also* EVERLASTING 1. (*b*) *Hort: Agr:* **Egyptian pea**, pois chiche. **Grey pea, field pea**, pois de pigeon; pois des champs; pisaille *f*. **Tuberous pea, earth-nut pea**, gesse tubéreuse; jacquerotte *f*. *See also* CHICK-PEA, STRING-PEA, SUGAR-PEA. **3.** *pl.* *Com:* Peas, houille fine; fines *fpl*.

'pea-beetle, -bug, *s.* *Ent:* Bruche *f* des pois; *F:* cosson *m*.

'pea-flower, *s.* *Bot:* **1.** Fleur *f* de pois. **2.** *pl.* *The pea-flowers*, les papilionacées *f*.

'pea-'green, *a. & s.* Vert feuille (*m*) *inv*.

'pea-ore, *s.* *Min:* Minerai *m* pisiforme.

'pea-pod, -shell, *s.* Cosse *f*, gousse *f*, de pois.

'pea-shaped, *a.* Pisiforme.

'pea-sheller, *s.* **1.** *Pers:* Écosseur, -euse. **2.** (*Device*) Écosseuse *f*.

'pea-shooter, *s.* Petite sarbacane de poche.

'pea-'soup, *s.* Soupe *f*, potage *m*, crème *f*, aux pois (cassés); (*thick*) purée *f* de pois. *F:* **Pea-soup fog** = PEA-SOUPER.

'pea-'souper, *s.* *F:* Brouillard *m* (jaune) à couper au couteau; vrai brouillard de Londres.

'pea-'soupy, *a.* *F:* (Brouillard) jaune et épais.

'pea-weevil, *s.* = PEA-BEETLE.

pea[2], *s.* *Nau:* (? = PEAK) Bec *m* d'ancre.

peace [piːs], *s.* **1.** (*a*) Paix *f*. *Country* **at peace with** *its enemies*, pays en paix avec ses ennemis. *In time(s) of p.*, en temps de paix. **To make peace with a country**, faire la paix avec un pays. **To make**

(one's) peace with s.o., faire la paix, se réconcilier, avec qn. To keep the peace between two persons, faire vivre en paix deux personnes. Peace at any price, la paix à tout prix. Peace with honour, une paix honorable. If you want peace prepare for war, si tu veux la paix, tiens-toi prêt à la guerre. *Methods of justice and p.*, méthodes *f* équitables et pacifiques. *See also* ESTABLISHMENT 3, PIPE[1] 4. (*b*) Traité *m* de paix. The Peace of Versailles, la Paix de Versailles. 2. Peace and order, public peace, la paix et l'ordre public; le repos public. *P. prevails in the town*, la paix règne dans la ville. To keep the peace, (i) ne pas troubler l'ordre public; (ii) maintenir la concorde; veiller à l'ordre public. To break, disturb, the peace, troubler, violer, l'ordre public; troubler la tranquillité publique, la paix du pays; (*at night*) faire du tapage nocturne. Disturber of the peace, violateur, -trice, de l'ordre public; tapageur, -euse. Justice of the peace, juge *m* de paix (à titre bénévole). To be sworn of the peace, être nommé juge de paix; être nommé magistrat. *See also* BIND OVER, BREACH[1] 1. 3. (*a*) Tranquillité *f* (de l'âme, etc.). To live in peace (and quietness), vivre en paix. *For the sake of p. and quietness*, pour avoir la paix; *F:* de guerre lasse. *You may sleep in p.*, vous pouvez dormir tranquille. To leave s.o. in peace, laisser qn en paix, en repos; laisser qn tranquille. To give s.o. no peace, ne donner ni paix ni trêve à qn. *He gave me no p. until . . .*, il ne m'a pas laissé la paix tant que. . . . *My conscience is* at peace, ma conscience est en paix. *The p. of the evening*, la tranquillité du soir. Peace be with you! la paix soit avec vous! Peace to his memory! paix à ses cendres! Go in peace! allez en paix! *God rest his soul in p.!* que Dieu donne le repos à son âme! *See also* MIND[1] 3. (*b*) To hold one's peace, se taire; garder le silence.

'peace-breaker, *s.* Violateur, -trice, de l'ordre public.

'peace-loving, *a.* (Nation *f*) pacifique, qui aime la paix; (mari *m*, etc.) qui aime sa tranquillité.

'peace-offering, *s.* 1. *Jew.Rel:* Sacrifice *m* de prospérités, de propitiation, d'actions de grâces. 2. *F:* Cadeau *m* de réconciliation.

'peace officer, *s.* Agent *m* de la sûreté.

peaceable ['pi:səbl], *a.* 1. Pacifique; qui aime la paix. *P. man*, homme de paix. 2. = PEACEFUL 2. **-ably**, *adv.* 1. Pacifiquement. 2. En paix.

peaceableness ['pi:səblnəs], *s.* Caractère *m* pacifique (de qn).

peaceful ['pi:sful], *a.* 1. Paisible, calme, tranquille. *The p. countryside*, les campagnes *f* paisibles, silencieuses. *P. death*, mort *f* tranquille. 2. Pacifique; qui porte la paix; qui ne trouble pas la paix. *P. settlement of a dispute*, règlement *m* pacifique d'un litige; règlement à l'amiable. Peaceful picketing, entrave *f* à la liberté du travail (en temps de grève) sans recours aux voies de fait. *See also* PENETRATION 1. **-fully**, *adv.* 1. Paisiblement. (*a*) Tranquillement. (*b*) En paix. *Jur: P. at home*, clos et coi. 2. Pacifiquement.

peacefulness ['pi:sfulnəs], *s.* Tranquillité *f*, paix *f*.

peaceless ['pi:sləs], *a.* Agité, inquiet, -ète.

peacemaker ['pi:smeikər], *s.* 1. Pacificateur, -trice, conciliateur, -trice; médiateur, -trice, de la paix. *B:* Blessed are the peacemakers, bienheureux sont ceux qui procurent la paix. 2. *P. & Hum:* Revolver *m*; vaisseau *m* de guerre, etc.

peach[1] [pi:tʃ], *s.* 1. (*a*) *Hort:* Pêche *f*. *See also* CLINGSTONE 1, FREE-STONE. (*b*) *P:* She's a regular peach, elle est belle à croquer; c'est un vrai petit bijou, un beau brin de fille. *Isn't she a p.?* n'est-ce pas qu'elle est gentille? 2. Peach(-tree), pêcher *m*. 3. *s. & a.* Peach(-colour), (couleur *f*) fleur de pêcher *inv.*

'peach-blossom, *s.* Fleur *f* de pêcher.

'peach-blow, *s.* 1. (Couleur *f*) fleur de pêcher *inv.* 2. *Cer:* Vernis *m* fleur de pêcher.

'peach-brandy, *s.* Eau-de-vie *f* de pêches.

'peach-fly, *s. Ent:* Puceron *m* du pêcher.

peach[2], *v.i.* *P:* Cafarder, moucharder; vendre la mèche; manger le morceau. *He peached to the boss*, il a rapporté ça au patron. To peach on, against, s.o., dénoncer (un copain).

peachery ['pi:tʃəri], *s.* Terrain planté de pêchers.

pea-chick ['pi:tʃik], *s.* *Orn:* Paonneau *m*; jeune paon.

peachiness ['pi:tʃinəs], *s.* Velouté *m*.

peachwort ['pi:tʃwə:rt], *s.* *Bot:* = PERSICARIA.

peachy ['pi:tʃi], *a.* (*Of skin, etc.*) Velouté (comme une pêche).

peacock[1] ['pi:kɔk], *s.* 1. *Orn:* Paon *m*. Green peacock, Java peacock, spicifère *m*. *To screech like a p.*, pousser des cris de paon. *See also* PROUD 1, VAIN 3. 2. *Astr:* The Peacock, le Paon.

'peacock-blue, *a. & s.* Bleu paon (*m*) *inv.* *P.-b. ribbons*, des rubans bleu paon.

'peacock-butterfly, *s.* *Ent:* Paon *m* (du jour).

'peacock-coal, *s.* Houille miroitante.

'peacock-fish, *s.* *Ich:* Paon *m* de mer.

peacock[2], *v.i.* To peacock (about), to peacock it, se pavaner; paonner.

peacockery ['pi:kɔkəri], *s.* Fatuité *f*; pose *f*; suffisance *f*.

peacocky ['pi:kɔki], *a.* Vaniteux; vain comme un paon.

peafowl ['pi:faul], *s.* Paon *m*, paonne *f*.

peahen ['pi:hen], *s.* Paonne *f*.

pea-jacket ['pi:dʒaket], *s.* *Nau:* Vareuse *f*, caban *m*.

peak[1] [pi:k], *s.* 1. (*a*) Visière *f* (de casquette). Rear peak, couvre-nuque *m*, *pl.* couvre-nuques. (*b*) Bec *m* (d'une selle de bicyclette, d'une ancre, etc.). (*c*) Pointe *f* (de barbe, de toit, etc.). (*d*) *A:* Bec (d'oiseau). *See also* GREEN PEAK. 2. *Nau:* (*a*) Coqueron *m* (de la cale). *See also* AFTER-PEAK, FOREPEAK. (*b*) Pic *m*, corne *f*, empointure *f* (de voile); penne *f* (d'antenne). *Gaff-sail p.*, point *m* de drisse. With the flag at the peak, le pavillon à la corne. 3. (*a*) Pic *m*, cime *f*, sommet *m* (de montagne); (*jagged*) dent *f*; (*pointed*) aiguille *f*. *The highest peaks*, les plus hauts sommets; les points culminants. (*b*) *Mec: etc:* Pointe, apogée *m* (d'une courbe, d'une charge). *Ph:* Sommet (d'une onde). Peak load, charge maximum; débit *m* maximum (d'un générateur). *El.E: etc:* To cope with the peak consumption, couvrir la pointe de charge. *Ind:* Peak output, record *m*. Peak year, année *f* de la plus grande production, du plus grand chiffre d'affaires. *Rail: etc:* Peak hours, heures *f* de pointe; heures d'affluence, de fort trafic.

'peak-arch, *s.* *Arch:* Arc *m* en ogive.

'peak-'downhaul, *s.* *Nau:* Hale-bas *m inv* de pic.

'peak-'halyard, *s.* *Nau:* Drisse *f* de pic.

peak[2], *v.* 1. *v.tr.* *Nau:* Apiquer (une vergue). To peak the yard, faire la penne. To peak oars, mâter les avirons. 2. *v.i.* (*Of whale*) Plonger (à pic). 3. *v.i.* (*Of curve, load, etc.*) Passer par son apogée.

peaking, *s.* Apiquage *m* (d'une vergue).

peak[3], *v.i.* *A:* Dépérir; s'étioler. *Still used in F:* To peak and pine, tomber en langueur; tomber dans le marasme; faire une maladie de langueur.

peak[4], *s.* *Ph.Geog:* Haut plateau. *Only in* The Peak of Derbyshire, le plateau du Derbyshire. The Peak District, la haute région du Derbyshire.

peaked [pi:kt], *a.* 1. (*a*) (Casquette) à visière. (*b*) Peaked beard, barbe *f* en pointe. (*c*) High-peaked hat, chapeau (haut et) pointu. (*d*) *Dial. & F:* Peaked features, traits tirés, hâves. 2. (Montagne *f*) à pic. Two-peaked mountain, mont *m* à double cime.

peakiness ['pi:kinəs], *s.* *Dial. & F:* Pâleur *f*; air *m* malingre.

peaky ['pi:ki], *a.* *Dial. & F:* Pâlot, malingre, maigrelet, souffreteux. *To look p.*, avoir les traits tirés, hâves; (*of child*) être pâlot.

peal[1] [pi:l], *s.* 1. Peal of bells, carillon *m*. 2. (*a*) To ring a peal, sonner un carillon; carillonner. (*b*) Full peal of the bells, volée *f* de cloches. *The bells ring a full p.*, the bells are in full peal, les cloches *f* sonnent à toute volée. 3. Retentissement *m*; grondement *m* (du tonnerre, de l'orgue); coup *m* (de tonnerre). *A loud p. of, at, the door-bell*, un coup de sonnette retentissant. The organ was in full peal, l'orgue *m* donnait de toutes ses anches. *See also* LAUGHTER.

peal[2]. 1. *v.i.* (*a*) (*Of bells*) (i) Carillonner; (ii) sonner à toute volée. (*b*) (*Of thunder, of the organ*) Retentir, gronder; (*of laughter*) résonner. 2. *v.tr.* (*a*) Sonner (les cloches) à toute volée. (*b*) Carillonner (un air).

pean [pi:n], *s.* *Her:* Panne *f*; fourrure *f* de vair ou d'hermine.

peanut ['pi:nʌt], *s.* *Bot:* Pistache *f* de terre; arachide *f*. *Com:* Caca(h)ouette *f*, cacahuète *f*. Peanut oil, huile *f* d'arachide. *F:* It's no more than a peanut to an elephant, c'est un grain de millet dans la bouche d'un âne. *U.S: F:* Peanut politics, politicailleries *fpl*.

pear ['pɛər], *s.* 1. (*Fruit*) Poire *f*. *See also* GARLIC-PEAR, MUSK-PEAR, PRICKLY 1, SEA-PEAR. 2. Pear(-tree), poirier *m*. 3. Pear(-wood), poirier.

'pear-drop, *s.* Bonbon anglais parfumé à la poire.

'pear-shaped, *a.* En forme de poire; piriforme.

'pear-switch, *s.* *El:* Poire *f* de contact, d'allumage; interrupteur *m* à poire.

pearl[1] [pə:rl], *s.* 1. (*a*) Perle *f*. *Real p.*, perle fine. *Imitation p.*, perle fausse; olivette *f*. *String of pearls*, fil *m* de perles. *F:* To cast pearls before swine, jeter des perles devant les pourceaux. She's a pearl of a maid, c'est la perle des bonnes. *See also* MICA, ORIENT[1] 2, OYSTER, SEED-PEARLS. (*b*) *Her:* *Coronet set with pearls*, couronne grêlée. (*c*) *Pharm:* Perle, globule *m*. 2. (*Mother-of-pearl*) Nacre *f* (de perle). Pearl button, bouton *m* de nacre. 3. *Cu:* To bring sugar to the pearl, cuire le sucre au perlé. 4. *Typ:* Parisienne *f*; corps 5. 5. *Ven:* Pierrure *f* (de la meule d'un cerf).

'pearl-ash, *s.* *Com:* Carbonate de potasse brut; (cendre *f*) gravelée *f*; perlasse *f*.

'pearl-'barley, *s.* Orge perlé.

'pearl-bearing, *a.* *P.-b. oyster*, huître perlière.

'pearl-diver, *s.* Pêcheur *m* de perles.

'pearl-diving, *s.* Pêche *f* des huîtres perlières; pêche de perles.

'pearl-fisher, *s.* = PEARL-DIVER.

'pearl-fishery, *s.* 1. = PEARL-FISHING. 2. Pêcherie *f* de perles.

'pearl-fishing, *s.* = PEARL-DIVING.

'pearl-grass, *s.* *Bot:* Brize *f*; *F:* amourette *f*.

'pearl-'grey, *a. & s.* Gris (*m*) de perle *inv*, gris perle *inv.* *P.-g. dresses*, robes *f* gris perle. *P.-g. gloves*, gants *m* perle.

'pearl-moss, *s.* *Algae:* Mousse perlée, mousse d'Irlande; carragheen *m*.

'pearl-opal, *s.* *Miner:* Cacholong *m*.

'pearl-powder, *s.* = PEARL-WHITE 2.

'pearl-shell, *s.* Coquille nacrée.

'pearl-spar, *s.* *Miner:* Spath perlé.

'pearl-stone, *s.* *Miner:* = PEARLITE.

'pearl-'white. 1. *a.* D'une blancheur de perle. 2. *s.* (*a*) *Com:* Blanc *m* de perle, blanc de neige. (*b*) *Toil:* Fard blanc.

pearl[2]. 1. *v.i.* (*a*) (*Of moisture, etc.*) Perler; former des gouttelettes; (*of sugar*) faire la perle. (*b*) Pêcher des perles. (*c*) (*Of the sky, etc.*) Se nacrer. 2. *v.tr.* (*a*) Perler (de l'orge). (*b*) *Cu:* Cuire (le sucre) au perlé. (*c*) *Perspiration pearled his brow*, la sueur perlait sur son front, emperlait son front. (*d*) *The dawn pearls the sky*, l'aurore nacre le ciel.

pearled, *a.* 1. Perlé; à surface perlée, granitée. 2. *Cu:* (Sucre) concentré au filé, au perlé.

pearling, *s.* Pêche *f* de perles.

pearl[3], *s.* *Lacem:* Picot *m*, engrêlure *f* (de dentelle).

pearler ['pə:rlər], *s.* 1. = PEARL-DIVER. 2. Barque perlière.

pearlies ['pə:rliz], *s.pl.* *F:* 1. Boutons *m* de nacre. 2. Costume couvert de boutons de nacre (porté les jours de fête par les *costermongers* de Londres).

pearliness ['pə:rlinəs], *s.* 1. Teint perlé. 2. Tons nacrés.

pearlite ['pə:rlait], *s.* *Miner:* *Metall:* Perlite *f*.

pearlweed ['pə:rlwi:d], **pearlwort** ['pə:rlwə:rt], *s.* *Bot:* Sagine *f*.

pearly ['pə:rli], *a.* 1. Perlé; nacré. *P. teeth*, dents *f* de perle; dents perlées. *P. lustre*, éclat perlé, nacré. *See also* NAUTILUS.

2. *A. & Poet:* Qui renferme des perles; (mer *f*) où abondent les perles.
pearmain ['pɛərmein], *s. Arb:* **Pearmain (apple),** permaine *f*.
peart ['piːərt], *a. U.S: F:* = PERT 2.
peasant ['pezənt], *s.* (*f. occ.* **peasantess** ['pezəntes]) Paysan, -anne, campagnard, -arde. **Peasant proprietor,** propriétaire campagnard; petit fermier foncier. **Peasant property-holding,** propriété paysanne; petite propriété foncière.
peasantry ['pezəntri], *s.* **The peasantry,** les paysans *m*; les campagnards *m*.
pease [piːz], *s.* Pois *mpl. See also* BROSE.
'pease-flour, -meal, *s.* Farine *f* de pois cassés.
'pease-pudding, *s.* Purée *f* de pois (cassés).
peasecod ['piːzkɔd], *s. A:* = PEA-POD.
peastone ['piːstoun], *s. Miner:* Pisolithe *f*.
peat [piːt], *s.* **1.** *Coll.* Tourbe *f*, cendrière *f*. **Field of peat,** cendrière. **To dig, cut, peat,** extraire de la tourbe; tourber. **Peat litter,** litière *f* de tourbe; poussier *m* de mottes. **2.** (Turf, sod, block, of) **peat,** motte *f* de tourbe; motte à brûler. *To put a p. on the fire,* mettre une motte de tourbe sur le feu.
'peat-bog, *s.* Tourbière *f*; marais tourbeux.
'peat-cutting, -digging, *s.* Tourbage *m*.
'peat-drag, *s.* Puchette *f*.
'peat-moor, *s.* = PEAT-BOG.
'peat-moss, *s.* **1.** = PEAT-BOG. **2.** *Bot:* Sphaigne *f*. **The peat-mosses,** les sphagnacées *f*.
'peat-reek, *s.* **1.** Fumée *f* de tourbe. **2.** *F:* (*Scot. & Ireland*) Whisky *m* (dont le bouilleur a été chauffé à la tourbe, et qui a le goût de la fumée).
'peat-spade, *s.* Louchet *m*.
'peat-worker, *s.* Tourbier *m*.
peatery ['piːtəri], *s.* Tourbière *f*.
peaty ['piːti], *a.* **1.** Tourbeux. *P. soil,* sol tourbeux, sol tourbier. **2.** (Goût *m*) de fumée de tourbe.
pebble[1] [pebl], *s.* **1.** (*a*) Caillou *m*; (*on sea-shore*) galet *m*. *F:* **You're not the only pebble on the beach,** vous n'êtes pas unique au monde; il n'y a pas que vous sur terre. (*b*) *Lap:* **Scotch pebble,** agate *f* (des ruisseaux d'Écosse). **Egyptian pebble,** caillou d'Égypte. **2.** *Opt:* (*a*) Cristal *m* de roche. (*b*) Lentille *f* en cristal de roche. **3.** *Leath:* (*a*) Maroquinage *m* (communiqué au cuir). (*b*) = PEBBLE-LEATHER.
'pebble-beach, *s.* Plage *f* de galets.
'pebble-'dash, *s. Const:* Crépi (moucheté); cailloutage *m*. **Pebble-dash finish,** crépissure *f*. *To give a p.-d. finish to a wall,* crépir un mur.
'pebble-'dashed, *a. Const:* (Mur, etc.) crépi.
'pebble-'dashing, *s. Const:* Crépissage *m*.
'pebble-'leather, *s. Leath:* Cuir crépi, maroquiné.
'pebble-'paving, *s.* Cailloutage *m*.
'pebble-powder, *s. Exp: Ball:* Poudre *f* à gros grains.
'pebble-work, *s. Const:* Cailloutage *m*, cailloutis *m*.
pebble[2], *v.tr. Leath:* Crépir, maroquiner (le cuir). **Pebbled paper,** papier chagriné.
pebbling, *s.* Crépissage *m*, maroquinage *m*.
pebbly ['pebli], *a.* Caillouteux; (plage *f*) à galets.
pebrine [pe'briːn], *s. Ser:* Muscardine *f*.
pecan [pi'kan], *s. Bot:* **1. Pecan(-nut),** pacane *f*. **2. Pecan(-tree),** pacanier *m*.
peccable ['pekəbl], *a.* Peccable.
peccadillo [pekə'dilo], *s.* Peccadille *f*; faute légère. *To punish a child for a p.,* punir un enfant pour une vétille. *It is a mere p.,* il n'y a pas là de quoi fouetter un page, un chat.
peccancy ['pekənsi], *s. Theol:* **1.** Nature *f* coupable; état *m* de péché, de faute. **2.** Péché *m*, faute *f*, offense *f*.
peccant ['pekənt], *a.* **1.** Coupable; en faute. **2.** *A.Med:* **Peccant humours,** humeurs peccantes.
peccary ['pekəri], *s. Z:* Pécari *m*; cochon noir, cochon des bois; sanglier *m* d'Amérique.
peccavi [pe'keivai], *int. & s.* Peccavi (*m*). **To cry peccavi,** faire son mea-culpa.
peck[1] [pek], *s.* **1.** (*a*) Coup *m* de bec. (*b*) *F:* (*Kiss*) Bécot *m*. **To give s.o. a peck,** bécoter qn. **2.** (*Mark*) *Fruit covered with pecks,* fruit couvert de picotures *f*. **3.** *P: A:* Boustifaille *f*, mangeaille *f*, becquetance *f*.
peck[2], *v.tr.* **1.** (*a*) (*Of bird*) Picoter, becqueter, béqueter (qch., qn); donner un coup de bec à (qn). *Abs.* Picorer. (*Of bird*) **To peck a hole in sth.,** faire un trou dans qch. (avec le bec); percer qch. à coups de bec. *Fruit that has been pecked,* fruit couvert de picotures. **To peck to death,** tuer à coups de bec. *See also* HEN-PECK. (*b*) *F:* (*Kiss*) Bécoter, baisoter (qn). **2.** Piocher (la terre) à petits coups. **3.** *Abs. F:* Manger du bout des dents. **4.** *Mapm:* **Pecked line,** ligne de tirets.
peck at, *v.ind.tr.* **1.** (*a*) Picoter (qn, qch.); donner des coups de bec à (qn, qch.). (*b*) *F:* Mangeot(t)er, chipoter (un plat). **To peck at one's dinner,** manger son dîner du bout des dents. **2.** *F:* Taquiner (qn).
peck out, *v.tr.* Crever (les yeux de qn) à coups de bec.
peck up, *v.tr.* **1.** (*Of bird*) Ramasser (des miettes, etc.) avec le bec. **2.** Défoncer (le sol) à petits coups de pioche.
pecking, *s.* **1.** Becquetage *m*, béquetage *m*. **2.** Piochage *m*.
peck[3], *s. Meas:* **1.** (*a*) *Approx.* = Boisseau *m*. (*b*) Picotin *m* (d'avoine, etc.). *F: A:* **To eat a peck of salt with s.o.,** manger un minot de sel avec qn; vivre longtemps ensemble. **2.** *F:* Tas *m* (de poussière, etc.); foule *f* (de malheurs). *She's had a p. of trouble,* elle a eu bien des malheurs.
pecker ['pekər], *s.* **1.** *Orn:* = WOODPECKER. *See also* OX-PECKER. **2.** *Tls:* Pioche *f*, piochon *m*. **3.** *P:* (*a*) Nez *m*; *P:* bec *m*. (*b*) *F:* Courage *m*; *F:* cran *m*. **To keep one's pecker up,** ne pas se laisser abattre. **Keep your pecker up!** ne vous découragez pas! ne perdez pas courage! du courage! ne calez pas!
peckish ['pekiʃ], *a. F:* **To be, feel, peckish,** se sentir le ventre creux; *P:* avoir la dent.
Pecksniff ['peksnif]. *Pr.n.m. F:* Faux saint; pharisien. (Personnage de *Martin Chuzzlewit,* de Dickens.)
Pecksniffery [pek'snifəri], *s. F:* Pharisaïsme *m*.
pectase ['pekteis], *s. Ch:* Pectase *f*.
pectate ['pektet], *s. Ch:* Pectate *m*.
pecten, *pl.* **pectines** ['pektən, 'pektiniːz], *s.* **1.** *Nat.Hist:* Peigne *m* (d'œil d'oiseau, de patte de scorpion, etc.). **2.** *Moll:* Coquille *f* Saint-Jacques; peigne, pèlerine *f*.
pectic ['pektik], *a. Ch:* Pectique.
pectin ['pektin], *s. Ch:* Pectine *f*.
pectinate ['pektinet], **pectinated** ['pektineitid], *a. Nat.Hist:* Pectiné.
pectination [pekti'neiʃ(ə)n], *s. Nat.Hist:* Structure pectinée.
pectinibranch ['pektinibraŋk], **pectinibranchian** [pektini'braŋkiən], **pectinibranchiate** [pektini'braŋkiet], *a. Moll:* Pectinibranche.
pectinibranchia [pektini'braŋkiə], *s.pl. Moll:* Pectinibranches *m*.
pectoral ['pektorəl]. **1.** *a. Anat: Med: etc:* Pectoral, -aux. (**Bishop's**) **pectoral cross,** croix pectorale. *See also* GIRDLE[1] 1. **2.** *s.* (*a*) *Jew.Rel:* Pectoral *m*. (*b*) *Anat:* (Muscle) pectoral. (*c*) *Pharm:* Pectoral.
pectose ['pektous], *s. Ch:* Pectose *f*.
peculate ['pekjuleit]. **1.** *v.i.* Commettre des malversations; détourner des fonds; voler l'État. **2.** *v.tr.* Détourner (des fonds, les deniers publics).
peculation [pekju'leiʃ(ə)n], *s.* Péculat *m*, malversation *f*, déprédation *f*; détournement *m* de fonds. *Jur:* Vol public; prévarication *f*.
peculator ['pekjuleitər], *s.* Déprédateur *m*; concussionnaire *m*, prévaricateur *m*.
peculiar [pi'kjuːliər]. **1.** *a.* (*a*) Particulier. *I have my own p. reasons for wishing it,* j'ai des raisons particulières pour le désirer. **This gait is peculiar to him,** cette façon de marcher lui est particulière, lui est propre. *Smell p. to an animal,* odeur *f* spécifique d'un animal. *The condor is p. to the Andes,* le condor est particulier aux Andes. *Privilege p. to military men,* privilège réservé aux militaires. (*b*) Spécial, -aux; particulier. *Of p. interest,* d'un intérêt tout particulier. *Typ:* **Peculiar sorts,** sortes spéciales. *Theol:* **The peculiar people,** le peuple élu. *Rel.H:* **The Peculiar People,** secte religieuse qui pratique la thérapeutique fondée sur la prière. (*c*) (*Of thg*) Étrange; (*of pers.*) bizarre, singulier; original, -aux. *P. flavour,* goût *m* insolite. **Well, that's peculiar!** voilà qui est singulier, qui est bizarre! *A p. girl,* une drôle de fille. *He, she, is a little p.,* c'est un(e) excentrique. *To be p. in one's dress,* s'habiller singulièrement. **2.** *s.* (*a*) Propriété particulière; privilège particulier. (*b*) *Ecc:* Paroisse *f* ou église *f* hors de la juridiction de l'ordinaire.
-ly, *adv.* (*a*) Personnellement. (*b*) Particulièrement; d'une façon toute particulière. (*c*) Étrangement; bizarrement, singulièrement; d'une façon bizarre ou excentrique.
peculiarity [pikjuːli'ariti], *s.* **1.** Trait distinctif; particularité *f*. *A p. of his was that he couldn't spell,* il se distinguait par sa mauvaise orthographe; il avait ceci de particulier qu'il manquait complètement d'orthographe. *Adm:* (*On passport*) **Special peculiarities,** signes particuliers. **2.** Bizarrerie *f*, singularité *f*; originalité *f*, excentricité *f*.
peculiarize [pi'kjuːliəraiz], *v.tr.* Singulariser.
peculium [pi'kjuːliəm], *s. Rom.Ant:* Pécule *m*.
pecuniary [pi'kjuːniəri], *a.* Pécuniaire. *P. difficulties,* embarras financiers; ennuis *m* d'argent. *Jur:* **For pecuniary gain,** dans un but lucratif. **Pecuniary offence,** délit puni d'une amende.
-ily, *adv.* Pécuniairement.
pedagogic(al) [pedə'gɔdʒik(əl)], *a.* Pédagogique. **-ally,** *adv.* Pédagogiquement.
pedagogics [pedə'gɔdʒiks], *s.pl.* (*Usu. with sg. const.*) La pédagogie.
pedagogism ['pedəgɔgizm], *s. Pej:* Pédagogisme *m*.
pedagogist ['pedəgɔdʒist], *s.* Pédagogue *m*, éducateur *m*.
pedagogue ['pedəgɔg], *s. Pej:* Pédagogue *m*, pédant *m*.
pedagogy ['pedəgɔdʒi], *s.* Pédagogie *f*.
pedal[1] ['ped(ə)l, 'piː-], *a.* Du pied; pédal, -aux. **Pedal extremities,** pieds *m*, pattes *f*.
pedal[2] ['ped(ə)l], *s.* **1.** (*a*) *Mec.E: etc:* Pédale *f*. *Aut:* **Clutch pedal,** pédale d'embrayage, de débrayage. **Brake pedal,** pédale de frein. *Gas-control p.,* pédale de commande des gaz. **To depress the pedal,** agir sur la pédale. **Pedal clearance,** course morte de la pédale. *See also* STARTER 3. (*b*) *Cy:* Pédale. *See also* RAT-TRAP. **2.** *Mus:* (*a*) (*Of piano*) **Soft pedal,** petite pédale; pédale sourde. **Loud pedal,** grande pédale; pédale forte. (*b*) (*Of organ*) **Swell pedal,** pédale expressive. **Composition pedal,** pédale de combinaisons. *See also* COUPLER 1. (*c*) **Pedal (note),** (note) fondamentale *f*; pédale.
'pedal-board, *s. Mus:* Pédalier *m* (d'un orgue); clavier *m* de pédales.
'pedal-depressor, *s. Aut:* Cale-pédale *m inv.*
'pedal-lathe, *s. Mec.E:* Tour *m* (marchant) à pédale.
'pedal-pad, *s. Aut: etc:* Couvre-pédale *m*, *pl.* couvre-pédales; plaquette *f* de pédale.
'pedal-piano, *s. Mus:* Piano *m* (à) pédalier.
'pedal-point, *s. Mus:* Point *m* d'orgue.
pedal[3] ['ped(ə)l], *v.i.* (**pedalled; pedalling**) **1.** *Cy: etc:* Pédaler. *See also* BACK-PEDAL. **2.** *Mus:* (*a*) (*Organ*) Jouer sur le pédalier; toucher les pédales; pédaler. (*b*) (*Piano*) Mettre la pédale.
pedal[4] ['ped(ə)l], *s. Hatm:* **1. Tuscan pedals,** paille *f* de Toscane. **2. Five-, seven-end pedal,** tresse *f* de cinq, sept, brins.
pedalier [pedə'liːər], *s.* = PEDAL-BOARD.

pedalist ['pedəlist], **pedal(l)er** ['pedələr], *s. F:* Pédaleur, -euse; fervent(e) de la pédale.
pedant ['pedənt], *s.* Pédant, -ante; pédagogue *m*; *F:* savant *m* en us.
pedantic [pe'dantik], *a.* Pédant, pédantesque. **-ally,** *adv.* Pédantesquement; en pédant.
pedantism ['pedəntizm], **pedantry** ['pedəntri], *s.* Pédantisme *m*, pédanterie *f*.
pedate ['pedet], *a.* **1.** *Bot:* (*Of leaf*) Palmilobé. **2.** *Z:* A pattes, à pieds.
peddle [pedl]. **1.** *v.i.* (*a*) Faire le colportage; porter la balle. (*b*) *F:* Chipoter. (*c*) **To peddle (about),** baguenauder, musarder; s'occuper de futilités. **2.** *v.tr.* (*a*) Colporter (des marchandises). *F:* **To peddle scandals,** colporter, débiter, des cancans. (*b*) **To peddle sth. (out),** répartir qch. avec parcimonie. (*c*) **To peddle away one's time,** gâcher son temps.
peddling[1], *a.* **1.** Colporteur. **2.** *F:* (*a*) (*Of pers.*) (i) Chipotier; (ii) musard. (*b*) (*Of thg*) Futile, mesquin, insignifiant. *P. attitude of mind,* esprit *m* gagne-petit. *Cards: etc:* **To play a peddling game,** jouer chichement; *P:* carotter.
peddling[2], *s.* **1.** (*a*) Colportage *m*. (*b*) **Peddling out,** partage parcimonieux (*of*, de). **2.** *F:* (*a*) Chipotage *m*. (*b*) Baguenauderie *f*, musarderie *f*.
pederasty, *etc.* ['pederasti]. = PAEDERASTY, *etc.*
pedestal ['pedest(ə)l], *s.* **1.** *Arch: Sculp: etc:* Piédestal *m*, -aux; socle *m*; (*small, for challenge-cup, bust, etc.*) piédouche *m*. *F:* **To put s.o. on a pedestal,** mettre qn sur un piédestal, sur le chandelier. **2.** (*a*) Socle (de pompe, etc.); support *m*, colonne *f* (de projecteur de cinéma, etc.); table-support *f*, *pl.* tables-supports. (*b*) *Mec.E:* Palier *m*, chaise *f*, chevalet *m* (de coussinet); chandelier *m* (de chaudière). (*c*) *Rail:* Plaque *f* de garde (de locomotive). **3.** Cuvette *f* (d'une harpe). **4.** *Furn:* (*a*) **Pedestal(-cupboard),** table *f* de nuit. (*b*) Corps *m* de tiroirs (d'un bureau ministre). **Pedestal writing-table,** bureau ministre.
'pedestal-box, *s.* **1.** *Mec.E:* Boîte *f* des coussinets. **2.** *Rail:* Boîte d'essieu, boîte de graissage (d'une locomotive).
'pedestal-cover, *s.* *Mec.E:* Chapeau *m* de palier.
'pedestal-mounting, *s.* *Artil:* Affût *m* à piédestal, à pivot central.
'pedestal-'table, *s.* *Furn:* Guéridon *m*.
pedestalled ['pedest(ə)ld], *a.* A piédestal, à socle, à piédouche.
pedestrian [pe'destriən]. **1.** *a.* (*a*) Pédestre; (voyage *m*) à pied. (*b*) (Style, etc.) prosaïque, rampant, terre à terre. **2.** *s.* (*a*) Piéton *m*; voyageur, -euse, à pied; (*in street*) passant *m*, piéton. *Adm:* **Pedestrian lines,** passage réservé aux piétons; passage clouté. (*b*) *Sp:* Pédestrien, -enne.
pedestrianism [pe'destriənizm], *s.* **1.** *Sp:* Pédestrianisme *m*; footing *m*. **2.** *Lit:* Prosaïsme *m*; style *m* terre à terre.
pedicel ['pedisel], **pedicle** ['pedikl], *s.* **1.** *Bot:* Pédicelle *m*. **2.** *Nat.Hist:* Pédicelle, pédoncule *m*, pédicule *m*.
pedicellate ['pediseleit], *a.* **1.** *Bot:* Pédicellé. **2.** *Nat.Hist:* Pédicellé, pédonculé, pédiculé.
pedicular [pe'dikjulər], *a.* (Maladie *f*, etc.) pédiculaire.
pediculate [pe'dikjulet], **pediculated** [pe'dikjuleitid], *a.* = PEDICELLATE 2.
pediculosis [pedikju'lousis], *s.* *Med:* Maladie *f* pédiculaire; phtiriase *f*.
pediculous [pe'dikjuləs], *a.* **1.** = PEDICULAR. **2.** (*Of pers.*) Pouilleux.
pedicure ['pedikjuər], *s.* **1.** (*Pers.*) Pédicure *mf*. **2.** Chirurgie *f* pédicure.
pedigree ['pedigri:], *s.* **1.** Arbre *m* généalogique. **2.** (*a*) Ascendance *f*, généalogie *f* (de qn). *F:* **Man of pedigree,** homme de haute naissance, de haute lignée. (*b*) *Breed:* Certificat *m* d'origine, pedigree *m* (d'un chien, etc.). **Pedigree dog, bull,** chien, taureau *m*, de (pure) race, de bonne lignée, de bonne souche, qui a de la race. **Pedigree sire,** reproducteur *m* d'élite. **3.** Origine *f*, dérivation *f* (d'un mot).
pedigreed ['pedigri:d], *a.* *Pedigreed dog, bull, etc.* = *pedigree dog, bull, etc., q.v. under* PEDIGREE 2 (*b*).
pedimanous [pe'dimənəs], *a.* *Z:* Pédimane.
pediment ['pedimənt], *s.* *Arch:* Fronton *m*; (*small*) fronteau *m*.
pedimental [pedi'ment(ə)l], *a.* *Arch:* De fronton; qui appartient au fronton.
pedimented ['pedimentid], *a.* *Arch:* A fronton.
pedipalp ['pedipalp], *s.* *Arach:* Pédipalpe *m*.
pedipalpous [pedi'palpəs], *a.* *Arach:* Pédipalpe.
pedlar ['pedlər], *s.* Colporteur *m*, porteballe *m*; marchand ambulant; (marchand) forain *m*. *F:* **Pedlar of scandals,** colporteur, débiteur, -euse, de cancans.
pedlary ['pedləri], *s.* **1.** Colportage *m*. **2.** Marchandise *f* de balle.
Pedlington ['pedliŋtən]. *Pr.n.* *F:* **Little Pedlington** = Landerneau.
pedology [pe'dɔlodʒi], *s.* Pédologie *f*; étude *f* du sol.
pedometer [pe'dɔmetər], *s.* Pédomètre *m*, podomètre *m*, odomètre *m*; compte-pas *m inv.*
pedrail ['pedreil], *s.* *Mec.E:* **Pedrail chain,** chaîne *f* sans fin à patins (de tracteur).
peduncle [pe'dʌŋkl], *s.* **1.** *Bot:* Pédoncule *m*, scape *m*; hampe florale. **2.** *Nat.Hist:* = PEDICLE 2.
peduncular [pe'dʌŋkjulər], *a.* Pédonculaire.
pedunculate [pe'dʌŋkjulet], *a.* Pédonculé.
pee [pi:], *v.i.* *F:* Faire pipi.
peek [pi:k], *v.i.* = PEEP[4].
peek-a-boo ['pi:ka'bu:], *int.* & *s.* *U.S:* = PEEP-BO. *Cost: U.S:* **Peek-a-boo waist,** blouse *f* ou chemisette *f* à décolleté en dentelle.
peel[1] [pi:l], *s.* *Hist:* **Peel(-house, -tower),** petite tour carrée (construite sur la frontière écossaise).
peel[2], *s.* **1.** Pelleron *m*, rondeau *m* (de boulanger). **Oven-peel,** pelle *f* à four, à enfourner. **2.** *Typ:* Ferlet *m*.
peel[3], *s.* Pelure *f* (de pomme, etc.); écorce *f*, peau *f*, *Cu:* zeste *m* (de citron, d'orange). **Candied peel,** zeste confit, zeste d'Italie; écorces confites. *Candied orange-p.*, zeste d'orange confit; orangeat *m*. *Candied lemon-p.*, zeste de citron confit; citronnat *m*.
peel[4]. **1.** *v.tr.* (*a*) Peler (un fruit); éplucher (des pommes de terre, des crevettes); décortiquer (un chêne, des amandes); écorcer (un bâton, etc.). (*With passive force*) **Apples that peel easily,** pommes qui se pèlent facilement. **To peel (off) the bark, the skin,** enlever l'écorce, la peau; excorier la peau (de qn). *I've peeled my shin,* je me suis enlevé la peau du devant de la jambe. *Cu: To p. the outer skin off a lemon,* zester un citron. *Ind:* **To peel timber** (*into thin plates*), dérouler des troncs de bois. *See also* EYE[1] I. (*b*) *Abs. Sp: F:* **To peel,** se dépouiller de ses vêtements; *P:* enlever sa pelure, se dépiauter; (*of boxer*) se mettre le torse à nu; (*of runner*) se mettre en maillot. **To peel for a fight,** mettre bas la jaquette pour se battre; *P:* tomber la veste. **2.** *v.i.* (*a*) **To peel (off),** (*of paint, etc.*) s'écailler, s'écaler; (*of skin*) peler, s'excorier, *Med:* se desquamer. (*b*) (*Of the nose, etc.*) Peler; se dépouiller de sa peau; (*of tree*) se décortiquer; (*of wall*) se décrépir; (*of tyre*) se déchaper.
peeling, *s.* **1.** (*a*) Épluchage *m*, épluchement *m*; écorçage *m*, écorcement *m*. *Ind:* **Wood-peeling, veneer-peeling,** déroulage *m*. **Wood-peeling machine,** dérouleuse *f*. (*b*) **Peeling (off),** écaillement *m*; *Med:* desquamation *f* (de l'épiderme). (*c*) Déchapage *m* (d'un pneu). **2.** *pl.* **Peelings.** (*a*) Épluchures *f* (de pommes de terre, etc.). (*b*) *Med: etc:* Écailles *f*.
peel[5], *s.* *Ich: Dial:* **(Salmon-)peel,** saumoneau *m*.
peeler[1] ['pi:lər], *s.* **1.** (*Pers.*) Éplucheur, -euse. **2.** *Tls:* Épluchoir *m*. **Orange-peeler, lemon-peeler,** zesteuse *f*.
peeler[2], *s.* *Bak:* Enfourneur *m*, défourneur *m*.
peeler[3], *s.* *P: A:* (*Policeman*) Sergent *m* de ville; *P:* sergot *m*. *Cf.* BOBBY 2.
Peelite ['pi:lait], *s.* *Eng.Hist:* Peeliste *m*; partisan de Sir Robert Peel.
peen[1] [pi:n], *s.* *Dial.* & *U.S:* Panne *f* (de marteau).
'peen-hammer, *s.* *Tls:* Marteau *m* à panne. **Ball-peen hammer,** marteau à panne ronde, à panne sphérique, à panne boule; marteau de mécanicien.
peen[2], *v.tr.* *Metalw:* Marteler; rabattre; mater.
peep[1] [pi:p], *s.* Piaulement *m*, pépiement *m* (d'oiseau); cri *m* (de souris).
peep[2], *v.i.* (*Of bird*) Piauler, pépier; (*of mouse*) crier.
peeping[1], *s.* = PEEP[1].
peep[3], *s.* **1.** Coup d'œil (furtif, par l'entre-bâillement de la porte, par le trou de la serrure, etc.). **To have, take, a peep at sth.,** jeter un regard furtif sur qch. **To get a peep at sth.,** entrevoir qch. **2.** Filtrée *f* (de lumière); petite flamme (de gaz). *To turn down the gas to a p.*, mettre le gaz en veilleuse. **At peep of day, at peep of dawn,** au point du jour; dès l'aube.
'peep-bo. **1.** *int.* Coucou! **2.** *s.* = BO-PEEP.
'peep-hole, *s.* **1.** Judas *m*. **2.** *Mec.E: etc:* (Trou *m* de) regard *m*; fenêtrelle *f*; orifice *m* de visite. **3.** *Sm.a:* Œilleton *m* (d'une hausse).
'peep-show, *s.* Optique *f*; vues *fpl* stéréoscopiques.
'peep-sight, *s.* *Sm.a:* Hausse *f* à trou, à œilleton; hausse de combat.
peep[4], *v.i.* **1.** **To peep at s.o., sth.,** regarder qn, qch., à la dérobée; jeter un coup d'œil furtif sur qn, qch. *To p. into a room,* jeter un regard furtif dans une pièce (par l'entre-bâillement de la porte, par la fenêtre, etc.). *To p. round the corner, through the door,* risquer un coup d'œil, *F:* un œil, au coin de la rue, par la porte. *I saw you peeping through the keyhole,* je vous ai vu regarder par le trou de la serrure. **To peep out** *under the curtain,* soulever le rideau (de la fenêtre, etc.). **2.** **To peep (out),** se laisser entrevoir, se montrer; (*of flower, mental qualities, etc.*) percer, pointer. *Her curls peeped out from under her hat,* ses boucles *f* ressortaient de dessous son chapeau. *Violets peeping (up) from the grass,* violettes *f* qui émergent au milieu de l'herbe.
peeping[2], *a.* **1.** Qui regarde à la dérobée. **Peeping Tom,** curieux *m*, indiscret *m*. **2.** (*Of flower, etc.*) Perçant, pointant.
peeper ['pi:pər], *s.* **1.** Curieux, -euse; indiscret, -ète. **2.** *pl. P:* **Peepers,** yeux *m*; *P:* mirettes *f*, quinquets *m*.
peepul-tree ['pi:pəltri:], *s.* = BO-TREE.
peer[1] [pi:ər], *s.* **1.** Pair *m*; pareil, -eille, égal, -ale. **You will not find his, her, peer,** vous ne trouveriez pas son pareil, sa pareille; il n'y en a pas deux comme lui, comme elle. **2.** **Peer of the realm,** pair du Royaume-Uni. **Life peer,** pair à vie.
peer[2]. **1.** *v.tr.* (*a*) Égaler (qn); être l'égal de (qn). (*b*) *F:* Conférer la pairie à (qn); élever (qn) à la pairie. **2.** *v.i.* **To peer with s.o., sth.,** égaler qn, qch.
peer[3], *v.i.* **1.** (*a*) **To peer at s.o., sth.,** scruter qn, qch., du regard (avec une attention soutenue). *To p. into s.o.'s face,* scruter le visage de qn; dévisager qn. *To p. into a chasm,* sonder un gouffre des yeux; plonger le regard dans un gouffre. **He peered (out)** *into the night,* il scruta la nuit, regarda dans la nuit (avec des yeux inquiets); son regard fouilla l'ombre. (*b*) *To p. round the corner, over the wall,* risquer un coup d'œil au coin de la rue, par-dessus le mur. **2.** *A:* Apparaître.
peering, *a.* (Regard, etc.) curieux, scrutateur, inquisiteur.
peerage ['pi:əredʒ], *s.* **1.** Pairie *f*. **Life peerage,** pairie personnelle. **To confer a peerage on s.o., to raise s.o. to the peerage,** conférer une pairie à qn; élever qn à la pairie. *Conferment of a p. on s.o.*, anoblissement *m* de qn; élévation *f* de qn à la pairie. **2.** *Coll.* **The peerage,** (i) les pairs *m*; (ii) *F:* la noblesse. **3.** **Peerage(-book),** almanach *m* nobiliaire; nobiliaire *m*.
peeress ['pi:əres], *s.f.* Pairesse. *See also* RIGHT[1] II. 2.
peerless ['pi:ərləs], *a.* Sans pareil, sans pair, sans second; hors de

pair; inimitable, incomparable; *F:* introuvable. *Poet. & Hum:* **Peerless beauty,** beauté *f* à nulle autre seconde. **-ly,** *adv.* Incomparablement, inimitablement.

peeve [piːv], *v.tr. F:* Fâcher, irriter (qn).

peeved, *a.* Fâché, irrité, ennuyé.

peevish [ˈpiːviʃ], *a.* Atrabilaire, irritable, quinteux, geignard; *F:* gnan-gnan. *P. child,* enfant maussade, pleurnicheur. **-ly,** *adv.* Maussadement; d'un air chagrin, maussade; avec humeur.

peevishness [ˈpiːviʃnəs], *s.* Maussaderie *f,* grognonnerie *f;* mauvaise humeur.

peewit [ˈpiːwit], *s.* = PEWIT.

peg[1] [peg], *s.* **1.** (*a*) Cheville *f* (en bois), (*small*) chevillette *f;* fiche *f;* fausset *m,* fosset *m* (d'un tonneau). *Mec.E:* Goupille *f,* goujon *m. Const:* **Slate-peg,** pointe *f* à ardoise. *Games:* **Cribbage peg,** fiche. *F:* **He's a square peg in a round hole,** il n'est pas à sa place, à son affaire; il n'est pas dans son emploi; il n'est pas taillé pour cela. **To take s.o. down a peg (or two),** remettre qn à sa place; faire baisser qn de ton; faire baisser le ton à qn; rabattre le caquet, rabaisser la crête, à qn; faire mettre de l'eau dans son vin à qn. **To come down a peg,** baisser de ton; en rabattre; mettre de l'eau dans son vin. *See also* CLOTHES-PEG, COME DOWN 2. (*b*) Ranche *f,* enture *f* (d'échelier). *See also* LADDER[1] 1. (*c*) **Hat-peg,** patère *f;* porte-chapeau *m, pl.* porte-chapeaux. **Coat-peg, clothes-peg,** patère. *F:* **To buy a suit of clothes off the peg,** acheter une confection au décrochez-moi-ça. **Peg to hang a grievance on,** prétexte *m* de plainte. (*d*) Piquet *m. Surv:* Jalonnette *f.* (*At croquet*) **Finishing peg,** piquet *m* d'arrivée. **Starting peg,** piquet de départ. *See also* TENT-PEG. (*e*) *Mus:* Cheville (de violon, etc.); bouton *m* (de corde de harpe). **2.** (*a*) Pointe *f,* fer *m* (de toupie); pied *m,* pique *f* (de violoncelle). (*b*) *P:* Jambe *f; P:* quille *f.* **Not to stir a peg,** ne pas bouger d'une semelle. **3.** (*a*) Fine *f* à l'eau (de seltz). (*b*) Doigt *m* (de whisky, etc.). **To mix oneself a stiff peg,** se faire un grog bien tassé.

'peg-leg, *s.* Jambe *f* de bois.

'peg-top, *s.* **1.** *Toys:* Toupie *f.* **2.** *A.Cost:* **Peg-top trousers, peg-tops,** pantalon *m* à la hussarde.

'peg-wood, *s. Carp:* Fenton *m.*

peg[2], *v.tr.* (pegged; pegging) **1.** Cheviller (un assemblage, deux choses l'une à l'autre); brocher (des peaux). *To peg clothes on the line,* accrocher du linge sur la corde (avec des épingles). *Bootm:* **Pegged soles,** semelles chevillées, brochées. **2.** *Games:* Marquer (des points). **3.** *St.Exch: Fin:* **To peg the market, the exchange,** stabiliser le marché, le cours du change (en achetant et en vendant à tout venant); maintenir le marché ferme; *esp.* maintenir le cours du change. **4.** *Mil: P:* **To be pegged,** être accusé d'un délit.

peg away, *v.i. F:* **To peg away (at sth.),** travailler ferme, travailler assidûment (à qch.); *F:* s'escrimer (à qch.); piocher, bûcher (un sujet). *You must keep pegging away,* il faut persévérer, il faut continuer.

pegging away, *s.* Travail assidu; *F:* piochage *m.*

peg down, *v.tr.* **1.** Fixer, assujettir, (un filet, etc.) avec des piquets. *F:* **Pegged down with regulations,** entravé par des règlements. **2.** *F:* **To peg s.o. down to his promise,** astreindre qn à accomplir sa promesse. *I am pegged down to my work,* je suis rivé à mon travail.

pegging down, *s.* Fixage *m,* assujettissement *m,* (de qch.) avec des piquets.

peg out. 1. *v.tr.* **To peg out a claim,** piqueter, jalonner, (a)borner, une concession. *To peg out a line,* jalonner une ligne. *Const: To peg out the ground-plan,* implanter le tracé des fondations. **2.** *v.i.* (*a*) *Croquet:* Toucher le piquet final (et se retirer de la partie). **Ball pegged out,** balle vagabonde. (*b*) *P:* Mourir; *P:* casser sa pipe; passer l'arme à gauche; lâcher la rampe.

pegging out, *s.* Piquetage *m,* jalonnement *m,* abornement *m,* bornage *m* (d'un terrain).

pegging, *s.* **1.** Chevillage *m.* **2.** *Sp: Games: It is still* **level pegging,** ils sont encore à égalité. **3.** *St.Exch: Fin:* Stabilisation *f* (du marché, de la livre sterling, etc.).

'pegging-awl, *s. Bootm:* Broche *f.*

Peg[3]. *Pr.n.f.* = PEGGY.

pegamoid [ˈpegamɔid], *s.* Pégamoïd *m.*

Pegasus [ˈpegasəs]. *Pr.n. Gr.Myth: Astr:* Pégase *m. F:* **To mount one's Pegasus,** monter sur Pégase; enfourcher Pégase.

Peggy [ˈpegi]. *Pr.n.f.* (*Dim. of Margaret*) = Margot, Guite.

pegmatite [ˈpegmatait], *s. Miner:* Pegmatite *f.*

pegmatoid [ˈpegmatɔid], *a. Miner:* Pegmatoïde.

pejorative [ˈpiːdʒoreitiv, piˈdʒɔrətiv]. **1.** *a.* Péjoratif. **2.** *s.* Mot péjoratif; péjoratif *m.*

pekan [ˈpek(ə)n], *s. Z:* Pékan *m;* martre *f* du Canada.

peke [piːk], *s. F:* = PEKINESE 2.

Pekin [piːˈkin]. **1.** *Pr.n. Geog:* Pékin. *Anthr:* **Pekin man,** sinanthrope *m.* **2.** *s. Tex:* Pékin *m.*

Pekinese, Pekingese [ˈpiːkiˈniːz, -kiˈŋiːz]. **1.** *a. & s. Geog:* Pékinois, -oise. **2.** *s.* (*Dog*) (Épagneul *m*) pékinois *m.*

Peking [piːˈkiŋ]. *Pr.n. Geog:* = PEKIN 1.

pekoe [ˈpeko, piː-], *s.* **Pekoe (tea),** péko(ë) *m.* **Orange pekoe,** péko orange.

pelada [piˈlɑːda], *s. Med:* Pelade *f.*

pelage [ˈpeledʒ], *s.* Pelage *m;* robe *f* (du cheval); toison *f* (du mouton).

Pelagia [peˈleidʒia]. *Pr.n.f. Rel.H:* Pélagie.

Pelagian[1] [peˈleidʒiən], *a. & s. Rel.H:* Pélagien, -ienne.

pelagian[2], *a.* = PELAGIC.

Pelagianism [peˈleidʒiənizm], *s. Rel.H:* Pélagianisme *m.*

pelagic [peˈladʒik], *a. Oc:* Pélagien, pélagique. *P. zone,* région *f* pélagique.

Pelagius [peˈleidʒiəs]. *Pr.n.m. Rel.H:* Pélage.

pelargonium [peləːˈgounjəm], *s. Bot:* Pélargonium *m, F:* géranium *m.*

Pelasgi [peˈlazgai]. *Pr.n.pl. Gr.Hist:* Pélasges *m.*

Pelasgian [peˈlazgiən]. *Gr.Hist:* **1.** *a.* = PELASGIC. **2.** *s.* Pélasge *m.*

Pelasgic [peˈlazgik], *a. Gr.Hist:* Pélasgien, pélasgique.

pelerine [ˈpeləriːn], *s. Cost:* Pèlerine *f.*

Pele's hair [ˈpiːlizˈhɛər], *s. Geol:* Cheveux *mpl* de Pélé; **fils** étirés (d'origine volcanique).

Peleus [ˈpiːljuːs]. *Pr.n.m. Gr.Myth:* Pélée.

Pelew [peˈljuː]. *Pr.n. Geog:* **The Pelew Islands,** les Palaos *f.*

pelf [pelf], *s. Pej:* Richesses *fpl,* lucre *m.*

pelican [ˈpelikən], *s.* **1.** *Orn:* Pélican *m.* **Crested pelican,** pélican frisé. **2.** *Her:* **Pelican in her piety,** pélican avec sa piété.

Pelion [ˈpiːliən]. *Pr.n. A.Geog:* Pélion *m. See also* OSSA.

pelisse [peˈliːs], *s. Cost:* **1.** Pelisse *f* (de femme, d'enfant). **2.** *Mil:* **Hussar pelisse,** pelisse, dolman *m.*

pellagra [peˈlagra, -eigra], *s. Med:* Pellagre *f.*

pellagrin [peˈlagrin, peˈleigrin], *s. Med:* Pellagreux, -euse.

pellagrous [peˈlagrəs, peˈleigrəs], *a. Med:* Pellagreux.

pellet [ˈpelet], *s.* (*a*) Boulette *f* (de papier, etc.); pelote *f* (d'argile, etc.). **Aromatic pellet** (*for fumigation*), pastille *f. See also* MOULDING[2] 2. (*b*) *Sm.a:* Grain *m* de plomb. **Air-gun pellets,** plombs *m* pour carabine à air comprimé. (*c*) *Pharm:* Pilule *f,* grain *m,* bol *m.* (*d*) *pl. Orn:* Boulette d'aliments regorgés (par les hiboux, etc.).

pellicle [ˈpelikl], **pellicule** [ˈpelikjuːl], *s.* (*a*) Pellicule *f.* (*b*) Membrane *f.*

pellicular [peˈlikjulər], *a.* (*a*) Pelliculaire. (*b*) Membraneux.

pellitory [ˈpelitəri], *s. Bot:* **1. Pellitory of Spain,** pyrèthre *m.* **2. Wall-pellitory, pellitory of the wall,** pariétaire *f; F:* casse-pierre(s) *m inv;* perce-muraille *f, pl.* perce-murailles.

pell-mell [ˈpelˈmel]. **1.** *adv.* Pêle-mêle; (courir, etc.) à la débandade. **2.** *a.* Mis pêle-mêle; en confusion, en désordre. **3.** *s.* Pêle-mêle *m,* confusion *f.*

pellucid [peˈljuːsid], *a.* (*a*) Pellucide, transparent, translucide. (*b*) *F:* (Style *m,* etc.) lucide, limpide. (*c*) (Esprit) clair, lucide.

pellucidity [peljuˈsiditi], **pellucidness** [peˈljuːsidnəs], *s.* (*a*) Transparence *f,* translucidité *f.* (*b*) *F:* Lucidité *f,* limpidité *f* (du style, etc.).

Pelmanism [ˈpelmənizm], *s.* Le système mnémotechnique de Pelman.

pelmet [ˈpelmet], *s. Furn:* Lambrequin *m.*

Peloponnese (the) [ðəˈpeloponiːs], **Peloponnesus (the)** [ðəpelopoˈniːsəs]. *Pr.n. A.Geog:* Le Pélopon(n)èse.

Peloponnesian [pelopoˈniːʃ(ə)n], *a. & s. A.Geog:* Pélopon(n)ésien, -ienne. *A.Hist:* **The Peloponnesian War,** la guerre du Pélopon(n)èse.

pelorus [peˈlɔːrəs], *s. Nau:* Alidade *f* à réflexion.

pelota [peˈlouta], *s. Games:* Pelote *f* basque.

pelt[1] [pelt], *s.* **1.** Peau *f,* dépouille *f,* fourrure *f* (de mouton ou de chèvre). **2.** *Tan:* (i) (*With hair on*) Peau verte; (ii) (*without hair*) peau en tripe.

pelt[2], *v.tr.* Écorcher (un animal); écorcer (un bâton). **Pelted ash,** bâtons de frêne dépouillés de leur écorce.

pelt[3], *s.* **1.** Grêle *f* (de pierres); fracas *m* (de la pluie). **2.** *Adv.phr.* **(At) full pelt,** (courir, s'enfuir) à toute vitesse, à toutes jambes, ventre à terre, à la galope. **3.** *Dial:* Explosion *f* de colère. **To be in a pelt,** être en colère.

pelt[4]. **1.** *v.tr.* (*a*) **To pelt s.o. with stones,** *with snowballs,* lancer une volée de pierres à qn; assaillir qn à coups de pierres, de boules de neige. *F: To p. s.o. with abuse,* cribler qn d'injures. *To p. s.o. with invitations,* accabler qn d'invitations. (*b*) **To pelt stones at s.o.,** *abs.* **to pelt at s.o.,** lancer, jeter, des pierres à qn. **2.** *v.i.* (*a*) (*Of rain, etc.*) **To pelt (down),** tomber à verse, tomber à seaux. (*b*) *F:* Courir à toute vitesse. **He was off as fast as he could pelt, he pelted away,** il se sauva à toutes jambes; il prit ses jambes à son cou.

pelting[1], *a.* **Pelting rain,** pluie battante.

pelting[2], *s.* = PELT[3] 1.

peltate [ˈpeltet], *a. Nat.Hist:* Pelté; en forme de bouclier.

pelter [ˈpeltər], *s.* **1.** Jeteur, -euse, lanceur, -euse (de pierres, etc.). **2.** *P:* **A regular pelter,** une pluie battante. *We are in for a real p.,* il va tomber une fameuse averse.

Pelton [ˈpeltən]. *Pr.n. Hyd.E:* **Pelton wheel,** turbine tangentielle; roue *f* Pelton.

peltry [ˈpeltri], *s.* Pelleterie *f;* peausserie *f;* peaux *fpl.*

pelure [peˈljuər], *s.* Pelure(-paper), papier *m* pelure (d'oignon).

pelvic [ˈpelvik], *a. Anat:* Pelvien. *See also* GIRDLE[1] 1.

pelvimeter [pelˈvimetər], *s.* Pelvimètre *m.*

pelvis [ˈpelvis], *s. Anat:* (*a*) Bassin *m.* **False pelvis,** pelvis *m.* (*b*) Bassinet *m* (du rein).

pemmican [ˈpemikən], *s.* **1.** Pemmican *m.* **2.** *F:* **Pemmican style,** style condensé. *To supply the students with p. knowledge,* administrer aux étudiants des "comprimés" de connaissances, de la science en pilules.

pemphigoid [ˈpemfigɔid], *a. Med:* Pemphigoïde.

pemphigous [ˈpemfigəs], *a. Med:* (*a*) Qui tient du pemphigus. (*b*) Atteint de pemphigus.

pemphigus [ˈpemfigəs], *s. Med:* Pemphigus *m;* maladie vésiculeuse (de la peau).

pen[1] [pen], *s.* **1.** (*a*) Parc *m,* enclos *m* (à moutons, etc.). **Chicken pen,** (i) poulailler *m;* (ii) cage *f* à poules. *To let the cattle out of the pen,* déparquer les bestiaux. *See also* PLAY-PEN, SHEEP-PEN. (*b*) *Nau:* Cage. **Pig pen,** cage aux porcs. **2.** *Const:* **Lime-slacking pen,** bassin *m* pour éteindre la chaux. **3.** *Navy:* (*Of destroyers*) **To go in the pens,** aller aux appontements *m.* **4.** (*In W. Indies*) Plantation *f.*

pen[2], *v.tr.* (penned; penning) **To pen (up, in),** parquer (des moutons, etc.); (r)enfermer, confiner (qn dans une chambre, etc.). *F: House in which one feels penned up*, maison *f* où on se sent parqués comme des moutons, où on se sent à l'étroit. *To pen oneself up in one's office*, se renfermer, se claquemurer, dans son bureau.

pen³, *s.* **1.** (*a*) *A:* Plume *f* (d'oiseau). (*b*) *pl. A. & Lit:* **The pens**, les rémiges *f*. **2.** (*a*) Plume (pour écrire). **Stroke of the pen**, trait *m* de plume. **To put one's pen to paper, to set pen to paper, to take pen in hand**, prendre la plume (en main); mettre la main à la plume. **To put one's pen through sth.**, biffer, rayer, qch. (d'un trait de plume). *To make one's living by one's pen*, vivre de sa plume. *See also* DRIVE² I. 9, FOUNTAIN-PEN, MUSIC-PEN, QUILL-PEN. (*b*) **Drawing-pen, straight-line pen**, tire-ligne *m*, *pl.* tire-lignes; plume à dessin. **Electric pen**, plume électrique. *See also* DOTTING-PEN, WHEEL-PEN. **3.** **Pen(-nib)**, (bec *m* de) plume. *Steel pen*, plume métallique; plume d'acier.

'pen-and-'ink, *attrib.a.* **Pen-and-ink sketch, drawing**, esquisse *f*, dessin *m*, à la plume.

'pen-box, *s.* Plumier *m*.

'pen-compass, *s.* Compas *m* à tire-ligne.

'pen-driver, *s. F:* = PEN-PUSHER.

'pen-feather, *s.* **1.** Penne *f*, rémige *f*. **2.** = PIN-FEATHER.

'pen-feathered, *a.* = PIN-FEATHERED.

'pen-maker, *s.* Fabricant *m* de plumes.

'pen-name, *s.* (*Of author*) Nom *m* de plume; pseudonyme *m*; (*of journalist*) nom de guerre.

'pen-point, *s.* Tire-ligne *m* (de compas), *pl.* tire-lignes.

'pen-pusher, *s.* *F:* Plumitif *m*; rond-de-cuir *m*, *pl.* ronds-de-cuir.

'pen-rack, -rest, *s.* Pose-plumes *m inv*.

'pen-tail, *s. Z:* Ptilocerque *m*.

'pen-tray, *s.* Plumier (plat); plumier-plateau *m*, *pl.* plumiers-plateaux.

'pen-wiper, *s.* Essuie-plume(s) *m inv*.

pen⁴, *v.tr.* (**penned**; **penning**) Écrire, rédiger (une lettre, un article, etc.). *To pen a few lines*, tracer quelques lignes.

pen⁵, *s. Orn:* Cygne *m* femelle.

penal ['pi:n(ə)l], *a.* (*Of laws, code*) Pénal, -aux; (*of offence*) qui comporte, entraîne, une pénalité. **Penal servitude**, travaux forcés (d'une durée minimum de trois ans, sans transportation). *Seven years' p. servitude*, sept ans de travaux forcés. *P. servitude for life*, travaux forcés à perpétuité. *s. F:* **To get a penal**, être condamné aux travaux forcés. *A:* **Penal colony, penal settlement**, colonie *f* pénitentiaire; colonie de déportation. **-ally**, *adv.* Pénalement.

penalization [pi:nəlai'zeiʃ(ə)n], *s.* Infliction *f* d'une peine (*of s.o.*, à qn). *Sp: Games:* Pénalisation *f*.

penalize ['pi:nəlaiz], *v.tr.* **1.** Sanctionner (un délit) d'une peine, d'une pénalité; attacher une peine à (un délit). **2.** (*a*) Infliger une peine à (qn). (*b*) *Sp: Games:* Pénaliser (un concurrent, un joueur); déclasser (un coureur). *To p. a competitor* 10 *points*, pénaliser un concurrent de dix points. (*c*) *Sp:* Handicaper.

penalty ['penəlti], *s.* **1.** (*a*) Peine *f*, pénalité *f*. *Com:* Amende *f* (pour retard de livraison, etc.). *Adm:* Sanction (pénale). *To impose penalties*, prendre des sanctions. **Penalty clause** (*in contract*), clause pénale (de dommages-intérêts). *P. for non-performance of contract*, peine contractuelle; dédit *m*. **Torts subject to penalty**, fautes *f* dommageables. **The death penalty, the extreme, the ultimate, penalty**, la peine de mort, le dernier supplice, la peine capitale. *The p. of the lash*, le supplice du fouet. **On, upon, under, penalty of death**, sous peine de mort; sous peine de la vie. *F:* **To pay the penalty of** *one's foolishness*, subir les conséquences de sa sottise; être puni de sa sottise. (*b*) Désavantage *m*. *The p. of progress*, la rançon du progrès. *To pay the p. of fame*, payer la rançon de la gloire. **2.** *Sp:* (*a*) Pénalisation *f*, amende, pénalité. *Golf:* **Penalty stroke**, coup *m* d'amende. *Fb:* **Penalty kick, shot**, coup de pied de réparation, de pénalité; penalty *m*. *A p. shot taken by X*, un penalty botté par X. **Penalty area, penalty spot**, surface *f*, point *m*, de réparation, de pénalité, de pénalisation. (*b*) Handicap *m*.

'penalty envelope, *s. Post: U.S:* Enveloppe réservée au service de l'État.

penance¹ ['penəns], *s.* (*a*) *Theol:* **The sacrament of penance**, le sacrement de la pénitence. (*b*) **To do penance** *for one's sins*, faire pénitence de, pour, ses péchés. **To do sth. as a penance**, faire qch. pour pénitence. **Works of penance**, œuvres pénitentielles.

penance², *v.tr.* Infliger une pénitence à (qn); punir (qn).

Penates [pe'neiti:z], *s.pl. Rom.Ant:* Pénates *m*. *F:* **To set up one's penates**, établir ses pénates. *See also* LAR.

pence [pens], *s.pl. See* PENNY.

pencil¹ ['pensil], *s.* **1.** *Art: A:* Pinceau *m*. (*Still so used in*) **To have a bold, a delicate, pencil**, avoir le pinceau hardi, délicat. **2.** Crayon *m*. (*a*) **Lead pencil**, crayon à mine de plomb. *Coloured p.*, crayon de couleur. *Indelible p.*, crayon à copier. **Propelling pencil**, porte-mine *m inv* réglable, à vis; stylomine *m*. **To mark sth. in pencil, with a pencil**, marquer qch. au crayon. **Written in pencil**, écrit au crayon. **To draw, make, a pencil sketch of . . .**, crayonner un croquis de. . . . **Drawing in pencil, pencil drawing, pencil sketch**, dessin *m*, esquisse *f*, au crayon; crayonnage *m*. *He is clever with his p.*, il dessine bien. (*b*) **Slate pencil**, crayon d'ardoise. (*c*) **Carbon pencil** *of an arc-lamp*, crayon d'une lampe à arc. (*d*) *Toil:* **Eyebrow pencil**, crayon pour les sourcils. **3.** (*a*) *Opt:* **Pencil of light-rays, light pencil**, (i) faisceau lumineux; faisceau de lumière, de rayons; (ii) aigrette lumineuse; houppe *f*. *Th: Cin:* **Tip of the light pencil**, spot lumineux. (*b*) *Ball:* **Pencil of trajectories**, gerbe *f* de trajectoires. (*c*) *Mth: Geom:* Faisceau (de courbes, etc.). (*d*) *Nat.Hist:* Houppe. **4.** *Med: F:* **Pencil and tassel**, les parties viriles (chez l'enfant).

'pencil-arm, *s.* Branche *f* porte-mine (de compas).

'pencil-box, *s.* Plumier *m*.

'pencil-case, *s.* **1.** (*a*) Portecrayon *m*. (*b*) Porte-mine *m inv*. **2.** Plumier *m*; trousse *f* d'écolier.

'pencil-eraser, *s.* Gomme *f* (à effacer) pour crayon.

'pencil-holder, *s.* Portecrayon *m*.

'pencil-mark, *s.* Trait *m* au crayon, marque *f* au crayon; crayonnage *m*.

'pencil-point, *s.* **1.** Pointe *f* de crayon. **2.** Portecrayon *m* (de compas).

'pencil-protector, *s.* Protège-pointe(s) *m inv*, protège-mine *m inv*.

'pencil-sharpener, *s.* Taille-crayon *m*, *pl.* taille-crayons.

pencil², *v.tr.* (**pencilled**; **pencilling**) **1.** (*a*) Faire une marque au crayon sur (qch.); marquer (qch.) au crayon. *See also* BLUE-PENCIL. (*b*) Dessiner, esquisser, (une figure) au crayon. (*c*) *To p. one's eyebrows, one's eyes*, se faire les sourcils, les yeux (au crayon). **2.** (*a*) *To p. a note*, crayonner un billet. (*b*) **To pencil down a note**, noter une remarque au crayon; faire une note au crayon. (*c*) *Turf:* Inscrire (un cheval) au carnet de paris.

pencilled, *a.* **1.** Écrit au crayon. **2.** Marqué au crayon. **Pencilled eyebrows**, (i) sourcils tracés au crayon. (ii) *F: Delicately p. eyebrows*, sourcils d'un tracé délicat. **3.** *Nat.Hist:* A houppe.

pencilling, *s.* Crayonnage *m*.

pencraft ['penkrɑ:ft], *s.* **1.** Calligraphie *f*. **2.** L'art *m* d'écrire.

pendant¹ ['pendənt], *s.* **1.** (*a*) Pendentif *m* (de collier); breloque *f* (de bracelet); pendeloque *f* (de lustre). **Ear pendant**, pendant *m* d'oreille. (*b*) *Clockm:* Pendant, anneau *m* (de montre). (*c*) *Arch:* Clef pendante; cul-de-lampe *m*, *pl.* culs-de-lampe. (*d*) *Furn:* **Gas pendant**, lustre *m* à gaz; suspension *f*. **Electric pendant**, pendentif; lustre électrique. **2.** *Nau:* (*a*) (*Rope*) Martinet *m*, pantoire *f*. **Top-tackle pendant**, braguet *m*. **Chain pendant**, itague *f* (d'un corps-mort). **Reef pendant**, bosse *f* de ris. **Rudder pendant**, sauvegarde *f*. (*b*) ['penənt] (*Flag*) Flamme *f*, guidon *m*. **Broad pendant**, guidon de commandement; guidon du chef de division. **Answering pendant**, pavillon *m* d'aperçu. **Action pendant**, flamme de guerre. **Paying-off pendant**, flamme de fin de campagne. **Ship's pendants**, numéro *m* du bâtiment. **3.** (*Also* [pɑ̃dɑ̃]) Pendant (d'un tableau, d'un ornement). **To make a pendant to sth.**, faire pendant à qch.; faire le pendant de qch.

pendant², *a.* = PENDENT¹.

pendency ['pendənsi], *s. Jur:* Litispendance *f*.

pendent¹ ['pendənt], *a.* **1.** (*Of plants, etc.*) Pendant; (*of draperies, etc.*) retombant; (*of rocks, etc.*) surplombant, en surplomb. *Mec.E:* **Pendent bearing**, chaise pendante. **2.** *Jur:* (Procès) pendant, en instance. *F: Negotiations p. between two countries*, négociations *f* en cours, pendantes, entre deux pays. *Two bills are now p. in congress*, le congrès est actuellement saisi de deux projets de loi. **3.** *Gram:* **Pendent sentence**, phrase incomplète.

pendent², *s.* = PENDANT¹.

pendentive [pen'dentiv], *s. Arch:* Pendentif *m*, trompe *f*.

pending ['pendiŋ]. **1.** *a.* = PENDENT¹ 2. **2.** *prep.* (*a*) Pendant. *P. the negotiations*, pendant, durant, les négociations. (*b*) En attendant (le retour de qn, etc.). *P. further news . . .*, en attendant de plus amples nouvelles. *P. a decision of the court on . . .*, en attendant que le tribunal ait décidé, ait statué, sur. . . . *All my plans are hung up p. decision of this lawsuit*, ce procès a mis tous mes projets en souffrance.

pendragon [pen'dragən], *s. Welsh Hist:* Prince *m*, chef *m*.

pendular ['pendjulər], *a.* (Mouvement *m*) pendulaire.

pendulate ['pendjuleit], *v.i.* (*a*) Osciller, balancer; avoir un mouvement pendulaire. (*b*) *F:* (*Of pers.*) Vaciller (entre deux opinions, etc.).

pendulous ['pendjuləs], *a.* **1.** (*Of branch, lip, etc.*) Pendant. *Dog with p. ears*, chien *m* aux oreilles pendantes. **2.** Balançant, oscillant; (mouvement) pendulaire.

pendulum ['pendjuləm], *s.* *Ph: Clockm:* Pendule *m*, balancier *m*. **Compensated pendulum, compensation pendulum**, balancier, pendule, compensé, compensateur. *See also* GOVERNOR 3, GRIDIRON 1, SWING¹ 2, WHEEL-PENDULUM.

'pendulum-ball, -bob, *s.* Lentille *f* de pendule, de balancier.

'pendulum-clock, *s.* Horloge *f* à pendule, à balancier.

'pendulum-stroke, *s. Bill:* Carambolage *m* en va-et-vient (qui peut se répéter à l'infini sur les deux billes coincées dans l'ouverture de la blouse).

Penelope [pe'nelopi]. *Pr.n.f. Gr.Lit:* Pénélope.

peneplain ['pi:niplein], *s. Geol:* Pénéplaine *f*.

penetrability [penitrə'biliti], *s.* Pénétrabilité *f*.

penetrable ['penitrəbl], *a.* Pénétrable.

penetralia [peni'treiliə], *s.pl.* Partie la plus reculée (d'un temple, etc.); *F:* saint *m* des saints; sanctuaire *m*.

penetrate ['penitreit]. **1.** *v.tr.* (*a*) Pénétrer, percer. *He fell on the knife, which penetrated the flesh*, il est tombé sur le couteau, qui a pénétré les chairs. *The shell penetrated the hull*, l'obus *m* a pénétré la coque. *Darkness that the eye could not p.*, ténèbres *f* que l'œil ne pouvait percer. (*b*) *To p. a secret*, pénétrer, percer, un secret. *To p. s.o.'s mind*, voir clair dans l'esprit de qn; pénétrer la pensée de qn. (*c*) **To penetrate s.o. with** *a feeling*, pénétrer qn d'un sentiment. *Penetrated with the ideas of a past age*, pénétré, imbu, imprégné, des idées d'une époque passée. **2.** *v.i.* Pénétrer. *The bayonet penetrated to the lung*, la baïonnette pénétra jusqu'au poumon. *The water is penetrating everywhere*, l'eau s'introduit partout. **To penetrate through sth.**, passer à travers qch. *To p. through the enemy's lines*, faire une trouée dans les lignes ennemies. *To p. into a forest*, pénétrer dans une forêt. *We penetrated a good way into Provence*, *F:* nous avons poussé une pointe assez loin en Provence.

penetrating, *a.* **1.** (Vent, froid) pénétrant; (son) mordant. **Penetrating bullet**, balle perforante. *To have a p. eye*, avoir des yeux perçants, des yeux d'aigle. **2.** (Esprit) clairvoyant, perspicace, pénétrant.

penetration [peni'treiʃ(ə)n], *s.* **1.** (*a*) Pénétration *f*. *P. of poison gas*, venue *f* de gaz toxique. *Aer: P. of air*, rentrée *f* d'air (dans un ballon). *Pol:* **Peaceful penetration,** pénétration pacifique; politique *f* de la tache d'huile. (*b*) Pénétration (de l'esprit); perspicacité *f*, clairvoyance *f*. **2.** *Cryst:* **Penetration twin,** macle *f* par pénétration, par entrecroisement.

penetrative ['penitreitiv], *a.* Pénétrant.

Peneus [pe'ni:əs]. *Pr.n. A.Geog:* **The (river) Peneus,** le Pénée.

penful ['penful], *s.* Plumée *f* (d'encre).

penguin ['pengwin, 'peŋgwin], *s.* **1.** *Orn:* Manchot *m*, *F:* pingouin *m*. **King penguin,** pingouin royal. **Penguin rookery,** colonie *f* de manchots; pingouinière *f*. **2.** *Av:* Appareil *m* d'école; "pingouin."

penholder ['penhouldər], *s.* **1.** Porte-plume *m inv*. **2.** Pose-plume(s) *m inv*, plumier *m*.

penial ['pi:niəl], *a.* *Z:* (Fourreau, etc.) de la verge.

penicillate ['penisilet], *a.* *Nat.Hist:* Pénicillé.

penicilliform [peni'silifɔ:rm], *a.* *Z:* Pénicilliforme.

peninsula [pe'ninsjula], *s.* *Geog:* Péninsule *f*; presqu'île *f*. **The Peninsula,** (i) la péninsule Ibérique, d'Espagne, de l'Espagne; la Péninsule; (ii) (*in Great War*) la péninsule de Gallipoli.

peninsular [pe'ninsjulər], *a.* Péninsulaire. *Hist:* **The Peninsular War,** la guerre d'Espagne.

penis, *pl.* **-nes** ['pi:nis, -ni:z], *s.* *Anat:* *Z:* Pénis *m*, verge *f*; membre viril.

penitence ['penitəns], *s.* Pénitence *f*, repentir *m*, contrition *f*.

penitent ['penitənt]. **1.** *a.* Pénitent, repentant, contrit. *See also* THIEF 1. **2.** *s.* Pénitent, -ente. *Ecc:* **The penitent form,** le banc des pénitents, de ceux qui sont inquiets au sujet de leur salut. *Member of a Penitent order*, pénitent, -ente. **-ly,** *adv.* D'un air contrit.

penitential [peni'tenʃəl]. **1.** *a.* Pénitentiel, de pénitence, de contrition. **Penitential robe,** robe *f* de pénitent. *P. good works*, œuvres pénitentielles. **Penitential psalms,** psaumes *m* de la pénitence; psaumes pénitentiaux. **2.** *s.* (*Book*) Pénitentiel *m*.

penitentiary [peni'tenʃəri]. **1.** *a.* (*a*) *Ecc:* **Penitentiary priest,** pénitencier *m*. (*b*) **Penitentiary House,** maison *f* pénitentiaire. (*c*) *U.S:* **Penitentiary offence,** délit puni de réclusion dans une maison pénitentiaire. **2.** *s.* (*a*) *R.C.Ch:* (*Pers.*) Pénitencier. **Grand Penitentiary, High, Chief, Great, Penitentiary,** Grand Pénitencier. (*b*) *R.C.Ch:* (*Tribunal*) Pénitencerie *f*. (*c*) *Adm:* Maison pénitentiaire; pénitencier *m*; maison de correction. (*d*) *U.S:* Prison *f*.

penitentiaryship [peni'tenʃəriʃip], *s.* *R.C.Ch:* *A:* Pénitencerie *f*; charge *f* de pénitencier.

penknife ['pennaif], *s.* Canif *m*.

penman, *pl.* **-men** ['penmən, -men], *s.m.* **1.** Écrivain; homme de plume; auteur. **2.** (*a*) *A:* (*Scrivener*) Écrivain (public). (*b*) *Good p., expert p.*, calligraphe.

penmanship ['penmənʃip], *s.* **1.** L'art *m* d'écrire. **2.** Calligraphie *f*.

pennant ['penənt], *s.* **1.** *Nau:* = PENDANT[1] 2. **2.** = PENNON 1.

pennate ['penet], *a.* **1.** *Bot:* Penné, pinné. **2.** *Nat.Hist:* Penniforme.

penner ['penər], *s.* Rédacteur *m*, auteur *m* (d'un document, etc.).

penniform ['penifɔ:rm], *a.* *Nat.Hist:* *Anat:* Penniforme.

penniless ['peniləs], *a.* Sans le sou; sans ressources. *To be p.*, n'avoir pas le sou, pas un sou vaillant; avoir la poche vide; *P:* être dans la mélasse, dans la purée. **To leave s.o. penniless,** laisser qn sans le sou; *F:* mettre qn sur la paille. *To leave oneself p.*, se dépouiller de ses biens. *s.pl.* **The penniless,** les sans-le-sou *m*, les misérables *m*; *F:* les purotins *m*.

Pennine ['penain], *a.* *Geog:* **1.** **The Pennine Alps,** les Alpes Pennines. **2.** **The Pennine Chain,** *s.* **the Pennines,** la chaîne Pennine ("l'épine dorsale" de l'Angleterre).

pennon ['penən], *s.* **1.** Flamme *f*, banderole *f*. *Archeol:* Pennon *m*. *Sp:* Fanion *m*. *See also* LANCE-PENNON. **2.** *Nau:* = PENDANT[1] 2 (*b*).

pennoned ['penənd], *a.* A flamme, à banderole. *Archeol:* A pennon.

penn'orth ['penərθ], *s.* *F:* = PENNYWORTH.

Pennsylvania [pensil'veinja]. *Pr.n. Geog:* La Pen(n)sylvanie.

Pennsylvanian [pensil'veinjən], *a.* & *s.* Pen(n)sylvanien, -ienne.

penny ['peni], *s.* **1.** (*Coin*) (*pl.* **pennies**) Deux sous; gros sou. *He gave me the change in pennies*, il me rendit la monnaie en gros sous. *He hasn't a single p. of the sum required*, il n'a pas le premier sou de la somme requise. **They haven't a penny (to bless themselves with), they haven't a penny to their name, in the world,** ils n'ont pas le sou; ils n'ont ni sou ni maille; ils sont sans un sou vaillant; *P:* ils n'ont pas un radis, pas un rotin. **To look twice at every penny,** regarder, prendre garde, à un sou. **To come back like a bad penny,** revenir comme un mauvais sou. **He's a bad penny,** c'est un mauvais sujet. **The penny drops,** (i) le sou est tombé (dans la machine), le mécanisme est déclenché; (ii) *F:* voilà qu'il comprend (la plaisanterie, etc.). *See also* MARKET-PENNY. **2.** (*a*) (*Value*) (*pl.* **pence** [pens], *in compounds* [pəns]) *One shilling and fourpence* ['fɔ:rpəns], un shilling et quatre pence. *See also* TWOPENCE, THREEPENCE, SIXPENCE. *I paid eighteen pence* ['eiti:n'pens] *for it*, je l'ai payé un shilling et sixpence. *It might be worth anything from a p. to a hundred pounds*, cela vaut cent livres comme un sou. **Nobody was a penny the worse,** (i) cela n'a fait de tort à personne; (ii) il n'y a pas eu de blessé; tout le monde s'en est tiré sans une égratignure. *Nobody was a p. the better*, personne n'en a profité. *I'm not a p. the wiser*, je n'en sais pas plus qu'avant. *Prov:* **In for a penny in for a pound,** quand le vin est tiré il faut le boire; qui a dit A doit dire B. **Penny bun, penny pencil,** gâteau *m*, crayon *m*, de deux sous. *See also* TWOPENNY, TUPPENNY, THREEPENNY, SIXPENNY. *F:* **In penny numbers,** chiquet à chiquet. *See also* PLAIN I. 4, SAVE[2] 2, SPEND 1, THOUGHT[1] 2. (*b*) *Coll.* *To neglect* **the odd pence,** ne pas tenir compte des sous. *Prov:* **Take care of the pence and the pounds will take care of themselves,** les petites économies font les bonnes maisons; il n'y a pas de petites économies. **3.** **That will cost a pretty penny,** cela coûtera cher, chaud. *To inherit, come in for, a pretty p.*, hériter d'un joli avoir. *To make a pretty p. out of sth.*, tirer un bon denier de qch. *A thousand pounds is a pretty p.*, mille livres, c'est un beau denier. **To earn, turn, an honest penny,** gagner honnêtement de l'argent, sa vie. **4.** *B:* Denier. *See also* PETER[1] 1. **5.** *U.S:* (*pl.* *pennies*) = CENT.

'penny-a-'line[1], *attrib.a.* (Journaliste *m*, etc.) à deux sous la ligne.

'penny-a-'line[2], *v.i.* *F:* Écrire à deux sous la ligne; écrivailler.

'penny-a-'liner, *s.* *F:* Journaliste *m* à deux sous la ligne; écrivaillon *m*, folliculaire *m*, lignard *m*, barbouilleur *m*.

penny-'bank, *s.* Caisse *f* d'épargne qui accepte des versements d'un penny.

'penny-cress, *s.* *Bot:* Thlaspi *m* des champs; monnayère *f*.

penny 'dreadful, *s.* Feuilleton *m* à gros effets; roman *m* pour concierges; roman à deux sous; roman à sensation.

penny-'farthing, *s.* & *attrib.a.* *F:* *A:* **Penny-farthing (bicycle),** vélocipède *m*, *F:* araignée *f*.

'penny-in-the-'slot, *attrib.a.* **Penny-in-the-slot machine,** distributeur *m* automatique; distributrice *f* automatique; appareil *m* à payement préalable.

'penny-'piece, *s.* *F:* Pièce *f* de deux sous; gros sou. **I haven't a penny-piece,** je n'ai pas un sou vaillant; *P:* je n'ai pas un rotin, pas un rond.

'penny-'post, *s.* *Post:* Affranchissement *m* à deux sous.

'penny-wisdom, *s.* Lésine *f*, lésinerie *f*.

'penny-wise, *a.* Qui fait des économies de bouts de chandelle; lésineur, -euse. *To be p.-w.*, lésiner. **To be penny-wise and pound-foolish,** économiser les sous et prodiguer les louis.

pennyroyal [peni'rɔiəl], *s.* *Bot:* Pouliot *m*.

pennyweight ['peniweit], *s.* *Meas:* *Approx.* = Un gramme et demi.

pennywort ['peniwə:rt], *s.* *Bot:* **1.** **Wall pennywort,** cotylédon *m*; nombril *m* de Vénus; gobelets *mpl*. **2.** **Marsh pennywort, water pennywort,** hydrocotyle *f*; écuelle *f* d'eau.

pennyworth ['peniwə:rθ], *s.* Valeur *f* de deux sous. *To buy a p. of bread*, acheter (pour) deux sous de pain. *F:* **Not a pennyworth of food in the house,** pas une miette de nourriture dans la maison. **To find sth. a good pennyworth,** en avoir pour ses quatre sous; faire une bonne affaire. **He is not the height of six pennyworth of coppers,** il est haut comme ma botte.

penology [pi:'nɔlodʒi], *s.* **1.** Criminologie *f*. **2.** Étude *f* des régimes pénitentiaires.

pensile ['pensail, -sil], *a.* **1.** (*a*) Suspendu, pendant. (*b*) *P. gardens*, jardins suspendus. **2.** (Oiseau *m*) qui bâtit un nid pendant, un nid suspendu.

pension[1] ['penʃ(ə)n], *s.* **1.** (*a*) Pension *f* (somme annuelle). *Government p.*, pension sur l'État. **Old age pension,** retraite *f* de vieillesse, pour la vieillesse. **Old age pension fund,** caisse *f* des retraites pour la vieillesse. **Retiring pension,** pension de retraite; *Mil:* solde *f* de retraite; *F:* retraite. **To retire on a pension,** prendre sa retraite. *To apply to be retired on a p.*, demander sa mise à la retraite. *To live on a p.*, vivre d'une retraite, d'une pension. *To grant a p. to s.o.*, pensionner qn. *Mil:* *Temporary wound p.*, gratification *f* de réforme. *To be discharged with a p.*, être mis à la retraite. *See also* DISABILITY 1. (*b*) *A:* Gages *mpl* (d'un agent secret, etc.). **2.** [pɑ̃sjɔ̃] Pension de famille. **To live en pension,** vivre en pension.

pension[2], *v.tr.* **1.** Pensionner (qn); fournir une pension à (qn); faire une rente à (qn). **To pension s.o. off,** mettre qn à la retraite. **2.** *A:* Soudoyer (des spadassins, etc.).

pensioning, *s.* Fourniture *f* d'une pension. **Pensioning off,** mise *f* à la retraite.

pensionable ['penʃənəbl], *a.* **1.** (*Of pers.*) Qui mérite une pension; qui a droit à une pension, à sa retraite. **2.** (*Of injury, etc.*) Qui donne droit à une pension. **Pensionable age,** âge *m* de la mise à la retraite. **3.** **Pensionable emoluments,** traitement soumis à retenue.

pensionary ['penʃənəri]. **1.** *a.* (*a*) (Droit, etc.) à une pension, à sa retraite. (*b*) (*Of pers.*) Pensionné ou retraité. (*c*) *A:* (Spadassin *m*, etc.) à gages. **2.** *s.* (*a*) Pensionnaire *mf*, pensionné, -ée. (*b*) *Hist:* **The Grand Pensionary,** le Grand Pensionnaire (de Hollande). (*c*) = PENSIONER 2.

pensioner ['penʃənər], *s.* **1.** Titulaire *mf* d'une pension; pensionnaire *mf*; pensionné, -ée; retraité, -ée; (*on estate*) morte-paye *f*, *pl.* mortes-payes. **Army pensioner,** (i) militaire retraité, en retraite; (ii) (*in institution*) invalide *m*. *Civil pensioners*, invalides civils. **State pensioner,** pensionnaire de l'État. *See also* CHELSEA. **2.** *A:* Créature *f*, âme damnée (de qn). **To be s.o.'s pensioner,** être à la solde de qn. **3.** *Sch:* (*At Cambridge*) Étudiant *m* ordinaire (qui n'a ni bourse ni subvention).

pensive ['pensiv], *a.* Pensif, méditatif, rêveur, songeur. **-ly,** *adv.* Pensivement, d'un air pensif; soucieusement.

pensiveness ['pensivnəs], *s.* Air pensif; songerie *f*.

penstemon [pen'sti:mən], *s.* *Bot:* Penstémon *m*.

penstock ['penstɔk], *s.* *Hyd.E:* **1.** Vanne *f* de tête d'eau. **2.** Canal *m* d'amenée, de dérivation; bief *m* d'amont; buse *f*, bée *f*. **3.** Barillet *m* (de pompe).

pent [pent], *a.* **1.** **Pent (in, up),** renfermé; parqué. *P. up in a small space*, resserré, (r)enfermé, dans un étroit espace. **2.** **Pent up emotion,** émotion refoulée, contenue. *Her p. up tears broke forth*, ses larmes refoulées jaillirent.

pent(a)- ['penta, pen'ta], *comb.fm.* *Bot:* *Ch:* *Geom:* *etc:* Pent(a)-. *Pentacarbon*, pentacarboné. *Pentaglot*, pentaglotte. *Pentapetalous*, pentapétale.

pentachord ['pentakɔ:rd], *s.* *Mus:* Pentacorde *m*.

pentacle ['pentakl], *s.* = PENTAGRAM.

pentad ['pentad], *s.* **1.** (*a*) Pentade *f*; groupe *m* de cinq. (*b*) Période *f* de cinq ans. **2.** *Ch:* Corps pentavalent.

pentadactyl(e) [pentə'daktil], *a.* & *s.* *Nat.Hist:* Pentadactyle (*m*).
pentagon ['pentəgən], *s.* *Geom:* Pentagone *m.*
pentagonal [pen'tagon(ə)l], *a.* *Geom:* Pentagonal, -aux; pentagone.
pentagram ['pentəgram], *s.* Pentagramme *m*, pentacle *m*, pentalpha *m.*
pentagrid ['pentəgrid], *attrib.a.* *W.Tel:* **Pentagrid tube,** lampe *f* à cinq grilles.
pentagynous [pen'tadʒinəs], *a.* *Bot:* Pentagyne.
pentahedral [pentə'hi:drəl, -'hedrəl], *a.* *Geom:* Pentaèdre.
pentahedron [pentə'hi:drən, -'hedrən], *s.* *Geom:* Pentaèdre *m.*
pentalpha [pen'talfə], *s.* = PENTAGRAM.
pentamerous [pen'tamərəs], *a.* *Ent:* *Bot:* Pentamère, quinaire.
pentameter [pen'tametər], *s.* *Pros:* Pentamètre *m.* **Pentameter line,** vers *m* pentamètre.
pentandria [pen'tandriə], *s.* *Bot:* Pentandrie *f.*
pentandrous [pen'tandrəs], *a.* *Bot:* Pentandre; à cinq étamines.
pentane ['pentein], *s.* *Ch:* Pentane *m.*
pentapetalous [pentə'petələs], *a.* *Bot:* Pentapétale, à cinq pétales.
pentarchy ['pentɑ:rki], *s.* Pentarchie *f.*
pentasulphide [pentə'sʌlfaid], *s.* *Ch:* Pentasulfure *m.*
pentasyllabic [pentəsi'labik], *a.* Pentasyllabe.
Pentateuch (the) [ðə'pentətju:k], *s.* *B:* Le Pentateuque.
pentathlon [pen'taθlɔn], *s.* **1.** *Gr.Ant:* Pentathle *m.* **2.** (*At modern Olympic games*) Pentathlon *m.*
pentatomic [pentə'tɔmik], *a.* *Ch:* Pentatomique.
pentavalence [pen'tavələns], *s.* *Ch:* Pentavalence *f.*
pentavalent [pen'tavələnt], *a.* *Ch:* Pentavalent.
Pentecost ['pentikɔst], *s.* *Ecc:* La Pentecôte.
pentecostal [penti'kɔst(ə)l], *a.* Qui appartient à la Pentecôte; de la Pentecôte.
Pentelican [pen'telik(ə)n], *a.* **Pentelican marble,** marbre *m* pentélique.
Pentelicus [pen'telikəs]. *Pr.n.* *Geog:* **Mount Pentelicus,** le Pentélique.
Penthesilea [penθesi'li:ə]. *Pr.n.f.* *Gr.Myth:* Penthésilée.
Pentheus ['penθiu:s]. *Pr.n.m.* *Gr.Myth:* Penthée.
penthouse ['penthaus], *A:* **pentice** ['pentis], *s.* **1.** *Const:* (*a*) Appentis *m*; abrivent *m*; hangar *m.* (*b*) (*Over door, window*) Auvent *m*; abat-vent *m inv.* **2.** *Ten:* *A:* Toit *m.*
pentode ['pentoud], *s.* *W.Tel:* Lampe *f* à cinq électrodes; lampe pent(h)ode.
Pentonville ['pentənvil]. *Pr.n.* Quartier de Londres (où se trouve la prison cellulaire de ce nom).
pentoxide [pen'tɔksaid], *s.* *Ch:* **Nitrogen pentoxide,** anhydride *m* azotique. **Antimony pentoxide,** anhydride antimonique.
pent-roof ['pentru:f], *s.* *Const:* Comble *m* en appentis.
pen(t)stemon [pen(t)'sti:mən], *s.* *Bot:* Penstémon *m.*
penult [pe'nʌlt], **penultimate** [pe'nʌltimet]. **1.** *a.* Pénultième; avant-dernier, -ière. **2.** *s.* Avant-dernière syllabe; pénultième *f.*
penumbra [pe'nʌmbrə], *s.* Pénombre *f.*
penurious [pe'njuəriəs], *a.* **1.** (*a*) (Terrain, etc.) maigre, stérile. (*b*) *P. family*, famille *f* pauvre. **2.** (*a*) Avare, parcimonieux. (*b*) Mesquin. **-ly,** *adv.* **1.** Pauvrement. **2.** (*a*) Avarement, parcimonieusement. (*b*) Mesquinement.
penuriousness [pe'njuəriəsnəs], *s.* (*a*) Avarice *f*, parcimonie *f.* (*b*) Mesquinerie *f.*
penury ['penjuri], *s.* Pénurie *f.* **1.** Indigence *f*; dénuement *m*, misère *f.* *To live in p.*, vivre dans l'indigence, dans la misère. **2.** Manque *m*, disette *f*, pauvreté *f* (*of*, de). *The p. of their language*, la pauvreté de leur langue. *P. of foodstuffs, of ideas*, pénurie de denrées; manque d'idées.
peon ['pi:ən], *s.* **1.** (*In India*) Péon *m*; soldat *m* à pied. **2.** (*In Mexico*) Péon.
peonage ['pi:ənedʒ], *s.* Péonage *m.*
peony ['pi:oni], *s.* *Bot:* Pivoine *f*; rose *f* de Notre-Dame. *See also* RED 1.
people[1] ['pi:pl], *s.* I. (*a*) (*pl.* **peoples**) Peuple *m*, nation *f.* *The Irish p.*, le peuple irlandais; la nation irlandaise; les Irlandais. **English-speaking peoples,** peuples, nations, de langue anglaise. *A warlike p.*, un peuple guerrier, une nation guerrière. (*b*) *Coll.* *B:* **All ye people,** vous tous, peuples.

II. **people** (*Coll. with pl. const.*) **1.** (*a*) Peuple, habitants *mpl* (d'une ville, etc.). *The country p.*, les populations rurales. (*b*) **The King and his people,** le roi et son peuple, et ses sujets. *An employer and his p.*, un patron et ses ouvriers, et ses employés. *An officer and his p.*, un officier et ses hommes. *A farmer and his p.*, un fermier et ses domestiques, et ses gens. (*c*) *F:* Parents *mpl.* **My people are abroad,** mes parents sont à l'étranger. *My wife's p.*, les parents de ma femme. **How are all your people?** comment va tout votre monde? *I must introduce you to my p.*, il faut que je vous présente à ma famille. (*d*) *Ecc:* (i) (*Laity*) Laïques *mpl*; (ii) (*flock*) ouailles *fpl*; (iii) (*congregation*) assistance *f.* **2.** (*a*) *Pol:* Citoyens *mpl* (d'un état). **Government by the people,** gouvernement par le peuple. *The will of the p.*, la volonté du peuple, de la nation. **The people at large,** le grand public. *Rising of the p.*, insurrection *f* populaire. *Measures directed against the p.*, mesures *f* antipopulaires. (*b*) **The (common) people,** la populace; le (bas, menu, petit) peuple. **A man of the people,** un homme sorti du peuple. **To be 'of the people,'** être du peuple; être "peuple" *inv.* **3.** (*a*) Gens *mpl*, monde *m.* **Young people,** jeunes gens. **Old people,** les vieilles gens *m*, les vieux. **Fashionable people,** le beau monde. **Society people,** gens du monde. **Many people,** beaucoup de monde, de gens. *We don't see many p. here*, on ne voit pas grand monde ici. **Most people,** la plupart du monde; la plupart des gens. *Thousands of p.*, des milliers de gens. *They are kindly p.*, ce sont de bonnes gens, de braves gens. *The p. here say . . .*, les gens d'ici disent. . . . **Who are these people?** quels sont ces gens? *P. are so hard to please*, il y a des gens, des individus, si difficiles. **He is one of those people who . . .,** il est de ceux qui . . .; c'est un de ces individus qui. . . . (*N.B. Not* "un de ces gens," *nor* "une de ces gens.") *There are p. who believe it*, il en est qui le croient. *All p. who are honest*, tous ceux qui sont honnêtes. **What do you people think?** qu'en pensez-vous, vous autres? *My dear p.!* mes amis! *See also* CHURCH[1] 2, GOOD I. 2, OTHER 1. (*b*) Personnes *fpl.* **One thousand people,** mille personnes; mille âmes *f* (*not* "mille gens"). *There were five p. in the room*, il y avait cinq personnes dans la chambre. *I applied to several p.*, je me suis adressé à plusieurs personnes. (*c*) (*Nom.*) On; (*obl. cases*) vous. **People say,** on dit. *That's enough to alarm p.*, il y a de quoi vous alarmer. (*d*) *F:* *Hum:* **The feathered people,** la gent ailée. *The woolly p.*, la gent moutonnière. (*e*) *Myth:* **The little people, the good people,** les fées *f.*
people[2], *v.tr.* Peupler (*with*, de). *Densely peopled country*, pays très peuplé. *Thinly peopled*, peu peuplé. *Town peopled with memories*, ville peuplée de souvenirs. *Woods peopled with birds*, bois peuplés d'oiseaux.
pep[1] [pep], *s.* *U.S:* *P:* Entrain *m*, fougue *f.* **Full of pep,** plein de sève, d'allant. **Engine full of pep,** moteur nerveux. **To have pep,** avoir de l'allant. **To put some pep into s.o.,** ragaillardir qn. **To take the pep out of (sth.),** énerver (son style), affadir (une histoire). *That took all the pep out of him*, ça lui a cassé bras et jambes. *Book that lacks pep*, livre *m* fade, qui manque de piment.
pep[2], *v.tr.* (**pepped**) *U.S:* *P:* **To pep s.o. up,** ragaillardir qn. *To pep up a dance*, donner de l'entrain à un bal. *To pep up a play*, corser une pièce.
peperino [pepə'ri:no], *s.* *Geol:* Péperin(o) *m.*
Pepin ['pepin]. *Pr.n.m.* *Hist:* Pépin.
peplis ['peplis], *s.* *Bot:* Péplide *f.*
peplum ['pepləm], *s.* *Gr.Cost:* Péplum *m.*
pepper[1] ['pepər], *s.* **1.** Poivre *m.* **Black, white, pepper,** poivre noir, blanc. **Whole pepper,** poivre en grains. **Ground pepper,** poivre en poudre. **Coarse-ground pepper,** mignonnette *f.* *See also* CAYENNE 2, GUINEA-PEPPER, JAMAICA, MALAGUETTA. (*b*) **Long pepper,** poivre long. **2.** *Bot:* **Black pepper,** poivrier *m.* *See also* WATER-PEPPER.

'pepper-and-'salt, *a.* *Attrib.* **Pepper-and-salt cloth,** étoffe *f* marengo *inv.* **Pepper and salt hair, beard,** cheveux *mpl*, barbe *f*, poivre et sel.

'pepper-box, -caster, *s.* **1.** Poivrière *f.* **2.** *Arch:* *F:* **Pepper-box (turret),** poivrière *f.*

'pepper-grass, *s.* *Bot:* **1.** Cresson alénois; passerage *f.* **2.** Pilulaire *f.*

'pepper-mill, *s.* Moulin *m* à poivre.

'pepper-plant, *s.* *Bot:* Poivrier *m.*

'pepper-pot, *s.* **1.** Poivrière *f.* **2.** *Cu:* (*In W. Indies*) Ragoût assaisonné de poivre de Cayenne. **3.** *F:* Jamaïquain, -aine.
pepper[2], *v.tr.* **1.** Poivrer (de la viande, etc.). *F:* **Page peppered with blots,** page parsemée de taches d'encre. **2.** *F:* (*a*) Cribler (l'ennemi, etc.) de balles. *To p. the enemy with machine-gun fire*, mitrailler l'ennemi. (*b*) Rosser (qn); flanquer une tannée à (qn).
peppercorn ['pepərkɔ:rn], *s.* **1.** Grain *m* de poivre. **2.** *Jur:* **Peppercorn rent,** loyer nominal, insignifiant, payable pour la forme.
pepperiness ['pepərinəs], *s.* **1.** Goût poivré (*of*, de). **2.** *F:* Piquant *m*, sel *m* (d'un conte, etc.). **3.** *F:* Irascibilité *f.*
peppermint ['pepərmint], *s.* **1.** Menthe poivrée; menthe anglaise. **Oil of peppermint,** essence *f* de menthe poivrée. **Peppermint liqueur,** crème *f* de menthe. *See also* CAMPHOR. **2.** **Peppermint(-drop, -lozenge),** pastille *f* de menthe. **3.** *Bot:* **Peppermint(-tree),** eucalyptus poivré.
pepperwort ['pepərwərt], *s.* *Bot:* Passerage *f.*
peppery ['pepəri], *a.* **1.** (*Of dish, etc.*) Poivré. **2.** (*a*) *F:* (*Of writings*) Piquant, plein de sel. (*b*) (*Of pers.*) Irascible, emporté, coléreux, colérique.
peppy ['pepi], *a.* *U.S:* *F:* **1.** (*Of pers.*) Plein de sève, d'allant; vigoureux. **2.** (Moteur) nerveux; (publicité) piquante, originale.
pepsin ['pepsin], *s.* *Ch:* *Physiol:* Pepsine *f.*
peptic ['peptik]. **1.** *a.* *Physiol:* (Digestion *f*) peptique, gastrique. **Peptic glands,** glandes *f* gastriques, à pepsine. **2.** *s.* (*a*) *Pharm:* Digestif *m.* (*b*) *pl.* *Hum:* *The peptics*, les organes digestifs.
peptogen ['peptodʒen], *s.* *Med:* Peptogène *m.*
peptogenic [pepto'dʒenik], *a.* *Med:* Peptogène.
peptone ['peptoun], *s.* *Physiol:* *Ch:* Peptone *f.*
peptonization [peptonai'zeiʃ(ə)n], *s.* *Physiol:* Peptonisation *f.*
peptonize ['peptona:iz], *v.tr.* *Physiol:* Peptoniser.
per [pə:r], *prep.* **1.** (*a*) Par. **Sent per carrier,** envoyé par messageries. *Per Messrs Smith and Co.*, par l'entremise, par l'intermédiaire, de MM. Smith et Cie. (*b*) **As per invoice,** suivant facture; selon, d'après, facture. **As per sample,** conformément à l'échantillon. *F:* **As per usual,** selon l'usage; comme d'ordinaire, comme d'habitude. (*c*) **One franc per pound,** un franc la livre. *Six shillings per hundred feet*, six shillings les cent pieds. **Sixty miles per hour,** soixante milles à l'heure. **Per day, per week,** par jour, par semaine. **2.** **Per annum, per mensem, per diem,** par an, par mois, par jour. *U.S:* *The per diem is very low*, le salaire journalier est peu élevé. **Per cent(um),** pour cent. *Settlement* **per contra,** règlement par contre. *Credited* **as per contra,** crédité ci-contre, en contre-partie.
per- [pər], *pref.* *Ch:* Per-. *Perchromic*, perchromique. *Perhydride*, perhydrure. *Pernitrate*, pernitrate.
peracute [pərə'kjut], *a.* *Med:* (*Of inflammation, etc.*) Suraigu, -uë.
peradventure [pərəd'ventjər], *adv.* *A:* **1.** (*When used with 'if,' 'unless,' 'lest,' 'that'*) Par aventure, d'aventure, par hasard. *If p. the knight met a dragon . . .*, si par aventure le chevalier rencontrait un dragon. . . . **2.** Peut-être. **Peradventure he is mistaken,** il a pu se tromper. *P. he will not come*, il se peut qu'il

ne vienne pas. **3.** *s.* **Without peradventure,** sans faute; sans l'ombre d'un doute. **Beyond peradventure,** à n'en pas douter.

Peraea [pə'riːa]. *Pr.n. A.Geog:* Pérée *f.*

perambulate [pə'rambjuleit], *v.tr.* **1.** Parcourir, se promener dans (son jardin, etc.). **2.** (*a*) Visiter, inspecter (une forêt, etc.). (*b*) **To perambulate the parish,** constater en procession solennelle les bornes de la commune; délimiter la commune; faire le tour de la commune. **3.** Promener (un enfant) dans sa voiture.

perambulating, *a.* Ambulant.

perambulation [pərambju'leiʃ(ə)n], *s.* **1.** Promenade *f*, tournée *f.* **2.** (*a*) Visite *f*, inspection *f*, pérambulation *f.* (*b*) Inspection solennelle des bornes (d'une commune, etc.); délimitation *f.*

perambulator [pə'rambjuleitər], *s.* **1.** Voiture *f* d'enfant; voiture landau. **2.** *Cin:* Pied-chariot *m* (de caméra), *pl.* pieds-chariots; caméra-voyage *f*, *pl.* caméras-voyage.

percale [pəːr'keil, -'kɑːl], *s.* *Tex:* Percale *f.*

percaline ['pəːrkəlin, pəːrkə'liːn], *s.* *Tex:* Percaline *f.*

perceivable [pər'siːvəbl], *a.* (*Of sound, etc.*) Percevable (*to the ear*, à l'oreille); perceptible. *No p. difference*, aucune différence sensible. **-ably,** *adv.* Perceptiblement, sensiblement.

perceive [pər'siːv], *v.tr.* **1.** Percevoir (la vérité, etc.). *To p. the futility of . . .*, se rendre compte de la futilité de. . . . **2.** Percevoir (un son, une odeur). **3.** S'apercevoir de (qch.). *He perceived that he was being watched*, il s'aperçut qu'on l'observait. *I perceived his countenance to lighten*, je vis que son visage s'éclairait; je vis son visage s'éclairer. **4.** *To p. s.o.*, apercevoir qn. *I perceived him coming*, je l'aperçus qui arrivait.

perceiving, *a.* Percepteur, -trice.

percentage [pər'sentedʒ], *s.* **1.** Pourcentage *m.* **Percentage of profit,** pourcentage de bénéfice. *Directors' p. of profits*, tantièmes *mpl* des administrateurs. **To allow a percentage on all transactions,** allouer un tant pour cent, un tantième, sur toutes opérations. *Com:* **Commission percentage (on sales),** guelte *f.* *To get a good p. on one's outlay*, retirer un gros intérêt de sa mise de fonds. *F:* **Only a small percentage of the pupils were successful,** la proportion des élèves admis a été faible. *Ph:* **Percentage of elongation,** allongement *m* pour cent. **2. Percentage of acid, of alcohol,** *etc.*, teneur *f* en acide, en alcool, etc. *P. of alcohol in a wine*, proportion *f* d'alcool dans un vin; teneur en alcool d'un vin. *Composition of tar expressed in percentages*, composition centésimale du goudron.

percept ['pəːrsept], *s.* *Phil:* **1.** L'objet perçu (par les sens). **2.** La perception de l'objet.

perceptibility [pərsepti'biliti], *s.* Perceptibilité *f.*

perceptible [pər'septibl], *a.* (*a*) Perceptible (à l'esprit); *Phil:* cognoscible. *P. difference*, différence *f* sensible. (*b*) **Perceptible to the eye,** apercevable; visible. *P. to the ear*, perceptible à l'oreille; audible. **-ibly,** *adv.* Perceptiblement, sensiblement.

perception [pər'sepʃ(ə)n], *s.* **1.** (*a*) Perception *f*; extériorisation *f* des sensations. **Organs of perception,** organes percepteurs. (*b*) Sensibilité *f* (aux impressions extérieures); faculté perceptive; intellection *f.* (*c*) Chose perçue. **2.** *Jur:* Perception (d'un loyer); recouvrement *m* (d'impôts).

perceptive [pər'septiv], *a.* Perceptif. *The p. organs*, les organes *m* de la perception. *P. faculties*, facultés perceptives.

perceptiveness [pər'septivnəs], **perceptivity** [pəːrsep'tiviti], *s.* Perceptivité *f*; faculté perceptive.

perch[1] [pəːrtʃ], *s.* **1.** Perchoir *m*; (*in cage*) bâton *m.* (*Of bird*) **To take its perch,** se percher. *F:* **To knock s.o. off his perch,** détrôner, déjucher, dégotter, dégommer, qn. *See also* HOP[4] 2. **2.** *Meas:* Perche *f* (de 5½ yards, *approx.* = 5 m.). **3.** *Veh:* Flèche *f.* **4.** *Tan:* Chevalet *m* d'étirage.

perch[2]. **1.** (*a*) *v.i.* (*Of bird, F: of pers.*) Percher, se percher (*on*, sur); gîter; (*of poultry*) jucher. (*b*) *v.pr.* Se percher, se jucher (*on*, sur). **2.** *v.tr.* (*a*) *They had perched me at the top of the house*, on m'avait juché au dernier étage. (*b*) *Tan:* Étirer (les peaux).

perched, *a.* **Castle perched (up) on a hill,** château perché sur (le sommet d')une colline.

perching, *a.* (Oiseau) percheur. *The lark is not a p. bird*, l'alouette n'est pas percheuse.

perch[3], *s.* *Ich:* Perche *f.*

perchance [pər'tʃɑːns], *adv.* *A:* = PERADVENTURE.

percher ['pəːrtʃər], *s.* *Orn:* Percheur *m.* **The perchers,** les percheurs, les passereaux *m.*

perchlorate [pər'klɔːret], *s.* *Ch:* Perchlorate *m.*

perchloric [pər'klɔrik], *a.* *Ch:* Perchlorique.

perchloride [pər'klɔraid], *s.* *Ch:* Perchlorure *m.*

percipient [pər'sipiənt]. **1.** *a.* Percepteur, -trice (de sensations, etc.); conscient. *To be p. of a sensation*, percevoir une sensation. *See also* AGENT 1. **2.** *s.* Sujet *m* télépathique.

percolate ['pəːrkoleit]. **1.** *v.i.* S'infiltrer; (*of coffee, etc.*) filtrer, passer. *F:* *Theories percolating through the people*, théories qui s'infiltrent dans le peuple. **2.** *v.tr.* (*a*) (*Of liquid*) Passer à travers, filtrer à travers, s'infiltrer dans (le sable). (*b*) (*Of pers., filter, etc.*) Filtrer (un liquide). **To percolate the coffee,** passer le café. *Coffee must be percolated very slowly*, il faut que le café passe très lentement.

percolation [pəːrko'leiʃ(ə)n], *s.* **1.** Infiltration *f.* **2.** Filtration *f*, filtrage *m.*

percolator ['pəːrkoleitər], *s.* Filtre *m*; *esp.* filtre à café; percolateur *m.*

percuss [pər'kʌs], *v.tr.* *Med:* Percuter (la poitrine, etc.).

percussion [pər'kʌʃ(ə)n], *s.* **1.** Percussion *f*; choc *m.* *Mus:* **Percussion instruments,** instruments *m* de, à, percussion; batterie *f.* *See also* CAP[1] 3. **2.** *Med:* Percussion (d'un organe).

per'cussion-fire, *s.* *Ball:* Tir percutant.

per'cussion-fuse, *s.* *Artil:* Fusée percutante, à percussion. *P.-f. shell*, obus percutant.

per'cussion-gun, *s.* *Sm.a:* Fusil *m* à percussion.

per'cussion-lock, *s.* *Sm.a:* *A:* Platine *f* à percussion.

per'cussion-pin, *s.* *Artil:* Rugueux *m* (de fusée).

percussive [pər'kʌsiv], *a.* Percutant; de percussion.

percutaneous [pəːrkju'teinjəs], *a.* *Med:* (*Of injection, etc.*) Hypodermique; sous-cutané.

percutient [pər'kjuːʃjənt], *a.* = PERCUSSIVE.

perdition [pər'diʃ(ə)n], *s.* Perte *f*, ruine *f*, *Theol:* perdition *f.* *F:* **Perdition take him!** que le diable l'emporte!

perdu [pər'djuː], *a.* *Mil:* Perdu, caché. **To lie perdu,** se cacher, s'embusquer; être posté en sentinelle perdue.

perdurable [pər'djuərəbl], *a.* (*Of friendship, etc.*) Durable; (*of peace, etc.*) durable, stable, permanent; (*of granite, etc.*) résistant. *Theol:* (*Of life, bliss, etc.*) Éternel.

peregrinate ['perigrineit], *v.i.* *Hum:* Faire des pérégrinations; pérégriner, voyager.

peregrination [perigri'neiʃ(ə)n], *s.* Pérégrination *f*, voyage *m.*

peregrinator ['perigrineitər], *s.* Pérégrinateur, -trice; voyageur, -euse.

peregrine ['perigrin], *a.* **1.** *A:* Pérégrin, étranger. **2.** *Ven:* **Peregrine falcon,** faucon pèlerin.

peremptoriness ['perəm(p)tərinəs], *s.* **1.** Caractère péremptoire, dictatorial, absolu (d'un ordre, etc.); intransigeance *f.* **2.** Ton absolu, tranchant.

peremptory ['perəm(p)təri], *a.* Péremptoire. (*a*) *Jur:* **Peremptory writ,** mandat *m* de comparaître en personne. **Peremptory defence,** défense *f* au fond. **Peremptory exception of jurymen,** exception *f* péremptoire, récusation *f*, des jurés. **Peremptory call to do sth.,** mise en demeure formelle de faire qch. (*b*) (*Of refusal, etc.*) Péremptoire, absolu, décisif. *P. necessity*, nécessité absolue. (*c*) (*Of tone*) Tranchant, dogmatique, impératif, absolu, dictatorial; (*of pers.*) impérieux, autoritaire, intransigeant. **-ily,** *adv.* (*a*) Péremptoirement, absolument, définitivement. (*b*) Dictatorialement, impérieusement.

perennial [pe'renjəl]. **1.** *a.* (*a*) Éternel, perpétuel. **Perennial spring,** (i) source *f* intarissable; (ii) *Poet:* printemps perpétuel. (*b*) *Bot:* Vivace, persistant. **2.** *s.* Plante *f* vivace. **-ally,** *adv.* A perpétuité, éternellement.

pereniality [pereni'aliti], *s.* Pérennité *f.*

perennibranch [pe'renibraŋk], **perennibranchiate** [pereni'braŋkiet], *a.* & *s.* *Z:* Pérennibranche (*m*).

perennibranchiata [perenibraŋki'ɑːta], *s.pl.* *Z:* Pérennibranches *m.*

perfect[1] ['pəːrfekt], *a.* **1.** (*a*) Parfait; (ouvrage) achevé. **Perfect specimen,** spécimen parfait. *P. master of a game*, parfaitement maître d'un jeu. **She is a perfect actress,** c'est une actrice consommée. *P. type of the old aristocrat*, type achevé du vieil aristocrate. **To be perfect,** avoir toutes les perfections. *To be p. in everything*, être accompli en tout point. *To have a p. knowledge of sth.*, avoir une connaissance achevée de qch.; savoir qch. à fond. **To have one's lessons perfect,** savoir ses leçons sur le bout du doigt, des ongles. *There is no such thing as p. bliss*, il n'y a pas de bonheur sans nuages. *F:* **It's perfect,** c'est perlé. (*b*) *F:* (*Intensive*) *In p. sincerity*, en parfaite, en toute, sincérité. **Perfect idiot,** parfait imbécile; sot fieffé; sot en trois lettres. **She is a perfect fright,** c'est un véritable épouvantail. *That is p. nonsense*, cela ne rime à rien; vous dites de pures sottises. *He is a p. stranger to me*, il m'est tout à fait, complètement, inconnu; il m'est parfaitement étranger. *See also* LADY 1, LETTER-PERFECT, OBLIGATION, WORD-PERFECT. **2.** (*a*) *Mth:* **Perfect square,** carré parfait. (*b*) *Mus:* **Perfect interval,** intervalle *m* juste. **Perfect fourth, perfect fifth,** quarte *f* juste, quinte *f* juste. **Perfect chord,** accord parfait. **Perfect cadence,** cadence parfaite. **3.** *Nat.Hist:* (*Of plant, insect*) Complet, -ète. **4.** *Gram:* **The perfect tense,** *s.* **the perfect,** le parfait. **Past perfect historic,** passé antérieur. **Future perfect,** futur antérieur. **Verb in the perfect,** verbe *m* au parfait. **-ly,** *adv.* Parfaitement. *To do sth. p.*, faire qch. à la perfection. **To know sth. perfectly,** savoir qch. sur l'ongle, sur le bout des doigts, des ongles. *She is p. right*, elle a parfaitement, mille fois, raison; *F:* elle a archi-raison. *It is p. ridiculous*, c'est d'un ridicule achevé; c'est tout ce qu'il y a de plus ridicule.

perfect[2] [pər'fekt, 'pəːrfekt], *v.tr.* **1.** Achever, parachever, accomplir (une besogne, etc.). **2.** Rendre parfait, perfectionner, parfaire (une méthode, etc.). **To perfect a measure, an invention,** mettre une mesure, une invention, au point. **3.** *Typ:* Imprimer, mettre, (une feuille) en retiration.

perfecting, *s.* **1.** Achèvement *m*, accomplissement *m.* **2.** Perfectionnement *m.* *Ind:* Achevage *m* (d'un produit manufacturé). **3.** *Typ:* (Impression *f* en) retiration *f.* **Perfecting machine,** *U.S:* **perfecting press,** machine *f*, presse *f*, à réaction, à retiration, à double impression.

perfecter ['pəːrfektər], *s.* Perfectionneur *m*, metteur *m* au point (d'un travail).

perfectibility [pərfekti'biliti], *s.* Perfectibilité *f.*

perfectible [pər'fektibl], *a.* Perfectible.

perfection [pər'fekʃ(ə)n], *s.* Perfection *f.* **1.** (*a*) Achèvement *m*, accomplissement *m* (d'une tâche). (*b*) Perfectionnement *m* (d'un projet, etc.). **2.** (*a*) **Perfection itself,** la perfection même. *To attain p.*, arriver, toucher, à la perfection. **To bring a work to perfection,** parachever un travail. **To do sth. to perfection,** faire qch. à, dans, la perfection, en perfection. **To succeed to perfection,** réussir à souhait. *To execute a piece of music, of embroidery, to p.*, perler un morceau de musique, une broderie; exécuter un morceau à la perfection. **With rare perfection,** dans une rare perfection. **Perfection of detail,** achevé *m* (d'un objet d'art, etc.). **To be the perfection of kindness,** être la bonté même. *See also* COUNSEL[1] 2, PINK[1] 1. (*b*) Développement complet (d'une plante, d'un insecte). *B:* *They bring no fruit to p.*, ils ne rapportent point de fruit à maturité.

perfective [pər'fektiv], *a.* *Gram:* (Temps) perfectif; (aspect) perfectif (du verbe).

perfecto [pər'fekto], *s.* Cigare effilé aux deux bouts.

perfervid [pər'fəːrvid], *a.* Chaleureux, ardent, exalté. **-ly,** *adv.* Chaleureusement, ardemment; avec exaltation.

perfidious [pər'fidjəs], *a.* Perfide, traître, -esse. **Perfidious Albion,** la perfide Albion. **-ly,** *adv.* Perfidement, traîtreusement.

perfidiousness [pər'fidjəsnəs], **perfidy** ['pəːrfidi], *s.* Perfidie *f*, traîtrise *f*. **A piece, an act, of perfidy,** une perfidie.

perfoliate [pər'fouliet], *a. Bot: Ent:* (Feuille, antenne) perfoliée.

perforate ['pəːrforeit]. **1.** *v.tr.* (*a*) Perforer, percer, transpercer. *The point had perforated the bowel,* la pointe avait perforé l'intestin. (*b*) Poinçonner (une tôle, un billet, etc.). (*c*) Grillager (une plaque, etc.). **2.** *v.i.* (*a*) Pénétrer (*into*, dans). **To perforate through sth.,** perforer qch. (*b*) *Med:* (*Of ulcer*) Déterminer une perforation.

perforated, *a.* Perforé, troué, ajouré, grillagé. *See also* FEED-PIPE.

perforating[1], *a.* (*Of muscle, ulcer, etc.*) Perforant. *P. wound,* plaie pénétrante.

perforating[2], *s.* = PERFORATION I. **Perforating machine,** (i) *Dressm: etc:* machine à piquer; (ii) *Mec.E: etc:* machine à perforer; perforateur *m*; perforatrice *f*; (iii) *Cin:* perforeuse *f*.

perforation [pəːrfo'reiʃ(ə)n], *s.* Perforation *f*. **1.** Perforage *m*, perçage *m*, percement *m*. **2.** (*a*) Petit trou; *Anat:* orifice *m*; *Med:* perforation. (*b*) *Coll.* Trous *mpl*, ajours *mpl*, perforation. (*Of detached postage-stamp*) Dentelure *f*. *Cin: etc:* **Perforation gauge,** (i) pas *m* de la perforation (de la bande); (ii) (*also* **perforation comb**) peigne *m* à calibrage.

perforative ['pəːrforətiv], *a.* Perforant, perforatif; perforateur, -trice.

perforator ['pəːrforeitər], *s.* **1.** Machine *f* à perforer; perforateur *m*. *Min:* Perforatrice *f*. **2.** *Surg:* Tréphine *f*. **3.** *Tg:* (**Tape-**)**perforator,** perforateur, perforatrice (de ruban). **Receiving perforator,** perforateur d'arrivée. **Keyboard perforator,** compositeur *m*.

perforce [pər'fɔːrs], *adv. A. & Lit:* Forcément; par nécessité.

perform [pər'fɔːrm], *v.tr.* **1.** Exécuter (une commande, une promesse, un contrat, un mouvement, etc.); accomplir (une tâche); effectuer (une addition, une division, etc.); célébrer (un rite, une cérémonie); **s'acquitter de,** remplir (son devoir, une mission). *To p. an obligation,* s'acquitter d'une obligation. **To perform useful work,** faire œuvre utile. *The work being performed,* l'œuvre *f* en accomplissement. *The whole operation is performed in five seconds,* l'opération entière s'accomplit en cinq secondes. *See also* PROMISE[2]. **2.** (*a*) Jouer, représenter (une pièce de théâtre); exécuter (une danse); **exécuter,** jouer (un morceau de musique); tenir, remplir (un rôle). *To p. the part of host,* remplir les devoirs de l'hôte. (*b*) (*With passive force*) **Play that performs well,** pièce qui **se prête à la représentation;** pièce facile à jouer. (*c*) *Abs.* **To perform in a play,** jouer, tenir un rôle, dans une pièce. *To p. on the flute,* jouer de la flûte. *Dogs that p. on the stage,* chiens qui **exécutent des tours,** qui travaillent, sur la scène. **Performing dogs, fleas,** chiens savants, puces savantes.

performing, *s.* **1.** Accomplissement *m*, exécution *f* (*of*, de). **2.** *Th:* Représentation *f* (d'une pièce); interprétation *f* (d'un rôle). **Performing rights,** droit *m* de représentation.

performable [pər'fɔːrməbl], *a.* **1.** (*Of task, etc.*) Exécutable, faisable; (*of rite, etc.*) célébrable. **2.** *Th:* (*Of play*) Jouable, représentable.

performance [pər'fɔːrməns], *s.* **1.** Exécution *f* (d'un mouvement, d'un contrat, d'un opéra, d'un morceau de musique); accomplissement *m* (d'une tâche); célébration *f* (d'un rite). **2.** (*a*) Acte *m*, exploit *m*. *To be modest about one's own performances,* être modeste sur ses exploits. **A very creditable performance,** une façon de **s'acquitter digne d'éloge.** (*b*) Marche *f*, fonctionnement *m* (d'une machine, etc.). **Best performance,** rendement *m* maximum; maximum *m* de rendement. (*Of propeller, etc.*) *P. under service conditions,* rendement d'appropriation. (*c*) *Sp: Aut: etc:* Performance *f* (d'un coureur, d'une voiture, etc.). **To put up a good performance,** bien s'acquitter. **3.** Représentation *f* (d'une pièce); séance *f* (de cinéma, etc.). **Evening performance,** soirée *f*. **Afternoon performance,** matinée *f*. **Charity performance,** représentation à bénéfice. **First performance,** première *f*. **Farewell performance,** représentation d'adieu. *Cin:* **Continuous performance,** spectacle permanent. *Conjuring p.,* séance *f* de prestidigitation. *Musical p.,* audition musicale. *To give a p. of an oratorio,* exécuter un oratorio. **No performance to-night,** il y a relâche ce soir; ce soir relâche. *The play has had a run of one hundred performances,* la pièce a eu cent représentations. **Performance rights,** *Mus:* droit(s) *m* d'exécution; *Th:* droit(s) de représentation.

performer [pər'fɔːrmər], *s.* **1.** *Mus:* Exécutant, -ante; artiste *mf*; musicien, -ienne. *Poor p. on the violin,* mauvais joueur de violon; piètre violoniste. **2.** *Th:* Acteur, -trice; artiste *mf*.

perfume[1] ['pəːrfjuːm], *s.* Parfum *m*. (*a*) Odeur *f*, senteur *f*. (*b*) **Bottle of perfume,** flacon *m* de parfum. *She uses verbena p.,* elle se parfume à la verveine. *See also* BRAZIER[2], PAN[1] I.

perfume[2] [pər'fjuːm], *v.tr.* Parfumer. *Air perfumed with roses,* air parfumé, embaumé, de roses. *Handkerchief perfumed with rose*(*-scent*), mouchoir parfumé à la rose.

perfumer [pər'fjuːmər], *s.* Parfumeur, -euse.

perfumery [pər'fjuːməri], *s.* Parfumerie *f*.

perfunctoriness [pər'fʌŋktərinəs], *s.* Négligence *f*; manque *m* de soin, peu de soin (*in doing sth.*, apporté à faire qch.).

perfunctory [pər'fʌŋktəri], *a.* **1.** (*Of inquiry, examination, etc.*) Fait pour la forme, de pure forme, superficiel. *The examination is p.,* l'examen est une pure formalité. **Perfunctory work,** travail fait par-dessous la jambe, travail fait à la diable. *P. glance,* coup d'œil superficiel. *P. enquiry,* (i) enquête peu poussée; (ii) renseignements pris par manière d'acquit. **2.** (*Of pers.*) Négligent; peu zélé. **-ily,** *adv.* Par manière d'acquit, superficiellement, pour la forme. *To perform a piece of work p.,* bâcler un travail.

perfuse [pər'fjuːz], *v.tr.* **1.** (*a*) Asperger (*sth. with water, etc.*, qch. d'eau, etc.). *To p. sth. with colour, light,* répandre de la couleur, de la lumière, sur qch. *Perfused with light,* noyé de lumière. (*b*) Inonder. **2.** Filtrer (un liquide) (*through*, à travers).

perfusion [pər'fjuːʒən], *s.* **1.** Aspersion *f* (*of sth. with sth.*, de qch. avec qch.). **2.** *Physiol:* Perfusion *f* (d'un organe).

Pergamene ['pəːrgamiːn], *a.*, **Pergamenian** [pəːrga'miːniən], *a. & s. A.Geog:* Pergaménien, -ienne.

pergameneous [pəːrga'miːniəs], *a. Nat.Hist:* Pergamentacé.

Pergamos ['pəːrgaməs], **Pergamum** ['pəːrgaməm]. *Pr.n. A.Geog:* Pergame.

pergola ['pəːrgola], *s.* Pergola *f*, pergole *f*; treille *f* à l'italienne; tonnelle *f*.

Pergolese [pəːrgo'leize], **Pergolesi** [pəːrgo'leizi]. *Pr.n.m. Mus.Hist:* Pergolèse.

perhaps [pər'haps], *adv.* Peut-être. **Perhaps so, perhaps not,** peut-être (bien) que oui, que non. *P. we shall return to-morrow,* peut-être reviendrons-nous demain; peut-être que nous reviendrons demain. *P. I have it,* il se peut que je l'aie. *I am giving up this work, but may p. resume it later,* j'abandonne ce travail, quitte à le reprendre plus tard. **I saw perhaps three people,** j'ai peut-être vu trois personnes. *I will do it,* **unless, perhaps,** *you want to do it yourself,* je vais le faire, à moins que par hasard vous ne désiriez le faire vous-même. *P. madam would like to try it on,* madame désire-t-elle l'essayer?

peri ['piːəri], *s. Myth:* Péri *m & f*. *F:* **As fair as a peri,** d'une beauté divine.

peri- ['peri, peri], *pref. Nat.Hist: etc:* Péri-. *Perianal,* périanal. *Pericolitis,* péricolite. *Perivascular,* périvasculaire.

Periander [peri'andər]. *Pr.n.m. Gr.Hist:* Périandre.

perianth ['perianθ], *s. Bot:* Périanthe *m*.

periapt ['periapt], *s.* Périapte *m*, amulette *f*, talisman *m*.

periblast ['periblast], *s. Biol:* Périblaste *m*.

peribolos [pe'ribolos], **peribolus** [pe'ribolos], *s. Arch:* Péribole *m*.

pericardial [peri'kɑːrdiəl], *a. Anat:* Péricardique.

pericarditis [perikɑːr'daitis], *s. Med:* Péricardite *f*.

pericardium [peri'kɑːrdiəm], *s. Anat:* Péricarde *m*.

pericarp ['perikɑːrp], *s. Bot:* Péricarpe *m*.

pericarpial [peri'kɑːrpiəl], *a. Bot:* Péricarpial, -aux.

perichondritis [perikɔn'draitis], *s. Med:* Périchondrite *f*.

perichondrium [peri'kɔndriəm], *s. Anat:* Périchondre *m*.

periclase ['perikleis], **periclasite** [peri'kleisait], *s. Miner:* Périclase *m*.

Pericles ['perikliːz]. *Pr.n.m. Gr.Hist:* Périclès.

pericline ['periklain], *s. Miner:* Péricline *f*.

pericranium [peri'kreiniəm], *s. Anat:* Péricrâne *m*.

periderm ['peridəːrm], *s. Bot:* Périderme *m*.

peridot ['peridɔt], *s. Miner:* Péridot *m*.

perigee ['peridʒiː], *s. Astr:* Périgée *m*. **The moon is in perigee,** la lune est dans son périgée; la lune est périgée.

perigone ['perigoun], **perigonium** [peri'gouniəm], *s. Bot:* Périgone *m*.

perigynous [pe'ridʒinəs], *a. Bot:* Périgyne.

perihelion [peri'hiːliən], *s. Astr:* Périhélie *m*. **Star in perihelion,** astre *m* au périhélie; astre périhélie.

peril[1] ['peril], *s.* Péril *m*, danger *m*. **In peril,** en danger, en péril. **In peril of one's life,** en danger de mort. *To thrust oneself, to rush, into p.,* aller au-devant du danger. *To do sth.* **at one's (own) peril,** faire qch. à ses risques et périls. *Touch him at your p.,* gare à vous si vous le touchez. *M.Ins:* **Peril(s) of the sea,** fortune *f* de mer; risque(s) *m* de mer. *See also* RISK[1], YELLOW[1] I.

peril[2], *v.tr.* (**perilled; perilling**) Mettre (qch., qn) en péril, en danger.

perilous ['periləs], *a.* Périlleux, dangereux. *P. ascent,* ascension périlleuse. **-ly,** *adv.* Périlleusement, dangereusement. *He came p. near breaking his neck,* il s'en est fallu de peu qu'il ne se soit cassé le cou.

perilousness ['periləsnəs], *s.* Caractère périlleux (*of*, de); danger *m* (d'une entreprise).

perimeter [pe'rimetər], *s.* **1.** *Geom:* Périmètre *m*. **2.** *Opt:* (*Device*) Campimètre *m*.

perimetric [peri'metrik], *a.* Périmétrique.

perimorphism [peri'mɔːrfizm], *s. Cryst:* Périmorphose *f*.

perineal [peri'niːəl], *a. Anat: Surg:* Périnéal, -aux.

perineum [peri'niːəm], *s. Anat:* Périnée *m*.

period ['piːəriəd], *s.* Période *f*. **1.** (*a*) Durée *f*, délai *m*. **Period of availability (of ticket),** durée de validité. *Lasting for a p. of three months,* qui dure pendant une période de trois mois. *The author's rights are protected for a p. of fifty years,* les droits d'auteur sont protégés pendant un délai de cinquante ans. *To discharge a liability* **within the agreed period,** liquider une créance dans le délai fixé. **Deposit for a fixed period,** dépôt *m* à terme fixe. (*b*) *Astr: etc:* **Period of planet's revolution,** cycle *m*, période, de la révolution d'une planète. *The heart beats by periods,* le cœur bat par cycles. (*c*) *Ph:* Période, cycle. *P. of a wave,* période d'une onde. **Half-period,** demi-période *f*, *pl.* demi-périodes. *Nau: P. of* (*ship's*) *rolling motion,* période de roulis. (*d*) *Med:* **Period between recurring phases of an illness,** période d'une maladie. (*e*) *Med:* **Periods of a disease,** stades *m*, phases *f*, d'une maladie. (*f*) Intervalle *m*. *P. of rest* (*of a mechanism, etc.*) intervalle de repos. **2.** Époque *f*, âge *m*; *Geol:* période. *At this p. of the year,* à cette époque de l'année. *During certain periods of his life,* durant certaines périodes de sa vie. *Sentiments typical of the p.,* sentiments caractéristiques (i) de l'époque (en question), (ii) de notre époque. **Period play, novel,** comédie *f* de mœurs; roman *m* de mœurs. *Cost:* **Period dress,** robe *f* de style. *Com:* **Period of an account,** période, époque, d'un compte-courant. *See also* BOULDER-PERIOD, ICE-PERIOD. **3.** *pl. Physiol:* **Periods,** menstrues *f*, règles *f*, époques. **4.** (*a*) *Rh:* Phrase *f*. **Well rounded periods,** phrases, périodes, bien tournées. (*b*) *Mus:* Phrase complète. **5.** *Gram: Typ:* Point *m* (de ponctuation). **6.** *Ar:* (*a*) Tranche *f* (de trois chiffres, etc.). (*b*) Période (d'une fraction périodique).

periodic[1] [piːəri'ɔdik], *a.* **1.** (*Of fever, stellar movements, etc.*) Périodique. **2.** *Lit:* **Periodic style,** style *m* périodique, riche en périodes; style ample, fourni.

periodic[2], **per-iodic** [pəːrai'ɔdik], *a. Ch:* Periodique.

periodical [piːəri'ɔdik(ə)l]. **1.** *a.* = PERIODIC[1] 1. **2.** *s.* Feuille *f* périodique; publication *f* périodique; périodique *m.* **-ally,** *adv.* Périodiquement; (i) de temps en temps; (ii) à intervalles réguliers.

periodicity [piːərio'disiti], *s.* **1.** Périodicité *f* (d'une comète, etc.). **2.** *El.E:* Fréquence *f* (d'un courant alternatif).

perioeci [peri'iːsai], *s.pl. Geog:* Périœciens *m.*

periosteal [peri'ɔstiəl], *a. Anat:* Périostique; périostéal, -aux.

periosteum [peri'ɔstiəm], *occ.* **periost** ['periɔst], *s. Anat:* Périoste *m.*

periostitis [periɔs'taitis], *s. Med:* Périostite *f.*

periostosis [periɔs'tousis], *s. Med:* Périostose *f.*

peripatetic [peripa'tetik]. **1.** *a.* (*a*) *A.Phil:* Péripatéticien, péripatétique. (*b*) *F:* Ambulant, itinérant. **2.** *s.* (*a*) *A.Phil:* Péripatéticien *m.* (*b*) *F:* Marchand ambulant. **-ally,** *adv.* Péripatétiquement.

peripateticism [peripa'tetisizm], *s.* Péripatétisme *m.*

peripeteia, -tia [peripe'taia, -'tiːa], **peripety** [pe'ripiti], *s.* *Gr.Th: etc:* Péripétie *f*; brusque changement *m* de fortune.

peripheral [pe'rifərəl], **peripheric** [peri'ferik], *a.* Périphérique, périmétrique. *P. speed,* vitesse périphérique, circonférentielle. *Mec:* **Peripheral force,** force appliquée à la circonférence; force tangentielle. **-ally,** *adv.* Vers, à, la périphérie.

periphery [pe'rifəri], *s.* Périphérie *f*, circonférence *f*, pourtour *m*, périmètre *m. On the p. of . . .,* en bordure de. . . .

periphrase[1] ['perifreːiz], *s.* = PERIPHRASIS.

periphrase[2]. **1.** *v.tr.* Exprimer (une idée, etc.) par périphrase. **2.** *v.i.* User de périphrases; périphraser.

periphrasis, *pl.* **-es** [pe'rifrəsis, -iːz], *s.* Périphrase *f*; circonlocution *f.*

periphrastic [peri'frastik], *a.* (Style *m*, etc.) périphrastique. *Gram:* **Periphrastic tenses,** temps composés; temps périphrastiques. **-ally,** *adv.* Par périphrase.

periplus ['periplʌs], *s. A.Geog: Lit:* Périple *m*, circumnavigation *f.*

peripteral [pe'riptərəl], *a. Arch:* (Temple *m*) périptère.

peripteros [pe'riptərɔs], **periptery** [pe'riptəri], *s. Arch:* Périptère *m.*

periscii [pe'riʃiai], *s.pl. Geog:* Périsciens *m.*

periscope ['periskoup], *s.* **1.** *Mil: Navy:* Périscope *m. Trench p.,* périscope de tranchée. **2.** *Phot:* Objectif *m* périscopique.

periscopic [peri'skɔpik], *a.* (*Of lens, etc.*) Périscopique.

perish ['periʃ]. **1.** *v.i.* (*a*) (*Of pers.*) Périr, mourir. *To p. by the sword,* périr par l'épée. *To p. from starvation, from cold,* mourir, périr, d'inanition, de froid. *I shall do it* **or perish in the attempt,** je le ferai ou j'y perdrai la vie. *Lit:* **Perish the thought!** loin de nous cette pensée! *F: I'm perishing with cold,* je meurs de froid. (*b*) (*Of rubber, etc.*) Se détériorer, se gâter, s'altérer; (*of leather, etc.*) s'avachir. **2.** *v.tr.* (*a*) Détériorer, altérer, gâter. *Oil soon perishes the tyres,* l'huile *f* amène vite la détérioration des pneus. (*b*) (*Of frost, etc.*) Faire mourir, brûler, griller (la végétation).

perished, *a.* **1.** (*a*) Péri. (*b*) (*Of rubber, etc.*) Détérioré, gâté, abîmé; (*of metal, etc.*) corrodé, corrompu. **2.** *F:* **To be perished with cold,** être transi de froid. *My feet are p.,* mes pieds sont gelés; j'ai les pieds gelés.

perishing[1], *a.* **1.** Transitoire, passager. **2.** Destructif, fatal. *F:* **It is perishing(ly) cold,** il fait un froid de loup. **3.** *P:* = BLINKING[1] 2.

perishing[2], *s.* Altération *f* (du caoutchouc), avachissement *m* (du cuir).

perishable ['periʃəbl]. **1.** *a.* (*a*) Périssable; sujet à s'altérer, à se détériorer. *Nau:* **Perishable cargo,** denrées *f* périssables; chargement *m* périssable. (*b*) (*Of glory, beauty, etc.*) De courte durée, éphémère. **2.** *s.pl.* **Perishables,** marchandises *f* périssables.

perishableness ['periʃəblnəs], *s.* (*a*) Nature *f* périssable. (*b*) Nature transitoire, éphémère (de la renommée, etc.).

perisher ['periʃər], *s. P:* = BLIGHTER.

perisperm ['perispəːrm], *s. Bot:* Périsperme *m.*

perispome ['perispoum], **perispomenon** [peri'spɔmənɔn], *a.* & *s.* *Gr.Gram:* Périspomène (*m*).

peristalsis [peri'stalsis], *s. Physiol:* Péristaltisme *m*; mouvement(s) *m* péristaltique(s); péristole *f.*

peristaltic [peri'staltik], *a. Physiol:* Péristaltique.

peristeronic [peristə'rɔnik], *a.* (Société *f*) péristéronique, colombophile.

peristole ['peristoul], *s. Physiol:* Péristole *f.*

peristome ['peristoum], *s. Anat: Bot:* Péristome *m.*

peristylar [peri'stailər], *a. Arch:* (Temple *m*, etc.) péristyle.

peristyle ['peristail], *s. Arch:* Péristyle *m.*

peritoneal [perito'niːəl], *a. Anat: Med:* Péritonéal, -aux.

peritoneum [perito'niːəm], *s. Anat:* Péritoine *m.*

peritonitis [perito'naitis], *s. Med:* Péritonite *f.*

perityphlitis [periti'flaitis], *s. Med:* Pérityphlite *f.*

periwig ['periwig], *s. A:* Perruque *f.*

periwigged ['periwigd], *a. A:* Coiffé d'une perruque; en perruque; emperruqué.

periwinkle[1] ['periwiŋkl], *s. Bot:* Pervenche *f.* **Great periwinkle,** grande pervenche; violette *f* des sorciers; bergère *f*; petit pucelage. *Attrib.* **Periwinkle blue,** bleu pervenche *inv.*

periwinkle[2], *s. Moll:* Bigorneau *m*; *F:* vignot *m*, vigneau *m*; limaçon *m* de mer.

perjure ['pəːrdʒər], *v.pr.* **To perjure oneself,** (i) se parjurer; *Jur:* porter faux témoignage; (ii) commettre un parjure; violer son serment.

perjured, *a.* (*Of pers.*) Parjure.

perjurer ['pəːrdʒərər], *s.* Parjure *mf.*

perjurious [pər'dʒuəriəs], *a.* Menteur, faux.

perjury ['pəːrdʒəri], *s.* **1.** (*As a moral offence*) Parjure *m.* **2.** *Jur:* (*a*) Faux serment. **To commit perjury,** faire un faux serment. (*b*) Faux témoignage. **Subornation of perjury,** subornation *f* de témoin.

perk [pəːrk]. **1.** *v.i.* **To perk (up),** (i) se rengorger; redresser la tête; (ii) se raviver; se ranimer; reprendre sa gaîté; (iii) (*after illness*) se requinquer, se ravigoter. **2.** *v.tr.* (*a*) (i) **To perk up one's head,** redresser la tête (d'un air crâneur ou guilleret). (ii) (*Of dog*) **To perk up its ears,** dresser les oreilles. (*b*) **To perk s.o. up,** (i) parer, orner, requinquer, qn; (ii) (*of drink, etc.*) ravigoter qn.

perkiness ['pəːrkinəs], *s.* **1.** Allure(s) dégagée(s), désinvolte(s); présomption *f.* **2.** Air éveillé, alerte; ton guilleret.

perks [pəːrks], *s.pl. F:* *See* PERQUISITE.

perky ['pəːrki], *a.* (*a*) Éveillé, guilleret, déluré. *A p. little miss,* une petite effrontée, une petite espiègle. (*b*) Outrecuidant, suffisant; (ton) dégagé, désinvolte. **-ily,** *adv.* (*a*) D'un air éveillé, malin, déluré. (*b*) D'un air dégagé, désinvolte.

perlite ['pəːrlait], *s. Miner:* Perlite *f.*

perm[1] [pəːrm], *s. F: Hairdressing:* (Ondulation) permanente *f*, indéfrisable *f.*

perm[2], *v.tr. F:* **To have one's hair permed,** se faire faire une indéfrisable.

permalloy ['pəːrmalɔi], *s. Metall:* Permalloy *m.*

permanence ['pəːrmənəns], *s.* Permanence *f*; stabilité *f* (de la loi, d'une conquête, etc.).

permanency ['pəːrmənənsi], *s.* **1.** = PERMANENCE. **2.** Emploi permanent. *To give a temporary official a p.,* titulariser un suppléant.

permanent ['pəːrmənənt], *a.* Permanent. **Permanent post,** place *f* inamovible; poste *m* fixe. **Permanent establishment,** établissement *m* à demeure. **Permanent abode, permanent address,** résidence *f* fixe. **Permanent president,** président à vie. *P. assembly,* assemblée permanente, en permanence. **Permanent wiring,** canalisation à demeure, définitive. *Ph:* **Permanent magnet,** aimant permanent. *Fin:* **Permanent assets,** capitaux fixes, immobilisés. *Mil:* **Permanent camp,** camp *m* fixe, de séjour. *Rail:* **The permanent way,** la superstructure; la voie ferrée; le matériel fixe. *Laying of the p. way,* pose définitive (des rails). **Permanent-way man,** cantonnier *m. Hairdressing:* **Permanent wave,** ondulation permanente; *F:* permanente *f*; indéfrisable *f. See also* TOOTH[1] 1. **-ly,** *adv.* D'une façon permanente. *P. attached to a firm,* attaché en permanence à une maison. **To be permanently appointed,** être nommé à titre définitif; être titularisé. *Part p. fixed to a machine,* organe fixé à demeure à une machine.

permanganate [pər'maŋganet], *s. Ch:* Permanganate *m.* **Potassium permanganate,** *F:* **permanganate of potash,** permanganate de potasse.

permanganic [pəːrmaŋ'ganik], *a. Ch:* Permanganique.

permeability [pəːrmiə'biliti], *s.* Perméabilité *f*, pénétrabilité *f.* *Ph: P. under low magnetizing,* perméabilité à faible aimantation.

permeable ['pəːrmiəbl], *a.* Perméable, pénétrable. *Solid p. by, to, a gas,* solide *m* perméable à un gaz.

permeameter [pəːrmi'ametər], *s. Magn:* Perméamètre *m.*

permeance ['pəːrmiəns], *s.* **1.** = PERMEATION. **2.** *Magn:* Perméance *f* magnétique.

permeate ['pəːrmieit], *v.tr.* & *ind.tr.* **To permeate (through) sth.,** filtrer à travers, passer à travers, percer, qch. **Ideas that have permeated (through, into, among) the people,** idées qui se sont infiltrées, qui se sont répandues, qui ont pénétré, dans le peuple. **Water permeates everywhere,** l'eau s'insinue partout. *The soil was permeated with water,* le sol était saturé d'eau, imprégné d'eau.

permeation [pəːrmi'eiʃ(ə)n], *s.* Pénétration *f*, infiltration *f*, imprégnation *f.*

Permian ['pəːrmiən], *a.* & *s. Geol:* Permien (*m*).

permissible [pər'misibl], *a.* Admissible, permissible, tolérable, permis. *Mec.E:* **Permissible clearance,** jeu admissible, tolérable. *Would it be p. to say that . . .?* serait-on reçu à dire que . . .? **-ibly,** *adv.* Par tolérance.

permission [pər'miʃ(ə)n], *s.* Permission *f.* (*a*) **To give s.o. permission to do sth.,** donner à qn la permission de faire qch. **With your permission,** avec votre permission. *With your kind p.,* si vous voulez bien (me) le permettre. (*b*) Permis *m*, autorisation *f.* *Written p. to reside,* permis de séjour.

permissive [pər'misiv], *a.* **1.** Qui permet. **Permissive legislation,** législation facultative. *These laws are p. rather than mandatory,* ces lois constituent de simples facultés et ne sont pas impératives. **2.** (*a*) Permis, toléré. (*b*) *Jur:* **Permissive waste,** défaut *m* d'entretien (d'un immeuble, etc.). **-ly,** *adv.* Avec autorisation; à bon droit.

permissiveness [pər'misivnəs], *s.* Légalité *f* (d'une action).

permit[1] ['pəːrmit], *s.* **1.** (*For pers.*) (*a*) Permis *m*, permission *f*, autorisation *f.* **To take out a permit,** se faire délivrer un permis. (*b*) Permis de circuler; laissez-passer *m inv.* **2.** *Cust:* (*For goods*) (*a*) Acquit-à-caution *m*, *pl.* acquits-à-caution; passavant *m*; passe-debout *m inv*; congé *m.* (*b*) **Export permit,** autorisation d'exporter. *Loading p.,* permis de chargement. *Discharging p.,* permis de déchargement.

permit[2] [pər'mit]. **1.** *v.tr.* (**permitted; permitting**) Permettre. *Shooting is not permitted here,* ici la chasse n'est pas permise. **To permit s.o. to do sth.,** permettre à qn de faire qch.; autoriser qn à faire qch. *I was permitted to visit the works,* j'ai été autorisé à visiter l'usine; j'ai reçu l'autorisation de visiter l'usine; il m'a été permis de visiter l'usine. *P. me to introduce my brother to you,* permettez-moi de vous présenter mon frère. *P. me to tell you the truth,* laissez-moi vous dire la vérité; souffrez que je vous dise la vérité. *He permitted his car to be used,* il donna la permission de se servir de sa voiture. *To be permitted to sit for an examination,* être admis à se présenter à un examen. *Adm:* **Permitted hours,** heures légales de la vente des boissons alcooliques. *See also* WEATHER[1] 1. **2.** *v.ind.tr. Tone which permitted of no reply,* ton qui n'admettait pas de réplique. *Matters that p. of no delay,* affaires qui ne souffrent pas de retard. *His health would not p. of his staying there,* sa santé ne lui permettait pas d'y séjourner.

permittivity [pəːrmi'tiviti], *s. El.E:* Constante *f* diélectrique.

permutability [pərmjutə'biliti], *s.* Permutabilité *f*.

permutable [pər'mjutəbl], *a.* Permutable.

permutation [pəːrmju'teiʃ(ə)n], *s. Mth: Ling:* Permutation *f*. *Mth: Permutations of n things taken r at a time* ($_nP_R$), permutations, arrangements *m*, de n objets r à r.

permutator ['pəːrmjuteitər], *s. El.E:* Permutatrice *f*.

permute [pər'mjut], *v.tr.* **1.** *Mth:* Permuter. *Ling:* **Permuted consonants,** consonnes permutées. **2.** *Log:* = OBVERT.

pern [pəːrn], *s. Orn:* (Buse) bondrée *f*.

Pernambuco [pəːrnam'bjuːko]. *Pr.n. Geog:* Pernambouc *m*.

pernicious [pər'niʃəs], *a.* Pernicieux; (*of doctrine, etc.*) malsain, délétère. **-ly,** *adv.* Pernicieusement.

perniciousness [pər'niʃəsnəs], *s.* Perniciosité *f*; effet pernicieux (d'une doctrine, etc.).

pernickety [pər'nikəti], *a. F:* **1.** Tatillon, vétilleux, pointilleux. *P. about one's food,* difficile au sujet de sa nourriture. **2.** (*Of task, etc.*) Délicat, minutieux.

pernoctation [pəːrnɔk'teiʃ(ə)n], *s.* **1.** *Ecc:* Nuit passée en prières; veillée *f* (de toute la nuit). **2.** *Sch:* Acte *m* de présence pendant la nuit entière (intra muros).

pero ['pero], *s. Breed:* Cocquard *m*, coquard *m*, coquart *m*; faisan bâtard.

perorate ['peroreit], *v.i.* **1.** Faire la péroraison de son discours; conclure son discours. **2.** Pérorer; discourir longuement.

peroration [pero'reiʃ(ə)n], *s.* **1.** Péroraison *f*. **2.** Discours *m* de longue haleine; *P:* laïus *m*.

peroxide[1] [pe'rɔksaid], *s. Ch:* Peroxyde *m*. **Hydrogen peroxide,** eau oxygénée. *Manganese p.,* peroxyde de manganèse. **Red peroxide of iron,** colcotar *m*. *See also* NITROGEN.

peroxide[2], *v.tr. F:* Décolorer (ses cheveux) à l'eau oxygénée.

peroxidize [pe'rɔksidaiːz], *v.tr. Ch:* Peroxyder.

perpend [pər'pend], *v.tr. A:* Peser (ses paroles); considérer, méditer (une matière). *Abs.* Méditer.

perpendicular [pəːrpen'dikjulər]. **1.** *a.* (*a*) Perpendiculaire; (*of wall, cliff, etc.*) vertical, -aux; à plomb; (*of cliff*) à pic; (*of coast*) accore. *Line p. to another,* ligne perpendiculaire à, sur, une autre. (*b*) *Arch:* (Style *m*) perpendiculaire; (gothique) flamboyant. (*c*) *P:* Debout. **2.** *s.* (*a*) Niveau *m* à plat; fil *m* à plomb. (*b*) *Geom:* Perpendiculaire *f*; trait carré. *N.Arch: Length between perpendiculars,* longueur *f* entre perpendiculaires. *See also* DROP[2] II. 2. (*c*) **Out of (the) perpendicular,** hors d'aplomb; hors d'équerre; dévers. (*d*) *F:* Réception *f* où tout le monde reste debout, où l'on prend le thé, etc., sans s'asseoir. **-ly,** *adv.* Perpendiculairement; verticalement; d'aplomb; à pic.

perpendicularity [pəːrpendikju'lariti], *s.* Perpendicularité *f*; aplomb *m*.

perpetrate ['pəːrpetreit], *v.tr.* Commettre, perpétrer (un crime). *F:* **To perpetrate an anachronism, a pun, verse,** commettre un anachronisme, un jeu de mots, des vers. *To p. a breach of good taste,* se rendre coupable d'un manque de bon goût.

perpetration [pəːrpe'treiʃ(ə)n], *s.* **1.** Perpétration *f* (d'un crime). **2.** Péché *m*, crime *m*.

perpetrator ['pəːrpetreitər], *s.* Auteur *m* (d'un crime, etc.). *The p. of the joke,* l'auteur de la farce.

Perpetua [pər'petjua]. *Pr.n.f. Rel.H:* Perpétue.

perpetual [pər'petjuəl], *a.* (*a*) Perpétuel, éternel. **Perpetual motion,** le mouvement perpétuel. **Perpetual calendar,** calendrier perpétuel. *See also* SCREW[1] 1. (*b*) *F:* Sans fin, continuel, incessant. **-ally,** *adv.* (*a*) Perpétuellement, à perpétuité, éternellement. (*b*) Sans cesse; incessamment, continuellement.

perpetuance [pər'petjuəns], **perpetuation** [pərpetju'eiʃ(ə)n], *s.* **1.** Perpétuation *f*, éternisation *f*. **2.** Préservation *f* de l'oubli.

perpetuate [pər'petjueit], *v.tr.* **1.** Perpétuer, éterniser. *Thus are abuses perpetuated,* c'est ainsi que les abus s'éternisent. *He left a large posterity to p. his name,* il laissa une nombreuse postérité pour perpétuer son nom. **2.** *This invention has perpetuated his name,* cette invention a préservé son nom de l'oubli.

perpetuator [pər'petjueitər], *s.* Celui qui assure, a assuré, la perpétuité (*of,* de).

perpetuity [pəːrpe'tjuiti], *s.* **1.** Perpétuité *f*. **In, to, for, perpetuity,** à perpétuité. **2.** *Jur:* (*a*) Jouissance *f* (d'un bien) à perpétuité. (*b*) **(Rent in) perpetuity,** rente constituée en perpétuel; rente perpétuelle.

perplex [pər'pleks], *v.tr.* **1.** Embarrasser (qn); mettre (qn) dans la perplexité; laisser (qn) perplexe; troubler l'esprit de (qn). **2.** *A:* Emmêler, embrouiller, compliquer (une question, son style, etc.).

perplexed, *a.* **1.** (*Of pers.*) Perplexe, embarrassé. **2.** (Air) confus, perplexe.

perplexing, *a.* (*Of thoughts, question, etc.*) Embarrassant, troublant, perplexe; (*of author, etc.*) difficile (à comprendre). *P. tangle of streets,* labyrinthe *m* de rues où l'on se perd facilement. **-ly,** *adv.* D'une manière embarrassante.

perplexedly [pər'pleksidli], *adv.* D'un air embarrassé, perplexe; avec perplexité.

perplexity [pər'pleksiti], *s.* **1.** Perplexité *f*, embarras *m*. **2.** *A:* Confusion *f*, enchevêtrement *m*.

perquisite ['pəːrkwizit], *s.* (*a*) Profit éventuel; bénéfice *m*; casuel *m*; revenant-bon *m*, *pl.* revenants-bons. (*b*) *F:* Pourboire (auquel l'on a droit). (*c*) *pl.* **Perquisites,** (i) *F:* **perks,** petits profits; *P:* petits bénefs; gratte *f*; (ii) *Jur:* revenu casuel. *These are the perquisites of the trade,* c'est le revenant-bon du métier.

perquisition [pəːrkwi'ziʃ(ə)n], *s. Jur:* Perquisition *f* (à domicile).

perron ['perən], *s. Arch:* Perron *m*.

perry ['peri], *s.* Poiré *m*; *F:* cidre *m* de poire.

persecute ['pəːrsekjut], *v.tr.* **1.** Persécuter (les hérétiques). *To be cruelly persecuted,* subir de cruelles persécutions. **2.** Tourmenter; dragonner; brimer (des recrues, des nouveaux élèves). *F: To be persecuted with requests for subscriptions,* être harcelé, importuné, de demandes de souscriptions.

persecuting, *a.* Persécuteur, -trice; tourmentant.

persecution [pəːrse'kjuʃ(ə)n], *s.* Persécution *f*. *To suffer cruel persecutions,* essuyer de cruelles persécutions. *Psy:* **Persecution mania,** délire *m* de (la) persécution.

persecutor ['pəːrsekjutər], *s.* Persécuteur, -trice.

Perseids ['pəːrsiidz], *s.pl. Astr:* Perséides *f*.

Persephone [pər'sefoni]. *Pr.n.f. Gr.Myth:* Perséphone.

Persepolis [pər'sepolis]. *Pr.n. A.Geog:* Persépolis *f*.

Perseus ['pəːrsjuːs]. *Pr.n.m. Gr.Myth:* Persée.

perseverance [pəːrse'viːərəns], *s.* Persévérance *f*, assiduité *f*; constance *f* (dans le travail).

perseverate [pəːr'sevəreit], *v.i. Psy:* (*Of idea*) Revenir spontanément à intervalles fréquents.

perseveration [pəːrsevə'reiʃ(ə)n], *s. Psy:* Persistance *f*, hantise *f* (d'une image, d'un air de chanson, etc.).

persevere [pəːrse'viːər], *v.i.* Persévérer. **To persevere in, with, one's work,** persévérer dans son travail. *To p. in doing sth.,* persister, persévérer, à faire qch.

persevering, *a.* Persévérant, assidu (*in doing sth.,* à faire qch.); constant (dans le travail). **-ly,** *adv.* Avec persévérance; assidûment; avec constance.

Persia ['pəːrʃa]. *Pr.n. Geog:* La Perse.

Persian ['pəːrʃ(ə)n]. **1.** *a. & s. Geog:* (i) Persan, -ane; (ii) *A.Hist:* perse. (iii) **The Persian Gulf,** le Golfe Persique. *Arch:* **The Persian order,** l'ordre persique. *Com:* **Persian carpet,** tapis *m* de Perse. *Z:* **Persian cat,** chat *m* angora. *Hyd.E:* **Persian wheel** roue *f* à sabots; noria *f*. *See also* LAMB[1] 3, MEDE, SELF[1] 3. **2.** *s. Ling:* Le persan.

persicaria [pərsi'kɛəria], *s. Bot:* Persicaire *f*; *F:* cordon *m* de cardinal.

persicot ['pəːrsiko, -kou, -kɔt], *s. Dist:* Persicot *m*.

persimmon [pər'simən], *s. Bot:* **1.** Plaquemine *f*. **(Chinese) persimmon,** kaki *m*; figue-caque *f*, *pl.* figues-caques. **2.** Persimmon(-tree), plaqueminier *m* (de Virginie). *Chinese p.(-tree),* plaqueminier kaki.

persist [pər'sist], *v.i.* Persister. **1. To persist in one's opinion,** persister, s'obstiner, dans son opinion. **To persist in doing sth.,** persister, s'obstiner, à faire qch. *I still p. in saying . . .,* j'en reviens toujours à dire. . . . *She persisted in this lie,* elle s'acharna dans ce mensonge. **2.** Continuer, durer. *Childish traits which p. in adults,* traits enfantins qui persistent, qui subsistent, chez les adultes. *The fever persists,* la fièvre persiste, persévère.

persistence [pər'sistəns], **persistency** [pər'sistənsi], *s.* Persistance *f* (*in doing sth.,* à faire qch.). **1.** Opiniâtreté *f*, ténacité *f*, obstination *f*. **2.** Continuité *f*. **Persistence of vision,** persistance des impressions lumineuses, des images. *P. of matter,* persistance, permanence *f*, de la matière.

persistent [pər'sistənt], *a.* Persistant. **1.** Opiniâtre, tenace. *P. thought,* pensée importune. *P. rain,* pluie *f* qui s'obstine. *P. in his intention to . . .,* toujours ferme dans son dessein de. . . . **2.** Continu. *Com:* **Persistent demand for . . .,** demande suivie pour. . . . *Ph:* **Persistent beat,** oscillation persistante. **3.** *Bot:* **Persistent leaves,** feuillage persistant. **-ly,** *adv.* Avec persistance; opiniâtrement, avec ténacité.

Persius ['pəːrsjəs]. *Pr.n.m. Lt.Lit:* Perse.

person ['pəːrs(ə)n], *s.* Personne *f*. **1.** (*a*) Individu *m*; *pl.* gens *m*. *Who is this p.?* quelle est cette personne? *Pej:* quel est cet individu? *P. of distinction,* personne de distinction. **Young persons,** jeunes personnes; jeunes gens. *Children and young persons,* enfants *m* et adolescents *m*. *Foolish p.,* sot personnage. **Private person,** simple particulier *m*. **Without exception of persons,** sans exception de personnes. **To be no respecter of persons,** ne pas faire cas des personnalités. **Some person said . . .,** quelqu'un a dit. . . . *Jur:* **Some person or persons unknown,** un certain quidam. **The said persons,** lesdits quidams, lesdites quidanes. **No person** *of that name is here,* il n'y a ici personne de ce nom. **What is a person to do?** qu'est-ce que vous voulez qu'on fasse? *A p. doesn't like to be treated like that,* on n'aime pas à être traité comme ça. (*b*) **In (one's own) person,** en (propre) personne. **The king came in person,** le roi vint en personne. **'To be delivered to the addressee in person,'** "à remettre en mains propres." *To find an enemy in the p. of one's father,* trouver un ennemi en la personne de son père. (*c*) **To have a commanding person,** posséder un dehors, un extérieur, imposant. *He had a handsome p.,* il était très bien de sa personne. *He was attracted not by her p. but by her fortune,* il fut attiré non par sa personne mais par sa fortune. (*d*) *Jur:* **Natural person,** personne physique, naturelle. **Artificial person,** personnalité ou personne morale, civile, juridique. (*e*) *Th: Lit:* Personnage (d'un drame, etc.). **2.** *Gram:* **Verb in the first person,** verbe *m* à la première personne. *The second p. plural may function as singular,* la deuxième personne du pluriel peut faire fonction de singulier. **3.** *Theol:* **The three persons of the Trinity,** les trois personnes de la Trinité.

personable ['pəːrsənəbl], *a.* Bien (fait) de sa personne; beau, *f.* belle. *He is a p. man,* il est bien de sa personne.

personage ['pəːrsənedʒ], *s.* **1.** Personnage *m*, personne *f*, personnalité *f*. *A high p.,* un haut personnage; une personnalité. **2.** *Th:* Personnage.

personal ['pəːrsən(ə)l], *a.* Personnel. **1.** (*a*) **Personal liberty,** liberté individuelle. **Personal rights,** droits *m* du citoyen. *P. account,* compte (en banque) personnel, particulier. *P. business, matter,* affaire privée, personnelle. *This is p. to myself*, cela m'est propre. *I want it for my p. use*, j'en ai besoin pour mon usage personnel. *Cust:* **Articles for personal use,** effets usagers. *It suits his p. convenience*, cela répond à sa convenance personnelle. *Journ:* **Personal column,** petite correspondance. *See also* SHARE[2] 3. (*b*) *P. issue*, question personnelle. **Personal remark,** personnalité *f*. **Don't be personal,** ne faites pas de personnalités. *Journ: U.S:* **Personals,** chronique mondaine; échos *m*. (*c*) **Personal accident insurance,** assurance *f* contre les accidents corporels, contre les accidents de personnes. *To have a p. interview with s.o.*, parler en personne à qn. *To make a p. application*, se présenter en personne. **Personal friend,** ami personnel. *I have p. knowledge of this kind of life*, j'ai connu cette existence par moi-même. **2.** *Jur:* **Personal estate, property,** biens personnels, biens meubles, biens mobiliers. **Personal effects,** effets personnels. **Personal action,** action mobilière. *Heir to p. estate*, héritier mobilier. **3.** *Gram:* **Personal pronoun,** pronom personnel. **-ally,** *adv.* Personnellement. **Personally I think . . .,** pour ma part, pour moi, je pense . . .; quant à moi, je pense. . . . *P., I am willing*, moi, je veux bien; je veux bien, moi. *That belongs to me p.*, cela m'appartient en propre. *Don't take that remark p.*, ne prenez pas cette remarque pour vous. **To deliver sth. to s.o. personally,** remettre qch. à qn en main(s) propre(s). *To intervene p.*, intervenir de son propre chef, en personne. **Personally conducted tour,** voyage *m* circulaire sous la direction personnelle d'un guide.

personalia [pəːrsə'neiljə], *s.pl.* **1.** Ana *mpl. inv.* **2.** Objets personnels.

personality [pəːrsə'naliti], *s.* **1.** (*a*) Personnalité *f*, personnage *m*. *See also* DISSOCIATED, DUAL 1, MULTIPLE 1. (*b*) Caractère *m* propre (de qn). *To be lacking in p.*, manquer de personnalité. **2.** (*a*) Caractère personnel (d'une remarque, etc.). (*b*) **To indulge in personalities,** dire des personnalités (à qn); faire des personnalités.

personalization [pəːrsənəlai'zeiʃ(ə)n], *s.* Personnalisation *f*, personnification *f*.

personalize ['pəːrsənəlaiz], *v.tr.* Personnaliser, personnifier.

personalty ['pəːrsənəlti], *s.* *Jur:* **1.** Objet mobilier. **2.** Biens meubles, biens mobiliers, fortune mobilière. **To convert realty into personalty,** ameublir un bien. *Conversion of realty into p.*, ameublissement *m* d'un bien.

personate[1] ['pəːrsəneit], *v.tr.* **1.** *Th:* Représenter, jouer (un personnage). **2.** Se faire passer pour, contrefaire (qn); usurper l'état civil de (qn).

personate[2] ['pəːrsənet], *a.* *Bot:* (*Of flower*) Personé.

personation [pəːrsə'neiʃ(ə)n], *s.* **1.** (*a*) *Th:* Représentation *f* (d'un personnage). (*b*) *Jur:* **(False) personation,** usurpation *f* de nom, d'état civil. **2.** Personnification *f* (d'une qualité, etc.).

personator ['pəːrsəneitər], *s.* (*a*) *Th:* Joueur, -euse (d'un rôle). (*b*) Personne *f* qui se fait passer pour quelqu'un d'autre; imposteur *m*.

personification [pərsɔnifi'keiʃ(ə)n], *s.* Personnification *f*.

personify [pər'sɔnifai], *v.tr.* Personnifier.

personified, *a.* Personnifié. *He is avarice p.*, il est, c'est, l'avarice même, l'avarice en personne.

personnel [pəːrsə'nel], *s.* *Ind: etc:* Personnel *m*.

perspective [pər'spektiv]. **1.** *s.* (*a*) *Geom: Art:* Perspective *f*. **Parallel perspective,** perspective en vue de face. **Angular, oblique, perspective,** perspective en vue oblique. **Aerial perspective,** perspective aérienne. **Drawing in perspective,** dessin en perspective. *The p. of a picture*, les fuyants *m* d'un tableau. **Picture out of perspective,** tableau qui manque de perspective, dont la perspective est fausse. *F:* **To see a matter in its true perspective,** voir une affaire sous son vrai jour. (*b*) **Stage perspective,** optique *f* du théâtre. (*c*) Vue *f*. *A fine p. opened out before his eyes*, une belle perspective, une belle vue, s'ouvrit devant ses yeux. (*d*) *With a long p. of happy days before us*, avec devant nous une longue perspective de jours heureux. **2.** *a.* (Dessin, etc.) perspectif, en perspective. *P. lines of a picture*, fuyants d'un tableau. **-ly,** *adv.* **1.** En perspective. **2.** D'après les règles de la perspective.

perspicacious [pəːrspi'keiʃəs], *a.* (*Of pers.*) Perspicace, fin, clairvoyant; (*of the mind*) perçant, pénétrant. *He is very p.*, *F:* il a du nez; il a le nez fin. **-ly,** *adv.* D'une manière perspicace; avec perspicacité; avec pénétration.

perspicacity [pəːrspi'kasiti], *s.* Perspicacité *f*, pénétration *f*, clairvoyance *f*, discernement *m*.

perspicuity [pəːrspi'kjuiti], *s.* Clarté *f*, netteté *f*, lucidité *f*, perspicuité *f* (du style, de l'expression).

perspicuous [pər'spikjuəs], *a.* (*Of style*) Clair, net, lucide; (*of reason, proof, etc.*) évident. **-ly,** *adv.* Clairement, nettement, lucidement.

perspicuousness [pər'spikjuəsnəs], *s.* = PERSPICUITY.

perspirable [pər'spaiərəbl], *a.* **1.** (*Of elimination product*) Transpirable. **2.** (*Of the skin*) Perspirable.

perspiration [pəːrspi'reiʃ(ə)n], *s.* (*a*) Transpiration *f*; *Med:* sudation *f*. **Fetid perspiration,** bromidrose *f*. **To be in a perspiration,** être en transpiration, en sueur. *To be in profuse p.*, être en eau, en nage. **To break into (a) perspiration,** entrer en moiteur. *Medicine that brings on p.*, remède *m* sudorifique, qui fait transpirer. (*b*) Sueur *f*. *Beads of p.*, gouttes *f* de sueur. **Streaming with, bathed in, perspiration,** trempé de sueur; *F:* en nage. *Med: A fetid p.*, une sueur fétide.

perspiratory [pər'spaiərətəri], *a.* **1.** *Physiol:* (*Of glands, etc.*) Sudorifère, sudoripare. **2.** *Med: Pharm:* Sudorifique.

perspire [pər'spaiər]. **1.** *v.i.* Transpirer, suer. *My feet don't p.*, je ne transpire pas des pieds. **2.** *v.tr.* (*Of plant, etc.*) Transpirer (un liquide visqueux, etc.).

perspiring, *a.* En sueur; (*of hands, feet, etc.*) suant.

persuadable [pər'sweidəbl], *a.* Persuasible.

persuade [pər'sweid], *v.tr.* (*a*) **To persuade s.o. of sth.,** persuader, convaincre, qn de qch.; persuader qch. à qn. *He persuaded me of the truth of his statement*, il m'a convaincu, persuadé, qu'il disait vrai. **To be persuaded of sth.,** être persuadé, convaincu, de qch. *I am thoroughly persuaded that . . .*, j'ai l'intime persuasion que. . . . *To p. s.o. that he ought to do sth.*, persuader à qn qu'il doit faire qch. **I managed to persuade him out of this plan,** à force de persuasion je le fis renoncer à ce projet. **They will not persuade him into accepting,** ils ne l'amèneront pas à accepter. (*b*) **To persuade s.o. to do sth.,** persuader à qn de faire qch.; amener qn à faire qch. *P. your brother to come!* déterminez, décidez, votre frère à venir! (*c*) **To persuade s.o. not to do sth., from doing sth.,** déconseiller à qn, dissuader qn, de faire qch. *He persuaded me not to*, il m'en a dissuadé.

persuader [pər'sweidər], *s.* **1.** Conseilleur, -euse. **2.** *F:* Bâton *m*, éperon *m*, etc.

persuasibility [pərsweisi'biliti], *s.* Caractère *m* persuasible.

persuasible [pər'sweisibl], *a.* Persuasible.

persuasion [pər'sweiʒ(ə)n], *s.* **1.** Persuasion *f*. (*a*) *Power of p.*, force *f* de persuasion. *The art of p.*, l'art *m* de persuader. (*b*) Conviction *f*. **It is my persuasion that** *he is mad*, je suis persuadé, convaincu, j'ai la conviction, qu'il est fou. *They are both of the same p.*, ils sont du même avis. **2.** (*a*) **(Religious) persuasion,** religion *f*, foi *f*, confession *f*; croyances religieuses; opinions *fpl* en matière de religion. *They are both of the same p.*, ils ont la même religion. (*b*) Secte *f*, communion *f*. *The Methodist p.*, la secte méthodiste; le méthodisme. (*c*) *F:* Sexe *m*, nationalité *f*, genre *m*, espèce *f*. **The male persuasion,** le sexe mâle. *A man of French p.*, un homme de nationalité française. *Moustache of the tooth-brush p.*, moustache *f* du genre brosse à dents.

persuasive [pər'sweisiv], *a.* **1.** Persuasif; persuadant. **2.** *Pej:* (Discours, etc.) suborneur. **-ly,** *adv.* D'un ton persuasif; d'un ton de persuasion.

persuasiveness [pər'sweisivnəs], *s.* Force persuasive; (force de) persuasion *f*.

persulphate [pər'sʌlfet], *s.* *Ch:* Persulfate *m*. *Ammonium p.*, persulfate d'ammoniaque.

persulphide [pər'sʌlfaid], *s.* *Ch:* Persulfure *m*.

pert [pəːrt], *a.* **1.** Mutin, moqueur, -euse; effronté, hardi; répliqueur, -euse. *P. hussy*, péronnelle *f*. **2.** *Dial. & U.S:* (*Of invalid*) Guilleret, -ette; gaillard; bien en train. **-ly,** *adv.* **1.** Avec mutinerie, d'un ton mutin, d'un air effronté. **2.** *U.S:* D'un air ou d'un ton guilleret.

pertain [pər'tein], *v.i.* Appartenir (*to sth.*, à qch.). *Subjects pertaining to religion*, sujets *m* qui concernent, regardent, la religion, qui ont rapport à la religion. *Swimming pertains to fishes*, c'est le propre des poissons de nager. *It pertains to inferior natures to make a show of authority*, c'est le propre des caractères inférieurs de faire étalage d'autorité. *This does not p. to my office*, cela n'est pas de mon ressort, de ma compétence.

pertinacious [pəːrti'neiʃəs], *a.* Obstiné, entêté, opiniâtre; (*of disease*) persistant. **-ly,** *adv.* Obstinément, opiniâtrement.

pertinaciousness [pəːrti'neiʃəsnəs], **pertinacity** [pəːrti'nasiti], *s.* Obstination *f*, opiniâtreté *f*, entêtement *m* (*in doing sth.*, à faire qch.); *A:* pertinacité *f*.

pertinence ['pəːrtinəns], **pertinency** ['pəːrtinənsi], *s.* Pertinence *f* (d'une raison); à-propos *m*, justesse *f* (d'une remarque, etc.).

pertinent ['pəːrtinənt]. **1.** *a.* (*a*) Pertinent, approprié, à propos, juste. *To say sth. p.*, dire qch. à propos. (*b*) **Books pertinent to the question,** livres *m* qui ont rapport à la question. *Some questions p. to the matter in hand*, quelques questions qui relèvent de l'affaire qui nous occupe. **2.** *s.pl.* *Jur:* (*Scot.*) **Pertinents,** appartenances *f*, dépendances *f*. **-ly,** *adv.* D'une manière pertinente; pertinemment; avec à-propos; à propos.

pertness ['pəːrtnəs], *s.* Mutinerie *f*, effronterie *f*.

perturb [pər'təːrb], *v.tr.* **1.** Jeter le désordre, la perturbation, dans (un royaume, etc.). **2.** (*a*) *Astr:* Dévier (un astre). (*b*) *Ph: Nau:* Affoler (l'aiguille d'une boussole, le compas). **3.** Troubler, inquiéter, agiter; jeter le trouble dans (l'esprit, etc.).

perturbed, *a.* **1.** (*Of thgs*) En désordre. **2.** (*Of the spirit*) Agité, troublé, inquiet, -ète. *He became extremely p.*, un trouble extrême s'empara de lui.

perturbable [pər'təːrbəbl], *a.* Susceptible d'être troublé, d'être agité, de se laisser démonter.

perturbation [pəːrtəːr'beiʃ(ə)n], *s.* **1.** Perturbation *f*, commotion *f*, désordre *m*, bouleversement *m*. **2.** (*a*) *Astr:* Perturbation. (*b*) Affolement *m* (de l'aiguille aimantée). **3.** Agitation *f*, inquiétude *f*, trouble *m* (de l'esprit). *To show some p.*, (i) se troubler, (ii) montrer de l'inquiétude. *To show no p.*, rester calme, impassible; ne pas se laisser démonter.

perturbative [pər'təːrbətiv], *a.* (*Of force, etc.*) Perturbateur, -trice.

Peru [pe'ruː]. *Pr.n. Geog:* Le Pérou.

Perugia [pe'rudʒiə]. *Pr.n. Geog:* Pérouse *f*.

Perugian [pe'rudʒiən], *a. & s.* *Geog:* Pérugin, -ine.

Perugino [peru'dʒiːno]. *Pr.n.m. Hist. of Art:* Le Pérugin.

peruke [pe'ruːk], *s.* *A:* Perruque *f*.

pe'ruke-maker, *s.* Perruquier *m*.

perusal [pe'ruːz(ə)l], *s.* Lecture *f*. *To give sth. a careful p.*, lire qch. attentivement. *To be deep in the p. of a document*, être plongé dans la lecture d'un document.

peruse [pe'ruːz], *v.tr.* (*a*) Lire attentivement, prendre connaissance de (qch.). *To p. a book*, lire un livre (d'un bout à l'autre). (*b*) *A:* Considérer (qch.); regarder (qch.) attentivement. *To p. s.o.'s countenance*, dévisager qn.

peruser [pe'ruːzər], *s.* Lecteur, -trice (d'une lettre, etc.).

Peruvian [pe'ruːviən], *a. & s.* *Geog:* Péruvien, -ienne. *See also* BARK[1] 1.

pervade [pər'veid], *v.tr.* S'infiltrer dans, se répandre dans (qch.). *Ideas that p. the people*, idées qui se sont infiltrées, qui ont pénétré, dans le peuple. *The religious feeling that pervades the book*, le sentiment religieux qui anime tout ce livre. **To become pervaded,** se pénétrer (*with*, de).

pervading, *a.* **(All-)pervading,** qui se répand partout; (*of influence, etc.*) régnant, dominant. *Vitalized by an all-pervading humour*, vivifié par la présence constante de l'humour.

pervasion [pər'veiʒ(ə)n], *s.* Infiltration *f*, pénétration *f*.

pervasive [pər'veisiv], *a.* Qui se répand partout; pénétrant; (parfum, etc.) subtil. *See also* ALL-PERVASIVE. **-ly,** *adv.* D'une manière pénétrante.

pervasiveness [pər'veisivnəs], *s.* Puissance *f* de pénétration; tendance *f* à se répandre.

perverse [pər'vəːrs], *a.* (*a*) Pervers, perverti, méchant. (*b*) Entêté, opiniâtre, dans l'erreur, dans le mal. (*c*) Contrariant, désobligeant. (*d*) Revêche, chagrin, bourru, acariâtre. (*e*) *Jur:* **Perverse verdict,** verdict *m* qui va à l'encontre des témoignages, des directives énoncées par le juge; verdict rendu de mauvaise foi. **-ly,** *adv.* (*a*) Perversement, avec perversité, méchamment. (*b*) D'une manière contrariante; avec l'intention de contrarier (qn).

perverseness [pər'vəːrsnəs], *s.* (*a*) Perversité *f*, méchanceté *f*. (*b*) Esprit contraire, contrariant. (*c*) Caractère *m* revêche; acariâtreté *f*.

perversion [pər'vəːrʃ(ə)n], *s.* **1.** Action *f* de pervertir; pervertissement *m*. **2.** Perversion *f*. *A p. of the truth*, un travestissement de la vérité. *Med: P. of the appetite*, perversion, dépravation *f*, de l'appétit.

perversity [pər'vəːrsiti], *s.* = PERVERSENESS.

perversive [pər'vəːrsiv], *a.* Qui tend à pervertir; (*of doctrine, etc.*) mauvais, malsain, dépravant.

pervert[1] ['pəːrvəːrt], *s.* **1.** (*a*) Perverti, -ie. (*b*) Apostat *m*. **2.** *Psy:* **Sexual pervert,** inverti, -ie.

pervert[2] [pər'vəːrt], *v.tr.* **1.** Détourner (qch. de son but). **To pervert the course of justice,** égarer la justice. **2.** Pervertir (qn); dépraver (le goût, l'appétit). **3.** Fausser, altérer, dénaturer (les faits, les mots de qn); pervertir (le sens d'un passage).

perverted, *a.* **1.** Perverti. **2.** Dénaturé, faussé.

perverting, *s.* **1.** Pervertissement *m*. **2.** Altération *f*.

perverter [pər'vəːrtər], *s.* Pervertisseur, -euse.

pervertible [pər'vəːrtibl], *a.* Pervertissable.

pervious ['pəːrviəs], *a.* **1.** *A:* Accessible (*to*, à); traversable (par qn). **2.** Perméable (à l'eau, au gaz, etc.). *F: Heart p. to love*, cœur *m* accessible, sensible, à l'amour.

perviousness ['pəːrviəsnəs], *s.* (*a*) *A:* Accessibilité *f* (d'un pays, etc.). (*b*) Perméabilité *f* (d'une roche, etc.) (*to*, à). (*c*) *F:* Sensibilité *f* (d'un cœur, etc.).

pesade [pə'zeid], *s.* *Equit:* Pesade *f*.

peseta [pe'seːta], *s.* *Num:* Peseta *f*.

pesky ['peski], *a.* *U.S: P:* Maudit, exécrable, "sacré." *What p. weather!* quel sacré temps!

peso ['peso], *s.* *Num:* Peso *m*.

pessary ['pesəri], *s.* *Med:* Pessaire *m*.

pessimism ['pesimizm], *s.* Pessimisme *m*.

pessimist ['pesimist], *s.* Pessimiste *mf*; *F:* médecin *m* Tant pis.

pessimistic(al) [pesi'mistik(əl)], *a.* Pessimiste. *To feel p. about a matter*, augurer mal d'une affaire. (*In war*) *P. utterances*, propos *m* défaitistes. **-ally,** *adv.* D'une manière pessimiste; avec pessimisme.

pest [pest], *s.* **1.** *Med: A:* Peste *f*. **2.** (*a*) Insecte *m* ou plante *f* nuisible. *Here the rabbits are a p.*, ici les lapins sont un fléau. (*b*) *F:* Peste, fléau; *A:* plaie *f*. *That man is a regular p.!* quelle chenille que cet homme-là! *That child is a perfect p.!* quelle peste que cet enfant! *P. of a child*, enfant mauvais comme la gale.

'pest-cart, *s.* *A:* Tombereau *m* des pestiférés.

'pest-house, *s.* Hôpital, -aux *m*, pour les pestiférés; lazaret *m*.

pester ['pestər], *v.tr.* **1.** (*Of insects, etc.*) Infester (un pays); harceler, tourmenter (qn). **2.** *F:* Tourmenter, importuner, tenailler, tirailler (qn); *F:* être comme une tique après (qn); *F:* faire damner (qn). *To p. s.o. with questions*, importuner, assommer, harceler, qn de (ses) questions; assiéger qn de questions. **To pester s.o. to do sth.,** importuner qn pour lui faire faire qch. *To p. s.o.* (*with requests*) *for money*, bombarder qn de demandes d'argent, harceler qn pour obtenir de l'argent. *He is always pestering me for something*, ce sont des quémanderies sans fin. *Pestered to death by an intrusive fellow*, obsédé par un fâcheux.

pestering, *a.* Importun.

pesterer ['pestərər], *s.* Tourmenteur, -euse; importun, -une.

pestiferous [pes'tifərəs], *a.* (*a*) (*Of air, etc.*) Pestifère, pestilent. (*b*) (*Of insects, etc.*) Nuisible. (*c*) *F:* (*Of doctrine, etc.*) Pestifère, pernicieux.

pestilence ['pestiləns], *s.* Peste *f*, *A:* pestilence *f*; *esp.* peste bubonique.

pestilent ['pestilənt], *a.* Pestilent. (*a*) *A:* Malfaisant, contagieux. (*b*) (*Of doctrine, etc.*) Pestilentiel; corrupteur, -trice; pernicieux. (*c*) *F:* Assommant, exécrable, maudit, fâcheux, empoisonnant. **-ly,** *adv.* (*a*) Pernicieusement. (*b*) *F:* Exécrablement.

pestilential [pesti'lenʃ(ə)l], *a.* Pestilentiel. (*a*) (*Of disease, etc.*) Contagieux, pestifère. (*b*) *P. smell*, odeur infecte. (*c*) (*Of doctrine, etc.*) Pernicieux; corrupteur, -trice.

pestle[1] [pesl], *s.* Pilon *m* (pour mortier).

pestle[2], *v.tr.* Piler, broyer (au mortier).

pestology [pes'tɔlədʒi], *s.* Étude *f* des insectes nuisibles.

pet[1] [pet]. **1.** *s.* (*a*) Animal familier; oiseau privé et choyé; chien *m* d'appartement, de salon; agneau favori. **To make a pet of an animal,** choyer un animal. **'No pets,'** "pas de bêtes." (*b*) Benjamin, -ine; mignon, -onne; enfant gâté. *He is his mother's pet*, c'est l'enfant gâté, *F:* le chouchou, de sa mère. *He is the pet of society*, il est le favori, l'enfant gâté, de la société. **My pet!** mon chouchou! mon coco! mon petit chat! ma petite chatte! mon bijou! **2.** *Attrib.* (*Of pers., animal*) Choyé, chéri, favori. *Pet policy*, politique *f* de prédilection. *He's on his pet subject again*, le revoilà sur son dada. **Pet name,** (i) diminutif *m*; (ii) nom *m* d'amitié. *See also* AVERSION 2.

'pet-cock, *s.* (*a*) *Mch:* Robinet *m* de purge, purgeur *m* (de vapeur). (*b*) *I.C.E:* Robinet de décompression, de dégommage; vis-robinet *f* de contrôle, *pl.* vis-robinets.

'pet-valve, *s.* *Mch:* Soupape *f* d'évent.

pet[2], *v.tr.* (**petted; petting**) **1.** Choyer, dorloter, chérir, mignarder, mignoter, chouchouter. **2.** *Esp. U.S:* Caresser, câliner (qn).

'petting party, *s.* *F:* Réunion *f* intime (entre jeunes gens des deux sexes), ou tête-à-tête *m* intime.

pet[3], *s.* Accès *m* de mauvaise humeur. **To get into a pet, to take the pet,** se fâcher, prendre la bisque, la mouche; *A:* se dépiter. **To be in a pet,** bouder; être de mauvaise humeur; *P:* bisquer, avoir la bisque.

petal ['pet(ə)l], *s.* *Bot:* Pétale *m*. (*Of flower*) *To shed its petals*, s'effeuiller.

petaline ['petəlain, -in], *a.* *Bot:* Pétalin, pétaliforme, pétaloïde.

petalism ['petəlizm], *s.* *Gr.Ant:* Pétalisme *m*; bannissement *m* de cinq ans.

petal(l)ed ['petəld], *a.* *Bot:* **1.** Pétalé. **2.** (*With adj. or num. prefixed, e.g.*) **Three-petalled, six-petalled,** à trois, à six, pétales. **Blue-petalled,** à pétales bleus.

petaloid ['petəlɔid], *a.* *Nat.Hist:* Pétaloïde.

petard [pe'tɑːrd], *s.* **1.** *Mil: A:* Pétard *m*. *See also* HOISE. **2.** *Pyr:* Pétard.

petasus ['petasəs], *s.* *Gr.Cost:* Pétase *m*.

petaurist [pe'tɔːrist], *s.* *Z:* Pétauriste *m*, taguan *m*.

petechiae [pi'tikiiː], *s.pl.* *Med:* Marques *f* d'ecchymoses sous-épidermiques; pétéchies *f*.

Peter[1] ['piːtər]. **1.** *Pr.n.m.* Pierre. *R.C.Ch:* **Peter's penny, Peter penny, Peter's pence,** le denier de Saint-Pierre. *See also* ROB. **2.** *s.* *Nau:* **Blue Peter,** pavillon *m* de partance, de départ; signal *m* de départ.

peter[2] **out** [piːtə'raut], *v.i.* *F:* **1.** (*a*) *Geol: Min:* (*Of seam*) Mourir; (*of mine*) s'épuiser. (*b*) (*Of stream*) Disparaître (sous terre); (*of moorland path*) s'arrêter, disparaître. *His anger soon peters out*, sa colère ne dure pas longtemps. **2.** (*Of scheme, etc.*) Tomber dans l'eau; venir à rien. **3.** *Aut:* (*Of engine*) S'arrêter (faute d'essence); flancher.

Peterkin ['piːtərkin]. *Pr.n.m.* (*Dim. of Peter*) Pierrot.

petersham ['piːtərʃ(ə)m], *s.* *Tex:* **1.** Gros drap (à pardessus); ratine *f*. **2. Petersham ribbon,** ruban *m* gros grain.

petiolar ['petiolər], *a.* *Bot:* Pétiolaire.

petiolate ['petiolet], **petiolated** ['petioleitid], *a.* *Bot:* Pétiolé.

petiole ['petioul], *s.* *Bot:* Pétiole *m*.

petite [pə'tiːt], *a.f.* (*Of woman*) Petite; de petite taille.

petitio principii [pe'tiʃioprin'sipiai], *s.* *Log:* Pétition *f* de principe.

petition[1] [pe'tiʃ(ə)n], *s.* (*a*) Prière *f*, supplication *f* (à Dieu). (*b*) Pétition *f*, supplique *f*, placet *m*, requête *f*. **To grant a petition,** faire droit à une pétition. *Hist:* **The Petition of Right,** la Pétition des droits. *See also* ELECTION 1. (*c*) *Jur:* **Petition for a reprieve,** recours *m* en grâce. *P. for mercy*, recours en grâce; *occ.* pourvoi *m* en grâce. **Petition for a divorce** demande *f* en divorce. **Petition in bankruptcy,** (i) requête des créanciers; (ii) requête du négociant insolvable. *See also* FILE[4] 2. (*d*) *Jur: A:* **Petition of right,** procédure par laquelle on intentait une action contre la Couronne. *See also* PAPER[1] 1.

petition[2], *v.tr.* Adresser, présenter, une pétition, une requête, à (la cour, un souverain, etc.); supplier (le souverain) (*to do sth.*, de faire qch.). *Abs.* Pétitionner. **To petition the court for sth.,** réclamer, demander, qch. au tribunal. **To petition s.o. to do sth.,** supplier, prier, qn de faire qch. *To p. for sth.*, demander, requérir, solliciter, qch. *To p. for mercy*, se pourvoir, recourir, en grâce.

petitionary [pe'tiʃənəri], *a.* (*Of attitude, etc.*) De suppliant, de pétition.

petitioner [pe'tiʃənər], *s.* Suppliant, -ante, pétitionnaire *mf*, solliciteur, -euse. *Jur:* Requérant, -ante.

petitory ['petitəri], *a.* *Jur:* (*Scot.*) **Petitory suit,** action *f* pétitoire; pétitoire *m*; action en revendication de propriété.

Petrarch ['piːtrɑːrk]. *Pr.n.m.* *Lit.Hist:* Pétrarque.

petrel ['petrəl], *s.* *Orn:* Pétrel *m*, caillette *f*. **Storm-petrel, stormy petrel,** (i) oiseau *m* des tempêtes; oiseau de Saint-Pierre; (ii) *F:* émissaire *m* de discorde. **Wilson's petrel,** pétrel océanique.

petrifaction [petri'fakʃ(ə)n], **petrification** [petrifi'keiʃ(ə)n], *s.* Pétrification *f*.

petrifactive [petri'faktiv], *a.* Pétrifiant; pétrificateur, -trice.

petrify ['petrifai]. **1.** *v.tr.* (*a*) Pétrifier (le bois, *F:* l'intelligence, etc.). (*b*) *F:* Pétrifier, méduser, paralyser (qn de peur, d'étonnement). **2.** *v.i.* Se pétrifier.

petrified, *a.* (*a*) (Bois, etc.) pétrifié. (*b*) *F:* **Petrified with terror,** pétrifié, paralysé, de terreur.

petrifying, *a.* Pétrifiant; (puits) incrustant; (fontaine) incrustante.

Petrine ['piːtrain], *a.* De Saint-Pierre. **The Petrine liturgy,** la liturgie romaine.

Petrograd ['petrograd]. *Pr.n. Geog:* Pétrograd *m*.

petrographic(al) [petro'grafik(əl)], *a.* Pétrographique.

petrography [pe'trɔgrəfi], *s.* Pétrographie *f*.

petroil ['petrɔil], *s.* *I.C.E:* Essence mélangée d'huile de graissage. **Petroil lubrication,** graissage *m* par mélange.

petrol ['petrəl, -trɔl], *s.* Essence *f* (de pétrole); essence minérale; gazoline *f*; (*in Switzerland*) benzine *f*. *Aut: High-grade p.*, essence tourisme. *Commercial p.*, essence poids lourds. **Petrol consumption,** consommation *f* d'essence. *See also* GAUGE[1] 3, METER[1] 2, PUMP[1] 1, STATION[1] 1.

'petrol-can, *s.* Bidon *m* à essence.

petrol-e'lectric, *a.* *I.C.E:* Pétroléo-électrique; (autobus *m*, etc.) électromobile mixte.

'petrol tank, *s. I.C.E:* Réservoir *m* à essence. *See also* GUARD[1] 4.

'petrol tap, *s.* Robinet *m* d'arrivée d'essence.

petrolatum [petro'leitəm], *s. U.S:* **1.** *Pharm:* Vaseline officinale. **2.** *Ind:* Graisse verte.

petroleum [pe'trouljəm], *s.* Huile minérale; pétrole *m*, huile de roche. *Refined p., rectified p.*, pétrole lampant. *See also* CRUDE 1.

pe'troleum-bearing, -producing, *a.* Pétrolifère.

pe'troleum-oil, *s.* Huile *f* de pétrole.

pétroleur, *f.* **-euse** [petro'lə:r, -ə:z], *s.* Pétroleur, -euse; incendiaire *mf*.

petrolic [pe'trɔlik], *a. Ch:* **Petrolic ether,** éther *m* de pétrole.

petroliferous [petro'lifərəs], *a.* (Gisement *m*, etc.) pétrolifère.

petrolization [petrolai'zeiʃ(ə)n], *s.* Pétrolage *m* (d'un étang, etc.).

petrolize ['petrolaiz], *v.tr.* Pétroler (un étang, etc.).

petrology [pe'trɔlədʒi], *s.* Pétrologie *f*.

petronel ['petronel], *s. Archeol:* Pétrinal, -aux *m* (arme à feu).

Petronilla [petro'nila]. *Pr.n.f. Rel.H:* Pétronille.

Petronius [pe'trouniəs]. *Pr.n.m. Lt.Lit:* Pétrone.

petrosal [pe'trous(ə)l], *a. Anat:* Pétreux, -euse. **Petrosal bone,** *s.* **petrosal,** os pétreux; rocher *m*.

petrosilex [petro'saileks], *s. Miner:* Pétrosilex *m*.

petrous ['petrəs], *a.* (*a*) Pierreux. (*b*) *Anat:* (Nerf, etc.) pétreux.

petted ['petid]. *See* PET[2].

petticoat ['petikout], *s.* **1.** (*a*) *A:* Jupe *f*, cotte *f*, cotillon *m*. *See also* HOOP[1] 3. *F: A Napoleon* **in petticoats,** un Napoléon en jupons. **To be always after a petticoat,** *F:* courir le cotillon; être porté sur la bagatelle. *He runs after every p. he sees,* il court après les cotillons; il serait amoureux d'une chèvre coiffée. **Petticoat government,** régime *m* de cotillons. *He is under p. government,* c'est sa femme qui porte la culotte. (*b*) Jupe de dessous; jupon *m*. **Petticoat-bodice,** cache-corset *m inv*. *See also* PRINCESS. **2.** (*For small boys*) Jupon, *A:* jaquette *f*. *F: He was still in petticoats,* il portait encore le jupon. **3.** *El.E:* Cloche *f* (d'isolateur). *See also* INSULATOR 1.

'petticoat 'breeches, *s.pl. A.Cost:* (*In the 17th century*) Jupon *m*.

'Petticoat 'Lane. *Pr.n. A. & F:* Ancien nom de Middlesex St (Aldgate, Londres), où se tient le dimanche matin le célèbre marché en plein vent.

'petticoat 'pipe, *s. Mch:* Éjecteur *m* tronconique (pour activer le tirage).

pettifog ['petifɔg], *v.i.* **(pettifogged; pettifogging) 1.** Avocasser. **2.** Chicaner.

pettifogging[1], *a.* **1.** Avocassier, procédurier, retors. *P. lawyer, p. attorney,* avocassier *m*; homme *m* de loi de bas étage. **2.** Chicanier. *P. objections,* objections *f* de pure chicane.

pettifogging[2], *s.* = PETTIFOGGERY.

pettifogger ['petifɔgər], *s.* **1.** Avocassier *m*; homme *m* d'affaires à l'esprit retors; procédurier, -ière; suppôt *m* de chicane. **2.** Chicanier *m*.

pettifoggery ['petifɔgəri], *s.* **1.** Avocasserie *f*. **2.** Chicane *f*, chicanerie *f*.

pettiness ['petinəs], *s.* Petitesse *f*, mesquinerie *f*.

petting ['petiŋ]. *See* PET[2].

pettish ['petiʃ], *a.* De mauvaise humeur; maussade; irritable. **-ly,** *adv.* Avec humeur.

pettishness ['petiʃnəs], *s.* Mauvaise humeur; irritabilité *f*; maussaderie *f*.

pettitoes ['petitouz], *s.pl.* **1.** *Cu:* Pieds *m* de porc. **2.** *F: A:* Petits petons (d'un bébé).

petty[1] ['peti], *a.* **1.** (*a*) Petit, insignifiant, sans importance. **Petty prince,** petit prince, principicule *m*. **Petty monarch,** roitelet *m*. *P. reforms,* réformes *f* minuscules. **Petty expenses,** menus coûts; menus frais; menues dépenses. *P. annoyances,* (i) coups *m* d'épingle; (ii) petits ennuis (de la vie journalière). *Jur:* **Petty offences,** contraventions *f*; délits *m* de peu d'importance. *See also* JUROR 1, JURY[1] 1, LARCENY, SESSION 4, THEFT. (*b*) **Petty(-minded),** mesquin; à l'esprit petit. *Our p. animosities,* nos mesquines animosités. *P. people wrapped in a narrow individualism,* petites gens voués à un individualisme étroit. **2.** *Com:* **Petty cash,** petite caisse; menue monnaie. **Petty cash-book,** livre *m* de petite caisse. **3.** *Navy:* **Petty officer,** officier marinier; contremaître *m*; sous-officier *m*, *pl.* sous-officiers; *F:* gradé *m*. **First-class petty officer,** second maître. **Chief petty officer,** premier maître. **The petty officers,** la maistrance, les gradés. **4.** *Orn:* **Petty chap,** becfigue *m*. **-ily,** *adv.* Avec petitesse d'esprit; mesquinement; avec mesquinerie.

petty-'mindedness, *s.* = PETTINESS.

petty[2], *s. F:* = PETTICOAT 1 (*b*).

petulance ['petjuləns], *s.* Irritabilité *f*, susceptibilité *f*, vivacité *f*. *Outburst of p.,* mouvement *m* d'humeur.

petulant ['petjulənt], *a.* Irritable, susceptible, vif. **-ly,** *adv.* Avec irritation; d'un ton irrité ou énervé.

petunia [pe'tju:njə], *s. Bot:* Pétunia *m*.

petuntse [pe'tʌntsi], *s. Miner: Cer:* Pétunsé *m*, pétunzé *m*.

peulven ['pə:lvən], *s. Archeol:* Peulven *m*.

pew[1] [pju:], *s.* Banc d'église (fermé). *The churchwardens' pew,* le banc d'œuvre. *P:* **Take a pew,** prenez un siège.

'pew-opener, *s.* Bedeau *m* (ou aide *mf* du bedeau).

'pew-rent, *s.* Abonnement *m* à un banc d'église.

pew[2], *v.tr.* **1.** Fournir (une église) de bancs. **2.** *F:* Enfermer, confiner (qn).

pewage ['pju:edʒ], *s.* **1.** *Coll.* Bancs *mpl* (d'une église). *P. for* 600 *worshippers,* bancs pour 600 fidèles. **2.** Abonnement *m* à un banc d'église.

pewit ['pi:wit, 'pjuit], *s. Orn:* **1.** Vanneau (huppé). **2. Pewit(-gull),** mouette rieuse.

pewter ['pjutər], *s.* **1.** Étain *m*, potin *m*. *Grey p.,* potin gris. **Plate-pewter,** potin d'assiettes. **Pewter (ware),** poterie *f* d'étain; vaisselle *f* d'étain. **2.** (*a*) Pot *m* d'étain. (*b*) *Sp: P:* Coupe *f*. **3.** *P:* Argent *m*, galette *f*. *To stump up the p.,* payer, éclairer.

pewterer ['pjutərər], *s.* Potier *m* d'étain.

peyote [pei'oute], *s. Bot: etc:* Peyotl *m*.

pfennig ['pfenig], **pfenning** ['pfeniŋ], *s. Num:* Pfennig *m*.

Phaeacian [fi:'eiʃ(ə)n], *a. & s. Gr.Lit:* Phéacien, -ienne.

Phaedo ['fi:do]. *Pr.n.m. Gr.Lit:* Phédon.

Phaedra ['fi:dra]. *Pr.n.f. Gr.Myth:* Phèdre.

Phaedrus ['fi:drəs]. *Pr.n.m. Cl.Lit:* Phèdre.

Phaethon ['feiθɔn]. *Pr.n.m. Gr.Myth:* Phaéton.

phaeton ['feit(ə)n], *s. Veh:* **1.** Phaéton *m*. **2.** *Aut: U.S:* Torpédo *m or f*.

phaged(a)ena [fadʒi'di:na, fagi-], *s. Med:* Phagédène *f*; ulcère *m* phagédénique; ulcère rongeant; ulcère rongeur.

phaged(a)enic [fadʒi'di:nik, fagi-], *a. Med:* Phagédénique.

phagocyte ['fagosait], *s. Biol:* Phagocyte *m*.

phagocytic [fago'sitik], *a. Biol:* Phagocytaire.

phagocytosis [fagosai'tousis], *s. Biol:* Phagocytose *f*.

phagolysis [fa'gɔlisis], *s. Biol:* Phagolyse *f*.

-phagous [fagəs], *a.suff.* -phage. *Phytophagous,* phytophage. *Sarcophagous,* sarcophage. *Anthropophagous,* anthropophage. *Ichthyophagous,* ichtyophage.

-phagy [fadʒi], *s.suff.* -phagie *f*. *Anthropophagy,* anthropophagie *f*. *Ichthyophagy,* ichtyophagie *f*.

phalaena [fa'li:na], *s. Ent:* Phalène *f*.

phalangeal [fa'landʒiəl], *a. Anat:* Phalangien.

phalanger [fa'landʒər], *s. Z:* Phalanger *m*. **Flying phalanger,** écureuil volant; polatouche *m*; pétauriste *m*.

phalanges [fa'landʒi:z], *s.pl. See* PHALANX 2.

phalansterian [falan'sti:əriən], *a.* Phalanstérien.

phalanstery ['falanstəri], *s. Hist:* Phalanstère *m*.

phalanx ['falaŋks], *s.* **1.** *Gr.Ant:* (*pl. usu.* **phalanxes** ['falaŋksiz]) Phalange *f*. **2.** *Anat: Bot:* (*pl. usu.* **phalanges** [fa'landʒi:z]) Phalange. **Ungual phalanx,** phalangette *f*; phalange unguéale.

phalarope ['falaroup], *s. Orn:* Phalarope *m*.

phalera ['falərа], *s. Ent:* Phalère *f*.

phalerae ['faləri:], *s.pl. Gr. & Rom.Ant:* Phalères *f*.

Phalerum [fa'li:ərəm]. *Pr.n. A.Geog:* Phalère.

phallic ['falik], *a.* Phallique.

phall(ic)ism ['fal(is)izm], *s. Gr.Ant:* Phallisme *m*.

phallus ['faləs], *s. Gr.Ant: Fung:* Phallus *m*.

Phanariot [fa'nariɔt], *a. & s. Turk.Adm:* Phanariote (*m*), Fanariote (*m*).

phanerogam ['fanərogam], *s. Bot:* Phanérogame *f*.

phanerogamia [fanəro'geimia], *s.pl. Bot:* Phanérogames *f*.

phanerogamic [fanəro'gamik], **phanerogamous** [fanə'rɔgaməs], *a. Bot:* Phanérogame.

phantasm ['fantazm], *s.* **1.** (*a*) Chimère *f*, illusion *f*. *The phantasms conjured up by the Evil One,* les illusions du démon. (*b*) *A:* Fantôme *m*, spectre *m*. **2.** (*a*) *Med:* Phantasme *m*, fantasme *m*. (*b*) *Psychics:* Apparition *f*.

phantasmagoria [fantazma'gɔ(:)ria], **phantasmagory** [fan'tazmagori], *s.* Fantasmagorie *f*.

phantasmagoric [fantazma'gɔrik], *a.* Fantasmagorique.

phantasmal [fan'tazməl], *a.* Fantômal, -als, -aux; fantomatique; spectral, -aux.

phantom ['fantəm], *s.* Fantôme *m*, spectre *m*. **Phantom ship,** vaisseau *m* fantôme. *Manœuvres against a p. army,* manœuvres *f* contre une armée imaginaire. *Tp: Tel:* **Phantom circuit,** circuit *m* fantôme.

Pharaoh ['fɛəro], *s.* **1.** *A.Hist:* Pharaon *m*. *The wife of the P.,* la pharaone. **2.** (*a*) *Orn:* **Pharaoh's hen, chicken,** poule *f* de Pharaon. (*b*) *Z:* **Pharaoh's rat,** rat *m* de Pharaon; rat d'Égypte; ichneumon *m*. (*c*) *Pyr:* **Pharaoh's serpent,** serpent *m* de Pharaon.

Pharisaic(al) [fari'seiik(əl)], *a.* Pharisaïque. **-ally,** *adv.* Pharisaïquement; en pharisien.

Pharisaism ['fariseizm], *s. Rel.H. & F:* Pharisaïsme *m*.

Pharisee ['farisi:], *s. Rel.H. & F:* Pharisien *m*.

Phariseeism ['farisi:izm], *s.* Pharisaïsme *m*.

pharmaceutic(al) [fɑ:rma'sju:tik(əl)], *a.* Pharmaceutique.

pharmaceutics [fɑ:rma'sju:tiks], *s.pl.* (*Usu. with sg. const.*) La pharmaceutique; la pharmacie.

pharmaceutist [fɑ:rma'sju:tist], **pharmacist** ['fɑ:rmasist], *s.* Pharmacien, -ienne.

pharmacolite ['fɑ:rmakolait], *s. Miner:* Pharmacolithe *f*.

pharmacological [fɑ:rmako'lɔdʒik(ə)l], *a.* Pharmacologique.

pharmacologist [fɑ:rma'kɔlədʒist], *s.* Pharmacologiste *m*, pharmacologue *m*.

pharmacology [fɑ:rma'kɔlədʒi], *s.* Pharmacologie *f*.

pharmacopoeia [fɑ:rmako'pi:a], *s.* (*a*) Pharmacopée *f*; codex *m* (pharmaceutique). (*b*) (*Medicine chest*) Pharmacie *f*.

pharmacy ['fɑ:rmasi], *s.* **1.** Pharmacie *f*; pharmaceutique *f*. **2.** *Occ.* Pharmacie; boutique *f* de pharmacien.

Pharnaces ['fɑ:rnasi:z]. *Pr.n.m. A.Hist:* Pharnace.

Pharsalia [fɑ:r'seilia]. *Pr.n. A.Geog:* Pharsale. *Rom.Hist:* **The Battle of Pharsalia,** la bataille de Pharsale. *Lt.Lit:* **The Pharsalia,** la Pharsale (de Lucain).

Pharsalus ['fɑ:rsaləs]. *Pr.n. A.Geog:* Pharsale.

pharyngeal [fa'rindʒiəl], *a. Anat:* Pharyngien.

pharyngitis [farin'dʒaitis], *s. Med:* Pharyngite *f*.

pharyngobranch [fa'riŋgobraŋk], *a. & s. Biol:* Pharyngobranche (*m*).

pharyngobranchial [fariŋgo'braŋkiəl], *a. Biol:* Pharyngobranche.

pharyngo-laryngitis [fa'riŋgolarin'dʒaitis], *s. Med:* Pharyngo-laryngite *f*, *pl.* pharyngo-laryngites.

pharyngoscope [fa'riŋgoskoup], *s. Med:* Pharyngoscope *m*.

pharyngotomy [fariŋ'gɔtomi], *s. Surg:* Pharyngotomie *f*.

pharynx ['fariŋks], *s. Anat:* Pharynx *m.*

phase[1] [feːiz], *s.* **1.** Phase *f. Phases of an illness*, phases, périodes *f*, d'une maladie. *Labour has two phases*, l'accouchement comprend deux temps. *P. of a battle*, phase d'une bataille. *To enter upon a new p.*, entrer dans une nouvelle phase. *My life went through many phases*, *F:* j'ai eu bien des avatars *m.* **2.** *El.E:* Phase. **Phase current**, courant *m* de phase. **Single-phase current**, courant monophasé. **Two-phase**, biphasé, diphasé. **Three-phase**, triphasé. **Four-phase**, tétraphasé. **Phase transformer**, transformateur *m* de phase; déphaseur *m.* **Phase recorder**, phasemètre enregistreur. **Phase adjustment**, mise *f* en phase. **Phase displacement**, déphasage *m*; *W.Tel:* (*also* **phase distortion**) décalage *m.* **Difference in phase, phase difference**, déphasage; différence *f* de phase. *To differ in p. from the current*, être décalé en phase, être déphasé, sur le courant. *To lead, lag, in p.*, être en avance, en retard, de phase. *Angle of lead in p.*, angle *m* d'avance de phase. **In phase**, en phase. **Out of phase**, hors de phase; décalé en phase; déphasé. *W.Tel: Waves out of p.*, ondes décalées.

'**phase-wound** [waund], *a. El.E:* (Rotor *m*) à enroulement phasé.

phase[2], *v.tr. El.E: etc:* Mettre en phase; caler en phase. *Cin: To p. the shutter*, mettre l'obturateur en phase; caler l'obturateur.

phased, *a. El.E:* Phasé.

phasing, *s.* Mise *f* en phase; calage *m* en phase.

phasemeter ['feizmiːtər], *s. El.E:* Phasemètre *m.*

phasic ['feizik], *a. El.E:* De phase.

phasis, *pl.* **phases** ['feisis, -iːz], *s. Astr:* Phase *f.*

phasma ['fazma], *s. Ent:* Phasme *m.*

phasmid ['fazmid], *s. Ent:* Phasmidé *m.*

pheasant ['fez(ə)nt], *s.* **1.** *Orn:* Faisan *m.* **Golden pheasant**, faisan doré. **Cock-pheasant, pheasant-cock**, (coq *m*) faisan. **Hen-pheasant, pheasant-hen**, (poule) faisane *f*, faisande *f*. *Young p.*, faisandeau *m.* **Pheasant preserve**, faisanderie *f.* **Pheasant shooting**, chasse *f* au faisan. **2.** *Bot:* **Pheasant's eye, pheasant-eyed narcissus**, (i) adonis *f*, goutte-de-sang *f*, *pl.* gouttes-de-sang; (ii) = *poets' narcissus, q.v. under* NARCISSUS **2.**

pheasantry ['fezəntri], *s.* Faisanderie *f.*

Phebe ['fiːbi]. *Pr.n.f.* = PHOEBE.

phelloderm ['felodəːrm], *s. Bot:* Phelloderme *m.*

phellogen ['felodʒən], *s. Bot:* Phellogène *m.*

phellogenetic [felodʒe'netik], **phellogenic** [felo'dʒenik], *a. Bot:* Phellogène.

phenacetin [fe'nasitin], *s. Ch: Pharm:* Phénacétine *f.*

phenakistiscope [fena'kistiskoup], *s. Opt:* Phénakistiscope *m.*

phenic ['fiːnik, 'fenik], *a. Ch:* (Acide *m*) phénique.

phenicin(e) ['fenisin], *s. Dy:* Phénicine *f.*

phenol ['fiːnɔl], *s. Ch:* Phénol *m*; alcool *m* phénique.

phenol-'phthalein, *s.* Phénolphtaléine *f.*

phenolic [fe'nɔlik], *a.* Phénolique.

phenology [fe'nɔlodʒi], *s. Meteor:* Phénologie *f.*

phenomena [fe'nɔmənə], *s.pl. See* PHENOMENON.

phenomenal [fe'nɔmən(ə)l], *a.* Phénoménal, -aux. **1.** *Phil:* Qui tombe sous les sens; aperceptible. **2.** *F:* Extraordinaire, remarquable, prodigieux. **-ally**, *adv. F:* Phénoménalement, extraordinairement, remarquablement, prodigieusement.

phenomenalism [fe'nɔmənəlizm], *s. Phil:* Phénoménalisme *m.*

phenomenon, *pl.* **-ena** [fe'nɔmənən, -ənə], *s.* **1.** (*a*) *Phil:* Phénomène *m.* (*b*) **Atmospheric phenomenon**, phénomène météorologique; météore *m.* **2.** *F:* Phénomène; chose *f* remarquable; (*of pers.*) prodige *m.* **Infant phenomenon**, enfant *mf* phénomène; enfant prodige.

phenyl ['fiːnil], *s. Ch:* Phényle *m.* **Phenyl alcohol**, phénol *m.*

phenyl-a'cetic, *a.* Phénylacétique.

phenylamide ['fiːnila'maid], *s. Ch:* Anilide *f.*

phenylamine ['fiːnila'main], *s. Ch:* Phénylamine *f.*

phenylene ['fiːniliːn], *s. Ch:* Phénylène *m.*

pherecratean [ferekra'tiːən], **pherecratic** [fere'kratik], *a. Pros:* (Vers) phérécratéen, phérécratien.

phew [fjuː], *int.* **1.** Pffft! pouf! **2.** (*Disgust*) Pouah!

phi [fai], *s. Gr.Alph:* Phi *m.*

phial ['faiəl], *s.* (*a*) Fiole *f*, flacon *m*, ampoule *f.* (*b*) (*For samples*) Topette *f.*

Phil [fil]. **1.** *Pr.n.m.* (*Dim. of Philip*) Philippe. **2.** *Pr.n.f.* (*Dim. of Phyllis*) Philis, Phyllis.

-phil [fil], **-phile** [fail], *a. & s. comb.fm.* -phile (*mf*). *Anglophil(e)*, anglophile. *Slavophil(e)*, slavophile. *Francophil(e)*, francophile. *Bibliophil(e)*, bibliophile.

Philadelphia [fila'delfia]. *Pr.n. Geog:* Philadelphie *f.* *U.S: F:* **Philadelphia lawyer**, avocat habile, avisé, retors. *That would flummox a P. lawyer*, c'est une question embarrassante.

Philadelphian [fila'delfjən], *a. & s. Geog:* Philadelphien, -ienne.

philander[1] [fi'landər], *s.* Flirt *m*, flirtage *m.*

philander[2], *v.i.* Flirter; *A:* mugueter. *To p. with s.o.*, flirter avec (une femme); conter fleurette à (une femme). *F: To p. with the Muse*, taquiner la Muse; coqueter avec la Muse.

philanderer [fi'landərər], *s.* Flirteur *m*; galant *m.*

philanthropic(al) [filan'θrɔpik(əl)], *a.* Philanthropique; (*of pers.*) philanthrope. **-ally**, *adv.* D'une manière philanthropique; avec philanthropie.

philanthropism [fi'lanθropizm], *s.* Philanthropisme *m.*

philanthropist [fi'lanθropist], *s.* Philanthrope *m.*

philanthropize [fi'lanθropaːiz]. **1.** *v.i.* Faire de la philanthropie. **2.** *v.tr.* (*a*) Faire de la philanthropie à l'égard de (qn). (*b*) Faire un philanthrope de (qn).

philanthropy [fi'lanθropi], *s.* Philanthropie *f.*

philatelic [fila'telik], *a.* Philatélique, philatéliste.

philatelist [fi'latəlist], *s.* Philatéliste *mf*, *F:* timbrophile *mf.*

philately [fi'latəli], *s.* Philatélie *f*, philatélisme *m.*

Philemon [fi'liːmɔn]. *Pr.n.m.* Philémon.

philharmonic [filhɑːr'mɔnik], *a.* (Société *f*, etc.) philharmonique.

philhellene [fil'heliːn], *a. & s.* Philhellène (*mf*).

philhellenic [filhe'liːnik, -'lenik], *a.* Philhellène.

philhellenism [fil'helenizm], *s.* Philhellénisme *m.*

philhellenist [fil'helenist], *s* Philhellène *mf.*

Philip ['filip]. *Pr.n.m.* Philippe. *Hist:* **Philip the Good**, Philippe le Bon. **Philip the Fair**, Philippe le Bel (de France). **Philip the Handsome**, Philippe le Beau (d'Espagne). **Philip the Bold** (*of Burgundy*), **Philip the Rash** (*of France*), Philippe le Hardi. **Philip Augustus**, Philippe-Auguste (de France).

Philippa ['filipa]. *Pr.n.f.* Philippine.

Philippi [fi'lipai]. *Pr.n. A.Geog:* Philippes. *F:* **Thou shalt meet me at Philippi**, tu me reverras à Philippes.

Philippian [fi'lipiən], *a. & s. A.Geog:* Philippien, -ienne.

philippic [fi'lipik], *s.* (*a*) *A.Lit:* **The Philippics**, les Philippiques *f* (de Démosthène, de Cicéron). (*b*) *F:* Philippique.

philippina [fili'piːna], **philippine**[1] [fili'piːn], *s.* Philippine *f* (amande double, jeu, ou cadeau).

Philippine[2] ['filipain], *a. Geog:* **The Philippine Islands**, *s.* **the Philippines**, les (îles) Philippines *f.*

Philistine ['filistain], *a. & s.* (*a*) *B.Hist:* Philistin *m.* (*b*) *F:* Philistin, ignorant *m* (en matière d'art ou de littérature); affreux bourgeois; épicier *m.*

Philistinism ['filistinizm], *s.* Philistinisme *m*; esprit bourgeois.

phil(o)- [fil(o), fi'lɔ], *comb.fm. Philanthropist*, philanthrope. *Philhellene*, philhellène. *Philomathic*, philomathique. *Philotechnic*, philotechnique. *Philosophy*, philosophie.

Philocrates [fi'lɔkratiːz]. *Pr.n.m. Gr.Hist:* Philocrate.

Philoctetes [filɔk'tiːtiːz]. *Pr.n.m. Gr.Lit:* Philoctète.

Philo Judaeus ['failodʒu'diːəs]. *Pr.n.m. Hist:* Philon le Juif.

philologer [fi'lɔlodʒər], *s. A:* = PHILOLOGIST.

philological [filo'lɔdʒik(ə)l], *a.* Philologique. **-ally**, *adv.* Philologiquement.

philologist [fi'lɔlodʒist], *s.* Philologue *m.*

philology [fi'lɔlodʒi], *s.* Philologie *f.*

Philomel ['filomel]. *Pr.n.f.* = PHILOMELA **2.**

Philomela [filo'miːla]. *Pr.n.f.* **1.** *Gr.Myth:* Philomèle. **2.** *Poet:* Philomèle, le rossignol.

philopoena [filo'piːna], *s.* = PHILIPPINA.

philosopher [fi'lɔsofər], *s.* Philosophe *m.* **Moral philosopher**, moraliste *m.* **Natural philosopher**, physicien *m.* (*In alchemy*) **The philosophers' stone**, la pierre philosophale; le Grand Œuvre.

philosophical [filo'sɔfik(ə)l], *a.* **1.** Philosophique. **2.** (*Of pers.*) Philosophe, calme, modéré. **-ally**, *adv.* Philosophiquement. *To resign oneself p. to one's ill luck*, se résigner en philosophe aux coups du sort.

philosophism [fi'lɔsofizm], *s. Pej:* Philosophisme *m.*

philosophize [fi'lɔsofaːiz]. **1.** *v.i.* (*a*) Philosopher. (*b*) *Pej:* Philosophailler; faire le philosophe. **2.** *v.tr.* Traiter (une religion, etc.) en philosophe; réduire (une religion, etc.) à une philosophie.

philosophy [fi'lɔsofi], *s.* Philosophie *f.* **Moral philosophy**, la morale. **Natural philosophy**, la physique; *A:* la philosophie naturelle.

Philostratus [fi'lɔstratəs]. *Pr.n.m. Gr.Lit:* Philostrate.

philotechnic [filo'teknik], *a.* Philotechnique.

-philous [filəs], *a.comb.fm.* -phile. *Anemophilous*, anémophile. *Entomophilous*, entomophile.

philtre ['filtər], *s.* Philtre *m.*

phimosis [fai'mousis], *s. Med:* Phimosis *m.*

Phine(h)as ['finias]. *Pr.n.m. B.Hist:* Phinée(s).

Phineus ['fainjuːs]. *Pr.n.m. Gr.Myth:* Phinée.

phiz [fiz], *s. P. & Hum:* (*a*) Visage *m*; *F:* binette *f. With a p. like mine!* avec une tirelire comme la mienne! *I know that (man's) p.*, je connais cette tête-là. *A funny p.*, une drôle de tête. (*b*) (*Ugly*) Trogne *f*, museau *m*, trombine *f.* (*c*) *Nice little p.*, gentille frimousse. *Roguish little p.*, petite frimousse espiègle.

phlebitis [fle'baitis], *s. Med:* Phlébite *f.*

phlebosclerosis [fleboskle'rousis], *s. Med:* Phlébosclérose *f.*

phlebotomize [fle'bɔtomaːiz], *v.tr. Surg:* Saigner (qn).

phlebotomy [fle'bɔtomi], *s. Surg:* Phlébotomie *f*, saignée *f.*

phlegm [flem], *s.* **1.** Flegme *m*; pituite (bronchiale). *To cough up p.*, tousser gras. **2.** Flegme, calme *m*, patience *f*, impassibilité *f.*

phlegmasia [fleg'meizia], *s. Med:* Phlegmasie *f.* **Phlegmasia dolens**, leucophlegmasie *f.*

phlegmatic [fleg'matik], *a.* Flegmatique; (i) (tempérament) froid et lent; (ii) calme, impassible. **-ally**, *adv.* Flegmatiquement.

phlegmon ['flegmɔn], *s. Med:* Phlegmon *m*, flegmon *m.*

phlegmonic [fleg'mɔnik], **phlegmonous** ['flegmonəs], *a. Med:* Phlegmoneux, flegmoneux.

phlegmy ['flemi], *a. Med:* Flegmatique, pituiteux. *P. cough*, toux grasse.

phleum ['fliːəm], *s. Bot:* Fléole *f.*

phloem ['flouem], *s. Bot:* Phloème *m*, liber *m.*

phlogistic [flo'dʒistik], *a. A.Med: A.Ch:* Phlogistique.

phlogiston [flo'dʒistɔn], *s. A.Ch:* Phlogistique *m.*

phlogopite ['flɔgopait], *s. Miner:* Phlogopite *f.*

phlox [flɔks], *s. Bot:* Phlox *m.*

phlyctaena [flik'tiːna], *s. Med:* Phlyctène *f*, ampoule *f.*

-phobe [foub], *s. comb.fm.* -phobe *mf. Hydrophobe*, hydrophobe. *Anglophobe*, anglophobe. *Russophobe*, russophobe.

phobia ['foubia], *s.* Phobie *f.*

-phobia, *s. comb.fm.* -phobie *f. Anglophobia*, anglophobie. *Agoraphobia*, agoraphobie. *Claustrophobia*, claustrophobie. *F: Dustophobia*, phobie *f* de la poussière.

Phocaea [fou'siːa]. *Pr.n. A.Geog:* La Phocée.

Phocaean [fou'siːən], *a. & s. A.Geog:* Phocéen, -éenne.

Phocian ['fousiən], *a. & s. A.Geog:* Phocidien, -ienne.

Phocis ['fousis]. *Pr.n. A.Geog:* La Phocide.
Phœbe ['fi:bi]. *Pr.n.f. Myth: Astr:* Phébé.
Phœbus ['fi:bəs], *Pr.n.m. Myth:* Phébus.
Phœnicia [fi:'niʃjə]. *Pr.n. A.Geog:* La Phénicie.
Phœnician [fi:'niʃjən]. **1.** *a. & s. A.Geog:* Phénicien, -ienne. **2.** *s. Ling:* Le phénicien.
phœnix ['fi:niks], *s.* Phénix *m.*
pholas, *pl.* **-ades** ['fouləs, -ədi:z], *s. Moll:* Pholade *f.*
phonation [fo'neiʃ(ə)n], *s. Physiol: Ling:* Phonation *f.*
phonautograph [fo'nɔ:togrɑ:f, -graf], *s. Ph:* Phonautographe *m.*
phone[1] [foun], *s. Ling:* Phonème *m.*
phone[2], *s. F:* **1.** Téléphone *m. F:* **To be on the phone,** (i) être au téléphone; (ii) avoir le téléphone. *Who is on the p.?* qui est-ce qui est au bout du fil? *Who answered the p.?* qui a répondu au téléphone? **He is not on the phone,** il n'a pas le téléphone; il n'est pas abonné au téléphone. **Call on, over, the phone,** appel *m* téléphonique. **2.** Écouteur *m* (de casque téléphonique). *See also* HEAD-PHONE.
phone[3], *v.tr. & i. F:* **To phone (up) s.o.,** téléphoner à qn. *To p. for sth., for s.o.,* demander qch., qn, par téléphone.
phoneme [fo'ni:m], *s. Ling:* Phonème *m.*
phonetic [fo'netik], *a.* Phonétique. **Phonetic spelling,** écriture *f* phonétique; phonographie *f.* **-ally,** *adv.* Phonétiquement.
phonetician [foune'tiʃ(ə)n], **phoneticist** [fo'netisist], *s.* Phonéticien *m*, phonétiste *m.*
phonetics [fo'netiks], *s.pl.* (*Usu. with sg. const.*) Phonétique *f.*
phoney ['founi], *a. U.S: F:* Faux, *f.* fausse; factice; (bijouterie *f*) en toc.
phonic ['founik, 'fɔnik], *a.* Phonique.
phonofilm ['founofilm], *s. Cin:* Film *m* sonore.
phonogram ['founogram], *s.* Sténogramme *m.*
phonograph ['founogrɑ:f, -graf], *s.* Phonographe *m.*
phonographer [fo'nɔgrəfər], *s.* Sténographe *mf.*
phonographic [founo'grafik], *a.* **1.** (Disque *m*, etc.) phonographique. **2.** Sténographique.
phonography [fo'nɔgrəfi], *s.* **1.** Phonographie *f.* **2.** Sténographie *f.*
phonolite ['founolait], *s. Miner:* Phonolite *f*, phonolithe *f.*
phonolitic [founo'litik], *a. Geol:* De phonolite. **Phonolitic dyke,** dyke *m* de phonolite; suc *m.*
phonologic(al) [founo'lɔdʒik(əl)], *a.* Phonologique.
phonology [fo'nɔlodʒi], *s.* Phonologie *f.*
phonometer [fo'nɔmetər], *s. Ph:* Phonomètre *m.*
phonoscope ['founoskoup], *s. Ph:* Phonoscope *m.*
-phore [fɔ:ər], *s. comb.fm.* -phore *m. Semaphore,* sémaphore. *Phonophore,* phonophore. *Carpophore,* carpophore.
-phorous [forəs], *a. comb.fm.* -phore. *Electrophorous,* électrophore. *Galactophorous,* galactophore. *Phragmophorous,* phragmophore.
phosgene ['fɔsdʒi:n], *s. Ch:* Phosgène *m*; chlorure *m* de carbonyle; acide *m* chlorocarbonique.
phosgenite ['fɔsdʒenait], *s. Miner:* Phosgénite *f*; plomb corné.
phosphate ['fɔsfeit], *s. Ch:* Phosphate *m.* **Phosphate miner,** miner **of phosphate rock,** phosphatier *m.* **Phosphate of lime, calcium phosphate,** phosphate de chaux. **Phosphate treatment** (*of soil, of wine*), phosphatage *m.*
phosphated ['fɔsfeitid], *a.* Phosphaté.
phosphatic [fɔs'fatik], *a.* Phosphatique; phosphaté.
phosphatize ['fɔsfətaiz], *v.tr.* **1.** Convertir en phosphate. **2.** Traiter au phosphate.
phosphene ['fɔsfi:n], *s. Physiol:* Phosphène *m.*
phosphide ['fɔsfaid], *s. Ch:* Phosphure *m.*
phosphine ['fɔsfi:n], *s. Ch:* Phosphine *f.*
phosphite ['fɔsfait], *s. Ch:* Phosphite *m.*
phosphor ['fɔsfər], *s.* = PHOSPHORUS.
'**phosphor-'bronze,** *s. Metall:* Bronze phosphoreux, phosphoré.
phosphorate ['fɔsforeit], *v.tr.* Phosphorer.
phosphorated, *a.* Phosphoré.
phosphoresce [fɔsfo'res], *v.i.* Être phosphorescent; luire par phosphorescence; entrer en phosphorescence.
phosphorescence [fɔsfo'res(ə)ns], *s.* Phosphorescence *f.*
phosphorescent [fɔsfo'res(ə)nt], *a.* Phosphorescent.
phosphoric [fɔs'fɔrik], *a. Ch:* (Acide *m*) phosphorique. **Phosphoric chloride,** pentachlorure *m* de phosphore.
phosphorism ['fɔsforizm], *s. Med:* Phosphorisme *m.*
phosphorite ['fɔsforait], *s. Miner:* Phosphorite *f.*
phosphorize ['fɔsforaiz], *v.tr. Ch:* Phosphoriser.
phosphoroscope ['fɔsforoskoup], *s.* Phosphoroscope *m.*
phosphorous ['fɔsforəs], *a.* Phosphoreux.
phosphorus ['fɔsforəs], *s. Ch:* Phosphore *m.* **Red phosphorus, amorphous phosphorus,** phosphore rouge, amorphe. **Yellow phosphorus,** phosphore blanc. **Phosphorus matches,** allumettes *f* chimiques.
'**phosphorus ne'crosis,** *s. Med:* Nécrose phosphorée (de la mâchoire); *F:* mal *m* chimique.
'**phosphorus 'paste,** *s.* Pâte phosphorée; *F:* mort-aux-rats *f.*
phosphuretted ['fɔsfjuretid], *a. Ch:* Phosphuré. **Phosphuretted** hydrogen, (gaz) hydrogène phosphoré.
phossy jaw [fɔsi'dʒɔ:], *s. Med: F:* = PHOSPHORUS NECROSIS.
phot [fɔt, fout], *s. Opt.Meas: Phot:* Phot *m* (= 10 000 lux).
Photian ['fouʃ(ə)n], *Rel.H:* Adhérent, -ente, de Photius.
photic ['foutik], *a. Oc:* (Profondeur) à travers laquelle les rayons solaires peuvent pénétrer.
Photinus [fo'tainəs]. *Pr.n.m. Rel.H:* Photin.
photo ['fouto], *s. F:* = PHOTOGRAPH[1].
photo- ['fouto, fo'tɔ], *comb.fm.* Photo-. *Photochro'matic,* photochromatique. *Photo'scopic,* photoscopique. *Pho'tolysis,* photolyse.
photo-cell ['foutosel], *s. Ph: Cin:* Cellule *f* photo-électrique.
photo-ceramic ['foutose'ramik], *a.* Photocéramique.
photo-ceramics ['foutose'ramiks], *s.pl.* (*Usu. with sg. const.*) Photocéramique *f.*
photochemical [fouto'kemik(ə)l], *a.* Photochimique.
photochemistry [fouto'kemistri], *s.* Photochimie *f.*
photochrome ['foutokroum], *s.* Photochromie *f*; épreuve *f* photographique en couleurs.
photochromy ['foutokroumi], *s.* Photochromie *f*, autochromie *f*; photographie *f* des couleurs.
photo-drama ['foutodrɑ:mə], *s.* = PHOTO-PLAY.
photo-dramatist ['fouto'dramatist], *s. Cin:* Auteur *m* du scénario.
photo-electric ['foutoi'lektrik], *a. Ph: Cin:* **Photo-electric cell,** cellule *f* photo-électrique, *pl.* photo-électriques.
photo-electron ['foutoi'lektrɔn], *s. Ph:* Photo-électron *m*, *pl.* photo-électrons.
photo-emittent ['foutoi'mitənt], *a. W.Tel: Cin:* **Photo-emittent cell,** cellule photo-émissive, -émettrice.
photo-engraver ['foutoen'greivər], *s.* Photograveur *m.*
photo-engraving ['foutoen'greiviŋ], *s.* Photogravure industrielle.
photogenetic [foutodʒe'netik], **photogenic** [fouto'dʒenik], *a. Cin: etc:* Photogène, photogénique.
photoglyphic [fouto'glifik], **photoglyptic** [fouto'gliptik], *a.* Photoglyptique.
photoglyphy ['fotoglifi], *s.* Photoglyptie *f.*
photogrammetry [fouto'grametri], *s. Surv:* Photogrammétrie *f.*
photograph[1] ['foutogrɑ:f, -graf], *s.* Photographie *f* (de qn, de qch.). **To take a photograph** (*of s.o., sth.*), tirer, prendre, une photographie (de qn); photographier (qn, qch.); *F:* prendre (qn) en photo. **To have one's photograph taken,** se faire photographier; se faire faire sa photographie, se faire tirer. *See also* FLASH-LIGHT 2.
photograph[2], *v.tr.* **1.** Photographier; prendre une photographie de (qn, qch.). **2.** (*With passive force*) (*Of pers.*) **To photograph well,** (i) faire bien en photographie; (ii) *Cin:* être photogénique. *She does not p. well,* ses photographies ne lui rendent pas justice.
photographer [fo'tɔgrəfər], *s.* Photographe *m.* **Portrait photographer,** photographe portraitiste.
photographic [fouto'grafik], *a.* (*a*) (Procédé *m*, objectif *m*, papier *m*) photographique. *See also* SURVEYING 1. (*b*) *F: P. friend,* ami *m* photographe. (*c*) *F: P. description,* description photographique, minutieuse, d'une fidélité absolue.
photographical [fouto'grafik(ə)l], *a.* (Société *f*) de photographie. **-ally,** *adv.* Photographiquement.
photography [fo'tɔgrəfi], *s.* Photographie *f*; prise *f* de vue(s). *To go in for p.,* faire de la photographie, *F:* de la photo. **Colour photography,** photographie des couleurs; autochromie *f*; photochromie *f*; polychromie *f*; héliochromie *f. Screen-plate colour p.,* diachromie *f.* **Air photography,** photographie aérienne. **Street and market photography, ferrotype photography,** photographie foraine. *See also* FLASH-LIGHT 2, INDOOR, PIN-HOLE 2.
photogravure [foutogra'vjuər], *s. Phot.Engr:* Photogravure *f*, héliogravure *f.*
photogravurist [foutogra'vjuərist], *s.* Photograveur *m.*
photo-ionization [foutoaionai'zeiʃ(ə)n], *s. Ph:* Ionisation *f* (des gaz) par la lumière.
photolithograph[1] [fouto'liθogrɑ:f, -graf], *s.* Gravure *f* photolithographique; photolithographie *f.*
photolithograph[2], *v.tr.* Photolithographier.
photolithographer [foutoli'θɔgrəfər], *s.* Photolithographe *m.*
photolithographic [foutoliθo'grafik], *a.* Photolithographique.
photolithography [foutoli'θɔgrəfi], *s.* Photolithographie *f*, gravure *f* photolithographique. *P. from a metal plate,* photométallographie *f. To reproduce by p.,* photolithographier.
photolysis [fou'tɔlisis], *s. Bot: Biol:* Photolyse *f.*
photo-mechanical [foutome'kanik(ə)l], *a. Phot.Engr:* Photomécanique. *P.-m. process,* procédé *m* photomécanique; phototirage *m.*
photometer [fo'tɔmetər], *s. Ph:* Photomètre *m. Flicker p.,* photomètre à éclats. *Shadow p.,* photomètre de Rumford. *Polarization p.,* photomètre à polarisation. *Grease-spot p.,* photomètre à tache d'huile; photomètre de Bunsen. *Photo-cell p.,* photomètre à cellule photo-électrique.
photometric(al) [fouto'metrik(əl)], *a.* Photométrique.
photometry [fo'tɔmetri], *s.* Photométrie *f*; détermination *f* de l'intensité lumineuse.
photomicrograph [fouto'maikrogrɑ:f, -graf], *s.* Photomicrographie *f*, microphotographie *f.*
photomicrographic [foutomaikro'grafik], *a.* Photomicrographique. *See also* OBJECT-GLASS.
photomicrography [foutomai'krɔgrəfi], *s.* Microphotographie *f*, photomicrographie *f* (le procédé).
photon ['foutɔn], *s. Opt.Meas:* Photon *m.*
photophobia [fouto'foubiə], *s. Med:* Photophobie *f.*
photophone ['foutofoun], *s.* = RADIOPHONE.
photophore ['foutofɔ:ər], *s. Med:* Photophore *m*; endoscope *m* à éclairage électrique.
photo-play ['foutoplei], *s.* Film *m* dramatique.
photo-print ['foutoprint], *s.* **1.** *Phot.Engr:* Gravure *f* en simili. **2.** Photocalque *m*, photocopie *f.*
photo-process ['foutoprouses], *s. Phot.Engr:* Reproduction *f* par procédés photomécaniques.
photoradiogram [fouto'reidiogram], *s.* Image, photographie, transmise par la phototélégraphie sans fil.
photosphere ['foutosfi:ər], *s. Astr:* Photosphère *f.*
photostat ['foutostat], *s. Com.Phot:* **1.** Appareil *m* "photostat" (pour la reproduction photographique des documents, etc.; le négatif obtenu n'est pas renversé). **2.** Reproduction obtenue par cet appareil.

photosynthesis [fouto'sinθesis], *s. Bot:* Photosynthèse *f*.

phototelegraph [fouto'telegrɑːf, -graf], *s. Tg:* Phototélégraphe *m*.

phototelegraphic [foutotele'grafik], *a.* Téléphotographique.

phototelegraphy [foutote'legrəfi], *s.* Téléphotographie *f*, photo-télégraphie *f*.

phototheodolite [foutoθi'ɔdəlait], *s. Surv:* Photothéodolite *m*.

phototherapeutic [foutoθera'pjuːtik], *a. Med:* Photothérapique.

phototherapy [fouto'θerəpi], *s. Med:* Photothérapie *f*.

phototopography [foutoto'pɔgrəfi], *s. Surv:* Phototopographie *f*; levé *m* de plans par la photographie.

phototropic [fouto'trɔpik], *a. Bot:* Phototropique, héliotropique.

phototropism [fo'tɔtropizm], *s. Bot:* Phototropisme *m*, héliotropisme *m*.

phototype ['foutotaip], *s. Phot.Engr:* Phototype *m*; (*from tracing*) photocalque *m*.

phototypographic [foutotaipo'grafik], *a.* Phototypographique.

phototypography [foutotai'pɔgrəfi], *s. Phot.Engr:* Phototypographie *f*; photogravure *f* en relief.

phototypogravure [foutotaipogra'vjuər], *s.* Phototypogravure *f*.

phototypy ['foutotipi], *s.* Phototypie *f*.

photozincography [foutoziŋ'kɔgrəfi], *s. Phot.Engr:* (Photo)zincographie *f*, gillotage *m*.

phrase[1] [freːiz], *s.* **1.** (*a*) Locution *f*, expression *f*; tournure *f*, tour *m*, de phrase. *Provincial phrases*, locutions provinciales. *Technical p.*, locution technique. *Graceful p.*, tour élégant. **In the phrase of . . .,** selon l'expression de. . . . *To learn some polite phrases*, apprendre quelques formules *f* de politesse. **As the phrase goes,** suivant la formule; selon l'expression consacrée; comme on dit; *F:* comme dit l'autre. **To be a phrase-maker,** (i) avoir le don de la formule; (ii) faire des phrases. *See also* SET[3] 2, STOCK[1] 10. (*b*) Phraséologie *f*; style *m*. *Felicity of p.*, phraséologie heureuse, bonheur *m* d'expression. (*c*) *Gram:* Locution (adverbiale, prépositive, etc.); membre *m* de phrase. **2.** *Mus:* Phrase, période *f*. **3.** *Fenc:* Phrase d'armes.

'phrase-book, *s.* Recueil *m* de locutions.

'phrase-monger, *s.* Faiseur *m* de phrases; phraseur *m*.

phrase[2], *v.tr.* **1.** Exprimer (sa pensée, etc.); donner un tour à (sa pensée). *Well-phrased letter*, lettre bien rédigée, bien tournée. *That is how he phrased it*, voilà comment il s'est exprimé; voilà l'expression qu'il a employée. **2.** *A:* Désigner, nommer, appeler. **3.** *Mus:* Phraser.

phrasing, *s.* **1.** (*a*) Expression *f* (de la pensée); rédaction *f* (d'un document). (*b*) Phraséologie *f*. **2.** *Mus:* Phrasé *m*.

phraseogram ['freiziogram], *s.* Sténogramme *m* qui représente une locution, un groupe de mots.

phraseological [freizio'lɔdʒik(ə)l], *a.* Phraséologique.

phraseology [freizi'ɔlodʒi], *s.* Phraséologie *f*.

phratry ['freitri], *s. Gr.Ant:* Phratrie *f*.

phrenic ['frenik], *a. Anat:* (Nerf *m*, artère *f*) phrénique.

phrenological [freno'lɔdʒik(ə)l], *a.* Phrénologique.

phrenologist [fre'nɔlodʒist], *s.* Phrénologiste *m*, phrénologue *m*.

phrenology [fre'nɔlodʒi], *s.* Phrénologie *f*.

phryganea [fri'geinia], *s. Ent:* Phrygane *f*.

Phrygia ['fridʒia]. *Pr.n. A.Geog:* La Phrygie.

Phrygian ['fridʒiən], *a. & s. A.Geog:* Phrygien, -ienne. *Hist:* **Phrygian cap,** bonnet phrygien.

phthalate ['fθaleit], *s. Ch:* Phtalate *m*.

phthalein ['fθaliin], *s. Ch:* Phtaléine *f*.

phthalic ['fθalik], *a. Ch:* (Acide *m*) phtalique.

phthiriasis [(f)θaiəri'eisis], *s. Med:* Phtiriase *f*, maladie *f* pédiculaire.

phthisical ['tizik(ə)l, 'tai-], *a. Med:* Phtisique.

phthisiotherapy [fθizio'θerəpi], *s. Med:* Phtisiothérapie *f*.

phthisis ['θaisis, 'fθisis], *s. Med:* Phtisie *f*; maladie *f* de poitrine, tuberculose *f* pulmonaire. *F:* **Miner's phthisis,** anthracose *f*.

phugoid ['fjuːgɔid], *a. Av:* **Phugoid oscillation,** oscillation longitudinale à longue période.

phut [fʌt], *adv. P:* **To go phut,** (i) (*of electric lamp, etc.*) griller; (ii) (*of one's business, an engine, etc.*) claquer.

phycology [fai'kɔlodʒi], *s. Bot:* Phycologie *f*.

phycomyceteae, -cetes [faikomai'siːtiiː, -siːtiːz], *s.pl. Fung:* Phycomycètes *m*.

phylactery [fi'laktəri], *s.* **1.** Phylactère *m*. *B:* *They make broad their phylacteries*, ils portent de larges phylactères. *F:* **To make broad one's phylactery,** faire ostentation de ses sentiments religieux. **2.** *Medieval Art:* Banderole *f* à inscription; phylactère.

phylarch ['failɑːrk], *s. Gr.Hist:* Phylarque *m*.

Phyllis ['filis]. *Pr.n.f.* Philis, Phyllis.

phyllite ['filait], *s. Miner:* Phyllite *f*.

phyllo- ['filo, fi'lɔ], *comb.fm. Bot:* Phyllo-. *'Phylloclade*, phylloclade. *Phy'llogenous*, phyllogène.

phylloid ['filɔid], *a. Nat.Hist:* Phylloïde, foliacé.

phyllophagan [fi'lɔfagən], *s. Ent:* Phyllophage *m*.

phyllophagous [fi'lɔfagəs], *a. Ent:* Phyllophage.

phyllopod ['filopɔd], *s. Crust:* Phyllopode *m*.

phyllopodous [fi'lɔpodəs], *a.* Phyllopode.

phyllotaxis [filo'taksis], *s. Bot:* Phyllotaxie *f*.

phylloxera [filo'ksiːəra], *s. Ent:* Phylloxéra *m*.

phylloxerized [fi'lɔksəraːizd], *a.* (*Of vine*) Phylloxéré.

phyl(o)- ['fail(o), fai'lɔ], *comb.fm. Biol:* Phyl(o)- *Phylo'genic*, phylogénique. *Phy'letic*, phylétique.

phylogenesis [failo'dʒenesis], **phylogeny** [fai'lɔdʒəni], *s. Biol:* Phylogenèse *f*, phylogénie *f*.

phylum, *pl.* **-a** ['failəm, -a], *s. Biol:* Phyle *m*, type *m*, embranchement *m*.

physalia [fai'seilia], *s. Coel:* Physalie *f*, *F:* galère *f*.

physic[1] ['fizik], *s.* Médecine *f*, médicaments *mpl*, *F:* drogues *fpl*. *He is always taking p.*, (i) il prend des drogues; il se drogue; (ii) il n'a jamais fini de se purger. *To give s.o. a dose of p.*, (i) administrer un remède à qn; (ii) purger qn.

'physic-nut, *s. Pharm:* Pignon *m* d'Inde.

physic[2], *v.tr.* (**physicked; physicking**) *F:* **1.** Médicamenter (qn); administrer un médicament à (qn); *F:* droguer (qn). *To p. oneself*, se droguer. **2.** Purger (qn); administrer une purge à (qn).

physical ['fizik(ə)l], *a.* Physique. **1.** *P. body*, corps matériel. **Physical impossibility, certainty,** impossibilité *f*, certitude *f*, physique, matérielle. *Ph:* **Physical point,** point matériel. *See also* GEOGRAPHY 1. **2.** (**Piece of**) **physical apparatus,** appareil *m* de physique. **3.** (*a*) *Med:* (*Of symptoms, etc.*) Somatique. (*b*) *P. force or strength*, force *f* physique. *P. exercise*, exercice *m* physique, du corps. *Gym:* **Physical exercises, physical drill,** *P:* **physical jerks,** exercices physiques; exercices d'assouplissement; assouplissements *m*. **Physical culture,** culture *f* physique. *See also* DEFECT 2. **-ally,** *adv.* Physiquement. *Thing p. impossible*, chose *f* matériellement impossible.

physician [fi'ziʃ(ə)n], *s.* Médecin *m*. **Consulting physician,** médecin consultant. *See also* HOUSE-PHYSICIAN.

physicism ['fizisizm], *s. Phil:* Physicisme *m*, matérialisme *m*.

physicist ['fizisist], *s.* **1.** Physicien, -ienne. **2.** *Phil:* Adhérent *m* du physicisme.

physico- ['fiziko], *comb.fm.* Physico-. *Physico-mechanical*, physico-mécanique. *Physico-chemistry*, physico-chimie.

physico-chemical ['fiziko'kemik(ə)l], *a.* Physico-chimique.

physico-mathematical ['fizikomaθe'matik(ə)l], *a.* Physico-mathématique.

physico-mechanical ['fizikome'kanik(ə)l], *a.* Physico-mécanique.

physicotherapeutic ['fizikoθera'pjuːtik], *a. Med:* Physicothérapique.

physicotherapy [fiziko'θerəpi], *s. Med:* Physicothérapie *f*.

physics ['fiziks], *s.pl.* (*Usu. with sg. const.*) La physique.

physio- [fizi'ɔ, fizio], *comb.fm.* Physio-. *Physi'ology*, physiologie. *Physi'ognomist*, physionomiste. *Physio'graphical*, physiographique.

physiocrat ['fiziokrat], *s. Econ.Hist:* Physiocrate *m*.

physiognomical [fizio(g)'nɔmik(ə)l], *a.* Physionomique.

physiognomist [fizi'ɔ(g)nomist], *s.* Physionomiste *mf*.

physiognomy [fizi'ɔ(g)nomi], *s.* Physionomie *f*.

physiographer [fizi'ɔgrəfər], *s.* Physiographe *m*.

physiographical [fizio'grafik(ə)l], *a.* Physiographique.

physiography [fizi'ɔgrəfi], *s.* **1.** Physiographie *f*. **2.** Géographie physique.

physiological [fizio'lɔdʒik(ə)l], *a.* Physiologique. **-ally,** *adv.* Physiologiquement.

physiologist [fizi'ɔlodʒist], *s.* Physiologiste *m*, physiologue *m*.

physiology [fizi'ɔlodʒi], *s.* Physiologie *f*, zoonomie *f*. *Plant p.*, physiologie végétale.

physiotherapeutic [fizioθera'pjuːtik], *a. Med:* Physiothérapique.

physiotherapy [fizio'θerəpi], *s.* Physiothérapie *f*.

physique [fi'ziːk], *s.* **1.** (*a*) Physique *m* (de qn). *Adm: Mil:* Aptitudes *f* physiques. **To have a good, a fine, physique,** être fort physiquement; avoir un beau physique. *To be of poor p.*, (i) être peu robuste; (ii) être d'apparence malingre. (*b*) *F:* Plastique *f* (d'une actrice, d'une danseuse). **2.** Structure *f* du corps.

physostigma [faiso'stigma], *s. Bot:* Physostigma *m*, fève *f* de Calabar.

-phyte [fait], *s. comb.fm. Nat.Hist:* -phyte *m*. *Saprophyte*, saprophyte. *Zoophyte*, zoophyte. *Lithophyte*, lithophyte.

phyto- ['faito, fai'tɔ], *comb.fm. Bot: etc:* Phyto-. *Phy'totomy*, phytotomie. *Phyto'genesis*, phytogénésie. *Phy'tophagous*, phytophage. *Phyto'zoon*, phytozoaire.

phytobiology [faitobai'ɔlodʒi], *s.* Phytobiologie *f*.

phytochemistry [faito'kemistri], *s.* Phytochimie *f*.

phytogenic [faito'dʒenik], *a. Geol: Miner:* Phytogène.

phytography [fai'tɔgrəfi], *s.* Phytographie *f*.

phytoid ['faitɔid], *a.* Phytoïde.

phytology [fai'tɔlodʒi], *s.* Phytologie *f*, botanique *f*.

phytophaga [fai'tɔfaga], *s.pl. Ent:* Phytophages *m*.

phytophagous [fai'tɔfagəs], *a. Ent:* Phytophage.

phytozoon, *pl.* **-zoa** [faito'zouɔn, -zoua], *s.* Zoophyte *m*, phytozoaire *m*.

pi[1] [pai], *s. Gr.Alph:* Pi *m*.

pi[2], *a. P:* Pieux; bien sage.

pi-jaw[1], *s. P:* Prêchi-prêcha *m*; exhortations morales ou religieuses.

pi-jaw[2], *v.tr. P:* Sermonner (qn); tenir à (qn) un discours édifiant.

Piacenza [pia'tʃentsa]. *Pr.n. Geog:* Plaisance *f*.

piacular [pai'akjulər], *a.* **1.** Piaculaire, expiatoire. **2.** (*Of deed, etc.*) Coupable, criminel; qui demande une expiation.

piaffe [pi'af], *v.i.* (*Of horse*) Piaffer.

piaffer [pi'afər], *s.* Piaffement *m* (d'un cheval).

pia mater [paia'meitər], *s. Anat:* Pie-mère *f*, méningette *f*.

pianette [pia'net], **pianino** [pia'niːno], *s. Mus:* Pianino *m*.

pianissimo [pia'nisimo], *adv. & s. Mus:* Pianissimo (*m*).

pianist ['piːənist], *s.* Pianiste *mf*.

pianiste [pia'niːst], *s. Usu. f.* Pianiste.

piano[1] ['pjɑːno], *adv. & s. Mus:* Piano (*m*) (signe d'expression).

piano[2] [pi'ano], **pianoforte** [piano'fɔːrte], *s. Mus:* Piano *m*. (**Concert**) **grand piano,** piano à (grande) queue, piano de concert. **Grand piano,** demi-queue *m inv*. **Baby-grand piano,** quart *m* de queue; *F:* crapaud *m*. *See also* GRAND 3. *A: Square p.*, piano carré. **Upright piano,** piano droit; piano vertical. **Low upright piano, cottage piano,** petit piano d'appartement; petit droit. **Overstrung piano,** piano à cordes croisées; piano oblique. *See also* PEDAL-PIANO. **To play (on) the piano,** jouer, toucher, du piano. (*At concert, etc.*) *Mr X will be at the p.*, Monsieur X tiendra le piano. *Piece for four pianos*, morceau *m* pour quatre pianos.

pi'ano-action, *s.* Mécanique *f* du piano.
pi'ano-maker, *s.* Facteur *m* de pianos.
pi'ano-organ, *s.* Piano *m* mécanique des rues (à cylindre).
pi'ano-player, *s.* Pianola *m.*
pi'ano stool, *s.* Tabouret *m* de piano.
pi'ano-tuner, *s.* Accordeur *m* de pianos.
pi'ano-wire, *s. Mec.E: Av: Mus: etc:* Corde *f* à piano.

pianola [pi:a'noula], *s. Mus:* Pianola *m.*

piassaba [pi:a'sa:ba], *s. Bot: Com:* Piassava *m. P. brush or broom,* balai *m* en piassava.

piastre, piaster [pi'astər], *s. Num:* Piastre *f.*

piazza [pi'aza], *s.* **1.** (*a*) Place publique (en Italie). (*b*) *A:* Arcades *fpl.* **2.** *U.S:* Véranda *f.*

pibroch ['pi:brɔχ], *s.* Pibroch *m*, pibrock *m* (air de cornemuse avec variations, martial ou funèbre).

pica ['paika], *s. Typ:* Cicéro *m*, corps *m* 12. **Small pica,** cicéro approché, corps 11. **Double pica,** gros parangon, corps 22. **Three-line pica,** trismégiste *m*, corps 36. **Two-line double pica,** gros canon, corps 42.

Picardy ['pikərdi]. *Pr.n. Geog:* La Picardie.

picaresque [pika'resk], *a.* (Roman *m*) picaresque.

picaroon [pika'ru:n], *s. A:* **1.** Brigand *m*, chenapan *m.* **2.** Forban *m*, pirate *m*, corsaire *m.*

picayune [pika'ju:n]. *U.S:* **1.** *s.* (*a*) *Num:* Pièce *f* de cinq *cents.* (*b*) *F:* Bagatelle *f*, rien *m.* **2.** *a.* Pauvre, mesquin.

piccalilli ['pikalili], *s. Cu:* Cornichons, etc., confits au vinaigre et à la moutarde.

piccaninny ['pikanini], *s.* **1.** Négrillon, -onne. **2.** *U.S: F:* Mioche *mf*; bambin, -ine.

piccolo ['pikolo], *s. Mus:* Piccolo *m*; petite flûte; *A:* octavin *m.* **Piccolo-player,** joueur, -euse, de piccolo; "la petite flûte."

piccoloist ['pikoloist], *s.* = *Piccolo-player.*

pice [pais], *s. Num:* Pice *f.*

pick[1] [pik], *s.* **1.** Pic *m*, pioche *f. Min:* Rivelaine *f. Stonew:* Picot *m. Stone-dressing p.,* pic de tailleur de pierre. *Miner's p.,* pic à main. *Tamping p.,* pioche à bourrer. *See also* ICE-PICK, PNEUMATIC 1. **Pick and shovel man,** terrassier *m.* **2.** (*a*) (Tooth-)pick, cure-dents *m inv. See also* EAR-PICK, HOOF-PICK, TOOTH-PICK 2. (*b*) **Lobster pick,** fourchette *f* à homard.
'pick-hammer, *s.* Picot *m.*

pick[2], *s.* **1.** Coup *m* de pioche, de pic. **2.** Cueillage *m*, cueillaison *f* (des fruits, etc.). **3.** Choix *m*, élite *f. F:* **The pick of the basket, of the bunch,** le dessus du panier; la fleur des pois; le meilleur de tous; *F:* le gratin (du gratin). *That's the p. of the bunch,* c'est celui-là le meilleur. *The p. of the army,* la (fine) fleur de l'armée.

pick[3], *v.tr.* **1.** (*a*) Piocher (la terre, etc.). (*b*) **To pick a hole in sth.,** faire un trou dans qch., à qch. (avec une pioche, avec ses ongles, etc.). *F:* **To pick holes in sth.,** critiquer qch.; trouver à redire à qch.; *F:* chercher la petite bête. (*c*) *U.S:* **To pick on, at, s.o.,** critiquer qn; chercher querelle, chercher noise, à qn. **2. To pick one's nose, one's teeth, etc.,** se curer le nez, les dents, etc.; s'écurer les dents. *To p. a pimple, a wound,* gratter un bouton, une croûte (du bout de l'ongle). **3.** Éplucher (une salade, des groseilles, de la laine, etc.); épailler, échardonner (de la laine); époutier (un tissu); plumer (une volaille). **To pick a bone,** (i) ôter, enlever, la chair d'un os; (ii) ronger un os. *F:* **To have a bone, a crow, to pick with s.o.,** avoir maille à partir avec qn; avoir un (petit) compte à régler avec qn; avoir quelque chose à démêler avec qn; en devoir à qn. **4.** (*Of birds*) Picoter, becqueter (le blé, etc.). *F:* (*Of pers.*) **To pick a bit,** manger un morceau. **To pick at sth.,** grignoter qch. **To pick (at) one's food,** manger du bout des dents; faire la petite bouche; pignocher (sa nourriture). *Person who picks at his food,* pignocheur *m.* (*Of bird, etc.*) **To pick for food,** picorer. **5.** (*a*) Choisir. *To p. one's words carefully,* choisir ses mots avec soin. *To p. the least deserving candidate,* choisir le candidat le moins méritant. **To pick one's way, one's steps,** chercher où mettre ses pieds; marcher avec précaution. **To pick and choose,** se montrer difficile; faire le difficile; être difficile à satisfaire; chipoter. *You can p. and choose if you wish,* il y a à prendre et à laisser. *We are not allowed to p. and choose,* on ne nous permet pas de choisir ce qui nous plaît, de faire les difficiles. *Games:* **To pick sides,** tirer les camps. *See also* QUARREL[2]. (*b*) Trier (du minerai, etc.). *See also* HAND-PICK. **6.** (*a*) Cueillir (des fleurs, des fruits, etc.). *To p. the strawberries, etc.,* faire la cueillette des fraises, etc. (*b*) **To pick rags,** chiffonner. *Cf.* 8. (*c*) **To pick acquaintance with s.o.,** faire, lier, connaissance avec qn. **7.** (*a*) **To pick s.o.'s pocket,** prendre qch. à qn dans sa poche. **To pick pockets,** pratiquer le vol à la tire. *To p. s.o.'s purse,* voler la bourse à qn. **To pick and steal,** commettre le vol et le larcin; voler de droite et de gauche. (*b*) Crocheter (une serrure). **To pick s.o.'s brains,** exploiter l'intelligence, les connaissances, de qn; piller qn. **8.** Mettre (qch.) en pièces; défaire, détisser, effilocher (des chiffons, etc.). *Cf.* 6 (*b*). *See also* PIECE[1] 1, OAKUM.

pick off, *v.tr.* **1.** Enlever, ôter (les fleurs mortes d'une plante, etc.); égrener (des raisins, etc.). **2.** Abattre un à un (en les choisissant avec soin) (des soldats ennemis, etc.). *A sniper in a tree picked off the three officers,* un tireur posté dans un arbre descendit les trois officiers.

picking off, *s.* Enlèvement *m* (des feuilles mortes, etc.).

pick out, *v.tr.* **1.** (*a*) Extirper, enlever (qch.); ôter (qch. avec les doigts, avec l'ongle). **To pick out a corn,** extirper un cor. *He put in his thumb and picked out a plum,* il mit le pouce dans le gâteau et en retira un raisin. *The ravens had picked out their eyes,* les corbeaux leur avaient mangé les yeux. (*b*) Faire le tri de (qch.); choisir. *To p. out the good from the bad,* trier le bon d'avec le mauvais. *P. out the best!* choisissez le meilleur! **To pick out the winners,** *P:* piger les gagnants. *He knows how to p. out the winners,* il a le flair pour repérer les gagnants. **To pick s.o. out from the crowd,** repérer qn parmi la foule. *The searchlight picked out the plane,* le projecteur repéra l'avion. **To pick out the meaning of a passage,** déchiffrer le sens d'un passage. **To pick out a tune on the piano,** (i) tapoter un air au piano note par note; (ii) déchiffrer lentement un air au piano. **2.** *Paint:* Échampir, réchampir. *Blue panels picked out with black,* panneaux bleus échampis en noir. *Picked out in gold,* à filets d'or.

picking out, *s.* **1.** (*a*) Extirpation *f.* (*b*) Choix *m* (du meilleur, etc.); triage *m* (des fruits gâtés, etc.). **2.** *Paint:* Échampissage *m*, réchampissage *m.*

pick over, *v.tr.* Trier (un panier de fruits, etc.).

pick up. I. *v.tr.* **1.** Prendre; (*off the floor, off the ground*) ramasser, relever. *To p. up a shilling,* (i) ramasser un shilling (par terre); (ii) se faire un shilling. *To p. up one's stick again,* reprendre sa canne. *To p. up a child in one's arms,* prendre un enfant dans ses bras. *To p. up a child who has fallen down,* relever un enfant qui est tombé par terre. *To p. oneself up,* se relever; *F:* se ramasser. *I shall call and p. up the letters,* je passerai prendre les lettres. **To pick s.o. up in passing,** prendre qn en passant. (*To cab-driver*) *Put me down where you picked me up,* déposez-moi où vous m'avez pris. *The train stops to p. up passengers,* le train s'arrête pour prendre des voyageurs. *I will p. you up at Basel,* je vous rejoindrai à Bâle. *To p. up shipwrecked men,* recueillir des naufragés. *Mil:* *To p. up the wounded,* relever les blessés. *Navy:* *To p. up a torpedo,* repêcher une torpille. *To p. up an anchor, a telegraph cable,* relever une ancre, un câble. *See also* MOORING 2. (*Knitting*) **To pick up a stitch,** relever une maille. *Cards:* *To p. up a trick,* ramasser les cartes. *Golf:* *To p. up one's ball, abs.* **to pick up,** ramasser sa balle (c.-à-d. renoncer au trou). **2.** Apprendre (un tour, etc.). **To pick up a language,** s'initier rapidement à une langue. **To pick up news,** recueillir des nouvelles. *To p. up scraps of knowledge,* ramasser des bribes de connaissances. **3.** Trouver, retrouver. *To p. up one's path,* retrouver son chemin. *See also* SCENT[1] 2. **To pick up sth. cheap,** trouver, acheter, qch. à bon marché. *It is a curio that I picked up,* c'est un bibelot de rencontre. *Where did you p. that up?* où avez-vous pêché ça? *They are not to be picked up every day,* il ne s'en trouve pas à la douzaine; cela ne se trouve pas dans le pas d'un cheval. **To pick up a livelihood,** gagner péniblement sa vie. **4. To pick up the mistakes** *in a work,* relever les fautes, les erreurs, dans un ouvrage. **5.** *P:* (*Of prostitute*) **To pick up a man,** lever, raccrocher, un homme. **6.** (*a*) (*Of searchlight*) **To pick up an aeroplane,** repérer un avion. (*b*) *El:* Prendre, capter (le courant). *W.Tel:* Capter (des ondes); accrocher (un poste); capter, recevoir (un message, un signal); recueillir (des sons). *To p. up Paris,* avoir Paris. **7. That will pick you up,** voilà qui vous remettra, *F:* qui vous requinquera. **8. To pick s.o. up sharply,** reprendre qn vertement; relever vivement une affirmation. **9.** (*a*) *I.C.E:* **To pick up speed,** *abs.* **to pick up,** reprendre. *Engine that picks up smartly,* moteur *m* qui a de bonnes reprises, qui reprend vivement; moteur nerveux. *To p. up speed downhill,* gagner de vitesse dans une descente. *The engine fails to p. up,* le moteur ne reprend pas. (*b*) (*Of pers.*) **To pick up strength,** reprendre des forces. **10.** *Games:* *Abs.* **To pick up** (*for sides*), tirer les camps.

II. **pick up,** *v.i.* **1.** Retrouver la santé, ses forces; se rétablir, se refaire; *F:* se requinquer. *His business is picking up again,* son commerce est en voie de relèvement. **2. To pick up with s.o.,** faire la connaissance de qn. **3.** *Sp:* *Rac:* **To pick up on s.o.,** gagner de l'avance sur qn, rattraper qn.

'pick-up, *s.* **1.** *Cr:* Ramassement *m*, ramassage *m* (de la balle). **2.** (Chose ramassée.) (*a*) *Gold-Min:* Pépite *f* d'or. (*b*) (*Bargain*) Occasion *f.* (*c*) Client *m* (d'un chauffeur de taxi en maraude). (*d*) Connaissance *f* de rencontre, de raccroc. **3.** (*a*) Reprise *f* (des affaires, etc.). (*b*) *I.C.E:* Reprise (d'un moteur). *Smart pick-up, snappy pick-up,* reprise nette, rapide. *Engine with a good pick-up,* moteur à bonne reprise; moteur nerveux. **Lightning pick-up,** reprise foudroyante. *Poor pick-up, sluggish pick-up,* reprise molle, sans vigueur. **4.** *Gramophones:* Pick-up *m*, *pl.* pick-ups. *W.Tel:* *Attachment for gramophone pick-up,* prise *f* pour pick-up. **5.** *W.Tel:* Captage *m* (des ondes). **6.** *Cin:* **Sound pick-up,** (i) lecteur *m* de sons, lecteur phonique; (ii) lecture *f* sonore (d'un film).

picking up, *s.* **1.** Ramassage *m* (d'un morceau de papier, etc.); repêchage *m* (d'une torpille). *P. up of the wounded,* relève *f* des blessés. **2.** (*a*) Prise *f*, captage *m* (du courant). *W.Tel:* Captation *f* (des ondes); accrochage *m* (d'une station); réception *f* (d'un signal). (*b*) (*By prostitute*) Raccroc *m*, raccrochage *m*; *P:* retape *f.*

picked, *a.* **1.** Épluché. **2.** Choisi(s); *F:* triés sur le volet. **Picked men,** hommes *m* de choix, d'élite. **Picked ore,** minerai trié. **3. Picked oakum,** étoupe démêlée.

picking[1], *s.* **1.** (*a*) Piochage *m*, piochement *m* (de la terre, etc.). (*b*) Épluchage *m*, épluchement *m* (d'une salade, de la laine, etc.); échardonnage *m*, épaillage *m* (de la laine); époutiage *m* (des étoffes). (*c*) Picotage *m*, becquetage *m* (du fruit par les oiseaux). (*d*) Choix *m* (de ses mots, etc.); triage *m* (du minerai, etc.). **Hand picking,** triage à la main (du charbon, etc.). **Picking belt,** toile *f* de triage, de transport (du charbon). (*e*) Cueillage *m*, cueillaison *f* (de fruits, de fleurs, etc.). **Picking-season,** cueillette. *See also* RAG-PICKING 1. (*f*) **Picking and stealing,** grappillage *m. See also* POCKET-PICKING. (*g*) Crochetage *m* (d'une serrure). (*h*) Démêlage *m*, démêlement *m* (de l'étoupe). **2.** *pl.* **Pickings.** (*a*) Épluchures *f*, restes *m*, rognures *f.* (*b*) *F:* Tour *m* de bâton; bénéfices *m*, gratte *f*, glanes *f. To make one's pickings out of the housekeeping money,* grignoter sur l'argent du ménage; (*of servant*) faire sauter l'anse du panier; faire de la gratte.

'pick-me-up, *s. P:* Petit verre qui ravigote; cordial, -aux *m*; réconfortant *m*; remontant *m. That's a rare pick-me-up!* voilà qui vous remonte! *To take sth. as a pick-me-up,* prendre qch. pour se remonter.

pick[4], *s.* *Tex:* **1.** Chasse *f* (de la navette). **2.** Duite *f.* *See also* OVERSHOT 2, UNDERSHOT 2.

pick[5]. **1.** *v.tr.* *Dial:* Jeter, lancer. **2.** *v.i.* *Tex:* Chasser, lancer, la navette. **3.** *v.i.* **To pick on, upon s.o., sth.,** jeter son dévolu sur qn, qch.; choisir qn, qch..

picking[2], *s.* **1.** *Tex:* Lancement *m*, chasse *f* (de la navette). **2.** **Picking on, upon, s.o., sth.,** choix *m* de qn, qch.

'picking-stick, *s.* *Tex:* Fouet *m* de chasse; épée *f* de chasse.

pick-a-back ['pikəbak]. **1.** *adv.* Sur le dos; sur les épaules. *I carried her across pick-a-back,* je lui ai fait traverser la rivière sur mon dos. *To ride pick-a-back on s.o.,* monter à dos sur qn. **2.** *s.* **To give s.o. a pick-a-back,** porter qn sur le dos.

pickaninny ['pikənini], *s.* = PICCANINNY.

pickax(e)[1] ['pikaks], *s.* *Tls:* Pioche *f*, pic *m.* *Min:* Hoyau *m.*

pickax(e)[2], *v.tr.* & *i.* Piocher.

picker[1] ['pikər], *s.* **1.** (*a*) Éplucheur, -euse (de salade, etc.); égrappeur, -euse (de raisins, etc.); démêleur, -euse (de coton, etc.). (*b*) Cueilleur, -euse (de fleurs, etc.); récolteur, -euse (de fruits). **Grape-picker,** vendangeur, -euse. **Hop-picker,** cueilleur, -euse, de houblon. (*c*) Trieur, -euse (de minerai, etc.). *See also* RAG-PICKER. **2.** (*a*) *Pickers of quarrels,* gens querelleurs. (*b*) *Pickers and stealers,* voleurs et filous. (*c*) **Picker of locks,** crocheteur *m* de serrures. **3.** **Picker up,** ramasseur, -euse (de mégots, etc.); ramasseur, collectionneur, -euse (de bibelots). **4.** *Tls: etc:* (*a*) *Agr:* Pioche *f.* (*b*) *Farr:* Cure-pied *m*, *pl.* cure-pieds. (*c*) *Ind:* Machine *f* à éplucher.

picker[2], *s.* *Tex:* Taquet *m*, tacot *m*, chasse-navettes *m inv* (de métier à tisser).

pickerel ['pikərəl], *s.* *Ich:* Brocheton *m.*

picket[1] ['pikət], *s.* **1.** (*a*) Piquet *m.* *Surv:* Jalon *m.* *Mil:* **Alignment picket,** jalon. *Surv:* **Picket man,** jalonneur *m.* (*b*) *Surv:* *Const:* Repère *m.* (*c*) Pieu *m* (d'une clôture, etc.). (*d*) Piquet d'attache (pour chevaux, chèvres, etc.). **2.** (*a*) *Mil: etc:* Piquet, détachement *m*, poste *m* (d'hommes). **Fire picket,** piquet d'incendie. **Outlying picket,** poste avancé; petit poste. **Inlying picket,** poste d'appui, de réserve; piquet en armes. **Outpost picket** (*with supports*), grand'garde *f.* **To be on picket,** être de piquet. **Police picket,** patrouille *f* de police. (*b*) *Ind:* (i) Piquet (de grévistes). **Strike pickets,** piquets de grève. **To place strikers on picket duty,** mettre des grévistes en faction. *Man on p. duty,* factionnaire *m.* (ii) (*Pers.*) Gréviste *mf* en faction; factionnaire.

'picket-boat, *s.* Vedette *f* (à vapeur).

'picket-fence, *s.* Palis *m*, palissade *f.*

'picket-rope, *s.* *U.S:* Attache *f* (de cheval, etc.).

picket[2], *v.tr.* (**picketed; picketing**) **1.** Mettre (des chevaux) au(x) piquet(s), à la corde; attacher (une chèvre). **2.** Entourer (un terrain) de piquets, de pieux; palissader (un terrain). **3.** *Mil:* Détacher (des soldats) en grand'garde. **4.** *Ind:* **To picket a factory,** (i) installer des piquets de grève, (ii) se tenir en faction, aux abords d'une usine (pour en interdire l'accès).

picketing, *s.* **1.** Mise *f* (des chevaux) au piquet. **2.** *Ind:* Constitution *f* de piquets de grève à l'entrée des usines ou ateliers; entrave *f* à la liberté du travail. *See also* PEACEFUL 2. **3.** *U.S:* (*a*) Palissadement *m.* (*b*) Palissade *f*, palis *m.*

pickle[1] [pikl], *s.* **1.** Marinade *f*, saumure *f*, ou vinaigre *m.* **In pickle,** en conserve; en train de mariner. *See also* ROD 2. **2.** *pl.* **Pickles,** pickles *m*; conserves *f* au vinaigre. *Mixed pickles,* variantes *f.* **3.** *F:* (*a*) **To be in a (nice, fine, sad, sorry) pickle,** être dans de beaux draps; *P:* être dans la mélasse, dans le pétrin, dans les choux. *What a p. you're in!* comme vous voilà fait! (*b*) Enfant *mf* terrible; petit diable. **4.** (*a*) *Metalw:* Solution *f* de décapage, de dérochage. (*b*) *Leath:* Jusée *f.*

pickle[2], *v.tr.* **1.** Mariner, saumurer; saler; conserver (au vinaigre ou à la saumure). *P:* **To pickle one's nose** (*with drink*), se piquer le nez. *See also* ROD 2. **2.** *Metalw:* Décaper, dérocher, nettoyer.

pickled, *a.* **1.** Mariné, salé, saumuré; confit (au vinaigre). **Pickled cabbage,** chou *m* rouge au vinaigre. **Pickled pork,** porc *m* en saumure. **2.** *U.S:* *F:* Ivre, gris, parti.

pickling, *s.* **1.** Marinage *m*, saumurage *m*; conservation *f* au vinaigre. **Pickling onions,** petits oignons. **2.** (*a*) *Metalw:* Décapage *m*, dérochage *m.* **Pickling tank,** bac *m* de décapage. **Pickling acid,** décapant *m.* (*b*) *Leath:* Mise *f* en jusée.

pickle[3], *s.* *Dial:* Grain *m* (de blé, de poussière, etc.). *See also* MICKLE.

pickle-herring ['piklheriŋ], *s.* *A:* Bouffon *m*, paillasse *m.*

picklock[1] ['piklɔk], *s.* **1.** (*Pers.*) Crocheteur *m* de serrures; voleur *m.* **2.** Crochet *m* (de serrurier); rossignol *m* (de cambrioleur).

picklock[2], *a.* & *s.* **Picklock (wool),** laine *f* mère, laine prime.

pickman, *pl.* **-men** ['pikmən, -men], *s.m.* *Civ.E: etc:* Piocheur.

pickpocket ['pikpɔkət], *s.* Voleur, -euse, à la tire; fouilleur, -euse, de poches; esbrouffeur, -euse; pickpocket *m.*

picksome ['piksəm], *a.* Vétilleux, pointilleux.

Pickwickian [pik'wikiən]. **1.** *a.* **Pickwickian sense of a word,** sens spécial ou atténué d'un mot (blessant, injurieux). (Voir "*The Pickwick Papers*" de Dickens, au Ch. I.) **2.** *s.* Membre *m* du *Pickwick Club* (dans le roman de Dickens).

picnic[1] ['piknik], *s.* Partie *f* de campagne, de plaisir; pique-nique *m*, *pl.* pique-niques; dînette *f* ou déjeuner *m* sur l'herbe. **Life is not a picnic,** la vie n'est pas une partie de plaisir. *We shall take a* **picnic lunch** *with us,* nous emporterons de quoi goûter; nous emporterons un panier-déjeuner.

'picnic-basket, *s.* Panier *m* garni (de vaisselle, etc.) pour pique-niques.

picnic[2], *v.i.* (**picnicked; picnicking**) Faire un pique-nique; pique-niquer; dîner sur l'herbe; faire la dînette sur l'herbe; goûter (en pleine campagne). *We are going (a-)picnicking,* nous allons en pique-nique.

picnicker ['piknikər], *s.* Pique-niqueur, -euse.

picot[1] ['pi:kou], *s.* *Needlew: etc:* **Picot(-stitch),** picot *m.* **Picot-edge,** engrêlure *f.* **Picot-stitch hand,** picoteuse *f.*

picot[2], *v.tr.* (*p.t.* & *p.p.* **picoted** ['pi:koud]) *Needlew:* Picoter; engrêler (une dentelle).

picotee [piko'ti:], *s.* *Hort:* Œillet tiqueté; œillet jaspé.

picotite ['pikotait], *s.* *Miner:* Picotite *f.*

picrate ['pikret], *s.* *Ch:* Picrate *m.*

picric ['pikrik], *a.* *Ch:* (Acide *m*) picrique.

picrol ['pikrɔl], *s.* *Ch:* Picrol *m.*

picrotoxin [pikro'tɔksin], *s.* *Med:* Picrotoxine *f.*

Pict [pikt], *s.* *Ethn:* *Hist:* Picte *mf.*

Pictish ['piktiʃ], *a.* *Ethn:* Pictique, picte.

pictography [pik'tɔgrəfi], *s.* *Pal:* Pictographie *f.*

pictorial [pik'tɔ:riəl]. **1.** *a.* (*a*) (Talent, etc.) pictural, -aux. (*b*) (Écriture *f*) en images. (*c*) (Périodique, etc.) illustré. (*d*) (Description *f*, etc.) pittoresque. **2.** *s.* Périodique illustré; journal illustré. **-ally,** *adv.* **1.** Par tableaux, au moyen d'illustrations. **2.** Pittoresquement.

picture[1] ['piktjər], *s.* **1.** Image *f* ou tableau *m*; peinture *f* ou gravure *f*; *F:* peinture, description *f.* *To paint a p.,* faire un tableau. *To draw a faithful p. of s.o.,* tracer un tableau fidèle de qn. *To draw a rapid p. of sth.,* décrire qch. à grands traits. *F:* **It looks well in the picture,** cela fait bien dans le paysage. **He is the picture of his father,** c'est le portrait de son père; *F:* c'est son père tout craché. **He is the picture of misery,** il a l'air malheureux comme tout. **He is the picture of health,** il respire la santé. **She is a perfect picture,** elle est à peindre. *My garden is a p.,* mon jardin est à mettre en peinture. *P. of the morals of the period,* peinture des mœurs de l'époque. *To draw a p. of human misery,* faire, tracer, le tableau des misères humaines. **To draw a mental picture of sth.,** se représenter qch. (*Of pers., thg*) **To be in, out of, the picture,** compter, ne pas compter. *The public doesn't come into the p.,* le public n'entre pas en ligne de compte. *Turf:* *His horse wasn't in the p.,* son cheval est resté dans les choux. *See also* HAT[1], PRETTY I. **2.** *Th:* **Living pictures,** tableaux vivants. **3.** *Cin:* Film *m.* *F:* **The pictures,** le ciné. **Sound picture,** film sonore. **Sound pictures,** le cinéma sonore. **Talking pictures,** le cinéma parlant. *See also* ANIMATED, MOTION PICTURE, MOVING[1] I, STRIP[1].

'picture-book, *s.* Livre *m* d'images, album *m.*

'picture-card, *s.* *Cards:* Figure *f.*

'picture-frock, *s.* *Cost:* Robe *f* de style.

'picture gallery, *s.* Musée *m* de peinture.

'picture-goer, *s.* Habitué, -ée, du cinéma.

'picture-house, *s.* = PICTURE-PALACE.

'picture-moulding, *s.* Moulure *f* pour accrocher les tableaux (au mur).

'picture-palace, *s.* (*a*) Grand cinéma; cinéma palace. (*b*) Cinéma, *F:* ciné *m.*

'picture-plane, *s.* *Draw:* (*In linear perspective*) Le tableau.

'picture-play, *s.* *Cin:* Film *m.*

'picture 'postcard, *s.* Carte postale illustrée.

'picture-puzzle, *s.* Rébus *m.*

'picture-rail, *s.* = PICTURE-MOULDING.

'picture-re'storer, *s.* Restaurateur *m* de tableaux.

'picture-show, *s.* *F:* Cinéma *m*; film *m.*

'picture-story, *s.* Histoire *f* en images.

'picture-theatre, *s.* = PICTURE-PALACE.

'picture-wire, *s.* Fil *m* pour suspendre les tableaux; fil à suspendre.

'picture-writing, *s.* Pictographie *f.*

picture[2], *v.tr.* **1.** Peindre, dépeindre, représenter (qn, qch.). *Several artists have pictured this incident,* plusieurs artistes ont représenté cet incident. **2.** **To picture** (*to oneself*), s'imaginer, se figurer, se représenter (qch.). *P. to yourself my astonishment,* figurez-vous, représentez-vous, mon étonnement.

picturing, *s.* **1.** (*a*) Représentation *f.* (*b*) Tableau *m.* **2.** Imagination *f*, conception *f* (de qch.).

picturedom ['piktjərdəm], *s.* Le monde de l'écran, du ciné.

picturedrome ['piktjərdroum], *s.* = PICTURE-PALACE.

picturesque [piktjə'resk], *a.* Pittoresque. *P. style,* style accidenté, imagé. *P. phrases,* expressions *f* qui font image. **Picturesque garden,** (i) jardin *m* pittoresque; (ii) *Hort:* jardin à l'anglaise. **-ly,** *adv.* Pittoresquement.

picturesqueness [piktjə'resknəs], *s.* Pittoresque *m.*

picturization [piktjərai'zeiʃ(ə)n], *s.* Adaptation *f* (d'un roman, etc.) à l'écran.

picturize ['piktjəra:iz], *v.tr.* Adapter (un roman) à l'écran.

picul ['pikəl], *s.* *Meas:* (*In China and the East*) Picul *m* (= 62 kg. 50).

'picul-stick, *s.* (*In Malay*) Palanche *f.*

piddle [pidl], *v.i.* **1.** *A:* = PEDDLE I (*b*). **2.** Faire pipi.

piddling, *a.* *A:* = PEDDLING[1] 2.

piddock ['pidək], *s.* *Moll:* *F:* Pholade *f*, dactyle *m.*

pidgin ['pidʒin], *s.* (Déformation du mot *business* dans l'anglais des commerçants chinois.) **1.** **Pidgin English,** jargon commercial à base d'anglais employé par les Chinois; pidgin-english *m.* *F:* To talk pidgin = parler petit nègre. **2.** *P:* **That's my pidgin,** ça c'est mon affaire.

pie[1] [pai], *s.* *Orn:* **1.** = MAGPIE I. **2.** **French pie,** pic-vert *m*, *pl.* pics-verts; pivert *m.* *See also* SEA-PIE[1]. **3.** *Husb:* Pigeon *m* pie.

pie[2], *s.* (*a*) **Meat pie,** pâté *m.* **Fish-pie,** pâté, timbale *f*, de poisson. **Eel-pie, game-pie,** pâté d'anguilles, de gibier. **Chicken-pie,** croustade *f* de volaille. **Potato pie, shepherd's pie,** *F:* **resurrection pie,** hachis *m* (de viande) aux pommes de terre (passé au four). *See also* FINGER[1] I, HUMBLE-PIE. (*b*) **Fruit pie,** (i) tourte *f*; (ii) *U.S:* tarte *f.* **Plum-pie,** tourte aux prunes. *See also* APPLE-PIE, CHERRY-PIE. (*c*) *See* BRAN-PIE. (*d*) *U.S:* *P:* **That's pie,** (i) c'est facile; (ii) c'est tout ce qu'il y a de mieux.

'pie-dish, *s.* Terrine *f* (à pâtés), tourtière *f*, timbale *f.*

pie[3], *s.* *Typ:* (Composition tombée en) pâte *f*; pâté *m.* **To make**

pie (*of set matter*), laisser tomber en pâte un paquet de composition; *P:* faire un mastic.

pie[4], *v.tr.* (pied; pieing) *Typ:* Mettre (la composition) en pâte. **To pie a take,** laisser tomber en pâte un paquet de composition.

pie[5], *s.* *Num:* Pie *f*; douzième *m* d'anna.

piebald ['paibɔːld]. **1.** *a.* (*a*) (Cheval *m*, etc.) pie. *P. horses*, des chevaux pie(s), des pies *mf*. (*b*) **Piebald skin,** vitiligo *m* (des nègres). (*c*) *F:* Bigarré, disparate. **2.** *s.* (Cheval) pie *m*.

piece[1] [piːs], *s.* Pièce *f*. **1.** (*a*) Morceau *m* (de papier, de pain, etc.); bout *m* (de ruban, de ficelle, de route, etc.); parcelle *f* (de terrain); tranche *f* (de gâteau); quartier *m* (de tarte); tronçon *m* (de serpent, d'anguille). *Pieces of cloth, of meat*, coupons *m* de drap; débris *m* de viande. **Piece by piece,** pièce à pièce. (*b*) Fragment *m*, éclat *m* (de verre, etc.). **In pieces, to pieces,** en morceaux, en pièces. **To break sth. in pieces,** briser qch.; mettre qch. en morceaux. **To come, fall, go, to pieces,** s'en aller en morceaux; se désagréger; (*of machinery, etc.*) se détraquer, se démantibuler; (*of house, etc.*) se délabrer; crouler; (*of business, engine, etc.*) *P:* claquer. *My clothes are falling, coming, to pieces*, mes habits s'en vont, tombent, en lambeaux. *Garment falling to pieces*, vêtement *m* qui ne tient plus (ensemble). *Things are going to pieces*, tout se disloque; tout se désorganise. *F:* (*Of pers.*) **To go (all) to pieces,** (i) perdre tout empire sur soi-même; (ii) perdre son sang-froid; (iii) perdre tous ses moyens. *He went to pieces in the second set*, il s'est écroulé au second set. *In the second half our team went all to pieces*, dans la seconde mi-temps notre équipe s'est effondrée, a perdu toute cohésion, était entièrement à bout de souffle. *Under cross-examination his story went to pieces*, le contre-interrogatoire a démoli son histoire. (*Of barrel*) **To drop to pieces,** tomber en javelle. **To burst, fly, to pieces,** voler en éclats. **To pick sth. to pieces,** mettre qch. en pièces, en miettes *f*. *F:* **To pick s.o. to pieces,** déchirer qn à belles dents; bêcher qn; éreinter qn. **To pull, tear, to pieces,** déchirer, lacérer, défaire (qch.); mettre, réduire, (qch.) en pièces; mettre (qch.) en quartiers; déchirer (du papier) en menus morceaux; dépecer (un poulet, etc.); mettre (de l'étoffe) en lambeaux; déchirer (une proie) à belles dents. *They will tear you to pieces*, *F:* vous allez vous faire écharper. *F:* **To tear an argument to pieces,** démolir un argument. **To tear s.o.'s honour to pieces,** *Lit:* faire curée de l'honneur de qn. *To tear s.o. to pieces (behind his back)*, déchirer qn à belles dents. *F:* **To pull s.o. to pieces,** critiquer qn sévèrement; *P:* éreinter qn. *To pull an author, a play, to pieces*, éreinter, bêcher, critiquer sévèrement, *P:* dépiauter, un auteur, une pièce. *Pulling to pieces*, déchirement *m*, réduction *f* en lambeaux (de qch.); éreintement *m*, bêchage *m*, critique méchante (d'un auteur, etc.). *See also* CUT[2] 2. *U.S:* *F:* **To know sth. all to pieces,** connaître qch. comme sa poche. **2.** Partie *f* (d'une machine, etc.). **To take a machine to pieces,** démonter une machine; *F:* démantibuler une machine. *Taking to pieces*, démontage *m* (d'une machine). *Machine that takes to pieces*, machine démontable, qui se démonte. **To take a dress to pieces,** défaire une robe. **3.** *Com:* Pièce (de drap, de vin, etc.); rouleau *m* (de papier peint). **Half-piece,** demi-pièce *f*, *pl.* demi-pièces (de drap). **To sell sth. by the piece,** vendre qch. à la pièce. **To pay workmen by the piece,** payer des ouvriers à la pièce, aux pièces, à la tâche. **4.** *Wheel forming one p. with another*, roue solidaire d'une autre. **All of one piece, all in one piece,** tout d'une pièce; d'une seule pièce. **Lands all of a piece,** terres toutes d'une tenue; terres d'une seule tenue. *The hangings are* **of a piece with the furniture,** les tentures *f* sont à l'avenant du mobilier. *F:* (*Of persons*) **They are all of a piece,** ils sont tous du même acabit. *His conduct is of a p. with his lack of education*, sa conduite est à l'avenant de, d'accord avec, va de pair avec, son manque d'éducation. *Metall:* *To cast cylinders in one p.*, couler des cylindres d'un seul jet, en bloc. *Cast, pressed, made, in one p.*, monobloc *inv*. *Forged, cast, in one p. with . . .*, venu de forge, de fonte, de coulée, avec. . . . *Mast in one p.*, mât *m* d'un seul brin. *See also* THREE-PIECE, TWO-PIECE. **5.** (*a*) *A p. of my work*, un spécimen, un échantillon, de mon travail. **Piece of water,** pièce d'eau; lac *m*, étang *m*. *P. out of a book*, passage *m* d'un livre. (*b*) **Piece of bravery, of folly,** acte *m* de bravoure, de folie. **Piece of wit,** trait *m* d'esprit. **Piece of good luck,** coup *m* de chance. *See also* MIND[1] 2. (*c*) (*Not translated*) **A piece of advice,** un conseil. *These pieces of advice*, ces conseils. **A piece of extravagance,** une extravagance. **A piece of impertinence,** une impertinence. **A piece of insolence,** *F:* **of cheek,** une insolence. **A piece of injustice,** une injustice. **A piece of carelessness,** une étourderie. *A ridiculous p. of affectation*, une affectation ridicule. *A p. of cruelty*, une cruauté. *A p. of dishonesty*, une malhonnêteté. **A piece of (good) luck,** une chance (heureuse); un heureux hasard. **A piece of nonsense,** une sottise. **A piece of news,** une nouvelle. *A p. of bad news*, une mauvaise nouvelle. *An interesting p. of news*, une nouvelle intéressante. *Various pieces of news*, diverses nouvelles. **A piece of luggage,** un colis. **A piece of furniture,** un meuble. **A piece of clothing,** un vêtement. *A complicated p. of mechanism*, un mécanisme compliqué. *P:* **A pretty piece** (*of womanhood*), un beau brin de fille. **Saucy piece,** petite effrontée. *He's a bossy p.*, c'est un type autoritaire. *See also* GOOD II. 2, WORK[1] 2. **6.** (*a*) (i) *Artil:* Pièce (d'artillerie). (ii) *Mil:* *A:* Fusil *m*. *To load one's p.*, charger son fusil. *See also* FOWLING-PIECE. (*b*) *Metall:* *Punched p.*, pièce estampée. *Shaped p.*, pièce profilée. *Hollow-drawn p.*, pièce emboutie creuse. (*c*) Pièce (de monnaie). **Five-shilling piece,** pièce de cinq shillings. **Piece of eight,** peso *m*. **7.** Morceau (de musique, de poésie); pièce (de théâtre). **To say one's piece,** (i) réciter son morceau; (ii) *F:* prononcer son discours. *Art:* *Allegorical p.*, tableau *m* allégorique. *Cattle p.*, étude *f* de bétail. *The finest pieces in his collection*, les plus belles pièces de sa collection. *See also* ALTAR-PIECE, DRAWING-ROOM, MUSEUM, SET[3] 2. **8.** (*a*) *Backgammon:* Dame *f*. *Dominoes:* Domino *m*, dé *m*. *Draughts:* Pion *m*. (*b*) *Chess:* **Pieces and pawns,** pièces et pions. **9.** *Her:* Pièce. *Barry of ten pieces*, burelé de dix pièces.

'piece-compositor, *s.* *Typ:* Compositeur *m* aux pièces, à la tâche.

'piece-dye, *v.tr.* *Tex:* Teindre (les étoffes) en pièces.

piece-dyeing, *s.* Teinture *f* en pièces.

'piece-goods, *s.pl.* *Tex:* Marchandises *f* à la pièce; tissus *m* à la pièce.

'piece-hand, *s.* *Typ:* Paquetier *m*.

'piece-wage, *s.* *Ind:* Salaire *m* à la tâche, à la pièce, aux pièces.

'piece-work, *s.* Travail *m* à la tâche, à la pièce, aux pièces.

'piece-worker, *s.* Ouvrier, -ière, à la tâche, à la pièce, aux pièces; tâcheron *m*. *Tail:* Apiéceur *m*.

piece[2], *v.tr.* **1.** Rapiécer, raccommoder; mettre une pièce à (un habit, etc.). **2.** Joindre, unir (*one thing to another*, une chose à une autre). *To p. ropes, etc.*, joindre, assembler, des cordages, etc. **3.** *Tex:* Rattacher (les fils cassés).

piece down, *v.tr.* *U.S:* Rallonger (une jupe, etc.).

piece on, *v.tr.* **1.** Joindre, unir (*sth. to sth.*, qch. à qch.). **2.** (*With passive force*) S'unir, se joindre. *Story that will not p. on to the facts*, histoire *f* qui ne répond pas aux faits, *F:* qui ne colle pas avec les faits.

piecing on, *s.* Addition *f* (*to sth.*, à qch.).

piece out, *v.tr.* Suppléer à l'insuffisance de (qch.) en y ajoutant des pièces; rallonger (un vêtement, etc.).

piece together, *v.tr.* (*a*) Joindre, unir (des fragments, etc.). **To piece facts together,** coordonner des faits. (*b*) *To p. a broken vase together*, rassembler les morceaux d'un vase brisé.

piecing together, *s.* Réunion *f* (de deux cordages, etc.); assemblage *m*, coordination *f* (des faits).

piece up, *v.tr.* Raccommoder, rapiécer (un habit, etc.); replâtrer (une amitié, etc.).

piecing up, *s.* Raccommodage *m*, rapiéçage *m*; *F:* raccommodement *m*, replâtrage *m* (d'une querelle).

piecing, *s.* **1.** Rapiéçage *m*, rapiècement *m*; raccommodage *m*. **2.** *Tex:* Rattachage *m* (des fils cassés).

piecemeal ['piːsmiːl]. **1.** *adv.* (*a*) Par morceaux, pièce à pièce; peu à peu. *To learn sth. p.*, apprendre qch. par bribes. (*b*) *A:* *To break sth. p.*, mettre qch. en pièces, en morceaux. **2.** *a.* (*a*) *P. information, news*, nouvelles *f* fragmentaires. (*b*) Fait pièce à pièce. *To work on a p. plan*, travailler sans méthode, sans organisation.

piecener ['piːsnər], *s.* *Tex:* Rattacheur, -euse.

piecer ['piːsər], *s.* **1.** *Tail:* Ap(p)iéceur, -euse. **2.** *Tex:* = PIECENER.

piecrust ['paikrʌst], *s.* Croûte *f*, chapeau *m*, de pâté. *See also* PROMISE[1].

pied [paid], *a.* (*a*) Mi-parti; bariolé, bigarré, panaché. (*b*) *Fields* **with daisies pied,** champs diaprés de pâquerettes.

Piedmont ['piːdmɔnt]. **1.** *Pr.n.* *Geog:* Le Piémont. **2.** *s.* *U.S:* Basses-terres *f* (au pied des monts).

Piedmontese [piːdmɔn'tiːz], *a.* & *s.* *Geog:* Piémontais, -aise.

piedouche [pje'duːʃ], *s.* Piédouche *m*.

piedroit ['pjeidrwɑ], *s.* *Arch:* Pied-droit *m*, *pl.* pieds-droits; piédroit *m*.

pieman, *pl.* **-men** ['paimən, -men], *s.m.* Marchand de petits pâtés.

pier ['piːər], *s.* **1.** (*a*) (*Of stone*) Jetée *f*, môle *m*, digue *f*. (*b*) (*On piles*) Estacade *f*. (*In river, harbour*) Appontement *m*. **Landing pier,** embarcadère *m*, débarcadère *m*, quai *m*. **Pier dues,** droits *m* de quai, de jetée. (*c*) **Floating pier,** ponton *m*, embarcadère flottant. (*d*) (*At seaside resort*) (i) Jetée promenade; (ii) estacade. **2.** *Civ.E:* Pilier *m* (de maçonnerie); pile *f* (en pierre), palée *f* (en bois) (d'un pont); piédroit *m*, pied-droit *m*, *pl.* pieds-droits (d'un arc, d'un pont). *See also* ABUTMENT 2. **3.** *Arch:* (*a*) Pilastre *m*, dosseret *m*, pied-droit (de porte). (*b*) Jambe *f* (sous poutre); chaîne *f* de liaison. (*c*) Trumeau *m*; entre-fenêtre *m*, *pl.* entre-fenêtres.

'pier-glass, *s.* *Furn:* Trumeau *m*.

'pier-head, *s.* **1.** Extrémité *f* de la jetée; musoir *m*. **2.** Avant-bec *m*, *pl.* avant-becs (d'une pile de pont).

'pier-table, *s.* Console *f*.

pierage ['piːəredʒ], *s.* Droits *mpl* de jetée.

pierce ['piːərs]. **1.** *v.tr.* (*a*) Percer, transpercer, pénétrer. *To have one's ears pierced*, se faire percer les oreilles. *A thorn pierced his finger*, une épine lui est entrée dans le doigt. *He was pierced through the heart by a javelin*, il eut le cœur transpercé par un javelot. *Wall pierced with loop-holes*, mur troué de meurtrières. **To pierce a cask,** mettre un tonneau en perce. *To p. a hole*, percer un trou. (*Of light*) **To pierce the darkness,** percer les ténèbres. *To p. the air with one's cries*, percer l'air de ses cris. **To pierce s.o. to the heart,** *F:* transpercer le cœur à qn; transpercer qn de douleur. (*b*) *Metall:* Épingler (un moule, l'âme). **2.** *v.i.* (*a*) (*Of teeth, etc.*) Percer. (*b*) *To p. into, through, the enemy's lines*, pénétrer les lignes de l'ennemi.

pierce out, *v.i.* **1.** (*Of plant*) Percer le sol; sortir du sol. **2.** Faire saillie; s'avancer (au dehors).

pierce through. **1.** *v.tr.* Transpercer. *To p. s.o. through and through*, percer qn de part en part. **2.** *v.i.* Transpercer.

pierced, *a.* Percé; (*of battlements, etc.*) à jour. *Ethn:* **Pierced-nose Indians,** Nez-percés.

piercing[1], *a.* (Outil, regard, cri, etc.) aigu, perçant, pénétrant; (froid) pénétrant, saisissant; (son) éclatant, mordant. *P. wind*, vent pénétrant. *See also* EAR-PIERCING, HEART-PIERCING. **-ly,** *adv.* D'une manière perçante, pénétrante. *To fix one's eye p. on s.o.*, fixer qn d'un regard perçant.

piercing[2], *s.* **1.** (*a*) Perçage *m*, percement *m*, perforation *f*. (*b*) *Metall:* Épinglage *m* (d'un moule, de l'âme). **2.** Trou *m*, perforation; ajour *m*.

'piercing-saw, *s.* Scie *f* à découper, à repercer; bocfil *m*.

piercer ['piːərsər], *s.* **1.** Perceur, -euse. **2.** *Tls:* Perçoir *m*, perce *f*, poinçon *m*, vrille *f*.

Pieria [pai'i:əriə]. *Pr.n. A.Geog:* La Piérie.
Pierian [pai'i:əriən], *a.* & *s.* *Myth:* *A.Geog:* Piérien, -ienne; des Muses. **To drink of, at, the Pierian Spring,** boire les eaux de l'Hippocrène. **The Pierian Maids,** les Muses *f* de l'Hélicon.
pieridae [pai'eridi:], *s.pl.* *Ent:* Piérides *f*.
Pierides (the) [ðəpai'eridi:z]. *Pr.n.f.pl.* *Myth:* Les Piérides, les Muses.
pierrette [pi:ə'ret], *s.f.* *Th:* Pierrette.
pierrot ['pi:əro], *s.m.* *Th:* Pierrot.
pietism ['paiətizm], *s.* **1.** *Rel.H:* Piétisme *m*. **2.** Piété *f* sincère; dévotisme *m*.
pietist ['paiətist], *s.* **1.** *Rel.H:* Piétiste *mf*. **2.** Personne *f* d'une piété (i) sincère, (ii) outrée.
pietistic [paiə'tistik], *a.* **1.** *Rel.H:* Piétiste. **2.** D'une piété sincère.
piety ['paiəti], *s.* Piété *f*. *See also* PELICAN 2.
piezo-electric ['paiəzoi'lektrik], *a.* (Pick-up *m*, etc.) piézo-électrique, *pl.* piézo-électriques.
piezo-electricity ['paiəzoilek'trisiti], *s.* Piézo-électricité *f*.
piezometer [paiə'zɔmetər], *s.* *Ph:* Piézomètre *m*.
piffle[1] [pifl], *s.* *F:* Futilités *fpl*, bêtises *fpl*, niaiseries *fpl*, sottises *fpl*, balivernes *fpl*. *To talk p.*, dire des futilités.
piffle[2], *v.i.* *F:* **1.** Dire des niaiseries, des sottises. **2.** S'occuper à des futilités; baguenauder.
piffling, *a.* *F:* Futile; (discours, etc.) creux. *To busy oneself with p. jobs*, s'occuper à des futilités.
piffler ['piflər], *s.* *F:* **1.** Débiteur *m* de niaiseries, de futilités. **2.** Baguenaudier *m*.
pig[1] [pig], *s.* **1.** *(a)* (i) Porc *m*, cochon *m*, pourceau *m*; (ii) cochonnet *m*, porcelet *m*, goret *m*. *Z:* **Wild pig,** (i) sanglier *m*; (ii) jeune sanglier, marcassin *m*. *See also* GUINEA-PIG, PUFFING[1] 1, SEA-PIG, WATER-PIG. *Our body shelters both a soul and a pig*, notre corps abrite une âme et un pourceau. **Sow in pig,** truie pleine. *To eat like a pig*, manger gloutonnement. *He eats like a pig*, c'est un cochon à l'auge. **Pig farm,** porcherie *f*. **Pig breeding,** l'industrie porcine. *F:* **Pig's whisper,** (i) chuchotement (entendu de tous); (ii) grognement *m*. **In a pig's whisper,** en un clin d'œil; en un rien de temps. **To buy a pig in a poke,** acheter qch. dans un cornet; acheter chat en poche. **To bring one's pigs to a pretty market, to the wrong market,** faire une mauvaise affaire; rater son affaire. **When the pigs begin to fly,** à, dans, la semaine des quatre jeudis; quand les poules auront des dents. **Pigs might fly!** avec des 'si' on mettrait Paris dans une bouteille. **To look at one another like stuck pigs,** se regarder en chiens de faïence. *See also* CLOVER, PLEASE 2, SUCKING-PIG. *(b)* *Cu:* **Roast pig,** rôti *m* de cochon de lait. *See also* COLD[1] 1. *(c)* *P:* (i) Goujat *m*, cuistre *m*, grossier personnage. (ii) *You dirty little pig!* petit sale! petit goret! (iii) *Greedy pig*, goinfre *m*. *He is a greedy pig*, il est goulu comme un dindon. *He's a regular little pig*, c'est un petit glouton. **To make a pig of oneself,** manger gloutonnement. (iv) *Don't be a pig!* voyons, sois chic! *Oh you pig!* méchant! *You selfish pig!* vilain(e) petit(e) égoïste! *He's an obstinate pig*, il est têtu comme un mulet. *What a pig!* quel abruti! *To look a pig*, avoir l'air rosse. **2.** *Metall:* *(a)* Gueuse *f* (de fonte); saumon *m* (de plomb, d'étain, etc.). **Conversion pig, converter pig,** fonte *f* d'affinage. *Swedish pig*, fonte suédoise. *(b)* Moule *m* pour gueuses; gueuse.
'pig-bed, *s.* *Metall:* Moule *m* pour gueuses; aire *f* de coulée.
'pig-eyed, *a.* A petits yeux (de porc).
'pig-faced, *a.* A tête de cochon.
'pig-iron, *s.* *Metall:* Fer *m* de première coulée; fonte *f* en gueuses, fonte brute; fer en fonte, en gueuse, en saumon; gueuse *f* de fer, de fonte; saumon *m* de fer. *Basic pig-iron*, fonte basique.
'pig-lead [led], *s.* *Metall:* Plomb *m* en saumons.
'pig-like, *a.* Qui ressemble à un porc, à un cochon; de cochon.
'pig-meat, *s.* Charcuterie *f*.
'pig-metal, *s.* *Metall:* Métal *m* en gueuses, en saumons.
'pig-mould, *s.* *Metall:* Moule *m* à saumons; moule de gueuses; gueuse *f*.
'pig-nut, *s.* *Bot:* **1.** = EARTH-NUT 1. **2.** = HOG-NUT.
pig-on-'bacon, *s.* *Com:* *F:* Lettre *f* de change dont le tiré n'est que le tireur sous un autre nom.
'pig-pail, *s.* Seau *m* aux déchets (de cuisine), aux eaux grasses.
'pig-tight, *a.* *U.S:* (Champ, etc.) à l'abri des sangliers.
'pig-trough, *s.* Auge *f*.
'pig-tub, *s.* Baquet *m* aux déchets (de cuisine), aux eaux grasses.
pig[2], *v.i.* **(pigged; pigging) 1.** *(Of sow)* Mettre bas; cochonner. **2.** *(a)* *F:* **To pig (it),** vivre comme dans une étable. *(b)* *P:* **To pig together,** partager la même chambre, le même lit.
pig[3], *s.* *Scot:* Cruchon *m*, cruche *f*, bouteille *f* en grès; *(in bed)* moine *m*.
pigeon ['pidʒən], *s.* **1.** Pigeon *m*. **Cock-pigeon,** pigeon mâle. **Hen-pigeon,** pigeonne *f*; pigeon femelle. *Young p.*, pigeonneau *m*. *Domestic pigeon*, pigeon mondain. **Carrier-pigeon, homing pigeon,** pigeon voyageur; pigeon messager. **Pigeon-club, -show,** société *f*, exposition *f*, colombophile. *Sp:* **Clay pigeon,** pigeon artificiel. *F:* **That's my pigeon,** ça c'est mon affaire. *See also* CAPE[2], CAT[1] 1, FAN-TAILED 1, HELMET-PIGEON, PASSENGER-PIGEON, POUTER 1, ROCK-PIGEON, STOOL PIGEON, TAMBOURINE 2, WOOD-PIGEON. **2.** *F:* Pigeon, dupe *f*; dindon *m* de la farce. *See also* PLUCK[2] 4. **3.** = PIDGIN.
'pigeon-breast, *s.* Poitrine saillante.
'pigeon-breasted, -chested, *a.* Qui a la poitrine en saillie; bossu par devant.
'pigeon-breeder, *s.* Colombophile *mf*.
'pigeon-breeding, *s.* Colombophilie *f*; l'industrie pigeonnière.
'pigeon-cote, *s.* Colombier *m*, pigeonnier *m*.
'pigeon-dung, *s.* Fiente f de pigeon; colombine *f*.
'pigeon-fancier, *s.* Colombophile *mf*.
'pigeon-fancying[1], *a.* Colombophile.
'pigeon-fancying[2], *s.* Colombophilie *f*.
'pigeon-hawk, *s.* *Orn:* Épervier *m*.
'pigeon-'hearted, *a.* Timide, peureux, craintif; *F:* capon, poltron.
'pigeon-hole[1], *s.* **1.** Boulin *m* (de colombier). **2.** Case *f*, alvéole *m or f* (de bureau, etc.). *Set of pigeon-holes*, casier *m*, cartonniers *mpl*, serre-papiers *m inv*; fichier *m*.
'pigeon-hole[2], *v.tr.* *(a)* Caser, classer (des papiers, etc.). *(b)* Mettre (qch.) au rancart; *Adm:* classer (une réclamation, etc.). *My request has been pigeon-holed*, ma demande dort, est restée, dans les cartonniers, dans les cartons.
pigeon-holing, *s.* Classement *m*.
'pigeon-house, -loft, *s.* Colombier *m*, pigeonnier *m*, trie *f*.
'pigeon-livered, *a.* *A:* = PIGEON-HEARTED.
'pigeon-post, *s.* Transport *m* de dépêches par pigeons voyageurs.
'pigeon-toed, *a.* Qui marche les pieds tournés en dedans; (cheval) cagneux.
'pigeon-wing, *s.* *Danc:* Aile *f* de pigeon.
pigeonry ['pidʒənri], *s.* Colombier *m*, pigeonnier *m*.
piggery ['pigəri], *s.* **1.** *(a)* Porcherie *f*; étable *f* à porcs, à cochons; toit *m* à porcs. *(b)* *F:* Endroit *m* sale; vrai bouge; vraie bauge. **2.** = PIGGISHNESS.
piggin ['pigin], *s.* *Dial:* Petit seau. *Nau:* Gamelot *m*.
piggish ['pigiʃ], *a.* *(a)* Sale, malpropre, grossier. *(b)* Goinfre, goulu. *(c)* Égoïste, désagréable, entêté.
piggishness ['pigiʃnəs], *s.* *(a)* Saleté *f*, malpropreté *f*, grossièreté *f*. *(b)* Goinfrerie *f*. *(c)* Égoïsme *m*, entêtement *m*.
piggy ['pigi], *s.* *F:* Cochonnet *m*, petit cochon; porcelet *m*, goret *m*.
piggy-stick ['pigistik], *s.* *Mil:* *P:* Manche *m* de pelle-pioche.
piggy-wiggy [pigi'wigi], *s.* *F:* *(Nursery word)* *(a)* *Come and see the piggy-wiggies*, viens voir les petits cochons. *(b)* *(Of child)* Petit(e) sale; petit(e) malpropre.
pigheaded [pig'hedid], *a.* *(a)* Têtu comme un âne; obstiné, opiniâtre, entêté. *(b)* A la tête dure; à tête de bois.
pigheadedness [pig'hedidnəs], *s.* *(a)* Obstination *f*, opiniâtreté *f*, entêtement *m*; esprit *m* de système. *(b)* Stupidité *f*.
piglet ['piglet], **pigling** ['pigliŋ], *s.* Cochonnet *m*, cochon *m* de lait, porcelet *m*, goret *m*.
pigman[1], *pl.* **-men** ['pigmən, -men], *s.m.* Porcher.
pigman[2], *s.m.* *Scot:* Marchand de pots de grès; colporteur *m* de vaisselle.
pigment[1] ['pigmənt], *s.* **1.** *Art:* Enduit colorant; matière colorante; colorant *m*, couleur *f*. *Ground p.*, couleur en poudre. **2.** *Physiol:* *etc:* Pigment *m*.
'pigment-cell, *s.* Cellule *f* pigmentaire.
pigment[2], *v.tr.* Teindre, colorer (qch.).
pigmentary ['pigməntəri], *a.* **1.** *(Of properties, etc.)* Colorant. **2.** *Physiol:* *etc:* Pigmentaire.
pigmentation [pigmən'teiʃ(ə)n], *s.* *Physiol:* *etc:* Pigmentation *f*.
pigmented ['pigməntid], *a.* Pigmenté.
pigmentous ['pigməntəs], *a.* Pigmentaire, pigmenteux.
Pigmy ['pigmi], *s.* = PYGMY.
pignoration [pignɔ'reiʃ(ə)n], *s.* *Jur:* Pignoration *f*, engagement *m*; mise *f* en gage.
pignorative ['pignoreitiv], *a.* Pignoratif.
pigskin ['pigskin], *s.* *Leath:* **1.** Peau *f* de porc, de truie. *Imitation p.*, cuir *m* façon porc. *Attrib.* **Pigskin purse,** bourse *f* en peau de porc. **2.** *(a)* *Turf:* *P:* Selle *f*. *(b)* *Fb:* *F:* Ballon *m*.
pigsticker ['pigstikər], *s.* **1.** *(a)* Chasseur *m* de sanglier (à courre avec épieu). *(b)* Égorgeur *m*, saigneur *m*, de porcs. **2.** *(a)* Épieu *m* de chasse. *(b)* *F:* Gros couteau, coutelas *m*, eustache *m*, coupe-choux *m inv*.
pigsticking ['pigstikiŋ], *s.* **1.** Chasse *f* au sanglier (à courre et à l'épieu). **2.** Égorgement *m* de porcs.
pigsty ['pigstai], *s.* **1.** Porcherie *f*; toit *m*, étable *f*, à porcs; bauge *f*, soue *f*. **2.** *P:* Bauge, bouge *m*; (sale) taudis *m*. *The room is a regular p.*, la chambre est une vraie écurie.
pigtail ['pigteil], *s.* **1.** *(a)* Tabac *m* en corde, en carotte. *(b)* *El.E:* Câble *m* d'arrivée. **2.** Queue *f*, natte *f* (de cheveux). *To wear a p.*, (i) porter une natte; (ii) *A:* *(of sailors, etc.)* porter la queue.
pigtailed ['pigteild], *a.* **1.** A queue de porc. *Z:* **Pigtailed monkey,** singe *m* cochon. **2.** *(Of wig, etc.)* A queue.
pigwash ['pigwɔʃ], *s.* **1.** Pâtée *f* pour les porcs; eaux grasses (de cuisine). **2.** *P:* (i) Mauvaise soupe; eau de vaisselle; lavasse *f*; (ii) mauvais vin. *(Of food)* *It's no better than p.*, c'est de la cochonnerie.
pigweed ['pigwi:d], *s.* *Bot:* **1.** Ansérine *f*. **2.** Berce *f* branc-ursine; angélique *f* sauvage. **3.** Renouée *f* des oiseaux; herbe *f* à cochon. **4.** Consoude *f*.
pike[1] [paik], *s.* **1.** *(a)* *Archeol:* Pique *f*, haste *f*. *(b)* Pointe *f* (de bâton ferré, etc.). **2.** *Dial:* *(a)* *Agr:* Fourche *f*. *(b)* *Min:* Pic *m*, pioche *f*. **3.** *Geog:* *(In the Lake District)* Pic (de montagne).
'pike-bearer, *s.* *Hist:* Piquier *m*.
pike[2], *v.tr.* *A:* Transpercer (qn) d'une pique.
pike[3], *s.* *Ich:* Brochet *m*. *Small p.*, brocheton *m*. *See also* GAR-PIKE.
'pike-dive, *s.* *Swim:* Plongeon *m* à la hussarde.
'pike-perch, *s.* *Ich:* Danubian pike-perch, sandre *f*.
pike[4], *s.* *Dial.* & *U.S:* *(a)* Barrière *f* de péage. *(b)* Péage *m*. *(c)* Route *f* à péage. *See also* TURNPIKE.
piked [paikt], *a.* *(a)* Pointu, en pointe. *(b)* A pointe(s). *Z:* **Piked whale,** balénoptère *m* à bec.
pikelet ['paiklet], *s.* *Cu:* = CRUMPET 1.
pikeman[1], *pl.* **-men** ['paikmən, -men], *s.m.* **1.** *Hist:* Piquier. **2.** *Dial:* *Min:* Piqueur.

pikeman², *pl.* **-men**, *s.m.* Péager.
piker ['paikər], *s.* *U.S: P:* **1.** (*a*) Une non-valeur; un gringalet. (*b*) Poule mouillée; caneur *m.* **2.** (*a*) *Gaming:* Joueur mesquin, sans audace. (*b*) *St.Exch:* Boursicoteur *m*, boursicotier *m.*
pikestaff ['paikstɑ:f], *s.* **1.** Bois *m*, hampe *f*, de pique. *See also* PLAIN I. 2. **2.** Bâton *m* à pointe de fer.
pilaff [pi'lɑ:f], *s.* *Cu:* = PILAU.
pilar ['pailər], **pilary** ['pailəri], *a.* *Anat:* Pilaire.
pilaster [pi'lastər], *s.* *Arch:* Pilastre *m.*
pilastered [pi'lastərd], *a.* Supporté par des pilastres; bâti sur pilastres.
Pilate ['pailet]. *Pr.n.m.* *B.Hist:* Pilate.
Pilatus [pi'lɑ:təs]. *Pr.n.* *Geog:* Le Mont Pilate.
pilau, pilaw [pi'lau, -'lou, -'lɔ:], *s.* *Cu:* Pilau *m*, pilaw *m*, pilaf *m.*
pilch [piltʃ], *s.* Couche-culotte *f*, *pl.* couches-culottes (de bébé).
pilchard ['piltʃərd], *s.* *Ich:* Pilchard *m*, célerin *m*, sardine *f.*
pilcorn ['pilkɔ:rn], *s.* *Bot:* Avoine nue; avoine de Tartarie.
pile¹ [pail], *s.* **1.** *Civ.E: Const:* Pieu *m*, pilot *m.* *Tubular p.*, pieu creux. *Screw p.*, pilot à vis. **Foundation pile,** pieu de fondation; pilot, pieu, de support. *Bridge p.*, pilot de pont. *See also* SHEETING 2. *Row of piles*, pilotis *m*, palée *f.* **To drive in a pile,** enfoncer, battre, un pieu. *To drive piles into the sand, into the ground*, piloter le sable; affermir le sol avec des pilotis. *Built on piles*, bâti sur pilotis. **Pile sheathing** (*for pier, etc.*), crèche *f.* **Pile foundation,** pilotis de support. **2.** *Her:* Pile *f.*
'pile-cap, *s.* *Civ.E: Const:* Chapeau *m* de pieu; coiffe *f* de pieu.
'pile-drawer, *s.* *Civ.E: Const:* Arrache-pieux *m inv.*
'pile-driver, *s.* **1.** *Civ.E: Const:* Sonnette *f*, hie *f*, bélier *m.* **Hand pile-driver,** (sonnette à) tiraude *f*; sonnette à main. **2.** *Nau: P:* Bateau *m* canard; canardeur *m.* **3.** *F:* Coup écrasant. *Fb:* Shot, shoot, vigoureux.
'pile-driving, *s.* Battage *m*, enfonçage *m*, de pilots; pilotage *m.* **Pile-driving machine, apparatus,** hie *f*, sonnette *f.*
'pile-dwelling, *s.* *Archeol:* Habitation *f* lacustre.
'pile-extractor, *s.* Machine *f* à arracher les pilotis.
'pile-hoop, *s.* Frette *f* de pilot.
'pile-plank, *s.* *Civ.E:* Palplanche *f.*
'pile-planking, *s.* Palplanches *fpl.*
'pile-shoe, *s.* *Civ.E: Const:* Sabot *m* de pilot; lardoire *f.*
'pile-work, *s.* *Civ.E:* **1.** Pilotage *m.* **2.** Pilotis *m*, palée *f.*
pile², *v.tr.* *Civ.E: Const:* (*a*) Soutenir (un édifice) au moyen de pilots; consolider (un édifice) avec un pilotis. (*b*) Piloter (un terrain); affermir (le sol) avec des pilotis; palifier (le sol).
piled¹, *a.* Bâti sur pilotis.
piling¹, *s.* **1.** (*a*) Consolidation *f* (d'un édifice) avec un pilotis. (*b*) Pilotage *m*, palification *f* (d'un terrain). **2.** *Coll.* Pilotis *m*, pilotage. *Steel p.*, pilotis d'acier. *See also* SHEET-PILING.
pile³, *s.* **1.** (*a*) (*Heap*) Tas *m*, monceau *m*, amas *m*, amoncellement *m*, empilage *m*; pile *f* (d'obus, etc.); meule *f* (de charbon de bois). *Civ.E:* **Gauged pile** (*of road metal*), toise *f.* *Piles of corpses*, des corps entassés. **Funeral pile,** bûcher *m* (funéraire). *See also* WOOD-PILE. (*b*) Pile (de pièces d'argent, de soucoupes, etc.). *El:* **Voltaic pile, electric pile, galvanic pile,** pile voltaïque, galvanique, pile de Volta. (*c*) *Mil:* Faisceau *m* (d'armes). (*d*) *Metall:* Paquet *m* (de fer ébauché). (*e*) *F:* Magot *m.* **To make one's pile,** s'enrichir; faire fortune; ramasser de l'argent; arrondir, faire, sa (petite) pelote. *When once I have made my p.*, une fois que j'aurai fortune faite. *After making his p.*, après fortune faite. **2.** (*a*) Masse *f* (d'un édifice). (*b*) Édifice.
pile⁴. I. *v.tr.* **1.** (*a*) **To pile (up),** (i) entasser, amonceler (de la terre, etc.); amasser (une fortune, etc.); mettre (des objets) en tas; (ii) empiler (du bois, des soucoupes, etc.), mettre (des objets) en pile. *To p. up money*, amasser de l'argent; thésauriser des capitaux. *F: Ship piled up on the rocks*, vaisseau échoué sur les rochers. *To p. up mistakes*, accumuler faute sur faute. *To p. on the coal*, entasser du charbon sur le feu. *F:* **To pile up, pile on, the expenses,** faire monter les frais. **To pile up, pile on, the agony,** accumuler les détails pénibles; *P:* en faire tout un plat. **To pile it on,** (i) exagérer, *P:* charrier, cherrer; (ii) surfaire ses clients; saler la note. *Don't p. it on*, n'en jetez plus. (*b*) *Mil:* **To pile arms,** former les faisceaux. (*c*) *Metall:* Paqueter (le fer ébauché). (*d*) *P:* **To pile up one's aeroplane,** bousiller son appareil; casser du bois. **2. To pile a table with dishes,** charger une table de mets.
II. **pile**, *v.i.* **1. To pile up,** s'amonceler, s'entasser, s'empiler. *His money was piling up at the banker's*, son argent s'accumulait chez son banquier. *The clouds are piling up*, les nuages s'amoncellent. **2.** *F: Seven of them* **piled into** *the car*, sept d'entre eux se sont empilés dans la voiture. *Fifteen* **piled out of** *the compartment*, ils sont descendus quinze du compartiment. *The crowd* **piled on to** *him*, la foule s'est jetée sur lui.
piled², *a.* Entassé, empilé; en tas, en monceau, en pile.
piling², *s.* **1.** (*a*) Entassement *m*, amoncellement *m.* (*b*) Empilage *m*, mise *f* en pile. (*c*) *Metall:* Paquetage *m.* **2.** *Coll. Civ.E:* **Side piling** (*of a road*), cavalier *m.*
'piling-pin, *s.* *Sm.a:* Quillon *m* (du fusil Lebel).
'piling-swivel, *s.* *Sm.a:* (*In British Army rifle*) Anneau *m* de battant d'embouchoir.
pile⁵, *s.* **1.** Poil *m* (de chameau, etc.); laine *f* (de mouton). **2.** *Tex:* Poil (d'un tapis, etc.). *Velvet with real silk p.*, velours *m* en poil soie naturelle. **Pile fabrics,** tissus *m* à poil. **Three-pile velvet,** velours à trois poils. *See also* CARPET¹ 1, VELVET-PILE.
'pile-warp, *s.* *Tex:* Chaîne *f* à poil.
pile⁶, *s.* *Med:* **1.** Hémorroïde *f.* *To remove a p.*, faire l'ablation d'une hémorroïde. *Surg:* **Pile clamp,** pince *f* à hémorroïdes. **2.** *pl.* **Piles,** hémorroïdes. **Bleeding piles,** hémorroïdes fluentes. *Bleeding of piles*, flux hémorroïdal. **Blind piles,** hémorroïdes sèches.
pileate ['pailiet], **pileated** ['pailieitid], *a.* *Fung:* A pileus; à chapeau.
piled³ [paild], *a.* *Tex:* A poils; (*of carpet*) velouté. **Three-piled,** à trois poils.
pileorhiza [pailio'raiza], *s.* *Bot:* Pilorhize *f*; coiffe *f* de la racine.
pilewort ['pailwə:rt], *s.* *Bot:* Ficaire *f*; petite éclaire; éclairette *f*; petite chélidoine; herbe *f* de fic; herbe aux hémorroïdes.
pilfer ['pilfər], *v.tr.* Chaparder, chiper, marauder, dérober, escamoter (*sth. from s.o.*, qch. à qn). *Abs.* Faire de petits vols, des larcins; grappiller, picorer.
pilfering¹, *a.* (Enfant) voleur.
pilfering², *s.* = PILFERAGE.
pilferage ['pilfəredʒ], *s.* Petits vols; larcins *mpl*; chapardage *m*, maraude *f.*
pilferer ['pilfərər], *s.* Chapardeur, -euse, chipeur, -euse; maraudeur, -euse, grappilleur, -euse.
pilgarlic [pil'gɑ:rlik], *s.* *A:* **1.** Homme chauve ou teigneux. **2.** *F:* Teigneux *m*, gueux *m.*
pilgrim ['pilgrim], *s.* **1.** Pèlerin, -ine. *Lit:* **The Pilgrim's Progress,** le Voyage du Pèlerin. **2.** (*a*) *Hist:* **The Pilgrim Fathers,** les Pèlerins (colons anglais qui fondèrent New Plymouth). (*b*) *U.S:* Colon *m*; nouveau débarqué, nouvelle débarquée.
'pilgrim-bottle, *s.* Gourde *f* de pèlerin.
pilgrimage ['pilgrimedʒ], *s.* (*a*) Pèlerinage *m.* **To go on (a) pilgrimage,** aller en pèlerinage. **Pilgrimage town,** ville *f* de pèlerinage. (*b*) *F:* Long voyage.
piliferous [pai'lifərəs], *a.* *Bot:* Pilifère.
piliform ['pailifɔ:rm], *a.* *Nat.Hist:* Piliforme, capilliforme.
pill¹ [pil], *s.* **1.** Pilule *f.* *Small p.*, globule *m.* **Blue pill,** pilule mercurielle, au mercure. *F:* **To take a pill, se purger. It is a bitter pill,** la dragée est amère. **To swallow the (bitter) pill,** avaler la pilule, la dragée. **To gild, sugar, the pill,** dorer la pilule. **That's the pill,** voilà le hic. **2.** *P:* (*a*) Boulet *m* (de canon); balle *f* (de tennis); ballon *m* (de football). (*b*) *pl.* **Game of pills,** partie *f* de billard.
'pill-beetle, *s.* *Ent:* Byrrhe *m.*
'pill-box, *s.* **1.** Boîte *f* à pilules. **2.** *Cost:* **Pill-box (cap),** coiffure sans visière (portée par les petits grooms). **3.** *Mil: P:* Réduit *m* en béton pour mitrailleuse. **4.** *F:* Espace restreint; toute petite pièce. **Pill-box house,** vraie maison de poupée.
'pill-bug, *s.* *Crust:* Cloporte *m.*
pill², *v.tr.* *P:* **1.** Blackbouler (qn). **2.** *Sch:* Refuser, *F:* coller (un candidat).
pill³, *v.tr.* *Tex:* Égruger (le lin).
pilling, *s.* Égrugeage *m.*
pillage¹ ['piledʒ], *s.* **1.** Pillage *m.* **2.** *A:* Butin *m.*
pillage², *v.tr.* Piller, saccager; mettre (une ville) au pillage, à sac; faire main basse sur (une ville). *Abs.* Se livrer au pillage; piller.
pillaging, *a.* Pillard.
pillager ['piledʒər], *s.* Pilleur, -euse; pillard, -arde; saccageur, -euse.
pillar¹ ['pilər], *s.* **1.** (*a*) Pilier *m*, montant *m*; colonne *f*, colonnette *f.* *Min:* Stappe *m.* *Arch: Doric p., Corinthian p.*, colonne dorique, corinthienne. *F:* (*Of pers.*) **One of the pillars of the Church,** un pilier, un soutien, de l'Église. *He is a p. of the Church*, c'est un pilier d'église. **To drive s.o. from pillar to post,** renvoyer qn de Caïphe à Pilate, *A:* de quinte en quatorze; ballotter qn de l'un à l'autre. *B: She became a p. of salt*, elle devint une statue de sel. *Min:* **Pillar and stall system,** méthode *f* des piliers et galeries. *A.Geog:* **The Pillars of Hercules,** les Colonnes d'Hercule. (*b*) **Pillar of fire, of smoke,** colonne de feu, de fumée. (*c*) *Anat:* **Pillars of the fauces** *or* **palate,** piliers du voile du palais. **2.** (*a*) *Mec.E:* Colonne, montant (d'une machine à forer, etc.); (*small and round*) chandelle *f.* *See also* CRANE¹ 2, DRILLING-PILLAR. (*b*) *Aut:* **Steering pillar,** colonne de direction. **Body pillar,** pilastre *m* de carrosserie. **Door pillar,** montant de porte. (*c*) *Cy:* **Saddle pillar,** tige *f* de selle. (*d*) *N.Arch:* Épontille *f*, étance *f*, étançon *m.* (*e*) *El.E:* **Brush-pillar,** pivot *m* de porte-balai.
'pillar-box, *s.* Boîte *f* aux lettres en forme de borne; boîte-borne *f*, *pl.* boîtes-bornes; borne postale.
'pillar-file, *s.* *Tls:* Lime plate à côtés lisses.
pillar², *v.tr.* Soutenir, consolider, (qch.) avec des piliers.
pillared, *a.* (*a*) A piliers, à colonnes; hypostyle. (*b*) En pilier, en colonne.
pillion ['piljən], *s.* **1.** *Harn:* (*a*) Selle *f* de femme. (*b*) Coussinet *m* de cheval. **To ride (on the) pillion,** monter en croupe. **2.** *Motor Cy:* **Pillion(-seat),** siège *m* arrière; pillion *m*; selle tandem; selle de passager; tansad *m.* **To ride pillion,** monter derrière. **Pillion-rider,** passager, -ère (de derrière).
pillioned ['piljənd], *a.* Monté(e) en croupe.
pillorize ['piləraiz], *v.tr.* = PILLORY².
pillory¹ ['pilori], *s.* Pilori *m.* *A. & F:* **To put s.o. in the pillory,** mettre qn au pilori; pilorier qn.
pillory², *v.tr.* (**pilloried**) Pilorier (qn); mettre (qn) au pilori; *F:* clouer (qn) au pilori. *To p. an abuse*, dénoncer un abus.
pillow¹ ['pilou, 'pilo], *s.* **1.** (*a*) Oreiller *m.* *To put a revolver under one's p.*, mettre un revolver sous son chevet. **To take counsel of one's pillow,** consulter son chevet; prendre conseil de son oreiller. *Take counsel of your p., advise with your p.*, dormez là-dessus; attendez que la nuit vous porte conseil; la nuit porte conseil. **Pillow book,** livre *m* de chevet. *See also* AIR-PILLOW, DISTORTION 2, THORN 1. (*b*) *Lacemaking:* **(Lace-)pillow,** carreau *m*, coussin *m* (pour dentelle). **2.** *Mec.E:* (*a*) Coussinet *m*, grain *m*, dé *m*; (*for upright shaft*) crapaudine *f.* *Conical p.*, coquille *f* de coussinet. (*b*) Palier *m.* **3.** *Nau:* (*a*) Coussin (de beaupré). (*b*) Pomme *f* (de mât).
'pillow-block, *s.* *Mec.E:* Palier *m* (d'arbre); palier-support *m*, *pl.* paliers-supports.
'pillow-bush, *s.* *Mec.E:* Coussinet *m*, grain *m*, dé *m.*
'pillow-case, *s.* Taie *f* d'oreiller.

'pillow-fight, *s. Sch: etc:* Combat *m* à coups d'oreillers, *P:* à coups de polochons.

'pillow-lace, *s.* Dentelle *f* aux fuseaux, au coussinet, au coussin; guipure *f*.

'pillow-sham, *s.* Dessus *m* d'oreiller.

'pillow-slip, *s.* Taie *f* d'oreiller.

pillow². 1. *v.tr.* **To pillow one's head on one's arms,** reposer sa tête sur ses bras; se faire un oreiller de ses bras. 2. *v.i.* (*Of the head*) Reposer (*on*, sur).

pillowy ['piloui], *a.* Doux, *f.* douce, comme un oreiller; moelleux.

pillwort ['pilwə:rt], *s. Bot:* Pilulaire *f*.

pilocarpine [pailo'kɑ:rpain], *s. Ch:* Pilocarpine *f*.

pilose ['pailous], *a. Nat.Hist:* Pileux, poilu.

pilosity [pai'lɔsiti], *s.* Pilosité *f*.

pilot¹ ['pailət], *s.* 1. (*a*) Pilote *m*; *Poet:* nocher *m*. **Deep-sea pilot, proper pilot,** pilote hauturier. **Coast pilot, in-shore pilot, branch-pilot,** pilote côtier; lamaneur *m*. **Dock pilot,** pilote de port. **To discharge, drop, the pilot,** débarquer le pilote. *Pilot's licence,* brevet *m* de pilote. **The pilot flag,** le pavillon pilote. **Pilot master,** pilote major; inspecteur *m* du pilotage. (*b*) *F:* Guide *m*, mentor *m*. *See also* SKY-PILOT. (*c*) *Av: Aer:* Pilote aviateur; aéronaute *m* (de ballon libre). **Air-line pilot,** pilote de ligne. *See also* GYRO-PILOT, OFFICER¹ 2. 2. *Rail:* (*a*) = PILOT-ENGINE. *See also* TRUCK 3. (*b*) *U.S:* Chasse-bestiaux *m inv.* 3. (*a*) *Mec.E: etc:* Partie *f* de guidage; axe-guide *m*, *pl.* axes-guides. **Cutter pilot,** porte-fraise *m inv.* **Pilot bar,** barre-guide *f*, *pl.* barres-guides. *Cin:* **Pilot claw** *of the feeding motion,* griffe *f* d'ajustage de l'entraînement de la bande. (*b*) *El.E:* Lampe *f* témoin; témoin *m* de contrôle. *See also* RELAY¹ 2.

'pilot-balloon, *s.* Ballon *m* d'essai; ballon pilote.

'pilot-boat, *s.* Bateau-pilote *m*, *pl.* bateaux-pilotes.

'pilot-bread, *s.* Biscuit *m* de mer.

'pilot-burner, *s.* Veilleuse *f* (d'un bec de gaz).

'pilot-cloth, *s. Tex:* Drap *m* pilote.

'pilot-coat, *s. Nau:* Jaquette *f* de drap pilote; vareuse *f*, caban *m*.

'pilot-engine, *s. Rail:* Locomotive *f* estafette; locomotive pilote.

'pilot-fish, *s. Ich:* Pilote *m* (de requin); gouverneur *m* (de baleine).

'pilot-flame, *s.* Veilleuse *f* (d'un bec de gaz).

'pilot-house, *s. Nau:* Kiosque *m* de barre, de veille, de navigation.

'pilot-jacket, *s. Nau:* Vareuse *f*.

'pilot-jet, *s.* 1. *Aut:* Gicleur *m* du, de, ralenti. 2. = PILOT-BURNER.

'pilot-lamp, *s. El:* Lampe *f* témoin, de contrôle.

'pilot-light, *s.* 1. Veilleuse *f* (de bec de gaz). 2. *El:* = PILOT-LAMP.

'pilot-office, *s. Nau:* Bureau *m* de pilotage.

'pilot-plant, *s. Ind:* Installation *f* d'essai.

'pilot-print, *s. Phot:* Épreuve *f* témoin.

'pilot-vessel, *s.* = PILOT-BOAT.

'pilot-wire, *s. El:* Fil *m* pilote; fil témoin.

pilot², *v.tr.* 1. (*a*) Piloter (un navire, un avion, qn dans Londres, etc.). (*b*) Mener, conduire (qn à travers des obstacles, etc.). **To pilot a bill through the House,** guider les débats sur un projet de loi. 2. *Mec.E: etc: To p. the drill,* guider la mèche.

piloting, *s.* 1. Pilotage *m*. 2. Guidage *m*.

pilotage ['pailətedʒ], *s.* 1. Pilotage *m*. *Inward p., outward p.,* pilotage d'entrée, de sortie. *In-shore p., coastal p.,* pilotage côtier; lamanage *m*. *On p. duty,* en service de pilotage. 2. **Pilotage (dues),** (droits *m*, frais *m*, de) pilotage.

pilous ['pailəs], *a. Nat.Hist:* Pileux, poilu.

pilular ['piljulər], *a. Pharm: etc:* Pilulaire.

pilule ['pilju:l], *s.* Petite pilule.

pilum ['pailəm], *s. Rom.Ant:* Pilum *m*, javelot *m*.

pimaric [pi'marik], *a. Ch:* Pimarique.

pimelic [pi'melik], *a. Ch:* Pimélique.

pimelite ['pimәlait], *s. Miner:* Pimélite *f*.

pimento [pi'mento], *s.* 1. *Bot:* Piment *m*; poivre *m* de la Jamaïque; toute-épice *f*, *pl.* toutes-épices; poivron *m*; *F:* corail, -aux *m*, des jardins. 2. *Cu:* Piment. *To season with p.,* pimenter. **Pimento sauce,** pimentade *f*.

pimp¹ [pimp], *s.* Entremetteur, -euse; souteneur *m*; proxénète *mf*; *F:* alphonse *m*; *P:* maquereau *m*, barbeau *m*, marlou *m*; dos vert.

pimp², *v.i.* Exercer le métier de proxénète.

pimping¹, *s.* Maquerellage *m*.

pimpernel ['pimpərnel], *s. Bot:* Anagallide *f*; *F:* baromètre *m* du pauvre homme. **Scarlet pimpernel,** mouron *m* rouge; mouron des champs; morgeline *f*, menuchon *m*; anagallide des champs. **Yellow pimpernel,** lysimaque *f*, lysimachie *f*. **False pimpernel, bastard pimpernel,** centenille *f*. **Water pimpernel,** (i) cresson *m* de cheval; (ii) samole *m* aquatique; mouron d'eau; pimprenelle *f* aquatique.

pimpinella [pimpi'nela], *s. Bot:* Boucage *m*; pied-de-chèvre *m*, *pl.* pieds-de-chèvre.

pimping² ['pimpiŋ], *a.* Mesquin, misérable, chétif.

pimple [pimpl], *s.* Pustule *f*, bouton *m*, échauboulure *f*, phlyctène *f*, bourgeon *m*; bube *f*; (*on the lip*) babouin *m*. **To break out, come out, in pimples,** boutonner, bourgeonner; avoir une poussée de boutons.

pimpled [pimpld], **pimply** ['pimpli], *a.* Pustuleux, boutonneux; pustulé, échauboulé, bourgeonné, bubelé. *To get p.,* boutonner, bourgeonner; se couvrir de boutons.

pin¹ [pin], *s.* 1. (*a*) Épingle *f*. *Brass pin, steel pin,* épingle en laiton, en acier. **Curling-pins, waving-pins,** épingles à friser, à onduler. **Tie-pin, breast-pin, scarf-pin,** *U.S:* **stick-pin,** épingle de cravate. *Soft-collar pin,* barrette *f*. **Blanket pin,** (i) drapière *f*; (ii) *Typ:* ardillon *m*. *See also* BALE-PIN, BROOCH, DRAWING-PIN, HAIRPIN, HAT-PIN, NEAT² 2, SAFETY-PIN. **No larger than a pin's head,** pas plus gros qu'une tête d'épingle. *F:* **You could have heard a pin drop,** on aurait entendu trotter une souris; on aurait entendu voler une mouche. **There isn't a pin to choose between them,** il n'y a pas la moindre différence entre eux. **For two pins** *I would box his ears,* pour un peu je lui flanquerais une gifle; il ne tient qu'à un cheveu que je lui flanque une gifle; il n'en faudrait pas de beaucoup pour que je lui flanque une gifle. *See also* CARE² 1. *Prov:* **He that will steal a pin will steal a pound,** qui vole un œuf vole un bœuf. **To be on pins and needles,** être sur des charbons; *F:* être dans ses petits souliers. **To stick pins into s.o.,** picoter, tracasser, qn. (*b*) **Pins and needles,** fourmillements *m*. *I have pins and needles in my foot,* j'ai des fourmillements, des fourmis, dans le pied; j'ai des picotements au pied; le pied me fourmille. (*c*) **Knitting-pin,** aiguille *f* à tricoter. *See also* LARDING. 2. (*a*) Goupille *f*, cheville *f*, fenton *m*; clavette *f*; (*bolt*) boulon *m*. **Axle pin,** clavette d'essieu. **Check pin,** goupille d'arrêt. **Split pin,** goupille double, fendue. *Short pin, pin not passing through,* cheville à bout perdu. **Set pin,** prisonnier *m*. *Mil:* **Safety pin** (*of fuse*), goupille, clavette, de sûreté. *Wooden pin,* cheville, fenton, en bois. *Mch: Cross-head pin,* soie *f* de traverse. *See also* HANGER¹ 2, STOP-PIN. *The pin won't enter,* la cheville refoule. *To take the pin out of . . .,* dégoupiller. . . . (*b*) Pivot *m*; tourillon *m* (de porte, etc.); axe *m*; verge *f* (de girouette). **Centre pin,** pivot central (de plaque tournante, etc.). *Centre pin of the compass,* pivot du compas. *Swivel pin,* tourillon d'articulation. *Pulley-pin,* essieu *m* de poulie. *Mec.E: Driving-plate pin,* tige *f* d'entraînement (de l'objet travaillé au tour); pousse-toc *m*, *pl.* pousse-tocs. **(Crank-)pin,** tourillon, maneton *m*; bouton *m* d'arbre. *See also* CRANK-PIN, GUDGEON-PIN, LINK-PIN, WRIST-PIN, YOKE-PIN. (*c*) Broche *f* (d'une serrure, d'une clef, etc.); fiche *f*, broche, lacet *m* (d'une charnière); gond *m* (de paumelle, de penture); pointeau *m* (de valve de pneu); style *m* (de cadran solaire). *El:* Fiche de prise de courant. *Tg: Insulator pin,* porte-isolateur *m*, *pl.* porte-isolateurs. *See also* BELAYING-PIN, FIRING-PIN, HINGE¹ 1, JACK-PIN, KEY¹ 1, PERCUSSION-PIN, SADDLE-PIN, SHAFT PIN. (*d*) Clou *m*, pointe *f*. *Metall:* **Moulding pin,** pointe de mouleur. (*e*) *Carp:* Tenon *m* (en queue d'aronde). *El:* Ergot *m* (de lampe à culot à baïonnette). (*f*) *Nau:* **(Thole-)pin,** tolet *m*, dame *f*. 3. *Cu:* **(Rolling-)pin,** rouleau *m* à pâte. 4. (*a*) *Surv:* Fiche de jalonneur. (*b*) *Golf:* Drapeau *m* de trou. 5. (*a*) (*At ninepins*) Quille *f*. (*b*) **Pin(-leg),** jambe *f* de bois à pilon. (*c*) *pl. P:* Jambes, *P:* pivots, gigues *f*, guibolles *f*, quilles, fuseaux *m*, flûtes *f*. *See also* SHAKY 1, STEADY¹ 1. 6. *Tls:* (*a*) **Turn-pin,** toupie *f* (de plombier). (*b*) **Netting pin,** moule *m* pour filets. (*c*) *Metall:* *See* RUNNER-PIN.

'pin-bit, *s. Tls:* Foret *m* à téton cylindrique.

'pin-case, *s.* Étui *m* pour épingles.

'pin coupling, *s. Mec.E:* Accouplement *m* par cheville, par goupille.

'pin drift, *s. Tls:* = PIN PUNCH.

'pin-drill, *s.* = PIN-BIT.

'pin-extractor, *s. Mec.E:* Tire-goupille *m*, *pl.* tire-goupilles.

'pin-feather, *s.* Plume naissante (de jeune oiseau).

'pin-feathered, *a.* 1. (Oiseau *m*) aux plumes naissantes. 2. *F:* (*Of pers., etc.*) Inexpérimenté; qui veut voler avant d'avoir des ailes.

'pin-fire, *attrib.a. Sm.a:* (Cartouche *f*, fusil *m*) à broche.

'pin-head, *s.* Tête *f* d'épingle. *Attrib. Pin-head eyes,* yeux *m* en trou de vrille. *Tex:* **Pin-head grey,** drap *m* gris pointillé.

'pin-'headed, *a.* (*a*) A tête d'épingle. (*b*) *F:* De piètre intelligence.

'pin-hole, *s.* 1. Trou *m* de cheville, de goujon. 2. (*a*) Trou d'épingle. (*b*) *Opt:* Très petite ouverture (dans un écran, etc.). *Phot:* Sténopé *m*. **Pin-hole source of light,** source *f* de lumière punctiforme. *Lamp giving a pin-hole beam of light,* lampe ponctuelle. **Pin-hole photography,** photographie *f* sans objectif; sténopéphotographie *f*. **Pin-hole camera,** sténoscope *m*. (*c*) *Phot:* Piqûre (sur le cliché, due aux poussières); picoture *f*; trou *m* d'aiguille; bouillon *m* d'air.

'pin-joint, *s.* 1. *Carp:* Enture *f* à goujon. 2. *Mec.E:* Assemblage *m* par cheville, par goupille; rivure *f*.

'pin-lock, *s.* Serrure *f* à broche.

'pin-money, *s.* (*a*) *A:* Épingles *fpl* (d'une femme). (*b*) Argent (donné à une femme, à une jeune fille) pour ses frais de toilette; somme prévue (par contrat de mariage) pour les dépenses personnelles de la femme. (*c*) Argent de poche (d'une jeune fille). **Pin-money job,** situation *f* qui procure de l'argent de poche (à une jeune fille qui n'a pas besoin de travailler pour vivre).

'pin-point, *s. To turn down the gas to a pin-point,* mettre le gaz en veilleuse. **Pin-point flame,** source ponctuelle de chaleur.

'pin-pool, *s. Bill:* Partie *f* de quilles.

'pin-prick, *s.* (*a*) Piqûre *f* d'épingle. (*b*) *pl. F:* **Pin-pricks,** picoterie(s) *f*, tracasseries *f*. **Policy of pin-pricks,** politique *f* de coups d'épingle.

'pin punch, *s. Tls:* Chasse-goupilles *m inv.*

'pin-rail, *s. Nau:* Râtelier *m* à cabillots.

'pin-shank, *s. Ind:* Hanse *f* (d'épingle).

'pin-stripe, *s. Tex:* Filet *m* (de couleur dans une étoffe).

'pin-table, *s.* (Sorte de) billard chinois automatique.

'pin-tray, *s.* Épinglier *m*; porte-épingles *m inv*; vide-poche(s) *m inv.*

'pin-tuck, *s. Dressm:* Nervure *f*.

'pin-valve, *s. Mec.E:* Pointeau *m*.

'pin-vice, *s. Tls:* Étau *m* à main, à queue.

'pin-wheel, *s.* 1. *Clockm:* Roue *f* des chevilles. 2. *Mec.E:* Roue (avec denture) à fuseaux; hérisson *m*. 3. *Pyr:* Soleil *m*.

pin², *v.tr.* (pinned; pinning) **1.** (*a*) Épingler; attacher, assujettir, avec une épingle. *To pin a label to a sample*, épingler une étiquette à, sur, un échantillon. *To pin a shawl over one's shoulders*, attacher un châle sur ses épaules avec une épingle. *To pin clothes on a line*, épingler du linge sur une corde. *To pin the paper to the board*, fixer le papier sur la planchette (avec des punaises). (*b*) *Mec.E: etc:* Cheviller, goupiller; mettre une goupille à (qch.); (*with a cotter*) claveter; (*with a bolt*) boulonner. **2.** Fixer, clouer. *To pin s.o. against a wall*, clouer, river, qn contre un mur. *To pin s.o. by the throat*, empoigner qn par la gorge. *To pin s.o.'s arms to his sides*, (i) coller les bras à qn; (ii) ligoter qn. *To be pinned (down) under a fallen tree*, se trouver pris, coincé, sous un arbre déraciné. **To pin s.o. (down) to his word**, obliger qn à tenir sa promesse. **To pin s.o. (down) to facts**, obliger qn à s'en tenir aux faits, à reconnaître les faits. **To pin s.o. (down) to do sth.**, obliger qn à faire qch. *To pin oneself (down) to do sth.*, s'engager formellement à faire qch. *Without pinning himself down to anything*, sans rien préciser; sans s'engager à rien. **To pin one's hopes on, upon, s.o., sth.**, mettre toutes ses espérances dans qn, qch. *See also* FAITH 1. *Chess:* **To pin a piece**, clouer une pièce. **3.** Étayer, étançonner (un mur, etc.).

pin on, *v.tr.* Épingler (qch.), attacher (qch.) avec une épingle (*to sth.*, à qch.). (*Of woman*) *To pin on one's hat*, fixer, assujettir, son chapeau avec des épingles; épingler son chapeau.

pinning on, *s.* Épinglage *m*.

pin out, *v.tr. Cu:* Biller (la pâte).

pin up, *v.tr.* **1.** Épingler (ses cheveux, les coutures d'une robe); rabattre (l'ourlet) avec des épingles. *To pin up a stray wisp of hair*, rattacher une mèche avec une épingle. *To pin up one's skirt*, retrousser sa jupe. **2.** (R)enfermer. *Cf.* PINFOLD.

pinning up, *s.* Épinglage *m*; retroussement *m*.

pinning, *s.* **1.** (*a*) Épinglage *m*. (*b*) *Mec.E:* Chevillage *m*, goupillage *m*, clavetage *m*, boulonnage *m*. **2.** Fixage *m*, clouage *m*, clouement *m*.

pinacoid ['pinəkɔid], *a.* & *s. Cryst:* Pinacoïde (*m*).

pinacoidal [pinə'kɔid(ə)l], *a.* Pinacoïde.

pinacol ['pinəkɔl], **pinacone** ['pinəkoun], *s. Ch:* Pinacone *f*.

pinafore ['pinəfɔːər], *s.* Tablier *m* (d'enfant, etc.). *I knew her when she was* **in pinafores**, je l'ai connue toute petite.

pinafored ['pinəfɔːərd], *a.* En tablier.

Pinakothek [pinako'teik], *s.* **The Munich Pinakothek**, la Pinacothèque de Munich.

pinaster [pai'nastər], *s. Bot:* Pinastre *m*; pin *m* maritime; pin de Bordeaux.

pinatype ['painətaip], *s. Phot:* Pinatypie *f*.

pincers ['pinsərz], *s.pl.* **1.** *Tls:* **(Pair of) pincers**, pince *f*, tenaille(s) *f*(*pl*). *Carp: Farr:* Tricoise(s) *f*(*pl*). *Cutting p.*, pince coupante. **2.** *Nat.Hist:* Pince (de crustacé, d'insecte).

pinch¹ [pinʃ], *s.* **1.** (*a*) Action *f* de pincer; pincement *m*, pinçade *f*, pinçure *f*. **To give s.o. a pinch**, pincer qn. (*b*) *F:* **The pinch of poverty**, la gêne. **The pinch of hunger**, la morsure de la faim; la faim. **To feel the pinch**, tirer le diable par la queue. **To be under the pinch of necessity**, être tenaillé par la nécessité. (*c*) **At a pinch**, au besoin. **When it comes to the pinch**, au moment décisif. **It was a close pinch**, il était moins cinq. **2.** *Geol:* Serrement *m*, étranglement *m* (d'un filon, etc.). **3.** Pincée *f* (de sel, etc.); prise *f* (de tabac). *To take a p. of snuff*, humer une prise. **I wouldn't give a pinch of snuff for it**, je n'en donnerais pas un radis. **4.** *Tls:* = PINCH-BAR.

pinch², *v.tr.* **1.** (*a*) (*Nip*) Pincer. *To p. s.o.'s nose*, pincer le nez à qn. *Her grandfather pinched her cheek*, son grand-père lui pinça la joue. *To p. one's finger in the door*, se pincer le doigt dans la porte. *Aut: Cy:* **Pinched inner tube**, chambre à air pincée, cisaillée, pliée. *Shoe that pinches*, soulier qui blesse, qui serre, qui est trop étroit. *F:* **He knows where the shoe pinches**, il sait où le bât le blesse. *I have discovered where the shoe pinches*, j'ai trouvé l'enclouure. *Prov:* **Everyone knows best where his own shoe pinches**, chacun sait où le soulier le blesse. (*b*) *Rac:* Presser (un cheval). **2.** (*Restrict*) (*a*) Serrer, gêner. **To pinch s.o. for food**, mesurer la nourriture à qn. **To pinch oneself**, *abs.* **to pinch**, se priver (du nécessaire); se serrer le ventre. **To pinch and scrape**, faire des petites économies; liarder; vivre avec parcimonie; regarder à la dépense; gratter sur tout. *To p. and scrape for one's children*, *F:* se saigner aux quatre veines pour ses enfants. (*b*) *v.i. Geol:* (*Of lode, etc.*) Se rétrécir, se resserrer. (*c*) *Y:* Faire courir (un yacht) au plus serré, au plus près. **3.** *F:* **To pinch sth. from, out of, s.o.**, extorquer qch. à qn. **4.** *P:* (*a*) Chiper, chauffer, choper, chaparder, barboter, faucher (qch.). *To p. sth. from s.o.*, chiper, refaire, qch. à qn. *Someone has pinched my matches*, on m'a chauffé mes allumettes. *My watch has been pinched*, on m'a refait ma montre. (*b*) Arrêter (un malfaiteur); *P:* pincer, piger, coincer, chauffer (qn). **To get pinched**, se faire pincer.

pinch in, *v.i. U.S:* **To pinch in, on, upon, sth.**, empiéter sur qch.

pinch off, *v.tr.* Enlever (qch.) en le pinçant (avec les ongles, etc.). *Hort:* **To pinch off a bud**, épincer un bourgeon.

pinching off, *s. Hort:* Épinçage *m*, pinçage *m*, pincement *m*.

pinched, *a.* **1.** (*Of face, etc.*) Tiré, hâve, amaigri. *Med:* **Pinched features** (*symptomatic of peritonitis*), traits grippés; grippement *m* de la face. *P. by the cold*, pincé par le froid. *To be p. with hunger*, être tenaillé par la faim. *His face p. with hunger*, ses traits tirés par la faim. **2.** Étroit. **In pinched circumstances**, à court d'argent; dans la gêne. *With a p. heart*, avec un serrement de cœur. **To be pinched**, être dans la gêne; être embarrassé. **Pinched for money**, à court d'argent; gêné; dans la gêne. **To be pinched for room**, être à l'étroit. **3.** *Needlew:* **Pinched tuck** = PIN-TUCK.

pinching¹, *a.* **1.** Qui pince; (soulier, etc.) qui gêne, étroit. **2.** (Froid, etc.) cuisant, âpre. **3.** Parcimonieux, avare.

pinching², *s.* **1.** Pincement *m*, pinçure *f*. *Aut: etc:* **Pinching of the inner tube**, pincement, cisaillement *m*, écrasement *m*, de la chambre à air. **2.** Parcimonie *f*. **3.** *P:* Chapardage *m*, barbotage *m*.

'pinch-bar, *s. Tls:* Pince *f* de manœuvre; levier *m* à griffe, à pince; arcanseur *m*, anspect *m*; pied-de-biche *m*, *pl.* pieds-de-biche.

'pinch-cock, *s. Ch: etc:* Pince *f* d'arrêt.

'pinch-nut, *s. Mec.E:* Contre-écrou *m*, *pl.* contre-écrous.

pinchbeck ['pinʃbek], *s.* **1.** *Metall:* Chrysocale *m*, similor *m*, potin *m*. **2.** *Attrib.* (*a*) En chrysocale, en similor. (*b*) *F:* Simili, en toc. *A p. Napoleon*, un Napoléon de pacotille. *P. hero*, héros *m* d'occasion.

pinchers ['pinʃərz], *s.pl. Dial: P:* = PINCERS 1.

pincushion ['pinkuʃ(ə)n], *s.* Pelote *f* à épingles, à aiguilles. *See also* DISTORTION 2, SEA-PINCUSHION.

Pindar ['pindər]. *Pr.n.m. Gr.Lit:* Pindare.

Pindaric [pin'darik]. **1.** *a.* Pindarique, pindaresque. **2.** *s.* Ode *f* pindarique. **Pindarics**, vers *m* pindariques.

Pindus ['pindəs]. *Pr.n. A.Geog:* Le Pinde.

pine¹ [pain], *s.* **1.** *Bot:* Pine(-tree), pin *m*. **Aleppo pine**, pin d'Alep, de Jérusalem. **American pine**, pin, sapin *m*, d'Amérique. **Black pine**, pin noir; pin d'Autriche. **Broom pine, long-leaved pine**, pin à balais; pin à longues feuilles. **Cembra pine, Siberian pine, yellow pine**, (pin) cembro *m*. **Chile pine**, araucaria *m*, araucarie *f*. **Cluster-pine, maritime pine, sea-pine, star-pine**, pin maritime; pin de Bordeaux; pinastre *m*. **Douglas pine, Oregon pine**, sapin de Douglas, pseudotsuga *m* de Douglas. **Dwarf pine**, pin nain. **Mountain pine**, pin de montagne; pin à crochets. **Norway pine**, pinasse *f*; pin sylvestre; pin suisse; pin de Genève, de Russie; pin à mâtures. **Parasol pine, stone-pine, umbrella-pine**, pin pignon; pin (en) parasol. **Scrub-pine**, pin de Virginie. **Silver pine**, (i) = *Swiss pine*; (ii) *U.S:* sapin baumier. **Stiff-leaved pine, (long-leaf) yellow pine**, pitchpin *m*. **Swiss pine**, sapin argenté, blanc, pectiné; sapin des Vosges. **White pine, Weymouth pine**, pin de Weymouth; pin du lord; sapin blanc. **Scotch pine** = *Scotch fir, q.v. under* FIR 1. *U.S: F:* **The Pine-tree State**, le Maine. *See also* MARTEN¹, PITCH-PINE, SCREW-PINE. **2.** (Bois *m* de) pin.

'pine-apple, *s.* **1.** Ananas *m*. **2.** *Mil: P:* Grenade *f* à main.

'pine-beauty, *s. Ent:* Noctuelle *f* piniperde.

'pine-beetle, *s. Ent:* Hylésine *m* piniperde.

'pine-blister, *s. For:* Rouille *f* du pin.

'pine-borer, *s. U.S:* = PINE-BEETLE.

'pine-cone, *s.* Pomme *f*, cône *m*, de pin; pigne *f*.

'pine-forest, *s.* Forêt *f* de pins; pineraie *f*.

'pine-grove, *s.* Pineraie *f*, pinière *f*.

'pine-kernel, *s.* Pigne *f*, pignon *m*.

'pine-land, *s.* Pineraie *f*, pinière *f*.

'pine-needle, *s. Bot:* Aiguille *f* de pin.

'pine-plantation, *s.* Pinière *f*, pineraie *f*.

'pine-resin, *s. Arb:* Gemme *f*.

'pine-sawfly, *s. Ent:* Lophyre *m* du pin.

'pine-strawberry, *s.* Fraise *f* ananas.

'pine-weevil, *s. Ent:* Hylobie *m* du sapin; charançon *m* du pin.

'pine-wood, *s.* **1.** (Bois *m* de) pin *m*. **2.** Pinière *f*, pineraie *f*.

pine², *v.i.* **1.** To pine (away), languir, se consumer, dépérir; tomber en langueur; mourir de langueur; **sécher sur pied**. *To p. with grief*, languir, sécher, se consumer, de tristesse. **2.** **To pine for s.o., for sth.**, languir pour, après, qn, qch.; soupirer après qn, qch. *He is pining for home*, il a la nostalgie du foyer. **To pine to do sth.**, languir du désir de faire qch. *To p. after news*, se miner à attendre des nouvelles.

pining¹, *a.* Languissant (de tristesse).

pining², *s.* **1.** Langueur *f*, languissement *m*, dépérissement *m*. **2.** Désir ardent, grande envie (*for sth.*, de qch.).

pineal ['piniəl], *a. Anat:* Pinéal, -aux. **Pineal gland, pineal body**, glande pinéale.

pineapple ['painapl], *s.* = PINE-APPLE.

pinene ['painiːn], *s. Ch:* Pinène *m*.

pinery ['painəri], *s.* **1.** (*a*) Serre *f* à ananas. (*b*) Champ *m* d'ananas. **2.** *For:* Pinière *f*, pineraie *f*.

pinetum [pai'niːtəm], *s.* Sapinière *f*; pineraie *f*.

pinfold¹ ['pinfould], *s.* (*a*) Fourrière *f*. (*b*) Parc *m* (à moutons, etc.).

pinfold², *v.tr.* (*a*) Mettre (un animal) en fourrière. (*b*) Parquer (du bétail, etc.).

ping¹ [piŋ], *s.* (*a*) Cinglement *m*, fouettement *m* (d'une balle de fusil, etc.). (*b*) *I.C.E:* Détonation *f*; cognement *m*.

ping², *v.i.* **1.** (*Of bullet, etc.*) Cingler, fouetter. **2.** *I.C.E:* (*Of engine*) *To p. slightly*, faire entendre un léger cognement.

ping-pong ['piŋpɔŋ], *s.* Ping-pong *m*; tennis *m* de table. **Ping-pong set**, jeu *m* de ping-pong.

pinguid ['piŋgwid], *a.* Gras, graisseux.

pinicolous [pai'nikoləs], *a. Nat.Hist:* Pinicole.

piniform ['painifɔːrm], *a.* En forme de pomme de pin.

pinion¹ ['pinjən], *s.* **1.** (*a*) Bout *m* d'aile; aileron *m*. (*b*) *Poet:* Aile *f*. **2.** Penne *f*, rémige *f*.

pinion², *v.tr.* **1.** Rogner les ailes à, éjointer (un oiseau). **2.** (*a*) Lier les bras à, ligoter, garrotter (qn). *To p. s.o.'s arms to his sides*, lier les bras de qn. (*b*) Lier (*s.o. to a tree, etc.*, qn à un arbre, etc.).

pinion³, *s. Mec.E:* Pignon *m*; (*mounted on shaft*) tympan *m*. **Sliding pinion**, pignon baladeur, coulissant. **Bevel pinion**, pignon (de renvoi) d'angle; pignon conique. **Spider pinion**, pignon satellite, planétaire. **Pinion wheel**, roue *f* à pignon. *See also* GEAR-PINION, RACK³ 2, SPUR-PINION.

pinioned ['pinjənd], *a. Lit:* Ailé. **Strong-pinioned**, aux fortes ailes.

pinite ['pinait], *s. Miner:* Pinite *f*.

pink[1] [piŋk]. **1.** *s.* (*a*) *Bot:* Œillet *m.* **Garden pink,** (œillet) mignardise *f.* **Sea pink,** œillet maritime. *See also* CLOVE[3] 2, MULLEIN. (*b*) **The pink of perfection,** le modèle, la crème, de la perfection; la perfection même. *The p. of politeness*, la fine fleur de la politesse. *The p. of courtesy*, du dernier galant. **In the pink of condition,** en excellente condition; (vin *m*, etc.) à point; (cheval de course, etc.) entraîné à fond. *F:* (*Of pers.*) **To be in the pink,** se porter à merveille, comme un charme; être en forme, en parfaite santé; être dans la fleur de la santé, dans un état de santé florissant. **2.** *a.* & *s.* (*a*) Rose (*m*), couleur *f* de rose. *P. cheeks*, joues *f* roses. **Salmon-pink,** rose saumon *inv.* *Her cheeks went p.*, le rose monta à ses joues. *The p. eyes of the albinos*, les yeux rouges des albinos. **Pink gutta-percha,** gutta-percha incarnadine. *F:* **Pink socialism,** socialisme modéré, à l'eau de rose. *See also* TOPAZ. (*b*) *Ven:* Rouge, écarlate. **To hunt in pink, to wear pink,** chasser (à courre) en tunique rouge; porter la tunique rouge. (*c*) *P:* (*Euphemism for 'bloody,' etc.*) **The pink limit,** le comble. **Strike me pink!** pas possible! **The story's a bit pink,** c'est une histoire plutôt corsée.

'pink-eye, *s.* *Vet:* Ophtalmie *f* périodique.

'pink-eyed, *a.* Aux yeux roses.

pink[2]. **1.** *v.tr.* Teindre (qch.) en rose. **2.** *v.i.* (*Of the cheeks*) Rougir.

pink[3], *s.* *Nau:* Pinque *f.*

pink[4], *v.tr.* **1.** Percer, toucher (son adversaire); *F:* faire une boutonnière à, larder (qn). **2.** *Dressm: etc:* **To pink (out),** (i) denteler, hocher, découper, les bords de (qch.); (ii) travailler à jour, percer, évider (le cuir, etc.); (iii) piquer (la soie). **3. To pink out,** orner, parer, embellir.

pinked, *a.* **1.** Découpé aux bords. **2.** Percé; travaillé à jour; évidé.

pinking[1], *s.* **Pinking (out),** découpage *m*, dentelage *m*, évidage *m*, vidure *f.*

'pinking-iron, *s.* **1.** Emporte-pièce *m inv*; *Needlew:* découpoir *m* à figures; *Leath:* fer *m* à découper. **2.** *P:* Épée *f.*

pink[5], *s.* *Ich:* **1.** Saumoneau *m.* **2.** Véron *m*, vairon *m.*

pink[6], *v.i.* *I.C.E:* (*Of engine*) Cliqueter.

pinking[2], *s.* Cliquetis (produit par les auto-allumages).

pinkie[1] ['piŋki]. *Scot:* *F:* **1.** *a.* Petit, menu. **2.** *s.* Petit doigt; auriculaire *m.*

pinkie[2], *s.* = PINK[3].

pinkish ['piŋkiʃ], *a.* Rosé, rosâtre.

pinkness ['piŋknəs], *s.* Couleur *f* rose; rose *m.*

pinkroot ['piŋkruːt], *s.* *Bot:* **Maryland pinkroot,** spigélie *f* de Maryland. **Demerara pinkroot,** spigélie anthelminthique; brinvillière *f.*

pinkster ['piŋkstər], *s.* *U.S:* *F:* La Pentecôte. **Pinkster flower,** azalée *f* rose.

pinkwood ['piŋkwud], *s.* *Bot:* Dicypellion *m.*

pinky ['piŋki], *a.* *F:* Rosé, rosâtre.

pinmaker ['pinmeikər], *s.* Épinglier, -ière; fabricant *m* d'épingles.

pinnace ['pines], *s.* *Nau:* **1.** *A:* Pinasse *f*, péniche *f.* **2.** *Navy:* Grand canot. **Steam pinnace,** chaloupe *f* à vapeur.

pinnacle ['pinəkl], *s.* **1.** *Arch:* (*a*) Pinacle *m*, clocheton *m.* (*b*) Couronnement *m* (de faîte, etc.). **2.** (*a*) Cime *f* (d'une montagne, etc.); pic *m.* (*b*) **Rock pinnacle,** pénitent *m*, dame *f*, *F:* gendarme *m.* **Snow pinnacle,** pénitent. **Ice pinnacle,** sérac *m.* (*c*) *Oc:* Aiguille *f.* **3.** *F:* **The pinnacle of glory,** le faîte de la gloire. *On the highest p. of fame*, à l'apogée, au comble, au sommet, de la gloire.

pinnacled ['pinəkld], *a.* **1.** *Arch:* A pinacle(s); à clochetons; à couronnement. **2.** *F:* Mis sur le pinacle; porté au pinacle.

pinnate ['pinet], **pinnated** ['pineitid], *a.* *Nat.Hist:* Penné, pinné.

pinnatifid [pi'natifid], *a.* *Bot:* Pennatifide.

pinnatilobed [pi'neitiloubd], *a.* *Bot:* Pennatilobé.

pinnatiped [pi'natiped], *a.* & *s.* *Orn:* Pinnatipède (*m*).

pinnatisect [pi'natisekt], *a.* *Bot:* Pennatiséqué.

pinner ['pinər], *s.* **1.** *A.Cost:* Coiffe *f* à barbes. **2.** *Dial:* Tablier *m* à bavette.

pinniped ['piniped], *a.* & *s.* *Z:* Pinnipède (*m*).

pinnule ['pinjul], *s.* **1.** Pinnule *f* (d'une alidade). **2.** (*a*) *Z:* Pinnule. (*b*) *Bot:* Pinnule, foliole *f.*

pinny ['pini], *s.* *F:* Tablier *m.*

pint [paint], *s.* *Meas:* Pinte *f* (= 0 l. 568; *U.S:* = 0 l. 473); *approx.* demi-litre *m.* **Imperial pint,** pinte légale. **Reputed pint,** bouteille *f*, pot *m*, d'environ une pinte. *A p. of wine, of beer*, une chopine.

'pint-bottle, *s.* Bouteille *f* d'une pinte, d'un demi-litre.

pintado [pin'tɑːdo], *s.* *Orn:* **1.** Pintade *f.* **2. Pintado bird, pintado petrel,** pétrel *m* du Cap.

pintail ['pinteil], *s.* *Orn:* **1. Pintail (duck),** (canard *m*) pilet *m*; canard-faisan *m*, *pl.* canards-faisans. **2.** Gelinotte *f* des Pyrénées.

pintailed ['pinteild], *a.* *Orn:* **Pintailed grouse,** ganga *m.* **Pintailed sand-grouse,** gelinotte *f* des Pyrénées.

pintle [pintl], *s.* (*a*) Pivot central; rivure *f*; broche *f* (d'une serrure); goujon *m* (d'une charnière). *Veh:* *Artil:* Cheville ouvrière. (*b*) *Nau:* Aiguillot *m*, vitonnière *f* (de gouvernail); gond *m* (de penture de sabord). **Pintle-scores** (*of rudder*), lanternes *f* de gouvernail.

piny ['paini], *a.* **1.** (Odeur *f*, etc.) de pin. **2.** (*Of hill, etc.*) Couvert de pins.

piolet ['piːolei], *s.* Piolet *m* (d'ascensionniste).

Piombi (the) [ðə'pjɔmbi], *s.pl.* *Hist:* Les Plombs *m* (de Venise).

pioneer[1] [paiə'niːər], *s.* Pionnier *m.* *P. in a subject*, défricheur, -euse, d'un sujet. *To do p. work in a subject*, défricher un sujet.

pioneer[2]. **1.** *v.tr.* (*a*) Parcourir (un pays, etc.), frayer (un chemin), en pionnier. (*b*) Servir de guide, de pionnier à (qn). **2.** *v.i.* Faire œuvre de pionnier; frayer le chemin.

pious ['paiəs], *a.* (*a*) Pieux; (i) respectueux de ses ancêtres; (ii) qui a de la religion. *F:* **Pious fraud,** fraude pieuse. (*b*) **Pious deeds,** œuvres *f* pies. **-ly,** *adv.* Pieusement; avec piété.

pip[1] [pip], *s.* **1.** *Husb:* Pépie *f* (de la volaille). **2.** *F:* **To have the pip,** avoir le cafard; broyer du noir. **To give s.o. the pip,** donner, flanquer, le cafard à qn; embêter qn.

pip[2], *s.* **1.** Point *m* (d'une carte, d'un dé, etc.). *Two pips*, le deux. **2.** *Bot:* Fleuron *m* (d'une composée). **3.** *Mil:* *F:* = STAR[1] 2 (*b*). **4.** *W.Tel:* *F:* Top *m.* **The pips,** les (six) points musicaux; le signal horaire (par points musicaux). *At the sixth pip it will be nine o'clock*, au sixième top il sera neuf heures.

pip[3], *v.tr.* (**pipped**) *P:* **1.** (*a*) Blackbouler (qn). (*b*) *Sch:* Refuser, recaler, retoquer (un candidat). **2.** Vaincre, battre (qn). **3.** (*a*) Atteindre (qn) d'une balle (de fusil). (*b*) Tuer (qn) d'un coup de fusil. **4.** *v.i.* **To pip (out),** mourir; *P:* faire couic.

pip[4], *s.* Pépin *m* (de fruit).

pip[5], *v.* (**pipped**) **1.** *v.i.* (*Of chick*) Piauler. **2.** *v.tr.* (*Of chick*) Casser, briser (sa coquille).

pip[6], *s.* *Mil. Tg.* & *Tp:* (La lettre) P. *F:* **Pip emma** (= **p.m.**), (six heures, etc.) du soir.

pipage ['paipedʒ], *s.* **1.** Transport *m* (de l'eau, etc.) par conduites, par canalisation. **2.** *Coll.* Tubulures *fpl*, conduites *fpl*, canalisation *f.* **3.** (Pose *f* d'une) canalisation.

pipe[1] [paip], *s.* **1.** (*a*) Tuyau *m*, tube *m*, conduit *m*, conduite *f.* *Const:* **Rain(-water) pipe, down-pipe,** (tuyau de) descente *f.* *Water pipes*, conduites d'eau; tuyaux d'eau. *Nau:* **Voice pipe,** porte-voix *m inv.* *Hyd.E:* **Head-pipe,** *Civ.E:* **branch (drainage) pipe,** tuyau, conduite, d'amenée. *Line of pipes*, tuyauterie *f*, conduite. **To lay pipes,** (i) poser des tuyaux; canaliser; (ii) *U.S:* *P:* poser les bases d'une propagande électorale. *See also* BLAST-PIPE, BLOW-PIPE, BREECHES-PIPE, CHAIN-PIPE, EXHAUST-PIPE, GAS-PIPE, HAWSE-PIPE, HOSE-PIPE, INDUCTION-PIPE, LEG-PIPE, NOSE-PIPE, SCUPPER-PIPES, SERVICE-PIPE, STAND-PIPE, STENCH-PIPE, STOVE-PIPE, SUCTION-PIPE, SUPPLY-PIPE, WASTE-PIPE. (*b*) *Anat:* Tube; *esp.* tube respiratoire. *See also* WINDPIPE. *F:* *There's something wrong with my pipes*, j'ai les poumons malades. (*c*) Entre(-)nœud *m*, *pl.* entre(-)nœuds (d'un brin de paille). (*d*) Forure *f*, canon *m* (d'une clef). **2.** (*a*) *Mus:* (i) Pipeau *m*, chalumeau *m.* **(Bag)pipes,** cornemuse *f.* *See also* PAN[2], PITCH-PIPE. (ii) **Organ-pipe,** tuyau d'orgue. **Reed-pipe,** tuyau à anche. (*b*) *Nau:* Sifflet *m* (du maître d'équipage). **3.** Voix *f*, filet *m* de voix; chant *m* (d'oiseau). **4.** Pipe *f.* *To smoke a p.*, fumer une pipe. *I smoke a p.* (*habitually*), **I am a pipe-smoker,** je fume la pipe. *F:* *How about a p.? let's put on a p.*, si on fumait une pipe? *To puff at, suck, one's p.*, tirer sur sa pipe. **Pipe of peace,** calumet *m* de paix. *To smoke the p. of peace with s.o.*, fumer le calumet de paix avec qn. *P:* **Put that in your pipe and smoke it!** mettez cela dans votre poche, dans votre sac, et votre mouchoir par-dessus! mettez ça dans votre pipe! **To put s.o.'s pipe out,** faire échouer qn. *F:* **The King's Pipe,** le grand incinérateur du port de Londres (où la douane brûle les déchets de tabac). *See also* BRIER[1] 2, CLAY[1] 2, DUTCHMAN'S PIPE, MEERSCHAUM 2. **5.** (*a*) *Geol:* Cheminée *f* de volcan. (*b*) *Min:* **Pipe of ore,** colonne *f* de richesse; coulée *f* de minerai. *See also* DIAMOND-PIPE.

'pipe-clamp, *s.* *Plumb: etc:* Étau *m* pour tuyaux.

'pipe-clay[1], *s.* **1.** Terre *f* de pipe; blanc *m* de terre à pipe (pour astiquage). **2.** *F:* Formalisme *m* dans l'administration de l'armée.

'pipe-clay[2], *v.tr.* Passer (des buffleteries, etc.) à la terre de pipe; astiquer (qch.) au blanc de terre à pipe.

'pipe-cleaner, *s.* Cure-pipe *m*, *pl.* cure-pipes (pour fumeurs); goupillon *m* nettoie-pipes; furet *m.*

'pipe-cutter, *s.* *Plumb:* *etc:* Coupe-tube(s) *m inv*; coupe-tuyaux *m inv.*

'pipe-drained, *a.* *Agr:* (Champ) drainé par une canalisation de tuyaux.

'pipe-fish, *s.* *Ich:* Syngnathe *m*; serpent *m* de mer; aiguille *f* (de mer); trompette *f*; siphonostome *m.*

'pipe-key, *s.* Clef forée.

'pipe-layer, *s.* Poseur *m* de tuyaux, de canalisations.

'pipe-laying, *s.* Pose *f* de tuyaux.

'pipe-light, *s.* Allumette *f* en papier, en copeau.

'pipe-lighter, *s.* Briquet *m* (à essence).

'pipe-line[1], *s.* Conduite *f*, canalisation *f*, tuyautage *m*, tuyauterie *f*; (*for petrol*) pipe-line *m*, *pl.* pipe-lines. *Conveyor p.-l.*, tuyautage de transport.

'pipe-line[2], *v.tr.* Canaliser (l'eau, le pétrole).

'pipe-maker, *s.* **1.** Fabricant *m* de tuyaux. **2.** Fabricant de pipes.

'pipe-organ, *s.* *Mus:* Grand orgue (et non harmonium).

'pipe-rack, *s.* Râtelier *m* à pipes; porte-pipes *m inv.*

'pipe-stone, *s.* *Miner:* Catlinite *f.*

'pipe-stop, *s.* **1.** *Plumb:* *etc:* Bouchon *m* de tuyau. **2.** *Mus:* Jeu *m* de fond (de l'orgue).

'pipe-stopper, *s.* Bourre-pipe *m*, *pl.* bourre-pipes; bourron *m.*

'pipe-tongs, *s.pl.* *Metalw:* *Tls:* Pince *f* serre-tubes.

'pipe vein, *s.* *Geol:* *Miner:* Colonne *f* de richesse; coulée *f* de minerai.

'pipe-vice, *s.* Étau *m* pour tuyaux.

'pipe-work, *s.* Tuyauterie *f*, tuyautage *m*, canalisation *f.*

'pipe-wrench, *s.* *Plumb:* *etc:* Clef *f* à tubes.

pipe[2]. I. *v.i.* (*a*) (i) *A.* & *Poet:* Jouer du chalumeau ou de la flûte. *B:* **We have piped to you and ye have not danced,** nous avons joué de la flûte et vous n'avez point dansé. (ii) Jouer du fifre ou de la cornemuse. (*b*) (*Of wind, etc.*) Siffler; (*of bird*) siffler, gazouiller; (*of pers.*) parler d'une voix flûtée. (*c*) *Navy:* Donner un coup de sifflet.

II. **pipe,** *v.tr.* **1.** (*a*) Jouer (un air) (i) *A:* au chalumeau ou sur la flûte, (ii) sur le fifre ou sur la cornemuse. *There Rob Roy piped his lament*, c'est là que Rob Roy modula sa complainte sur la cornemuse. (*b*) Chanter (une petite chanson) d'une voix flûtée. *To p. the troops from the station to the barracks*, conduire les troupes de la gare à la caserne (au son du fifre, de la cornemuse). (*c*) *Navy:* Siffler (un commandement). **To pipe all hands down,** siffler en bas tout le monde. **To pipe dinner,** siffler à dîner. **To pipe admiral going ashore,** saluer le départ de l'amiral (au son du sifflet). **2.** *F:* **To pipe one's eye(s),** (i) pleurer, pleurnicher, *P:* chialer; (ii) y aller de sa larme. **3.** (*a*) (i) Établir une canalisation dans (une maison). (ii) Canaliser, capter (de l'eau, etc.). *To p. the oil to the refinery,* amener le pétrole à la distillerie par un pipe-line. (*b*) *Min:* Abattre (de la terre, etc.) par la méthode hydraulique. **4.** *Hort:* Bouturer (des œillets). **5.** *Laund:* Tuyauter (un jabot, etc.). **6.** *Dressm: etc:* Lisérer, ganser, passepoiler (une robe, etc.). *Piped pocket,* poche passepoilée.

pipe in, *v.tr.* (*In Scot.*) *To p. in the guests, the haggis,* jouer de la cornemuse en tête de la procession (lors de l'entrée solennelle des invités, du haggis).

pipe up. 1. *v.i.* (i) Se mettre à jouer sur la cornemuse, etc.; (ii) *F:* se mettre à chanter. *F: Here a little voice piped up,* à ce moment une petite voix se fit entendre. **2.** *v.tr.* (*a*) **To pipe up a tune,** commencer à jouer un air (sur la cornemuse, etc.). (*b*) *Navy:* Appeler (la bordée, l'équipe, etc.) au son du sifflet. **To pipe up all hands,** commander tout le monde sur le pont.

piped, *a.* A tuyau(x); à tube(s); tubulé. *See also* KEY[1] 1.

piping[1], *a.* **1.** (*a*) Qui joue du chalumeau, de la flûte, de la cornemuse. *Lit:* **Piping times of peace,** heureuse époque de paix. (*b*) (Son) aigu, sifflant. *P. voice,* voix flûtée. **2. Piping hot,** tout chaud, tout bouillant. *P. hot day,* journée de grande chaleur. *The coffee was p. hot,* le café était tout bouillant. *F:* **Piping hot news,** nouvelles toutes chaudes.

piping[2], *s.* **1.** (*a*) Son *m* du chalumeau, du fifre, de la cornemuse. *See also* DANCE[2] 1. (*b*) Sifflement *m* (du vent, etc.); gazouillement *m,* gazouillis *m,* ramage *m* (d'oiseaux). (*c*) *Navy:* Commandement *m* au sifflet. **2.** (*a*) Pose *f* des tuyaux (d'une maison). (*b*) Canalisation *f,* captage *m* (de l'eau, etc.). (*c*) *Min:* Abatage *m* (de la terre, etc.) par la méthode hydraulique. (*d*) *Coll.* Tuyautage *m,* tuyauterie *f,* conduites *fpl,* conduits *mpl. Aut: Av:* **Flexible connection piping,** durite *f.* **3.** *Hort:* (*a*) Bouturage *m* (d'œillet). (*b*) Bouture *f* (d'œillet). **4.** *Laund:* Tuyautage. **5.** *Dressm: etc:* (*a*) Lisérage *m.* **Piping cord,** ganse *f.* (*b*) Liséré *m,* passepoil *m,* nervure *f;* (*on trousers*) baguette *f.*

pipe[3], *s.* Pipe *f* (de vin); grande futaille.

pipeful ['paipful], *s.* Pipe *f* (de tabac).

piper ['paipər], *s.* **1.** Joueur *m* de chalumeau, de fifre, de cornemuse; cornemuseur *m, F:* cornemuseux *m. P:* **To pay the piper,** payer les violons, la danse, les pots cassés; éclairer la dépense. *To have to pay the p.,* être le dindon de la farce. **He pays the piper while the others call the tune,** il paye les violons et les autres dansent. **He who pays the piper calls the tune,** qui paye a bien le droit de choisir. **2.** *Vet:* Cheval siffleur. **3.** *Min:* Soufflard *m* de grisou.

piperaceae [pipə'reisii:], *s.pl. Bot:* Pipéracées *f.*

piperaceous [pipə'reiʃəs], *a.* Pipéracé.

piperazine ['pipərazain], *s. Ch:* Pipérazine *f.*

piperine ['pipərain], *s. Ch:* Pipérine *f.*

pipette [pi'pet], *s. Ch: etc:* Pipette *f. Pharm:* Compte-gouttes *m inv. Graduated p.,* pipette graduée.

pipistrel(le) [pipi'strel], *s. Z:* Pipistrelle *f.*

pipit ['pipit], *s. Orn:* Pipi *m,* pipit *m.* **Tree pipit,** pipi des buissons; becfigue *m.* **Meadow pipit,** (pipi) farlouse *f.*

pipkin ['pipkin], *s.* Casserole *f* en terre; capucine *f;* poêlon *m;* (marmite *f*) huguenote *f.*

pipless ['pipləs], *a.* Sans pépins.

pippal ['pip(ə)l], *s. Bot:* Arbre *m* des conseils.

pippin ['pipin], *s. Hort:* (Pomme *f*) reinette *f.*

pip-pip ['pip'pip], *int.* **1.** *Aut:* Couin-couin! **2.** *P. & A:* Au revoir! à tantôt!

pip-squeak ['pipskwi:k], *s. P:* **1.** (*Pers.*) Petit bonhomme de rien du tout; gringalet *m.* **2.** (*a*) Petit obus (à note aiguë). (*b*) Petite moto (à note aiguë); petit tacot, petite bagnole, etc., de peu d'apparence.

pipy ['paipi], *a.* **1.** (*a*) En forme de tube. (*b*) A tubes. **2.** (Son) flûté.

piquancy ['pi:kənsi], *s.* **1.** Goût piquant, relevé (d'un mets). **2.** Sel *m,* piquant *m* (d'un conte, etc.). *The p. of the situation,* ce qu'il y a de piquant dans l'affaire; le piquant de l'affaire. *There would be p. in my being the first to see her again,* il serait piquant que je fusse le premier à la revoir.

piquant ['pi:kənt], *a.* (*Of flavour, beauty, anecdote, etc.*) Piquant. *P. satire,* satire piquante, mordante. *Cu:* **Piquant sauce,** sauce piquante. **-ly,** *adv.* Avec du piquant; d'une manière piquante.

pique[1] [pi:k], *s.* Pique *f,* ressentiment *m.* **In a fit of pique,** dans un accès de pique. **To act in a pique,** agir par pique. *Feeling of p.,* sentiment *m* de rancune. **To take a pique against s.o.,** se piquer contre qn.

pique[2], *v.tr.* **1.** Piquer, offenser, dépiter (qn). **To pique s.o.'s pride,** piquer, blesser, qn dans son orgueil. **2.** Piquer, exciter (la curiosité de qn). **3. To pique oneself on sth.,** se piquer de qch.; se glorifier, être fier, de qch. *To p. oneself on one's generosity,* se piquer de générosité. *He piqued himself on being punctual,* il se piquait d'être toujours à l'heure.

pique[3], *s. Cards:* (*At piquet*) Pic *m.*

pique[4], *v.i. Cards:* (*At piquet*) Faire pic; passer de trente à soixante.

piqué ['pi:ke], *s. Tex:* Piqué *m.*

piquet[1] [pi'ket], *s. Cards:* Piquet *m. To play a hand of p.,* faire, jouer, un piquet.

piquet[2] ['piket], *s. Mil:* = PICKET[1] 2.

piracy ['pairəsi], *s.* **1.** Piraterie *f,* flibusterie *f.* **2.** Atteinte *f* au droit d'auteur; contrefaçon *f* (d'un livre, etc.); pillage *m,* vol *m* (des idées, etc.).

Piraeus (the) [ðəpai'ri:əs]. *Pr.n. A. Geog:* Le Pirée.

piragua [pi'ragwa], *s.* Pirogue *f.*

pirate[1] ['pairet], *s.* **1.** (*a*) Pirate *m,* forban *m,* flibustier *m;* écumeur *m* de mer. (*b*) *F:* **Food pirate,** affameur *m.* **2.** Contrefacteur *m* ou démarqueur *m* (d'un ouvrage littéraire, d'une œuvre musicale, etc.); voleur *m,* pilleur *m* (d'idées, etc.). **3.** *Attrib.* **Pirate bus,** autobus qui concurrence les grandes compagnies sur les routes desservies par celles-ci; maraudeur *m.*

pirate[2]. 1. *v.i.* (*a*) Pirater, flibuster; faire de la piraterie. (*b*) Faire de la contrefaçon littéraire ou artistique; faire du démarquage. **2.** *v.tr.* (*a*) Saisir (un navire) en pirate, en flibustier. (*b*) Contrefaire ou démarquer (un livre); s'approprier, voler (une invention, etc.). *To p. a trade-mark,* contrefaire une marque de fabrique.

pirating, *s.* **1.** Piraterie *f,* flibusterie *f.* **2.** (*a*) Saisie *f* (d'un navire) par des pirates. (*b*) Contrefaçon *f;* vol *m* (littéraire, etc.); démarquage *m.*

piratical [pai'ratik(ə)l], *a.* **1.** De pirate, de flibustier. **2.** De contrefacteur; de contrefaçon. **-ally,** *adv.* **1.** En pirate, en flibustier. **2.** En contrefacteur; par contrefaçon.

piratinera [pairati'ni:əra], *s. Bot:* Piratinère *m.*

Pirithous [pai'riθoəs]. *Pr.n.m. Gr.Myth:* Pirithoüs.

pirn [pə:rn], *s. Scot:* **1.** *Tex:* Cannette *f,* sépoule *f. See also* WINDER 2. **2.** Bobine *f* (de fil à coudre, etc.).

pirogue [pi'roug], *s.* Pirogue *f.*

pirouette[1] [piru'et], *s. Danc:* Pirouette *f. To perform a p.,* pirouetter; faire la pirouette.

pirouette[2], *v.i.* Pirouetter; faire la pirouette.

Pirquet ['pi:ərkei]. *Pr.n. Med:* **Pirquet('s) test, Pirquet('s) reaction,** cuti-réaction *f.*

Pisa ['pi:za]. *Pr.n. Geog:* Pise *f.*

Pisan ['pi:zən], *a. & s. Geog:* Pisan, -ane; de Pise.

piscary ['piskəri], *s.* **1.** *Jur:* **Common of piscary,** droit *m* de pêche. **2.** Pêcherie *f.*

piscatorial [piskə'tɔ:riəl], **piscatory** ['piskətəri], *a.* Qui se rapporte à la pêche; (instruments, etc.) de pêche.

Pisces ['pisi:z]. *Pr.n.pl. Astr:* Les Poissons *m.*

piscicultural [pisi'kʌltjurəl], *a.* Piscicole.

pisciculture ['pisikʌltjər], *s.* Pisciculture *f.*

pisciculturist [pisi'kʌltjurist], *s.* Pisciculteur *m.*

pisciform ['pisifɔ:rm], *a.* Pisciforme.

piscina, *pl.* **-as, -ae** [pi'si:na, pi'saina, -əz, -i:], **piscine[1]** ['pisi:n], *s.* **1.** *Rom.Ant: Ecc:* Piscine *f.* **2.** Vivier *m.*

piscine[2] ['pisain], *a.* Ayant rapport aux poissons; de poisson.

piscivorous [pi'sivorəs], *a.* Piscivore.

pisé ['pi:ze], *s. Const:* Pisé *m.*

Pisgah ['pizgɑ:]. *Pr.n. B:* Pisga (colline du sommet de laquelle Moïse vit la Terre Promise).

pish[1] [piʃ], *int.* **1.** Fi! zut! bah! **2.** Pouah!

pish[2]. 1. *v.i.* (*a*) Dire fi. (*b*) Faire pouah. **To pish at s.o.,** traiter qn avec dédain ou avec dégoût. **2.** *v.tr.* **To pish away, down,** chasser (qn), rejeter (qch.), en criant bah ou pouah!

pishogue ['piʃoug], *s. Irish:* Sorcellerie *f.*

Pisidia [pai'sidia]. *Pr.n. A.Geog:* La Pisidie.

pisiform ['paisifɔ:rm, 'pizi-]. **1.** *a.* Pisiforme. **2.** *s. Anat:* Os *m* pisiforme.

Pisistratus [pai'sistratəs]. *Pr.n.m. Gr.Hist:* Pisistrate.

pisolite ['paisolait], *s. Miner:* Pisolithe *f;* calcaire *m* pisolithique.

piss[1] [pis], *s.* Urine *f,* pisse *f, F:* pipi *m;* (*of animals*) pissat *m.*

piss[2]. 1. *v.i.* Uriner, pisser, *F:* faire pipi. **2.** *v.tr.* (*a*) Pisser (du sang, etc.). (*b*) *To p. one's bed,* mouiller son lit. (*c*) **To piss out the fire,** éteindre le feu en pissant dessus.

pissed, *a. P:* Soûl, gris.

pissing, *s.* Pissement *m.*

pissasphalt ['pisasfalt], *s. Miner:* Pissasphalte *m.*

pistachio [pis'tɑ:ʃjo], *s. Bot:* **1. Pistachio(-nut),** pistache *f.* **Pistachio green,** (vert *m*) pistache (*m*) *inv.* **2. Pistachio(-tree),** pistachier *m.*

pistil ['pistil], *s. Bot:* Pistil *m;* gynécée *m,* dard *m.*

pistillate ['pistilet], *a. Bot:* Pistillé, pistillifère; (fleur *f*) femelle.

Pistoja [pis'tɔia]. *Pr.n. Geog:* Pistoie.

pistol[1] ['pist(ə)l], *s.* **1.** *Sm.a:* Pistolet *m.* **To hold a pistol to s.o.'s head,** mettre à qn le pistolet sous la gorge. *To fight with pistols,* se battre au pistolet. **Duelling-pistols,** pistolets de combat. *See also* HORSE PISTOL, POCKET-PISTOL, SERVICE-PISTOL. **2.** (*a*) *Tls:* Pistolet (d'un outil pneumatique, etc.). (*b*) (*Paint-, varnish-*)**spraying pistol,** pistolet à peinturer, pistolet de vernissage. (*c*) *Artil:* **Firing pistol,** pistolet de tir. (*d*) *Mil: Nau:* **Flare-pistol,** pistolet éclairant.

'pistol-shot, *s.* Coup *m* de pistolet. **Within pistol-shot,** à portée de pistolet.

pistol[2], *v.tr.* (**pistolled; pistolling**) Abattre (qn) d'un coup de pistolet.

pistole [pis'toul], *s. Num:* Pistole *f.*

piston ['pistən], *s.* Piston *m* (d'une machine à vapeur, d'une pompe, *Mus:* d'un cornet à piston, etc.); sabot *m* (de pompe). **Bucket-piston,** piston à clapets. **Valve-piston,** piston à soupape. **Piston area,** alésage *m. I.C.E:* **Expanding-skirt piston,** piston à jupe expansible.

'piston-barrel, -body, *s.* Fût *m,* corps *m,* carcasse *f,* du piston.

'piston-chamber, *s.* Barillet *m* (de pompe).

'piston-clearance, *s. Mch:* Espace mort, espace libre; vent *m* (du piston).

'piston-head, *s.* Tête *f,* fond *m,* haut *m,* du piston.

'piston-ring, *s. I.C.E:* Segment *m,* bague *f,* de piston; cercle *m* de contact. *Oil-scraper p.-r.,* segment racleur d'huile.

'piston-rod, *s.* Tige *f,* verge *f,* de piston.

'piston-stroke, *s.* **1.** Coup *m* de piston. **2.** Course *f* du piston.

'piston-valve, *s.* *Mch:* Piston *m* tiroir.

pit[1] [pit], *s.* *U.S:* Pépin *m.*

pit[2], *s.* **1.** (*a*) Fosse *f*, trou *m*; (*roughly dug*) fouille *f*. Concrete pit, fosse cimentée. *Aut: etc:* Inspection pit, repair pit, fosse (à réparations). *Ind:* Erecting pit, puits *m* de montage. *Metall:* Casting pit, fosse de coulée. *Tan:* Tan-pit, cuve *f* à tanner. *Artil:* Gun-pit, emplacement *m* de pièce; trou *m* à canon. *Mil:* *Machine-gun pit*, emplacement de mitrailleuse. *Husb:* Store-pit, silo *m*. *See also* ASH-PIT, LIME-PIT 2, MIDDEN-PIT, SAW-PIT, SHELTER-PIT, SLIME-PIT, SWEATING-PIT. (*b*) The pit, l'enfer *m*, les enfers. *See also* BOTTOMLESS 2. (*c*) Trappe *f*, piège *m*, attrapoire *f* (à animaux). *F:* To dig a pit for s.o., tendre un piège à qn. (*d*) (i) Carrière *f* (à chaux, etc.). *See also* BORROW-PIT, MARL-PIT, SALT-PIT, SAND-PIT. (ii) Puits *m* (d'une mine de charbon); puits de mine. (iii) Mine *f* (de charbon); houillère *f*. **2.** (*a*) (Cock)pit, arène *f*, parc *m* (de combat de coqs). (*b*) *Th:* Parterre *m*. (*c*) *Th: Cin:* Orchestra pit, fosse d'orchestre. (*d*) *U.S:* Marché *m* (à la Bourse). The (Chicago) wheat pit, la Bourse des blés. **3.** (*a*) Petite cavité, piqûre *f*, alvéole *m or f* (dans un métal, etc.); ponctuation *f*. *Biol: Bot:* Favéole *f*. *Hort:* Pit-sowing, semis *m* en poquets. (*b*) *Med:* Cicatrice *f*, marque *f* (de la petite vérole). **4.** *Anat:* The pit of the stomach, le creux de l'estomac; l'épigastre *m*. *See also* ARMPIT. **5.** *Games:* To play at pits (*with marbles*), jouer au pot, à la bloquette. *The pit*, le pot, la bloquette.

pit-'boy, -'lad, *s.* *Min:* Galibot *m.*

pit-'coal, *s.* Houille *f.*

pit-'head, *s.* *Min:* Bouche *f* de puits; gueulard *m* de mine; recette *f* de, du, jour; carreau *m* (de la mine). 'Pit-head price, prix *m* (du charbon) sur le carreau. Pit-head baths, bains *m* à proximité de la mine.

'pit pony, *s.* Cheval *m* de mine.

'pit-'prop, *s.* *Min:* Poteau *m*, étai *m*, de mine; chandelle *f*, butte *f*, étançon *m*. *Pit-props*, bois *m* de soutènement.

'pit-saw, *s.* *Tls:* Scie *f* de long; (h)arpon *m*, hansard *m.*

'pit-sawyer, *s.* Scieur *m* de long.

pit-'stall, *s.* *Th:* Fauteuil *m* de parterre; stalle *f* d'orchestre.

'pit-tip, *s.* *Min:* Halde *f* de déblais.

pit[3], *v.tr.* (pitted; pitting) **1.** Mettre (qch.) dans une fosse. *Husb:* Ensil(ot)er (l'herbe, etc.). **2.** (*a*) Mettre (deux coqs) en parc; faire jouter (des coqs). (*b*) To pit s.o. against s.o., mettre qn aux prises avec qn; opposer qn à qn. *To pit oneself against s.o.*, se mesurer contre qn. *To be pitted against s.o.*, avoir qn comme adversaire. **3.** (*a*) (*Of acids, etc.*) Piquer, trouer, ronger (le métal, etc.). (*b*) *Med:* (*Of smallpox*) Grêler, marquer (le visage). **4.** *v.i.* (*Of metals*) Se piquer.

pitted, *a.* **1.** (*Of metal, etc.*) Piqué, troué, gravé, rongé, corrodé, alvéolé (par un acide, etc.). *Biol: Bot:* Favéolé. Pitted gun, fusil chambré. Pitted bearing, roulement piqué. **2.** (*Of pers.*) Grêlé, marqué, picoté, cousu, criblé (par la petite vérole).

pitting, *s.* **1.** Piqûre *f* (d'un métal, etc., par un acide, etc.). **2.** *Coll.* Marques *fpl* (de la petite vérole sur la peau).

pita ['pi:ta], *s.* *Bot:* Agave *m* d'Amérique. Pita fibre, pita hemp, pita thread, fibre *f* d'agave.

pit-(a-)pat ['pit(ə)pat]. **1.** *adv.* To go pit-a-pat, (*of rain, etc.*) crépiter; (*of feet*) trottiner; (*of the heart*) battre, palpiter; faire toc-toc; battre la breloque. **2.** *s.* Crépitement *m* (de la pluie); battement *m* (du cœur). The pit-a-pat of horses' hoofs, le bruit rythmé des sabots des chevaux. Sound of pit-a-pat feet, bruit de petits pas trottinants. **3.** *v.i.* To pit-a-pat about the house, trottiner, marcher à pas de souris, par la maison.

pitch[1] [pitʃ], *s.* Poix *f*; (*from coal-tar*) brai *m*. Mineral pitch, Jew's pitch, bitume *m* de Judée; spalt *m*; asphalte minéral. Burgundy pitch, poix de Bourgogne. Navy pitch, goudron *m* à calfater. *Nau: F:* The pitch pot, le pot au noir. *Prov:* You can't touch pitch without being defiled, d'un sac à charbon ne peut sortir blanche farine.

'pitch-'black, *a.* **1.** Noir comme poix. **2.** Noir comme dans un four.

'pitch-block, *s.* *Metalw:* Bloc *m* de mastic (pour travail en repoussé).

'pitch-coal, *s.* (*a*) Houille bitumineuse. (*b*) Jais *m.*

'pitch-'dark, *a.* It is pitch-dark, il fait nuit noire, il fait noir comme dans un four; on n'y voit goutte.

'pitch-mop, *s.* *Nau:* Penne *f* à brai; guipon *m*; vadrouille *f.*

'pitch-paper, *s.* *Com:* Emballage gras.

'pitch-'pine, *s.* *Bot: Carp:* Pitchpin *m*; faux sapin; pin *m* à trochets.

'pitch-stirrer, *s.* Brasse *f.*

pitch[2], *v.tr.* Brayer; enduire (qch.) de poix, de brai.

pitch[3], *s.* **1.** Lancement *m*, jet *m* (d'une pierre, etc.). *Cr:* Full pitch, balle bôlée qui arrive sur le guichet sans avoir rebondi sur le sol. *F:* The stone came full pitch at my head, la pierre vint droit à ma tête. **2.** Plongement *m* (d'une locomotive); tangage *m* (d'un navire, d'un avion). *Av:* Angle of pitch, angle *m* de tangage. **3.** (*a*) Place *f* (dans un marché, etc.); place habituelle (d'un mendiant, d'un camelot). *See also* QUEER[3]. (*b*) *Fish:* (Baited) pitch, coup *m*. (*c*) *Cr:* Terrain *m* entre les guichets. To water the pitch, (i) arroser le terrain; (ii) *F:* préparer le terrain; faire de la propagande; prédisposer les esprits (en faveur de qch.). **4.** (*a*) *A:* Hauteur *f* (à laquelle s'élève un faucon). *F:* To fly at a higher pitch than s.o., surpasser qn. (*b*) *Arch:* Hauteur (du plafond); hauteur sous clef (d'un arc). (*c*) *Mus:* Hauteur (d'un son); diapason *m* (d'un instrument). To give the orchestra the pitch, donner l'accord à l'orchestre. *To raise the p. of a piano by a quarter-tone*, monter un piano d'un quart de ton. *See also* CONCERT-PITCH. (*d*) Degré *m* (d'élévation). *He has reached such a p. of insolence that . . .*, il est arrivé à un tel degré d'insolence que. . . . *To excite s.o.'s interest* to the highest pitch, porter l'intérêt de qn au plus haut degré, à son comble. *To provoke s.o. to the highest p. of resentment*, irriter qn au dernier point. *His curiosity was raised to the highest p.*, sa curiosité était excitée au plus haut point. *The highest p. of glory, of eloquence, Lit:* le plus haut période de la gloire, de l'éloquence. To such a pitch that . . ., à tel point que . . .; à ce point que . . .; au point que. . . . To shout at the pitch of one's voice, crier de toutes ses forces, à tue-tête. **5.** (*a*) Degré de pente (d'une colline, d'un toit, etc.); chute *f* (d'un toit); inclinaison *f*, basile *m* (d'un fer de rabot). *Const:* Pitch of the roof-rafters, rampe *f* des chevrons. (*b*) Bevel-gear pitch, cône primitif d'un pignon conique. **6.** (*a*) (i) Avancement *m*, pas *m* (d'une vis, d'une hélice); (ii) espacement *m*, pas, de la denture (d'une roue); (iii) angle *m* des dents (d'une scie). Odd pitch (*of a screw*), pas bâtard. Even pitch, pas exact. Congress pitch, pas du Congrès. *Low p., coarse p.* (*of airscrew*), petit pas, grand pas. *See also* DIAMETER. (*b*) Espacement, écartement *m* (des rivets). *El:* Brush pitch, écartement (angulaire) des balais.

'pitch-accent, *s.* *Ling:* Accent *m* de hauteur.

'pitch-arc, *s.* *Mec.E:* Arc *m* d'engrènement, de prise.

'pitch-circle, *s.* *Mec.E:* Ligne *f* d'engrènement (d'une roue); cercle primitif.

'pitch-hole, *s.* *U.S:* Trou *m* (dans la route); *F:* nid *m* de poule.

'pitch-line, *s.* *Mec.E:* Ligne primitive; ligne d'engrenage, d'engrènement (d'une roue dentée).

'pitch-pipe, *s.* *Mus:* Diapason *m* à bouche.

'pitch-wheel, *s.* *Mec.E:* Roue *f* d'engrenage.

pitch[4]. I. *v.tr.* **1.** (*a*) Tendre, dresser, asseoir (une tente); asseoir, établir (un camp). *Abs.* Camper; planter sa tente. (*b*) *Cr:* Planter, dresser (les guichets). *Wickets pitched at two o'clock*, la partie commence à deux heures. **2.** Placer, mettre. *To p. a ladder against a building*, poser une échelle contre un bâtiment. *Village pitched on a hill*, village perché sur une colline. **3.** Exposer (des marchandises) en vente. *A large consignment was pitched yesterday*, il y a eu un gros arrivage au marché hier. **4.** *Civ.E:* (*a*) (i) Empierrer, (ii) paver (une chaussée). (*b*) Établir la fondation (d'une route). **5.** (*a*) *Mus:* Jouer ou écrire (un morceau) dans une clef donnée. *These songs are pitched too high, too low, for me*, ces chansons montent trop haut, descendent trop bas, pour ma voix. To pitch one's voice higher, lower, hausser, baisser, le ton de sa voix. *To p. one's voice correctly*, se mettre dans le ton; bien poser la voix. (*b*) Arrêter, déterminer. To pitch an estimate too low, arrêter trop bas un devis estimatif. *To p. one's aspirations too high*, viser trop haut. *Games:* To pitch sides, choisir les camps. **6.** Jeter, lancer (une javeline, une balle); (*at baseball*) lancer. *To p. the hay on to the cart*, jeter le foin sur la charrette; charger le foin. *Cr:* Full-pitched ball, balle *f* à toute volée. To be pitched off one's horse, être désarçonné. To be pitched about, être ballotté. **7.** *P:* Raconter, débiter (une histoire). To pitch it strong, exagérer, charger; y aller fort. *You'll have to p. it strong at the meeting*, il faudra leur parler carrément à la réunion. To pitch it straight to s.o., avouer la vérité à qn. *See also* YARN[1] 2.

II. **pitch**, *v.i.* **1.** Tomber. To pitch on one's head, tomber sur sa tête, sur la tête. *The ball pitched on a stone*, le ballon a rebondi sur une pierre. **2.** (*a*) *Nau:* (*Of ship*) Tanguer; plonger du nez; renvoyer; *F:* canarder. To pitch heavily astern, acculer. (*b*) (*Of locomotive*) Plonger; (*of aeroplane, motor car*) tanguer. **3.** *Mec.E:* (*Of cog-wheel*) S'engrener (*into*, avec). **4.** (*Of coal seam, etc.*) S'incliner; prendre de la pente; plonger. **5.** To pitch (up)on sth., se décider pour qch; arrêter son choix sur qch.; choisir qch.; faire choix de qch.

pitch in, *v.i.* *P:* Se mettre à la besogne.

pitch into, *v.i.* **1.** *F:* (*a*) (i) Taper sur (qn); s'attaquer à (qn); faire une sortie à, contre (qn); tomber (à bras raccourcis) sur (qn); rentrer dedans à (qn); (ii) dire son fait à (qn). Pitch into him! tapez dessus! *They pitched into him*, on lui a tapé dessus. (*b*) *To p. into the work, into the pie*, s'attaquer au travail, au pâté. **2.** Tomber la tête la première dans (la mare, etc.).

pitch over, *v.i.* (*Of pers.*) Tomber à la renverse; faire la culbute.

pitched, *a.* **1.** Pitched battle, bataille rangée. **2.** (*Of road*) (i) Empierré; (ii) (*with square setts*) pavé. **3.** *See* HIGH-PITCHED, LOW-PITCHED.

pitching[1], *a.* Pitching ship, navire qui tangue; *F:* bâtiment canard.

pitching[2], *s.* **1.** Dressage *m*, assiette *f* (d'une tente); établissement *m* (d'un camp). **2.** Mise *f* (de qch. dans une position quelconque); mise en vente (des marchandises). **3.** (*a*) (*Action*) (i) Pavage *m*; (ii) empierrement *m*; (iii) pose *f* de la fondation (d'une chaussée). (*b*) (*Result*) (i) Pavage, pavé *m*; (ii) empierrement *m*, perré *m*; (iii) fondation. **4.** Lancement *m*, jet *m* (d'une pierre, etc.). Pitching about, ballottement *m*. **5.** Chute *f*; rebond *m* (d'une balle). **6.** Tangage *m* (d'un navire, d'un avion, d'une auto); plongement *m* (d'une locomotive). (*Of ship*) Pitching by the stern, acculement *m*. *Aut:* Pitching motion, mouvement *m* de galop, de tangage. **7.** *Min:* Descente *f*, inclinaison *f* (d'un filon). **8.** *Mec.E:* Engrenage *m*, engrènement *m*, prise *f* (de deux pignons).

'pitch-and-'toss, *s.* Jeu *m* de pile ou face. *To play pitch-and-toss*, jouer à pile ou face.

'pitch-farthing, *s.* = *chuck-farthing, q.v. under* CHUCK[5] 2.

pitchblende ['pitʃblend], *s.* *Miner:* Pechblende *f*, péchurane *m.*

pitcher[1] ['pitʃər], *s.* **1.** (*a*) Cruche *f* (de grès); broc *m*, pichet *m*. *Prov:* Little pitchers have long ears, les petits enfants ont l'oreille fine; les enfants entendent tout. The pitcher goes so often to the well that at last it breaks, tant va la cruche à l'eau qu'à la fin elle se brise. (*b*) *U.S:* Cruchette *f*, cruchon *m*, pot *m* (à lait, etc.). **2.** *Bot:* *F:* Ascidie *f.*

'pitcher-plant, *s.* *Bot:* **1.** Népenthès *m*, népenthe *m*, bandure *f*; plante *f* distillatoire. **2.** Sarracénie *f*.

'pitcher-shaped, *a.* *Bot:* Ascidiforme, urcéolé.

pitcher², *s.* **1.** (*Pers.*) (*a*) (*At baseball*) Lanceur *m* (de la balle); (*at hay-making*) broqueteur *m*. (*b*) *Com:* Vendeur, -euse, à l'étalage; étalagiste *mf*; marchand, -ande, en plein air. **2.** Pierre *f* à paver; pavé *m* (en grès); caillou, *pl.* cailloux (d'empierrement).

pitcherful ['pitʃərful], *s.* Cruchée *f*, plein broc.

pitchfork¹ ['pitʃfɔːrk], *s.* *Mus:* Diapason *m* (en acier).

pitchfork², *s.* *Husb:* Fourche *f* (à foin); fouine *f*; (*two-pronged*) bident *m*.

pitchfork³, *v.tr.* **1.** Lancer (une gerbe, etc.) avec la fourche. **2.** *F:* Bombarder (qn dans un poste). **To pitchfork s.o. into the ministry,** bombarder qn ministre.

pitchforkful ['pitʃfɔːrkful], *s.* Fourchée *f* (de foin, etc.).

pitchstone ['pitʃstoun], *s.* *Geol:* Rétinite *f*.

pitchy ['pitʃi], *a.* **1.** Poisseux, poissé. *P:* **Pitchy fingers,** doigts crochus. **2.** Noir comme poix.

piteous ['pitjəs], *a.* **1.** *A:* Compatissant (*of*, pour). **2.** Pitoyable, piteux, apitoyant, misérable, triste. **-ly,** *adv.* **1.** *A:* Avec compassion. **2.** Pitoyablement, piteusement, misérablement, tristement.

piteousness ['pitjəsnəs], *s.* **1.** *A:* Compassion *f*. **2.** État piteux; tristesse *f* (d'une situation, etc.).

pitfall ['pitfɔːl], *s.* Trappe *f*, fosse *f*; piège *m*, attrapoire *f*. *F:* **The pitfalls of the English language, of the law,** les traquenards *m*, les pièges, de la langue anglaise, de la procédure.

pith¹ [piθ], *s.* **1.** (*a*) *Bot:* *Anat:* Moelle *f*; *Bot:* médulle *f*. **Palm-tree pith,** cervelle *f* de palmier. *Arb:* **Pith ray,** rayon *m* médullaire. **Pith helmet,** casque (colonial) en sola. (*b*) Peau blanche (d'une orange, etc.). (*c*) *A:* Moelle épinière. **2.** (*a*) Vigueur *f*, force *f*, sève *f*, ardeur *f*. **The pith and marrow of the country,** la force du pays. (*b*) Moelle, essence *f*, âme *f*, suc *m* (d'un livre, etc.); piquant *m* (d'une histoire). *To get the p. (and marrow) out of a book,* extraire la moelle (substantifique), la quintessence, d'un livre. **3. Enterprises of great pith and moment,** entreprises de première importance.

pith², *v.tr.* Abattre (un bœuf) par énervation.

pithing, *s.* Énervation *f* (d'un bœuf).

pithecanthrope [piθe'kanθroup], *s.* *Paleont:* Pithécanthrope *m*.

pithecoid ['piθekɔid], *a.* *Z:* Pithécoïde, simiesque.

pithiness ['piθinəs], *s.* Concision *f*; style nerveux.

pithless ['piθləs], *a.* Mou, *f.* molle; flasque; qui manque de moelle.

pithy ['piθi], *a.* **1.** (*Of stem, etc.*) Moelleux; à moelle. **2.** (*Of style, etc.*) (i) Nerveux, concis, succinct, condensé; vigoureux; plein de sève; (ii) substantiel. **-ily,** *adv.* En un style nerveux, condensé, concis; avec concision.

pitiable ['pitiəbl], *a.* Pitoyable, piteux, déplorable; digne de pitié; (*of appearance, objects, furniture*) minable, lamentable. **It is pitiable!** c'est à faire pitié. *He was in a p. state,* il était dans un état à faire pitié. **-ably,** *adv.* Pitoyablement, lamentablement; à faire pitié.

pitiableness ['pitiəblnəs], *s.* État *m* lamentable, pitoyable.

pitiful ['pitiful], *a.* **1.** Compatissant; plein de pitié. **2.** (*a*) Pitoyable, lamentable, apitoyant. *It is p. to see him,* il fait pitié. **Isn't it pitiful!** si c'est pas malheureux de voir ça! (*b*) *Pej:* Lamentable; à faire pitié. **-fully,** *adv.* **1.** Avec compassion, avec pitié. **2.** (*a*) Pitoyablement, piteusement, misérablement. **To cry pitifully,** pleurer à fendre l'âme. (*b*) *Pej:* Lamentablement; à faire pitié.

pitifulness ['pitifulnəs], *s.* **1.** Compassion *f*, pitié *f*. **2.** = PITIABLENESS.

pitiless ['pitiləs], *a.* Impitoyable; sans pitié; (vent, froid) cruel. **-ly,** *adv.* Impitoyablement; sans pitié.

pitilessness ['pitiləsnəs], *s.* Caractère *m* impitoyable; manque *m* de pitié; dureté *f* de cœur; cruauté *f*.

pitman, *pl.* **-men** ['pitmən, -men], *s.* **1.** *Min:* Mineur *m*, *esp.* houilleur *m*. **2.** Scieur *m* de long. **3.** *Mch:* *U.S:* (*pl.* **pitmans**) Bielle *f*.

pitpan ['pitpan], *s.* *U.S:* Canot creusé dans un tronc d'arbre, pirogue *f*.

pit-pat ['pitpat], *adv.*, *s.*, & *vb.* See PIT-(A-)PAT.

pittance ['pitəns], *s.* Maigre salaire *m*. *To work for a scanty p.,* travailler pour une maigre rétribution, pour des gages dérisoires. **To be reduced to a mere pittance,** être réduit à la portion congrue.

pitter-patter¹ ['pitərpatər], *s.* = PATTER³.

pitter-patter², *v.i.* = PATTER⁴.

pitticite ['pitisait], **pittizite** ['pitizait], *s.* *Miner:* Pittizite *f*.

pittite ['pitait], *s.* *Th:* *F:* Spectateur, -trice, du parterre.

pituitary [pi'tjuːitəri], *a.* *Anat:* Pituitaire. **Pituitary gland, body,** hypophyse *f*; glande *f* pituitaire.

pituitous [pi'tjuːitəs], *a.* *Med:* Pituiteux.

pity¹ ['piti], *s.* Pitié *f*. (*a*) Compassion *f*, apitoiement *m*. **To take pity on s.o.,** prendre qn en pitié; prendre pitié de qn. **Have pity on us!** ayez pitié de nous! **To feel pity for s.o.,** éprouver de la compassion pour qn; s'apitoyer sur qn. **To move s.o. to pity,** exciter la compassion de qn; apitoyer qn. *To do sth.* **out of pity for s.o.,** faire qch. par pitié pour qn. *To excite public p.,* exciter la commisération publique. *Eyes brimming with p.,* yeux attendris. **The pity of it** *brought a lump to his throat,* un attendrissement lui serrait la gorge. **For pity's sake,** par pitié; de grâce. (*b*) Dommage *m*. **What a pity!** quel dommage! quel malheur! *What a p. I didn't know of it!* quel malheur que je ne l'aie pas su! **It is a great pity, a thousand pities, that . . .,** il est bien malheureux, c'est bien dommage, c'est mille fois dommage, que . . .; *A. & Lit:* c'est grande pitié que. . . . *See also* MORE 4.

pity², *v.tr.* Plaindre (qn); avoir pitié de, s'apitoyer sur, être compatissant pour (qn). **He is to be pitied,** il est à plaindre; il fait pitié. *He is in no mood to be pitied,* il n'est pas en humeur d'être plaint.

pitying, *a.* Compatissant. **Pitying glance,** regard de pitié. **-ly,** *adv.* Avec compassion, avec pitié.

pityriasis [piti'raiəsis], *s.* *Med:* Pityriasis *m*; dartres farineuses.

Pius ['paiəs]. *Pr.n.m.* Pie.

pivot¹ ['pivət], *s.* **1.** Pivot *m* (d'articulation); tourillon *m*; axe *m* (de rotation); cheville ouvrière; (*of gate swivel-hinge*) aiguillon *m*. **Ball pivot,** tourillon sphérique; pivot à rotule. *F:* **The pivot on which the whole question turns,** le pivot, l'axe, sur lequel tourne toute la question. **2. Pivot(-man),** (i) *Mil:* pivot, guide *m*; (ii) pivot (d'une entreprise).

'pivot-arm, *s.* Bras *m* de pivot.

'pivot-bridge, *s.* *Civ.E:* Pont tournant.

'pivot-frame, *s.* *Artil:* Plate-forme *f* à pivot (d'un mortier, etc.), *pl.* plates-formes à pivot.

'pivot-gun, *s.* Canon monté sur pivot.

'pivot-joint, *s.* *Anat:* Diarthrose *f* rotatoire.

pivot², *v.* (**pivoted; pivoting**) **1.** *v.tr.* (*a*) Monter (une pièce) sur pivot. (*b*) *F:* **To pivot a question on a fact,** faire pivoter une question sur un fait. (*c*) **To pivot a fleet,** faire pivoter une flotte. **2.** *v.i.* Pivoter, tourner (*upon, on, sth.*, sur qch.).

pivoted, *a.* Monté sur pivot; articulé.

pivoting¹, *a.* Pivotant; à pivot.

pivoting², *s.* Pivotation *f*, pivotement *m*.

pivotal ['pivət(ə)l], *a.* **1.** Pivotal, -aux. *P. connection,* assemblage *m* à pivot. *See also* FAULT¹ 5. **2.** *P. motive,* mobile cardinal. **Pivotal trades,** métiers cardinaux; métiers essentiels.

pixie, pixy ['piksi], *s.* (i) Lutin *m*, farfadet *m*; (ii) fée *f*.

'pixy-'led, *a.* Égaré par les lutins, par les fées; ensorcelé; qui a perdu l'esprit.

pixilated ['piksileitid], *a.* *U.S:* *F:* Loufoque, fantasque.

Pizarro [pi'zɑːro]. *Pr.n.m.* *Hist:* Pizarre.

pizzicato [pitsi'kɑːto], *a.*, *adv.*, & *s.* *Mus:* Pizzicato (*m*), pincé (*m*).

pizzle ['pizl], *s.* **1.** Verge *f* (d'un taureau, etc.). **2.** (*Weapon*) **Bull's pizzle,** nerf *m* de bœuf.

placability [plakə'biliti], **placableness** ['plakəblnəs], *s.* Facilité *f* d'humeur; douceur *f*.

placable ['plakəbl], *a.* Facile à apaiser; doux, *f.* douce; à l'humeur facile.

placard¹ ['plakɑːrd], *s.* Écriteau *m*; affiche *f*, placard *m*.

placard², *v.tr.* **1.** Couvrir (un mur, etc.) d'affiches; placarder (un mur). **2.** Placarder, afficher (une annonce, etc.). **3.** Faire de la réclame par affiches pour (qch.); annoncer (une vente, etc.) par voie d'affiches.

placate [pla'keit], *v.tr.* **1.** Apaiser, calmer, concilier, *F:* défâcher (qn). **2.** *U.S:* Acheter le silence de (ses adversaires).

placating, *a.* = PLACATORY. **-ly,** *adv.* D'un ton conciliant.

placation [pla'keiʃ(ə)n], *s.* Apaisement *m*, conciliation *f*.

placatory ['plakətəri], *a.* Conciliatoire, propitiatoire.

place¹ [pleis], *s.* **1.** (*a*) Lieu *m*, endroit *m*, localité *f*. *To come to a p.,* arriver dans un lieu. **This is the place,** c'est ici. *Before I leave this p. . . .,* avant de partir d'ici . . .; *Lit:* avant de quitter ces lieux. . . . *This would be a good p. for us to picnic in,* nous serons bien ici pour pique-niquer. (*In camp, etc.*) *Come and see my p.,* venez voir mon installation. **An interesting place,** un endroit intéressant; une localité intéressante. **A native of the place,** quelqu'un du pays. *Whitstable is a great p. for oysters,* Whitstable est un centre renommé d'ostréiculture, est un grand centre pour les huîtres. **Fortified place,** place forte, place de guerre. **Place of arrival,** point *m* d'arrivée. **Place of refuge,** lieu de refuge. **Watering place,** ville *f* d'eaux; station *f* balnéaire. **A small country place,** un petit coin rustique. *I'm looking for a little p. that's not too expensive,* je cherche un petit trou pas cher. **From place to place,** de-ci de-là. *To move from p. to p.,* se déplacer souvent. **In all places,** partout. **Books** *all* **over the place,** des livres dans tous les coins. *He leaves his things all over the p.,* il laisse traîner ses affaires de tous les côtés. *They are looking for you all over the p.,* on vous cherche partout: *F:* on vous cherche par les quatre chemins. **In another place,** (i) autre part, ailleurs; (ii) *Parl:* *F:* à la Chambre des Lords. **It is no place for young ladies,** ce n'est pas un endroit convenable pour les jeunes filles. **This is no place for you,** vous n'avez que faire ici. **One cannot be in two places at once,** on ne peut pas être au four et au moulin; on ne peut pas sonner les cloches et aller à la procession. *See also* GO² 4, HOME¹ I. 1, TIME¹ 5. (*b*) **Place of amusement,** lieu de plaisir, de divertissement. **Place of worship,** édifice *m* du culte; église *f*, temple *m*. **Place of business,** maison *f* de commerce; établissement *m*. **Place of residence,** demeure *f*, résidence *f*. *He has a p. in Kent,* il a une résidence, un manoir, un château, une maison de campagne, *F:* une campagne, dans le Kent. *We have a little p. in the country,* nous avons une bicoque à la campagne. **Come round to my place,** *and I'll lend you one,* venez jusque chez moi et je vais vous en prêter un. *You can all come and lunch at our p.,* venez tous déjeuner chez nous. **A low place,** un endroit mal fréquenté. **In high places,** en haut lieu. *See also* LANDING-PLACE, MEETING-PLACE. (*c*) (*In street names*) Cour *f*, passage *m*, rue *f*, ruelle *f*. (*d*) **Market place,** place *f* du marché. **2.** Place. **A place for everything and everything in its place,** une place pour chaque chose et chaque chose à sa place. *To put a book back in its p., to return a book to its p.,* remettre un livre à sa place, à son rang. **To put (back) sth. in the wrong place,** déplacer qch. **To find place for sth.,** trouver place pour qch.; caser (un meuble, etc.). **Fear can have no place in his heart,** son cœur ne connaît point la crainte. *To allocate, assign, a p. to a work within s.o.'s literary productions,* situer un ouvrage dans l'ensemble de l'œuvre de qn. **To lay a place** (*at table*), mettre un couvert. *There is no p. for you,* il n'y a pas de place pour vous. *But I had booked a p.*, mais j'avais réservé une place. **Take your places!** en place! *Would you like to take my p.?* voulez-vous prendre ma place? **To change places with s.o.**, changer de place avec qn. **If I were in your place,** *I should go*, à votre place, j'irais; si j'étais (que de) vous, j'irais. *Put yourself in my p., and what would you do?* mettez-vous à ma place, que feriez-vous? *You must put sth. in its p.*, il faut le remplacer. **In (the) place of . . .**, à la place de . . ., au lieu de . . ., en remplacement de. . . . *In p. of dry details, he has given us . . .*, au lieu de détails arides, il nous a donné. . . . **To hold sth. in place**, tenir qch. en place; assujettir qch. **Out of (its) place,** (volume, etc.) dérangé, déplacé; (fiche) déclassée. **Remark out of place**, observation *f* hors de propos, mal à propos, déplacée. *Familiarity is quite out of p.*, la familiarité n'est pas de mise. (*Of pers.*) **To look (sadly) out of place**, avoir l'air dépaysé; faire triste figure. **To give place to sth., to s.o.**, faire place à qch.; céder le pas à qn. *The drama is giving p. to the cinema*, le théâtre est en train de céder la place, de céder le pas, au cinéma. *His anger gave p. to a feeling of pity*, sa colère fit place à un sentiment de pitié. *Nau:* **To give place to a ship**, dégager la place à un navire. **To take place**, avoir lieu; se passer; arriver; se produire; se faire. *The marriage will not take p.*, le mariage ne se fera pas. *Changes have taken p.*, il s'est opéré des changements. *It took p. ten years ago*, cela s'est passé il y a dix ans. *The demonstration took p. without disorder*, la manifestation s'est déroulée sans désordre. *The collision took p. at midnight*, l'abordage s'est produit à minuit. **While this was taking place**, tandis que cela se passait; sur ces entrefaites. *The struggle taking p. within his heart*, la lutte qui se livre dans son cœur. *See also* HEART[1] 2, TIME[1] 5. **3.** Place, rang *m*. (*a*) **To hold the first place in sth.**, tenir, occuper, le premier rang dans qch. *To attain to a high p.*, atteindre à un rang élevé. *He has taken his p. among the writers of this age*, il a pris rang parmi les écrivains de ce siècle. *His name has taken its p., has found a p., in history*, son nom a pris place dans l'histoire. **To put s.o. in his place**, remettre qn à sa place; rabattre la présomption de qn; *F:* rembarrer qn; *P:* moucher qn. *To keep s.o. in his (proper) p.*, (i) garder les distances avec qn; (ii) ne pas permettre à (un enfant, etc.) de faire le malin. **To keep one's place**, observer les distances. **I know my place**, je sais le respect que je vous dois. **In the first place**, d'abord, en premier lieu. **In the second place**, en second lieu. **In the next place . . .**, ensuite . . ., puis. . . . *Rac:* **First three places**, trois premiers arrivés. **To back a horse for a place**, jouer un cheval placé. (*b*) *Mth:* **Answer to three places of decimals**, solution *f* à trois décimales. *Correct to five places of decimals, to five decimal places*, exact jusqu'à la cinquième décimale. *See also* NEAR[1] III. 3. **4.** Place, poste *m*, emploi *m*, situation *f*. **To take, fill, s.o.'s place**, remplacer qn; remplir les fonctions de qn. *To take s.o.'s p. at a duty*, relever qn. *I took his p. during his illness*, je l'ai remplacé pendant sa maladie. **It is not my place to do it**, cela ne rentre pas dans mes fonctions; ce n'est pas à moi de le faire. (*Of servant*) **To be in a place**, être en place. *She had had several places, had been in several places*, elle avait fait plusieurs places. **5.** Endroit. (*a*) *Weak p. in a beam*, endroit défectueux d'une poutre. *Damp p. in a wall*, tache *f* d'humidité sur un mur. **To put one's finger on the bad place**, mettre son doigt sur l'endroit malade. *To have a sore p. on one's arm*, (i) avoir au bras un endroit sensible; (ii) *F:* avoir un bobo au bras. *See also* SOFT I. 2, THIN[1] 1. (*b*) **To find one's place** (*in a book*), trouver la page; se retrouver. **To lose one's place**, ne plus retrouver où on en est resté. *To laugh at the right p.*, rire au bon endroit.

'place-hunter, *s.* Quémandeur *m* de places, d'emplois.

'place-kick, *s.* *Fb:* Coup *m* (de pied) placé; coup d'envol.

'place-name, *s.* Nom *m* de lieu. **Study of place-names**, toponymie *f*.

place[2], *v.tr.* **1.** Placer, mettre. (*a*) **To place a gun in position**, mettre une pièce en position. *To p. a board edgeways*, poser une planche de champ. **To place a book back** *on the table*, remettre un livre sur la table. **To place one's seal** *on a document*, apposer son sceau à un document. **To place a question on the agenda**, inscrire une question à l'ordre du jour. **To place an amount to s.o.'s credit**, porter une somme au crédit de qn. **To be awkwardly placed**, se trouver dans une situation difficile. *I explained to him how I was placed*, je lui ai exposé ma situation. *The house is well, badly, placed*, la maison est bien, mal, située. (*b*) **To place a book with a publisher**, faire accepter un livre par un éditeur. *I have placed my play*, ma pièce est acceptée (par le comité de lecture, etc.); ma pièce a passé. *Com:* **To place goods, shares**, placer, vendre, des marchandises, des actions. **Difficult to place**, de vente difficile. **To place a loan**, négocier un emprunt. *To p. a new issue*, émettre un nouvel emprunt. (*c*) **To place a matter in s.o.'s hands**, remettre une affaire entre les mains de qn. *I p. my fate in your hands*, je remets mon sort entre vos mains. **To place an order** (*for goods*), passer (une) commande. *To p. orders with s.o.*, passer, donner, confier, des commandes à qn. **To place a child under s.o.'s care**, mettre un enfant sous la garde de qn; confier un enfant à la garde de qn. *To p. oneself under s.o.'s orders*, se mettre sous les ordres de qn. *To p. oneself under s.o.'s power*, se mettre à la merci de qn. **To place sth., oneself, at s.o.'s service**, mettre qch., se mettre, à la disposition de qn. *His poverty places him at your discretion*, son indigence le livre à votre discrétion. **To place s.o. in command**, remettre le commandement à qn. *See also* CONFIDENCE 1, CONTRACT[1] 2. (*d*) *Rugby:* **To place a goal**, marquer un but sur coup de pied placé. **2.** Donner un rang à (qn, qch.). **To be well placed** (*on a class list, etc.*), avoir une bonne place; occuper un bon rang. *As a biographer I p. him among the first*, comme biographe je le mets au premier rang. *Sp: etc:* *To be placed third*, se classer troisième. *Turf:* **Horses not placed**, chevaux non placés. *A placed horse*, un placé. **3.** **To try to place the spot where Caesar landed**, tâcher de déterminer l'endroit exact où débarqua César. *To p. a manuscript not later than the tenth century*, dater un manuscrit du dixième siècle au plus tard. *F:* **I know his face but I cannot place him**, je le connais de vue mais je ne sais plus où je l'ai rencontré. *I can't p. you*, je ne vous remets pas. **4.** **To place s.o. in one's office**, donner une place à qn dans son bureau.

placing, *s.* **1.** *P. in position*, mise *f* en place. **2.** **Placing of orders**, passation *f* des commandes.

placeman, *pl.* **-men** ['pleismən, -men], *s.* *Usu.Pej:* (*a*) Fonctionnaire *m*; homme *m* en place (qui ne cherche que son intérêt). (*b*) Arriviste *m*.

placenta [plə'sentə], *s.* **1.** *Bot:* Placenta *m*. **2.** *Obst:* Placenta; gâteau *m* placentaire; arrière-faix *m*, délivre *m*.

placental [plə'sent(ə)l], *a.* Placentaire.

placentalia [plasen'teiliə], *s.pl.* *Z:* Placentaires *m*.

placentary [plə'sentəri], *a.* & *s.* *Physiol:* *Bot:* Placentaire (*m*).

placentation [plasen'teiʃ(ə)n], *s.* *Bot:* *Physiol:* Placentation *f*.

Placentia [plə'senʃjə]. *Pr.n.* *Geog:* Plaisance *f*.

placer ['pleisər], *s.* *Geol:* *Min:* **1.** Placer *m*; gisement alluvial; *esp.* gisement aurifère. **2.** *pl.* *Min:* **Placers**, chantier *m* de lavage.

placet ['pleiset], *s.* *Sch:* Assentiment *m*, sanction *f*.

placid ['plasid], *a.* Placide, calme, tranquille, serein. **-ly**, *adv.* Placidement; avec calme; tranquillement.

placidity [plə'siditi], **placidness** ['plasidnəs], *s.* Placidité *f*, calme *m*, tranquillité *f*, sérénité *f*.

Placidus ['plasidəs]. *Pr.n.m.* *Rel.Hist:* Placide.

placket ['plaket], *s.* *Dressm:* **1.** Fente *f* de jupe. **2.** Poche *f*, pochette *f* (de jupe).

'placket-hole, *s.* Fente *f* de jupe.

placoid ['plakɔid], *a.* & *s.* *Ich:* Placoïde (*m*).

plagal ['pleigəl], *a.* *Mus:* Plagal, -aux. **Plagal cadence**, cadence plagale. *The plagal modes*, les modes plagaux (du plain-chant).

plagiarism ['pleidʒiərizm], *s.* **1.** Plagiarisme *m*; (habitude *f* du) plagiat; démarquage *m*. **2.** Plagiat; larcin *m* littéraire.

plagiarist ['pleidʒiərist], *s.* Plagiaire *m*; démarqueur *m*; *Lit:* écumeur, -euse, de la littérature.

plagiarize ['pleidʒiəraiz], *v.tr.* Plagier (une œuvre, un auteur); faire un plagiat à, contrefaire (une œuvre). *Abs.* Se livrer à des plagiats; fourrager dans les œuvres d'autrui. *Preacher who plagiarizes Bossuet*, prédicateur *m* plagiaire de Bossuet.

plagiary ['pleidʒiəri], *s.* **1.** = PLAGIARIST. **2.** = PLAGIARISM.

plagiocephalic [pleidʒiose'falik], **plagiocephalous** [pleidʒio'sefələs], *a.* *Ter:* Plagiocéphale.

plagiocephaly [pleidʒio'sefəli], *s.* *Ter:* Plagiocéphalie *f*.

plagioclase [pleidʒio'kleiz], *s.* *Miner:* Plagioclase *f*.

plagiostome ['pleidʒiostoum], *s.* *Ich:* Plagiostome *m*; sélacien *m*.

plague[1] [pleig], *s.* **1.** Fléau *m*. **The ten plagues of Egypt**, les dix plaies *f* d'Égypte. *B:* *As many as had plagues*, tous ceux qui étaient affligés de quelque mal. *F:* **What a plague the child is!** quel fléau, quelle petite peste, que cet enfant! *Here mosquitoes are the p. of our lives*, ici les moustiques sont un fléau, les moustiques empoisonnent l'existence. **2.** Peste *f*. **Plague bacillus**, bacille pesteux. *Vet:* **Cattle plague**, peste bovine. *A:* **A plague on him! plague take him!** la (male)peste soit de lui! diantre soit de lui! *See also* BUBONIC, FOWL[1] 2, HATE[2] 1.

'plague-spot, *s.* **1.** Lésion, tache, occasionnée par la peste. **2.** Foyer *m* d'infection.

'plague-stricken, *a.* **1.** (Pays, etc.) frappé de la peste, dévasté par la peste. **2.** (*Of pers.*) Pestiféré.

plague[2], *v.tr.* **1.** *A:* Frapper (qn, un pays) d'un fléau. *B:* *The Lord plagued Pharaoh and his house with great plagues*, l'Éternel frappa de grandes plaies Pharaon et sa maison. **2.** *F:* Tourmenter, harceler, lutiner, tirailler (qn); *P:* embêter, raser, bassiner, asticoter (qn). **To plague s.o.'s life out**, être le fléau de qn; empoisonner l'existence de qn. **To plague s.o. with questions**, harceler, assommer, qn de questions.

plaguing, *s.* Harcèlement *m*; vexations *fpl*.

plaguesome ['pleigsəm], *a.* = PLAGUY.

plaguily, *adv.* *See* PLAGUY.

plaguy ['pleigi], *a.* *F:* Maudit, fâcheux, assommant. *His p. scruples*, ses diables de scrupules. *adv.* **A plaguy long time**, rudement longtemps, diablement longtemps. **-uily**, *adv.* Diablement, rudement.

plaice [pleis], *s.* *Ich:* Carrelet *m*; plie (franche).

plaid [plad, pleid], *s.* **1.** (*a*) *Cost:* Plaid *m*; couverture *f* servant de manteau (des Écossais). (*b*) Couverture de voyage en tartan ou à petits carreaux. **2.** *Tex:* Tartan *m*, tartanelle *f*.

plaided ['pladid, 'pleidid], *a.* Portant un plaid; enveloppé dans un plaid.

plain [plein]. **I.** *a.* **1.** *A:* Plat, plan. *P. ground*, terrain plat. **2.** Clair, évident, distinct. *To make sth. p. to s.o.*, faire comprendre qch. à qn. *All was p. to see*, tout était clair (à voir). *F:* **It is as plain as a pikestaff, as plain as can be, as plain as daylight, as plain as the nose on your face**, c'est clair comme le jour; c'est clair comme deux et deux font quatre; cela saute aux yeux; cela se voit au doigt et à l'œil; cela paraît comme le nez au visage. *It is your p. duty to . . .*, c'est votre devoir tout tracé de. . . . *It was p. that he did not wish to do it*, il était clair, évident, qu'il ne voulait pas le faire. **Plain to be heard** *was the rippling of the brook*, on entendait distinctement le murmure du ruisseau. *To explain sth. in p. and precise terms*, expliquer qch. en termes clairs et précis. **To make one's meaning perfectly plain**, bien se faire comprendre; mettre les points sur les i. **In plain English . . .**, en bon anglais . . .; tranchons le mot. . . . *I am using p. English*, je parle clairement. *He can't understand p. English*, il ne comprend pas l'anglais quand on le lui parle. *Com:* *Goods marked* **in plain figures**, articles marqués en chiffres connus. *Tg: etc:* **Message in plain language**, *s.* **in plain**, message *m* en clair. **3.** Simple. (*a*) *P. style*, style simple, uni, sans ornements. *P. dress' furniture*, robe *f*, mobilier *m*, simple. *P. drawing*, dessin *m* au trait. *Picture postcards, coloured or p.*, cartes postales en couleurs ou en noir. *Cin: P. lighting*, éclairage frontal. *To live in a p. way*, vivre simplement, modestement. **Plain wood**, bois cru. **In plain clothes**, en bourgeois, en civil; *Adm:* en tenue bourgeoise, en costume de ville. **Plain-clothes policeman**, agent *m* en bourgeois, en civil. *Cards: There is a* **plain card** *in every pack*, avec chaque jeu il y a une carte blanche. *Knitting:* **Plain stitch**, maille *f* simple, à l'endroit. **Plain and purl**, mailles endroit, mailles envers. *See also* SAILING[2] I, SEWING I. (*b*) Uni, lisse. **Plain material, dress**, étoffe unie, robe unie. *P. silks*, soieries *f* en coloris unis. *P. net*, tulle uni. **Plain velvet**, velours plain, uni. **Plain column**, colonne lisse. (*c*) **Plain cooking**, cuisine bourgeoise. *P. cook*, cuisinière bourgeoise. **Plain cake**, gâteau *m* sans raisins, sans amandes, etc.; gâteau sans apprêts. **Plain boiled beef**, bœuf bouilli au naturel. *To drink p. water*, boire de l'eau pure. *Cup of p. black coffee*, tasse *f* de café nature. **Plain bread and butter**, des tartines simplement beurrées. *See also* FOOD I. (*d*) **Plain truth**, franche vérité; pure vérité; vérité pure, simple, brutale. **He was called plain John**, il s'appelait Jean tout court. **Plain answer**, réponse carrée. *That's a p. enough answer*, voilà qui est net! **Plain speech**, le franc-parler; la rondeur. **To be plain with s.o.**, être franc avec qn; user de franchise avec qn. **To use plain language**, parler franchement; parler sans détours; parler carrément. *To tell a p., unvarnished tale*, raconter l'affaire simplement, sans enjolivements. *Matter of p. common sense*, affaire *f* de gros bon sens. **To be a plain man**, être un homme sans cérémonie, sans façon(s). **Plain dealing**, procédés *m* honnêtes; franchise *f*, rondeur *f*; sincérité *f*, loyauté *f*. **Plain-dealing man**, *occ.* **plain-dealer**, homme franc et loyal; homme carré en affaires. (*e*) **Plain country-folk**, de simples villageois. **The plain man**, l'homme ordinaire. **4.** (*Of pers.*) Sans beauté; quelconque. **To be plain**, manquer de beauté. (*Of young woman*) **Plain but attractive**, (i) sympathique sans être belle; (ii) qui a la beauté du diable. *She looks plainer than ever*, elle a enlaidi. **Plain Jane**, (i) jeune fille au visage plutôt quelconque; (ii) petite laideron. (*Of girl*) **Penny plain**, gentille sans beauté. *Our p. sisters*, nos sœurs déshéritées. **-ly**, *adv.* **1.** Clairement, manifestement, distinctement, évidemment. *To see sth. p.*, voir qch. distinctement, nettement. *I can see it p.*, cela saute aux yeux. **To speak plainly**, parler distinctement, clairement. **Plainly I was not wanted**, il était évident, clair, que j'étais de trop. **2.** (*a*) Simplement. **To live plainly**, (i) vivre modestement, simplement; (ii) *F:* ne pas faire grande cuisine. *To dress p.*, s'habiller sans recherche. (*b*) Franchement, carrément, bonnement, sans détours, sans fard, sans déguisement, sans rien déguiser. **To put it plainly**, *you refuse*, tranchons le mot, pour parler clair, vous refusez. **To speak plainly**, user du franc-parler; user de franchise. *To speak p. to s.o.*, mettre les points sur les i (à qn). *It is best to speak p.*, mieux vaut nommer les choses par leur nom.

II. **plain**, *adv.* **1.** Clairement, distinctement. *I can't speak any plainer*, je ne peux pas m'exprimer plus clairement. *F:* **Speak plain**, parlez de façon qu'on vous comprenne. **2.** Franchement. **To speak plain**, parler franc, sans détours.

III. **plain**, *s.* Plaine *f*. **In the open plain**, en rase campagne.

'plain-'cook, *v.i.* Faire de la cuisine bourgeoise.

'plain-cut, *a. F:* (Vérité) franche, brutale.

'plain-faced, *a.* **1.** Qui manque de beauté. **2.** *Ten:* (Coup *m*) sans effet; (service) droit.

'plain-laid, *a.* **Plain-laid rope**, cordage *m* simple.

'plain-looking, *a.* Qui manque de beauté.

'plain-'speaking, *s.* Franchise *f*; franc-parler *m*.

'plain-'spoken, *a.* Qui a son franc-parler; franc, *f.* franche; carré, rond, sincère. *To be very p.-s. with s.o.*, user d'une franchise brutale avec qn.

'plain(-)work, *s.* Travaux *mpl* à l'aiguille de simple couture.

plainness ['pleinnəs], *s.* **1.** Clarté *f* (de langage); netteté *f* (des objets lointains); évidence *f* (des preuves). **2.** (*a*) Simplicité *f* (de vie, etc.). *P. of furniture*, simplicité de mobilier. *P. of dress*, absence *f* de recherche dans la toilette; simplicité de mise. (*b*) Franchise *f*, rondeur *f* (de langage). **3.** Manque *m* de beauté.

plainsman, *pl.* **-men** ['pleinzmən, -men], *s.m.* Homme de la plaine.

plainsong ['pleinsɔŋ], *s. Mus:* Plain-chant *m*, *pl.* plains-chants.

plaint [pleint], *s.* **1.** *Jur:* Plainte *f*. **2.** *Poet:* Plainte, lamentation *f*, gémissement *m*.

plaintiff ['pleintif], *s. Jur:* Demandeur, -eresse; poursuivant, -ante; plaignant, -ante; partie plaignante, requérante. *See also* DAMAGE[1] 3.

plaintive ['pleintiv], *a.* Plaintif. **-ly**, *adv.* Plaintivement; d'un ton plaintif.

plaintiveness ['pleintivnəs], *s.* Ton plaintif.

plait[1] [plat], *s.* **1.** *Usu.* [pliːt] = PLEAT[1]. **2.** (*a*) Natte *f*, tresse *f* (de cheveux, de paille, etc.); ganse *f* (de cheveux). *Hair braided in small plaits*, cheveux tressés en cordelettes. (*b*) *Med:* **Polish plait**, plique polonaise.

plait[2], *v.tr.* **1.** *Usu.* [pliːt] = PLEAT[2]. **2.** Natter, tresser (les cheveux, de la paille, etc.). *Hatm:* Ourdir (la paille).

plaited, *a.* **1.** = PLEATED. **2.** Natté, tressé; en natte(s), en tresse(s).

plaiting, *s.* **1.** = PLEATING. **2.** (*a*) Nattage *m*, tressage *m*. *Hatm:* Ourdissage *m*. (*b*) (i) Natte *f*, tresse *f*; (ii) *Coll.* nattes, tresses.

plan[1] [plan], *s.* **1.** (*a*) Plan *m* (d'une maison, etc.); cadre *m*, plan (d'une œuvre littéraire). *To draw a p.*, lever, tracer, un plan. **Sketch-plan**, plan sommaire; croquis *m* de projet; schéma *m*. **Street plan**, plan de ville. *To work out the p. of a speech*, arrêter, disposer, établir, le plan d'un discours. (*b*) *Mth: Arch: etc:* Plan, projection *f*. *Surv:* Levé *m* (d'un terrain). **Dimensioned plan**, mesurage *m*. *N.Arch:* **Half-breadth plan**, projection horizontale. *See also* BODY-PLAN, GROUND-PLAN, SHEER-PLAN. (*c*) *For:* **This year's felling plan**, l'assiette *f* des coupes de cette année. **2.** Projet *m*, plan, dessein *m*; *F:* combinaison *f*. **Plan of campaign, of attack**, plan de campagne, d'attaque. **General plan**, plan d'ensemble. **Preliminary plan**, avant-projet *m*, *pl.* avant-projets. **Following no preconcerted plan**, sans plan arrêté. **To draw up a plan**, dresser un plan. *To draw up the plans for action*, établir les plans de combat. *To prepare plans*, préparer un projet. **To change one's plans**, changer de dessein, de visée; prendre d'autres dispositions. *To form a new p.*, élaborer un nouveau projet. **To make one's plans for** *the next day*, régler sa journée du lendemain. **What are your plans?** que vous proposez-vous de faire? **To have no fixed plans**, ne pas être fixé. **To upset s.o.'s plans**, déconcerter, renverser, déranger, les combinaisons de qn; *A:* rompre les mesures de qn. **Everything went according to plan**, tout a marché selon les prévisions. *F:* **The best plan would be to . . .**, le mieux serait de. . . . **It is not a bad plan to . . .**, ce n'est pas une mauvaise idée de. . . . *It would be a bad p. to . . .*, on aurait tort de. . . . **It's a good plan to . . .**, on fait bien de. . . . *See also* BUILD[2] 2, ESCAPE[1] I. **3.** *Draw:* (*In perspective*) Plan (vertical, horizontal).

plan[2], *v.tr.* (planned; planning) **1.** (*a*) Faire, tracer, dessiner, le plan de (qch.). (*b*) Arrêter, disposer, établir, le plan (d'un roman, etc.). *To p. a piece of work*, poser les jalons d'un travail. **2.** Projeter, se proposer (un voyage, etc.); combiner (une attaque, une évasion, etc.); comploter (un crime); tramer, ourdir, monter (un complot). *We have planned a tour*, nous avons établi un projet de voyage. *To p. a scheme*, faire, former, un projet. *He is planning something*, il a quelque chose en tête. *To p. everything ahead*, tout arranger d'avance. *To p. for the future*, songer à l'avenir. **To plan to do sth.**, se proposer, méditer, former le projet, de faire qch. **To plan together** *to kill s.o.*, concerter le meurtre de qn. *We have planned for you to stop till to-morrow*, il est dans nos projets, nous avons dans l'idée, que vous restiez jusqu'à demain.

plan out, *v.tr.* *To p. out one's time*, établir un plan pour l'emploi de son temps. *He had planned it all out*, il avait établi tout le détail.

planned, *a.* **Well-planned, ill-planned**, (ouvrage) bien, mal, conçu; (projet) bien, mal, concerté.

planning, *s.* **1.** Tracé *m* (d'un plan). *See also* TOWN-PLANNING. **2.** Conception *f*, organisation *f* (d'un complot, etc.).

planar ['pleinər], *a. Geom:* Qui a rapport à un plan; qui se trouve dans un plan. **Planar co-ordinates**, coordonnées planes.

planaria [pla'nɛəria], *s.pl. Ann:* Planaires *f*.

planarian [pla'nɛəriən], *s. Ann:* Planaire *f*.

planation [pla'neiʃ(ə)n], *s. Geol:* Aplanissement *m* de la terre (par l'action des glaciers, etc.).

planchet ['plɑːnʃet], *s. Num:* Flan *m*.

planchette [plan'ʃet], *s. Psychics:* Planchette *f*; oui-ja *m*.

plane[1] [plein], *a.* (*a*) Plan, uni; égal, -aux; plat. *Nau:* **Plane chart**, carte plate. (*b*) *Geom:* Plan. **Plane geometry**, géométrie plane. **Plane trigonometry**, trigonométrie *f* rectiligne.

'plane-table, *s. Surv:* Planchette *f*. **Plane-table survey**, levé *m* à la planchette. **Plane-table traversing**, cheminement *m*.

plane[2], *s.* **1.** (*a*) Plan *m* (d'un solide, d'un cristal, etc.). **Horizontal plane**, plan horizontal. *See also* FOCAL, SAILING[2] I. *Art: Planes that build up the face*, méplats *m* du visage. *Lines showing up the different planes*, lignes méplates. *Arch:* **Curved plane**, rampe hélicoïdale (d'accès, etc.). (*b*) *F:* **A high plane of intelligence**, un niveau élevé de capacité intellectuelle. *The low p. of his thought*, le terre à terre de sa pensée. *A higher social p.*, un étiage social plus élevé. *To be on the same p. as a savage*, être de niveau avec un sauvage. **2.** (*a*) *Mec:* **Inclined plane**, plan incliné. (*b*) *Min:* Galerie *f* de roulage. **3.** *Av:* (*a*) Plan, aile *f*; surface portante. *Upper p., lower p.*, plan supérieur, inférieur. **Elevating plane**, gouvernail *m* d'altitude, de profondeur. *See also* TAIL-PLANE. (*b*) *F:* = AEROPLANE, AIRPLANE. *See also* SAIL-PLANE, SCOUTING I, SEA-PLANE, WAR-PLANE.

plane[3], *v.i. Av:* **1.** Voyager en aéroplane. **2.** (*a*) (*Of machine*) **To plane down**, descendre en vol plané. (*b*) (*Of hydroplane*) **To plane along the water**, courir sur le redan.

plane[4], *s. Tls:* **1.** Rabot *m*. **Rough plane**, rabot à corroyer. **Long plane**, grande varlope; galère *f*. **Double-iron plane**, rabot à contre-fer. **Round plane, compass plane**, rabot rond, cintré. **Curved plane**, sabot *m*. **Hollow plane**, gorget *m*. **Tongue plane**, rabot à languette. **Rabbet(ting) plane**, feuilleret *m*, guillaume *m*. **Filleting plane**, tire-filets *m inv.* **Tooth(ing) plane**, rabot denté, à dents, à coller. **Set of bench-planes**, affûtage *m*. *Coop:* **Barrel plane**, gouge *f*. **Cooper's plane**, colombe *f* de tonnelier. *To run the p. over a plank*, passer le rabot sur une planche. *See also* CHIME-PLANE, CORN[2] I, FLUTING I, GROOVING-PLANE, JACK-PLANE, JOINTING-PLANE I, MATCH-PLANE, MITRE-PLANE, MOULDING-PLANE, OGEE, OVOLO-PLANE, PLOUGH[1] 4, REEDING-PLANE, SHOOTING-PLANE, SMOOTHING-PLANE, TONGUING-PLANE, TRY(ING)-PLANE. **2.** *Mec.E:* Marbre *m* à redresser.

'plane-iron, *s.* Fer *m*, mèche *f*, de rabot.

'plane-stock, *s.* Fût *m*, bois *m*, corps *m*, de rabot.

plane[5], *v.tr.* **1.** Raboter (le bois); aplanir, planer, dresser, surfacer (le bois, le métal); dégauchir (le bois). *To p. a board even*, araser une planche. **To rough-plane**, corroyer. *To p. with a trying-plane*, varloper. **To plane down, away, the irregularities**, enlever les irrégularités avec un rabot. *To p. down a board*, alléger, blanchir, amincir, menuiser, une planche. **2.** *A:* Aplanir. *Lit:* **To plane the way for s.o.**, aplanir la route à qn. **3.** *Typ:* **To plane (down) a form**, taquer une forme.

planing, *s.* Rabotage *m*, rabotement *m*; aplanissage *m*, aplanissement *m*. **Rough-planing**, corroyage *m*.

'planing-machine, *s. Carp: Metalw:* Machine *f* à raboter, à dresser, à dégauchir; machine de planage; raboteuse *f*, planeuse *f*; *Carp:* varlopeuse *f*. **Rough-planing machine**, machine à corroyer. **Edge planing-machine**, chanfreineuse *f*.

'planing-mill, -shop, *s.* Atelier *m* de rabotage, de rabotement.

plane⁶, *s. Bot:* **Plane(-tree)**, platane *m*; *F:* plane *m*.

planer ['pleinər], *s.* **1.** (*Pers.*) Raboteur *m*. **Rough-planer**, corroyeur *m*. **2.** (*a*) = PLANING-MACHINE. (*b*) *Typ:* Taquoir *m*.

planet¹ ['planet], *s. Astr:* Planète *f*. *The p. Neptune*, la planète Neptune. **Major planets**, grandes planètes. **Minor planets**, petites planètes. **Secondary planet**, planète secondaire; satellite *m*. *F:* **To be born under a lucky planet**, être né sous une bonne étoile.

'planet-gear, *s. Mec.E:* **(Sun-and-)planet-gear**, engrenage *m* planétaire, à satellites.

'planet-pinion, -wheel, *s. Mec.E:* (Roue *f*) satellite *m*.

'planet-stricken, -struck, *a. A:* (*Of pers.*) Foudroyé, sidéré, atterré.

planet², *s. Ecc:* Chasuble *f*.

planetarium [plane'teəriəm], *s. Astr:* Planétaire *m*.

planetary ['planetəri], *a.* **1.** *Astr:* (Système *m*, heure *f*, mouvement *m*) planétaire. **2.** Terrestre, sublunaire. **3.** *A: A p. life*, une vie errante, vagabonde.

planetoid ['planetɔid], *s. Astr:* Planétoïde *m*, astéroïde *m*; planète *f* télescopique; petite planète. **Planetoid ring**, zone *f* des petites planètes.

plangent ['plandʒənt], *a. Lit:* **1.** Retentissant, sonnant, strident. **2.** Plaintif.

plani- ['plani, pla'ni, 'pleini], *comb.fm. Bot: Geog: Surv: etc:* Plani-. *Planiform*, planiforme. *Planimeter*, planimètre. *Planirostral*, planirostre. *Planisphere*, planisphère.

planimeter [pla'nimetər], *s. Geom:* Planimètre *m*. **Polar planimeter**, planimètre polaire.

planimetric(al) [plani'metrik(əl)], *a. Geom:* Planimétrique.

planimetry [pla'nimetri], *s. Geom:* Planimétrie *f*.

planish ['planiʃ], *v.tr.* **1.** (*a*) Dresser au marteau, égaliser, aplanir (le métal). (*b*) *Num:* Laminer (les lingots). **2.** Polir. *Phot:* Glacer, satiner (une épreuve).

planishing, *s.* **1.** Dressage *m* au marteau; aplanissement *m*, aplanissage *m*. **Planishing hammer**, marteau *m* à dresser. **2.** Polissage *m*. *Phot:* Glaçage *m*, satinage *m*.

planisher ['planiʃər], *s. Metalw:* **1.** (*Pers.*) Planeur *m*. **2.** *Tls:* Plane *f* (de tourneur).

planisphere ['planisfiːər], *s.* Planisphère *m*; mappemonde *f* céleste.

plank¹ [plaŋk], *s.* **1.** Planche (épaisse); madrier *m*; ais *m*. *Wood in planks*, bois méplat. *N.Arch:* **Inside plank, inner plank**, vaigre *f*. **Outside planks**, bordage *m*. *Nau: A:* **To walk the plank**, passer à la planche. *See also* FLOOR-PLANK, GANG-PLANK, STOP-PLANK, WREST-PLANK. **2.** *Pol: F:* **Plank in the party platform**, article *m* du programme du parti.

'plank-'bed, *s.* Couchette *f* en bois; lit *m* de camp. *To sleep on a plank-bed*, coucher sur la planche.

plank², *v.tr.* **1.** Planchéier (un plancher, etc.). *N.Arch:* Vaigrer (l'intérieur); border (l'extérieur). *Min:* Coffrer (une galerie, etc.). **2.** *Hatm:* Fouler (le feutre).

plank down, *v.tr. P:* Jeter, déposer, mettre. *To p. down one's hat*, déposer son chapeau (d'un geste énergique). *To p. down the money*, allonger l'argent; casquer. **Plank down your money!** éclairez! allumez! *To p. oneself down on a seat*, se camper sur un banc.

planked, *a.* Planchéié; couvert de planches. *N.Arch:* Vaigré; bordé. *Min:* Coffré.

planking, *s.* **1.** (*a*) Planchéiage *m*. **Roof planking**, voligeage *m*. (*b*) *N.Arch:* Vaigrage *m*; bordage *m*. *Min:* Coffrage *m*. (*c*) *Hatm:* Foulage *m* (du feutre). **2.** *Coll.* Planches *fpl*; revêtement *m*. *N.Arch:* (*Inboard*) Vaigrage; (*outboard*) bordé *m*, bordage. *Min:* Coffrage, boisage *m*. *To remove the p. from sth.*, déplancher qch.

plankton ['plaŋktən], *s. Biol: Oc:* Plancton *m*, plankton *m*.

planner ['planər], *s.* Projeteur, -euse; auteur *m* (d'un crime, etc.). *He's a p.*, (i) c'est un homme à projets; (ii) c'est un homme qui ne laisse rien au hasard, un homme de méthode. *See also* TOWN-PLANNER.

plano-concave ['pleino'kɔnkeːiv], *a. Opt:* Plan-concave, *pl.* plan-concaves.

plano-convex ['pleino'kɔnveks], *a. Opt:* Plan-convexe, *pl.* plan-convexes.

plano-cylindrical ['pleinosi'lindrik(ə)l], *a. Opt:* Plan-cylindrique, *pl.* plan-cylindriques.

planometer [pla'nɔmetər], *s.* Marbre *m* à dresser.

plant¹ [plɑːnt], *s.* **1.** (*a*) Plante *f*. *Herbaceous p.*, plante herbacée. **Plant physiology**, physiologie végétale. **Plant biology**, phytobiologie *f*. **Plant life**, (i) la vie végétale; (ii) flore *f* (d'une région). *See also* FLOWERING¹ 2. (*b*) (*Of plants*) Croissance *f*. **In plant**, croissant. **To lose plant**, mourir. **To miss plant**, ne pas pousser; ne pas lever. (*c*) Récolte *f* (de navets, etc.). **2.** Manière *f* de se camper; pose *f*, attitude *f*, assiette *f*. *To obtain a firm p. on the ground*, trouver une bonne assiette de pied sur le terrain; se planter solidement, bien d'aplomb, sur le terrain. **3.** *Ind:* Appareil(s) *m(pl)*, appareillage *m*; installation *f* (d'éclairage, de forge, d'aérage, etc.); matériel *m*, outillage *m* (d'une usine). **The plant**, la machinerie. *Heavy p.*, grosses machines. *El.E: Alternating-current p.*, installation à courant alternatif. *See also* POWER-PLANT. **4.** *P:* (*a*) Coup monté. (*b*) Coup, cambriolage *m*, à faire. **5.** *P:* Agent *m* de la police secrète; *F:* mouchard *m*.

'plant-beetle, *s. Ent:* Chrysomèle *f*.

'plant-bug, *s. Ent:* Capse *m*.

'plant-eating, *a. Z:* Phytophage.

'plant-louse, *s. Ent:* Aphis *m*, puceron *m*. *pl.* **Plant-lice**, aphidés *m*, aphidiens *m*.

'plant-wax, *s.* Cire végétale.

plant², *v.tr.* **1.** (*a*) *Hort: Agr:* Planter (un arbre, un champ, etc.); enterrer (des oignons). **To plant a field with corn**, mettre une terre en blé. *To p. land with fruit-trees*, affruiter un terrain. (*b*) *P:* Enterrer (qn). **2.** (*a*) Planter (un piquet dans la terre, etc.). *Nau:* Mouiller (une mine). *To p. a battery on a height*, installer une batterie sur une hauteur. *To p. a monastery in a heathen land*, établir, fonder, un monastère dans un pays de barbares. *To p. the surplus population abroad*, établir au dehors l'excédent de la population. **To find oneself planted on a desert island**, se trouver délaissé sur une île déserte. *District sparsely planted with colonists*, région parsemée de colons. **To plant an idea in s.o.'s mind**, implanter une idée dans l'esprit de qn. (*b*) *F:* **To plant a bullet in the target**, loger une balle dans la cible. *To p. one's fist on s.o.'s nose*, planter, flanquer, appliquer, un coup de poing sur le nez de qn. **A well-planted blow**, un coup bien asséné, bien appliqué, bien dirigé. (*c*) *To p. one's foot in the middle of s.o.'s chest*, poser le pied en plein sur la poitrine de qn. *With his back planted against the door*, le dos appuyé contre la porte. *To p. a sentry before a door*, poster, planter, une sentinelle devant une porte; poster un planton. **To plant oneself in front of s.o.**, se planter, se camper, devant qn. *F:* **To plant oneself on s.o.**, s'implanter chez qn. *To p. a manuscript on a publisher*, refiler un manuscrit à un éditeur. **3.** *F:* (*a*) Aposter, planter (un espion chez qn, etc.). (*b*) Mettre en sûreté, planquer (des objets volés). (*c*) Monter (un coup, un cambriolage). (*d*) *Min:* Saler (une mine). **4.** *P:* Planter là (un ami, une femme); plaquer (une femme).

plant out, *v.tr. Hort:* Repiquer, dépoter (des semis); décaisser (un arbuste, etc.).

planting out, *s.* Repiquage *m*; dépotage *m*.

planting, *s.* **1.** *Hort: Agr:* Plantage *m*, plantation *f* (d'un arbre, etc.). **Planting bed**, planche *f* (de semis, de jeunes plants). **Planting peg**, plantoir *m* en bois. **2.** Installation *f* (d'une batterie, etc.); établissement *m* (d'une colonie, etc.). *Nau:* Mouillage *m* (d'une mine). **3.** *F:* (*a*) Apostement *m* (d'un espion, etc.). (*b*) Salage *m* (d'une mine).

Plantagenet [plan'tadʒənet]. *Pr.n. Eng.Hist:* Plantagenet.

plantain¹ ['plantein, -tən], *s. Bot:* **1.** Plantain *m*, plantago *m*. *Greater p.*, grand plantain. **2. Water plantain**, plantain d'eau; alisma *m*, alisme *m*; wiesnérie *f*, flûteau *m*; pain *m* de grenouille.

plantain², *s.* **1.** Banane *f*, *esp.* banane des Antilles, plantanier *m*; *Com: F:* gros michel. **2. Plantain(-tree)**, bananier *m*, *esp.* bananier du paradis, figuier *m* d'Adam.

plantar ['plantər], *a. Anat:* Plantaire.

plantation [plɑːn'teiʃ(ə)n], *s.* **1.** *A:* (*a*) Établissement *m*, fondation *f* (d'une colonie); colonisation *f* (d'un pays). (*b*) Colonie *f*. **2.** (*a*) *For:* Plantation *f*, bosquet *m*, peuplement *m* (d'arbres). (*b*) Plantation (de coton, etc.). *Hist:* **To send s.o. to the plantations**, envoyer qn dans une colonie pénitentiaire. **Plantation song**, chanson *f* de nègres (des plantations).

planter ['plɑːntər], *s.* **1.** (*a*) Planteur *m* (de choux, etc.); cultivateur *m*. (*b*) (*In colonies*) Planteur; propriétaire *m* d'une plantation. **Tea-planter, coffee-planter**, planteur de thé, de café. (*c*) *A:* Fondateur *m* (d'une colonie, etc.); colonisateur *m* (d'un pays). (*d*) *Irish Hist:* Occupant (anglais ou écossais) d'une ferme dont le propriétaire avait été dépossédé. **2.** *Tls:* Planteuse *f*.

plantigrade ['plantigreid], *a.* & *s. Z:* Plantigrade (*m*).

plantlet ['plɑːntlet], *s. Bot:* **1.** Plantule *f*. **2.** Petite plante.

plantlike ['plɑːntlaik], *a.* Qui ressemble à une plante.

planula, *pl.* **-ae** ['planjula, -iː], *s. Coel:* Planula *f*.

plaque [plɑːk], *s.* **1.** Plaque *f* (de bronze, de marbre, etc.). **2.** Plaque (d'un ordre de chevalerie, etc.); décoration *f*. **3.** *Med:* Tache *f* de rougeur; plaque.

plaquette [pla'ket], *s.* Plaquette *f*.

plash¹ [plaʃ], *s.* **1.** Mare *f*. **2.** Flaque *f* d'eau.

plash², *s.* **1.** (*a*) Clapotement *m*, clapotis *m*, clapotage *m* (des vagues); bruissement *m* (de la pluie). (*b*) Flac *m* (d'un corps qui tombe dans l'eau). **2.** Tache *f* (de boue, de couleur, etc.); éclaboussure *f*.

plash³. **1.** *v.tr.* (*a*) Plonger (qch. dans l'eau) avec un flac. (*b*) Éclabousser (*with*, de). **2.** *v.i.* (*a*) (*Of liquids*) Clapoter, faire un clapotis; (*of brook*) bruire, babiller. (*b*) Faire flac (sur l'eau). (*c*) *To p. through the water, through the mud*, se frayer un chemin en faisant rejaillir l'eau, la boue.

plashing¹, *a.* Clapotant; (*of rain*) bruissant.

plashing², *s.* **1.** Clapotage *m*, clapotement *m*; bruissement *m* (de la pluie). **2.** Éclaboussement *m*.

plash⁴, *v.tr. Husb:* Entrelacer, enlacer, tresser (les branches d'une haie).

plashing³, *s.* Entrelacement *m*, tressage *m*.

plashy ['plaʃi], *a.* (Terrain) couvert de flaques d'eau; bourbeux.

plasm [plazm], *s. Biol:* Protoplasme *m*, protoplasma *m*. *See also* GERM-PLASM.

plasma ['plazma], *s.* **1.** *Biol:* (*a*) Plasma *m* (du sang, etc.). (*b*) = PLASM. **2.** *Miner:* Plasma; calcédoine *f* vert foncé.

plasmatic [plaz'matik], **plasmic** ['plazmik], *a. Biol:* Protoplasm(at)ique.

plasmodium, *pl.* **-ia** [plaz'moudiəm, -ia], *s. Biol:* Plasmode *f*, plasmodie *f*.

plasmology [plaz'mɔlodʒi], *s. Biol:* Plasmologie *f*.

plasmolysis [plaz'mɔlisis], *s. Biol:* Plasmolyse *f*.

plaster¹ ['plɑːstər], *s.* **1.** (*a*) *Med:* Emplâtre *m*. **Corn plaster**, emplâtre contre, pour, les cors. **Sticking plaster, adhesive plaster**, emplâtre résineux, adhésif; sparadrap *m*. **Court plaster**, taffetas gommé; taffetas d'Angleterre. **Lead plaster**, (emplâtre) diachylon *m*. *F:* **A plaster for all sores**, un remède à tous maux, une panacée. *See also* MUSTARD-PLASTER. (*b*) **Tyre repair plaster**, emplâtre, pastille *f*, pour chambre à air. **2.** *Const: etc:* Plâtre *m*. **Wall-plaster**, enduit *m* de mur. (*Of ceiling, etc.*) *To shed its p.*, se déplâtrer. **Plaster of Paris**, plâtre de Paris; plâtre de moulage;

plâtre fin; plâtre cuit. **Dentist's plaster,** plâtre de dentiste. *See also* CAST[1] 4, LATH[1] 1, SAINT[1] 1.

'plaster-ce'ment, *s.* Plâtre-ciment *m*, *pl.* plâtres-ciments.

'plaster-kiln, *s.* Four *m* à plâtre; plâtrière *f*.

'plaster-stone, *s.* *Miner:* Pierre *f* à plâtre; gypse *m*.

'plaster-work, *s.* Plâtrage *m*, plâtrerie *f*.

plaster², *v.tr.* **1.** *Med:* Mettre un emplâtre sur (un membre, une plaie). **2.** (*a*) **To plaster (over) a wall,** plâtrer, ravaler, un mur; enduire un mur de plâtre. *F:* *To be plastered (over) with mud,* être plâtré, tout couvert, de boue. *Plastered (over) with decorations,* chamarré de décorations. *Wall plastered with advertisements,* mur tapissé d'affiches. (*b*) Combler, charger (qn d'honneurs, etc.). **3.** (*a*) *Wine-m:* Plâtrer (le vin). (*b*) *Agr:* Plâtrer (une prairie, etc.).

plaster down, *v.tr.* *F:* **To plaster down one's hair,** s'aplatir les cheveux à la pommade. *Hair plastered down over the forehead,* cheveux plaqués sur le front.

plaster up, *v.tr.* **1.** Plâtrer, boucher (une fente, etc.). **2.** *F:* Réparer sommairement; rabibocher (qch.); replâtrer (une querelle); dissimuler les défauts de (qch.).

plastering, *s.* **1.** (*a*) *Med:* Pose *f* d'un emplâtre. (*b*) Plâtrage *m*, ravalement *m* (d'un mur, etc.). (*c*) Travaux *mpl* de plâtrerie. **2.** Enduit *m* de plâtre; plâtrage *m*. **3.** (*a*) Plâtrage (du vin). (*b*) *Agr:* Plâtrage (d'un champ).

plasterer ['plɑːstərər], *s.* Plâtrier *m*, ravaleur *m*.

plastic ['plastik], *a.* **1.** (Art *m*, etc.) plastique. **Plastic surgery,** chirurgie *f* plastique, chirurgie esthétique; autoplastie *f*. **Plastic surgeon,** praticien *m* de la chirurgie plastique. **2.** Plastique; qui se laisse mouler ou modeler. *Geol:* **Plastic clay,** argile *f* plastique; terre *f* à modeler. *Ch:* **Plastic sulphur,** soufre mou. *F:* *P. nature, mind,* caractère *m*, esprit *m*, malléable. **3.** *Biol:* (Force *f*, lymphe *f*) plastique. **-ally,** *adv.* Plastiquement.

plasticine ['plastisiːn], *s.* Plasticine *f*.

plasticity [plas'tisiti], *s.* (*a*) Plasticité *f*. (*b*) *Art:* *Cin:* Relief *m* (d'une image); effet *m* plastique.

plastron ['plastrən], *s.* **1.** (*a*) *Fenc:* Plastron *m*. (*b*) *Archeol:* Plastron (de cuirasse). **2.** *Rept:* Plastron, bouclier inférieur (de tortue).

plat¹ [plat], *s.* **1.** Coin *m* de terre; morceau *m*, *F:* bout *m* (de terrain, etc.); plant *m* (de pommes de terre, etc.). **Plat-sowing,** semis *m* par planches. *See also* GRASS-PLAT. **2.** *U.S:* Plan *m* (d'un terrain, d'un immeuble, etc.).

plat², *v.tr.* *U.S:* Dresser un plan de (qch.).

plat³, ⁴, *s.* & *v.tr.* = PLAIT[1] 2, [2]2.

Plataea [pla'tiːa]. *Pr.n.* *A.Geog:* Platée *f*.

platan ['platən], *s.* = PLANE[6].

plate¹ [pleit], *s.* **1.** Plaque *f*, lame *f*, feuille *f* (de métal, etc.). *Stone that splits into plates,* pierre *f* qui se fend en lamelles. **2.** (*a*) **Plate iron,** tôlerie *f*, tôle *f*. **Tin plate,** fer-blanc *m*. *Tin plates,* fer-blanc en tôles. *Cast iron p.,* taque *f*; plaque en fonte. *Dished p.,* tôle emboutie. *Flanged p.,* tôle à bord tombé. **Plate-bending machine,** emboutissoir *m*. *Mch:* **Bottom plates,** tôles de fond, plaques de fond (de chaudière, etc.). *N.Arch:* **Bulwark plate,** tôle de pavois. **Ceiling plate,** vaigre *f*. **Oxter plate,** tôle de voûte. *See also* ARMOUR-PLATE, ARMOURED, BACK-PLATE, BED-PLATE, BOILER-PLATE 1, FLOOR-PLATE, GIRDER, SHELL-PLATE, STEEL-PLATE 1, TERNE-PLATE, TEST-PLATE 1. (*b*) *Archeol:* Plate *f*, plaque (d'armure). *See also* BREAST-PLATE. (*c*) Plateau *m* (de machine, de balance, etc.); table *f* (d'enclume, de marteau); platine *f*, palastre *m*, palâtre *m*, fond *m* (de serrure); paumelle *f* (de gond de porte); contre-heurtoir *m*, *pl.* contre-heurtoirs (de marteau de porte); palette *f* (de piège à ressort). *Cu:* **Hot plate,** plaque chauffante (de poêle). *Aut:* **Clutch-plate,** plateau d'embrayage. *Tex:* **Ring plate,** plate-bande *f*, *pl.* plates-bandes, portant les anneaux. *El:* **Terminal plate,** socle *m*, tablette *f*, à bornes. **Condenser plate,** plaque, lame, armature *f*, de condensateur. **Accumulator plate,** plaque d'accumulateur. **Grid plate** (*of accumulator*), plaque à grillage; grillage *m*, grille *f*. *Pasted p.,* plaque empâtée, tartinée. *W.Tel:* **Valve plate,** plaque, anode *f*, de lampe. **Plate battery,** batterie *f* de plaque. **Plate voltage,** tension *f* de plaque. **Plate resistance,** résistance *f* de plaque. *See also* CHAIN-PLATE, CORNER-PLATE, EARTH-PLATE, FISH-PLATE, FOOT-PLATE, FOUNDATION-PLATE, GROUND-PLATE 2, GUIDE-PLATE, HORN-PLATE, JUNCTION-PLATE, KEY-PLATE, LOCK-PLATE, PACKING-PLATE, RAIL-PLATE, RIVET-PLATE, SCREW-PLATE, SOLE-PLATE, STAY-PLATE, SURFACE-PLATE, TAP-PLATE, TEST-PLATE 2, TRAIL-PLATE, WEB-PLATE, WIRING-PLATE. (*d*) **Door-plate, name-plate,** plaque de porte. **Identification plate,** plaque d'identité. *Aut:* **Number plate,** plaque matricule; plaque réglementaire; plaque de police, de contrôle. *See also* FINGER-PLATE, WALL-PLATE 2. (*e*) *Dent:* Dentier *m*; pièce *f* dentaire; denture artificielle. (*f*) *Farr:* (i) Fer *m* à bœufs. (ii) Fer à cheval léger (pour courses). (*g*) *Rail:* *A.* & *Dial:* Rail *m*. (*h*) *U.S:* (*Baseball*) Base *f* (du lanceur, du batteur). **3.** (*a*) Plaque de verre. (*b*) *Phot:* Plaque. *Sensitive p.,* plaque sensible. *Sensitized p.,* plaque sensibilisée. *Autochrome p.,* plaque autochrome. **Whole-plate,** plaque et format *m* 16 cm 5 × 21 cm 5. **Half-plate,** plaque et format 12 cm × 16 cm 5. **Quarter-plate,** plaque et format 8 cm 2 × 10 cm 8. **Lantern plate,** (plaque) diapositive *f* de projection. *See also* CAMERA 1, PASSE-PARTOUT 1. **4.** (*a*) *Engr:* Planche *f*. **Second plate,** contre-planche *f*, *pl.* contre-planches. *See also* COPPERPLATE[1], STEEL-PLATE 2. (*b*) *Engr:* Planche, gravure *f*, estampe *f*. **Full-page plate,** gravure hors texte. *Book of plates,* atlas *m*. (*c*) *Typ:* (**Stereotype**) **plate,** cliché *m*. **5.** *Const:* Poutre *f* (sablière). **Roof plate,** sablière *f* de comble. *Head p.* (*of frame*), sablière haute. *See also* GROUND-PLATE 1, POLE-PLATE, WALL-PLATE 1. **6.** (*a*) Orfèvrerie *f*; vaisselle plate; vaisselle d'or, d'argent. *See also* ELECTRO-PLATE[1], GOLD PLATE, SILVER-PLATE[1]. (*b*) *Rac:* Coupe *f* (d'or, d'argent) donnée en prix. *See also* SELLING[2]. **7.** (*a*) Assiette *f*. **Dinner plate,** assiette plate. **Soup plate,** assiette creuse. *P. of meat,* assiette, assiettée *f*, de viande. *See also* WATER-PLATE. (*b*) *Ecc:* (**Collection-**)**plate,** plat *m* ou plateau *m* de quête. *See also* TAKE ROUND.

'plate-armour, *s.* **1.** (*a*) Plaque *f* de blindage. (*b*) Blindage *m*. **2.** *Archeol:* Armure *f* à plates.

'plate-basket, *s.* Ramasse-couverts *m inv*.

'plate-carrier, *s.* = PLATE-HOLDER.

'plate-clutch, *s.* *Aut:* Embrayage *m* à disques.

'plate-duster, *s.* *Phot:* Blaireau *m*.

plate-'glass, *s.* Glace *f* sans tain; glace de vitrage; verre *m* à glaces; verre laminé; verre cylindré; verre blanc. *P.-g. insurance,* assurance *f* des glaces de magasin.

'plate-glazer, *s.* *Paperm:* Lamineur *m*.

'plate-hanger, *s.* Accroche-plat *m*, *pl.* accroche-plats; accroche-assiette *m*, *pl.* accroche-assiettes; fixe-assiettes *m inv*.

'plate-hoist, *s.* Monte-plats *m inv*.

'plate-holder, *s.* *Phot:* **1.** Châssis (négatif); porte-plaque *m*, *pl.* porte-plaques. **2.** Intermédiaire *m* pour plaques.

'plate-layer, *s.* *Rail:* (*a*) Poseur *m*, metteur *m*, de rails, de voie. (*b*) Ouvrier *m* de la voie. *Plate-layer's tools,* outils *m* de piqueur. *Foreman p.-l.,* piqueur *m* de voie.

'plate-laying, *s.* *Rail:* Pose *f* de voies.

'plate-maker, *s.* *Typ:* Clicheur *m*.

'plate-mark, *s.* **1.** = HALL-MARK[1]. **2.** *Engr:* *Phot:* Coup *m* de planche.

'plate-marking, *s.* *Engr:* *Phot:* Estampage *m* des épreuves; coup *m* de planche.

'plate-matter, *s.* *Journ:* Clichés-matière *mpl* d'articles passe-partout.

'plate-metal, *s.* *Metall:* **1.** Fonte affinée. **2.** Potin *m* d'assiettes.

'plate-mill, *s.* *Metall:* Laminoir *m* à tôle, train *m* à tôle; (train de) tôlerie *f*.

'plate-powder, *s.* Poudre *f* à polir l'argenterie.

'plate-rack, *s.* (*a*) *Dom.Ec:* Porte-assiettes *m inv*, égouttoir *m*, crèche *f*. (*b*) *Phot:* Égouttoir.

'plate-rail, *s.* Cimaise *f*.

'plate-shears, *s.pl.* Cisailles *f* à tôles.

'plate-tester, *s.* *Phot:* Opacimètre *m*.

'plate-warmer, *s.* Chauffe-assiette *m*, *pl.* chauffe-assiettes; réchaud *m*, réchauffoir *m*.

'plate-works, *s.pl.* = PLATE-MILL.

plate², *v.tr.* **1.** (*a*) Blinder; recouvrir, garnir, (qch.) de plaques. *N.Arch:* *To p. a ship,* border un navire en fer ou en acier. (*b*) *Farr:* Ferrer (i) un bœuf, (ii) un cheval pour une course. **2.** Métalliser; plaquer en or, en argent; argenter par galvanoplastie; étamer (une glace). *To p. with gold, silver, tin, nickel,* dorer, argenter, étamer, nickeler. *To p. a medal with gold,* fourrer une médaille d'or. *See also* ELECTRO-PLATE[2]. **3.** *Ven:* **To plate a gun,** essayer la gerbe de dispersion d'un fusil de chasse. **4.** *Typ:* Clicher (les pages).

plated, *a.* **1.** Recouvert, garni, de plaques; (navire, etc.) blindé. *See also* ARMOUR-PLATED. **2.** **Gold-plated,** doublé d'or. **Nickel-plated,** nickelé. *Com:* **Plated ware,** plaqué *m*. *See also* CHROMIUM-PLATED, SILVER-PLATED.

plating, *s.* **1.** (*a*) Revêtement *m* en tôle. *N.Arch:* (*Outside*) Bordage *m*; (*inside*) vaigrage *m*. (*b*) (*Plates*) Tôles *fpl*. *N.Arch:* (*Outside*) Bordé *m* en fer; (*inside*) vaigres *fpl*. *Navy:* **Steel plating,** blindage *m*. *See also* ARMOUR-PLATING. **2.** Placage *m*. **Silver plating,** argenture *f*, argentage *m*. **Nickel plating,** nickelure *f*, nickelage *m*. **Plating balance,** balance *f* galvanoplastique. *See also* CHROMIUM-PLATING, GOLD-PLATING. **3.** *Typ:* Clichage *m*. **4.** *Turf:* Courses *fpl* à réclamer.

plateau, *pl.* **-x, -s** ['platou, -z], *s.* *Ph.Geog:* Plateau *m*.

plateful ['pleitful], *s.* Assiettée *f*, pleine assiette (de qch.).

platen ['plat(ə)n], *s.* **1.** *Mec.E:* Plateau *m*, table *f* (de machine-outil, etc.). **Platen-feed,** avance *f* de table. **2.** (*Of printing-press*) Platine *f*. *See also* PRESS[1] 3. **3.** *Typewr:* Rouleau *m* porte-papier.

plater ['pleitər], *s.* **1.** *Metalw:* Plaqueur *m*. **Tin-plater,** étameur *m*. **Silver-plater,** argenteur *m*. *See also* GOLD-PLATER. **2.** *Turf:* (*a*) Cheval *m* à réclamer. (*b*) Cheval de second ordre.

platform ['platfɔːrm], *s.* **1.** (*a*) Terrasse *f*. *Fort:* *etc:* Plate-forme *f* (en terre), *pl.* plates-formes. (*b*) *Ph.Geog:* Plateau *m*. (*c*) *Ph.Geog:* Bande continentale; seuil continental; plate-forme continentale. **2.** (*a*) Plate-forme; tablier *m* (de bascule, etc.); passerelle *f* (de grue). *Entrance p. of a bus,* plate-forme d'entrée. *Traffic-policeman's raised p.,* mirador *m*. *Ind:* *Handling p.,* pont *m* de chargement. **Swinging platform,** pont-levis *m*, *pl.* ponts-levis. *Artil:* *Navy:* *Loading p.,* plateau chargeur. *Range-finder p.,* plate-forme de télémétrie. *Nau:* **Compass platform,** passerelle de navigation. *Navy:* **Flying(-off) platform,** plate-forme d'envol (pour avions); plage *f* d'envol. (*b*) *Nau:* **Platform(-deck),** plancher *m*, plate-forme (de soute, etc.). *Engine-room p., stokehold p.,* parquet *m* de la machine, de chaufferie. *Starting p.,* plate-forme de manœuvre (des machines). (*c*) *Rail:* Quai *m*, trottoir *m*. **Departure platform,** (quai de) départ *m*; embarcadère *m*. **Arrival platform,** quai de débarquement; débarcadère *m*; terminus-arrivée *m*. *From what p. does the train start?* sur quel quai part le train? *At which p. does the train come in?* sur quelle voie arrive le train? **Loading platform,** quai, perron *m*, de chargement; quai de garage. **Travelling platform,** plancher roulant; (chariot *m*) transporteur *m*. *See also* TICKET[1] 1. **3.** (*a*) Estrade *f*, plate-forme, tribune *f* (de réunion publique, etc.). (*b*) *Pol:* Plate-forme, programme *m* (d'un parti). *See also* PLANK[1] 2.

platinic [pla'tinik], *a.* *Ch:* Platinique.

platiniferous [plati'nifərəs], *a.* Platinifère.

platiniridium [platinai'ridiəm], *s.* = PLATINO-IRIDIUM.

platinization [platinai'zeiʃ(ə)n], *s.* *Metalw:* Platinage *m*.

platinize ['platinaiz], *v.tr.* *Metalw:* Platiner.

platinocyanide ['platino'saiənaid], *s. Ch:* Platinocyanure *m. Barium p.*, platinocyanure de barium.
platinode ['platinoud], *s. El:* Pôle négatif (de pile).
platinoid ['platinɔid], *a. & s. Metall:* Platinoïde (*m*).
platino-iridium ['platinoai'ridiəm], *s. Metall: Miner:* Platiniridium *m*; platine iridié; iridium platiné.
platinotype ['platinotaip], *s. Phot:* **1.** Platinotypie *f*. **2.** Épreuve tirée en platinotypie.
platinous ['platinəs], *a. Ch:* Platineux.
platinum ['platinəm], *s. Miner: Ch:* Platine *m*. **Platinum sponge, spongy platinum,** éponge *f*, mousse *f*, de platine. **Platinum foil,** platine laminé; lame *f* de platine. **Platinum wire,** fil *m* de platine. **Platinum steel,** acier *m* au platine.
'**platinum-'black,** *s. Ch:* Noir *m* de platine.
'**platinum-'blond,** *a.* **Platinum-blond hair,** cheveux *mpl* blond platine. **A platinum-blonde,** une blonde-platine, *pl.* des blondes-platine.
'**platinum-i'ridium,** *s.* = PLATINO-IRIDIUM.
'**platinum-'plated,** *a.* Platiné.
'**platinum (contact-)point,** *s. El: I.C.E:* Grain platiné; grain de platine.
'**platinum-'tipped,** *a.* Platiné.
platitude ['platitju:d], *s.* **1.** Platitude *f*, insipidité *f* (d'un discours, du style, etc.). **2.** Platitude; lieu commun; banalité *f*; *F:* vérité *f* de La Palisse; lapalissade *f*.
platitudinarian ['platitju:di'neəriən]. **1.** *s.* Débiteur, -euse, de platitudes. **2.** *a.* Plat.
platitudinize [plati'tju:dinaiz], *v.i.* Dire, débiter, des platitudes, des banalités, des lieux communs.
platitudinous [plati'tju:dinəs], *a.* (Style, etc.) plat; (*of pers.*) qui débite, qui écrit, des platitudes, des banalités. *P. excuse*, plate excuse.
Plato ['pleito]. *Pr.n.m.* Platon.
Platonic [plə'tɔnik], **1.** *a.* (*a*) (Philosophe, etc.) platonicien. *Chr:* **Platonic year,** année *f* platonique. (*b*) (Amour *m*) platonique. **2.** *s.pl. F:* **Platonics,** amour platonique. **-ally,** *adv.* D'une manière platonique; platoniquement.
Platonism ['pleitonizm], *s. Phil:* Platonisme *m*.
Platonist ['pleitonist], *s. Phil:* Platonicien, -ienne.
platoon [plə'tu:n], *s.* **1.** *Mil:* (*a*) *A:* Peloton *m*. (*b*) Section *f* (de combat). *P. drill*, école *f* de section. **2.** *F:* Groupe *m*, bande *f*, compagnie *f* (de personnes).
platter ['platər], *s. A:* Plat *m* (de bois); écuelle *f*. *See also* CLEAN[1] I. 1.
platy- [plati], *comb.fm.* Platy-. *Platybasic*, platybasique. *Platydactylous*, platydactyle.
platycephalic [platise'falik], **platycephalous** [plati'sefələs], *a. Anthr:* Platycéphale.
platycnemia [plati'kni:miə], *s. Anthr:* Platycnémie *f*.
platycnemic [plati'kni:mik], *a. Anthr:* Platycnémique.
platypetalous [plati'petələs], *a. Bot:* Platypétale.
platypus ['platipəs], *s. Z:* Ornithor(h)ynque *m*; *F:* bec *m* d'oiseau.
platy(r)rhine ['platirain], *a. & s. Z:* (Singe) platyrrhinien *m*.
platysma [plə'tizmə], *s. Anat:* (Muscle *m*) peaucier *m*.
plaudits ['plɔ:dits], *s.pl.* (Salve *f* d')applaudissements *mpl*.
plausibility [plɔ:zi'biliti], *s.* Plausibilité *f*; (i) vraisemblance *f* (d'une excuse, etc.); (ii) spécieux *m* (d'un argument, etc.).
plausible ['plɔ:zibl], *a.* **1.** (*a*) (*Of argument, excuse, etc.*) Plausible, vraisemblable. *It's quite a p. reason*, c'est une raison comme une autre. (*b*) Spécieux. **2.** (*Of pers.*) Captieux; enjôleur; aux belles paroles. **-ibly,** *adv.* **1.** Plausiblement; (i) vraisemblablement; (ii) spécieusement. **2.** Captieusement.
Plautus ['plɔ:təs]. *Pr.n.m. Lt.Lit:* Plaute.
play[1] [plei], *s.* **1.** (*a*) Jeu *m* (de lumière, de couleur); chatoiement *m*, reflets *mpl* (de couleurs). **Play of light** *on a jewel*, chatoiement d'un bijou. *Th: etc:* **Play of features,** jeu(x) de physionomie. (*b*) Jeu, maniement *m* (d'armes, etc.). **To make play with one's stick,** s'escrimer de sa canne. *See also* SWORD-PLAY. (*c*) Jeu, activité *f*. **To come into play,** entrer en jeu, entrer en action. *The passions that come into p. in this drama*, les passions qui s'agitent dans ce drame. **To bring, call, sth. into play,** mettre qch. en jeu, en mouvement, en œuvre; exercer (ses facultés). *To bring the guns into p.*, tirer le canon. *Bringing of forces into p.*, mise *f* en jeu de forces. **In full play,** en pleine activité. **To hold, keep, s.o. in play,** (i) tenir qn en haleine; (ii) occuper, amuser, qn. **Play of fancy,** (i) cours *m*, carrière *f*, essor *m*, de la fantaisie; (ii) fantaisie; (iii) illusion *f*. **To give, allow, full play to one's imagination,** donner libre carrière, libre cours, libre essor, à son imagination. *See also* FREE[1] I. 3. (*d*) Jeu, fonctionnement *m* (d'une pièce de mécanisme). (*e*) *Mec.E: etc:* Jeu, liberté *f*, chasse *f*. (*Of machine parts*) **To have play,** avoir du jeu; rôder. *Tenon that has too much p. in its mortise*, tenon trop gai dans sa mortaise. *To let the rope have some p.*, laisser jouer la corde. *Veh: etc:* **Play in the wheels,** flottement *m* des roues. *See also* END-PLAY. **2.** (*a*) Jeu, amusement *m*. *Child fond of p.*, enfant joueur. **To be at play,** être en train de jouer. *Schoolboys at p.*, élèves en récréation. *See also* CHILD'S-PLAY, WORK[1] 1. (*b*) **To say sth. in play,** dire qch. en riant, en plaisantant, pour rire, pour plaisanter. **Out of mere play,** par pur badinage. *Child full of p.*, enfant enjoué, folâtre. **Play of words,** jeu de mots. **Play on words,** calembour *m*, équivoque *f*. *See also* HORSE-PLAY. (*c*) *Ind: F:* Chômage *m*. **3.** (*a*) Jeu (de hasard). *To be ruined by p.*, s'être ruiné au jeu. **High play, low play,** gros jeu, petit jeu. **The play runs high,** on joue gros jeu. (*b*) *Games: To win a match by good p.*, gagner une partie par l'excellence de son jeu. *P. began at one o'clock*, la partie a commencé, on a commencé la partie, à une heure. **Ball in play, out of play,** balle *f* en jeu; balle hors jeu, ballon mort. *See also* FAIR[2] I. 4, FOUL[1] I. 4, MEDAL-PLAY, STROKE-PLAY. **4.** (*a*) Pièce *f* de théâtre. **Short play,** piécette *f*, saynète *f*. *Shakespeare's plays*, le théâtre de Shakespeare. **To give a play,** représenter, donner, une pièce. *See also* PASSION-PLAY, PICTURE-PLAY. (*b*) Spectacle *m*. **To go to the play,** aller au spectacle, au théâtre. *See also* GOOD I. 4.
'**play-acting,** *s.* = ACTING[2] 2 (*b*) & (*c*).
'**play-actor,** *f.* **-actress,** *s.* (*a*) Acteur, -trice; artiste *mf* (dramatique). (*b*) *Pej:* Cabotin, -ine.
'**play-bill,** *s.* Affiche *f* (de théâtre); annonce *f* de spectacle.
'**play-book,** *s.* Recueil *m* de pièces de théâtre.
'**play-box,** *s.* Coffre *m* à jouets, à ustensiles de sport.
'**play-boy,** *s. F:* Cerveau brûlé; tête brûlée; luron *m*; gaillard *m*; farceur *m*.
'**play-day,** *s. Ind:* Jour *m* de congé, de chômage.
'**play-debt,** *s.* Dette *f* de jeu.
'**play-field,** *s.* Terrain *m* de jeux, de sports.
'**play-pen,** *s.* Parc *m* pour enfants; baby-parc *m*, *pl.* baby-parcs. *Folding play-pen*, baby-parc repliable.
'**play-room,** *s. U.S:* Chambre *f* des enfants.
'**play-spell,** *s. Sch: U.S:* Récréation *f*.
'**play-world,** *s.* Monde *m* imaginaire (des enfants).
play[2], *v.* I. *v.i.* **1.** Se mouvoir vivement; (se) jouer; (*of animals*) gambader, folâtrer; (*of light, colour*) jouer, chatoyer. *Atoms playing in the sunbeams*, atomes *m* qui dansent dans les rayons de soleil. *Butterflies playing among the flowers*, papillons *m* voltigeant autour des fleurs. *Her hair played on her shoulders*, ses tresses flottaient sur ses épaules. *A smile plays on her lips*, un sourire se joue, erre, glisse, sur ses lèvres. *The sun plays on the water*, le soleil se joue sur l'eau. *My fancy played about the idea*, ma fantaisie caressait cette idée. **2.** (*a*) (*Of fountain*) Jouer. *The fountains will p. on Sunday*, les eaux joueront dimanche. *Next Sunday the fountains will p. at Versailles*, dimanche prochain, grandes eaux à Versailles. (*b*) *The organ is playing*, les orgues donnent. *v.tr. The band played the troops past, played the march past*, la musique accompagna le défilé des troupes. (*c*) (*Of part of mechanism*) Jouer; se mouvoir, fonctionner, librement. **3.** (*a*) Jouer, s'amuser, se divertir. *Children playing in the garden*, enfants qui jouent dans le jardin, qui s'ébattent dans le jardin. **To play (at) soldiers,** jouer aux soldats. *To p. at keeping shop, at keeping house*, jouer à la marchande, au ménage. **Run away and play!** allez jouer (et laissez-moi tranquille)! *To p. with a child*, *F:* faire joujou avec un enfant. (*b*) *To p. with one's stick, with one's fan*, badiner avec sa canne; manéger de l'éventail. (*c*) **To play with fire,** jouer avec le feu. *Don't p. with your health*, ne jouez pas avec votre santé. *To p. with s.o.'s affection*, jouer avec l'affection de qn. *To p. with love*, badiner avec l'amour. **He's not a man to be played with,** ce n'est pas un homme avec qui on plaisante. *See also* EDGED 1, FAST[3] II. 1. (*d*) **To play on words,** jouer sur les mots; équivoquer; user d'équivoque. (*e*) *Ind: F:* Chômer.

II. **play,** *v.tr. or ind.tr.* **1.** **To play (at) billiards, football, chess, cards,** jouer au billard, au football, aux échecs, aux cartes. **Play!** y êtes-vous? *Ten:* play! **To play fair,** jouer franc jeu; agir loyalement. *To p. for money*, jouer pour de l'argent. **To play high, low,** jouer gros jeu, petit jeu. *F:* **To play for one's own hand,** jouer un jeu intéressé. **To play into the hands of s.o.,** faire, jouer, le jeu de qn; fournir à qn des armes contre soi. *They play into each other's hands*, ils sont d'intelligence. *See also* LOVE[1] 1, SAFETY, TIME[1] 3. **2.** **To play (on) the piano, the flute,** jouer du piano, de la flûte. *Miss X was playing the harmonium*, Mlle X tenait l'harmonium. **To play a piece,** jouer un morceau. *Won't you p. for us?* voulez-vous nous faire un peu de musique? *P. us something by Chopin*, jouez-nous du Chopin, quelque chose de Chopin. *She plays well*, elle joue bien; elle est bonne musicienne. *See also* EAR[1] 1, FIDDLE[1] 1.

III. **play,** *v.tr.* **1.** *Th:* (*a*) **To play a part,** jouer, interpréter, un rôle. *See also* PART[1] I. 2. *To p. Macbeth*, tenir le rôle de Macbeth. *Cin: Abs.* **To play in a film,** tourner dans un film; tourner un film. *Pred. F:* **To play the idiot,** faire l'imbécile. **To play the man,** se conduire en homme; faire preuve de courage. *See also* ASS[1] 2, FOOL[1] 1, GALLERY 1, GIDDY[1] 2, TRUANT 2. (*b*) *To p. a tragedy*, jouer, représenter, une tragédie. *An old comedy is being played*, il se joue une vieille comédie. (*With passive force*) **Piece that plays well,** pièce *f* qui rend bien à la scène. *Piece now playing at . . .*, pièce qu'on donne actuellement à. . . . **2.** **To play a joke, a trick, on s.o.,** jouer un tour à qn. **3.** (*a*) *Cards:* **To play a card,** jouer une carte. *See also* CARD[1] 1. *Abs.* **To play high, low,** jouer une forte, basse, carte. (*b*) *Games: Sp:* **To play a stroke,** faire un coup. *To p. the ball too high*, renvoyer la balle trop haut. *Bill: To p. one's ball into the pocket*, envoyer sa bille dans la blouse. *Abs. Who plays first?* à qui d'entamer? *Bowls:* à qui la boule? *Golf:* à qui l'honneur? **4.** (*a*) **To play a game of tennis,** faire une partie de tennis. *See also* GAME[1] 1. **To play a match,** disputer un match, une partie. (*b*) **To play s.o. at chess,** faire une partie d'échecs avec qn. *To p. s.o. for a championship*, jouer contre qn pour un championnat; disputer un championnat à qn. *I'll p. you for the drinks*, je vous joue les consommations. (*c*) *Sp:* Inclure (qn) dans son équipe. *The team were playing three reserves*, l'équipe jouait avec trois réserves. **5.** (*With pred. adj.*) **To play s.o. false,** trahir qn. *See also* FALSE 2. **To play s.o. fair,** agir loyalement envers qn. *F:* **To play it low (down) on s.o.,** profiter de la faiblesse de qn; jouer un sale tour à qn; faire une crasse à qn. **6.** *Fish:* **To play a fish,** tenir l'effort d'un poisson en haleine; épuiser, noyer, le poisson. **7.** Manier habilement (un bâton, etc.). *See also* KNIFE[1] 1. **8.** Diriger (*upon, over, sur*). *To p. a torch-light full in s.o.'s face*, diriger la lumière d'une torche électrique en plein visage à qn. **To play water on the fire,** diriger de l'eau sur l'incendie. **To play a hose on the fire,** diriger la lance sur le feu. *To p. the guns on sth.*, diriger le feu contre qch. *Abs. The fire-engine played on the house*, la pompe à incendie donna contre la maison. *The artillery played on the citadel*, l'artillerie battait la citadelle. **To play on s.o.'s feelings,** agir sur les sentiments de qn; prendre qn par les sentiments. *To p. on s.o.'s credulity*, abuser de la crédulité de qn.

play away, *v.tr.* Perdre (son argent) au jeu.

play down, *v.i. Th. & F:* **To play down to the crowd,** jouer pour la foule, pour la galerie.

play in. 1. *v.pr. Sp:* **To play oneself in,** s'accoutumer, se faire, au jeu. **2.** *v.tr. The organ played the people in*, l'orgue a joué (pour) l'entrée.

play off, *v.tr.* **1.** *(a)* **To play off s.o. against s.o.,** opposer qn à qn. *(b)* Montrer (qn) sous un jour désavantageux. *(c)* **To play sth. off as sth. (else),** faire passer qch. pour qch. **2.** *Sp:* Rejouer (un match nul).

'play-off, *s. Sp:* Second match nécessité par un match nul.

play on, *v.i.* Continuer de jouer.

play out, *v.tr.* **1.** Jouer (une pièce de théâtre) jusqu'au bout. **2.** *The organ played the people out*, l'orgue a joué la sortie. **3.** *Cr:* **To play out time,** faire durer la partie pour obtenir match nul. **4.** *F:* **To be played out,** (i) être tombé en décadence; (ii) être vanné, rendu, à bout de forces. *This theory is played out*, cette théorie a fait son temps. *The country is played out*, les forces du pays sont épuisées. *Man who is played out*, homme vidé; homme qui montre la corde.

play up. 1. *v.i.* *(a)* (i) *Sp:* Jouer de son mieux; (ii) *F:* faire de son mieux; y mettre du sien; *P:* en mettre. **Play up!** allez-y! *(b)* **To play up to s.o.,** (i) *Th:* soutenir qn; donner la réplique à qn; (ii) *F:* flatter, aduler, qn; flatter la marotte de qn; *F:* tenir le crachoir à qn. *(c)* (*Of child, horse, etc.*) Faire des siennes. **2.** *v.tr. F:* *(a)* **To play s.o. up,** agacer qn, chahuter qn. *She plays him up*, elle le fait marcher; elle est rosse avec lui. *My kidneys have been playing me up lately*, mes reins m'ont donné du tracas ces jours-ci. *(b)* *U.S:* Exploiter (un incident, un scandale); tirer parti de (qch.).

playing, *s.* **1.** Jeu *m.* **2.** *Th:* *(a)* Interprétation *f* (d'un rôle); jeu (d'un acteur). *(b)* Représentation *f* (d'une pièce). **3.** *Mus:* Exécution *f* (d'un morceau de Chopin, etc.).

'playing-card, *s.* Carte *f* à jouer. **Playing-card maker,** cartier *m.*

'playing-field, *s.* Terrain *m* de jeux, de sports.

player ['pleiər], *s.* Joueur, -euse. **1.** *Mus:* Musicien, -ienne, exécutant, -ante, artiste *mf.* *Trombone p.*, joueur de trombone. *Cornet p.*, cornettiste *m.* **2.** *Th:* Acteur, -trice; artiste (dramatique); interprète *mf* (d'un rôle). *See also* STROLLING[1]. **3.** *Sp:* *(a)* Équipier *m.* *(b)* Joueur professionnel. **Gentlemen versus players,** amateurs contre professionnels. **4.** *Cards:* *First p., last p.*, premier, dernier, en cartes.

'player-piano, *s.* = PIANO-PLAYER.

playfellow ['pleifelo], *s.* Camarade *mf* de jeu(x); compagnon, *f.* compagne, de jeu(x). **Old playfellow,** ami, -ie, de jeunesse, d'enfance.

playful ['pleiful], *a.* Enjoué, badin, folâtre, gai. *P. style*, style badin. **-fully,** *adv.* Gaiement, en badinant, avec enjouement.

playfulness ['pleifulnəs], *s.* Enjouement *m*, badinage *m*, folâtrerie *f*, gaîté *f.*

playgoer ['pleigouər], *s.* Habitué, -ée, des spectacles; fréquenteur, -euse, de théâtres.

playground ['pleigraund], *s.* **1.** *(a)* *Sch:* Cour *f* de récréation ou terrain *m* de jeu(x). *(b)* **Nursery playground,** parc *m* à bébés. **2.** *F:* Lieu *m* de divertissement. *Switzerland is the p. of Europe*, toute l'Europe va en Suisse pour s'amuser.

playhouse ['pleihaus], *s.* *A:* Théâtre *m*; salle *f* de spectacles.

playmate ['pleimeit], *s.* = PLAYFELLOW.

plaything ['pleiθiŋ], *s.* Jouet *m*; *F:* joujou *m.* **As a plaything,** pour servir d'amusette. *The children make a p. of the dog*, le chien sert de jouet aux enfants.

playtime ['pleitaim], *s.* *Sch:* (Moment *m*, heure *f*, de la) récréation; heures de récréation ou de sports.

playwright ['pleirait], *s.* Auteur *m* dramatique; dramaturge *m.*

plea [pli:], *s.* **1.** *Jur:* *(a)* *A. & Scot:* Procès *m*; action *f* en justice. *Eng.Hist:* **Court of Common Pleas,** Cour *f* des Plaids Communs. *(b)* Conclusions *fpl*, moyens *mpl* (de défense); défense *f*, allégations *fpl*. *See also* SHAM[1] I. *(c)* **Incidental plea,** exception *f*. *Defendant's p.*, première exception. *Foreign p.*, exception déclinatoire; non-lieu *m.* **Plea in bar, special plea,** exception péremptoire; fin *f* de non-recevoir. *To put in a p. in bar of trial*, réclamer l'incompétence. *To put in a p. of alienism*, alléguer sa qualité d'étranger. *His counsel will put forward a p. of insanity*, son défenseur va plaider la folie. *To establish a p. of . . .*, exciper de. . . . *To submit the p. that . . .*, plaider que + *ind.* **Plea of necessity,** défense fondée sur l'impossibilité de faire autrement. *To urge the p. of necessity*, (i) alléguer, plaider, l'impossibilité de faire autrement; (ii) *F:* se retrancher derrière la force des choses. *See also* ABATEMENT 3. **2.** *(a)* Excuse *f*, prétexte *m*, justification *f* (*for doing sth.*, pour faire qch.). *Jur:* **To offer a plea,** exciper d'une excuse. **On the plea of . . .,** sous prétexte de. . . . *If you apply to him he will put up a p. of impossibility*, si vous vous adressez à lui il alléguera l'impossible. *(b)* *P. for mercy*, appel *m* à la clémence.

pleach [pli:tʃ], *v.tr.* Entrelacer, enlacer, enchevêtrer.

plead [pli:d], *v.* (*p.p. & p.t.* **pleaded,** *occ. & U.S:* **pled** [pled]) **1.** *v.i.* *(a)* *Jur:* Plaider (*for*, pour; *against*, contre). *(b)* *F:* **To plead with s.o. for s.o., sth.,** intervenir, intercéder, plaider, auprès de qn pour, en faveur de, qn, qch. *They were pleading to him, with him, to stop*, ils le suppliaient de s'arrêter. *(c)* *Jur:* **To plead guilty,** s'avouer coupable; plaider coupable. **To plead not guilty,** se dire innocent, non coupable; nier sa culpabilité. **2.** *v.tr.* *(a)* *Jur:* Plaider (une cause). *He was not allowed to p. his cause*, on lui interdit tout plaidoyer. *F:* **To plead s.o.'s cause with s.o.,** intercéder pour qn auprès de qn; plaider la cause de qn auprès de qn. *(b)* *Jur:* *To p. one's good faith*, exciper de sa bonne foi. *His counsel will p. insanity*, son défenseur va plaider la folie. *(c)* *F:* Invoquer, alléguer, faire valoir (une excuse). *To p. ignorance*, alléguer, prétexter, l'ignorance. *To p. the inexperience of youth*, s'excuser sur sa jeunesse. *To p. difficulties in regard to sth.*, objecter des difficultés à qch. *To p. fatigue*, prétexter la fatigue; invoquer la fatigue comme excuse. *To p. postal delays*, arguer d'un retard dû aux lenteurs de la poste.

pleading[1], *a.* Implorant; (regard, ton) de prière. **-ly,** *adv.* D'un ton de prière; d'un ton suppliant.

pleading[2], *s.* **1.** L'art *m* de plaider. **2.** *Jur:* *(a)* Plaidoyer *m*; plaidoirie *f*. *(b)* *pl.* **The pleadings,** (i) les débats *m*; (ii) l'exposé *m* des chefs d'accusation ou des moyens de défense; les conclusions (échangées avant l'audience). *(c)* **Special pleading,** (i) défense fondée sur ce que la cause offre de spécial; (ii) *F:* arguments spécieux, fallacieux. **3.** Prières *fpl*, intercession *f* (*for*, en faveur de).

pleadable ['pli:dəbl], *a.* **1.** *Jur:* Plaidable. **2.** (Excuse, etc.) invocable, alléguable.

pleader ['pli:dər], *s.* **1.** Avocat (plaidant); défenseur *m.* **Special pleader,** (i) *Jur:* avocat consultant; (ii) *F:* plaideur *m* pour son saint; casuiste *m.* *F:* **One hears the voice of the special pleader,** il prêche pour son saint. **2.** Intercesseur *m* (*for s.o.*, en faveur de qn).

pleasance ['plezəns], *s.* *A. & Poet:* **1.** Plaisir *m*, délice *m.* **2.** Jardin *m* d'agrément.

pleasant ['plez(ə)nt], *a.* **1.** Agréable, charmant, aimable; doux, *f.* douce. *Sight that is p. to look upon, p. to the eye*, spectacle *m* qui fait plaisir à voir, qui flatte les yeux. *Words p. to hear*, paroles douces, agréables, à entendre. *Story that makes p. reading*, histoire *f* agréable à lire. *P. breeze*, brise douce. *P. perfumes*, de savoureux parfums. *P. society*, charmante société; société agréable. *Life is p. here*, il fait bon vivre ici. *My life has been a p. one*, j'ai eu la vie douce. *It's a p. day*, il fait bon aujourd'hui. *It's a p. day for walking*, il fait bon se promener aujourd'hui. *To have a p. day*, passer agréablement la journée. *Good night*, **pleasant dreams,** bonne nuit, faites de beaux rêves. *It is not p. waiting*, ce n'est pas amusant d'attendre. *The fortunate of this world whose lot is cast in p. places*, les heureux de ce monde à qui tout rit, qui séjournent en un lieu de délices. *It is pleasanter here*, il fait meilleur ici. *s.* **To combine the pleasant with the useful,** joindre l'agréable à l'utile. **2.** (*Of pers.*) Gai, plaisant; d'un commerce agréable. *A man p. to deal with*, un homme d'humeur facile; homme facile à vivre. **To make oneself pleasant, to be pleasant (to s.o.),** faire l'agréable (auprès de qn); faire le gentil. *He made himself very p.*, (i) il nous a très bien accueillis; (ii) il a été charmant; il s'est montré très affable, très gentil. **-ly,** *adv.* **1.** Agréablement. *The room was p. warm*, il régnait dans la pièce une chaleur agréable. **2.** D'une manière agréable, charmante, affable; avec affabilité.

pleasantness ['plez(ə)ntnəs], *s.* **1.** Agrément *m*, charme *m* (d'un endroit, etc.). **2.** (*Of pers.*) *(a)* Gaieté *f*, enjouement *m.* *(b)* Affabilité *f*; gentillesse *f.*

pleasantry ['plez(ə)ntri], *s.* **1.** Gaieté *f*, enjouement *m.* **2.** Plaisanterie *f.* *He entertained us with coarse pleasantries*, il nous a débité des plaisanteries de mauvais goût.

please [pli:z], *v.tr.* **1.** (i) Plaire à (qn); faire plaisir à (qn); (ii) contenter (qn). *Nothing pleases him*, rien ne lui plaît; il n'est jamais content de rien. *To p. s.o. greatly*, faire grand plaisir à qn. *One can't p. everybody*, on ne saurait contenter tout le monde (et son père). *To be easily pleased*, s'arranger de tout. **There is no pleasing him,** il n'y a pas moyen de lui plaire. **He is hard to please,** il est difficile à contenter, à satisfaire; il est difficile. *In order to p. s.o.*, par complaisance pour qn; pour faire plaisir à qn. *To p. one's masters*, satisfaire ses maîtres. *The plan pleases him*, le projet lui sourit. *Wine that pleases the palate*, vin *m* agréable au palais, qui chatouille le palais. *Music that pleases the ear*, musique qui flatte l'oreille. *F:* **I dress to please myself,** je m'habille à mon gré, à ma guise. *I play the piano to p. myself*, je joue du piano pour mon plaisir. **Please yourself!** faites comme il vous plaira, comme vous voudrez; faites à votre guise. *Abs. Works intended merely to p.*, ouvrages *m* de pur agrément. **To lay oneself out to please,** faire des frais; se mettre en frais. *F:* **Anything to please!** soit! *See also* EYE[1] I. **2.** *(a)* *Impers.* **If it so please you,** si tel est votre plaisir. **May it please your Majesty,** plaise, n'en déplaise, à votre Majesté. **Please God!** plaise à Dieu! Dieu le veuille! *F:* *He'll be somebody great*, **please the pigs,** on en fera quelque chose si les petits cochons ne le mangent pas. *(b)* **(If you) please,** s'il vous plaît; (*to intimates*) s'il te plaît. *Come in, p.*, entrez, s'il vous plaît; entrez, je vous prie. *P. don't cry*, de grâce ne pleurez pas. **Please turn over,** tournez, s'il vous plaît. *P. tell me . . .*, ayez la bonté de me dire . . .; veuillez me dire. . . . *P. be so kind as to . . ., p. have the kindness to . . .*, veuillez (bien). . . . *May I?*—**Please do!** vous permettez?—Faites donc! **Please be seated, do please sit down, please to take a seat,** veuillez (donc) vous asseoir; donnez-vous la peine de vous asseoir. **Please not to interrupt!** veuillez bien ne pas nous interrompre; pas d'interruptions, s'il vous plaît! **Please to return this book,** prière de retourner ce livre. *P. to tell me the time*, voudriez-vous me dire l'heure, s'il vous plaît? *P. not to answer me back*, pas d'insolences, s'il vous plaît. *P.N:* *P. do not walk on the grass*, prière de ne pas marcher sur l'herbe. *F:* **I was asked to please go away,** on me pria instamment de partir. *Iron:* **And then if you please** *he blamed me for it!* et puis il a dit que c'était de ma faute, s'il vous plaît! **3.** *Abs.* **To do as one pleases,** agir à sa guise, à son gré. **Do as you please,** faites comme vous voudrez, comme vous l'entendez, comme bon vous semblera, comme il vous plaira; faites ce qui vous semble bon, ce que bon vous semblera. *He will do just as he pleases, he will only do as he pleases*, il n'en fera qu'à sa guise, qu'à sa tête. *F:* **Just as you please,** c'est, ce sera, comme vous voudrez. *When you p.*, quand vous voudrez; quand il vous plaira. *I shall do so if I p.*, je le ferai si cela me plaît, si bon me semble. *See also* COOL[1] I.

pleased, *a.* **1.** Satisfait, content, heureux. *P. smile*, sourire *m* de satisfaction. To be pleased with sth., être satisfait de qch.; se louer de qch.; approuver qch. *I am p. with anything*, je m'accommode de tout. *F:* He is very well pleased, highly pleased, with himself, il est très content, fort satisfait, de sa petite personne; *F:* il ne se donne pas de coups de pied. *B:* My beloved Son in whom I am well pleased, mon Fils bien-aimé en qui j'ai mis toute mon affection. *I am p. at the news*, je suis heureux d'apprendre cette nouvelle. *I am very p. that he is coming*, cela me fait grand plaisir, je suis très content, qu'il vienne. To be anything but pleased, faire grise mine; n'être pas du tout content. *F:* He is as pleased as Punch, (i) il est heureux comme un roi; il est aux anges; (ii) il en est fier comme Artaban; le roi n'est pas son cousin. To be pleased to do sth., faire qch. avec plaisir, se faire un plaisir de faire qch. *I shall be p. to come*, j'aurai grand plaisir à venir. *He will be very p. to do it*, il le fera volontiers. I am pleased to say that . . ., j'ai, je prends, plaisir à constater que . . .; je suis heureux, charmé, enchanté, de pouvoir vous dire que . . .; cela me fait plaisir de vous apprendre que. . . . *Com: I am p. to inform you that* . . ., je m'empresse de vous aviser que. . . . **2.** His Majesty has been graciously pleased to . . ., il a plu à sa gracieuse Majesté de. . . . *The King was p. to accept* . . ., le roi voulut bien accepter . . .; le roi a daigné accepter. . . . Be pleased to accept *these few flowers*, daignez accepter ces quelques fleurs. *Iron:* You are pleased to say so, cela vous plaît à dire.

pleasing, *a.* Agréable. *P. countenance*, visage avenant, sympathique. *A p. memory*, un doux souvenir; un souvenir agréable. *A p. view*, un spectacle riant, qui flatte les yeux. *P. manner*, abord *m* agréable; prévenance *f*. *P. figure*, silhouette gracieuse; physique *m* agréable. **-ly,** *adv.* Agréablement. *Verse that falls p. on the ear*, vers *m* qui flattent l'oreille.

pleasingness [ˈpliːziŋnəs], *s.* Agrément *m*, charme *m*; nature *f* agréable, aspect riant (*of*, de).

pleasurable [ˈpleʒərəbl], *a.* Agréable. *Every p. sensation*, toutes les voluptés. **-ably,** *adv.* Agréablement.

pleasurableness [ˈpleʒərəblnəs], *s.* Agrément *m*, charme *m*.

pleasure[1] [ˈpleʒər], *s.* **1.** Plaisir *m*. To take, find, (a) pleasure in doing sth., éprouver du plaisir, prendre plaisir, se (com)plaire, à faire qch. *To take p. in music*, prendre du plaisir à la musique. *I derive great p. from music*, je prends grand plaisir à la musique; la musique me procure de grands plaisirs. *I shall have great p. in seeing you again*, j'aurai beaucoup de plaisir à vous revoir. I have much pleasure in informing you that . . ., je suis très heureux de, je prends beaucoup de plaisir à, vous faire savoir que . . .; je m'empresse de vous faire savoir que. . . . *F:* It is our pleasure to inform you that . . ., nous avons le plaisir, l'honneur, de vous faire savoir que. . . . It will be a pleasure to me, it will give me great pleasure, I shall esteem it a pleasure, to oblige you, je me ferai un plaisir, je serai très heureux, ce sera pour moi un grand plaisir, de vous obliger. It would afford us great pleasure to . . ., nous aurions grand plaisir à . . .; nous serions charmés de. . . . It's a pleasure to hear him, c'est (un) plaisir de l'entendre. I have not the pleasure of knowing him, of his acquaintance, je n'ai pas le plaisir, l'avantage, de le connaître. *I'm so glad to meet you.*—The pleasure is mine, je suis bien content de faire votre connaissance.—Mais c'est moi qui suis enchanté. Mrs X requests the pleasure of Mrs Y's company at . . ., Mme X prie Mme Y de lui faire le plaisir d'assister à. . . . He did me the pleasure of dining with me, il m'a fait le plaisir de dîner avec moi. With pleasure, avec plaisir; volontiers; de bon cœur; de grand cœur. *With great p.*, avec grand plaisir. *With the greatest (of) p.*, avec le plus grand plaisir. **2.** (*a*) Plaisir(s), jouissances *fpl*. *To be fond of p.*, aimer la joie, le plaisir. *Life given up to p., life of p.*, vie adonnée au plaisir. To take one's pleasure, s'amuser, se divertir. *If you take your pleasures in that way*, si ces choses-là vous amusent. *To take one's pleasures sadly*, être amateur de spectacles tristes. To travel for pleasure, voyager pour son plaisir; faire un voyage d'agrément. *Place with no opportunities for p.*, endroit *m* sans distractions. Pleasure trip, voyage d'agrément; partie *f* de plaisir. Pleasure resort, ville *f* de plaisir. (*b*) *Sensual p.*, volupté *f*, débauche *f*. Woman of pleasure, fille *f* de joie. Man of pleasure, homme *m* de plaisir; débauché *m*. **3.** Volonté *f*; bon plaisir. Without consulting my pleasure, sans me consulter. At pleasure, à volonté. At s.o.'s pleasure, au gré de qn; au bon plaisir de qn. Office held during pleasure, emploi *m* amovible. During the King's pleasure, pendant le bon plaisir du roi. (*Of king*) It is our pleasure to . . ., il nous a plu de. . . . *Com:* What is your pleasure, madam? qu'y a-t-il pour votre service, madame? *See also* WILL[1] 2.

'pleasure-boat, *s.* Bateau *m* de plaisance.

'pleasure-car, *s.* Voiture *f* de plaisance.

'pleasure-ground, *s.* Parc *m*, jardin *m*, d'agrément; lieu *m* de plaisance.

'pleasure-loving, *a.* Amoureux des plaisirs; qui aime les plaisirs, le plaisir.

'pleasure-seeker, *s.* Jouisseur, -euse; personne *f* en quête de plaisirs.

'pleasure-seeking[1], *a.* Jouisseur.

'pleasure-seeking[2], *s.* Recherche *f* des plaisirs.

pleasure[2], *v.* **1.** *v.tr. A:* Faire plaisir à (qn). **2.** *v.i.* Se plaire, prendre plaisir (*in sth., in doing sth.*, à qch., à faire qch.).

pleat[1] [pliːt], *s. Dressm: etc:* Pli *m*. Pleats, plis; plissé *m*. Inverted pleat, pli inverti; soufflet *m*. *To take the pleats out of material*, déplisser une étoffe. *See also* ACCORDION, BOX-PLEAT.

pleat[2], *v.tr.* (*a*) Plisser (une jupe, etc.). (*b*) Bâtonner (du linge).

pleated, *a.* (*Of skirt, etc.*) Plissé. Accordion-pleated, en plis d'accordéon; en accordéon. Box-pleated, à doubles plis; à plis creux.

pleating, *s.* **1.** Plissage *m*. Pleating machine, plisseuse *f*. **2.** *Coll.* Plissé(s) *m(pl)*.

pleater [ˈpliːtər], *s.* Plisseur, -euse.

pleb [pleb], *s. P:* = PLEBEIAN 1 (*b*).

plebe [pliːb], *s. U.S:* Élève *m* de la dernière classe d'une école militaire ou navale.

plebeian [pleˈbiːən]. **1.** *s.* (*a*) *Rom.Hist:* Plébéien, -ienne. (*b*) Homme *m*, femme *f*, du bas peuple; plébéien; prolétaire *m*; roturier *m*. **2.** *a.* Plébéien, vulgaire; du peuple. *P. name*, nom bourgeois; nom de roturier. *To speak with a p. accent*, parler avec l'accent du peuple.

plebeianism [pleˈbiːənizm], *s.* Plébéianisme *m*.

plebeianize [pleˈbiːənaiz], *v.tr.* **1.** Rendre commun; vulgariser. **2.** Mettre (une littérature, etc.) au niveau du peuple.

plebeianness [pleˈbiːənnəs], *s.* **1.** Vulgarité *f*. **2.** Caractère *m* "peuple" (d'une œuvre, etc.).

plebiscitary [pleˈbisitəri], *a.* Plébiscitaire.

plebiscite [ˈplebisait], *s.* Plébiscite *m*.

plebs (the) [ðəˈplebz], *s.* **1.** *Rom.Hist:* La plèbe. **2.** *F:* Le peuple; le prolétariat; les classes inférieures; la plèbe.

plectognath [ˈplektognaθ], *a. & s. Ich:* Plectognathe (*m*).

plectrum [ˈplektrəm], *s. Mus:* Plectre *m*, médiator *m*.

pledge[1] [pledʒ], *s.* **1.** (*a*) Gage *m*, nantissement *m*. *To take a watch as a p.*, prendre une montre en gage. Pledge holder, créancier *m* gagiste. (*b*) To put sth. in pledge, mettre qch. en gage; engager qch. To take sth. out of pledge, dégager qch. **2.** Pledge of good faith, garantie *f* de bonne foi. **3.** *A. & Hum:* Gage d'amour; enfant *mf*. *Our five little pledges*, les cinq petits gages de notre amour. **4.** (*a*) Promesse *f*, engagement *m*, vœu *m*. I am under a pledge of secrecy, j'ai fait vœu de garder le secret; je me suis engagé à garder le secret. (*b*) To take, sign, the pledge, promettre de s'abstenir d'alcool; faire vœu de tempérance. **5.** Toast *m*; santé (portée à qn).

pledge[2], *v.tr.* **1.** Mettre (qch.) en gage; déposer (qch.) en nantissement; donner (une montre, etc.) en garantie. *To p. one's property*, engager son bien. *Pledged assets*, gages *m*. *Jur:* Pledged chattels, biens nantis. **2.** Engager (sa parole, etc.). To pledge oneself, one's word, to do sth., s'engager à faire qch.; prendre l'engagement de faire qch. *On my pledging not to say anything about it*, quand j'ai promis de n'en rien dire. *To p. oneself for sth.*, se porter garant de qch. *I p. myself that* . . ., je me porte garant que + *ind.* To pledge s.o. (to do sth.), lier qn par un engagement (à faire qch.). To be pledged to do sth., avoir pris l'engagement de faire qch. To pledge one's honour, one's word, engager sa parole; donner sa parole d'honneur; s'engager sur l'honneur; jurer sa foi. *To p. one's honour to do sth.*, s'engager d'honneur à faire qch. *I p. you my word that* . . ., je vous garantis, je vous donne ma parole, que. . . *F: I would not p. my word that* . . ., je n'affirmerais pas que. . . . To pledge one's allegiance to the king, vouer obéissance au roi. **3.** (*a*) Boire à la santé de (qn), porter un toast à (qn). (*b*) *A:* Faire raison à (qn).

pledging, *s.* Engagement *m*. **1.** Mise *f* en gage; nantissement *m*. **2.** Garantissement *m*.

pledgee [pleˈdʒiː], *s. Jur:* (Créancier *m*) gagiste *m*.

pledger [ˈpledʒər], *s.* Emprunteur, -euse, sur gage(s); débiteur, -trice, sur gages; gageur *m*.

pledget [ˈpledʒet], *s. Surg:* Tampon *m* de compresse, de charpie; bourdonnet *m*, sindon *m*, plumasseau *m*, gâteau *m*.

Pleiad, *pl.* **-ads, -ades** [ˈplaiəd, -ədz, -ədiːz]. *Pr.n.* **1.** *pl. Astr:* The Pleiads, the Pleiades, les Pléiades *f*. **2.** *Fr.Lit:* (La) Pléiade.

pleistocene [ˈplaistosiːn], *a. & s. Geol:* Pléistocène (*m*).

plenary [ˈpliːnəri], *a.* Complet, -ète, entier. *P. power*, pouvoir absolu; plein pouvoir. Plenary assembly, assemblée plénière. *See also* INDULGENCE 3. **-ily,** *adv.* Pleinement, complètement, entièrement; plénièrement.

plenipotentiary [plenipoˈtenʃəri], *a. & s.* Plénipotentiaire (*m*). Minister plenipotentiary, ministre *m* plénipotentiaire (*to*, auprès de).

plenish [ˈpleniʃ], *v.tr. Scot:* (*a*) Remplir (*with*, de). (*b*) Garnir, meubler (une maison, une métairie).

plenishing, *s.* (*a*) Mobilier *m* (d'une maison); matériel *m* et cheptel *m* (d'une ferme). (*b*) Apport *m* de mobilier en mariage (par la femme).

plenitude [ˈplenitjuːd], *s.* Plénitude *f*.

plenteous [ˈplentjəs], *a. Poet:* **1.** Abondant, copieux. **2.** Fertile, riche (*in sth.*, en qch.). **-ly,** *adv.* En abondance.

plenteousness [ˈplentjəsnəs], *s.* Abondance *f*.

plentiful [ˈplentiful], *a.* Abondant, copieux. *P. crop*, ample récolte, récolte abondante. *P. dinner*, dîner copieux, plantureux. *To be p.*, abonder, affluer. *Money is p. with him*, l'argent *m* afflue chez lui. As plentiful as blackberries, nombreux comme les grains de sable de la mer. **-fully,** *adv.* Abondamment; en abondance; copieusement, amplement.

plentifulness [ˈplentifulnəs], *s.* Abondance *f*.

plenty [ˈplenti]. **1.** *s.* Abondance *f*. (*a*) *He has p. of everything*, il a tout en abondance; il a de tout à suffisance, en suffisance. Plenty of money, money in plenty, une ample provision d'argent; une ample fortune; de l'argent en abondance. *To have p. of courage*, ne pas manquer de courage. *You have p. of time*, vous avez bien, amplement, largement, grandement, le temps; vous avez du temps de reste; ce n'est pas le temps qui manque. *To arrive in p. of time*, arriver de bonne heure. *To fix a dress with p. of pins*, ajuster une robe à grand renfort d'épingles. *For landscape work six tubes of paint are p.*, pour le paysage c'est assez de six tubes de couleur. To have plenty to live upon, avoir grandement de quoi vivre. He has plenty to go upon, il peut tailler en plein drap. *F: There are* plenty other books *upstairs*, il ne manque pas d'autres livres en haut. (*b*) To live in plenty, vivre à l'aise, grassement. To live in peace and plenty, vivre dans la paix et l'abondance. Land of plenty, pays *m* de cocagne, de bénédiction. Year of plenty, année *f* d'abondance. *See also* HORN[1] 6. **2.** *adv. F:* Plenty big enough, bien assez gros.

3. *a. A. & U.S:* = PLENTIFUL. *Money is p. but labour is scarce,* l'argent abonde mais on manque de main-d'œuvre.

plenum ['pliːnəm], *s.* **1.** *Ph:* Plein *m.* **Plenum fan, ventilator,** ventilateur positif, soufflant, foulant. *P. method of ventilation,* ventilation *f* mécanique par insufflation. **2.** *A:* Assemblée plénière; salle pleine.

pleochroic [pliːo'krouik], *a. Cryst:* Pléochroïque, polychroïque.

pleochroism [pliː'ɔkrouizm], *s. Cryst:* Pléochroïsme *m*, polychroïsme *m.*

pleomorphic [pliːo'mɔːrfik], *a. Biol: Ch:* Pléomorphe, polymorphe.

pleomorphism [pliːo'mɔːrfizm], *s.* Pléomorphisme *m*, polymorphisme *m.*

pleonasm ['pliːonazm], *s.* Pléonasme *m.*

pleonastic [pliːo'nastik], *a.* Pléonastique, redondant. **-ally,** *adv.* D'une manière pléonastique; par pléonasme.

plerome ['pliːroum], *s. Bot:* Plérome *m.*

plesiosaurus, *pl.* **-ri** [pliːsio'sɔːrəs, -rai], *s. Paleont:* Plésiosaure *m.*

plethora ['pleθora], *s.* **1.** *Med:* Pléthore *f.* **2.** Pléthore, surabondance *f* (de bien, etc.).

plethoric [ple'θɔrik], *a.* Pléthorique. *P. condition (of body),* réplétion *f.*

pleura, *pl.* **-ae** ['pluəra, -iː], *s. Anat:* Plèvre *f. Pulmonary p.,* feuillet viscéral de la plèvre. *Costal p., parietal p.,* feuillet pariétal de la plèvre.

pleural ['pluərəl], *a. Anat:* Pleural, -aux. *See also* RUB[1] I.

pleurisy ['pluərisi], *s. Med:* Pleurésie *f.* **Dry pleurisy,** pleurésie sèche; pleurite *f.* **Wet pleurisy,** pleurésie avec épanchement; pleurésie purulente.

pleuritic [pluə'ritik], *a.* Pleurétique.

pleurocarpous [pluəro'kɑːrpəs], *a. Bot:* Pleurocarpe.

pleurodynia [pluəro'dinia], *s. Med:* Pleurodynie *f*; *F:* fausse pleurésie.

pleuronect ['pluəronekt], *s. Ich:* Pleuronecte *m.*

pleuropericarditis [pluəroperikɑːr'daitis], *s. Med:* Pleuropéricardite *f.*

pleuro-pneumonia [pluəronju'mounja], *s. Med:* Pleuropneumonie *f*, pneumopleurésie *f. Vet: Contagious p.-p.,* pleuropneumonie épizootique (du bétail).

pleuro-pneumonic [pluəronju'mɔnik], *a. Med:* Pleuropneumonique.

plexiform ['pleksifɔːrm], *a. Anat:* Plexiforme.

pleximeter [plek'simetər], *s. Med:* Plessimètre *m.*

plexor ['pleksɔːr], *s. Med:* Percuteur *m.*

plexus ['pleksəs], *s.* **1.** *Anat:* Plexus *m*, réseau *m* (de nerfs, etc.). **2.** *F:* Enchevêtrement *m*, dédale *m* (de rues, etc.).

pliability [plaiə'biliti], *s.* (*a*) Flexibilité *f*, souplesse *f* (d'une tige, etc.). (*b*) Docilité *f*, souplesse, tractabilité *f*, malléabilité *f*, facilité *f* (de caractère).

pliable ['plaiəbl], *a.* **1.** (*a*) Pliable, pliant, flexible; (cuir *m*) souple. *Steel is more p. than iron,* l'acier *m* obéit mieux que le fer. (*b*) (Voix *f*, etc.) flexible. **2.** (Caractère, etc.) docile, malléable, souple, accommodant, complaisant. *P. character, F:* caractère de cire.

pliancy ['plaiənsi], *s.* = PLIABILITY.

pliant ['plaiənt], *a.* = PLIABLE. **-ly,** *adv.* (*a*) Souplement; avec souplesse. (*b*) D'une manière docile, accommodante; docilement.

plica, *pl.* **-ae** ['plika, 'plaika, -iː], *s.* **1.** Pli *m* (de la peau, etc.). **2.** *Med:* **Plica (polonica),** plique (polonaise).

plicate ['pliket, 'plai-], **plicated** [pli'keitid, plai-], *a. Bot: (Of leaf, etc.)* Plicatif. *Geol: (Of stratum)* Plissé, replié.

plicatile ['plikatail], *a. Nat.Hist:* Plicatile.

plication [pli'keiʃ(ə)n, plai-], *s. Geol:* Plissement *m* (de couches).

pliers ['plaiərz], *s.pl. Tls:* Pince(s) *f(pl)*, tenaille(s) *f(pl)*; (*small*) bequettes *fpl. Bent-nose p.,* pince bec-de-corbin. *Round-nose(d) p.,* pince(s) ronde(s); pince à becs ronds. *Flat-nose(d) p.,* pince(s) plate(s); bec-de-cane *m*, *pl.* becs-de-cane. *Bolt-cutting p.,* pince à boulons. *Bending p.,* pinces à cintrer. (*Wire-*)*drawing p.,* tenaille continue. *Insulated p.,* pince isolante. *Gas p.,* pince à tube, à gaz; pince de plombier. *Punch p.,* pince emporte-pièce. *Combination motor p.,* pince universelle. *See also* CUTTING-PLIERS.

plight[1] [plait], *s.* Condition *f*, situation *f*, état *m.* **To be in a sorry plight, in a sad plight,** (i) être en mauvaise passe, en fâcheuse posture; *F:* être dans de beaux draps, en mauvais arroi, en piteux équipage; (ii) être dans un triste état. *In none too good a p.,* en assez piteux état. *What a p. you are in!* comme vous voilà fait!

plight[2], *s. Lit:* Engagement *m*, gage *m* (de sa foi, de son amour, etc.); serments (échangés). *He to whom I gave my p.,* celui à qui j'ai promis ma foi.

plight[3], *v.tr. Poet. & Lit:* Engager, promettre (sa foi, etc.); faire un serment de (fidélité, etc.). **To plight oneself, one's troth,** promettre, engager, sa foi. *To p. one's troth to s.o.,* donner sa foi à qn.

plighted, *a.* **Plighted faith,** foi promise, jurée. **Plighted word,** parole donnée, engagée. **To be plighted to s.o.,** être fiancé, promis, à qn. **Plighted lovers,** fiancés *m.*

Plimsoll ['plimsəl]. **1.** *Pr.n. Nau:* **Plimsoll line, Plimsoll mark, Plimsoll's mark,** ligne *f* de Plimsoll; ligne de flottaison en charge. **2.** *s.pl.* **Plimsolls,** souliers *m* bain de mer (en toile avec semelle en caoutchouc noir).

plinth [plinθ], *s.* (*a*) *Arch:* Plinthe *f*; socle *m* (d'une statue, d'une colonne). (*b*) *Const:* **Plinth (course)** *of rubble wall,* plinthe d'un mur en moellon. (*c*) Escabelon *m* (d'une coupe en argent, etc.).

Pliny ['plini]. *Pr.n.m. Lt.Lit:* **Pliny the Elder, the Younger,** Pline l'Ancien, le Jeune.

pliocene ['plaiosiːn], *a. & s. Geol:* Pliocène (*m*).

plod[1] [plɔd], *s.* **1.** (*a*) Marche lourde, pénible. (*b*) Pas pesant. **2.** Travail *m* pénible, rebutant, de longue durée; travail assidu.

plod[2], *v.i.* (**plodded; plodding**) **1.** Marcher lourdement, péniblement. **To plod along;** (*with cogn. acc.*) **to plod one's way,** cheminer, avancer, aller, marcher, d'un pas pesant, en traînant la jambe; suivre péniblement son chemin. *To plod along through life,* passer sa vie à peiner. **To plod on,** continuer courageusement son chemin; continuer sa marche pénible; persévérer. *To p. on in the rain,* cheminer sous la pluie. **2. To plod (away),** travailler laborieusement, assidûment; peiner, trimer (*at*, à); *Sch: F:* bûcher, piocher. **To plod through** *the first Book of . . .,* bûcher d'un bout à l'autre le premier Livre de. . . .

plodding[1], *a.* (*a*) Qui marche lourdement, péniblement; (pas) pesant, lourd. (*b*) Qui travaille laborieusement; persévérant.

plodding[2], *s.* **1.** Marche lourde, pénible. **2.** Labeur assidu.

plodder ['plɔdər], *s.* Travailleur persévérant. *Sch: F:* Bûcheur *m*, piocheur *m. He is a p.,* il est courageux au travail; c'est un bœuf au travail.

plop[1] [plɔp], *s., adv., & int.* **1.** Flac (*m*), floc (*m*), plouf (*m*) (de qch. tombant dans l'eau). **2.** (Bruit sourd) Pouf (*m*). *He sits down p.,* pouf! il s'asseoit.

plop[2], *v.i.* (**plopped** [plɔpt]; **plopping**) **1.** Faire flac; tomber (dans l'eau) en faisant flac, plouf. **2.** Tomber en faisant pouf. **To plop down** *in an armchair,* se laisser tomber, s'affaler, dans un fauteuil.

plosive ['plousiv], *a. & s. Ling:* (Consonne) explosive, plosive.

plot[1] [plɔt], *s.* **1.** (Parcelle *f*, lot *m*, de) terrain *m*; coin *m*, lopin *m*, quartier *m* (de terre). **Building plot,** terrain à bâtir. *See also* GRASS-PLOT. **2.** Intrigue *f*, action *f*, trame *f*, plan *m*, argument *m* (d'une pièce de théâtre, d'un roman, etc.). *Subordinate p.,* intrigue secondaire. **The plot thickens,** l'intrigue se noue, se complique; *F:* l'affaire *f* se corse. *Unravelling of the p.,* dénouement *m* de l'action, de l'intrigue. *Cin: To accept a play from an outline of the p.,* recevoir une pièce sur scénario. **3.** *Mth: etc:* Tracé *m* graphique. **Logarithmic plot,** diagramme *m* logarithmique. **4.** Complot *m*, conjuration *f*, conspiration *f. Communist plots,* menées *f* communistes. **To lay, hatch, a plot,** tramer, ourdir, un complot. *To defeat, frustrate, a p.,* déjouer une machination, un complot. *To discover the p., F:* découvrir, éventer, la mèche. *See also* GUNPOWDER I.

plot[2], *v.* (**plotted; plotting**) I. *v.tr.* **1.** (*a*) Dresser le plan de, faire le relevé de, relever, lever (un terrain, etc.); (*with stereo-autograph*) restituer. (*b*) Tracer, rapporter (un levé de terrain, etc.). *To p. a diagram,* relever un diagramme. *To p. an angle,* rapporter un angle. **2.** *Mth:* Tracer, faire le tracé de, figurer graphiquement (une courbe, etc.). **To plot the graph of an equation,** tracer le graphique d'une équation. *To p. the abscissa, the ordinate, of a point,* porter un point en abscisse, en ordonnée. **3.** Comploter, combiner, conspirer, tramer, machiner (la ruine de qn, etc.). *What mischief are you plotting between you?* qu'est-ce que vous complotez là?

II. **plot,** *v.i.* Comploter, machiner, conspirer (*against s.o.,* contre qn).

plotting, *s.* **1.** Levé *m* (d'un terrain, etc.); (*with stereoautograph*) restitution *f.* **Plotting of points,** topométrie *f.* **2.** Tracé *m*, graphique *m.* **3.** Complots *mpl*, machinations *fpl.*

'plotting-paper, *s.* Papier quadrillé.

Plotinus [plo'tainəs]. *Pr.n.m. Hist:* Plotin.

plotter ['plɔtər], *s.* **1.** (*a*) (*Pers.*) Traceur *m*, restituteur *m* (d'un cadastre, etc.). (*b*) (*Device*) Abaque *m.* **Photographic plotter,** photocartographe *m.* **2.** Conspirateur, -trice; conjuré, -ée; comploteur *m.*

plough[1] [plau], *s.* **1.** (*a*) Charrue *f.* **Motor plough,** charrue automobile. **Steam plough, tractor plough,** laboureuse *f.* **Balance plough, throw-over plough,** charrue basculante, à balance. **Reversible plough, turn-wrest plough, one-way plough,** brabant *m* double. *Heavy p., trenching p.,* défonceuse *f. Subsoil p.,* charrue fouilleuse; sous-soleuse *f*, *pl.* sous-soleuses; coutrier *m.* **Single(-furrow) plough,** normande *f*, monosoc *m.* **Double(-furrow) plough,** bi(s)soc *m.* **Multiple plough, gang plough,** (charrue) polysoc *m. See also* CLEARING-PLOUGH, DRILL-PLOUGH, RIDGE-PLOUGH, SNOW-PLOUGH[1], STUBBLE-PLOUGH, SWING-PLOUGH, TRENCH-PLOUGH, WHEEL-PLOUGH. **To drive the plough,** mener, pousser, la charrue. **To put the plough over a field,** faire passer la charrue dans, sur, un champ. **To put, set, one's hand to the plough,** (i) *B:* mettre la main à la charrue; (ii) *F:* mettre la main à la pâte. **To follow the plough,** être laboureur. (*b*) *Ven: F:* Terres *fpl* de labour; labours *mpl.* **2.** *Astr:* **The Plough,** la Grande Ourse; le Chariot. **3.** *Bookb:* Couteau *m* à rogner; presse *f* à rogner; rognoir *m.* **4.** *Tls:* **Plough(-plane),** bouvet *m* à approfondir; guimbarde *f.* **5.** *El:* Frotteur souterrain, chariot *m*, sabot *m*, de prise de courant (d'un tramway).

'plough-beam, *s.* Age *m*, flèche *f*, de charrue.

'plough-bit, *s. Tls:* Bec-d'âne *m*, *pl.* becs-d'âne (de rabot).

'plough-boy, *s.m.* Valet, garçon, de charrue.

'plough-horse, *s.* Cheval, -aux *m*, de labour, de labeur; roussin *m.*

'plough-land, *s.* **1.** (*a*) Terre labourée, cultivée; terre de labour; labours *mpl.* (*b*) Terre arable, labourable. **2.** *Hist:* = HIDE[5].

'plough-line, *s. Harn:* Guide *f* de cheval de charrue.

'Plough-'Monday, *s.* Le lundi de l'Épiphanie.

'plough-shaped, *a.* Aratriforme; en forme de charrue.

'plough-stock, *s. Agr:* Mancheron *m* de charrue.

'plough-tail, *s.* Mancherons *mpl* de charrue. *F:* **He was bred at the plough-tail, he has followed the plough-tail,** il a conduit la charrue; il sort d'une famille de paysans.

plough[2], *s. Sch: F:* Échec *m* (à un examen); *F:* retoquage *m.*

plough[3], *v.tr.* **1.** (*a*) Labourer, verser (un champ, etc.); tracer, creuser (un sillon). *To p. the soil,* retourner la terre (à la charrue). *Abs.* **To plough,** labourer la terre. *Ploughed lands,* terres en labour, de labour; labours *m. F:* **To plough the sands,** battre l'eau avec un bâton. (*With passive force*) *Land that ploughs easily,* terre qui se laboure facilement. *See also* FURROW[1] I, WINTER-PLOUGH.

(*b*) (*Of ship*) Fendre, sillonner (les flots); (*of grief*) sillonner, labourer (le visage). **2.** *Bookb:* Rogner (le papier). **3.** *Join:* Bouveter. **Ploughed and feathered joint,** assemblage *m* à fausse languette. **To plough out a groove,** enlever une rainure au bouvet. **4.** *Sch: F:* Refuser, retaper, retoquer, recaler, coller (un candidat). **To be, get, ploughed,** échouer (dans, à, un examen); être refusé; *P:* se faire coller. *Ploughed in the oral examination,* collé à l'oral.

plough down, *v.tr.* Déraciner (des plantes, etc.) en labourant.

plough in, *v.tr.* Enterrer, enfouir (le fumier, etc.) dans le sol en labourant.

plough through, *v.tr. & i. F:* **To plough (one's way) through the mud,** avancer péniblement, se frayer difficilement un chemin, dans la boue. **To plough through a book,** lire laborieusement un livre jusqu'au bout. **A bullet ploughed through his thigh,** une balle lui est entrée profondément dans la cuisse.

plough up, *v.tr.* **1.** (*a*) Faire passer la charrue dans, sur (un champ). (*b*) (*Of shells, etc.*) Effondrer, défoncer (le terrain). **2.** Déraciner, arracher, extirper, (des mauvaises herbes, etc.) avec la charrue.

ploughing, *s.* **1.** Labourage *m*, labour *m*. **First ploughing,** versage *m*. *See also* WINTER-PLOUGHING. **2.** *Carp:* Travail *m* au bouvet. **3.** = PLOUGH[2].

plougher ['plauər], *s.* Laboureur *m*.

ploughman, *pl.* **-men** ['plaumən, -men], *s.m.* (*a*) Laboureur. *See also* SPIKENARD 2. (*b*) *F:* Paysan, rustre.

ploughshare ['plauʃɛər], *s.* **1.** Soc *m* de charrue. **2.** *Anat:* **Ploughshare bone,** vomer *m*.

plover ['plʌvər], *s.* **1.** *Orn:* Pluvier *m*. **Golden plover,** pluvier doré. **Ring(ed) plover,** pluvier à collier; *F:* gravière *f*. **Grey plover, Swiss plover,** vanneau *m* pluvier. **Great plover, Norfolk plover,** grand pluvier; courlis *m* de terre; courlieu *m* de terre; arpenteur *m*. **Bastard plover,** vanneau. **Stilt-plover,** échasse *f*. *See also* CRAB-PLOVER. **2.** *Cu:* **Plovers' eggs,** œufs *m* de vanneau.

'plover-page, 'plover's page, *s.* *Orn:* Bécasseau *m* cincle; cocorli *m*.

'plover-snipe, *s.* *Orn:* Pressirostre *m*.

plow[1, 2] [plau], *s. & v. U.S:* = PLOUGH[1, 2].

ploy[1] [plɔi], *s.* *Scot:* **1.** Occupation *f*, passe-temps *m inv.* **2.** Espièglerie *f*; tour *m*; fredaine *f*.

ploy[2], *v.tr.* *Mil:* Ployer (des troupes).

ployment ['plɔimənt], *s.* *Mil:* Ploiement *m* (de troupes).

pluck[1] [plʌk], *s.* **1.** **To give a pluck at sth.,** tirer qch. d'un petit coup sec. *He gave my sleeve a p.*, il m'a tiré la manche. **2.** *Sch: F:* = PLOUGH[2]. **3.** *Cu:* Fressure *f* (de veau, etc.); levée *f* (d'agneau). **4.** *F:* Courage *m*, cran *m*. *He has plenty of p.*, il a du cran, de l'atout, de l'estomac; il a du cœur au ventre; il n'a pas froid aux yeux; c'est un (rude, fier) lapin; il est d'attaque; *P:* il a du chien. *He lacks p.*, il manque de cran. *His p. failed him,* il a manqué de courage; *P:* il a calé; il a eu les foies.

pluck[2], *v.tr.* **1.** Arracher (des cheveux, des plumes, etc.); cueillir (une fleur). *v.ind.tr.* *To p. at one's hair,* s'arracher les cheveux. **2.** (*a*) **To pluck (at) s.o.'s sleeve, to pluck s.o. by the sleeve,** tirer qn par la manche. (*b*) **To pluck a guitar,** pincer de la guitare. **3.** *Sch: F:* = PLOUGH[2] 4. **4.** (*a*) Plumer (une volaille). *F:* **To pluck a pigeon,** plumer un pigeon; plumer, dépouiller, une dupe. **To have a crow to pluck with s.o.** = *to have a crow, a bone, to pick with s.o., q.v. under* PICK[3] 3. (*b*) Éplucher (la laine). (*c*) **To pluck the eyebrows,** épiler les sourcils.

pluck off, *v.tr.* Détacher (une feuille d'une plante).

pluck out, *v.tr.* Arracher (des cheveux, etc.).

pluck up, *v.tr.* **1.** Arracher, déraciner (une plante, etc.). **2.** **To pluck up (one's) courage, one's spirits,** prendre son courage à deux mains; s'enhardir; s'armer de courage; faire appel à tout son courage. *To p. up new courage,* se renhardir; reprendre courage. *Abs. He had plucked up,* il avait repris courage.

plucking, *s.* **1.** Arrachage *m*; cueillage *m* (d'une fleur, etc.). **2.** Pincement *m* (de la guitare). **3.** Recalage *m* (d'un candidat). **4.** (*a*) Plumage *m* (d'une volaille, etc.). (*b*) Épluchage *m* (de la laine, etc.). (*c*) Épilage *m*, épilation *f* (des sourcils).

-plucked [plʌkt], *a.* *F:* (*With adj. prefixed, e.g.*) **Rare-plucked, good-plucked,** d'un rare courage, d'un courage à toute épreuve. *He is a good-p. one,* il a du poil.

plucker ['plʌkər], *s.* Plumeur, -euse (de volaille).

pluckiness ['plʌkinəs], *s.* = PLUCK[1] 4.

plucky ['plʌki], *a.* **1.** Courageux, *F:* crâne. *To be p., F:* avoir du chien. *A p. young fellow,* un garçon qui a du cran. *He's a p. one,* c'est un rude lapin, un fier lapin. *It is very p. of him to undertake it,* c'est très courageux à lui de l'entreprendre. **2.** *Phot:* **Plucky negative,** cliché vigoureux. **-ily,** *adv.* Courageusement, *F:* crânement; avec courage; sans se laisser abattre.

plug[1] [plʌg], *s.* **1.** (*a*) Tampon *m*, bouchon *m*, bonde *f*, crapaudine *f*. **Waste plug,** tampon (de baignoire, d'évier); soupape *f* (de baignoire, de réservoir). *Metall:* **Plug of fire-clay,** tampon, bouchon, réfractaire; bouchage *m*. *Aut: etc:* **Sump plug, draw-off plug, draining plug,** bouchon de vidange. *Mch:* **Safety plug, fusible plug,** bouchon, cheville *f*, fusible; rondelle *f* fusible (de chaudière). **Plug of a boat,** tampon, bouchon, de nable; vis *f* de nable (d'une embarcation); *F:* nable *m*. *Ballast-tank plugs,* nables des ballasts. *P. of a shell,* bouchon d'obus. *Navy:* **Soluble plug,** goupille *f* de sel (d'une mine). *See also* BREECH-PLUG, HAWSE-PLUG, SCREW-PLUG, VALVE-PLUG, VENT-PLUG. (*b*) *Dent:* Tampon d'ouate. *Surg:* Bourdonnet *m*. (*c*) *Sm.a:* *A:* = WAD[1] 2. (*d*) *Geol:* Culot *m* de volcan. **2.** (*a*) Cheville. *El:* Fiche *f* de connexion; fiche mâle; clef *f*, plot *m* mobile, cheville; broche *f* (d'une lampe, etc.). **Two-pin plug,** fiche à deux broches. **Wall plug, floor plug,** prise *f* de courant; bouchon de contact, de prise. **Adapter plug,** (bouchon de) raccord *m*. *See also* CONTACT-PLUG. (*b*) (*For nail in wall*) Scellement *m*; tampon. (*c*) *Min: etc:* Plat-coin *m*, *pl.* plats-coins; coin demi-rond; quille *f*. **Plug and feather wedge, plug and feathers,** aiguille-coin *f*, *pl.* aiguilles-coins. (*d*) *Rail:* Cale *f*, coin. (*e*) *I.C.E:* **Sparking plug,** bougie *f* (d'allumage). *See also* GLOW-PLUG. (*f*) Clef *f*, canillon *m*, noix *f* (de robinet). **3.** (*a*) **Fire-hydrant plug,** bouche *f* d'eau; prise *f* d'eau; bouche d'incendie. (*b*) *Plumb:* Effet *m* d'eau (de cabinet d'aisances). **To pull the plug,** tirer la chaînette du réservoir de chasse. **4.** (*a*) = PLUG-TOBACCO. (*b*) **Plug of tobacco,** chique *f*, manoque *f*, de tabac; carotte *f*. **5.** *Esp. U.S:* (*a*) Vieux cheval, rosse *f*, haridelle *f*. (*b*) *Publ:* Ouvrage *m* difficile à placer; ours *m*. **6.** *P:* Coup *m* de poing. *A p. on the ear,* un coup, un pain, sur l'oreille. *I gave 'im a p.*, je lui ai flanqué un pain.

'plug-cock, *s.* Robinet *m* à clef.

'plug-fuse, *s.* *El.E:* Fusible *m* à bouchon.

'plug-gauge, *s.* *Mec.E:* Tampon vérificateur; cylindre vérificateur (de cotes intérieures).

'plug-hole, *s.* Bonde *f*; trou *m* d'écoulement (d'évier, de baignoire); *Nau:* nable *m* (d'embarcation).

'plug-key, *s.* *El:* Fiche *f* à manette; clef *f*, cheville *f*, broche *f*.

'plug-switch, *s.* *El:* Prise *f* de courant à fiche; interrupteur *m* à fiche, en cheville.

'plug-to'bacco, *s.* Tabac *m* en carotte, en barre.

plug[2], *v.* (**plugged; plugging**) I. *v.tr.* **1.** **To plug (up)** (*an opening*), mettre un tampon à (une ouverture); boucher, tamponner, taper (une ouverture). (*Of pipe, etc.*) **To get plugged up,** s'obstruer; super. **To plug a wound,** tamponner une plaie. **2.** (*a*) Enfoncer des chevilles dans (un mur); tamponner, sceller (un mur, etc.). (*b*) *Min:* **To plug and feather,** bosseyer. **Plug-and-feathering machine,** bosseyeuse *f*. **3.** *P:* (*a*) Tirer un coup de fusil, de revolver, sur (qn); flanquer une balle dans la peau à (qn). (*b*) Frapper (qn) à coups de poing; cogner sur (qn); flanquer un coup à (qn). *P. him one in the ear,* flanque-lui un pain. **4.** *P:* **To plug s.o., s.o.'s plans,** entraver l'action de qn; contrecarrer qn; mettre des bâtons dans les roues. **5.** *P:* (*Of dance-bands, etc.*) **To plug a song,** enfoncer une chanson dans les oreilles du public; faire à une chanson une publicité enragée.

II. **plug,** *v.i.* *F:* **To plug along,** continuer péniblement son chemin. **To plug away,** persévérer, s'acharner; bûcher. *Box:* **To plug away at s.o. with one's left,** bourrer qn de coups du gauche.

plug in, *v.tr.* *El.E:* Intercaler (une résistance, etc.). *Abs.* Mettre la fiche dans la prise de courant; établir la connexion.

'plug-in, *attrib.a.* *El.E:* (Organe *m*) à fiche de prise de courant.

plugging, *s.* Tamponnement *m*, bouchage *m*. **(Wall) plugging-tool,** tamponnoir *m*.

plum [plʌm], *s.* **1.** (*a*) Prune *f*. **Plum jam,** confiture *f* de prunes; prunelée *f*. *P. orchard,* prunelaie *f*. (*b*) **Plum(-tree),** prunier *m*. **Wild plum,** (i) prunier sauvage; (ii) (*sloe*) prunellier *m*. *See also* HOG-PLUM. **2.** (*a*) *A:* Raisin sec. *Still so used in* PLUM-CAKE, PLUM-DUFF, *etc. See also* SUGAR-PLUM. (*b*) **French plums,** pruneaux *m* d'Agen ou de Tours. **3.** *F:* Fin morceau, morceau de choix; la perle (de la collection, etc.). **The plums,** les meilleurs postes; les meilleures places. *He is waiting for the plums to fall into his mouth,* il attend que les alouettes lui tombent toutes rôties dans le bec. *You got the p.*, c'est vous qui avez été le mieux partagé. **4.** *P: A:* Cent mille livres sterling.

'plum-'cake, *s.* Plum-cake *m*, *pl.* plum-cakes; gâteau *m* aux raisins.

'plum-coloured, *a.* (De couleur) prune *inv.* *P.-c. ribbons,* rubans *m* prune.

'plum-'duff, *s.* Pudding *m* aux raisins.

'plum-'pudding, *s.* **1.** "*Suet pudding,*" fourré de prunes. **2.** = CHRISTMAS-PUDDING. **3.** *F:* **Plum-pudding dog,** petit danois, chien *m* de Dalmatie. **4.** *Geol:* **Plum-pudding stone,** poudingue *m*, conglomérat *m*.

plumage ['plu:medʒ], *s.* Plumage *m*; *Ven:* pennage *m* (d'un oiseau de proie). *Summer p., winter p.*, plumage d'été, d'hiver. *Courting p.*, robe *f* de noces. **Birds of plumage,** oiseaux à beau plumage. *F: A middle-class family in full p.*, une famille de la bourgeoisie dans tous ses atours.

plumaged ['plu:medʒd], *a.* A plumes; à plumage.

plumassier [pluma'si:ər], *s.* Plumassier, -ière.

plumb[1] [plʌm], *s.* **1.** Plomb *m* (du fil à plomb). **2.** Aplomb *m*. *To take the p. of a wall,* prendre l'aplomb d'un mur. **Out of plumb,** hors d'aplomb; dévers, dévoyé; (mur *m*) qui porte à faux. *To get out of p.*, déverser; prendre coup; faire coup. **3.** *Nau:* (Ligne *f* de) sonde *f*.

'plumb-bob, *s.* **1.** Plomb *m* (de fil à plomb). **2.** = PLUMB-LINE.

'plumb-level, *s.* = PLUMB-RULE.

'plumb-line, *s.* **1.** Fil *m* à plomb. **2.** *Nau:* Ligne *f* de sonde.

'plumb-rule, *s.* Niveau vertical; niveau de maçon; niveau à plomb.

plumb[2], *v.tr.* **1.** Sonder (la mer, etc.). *F:* **To have plumbed the depth of shame,** avoir toute honte bue. **2.** (*a*) Vérifier l'aplomb de (qch.); plomber (un mur, etc.). (*b*) Remettre d'aplomb (un socle, etc.). **3.** *Plumb:* Plomber (une canalisation).

plumbing, *s.* *Plumb:* **1.** Plomberie *f*, plombage *m*. **2.** *Coll.* Tuyauterie *f*; tuyaux *mpl.*

plumb[3]. **1.** *a.* (*a*) Droit; vertical, -aux; d'aplomb. (*b*) *U.S: P:* (*Intensive*) **Plumb nonsense,** pure sottise. **2.** *adv.* D'aplomb, droit. **Plumb above sth., below sth., with sth.,** à l'aplomb de qch. *F:* **Plumb in the centre,** juste au milieu; en plein dans le milieu. *U.S: P:* **Plumb crazy,** complètement fou.

plumbaginous [plʌm'badʒinəs], *a.* Graphiteux, graphitique.

plumbago [plʌm'beigo], *s.* **1.** Plombagine *f*; mine *f* de plomb; graphite *m*. **2.** *Bot:* Dentelaire *f*, plombago *m*, plumbago *m*; *F:* malherbe *f*.

plumbate ['plʌmbet], *s.* *Ch:* Plombate *m*.

plumbeous ['plʌmbiəs], *a.* Plombeux.

plumber ['plʌmər], *s.* Plombier *m*. **Plumber's shop,** plomberie *f*.

plumber-block ['plʌmərblɔk], *s.* = PLUMMER-BLOCK.

plumbery ['plʌməri], *s.* Plomberie *f* (atelier ou travail).

plumbic ['plʌmbik], *a.* **1.** *Ch:* (Sel *m*) plombique. **2.** *Med:* **Plumbic poisoning,** intoxication saturnine; saturnisme *m*; *F:* coliques *fpl* de plomb.

plumbiferous [plʌm'bifərəs], *a.* Plombifère.

plumbism ['plʌmbizm], *s.* *Med:* Saturnisme *m.*

plumbless ['plʌmləs], *a.* (Abîme *m*) insondable.

plumbous ['plʌmbəs], *a.* *Ch:* (Oxyde) plombeux.

plumcot ['plʌmkɔt], *s.* *Hort:* *U.S:* Prune-abricot *f*, *pl.* prunes-abricots.

plume[1] [pluːm], *s.* **1.** *A.* & *Lit:* Plume *f.* *See also* BORROWED. **2.** (*a*) Panache *m*, aigrette *f*; plumet *m* (de casque). *See also* HORSEHAIR, SHAVING-BRUSH. (*b*) **Court plume,** aigrette de trois plumes d'autruche (portée par les femmes aux grandes réceptions de la Cour). **3.** *Nat.Hist:* Plumule *f.*

'plume-fly, *s.* *Ent:* Corèthre *f.*

'plume-like, *a.* Semblable à des plumes; plumeux.

'plume-moth, *s.* *Ent:* Alucite *f.*

'plume-nutmeg, *s.* *Bot:* Athérosperme *m.*

plume[2]. **1.** *v.tr.* (*a*) Orner, garnir, de plumes. *Black-plumed,* aux plumes noires. (*b*) Garnir d'un panache; empanacher (un casque). **2.** *v.pr.* (*a*) (*Of bird*) **To plume itself,** se lisser les plumes. (*b*) *F:* (*Of pers.*) **To plume oneself on sth.,** se glorifier, se flatter, se piquer, se targuer, tirer vanité, faire parade, de qch.

plumelet ['pluːmlet], *s.* **1.** Petite plume. **2.** *Bot:* Plumule *f.*

plumetty ['plumәti], *a.* *Her:* (Champ) plumeté.

plumicorn ['plumikɔːrn], *s.* Aigrette *f* (du hibou).

plumiera [plu'miːәra], *s.* *Bot:* Frangipanier *m.*

plummer-block, -box ['plʌmәrblɔk, -bɔks], *s.* *Mec:* Palier *m*, empoise *f.* *P.-b. bearing,* palier *m.*

plummet ['plʌmet], *s.* **1.** (*a*) Plomb *m* (de fil à plomb, de sonde, de ligne de pêche). *See also* LEVEL[1] I. 1. (*b*) *F:* *A:* Poids *m*, entrave *f.* *P. hung on the heels of ambition,* boulet *m* au pied de l'ambition. **2.** (*a*) Fil *m* de plomb. (*b*) *Nau:* Sonde *f.*

plummy ['plʌmi], *a.* **1.** Riche en raisins ou en prunes. **2.** *F:* **Something plummy,** (i) un des bons morceaux; une des bonnes places, une des meilleures situations; (ii) quelque chose de fameux, d'épatant.

plumose ['plumous], *a.* *Nat.Hist:* *Miner:* Plumeux.

plump[1] [plʌmp], *a.* (*Of pers.*) Rebondi, grassouillet, dodu, grasset, boulot; *P:* (*of woman*) gironde; (*of fowl*) dodu; (*of chicken or pers.*) bien en chair. *P. little woman,* petite femme rebondie. *P. shoulders,* épaules rondelettes. *P. little hands,* petites mains potelées. **Plump-cheeked,** joufflu.

plump[2], *v.* (**plumped** [plʌmpt]) **1.** *v.tr.* (*a*) Engraisser, faire grossir, rendre dodu. (*b*) *Tan:* Gonfler (les peaux). **2.** *v.i.* **To plump** (**out, up**), devenir dodu; engraisser; s'arrondir. *She had plumped out,* elle avait perdu sa maigreur de jeune fille; elle s'était faite.

plumping[1], *s.* *Tan:* Gonflement *m*, bassage *m*, bassement *m*, basserie *f*, passerie *f.*

plump[3]. **1.** *s.* (*a*) Bruit sourd (de chute); floc *m*, plouf *m.* *To fall with a p.,* tomber en faisant plouf. (*b*) **Summer plump,** ondée *f.* **2.** *adv.* (*a*) **To fall plump into the mud,** tomber dans la boue avec un floc. *He sat down p. on the cat,* il se laissa tomber en plein sur le chat (qui occupait la chaise). (*b*) **To say sth. plump,** dire qch. brusquement, carrément, catégoriquement, tout net. **3.** *a.* **Plump denial,** dénégation *f* catégorique.

plump[4]. **1.** *v.tr.* Jeter brusquement, flanquer. *To p. oneself into an armchair,* se laisser tomber, s'affaler, dans un fauteuil. **To plump out** *a remark,* lâcher brusquement une remarque. **To plump s.o. down** *between two strangers,* faire asseoir qn (sans façon), *F:* colloquer qn, entre deux étrangers. *He plumped down my suit-case and walked off,* il déposa à terre ma valise, sans plus de façons, et s'en alla. **2.** *v.i.* (*a*) Tomber lourdement, comme une masse; tomber avec un floc; faire plouf. (*b*) *Pol:* *etc:* **To plump for a candidate,** donner tous ses votes à un candidat (au lieu de les partager entre plusieurs candidats). *F:* **To plump for a course of action,** être tout entier pour une ligne de conduite.

plumping[2], *a.* *F:* Immense; colossal, -aux. *P. majority,* majorité écrasante.

plump[5], *s.* *A:* **Plump of spears,** troupe *f* de chevaliers.

plumper ['plʌmpәr], *s.* **1.** (*a*) Électeur *m* qui donne toutes ses voix à un seul candidat. (*b*) Vote donné à un seul candidat. **2.** Gros mensonge; craque *f*, canard *m.*

plumpness ['plʌmpnәs], *s.* Embonpoint *m*, rondeur *f.*

plumule ['pluːmjuːl], *s.* *Nat.Hist:* Plumule *f*, gemmule *f*, blaste *m.* *Orn:* Plumule.

plumy ['pluːmi], *a.* *Lit:* (*a*) Couvert de plumes, emplumé. (*b*) (*Of helmet*) Empanaché. (*c*) Plumeux.

plunder[1] ['plʌndәr], *s.* **1.** Pillage *m*; mise *f* à sac (d'une ville, etc.). **2.** (*a*) Butin *m.* (*b*) *F:* Petits bénéfices; gratte *f.*

plunder[2], *v.tr.* (*a*) Piller, mettre à sac, dépouiller (un pays, etc.); dépouiller (qn). (*b*) *To p. a ship,* détourner des marchandises à bord d'un navire. (*c*) *Abs.* *F:* Brigander.

plundering, *s.* (*a*) Pillage *m.* (*b*) Dépouillement *m* (de qn).

plunderage ['plʌndәredʒ], *s.* **1.** Pillage *m.* **2.** *Jur:* (*a*) Pillage, détournement *m*, de marchandises à bord d'un vaisseau. (*b*) Marchandises détournées; butin *m.*

plunderer ['plʌndәrәr], *s.* Pillard *m*, pilleur *m*; ravisseur *m.*

plunge[1] [plʌndʒ], *s.* Plongeon *m.* **To take a plunge,** faire un plongeon, plonger (*into,* dans). *F:* **To take the plunge,** sauter le pas, le fossé; franchir le Rubicon; faire le saut périlleux; faire le plongeon. *To be about to take the p.,* être sur le tremplin. *He takes the great p. to-morrow,* demain il dit le grand oui.

'plunge-bath, *s.* Piscine *f.*

'plunge-board, *s.* Plongeoir *m*, tremplin *m.*

plunge[2]. **1.** *v.tr.* (*a*) Plonger, immerger (le linge dans la lessive, etc.). *To p. a dagger into s.o.'s heart, into s.o.'s breast,* plonger un poignard dans le cœur, dans le sein, de qn. *To p. one's hands into one's pockets,* enfoncer ses mains dans ses poches. **Plunged in darkness,** plongé dans l'obscurité. *To p. s.o. into despair, into grief, into poverty,* précipiter, plonger, qn dans le désespoir; plonger qn dans la douleur, dans la misère. (*b*) *Hort:* **To plunge pots,** mettre des pots (de fleurs) en pleine terre. (*c*) *Metalw:* Tremper (l'acier, etc.). **2.** *v.i.* (*a*) Plonger, se jeter (la tête la première), *F:* piquer une tête (dans l'eau, etc.); se plonger (dans la méditation); s'enfoncer, s'engouffrer (dans un bois, etc.); se perdre (dans la foule); se jeter (à corps perdu) (dans une affaire, dans le plaisir, etc.). *Geol:* (*Of stratum*) Plonger. **To plunge (headlong) into a description of . . .,** se lancer (à fond) dans une description de. . . . *The eye plunges into the abyss,* l'œil *m* plonge dans l'abîme. (*b*) **To plunge forward,** s'élancer en avant. **To plunge into the room,** se précipiter dans la salle; entrer en coup de vent. (*c*) (*Of horse*) (Se cabrer et) ruer. (*d*) (*Of ship*) Tanguer, canarder; piquer du nez. (*e*) *Gaming:* Jouer ou parier sans compter; jouer un jeu d'enfer. *St.Exch:* Risquer de grosses sommes.

plunging[1], *a.* Plongeant. *Artil:* **Plunging fire,** feu plongeant, feu fichant.

plunging[2], *s.* **1.** (*a*) Plongée *f*, plongement *m*, immersion *f*, enfoncement *m.* *See also* SIPHON[1]. (*b*) *Metalw:* Trempe *f.* **2.** Tangage *m* (d'un bateau). **3.** *Cards:* *etc:* Jeu effréné.

plunger ['plʌndʒәr], *s.* **1.** (*Pers.*) (*a*) Plongeur, -euse. (*b*) *F:* Joueur effréné; parieur effréné. *St.Exch:* (Spéculateur) risque-tout *m inv.* (*c*) *Mil:* *P:* Cavalier *m.* **2.** (*Device*) (*a*) Plongeur (de pompe, de presse hydraulique); heuse *f*, chopine *f* (de pompe). **Plunger-piston,** (piston) plongeur; piston plein. *Leather p.,* plongeur en cuir. **Grease-gun plunger,** piston compresseur de pompe de graissage. (*b*) *Husb:* Batte *f* à beurre (de baratte). **Plunger churn,** baratte *f* ordinaire. (*c*) **Plunger of a hydraulic hoist,** colonne *f* d'un monte-charge hydraulique. (*d*) *Sm.a:* *Artil:* Percuteur *m.* *Navy:* **Plunger of a mine,** plongeur.

plunk[1] [plʌŋk], *s.* *U.S:* **1.** Coup sec; son *m* d'un coup sec; paf *m.* **2.** Son pincé (de la guitare, du banjo). **3.** Dollar *m.*

plunk[2]. **1.** *v.tr.* (*a*) *To p. a stone at s.o.,* lancer raide une pierre à qn. (*b*) Tirer un coup de revolver, de fusil, sur (qn). **2.** *v.i.* **To plunk down,** tomber raide.

pluperfect [pluː'pәːrfekt], *a.* & *s.* *Gram:* Plus-que-parfait (*m*). **In the pluperfect,** au plus-que-parfait.

plural ['pluәrәl]. **1.** *a.* & *s.* *Gram:* Pluriel (*m*). **In the plural,** au pluriel. *Sign of the p.,* signe *m* du pluriel, de la pluralité. **2.** *a.* (*a*) *Pol:* **Plural vote,** vote plural. (*b*) *Ecc:* **Plural livings,** bénéfices détenus par cumul. **-ally,** *adv.* **1.** Au pluriel. **2.** Par cumul.

pluralism ['pluәrәlizm], *s.* **1.** (*a*) *Ecc:* Cumul *m*, pluralité *f*, de bénéfices. (*b*) Cumul de fonctions (quelconques). **2.** *Phil:* Pluralisme *m.*

pluralist ['pluәrәlist], *s.* (*a*) *Ecc:* Détenteur *m* de plusieurs bénéfices. (*b*) Cumulard *m.*

pluralistic [pluәrә'listik], *a.* **1.** (*Of office, etc.*) Cumulatif. **2.** *Phil:* Pluraliste. **-ally,** *adv.* Cumulativement.

plurality [pluә'raliti], *s.* **1.** Pluralité *f.* **2.** **Plurality of offices,** *Ecc:* **of livings,** cumul *m* de fonctions, *Ecc:* de bénéfices. *To hold a p. of offices,* cumuler des fonctions. **3.** *Ecc:* Bénéfice détenu par cumul. **4.** (*a*) Majorité *f*, *A:* pluralité *f* (des voix). (*b*) *U.S:* Majorité relative.

pluralize ['pluәrәlaiz]. **1.** *v.tr.* *Gram:* Pluraliser; mettre au pluriel. **2.** *v.i.* *Ecc:* Détenir plusieurs bénéfices.

pluri- ['pluәri], *comb.fm.* Pluri-. *Pluriflorous,* pluriflore. *Pluridentate,* pluridenté. *Pluricellular,* pluricellulaire.

plurilocular [pluәri'lɔkjulәr], *a.* *Bot:* (Pistil *m*) pluriloculaire.

plus [plʌs]. **1.** *prep.* Plus. *Courage plus sense,* le courage plus le bon sens; le bon sens ajouté au courage. *He found himself plus nearly ten pounds,* il a vu son capital s'augmenter de près de dix livres. **2.** *a.* (*a*) (*Of quantity, number, electric charge, etc.*) Positif. (*b*) **On the plus side of the account,** à l'actif du compte. **Plus value,** plus-value *f*, *pl.* plus-values. (*c*) *Sp:* **Plus player,** (i) *Ten:* joueur, -euse, qui rend des points; (ii) *Golf:* joueur, -euse, dont le handicap lui fait rendre des coups sur la normale du parcours. **3.** *s.* (*pl.* **plusses** ['plʌsiz]) (*a*) Plus *m*; signe *m* de l'addition. (*b*) Quantité positive.

'plus-'fours, *s.pl.* *Cost:* Culotte bouffante pour le golf; culotte de golf. *To be in p.-f.,* être en tenue de golf.

plush [plʌʃ], *s.* *Tex:* **1.** Peluche *f*, panne *f.* **Bouclé plush,** peluche bouclée. **Loop-plush,** peluche à brides. **2.** *pl.* **Plushes,** culotte *f* de valet de pied.

plushy ['plʌʃi], *a.* Pelucheux.

Plutarch ['pluːtaːrk]. *Pr.n.m.* *Gr.Lit:* Plutarque.

plutarchy ['pluːtaːrki], *s.* Ploutocratie *f.*

Pluto ['pluːto]. *Pr.n.m.* *Myth:* *Astr:* Pluton.

plutocracy [pluː'tɔkrәsi], *s.* Ploutocratie *f.*

plutocrat ['pluːtokrat], *s.* Ploutocrate *m.*

plutocratic [pluːto'kratik], *a.* Ploutocratique.

Plutonian [plu'tounjәn], **Plutonic** [plu'tɔnik], *a.* *Myth:* *Geol:* Plutonien, plutonique. *Geol:* **Plutonic rocks,** *s.* **plutonics,** roches *f* d'intrusion, de profondeur; roches abyssales. **The Plutonic hypothesis,** l'hypothèse vulcanienne.

Plutonism ['pluːtonizm], *s.* *Geol:* Plutonisme *m.*

Plutonist ['pluːtonist], *s.* *Geol:* Plutoniste *m.*

plutonomy [plu'tɔnomi], *s.* Ploutonomie *f*; économie *f* politique.

pluvial ['pluːviәl]. **1.** *a.* (*a*) *Geol:* *etc:* Pluvial, -aux. (*b*) (Temps) pluvieux. **2.** *s.* *Ecc.Cost:* *A:* Chape *f*; *A:* pluvial.

pluviograph ['pluːviograːf, -graf], *s.* *Meteor:* Pluviomètre enregistreur; pluviométrographe *m.*

pluviometer [pluːvi'ɔmetәr], *s.* *Meteor:* Pluviomètre *m*, udomètre *m.*

pluviometric(al) [pluːvio'metrik(әl)], *a.* Pluviométrique, udométrique.

pluviometry [plu:vi'ɔmetri], *s. Meteor:* Pluviométrie *f.*
pluvioscope ['plu:vioskoup], *s. Meteor:* Pluvioscope *m.*
pluvious ['plu:viəs], *a.* Pluvieux.
ply[1] [plai], *s.* **1.** (*a*) Pli *m* (de tissu appliqué en plusieurs plis). (*Of cloth, F: of character, of the mind*) **To take a ply,** prendre un pli. (*b*) Placage *m*, pli *m*, épaisseur *f* (de contre-plaqué). *Inner ply, outer ply,* pli intérieur, pli extérieur. **Five-ply wood,** contre-plaqué *m* en cinq épaisseurs. *See also* THREE-PLY 1. **2.** Brin *m*, fil *m* (de corde, de laine); toron *m* (de corde). **Three-ply wool,** laine *f* trois fils.
ply[2], *v.tr. Dial:* Plier, courber.
ply[3]. **1.** *v.tr.* (*a*) Manier vigoureusement. **To ply the oars,** (i) ramer; manier les avirons; (ii) faire force de rames. **To ply the distaff,** filer la quenouille. **To ply the needle,** faire courir l'aiguille. *She plies her needle all day,* elle coud toute la journée. *To ply a spade, a shovel,* manier une bêche, une pelle. **To ply the bottle,** faire des libations. **To ply one's teeth,** jouer des dents. (*b*) **To ply a trade,** exercer un métier. *There are too many people plying that trade already,* ils sont déjà trop dans ce métier. (*c*) **To ply s.o. with questions,** presser, harceler, accabler, qn de questions. **To ply s.o. with drink,** verser force rasades à qn; faire boire qn sans arrêt; arroser (un client). *To ply s.o. with food,* bourrer qn de nourriture. **2.** *v.i.* (*a*) (*Of ship, omnibus, etc.*) Faire le service, la navette, le va-et-vient (*between . . . and . . .,* entre . . . et . . .). *Plying rarely,* circulant rarement. (*Of taxi, etc.*) **To ply for hire,** prendre des voyageurs; travailler (dans les rues); faire des courses rétribuées. (*b*) (*Of taxi, boatman, porter, etc.*) Stationner; se tenir à la disposition des clients. *Car plying for hire,* automobile *f* de place. (*c*) *Nau:* **To ply to windward,** louvoyer, bouliner.
plyers ['plaiərz], *s.* = PLIERS.
Plymouth Brethren ['plimәθ'breðrən]. *Pr.n.pl. Rel.Hist:* Darbystes *m*; Frères *m* de Plymouth.
plywood ['plaiwud], *s.* (Bois) contre-plaqué *m.* **Plywood construction,** contre-placage *m.*
pneometer [(p)ni'ɔmetər], *s. Med: etc:* Pnéomètre *m.*
pneuma ['(p)nju:ma], *s. Gr.Phil:* Pneuma *m.*
pneumatic [nju:'matik]. **1.** *a.* Pneumatique. *P. engine, tool,* machine *f*, outil *m*, pneumatique. **Pneumatic tyre,** (bandage *m*) pneumatique *m*, *F:* pneu *m.* **Pneumatic spring, pneumatic shock-absorber,** ressort *m*, amortisseur *m*, à air comprimé. **Pneumatic pick,** pic *m* à air comprimé. *P. plant,* installation *f* à air comprimé. *See also* TROUGH 1. **2.** *s.* (*a*) (Bandage) pneumatique; *F:* pneu. (*b*) Bicyclette *f* à bandages pneumatiques, à pneus. **-ally,** *adv.* **Pneumatically operated,** (appareil *m*) à marche pneumatique, à air comprimé. *P. controlled,* à frein pneumatique.
pneu'matic-'tyred, *a.* Monté sur, pourvu de, pneumatiques, de pneus.
pneumatics [nju:'matiks], *s.pl.* (*Usu. with sg. const.*) *Ph:* Pneumatique *f.*
pneumatocele ['(p)nju:matosi:l], *s. Med:* Pneumatocèle *m.*
pneumatocyst ['(p)nju:matosist], *s. Nat.Hist:* Poche *f* pneumatique (d'oiseau, etc.). *Coel:* Pneumatophore *m* (de siphonophore).
pneumatograph ['(p)nju:matogra:f, -graf], *s. Med:* Pneumographe *m.*
pneumatology [nju:ma'tɔlodʒi], *s. Med:* Pneumatologie *f.*
pneumatolysis [(p)nju:ma'tɔlisis], *s. Miner:* Pneumatolyse *f.*
pneumatometer [(p)nju:ma'tɔmetər], *s. Med:* Pneumatomètre *m.*
pneumatophore [(p)nju:matofɔ:ər], *s. Z:* Pneumatophore *m.*
pneumobacillus, *pl.* **-i** [(p)nju:moba'siləs], *s. Bac:* Pneumobacille *m.*
pneumococcus, *pl.* **-i** [(p)nju:mo'kɔkəs, -'kɔksai], *s. Bac:* Pneumocoque *m.*
pneumogastric [(p)nju:mo'gastrik]. **1.** *a. Anat:* Pneumogastrique. **2.** *s.* **The pneumogastric,** le (nerf) pneumogastrique.
pneumograph ['(p)nju:mogra:f, -graf], *s. Med:* Pneumographe *m.*
pneumonia [nju'mounja], *s. Med:* Pneumonie *f*; fluxion *f* de poitrine; congestion *f* pulmonaire. **Catarrhal pneumonia, lobular pneumonia,** pneumonie lobulaire. **Septic pneumonia,** pneumococcémie *f.* **Interstitial pneumonia,** pneumonie caséeuse. **Acute pneumonia, croupous pneumonia, lobar pneumonia,** pneumonie lobaire, franche, fibrineuse. *Single p.,* pneumonie d'un seul poumon. *Double p.,* pneumonie double.
pneumonic [nju'mɔnik], **pneumonitic** [nju:mo'nitik], *a. Med:* Pneumonique.
pneumonitis [(p)nju:mo'naitis], *s. Med:* Pneumonite *f.*
pneumor(r)hagia [(p)nju:mo'reidʒia], *s. Med:* Pneumorragie *f.*
pneumothorax [(p)nju:mo'θɔ:raks], *s. Med:* Pneumothorax *m.*
po[1] [pou], *s. F:* Pot *m* de chambre; vase *m* de nuit.
Po[2] **(the).** *Pr.n. Geog:* Le Pô.
poa ['poua], *s. Bot:* Pâturin *m. Wood poa,* pâturin des bois.
poaceae [pou'eisii:], *s.pl. Bot:* Poacées *f.*
poach[1] [poutʃ], *v.tr. Cu:* Pocher (des œufs).
poached, *a.* (Œuf) poché.
poach[2], *v.tr.* **1.** (*a*) (*Of horse, ox, etc.*) **To poach (up) the ground,** labourer la terre (de ses sabots); piétiner la terre. (*b*) *v.i.* (*Of land*) Devenir bourbeux; se détremper; passer à l'état de fondrière. **2.** (*a*) Braconner dans (un bois, etc.). (*b*) Braconner (le gibier, un saumon, etc.). (*c*) *Abs.* Braconner. **To poach on s.o.'s preserves,** (i) braconner sur la chasse réservée de qn; chasser sur les terres de qn; (ii) *F:* braconner dans les œuvres de qn; empiéter sur les prérogatives de qn; aller à l'eau chez un autre; piquer dans l'assiette de qn; bâtir sur le sol d'autrui. (*d*) *Ten:* Braconner. **To poach a ball,** chiper une balle à son partenaire.
poaching, *s.* Braconnage *m.*
poacher[1] ['poutʃər], *s.* **1.** Braconnier *m*; panneauteur *m.* *Tail:* **Poacher-pocket,** poche *f* carnier (de costume de chasse). **2.** *Ten: F:* Chipeur, -euse.
poacher[2]. *See* EGG-POACHER.
poachiness ['poutʃinəs], *s.* État détrempé, bourbeux (de la terre, etc.).
poachy ['poutʃi], *a.* (Terrain) détrempé, bourbeux.
pochard ['poutʃərd, 'poukərd, 'pɔkərd], *s. Orn:* Milouin *m*; *F:* moreton *m*; canard siffleur; cane *f* à tête rousse.
pochette [pɔ'ʃet], *s.f.* **1.** Pochette *f* (de dame). **2.** *Mus: A:* Pochette *f*; petit violon de maître à danser.
pock [pɔk], *s. Med:* Pustule *f* (de la petite vérole). *See also* STONE-POCK.
'pock-mark, *s.* Marque *f*, stigmate *m*, de la petite vérole; grain *m.*
'pock-marked, -pitted, *a.* Marqué, picoté, de la petite vérole. *P.-m. face,* visage grêlé, gravé. *F: Countryside p.-m. with bungalows,* paysage défiguré par des bungalows.
pocket[1] ['pɔket], *s.* **1.** (*a*) Poche *f* (de vêtement). **Trouser-pocket,** poche de pantalon, de culotte. **Waistcoat-pocket,** gousset *m.* *Small p.,* pochette *f.* *See also* BREAST-POCKET, HIP-POCKET, PATCH[1] 1, SIDE-POCKET, VEST-POCKET, WATCH-POCKET. *Hat that rolls up for the p.,* chapeau *m* qui se met dans la poche. *F: You could put him in your p.,* vous le mettriez dans votre poche. *To have empty pockets,* avoir la poche vide; être sans le sou. *F:* **To line one's pockets,** faire sa pelote, son beurre, ses choux gras. *To put sth. in(to) one's p.,* mettre qch. dans sa poche; empocher qch. *To put one's hands in one's pockets,* mettre ses mains dans ses poches. *F:* **To have s.o. in one's pocket,** faire marcher qn comme on veut; avoir qn dans sa manche. *He has two newspapers in his p.,* il a deux journaux sous sa coupe. *See also* BOROUGH 1. **To be always in s.o.'s pocket,** être toujours tout près de qn. *See also* BURN[2] 1, LINED[2], PICK[3] 7. *Attrib.* **Pocket dictionary,** dictionnaire *m* de poche. **Pocket edition,** édition *f* de poche. **Pocket guide,** guide-poche *m*, *pl.* guides-poche. *Bookb:* **Pocket size,** format *m* de poche. *A:* **Pocket-fiddle, -violin,** pochette *f.* **Pocket case** *of mathematical instruments,* pochette de compas. *Phot:* **Pocket camera,** appareil *m* de poche. (*b*) **To suffer in one's pocket,** en être de sa poche. *He is a friend until you touch his p.,* il est ami jusqu'à la bourse. **He always has his hand in his pocket,** il a toujours la main à la poche; il est toujours à débourser. **To pay s.o. from one's own pocket,** payer qn de sa poche. **To be in pocket,** être en bénéfice, en gain. *To be five shillings in p.,* avoir cinq shillings de gain, de bénéfice; gagner cinq shillings. **To be out of pocket** (*over a transaction*), être en perte; ne pas retrouver son argent; ne pas rentrer dans ses fonds. *To be five shillings out of p.,* être en perte de cinq shillings; en être de sa poche pour cinq shillings. *I am out of p. by it,* j'y suis de ma poche. *You won't be out of p. by it,* vous n'y perdrez pas. *F:* **The empty pockets,** les sans-le-sou. *See also* OUT-OF-POCKET, SAVE[2] 1. **2.** (*a*) Sac *m* (de houblon, de laine). (*b*) *Bill:* Blouse *f.* (*c*) *Aut:* **Leather pocket** (*in door, etc.*), fonte *f*; poche intérieure. (*d*) **Pockets under the eyes,** poches sous les yeux. **3.** *Mec.E:* Retrait *m* (pour recevoir un organe, etc.). *I.C.E:* Chambre *f*, chapelle *f* (de soupape). *El: P. of an accumulator grid,* alvéole *m or f* d'un grillage. **4.** (*a*) *Min:* Poche, nid *m*, sac (de minerai). (*b*) Cavité remplie d'eau, de gaz; ballon *m* (de grisou). **Dead-water pocket,** poche d'eau stagnante; retenue *f* d'eau. (*c*) *See* AIR-POCKET.
'pocket-agreement, *s. Jur:* Contre-lettre *f*, *pl.* contre-lettres.
'pocket-book, *s.* (*a*) Carnet *m* de poche; calepin *m.* *P.-b. diary,* agenda *m* de poche. (*b*) Portefeuille *m.* (*c*) *U.S:* Porte-billets *m inv.*
'pocket-flap, *s.* Patte *f* de poche.
pocket-'handkerchief, *s.* Mouchoir *m* de poche.
'pocket-hole, *s.* (Fente *f* de) poche.
'pocket-knife, *s.* Couteau *m* de poche.
'pocket-money, *s.* Argent *m* de poche; (argent pour) menus plaisirs. *To give s.o. so much (as) p.-m.,* donner à qn tant pour ses menus plaisirs, pour ses menus frais.
'pocket-picking, *s.* Vol *m* à la tire.
'pocket-piece, *s.* (Pièce *f* de monnaie) porte-bonheur *m inv.*
'pocket-pistol, *s.* **1.** Pistolet *m* de poche. **2.** *F:* Gourde *f* de poche (pour eau-de-vie).
'pocket-table, *s.* Billard *m* à blouses.
pocket[2], *v.tr.* (**pocketed; pocketing**) **1.** (*a*) Empocher (qch.); mettre (qch.) dans sa poche. *To p. the money,* mettre l'argent dans sa poche. (*b*) *Pej:* Soustraire (de l'argent); chiper (qch.). *He used to p. half the takings,* il mettait la moitié de la recette dans sa poche. *Someone's pocketed my tobacco,* on m'a chipé mon tabac. **2.** Avaler, boire, empocher, dévorer (un affront, une insulte, etc.). **3.** Faire taire (**ses sentiments**); refouler (**sa** colère). **To pocket one's pride,** mettre son orgueil dans sa poche; déposer son orgueil; rabattre de sa fierté. **4.** *Bill:* Blouser (la bille). *To p. one's own ball* (*by mistake*), se blouser. *To p. one's opponent's ball,* bloquer la bille de son adversaire. **5.** *Rac:* (*Of group of runners*) Entraver la marche (d'un concurrent); gêner, coincer (un concurrent). **6.** *Mec.E: etc:* Ménager un retrait pour (un organe); monter (un organe) en retrait.
pocketed, *a.* (Électrode *f*, soupape *f*, etc.) en retrait.
pocketing, *s.* **1.** Action *f* d'empocher (un objet, une insulte, etc.). **2.** *Bill:* Mise *f* en blouse (de la balle). **3.** *Mec.E: etc:* Montage *m* en retrait.
pocketable ['pɔketəbl], *a.* Portatif, de poche.
pocketful ['pɔketful], *s.* Pleine poche; pochée *f*, pochetée *f.* *Pocketfuls of sweets,* des pleines poches de bonbons.
pockety ['pɔketi], *a.* **1.** *Min:* Poché. **2.** *Av:* (Parcours) plein de trous d'air.
pockwood ['pɔkwud], *s.* (Bois *m* de) gaïac *m.*
poco-curante ['poukoku'rante], *a. & s.* Insouciant; sans-souci *inv*; indifférent.
pod[1] [pɔd], *s. Tls:* Mandrin *m* (de vilebrequin).
pod[2], *s.* **1.** (*a*) Cosse *f*, gousse *f* (de fèves, de pois, etc.); écale *f* (de pois); silique *f* (des crucifères). (*b*) **Senna pods,** follicules *m*

de séné. **2.** Cocon *m* (de ver à soie); coque *f* (d'œufs de sauterelle). **3.** *Fish:* Nasse *f* (pour anguilles).

pod[3], *v.* (podded; podding) **1.** *v.i.* (*Of plant*) Former des cosses, des gousses. **2.** *v.tr.* Écosser, écaler (des pois, etc.).

podded, *a.* **1.** (*Of seeds, etc.*) A cosses; en cosses. **2.** *F:* (*Of pers.*) (*Well-off*) Cossu; riche.

pod[4], *s.* Petite bande (de baleines, de phoques).

pod[5], *v.tr.* Rassembler (des baleines, des phoques) (pour les tuer).

podagra ['pɔdagra, pɔ'dagra], *s.* *Med:* Podagre *f*, goutte *f*.

podagral ['pɔdagrəl], **podagric** [pɔ'dagrik], **podagrous** ['pɔdagrəs], *a.* *Med:* Podagre, goutteux.

Podestà [pɔdes'tɑ], *s.* *Italian Adm.* & *Hist:* Podestat *m*.

podge [pɔdʒ], *s.* *F:* Personne grosse et courte; personne boulotte. *Little p. of a child*, gros pâté d'enfant; gros boulot.

podger ['pɔdʒər], *s.* *Tls:* Broche *f* à visser.

podginess ['pɔdʒinəs], *s.* Embonpoint *m*, rondeur *f*.

podgy ['pɔdʒi], *a.* Boulot, -otte, replet, -ète. *P. child*, gros pâté d'enfant. *He was a p. little man*, il était rond comme une boule. *P. fingers*, doigts boudinés, rondelets.

podium, *pl.* **-ia** ['poudiəm, -ia], *s.* *Arch:* **1.** *Rom.Ant:* Podium *m*. **2.** Plate-forme *f* circulaire en soubassement; banquette *f* de pourtour (d'une salle).

podobranch ['pɔdobraŋk], **podobranchia,** *pl.* **-ae** ['pɔdobraŋkia, -i:], *s.* *Crust:* Podobranchie *f*.

podobranchial [pɔdo'braŋkiəl], **podobranchiate** [pɔdo'braŋkiet], *a.* *Crust:* Podobranche.

podophyllin [pɔdo'filin], *s.* *Ch:* Podophylline *f*, podophyllin *m*.

podophyllum [pɔdo'filəm], *s.* *Bot:* Podophylle *m*.

poë-bird ['pouibə:rd], *s.* *Orn:* = PARSON-BIRD I.

Poecile ['pi:sili], *s.* *Gr.Ant:* Pécile *m*, pœcile *m*.

poecilothermal [pi:silo'θə:rm(ə)l], *a.* *Z:* Poïkilotherme, hétérotherme; (animal *m*) à sang froid.

poem ['pouem], *s.* Poème *m*; (*short*) poésie *f*. **Prose poem,** poème en prose.

poesy ['pouezi], *s.* *A:* Poésie *f*.

poet ['pouet], *s.m.* Poète. *A:* **Courtier-poet,** poète de cour. *See also* LAUREATE[1] I.

poetaster [poue'tastər], *s.* Méchant poète; poét(r)aillon *m*; poétereau *m*; poétastre *m*; rimailleur *m*; *A:* rimeur *m* de balle.

poetess ['pouetes], *s.f.* Femme poète; poétesse. *Mrs X is a distinguished p.*, Mme X est un poète distingué, une poétesse distinguée.

poetic(al) [pou'etik(əl)], *a.* Poétique. *A poetic soul*, une âme de poète. *The poetical works of . . .*, les œuvres *f* poétiques de. . . . *See also* JUSTICE I, LICENCE 3. **-ally,** *adv.* Poétiquement.

poeticize [pou'etisa:iz], *v.tr.* & *i.* Poétiser.

poeticizing, *s.* Poétisation *f*.

poetics [pou'etiks], *s.pl.* *Usu. with sg. constr.* **1.** La Poétique (d'Aristote). **2.** L'art *m* poétique.

poetize ['poueta:iz]. **1.** *v.tr.* (*a*) Poétiser (son style, un sentiment, etc.). (*b*) Mettre en vers (un événement, etc.). **2.** *v.i.* Faire des vers.

poetry ['pouetri], *s.* Poésie *f*. **To write poetry,** écrire des vers. **Piece of poetry,** poésie *f*. **Horace's Art of Poetry,** l'Art *m* poétique d'Horace.

pogonia [pɔ'gounja], *s.* *Bot:* Pogonie *f*.

pogrom [pɔ'grɔm], *s.* Pogrom(e) *m*.

poh [po(u)], *int.* = POOH.

poignancy ['pɔinənsi], *s.* (*a*) Piquant *m* (d'une sauce, etc.); âpreté *f* (d'un parfum, etc.); mordant *m* (d'une satire, etc.). (*b*) Violence *f*, caractère poignant (d'une émotion, etc.); acuité *f* (d'une douleur).

poignant ['pɔinənt], *a.* (*a*) Piquant, âpre. *P. sauce*, sauce relevée. *P. scent*, parfum âpre ou entêtant. (*b*) (*Of feeling, emotion*) Poignant, vif; (*of regret, etc.*) amer; (*of pain*) cuisant, aigu; (*of retort, etc.*) mordant, caustique. *Of all his thoughts this was the most p.*, de toutes ses pensées, celle-ci était la plus angoissante. **-ly,** *adv.* D'une façon piquante ou poignante.

poikilothermal, -thermous [pɔikilo'θə:rməl, -'θə:rməs], *a.* *Z:* = POECILOTHERMAL.

poinciana [pɔinsi'ɑ:na], *s.* *Bot:* Poinciane *f*, poinsillane *f*.

poind[1] [pɔind, pind], *s.* *Jur:* (*Scot.*) **1.** Contrainte *f*; saisie-exécution *f*, *pl.* saisies-exécutions. **2.** Biens saisis.

poind[2], *v.tr.* *Jur:* (*Scot.*) Saisir (les biens de qn).

poinding, *s.* Saisie *f*, exécution *f*.

poinsettia [pɔin'setia], *s.* *Bot:* Poinsettie *f*.

point[1] [pɔint], *s.* I. Point *m*. **1.** **Full point,** point (de ponctuation). *Exclamation p.*, point d'exclamation; *A:* point admiratif. **Decimal point,** virgule *f*. **Three point five** (3·5) = trois virgule cinq (3,5). **2.** (*Point in space*) (*a*) **Point of departure,** point de départ. **(Stage) points** (*of bus route*), commencement *m*, fin *f*, de section. *Geom:* **Point (of intersection, etc.),** point (d'intersection, etc.). *Mch:* **Dead point,** point mort (du piston). *Mil:* **To take up points in marching,** jalonner une direction. *Astr:* **The cardinal points,** les points cardinaux. *Telegraphic communications with all points of the Empire*, communications *f* télégraphiques avec toutes les parties de l'Empire. **At all points,** sous tous rapports, de tous points, en tout point. **Armed at all points,** armé de toutes pièces, de tout point, de pied en cap. *Sculp:* *Points of a statue*, points d'une statue (que l'on veut copier). *Her:* *The nine points of the shield*, les neuf points de l'écu. *See also* MIDDLE[1] I, TRIANGULATION, VIEW-POINT. (*b*) **Point of view, view-point,** point de vue. *To consider sth. from all points of view*, considérer qch. sous tous ses aspects. *From the international p. of view*, au, du, point de vue international. *See also* STANDPOINT, TURNING-POINT. **3.** (*a*) Point, détail *m* (d'un raisonnement, etc.). **The chief point of an argument,** le point capital, l'important, l'essentiel, d'un raisonnement. **Figures that give point to his argument,** chiffres *m* qui ajoutent du poids à sa thèse. **To differ on a point,** ne pas être d'accord sur un point, sur un détail, sur un chapitre. *On that p. we disagree*, là-dessus nous ne sommes pas d'accord. *To be right in every p.*, avoir raison en tout point. **To pursue one's point,** poursuivre son idée. **To maintain one's point,** maintenir son dire. **To make a point,** faire ressortir un argument. *I saw by their faces that he had made his p.*, je me rendis compte à leurs visages que son plaidoyer avait porté. *Having made this p. . . .*, sous le bénéfice de cette observation. . . . **To catch s.o.'s point,** saisir le raisonnement de qn. **Points to be remembered,** considérations *f* à se rappeler; considérations qu'il ne faut pas perdre de vue. *Journ:* **Points from letters,** extraits des lettres reçues de nos correspondants. **A point of conscience,** un cas de conscience. **To make a point of doing sth.,** se faire un devoir, un scrupule, une règle, une loi, de faire qch.; avoir grand soin, avoir bien soin, avoir le souci, ne pas manquer, de faire qch.; s'attacher à faire qch.; prendre à tâche de faire qch. *To make a p. of accuracy*, avoir le scrupule de l'exactitude. *I am making a p. of telling you*, je tiens à vous le dire. **Point of grammar, of law,** question de grammaire, de droit; point de droit. *On a p. of law*, au point de vue du droit; légalement parlant. **In point of fact,** par le fait; au fait; en fait; en vérité. *We are the stronger* **in point of numbers,** nous sommes les plus forts comme nombre; nous l'emportons par le nombre. *In p. of intelligence*, sous le rapport de l'intelligence. *Superior in p. of quality*, supérieur sous le rapport de la qualité. *Sensitive on* **points of honour,** sensible sur l'article de l'honneur. *See also* CARRY[2] 4, HONOUR[1] 3, POSSESSION I, PRESS[2] I. 4, STRETCH[2] I. (*b*) **The point,** le sujet, la question. **Here is the point,** je vais vous dire ce que c'est; voici ce dont il s'agit. **That's the point,** c'est là le point; *F:* c'est là que gît le lièvre. *That is not the p.*, ce n'est pas là la question; il ne s'agit pas de cela; ce n'est pas de cela qu'il s'agit. **Off the point,** à côté de la question; hors de propos. **On this point,** à cet égard; à ce propos. **Argument to the point,** argument topique. *This is very much to the p.*, c'est bien parlé; c'est bien dit. *Argument not to the p.*, argument qui porte à faux. **To answer to the point,** répondre ad rem. **Speak to the point,** ne vous écartez pas de la question; parlez sans ambages. *Your remark is not to the p.*, votre observation manque d'à-propos. **Let us be brief but to the point,** parlons peu et parlons bien. **To wander from the point,** s'écarter, sortir, de la question. **Let us go back to the point,** revenons à nos moutons. *See also* BESIDE 2, CASE[1] I, STRAIGHT III. 2. (*c*) **What would be the point of (doing sth.)?** à quoi bon (faire qch.)? *I can't see the p. of your writing to him*, je ne vois pas pourquoi vous lui écririez. *I don't see the p. of the story*, je ne vois pas à quoi rime cette histoire; je ne vois pas où cette histoire veut en venir. *See also* MISS[2] I. (*d*) Caractère *m*; trait distinctif. **Point of interest,** particularité intéressante; détail intéressant. **To have one's good points,** avoir ses qualités. (*Of thg*) *To have its good points*, avoir ses bons côtés. *See also* STRONG 2. **4.** (*a*) (*Precise moment*) **To be on the point of doing sth.,** être sur le point de faire qch. *To be on the p. of getting married*, être à la veille de se marier. *To be on the p. of departure for . . .*, être en instance de départ pour . . .; être sur le point, être près, de partir pour . . .; être sur son départ pour. . . . *I was on the p. of jumping*, j'étais au moment de sauter; j'allais sauter. (*b*) *I have got to the p. of speaking to him*, j'en suis venu à lui parler. **Matters are at such a point that . . .,** les choses en sont là que. . . . **To come to the point,** arriver au fait. *When it came to the p.*, quand le moment critique arriva; *A:* quand on en vint au fait et au prendre. **Severe to the point of cruelty,** sévère jusqu'à la cruauté. **The highest point of glory, of eloquence,** le plus haut point, le plus haut degré, *Lit:* le plus haut période, de la gloire, de l'éloquence. *The culminating p. of the drama*, le moment, le point, culminant du drame. *See also* DEATH I. **5.** *Games:* **To score so many points,** marquer, faire, tant de points. *To play sixpenny points*, jouer à six pence le point. **What points shall we play?** (i) en combien jouons-nous la partie? (ii) à combien le point? *To play a game of one hundred points at piquet*, jouer un cent de piquet. *Box:* **To win, to beat s.o., on points,** gagner, battre qn, aux points. *Ten:* **One point,** une balle. *To want a p. for game*, être à une balle du jeu. **To give points to s.o.,** donner, rendre, des points à qn. **6.** (*Measure*) (*a*) **The thermometer went up two points,** le thermomètre est, a, monté de deux divisions. **Freezing-point,** point de congélation. **Melting-point,** point de fusion. **Boiling-point,** point d'ébullition. *St.Exch:* (*Of price*) **To rise a point,** hausser d'un point. *See also* GOLD-POINT, YIELD-POINT. (*b*) *Typ:* Point. **Ten-point type,** caractères *mpl* de dix points; corps *m* dix points; philosophie *f*. **Five-point type,** perle *f*. **Seven-point type,** mignonne *f*. **Set up in twelve-point (body),** composé en corps douze.

II. **point,** *s.* Pointe *f*. **1.** (*a*) Pointe, extrémité *f* (d'une épée, d'une épingle, etc.); bec *m* (d'une plume à écrire); *U.S:* plume (à écrire); pointe, aiguille *f* (de phonographe). **Point of a drill,** mouche *f* d'un foret. *Mus:* **Point of the bow,** bout *m*, pointe, de l'archet. *Box:* **Blow to the point,** coup *m* sur la pointe de la mâchoire. **Five-point star,** étoile *f* à cinq rayons. **To end in a point,** se terminer, aller, en pointe. **To give a point to a pencil, to a tool,** tailler un crayon; aiguiser un outil. **Point of a joke,** piquant *m*, sel *m*, d'une plaisanterie. **To give point to an epigram,** acérer une épigramme. *To take the p. out of an anecdote*, affadir une anecdote. *See also* FINE[3] 5, NEEDLE-POINT, PENCIL-POINT. (*b*) *Nau:* (*End of a rope*) Queue-de-rat *f*, *pl.* queues-de-rat. *See also* REEF-POINT. (*c*) *Farr:* **Bay horse with black points,** cheval bai aux extrémités noires. (*d*) *pl.* *Ven:* Cors *m* (du cerf). **Buck of ten points,** cerf dix cors. (*e*) *Mil:* Pointe (d'avant-garde). (*f*) *Geog:* Pointe, promontoire *m*. *Nau:* **To double a point,** doubler une pointe. (*g*) *Ling:* **Point consonant,** dentale *f*. **Point r,** r cacuminale. **2.** *Tls:* Pointe, poinçon *m*. *See also* DRY-POINT I, VACCINE 2. **3.** *El:* (*a*) **Platinum point,** contact platiné. (*b*) (Point de) prise *f* de courant (sur le secteur). *We shall put in ten points*, nous allons installer dix prises de courant. (*c*) *I.C.E:* **Eight-point distributor,** distributeur *m* (d'allumage) à huit plots. **4.** *Rail:* (*a*) **Point of**

crossing, cœur *m* de croisement. *See also* FROG-POINT. (*b*) *pl.* **Points**, aiguillage *m*; aiguille *f* de raccordement; changement *m* de voie; branchement *m* de voie. **To shift, throw over, the points**, aiguiller; changer l'aiguille. (*Of train*) **To take the points**, franchir l'aiguille. *The trains collided at the points*, les deux trains se sont pris d'écharpe. **5.** *Typ:* **Tympan points**, pointures *f*. **6. Point of the compass**, aire *f* de vent. *Nau:* **To alter (the) course two points to the west**, changer la route de deux quarts vers l'ouest. *To alter course sixteen points*, venir de seize quarts. *The wind has changed to the opposite p.*, le vent a changé cap pour cap. **Point of sailing**, allure *f* (du bateau). *Ships standing on opposite points*, navires qui courent à contre-bord. **7.** *Games:* (*Backgammon*) Flèche *f*, pointe, case *f*. **8.** *Lacem:* = POINT-LACE. **9.** *A.Cost:* Aiguillette *f*. **10.** *Cr:* (*a*) Station *f* à droite dans le prolongement du guichet. (*b*) Joueur stationné à droite et près du guichet (pour attraper la balle).

III. **point**, *s.* **1.** Action *f* de montrer du doigt. *He added with a smile and a p. at his wife* . . ., il ajouta en souriant, et en désignant sa femme du doigt. . . . **2.** *Ven:* **Dog making a point, coming to a point**, chien qui tombe en arrêt, qui se met en arrêt.

'point-'blank. **1.** *a.* (*a*) *Ball:* (Tir) direct, sans corrections, *A:* de but en blanc. (*b*) *F:* (Question) faite de but en blanc, à brûle-pourpoint; (refus) net, catégorique. **2.** *adv.* **To fire point-blank at s.o.**, tirer sur qn à bout portant, *A:* à brûle-pourpoint. *F: He asked me p.-b. whether* . . ., il m'a demandé de but en blanc, à brûle-pourpoint, si. . . . **To refuse point-blank**, refuser catégoriquement, carrément, (tout) net.

'point-de'vice. **1.** *adv. A:* Avec une extrême précision, très exactement. **2.** *a. A:* Parfait; à souhait; impeccable. *Point-device in his dress*, tiré à quatre épingles.

'point-duty, *s.* Service *m* (d'un agent de police) pour la réglementation de la circulation. **To be on point-duty**, être de service à poste fixe. *Policeman on p.-d.*, agent-vigie, *pl.* agents-vigies.

'point-'lace, *s.* Dentelle *f* à l'aiguille; point *m*; guipure *f*. **French point-lace**, point d'Alençon.

'point-'light, *s.* *Opt:* *Cin:* Source lumineuse ponctuelle; lampe ponctuelle.

'point-pair, *s.* *Mth:* **Point-pair AB**, intervalle *m* AB.

'point-paper, *s.* *Tex:* Carte *f*. *To put, prick, a design on p.-p.*, mettre un dessin en carte.

'point-rail, *s.* *Rail:* (*a*) (Lame *f* d')aiguille *f*; rail *m* mobile. (*b*) Pointe *f* de croisement.

'point-to-'point, *a.* & *s.* **Point-to-point (race)**, course *f* au clocher.

point². I. *v.tr.* **1.** (*a*) Marquer (qch.) de points, mettre des points sur (les i, etc.). (*b*) *Gram:* Ponctuer (la phrase). (*c*) Mettre les points-voyelles (dans un texte sémitique); pointer (des signes sténographiques). *Ecc:* **To point the psalms**, mettre les points-repères au-dessus du texte des psaumes (pour en faciliter le chant d'après la liturgie anglicane). **2.** (*a*) Faire une pointe à (une tige de fer, etc.); tailler en pointe (un bâton, etc.); affûter, acérer, aiguiser (un outil, etc.); tailler (un crayon); affiner, empointer, appointer (un clou, une aiguille, un pieu, etc.). *Stick pointed with steel*, canne ferrée, à bout d'acier. *Nau:* **To point a rope**, faire une queue-de-rat à un cordage. **Pointed(-up) rope end**, queue-de-rat, *pl.* queues-de-rat. (*b*) Donner du piquant à (des remarques, etc.). **To point an epigram**, aiguiser, acérer, une épigramme. **To point a moral**, inculquer une leçon (en soulignant la conclusion de l'histoire). (*c*) *Nau:* **To point a sail**, mettre les garcettes de ris à une voile. **3.** (*a*) **To point a gun, a telescope**, pointer, braquer, un canon; diriger, orienter, braquer, une longue-vue (*at*, sur). **To point a rifle at s.o.**, (i) braquer un fusil sur qn; coucher qn en joue, viser qn avec un fusil; (ii) diriger son fusil vers qn. *See also* FINGER¹ 1. (*b*) *Nau:* **To point (up) a mast**, présenter un mât. **4. To point the way**, indiquer, montrer, le chemin (*to s.o.*, à qn; *to a place*, vers un endroit). **5.** *Const:* Jointoyer, ficher, gobeter, liaisonner, bloquer (un mur). **6.** *Ven:* (*Of hound*) Arrêter (le gibier); *abs.* tomber en arrêt. **7.** *Sculp:* Mettre (une statue) aux points.

II. **point**, *v.i.* **1. To point at s.o.**, (i) montrer, désigner, qn du doigt, du bout de sa canne, etc.; (ii) (*in scorn or reproach*) montrer qn au doigt. **2.** (*a*) **To point to a direction**, (i) (*of pers.*) désigner le chemin à prendre; (ii) (*of thg*) être dirigé, tourné, orienté, dans une direction. *The magnetic needle always points north*, l'aiguille aimantée est toujours tournée vers le nord, regarde toujours le nord. *Pointing upwards*, dirigé vers le haut. *The clock pointed to ten*, la pendule marquait dix heures. (*b*) **This points to the fact that** . . ., cette circonstance (i) laisse supposer que . . ., (ii) fait ressortir que. . . . *Everything points to a happy issue of the negotiations*, l'impression se dégage (nettement) que les négociations aboutiront. *Everything seems to p. to success*, tout semble annoncer, indiquer, faire prévoir, le succès. *Everything points to him as the culprit*, tout indique que c'est lui le coupable; toutes les preuves sont contre lui. *His conduct points to madness*, sa conduite laisse présumer la folie. *The completeness of the catastrophe points to a mine being the cause*, la catastrophe est si complète qu'il y a lieu de supposer qu'une mine en fut cause. **3.** *Med:* (*Of abscess*) Mûrir, aboutir.

point in, *v.tr.* *Hort:* Enterrer légèrement (le fumier) avec la pointe de la bêche.

point off, *v.tr.* *Ar:* Séparer (les décimales) par une virgule.

point out, *v.tr.* **1. To point out sth. to s.o.** (*with one's finger*), désigner, montrer, qch. du doigt à qn. *I had seen him pointed out as the captain of the team*, je l'avais vu montrer du doigt comme étant le chef de l'équipe. *To p. out sth. for s.o.'s admiration*, signaler qch. à l'admiration de qn. *Nothing seems to p. him out as guilty*, rien ne semble dénoter qu'il soit coupable. **2.** (*a*) **To point out sth. to s.o.**, attirer l'attention de qn sur qch.; signaler, faire remarquer, faire observer, qch. à qn. **To point out the mistakes**, signaler, relever, les fautes, les erreurs. **To point out a fact**, faire ressortir, faire valoir, un fait. *We have pointed out Milton's indebtedness to Dante*, nous avons fait ressortir tout ce que Milton doit à Dante; nous avons attiré l'attention sur ce que Milton doit à Dante. *He had had the difficulty pointed out to him*, on lui avait signalé cette difficulté. *To p. out s.o.'s influence*, signaler l'influence de qn. **To point out to s.o. his error, his duty**, remontrer à qn son erreur, son devoir. *To p. out to s.o. that he is wrong*, remontrer à qn qu'il a tort. *To p. out to s.o. the advantages of* . . ., représenter à qn les avantages de. . . . **Might I point out that** . . ., permettez-moi de vous faire observer que. . . . (*b*) *You have been pointed out to me as a capable man*, on vous a signalé à moi comme un homme capable.

pointed, *a.* **1.** Pointu; à pointe; *Tchn:* aléné. *P. beard*, barbe *f* en pointe. *See also* ARCH¹ 1. **2.** (*a*) (Réflexion *f*) sarcastique, caustique, mordante. (*b*) (Allusion *f*) peu équivoque, peu voilée. **3.** (*In composition*) **Single-pointed**, à une seule pointe. **Six-pointed star**, pentacle *m*. **-ly**, *adv.* (*a*) Sarcastiquement; d'un ton mordant, caustique. (*b*) Explicitement, ouvertement, nettement. (*c*) D'une manière marquée; avec affectation. *Not too p.*, sans affectation.

pointing, *s.* **1.** (*a*) Mise *f* des points (sur les i, etc.); ponctuation *f* (de la phrase). (*b*) *Sculp:* Mise *f* aux points (d'une statue à copier). **2.** (*a*) Taillage *m* en pointe, affûtage *m*, affinage *m*, empointage *m*. (*b*) *Nau:* Mise *f* de garcettes de ris (à une voile). **3.** Pointage *m*, direction *f*, braquage *m* (d'un canon, d'une longue-vue, etc.). **4.** *Const:* (*a*) Jointoiement *m*, gobetage *m* (d'un mur). (*b*) (*Cement*) Gobetis *m*. **5. Pointing at s.o.**, désignation *f* de qn du doigt. **6.** *Ven:* Arrêt *m* (d'un chien). **7.** *Med:* Aboutissement *m* (d'un abcès).

'pointing-machine, *s.* *Sculp:* Pointomètre *m*.

'pointing-trowel, *s.* *Tls:* Fiche *f* (de maçon).

pointedness ['pɔintidnəs], *s.* **1.** Mordant *m* (d'une remarque, etc.); piquant *m* (du style, etc.). **2.** Caractère *m* explicite (d'une allusion).

pointer ['pɔintər], *s.* **1.** (*Pers.*) (*a*) *Ind:* Empointeur *m* (d'aiguilles). (*b*) *Sculp:* Metteur *m* aux pointes; dégrossisseur *m*. **2.** *Ven:* Chien *m* d'arrêt; pointer *m*. **3.** (*a*) Aiguille *f* (d'horloge, de manomètre); aiguille, languette *f*, index *m* (d'une balance); indicateur *m* (d'un baromètre, etc.). (*b*) *Sch:* Baguette *f* (du tableau noir). **4.** *Tls:* Pointe *f* (de maçon, etc.). **5.** *pl. Astr:* **The Pointers**, les Gardes *f* (de la Grande Ourse). **6.** *F:* *U.S:* Renseignement *m*, conseil *m*; *F:* tuyau *m*.

pointful ['pɔintful], *a.* (Histoire *f*, remarque *f*) qui a de l'à-propos.

pointillism ['pɔintilizm, 'pwɛ̃-], *s.* *Art:* Pointillisme *m*.

pointillist ['pɔintilist, 'pwɛ̃-], *s.* *Art:* Pointilliste *m*.

pointless ['pɔintləs], *a.* **1.** Épointé, émoussé. **2.** (*a*) (*Of story, etc.*) Insignifiant, insipide; (plaisanterie) fade, sans sel. (*b*) (Observation *f*, etc.) qui ne rime à rien, qui n'a rien à voir à la question.

pointlessness ['pɔintləsnəs], *s.* **1.** Fadeur *f* (d'une plaisanterie, etc.). **2.** Manque *m* d'à-propos (d'une observation, etc.).

pointsman, *pl.* **-men** ['pɔintsmən, -men], *s.m.* **1.** *Rail:* Aiguilleur. **2.** *Adm:* Agent (de police) à poste fixe; agent-vigie, *pl.* agents-vigies.

poise¹ [pɔiz], *s.* **1.** (*a*) (**Equal, even, just**) **poise**, équilibre *m*, aplomb *m*. **At poise**, en équilibre. (*Of question, etc.*) **To hang at poise**, être en suspens, en balance. (*b*) *Treatment that tends to restore* **poise of mind**, traitement *m* qui favorise le rééquilibre mental. (*Of pers.*) **To have poise**, (i) avoir de la prestance; (ii) avoir l'esprit bien équilibré. **A man of poise**, un homme pondéré. **2.** Port *m* (de la tête, du corps). **3.** *Ph:* **Air-poise**, aéromètre *m*.

poise². **1.** *v.tr.* (*a*) Équilibrer. (*b*) Tenir, porter, (qch.) en équilibre; balancer (un javelot). **To poise sth. in the hand**, soupeser qch. *We were listening, with poised forks*, nous écoutions la fourchette en l'air. (*c*) **The way he poises his head**, son port de tête. **2.** *v.i.* **To poise in the air, in mid-air**, planer en l'air; (*of bird of prey*) se bloquer.

poiser ['pɔizər], *s.* *Ent:* Haltère *m*, balancier *m*, aileron *m* (de diptère).

poison¹ [pɔizn], *s.* Poison *m*, toxique *m*. **Rank poison**, (i) poison violent; (ii) *F:* un vrai poison. **To take poison**, s'empoisonner. **To die of poison**, mourir empoisonné. *To give s.o. a dose of p.*, empoisonner qn; *F:* donner un mauvais café, un bouillon d'onze heures, à qn. *See also* FLY-POISON, HATE² 1, MEAT 2, RAT-POISON.

'poison-bearing, *a.* *Nat.Hist:* (Glande, etc.) vénénifère.

'poison-'gas, *s.* *Mil:* *F:* Gaz toxique, asphyxiant; gaz de combat. *P.-g. attack from the air*, attaque *f* aérochimique.

'poison-gland, *s.* *Z:* Glande *f* à venin.

'poison-ivy, *s.* *Bot:* Toxicodendron *m*; *F:* sumac vénéneux; arbre *m* à la gale, à la puce; arbre poison.

'poison-nut, *s.* *Bot:* (*a*) Noix *f* vomique. (*b*) Amande *f* du tanghinia venenifera.

'poison-oak, *s.* *Bot:* = POISON-IVY.

'poison-tree, *s.* Arbre vénéneux.

poison², *v.tr.* (*a*) Empoisonner (qn, le sang, une flèche, etc.); intoxiquer (qn). **Poisoned wound**, plaie envenimée. *See also* DRAUGHT¹ I. 4. (*b*) Corrompre, pervertir (l'esprit). **To poison s.o.'s mind against s.o.**, empoisonner l'esprit de qn contre qn.

poisoning, *s.* (*a*) Empoisonnement *m*; intoxication *f*. **Mercurial poisoning**, mercurialisme *m*. **Occupational poisonings**, intoxications professionnelles. *See also* BLOOD-POISONING, LEAD-POISONING, OPIUM-POISONING, TEA-POISONING. (*b*) Corruption *f* (de l'esprit).

poisoner ['pɔiznər], *s.* Empoisonneur, -euse.

poisonous ['pɔizənəs], *a.* Toxique, intoxicant; empoisonné; (*of animal*) venimeux; (*of plant*) vénéneux, vireux. *P. water*, eau empoisonnée. *P. gas*, gaz *m* asphyxiant, toxique, délétère. *F:* **A poisonous play**, une pièce empoisonnante. **Poisonous doctrine**, doctrine pernicieuse, empoisonnée. *F:* **She has a poisonous tongue**, elle a une langue de vipère.

poisonousness ['pɔizənəsnəs], *s.* Toxicité *f* (d'un suc végétal, etc.); caractère pernicieux (d'une doctrine).

poke[1] [pouk], *s. Dial:* Sac *m*; poche *f*. *See also* FEATHER-POKE, PIG[1] I.

poke[2], *s. Bot:* Poke(-weed, -berry), phytolaque *m* à dix étamines; *F:* raisin *m* d'Amérique, morelle *f* en grappes, épinard *m* de Virginie, herbe *f* à la laque. **Indian poke, poke-root,** ellébore blanc d'Amérique.

poke[3], *s.* **1.** Bord *m* (de chapeau capote). **2.** = POKE-BONNET.

'poke-'bonnet, *s. Cost:* (*a*) Chapeau *m* capote (à bord évasé); cabas *m*; *A:* cabriolet *m*. (*b*) Chapeau des (femmes) salutistes, *A:* des quakeresses.

poke[4], *s.* **1.** Poussée *f*; (*nudge*) coup *m* de coude; (*with the finger*) coup du bout du doigt; (*with a poker*) coup de tisonnier; (*with one's stick*) coup du bout de sa canne. **To give s.o. a poke in the ribs,** enfoncer son doigt, son coude, dans les côtes, dans le flanc, de qn; cogner qn du coude. *He gave me a p. in the ribs with his stick,* du bout de sa canne il me donna une bourrade dans les côtes. **2.** *Husb:* Tribart *m* (au cou d'un veau, d'un porc, etc.).

poke[5]. I. *v.tr.* **1.** (*a*) Pousser (qn, qch.) du bras, du coude; piquer (qch.) du bout (d'un bâton). **To poke s.o. in the ribs,** donner une bourrade (amicale) à qn; *F:* chatouiller les côtes à qn. (*b*) **To poke a hole in sth.,** faire un trou dans qch.; crever qch. (avec le doigt, etc.); enfoncer sa canne, etc., dans qch. **2.** Tisonner, attiser, remuer, fourgonner (le feu); ringarder (un fourneau). **3.** (*a*) **To poke sth. up the chimney, down a pipe,** passer qch. dans la cheminée, dans un tuyau. *To p. one's head round the corner,* porter la tête en avant pour regarder au coin; passer la tête au coin de la rue. *To p. a sweet into s.o.'s mouth,* fourrer un bonbon dans la bouche à qn, de qn. *See also* NOSE[1] I. (*b*) **To poke one's head,** *abs. A:* **To poke,** s'engoncer, arrondir les épaules. **4. To poke rubbish into a corner,** fourrer des saletés dans un coin. *I poked three shillings into his hand,* je lui ai mis trois shillings dans la main. **5. To poke fun at s.o.,** (i) plaisanter amicalement qn; (ii) tourner qn en ridicule; se moquer de qn; *F:* se paver la tête de qn.

II. **poke,** *v.i.* **1. To poke at sth. with one's umbrella,** tâter, tourmenter, qch. du bout de son parapluie. *She was poking at them with her umbrella,* elle leur dardait des coups de parapluie; elle s'escrimait avec son parapluie. **2.** (*a*) **To poke (about) in every corner,** fouiller, farfouiller, fureter, fourgonner, dans tous les coins. (*b*) **To poke into other people's business,** fourrer son nez dans les affaires d'autrui.

poke out. 1. *v.tr.* (*a*) **To poke s.o.'s eye out,** éborgner qn. *To p. the fire out,* (i) éteindre le feu à coups de tisonnier, avec sa canne, etc.; (ii) éteindre le feu à trop le fourgonner. (*b*) **To poke one's head out (of the window),** passer, sortir, la tête par la fenêtre. **2.** *v.i. F:* (*Of car*) **To poke out from behind another car,** se déboîter de derrière une autre voiture.

poke up, *v.tr.* **1.** Tisonner, fourgonner, raviver, réactiver (le feu). **2. To poke oneself up in a tiny house,** s'enfermer à l'étroit, se confiner, dans une petite maison.

poking, *s.* **1.** Tisonnage *m*, attisage *m* (du feu). **2.** Intervention *f* (dans les affaires d'autrui). **3. Poking fun at s.o.,** dérision *f* de qn; moqueries *fpl*.

poker[1] ['poukər], *s.* **1.** Tisonnier *m*; *Ind:* fourgon *m*; (*for furnace*) ringard *m*, pique-feu *m inv*; cure-feu *m*, *pl.* cure-feu(x). *F:* **He looks as if he had swallowed a poker,** il est raide comme un pieu, comme un manche à balai; on dirait qu'il a avalé sa canne. *See also* STIFF I. 1. **2.** Pointe *f* métallique (pour pyrogravure). **3.** *F. & Hum:* (*a*) Verge *f* (de bedeau, *Sch:* de massier). (*b*) Massier *m* (à Oxford et Cambridge). **4.** *Bot:* **Red-hot poker,** tritome *m*.

'poker-work, *s.* Pyrogravure *f*.

poker[2], *s. Cards:* Poker *m*. *See also* ROOFLESS 3.

'poker-face, *s. F:* Visage qui ne trahit aucune émotion (comme celui du joueur de poker); visage impassible, figé.

'poker-faced, *a. F:* Au visage impassible, figé.

poky ['pouki], *a.* **1.** (*Of room*) Exigu; misérable; (*of occupation*) mesquin. *To have a p. dwelling,* être logé à l'étroit, étroitement, petitement. **A poky little room,** une petite pièce de rien du tout; *F:* un nid à rats. **2.** *Cr:* (*Of player*) Qui manque d'ampleur, de souplesse, dans le maniement de la batte.

polacca [po'laka], *s. Danc:* Polonaise *f*.

Polack ['poulak], *s. Hist:* Polaque *m*; cavalier polonais.

Poland ['poulənd]. *Pr.n. Geog:* La Pologne.

polar ['poulər]. **1.** *a.* (*a*) *Astr: Geog:* Polaire; du pôle. *In the p. regions,* dans les régions polaires; sous les pôles. **Polar lights,** aurore boréale ou australe. **Polar circle,** cercle *m* polaire. *See also* BEAR[1] I (*b*) *Geom: Mth: El: etc:* Polaire. **Polar curve,** courbe *f* en coordonnées polaires. **2.** *s. Mth:* Polaire *f*.

polarimeter [poulə'rimetər], *s. Opt:* Polarimètre *m*.

polariscope [pou'lariskoup], *s. Opt:* Polariscope *m*.

polarity [po'lariti], *s.* Polarité *f* (optique ou magnétique). *Change of p.,* renversement *m* de polarité. *Reversed p.,* polarité inversée, renversée.

polarizable ['pouləraizəbl], *a.* Polarisable. **Non polarizable,** impolarisable.

polarization [poulərai'zeiʃ(ə)n], *s. Ph:* Polarisation *f* (de la lumière, magnétique). *Opt:* **Plane of polarization,** plan *m* de polarisation. **Rotatory, circular, polarization,** polarisation rotatoire.

polarize ['pouləraiz], *v.tr.* **1.** (*a*) Polariser (la lumière, une barre de fer, etc.). (*b*) (*With passive force*) Se polariser. **2.** *F:* (*a*) Inverser (le sens d'une expression, etc.). (*b*) Donner une direction unique à (des efforts, l'opinion, etc.).

polarizing[1], *a.* Polarisant, polarisateur. *Opt: P. prism,* nicol polarisateur.

polarizing[2], *s.* Polarisation *f*.

polarizer ['pouləraizər], *s. Opt:* Polariseur *m*.

polatouche [pɔlə'tu:ʃ], *s. Z:* Polatouche *m*; écureuil volant.

polder ['pouldər], *s.* Polder *m*.

pole[1] [poul], *s.* **1.** (*a*) Perche *f*; échalas *m*, perche (à houblon); baliveau *m*, mât *m*, écoperche *f* (d'échafaudage); hampe *f*, trabe *f* (d'un drapeau, d'une bannière); balancier *m* (de danseur de corde). Tent pole, mât, montant *m*, de tente. **Boundary pole,** poteau *m* de borne. *P. of a boat-hook,* manche *m* de gaffe. **Telegraph pole,** poteau télégraphique. **'A' pole,** poteau en A. *Concrete p.,* poteau en béton. **Anchoring pole,** poteau de rappel. *Turf:* **To have the pole,** tenir la corde. *P:* **To be up the pole,** (i) être timbré, piqué, maboul; (ii) *A:* être soûl; (iii) être dans le pétrin. *See also* BARBER, GREASY 2, LEVELLING-POLE, MAYPOLE, PUNT-POLE, RIDGE-POLE. (*b*) Timon *m*, flèche *f* (de voiture); bras *m* (de civière); barre *f* (d'écurie). (*Of horse*) *To get a leg over the p.,* s'embarrer. *See also* DRAUGHT[1] I. 1. (*c*) **Curtain-pole,** monture *f*, bâton *m*, tube *m*, pour rideaux. (*d*) *Nau:* Flèche (de mât). *See also* BARE[1] 1, SHEER-POLE. **2.** *Meas:* (*a*) Perche *f* (de $5\frac{1}{2}$ *yards* = 5 m. 03). (*b*) Perche carrée.

'pole-boat, *s.* Bateau conduit à la perche.

'pole-chain, *s. Harn:* Mancelle *f*.

'pole-horse, *s.* Cheval *m* de timon; timonier *m*.

'pole-jump(ing), *s.* Saut *m* à la perche.

'pole-mast, *s. Nau:* Mât *m* à pible; mât de flèche.

'pole-plate, *s. Const: Min: etc:* Semelle *f* de comble.

'pole-tip, *s. Veh:* Mouflette *f*.

'pole-trawl, *s. Fish:* Chalut *m* à vergue.

'pole-vault, *v.i.* Sauter à la perche.

'pole-wood, *s. For:* Perchis *m*.

pole[2], *v.tr.* **1.** (*a*) Étayer (le houblon, etc.) avec des échalas, des perches. (*b*) Blinder (une tranchée, un puits de mine). **2.** Conduire, pousser, (un bateau) à la perche.

poling, *s.* **1.** (*a*) Étayage *m* avec des perches. (*b*) Blindage *m*. **2.** Conduite *f* (d'un bateau) à la perche.

'poling-board, *s. Civ.E:* Planche *f* de coffrage, de boisage, de blindage. *To support the sides of a trench with poling-boards,* faire un blindage à une tranchée.

pole[3], *s.* Pôle *m*. **1.** *Geog:* **South Pole,** Pôle sud. **North Pole,** Pôle nord. *F:* **To be as far apart as the Poles,** être aux antipodes l'un de l'autre. *See also* STAR[1] 1. **2.** *Geom:* **Poles of a circle of a sphere,** pôles d'un cercle tracé sur la sphère. **Reciprocal pole,** antipôle *m*. **3.** *El:* **Positive pole,** anode *f*; électrode positive. **Negative pole,** cathode *f*; électrode négative. **Similar, like, poles,** pôles de même nom. *Opposite poles,* pôles de noms contraires. **Pole tips,** cornes polaires (d'un inducteur de champ). **Double-pole switch, two-pole switch,** interrupteur bipolaire.

'pole-changer, *s. El:* Inverseur *m* de pôles.

'pole-face, *s. El:* = POLE-PIECE.

'pole-paper, *s. El.E:* Papier *m* cherche-pôles.

'pole-piece, -shoe, *s. El:* Pièce *f* polaire; épanouissement *m* polaire.

Pole[4], *s. Geog:* Polonais, -aise.

pole-ax(e)[1] ['poulaks], *s.* **1.** *Archeol:* Hache *f* d'armes. **2.** *A:* (*a*) Hallebarde *f*. (*b*) *Nau:* Hache d'abordage. **3.** Merlin *m*; assommoir *m* (de boucher).

pole-axe[2], *v.tr.* Assommer; abattre (un animal) avec le merlin.

pole-axing, *s.* Abattage *m* (des bœufs).

polecat ['poulkat], *s.* **1.** *Z:* (*a*) Putois *m*. (*b*) Putois d'Amérique. **2.** *Pej:* *A:* (*a*) Vil personnage. (*b*) Putain *f*.

poled [pould], *a.* **1.** (*With num. adj. prefixed*) **Three-poled marquee,** pavillon *m* à trois mâts. **2.** (Bœuf) assommé.

polemic [po'lemik]. **1.** *a.* Polémique. **2.** *s.* Polémique *f*. **3.** *s.* (*Pers.*) *Theol:* Polémiste *m*.

polemical [po'lemik(ə)l], *a.* = POLEMIC 1.

polemics [po'lemiks], *s.pl.* (*With sg. or pl. const.*) *Theol:* La polémique.

polemist ['polemist], *s.* Polémiste *m*.

polemize ['poləma:iz], *v.i.* Polémiser, polémiquer.

polemonium [pɔle'mouniəm], *s. Bot:* Polémonie *f*.

polianthes [pɔli'anθi:z], *s. Bot:* Polianthe *m*, tubéreuse *f*.

police[1] [po'li:s], *s.inv.* Police *f* (de sûreté). (*a*) (*With sg. const.*) *City with an efficient p.,* cité qui a une police compétente. **Police magistrate,** juge *m* de tribunal de simple police. **Police inspector** = officier *m* de paix. **Police official,** fonctionnaire *m* de la police. **Police office** = commissariat central de police. **Police station,** poste *m* de police, commissariat de police. *To take s.o. to the p. station,* conduire qn au poste, au bureau de police. *P. supervision,* surveillance *f* (de police). *Adm:* **Police form** (*to be filled up by travellers*), feuille *f*, fiche *f*, de police. *Journ:* **Police intelligence,** nouvelles judiciaires. **Police dog,** chien policier. *See also* COURT[1] 3, OFFICER[1] 1, PASS[2] 5, PICKET[1] 2, RECORD[1] 5, TRAP[1] 1. (*b*) (*With pl. const.*) **A posse of twenty police,** un détachement de vingt agents. **The police,** la Sûreté. **The civil police,** la force publique. **The River police,** (agents *mpl* de) la police fluviale. *The detective p.,* la police secrète. *The motorized p.,* la police motorisée. **The police are after you,** la police est à vos trousses. *See also* MOUNTED 2, RAID[1] 1, RIVERSIDE 2.

po'lice-van, *s.* **1.** Voiture *f* cellulaire; *F:* panier *m* à salade. **2.** Car *m* de police.

police[2], *v.tr.* **1.** Policer; assurer la police de (l'État, etc.); maintenir l'ordre dans (le pays, etc.). **2.** *Mil: U.S:* Mettre de l'ordre dans (un camp, une caserne).

policing, *s.* Police *f* (des mers, de la route, etc.); maintien *m* de l'ordre (dans un pays, etc.).

policeman, *pl.* **-men** [po'li:smən, -men], *s.m. Adm:* Policeman; = (*in Fr.*) gardien de la paix, *F:* agent (de police), sergent de ville. **Traffic policeman,** agent pivot. **Mounted policeman,** agent à cheval; agent monté. **Rural policeman** = garde-champêtre, *pl.* gardes-champêtres. **River-policeman,** garde-rivière, *pl.* gardes-rivière;

garde-pêche *m*, *pl.* gardes-pêche. *See also* PLAIN I. 3, POINT-DUTY, REPORT[1] I.

policewoman, *pl.* **-women** [pə'liːswumən, -wimen], *s.f.* Femme-agent (de police), *pl.* femmes-agents.

policlinic [pɔli'klinik], *s. Med:* Policlinique *f*, clinique *f*.

policy[1] ['pɔlisi], *s.* **1.** Politique *f*; ligne *f* de conduite. **Foreign policy,** politique extérieure. *For reasons of p.*, pour des raisons politiques. **To adopt a policy,** adopter un système, un plan, une ligne de conduite. *Our p. is to satisfy our customers*, notre seul but, notre objectif, est de satisfaire nos clients. *Jur:* **Public policy,** l'intérêt public. *Contrary to public p.*, contraire à l'ordre public. *See also* HONESTY 1. **2.** Diplomatie *f*. *To deem it p. to . . .*, considérer comme de bonne politique, juger prudent, de. . . . **3.** *Scot:* Terres *fpl*, propriété *f*, parc *m* (entourant un château).

policy[2], *s.* Police *f* (d'assurance(s)). **Floating policy,** police flottante; police d'abonnement. **Open policy of insurance,** police ouverte, non évaluée; police à obligations générales. **To take out a policy,** prendre une police. *Nau:* **Round policy,** police à l'aller et au retour. *See also* TIME-POLICY.

'policy-holder, *s.* Porteur, -euse, titulaire *mf*, d'une police d'assurance; assuré, -ée.

poliencephalitis [pɔli'ensefə'laitis], *s. Med:* Polioencéphalite *f*.

poliomyelitis ['poliomaiə'laitis], *s. Med:* Poliomyélite *f*; paralysie spinale (infantile ou des adultes).

polish[1] ['pɔliʃ], *s.* **1.** Poli *m*, brillant *m*, lustre *m* (d'une surface, etc.); brunissure *f* (des métaux). **High polish,** poli brillant. *Mirror-like p.*, poli de glace. *Wood that takes a high p.*, bois qui prend un beau poli. **To lose its polish,** se dépolir. **To take the polish off sth.,** dépolir, ternir, qch. *See also* SPIT[3] 1. **2. Stove polish,** pâte *f* pour fourneaux. **Floor polish,** encaustique *f*; cire *f* à parquet. **Metal polish,** nettoie-métaux *m inv*; pâte à faire reluire les métaux. *Liquid metal p.*, **brass polish,** eau *f* de cuivre; liquide *m* à polir les métaux; brillantine *f*. **Wax leather polish,** cirage *m* encaustique à base de cire. **Boot polish, shoe polish,** (i) cirage; (ii) crème *f*, pâte *f*, pour chaussures. **Nail polish,** brillant, vernis *m*, pour les ongles. *See also* FRENCH POLISH[1], FURNITURE-POLISH. **3.** Politesse *f*; belles manières; vernis *m* d'élégance. **To have a certain polish,** avoir l'usage du monde. *To put a p. on s.o.*, styler qn. *He has acquired p., he has taken on p.*, il a pris le vernis de la société. **He lacks polish,** c'est un homme qui manque de formes. **4. Writer of great polish,** écrivain au style châtié, impeccable.

polish[2], *v.tr.* **1.** Polir (le bois, le fer, etc.); brunir (l'or, l'argent); cirer (des chaussures); astiquer (le cuir, etc.); lisser (une pierre, etc.); encaustiquer, faire reluire (les meubles, les dalles); cirer (le parquet); glacer, polir (le riz); adoucir (une glace); éclaircir (des épingles). *To p. the brass with tripoli*, passer, polir, les cuivres au tripoli. *To p. a cylinder with emery*, roder un cylindre à l'émeri. **To rough-polish,** adoucir (un métal); débrutir (le marbre). (*With passive force*) **Marble that polishes well,** marbre qui prend bien le poli. *See also* FRENCH-POLISH[2]. **2.** Polir, civiliser, dégrossir (qn, les mœurs).

polish off, *v.tr.* **1.** (i) Terminer vite, expédier, dépêcher, *F:* bâcler (un travail); (ii) vider, *F:* siffler (un verre); ne rien laisser (d'un plat); *F:* nettoyer (un plat); trousser (un repas); (iii) régler le compte de, en finir avec (qn). *She soon polished off her washing*, elle a eu bientôt torché sa lessive. **2.** Donner le coup de fion à (un travail); mettre la dernière main à (un travail).

polish up, *v.tr.* **1.** Faire reluire (qch.); astiquer, brunir, lustrer, blanchir (des objets en cuivre). **2. To polish up one's French,** dérouiller son français. **To polish up a poem,** *etc.*, polir, *F:* passer le rabot sur, un poème, etc. *To p. up a piece of work*, donner le coup de fion à un travail. *To p. up one's style*, relimer, châtier, *F:* raboter, son style.

polished, *a.* **1.** Poli. **Polished oak,** chêne ciré. **Polished parts,** parties brillantes (d'une machine, etc.). *See also* FRENCH-POLISH[2]. **2. Polished manners,** manières polies, distinguées. *To become more p.*, devenir plus affiné; s'affiner. **3. Polished style,** style châtié, raffiné.

polishing, *s.* Polissage *m*, cirage *m*, encaustiquage *m*, astiquage *m*, lissage *m*, brunissage *m*, adoucissage *m*. **Polishing cloth,** chiffon *m* à cirer. **Polishing brush** (*for shoes*), brosse *f* à reluire; polissoire *f*. *See also* PAD[3] 1.

'polishing-cream, *s.* Crème *f* à astiquer, à lustrer, à nettoyer; pâte *f* à polir; *Mil:* astic *m*, asti *m*.

'polishing-disc, *s.* Meule *f* à polir; meule polissoire (de coutelier); polisseuse *f*.

'polishing-iron, *s. Tls: Bootm:* Fer *m* à déformer.

'polishing-machine, *s.* Polissoir *m*, polisseuse *f*.

'polishing-paste, *s.* = POLISHING-CREAM.

'polishing-stick, *s.* Astic *m*, asti *m*.

'polishing-stone, *s.* **1.** *Tls:* Meule *f* polissoire; meule adoucissante. **2.** *Metalw:* Sanguine *f* à brunir.

'polishing-wheel, *s.* = POLISHING-DISC.

Polish[3] ['pouliʃ], *a. Geog:* Polonais.

polisher ['pɔliʃər], *s.* **1.** (*Pers.*) Polisseur, -euse; *Cer:* useur, -euse. **(Floor-)polisher,** cireur, -euse, de parquet. **(Brass-)polisher,** astiqueur *m* de cuivres. **(Shoe-)polisher,** cireur de chaussures. *Glassm: Metall:* **(Rough-)polisher,** adoucisseur *m*. *See also* FRENCH-POLISHER. **2.** *Tls:* Polissoir *m*; (*for gold, silver, etc.*) brunissoir *m*. *Toil:* **Nail-polisher,** polissoir. *See also* FLOOR-POLISHER 2.

polite [pə'lait], *a.* **1. Polite society,** (i) le beau monde; (ii) les gens instruits, cultivés. **Polite letters, polite learning,** belles-lettres *fpl*. **2.** Poli, courtois, complaisant, civil, honnête (*to s.o.*, envers, avec, qn). *F:* **To do the polite,** se mettre en frais de politesse; faire l'aimable, faire l'empressé (*with*, auprès de). *A p. letter*, une lettre courtoise, aimable. **To be polite,** être poli. **To be exquisitely polite,** être, se montrer, d'une politesse exquise. **-ly,** *adv.* Poliment; avec politesse; d'une manière polie; civilement, honnêtement.

politeness [pə'laitnəs], *s.* Politesse *f*, courtoisie *f*, civilité *f*. *Common p. demands it*, la simple politesse l'exige.

politic ['pɔlitik], *a.* **1.** (*Of pers., conduct*) (*a*) Politique, avisé. (*b*) Adroit, habile. (*c*) *Pej:* Rusé, astucieux. **2. The body politic,** le corps politique; le corps social; l'État. **-ly,** *adv.* (*a*) Politiquement; avec sagacité. (*b*) D'une manière adroite; avec habileté. (*c*) Avec astuce.

political [pə'litik(ə)l], *a.* Politique. **1.** Qui se rapporte au gouvernement de l'État. *P. parties*, partis politiques. **Political prisoner,** prisonnier politique. **2.** Qui se rapporte aux peuples. **Political geography,** géographie *f* politique. *See also* ECONOMY 2. **3.** *Mod.Gr.Pros:* **Political verse,** versification populaire (fondée sur l'accent d'intensité). **-ally,** *adv.* Politiquement.

politicaster [pə'litikastər], *s. Pej:* Politiqueur *m*.

politician [pɔli'tiʃ(ə)n], *s.* **1.** Homme politique. **2.** *Esp. U.S: Pej:* Politicien *m*, politiqueur *m*. *Notions entertained by politicians*, idées politiciennes.

politicize [pə'litisaiz], *v.i.* **1.** Faire de la politique; parler politique; *F:* politiquer. **2.** *Pej:* Politicailler.

politico-economical [pə'litikoiːkə'nɔmik(ə)l], *a.* Politico-économique.

politicomania [politiko'meinia], *s.* Politicomanie *f*.

politics ['pɔlitiks], *s.pl.* (*Usu. with sg. const.*) **1.** La politique. **To talk politics,** parler politique; *F:* politiquer. **To study politics,** étudier la politique. **To dabble in politics,** politiquer, politicailler; se mêler de politique. **Foreign politics,** politique extérieure, étrangère. **Internal politics,** politique intérieure. **To go into politics,** se jeter, se lancer, dans la politique. **What are his politics?** quelles sont ses opinions politiques? *F: Such a scheme is not* **practical politics,** un tel projet n'est pas d'ordre pratique. *See also* PARISH. **2.** *U.S: Pej:* Politicaillerie *f*. **To play politics,** politicailler.

polity ['pɔliti], *s.* **1.** Administration *f* politique. **2.** (*a*) Constitution *f* politique; forme *f* de gouvernement; régime *m*. *A system of positive p.*, un système de politique positive. (*b*) État *m*.

polk [poulk], *v.i. A:* Polker; danser la polka.

polka ['poulka], *s. Danc:* Polka *f*.

'polka-dot, *s. Tex:* Pois *m*. *Blue p.-d. tie*, cravate bleue à pois.

poll[1] [poul], *s.* **1.** *A: Dial:* (*a*) Tête *f* (d'une personne, d'un animal). **Per poll,** par tête, par personne. *See also* CHALLENGE[1] 2. (*b*) Sommet *m*, haut *m*, de la tête (d'une personne, d'un oiseau, etc.); nuque *f* (d'un cheval). **Grey poll,** tête grise. *See also* REDPOLL. **2.** (i) Votation *f* par tête; (ii) vote *m* (par bulletins); scrutin *m*. **Constituency poll,** scrutin d'arrondissement. *A p. was demanded*, on demanda le (vote par) scrutin. *The day before the p.*, la veille du scrutin, des élections. **To go to the poll,** prendre part au vote. *There will have to be a second p.*, il y aura ballottage. **To declare the poll,** déclarer, proclamer, le résultat du vote, du scrutin. **To head the poll,** arriver en tête de scrutin; venir en tête de liste. *To be successful at the p.*, sortir victorieux du scrutin. *How does the p. stand?* où en est le scrutin? **Heavy poll, small poll,** nombre *m* considérable, peu considérable, de votants.

'poll-evil, *s. Vet:* Mal *m* de taupe; mal de nuque; dermite *f*.

'poll-tax, *s. Hist:* Capitation *f*; taille capitale.

poll[2] [poul]. I. *v.tr.* **1.** (*a*) *A:* Tondre (qn); couper ras les cheveux de (qn). (*b*) = POLLARD[2]. (*c*) Écorner, décorner (un taureau, etc.). **2.** (*a*) (*Of polling-clerk*) Faire voter (qn); recueillir le bulletin de vote de (qn). (*b*) (*Of candidate*) Réunir (tant de voix). (*c*) **To poll a vote for s.o.,** donner sa voix, voter, pour qn.

II. **poll,** *v.i.* Voter (à une élection). *Brighton polls next Wednesday*, mercredi prochain Brighton vote, va aux urnes.

polled, *a.* (*Of ox, etc.*) **1.** Sans cornes. **2.** Décorné.

polling, *s.* **1.** = POLLARDING. **2.** Vote *m*; élections *fpl*.

'polling-booth, *s.* Isoloir *m*; bureau *m* de scrutin.

'polling-clerk, *s.* Secrétaire *m* du scrutin.

'polling-district, -station, *s.* Section *f* de vote.

poll[3] [poul], *a.* & *s.* Poll(-ox, -cow, -sheep), bœuf *m*, vache *f*, mouton *m*, sans cornes.

poll[4] [poul], *a.* **Poll deed** = DEED-POLL.

Poll[5] [pɔl], *Pr.n.f.* (*Dim. of Mary*) **1.** Marie. **2. (Pretty) Poll,** Jacquot *m* (nom de perroquet).

poll-'parrot, *s. F:* (*a*) Perroquet *m*. (*b*) *A:* (*Of woman*) Bavarde *f*; pie *f* borgne.

Poll[6] [pɔl], *s. Sch: F:* (*At Cambridge*) Promotion *f* d'étudiants qui reçoivent le "*pass degree*," *q.v. under* PASS[2] 2. **To go out in the Poll,** recevoir le *pass degree*. **Poll degree** = *pass degree*.

pollack ['pɔlak], *s. Ich:* Lieu *m*; *F:* merlan *m* jaune. **Green pollack,** colin *m*.

pollan ['pɔlən], *s. Ich:* Lavaret *m*.

pollard[1] ['pɔlərd], *s.* **1.** (*a*) *Arb:* Têtard *m*; arbre étêté. (*b*) *Husb:* Animal *m* sans cornes. **2.** *Mill:* (*a*) Recoupe *f*. (*b*) Repasse *f*.

'pollard-willow, *s. Arb:* Saule étêté.

pollard[2], *v.tr. Arb:* Étêter, écimer (un arbre).

pollarding, *s.* Étêtement *m*, étêtage *m*, écimage *m*.

pollen ['pɔlen], *s. Bot:* Pollen *m*.

'pollen-basket, -plate, *s. Ent:* Corbeille *f* (à pollen) (d'abeille).

'pollen-sac, *s. Bot:* Sac *m* pollinique.

'pollen-tube, *s. Bot:* Tube *m* pollinique.

pollicitation [pɔlisi'teiʃ(ə)n], *s. Jur:* Pollicitation *f*.

pollinate ['pɔlineit], *v.tr. Bot:* Émettre du pollen **sur** (le stigmate, etc.).

pollination [pɔli'neiʃ(ə)n], *s. Bot:* Pollination *f*, fécondation *f*.

pollinic [pɔ'linik], *a. Bot:* Pollinique.

polliniferous [pɔli'nifərəs], *a. Bot:* Pollinifère.

pollinization [pɔlinai'zeiʃ(ə)n], *s. Bot:* Pollinisation *f*.

pollute [pə'lju:t], *v.tr.* **1.** Polluer, souiller, rendre impur, corrompre. *Polluted water*, eau corrompue; eau qui n'est plus potable. **2.** Profaner, violer (un lieu saint, etc.).

polluter [pə'lju:tər], *s.* **1.** Corrupteur, -trice. *The polluters of the stream*, ceux qui déversent des impuretés, des eaux vannes, etc., dans le cours d'eau. **2.** Profanateur, -trice (d'un temple, etc.).

pollution [pə'lju:ʃ(ə)n], *s.* **1.** Pollution *f*, souillure *f*. **2.** Profanation *f*.

Pollux ['pɔləks]. *Pr.n.m. Gr.Myth:* Pollux.

Polly ['pɔli]. **1.** *Pr.n.f.* = POLL[1]. **2.** *s. P:* (Eau minérale d') Apollinaris *f*.

polo ['poulo], *s. Sp:* Polo *m*. **Polo stick, mallet,** maillet *m*. *See also* WATER-POLO.

polonaise [pɔlə'ne:iz], *s. Mus: Danc: Cost:* Polonaise *f*.

polonium [pə'louniəm], *s. Ch:* Polonium *m*.

polony [pə'louni], *s.* **Polony sausage,** (petit) saucisson; cervelas *m* (sans ail).

poltergeist ['pɔltərgaist], *s. Psychics:* Esprit frappeur.

poltroon [pɔl'tru:n], *s.* Poltron *m*, lâche *m*.

poltroonery [pɔl'tru:nəri], *s.* Poltronnerie *f*, lâcheté *f*.

poly- ['pɔli, pɔ'li], *comb.fm.* *Polychroic*, polychroïque. *Polychrome*, polychrome. *Ch: Polyacid*, polyacide. *Polyatomic*, polyatomique. *Polymer*, polymère. *Polysulphide*, polysulfure.

polyandria [pɔli'andriə], *s.* **1.** *Bot:* Polyandrie *f*. **2.** = POLYANDRY.

polyandrous [pɔli'andrəs], *a. Anthr: Bot:* Polyandre.

polyandry ['pɔliandri], *s. Anthr:* Polyandrie *f*.

polyanthous [pɔli'anθəs], *a. Bot:* Polyanthe.

polyanthus [pɔli'anθəs]. *Bot:* **1.** *s.* Primevère *f* des jardins. **2.** *Attrib.* (Fleur *f*, narcisse *m*) à bouquets.

polyarchy ['pɔliɑ:rki], *s.* Polyarchie *f*.

polyatomic [pɔliə'tɔmik], *a. Ch:* Polyatomique.

polybasic [pɔli'beisik], *a. Ch:* Polybasique.

polybasite [pɔli'beisait], *s. Miner:* Polybasite *f*.

Polybius [pə'libiəs]. *Pr.n.m. Gr.Lit:* Polybe.

Polycarp ['pɔlikɑ:rp]. *Pr.n.m. Rel.H:* Polycarpe.

polycarpellary [pɔli'kɑ:rpeləri], *a. Bot:* Polycarpellé.

polycellular [pɔli'seljulər], *a. Biol:* Polycellulaire.

polychroic [pɔli'krouik], *a. Cryst:* Polychroïque.

polychroism [pɔli'krouizm], *s. Cryst:* Polychroïsme *m*.

polychromatic [pɔlikro'matik], **polychrome** ['pɔlikroum], **polychromic** [pɔli'kroumik], *a.* Polychrome.

polychromy ['pɔlikroumi], *s. Art: Cer:* Polychromie *f*.

polyclinic [pɔli'klinik], *s. Med:* Polyclinique *f*.

polycotyledonous [pɔlikɔti'li:donəs], *a. Bot:* Polycotylédone.

Polycrates [pə'likrati:z]. *Pr.n.m. Gr.Hist:* Polycrate.

polydactyl [pɔli'daktil], *a. & s. Z:* Polydactyle (*m*).

polyergus [pɔli'ə:rgəs], *s. Ent:* Polyergue *m*; fourmi *f* amazone.

polygamia [pɔli'geimiə], *s. Bot:* Polygamie *f*.

polygamian [pɔli'geimiən], *a. Bot:* Polygame.

polygamist [pə'ligəmist], *s. Anthr: Nat.Hist:* Polygame *mf*.

polygamous [pə'ligəməs], *a. Anthr: Nat.Hist:* Polygame.

polygamy [pə'ligəmi], *s. Anthr: Nat.Hist:* Polygamie *f*.

polygenist [pə'lidʒənist], *s. Anthr:* Polygéniste *m*.

polygeny [pə'lidʒəni], *s. Anthr:* Polygénie *f*.

polyglot ['pɔliglɔt], *a. & s.* Polyglotte (*mf*).

polygon ['pɔligən], *s. Geom:* Polygone *m*. *Mec: P. of forces*, polygone des forces. *El.E:* **Polygon connection,** montage *m* en polygone.

polygonal [pə'ligən(ə)l], *a.* Polygonal, -aux.

polygonum [pə'ligonəm], *s. Bot: F:* Renouée *f*.

polygraph ['pɔligrɑ:f, -graf], *s.* **1.** (*Pers.*) *Lit: etc:* Polygraphe *m*. **2.** Appareil *m* à polycopier.

polyhalite [pɔli'halait], *s. Miner:* Polyhalite *f*.

polyhedral [pɔli'hi:drəl, -'hedrəl], **polyhedric** [pɔli'hedrik], *a. Geom:* Polyédrique, polyèdre.

polyhedron [pɔli'hi:drən, -'hedrən], *s. Geom:* Polyèdre *m*.

Polyhymnia [pɔli'himniə]. *Pr.n.f. Myth:* Polymnie.

polymeric [pɔli'merik], *a. Ch:* (Corps *m*) polymère.

polymerism [pə'limərizm], *s. Ch:* Polymérie *f*.

polymorphic [pɔli'mɔ:rfik], **polymorphous** [pɔli'mɔ:rfəs], *a. Biol: Ch: Cryst:* Polymorphe.

polymorphism [pɔli'mɔ:rfizm], *s. Biol: Ch: Cryst:* Polymorphisme *m*, polymorphie *f*.

Polynesia [pɔli'ni:ziə]. *Pr.n. Geog:* La Polynésie.

Polynesian [pɔli'ni:ziən], *a. & s. Geog:* Polynésien, -ienne.

Polynices [pɔli'naisi:z]. *Pr.n.m. Gr.Lit:* Polynice.

polynomial [pɔli'noumiəl], *s. Alg:* Polynôme *m*.

polynuclear [pɔli'nju:kliər], **polynucleate** [pɔli'nju:kliet], *a. Biol:* Polynucléaire.

polyp ['pɔlip], *s. Coel:* Polype *m*.

polypary ['pɔlipəri], *s. Coel:* Polypier *m*.

polypetalous [pɔli'petələs], *a. Bot:* Polypétale.

polyphagous [pə'lifagəs], *a. Z: Med:* Polyphage.

polyphase ['pɔlife:iz], *a. El.E:* **1.** **Polyphase current,** courant polyphasé. **2.** (Alternateur *m*, etc.) à courant polyphasé.

Polyphemus [pɔli'fi:məs]. *Pr.n.m. Gr.Lit:* Polyphème.

polyphonic [pɔli'fɔnik], *a. Mus:* Polyphonique.

polyphony [pə'lifoni, 'pɔlifouni], *s. Mus: Ling:* Polyphonie *f*.

polypod ['pɔlipɔd], *a. & s. Z:* Polypode (*m*); à pattes multiples.

polypodium [pɔli'poudiəm], *s. Bot:* Polypode *m*.

polypody ['pɔlipɔdi], *s. Bot:* Polypode *m*. **Polypody of the oak, of the wall,** polypode du chêne, polypode vulgaire.

polypoid ['pɔlipɔid], *a. Z: Med:* Polypoïde.

polyporus [pɔli'pɔ:rəs], *s. Fung:* Polypore *m*.

polypous ['pɔlipəs], *a. Z: Med:* Polypeux.

polypus ['pɔlipəs], *s. Med:* Polype *m*.

polysepalous [pɔli'sepələs], *a. Bot:* Polysépale.

polystyle ['pɔlistail]. *Arch:* **1.** *a.* Polystyle. **2.** *s.* Temple *m* ou salle *f* polystyle.

polysyllabic [pɔlisi'labik], *a.* Polysyllabe, polysyllabique.

polysyllable [pɔli'siləbl], *s.* Polysyllabe *m*.

polysyllogism [pɔli'silodʒizm], *s. Log:* Syllogisme composé.

polysynthetic [pɔlisin'θetik], *a. Ling:* Polysynthétique.

polytechnic [pɔli'teknik], *a.* Polytechnique; (école *f*) d'arts et métiers, d'enseignement technique.

polytheism ['pɔliθi:izm], *s.* Polythéisme *m*.

polytheist ['pɔliθi:ist], *a. & s.* Polythéiste (*mf*).

polytheistic [pɔliθi:'istik], *a.* Polythéiste.

polyuresis [pɔliju'ri:sis], **polyuria** [pɔli'juəriə], *s. Med:* Polyurie *f*.

polyvalency [pɔli'veilənsi], *s. Ch:* Polyvalence *f*.

polyvalent [pə'livələnt], *a. Ch:* Polyvalent.

Polyxena [pə'liksenə]. *Pr.n.f. Gr.Lit:* Polyxène.

polyzoa [pɔli'zouə], *s.pl. Biol:* Bryozoaires *m*, polyzoaires *m*.

pom [pɔm], *s. F:* Loulou *m* de Poméranie.

pomace ['pʌməs], *s.* **1.** *Ciderm:* (*a*) Pulpe *f* de pommes. (*b*) Marc *m* de pommes. **2.** (*a*) Pulpe. (*b*) Tourteau *m* (de poisson, etc.).

pomaceous [pə'meiʃəs], *a. Bot:* Pomacé, piré.

pomade [pə'mɑ:d], **pomatum** [pə'meitəm], *s. Toil:* Pommade *f*.

pome [poum], *s.* **1.** *Bot:* Fruit *m* à pépins. **2.** *Poet:* Pomme *f*. **3.** *Hist:* Globe *m*, monde *m* (insigne de royauté).

pomegranate ['pɔmgranet, 'pʌm-; pɔm'granet, pʌm-], *s. Bot:* **1.** Grenade *f*. **Pomegranate syrup,** sirop *m* de grenadine. **2.** **Pomegranate(-tree),** grenadier *m*.

pomelo ['pɔmələ], *s.* (*a*) *Bot:* Pamplemousse *f*. (*b*) *U.S:* Grape-fruit *m*.

Pomerania [pɔmə'reinjə]. *Pr.n. Geog:* La Poméranie.

Pomeranian [pɔmə'reinjən], *a. & s.* (*a*) *Geog:* Poméranien, -ienne. (*b*) **Pomeranian** (dog), loulou *m* de Poméranie.

pomfret[1] ['pɔmfret], *s. Ich:* **1.** Stromatée *m*. **2.** Brama *m* raii; *F:* brame *m*; castagnole *f*; brème *f* de mer.

Pomfret[2] ['pʌmfret]. *Pr.n. Geog: A:* = PONTEFRACT.

'pomfret-cakes, *s.pl.* = *Pontefract cakes, q.v. under* PONTEFRACT.

pomiferous [pə'mifərəs], *a. Bot:* Pomifère.

pommel[1] [pʌml], *s.* **1.** Pommeau *m* (d'épée). **2.** *Harn:* Arçon *m* de devant; pommeau (de selle).

pommel[2], *v.tr.* (**pommelled; pommelling**) Battre, rosser, gourmer (qn); bourrer (qn) de coups.

pomological [pɔmo'lɔdʒik(ə)l], *a.* Pomologique.

pomology [pə'mɔlodʒi], *s.* Pomologie *f*.

Pomona [pə'mounə]. *Pr.n.f. Rom.Myth:* Pomone.

Po'mona green, *a.* Vert pomme *inv.*

pomp [pɔmp], *s.* Pompe *f*, éclat *m*, faste *m*, splendeur *f*, appareil *m*, apparat *m*. **To like pomp,** aimer le cérémonial. *To escort s.o. with great p.*, escorter qn en grande cérémonie. **Pomp and circumstance,** (grand) apparat; parade *f*. *To renounce* **the pomps and vanities of this wicked world,** renoncer aux pompes du siècle.

Pompeian [pɔm'pi:jən], *a. A.Geog:* Pompéien.

Pompeii [pɔm'pi:jai]. *Pr.n. A.Geog:* Pompéi.

pompelmoose ['pɔmplmu:s], *s. Bot:* Pamplemousse *f*.

Pompey ['pɔmpi]. *Pr.n.* **1.** (*a*) *Rom.Hist:* Pompée *m*. (*b*) *F:* Domestique *m* nègre. **2.** *Navy: P:* (L'arsenal *m* de) Portsmouth.

pom-pom ['pɔm'pɔm], *s. Artil:* Canon-revolver *m*, *pl.* canons-revolvers; canon-mitrailleuse *m*, *pl.* canons-mitrailleuses (système Maxim).

pompon ['pɔmpɔn], *s.* **1.** *Cost: etc:* Pompon *m*. **2.** *Hort:* (*a*) Rose *f* pompon. (*b*) Chrysanthème nain.

pomposity [pɔm'pɔsiti], *s.* **1.** Prudhommerie *f*, emphase *f*, suffisance *f*. **2.** *F:* Un monsieur Prudhomme.

pompous ['pɔmpəs], *a.* **1.** Pompeux, fastueux. **2.** (*a*) **A pompous man,** un homme suffisant, qui fait l'important, qui se donne de grands airs, qui est monté sur des échasses. *He's a p. ass*, c'est un prud'homme, un personnage prudhommesque, un monsieur Prudhomme. *She was p. but good-natured*, ses grands airs ne l'empêchaient pas d'être une brave femme. (*b*) **Pompous style,** style emphatique, ampoulé, empanaché, pompeux. **-ly,** *adv.* Pompeusement; avec suffisance; avec emphase.

pompousness ['pɔmpəsnəs], *s.* **1.** Pompe *f*, faste *m*. **2.** = POMPOSITY **1.**

ponce [pɔns], *s. P:* **1.** Souteneur *m*, *P:* marlou *m*, *pl.* marlous; barbeau *m*, poisson *m*. **2.** *U.S:* Greluchon *m*.

ponceau ['pɔnso], *a. & s.* (Rouge) ponceau *m inv.*

poncelet ['pɔnslet], *s. Mec.Meas:* Poncelet *m* (= 100 kilogrammètres par seconde).

poncho ['pɔn(t)ʃo], *s. Cost:* Poncho *m*.

pond[1] [pɔnd], *s.* Étang *m*; bassin *m*, pièce *f* d'eau (de parc); mare *f*, abreuvoir *m* (de village); vivier *m*, réservoir *m* (pour le poisson); réservoir (de moulin). **Pond life,** vie animale des eaux stagnantes. **The Round Pond,** la pièce d'eau de Kensington Gardens (à Londres). *See also* HERRING-POND, HORSE-POND, TIMBER-POND.

'pond-lily, *s. Bot: U.S:* = WATER-LILY.

'pond-snail, *s. Moll:* Hélice *f* aquatique.

pond[2]. **1.** *v.tr.* **To pond back, pond up,** *a stream*, barrer un cours d'eau; établir une retenue sur un cours d'eau. **2.** *v.i.* (*Of water*) *To pond (up)*, former un étang, une mare; s'accumuler.

pondage ['pɔndedʒ], *s.* **1.** Accumulation *f* de l'eau (d'une rivière, etc.). **2.** Capacité *f* (d'une retenue).

ponder ['pɔndər]. **1.** *v.tr.* Réfléchir sur (une question); considérer, peser (un avis); méditer (sur) (la situation); ruminer (une idée). **2.** *v.i.* Méditer. **To ponder on, over, sth.,** réfléchir à, méditer sur, spéculer sur, qch.

pondering[1], *a.* (*Of pers.*) Méditatif. **-ly,** *adv.* En méditant; d'un air réfléchi; d'un air absorbé.

pondering[2], *s.* Méditation *f.*
ponderability [pɔndərə'biliti], **ponderableness** ['pɔndərəblnəs], *s.* Pondérabilité *f.*
ponderable ['pɔndərəbl], *a.* Pondérable; (gaz) pesant.
ponderal ['pɔndərəl], *a.* Pondéral, -aux.
ponderation [pɔndə'reiʃ(ə)n], *s.* Pondération *f* (d'une idée).
ponderosity [pɔndə'rɔsiti], *s.* **1.** Lourdeur *f.* **2.** *A:* Importance *f* (d'un événement, etc.). **3.** Lourdeur (de style).
ponderous ['pɔndərəs], *a.* **1.** Massif, lourd, pesant. **2.** *A:* (*Of business, etc.*) Important, grave. **3.** (Travail) laborieux. **4.** (Style) lourd, pesant, ampoulé. **-ly**, *adv.* (Écrire, etc.) avec lourdeur.
ponderousness ['pɔndərəsnəs], *s.* = PONDEROSITY.
Pondicherry [pɔndi'tʃeri]. *Pr.n. Geog:* Pondichéry *m.*
pondweed ['pɔndwi:d], *s. Bot:* Potamot luisant; *F:* épi *m* d'eau.
pone[1] [poun, 'pouni], *s. Cards:* Premier *m* en main (ou son partenaire).
pone[2] [poun], *s. U.S:* **1.** Pain *m* de maïs. **2.** Pain de fantaisie.
pongee [pʌn'dʒi:], *s. Tex:* Pongée *m. Japanese p.*, pongée du Japon.
poniard[1] ['pɔnjərd], *s.* Poignard *m.*
poniard[2], *v.tr.* Poignarder (qn).
pons asinorum ['pɔnzasi'nɔ:rəm], *s. Geom: F:* Le pont aux ânes (la cinquième proposition du premier livre d'Euclide).
pons Varolii ['pɔnzva'rouliai], *s. Anat:* Pont *m* de Varole, de Varoli; protubérance cérébrale.
Pontefract ['pɔntifrakt]. *Pr.n.* Pontefract (ville du Yorkshire). **Pontefract cakes**, pastilles *f* de réglisse.
Pontic ['pɔntik], *a. A.Geog:* Pontique; du Pont. **The Pontic Sea**, le Pont-Euxin.
ponticello [pɔnti'tʃelo], *s. Mus:* Chevalet *m* (d'instrument à corde). *Esp. in the phr.* **'Sul ponticello,'** "sur le chevalet."
pontifex, *pl.* **pontifices** ['pɔntifeks, pɔn'tifisi:z], *s. Rom.Ant:* Pontife *m.* **Pontifex maximus**, grand pontife.
pontiff ['pɔntif], *s.* Pontife *m.* **1.** *Rom.Ant:* = PONTIFEX. **2.** *Ecc:* Évêque *m*, prélat *m. Esp.* **The sovereign pontiff**, le souverain pontife, le pape.
pontifical [pɔn'tifik(ə)l]. **1.** *a.* Pontifical, -aux; épiscopal, -aux. *F: Pej:* **Pontifical airs**, airs *m* de pontife. **2.** *s.* Pontifical *m* (livre du rituel des évêques). **3.** *s.pl.* **Pontificals**. (*a*) Vêtements ou ornements sacerdotaux. (*b*) *F:* Vêtements de gala, de grande cérémonie. *The mayor was there with all his pontificals*, le maire était présent avec sa robe et sa chaîne.
pontificate[1] [pɔn'tifiket], *s.* Pontificat *m.*
pontificate[2] [pɔn'tifikeit], *v.i.* **1.** Pontifier; officier en qualité de pontife ou d'évêque. **2.** *Pej:* = PONTIFY.
pontify ['pɔntifai], *v.i. F: Pej:* Pontifier; faire l'important; parler avec une solennité de pontife, avec emphase.
pontil ['pɔntil], *s. Glassm:* Pontil *m* (la barre de fer).
Pontine ['pɔntain], *a. Geog:* **The Pontine Marshes**, les Marais Pontins.
Pontius Pilate ['pɔnʃəs'pailet]. *Pr.n.m. B.Hist:* Ponce Pilate.
pontoneer [pɔnto'ni:ər], *s. Mil:* Pontonnier *m.*
pontoon[1] [pɔn'tu:n], *s.* **1.** Ponton *m*, bac *m.* **2.** *Mil.E:* Bateau *m*, nacelle *f*, ponton (de pont de bateaux).
  pon'toon-bridge, *s.* Pont *m* de bateaux.
  pon'toon-corps, *s. Mil:* Corps *m* de pontonniers.
pontoon[2], *v.tr.* **1.** Traverser (une rivière) sur un pont de bateaux. **2.** Jeter des pontons, un pont de bateaux, sur (une rivière).
pontoon[3], *s. Cards: P:* Vingt-et-un.
Pontus ['pɔntəs]. *Pr.n. A.Geog:* **1.** Le Pont. **2.** **Pontus Euxinus** [ju'ksainəs], le Pont-Euxin.
ponty ['pɔnti], *s. Glassm:* = PUNTY.
pony ['pouni], *s.* **1.** Poney *m.* **Pony mare**, ponette *f. P:* **Jerusalem pony**, âne *m*; *F:* baudet *m*, bourrique *f.* **2.** *P:* Vingt-cinq livres sterling. **3.** *Sch: U.S: F:* Traduction *f* (juxtalinéaire).
  'pony-carriage, *s. Veh:* Panier *m.*
  'pony-engine, *s.* **1.** *Nau: etc:* Moteur démarreur. **2.** *Rail: U.S:* Locomotive *f* de manœuvre.
  'pony-skin, *s. Com:* (Fourrure *f*) poulain *m.*
  'pony-truck, *s. Rail:* Bissel *m* (de locomotive).
pood [pu:d], *s. Russ.Meas:* Poud *m.*
poodle [pu:dl], *s.* Caniche *mf*, barbet, -ette.
poodle-faker ['pu:dlfeikər], *s.m. P:* (*Anglo-Indian*) Greluchon, gigolo.
pooh [pu:], *int.* Bah! peuh! **Pooh, is that all!** la belle affaire!
Pooh-Bah ['pu:'bɑ:], *s. F: Pej:* Cumulard *m*; *F:* homme-orchestre *m.* (Personnage du *Mikado* de W. S. Gilbert.)
pooh-pooh ['pu:'pu:], *v.tr.* Traiter légèrement, tourner en ridicule, ridiculiser (une idée, une théorie, etc.); se moquer, faire peu de cas (d'une idée, d'un avertissement); repousser (un conseil) avec mépris.
pooka ['pu:ka], *s.* Farfadet *m*, lutin *m.*
pool[1] [pu:l], *s.* **1.** (*a*) (*Of running water*) Fontaine *f.* (*b*) (*Stagnant*) Mare *f.* (*c*) (*For swimming*) Piscine *f. See also* PADDLING-POOL. (*d*) Flaque *f* (d'eau, d'encre, de sang, etc.); mare (de sang); (*left at low tide*) bâche *f. Lying in a p. of blood*, baignant dans son sang. **2.** (*a*) (*In river*) Trou *m* d'eau. (*b*) **The Pool**, le mouillage sur la Tamise en aval de London Bridge.
pool[2], *v.tr. Min:* Haver, sou(s)chever (une roche, etc.).
pool[3], *s.* **1.** (*a*) *Games:* Poule *f*, cagnotte *f. To establish a p.*, faire une cagnotte. (*b*) *Bill: Fenc: etc:* Poule. (*c*) **Football pool (competition)**, concours *m* de pronostics sportifs. **2.** *Com:* (*a*) Fonds communs; masse commune. (*b*) Syndicat *m* de placement (de marchandises); syndicat de répartition des commandes. **The railway pool**, le trust des chemins de fer.
pool[4], *v.tr.* (*a*) Mettre en commun (ses capitaux, ses bénéfices, etc.). **We pooled our resources**, nous fîmes bourse commune. (*b*) *Com:* Mettre en syndicat (les commandes); *Rail:* répartir l'exploitation (des lignes, etc.).
  pooling, *s.* Mise *f* en commun, socialisation *f* (de fonds); mise en syndicat, en trust (de plusieurs lignes de chemin de fer, etc.).
poon [pu:n], *s. Bot:* Calophylle *m* inophylle.
Poonah ['pu:na]. *Pr.n. Geog:* Poonah *m*, Pounah *m.*
  'Poonah painting, *s.* Gouache *f* sur papier de Chine.
poop[1] [pu:p], *s. Nau:* **1.** Poupe *f.* **2.** **Poop(-deck)**, (pont *m* de) dunette *f.* **Full poop**, dunette pleine.
  'poop-break, *s.* Fronteau *m* de dunette.
  'poop-rail, *s. Nau:* Rambarde *f.*
poop[2], *v.tr. Nau:* **1.** (*Of wave*) **To poop a ship**, balayer la poupe d'un navire. **To be pooped**, embarquer une vague par l'arrière. **2.** (*Of ship*) Recevoir, embarquer, (un paquet de mer) par l'arrière.
  pooped, *a.* **High-pooped**, (navire) à haute poupe.
poop[3]. **1.** *v.tr.* Tirer (un canon); faire partir (un coup de canon). **2.** *v.i.* (*Of guns*) Tonner.
poop[4], *s. F:* = NINCOMPOOP.
poor ['puər], *a.* Pauvre. **1.** (*a*) Besogneux, malheureux, *Adm:* indigent. **A poor man**, un pauvre. *A p. woman*, une pauvresse. **The poorer classes**, les classes pauvres; le prolétariat; les prolétaires. (*In colonies*) **Poor whites**, les "blancs *m* pauvres." *F:* **As poor as a church-mouse, as Job**, *U.S:* **as Job's cat**, gueux, pauvre, comme un rat d'église, comme Job. *I am the poorer by a thousand francs*, j'en suis pour mille francs. *See also* MOUTH[1] 1, WEATHER-GLASS[2]. (*b*) *s.pl.* **The poor**, les pauvres *m*, les malheureux, les indigents. **To help the poor**, secourir les pauvres, les miséreux. *Pity the p.*, ayez pitié des malheureux. **2.** De piètre qualité; médiocre; maigre. (*a*) **Poor soil**, sol maigre, peu fertile, improductif. *P. harvest*, mauvaise, piètre, récolte. *P. cattle*, bétail *m* maigre. *P. wine*, vin *m* pauvre; *F:* vin ginguet; piquette *f. P. blood*, sang vicié. *P. fare*, maigre chère *f. Aut:* **Poor mixture**, mélange *m* pauvre. *Ore* **poor in** *metal*, minerai *m* pauvre en métal. *P. in coal, in trees*, pauvre en houille, en arbres. *To become poorer in ideas*, s'appauvrir en idées. (*b*) *P. excuse*, pauvre excuse *f*; piètre excuse. *He sells p. stuff*, il vend de la camelote. **Poor quality**, basse qualité; qualité inférieure. *P. health*, santé *f* débile. **My poor memory**, mon peu de mémoire. **Poor-looking house**, maison *f* de piètre apparence. *A p. horse*, un mauvais cheval; une rosse. *She's a p. creature*, c'est une femme qui n'a pas de ressort; c'est une nature veule. *The patient has had a p. night*, le malade a passé une mauvaise nuit. *To give s.o. a p. reception*, faire mauvaise mine, grise mine, triste mine, à qn. *Th:* **There was a poor house**, la salle était plutôt dégarnie. *Prov:* **It's a poor heart that never rejoices**, ce n'est pas tous les jours fête. *To have but a p. chance of success*, n'avoir qu'une maigre chance de succès. *To make up one's mind on p. grounds*, se décider sur de maigres raisons. **To have a poor opinion of s.o.**, avoir une pauvre, piètre, triste, opinion de qn; tenir qn en médiocre estime. **To cut a poor figure**, faire piètre figure. **In my poor opinion**, à mon humble avis. *I am but a p. Italian scholar*, je n'ai qu'une connaissance imparfaite, rudimentaire, de l'italien. *He is a p. driver*, c'est un conducteur assez malhabile; il n'est pas fameux comme chauffeur. *I have p. students this year*, cette année mes étudiants ne sont pas brillants. **To be poor at mathematics**, être faible en mathématiques. **3.** (*To be pitied*) **Poor creature! poor thing!** pauvre petit! pauvre petite! *A p. fellow*, un pauvre diable. **Poor fellow!** le pauvre homme! le pauvre garçon! *Iron: P. fellow!* **poor you!** vous voilà bien malade! **Poor me!** pauvre de moi! *P. me and p. her!* pauvre de moi et pauvre d'elle! *It is too late for p. me to marry*, pauvre de moi! il n'est plus temps de me marier. *See also* RICHARD. **-ly. 1.** *adv.* Pauvrement, médiocrement, maigrement. **Poorly clad**, pauvrement vêtu. *P. furnished room*, chambre *f* aux meubles rares; chambre minable, de pauvre apparence. *P. cushioned seat*, banquette piètrement rembourrée. *P. lighted streets*, rues assez mal éclairées. *See also* OFF[1] I. 3. **2.** *pred.a.* **To be poorly**, être souffrant, indisposé; ne pas être bien portant. *He is looking very p.*, il a bien mauvaise mine.
  'poor-box, *s. Ecc:* Tronc *m* pour les pauvres.
  'poor-law, *s.* Lois *fpl* sur l'assistance publique. **Poor-law administration**, l'assistance publique.
  'poor-rate, *s. Adm:* Taxe *f* des pauvres.
  'poor-relief, *s. Adm:* Aide *f*, assistance(s) *f(pl)*, aux pauvres, aux indigents.
  'poor-'spirited, *a.* Pusillanime; sans courage; sans énergie.
poorhouse ['puərhaus], *s.* Hospice *m*; asile *m* des pauvres.
poorness ['puərnəs], *s.* **1.** Pauvreté *f*, insuffisance *f*, manque *m* (d'imagination, etc.). *P. of the soil*, pauvreté, maigreur *f*, stérilité *f*, du sol. **2.** Infériorité *f*, peu *m* de valeur; mauvaise qualité (d'une étoffe).
pop[1] [pɔp]. **1.** *int.* Crac! pan! **To go pop**, éclater, crever. **Pop goes the cork!** paf! le bouchon saute; on entend péter le bouchon. **'Pop goes the weasel,'** ancienne danse rustique. **2.** *s.* (*a*) Bruit sec, soudain (de bouchon qui saute, etc.). (*b*) Boisson pétillante, gazeuse, mousseuse; *esp.* champagne *m. See also* GINGER-POP. (*c*) *P:* (*Of jewelry, etc.*) **To be in pop**, être au clou, chez ma tante.
  'pop-corn, *s.* Maïs grillé et éclaté.
  'pop-eyed, *a. U.S: F:* Aux yeux en boules de loto.
  'pop-eyes, *s.pl. U.S: F:* Yeux *m* en boules de loto.
  'pop-gun, *s. Toys:* Canonnière *f*, pétoire *f*; pistolet *m* à bouchon. *F:* (*Of rifle*) **It's a mere pop-gun**, ce n'est qu'une pétoire.
  'pop-shop, *s. P:* Maison *f* de prêt sur gages; *P:* clou *m. Her rings were at the pop-shop*, ses bagues étaient au clou, chez ma tante.
  'pop-weed, *s. Bot:* Utriculaire *f.*
pop[2], *v.* (**popped; popping**) **1.** *v.i.* (*a*) Faire entendre une petite explosion, éclater, péter; (*of cork*) sauter, péter; (*of toy balloon*) crever. *I.C.E: The engine pops and sneezes*, le moteur bafouille. (*b*) *U.S:* (*Of enamel, etc.*) Se soulever, s'écailler. **2.** *v.tr.* (*a*) Crever

(un ballon); faire sauter (un bouchon). *To pop a gun,* tirer, lâcher, un coup de fusil. *U.S:* **To pop corn,** faire éclater le maïs (devant le feu). (*b*) *P:* **To pop one's watch,** mettre sa montre en gage; (*in Fr.*) mettre sa montre au mont-de-piété; *P:* mettre sa montre au clou, chez ma tante; accrocher sa montre. **3.** (*In familiar speech*) (*a*) (= '*come*' *or* '*go*.') **To pop over** *to the grocer's,* faire un saut jusque chez l'épicier. **Pop upstairs,** montez. **To pop into bed,** se glisser dans son lit. (*b*) (= '*put*') **To pop sth. behind a screen,** fourrer qch. derrière un écran. *To pop sth. into a drawer, into one's pocket,* mettre, fourrer, bien vite qch. dans un tiroir, dans sa poche. *To pop one's head out of the window,* sortir (tout à coup) sa tête par la fenêtre. *F:* **To pop the question,** faire sa déclaration; faire la demande en mariage.

pop at, *v.i.* Tirer sur (un faisan). *They were popping away at the fugitives,* ils canardaient les fuyards.

pop back, *v.i. I.C.E: F:* (*Of engine*) **To pop back in the carburettor,** donner des retours de flamme (au carburateur); renifler, pétarader.

popping back, *s.* **Popping back in the carburettor,** retours *mpl* de flamme; reniflage *m*, *F:* pétarades *fpl.*

pop down. *F:* **1.** *v.i.* **To pop down to the country,** prendre un petit congé de villégiature. **2.** *v.tr.* **To pop down one's ideas on paper,** jeter ses idées sur le papier. *To pop sth. down on the table,* jeter, déposer, qch. sur la table.

pop in, *v.i. F:* Entrer à l'improviste; entrer en passant, pour un instant (chez qn). **I have just popped in,** je ne fais qu'entrer et sortir. *He pops in every evening,* il nous fait une petite visite tous les soirs.

pop off. **1.** *v.i.* (*a*) *F:* Filer, déguerpir, décamper. (*b*) *P:* Mourir subitement. **2.** *v.tr. F:* **Pop off your hat,** ôtez votre chapeau.

pop on, *v.tr.* **Pop on your coat,** mettez votre pardessus.

pop out, *v.i.* Sortir. **I saw him pop out of the house,** je l'ai vu sortir. **His eyes were popping out of his head,** les yeux lui sortaient de la tête.

pop round, *v.i.* **Pop round to the chemist's,** allez donc, faites donc un saut, jusque chez le pharmacien. *I'll pop round at six o'clock,* je viendrai à six heures.

pop up, *v.i. F:* **1.** (i) Se lever vivement; (ii) apparaître, surgir. (*Of swimmer, etc.*) **To pop up out of the water,** émerger brusquement à la surface de l'eau. *This question has popped up again,* cette question revient sur l'eau. **2.** **To pop up to town,** faire un petit voyage à la ville.

popping, *s.* **1.** Bruit sec (des bouchons qui sautent); pan, pan *m* (des coups de fusil). **2.** *F:* **Popping of the question,** offre *f* de mariage; demande *f* en mariage; déclaration *f.*

'popping-crease, *s. Cr:* La ligne blanche, à quatre pieds du guichet, qui forme la limite dans laquelle doit se tenir le batteur.

pop[3], *s. F:* (*Darling*) Chérie *f.*

pop[4], *s. U.S: P:* Papa *m.*

pop[5], *s. F:* (*Abbr. for 'popular concert'*) Concert *m* populaire.

pop[6], *s. U.S: F:* = POPPYCOCK.

pope[1] [poup], *s.* **1.** Pape *m*; le Saint-Père. **Pope Joan,** (i) la papesse Jeanne; (ii) *Cards:* le Nain jaune. *Ecc:* **The Pope's seal,** l'anneau *m* du pêcheur. *Cu:* **Pope's eye,** noix *f* (de veau, de gigot). **Pope's head,** (i) *Bot:* mélocacte *m*, mélocactus *m*; (ii) *Dom.Ec:* tête-de-loup *f*, *pl.* têtes-de-loup. *See also* KISS[2] 1. **2.** *Ich:* = RUFF[3].

pope[2], *s. Ecc:* Pope *m* (de l'Église orthodoxe).

popedom ['poupdəm], *s.* Papauté *f.*

popery ['poupəri], *s. Pej:* Papisme *m*; romanisme *m*. *See also* NO-POPERY.

popinjay ['pɔpindʒei], *s.* **1.** *A:* (*a*) Perroquet *m.* (*b*) *Sp:* Papegai *m.* **2.** *A:* Fat *m*, freluquet *m.* **3.** *Orn: Dial:* Pivert *m*; pic-vert *m*, *pl.* pics-verts.

popish ['poupiʃ], *a. Pej:* Papiste; *A:* papalin; (*of thg*) de papiste; qui sent le papisme.

poplar ['pɔplər], *s. Bot:* **1.** Peuplier *m.* **White poplar, silver poplar,** peuplier blanc, de Hollande; ypréau *m*, ipréau *m*, abèle *m.* **Grey poplar,** peuplier gris; grisard *m*; grisaille *f.* **Black poplar,** peuplier noir, franc; *F:* liard *m.* **Black Italian poplar, Canadian poplar,** peuplier suisse; peuplier du Canada. **Balsam poplar,** peuplier baumier. *See also* TREMBLING[1]. **2.** *U.S:* **Tulip poplar, yellow poplar,** tulipier *m* (de Virginie).

Poplarism ['pɔplərizm], *s. F:* Extravagance *f* et imprévoyance *f* dans l'administration municipale (dont on eut un exemple dans la circonscription de Poplar, quartier pauvre de Londres).

poplin ['pɔplin], *s. Tex:* Popeline *f.* **End-on-end poplin,** popeline fil à fil.

popliteal [pɔ'plitiəl], *a. Anat:* Poplité; du jarret. *The p. artery,* l'artère poplitée.

popliteus [pɔ'plitiəs], *s. Anat:* **The popliteus (muscle),** le muscle poplité.

poppa ['pɔpə], *s. U.S: F:* Papa *m.*

Poppaea [pɔ'piːə]. *Pr.n.f. Rom.Hist:* Poppée.

poppet ['pɔpet], *s.* **1.** (*a*) *A:* Poupée *f* ou marionnette *f.* (*b*) *F:* **My poppet,** mon chéri; ma chérie; mon petit poupon. **2.** *Nau:* (*a*) Colombier *m* (de lancement). (*b*) **(Rowlock-)poppets,** portières *f* de dames; montants *m* de dames; porte-tolet *m inv* (d'un canot). (*c*) Barre *f* (de cabestan). **3.** = POPPET-HEAD 1. **Sliding poppet,** poupée mobile; contre-poupée *f*, *pl.* contre-poupées.

'poppet-head, *s.* **1.** *Mec.E:* Poupée *f* (de tour). **2.** *Min:* Chevalement *m* (d'un puits de mine); châssis *m* à molettes.

'poppet-holes, *s.pl. Nau:* Logements *m* des barres (de cabestan).

'poppet-valve, *s. I.C.E:* (i) Soupape soulevante, à manchon, à déclic; clapet *m*; (soupape en) champignon *m*; (ii) distributeur soulevant, à soupape. **Poppet-valve gear,** distribution *f* à soupape.

poppied ['pɔpid], *a.* **1.** Parsemé de pavots, de coquelicots. **2.** *Poet:* Qui a pris de l'opium; assoupi; somnolent.

popple[1] [pɔpl], *s.* Clapotement *m*; ondulation *f* (de l'eau).

popple[2], *v.i.* (*a*) (*Of water, stream*) Clapoter, onduler, s'agiter (*b*) (*Of floating body*) Danser sur l'eau.

popply ['pɔpli], *a.* (*Of sea*) Clapoteux; à vagues courtes.

poppy ['pɔpi], *s. Bot:* **1.** Pavot *m.* **Corn poppy, field poppy,** coquelicot *m*, ponceau *m*; pavot rouge; pavot des moissons. **Opium poppy,** pavot somnifère; œillette *f.* **Oriental poppy,** pavot de Tournefort. **Horn poppy, yellow horned poppy, sea(side) poppy,** glaucienne *f* jaune; pavot cornu. **Iceland poppy,** pavot d'Islande. **Blue poppy,** méconopsis *m.* **Californian poppy,** (i) platystémon *m*; (ii) eschscholtzie *f.* **Mexican poppy,** argémone *f* du Mexique. *Hort:* **Shirley poppy,** coquelicot anglais à grandes fleurs simples. **Poppy oil,** = POPPY-SEED OIL. *See also* FLANDERS, OIL-POPPY. **2.** **Frothy poppy,** silène enflé; béhen blanc.

'poppy-coloured, *a.* Rouge coquelicot *inv*; ponceau *inv.*

'poppy-day, *s.* Le onze novembre. *Cf. Flanders poppy, under* FLANDERS.

'poppy-head, *s.* **1.** Tête *f* de pavot. **2.** *Ecc.Arch:* Finial *m* (de stalle).

poppy-'red, *a.* = POPPY-COLOURED.

'poppy-seed, *s.* Graine(s) *f*(*pl*) de pavot, d'œillette. **Poppy-seed oil,** huile *f* d'œillette, de pavot.

poppycock ['pɔpikɔk], *s. U.S: F:* Bêtises *fpl*, inepties *fpl*, fadaises *fpl.*

popsy-wopsy ['pɔpsi'wɔpsi], *s. F:* Chérie *f.*

populace ['pɔpjules], *s.* **The populace,** (i) le peuple, la foule; (ii) *Pej:* la populace.

popular ['pɔpjulər], *a.* **1.** Populaire. (*a*) Du peuple. **Popular phrase, expression** *f* populaire. *P. insurrection,* insurrection *f* du peuple; insurrection populaire. (*b*) (Prédicateur, opéra) à la mode, goûté du public, qui a de la vogue, qui a une vogue; (prédicateur) très couru. *P. lectures,* conférences très suivies. **Popular concert,** *F:* **popular,** concert *m* populaire. *To make oneself p.* (*with everybody*), se faire bien voir de tout le monde. *Officer p. with his men,* officier gobé par ses hommes. **Popular song,** chanson *f* en vogue. *Sp:* **Popular event,** réunion sportive très courue. (*c*) Qui s'adresse au peuple; compréhensible pour tout le monde. **Popular book on wireless,** ouvrage de vulgarisation sur la T.S.F.; la T.S.F. à la portée de tous. **Popular prices,** prix *m* à la portée de tous; prix populaires. **Popular-priced car,** voiture *f* de type économique. (*d*) **Popular error,** erreur courante. **2.** *Jur:* **Action popular,** action publique. **-ly,** *adv.* Populairement.

popularity [pɔpju'lariti], *s.* Popularité *f.*

popularization [pɔpjulərai'zeiʃ(ə)n], *s.* Popularisation *f*; vulgarisation *f* (d'une science, etc.).

popularize ['pɔpjuləraiz], *v.tr.* (*a*) Populariser, vulgariser (des connaissances, etc.); propager (une méthode, etc.). (*b*) Rendre (qn) populaire. (*c*) Mettre (une mode, etc.) en vogue.

popularizer ['pɔpjuləraizər], *s.* Vulgarisateur, -trice (d'une méthode, etc.).

populate ['pɔpjuleit], *v.tr.* Peupler. *Thickly populated district,* région très peuplée.

population [pɔpju'leiʃ(ə)n], *s.* Population *f.* **Fall in population,** décroissance *f* de la population; dépopulation *f.* **Increase in population,** accroissement *m* démographique. *The whole p. of London was in a ferment,* tout Londres était en ébullition.

populist ['pɔpjulist], *s. Pol:* Populiste *m.*

populous ['pɔpjuləs], *a.* Populeux; très peuplé.

populousness ['pɔpjuləsnəs], *s.* Densité *f* de population (d'une région).

porbeagle ['pɔːrbiːgl], *s. Ich:* Lamie *f* long-nez; *F:* chien-dauphin *m*, *pl.* chiens-dauphins; requin *m* marsouin; taupe *f* de mer.

porcelain ['pɔːrslən, 'pɔːrsəlein], *s.* (*a*) Porcelaine *f.* **Hard-paste porcelain,** porcelaine dure. **Soft-paste porcelain, artificial porcelain,** porcelaine tendre. **Porcelain jasper,** porcelanite *f.* (*b*) **Porcelain paper,** papier *m* porcelaine (pour cartes de Noël, etc.).

'porcelain-clay, *s.* Terre *f*, argile *f*, à porcelaine; kaolin *m.*

'porcelain-maker, *s.* Porcelainier *m.*

'porcelain-shell, *s. Moll:* Porcelaine *f*, cyprée *f*; *F:* coquille *f* de Vénus.

porcellaneous [pɔːrsə'leinjəs], **porcellanic** [pɔːrsə'lanik], *a.* Porcelanique.

porcel(l)anite ['pɔːrsəlanait], *s. Miner:* Porcelanite *f.*

porch [pɔːrtʃ], *s.* **1.** (*a*) Porche *m*, portique *m.* (*b*) **(Glass) porch,** marquise *f* (d'hôtel, etc.). (*c*) **Porch roof,** auvent *m.* **2.** *Gr.Phil:* **The Porch,** le Portique. **3.** *U.S:* Véranda *f.* *F:* **Porch-climber** = CAT-BURGLAR.

porched [pɔːrtʃt], *a.* (*a*) A porche, pourvu d'un porche. (*b*) A marquise.

porcine ['pɔːrsain], *a.* De porc; (race) porcine.

porcupine ['pɔːrkjupain], *s.* **1.** *Z:* Porc-épic *m*, *pl.* porcs-épics. **2.** *Ich:* **Porcupine fish,** diodon *m*; hérisson *m* de mer, orbe épineux; poisson *m* boule. **3.** (*a*) *Tex:* Peigneuse-enleveuse *f*, *pl.* peigneuses-enleveuses. (*b*) *Civ.E:* **Porcupine roller,** hérisson. **4.** *Med:* **Porcupine disease,** ichtyose *f.*

pore[1] ['pɔːər], *s. Anat: Bot: etc:* Pore *m.*

pore[2], *v.i.* **To pore over a book,** s'absorber dans la lecture, dans l'étude, d'un livre; être plongé dans, *F:* avoir le nez dans, un livre; passer des heures courbé, penché, sur un livre. *He is always poring over his books,* il est toujours absorbé dans, courbé sur, ses livres. *He had grown old poring over books,* il avait vieilli sur les livres. **To pore over a subject,** méditer longuement un sujet.

porgy ['pɔːrdʒi], *s. Ich:* Pagre *m.*

porifer ['pɔːrifər], *s. Spong:* Spongiaire *m.*

porifera [pɔː'rifərə], *s.pl. Spong:* Spongiaires *m.*

porism ['pɔːrizm], *s. Geom:* Porisme *m.*

porismatic [pɔːriz'matik], **poristic** [pɔː'ristik], *a. Geom:* Poristique.

pork [pɔːrk], *s.* **1.** *Cu:* (Viande *f* de) porc *m.* **Salt pork,** petit salé. **Roast of pork,** rôti *m* de porc. **Pork chop,** côtelette *f* de porc.

U.S: Pork house, charcuterie *f*. *See also* LEG[1] 2. 2. *U.S: F:* Entreprises grassement rétribuées dont l'allocation dépend du gouvernement, d'un député, etc. 3. *U.S: P:* Cadavre *m*, mac(c)habée *m*.

'pork-barrel, *s*. 1. Baril *m* de porc salé; saloir *m*. 2. *U.S: F:* The pork-barrel, le Trésor public.

'pork-butcher, *s*. Charcutier *m*.

'pork-'pie, *s*. Pâté *m* de porc (en croûte). Pork-pie hat, chapeau *m* de feutre à forme aplatie en rond.

porker ['pɔːrkər], *s*. Porc (destiné à l'engraissement); goret *m*.

porkling ['pɔːrkliŋ], *s*. Goret *m*, porcelet *m*, cochonnet *m*.

porky ['pɔːrki], *a*. 1. Qui tient du porc. 2. Gras, obèse.

pornocracy [pɔːr'nɔkrəsi], *s*. *Hist:* Pornocratie *f*.

pornographer [pɔːr'nɔgrəfər], *s*. Pornographe *mf*.

pornographic [pɔːrno'grafik], *a*. Pornographique.

pornography [pɔːr'nɔgrəfi], *s*. Pornographie *f*.

poroscopy [pɔː'rɔskopi], *s*. Poroscopie *f* (comme méthode d'identification dactyloscopique).

porosity [pɔː'rɔsiti], *s*. Porosité *f*.

porous ['pɔːrəs], *a*. Poreux, perméable. Non-porous, non-poreux; anti-poreux. *See also* SOUND-POROUS.

porousness ['pɔːrəsnəs], *s*. = POROSITY.

Porphyrian [pɔːr'firiən], *a*. *Gr.Phil:* Porphyrien.

porphyrite ['pɔːrfirait], *s*. *Miner:* Porphyrite *f*.

porphyritic [pɔːrfi'ritik], *a*. *Miner:* Porphyrique, porphyritique.

Porphyrius [pɔːr'firiəs]. *Pr.n.m. Gr.Phil:* Porphyre.

porphyrogenitus [pɔːrfiro'dʒenitəs], *a*. (Empereur *m*) porphyrogénète.

porphyry ['pɔːrfiri], *s*. 1. *Miner:* Porphyre *m*. Hornstone porphyry, porphyre kératique. 2. *Pharm:* Porphyry muller, porphyre.

porpoise[1] ['pɔːrpəs], *s*. 1. *Z:* Marsouin *m*; phocène *f*; *F:* cochon *m* de mer; pourceau *m* de mer. 2. *F:* (*Of pers.*) Gros ventru. 3. *Av:* Tangage *m* (d'un hydravion sur l'eau).

porpoise[2], *v.i.* *Av:* (*a*) Voler en sinusoïde. (*b*) (*On water*) Tanguer.

porraceous [pɔ'reiʃəs], *a*. Vert poireau *inv*. *Esp. Med:* Porraceous vomiting, vomissements porracés.

porrection [pɔ'rekʃ(ə)n], *s*. *Ecc:* Porrection *f*.

porridge ['pɔridʒ], *s*. Bouillie *f* d'avoine. *See also* BREATH.

porriginous [pɔ'ridʒinəs], *a*. *Med:* Porrigineux.

porrigo [pɔ'raigo], *s*. *Med:* Porrigo *m*; affection pelliculeuse du cuir chevelu.

porringer ['pɔrindʒər], *s*. Écuelle *f* (pour *porridge*, etc.); jatte *f*.

port[1] [pɔːrt], *s*. Port *m*. Sea port, port de mer. Free port, port franc. Close port, port intérieur (en rivière). Outer port, avant-port *m*, *pl*. avant-ports. Naval port, port militaire; port de guerre. *Commercial p., trading p.*, port marchand; port de commerce. River port, port fluvial. *Navy:* Home port, port of commission, port d'attache; port de la métropole. Port of registry, port d'armement. *P. of destination*, port de destination. Port of refuge, of anchorage, port de salut, de refuge. *We must make a p. of refuge*, il faut nous réfugier dans un port. *F:* Any port in a storm, nécessité n'a pas de loi. Port charges, droits *m* de port. In port, au port. *To come into p.*, entrer au port. To get safe into port, to reach port safely, arriver à bon port. To put into port, relâcher. To leave port, quitter le port. *See also* AIR-PORT[1], CALL[1] 3, SAILING[2] 2.

port-'admiral, *s*. Amiral *m* du port; = préfet *m* maritime. *Port-admiral's office* = préfecture *f* maritime.

'port-bound, *a*. (*Of ship*) Retenu au port, dans un port.

'port-town, *s*. Port *m* de mer.

port[2], *s*. 1. *Scot:* Porte *f* (d'une ville, d'une forteresse). 2. *Nau:* Sabord *m*. Port(-lid), (mantelet *m* de) sabord; contre-sabord *m*, *pl*. contre-sabords. Coaling port, sabord à charbon. Ventilation port, sabord d'aérage. *Cin:* Observation port, fenêtre *f* d'observation (de la cabine de projection). *Navy:* Sighting-port (*of conning-tower*), fenêtre de visée (d'un blockhaus). 3. *Mch:* Orifice *m*, lumière *f*, fenêtre (de cylindre). *I.C.E:* Valve port, orifice de soupape. Inlet port, admission port, lumière d'admission. *See also* EXHAUST-PORT, INDUCTION-PORT, STEAM-PORT. 4. *Harn:* Liberté *f* de langue (du mors).

'port-bridge, *s*. *Mch:* Barrette *f* du tiroir.

'port-hole, *s*. 1. *Nau:* Sabord *m*, hublot *m*. *Ind:* Port-hole fan, ventilateur aspirateur mural. 2. *Mch:* = PORT[2] 3.

port[3], *s*. *Nau:* (*Larboard*) Bâbord *m*. The port side, le côté de bâbord. *On the p. side*, to port, à bâbord. *To pass on the p. side of a ship*, passer par bâbord d'un navire. Land to port! *land on our p. hand! land on the p. side!* (la) terre par bâbord! Port tack, bâbord amures. Hard a-port! à gauche toute! *A:* à droite toute! *To alter course to p.*, changer de route sur la gauche. *See also* BOW[5] 1, WATCH[1] 4.

port[4]. *Nau:* 1. *v.tr.* To port the helm, mettre la barre à tribord. Port the helm! à gauche! *A:* à droite! 2. *v.i.* (*Of ship*) Venir sur bâbord.

port[5], *s*. *A:* 1. Port *m*, allure *f*, maintien *m*. 2. Train *m* de maison.

port[6], *v.tr.* *Mil:* To port arms, présenter les armes (obliquement) pour l'inspection; porter (le sabre).

port[7]**(-wine),** *s*. Vin *m* de Porto; porto *m*. Port-wine mark, tache *f* de vin (sur le corps, datant de la naissance).

porta ['pɔːrta], *s*. *Anat:* 1. Hile *m* du foie; sillon transversal (du foie). 2. Veine *f* porte.

portability [pɔːrtə'biliti], *s*. Portabilité *f*.

portable ['pɔːrtəbl], *a*. 1. Portatif; transportable; mobile. Portable plant, matériel *m* ou outillage *m* mobile. Portable (steam-)boiler, chaudière *f* locomobile. *P. boiler* (*for heating asphalt, etc.*), chaudière roulante. Portable hand-pump, pompe roulante à bras. *Nau:* Portable winch, cabestan volant. Portable building, construction *f* démontable. Portable wireless set, poste *m* transportable. *Cin:* *P. projector*, projecteur *m* en coffre. *See also* RAILWAY 1, SEMI-PORTABLE. 2. *A:* (Mal *m*, etc.) supportable.

portage[1] ['pɔːrtedʒ], *s*. 1. Transport *m*, port *m* (de marchandises). 2. Frais *mpl* de port, de transport. 3. *A:* Pacotille *f* (de marin). 4. Portage *m* (de bateaux, etc., entre deux cours d'eau, ou d'un point navigable à un autre d'un même cours d'eau).

portage[2], *v.tr.* To portage a boat, faire le portage d'un bateau, d'un canot.

portal[1] ['pɔːrt(ə)l], *s*. (*a*) *Arch:* Portail *m* (de cathédrale). Outer portal, avant-portail *m*, *pl*. avant-portails. (*b*) Entrée *f* (de tunnel). (*c*) Portique *m*.

portal[2], *a*. *Anat:* Portal vein, veine *f* porte.

portamento [pɔːrta'mento], *s*. *Mus:* Glissade *f* (sur le violon, etc.); portée *f* de voix, port *m* de voix.

portative ['pɔːrtətiv], *a*. 1. *A:* (Orgue, etc.) portatif. 2. Sustentateur, -trice; portant. Portative force of a magnet, force portante d'un aimant.

portcrayon [pɔːrt'kreiən], *s*. *Art:* Porte-fusain *m*, *pl*. porte-fusains; porte-crayon *m*, *pl*. porte-crayons.

portcullis [pɔːrt'kʌlis], *s*. *Fort:* Herse *f*; *A:* sarrasine *f*; porte coulante.

portcullised [pɔːrt'kʌlist], *a*. Fermé par une herse; pourvu, muni, d'une herse.

Porte [pɔːrt], *s*. The Sublime Porte, the Ottoman Porte, la sublime Porte, la Porte ottomane.

ported ['pɔːrtid], *a*. *Mec.E: etc:* (Disque *m*, plateau *m*) à orifices, à lumières.

portend [pɔr'tend], *v.tr.* Présager, augurer, faire pressentir (qch.). *They believe that eclipses p. evil*, ils croient que les éclipses présagent le malheur. *Dark clouds that p. a storm*, nuages *m* sombres qui annoncent un orage.

portent ['pɔːrtent], *s*. 1. Présage *m* de malheur; mauvais augure. 2. Prodige *m*.

portentous [pɔr'tentəs], *a*. 1. De mauvais présage, de mauvais augure; sinistre, funeste. 2. Monstrueux, prodigieux. **-ly,** *adv.* 1. Sinistrement. 2. Prodigieusement, extraordinairement, étonnamment.

porter[1] ['pɔːrtər], *s*. 1. (*a*) Portier *m*, concierge *m* (de musée, etc.); tourier *m* (d'un monastère). Porter's lodge, (i) conciergerie *f*, loge *f* de concierge; (ii) maisonnette *f*, pavillon *m*, du portier (à l'entrée d'une grande propriété). (*b*) *Rail: U.S:* Garçon *m* (de wagon-lit, de wagon-salon). 2. = DOOR-PORTER.

porter[2], *s*. 1. Portefaix *m*, crocheteur *m* (de fardeaux lourds); chasseur *m*, garçon *m* (d'hôtel); garçon (de magasin); (*at railway station*) facteur *m*. Luggage porter, porteur *m* de bagages. Market porter = fort *m* de la Halle. Bank-porter, garçon de recette. *See also* OUT-PORTER, TICKET-PORTER. 2. *Metall:* Ringard *m* (de pièce à forger). 3. Bière brune (anglaise); porter *m*.

'porter-house, *s*. Taverne(-restaurant) *f*. *Cu:* Porter-house steak, châteaubriant *m*.

porterage ['pɔːrtəredʒ], *s*. 1. (*a*) Transport *m*, manutention *f*, factage *m* (de marchandises, de colis). (*b*) *Bank: etc:* Déplacement *m*, portage *m*, (de documents) par un commissaire spécial. 2. Prix *m* de transport; factage.

portering ['pɔːrtəriŋ], *s*. Métier *m* de portefaix.

portfire ['pɔːrtfaiər], *s*. (*a*) *Min: etc:* Étoupille *f*. (*b*) *Artil: A:* Boutefeu *m*, lance *f* à feu.

portfolio [pɔːrt'foulio], *s*. 1. (*a*) Serviette *f* (pour documents, etc.). (*b*) Chemise *f* de carton; garde-notes *m inv*; carton *m* (à dessins, à estampes). Portfolio stand, porte-cartons *m inv*. Book in portfolio form, livre *m* en carton. (*c*) Minister's portfolio, portefeuille *m* de ministre; *F:* maroquin *m*. Minister without portfolio, ministre *m* sans portefeuille. 2. *Fin: Com:* Securities in portfolio, valeurs *f* en portefeuille.

Port Fuad [pɔːrt'fuad]. *Pr.n. Geog:* Port-Fouad.

Portia tree ['pɔːrʃiatriː], *s*. *Bot:* Faux bois de rose.

portico, *pl*. **-os, -oes** ['pɔːrtiko, -ouz], *s*. *Arch:* Portique *m*. *Hist. of Phil:* The Portico, (i) le Portique (à Athènes); (ii) le Portique; la philosophie de Zénon; le stoïcisme.

portion[1] ['pɔːrʃ(ə)n], *s*. 1. (*a*) Partie *f*; part *f* (dans un partage); lot *m* (de terre); extrait *m* (d'un livre). *A p. of my money*, une partie de mon argent. (*On ticket*) This portion to be given up, côté *m* à détacher. *Fin:* Portion of shares, tranche *f* d'actions. (*b*) Portion *f*, ration *f* (de viande); quartier *m* (de gâteau). (*c*) *Jur:* Portion (of inheritance), (i) part d'héritage (d'un enfant); (ii) avancement *m* d'hoirie. *P.* (*of inheritance*) *that must devolve upon the heirs*, réserve légale. (*d*) (Marriage) portion, dot *f*. (*e*) *Rail:* Rame *f*, tranche *f* (de wagons, de voitures). The through-portion for Aberdeen, la rame directe pour Aberdeen. *The rear p. of the train*, le groupe de queue; la rame de queue. 2. Destinée *f*, destin *m*, sort *m*, lot. *Suffering is our p. here below*, la souffrance est notre part, notre lot, ici-bas; c'est notre destin de souffrir ici-bas.

portion[2], *v.tr.* 1. To portion (out), partager (un bien, etc.); répartir (une somme); distribuer (les parts). *The estates portioned to the eldest son*, les terres échues en partage au fils aîné. 2. Doter (sa fille).

portioner ['pɔːrʃ(ə)nər], *s*. *Jur:* Portionnaire *mf* (d'un héritage).

portionless ['pɔːrʃ(ə)nləs], *a*. Sans dot. *She is p.*, elle n'a pas de dot.

Portland ['pɔːrtlənd]. *Pr.n. Geog:* 1. Portland *m*. Portland cement, (ciment *m* de) Portland. Portland stone, pierre *f* de Portland, de liais; calcaire portlandien. 2. *F:* La prison de Portland.

Portlandian [pɔːrt'landiən], *a*. *Geol:* Portlandian oolite, portlandien *m*.

portliness ['pɔːrtlinəs], *s*. 1. Prestance *f*, port majestueux; air imposant. 2. Corpulence *f*, embonpoint *m*.

portly ['pɔːrtli], *a*. 1. Majestueux; de noble prestance. *P. matron*, matrone imposante. 2. Corpulent, ventru.

portmanteau [pɔːrt'mantou], *s*. 1. Valise *f*. Portmanteau word, mot *m* fantaisiste qui combine le son et le sens de deux autres; mots télescopés. (P. ex. **Brunch** = *breakfast-lunch;* **Brugglesmith** = *Brook Green, Hammersmith;* **slithy** = *lithe and slimy.*) **2.** *A:* Portemanteau *m*; patères *fpl.*

portrait ['pɔːrtret], *s.* Portrait *m.* **Full-length, half-length, portrait,** portrait en pied, en buste. **Sketch portrait,** photo-esquisse *f*, *pl.* photo-esquisses. **To take s.o.'s portrait,** faire le portrait de qn. **To have one's portrait taken, to sit for one's portrait,** poser pour son portrait; (i) se faire faire son portrait, (ii) se faire photographier. *To have one's p. painted, F:* se faire peindre. *Phot:* **Portrait attachment** (*to camera*), bonnette *f*, lentille *f*, à portrait. *See also* FACE[1] I, LENS I.

'portrait-painter, *s.* Portraitiste *m*; peintre *m* de portraits.

portraitist ['pɔːrtretist], *s.* = PORTRAIT-PAINTER.

portraiture ['pɔːrtretjər], *s.* **1.** Portrait *m.* **2.** Art *m* du portraitiste; l'art du portrait. **3.** Peinture *f*, description *f* (d'une société, etc.).

portray [pɔr'trei], *v.tr.* **1.** *A. & Lit:* Peindre (qn); faire le portrait de (qn). *The painter has but ill portrayed you,* le peintre a mal rendu vos traits, a tracé de vous une image infidèle. *Hum: Mr Jones wants me to p. him as a Roman senator,* M. Jones veut que je le représente en sénateur romain. **2.** Dépeindre, décrire (une scène, etc.); tracer le tableau (d'une scène, etc.). **To portray character,** peindre les caractères. *Man difficult to p.,* homme difficile à définir; homme d'une personnalité difficile à rendre. *The King and his court are well portrayed,* le roi et sa cour sont bien rendus.

portrayal [pɔr'treiəl], *s.* **1.** Portrait *m.* **2.** Peinture *f*, représentation *f*, description *f* (d'une scène). *P. of manners, of customs,* peinture de mœurs.

portrayer [pɔr'treiər], *s.* Peintre *m* (des événements, etc.). *A faithful p. of the manners of his time,* un peintre fidèle des mœurs de son époque.

portreeve ['pɔːrtriːv], *s. A:* Bailli *m*; maire *m.*

portress ['pɔːrtres], *s.f.* (*a*) Portière, tourière (de couvent). (*b*) *A. & Hum:* Portière, concierge.

Port-Royalist [pɔːrt'rɔiəlist], *s.* **1.** Solitaire *m* de Port-Royal. **2.** Adhérent, -ente, des solitaires de Port-Royal, du jansénisme.

Port-Said [pɔrt'saːid, -'seid]. *Pr.n. Geog:* Port-Saïd *m.*

Portugal ['pɔːrtjug(ə)l]. *Pr.n. Geog:* Le Portugal.

Portugee [pɔːrtju'giː], *a. & s. F:* Portugais, -aise.

Portuguese [pɔːrtju'giːz]. **1.** *a. & s. inv. in pl. Geog:* Portugais, -aise. **2.** *s. Ling:* Le portugais.

portulaca [pɔːrtju'leika], *s. Bot:* Portulaca *m*, pourpier *m.*

posaune [po'zaunə], *s. Organ:* (Jeu *m* de) trombone *m.*

pose[1] [poːuz], *s.* **1.** Pose *f*, attitude *f* (du corps). *Art: The p. is full of restfulness,* l'attitude marque bien le repos. **2.** Pose, affectation *f.* **His socialism is a mere pose,** son socialisme n'est que de la pose; il est socialiste par snobisme. **Without pose,** sans affectation. **3.** *Games:* Pose (aux dominos).

pose[2]. I. *v.tr.* **1.** (*a*) Poser (une question). (*b*) Émettre, énoncer (une opinion); citer (un exemple). **2.** *Art:* Faire prendre une pose à (qn) (pour son portrait); poser (un modèle). *All the subjects are well posed,* tous les personnages sont bien campés. **3.** *Games:* Poser (le premier domino).

II. **pose,** *v.i.* **1.** (*a*) Poser (pour son portrait); poser (comme modèle). (*b*) *F:* Poser; se donner des airs (affectés, prétentieux). *She is always posing,* elle est toujours en attitude. **2. To pose as a Frenchman,** se faire passer pour Français. *To p. as a socialist,* se poser en socialiste; poser au socialiste; faire profession de socialisme. *I don't p. as a scholar,* je ne prétends pas être un savant, je ne m'érige pas en savant.

posing, *s.* Pose *f.*

pose[3], *v.tr.* Réduire (qn) à quia; interloquer (qn); poser des questions embarrassantes à (qn); embarrasser (qn) par une question; *F:* coller (qn).

posé ['pouze], *a. Her:* (Lion) posé.

Posen ['pouzən]. *Pr.n. Geog:* **1.** (*The town*) Posen. **2.** (*The province*) La Posnanie.

poser ['pouzər], *s.* Question embarrassante; *F:* colle *f.* **To give s.o. a poser,** poser une colle à qn.

poseur [pou'zəːr], *s.* (*With f.* **poseuse** [pou'zøːz]) Poseur, -euse; *P:* type *m*, femme *f*, à chichis, à chiqué.

posh[1] [pɔʃ], *a. P:* Chic, bath, chouette. **It looks posh,** ça fait riche. *The poshest shop in town,* le plus chic magasin de la ville.

posh[2], *v.tr. P:* **To posh oneself up,** se faire beau, belle; s'attifer. **All poshed up,** sur son trente et un.

poshteen [pɔʃ'tiːn], *s.* Manteau *m* en peau de mouton (porté par les Afghans).

Posilipo [pousi'liːpou]. *Pr.n. Geog:* (Le) Pausilippe.

posit ['pɔzit], *v.tr.* (**posited; positing**) **1.** *Log: Phil:* Avancer (une proposition); énoncer (un postulat, etc.); poser en principe (*that,* que). **2.** Placer, situer (qch. dans un endroit).

position[1] [po'ziʃ(ə)n], *s.* **1.** (*a*) Posture *f*, position *f*, attitude *f* (du corps, etc.). *Artil:* **To bring a gun to the firing position,** mettre une pièce en batterie. (*b*) Attitude, disposition *f* (de l'esprit). **To adopt a definite position, to take up a position, on a question,** prendre position sur une question. **2.** Position. (*a*) Place *f*, situation *f* (d'un objet, d une ville, etc.). **Vertical position,** station verticale. **In position,** en place. **Out of position,** hors de sa place; déplacé, dérangé. **To place sth. in position, to get sth. into position,** mettre qch. en place. **Position mark,** repère *m.* *Mus:* **To know one's positions** (*on the violin, etc.*), savoir son manche. *Try to secure a p. whence you can overlook the crowd,* tâchez de vous percher de manière à dominer la foule. *Navy:* **To take up position ahead, astern,** prendre poste en tête, derrière. (*b*) *Nau:* **Ship's position,** lieu *m* du navire. *To determine the ship's p.,* **to fix one's position,** faire le point. **Position by observation,** point observé. **Position by bearing,** position de relèvement. **Reference position,** point de référence. **Estimated position,** point estimé. **Angle of position,** angle *m* de route. (*c*) *Mil:* **To storm the enemy's positions,** prendre d'assaut les positions de l'ennemi. *See also* CARRY[2] 4, HOLD[2] I. 3. *Mil. & F:* **To manœuvre for position,** manœuvrer pour s'assurer l'avantage. **3.** (*a*) État *m*, condition *f*, situation. **Put yourself in my position,** mettez-vous à ma place. *A nice p. I am in!* me voilà bien campé! *I am in an awkward p.,* je me trouve dans une impasse. *You are in a strong p.,* vous êtes en bonne passe. **To be in a position to do sth.,** être en situation, en état, en condition, en posture, à même, de faire qch. *I am not in a p. to do anything,* je ne peux rien faire. *You are in a better p. to judge,* vous êtes mieux placé que moi pour en juger. *This put me in a p. to . . .,* cela me mit à même de. . . . **Cash position,** situation de (la) caisse. *Customer's p. at the bank,* situation en banque d'un client. *What is the p. of the firm?* quelle est la situation des affaires de cette maison? (*b*) Rang social. **In a high position,** haut placé; dans une haute situation. *In a good p.,* bien posé. *Family of good p.,* famille *f* de bonne condition. **Youth of good social position,** fils *m* de famille. *To fill one's p.,* tenir son rang. **We have to keep up our position,** il nous faut tenir notre rang. (*c*) *Sch:* **Position in class,** place *f* dans la classe; rang, classement *m.* *Adm:* **Position on the promotion roster,** classement. **4.** Emploi *m*, place, situation (dans un bureau, etc.). **To occupy, hold, a position,** remplir une fonction. *To work oneself into a good p.,* se faire une belle situation. **He has a first-rate position,** il a une belle situation. **Position of trust,** poste *m* de confiance. **5.** *Log: Phil:* (*a*) Énonciation *f*, mise *f* en avant (d'une proposition, d'un principe). (*b*) Proposition *f*; principe posé; assertion *f.*

po'sition-artillery, *s.* Artillerie lourde de campagne.

po'sition-finder, *s. Artil:* Indicateur *m* de position.

po'sition-light, *s. Nau:* Feu *m* de position.

position[2], *v.tr.* **1.** Placer (qch. dans une position); mettre (qch.) en position. **2.** Déterminer la position de (qch.); situer (un lieu sur la carte, etc.).

positioned, *a.* **1.** Placé, situé. **2. High-positioned,** occupant une position sociale élevée, une haute situation.

positional [po'ziʃən(ə)l], *a.* De position.

positive ['pɔzitiv], *a.* **1.** (*a*) Positif, affirmatif. *P. order,* ordre formel. **Positive proof,** preuve positive, patente, manifeste. **Positive statement,** témoignage formel. **Positive laws,** lois positives. *See also* PRESCRIPTION 2. (*b*) (*Downright*) **A positive miracle,** un pur, vrai, miracle. *He is a p. nuisance,* c'est un vrai crampon. **It's a positive fact!** c'est un fait authentique, *F:* c'est positif! **2.** (*a*) Convaincu, assuré, sûr, certain (*of,* de). *He is p. of his facts,* il est sûr de ses faits, de ce qu'il avance. *I am quite p. on that point,* là-dessus je n'ai aucun doute. **I am positive that . . .,** je suis convaincu, sûr, que. . . . *They are p. (that) they saw him,* **ils** assurent l'avoir vu. *He is p. that you will succeed,* il est certain de votre succès. *I am p. that he will succeed,* il réussira, j'en suis **sûr.** (*b*) **Positive tone of voice,** ton absolu, tranchant, péremptoire. **Positive person,** personne *f* qui tranche sur tout. *Don't be so p.,* ne soyez pas si affirmatif. (*c*) **Positive turn of mind,** esprit positif, qui considère en tout l'intérêt. **Positive philosophy,** philosophie positive. **3.** (*a*) *Mth:* **Positive quantity,** quantité positive. *See also* DIRECTION 3. (*b*) *El:* **Positive pole,** pôle positif. (*c*) *Mec.E:* **Positive drive,** commande positive; commande desmodromique; connexion directe. **Positive movement,** mouvement commandé, mouvement desmodromique. (*d*) *Opt:* **Positive optical system,** système optique convergent, positif. **4.** *a. & s. Phot:* Positif (*m*); photogramme *m.* *P. plate,* positif sur verre. *Phot.Engr:* **Direct positive,** phototype positif. **5.** *Gram:* **Positive** (**degree**), (degré) positif (*m*). **6.** *Mus:A:* **Positive organ,** positif *m* (du grand orgue).

-ly, *adv.* **1.** (*a*) Positivement, affirmativement. (*b*) **He positively refused to go,** il a absolument refusé de partir. **2.** (*a*) Assurément, certainement, sûrement. **I can't speak positively,** je ne puis rien affirmer. (*b*) D'un ton tranchant, absolu; péremptoirement. **3.** *Mec.E:* **Positively connected,** solidarisé; à liaison rigide. **Positively driven,** à commande desmodromique.

positiveness ['pɔzitivnəs], *s.* **1.** (*a*) Certitude *f*, assurance *f.* (*b*) *The p. of these facts,* la réalité de ces faits. **2.** Ton décisif, tranchant, péremptoire.

positivism ['pɔzitivizm], *s. Phil:* Positivisme *m.*

positivist ['pɔzitivist], *a. & s. Phil:* Positiviste (*mf*).

posnet ['pɔsnet], *s. A. & Dial:* Petit pot à trois pieds.

posological [pɔso'lɔdʒik(ə)l], *a. Med:* Posologique.

posology [po'sɔlodʒi], *s. Med:* Posologie *f.*

posse ['pɔsi], *s.* **1.** (*a*) Détachement *m* (d'agents de police). (*b*) Troupe *f*, bande *f* (de personnes). **2. In posse,** *see* IN[3].

possess [po'zes], *v.tr.* **1.** (*a*) Posséder (un bien); être possesseur, être en possession, de (qch.). **All I possess,** tout mon avoir. *To p. certain rights,* avoir la jouissance de certains droits. (*b*) Avoir, posséder (une qualité, une faculté). **To be possessed of a quality,** être doué d'une qualité. **2.** (*a*) **To possess oneself of sth.,** (i) se mettre en possession, se rendre maître, s'emparer, de qch.; (ii) s'approprier qch. (*b*) **To be possessed of a property,** posséder un bien. *Town possessed of many objects of interest,* ville recélant beaucoup de curiosités. **3. To possess oneself,** se posséder, se contenir. **To possess one's soul in peace,** posséder son âme en paix. **To possess one's soul in patience,** se munir de patience. *See also* SELF-POSSESSED. **4.** (*Of evil spirit*) Posséder, dominer (qn). **To be possessed by the devil,** être possédé du démon. *You are surely possessed,* vous avez sûrement le diable au corps. **Possessed by fear,** sous le coup de l'effroi. *Possessed with doubt,* en proie au doute. **What possessed you to do that?** qu'est-ce qui vous a pris de faire cela? **To be possessed with an idea,** être obsédé, coiffé, imbu, d'une idée; avoir une idée en tête. **To possess s.o. with an idea,** pénétrer qn d'une idée. *To become possessed with an idea,* se pénétrer d'une idée. **5. To possess a woman,** posséder une femme.

possessed, *a.* Possédé (du démon). **A possessed,** un possédé, un démoniaque. **To scream like one possessed,** crier comme un possédé. *U.S:* **To struggle like all possessed,** se démener comme tous les diables.

possession [pə'zeʃ(ə)n], *s.* **1.** Possession *f*, jouissance *f* (*of*, de). **To have sth. in one's possession,** avoir qch. en sa possession. **To take possession of an estate, to come, enter, into possession of an estate,** entrer en possession, en jouissance, d'un bien. **To take, get, possession of sth.,** s'emparer de qch. *He took possession of my penknife,* il s'empara de mon canif. **Taking possession,** prise *f* de possession. **To regain, resume, possession of sth.,** (i) rentrer en possession, en jouissance, d'un bien, etc.; (ii) reprendre possession de qch. *To resume p. of one's domicile,* réintégrer son domicile. **To remain in possession of the field,** rester maître du champ de bataille. *This move put them in p. of the village,* ce coup leur livra le village. *To keep papers in one's p.,* garder des papiers par devers soi. **To be in possession of a large fortune,** être à la tête d'une grande fortune; disposer d'une grande fortune. *To be in p. of s.o.'s secret,* posséder le secret de qn. *We are already in p. of data regarding . . .,* on possède déjà des données sur. . . . *The information in my p.,* les renseignements dont je dispose. **In possession of a passport,** nanti d'un passeport. **In full possession of his faculties,** en pleine possession, dans la pleine possession, de toutes ses facultés; jouissant, maître, de toutes ses facultés. *Pol: etc:* **To be in possession of the House,** avoir la parole. *Jur:* **To put s.o. in possession of an inheritance,** saisir qn d'un héritage. *See also* WRIT[1] 2. **To be in possession of pledges,** être nanti de gages. **Actual possession,** possession de fait. **Right of possession,** possessoire *m*. **Prevention of possession,** trouble *m* de jouissance. **Vacant possession,** libre possession (d'un immeuble). *House to let with vacant p.,* maison *f* à louer clefs en main, avec jouissance immédiate. *Prov:* **Possession is nine points of the law,** possession vaut titre; *F:* j'y suis, j'y reste. *See also* IMMEDIATE 2, SELF-POSSESSION. **2.** Possession (par le démon). **3.** (*a*) Objet possédé; possession. *A valued p. of my father's,* un objet auquel mon père attachait beaucoup de prix. (*b*) *pl.* **Possessions,** (i) possessions, biens, avoir *m*; (ii) possessions, conquêtes *f*, colonies *f* (de l'Angleterre, etc.).

possessive [pə'zesiv], *a.* **1.** De possession. **2.** *Gram:* **Possessive adjective, pronoun,** adjectif, pronom, possessif. *a. & s.* **The possessive (case),** le (cas) possessif.

possessor [pə'zesər], *s.* Possesseur *m*; occupant *m*; propriétaire *m*, *Jur:* possesseur. *To be the p. of a large fortune,* être en possession d'une grande fortune.

possessorship [pə'zesərʃip], *s.* Fait *m* d'être possesseur; possession *f*.

possessory [pə'zesəri], *a.* *Jur:* Possessoire. *Esp.* **Possessory action,** action *f* possessoire. **Possessory right,** possessoire *m*.

posset ['pɔset], *s.* *A:* Posset *m* (boisson chaude au lait caillé).

possibilist [pɔ'sibilist], *s. & a.* *Pol:* Possibiliste (*mf*).

possibility [pɔsi'biliti], *s.* **1.** Possibilité *f*. **To consider the possibility of an event,** considérer l'éventualité d'un événement. *The p. of severe penalties,* la perspective de peines graves. *I admit the p. of your being right,* j'admets que vous n'avez peut-être pas tort. *Have you considered the p. of his being dead?* avez-vous envisagé la possibilité qu'il soit mort? *He doesn't believe in the p. of a Christmas present's being useful,* il ne croit pas à la possibilité qu'un cadeau de Noël soit utile. **There is no possibility** *of my going there,* il n'est pas possible que j'y aille. **If by any possibility** *I am not there,* si par hasard, par impossible, je n'y étais pas; s'il arrive que je ne sois pas présent. *I can't by any p. be in time,* il est tout à fait impossible que j'arrive à l'heure. **Within the range, the bounds, of possibility,** dans l'ordre des choses possibles; dans la limite du possible; bien possible. *His success is a bare p.,* son succès est possible, rien de plus. **2.** (*a*) Événement *m* possible, éventualité *f*. **To foresee all the possibilities,** envisager tout ce qui peut arriver, toutes les éventualités. **To allow for all possibilities,** parer à toute éventualité. (*b*) *pl.* Possibilités de succès; chances *f* de succès. *Life is full of possibilities,* tout est possible dans la vie; la vie offre des occasions à tous les instants. *The subject is full of possibilities,* c'est un sujet qui prête. *The plan has possibilities,* ce projet offre des possibilités, des chances de succès; c'est un plan qui promet.

possible ['pɔsibl]. **1.** *a.* (*a*) Possible. **It is possible,** c'est possible; cela se peut bien. **It's just possible,** il y a une chance. **That's quite possible,** c'est très possible, fort possible. **Everything is possible to him who has the will,** tout est possible à celui qui veut. *It is p. for you to . . .,* il vous est possible de. . . . **It is possible that . . .,** il se peut que + *sub.* *It is just p. that he will succeed,* il est tout juste possible qu'il réussisse. *Is it p. that you know nothing?* se peut-il que vous n'en sachiez rien? *Is it p. to see him?* y a-t-il moyen de le voir? *How is it p. to get out of it?* le moyen d'en sortir? *To give* **as many details as possible,** donner le plus de détails possible, le plus possible de détails. *To give* **all possible details,** donner tous les détails possibles. *To do* **the utmost possible** *to get sth.,* faire tout son possible, faire tout au monde, pour obtenir qch. *The best style p.,* le meilleur style possible. *To live in* **the simplest possible way,** vivre le plus simplement du monde. *F:* **What possible interest can you have in it?** quel diable d'intérêt cela peut-il avoir pour vous? *There is no p. check on his administration,* sa gestion échappe à tout contrôle. **If possible,** (i) (*if feasible*) si possible; si faire se peut; (ii) (*if imaginable*) si c'est possible. **As far as possible,** dans la mesure du possible; dans la plus large mesure possible; autant que faire se peut. **As early as possible,** le plus tôt possible. *Orders carried out* **as well as possible,** commandes exécutées au mieux. (*b*) **Possible in certain contingencies,** éventuel. *As a p. event,* à titre éventuel. *To provide for the p. nomination of . . .,* pourvoir à la nomination éventuelle de. . . . **To insure against possible accidents,** s'assurer contre des accidents éventuels. (*c*) *F:* (*Of pers.*) Tolérable, supportable, acceptable. *They are quite p. people,* ce sont des gens que l'on peut très bien fréquenter, des gens très fréquentables. **2.** *s.* (*a*) **To do one's possible,** faire son possible (*to*, pour). (*b*) (*Shooting*) **To score a possible,** faire le maximum. (*c*) (*Pers.*) Candidat *m* de premier plan. **-ibly,** *adv.* **1. I cannot possibly do it,** il ne m'est pas possible de le faire. *How can I p. do it?* comment pourrais-je le faire? le moyen de le faire? **It can't possibly be!** pas possible! *It can't p. do him any harm,* ça ne peut pas lui faire de mal. *I'll do* **all I possibly can,** je ferai tout mon possible; je ferai de mon mieux. *I will come* **if I possibly can,** je ferai tout mon possible pour venir; je viendrai s'il y a moyen. *I come as often as I p. can,* je viens aussi souvent que possible, aussi souvent que faire se peut. **2.** Peut-être (bien). *P. he has heard of you,* peut-être a-t-il entendu parler de vous; il se peut qu'il ait entendu parler de vous. **Possibly!** c'est possible; cela se peut.

possum ['pɔsəm], *s.* *U.S:* *F:* = OPOSSUM. **To play possum,** faire le mort; se tenir coi; cacher son jeu.

post[1] [poust], *s.* **1.** (*a*) Poteau *m*, pieu *m*, montant *m*, pilier *m*. **Small post,** potelet *m*. **Trellis post,** pylône *m*. **Sign-post, finger-post, direction-post,** poteau indicateur; colonne *f* itinéraire. *F:* **He stood there like a post,** il était planté là comme une borne, comme un piquet. *F:* **To run one's head against a post,** se buter contre un mur. *See also* BOUNDARY 1, DEAF 1, GOAL-POST, LAMP-POST, MILE-POST, PILLAR[1] 1, SIGNAL-POST, STRAIGHT I. 1. (*b*) *Const:* Chandelle *f*; montant, dormant *m*, jambage *m*; *Min:* butte *f* (de boisage). **Window post,** poteau d'huisserie. **Middle post,** poinçon *m* (de comble). *See also* CROWN-POST, DOOR-POST, GATE-POST, HANGING[2] 1, HINGE-POST, KING-POST, MITRE-POST, QUEEN-POST, QUOIN-POST. (*c*) **(Bed-)post,** colonne de lit. (*d*) Arbre *m*, fût *m*, poinçon (de grue). (*e*) *Aut:* **Steering post,** arbre de direction. *See also* RUDDER-POST 2. **2.** *El:* Borne *f* à vis. **3.** *Min:* Pilier, massif *m*, lopin *m* (de houille). **4.** *Nau:* = STERN-POST. *See also* PROPELLER-POST, RUDDER-POST 1, SAMSON'S POST. **5.** *Turf:* (*a*) **(Winning-)post,** (poteau d')arrivée *f*; but *m*. **To win on the post,** gagner de justesse. **(Starting-)post,** (poteau de) départ *m*; barrière *f*. **To go to the post,** prendre part à la course. (*Of horse*) *To refuse to leave the p.,* rester au poteau. **To be left at the post,** manquer le départ. (*b*) Jalon *m* (de la piste). *F:* **To be on the wrong side of the post,** faire fausse route, se fourvoyer.

'post-mill, *s.* Moulin *m* (à vent) à corps tournant.

post[2], *v.tr.* **1.** (*a*) **To post (up),** placarder, coller (des affiches, etc.); afficher (un avis, etc.). *The market rates are posted at the town-hall,* les cours sont affichés à la mairie. *U.S:* **Post no bills,** défense *f* d'afficher. (*b*) **To post a wall,** couvrir un mur d'affiches; placarder un mur. **2.** (*a*) (*At Cambridge*) Inscrire (un candidat) sur la liste des refusés. (*b*) *M.Ins:* Inscrire (un vaisseau) comme disparu. (*c*) (*At Tattersall's, at a club, etc.*) *To p. a member,* afficher le nom d'un membre en défaut.

posting[1], *s.* (*a*) Affichage *m*, collage *m*. (*b*) Inscription *f*.

post[3], *s.* **1.** *A:* (Malle-)poste *f*, *pl.* malles-poste(s). *adv.* **To travel post,** (i) voyager en poste; (ii) aller un train de poste. **2.** Courrier *m*. (*a*) **By return of post,** par retour du courrier. *It is* **post-time,** c'est l'heure du courrier. *When does the next p. go?* à quelle heure est, à quand, le prochain départ du courrier? (*b*) **The post has come,** le facteur est passé. *No p. to-day,* pas de courrier, rien au courrier aujourd'hui. **To open one's post,** ouvrir, dépouiller, son courrier. **The General Post (delivery),** la première distribution; la grande distribution (du matin). (*c*) *Games:* **General post,** chassé-croisé *m*. *F:* **There has been a general post among the staff, in the Cabinet,** il y a eu un remaniement du personnel, du Ministère. **3.** Poste *f*. **To send sth. by post,** envoyer qch. par la poste. *See also* AIR-POST, BOOK-POST, FREE[1] I. 7, LETTER-POST, PARCEL POST, PENNY-POST, PIGEON-POST. **4.** = POST-OFFICE. **To take a letter to the post,** porter une lettre à la poste. **5.** = POST-PAPER. **Bank post,** papier *m* poste; papier coquille; coquille anglaise.

'post-bag, *s.* Sac *m* de dépêches.

'post-boy, *s.m.* **1.** Courrier, messager. **2.** *A:* Postillon.

'post-chaise, *s.* *A:* Chaise *f* de poste.

'post-coach, *s.* *A:* Malle-poste *f*, *pl.* malles-poste(s).

'post-day, *s.* Jour *m* du courrier.

'post-free, *attrib. a.* Franc de port, *f.* franche de port; **en franchise**; franco *inv.* *Cf.* FREE[1] I. 7.

'post-'haste, *adv.* En toute hâte; dare-dare. **To ride, travel, post-haste,** courir la poste; aller un train de poste, à franc étrier.

'post-horn, *s.* Trompe *f* (de la malle-poste).

'post-horse, *s.* Cheval, -aux *m*, de poste; postier *m*.

'post-house, *s.* *A:* Maison *f* de relais (de la malle-poste).

'post(-)office, *s.* Bureau *m* de(s) poste(s); *F:* la poste. **The General Post Office,** la Grande Poste; les Postes et Télégraphes. **General post office, head post office,** bureau central (des postes); (*in large towns*) hôtel *m* des postes. **Sub-post-office, branch post office,** bureau auxiliaire (des postes); recette *f* auxiliaire; bureau de quartier. **District post office,** bureau postal de quartier; petite poste. *See also* TRAVELLING[1] 1. **Post-office clerk,** employé, -ée, commis *m*, des postes; postier, -ière. **Post-office directory,** annuaire (publié par le service) des postes; = le Bottin. **Post-office box,** boîte postale; case postale. *El.E:* **Post-office bridge,** pont *m* de mesure modèle des Postes. *See also* ORDER[1] 11, SAVINGS-BANK.

'post orderly, *s.* *Mil:* Vaguemestre *m*.

'post-paid, *a.* Affranchi; port payé.

'post-paper, *s.* *Approx.* = papier *m* écu.

'post-road, *s.* *A:* Route parcourue par la poste; route de malle-poste.

'post-town, *s.* Ville *f* où il y a un grand bureau de poste; centre postal.

post[4]. **1.** *v.i.* (*a*) Voyager par relais; voyager en poste. (*b*) *F:* Courir la poste; aller un train de poste. (*c*) *Equit:* Trotter à l'anglaise; faire du trot enlevé. **2.** *v.tr.* (*a*) Mettre, porter, (une lettre) à la poste; jeter (une lettre) à la boîte. **To post sth. to s.o.,** envoyer qch. à qn (par la poste). (*b*) *Book-k:* **To post the books,**

passer les écritures. **To post an entry,** passer écriture d'un article. **To post an item in the ledger, to post up an item,** porter, inscrire, passer, reporter, rapporter, transcrire, un article au grand-livre. **To post up the ledger,** arrêter le grand-livre; mettre le grand-livre au courant, à jour. *My books are posted up,* mes livres (de comptes) sont au courant, sont à jour. *F:* **To post s.o. up with sth.,** documenter qn sur qch.; mettre qn au courant de qch. *To p. oneself up on a matter,* se renseigner sur un sujet. *Well posted up in a question,* bien au courant d'une question; bien renseigné sur une question; entièrement au fait, ferré à glace, sur qch. *To keep s.o. posted up in recent affairs,* tenir qn à jour. *He is always posted up,* il est toujours à la page.

posting[2], *s.* **1.** (*a*) Voyages *mpl* en poste. (*b*) *Equit:* Trot *m* à l'anglaise; trot enlevé. **2.** (*a*) Envoi *m* (de lettre) par la poste; mise *f* (de lettre) à la poste. (*b*) *Book-k:* Inscription *f*, report *m*, entrée *f* (au grand-livre); transcription *f* (du journal). *See also* FOLIO[1] 1.

post[5], *s.* **1.** (*a*) Poste *m* (de sentinelle, etc.). **Advanced post,** poste avancé. *Mil:* **To be on post,** être en faction, en sentinelle. **To take post** (*at a spot*), occuper une position. **Take post! posts!** à vos postes! *To die at one's p.,* mourir à son poste. *See also* AID-POST, ALARM-POST, LISTENING, OBSERVATION 1, OUTPOST. (*b*) Poste (occupé par des troupes). (*c*) Troupes *fpl* (occupant un poste). **2.** *Hist:* **Trading-post,** station *f* de commerce; comptoir *m* (aux Indes, au Canada, etc.); cantine *f* (au Canada). **3.** (*a*) Poste, position *f* (de fonctionnaire, etc.); situation *f*, emploi *m*. **To take up one's post,** entrer en fonctions. (*b*) *Navy:* *Hist:* **To take post,** recevoir le grade de capitaine de vaisseau; prendre le commandement d'un navire d'au moins 20 canons.

'post(-)captain, *s. Hist: Navy:* Capitaine *m* de vaisseau.

post[6], *v.tr.* **1.** Poster, mettre en faction (une sentinelle); aposter (un espion). *To p. a sentry at a door,* mettre un planton, un factionnaire, à une porte. **2.** *Mil: Navy:* Désigner (qn) à un commandement. **To be posted to a command, to a unit,** recevoir une affectation, être affecté, à un commandement, à une unité. *He was posted to my battalion,* il fut placé dans mon bataillon. *Navy:* **To be posted to a ship,** être affecté à un navire. **To post s.o. as captain,** nommer qn capitaine de vaisseau.

posting[3], *s.* **1.** Mise *f* en faction. **2.** Affectation *f* (à un commandement); nomination *f*, désignation *f* (au grade de capitaine).

post[7], *s. Mil:* **First post,** première partie (de la sonnerie) de la retraite. **Last post,** (i) dernière partie (de la sonnerie); (ii) (la) sonnerie aux morts. **To sound the last post** (*over the grave*), rendre les honneurs au mort (par une sonnerie).

post- [poust], *pref.* **1.** Post-. (*a*) (*After*) *Post-communion,* postcommunion. *Post-date,* postdater. *Postformation,* postformation. *Postmeridian,* postméridien. *Postposition,* postposition. *Postscript,* post-scriptum. (*b*) (*Behind*) *Postocular,* postoculaire. *Postpalatal,* postpalatal. **2.** Après. *Post(-)mortem,* après la mort; après décès. *Post-war,* d'après-guerre. **3.** *Post-entry,* entrée postérieure. *Postnatal,* postérieur à la naissance. *Post-partum,* postérieur à l'accouchement.

postage ['poustedʒ], *s.* Port *m*, affranchissement *m* (d'une lettre, d'un paquet). **Rates of postage,** taxes *fpl* d'affranchissement. **Postages,** ports de lettres; frais *m* de port. **Postage paid,** taxe perçue; port payé. *To pay the p. of a letter,* affranchir une lettre. *What is the p. on this parcel?* à combien doit-on affranchir ce paquet? **Additional postage** (*on insufficiently franked letter*), port supplémentaire; surtaxe postale. *See also* EXTRA 1, INLAND 2, STAMP[1] 4.

postal ['poust(ə)l], *a.* Postal, -aux. **Postal Union,** Union postale. *The p. authorities,* l'administration *f* des Postes. **The Postal and Telegraph Service,** les Postes *f* et Télégraphes *m*. **Postal transport contractor,** courrier *m* d'entreprise. **Postal charges,** ports *m* de lettres; frais *m* de port. **Postal trade,** achat *m* et vente *f* par correspondance. **Postal tube,** tube *m* en carton (pour l'envoi des cartes, etc., par la poste). *U.S:* **Postal card,** *s.* **postal,** carte postale. *See also* ORDER[1] 11.

post bellum [poust'beləm]. *Lt.phr. Attrib.* = POST-WAR.

postcard ['poustkɑːrd], *s.* Carte postale. **Picture postcard,** carte postale illustrée.

post-classical [poust'klasik(ə)l], *a.* Postérieur à l'époque classique; post-classique.

post-communion [poustkə'mjuːnjən], *s. Ecc:* Postcommunion *f*.

post-date[1] ['poustdeit], *s.* Postdate *f*.

post-date[2] [poust'deit], *v.tr.* Postdater (un chèque, un document).

post-diluvial [poustdi'ljuːviəl], **post-diluvian** [poustdi'ljuːviən], *a. Geol: etc:* Post-diluvien.

posted ['poustid], *a.* A poteau(x); à pilier(s). **Posted bed,** lit *m* à colonnes.

post-entry ['poustentri], *s.* **1.** *Book-k:* Écriture postérieure, subséquente. **2.** *Cust:* Déclaration additionnelle.

poster ['poustər], *s.* **1.** (*Pers.*) (*a*) Afficheur *m* (d'un avis, etc.). (*b*) = BILL-POSTER. **2.** Affiche murale; placard *m* (de publicité). *Esp.* **Picture poster,** affiche illustrée. **Poster designer,** affichiste *m*.

postered ['poustəːrd], *a.* **1.** (Denrée *f*, etc.) qui figure sur les affiches. **2.** (Mur, etc.) couvert d'affiches.

poste restante ['poust'restɑːnt], *s.* Poste restante.

posterior [pɔs'tiːəriər]. **1.** *a.* Postérieur (*to,* à). **2.** *s. F:* **The posterior(s),** le postérieur, le derrière (de qn). *To kick s.o.'s p.,* enlever le ballon à qn; botter le derrière de, à, qn. **-ly,** *adv.* Postérieurement; (vu) de derrière.

posteriority [pɔstiːəri'ɔriti], *s.* Postériorité *f*.

posterity [pɔs'teriti], *s.* Postérité *f*. **1.** *To leave a large p.,* laisser une postérité nombreuse. **2. Posterity will be grateful to him,** la postérité lui sera reconnaissante.

postern ['poustərn], *s.* **1.** *Fort:* Poterne *f*. **2.** *A. & Lit:* **Postern** (door), porte *f* de derrière, de service, de piétons; porte dérobée.

postface ['poustfeis], *s.* Postface *f* (d'un livre).

postfix[1] ['poustfiks], *s. Ling:* Suffixe *m*.

postfix[2] [poust'fiks], *v.tr. Ling:* Ajouter en suffixe (une terminaison, etc.).

post-glacial [poust'gleiʃəl], *a. Geol:* Post-glaciaire.

post-graduate [poust'gradjuet], *a.* (Cours *m*, etc.) postscolaire.

posthumous ['pɔstjuməs], *a.* (Enfant *m*, œuvre *f*) posthume. **-ly,** *adv.* Posthumement; (paru) après la mort de l'auteur.

posticous [pɔs'tiːkəs], *a. Bot:* (*Of anther, etc.*) Postérieur, extrorse.

postil ['pɔstil], *s.* Postille *f*, glose littérale (sur l'Ancien Testament, etc.).

postil(l)ion [pɔs'tiljən], *s.* Postillon *m*.

post-impressionism ['poustim'preʃənizm], *s. Art:* Néo-impressionnisme *m*.

postliminy [poust'limini], *s. Rom.Jur. & Internat.Jur:* Postliminium *m*.

postlude ['poustljuːd], *s. Mus:* Postlude *m*.

post-luminescence ['poustljumi'nesəns], *s. El: etc:* Luminescence résiduelle.

postman, *pl.* **-men** ['poustmən, -men], *s.m.* **1.** Facteur; (*accompanying mails by train*) courrier convoyeur. **Rural postman,** facteur rural, *pl.* facteurs ruraux. **Postman's knock,** (i) coup *m* de marteau du facteur (à la porte); (ii) jeu *m* de salon pour enfants. **2.** *Navy:* Vaguemestre.

postmark[1] ['poustmɑːrk], *s.* Cachet *m* de la poste; cachet d'oblitération; timbre *m* de départ ou d'arrivée; timbre d'oblitération. *Letter bearing the London p.,* lettre timbrée de Londres, portant le timbre de Londres.

postmark[2], *v.tr.* Timbrer (une lettre). *The letter was postmarked London,* la lettre était timbrée (au départ) de Londres.

postmaster[1] ['poustmɑːstər], *s.m.* Receveur (des Postes). **The Postmaster General,** le ministre des Postes et Télégraphes.

postmaster[2], *s.m. Sch:* Boursier (de Merton College, Oxford).

postmastership[1] ['poustmɑːstərʃip], *s.* Recette *f* des Postes; fonction *f* de receveur des Postes.

postmastership[2], *s. Sch:* Bourse *f* (à Merton College, Oxford).

postmeridian [poustme'ridiən], *a.* Postméridien, de l'après-midi, du soir.

post meridiem [poustme'ridiem], *Lt.phr.* (*Abbr.* **p.m.** ['piː'em]) De l'après-midi, du soir. *At four p.m.,* à quatre heures de l'après-midi; *A. & Adm:* à quatre heures de relevée.

postmistress ['poustmistres], *s.f.* Receveuse des Postes.

post-mortem [poust'mɔːrtem]. **1.** *Attrib. a. & s.* Après la mort; après décès. *P.-m. rigidity,* rigidité *f* cadavérique. **To hold a post-mortem examination,** *s.* **to hold a post-mortem,** faire une autopsie (cadavérique). *The post-mortem revealed no trace of poison,* l'autopsie n'a révélé aucune trace de poison. **2.** *adv. The beard had grown post(-)mortem,* la barbe avait poussé après la mort.

postnatal [poust'neit(ə)l], *a.* Postérieur à la naissance; (*of medical care, etc.*) postnatal, -als.

postnuptial [poust'nʌpʃ(ə)l], *a.* Postérieur au mariage.

post-obit [poust'ɔbit, -'oubit], *attrib. a. & s.* **Post-obit bond,** *s.* **post-obit,** contrat *m* exécutoire, obligation *f* réalisable, ou effet *m* payable, après le décès d'un tiers.

postpalatal [poust'palat(ə)l], *a. Ling:* Postpalatal, -aux; (consonne *f*, etc.) vélaire.

post-partum [poust'pɑːrtəm], *attrib.a. Obst:* Postérieur à l'accouchement; qui suit l'accouchement. **Post-partum fever,** fièvre puerpérale.

postponable [pous(t)'pounəbl], *a.* Ajournable.

postpone [pous(t)'poun]. **1.** *v.tr.* (*a*) Remettre, ajourner, renvoyer à plus tard, reporter à plus tard, différer, reculer (un départ, un projet, etc.). *To p. a matter for a week,* remettre, renvoyer, une affaire à huitaine. *To p. the payment of a sum,* différer, arriérer, le payement d'une somme; atermoyer une somme. *To p. a burial,* surseoir à une inhumation. *Postponed action or trial,* cause remise. *The sale has been postponed,* il a été sursis à la vente. (*b*) **To postpone sth. to sth.,** faire passer qch. après qch.; subordonner qch. à qch. **2.** *v.i. Med:* (*Of ague, etc.*) Être en retard.

postponement [pous(t)'pounmənt, pɔs(t)-], *s.* **1.** Remise *f* à plus tard; renvoi *m* (d'une cause) (*for a week,* à huitaine); ajournement *m* (d'une cause, d'une réunion). **2.** Subordination *f* (*of sth. to sth.,* de qch. à qch.).

postponer [pous(t)'pounər, pɔs(t)-], *s.* Celui qui ajourne, qui a ajourné (l'affaire, etc.).

postposition [poustpo'ziʃ(ə)n], *s. Gram:* **1.** Postposition *f* (de l'adjectif, etc.). **2.** Postposition; particule *f* enclitique.

postprandial [poust'prandiəl], *a. P. eloquence,* éloquence *f* après dîner, au dessert. *P. nap,* sieste *f* après le repas. *P. pipe,* pipe *f* d'après-dîner.

post-primary [poust'praiməri], *a. Sch:* **Post-primary education,** enseignement primaire supérieur.

post-scoring ['poust'skɔːriŋ], *s. Cin:* Sonorisation *f*, post-synchronisation *f* (d'un film muet).

postscript ['pous(t)skript], *s.* (*Abbr.* **P.S.** [piː'es]) **1.** Post-scriptum *m inv.* *Written as a p., by way of p.,* écrit en post-scriptum, en P.S. **2.** Postface *f* (d'un écrit).

postulant ['pɔstjulənt], *s. Ecc:* Postulant, -ante.

postulate[1] ['pɔstjulet], *s. Geom: Log:* Postulat *m*. **Euclid's postulate,** le postulat(um) d'Euclide. *To formulate the postulates of a law,* formuler les conditions d'une loi.

postulate[2] ['pɔstjuleit]. **1.** *v.tr. & i.* **To postulate (for) sth.,** postuler, demander, réclamer, qch. *To p. to be free, that one shall be free, to do as one wishes,* postuler que l'on aura sa pleine liberté d'action. **2.** *v.tr. Geom: Log:* Poser (qch.) en postulat; considérer (qch.) comme admis, comme établi, comme possible. **3.** *v.tr. Ecc:* Postuler. *To p. so and so for a bishop,* postuler un tel pour évêque.

postulation [pɔstju'leiʃ(ə)n], *s.* **1.** Sollicitation *f*, demande *f*. **2.** *Log:* Supposition *f*; postulat *m*. **3.** *Ecc:* Postulation *f*.

postulator ['pɔstjuleitər], *s.* *Ecc:* Postulateur *m.*
postural ['pɔstjur(ə)l], *a.* Qui se rapporte à la posture. *Med:* **Postural albuminuria,** albuminurie *f* orthostatique, de la station debout, de posture.
posture[1] ['pɔstjər], *s.* (*a*) Posture *f*, pose *f*, attitude *f* (du corps). *To assume an easy p.,* prendre une posture commode. (*b*) Position *f*, situation *f*, état *m* (des affaires, etc.). *The present p. of affairs,* l'état actuel des choses; la manière dont les choses se présentent à l'heure actuelle.
posture[2]. **1.** *v.tr.* Mettre (qn, un membre, etc.) dans une certaine posture, dans une certaine position; poser (un modèle). **2.** *v.i.* Prendre une posture, une pose, une position. *F:* **To posture as a buffoon,** affecter la bouffonnerie; contrefaire le bouffon; se poser en bouffon. *I could see she was posturing,* je voyais bien que c'était de la pose, de l'affectation *f* (de sa part).
posturing, *s.* Pose *f*.
posturize ['pɔstjuraːiz], *v.i.* Poser; prendre une posture, une attitude, affectée.
post-war [poust'wɔːr], *attrib.a.* D'après guerre. **The post-war period,** l'après-guerre *m inv.*
posy ['pouzi], *s.* Bouquet *m* (de fleurs des champs); petit bouquet sans apprêt.
pot[1] [pɔt], *s.* **1.** (*a*) Pot *m*. **(Flower-)pot,** pot à fleurs. **Beer-pot,** pot à bière. *To drink a pot of beer,* boire un pot, un cruchon, de bière. **(Chamber-)pot,** pot de chambre; vase *m* de nuit. *El:* **Battery pot,** bac *m* de pile électrique. *See also* CHIMNEY-POT, COFFEE-POT, FLOWER-POT, GLUE-POT, INKPOT, JAM-POT, PAINT-POT, TEA-POT. (*b*) Marmite *f*. **Pots and pans,** batterie *f* de cuisine. *P:* **To go to pot,** aller à la ruine, (s'en) aller à vau-l'eau. *Prov:* **The pot calls the kettle black,** la pelle se moque du fourgon; le chaudron mâchure la poêle. *See also* BOIL[3] I, FLESH-POTS, STOCK-POT, TIN-POT, WATCH[2] 2. (*c*) *Metall:* **(Melting-)pot,** creuset *m*. *See also* MELTING-POT. (*d*) *Sp:* *F:* Coupe (remportée en prix). **2.** *Fish:* Casier *m*. *See also* CRAB-POT, EEL-POT, FISH-POT, LOBSTER-POT. **3.** (*a*) *F:* **Pots of money, a pot of money,** des tas *m* d'argent; de l'argent tant et plus. *He came back with a pot of money,* il est revenu avec le sac, avec une forte somme. *To make pots of money,* gagner gros; ramasser l'argent à la pelle. *I don't earn pots of money,* je ne gagne pas des mille et des cents. *To have pots of money,* être colossalement riche; avoir des mille et des cents; avoir des écus; avoir le sac. (*b*) *Cards:* **The pot,** la cagnotte. *Turf:* **To put the pot on,** parier gros, parier la forte somme. **4.** *F:* (*Of pers.*) **A big pot,** un gros bonnet; *P:* une grosse légume. *Big pot in the business world,* manitou *m* des affaires. *The big pots,* les huiles *f*. **5.** *Paperm:* = POT-PAPER. **6.** = POT-SHOT.
'pot-bellied, *a.* Ventru, pansu. *P.-b. person,* personne bedonnante; *F:* poussa(h) *m*; pot *m* à tabac. *You are getting p.-b.,* tu commences à bedonner.
'pot-belly, *s.* Gros ventre; *F:* panse *f*, bedon *m*, bedaine *f*.
'pot-boil, *v.tr.* *F:* Fricasser (un article de journal, etc.).
'pot-boiler, *s.* **1.** Œuvre *f* (de littérature ou d'art) qui fait bouillir la marmite (de son auteur). *To write pot-boilers,* s'occuper de besognes alimentaires; fricasser des articles de journal, etc. **2.** Écrivain *m*, peintre *m*, qui travaille pour faire bouillir sa marmite; fricasseur, -euse, d'articles.
'pot-bound, *a.* **1.** (Plante *f*) dont le pot est trop petit. **2.** *F:* = HIDE-BOUND 2.
'pot-boy, *s.m.* Garçon de cabaret.
'pot-companion, *s.* Camarade *m* de bouteille; ami *m* de table.
'pot-ear, *s.* Anse *f*, manche *m*, de pot.
'pot-furnace, *s.* *Metall:* Four *m* à creusets.
'pot-garden, *s.* Jardin potager.
'pot-hanger, *s.* = POT-HOOK.
'pot-hat, *s.* Chapeau *m* melon.
'pot-herb, *s.* Herbe potagère.
'pot-hole, *s.* **1.** *Geol:* Marmite torrentielle; marmite de géants; poche *f*, cloche *f*. **Glacial pot-hole,** moulin *m*. **2.** *F:* Trou *m*, flache *f*, *F:* nid *m* de poule (dans une route). *Road full of pot-holes,* chemin défoncé; chemin en casse-cou.
'pot-hook, *s.* **1.** Crémaillère *f* (de foyer). **2.** *Sch:* Bâton *m*, jambage *m* (de premier modèle d'écriture). *See also* HANGER[1] 2.
'pot-house, *s.* Cabaret *m*, taverne *f*; *F:* bouchon *m*; *P:* caboulot *m*, bistro *m*. *See also* CRITIC.
'pot-hunter, *s.* **1.** Chasseur *m* qui ne tire que pour remplir son carnier, qui tire sur n'importe quoi. **2.** *Sp:* Personne *f* qui prend part à tous les concours dans le seul but de remporter un prix; coureur, -euse, de prix.
'pot-lead [led], *s.* *Y:* Graphite *m*, plombagine *f* (pour enduire la coque).
'pot-lid, *s.* Couvercle *m* de pot.
'pot-'luck, *s.* **To take pot-luck,** *A:* manger au hasard de la fourchette (dans le pot). *F:* **To take pot-luck with s.o.,** manger chez qn à la fortune du pot. *Come and take p.-l. with us,* venez dîner chez nous sans cérémonie, à la bonne franquette; *F:* venez manger la soupe avec nous.
'pot-metal, *s.* **1.** Métal *m* à pot (alliage de cuivre et de plomb). **2.** Verre *m* de couleur.
'pot-paper, *s.* *Paperm:* Papier *m* pot.
'pot-shop, *s.* *F:* = POT-HOUSE.
'pot-shot, *s.* **1.** Coup tiré sur du gibier à seule fin de remplir la marmite. **2.** *F:* **To take a pot-shot at sth., at s.o.,** lâcher au petit bonheur un coup de fusil à qch., à qn. *To take pot-shots at . . .,* canarder. . . .
'pot-steel, *s.* *Metall:* Acier *m* au creuset.
'pot-stick, *s.* *Cu:* Bâton *m* pour mêler ce qui est dans le pot, dans la marmite.
'pot-still, *s.* Alambic chauffé directement par la flamme.
'pot-valiant, *a.* Brave, courageux, après boire.
'pot-valour, *s.* Bravoure *f*, courage *m*, après boire.
pot[2], *v.tr.* (**potted; potting**) **1.** (*a*) Mettre en pot, conserver (le beurre, la viande salée, etc.). (*b*) *Hort:* Mettre en pot, empoter (une plante). (*c*) *Bill:* *F:* Blouser (une bille). **2.** *F:* (*a*) Tirer, tuer, abattre (du gibier, etc.). (*b*) *v.i.* *To pot at* (*game, etc.*), lâcher un coup de fusil à (une pièce de gibier); descendre (un faisan, etc.); tirailler contre (l'ennemi); canarder (l'ennemi). *To pot at small game,* giboyer.
potted, *a.* (Conservé, mis) en pot, en terrine. **Potted foods,** conserves *fpl*. *See also* HEAD[1] 1 (*d*).
potting, *s.* Mise *f* en pot (de la viande, du beurre, des plantes). *Hort:* **Potting shed,** serre *f*.
potability [poutə'biliti], *s.* Potabilité *f*.
potable ['poutəbl]. **1.** *a.* Potable, buvable. **2.** *s.pl.* **Potables,** boissons *f*, breuvages *m*.
potamic [pɔ'tamik], *a.* Fluvial, -aux; fluviatile.
potash ['pɔtaʃ], *s.* **1.** **(Carbonate of) potash,** carbonate *m* de potasse, de potassium; *F:* potasse *f*; alcali végétal. **Crude carbonate of potash,** perlasse *f*. **2.** **Caustic potash,** potasse caustique; hydrate *m* de potasse; *A:* pierre *f* à cautère. **3.** **Sulphate of potash,** potasse sulfatée. *See also* NITRATE[1], PERMANGANATE. **4.** **Potash-soap, potash-glass,** savon *m*, verre *m*, à base de potasse. **Potash-mine,** mine *f* de sels de potasse. *The p. industry, the p. production,* l'industrie, la production, potassière.
'potash-water, *s.* Eau gazeuse bicarbonatée.
potass ['pɔtas, pɔ'tas], *s.* **1.** = POTASH. **2.** = POTASSIUM. **3.** = POTASH-WATER.
potassic [pɔ'tasik], *a.* *Ch:* Potassique.
potassium [pɔ'tasiəm], *s.* *Ch:* Potassium *m*. **Potassium salt,** sel *m* potassique; sel de potasse. **Potassium chlorate,** chlorate *m* de potasse. **Potassium lye,** solution *f*, lessive *f*, de potasse caustique. **Potassium carbonate,** carbonate *m* de potasse; *F:* potasse *f*. **Potassium bichromate,** bichromate *m* de potassium. **Potassium bitartrate,** bitartrate *m* de potasse; *F:* crème *f* de tartre. *See also* NITRATE[1], PERMANGANATE.
potation [po'teiʃ(ə)n], *s.* **1.** Boisson *f*. **2.** (*a*) Action *f* de boire; gorgée *f*. (*b*) *pl.* *F:* Libations *f*. *To indulge in copious potations,* faire d'amples libations.
potato, *pl.* **-oes** [po'teito, -ouz], *s.* **1.** (*a*) Pomme *f* de terre. *Boiled potatoes,* pommes de terre à l'anglaise, à l'eau. *Potatoes boiled in their skins, in their jackets,* pommes de terre en robe de chambre. *Baked potatoes,* pommes de terre au four, ou cuites sous la cendre. *Mashed potatoes,* purée *f* de pommes de terre; pommes de terre mousseline. *Chip potatoes,* pommes de terre frites. *To dig up, lift, potatoes,* arracher, lever, les pommes de terre. (*b*) *P:* (*Of pers. or thg*) **Very small potatoes,** bien insignifiant; bien peu de chose. **To think no small potatoes of oneself,** se croire quelqu'un; se croire le premier moutardier du pape; ne pas se prendre pour de la petite bière. **Such behaviour is not quite the potato,** une telle conduite n'est pas de mise. **That's the potato!** à la bonne heure! *See also* DROP[2] II. 9, KIDNEY-POTATO. **2.** **Sweet potato, Spanish potato,** patate *f*. **Indian potato,** igname *f*.
po'tato-ball, *s.* *Cu:* Croquette *f* de pommes de terre.
po'tato-beetle, -bug, *s.* *Ent:* *U.S:* Doryphore *m*; bête *f* du Colorado.
po'tato-lifter, *s.* *Tls:* *Agr:* Arrachoir *m*, arracheur *m*, arracheuse *f* (de pommes de terre).
po'tato-masher, *s.* Presse-purée *m inv*; passe-purée *m inv.*
po'tato-patch, *s.* Carré *m*, plant *m*, de pommes de terre.
po'tato-rot, *s.* Pourriture *f* des pommes de terre; brunissure *f*.
po'tato-set, *s.* Plant *m*, ensemencement *m*, de pommes de terre.
po'tato-spirit, *s.* *Dist:* Huile *f* de pommes de terre; alcool *m* amylique.
po'tato-starch, *s.* Fécule *f* (de pommes de terre).
po'tato-trap, *s.* *P:* Bouche *f*, gueule *f*. *Shut* (*up*) *your p.-trap!* la ferme! (tais) ta gueule!
poteen [pɔ'tiːn], **potheen** [pɔ'θiːn], *s.* Whisky irlandais distillé en fraude. **Poteen maker,** bouilleur (de whisky) non patenté; bouilleur clandestin, de contrebande.
potence ['poutəns], *s.* *Clockm:* Potence *f*.
potency ['poutənsi], *s.* **1.** Puissance *f*, pouvoir *m*, autorité *f* (du monarque, etc.). **2.** Force *f*, puissance (d'un argument); efficacité *f*, activité *f* (d'un médicament); force, degré *m* (d'une boisson alcoolique).
potent ['poutənt], *a.* **1.** *Lit:* *Poet:* Puissant. *Most p., grave and reverend signors,* très puissants, très graves et respectables seigneurs. **2.** (*Of drug, etc.*) Efficace, puissant, actif; (*of motive, etc.*) convaincant, décisif; plein de force. *P. drink,* boisson très forte. *P. poison,* poison violent. **-ly,** *adv.* Puissamment.
potentate ['poutənteit], *s.* Potentat *m*.
potential [po'tenʃəl]. **1.** *a.* (*a*) En puissance; virtuel; latent. *P. danger,* danger possible, latent. *P. criminals,* individus *m* qui pourraient bien entrer dans la voie du crime; *F:* graine *f* de criminels. *See also* ENERGY 2. (*b*) Potentiel. *The p. resources of Africa,* les ressources potentielles de l'Afrique. *Med:* **Potential cautery,** cautère potentiel. (*c*) *Mec:* **Potential function,** fonction potentielle. (*d*) *a. & s. Gram:* **The potential (mood),** le potentiel. **2.** *s.* (*a*) *Mec:* (i) Potentiel *m*; (ii) fonction potentielle. (*b*) *El:* Potentiel. **Potential drop,** chute *f* de potentiel. **Potential difference,** différence *f* de potentiel. *Charging p.,* potentiel de charge. *Operating p.,* voltage *m* de régime; tension *f* de service. *See also* NODE 1. (*c*) **The highest potential of the mind,** le plus que l'esprit puisse donner. **-ally,** *adv.* Potentiellement, virtuellement, en puissance.
potentiality [potenʃi'aliti], *s.* Potentialité *f*, virtualité *f*. *Military potentialities of a country,* potentiel *m* militaire d'un pays. *Situation full of potentialities,* (i) situation *f* où tout devient possible; (ii) situation qui promet.

potentialize [po'tenʃəlaːiz], *v.tr. Mec:* Convertir (de l'énergie actuelle) en énergie potentielle.

potentiate [po'tenʃieit], *v.tr.* **1.** Donner de la force à (qch.). **2.** Rendre possible (qch.).

potentilla [poutən'tilə], *s. Bot:* Potentille *f.*

potentiometer [potenʃi'ɔmetər], *s. El: Cin:* Potentiomètre *m.*

pother[1] ['pɔðər], *s.* **1.** Nuage *m* de fumée, de poussière. **To kick up a pother,** (i) soulever un nuage de poussière; (ii) = *to make a pother.* **2.** (*a*) Agitation *f*, confusion *f.* (*b*) Tapage *m*, tumulte *m*, vacarme *m*, tohu-bohu *m.* (*c*) Tracas *m*, embarras *mpl*, histoires *fpl.* **To make a pother,** faire des histoires. *All this p. about nothing!* tant d'histoires à propos de rien!

pother[2]. **1.** *v.tr.* (*a*) Tourmenter, tracasser, cramponner (qn). (*b*) Agiter l'esprit de (qn). **2.** *v.i.* (*a*) Faire des histoires (*about*, à propos de). (*b*) Se tourmenter.

Potidaea [pɔti'diːə]. *Pr.n. A.Geog:* Potidée *f.*

potion ['pouʃ(ə)n], *s.* Potion *f*; dose *f* (de médecine). *A:* **Love-potion, amatory potion,** philtre *m* (d'amour).

Potiphar ['pɔtifər]. *Pr.n.m. B:* Putiphar.

potman, *pl.* **-men** ['pɔtmən, -men], *s.m.* = POT-BOY.

potsherd ['pɔtʃəːrd], *s. A. & Lit:* Tesson *m* (de pot cassé); fragment *m* de vaisselle.

potstone ['pɔtstoun], *s. Miner:* Pierre *f* ollaire, chloritoschiste *m*, potstone *m.*

pott[1] [pɔt], *s.* = POT-PAPER.

Pott[2]. *Pr.n. Med:* **Pott's disease,** mal *m* de Pott; spondylite tuberculeuse.

pottage ['pɔtedʒ], *s. A:* **1.** Potage (épais); potée *f* (de viande et légumes). **2.** *See* MESS[1] 1.

potter[1] ['pɔtər], *s.* Potier *m.* **Potter's clay,** terre *f* de potier, à potier; terre glaise; argile *f* plastique. **Potter's lead, potter's ore,** alquifoux *m.* **Potter's lathe,** tour *m* de potier. **Potter's wheel,** (i) roue *f* de potier, tour de potier; (ii) disque *m* (du tour).

potter[2], *v.i.* **1.** S'occuper de bagatelles; s'amuser à des riens; faire des riens; lambiner. **To potter about at odd jobs,** bricoler. *To p. in metaphysics,* s'occuper de métaphysique en dilettante, en amateur. **2.** Traîner, traînasser, flâner. *Aut:* **To potter along,** rouler à la papa; aller son train, son petit bonhomme de chemin. **To potter up** *to a place,* se rendre tout doucement à un endroit. **To potter about the house,** trottiner par la maison.

potter away, *v.tr.* Passer (son temps) à ne rien faire, à des bagatelles; gaspiller (son temps).

pottering[1], *a.* **1.** (*Of pers.*) Qui agit sans but; qui s'occupe à des futilités; à l'esprit futile; bricoleur, -euse. **2.** (*Of work, etc.*) Insignifiant, futile.

pottering[2], *s.* **1.** Amusement *m* à des riens, gaspillage *m* de son temps, flânerie *f.* **2.** *Aut:* Allure *f* à la papa.

potterer ['pɔtərər], *s.* Lambin, -ine, bricoleur, -euse, flâneur, -euse.

pottery ['pɔtəri], *s.* Poterie *f.* **1.** (*a*) L'art *m* du potier. *The p. industry,* les industries *f* céramiques. (*b*) La fabrique. **The Potteries,** les Poteries (du Staffordshire). **2.** Vaisselle *f* de terre. **A piece of pottery,** une poterie.

pottle [pɔtl], *s. A:* **1.** *Meas:* Demi-gallon *m.* **2.** Petite corbeille (à fruits).

potto ['pɔto], *s. Z:* **1.** Pérodictique *m*, potto *m.* **2.** Kinkajou *m.*

potty ['pɔti], *a. P:* **1.** (*a*) Petit, insignifiant. *A p. little shop,* une méchante petite boutique. *A p. little state,* un petit État de rien du tout. (*b*) (*Of task, etc.*) Facile, simple. **2.** (*a*) Toqué, timbré. (*b*) **To be potty on a girl,** avoir un béguin pour une jeune fille; être entiché d'une jeune fille; *P:* en pincer pour une jeune fille.

potwalloper ['pɔtwɔləpər], *s.* **1.** *Hist: F:* Électeur *m* en vertu de la possession d'un foyer à lui propre. **2.** *A:* (*a*) Marmiton *m.* (*b*) *Nau:* Maître-coq *m* (à bord d'un baleinier). **3.** *P:* Pilier *m* de taverne; ivrogne *m.*

pouch[1] [pautʃ], *s.* **1.** Petit sac; bourse *f*, *A:* escarcelle *f. See also* AMMUNITION-POUCH, TOBACCO-POUCH. **2.** *Nat.Hist:* Bourse, sac, poche ventrale (des marsupiaux); poche, sac (du pélican); abajoue *f* (de singe); sac (de plante). **3.** Poche (sous les yeux).

'pouch-flap, *s. Mil:* Martingale *f.*

'pouch-table, *s. Furn:* Vide-poche(s) *m inv.*

pouch[2]. **1.** *v.tr.* (*a*) Empocher. (*b*) (*Of fish, penguin, etc.*) Avaler. *The monkey pouched the nut,* le singe se fourra la noisette dans l'abajoue. (*c*) *Dressm:* Faire former une poche à, faire bouffer (un vêtement). (*d*) *F: A:* Donner un pot-de-vin à (qn). **2.** *v.i.* (*Of dress*) Former une poche, bouffer.

pouched, *a. Nat.Hist:* A sac, à poche; (singe) à abajoues.

poudrette [pu'dret], *s. Agr:* Poudrette *f.*

pouf [puːf], *s. Furn:* Pouf *m.*

poulp(e) [puːlp], *s. Moll:* Poulpe *m*, pieuvre *f.*

poult [poult], *s.* Jeune volaille *f*; poulet *m*; (*of pheasant*) pouillard *m*; (*of turkey*) dindonneau *m. See also* PARTRIDGE.

poult-de-soie [puːdə'swɑː], *s. Tex:* Pout-de-soie *m*, *pl.* pouts-de-soie.

poulterer ['poultərər], *s.* Marchand, -ande, de volaille; coquetier, -ière.

poultice[1] ['poultis], *s. Med:* Cataplasme *m. F:* **Poultice on a wooden leg,** cautère *m* sur une jambe de bois. *See also* BREAD-POULTICE, MUSTARD-POULTICE.

poultice[2], *v.tr.* Mettre, appliquer, un cataplasme sur (qch.).

poultry ['poultri], *s. Coll.* Volaille *f*; oiseaux *mpl* de basse-cour.

'poultry-farm, *s.* Exploitation *f* agricole pour l'élevage de la volaille.

'poultry-farmer, *s.* Éleveur, -euse, de volaille.

'poultry-farming, *s.* Élevage *m* de volaille.

'poultry-house, *s.* Poulailler *m.*

'poultry-maid, *s.f.* Basse-courière, *pl.* basse-courières.

'poultry-man, *pl.* **-men,** *s.m.* Marchand de volaille.

'poultry-show, *s.* Concours *m* d'aviculture.

'poultry-yard, *s.* Basse-cour *f*, *pl.* basses-cours.

pounce[1] [pauns], *s.* **1.** Serre *f*, griffe *f* (d'oiseau de proie). **2. To make a pounce on sth.,** (i) (*of bird or beast*) fondre, s'abattre, sur (sa proie); (ii) *F:* (*of pers.*) s'élancer pour saisir qch.; se jeter sur qch.

pounce[2]. **1.** *v.tr. Ven:* (*Of hawk, etc.*) Fondre sur (la proie); saisir (la proie) dans ses serres. **2.** *v.i.* (*a*) (*Of bird or beast*) **To pounce on the prey,** fondre, s'abattre, sur la proie. (*b*) *F:* (*Of pers.*) Se précipiter, se jeter (*on*, sur); sauter, bondir (sur une faute). *F: All the tables are pounced upon,* toutes les tables sont prises d'assaut.

pounce[3], *s.* **1.** (Poudre *f* de) sandaraque *f.* **2.** Ponce *f. Needlew: etc:* Poncette *f.*

pounce[4], *v.tr.* **1.** Poncer; polir, frotter, (qch.) à la ponce. **2.** Reproduire, copier, calquer, (un dessin) à la ponce; poncer (un dessin). *Needlew: To p. the pattern on to the material,* poncer, décalquer, le dessin sur l'étoffe. **Pounced drawing,** poncif *m.*

'pouncing-bag, *s.* Ponce *f*; tampon *m* à ponces.

pouncet-box ['paunsetbɔks], *s. A:* Boîte *f* de senteur; boîte à parfums; cassolette *f.*

pound[1] [paund], *s.* **1.** (*Abbr.* **lb.**) (*Avoirdupois weight* = 453 gr, 6; *Troy weight* = 373 gr, 1) Livre *f* (de 453 gr, 6). *Coffee at* **three shillings a pound,** café *m* à trois shillings la livre. *To sell sugar* **by the pound,** vendre le sucre à la livre. *See also* FLESH[1] 1, FOOT-POUND, WEIGHT[1] 1, 2. **2.** (*Symbol* £) **Pound sterling,** livre sterling (de 20 shillings). **Pound note,** billet *m* (de banque) ou coupure *f* d'une livre. **Five-pound note,** billet de cinq livres. (*Of bankrupt*) **To pay ten shillings in the pound,** payer dix shillings par livre. *To pay twenty shillings in the p.,* payer la somme intégrale. **A question of pounds, shillings and pence,** *F:* **a question of £. s. d.** [eles'diː], une question de gros sous. *See also* PENNY, PIN[1] 1.

'pound-cake, *s.* 'Pound-cake' *m.* (On prend une livre de chacun des ingrédients: farine, beurre, sucre, raisins de Corinthe, œufs.)

'pound-foolish, *a. See* PENNY-WISE.

pound[2], *v.tr.* (*At the Mint*) Vérifier le poids (des monnaies ou des flans).

pound[3], *s.* **1.** Fourrière *f* (pour animaux errants). **2.** Parc *m* (à moutons, etc.). **3. To bring a wild boar,** *F:* **the enemy, into a pound,** acculer un sanglier, l'ennemi. *To bring s.o. into a p.,* mettre qn au pied du mur. **4.** *Fish:* Sac *m* (d'un verveux). **Pound net,** verveux. **5.** *Hyd.E:* (*a*) *Dial:* Bassin *m*, retenue *f*, réservoir *m.* (*b*) Bief *m*, retenue (entre deux écluses). *See also* LOCK[2] 7.

pound[4], *v.tr.* **1.** Mettre (des animaux) en fourrière. **2.** (*a*) **To pound s.o. (up)** (*in a place*), enfermer qn (dans un endroit). (*b*) *Ven:* (*Of hedge, etc.*) **To pound the field,** opposer une barrière infranchissable à la chasse; arrêter la chasse. (*Of rider*) **To get pounded,** se fourrer dans une impasse. **3.** *Dial:* Retenir (l'eau); établir un barrage sur (un cours d'eau).

pound[5], *s.* = POUNDING 2. *The p. of the bow on the rocks,* les chocs *m* de l'étrave qui se broie contre le récif.

pound[6]. **1.** *v.tr.* (*a*) Broyer, piler, concasser (des pierres, etc.); égruger (du sel, du sucre); casser, briser (des mottes de terre); écraser (des pommes); pilonner (la terre, une drogue). **Pounded sugar,** sucre *m* en poudre. *U.S: F:* **To pound the asphalt,** battre le pavé. (*b*) Battre, rosser (qn); bourrer (qn) de coups de poing; taper sur (qn). *Mil:* **To pound a position,** pilonner, marteler, une position. (*c*) **To pound sth. to atoms, to pieces,** réduire qch. en miettes, en morceaux. *F: To p. an idea into s.o.'s head,* enfoncer une idée dans la tête de qn. **To pound out a tune on the piano,** marteler un air sur le piano. **To pound out a letter on the typewriter,** taper lourdement une lettre; marteler sa machine à écrire. *See also* JELLY[1] 1. **2.** *v.i.* (*a*) **To pound at, on, sth.; to pound away at sth.,** cogner dur, frapper ferme, frapper à bras raccourcis, sur qch. *To p. (away) at the door,* donner de grands coups dans la porte; frapper à la porte à coups redoublés. *Feet were heard pounding on the stairs,* on entendait résonner lourdement des pas sur l'escalier. *Equit:* **To pound in the saddle,** *F:* piler du poivre. **To pound on the piano,** cogner sur le piano; martyriser le piano. *The guns pounded away,* les canons tapaient dur, étaient engagés dans un feu nourri. (*b*) **To pound along,** (i) marcher, (ii) chevaucher, d'un pas lourd (sur la route); (iii) (*of steamer*) fendre les vagues avec difficulté; piquer (du nez) dans la lame. (*c*) *I.C.E:* (*Of engine*) Cogner, marteler. (*d*) *Veh: etc: The axle is pounding against the body,* l'essieu *m* talonne. *The ship was pounding on the bottom,* le navire talonnait. *The hull was pounding on the rocks,* la coque se broyait, s'écrasait, sur les récifs.

pounding, *s.* **1.** (*a*) Broyage *m*, broiement *m*, pilage *m*, concassage *m* (des pierres, etc.); égrugeage *m* (du sel); écrasage *m* (des pommes). (*b*) Martellement *m* (de qch.); réduction *f* en miettes. *Artil:* **Pounding of a position,** pilonnage *m* d'une position. **2.** (*a*) Marche pesante. (*b*) (*Of engine, etc.*) Cognement *m.* (*c*) (*Of ship, etc.*) Talonnement *m.* (*d*) Bruit *m* de quelque chose qui se broie.

poundage[1] ['paundedʒ], *s.* **1.** *A. & Hist:* Po(u)ndage *m.* **2.** (*a*) Commission *f*; remise *f* de tant par livre (sterling). (*b*) *Com: Ind:* Part donnée au personnel sur les bénéfices réalisés. **3.** Taux *m* de tant par livre (de poids).

poundage[2], *s.* **1.** Mise *f* en fourrière. **2.** Frais *mpl* de fourrière.

poundal ['paund(ə)l], *s. Mec.Meas:* = FOOT-POUND.

pounder ['paundər], *s. Tls:* Pilon *m.*

-pounder ['paundər], *s.* (*With num. prefixed, e.g.*) **1. Two-pounder, three-pounder, trout,** truite *f* de deux, de trois, livres. **2.** *Artil:* **Thirty-pounder,** canon *m*, pièce *f*, de trente; canon lançant un projectile de trente livres. *Eight-p.,* pièce de huit. **3.** *F:* **Thousand-pounder,** (i) personne *f* dont le revenu se monte à plus de mille livres; (ii) billet *m* de banque de mille livres.

pour[1] ['pɔːər], *s.* **1.** Pluie abondante; torrent *m*, déluge *m*, de pluie. **2.** *Metall:* Quantité *f* de métal coulée; coulée *f.*

pour[2]. **1.** *v.tr.* (*a*) Verser (*a liquid into, out of, sth.,* un liquide dans qch., de qch.). *River that pours itself into the sea*, rivière *f* qui se jette, se déverse, dans la mer. *Each station pours thousands of visitors into the town*, chaque gare déverse sur la ville des milliers de visiteurs. *F: To p. one's sorrows into s.o.'s heart*, épancher ses chagrins dans le cœur de qn. *To p. comfort into s.o.'s heart*, verser des consolations dans le cœur de qn. **To pour (down) blessings on s.o.**, verser, répandre, faire tomber, des bienfaits sur qn. *See also* ASPHALT[1], OIL[1] I, WATER[1] I. (*b*) *Metall:* **To pour the metal**, couler le métal. (*With passive force*) **Metal that pours well**, métal qui se coule bien, facilement. **2.** *v.i.* (*a*) (*Of rain*) Tomber à torrents, à verse; (*of stream*) couler; (*of bullets*) pleuvoir. **It is pouring (with rain), the rain is pouring**, il pleut à verse; la pluie tombe à torrents. *See also* RAIN[2] I. *The water was pouring into the cellar*, l'eau entrait à flots dans la cave. *The water was pouring from the roof*, l'eau ruisselait du toit. (*b*) *F:* **To pour into, out of, the theatre**, entrer dans le théâtre, sortir du théâtre, en foule, à flots. *Tourists are pouring into the country*, les touristes *m* affluent dans le pays. *Part of the fugitives poured into Switzerland*, une partie des fuyards reflua en Suisse. *Sunlight pouring through the window*, soleil *m* entrant à flots par la fenêtre.

pour down. **I.** *v.i.* *The rain came pouring down*, il pleuvait à verse; la pluie tombait à torrents, *F:* à seaux. **2.** *v.tr.* *The sun pours down its light and heat*, le soleil déverse sur nous sa lumière et sa chaleur.

pour forth. **I.** *v.tr.* = POUR OUT I (*b*). **2.** *v.i.* = POUR OUT 2.

pour in. **I.** *v.tr.* **To pour in a broadside**, lâcher, envoyer, une bordée. **2.** *v.i.* **To pour in, to come pouring in**, entrer à flots, en foule; arriver de toutes parts. *Letters came pouring in*, ce fut une avalanche de lettres. *Invitations are pouring in on us*, il nous pleut des invitations; les invitations nous pleuvent. *Letters of congratulation are pouring in*, des lettres de félicitations m'arrivent à flot continu, affluent de toutes parts. *Tourists p. in from all quarters*, les touristes *m* affluent de toutes parts.

pour off, *v.tr.* Décanter.

pour on, *v.tr.* (*a*) **To pour on the sauce**, verser la sauce (sur le plat de choux-fleurs, etc.). (*b*) *Laund:* **To pour on the lye**, couler, voyer, la lessive.

pour out. **I.** *v.tr.* (*a*) Verser (une tasse de thé, etc.). *He poured me out another glass*, il me reversa à boire, il me versa encore à boire. *Abs.* **To pour out**, présider (à la table de thé). *Mother always pours out*, c'est toujours ma mère, notre mère, qui verse le thé, qui sert. (*b*) Répandre, exhaler (sa colère); donner libre cours à (ses sentiments); émettre des flots de (musique, etc.); épancher (ses chagrins); décharger, ouvrir, dégonfler, *F:* débonder (son cœur). *To p. out gold*, verser l'or à pleines mains. (*Of chimney*) *To p. out volumes of smoke*, émettre des flots de fumée; vomir des nuages de fumée. **To pour out one's thanks**, se confondre en remerciements. *To p. out an interminable prayer*, débiter une prière sans fin. *To p. out a torrent of abuse on s.o.*, déverser, *F:* dégobiller, sur qn un torrent d'injures; faire pleuvoir des injures sur qn. *To p. out threats*, se répandre en menaces. *To p. out one's indignation on s.o.*, donner libre cours à son indignation contre qn. *To p. out one's troubles*, se dégonfler de ses soucis. *See also* VIAL. **2.** *v.i.* (*a*) Sortir à flots, ruisseler. (*b*) Sortir en foule.

pouring out, *s.* **I. Shall I do the pouring out?** voulez-vous que je verse, que je serve, le thé, le café? **2.** Émission *f*, vomissement *m* (de fumée); épanchement *m* (de ses chagrins).

pouring[1], *a.* **Pouring rain**, pluie torrentielle; pluie battante. **A pouring wet evening**, une soirée ruisselante.

pouring[2], *s.* *Metall:* Coulée *f*. **Top pouring**, coulée à la descente. **Side pouring**, coulée à talon. **Bottom pouring**, coulée en source. *See also* CRANE[1] 2.

pourer ['pɔːrər], *s.* **I.** Entonnoir *m*. **2.** *This tea-pot is not a good p.*, cette théière verse mal. **3.** *Metall:* (*Pers.*) Couleur *m*.

pourpoint ['puərpoint], *s.* *A.Cost:* Pourpoint *m*.

poussette[1] [pu'set], *s.* Figure *f* (d'une danse villageoise) dans laquelle les couples dansent en rond en se tenant par la main.

poussette[2], *v.i.* Danser en rond en se tenant par la main.

pout[1] [paut], *s.* *Ich:* **(Whiting-)pout**, tacaud *m*. **(Eel-)pout**, lotte *f*.

pout[2], *s.* Moue *f*. *F:* **To be in the pouts, to have the pouts**, être d'humeur maussade; bouder.

pout[3], *v.i.* **I.** (*a*) Faire la moue, la lippe; *P:* faire une bouche en cul de poule. *v.tr.* **To pout the lips**, (i) faire la moue; (ii) faire la petite bouche. (*b*) Bouder. **2.** (*Of pigeon*) Gonfler, enfler, le jabot; faire jabot.

pouting[1], *a.* **I.** (*a*) Qui fait la moue. (*b*) Boudeur, -euse. **2. Pouting lips**, lèvres proéminentes; grosses lèvres qui avancent. **-ly,** *adv.* En faisant la moue; avec une moue.

pouting[2], *s.* (*a*) Moue *f*. (*b*) Bouderie *f*.

pouter ['pautər], *s.* **I.** *Orn:* **Pouter(-pigeon)**, pigeon *m* grosse-gorge, (pigeon) boulant *m*. **2.** *Ich:* Tacaud *m*.

pouty ['pauti], *a.* *U.S:* Maussade.

poverty ['pɔvərti], *s.* **I.** Pauvreté *f*, pénurie *f*. *Adm:* Indigence *f*. *Extreme p., abject p.*, misère *f*. *In wretched p.*, malheureux comme les pierres. *To live in p.*, vivre pauvrement, dans la gêne, dans la misère; *F:* misérer. *To be reduced to p.*, être réduit à la misère; *F:* être sur la paille. *To die in abject p.*, *F:* mourir sur un grabat, sur la paille. **To cry poverty**, pleurer misère. *Prov:* **Poverty is no disgrace, no crime, no sin, no vice**, pauvreté n'est pas vice. *See also* DIRE. **2.** Disette *f*, manque *m*, pénurie (de denrées, etc.); stérilité *f*, pauvreté (du sol). *P. of ideas*, pauvreté, pénurie, dénuement *m*, d'idées. *P. of the soil in phosphates*, manque de phosphates dans le sol; pauvreté du sol en phosphates. **Poverty of blood**, sang vicié; viciation *f* du sang. *I.C.E:* **Poverty of the mixture**, pauvreté du mélange.

'poverty-stricken, *a.* **I.** Miséreux; indigent; dans la misère. **2.** A l'air misérable. *P.-s. quarter, room*, quartier *m*, chambre *f*, misérable.

powder[1] ['paudər], *s.* Poudre *f*. (*a*) **To reduce sth. to powder**, (i) réduire qch. en poudre, pulvériser qch.; (ii) *F:* réduire qch. en poussière; anéantir qch. *Grinding p.*, poudre abrasive. *See also* BAKING-POWDER, BLEACHING-POWDER, BORACIC, FLY-POWDER, INSECT-POWDER, PLATE-POWDER, SOAP-POWDER, ZINC[1] I. (*b*) **(Gun-)powder**, poudre (à canon). *Sporting p.*, poudre de chasse. *Quick-burning p., slow-burning p.*, poudre vive, lente. *See also* BLASTING-POWDER, FLASH-LIGHT 2, GIANT-POWDER, PEBBLE-POWDER. **To smell powder for the first time**, recevoir le baptême du feu. *They were smelling p. for the first time*, c'était la première fois qu'ils respiraient la poudre; c'était leur baptême du feu. *F:* **To keep one's powder dry**, parer aux événements. **Worth powder and shot**, qui vaut la peine, *F:* le coup. *It is not worth p. and shot*, le jeu n'en vaut pas la chandelle. *He is not worth p. and shot*, il ne vaut pas la corde pour le pendre. **To waste one's powder and shot**, tirer sa poudre aux moineaux; perdre son temps et sa peine. *F:* **Blow, stroke, with no powder behind it**, coup *m* sans vigueur, sans énergie. *See also* FOOD I, MAGAZINE I. (*c*) *Toil:* **Face-powder, toilet-powder**, poudre de riz. **Bath powder**, poudre pour usage après le bain. **Box of powder**, boîte *f* de poudre de riz. *See also* PEARL-POWDER, PUFF[1] 3, TALC-POWDER, TOOTH-POWDER. (*d*) *Pharm:* **Seidlitz powder**, poudre de Sedlitz. *See also* GOA[2], GREGORY 2.

'powder-blue, *s.* *Laund:* Bleu anglais (en poudre).

'powder-box, *s.* (*a*) Boîte *f* à poudre (de riz, etc.). (*b*) *A:* Poudrier *m* (pour poudre à sécher l'écriture).

'powder-chamber, *s.* *Artil:* Chambre *f* à poudre, à charge.

'powder-chest, *s.* *Mil:* *A:* Caisson *m* à poudre.

'powder-closet, *s.* *A:* Cabinet *m* de toilette où l'on se poudrait les cheveux.

'powder-flask, -horn, *s.* *A:* Poire *f*, flasque *f*, cornet *m*, à poudre.

'powder-house, *s.* Poudrière *f*.

'powder-mill, *s.* (*a*) Moulin *m* à poudre. (*b*) Poudrerie *f*; manufacture *f* de poudre à canon.

'powder-monkey, *s.* *Nau:* *A:* Moussaillon gargoussier.

'powder-post, *s.* Pourriture sèche (du bois). *Ent:* **Powder-post beetle**, lycte *m*.

powder[2], *v.tr.* **I.** Saupoudrer (un gâteau, etc.) (*with*, de). *Earth powdered with snow*, terre saupoudrée de neige. *Her:* **Shield powdered with fleurs-de-lis**, écu semé de fleurs de lis. **2.** Poudrer (à blanc), blanchir (les cheveux). **To powder one's face**, *abs.* **to powder**, se poudrer, se blanchir, le visage. **3.** Réduire (qch.) en poudre; pulvériser, triturer (qch.).

powdered, *a.* **I.** (*a*) (*Of garment*) Broché, semé; (*of moth, etc.*) tacheté. (*b*) (*Of skin, hair*) (Blanc-)poudré. **2.** (*Of chalk, etc.*) En poudre, pulvérisé.

powdering, *s.* **I.** Poudrage *m*, saupoudrage *m*. **Powdering-tub** (*for pickling*), saloir *m*. **2.** Pulvérisation *f*, trituration *f* (de qch.).

powderiness ['paudərinəs], *s.* Pulvérulence *f*.

powdery ['paudəri], *a.* (*a*) Poudreux. (*b*) Friable.

Powellized ['pauəlaːizd], *a.* *Ind:* (Bois) imprégné de sucre, renforcé de sucre.

power[1] ['pauər], *s.* **I.** Pouvoir *m*. *I will do* **all in my power**, je ferai tout ce qui est en mon pouvoir. **I have the power, I have it in my power, it lies in my power, to . . .**, je suis à même de, en mesure de . . .; j'ai le pouvoir de . . .; il est en mon pouvoir de. . . . **As far as lies within my power**, dans la mesure où cela m'est possible, où cela me sera possible. **To the utmost of my power**, de tout mon pouvoir. *By every means in his p.*, par tous les moyens à lui possibles. **It is beyond my power**, cela ne m'est pas possible; cela passe ma capacité. *It is beyond my p. to save him*, je suis impuissant à le sauver. *To lose the p. of holding one's audience*, ne plus être capable de retenir son auditoire. *P. of suggestion over highly strung persons*, action *f* de la suggestion sur les sujets nerveux. **2.** (*a*) Faculté *f*, capacité *f*, talent *m*. *Mental powers*, facultés intellectuelles, de l'esprit. *Man of great intellectual powers*, homme *m* de hautes facultés. *Man of varied powers*, homme aux aptitudes multiples, aux talents multiples. *His powers are failing*, ses facultés baissent. *See also* BRAIN-POWER, WILL-POWER. (*b*) *Ph:* *etc:* **Power of absorption**, capacité d'absorption. **3.** Vigueur *f*, force *f*, énergie *f* (des bras, etc.). *F:* **More power to your elbow!** (i) allez-y! (ii) bonne chance! puissiez-vous réussir! **4.** (*a*) Puissance *f* (d'une machine, d'un microscope, etc.); force (d'un aimant, d'une chute d'eau, etc.). **Attractive power**, force d'attraction. **Magnifying power**, pouvoir grossissant. *Mec:* **Power-to-weight ratio, power per unit of mass**, puissance massique (d'une machine, d'un moteur). **Power delivered**, puissance développée. *Installation of p.*, installation *f* de force, d'énergie. *See also* CANDLE-POWER, EXHAUSTING[2] I, HORSE-POWER, PURCHASING[2] I. (*b*) Énergie *f* (électrique, hydraulique, etc.). **Motive power**, force motrice; moyens de propulsion. **Power equipment**, éléments *mpl* de la puissance motrice. **Power unit**, unité motrice. **Driving power**, mobile *m*. **Hand-, foot-power machine**, machine mue à la main, à la pédale. *See also* MAN-POWER, STREAM-POWER, TIDE-POWER, WATER-POWER, WIND-POWER. *Ind:* **Generation of power**, production *f* d'énergie. *Supply of p.*, fourniture *f*, cession *f*, d'énergie, de force motrice. **Power consumption**, énergie consommée, consumée. **Loss of power due to friction, to leakage**, perte d'énergie due au frottement, aux fuites. *P. supplied by a motor*, débit *m* d'un moteur. *What p. do you use?* quelle espèce d'énergie utilisez-vous? *The car came in* **under its own power**, l'auto est rentrée par ses propres moyens. *I.C.E:* *The engine loses p.*, le moteur faiblit, fléchit. *Mch:* **To maintain full power**, se maintenir à toute pression. *See also* HIGH-POWER. *Nau:* **To work the engines at half power**, manœuvrer à petite vitesse. **Under power**, sous pression. **Power agriculture**, motoculture *f*. *See also* LATHE[1] I, SAW[1], SHAFT[1] 5, SHOVEL[1]. (*c*) Machinisme *m*. *P. has revolutionized modern industry*, le machinisme a transformé l'industrie moderne. (*d*) **The mechanical powers**, les machines *f* simples. **5.** (*a*) Pouvoir, influence *f*, autorité *f*. *Assumption of p.*, prise *f* de pouvoir. *Spain was then at the height of her p.*, l'Espagne était alors à l'apogée de sa puissance. **Absolute power,** le pouvoir absolu. **Civil power,** le pouvoir civil. **Executive power,** le pouvoir exécutif. **The military power,** l'autorité militaire. *See also* BALANCE[1] 2, KNOWLEDGE 2, WIELD. *To bring a town under one's p.*, ranger une ville sous sa loi. **To have s.o. in one's power, to have power over s.o.,** avoir du pouvoir sur qn, avoir qn sous sa coupe. **To fall into s.o.'s power,** tomber au pouvoir de qn. *To place oneself in s.o.'s p.*, se mettre à la merci de qn. **To come into power,** arriver au pouvoir. **To be in power,** être au pouvoir; détenir le pouvoir. *The party in p.*, le parti au pouvoir. **Power of pardon, of life and death,** droit *m* de grâce; droit de vie et de mort; *A:* puissance du glaive. (*b*) **To act with full powers,** agir de pleine autorité. *To ask for powers to conclude peace*, demander des pouvoirs pour conclure la paix. *This lies within his powers*, cela rentre dans ses attributions. **To exceed, go beyond, one's powers,** outrepasser ses pouvoirs; sortir de sa compétence. *Definite powers of a Court*, attributions précises d'une cour. (*c*) *Jur:* Procuration *f*, mandat *m*, pouvoir. **To furnish s.o. with full powers,** munir qn d'un pouvoir; donner pleins pouvoirs à qn. *See also* ATTORNEY[2]. (*d*) *Jur:* **Power of appointment,** pouvoir (donné à l'usufruitier) de désigner celui qui bénéficiera d'un legs. **6.** (*a*) (*Pers., etc.*) Puissance. **The powers that be,** les autorités constituées. **The press is a power in the land,** la presse compte comme pouvoir dans le pays. **To do worship to the rising power,** *F:* adorer le soleil levant. *Theol:* **The (angelic) powers,** les puissances. **The powers of darkness,** les puissances des ténèbres. **Merciful powers!** grands dieux! *By the powers!* (par le) ciel! (*b*) **The Great Powers,** les Grandes Puissances. *Your Noble Powers*, vos Nobles Puissances. *See also* PACT. **7.** (*a*) *A:* Armée *f*, force. (*b*) *P:* **A power of people,** une quantité, une masse, de gens; *F:* un tas de gens. *To make a p. of money*, gagner énormément d'argent. *To do a p. of work*, abattre de l'ouvrage tant et plus. **8.** *Mth:* (*a*) Puissance (d'un nombre). **Three to the fourth power,** trois (à la) puissance quatre; trois à la quatrième puissance; trois exposant quatre. *To the* n^{th} *p.*, à la n^{me} puissance. **The power of x,** l'exposant *m* de x. (*b*) **Power of a point with regard to a circle,** puissance d'un point par rapport à un cercle.

'power-control, *s.* *Mec.E:* Commande *f* mécanique.

'power-driven, *a.* Mû par moteur.

'power-factor, *s.* *El.E:* Facteur *m* de puissance.

'power-gas, *s.* Gaz *m* combustible; gaz pour force motrice, gaz moteur.

'power-hammer, *s.* *Metall:* Marteau-pilon *m*, *pl.* marteaux-pilons; pilon *m* mécanique, à vapeur.

'power house, *s.* = POWER STATION.

'power-installation, *s.* Installation *f* de force, d'énergie.

'power-load, *s.* *El:* Consommation *f* d'électricité motrice (d'une machine); consommation industrielle.

'power-loom, *s.* *Tex:* Métier *m* mécanique.

'power-mill, *s.* **1.** Manufacture *f* avec installation de force motrice. **2.** *Mill:* Minoterie *f*.

'power-petrol, *s.* *Aut:* Essence *f* pour poids lourds.

'power-plant, *s.* **1.** *Av: etc:* Groupe moto-propulseur; bloc moteur. **2.** *El.E:* Groupe(s) générateur(s).

'power-press, *s.* *Typ:* Presse *f* mécanique.

'power-propelled, *a.* A propulsion mécanique; à traction mécanique.

'power-rail, *s.* *El.Rail:* Rail conducteur; rail de contact.

'power station, *s.* *El.E:* Station génératrice (d'électricité); (usine) centrale électrique; station centrale; centrale *f*.

'power-stroke, *s.* *Mch:* *I.C.E:* Temps moteur; (course *f* de) détente *f*; course motrice.

'power-tube, -valve, *s.* *W.Tel:* Lampe émettrice, génératrice; lampe (amplificatrice) de puissance.

power[2], *v.tr.* Fournir d'énergie (un réseau de chemin de fer, etc.).

-powered, *a.* (*With adj. prefixed, e.g.*) **High-powered car, low-powered car,** auto *f* de haute, de faible, puissance. *See also* HIGH-POWERED.

powerful ['pauərful], *a.* **1.** (*a*) Puissant. *To become more p.*, augmenter en puissance; (*of State*) s'agrandir. *To have to deal with a p. adversary*, avoir affaire à forte partie. (*b*) (*Of physical strength*) Fort, vigoureux; (*of blow*) vigoureux. *P. remedy*, remède *m* énergique, efficace. *P. dose*, forte dose (d'un médicament). **2.** *P:* (*a*) **A powerful lot of people,** une masse, un tas, de gens. *P. lot of trouble*, énormément de peine. (*b*) *adv.* *I was p. tired*, j'étais rudement fatigué. **-fully,** *adv.* Puissamment; fortement. *P. built man*, homme puissamment charpenté.

powerfulness ['pauərfulnəs], *s.* **1.** Puissance *f*. **2.** Force *f*, vigueur *f* (musculaire). *P. of a drug*, action *f* énergique d'une drogue.

powerless ['pauərləs], *a.* **1.** Sans puissance; impuissant. **To be powerless to do sth.,** se trouver impuissant à faire qch.; être sans pouvoir pour faire qch. *They are p. in the matter*, ils n'y peuvent rien. **2.** (Remède *m*) inefficace, sans vertu.

powerlessness ['pauərləsnəs], *s.* **1.** Impuissance *f*. **2.** Inefficacité *f* (d'un remède).

pow-wow[1] ['pauwau], *s.* **1.** Devin *m*, sorcier *m*, guérisseur *m* (chez les Peaux-Rouges). **2.** Cérémonie *f* (avec rites magiques); assemblée *f*, orgie *f* (des Peaux-Rouges). **3.** (*a*) *U.S:* Conférence *f* politique. (*b*) *F:* Congrès *m*, conférence, palabre *f*. (*c*) *F:* Réunion amicale.

pow-wow[2] [pau'wau]. **1.** *v.i.* (*Of N. American Indians*) (*a*) Pratiquer la sorcellerie. (*b*) Tenir une assemblée; se livrer à une orgie. **2.** *v.i.* *F:* Tenir un congrès, palabrer. **To pow-wow about sth.,** discuter qch. **3.** *v.tr.* Traiter (un malade) par la sorcellerie.

pox [pɔks], *s.* **1.** *Med:* (*a*) Syphilis *f*, vérole *f*. **To get the pox,** contracter la syphilis; *P:* se faire plomber. (*b*) *See* CHICKEN-POX, SCRUM-POX, SMALLPOX. **2.** *Vet:* **Cow-pox,** vaccine *f*; variole *f* des vaches; cowpox *m*. **Sheep-pox,** clavelée *f*, claveau *m*; rougeole *f*, variole, des moutons. **Horse-pox,** variole équine.

poxed [pɔkst], *a.* Syphilitique; avarié; *P:* plombé.

pozz(u)olana [pɔts(u)o'lɑːna], *s.* *Miner:* Po(u)zzolane *f*.

Pozzuoli [pɔtsu'ouliː]. *Pr.n. Geog:* Pouzzoles.

practicability [praktikə'biliti], *s.* Praticabilité *f*.

practicable ['praktikəbl], *a.* **1.** Praticable; faisable; entreprenable. *To make a rule p.*, réduire une règle en pratique. *This method is not so p.*, cette méthode n'est pas, du point de vue pratique, aussi satisfaisante. **2.** (*a*) (*Of road, ford*) Praticable. *Road p. for vehicles*, chemin *m* carrossable. (*b*) *Th:* **Practicable door, window,** porte *f*, fenêtre *f*, praticable.

practical ['praktik(ə)l], *a.* **1.** Pratique. (*a*) **Practical mechanics, chemistry,** mécanique, chimie, appliquée. *The examination will be p., written, and oral*, l'examen comprendra les épreuves pratiques, écrites, et orales. *Of no p. value, useless for p. purposes*, inutilisable dans la pratique. *P. application of a maxim*, mise *f* en pratique d'une maxime. *See also* JOKE[1]. (*b*) **Practical proposal,** proposition *f* d'ordre pratique. *To have a great deal of p. common sense*, avoir beaucoup de sens pratique. (*c*) **Practical tradesman, practical man,** artisan *m*. **Practical shoemaker,** cordonnier *m* à façon. (*d*) *Very p. little girl*, petite fille très entendue. *To appeal to p. minds*, être attrayant pour les esprits positifs. **2. With practical unanimity,** d'un consentement pour ainsi dire unanime, quasi, presque, unanime. *The p. owner*, le propriétaire en fait (sinon en droit). **-ally,** *adv.* **1.** Pratiquement, en pratique. **Practically speaking,** pratiquement parlant. **2.** Pour ainsi dire. *There has been p. no snow*, il n'y a pas eu de neige pour ainsi dire. *There is p. nothing left*, on peut dire qu'en fait il n'y a plus rien; il ne reste pour ainsi dire plus rien. *P. cured*, quasiment guéri. *I am p. ruined*, c'est la ruine, ou peu s'en faut. *Elected by a p. unanimous vote*, élu à la quasi-unanimité. *P. the whole of the audience*, la quasi-totalité de l'auditoire. *The conditions p. amount to a refusal*, ces conditions *f* équivalent, en fait, à un refus. *P. the same temperature*, sensiblement la même température.

practicality [prakti'kaliti], **practicalness** ['praktikəlnəs], *s.* **1.** Nature *f* pratique, caractère *m* pratique (d'un projet, etc.). **2.** Sens *m*, esprit *m*, pratique.

practice ['praktis], *s.* **1.** Pratique *f*, exercice *m*. *The p. of medicine*, l'exercice de la médecine. **Doctor who is no longer in practice,** médecin *m* qui ne pratique plus, qui n'exerce plus. *Jur:* **The practice of the courts,** la procédure, la pratique, du Palais. **To put, carry, a principle into practice,** mettre un principe en action, en pratique; pratiquer un principe. *To put one's ideas into p.*, donner suite à ses idées. **In practice we find that . . .,** dans la pratique on se rend compte que. . . . **2.** (*a*) Habitude *f*, coutume *f*, usage *m*. *Com:* Usance *f*. **To make it a practice, one's practice, to do sth.; to make a practice of doing sth.,** se faire une habitude, une règle, de faire qch. *It is the usual p.*, c'est de pratique courante. *As is the p. among the great*, comme c'est l'usage chez les grands. (*b*) **Shop practice,** tours *mpl* de main d'atelier; technique *f* d'atelier. *Mec.E:* *Fitting p.*, méthodes *fpl* d'ajustage. *Most approved p.*, pratique courante. *In lathe p. . . .*, dans la pratique du tour. . . . **3.** Exercice(s). *Sp:* Entraînement *m*. *It can only be learnt by p.*, cela ne s'apprend que par l'usage. *It takes years of p.*, cela demande de longues années de pratique. *Stroke that needs a lot of p.*, coup *m* qui demande beaucoup d'application, de travail. **To be in practice,** être en forme. **Out of practice,** rouillé. *To get out of p.*, perdre l'habitude, la main; se rouiller. *To be out of p.*, avoir perdu l'habitude, la main; n'avoir plus la main. *To do sth. for p.*, faire qch. pour s'exercer. *Exercise that is good p. for swimming*, exercice qui est un excellent entraînement pour la natation. **Piano practice,** étude *f* du piano. **Band practice, choir practice,** répétition *f*. *Mil:* **Target practice,** exercices de tir; tir *m* à la cible, écoles *fpl* à feu. *Prov:* **Practice makes perfect,** c'est en forgeant qu'on devient forgeron; on se perfectionne par la pratique; usage rend maître. *Sp:* **Practice match,** match *m* d'entraînement. *Av:* **Practice flight,** vol *m* d'entraînement. **4.** Pratique, clientèle *f* (de médecin); étude (d'avoué). **To buy a practice,** acheter une clientèle, *A:* un cabinet. **5.** *Esp. in pl.* Pratiques, menées *fpl*, machinations *fpl*, intrigue *f*. *See also* CORRUPT[1], SHARP[1] I. 2. **6.** *Ar:* Méthode *f* des parties aliquotes.

'practice-firing, *s.* *Mil:* Exercice *m* de tir.

practician [prak'tiʃ(ə)n], *s.* Praticien *m*.

practise ['praktis], *v.tr.* **1.** Pratiquer (une vertu, etc.); suivre (une méthode); mettre en pratique, en action (un principe, une règle). **To practise deceit on s.o.,** user de supercherie avec qn. **To practise what one preaches,** montrer l'exemple; prêcher d'exemple. **2.** Pratiquer, exercer (une profession). *To p. medicine*, exercer la médecine. *Abs.* (*Of doctor*) Faire de la clientèle; exercer. *To p. journalism*, faire du journalisme. *They p. the same profession*, ils sont adonnés à la même profession. **3.** Étudier (le piano, etc.); s'exercer (au piano, sur la flûte, à l'escrime); répéter (un chœur, etc.). *Abs.* *Mus: etc:* S'exercer; faire des exercices. *To p. exercises on the piano*, jouer des exercices au piano. *To p. the scales*, faire des gammes. *To p. a shot* (*at tennis, billiards*), s'exercer à un coup. **To practise one's French on s.o.,** essayer son français sur qn. **4.** Entraîner (une équipe). **5.** *v.ind.tr.* **To practise upon s.o.,** exploiter, duper, qn. *His fears were practised upon*, on exploitait ses craintes. *To p. upon s.o.'s inexperience*, abuser de, spéculer sur, exploiter, l'inexpérience de qn.

practised, *a.* Exercé, expérimenté; (joueur, etc.) averti. **Practised in sth.,** expérimenté, versé, habile, dans qch.; rompu à qch.; exercé à, dans, qch. *The p. organization of a paper*, l'organisation éprouvée d'un journal.

practising[1], *a.* **1.** Qui exerce; praticien; (médecin) praticien, exerçant, traitant; (avoué) exerçant, en exercice. **2.** (Catholique) pratiquant.

practising[2], *s.* **1.** Pratique *f* (de la vertu); exercice *m* (d'une profession, d'une vertu, etc.); entraînement *m* (pour un sport).

Mus: Répétitions *fpl* (d'ensemble); exercices (au piano). **2. Practising upon s.o.,** exploitation *f* de qn.

practiser ['praktisər], *s.* **1.** Praticien *m.* **2.** *He is a p. of what he preaches,* il met en pratique ce qu'il prêche.

practitioner [prak'tiʃənər], *s.* **1.** Praticien *m.* **Medical practitioner,** médecin *m.* **General practitioner,** médecin et chirurgien; médecin ordinaire. *He is a general p.,* il fait de la médecine générale. **Local practitioner,** médecin de quartier, de l'endroit. *See also* LEGAL 2.

praedial ['pri:diəl], *a.* = PREDIAL.

praemunire [pri:mju'nairi], *s.* *Eng.Hist:* **Statutes of praemunire,** statuts contre les empiètements de la juridiction ecclésiastique sur le pouvoir civil. **Writ of praemunire,** mandat *m* sommant un délinquant de répondre à l'accusation de *praemunire.*

Praeneste [pri:'nesti:]. *Pr.n. A.Geog:* Préneste.

praenomen [pri:'noumen], *s.* *Rom.Ant:* Prénom *m.*

praepostor [pri:'pɔstər], *s.* *Sch:* = PREFECT 3.

praetexta [pri:'tekstə], *s.* *Rom.Ant:* (Toge) prétexte *f.*

praetor ['pri:tər], *s.* *Rom.Hist:* Préteur *m.*

praetorial [pri:'tɔ:riəl], *a.* *Rom.Hist:* Prétorial, -aux.

praetorian [pri:'tɔ:riən], *a. & s.* *Rom.Hist:* Prétorien (*m*).

praetorium [pri:'tɔ:riəm], *s.* *Rom.Ant:* Prétoire *m.*

praetorship ['pri:tərʃip], *s.* *Rom.Hist:* Préture *f.*

pragmatic [prag'matik], *a.* **1.** *Hist:* *Phil:* Pragmatique. *Hist:* **Pragmatic sanction,** *s.* **pragmatic,** pragmatique sanction *f*; pragmatique *f.* **2.** = PRAGMATICAL.

pragmatical [prag'matik(ə)l], *a.* **1.** *A:* Officieux, importun. **2.** (i) Suffisant, important, infatué de soi-même; (ii) dogmatique, dictatorial, -aux, doctrinaire. **3.** *Phil:* Pragmatique. **-ally,** *adv.* **1.** *Phil:* Pragmatiquement. **2.** *A:* Officieusement, avec importunité. **3.** D'un ton suffisant, dogmatique, dictatorial, doctrinaire; d'un ton positif.

pragmatism ['pragmətizm], *s.* **1.** *Phil:* Pragmatisme *m.* **2.** *A:* Officiosité *f*; suffisance *f.* **3.** Pédantisme *m,* pédanterie *f.*

pragmatist ['pragmətist], *s.* *Phil:* Pragmatiste *m.*

pragmatize ['pragmətaiz], *v.tr.* Matérialiser ou rationaliser (un mythe, etc.).

prairie ['prɛəri], *s.* Prairie *f* (de l'Amérique du N.); savane *f,* steppe *m or f.* *F:* **Prairie-oyster, -cocktail,** œuf cru à gober (assaisonné de condiments); huître artificielle. *See also* WOLF[1] 1.

prairie-'chicken, -'grouse, -'hen, *s.* *Orn:* Tétras *m* cupidon, gelinotte *f* des prairies, cupidon *m* des prairies (de l'Amérique du Nord).

prairie-'dog, *s.* *Z:* Cynomys *m*; *F:* chien *m* de prairie.

'prairie 'schooner, *s.* Chariot *m* dont se servaient les premiers colons américains.

'Prairie 'States (the). *Pr.n.pl. Geog:* La Prairie (Wisconsin, Iowa, Minnesota, etc.).

praisable ['preizəbl], *a.* Louable.

praise[1] [preiz], *s.* (i) (*Deserved*) Éloge(s) *m(pl)*; (ii) (*adulatory or of worship*) louange(s) *f(pl).* **In praise of s.o., of sth.,** à la louange de qn, de qch. *To speak in p. of s.o.,* faire l'éloge de qn. *It must be said in his p. that . . .,* il faut dire à son mérite, à son éloge, que. . . . **To sound, sing, the praises of sth., of s.o.,** chanter, célébrer, les louanges de qch., de qn. *To sound one's own praises,* faire son propre éloge. *To win high praises,* s'attirer de grands éloges. *I am not given to p.,* je suis peu flatteur; je ne suis pas enclin à la louange. *As a critic he is chary of p.,* comme critique il n'est pas louangeur. **To be loud, warm, in s.o.'s praise,** accabler, combler, qn d'éloges; prodiguer les éloges à qn. *All were loud in their praises of him, they all broke into p. of him,* ce fut un concert d'éloges sur son compte. *I have nothing but p. for him, for his conduct,* je n'ai qu'à me louer de lui, de sa conduite. *His conduct is* **beyond all praise,** sa conduite est au-dessus de tout éloge. *This is the highest p. one can give him,* c'est le plus bel éloge à lui faire. *Worthy of p. for having done sth.,* qui mérite d'être loué pour avoir fait qch. *See also* SELF-PRAISE. **To the praise of God,** à la gloire de Dieu; à la louange de Dieu. **Praise be to God!** Dieu soit loué!

praise[2], *v.tr.* **1.** Louer, faire l'éloge de (qn, qch.). *To be praised by all, by one's masters,* être loué de tous, par ses maîtres. *He was praised by everyone,* il s'attira les éloges, les louanges, de tout le monde. *See also* FETCH[2] 4, SKY[1] 1. **2. To praise God,** glorifier Dieu; chanter, célébrer, les louanges de Dieu. **3.** *F:* **To praise up,** vanter, prôner (un produit); chauffer (un livre, un écrivain).

praising, *s.* (*a*) Louange *f,* éloge *m.* (*b*) **Praising of God,** glorification *f* de Dieu; célébration *f* des louanges de Dieu.

praiseless ['preizləs], *a.* **1.** Sans louange; sans éloges. **2.** Indigne d'éloges.

praiser ['preizər], *s.* Louangeur, -euse; laudateur, -trice; prôneur, -euse; panégyriste *m.*

praiseworthy ['preizwə:rði], *a.* Digne d'éloges; louable; (travail *m*) méritoire. **-ily,** *adv.* Louablement; avec mérite.

Prakrit ['prɑ:krit], *s.* *Ling:* Prâkrit *m,* prâcrit *m.*

pram[1] [prɑ:m], *s.* *Nau:* *A:* Prame *f.*

pram[2] [pram], *s.* *F:* **1.** = PERAMBULATOR 1. **2.** Voiture *f* à bras de laitier.

prance [prɑ:ns], *v.i.* **1.** (*Of horse*) Fringuer; piaffer. **To prance about,** *F:* caracoler, fringuer. *F:* **To prance with rage,** trépigner de colère. **To prance and curvet,** (i) (*of horse*) caracoler et faire des courbettes; (ii) *F:* (*of pers.*) faire des simagrées. **2.** (*Of pers.*) Se pavaner; se carrer; plastronner. **To prance in, out,** entrer, sortir, d'un pas dégagé.

prancing[1], *a.* (Cheval) fringant, qui caracole. *F:* *P. courtiers,* courtisans fringants, qui se pavanent.

prancing[2], *s.* Allure fringante (d'un cheval); caracoles *fpl.*

prancer ['prɑ:nsər], *s.* Cheval fringant.

prandial ['prandiəl], *a.* *Hum:* De, du, dîner. *P. excesses,* excès *m* de table. *P. invitation,* invitation *f* à dîner. *See also* POSTPRANDIAL.

prank[1] [praŋk], *s.* **1.** Escapade *f,* folie *f,* frasque *f,* fredaine *f,* incartade *f.* *To play pranks,* faire des joyeusetés. *To play one's pranks,* faire des siennes. *To play all sorts of pranks,* faire les cent coups. **2.** Tour *m,* farce *f,* niche *f,* plaisanterie *f,* espièglerie *f.* **To play pranks on s.o.,** jouer des tours, des farces, à qn; faire des espiègleries, des facéties, des niches, à qn.

prank[2]. **1.** *v.tr.* Parer, orner, décorer; attifer. *Field pranked with flowers,* champ (par)semé, émaillé, de fleurs. **To prank oneself out, up,** se parer de ses plus beaux atours. **2.** *v.i.* Se pavaner; prendre des airs.

prankish ['praŋkiʃ], *a.* (*a*) Espiègle, malicieux, lutin, folâtre, capricieux. (*b*) (Machine *f*) qu'il faut surveiller de près; (moteur) capricieux.

prase [preiz], *s.* *Miner:* Prase *m.*

praseodymium [preizio'dimiəm], *s.* *Ch:* Praséodyme *m.*

prate [preit], *v.i.* (*a*) Dire des riens, des niaiseries, des absurdités (d'un air important); jaser, bavarder, babiller, papoter, jacasser. *To p. on, about, sociology,* débiter des balivernes sur la sociologie. (*b*) Rapporter des potins; laisser échapper des secrets; jaser.

prating[1], *a.* Babillard, bavard; jaseur, -euse.

prating[2], *s.* Débitage *m* de niaiseries, de balivernes; jaserie *f,* bavardage *m,* babillage *m,* papotage *m.*

prater ['preitər], *s.* Bavard, -arde; babillard, -arde.

praties ['preitiz], *s.pl.* *Dial:* (*In Ireland*) Pommes *f* de terre.

pratincole ['pratiŋkoul], *s.* *Orn:* Glaréole *f* pratincole; *F:* hirondelle *f* des marais, perdrix *f* de mer, poule *f* des sables.

pratique [pra'ti:k], *s.* *Nau:* Libre pratique *f.* *To have p.,* avoir libre pratique. *To admit a ship to p.,* donner libre pratique à un vaisseau; lever la quarantaine.

prattle[1] [pratl], *s.* (*a*) Babil *m,* babillage *m* (d'enfants); gazouillis *m* (des enfants, des oiseaux). (*b*) Bavardage *m,* caquet *m,* papotage *m* (de commères).

prattle[2], *v.i.* (*a*) (*Of children*) Babiller; (*of birds, children, water*) gazouiller. (*b*) (*Of women*) Jaser, bavarder, caqueter, papoter.

prattling[1], *a.* (*a*) (Enfant) babillard, babillant. *P. brook,* ruisseau *m* qui gazouille. (*b*) Bavard; jaseur, -euse.

prattling[2], *s.* (*a*) Babillage *m,* gazouillement *m,* ramage *m.* (*b*) Bavardage *m,* caquetage *m,* papotage *m.*

prattler ['pratlər], *s.* (*a*) Babillard, -arde. (*b*) Jaseur, -euse; bavard, -arde.

prawn [prɔ:n], *s.* *Crust:* Crevette *f* rose, rouge; bouquet *m*; (grande crevette) salicoque *f*; *F:* cardon *m,* chevrette *f.*

prawning ['prɔ:niŋ], *s.* *Fish:* Pêche *f* du saumon avec des crevettes comme appât.

praxinoscope ['praksinoskoup], *s.* Praxinoscope *m.*

praxis ['praksis], *s.* **1.** Pratique *f,* coutume *f*; usage établi. **2.** (*a*) Exemple *m,* exercice *m,* modèle *m* (de grammaire). (*b*) Recueil *m* d'exemples.

Praxiteles [prak'siteli:z]. *Pr.n.m. Hist. of Art:* Praxitèle.

pray [prei], *v.tr. & i.* **1.** Prier, implorer, supplier (*s.o. to do sth.,* qn de faire qch.). **To pray (to) God,** prier Dieu. **To pray for s.o.,** prier pour qn. *He had been prayed for twice daily,* on avait fait deux fois par jour des prières à son intention. **To pray for sth.,** prier le Seigneur qu'il nous accorde qch.; prier pour avoir qch.; *F:* appeler qch. de tous ses vœux. *I p. that he may be safe,* je prie Dieu qu'il soit sain et sauf. *To p. for s.o.'s soul,* prier pour (le repos de) l'âme de qn. **He's past praying for,** (i) il est perdu sans retour; (ii) *F:* il est incorrigible, impossible, indécrottable; il est trop tard pour qu'il se corrige. *It is past praying for,* c'est abîmé, perdu, sans remède. **2. (I) pray (you),** je vous (en) prie; de grâce. *What good will that do,* **pray?** à quoi bon, je vous demande un peu? *P. permit me to retire,* veuillez. je vous prie, me permettre de me retirer. *P. take a seat,* donnez-vous, prenez, la peine de vous asseoir; veuillez (bien) vous asseoir. *Jur:* **To pray for an injunction,** demander un arrêt de suspension.

praying[1], *a.* En prières.

'praying-insect, *s.* *Ent:* Mante religieuse; prie-Dieu *m inv.*

praying[2], *s.* Prière *f,* supplication *f.*

'praying-desk, *s.* Prie-Dieu *m inv.*

prayer[1] [prɛər], *s.* **1.** (*a*) Prière *f* (à Dieu); oraison *f.* **The Lord's Prayer,** l'oraison dominicale; le Pater; *F:* le Notre Père. **Prayer for the dead,** requiem *m*; prière pour les morts; oraison des trépassés. *P. for forgiveness,* déprécation *f.* **To put up a prayer, to offer prayer,** faire une prière. **To say one's prayers,** faire, dire, réciter, ses prières; faire ses dévotions; *A:* dire ses patenôtres *f.* *F:* **He didn't get that saying his prayers,** il n'a pas gagné cela en disant son chapelet. *Remember me in your prayers,* je me recommande à vos prières. **To be at one's prayers,** être en prières. **To be at prayers,** être à la prière (en commun). *A: Fall to thy prayers!* fais ta prière! mets-toi en prières! *Ecc:* **Morning Prayer, Evening Prayer,** office *m* du matin, du soir. **The Book of Common Prayer,** le livre des prières publiques (selon l'usage de l'Église anglicane); le rituel de l'Église anglicane. **Family prayers** *were at nine o'clock,* la prière en commun se faisait à neuf heures. *Sch:* **Prayers,** la prière du matin en commun. **After prayers,** après la prière; *Sch:* après la prière en commun. *See also* HOUSE[1] 2. (*b*) Demande instante; prière. *He did it at my p.,* il l'a fait à ma prière. **2.** (*Thing prayed for*) **His prayer was granted,** sa prière fut exaucée.

'prayer-book, *s.* Livre *m* de prières; livre d'office; livre d'heures; eucologe *m.* **The Prayer Book** = *the Book of Common Prayer, q.v. under* PRAYER[1] 1.

'prayer-meeting, *s.* *Ecc:* Réunion *f* pour prières en commun; service *m* de la semaine.

'prayer-mill, -wheel, *s.* Cylindre *m* à prières; moulin *m* à prières.

'prayer-stool, *s.* Prie-Dieu *m inv.*

prayer[2] ['preiər], *s.* Suppliant, -ante.

prayerful ['prɛərful], *a.* Porté à la prière; pieux; dévot, -ote.

pre- [pri(:)], *pref.* (*a*) Pré-. *Preconception,* préconception. *Predict,* prédire. *Prehistoric,* préhistorique. *Prenatal,* prénatal.

Pre-Raphaelite, préraphaélite. *The prescientific era*, l'ère pré-scientifique. *She married in pre-jumper days*, elle s'était mariée avant l'ère des casaquins. (*b*) *Pre-acquaint*, informer au préalable, informer d'avance. *Pre-acquaintance*, connaissance préalable. *Preadmonish*, avertir au préalable, avertir d'avance. *Pre-Christian*, antérieur au christianisme. *Pre-contract*, contrat antérieur, préalable. *Pre-focusing*, mise au point préalable. *Pre-ignition*, allumage anticipé, prématuré. *Pre-mundane*, d'avant le monde. *Prepaid*, payé d'avance. *Pre-Shakespearian*, antérieur à, avant, Shakespeare. *Pretonic*, qui précède l'accent tonique. *Pre-war*, d'avant-guerre.

preach [priːtʃ], *v.* Prêcher. **1.** *v.i.* Prononcer le sermon. *F:* **To preach to s.o.**, faire un sermon à qn; sermonner qn; prêcher qn. *F:* **To preach to the converted**, prêcher un converti. *It's no use preaching to a hungry man*, ventre affamé n'a pas d'oreilles. *To p. against s.o.*, prêcher contre qn. *F:* **To preach at s.o.**, faire des allusions à qn (dans un sermon); diriger un sermon contre qn (qui est présent, mais sans nommer personne). **2.** *v.tr.* (*a*) *To p. a sermon*, prononcer un sermon. (*b*) **To preach the gospel**, annoncer l'Évangile. *To p. desolation and despair*, prêcher malheur. (*c*) *F:* **To preach up sth.**, prôner qch.; prêcher en faveur de qch. **To preach down sth.**, dénigrer, ravaler, qch.; prêcher contre qch. (*d*) *F:* **To preach the congregation asleep**, endormir l'assistance. *See also* PRACTISE 1.

preaching¹, *a.* **1.** *Ecc:* Qui prêche; prédicateur. *Hist:* **Preaching friars**, frères prêcheurs; religieux *m* de l'ordre de Saint-Dominique. **2.** *Pej:* Prêcheur, -euse; sermonneur, -euse.

preaching², *s.* **1.** Prédication *f*, sermon *m*, prêche *m*. *Vocation for p.*, vocation *f* pour la chaire. *Hist:* **The preaching of the Cross**, la prédication de la Croix. **2.** *Pej:* Prêcherie *f*; prêchi-prêcha *m*.

'preaching-house, *s. Ecc:* Prêche *m*, temple *m*.

preacher ['priːtʃər], *s.* **1.** (*a*) Prédicateur *m*. *He is a poor p.*, il prêche mal; ses sermons sont peu intéressants; il n'est pas grand orateur. (*b*) *Pej:* Prêcheur, -euse. **2.** *B:* **The Preacher**, l'Ecclésiaste *m*.

preachership ['priːtʃərʃip], *s.* Ministère *m* de la prédication, de la parole.

preachify ['priːtʃifai], *v.i. F:* Sermonner; faire de la morale.

preachifying, *s.* Prêcherie *f*; prêchi-prêcha *m*.

preachment ['priːtʃmənt], *s. Usu. Pej:* Prêcherie *f*, sermon *m*.

preachy ['priːtʃi], *a. F:* Prêcheur, -euse, sermonneur, -euse.

pre-acquaint [priːə'kweint], *v.tr.* Informer (qn) au préalable, d'avance (*with*, de). *To pre-a. s.o. with the facts*, faire connaître d'avance les faits à qn.

pre-acquainted, *a. To be pre-a. with sth.*, être déjà familiarisé avec qch.; avoir été avisé au préalable de qch.

pre-acquaintance [priːə'kweintəns], *s.* Connaissance *f* préalable (*with*, de).

pre-adamic [priːə'damik], **pre-adamite** [priː'adəmait], **pre-adamitic** [priːadə'mitik], *a.* Préadamite.

pre-admission [priːəd'miʃ(ə)n], *s. Mch:* Admission prématurée, anticipée (de la vapeur, etc.).

preadmonish [priːəd'mɔniʃ], *v.tr.* Prévenir, avertir, au préalable, d'avance.

preadmonition [priːadmo'niʃ(ə)n], *s.* Avis *m*, avertissement *m*, préalable.

preamble¹ [priː'ambl], *s.* **1.** (*a*) Préambule *m*; introduction *f*, préface *f*; *Lit:* proème *m*. (*b*) Préliminaires *mpl* (d'un traité, etc.); prodrome *m*. **2.** *Jur:* (*a*) Exposé *m* des motifs (d'un projet de loi). *P. of a decree*, les attendus *m* d'un arrêt. (*b*) Exposé (d'un brevet).

preamble². **1.** *v.tr.* Rédiger le préambule, l'exposé des motifs, de. . . . **2.** *v.i.* Faire quelques observations préliminaires.

preamplifier [priː'amplifaiər], *s. W.Tel:* Préamplificateur *m*, *F:* préampli *m*.

preannounce [priːə'nauns], *v.tr.* Annoncer au préalable, d'avance.

preappoint [priːə'pɔint], *v.tr.* Fixer, désigner, au préalable, d'avance.

preapprehension [priːapri'henʃ(ə)n], *s.* **1.** Appréhension *f*, pressentiment *m* (*of*, de). **2.** Idée préconçue.

prearrange [priːə'reindʒ], *v.tr.* Arranger au préalable, d'avance. *Declarations prearranged between them*, déclarations concertées entre eux.

preassurance [priːə'ʃuərəns], *s.* Assurance *f* préalable (*of*, de).

prebend ['prebənd], *s. Ecc:* **1.** Prébende *f*; *A:* canonicat *m*. **2.** = PREBENDARY.

prebendal [pri'bend(ə)l], *a. Ecc:* Attaché à la prébende. *P. stalls*, stalles canoniales. *P. services*, offices canoniaux.

prebendary ['prebəndəri], *s. Ecc:* Prébendier *m*, chanoine *m*.

precarious [pri'kɛəriəs], *a.* **1.** *Jur:* (Possession *f*, tenure *f*) précaire. *To enjoy the p. use of sth.*, jouir de qch. par précaire. **2.** (*a*) Précaire, incertain. **To make a precarious living**, gagner sa vie précairement. *P. inference*, conclusion douteuse, risquée. (*b*) *P. life*, vie périlleuse. **-ly**, *adv.* Précairement; d'une manière précaire.

precariousness [pri'kɛəriəsnəs], *s.* Précarité *f*, incertitude *f* (dans la possession); état *m* précaire (de la santé). *The p. of their means of subsistence*, ce que leurs moyens d'existence offraient d'aléatoire.

precarium [pri'kɛəriəm], *s. Jur:* Précaire *m*.

precast [priː'kɑːst], *a.* Coulé d'avance. *P. concrete blocks*, blocs de béton prêts à être posés.

precative ['prekətiv], *a. Gram:* (Mot) précatif.

precatory ['prekətəri], *a.* **1.** *Gram:* Précatif. **2.** *Jur:* **Precatory words**, mots *m* d'où l'on peut déduire la volonté du testateur. **Precatory trust**, legs précatif.

precaution [pri'kɔːʃ(ə)n], *s.* Précaution *f*. **To take (one's) precautions against sth.**, prendre ses précautions, se précautionner, contre qch.; obvier, parer, à qch. **To take due precautions, every precaution**, prendre toutes précautions utiles; se mettre en garde; *F:* se garder à carreau. *To take too many precautions*, trop prendre de précautions. **Measure of precaution**, mesure *f* de prévoyance. *As a measure of p.*, **by way of precaution**, à tout hasard; à tout événement; par prudence.

precautionary [pri'kɔːʃənəri], *a.* De précaution. *See also* MEASURE¹ 4.

precautious [pri'kɔːʃəs], *a.* Plein de précautions; précautionneux.

precede [pri'siːd], *v.tr.* **1.** (*a*) Précéder. *The calm that precedes the storm*, le calme qui précède la tempête. *The advanced guard precedes the main body*, l'avant-garde *f* précède le gros de l'armée. *Formalities that p. the debate*, formalités *f* préalables aux débats. *For a week preceding this occasion*, pendant une semaine avant cette occasion. (*b*) Faire précéder. *To p. a lecture with a few words of welcome*, préfacer une conférence de quelques mots de bienvenue. *The conference was preceded by a reception*, une réception a eu lieu avant la conférence. **2.** Avoir le pas, la préséance, sur (qn).

preceding, *a.* Précédent. *The p. day*, la veille; le jour précédent. *The p. year*, l'année d'auparavant. *In the p. article*, dans l'article ci-dessus.

precedence ['presidəns, pri'siːdəns], *s.* (*a*) Préséance *f*; priorité *f*. **To have, take, precedence of s.o.**, avoir le pas, la préséance, sur qn; prendre le pas sur qn; avoir l'honneur du pas sur qn; *F:* primer qn. *Ladies take p.*, les dames passent avant. *To contend for p. with s.o.*, disputer le pas à qn. **To yield precedence to s.o.**, céder le pas à qn; s'effacer devant qn. *Duty that takes p. of all others*, devoir *m* qui prime tout. (*b*) Droit *m* de priorité (pour la proposition d'une loi, etc.).

precedent¹ ['presidənt], *s.* **1.** Précédent *m*. **To set, create, a precedent**, créer un précédent. **To become a precedent**, constituer un précédent; tirer à conséquence. *There is no p. for it*, il n'y en a point d'exemple. **According to precedent**, suivant la coutume; conformément à la tradition. **2.** *Jur:* Décision *f* judiciaire faisant jurisprudence. *Precedents of a case*, jurisprudence *f* d'un cas de droit.

precedent² [pri'siːdənt], *a. A:* Précédent. **-ly**, *adv.* Précédemment; antérieurement.

precedented ['presidentid], *a.* Qui n'est pas sans précédent; autorisé par des précédents.

precedential [presi'denʃəl], *a.* **1.** Qui constitue un précédent, qui tire à conséquence. **2.** Préliminaire.

precent [pri'sent], *v. Ecc:* **1.** *v.i.* Tenir le rôle de premier chantre. **2.** *v.tr.* (*a*) Entonner (un psaume, etc.). (*b*) Guider, soutenir (le chant).

precentor [pri'sentər], *s. Ecc:* **1.** (*a*) Grand chantre; premier chantre. (*b*) Maître *m* de chapelle. **2.** *A:* Chef *m* du chœur (dans l'église réformée. Entonnait les psaumes et cantiques à défaut d'orgue).

precentorial [priːsen'tɔːriəl], *a. Ecc:* (Fonctions *f*) (i) de premier chantre, (ii) de chef de chœur.

precentorship [pri'sentərʃip], *s. Ecc:* Maîtrise *f*, chantrerie *f*.

precept ['priːsept], *s.* **1.** Précepte *m*; commandement *m* (de Dieu). *Prov:* **Example is better than precept**, l'exemple vaut mieux que le précepte. **2.** (*a*) *Jur:* Mandat *m*. (*b*) *Adm:* Feuille *f* de contributions.

preceptor [pri'septər], *s.* **1.** Précepteur *m*; préceptrice *f*. **2.** *Sch: U.S:* = TUTOR¹ 1.

preceptorial [priːsep'tɔːriəl], *a.* Préceptoral, -aux; (fonctions *f*) de précepteur.

preceptorship [pri'septərʃip], *s.* Préceptorat *m*.

preceptory [pri'septəri], *s. Hist:* Commanderie *f* de l'ordre des Templiers.

preceptress [pri'septres], *s.f.* Préceptrice.

precession [pri'seʃ(ə)n], *s. Astr:* Précession *f* (des équinoxes).

precessional [pri'seʃən(ə)l], *a. Astr:* De précession.

pre-Christian [priː'kristjən], *a.* Antérieur au christianisme.

precinct ['priːsiŋ(k)t], *s.* **1.** (*a*) Enceinte *f*, enclos *m*. (*b*) *pl.* **Precincts**, pourtour *m* (d'une cathédrale, etc.); alentours *mpl*, environs *mpl* (d'un endroit). **2.** Limite *f* (du pourtour). **3.** *U.S:* Circonscription électorale.

preciosity [preʃi'ɔsiti], *s.* Préciosité *f*, affectation *f* (de langage, etc.). *With p.*, précieusement.

precious ['preʃəs]. **1.** *a.* (*a*) Précieux; de grand prix. **Precious metals, precious stones**, métaux précieux, pierres précieuses. *See also* SEMI-PRECIOUS. **Precious blood**, précieux sang (de Notre-Seigneur). *My p. child*, mon enfant chéri. *This privilege was p. to him*, ce privilège lui a été précieux. (*b*) *F:* Fameux, fier. **A precious pair**, une belle paire (de vauriens, etc.). *To make a p. mess of sth.*, faire un beau gâchis de qch. *A p. fool he is!* c'est un fameux imbécile! *He thinks a p. sight too much of himself*, il ne se gobe pas qu'un peu; il se croit sorti de la cuisse de Jupiter. (*c*) *Art: Lit:* (Style) précieux, recherché, affecté. **2.** *s.* **My precious!** mon trésor! mon amour! **3.** *adv. F:* **To take precious good care of sth.**, prendre un soin particulier de qch. *It is p. cold*, il fait joliment, diablement, froid. *There are p. few of them*, il n'y en a guère. *There is p. little hope*, il n'y a guère d'espoir. **-ly**, *adv.* **1.** (*a*) Précieusement. (*b*) Avec préciosité, avec affectation; précieusement. **2.** *F:* Fameusement, joliment, extrêmement.

preciousness ['preʃəsnəs], *s.* **1.** Grand prix, haute valeur (de qch.). **2.** *Art: Lit:* Préciosité *f*.

precipice ['presipis], *s.* Précipice *m*; escarpement abrupt; paroi *f* à pic. *To fall over a p.*, tomber dans un précipice. *F: To rescue s.o. from the edge of the p.*, sauver qn sur le bord du précipice, de l'abîme *m*.

precipitability [pri'sipitə'biliti], *s. Ch: Ph:* Précipitabilité *f*.

precipitable [pri'sipitəbl], *a. Ch: Ph:* Précipitable.

precipitance [pri'sipitəns], **precipitancy** [pri'sipitənsi], *s.* Précipitation *f*; (i) empressement *m*; (ii) manque *m* de réflexion; irréflexion *f*.

precipitant [pri'sipitənt]. **1.** *a. A:* = PRECIPITATE[2]. **2.** *s. Ch:* Précipitant *m.*

precipitate[1] [pri'sipitet], *s.* **1.** *Ch:* Précipité *m. Electrolytic p.*, précipité électrolytique. *Pharm:* **White precipitate,** mercure précipité blanc. **To form a precipitate,** (se) précipiter. **2.** *Meteor:* Eau *f* de condensation.

precipitate[2], *a.* Précipité. **1.** Fait à la hâte. *They escaped by a p. flight*, une fuite précipitée leur permit de s'échapper. **2.** Trop empressé; irréfléchi. *Had I been less p.*, si j'avais agi moins précipitamment; si j'avais réfléchi avant d'agir. **-ly,** *adv.* Précipitamment; avec précipitation. **1.** En toute hâte. **2.** Sans réflexion.

precipitate[3] [pri'sipiteit]. **1.** *v.tr.* (*a*) Précipiter (qn, qch.) (*into an abyss*, dans un gouffre); jeter (qn, qch.) de haut en bas. *To p. a country into war*, précipiter un pays dans la guerre. (*b*) (i) *Ch:* Précipiter (une substance solide). (ii) *Meteor:* Condenser; faire tomber (la rosée, etc.). (*c*) Accélérer, hâter, précipiter (un événement). *To p. matters, the climax of a play*, brusquer les choses, le dénouement d'une pièce. **2.** *v.i.* (*a*) *Ch: Ph:* (Se) précipiter. (*b*) *Meteor:* Se condenser.

precipitate out, *v.i.* (*Of salt, etc.*) Se séparer par précipitation.

precipitated, *a. Ch:* (*Of chalk, etc.*) Précipité.

precipitating, *a. Ch:* **Precipitating agent,** précipitant *m.*

precipitation [prisipi'teiʃ(ə)n], *s.* **1.** (*a*) *Ch: Ph:* Précipitation *f. P. with barium chloride*, précipitation par le chlorure de barium. *El: Anodic p.*, précipitation à l'anode. (*b*) *Meteor:* Précipitation; précipités *m* atmosphériques; tombée *f* de pluie, neige, et grêle. *Annual p.*, quantité *f* de pluie annuelle. **2. To act with precipitation,** agir avec précipitation, précipitamment; (i) montrer trop de hâte; (ii) manquer de réflexion.

precipitator [pri'sipiteitər], *s. Ch:* **1.** = PRECIPITANT 2. **2.** Cuve *f* de précipitation.

precipitin [pri'sipitin], *s. Bio-Ch:* Précipitine *f.*

precipitous [pri'sipitəs], *a.* Escarpé, abrupt; à pic. **-ly,** *adv.* A pic.

precipitousness [pri'sipitəsnəs], *s.* Escarpement *m* (d'une falaise, etc.); raideur *f* (d'une pente).

précis ['presi:], *pl.* **précis** ['presi:z], *s.* Précis *m*, analyse *f*, résumé *m*, abrégé *m. To make a p. of a set of documents, of an affair*, analyser un dossier; rédiger un précis d'une affaire. *Sch:* **Précis-writing,** rédaction *f* de résumés; analyse (de rapports, etc.).

precise [pri'sais], *a.* **1.** (*a*) Précis, -ise, exact. *To give p. orders*, donner des ordres précis. *P. author*, auteur précis, toujours exact. *P. movements*, mouvements exécutés avec précision; *Equit:* mouvements écoutés. **In order to be precise . . .,** pour préciser. . . . (*b*) *At the p. moment when . . .*, au moment précis où . . .; juste au moment où. . . . **2.** (*Of pers.*) Formaliste; pointilleux; méticuleux; collet monté *inv. A very p. gentleman, F:* un monsieur ponctué et virgulé. **-ly,** *adv.* **1.** (*a*) Avec précision. *To state the facts p.*, préciser les faits. *That is p. the truth*, c'est la plus stricte vérité. (*b*) *At six o'clock p.*, à six heures précises. *At a quarter to three p.*, à deux heures trois quarts, heure précise, *F:* heure militaire. **2. Precisely (so)!** précisément! parfaitement! *F:* tout juste!

preciseness [pri'saisnəs], *s.* **1.** Précision *f.* **2.** (*a*) Méticulosité *f.* (*b*) Formalisme *m.*

precisian [pri'siʒjən], *s.* **1.** Formaliste *mf.* **2.** *Rel.H:* Rigoriste *mf.*

precisianism [pri'siʒjənizm], *s.* **1.** Formalisme *m.* **2.** *Rel.H:* Rigorisme *m.*

precision [pri'siʒ(ə)n], *s.* Précision *f*, exactitude *f*, justesse *f. Lack of p.*, imprécision *f. Tchn:* **Precision instruments,** instruments *m* de précision.

precisionist [pri'siʒənist], *s.* Puriste *mf.*

pre-cited [pri:'saitid], *a.* Précité, susdit, sus-mentionné.

preclude [pri'klu:d], *v.tr.* Empêcher, prévenir, écarter (une objection, un malentendu, etc.). *In order to p. any misunderstanding . . .*, pour prévenir tout malentendu. . . . *To be precluded from an opportunity*, être privé d'une occasion. *Abdication is precluded by the lack of a successor*, l'abdication est rendue impossible par l'absence de successeur. **To be precluded from doing sth.,** être dans l'impossibilité de faire qch.

preclusive [pri'klu:siv], *a.* **Preclusive of sth.,** qui empêche, prévient, écarte, qch.

precocious [pri'kouʃəs], *a.* (*Of plant, intellect*) Précoce, hâtif. *P. child*, enfant *mf* précoce; enfant qui en sait déjà long. **-ly,** *adv.* Précocement; avec précocité.

precociousness [pri'kouʃəsnəs], **precocity** [pri'kɔsiti], *s.* Précocité *f.*

precognition [pri:kɔg'niʃ(ə)n], *s.* **1.** *Phil: etc:* Préconnaissance *f*; connaissance anticipée, antérieure. **2.** *Jur:* (*In Scot.*) (*a*) Instruction *f* (d'une affaire criminelle); interrogatoire *m* préliminaire (des témoins). (*b*) Déposition *f* d'un témoin (à l'instruction).

precognosce [pri:kɔg'nɔs], *v.tr. Jur:* (*In Scot.*) Instruire (une affaire criminelle); interroger (les témoins) à l'instruction.

pre-combustion [pri:kɔm'bʌstʃ(ə)n], *s.* Précombustion *f. I.C.E: etc:* **Pre-combustion chamber,** antichambre *f* de combustion.

preconceive [pri:kon'si:v], *v.tr.* Préconcevoir. **Preconceived idea,** idée préconçue.

preconception [pri:kon'sepʃ(ə)n], *s.* **1.** Préconception *f.* **2.** (*a*) Idée ou opinion préconçue. (*b*) Préjugé *m. To free oneself from all preconceptions*, se libérer de toute opinion préconçue, de tout préjugé.

preconcerted [pri:kon'sə:rtid], *a.* Convenu, arrangé, concerté, d'avance. **Following no preconcerted plan,** sans plan arrêté.

pre-condemn [pri:kon'dem], *v.tr.* Condamner d'avance.

preconization [pri:konai'zeiʃ(ə)n], *s. R.C.Ch:* Préconisation *f* (d'un nouvel évêque).

preconize ['pri:konaiz], *v.tr.* **1.** Préconiser, vanter, louer (qn, qch.). **2.** Sommer (les membres d'un comité, etc.) nominativement. **3.** *R.C.Ch:* Préconiser (un nouvel évêque).

preconizing, *s.* Préconisation *f.*

preconizer ['pri:konaizər], *s.* Préconis(at)eur *m.*

pre-contract[1] [pri:'kɔntrakt], *s.* Contrat antérieur, préalable (au mariage, etc.).

pre-contract[2] [pri:kon'trakt], *v.tr.* **1.** Engager (qn) par un contrat préalable, antérieur (au mariage, etc.). **2.** Contracter (une habitude) au préalable.

pre-cool [pri:'ku:l], *v.tr. Ind:* Préréfrigérer.

precordial [pri:'kɔ:rdiəl], *a. Anat: Med:* Précordial, -aux.

precursive [pri'kə:rsiv], *a.* = PRECURSORY.

precursor [pri'kə:rsər], *s.* Précurseur *m*; devancier, -ière; avant-coureur *m*, *pl.* avant-coureurs; avant-courrier, -ière, *pl.* avant-courriers, -ières.

precursory [pri'kə:rsəri], *a.* (*a*) Précurseur; (symptôme) avant-coureur, *pl.* avant-coureurs. (*b*) *P. remarks*, observations *f* préliminaires.

predacious [pre'deiʃəs], *a.* **1.** (Animal *m*) rapace; qui vit de proie; (bête *f*) de proie. **2.** *Dog with p. instincts*, chien *m* qui a des instincts de bête de proie.

predacity [pre'dasiti], *s.* Instinct *m* de rapine; instincts de bête de proie.

predate [pri:'deit], *v.tr.* **1.** Antidater (un document). **2.** Venir avant (un fait historique, etc.).

predator ['predətər], *s.* Pillard *m*; pilleur *m.*

predatory ['predətəri], *a.* **1.** (*a*) Prédateur, -trice; pillard. (*b*) *P. animals*, bêtes *f* rapaces; bêtes de proie. **2.** *P. habits*, habitudes *f* de pillage, de rapine. **Predatory incursions,** razzias *f.*

predecease[1] [pri:di'si:s], *s.* Prédécès *m.*

predecease[2], *v.tr.* Mourir avant (qn).

predecessor ['pri:disesər], *s.* **1.** Prédécesseur *m*; devancier, -ière (d'un dignitaire, etc.). *Scheme that is no improvement upon its p.*, projet qui n'est nullement supérieur à celui qui l'a devancé. **2.** Ancêtre *m*; aïeul *m*, *pl.* aïeux.

predella [pre'dela], *s. Ecc.Art:* Prédelle *f.*

predestinate[1] [pri'destinet], *a. & s.* Prédestiné, -ée.

predestinate[2] [pri'destineit], *v.tr.* Prédestiner (*to*, à).

predestination [pridesti'neiʃ(ə)n], *s.* Prédestination *f* (*to*, à).

predestine [pri'destin], *v.tr.* Destiner d'avance (*to*, à); *Theol:* prédestiner (à). *Esp. in the passive. Theol:* **Predestined to damnation,** prédestiné à l'enfer.

predeterminate [pri:di'tə:rminet], *a. Theol: etc:* Prédéterminé.

predetermination [pri:ditə:rmi'neiʃ(ə)n], *s.* **1.** Détermination prise d'avance; dessein arrêté. **2.** *Theol:* Prédétermination *f.*

predetermine [pri:di'tə:rmin], *v.tr.* **1.** Déterminer, arrêter, d'avance. **2.** *Theol: Phil:* Prédéterminer; préordonner. *Motives that p. man's actions*, mobiles *m* qui (pré)déterminent les actions de l'homme.

predetermined, *a.* **1.** Déterminé, arrêté, d'avance; (jour) préfix. **2.** *Theol:* Prédéterminé.

predetermining, *a.* Prédéterminant.

predial ['pri:diəl], *a.* (*Of tithe, servitude*) Prédial, -aux; réel; (*of property*) foncier. *Hist:* **Predial serf,** serf attaché à la glèbe. *See also* TITHE[1] 1.

predicable ['predikəbl]. *Log:* **1.** *a.* Prédicable. **2.** *s.* Catégorème *m.* **The five predicables,** les universaux *m.*

predicament [pri'dikəmənt], *s.* **1.** *Phil: Log:* Prédicament *m*, catégorie *f.* **2.** Situation difficile, fâcheuse; malheureuse conjoncture. *To be in an awkward p., in a sorry p.*, être en mauvaise passe. *Iron:* **We're in a fine predicament!** nous voilà dans de beaux draps! nous voilà propres! nous voilà dans une jolie passe! *I am in the same p., F:* je suis logé à la même enseigne; nous pouvons nous donner la main.

predicant ['predikənt], *a. Ecc:* (Frère) prêcheur.

predicate[1] ['prediket], *s.* **1.** *Log:* Prédicat *m.* **2.** *Gram:* Attribut *m* (y compris la copule); tout ce qui est affirmé du sujet.

predicate[2] ['predikeit], *v.tr.* Affirmer. *To p. the goodness, evilness, of sth., to p. of sth. that it is good, bad*, affirmer que qch. est bon, mauvais.

predication [predi'keiʃ(ə)n], *s.* **1.** *A:* (*a*) Prédication *f* (de l'Évangile, etc.). (*b*) Sermon *m.* **2.** *Log:* Affirmation *f*, assertion *f* (de qch. concernant le sujet). *Gram:* **Verb of incomplete predication,** verbe attributif.

predicative [pre'dikətiv], *a.* Affirmatif. *Gram: Log:* Prédicatif. **Predicative adjective,** adjectif attribut. **-ly,** *adv. Gram:* Attributivement.

predicatory [predi'keitəri], *a. Ecc:* (Frère) prêcheur.

predict [pri'dikt], *v.tr.* (*a*) Prédire (un événement). (*b*) *Abs.* Prophétiser.

predicting, *s.* Prédiction *f.*

predictable [pri'diktəbl], *a.* Qui peut être prédit, annoncé d'avance.

prediction [pri'dikʃ(ə)n], *s.* Prédiction *f.*

predictive [pri'diktiv], *a.* Prophétique.

predictor [pri'diktər], *s.* Prédiseur, -euse (*of an event*, d'un événement); prophète, -étesse.

predikant [predi'kant], *s. Ecc:* Prédicant *m*; ministre protestant (dans l'Afrique du Sud).

predilection [pri:di'lekʃ(ə)n], *s.* Prédilection *f* (*for*, pour). **To have a predilection for sth.,** affectionner, affecter, qch.

prediscovery [pri:dis'kʌvəri], *s.* Découverte antérieure.

predispose [pri:dis'po:uz], *v.tr.* Prédisposer. (*a*) *To p. s.o. in s.o.'s favour, in favour of doing sth.*, prédisposer qn en faveur de qn; incliner qn à faire qch. (*b*) *Trades that p. to consumption*, métiers *m* qui prédisposent à la phtisie.

predisposed, *a.* Prédisposé (*to*, à); prévenu (en faveur de qn); prédisposé (au rhumatisme, etc.). *To be p. to vice*, avoir des prédispositions au vice.

predisposition [pri:dispo'ziʃ(ə)n], *s.* Prédisposition *f*, disposition *f*. *Med: P. to arthritis*, prédisposition à l'arthritisme; diathèse rhumatismale.
predominance [pri'dɔminəns], *s.* Prédominance *f* (d'une maladie, etc.).
predominant [pri'dɔminənt], *a.* Prédominant, prévalant. **-ly,** *adv.* D'une manière prédominante. *This race is p. blue-eyed*, chez cette race les yeux bleus prédominent.
predominate [pri'dɔmineit], *v.i.* **1.** Prédominer. *In business interest predominates*, dans les affaires c'est l'intérêt qui prédomine, qui l'emporte. *Men in whom the good predominates over the evil*, hommes chez qui le bon l'emporte sur le mauvais. **2.** L'emporter par le nombre, par la quantité; prédominer.
predominating, *a.* Prédominant.
pre-election [pri:i'lekʃ(ə)n], *attrib.a.* (*Of statement, etc.*) Antérieur à l'élection, aux élections. *Pre-election promises*, promesses *f* de candidature.
pre-eminence [pri'eminəns], *s.* Prééminence *f*; primat *m* (d'une fonction, etc.).
pre-eminent [pri'eminənt], *a.* (*a*) Prééminent. (*b*) Remarquable (*in*, par). **-ly,** *adv.* (*a*) D'une manière prééminente; à un degré prééminent. *He is p. a jurist*, il est juriste avant tout, en premier lieu. (*b*) Souverainement, extraordinairement, par excellence.
pre-empt [pri'em(p)t], *v.tr.* Préempter. **1.** *U.S:* (*a*) Acquérir (une terre) en usant d'un droit de préemption. (*b*) Occuper (un terrain) afin d'obtenir un droit d'achat préférentiel. **2.** Acquérir (un monopole, etc.) au préalable, d'avance. **3.** *v.i. Cards:* (*At bridge*) Faire une ouverture préventive.
pre-emption [pri'em(p)ʃ(ə)n], *s.* (Droit *m* de) préemption *f*. *To obtain by pre-e.*, préempter (un terrain, un privilège, etc.).
pre-emptive [pri'em(p)tiv], *a.* **1.** (Titre, etc.) préemptif. **Pre-emptive right,** droit *m* de préemption. **2.** *Cards:* (*At bridge*) **Pre-emptive bid,** appel élevé (pour s'assurer l'enchère); ouverture préventive.
pre-emptor [pri'em(p)tər], *s.* *U.S:* Acquéreur, -euse, en vertu d'un droit de préemption.
preen [pri:n], *v.tr.* **1.** (*Of bird*) Lisser, nettoyer, (ses plumes) avec le bec. **2. To preen oneself,** (i) s'attifer; se bichonner; (ii) (*of man*) prendre un air avantageux; faire la roue; (*of girl*) faire des grâces.
pre-engage [pri:en'geidʒ], *v.tr.* **1.** Engager d'avance; retenir (une place) d'avance. *I was pre-engaged*, j'étais pris, ayant accepté une invitation par ailleurs. **2.** *Aut: With this gear-box you can pre-engage third gear*, avec cette boîte de vitesses on peut passer d'avance en troisième.
pre-engagement [pri:en'geidʒmənt], *s.* Engagement *m* préalable, d'avance.
pre-establish [pri:es'tabliʃ], *v.tr.* Préétablir.
pre-established, *a.* Préétabli.
pre-examination [pri:egzami'neiʃ(ə)n], *s.* Examen *m* préalable.
pre-exist [pri:eg'zist], *v.i.* Préexister.
pre-existence [pri:eg'zistəns], *s.* Préexistence *f*.
pre-existent [pri:eg'zistənt], *a.* Préexistant. *The cause is p.-e. to the effect*, la cause préexiste à l'effet.
preface[1] ['prefes], *s.* **1.** Préface *f*; avant-propos *m inv* (d'un livre). *A few words of p.*, quelques mots *m* à titre de préface. *To write a p. to, for, s.o.'s work*, préfacer l'ouvrage de qn. **2.** Introduction *f*, exorde *m*, préambule *m* (d'un discours). **3.** *Ecc:* Préface (précédant le canon). **Proper prefaces,** préfaces propres.
preface[2], *v.tr.* **1.** Écrire une préface pour (un ouvrage); préfacer (un ouvrage). **2.** (*a*) Préluder à (un discours). *To p. one's remarks with an anecdote*, faire précéder ses remarques d'une anecdote; débuter par une anecdote. (*b*) *The events that prefaced the crisis*, les événements qui ont précédé la crise, qui ont préludé à la crise.
prefatory ['prefətəri], *a.* (Remarque *f*) préliminaire; (page *f*, épître *f*) liminaire, servant d'avant-propos. *A few p. words*, quelques mots *m* à titre de préface.
prefect ['pri:fekt], *s.* **1.** *Rom.Ant: Fr.Adm:* Préfet *m*. (*In Fr.*) *The wife of the p.*, (madame) la préfète. **2.** (*In Catholic colleges*) **Prefect of discipline,** préfet de discipline. **3.** *Sch:* Élève choisi parmi les grands pour aider au maintien de la discipline; "préfet."
prefectorial [pri:fek'tɔ:riəl], **prefectoral** [pri'fektorəl], *a.* **1.** *Rom.Ant: Fr.Adm:* Préfectoral, -aux. **2.** *Sch: P. duties*, fonctions *f* disciplinaires (de certains grands élèves).
prefectship ['pri:fektʃip], *s.* **1.** *Rom.Ant: Fr.Adm:* Préfecture *f*. **2.** *Sch:* Fonctions *fpl* de "préfet."
prefecture ['pri:fektjər], *s.* **1.** *Rom.Ant: Fr.Adm:* Préfecture *f*. **2.** *Fr.Adm:* (*Residence of the prefect*) Préfecture.
prefer [pri'fə:r], *v.tr.* (**preferred; preferring**) **1.** Nommer, élever (qn à un emploi, à une dignité). *To be preferred to an office*, être promu à un emploi. **2.** Émettre (une prétention); intenter (une action en justice). *To p. a complaint*, déposer, porter, plainte (*against*, contre). **3. To prefer sth. to sth., sth. rather than sth.,** préférer qch. à qch.; aimer mieux qch. que qch. *I p. sitting to standing*, j'aime mieux être assis que de rester debout. *I p. meat well done*, je préfère la viande bien cuite. *I p. that nothing should be said about it*, j'aimerais mieux qu'on n'en dise rien. *I would p. to go without rather than pay so dearly for it*, j'aimerais mieux m'en passer que de le payer si cher.
preferred, *a.* *Fin:* **Preferred stock** = *preference stock*, *q.v. under* PREFERENCE 4.
preferable ['prefərəbl], *a.* Préférable (*to*, à). *It would be p. to establish a guarantee fund*, il serait préférable que l'on constituât un fonds de garantie. **-ably,** *adv.* Préférablement, par préférence (*to*, à); de préférence (*to*, à).
preference ['prefərəns], *s.* **1.** Préférence *f* (*for*, pour). **In preference,** préférablement (*to*, à). *In p. to any other*, de, par, préférence à tout autre. **To give sth. preference,** donner, accorder, la préférence à qch. (*over*, sur). *To give sth. the p. over sth.*, préférer qch. à qch.; aimer mieux qch. que qch. **Marks of preference,** préférences (accordées à qn). **Preference voting,** vote donné à deux, trois, candidats par ordre de préférence (pour obvier à un ballottage). **2.** Chose préférée. *Of these two things, this is my p.*, de ces deux choses voici celle que je préfère. *I have no preferences*, je n'ai pas de préférences. **3.** *Pol.Ec:* (Tarif *m*) de préférence, de faveur. **4.** Droit *m* de priorité. *Fin:* **Preference stock,** actions privilégiées; actions de préférence, de priorité. *Jur:* **Preference legacy,** prélegs *m*. *To bequeath sth. as a p. legacy*, préléguer qch.
preferential [prefə'renʃ(ə)l], *a.* **1.** (Traitement, etc.) préférentiel. **Preferential tariff,** tarif douanier de faveur; tarif de préférence. **2.** *Jur:* **Preferential creditor,** créancier privilégié; premier intéressé. **Preferential right,** privilège *m*. *P. debt*, créance privilégiée. *Creditor's p. claim*, privilège du créancier.
preferment [pri'fə:rmənt], *s.* Avancement *m*; promotion *f* (*to an office*, à une fonction); appel *m* à de hautes fonctions, à un bénéfice.
prefiguration [prifigju'reiʃ(ə)n], *s.* Préfiguration *f*.
prefigure [pri'figər], *v.tr.* **1.** Préfigurer. **2.** Se figurer, se représenter, (qch.) d'avance.
prefigurement [pri'figərmənt], *s.* Préfiguration *f*.
prefix[1] ['pri:fiks], *s.* **1.** *Gram:* Préfixe *m*. **2.** Titre *m* (précédant un nom propre). *He has no right to the p. of Dr*, il n'a aucun droit de s'intituler docteur.
prefix[2] [pri'fiks], *v.tr.* **1.** Mettre (qch.) comme introduction (à un livre). **To prefix a table of contents to a manuscript,** faire précéder un manuscrit par une, d'une, table de matières. **2.** *Gram: To p. a particle to a word*, préfixer une particule à un mot, combiner un préfixe avec un mot.
prefixed, *a.* (Particule *f*) préfixe.
prefixion [pri'fikʃ(ə)n], *s.* *Gram:* Emploi *m* d'un préfixe.
prefixture [pri'fikstjər], *s.* *Gram:* **1.** Emploi *m* du préfixe, des préfixes. **2.** Préfixe.
prefloration [pri:flɔ:'reiʃ(ə)n], *s.* *Bot:* Préfloraison *f*; estivation *f*.
prefoliation [pri:fouli'eiʃ(ə)n], *s.* *Bot:* Préfoliation *f*; vernation *f*.
preform [pri:'fɔ:rm], *v.tr.* Préformer.
preformation [pri:fɔ:r'meiʃ(ə)n], *s.* *Biol:* Préformation *f*.
pregnable ['pregnəbl], *a.* (Forteresse *f*, etc.) prenable, expugnable; (opinion *f*, etc.) attaquable, que l'on peut battre en brèche.
pregnancy ['pregnənsi], *s.* **1.** (*a*) Grossesse *f*; gestation *f*, prégnation *f*. (*b*) Fertilité (de la terre). **2.** (*a*) Fécondité *f*, fertilité (de l'esprit). (*b*) Richesse *f* de sens (d'un mot). (*c*) *The political p. of a deed, of an event*, la grande portée politique d'un acte, d'un événement.
pregnant ['pregnənt], *a.* **1.** (*a*) (Femme) enceinte, grosse. *She has been p. for three months*, elle est enceinte de trois mois. (*b*) (*Of cow, mare, etc.*) Pleine, gravide. **2.** (*a*) Fécond, fertile (*with*, en). **Pregnant with consequences,** gros de conséquences. *P. events*, événements *m* d'une grande portée. *Words p. with meaning*, mots chargés de sens; mots suggestifs, riches en suggestions. (*b*) *Gram:* **Pregnant construction,** construction prégnante.
preheat [pri:'hi:t], *v.tr.* *I.C.E: Mch:* Réchauffer d'avance (le mélange carburant, l'eau d'alimentation).
preheating, *s.* Réchauffage *m* préalable.
preheater [pri:'hi:tər], *s.* *I.C.E: Mch:* Réchauffeur *m* (du mélange, de l'eau). *Air p.-h.*, réchauffeur d'air. *Feed-water p.-h.*, réchauffeur d'eau d'alimentation.
prehensile [pri'hensail], *a.* *Z:* Préhensile, préhenseur. *With a p. tail*, **prehensile-tailed,** caudimane; à queue prenante.
prehension [pri'henʃ(ə)n], *s.* **1.** Préhension *f*, prise *f*. **2.** Appréhension *f* (d'une idée, etc.).
prehensive [pri'hensiv], **prehensorial** [prihen'sɔ:riəl], **prehensory** [pri'hensəri], *a.* *Z:* Préhensile.
prehistoric [pri:his'tɔrik], *a.* Préhistorique; antéhistorique.
prehistory [pri:'histəri], *s.* Préhistoire *f*.
prehnite ['preinait], *s.* *Miner:* Préhnite *f*.
pre-ignition [pri:ig'niʃ(ə)n], *s.* *I.C.E:* Allumage prématuré; auto-allumage *m*.
preiotized [pri'aiota:izd], *a.* *Ling:* (Voyelle) précédée d'un iota.
prejudge [pri:'dʒʌdʒ], *v.tr.* **1.** Préjuger (une question, etc.). **2.** Condamner (qn) d'avance.
prejudgment [pri:'dʒʌdʒmənt], *s.* **1.** Jugement prématuré. **2.** Préjugé *m*.
prejudice[1] ['predʒudis], *s.* **1.** Préjudice *m*, tort *m*, dommage *m*. *Jur:* **Without prejudice (to my rights),** réservation faite de tous mes droits; sans préjudice de mes droits. *Without p. to any claim they may otherwise have on the charterers . . .*, sans préjudice pour tous les droits et recours qu'ils pourraient avoir sur les affréteurs. . . . *Without p. to the solution of the question*, sans préjuger la solution de la question. *To accept an order without p. to the measures already taken*, accepter un décret sans préjudice des mesures déjà prises. (*In correspondence, etc.*) **'Without prejudice,'** "sous toutes réserves." **To the prejudice of . . .,** au préjudice de. . . . *Extravagances to the p. of the poor*, gaspillages *m* au détriment des pauvres. *To the great p. of . . ., A. & F:* au grand dam de. . . . **2.** Préjugé *m*, prévention *f*, préconception *f* (*against, in favour of*, contre, en faveur de). *To work on s.o.'s prejudices*, agir sur l'esprit de qn; monter la tête à qn. **To have a prejudice against sth.,** avoir de la prévention, être prévenu, contre qch. *She is wedded to her father's prejudices*, elle a épousé les partis pris de son père.
prejudice[2], *v.tr.* **1.** (*a*) Nuire, faire tort, porter préjudice, préjudicier, à (une réputation, etc.). *Without prejudicing my rights*, sans préjudice de mes droits. (*b*) *This will not p. the decisions that may have to be taken*, cela ne constituera aucun précédent pour les décisions à prendre. *This does not p. the solution of the question*, cela ne préjuge pas la solution de la question. **2.** Prévenir, prédisposer (*s.o. against s.o., in favour of s.o.*, qn contre qn, en faveur de qn).
prejudiced, *a.* (i) Prévenu, prédisposé; (ii) à préjugés, à

préventions. *To be p.*, avoir des préjugés, des préventions. *Deeply p. in favour of sth., against sth.*, passionné pour qch., contre qch.

prejudicial [predʒu'diʃ(ə)l], *a.* Préjudiciable, nuisible (*to*, à). *To be p. to s.o.'s interests*, porter, faire, préjudice aux intérêts de qn. *It might be p. to both you and me*, cela pourrait nous nuire et à vous et à moi. **-ally,** *adv.* D'une manière préjudiciable; nuisiblement.

pre-judicial [pri:dʒu'diʃ(ə)l], *a. Rom.Jur:* **Pre-judicial action, question,** action, question, préjudicielle.

pre-knowledge [pri:'nɔledʒ], *s. Phil:* Connaissance antérieure.

prelacy ['preləsi], *s.* **1.** (*a*) Prélature *f*, épiscopat *m.* (*b*) *Coll.* **The prelacy,** les prélats *m*; le corps des évêques; l'épiscopat. **2.** *Pej:* Hiérarchisation *f* de l'Église; gouvernement *m* par les prélats.

prelate ['prelet], *s.* **1.** Prélat *m.* **2.** *U.S: F:* Ecclésiastique *m.*

prelateship ['preletʃip], *s.* = PRELACY 1 (*a*).

prelatess ['prelətes], *s.f.* **1.** Abbesse. **2.** *Hum:* Femme d'un prélat.

prelatic(al) [pre'latik(əl)], *a.* **1.** De prélat; épiscopal, -aux. **2. Prelatical church,** Église hiérarchisée.

prelatize ['prelətaːiz], *v.tr.* Hiérarchiser (l'Église).

prelature ['prelətjər], *s.* = PRELACY 1.

prelect [pri'lekt], *v.i.* Faire une conférence (*to*, à; *upon*, sur).

prelection [pri'lekʃ(ə)n], *s.* Conférence *f* (universitaire).

prelector [pri'lektər], *s.* Conférencier *m*; (*in universities*) maître *m* de conférences.

prelibation [pri:lai'beiʃ(ə)n], *s.* Avant-goût *m*, *pl.* avant-goûts.

prelim [pri'lim], *s. F: See* PRELIMINARY 1.

preliminary [pri'liminəri]. **1.** *a.* Préliminaire, préalable, préparatoire. *To take p. steps for the establishment of . . .*, préparer la création de. . . . *Payable without p. advice*, payable sans avis préalable. *After a few p. remarks*, après quelques avant-propos. *Sch:* **Preliminary examination,** *s.F:* **prelim,** examen *m* préliminaire. *The medical prelim*, l'examen d'admission à la faculté de médecine. *Jur:* **Preliminary investigation,** instruction *f* (d'une affaire). *Typ:* **Preliminary matter,** *s.F:* **prelims,** feuilles *f* liminaires. *Civ.E: etc:* **Preliminary scheme, plan,** avant-projet *m*, *pl.* avant-projets. *Min:* **Preliminary work,** travaux *mpl* de premier établissement. **2.** *s.* (*a*) Prélude *m* (à une conversation, etc.). **By way of preliminary, as a preliminary,** préliminairement; à titre de mesure préalable. (*b*) *pl.* **Preliminaries,** préliminaires *m* (d'un traité, etc.). *The preliminaries to peace, the peace preliminaries*, les préliminaires de (la) paix. *Preliminaries to a conference*, *F:* préludes à une conférence. **-ily,** *adv.* (*a*) Préliminairement; comme préliminaire. (*b*) Préalablement; au préalable.

prelude[1] ['prelju:d], *s.* **1.** Prélude *m*; proème *m* (*to*, de). *A few skirmishes, the p. to the battle*, quelques escarmouches, prélude de la bataille. **2.** *Mus:* Prélude. *To play a p.*, préluder.

prelude[2]. **1.** *v.i. Mus: etc:* (*a*) Préluder; jouer un prélude. (*b*) Servir d'introduction, préluder (*to*, à). **2.** *v.tr.* (*a*) Faire présager (un événement, etc.). (*b*) Précéder. *A bombardment preluded the battle; the battle was preluded by, with, a bombardment*, un bombardement préluda à la bataille.

preludize ['preljuda:iz], *v.i. Mus:* Préluder; jouer un prélude.

prelusion [pri'lju:ʒ(ə)n], *s.* Prélude *m.*

prelusive [pri'lju:siv], **prelusory** [pri'lju:səri], *a.* De prélude; préliminaire.

premature ['prematjuər, 'pri:-; prima'tjuər], *a.* Prématuré. *P. age*, vieillesse prématurée. *It is somewhat p. to discuss this business*, il n'est pas encore opportun de discuter cette affaire. *See also* BIRTH 1, LABOUR[1] 4. **-ly,** *adv.* Prématurément; avant le temps; *Obst:* avant terme.

prematureness ['prematjuərnəs], **prematurity** [prima'tjuriti], *s.* Prématurité *f.*

premeditate [pri'mediteit], *v.tr.* Préméditer (un coup, etc.).

premeditated, *a.* Prémédité; (crime) réfléchi. *All his words are p.*, toutes ses paroles sont calculées, pesées. *P. insolence*, insolence calculée.

premeditation [primedi'teiʃ(ə)n], *s.* Préméditation *f.* *Jur:* **With premeditation,** avec préméditation.

premier ['premjər, 'pri:miər]. **1.** *a.* Premier. **2.** *s.* (*a*) Premier ministre; (*in France*) président *m* du conseil des ministres. (*b*) *U.S:* Ministre des Affaires étrangères.

première [prə'mjɛər], *s. Th:* **1.** Première *f* (d'une pièce de théâtre). **2.** Actrice *f* qui tient le rôle principal; vedette *f.*

premiership ['premjərʃip, 'pri:miərʃip], *s.* **1.** Fonctions *fpl* de premier ministre. **2.** *U.S:* Ministère *f* des Affaires étrangères.

premise[1] ['premis], *s.* **1.** *Log:* Prémisse *f.* **2.** *pl. Jur:* **Premises,** intitulé *m* (d'un document). **3.** *pl.* **The premises,** le local, les locaux; l'immeuble *m.* **On the premises,** sur les lieux. **Drink to be consumed on the premises,** boisson *f* à consommer sur les lieux, sur place, dans l'établissement. **Off the premises,** hors de l'établissement. *The police have visited the premises*, la police s'est transportée sur les lieux. *To erect premises*, bâtir un local, un immeuble.

premise[2] [pri'ma:iz], *v.tr.* **1.** (*a*) *Log:* Poser (un fait) en prémisse; poser en prémisse (*that*, que + *ind.*). (*b*) Poser en principe (*that*, que). **2.** Faire remarquer, citer, (qch.) par avance, en guise d'introduction. *To p. a book with a few general remarks*, faire précéder un livre de, par, quelques remarques générales. **3.** *Med: Surg:* Commencer une opération, un traitement, par (qch.).

premiss ['premis], *s. Log:* = PREMISE[1] 1.

premium ['pri:miəm], *s.* **1.** Prix *m*, récompense *f.* **To put a premium on laziness,** donner une prime à la paresse; encourager la paresse. **2.** (*a*) Prix convenu, indemnité *f* (pour l'apprentissage d'une profession libérale). (*b*) **Insurance premium,** prime d'assurance. **Low-premium insurance,** assurance *f* à prime réduite. *See also* EXTRA 1. (*c*) **Premium on a lease,** droit *m*, redevance *f*, à payer au début d'un bail. **3.** *Fin:* (*a*) (**Exchange**) **premium,** agio *m*, prix du change. *The p. on gold*, l'agio sur l'or. (*b*) Prime. **Premium on redemption,** prime de remboursement. **Premium bonds,** obligations *f* à primes. **To sell sth. at a premium,** vendre qch. à prime, à bénéfice. (*Of stock, etc.*) *To be, sell, at a p.*, être à prime; se vendre à prime; faire prime. *F:* **Dishonesty was at a premium,** l'improbité était de mode, en vogue, faisait prime.

pre-mixing [pri:'miksiŋ], *s. I.C.E: etc:* Pré-mélange *m* (d'air et de gaz, etc.).

premolar [pri:'moulər], *a. & s. Anat:* (Dent *f*) prémolaire *f*; avant-molaire *f*, *pl.* avant-molaires; petite molaire.

premonish [pri'mɔniʃ], *v.tr.* Prévenir, avertir (qn) (*that*, que).

premonition [pri:mo'niʃ(ə)n], *s.* Prémonition *f*, indice *m*; avertissement *m* préalable; pressentiment *m* (de malheur, etc.). *Premonitions*, indices précurseurs; *Med:* signes avant-coureurs.

premonitory [pri'mɔnitəri], *a.* Prémonitoire. *P. sign*, signe avant-coureur, indice précurseur. *Med:* **Premonitory diarrhoea,** diarrhée *f* prémonitoire (de choléra).

Premonstrant [pri'mɔnstrənt], **Premonstratensian** [primɔnstra'tensiən], *a. & s. Ecc.Hist:* Prémontré, -ée.

premorse [pri'mɔ:rs], *a. Bot: Ent:* Tronqué.

pre-mundane [pri:'mʌndein], *a.* D'avant le monde.

prenatal [pri:'neit(ə)l], *a.* Prénatal, -als, -aux.

prenotion [pri:'nouʃ(ə)n], *s.* Prénotion *f*, préconception *f.*

prentice[1] ['prentis]. **1.** *s. A:* = APPRENTICE[1]. **2.** *Attrib.* D'apprenti. **Prentice hand,** main *f* de novice; main inhabile, inexpérimentée. *Work of a p. hand*, travail *m* de novice.

prentice[2], *v.tr. A:* = APPRENTICE[2].

preoccupancy [pri'ɔkjupənsi], *s.* Préoccupation *f*, occupation antérieure (d'un territoire, etc.).

preoccupant [pri'ɔkjupənt], *s.* Occupant antérieur.

preoccupation [priɔkju'peiʃ(ə)n], *s.* **1.** (*a*) Préoccupation *f* (de l'esprit); (i) absorption *f*, (ii) prévention *f*, préjugé *m.* (*b*) *My greatest p.*, ma plus grande préoccupation; mon premier souci. **2.** = PREOCCUPANCY.

preoccupy [pri'ɔkjupai], *v.tr.* **1.** Préoccuper, absorber (l'esprit). **2.** Occuper (un territoire) antérieurement, par avance.

preoccupied, *a.* Préoccupé; absorbé (par un souci). *To be p.*, être dans la préoccupation. *To be p. with sth.*, se préoccuper de qch. **-ly,** *adv.* D'un air préoccupé.

pre-ordain [pri:ɔ:r'dein], *v.tr.* **1.** Ordonner, régler, d'avance. **2.** Préordonner, prédéterminer. *It was pre-ordained to be*, cela devait être.

pre-ordained, *a.* **1.** Réglé d'avance. **2.** Prédestiné, préordonné.

prep [prep]. *Sch: F:* **1.** *s.* Étude *f* (du soir). **Prep room,** salle *f* d'étude. *Work done in prep*, travail fait à l'étude. **2.** *a.* **Prep school** = *preparatory school, q.v. under* PREPARATORY 1.

prepaid [pri:'peid], *a. See* PREPAY.

preparation [prepə'reiʃ(ə)n], *s.* **1.** Préparation *f* (de la nourriture, d'un médicament, etc.); accommodage *m* (d'un mets); apprêt *m* (du drap, etc.); rédaction *f* (d'un document, etc.); appareillage *m* (d'un poste de T.S.F.). (*Of meal, etc.*) **To be in preparation,** se préparer. *The samples are in p.*, les échantillons *m* sont en préparation. *Measures in course of p.*, mesures *f* en cours d'élaboration. **To do sth. with no preparation, without any preparation,** faire qch. sans apprêts, sans s'y être préparé, sans aucun préparatif; faire qch. au pied levé. *P. of a house for occupation*, aménagement *m* d'une maison. *Mus:* **Preparation of a discord,** préparation d'une dissonance. **2.** *Usu.pl.* Préparatifs *mpl*, apprêts *mpl.* *Preparations for war*, préparatifs de guerre. **To make (one's) preparations for sth.,** prendre ses mesures, ses dispositions, faire des préparatifs, en vue de qch. *To make preparations for a journey*, se préparer à, pour, un voyage; faire ses préparatifs de voyage. *To make preparations for a meal*, faire les préparatifs d'un repas. *To make preparations for the guests*, se préparer à recevoir les invités. **3.** *Sch:* Étude *f* (du soir). **4. Pharmaceutical preparation,** préparation pharmaceutique. **Anatomical preparation,** préparation anatomique. *P. mounted on a microscope slide*, préparation (microscopique) sur lamelle.

preparative [pri'parətiv]. **1.** (*a*) *a.* Préparatoire. (*b*) *adv. To take notes p. to an examination*, prendre des notes en vue d'un examen. **2.** *s.* (*a*) Acte *m* ou signal *m* préparatoire. (*b*) *pl.* **Preparatives,** préparatifs *m.* **-ly,** *adv.* Par manière de préparatifs (*to*, pour).

preparator ['prepəreitər], *s.* Préparateur, -trice.

preparatory [pri'parətəri]. **1.** *a.* Préparatoire, préalable (*to*, à). **Preparatory school,** école *f* préparatoire (aux grandes écoles secondaires). *Mil: P. training*, instruction *f* prémilitaire. *For: Ind:* **Preparatory period,** période *f* d'attente. **2.** *adv.* Préalablement (*to*, à). **Preparatory to leaving,** préalablement à son départ; avant de partir; en vue du départ.

prepare [pri'pɛər]. **1.** *v.tr.* (*a*) Préparer (un repas, etc.); accommoder, confectionner (un mets); apprêter (le cuir, etc.); dresser, rédiger (un document); amorcer (une attaque, etc.). *To p. s.o. for an examination, for a piece of bad news*, préparer qn à un examen, à une mauvaise nouvelle. *To p. a house for occupation*, aménager une maison. *To p. a surprise for s.o.*, ménager une surprise à qn. *The samples are being prepared*, les échantillons *m* sont en préparation. *To p. draft rules*, élaborer un projet de règlement. *To p. the way for negotiations*, amorcer des négociations. *Mus:* **To prepare a discord,** préparer une dissonance. (*b*) (*With passive force*) *He waited while a room was preparing for him*, il attendit pendant qu'on lui préparait une chambre. *Great events are preparing*, de grands événements se préparent. **2.** *v.i.* Se préparer, se disposer, s'apprêter (*for sth., to do sth.*, à qch., à faire qch.); se mettre en devoir (*to do sth.*, de faire qch.). *To p. for departure*, faire ses préparatifs de départ. *To p. for the struggle*, s'apprêter à la lutte. *To p. for action*, se préparer au combat, à combattre. *To p. for an examination*, préparer un examen. *Nau: To p. to meet a squall*, parer à un grain.

prepared, *a.* (*a*) Préparé. *Well-p. dish*, mets bien préparé. *P. for war*, prêt pour la guerre. **To be well prepared is half the battle,** quand on a pris de bonnes dispositions la bataille, la partie, est à moitié gagnée. *To be p. for anything, for everything*, être prêt, s'attendre, à toute éventualité. *Be p. to start at eleven*, tenez-vous prêt pour partir à onze heures. *Be p. to be coolly received*, attendez-vous à être mal accueilli. *I am fully p. to forgive*, je suis tout disposé à pardonner. *To be p. to supply goods*, être en mesure de fournir des marchandises. (*Scouting*) **Be prepared,** soyez toujours prêt; ne vous laissez jamais prendre au dépourvu. (*b*) **Prepared timber,** bois refait.

preparing, *s.* = PREPARATION I.

preparedness [pri'pɛəridnəs], *s.* Fait *m* d'être prêt à toute éventualité; état *m* de préparation. *Everything was in a state of p.*, (i) tout était prêt; (ii) on était paré.

preparer [pri'pɛərər], *s.* Préparateur, -trice; *Ind:* apprêteur, -euse.

prepay [pri:'pei], *v.tr.* (*p.t. & p.p.* **prepaid**) Payer (qch.) d'avance; affranchir (une lettre, etc.).

prepaid, *a.* Payé d'avance; (*of letter, etc.*) affranchi. **Carriage prepaid,** port payé; franc de port, franc de poste; franco *inv.* *Tg:* **'Answer prepaid,'** "réponse payée."

prepayable [pri:'peiəbl], *a.* **1.** Payable d'avance; (*of letters*) affranchissable. **2.** Dont le prix ou l'affranchissement est exigible d'avance.

prepayment [pri:'peimənt], *s.* Payement *m* d'avance; payement anticipatif, par anticipation; préachat *m*; affranchissement *m* (d'une lettre, du port, du fret). *Tp: etc:* **Prepayment coin-box,** appareil *m* à payement préalable.

prepense [pri'pens], *a.* *Jur:* Prémédité; fait avec intention, de propos délibéré. *See also* MALICE 2.

preponderance [pri'pɔndərəns], *s.* Prépondérance *f* (*over*, sur).

preponderant [pri'pɔndərənt], *a.* Prépondérant. **-ly,** *adv.* A un degré prépondérant.

preponderate [pri'pɔndəreit], *v.i.* Peser davantage; emporter la balance (*over*, sur). *Reasons that p. over all others*, raisons qui l'emportent sur toutes les autres. *To p. in the voting*, avoir la prépondérance dans les votes. *The balance preponderates in favour of . . .*, la balance penche en faveur de. . . .

preponderating, *a.* Prépondérant.

preposition [prepo'ziʃ(ə)n], *s.* *Gram:* Préposition *f. Employed as a p.*, employé prépositivement; faisant fonction de préposition.

prepositional [prepo'ziʃən(ə)l], *a.* Prépositionnel, prépositif. **Prepositional phrase,** locution prépositive. **-ally,** *adv.* (Employé) comme préposition.

prepositive [pri'pɔzitiv], *a.* *Gram:* Prépositif.

prepossess [pri:po'zes], *v.tr.* **1.** Pénétrer (qn) (*with*, de). *To p. s.o. with an idea*, pénétrer qn d'une idée; inspirer une idée à qn. **2.** (*Of idea, etc.*) Accaparer, posséder (qn); prendre possession de l'esprit de (qn). **3.** Prévenir (*in favour of*, en faveur de; *occ. against*, contre). *His talk prepossessed me in his favour*, sa conversation m'a prévenu en sa faveur.

prepossessed, *a.* **1.** Imbu, imprégné (*with*, de); pénétré (d'une opinion, etc.). **2.** *P. with an ill opinion of s.o.*, prévenu contre qn. *P. in favour of s.o.*, prévenu en faveur de qn.

prepossessing, *a.* (Visage) agréable, prévenant. *P. appearance*, dehors aimables, engageants, attrayants, avenants; mine avantageuse. **Of prepossessing appearance,** de bonne mine. *P. person*, personne *f* aux dehors aimables; personne sympathique. *He has a p. face*, son visage prévient en sa faveur. **-ly,** *adv.* D'une manière prévenante, attrayante, engageante.

prepossessingness [pri:po'zesiŋnəs], *s.* Caractère engageant.

prepossession [pri:po'zeʃ(ə)n], *s.* Prévention *f*; préjugé *m*.

preposterous [pri'pɔstərəs], *a.* Irrationnel; contraire au bon sens; absurde. *P. claim*, prétention *f* déraisonnable, qui ne tient pas debout. *P. story*, histoire absurde, ébouriffante. *P. questions*, questions saugrenues. *That's simply p.!* voilà qui est fort! c'est le monde renversé! cela n'a ni queue ni tête! **-ly,** *adv.* D'une façon absurde.

preposterousness [pri'pɔstərəsnəs], *s.* Absurdité *f*.

prepotence [pri'poutəns], *s.* = PREPOTENCY I.

prepotency [pri'poutənsi], *s.* **1.** Prépotence *f*, prédominance *f*. **2.** *Biol:* Prépotence.

prepotent [pri'poutənt], *a.* **1.** Prédominant. **2.** *Biol:* (Caractère) dominant.

prepuce ['pri:pju:s], *s.* *Anat:* Prépuce *m*.

preputial [pri'pju:ʃ(ə)l], *a.* *Anat:* Préputial, -aux.

Pre-Raphaelite [pri'rafeielait], *a. & s.* *Hist. of Art:* Préraphaélite (*m*). *The Pre-R. Brotherhood*, la Confrérie préraphaélite.

Pre-Raphael(it)ism [pri'rafeiel(ait)izm], *s.* *Art:* Préraphaél(it)isme *m*.

pre-release [pri:ri'li:s], *a.* *Cin: Pre-r. showing of a film*, présentation *f* d'un film avant la mise en circulation; avant-première *f*, *pl.* avant-premières.

prerequisite [pri'rekwizit]. **1.** *a.* Nécessaire au préalable. **2.** *s.* Nécessité *f* préalable; condition *f* préalable.

prerogative [pri'rɔgətiv]. **1.** *s.* Prérogative *f*, privilège *m*, apanage *m*. *It is our p. to do it, we have the p. of doing it*, nous avons la prérogative, c'est notre prérogative, de le faire; il nous appartient de le faire. **The royal prerogative,** la prérogative royale. **The prerogative of pardon,** le droit de grâce. *To exercise the royal p.*, faire acte de souverain. **2.** *a.* (*a*) *Rom.Ant:* (Centurie, tribu) prérogative. (*b*) Privilégié.

presage[1] ['presedʒ], *s.* (*a*) Présage *m*, auspice *m*, augure *m*. (*b*) Pressentiment *m*. **Presage of evil,** (i) présage de malheur; (ii) pressentiment de malheur.

presage[2] ['presedʒ, pri'se:idʒ]. **1.** *v.tr.* (*a*) (*Of omen, etc.*) Présager, annoncer (une catastrophe, etc.). (*b*) (*Of pers.*) Augurer, prédire (qch.). **To presage sth. from sth.,** augurer qch. de qch. (*c*) Avoir un pressentiment de (qch.). **2.** *v.i.* **Sign that presages well for the future,** signe qui est de bon augure pour l'avenir.

presaging, *a.* (Signe *m*, etc.) d'augure, de présage.

presageful ['presedʒful], *a.* *P. of good, of evil*, de bon augure, de mauvais augure. *P. signs*, signes annonciateurs.

presanctified [pri:'saŋktifaid], *a.* *Ecc:* **The Mass of the Presanctified,** la Messe des présanctifiés.

presbyopia [prezbi'oupia], *s.* *Med:* Presbytie *f*, presbytisme *m*. *Increasing p.*, presbytie augmentante.

presbyopic [prezbi'ɔpik], *a.* *Med:* (Vue *f*) presbytique; (vieillard *m*) presbyte.

presbyter ['prezbitər], *s.* **1.** *Rel.H: Presbyterian Ch:* Ancien *m*. **2.** *Episcopal Ch:* Prêtre *m*.

presbyteral [prez'bitərəl], *a.* *Rel.H:* (*Of office, duty, etc.*) Presbytéral, -aux; de prêtre.

presbyterial [prezbi'ti:əriəl], *a.* *Ecc:* Qui a rapport aux anciens (de l'Église primitive ou de l'Église presbytérienne); presbytéral, -aux.

Presbyterian [prezbi'ti:əriən], *a. & s.* *Rel.H:* Presbytérien, -ienne.

Presbyterianism [prezbi'ti:əriənizm], *s.* *Rel.H:* Presbytérianisme *m*.

Presbyterianize [prezbi'ti:əriəna:iz]. **1.** *v.tr.* Convertir (qn) au presbytérianisme. **2.** *v.i.* Agir en Presbytérien.

presbytery ['prezbitəri], *s.* **1.** *Ecc.Arch:* Sanctuaire *m*, chœur *m*. **2.** *R.C.Ch:* Presbytère *m*, cure *f*. **3.** *Presbyterian Ch:* Consistoire *m*.

prescience ['preʃjəns], *s.* Prescience *f*, prévision *f*.

prescient ['preʃjənt], *a.* Prescient, prévoyant.

prescientific [pri:saiən'tifik], *a.* Antérieur à la science moderne, aux idées scientifiques actuelles.

prescind [pri'sind]. **1.** *v.tr.* Couper, retrancher (*sth. from sth.*, qch. de qch.). **2.** *v.i.* **To prescind from certain considerations,** faire abstraction de certaines considérations.

prescribe [pri'skraib]. **1.** *v.tr.* (*a*) Prescrire, ordonner. **To prescribe regulations,** établir un règlement, des règles. *To p. a line of action*, indiquer ou imposer une ligne de conduite. **Prescribed task,** tâche imposée. **In the prescribed time,** dans le délai prescrit, réglementaire; en temps utile. *Sch:* **The subjects prescribed,** les matières inscrites au programme. (*b*) *Med:* **To prescribe sth. for s.o.,** prescrire, ordonner, qch. à qn; donner qch. en traitement à qn. *To p. sth. for a complaint*, prescrire qch. pour une maladie. *Abs.* **To prescribe for s.o.,** (i) indiquer un traitement pour qn; (ii) rédiger, faire, une ordonnance pour qn. **2.** *v.i.* *Jur:* (*a*) **To prescribe to, for, a right,** prescrire un droit; acquérir un droit par prescription. (*b*) (*In Scot.*) (*Of right, etc.*) Se prescrire, périmer par prescription.

prescript ['pri:skript], *s.* Prescription *f*, ordonnance *f*, précepte *m*.

prescriptible [pri'skriptibl], *a.* Prescriptible.

prescription [pri'skripʃ(ə)n], *s.* Prescription *f*. **1.** (*a*) Ordre *m*, précepte *m*. (*b*) *Med:* Ordonnance *f*. **To write (out), make out, a prescription for s.o.,** rédiger une ordonnance pour qn. **2.** *Jur:* (*a*) **Negative prescription, extinctive prescription,** prescription extinctive. **Positive prescription, acquisitive prescription,** prescription acquisitive. (*b*) Droit consacré par l'usage; coutume *f*, usage *m*.

prescriptive [pri'skriptiv], *a.* **1.** Ordonnateur, -trice. **2.** Consacré par l'usage.

pre-selector [pri:se'lektər], *s.* *Tp: Aut:* Présélecteur *m*. *Aut:* **Preselector gears,** boîte *f* de vitesses à présélection.

presence ['prez(ə)ns], *s.* Présence *f*. **1.** (*a*) **Your presence is requested at . . .,** (i) vous êtes prié d'assister à . . ., vous êtes invité à . . .; (ii) *Adm:* vous êtes convoqué à. . . . **In the presence of,** en présence de. . . . *Say nothing about it in his p.*, n'en dites rien devant lui, en sa présence. *Theol:* **Real presence,** présence réelle; réalité *f*. (*b*) (i) La présence du prince; (ii) *A:* la salle d'audience. **To be admitted to the Presence,** être admis en présence du roi, etc. *To retire backwards out of the P.*, se retirer à reculons de la présence du roi. *In such an august p.*, en présence d'un si auguste personnage. *F:* **Saving your presence,** sauf votre respect. **2. Presence of mind,** présence d'esprit. *To retain one's p. of mind*, conserver sa tête, son sang-froid. **To lose one's presence of mind,** *F:* perdre la carte. *His p. of mind failed him*, il perdit la tête. **3.** (*Of pers.*) Air *m*, mine *f*, extérieur *m*, maintien *m*. **To have a good presence,** avoir du maintien, une certaine prestance. *He has a better p. than his brother*, il est mieux que son frère. *Man of fine p., man of a stately and handsome p.*, homme *m* à l'extérieur imposant, d'un aspect imposant, qui en impose. **Man of good presence and address,** homme qui représente (bien). *He is lacking in personal p.*, il ne représente pas bien; il manque de prestance. *His p. is against him*, il a contre lui son air insignifiant.

'presence-chamber, *s.* Salle *f* de réception, d'audience.

present[1] ['prez(ə)nt]. I. *a.* **1.** (*a*) *Usu. pred.* Présent (et non absent). **To be present at a ceremony,** être présent, assister, à une cérémonie. *Any other person p.*, toute autre personne présente. *All p. heard it*, toute l'assistance l'a entendu. *Some of you gentlemen p. here*, quelques-uns d'entre vous, messieurs, ici présents. *Nobody else was p.*, nul autre n'était là. *He was p. at this battle*, il s'est trouvé à cette bataille. *Minerals which are p. in the solution*, minéraux qui sont présents, qui se rencontrent, se trouvent, dans la solution. **Present to the mind,** présent à l'esprit. *See also* COMPANY[1] 2. (*b*) *A:* D'un accès facile. *B:* **A very present help in trouble,** un secours qui ne manque jamais dans la détresse. **2.** (*a*) Actuel. **Present fashions,** modes actuelles, d'aujourd'hui. *The p. king*, le roi actuel. **Present year,** année courante. **At the present time,** à présent; (i) en ce moment; (ii) à l'époque actuelle; aujourd'hui. *Up to the p. time*, jusqu'ici. **Present worth, present value,** valeur actuelle. *Question of p. interest*, question actuelle. *Com:* **Present capital,** capital appelé. *See also* DAY 5. (*b*) En question; que voici.

The present volume, le volume en question; ce volume. **In the present case,** dans le cas qui nous occupe. **The present writer,** l'auteur (de ce livre, de cet article) (c.-à-d. moi). *Com:* **On receipt of the present letter,** au reçu de la présente. (*c*) *Gram:* **The present tense,** *s.* **the present,** le (temps) présent. **In the present,** au présent. **The present participle,** le participe présent. **The present subjunctive,** le présent du subjonctif. *See also* HISTORIC 2. **-ly,** *adv.* **1.** (*Future*) Tout à l'heure; bientôt; *F:* tantôt; dans un moment; dans un instant; tout de suite. *We shall see p. that . . .,* nous allons voir que. . . . **2.** *Dial:* Actuellement.

II. **present,** *s.* **1.** Présent *m.* **The present,** le présent; le temps présent. **Up to, until, the present,** jusqu'à présent; jusqu'à ce moment; jusqu'à maintenant; jusqu'ici. **At present,** à présent; maintenant; actuellement. *No more at p.,* rien de plus pour le moment. *As things are at p.,* (i) au point où en sont les choses; (ii) par le temps qui court. **For the present,** pour le moment, pour l'heure. **2.** *Jur:* **By these presents . . .,** par la présente. . . . **Know all men by these presents that . . .,** savoir faisons par ces présentes que. . . . *To all to whom these presents may come, greeting,* à tous ceux qui ces présentes verront, salut.

'present-day, *attrib.a.* Actuel; d'aujourd'hui.

present², *s.* Don *m,* cadeau *m,* présent *m.* *To send s.o. sth.* **as a present,** envoyer qch. en cadeau à qn. **To make s.o. a present of sth.,** *to give sth. to s.o. as a p.,* faire présent, faire cadeau, de qch. à qn. *To make a p. to s.o.,* faire un cadeau à qn. (*When buying*) **It is for a present,** c'est pour offrir. *See also* WEDDING-PRESENT.

present³ [pri'zent], *v.tr.* Présenter. **1.** (*a*) **To present s.o. to s.o.,** présenter qn à qn. **To present s.o. at court,** présenter qn à la cour. *She has not yet been presented,* elle n'a pas encore été présentée à la cour. *To p. s.o. as candidate,* présenter qn comme candidat. *Ecc:* **To present s.o.** (*to the bishop, for a benefice*), recommander, désigner, qn pour un bénéfice. *Th:* (*Of company, etc.*) **To present a play,** présenter, donner, une pièce. *To p. an actor in a play,* présenter un acteur dans une pièce. **To present oneself at, for, an examination,** se présenter à, pour, un examen. (*b*) **To present a fine spectacle to the eyes,** présenter, offrir, aux yeux un beau spectacle. *To p. a lamentable appearance,* offrir un aspect lamentable. *Writer who is good at presenting his characters,* écrivain qui campe bien ses personnages. **Affair that presents some difficulty,** affaire qui présente des difficultés. **A good opportunity presents itself** (*for doing sth.*), une bonne occasion se présente (de faire qch.). *The matter presents itself in a new light,* l'affaire se présente sous un jour nouveau. (*c*) **To present a pistol at s.o.'s head,** présenter un pistolet à, braquer un pistolet sur, la tête de qn. *Mil: A:* **Present!** joue! **2.** (*a*) Donner. **To present sth. to s.o.; to present s.o. with sth.,** donner qch. à qn; faire présent, faire cadeau, de qch. à qn. *To p. s.o. with a motor car,* offrir une auto à qn. *To p. the parish with a pump,* gratifier la commune d'une pompe. *One of the watches presented to him,* une des montres à lui offertes. (*b*) **To present one's compliments to s.o.,** présenter ses compliments à qn. **3.** (*a*) *Com:* **To present a bill for payment,** présenter un billet à l'encaissement. *To p. a bill for acceptance,* présenter une traite à l'acceptation. (*b*) *Jur:* Déposer (une plainte, etc.). **To present a plea,** introduire une instance. (*c*) *Parl:* **To present a bill,** présenter, introduire, un projet de loi. **4. To present sth. to the authorities,** attirer l'attention des autorités sur qch. *To p. a plan to a meeting,* soumettre un plan à une assemblée. **5.** *Mil:* **To present arms,** présenter les armes; rendre les honneurs à qn. **Present arms!** présentez armes!

present⁴ [pri'zent], *s.* *Mil: A:* **Arms at the present,** l'arme en joue.

presentable [pri'zentəbl], *a.* (*Of pers., thg*) Présentable; (*of garment*) portable; de mise. **He is quite presentable,** il représente assez bien; il fait bonne figure; il n'est pas mal.

presentation [prez(ə)n'teiʃ(ə)n], *s.* **1.** (*a*) Présentation *f* (d'une personne à la cour, etc.). *Ecc:* **(Feast of) the Presentation (of the Blessed Virgin Mary),** la Présentation de la Vierge. (*b*) Présentation (de qn à un poste, *Ecc:* à un bénéfice). (*c*) Présentation, représentation *f* (d'une pièce à la scène). (*d*) *Com:* **Payable on presentation of the coupon,** payable contre remise du coupon. **Upon presentation of the invoice,** sur le vu de la facture. (*e*) *Pol:* **Bill on the eve of presentation,** proposition *f* de loi en instance. **2.** *Obst:* Présentation (du fœtus). **3.** (*a*) Remise *f,* présentation (d'un cadeau, d'un souvenir, à qn). *To make a p. to s.o.,* offrir un souvenir à qn. (*b*) Souvenir (offert à un fonctionnaire, etc.). **4.** *Ecc:* Collation *f* (d'un bénéfice).

presen'tation-copy, *s.* **1.** (*a*) Exemplaire envoyé gracieusement, à titre gracieux, par l'éditeur; spécimen (gratuit). (*b*) Exemplaire offert à titre d'hommage (par l'auteur). **2.** (*Stamped or written in book*) Exemplaire en hommage (de l'auteur); envoi d'auteur.

presentative [pri'zentətiv], *a.* **1.** *Ecc:* (Bénéfice) collatif, qui comporte un droit de présentation. **2.** Qui présente quelque chose à l'esprit, suggestif.

presentee [prez(ə)n'tiː], *s.* **1.** (*a*) Personne présentée (pour un office, etc.). (*b*) Débutante *f* (à la cour). (*c*) *Ecc:* Collataire *m.* **2.** Personne qui reçoit, à qui est offert, un souvenir, etc.

presenter [pri'zentər], *s.* **1.** (*a*) Présentateur, -trice, présenteur, -euse (d'une personne, d'une réclamation, etc.). (*At court*) **Presenter of a debutante,** marraine *f* d'une débutante. (*b*) *Ecc:* Présentateur (à un bénéfice). **2.** Personne *f* qui offre (le cadeau, le souvenir).

presentient [pri'senʃjənt], *a.* Qui a un pressentiment (*of,* de). *P. of some misfortune, I . . .,* ayant le pressentiment de quelque malheur, pressentant quelque malheur, je. . . .

presentiment [pri'zentimənt], *s.* Pressentiment *m.* **To have a presentiment of sth.,** avoir le pressentiment de qch., pressentir qch.; *F:* subodorer (un danger, etc.).

presentive [pri'zentiv], *a.* (Mot) représentatif.

presentment [pri'zentmənt], *s.* **1.** (*a*) Présentation *f* (d'une idée, etc.); représentation *f* (de qch. en peinture, d'une pièce de théâtre). *Com: P. of a bill* (*for acceptance*), présentation d'une traite à l'acceptation. (*b*) Tableau *m,* image *f* (de qch.); description *f.* **2.** (*a*) *Jur:* Déclaration *f* émanant du jury. (*b*) *Ecc:* Plainte, réclamation, faite au diocésain.

preservability [prizəːrvə'biliti], *s.* Susceptibilité *f* d'être conservé; qualités *fpl* de bonne conservation.

preservable [pri'zəːrvəbl], *a.* Susceptible d'être conservé; qui se conserve bien.

preservation [prezər'veiʃ(ə)n], *s.* **1.** Conservation *f;* naturalisation *f* (d'une fleur, d'un spécimen). **In a state of good preservation, in a good state of preservation,** en bon état de conservation; bien conservé. **Preservation of peace,** maintien *m* de la paix. **2.** Préservation *f* (d'un danger, etc.). *See also* SELF-PRESERVATION.

preservative [pri'zəːrvətiv]. **1.** *a.* Préservatif; préservateur, -trice; antiputride. **2.** *s.* (*a*) Préservatif *m* (contre un danger, etc.). (*b*) Antiseptique *m;* agent *m* de conservation; antiputride *m.* *Cream without preservatives,* crème *f* sans admixtion d'antiputrides.

preservatize [pri'zəːrvətaːiz], *v.tr.* Conserver (un aliment) à l'aide d'un antiputride.

preserve¹ [pri'zəːrv], *s.* **1.** Confiture *f.* **Preserve factory,** confiturerie *f.* **2.** (*a*) *For:* Réserve *f.* (*b*) **Game preserve,** chasse gardée; tiré *m;* varenne *f.* **Salmon preserve,** vivier *m* à saumons. *See also* FISH-PRESERVE, POACH² 2, TRESPASS² 2. **3.** *pl.* (*Goggles*) **Preserves,** lunettes protectrices; conserves *f.*

preserve², *v.tr.* **1. To preserve s.o. from sth.,** préserver, garantir, qn de qch.; soustraire qn à (un danger, etc.). **2.** (*a*) Conserver (un bâtiment, une coutume, la mémoire de qn, etc.); maintenir (la paix, etc.); garder, observer (le silence, etc.). *Bodies which p. heat,* corps *m* qui retiennent la chaleur. **To preserve appearances,** sauver les apparences, les dehors. *Certain traditions are preserved in the family,* dans la famille se gardent certaines traditions. (*b*) Conserver, mettre en conserve (des fruits, de la viande, etc.); confire (des fruits). (*c*) Naturaliser (un spécimen botanique). **3.** (*a*) Élever (du gibier) dans une réserve, (des saumons) dans un vivier. (*b*) Garder (une rivière, une chasse). **4.** (*With passive force*) Se conserver.

preserved, *a.* **1.** Conservé. **Preserved ginger,** gingembre confit. **Preserved food,** conserves *fpl.* **Preserved meat,** conserve de viande; viande *f* de conserve. **Preserved-meat factory,** conserverie *f.* **2. Well preserved, badly preserved,** (bâtiment *m,* etc.) en bon, mauvais, état de conservation. *Well p. woman,* femme bien conservée.

preserving, *s.* **1.** Préservation *f,* garantissement *m* (*from,* de). **2.** (*a*) = PRESERVATION. (*b*) Conservation *f* (des œufs, de la viande, du gibier, etc.); confiserie *f* (des fruits); confection *f* des confitures.

pre'serving-fruit, *s.* Fruit *m* pour conserves, pour confitures.

pre'serving-pan, *s.* Bassine *f* à confitures.

preserver [pri'zəːrvər], *s.* **1.** (*a*) (*Pers.*) Préservateur, -trice (*from,* de); sauveur *m.* (*b*) (*Thg*) *See* DRESS-PRESERVER, LIFE-PRESERVER. **2.** Conservateur, -trice (d'un bien, etc.). **3.** Propriétaire *m* d'une chasse gardée, d'un vivier.

preside [pri'zaid], *v.i.* Présider. (*a*) **To preside at, over, a meeting,** présider (à) une réunion. *The town council is presided over by the mayor,* le conseil municipal est présidé par le maire. *Justice should p. over policy,* la justice doit présider à la politique. *Cordiality presided over the election,* les élections ont eu lieu sous le signe de la cordialité. **To preside at the organ, at the piano,** tenir l'orgue, le piano. (*b*) *Abs.* Exercer les fonctions de président; occuper le fauteuil présidentiel; présider (à table, etc.).

presiding, *a.* Qui préside. **Presiding examiner,** surveillant, -ante (à un examen écrit). **Presiding officer,** président *m* du scrutin (à une élection).

presidency ['prezidənsi], *s.* **1.** Présidence *f.* (*a*) **To assume the presidency,** prendre possession du fauteuil présidentiel. *During my p.,* pendant ma présidence. (*b*) *A:* (*District*) Présidence (du Bengale, de Madras, ou de Bombay). **2.** *Sch:* Directorat *m,* rectorat *m* (d'un collège).

president ['prezidənt], *s.* **1.** Président *m* (d'une république, etc.); président, -ente (d'une réunion, etc.). *Adm:* **President of the Board of Trade** = Ministre *m* du Commerce. **Lord President of the Council,** président du Conseil privé du Roi. **President of a trade-union** = Secrétaire général d'un syndicat ouvrier. *U.S: P. of a limited liability company,* président d'une société anonyme. **2.** *Sch:* Directeur *m,* recteur *m* (d'un collège, *U.S:* d'une université).

presidentess ['prezidəntes], *s.f.* **1.** Présidente. **2.** Femme du Président.

presidential [prezi'denʃ(ə)l], *a.* **1.** Présidentiel. **2.** *U.S:* **Presidential year,** année *f* des élections présidentielles.

presidentship ['prezidəntʃip], *s.* **1.** Présidence *f.* **2.** *Sch:* Directorat *m,* rectorat *m* (d'un collège, *U.S:* d'une université).

presider [pri'zaidər], *s.* Président, -ente (*at,* de).

presidial [pri'sidiəl], *a.* & *s.* *Fr.Hist:* Présidial, -aux (*m*).

presidiary [pri'sidjəri], *a.* (Troupes, etc.) de garnison.

presidio [pri'sidio], *s.* Préside *m* (en Espagne, etc.). *Disorder in the Moroccan presidios,* désordres dans les présides marocains.

press¹ [pres], *s.* **1.** (*a*) Pression *f* (sur qch.); serrement *m* (de main, etc.). *To give sth. a slight p.,* (i) appuyer légèrement sur (un bouton électrique, etc.); (ii) serrer (la main de qn) légèrement. (*b*) **Press of business,** presse *f* des affaires; urgence *f* des affaires; poids *m* des affaires. *The p. of modern life,* l'activité fiévreuse, la fièvre, de la vie moderne. (*c*) *A:* Presse, foule *f;* mêlée *f* (de la bataille). **To force one's way through the press,** fendre la foule, *A:* la presse. **In the press of the fight,** dans la mêlée. **In the thick of the press,** au plus fort de la mêlée. (*d*) **Press forward,** avance *f* (d'une armée); marche *f* en avant. (*e*) *Nau:* **To carry a press of sail,** faire force de voiles. **2.** Presse. (*a*) **Letter-press, copying-press,**

presse à copier. *Ten:* **Racket press,** presse à raquette. **Botanist's press,** coquette *f*. *See also* TROUSER-PRESS. (*b*) **Embossing press,** (i) presse à gaufrer, à imprimer en relief; (ii) (*hand-press*) timbre sec. **Hydraulic press,** presse hydraulique. *Hydraulic bending-p.*, presse hydraulique à cintrer. *Num:* **Coining-press,** balancier *m* monétaire; presse à frapper. *See also* BALING-PRESS, BRAMAH, DROP-FORGING 1, FLY-PRESS, FORGING-PRESS, HOT-PRESS[1] 1, MINTING-PRESS, MOULD-PRESS, NIPPING-PRESS, POWER-PRESS, SCREW-PRESS, SEWING-PRESS, STAMPING-PRESS, STRAINING-PRESS, TYRE-PRESS, WINE-PRESS. (*c*) **(Linen-)press,** armoire *f* à, au, linge. *Kitchen-p.*, armoire de cuisine. *See also* CLOTHES-PRESS, HANGING[2] 1, HOT-PRESS[1] 2. **3.** *Typ:* Presse. (*a*) **Printing-press,** presse d'imprimerie, à imprimer. **Working press,** presse roulante. **Platen press,** presse à platine. **Rotary press,** presse rotative. *Lithographic p.*, presse lithographique. *See also* GALLEY-PRESS, PERFECTING 3, STAPLE-PRESS. (*b*) Imprimerie *f*. *The Oxford P.*, l'Imprimerie d'Oxford, l'Oxford Press. (*c*) Impression *f*. *In time for p.*, à temps pour l'impression. **We are going to press,** nous mettons sous presse. *See also* GOING[2] 1. **Ready for press,** prêt à mettre sous presse. **To pass a proof for press,** donner le bon à tirer. **'Press,'** "bon à tirer." **In the press, at press,** en marbre, sur le marbre; sous presse. **Book in the press,** livre *m* à l'impression. **To correct the press, to read for press,** corriger les épreuves. (*d*) La presse, les journaux *m*. **Liberty of the press,** liberté *f* de la presse. *Influence of the p.*, influence de la presse. *A certain section of the p.*, certains organes (de la presse). (*Of author, book, etc.*) **To have, receive, get, a good press,** avoir une bonne presse. **To write for the press,** écrire dans les journaux. **Press photographer,** photographe *m* de la presse. *See also* GUTTER-PRESS, STOP-PRESS, YELLOW[1] 1.

'press-agency, *s.* *Journ:* Agence *f* d'informations.

'press-agent, *s.* Agent *m* de publicité (d'un artiste, d'un théâtre).

'press-bed, *s.* **1.** *A. & Dial:* Lit *m* qui se replie dans une armoire. **2.** = BOX-BED.

'press-blanket, *s.* *Typ:* Blanchet *m*.

'press-board, *s.* *Bookb:* Ais *m*.

'press-box, *s.* *Sp: etc:* Stand *m* de la presse.

'press-button, *s.* **1.** Bouton *m* à pression; bouton fermoir (de gant, etc.). **2.** = PUSH-BUTTON 1.

'press-cake, *s.* *Husb:* Tourteau *m*.

'press-cloth, *s.* *Oil-pressing:* Étendelle *f*.

'press-copy[1], *s.* **1.** *Publ:* Exemplaire *m* de publicité, exemplaire de service de presse. *Pl.* **Press-copies,** service *m* de presse. **2.** *Com:* Copie *f* (d'une lettre) faite au copie de lettres.

'press-copy[2], *v.tr.* Prendre copie (d'une lettre) au copie de lettres.

'press-cutting, *s.* Coupure *f* de journal, de presse. **Press-cutting agency,** agence *f* de coupures de journaux.

'press-forged, *a.* *Metalw:* Embouti.

'press-gallery, *s.* Tribune *f* de la presse, des journalistes (à la Chambre, etc.).

'press-house, *s.* *Wine-m:* Pressoir *m*. **Press-house hand,** pressureur *m*.

'press-mark, *s.* Numéro *m* de classement (d'un livre de bibliothèque).

'press-matter, *s.* *Journ:* Matière *f*.

'press-proof, 'press-revise, *s.* *Typ:* Épreuve *f* en bon à tirer; tierce *f*; bonne feuille.

'press-room, *s.* **1.** *Typ:* Salle *f* de la presse. **2.** *Num:* Salle des balanciers. **3.** *Wine-m:* Pressoir *m*.

'press-screw, *s.* Vis *f* de serrage, de pression.

'press-stone, *s.* *Typ:* Marbre *m* (d'une presse).

'press-stud, *s.* Bouton *m* (à) pression.

'press-work, *s.* **1.** *Metalw:* Étampage *m*, emboutissage *m*. **2.** *Typ:* Tirage *m*, impression *f*. **3.** Journalisme *m*, reportage *m*.

press[2]. I. *v.tr.* Presser. **1.** (*a*) Appuyer, peser, sur (qch.). **Press the button,** pressez le bouton; appuyez sur le bouton. *To p. one's finger on a wound,* appuyer le doigt sur une plaie. *His face pressed close to the window,* son visage collé à la vitre. (*b*) (*Squeeze*) Serrer. **To press s.o. to one's heart,** presser, serrer, étreindre, qn sur son cœur. *He pressed my hand in his,* il serra ma main dans la sienne. *To be pressed tight against the wall,* être collé au mur. **To press the juice from, out of, a lemon,** faire sortir, exprimer, le jus d'un citron; presser un citron pour en extraire le jus. **2.** (*a*) Mettre (qch.) sous presse; mouler (le verre, etc.). *Metalw:* Matricer, estamper, emboutir (le métal). *Paperm:* Satiner, calandrer (le papier). *Tex:* Calandrer, catir (un tissu). *Tan:* Fouler (les peaux). **To press sheet-iron into shape,** matricer, estamper, la tôle. *See also* COLD-PRESS, HOT-PRESS[2]. (*b*) Pressurer (des raisins, des pommes, etc.). (*c*) *Tail:* **To press a suit,** donner un coup de fer à, repasser, un complet. **3.** *Lit:* (*Of grief, etc.*) Opprimer (qn); serrer (le cœur). **4.** (*a*) **To press the enemy hard, closely,** serrer l'ennemi de près; talonner l'ennemi. *F:* **To press s.o. hard,** mettre qn aux abois, à la dernière extrémité; poursuivre qn l'épée dans les reins. *F: Don't press him too hard,* il ne faut pas lui mettre l'épée dans les reins; il ne faut pas trop le tourmenter. **Pressed by one's creditors,** pressé, harcelé, par ses créanciers. (*b*) **To press s.o. to do sth.,** presser qn de faire qch. *He did not need too much pressing,* il ne se fit pas trop prier. **To press s.o. for a debt,** réclamer une dette à qn. **To press for an answer,** réclamer une réponse immédiate; insister pour avoir une réponse immédiate. *He was pressed upon this point,* on le pressa de questions sur ce point. *The Liberals are pressing for a decision to be made,* les Libéraux demandent instamment, avec instance, que l'on prenne une décision. (*c*) **To press a point,** insister sur un point. *You needn't p. the argument,* il est inutile d'insister. **To press a claim,** insister sur une demande. *I will not p. the matter,* je ne donnerai pas suite à l'affaire. *To p. s.o.'s words too far,* interpréter trop strictement, prendre trop à la lettre, les paroles de qn. *To p. a comparison too far,* trop pousser une comparaison. **To press one's advantage,** poursuivre son avantage. *Navy:* **To press the chase,** soutenir la chasse. *Box:* **To press,** *F:* cherrer. (*d*) **To press a gift on, upon, s.o.,** forcer qn à accepter un cadeau. *To p. one's opinions on s.o.,* imposer ses opinions à qn. **5.** *Abs.* **Time presses,** le temps presse.

II. **press,** *v.i.* **1.** Se serrer, se presser. **To press close against s.o.,** se serrer contre qn. *A large crowd pressed round him,* une foule nombreuse se pressait autour de lui. **To press on one's pen,** appuyer sur sa plume. *Do not p. too hard on the pencil,* n'appliquez pas trop le crayon sur le papier. *A bone was pressing on a nerve,* un os pressait, exerçait une pression, sur un nerf. **2.** **His responsibilities press heavily on, upon, him,** ses responsabilités lui pèsent. *This tax presses heavily on tradesmen,* cet impôt pèse lourdement sur les commerçants.

press back, *v.tr.* Refouler (l'ennemi, ses larmes, etc.).

pressing back, *s.* Refoulage *m*, refoulement *m*.

press down. **1.** *v.i.* Appuyer (*on sth.*, sur qch.). **2.** *v.tr.* (*a*) *Aut:* **To press the pedal down,** enfoncer la pédale. (*b*) **To press down a seam,** rabattre une couture. (*c*) Tasser. *B:* **Good measure pressed down,** bonne mesure pressée, bien tassée.

pressing down, *s.* (*a*) Rabattage *m*, rabattement *m* (d'une couture). (*b*) Tassement *m* (de la terre, etc.).

press forward, *v.i. & tr.* = PRESS ON 1, 2 (*a*).

press in, *v.tr.* Enfoncer (une punaise sur la planche à dessin, etc.).

pressing in, *s.* Enfonçage *m*; enfoncement *m* (de qch.).

press on. **1.** *v.i.* Presser, forcer, le pas; se presser, se hâter; brûler une étape. *To p. on with one's work,* activer son travail, s'activer à son travail. **2.** *v.tr.* (*a*) Activer, hâter (le travail). (*b*) Fixer, assujettir, (qch.) en appuyant dessus, au moyen d'une pesée. *See also* FIT[3].

press out, *v.tr.* (*a*) Exprimer, *A:* épreindre (le jus d'un citron, etc.). (*b*) Faire disparaître (un pli, etc.) avec le fer à repasser; repasser (un pli, etc.).

press up. **1.** *v.i.* Se presser (autour de qch., etc.). **2.** *v.tr.* *To be pressed up* (*together*), être resserrés (sur un banc, etc.).

pressed, *a.* **1.** Appuyé (*against*, contre). **2.** (*a*) Pressé, serré, comprimé. **Pressed cotton, hay,** coton *m*, foin *m*, en balles. *Cu:* **Pressed beef,** bœuf salé, bouilli, et moulé en forme. *See also* GLASS[1] 1. (*b*) *Metalw:* Embouti, matricé, estampé. **Pressed steel frame,** châssis *m* en tôle d'acier emboutie. *See also* COLD[1] 3. **3.** **To be hard pressed,** (i) être serré de près; (ii) être aux abois, à la dernière extrémité. **Pressed for space,** à court de place. **Pressed for money,** à court d'argent. *To be p. for funds,* manquer de disponibilités. **Pressed for time,** pressé par le temps; très pressé, très affairé; à court de temps. *Com:* **We are very pressed,** nous sommes débordés (de commandes).

pressing[1], *a.* **1.** (Danger) pressant; (travail) pressé, urgent. **Pressing debt,** dette criarde. *To attend to the most p. thing first,* aller au plus pressé. *To have nothing more p. than to . . .,* n'avoir rien de plus pressé que de. . . . **Measure of pressing necessity,** mesure urgente. **The case is pressing,** il y a urgence. **Pressing invitation,** invitation instante, pressante. *Since* **you are so pressing** *. . .,* puisque vous insistez. . . . **2.** (*Of grief, care, etc.*) Pesant. **-ly,** *adv.* D'une manière pressante; avec insistance; instamment; avec instance.

pressing[2], *s.* **1.** (*a*) Pression *f* (sur qch.); serrement *m* (de main); serrage *m* (des vis, des freins); mise *f* en balle (du coton, etc.); pressurage *m* (des raisins); pressée *f* (des pommes à cidre); expression *f* (du jus d'un citron, etc.); pressage *m* (du linge, de disques de gramophone). *Tex:* Catissage *m*, calandrage *m*. *Metalw:* Emboutissage *m*, étampage *m*. *Tan:* Foulage *m* (des peaux). **Pressing machine,** presse *f*. (*b*) *Tail:* Coup *m* de fer tailleur. **2.** (*a*) *Metalw:* Pièce matricée, emboutie. *Sheet-steel p.*, tôle emboutie. (*b*) *Usu. pl.* **Pressing(s),** pressée, pressis *m* (de pommes, etc.); suc exprimé. **3.** Insistance *f* (sur un point); réclamation *f* (*for a debt,* d'une dette). **To require pressing,** se faire prier. *He wanted no p.*, il ne se fit pas prier, *F:* il ne se fit pas tirer l'oreille.

press[3], *s.* *Nau:* *A:* Presse *f* (de matelots); enrôlement forcé.

'press-gang, *s.* *Nau:* *A:* (Détachement *m* de la) presse.

'press-money, *s.* *A:* Prime versée comme avance à un marin, à un soldat.

'press-warrant, *s.* *Hist:* Autorisation *f* de faire la presse.

press[4], *v.tr.* (*a*) *Nau:* *A:* Enrôler de force (un matelot); prendre (qn) par la presse. (*b*) *Mil:* *A:* Réquisitionner (des mulets, etc.). (*c*) *F:* **To press s.o. into service,** enrôler, faire appel à, qn. *Even the farm carts were pressed into service for the occasion,* on a réquisitionné même les charrettes.

pressing[3], *s.* *A:* Enrôlement forcé (de matelots); presse *f*.

Pres(s)burg ['presbɜːrg]. *Pr.n. Geog:* Presbourg *m*.

presser ['presər], *s.* **1.** *Ind:* (*Pers.*) Presseur, -euse. **2.** Presse *f* (à viande, etc.); pressoir *m* (aux raisins). **Vegetable presser,** presse-purée *m inv*.

presser-'bar, -'foot, *s.* Presseur *m* (d'une machine à coudre); presse-étoffe *m inv*; pied-de-biche *m*, *pl.* pieds-de-biche.

pressful ['presful], *s.* (*Of cotton, fruit, etc.*) Pressée *f*.

pressingness ['presiŋnəs], *s.* Urgence *f* (d'un travail, etc.).

pressman, *pl.* **-men** ['presmən, -men], *s.m.* **1.** *Ind:* Presseur, pressureur. **2.** *Typ:* Pressier. **3.** Journaliste, reporter.

pressurage ['preʃəredʒ], *s.* Pressurage *m*. **1.** Vin *m* de marc. **2.** Droit *m* de pressurage.

pressure ['preʃər], *s.* **1.** (*a*) *Ph:* *Mec:* Pression *f*; poussée *f* (d'une charge, etc.). **High pressure,** haute pression. **Low pressure,** basse pression. *See also* HIGH-PRESSURE, LOW-PRESSURE. *Excess of p.*, surpression *f*. **Negative pressure,** contre-pression *f*, *pl.* contre-pressions. **Back pressure,** pression inverse. *P. of ten lbs to the square inch,* pression de dix livres par pouce carré; pression de 0·68 atmosphères. (*Pressure in lbs per sq. inch* = 0,068 pression en atmosphères). *Mec.E: Resistance to lateral p.*, résistance *f* au flambement. **Water pressure,** (i) *Hyd.E:* charge *f* d'eau; pression de l'eau; poussée de l'eau; (ii) *N.Arch:* poussée de l'eau. *Hyd.E:* **Loss of (water) pressure,** perte *f* de charge. **Wind pressure,** pression, poussée, du vent. *Aer:* **Wing-pressure,** pression sur les ailes. *Meteor:* **Atmospheric pressure,** pression atmosphérique. *Ph:* **Elastic pressure of gases,** force élastique des gaz. *Aut:* **Table of tyre pressures,** table *f*, tableau *m*, de gonflages. *Mch:* **Working pressure,** (i) pression effective; (ii) pression normale, de régime; pression de service, de travail, de fonctionnement; (*of boiler*) (pression du) timbre *m*. **Test-pressure,** surcharge *f* d'épreuve; timbre. **At full pressure,** sous toute pression. *Metall:* **Blast-pressure,** pression du vent. *Gasm:* **Pressure gas-producer,** gazogène *m* à vent; gazogène soufflé. *See also* AIR-PRESSURE, CORRECT[1] 2, STEAM-PRESSURE. (*b*) Pression (sur qch.). *Cin:* **Pressure roller,** galet *m* de pression, galet presseur (de la bande). (*c*) *El.E:* Tension *f*; potentiel *m*. *Working p.*, tension de régime; tension normale. **Pressure drop,** chute *f* de tension. (*d*) *Med:* **Blood pressure,** pression vasculaire, artérielle, tension artérielle (du sang). **High blood pressure,** hypertension, hypertonie (artérielle). *To suffer from high blood p.*, *F:* avoir de la tension, avoir beaucoup de tension. *Suffering from high blood p.*, hypertendu. **Low blood pressure,** hypotension (artérielle). **2.** **To bring pressure to bear, to put pressure, on s.o.,** exercer une pression sur qn; exercer, faire agir, son influence sur qn; agir sur, influencer, qn; *F:* travailler qn; serrer les pouces à qn. **Under the pressure of necessity, he . . .,** sous l'empire de la nécessité, poussé par la nécessité, il . . . . *Under the p. of poverty*, sous l'influence pressante de la gêne; sous le coup de la misère. *I have known the p. of poverty*, j'ai connu les rigueurs de la pauvreté. **To act under pressure,** agir par contrainte. *To act* **under the pressure of circumstances,** agir sous la pression des circonstances. *To feel the p. of hunger*, se sentir pressé par la faim. **Financial pressure,** embarras financier. **Pressure of business,** presse *f*, poids *m*, poussée, urgence *f*, des affaires. *The p. of business is greatest in November*, c'est en novembre qu'il y a le plus de presse dans les affaires. **To work at high pressure,** travailler fiévreusement. **In the pressure of work,** dans le coup de feu. *The book was written hastily and* **under pressure,** le livre a été écrit à la hâte et sous la contrainte des circonstances, dans des circonstances pressantes. *See also* OVER-PRESSURE.

'**pressure-cooker,** *s.* *Cu:* Autoclave *m*; marmite *f* express.

'**pressure-fed,** *a.* *Mec.E:* (*Of carburettor, etc.*) Alimenté sous pression. *P.-fed oil*, huile *f* sous pression.

'**pressure-feed,** *s.* *Mec.E:* Alimentation *f* sous pression.

'**pressure-gauge,** *s.* Manomètre *m*; jauge *f* de pression. *I.C.E:* **Oil pressure-gauge,** indicateur *m* de pression d'huile; contrôleur *m* de pression; manomètre d'huile. *Mch:* **Steam pressure-gauge,** manomètre à vapeur. *Aut:* **Tyre pressure-gauge,** contrôleur, vérificateur *m*, de pression (des pneus).

'**pressure-oiler,** *s.* *Aut: etc:* Servo-graisseur *m*, *pl.* servo-graisseurs.

'**pressure-reducer,** *s.* Détendeur *m* (de bouteille à gaz).

'**pressure-tester,** *s.* = PRESSURE-GAUGE.

prestation [pres'teiʃ(ə)n], *s.* Prestation *f* (en argent ou en nature).

Prester John ['prestər'dʒɔn]. *Pr.n.m. Hist:* Prêt(r)e-Jean.

prestidigitation [prestididʒi'teiʃ(ə)n], *s.* Prestidigitation *f*.

prestidigitator [presti'didʒiteitər], *s.* Prestidigitateur *m*.

prestige [pres'tiːʒ], *s.* Prestige *m*. *The p. which he owes to his position*, la considération que lui vaut sa position. *To ruin the p. of a country*, ruiner le crédit d'un pays. **Loss of prestige,** perte *f* de prestige. *It would mean loss of p.*, ce serait déchoir, déroger.

prestissimo [pres'tisimo], *a., adv. & s.* *Mus:* Prestissimo (*m*).

presto[1] ['presto], *a., adv. & s.* *Mus:* Presto (*m*).

presto[2], *int.* **Hey presto!** passez muscade!

presumable [pri'zjuːməbl], *a.* Présumable (*of s.o.*, de la part de qn). **-ably,** *adv.* Probablement. *P. he will come*, il est à croire, il y a lieu de croire, qu'il viendra.

presume [pri'zjuːm]. **1.** *v.tr.* (*a*) Présumer. *To p. s.o. innocent*, présumer qn innocent, que qn est innocent. **Let us presume that . . .,** supposons que + *sub*. **I presume that . . .,** j'aime à croire que + *ind*. *I had presumed ignorance on his part*, j'avais tablé sur son ignorance des faits. *We must p. it to be true*, il faut présumer que c'est vrai. *You are Mr X,* **I presume,** vous êtes M. X, je suppose. *You don't expect me to go with you, I p.*, *F:* vous n'attendez peut-être pas que je vous accompagne. **You presume too much,** vous présumez trop; vous allez trop vite. (*b*) **To presume to do sth.,** prendre la liberté, avoir la présomption, présumer, de faire qch.; oser faire qch.; prétendre faire qch. *May I p. to advise you*, puis-je me permettre de vous conseiller? *I p. to think that . . .*, j'ose croire que. . . . *I could not p. to . . .*, je ne serais pas reçu à (la tutoyer, etc.). **2.** *v.i.* (*a*) **To presume too much,** présumer trop de soi. (*b*) *Abs.* Se montrer présomptueux; prendre des libertés (*with s.o.*, avec qn). (*c*) **To presume on, upon, s.o.'s friendship,** abuser de l'amitié de qn. *To p. on one's birth, on one's wealth*, se prévaloir de sa naissance, de sa richesse.

presumed, *a.* Présumé, prétendu.

presuming[1], *a.* (*a*) Présomptueux. (*b*) Indiscret, -ète. **-ly,** *adv.* (*a*) Avec présomption. (*b*) Indiscrètement.

presuming[2], *s.* Présomption *f*.

presumedly [pri'zjuːmidli], *adv.* = PRESUMABLY.

presumer [pri'zjuːmər], *s.* Présomptueux, -euse.

presumption [pri'zʌm(p)ʃ(ə)n], *s.* **1.** Présomption *f*. **The natural presumption is that . . .,** la conclusion naturelle est que. . . . *The p. is that he is dead*, on présume, il est à présumer, qu'il est mort. **Presumption in favour of s.o.,** préjugé *m* en faveur de qn. *There is a strong p. against the truth of the news*, il y a tout lieu de croire que la nouvelle est fausse. *Jur:* **Presumption of law,** présomption légale. **Presumption of fact,** présomption de fait. **Presumption of survival** (*of one person to another in a catastrophe*), présomption de survie. **2.** Présomption, arrogance *f*, suffisance *f*. *Pardon my p.*, excusez mon audace.

presumptive [pri'zʌm(p)tiv], *a.* *Jur: etc:* **Presumptive evidence,** preuve *f* par présomption; présomption *f*. *M.Ins: The ship is a* **presumptive loss,** il y a présomption de perte. *See also* HEIR. **-ly,** *adv.* Par présomption; présomptivement.

presumptuous [pri'zʌm(p)tjuəs], *a.* Présomptueux, outrecuidant. **-ly,** *adv.* Présomptueusement.

presumptuousness [pri'zʌm(p)tjuəsnəs], *s.* Présomption *f*, outrecuidance *f*.

presuppose [priːsʌ'poːuz], *v.tr.* Présupposer. *Calling that presupposes long years of study*, profession *f* qui présuppose de longues études.

presupposition [priːsʌpo'ziʃ(ə)n], *s.* Présupposition *f*.

pretence [pri'tens], *s.* **1.** (Faux) semblant; simulation *f*, affectation *f*, prétexte *m*. *P. of repentance*, semblants *mpl* de repentir. *A p. of a dinner*, un simulacre de dîner. **To make a pretence of doing sth.,** faire semblant de faire qch.; *P:* faire qch. pour la frime. *He makes a p. of protecting you*, en apparence il vous protège. **His work is a mere pretence,** il fait seulement semblant de travailler. *It was all fun and p.*, c'était pour rire. **It's all pretence,** *P:* c'est du chiqué. **Under the pretence of friendship, of religion,** sous prétexte, sous couleur, d'amitié; sous le manteau de la religion. *Under the p. that . . .*, sous prétexte que + *ind*. *Under, on, the p. of consulting me*, sous prétexte de me consulter. *To ring for the servants on the smallest p.*, sonner les domestiques sous le moindre prétexte. *Jur:* **False pretences,** faux semblant; présentation mensongère (en vue d'escroquer). **To obtain sth. by, on, under, false pretences,** obtenir qch. par fraude *f*, par des moyens frauduleux. *Obtaining money by, on, under, false pretences*, escroquerie *f*. *F: To force one's way in under false pretences*, s'introduire chez qn sous de fausses apparences. **2.** (*a*) Prétention *f*, vanité *f*. **Devoid of all pretence,** sans aucune prétention. (*b*) *He makes no pretence to wit*, il ne prétend pas à l'esprit; il n'a aucune prétention à l'esprit.

pretend[1] [pri'tend], *s.* *F:* Jeu *m* de faire semblant. **His anger was all pretend,** sa colère n'était qu'une simulation; c'était de la colère pour rire.

pretend[2]. **1.** *v.tr.* (*a*) Feindre, simuler (qch.). **To pretend ignorance,** simuler l'ignorance; faire l'ignorant. *To p. ignorance in order to achieve one's end*, faire l'âne pour avoir du son. **To pretend to be ill,** faire le malade. **To pretend to do sth.,** faire semblant, faire le simulacre, feindre, affecter, de faire qch. *He pretends to be very busy*, il fait celui qui est très affairé; il fait l'affairé. *They p. to be friends, to be friendly*, ils font semblant d'être amis. *He pretended to be angry*, il fit mine d'être fâché. **Don't pretend you don't understand,** ne faites pas semblant de ne pas comprendre; *F:* ne fais pas l'innocent. *He pretended he was a doctor*, il s'est fait passer pour médecin. **Let's pretend** *we are kings and queens*, faisons semblant d'être des rois et des reines; jouons au roi et à la reine. **To play at 'Let's pretend,'** jouer à faire semblant. *He went off, pretending that he was coming back*, il est parti, soi-disant pour revenir. *Pretending that he had a lot of work to do, he left early*, sous prétexte d'avoir beaucoup de travail à faire, il partit de bonne heure. (*b*) Prétendre. **He does not pretend to be artistic,** il ne prétend pas être artiste; il n'a pas de prétentions artistiques. *I can't p. to advise you*, je ne prétends pas vous conseiller, je n'ai pas la prétention de vous conseiller. *He is not so virtuous as he pretends (to be)*, il n'est pas si vertueux qu'il en a la prétention. **2.** *v.ind.tr.* **To pretend to sth.,** prétendre à qch.; revendiquer son droit à qch. *To p. to intelligence*, avoir des prétentions, prétendre, à l'intelligence. *A:* **To pretend to s.o.'s hand, to s.o.,** prétendre à la main de qn.

pretended, *a.* **1.** (*Of quality, emotion, etc.*) Feint, simulé, faux. **2.** (*Of pers.*) Soi-disant, supposé, prétendu. *A p. colonel*, un soi-disant colonel. **-ly,** *adv.* **1.** Faussement. **2.** Soi-disant.

pretender [pri'tendər], *s.* **1.** Simulateur, -trice; *P:* chiqueur, -euse. **2.** Prétendant *m* (*to*, à). *A: The pretenders to her hand*, les prétendants à sa main. *Hist:* **The Young Pretender,** le Jeune Prétendant (Charles Stuart, petit-fils de Jacques II).

pretension [pri'tenʃ(ə)n], *s.* **1.** Prétention *f* (*to*, à); désir ambitieux (de). *To have no pretensions to the first rank*, n'avoir aucune prétention au premier rang; n'avoir aucun désir d'occuper le premier rang. *Pretensions to dictatorship*, prétention à la dictature. **Man of no pretension(s),** homme *m* sans prétentions. **To have pretensions to literary taste,** se piquer de littérature. *To have social pretensions*, vouloir arriver. **2.** Droit *m*, titre *m*; prétention justifiée. *To have some pretensions to be considered a scholar*, avoir des droits au titre d'érudit, revendiquer à bon droit le titre d'érudit. *To have some social pretensions*, occuper un certain rang dans la société. **3.** = PRETENTIOUSNESS.

pretensionless [pri'tenʃ(ə)nləs], *a.* Sans prétentions.

pretentious [pri'tenʃəs], *a.* Prétentieux; (*of display, etc.*) ostentateur, -trice. **Pretentious man,** homme *m* à prétentions; *F:* snob *m*. *P. young woman*, *F:* snobinette *f*. **Pretentious style,** style apprêté, prétentieux. *To speak in p. language*, faire des phrases; faire de grandes phrases. **-ly,** *adv.* Prétentieusement.

pretentiousness [pri'tenʃəsnəs], *s.* Prétention *f*; air prétentieux; ostentation *f*.

preterhuman ['priːtər'hjuːmən], *a.* Surhumain.

preterit(e) ['pretərit]. **1.** *a. & s.* *Gram:* **Preterite (tense),** (temps) passé (*m*); prétérit (*m*). **In the preterite,** au passé, au prétérit. **2.** *a.* Du temps passé; d'autrefois; ancien.

preterition [priːtə'riʃ(ə)n], *s.* **1.** = PRETERMISSION 1. **2.** *Theol:* Omission *f* (d'une âme) de parmi les élus.

pretermission [priːtər'miʃ(ə)n], *s.* **1.** (*a*) Prétérition *f*, omission *f* (de qch. dans un récit). (*b*) *Rh:* Prétérition, prétermission *f*.

(c) *Rom.Jur:* Prétérition (d'un héritier). **2.** Interruption *f*, suspension *f*, cessation momentanée. **Without pretermission,** sans interruption; *F:* sans décesser.

pretermit [pri:tər'mit], *v.tr.* **(pretermitted; pretermitting)** **1.** (a) Passer (qch.) sous silence; omettre (qch.). (b) Négliger, oublier (de faire qch.). **2.** (a) Interrompre, suspendre (un cours, etc.). (b) (*Erroneously*) Cesser (qch.) (définitivement).

preternatural [pri:tər'natjurəl], *a.* Qui est en dehors de la nature; surnaturel. **-ally,** *adv.* Surnaturellement.

preternaturalism [pri:tər'natjurəlizm], *s.* *Theol:* Surnaturalisme *m*.

pretext[1] ['pri:tekst], *s.* Prétexte *m*. **To give sth. as a pretext,** alléguer qch. comme prétexte. *To find a p. for refusing, for refusal,* trouver un prétexte pour refuser; trouver prétexte à un refus. *He came* **under, on, the pretext of** *consulting his brother,* il est venu sous prétexte de consulter son frère. *Under the p. of a call to be made,* sous le couvert d'une visite à rendre.

pretext[2] [pri'tekst], *v.tr.* Alléguer (qch.) comme prétexte; prétexter (qch.).

pretone ['pri:toun], *s.* *Ling:* Syllabe *f* prétonique; voyelle *f* prétonique.

pretonic [pri:'tɔnik], *a.* *Ling:* Prétonique.

Pretoria [pri'tɔ:riə]. *Pr.n. Geog:* Prétoria *f*.

prettification [pritifi'keiʃ(ə)n], *s.* **1.** = PRETTIFYING. **2.** *Prettifications,* enjolivements *m*.

prettify ['pritifai], *v.tr.* Enjoliver.

prettifying, *s.* Enjolivement *m*.

prettiness ['pritinəs], *s.* **1.** (a) Joliesse *f*, gentillesse *f*, mignonnesse *f*. (b) Afféterie *f*, mignardise *f* (de style, etc.). **2.** *Prettinesses of style, of speech,* gentillesses de style, de parole.

pretty ['priti]. **1.** *a.* (a) (*Of pers., song, etc.*) Joli; beau, *f.* belle; (*of manner, etc.*), gentil, -ille. **Sweetly pretty, pretty as a picture,** (fillette) jolie comme un cœur; gentille, jolie, mignonne, à croquer. *P. Chenies,* la jolie localité de Chenies; Chenies la jolie, la coquette. **Pretty ways,** gentillesses *f*. **My pretty (one),** ma mignonne. (*Of man*) **To make oneself pretty,** se mignarder. *To make p. speeches to a lady,* dire des gentillesses à une dame. *F:* **To do the pretty,** faire des grâces *See also* MOUTH[1] 1. (b) Adroit, habile. **He has a pretty wit,** c'est un bel esprit. *Fb:* **Player who is very pretty with his feet,** joueur qui est très habile de ses pieds. (c) *A:* (*Of soldier, etc.*) Brave, fort. *s.* **My pretties,** mes braves. (d) *Iron:* Beau, joli. **This is a pretty state of affairs! a pretty how-d'ye-do!** (i) en voici d'une belle! c'est du joli! c'est du propre! (ii) nous voilà dans de beaux draps! *There's p. goings-on!* c'est du beau! *That's a p. way to talk!* c'est du joli que de parler comme ça! **You're a pretty sort of fellow!** vous êtes un joli coco! *I have heard some p. tales about you,* j'en ai entendu de belles sur votre compte. *See also* KETTLE 1, MESS[1] 3, PENNY 3. **2.** *adv.* Assez, passablement. **I am pretty well,** je me porte assez bien; cela ne va pas trop mal. *That's p. well right,* c'est à peu près ça; vous n'êtes pas loin du compte. *P. good wine,* vin passablement bon. **Pretty nearly, pretty much, the same,** à peu près la même chose; presque la même chose. *New or p. nearly so,* neuf ou à peu de chose près. *The two towns are p. much alike,* les deux villes sont assez semblables. **3.** *s.* (a) Ornement *m*, bibelot *m*, colifichet *m*. *Esp.* **To fill one's glass up to the pretty,** remplir son verre jusqu'à la dentelle. (b) *pl.* **Pretties,** lingerie fine. (c) *Golf:* = FAIRWAY 2. **-ily,** *adv.* Joliment; gentiment, agréablement. **To behave prettily,** se tenir comme il faut. *To eat p.,* manger avec délicatesse.

'pretty-by-night, *s.* *Bot:* *U.S:* Belle-de-nuit *f*, *pl.* belles-de-nuit; merveille *f* du Pérou.

'pretty-'prettiness, *s.* Mignardise *f* insipide.

'pretty-pretty, *a.* Bellot, affété, mignard.

prettyish ['pritiiʃ], *a.* Gentillet, -ette.

prevail [pri'veil], *v.i.* **1.** Prévaloir; avoir l'avantage; réussir. **To prevail over, against, s.o., sth.,** prévaloir sur, contre, qn, qch.; avoir l'avantage, l'emporter, sur qn; dominer qn, qch. *The strong hand of the law prevailed,* force est restée à la loi. **2. To prevail (up)on s.o. to do sth.,** amener, déterminer, décider, qn à faire qch.; conduire qn à faire qch.; obtenir de qn qu'il fasse qch. *To p. upon s.o. to consent,* arracher son consentement à qn. *I prevailed on him not to fight,* je l'ai dissuadé de se battre. *I prevailed upon him to lend me five francs,* j'obtins qu'il me prêtât cinq francs. *He was prevailed upon by his friends to . . .,* il se laissa persuader par ses amis de. . . . **3.** Prédominer, régner. *The theory prevails that . . .,* la théorie domine, est répandue, a cours que. . . . *Winds that p. in a zone,* vents *m* qui règnent sur une zone, qui dominent une zone. *An enervating heat prevails in those parts,* il règne dans ces parages une chaleur anémiante. *Calm prevails,* le calme règne. *The conditions prevailing in France,* les conditions *f* qui règnent en France. *The conditions now prevailing in the country,* l'état actuel du pays.

prevailing, *a.* (Pré)dominant, régnant. **Prevailing winds,** vents régnants, dominants. *P. fashion,* mode *f* en vogue. *P. opinion,* opinion prédominante, reçue; opinion courante, régnante. *The p. cold,* le froid qui sévit en ce moment. *P. tints of a landscape,* teintes dominantes d'un paysage. **-ly,** *adv.* A un degré prépondérant, prédominant; d'une manière prédominante.

prevalence ['prevələns], *s.* Prédominance *f* (d'une opinion, etc.). *P. of bribery,* généralité *f* de la corruption. *P. of typhus in a place,* fréquence *f* des cas de typhus dans un endroit.

prevalent ['prevələnt], *a.* (Pré)dominant, répandu, général; (*of wind, disease, etc.*) régnant. *Disease that is p. in a place,* maladie qui est très répandue, qui règne, dans un lieu. *That is the p. idea on the question,* voilà l'idée qu'on se fait généralement de l'affaire. **-ly,** *adv.* Généralement; d'une manière prédominante.

prevaricate [pri'varikeit], *v.i.* (a) Équivoquer, biaiser, tergiverser. (b) Mentir; altérer la vérité.

prevaricating[1], *a.* Menteur, -euse.

prevaricating[2], *s.* = PREVARICATION.

prevarication [privari'keiʃ(ə)n], *s.* **1.** Équivoques *fpl*; tergiversation *f*. **2.** Mensonge *m*.

prevaricator [pri'varikeitər], *s.* **1.** Tergiversateur, -trice; chicaneur, -euse. **2.** Menteur, -euse.

prevenient [pri'vi:njənt], *a.* **1.** (Événement, etc.) préalable, antécédent (*to*, à). **2.** (Traitement médical, etc.) préventif (*of*, de). **3.** *Theol:* **Prevenient grace,** grâce prévenante.

prevent [pri'vent], *v.tr.* **1.** Empêcher, mettre obstacle à (un mariage, etc.). *To p. the exercise of a right,* porter atteinte à l'exercice d'un droit. **To prevent s.o. (from) doing sth., to prevent s.o.'s doing sth.,** empêcher qn de faire qch.; empêcher que qn ne fasse qch.; arrêter qn de faire qch. *He has been prevented by a previous engagement from taking the chair,* une promesse antérieure l'empêche d'occuper le fauteuil, de présider. *There is nothing to p. our doing so,* il n'y a rien qui nous en empêche. *My work prevented me being present,* mon travail ne me permit pas d'y assister. **To be unavoidably prevented from doing sth.,** être dans l'impossibilité matérielle de faire qch. *I cannot p. him,* je ne peux pas l'en empêcher. *What is to p. you?* qu'est-ce qui vous retient? qu'est-ce qui vous en empêche? *F:* **That does not prevent her from being respectable,** cela n'empêche pas qu'elle soit honnête; ça ne l'empêche pas d'être honnête. **2.** (a) Prévenir, détourner (un malheur, etc.); parer à (un accident, etc.). *To take steps to p. accidents,* prendre des mesures préventives contre les accidents. *I cannot p. it,* je ne peux pas l'empêcher. *Could I have prevented it?* pouvais-je faire que cela n'arrivât pas? *To p. any scandal . . .,* pour obvier à tout scandale. . . . (b) *The police prevented the murderer from being lynched,* la police a évité à l'assassin d'être lynché. *You must p. the machine from stalling,* il faut éviter à l'appareil de s'engager. **3.** *A:* Prévenir (les désirs de qn). *Theol:* *That Thy grace may always p. and follow us,* que ta grâce nous prévienne et nous accompagne toujours.

preventable [pri'ventəbl], **preventible** [pri'ventibl], *a.* Évitable, obviable; qui peut être empêché; à quoi l'on peut parer.

preventative [pri'ventətiv], *a.* & *s.* = PREVENTIVE.

preventer [pri'ventər], *s.* **1.** (a) (*Pers.*) Empêcheur, -euse. (b) Empêchement *m*, obstacle *m*. **2.** *Nau:* **Preventer (-stay, -rope),** faux étai; attrape *f*. **Preventer brace,** faux-bras *m inv.* **Preventer sheet,** fausse écoute. **Preventer shroud,** pataras *m*; hauban *m* de fortune. **Preventer tack,** fausse amure.

prevention [pri'venʃ(ə)n], *s.* **1.** Empêchement *m*. *In case of p.,* en cas d'empêchement. *See also* POSSESSION 1. **2.** *P. of accidents,* précautions *fpl* contre les accidents. *P. of disease,* défense préventive contre la maladie; lutte *f* contre la maladie; prophylaxie *f*. *To take measures for the p. of disease,* prendre des mesures préventives, des mesures prophylactiques, contre la maladie. **Rust prevention,** protection *f* contre la rouille. **Society for the prevention of cruelty to animals, to children,** société protectrice des animaux, des enfants. *Prov:* **Prevention is better than cure,** mieux vaut prévenir que guérir.

preventive [pri'ventiv]. **1.** *a.* (a) (Médicament, etc.) préventif. *P. measure,* mesure imposée à titre préventif. (b) *Adm:* **The Preventive Service,** le Service des gardes-côtes (douaniers). **Preventive officer,** officier *m* de la douane. **2.** *s.* (a) Empêchement *m*; mesure préventive. (b) Médicament préventif. (c) **Rust preventive,** antirouille *m*. *See also* SCALE[1] 3. **-ly,** *adv.* Préventivement; à titre préventif.

preventorium [priven'tɔ:riəm], *s.* *Med:* Préventorium (antituberculeux).

preview [pri:'vju:], *s.* Exhibition *f* préalable; *Cin:* avant-première *f*, *pl.* avant-premières.

previous ['pri:vjəs]. **1.** *a.* (a) Préalable; antérieur, antécédent (*to*, à); précédent. *The p. day,* le jour précédent; le jour d'avant; la veille. *The p. night,* la nuit d'avant; la veille au soir. **Previous engagement,** engagement antérieur. **Without previous notice,** sans avertissement préalable. *Pol:* *etc:* **To move the previous question,** demander la question préalable. *Sch:* **Previous examination,** examen *m* préliminaire d'admissibilité (à l'Université de Cambridge). (b) *U.S:* *F:* **You're a bit too previous!** vous êtes trop pressé! vous allez trop vite! *To be rather p. in forming a plan,* escompter indûment un événement en dressant ses plans; dresser ses plans prématurément. **2.** *adv.* **Previous to** *my departure,* préalablement, antérieurement, à mon départ; avant mon départ, avant de partir. **-ly,** *adv.* Préalablement, au préalable; d'avance, auparavant; précédemment, antérieurement, antécédemment. **Previously to** *my departure,* avant de partir; avant mon départ; antérieurement à mon départ.

previousness ['pri:vjəsnəs], *s.* **1.** Antériorité *f*, priorité *f*. **2.** *U.S:* *F:* Manque *m* de délibération; précipitation *f*.

previse [pri'vaiz], *v.tr.* **1.** Prévoir. **2.** Prévenir (*that*, que).

prevision [pri'viʒ(ə)n], *s.* Prévision *f*. **To have a prevision of sth.,** prévoir qch.

pre-war [pri:'wɔ:r]. **1.** *attrib.a.* (Prix, etc.) d'avant-guerre. **The pre-war period,** l'avant-guerre *m*. **2.** *adv.* *For a long time pre-war,* pendant longtemps avant la guerre.

prey[1] [prei], *s.* **1.** Proie *f*. (a) **Birds of prey,** oiseaux *m* de proie; rapaces *m*. **Beasts of prey,** bêtes *f* féroces, bêtes de proie; carnassiers *m*. (b) (*Of beast*) *To pursue its p.,* poursuivre sa proie. **To be a prey to sth.,** (i) être la proie de qch.; (ii) être en proie à, être dévoré, travaillé, par (la peur, etc.). **To fall a prey to temptation,** tomber en proie aux tentations; se laisser vaincre par les tentations; devenir la proie des tentations. *To fall a p. to diseases of degeneracy,* verser dans des maladies de dégénérescence. **2.** *B:* Butin *m*. *Thy life shall be a p. unto thee,* ta vie sera ton butin.

prey[2], *v.i.* **To prey upon sth., s.o.,** faire sa proie de qch., qn. *Coast preyed upon by pirates,* côte ravagée, pillée, par des corsaires.

F: **Something is preying on his mind,** il y a quelque chose qui le travaille. *Mind preyed upon by care,* esprit en proie au souci; esprit rongé, miné, tourmenté, consumé, par le souci. *The cares that are preying on his heart,* les soucis qui lui rongent le cœur. *Anxiety has preyed upon his health,* l'inquiétude f a miné sa santé. *Prov:* **The strong prey upon the weak,** les gros poissons mangent les petits.

preying, *a.* (Oiseau) de proie; (animal) féroce, carnassier; (brigand, etc.) spoliateur.

preyer ['preiər], *s.* Spoliateur, -trice; ravageur *m* (*upon*, de).

priapic [prai'apik], *a.* *Cl.Ant:* (Culte *m*, etc.) priapique.

priapism ['praiapizm], *s.* **1.** *Med:* Priapisme *m.* **2.** Lasciveté *f.*

Priapus [prai'eipəs]. **1.** *Pr.n.m.* *Cl.Myth:* Priape. **2.** *s.* Phallus *m,* priape *m.*

price[1] [prais], *s.* (*a*) Prix *m.* **Cost price, manufacturer's price,** prix coûtant, prix de revient, prix de fabrique; valeur *f* en fabrique. *To sell under cost price,* vendre à perte. **Trade price, market price,** prix marchand; prix sur la place. **Wholesale price,** prix de, en, gros. **Catalogue price, list price,** prix de nomenclature; prix marqué. **Cash price, price for cash,** prix au comptant. **Net price,** prix net. **Fixed price,** prix fixe; prix fait. **Top price,** prix summum; prix fort. **To pay top price,** payer la forte somme. *At a high p.,* à un prix élevé. **At a reduced price,** au rabais. **Under price,** au-dessous du prix. *P. of wheat (as fixed by the authorities),* taux *m* du blé. *To sell sth. above the established p.,* vendre qch. à un taux trop élevé. (*Of goods*) **To advance, rise, in price,** renchérir. **All at one price,** *one shilling,* prix unique, un shilling; au choix, un shilling. **One-price store,** magasin *m* à prix unique; magasin uniprix. *What p. is that article? what is the p. of that article?* quel est le prix de cet article? combien cela coûte-t-il? *His p. for this sideboard is a thousand francs,* il me fait ce buffet mille francs. **To quote, name, a price,** faire un prix. **The agreed price,** le prix fait. **I haven't the price of my ticket,** je n'ai pas le prix de mon voyage; je n'ai pas de quoi m'acheter un billet. **His pictures fetch huge prices,** ses tableaux *m* se vendent à prix d'or. **Above price, beyond price, without price,** sans prix; inestimable; hors de prix. **You can buy it at a price,** vous pouvez l'acheter si vous y mettez le prix. *This must be done* **at any price,** il faut que cela se fasse à tout prix, coûte que coûte. **Not at any price,** pour rien au monde. *The p. paid for progress,* la rançon du progrès. *To set a p. on an article,* fixer la valeur, le prix, d'un article. **To set a high price on sth.,** attacher un grand prix à qch., faire grand cas de qch. **To set a price on s.o.'s head,** mettre à prix la tête de qn. *There is a p. set on his head,* sa tête est mise à prix. *Walpole had put a p. on every man's conscience,* Walpole avait tarifé les consciences. **Every man has his price,** (i) il n'y a pas un homme qui ne soit vénal, qu'on ne puisse acheter; (ii) chacun vaut son prix. (*b*) *Turf:* Cote *f.* **Long price, short price,** forte, faible, cote. *F:* **What price my chances of being appointed?** quelles sont mes chances d'être nommé? *P:* **What price my new bike?** et ma nouvelle bécane, qu'est-ce que tu en dis? *Well, what p. his theories now?* eh bien, qu'est-ce que vous pensez maintenant de ses théories? les voilà bien coulées, ses théories! **What price glory!** on en a soupé, de la gloire! *See also* AVERAGE[2], CONTRACT[1] 2, FULL[1] I. 5, HALF-PRICE, KNOCK-DOWN 2, LOW[1] I. 5, PURCHASE-PRICE, PUT-UP 2, RETAIL[1], SELLING[2], UPSET[3] 2. (*c*) *Bank:* *Fin:* **Price of money,** taux de l'escompte. **Issue price of shares,** taux d'émission d'actions. *St.Exch:* **Market prices,** cours *m* du marché; cours de bourse; prix courants. *At current market prices,* suivant le cours du marché. **To make a price,** fixer, spécifier, un cours (d'achat, de vente). *See also* CLOSING[1].

price-'current, *s.* *Com:* Prix-courant *m, pl.* prix-courants.

'price-cutting, *F:* **'price-slashing,** *s.* *Com:* Rabais *m* des prix; mévente *f.*

'price-list, *s.* Prix-courant *m, pl.* prix-courants; bordereau *m* des prix; tarif *m.* **Market price-list,** mercuriale *f.*

'price-ring, *s.* *Fin:* *Com:* Coalition *f* de vendeurs, de marchands.

price[2], *v.tr.* **1.** Mettre un prix à (qch.); fixer un prix pour (qch.). *The book is priced at four shillings net,* le livre se vend au prix net de quatre shillings. **2.** Estimer, évaluer. **To price sth. high, low,** attacher un grand prix, peu de prix, à qch.; faire grand, peu de, cas de qch. **3.** S'informer du prix de (qch.).

priced, *a.* **1.** **High-priced,** de haut prix. *See also* LOW-PRICED. **2.** Marqué d'un prix. *Everything in the window is p.,* à l'étalage tous les prix sont marqués. **Priced catalogue,** catalogue *m* avec prix; tarif-album *m, pl.* tarifs-albums.

pricing, *s.* Fixation *f* du prix (*of sth.,* de qch.); évaluation *f.*

priceless ['praisləs], *a.* (*a*) Hors de prix; inestimable. (*b*) *P:* (*Of joke, pers., etc.*) Impayable.

pricelessness ['praisləsnəs], *s.* Valeur *f* inestimable (*of,* de).

prick[1] [prik], *s.* **1.** (*a*) Piqûre *f* (d'une aiguille, etc.). *F:* **Pricks of conscience,** remords *m* de conscience. *See also* PIN-PRICK. (*b*) *Farr:* Enclouure *f.* (*c*) *A:* Piqûre; point (marqué sur une liste). **2.** *A:* Aiguillon *m.* **To kick against the pricks,** (i) *B:* regimber contre les aiguillons; (ii) *F:* regimber; faire de la rebiffe.

'prick-bar, *s.* *Mch:* Ringard *m,* attisoir *m.*

'prick-eared, *a.* **1.** (Chien *m*) aux oreilles droites, pointues. **2.** (*Of pers.*) (*a*) Aux oreilles dressées; les oreilles aux aguets. *Hist:* *F:* **Prick-eared rascal,** Tête ronde; puritain (tondu de près). (*b*) Suffisant.

'prick-ears, *s.pl.* Oreilles pointues (d'un chien, *Hist:* *F:* des Têtes rondes, des puritains).

'prick-wheel, *s.* = PRICKING-WHEEL.

prick[2]. I. *v.tr.* **1.** (*a*) Piquer; faire une piqûre à (qch.). *To p. one's finger,* se piquer au doigt; se piquer le doigt. *To p. a blister,* crever, ponctionner, une ampoule. *To p. a balloon,* crever, percer, un ballon. *See also* BUBBLE[1] 2. *Farr:* **To prick a horse,** enclouer un cheval (en le ferrant). *F:* *His conscience pricks him,* sa conscience l'aiguillonne, le tourmente; il a des remords. (*b*) **To prick a hole in sth.,** faire un trou d'épingle dans qch. *To p. the pins into the pincushion,* piquer les épingles dans la pelote. **To prick (off) a design on sth.,** piquer un dessin sur (une étoffe, etc.). *Lacem:* **To prick the card,** piqueter le carton. (*c*) *Nau:* **To prick the seam** *of a sail,* renforcer la couture d'une voile. **2.** **To prick (off) names on a list,** piquer, pointer, marquer, des noms sur une liste. *A:* **To be pricked as Sheriff,** être choisi, désigné, pour shériff. *Nau:* **To prick a bearing** (*on the chart*), porter un relèvement sur la carte. *To p. off the ship's position on the chart,* porter le point sur la carte. **To prick the chart,** pointer, compasser, la carte; faire le point. *A:* **To prick music,** copier de la musique. **3.** Nettoyer, fourgonner, décrasser (la grille d'un foyer). **4.** Éperonner (un cheval). *To p. one's horse with the spur,* appuyer l'éperon à son cheval; (*lightly*) picoter son cheval.

II. **prick,** *v.i.* **1.** (*Of the skin, of nerves, etc.*) Avoir des picotements; picoter; fourmiller. **2.** (*Of horseman*) Avancer au galop; piquer des deux. **3.** (*Of wine, beer*) Se piquer.

prick down, *v.tr.* *A:* Noter (un air).

prick in, *v.tr.* *Hort:* Repiquer (des plants).

prick off, *v.tr.* **1.** *Hort:* = PRICK OUT. **2.** *See* PRICK[2] I. 2.

prick out. **1.** *v.tr.* (*a*) *Hort:* Repiquer (des plants). (*b*) Reproduire, tracer, (un dessin) en le piquant. **2.** *v.i.* (*Of stars, etc.*) Apparaître çà et là.

pricking out, *s.* Repiquage *m,* repiquement *m* (de plants).

prick (up), *v.tr.* **To prick (up) one's ears,** (i) (*of animal*) dresser les oreilles; (ii) (*of pers.*) tendre l'oreille; dresser l'oreille; ouvrir de grandes oreilles. *At these words he pricked up his ears,* à ces mots il devint attentif. **With pricked ears,** l'oreille aux aguets.

pricking[1], *a.* Piquant; (*of pain*) lancinant. *P. sensation,* picotement *m,* fourmillement *m.*

pricking[2], *s.* **1.** (*a*) Piquage *m.* *Med:* Ponction *f* (d'une ampoule). *Farr:* Enclouage *m.* (*b*) Pointage *m* (d'une liste). *Nau:* Pointage, compassement *m* (de la carte). (*c*) *Mch:* Nettoyage *m,* nettoiement *m,* décrassage *m,* décrassement *m* (d'une grille de fourneau). **2.** (*a*) **Prickings of conscience,** remords *mpl* (de conscience). (*b*) Picotement *m,* fourmillement *m* (de la peau, des nerfs).

'pricking-wheel, *s.* *Needlew:* *etc:* Roulette *f* à piquer.

pricker ['prikər], *s.* **1.** (*Pers.*) *Ven:* *etc:* Piqueur *m.* **2.** *Tls:* (*a*) Poinçon *m,* pointe *f;* aiguille *f* (*Lacem:* à piqueter, *Mch:* à décrasser); débouche-becs *m inv,* nettoie-becs *m inv* (pour lanterne à acétylène). *Leath:* Épée *f;* tire-point *m, pl.* tire-points. *Exp:* Épinglette *f.* *Metall:* *Mch:* Dégorgeoir *m,* ringard *m,* fourgon *m,* attisoir *m,* pique-feu *m inv,* cure-feu *m, pl.* cure-feu(x). (*b*) Tire-ligne *m, pl.* tire-lignes, à pointiller. (*c*) *Draw:* Piquoir *m.* *Needlew:* *etc:* Roulette *f* à piquer. (*d*) Aiguillon *m.*

pricket ['priket], *s.* **1.** *Ven:* Brocard *m* (d'un an); daguet *m.* **Pricket's sister,** chevrette *f* d'un an. **2.** Broche *f* (de chandelier, de herse à cierges).

prickle[1] [prikl], *s.* Piquant *m* (de plante, d'animal); épine *f,* aiguillon *m* (de plante). *See also* THISTLE.

'prickle-back, *s.* *Ich:* Épinoche *f.*

prickle[2]. **1.** *v.tr.* Piquer, picoter, aiguillonner. **2.** *v.i.* (*Of parts of body*) Fourmiller; avoir des picotements.

prickling[1], *a.* (Sensation *f*) de picotement, de fourmillement.

prickling[2], *s.* Picotement *m,* fourmillement *m.*

prickliness ['priklinəs], *s.* Hérissement *m* (d'une plante, etc.).

prickly ['prikli], *a.* **1.** (*a*) (*Of plant, animal*) Hérissé, armé de piquants; (*of plant*) aiguillonné, épineux. *Bot:* **Prickly pear,** (i) figuier *m* de Barbarie; raquette *f,* oponce *m;* (ii) figue *f* de Barbarie. *See also* ARTICHOKE 1, RHUBARB 2, SALTWORT 1. (*b*) (*Of pers., question, etc.*) Épineux. *F:* **He is prickly to handle,** c'est un bâton épineux, *P:* un bâton merdeux. **2.** (Sensation *f*) de picotement, de fourmillement. *See also* HEAT[1] 4.

prickwood ['prikwud], *s.* *Bot:* Fusain *m.*

pride[1] [praid], *s.* **1.** Orgueil *m.* (*a*) Fierté *f,* morgue *f.* **The sin of pride,** le péché d'orgueil. **Puffed up, blown up, with pride,** bouffi d'orgueil. *The p. and boldness of the Templars had become proverbial,* la superbe et l'audace des Templiers avaient passé en proverbe. **She is eaten up with pride,** l'orgueil la dévore. *It's just* **out of pride** *that she refuses,* elle refuse par pur orgueil. **Pride of birth,** l'orgueil de la naissance. **False pride,** vanité *f.* **To take an empty pride in sth.,** tirer vanité de qch.; faire vanité de qch. *To take p. in one's knowledge,* tirer vanité de ses connaissances. *Prov:* **Pride will have a fall, pride goes before a fall,** de grande montée grande chute. *See also* HUMBLE[2]. (*b*) **Proper pride,** orgueil légitime; amour-propre *m.* **To wound s.o.'s pride,** blesser l'amour-propre, l'orgueil, de qn. **To take (a) pride in sth., in doing sth.,** être fier, se faire gloire, de qch.; mettre son orgueil à faire qch. *To take p. in one's work,* mettre son amour-propre dans son travail. *He takes a certain p. in his English,* il met une certaine coquetterie à parler, à écrire, l'anglais élégamment. *See also* POCKET[2] 3. **2.** (*a*) **He is the pride of the family,** il fait l'orgueil de la famille. (*b*) *Bot:* **Pride of India, pride of China,** azédarach *m,* margousier *m;* arbre saint, arbre à chapelets; faux sycomore. *See also* LONDON PRIDE. **3.** (*a*) *Poet:* *Rh:* Faste *m,* ostentation *f,* pompe *f.* (*b*) *Her:* **Peacock in his pride,** paon rouant; paon qui fait la roue. **4.** Comble *m,* apogée *m.* **May was in its pride,** le mois de mai était dans toute sa splendeur. **In the pride of years,** à la fleur de l'âge. *See also* GREASE[1] 1. **5.** *Equit:* Fougue *f,* ardeur *f* (d'un cheval). **6.** *Ven:* **Pride of lions,** troupe *f,* bande *f,* de lions.

pride[2], *v.pr.* **To pride oneself (up)on sth., (up)on doing sth.,** s'enorgueillir, se piquer, se faire gloire, se glorifier, se vanter, se targuer, de qch., de faire qch.; être fier, tirer vanité, de qch.; être fier de faire qch.

prideful ['praidful], *a.* *Scot:* Fier, orgueilleux, arrogant. **-fully,** *adv.* Fièrement, orgueilleusement; avec arrogance.

pridefulness ['praidfulnəs], *s. Scot:* Fierté *f*, orgueil *m*, arrogance *f*.
prier ['praiər], *s.* (*a*) Curieux, -euse; *F:* fureteur, -euse. (*b*) *P. into the future*, scrutateur, -trice, de l'avenir.
priest [pri:st], *s.* **1.** *s.m.* (*a*) Prêtre. *The priests*, le clergé. *Bishops, priests and deacons*, évêques, prêtres et diacres. **Parish priest** = curé. **Priest in charge**, desservant (d'église succursale, etc.). **Assistant priest**, vicaire. *Then the p. shall recite* . . ., alors l'officiant récitera. . . . *To become a p.*, se faire prêtre; prendre la soutane. *I shall mention it to the p.*, j'en parlerai à monsieur l'abbé. *See also* HEDGE[1] 3, HIGH-PRIEST. (*b*) Prêtre (de temple païen). **2.** *Fish:* Assommoir *m*.
'**priest-ridden**, *a.* Sous l'empire, sous la coupe, des prêtres; tyrannisé par les prêtres.
'**priest-'vicar**, *s.m.* Chanoine qui n'est pas membre du chapitre.
priestcraft ['pri:stkrɑ:ft], *s. Pej:* Artifices *mpl* de la prêtrise; intrigues sacerdotales; cléricalisme *m*.
priestess ['pri:stes], *s.f.* Prêtresse.
priesthood ['pri:sthud], *s.* **1.** Prêtrise *f*, sacerdoce *m*. **To enter the priesthood**, se faire prêtre; *F:* recevoir, prendre, la tonsure. **2.** *Coll.* **The priesthood**, (i) le clergé; (ii) *Pej:* la prêtraille.
priestly ['pri:stli], *a.* Sacerdotal, -aux; ecclésiastique; de prêtre.
prig[1] [prig], *s.* **1.** (*a*) Poseur *m*; (*occ.f.* poseuse); homme suffisant; fat *m*; *P:* type *m* à chichis. **Don't be a prig!** *P:* ne fais pas ta poire! (*b*) Poseur à la vertu; (*of boy*) petit saint de bois. **2.** *P:* Chipeur, -euse; chapardeur, -euse.
prig[2], *v.tr.* (**prigged**; **prigging**) *P:* Chiper, chaparder.
priggery ['prigəri], *s.* = PRIGGISHNESS.
priggish ['prigiʃ], *a.* **1.** Poseur, suffisant. *He is unbearably p.*, il est d'une suffisance insupportable. **2.** Collet monté *inv*; bégueule. **-ly**, *adv.* D'une manière suffisante.
priggishness ['prigiʃnəs], *s.* **1.** Pose *f*, suffisance *f*; pédanterie *f*. **2.** Bégueulerie *f*.
prim[1] [prim], *a.* (*a*) (*Of pers.*) Collet monté *inv*; compassé dans ses manières; (*of manner*) guindé, affecté, compassé. *P. smile*, sourire pincé. (*b*) *P. garden*, jardin tracé au compas, tracé au cordeau, méticuleusement entretenu. **-ly**, *adv.* D'un air collet monté.
prim[2], *v.tr.* (**primmed**; **primming**) **1.** **To prim (up) one's mouth, one's lips**, *abs.* **to prim (up)**, prendre un air pincé, pincer les lèvres, faire la bouche en cœur. **2.** **To prim oneself (up)**, se parer; faire un brin, un bout, de toilette. *To p. up a room*, mettre une pièce en ordre; donner bon air à une pièce.
primacy ['praiməsi], *s.* **1.** Primauté *f*, prééminence *f*, primat *m*; premier rang. **2.** *Ecc:* Primatie *f*.
prima donna, *pl.* **prima donnas** ['pri:ma'dɔna, -'dɔnaz], *s.f.* Prima donna.
primaeval [prai'mi:v(ə)l], *a.* = PRIMEVAL.
prima facie ['praima'feiʃii]. **1.** *adv.* De prime abord, à première vue. **2.** *a.* De prime abord. *Jur:* **Prima facie case**, affaire qui d'après les premiers témoignages paraît bien fondée. *See also* EVIDENCE[1] 3.
primage[1] ['praimedʒ], *s. Nau: Com:* Chapeau *m* (de mérite); primage *m* (de tant pour cent sur la valeur de la cargaison).
primage[2], *s. Mch:* Primage *m*; rentrée *f* d'eau (dans les cylindres).
primal ['praim(ə)l], *a.* **1.** Primitif, originel. **2.** (*Of duty, etc.*) Principal, -aux; essentiel; fondamental, -aux. **-ally**, *adv.* **1.** Primitivement, originairement. **2.** Principalement, essentiellement.
primary ['praiməri], *a.* **1.** Premier, primitif, originel, primordial, -aux. *P. meaning of a word*, signification originelle, sens premier, sens primitif, d'un mot. *Geol:* **Primary rocks**, roches primitives; roches primaires. *P. soils*, terrains *m* primaires. **Primary product**, produit de base, produit brut; matière première. *Gram:* **Primary tenses**, temps primitifs. *Surg:* **Primary amputation**, amputation *f* primaire. *Sch:* **Primary education**, instruction *f* primaire. *Astr:* **Primary planet**, *s.* **primary**, planète *f* primaire, grande planète. *El:* **Primary battery**, pile *f* primaire. *P. current*, courant *m* primaire. **Primary winding**, (enroulement *m*) primaire *m*. **Primary wire**, fil inducteur. *Pol: U.S:* **Primary assembly**, *s.* **primary**, réunion *f* des votants d'un parti pour élire des délégués ou nommer des candidats. *See also* COLOUR[1] 1. **2.** Premier, principal, -aux, essentiel. **Primary cause**, cause première. *See also* IMPORTANCE. **-ily**, *adv.* **1.** Primitivement, originairement, primordialement; dans le principe. **2.** Principalement, essentiellement.
primate ['praimet], *s. Ecc:* (*a*) Primat *m*. (*b*) **The Primate of England**, l'archevêque d'York. **The Primate of All England**, *F:* **the Primate**, l'archevêque de Cantorbéry.
primates [prai'meiti:z], *s.pl. Z:* Primates *m*.
primateship ['praimetʃip], *s. Ecc:* Primatie *f*.
primatial [prai'meiʃ(ə)l], **primatical** [prai'matik(ə)l], *a. Ecc:* Primatial, -aux.
prime[1] [praim], *a.* **1.** Premier, principal, -aux, de premier ordre. **Of prime importance**, de toute première importance. **Prime necessity**, nécessité primordiale. **Prime motive**, principal mobile (*of*, de). *Mec:* **Prime mover**, source *f* d'énergie. **2.** Excellent; de qualité supérieure, de première qualité. *P. quality meat*, viande *f* de surchoix. **Prime cut** (*of meat*), morceau *m* de (premier) choix. *Tex:* **Prime wool**, prime *f*. *Fin:* **Prime bills**, papier *m* de haut commerce. **Prime bond**, obligation *f* de premier ordre. **3.** Premier, originel, primitif. **Prime cause**, cause première. *Mth:* **Prime number**, nombre premier. **Prime and ultimate ratios**, premières et dernières raisons. *Astr:* **Prime meridian**, premier méridien. *See also* COST[1] 1, FACTOR 2, MOVER 1.
'**Prime 'Minister**, *s.* Premier ministre; (*in Fr.*) président *m* du Conseil.
prime[2], *s.* **1.** (*a*) Perfection *f*. **Prime of perfection**, comble *m* de la perfection. **Prime of youth**, fleur *f* de la jeunesse. **In the prime of beauty**, dans l'éclat de sa beauté; dans toute sa fleur. **In the prime of life, in one's prime**, dans la force, dans la vigueur, de l'âge; à, dans, la fleur de l'âge. **To be past one's prime**, avoir passé le bel âge; *F:* être sur le retour. *Fruit in its p.*, fruits *mpl* en pleine saison. *Cheese in its p.*, fromage *m* à point. (*b*) Le choix, le meilleur (d'un rôti, d'un panier de fruits, etc.). *He must always have the p. of everything*, il lui faut toujours du meilleur; *F:* il lui faut toujours le dessus du panier. **2.** Premiers jours, commencement *m*; *esp.* temps primitifs (du monde). **3.** (*a*) *Ecc:* Prime *f*. **To sing the Prime**, chanter prime. (*b*) *A:* **At prime**, au point du jour; à l'aube. **4.** *Fenc:* Prime. **5.** *Ch:* Atome *m* simple. **6.** *Mth:* Nombre premier. **7.** *Mus:* (*a*) Son fondamental. (*b*) **Superfluous prime**, demi-ton *m* chromatique. **8.** *Paint:* Peinture *f* de fond. **9.** *Typ:* Prime. **N prime**, n prime; n'.
prime[3], *v.tr.* **1.** (*a*) Amorcer (un obus; *A:* une arme à feu; *I.C.E:* le moteur; *Hyd:* une pompe, etc.); abreuver, allumer (une pompe). *Mch:* **To prime the boilers**, faire le plein des chaudières. (*b*) (*With passive force*) (*Of boiler*) **To prime**, primer; entraîner de l'eau; écumer. **2.** *F:* (*a*) Faire la leçon, *F:* faire le bec, à (un témoin, etc.); souffler aux oreilles de (qn). *To p. s.o. with a speech*, préparer qn à faire son discours; mettre qn au fait de ce qu'il devra dire. *He was well primed with information*, il était au courant de l'affaire. (*b*) **To prime s.o. up with beer**, abreuver qn de bière. **To be well primed (with liquor)**, être bien parti; avoir son plumet; être mûr. **3.** (*a*) *Paint:* Imprimer, apprêter, donner l'apprêt à (la surface à peindre). (*b*) Maroufler (la toile).
priming[1], *s.* **1.** (*a*) Amorçage *m* (d'une pompe, *A:* d'une arme à feu). (*b*) Amorce *f* (de mine, etc.). **2.** (*a*) Apprêtage *m*, impression *f* (d'une toile sur châssis, de boiserie, etc.). (*b*) (Couleur *f* d')apprêt *m*; première couche; couche d'impression, de première impression; imprimure *f* (de boiserie, etc.); empreinte *f* (de toile d'artiste). **3.** *Mch:* Primage *m*; rentrée *f* d'eau (dans les pistons, dans la turbine).
'**priming-cock**, *s. Hyd.E:* Amorceur *m*.
'**priming-hole**, *s. A:* Lumière *f* (d'une arme à feu).
'**priming-iron**, *s.* = PRIMING-WIRE.
'**priming-pan**, *s. Sm.a: A:* Bassinet *m*.
'**priming-pipe**, *s. Hyd.E:* Fourreau *m* (de pompe).
'**priming-valve**, *s. Mch:* Soupape *f* de sûreté (du cylindre).
'**priming-wire**, *s. Sm.a: Artil: A:* Dégorgeoir *m*, épinglette *f*.
prime[4], *v.i. Astr:* (*Of tide*) Primer.
priming[2], *s.* Accélération *f* diurne de la marée.
primeness ['praimnəs], *s.* Excellence *f*; bonne qualité (de la viande, d'une denrée).
primer[1] ['praimər], *s.* **1.** (*Pers.*) (*a*) *A:* Amorceur, -euse (d'un canon, etc.). (*b*) Apprêteur, -euse (de toiles d'artiste, de boiseries, etc.). **2.** (*a*) *Pyr:* Amorce (fulminante). **Primer charge**, charge *f* amorce. (*b*) Amorceur *m* (d'un moteur, etc.). (*c*) *Paint:* **Primer coat**, couche *f* d'impression.
primer[2] ['primər, 'praimər], *s.* **1.** (*a*) Premier livre de lecture; alphabet *m*, abécédaire *m*. (*b*) Introduction *f* (à l'étude des mathématiques, etc.). *P. of geography*, premier cours de géographie; premiers éléments de géographie. **2.** *Ecc: A:* Livre de prières (pour les laïques); livre d'heures. **3.** *Typ:* **Great primer**, gros romain; gros texte; corps 16. **Long primer**, philosophie *f*; corps 10. **Two-line long primer**, petit parangon; corps 20.
primeval [prai'mi:v(ə)l], *a.* Primitif, primordial, -aux; des premiers âges (du monde). **Primeval forest**, forêt *f* vierge.
primine ['praimin], *s. Bot:* Primine *f* (de l'ovule).
primipara [prai'mipara], *s.* Primipare *f*.
primiparous [prai'miparəs], *a.* Primipare.
primitive ['primitiv]. **1.** *a.* (*a*) Primitif, primaire. *Ling:* **Primitive word**, mot primitif. *Geol:* **Primitive rocks**, roches primitives, primaires. *Geom:* **Primitive figure**, figure première. *Mec.E:* **Primitive circle** (*of gearing*), (cercle) primitif *m*. *Rel.H:* **Primitive Methodist**, Méthodiste primitif. (*b*) (*Of method, custom, etc.*) Primitif, rude, grossier. **2.** *s. Hist. of Art:* **The Primitives**, les primitifs *m*. **-ly**, *adv.* Primitivement.
primitiveness ['primitivnəs], *s.* Caractère primitif; primitivité *f*; rudesse *f* (d'un peuple, etc.).
primly ['primli], *adv. See* PRIM[1].
primness ['primnəs], *s.* (*a*) Air *m* collet monté. *The p. of her manners*, ses manières compassées; l'afféterie *f* de ses manières. (*b*) Arrangement méticuleux (d'un jardin, etc.); ordre parfait.
primogenitor [praimo'dʒenitər], *s.* **1.** Premier ancêtre. **2.** *F:* Ancêtre; aïeul *m*, *pl.* aïeux.
primogeniture [praimo'dʒenitjər], *s.* Primogéniture *f*. (**Right of**) **primogeniture**, droit *m* d'aînesse.
primordial [prai'mɔ:rdiəl], *a.* Primordial, -aux. (*a*) Premier, originel, primitif. *Geol: P. stratum*, étage primordial. (*b*) Fondamental, -aux; essentiel. **-ally**, *adv.* Primordialement. (*a*) Primitivement, originellement. (*b*) Fondamentalement, essentiellement.
primp[1] [primp]. *Dial: U.S:* **1.** *v.tr.* Parer, orner; *F:* attifer. **2.** *v.i.* & *pr.* **To primp (oneself) up**, se parer; *F:* s'attifer; se mettre sur son trente et un.
primp[2], *a. U.S:* Élégant, chic.
primrose ['primro:uz], *s. Bot:* Primevère *f* à grandes fleurs. **Bird's-eye primrose**, primevère farineuse. **Evening primrose**, œnothère *m*, onagre *f*, onagraire *m or f*; *F:* herbe *f* aux ânes, jambon *m* des jardiniers. **Pin-eyed primrose**, primevère longistyle. **Thrum-eyed primrose**, primevère brévistyle. *F:* **The primrose path**, le chemin de velours. *Pol:* **The Primrose League**, association conservatrice destinée à perpétuer la politique de Lord Beaconsfield. **Primrose Day**, le 19 avril (anniversaire de la mort de Beaconsfield en 1891).
primrosy ['primrouzi], *a. F:* Qui abonde en primevères; émaillé de primevères.
primula ['primjula], *s. Bot:* Primula *f*, primevère *f*.
primulaceae [primju'leisii:], *s.pl. Bot:* Primulacées *f*.
primum mobile ['praimʌm'moubili], *s. A.Astr.* & *F:* Premier mobile.

primus[1] ['praiməs]. 1. *a. Sch:* **Smith primus,** Smith (l')aîné. 2. *s. Scot. Episcopal Church:* Évêque élu à la présidence.
primus[2], *s. Dom.Ec:* **Primus (stove),** fourneau ou réchaud portatif à pétrole vaporisé sous pression; primus *m.*
prince [prins], *s.m.* 1. (*a*) Prince. **Prince of the blood,** prince du sang. *Hist:* **The Black Prince,** le Prince Noir. *Cost: U.S:* **Prince Albert (coat),** redingote *f.* *See also* CROWN[1] 1, RUPERT, WALES. (*b*) *F:* **The very prince of poets,** le prince des poètes. *The princes of this world,* les grands de ce monde. **The Prince of darkness, the Prince of this world,** le prince des ténèbres; le diable. 2. *Metall:* **Prince's metal,** métal *m* du prince Rupert; métal de prince. 3. *Bot:* **Prince's feather,** amarante élégante.
'prince-e'lector, *s.m. Hist:* Électeur.
princedom ['prinsdəm], *s.* = PRINCIPALITY 1.
princelet ['prinslet], **princeling** ['prinsliŋ], *s.m.* Principicule.
princely ['prinsli], *a.* Princier; royal, -aux; splendide. *A p. gift,* un cadeau royal, magnifique. *To treat s.o. in a p. manner,* traiter qn en prince, princièrement, royalement.
princess ['prinses], *s.f.* Princesse. **Princess royal,** princesse royale. *See also* CROWN[1] 1. *Cost:* **Princess dress,** robe *f* princesse, *pl.* robes princesse. **Princess petticoat,** combinaison-jupon *f, pl.* combinaisons-jupons.
principal ['prinsip(ə)l]. I. *a.* Principal, -aux. *P. clerk,* commis principal; commis en chef; premier commis. *P. persons concerned,* principaux intéressés. *P. events in one's life,* événements capitaux de la vie. *Th: P. part (in a play),* rôle principal. (*In pantomime*) **Principal boy,** rôle du héros (toujours joué par une femme). *Cu:* **Principal dish,** pièce *f* de résistance. **Principal feature** (*of a programme, etc.*), *F:* pièce de résistance; clou *m* (de la fête). *P. branch of a stream,* branche maîtresse, branche principale, d'un cours d'eau. *Const:* **Principal member,** maîtresse poutre (d'une charpente). **Principal rafter** (*of a roof*), *s.* **principal,** chevron *m* de ferme; arbalétrier *m.* *Geom: P. axis of a curve,* axe principal d'une courbe. *Gram:* **Principal clause,** proposition principale. *See also* PART[1] I. 1. **-ally,** *adv.* Principalement; pour la plupart; surtout.
II. **principal,** *s.* 1. (*Pers.*) (*a*) Directeur *m* (de fabrique, d'école, etc.); chef *m,* patron *m* (d'une maison de commerce); (*in Fr.*) principal *m,* -aux (de collège). **Lady principal,** directrice *f* (d'école, *in Fr.* de collège); patronne *f* (d'une maison de commerce). (*b*) *Com: Jur:* (*In transaction*) Mandant *m,* commettant *m*; (*in purchase*) command *m.* *St.Exch:* Donneur *m* d'ordre. *Jur:* **Principal and agent,** employeur *m* et mandataire *m*; commettant et préposé *m.* **Declaration of principal** (*by agent*), déclaration *f* de command. (*c*) *Jur:* Auteur *m* (d'un crime). **Principal in the first degree,** auteur principal. **Principal in the second degree,** complice *m.* (*d*) **Principals in a duel,** combattants *m,* adversaires *m,* dans un duel. **The second and his principal,** le témoin et son client. (*e*) *Mus:* Soliste *mf.* (*f*) *Th:* (Acteur, -trice, qui joue le) rôle principal. 2. *Com:* Capital *m,* principal *m* (d'une dette). 3. *Mus:* Prestant *m* (de l'orgue).
principality [prinsi'paliti], *s.* 1. Principauté *f*; dignité *f* de prince. 2. Principauté (régie par le prince). **The Principality,** la principauté de Galles. 3. *pl. Theol:* **Principalities and powers,** Principautés et Puissances.
principalship ['prinsip(ə)lʃip], *s.* Directorat *m* (d'école, etc.); principalat *m* (de collège).
principate ['prinsipet], *s. Rom.Hist:* Principat *m.*
principle ['prinsipl], *s.* Principe *m.* 1. (*a*) *Fundamental p.,* principe premier, fondamental; principe mère. *The p. of life,* le principe de la vie; la source même de la vie; la cause première de la vie. (*b*) **First principles of geometry,** premiers principes, principes fondamentaux, de la géométrie. *The Archimedean p.,* le principe d'Archimède. **To lay sth. down as a principle,** poser qch. en principe. **Machines that work on the same principle,** machines *f* qui fonctionnent sur, d'après, le même principe. *The major principles upon which the project was based,* les grandes lignes du projet. 2. **Guiding principle,** principe directeur. **Moral principles,** principes moraux. **To have high principles,** avoir des principes. *Man of high principles,* homme *m* de haute moralité. *Man of no principles,* homme sans principes. *The lack of p. of our rulers,* le manque de principes de nos dirigeants. *Laxity of p.,* morale relâchée. **To do sth. on principle, to make it a matter of principle to do sth.,** avoir pour principe de faire qch.; faire qch. par principe. **As a general principle . . .,** en thèse générale. . . . **Upon all principles** *I am bound to approve of* . . ., tous les principes établis me somment d'approuver. . . . 3. *Ch:* **Active principle,** principe actif; élément actif. *Fatty p.,* principe gras.
principled ['prinsipld], *a.* 1. (*Of pers.*) (*a*) Qui a tels ou tels principes. *A most highly p. woman,* une femme aux principes très stricts. **High-principled, low-principled,** qui a de bons, de mauvais, principes. (*b*) = *high-principled.* *See also* UNPRINCIPLED. 2. (*Of art, etc.*) Fondé sur des principes.
prink [priŋk]. 1. *v.tr.* (*a*) **To prink (up),** attifer, parer, orner (qn). (*b*) (*Of bird*) *To p. its feathers,* se nettoyer, se lisser, les plumes. 2. *v.i.* Prendre des airs; *P:* faire de l'esbrouffe. 3. *v.i. & pr.* **To prink (oneself) up,** s'attifer; se mettre sur son trente et un.
print[1] [print], *s.* 1. (*a*) Empreinte *f,* impression *f*; marque *f,* trace *f* (du pied). *See also* FINGER-PRINT, FOOTPRINT. (*b*) **Butter print,** (i) moule *m* à beurre, moule-beurre *m inv*; (ii) rond *m* de beurre. 2. *Typ:* (*a*) Matière imprimée. **He likes to see himself in print,** il aime à se faire imprimer, à se voir imprimé. *To appear in p.,* (i) (*of writings*) paraître sous forme imprimée; (ii) (*of author*) se faire imprimer. *I have never seen this tale in p.,* je ne sache pas que ce conte ait paru en librairie, ait jamais été imprimé. **The book is in print,** le livre est imprimé, a paru. *Edition in p.,* édition *f* en vente (courante); édition disponible. **Out of print,** épuisé. *F:* **To rush into print,** (i) publier à la légère; (ii) envoyer une lettre indignée à un journal. *These speeches are not very interesting* **in cold print,** à la lecture ces discours n'intéressent guère. (*b*) Caractères *mpl.* **Large print, small print,** gros, petits, caractères. **Print letters, print hand,** caractères, écriture *f,* qui imite(nt) les caractères d'imprimerie. (*c*) Édition, impression. *See also* REPRINT[1]. (*d*) Feuille imprimée; imprimé *m*; *U.S:* journal *m.* *See also* OFF-PRINT. 3. Estampe *f,* gravure *f,* image *f.* *See also* COLOUR-PRINT[1]. 4. *Phot:* (*a*) Épreuve *f*; photographie *f*; copie *f.* *To take a p. from a negative,* tirer une épreuve d'un cliché. **Contact print,** épreuve, copie, par contact. **Reduction print,** copie par réduction. (*b*) *Ind:* **Black print, brown print,** tirage *m* en noir, en brun. **Blue print,** dessin négatif; reproduction *f* héliographique; photocalque *m*; photo-copie bleue, *pl.* photo-copies bleues; *F:* bleu *m.* **Blue-print paper,** papier au ferroprussiate; papier héliographique. *See also* PHOTO-PRINT, PILOT-PRINT, SILVER-PRINT, WASHER[1] 2. 5. *Tex:* Indienne *f,* cotonnade *f,* rouennerie *f.* **Print dress,** robe *f* d'indienne. 6. *Metall:* Portée *f* (de moulage); porte-noyau *m inv.*
'print-cutter, *s. Phot:* Coupe-épreuves *m inv*; cisaille *f*; (*circular*) tournette *f.*
'print-meter, *s. Phot:* Photomètre *m* de tirage.
'print-room, *s.* (*In library or museum*) Cabinet *m* d'estampes.
'print-seller, *s.* Marchand, -ande, d'estampes, de gravures.
'print-shop, *s.* Magasin *m* d'estampes.
'print-trimmer, *s.* = PRINT-CUTTER.
'print-works, *s.pl.* (*Usu. with sg. const.*) Imprimerie *f* pour étoffes.
print[2], *v.tr.* 1. Empreindre; imprimer; faire une empreinte de (qch. sur qch.); marquer (qch.) d'une empreinte. *To p. a seal upon wax,* empreindre un sceau dans la cire; imprimer un sceau sur la cire. *Incidents that p. themselves on the memory, on the mind,* incidents qui se gravent dans la mémoire; incidents qui s'impriment, s'empreignent, sur l'esprit. *To p. one's footsteps on the sand,* imprimer la trace de ses pas sur le sable. 2. (*a*) *Typ:* Imprimer (un livre, etc.). **To print (off) a newspaper,** tirer un journal. *The book is printed off,* le livre est achevé d'imprimer. (*Of author*) *To p. a book, to have a book printed,* faire imprimer un livre; livrer un ouvrage à l'impression; se faire imprimer. *A limited number only were printed,* l'ouvrage a été tiré à petit nombre. (*With passive force*) **The book is now printing,** le livre s'imprime actuellement; le livre est à l'impression. *Post:* **'Printed matter,'** "imprimés" *mpl.* **'Printed paper rate,'** "papiers *mpl* d'affaires"; "tarif *m* imprimés." *See also* COLOUR-PRINT[2]. (*b*) Mouler (des lettres). *To p. an address,* écrire une adresse en lettres moulées. 3. *Phot:* **To print (off, out) a negative,** tirer une épreuve d'un cliché. (*Passive use*) **Negative that prints well,** cliché qui rend bien, qui donne de bonnes épreuves. **Paper that prints out by artificial light,** papier à tirage en lumière artificielle. 4. *Tex:* Imprimer (du calicot, etc.). **Printed calico,** indienne imprimée.
printing, *s.* 1. (*a*) Impression *f,* tirage *m* (d'un livre). **Printing and stationery,** imprimés et fournitures. *See also* COLOUR-PRINTING, COPPERPLATE[1] 2, LETTERPRESS 1. (*b*) (*Art of printing*) Imprimerie *f,* typographie *f.* (*c*) Écriture *f* en caractères moulés, en moulé. 2. *Phot:* **Printing (out),** tirage. **Daylight printing,** tirage par noircissement direct, tirage au jour; insolation *f.* **Gas-light printing,** tirage par développement. *See also* CARBON 2, SILVER-PRINTING. 3. *Tex:* **Calico printing,** impression du coton; impression sur coton.
'printing-box, *s. Phot:* Tireuse *f.*
'printing-frame, *s. Phot:* Châssis (positif); châssis-presse *m, pl.* châssis-presses.
'printing-house, *s. A:* = PRINTING-OFFICE.
'printing-machine, *s.* 1. *Typ:* Machine *f* à imprimer; presse *f* mécanique; imprimeuse *f.* 2. *Phot:* Tireuse *f.*
'printing-mask, *s. Phot:* Cache *m.*
'printing-number, *s. Typ:* Chiffre *m* de tirage.
'printing-office, *s.* Imprimerie *f.*
'printing-paper, *s.* 1. *Typ:* Papier *m* d'impression. 2. *Phot:* (*a*) **Printing(-out) paper,** *usu.* **P.O.P.,** papier aristotypique; papier à image apparente, à noircissement direct; papier au citrate (d'argent). (*b*) *Ind:* (*For plans, etc.*) Papier héliographique.
'printing-press, *s. Typ:* *See* PRESS[1] 3.
printable ['printəbl], *a.* Imprimable.
printer ['printər], *s.* 1. *Typ:* (i) Imprimeur *m* (typographique), typographe *m*; (ii) ouvrier *m* typographe; tireur *m* (d'une feuille, d'une estampe, etc.). **Letterpress printer,** imprimeur typographe. **Printer and publisher,** imprimeur-libraire, *pl.* imprimeurs-libraires. **Printer's error,** faute *f* d'impression; coquille *f.* **Printer's reader,** correcteur, -trice, d'épreuves. *See also* DEVIL[1] 3, FOREMAN 2, INK[1] 1, JOB-PRINTER. 2. *Phot:* Tireur d'épreuves. 3. *Tex:* Imprimeur (de cotonnade, etc.). **Calico printer,** imprimeur d'indiennes.
printery ['printəri], *s. U.S:* 1. Imprimerie *f* (typographique). 2. Imprimerie pour étoffes.
printless ['printləs], *a.* 1. Qui ne laisse pas d'empreinte. *A p. escape,* évasion qui n'a laissé aucune trace de pas. 2. Vierge d'aucune empreinte.
prior[1] ['praiər]. 1. *a.* Préalable, précédent; antérieur (*to sth.,* à qch.). *To have a p. claim,* être le premier en date. 2. *adv.* **Prior to** *my departure,* antérieurement à mon départ; avant mon départ, avant de partir. *P. to any discussion,* préalablement à toute discussion. *P. to his appointment,* avant sa nomination.
prior[2], *s.m. Ecc.Hist:* Prieur.
priorate ['praiəret], *s.* 1. = PRIORY. 2. = PRIORSHIP.
prioress ['praiəres], *s.f. Ecc:* Prieure.
priority [prai'oriti], *s.* Priorité *f,* antériorité *f.* **Priority of invention,** antériorité d'invention. **To have priority over s.o.,** primer qn; avoir le pas sur qn; avoir la préséance, la priorité, sur qn. *To have p. over s.o. in claim on mortgaged property,* primer qn en hypothèque. *Subject to the priorities attached to the loan of . . .,* abstraction faite des rangs de priorité attribués à l'emprunt de. . . . **According to priority,** selon l'ordre de priorité. *Jur: P. of a creditor,* pri-

vilège *m*, préférence *f*, d'un créancier. **Right of priority,** droit *m* d'antériorité. **Priority rights,** droits de priorité; préférence. *Fin:* **Priority share,** action privilégiée. *Adm:* **Priority fee,** droit de prompte expédition.

priorship ['praiərʃip], *s.* Prieuré *m* (dignité de prieur); priorat *m.*

priory ['praiəri], *s.* Prieuré *m* (le couvent).

Priscian ['priʃjən]. *Pr.n.m. Rom.Hist:* Priscien. *F:* **To break Priscian's head,** violer les règles de la grammaire.

Priscilla [pri'silə]. *Pr.n.f.* Priscille.

Priscillian [pri'siliən]. *Pr.n.m. Rel.H:* Priscillien.

prise[1, 2] [praːiz], *s.* & *v.tr.* = PRIZE[5, 6].

prism [prizm], *s.* **1.** Prisme *m. Geom:* **Right prism,** prisme droit. **Oblique prism, slanting prism,** prisme oblique. *Opt:* **Reversing prism, erecting prism,** prisme redressant les images; prisme redresseur. **Dispersing prism,** prisme à dispersion. **Reflecting prism,** prisme réflecteur. **Total-reflection prism,** prisme à réflexion totale. **Polarizing prism, Nicol prism,** nicol *m. Astr:* **Solar prism,** hélioscope *m. Polarizing solar p.*, hélioscope de polarisation. *Surv:* **Laying prism,** collimateur *m. See also* PRUNE[1] 1. **2.** (*a*) Spectre *m* (solaire). (*b*) *pl.* **Prisms,** couleurs *f* prismatiques.

'prism-bi'noculars, *s.pl.* Jumelles *f* à prismes; jumelles prismatiques.

prismatic [priz'matik], *a.* (Forme *f*, couleur *f*, etc.) prismatique; (cristal) prismé, orthorhombique. **Prismatic lens,** lentiprisme *m.* **Prismatic sight,** viseur *m* à prisme. **Prismatic binoculars,** jumelle(s) *f* à prisme(s). *Opt:* *P. condenser*, condensateur *m* prismatique, de Fresnel. *Cin:* **Prismatic eye,** viseur à prisme. *Surv:* **Prismatic compass,** boussole *f* topographique à prisme. *Geol:* **Prismatic jointing,** division *f* en crayons d'ardoise, en bâtonnets. *Exp:* **Prismatic powder,** *s.* **prismatic,** poudre *f* prismatique.

prismy ['prizmi], *a. Lit:* Aux nombreuses couleurs; prismatique.

prison[1] ['priz(ə)n], *s.* Prison *f*; maison *f* d'arrêt, maison de force. **State prison,** (i) prison politique; (ii) *U.S:* prison d'État. *Nau:* **Floating prison,** cayenne *f.* **To send s.o. to prison; to put, throw, s.o. into prison,** mettre, jeter, qn en prison; (faire) emprisonner qn; *F:* coffrer qn; mettre qn à l'écart, à l'ombre. **To be,** *A:* **lie, in prison,** être en prison, être emprisonné. *He has been in p.*, il a fait de la prison. *To be kept three months in p. awaiting trial*, faire trois mois de prévention. *P. is not the right punishment for these misdemeanours*, la détention n'est pas la punition qui convient à ces délits. *The shame that attaches to p.*, la honte attachée à la détention en prison. *See also* COMMIT 2, CONVICT[1] 2, DEBTOR 1, DISCHARGE[1] 5.

'prison-breaker, *s.* Échappé, -ée, de prison; évadé, -ée, de prison.

'prison-breaking, *s.* Évasion *f* de prison. *Jur:* Bris *m* de prison.

'prison-editor, *s. Journ:* Homme *m* de paille appartenant à la rédaction et qu'on met en avant dans le cas de poursuites judiciaires.

'prison-house, *s.* Prison *f*; maison *f* d'arrêt.

'prison-van, *s.* Voiture *f* cellulaire; *P:* panier *m* à salade.

'prison-'yard, *s.* Préau *m*, cour *f*, de prison.

prison[2], *v.tr. Poet:* Emprisonner.

prisoned, *a.* Emprisonné, en prison, captif.

prisoner ['priz(ə)nər], *s.* **1.** Prisonnier, -ière. **State prisoner, prisoner of state,** prisonnier d'État; détenu *m* politique. **Prisoner of war,** prisonnier de guerre. **To take s.o. prisoner,** faire qn prisonnier. *They were taken prisoner*, ils furent faits prisonniers. *He took ten thousand men prisoner*, il fit dix mille prisonniers. *We took twenty-five of them prisoner*, nous en avons fait prisonniers vingt-cinq. *The prisoners taken from the Spanish*, les prisonniers qu'on avait faits sur les Espagnols. *F: She took his hand prisoner*, elle emprisonna sa main dans la sienne, dans les siennes. *F:* **To be a prisoner to one's room, to one's chair,** être cloué à sa chambre, à sa chaise. **2.** *Jur:* Détenu, -ue. (*a*) **Prisoner at the bar,** prévenu, -ue; accusé, -ée. *P. elected to plead guilty*, le prévenu décida de s'avouer coupable. (*b*) (*After sentence*) Détenu, -ue; prisonnier, -ière; coupable *mf.* **Young prisoner,** jeune détenu. *See also* FELLOW[1] 1. **3.** *Games:* **Prisoners' base, prisoners' bars,** (jeu *m* de) barres *fpl.*

pristine ['pristain], *a.* Premier, primitif; ancien; d'antan; de jadis. *The p. simplicity of Anglo-Saxon*, la simplicité primitive de l'anglo-saxon.

prithee ['priði], *int. A:* Je te prie, je t'en prie; de grâce.

prittle-prattle ['pritlpratl], *s. A:* Babillage *m.*

privacy ['praivəsi], *s.* **1. The privacy of one's home,** l'intimité *f* du foyer, du chez-soi. **To live in privacy,** mener une vie privée; être retiré des affaires; vivre dans la retraite. *In the p. of his room he wrote . . .*, retiré dans sa chambre, claquemuré au secret de sa chambre, il écrivait. . . . *Desire for p.*, désir *m* de se cacher aux regards indiscrets, de se tenir à l'écart de la société. *To disturb s.o.'s p.*, faire intrusion chez qn. **To be married in strict privacy,** se marier dans la plus stricte intimité. **2.** Secret *m.* **Lack of privacy,** manque *m* de secret (dans une affaire). *See also* BEDCHAMBER.

private ['praivet]. I. *a.* Privé, particulier. **1. Private citizen,** simple particulier, simple citoyen *m.* **Private persons,** particuliers. *To do sth. in a p. capacity*, faire qch. à titre particulier. *The p. life of . . .*, la vie privée de. . . . **In private life,** dans le particulier, dans la vie privée, dans l'intimité *f*. *P. charity*, la charité privée. *P. gentleman*, simple particulier. **In private clothes,** en bourgeois, en civil. *Pol:* **Private member,** simple député. *Mil:* **Private soldier,** simple soldat *m. See also* BILL[4] 5, INDIVIDUAL 2. **2.** Secret. **To keep a matter private,** empêcher qu'une affaire ne s'ébruite; tenir une affaire secrète. *He is very p. about his affairs*, il est très réservé au sujet de ses affaires. *P. entrance*, (i) entrée secrète, dérobée; (ii) entrée particulière. **3.** (*Private to oneself*) **Private study,** études particulières. *See also* LESSON[1] 1. *P. plans*, projets *m* intimes. *For my p. use*, pour mon usage personnel. *P. motives*, motifs personnels, particuliers. **In my private opinion,** à mon propre avis; à mon avis personnel. **Private hygiene,** hygiène *f* intime. **Private parts,** parties sexuelles, naturelles, honteuses; (*of man*) parties viriles; *F:* "les parties." **4.** (*Confidential*) Intime. **Private and confidential,** secret et confidentiel. *P. conversation*, conversation *f* intime; aparté *m. P. interview*, (i) entretien *m* à huis clos; (ii) entretien privé. *To be received in p. audience*, être reçu en audience particulière. **To mark a letter 'private,'** marquer sur une lettre "confidentiel," "personnel." *Post:* **Private letter,** lettre missive. *The news comes through p. channels*, les nouvelles *f* nous parviennent de source privée. **This is for your private ear,** je vous le dis confidentiellement; ceci est pour vous seul. **Private arrangement,** accord *m* à l'amiable. *By p. arrangement*, de gré à gré. *Jur:* **Private agreement, private contract,** acte *m* sous seing privé; sous-seing *m*, *pl.* sous-seings. **5.** (*a*) (*Not business*) **Private house,** maison particulière. *Room to let in a p. house*, chambre *f* à louer dans une maison bourgeoise. *P. family*, famille *f* habitant une maison particulière. **Private carriage, private car,** voiture particulière, privée. (*b*) (*Reserved for private use*) *P. bus*, (i) autobus réservé; (ii) omnibus *m* de famille. *P. room* (*in hotel, etc.*), salon réservé. *P. office*, cabinet particulier. *P. staircase*, escalier dégagé, de dégagement; escalier particulier. *See also* SECRETARY 1. (*c*) (*To which public are not admitted*) *P. dance*, bal *m* sur invitation. *P. theatricals*, représentation *f* en privé, comédie *f* de salon. **Private performance** (*in a theatre*), représentation à bureaux fermés. *P. party*, (i) réunion privée, intime; (ii) groupe *m* de particuliers. *P. sitting*, séance privée; séance à huis clos. *P. wedding*, mariage *m* dans l'intimité. **The funeral will be private,** les obsèques *f* auront lieu dans la plus stricte intimité. *See also* SALE 1, VIEW[1] 1. (*d*) (*Vaguely opposed to public*) **Private education,** (i) enseignement *m* libre; (ii) enseignement par un précepteur. *P. trader*, marchand établi à son propre compte. *P. enterprise*, entreprise privée. *See also* BOARDING-HOUSE 1, COMPANY[1] 4, HOTEL, SCHOOL[1] 1. **6. Private property,** propriété privée. *P. road*, chemin privé, particulier. **'Private,'** "entrée interdite au public," "défense d'entrer." **'Private fishing,'** "pêche réservée." **Private income, 'private money,'** rentes *fpl*; fortune personnelle. *See also* MEAN[1] 3. **7.** (*Of place*) Isolé; loin des regards indiscrets; retiré. **-ly,** *adv.* **1.** Privément; en simple particulier. **Privately owned,** qui appartient à un particulier. *To know s.o. p.*, connaître qn dans le particulier. **2.** En particulier. *To speak to s.o. p.*, parler à qn en particulier. *To hear sth. p.*, entendre qch. en secret, à titre confidentiel. *P. married*, marié dans l'intimité. *P. sold*, vendu à l'amiable, de gré à gré. **3.** En personne. *To benefit p. from sth.*, bénéficier personnellement, en particulier, de qch.

II. **private,** *s.* **1.** *Adv.phr.* (*a*) **In private,** dans la vie privée; dans le particulier. *To dine in p.*, dîner en famille. *Married in p.*, marié dans l'intimité. (*b*) (*Of assembly*) **To sit in private,** se réunir en séance privée. *Jur:* *To hear a case in p.*, juger une affaire à huis clos. *To talk to s.o. in p.*, parler à qn en particulier, sans témoins. **2.** *Mil:* (*Pers.*) Simple soldat *m.* **Fall out Private Smith!** soldat Smith, sortez des rangs! *The privates and the N.C.O.'s*, la troupe et les gradés. **3.** *pl.* **Privates** = *private parts. Hit in the privates*, blessé aux parties.

privateer[1] [praivə'tiːər], *s.* **1.** (Bâtiment armé en) corsaire *m*; bâtiment armé en course. **2.** (*Pers.*) Corsaire; capitaine *m* à la course.

privateer[2], *v.i. Nau:* Aller en course, faire la course.

privateering, *s.* (Guerre *f* de) course *f.* **To go privateering,** aller en course; faire la guerre de course. *To fit out a ship for p.*, armer un navire en course.

privateersman, *pl.* **-men** [praivə'tiːərzmən, -men], *s.m. U.S:* (*Pers.*) Corsaire.

privation [prai'veiʃ(ə)n], *s.* Privation *f.* (*a*) *Log:* Perte *f*, absence *f*, manque *m* (*of*, de). (*b*) **To live in privation,** vivre dans la privation, vivre de privations. *To suffer many small privations*, souffrir bien des petites privations.

privative ['praivətiv], *a.* **1.** (Défaut, etc.) négatif. **2.** *Gram:* (*Of particle, etc.*) Privatif.

privet ['privet], *s.* **1.** *Bot:* (*a*) Troène *m.* (*b*) **Egyptian privet,** henné *m.* **2.** *Ent:* **Privet hawk-moth,** sphinx *m* du troène.

privilege[1] ['priviledʒ], *s.* **1.** Privilège *m*, prérogative *f. The privileges of the nobility*, les privilèges de la noblesse. *To grant s.o. certain privileges*, octroyer certains avantages à qn. *To invade s.o.'s privileges*, violer les privilèges de qn. **To enjoy the privilege of doing sth.,** jouir du privilège, avoir le privilège, de faire qch. **Privilege cab,** voiture *f* de place qui a le privilège d'occuper une station privée. *F:* **It was a privilege to hear him speak,** c'était un vrai plaisir de l'entendre parler. **2.** *Jur:* (*a*) Immunité *f* contre les poursuites en diffamation (accordée aux juges, avocats, et témoins). **The Privilege,** la prérogative royale. **Parliamentary privilege,** prérogative, immunité, parlementaire. **Writ of privilege,** mandat *m* ordonnant la mise en liberté d'un privilégié qui a été arrêté. (*b*) *A:* **Privilege of clergy,** bénéfice *m* de clergie.

privilege[2], *v.tr.* **1.** Privilégier (qn). *To p. s.o. to do sth.*, accorder à qn le privilège de faire qch. **2.** *R.C.Ch:* Privilégier (un autel).

privileged, *a.* Privilégié. *P. creditor*, créancier privilégié. *The p. class*, la classe des privilégiés. *The p. classes*, les classes privilégiées. *A p. few*, quelques privilégiés. **Privileged from sth.,** exempté de qch. par privilège. **To be privileged to do sth.,** jouir du privilège, avoir le privilège, de faire qch. *See also* DEBT.

privity ['priviti], *s.* **1.** Connaissance *f* (*to a plan*, d'un plan). *It was done with the p. of his chiefs*, cela s'est fait au su de ses chefs, avec la demi-complicité de ses chefs. **2.** *Jur:* (*a*) Lien *m* (du sang, etc.); rapport contractuel (entre employé et employeur, etc.). (*b*) Obligation *f*; lien de droit. **Privity in deed,** obligation contractuelle. **Privity in law,** obligation légale. **Without privity,** sans lien de droit.

privy ['privi]. I. *a.* **1. To be privy to sth.,** avoir connaissance de qch., être instruit de qch.; tremper dans (un complot); être dans le secret. **2.** Privé. (*a*) *A:* Secret, caché. **Privy parts** = *private parts, q.v. under* PRIVATE I. 3. (*b*) *Jur:* **The Privy Council,** le Conseil privé (du Roi). **Privy Councillor,** conseiller privé. **The Privy Seal,** le petit Sceau. **Keeper of the Privy Seal, Lord Privy Seal,** Garde *m* du petit Sceau. **The Privy Purse,** la cassette du roi. **(Keeper of the) Privy Purse,** Trésorier *m* de la maison du roi. *See also* CHAMBER[1] I. **-ily,** *adv.* En secret; en cachette; secrètement.

II. **privy,** *s.* **1.** *Jur:* (*Pers.*) (*a*) Partie intéressée; contractant *m*; ayant droit *m*, ayant cause *m*, *pl.* ayants droit, ayants cause. (*b*) Complice *mf* ou demi-complice. **2.** Lieux *mpl* d'aisances; cabinets *mpl* (d'aisances); latrine *f*. **Seatless privy,** installation *f* à la turque.

prize[1] [praːiz], *s.* **1.** Prix *m* (remporté). **Consolation prize,** prix de consolation. **The Nobel prize,** le prix Nobel. *To carry off the p.*, remporter le prix. *To award a p. to a bull* (*at a show*), primer un taureau. **Prize ox,** bœuf primé, médaillé; bœuf gras. **Prize novel,** roman couronné (dans un concours). *F: The prizes of life,* les récompenses *f* de la vie. **2.** (*In a lottery*) Lot *m*. *To draw the first p.*, gagner le gros lot. **Prize-drawing,** tirage *m* à lots. *See also* BOND[1] 3.

'prize-book, *s.* Livre *m* de prix.

'prize-fight, *s.* Match *m* de boxe pour un prix en espèces; combat *m* de pugilistes.

'prize-fighter, *s.* Boxeur professionnel.

'prize-fighting, *s.* Boxe *f* pour des prix en espèces; boxe professionnelle.

'prize-giving, *s.* Distribution *f* de prix.

'prize-list, *s.* Palmarès *m*.

'prize-money[1], *s.* Prix *m* en espèces.

'prize-packet, *s.* Surprise *f* (à une distribution de jouets, etc.); enveloppe-surprise *f*.

'prize-ring, *s.* *Box:* Ring *m* des professionnels.

'prize-winner, *s.* Gagnant, -ante, du prix; lauréat, -ate.

prize[2], *v.tr.* Évaluer, estimer, priser. **To prize sth. highly,** faire grand cas de qch., tenir à qch.

prized, *a.* Estimé. *His most p. possession,* l'objet *m* dont il fait le plus de cas, auquel il tient le plus, qu'il prise au-dessus de tout.

prize[3], *s.* **1.** (*a*) *Navy:* Prise *f*, capture *f*. **To make prize of a ship,** capturer un navire. **To become lawful prize,** devenir de bonne prise. *To bring the p. into port,* amener la prise dans le port. **Prize court,** Cour *f*, conseil *m*, des prises. **Prize crew,** équipage mis à bord d'un vaisseau capturé. *To put a p. crew on board a vessel,* amariner une prise. (*b*) Butin *m* de guerre. **2.** *F:* Aubaine *f*, trouvaille *f*.

'prize-master, *s.m.* *Navy:* Officier qui commande la prise.

'prize-money[2], *s.* *Navy:* Part *f* de prise.

prize[4], *v.tr.* Capturer (un navire).

prize[5], *s.* **1.** Force *f* de levier; pesée *f* (au moyen d'un levier, d'une pince). **2.** Point *m* d'appui (pour le levier, pour exercer une pesée).

prize[6]. **1.** *v.tr.* **To prize sth. up,** soulever qch. à l'aide d'un levier. **To prize a lid open,** forcer, ouvrir, un couvercle avec un levier, avec une pince. *To p. a horse's mouth open,* ouvrir de force la bouche d'un cheval. **2.** *v.i.* **To prize against sth.,** faire levier sur qch.; exercer une pesée sur (une porte, etc.).

prizeman, *pl.* **-men** ['praizmən, -men], *s.* *Sch: etc:* Lauréat, -ate.

pro[1] [prou], *Lt.prep.* **1. Pro forma.** (i) *Adv.phr.* Pour la forme. (ii) *Adj.phr.* **Pro forma invoice,** facture simulée, fictive, de complaisance. **2. Pro rata,** *adv. & adj.phr.* Au pro rata; au marc le franc. **Paid pro rata to the debts owing to them,** payés au marc le franc de leurs créances. *See also* CONTRIBUTION I. **3. Pro tempore,** *F:* **pro tem.** (i) *Adv.phr.* Temporairement. (ii) *Adj.phr.* Temporaire. **4. Pro and contra,** *F:* **pro and con.** (i) *Adv.phr.* Pour et contre. *Evidence pro and con.*, témoignages *mpl* pour et contre. (ii) *s.pl.* *F:* **The pros and cons,** le pour et le contre.

pro[2], *a. & s.* *Sp:* *F:* (= *professional*) Professionnel, -elle.

pro- [prou], *pref.* **1.** (*Substitute for*) *Pro-rector,* vice-recteur. *Pro-tutor,* protuteur. *Pro-leg,* fausse patte. **2.** (*In favour of*) *Pro-British,* anglophile. *The pro-negro party,* le parti négrophile. *Pro-German,* germanophile. *Pro-educational,* en faveur de l'éducation. *Pro-tariff-reformer,* partisan de la réforme des tarifs douaniers.

proa ['prouə], *s.* *Nau:* Prao *m* (malais).

pro-ally [prou'alai], *a.* *Pol:* Ententophile.

probabilism ['prɔbəbilizm], *s.* *Phil:* *Theol:* Probabilisme *m*.

probabilist ['prɔbəbilist], *s.* *Phil:* *Theol:* Probabiliste *mf*.

probability [prɔbə'biliti], *s.* Probabilité *f*; vraisemblance *f*. *Beyond the bounds of p.*, au delà du vraisemblable. **Dramatic probability,** vraisemblance dramatique. **In all probability,** selon toute probabilité, selon toute vraisemblance. *The p. is that . . .*, il est très probable que + *ind.*; il y a de grandes chances pour que + *sub.* *There is no p. of his coming,* il n'y a aucune probabilité qu'il vienne. *Mth:* **Calculus of probability,** théorie *f* des chances; calcul *m* des probabilités. **Probability curve,** courbe *f* de la cloche.

probable ['prɔbəbl], *a.* **1.** Probable. *It is p. that . . .*, il est probable, vraisemblable, que + *ind.*, il est à croire que + *ind.* *Rac:* **Probable starters,** partants *m* probables. *F:* **Probable candidates,** *s.* **probables,** (i) candidats *m* probables; (ii) candidats qui ont les meilleures chances; candidats de premier plan. **2.** *P. story, excuse,* histoire *f*, excuse *f*, vraisemblable. *A hardly p. story,* une histoire peu vraisemblable. **-ably,** *adv.* Probablement; vraisemblablement.

probang ['proubaŋ], *s.* *Med:* *Vet:* Sonde œsophagienne. *Vet:* Dépommoir *m*, débourre-pommes *m inv.*

probate[1] ['proubet], *s.* *Jur:* **1.** Validation *f*, vérification *f*, homologation *f* (d'un testament). **To take out probate of a will,** faire homologuer, faire valider, un testament. **To grant probate of a will,** homologuer un testament. **The Probate Court,** la division de la Haute Cour de justice qui connaît des testaments et successions. *See also* WILL[1] 4. **2.** Testament revêtu de la formule exécutoire; copie *f* authentique.

'probate-duty, *s.* *Adm:* Droits *mpl* de succession (par testament).

probate[2] ['proubeit], *v.tr.* *U.S:* Homologuer, valider (un testament).

probation [prə'beiʃ(ə)n], *s.* **1.** Épreuve *f*, stage *m*. *Ecc:* Probation *f* (d'un novice). **To be on probation,** être en stage, être à l'épreuve; faire son stage. *Officer on p.*, officier *m* stagiaire. *Period of p.*, période *f* stagiaire; stage. *P. of three months,* trois mois d'essai. **2.** *Jur:* Mise *f* en liberté sous surveillance (d'un jeune condamné, etc.). **Probation system,** régime *m* de la mise en liberté surveillée. *Five years' p. under suspended sentence of two years,* deux ans de prison avec sursis de cinq ans sous surveillance de la police. **Probation officer,** surveillant *m* des condamnés mis en liberté sous surveillance; délégué *m* à la liberté surveillée.

probationary [prə'beiʃ(ə)nəri], *a.* (Période *f*, etc.) d'épreuve, de stage; (période) stagiaire. *Ecc:* (Période, etc.) de probation.

probationer [prə'beiʃ(ə)nər], *s.* **1.** (*a*) Stagiaire *mf*. (*b*) *Ecc:* Novice *mf*. (*c*) *Ecc:* (*In the Protestant Church*) Suffragant *m* qui aspire à la charge de pasteur. (*d*) (*In the Civil Service*) *P. for higher grade,* aspirant, -ante. **2.** *Jur:* Jeune condamné, -ée, qui bénéficie d'un sursis sous surveillance.

probative ['proubətiv], *a.* (*Of evidence, etc.*) Probant, probatoire.

probe[1] [proub], *s.* **1.** *Med:* *Surg:* (*a*) Sonde *f*; stylet *m*, poinçon *m*. (*b*) Coup *m* de sonde. **2.** Nettoie-becs *m inv*, débouche-becs *m inv* (pour lanterne à acétylène). **3.** *U.S:* *F:* Enquête *f*.

probe[2], *v.tr.* **1.** *Med:* Sonder, explorer (une plaie, etc.); introduire une sonde dans (une plaie). *To p. a wound with one's finger,* insinuer le doigt dans une plaie. **2.** *F:* (*a*) Sonder (qn). (*b*) Approfondir, fouiller (un mystère, etc.). *To p. the evidence,* scruter les témoignages. **3.** *v.i.* **To probe into the past,** sonder le passé. *He has probed deep into the matter,* il a examiné l'affaire de près; il sait le fonds et le tréfonds de l'affaire. (*Of novelist, etc.*) *To p. deeply into the human heart,* pénétrer très avant dans le cœur humain.

probing, *a.* (*Of question, etc.*) Pénétrant; (interrogatoire) serré.

prober ['proubər], *s.* Sondeur, -euse (d'une plaie); *F:* fouilleur, -euse (d'un mystère, etc.). *P. of secrets,* sondeur de secrets.

probity ['prɔbiti], *s.* Probité *f*; honnêteté *f*.

problem ['prɔblem], *s.* (*a*) Problème *m* (de mathématiques, etc.). (*b*) *The problems of the present day,* les questions *f* d'actualité; les problèmes qui nous occupent aujourd'hui. **The housing problem,** le problème, la crise, la question, du logement. *Your friend is a real p. to me,* votre ami est pour moi un vrai problème. *It's a p. to know what to do,* c'est bien embarrassant de savoir quoi faire. *Th:* **Problem play,** pièce *f* à thèse. *Mil:* *Navy:* **Tactical problem,** thème *m* tactique.

problematic(al) [prɔble'matik(əl)], *a.* **1.** Problématique; *F:* douteux, incertain. *Very p. news,* nouvelle sujette à caution. *P. gain,* profit *m* aléatoire. **2.** (*a*) *Log:* Qui n'est pas nécessairement vrai. (*b*) (Question *f*) discutable. **-ally,** *adv.* Problématiquement.

problemist ['prɔblemist], *s.* *Chess:* *etc:* Composeur, -euse, de problèmes; problémiste *m*.

proboscidea [prɔbɔ'sidiə], *s.pl.* *Z:* Proboscidiens *m*.

proboscidean, -ian [prɔbɔ'sidiən], *a. & s.* *Z:* Proboscidien (*m*).

proboscis, *pl.* **proboscises, -ides** [prɔ'bɔsis, prɔ'bɔsisiz, -idiːz], *s.* **1.** (*a*) Trompe *f* (d'éléphant, de tapir). (*b*) Proboscide *f* (d'un insecte). **2.** *F. & Hum:* Nez *m*; *P:* pif *m*.

pro'boscis-'monkey, *s.* *Z:* Nasique *m*; guenon *f* à long nez.

procacity [pro'kasiti], *s.* *A:* Impertinence *f*.

pro-cathedral [proukə'θiːdrəl], *s.* Église *f* qui tient lieu de cathédrale.

procedure [prə'siːdjər], *s.* **1.** Procédé *m*. *I don't like his p.*, je n'aime pas (i) sa manière d'agir, ses procédés, (ii) sa façon de s'y prendre. *The correct p.*, la (vraie) marche à suivre; la bonne méthode; la conduite correcte. **2.** (Mode *m* de) procédure *f* (d'une réunion, du Parlement, etc.). **Rules, order, of procedure,** règlement intérieur (d'une assemblée); règles *fpl* de procédure. *P. of a court,* fonctionnement *m* d'une cour. **Code of criminal procedure,** code *m* d'instruction criminelle. *The established p.*, les formes établies.

proceed [prə'siːd], *v.i.* **1.** (*a*) **To proceed (on one's way),** continuer, passer, son chemin; poursuivre sa route, sa course; se remettre en route. *Before we p. any farther,* avant d'aller plus loin. (*b*) **To proceed to(wards) a place,** aller, se rendre, à un endroit; porter, diriger, ses pas vers un endroit; s'acheminer sur, vers, un endroit. *To p. towards the town,* se diriger vers la ville. *To-morrow I p. to London,* demain je me rends à Londres, je me mets en route pour Londres. **Let us proceed to the dining-room,** passons à la salle à manger. *Motor cars must p. at a moderate speed,* les autos sont tenues de prendre une allure modérée. (*Of ship*) *To p. at a high speed, at twenty knots,* filer à grande vitesse, à vingt nœuds. *To p. to Cherbourg in ballast,* aller sur lest à Cherbourg. *To p. head on to the sea,* aller debout à la mer. *The mind proceeds by induction,* l'esprit *m* procède par induction. (*c*) Agir. *To p. cautiously,* agir, procéder, avec prudence. **How shall we proceed?** comment nous y prendrons-nous? quelle est la marche à suivre? *We shall p. as directed,* nous nous conformerons à nos instructions. (*d*) **To proceed to do sth.,** (i) se mettre à faire qch.; (ii) s'y prendre pour faire qch. *I was proceeding to close the shop when . . .*, je m'étais mis en devoir de fermer le magasin, lorsque. . . . *To p. to business,* se mettre à la besogne; passer aux affaires. *Let us p. to the choice of a name,* procédons au choix d'un nom. *I will now p. to another matter,* je passe maintenant à une autre question. **To proceed to blows,** en venir aux coups; *Jur:* en venir aux voies de fait. **To proceed to violence, to extremes,** recourir à la violence; se porter à des extrémités. *Given a triangle, how would you p. to inscribe a circle in it?* étant donné un triangle, comment feriez-vous pour y inscrire une circonférence? *Sch: To p. to the degree of M.A.*, to proceed M.A., prendre le grade de Maître ès Arts; passer Maître ès Arts. **2.** (*a*) (Se) continuer, se poursuivre. *The letter proceeds thus*, la lettre se poursuit, (se) continue, dans ces termes. *They sat down and the dinner proceeded in silence*, ils s'assirent et le dîner se déroula sans qu'un mot fût échangé. *The play proceeded without further interruption*, la pièce se poursuivit, se continua, sans nouvelle interruption. *After that things proceeded quickly*, après cela les choses ont marché rondement. (*b*) **The negotiations (now) proceeding**, les négociations *f* en cours. *Negotiations are now proceeding*, des négociations sont en cours. *A disturbance was proceeding in one corner of the room*, un incident s'était produit dans un des coins de la salle. *Things are proceeding as usual*, les choses vont leur train, suivent leur cours. *To pay as the work proceeds*, payer au fur et à mesure de l'ouvrage. *The articles are inspected, and packed as the inspection proceeds*, on inspecte les articles et on les emballe au fur et à mesure. (*c*) **To proceed with sth.**, poursuivre, continuer (ses études, etc.). *To p. with one's speech*, continuer son discours. Proceed! allez toujours! continuez! **3.** (*a*) *A:* **To proceed severely with s.o.**, traiter sévèrement qn; agir envers qn avec sévérité. (*b*) *Jur:* **To proceed against s.o.**, procéder contre qn; poursuivre qn (en justice); intenter un procès à qn. **4.** (*a*) *Sounds proceeding from a room*, sons *m* qui sortent, proviennent, d'une chambre. *His conduct proceeds from most noble principles*, sa conduite découle, procède, des plus nobles principes. *The best book that has proceeded from our press*, le meilleur livre qui soit sorti de nos presses. *War and all the evils that p. from it*, la guerre et tous les maux qui en découlent. (*b*) *The Holy Ghost proceeds from the Father and the Son*, le Saint-Esprit procède du Père et du Fils.

proceeding, *s.* **1.** Façon *f* d'agir. **Line of proceeding**, marche *f* à suivre. *The best way of p.*, la meilleure marche à suivre. **2.** (*a*) Procédé *m*, fait *m*, acte *m*, action *f*; *pl.* faits et gestes *m*. *These ladies know all each other's proceedings*, chacune de ces dames sait ce qui se fait chez ses voisines. *Suspicious proceedings*, démarches suspectes. *Sharp proceedings*, manœuvres *f* peu honnêtes. *The whole proceedings were disgraceful*, toute l'affaire a été menée d'une façon indigne. *To note proceedings*, noter ce qui se passe. (*b*) *pl.* Débats *m* (d'une assemblée). **Proceedings of the Royal Society**, (i) délibérations *f*, transactions *f*, travaux *m*, de la Société Royale; (ii) (*as title of publication*) compte rendu *m*, procès-verbaux *m*, des séances de la Société Royale. *To conduct the proceedings*, diriger les débats. *The proceedings will begin at eight p.m.*, la séance, la cérémonie, commencera à huit heures du soir. *The proceedings were orderly*, la réunion s'est déroulée dans le calme. *The proceedings ended with 'God save the King,'* à la fin de la réunion, de la soirée, on a chanté le "*God save the King*." (*c*) *Jur:* **(Legal) proceedings, proceedings at law**, procès *m* (*sing.*); poursuites *f* judiciaires. **To take, institute, proceedings against s.o.**, entamer une action en justice contre qn; intenter un procès à qn; intenter, engager, initier, (faire) commencer, des poursuites, une instance, contre qn; exercer, diriger, des poursuites contre qn; avoir recours aux moyens légaux, aux voies de droit; prendre la voie des tribunaux; recourir à la justice; agir contre qn; faire sa diligence, ses diligences, contre qn. *No proceedings will be taken pending the receipt of your reply*, aucune diligence ne sera faite en attendant l'arrivée de votre réponse. *To begin legal proceedings*, ouvrir une information. *To order proceedings to be taken against s.o.*, instrumenter contre qn. *See also* CRIMINAL 1, DIVORCE[1] 1.

proceeds ['prousi:dz], *s.pl.* Produit *m*, montant *m* (d'une vente, etc.); bénéfices *mpl* (d'une œuvre de charité).

proceleusmatic [prɔsiliu:s'matik]. *A.Pros:* **1.** *a.* Procéleusmatique. **2.** *s.* Pied *m* procéleusmatique.

procellarian [prɔse'lɛəriən], *s. Orn:* Procellaire *f*.

procephalic [prouse'faiik], *a.* (Apophyse *f*) procéphalique (d'un crustacé).

process[1] ['prouses], *s.* **1.** (*a*) Processus *m*; développement *m*. *When ice turns into water the p. is gradual*, lorsque la glace se transforme en eau le phénomène est progressif. *The evolutionary p.*, le processus de l'évolution. *Processes of the mind*, opérations *f* de l'esprit. *Ind: Processes of recovery*, opérations de récupération. *The processes of thought*, le cheminement, la marche, le jeu, de la pensée. *The painful p. of cutting the teeth*, le processus douloureux de la dentition. *F:* **It's a slow process**, c'est un travail long; cela prend du temps. (*b*) Cours *m*, progrès *m*, avancement *m*; marche *f* (des événements). **In the process of doing sth.**, en faisant qch. *During the p. of dismantling*, au cours du démontage, du démantèlement. **Building in process of construction**, bâtiment *m* en cours, en voie, de construction. *To be in p. of removal*, être en train de déménager. *In p. of development*, en voie de développement. *In p. of disappearing*, en passe de disparaître. *See also* COMPLETION 1, TIME[1] 1. **2.** (*a*) Méthode *f*; procédé *m* (photographique, etc.); réaction *f* (chimique); opération (métallurgique, etc.). *Operating p.*, procédé de travail; mode *m* d'opération. *Ch:* **Wet process, dry process**, voie humide, sèche. *See also* CARBON 2, LEGAL 2. (*b*) *Typ:* Procédés photomécaniques; *esp.* similigravure *f*, *F:* simili *f*. **3.** *Jur:* (*a*) Procès *m*; action *f* en justice. (*b*) Sommation *f* de comparaître. (*c*) **First process**, introduction *f* d'instance. *See also* JURY[1] 1, OBSTRUCT. **4.** (*a*) Éminence *f* ou prolongement *m* (d'une montagne, etc.). (*b*) *Anat:* Excroissance *f*, processus, procès; (*of bone*) apophyse *f*. *Ciliary processes*, procès ciliaires. *Vermiform processes of the cerebellum*, éminences vermiformes du cervelet. (*c*) *Bot:* Proéminence *f*.

'process-block, *s. Phot.Engr:* (*a*) Cliché *m* photomécanique (à demi-teintes); phototypogravure *f*. *Esp.* (*b*) Cliché en similigravure, en simili.

'process-engraver, *s. Phot.Engr:* (*a*) Photograveur *m*; héliograveur *m*. *Esp.* (*b*) Similigraveur *m*.

'process-engraving, *s. Phot.Engr:* (*a*) Phototypogravure *f*. *Esp.* (*b*) Similigravure *f*.

'process-plate, *s.* = PROCESS-BLOCK.

'process-server, *s. Jur:* Huissier (exploitant).

'process-water, *s. Ind:* Eaux *f* résiduaires.

'process-work, *s. Typ: Art:* (*a*) Phototypogravure *f*, photolithographie *f*, phototypie *f*; héliogravure *f*. *Esp.* (*b*) (*Half-tone*) Similigravure *f*; *F:* simili *f*.

'process-worker, *s.* = PROCESS-ENGRAVER.

process[2], *v.tr.* **1.** *Ind:* Faire subir une opération à (qch.). *Tex:* Apprêter. *See also* RUBBER-PROCESSED. **2.** *Jur:* Intenter un procès à (qn); poursuivre (qn). **3.** *Typ:* Reproduire (un cliché) par un procédé photomécanique, par similigravure.

pro'cessing-tax, *s. Adm: U.S:* Impôt *m* sur la transformation d'une denrée en produit industriel.

process[3] [pro'ses], *v.i. Hum:* = PROCESSION[2] 1.

procession[1] [pro'seʃ(ə)n], *s.* **1.** Cortège *m*; défilé *m*; (*religious, etc.*) procession *f*. *Funeral procession*, cortège funèbre. **To go, walk, in procession**, aller en cortège, en procession; défiler. *Ecc:* **Procession week**, la semaine des Rogations. *F: P. of motor cars*, procession, défilé, d'automobiles; file *f* de voitures. *Ent:* **Procession moth** = *processionary moth*, *q.v. under* PROCESSIONARY. *See also* TORCH-LIGHT. **2.** *Theol:* **The procession of the Holy Spirit from the Father and the Son**, la procession du Saint-Esprit, qui procède du Père et du Fils.

procession[2]. **1.** *v.i.* Défiler en cortège, *Ecc:* en procession; processionner. **2.** *v.tr.* Parcourir (les rues, etc.) en cortège, en procession.

processional [pro'seʃən(ə)l]. **1.** *a.* Processionnel. **2.** *s.* (*a*) (*Book*) Processionnal *m*, -aux. (*b*) Hymne processionnel. **-ally**, *adv.* Processionnellement; en cortège; *Ecc:* en procession.

processionary [pro'seʃənəri], *a. Ent:* **Processionary caterpillar**, (chenille *f*) processionnaire *f*; chattepelouse *f*, chattepeleuse *f*. **Processionary moth**, bombyx *m* du chêne.

processionist [pro'seʃənist], *s.* Membre *m* du cortège, de la procession.

processionize [pro'seʃənaiz], *v.i.* = PROCESSION[2] 1.

prochronism ['proukronizm], *s. Rh:* Prochronisme *m*.

proclaim [pro'kleim], *v.tr.* **1.** Proclamer; déclarer (publiquement). (*a*) *Pred:* **To proclaim s.o. king**, proclamer, déclarer, qn roi. *To p. s.o. chief*, faire reconnaître qn pour chef. (*b*) *To have sth. proclaimed through the town*, faire annoncer, faire crier, qch. par la ville. **To proclaim the banns**, publier les bans. *To p. war*, déclarer la guerre. *F: His face proclaims his guilt*, son visage crie, dénonce, sa culpabilité. *See also* HOUSE-TOP. **2.** *Irish Hist:* (*a*) Mettre (par proclamation) (qn) au ban, hors la loi. (*b*) *To p. a meeting*, interdire une réunion. (*c*) *To p. a district*, mettre une région sous un régime spécial de police.

proclaimer [pro'kleimər], *s.* Proclamateur, -trice; déclarateur, -trice.

proclamation [prɔklə'meiʃ(ə)n], *s.* **1.** Proclamation *f*; déclaration *f* (publique); publication *f* (des bans, etc.). **To make, issue, a proclamation**, faire une proclamation. *To make sth. known by public p.*, annoncer qch. à cri public. *Ecc: P. of a fast*, indiction *f* d'un jeûne. **2.** *Irish Hist:* (*a*) (*Of pers.*) Mise *f* au ban, mise hors la loi. (*b*) Interdiction *f* (d'une assemblée, etc.). (*c*) (*Of district*) Mise sous le coup d'une ordonnance de police.

proclitic [pro'klitik], *a.* & *s. Gr.Gram:* Proclitique (*m*).

proclivity [pro'kliviti], *s.* Penchant *m*, tendance *f*, propension *f*, inclination *f* (*to sth.*, à qch.). *Anglophile proclivities*, sentiments *m* anglophiles.

proclivous [pro'klaivəs], *a. Nat.Hist:* Proclive; penché en avant.

Procne ['prɔkni]. *Pr.n.f. Gr.Myth:* Progné, Procné.

proconsul [prou'kɔnsəl], *s. Rom.* & *Fr.Hist:* Proconsul *m*.

proconsular [pro'kɔnsjulər], *a.* Proconsulaire.

proconsulate [pro'kɔnsjulet], *s.* **1.** Proconsulat *m*. **2.** Province *f* proconsulaire.

proconsulship [pro'kɔnsəlʃip], *s.* Proconsulat *m*.

Procopius [pro'koupiəs]. *Pr.n.m. Gr.Lit:* Procope.

procrastinate [pro'krastineit], *v.i.* Remettre les affaires au lendemain, à plus tard; temporiser, atermoyer; *F:* lanterner.

procrastination [prokrasti'neiʃ(ə)n], *s.* Remise *f* des affaires à plus tard; temporisation *f*, inaction *f*; *F:* lanternerie *f*. *Prov:* **Procrastination is the thief of time**, ne remettez pas au lendemain ce que vous pouvez faire le jour même.

procrastinative [pro'krastinətiv], *a.* Temporisant, temporisateur, temporiseur; (*of tactics, etc.*) dilatoire.

procrastinator [pro'krastineitər], *s.* Remetteur, -euse, au lendemain; temporisateur, -trice; temporiseur, -euse.

procreate ['proukrieit], *v.tr.* Procréer, engendrer.

procreation [proukri'eiʃ(ə)n], *s.* Procréation *f*, engendrement *m*.

procreative ['proukrieitiv], *a.* Procréateur, -trice.

procreativeness ['proukrieitivnəs], *s.* Pouvoir procréatif.

Procrustean [pro'krʌstiən], *a.* De Proc(r)uste; qui ramène tout à une règle tyrannique.

Procrustes [pro'krʌsti:z]. *Pr.n.m. Myth:* Proc(r)uste. *F:* **The bed of Procrustes**, le lit de Procuste.

procrypsis [pro'kripsis], *s. Nat.Hist:* Homochromie *f*.

procryptic [pro'kriptik], *a. Nat.Hist:* Mimétique.

proctitis [prɔk'taitis], *s. Med:* Proctite *f*.

proctocele ['prɔktosi:l], *s. Med:* Proctocèle *f*; hernie *f* ou chute *f* du rectum.

proctor ['prɔktər], *s.* **1.** *Sch:* (*At Oxford, Cambridge, etc.*) Membre exécutif du conseil de discipline; censeur *m*. **The Senior and the Junior Proctors**, le premier et le second Censeur. **2.** *Jur:* (*a*) Avoué *m* (devant une cour ecclésiastique). (*b*) **King's proctor, Queen's proctor**, procureur *m* du roi, de la reine (devant certaines cours). **3.** **(Tithe-)proctor**, dîmier *m*.

proctorial [prɔk'tɔ:riəl], *a.* **1.** *Sch:* (*At Oxford, Cambridge, etc.*) Qui relève des membres exécutifs du conseil de discipline; censorial, -iaux. 2. (*a*) Qui relève des avoués (devant les cours ecclésiastiques). (*b*) Qui relève du procureur du roi.

proctorize ['prɔktəraiz], *v.tr. Sch:* (*At Oxford, Cambridge, etc.*) Soumettre (un étudiant) à la discipline de l'université; le réprimander; le mettre aux arrêts; lui infliger une amende.

procumbent [pro'kʌmbənt], *a.* 1. (*Of pers.*) Couché sur le ventre, la face contre terre. 2. *Bot:* (*Of plant*) Procombant, rampant.

procurable [pro'kjuərəbl], *a.* Procurable.

procuration [prɔkju'reiʃ(ə)n], *s.* 1. *Jur:* Procuration *f.* **Letters of procuration,** procuration, mandat *m.* **Procuration signature,** signature *f* par procuration. **Act of procuration** (*in purchase*), commandement *m.* **To act by procuration,** agir (i) par procuration, (ii) (*in sale*) en vertu d'un commandement. 2. *Ecc:* Procuration. 3. (*a*) Acquisition *f*, obtention *f* (de qch. pour qn); négociation *f* (d'un emprunt); entremise *f* d'un(e) proxénète. (*b*) Commission payée (à un agent) pour l'obtention d'un prêt. 4. Proxénétisme *m.*

procurator ['prɔkjureitər], *s.* 1. *Hist:* Procurateur *m. The P. of Judaea,* le procurateur de Judée. 2. *Jur:* Fondé *m* de pouvoir(s); agent *m*, procureur *m.*

'procurator-'fiscal, *s. Jur:* (*Scot.*) Procureur *m* général.

procuratorship ['prɔkjureitərʃip], *s.* 1. *Rom.Hist:* Procuratèle *f.* 2. *Ital.Hist:* Procuratie *f.*

procuratory ['prɔkjurətəri], *s. Jur:* **(Letters of) procuratory,** (lettres *f* de) procuration *f*; pouvoir *m.*

procuratrix [prɔkju'reitriks], *s.f. Ecc:* Procuratrice; sœur économe.

procure [pro'kjuər], *v.tr.* 1. (*a*) Obtenir, procurer. *To p. sth. for s.o.,* procurer qch. à qn. (*b*) *To p. sth.* (*for oneself*), se procurer qch. *He endeavoured to p. employment,* il s'efforça d'obtenir un emploi. *This book is very difficult to p.,* il est très difficile de se procurer ce livre. 2. *A:* Amener (un résultat, etc.). *To p. s.o.'s death,* amener, causer, occasionner, la mort de qn. 3. (*a*) Embaucher (une femme, une fille) en vue de la prostitution, aux fins de débauche. (*b*) *Abs.* Faire le métier de proxénète, d'entremetteur ou d'entremetteuse.

procuring, *s.* = PROCUREMENT.

procurement [pro'kjuərmənt], *s.* 1. (*a*) Obtention *f*, acquisition *f* (*of*, de). (*b*) *Adm: U.S:* Approvisionnement *m* (d'un service); service des fournitures. 2. Embauchement *m*, embauchage *m* (d'une femme) aux fins de débauche; proxénétisme *m.*

procurer [pro'kjuərər], *s.* 1. (i) Acquéreur, -euse; (ii) personne *f* qui procure (qch. pour qn). 2. Entremetteur *m*, proxénète *m*, *F:* rabatteur *m. Jur:* Conducteur *m* de femmes et de filles; embaucheur *m.*

procuress [pro'kjuəres], *s.f.* Entremetteuse, procureuse, proxénète, *F:* rabatteuse.

Procyon ['prousiən]. 1. *Pr.n. Astr:* Procyon *m.* 2. *s. Z:* Raton *m*, procyon *m.*

prod[1] [prɔd], *s.* 1. Coup (donné du bout du doigt, avec qch. de pointu). *I gave the ants' nest a p. with my stick,* j'enfonçai le bout de ma canne dans la fourmilière. **To give s.o. a prod with a bayonet,** donner un coup de baïonnette à qn. *F:* **Give him a prod,** aiguillonnez-le un peu. 2. Instrument pointu; aiguillon *m*, poinçon *m. Metall:* Broche *f* (de moule en terre).

prod[2], *v.tr. & ind.tr.* **(prodded; prodding) 1. To prod (at) s.o., sth.** (*with sth.*), tâter, pousser, qn, qch. (du bout d'un bâton, du bout du doigt). *To p. s.o. in the ribs with one's finger,* enfoncer son doigt entre les côtes de qn. **Prodding tool,** poinçon *m.* 2. *F:* Aiguillonner, stimuler, pousser (*s.o. into doing sth.,* qn à faire qch.). **To prod s.o. on,** presser qn; serrer les côtes à qn. *He is well-intentioned but he needs to be prodded,* il a de bonnes intentions mais il faut le stimuler.

prodder ['prɔdər], *s.* = PROD[1] 2.

prodelision [proude'liʒən], *s. Pros:* Élision *f* de la voyelle initiale du vers.

prodigal ['prɔdig(ə)l], *a. & s.* Prodigue (*mf*); gaspilleur, -euse; dissipateur, -trice; *F:* fricasseur, -euse, d'héritages. *B:* **The Prodigal Son,** l'enfant *m* prodigue. *P. administration,* administration dissipatrice. **To be prodigal of sth.,** être prodigue de qch.; prodiguer qch. **-ally,** *adv.* Prodigalement; en prodigue. *To give p.,* donner à pleines mains.

prodigality [prɔdi'galiti], *s.* Prodigalité *f.*

prodigalize ['prɔdigəlaiz], *v.tr.* Prodiguer (qch.); être prodigue de (qch.); dépenser (son argent) sans compter.

prodigious [pro'didʒəs], *a.* Prodigieux; *F:* merveilleux, énorme, mirobolant. *It is something p.,* c'est un prodige. **-ly,** *adv.* Prodigieusement; *F:* merveilleusement, énormément.

prodigiousness [pro'didʒəsnəs], *s.* Prodigiosité *f*; *F:* énormité *f.*

prodigy ['prɔdidʒi], *s.* Prodige *m*; *F:* merveille *f.* **Infant prodigy,** enfant *mf* prodige. *P. of learning,* prodige de science.

prodromal ['prɔdrom(ə)l], **prodromic** [pro'drɔmik], *a. Med: etc:* Prodromique; (*of sign, etc.*) avant-coureur; (*of remark, etc.*) préliminaire.

prodrome ['prɔdrom], **prodromus,** *pl.* **-mi** ['prɔdroməs, -mai], *s.* Prodrome *m.* 1. Préambule *m*, introduction *f* (à un livre, etc.). 2. Signe avant-coureur (d'une maladie).

produce[1] ['prɔdjuːs], *s.* 1. (*a*) Rendement *m* (d'un champ de blé, des minerais, etc.). (*b*) Produit *m. The p. of ten years' work,* le produit de dix années de travail. 2. *Coll.* Denrées *fpl*, produits. *Inland p.,* denrées du pays. **Natural produce,** produit naturel. **Raw produce,** matières premières; produit(s) brut(s). **Agricultural produce, farm produce,** produits agricoles. **Garden produce,** jardinage *m.* **Market-garden produce,** productions maraîchères. *Colonial p.,* denrées coloniales. 3. *Mil: Navy:* Matériel réformé. **To bring scrapped stores to produce,** liquider, mettre en vente, du matériel réformé.

produce[2] [pro'djuːs], *v.tr.* 1. (*a*) Présenter, exhiber (son billet, son passeport, etc.). *Jur:* Représenter (des documents). *To p. accounts for inspection,* présenter, montrer, les écritures pour l'inspection. *I can p. the documents,* je peux fournir les documents. *To p. a rabbit out of a hat,* faire sortir un lapin d'un chapeau. *He produced a little doll from his pocket,* de sa poche il tira une petite poupée. *To p. reasons,* donner des raisons. *To p. a witness,* produire, faire comparaître, un témoin. (*b*) *Mus:* **To produce one's voice,** produire sa voix. (*c*) *Th:* **To produce a play,** mettre une pièce en scène; produire, représenter, une pièce. *Badly produced play,* pièce mal montée. (*d*) *To p. an actress, a singer,* lancer une actrice, une cantatrice. 2. (*a*) Créer. *To p. a vacuum,* produire, faire, le vide. *El: To p. a spark,* faire jaillir une étincelle. *Current produced by a battery,* courant engendré, produit, par une pile. *Country that has produced many great men,* pays *m* qui a donné maints grands hommes. *Writer who has produced some thirty volumes,* auteur *m* qui a donné une trentaine de volumes. (*b*) *Ind:* Fabriquer. *To p. goods by machinery,* produire, fabriquer, des marchandises à la mécanique, en série. (*c*) *Publ: Cin:* Produire, éditer (un livre, un film). *Well, poorly, produced edition,* édition bien, mal, venue; édition de bonne, mauvaise, présentation. (*d*) Produire, causer, provoquer (un effet, etc.). **To produce a sensation,** faire sensation. *To p. a generous response,* provoquer une réponse généreuse. 3. Rapporter, rendre (un profit, etc.). *Tree that produces a large quantity of fruit,* arbre *m* qui produit beaucoup de fruits. *Shares that p. five per cent,* actions *f* qui rapportent cinq pour cent. 4. *Geom:* Prolonger (une ligne).

producing[1], *a.* Producteur, productif.

producing[2], *s.* = PRODUCTION 1.

producer [pro'djuːsər], *s.* 1. (*Pers.*) (*a*) Producteur, -trice (*of*, de). (*b*) *Th:* Metteur *m* en scène. *Cin:* (i) Producteur, éditeur *m* (de films); maison *f* de production; (ii) directeur *m* de productions. (*c*) *U.S:* Directeur ou tenancier *m* (d'un théâtre). 2. *Ind:* **(Gas-)producer,** gazogène *m*; (appareil *m*) gazifère *m.* **Producer-gas,** gaz *m* pauvre; gaz de gazogène.

producible [pro'djuːsibl], *a.* 1. Productible; présentable. 2. *Geom:* (*Of line*) Prolongeable.

producive [pro'djuːsiv], *a.* Productif, -ive (*of*, de).

product ['prɔdʌkt, -əkt], *s.* 1. Produit *m. Products of a country,* produits, denrées *f*, provenances *f*, d'un pays. *Ind:* **Secondary product,** sous-produit *m*, *pl.* sous-produits. *Literary p.,* production *f* littéraire. *P. of s.o.'s labour,* produit, résultat *m*, du travail de qn. 2. (*a*) *Mth:* Produit. *P. of x into y,* produit de *x* par *y*. *Twice the p. of . . .,* le double produit de. . . . (*b*) *Book-k:* **Red product,** nombre *m* rouge.

production [pro'dʌkʃ(ə)n], *s.* 1. (*a*) Production *f*, représentation *f*, communication *f* (de documents); présentation *f* (de son billet, etc.). (*b*) *Mus:* **Voice-production,** production de la voix; mise *f* de voix. *To teach voice-p.,* donner des leçons de chant. (*c*) *Th:* Mise *f* en scène, représentation (d'une pièce de théâtre). 2. (*a*) Génération *f* (de la vapeur, etc.); production (d'un bruit, d'une sensation, d'un effet, etc.). (*b*) Fabrication *f*, élaboration *f* (de marchandises, etc.). **Cost of production,** prix *m* de fabrique. **Secondary production,** industrie *f*; production industrielle et construction. **Goods of British production,** marchandises *f* de fabrication, de provenance, d'origine, anglaise. *Ind:* **Belt system of production,** travail *m* à la chaîne. **Production car,** voiture *f* de série. *See also* MASS PRODUCTION. 3. *Geom:* Prolongement *m* (d'une ligne). 4. (*a*) Produit *m. Productions of a country,* produits, denrées *f*, d'un pays. (*b*) Production, œuvre *f* (littéraire, etc.). *His first productions as a dramatist,* ses premières œuvres dramatiques.

productive [pro'dʌktiv], *a.* 1. (*a*) Productif, générateur (*of sth.,* de qch.); (*of tree, capital, mine, etc.*) en rapport. *P. power of the soil,* fertilité *f*, capacité *f* de production, du sol. *It may be p. of much good,* il pourra en découler beaucoup de bien. (*b*) (*Of land, etc.*) Fécond. *P. artist,* artiste fécond. 2. (*a*) *Pol.Ec:* (Travail, etc.) productif. (*b*) *P. period of an author,* années productives d'un auteur. 3. Fertile, riche (*of*, en). **-ly,** *adv.* 1. Avec fertilité. 2. Profitablement.

productiveness [pro'dʌktivnəs], **productivity** [proudʌk'tiviti, prɔd-], *s.* Productivité *f. Land in full p.,* terres *fpl* en plein rapport, en plein rendement. *Ind: P. of an enterprise,* productivité financière, rapport *m*, d'une entreprise.

proem ['prouem], *s.* Proème *m*; préface *f*, avant-propos *m inv*, préambule *m* (d'un ouvrage); exorde *m* (d'un discours).

proemial [pro'iːmiəl], *a.* Introductoire; en forme de proème, de préface.

pro-English [pro'iŋgliʃ], *a.* Anglophile.

proenzyme ['prouenzim, -zaim], *s. Ch:* Proenzyme *f*, proferment *m.*

pro-ethnic[1] [pro'eθnik], *a.* Préaryen.

pro-ethnic[2], *a.* (Mesures *f*, etc.) en faveur des Gentils.

prof [prɔf], *s. F:* Professeur *m*, *F:* prof *m.*

profanation [prɔfa'neiʃ(ə)n], *s.* Profanation *f.*

profane[1] [pro'fein], *a.* 1. (*a*) (Histoire *f*, etc.) profane. *Things sacred and p.,* le sacré et le profane. (*b*) (*Of pers.*) Profane; non initié. 2. (Rite, etc.) païen, impie. 3. (*a*) (Acte) profane; (langage) impie, blasphématoire. **Profane word,** juron *m*, blasphème *m.* (*b*) (*Of pers.*) Grossier; qui jure comme un charretier; qui sacre à tout propos. *Don't be p.!* pas de jurons! **-ly,** *adv.* 1. D'une manière profane; avec impiété. 2. En jurant, en sacrant.

profane[2], *v.tr.* Profaner (une chose sainte, un talent, etc.); polluer (une église). *To p. the name of God,* blasphémer le saint nom de Dieu. *To p. the Sabbath(-day),* violer la sainteté du dimanche; violer le repos dominical.

profaneness [pro'feinnəs], *s.* = PROFANITY 1.

profaner [pro'feinər], *s.* Profanateur, -trice; violateur, -trice (*of*, de).

profanity [pro'faniti], *s.* 1. (*a*) Nature *f* profane (d'un écrit, etc.). (*b*) Impiété *f* (d'une action, etc.). 2. **To utter profanities,** proférer des blasphèmes, des jurons.

profert ['proufərt], *s. Jur: A:* Production *f*, représentation *f*, communication *f* (d'un document).

profess [pro'fes], *v.tr.* **1.** (*a*) Professer, faire profession de (sa foi, etc.); déclarer. *To p. oneself satisfied*, se déclarer satisfait. *To p. oneself (to be) a socialist*, se déclarer socialiste; faire profession de socialisme. *I p. that this is unknown to me*, j'affirme que ceci m'est inconnu. *See also* FAITH 1. (*b*) (*Falsely*) *To p. a great esteem for s.o.*, professer une grande estime pour qn, faire profession d'une grande estime pour qn. *She professed an interest in my future*, elle déclarait s'intéresser à mon avenir. **To profess (oneself) to be a social reformer,** se dire, se faire passer pour, réformateur social. *I do not p. to be a scholar*, je ne prétends pas être savant. *He professes to be interested in music*, il fait profession de s'intéresser à la musique. *She professes to be thirty*, elle accuse trente ans; elle se donne trente ans. **2.** *Ecc:* (*a*) **To profess (oneself) in an order,** faire profession dans un ordre. (*b*) Recevoir (un moine) dans un ordre. **3.** (*a*) Exercer (un métier, la médecine, etc.). (*b*) *Sch:* Professer (l'histoire, la médecine, etc.).

professed [pro'fest], *a.* **1.** (*Of monk, nun*) Profès, -esse. **Professed house,** maison professe. **2.** (*a*) *P. enemy of the Government*, ennemi déclaré du gouvernement. *P. Marxist*, marxiste avéré. (*b*) Prétendu, soi-disant. *A p. doctor of science*, un prétendu docteur ès sciences. **3.** Professionnel; de profession. *To be a p. spy*, faire le métier d'espion.

professedly [pro'fesidli], *adv.* **1.** De son propre aveu; ouvertement; ostensiblement. *He is p. ignorant on the subject*, il avoue son ignorance à ce sujet. *He is p. an agnostic*, il est ouvertement libre penseur. **2.** Soi-disant.

profession [pro'feʃ(ə)n], *s.* **1.** Profession *f*, déclaration *f*. **To make profession of one's friendship for s.o.,** professer, faire profession de, son amitié pour qn. *To attach little faith to s.o.'s professions of esteem*, ajouter peu de foi aux déclarations d'estime de qn. **Atheist in fact if not in profession,** athée de fait sinon avéré. **Profession of faith,** profession de foi. *Ecc:* **To make one's profession,** faire profession (dans un ordre). **2.** (*a*) Profession, métier *m*, carrière *f*. **The (learned) professions,** les carrières libérales. *To take up the p. of arms, the military p.*, adopter la carrière, le métier, des armes, la carrière militaire. *The p. of medicine*, la profession de médecin. **By profession** *he is a doctor*, il est médecin de (sa) profession; il exerce la médecine. *He is a person without any particular p.*, c'est une personne sans profession. (*b*) **The profession,** (i) (les membres *m* de) la profession; les gens *m* du métier; *esp.* (ii) *F:* le théâtre. **To belong to the profession,** faire du théâtre. **To enter the profession,** *F:* monter sur les planches.

professional [pro'feʃən(ə)l]. **1.** *a.* Professionnel. (*a*) *P. practices*, usages *m* du métier, de la profession. *Conduct that is not p.*, conduite *f* contraire aux usages de la profession (de médecin, d'homme de loi). *P. camera*, appareil de prises de vues professionnel. **To take professional advice on a matter,** (i) consulter un homme du métier sur qch.; (ii) consulter un médecin ou un avocat; consulter. (*b*) De profession, de métier, de son état. *The p. army*, l'armée *f* de métier. *P. soldier, p. diplomatist*, soldat *m*, diplomate *m*, de carrière. *He is a p. spy*, il fait le métier d'espion. *P. agitator*, agitateur professionnel, de profession. *Sp.* **Professional player,** joueur professionnel, de profession. *F:* **Professional beauty,** beauté professionnelle. (*c*) Qui a reçu une instruction professionnelle; expert. *P. engineer*, ingénieur diplômé. (*d*) **Professional man,** homme qui exerce une des carrières libérales. **The professional classes,** les membres *m* des professions libérales. **2.** *s.* (*a*) Expert *m*; homme de métier. *Professionals*, gens *m* de métier. (*b*) *Sp:* Professionnel, -elle. **To turn professional,** se faire professionnel. **-ally,** *adv. To do sth. p.*, faire qch. en homme du métier. *To consult s.o. p.*, consulter qn pour affaires. *To act p.*, agir dans l'exercice de sa profession; agir en médecin, en avocat, etc. *P. engaged in . . .*, engagé de par sa profession dans. . . . *P. trained*, ayant reçu une instruction professionnelle.

professionalism [pro'feʃənəlizm], *s.* **1.** Caractère professionnel. **2.** *Sp:* Professionnalisme *m*.

professionality [profeʃə'naliti], *s.* Caractère professionnel (*of*, de).

professionalize [pro'feʃənəlaːiz], *v.tr.* (*a*) Faire un métier de (qch.). (*b*) Livrer (un sport) au professionnalisme.

professor [pro'fesər], *s.* **1.** Adepte *mf* (d'une doctrine, etc.). **2.** *Sch:* Professeur *m* (à une université). **Professor Smith,** (Monsieur) le professeur Smith. **3.** Titre grandiloquent que s'octroient certains maîtres de danse, phrénologistes, etc. *Conjuring by P. Tartaglio*, tours de prestidigitation par le Professeur Tartaglio.

professorate [pro'fesəret], *s.* **1.** = PROFESSORSHIP. **2.** = PROFESSORIATE 1.

professorial [profe'sɔːriəl], *a.* Professoral, -aux. **-ally,** *adv.* D'un ton professoral; d'une manière professorale.

professoriate [profe'sɔːriet], *s.* **1.** Corps *m* de professeurs; le corps professoral. **2.** = PROFESSORSHIP.

professorship [pro'fesərʃip], *s.* Professorat *m*; chaire *f* (de l'enseignement supérieur). **To be appointed to a professorship,** être nommé à une chaire; être nommé professeur (*of*, de).

proffer[1] ['prɔfər], *s. Lit:* Offre *f*, proposition *f*.

proffer[2], *v.tr.* (**proffered; proffering**) Offrir, présenter. *To p. one's hand*, tendre la main (à qn). *To p. one's arm to a lady*, offrir son bras à une dame.

profferer ['prɔfərər], *s.* Offrant, -ante. (*At sale*) **The best profferer,** le plus offrant.

proficiency [pro'fiʃənsi], *s.* Capacité *f*, force *f*, compétence *f* (*in a subject*, en une matière). **To reach, attain, (a stage of) proficiency,** arriver à la compétence. *Mil:* **Proficiency pay,** prime *f* de spécialité.

proficient [pro'fiʃənt]. **1.** *a.* Capable, compétent; versé (*in*, dans). **To be proficient in Latin,** être fort en latin; bien posséder son latin; posséder le latin à fond. *P. in book-keeping*, versé dans la comptabilité; expert en comptabilité. **2.** *s.* Personne *f* capable; expert *m*, connaisseur *m*. **-ly,** *adv.* Avec compétence.

profile[1] ['proufail, -fiːl], *s.* **1.** (*a*) (i) Profil *m* (de qn, du visage); (ii) silhouette *f*. *Drawn* **in profile,** esquissé de profil. *Cut out in p.*, silhouetté. *See also* SEMI-PROFILE. (*b*) *Arch: Fort: etc:* Profil; coupe *f* perpendiculaire; configuration *f* (des ailes d'un avion, etc.). *To project in p.*, projeter en profil. (*c*) *Ind:* Chantournement *m*. (*d*) *Th:* Ferme *f* (de décor). **2.** *Cer: etc:* Calibre *m* (de tourneur, etc.). *To turn the clay with a p.*, calibrer la pâte. *Turning with a p.*, calibrage *m*.

profile[2], *v.tr.* **1.** *Ind:* Profiler, contourner, chantourner. *Carp:* Moulurer. *Metalw:* Fraiser (une pièce) en bout. **2.** *The trees are profiled against the horizon*, les arbres se profilent sur l'horizon.

profiling, *s.* Profilage *m*, contournement *m*. *Carp:* Moulurage *m*, moulure *f*. *Metalw:* Fraisage *m* en bout. **Profiling machine,** machine *f* à profiler.

profiler [pro'failər], *s. Metalw:* Machine *f* à profiler.

profilist ['proufilist], *s.* Dessinateur, -trice, de profils, de silhouettes; silhouetteur *m*.

profit[1] ['prɔfit], *s.* Profit *m*, bénéfice *m*. (*a*) Avantage *m*, gain *m*, fruit *m*. **To turn sth. to profit,** tirer profit, tirer bénéfice, de qch. *I have taken the course* **to my profit, with profit,** j'ai suivi le cours avec fruit. *What p. will that be to you?* qu'est-ce que vous y gagnerez? *F:* ça vous fera une belle jambe! (*b*) *Com:* **Gross profit,** bénéfice brut. **Net profit(s),** bénéfice net. *Ten pounds clear p.*, dix livres de bénéfice net. *P. on a transaction*, rendement *m* d'une opération. *Profits on an estate*, revenu *m* d'une terre. **To bring in, yield, show, a profit,** donner un bénéfice. *To sell sth.* **at a profit,** vendre qch. à profit, à bénéfice, à prime. *To work a mine at a p.*, exploiter une mine avec profit. **To make a profit on, out of, a transaction,** faire un profit, un bénéfice, sur une affaire; retirer un profit d'une affaire; trouver son compte à une affaire. **To make huge profits,** gagner gros. *A small p.*, un léger bénéfice. *The year's trading shows a p.*, l'exercice *m* est bénéficiaire. **To make illicit profits,** *F:* gratter; faire de la gratte; (*of servant in marketing, etc.*) faire danser l'anse du panier. **Profit amount,** montant *m* des bénéfices. **Profit and loss account,** compte *m* des profits et pertes. **Profit balance,** solde *m* bénéficiaire. **Profit earning capacity,** rentabilité *f*. *Com: Jur:* **Loss of profit,** manque *m* à gagner. *See also* EXCESS-PROFITS, INCOMING[1] 2.

'profit-seeking, *a.* Qui cherche profit; (gens) intéressés; (association) à but lucratif.

'profit-sharing[1], *a. Ind:* (Employé) intéressé.

'profit-sharing[2], *s. Ind:* Participation *f* aux bénéfices, partage *m* des bénéfices. *P.-s. by the workmen*, coparticipation *f* des travailleurs dans les bénéfices. **Profit-sharing scheme,** système *m* de participation. *To initiate a p.-s. scheme*, intéresser les employés aux bénéfices.

'profit-taker, *s. Pol.Ec:* Profiteur *m*.

profit[2], *v.* (**profited; profiting**) **1.** *v.tr.* Bénéficier; profiter à (qn); faire du bien à (qn); être avantageux à (qn). **What will it profit you** *to go there?* à quoi (cela) vous profitera-t-il, cela servira-t-il, d'y aller? **2.** *v.i.* **To profit by sth.,** profiter, bénéficier, de qch. (*a*) *To p. by s.o.'s advice*, mettre à profit l'avis de qn. (*b*) *To p. largely by dealings in . . .*, réaliser de gros bénéfices en spéculant sur. . . . *You don't p. by it*, on n'y trouve pas son compte.

profitable ['prɔfitəbl], *a.* Profitable, avantageux; (*of speculation, etc.*) lucratif, fructueux, rémunérateur; (emploi, etc.) d'un bon rapport. *It is more p. to us to sell it*, nous avons plus d'avantage à le vendre. **-ably,** *adv.* Profitablement, avantageusement, lucrativement. *To lay out one's money p.*, faire profiter son argent. *To use one's time p.*, employer utilement son temps. *To study p.*, étudier avec fruit.

profitableness ['prɔfitəblnəs], *s.* Nature *f* profitable, nature avantageuse (*of*, de); profit *m*, avantage *m*.

profiteer[1] [prɔfi'tiːər], *s. F:* Profiteur, -euse; *P:* rabiauteur *m*. **War profiteer,** profiteur de guerre; mercanti *m* de guerre.

profiteer[2], *v.i.* Faire des bénéfices excessifs.

profiteering, *s.* Mercantilisme *m*.

profitless ['prɔfitləs], *a.* Sans profit. *P. deal, F:* affaire blanche. *To be engaged in a p. task, F:* travailler pour le roi de Prusse.

profligacy ['prɔfligəsi], *s.* **1.** Débauche *f*, libertinage *m*; crapule *f*, crapulerie *f*, dévergondage *m*. *The p. that was rampant under the Regency*, le dérèglement des passions sous la Régence. **2.** Prodigalité *f*. (*a*) Folle dépense. (*b*) *F:* Abondance *f*, profusion *f*. *A real p. of pictures*, une vraie orgie de tableaux.

profligate ['prɔfliget], *a.* & *s.* **1.** Débauché, -ée; libertin, -ine; dissolu, -ue; dévergondé, -ée; (personne) aux mœurs dépravées. **2.** (Homme, femme) prodigue, dissipateur, -trice. **-ly,** *adv.* (Vivre, etc.) dans la débauche; (vivre) sans mœurs.

profound [pro'faund]. **1.** *a.* Profond. (*a*) *P. bow*, révérence profonde. (*b*) *P. secret*, secret absolu. *P. scholar*, érudit accompli, profond. *P. study of a subject*, étude approfondie, approfondissement *m*, d'un sujet. *To take a p. interest in sth.*, s'intéresser profondément à qch. *To listen to s.o. with p. interest*, écouter qn avec un intérêt profond. **2.** *s. Poet:* Profondeurs *fpl* (de la mer, etc.). **-ly,** *adv.* Profondément.

profoundness [pro'faundnəs], **profundity** [pro'fʌnditi], *s.* Profondeur *f* (d'un abîme, d'une science, etc.).

profunda [pro'fʌndə], *s. Anat:* Vaisseau profond.

profuse [pro'fjuːs], *a.* **1.** Prodigue. **To be profuse in one's apologies,** se montrer prodigue d'excuses; se confondre, se répandre, en excuses. *To be p. in one's praises*, donner des louanges à profusion. **To be profuse of praise,** être prodigue de louanges; prodiguer les louanges. **2.** (*Of thg*) Profus, abondant, excessif. *P. bleeding*, hémorragie abondante. *P. sweating*, sueurs profuses, abondantes. *P. gratitude*, remerciements abondants, excessifs. **-ly,** *adv.* Profusément, excessivement. *To apologize p.*, se confondre en excuses. *To praise s.o. p.*, donner à qn des louanges à profusion; se répandre en louanges sur qn. *To perspire p.*, transpirer abondamment.

profuseness [pro'fjuːsnəs], *s.* Profusion *f*.

profusion [pro'fju:ʒ(ə)n], *s.* **1.** Profusion *f*, abondance *f*. **2.** Prodigalité *f*. *There were flowers* **in profusion,** il y avait des fleurs à profusion, à foison.

prog[1] [prɔg], *s. P:* Becquetance *f*, boustifaille *f*.

prog[2], *s. Sch: P:* = PROCTOR I.

prog[3], *v.tr.* **(progged; progging)** *Sch: P:* **To be progged,** (i) être pincé en rupture de discipline; (ii) se voir infliger une peine disciplinaire.

prog[4], *v.i. A:* Mendier, quémander.

progging, *s.* Quémanderie *f*.

progenitor [pro'dʒenitər], *s.* **1.** Aïeul *m*, *pl.* aïeux; ancêtre *m*. *F: Our progenitors,* les auteurs *m* de nos jours. **2.** Original *m* (d'un manuscrit).

progenitress, progenitrix [pro'dʒenitres, -triks], *s.f.* Aïeule.

progeniture [pro'dʒenitjər], *s.* **1.** Génération *f*, engendrement *m*. **2.** Progéniture *f*; (*of man*) enfants *mpl*; (*of animal*) petits *mpl*.

progeny ['prɔdʒəni], *s.* **1.** = PROGENITURE 2. **2.** (*a*) Descendants *mpl*, lignée *f*, postérité *f*. (*b*) Descendants (d'une plante). **3.** *F:* Conséquence *f*, suite *f* (*of*, de). *Famine and disease, the p. of war,* la disette et la maladie, engendrées par la guerre.

prognathic [prɔg'naθik], **prognathous** ['prɔgnaθəs], *a. Anthr:* Prognathe.

prognathism ['prɔgnaθizm], *s. Anthr:* Prognathisme *m*.

Progne ['prɔgni]. *Pr.n.f.* = PROCNE.

prognose [prɔg'no:uz], *v.tr. Med:* Pronostiquer.

prognosis, *pl.* **-oses** [prɔg'nousis, -ousi:z], *s. Med:* **1.** Pronostic *m*. *P. based upon skin-tests,* cuti-pronostic *m*. *To give a very serious p.,* pronostiquer au plus grave. **2.** (*The art*) Prognose *f*.

prognostic [prɔg'nɔstik]. **1.** *a.* (Essai *m*, etc.) de pronostic. *Med:* (Signe *m*) pro(g)nostique. **Signs prognostic of sth.,** signes qui pronostiquent, présagent, prédisent, qch. **2.** *s.* (*a*) Pronostic *m*, présage *m*, prédiction *f*, auspice *m*. (*b*) *Med:* Signe pronostique; symptôme *m*.

prognosticate [prɔg'nɔstikeit], *v.tr.* (*Of pers., sign, etc.*) Pronostiquer, présager, prédire (qch.).

prognostication [prɔgnɔsti'keiʃ(ə)n], *s.* **1.** (*a*) Pronostication *f*, prédiction *f*. (*b*) Pressentiment *m*. **2.** = PROGNOSTIC 2 (*a*).

prognosticative [prɔg'nɔstikətiv], *a.* **Prognosticative of sth.,** qui pronostique, prédit, présage, qch.

prognosticator [prɔg'nɔstikeitər], *s.* Pronostiqueur, -euse.

prognosticatory [prɔg'nɔstikətəri], *a.* Symptomatique. **Prognosticatory of sth.,** qui pronostique, présage, prédit, qch.

program(me) ['prougram], *s.* Programme *m* (de spectacle, politique, etc.). **Ball programme,** carnet *m* de bal. **To draw up, arrange, a programme,** arrêter un programme. *F:* **What's the programme for to-day?** que faisons-nous aujourd'hui? *Cin:* **Programme picture,** film *m* d'importance secondaire (pour compléter le programme); film bouche-trou *inv.*

'programme-music, *s.* Musique descriptive.

'programme-seller, *s.* Vendeuse *f* de programmes; *Th:* (souvent) ouvreuse *f*.

progress[1] ['prougres], *s.* (*No plural*) **1.** (*a*) Marche *f* en avant; cours *m*; avancement *m* (d'un travail, etc.); étapes successives (de la vie, d'un voyage). *The p. of the army was checked,* la marche en avant de l'armée fut arrêtée. *To arrest the p. of the locusts,* arrêter la marche des sauterelles. *Ind: P. of the work through the different departments,* cheminement *m* des pièces à travers les différents services. *P. of thought,* cheminement, marche, de la pensée. **The progress of events,** le cours des événements. *The p. of economies,* la réalisation des économies. *Chess:* **The knight's progress,** la marche du cavalier. **In progress of time,** avec le temps. *In the p. of centuries,* dans la suite des siècles. **The work now in progress,** le travail en voie, en cours, d'exécution; l'œuvre *f* en accomplissement. *The negotiations in p.,* les négociations *f* en cours. *Country where hostilities are in p.,* pays *m* où existe un état d'hostilité. *Harvesting* **in full progress,** moisson *f* qui bat son plein. (*b*) Progrès *m*. *Age of p.,* siècle *m* de progrès. **To make progress** *in one's studies,* faire des progrès dans ses études. *To make slow p.,* n'avancer que lentement. *To make great, astonishing, p.,* avancer à pas de géant; faire de grands progrès, des progrès étonnants. *Industry that has made great p.,* industrie *f* qui a pris un grand essor. *Negotiations are making good p.,* les négociations sont en bonne voie. *He has made good p.,* il a fait un grand pas. *I am satisfied with his p.,* je suis satisfait de son avancement, de ses progrès. *Career of resounding p.,* carrière marquée d'étapes retentissantes. *P. achieved in respect of a matter,* état *m* d'une question. *See also* REPORT[2] I. 1. **2.** (*a*) *A:* Voyage *m*. *See also* PILGRIM 1. (*b*) Tournée *f* (d'un juge, etc.). **Royal progress,** voyage d'apparat (du roi); visite royale.

progress[2] [pro'gres], *v.i.* **1.** (*a*) S'avancer. *To p. towards a place,* s'approcher d'un endroit (par étapes successives). *As the enquiry progresses,* à mesure que l'enquête avance; au cours de l'enquête. *As the meal, year, progresses,* au cours du repas, de l'année. (*b*) Faire des progrès; progresser, avancer. **To progress with one's studies,** faire des progrès dans ses études; avancer dans ses études. *Industry is progressing,* l'industrie *f* est en progrès. *The patient is progressing favourably, satisfactorily,* le malade fait des progrès satisfaisants. *How is business progressing?* est-ce que les affaires marchent? **2.** (*Of official, etc.*) Faire une tournée.

progression [pro'greʃ(ə)n], *s.* **1.** Progression *f*. *Mode of p.,* manière *f* d'avancer; mode *m* de locomotion. **2.** *Mth:* **Arithmetical progression,** progression arithmétique, par différence. **Geometrical progression,** progression géométrique, par quotient. **Harmonic progression,** progression harmonique. **3.** *Mus:* Marche *f* (des parties); progression. *Harmonic p.,* marche harmonique.

progressional [pro'greʃən(ə)l], *a.* Progressionne.

progressionism [pro'greʃənizm], *s. Pol:* Progressisme *m*.

progressionist [pro'greʃənist], **progressist** [pro'gresist], *a. & s. Pol:* Progressiste (*mf*).

progressive [pro'gresiv]. **1.** *a.* Progressif. (*a*) *P. movement,* mouvement progressif, en avant. **By progressive stages,** par degrés. *Med: P. disease,* maladie progressive. *Phot.Engr:* **Set of progressive proofs,** gamme *f* d'épreuves trichromes. (*b*) *P. age,* siècle *m* de progrès. *To be p.,* être ami du progrès. *Pol: P. principles,* principes progressifs. *The p. party,* le parti progressiste; le parti du mouvement en avant. **2.** *s.* Progressiste *mf*. **-ly,** *adv.* Progressivement; au fur et à mesure.

progressiveness [pro'gresivnəs], *s.* Progressivité *f*.

prohibit [pro'hibit], *v.tr.* **1.** Prohiber, défendre, interdire (qch.). **Smoking is prohibited,** il est défendu, interdit, de fumer; défense de fumer. *The importation of matches is prohibited,* l'importation des allumettes est interdite. *This zone remains a prohibited area for all military works,* cette zone reste interdite à toute installation militaire. **Marriage within the prohibited degrees,** mariage *m* entre degrés prohibés. **To prohibit s.o. from doing sth.,** défendre, prohiber, interdire, à qn de faire qch. *Jur: The parties are prohibited from + ger.,* défenses et inhibitions sont faites de. . . . **2.** Empêcher (*s.o. from doing sth.,* qn de faire qch.).

prohibition [prou(h)i'biʃ(ə)n], *s.* **1.** (*a*) Prohibition *f*, interdiction *f*, défense *f* (*from doing sth.,* de faire qch.). (*b*) *U.S:* Interdiction de vendre ou de consommer les boissons alcooliques; régime sec. **Prohibition law,** loi *f* de prohibition. **Prohibition party,** parti *m* prohibitionniste. **2.** *Jur:* Défense de statuer adressée par une cour supérieure à une cour inférieure.

prohibitionism [prou(h)i'biʃənizm], *s.* Prohibitionnisme *m* (en matière de boissons alcooliques).

prohibitionist [prou(h)i'biʃənist], *a. & s.* Prohibitionniste (*mf*); partisan *m* de l'interdiction des boissons alcooliques. *P. countries,* pays secs.

prohibitive [pro'hibitiv], *a.* Prohibitif. **Prohibitive price,** prix prohibitif, inabordable. *The price of peaches is p.,* les pêches *f* sont hors de prix.

prohibitory [pro'hibitəri], *a.* (*Of law, etc.*) Prohibitif.

project[1] ['prɔdʒekt, 'prou-], *s.* Projet *m*. *To form, carry out, upset, a p.,* former, accomplir, renverser, un projet.

project[2] [pro'dʒekt]. I. *v.tr.* Projeter. **1.** *To p. a plan, a journey,* projeter un plan, un voyage. *Projected buildings,* édifices projetés, en projet. **2.** (*a*) Projeter, lancer, (un corps) en avant. (*b*) *Ch: To p. a powder into a crucible,* verser une poudre dans un creuset. **3.** (*a*) *To p. a picture on the screen,* projeter une image, un film, sur l'écran. *Form projected against, on, the sky,* forme dessinée, projetée, sur le ciel. *Art:* **Projected shadow,** ombre portée. (*b*) *Geom: To p. a plan, a line, a figure,* projeter un plan, une ligne, une figure; tracer la projection d'un plan, etc. **4.** *F: To p. oneself into the past, into the future,* se transporter dans le passé, dans l'avenir. *Psychics: To p. oneself to s.o.,* apparaître devant qn sous une forme spectrale.

II. **project,** *v.i.* Faire saillie, faire ressaut; déborder, dépasser, (s')avancer, sortir, forjeter; (*of balcony, etc.*) porter à faux. *Stone that projects from the wall,* pierre *f* qui sort du mur, qui désaffleure. *Balcony projecting over the pavement,* balcon *m* surplombant le trottoir. *To p. beyond the building line,* déborder, dépasser, l'alignement. *A strip of land projects into the sea,* une langue de terre s'avance dans la mer.

projecting[1], *a. Arch: etc:* Saillant, en saillie; hors d'œuvre, en porte-à-faux. *P. part of a roof,* avance *f* d'un toit. *P. forehead,* front saillant. *Large p. ears,* de grandes oreilles décollées. *P. teeth,* dents saillantes, qui débordent les lèvres.

projecting[2], *s.* = PROJECTION 1 (*a*).

projectile [pro'dʒektail], *a. & s.* Projectile (*m*). **Projectile weapons,** armes *f* de jet.

projection [pro'dʒekʃ(ə)n], *s.* **1.** (*a*) Lancement *m* (d'un projectile); projection *f* (d'un rayon de lumière, etc.). **Projection apparatus,** projecteur *m*, appareil *m* de projection; (*for films*) cinéprojecteur *m*. *Cin:* **Projection room, booth,** cabine *f* de projection. **Projection port,** lucarne *f*, fenêtre *f*, de projection. **Projection period,** phase *f* de projection, d'éclairement. **Rear projection,** projection par transparence. *See also* LANTERN 1. (*b*) Conception *f* (d'un projet, etc.). **2.** (*a*) *Geom: Mapm:* Projection. **Isometric projection,** projection isométrique; perspective cavalière. *See also* FLAT[2] I. 1. (*b*) *Mapm:* Planisphère *m*. (*c*) Projection concrète d'une image mentale. *Work embodying a true p. of life,* œuvre *f* qui donne une image fidèle de la vie. **3.** Saillie *f*. (*a*) Avancement *m* (en dehors); prolongement *m*. (*b*) *Arch:* Partie *f* qui fait saillie; ressaut *m*, projecture *f*, forjet *m*; porte-à-faux *m*, portée *f* (d'un balcon, etc.); avant-corps *m inv* (de façade); (*in masonry*) orillon *m*. (*c*) (*On wheel, etc.*) Mentonnet *m*, téton *m*.

projectionist [pro'dʒekʃənist], *s. Cin:* Opérateur *m* de cabine; projectionniste *m*.

projective [pro'dʒektiv], *a.* **1.** *Geom:* (*a*) **Projective properties,** propriétés projectives (d'une section conique, etc.). (*b*) **Projective plane,** plan *m* de projection. **Projective geometry,** géométrie descriptive. **2.** (*Of imagination*) Qui a le don de projeter au dehors, d'extérioriser, les images mentales.

projector [pro'dʒektər], *s.* **1.** (*a*) Projeteur, -euse (d'un voyage, etc.). (*b*) Promoteur, -trice, fondateur, -trice (d'une compagnie). (*c*) *A:* Chevalier *m* d'industrie. **2.** (*a*) *See* FLAME-PROJECTOR. (*b*) Projecteur *m* (de rayons lumineux, etc.). **Projector (lantern), picture-projector,** projecteur; appareil *m* de projection; *Cin:* cinéprojecteur *m*. *See also* FLOOD-LIGHT[1] 2.

projecture [pro'dʒektjər], *s. Arch:* Projecture *f*.

prolapse[1] [pro'laps], **prolapsus** [pro'lapsəs], *s. Med:* Prolapsus *m*, procidence *f*, descente *f*, abaissement *m* (de la matrice, etc.); chute *f* (du rectum).

prolapse[2], *v.i. Med:* (*Of organ*) Descendre.

prolate ['prouleit], *a.* **1.** *Geom:* (Ellipsoïde) allongé, prolongé. *See also* CYCLOID. **2.** *F:* Largement répandu.

prolative [pro'leitiv], *a.* *Gram:* **Prolative infinitive,** infinitif *m* régime sans préposition.
pro-leg ['prouleg], *s.* *Ent:* Patte membraneuse; fausse patte.
prolegomena [proule'gɔmənə], *s.pl.* Prolégomènes *m*; introduction *f* (à un ouvrage).
prolepsis [pro'li:psis, -'lepsis], *s.* *Rh:* *Gram:* Prolepse *f*, anticipation *f*.
proleptic [pro'li:ptik, -'leptik], *a.* **1.** (Signe, etc.) proleptique, avant-coureur. **2.** *Chr:* **Proleptic year,** année *f* proleptique. **3.** *Med:* **Proleptic fever,** fièvre *f* proleptique.
proletarian [prouli'tɛəriən]. **1.** *a.* Prolétarien, prolétaire. **2.** *s.* Prolétaire *mf*.
proletarianism [prouli'tɛəriənizm], *s.* **1.** Prolétariat *m*. **2.** Opinions *f* politiques du prolétariat.
proletarianize [prouli'tɛəriənaiz], *v.tr.* Prolétariser.
proletariat(e) [prouli'tɛəriət], *s.* Prolétariat *m*.
proliferate [pro'lifəreit], *v.i.* & *tr.* *Nat.Hist:* Proliférer. (*Of human beings*) Se multiplier.
proliferation [prolifə'reiʃ(ə)n], *s.* *Nat.Hist:* Prolifération *f*.
proliferous [pro'lifərəs], *a.* (*a*) *Nat.Hist:* Prolifère. (*b*) *Med:* **Proliferous cyst,** kyste *m* proligère, prolifère.
prolific [pro'lifik], *a.* Prolifique; fécond, fertile (*in*, *of*, en). **-ly,** *adv.* Abondamment; fécondement, fertilement.
prolification [prolifi'keiʃ(ə)n], *s.* **1.** (*a*) Procréation *f*, génération *f*. (*b*) Fécondité *f*, fertilité *f*. **2.** = PROLIFERATION.
prolificness [pro'lifiknəs], *s.* Fécondité *f*, fertilité *f*; qualité *f* prolifique.
proligerous [pro'lidʒərəs], *a.* **1.** *Biol:* Proligère. **2.** *Bot:* (*Of plant, etc.*) Prolifère.
prolix ['prouliks], *a.* Prolixe, diffus; (style) délayé. **-ly,** *adv.* Prolixement.
prolixity [pro'liksiti], *s.* Prolixité *f*.
prolocutor [pro'lɔkjutər], *s.* **1.** Président *m* (d'une assemblée ecclésiastique, etc.). **2.** *A:* Porte-parole *m inv*.
prolocutorship [pro'lɔkjutərʃip], *s.* Présidence *f* (d'une assemblée ecclésiastique, etc.).
prologue[1] ['proulɔg], *s.* Prologue *m* (*to*, de).
prologue[2], *v.tr.* Faire précéder (une pièce, etc.) d'un prologue.
prolong [pro'lɔŋ], *v.tr.* Prolonger (la vie, un entretien, etc.); continuer, prolonger (une ligne). *Com:* **To prolong a bill,** proroger l'échéance d'un billet. *Mus:* *To p. a stroke of the bow*, allonger un coup d'archet.
prolonged, *a.* Prolongé. *P. applause*, acclamations nourries.
prolonging, *s.* **1.** (*In time*) Prolongation *f* (de la durée de qch.). *Fin:* *Com:* Prorogation *f*, atermoiement *m* (d'une échéance, etc.). **2.** (*In space*) Prolongement *m* (d'un mur, etc.).
prolongation [proulɔŋ'geiʃ(ə)n], *s.* **1.** = PROLONGING. **In prolongation of . . .,** sur le prolongement de. . . . **2.** (*a*) Prolongation *f*; (i) délai accordé; (ii) ajoute *m*. (*b*) *pl:* *A:* *F:* **Prolongations,** pantalon *m*, culotte *f*.
prolonge [pro'lɔndʒ], *s.* *Artil:* Prolonge *f*.
prolonger [pro'lɔŋər], *s.* Celui qui prolonge, qui a prolongé (le mur, les négociations, etc.).
prom [prɔm], *s.* *F:* **1.** = PROMENADE[1] 2, 3. **2.** = PROMENADE CONCERT.
promenade[1] [prɔmə'nɑ:d], *s.* **1.** Promenade *f* (en grande toilette, dans un lieu public); *Hum:* déambulation *f*. **2.** (*a*) (Lieu *m* de) promenade; (*at seaside*) esplanade *f*. (*b*) *Th:* Promenoir *m*, pourtour *m* (du parterre). **3.** *U.S:* Bal *m* d'étudiants, *pl.* bals.
'promenade 'concert, *s.* Concert *m* où l'auditoire peut circuler librement.
'promenade 'deck, *s.* *Nau:* Pont-promenade *m*, *pl.* ponts-promenades; promenoir *m*.
promenade[2]. **1.** *v.i.* Se promener, parader (à pied, en voiture, etc.); *Hum:* déambuler. *To p. on the pier*, faire un tour de jetée en grande tenue. **2.** *v.tr.* (*a*) Se promener dans (la salle, etc.); se promener sur (les boulevards, etc.). (*b*) Promener (qn) (pour lui faire voir la ville, etc.). (*c*) Faire parade de (sa famille, etc.); exhiber (qn, qch.).
promenader [prɔmə'nɑ:dər], *s.* Promeneur, -euse.
Promethean [pro'mi:θiən], *a.* Prométhéen, -éenne.
Prometheus [pro'mi:θju:s]. *Pr.n.m.* *Gr.Myth:* Prométhée. *Lit:* **Prometheus bound, unbound,** Prométhée enchaîné, délivré.
prominence ['prɔminəns], *s.* **1.** (*a*) Proéminence *f*; relief *m*. (*b*) Saillie *f*, protubérance *f*; proéminence (du sol). **Solar prominence,** protubérance solaire. **2.** Éminence *f*. **To bring sth. into prominence, to give sth. prominence,** faire ressortir qch. *The son's part is not given enough p.*, le rôle du fils ne ressort pas assez. *To give p. to certain incidents*, mettre en avant, *F:* monter en épingle, certains incidents. **To come into prominence,** (*of pers.*) percer; arriver à un rang éminent; (*of thg*) acquérir de l'importance; (*of idea, etc.*) se faire jour.
prominency ['prɔminənsi], *s.* = PROMINENCE 2.
prominent ['prɔminənt], *a.* **1.** Saillant; en saillie; proéminent. *P. cheek-bones*, pommettes saillantes. *P. nose*, nez prononcé. **2.** (*a*) Saillant; remarquable; (*of theory, etc.*) en évidence, très en avant. *P. features*, traits prononcés, saillants (d'un paysage, d'un caractère, etc.). *The most p. object on the hill*, la chose la plus en vue sur la colline. (*Of idea, characteristic, etc.*) **To be prominent,** ressortir. **In a prominent position,** très en vue. *To hold a very p. position*, occuper une position très en relief. *To play, take, a p. part in an affair*, jouer un rôle important dans une affaire. *P. incident*, incident marquant, important. (*b*) Éminent. *P. people*, personnages *m* de marque, *F:* personnages à la cote. *P. author*, auteur signalé; auteur en vue. *The p. playgoers*, les habitués *m* de marque. *The p. figures of this reign*, les personnages remarquables de ce règne. **-ly,** *adv.* Éminemment; d'une manière marquée. *To bring sth. more p. into view*, mettre qch. plus en vue, plus en évidence. *To display goods p.*, mettre des marchandises bien en vue.

promiscuity [prɔmis'kju:iti], *s.* **1.** Promiscuité *f*, mélange *m*, confusion *f*. **2.** Promiscuité (entre les deux sexes).
promiscuous [pro'miskjuəs], *a.* **1.** (*a*) Confus, mêlé. *P. mass*, masse *f* chaotique. *P. crowd*, foule *f* hétérogène; *Lit:* foule promiscue. *P. massacre*, massacre général. *P. hospitality*, hospitalité *f* sans discernement. (*b*) Sans distinction de sexe. **Promiscuous bathing,** bains mixtes. **2.** *P:* Casuel, fortuit; sans motif ni méthode. *To go for a p. stroll*, faire une balade au hasard. **-ly,** *adv.* **1.** (*a*) Confusément, sans ordre; au hasard, au petit bonheur; en promiscuité. *Things thrown p. together*, choses jetées ensemble pêle-mêle. *They live p. with their beasts*, ils vivent pêle-mêle avec leurs bêtes. (*b*) Sans distinction de sexe. **2.** *P:* Casuellement, fortuitement.
promise[1] ['prɔmis], *s.* Promesse *f*. (*a*) **To make a promise,** faire une promesse. **To keep one's promise,** tenir sa promesse; tenir parole. **To break one's promise,** violer, manquer à, sa promesse; manquer de parole. **To be promise-bound,** être engagé par sa promesse. **To release s.o. from his promise,** rendre sa parole à qn. *He surrendered on the p. that his life would be spared*, il se rendit sous promesse de vie sauve. *F:* **His promises are like piecrust,** il a la promesse facile; il tient rarement sa promesse. **(Smooth words and) fair promises,** patelinage *m*. **Empty promises,** promesses vaines; *F:* eau bénite de cour. **Promise of marriage,** promesse de mariage. *B:* **The land of promise,** la terre qui lui avait été promise; la terre promise. **The children of the promise,** les enfants de la promesse. *See also* BREACH[1] 1, HOLD[2] I. 2, LICK[1] 1. (*b*) *Child who gives p. of a fine future*, **child full of promise,** enfant qui promet (un bel avenir); enfant plein de promesses. **To show great promise,** donner de belles espérances. *Pupil of great p.*, élève de beaucoup d'avenir, d'un grand avenir. *Affair of great p.*, affaire qui promet (beaucoup). **To hold out a promise to s.o. of sth.,** faire espérer qch. à qn. *There is a p. of warm weather*, le temps promet de la chaleur. *This victory, that gave p. of many others*, cette victoire, gage de beaucoup d'autres.
'promise-monger, *s.* Prometteur, -euse.
promise[2], *v.tr.* (*a*) **To promise s.o. sth., to promise sth. to s.o.,** promettre qch. à qn. *She had been promised a wedding present by her employers*, ses chefs lui avaient promis un cadeau de noces. **To promise s.o. one's daughter in marriage,** promettre sa fille en mariage à qn. **To promise (s.o.) to do sth.,** promettre (à qn) de faire qch.; s'engager à faire qch. *He promised me he would do it*, il m'a promis qu'il le ferait; il m'a promis de le faire. **To promise oneself sth.,** se promettre qch. *F:* *You will be sorry for it*, **I promise you,** vous le regretterez, je vous le promets, je vous en réponds. *Prov:* **It is one thing to promise and another to perform,** promettre et tenir sont deux. (*b*) *Action that promises trouble in the future*, action qui laisse prévoir des ennuis pour l'avenir. *It promises to be warm*, le temps promet d'être chaud; le temps s'annonce chaud, promet de la chaleur. *Abs.* **The scheme promises well,** le projet s'annonce bien, donne de belles espérances; l'affaire promet.
promised, *a.* Promis. *P. husband, bride*, promis, -ise. **The Promised Land,** la Terre de promission; la Terre promise.
promising, *a.* Plein de promesses. **Promising young man,** jeune homme qui promet; jeune homme de beaucoup d'avenir, de grande espérance; joli sujet. *P. undertaking*, entreprise qui promet, pleine de promesses. **The future, the harvest, looks promising,** l'avenir *m*, la moisson, s'annonce bien, se présente bien; l'avenir, la moisson, promet. *Things look p. for the new season*, la saison nouvelle s'annonce bien. *The future doesn't look* (*too*) *p.*, l'avenir s'annonce mal. **-ly,** *adv.* D'une manière pleine de promesses, qui promet.
promisee [prɔmi'si:], *s.* *Jur:* Celui à qui une promesse a été faite; le détenteur de la promesse.
promisor ['prɔmisɔ:r], *s.* *Jur:* Celui qui a fait la promesse; l'engagé *m*.
promissory ['prɔmisəri], *a.* (*Of oath, etc.*) Promissoire, de promesse. *P. of sth.*, qui promet qch. *Com:* **Promissory note,** billet *m* à ordre; promesse *f*. *P. note made out to order*, billet à ordre. *P. note made out to bearer*, billet au porteur. **Joint promissory note,** billet solidaire.
promontoried ['prɔməntərid], *a.* (Baie *f*, côte *f*, etc.) à promontoire.
promontory ['prɔməntəri], *s.* **1.** *Geog:* Promontoire *m*, cap élevé. **2.** *Anat:* Promontoire (du tympan, etc.); protubérance *f*.
promote [pro'mout], *v.tr.* **1.** (*a*) Promouvoir (qn); donner de l'avancement à (qn). **To promote s.o. to an office,** promouvoir qn à un poste. *To be promoted to the rank of . . .*, être nommé, promu, au grade de. . . . *To be promoted* (*to be*) *captain, to a captaincy*, être promu, être nommé, passer, capitaine. **To be promoted,** être promu; avancer; (*of official*) monter en grade. *Sch:* *To be promoted to the top form*, être reçu en première; passer en première. (*b*) *Chess:* Échanger (un pion) contre une pièce prise. **2.** (*a*) Encourager (les arts, un projet); favoriser (le succès, la croissance); faciliter (le progrès); avancer (les intérêts de qn, etc.); amener, contribuer à (un résultat, etc.); mettre (un projet) en œuvre; fomenter (le désordre). **To promote good feeling between nations,** encourager l'amitié entre les nations. *To p. hatred*, provoquer la haine. *Sauce that promotes digestion*, sauce qui facilite la digestion. (*b*) **To promote a company,** lancer, fonder, monter, une société anonyme. *Pol:* **To promote a bill,** prendre l'initiative d'un projet de loi. (*c*) *Ch:* **To promote a reaction,** amorcer, provoquer, une réaction. (*d*) *U.S:* Faire de la réclame pour (un article de commerce); *F:* chauffer (un produit, une affaire).
promoting, *s.* **1.** Promotion *f*, avancement *m*. **2.** (*a*) Encouragement *m* (de l'amitié, etc.); avancement (des intérêts de qn, etc.); provocation *f* (de la mauvaise humeur, etc.); facilitation *f* (de la digestion). *Association for the p. of good citizenship, of Hellenic studies*, société d'encouragement au bien, pour l'encouragement des

études grecques. (*b*) Fondation *f*, lancement *m* (d'une société anonyme). *Ch:* Amorçage *m* (d'une réaction).

promoter [pro'moutər], *s.* Instigateur, -trice, auteur *m* (d'un projet, etc.); monteur *m*, lanceur *m* (d'affaires); metteur *m* en œuvre (de la paix, d'une guerre civile). **Company promoter,** promoteur *m*, fondateur *m*, **de** sociétés anonymes; *Pej:* faiseur *m* d'affaires. *Fin:* **Promoters' shares,** parts *f* de fondateurs.

promotion [pro'mouʃ(ə)n], *s.* **1.** Promotion *f*, avancement *m*. *Mil: etc:* Nomination *f* à un grade supérieur. **To get promotion,** obtenir de l'avancement. *P. goes by seniority, by selection,* l'avancement se fait à l'ancienneté, au choix. **Promotion list, roster,** tableau *m* d'avancement. *Position on the p. roster,* classement *m*. **To celebrate one's promotion,** *F:* arroser ses galons. **2.** = PROMOTING. *Com:* **Promotion money,** frais *mpl* de fondation (d'une société anonyme); frais d'établissement; coût *m* de premier établissement.

promotive [pro'moutiv], *a.* **To be promotive of sth.,** amener, encourager, favoriser, avancer, qch.

prompt[1] [prɔm(p)t], *a.* **1.** Prompt. (*a*) Vif, rapide. *P. assistant,* assistant vif, diligent. **Prompt service,** service rapide. **To be prompt in action, prompt to act,** être prompt à agir. (*b*) Immédiat. *To take p. action,* prendre des mesures immédiates; agir promptement, sur-le-champ. *P. decision,* décision prompte, immédiate. **Prompt reply,** (i) réplique *f*; (ii) réponse *f* par retour du courrier. **For prompt cash,** argent comptant. **Prompt delivery,** livraison immédiate. *See also* OBEDIENCE 1. (*c*) *adv. At three o'clock p.,* à trois heures précises. **To arrive prompt to the minute,** arriver à l'heure exacte. **2.** *Com:* (*a*) *a.* **Prompt cotton, prompt sugar,** coton, sucre, livrable sur-le-champ et comptant. (*b*) *s.* Terme *m* (de paiement); délai *m* limite. **-ly,** *adv.* Promptement. (*a*) Avec empressement, avec rapidité; diligemment. *Your orders will be executed p.,* vos commandes seront exécutées avec la plus grande diligence. (*b*) Sur-le-champ, immédiatement. **To pay promptly,** (i) payer argent comptant; (ii) payer ponctuellement. *To catch an allusion p.,* saisir une allusion à la volée. *F: She screamed, and p. dropped the tray,* elle jeta un cri, et du coup laissa tomber le plateau. *He p. went and told everybody,* il n'a rien eu de plus pressé que d'aller le raconter à tout le monde.

'prompt-note, *s. Com:* Mémoire *m* de vente (avec indication du délai de payement).

prompt[2], *s.* (*a*) Suggestion *f*; *F:* inspiration *f*, tuyau *m*. (*b*) *Th:* **To give an actor a prompt,** souffler un acteur; souffler la réplique, etc., à un acteur.

'prompt-book, -copy, *s. Th:* Exemplaire *m*, manuscrit *m*, du souffleur.

'prompt-box, *s. Th:* Trou *m* du souffleur.

'prompt-side, *F:* **'P.S.',** *s. Th:* Côté *m* de la scène à la gauche des acteurs (*U.S:* à la droite des acteurs); côté jardin; *F:* le jardin.

prompt[3], *v.tr.* **1. To prompt s.o. to sth.,** suggérer qch. à qn. *To p. s.o. to do sth.,* inciter, instiguer, convier, porter, pousser, qn à faire qch.; suggérer à qn de faire qch. *What prompted you to come?* qu'est-ce qui vous a donné l'idée de venir? *He felt prompted to speak,* il se sentit poussé à prendre la parole. **To be prompted by a feeling of pity, by interest,** être mû, animé, par un sentiment de pitié, par l'intérêt. *Feeling prompted by hatred,* sentiment inspiré, dicté, par la haine. *Every action of his was prompted by this passion,* cette passion était le mobile de tous ses actes. **2.** Souffler (un acteur, un élève, etc.). **To prompt a witness,** suggérer des jalons à un témoin. *To p. s.o.'s memory about sth.,* rappeler qch. à la mémoire de qn. *To p. s.o. with an answer,* suggérer une réponse à qn.

prompting, *s.* **1.** Suggestion *f*; impulsion *f*; incitation *f* (*to do sth.,* à faire qch.); instigation *f* (de qn). *At whose p. was it done?* à l'instigation de qui cela s'est-il fait? *The promptings of conscience,* l'aiguillon *m* de la conscience. **2.** Action *f* de souffler (un acteur, un élève). *Sch:* **No prompting!** ne soufflez pas! laissez-le répondre tout seul.

prompter ['prɔm(p)tər], *s.* **1.** Instigateur, -trice (*to a crime,* d'un crime); incitateur, -trice (*to,* à). **2.** (*In school, on stage, etc.*) Souffleur, -euse. *Th:* **Opposite prompter,** *F:* **'O.P.,'** côté *m* de la scène à la droite des acteurs (*U.S:* à la gauche des acteurs); côté cour; *F:* la cour. **Prompter's box,** trou *m* du souffleur.

promptitude ['prɔm(p)titju:d], **promptness** ['prɔm(p)tnəs], *s.* Promptitude *f*, empressement *m*. *P. in obeying,* promptitude à obéir. *P. to act,* vivacité *f* à agir.

promptuary ['prɔm(p)tjuəri], *s.* Manuel *m*, abrégé *m*; *A:* promptuaire *m*.

promulgate ['prɔməlgeit], *v.tr.* **1.** Promulguer (une loi, un édit). **2.** Disséminer, répandre (une idée, une doctrine); proclamer, répandre (une nouvelle).

promulgation [prɔməl'geiʃ(ə)n], *s.* **1.** Promulgation *f* (d'une loi, d'un édit). **2.** Dissémination *f* (d'une idée, d'une doctrine); proclamation *f* (d'une nouvelle, etc.).

promulgator ['prɔməlgeitər], *s.* **1.** Promulgateur, -trice (d'une loi, d'un édit). **2.** Disséminateur, -trice, vulgarisateur, -trice (d'une idée, d'une doctrine).

promycelium [proumai'si:liəm], *s. Bot:* Promycélium *m*.

pronaos [pro'neiɔs], *s. Gr.Ant:* Pronaos *m*.

pronate [pro'neit], *v.tr. Physiol:* Mettre (la main, etc.) en pronation.

pronation [pro'neiʃ(ə)n], *s. Physiol:* Pronation *f*.

pronator [pro'neitər], *s. Anat:* (Muscle) pronateur *m*.

prone[1] [proun], *a.* **1.** (*a*) (*Of hand, etc.*) En pronation. (*b*) (*Of pers., animal, etc.*) Couché sur le ventre; étendu face à terre. **To fall prone,** tomber face contre terre; tomber de sa hauteur. *Med: etc:* **Prone position,** décubitus ventral. **2.** (*a*) (*Of land, etc.*) En pente, incliné. (*b*) Qui descend à pic; escarpé, abrupt. **3. To be prone to sth., to do sth.,** être enclin, porté, à qch., à faire qch. *P. to vice,* enclin, sujet, au vice. *To be p. to accidents, to a disease,* être prédisposé aux accidents, à une maladie.

prone[2], *s. Ecc:* Prône *m*, homélie *f*.

proneness ['prounnəs], *s.* Disposition *f*, inclination *f*, propension *f* (*to,* à). *Ind: etc: P. to accidents,* prédisposition *f* aux accidents.

prong[1] [prɔŋ], *s.* **1.** Fourchon *m*, dent *f*, branche *f* (de fourche); griffe *f* (de mandrin, etc.); pointe *f* (d'andouiller, etc.). **2.** *Dial:* Fourche *f*, fourchet *m*. *See also* EEL-PRONG. **3.** *U.S:* Embranchement *m* (d'un cours d'eau).

'prong-buck, *s. Z:* Dicranocère *m*.

'prong-chuck, *s. Mec.E:* Mandrin *m* (de tour) à pointes.

'prong-horned, *a. Z:* (*Of antelope*) Dicranocère.

prong[2], *v.tr.* **1.** Enfourcher (le foin, etc.); transpercer (avec une fourche). **2.** Retourner (le fumier, etc.) à la fourche.

pronged, *a.* A fourchons, à dents, à pointes. **Two-pronged,** à deux dents; à deux fourchons. *See also* HOE[1], PITCHFORK[2].

-pronger ['prɔŋər], *s.* (*With num. adj. prefixed*) **Five-pronger,** cerf *m* (de) dix cors.

pronograde ['prounogreid], *a. Z:* Qui marche à quatre pattes.

pronominal [pro'nɔmin(ə)l], *a. Gram:* Pronominal, -aux. **-ally,** *adv.* Pronominalement.

pronotum [pro'noutəm], *s. Ent:* Pronotum *m*.

pronoun ['prounaun], *s. Gram:* Pronom *m*.

pronounce [pro'nauns], *v.tr.* **1.** (*a*) Déclarer. *To p. s.o. a genius,* déclarer que qn est une personne de génie, est un génie. *To p. the patient out of danger,* déclarer que le malade est hors de danger. (*b*) *Jur:* Prononcer (une sentence, un arrêt, un jugement); rendre (un arrêt). *Meanwhile judgment had been pronounced,* dans l'intervalle il était intervenu un jugement. **2.** *Abs.* **To pronounce on a subject,** prononcer sur un sujet; (*of tribunal*) statuer sur une question. **To pronounce for s.o., in favour of s.o., against s.o.,** se prononcer, se déclarer, pour, contre, qn. **3.** Prononcer; articuler (un mot, etc.). *Letter that is not pronounced,* lettre *f* qui ne se prononce pas. *Abs. To p. well, badly,* bien, mal, prononcer; avoir une bonne, une mauvaise, articulation.

pronounced, *a.* Prononcé, marqué. *Very p. personality,* personnalité très accusée. *P. taste of garlic,* goût d'ail très prononcé; très fort goût d'ail. **Unemployment is becoming more pronounced,** le chômage s'accentue.

pronouncing, *s.* **1.** (*a*) Déclaration *f* (d'une opinion, etc.). (*b*) *Jur:* Prononciation *f* (d'un jugement, d'une sentence). **2.** Prononciation (d'un mot, etc.). **Pronouncing dictionary,** dictionnaire *m* qui indique la prononciation des mots.

pronounceable [pro'naunsəbl] *a.* Prononçable.

pronouncedly [pro'naunsidli], *adv.* D'une manière prononcée, marquée. *P. Jewish features,* physionomie juive très accusée.

pronouncement [pro'naunsmənt], *s.* Prononcement *m*, déclaration *f*.

pronto ['prɔnto], *adv. U.S:* Sur-le-champ, immédiatement.

pronucleus [pro'nju:kliəs], *s. Biol:* Pronucléus *m*.

pronunciamento [pronʌnsia'mento], *s.* Pronunciamento *m*; manifeste *m* (d'un parti révolutionnaire, etc.).

pronunciation [pronʌnsi'eiʃ(ə)n], *s.* Prononciation *f* (d'un mot, d'une langue).

proof[1] [pru:f], *s.* **1.** Preuve *f*. **Positive proof, proof positive,** preuve patente. *F:* **Cast-iron proof,** preuve rigide. *Striking p.,* preuve éclatante. *Clear p. of guilt,* preuve évidente de culpabilité. **To give proof of sth.,** faire preuve de (bon vouloir); donner des preuves de (sa nationalité, etc.); annoncer (l'intelligence). *To give, show, p. of goodwill,* faire acte, témoigner, de bonne volonté; donner (à qn) une marque de bienveillance. *To give p. of one's gratitude to s.o.,* témoigner sa reconnaissance à qn. *If p. is needed for these statements,* s'il faut une preuve à ces affirmations. **This is proof that he is lying,** cela prouve qu'il ment. **By way of proof,** *he mentioned that . . .,* comme preuve, il fit observer que. . . . *The p. being that . . .,* à telles enseignes que. . . . **In proof of, as a proof of,** *one's good faith,* en preuve, pour preuve, en témoignage, de sa bonne foi. *And in p. of this let me tell you that . . .,* et la preuve c'est que. . . . **Capable of proof,** susceptible de preuve, de démonstration. **To await proof of sth.,** attendre la confirmation de qch. **To produce proof to the contrary,** fournir la preuve contraire. **The onus of proof lies with . . .,** le soin de faire la preuve incombe à. . . . *Jur:* **Proof of a right, of one's identity,** justification *f*, constatation *f*, d'un droit; justification de son identité; preuve d'identité. *To pay s.o. a sum upon submission of p. of identity,* verser une somme à qn contre légitimation. **Proof of indebtedness,** affirmation *f*, titre *m*, de créance. **Proof by documentary evidence,** notoriété *f* de droit. **Proof by the evidence of witnesses,** notoriété de fait. **Written proof,** preuve par écrit; acte *m*. **Document in proof,** pièce justificative; justificatif *m*. *See also* DEATH 2. **2.** (*a*) Épreuve *f*. **To bring, put, sth. to the proof,** mettre qch. à l'épreuve. **It has stood the proof,** cela a résisté à l'épreuve. *Prov:* **The proof of the pudding is in the eating,** à l'œuvre on connaît l'artisan; la qualité se révèle à l'usage. *Exp:* **Proof of powder,** épreuve des poudres. *Artil:* **Proof to bursting,** épreuve d'outrance. *A:* **Armour of proof,** armure éprouvée. (*b*) **Spirit** 30% **below proof (strength),** esprit *m* à 30% au-dessous de preuve. *To bring an alcohol below p.,* détitrer un alcool. *Attrib.* **Proof spirit,** trois-six *m*. (*c*) *Ch:* (*Test-tube*) Éprouvette *f*. **3.** (*a*) *Typ:* Épreuve. **Foul proof,** (i) mauvaise épreuve; (ii) épreuve en première. **Slip proof,** épreuve en placards. *Revised p.,* épreuve de révision, de lecture en second; deuxième épreuve. *Machine p.,* tierce *f*. **To pass the proofs,** donner le bon à tirer. *See also* BRUSH-PROOF, GALLEY-PROOF, PRESS-PROOF. (*b*) *Engr:* **Proof before the letter, before letters,** épreuve avant la lettre. **Letter proof,** épreuve avec la lettre. *Signed p.,* épreuve signée. **Smoke-proof, block-maker's proof,** fumé *m*. *See also* PROGRESSIVE 1. **4.** *Bookb:* Témoins *mpl*. **To leave proof,** laisser les témoins (non rognés).

'**proof-bar,** *s. Metall:* (Barre *f*) témoin *m* (de cémentation, etc.).
'**proof-correcting, -correction,** *s. Typ:* Correction *f* sur épreuves.
'**proof-cutter,** *s. Phot:* Photo-cisaille *f, pl.* photo-cisailles; coupe-épreuves *m inv.*
'**proof-mark,** *s. Sm.a:* Poinçon *m* d'essai.
'**proof-plane,** *s. El:* Plan *m* d'épreuve (pour essai électroscopique).
'**proof-press,** *s. Typ:* Presse *f* à épreuves.
'**proof-reader,** *s. Typ:* Correcteur, -trice (d'épreuves).
'**proof-reading,** *s. Typ:* Correction *f* sur épreuves.
'**proof-sheet,** *s. Typ:* Épreuve *f.*
'**proof-vinegar,** *s.* Vinaigre *m* de première qualité.

proof[2], *a.* **Proof against sth.,** résistant à qch.; peu sensible à qch.; à l'épreuve de qch.; à l'abri de qch. **Proof against damp, damp-proof,** imperméable, étanche, à l'eau, à l'humidité; hydrofuge. **Crash-proof,** résistant à l'écrasement, au choc. **Bullet-proof,** à l'épreuve des balles. *Cuirass p. against arrows,* cuirasse *f* impénétrable aux flèches. **Evaporation-proof,** à l'abri de l'évaporation. *Organism p. against poison,* organisme *m* réfractaire au poison. **To be proof against danger, against disease,** être à l'abri du danger, immunisé contre la maladie; *P:* être blindé, verni. **Proof against temptation, against flattery,** inaccessible, insensible, aux tentations, à la flatterie; cuirassé contre les tentations, contre la flatterie. *See also* ACID-PROOF, DIRT-PROOF, DUST-PROOF, FIRE-PROOF[1], FOOL-PROOF, HEAT-PROOF, RAINPROOF, RUST-PROOF, SHELL-PROOF, SOUND-PROOF, STORM-PROOF, WATERPROOF[1], WEATHER-PROOF.

proof[3], *v.tr.* **1.** *Typ:* *Engr:* Tirer une épreuve de (la page, l'estampe, etc.). **2.** (*a*) Imperméabiliser (un tissu, etc.). (*b*) Rendre (qch.) étanche (à la poussière, etc.). (*c*) Rendre (qch.) résistant, inattaquable (aux acides, etc.). **To fire-proof a tissue,** ignifuger un tissu; rendre un tissu ininflammable. *See also* WATERPROOF[2].

proofing, *s.* **1.** Imperméabilisation *f. See also* DAMP-PROOFING, FIRE-PROOFING[2], SOUND-PROOFING. **2.** Enduit *m* imperméable.

proofless ['pruːfləs], *a.* (Affirmation, accusation) sans preuve(s) à l'appui.

prop[1] [prɔp], *s.* **1.** Appui *m,* support *m,* soutien *m,* étai *m,* cale *f. Const:* *etc:* Chandelle *f,* étançon *m;* pointal *m,* -aux; chevalement *m;* jambe *f* de force (de mur, etc.); étrésillon *m. N.Arch:* Accore *m,* béquille *f,* épontille *f. Min:* **To withdraw the props** (*from a gallery, etc.*), déboiser (une galerie, etc.). *See also* PIT-PROP. **2.** Échalas *m,* paisseau *m* (de vigne, etc.); tuteur *m* (d'un plant); rame *f* (pour les haricots, etc.); écuyer *m* (d'un arbre). *See also* CART-PROP, CLOTHES-PROP. **3.** *F:* **One of the props of society,** un des appuis, des étais, des piliers *m,* de la société.
'**prop-drawing,** *s. Min:* Déboisement *m.*

prop[2], *v.* (**propped; propping**) **1.** *v.tr.* (*a*) To prop (up), appuyer, soutenir. *To p. a patient* (*up*) *against, on, his pillow,* appuyer, *F:* caler, un malade sur son oreiller; adosser un malade à son oreiller. *To p. a ladder* (*up*) *against the wall,* appuyer une échelle contre le mur. **To prop up a piece of furniture,** placer des hausses sous les pieds d'un meuble. **To prop oneself firmly against sth.,** se buter, se caler, contre qch. (*b*) *Const:* Étayer, chandeller, chevaler, étançonner, arc-bouter, assurer, accoter, accorer (un mur, etc.); *Civ.E:* étrésillonner (une tranchée, etc.); *Min:* boiser, buter (une mine); *N.Arch:* épontiller (des baux, etc.). *F:* **To prop one's eyelids,** combattre le sommeil. (*c*) Échalasser, paisseler (des vignes, etc.); *Hort:* ramer (des haricots, des pois); tuteurer (un arbuste, etc.). **2.** *v.i. F:* (*Of horse*) S'arrêter raide; refuser.

propping, *s.* (*a*) Soutènement *m.* (*b*) Étayage *m,* étaiement *m,* étançonnement *m,* accorage *m,* étrésillonnement *m; N.Arch:* épontillage *m* (des baux, etc.). *Min:* **Propping of a roof,** consolidation *f* d'un ciel. (*c*) Échalassage *m,* échalassement *m.*

prop[3], *s. F:* Proposition *f* (d'Euclide).

prop[4], *s. Th:* *Cin:* *F:* Accessoire *m. Usu. pl. See* PROPS.

propaedeutic [proupiː'djuːtik]. **1.** *a.* Propédeutique. **2.** *s.* Propédeutique *m.*

propaedeutical [proupiː'djuːtik(ə)l], *a.* Propédeutique.

propaedeutics [proupiː'djuːtiks], *s.pl.* (*Usu. with sg. const.*) Propédeutique *f.*

propagand [prɔpə'gand], *v.i.* Faire de la propagande.

propaganda [prɔpə'gandə], *s.* **1.** *R.C.Ch:* **The Propaganda,** la Propagande; l'Œuvre *f* de la Propagation de la foi. **2.** Propagande. **Propaganda play, film,** pièce *f,* film *m,* de propagande.

propagandism [prɔpə'gandizm], *s.* Propagandisme *m.*

propagandist [prɔpə'gandist], *s.* **1.** Propagandiste *mf.* **2.** *R.C.Ch:* Missionnaire *m* de la Propagation de la foi.

propagate ['prɔpəgeit]. **1.** *v.tr.* (*a*) Propager, faire reproduire (des animaux, une plante, etc.). *To p. plants by cuttings,* bouturer des plantes. *Disease propagated from generation to generation,* maladie transmise de génération en génération. (*b*) Propager, répandre, disséminer, transmettre. **To propagate light,** propager, répandre, la lumière. *Light is propagated in a straight line,* la lumière se propage en ligne droite. *Vibrations propagated through a medium,* vibrations transmises à travers un milieu. **To propagate ideas,** répandre, disséminer, propager, des idées. **2.** *v.pr. & i.* (*Of animal, plant*) Se propager, se reproduire, se multiplier; (*of discontent, etc.*) se propager, gagner, *F:* vibrionner.

propagation [prɔpə'geiʃ(ə)n], *s.* **1.** Propagation *f,* reproduction *f,* multiplication *f* (des animaux, etc.); (*of plants by cuttings*) bouturage *m.* **2.** Propagation (de la lumière, etc.); dissémination *f* (d'une doctrine). *P. speed,* vitesse *f* de propagation (du son, etc.).

propagative ['prɔpəgeitiv], *a.* Propagateur, -trice.

propagator ['prɔpəgeitər], *s.* **1.** Propagateur, -trice. **2.** *Hort:* Germoir *m.*

propane ['proupein], *s. Ch:* Propane *m.*

proparoxytone [proupar'ɔksitoun], *s. Gr.Gram:* Proparoxyton *m.*

propel [pro'pel], *v.tr.* (**propelled; propelling**) **1.** Propulser; pousser en avant; donner une impulsion à (qch.); mouvoir; faire avancer. **Propelled by steam, by machinery,** mû par la vapeur, par une machine. *Mechanically propelled vehicle,* véhicule *m* à propulsion mécanique, à traction mécanique. **2.** *F:* **Propelled by a desire for gain,** poussé, animé, par l'appât du gain.

propelling, *a.* Propulsif, propulseur, moteur, -trice. **Propelling force,** force propulsive; force motrice. *See also* PENCIL[1] 2.

propellent [pro'pelənt]. **1.** *a.* Propulseur, propulsif. **2.** *s. Exp:* *etc:* Propulseur *m.*

propeller [pro'pelər], *s.* **1.** Propulseur *m.* **2.** *Nau:* *Av:* (**Screw**) **propeller,** (propulseur à) hélice *f. Three-bladed p.,* hélice à trois ailes, à trois pales. **Feathered propeller,** hélice à pas variable. *Av:* **Propeller with capped ends,** hélice armée.
pro'peller-blade, *s.* Aile *f,* pale *f,* branche *f,* d'hélice.
pro'peller-boss, *s.* Moyeu *m* d'hélice.
pro'peller-post, *s. Nau:* Étalingure *f* avant.
pro'peller-remover, *s. Av:* Tire-hélice *m inv.*
pro'peller-shaft, *s.* **1.** *Nau:* Arbre *m* de l'hélice; arbre porte-hélice *inv.* **2.** *Aut:* *etc:* Arbre à cardan; arbre de propulsion, de transmission; arbre longitudinal. *Enclosed p.-s.,* arbre gainé, à carter. *Exposed p.-s.,* arbre nu.

propense [pro'pens], *a. A. & Lit:* Porté, enclin, disposé (*to sth., to do sth.,* à qch., à faire qch.).

propensity [pro'pensiti], *s.* Propension *f,* penchant *m,* inclination *f,* tendance *f* (*to, towards, sth.,* à, vers, qch.; *for doing sth.,* à faire qch.). *A p. for getting drunk,* une tendance à se griser. *Great p. for lying,* grand penchant pour le mensonge. *He appears to have a great p. for running into debt,* il paraît très sujet à s'endetter.

proper ['prɔpər]. I. *a.* Propre. **1.** *A:* **With my (own) proper eyes,** de mes propres yeux. **2.** (*a*) **Proper to sth.,** propre, particulier, à qch. *Diseases p. to certain regions,* maladies *f* propres à certaines régions. (*b*) *To paint s.o. in his p. colours,* dépeindre qn sous son vrai jour. *P. use of a drug,* emploi rationnel d'un remède. *To put sth. to its p. use,* utiliser rationnellement qch. *Hymns with their p. tunes,* cantiques *m* avec les airs qui leur sont propres. **That is not the proper tune for that song,** cela n'est pas l'air authentique de cette chanson. *Ecc:* **Proper psalms,** psaumes *m* du jour. *Astr:* **Proper motion,** mouvement *m* propre (d'un astre). (*c*) *Gram:* **Proper noun,** nom *m* propre. (*d*) *Her:* **Lion proper,** lion *m* au naturel. **3.** (*a*) Vrai, juste, approprié. **The proper word,** le mot juste, propre. *P. sense of a word,* signification *f* propre d'un mot. **In a proper sense . . .,** au sens propre. . . . *What is its p. name?* quel est son nom exact? **Architecture proper,** l'architecture proprement dite. *Greece p.,* la Grèce propre. *See also* PILOT[1] 1. (*b*) *Mth:* **Proper fraction,** fraction *f* moindre que l'unité. **4.** *P:* (*a*) **He's a proper rogue,** c'est un fripon dans toute l'acception du mot. *He's a p. fool,* il est rudement bête. *P. idiot,* parfait imbécile. *She's a p. tomboy,* c'est un garçon manqué. *To get a p. hiding,* recevoir une belle volée (de coups), une belle raclée. *A p. cold,* un rhume soigné. (*b*) *adv.* **They got beaten (good and) proper,** ils ont reçu une belle raclée. **5.** (*a*) Convenable. **At the proper time,** en temps opportun; en temps utile; quand il y aura lieu; au moment convenable. *I shall take action at the p. season,* j'agirai au moment voulu. *He is of a p. age to sign,* il est d'un âge compétent pour signer. *To apply to the p. quarter,* s'adresser à qui de droit. **To deem it proper, to think proper, to . . .,** juger à propos de . . .; juger bon de. . . . *I think it p. to warn you that . . .,* je crois bon de vous avertir que. . . . *Do as you think p.,* faites comme bon vous semblera, comme vous le trouverez convenable. *Jur:* **To be used as may be thought proper,** pour valoir ce que de raison. **To do the proper thing by s.o.,** agir honnêtement, loyalement, avec qn. *The p. measures to take,* ce qu'il convient de faire; les mesures *f* qui s'imposent. *The p. way to do it,* la meilleure manière de le faire. *The p. tool to use,* le bon outil; l'outil approprié. **The proper use of the subjunctive,** l'emploi correct, convenable, du subjonctif. **Proper receipt,** quittance régulière. *Paid at the p. rate,* payé au taux, au prix, convenable. **To keep sth. in proper condition,** tenir qch. en bon état. *To keep one's tyres at the p. pressure,* maintenir ses pneus à la pression voulue. *See also* FAIR[2] I. 4, FIT[2] 1, PRIDE[1] 1, RIGHT[1] I. 2. (*b*) Comme il faut; (*of language*) bienséant, correct. **A very proper old lady,** une vieille dame (i) très comme il faut, (ii) très digne. *Not a very p. attitude,* posture peu décente, peu convenable, peu pudique. *It is not at all the p. thing,* c'est une chose qui ne se fait pas. *P. behaviour,* conduite bienséante.
-ly, *adv.* **1.** (*a*) **Word properly used,** mot employé (i) proprement, correctement, (ii) au (sens) propre. **Properly so called,** proprement dit. **Properly speaking . . .,** à proprement parler. . . . (*b*) Bien, de la bonne façon. **Do it properly or not at all,** faites-le bien, comme il faut, ou pas du tout. *The machine does not work p.,* la machine ne marche pas bien. **2.** *F:* (*Intensive*) *He was p. drunk,* il était absolument gris. *They beat us p.,* ils nous ont battus à plate couture. *To tick s.o. off p.,* embarrer vertement qn; arranger qn de la belle manière. *He was p. caught!* c'est lui qui a été attrapé! **3.** (*a*) Convenablement; comme il faut; d'une manière décente. **To behave properly,** se conduire comme il faut. (*b*) *He very p. refused,* il a refusé, comme faire se devait. **4.** *Jur:* (Agir) de bon droit.
II. **proper,** *s. Ecc:* **Proper of Saints,** propre *m* des saints.

properispomenon [prouperi'spɔmənɔn], *s. Gr.Gram:* Propérispomène *m.*

properness ['prɔpərnəs], *s.* Convenance *f,* bienséance *f.*

propertied ['prɔpərtid], *a.* Possédant. *The p. classes,* les classes possédantes; les possédants.

Propertius [pro'pəːrʃjəs]. *Pr.n.m. Lt.Lit:* Properce.

property ['prɔpərti], *s.* **1.** (Droit *m* de) propriété *f. To retain the p. in one's estate,* conserver la propriété de ses biens. **2.** (*a*) Propriété, biens *mpl,* avoir(s) *m(pl).* **Private property, public property,** propriété privée, publique. *F:* **That's public property,** c'est un secret de Polichinelle; *P:* c'est couru. **That's my property,** cela m'appartient; ça c'est à moi. *P. left in taxi-cabs,* tout objet laissé dans un taxi. **Personal property,** biens personnels, mobiliers; (biens) meubles (*mpl*). *Damage to p.*, dommages matériels. *To be free, generous, with other people's p.*, faire des largesses avec l'argent d'autrui. **Literary property,** propriété littéraire. *See also* COMMON[1] 1, HOUSE-PROPERTY, INTANGIBLE 1, LANDED, LOST, REAL[2] 2, TANGIBLE 1. (*b*) Immeuble *m*, immeubles. *House that is a nice piece of p.*, maison *f* qui constitue un bel avoir. *Small p. for sale*, petit immeuble à vendre. **Property sale,** vente *f* d'immeubles. **Man of property,** propriétaire *m*; homme qui a du bien au soleil. (*c*) *He has a small p. in the country*, il possède une petite propriété, une petite terre, un petit château, à la campagne. **3.** *Th: Cin:* (*a*) Accessoire *m*. **Property sword,** épée *f* de scène; épée pour rire. *P. crown*, couronne *f* en zinc. (*b*) **Properties,** réserve *f* de décors, de costumes, etc. **4.** Propriété, qualité *f* (propre). *Drug with antifebrile properties*, drogue *f* qui a des qualités fébrifuges. *Plants with healing properties*, plantes *f* qui ont la vertu de guérir. **Inherent property,** attribut *m*. *The properties of matter*, les propriétés des corps. *A magnet has the p. of attracting iron*, un aimant a la faculté d'attirer le fer.

'property-man, *pl.* **-men,** *s.m.* *Th: Cin:* Employé aux accessoires; garde, chef, des accessoires; garçon d'accessoires; accessoiriste; *occ.* costumier.

'property-qualification, *s.* *Adm:* Cens *m* (électoral); quotité de propriété requise pour l'exercice d'une fonction.

'property-room, *s.* *Th: Cin:* Magasin *m* des accessoires.

'property-tax, *s.* Impôt foncier; contribution foncière des propriétés bâties.

prophecy ['prɔfesi], *s.* Prophétie *f*. **1.** Vaticination *f*. *The gift of p.*, le don de prophétie. **2.** Prédiction *f*. *The p. was fulfilled*, la prophétie s'est accomplie.

prophesier ['prɔfesaiər], *s.* Prophète, -étesse; vaticinateur, -trice.

prophesy ['prɔfesai]. **1.** *v.i.* (*a*) Parler en prophète; rendre des prophéties; prophétiser, vaticiner. *He prophesied right*, il s'est montré bon prophète. *He prophesied of things to come*, il émettait des prophéties sur l'avenir. (*b*) *Ecc: A:* Interpréter, commenter, les Écritures. (*c*) *Ecc: A:* Prêcher l'Évangile. **2.** *v.tr.* Prophétiser, prédire (un événement). *I p. that you will succeed*, je vous prédis que vous réussirez.

prophesying, *s.* (*a*) Prophéties *fpl*; prédiction *f*. (*b*) *Ecc: A:* Prédication *f*.

prophet ['prɔfet], *s.* **1.** Prophète *m*; vaticinateur *m*. *B.Hist:* **The major, minor, prophets,** les grands, petits, prophètes. *Mohamm.Rel:* **The Prophet,** le Prophète (Mahomet). **Prophet of evil,** prophète de malheur; prêche-malheur *m inv*; Cassandre *f*. *She had shown herself a true p.*, elle avait prophétisé vrai. *Prov:* **No man is a prophet in his own country,** nul n'est prophète en son pays; aucun n'est prophète chez soi. *See also* WEATHER-PROPHET. **2.** *Turf: F:* Donneur *m* de tuyaux.

prophetess ['prɔfetes], *s.f.* Prophétesse.

prophetic(al) [pro'fetik(əl)], *a.* Prophétique. *These deeds were p. of his future greatness*, ces actions annonçaient sa grandeur à venir. **-ally,** *adv.* Prophétiquement.

prophylactic [prɔfi'laktik], *a.* & *s.* *Med:* Prophylactique (*m*).

prophylaxis [prɔfi'laksis], *s.* *Med:* Prophylaxie *f*.

propinquity [pro'piŋkwiti], *s.* **1.** (*a*) Proximité *f* (de lieu); voisinage *m*, prochaineté *f*. (*b*) Prochaineté (dans le temps). **2.** (Proche) parenté *f*. **3.** Affinité *f* (*of ideas*, entre les idées).

propionate ['proupionet], *s.* *Ch:* Propionate *m*.

propionic [proupi'ɔnik], *a.* *Ch:* Propionique.

propitiable [pro'piʃiəbl], *a.* (*a*) Que l'on peut rendre propice. (*b*) Que l'on peut apaiser.

propitiate [pro'piʃieit], *v.tr.* **1.** Rendre propice, favorable. *To p. the gods*, se rendre les dieux favorables. **2.** Apaiser (qn que l'on a offensé); se faire pardonner par (qn).

propitiation [propiʃi'eiʃ(ə)n], *s.* **1.** Propitiation *f*. **2.** Apaisement *m* (des dieux courroucés, etc.). **3.** (*a*) Expiation *f*. (*b*) *A:* Offrande *f* ou sacrifice *m* expiatoire. *B: And he is the p. for our sins*, car c'est lui qui est la victime de propitiation pour nos péchés.

propitiative [pro'piʃieitiv], *a.* (*Of statement, action, etc.*) Expiatoire.

propitiator [pro'piʃieitər], *s.* Propitiateur, -trice.

propitiatory [pro'piʃiətəri], *a.* & *s.* Propitiatoire (*m*); expiatoire.

propitious [pro'piʃəs], *a.* Propice, favorable (*to s.o.*, à qn; *for an undertaking*, à une entreprise). *The planets were not p.*, les planètes *f* n'étaient pas propices. **-ly,** *adv.* D'une manière propice; favorablement.

propitiousness [pro'piʃəsnəs], *s.* Nature *f* propice (du climat, etc.).

propolis ['prɔpolis], *s.* *Ent:* Propolis *f*.

propone [pro'poun], *v.tr.* *Scot:* **1.** = PROPOSE. **2.** = PROPOUND.

proponent [pro'pounənt], *s.* *U.S:* **1.** Proposeur, -euse (d'une motion). **2.** Auteur *m*, défenseur *m* (d'une doctrine).

Propontis [pro'pɔntis]. *Pr.n. A.Geog:* La Propontide.

proportion[1] [pro'pɔːrʃ(ə)n], *s.* **1.** Partie *f* (d'une surface); portion *f*; part *f*. **To divide expenses in equal proportions,** répartir les frais par parts égales. *To pay one's p. of the expenses*, verser sa quote-part, sa quotité, des dépenses. *A certain p. of the profits will be assigned to you*, on vous assignera un quantum, un tantième, sur les bénéfices. **Proportion of an ingredient in a mixture,** dose *f* d'un ingrédient dans un mélange. *Alloy containing nickel in small proportions*, alliage *m* contenant du nickel dans des proportions restreintes. **2.** Rapport *m*, proportion. (*a*) *P. of the net load to the gross load*, rapport du poids utile au poids mort. *Ch:* **Law of multiple proportions,** loi *f* des proportions multiples. **Friction in proportion to the load,** frottement *m* en fonction de, par rapport à, la charge. *In a fixed p. to each other*, dans un rapport constant (entre eux). *Oil and vinegar* **in due proportion,** de l'huile et du vinaigre en proportions raisonnables, bien dosés. (*b*) **In proportion as . . .,** à mesure que. . . . *A man is admired* **in proportion to** *his worth*, on admire un homme en raison de, en proportion de, proportionnellement à ce qu'il vaut. *Payment in p. to work done*, rémunération *f* au prorata du travail accompli. **His duties bear no proportion, are out of (all) proportion, to his abilities,** ses attributions ne sont pas en rapport avec sa capacité, ne correspondent pas à sa capacité. *His expenses are out of p. to, with, his income*, ses dépenses sont disproportionnées à son revenu, sont hors de proportion avec son revenu. (*c*) *The two doors are* **in admirable proportion,** les deux portes sont d'une symétrie admirable. **In due proportion,** en parfaite harmonie. **Out of proportion,** mal proportionné. **To have an eye for proportion,** avoir du coup d'œil; avoir le coup d'œil juste; *F:* avoir le compas dans l'œil. *He has no sense of balance and p.*, il n'a pas le sens de l'équilibre et des proportions. *F:* **To lose all sense of proportion,** ne garder aucune mesure; oublier toute mesure. (*d*) *Mth:* **The proportion that x bears to y,** la proportionnalité entre x et y. **Arithmetical proportion,** proportion arithmétique. **Geometrical proportion,** proportion géométrique. **Inverse proportion,** rapport inverse. (*e*) *Ar:* Règle *f* de proportion, règle de trois. (*f*) *Mus:* **Harmonical proportion,** proportion harmonique. **3.** *pl.* **Proportions,** proportions (d'un édifice); *Ind:* dimensions *f* (d'une machine, etc.). *Athlete of magnificent proportions*, athlète *m* d'une belle carrure, aux proportions admirables. *Horse that has good proportions*, cheval *m* qui a de l'ensemble. *Proportions of an organ-pipe*, étalon *m* d'un tuyau d'orgue.

proportion[2], *v.tr.* **1.** Proportionner, mesurer (la punition au crime, etc.). *To p. one's expenditure to one's gains*, mesurer sa dépense sur ses profits. **2.** Doser (des ingrédients, un mélange). *Min: To p. the shots*, compasser les feux. **3.** *Ind:* (*a*) Déterminer les dimensions (d'une pièce). (*b*) Coter (un dessin).

proportioned, *a.* **Well-proportioned,** bien proportionné; (taille) bien prise. (*Of pers.*) *To be well-p.*, avoir du galbe.

proportioning, *s.* **1.** Dosage *m* (des ingrédients). *Min:* Compassement *m* (des feux). **2.** Détermination *f* des dimensions (d'une machine, etc.).

proportionable [pro'pɔːrʃənəbl], *a.* En proportion, proportionné. **-ably,** *adv.* En proportion, proportionnément, proportionnellement.

proportional [pro'pɔːrʃən(ə)l]. **1.** *a.* Proportionnel; en proportion (*to*, de); proportionné (*to*, à). *The weight is directly p. to the volume*, le poids est en raison directe du volume. **Inversely proportional to . . .,** inversement proportionnel à . . .; en raison inverse de. . . . *Pol:* **Proportional representation,** représentation proportionnelle; R.P. *Adm:* **Proportional assessment,** coéquation *f*. *See also* COMPASS[1] 1. **2.** *s.* *Mth:* Proportionnelle *f*. **Mean proportional,** moyenne proportionnelle, moyenne géométrique. **-ally,** *adv.* En proportion (*to*, de); proportionnément, proportionnellement (*to*, à); au prorata (*to*, de).

proportionalism [pro'pɔːrʃənəlizm], *s.* *Pol:* Théorie *f* de la représentation proportionnelle.

proportionalist [pro'pɔːrʃənəlist], *s.* *Pol:* Proportionnaliste *mf*; partisan *m* de la représentation proportionnelle.

proportionality [propɔːrʃə'naliti], *s.* Proportionnalité *f*.

proportionate [pro'pɔːrʃənet], *a.* Proportionné (*to*, à). **-ly,** *adv.* = PROPORTIONALLY. **Proportionately speaking,** toute(s) proportion(s) gardée(s).

proportionateness [pro'pɔːrʃənetnəs], *s.* = PROPORTIONALITY.

proportionment [pro'pɔːrʃənmənt], *s.* Distribution proportionnelle, au prorata; action *f* de proportionner (une amende, etc.).

proposable [pro'pouzəbl], *a.* Proposable.

proposal [pro'pouz(ə)l], *s.* **1.** (*a*) Proposition *f*, offre *f*. **To make a proposal,** faire, formuler, une proposition. *Proposals for . . .*, propositions relatives à. . . . *Proposal of peace*, proposition de paix. (*b*) Demande *f* en mariage; offre de mariage. **2.** *U.S:* Soumission *f* (pour un travail, etc.). **3.** Dessein *m*, projet *m*. *All my proposals went wrong*, tous mes projets ont avorté. *There is a p. of marriage between . . . and . . .*, il y a promesse de mariage entre . . . et. . . .

propose [pro'pouz], *v.tr.* **1.** Proposer, poser (une question à résoudre, une énigme). *The object I p. to myself*, le but auquel je vise; le but que je me propose. **2.** (*a*) **To propose a course of action,** proposer une ligne de conduite. *He proposed that they should march on Rome*, il exprima l'avis que l'on marchât sur Rome. *Abs.* **Man proposes, God disposes,** l'homme propose et Dieu dispose. (*b*) **To propose a candidate,** proposer un candidat. **To propose a motion,** proposer une motion; émettre un vœu. **I propose Mr X as president,** je propose, je présente, la candidature de M. X à la présidence. *Will you p. me for your club?* voulez-vous me présenter à votre cercle? **To propose the health of s.o.,** porter un toast en l'honneur de qn. **To propose a toast,** porter un toast; boire à la santé de qn. *I p. our president*, je vous invite à boire à la santé de notre président. (*c*) **To propose to do sth., doing sth.,** se proposer, avoir l'intention, de faire qch. *What do you p. to do now? what do you p. doing now?* que comptez-vous faire maintenant? *What I p. to be*, ce que je vise à être. **3.** *Abs.* Faire une, la, demande en mariage; faire sa déclaration. **To propose to a girl,** demander, offrir, à une jeune fille de l'épouser; *Lit:* offrir son nom à une jeune fille.

proposed, *a.* Proposé. **Proposed rendering,** essai *m* de traduction.

proposing, *s.* (*a*) Proposition *f*, offre *f*. (*b*) Demande *f* en mariage.

proposer [pro'pouzər], *s.* Auteur *m* d'une offre, d'une proposition; proposeur, -euse. **Proposer of a motion,** motionnaire *m*. **Proposer of a member,** parrain *m* d'un candidat (à un cercle).

proposition [prɔpo'ziʃ(ə)n], *s.* **1.** (*a*) = PROPOSAL 1 (*a*). (*b*) *F:* Affaire *f*. **Mining proposition,** entreprise minière. *To cut through the mountain is a big p.*, percer la montagne serait une grosse affaire. **Paying proposition,** affaire *f* qui rapporte. **It's a tough proposition,** c'est une question difficile à résoudre, c'est un cas embarrassant. *P: He's a tough p.*, (i) on ne sait par où le prendre; il est peu commode, difficile en affaires; (ii) on ne sait qu'en faire.

2. (*a*) *Log: Gram:* Proposition *f.* (*b*) *Geom:* Proposition; théorème *m* ou problème *m.* **3.** *Mus:* Proposition (d'une fugue).

propositional [prɔpo'ziʃən(ə)l], *a. Log:* De la proposition. *The two p. terms*, les deux prémisses *f. P. theology*, théologie *f* par syllogismes.

propound [pro'paund], *v.tr.* **1.** Proposer (une énigme, un traité de paix); émettre (une idée); poser (une question, un problème); exposer (un programme). **2.** *Jur:* Soumettre (un testament) à la validation; demander l'homologation (d'un testament).

propounder [pro'paundər], *s.* Personne *f* qui propose, qui pose (un problème); auteur *m* (d'une théorie, d'une proposition).

proppet ['prɔpet], *s. Nau:* Béquille *f*, chandelle *f* (de soutien).

propraetor [prou'pri:tər], *s. Rom.Hist:* Propréteur *m.*

propraetorship [prou'pri:tərʃip], *s. Rom.Hist:* Propréture *f.*

proprietary [pro'praiətəri]. **1.** *a.* (*a*) De propriété, de propriétaire. *He examined his apple-trees with p. solicitude*, il examinait ses pommiers avec une sollicitude de propriétaire, avec toute la sollicitude du propriétaire. *The p. rights of the Crown*, les droits *m* de propriété de la Couronne. (*b*) **Proprietary classes**, classes possédantes. (*c*) **Proprietary chapel**, chapelle particulière, privée. **Proprietary insurance company**, compagnie d'assurances à primes. *Com:* **Proprietary article**, spécialité *f. P. medicines*, spécialités médicales. *See also* SCHOOL[1] 1. **2.** *s.* (*a*) Droit *m* de propriété. **Peasant proprietary**, propriété paysanne. (*b*) *Coll.* Classe *f* des propriétaires. *The landed p.*, les propriétaires fonciers.

proprietor [pro'praiətər], *s.* Propriétaire *mf. P. of a hotel*, propriétaire, patron *m*, d'un hôtel. *Landed p.*, propriétaire foncier. *The peasant proprietors*, les petits propriétaires fonciers; la petite propriété rurale.

proprietorship [pro'praiətərʃip], *s.* **1.** Droit *m* de propriété. **2.** Propriété *f*, possession *f.*

proprietress [pro'praiətres], *s.f.* Propriétaire, maîtresse, patronne.

propriety [pro'praiəti], *s.* **1.** (*a*) Propriété *f*, justesse *f*, à-propos *m inv*, convenance *f* (d'une expression, etc.); correction *f* (de langage, de manières); rectitude *f* (de conduite). *I doubt the p. of refusing it*, je me demande s'il convient de le refuser. *I persuaded him of the p. of resigning*, je l'ai persuadé que sa démission s'imposait. (*b*) Opportunité *f* (d'une action, d'une démarche). **2.** (*a*) Bienséance *f*, décence *f.* **Motives of propriety**, raisons *f* de convenance. **Marriage of propriety**, mariage *m* de convenance. *Conventional p.*, les convenances admises. **Breach, lack, of propriety**, manque *m* de savoir-vivre. **To play propriety for s.o.**, jouer le rôle de chaperon auprès de qn. **To throw propriety to the winds**, se moquer de toutes les convenances; *F:* (*of woman*) jeter son bonnet par-dessus les moulins. (*b*) **The proprieties**, les convenances. **To observe the proprieties**, observer les convenances. **To offend, sin against, the proprieties**, blesser les convenances, les usages *m*; choquer la décence.

props [prɔps], *s. Th: Cin: F:* **1.** *pl.* = *properties, q.v. under* PROPERTY 3 (*b*). **2.** = PROPERTY-MAN.

propulsion [pro'pʌlʃ(ə)n], *s.* Propulsion *f*; mise *f* en mouvement; *Cin:* entraînement *m* (du film).

propulsive [pro'pʌlsiv], *a.* Propulsif, -ive; propulseur (*no f.*); (mouvement *m*, effort *m*) de propulsion; (force) motrice.

propyl ['proupil], *s. Ch:* Propyle *m.* **Propyl alcohol**, alcool *m* propylique.

propylaeum, *pl.* **-aea** [prɔpi'li:əm, -i:a], *s. Gr.Ant:* Propylée *m.*

propylene ['proupili:n], *s. Ch:* Propylène *m.*

propylic [pro'pilik], *a. Ch:* Propylique.

propylite ['prɔpilait], *s. Miner:* Propylite *f.*

proquaestor [pro'kwi:stər], *s. Rom.Hist:* Proquesteur *m.*

prorogation [prouro'geiʃ(ə)n, prɔ-], *s.* **1.** Prorogation *f* (du Parlement). **2.** *Jur:* (*Scot.*) Extension *f ad hoc* de la compétence d'un tribunal.

prorogue [pro'roug]. **1.** *v.tr.* Proroger (le Parlement). **2.** *v.i.* (*Of Parliament, etc.*) Se proroger.

  proroguing, *s.* Prorogation *f.*

prosaic [pro'zeiik], *a.* (Style, esprit, etc.) prosaïque, positif ou banal, -aux. **-ally**, *adv.* Prosaïquement.

prosaicness [pro'zeiiknəs], *s.* Prosaïsme *m* (de la vie, etc.); banalité *f* (de style, etc.).

prosaism ['prouzeiizm], *s.* Prosaïsme *m*; banalité *f* (de style).

prosaist ['prouzeiist], *s.* **1.** Prosateur *m.* **2.** Personne *f* prosaïque; esprit terre à terre, positif, dépourvu de poésie.

proscenium [pro'si:niəm], *s.* **1.** *Gr. & Rom.Ant:* Proscénium *m*, scène *f* (du théâtre). **2.** *Th:* Avant-scène *f*, *pl.* avant-scènes. **Proscenium arch**, manteau *m* d'Arlequin.

proscribe [pros'kraib], *v.tr.* Proscrire. **1.** Mettre (un criminel, etc.) hors la loi. *To p. s.o. from a society*, proscrire, bannir, qn d'une société. **2.** Interdire, défendre (une pratique, un usage, etc.). *To p. a religion*, proscrire, interdire, une religion. **3.** *Hist:* = PROCLAIM 2.

proscriber [pros'kraibər], *s.* Proscripteur *m.*

proscript ['prouskript], *s.* Proscrit *m*; hors-la-loi *m inv.*

proscription [pros'kripʃ(ə)n], *s.* Proscription *f*; (i) mise *f* (de qn) hors la loi; (ii) interdiction *f* (d'une religion, d'une pratique, etc.).

proscriptive [pros'kriptiv], *a.* **1.** (Lois, etc.) de proscription. **2.** (Décret, arrêt, etc.) prohibitif.

prose[1] [pro:uz], *s.* **1.** Prose *f. Selected p. writings*, morceaux choisis des prosateurs. **2.** *Ecc:* Prose (chantée avant l'Évangile). **3.** *Sch: Latin p., Greek p.*, thème latin, grec. **4.** Prosaïsme *m* (de la vie, etc.). **5.** (*a*) Discours fastidieux, ennuyeux. (*b*) *A:* Entretien familier.

  'prose-'poem, *s.* Poème *m* en prose.

  'prose-writer, *s.* Prosateur, -trice.

prose[2]. **1.** *v.tr.* Mettre en prose (un passage en vers); récrire (qch.) en prose. **2.** *v.i. F:* Tenir des discours fastidieux, ennuyeux. **He went prosing on**, il continuait son rabâchage.

prosector [pro'sektər], *s. Sch:* Prosecteur *m* (du professeur d'anatomie).

prosecutable ['prɔsekjutəbl], *a.* **1.** (*Of pers.*) Poursuivable. **2.** (*Of action*) Que l'on peut intenter; (*of claim*) que l'on peut déposer.

prosecute ['prɔsekjut], *v.tr.* **1.** (*a*) Poursuivre (qn) (en justice répressive); traduire (qn) en justice; engager ou exercer des poursuites contre (qn); agir au criminel contre (qn). **To be prosecuted** *for exceeding the speed limit*, attraper une contravention pour excès de vitesse. *Abs. To decide to p.*, décider d'engager des poursuites judiciaires. (*b*) **To prosecute an action**, intenter une action; poursuivre un procès. **To prosecute a claim**, poursuivre une réclamation. **2.** (*a*) Effectuer (un voyage). *To p. a journey with the utmost dispatch*, effectuer un voyage avec la plus grande célérité. (*b*) Poursuivre (des études, une enquête, etc.); mener (une enquête). (*c*) Exercer (un métier, etc.).

prosecution [prɔse'kjuʃ(ə)n], *s.* **1.** *Jur:* (*a*) Poursuites *fpl* (en justice répressive); poursuites judiciaires. *You are making yourself liable to p. by the Council*, vous vous exposez à des poursuites de la part du Conseil. *Before calling for a p.*, avant de déclencher des poursuites judiciaires. **To start a prosecution against . . .**, engager des poursuites contre. . . . (*b*) Accusation *f*, action publique. **Director of public prosecutions** = *Public Prosecutor, q.v. under* PROSECUTOR 2. (*c*) **The Prosecution**, les plaignants *m*; (*in Crown case*) le Ministère public. **Witness for the prosecution**, témoin *m* à charge. **2.** (*a*) Continuation *f* (d'études, etc.). (*b*) Exercice *m* (d'un métier, etc.).

prosecutor ['prɔsekjutər], *s. Jur:* **1.** Plaignant *m*, poursuivant *m*, demandeur *m.* **2.** **The Public Prosecutor**, (i) le procureur du Roi, (*in France*) de la République; (ii) (*department*) le Ministère public, la partie publique, le parquet; (*during Fr. Revolution*) l'Accusation publique.

prosecutrix [prɔse'kjutriks], *s.f. Jur:* Plaignante; demanderesse.

proselyte[1] ['prɔsilait], *s.* Prosélyte *mf. Jew.Rel: P. of the covenant, of righteousness*, prosélyte de justice. *P. of the gate*, prosélyte de la porte.

proselyte[2], *v.i. U.S:* Faire des prosélytes.

proselytism ['prɔsilitizm], *s.* Prosélytisme *m.*

proselytize ['prɔsilita:iz]. **1.** *v.tr.* Convertir (qn); faire un prosélyte de (qn). **2.** *v.i.* Faire des prosélytes.

proselytizer ['prɔsilitaizər], *s.* Personne animée de prosélytisme.

prosenchyma [prɔs'eŋkima], *s. Bot:* Prosenchyme *m.*

proser ['prouzər], *s.* Conteur ennuyeux, fastidieux; *F:* raseur *m.*

Proserpine ['prɔsərpain], **Proserpina** [prɔ'sə:rpina]. *Pr.n.f. Myth:* Proserpine.

prosify ['prouzifai], *v. Pej:* **1.** *v.tr.* Proser, prosaïser, banaliser. **2.** *v.i.* Écrire de la prose ennuyeuse.

prosiness ['prouzinəs], *s.* Prosaïsme *m* (d'une conversation, etc.); terre à terre *m inv* (du style); verbosité *f* (d'une personne); banalité *f.*

pro-slavery [prou'sleivəri], *s. U.S.Hist:* Esclavagisme *m. Attrib. The p.-s. States*, les États *m* esclavagistes.

prosodic(al) [prɔ'sɔdik(əl)], *a.* Prosodique.

prosodist ['prɔsodist], *s.* Prosodiste *m.*

prosody ['prɔsodi], *s.* Prosodie *f*; métrique *f.*

prosopite ['prɔsopait], *s. Miner:* Prosopite *f.*

prosopopoeia [prɔsopo'pi:ja], *s. Rh:* Prosopopée *f.*

prospect[1] ['prɔspekt], *s.* **1.** Vue *f*; point *m* de vue; perspective *f*; paysage *m. A place where there is a splendid p.*, un endroit d'où la vue est splendide, d'où l'on a un splendide coup d'œil. *Wide p.*, horizon très étendu. **2.** (*a*) Perspective, expectative *f. A sad p.*, une triste expectative. *To open up a new p. to s.o.*, ouvrir une nouvelle perspective à qn. **To have sth. in prospect**, avoir qch. en perspective, en vue. (*b*) *There is very little p. of it*, on ne peut guère y compter. *There is* **no prospect of** *their leaving*, il n'y a rien qui fasse prévoir leur départ. *No p. of agreement*, aucune perspective d'accord. **3.** *Min:* (*a*) Prélèvement *m* d'essai (d'un terrain aurifère). (*b*) Teneur *f* en or du prélèvement. **4.** *pl.* Avenir *m*, espérances *fpl.* **Future prospects** *of an undertaking*, perspectives d'avenir d'une entreprise. *The prospects of a mine*, l'avenir d'une mine; les espérances que donne une mine. *The prospects of the harvest are excellent*, la récolte s'annonce excellente. *Prospects of success*, chances *f* de succès. **His prospects are brilliant**, son avenir est brillant; un brillant avenir s'ouvre devant lui. *To have fine prospects before one*, avoir un bel avenir devant soi. *To lure s.o. with bright prospects, to hold out bright prospects to s.o.*, faire miroiter l'avenir aux yeux de qn. *To injure one's prospects*, nuire à sa carrière. **5.** *U.S:* (*a*) *Com:* Personne *f* susceptible de devenir un acheteur; client *m* possible. (*b*) *He's a good p. for any young girl*, c'est un bon parti pour une jeune fille.

  'prospect-glass, *s. A:* (*a*) Lunette *f* d'approche; longue-vue *f*, *pl.* longues-vues. (*b*) Jumelle *f.*

prospect[2] [pro'spekt]. **1.** *v.i. Min: etc:* Aller à la découverte; prospecter. **To prospect for gold**, chercher de l'or. **2.** *v.tr.* (*a*) Prospecter (un terrain, une mine). (*b*) (*With passive force*) (*Of mine, reef*) **To prospect well**, donner de bonnes espérances; promettre.

  prospecting, *s.* Recherche *f* (de filons). *Tls:* **Prospecting drill**, prospecteur *m.*

prospective [pro'spektiv], *a.* **1.** Qui ne regarde que l'avenir. *This law is only p.*, cette loi ne produira ses effets que dans l'avenir. *A p. obligation*, une obligation future. *For: etc:* **Prospective value**, valeur *f* d'avenir. **2.** En perspective; à venir; futur. *P. duke*, futur duc. *P. majority*, majorité *f* en perspective. *P. visit*, prochaine visite. *My p. son-in-law*, mon gendre en perspective; le prétendant de ma fille. *A p. buyer*, un acheteur éventuel. **-ly**, *adv.* **1.** Dans l'avenir. **2.** En perspective.

prospector [pro'spektər], *s.* (*Pers.*) Chercheur *m* d'or; prospecteur *m.*

prospectus, *pl.* **-tuses** [prə'spektəs, -təsiz], *s.* (*a*) Prospectus *m.* (*b*) *Com: Fin:* Appel *m* à la souscription publique.

prosper ['prɔspər]. **1.** *v.i.* Prospérer, réussir, être florissant; venir à bien; *F:* faire florès. *He will p.*, il fera son chemin; il arrivera. *His business is not prospering*, il est au-dessous de ses affaires; ses affaires ne vont pas. *His business did not p.*, ses affaires n'ont pas prospéré. *See also* GAIN[1] 1. **2.** *v.tr.* Faire prospérer, faire réussir; favoriser. **May God prosper you!** Dieu vous fasse prospérer! *Each one gives as God has prospered him*, chacun donne selon ses moyens.

prosperity [prɔs'periti], *s.* **1.** Prospérité *f.* *She had expected a life of happiness and p., F:* elle s'attendait à des jours filés d'or et de soie. **2.** *Amid all these prosperities*, au milieu de toute cette prospérité, de toutes ces prospérités.

prosperous ['prɔspərəs], *a.* **1.** Prospère, florissant, heureux. *P. look*, air *m* de prospérité; air prospère. **2.** Favorable, propice (*to*, à). *Esp.* **Prosperous winds**, vents *m* favorables. **-ly,** *adv.* Heureusement, prospèrement.

prosperousness ['prɔspərəsnəs], *s.* Prospérité *f*, succès *m* (d'une entreprise).

prostate ['prɔsteit], *s. Anat:* Prostate *f.*

prostatic [prɔs'tatik], *a. Anat:* Prostatique.

prostatitis [prɔstə'taitis], *s. Med:* Prostatite *f.*

prosthesis ['prɔsθisis], *s.* **1.** *Gram:* Prosthèse *f.* **2.** *Surg:* Prothèse *f.* *Dental p.*, prothèse dentaire.

prosthetic [prɔs'θetik], *a.* **1.** *Gram:* Prosthétique. **2.** *Surg: Dent:* Prothétique.

prostitute[1] ['prɔstitjuːt], *s.f.* Prostituée. *Common p.*, professionnelle de la prostitution. *Jur: Crime of living on a prostitute's earnings*, délit *m* de vagabondage spécial.

prostitute[2], *v.tr.* (*a*) Prostituer (son corps, son honneur, son talent, etc.). (*b*) (*Of woman*) *To p. herself*, se prostituer.

prostitution [prɔsti'tjuːʃ(ə)n], *s.* Prostitution *f.*

prostitutor ['prɔstitjutər], *s.* Prostituteur *m* (de son talent, de son honneur).

prostrate[1] ['prɔstret], *a.* **1.** Prosterné; couché (à terre); étendu. **To lie prostrate,** être prosterné. **2.** Abattu, accablé. *Med:* Prostré. **Prostrate with grief,** terrassé, anéanti, par le chagrin; effondré dans la douleur. *Utterly p.*, dans l'anéantissement. *The patient is quite p. to-day*, le malade est très abattu aujourd'hui. **3.** *Bot:* (*Of stem*) Procombant.

prostrate[2] [prɔs'treit], *v.tr.* **1.** Coucher, étendre (à terre). **To prostrate oneself before s.o.,** se prosterner devant qn; tomber aux pieds de qn. **2.** Abattre, renverser. *Med:* Abattre; mettre dans un état de prostration. *Prostrated by the heat, by fever*, accablé par la chaleur, par la fièvre.

prostration [prɔs'treiʃ(ə)n], *s.* **1.** Prosternation *f*, prosternement *m*; action *f* de se prosterner. **2.** Abattement *m*, anéantissement *m.* *Med:* Prostration *f*, affaissement *m*, accablement *m*, adynamie *f.* *He is in a state of absolute p.*, il est dans un état d'effondrement complet.

prostyle ['proustail], *a. & s. A.Arch:* Prostyle (*m*).

pro-Swede ['prou'swiːd], *s. Pol:* (*In Finland*) Suécoman, -ane.

pro-Swedish ['prou'swiːdiʃ], *a. Pol:* (*In Finland*) Suécoman.

prosy ['prouzi], *a.* (Style) prosaïque, fastidieux, terre à terre, qui rampe; (*of pers.*) verbeux, ennuyeux; *F:* rasant, assommant; (*of life*) monotone, fastidieux. **-ily,** *adv.* Fastidieusement.

protagon ['proutagɔn], *s. Ch: Physiol:* Protagon *m.*

protagonism [pro'tagonizm], *s.* Défense *f* (d'une doctrine, etc.).

protagonist [pro'tagonist], *s.* **1.** *Gr.Th:* Protagoniste *m.* **2.** *F:* Protagoniste (d'un sport, etc.).

protasis, *pl.* **-ases** ['prɔtasis, -asiːz], *s. Gr.Th: Gram:* Protase *f.*

protatic [pro'tatik], *a. Gr.Th:* (Personnage *m*, etc.) protatique.

protea ['proutiə], *s. Bot:* Protée *f.*

protean ['proutiən], *a.* Protéen, de Protée; protéiforme, protéique, changeant.

protease ['proutieis], *s. Ch:* Protéase *f.*

protect [pro'tekt], *v.tr.* **1.** (*a*) Protéger. **To protect s.o. from sth., against sth.,** protéger qn contre qch.; préserver, défendre, garder, abriter, garantir, qn de qch. *To p. sth. from the weather*, mettre qch. à l'abri des intempéries; abriter qch. contre les intempéries. *Well protected against the cold*, bien garni contre le froid. *To wear a cloak to p. oneself from the cold*, porter un manteau pour se défendre du froid. *To p. s.o. from s.o.'s wrath*, soustraire qn à la colère de qn. *To p. public health*, veiller à l'hygiène publique. *Rail:* **To protect a train** (*with signals, pilot, etc.*), couvrir un train. (*b*) Sauvegarder (les intérêts de qn, etc.). *Com:* **To protect a bill of exchange,** garantir le bon accueil d'une lettre de change; faire provision pour une lettre de change. **2.** Patronner (qn); tenir (qn) en tutelle. **3.** *Pol.Ec:* Protéger (une industrie).

protected, *a.* **Protected screw,** vis cachée. *Navy:* **Protected cruiser,** croiseur cuirassé. *Cards:* **Protected king,** roi gardé.

protecting[1], *a.* Protecteur, -trice; de protection, de garde. **Protecting wall,** muraille *f* de défense.

protecting[2], *s.* = PROTECTION 1 (*a*).

protection [pro'tekʃ(ə)n], *s.* **1.** (*a*) Protection *f*, défense *f* (*against the weather, etc.*, contre le temps, etc.); sauvegarde *f* (des intérêts de qn, etc.). (*b*) **Under s.o.'s protection,** sous la sauvegarde de qn. *Under the p. of the law*, sous la tutelle des lois. *To claim the p. of the law*, demander la protection de la loi. **Society for the protection of children,** société protectrice de l'enfance. *Mil:* **Protection (duty),** service *m* de sûreté. *Com:* **Trade protection society,** agence *f* d'information(s). *See also* FIRE-PROTECTION, FISHERY 1. (*c*) Patronage *m.* *To extend one's p. to a young author*, donner sa protection à un jeune auteur. **2.** *Pol.Ec:* Protectionnisme *m*; (système *m* de) protection. **3.** (*a*) Abri *m*, protection. *To erect a p. against the wind*, construire un abri contre le vent. (*b*) Blindage *m.* **4.** (*a*) Sauf-conduit *m*, *pl.* sauf-conduits. (*b*) *Nau: U.S:* Certificat *m* de nationalité (américaine).

pro'tection-deck, *s. Navy:* Pont blindé.

protectionism [pro'tekʃənizm], *s. Pol.Ec:* Protectionnisme *m.*

protectionist [pro'tekʃənist], *a. & s. Pol.Ec:* Protectionniste (*mf*).

protective [pro'tektiv], *a.* Protecteur, -trice; préservatif. *El.E: P. resistance*, résistance *f* de protection. *Mil:* **Protective troops,** troupes *f* de couverture, de sûreté. *Pol.Ec:* **Protective tariff,** tarif protecteur, de protection. *For:* **Protective belt,** rideau forestier. **-ly,** *adv.* D'une manière protectrice. *Pol.Ec:* Par des droits protecteurs.

protectiveness [pro'tektivnəs], *s.* Qualité protectrice; puissance *f* de protection.

protector [pro'tektər], *s.* **1.** (*Pers.*) (*a*) Protecteur *m.* (*b*) Patron *m*, Mécène *m* (des arts, etc.). (*c*) *Eng.Hist:* **The Lord Protector,** le Protecteur (Olivier Cromwell). **2.** *Mch: etc:* (Dispositif) protecteur (d'une machine, d'un appareil, etc.). **Point-protector,** protège-pointe(s) *m inv.* *Bootm:* **Boot-protector,** ferrure *f* pour chaussures. *Aut:* **Tank-protector,** protège-réservoir *m inv.* *El.E:* **High-voltage protector,** fusible *m* pour haute tension. *See also* CHEST-PROTECTOR, EAR-PROTECTOR, LUNG-PROTECTOR, THROAT-PROTECTOR.

protectorate [pro'tektəret], *s.* **1.** Protectorat *m*; État mi-souverain. **2.** Protectorat; fonction *f* de protecteur. **3.** Gouvernement *m* sous un Protecteur. *Eng.Hist:* **The Protectorate,** le Protectorat (1653–9).

protectorship [pro'tektərʃip], *s.* **1.** Patronage *m.* **2.** = PROTECTORATE 2, 3.

protectress [pro'tektres], *s.f.* Protectrice; patronne (des arts, etc.).

proteiform ['proutiifɔːrm], *a.* Protéiforme.

protein ['proutiin], *s. Ch: Physiol:* Protéine *f.* *Biol:* **Protein grains,** aleurone *f.*

Protesilaus [proutesi'leiəs]. *Pr.n.m. Gr.Myth:* Protésilas.

protest[1] ['proutest], *s.* **1.** Protestation *f.* **To make, set up, a protest,** protester; faire des représentations. *To make no p.*, ne pas protester. *To raise a strong p.*, élever des protestations énergiques. *His whole life is one p. against . . .*, sa vie entière proteste contre. . . . *General p. of the people*, soulèvement *m* du peuple. (*Of action*) *To give rise to protests*, soulever des protestations. *Jur:* **Protest in writing,** réserve *f.* **Under protest,** (i) (signer, etc.) sous réserve; (ii) *F:* (faire qch.) à son corps défendant, en protestant. *Jur:* **To act under protest,** protester de violence. *See also* ENTER II. 3. **2.** *Com:* Protêt *m.* *P. for non-acceptance*, protêt faute d'acceptation. *Non-payment and p.*, protêt faute de payement. **To make a protest,** lever protêt. **3.** *Nau:* **Ship's protest,** rapport *m* de mer; déclaration *f* d'avaries; procès-verbal *m* des avaries. **To note a protest,** faire un rapport de mer.

protest[2] [pro'test]. **1.** *v.tr.* (*a*) Protester. *He protests that he did no such thing*, il proteste n'avoir rien fait de pareil. **To protest one's innocence, one's good faith,** protester de son innocence, de sa bonne foi. (*b*) *Com:* **To protest a bill,** (faire) protester une lettre de change; lever protêt d'une lettre de change. (*c*) *U.S:* Protester contre, réclamer contre (qch.). **2.** *v.i.* Protester, réclamer, s'élever (*against*, contre). *To p. against being thought an atheist*, se défendre d'être athée. *To p. loudly, F:* pousser les hauts cris.

protesting[1], *a.* (Voix, etc.) de protestation. **-ly,** *adv.* D'un air de protestation; par manière de protestation; en protestant.

protesting[2], *s.* Protestation *f.*

protestant ['prɔtestənt], *a. & s.* **1.** *Rel.H:* Protestant, -ante. **2.** (*Also* [pro'testənt]) = PROTESTER 1.

protestantism ['prɔtestəntizm], *s. Rel.H:* Protestantisme *m.*

protestation [prɔtes'teiʃ(ə)n], *s.* **1.** Protestation *f* (*against*, contre). **2.** Protestation, déclaration *f* (de sa foi, etc.). *To make a solemn p. that . . .*, protester solennellement que. . . . *Solemn protestations of friendship, of good faith*, protestations solennelles d'amitié, de bonne foi.

protester, protestor [pro'testər], *s.* **1.** Protestateur, -trice; protestataire *mf.* **2.** *Com:* Débiteur *m* qui a fait protester un effet.

Proteus ['proutius, -əs]. **1.** *Pr.n.m.* (*a*) *Myth:* Protée. (*b*) *F: A veritable P.*, un vrai Protée. **2.** *s.* (*a*) *Rept:* Protée *m.* (*b*) *Bac:* Protéobacillus *m.*

prothalamion [prouθə'leimiən], *s. Lit:* Prothalame *m.*

prothallium [pro'θaliəm], **prothallus** [pro'θaləs], *s. Bot:* Prothallium *m*, prothalle *m.*

prothesis ['prɔθisis], *s.* **1.** *Ecc:* (*a*) Prothèse *f* (des éléments). (*b*) Autel *m* de la prothèse; crédence *f.* **2.** = PROSTHESIS 1.

prothetic [pro'θetik], *a.* = PROSTHETIC 1.

prothonotary [prouθo'noutəri, pro'θɔnotəri], *s.* = PROTONOTARY.

prothorax [pro'θɔːraks], *s. Ent:* Prothorax *m.*

protist, *pl.* **-ista** ['proutist, pro'tista], *s. Biol:* Protiste *m.*

prot(o)- [prout(o)], *comb.fm.* Prot(o)-. *Protocanonical*, protocanonique. *Protodoric*, protodorique. *Protogenic*, protogène. *Ch: Protargol*, protargol. *Ch: A: Protobromide*, protobromure. *Protochloride*, protochlorure.

protoblast ['proutoblɑːst, -blast], *s. Biol:* Protoblaste *m.*

protocarburet [prouto'kɑːrbjuret], *s. Ch:* Protocarbure *m.*

protococcus, *pl.* **-cocci** [prouto'kɔkəs, -'kɔksai], *s. Bot:* Protocoque *m*, protococcus *m.*

protocol ['proutokɔl], *s.* **1.** *Dipl:* Protocole *m* (d'une conférence). **2.** *Jur:* Protocole (d'une charte, etc.).

protoconch ['proutokɔŋk], *s. Conch:* Loge initiale (d'une coquille chambrée).

protogine ['proutodʒin], *s. Geol:* Protogine *m*, protogyne *m.*

protohippus [prouto'hipəs], *s. Paleont:* Protohippus *m.*

protohistoric [proutohis'tɔrik], *a.* Protohistorique.

protomartyr [prouto'mɑːrtər], *s.* Protomartyr *m.*

proton ['proutɔn], *s. Ph:* Proton *m.*

protonotary [prouto'noutəri, pro'tɔnotəri], *s. Ecc: Jur: A:* Protonotaire *m.* *Ecc:* **Protonotaries apostolic(al),** protonotaires apostoliques.

protophosphide [prouto'fɔsfaid], *s. Ch:* Protophosphure *m.*

protophyta [pro'tɔfitə], *s.pl. Bot:* Protophytes *m.*

protophyte ['proutofait], *s. Bot:* Protophyte *m.*

protoplasm ['proutoplazm], *s. Biol:* Protoplasme *m*, protoplasma *m*, cytoplasma *m.*

protoplasmic [prouto'plazmik], *a. Biol:* Protoplasmique.

protoplast ['proutoplɑ:st, -plast], *s.* **1.** Prototype *m*, archétype *m.* **2.** *Biol:* Protoplaste *m.*

protosulphide [prouto'sʌlfaid], *s. Ch:* Protosulfure *m.*

prototypal ['proutotaip(ə)l], *a.* = PROTOTYPIC(AL).

prototype ['proutotaip], *s.* Prototype *m*, archétype *m.*

prototypic(al) [prouto'tipik(əl)], *a.* Prototypique.

protoxide [prou'tɔksaid], *s. Ch:* Protoxyde *m.*

protozoa [prouto'zoua], *s.pl. Biol:* Protozoaires *m.*

protozoal [prouto'zouəl], *a. Biol:* Protozoaire.

protozoan [prouto'zouən], *a. & s. Biol:* Protozoaire (*m*).

protozoic [prouto'zouik], *a. Biol:* Protozoaire.

protract [pro'trakt], *v.tr.* **1.** Prolonger, allonger; faire durer; traîner (une affaire) en longueur. *To p. one's visit beyond measure, F:* éterniser sa visite. **2.** *Surv:* Relever (un terrain); faire le tracé (d'un terrain, etc.) à l'échelle.

protracted, *a.* Prolongé. *P. call,* visite très prolongée. **-ly,** *adv.* Longuement.

protracting, *s.* = PROTRACTION.

protractile [pro'traktail, -til], *a. Z:* Extensile.

protraction [pro'trakʃ(ə)n], *s.* **1.** Prolongation *f* (d'un procès, etc.); longueurs *fpl* (d'une procédure). **2.** Protraction *f* (d'un muscle). **3.** *Surv:* Relevé *m* (d'un terrain); réduction *f* à l'échelle.

protractor [pro'traktər], *s.* **1.** *Geom:* Rapporteur *m. Circular p.,* rapporteur à limbe complet, rapporteur cercle entier. *Bevel p.,* fausse équerre à rapporteur. **2.** *Anat:* **Protractor (muscle),** muscle protracteur.

protrude [pro'tru:d]. **1.** *v.tr.* Sortir, faire sortir, pousser en avant, avancer. *To p. one's tongue,* tirer la langue. *F: To p. one's opinions on the public,* imposer ses opinions au public. **2.** *v.i.* S'avancer, faire saillie, déborder. *The rivets p. from the brake-lining,* les rivets dépassent la garniture. *Through the shattered skull the brain protruded,* par le crâne fracassé la cervelle passait.

protruding, *a.* En saillie; saillant. **Protruding forehead,** front bombé. *P. lips,* grosses lèvres, lèvres lippues. *P. eyes,* yeux *m* qui sortent des orbites, qui sortent de la tête; yeux saillants. *P. teeth,* dents *f* débordant les lèvres. **Protruding bowel,** intestin hernié.

protrusion [pro'tru:ʒ(ə)n], *s.* **1.** Sortie *f*, saillie *f*; poussée *f* en avant. **2.** Saillie, protubérance *f. Anat:* Protrusion *f.*

protuberance [pro'tju:bərəns], *s.* Protubérance *f.*

protuberant [pro'tju:bərənt], *a.* Protubérant.

proud [praud], *a.* **1.** (*a*) Fier, orgueilleux, hautain, altier. **He is as proud as Lucifer, as a peacock, as Punch,** il est fier comme Artaban, comme un coq; il est glorieux comme un paon; le roi n'est pas son cousin. (*b*) *Too p. to fight, to complain,* trop fier pour se battre, pour se plaindre. **The proud poor,** les pauvres honteux. **To be proud of sth., of having done sth.,** être fier, s'enorgueillir, se glorifier, de qch., d'avoir fait qch. *To be unduly p. of sth.,* tirer vanité, faire vanité, de qch. **House-proud, purse-proud,** orgueilleux de sa maison, de ses richesses. (*c*) **To be proud to do sth.,** se faire honneur de faire qch. *I shall be p. to be of assistance,* je ne demande pas mieux que de vous aider. *The proudest day of my life,* le plus beau jour de ma vie. *F:* **To do s.o. proud,** (i) faire beaucoup d'honneur à qn, flatter qn; (ii) se mettre en frais pour qn. *P:* **To do oneself proud,** se bien soigner; ne se priver de rien. **2.** *Poet:* (*a*) Altier, hautain, superbe. *A p. steed,* un fier coursier. *A p. beauty,* une beauté orgueilleuse. (*b*) (*Of view, city, etc.*) Beau, noble, imposant, magnifique, superbe. **3.** (*a*) **Proud waters,** grosses eaux. (*b*) **Proud flesh,** (i) *Med:* chair fongueuse, baveuse; tissu bourgeonnant; fongosité *f*; (ii) *Surg: Vet:* bouillon *m.* (*c*) **Proud nail, rivet,** clou *m*, rivet *m*, qui dépasse, qui fait saillie. **Proud mica** (*of condenser*), lame de mica désaffleurante. **-ly,** *adv.* Fièrement, orgueilleusement, altièrement; avec fierté; d'un air altier. *To answer p.,* répondre la tête levée, le front levé.

'proud-hearted, *a.* Au cœur fier; plein de fierté de cœur. *A prouder-hearted man I never met,* je n'ai jamais rencontré un homme au cœur plus fier.

proustite ['pru:stait], *s. Miner:* Proustite *f*; argent rouge arsenical.

provable ['pru:vəbl], *a.* Que l'on peut prouver; qui peut se prouver; prouvable, démontrable. **-ably,** *adv.* D'une manière prouvable, démontrable.

provableness ['pru:vəblnəs], *s.* Démontrabilité *f.*

prove [pru:v], *v.* (*p.p.* **proved,** *A:* **proven** [pru:vn, prouvn]) I. *v.tr.* **1.** (*a*) *A. & Tchn:* Éprouver; faire l'essai de; mettre à l'épreuve; essayer (l'or, un cheval, une arme à feu). *To p. a beam* (*to see if it is sound*), sonder une poutre. *Proved remedy,* remède éprouvé. *To p. the patience of s.o.,* mettre à l'épreuve la patience de qn. **To be proved by adversity,** passer par le creuset de l'adversité. *B:* **This he said to prove him,** or il disait cela pour l'éprouver. (*b*) *Ar: To p. a sum,* vérifier un calcul; faire la preuve d'un calcul. (*c*) *Freemas:* Tuiler (un frère). (*d*) *Min:* Reconnaître (la nature d'un terrain, etc.). (*e*) *Typ: Engr:* Tirer une épreuve d'essai (de la matière, d'une planche, d'un cliché). **2.** (*a*) Prouver, démontrer, établir, faire foi de (la vérité de qch., etc.); constater (un fait). *It remains to be proved,* cela n'est pas encore prouvé. *To p. one's identity,* justifier de son identité. *To p. one's goodwill,* témoigner de sa bonne volonté. *To p. my case . . .,* comme preuve à l'appui. . . . *Jur:* **Proved damages,** préjudice justifié. *All the evidence goes to p. that . . .,* les témoignages concourent à prouver que. . . . *The plaintiff proved that he could not find . . .,* le plaignant a justifié ne pas pouvoir trouver. . . . *This letter proves him to be still alive,* cette lettre prouve qu'il est encore en vie. *Lit: This hope is already proven* [pru:vn] *a dream,* il apparaît déjà que cet espoir n'était qu'un rêve. *Jur:* (*Scot.*) **Not proven** [nɔt 'prouvn], (verdict *m* de) culpabilité non avérée; (verdict de) non-lieu *m* faute de preuves. *Prov:* **The exception proves the rule,** l'exception confirme la règle. **He spoils his case who tries to prove too much,** qui veut trop prouver ne prouve rien. (*b*) *Jur:* **To prove a will,** homologuer un testament; établir la validité d'un testament. *To p. claims in bankruptcy and liquidation,* produire à une liquidation, à une faillite. (*c*) **To prove oneself,** faire ses preuves.

II. **prove,** *v.i. & pr.* Se montrer, se trouver, être. *He often proved cruel,* il se montrait souvent cruel. *To p. useful,* se trouver, être reconnu, utile. *If what you say proves true,* si ce que vous dites est vrai, se confirme. *Many of his observations have proved correct,* beaucoup d'entre ses observations se sont affirmées justes. *The news proved false,* la nouvelle s'est avérée fausse. *The document proved to be a forgery,* le document se révéla comme étant un faux. *The undertaking is proving unproductive,* l'entreprise s'avère improductive. *Their rashness proved fatal to them,* leur audace leur fut fatale. *He was proving* (*himself*) *to possess a mind equal to the situation,* il faisait preuve d'une intelligence à la hauteur de la situation. *To p. unequal to one's task,* se révéler, se montrer, au-dessous de sa tâche.

prove up, *v.i. U.S:* **To prove up on a claim,** faire valoir ses droits à une revendication. *To p. up on a concession,* accomplir toutes les formalités requises pour obtenir une concession.

proving, *s.* **1.** (*a*) Épreuve *f*, essayage *m. Mil: Artil:* **Proving ground,** polygone *m.* (*b*) *Ar:* Vérification *f* (d'un calcul). (*c*) *Min:* Reconnaissance *f* (d'un terrain). (*d*) *Typ:* Tirage *m* d'une épreuve d'essai. **2.** (*a*) Preuve *f*, démonstration *f*, établissement *m* (de la vérité de qch.); constatation *f* (d'un fait). (*b*) *Jur:* Homologation *f* (d'un testament).

provection [pro'vekʃ(ə)n], *s. Ling:* **1.** Mutation *f* consonantique. **2.** Agglutination *f* d'une consonne finale avec le mot suivant.

Provençal [prɔvɑ̃'sɑ:l]. **1.** *a. & s. Geog:* Provençal, -ale, *pl.* -aux, -ales. **2.** *s. Ling:* Le provençal.

Provence [prɔ'vɑ̃:s]. *Pr.n. Geog:* La Provence.

provender[1] ['prɔvendər], *s.* **1.** *Husb:* Fourrage *m*, affourragement *m*, provende *f.* **2.** *F: We must take some p. with us,* il faut prendre à manger avec nous.

provender[2], *v.tr. Husb:* Donner du fourrage, de la provende, à (une bête); affourrager (les bêtes); donner l'avoine (aux chevaux).

prover ['pru:vər], *s.* **1.** *Tex:* **(Linen-, cloth-)prover,** compte-fils *m inv.* **2.** (*Pers.*) *Typ:* Tireur *m* d'épreuves.

proverb ['prɔvə:rb], *s.* Proverbe *m. This incident has long had the force of a p.,* l'incident est depuis longtemps passé en proverbe. *Saying that has become a p., that has passed into a p.,* mot passé en proverbe. *A:* **He is mean to a proverb, his meanness is a proverb, he is a proverb for meanness,** son avarice est proverbiale, est passée en proverbe. *B:* **The Book of Proverbs,** le Livre des Proverbes; les paraboles *f* de Salomon.

proverbial [pro'və:rbiəl], *a.* Proverbial, -aux; passé en proverbe. **-ally,** *adv.* Proverbialement. *He is p. stupid,* sa bêtise est passée en proverbe.

provide [pro'vaid]. **1.** (*a*) *v.i.* **To provide against sth.,** se pourvoir, se prémunir, se précautionner, prendre des mesures, contre (une attaque, etc.). *To p. against a danger,* aller au-devant d'un danger; parer à un danger. *To p. against accidents,* parer à l'imprévu; obvier aux éventualités. **To provide for an eventuality,** pourvoir à, prévoir, une éventualité; prendre des mesures en vue d'une éventualité. *Expenses provided for in the budget,* dépenses prévues au budget. *To p. for urgent needs,* parer aux besoins urgents. *This has been provided for,* on y a pourvu. *Com:* **To provide for a bill,** faire provision pour une lettre de change. (*b*) *v.tr.* Stipuler (*that,* que + *ind.*). *The contract provides that cases of dispute shall go to arbitration,* il est stipulé que tout cas contentieux sera soumis à l'arbitrage. *The law provides that . . .,* la loi porte que. . . . **2.** (*a*) *v.tr.* Fournir. **To provide s.o. with sth.,** fournir qch. à qn; pourvoir, munir, fournir, approvisionner, qn de qch. *To p. oneself with an umbrella,* se munir, *F:* se nantir, d'un parapluie. *To p. matter for a newspaper, for gossip,* alimenter un journal, les commérages. **To provide an exit,** (i) (*of passage, etc.*) fournir une sortie; (ii) (*of architect*) ménager une sortie. **To provide an opportunity for s.o. to do sth.,** ménager à qn l'occasion de faire qch. *Com:* **To provide a bill with acceptance,** revêtir un effet de l'acceptation. (*b*) *v.i.* **To provide for s.o.,** (i) pourvoir aux besoins, à l'entretien, de qn; subvenir aux besoins de qn; (ii) mettre qn à l'abri du besoin; assurer le sort de qn; faire un sort à (ses enfants, etc.). **To provide for oneself,** se suffire. **To be provided for,** être bien nanti; être à l'abri du besoin; avoir son pain assuré, *F:* avoir son pain cuit. *To be well, amply, provided for,* être bien partagé, *F:* bien loti; avoir grandement de quoi vivre. *To be poorly provided for,* être réduit à la portion congrue. *Abs.* **The Lord will provide,** Dieu nous viendra en aide. (*c*) *v.i. He provided for everything,* il a subvenu à tout. **3.** *Ecc: A: To p. an incumbent to a benefice,* désigner un ecclésiastique à un bénéfice.

provided. **1.** *a.* (*a*) Pourvu, muni (*with,* de). *P. for all eventualities,* préparé à toute éventualité. *Com: P. by the articles* (*of the association*), prévu par les statuts; statutaire. (*b*) *Adm:* **Provided school,** école communale. *See also* NON-PROVIDED. **2.** *conj.* **Provided (that) . . .,** pourvu que + *sub.*; à condition que + *ind. or sub.*; sous (la) réserve que + *ind.*; en admettant que + *sub.*; si seulement + *ind. P.* (*that*) *there is plenty to drink all will be well,* pourvu qu'il y ait, si seulement il y a, assez à boire tout ira bien. *You may remain p. you keep silent,* vous pouvez rester à condition de garder le silence. *You will get better p. you take a few precautions,* vous vous rétablirez moyennant quelques précautions.

providing (that), *conj.* = PROVIDED 2.

providence ['prɔvidəns], *s.* **1.** (*a*) Prévoyance *f*, prudence *f*; *A:* providence *f.* (*b*) = THRIFT 1. **2.** Providence (divine). *F: There is a special p. for drunkards,* il y a une providence particulière qui veille sur les ivrognes. **3.** **By a special providence . . .,** par une intervention providentielle. . . .

provident ['prɔvidənt], *a.* **1.** Prévoyant. *Ind: etc:* **Provident society,** société *f* de prévoyance. *P. schemes,* œuvres *f* de prévoyance. **2.** Économe; frugal, -aux. **-ly,** *adv.* Avec prévoyance; d'une manière prévoyante.

providential [prɔvi'denʃ(ə)l], *a.* (Secours, etc.) providentiel; *F:* qui tombe du ciel. **-ally,** *adv.* Providentiellement; par l'effet de la providence; par une intervention providentielle.

provider [pro'vaidər], *s.* Pourvoyeur, -euse; fournisseur, -euse. **Universal providers,** grand magasin. **Lion's provider,** chacal, -als *m.*

province ['prɔvins], *s.* **1.** Province *f* (d'un pays, d'un archevêque, etc.). **In the provinces,** en province. **2.** *Jur: etc:* Juridiction *f,* ressort *m,* compétence *f* (d'un tribunal); sphère *f* d'action (de qn). *F:* **That is not (within) my province,** ce n'est pas, cela sort, de mon domaine, de mon ressort, de ma compétence; cela n'est pas dans ma juridiction; cela ne rentre pas dans mes attributions *f.* *It does not fall within my p. to . . .,* il n'est pas de mon ressort de. . . . *Subject that falls outside the p. of science,* sujet qui ne rentre pas dans le domaine de la science.

provincial [pro'vinʃ(ə)l]. **1.** *a. & s.* Provincial, -ale, *pl.* -aux, -ales. **Provincial theatre,** théâtre *m* de province. *F: He's a regular p.,* il est bien de sa province. **2.** *s.m. Ecc:* Provincial. **-ally,** *adv.* Provincialement.

provincialate [pro'vinʃəlet], *s. Ecc:* Provincialat *m.*

provincialism [pro'vinʃəlizm], *s.* Provincialisme *m*; (i) gaucherie *f*; (ii) esprit *m* de clocher; (iii) locution provinciale. *To make use of provincialisms,* patoiser.

provincialist [pro'vinʃəlist], *s.* Provincial *m.*

provinciality [provinʃi'aliti], *s.* Provincialité *f*; caractère provincial.

provincialize [pro'vinʃəlaːiz], *v.tr.* Rendre provincial. *To become provincialized, v.i.* **to provincialize,** se provincialiser.

provision[1] [pro'viʒ(ə)n], *s.* **1.** (*a*) **Provision for sth., against sth.,** prise *f* des dispositions nécessaires pour assurer qch., pour parer à qch. *P. for the education of one's children is a solemn duty,* c'est un devoir sacré d'assurer l'éducation de ses enfants. **To make provision for sth., to secure sth.,** pourvoir à qch.; prendre les dispositions *f* nécessaires pour assurer qch. *No p. has been made for it,* on n'y a pas pourvu. *The law makes no p. for a case of this kind,* la loi n'a pas prévu un cas semblable. *We have made provisions to this effect,* nous avons pris des dispositions dans ce sens. **To make provision for one's family,** (i) pourvoir aux besoins, (ii) assurer l'avenir, de sa famille. **To make provision against sth.,** se pourvoir, prendre des mesures, prendre des précautions, contre qch. **To make a provision for s.o.,** assurer une pension à qn. (*b*) **Provision of the necessities of life,** fourniture *f* des nécessités de la vie. **Provision and issue of coins,** frappe *f* et émission *f* de monnaies. *Com:* **Provision of capital,** prestation *f* de capitaux. **2.** (*a*) *Com:* Provision, réserve *f.* *P. for depreciation of investments,* prévision *f* pour moins-value de portefeuille. (*b*) *Usu. pl.* **Provisions,** provisions (de bouche), vivres *m,* comestibles *m.* *Nau: etc: To lay in a store of provisions,* faire des vivres. *Salt provisions,* salaisons *f.* **Wholesale provision business,** maison *f* d'alimentation en gros. **Provision dealer,** marchand, -ande, de comestibles. *Nau:* **Provision room,** cambuse *f.* **3.** Article *m* (d'un traité); clause *f,* stipulation *f* (d'un contrat). *Provisions of a convention,* dispositions d'une convention. *Matter that comes within the provisions of the act,* question *f* qui rentre dans les dispositions du décret. *There is no* **provision to the contrary,** il n'y a pas de clause contraire. *F:* **To come within the provisions of the law,** tomber sous le coup de la loi. *Hist:* **The Provisions of Oxford,** les Provisions d'Oxford (1258).

provision[2], *v.tr.* Approvisionner; ravitailler, amunitionner (une armée, etc.); avitailler (un navire).

provisioning, *s.* = PROVISIONMENT.

provisional [pro'viʒən(ə)l], *a.* Provisoire. *Jur:* Provisionnel. **Provisional judgment,** jugement *m* par provision; sentence *f* provisoire. *P. duty,* fonctions *f* intérimaires, temporaires. **Provisional government,** gouvernement *m* provisoire; intérimat *m.* **-ally,** *adv.* Provisoirement, par provision, intérimairement. *Jur:* Provisionnellement. *Appointed p.,* nommé à titre provisoire. *To sign an agreement p.,* signer un engagement sous condition. *Mil: Conscript exempted p.,* conscrit *m* en sursis; sursitaire *m.*

provisionment [pro'viʒənmənt], *s.* Approvisionnement *m*; amunitionnement *m* (d'une armée, etc.); alimentation *f* (d'un marché, d'une ville).

proviso, *pl.* **-oes** [pro'vaːizo, -ouz], *s.* Clause conditionnelle; condition *f* (d'un contrat); stipulation *f.* **With the proviso that . . .,** à condition que. . . . *Subject to this p. I agree with you,* cette restriction faite je suis d'accord avec vous.

provisory [pro'vaizəri], *a.* **1.** (*Of clause, etc.*) Qui énonce une stipulation; conditionnel. **2.** (Gouvernement *m*) provisoire. **3.** (Soin *m*) qui pare à toute éventualité. **-ily,** *adv.* Provisoirement.

provocation [prɔvo'keiʃ(ə)n], *s.* (*a*) Provocation *f.* *He gets angry* **on, at, the slightest provocation,** il se fâche à la moindre provocation. **To act under provocation,** agir sous le coup de la colère. *He struck the blow under great p.,* il a frappé, mais il avait été provoqué. (*b*) Agacerie *f*; œillades *fpl.*

provocative [pro'vɔkətiv]. **1.** *a.* (*a*) Provocateur, -trice; provocant. (*b*) (Sourire, etc.) agaçant, *F:* aguichant, assassin. **2.** *s.* Stimulant *m*; *esp.* aphrodisiaque *m.*

provoke [pro'vouk], *v.tr.* **1.** (*a*) Provoquer, pousser, inciter (*s.o. to do sth.,* qn à faire qch.). *This falsehood provoked him into answering,* ce mensonge le poussa à répondre, lui arracha une réponse. **To provoke s.o. to anger, to wrath,** mettre qn en colère; *Lit:* provoquer le courroux de qn. (*b*) Irriter, fâcher, impatienter, contrarier, agacer, exaspérer, *F:* picoter (qn); mettre (qn) en colère. *To p. a dog,* exciter un chien. **2.** (*a*) Exciter, faire naître (la curiosité, etc.); provoquer (la gaieté); stimuler (l'appétit); soulever (une passion, l'indignation). **To provoke a smile,** faire naître un sourire; faire sourire les auditeurs. *Conceit provokes the contempt of others,* la vanité appelle, attire, le mépris des autres. *Look that provokes pity,* regard *m* qui fait naître la pitié. (*b*) *To p. fermentation,* provoquer, causer, la fermentation; faire fermenter qch.

provoking, *a.* Irritant, contrariant, impatientant. *A p. child,* un enfant insupportable, exaspérant. *How p. you are!* que vous êtes agaçant, énervant, exaspérant! **How provoking!** quel ennui! (comme) c'est agaçant, contrariant, ennuyeux, fâcheux! **-ly,** *adv.* D'une manière irritante, contrariante, exaspérante. *He was p. polite,* sa politesse me donnait sur les nerfs.

provoker [pro'voukər], *s.* Provocateur, -trice.

provost ['prɔvəst], *s.* **1.** (*a*) *Sch:* (*At Oxford, Cambridge*) Principal *m* (de certains collèges universitaires). (*b*) *Adm:* (*Scot.*) Maire *m.* *The Lord Provost of Edinburgh,* le Lord Maire d'Édimbourg. (*c*) *Hist: Ecc: A:* Prévôt *m.* *Grand P. of France, of the Household,* Grand Prévôt de France, de l'Hôtel. **2.** [pro'vou] *Mil:* **Provost-marshal,** grand prévôt. *Assistant p.-marshal,* prévôt. **Provost-sergeant,** sergent *m* de police (militaire). **Provost duty,** service prévôtal; prévôté *f.*

provostal [pro'vɔst(ə)l], *a.* Prévôtal, -aux.

provostry ['prɔvəstri], *s. Hist:* Prévôté *f.*

provostship ['prɔvəstʃip], *s.* **1.** (*a*) *Sch:* Principalat *m* (de certains collèges universitaires). (*b*) *Adm:* (*Scot.*) Mairie *f*; charge *f* de maire. **2.** *Hist:* Prévôté *f.*

prow [prau], *s. A. & Lit:* Proue *f,* avant *m* (d'un navire).

prowess ['praues], *s. Lit:* **1.** Prouesse *f,* vaillance *f.* **Deeds of prowess,** prouesses, exploits *m.* **2.** Exploit.

prowl[1] [praul], *s.* Action *f* de rôder (en quête de proie). (*Of lion, etc.*) **To go on the prowl,** partir en chasse. *F:* (*Of pers.*) **To be for ever on the prowl,** être toujours à rôder; être toujours en quête de bonnes fortunes.

prowl[2]. **1.** *v.i.* (*a*) (*Of beast*) Rôder en quête de proie. (*b*) *To p. about the streets,* rôder par toute la ville. **2.** *v.tr.* *To p. the streets,* rôder les rues.

prowler ['praulər], *s.* Rôdeur, -euse. *See also* NIGHT-PROWLER.

prox. [prɔks], *adv. Com:* = PROXIMO.

proximal ['prɔksim(ə)l], *a. Bot:* Proximal, -aux.

proximate ['prɔksimet], *a.* **1.** Proche, prochain, immédiat. *Ch:* **Proximate analysis,** analyse immédiate. *Phil:* **Proximate cause,** cause prochaine. **2.** Approximatif. **-ly,** *adv.* **1.** Immédiatement; sans intermédiaire. **2.** Approximativement.

proxime accessit, *pl.* **accesserunt** ['prɔksimiak'sesit, akse'siːərʌnt] *Lt.phr. Sch:* Accessit *m.*

proximity [prɔk'simiti], *s.* Proximité *f.* **1.** *Its p. to London,* sa situation à proximité de Londres. *P. to the station is an advantage,* le voisinage de la gare est un avantage. *The p. of the station was a drawback,* le voisinage de la gare était un désavantage. **In the proximity of a town,** à proximité d'une ville. **In proximity to the station,** à proximité de la gare. *The forts in p. to the frontier,* les forts rapprochés de la frontière. **2. Proximity of blood,** proximité du sang; proche parenté *f.*

proximo ['prɔksimo], *adv.* (*Abbr.* **prox.**) (Du mois) prochain. *On the third prox.,* le trois (du mois) prochain.

proxy ['prɔksi], *s. Jur:* **1.** Procuration *f*; délégation *f* de pouvoirs; pouvoir *m*; mandat *m.* **To vote by proxy,** voter par procuration. **Proxy signature,** signature *f* par procuration. **2.** Mandataire *mf*; fondé *m* de pouvoir(s); délégué, -ée. *To send a p.,* se faire représenter. *To make s.o. one's p.,* constituer qn procureur. **3.** Voix donnée par mandataire (à une assemblée d'actionnaires).

prude [pruːd], *s.f.* Prude; *F:* bégueule; mijaurée. **To act the prude,** faire la bégueule; faire des grimaces; *P:* faire des chichis.

prudence ['pruːdəns], *s.* Prudence *f,* sagesse *f.*

prudent ['pruːdənt], *a.* Prudent, sage, judicieux. *P. husband,* mari avisé. **-ly,** *adv.* Prudemment, sagement, judicieusement; avec prudence.

prudential [pru'denʃ(ə)l]. **1.** *a.* (*a*) De prudence; dicté, commandé, par la prudence. *The measure is merely p.,* c'est une simple mesure de prudence. (*b*) *Adm: U.S:* **Prudential committee,** comité *m* de surveillance (d'une municipalité, d'une société). (*c*) **Prudential insurance,** assurance industrielle. **2.** *pl.* **Prudentials.** (*a*) Considérations *f* de prudence. (*b*) *U.S:* Questions *f* d'administration locale.

prudentialism [pru'denʃəlizm], *s.* **1.** Prudence exagérée. **2.** Conduite, politique, fondée sur la prudence.

prudery ['pruːdəri], *s.* Pruderie *f*; *F:* pudibonderie *f,* bégueulerie *f.* *To affect p., F:* faire sa Sophie.

prudish ['pruːdiʃ], *a.* Prude; *F:* pudibond(e), bégueule. **-ly,** *adv.* Avec pruderie; en prude.

prudishness ['pruːdiʃnəs], *s.* = PRUDERY.

pruinose ['pruinous], *a. Bot:* Pruineux, pruiné.

prune[1] [pruːn], *s.* **1.** Pruneau *m.* *F:* **Prunes and prisms,** afféteries *f* de prononciation et de langage; articulation *f* avec la bouche en cœur; affectation *f.* **2.** (*a*) *A:* Prune *f.* (*b*) **Prune(-purple),** (couleur) prune *m inv.*

prune[2], *v.tr.* **1.** *Arb: For:* (*a*) Tailler (un rosier, un arbre fruitier); rafraîchir (les racines d'un arbre); châtrer (une plante). (*b*) Émonder, égayer, rajeunir, habiller, esserter (un arbre forestier). (*c*) **To prune (off, away) a branch,** élaguer une branche. **To dry-prune a tree,** élaguer les branches mortes d'un arbre. *See also* STEM-PRUNED. **2.** *F:* Faire des coupures, des amputations, dans (un article, etc.); émonder, élaguer (un livre, un article). *To p. (away) all flourishes,* retrancher toutes les fioritures.

pruning, *s.* **1.** (*a*) Taille *f* (d'un rosier, etc.). (*b*) Émondage *m,* habillage *m* (d'un arbre forestier). (*c*) **Pruning (off, away) of a branch,** élagage *m* d'une branche. **Dry-pruning,** élagage des branches mortes. **2.** *pl.* **Prunings,** émondes *fpl*; élagage.

'pruning-bill, *s.* Serpette *f.*

'pruning-hook, *s.* Émondoir *m,* ébranchoir *m.*

'pruning-knife, *s.* Serpette *f,* cernoir *m,* émondoir *m.*

'pruning-saw, *s.* Scie *f* à émonder; scie de jardinier; jardinière *f*.

'pruning-scissors, -shears, *s.pl.* **1.** Sécateur *m*. **2.** Cisailles *fpl*; taille-buissons *m inv.*

prunella[1] [pru'nelə], *s. Tex:* Prunelle *f*.

prunella[2], *s.* **1.** *Med: A:* Affection *f* de la gorge; angine *f*, muguet *m*, etc. **2.** *Bot:* Prunelle *f*, brunelle *f*.

prunella-'salt, *s. Pharm:* Sel *m* de prunelle; nitrate *m* de potassium impur.

pruner ['pruːnər], *s.* (*Pers.*) Tailleur *m* d'arbres; élagueur *m*, émondeur *m*.

prurience ['pruəriəns], **pruriency** ['pruəriənsi], *s.* **1.** *A:* Démangeaison *f*. *Lit: P. after new sensations*, curiosité *f* de sensations nouvelles; *F:* démangeaison d'éprouver de nouvelles sensations. **2.** Lasciveté *f*, lubricité *f*.

prurient ['pruəriənt], *a.* A l'esprit lascif; lascif.

pruriginous [pru'ridʒinəs], *a. Med:* Prurigineux.

prurigo [pru'raigo], *s. Med:* Prurigo *m*.

pruritus [pru'raitəs], *s. Med:* Prurit *m*.

Prussia ['prʌʃə]. *Pr.n. Geog:* La Prusse.

Prussian ['prʌʃ(ə)n], *a. & s. Geog:* Prussien, -ienne. **Prussian blue**, bleu *m* de Prusse; bleu de Berlin; *Ch:* ferrocyanure *m* de fer.

Prussianism ['prʌʃənizm], *s.* Prussianisme *m*.

Prussianize ['prʌʃənaːiz], *v.tr.* Prussianiser, *F:* caporaliser (un peuple, etc.).

prussiate ['prʌʃiet], *s. Ch:* Prussiate *m*. *P. of potash*, prussiate de potasse; cyanure *m* de potassium.

prussic ['prʌsik], *a. Ch:* **Prussic acid**, acide *m* prussique, acide cyanhydrique.

Prussify ['prʌsifai], *v.tr.* = PRUSSIANIZE.

pry[1] [prai], *s.* Curieux, -euse; indiscret, -ète. **A Paul Pry**, un monsieur le curieux; un furet.

pry[2], *v.i.* (**pried**) Fureter; regarder avec des yeux indiscrets, fureteurs; fouiller, chercher à voir, *F:* fourrer le nez (*into sth.*, dans qch.). *To pry (about) in the cupboards*, fureter dans les armoires. *To pry into a secret*, chercher à pénétrer un secret. *We must not pry into the future*, n'anticipons pas l'avenir.

prying, *a.* Curieux, indiscret; *F:* fureteur. **Prying glance**, regard inquisiteur. **Prying eyes**, yeux fureteurs. *Safe from p. eyes*, à l'abri des regards indiscrets. **-ly**, *adv.* En indiscret; indiscrètement; avec une curiosité indiscrète.

pry[3], *s. Tls:* **Pry(-bar)**, levier *m*; levier-barre *m*, *pl.* leviers-barres.

pry[4], *v.tr.* (**pried**) Soulever, mouvoir, à l'aide d'un levier. **To pry a door open**, exercer des pesées sur une porte; forcer une porte avec un levier. *The box had been pried open*, on avait forcé la serrure du coffret. **To pry loose**, décoller, détacher.

prytaneum [pritə'niːəm], *s. Gr.Ant:* Prytanée *m*.

prytanis ['pritanis], *s.m. Gr.Ant:* Prytane.

psalm [sɑːm], *s.* Psaume *m*. **Psalm book**, livre *m* de psaumes; psautier *m*. **Psalm tune**, chant *m* d'église (du psautier).

psalmist ['sɑːmist], *s.* Psalmiste *m*. *Esp.* **The Psalmist**, le Psalmiste (le roi David).

psalmodic [sal'mɔdik], *a.* Psalmodique.

psalmodize ['sɑːmodaːiz, 'salm-], *v.i.* Psalmodier.

psalmody ['sɑːmodi, 'salm-], *s.* Psalmodie *f*.

psalter ['sɔːltər], *s.* Psautier *m*.

psaltery ['sɔːltəri], *s. A.Mus:* Psaltérion *m*.

Psammetichus [psa'metikəs]. *Pr.n.m. A.Hist:* Psammétique, Psammétik.

psammite ['(p)samait], *s. Miner:* Psammite *m*.

psammitic [(p)sa'mitik], *a. Miner:* Psammitique.

pseud(o)- ['(p)sjuːd(o)], *comb.fm.* Pseud(o)-. *Surg: Pseudarthrosis*, pseudarthrose. *Bot: Pseudo-bulb*, pseudo-bulbe. *Pseudo-carp*, pseudocarpe. *B.Criticism: Pseudepigrapha*, pseudépigraphes.

pseudo-archaic [(p)sjuːdoɑːr'keiik], *a.* Pseudo-archaïque; (style *m*) à l'antique.

pseudo-bulbar [(p)sjuːdo'bʌlbər], *a. Med:* (Paralysie *f*, etc.) pseudo-bulbaire.

pseudo-carp ['(p)sjuːdokɑːrp], *s. Bot:* Pseudocarpe *m*.

pseudo-catholic [(p)sjuːdo'kaθolik], *a.* Pseudo-catholique; soi-disant catholique.

pseudo-membrane [(p)sjuːdo'membrein], *s. Med:* Pseudo-membrane *f*; fausse membrane.

pseudomorph ['(p)sjuːdomɔːrf], *s. Miner:* Pseudomorphe *m*.

pseudomorphic [(p)sjuːdo'mɔːrfik], **pseudomorphous** [(p)sjuːdo'mɔːrfəs], *a. Miner:* (Cristal *m*, etc.) pseudomorphe.

pseudomorphosis [(p)sjuːdomɔːr'fousis], *s. Miner:* Pseudomorphose *f*.

pseudonym ['(p)sjuːdonim], *s.* Pseudonyme *m*.

pseudonymous [(p)sju'dɔniməs], *a.* Pseudonyme.

pseudopod ['(p)sjuːdopɔd], **pseudopodium** [(p)sjuːdo'poudiəm], *s. Biol:* Pseudopode *m*.

pseudotsuga [(p)sjuːdo'tsuːgə], *s. Bot:* Pseudotsuga *m*.

pshaw[1] [(p)ʃɔː], *int.* Fi (donc)! peuh! taisez-vous donc! allons donc! (Dédain, dégoût, ou impatience.)

pshaw[2]. **1.** *v.i.* Dire peuh; pousser une exclamation de mépris ou d'impatience. **2.** *v.tr. & ind.tr.* **To pshaw (at) sth.**, faire fi de qch.; rabaisser, dénigrer, qch.

psht [pʃːt], *int.* Chut!

psi [psai], *s. Gr.Alph:* Psi *m*.

psilosis [psai'lousis], *s.* **1.** *Gr.Gram:* Psilose *f*; suppression *f* de l'aspiration. **2.** *Med:* (*a*) Psilose, alopécie *f*. (*b*) Psilosis *m*, sprue *m*.

psittacidae [(p)si'tasidiː], *s.pl. Orn:* Psittacidés *m*.

psittacinae [(p)si'tasiniː], *s.pl. Orn:* Psittacinés *m*.

psittacine ['(p)sitasain], *a. & s. Orn:* Psittaciné (*m*); de perroquet.

psittacism ['(p)sitasizm], *s.* Psittacisme *m*.

psittacosis [(p)sita'kousis], *s. Med:* Psittacose *f*.

psoas ['(p)souəs], *s. Anat:* **Psoas magnus, psoas parvus**, le grand, petit, psoas.

psocus ['(p)sɔkəs], *s. Ent:* Psoque *m*; *F:* pou *m* de bois.

psora ['(p)sɔːrə], *s. Med:* Psore *f*, psora *f*; *F:* gale *f*.

psoriasis [(p)so'raiəsis], *s. Med:* Psoriasis *m*.

psoric ['(p)sɔːrik], *a. Med:* Psorique.

Psyche ['(p)saiki]. **1.** *Pr.n.f. Gr.Myth:* Psyché. **2.** *s.* (*a*) *Ent:* Psyché *f*. (*b*) *Furn:* Psyché (grande glace sur pivots).

psychiater [(p)sai'kaiətər], *s.* Psychiatre *m*.

psychiatric [(p)saiki'atrik], *a.* Psychiatrique.

psychiatry [(p)sai'kaiətri], *s.* Psychiatrie *f*.

psychic(al) ['(p)saikik(əl)]. **1.** *a.* Psychique; (phénomène *m*, etc.) métapsychique. **2.** *s.* **Psychic**, médium *m*.

psychics ['(p)saikiks], *s.pl.* (*Usu. with sg. const.*) La métapsychique; le métapsychisme.

psychism ['(p)saikizm], *s.* Psychisme *m*.

psychist ['(p)saikist], *s.* Psychiste *mf*; métapsychiste *mf*.

psych(o)- ['(p)saik(o), (p)sai'kɔ], *comb.fm.* Psych(o)-. *Psycho'genesis*, psychogénèse. *Psychas'thenic*, psychasthénique. *Psy'chography*, psychographie. *Psycho-'physics*, psychophysique.

psychoanalyse [(p)saiko'anəlaːiz], *v.tr.* Psychanalyser (l'esprit, qn).

psychoanalysis [(p)saikoə'nalisis], *s.* Psychanalyse *f*, psychoanalyse *f*.

psychoanalyst [(p)saiko'anəlist], *s.* Psychanalyste *m*, psychoanalyste *m*.

psychoanalytic(al) [(p)saikoanə'litik(əl)], *a.* Psychanalytique.

psychogram, -graph ['(p)saikogram, -graf, -grɑːf], *s. Psychics:* Psychogramme *m*.

psychological [(p)saiko'lɔdʒik(ə)l], *a.* Psychologique. *F:* **The psychological moment**, le moment psychologique. **-ally**, *adv.* Psychologiquement.

psychologist [(p)sai'kɔlodʒist], *s.* Psychologue *m*, psychologiste *m*.

psychology [(p)sai'kɔlodʒi], *s.* Psychologie *f*.

psychometry [(p)sai'kɔmetri], *s.* Psychométrie *f*.

psycho-motor [(p)saiko'moutər], *a.* Psychomoteur, -trice.

psychoneurosis [(p)saikonju'rousis], *s. Med:* Psychonévrose *f*.

psychoneurotic [(p)saikonju'rɔtik], *a. Med:* Psychonévrosique.

psycho-pathological [(p)saikopaθo'lɔdʒik(ə)l], *a.* Psycho-pathologique.

psycho-pathology [(p)saikopə'θɔlodʒi], *s.* Psycho-pathologie *f*.

psychopathy [(p)sai'kɔpəθi], *s. Med:* Psychopathie *f*.

psycho-physical [(p)saiko'fizik(ə)l], *a.* Psychophysique.

psycho-physics [(p)saiko'fiziks], *s.pl.* (*Usu. with sg. const.*) Psychophysique *f*.

psycho-physiology [(p)saikofizi'ɔlodʒi], *s.* Psycho-physiologie *f*.

psychosis, *pl.* **-oses** [(p)sai'kousis, -ousiːz], *s. Med:* Psychose *f*.

psycho-therapeutic [(p)saikoθerə'pjuːtik], *a.* Psychothérapeutique.

psycho-therapeutics [(p)saikoθerə'pjuːtiks], *s.pl.* (*Usu. with sg. const.*) La psychothérapeutique.

psychotherapist [(p)saiko'θerapist], *s.* Psychothérapeute *m*.

psychotherapy [(p)saiko'θerəpi], *s.* Psychothérapie *f*.

psychrometer [(p)sai'krɔmetər], *s. Meteor:* Psychromètre *m*.

psychrometry [(p)sai'krɔmetri], *s. Meteor:* Psychrométrie *f*.

psylla ['(p)silə], *s. Ent:* Psylle *f*; faux puceron.

ptarmigan ['tɑːrmigən], *s. Orn:* Lagopède alpin, lagopède des Alpes; ptarmigan *m*; *F:* perdrix *f* des neiges.

pteridology [(p)teri'dɔlodʒi], *s. Bot:* Étude *f* des fougères.

pter(o)- ['(p)ter(o)], *comb.fm.* Ptér(o)-. *Pterocarpous*, ptérocarpe. *Pteropod*, ptéropode.

pterodactyl [(p)tero'daktil], *s. Paleont:* Ptérodactyle *m*.

pterosaur ['(p)terosɔːər], *s. Paleont:* Ptérosaurien *m*.

pterygium [(p)te'ridʒiəm], *s. Med:* Ptérygion *m*, onglet *m*.

pterygoid ['(p)terigɔid], *a. Anat:* **Pterygoid process**, apophyse *f* ptérygoïde.

Ptolemaic [tɔlə'meiik], *a.* **1.** *A.Hist:* Ptolémaïque; des Ptolémées. **2.** *Astr:* **The Ptolemaic system**, le système de Ptolémée.

Ptolemy ['tɔləmi]. *Pr.n.m. A.Hist:* **1.** (Claude) Ptolémée (l'astronome). **2.** Ptolémée (de la dynastie des Lagides). **Ptolemy Euergetes** [ju'əːrgitiːz], Ptolémée Évergète. *The Ptolemies*, les Lagides.

ptomaine ['toumein, to'mein], *s. Ch:* Ptomaïne *f*. **Ptomaine poisoning**, intoxication *f* alimentaire (par les ptomaïnes).

ptosis ['(p)tousis], *s. Med:* (*a*) Ptosis *f* (de la paupière). (*b*) Ptôse *f* (des viscères).

ptyalin ['taiəlin], *s. Physiol: Ch:* Ptyaline *f*.

ptyalism ['taiəlizm], *s. Physiol:* Ptyalisme *m*, salivation *f*.

pub [pʌb], *s. P:* (= *public house*) Cabaret *m*; *P:* bistro *m*. *Low pub*, caboulot *m*; assommoir *m*.

'pub-crawl[1], *s. P:* Tournée *f* des cabarets.

'pub-crawl[2], *v.i. P:* Courir les cabarets; faire la tournée des bistros. *To spend one's time pub-crawling*, rouler les cabarets.

'pub-crawler, -loafer, *s. P:* Coureur *m* de cabarets, rouleur *m* des cabarets; pilier *m* de cabaret; godailleur *m*.

puberty ['pjuːbərti], *s. Physiol:* Puberté *f*. *Girl who has arrived at p., attained p.*, jeune fille formée, pubère.

puberulent [pju'berjulənt], *a.* = PUBESCENT **1**.

pubes ['pjuːbiːz], *s. Anat:* Région pubienne; pubis *m*.

pubescence [pju'bes(ə)ns], *s.* **1.** *Bot:* Pubescence *f*. **2.** *Physiol:* = PUBERTY.

pubescent [pju'bes(ə)nt], *a.* **1.** *Bot:* Pubescent; velu. **2.** *Physiol:* Pubère.

pubic ['pjuːbik], *a. Anat:* Pubien.

pubis ['pjuːbis], *s. Anat:* **1.** (Os) pubien *m*. **2.** *F:* = PUBES.

public ['pʌblik]. **1.** *a.* Public, *f.* publique. (*a*) *To restore p. confidence*, rétablir la confiance publique, du public, du pays. **Public holiday**, fête légale. *Pol:* **Public bill**, projet *m* de loi d'intérêt public.

Public works, travaux publics. **Public indecency,** outrage public à la pudeur. **Offence against public morals,** outrage aux mœurs. *See also* EYE[1] I, GAZE[1], OPINION, POLICY[1] I, PROSECUTOR 2, PURSE[1] I, RECORD[1] 3, SERVANT 2, TRUSTEE I, UTILITY I, WEAL[1], WELFARE. (*b*) **Public library,** bibliothèque municipale ou communale; bibliothèque de la ville. *P. lecture*, conférence publique. *See also* GALLERY I, PROPERTY 2, ROOM[1] 3, SCHOOL[1] I, SCHOOLBOY. (*c*) **To make sth. public,** rendre qch. public; publier (une nouvelle, etc.). **To make a public protest,** protester publiquement. **To make a public appearance,** paraître en public. *See also* SPEAKING[2] 2. (*d*) **Public life,** vie publique. *Men in p. life*, les hommes publics. **Public man,** (i) homme public; (ii) homme très en vue. *One of our p. men, F. & Hum:* un de nos édiles. **Public spirit,** patriotisme *m*, civisme *m*; amour *m* du bien public; dévouement *m* à la chose publique. *See also* ENGAGEMENT I. (*e*) (*International*) **Public law,** droit public. **Public enemy,** ennemi universel. *F:* **Public enemy number I,** ennemi public numéro I. **2.** *s.* (*a*) Public *m*. **The general public, the public at large,** le grand public; la collectivité. *The p. is, are, requested to . . .*, le public est prié de. . . . **The reading public,** le public ami des livres. *Book that appeals to a large p.*, livre *m* qui s'adresse à un public très étendu. (*b*) **In public,** en public; publiquement. (*c*) *F:* = PUBLIC HOUSE. **-ly,** *adv.* Publiquement; en public; au grand jour; en plein jour; au vu de tous; ouvertement; cartes sur table; (agir) à portes ouvertes.

public 'house, *s.* **I.** Auberge *f*. **2.** Débit *m* de boissons; cabaret *m*, taverne *f*.

public-'spirited, *a.* Dévoué au bien public. *To show oneself p.-s.*, faire preuve de civisme; se montrer soucieux du bien public.

public-'spiritedness, *s.* Dévouement *m* au bien public.

publican ['pʌblikən], *s.* **I.** *Rom.Hist: B:* Publicain *m*; fermier des deniers publics. **2.** (*a*) Aubergiste *m*. (*b*) Débitant *m* de boissons; cabaretier *m*.

publication [pʌbli'keiʃ(ə)n], *s.* **I.** (*a*) Publication *f*; parution *f*, apparition *f* (d'un livre). *To read a book on first p.*, lire un livre dans sa primeur. (*b*) Publication (d'une nouvelle, des bans, etc.); promulgation *f* (d'une ordonnance, d'un décret). *Journ:* **'For favour of publication in your columns,'** "prière d'insérer." **'The above constitutes legal publication,'** "dont acte." **2.** Ouvrage publié; publication.

publicist ['pʌblisist], *s.* **I.** Publiciste *m* (spécialiste du droit public). **2.** Journaliste *m*, publiciste. **3.** Publicitaire *m*; entrepreneur *m* de publicité.

publicity [pʌb'lisiti], *s.* **I.** Publicité *f*. *To shun p.*, craindre le grand jour. *In the full blaze of p.*, sous les feux de la rampe. *Demonstration with a view to p.*, manifestation entreprise dans un but publicitaire. **2.** *Com:* Publicité, réclame *f*. *P. from the air*, publicité aérienne. *Hygiene p.*, propagande *f* sanitaire. *P. expenses*, dépenses *f* publicitaires. *To conduct a wide p. campaign*, faire appel à la grande publicité (pour lancer qch.). *To give a novel wide p.*, faire du tintamarre, du tam-tam, autour d'un roman. **Publicity (department),** (i) *Com:* la publicité; (ii) *Publ:* le service de presse. *Copy sent gratis for p.*, exemplaire *m* d'office. **Publicity man,** publicitaire *m*. *Journ:* **Publicity editor,** annoncier *m*. **Publicity bureau,** bureau *m*, agence *f*, office *m*, de publicité (et d'informations).

publicness ['pʌbliknəs], *s.* Publicité *f* (des débats parlementaires, *Jur:* d'une audience, etc.).

publish ['pʌbliʃ], *v.tr.* **I.** (*a*) Publier (un édit, des bans de mariage, etc.). *See also* BANNS. (*b*) Publier, révéler, divulguer (une nouvelle, un événement); *F:* crier (une nouvelle) sur les toits. *F:* **To publish (abroad) a fact,** mettre un fait à jour, au jour. **2.** (*a*) Éditer, publier, faire paraître (un livre); *F:* sortir (un livre). *Review that is published weekly*, revue qui paraît tous les huit jours. *The volumes already published*, les volumes déjà parus. **Just published,** (qui) vient de paraître. *As soon as published*, dès parution. **Published by X,** publié chez X; chez X éditeur. (*With passive force*) *The book is now publishing*, le livre est en (cours de) publication. (*b*) *Jur:* Mettre, offrir, (un livre, etc.) en vente.

published, *a.* **Published books, published works,** ouvrages *m* en librairie; publications *f*.

publishing, *s.* **I.** Publication *f* (des bans, etc.). **2.** Publication, mise *f* en vente (d'un livre). *Date of p.*, date *f* de mise en vente. **Publishing house,** maison *f* d'édition. **The publishing trade,** l'édition *f*.

publisher ['pʌbliʃər], *s.* **I.** Éditeur *m*; libraire *m* éditant; libraire-éditeur *m*, *pl.* libraires-éditeurs. **2.** *U.S:* Propriétaire *m* (d'un journal).

puccoon [pʌ'kuːn], *s.* *Bot:* **(Red) puccoon,** sanguinaire *f*. **Yellow puccoon,** hydraste *m* du Canada.

puce [pjuːs], *a. & s.* (Couleur *f*) puce *m inv.*

Puck[1] [pʌk]. **I.** *Pr.n.m.* (Le lutin) Puck. **2.** *s.* (*a*) Lutin *m*, farfadet *m*. (*b*) *A:* Petit espiègle.

puck[2], *s.* *Orn:* Engoulevent *m*.

puck[3], *s.* *Sp:* Galine *f*, palet *m* en caoutchouc (pour le hockey sur la glace).

pucka ['pʌka], *a.* = PUKKA.

pucker[1] ['pʌkər], *s.* Ride *f*, pli *m* (du visage); fronce *f*, fronçure *f*, faux pli, poche *f*, godet *m*, godure *f*, *A:* grimace *f* (d'une étoffe); grigne *f* (dans le feutre).

pucker[2]. **I.** *v.tr.* Rider (le visage); plisser, froncer, faire goder, *A:* faire grimacer (l'étoffe); faire des fronces à (une feuille de papier, etc.). *Nau:* Faire boire (une couture de voile). **To pucker (up) one's brows, one's lips,** froncer les sourcils; plisser les lèvres. *A smile of incredulity puckered his lips*, un sourire incrédule lui plissa les lèvres. **2.** *v.i.* (*a*) (*Of garment*) **To pucker (up),** faire des plis, des fronces; se froncer; *F:* gongonner; *A:* grimacer, faire la grimace; (*of material*) goder, gripper; (*of felt*) grigner. (*b*) *His face puckered up*, sa figure se crispa.

puckered, *a.* (*Of brow, material*) Plissé, froncé; (*of skin*) ridé. *Face all puckered up*, (i) figure toute ratatinée; (ii) figure crispée (par la douleur, etc.).

puckering, *s.* **I.** Plissement *m* (du visage); froncement *m* (des sourcils, d'une étoffe); godage *m* (d'une étoffe); formation *f* de faux plis. **2.** (*a*) *Geol: etc:* Gaufrage *m* (d'une couche). (*b*) *Ph:* **Puckerings in the Einsteinian space,** rides *f* de l'espace einsteinien.

puckish ['pʌkiʃ], *a.* De lutin; malicieux, capricieux, comme un lutin.

puckishness ['pʌkiʃnəs], *s.* Malice *f* de lutin.

pucklike ['pʌklaik], *a.* De lutin; d'une malice de lutin.

pud [pʌd], *s.* (*Child's word*) **I.** Patte *f* (d'animal). **2.** *F:* Menotte *f* (de bébé).

puddening ['pud(ə)niŋ], *s.* *Nau:* = PUDDING[1] 2.

pudding[1] ['pudiŋ], *s.* **I.** *Cu:* (*a*) Pudding *m*, pouding *m*. **Suet pudding,** pudding composé de farine et de graisse de bœuf, que l'on fait bouillir dans un linge. **Steak-pudding, apple-pudding, blackberry-pudding,** *'suet pudding'* fourré de viande, de pommes, de mûres. *See also* CHRISTMAS-PUDDING, PLUM-PUDDING, PROOF[1] 2, YORKSHIRE. (*b*) **Milk pudding,** entremets sucré au lait. **Rice pudding, tapioca pudding,** riz *m* au lait, tapioca *m* au lait. *See also* HASTY I, PEASE-PUDDING. (*c*) **Black pudding, blood pudding,** boudin (noir). **White pudding,** (i) boudin blanc; (ii) entremets composé de lait, d'œufs, de farine et de beurre. **2.** *Nau:* (*a*) Emboudinure *f*. (*b*) (*Also* **pudding fender**) Bourrelet *m* de défense; boudin, tampon *m*.

'pudding-basin, *s.* Moule *m* à poudings.

'pudding-cloth, *s.* *Cu:* Linge *m* pour envelopper le pudding pendant la cuisson.

'pudding-face, *s.* *F:* Visage empâté; *P:* tête *f* de lard.

'pudding-faced, *a.* *F:* Au visage empâté.

'pudding-head, *s.* *F:* Nigaud *m*; tête *f* vide; *P:* cruche *f*. *He's a p.-h.*, il est bête comme ses pieds.

'pudding-heart, *s.* *F:* Poltron *m*; *F:* capon *m*.

pudding-'pie, *s.* *Cu:* Pudding fourré de viande ou de fruits et cuit au four dans un plat creux.

'pudding-stone, *s.* *Miner: Geol:* Poudingue *m*, conglomérat *m*.

pudding[2], *v.tr.* *Nau:* Emboudiner (une ancre, un câble, etc.).

puddle[1] [pʌdl], *s.* **I.** (*a*) Flaque *f* d'eau, d'huile. (*b*) Petite mare. *See also* STORM[1] I. **2.** *F:* Gâchis *m*. **To be in a pretty puddle,** être dans un beau pétrin. **3.** *Hyd.E:* Corroi *m*, glaise *f*; braye *f* (d'argile). **To line with puddle,** corroyer (un bassin, un canal, etc.).

puddle[2]. **I.** *v.i.* **To puddle (about),** (i) patauger, barboter (dans la boue); (ii) *F:* faire du gâchis, de la mauvaise besogne. **2.** *v.tr.* (*a*) Rendre (l'eau) bourbeuse; troubler (l'eau). (*b*) Corroyer, malaxer (l'argile). (*c*) Corroyer, glaiser (un bassin, etc.). (*d*) *Metall:* Puddler, brasser, corroyer (le fer). (*e*) (*Ram down*) Tasser, damer (un plancher en terre, etc.).

puddled, *a.* **I.** (*Of water*) Trouble, bourbeux. **2.** *Hyd.E:* **Puddled clay,** argile corroyée; pisé *m*, glaise *f*. **3.** *Metall:* Puddlé.

puddling, *s.* **I.** (*a*) Corroyage *m* (de l'argile). (*b*) *Metall:* Puddlage *m*, brassage *m* (du fer). **Puddling-machine,** puddleur *m* mécanique. **2.** = PUDDLE[1] 3.

'puddling-forge, *s.* *Metall:* Forge *f* à puddler, de puddlage.

'puddling-furnace, *s.* *Metall:* Four *m* à puddler, de puddlage.

'puddle-ball, *s.* *Metall:* Loupe *f*; balle *f*, boule *f*, de puddlage; *F:* belette *f*.

'puddle-'steel, *s.* *Metall:* Acier puddlé.

'puddle-train, *s.* *Metall:* Train ébaucheur; train de puddlage; laminoir ébaucheur, de puddlage.

puddler ['pʌdlər], *s.* *Metall:* **I.** (*Pers.*) Puddleur *m*, brasseur *m*. **2.** (*a*) Brasseur mécanique. (*b*) = PUDDLING-FURNACE.

puddly ['pʌdli], *a.* **I.** *Dial:* (*a*) Bourbeux, trouble. (*b*) Fangeux. **2.** Rempli, couvert, de flaques d'eau.

pudency ['pjuːdənsi], *s.* Pudicité *f*.

pudenda [pju'denda], *s.pl.* *Anat:* Parties naturelles; *F:* parties.

pudge [pʌdʒ], *s.* = PODGE.

pudgy ['pʌdʒi], *a.* = PODGY.

pudicity [pju'disiti], *s.* Pudicité *f*.

pudsy ['pʌdzi], *a.* *F:* = PLUMP[1].

puerile ['pjuərail], *a.* Puéril. (*a*) *Med:* **Puerile breathing,** respiration puérile (chez l'adulte). (*b*) *Pej:* Puéril, enfantin. *To ask p. questions*, faire des questions puériles. **-ly,** *adv.* Puérilement.

puerileness ['pjuərailnəs], **puerility** [pjuə'riliti], *s.* **I.** Puérilité *f*. **2.** *To utter high-sounding puerilities*, débiter des puérilités sonores.

puerperal [pju'əːrpərəl], *a.* *Med:* Puerpéral, -aux. *Esp.* **Puerperal fever,** fièvre puerpérale.

puff[1] [pʌf], *s.* **I.** (*a*) Souffle *m* (de la respiration, d'air); bouffée *f* (d'air, de fumée, de tabac); échappement soudain (de vapeur). *The least p. would knock it over*, on le renverserait d'un souffle, au moindre souffle. *To take a p. at one's pipe*, tirer une bouffée de sa pipe. (*b*) *F:* Respiration *f*. **Out of puff,** essoufflé, à bout de souffle. (*c*) *Onomat:* Pf(u)t! *The puff puff of the gas engine*, le halètement du moteur à gaz. **2.** *Cost:* (*a*) Bouillon *m* (de robe); bouffant *m* (d'une manche). *To gather a skirt into puffs*, bouillonner une jupe. **Puff sleeves,** manches bouffantes, ballonnées; manches à bouillons. **False hair puff,** chichi *m*. (*b*) Bouffette *f* (de ruban); chou *m*, *pl.* choux. **3.** *Toil:* **(Powder-)puff,** houppe *f*, houpette *f*, pompon *m* (à poudre); *F:* choupette *f*. **4.** *Cu:* Gâteau feuilleté (fourré de confiture, etc.); tourtelet *m*. *See also* JAM-PUFF. **5.** Réclame (tapageuse); annonce *f* dithyrambique; puff *m*. **6.** *U.S: P:* (*a*) Explosif *m*. (*b*) Explosion *f*.

'puff-adder, *s.* Vipère *f* clotho.

'puff-ball, *s.* **I.** *Fung:* Lycoperdon *m*; *F:* vesse-de-loup *f*, *pl.* vesses-de-loup. **2.** *Bot:* *F:* Chandelle *f*, voyageur *m* (de pissenlit).

'puff-billiards, *s.* *Games:* Billard *m* Nicolas.

'puff-box, *s.* Boîte *f* à poudre (de riz); boîte à houppe.

'puff-'paste, -'pastry, *s. Cu:* Pâte feuilletée; feuilletage *m*, feuillantine *f*.

'puff-puff, *s.* (*Child's word*) = PUFFER I.

puff[2]. **I.** *v.i.* (*a*) Souffler; émettre des bouffées d'air. *To p. at the embers*, souffler sur la braise. **To puff and blow,** haleter. **To puff (and blow) like a grampus,** souffler comme un phoque, comme un bœuf. (*b*) Lancer des bouffées (de fumée, de vapeur); émettre des jets (de vapeur). **To puff (away) at one's pipe,** tirer sur sa pipe; tirer des bouffées de sa pipe. *The engine puffed out of the station*, la locomotive quitta la gare en haletant, en lançant des jets de vapeur. (*c*) *F:* (*At sale*) Pousser les enchères (pour faire monter les prix). **2.** *v.tr.* (*a*) Émettre, lancer (des bouffées de fumée, d'air, etc.). *To p. smoke into s.o.'s face*, lancer de la fumée à la figure de qn. (*b*) **To puff a cigar,** tirer à petits coups sur un cigare; fumer un cigare par petites bouffées. (*c*) Gonfler (le riz, etc.). (*d*) *F:* Prôner, pousser, vanter, faire mousser (ses marchandises). *Hawkers hoarsely puffing their wares*, marchands ambulants qui s'enrouent à faire l'article.

puff away, *v.tr.* Chasser, faire partir, (la poussière, etc.) en soufflant dessus.

puff out. **I.** *v.tr.* (*a*) Gonfler (les joues); faire ballonner (une manche). *To p. out one's skirt*, faire bouffer, faire ballonner, sa jupe. (*b*) Émettre, lancer (des bouffées de fumée). *To p. out a few words*, dire quelques mots d'un ton haletant. **2.** *v.i.* (*Of skirt*) Bouffer.

puffed out, *a.* **I.** Ballonné. **2.** = PUFFED 2.

puff up, *v.tr.* (*a*) Gonfler (les joues). (*b*) Bouffir, gonfler (d'orgueil). **To puff oneself up,** se rengorger.

puffed up, *a.* **I.** (*a*) (Visage) enflé, bouffi. (*b*) (Style, langage) boursouflé. **2. Puffed up with pride,** bouffi, enflé, gonflé, d'orgueil. *Very much p. up by his success*, très vain d'avoir réussi.

puffed, *a.* **I.** (*a*) **Puffed sleeves,** manches bouffantes, ballonnées; manches à bouillons. (*b*) *Cu:* **Puffed rice,** riz gonflé. **2.** *F:* (*Of runner, etc.*) Essoufflé, à bout de souffle. *P. after their stiff climb*, époumonés par la montée raide.

puffing[1], *a.* **I.** (*a*) Soufflant, haletant. *F:* **Puffing and blowing,** suant et soufflant. (*b*) *Z: U.S:* **Puffing pig,** marsouin *m*. **2.** *P. advertisement*, réclame tapageuse; puff *m*.

puffing[2], *s.* (*a*) Émission *f* (de fumée, de vapeur) par bouffées; souffle *m* (d'une locomotive); halètement *m* (de la respiration). (*b*) Réclames tapageuses (de marchandises); tam-tam *m*, puff *m*, puffisme *m*.

puffer ['pʌfər], *s.* **I.** *F:* (*In nursery speech*) Locomotive *f* ou bateau *m* à vapeur; teuf-teuf *m inv.* **2.** *Com:* (*a*) Réclamiste *m*, puffiste *m*. (*b*) Compère *m*, allumeur *m* (à une vente aux enchères); faux enchérisseur.

puffery ['pʌfəri], *s.* **I.** Pratique *f*, art *m*, du puffisme. **2.** Réclame tapageuse; coups *m* de tam-tam. **3.** *Dressm: etc:* Bouffants *mpl*, falbalas *mpl*.

puffin ['pʌfin], *s. Orn:* **I.** Macareux *m*, mormon *m*. **2.** *F:* (*As misapplied to the shearwater*) Puffin *m*.

puffiness ['pʌfinəs], *s.* Boursouflure *f*, enflure *f* (du visage, du style, etc.); vultuosité *f*, bouffissure *f* (du visage). *P. round the eyes*, bouffissure des yeux.

puffy ['pʌfi], *a.* **I.** (Vent) qui souffle par bouffées. **2.** (*Of pers.*) (i) À l'haleine courte; (ii) hors d'haleine. **3.** (*a*) Bouffi, boursouflé; (*of dress*) bouffant. *P. face*, visage bouffi, soufflé. *Red and p. face*, *Med:* visage vultueux. *P. eyes*, yeux gonflés. *Eyes p. with sleep*, yeux bouffis de sommeil. *To be p. under the eyes*, avoir les yeux bouffis; avoir des poches sous les yeux. (*b*) (*Of pers.*) Adipeux, obèse.

pug[1] [pʌg], *s.* **I.** (*a*) Pug(-dog), carlin *m*, petit dogue; doguin *m*, roquet *m*, turquet *m*. (*b*) *A. & Dial:* Singe *m*. (*c*) *pl. F:* **The pugs,** les principaux domestiques; les larbins *m*. (*d*) *Pr.n. Ven:* **Pug,** maître Renard. **2. Pug(-engine),** locomotive *f* de manœuvre; coucou *m*.

'pug(-)'face, *s. F:* Visage *m* de dogue; tête *f* de dogue.

'pug(-)'nose, *s.* Nez épaté, nez camus, nez en pied de marmite, nez carlin.

'pug-'nosed, *a.* Au nez épaté, (au nez) camus; camard.

pug[2], *s. Brickm: etc:* Argile malaxée; glaise *f*.

'pug-mill, *s. Brickm:* Broyeur *m*, malaxeur *m*, pétrin *m*.

pug[3], *v.tr.* (**pugged; pugging**) **I.** *Brickm: etc:* Malaxer, corroyer, pétrir (l'argile). **2.** (*a*) *Const:* Hourder (un plancher, une cloison). (*b*) = PUDDLE[2] 2 (*c*).

pugging, *s.* **I.** = PUDDLING I (*a*). **2.** Hourdis *m*, hourdage *m* (de plancher, de cloison); glaise *f*.

pug[4], *s.* (*Anglo-Indian*) Empreinte *f* de pas (d'un tigre, etc.). *To follow the pugs of a tiger*, suivre la trace, la piste, d'un tigre.

pug[5], *v.tr.* (**pugged; pugging**) Suivre (un tigre, etc.) à la piste, à la trace.

pug[6], *s.m. F:* Pugiliste.

puggaree ['pʌgəri], *s.* **I.** Turban *m* (d'Indien). **2.** Voile *m* (de casque colonial).

pugger ['pʌgər], *s. Const:* Terrasseur *m*.

puggish ['pʌgiʃ], **puggy[1]** ['pʌgi], *a.* = PUG-NOSED.

puggy[2], *s. Ven:* (*Anglo-Indian*) Traqueur *m*.

pugilism ['pju:dʒilizm], *s.* Pugilat *m*; la boxe.

pugilist ['pju:dʒilist], *s.* Pugiliste *m*; boxeur *m*.

pugilistic [pju:dʒi'listik], *a.* De pugiliste, de pugilat; de boxeur; pugilistique.

pugnacious [pʌg'neiʃəs], *a.* Querelleur, -euse; batailleur, -euse; *F:* mauvais coucheur. **-ly,** *adv.* D'une manière querelleuse, batailleuse.

pugnaciousness [pʌg'neiʃəsnəs], **pugnacity** [pʌg'nasiti], *s.* Caractère querelleur, batailleur; humeur querelleuse, batailleuse; pugnacité *f*.

puisne ['pju:ni]. *Jur:* **I.** *a. & s.* **Puisne (judge),** (juge *m*) conseiller *m* (à une cour); juge subalterne (d'une cour). **2.** *a.* Postérieur (en date) (*to*, à); subséquent.

puissant ['pjuis(ə)nt], *a. A:* Puissant.

puke[1] [pju:k], *s.* (*Not in polite use*) **I.** Vomissement *m*. **2.** Émétique *m*.

puke[2], *v.tr. & i.* Vomir; *P:* dégobiller, dégueuler.

puking, *s.* Vomissement *m*; *P:* dégobillage *m*, dégueulage *m*.

pukka ['pʌka], *a.* (*Anglo-Indian*) *F:* Vrai, authentique; accompli, parfait, complet, -ète. *P. sailor*, marin qualifié. *P. soldier*, soldat de profession. *A p. Englishman*, un vrai Anglais d'Angleterre. *He looks a p. Hindoo*, il a bien l'air hindou, l'air d'un Hindou. *P. building*, construction permanente, à demeure.

Pulcheria [pul'tʃi:əria]. *Pr.n.f. A.Hist:* Pulchérie.

pulchritude ['pʌlkritju:d], *s. Lit:* Beauté *f*.

pule [pju:l], *v.i.* (*Of child, chicken*) Piauler, piailler; (*of child*) criailler, vagir; (*of bird*) pépier.

puling[1], *a.* **I.** (Enfant) vagissant. **2.** (Enfant) piauleur, piaulard, piailleur, criailleur.

puling[2], *s.* Piaulement *m*, piaillement *m* (d'enfant, de poussin); vagissement *m*, criaillement *m* (d'enfant); piaulis *m*, pépiement *m* (d'oiseau).

pulicaria [pju:li'kɛəria], *s. Bot:* Pulicaire *f*.

pull[1] [pul], *s.* **I.** (*a*) Traction *f*, tirage *m*. *A p. at the bell*, un coup de sonnette. *Straight p. ahead*, tirage rectiligne en avant. **To give a pull,** tirer. **Pull on the trigger,** pression *f* de la détente. **Long pull,** pratique *f* (de certains bars) qui consiste à servir plus de bière que la mesure. *See also* PUSH-AND-PULL. (*b*) **Pull of a magnet,** force *f* d'attraction d'un aimant; appel *m*, sollicitation *f*, d'un aimant. **Gravitational pull,** gravitation *f*. (*c*) Effort *m* de traction. **Up-hill pull,** effort à la montée. *It was a stiff p.* (*up*) *to the top of the hill*, il fallait un rude effort pour gagner le sommet de la colline. (*d*) *Row:* Coup *m*, palade *f* (d'aviron). *We had a hard p.*, il nous fallut ramer, souquer, ferme. *F:* **After my work I have a pull,** après mon travail je fais de l'aviron, du canotage. **To go for a pull on the water,** faire une promenade sur l'eau, une partie de canot(age). (*e*) *Turf:* Manœuvre déloyale qui consiste à retenir un cheval (pour l'empêcher de gagner). **2.** (*a*) *Cr:* Renvoi *m* de la balle de la droite à l'extrême gauche. (*b*) *Golf:* Longue crossée à gauche; coup tiré. **3.** Avantage *m*. **To have a pull,** avoir le bras long. **To have the pull of s.o., a pull over s.o.,** avoir l'avantage sur qn; être favorisé au désavantage de qn. *To have an extra p.*, avoir un avantage marqué (comme candidat à un poste, etc.); *F:* avoir du piston (*with s.o.*, chez qn). **4.** *F:* (*a*) Gorgée *f*, *P:* lampée *f* (de bière, etc.). **To take a pull at the bottle,** boire un coup à (même) la bouteille. (*b*) *To take a pull at one's pipe*, tirer une bouffée de sa pipe. **5.** (*a*) **Drawer pull,** poignée *f* de tiroir. **Cistern-pull,** poignée de chasse d'eau. *See also* BEER-PULL, BELL-PULL. (*b*) Crochet *m* de traction, d'attelage (d'une locomotive, etc.). **6.** *Typ: Engr:* Première épreuve.

'pull-bar, *s. Veh:* Barre *f* de tirage, de tension.

'pull-bell, *s.* Sonnette *f* à cordon.

'pull-contact, *s. El:* Contact *m* à tirage.

'pull-ring, *s.* Anneau *m* de fermeture (d'une porte).

'pull-rod, *s. Mec.E:* Tige *f* ou tringle *f* de traction; tirant *m*, tirette *f*.

pull[2], *v.tr.* **I.** (*a*) Tirer (les cheveux de qn, une corde, la sonnette, etc.). *To p. a boy's ears*, tirer les oreilles à un gamin. *To p. a bell violently*, *F:* se pendre à une sonnette. **To pull the trigger,** presser la détente. *Abs. U.S:* **To pull on s.o.,** tirer un coup de fusil, de revolver, à qn. *Equit:* **Horse that pulls,** cheval qui gagne à la main, qui résiste au mors, qui se braque. *See also* LEG[1] I, NOSE[1] I, PUPPET-STRINGS, STRING[1] I, WIRE[1] I, WIRE-PULL. (*b*) *Row:* Manier (un aviron). **To pull a boat,** *abs.* **to pull,** ramer; *Nau:* nager, souquer. *To p. a stroke*, donner un coup de rame; souquer un coup. *To p. hard*, souquer ferme. **'Pull hard!'** "allume!" *To p. ashore*, ramer jusqu'au rivage. *The boat pulled in-shore, for the shore*, le bateau se dirigea, nagea, vers la terre, vers le rivage. *Boat that pulls eight oars*, canot à huit avirons. *See also* OAR[1] I, WEIGHT[1] I. (*c*) *Turf:* Retenir, tirer (un cheval) (pour l'empêcher de gagner). (*d*) *v.i.* **To pull at a rope,** tirer, agir, sur un cordage ou un cordon. **To pull at one's pipe,** tirer des bouffées de sa pipe; tirer sur sa pipe. **To pull at a bottle,** boire un coup, une gorgée, un trait, *P:* une lampée, à même la bouteille. **2.** (*a*) Traîner, tirer (une charrette, etc.). *The engine was pulling twenty-five trucks*, la locomotive traînait vingt-cinq wagons. *P. your chair near the fire*, approchez votre chaise du feu. *Abs.* **Horse that pulls well,** cheval qui tire bien. *Car that pulls to the left*, voiture qui tire à gauche. *Aut: etc: The engine is pulling heavily*, le moteur fatigue, peine. *To pull unevenly*, marcher irrégulièrement. (*Of pers., car, etc.*) **To pull slowly up the hill,** gravir péniblement la colline. *F:* **They are pulling different ways,** ils ne s'entendent pas; l'un tire à hue, l'autre à dia. **It is (a case of) pull devil pull baker,** il faut les laisser se débrouiller. *It was p. devil p. baker*, la lutte était égale. **Dress that pulls,** robe *f* qui gêne. *See also* PIECE[1] I. (*b*) **Body pulled by a force,** corps sollicité, (r)appelé, par une force. *U.S: Kind of advertisement that pulls custom*, genre de réclame qui attire les commandes. (*c*) *v.i.* Avoir de l'influence. *Considerations that pull with the general public*, considérations qui influencent le grand public. *To pull for a candidate*, exercer son influence en faveur d'un candidat; *F:* pistonner un candidat. **3. To pull a face,** faire une grimace. *Do look at the face he's pulling*, regardez donc quel nez il fait. **To pull a wry face,** faire la grimace. *See also* LONG[1] I. I. **4.** *F:* **To pull a yarn,** raconter, débiter, une histoire peu vraisemblable. *You can't pull that stuff on me*, on ne me la fait pas comme ça. *See also* LEG[1] I. **5.** *Typ: Engr:* Tirer (une épreuve). **6.** *P:* (*Of police*) (*a*) Arrêter, empoigner (un malfaiteur). (*b*) Opérer une descente dans (un tripot). **7. To pull the ball,** *abs.* **to pull,** (i) *Cr:* renvoyer la balle d'un coup tiré à gauche; (ii) *Golf:* faire un coup tiré.

pull about, *v.tr.* (*a*) Tirailler (qch.); traîner (qch.) çà et là. (*b*) *F:* Houspiller, malmener, *P:* sabouler (qn).

pulling about, *s.* (*a*) Tiraillement *m*; traînages *mpl* çà et là. (*b*) Houspillement *m*, *P:* saboulage *m*, saboulement *m* (de qn).

pull ahead, *v.i. Sp:* Se détacher du peloton. *A small group of racers pulled ahead of the others,* un petit groupe de coureurs se détacha en avant.

pull apart, asunder, *v.tr.* Séparer; déchirer en deux.

pulling apart, asunder, *s.* Séparation *f*; déchirement *m* en deux.

pull away, *v.tr.* **1.** Arracher, décoller (qch.); entraîner (qn). **2.** *Abs.* **Pull away!** tirez ferme! *Row:* avant! souquez!

pulling away, *s.* Arrachage *m.*

pull back, *v.tr.* **1.** Tirer, ramener, en arrière. *To p. back the chairs,* reculer les chaises. **2.** Empêcher (qn) de progresser. *His cold pulled him back considerably,* son rhume a beaucoup retardé sa guérison.

'pull-back. **1.** *Attrib.a.* **Pull-back spring,** ressort *m* de rappel (de frein, etc.). *Bill:* **Pull-back stroke,** *s.* **pull-back,** effet *m* rétrograde; rétro *m.* **2.** *s.* (*a*) Dispositif *m* de rappel. (*b*) Entrave *f.*

pulling back, *s.* Tirage *m,* traction *f,* en arrière.

pull down, *v.tr.* **1.** Baisser, faire descendre (un store, etc.); rabattre (son voile). *To p. down one's hat over one's eyes,* rabattre, baisser, son chapeau sur ses yeux. *With his hat pulled down over his eyes,* son chapeau (r)enfoncé, rabattu, ramené, sur les yeux, sur le front. **2.** (*a*) Démolir, abattre (une maison); défaire (une cloison); raser (des fortifications); démonter, désassembler (une cabane, etc.). (*b*) *F:* Renverser (un gouvernement). **3.** (*a*) (*Of disease*) Abattre, affaiblir (qn). *To be pulled down,* être abattu, affaibli. (*b*) Abattre, décourager (qn).

pulling down, *s.* Démolition *f,* mise *f* à bas, abat(t)age *m* (d'une maison); rasement *m* (des fortifications); renversement *m* (d'un gouvernement).

pull in. **1.** *v.tr.* (*a*) Rentrer (un filet, etc.). (*b*) Retenir (son cheval); tirer les rênes de (son cheval). (*c*) **To pull oneself in,** se serrer la taille; s'amincir. **2.** *v.i.* (*a*) *Rail:* (*Of train*) Entrer en gare. (*b*) *Turf:* Couper un concurrent (en prenant la corde).

pulling in, *s.* Entrée *f* en gare (d'un train).

pull off, *v.tr.* **1.** (*Prepositional use*) (*a*) *To p. sth. off sth.,* enlever ou arracher qch. de qch. **To pull s.o. off his horse,** tirer qn à bas de son cheval; désarçonner qn. (*b*) *Av:* **To pull the plane off the ground,** décoller. **2.** (*Adverbial use*) (*a*) Retirer, ôter (son chapeau); enlever (son pardessus); retirer (ses chaussettes); tirer (le couvercle). *To p. off a piece from sth.,* détacher un morceau de qch. *To pull off the bark from a tree,* enlever, arracher, l'écorce d'un arbre. (*With passive force*) **The lid pulls off,** il faut tirer le couvercle. (*b*) *Sp:* Gagner, remporter, *F:* décrocher (un prix). (*c*) Réussir à faire (qch.); venir à bout de (qch.). *It's up to you to p. it off,* c'est à vous d'enlever l'affaire. *He pulled off some good things at the races,* il a été heureux aux courses.

'pull-off. **1.** *s. Sm.a:* **Light pull-off, hard pull-off** (*of trigger*), détente douce, dure. **2.** *Attrib.a.* **Pull-off spring,** ressort *m* de rappel.

pulling off, *s.* **1.** Action d'enlever, de retirer (qch.). **2.** Gain *m* (d'un prix); enlèvement *m* (d'une affaire).

pull on, *v.tr.* Enfiler, mettre (des bas, un imperméable, etc.). *To p. on one's gloves,* mettre ses gants; se ganter.

'pull-on, *attrib.a.* (Vêtement *m*) qui s'enfile, que l'on se passe par-dessus la tête.

pull out. **1.** *v.tr.* (*a*) Sortir, (re)tirer. *He pulled out his cheque-book,* il sortit son carnet de chèques. *To p. s.o. out of sth.,* (re)tirer qn de qch. *F:* **To pull s.o. out of a hole,** tirer qn du pétrin. (*b*) Arracher (une dent). *To have a tooth pulled out,* se faire arracher une dent. **2.** *v.i.* (*a*) (*Of boat or rowers*) Ramer, nager, vers le large. (*b*) (*Of train*) Sortir de la gare; démarrer. (*c*) *Aut:* **To pull out from behind a vehicle,** sortir de la file pour doubler. (*d*) *U.S: F:* Tirer son épingle du jeu; se dérober.

'pull-out, *attrib.a.* **Pull-out slide,** tablette *f* à coulisse (de table, de bureau).

pulling out, *s.* **1.** Arrachage *m,* arrachement *m* (d'une dent). **2.** *Rail:* Départ *m,* démarrage *m* (d'un train).

pull over. I. *v.tr.* **1.** (*Prepositional use*) **To pull one's hat over one's eyes,** ramener, tirer, *F:* plaquer, son chapeau sur ses yeux. *P. your cap over your ears,* enfoncez votre casquette sur vos oreilles. **2.** (*Adverbial use*) (*a*) Renverser (qch.) (en tirant dessus). (*b*) Tirer (qch.) à soi.

II. **pull over,** *v.i.* (*Of car, etc.*) **To pull over to one side,** se ranger. *To pull over to the left again,* reprendre sa gauche.

'pull-over, *s. Cost:* Pull-over *m.*

pull round. *F:* **1.** *v.tr.* (*a*) *A glass of brandy pulled him round,* on le ranima avec un verre d'eau-de-vie. (*b*) (*After illness*) Remettre (qn) sur pied. **2.** *v.i.* (*a*) (*After fainting*) Se ranimer. (*b*) (*After illness*) Se remettre.

pull through. **1.** *v.tr.* Tirer (qn) d'embarras; tirer (qn) d'affaire; aider (qn) à surmonter une difficulté. *To p. a thing through,* mener une chose à bien. *Only a doctor will p. you through,* il n'y a qu'un médecin qui puisse vous tirer d'affaire, vous remettre sur pied. **2.** *v.i.* Se tirer d'affaire; s'en tirer. *She is very ill but she may p. through,* elle est très malade, mais il se peut qu'elle en réchappe. *He will never p. through,* il ne guérira pas; il n'en reviendra pas.

'pull-through, *s. Sm.a:* Ficelle *f* (de nettoyage); ramoneuse *f.*

pulling through, *s.* Surmontage *m* des difficultés.

pull to, *v.tr.* Tirer, fermer (la porte).

'pull-to, *attrib.a. Aut: etc:* **Pull-to handle,** poignée *f* de tirage (d'une portière).

pull together, *v.tr.* **1.** **To pull oneself together,** se reprendre, se ressaisir, se raidir; reprendre ses esprits. *Come, p. yourself together!* voyons, remettez-vous! *A cup of tea will pull you together,* une tasse de thé vous remettra. **2.** *Abs.* Tirer ensemble; *F:* agir de concert, s'entendre, s'accorder. *You must p. together, F:* il faut accorder vos flûtes *They are not pulling together,* ils ne s'entendent pas; l'un tire à hue, l'autre à dia. *Nau:* **Pull together!** avant partout! nage d'accord!

pull up. **1.** *v.tr.* (*a*) Tirer (qch.) en haut; (re)monter, hisser (qn, qch.). *Aut:* **To pull up the brake,** serrer le frein (à main). (*b*) Hausser, lever (un store); retrousser, relever (sa jupe). **To pull up one's socks,** (i) tirer, remonter, ses chaussettes; (ii) *F:* se dégourdir, se remuer, s'activer; faire mieux que ça; faire appel à toute son énergie. (*c*) Arracher, déraciner, extirper (les mauvaises herbes). (*d*) Arrêter, parer (un cheval); arrêter brusquement (sa voiture). *He was about to let out the secret, but he pulled himself up,* il allait lâcher le secret, mais il s'arrêta à temps, il se ressaisit. (*e*) *F:* Réprimander, rembarrer (qn). **2.** *v.i.* (*a*) S'arrêter. *To p. up at the corner,* arrêter (la voiture) au coin. *To p. up at the kerb,* se ranger, ranger la voiture, le long du trottoir. **Pull up!** arrêtez! (*b*) *We are spending too much, we shall have to p. up,* nous dépensons trop; il va falloir réduire notre train de maison. *After sowing some wild oats he pulled up and settled down,* après quelques folies il s'est ressaisi et s'est rangé. (*c*) *Gym:* **To pull up to the bar,** faire une traction.

pull-'up, *s.* **1.** Arrêt *m* (d'une voiture, d'une bicyclette, etc.); *Mil:* à-coup *m* (dans une colonne, etc.). *I heard the pull-up of a car,* j'entendis une voiture s'arrêter. **2.** Auberge *f,* estaminet *m,* où charretiers, cyclistes, etc., peuvent s'arrêter pour se rafraîchir. **'Good pull-up for carmen,'** "au rendez-vous des camionneurs."

pulling, *s.* **1.** (*a*) Tirage *m.* *See also* WIRE-PULLING. (*b*) *Typ:* Tirage, impression *f* (d'épreuve). (*c*) Maniement *m* (d'un aviron). **Pulling race,** course *f* à l'aviron. **Pulling boat,** embarcation *f,* canot *m,* à l'aviron. **2.** Traction *f,* tirage. *It is hard p. over the cobbles,* il y a beaucoup de tirage sur le caillou. **3.** *P:* Arrestation *f* (d'un malfaiteur); descente *f* de police (dans un tripot).

puller ['pulər], *s.* **1.** (*a*) Tireur, -euse; arracheur, -euse. *See also* WIRE-PULLER. (*b*) Rameur, -euse. **2.** (*a*) (*Of horse*) *To be a good p.,* tirer à plein collier. (*b*) *Equit:* Cheval fort en bouche, qui n'a pas de bouche, qui a la bouche forte, qui tire à la main. **3.** *Tls:* Outil *m* de démontage; appareil démonteur. **Ball-bearing puller,** extracteur *m* pour roulements à billes. **Bushing puller,** arrache-bague *m,* *pl.* arrache-bagues. **Universal puller,** arrache-tout *m inv*; extracteur universel. **4.** *U.S:* (*a*) Attraction *f.* *Th:* Pièce *f* qui fait recette. **To be a good puller,** attirer un grand public. (*b*) *Com:* **Puller-in,** employé *m* qui fait l'article sur le trottoir; aboyeur *m.*

pullet ['pulet], *s.* Poulette *f.* *Fattened p.,* poularde *f,* gelinotte *f.* *Plump (corn-fed) p.,* poulet *m* de grain.

pulley ['puli], *s.* **1.** Poulie *f.* *Min:* Molette *f,* poulie (de chevalement). **Grooved pulley,** poulie à gorge. **Chain-pulley,** poulie à empreintes pour chaînons; barbotin *m.* **Frame pulley,** poulie à chape. **Cheek pulley, flange pulley,** poulie à joues. **Differential pulley,** palan différentiel. *See also* TACKLE[1] 2. **2.** **(Belt-)pulley,** poulie; roue *f* de courroie; (*small*) galet *m.* **Cable-pulley,** roue à corde. **Tension-pulley,** poulie tendeur, galet tendeur. **Driven pulley,** poulie réceptrice. **Driving pulley,** poulie menante, conductrice; poulie de commande, d'attaque; pignon *m* de commande. **Fixed pulley,** poulie fixe. **Loose pulley, dead pulley,** poulie folle; galopin *m.* **Step-pulley,** poulie à gradins. **Band-saw pulley,** volant *m* porte-lame. *See also* CONE-PULLEY, FLY-PULLEY, GUIDE-PULLEY, IDLE-PULLEY, JOCKEY-PULLEY, STRETCHER-PULLEY.

'pulley-block, *s.* (*a*) Moufle *f or m*; poulie mouflée; arcasse *f.* **Three-strand pulley-block,** moufle à trois brins. (*b*) Palan *m.*

'pulley-drum, -shell, *s.* Chape *f,* corps *m,* d'une poulie, d'un(e) moufle.

'pulley-maker, *s.* Poulieur *m.*

'pulley-shaped, *a. Nat.Hist:* Trochléen.

'pulley-wheel, *s.* Réa *m,* rouet *m.*

pulleyed ['pulid], *a.* A poulie(s).

Pullman ['pulmən], *s.* **1.** *Rail:* **Pullman car,** voiture *f* Pullman. *See also* EXPRESS[1] 3. **2.** **Pullman bus,** autocar *m* Pullman.

pullulate ['pʌljuleit], *v.i.* (*a*) (*Of seed*) Germer; (*of bud*) pousser. (*b*) (*Of rats, heresy, etc.*) Pulluler; (*of opinions, etc.*) proliférer. (*c*) *F:* (*Of vermin*) Grouiller.

pullulation [pʌlju'leiʃ(ə)n], *s.* (*a*) Germination *f* (d'une graine); pousse *f* (des bourgeons, etc.). (*b*) Pullulation *f* (des rats, etc.); prolifération *f* (d'une doctrine).

pully-haul ['pulihɔːl], *v.tr. F:* Tirer à force de bras.

pully-hauly ['puli'hɔːli], *s. F:* Tirage *m,* traction *f,* hissage *m,* à force de bras.

pulmobranchiate [pʌlmo'braŋkiet], *a. Moll:* Pulmobranche.

pulmometer [pʌl'mɔmetər], *s. Med:* Spiromètre *m.*

pulmonaria [pʌlmo'nɛəriə], *s. Bot:* Pulmonaire *f*; *F:* herbe *f* aux poumons, au cœur, au lait.

pulmonary ['pʌlmonəri], *a.* **1.** *Anat:* Pulmonaire. *P. artery,* artère *f* pulmonaire. *P. complaint,* maladie *f* pulmonaire, des poumons. **2.** (*Of pers.*) Poitrinaire, pulmonique. **3.** *Z:* (Animal) poumoné, pourvu de poumons.

pulmonate ['pʌlmonet]. **1.** *a. Z:* Poumoné. *Moll:* Pulmoné. **2.** *s. Moll:* Pulmoné *m.*

pulmonic [pʌl'mɔnik]. **1.** *a.* = PULMONARY 1, 2. **2.** *s. Med:* Pulmonique *mf*; poitrinaire *mf.*

pulp[1] [pʌlp], *s.* (*a*) Pulpe *f* (des doigts, dentaire); pulpe, chair *f* (des fruits). (*b*) **Beet pulp,** pulpe de betterave. **Paper-pulp,** pâte *f,* pulpe, à papier. *Paperm:* **Strong pulp,** pâte dure, solide, écrue. *See also* RAG[1] 3, WOOD-PULP. **To reduce sth. to a pulp,** réduire qch. en pulpe; *Pharm:* pulper un produit. *F: I reduced him to a p.,* je l'ai mis en bouillie; *P:* je l'ai écrabouillé. **To have one's arm crushed to pulp,** avoir le bras réduit en marmelade, en bouillie, en compote, en capilotade; avoir le bras complètement écrasé.

pulp[2]. **1.** *v.tr.* (*a*) Réduire en pulpe, en pâte. *Pharm:* Pulper. **To pulp (books, etc.),** mettre (des livres) au pilon; mettre au papier (une fin d'édition, etc.). (*b*) Décortiquer (des graines, des grains de café). **2.** *v.i.* Devenir charnu, pulpeux.

pulped, *a. Ind:* Mâché.
pulping, *s.* **1.** Réduction *f* en pulpe, en pâte. *Pharm:* Pulpation *f. Paperm: etc:* **Pulping machine,** pilon *m.* **2.** Décortiquage *m,* décortication *f.*
pulpiness ['pʌlpinəs], *s.* Nature pulpeuse, charnue (d'un fruit, etc.).
pulpit ['pulpit], *s.* **1.** *(a)* Chaire *f* (du prédicateur); *Lit:* la tribune sacrée. **To ascend, mount, the pulpit,** monter en chaire. *To express an opinion from the p.,* exprimer une opinion en (pleine) chaire. **Pulpit oratory,** éloquence *f* de la chaire; éloquence sacrée. *(b) Lit:* Les orateurs *m* de la chaire; la prédication. *The influence of the p.,* l'influence de la chaire. **2.** Vigie *f* (de surveillant d'usine, etc.).
pulpitarian [pulpi'tɛəriən], **pulpiteer**[1] [pulpi'tiːər], *s. Pej:* Prêcheur *m.*
pulpiteer[2], *v.i. Pej:* Prêcher.
pulpiteering, *s. Pej:* Prêcherie *f.*
pulpous ['pʌlpəs], *a.* = PULPY 1.
pulpy ['pʌlpi], *a.* **1.** Pulpeux, pultacé, charnu. **2.** *F:* Mou, *f.* molle; flasque.
pulque ['pulke], *s. U.S:* Pulque *m.*
pulqueria [pul'kiːəria], *s. U.S:* Débit *m* de pulque.
pulsate ['pʌlseit]. **1.** *v.i.* *(a) (Of heart, etc.)* Battre. *(b)* Palpiter; vibrer. *(c) (Of elastic fluid)* Avoir des pulsations; entrer en vibration. **2.** *v.tr. Min:* Cribler au berceau (des alluvions diamantifères).
pulsating, *a.* **1.** *(Of heart, etc.)* Battant. **2.** *El:* **Pulsating current,** courant *m* pulsatoire.
pulsatile ['pʌlsətail], *a.* **1.** *Med:* (Tumeur *f,* etc.) pulsatile. **2.** *Mus:* (Instrument *m*) de percussion.
pulsatilla [pʌlsə'tilə], *s. Bot:* Pulsatille *f*; *F:* passe-fleur *f, pl.* passe-fleurs; fleur *f* de Pâques, du vent; coquelourde *f.*
pulsation [pʌl'seiʃ(ə)n], *s.* Pulsation *f. El:* Battement *m* (d'une lampe synchronisante).
pulsator [pʌl'seitər], *s.* **1.** *Min:* Crible *m* à grille mobile; berceau *m* (pour alluvions diamantifères). **2.** *Ind:* Pulsomètre *m.*
pulsatory ['pʌlsətəri], *a.* Pulsatoire, pulsatif. *El: P. current,* courant *m* pulsatoire.
pulse[1] [pʌls], *s.* **1.** Pouls *m. Low p.,* pouls faible. *Quick p.,* pouls fréquent, précipité. *Irregular p.,* pouls intermittent. **To feel s.o.'s pulse,** (i) *Med:* tâter le pouls à qn; (ii) *F:* sonder qn. *Med: Let's feel your p.,* voyons votre pouls. **2.** *(a)* Pulsation *f,* battement *m* (du cœur, etc.); vibration *f* (d'une corde, *Ph:* des ondes). *(b) Pros: Mus:* Cadence *f,* rythme *m*; mouvement rythmé. **3.** *Mec.Meas:* Pied-livre-seconde *m.*
pulse[2]. **1.** *v.i.* Avoir des pulsations; battre; palpiter. *(Of blood) To p. through the arteries,* circuler dans les artères par pulsations rythmées. *Exercise sends the blood pulsing through the veins,* l'exercice *m* fouette le sang, active la circulation du sang. *The life pulsing through a great city,* la vie qui anime une grande ville. **2.** *v.tr.* **To pulse out, to pulse in, the blood,** faire sortir, faire entrer, le sang d'un mouvement régulier.
pulse[3], *s.* *(Coll. sg., sometimes with pl. const.)* Plantes légumineuses; légumes *mpl* à gousse.
pulsimeter [pʌl'simetər], *s. Med:* Sphygmomètre *m,* pulsimètre *m.*
pulsion ['pʌlʃ(ə)n], *s.* Pulsion *f.*
pulsometer [pʌl'sɔmetər], *s. Ind:* Pulsomètre *m.*
pulsus paradoxus ['pʌlsəspara'dɔksəs], *s. Med:* Pouls paradoxal.
pultaceous [pʌl'teiʃəs], *a.* Pultacé, pulpeux.
pulverizable ['pʌlvəraizəbl], *a.* Pulvérisable.
pulverization [pʌlvərai'zeiʃ(ə)n], *s.* Pulvérisation *f.*
pulverize ['pʌlvəraːiz]. **1.** *v.tr.* *(a)* Pulvériser, réduire en poudre; broyer (le charbon); *Pharm:* porphyriser. *F:* **To pulverize an argument,** réduire un argument en miettes, à néant. **To pulverize s.o.,** démolir qn, le discours de qn; pulvériser (l'orateur, etc.). *(b)* Atomiser (de la peinture liquide, de l'eau de Cologne, etc.); *I.C.E:* vaporiser, atomiser (l'essence). **2.** *v.i.* *(a)* Tomber en poussière; se pulvériser. *(b)* Se vaporiser.
pulverizing, *s.* **1.** Pulvérisation *f*; broyage *m* (du charbon); *Pharm:* porphyrisation *f.* **2.** Vaporisation *f.*
pulverizer ['pʌlvəraizər], *s.* *(Device)* Pulvérisateur *m*; vaporisateur *m* (d'essence, etc.); *Ind:* broyeur *m* (de charbon).
pulverulence [pʌl'verjuləns], *s.* Pulvérulence *f*; état poudreux.
pulverulent [pʌl'verjulənt], *a.* Pulvérulent; poudreux.
pulvinar [pʌl'vainɑːr], *s. Rom.Ant: Anat:* Pulvinar *m.*
pulvinate ['pʌlvinet], *a. Bot: Ent:* Pulviné.
pulvino [pʌl'vaino], *s. Arch:* Sommier *m* de voûte.
puma ['pjuːmə], *s. Z:* Puma *m,* couguar *m*; lion *m* d'Amérique, du Pérou.
pumice[1] ['pʌmis], *s.* *(Also* **pumice-stone***)* (Pierre *f*) ponce *f.*
pumice[2], *v.tr.* Poncer; passer (une surface) à la pierre ponce; polir à la ponce.
pumiced, *a. Vet:* **Pumiced foot,** pied *m* comble; fourmilière *f.*
pumiceous [pju'miʃəs], *a.* Ponceux, pumiqueux.
pummel[1] ['pʌm(ə)l], *s.* = POMMEL[1].
pummel[2], *v.tr.* **(pummelled; pummelling)** Battre, rosser; bourrer (qn) de coups de poing.
pummelling, *s.* Volée *f* de coups. *To give s.o. a good p.,* bourrer qn de coups; tomber à bras raccourcis sur qn.
pump[1] [pʌmp], *s.* **1.** *(a)* Pompe *f.* **Lift-and-force pump,** pompe aspirante et foulante. *See also* FORCE-PUMP, LIFT-PUMP. **Hand pump,** pompe à bras. *See also* LUBRICATOR. **Steam pump,** pompe à vapeur. **Wind(mill)-pump,** épuise volante; éolienne *f.* **Single-acting pump,** pompe à simple effet. *Double-acting pump,* pompe à double effet. **Piston pump,** pompe à piston. *Mch: I.C.E: etc:* **Gear pump,** pompe à engrenages. **Centrifugal pump,** pompe centrifuge. *Metall:* **Blast pump,** pompe foulante; trompe *f.* **Suction pump, sucking pump,** pompe aspirante, suceuse; *Ch:* trompe. *Nau:* **Main pump,** pompe royale. *Aut:* **Petrol pump,** (i) *(of engine)* pompe à essence; (ii) *(of service station)* poste *m* d'essence; distributeur *m* automatique (d'essence); *F:* borne-fontaine *f, pl.* bornes-fontaines. **Pump water,** eau *f* de pompe. *The p. is foul,* la pompe est engorgée. *The p. is dry,* la pompe est désamorcée. **To work a pump,** manœuvrer une pompe. *Nau:* **To rig the pumps,** gréer les pompes. *See also* BILGE-PUMP, BREAST-PUMP, BRINE-PUMP, CHAIN-PUMP, DONKEY-PUMP, DUPLEX, FEED-PUMP, FILTER-PUMP, MOTOR PUMP, PARISH, RAM-PUMP, STOMACH-PUMP. *(b)* **Bicycle pump,** pompe à bicyclette. **Foot pump,** pompe à pied. **Pressure pump, force pump,** pompe foulante. *See also* AIR-PUMP, TYRE-PUMP. **2.** Action *f* de pomper. **To give a pump,** donner un coup de pompe. **3.** *F:* *(a)* Tentative *f* pour sonder qn, *F:* pour tirer les vers du nez de, à, qn. *(b)* Homme *m* habile à sonder les autres, à tirer les vers du nez; questionneur astucieux.
'pump-barrel, *s.* Cylindre *m,* corps *m,* de pompe; barillet *m.*
'pump-brake, *s. Nau:* Bringuebale *f,* brimbale *f*; levier *m* de pompe; *F:* branloire *f.*
'pump-bucket, *s.* = PUMP-PISTON.
'pump-case, *s.* Chapelle *f* de pompe; *(of rotary pump)* coquille *f.*
'pump-casing, *s. I.C.E: etc:* Carter *m* de pompe.
'pump-clip, *s. Cy:* Fixe-pompe *m, pl.* fixe-pompes.
'pump-gear, *s.* Garniture *f,* armature *f,* de pompe; accessoires *mpl* de pompe.
'pump-gun, *s. Sm.a:* Fusil *m* à magasin tubulaire.
'pump-'handle[1], *s.* **1.** = PUMP-BRAKE. *F:* **Pump-handle handshake,** poignée *f* de main en coup de pompe. **2.** Poignée *f,* manche *m,* de pompe à bicyclette, etc.
'pump-'handle[2], *v.tr.* *F:* Secouer vigoureusement la main à (qn).
'pump-house, *s. Ind: Min: etc:* Bâtiment *m* des pompes.
'pump-'leather, *s. Nau:* Maugère *f* (de dalot, de pompe).
'pump-log, *s. U.S:* Tronçon évidé (pour canalisation).
'pump-piston, 'pump-plunger, *s.* Sabot *m,* piston *m,* de pompe.
'pump-rod, *s.* Tige *f* de pompe.
'pump-room, *s.* **1.** Chambre *f* des pompes. **2.** *(At a spa) (a)* Buvette *f* (où l'on prend les eaux). *(b)* Le Pavillon.
'pump-well, *s.* **1.** *Nau:* Archipompe *f.* **2.** Puits muni d'une pompe; puits à bras.
pump[2]. **1.** *v.tr.* *(a)* **To pump (out, up) water,** (i) pomper, extraire, de l'eau; (ii) épuiser l'eau à la pompe. *Abs.* **Pump away! pompez** ferme! *F:* **To pump a secret, etc., out of s.o.,** arracher un secret à qn; tirer un secret de qn (par des interrogations adroites). *(b)* **To pump a well dry,** assécher un puits; épuiser l'eau d'un puits. *To p. a ship dry,* franchir un vaisseau, une voie d'eau. **To pump ship,** (i) *Nau:* pomper l'eau de la cale; mettre l'équipage aux pompes; (ii) *P:* uriner; lâcher de l'eau; se soulager. *F:* **To pump s.o.,** (i) sonder, faire causer, faire jaser, qn; *F:* tirer les vers du nez de, à, qn; (ii) *(of exercise, etc.)* essouffler qn; mettre qn hors d'haleine. **To pump a prisoner,** cuisiner un prisonnier. *They pumped him,* on le fit jaser. *(c) To p. water into a boiler, to p. air into a mine,* refouler de l'eau dans une chaudière, de l'air dans une mine. *To p. air into the lungs of a drowned man,* insuffler de l'air dans les poumons d'un noyé. *F: To p. knowledge into a candidate,* chauffer un candidat. *To p. abuse, projectiles, upon s.o.,* décharger, faire pleuvoir, des injures, des projectiles, sur qn. **2.** *v.i. (Of heart, machine, etc.)* Pomper; *F: (of mercury in barometer)* accuser de brusques variations. *His head was pumping,* les tempes lui battaient; ses tempes battaient la fièvre.
pump out, *v.tr. To p. out a flooded mine,* dénoyer une mine. *To p. out a well,* épuiser l'eau d'un puits; assécher un puits. *To p. out a boat,* agréner une embarcation. *To p. out the holds,* assécher les cales.
pumped out, *a. F: (Of pers.)* Épuisé, éreinté, fourbu, vanné.
pumping out, *s.* Asséchage *m* (d'un puits); dénoyage *m,* exhaure *f* (d'une mine).
pump up, *v.tr.* **1.** Faire monter (l'eau) en la pompant; pomper (l'eau). **2.** Gonfler (un pneu). *F: To p. up one's bike,* gonfler (les pneus de) sa bécane.
pumping up, *s.* Gonflage *m* (d'un pneu).
pumped, *a.* *(Of athlete, etc.)* Essoufflé.
pumping, *s.* **1.** Pompage *m,* extraction *f* (de l'eau). **2.** *F:* Action de tirer les vers du nez à, de, qn.
'pumping-engine, *s.* Machine *f* d'épuisement, d'exhaure; pompe *f* d'extraction, d'épuisement; machine élévatrice d'eau. *Min:* Épuise *f.*
'pumping-shaft, *s. Min:* Puits *m* d'exhaure, d'épuisement.
'pumping-station, *s. Min: etc:* Station *f* d'épuisement; station des pompes.
pump[3], *s. Cost:* Escarpin *m*; soulier *m* de bal (pour homme).
pumper ['pʌmpər], *s.* **1.** Ouvrier chargé des pompes. *Min:* Ouvrier à l'exhaure. **2.** *F:* Questionneur astucieux.
pumpernickel ['pumpərnik(ə)l], *s.* Pumpernickel *m*; pain *m* de grosse farine de seigle (de Westphalie).
pumpkin ['pʌm(p)kin], *s. Hort:* Potiron *m,* citrouille *f,* courge *f,* giraumon(t) *m.*
pun[1] [pʌn], *s.* Calembour *m,* jeu *m* de mots.
pun[2], *v.i.* **(punned; punning)** Faire des calembours, des jeux de mots; jouer sur les mots. *To pun upon a word,* jouer sur un mot.
punning, *s.* Calembours *mpl*; jeux *mpl* de mots.
pun[3], *v.tr.* Damer, pilonner, piler (la terre, le pisé); tasser, consolider (le béton coulé).
puna ['puːna], *s.* **1.** *Ph.Geog:* Puna *f*; plateau *m* (des Andes). **2.** *Med:* Puna; mal *m* des montagnes.
punch[1] [pʌnʃ], *s.* **1.** *Tls:* *(a)* Poinçon *m.* **Centre-punch, centring-punch,** pointeau *m* (de mécanicien); amorçoir *m.* *(b)* Chasse-goupilles *m inv,* chasse-clefs *m inv,* chasse-clavettes *m inv,*

chasse *f*. **Nail-punch, brad-punch,** chasse-clou(s) *m inv*, chasse-pointe(s) *m inv*. (*c*) (*For piercing*) Perçoir *m*, perce *f*. (*d*) **Hollow punch,** emporte-pièce *m inv*, découpoir *m*. **Paper-punch,** perforateur *m* à papier. (*e*) Étampe *f*, poinçon; *Num:* matrice *f*, coin *m*; *Typ:* matrice. (*f*) **Rivet(t)ing punch,** poinçon à river; bouterolle *f*. **2.** (*a*) **Hand punch,** poinçon (de contrôleur de chemin de fer); pince *f* de contrôle. **Number punch,** poinçon à chiffrer. *See also* BELL-PUNCH, PLIERS. (*b*) (*Machine*) Poinçonneuse *f*. **Punch press,** presse *f* à découper; découpeuse *f*. **Bear punch,** poinçonneuse portative. *See also* BELT-PUNCH.

'punch-mark[1], *s*. Coup *m* de pointeau; repère *m*.

'punch-'mark[2], *v.tr*. Repérer au poinçon.

punch[2], *s*. **1.** Coup *m* de poing, horion *m*; *P:* gnon *m*, beigne *f*, marron *m*, pain *m*. *To give s.o. a p. in the face,* flanquer, coller, son poing sur la figure à qn. *Box: He has a strong p.,* il a le coup de poing raide; il cogne dur. **2.** *F:* Force *f*, énergie *f*; mordant *m* (des troupes). *Style with p. in it,* style incisif, énergique, nerveux; style à l'emporte-pièce.

'punch-ball, *s*. = PUNCHING-BALL.

punch[3], *v.tr*. **1.** (*a*) Percer, découper (à l'emporte-pièce), poinçonner (un trou, une barre de fer); perforer (le cuir, etc.). *To p. the holes in a horseshoe,* percer un fer à cheval. (*b*) Poinçonner (un billet). (*c*) *To p. an iron plate,* estamper, étamper, une plaque de fer. **2.** *U.S:* Conduire (des bestiaux) à l'aiguillon. **3.** Donner un coup de poing à (qn), cogner sur (qn). *To p. s.o.'s face,* casser la figure à qn. *To p. s.o. on the nose,* flanquer, coller, son poing sur le nez à qn. *To p. s.o.'s head,* flanquer des taloches à qn. *He's got a face you'd like to p., F:* il a une tête de massacre. *Box:* **To punch the ball,** s'entraîner au punching-ball.

punch in, *v.tr*. Enfoncer (un clou, etc.) au poinçon.

punch out, *v.tr*. **1.** Enlever, découper, à l'emporte-pièce; frapper (des patrons, etc.). **2.** Chasser (une goupille).

punching out, *s*. Découpage *m*; enlèvement *m* à l'emporte-pièce; frappe *f*.

punched, *a*. *Metalw:* **Punched piece,** pièce estampée.

punching, *s*. **1.** (*a*) Perçage *m*, poinçonnage *m*, découpage *m* à l'emporte-pièce. (*b*) Poinçonnement *m*, poinçonnage (des billets). **2.** *Metalw:* Pièce étampée. **3.** *U.S:* Conduite *f* (des bestiaux) à l'aiguillon. **To go cow-punching,** se faire cowboy. **4.** Coups *mpl* de poing.

'punching-ball, *s*. *Box:* Punching-ball *m*, punching *m*. *To practise with the p.-b., F:* travailler le sac.

'punching-bear, *s*. *Mec.E:* Poinçonneuse portative.

'punching-machine, *s*. **1.** Poinçonneuse *f*; machine *f* à poinçonner. **2.** Découpeuse *f*; machine à découper, à percer.

punch[4], *s*. (*Beverage*) Punch *m*. **Milk punch,** lait *m* au rhum. **Tea punch,** punch anglais. **To give a punch in honour of s.o.,** offrir un punch d'honneur à qn.

'punch-bowl, *s*. **1.** Bol *m* à punch. **2.** *Ph.Geog:* Cuvette *f* (entre collines).

Punch[5]. *Pr.n.m*. **1.** = Polichinelle ou Guignol. **Punch and Judy show,** (théâtre *m* de) Guignol *m*. *See also* PLEASED 1, PROUD 1. **2.** (*The paper*) "Punch."

punch[6]. **1.** *s*. **Suffolk punch,** cheval de gros trait du Suffolk. **2.** *a*. *Dial:* (Cheval, homme) trapu, ragot.

puncheon[1] ['pʌnʃ(ə)n], *s*. **1.** *Min:* (*a*) Cale *f*, tasseau *m*. (*b*) Poteau *m* d'étayage. **2.** *Const:* *U.S:* Tronçon fendu. **3.** *Tls:* Poinçon *m*.

puncheon[2], *s*. *Meas:* Tonneau *m* (de 72 à 120 gallons). *P. of rum,* pièce *f* de rhum.

puncher ['pʌnʃər], *s*. **1.** (*Pers.*) (*a*) Poinçonneur *m*, perceur *m* (de tôle, etc.); poinçonneur (de billets, etc.). (*b*) Estampeur *m*, frappeur *m*. **2.** *Tls:* (*a*) Poinçonneuse *f*; perforateur *m*; emporte-pièce *m inv*. (*b*) Découpeuse *f*. **3.** *U.S:* = COW-PUNCHER.

Punchinello [pʌn(t)ʃi'nelo]. **1.** *Pr.n.m. Ital.Th:* Polichinelle. **2.** *s*. *F:* Personne grosse et courte; personne boulotte; homme courtaud, trapu, ragot.

punctate ['pʌŋktet], *a*. *Nat.Hist:* Pointillé, ponctulé.

punctiform ['pʌŋktifɔːrm], *a*. *Nat.Hist:* Ponctulé, punctiforme.

punctilio [pʌŋk'tiljo], *s*. **1.** Pointillerie *f*; formalisme exagéré. **2.** Point *m* d'étiquette. **To stand upon punctilios,** (i) être pointilleux; s'attacher à des vétilles; (ii) s'attacher au protocole.

punctilious [pʌŋk'tiliəs], *a*. **1.** (*a*) Pointilleux, méticuleux; qui s'attache à des vétilles, à des minuties, *F:* à des brouilles. *A very p. gentleman,* un monsieur ponctué et virgulé. (*b*) *He is p. on the point of honour,* il est chatouilleux sur le point d'honneur. *The p. honour of the Spaniards,* l'honneur chatouilleux des Espagnols. *Loyal and p. to a degree,* loyal et délicat au suprême degré. **2.** *To be very p.,* être à cheval sur le cérémonial, être très cérémonieux; se soucier beaucoup, être très soucieux, du protocole; s'attacher à un formalisme exagéré. **-ly,** *adv*. **1.** Pointilleusement; scrupuleusement. **2.** Délicatement. **3.** Cérémonieusement.

punctiliousness [pʌŋk'tiliəsnəs], *s*. **1.** Pointillerie *f*; scrupule *m* des détails. **2.** Souci *m* du protocole. *Diplomats act with extreme p. towards one another,* les diplomates en usent entre eux avec une extrême délicatesse.

punctual ['pʌŋktjuəl], *a*. **1.** Ponctuel, exact. *Always p.,* toujours à l'heure. *P. in the performance of his duties,* ponctuel à remplir ses devoirs. *P. in paying his rent,* exact à payer son loyer. *To be p. in one's payments, at the office,* être exact, régulier, dans ses payements, au bureau. *His payments are p.,* il effectue ses payements avec la plus grande régularité. **2.** *Geom:* **Punctual co-ordinates,** coordonnées d'un point. **-ally,** *adv*. Exactement, ponctuellement.

punctuality [pʌŋktju'aliti], *s*. Ponctualité *f*, exactitude *f*. *P. in carrying out his duties,* exactitude à s'acquitter de ses fonctions. *To have a name for p.,* passer pour exact.

punctuate ['pʌŋktjueit], *v.tr*. **1.** Ponctuer (une phrase, etc.). **2.** *F:* Ponctuer (ses mots en parlant); donner plus de force à, accentuer (une remarque, etc.). *He punctuated his sentences with thumps on the table,* il scandait ses phrases de coups de poing sur la table.

punctuation [pʌŋktju'eiʃ(ə)n], *s*. Ponctuation *f*.

punctulated ['pʌŋktjuleitid], *a*. = PUNCTATE.

punctum, *pl*. **-a** ['pʌŋktəm, -a], *s*. *Anat:* *Z:* Point *m*. *The lachrymal puncta,* **the puncta,** les points lacrymaux.

puncture[1] ['pʌŋktjər], *s*. **1.** (*a*) *Surg:* Ponction *f* (d'une ampoule, d'un abcès). *Lumbar p.,* ponction lombaire. (*b*) Crevaison *f*, perforation *f* (d'un abcès, d'un pneumatique). **2.** (*Hole*) Piqûre *f*, perforation. *I came home with a nail p.,* je suis rentré avec une piqûre de clou (à un pneu). *Another p.!* encore une crevaison!

'puncture-proof, *a*. (Pneu *m*) increvable, imperforable; (pneu) anti-crevaison *inv*.

puncture[2], *v.tr*. (*a*) Ponctionner (une ampoule, un abcès). (*b*) Crever, perforer (un pneumatique). (*c*) (*With passive force*) (*Of tyre*) Crever; avoir une crevaison.

punctured, *a*. **1.** (Abcès) crevé; (pneu) crevé, perforé. **2.** Fait, composé, de piqûres.

puncturing, *s*. Perforage *m*, crevaison *f* (d'un pneu).

pundit ['pʌndit], *s*. **1.** Pandit *m*. **2.** *F. & Hum:* Pontife *m* (des lettres, etc.).

pungency ['pʌndʒənsi], *s*. **1.** Goût piquant (du gingembre); odeur forte, piquante (d'un parfum). **2.** (*a*) Acuité *f* (d'une douleur); âcreté *f*, aigreur *f* (de paroles); piquant *m*, mordant *m* (d'un sarcasme). (*b*) Saveur *f* (d'un récit, du style); causticité *f* (du style, d'une épigramme).

pungent ['pʌndʒənt], *a*. **1.** *Bot:* Piquant, épineux. **2.** (*Of pain, etc.*) Cuisant; aigu, -uë; (*of sorrow, etc.*) poignant. **3.** (*Of style, sarcasm, etc.*) Mordant, caustique. *P. words,* paroles *f* aigres. *P. remarks,* observations pleines de saveur. **4.** (*Of smell, etc.*) Fort, âcre, piquant, irritant; (*of taste*) piquant. *P. mustard,* moutarde *f* qui monte au nez. *P. dish,* plat relevé. **-ly,** *adv*. D'une manière piquante; avec causticité.

Punic ['pjuːnik], *a*. *Hist:* (Guerre *f*, etc.) punique. **Punic faith,** la foi punique; perfidie *f*.

puniness ['pjuːninəs], *s*. (*a*) Chétiveté *f*. (*b*) Petitesse *f*.

punish ['pʌniʃ], *v.tr*. **1.** Punir (une faute, un malfaiteur); châtier (qn); corriger (un enfant). *To p. s.o. corporally,* infliger une punition corporelle, une correction, à qn. **To punish s.o. for sth.,** punir qn de qch.; faire expier qch. à qn. *To p. s.o. for his impudence,* châtier l'insolence de qn. *To be punished for one's rashness,* être puni de sa témérité. *To be punished for lying,* être puni pour avoir menti. *To be justly punished for one's sins,* être puni par où l'on a péché. *He is punished for my weakness,* il subit les conséquences de ma faiblesse. *Jur:* **To punish s.o. by, with, a fine,** frapper qn d'une amende; infliger une amende à qn. *Mil:* **To punish a town,** exécuter militairement une ville. **2.** *F:* Taper dur sur (qn); malmener (qn). *Box: He was severely punished,* il a encaissé. *To p. a horse (in a race),* fouailler, malmener, un cheval. *Cr: etc: To p. s.o.'s bad play,* faire expier à qn sa maladresse dans le jeu. **To punish s.o.'s cellar,** faire honneur à, ne pas épargner, la cave de qn. *To p. the roast beef,* taper sur le rôti. *To p. the pie,* faire une large brèche au pâté. *Aut: etc:* **To punish the engine,** fatiguer, forcer, le moteur.

punishing[1], *a*. *F:* Qui frappe dur; (coup) violent. **Punishing game,** jeu *m* rude. **Punishing work,** travail épuisant, éreintant. **Punishing race,** course épuisante.

punishing[2], *s*. Punition *f*, correction *f*.

punishable ['pʌniʃəbl], *a*. Punissable. *Jur:* Délictueux. *P. by a fine,* passible d'amende.

punisher ['pʌniʃər], *s*. **1.** Punisseur, -euse; correcteur, -trice. **2.** *Box:* *F:* Boxeur *m* qui frappe dur.

punishment ['pʌniʃmənt], *s*. **1.** Punition *f*, correction *f*, châtiment *m*. *Jur:* Peine *f*. **Corporal punishment,** châtiment corporel; *Jur:* peine corporelle. **Capital punishment,** peine capitale; le dernier supplice. **Eternal punishment,** les supplices éternels. **As a punishment,** par punition. *To inflict a p. on s.o.,* infliger une punition, un châtiment, à qn. *Law providing p. for . . .,* loi *f* qui comporte des sanctions pénales pour. . . . **To be brought to punishment for one's crimes,** être puni de ses crimes. *Mil:* **Summary punishment,** sanction *f* disciplinaire. *See also* DRILL[1] 2, FIT[4] I. 3, SQUAD[1] 1. **2.** *F:* *Sp: etc:* *To inflict severe p. on a team,* administrer une cruelle défaite, une raclée, à une équipe. *Box:* **Man who stands, takes, punishment,** homme dur à l'encaisse, qui sait encaisser. *F:* **To take one's punishment like a man,** recevoir sa raclée en homme; avaler sa médecine en homme.

punitive ['pjuːnitiv], **punitory** ['pjuːnitəri], *a*. Punitif; répressif. *Jur:* **Punitive justice,** justice répressive, vindicative. *Mil:* **Punitive expedition,** expédition *f* de représailles.

Punjab [pʌn'dʒɑːb]. *Pr.n. Geog:* Le Pendjab.

Punjabi [pʌn'dʒɑːbi]. **1.** *a. & s*. (Originaire, natif) du Pendjab. **2.** *s*. *Ling:* Le pendjabi.

punk [pʌŋk]. *U.S:* **1.** *s*. (*a*) Amadou *m*. (*b*) Encens *m* (de Chine). **2.** *a*. (*a*) (Bois) pourri. (*b*) (*Of pers.*) Mal en train; un peu chose. (*c*) (*Of thg*) Mauvais; *P:* moche. *To have an absolutely p. evening,* passer une soirée assommante. *s*. **To talk a lot of punk,** débiter des sottises. *His new play's all p.,* sa nouvelle pièce ne vaut pas tripette.

'punk-wood, *s*. Bois entamé par la pourriture.

punka(h) ['pʌŋka], *s*. (*Anglo-Indian*) Panka *m*, panca *m*; éventail *m*. **Punka(h)-boy, -wallah,** tireur *m* de panka.

punkie ['pʌŋki], *s*. *U.S:* *F:* Moucheron *m*.

punky ['pʌŋki], *a*. *U.S:* (*Of wood*) Entamé par la pourriture.

punner ['pʌnər], *s*. *Civ.E:* *etc:* Hie *f*, pilon *m*, demoiselle *f*, dame *f*.

punnet ['pʌnet], *s*. Maniveau *m*; semelle *f* à fruits.

punster ['pʌnstər], *s*. Faiseur, -euse, de calembours, de jeux de mots; calembouriste *mf*.

punt[1] [pʌnt], *s*. **1.** (*a*) Bateau plat (de rivière, conduit à la perche). (*b*) Bachot *m*, plate *f*, accon *m*, flette *f*. *Navy:* **Harbour punt,**

dockyard punt, ras *m* de carène. *Ven:* **Punt shooting,** chasse *f* en barque. **2.** Poussée *f*; coup *m* de perche.

'punt-gun, *s.* Canardière *f*.

'punt-pole, *s.* Gaffe *f*, perche *f* (pour la conduite d'un bateau plat).

'punt-well, *s.* Vivier *m* ou réservoir *m* de bachot, de plate.

punt², *v.tr.* (*a*) Conduire (un bateau) à la gaffe, à la perche; pousser du fond; yoler. (*b*) Transporter (qn) dans un bateau plat, dans un bachot.

punt³, *s. Fb:* (*Rugby*) Coup *m* (de pied) de volée.

punt⁴, *v.tr. Fb:* (*Rugby*) Envoyer (le ballon) d'un coup de pied de volée. *Abs.* Donner un coup de pied de volée.

punt about, *v.tr.* **To punt the ball about,** *s.* **to have a punt-about,** faire quelques coups de pied en attendant le commencement de la partie.

punt⁵, *v.i.* **1.** *Cards:* Ponter. **To punt high,** ponter gros. **2.** (*a*) *Turf:* Parier. (*b*) *St.Exch:* Boursicoter.

punt⁶, *s.* Culot *m*, cul *m*, fond *m* (de bouteille).

punter¹ ['pʌntər], *s.* **1.** *Cards:* Ponte *m*. **2.** (*a*) *Turf:* Parieur *m*. (*b*) *St.Exch:* Boursicoteur *m*, boursicotier *m*.

punter², puntist ['pʌntist], *s.* Canotier *m* qui conduit à la gaffe, à la perche.

punty ['pʌnti], *s. Glassm:* Pontil *m*, pontis *m*.

puny ['pju:ni], *a.* **1.** (*a*) Petit, menu, grêlet. *P. shrub*, arbuste chétif. (*b*) Mesquin. **2.** (*Of pers.*) Chétif, faible, débile, souffreteux, malingre, maigrelet. *A p. little fellow, F:* un petit gringalet; *P:* un avorton; *A:* un cascaret.

pup¹ [pʌp], *s.* **1.** Petit chien, jeune chien; chiot *m*. *A bitch and her pups*, une chienne et ses petits. (*Of bitch*) **To be in, with, pup,** être pleine. *F:* **To sell s.o. a pup,** tromper, rouler, filouter, qn. *You've been sold a pup, you've bought a pup*, on vous a refilé un rossignol; on vous a refait. **2.** *F:* = PUPPY 2. **3.** (*a*) *Sch:* *F:* Élève *m* (d'un précepteur). (*b*) Jeune homme confié à un précepteur (pour faire son tour d'Europe, etc.).

pup², *v.tr. & abs.* (pupped) (*Of bitch*) Mettre bas (des petits).

pupa, *pl.* **-ae** ['pju:pa, -i:], *s. Ent:* Nymphe *f*, chrysalide *f*. **Burrowing pupa,** nymphe souterraine.

'pupa-case, *s.* Enveloppe *f* de chrysalide; pupe *f*.

pupal ['pju:p(ə)l], *a. Ent:* De chrysalide, de nymphe, de pupe.

pupate ['pju:peit], *v.i. Ent:* Se métamorphoser en nymphe, en chrysalide.

pupation [pju'peiʃ(ə)n], *s. Ent:* Nymphose *f*, pupation *f*.

pupil¹ ['pju:pil], *s.* **1.** *Jur:* Pupille *mf*; mineur, -eure. **2.** *Sch:* Élève *mf*; écolier, -ière. *See also* TEACHER.

pupil², *s.* Pupille *f* (de l'œil).

pupil(l)age ['pju:piledʒ], *s.* **1.** *Jur:* (*a*) Minorité *f*. (*b*) Pupillarité *f*. **Child in pupil(l)age,** enfant en pupille, en tutelle. *Child out of its p.*, enfant hors de tutelle. *F:* *Industry still in its p.*, industrie *f* encore dans son enfance. **2.** État *m* d'élève. *In the period of my p.*, lorsque j'étais écolier, élève; lorsque j'allais en classe.

pupil(l)arity [pjupi'lariti], *s. Jur:* Pupillarité *f*.

pupil(l)ary¹ ['pju:piləri], *a.* **1.** *Jur:* Pupillaire. **2.** D'élève, d'écolier.

pupil(l)ary², *a. Anat:* Pupillaire.

pupilloscopy [pjupi'lɔskopi], *s. Med:* Pupilloscopie *f*.

Pupin ['pju:pin]. *Pr.n. Tp:* **Pupin coil,** bobine *f* Pupin.

pupiparous [pju'pipərəs], *a. Ent:* Pupipare.

puppet ['pʌpet], *s.* **1.** Marionnette *f*. *F:* (*Of pers.*) **Mere puppet,** pantin *m*; pur fantoche. **2.** = POPPET-HEAD 1.

'puppet-play, *s.* = PUPPET-SHOW 1.

'puppet-player, *s.* Joueur *m*, montreur *m*, de marionnettes.

'puppet-show, *s.* **1.** Spectacle *m* de marionnettes. **2.** Théâtre *m* de marionnettes.

'puppet-strings, *s.pl.* Fils *m* de marionnettes. **To pull the puppet-strings,** manipuler les fils des marionnettes.

'puppet-valve, *s.* = POPPET-VALVE.

puppetry ['pʌpetri], *s.* **1.** Mômerie *f*. **2.** Monde *m* de fantoches, de pantins.

puppy ['pʌpi], *s.* **1.** Jeune chien; chiot *m*. *F:* **He looked at her with his puppy round eyes,** il la regardait de ses yeux de chien de faïence. **Puppy love,** les premières amours. **Youth has its puppy troubles,** jeunesse est difficile à passer. **2.** (*Of pers.*) Freluquet *m*, fat *m*. *You little p.!* petit impertinent! *F:* petit morveux! *A young p.*, un blanc-bec, *pl.* blancs-becs. *Conceited young p.*, jeune suffisant *m*, jeune fat.

'puppy-cake, *s.* Gâteau *m* de chien.

'puppy-dog, *s.* = PUPPY 1.

puppyhood ['pʌpihud], *s.* **1.** Jeunesse *f* du chien. **2.** Années *fpl* d'inexpérience, de jeunesse.

puppyish ['pʌpiiʃ], *a. F:* Impertinent, fat, outrecuidant.

puppyism ['pʌpiizm], *s. F:* Impertinence *f*; fatuité *f*; outrecuidance *f*.

Purana [pu'rɑ:na], *s. Lit:* Pourâna *m*.

Puranic [pu'rɑ:nik], *a. Lit:* Des Pourânas.

purblind ['pə:rblaind], *a.* **1.** (*a*) Myope; qui a la vue basse. (*b*) Presque aveugle; qui ne voit pas clair. **2.** A l'esprit épais, obtus, sans vision. *P. policy*, politique *f* aveugle.

purblindness ['pə:rblaindnəs], *s.* **1.** (*a*) Myopie *f*; vue basse. (*b*) Quasi-cécité *f*. **2.** Manque *m* d'intelligence, de vision.

purchasable ['pə:rtʃesəbl], *a.* Achetable, acquérable.

purchase¹ ['pə:rtʃes], *s.* **1.** (*a*) Achat *m*, acquisition *f*, emplette *f*. **To make some purchases,** faire des emplettes, des achats. *See also* COVERING¹ 3, HIRE-PURCHASE, INNOCENT 3. (*b*) *Hist:* Achat de grades militaires. **2.** Loyer *m*. (*Only in the phr.*) **At so many years' purchase,** moyennant tant d'années de loyer. *F:* **His life would not be worth an hour's purchase,** on ne lui donnerait pas, il n'aurait pas, une heure à vivre. **3.** (*a*) Force *f* mécanique; abattage *m*. (*b*) Prise *f*. **To get, secure, a purchase on sth.,** trouver prise à qch. (*c*) Point *m* d'appui; appui *m*. **To take purchase on . . .,** prendre appui sur. . . . **4.** (*a*) (*Block*) Palan *m*, moufle *m or f*. **Twofold purchase,** palan double. **Threefold purchase,** palan à trois réas, à deux poulies triples; caliorne *f* à trois réas. (*b*) (*Tackle*) Appareil *m* (de levage); *Nau:* cartahu *m*; gros apparaux. *Nau:* **Launch purchase,** apparaux de chaloupe. *P. for masting*, appareil pour mâter. *See also* TOP-PURCHASE.

'purchase-block, *s.* Moufle *m or f* à estrope double.

'purchase-deed, *s.* Contrat *m*, acte *m*, d'achat.

'purchase-money, *s.* Prix *m* d'achat; somme dépensée.

'purchase-price, *s.* Prix *m* d'achat, prix d'acquisition, prix coûtant.

purchase², *v.tr.* **1.** Acheter, acquérir; se rendre acquéreur de (qch.), faire l'acquisition de (qch.). *To p. freedom with one's blood*, acquérir la liberté au prix de son sang. *Abs.* **Now is the time to purchase,** c'est maintenant qu'il faut faire vos achats. **2.** *Nau:* Lever (l'ancre) à l'aide du cabestan.

purchasing¹, *a.* **Purchasing party,** acquéreur, -euse; (*at auction*) partie *f* adjudicataire.

purchasing², *s.* **1.** Achat *m*, acquisition *f*; *F:* emplette *f*. *Pol.Ec:* **Purchasing power,** puissance *f*, pouvoir *m*, d'achat. **2.** *Nau:* Levage *m* (de l'ancre).

purchaser ['pə:rtʃesər], *s.* (*a*) Acheteur, -euse, acquéreur, -euse; (*at auction*) adjudicataire *m*. *P. in good faith*, acquéreur de bonne foi. (*b*) *Com:* Preneur, -euse (d'une lettre de change).

purdah ['pə:rdɑ:], *s.* **1.** (*In India*) (*a*) Rideau destiné à soustraire les femmes à la vue; purdah *m*. (*b*) Système *m* qui astreint à une vie retirée les femmes de haut rang. **2.** Étoffe *f* à bandes pour rideaux.

pure¹ ['pjuər], *a.* Pur. **1.** (*a*) (*Free from foreign elements*) *P. gold*, or pur. *P. copper*, cuivre pur; cuivre rouge. *P. colour*, couleur pure, vierge. *P. wine*, vin pur. *P. water*, eau pure. *P. alcohol*, alcool rectifié. *A p. green*, un vert franc. *P. butter*, beurre franc. *P. Basque*, Basque racé. (*b*) **Pure mathematics,** les mathématiques pures. (*c*) **The pure and simple truth,** la vérité pure et simple. *It's p. and simple laziness*, c'est de la paresse pure et simple. *Out of p. malice*, par pure malice. *A p. invention*, une pure invention. *It's a p. waste of time*, c'est tout simplement du temps perdu; c'est une pure perte de temps; c'est du temps dépensé en pure perte. **2.** (*Free from taint*) *P. air*, air pur. *P. style, p. taste*, style, goût, pur. *P. English*, l'anglais pur. *P. virgin*, vierge pure. *B:* **Blessed are the pure in heart,** bienheureux ceux qui ont le cœur pur. **-ly,** *adv.* **1.** Purement; avec pureté. **2.** Purement, simplement. *The invitation is p. formal*, l'invitation est de pure forme.

'pure-blood, *attrib. a. & s.*, **'pure-blooded,** *a.* (Personne *f*, animal *m*) de sang pur; (cheval *m*) de race.

'pure-bred, *a.* (Chien *m*, taureau *m*) de race, qui a de la race.

pure-'minded, *a.* Pur d'esprit; chaste.

pure-'mindedness, *s.* Pureté *f* d'esprit; chasteté *f*.

pure², *v.tr. Tan:* Chiper (les peaux).

puring, *s.* Chipage *m* (des peaux).

pureness ['pjuərnəs], *s.* = PURITY.

purfle¹ [pə:rfl], *s. Cost:* *A:* Bordure brodée; liséré *m*.

purfle², *v.tr.* **1.** Orner (une robe, etc.) d'une bordure brodée; lisérer. **2.** Orner, embellir (une flèche d'église, etc.).

purfling, *s.* Filet *m* (de violon).

purgation [pər'geiʃ(ə)n], *s.* **1.** *Med:* Purgation *f* (de l'intestin). **2.** *Theol:* Purgation de l'âme (au purgatoire). **3.** *Hist:* **Canonical purgation,** purgation canonique; justification *f* devant le juge ecclésiastique. **Vulgar purgation,** purgation vulgaire, par les épreuves de combat, etc.

purgative ['pə:rgətiv]. **1.** *a. & s. Med:* Purgatif (*m*); cathartique (*m*). **2.** *a. Lit:* Purifiant.

purgatorial [pə:rgə'tɔ:riəl], *a. Theol:* (*a*) Du purgatoire. (*b*) D'expiation, de purification.

purgatory¹ ['pə:rgətəri], *s. Theol:* Le purgatoire. **The souls in purgatory,** les âmes *f* du purgatoire, les âmes en peine; l'Église souffrante. *F:* *To sit through a concert is p. to me*, assister à un concert me fait souffrir les peines du purgatoire.

purgatory², *a.* D'expiation, de purification; purificateur, expiatoire.

purge¹ [pə:rdʒ], *s.* **1.** *Med:* *Pharm:* Purgatif *m*, purge *f*. **2.** (*a*) Purgation *f*. (*b*) *Hist:* **Pride's Purge,** le coup de force du colonel Pride (exclusion du Parlement des membres suspectés de royalisme, 1648). **3.** Vidange *f* (d'une chaudière, etc.). **Purge-cock,** robinet *m* de vidange; robinet purgeur.

purge², *v.tr.* **1.** *Med:* Purger (un malade). **2.** Nettoyer (un égout); purifier (le sang); clarifier (un liquide); épurer (de l'huile, les mœurs, le personnel d'une administration, etc.). *Sug.-R:* Claircer (le sucre). *To p. a fish (by transferring it to clear water)*, faire dégorger un poisson. *To p. the finances of a country*, assainir les finances d'un pays. *Theol:* **To purge oneself of, from, sin,** se laver de ses péchés. *See also* LEAVEN¹. **3. To purge away, purge out, one's sins,** purger ses péchés; expier ses fautes. **4.** *Jur:* (*a*) *A:* **To purge a charge,** se purger par serment. (*b*) **To purge oneself of a charge,** se disculper, se justifier. **5.** *Jur:* (*a*) **To purge an offence,** expier une offense; purger sa peine. (*b*) **To purge one's contempt,** faire amende honorable (pour outrage aux magistrats).

purging¹, *a.* **1.** Purgatif. *Pharm:* **Purging lemonade,** limonade purgative. *Bot:* **Purging flax,** lin purgatif. **2.** (Robinet, etc.) purgeur.

purging², *s.* **1.** Purge *f*, purgation *f* (du corps). **2.** Nettoyage *m* (d'un égout); purification *f* (du sang); épuration *f* (de l'huile, des mœurs, etc.); clarification *f* (d'un liquide); assainissement *m* (des finances d'un pays, etc.). *Sug.-R:* Clairçage *m* (du sucre).

purger ['pə:rdʒər], *s.* **1.** Purificateur, -trice. **2.** (*Device*) (*a*) Purificateur. (*b*) Nettoyeur *m*.

purgery [ˈpəːrdʒəri], *s. Sug.-R:* Purgerie *f.*

purification [pjuərifiˈkeiʃ(ə)n], *s.* **1.** Purification *f*; épuration *f* (du gaz d'éclairage, etc.); assainissement *m* (des finances, etc.). **2.** *Ecc:* (*a*) *P. of the chalice after communion,* la purification. (*b*) **Feast of the Purification** (*of the Virgin Mary*), fête *f* de la Purification.

purificator [ˈpjuərifikeitər], *s. Ecc:* Purificatoire *m.*

purificatory [ˈpjuərifikeitəri], *a.* Purificatoire; purificateur, -trice.

purifier [ˈpjuərifaiər], *s.* **1.** (*Pers.*) Purificateur, -trice. **2.** (*Apparatus*) Épurateur *m* (de gaz, d'huile, etc.).

puriform [ˈpjuərifɔːrm], *a. Med:* (Crachat *m*, etc.) puriforme.

purify [ˈpjuərifai]. **1.** *v.tr.* Purifier (l'air, etc.); épurer (le gaz, l'huile, la langue, etc.); dépurer (le sang); clarifier, rendre limpide (un liquide); sublimer (la société, ses pensées, etc.). *Sug.-R: Pharm:* Déféquer. *To p. iron by shingling,* purger le fer par le cinglage. **To purify s.o. of, from, his sins,** purger qn de ses péchés. **2.** *v.i.* Se purifier, s'épurer; (*of liquid*) se dépurer, se clarifier.

purifying[1], *a.* Purifiant, purificateur.

purifying[2], *s.* Purification *f*; épuration *f*; dépuration *f* (du sang, etc.); clarification *f* (d'un liquide). *Sug.-R:* Défécation *f* (du sucre). **Air-purifying plant,** installation *f* pour la purification de l'air. *Hyd.E:* **Purifying tank,** purgeoir *m* (d'eaux de canal).

Purim [ˈpjuərim], *s. Jew.Rel:* Pourim *m.*

purism [ˈpjuərizm], *s.* Purisme *m.*

purist [ˈpjuərist], *s.* Puriste *mf.*

puristical [pjuəˈristik(ə)l], *a.* Puriste.

Puritan [ˈpjuəritən], *a.* & *s. Hist.* & *F:* Puritain, -aine. *F:* **To marry a Puritan,** épouser une vertu.

puritanical [pjuəriˈtanik(ə)l], *a.* Puritain; de puritain. **-ally,** *adv.* En puritain.

puritanism [ˈpjuəritənizm], *s.* Puritanisme *m.*

purity [ˈpjuəriti], *s.* Pureté *f.* **Degree of purity,** pureté (de l'eau, etc.); aloi *m* (de l'or).

purl[1] [pəːrl], *s.* **1.** *Needlew:* (*Of twisted metal*) Cannetille *f* (à broder). **2.** Picot *m*, engrêlure *f* (de dentelle). **3.** *Knitting:* **Purl stitch,** maille *f* à l'envers. *See also* PLAIN I. 3.

purl[2], *v.tr.* **1.** Engrêler (de la dentelle). **2.** *Knitting:* Faire des mailles à l'envers; travailler à mailles retournées. **Knit one, purl one,** une maille à l'endroit, une maille à l'envers.

purling[1], *s. Knitting:* Ouvrage *m* à mailles retournées.

purl[3], *s.* Doux murmure, gazouillement *m*, gazouillis *m* (d'un ruisseau).

purl[4], *v.i.* (*Of brook*) Murmurer, gazouiller; couler en murmurant.

purling[2], *a.* (Ruisseau) murmurant, gazouillant.

purling[3], *s.* Murmure *m*, gazouillement *m.*

purl[5], *s. A:* Mélange épicé de bière chaude et de genièvre.

purl[6], **purler** [ˈpəːrlər], *s. F:* Chute *f* la tête la première. **To come a purl(er),** piquer une tête; *P:* ramasser une bûche, une pelle, un bouchon.

purlieu [ˈpəːrljuː], *s.* **1.** *Jur:* Confins *mpl* (d'une forêt) soumis au régime du domaine forestier. **2.** Limites *fpl*, bornes *fpl*. **3.** *pl.* **Purlieus,** (i) alentours *mpl*, voisinage *m*, confins, environs *mpl*, abords *mpl*, à-côtés *mpl* (d'une gare, etc.); (ii) *A:* bas quartiers (d'une ville).

purlin [ˈpəːrlin], *s. Const:* Panne *f*, filière *f*, ventrière *f* (de ferme).

ˈpurlin-cleat, *s.* Chantignol(l)e *f.*

ˈpurlin-post, -support, *s.* Jambette *f* de comble; chevron *m* de comble.

purloin [pərˈlɔin], *v.tr.* Soustraire, détourner; voler, dérober.

purloining, *s.* (Acte *m* de) soustraction *f*; détournement *m*, vol *m.*

purloiner [pərˈlɔinər], *s.* Soustrayeur, -euse, détourneur, -euse (d'une lettre, etc.); voleur, -euse, dérobeur, -euse.

purple[1] [pəːrpl]. I. *a.* (*a*) *A:* Pourpre, pourpré. (*b*) Violet (tirant sur le rouge); mauve. *F:* **To get purple in the face** (*with anger, etc.*), devenir cramoisi, pourpre. *His face became p.,* son visage se congestionna. **Face purple with cold,** visage violacé par le froid, violet de froid. *Lit:* **Purple passages, purple patches,** passages *m* (d'un livre) qui frappent par leur coloris, par leur force; morceaux *m* qui ressortent; morceaux de bravoure. *See also* EMPEROR 2.

II. **purple,** *s.* **1.** (*a*) Pourpre *f.* **Tyrian purple,** pourpre de Tyr. **Madder purple,** purpurine *f.* **Indigo purple,** phénicine *f.* (*b*) Violet *m*, mauve *m.* *Reddish p.,* zinzolin *m.* *Stuff of a nice p.,* étoffe *f* d'un beau violet. **Bishop's-purple ribbons,** des rubans *m* violet évêque. **Purple bronze** (*varnish*), purpurine. (*c*) **Born in the purple,** né dans la pourpre; né sous des lambris dorés; *Gr.Ant:* porphyrogénète. **Raised to the purple,** élevé à la pourpre (romaine); élevé à la dignité cardinale. **2.** *Moll:* **Purple(-fish),** pourprier *m.* **3.** *pl.* **Purples.** (*a*) *Med:* Purpura *m*, pourpre *m.* (*b*) *Vet:* Rouget *m* (du porc). (*c*) *Agr:* Nielle *f* (du blé).

ˈpurple-ˈred, *a.* Rouge violacé.

ˈpurple-wood, *s. Bot:* Palissandre *m.*

purple[2]. **1.** *v.tr.* Rendre pourpre ou violet; empourprer (le ciel, le visage). **2.** *v.i.* Devenir pourpre ou cramoisi; s'empourprer.

purplish [ˈpəːrpliʃ], **purply** [ˈpəːrpli], *a.* Violacé, violâtre; purpurin; amarante *inv*; (*of the face*) cramoisi, vultueux. *P. blue,* hyacinthe *inv.*

purport[1] [ˈpəːrpərt, -pɔːrt], *s.* **1.** (*a*) Sens *m*, signification *f*, teneur *f* (d'un document). (*b*) Portée *f*, valeur *f*, force *f* (d'un mot). **2.** *Occ.* But *m*, objet *m.* *Com.Corr:* *The p. of this letter is to inform you that . . .,* le but de la présente est de faire savoir que . . .; nous vous écrivons pour vous informer que. . . .

purport[2] [pərˈpɔːrt], *v.tr.* **1.** **To purport to be sth.,** avoir la prétention d'être qch.; être donné, présenté, comme étant qch. *What purports to be a complete copy,* ce qui est donné comme étant un exemplaire complet. *His story purports to be an autobiography,* son récit vise à être autobiographique, a la prétention d'être autobiographique. *A paper purporting to give a complete list,* un papier censé donner une liste complète. **2.** Impliquer; tendre à démontrer, à établir (un fait). *His answer purports that he was not within hearing,* de sa réponse on peut inférer, déduire, qu'il n'était pas à portée de voix.

purportless [ˈpəːrpərtləs], *a.* Dénué de toute signification, de tout intérêt.

purpose[1] [ˈpəːrpəs], *s.* **1.** (*a*) Dessein *m*, objet *m*; but *m*, fin *f*, intention *f.* *With honesty of p.,* dans des intentions honnêtes. **Fixed purpose,** dessein bien arrêté. *To gain, achieve, effect, one's p.,* en venir à ses fins; accomplir son dessein; toucher au but. **Novel with a purpose,** (i) roman écrit dans un but de réforme sociale; (ii) roman à thèse. **For, with, the purpose of doing sth.,** dans le but de, dans l'intention de, afin de, faire qch. *For the mere p. of . . .,* à seule fin de. . . . *To do sth.* **on purpose,** faire qch. exprès, à dessein, de propos délibéré. *It looks as if it were done on p.,* c'est comme un fait exprès. **On purpose to do sth.,** en vue de faire qch.; dans l'intention expresse de faire qch. **Of set purpose,** de propos délibéré, de parti pris. (*b*) Résolution *f.* *Man of feeble p.,* homme faible de caractère, qui manque de résolution, de volonté. **Infirmity of purpose,** manque *m* de volonté. **Infirm of purpose,** irrésolu; sans caractère. **Energy of purpose,** force *f* de volonté. **Steadfastness of purpose,** ténacité *f* de caractère; détermination *f.* **2.** Destination *f*, fin (d'un bâtiment, d'une somme d'argent, d'un appareil). **To answer, serve, various purposes,** servir à plusieurs usages, à plusieurs fins. *To answer, serve, no p.,* ne servir à rien; être sans utilité. **To answer the purpose,** répondre au but. *This will suit, answer, serve, your p.,* cela vous accommodera, vous arrangera; cela fera votre affaire; vous y trouverez votre compte. *Serving a double p.,* à deux fins; mixte. **For this, that, purpose,** dans ce but, dans cette intention, dans ce dessein; à cette fin, à cet effet; pour cela. *Made for that very p.,* fait tout exprès. **For all purposes,** à toutes fins, à tous usages; (gants, etc.) pour tout aller. *For all necessary purposes,* pour tout ce qui est nécessaire. **General purposes waggon,** chariot *m* à toutes fins. *For future purposes,* pour les besoins futurs. *Article intended for practical purposes,* article destiné à des usages pratiques. *Expropriation for public purposes,* expropriation *f* pour cause d'utilité publique. *Loan for the p. of improvement,* prêt *m* en vue d'améliorations. *To form a commission for (the) p. of investigation,* former un comité à des fins d'enquête. *To retain a portion for purposes of analysis,* en prélever une partie aux fins d'analyse. *For illustration purposes,* pour illustrer; comme illustration(s). *Jur:* **For the purpose of this convention . . .,** pour l'application de la présente convention. . . . *For the p. of this article . . .,* au sens du présent article. . . . *See also* IMMORAL. **3.** **To speak to the purpose,** parler à propos. *Very much to the p.,* fort à propos. *Not to the p.,* hors de propos. *He spoke to the same p.,* il a parlé dans le même sens. **It is nothing to the purpose,** cela ne fait rien à l'affaire; cela ne signifie rien. **To come to the purpose,** venir au fait. *See also* CROSS-PURPOSES. **4.** *To work, study,* **to good purpose,** travailler, étudier, avec fruit. *He worked* **to such good purpose** *that at last the door yielded,* il fit tant et si bien qu'enfin la porte céda. **To some purpose,** utilement, avantageusement, efficacement. **My efforts were to little purpose,** mes efforts n'ont pas abouti à grand'chose. *To intervene to little p.,* s'entremettre sans grande utilité. *To work* **to no purpose,** travailler en vain, en pure perte, inutilement, *F:* pour le roi de Prusse. *All that is to no p.,* tout cela ne sert à rien, est sans intérêt, sans utilité. *I've spent my money to no p.,* j'en suis pour mon argent. *To talk to no p.,* parler en l'air.

ˈpurpose-made, *a.* (*Of tool, brick, etc.*) Spécial, -aux.

purpose[2], *v.tr.* **1.** **To purpose doing sth., to do sth.,** se proposer, avoir (dans) l'intention, avoir le dessein, avoir en vue, de faire qch. *We never knew what he purposed to do,* nous ne savions jamais ce qu'il voulait faire, ce qu'il comptait faire, ce qu'il avait dans l'idée. **2.** *A:* **To be purposed to do sth.,** (i) être déterminé, décidé, résolu, à faire qch.; (ii) avoir l'intention de faire qch.

purposeful [ˈpəːrpəsful], *a.* (*a*) Prémédité; (acte) réfléchi. (*b*) (*Of pers.*) Qui sait ce qu'il veut; avisé. (*c*) Tenace. **-fully,** *adv.* Dans un but réfléchi.

purposefulness [ˈpəːrpəsfulnəs], *s.* **1.** Discernement *m.* **2.** Ténacité *f.*

purposeless [ˈpəːrpəsləs], *a.* Sans but; inutile.

purposelessness [ˈpəːrpəsləsnəs], *s.* Manque *m* de but; inutilité *f.*

purposely [ˈpəːrpəsli], *adv.* **1.** (Insulter qn) à dessein, intentionnellement, de propos délibéré. **2.** Exprès. *I came p. to see him,* je suis venu exprès pour le voir, dans le seul but de le voir.

purposer [ˈpəːrpəsər], *s.* Personne *f* qui forme un dessein, qui prend une résolution.

purposive [ˈpəːrpəsiv], *a.* **1.** (*Of organ, etc.*) Qui répond à un but; qui remplit une fonction. **2.** Intentionnel, fait de propos délibéré. **3.** Résolu; qui a des intentions arrêtées; qui agit dans un but arrêté.

purpura [ˈpəːrpjurə], *s.* **1.** *Med:* Pourpre *m*, purpura *m*; maladie pourprée. **2.** *Moll:* Pourprier *m.*

purpure [ˈpəːrpjuər], *s. Her:* Pourpre *m.*

purpuric [pərˈpjuərik], *a.* **1.** *Med:* **Malignant purpuric fever,** méningococcémie *f*, méningococcie *f.* **2.** *Ch:* (Acide *m*) purpurique.

purpurin [ˈpəːrpjurin], *s. Ch:* Purpurine *f.*

purr[1] [pəːr], *s.* **1.** Ronron *m* (de chat). **2.** Ronron, ronflement *m* (d'une machine); vrombissement *m* (d'un avion, etc.).

purr[2], *v.i.* (*Of cat, engine*) Ronronner; (*of cat*) faire ronron; (*of car, etc.*) ronfler; (*of aeroplane*) vrombir. (*With cognate acc.*) *Cat purring its contentment,* chat ronronnant de satisfaction.

purring[1], *a.* (Chat) qui ronronne, qui fait ronron; (moteur) vrombissant, qui vrombit. *Med:* **Purring thrill, purring tremor** (*of the heart*), frémissement *m* cataire, frémissement vibratoire.

purring[2], *s.* = PURR[1].

purree [ˈpʌri], *s.* (*Colour*) Jaune indien naturel.

purse[1] [pəːrs], *s.* **1.** (*a*) Bourse *f*, porte-monnaie *m inv.* **Net purse,**

bourse en filet. **Chain purse,** aumônière *f*. *A:* **Belt-purse,** escarcelle *f*. *F:* **Long purse, heavy purse, well-lined purse,** bourse bien garnie; bourse ronde. *To have a well-lined p., P:* avoir le sac; être au sac. **Light purse,** bourse plate, légère. *My p. is empty,* j'ai le gousset vide; je loge le diable en ma bourse. **I don't know the length of his purse,** je ne sais pas si ses moyens le lui permettraient. **To have a common purse,** faire bourse commune. **Your prices are beyond my purse,** vos prix ne sont pas abordables. *That car is beyond my p.,* cette voiture est hors de ma portée, est au delà de mes moyens. *Prov:* **Little and often fill the purse,** petit à petit l'oiseau fait son nid; les petits ruisseaux font les grandes rivières. **You cannot make a silk purse out of a sow's ear,** on ne peut tirer de la farine d'un sac de son; d'un sac à charbon il ne saurait sortir blanche farine; on ne saurait faire d'une buse un épervier; d'un goujat on ne peut pas faire un gentilhomme; tout bois n'est pas bon à faire flèche. (*b*) **The public purse,** les finances *f* de l'État; le Trésor. *See also* PRIVY I. 2. (*c*) *Sp:* **To give, put up, a purse,** constituer et offrir une somme d'argent pour une rencontre sportive, pour un match de boxe. **2.** *Nat.Hist: etc:* Sac *m*, bourse, poche *f*. *Esp. Anat:* Scrotum *m*, bourse. **3.** *Ven:* Chambre la plus reculée (d'un terrier de blaireau). **4.** (*In Turkey*) **Purse of gold,** bourse d'or (de 10,000 piastres). **Purse of silver,** bourse d'argent (de 500 piastres). *See also* SEA-PURSE.

'purse-bearer, *s.* **1.** Trésorier *m*. **2.** Officier *m* du sceau, porte-sceau *m* (du Grand Chancelier).

'purse-net, *s.* *Ven:* Bourse *f* (que l'on place à l'entrée du terrier pour prendre les lapins qu'on chasse au furet).

'purse-proud, *a.* Orgueilleux de sa fortune, de son argent.

'purse-seine, *s.* *Fish:* Essaugue *f*; seine *f* à poche.

'purse-snatching, *s.* Vol *m* à la tire.

'purse-strings, *s.pl.* Cordons *m*, tirants *m*, de bourse. *F:* **She holds the purse-strings,** c'est elle qui tient les cordons de la bourse; c'est elle qui tient la caisse. **To keep a tight hold on the purse-strings,** tenir serrés les cordons de la bourse. *See also* LOOSEN I.

purse², *v.tr.* **1.** Plisser (le front); froncer (les sourcils). **To purse (up) one's lips,** pincer, froncer, les lèvres; faire la moue. **With pursed lips,** les lèvres pincées. **2.** *A:* Mettre (de l'argent) dans sa bourse, dans sa poche.

purser ['pəːrsər], *s.* *Nau:* Commissaire *m* (d'un paquebot). **Purser's mate,** cambusier *m*.

pursership ['pəːrsərʃip], *s.* *Nau:* Commissariat *m*.

purslane ['pəːrslen], *s.* *Bot:* **1.** Pourpier *m*, portulaca *m*. **2.** **Water purslane,** (péplide *f*) pourpière *f*; pourpier sauvage. **Sea purslane,** (i) pourpier de mer; (ii) sabline *f* péploïde. **Wild purslane,** euphorbe *f* des vignes.

pursuable [pər'sjuəbl], *a.* Poursuivable.

pursuance [pər'sjuəns], *s.* Action *f* de poursuivre. *P. of this plan would have been suicidal,* poursuivre ce projet, c'était le suicide. **In pursuance of** *your instructions, of our intention,* conformément à vos instructions; suivant notre intention. *In p. of this decree,* en vertu, par suite, en conséquence, en application, de ce décret. *In p. of this article,* aux stipulations de cet article.

pursuant [pər'sjuənt]. **1.** *a.* & *s.* *Jur:* *A:* Poursuivant (*m*). **2.** *adv.* **Pursuant(ly)** *to your instructions,* conformément à vos instructions; en conséquence, par suite, de vos instructions.

pursue [pər'sjuː]. **1.** *v.tr.* & *ind.tr.* **To pursue (after) s.o., sth.** (*a*) Poursuivre (qn). *We made sure that no one was pursuing us,* nous nous assurâmes que personne ne nous poursuivait, que personne n'était à notre poursuite. *F: To be pursued by misfortune,* être talonné par le malheur. *He is pursued by remorse,* le remords le suit partout. (*b*) Rechercher (le plaisir); aspirer à, courir après (le bonheur); être à la poursuite (du bonheur). **2.** *v.tr.* Continuer, suivre (son chemin); donner suite à, poursuivre (une enquête). *To p. a new course,* suivre une nouvelle voie. *To p. a line of conduct,* suivre une ligne de conduite. *To p. one's duty,* s'attacher à son devoir. **To pursue a profession,** faire, suivre, exercer, un métier. *To p. one's studies to the end,* pousser ses études jusqu'au bout. *The subject was pursued no farther,* on ne s'attacha pas davantage à débattre ce sujet.

pursuer [pər'sjuər], *s.* **1.** Poursuivant, -ante. **2.** *Jur:* (*Scot.*) Plaignant, -ante; demandeur, -eresse; poursuivant, -ante; requérant, -ante.

pursuit [pər'sjuːt], *s.* **1.** (*a*) Poursuite *f*. *Pack* **in eager, hot, pursuit,** meute acharnée à la poursuite. *To set out* **in pursuit of** *s.o.,* se mettre à la poursuite de qn. *In p. of his aim he discovered . . .,* en poursuivant son but il découvrit. . . . (*b*) Recherche *f* (du bonheur, etc.). *In p. of happiness,* à la poursuite, à la recherche, en quête, du bonheur. *The p. of wealth,* la poursuite des richesses. *In his p. of knowledge,* dans ses efforts pour s'instruire. **2.** (*a*) Visée *f*. *The pursuits of France,* les visées de la France. (*b*) Carrière *f*, profession *f*. *Commercial pursuits,* la carrière commerciale. *Medical pursuits,* études médicales. *To engage in scientific pursuits,* (i) embrasser la carrière des sciences; (ii) s'adonner à des recherches scientifiques. *His literary pursuits,* ses travaux *m* littéraires. (*c*) Occupation *f*. *A very pleasant p.,* une occupation des plus agréables. *Hunting is his favourite p.,* la chasse est son inclination dominante.

pursuivant ['pəːrswivənt], *s.* **1.** *Her:* **Pursuivant (at arms),** poursuivant *m* d'armes. **2.** *A.* & *Lit:* Suivant *m*. *His pursuivants,* les gens *m* de sa suite; sa suite.

pursy¹ ['pəːrsi], *a.* **1.** Poussif; à l'haleine courte. **2.** Gros, corpulent, bedonnant.

pursy², *a.* **1.** *P. mouth,* bouche pincée. *P. eyes,* yeux bridés. **2.** (*a*) A la bourse bien remplie; riche, cossu. (*b*) (Homme) fier de ses écus.

purtenance ['pəːrtənəns], *s.* *A:* Fressure *f* (de veau, etc.).

purulence ['pjuərulәns], *s.* *Med:* **1.** Purulence *f*. **2.** Pus *m*.

purulency ['pjuərulənsi], *s.* = PURULENCE 1.

purulent ['pjuərulənt], *a.* *Med:* Purulent.

purvey [pər'vei], *v.tr.* Fournir (des provisions). *Abs. To p. for a person,* être le fournisseur, le pourvoyeur, de qn.

purveying, *s.* = PURVEYANCE 1. *P. for the troops,* approvisionnement *m* des troupes.

purveyance [pər'veiəns], *s.* **1.** Fourniture *f* de provisions; approvisionnement *m*. **2.** *Hist:* **Right of purveyance,** droit *m* de pourvoirie; droit de prise et de réquisitionnement (prérogative royale).

purveyor [pər'veiər], *s.* **1.** Fournisseur, -euse; pourvoyeur, -euse (de provisions); approvisionneur, -euse. **2.** *Hist:* Officier *m* de bouche (de la Maison du roi).

purview ['pəːrvjuː], *s.* **1.** *Jur:* Corps *m*, dispositif *m*, texte *m*, articles *mpl* (d'un statut). **2.** (*a*) Limites *fpl*, portée *f* (d'un projet, d'un livre, etc.). *Questions outside the p. of our enquiry,* questions *f* hors des limites de notre enquête. (*b*) Vue *f*, perspective *f*; champ *m* (d'observation). **To lie, come, within the purview of s.o.,** (i) être à portée de la vue de qn; (ii) rentrer dans le ressort de qn; être du ressort de qn, de la compétence de qn.

pus [pʌs], *s.* *Med:* Pus *m*; sanie *f*; boue *f* (d'un abcès). *Gathering of pus,* collection purulente.

Puseyism ['pjuːziizm], *s.* *Rel.H:* *Pej:* Puseyisme *m*; doctrines *f* ritualistes de Pusey (un des chefs de l' "*Oxford Movement,*" 1830-40).

Puseyite ['pjuːziait], *s.* *Rel.H:* *Pej:* Puseyiste *m*.

push¹ [puʃ], *s.* **1.** (*a*) Poussée *f*, impulsion *f*. *To give a p. to sth.,* pousser qch. **At, with, one push,** d'un seul coup. *P:* **To give s.o. the push,** flanquer qn à la porte; saquer qn; donner son congé à qn. **To get the push,** recevoir son congé; *P:* se faire dégommer. **To give s.o. a (helping) push,** pistonner qn. *It was p. that secured him the place,* c'est la faveur, *F:* le piston, qui lui a valu sa place. *F:* **To act from an inner push,** agir sous le coup d'une impulsion intérieure. (*b*) *Civ.E:* Poussée (d'une voûte). **2.** (*a*) Coup *m* d'estoc; coup de corne (d'une bête). (*b*) *Bill:* = PUSH-STROKE. **3.** (*a*) Effort *m*; coup de collier. *I must make a p. to get it done,* il va falloir donner un coup de collier pour en finir. *To make a p. to get home,* se dépêcher de rentrer chez soi. (*b*) *Mil:* Attaque *f* en masse. *P. all along the line,* poussée en avant sur toute la ligne. (*c*) Énergie *f*, hardiesse *f*. **To have plenty of push,** avoir de l'entregent; être un arriviste. **Want of push,** défaut *m* d'initiative. **4.** Moment *m* difficile; circonstance *f* critique. **At a push,** dans une extrémité; à l'heure du besoin; au besoin; au moment critique. **When it comes to the push,** quand on en vient au fait et au prendre; au moment de l'exécution; quand il est question d'agir. **Brave till it comes to the push,** brave jusqu'au dégainer. **5.** = PUSH-BUTTON. *See also* BELL-PUSH. **6.** *P:* Bande *f*, clique *f* (de voyous, de pickpockets); bande de voleurs à l'esbrouffe.

push-and-'pull, *attrib.a.* **1.** *El:* **Push-and-pull button,** bouton *m* tirette. *Push-and-pull switch,* interrupteur *m* à tirage. **2.** *Rail:* **Line with a push-and-pull service,** ligne exploitée en navette. **3.** *W.Tel: etc:* (Amplification *f*, etc.) en push-pull.

'push-bicycle, *F:* **'push-bike,** *s.* Bicyclette *f*, *F:* bécane *f* (sans moteur).

'push-button, *s.* **1.** *El:* Bouton *m* de contact; poussoir *m*; poussette *f*; bouton-pressoir *m*, *pl.* boutons-pressoirs. **Push-button switch,** interrupteur *m* à poussoir. *Aut: etc:* **Push-button horn,** avertisseur *m* à bouton. **2.** Poussoir (d'une montre à répétition).

'push-cart, *s.* **1.** Voiture *f* à bras; charrette *f* à bras. **2.** Voiture d'enfant; charrette d'enfant; *F:* poussette *f*; *Dial:* pousse-pousse *m inv*.

'push-chair, *s.* = PUSH-CART 2.

'push-cycle, *s.* *F:* = PUSH-BICYCLE.

'push-cyclist, *s.* *F:* Cycliste *mf*; *F:* pédaleur, -euse.

'push-piece, *s.* *El.E:* Poussoir *m* (de sonnerie électrique).

'push-pin, *s.* **1.** *Games:* Poussette *f*. **2.** *U.S:* Punaise *f* (pour planche à dessin).

'push-push, *s.* Pousse-pousse *m inv* à quatre roues (des Indes).

'push-rod, *s.* *I.C.E:* Poussoir *m* de soupape; tige *f* de commande de clapet; tige-poussoir *f*, *pl.* tiges-poussoirs.

'push-stroke, *s.* *Bill:* Coup queuté; queutage *m*. *To play a p.-s.,* queuter.

push², I. *v.tr.* Pousser. **1.** (*a*) **To push a wheelbarrow,** pousser une brouette. (*b*) *He pushed the gate,* il poussa la grille. **To push the button,** appuyer sur le bouton. *To p. a pin through a piece of cardboard,* transpercer un carton d'une épingle. *To p. one's finger into s.o.'s eye,* fourrer, enfoncer, le doigt dans l'œil de qn. *Abs. Bill:* **To push,** queuter; pousser tout. **2.** (*a*) **To push s.o. with one's hand,** pousser qn de la main. **To push s.o. into the room,** faire entrer qn d'une poussée; pousser qn pour le faire entrer. **To push s.o. in the crowd,** bousculer qn dans la foule. **Don't push (me)!** ne (me) poussez pas! ne (me) bousculez pas! **To push s.o. out of the way,** faire écarter qn; forcer qn à se ranger. (*b*) **To push oneself (forward),** (i) se mettre en avant; (ii) faire de l'arrivisme; (iii) se pousser dans le monde; faire son chemin. **3.** (*a*) Étendre (ses conquêtes). (*b*) **To push one's fortune,** se pousser dans le monde. *To p. one's advantage,* poursuivre son avantage. *To p. an attack home,* pousser à fond une attaque. (*c*) Pousser la vente de (sa marchandise); lancer (une mode, un article); activer (un commerce). **To push one's wares,** faire l'article. (*d*) **To push one's demands,** revendiquer ses droits. (*e*) *St.Exch:* **To push shares,** placer des valeurs douteuses. **4.** **To push s.o. for payment,** presser, importuner, qn pour se faire payer. *I don't want to p. you,* je ne voudrais pas vous importuner, vous forcer, vous mettre l'épée dans les reins. **Don't push him too far,** ne le poussez pas à bout. *We are pushed for an answer,* on nous presse de répondre. **I am pushed for time,** le temps me manque; je suis très pressé; tout mon temps est pris. **To be pushed for money,** être à court d'argent; avoir des embarras financiers. *See also* HARD-PUSHED.

II. **push**, *v.i.* 1. Avancer (avec difficulté). *We pushed a good way into Provence,* nous avons fait une percée assez avant dans la Provence. **To push as far as Paris,** pousser jusqu'à Paris. **To push (one's way) through the crowd,** se frayer, s'ouvrir, un chemin à travers la foule. *He had pushed his way into the meeting,* il s'était introduit à toute force, *Lit:* il s'était intrus, dans la réunion. **To push one's way into a job,** s'ingérer dans un emploi. 2. Pousser; exercer une pression. **To push against a gate,** pousser sur une barrière.

push aside, *v.tr.* Écarter (d'une poussée).

pushing aside, *s.* Écartement *m.*

push away, *v.tr.* Repousser, éloigner.

pushing away, *s.* Repoussement *m,* éloignement *m.*

push back. 1. *v.tr.* Repousser; faire reculer. *He pushed back the shutters,* il repoussa les volets. *The police pushed back the crowd,* la police fit reculer la foule. 2. *v.i.* Reculer.

pushing back, *s.* Repoussement *m.*

push down, *v.tr.* 1. Renverser, faire tomber. 2. Enfoncer (*into,* dans).

pushing down, *s.* 1. Renversement *m.* 2. Enfoncement *m.*

push forth, *v.tr.* (*Of plant*) Pousser (des bourgeons, des racines, etc.).

push forward. 1. *v.tr.* Pousser en avant, (faire) avancer. *See also* PUSH[2] I. 2. 2. *v.i.* Avancer; se porter en avant; (*with one's work, etc.*) pousser sa pointe. *To p. forward to the attack,* prendre l'offensive.

pushing forward, *s.* Poussée *f* en avant; avancement *m.*

push in. 1. *v.tr.* (*a*) Enfoncer, refouler, repousser. *P:* **To push s.o.'s face in,** casser la gueule à qn. (*b*) *Aut:* **To push s.o. in,** serrer qn contre le trottoir. 2. *v.i.* Entrer à toute force; faire du resquillage.

push off, *v.i.* *Nau:* Pousser au large. *F:* **Time to push off,** il est temps de se mettre en route.

push-'off, *s.* 1. Poussée *f* au large (d'une embarcation). 2. *F:* Impulsion (donnée à une affaire). *He gave the club the p.-off,* c'est lui qui a lancé le club.

push on. 1. *v.tr.* Pousser en avant; faire avancer. *To p. on a pupil,* pousser un élève. **To push on the work,** pousser, hâter, activer, accélérer, presser, les travaux. *To p. on a horse,* lancer, presser, un cheval. **To push s.o. on to do sth.,** pousser, exciter, qn à faire qch. *Min:* **To push on the levels,** pousser les galeries. 2. *v.i.* (*a*) **To push on to, as far as, a place,** pousser jusqu'à un endroit. (*b*) **It's time to push on,** il est temps de nous remettre en route. **Push on there!** avancez! (*c*) **To push on with an affair,** *F:* chauffer une affaire.

pushing on, *s.* 1. **Pushing on of the work,** accélération *f* des travaux. 2. Poussée *f* en avant; avancement *m.*

push out. 1. *v.tr.* (*a*) Pousser dehors; faire sortir; expulser, chasser; mettre (qn) à la porte. *To push out a pin,* faire sortir une goupille. (*b*) *To p. a boat out,* mettre une embarcation à l'eau. *F:* **To push the boat out,** lancer l'affaire. (*c*) (*Of plant*) Pousser (des racines, etc.). (*Of snail*) *To push out its horns,* sortir ses cornes. 2. *v.i.* (*Of breakwater, etc.*) *To push out into the sea,* avancer dans la mer.

pushing out, *s.* Expulsion *f.*

push over, *v.tr.* Faire tomber (qn, qch.).

push through. 1. *v.tr.* (*a*) Faire passer (qch.) à travers. (*b*) Mener à bien, parvenir à terminer (un travail). (*c*) Faire accepter (un projet de loi, etc.). 2. *v.i.* Se frayer un chemin à travers.

push-through, *s.* *Sm.a:* Baguette *f* de nettoyage.

push to, *v.tr.* Pousser, fermer (la porte, les volets).

push up, *v.tr.* 1. *To push up one's spectacles, etc.,* relever ses lunettes sur son front, etc. *To p. up one's veil,* relever son voile. 2. Aider (qn) à monter (en le poussant). *F:* **He was pushed up,** il est arrivé à coups de piston; il a été bien pistonné.

pushing[1], *a.* (*a*) Débrouillard, entreprenant, énergique. (*b*) **A pushing man,** un arriviste, un ambitieux. *He is a p. fellow,* il aime à se pousser dans le monde. (*c*) Indiscret. *People who are too p. with strangers,* gens trop accostants.

pushing[2], *s.* 1. Poussée *f.* *Bill:* Queutage *m.* **No pushing!** ne poussez pas! 2. (*a*) **Pushing of oneself,** arrivisme *m.* (*b*) **Pushing of oneself forward,** indiscrétion *f;* intrusion *f;* importunité *f.* 3. Activité commerciale.

pusher ['puʃər], *s.* 1. Personne *f* qui pousse (une voiture, etc.). 2. *Rail:* Machine *f* de renfort (en queue de rame); machine pour la montée des côtes. 3. *Av:* Avion *m* à hélice propulsive, à hélice arrière. *P. screw,* hélice propulsive. 4. (*a*) Arriviste *mf.* (*b*) Personne qui pousse la vente de qch. *See also* SHARE-PUSHER.

pushful ['puʃful], *a.* **He is pushful,** il sait se faire valoir, se mettre en avant; il veut arriver; c'est un arriviste. *She is very p.,* elle sait se pousser dans le monde; elle fera son chemin.

pushfulness ['puʃfulnəs], *s.* Arrivisme *m.*

Pushkin ['puʃkin]. *Pr.n.m. Lit:* Pouchkine.

pusillanimity [pjuːsilə'nimiti], *s.* Pusillanimité *f;* manque *m* de cœur.

pusillanimous [pjuːsi'lanimǝs], *a.* Pusillanime.

puss [pus], *s.* 1. Minet *m,* minette *f;* mimi *m;* moumoute *f;* *F: A:* mistigri *m.* **Puss in Boots,** le Chat botté. **To play (at) puss in the corner,** jouer aux quatre coins. 2. *Ven: Sp: F:* Le lièvre ou le tigre. 3. *F:* (*To little girl*) **Naughty puss!** petite coquine! petite friponne! *You sly puss!* petite rusée!

'puss-moth, *s.* *Ent:* Dicranure *f* vinule; *F:* queue-fourchue *f, pl.* queues-fourchues.

pusser ['pʌsər], *s.* *Med: F:* Plaie purulente.

pussy[1] ['pusi], *s.* 1. **Pussy(-cat)** = PUSS 1. 2. *P:* Les génitaux *m* (externes) de la femme. 3. *F:* Chaton *m* (du bouleau, etc.).

'pussy-wants-a-'corner, *s.* *U.S:* **To play pussy-wants-a-corner,** jouer aux quatre coins.

pussy[2] ['pʌsi], *a.* Rempli de pus; souillé de pus; puriforme.

pussyfoot[1] ['pusifut], *s.* 1. Patte-pelue *mf, pl.* pattes-pelues. 2. = PROHIBITIONIST.

pussyfoot[2], *v.i.* Faire patte de velours.

pussyfootism ['pusifutizm], *s.* Propagande *f* prohibitionniste.

pustular ['pʌstjulər], *a.* *Med:* Pustuleux, pustulé.

pustulate ['pʌstjuleit]. 1. *v.tr.* Couvrir de pustules. 2. *v.i.* Se former en pustules; se couvrir de pustules.

pustule ['pʌstjuːl], *s.* *Med:* Pustule *f.* **Malignant pustule** (*of anthrax*), pustule maligne (du charbon); charbon *m;* pustule charbonneuse.

pustulous ['pʌstjuləs], *a.* = PUSTULAR.

put[1] [put], *s.* 1. *Sp:* Lancer *m,* lancement *m* (du poids). 2. *St.Exch:* **Put (option),** prime *f* comportant le droit de livrer; prime pour livrer; prime vendeur; option *f* de vente. **Put of more,** la demande de plus; l'encore autant *m.* **Put and call,** double option; doubles primes; stellage *m.* *See also* GIVE[2] I. 3.

put[2], *v.* (*p.t.* **put**; *p.p.* **put**; *pr.p.* **putting**) I. *v.tr.* Mettre. 1. (*a*) (*Place in a spot*) *Put it on the mantelpiece,* mettez-le, placez-le, posez-le, sur la cheminée. *Put all that on the floor,* mettez tout cela par terre. *To put milk in one's tea,* mettre du lait dans son thé. *To put a patch on a pair of trousers,* mettre une pièce à un pantalon. *To put a child into a sailor suit,* mettre un enfant en costume de marin. *To put one's ear to the door,* mettre l'oreille contre la porte. **To put one's lips to one's glass,** tremper ses lèvres dans son verre. **To put sth. into s.o.'s hand,** mettre, glisser, qch. dans la main à qn. *F:* **Put it there** (= *shake hands*), touchez là. **To put oneself, a matter, into s.o.'s hands,** s'en remettre à qn; confier une affaire à qn. *To put sth. to dry before the fire,* mettre sécher qch. au feu; mettre qch. à sécher devant le feu. *To put dishes to drain in the rack,* mettre égoutter de la vaisselle; mettre de la vaisselle à égoutter. **To put s.o. in his place,** remettre qn à sa place; rembarrer qn. *See also* SHADE[1] 1, STAY[2] I. 2. **To put the horse to the cart,** mettre le cheval à la voiture; atteler la voiture. **To put bull to cow,** accoupler le taureau et la vache. **To put a tick against s.o.'s name,** faire une croix devant le nom de qn. **To put one's signature to sth.,** apposer sa signature sur, à, qch. *To put numbers on packages,* apposer des numéros sur des paquets. **He put an ace on, upon, my king,** il a joué un as sur mon roi. *Book-k: To put an amount in the receipts, in the expenditure,* employer une somme en recette, en dépense. **To put honour before riches,** préférer l'honneur à l'argent. *See also* HOPE[1] 1, POCKET[1] 1. (*b*) (*Put in state or condition*) **To put s.o. in the wrong,** prendre qn en faute. **To put the matter right,** (i) arranger l'affaire; (ii) remettre les choses au point. *See also* RIGHT[1] II. 3, WISE[1] 2. **To put s.o. out of suspense,** tirer qn de doute. **To put s.o. out of patience,** mettre à bout la patience de qn. *See also* EXISTENCE 1, PAIN[1] 1. **To put the law into operation,** appliquer la loi. **To put s.o. in the right way,** montrer son chemin à qn; (re)mettre qn sur la voie. **To put a field under wheat, to put a field to wheat,** mettre une terre en blé; planter un champ en blé. **To put an article on the market,** mettre un article en vente, sur le marché. *To put a new article on the market,* lancer une marchandise. *St.Exch:* **To put stock at a certain price,** délivrer, fournir, des actions à un certain prix. **To put a play on the stage,** monter une pièce. (*c*) (*Turn*) **To put a passage into Greek,** mettre, traduire, un passage en grec. **To put one's thoughts into words,** traduire ses pensées par des mots. (*d*) **To put money into an undertaking,** verser des fonds dans une affaire. *To put one's money into land,* placer son argent en terres. **To put money on a horse,** miser, parier, sur un cheval. *Cards: F:* **To put a bit on (the game),** intéresser le jeu. *To put energy into finishing a task,* mettre de l'énergie à achever une tâche. 2. (*a*) **To put a question to s.o.,** poser, faire, une question à qn. **To put a case before s.o.,** soumettre un cas à qn. **To put a resolution to the meeting,** présenter une résolution à l'assemblée. *I shall put your proposal to the Board,* je porterai votre proposition à la connaissance du conseil d'administration. **I put it to you whether . . .,** je vous demande un peu si. . . . *Jur: I put it to you that you were not there at the time,* n'est-il pas vrai que vous étiez absent à ce moment-là? *I put it to him that it would be advantageous to . . .,* je lui ai représenté qu'il y aurait avantage à. . . . **Put it to him nicely,** présentez-lui la chose gentiment. *When I put it to him he . . .,* à l'exposé de ce projet il. . . . **Put it that you are right . . .,** supposons, mettons, que vous ayez raison. . . . (*b*) **To put the case clearly,** exposer clairement la situation. *To put things in a clearer light,* présenter les choses plus clairement. **To put it bluntly,** pour parler franc; pour parler sans ambages. **As Horace puts it,** comme dit Horace; selon l'expression d'Horace. **If one may put it in that way,** si l'on peut s'exprimer ainsi. *You put things in such a way that you seem to be right,* vous tournez les choses de telle manière qu'il semble que vous ayez raison. *Put it so as not to offend him,* présentez-lui la chose de manière à ne pas l'offenser. *Neat way of putting things,* phrase adroite. *You put it so nicely,* vous me dites cela si gentiment. **I don't know how to put it,** je ne sais comment dire. *All that can be put in two words,* tout cela tient en deux mots. **To put it otherwise,** pour m'exprimer autrement. **Good story well put,** jolie histoire bien racontée. 3. *To put the population at 10,000,* estimer, évaluer, la population à 10,000. *I put her furs at £100,* j'évalue sa fourrure à £100. *To put no value on s.o.'s advice,* n'attacher aucun prix aux conseils de qn. 4. **To put an end, a stop, to sth.,** mettre fin à qch. **To put an end to one's life, to oneself,** mettre fin à sa vie. *See also* CHECK[1] 3, END[1] 2, STOP[1] 1. 5. (*a*) **To put s.o. to do sth.,** faire faire qch. à qn; désigner qn pour faire qch. *He is put to every kind of work,* on lui fait faire toutes sortes de besognes; *F:* on le met à toutes les sauces. *Mil: To put a man on extra fatigue,* appointer un homme de corvée. **To put a child to school,** mettre un enfant à l'école. *Put him to a trade,* apprenez-lui un métier. **To put s.o. to bed,** mettre qn au lit; coucher (un enfant). **To put sth. to a good use,** employer qch. à un bon usage. **To put a horse to, at, a fence,** diriger un cheval vers une barrière; faire sauter une barrière à un cheval. *To put a schoolboy through a book of Livy*, faire étudier, faire lire, un livre de Tite-Live à un élève. **To put s.o. through an examination,** faire passer, faire subir, un examen à qn. **To put s.o. through an ordeal,** faire subir une rude épreuve à qn. *F:* **To put s.o. through it,** faire passer un mauvais quart d'heure à qn; (*of police*) passer (un accusé) à tabac. **To put s.o. to the test,** soumettre qn à l'épreuve. **To put a resolution to the vote,** mettre une résolution aux voix. **To put s.o. to the torture,** mettre qn à la torture. *See also* PACE[1] 2. (*b*) *To put the enemy to flight*, mettre l'ennemi en fuite, en déroute. **To put s.o. to sleep,** endormir qn. **I am putting you to a lot of trouble,** je vous donne beaucoup d'embarras. **It puts me to the blush,** cela me fait rougir. *See also* EXPENSE 1, SHAME[1] 1. **6.** (*a*) *To put a knife into s.o.'s breast*, planter, plonger, un couteau dans la poitrine de qn. *To put a bullet through s.o.'s head*, loger une balle dans la tête de qn. *To put one's fist through the window*, enfoncer la fenêtre d'un coup de poing. **To put one's pen through a word,** rayer, barrer, biffer, un mot. (*b*) *Sp:* **To put the weight,** lancer le poids. (*c*) *Min:* Pousser, traîner (des wagonnets).

II. **put,** *v.i. Nau:* **To put (out) to sea,** mettre à la voile, à la mer; prendre la mer, le large; appareiller; alarguer. **To put into port,** relâcher; faire relâche. *To put into harbour*, relâcher pour se mettre à l'abri.

put about, *v.tr.* **1.** Faire circuler (une rumeur). **2.** (*a*) Déranger (qn); causer du dérangement à (qn). (*b*) Inquiéter (qn); mettre (qn) en émoi; troubler (qn). **Don't put yourself about,** n'allez pas vous inquiéter; ne vous faites pas de bile. **3.** (*a*) Faire faire volte-face à (un cheval, une armée). (*b*) *Nau:* **To put a ship about,** *abs.* **to put about,** virer de bord.

putting about, *s.* **1.** Mise *f* en circulation (d'une rumeur). **2.** *Nau:* Virement *m* de bord.

put across, *v.tr.* **1.** Transporter (à l'autre bord); passer (des marchandises, etc.). **2.** *U.S: F:* Réussir dans (une entreprise). **To put a deal across,** faire accepter un marché; boucler une affaire. **You can't put that across me,** on ne me la fait pas. *See also* ACROSS 2.

put aside, *v.tr.* (*a*) Mettre (qch.) de côté. (*b*) Se défaire de (qch.). *Then Zeus put aside his wrath*, alors Zeus déposa son courroux.

put away, *v.tr.* **1.** (*a*) Serrer (qch. dans une armoire, etc.); remiser (son auto); rentrer (un instrument). *Put away your books*, rangez vos livres; remettez vos livres à leur place. **Put that away,** remettez cela. (*b*) Mettre de côté (de l'argent). (*c*) *F:* Mettre (qn) en prison; coffrer (qn). (*d*) *P:* Déposer (qch.) chez le prêteur sur gages; *P:* mettre (qch.) au clou. (*e*) *F:* Bouffer, avaler, expédier (de la nourriture); siffler, entonner (de la boisson). **2.** (*a*) Écarter, chasser (une pensée); éloigner (la peur). (*b*) *A:* Répudier (sa femme). **3.** *F:* Tuer, assassiner (qn); tuer (un animal). *The dog had to be put away*, il a fallu nous défaire du chien.

putting away, *s.* **1.** (*a*) Serrement *m* (de son linge, etc.); rangement *m* (des livres). (*b*) Mise *f* de côté (de l'argent). **2.** (*a*) Éloignement *m* (de la peur). (*b*) *A:* Répudiation *f*.

put back. **1.** *v.tr.* (*a*) Remettre (un livre, etc.) à sa place; reposer, replacer (qch.). *Fb: etc: To put a player back to his former position*, réintégrer un joueur à son ancien poste. (*b*) Retarder (une horloge, l'arrivée de qn, etc.). *Sch: His absence has put him back*, son absence l'a retardé dans ses études, lui a fait perdre de ce qu'il savait. *You must never put back the minute hand*, il ne faut jamais reculer la grande aiguille. (*c*) *Mil:* Ajourner (une recrue). (*d*) **To put back one's shoulders,** effacer les épaules. **2.** *v.i. Nau:* Retourner, revenir (*to a port*, à un port); *abs.* revenir au port, rentrer au port (pour cause de mauvais temps, etc.).

putting back, *s.* **1.** Remise *f* (d'un objet) à sa place, replacement *m* (d'un objet). **2.** Retardement *m* (de qch.). **3.** Ajournement *m* (d'une recrue). **4.** *Nau:* Retour *m* au port; rentrée *f* au port.

put by, *v.tr.* **1.** (*a*) Éluder (une question); détourner (un argument). (*b*) *A:* Donner le change à (qn). **2.** Mettre de côté (de l'argent); ranger, mettre en réserve (des provisions, etc.); réserver (qch.). **To put by for the future,** économiser pour l'avenir. *The peasant has always something put by*, le paysan a toujours des réserves. To have money put by, *F:* avoir de l'argent dans son bas de laine; avoir du pain sur la planche. *See also* RAINY.

putting by, *s.* **1.** Détournement *m* (d'une discussion). **2.** Mise *f* de côté, en réserve (de l'argent, etc.).

put down, *v.tr.* **1.** Déposer, poser. *To put sth. down on the ground*, déposer qch. par terre; mettre qch. à terre. **Put it down!** laissez cela! n'y touchez pas! *Cards:* **To put down one's hand** (on the table), abattre ses cartes, son jeu. (*Of bus*) **To put down passengers,** débarquer, déposer, des voyageurs. *Nau:* **To put down a buoy,** mouiller une bouée. *See also* FOOT[1] 1. **2.** *Min:* **To put down bore-holes,** pratiquer des sondages. **3.** (*a*) Supprimer, réprimer, apaiser (une révolte); vaincre (l'opposition); supprimer, faire cesser, mettre fin à (un abus). (*b*) Rabattre, rabaisser (l'orgueil de qn). (*c*) Interloquer (qn); réduire (qn) au silence. (*d*) Rembarrer (qn). **4.** Fermer (un parapluie). **5.** (*a*) Noter (sur papier); mettre, coucher, par écrit. **To put down one's name,** inscrire son nom; s'inscrire; se faire inscrire (*for*, pour). *Put me down for one guinea*, inscrivez-moi pour une guinée. *He put his name down for twenty francs*, *F:* il y est allé de ses vingt francs. **Put it down to me, to my account,** inscrivez-le, mettez-le, à, sur, mon compte. (*b*) **To put down a number,** poser un chiffre. (*c*) **I put him down as, for, a Frenchman,** je jugeai qu'il était Français. *I should put her down at, as, thirty-five*, je lui donne trente-cinq ans. *We had put him down for a fool*, nous le tenions pour un sot. (*d*) **To put down sth. to s.o., to sth.,** mettre qch. au compte de qn; attribuer, imputer, qch. à qn, à qch. *I put his success down to luck*, j'attribue son succès à la chance. *He has not all the faults which you put down to him*, il n'a pas tous les défauts que vous lui prêtez.

putting down, *s.* **1.** Dépôt *m*; mise *f* par terre, à terre (de qch.). *Nau:* **Putting down a buoy,** mouillage *m* d'une bouée. **2.** (*a*) Suppression *f*, apaisement *m* (d'une révolte). (*b*) Rabattement *m*, rabaissement *m* (de l'orgueil). **3.** Inscription *f* (des noms, etc.); mise par écrit.

put forth, *v.tr.* **1.** Exercer, déployer (sa force, son éloquence, etc.); élever (sa voix). *The effort put forth by . . .*, l'effort fourni par. . . . **2.** Mettre en circulation, publier (une brochure); avancer (une théorie). **3.** (*Of tree, etc.*) Pousser, laisser apparaître (des feuilles). **To put forth buds,** bourgeonner. *v.i.* **The leaves are putting forth,** les feuilles poussent.

putting forth, *s.* **1.** Exercice *m*, déploiement *m* (de force, etc.); élévation *f* (de la voix). **2.** Mise *f* en circulation, publication *f* (d'une brochure). **3.** Poussée *f* (des feuilles).

put forward, *v.tr.* **1.** (*a*) Émettre, exprimer, avancer, proposer; mettre en avant, en évidence; faire valoir (une théorie, une proposition); émettre (une prétention); invoquer (un motif). *Pol:* **To put forward a list of candidates,** déposer une liste électorale. *To put s.o. forward for a decoration, etc.*, présenter qn pour une décoration, etc. (*b*) **To put oneself forward,** (i) se mettre en avant, en évidence; se pousser, se produire; (ii) s'imposer. *To put oneself forward as a wealthy man*, se donner pour un homme riche. (*c*) *F:* **To put one's best foot forward,** (i) presser le pas; (ii) se mettre en devoir de faire de son mieux. **2.** Avancer (la pendule, l'heure d'une réunion, etc.).

putting forward, *s.* **1.** Émission *f*, expression *f*, proposition *f*, mise *f* en avant (d'une théorie). **2.** Avancement *m* (d'une pendule).

put from, *v.tr.* Écarter (qch.). *He put the thought from him*, il écarta cette pensée.

put in. **1.** *v.tr.* (*Prep. use*) (*a*) *To put the key in the lock*, introduire la clef dans la serrure. (*b*) *To put an advertisement in the paper*, insérer une annonce dans le journal. **2.** *v.tr.* (*Adv. use*) (*a*) *To put in one's head at the window*, passer sa tête par la fenêtre. (*b*) Planter (un arbre); semer (du grain). (*c*) *Jur:* **To put in a bailiff,** installer un huissier (dans le domicile d'un saisi). *To put in a distress, an execution*, opérer une saisie; faire pratiquer une saisie. (*d*) *F:* **To put a word in,** placer un mot (dans la conversation). *He is always putting his word in*, il mêle toujours son mot à la conversation; il mêle partout son mot. **To put in a (good) word for s.o.,** dire un mot en faveur de qn. *See also* OAR[1] 1. (*e*) *Jur:* Présenter, produire, fournir (un document, un témoin). *To put in a claim*, présenter une réclamation. *See also* APPEARANCE 1, CLAIM[1] 2, 4. *Sch:* *To put in pupils for an examination*, présenter des élèves à un examen. (*f*) Passer (le temps, l'été, etc.). **To put in an hour's work,** faire, fournir, une heure de travail; travailler pendant une heure. *To put in an hour's practice every day*, faire une heure d'exercices par jour. **To put in the time** (*before coming to business, while awaiting events*), *F:* peloter en attendant partie. *Another hour to put in before lunch*, encore une heure à tirer d'ici le déjeuner. *To put in one's time reading*, passer son temps à lire; s'occuper à la lecture. **To put in one's term of military service,** faire son temps de service militaire. (*g*) *Turf:* (*Of horse*) **To put all in,** faire tout son possible. **3.** *v.i.* (*a*) *Nau:* *To put in at a port*, entrer, relâcher, dans un port; faire escale dans un port. (*b*) **To put in for an election,** se présenter à une élection; se porter candidat, poser sa candidature, à une élection. **To put in for a post,** se mettre sur les rangs pour obtenir un poste; poser sa candidature à un poste; faire valoir ses droits à un poste.

putting in, *s.* **1.** (*a*) Introduction *f* (de la clef dans la serrure, etc.). (*b*) Insertion *f* (d'un article dans le journal). **2.** Mise *f* en fonctions (d'un huissier); pratique *f* (d'une saisie). **3.** (*a*) Présentation *f*, production *f* (d'un document, etc.). (*b*) Présentation (d'un candidat); candidature *f* (à une élection). **4.** *Nau:* Entrée *f* au port; escale *f*.

put off. **1.** *v.tr.* (*Adv. use*) (*a*) Retirer, ôter (un vêtement). **To put off the mask,** déposer le masque. *See also* OLD 4. (*b*) Remettre, différer, ajourner, renvoyer. **To put off a payment,** arriérer, reculer, un payement. *To put off doing sth.*, différer de faire qch.; tarder à faire qch. **To put things off,** atermoyer. **We will put it off till another time,** *F:* c'est partie remise. *Jur:* **To put off a case for a week,** renvoyer, ajourner, une affaire à huitaine. **To put off one's guests,** contremander ses invités. **Don't be for ever putting off,** ne remettez pas à l'infini. **The sale has been put off,** il a été sursis à la vente. *See also* TO-MORROW. (*c*) **To put s.o. off,** donner le change à qn; berner qn. **To put s.o. off with an excuse,** se débarrasser de qn, renvoyer qn, avec une excuse. *To put s.o. off with fine words*, payer qn de paroles, de mots. *He is not to be put off with words*, il ne se paie pas de paroles. *To put s.o. off with fine promises*, endormir, amuser, qn avec de belles promesses. *I won't be put off with a promise*, je ne me contenterai pas d'une promesse. *To put off a dun with an instalment*, calmer, faire patienter, un créancier avec un acompte. (*d*) Déconcerter, dérouter, troubler (qn). *These interruptions put me off*, ces interruptions me déroutent. **You put me off,** vous me faites tromper. *His stern look put me off*, la sévérité de son regard m'a intimidé. **2.** *v.tr.* (*Prep. & adv. use*) **To be put off eggs,** être dégoûté, se dégoûter, des œufs. *To put s.o. off (his appetite)*, couper l'appétit à qn. *The mere smell of that cheese puts me off (it)*, la seule odeur de ce fromage suffit à m'écœurer. **To put everybody off by one's lordly airs,** indisposer tous les esprits, éloigner tout le monde, par ses manières hautaines. *Their frivolous conversation quite put me off*, leur conversation frivole m'a tout à fait rebuté. *I shall try to put him off this plan*, je vais essayer de le détourner de ce projet. **To put s.o. off doing sth.,** éloigner, dégoûter, décourager, qn de faire qch.; faire passer à qn l'envie de faire qch. **3.** *v.i. Nau:* Déborder du quai; pousser au large; démarrer. **To put off from the shore,** quitter la côte.

put-'off, *s.* **1.** Retard *m*; remise *f* à plus tard. **2.** Excuse *f*, prétexte *m*; faux-fuyant *m*, *pl.* faux-fuyants; échappatoire *f*, défaite *f*.

putting off, *s.* **1.** Remise *f*, ajournement *m*, renvoi *m* (d'une affaire); reculement *m* (d'une explication, etc.). **2.** Renvoi (de qn avec une excuse); désintéressement *m* (d'un créancier avec un acompte).

put on, *v.tr.* **1.** (*a*) **To put the kettle on,** mettre chauffer de l'eau, mettre la bouilloire à chauffer. **To put on a dish,** servir un plat. *F:* **Let's put on a pipe!** si on fumait une pipe! (*b*) **To put a play on,** mettre sur la scène, monter, une pièce de théâtre. *To put a play on again,* remonter, reprendre, une pièce; remettre une pièce à l'affiche. **To put on a train,** mettre un train en service. (*c*) **To put on more coaches,** ajouter d'autres voitures (au train). (*d*) *Veh:* **To put on the brake,** serrer le frein; freiner. (*e*) **To put on a button,** coudre un bouton. **2.** (*a*) Mettre (ses vêtements); revêtir (un pardessus); enfiler (son pantalon); chausser (ses pantoufles, ses lunettes, ses éperons); coiffer (un bonnet); ceindre (l'écharpe municipale). **Put on your hat,** (re)mettez votre chapeau; couvrez-vous. *To put one's coat on again,* remettre, rendosser, son habit. **To put on a dinner-jacket,** se mettre en smoking. *To put on one's shoes,* se chausser. *To put s.o.'s boots on (for him),* chausser qn. **You don't know how to put your things on,** vous ne savez pas vous habiller. *See also* CLOTHES 1. (*b*) **To put on an innocent air,** emprunter, revêtir, affecter, prendre, se donner, un air innocent. *See also* AIR[1] III. *F: To put on the invalid,* faire le malade. *F:* **To put it on,** (i) poser; faire l'important; se donner du genre, des airs; afficher de grands airs; prendre des airs de prince, de princesse; *P:* faire sa poire; faire sa chicorée; (ii) (*to pretend*) faire du chiqué; la faire au chiqué. *That's all put on, you are putting it on,* (i) tout ça c'est de l'affectation, de la pose; (ii) tout cela est feint; *P:* tout ça c'est du chiqué. *Doesn't he put it on!* quel poseur! *She puts it on,* elle veut faire l'élégante; *P:* elle fait sa duchesse. **Don't put it on,** ne faites pas le réservé, la réservée; *P:* fais pas ta poire. **3.** (*a*) Augmenter, *F:* saler (le prix). *They know how to put it on,* ils s'entendent à saler la facture. (*b*) **To put on weight,** grossir; gagner, prendre, du poids. *To put on weight again,* reprendre du poids. *He put on four pounds at the seaside,* il a gagné deux kilos au bord de la mer. *See also* FLESH[1] 1. (*c*) **To put on speed,** prendre de la vitesse. *To put on full speed,* mettre à toute vitesse. (*d*) *Sp:* **To put on (a score of) thirty,** faire, marquer, trente points. (*e*) *Games: Turf:* **To put on five shillings,** miser cinq shillings. **4.** Avancer (la pendule). **5.** **To put on the light,** mettre la lumière; allumer. **To put the gas on,** allumer le gaz. *To put the light on again,* remettre la lumière. **To put on steam,** mettre la vapeur; forcer de vapeur. **Put on the gramophone,** faites marcher le gramophone. **6.** **To put s.o. on to do sth.,** mettre, atteler, qn à un travail. *Cr: To put on X to bowl,* confier la balle à X. *To put s.o. on to a job,* confier, donner, un travail à qn; désigner qn pour faire un travail. **7.** *F:* **To put s.o. on to a vacant post,** indiquer une place à qn. *Who put you on to it?* qui est-ce qui vous a donné le tuyau? qui est-ce qui vous a donné le mot? **8.** *Tp:* **To ask to be put on to s.o.,** demander la communication avec qn. *Put me on to* **'City'** 1380, donnez-moi City 13,80.

'put-on, *a.* **1.** (Air) affecté; (élégance) empruntée, d'emprunt. **2.** *Put-on appearance of joy,* joie feinte; joie de mauvais aloi.

putting on, *s.* **1.** (*a*) Production *f*, mise *f* sur la scène (d'une pièce de théâtre). (*b*) *Rail:* Accrochage *m*, addition *f* (de nouvelles voitures); mise en service (d'un train). (*c*) Serrement *m* (du frein). **2.** (*a*) Mise (de ses vêtements); revêtement *m* (de son pardessus). (*b*) Affectation *f* (d'un air). **3.** (*a*) Augmentation *f* (des prix). (*b*) **Putting on of flesh,** engraissement *m*. **4.** Avancement *m* (d'une pendule). **5.** Allumage *m* (du gaz); mise (de la vapeur); mise en marche (d'un gramophone, etc.).

put out, *v.tr.* **1.** Avancer, tendre (la main); allonger, étendre (le bras). **You have only to put out your hand,** il n'y a qu'à y puiser. **2.** (*a*) Mettre dehors. **To put s.o. out** (*of the room*), mettre qn à la porte; expulser qn. (*b*) *To put out one's flags,* exhiber, arborer, ses drapeaux. *To put linen out to dry,* mettre du linge à sécher. *Nau:* **To put out a boat,** mettre un canot à l'eau. (*c*) **To put one's tongue out,** tirer, montrer, la langue (*at s.o.*, à qn). *To put out one's head at the window,* passer sa tête par la fenêtre; sortir la tête à la fenêtre ou à la portière. *The snail puts out its horns,* l'escargot sort ses cornes. **3.** **To put out (of joint),** démettre, déboîter, luxer. *To put out one's shoulder,* se démettre, se déboîter, l'épaule. *To put one's jaw out,* se décrocher la mâchoire. *To put one's arm out,* se démancher le bras. **4.** (*a*) Éteindre (une bougie, etc.). *To put out the fire,* éteindre le feu. *Mch:* **To put out the fires,** jeter bas les feux. *To put out a fire in its early stage,* étouffer un commencement d'incendie. (*b*) **To put s.o.'s eyes out,** crever les yeux à qn; aveugler qn. *To put s.o.'s eye out with an umbrella,* éborgner qn, crever l'œil à qn, avec un parapluie. (*c*) *P:* (i) *Box:* Mettre (qn) knock-out; (ii) faire perdre connaissance à (qn); (iii) assommer (qn). **5.** (*a*) Déconcerter, décontenancer, interloquer, interdire, embarrasser, troubler, démonter (qn); brouiller les idées à (qn), faire perdre le fil de ses idées à (qn). **To be put out,** être interloqué, embarrassé. *Nothing ever puts him out, he never gets put out,* il ne se laisse jamais démonter; il ne se démonte jamais; il ne s'émeut de rien. *The least thing puts him out,* il s'émeut d'un rien. *I was greatly put out by the news,* la nouvelle m'a démonté. *He was not at all put out at this rudeness,* ces incivilités ne le troublaient aucunement. (*b*) Ennuyer, fâcher, contrarier, vexer, chagriner (qn). **To be put out,** prendre la mouche. *Are you put out?* ça vous ennuie? **To be put out about sth.,** être mécontent de qch. (*c*) Déranger, incommoder, gêner (qn). **To put oneself out for s.o.,** se déranger, se mettre en frais, *F:* se mettre en quatre, pour qn. *Would it put you out to lend me . . .?* cela vous incommoderait-il de me prêter . . .? **6.** (*a*) **To put out a baby to nurse,** mettre un bébé en nourrice. **To put out a cow to grass,** mettre une vache en pâture. (*b*) **To put money out** (*to interest*), placer de l'argent (à intérêt). (*c*) **To put out one's washing,** donner son linge à laver; envoyer son linge au blanchissage. *All work done on the premises, nothing put out,* tout est fait sur place, rien n'est donné au dehors. **7.** *Publ:* Publier, *F:* sortir (un ouvrage).

putting out, *s.* **1.** Avancement *m* (de la main); allongement *m* (du bras). **2.** Mise *f* dehors, mise à la porte; expulsion *f* (d'un intrus). **3.** Luxation *f* (de l'épaule). **4.** Extinction *f* (du feu). **5.** Placement *m* à intérêt (de l'argent).

put over, *v.tr.* = PUT ACROSS.

put through, *v.tr.* **1.** Mener à bien, faire aboutir (un projet). **2.** *Tp:* **To put s.o. through to s.o.,** donner à qn la communication avec qn; mettre qn en relation, en communication, avec qn. *Whenever he rings up, put him through to me,* aussitôt qu'il téléphonera vous me le passerez. *See also* PUT[2] I. 5.

putting through, *s.* **1.** Menée *f* à bien (de qch.). **2.** *Tp:* Mise *f* en communication (avec qn).

put to, *v.tr.* **1.** (*Adv. use*) Atteler (un cheval); accrocher (une locomotive); mettre (les chevaux) à la voiture. *Tell the coachman to put to,* dites au cocher d'atteler. **2.** (*Prep. use*) *He was* **hard put to it** *to find a substitute,* il a eu beaucoup de mal, un mal extrême, à trouver un remplaçant; il a eu fort à faire, il était très embarrassé, pour trouver un remplaçant, pour se faire remplacer. *I was hard put to it, I can assure you,* je n'en menais pas large, je vous assure. *Our industries are hard put to it,* nos industries ont du mal à lutter; *F:* nos industries ahanent. *It is surprising what he can do* **when he is put to it,** c'est surprenant ce qu'il peut faire quand il y est contraint.

putting to, *s.* Attelage *m*, attellement *m* (d'un cheval).

put together, *v.tr.* **1.** Joindre, associer, assembler, unir, réunir, mettre ensemble (les parties d'un tout); monter, assembler (une robe, une machine); construire (une machine); assembler, mettre bout à bout (une canne à pêche). *To put together again,* remonter (une bicyclette, etc.). **2.** **To put two and two together,** (i) faire l'addition de deux et de deux; additionner deux et deux; (ii) *F:* *see* TWO. **3.** **To put a few things together** *in a handbag,* empaqueter, mettre, *F:* fourrer, quelques affaires dans une valise. **To put one's thoughts together,** rassembler ses idées. **4.** (*a*) Mettre (deux choses) côte à côte. *See also* HEAD[1] 2. (*b*) Rapprocher, comparer (des faits).

putting together, *s.* **1.** Assemblage *m*, union *f*, réunion *f*, mise *f* ensemble (de morceaux); montage *m* (d'une machine). **2.** Empaquetage *m* (de ses effets). **3.** Rapprochement *m*, comparaison *f* (de faits).

put up, *v.tr.* **1.** (*a*) Lever (une glace de wagon); relever (ses cheveux, le col de son pardessus); ouvrir (un parapluie); dresser (une échelle); fixer, accrocher (un tableau); poser (un rideau). *Tp:* Raccrocher (le récepteur). (*Of prisoner*) **To put up one's hands,** lever, mettre, haut les mains; *F:* (1914-18) faire camarade. *Box:* **Put 'em up!** en garde! **To put up one's hair,** se faire un chignon; relever ses cheveux. *See also* SHUTTER[1] 1. (*b*) Apposer, coller (une affiche); afficher (un avis). *See also* BANNS. **2.** *Turf:* Faire courir (un jockey); donner une monte à (un jockey). **3.** *Ven:* (Faire) lever, faire envoler, faire partir (une perdrix, etc.). **4.** Augmenter, (faire) hausser, majorer (les prix). **5.** Adresser, offrir, faire (une prière); présenter, adresser (une pétition). *To put up a short prayer,* éjaculer une (courte) prière. **6.** (*a*) **To put up a candidate,** proposer, présenter, un candidat (aux élections). (*b*) *v.i.* (*Of candidate*) **To put up for a seat,** poser sa candidature à un siège. **7.** **To put up sth. for sale, to put sth. up for sale,** mettre qch. en vente. **To put goods up for auction,** mettre des marchandises aux enchères. *It was put up at ten pounds,* la mise à prix a été de dix livres. **8.** Fournir (une somme d'argent). **To put up the money for an undertaking,** faire les fonds d'une entreprise. *Gaming: To put up two hundred francs,* se caver de deux cents francs. **9.** *Th:* **To put up a play,** représenter une pièce. **10.** Emballer, empaqueter (ses habits dans une valise). *I'll ask cook to put us up some sandwiches,* je vais demander à la cuisinière de nous faire un paquet de sandwichs. *Com:* **This cream is put up in tubes,** cette crème est présentée en tubes. *Solutions put up in capsules,* solutions délivrées en capsules. **11.** Remettre (l'épée) au fourreau, rengainer (son épée). **12.** Offrir, opposer (une résistance). **To put up a stout resistance,** se défendre vaillamment. *See also* FIGHT[1] 2. **13.** (*a*) Loger (qn); donner à coucher à (qn); offrir un lit à (qn); héberger, gîter (qn). **I can't put you up,** je ne peux pas vous coucher. *Some friends have offered to put me up,* des amis m'ont offert l'hospitalité. (*Of pers.*) **To put up at a hotel,** (i) descendre, (ii) loger, à un hôtel. *To put up with friends,* descendre, loger, chez des amis. (*b*) Remiser (une voiture); mettre à l'écurie (un cheval); garer (une auto). **14.** *Abs.* **To put up with sth.** s'accommoder, s'arranger, de qch.; se contenter de qch.; se résigner à (des inconvénients); prendre qch. en patience; supporter, souffrir, tolérer, endurer (les railleries). *I had to put up with it,* j'ai dû en passer par là. *He can put up with anything,* il s'arrange de tout. *We must put up with it,* il faut nous en contenter. *He will have to put up with more than that,* on lui en fera avaler d'autres. **Hard to put up with,** dur à digérer, à encaisser. *We must put up with what we can get, F:* faute de grives on mange des merles. *We must put up with one another,* il faut tâcher de nous accommoder l'un de l'autre. *See also* CONSEQUENCE 1. **15.** (*a*) **To put s.o. up to a thing,** (i) mettre qn au courant, au fait, de qch.; (ii) donner le mot à qn au sujet de qch.; *F:* tuyauter qn. *To put s.o. up to what he has to say or do,* faire le catéchisme à qn; catéchiser qn; faire la leçon à qn. (*b*) **To put s.o. up to sth., to do sth.,** pousser, inciter, qn à qch., à faire qch.; persuader à qn de faire qch. *Who put you up to this?* qui est-ce qui vous a fait faire cela? qui vous a appris ce truc-là? **16.** (*a*) Construire, bâtir (une maison); ériger (un monument); installer, monter (un échafaudage). (*b*) *P:* **To put up a yarn,** inventer une histoire, un bobard. (*c*) Monter, préparer (un mauvais coup).

'put-up, *attrib. a.* **1.** *F:* **A put-up job,** une affaire machinée à l'avance; un coup monté; une affaire bricolée, maquignonnée.

It's a put-up job, ils se sont donné le mot; il y a un micmac, du micmac, là-dedans; *P:* c'est du chiqué. **2.** (*At auction*) **Put-up price**, mise *f* à prix.

putting up, *s.* **1.** (*a*) Mise *f* (de volets, etc.); relèvement *m* (des cheveux); ouverture *f* (d'un parapluie); accrochage *m* (d'un tableau); pose *f* (d'un rideau, etc.); raccrochage *m* (du récepteur de téléphone). (*b*) Affichage *m* (d'un avis, etc.); publication *f* (de bans). **2.** Levée *f* (du gibier). **3.** Augmentation *f*, hausse *f*, élévation *f*, majoration *f* (des prix). **4.** Offre *f* (d'une prière); présentation *f* (d'une pétition). **5.** Proposition *f* (d'un candidat) à une élection. **6.** Mise en vente, mise aux enchères (de qch.). **7.** Emballage *m*, empaquetage *m*. **8.** Remise *f* au fourreau (de l'épée). **9.** (*a*) Logement *m*, hébergement *m* (de qn); mise à l'écurie (d'un cheval); descente *f*, logement (à un hôtel). (*b*) Remisage *m* (d'une voiture); garage *m* (d'une auto). **10.** Construction *f* (d'un bâtiment); érection *f* (d'un monument); installation *f* (d'un échafaudage).

put upon, *v.ind.tr.* *F:* **To put upon s.o.**, en imposer à qn; tromper qn; se jouer de, abuser de, qn; exploiter, maltraiter, qn; *P:* mettre qn dedans. *He's the sort of man to be easily put upon*, il est homme à se laisser mener facilement, à s'en laisser imposer. *I will not be put upon*, je ne veux pas qu'on se joue, se moque, *F:* se fiche, de moi.

putting[1], *s.* **1.** (*a*) Mise *f*, pose *f*; *Tchn:* mettage *m*; apposition *f* (d'une signature). (*b*) *Putting under wheat*, semailles *fpl* en blé. (*c*) *St.Exch:* Délivrement *m* (d'actions). **2.** Présentation *f* (d'un argument); mise, soumission *f* (d'une résolution). **3.** *Sp:* **Putting the weight**, lancement *m* du poids. **4.** **Putting to sea**, mise à la mer; appareillage *m*.

'put-and-'take, *s.* Toton hexagonal chiffré (pour jeux de hasard).

put[3, 4] [pʌt], *s.* & *v.* *Golf:* = PUTT[1, 2].

putative ['pjuːtətiv], *a.* *Jur:* (Mariage, père) putatif. **-ly**, *adv.* *Jur:* Putativement.

puteal ['pjuːtiəl], *s.* *Rom.Ant:* Putéal *m*; margelle *f* de puits.

putlog[1] ['pʌtlɔg], *s.* *Const:* Boulin *m*; bois *m* de support (d'échafaudage). **Putlog hole**, ope *m*, boulin.

putlog[2], *v.tr.* (putlogged) Ficher (une poutrelle) en boulin.

putrefaction [pjuːtri'fakʃ(ə)n], *s.* Putréfaction *f*.

putrefactive [pjuːtri'faktiv], *a.* Putréfactif, putréfiant; de putréfaction. *P. fermentation*, fermentation *f* putride.

putrefiable ['pjuːtrifaiəbl], *a.* Putréfiable, pourrissable.

putrefy ['pjuːtrifai]. **1.** *v.tr.* Putréfier, corrompre, pourrir. **2.** *v.i.* (*a*) (*Of carrion, etc.*) Se putréfier, se corrompre; pourrir. (*b*) (*Of living tissue*) (i) Suppurer, s'envenimer; (ii) se gangrener. (*c*) (*Of soul, etc.*) Se corrompre.

putrefying, *a.* En putréfaction; en pourriture; putrescent.

putrescence [pju'tres(ə)ns], *s.* Putrescence *f*.

putrescent [pju'tres(ə)nt], *a.* Putrescent; en putréfaction; en pourriture.

putrescible [pju'tresibl], *a.* Putrescible; pourrissable.

putrid ['pjuːtrid], *a.* **1.** (*a*) Putride, corrompu; en putréfaction; infect. *To become p.*, tomber en pourriture; se corrompre. (*b*) *Med:* **Putrid fever**, typhus *m*; fièvre *f* putride. **Putrid sore throat**, pharyngite gangréneuse. **2.** *P:* *V:* = ROTTEN 2.

putridness ['pjuːtridnəs], **putridity** [pju'triditi], *s.* Putridité *f*, pourriture *f*, corruption *f*.

putt[1] [pʌt], *s.* *Golf:* Coup roulé, coup de poteur. **Approach putt**, long coup roulé.

putt[2], *v.tr.* *Golf:* Poter (la balle).

putting[2], *s.* *Golf:* Pratique *f* du coup roulé. *To practise p.*, s'exercer à poter la balle.

'putting-green, *s.* *Golf:* Pelouse *f* du trou; pelouse d'arrivée; le vert. *F:* **To be made as welcome as a dog on a putting-green**, être reçu comme un chien dans un jeu de quilles.

'putting-hole, *s.* *Golf:* Trou *m* (où l'on pote la balle).

'putting-iron, *s.* *Golf:* Crosse *f* en fer pour poter; poteur *m* en fer.

puttee ['pʌti, pʌ'tiː], *s.* *Mil.Cost:* Bande molletière.

putter[1] ['putər], *s.* **1.** *P. into execution of* . . ., metteur *m* à exécution de. . . . *P. of questions*, poseur *m* de questions. **2.** *Min:* Rouleur *m*, moulineur *m*.

putter[2] ['pʌtər], *s.* *Golf:* **1.** (*Club*) Poteur *m*, putter *m*, potter *m*. **2.** (*Pers.*) (*a*) *Sp:* Lanceur *m* (du poids lourd). (*b*) *Golf:* **Good, bad, putter**, joueur, -euse, habile, inhabile, à poter, qui réussit bien, mal, les coups roulés.

puttoo [pʌ'tuː], *s.* *Tex:* Gros cachemire des Indes.

putty[1] ['pʌti], *s.* **1.** (*a*) Mastic *m*, enduit *m*, lut *m*. **Glazier's putty**, mastic à vitres; lut de vitrier. **To fill a hole with putty**, mastiquer un trou. *See also* MEDAL. (*b*) **Plasterer's putty**, pâte *f* de chaux. **2.** **Jeweller's putty, putty of tin, putty-powder**, potée *f* (d'étain). *See also* RUST-PUTTY.

'putty-faced, *a.* *F:* (*Of pers.*) Au visage de papier mâché.

'putty-knife, *s.* Spatule *f* de vitrier; couteau *m* à palette; couteau à mastiquer.

putty[2], *v.tr.* **To putty (up) a hole**, mastiquer un trou; boucher un trou au mastic.

puttying, *s.* Masticage *m*.

puzzle[1] [pʌzl], *s.* **1.** Embarras *m*, perplexité *f*. **To be in a puzzle**, être dans l'embarras; être perplexe. **2.** Question embarrassante, troublante; énigme *f*. *Your friend is a real p. to me*, votre ami est pour moi un vrai problème. **3.** (*a*) (*Manual*) Casse-tête *m inv*. **Chinese puzzle**, casse-tête chinois. **Jig-saw puzzle**, jeu *m* de patience (en bois chantourné); image *f* à assembler; puzzle *m*. *See also* RING-PUZZLE. (*b*) (*Mental*) Devinette *f*, problème *m*. **Pictorial puzzle**, rébus *m*. **Cross-word puzzle**, problème de mots croisés. *In our last p.* . . ., dans notre dernier problème. . . .

'puzzle-headed, *a.* Aux idées confuses, embrouillées. *P.-h. sentimentalism*, sentimentalisme nébuleux, confus

'puzzle-lock, *s.* **1.** Serrure *f* à combinaisons. **2.** Cadenas *m* à secret.

puzzle[2]. **1.** *v.tr.* Embarrasser, intriguer, déconcerter, réduire à quia. **Puzzled air**, air hébété, perdu. *I was puzzled*, je ne savais que penser. *I was somewhat puzzled how to answer*, j'étais assez embarrassé pour répondre. *He was sadly, sorely, puzzled what to do*, il était fort embarrassé pour savoir ce qu'il devait faire; il se trouvait fort désemparé. **To puzzle s.o. with a question**, poser à qn une question embarrassante; *F:* poser une colle à qn. *It puzzles me what his plans are*, ses projets m'intriguent; je me demande quels peuvent être ses projets. *See also* BRAIN[1]. **2.** *v.i.* **To puzzle about, over, sth.**, se creuser la tête pour comprendre qch. *However much I p. over it* . . ., j'ai beau me creuser la tête. . . .

puzzle out, *v.tr.* Débrouiller, éclaircir (un mystère); déchiffrer (une écriture, un rébus); trouver la solution (d'un rébus, etc.). *I could hardly p. out his letter*, c'est à peine si j'ai pu déchiffrer sa lettre.

puzzling out, *s.* Éclaircissement *m* (d'un mystère); déchiffrage *m* (d'une écriture).

puzzling[1], *a.* Embarrassant, intriguant, troublant, qui rend perplexe. *P. task*, casse-tête *m inv*.

puzzling[2], *s.* (*a*) Embarras *m*, perplexité *f*. (*b*) **Puzzling of one's brains**, torture *f* de l'esprit.

puzzledom ['pʌzldəm], *s.* Embarras *m* perplexité *f*. *Reduced to a condition of p.*, réduit à quia.

puzzlement ['pʌzlmənt], *s.* Embarras *m*, confusion *f*, perplexité *f*.

puzzler ['pʌzlər], *s.* **That's a puzzler!** c'est une question embarrassante. *To ask s.o. a few puzzlers, to put a few puzzlers to s.o.*, poser deux ou trois colles *f* à qn.

puzzolana [pʌtso'lɑːna], *s.* = POZZOLANA.

pyaemia [pai'iːmia], *s.* *Med:* Py(o)hémie *f*; infection purulente.

pyaemic [pai'iːmik], *a.* *Med:* Py(o)hémique.

pycnite ['piknait], *s.* *Miner:* Pycnite *f*.

pycnogonid [pik'nɔgonid], *s.* *Crust:* Pyc(h)nogonide *m*.

pycnometer [pik'nɔmetər], *s.* *Ph:* Flacon *m* à densité.

pycnostyle ['piknostail], *a.* & *s.* *Arch:* Pycnostyle (*m*).

pye-dog ['paidɔg], *s.* Chien errant (de l'Orient).

pyelitis [paji'laitis], *s.* *Med:* Pyélite *f*.

Pygm(a)ean [pig'miːən], *a.* Pygméen.

Pygmy ['pigmi]. **1.** *s.* Pygmée *m*. **2.** *Attrib.* Pygméen. *Z:* **Pigmy ape**, magot *m*.

pyjama [pi'dʒɑːma], *s.* **1.** (**Pair of**) **pyjamas**, pyjama *m* (d'Oriental). **2.** **Pyjama suit**, *F:* **pyjamas**, pyjama. **To sleep in pyjamas**, dormir en pyjama. **Pyjama-clad**, en pyjama. **Pyjama-trousers, pyjama-coat**, pantalon *m*, veston *m*, de pyjama. **Pyjama-cord**, cordelière *f* de pyjama.

Pylades ['pailadiːz]. *Pr.n.m.* *Gr.Lit:* Pylade.

Pyle ['pailiː]. *Pr.n.* *A.Geog:* Pylée *f*.

pylon ['pailən], *s.* **1.** *Egypt.Arch:* Pylône *m*. **2.** *Civ.E:* *El.E:* *etc:* Pylône (métallique).

pyloric [pai'lɔrik], *a.* *Anat:* Pylorique.

pylorus [pai'lɔːrəs], *s.* *Anat:* Pylore *m*.

pyorrhea [paio'riːa], *s.* *Med:* Pyorrhée *f*. **Pyorrhea alveolaris**, *F:* **pyorrhea**, pyorrhée alvéolo-dentaire; gingivite expulsive.

pyosis [pai'ousis], *s.* *Med:* Formation *f* de pus; suppuration *f*.

pyothorax [paio'θɔːraks], *s.* *Med:* Pyothorax *m*, empyème *m* (des cavités pleurales).

pyracanth ['pairakanθ], *s.* *Bot:* Pyracanthe *f*; *F:* buisson ardent, arbre *m* de Moïse.

pyralidae [pi'ralidiː], *s.pl.* *Ent:* Pyralides *f*.

pyralis, *pl.* **-ides** ['piralis, pi'ralidiːz], *s.* *Ent:* Pyrale *f*.

pyramid ['piramid], *s.* **1.** *Egypt.Archeol:* Pyramide *f*. **2.** *Geom:* *etc:* Pyramide. **Pyramid-shaped**, en pyramide. *Phot.Engr:* **Pyramid-grained paper**, papier *m* procédé. *See also* HEXAGONAL. **3.** *Arb:* Arbre taillé en pyramide.

pyramidal [pi'ramid(ə)l], *a.* Pyramidal, -aux. **-ally**, *adv.* Pyramidalement; en pyramide.

pyramidion, *pl.* **-ia** [pira'midiən, -ia], *s.* *Arch:* Pyramidion *m* (d'un obélisque, etc.).

Pyramus ['piraməs]. *Pr.n.m.* *A.Lit:* Pyrame.

pyrargyrite [pai'rɑːrdʒirait], *s.* *Miner:* Pyrargyrite *f*, argent rouge antimonial.

pyre ['paiər], *s.* Bûcher *m* (funéraire).

pyrene ['pairiːn], *s.* *Ch:* Pyrène *m*.

Pyrenean [pire'niːən], *a.* *Geog:* Pyrénéen; des Pyrénées.

Pyrenees (the) [ðəpire'niːz]. *Pr.n.* *Geog:* Les Pyrénées *f*.

pyrethrum [pai'riːθrəm], *s.* *Bot:* *Pharm:* Pyrèthre *m*. **Pyrethrum powder**, poudre *f* de pyrèthre; poudre insecticide.

pyretic [pai'retik], *a.* *Med:* Pyrétique.

pyrex ['paireks], *s.* *Glassm:* *Cu:* Pyrex *m*.

pyrexia [pai'reksia], *s.* *Med:* Pyrexie *f*.

pyrexial [pai'reksiəl], *a.* *Med:* Pyrexique.

pyrheliometer [pərhiːli'ɔmetər], *s.* *Ph:* Pyrhéliomètre *m*.

pyridine ['pairidain], *s.* *Ch:* Pyridine *f*.

pyriform ['pairifɔːrm], *a.* *Bot:* Pyriforme.

pyrites [pai'raitiːz], *s. inv in pl.* *Miner:* Pyrite *f*. **Arsenical pyrites**, mispickel *m*. **Copper pyrites**, chalcopyrite *f*. **Magnetic pyrites**, pyrrhotine *f*. **Iron pyrites**, sulfure *m* de fer; fer sulfuré. **White iron pyrites**, marcassite *f*.

pyritic [pai'ritik], *a.* *Miner:* Pyriteux.

pyritiferous [pairi'tifərəs], *a.* *Miner:* Pyritifère.

pyritous ['pairitəs], *a.* *Miner:* = PYRITIC.

pyro ['pairo], *s.* *Phot:* *F:* Pyrogallol *m*; acide *m* pyrogallique. **Pyro developer**, révélateur *m* au pyrogallol.

pyr(o)- ['pair(o), pai'rɔ], *comb.fm.* Pyr(o)-. **1.** *Pyrognostic*, pyrognostique. *Pyromagnetic*, pyromagnétique. *Pyrophanous*, pyrophane. **2.** *Ch:* *Miner:* *Pyrochroite*, pyrochroïte. *Pyrochlore*, pyrochlore. *Pyromeconic*, pyroméconique.

pyro-acid [pairo'asid], *s.* *Ch:* Acide pyrogéné.

pyro-ammonia [pairoə'mounjə], *s. Phot:* Révélateur *m* à l'acide pyrogallique et à l'ammoniaque.
pyro-carbonate [pairo'kɑːrbonet], *s. Phot:* Révélateur *m* à l'acide pyrogallique et au carbonate de soude.
pyrocatechin [pairo'katetʃin], *s. Phot:* Pyrocatéchine *f.*
pyro-electric [pairoi'lektrik], *a. El:* Pyroélectrique.
pyro-electricity [pairoilek'trisiti], *s. El:* Pyroélectricité *f.*
pyrogallate [pairo'galet], *s. Ch:* Pyrogallate *m.*
pyrogallic [pairo'galik], *a. Ch:* **Pyrogallic acid**, acide *m* pyrogallique; pyrogallol *m.*
pyrogallol [pairo'galɔl], *s. Ch:* Pyrogallol *m.*
pyrogenetic [pairodʒe'netik], *a. Ph:* Pyrogénétique, pyrogénésique.
pyrogenous [pai'rɔdʒenəs], *a.* **1.** *Geol:* (Minéral *m*) pyrogène. **2.** *Ch:* (Huile, résine) pyrogénée.
pyrographer, -phist [pai'rɔgrəfər, -fist], *s.* Artiste *mf* en pyrogravure.
pyrography [pai'rɔgrəfi], **pyrogravure** [pairogra'vjuər], *s.* Pyrogravure *f.*
pyrola ['pirolə], *s. Bot:* Pyrole *f.*
pyrolator [pai'rɔlətər], *s.* Pyrolâtre *mf.*
pyrolatry [pai'rɔlətri], *s.* Pyrolâtrie *f.*
pyroligneous [pairo'ligniəs], *a. Ch:* (Acide) pyroligneux.
pyrolignite [pairo'lignait], *s. Ch:* Pyrolignite *f.*
pyrolusite [pairo'ljuːsait], *s. Miner:* Pyrolusite *f.*
pyromania [pairo'meiniə], *s. Med:* Pyromanie *f.*
pyromaniac [pairo'meiniak], *s.* Monomane *mf* incendiaire.
pyrometer [pai'rɔmetər], *s. Ph: Metall:* Pyromètre *m*; canne *f* thermo-électrique. **Dial pyrometer,** pyromètre à cadran. *Cer:* **Sentinel pyrometer,** cône *m* pyrométrique.
pyro-metol [pairo'metɔl], *s. Phot:* Révélateur *m* à l'acide pyrogallique et au métol.
pyrometric(al) [pairo'metrik(əl)], *a. Ph:* Pyrométrique.
pyrometry [pai'rɔmetri], *s. Ph:* Pyrométrie *f.* **Pyrometry wire,** fil *m* pyrométrique.
pyromorphite [pairo'mɔːrfait], *s. Miner:* Pyromorphite *f.*
pyrope ['pairoup], *s. Miner:* Pyrope *m*; grenat magnésien.
pyrophorus [pai'rɔfərəs], *s. Ch: Ent:* Pyrophore *m.*
pyrophosphate [pairo'fɔsfeit], *s. Ch:* Pyrophosphate *m.*
pyrophyllite [pairo'filait], *s. Miner:* Pyrophyllite *f.*
pyroscope ['pairoskoup], *s. Ph: Metall:* Pyroscope *m.*
pyrosis [pai'rousis], *s. Med:* Pyrosis *m*; ardeur *f* d'estomac.
pyro-soda [pairo'soudə], *s. Phot:* = PYRO-CARBONATE.
pyrosphere ['pairosfiːər], *s. Geol:* Pyrosphère *f.*
pyrotechnic(al) [pairo'teknik(əl)], *a.* Pyrotechnique. *P. display,* feu *m* d'artifice.
pyrotechnics [pairo'tekniks], *s.pl.* (*Usu. with sg. const.*) = PYROTECHNY.
pyrotechnist [pairo'teknist], *s.* Artificier *m*; pyrotechnicien *m.*
pyrotechny ['pairotekni], *s.* Pyrotechnie *f*, pyrotechnique *f.*
pyroxene ['pairɔksiːn], *s. Miner:* Pyroxène *m*; schorl noir.
pyroxyle [pai'rɔksil], *s. Ch:* = PYROXYLIN(E).
pyroxylic [pairɔk'silik], *a. Ch:* Pyroxylique.
pyroxylin(e) [pai'rɔksilin], *s. Ch: Exp:* Pyroxyle *m*; pyroxyline *f*; cellulose nitrée; coton-collodion *m*; poudre-coton *f*; fulmicoton *m.*
Pyrrhic[1] ['pirik], *a. & s. Gr.Ant:* (Danse) pyrrhique (*f*).
pyrrhic[2], *a. & s. Pros:* (Pied) pyrrhique (*m*).
Pyrrhic[3], *a. Rom.Hist:* De Pyrrhus. *F:* **Pyrrhic victory,** victoire *f* à la Pyrrhus; victoire désastreuse.
Pyrrho ['piro]. *Pr.n.m. Gr.Phil:* Pyrrhon.
Pyrrhonian [pi'rounjən], **Pyrrhonic** [pi'rɔnik], *a. & s. Gr.Phil:* Pyrrhonien (*m*).
Pyrrhonism ['pironizm], *s. Gr.Phil:* Pyrrhonisme *m.*
Pyrrhonist ['pironist], *s. Gr.Phil:* Pyrrhonien *m.*
pyrrhotine ['pirotain], **pyrrhotite** ['pirotait], *s. Miner:* Pyrrhotine *f.*
pyrus ['pairəs], *s. Bot:* Pyrus *m*, pirus *m. Hort:* **Pyrus japonica,** cognassier *m* du Japon.
Pythagoras [pai'θagorəs]. *Pr.n.m. Gr.Phil:* Pythagore.
Pythagorean [paiθago'riːən]. **1.** *a.* Pythagoricien, pythagorique, pythagoréen. *Geom:* **The Pythagorean proposition,** le théorème de Pythagore. **2.** *s.* Pythagoricien *m.*
Pytheas ['piθias]. *Pr.n.m. Gr.Hist:* Pythéas.
Pythia ['piθiə]. *Pr.n.f. Gr.Ant:* La Pythie.
Pythiad ['piθiad], *s. Gr.Ant:* Pythiade *f.*
Pythian ['piθiən], *a.* (Oracle, dieu, etc.) pythien. **Pythian games,** jeux pythiens; jeux pythiques. *Gr.Lit:* **The Pythians, the Pythian Odes** (*of Pindar*), les Pythiques *f.*
pythogenic [paiθo'dʒenik], *a.* (*Of disease*) Engendré par la saleté; dû à la saleté.
python[1] ['paiθən], *s. Gr.Myth: Rept:* Python *m.* **Indian python,** python molure; python tigre; molure *m.*
python[2], *s.* Démon *m*; esprit familier.
pythoness ['paiθənes], *s.f.* Pythonisse.
pyuria [pai'juəriə], *s. Med:* Pyurie *f.*
pyx [piks], *s.* **1.** *Ecc:* Ciboire *m.* **2.** (*At the Mint of London*) Boîte *f* des monnaies d'or et d'argent destinées au contrôle. **Trial of the pyx,** essai *m* des monnaies; contrôle.
'pyx-cloth, -kerchief, *s. Ecc:* Custode *f.*
pyxidium, *pl.* **-ia** [pik'sidiəm, -iə], *s. Bot:* Pyxide *f*; *F:* boîte *f* à savonnette.
pyxis, *pl.* **-ides** ['piksis, -idiːz], *s.* **1.** *A:* = PYX 1. **2.** *Bot:* = PYXIDIUM. **3.** *Anat:* Cavité *f* cotyloïde.

Q, q [kjuː], *s.* (La lettre) Q, q *m.* *Tp:* **Q for Queenie,** Q comme Québec. *Nav.Hist:* **Q ship, Q boat,** bateau-piège *m*, *pl.* bateaux-pièges. *F:* **On the q.t.** [kjuː'tiː] (= *quiet*), discrètement; en confidence; sans en parler à personne. **On the strict q.t.,** en cachette, en secret, en tapinois; sans bruit; *P:* en (père) peinard; en douce. *I'm telling you that on the q.t.,* je vous dis ça entre quat'z yeux. *See also* P.

qua [kwei], *Lt.adv.* En tant que; considéré comme. **Men qua men,** les hommes en tant qu'hommes.

quack[1] [kwak]. **1.** *int.* **Quack, quack!** couin-couin! **2.** *s.* (*a*) Cri *m* de canard; couin-couin *m.* *F:* **To give a quack,** jeter un cri. (*b*) *F:* **Quack-quack,** canard *m.*

quack[2], *v.i.* **1.** (*Of ducks*) Crier; cancaner; faire couin-couin. **2.** *F:* (*Of pers.*) Bavarder; raconter des cancans.

quacking, *s.* Couin-couin *m* (du canard).

quack[3], *s.* **Quack (doctor),** charlatan *m*; *A:* médicastre *m*, guérisseur *m*, banquiste *m.* **Quack remedy,** remède *m* de charlatan. **Quack powder,** poudre *f* de perlimpinpin.

quack[4]. **1.** *v.i.* *F:* Faire le charlatan, le mariol. **2.** *v.tr.* **To quack sth. up,** (i) vanter, prôner (un remède, etc.); (ii) rafistoler (un article usagé).

quackery ['kwakəri], *s.* **1.** Charlatanisme *m*; empirisme médical. **2.** Charlatanerie *f*, hâblerie *f.*

quackish ['kwakiʃ], *a.* De charlatan.

quad[1] [kwɔd], *s.* *Sch:* *F:* = QUADRANGLE 2.

quad[2], *s.* & *v.tr.* *P:* = QUOD[1, 2].

quad[3], *s.* *Typ:* *F:* = QUADRAT.

quad[4], *v.tr.* (quadded; quadding) *Typ:* **1. To quad a line,** remplir une ligne de cadrats. **2. To quad out a line,** insérer des cadrats dans la ligne.

quadra ['kwɔdra], *s.* Cadre *m* (d'un bas-relief, d'une tapisserie, d'une glace).

quadrable ['kwɔdrəbl], *a.* *Mth:* *Geom:* Dont on peut effectuer la quadrature; qui peut se réduire à un carré équivalent.

quadragenarian [kwɔdradʒe'nɛəriən], *a.* & *s.* Quadragénaire (*mf*).

Quadragesima [kwɔdra'dʒesima], *s.* *Ecc:* **Quadragesima (Sunday),** (le dimanche de) la Quadragésime.

quadragesimal [kwɔdra'dʒesim(ə)l], *a.* Quadragésimal, -aux.

quadrangle ['kwɔdraŋgl], *s.* **1.** *Geom:* Figure *f* quadrangulaire; quadrilatère *m*; tétragone *m.* **2.** Cour (carrée) (d'un palais, d'une école, etc.). *Main q.*, cour d'honneur (d'une école, etc.).

quadrangular [kwɔ'draŋgjulər], *a.* Quadrangulaire, quadrangulé, tétragone.

quadrant ['kwɔdrənt], *s.* **1.** *Astr:* *Mth:* Quart *m* de cercle; quadrant *m.* *Nau:* Octant *m.* **Quadrant compasses,** compas *m* quart de cercle. *El:* **Quadrant electrometer,** électromètre *m* à quadrants. **2.** *Mec.E:* *etc:* Secteur denté, secteur crénelé; (*of steam engine*) secteur Stephenson. **Steering quadrant,** *Nau:* secteur du gouvernail; *Aut:* secteur de direction. *Aut:* *Q. of the hand-brake,* secteur du frein. *Mec.E:* **Quadrant(-plate),** lyre *f*, cavalier *m* (d'un tour à fileter). *See also* GATE[1] 3.

quadrantal [kwɔ'drant(ə)l], *a.* *Mth:* Quadrantal, -aux.

quadrat ['kwɔdrət], *s.* *Typ:* Cadrat *m*, quadrat *m.* **Em-quadrat,** cadratin *m.* **En-quadrat,** demi-cadratin *m.*

quadrate[1] ['kwɔdret], *a.* & *s.* *Anat:* **Quadrate (muscle),** (muscle) carré *m.* *Orn:* *Rept:* **Quadrate (bone),** (os) carré (de la tête).

quadrate[2] [kwɔ'dreit]. **1.** *v.tr.* (*a*) *Mth:* *Geom:* Réduire (une surface, une expression) au carré équivalent. **To quadrate the circle,** faire la quadrature du cercle. (*b*) Faire cadrer (*sth. with, to, sth.*, qch. avec qch.). **2.** *v.i.* Cadrer (*with*, avec).

quadratic [kwɔ'dratik]. **1.** *a.* & *s.* *Mth:* **Quadratic (equation),** équation *f* du second degré. **2.** *a.* *Cryst:* Quadratique.

quadratrix, *pl.* **-trices** [kwɔ'dreitriks, -trisiːz], *s.* *Mth:* Quadratrice *f.*

quadrature ['kwɔdrətjər], *s.* **1.** *Mth:* Quadrature *f* (du cercle, etc.). **2.** *Astr:* Quadrature; (aspect *m*) quadrat *m* (de deux astres).

quadrennial [kwɔ'drenjəl], *a.* Quadriennal, -aux; quatriennal, -aux. **-ally,** *adv.* Tous les quatre ans.

quadr(i)- [kwɔdr(i)], *comb.fm.* Quadr(i)-. *Quadricapsular,* quadricapsulaire. *Quadrijugate,* quadrijugué. *Quadripartition,* quadripartition. *Quadrisyllabic,* quadrisyllabique.

quadribasic [kwɔdri'beisik], *a.* *Ch:* Quadribasique.

quadric ['kwɔdrik], *a.* & *s.* *Geom:* Quadrique (*f*).

quadricuspid [kwɔdri'kʌspid], **quadricuspidate** [kwɔdri'kʌspidet], *a.* Quadricuspidé.

quadridentate [kwɔdri'dentet], *a.* *Bot:* Quadridenté.

quadridigitate [kwɔdri'didʒitet], *a.* *Z:* Quadridigité.

quadrifid ['kwɔdrifid], *a.* *Bot:* (Feuille *f*, calice *m*) quadrifide.

quadrifoliate [kwɔdri'fouliet], *a.* *Bot:* Quadrifolié.

quadriform ['kwɔdrifɔːrm], *a.* *Cryst:* Quadriforme.

quadriga [kwɔ'draiga], *s.* *Rom.Ant:* Quadrige *m.*

quadrigeminal [kwɔdri'dʒemin(ə)l], *a.* *Anat:* **The quadrigeminal bodies,** les tubercules quadrijumeaux (de la moelle allongée).

quadrilateral [kwɔdri'latərəl]. **1.** *a.* Quadrilatéral, -aux; quadrilatère. **2.** *s.* *Mth:* *etc:* Quadrilatère *m*, tétragone *m.* *Complete q.*, quadrilatère complet. *Veh:* **Linked quadrilateral,** quadrilatère articulé. *Hist:* **The Quadrilateral,** le Quadrilatère vénitien.

quadrilingual [kwɔdri'liŋgwəl], *a.* (Écrit) en quatre langues.

quadrille[1] [kwa'dril, ka-], *s.* *Cards:* *A:* Quadrille *m.*

quadrille[2], *s.* *Danc:* *Mus:* Quadrille *m*; contredanse *f.* *To dance a set of quadrilles,* danser un quadrille.

quadrillé [kwa'drili], *a.* (Papier) quadrillé.

quadrilled [kwa'drild], *a.* *Tex:* Quadrillé.

quadrillion [kwɔ'driljən], *s.* **1.** Septillion *m*; 10^{24}. **2.** *U.S:* Quadrillion *m*, quatrillion *m*; 10^{15}.

quadrilobate [kwɔdri'loubet], *a.* *Bot:* Quadrilobé.

quadrinomial [kwɔdri'noumiəl], *a.* *Mth:* Quadrinôme.

quadripartite [kwɔdri'pɑːrtait], *a.* *Nat.Hist:* *Arch:* Quadriparti.

quadripartition [kwɔdripɑr'tiʃ(ə)n], *s.* *Nat.Hist:* *Arch:* Quadripartition *f.*

quadrisyllabic [kwɔdrisi'labik], *a.* Quadrisyllabique.

quadrisyllable [kwɔdri'siləbl], *s.* Quadrisyllabe *m.*

quadrivalence [kwɔdri'veiləns], *s.* *Ch:* *A:* Quadrivalence *f*, tétravalence *f.*

quadrivalent [kwɔdri'veilənt], *a.* *Ch:* *A:* Quadrivalent, tétravalent.

quadrivalve ['kwɔdrivalv], **quadrivalvular** [kwɔdri'valvjulər], *a.* *Bot:* *etc:* Quadrivalve.

quadrivium [kwɔ'driviəm], *s.* *Sch:* *A:* Quadrivium *m.*

quadroon [kwɔ'druːn], *a.* & *s.* *Ethn:* Quarteron, -onne.

quadrumane, *pl.* **-mana** ['kwɔdrumein, kwɔ'druːmana], *s.* Quadrumane *m.*

quadrumanous [kwɔ'druːmanəs], *a.* Quadrumane.

quadruped ['kwɔdruped], *a.* & *s.* Quadrupède (*m*).

quadrupedal [kwɔ'druːped(ə)l], *a.* Quadrupède.

quadruplane ['kwɔdruplein], *s.* *Av:* Avion *m* à quatre plans.

quadruple[1] ['kwɔdrupl], *a.* & *s.* Quadruple (*m*). **Profits quadruple those, quadruple to those, (the) quadruple of those, of the previous year,** bénéfices quadruples, au quadruple, de ceux de l'année précédente. *Hist:* **The Quadruple Alliance,** la Quadruple-Alliance. *See also* TIME[1] 11. **-ply,** *adv.* Quadruplement.

quadruple[2]. **1.** *v.tr.* Quadrupler. **2.** *v.i.* (Se) quadrupler.

quadrupling, *s.* Quadruplement *m.*

quadruplet ['kwɔdruplet], *s.* **1.** *pl.* **Quadruplets,** quatre enfants nés d'une seule couche; quatre jumeaux ou jumelles. *Birth of quadruplets,* accouchement *m* quadrigémellaire. **2.** Bicyclette *f* à quatre places; quadruplette *f.*

quadruplex ['kwɔdrupleks], *a.* & *s.* *Tp:* (Télégraphe) quadruplex *m.*

quadruplicate[1] [kwɔ'druːpliket], *a.* Quadruplé, quadruple. **Quadruplicate copies,** *s.* **quadruplicates,** quatre exemplaires *m.* **In quadruplicate,** en quatre exemplaires.

quadruplicate[2] [kwɔ'druːplikeit], *v.tr.* **1.** Quadrupler; multiplier par quatre. **2.** Faire, tirer, quatre exemplaires (d'une lettre, etc.).

quadruplication [kwɔdruːpli'keiʃ(ə)n], *s.* Quadruplication *f.*

quadruply ['kwɔdrupli], *adv.* *See* QUADRUPLE[1].

quads ['kwɔdz], *s.pl.* *F:* = *quadruplets, q.v. under* QUADRUPLET 1.

quaestor ['kwiːstər], *s.* *Rom.Hist:* Questeur *m.*

quaestorial [kwiːs'tɔːriəl], *a.* *Rom.Hist:* Questorien.

quaestorship ['kwiːstərʃip], *s.* *Rom.Hist:* Questure *f.*

quaff[1] [kwɑːf], *s.* *Lit:* Trait *m*, gorgée *f*; *F:* lampée *f* (de vin, etc.).

quaff[2], *v.tr.* *Lit:* (*a*) Boire (du vin, une coupe) à longs traits, à plein verre. (*b*) Vider (une coupe) d'un trait; *F:* lamper (son vin, etc.). *He quaffed a beaker of malmsey,* il but une coupe de malvoisie.

quaffer ['kwɑːfər], *s.* Grand buveur.

quag [kwag], *s.* = QUAGMIRE.

quagga ['kwaga], *s.* *Z:* Couagga *m.*

quaggy ['kwagi, 'kwɔgi], *a.* Marécageux.

quagmire ['kwagmaiər, 'kwɔg-], *s.* **1.** Fondrière *f*; marécage *m.* **2.** *F:* **To be in a quagmire,** être dans l'embarras, dans une mauvaise passe, *F:* dans le pétrin.

quaich, quaigh [kweiχ], *s.* *A:* Coupe écossaise (en bois cerclé).

quail[1] [kweil], *s.* (*Ven:* *Inv. in pl.*) **1.** *Orn:* Caille *f.* **Young quail,** cailleteau *m.* *They have sent us six quail,* ils nous ont envoyé six cailles. *The quail were flying around us,* les cailles volaient autour de nous. *See also* BUTTON-QUAIL. **2.** *U.S:* *P:* Étudiante *f.*

'quail-call, *s.* = QUAIL-PIPE.

'quail-net, *s.* Cailler *m.*

'quail-netting, *s.* **To go quail-netting,** tirasser aux cailles.

'quail-pipe, *s.* Appeau *m* pour les cailles; cailler *m*, courcaillet *m.*

quail[2], *v.i.* (*Of pers.*) Fléchir, reculer, faiblir (*before*, devant). *His heart quailed,* son cœur défaillit. *His courage, spirit, quailed,* son courage fléchit. *His eyes quailed before her glance,* il détourna les yeux devant son regard.

quaint [kweint], *a.* (*a*) Étrange, bizarre, falot, -ote, fantasque. (*b*) Qui sent son ancien temps; qui a le pittoresque de l'ancienne mode. *Q. tale,* histoire *f* étrange, bizarre. *Q. person,* personne originale, cocasse. *Q. ideas,* idées (i) un peu surannées, (ii) baroques, cocasses. *Q. costume,* costume *m* qui fait sourire. *She wears q. little* *curls*, elle porte des petits frisons tout à fait farces. *Q. sight*, chose curieuse à voir; spectacle curieux. *Q. style*, (i) style singulier, original; (ii) style d'un archaïsme piquant. *F:* **Isn't she quaint!** quelle drôle de petite bonne femme! **-ly,** *adv.* Étrangement, bizarrement, pittoresquement; d'une manière originale ou cocasse.

quaintness ['kweintnəs], *s.* Étrangeté *f*, bizarrerie *f*, singularité *f*; cocasserie *f*.

quake[1] [kweik], *s.* Tremblement *m.* *See also* EARTHQUAKE, HEART-QUAKE, ICE-QUAKE.

quake[2], *v.i.* **1.** (*Of thg*) Trembler, branler. *The earth quaked under our feet*, la terre tremblait sous nos pas. **2.** (*Of pers.*) Trembler, frémir, frissonner (*for, with, fear*, de crainte). *He is quaking at the knees*, les jambes lui flageolent. **To quake for s.o.**, trembler pour qn. *F:* **To quake in one's shoes**, trembler dans sa peau.

quaking[1], *a.* Tremblant.

'quaking-grass, *s.* *Bot:* Brize tremblante; amourette *f*.

quaking[2], *s.* **1.** Tremblement *m* (de la terre). **2.** Tremblement, frémissement *m* (de qn).

quaker ['kweikər], *s.* **1.** *A:* Trembleur, -euse; peureux, -euse. **2.** (*a*) *Rel.Hist:* Quaker *m.* *U.S:* **Quaker City**, Philadelphie *f*. (*b*) *a.* & *s.* *U.S:* *F:* Philadelphien, -ienne. **3.** *U.S:* **Quaker** (gun), faux canon.

'quaker-bird, *s.* *Orn:* Albatros brun; albatros fuligineux.

'quaker-buttons, *s.pl.* *U.S:* Noix *f* vomiques.

'quaker-'ladies, *s.* *Bot:* *U.S:* Houstonie *f*.

'quaker-'meeting, *s.* Assemblée religieuse des quakers (où tous se livrent au recueillement jusqu'à ce qu'un membre prenne la parole sous le coup d'une inspiration). *F:* **We had a real quaker-meeting**, personne n'a dit grand'chose; la conversation a langui.

quakeress ['kweikəres], *s.f.* Quakeresse.

quakerish ['kweikəriʃ], *a.* *F:* De quaker, des quakers. *Q. dress*, costume *m* sobre digne d'un quaker.

quakerism ['kweikərizm], *s.* Quakerisme *m.*

quaky ['kweiki], *a.* Tremblant. *To feel q.*, être en proie à un vague sentiment de crainte; avoir de la peine à ne pas trembler.

qualification [kwɔlifi'keiʃ(ə)n], *s.* **1.** Réserve *f*, restriction *f*. *To accept* **without qualification**, accepter (i) sans réserve, (ii) sans conditions. *Remark that requires q.*, remarque *f* qui demande des restrictions, des modifications. *I make only one q.*, je n'ai qu'une réserve à faire. **Agreement subject to many qualifications**, consentement *m* sous bien des réserves. **2.** Aptitude *f*, compétence *f*, talent *m*, capacité *f*. **To have the necessary qualifications for a post**, avoir la compétence nécessaire pour remplir une fonction; avoir les qualités requises pour un poste. *Qualifications of an official*, titres *m* d'un fonctionnaire. **To have the necessary qualifications** (*to exercise a right*), avoir capacité (pour exercer un droit); être habilité (à exercer un droit). *Qualifications for membership of a club*, titres d'éligibilité à un cercle. *Adm:* **Property qualification** (*to vote*), cens électoral. *See also* SHARE[2] 3. *Applicants must bring their qualifications with them*, les candidats *m* devront apporter leurs titres justificatifs, leurs papiers. *Med:* **Registered qualification**, diplôme *m* conférant licence de pratiquer. **Registrable qualification**, titre donnant droit à l'immatriculation. **3.** (*Description*) Qualification *f*. *The q. of one's opponents as fools is superfluous*, il est inutile de qualifier ses adversaires d'idiots.

qualificative ['kwɔlifikeitiv], *a.* & *s.* *Gram:* Qualificatif (*m*).

qualificator ['kwɔlifikeitər], *s.* *Ecc:* Qualificateur *m.*

qualificatory ['kwɔlifikeitəri], *a.* Qualificatif.

qualifier ['kwɔlifaiər], *s.* **1.** Modification *f*, restriction *f*, réserve *f*. **2.** *Gram:* Qualificatif *m.*

qualify ['kwɔlifai]. I. *v.tr.* **1.** (*a*) **To qualify s.o., sth., as sth.**, qualifier qn, qch., de qch. (*b*) *Gram:* Qualifier. *F:* *He called me a qualified fool*, il m'a traité de s— idiot. **2.** **To qualify s.o. for sth., for doing sth., to do sth.**, donner à qn les qualités requises pour qch., pour faire qch.; rendre qn apte, propre, à qch., à faire qch.; *Jur:* donner qualité à qn pour qch., pour faire qch.; autoriser qn à faire qch. **To qualify oneself for a job**, acquérir les capacités, les titres, nécessaires pour remplir un emploi; se qualifier pour un emploi. **3.** (*a*) Apporter des réserves à (un consentement, etc.); modifier, atténuer, restreindre (une affirmation). (*b*) (*Of some circumstance*) Modérer, diminuer, tempérer (un plaisir). **4.** (*a*) Étendre, couper (une boisson). (*b*) *F:* Fortifier (une boisson) (*with*, de). *A cup of tea qualified with brandy*, une tasse de thé renforcée de cognac.

II. **qualify,** *v.i.* Acquérir les qualités, l'expérience, les connaissances, requises, se préparer, se qualifier (*for sth.*, pour qch.). **To qualify for medicine**, étudier la médecine. *To q. for a civil service position*, subir avec succès l'examen d'admissibilité aux emplois de l'État. **To qualify as (a) doctor**, être reçu médecin. *To q. as captain* (*of a ship*), se faire breveter capitaine; passer son brevet (de capitaine). *Av:* *To q. as an aviator, as a pilot*, passer son brevet de pilote.

qualified, *a.* **1.** (*a*) Qui a les qualités requises (pour un poste, etc.). **To be qualified to do sth.**, être apte, propre, à faire qch.; avoir les capacités pour faire qch.; avoir qualité pour faire qch. *Badly q. for a task*, mal préparé à une tâche. **Qualified expert**, expert diplômé. *Q. persons*, personnes compétentes. *To entrust the working of an undertaking to a q. staff*, confier l'exploitation d'une entreprise à un personnel idoine. **Qualified seaman**, matelot breveté. *To practise medicine without being q.*, *F:* faire de la médecine en marge de la Faculté. *See also* ILL-QUALIFIED. (*b*) Autorisé; *Jur:* capable (*to*, de). *To be q. to vote*, avoir qualité d'électeur. *To be q. to speak*, *F:* avoir voix au chapitre. *Jur:* **Qualified to inherit**, habile à succéder. **2.** Restreint, mitigé, modéré. *Q. approval*, approbation modérée. **To give a qualified no**, refuser à moins de certaines conditions. *In a q. sense*, dans un sens restreint; dans un certain sens. *Com:* **Qualified acceptance**, acceptation conditionnelle, sous condition (d'une traite, etc.

qualifying, *a.* **1.** *Gram:* (Adjectif) qualificatif; (adverbe) modificatif. **2.** (*a*) **Qualifying examination**, (i) examen *m* pour certificat d'aptitude; (ii) examen d'entrée (à une école, etc.). **Qualifying certificate**, certificat *m* de capacité. (*b*) *Fin:* **Qualifying shares**, actions *f* statutaires. (*c*) *Ten:* *etc:* **Qualifying round**, série *f* éliminatoire. **3.** Modificateur, -trice. *Q. statement*, déclaration corrective.

qualitative ['kwɔlitətiv], *a.* *Gram:* *Ch:* Qualitatif. *Ch:* **Qualitative analysis**, analyse qualitative. **-ly,** *adv.* Qualitativement.

quality ['kwɔliti], *s.* Qualité *f*. **1.** (*a*) (*Degree of excellence*) *Of good, high, poor, q.*, de bonne qualité; de qualité supérieure, inférieure. *Of the best q.*, de première qualité; de premier choix. *Goods of sterling q.*, marchandises *f* de bon aloi, du meilleur aloi. *Medium q. goods*, marchandises entre-fines. *Q. matters more than quantity*, la qualité importe plus que la quantité. *Tex:* **First-quality cotton, wool**, fleuret *m* de coton, de laine. (*b*) *Mch:* **Quality of (wet) steam**, titre *m* de la vapeur. (*c*) (*Excellence*) *Wine that has q.*, vin *m* qui a de la qualité. **Quality car**, voiture *f* de qualité. *Prov:* **Quality will tell in the end**, le bon grain finit toujours par lever. **2.** (*a*) (*Of pers.*) Qualité (distinctive). *Moral qualities, intellectual qualities*, qualités morales, intellectuelles. **He has many good qualities**, il a beaucoup de qualités. *He has many* **bad qualities**, il a beaucoup de défauts. *The qualities of a dictator*, les qualités distinctives d'un dictateur. **He has the quality of inspiring confidence**, il a le don d'inspirer la confiance. (*b*) **Heating quality of a combustible**, pouvoir *m*, valeur *f*, calorifique d'un combustible. *Fighting qualities of a ship*, valeur militaire d'un vaisseau. *That will give you an idea of his q.*, cela vous donnera une idée de sa valeur. **3.** *A.* & *P:* **Person of quality**, personne *f* de qualité; homme, femme, du monde. **The quality**, la noblesse; *P:* la haute, le gratin. *She has q. in every movement*, tous ses mouvements sont pleins de distinction. **4.** **To act in the quality of . . .**, agir en qualité, en caractère, de. . . . **5.** Qualité, timbre *m* (d'un son, de la voix). **6.** *Log:* Qualité logique (d'une proposition).

qualm [kwɑːm, kwɔːm], *s.* **1.** Soulèvement *m* de cœur; nausée *f*, malaise *m*; haut-le-cœur *m inv.* **2.** (*a*) Scrupule *m*, remords *m*. **Qualms of conscience**, (i) angoisses *fpl* de conscience; retour *m* de conscience; (ii) scrupules de conscience. **To have, feel, a qualm**, avoir un scrupule. *To feel some qualms* (*about what one has done*), avoir des remords de conscience. **To have no qualms about doing sth.**, ne pas se faire le moindre scrupule de faire qch. (*b*) Pressentiment *m* de malheur. *To feel some qualms about the future*, éprouver des inquiétudes *f* au sujet de l'avenir.

qualmish ['kwɑːmiʃ, 'kwɔː-], *a.* **1.** Qui a mal au cœur; qui a des nausées; sujet aux nausées. **2.** Mal à l'aise; inquiet, -ète. **-ly,** *adv.* Avec inquiétude.

qualmishness ['kwɑːmiʃnəs, 'kwɔː-], *s.* **1.** Soulèvement *m* de cœur; nausées *fpl.* **2.** Scrupules exagérés.

qualmless ['kwɑːmləs], *a.* **1.** Sans scrupules. **2.** Sans inquiétudes, sans crainte.

qualmy ['kwɑːmi, 'kwɔː-], *a.* = QUALMISH.

quamoclit ['kwamoklit], *s.* *Bot:* Quamoclit *m.*

quandary ['kwɔndəri, kwɔn'dɛəri], *s.* Situation embarrassante; difficulté *f*. **To be in a quandary**, (i) se trouver dans une impasse; être dans l'embarras; (ii) ne trop savoir que faire. *To be in a great q.*, être au pied du mur; être à quia.

quant ['kwɔnt], *s.* *Dial:* Perche *f* de bachot (à bout en rondelle, pour les fonds vaseux du Norfolk).

quanta ['kwɔnta], *s.pl.* *See* QUANTUM.

quantic ['kwɔntik]. **1.** *a.* **Quantic physics**, physique *f* quantique. **2.** *s.* *Mth:* Fonction *f* homogène à plusieurs variables; forme *f*.

quantification [kwɔntifi'keiʃ(ə)n], *s.* *Log:* Quantification *f* (du prédicat).

quantify ['kwɔntifai], *v.tr.* **1.** *Log:* Quantifier (le prédicat). **2.** Déterminer la quantité de. . . .

quantitative ['kwɔntitətiv], *a.* **1.** Quantitatif. *Ch:* **Quantitative analysis**, analyse quantitative. **2.** **Quantitative prosody**, prosodie fondée sur la quantité. **-ly,** *adv.* Quantitativement.

quantity ['kwɔntiti], *s.* **1.** (*a*) Quantité *f*. *A small q. of . . .*, une petite quantité de . . .; *F:* un soupçon de (vinaigre, etc.). **A (large) quantity of . . .**, une (grande) quantité de. . . . *A great q. of work*, une forte somme de travail. **To buy sth. in large quantities**, acheter qch. par quantités considérables, en quantité considérable, en grande quantité. **In (great) quantities**, en grande quantité; en abondance; *F:* comme s'il en pleuvait. *How many can I have?*—**Any quantity**, combien puis-je en avoir?—Autant que vous désirez. *F:* **I have any quantity of them**, j'en ai à foison. *Cust:* *The q. permitted*, la tolérance permise (de tabac, etc.). *Ind:* **Quantity production**, (i) production *f* en quantité; (ii) fabrication *f* en série. (*b*) *pl.* *Const:* **To survey a building for quantities**, faire le toisé d'un immeuble. **Bill of quantities**, devis *m*. *Civ.E:* **To take out the quantities** (*for earthworks, etc.*), relever le cubage (d'un terrassement, etc.). (*c*) *El:* **Connected in quantity**, couplé en quantité, en parallèle. **2.** *Mth:* Quantité. **Unknown quantity**, inconnue *f*. **Negligible quantity**, quantité négligeable. *F:* *He's a negligible q.*, il n'a pas la moindre importance; il est tout à fait négligeable; c'est une quantité négligeable. *See also* INDETERMINATE. **3.** *Pros:* Quantité. **False quantity**, faute *f* de quantité. **Quantity mark**, signe *m* de quantité. **4.** *Log:* Quantité (d'une proposition). **Extensive quantity**, extension *f*. **Intensive quantity**, compréhension *f*.

'quantity-surveying, *s.* Toisé *m*; métrage *m*; métré *m*.

'quantity-surveyor, *s.* Métreur (vérificateur).

quantize ['kwɔntaiz], *v.tr.* *Ph:* Exprimer (l'énergie) en quanta.

quantum, *pl.* **-a** ['kwɔntəm, -ə], *s.* Quantum *m*. *Each has his q. of wisdom*, chacun a sa part de sagesse. *Ph:* **The quantum theory**, la théorie des quanta.

quaquaversal [kweikwə'vəːrs(ə)l], *a.* *Geol:* **Quaquaversal dip**, pente *f* du terrain dans tous les sens. **-ally,** *adv.* Dans tous les sens.

quarantine[1] ['kwɔrəntiːn], *s.* **1.** *Esp. Nau:* Quarantaine *f.* **To be in quarantine, to perform (one's) quarantine,** faire (la) quarantaine. **To go into quarantine,** se mettre en quarantaine. **To be out of quarantine,** avoir libre pratique. *To break the q. regulations,* violer, forcer, la quarantaine. **The quarantine service,** le service de santé; *F:* la Santé. **The quarantine flag,** le pavillon de quarantaine; le pavillon Q. *See also* CLEAR[2] I. 6. **2.** *Jur:* Période de quarante jours pendant laquelle la veuve a le droit d'occuper la maison de son mari après le décès de celui-ci.

quarantine[2]. **1.** *v.tr.* Mettre (qn, un navire) en quarantaine. **2.** *v.i.* Se mettre en quarantaine.

quarrel[1] ['kwɔrəl], *s.* **1.** *Archeol:* Carreau *m*, matras *m* (d'arbalète). **2.** *Arch: A:* Carreau de vitrail. **3.** *Tls:* (*a*) Diamant *m* de vitrier. (*b*) *Engr:* Burin *m* losange. (*c*) Burin de tailleur de pierres.

quarrel[2], *s.* (*a*) Querelle *f*, dispute *f*, brouille *f*, *F:* attrapade *f* (entre deux personnes). *Groundless q., trumpery q.,* querelle d'Allemand. **To find quarrels in a straw,** quereller à propos de tout. **To pick a quarrel with s.o.,** faire (une) querelle à qn. *To try to pick a q. with s.o.,* chercher querelle, chercher dispute, chercher chicane, chercher noise, à qn. *They have had a q.,* ils sont fâchés, brouillés. **It takes two to make a quarrel,** il ne peut y avoir de querelle quand l'une des parties refuse de se fâcher. **To make up a quarrel,** (r)accommoder un différend. (*b*) Motif *m* de plainte. **I have no quarrel with, against, him,** je n'ai rien à lui reprocher. *I have no q. with his behaviour,* je n'ai rien à redire à sa conduite. *Our q. is not with you,* nous n'en avons pas après vous. (*c*) **To take up s.o.'s quarrel,** épouser, embrasser, la querelle, la cause, de qn. **To fight s.o.'s quarrels for him,** prendre fait et cause, *A:* prendre querelle, pour qn. **To fight in a good quarrel,** combattre pour la bonne cause.

quarrel[3], *v.i.* (quarrelled; quarrelling) **1.** Se quereller, se disputer (*with s.o. over, about, sth.,* avec qn à propos de qch.); se brouiller (*with s.o.,* avec qn). *They've been quarrelling,* il y a de la brouille entre eux. *To be bent on quarrelling, F:* ne demander que plaies et bosses. *To q. about precedence,* soulever des querelles de préséance. *To q. openly with s.o., F:* rompre en visière à, avec, qn. *Perpetually quarrelling,* perpétuellement en zizanie. **Two dogs quarrelling over, for, a bone,** deux chiens qui se disputent un os. **2. To quarrel with s.o. for doing sth.,** reprocher à qn de faire qch. **To quarrel with sth.,** trouver à redire à qch.; se plaindre de qch. *See also* BREAD.

quarrelling[1], *a.* Querelleur, -euse.

quarrelling[2], *s.* Querelle(s) *f(pl)*, dispute(s) *f(pl)*.

quarreller ['kwɔrələr], *s.* Querelleur, -euse.

quarrelsome ['kwɔrəlsəm], *a.* Querelleur, irascible, colère; batailleur. *Q. fellow, F:* mauvais coucheur. *In a q. mood,* d'humeur batailleuse, querelleuse. *See also* CUP[1] 3. **-ly,** *adv.* D'une manière querelleuse; d'un ton querelleur, hargneux.

quarrelsomeness ['kwɔrəlsəmnəs], *s.* Humeur querelleuse.

quarrier ['kwɔriər], *s.* = QUARRYMAN.

quarry[1] ['kwɔri], *s.* *Ven:* **1.** Proie *f*; gibier (poursuivi à courre). *F:* (*Of pers.*) *He became the q. of the police of a whole continent,* il se vit traqué par la police de tout un continent. **2.** *A:* Curée *f.* **To blow the quarry,** sonner la curée.

quarry[2], *v.tr.* (quarried) *Ven:* Chasser (la bête) à courre; traquer ou acculer (la bête).

quarry[3], *s.* *A:* Carreau *m* (de verre). **Heraldic quarry,** carreau armorié.

quarry[4], *s.* Carrière *f* (de pierres, d'ardoises, etc.). **Open quarry,** carrière à ciel ouvert. *Stone fresh from the q.,* pierre verte. *F: His book is a q. of facts,* son livre est une mine de faits.

'quarry-face, *s.* Lit *m* de carrière.

'quarry-faced, *a.* (Moellon) brut.

'quarry-head, *s.* Carreau *m* de la carrière.

'quarry-master, *s.* Maître *m* de carrière.

'quarry-stone, *s.* Moellon *m.*

quarry[5], *v.tr.* (quarried) **1.** Extraire, tirer, (la pierre) de la carrière. *Abs.* Exploiter une carrière. *F:* **To quarry information from books,** puiser des renseignements dans les livres. *Abs.* **To quarry among old documents,** fouiller dans de vieux documents. **2.** Creuser une carrière dans (une colline).

quarrying, *s.* Exploitation *f* de carrières; abattage *m* en carrières. *Q. of stone,* extraction *f*, tirage *m*, de la pierre. **Open quarrying,** travail *m* à ciel ouvert.

quarryman, *pl.* **-men** ['kwɔrimən, -men], *s.m.* (Ouvrier) carrier; abatteur; (*in sandstone quarry*) grésier.

quart[1] [kwɔːrt], *s.* *Meas:* Un quart de *gallon*; *approx.* = litre *m.* (*English q.* = 1 litre 136; *American q.* = 0 litre 946.) *See also* WINCHESTER I.

quart[2] [kɑːrt], *s.* **1.** *Fenc:* Quarte *f.* **To parry in quart,** parer en quarte. *To practise* **quart and tierce,** faire des exercices d'escrime. *F: Past master* **in verbal quart and tierce,** passé maître en riposte. **2.** *Cards:* Quatrième *f.*

quartan ['kwɔːrt(ə)n], *a.* *Med:* **Quartan fever quartan ague,** *s.* **quartan,** fièvre quarte.

quartation [kwɔːr'teiʃ(ə)n], *s.* *Metall:* Quartation *f*, inquartation *f*, inquart *m.*

quarte [kɑːrt], *s.* = QUART[2] I.

quarter[1] ['kwɔːrtər], *s.* **1.** (*a*) Quart *m* (de pomme, de cercle, de siècle, etc.). *To divide sth. in(to) quarters,* diviser qch. en quatre. *Three quarters,* trois quarts. *See also* THREE-QUARTER. *A q.* (*of a pound*) *of coffee,* un quart (de livre) de café. **Bottle one, a, quarter full,** bouteille au quart pleine. *The bottle is only q. full,* la bouteille n'est qu'au quart pleine. *I am not a q. finished with my work,* je ne suis pas au quart de mon travail. *A q. cheaper,* d'un quart meilleur marché. *It is* (*only*) *a q. as long,* c'est quatre fois moins long. *I can buy it for a q.* (*of*) *the price, for q. the price,* je peux l'avoir au quart du prix, quatre fois moins cher. *She has not a q. the pleasures you have,* elle ne s'amuse pas le quart de ce que vous vous amusez; elle n'a pas le quart de vos plaisirs. *F:* **It is not a quarter as good as it should be,** cela n'arrive pas au quart de ce qu'on est en droit d'attendre de vous, d'eux, etc. *See also* BIND[2] 3, BINDING[2] 2, HOUR I. (*b*) (i) *Cu:* Quartier *m* (de bœuf, d'agneau). **Fore-quarter, hind-quarter,** quartier de devant, de derrière. (ii) *pl.* **(Hind-)quarters,** arrière-train *m*, train *m* de derrière (d'une bête); arrière-main *m or f* (du cheval). *See also* FORE-QUARTER. *Hist:* **Quarters,** membres dépecés (d'un condamné). (*c*) *Her:* Quartier, franc-quartier *m*, *pl.* francs-quartiers; écart *m*, partition *f* (de l'écu). (*d*) *N.Arch: Nau:* Hanche *f.* **Lee quarter,** hanche sous le vent. **On the quarter,** par la hanche; sur l'arrière du travers; en retraite. *To fire on the q.,* tirer en retraite. *Wind on the q.,* vent grand largue. *See also* GALLERY I, LADDER[1] I, WEATHER-QUARTER. (*e*) *Veh:* **Rear quarter** (*of the body*), rotonde *f* arrière de la caisse. **Side quarter,** custode *m or f.* (*f*) *Bootm:* Quartier (de soulier). (*g*) *Farr:* Quartier (de sabot). (*h*) Loge *f*, tranche *f* (d'orange, etc.). (*i*) **To cut timber on the quarter,** débiter un tronc d'arbre sur quartier, sur maille *f.* *Cutting on the q.,* débit *m* sur quartier. **Quarter-girth measurement,** cubage *m* au quart. **2.** (*a*) *Meas:* (i) Quarter *m* (= 2.909 hectolitres); (ii) quarter (= 12 kilogrammes 7, *U.S:* = 11 kilogrammes 34); (iii) *Nau:* quart de brasse (457 mm). **A quarter less ten,** dix brasses moins un quart. **And a quarter ten,** dix brasses et un quart. (*b*) Trimestre *m*; terme *m* (de loyer). *To be paid by the q.,* être payé par trimestre. **A quarter's rent,** un terme, un trimestre (de loyer). (*c*) Quartier de la lune. **Moon at the first quarter, at three quarters,** lune au premier quartier, au dernier quartier. **Moon in its last quarter,** lune sur son décroît. (*d*) **A quarter to six,** six heures moins le quart. **It's a quarter to,** il est moins le quart. *The clock has struck the q. to,* l'horloge a sonné l'avant-quart. *It is not the q.* (*to*) *yet,* il n'est pas encore (moins) le quart. **A quarter past six,** six heures et quart. *He went* **at a quarter past,** il est parti au quart. *It has gone the q.* (*past*), il est plus du quart. **Clock that strikes the quarter-hours, the quarters,** pendule *f* qui sonne les quarts. (*e*) *U.S:* Pièce *f* de vingt-cinq cents; quart de dollar. (*f*) *Sp:* (Course *f* d'un) quart de mille. **3.** (*a*) *Nau:* (i) Quart d'aire de vent (= 2° 48′ 45″); (ii) aire *f* de vent, quart, côté *m.* **What quarter is the wind in?** de quel côté, de quelle direction, de quel quartier, souffle le vent? de quel bord dépend le vent? *The wind is in the right q.,* le vent vient du bon côté. (*b*) **Fair weather quarter** (*of a wood, etc.*), côté exposé au soleil. *Stormy q.,* côté exposé aux intempéries. (*c*) Région *f*, partie *f*, côté. **The four quarters of the globe,** les quatre parties du globe. *They pour in from all four quarters of the globe,* ils affluent des quatre points du monde. *F: To shout to the four quarters of the heavens,* crier vers les quatre coins du ciel. *They arrived* **from all quarters,** ils arrivaient de tous côtés, de toutes parts. *What is he doing in these quarters?* que fait-il dans ces parages *m*? **I expect no more trouble from, in, that quarter,** je n'attends plus aucune difficulté de ce côté-là. *To have received news from another q.,* savoir une nouvelle par ailleurs. **In high quarters,** en haut lieu; chez les grands. *An order from high quarters,* un ordre d'en haut. *It is rumoured in certain quarters that . . .,* le bruit court dans certaines sphères que. . . . **In responsible quarters,** dans les milieux autorisés. *Information from a reliable q.,* informations *f* de source certaine. **To apply to the proper quarter,** s'adresser à qui de droit. *From whatever q.,* d'où que cela vienne. *I hear it from all quarters,* je l'entends dire à droite et à gauche, de droite et de gauche. *Pressed for money on all quarters,* harcelé de tous côtés. **4.** Quartier (d'une ville). *The slum q.,* le quartier des taudis. *The residential q.,* le quartier d'habitation, des maisons bourgeoises. **5.** *pl.* (*a*) **Living quarters,** appartements *m* (domestiques). *To shift one's quarters,* changer de résidence *f.* *He has quarters on the fourth floor, F:* il perche au quatrième. (*b*) *Mil:* Quartier, cantonnement *m*, stationnement *m*, logement *m.* *Free quarters,* droit *m* au logement. **To take up one's quarters,** (*of troops*) prendre leurs quartiers; *F:* (*of pers.*) se loger, s'installer. *To return to quarters,* rentrer au quartier. *Aer:* **Crew's quarters,** locaux affectés au personnel du bord. *Navy:* **Sailors' quarters,** poste *m* des matelots; poste d'équipage. *Nau: The emigrants' quarters,* les locaux des émigrants. *See also* CLOSE[1] I. 3, HEAD-QUARTERS, WINTER[1]. **6.** *pl. Navy:* (*a*) Postes de combat. **To beat, pipe, to quarters,** battre, sonner, le branle-bas. **All hands to quarters!** tout le monde à son poste! *See also* BILL[4] 4. (*b*) **Morning quarters, evening quarters,** branle-bas du matin, du soir. **General quarters,** branle-bas de combat. **7.** (*Clemency in battle*) Quartier, merci *f.* **To give quarter,** faire quartier; accorder merci. *To ask for q.,* **to cry quarter,** demander quartier; crier merci.

'quarter-bell, *s.* *Clockm:* Timbre *m* qui sonne les quarts; appeau *m.*

'quarter-bend, *s.* *Plumb:* Coude *m* en équerre.

'quarter-block, *s.* *Nau:* Poulie *f* de retour.

'quarter-blood, *a. & s.* *U.S:* Quarteron, -onne.

'quarter-cask, *s.* Quartaut *m*; feuillette *f.*

'quarter-day, *s.* Le jour du terme; *F:* le terme.

'quarter-deck, *s.* **1.** *Nau:* Gaillard *m* (d')arrière. *Navy:* Plage *f* arrière. *N.Arch:* **Raised quarter-deck,** demi-dunette *f*, *pl.* demi-dunettes. **To walk the quarter-deck,** être officier. **2.** *Coll. Navy:* **The quarter-deck,** les officiers *m.*

'quarter-hollow, *attrib.a.* **Quarter-hollow moulding-plane,** quart-de-rond *m*, *pl.* quarts-de-rond.

quarter-'hourly. **1.** *adv.* Tous les quarts d'heure; de quart d'heure en quart d'heure. **2.** *a.* De tous les quarts d'heure.

'quarter-ill, *s.* *Vet:* Charbon *m* symptomatique.

quarter-'leather, *s.* *Bookb:* = *quarter-binding, q.v. under* BINDING[2] 2.

quarter-'left, *s.* *Mil:* Oblique *f* à gauche.

'quarter-light, *s.* *Aut:* **1.** Glace *f* de custode. **2.** Lampe *f* de coin arrière.
'quarter-line, *s.* *Navy:* Ligne *f* de relèvement. *Order in two quarter-lines,* ordre *m* en angle de chasse.
'quarter-note, *s.* *Mus:* Noire *f.*
'quarter-plate, *s.* *Phot:* Plaque *f* et format *m* 8.2 × 10.8 (cm.).
quarter-'right, *s.* *Mil:* Oblique *f* à droite.
'quarter-round, *s.* *Arch:* Quart *m* de rond; échine *f* (de chapiteau).
quarter-'sessions, *s.pl.* *Jur:* Assises trimestrielles; cour trimestrielle de comté.
'quarter-space, *s.* Quartier tournant (d'un escalier).
'quarter-turn, *attrib.a.* *Mec.E:* **Quarter-turn belt,** courroie tordue au quart; courroie semi-croisée.
'quarter-wind, *s.* *Nau:* Vent *m* de la hanche; vent grand largue.

quarter², *v.tr.* **1.** (*a*) Diviser (une pomme, etc.) en quatre; diviser (un bœuf, etc.) par quartiers; équarrir (un bœuf). **Quartered oak,** chêne *m* en quartier; chêne débité en quart de rond. **Quartered logs** (*of firewood*), bois *m* de quartier. (*b*) *A:* Écarteler (un condamné). *See also* DRAW² I. 4. (*c*) *Her:* (i) Écarteler (l'écu). (ii) *To q. one's arms on the shield,* disposer ses armes sur les quartiers alternes de l'écu. *He quarters such and such arms,* il écartèle de telles et telles armes. (*d*) *Ven:* (*Of dogs*) **To quarter the ground,** *abs.* **to quarter,** bricoler, quêter. (*e*) *Mec.E:* *etc:* Caler à 90°. **2.** (*a*) *Mil:* Cantonner, caserner, loger (des troupes). **To quarter the troops on the inhabitants,** loger les troupes chez l'habitant, chez les habitants. *F:* **To quarter oneself on s.o.,** s'installer chez qn. *To be quartered with s.o.,* loger chez qn. (*b*) *Navy:* Désigner leurs postes (aux hommes). **3.** *v.i.* (*Of the moon*) Entrer dans un nouveau quartier.
quartering¹, *a.* *Nau:* **Quartering wind,** vent grand largue.
quartering², *s.* **1.** (*a*) Division *f* en quatre. *Q. of a log,* équarrissage *m* d'un tronc d'arbre. (*b*) *A:* Écartèlement *m* (d'un malfaiteur). (*c*) *Mec.E:* *etc:* Calage *m* à 90°. **2.** (*a*) *Mil:* Logement *m*, cantonnement *m*, stationnement *m* (de troupes). (*b*) *Navy:* Désignation *f* des postes (de combat, etc.). **3.** *Her:* Écartelure *f*, quartier *m* (d'un écusson). **4.** *Ven:* (*Of dogs*) Quête *f.* **5.** *Carp:* Bois *m* à chevrons; chevron *m.*

quarterage ['kwɔːrtəredʒ], *s.* (*a*) Paiement trimestriel. (*b*) Loyer trimestriel; terme *m.*

quarterly ['kwɔːrtərli]. **1.** *a.* Trimestriel. *Q. salary,* appointements trimestriels. *Q. subscription,* abonnement *m* au trimestre. **2.** *s.* Publication trimestrielle. **3.** *adv.* (*a*) Trimestriellement; par trimestre; tous les trois mois. (*b*) *Her:* (Disposé) (i) dans les quartiers alternes, (ii) dans les quartiers (d'un écu).

quartermaster ['kwɔːrtərmɑːstər], *s.* **1.** *Nau:* Maître *m* de timonerie. **2.** *Mil:* Officier chargé des vivres et des fournitures. **Quartermaster general,** *F:* **Q.M.G.,** intendant général d'armée. **Quartermaster sergeant,** (*artillery, cavalry*) = maréchal *m* des logis chef; (*infantry*) = sergent major, sergent chef.

quartern ['kwɔːrtərn], *s.* **1.** *Meas:* Quart *m* (de pinte, de *stone,* d'once). **2. Quartern loaf,** pain *m* de quatre livres.

quarterstaff ['kwɔːrtərstɑːf], *s.* *Sp:* **1.** Bâton *m* (à deux bouts). *To fence with quarterstaffs,* jouer du bâton. **Quarterstaff player, fencer,** bâtonniste *m.* **2.** Escrime *f* au bâton.

quartet(te) [kwɔːr'tet], *s.* *Mus:* Quatuor *m.* **String quartet,** quatuor à cordes.

quartic ['kwɔːrtik], *s.* *Mth:* Quartique *f.*

quartile ['kwɔːrtil], *a.* & *s.* *Astrol:* **Quartile (aspect),** (aspect *m*) quadrat *m*, quartile aspect (de deux astres); astres *m* à 90°.

quarto ['kwɔːrto], *a.* & *s.* In-quarto (*m*)*inv.*

quartz [kwɔːrts], *s.* *Miner:* Quartz *m*; cristal *m* de roche. **Smoky quartz,** quartz enfumé. **Rutilated quartz,** flèches *fpl* d'amour. **Blue quartz,** pseudo-saphir *m.* **Rose quartz,** pseudo-rubis *m*; rubis *m* de Bohême. **Quartz crystal,** cristal de quartz. **Quartz lamp,** lampe *f* (à vapeur de mercure) à tube de quartz. *Gold-Min:* **Free-milling quartz,** quartz à or libre. **Quartz rock,** quartzite *f.* **Quartz sand,** sable quartzeux; sable de quartz. **Quartz diorite,** diorite *f* quartzifère. **Quartz mill,** moulin *m* à quartz. **Quartz mining,** exploitation minière du quartz. *See also* GLASS¹ I.

quartziferous [kwɔːrt'sifərəs], *a.* Quartzifère.

quartzite ['kwɔːrtsait], *s.* *Miner:* Quartzite *f.*

quartzose ['kwɔːrtsous], *a.* *Miner:* Quartzeux.

quash [kwɔʃ], *v.tr.* **1.** *Jur:* Casser, infirmer, annuler (un jugement, une décision); invalider (une élection). *To q. proceedings, an action,* arrêter les poursuites. **2.** Étouffer (un sentiment, un projet); écraser, étouffer (une révolte).
quashing, *s.* **1.** *Jur:* Cassation *f*, infirmation *f*, annulation *f* (d'un jugement); invalidation *f* (d'une élection). **2.** Écrasement *m* (d'une révolte).

Quashee ['kwɔʃi], *s.* *F:* Nègre *m.*

quasi ['kweisai]. **1.** *pref.* Quasi, presque. **Quasi-contract,** quasi-contrat *m*, *pl.* quasi-contrats. **Quasi-delict,** quasi-délit *m*, *pl.* quasi-délits. **Quasi-expert,** quasi-expert. **Quasi-public,** quasi-public; soi-disant public. **2.** *conj.* (*Introducing etymological note*) C'est-à-dire . . .; autant dire. . . .

quassia ['kwasja, 'kwaʃja, 'kwɔʃja], *s.* **1.** *Bot:* **Quassia(-tree),** quassier *m*, quassia *m* (amara). **2.** *Pharm:* *etc:* Quassia. **Quassia chips,** quassia en copeaux.

quassin ['kwasin], *s.* *Ch:* Quassine *f.*

quater-centenary ['kwatərsen'tenəri], *s.* Quatrième centenaire *m.*

quaterfoil ['katərfɔil], *s.* = QUATREFOIL.

quaternary [kwo'təːrnəri]. **1.** *a.* *Ch:* *Geol:* *Mth:* Quaternaire. **2.** *s.* *Mus:* *A:* **The Pythagorean quaternary,** le quaternaire sacré de Pythagore.

quaternate [kwo'təːrnet], *a.* *Bot:* *With q. leaves,* aux feuilles quaternées; quaternifolié.

quaternion [kwo'təːrnjən], *s.* **1.** Cahier *m* de quatre feuilles. **2.** *Mth:* Quaternion *m.* **3.** = QUATERNARY 2.

quatorze [ka'tɔːrz], *s.* *Cards:* (*At piquet*) Quatorze *m.*

quatrain ['kwɔtrein], *s.* *Pros:* Quatrain *m.*

quatrefoil ['katərfɔil], *s.* *Arch:* *Her:* Quatre-feuilles *m inv.*

quattrocentist [kwatro'tʃentist]. *Art:* *Lit:* **1.** *s.* Quattrocentiste *m.* **2.** *a.* Des quattrocentistes; de l'Italie du XVᵉ siècle.

quaver¹ ['kweivər], *s.* **1.** *Mus:* Croche *f.* *See also* REST¹ 2. **2.** (*a*) *Mus:* Trille *m*, tremolo *m.* (*b*) Tremblement *m*, chevrotement *m* (de la voix). *To have a q. in one's voice, F:* avoir des tremolos dans la voix; parler d'une voix mal assurée.

quaver². **1.** *v.i.* (*a*) (*Of singer*) Faire des trilles; faire un tremolo; triller. (*b*) (*Of voice*) Chevroter, trembloter. *Mus:* Trembler. **2.** *v.tr.* (*a*) **To quaver (forth, out) an air,** trembloter, chevroter, un air. (*b*) *Mus:* Triller (une note, un passage).
quavering¹, *a.* *Q. voice,* voix tremblotante, chevrotante; voix mal assurée. **-ly,** *adv.* D'une voix mal assurée; en chevrotant.
quavering², *s.* = QUAVER¹ 2 (*b*).

quawk [kwɔːk], *s.* *U.S:* **1.** = QUACK¹ 2. **2.** *Orn:* Bihoreau *m.*

quay [kiː], *s.* Quai *m* ou appontement *m.* *To fetch, moor, a vessel to the q.,* aborder un vaisseau au quai. **Alongside the quay,** à quai. **Quay berth,** place *f* à quai. **Quay wall,** (mur *m*) bajoyer *m.*
'quay-side, *attrib.a.* (Grue, etc.) de quai. **Quay-side worker,** ouvrier *m* de quai.

quayage ['kiːedʒ], *s.* **1.** Quayage *m*; droit(s) *m(pl)* de quai, de wharf, de bassin. **2.** Quais *mpl.*

quean [kwiːn], *s.f.* **1.** *F:* *A:* Coquine, gueuse. **2.** *Scot:* Jeune fille; beau brin de fille.

queasiness ['kwiːzinəs], *s.* **1.** Malaise *m*; nausées *fpl.* **2.** Scrupules *mpl* de conscience.

queasy ['kwiːzi], *a.* **1.** (*a*) (*Of pers.*) Sujet à des nausées; qui éprouve facilement des nausées; qui a souvent mal au cœur. **To feel queasy,** *F:* avoir le cœur fade. *Q. stomach,* estomac délicat. (*b*) *F:* **Queasy conscience,** conscience scrupuleuse à l'excès. **2.** (*Of food*) Nauséabond; dégoûtant.

Quebec [kwi'bek]. *Pr.n. Geog:* Québec *m.*

queen¹ [kwiːn], *s.f.* **1.** Reine. (*a*) *The q. of Spain,* la reine d'Espagne. **Queen Anne,** la reine Anne. *F:* **Queen Anne is dead,** c'est connu; c'est vieux comme le Pont-Neuf, cette histoire-là! *She was q. to Henry VIII,* elle fut l'épouse de Henri VIII. *The kings and queens of England,* les souverains *m* britanniques. **Queen regnant,** reine régnante. **Queen regent,** reine régente. *See also* CONSORT¹ I. *F:* **Queen's weather,** temps *m* superbe. (*b*) **Queen of heaven,** reine du ciel. **Queen of hearts,** reine des cœurs. *She is the q. of my heart,* elle règne dans mon cœur. *The rose is the q. of flowers,* la rose est la reine des fleurs. *U.S:* **The Queen of the West,** Cincinnati. (*c*) *Bot:* **Queen of the meadows,** reine des prés. **Queen's cushion,** saxifrage *f* cotylédon. **Queen's lace,** faux chervis. **Queen's pincushion,** boule-de-neige *f*, *pl.* boules-de-neige. **2.** (*a*) *Cards:* Dame *f.* (*b*) *Chess:* Dame, reine. *Queen's knight,* cavalier *m* de la reine. (*Of pawn*) **To go to queen,** aller à dame. **3.** *Ent:* Reine (des abeilles, des fourmis).
'queen-'bee, *s.* Abeille *f* mère; reine *f* des abeilles.
'queen-cake, *s.* Petit cake aux raisins, généralement en forme de cœur.
'queen-'dowager, *s.f.* Reine douairière.
'queen-'mother, *s.f.* Reine-mère, *pl.* reines-mères.
'queen-post, *s.* *Carp:* *Const:* Faux poinçon; clef pendante latérale. **Queen(-post) truss,** arbalète *f* à deux poinçons.

queen². **1.** *v.tr.* (*a*) Faire (qn) reine. (*b*) *Chess:* Damer (un pion). **2.** *v.i.* (*a*) *F:* **To queen it,** faire la reine. *She isn't going to q. it here!* elle ne va pas faire la reine ici! (*b*) *Chess:* (*Of pawn*) Aller à dame.

queenhood ['kwiːnhud], *s.* Dignité *f* de reine; qualité *f* de reine; souveraineté *f.*

queening ['kwiːniŋ], *s.* *Hort:* (Pomme *f*) calville *m or f.*

queenlike ['kwiːnlaik], **queenly** ['kwiːnli], *a.* De reine; digne d'une reine.

queenliness ['kwiːnlinəs], *s.* Majesté *f.*

queenship ['kwiːnʃip], *s.* = QUEENHOOD.

queer¹ ['kwiːər], *a.* **1.** (*a*) Bizarre, étrange, singulier, drôle, falot. *Queer-sounding names,* noms *m* aux consonances bizarres. *A queer-looking chap,* une drôle de tête. *A q. fellow,* un original, un drôle de corps. *See also* CUSTOMER 2. **Queer in the head,** toqué, falot, timbré. *He's had some q. experiences,* il en a vu de(s) raides. *F:* **To be in Queer Street,** être dans une situation (financière) embarrassée; *P:* être dans le lac. (*b*) Suspect. *U.S:* **Queer money,** fausse monnaie. *s. P:* **To shove the queer,** refiler la fausse monnaie. **On the queer,** par des moyens peu honnêtes; par des moyens louches. **2.** *F:* (*a*) Mal à l'aise. **I feel very queer,** je suis tout je ne sais comment; je me sens tout chose, tout drôle, tout patraque; je ne suis pas dans mon assiette. *To feel q. all over,* se sentir du malaise dans tout le corps. (*b*) Indisposé. (*c*) *P:* Ivre, gris. **-ly,** *adv.* Étrangement, bizarrement, singulièrement.

queer², *v.tr.* Déranger, détraquer. **To queer the pitch for s.o.; to queer s.o.'s pitch,** bouleverser, faire échouer, les plans de qn; contrecarrer qn; embêter qn. *To q. the pitch of a ring of buyers,* entraver les opérations d'une bande de confédérés. *Th:* *They did all they could to q. her entry, her scene,* ils ont fait tout ce qu'ils ont pu pour lui faire rater son entrée, pour lui faire manquer sa scène.

queerish ['kwiːəriʃ], *a.* **1.** Un peu bizarre; assez drôle; tant soit peu singulier. **2.** *To feel q.,* se sentir un peu souffrant, mal en train.

queerness ['kwiːərnəs], *s.* **1.** Étrangeté *f*, bizarrerie *f*, singularité *f.* **2.** Malaise *m.*

quell [kwel], *v.tr.* *Lit:* Calmer, apaiser (une émotion, un orage); réprimer, dompter, étouffer (une passion); réprimer, étouffer (une révolte).
quelling, *s.* Apaisement *m* (de la peur, etc.); répression *f*, étouffement *m* (d'une révolte).

queller [ˈkwelər], *s.* Celui qui réprime, qui apaise. *A:* **Giant-queller,** dompteur *m* de géants.

quench [kwenʃ], *v.tr.* **1.** *Poet: Lit:* Éteindre (un feu, une flamme). *B: The smoking flax shall he not q.*, il n'éteindra point le lumignon fumant. *F:* **To quench the smoking flax,** écraser le projet, etc., dans l'œuf. **2.** (*a*) *Metalw:* Plonger (le métal) dans l'eau; éteindre, tremper, étonner (le métal). **Quenched in oil, in water,** refroidi à l'huile, à l'eau. (*b*) *F:* **To quench s.o.'s enthusiasm,** refroidir l'enthousiasme de qn. **3.** (*a*) Réprimer, étouffer (un désir); arrêter (un mouvement). (*b*) **To quench one's thirst,** apaiser, étancher, éteindre, assouvir, sa soif; se désaltérer. (*c*) *El:* (i) Étouffer (une étincelle). **Quenched spark,** étincelle étouffée. (ii) Amortir (des oscillations). **4.** *F:* Couper la parole à (qn); fermer le bec à (qn).

quenching, *s.* **1.** (*a*) Extinction *f* (du feu). (*b*) Apaisement *m*, étanchement *m* (de la soif). **2.** *Metalw:* Trempe *f* liquide. **Quenching tank,** cuve *f* à tremper. **Quenching tub,** fosse *f*.

quenchable [ˈkwenʃəbl], *a.* (Soif *f*) extinguible.

quencher [ˈkwenʃər], *s.* *F:* Boisson *f*, consommation *f*. *Let's have a q.*, on va prendre quelque chose; *P:* on va se rincer la dalle.

quenchless [ˈkwenʃləs], *a.* Inextinguible.

quenelle [kəˈnel], *s.* *Cu:* Quenelle *f*.

quenouille-trained [kəˈnuːjˈtreind], *a.* *Arb:* *Q.-t. fruit-tree*, quenouille *f*.

quercitron [ˈkwəːrsitrən], *s.* *Bot:* Quercitron *m*.

querist [ˈkwiːərist], *s.* Questionneur, -euse.

quern [kwəːrn], *s.* **1.** Moulin *m* à bras (pour céréales). **Quern-stone,** meule *f*. **2. Pepper quern,** moulin à poivre.

querulous [ˈkwer(j)uləs], *a.* Plaintif et maussade; qui se plaint toujours; chagrin, grognon; récriminateur, -trice. *Q. tone*, ton plaintif, dolent. **-ly,** *adv.* En se plaignant; d'un ton plaintif, dolent.

querulousness [ˈkwer(j)uləsnəs], *s.* Disposition *f* à se plaindre; habitude *f* de se plaindre; humeur chagrine; ton plaintif, dolent.

query[1] [ˈkwiːəri], *s.* **1.** (*a*) Question *f*, interrogation *f*. **He looked a query at me,** il me lança un regard interrogateur. *F:* **To settle a query,** résoudre une question (de méthode, de routine, etc.). (*b*) **Query . . .,** reste à savoir si. . . . *Q. if the money was ever paid*, reste à savoir si la somme a jamais été versée. (*In margin of document, etc.*) *Query: is this accurate?* s'assurer de l'exactitude de cette déclaration. **2.** *Gram: Typ:* Point *m* d'interrogation.

query[2], *v.tr.* **1. To query if, whether . . .,** s'informer si. . . . **2.** (*a*) Marquer (qch.) d'un point d'interrogation. (*b*) Mettre (une affirmation) en question, en doute. *I q. whether he ever said any such thing*, je me demande s'il a jamais rien dit de la sorte; je doute fort qu'il ait jamais rien dit de la sorte.

quest[1] [kwest], *s.* **1.** *A. & Dial:* (*a*) Enquête *f*. (*b*) Jury chargé d'une enquête. **2.** (*a*) *Ven:* Quête *f* (par les chiens). (*b*) Recherche *f*. **To go in quest of s.o.,** se mettre, aller, partir, à la recherche de qn, en quête de qn. *We were in q. of him*, nous étions à sa recherche. **The Quest of the Golden Fleece,** la conquête de la Toison d'or; l'expédition *f* des Argonautes.

quest[2]. **1.** *v.i.* (*a*) *Ven:* (*Of dogs*) Quêter. (*b*) *Lit:* (*Of pers.*) **To quest after, for, sth.,** être, aller, à la recherche de qch. **2.** *v.tr. Poet:* **To quest out sth.,** (re)chercher qch.

question[1] [ˈkwestʃ(ə)n], *s.* Question *f*. **1.** (*Questioning*) (*a*) **Look of question,** regard interrogateur. (*b*) *A:* (*Torture*) **The common question,** la question ordinaire. **The question extraordinary,** la question extraordinaire. **To put s.o. to the question,** mettre qn à la question; appliquer la question à qn. **2.** (*Raising of doubt*) Doute *m*; mise *f* en doute. **Without question,** sans aucun doute; sans contredit; sans conteste. *To allow sth. without q.*, permettre qch. sans poser de questions, sans discussion. *To obey without q.*, obéir aveuglément. **Beyond (all) question, out of question, past question,** hors de doute; incontestable; incontestablement. *Courage beyond q.*, courage *m* indiscutable, au-dessus de toute discussion. *That is beyond q.*, cela ne peut être mis en question; cela n'est pas discutable; c'est incontestable. **To call, bring, sth. in question,** mettre qch. en question, en doute; révoquer qch. en doute; contester, discuter, qch. *His honesty has never been in q.*, sa probité reste hors cause. **To make no question of sth.,** ne pas douter de qch. *I make no q. but that it is so*, je ne doute aucunement qu'il n'en soit ainsi. **There is no question about it,** il n'y a pas de doute là-dessus. **There is no question but that he will succeed,** nul doute qu'il ne réussisse. **3.** (*a*) **The matter, person, in question,** l'affaire *f*, la personne, en question; l'affaire dont il s'agit. *The case in q.*, le cas en litige. **There was some question of . . .,** il a été question de. . . . *There is no q. of his returning so soon*, il n'est pas question qu'il revienne si promptement. (*Of thg*) **To come into question,** arriver sur le tapis; surgir. (*b*) (*Subject of discussion*) **That's the question,** c'est là la question. *That's another q. altogether*, ça, c'est une autre affaire. **That is not the question, that is beside the question,** ce n'est pas là la question; il ne s'agit pas de cela; cela est hors de cause. *What is the q. in hand?* de quoi s'agit-il? *To state a q.*, poser une question. *The q. arose whether . . .*, on souleva la question de savoir si . . .; on se demanda si. . . . *The q. is whether . . .*, il s'agit de savoir si. . . . *It is a q. whether . . .*, c'est à savoir, on ne sait, si. . . . *The q. as to when he would return*, la question de savoir quand il reviendrait. **It is out of the question,** c'est impossible; il ne faut pas y songer; jamais de la vie! *The scheme is out of the q.*, ce projet est absolument impraticable, inadmissible. *It is quite out of the q. for us to . . .*, il ne saurait être question pour nous de. . . . (*At meeting*) **To move the previous question,** demander la question préalable. **To put the question,** mettre la question aux voix. **Question!** (i) au fait! revenez au fait! (ii) (*erroneous use*) c'est à savoir! ce n'est pas prouvé! (*c*) (*Problem*) **The Eastern question,** la question d'Orient. *A difficult, a vexed, q.*, une question difficile, souvent débattue. **A question of life or death,** une question de vie ou de mort. *Success is merely* **a question of time,** le succès n'est qu'une question de temps. *It is only a q. of doing . . .*, il ne s'agit que de faire. . . . *See also* BEG 2. **4.** (*Interrogative sentence*) Interrogation *f*. *Gram:* **Direct question, indirect question,** question directe, indirecte. **To ask s.o. a question, to ask a question of s.o., to put a question to s.o.,** faire, poser, adresser, une question à qn; *Parl:* adresser une interpellation à qn. *He is fond of asking questions*, c'est un questionneur. *Sch: etc:* **List, set, of questions,** questionnaire *m*. *Questions and answers*, demandes *f* et réponses *f*. *A pretty q.! what a q. to ask!* la belle question! la belle demande! *He disappeared, but no questions were asked*, il disparut, mais personne ne s'en inquiéta. *See also* CROSS-QUESTION[1], LEADING[2] 1, POP[2] 3.

'question-mark, *s.* Point *m* d'interrogation.

question[2], *v.tr.* **1.** (*a*) Questionner, interroger (qn). *To q. s.o. closely*, soumettre qn à un interrogatoire serré; presser qn de questions. *To be questioned*, subir un interrogatoire. *Sch:* **To question a candidate on chemistry,** interroger un candidat en chimie, sur la chimie. *F: To q. the stars*, interroger les étoiles, les astres. *See also* CROSS-QUESTION[2]. (*b*) *A: They questioned what crime he had done*, ils demandèrent quel crime il avait commis. **2.** (*a*) Mettre (qch.) en question, en doute, en cause; révoquer (qch.) en doute; douter de, suspecter (qch.); contester (qch.). **To question a right,** mettre un droit en contestation. *To q. the value of sth.*, contester la valeur de qch. (*b*) *I q. whether he will come*, je doute qu'il vienne. *I do not q. but (that) he will come*, je ne doute pas qu'il ne vienne. *I q. whether it would not be better . . .*, je me demande, je ne sais pas trop, s'il ne vaudrait pas mieux. . . . *The papers are questioning whether . . .*, les journaux mettent en question si. . . . **It is not to be questioned that . . .,** il n'y a pas de doute que. . . .

questioning[1], *a.* (Regard, etc.) interrogateur. *To give s.o. a q. look*, interroger qn du regard. **-ly,** *adv.* **To look questioningly at s.o.,** diriger sur qn un regard interrogateur; interroger qn du regard.

questioning[2], *s.* Questions *fpl*, interrogation *f*; *Mil: etc:* interrogatoire *m* (de prisonniers).

questionable [ˈkwestʃənəbl], *a.* **1.** Contestable, discutable, douteux, incertain, problématique. **2.** *Pej:* (*Of conduct, etc.*) Suspect, équivoque. *In q. taste*, d'un goût douteux. **-ably,** *adv.* **1.** D'une manière incertaine, contestable. **2.** *Pej:* D'une manière équivoque, qui prête aux soupçons ou à la critique.

questionableness [ˈkwestʃənəblnəs], *s.* **1.** Caractère douteux (*of*, de); contestabilité *f*. **2.** Caractère équivoque (*of*, de).

questionary [ˈkwestʃənəri], *s.* Questionnaire *m*.

questioner [ˈkwestʃənər], *s.* Questionneur, -euse; interrogateur, -trice.

questionless [ˈkwestʃənləs], *a.* **1.** Hors de doute, incontestable. **2.** (Foi *f*) qui ne pose pas de questions.

questionnaire [kestjoˈnɛər, ˈkwestʃonɛər], *s.* Questionnaire *m*.

questor [ˈkwestər], *s.* *Fr.Adm:* Questeur *m*.

quetsche [kwetʃ], *s.* *Hort:* Quetsche *f*.

quetzal [ˈketsəl], *s.* *Orn:* Quetzal *m*, *pl.* quetzals; couroucou *m* du Guatemala.

queue[1] [kjuː], *s.* **1.** Queue *f* (de cheveux, de perruque). **2.** Queue (de personnes, de voitures). *Long queues of pilgrims, Lit:* longues théories de pèlerins. **To form a queue, to stand in a queue,** faire (la) queue. **Bread-queue, butter-queue,** queue du pain, du beurre.

queue[2]. **1.** *v.tr.* Attacher (les cheveux de qn) en forme de queue. **2.** *v.i.* **To queue (up),** faire (la) queue; se mettre à la queue; (*of carriages*) prendre la file.

quibble[1] [kwibl], *s.* **1.** *A:* (*Play upon words*) Calembour *m*; jeu *m* de mots. **2.** (*Evasion*) Argutie *f*; chicane *f* de mots; faux-fuyant *m*, *pl.* faux-fuyants; évasion *f*.

quibble[2], *v.i.* **1.** (*Equivocate*) Ergoter; chicaner sur les mots; user d'équivoque, de subterfuge; sophistiquer. **2.** (*Split hairs*) Chipoter, chicaner, vétiller.

quibbling[1], *a.* (*Of pers.*) Ergoteur, -euse; chicaneur, -euse; argutieux, -euse; (*of argument, etc.*) évasif.

quibbling[2], *s.* Arguties *fpl*, évasions *fpl*; chicane *f* de mots; *F:* tortillage *m*, avocasserie *f*, sophistiquerie *f*.

quibbler [ˈkwiblər], *s.* Ergoteur, -euse; chicaneur, -euse; casuiste *mf*; sophistiqueur, -euse.

quica [ˈkiːka], *s.* *Z:* Sarigue *m*, *f*. sarigue *f*.

quick [kwik]. **1.** *a.* (*a*) (*Of movement, growth, etc.*) Rapide. *Q. pulse*, pouls fréquent, précipité, rapide. *At a q. pace*, d'un pas rapide. *To walk with short q. steps*, marcher à petits pas pressés; *F:* trotter dru et menu. *See also* DOUBLE-QUICK, MARCH[4] 1, TIME[1] 11. *The quickest way there*, le chemin le plus court pour y arriver. *A q. way of doing sth.*, une manière rapide de faire qch. *Q. recovery* (*from illness*), prompt rétablissement. **Quick sale,** prompt débit; vente *f* facile. **To have a quick luncheon,** déjeuner sur le pouce. *Cards:* **Quick trick,** levée assurée. *Five q. tricks*, cinq levées franches. **As quick as lightning, as thought,** aussi vite que l'éclair; comme un éclair; à toute vitesse; en un clin d'œil; rapide comme la pensée; en un coup d'éclair. (*Of pers.*) **To be quick about, over, sth.,** faire qch. vite. **Be quick** (*about it*)! faites vite! faites tôt! dépêchez-vous! que cela ne traîne pas! plus vite que ça! **Quick!** dépêchons! vite! allons vite! faites vite! *He is q. in all he does*, il est prompt dans tout ce qu'il fait. *Try to be a little quicker*, tâchez d'y aller un peu plus vite. (*b*) Vif. *A q. child*, un enfant vif, éveillé, qui a l'esprit prompt; un enfant à l'intelligence éveillée. *He is q.*, il a de la facilité; il apprend facilement. **Quick wits, quick mind,** esprit prompt, vif, agile, présent. **Quick wit,** esprit prompt à la repartie. *Q. sight, q. eye*, œil vif. *Q. ear, q. hearing*, oreille fine, subtile. *See also* HEARING 2. **Quick temper,** tempérament emporté; irascibilité *f*. *She has a q. temper*, elle s'emporte facilement; elle a la tête chaude; *F:* elle a la tête près du bonnet. **Quick to act,** prompt à agir. **Quick to anger, quick to answer back,** prompt, vif, à se fâcher, à répliquer. *Man q. to anger*, homme emporté. **To be quick of understanding,** être intelligent; avoir l'esprit ouvert;

avoir la compréhension facile. *See also* UPTAKE 1. **Quick of belief,** prompt à croire. **Quick of foot,** agile, leste, preste. *See also* FIGURE[1] 5. (*c*) *Mus:* Éveillé. **'Quicker,'** "animez." (*d*) *A:* Vif, vivant. **Quick hedge,** haie vive. *s.* **The quick and the dead,** les vivants et les morts. (*e*) (i) *Obst:* (Fœtus) dont les mouvements actifs sont perceptibles. (ii) *A. & Lit:* **Quick with child,** enceinte; *esp.* dans un état de grossesse assez avancé. **2.** *s.* (*a*) Vif *m*; chair vive. **To bite one's nails to the quick,** ronger ses ongles jusqu'au vif. *F:* **To sting, cut, s.o. to the quick,** blesser, piquer, qn au vif. *It cut me to the q. to see them,* cela me fendait le cœur de les voir. *Stung to the q.*, piqué au vif. **British to the quick,** anglais jusqu'à la moelle des os. (*b*) = QUICKSET 1. **3.** *adv.* Vite, rapidement. *As q. as possible,* aussi vite que possible. *To run quicker,* courir plus vite. *Q. forgotten,* vite oublié. *F:* **He wished to get rich quick,** il eut trop de hâte de gagner de l'argent; il voulut brusquer la fortune. *Cf.* GET-RICH-QUICK. *See also* MARCH[3] 1. **-ly,** *adv.* Vite, rapidement, vivement, prestement. *Retaliation q. followed,* les représailles furent promptes, ne tardèrent pas.

'quick-'acting, *a.*, **'quick-'action,** *attrib.a.* (Mécanisme *m*) à action rapide, immédiate.

'quick-break, *attrib.a. El.E:* **Quick-break switch,** interrupteur instantané.

'quick-'change, *attrib.a.* **1.** *Th:* **Quick-change actor,** acteur *m* à transformations rapides; transformiste *m*. **Quick-change part,** rôle *m* à travestissements. **2.** *Aut: etc:* **Quick-change gear device,** système *m* de changement rapide des engrenages.

'quick-eared, *a.* Qui a l'oreille fine.

'quick-eyed, *a.* Aux yeux vifs, perçants; *F:* à l'œil américain.

'quick-firer, *s. Artil:* Canon *m* à tir rapide.

'quick-firing, *a.* (Canon *m*) à tir rapide.

'quick-growing, *a. Bot: etc:* A croissance rapide.

'quick-handed, *a.* A la main leste.

'quick-lunch, *attrib.a.* **Quick-lunch bar,** casse-croûte *m inv.*

'quick-match, *s. Artil: A:* Mèche *f* d'artilleur.

'quick-re'turn, *attrib.a. Mec.E:* A retour rapide.

'quick-re'turning, *a.* Qui revient vite; à retour rapide.

'quick-setting, *a.* (Mortier *m*, etc.) à prise rapide.

'quick-sighted, *a.* **1.** = QUICK-EYED. **2.** Perspicace; à l'esprit pénétrant.

'quick-'tempered, *a.* Emporté, colérique, coléreux, irascible; prompt à la colère, à s'irriter; peu endurant; *F:* qui a la tête près du bonnet. *She is (rather) q.-t.*, elle a l'humeur (un peu) vive; elle a le sang chaud; *F:* elle s'emporte comme une soupe au lait.

'quick-'witted, *a.* A l'esprit prompt; vif, éveillé.

'quick-'wittedness, *s.* Vivacité *f* d'esprit.

quicken[1] ['kwik(ə)n], *s. Bot:* **1.** = MOUNTAIN ASH. **2.** = *service-tree, q.v. under* SERVICE[2].

quicken[2]. **1.** *v.tr.* (*a*) *Lit:* Donner la vie à, (r)animer, vivifier, raviver (les hommes, les plantes). (*b*) Animer, stimuler, exciter (qn); exciter, stimuler, aiguiser (le désir, l'appétit); animer (la conversation). (*c*) Hâter, presser, accélérer (*one's pace,* le pas); hâter (son départ). *Med:* Accélérer (le pouls). *Mus:* **To quicken the tempo,** presser la mesure. *Rac:* **To quicken the pace,** activer l'allure. (*d*) *Tchn:* Activer, accélérer (la combustion, le tirage). **2.** *v.i.* (*a*) (*Of nature, hope, etc.*) S'animer, se ranimer; (*of offspring in womb*) donner des signes de vie; (*of pregnant woman*) sentir les premiers mouvements du fœtus. (*b*) (*Of pace, etc.*) Devenir plus rapide; s'accélérer.

quickening[1], *a.* **1.** Animateur, -trice, vivifiant. *A q. force,* une force vive. **2.** (*a*) Qui s'anime, qui se ranime. (*b*) (Pas) qui s'accélère.

quickening[2], *s.* **1.** (*a*) Retour *m* à la vie (de la nature, etc.). (*b*) *Obst:* Premiers mouvements du fœtus. **2.** Accélération *f* (du pas, du pouls).

quickener ['kwikənər], *s.* **1.** Animateur, -trice. **2.** Principe vivifiant; stimulant *m*.

quicklime ['kwiklaim], *s.* Chaux vive.

quickness ['kwiknəs], *s.* **1.** Vitesse *f*, rapidité *f*, vivacité *f*, prestesse *f*. *Med:* Fréquence *f* (du pouls). **2.** Acuité *f* (de vision); finesse *f* (d'oreille); promptitude *f*, vivacité (d'esprit). **Quickness of temper,** vivacité de caractère; tempérament emporté; irascibilité *f*.

quicksand ['kwiksand], *s.* **1.** Sable(s) mouvant(s) (du bord de la mer); lise *f*, lize *f*. **To get caught in a quicksand, in the quicksands,** s'enliser. **2.** *Min: Civ.E: etc:* **Quicksands,** sables flottants, boulants, mouvants.

quickset ['kwikset]. **1.** *s.* Bouture *f*, plançon *m* (d'aubépine, etc.). **2.** *a. & s.* **Quickset (hedge),** haie vive.

quicksilver[1] ['kwiksilvər], *s.* Vif-argent *m*, mercure *m*. *Q. mine,* mine *f* de mercure. **Quicksilver-bearing,** mercurifère. *F:* **To have quicksilver in one's veins,** avoir du vif-argent dans les veines.

quicksilver[2], *v.tr.* Étamer (une glace).

quicksilvering, *s.* **1.** Étamage *m* (d'une glace). **2.** Tain *m*.

quickstep ['kwikstep], *s.* **1.** *Mil:* Pas accéléré; pas redoublé; pas cadencé. **2.** *Mus:* Pas redoublé.

quid[1] [kwid], *s.* (*Inv. in pl.*) *P:* Livre *f* (sterling). *Five quid,* cinq livres.

quid[2], *s.* Chique *f* (de tabac).

quidam ['kwaidam], *s.* Quidam, *f.* quidane.

quiddity ['kwiditi], *s.* **1.** *Phil:* Quiddité *f*; essence *f*. **2.** *F:* Argutie *f*, chicane *f*.

quidnunc ['kwidnʌŋk], *s.* Curieux, -euse; chercheur, -euse, de nouvelles; nouvelliste *mf*.

quid pro quo ['kwidprou'kwou], *s.* **1.** *A:* Quiproquo *m*. **2.** (*a*) Équivalent *m*, compensation *f*. (*b*) *To return a quid pro quo,* rendre la pareille à qn.

quiescence [kwai'es(ə)ns], *s.* **1.** Repos *m*, quiétude *f*, tranquillité *f*. *Volcano in q.*, volcan *m* en repos. **2.** *Hebrew Gram:* Quiescence *f* (d'une consonne).

quiescent [kwai'es(ə)nt], *a.* **1.** En repos; tranquille. **2.** *Hebrew Gram:* Quiescent.

quiet[1] ['kwaiet], *s.* (*a*) Tranquillité *f*, repos *m*, calme *m*, quiétude *f*. *Period of q. (in illness, etc.),* accalmie *f*. *To enjoy perfect* **peace and quiet,** jouir d'une parfaite tranquillité. (*b*) Tranquillité, silence *m*. **The quiet of the night,** le calme, la tranquillité, de la nuit.

quiet[2], *a.* **1.** (*With little sound or motion*) Tranquille, calme, silencieux, reposé. *Q. sea,* mer *f* calme, immobile. *Q. waters,* eaux *f* tranquilles. *Q. footsteps,* pas légers. *Q. running of a machine,* marche silencieuse d'une machine. *The taking of sound-films requires a q. camera,* la prise de vues d'un film sonore demande un appareil silencieux. *The wind grew q.*, le vent s'apaisa. *Q. worker,* travailleur silencieux. *Q. neighbours,* voisins *m* tranquilles. **To keep quiet,** se tenir, rester, tranquille; se tenir coi, en repos. **To keep a child quiet,** faire taire un enfant. *How q. we all are!* comme nous sommes tous silencieux! **Be quiet!** taisez-vous! laissez-moi tranquille! **2.** (*Gentle*) Doux, *f.* douce. *Q. disposition,* caractère doux, calme. *Q. horse,* cheval doux, tranquille, sage. **3.** (*Subdued*) (*a*) (*Of dress, colours, etc.*) Simple; discret, -ète; sobre. *Q. style,* style *m* simple, sans apparat; style sobre. *Q. dinner,* dîner *m* intime. *Q. wedding,* mariage célébré sans faste, célébré dans l'intimité. **To live in a quiet way,** avoir un train modeste. **In his quiet way** *he is very proud of his daughter,* bien que peu démonstratif il est très fier de sa fille. (*b*) *Q. irony,* ironie voilée. *Q. resentment,* rancune sourde. *I had a q. suspicion that . . .,* je soupçonnais à part moi que. . . . *To have a q. dig at s.o.*, faire une allusion discrète à qn. *We had a q. laugh over it,* nous en avons ri entre nous. *s. F: To do sth.* **on the quiet,** faire qch. en cachette, à la dérobée, clandestinement; faire qch. sous le manteau (de la cheminée); faire qch. sans avoir l'air de rien. *To drink on the q.*, boire à la dérobée. *I am telling you that on the q.*, *F:* je vous dis ça entre quat'z yeux. **4.** (*a*) (*Undisturbed*) Calme, tranquille, paisible. *Q. mind,* esprit *m* tranquille. *To lead a q. life,* mener une vie calme. *F:* **Anything for a quiet life!** tout ce que tu voudras, mais laisse-moi la paix! *To have a q. meal,* prendre son repas en toute tranquillité. *He has had a q. sleep,* il a dormi tranquillement. *To spend a q. evening,* passer une soirée tranquille. *We are having a q. day,* nous nous tenons tranquilles aujourd'hui. *To have a q. cigar,* fumer un cigare tranquillement. **All quiet on the western front,** à l'ouest rien de nouveau. *Com:* **Quiet market,** marché *m* calme. *Business is very q.*, les affaires sont très calmes. *St.Exch: Rails are q.*, les chemins de fer sont calmes. (*b*) Sans inquiétude. *You may be q. on that score,* quant à cela vous pouvez être tranquille. **-ly,** *adv.* **1.** (*a*) Tranquillement, doucement. (*b*) Silencieusement, sans bruit, à petit bruit; sans tambour ni trompette; *P:* en (père) peinard. *To slip q. away,* s'éloigner en tapinois, à pas feutrés. *To clear out q.*, décamper à la sourdine. *To attain one's end q.*, arriver à ses fins sans secousse. *She took the news q.*, elle a appris la nouvelle avec calme. **2.** (Vêtu, etc.) simplement, discrètement, sobrement. *Q. and neatly dressed,* vêtu(e) avec une simplicité de bon goût. *To get married q.*, se marier sans cérémonie, sans éclat, dans l'intimité.

quiet[3], *v.* (**quieted; quieting**) **1.** *v.tr.* (*a*) Apaiser, calmer; tranquilliser (qn, sa conscience); faire taire (un enfant). (*b*) Apaiser, calmer (un tumulte); dissiper (les craintes, les soupçons); assoupir (une douleur, les sens). **2.** *v.i.* **To quiet down,** s'apaiser, se calmer.

quieting[1], *a.* Apaisant, calmant, tranquillisant.

quieting[2], *s.* Apaisement *m* (du tumulte); dissipation *f* (des soupçons).

quieten ['kwaiet(ə)n], *v.tr. & i.* *F:* = QUIET[3].

quietism ['kwaietizm], *s. Phil: Rel.H:* Quiétisme *m*.

quietist ['kwaietist], *s. Phil: Rel.H:* Quiétiste *mf*.

quietness ['kwaietnəs], *s.* **1.** Tranquillité *f*, repos *m*, calme *m*; quiétude *f*. *Q. of a horse,* tranquillité, sagesse *f*, d'un cheval. **2.** Sobriété *f* (de tenue, etc.).

quietude ['kwaietjuːd], *s.* Quiétude *f*.

quietus [kwai'iːtəs], *s.* **1.** *A:* Quittance *f*, quitus *m*. **2.** *F:* Coup *m* de grâce. **To give s.o. his quietus,** régler son compte à qn; envoyer qn dans l'autre monde. **3.** *F:* Calmant *m*.

quiff [kwif], *s. P:* Accroche-cœur *m inv*; *P:* rouflaquette *f*.

quill[1] [kwil], *s.* **1.** (*a*) Tuyau *m* (de plume). (*b*) = QUILL-FEATHER. *See also* WING-QUILL. (*c*) = QUILL-PEN. *See also* DRIVE[2] I. 9. (*d*) Cure-dent(s) *m* (en plume d'oie). (*e*) *Fish:* Plume *f*, flotteur *m* (de ligne). **2.** Piquant *m* (de porc-épic, etc.). **3.** *Tex:* Bobine *f*, cannette *f* (de tisserand). **4.** *Mec.E:* Arbre creux tournant autour d'un arbre plein; fourreau *m*; gaine *f* tubulaire; manche *f*. **5.** *Laund:* Tuyau. **6.** *Mus:* Pipeau *m*, chalumeau *m*. **7.** *Com: Pharm:* Tuyau (de quinquina, de cannelle).

'quill-bark, *s. Com:* Quinquina *m* en tuyaux.

'quill-driver, *s. F:* Gratte-papier *m inv*; plumitif *m*; gratteur *m* de papier; noircisseur *m* de papier; rond-de-cuir *m*, *pl.* ronds-de-cuir; *P:* bléchard *m*.

'quill-driving, *s. F:* Métier *m* de gratte-papier; écritures *fpl.*

'quill-feather, *s. Orn:* Penne *f*.

'quill-'pen, *s.* Plume *f* d'oie (pour écrire).

'quill-wort, *s. Bot:* Isoète *m*.

quill[2], *v.tr.* **1.** Tuyauter, rucher, cisailler (un ruban, une dentelle). **2.** *A:* Bobiner (le coton, etc.).

quilled, *a.* **1.** *Com:* (Écorce *f*) en forme de tuyaux. **2.** (Ruban, linge) tuyauté, ruché. **3.** *Bot:* (Chrysanthème *m*, etc.) tubuliflore.

quilling, *s.* **1.** Tuyautage *m* (du linge, etc.). **2.** Ruche *f*.

quillai [ki'lai], **quillaia** [kwi'leijə], *s. Bot:* Quillaja *m*. **Quillai(a)-bark,** écorce *f* de quillaja; bois *m* de Panama.

quillet ['kwilet], *s. A:* Argutie *f*, subtilité *f*.

quillon ['kijɔŋ], *s. Mil:* Quillon *m*.

quilt[1] [kwilt], *s.* **1.** Couverture piquée, ouatée; édredon piqué; couvre-pied *m*, *pl.* couvre-pieds. *See also* EIDER-DOWN. **2.** *Archeol:* Rembourrage *m* (de pourpoint); pourpoint rembourré, capitonné.

quilt[2], *v.tr.* **1.** Piquer, contre-pointer, capitonner, ouater (un vêtement, etc.). **2.** (*a*) Piquer (deux morceaux d'étoffe). (*b*) *F:* Faire (un livre) à coups de ciseaux. **3.** *P:* Rosser (qn).

quilted, *a.* Piqué, capitonné, ouaté, rembourré. **Quilted coat,** douillette *f*.

quilting, *s.* **1.** Piquage *m*, rembourrage *m*, capitonnage *m*. **2.** Piqué *m*; étoffe ouatée.

quinary ['kwainəri], *a. Mth:* Quinaire.

quinate ['kwainet], *a. Bot:* **1. Quinate leaflets,** folioles quinées. **2.** (Feuille *f*) à cinq folioles.

quince [kwins], *s. Bot:* **1.** Coing *m*. **Quince jelly,** gelée *f*, pâte *f*, de coings. **2. Quince(-tree),** cognassier *m*.

'quince-'marmalade, *s. Cu:* Cotignac *m*.

'quince-'wine, *s.* Cotignelle *f*.

quincentenary [kwinsen'tiːnəri, -'tenəri]. **1.** *a.* De cinq cents ans, de cinq siècles, cinq fois centenaire. **2.** *s.* Cinquième centenaire *m*.

quincuncial [kwin'kʌnʃ(ə)l], *a.* Quinconcial, -aux, en quinconce.

quincunx ['kwinkʌŋks], *s.* Quinconce *m*. *For:* **Quincunx planting,** plantation *f* en quinconce. *Trees planted* **in quincunx,** arbres plantés en quinconce.

quindecagon [kwin'dekəgən], *s.* Quindécagone *m*.

quindecemvir [kwindi'semvər], *s.m. Rom.Ant:* Quindécemvir.

quindecennial [kwindi'senjəl], *a.* Quindécennal, -aux.

quingentenary [kwindʒen'tiːnəri, -'tenəri], *a. & s.* = QUINCENTENARY.

quinia ['kwiniə], *s. Ch:* = QUININE.

quinic ['kwinik], *a. Ch:* (Acide *m*) cinchonique.

quinidine ['kwinidain], *s. Ch:* Quinidine *f*.

quinine [kwi'niːn], *s. Ch:* Quinine *f*. *Pharm:* **(Sulphate of) quinine,** sulfate *m* de quinine. **Quinine wine,** (vin *m* de) quinquina *m*.

quininism [kwi'niːnizm], *s. Med:* Quin(in)isme *m*.

quinol ['kwinɔl], *s. Ch:* Hydroquinone *f*. *Phot:* **Quinol developer,** révélateur *m* à l'hydroquinone.

quinoline ['kwinolain], *s. Ch:* Quinoléine *f*, quinoline *f*.

quinone ['kwinoun, kwi'noun], *s. Ch:* Quinone *f*.

quinquagenarian [kwinkwadʒe'nɛəriən], *a. & s.* Quinquagénaire (*mf*).

Quinquagesima [kwinkwa'dʒesima], *s. Ecc:* **Quinquagesima (Sunday),** (le dimanche de) la Quinquagésime.

quinquangular [kwin'kwaŋgjulər], *a. Geom:* Quinquangulaire.

quinquefid, quinquifid ['kwinkwifid], *a. Bot:* Quinquéfide; fendu en cinq.

quinquefoliate [kwinkwi'fouliet], *a. Bot:* Quinquéfolié.

quinquelateral [kwinkwi'latərəl], *a.* A cinq côtés.

quinquennial [kwin'kwenjəl]. **1.** *a.* Quinquennal, -aux. **2.** *s.* = QUINQUENNIUM.

quinquennium [kwin'kweniəm], *s.* Quinquennium *m*.

quinquepartite [kwinkwi'pɑːrtait], *a. Nat.Hist:* Quinquéparti, -ite.

quinquina [kin'kiːna, kwin'kwaina], *s. Bot: Pharm:* Quinquina *m*.

quinquivalence [kwin'kwivələns], *s. Ch:* Pentavalence *f*.

quinquivalent [kwin'kwivələnt], *a. Ch:* Pentavalent.

quins [kwinz], *s.pl. F:* = QUINTUPLETS.

quinsy ['kwinzi], *s. Med:* Esquinancie *f*; angine (laryngée); amygdalite aiguë.

'quinsy-berry, *s. Bot: F:* Cassis *m*.

'quinsy-wort, *s. Bot:* Aspérule *f* à esquinancie.

quint [kwint], *s.* **1.** *Mus:* Quinte *f*. **2.** *Cards:* (*At piquet*) [*also* kint] Quinte. *Q. major,* quinte majeure. **3.** *Fenc:* = QUINTE.

quintain ['kwint(ə)n], *s. A:* Quintaine *f*, quintan *m*. **To tilt at the quintain,** courir la quintaine.

quintal ['kwint(ə)l], *s. Meas:* **1.** Quintal, -aux *m* (de 112 livres = 50 kg. 802; ou de 100 livres = 45 kg. 35). **2.** Quintal métrique (de 100 kg.).

quintan ['kwintən], *a. & s. Med:* (Fièvre *f*) quinte; quinte *f*.

quinte [kɛ̃ːt], *s. Fenc:* Quinte *f*. *To parry in q.,* parer en quinte.

quintessence [kwin'tes(ə)ns], *s.* Quintessence *f*; *F:* suc *m*, moelle *f* (d'un livre).

quintessential [kwinte'senʃ(ə)l], *a.* Quintessenciel, quintessencié.

quintet(te) [kwin'tet], *s. Mus:* Quintette *m*.

quintile ['kwintil], *a. Astrol:* **Quintile aspect,** quintil aspect; planètes *fpl* à 72°.

Quintilian [kwin'tiljən]. *Pr.n.m. Lt.Lit:* Quintilien.

quintillion [kwin'tiljən], *s.* **1.** (*In Great Britain*) Dix à la trentième puissance; 10^{30}. **2.** (*In U.S. & Fr.*) Quintillion *m*; 10^{18}.

Quintin ['kwintin]. *Pr.n.m.* Quentin.

quintroon ['kwintruːn], *s. & a. Ethn:* Quinteron, -onne.

quintuple[1] ['kwintjupl], *a. & s.* Quintuple (*m*).

quintuple[2]. **1.** *v.tr.* Quintupler. **2.** *v.i.* (Se) quintupler.

quintuplet ['kwintjuplet], *s.* **1.** Groupe *m* de cinq. **2.** (*a*) *pl.* **Quintuplets,** cinq enfants nés d'une seule couche. *Birth of quintuplets,* accouchement *m* quintigémellaire. (*b*) Un de cinq enfants (nés d'une seule couche); quintuplet *m*.

Quintus Curtius ['kwintəs'kəːrʃjəs]. *Pr.n.m.Lt.Lit:* Quinte-Curce.

quinze [kwinz], *s. Cards:* Quinze *m*.

quip [kwip], *s.* **1.** Sarcasme *m*, repartie *f*; raillerie *f*; mot piquant; *F:* lardon *m*. **Quips and cranks,** pointes *f* et bons mots. **2.** = QUIBBLE[1] 2.

quire[1] ['kwaiər], *s.* **1.** *Q. of paper* (*24 sheets*), *approx.* = main *f* de papier (25 feuilles). **Quarter of a quire,** cahier *m*. **Over-quire,** main de passe, simple passe *f*. **2.** *Typ:* **In quires,** en feuilles.

quire[2], [3], *s. & v. A:* = CHOIR[1], [2].

Quirinal (the) [ðə'kwirin(ə)l], *s.* **1.** *A.Geog:* Le Quirinal (la colline). **2.** (*a*) Le Quirinal (palais royal). (*b*) *F:* Le gouvernement italien.

quirk[1] [kwəːrk], *s.* **1.** = QUIP. **2.** *A:* Tour *m*, caprice *m*. **3.** Faux-fuyant, *pl.* faux-fuyants; défaite *f*; manigance *f*; équivoque *f*. *There's sure to be a q. in it,* on va encore être dupés. **4.** (*a*) Trait *m* de plume; arabesque *f*, fioriture *f*. (*b*) Parafe *m*. **5.** (*a*) *Arch:* Gorge *f*, gorgerin *m*. (*b*) *Carp:* Carré *m*. **Quirk ogee, ovolo,** doucine *f*, boudin *m*, à carré.

quirk[2], *s. Mil.Av: F:* Recrue *f*, apprenti *m*, novice *m*.

quirky ['kwəːrki], *a.* **1.** Qui se plaît aux arguties, aux faux-fuyants. **2.** (*a*) (*Of road, etc.*) Sinueux, plein de détours. (*b*) Peu franc; où il y a un traquenard.

quirt[1] [kwəːrt], *s. U.S:* Cravache *f* à longue mèche en cuir tressé.

quirt[2], *v.tr. U.S:* Cingler avec le *quirt*; fouetter.

quit[1] [kwit], *a.* Quitte, libéré. *The others can* **go quit,** les autres peuvent se considérer comme quittes. **To be quit for a fine,** en être quitte pour une amende. **To be quit of s.o., of sth.,** être débarrassé de qn, de qch.

'quit-rent, *s.* Redevance *f* (minime); (*feudal*) cens *m*.

quit[2], *v.tr.* (*p.t. & p.p.* **quitted,** *Dial. & U.S:* **quit;** *pr.p.* **quitting**) **1.** (*a*) Quitter (qn, un endroit). *Abs.* Vider les lieux; déménager; s'en aller. *See also* NOTICE[1] 1. (*b*) **To quit office,** se démettre de ses fonctions. **To quit one's job,** *abs. U.S:* **to quit,** quitter son emploi; démissionner. *See also* SERVICE[1] 3. (*c*) **To quit hold of sth.,** lâcher qch.; lâcher prise. (*d*) *U.S:* **To quit doing sth.,** cesser de faire qch. **To quit work,** cesser le travail. (*e*) *Abs. U.S:* Céder; baisser pavillon; mettre les pouces. **2.** *A:* (*Acquit*) **Quit you like men,** comportez-vous vaillamment; conduisez-vous en hommes; agissez en hommes. **3.** *A:* = REQUITE 1.

quitting, *s. U.S:* Sortie *f* (des employés, etc.). **Quitting time,** l'heure *f* de la sortie des ateliers.

quitch(-grass) ['kwitʃ(grɑːs)], *s. Bot:* Chiendent *m*.

quitclaim[1] ['kwitkleim], *s. Jur:* Acte *m* de renonciation (à un droit, etc.).

quitclaim[2], *v.tr. Jur:* Renoncer à, abandonner (un droit, une possession).

quite [kwait], *adv.* **1.** (*Entirely*) Tout à fait; entièrement, complètement. *Q. new,* tout nouveau. *Q. finished,* tout à fait fini. *Q. covered,* entièrement couvert. *Q. recovered,* complètement rétabli. **Quite the best** *story of the kind,* sans exception la meilleure histoire de ce genre. *It is q. five days ago,* il y a bien cinq jours de cela. **Quite as much,** tout autant. **Quite enough,** bien assez. *It is q. enough to have forgiven you once,* c'est déjà assez de vous avoir pardonné une fois. **Quite right,** très bien; (*of sum*) parfaitement juste; (*of clock*) bien à l'heure. *You are q. right,* vous avez bien raison, tout à fait raison. **Quite so!** *F:* **quite!** parfaitement! d'accord! vous l'avez dit! *Q. so, I did see him,* en effet, je l'ai vu. **Not quite,** pas tout à fait. *I do not q. know what he will do,* je ne sais pas trop ce qu'il fera. *I q. see that . . .,* je vois bien que. . . . *I q. understand,* j'ai bien compris; je me rends parfaitement compte. *In q. another tone,* sur un tout autre ton. **2.** (*Really, truly*) *They are q. young,* ils sont tout jeunes, elles sont toutes jeunes. *She is q. happy,* elle est tout à fait heureuse. *It is q. interesting,* cela ne manque pas d'intérêt. *Q. a miracle,* un véritable miracle. *Q. a beauty,* une vraie beauté. *His story is q. a romance,* son histoire *f* est tout un roman. *It was q. a surprise,* ce fut une véritable surprise. *Q. a number of people,* un assez grand nombre de personnes. *I q. like him,* je l'aime bien. *I q. believe that . . .,* je crois bien que . . .; je veux bien croire que. . . .

quits [kwits], *pred.a.* Quitte(s). **To be quits,** être quittes. **To cry quits,** demander l'aman. *We'll cry q.! now we're q.!* nous voilà quittes! nous voilà quitte à quitte! *I am q. with you,* nous sommes quittes. *I'll be q. with him yet,* je lui rendrai la pareille; il me le paiera. *See also* DOUBLE[1] III. 1.

quittance ['kwit(ə)ns], *s.* **1.** Quittance *f*, décharge *f*, acquit *m*, reçu *m*. **2.** *A:* Récompense *f* ou représailles *fpl*; revanche *f*.

quitter[1] ['kwitər], *s. U.S: F:* Tire-au-flanc *m inv*; lâcheur, -euse. *France is no q.,* la France n'est pas une lâcheuse.

quitter[2], *s. Vet: A:* Javart *m*.

quiver[1] ['kwivər], *s.* Carquois *m*. *F:* **To have an arrow, a shaft, left in one's quiver,** n'être pas à bout de ressources. **To have one's quiver full,** avoir beaucoup d'enfants, une nombreuse famille.

quiver[2], *s.* Tremblement *m*; (i) frisson *m*; (ii) frémissement *m*; (iii) palpitation *f*. *With a q. in his voice,* d'une voix frémissante, mal assurée. *A q. went through him,* il frémit par tout son corps. *Q. of the eyelid,* battement *m* de paupière. *A last q. of the heart,* une dernière palpitation du cœur.

quiver[3]. **1.** *v.i.* (*Of pers.*) Trembler, frémir, tressaillir, frissonner; (*of leaves, lips*) trembler; (*of voice, light*) trembloter; (*of flesh*) palpiter. *The strings q.,* les cordes *f* frémissent. *To q. with fear, with impatience,* frémir de crainte, d'impatience. *Voice quivering with emotion,* voix vibrante d'émotion. *I felt the earth q.,* je sentis trembler la terre. **2.** *v.tr.* (*Of bird*) **To quiver its wings,** agiter ses ailes.

quivering[1], *a.* Tremblant, frissonnant, frémissant, tressaillant, palpitant. *Flesh still q.,* chair encore pantelante. **-ly,** *adv.* En tremblant; avec un frémissement.

quivering[2], *s.* Tremblement *m*, frémissement *m*, tressaillement *m*, frissonnement *m*, palpitation *f*. *Q. of the eyelids,* battement *m* de paupières.

quivered ['kwivərd], *a.* Armé, muni, d'un carquois.

quiverful ['kwivərful], *s.* Carquois plein; plein carquois (de flèches). *F: Q. of children,* nombreuse famille.

qui vive ['kiː'viːv], *s. Used in the phr.* **To be on the qui vive,** être sur le qui-vive.

Quixote (Don) [dɔn'kwiksot]. *Pr.n.m. Span.Lit:* Don Quichotte.

quixotic [kwik'sɔtik], *a.* De Don Quichotte. (*a*) Exalté, visionnaire. (*b*) Par trop chevaleresque. **-ally,** *adv.* En Don Quichotte.

quixotism ['kwiksotizm], **quixotry** ['kwiksotri], *s.* (Don)quichottisme *m*.

quiz[1] [kwiz], *s.* **1.** Mystification *f*, plaisanterie *f*, farce *f*, attrape *f*. **2.** *A:* (*a*) Personne *f* ridicule; une drôle de figure; original *m*. (*b*) Railleur, -euse; persifleur, -euse; gouailleur, -euse.

quiz², *v.tr.* (**quizzed; quizzing**) **1.** Railler, persifler (qn). **2.** (*a*) Lorgner, reluquer (qn). (*b*) Regarder (qn) d'un air narquois.
quizzing¹, *a.* Railleur, -euse; persifleur, -euse.
quizzing², *s.* **1.** Raillerie *f*, persiflage *m*. **2.** Lorgnerie *f*.
'quizzing-glass, *s.* *A:* **1.** Lorgnon *m*; face-à-main *m*, *pl.* faces-à-main. **2.** Monocle *m*.
quiz³, *s.* *Sch:* *U.S:* *F:* Examen oral; colle *f*.
quiz⁴, *v.tr.* *U.S:* **1.** (*Of coach*) Poser des colles à (la classe). **2.** Faire passer l'oral à (un candidat).
quizzical ['kwizik(ə)l], *a.* **1.** Risible, cocasse. **2.** Railleur, -euse, plaisant. **3.** *U.S:* A l'esprit critique.
quod¹ [kwɔd], *s.* *P:* Prison *f*, boîte *f*, bloc *m*, ballon *m*. **In quod**, en prison; au bloc; en cage; sous les verrous; "à l'ombre."
quod², *v.tr.* (**quodded; quodding**) *P:* Mettre (qn) en prison; fourrer (qn) au bloc; mettre (qn) à l'ombre.
quoin¹ [kɔin], *s.* **1.** *Const:* Pierre *f* d'angle; coin *m* (de mur); encoignure *f*. **Rectangular quoin**, angle *m* (de mur) rectangulaire. **Obtuse quoin**, angle obtus. **Squint quoin**, angle aigu. *See also* STEP¹ 4. **2.** (*a*) *Mec.E:* Coin (pour caler). *Artil:* Coussin *m*; coin de mire. *Typ:* Coin, cale *f*. (*b*) *Arch:* *A:* Voussoir *m*, vousseau *m*, claveau *m*.
'quoin-post, *s.* *Hyd.E:* Poteau-tourillon, *pl.* poteaux-tourillons (d'une porte d'écluse).
'quoin-stone, *s.* *Const:* Pierre *f* d'angle, d'arête.
quoin², *v.tr.* Caler, coincer. **To quoin up**, soulever avec des cales, avec une cale.
quoining, *s.* Calage *m*, coinçage *m*.
quoit [kɔit], *s.* *Games:* Palet *m*. **To play (at) quoits**, jouer au palet.
quondam ['kwɔndam], *a.* Ci-devant, ancien, d'autrefois. *Q. manager*, ancien gérant. *My q. friends*, mes amis *m* d'autrefois, de jadis.
quorum ['kwɔːrəm], *s.* Quorum *m*; quantum *m*; nombre suffisant; nombre voulu. **To form, have, a quorum**, être en nombre; constituer un quorum.
quota ['kwoutə], *s.* (*a*) Quote-part *f*, *pl.* quotes-parts; quotité *f*; cotisation *f*. **To contribute one's quota**, payer, apporter, sa quote-part. *Adm:* **Taxable quota**, quotité imposable. (*b*) Contingent *m*. *Full q. of troops, of immigrants*, plein contingent de troupes, d'immigrants. (*c*) **Electoral quota**, quotient électoral. (*d*) *Cin:* *etc:* Taux *m* de contingentement (des films, etc.). **Quota system** (*of distribution*), contingentement *m*. **To apportion, fix, quotas for an import**, contingenter une importation; déterminer les contingents d'importation. *Application of the q. to the British film industry*, contingentement des films cinématographiques dans l'industrie britannique.
quotable ['kwoutəbl], *a.* **1.** Citable. **2.** *St.Exch:* Cotable.
quotation [kwo'teiʃ(ə)n], *s.* **1.** Citation (empruntée à un auteur, etc.). **2.** (*a*) *Com:* *St.Exch:* Cotation *f*, cote *f*, cours *m*, prix *m*. **The latest quotations**, les derniers cours faits. *Actual quotations*, cours effectifs; prix effectifs cotés. **Stock admitted to quotation**, valeurs admises à la cote officielle. (*b*) *Ind:* **Quotation for plant**, prix pour matériel. **3.** *Typ:* **Quotation(-quadrat)**, cadrat creux.
quo'tation-marks, *s.pl.* *Typ:* Guillemets *m*. *To put in the q.-m. at the beginning, at the end, of a passage*, ouvrir les guillemets; fermer les guillemets. **To put a word, a passage, in quotation-marks**, guillemeter un mot, un passage.
quote¹ [kwout], *s.* *F:* **1.** = QUOTATION. **2.** *pl.* **Quotes** = QUOTATION-MARKS.
quote², *v.tr.* **1.** (*a*) Citer (un auteur, un passage). *Abs.* **To quote from an author, from a book**, tirer une citation, des citations, d'un auteur, d'un livre. *Author quoted above*, auteur cité. *A book to be quoted from*, un livre riche en citations. (*b*) Alléguer, citer (une autorité, une preuve). *To q. an instance of sth.*, fournir un exemple de qch. *To q. s.o. as an example*, citer qn pour, en, exemple. *See also* AUTHORITY 3. (*c*) *Adm:* *Com:* **In reply please quote this number**, prière de rappeler ce numéro. **2.** (*a*) *Com:* Établir, faire (un prix). **To quote s.o. a price for sth.**, fixer à qn un prix pour qch. *This is the best price I can q. you*, il m'est impossible de vous faire un meilleur prix. (*b*) *St.Exch:* Coter (une valeur). **Shares quoted at 45/-**, actions *f* qui se cotent à 45 shillings. *These shares are not quoted on 'Change*, ces actions ne se cotent pas à la Bourse. **Stock officially quoted**, valeur admise à la cote officielle. **3.** *Typ:* *etc:* Guillemeter (un mot, un passage). **Words quoted**, mots entre guillemets.
quoteworthy ['kwoutwəːrði], *a.* Digne d'être cité.
quoth [kwouθ], *v.tr. def.* (*Found only in p.t. with sbs. and prons. of 1st and 3rd pers., with inversion*) *A:* *'No,'* **quoth I**, "non," dis-je. *'Very well,'* **quoth Henry**, "très bien," dit, fit, Henri.
quotha ['kwouθə], *int.* *A:* (= *quoth he*) **1.** Dit-il; *F:* qu'il dit. **2.** Vraiment.
quotidian [kwo'tidiən]. **1.** *a.* (*a*) Quotidien, journalier. (*b*) Banal, -aux; de tous les jours. **2.** *s.* *Med:* Fièvre quotidienne.
quotient ['kwouʃ(ə)nt], *s.* *Mth:* Quotient *m*.
quotity ['kwɔtiti], *s.* Quotité *f*.
quotum ['kwoutəm], *s.* = QUOTA.

R, r [ɑːr], *s.* (La lettre) R, r *f.* *Point r, dental r,* r cacuminale. *Uvular r,* r vélaire. *Strongly marked r (in speech),* grasseyement *m.* *Tp:* **R for Robert,** R comme Robert. *F:* **The r months,** les mois en r (septembre à avril), où les huîtres sont de saison. *F:* **The three R's** (*viz: Reading, (w)Riting and (a)Rithmetic*), l'enseignement *m* primaire (la lecture, l'écriture et l'arithmétique). *See also* ROLL[2] I. 3.

rabat(te) [ra'bat], *v.tr.* *Geom:* Rabattre (un plan).

rabbet[1] ['rabet], *s.* **1.** *Carp:* *N.Arch:* Feuillure *f*, rainure *f*, râblure *f*; (*at junction of double doors or windows*) battant *m.* *See also* PLANE[4] 1. **2.** *Metall: etc:* Rabat *m* (de marteau-pilon).

'rabbet-iron, *s.* *Tls:* *Carp:* Fer *m* de guillaume.

'rabbet-joint, *s.* *Carp:* Assemblage *m* à feuillure.

rabbet[2], *v.tr.* (*a*) Faire une feuillure, une rainure, à (une planche, etc.); feuiller. (*b*) Assembler (deux planches) à feuillure.

rabbeted, *a.* **Rabbeted joint,** assemblage *m* à feuillure; anglet *m.*

rabbeting, *s.* Assemblage *m* à feuillure, à encastrement. *See also* PLANE[4] 1.

rabbi ['rabai], *s.* *Jew.Rel:* Rabbin *m*; (*as voc. case and as title*) rabbi *m.* **Chief rabbi,** grand rabbin.

rabbinical [ra'binik(ə)l], *a.* Rabbinique.

rabbinics [ra'biniks], *s.pl.* Études *f* rabbiniques.

rabbinism ['rabinizm], *s.* Rabbinisme *m.*

rabbinist ['rabinist], *s.* Rabbiniste *m.*

rabbins ['rabinz], *s.pl.* *Jew.Rel:* Rabbins *m.*

rabbit[1] ['rabit], *s.* **1.** Lapin *m.* **Buck rabbit,** lapin mâle. **Doe rabbit,** lapine *f.* *Young r.,* lapereau *m.* *Tame r.,* lapin domestique, (lapin de) clapier *m*; *F:* lapin de choux. *Wild r.,* lapin de garenne. *Thicket r.,* lapin buissonnier. *See also* SAGE-RABBIT, TIMID. **2.** *Cu:* (*a*) **Stewed rabbit,** gibelotte *f* de lapin. (*b*) **Welsh rabbit,** fondue *f* au fromage sur canapé; rôtie de pain dorée au fromage; rôtie à l'anglaise. **3.** *F:* (*a*) Poltron *m.* (*b*) *Sp:* Mazette *f*; novice *mf.*

'rabbit-breeding, *s.* Cuniculture *f.*

'rabbit-faced, *a.* *F:* A profil de lapin.

'rabbit-farm, *s.* Élevage *m* de lapins.

'rabbit-farmer, *s.* Cuniculteur *m.*

'rabbit-hearted, *a.* Poltron.

'rabbit-hole, *s.* Terrier *m* de lapin; halot *m.*

'rabbit-hutch, *s.* Cabane *f*, cage *f*, à lapins; clapier *m*; lapinière *f.*

'rabbit-punch, *s.* *Box:* Coup *m* sur la nuque.

'rabbit-warren, *s.* Garenne *f*, lapinière *f*, clapier *m.*

rabbit[2], *v.i.* (**rabbited; rabbiting**) Faire la chasse au lapin; chasser le lapin.

rabbiting, *s.* Chasse *f* au lapin.

rabbit[3], *v.tr.* *P:* *A:* **(Odd) rabbit it!** nom d'un nom! **(Odd) rabbit him!** que le diable l'emporte!

rabbiter ['rabitər], *s.* Chasseur *m* de lapins.

rabbitry ['rabitri], *s.* **1.** Lapinière *f.* **2.** *Sp:* *F:* Jeu *m* de novice.

rabbity ['rabiti], *a.* **1.** (Goût *m*, etc.) de lapin. **2.** *F:* (*a*) (Jeune homme) (i) malingre; (ii) timide. (*b*) *Sp:* (Jeu *m*, style *m*) de novice.

rabble[1] [rabl], *s.* **1.** Cohue *f*; foule (confuse, en désordre); tourbe *f.* **2.** **The rabble,** la populace, la canaille, la racaille.

rabble[2], *s.* *Tls:* *Metall:* Crochet *m*, ringard *m*, râble *m.*

rabble[3], *v.tr.* *Metall:* Brasser, ringarder (le fer puddlé).

rabbling, *s.* Brassage *m.*

rabbler ['rablər], *s.* = RABBLE[2].

Rabelaisian [rabə'leiziən], *a.* Rabelaisien, de Rabelais.

Rabelaisianism [rabə'leiziənizm], *s.* Rabelaiserie *f.*

rabic ['rabik], *a.* *Med:* Rabique.

rabid ['rabid], *a.* **1.** (*a*) Furieux, féroce. *R. hate,* haine *f* farouche. *To be a r. enemy of s.o.,* être acharné contre, après, qn. *R. disease,* maladie virulente. *R. hunger,* faim dévorante. (*b*) (Démagogue, etc.) outrancier, à outrance. *To be r. on a subject,* être violent sur un sujet. *He had become a r. free-trader,* il s'était féru du libre-échange; il était devenu un libre-échangiste enragé. **2.** *Vet:* (*a*) (Chien) enragé. (*b*) **Rabid virus,** virus *m* rabique. **-ly,** *adv.* Furieusement, violemment.

rabidness ['rabidnəs], *s.* **1.** Violence *f* (des passions, des opinions). **2.** Rage *f* (d'un animal).

rabies ['reibiiːz], *s.* *Med:* Rage *f*, hydrophobie *f.* **Mute rabies, dumb rabies,** rage mue.

raccoon [ra'kuːn], *s.* = RACOON.

race[1] [reis], *s.* **1.** (*In sea, river*) Raz *m*, ras *m*, de courant. *See also* TIDE-RACE. **2.** (*a*) Cours *m*, course *f* (du soleil). (*b*) Carrière *f* (de qn). **His race is run,** il est arrivé au terme de sa vie. **3.** (*a*) *Hyd.E:* Canal *m*, rigole *f*, bief *m.* *See also* HEAD-RACE, MILL-RACE, TAIL-RACE. (*b*) *Mch:* **Fly-wheel race,** puits *m*, fosse *f*, du volant. **4.** (*a*) *Mec.E:* **(Ball-)race,** voie *f* de roulement; chemin *m*, bague *f*, de roulement; cuvette *f.* **Wheel-race,** cage *f* de roue. (*b*) *Tex:* **Shuttle-race,** course de la navette. **5.** *Sp:* Course (de personnes, de chevaux, de bateaux, etc.); course, match *m* (d'aviron). **To run a race,** prendre part à une course; disputer une course; lutter à la course. *He ran a race with the fox,* il lutta de vitesse avec le renard. *Three hundred yards r.,* course sur trois cents yards. **Road race,** course sur route. **Long-distance race,** course de (grand) fond; marathon *m.* *Medium-distance r.,* course de demi-fond. **Foot race,** course à pied. **Air race,** course d'avions. **Horse race,** course de chevaux. **Bicycle race,** course de bicyclettes. **'No race,'** "course nulle." *Turf:* **To go to the races,** aller aux courses. **To ride in races,** monter en course. **Point-to-point race,** course au clocher. *See also* BOAT-RACE, BUMPING-RACE, FLAT[2] I. 1, HURDLE-RACE, PULLING 1, TIME[1] 1.

'race-card, *s.* *Turf:* Programme *m* des courses.

'race-course, *s.* Terrain *m*, champ *m*, de courses; piste *f*; hippodrome *m*; *F:* turf *m.*

'race-goer, *s.* Turfiste *m*; habitué, -ée, du turf; *F:* pelousard, -arde.

'race-horse, *s.* Cheval *m*, -aux, de course; coureur *m.*

'race-meeting, *s.* Concours *m* hippique; réunion *f* de courses.

'race-track, *s.* = *racing-track, q.v. under* RACING[2] 1.

'race-trough, *s.* Coulisseau *m* (pour chargement de voitures, etc.).

race[2]. **1.** *v.i.* (*a*) Lutter de vitesse, faire une course (*with*, avec). (*b*) Courir à toute vitesse; galoper. **To race along,** aller grand train; filer à toute vitesse. *To r. over the ground,* parcourir le terrain au grand galop. *To r. down the street,* dévaler la rue à toute vitesse. *To r. past a competitor,* brûler, griller, un concurrent. *The stream races down the valley,* le ruisseau fuit dans la vallée; le ruisseau dévale. *Their pens raced over the paper,* leurs plumes couraient sur le papier. (*c*) (*Of engine*) S'emballer, s'emporter; (*of propeller*) s'affoler. (*d*) (*Of pulse*) Battre la fièvre; être fréquent. **2.** *v.tr.* (*a*) Lutter de vitesse avec (qn). **I'll race you!** la course à deux! *I'll r. you home!* au premier arrivé de nous deux à la maison! *Abs.* **To race,** faire de l'hippisme; monter en course. *Sp:* *Aut:* **To race for a firm,** courir pour une maison. (*b*) Faire courir (un cheval); *abs.* faire courir. *He used to r. his camel against our horses,* il engageait des luttes de vitesse entre son méhari et nos chevaux; il faisait lutter de vitesse son méhari et nos chevaux. *F:* **He used to race me off my feet,** il me faisait courir, trotter, à un train que je ne pouvais soutenir. (*c*) *I.C.E:* *etc:* **To race the engine** (*without a load*), emballer le moteur (à vide). (*d*) **To race away a fortune,** perdre une fortune aux courses. (*e*) **To race s.o. through a country,** faire parcourir un pays à qn à toute vitesse, en brûlant les étapes. *F:* **To race a bill through the House,** faire voter une loi au grand galop.

race about, *v.i.* Parcourir le pays, la ville, la maison, au grand galop.

'race-about, *s.* Yacht *m* de course.

racing[1], *a.* **1.** Qui court vite; (*of engine*) emballé; (*of propeller*) affolé; (*of pulse*) précipité, fréquent. **2.** *Turf:* (*Of pers.*) Qui fait courir.

racing[2], *s.* **1.** Courses *fpl*; lutte *f* à la course. **Foot racing,** la course à pied. **Road racing,** courses sur route. **Boat racing,** courses d'aviron, de bateaux. **Horse racing,** les courses (de chevaux); l'hippisme *m.* **Racing people,** le monde des courses. **Racing stable,** écurie *f* de courses. **To keep a racing stable, a racing stud,** faire courir. **Racing yacht,** yacht *m* de course. **Racing bicycle,** machine *f* de course, de piste. **Racing car,** automobile *f* de course. **Racing-path, -track,** piste *f* (de vitesse). *See also* FLAT[2] I. 1, TRACK[1] 4. **2.** Emballement *m* (d'un moteur); affolement *m* (d'une hélice).

race[3], *s.* Race *f.* **1.** *The Mongolian r.,* la race mongole. **Race-feeling,** conscience *f* de race. **Race-conflict,** guerre *f* de races. **The human race,** la race humaine. *F:* **The feathered race,** la race ailée; *Hum:* la gent ailée. *The present r. of poets,* les poètes *m* de la génération actuelle. **2.** (*a*) Descendance *f.* *To be of Jewish r.,* être de race juive. *Of noble r.,* de sang noble. (*Of horse, dog, etc.*) **True to race,** fortement racé. (*b*) Lignée *f.* *A long r. of seafaring men,* une longue lignée de marins.

race[4], *s.* Racine *f* (de gingembre).

race-knife ['reisnaif], *s.* *Tls:* *Leath: etc:* Rénette *f.*

raceme [ra'siːm], *s.* *Bot:* Racème *m*, grappe *f.*

racemic [ra'semik, -'siːmik], *a.* *Ch:* Racémique. **Racemic compound,** racémique *m.*

racemism ['rasimizm], *s.* *Ch:* Racémie *f.*

racemose ['rasimous], *a.* *Bot:* Racémeux.

racer ['reisər], *s.* **1.** (*Pers.*) Coureur, -euse. **Road racer,** *Cy:* routier *m*; *Aut:* coureur, racer *m.* **2.** (*a*) Cheval *m*, -aux, de course. (*b*) Bicyclette *f*, automobile *f*, motocyclette *f*, de course; machine *f* de piste. (*c*) Avion *m*, yacht *m*, de course. *See also* PATH-RACER. **3.** *Artil:* *Navy:* Circulaire *f* (pour affût de canon). **Emplacement racer,** épi *m* courbe (d'artillerie lourde sur rails).

raceway ['reiswei], *s.* *U.S:* **1.** = RACE[1] 3. **2.** *El.E:* Caniveau *m* guide-fils; tube *m* guide-fils.

Rachel ['reitʃel]. *Pr.n.f.* Rachel.

rachidian [ra'kidiən], *a.* *Nat.Hist:* Rachidien.

rachis, *pl.* **-ides** ['reikis, -idi:z], *s. Nat.Hist:* Rachis *m.*

rachitic [ra'kitik], *a. Med:* Rachitique.

rachitis [ra'kaitis], *s. Med: Bot:* Rachitisme *m.*

racial ['reiʃ(ə)l]. **1.** *a.* De (la) race. *R. minorities,* minorités *f* de race. **2.** *s.* Membre *m* d'une race (particulière). **Their religion is confined to their own racials,** leur religion est limitée aux membres de leur race. **-ally,** *adv.* Au, du, point de vue de la race.

racialism ['reiʃjəlizm], *s.* Racisme *m.*

racialist ['reiʃjəlist], *s.* Raciste *mf.*

racily ['reisili], *adv. See* RACY.

raciness ['reisinəs], *s.* **1.** (*Of wine, fruit*) Goût *m* de terroir; (*of wine*) bouquet *m.* **2.** (*Of writing, style*) Piquant *m,* verve *f.*

rack[1] [rak], *s.* **(Cloud-)rack,** légers nuages chassés par le vent; diablotins *mpl*; cumulus *m.*

rack[2], *s. Only in the phr.* **To go to rack and ruin,** aller à la ruine; tomber en ruine; (s'en) aller à vau-l'eau; (*of house, etc.*) se délabrer.

rack[3], *s.* **1.** (*a*) *Husb:* Râtelier *m* (d'écurie ou d'étable). *F:* **To live at rack and manger,** vivre dans l'abondance. (*b*) **Arm-rack,** râtelier aux armes, râtelier d'armes. **Tool-rack,** porte-outils *m inv.* **Paper-rack, music-rack,** classeur *m* à papiers, à musique. **Hat-and-coat rack,** porte-habits *m inv,* portemanteau *m,* vestiaire *m.* **Fruit-drying rack,** claie *f,* clayette *f.* **Bicycle-rack,** soutien-vélos *m inv. Av:* **Bomb rack,** lance-bombes *m inv. Ch:* **Test-tube rack,** support *m* d'éprouvettes. *Rail:* **Luggage rack,** porte-bagages *m inv*; porte-paquet(s) *m inv*; filet *m* (à bagages). *Nau:* **Bucket rack,** râtelier à seaux. *See also* BAG-RACK, BOTTLE-RACK, DRAINING-RACK, GLASS-RACK, KEY-RACK, LETTER-RACK, PIPE-RACK, PLATE-RACK, TOAST-RACK. (*c*) *Ind: etc:* Étagère *f,* casier *m.* (*d*) *Mch:* Grille *f* (de turbine). (*e*) *Veh:* Ridelle *f* (de charrette). **2.** *Mec.E:* Crémaillère *f.* **Segmental rack,** arc denté. **Rack and pinion,** crémaillère (et pignon). **Rack(-and-pinion) gearing,** engrenage *m* à crémaillère. *Phot:* **Rack adjustment,** monture *f* à crémaillère. **Focusing rack,** crémaillère de mise au point. *Navy:* **Training rack,** circulaire *f* de pointage. *See also* JACK[1] III. 2, LADDER[1] 1, SEGMENT-RACK. **3.** *U.S:* **To come up to the rack,** (i) supporter les conséquences de son action; (ii) prendre sa part du fardeau; y mettre du sien.

'rack-bar, *s. Mec.E:* Crémaillère *f.*

'rack-rail, *s. Rail:* Crémaillère *f.*

'rack-'railway, *s.* Chemin *m* de fer à crémaillère.

'rack-wheel, *s.* Roue dentée; roue à dents.

'rack-work, *s.* Mécanisme *m* à crémaillère.

rack[4], *v.tr.* **1.** *Husb:* **To rack up a horse,** (i) remplir le râtelier pour un cheval; (ii) attacher un cheval au râtelier. **2.** *Mec.E: etc:* Déplacer (le chariot d'un pont roulant, etc.) au moyen de la crémaillère. *Phot:* **Rack-out extension,** tirage *m* à crémaillère (d'un appareil). **3.** Mettre (le fruit, etc.) sur les claies, sur les clayettes.

rack[5], *s.* (*a*) *Hist:* Chevalet *m* (de torture). *To put, submit, s.o. to the r.,* appliquer la question à qn; mettre qn à la torture, à la question. (*b*) *F:* **To be on the rack,** être à la torture; être dans les tourments; être au supplice; être sur des charbons ardents. *Mind on the r.,* esprit *m* à la torture. *Nerves on the r.,* nerfs tordus. **To keep s.o. on the rack,** faire mourir qn à petit feu.

rack[6], *v.tr.* **1.** (*a*) *Hist:* Faire subir le supplice du chevalet à (qn). (*b*) *F:* (*Of disease, pain, etc.*) Tourmenter, torturer (qn); faire souffrir le martyre à (qn); mettre (qn) à la torture. *The cough seemed to r. his whole frame,* la toux semblait le secouer tout entier. *Racked by remorse,* tenaillé par le remords. **To rack a machine to pieces,** tourmenter, détraquer, une machine. *The sea racked the ship,* le navire était tourmenté par la mer. *See. also* BRAIN[1] 2. **2.** (*a*) Extorquer (un loyer); pressurer (un locataire); imposer un loyer exorbitant à (un locataire). (*b*) Épuiser (le sol, etc.). **3.** *Leath:* Étirer (les peaux).

rack down, *v.tr.* = RACK-LASH.

racking[1], *a.* **1.** (*Of pain, etc.*) Atroce, déchirant. *R. headache,* mal de tête fou. *R. toothache,* rage *f* de dents. *See also* NERVE-RACKING, SHOT[1] 1. **2.** (Impôt, loyer) exorbitant.

racking[2], *s.* **1.** *Hist:* Supplice *m* du chevalet. **2.** *Leath:* Étirage *m* (des peaux).

'rack(ing)-stick, *s.* Tordoir *m,* tortoir *m,* garrot *m*; bille *f* de brêlage; billot *m* de brêlage; varoque *f*; moulinet *m.*

'rack-lash, *v.tr. Mil.E: etc:* Guinder, brêler (les planches d'un pont); brider (une charge).

'rack-lashing, *s.* Guindage *m* (d'un pont de bateaux); brêlage *m.*

'rack-rent, *s.* Loyer excessif, exorbitant; loyer porté au maximum.

'rack-renter, *s.* **1.** Propriétaire *mf* qui extorque des loyers exorbitants. **2.** Locataire *mf* qui paye un loyer exorbitant.

rack[7], *s.* = ARRACK.

'rack-punch, *s.* Punch *m* à l'arack.

rack[8], *s. Equit:* Traquenard *m*; amble rompu.

rack[9], *v.i.* (*Of horse*) Aller le traquenard; traquenarder.

racking[3], *a. R. gait, r. pace,* amble rompu; traquenard *m. R. horse,* traquenard.

rack[10], *v.tr.* **To rack (off) wine, cider,** soutirer le vin, le cidre (pour le séparer du marc).

racking[4], *s.* Soutirage *m.*

rack[11], *v.tr. Nau:* Genoper, brider (deux cordages).

racking[5], *s.* Genope *f,* bridure *f. See also* SEIZING 2.

racker[1] ['rakər], *s.* **1.** (*a*) *Hist:* Bourreau *m.* (*b*) *F:* **A real brain-racker,** un vrai casse-tête. **2.** *Leath:* Étireur, -euse (de peaux).

racker[2], *s. Equit:* Cheval *m* qui va le traquenard; traquenard *m.*

racket[1] ['raket], *s.* **1.** (*a*) Raquette *f* (de tennis, etc.). (*b*) *pl. Games:* **Rackets,** rackets *m. See also* SQUASH-RACKETS. **2.** Raquette (pour la marche sur la neige).

'racket-press, *s.* Presse-raquette *m, pl.* presse-raquettes.

racket[2], *s.* **1.** Fracas *m,* tapage *m,* vacarme *m,* tintamarre *m*; *P:* boucan *m*; chabanais *m.* **To kick up a racket,** faire du boucan; faire les cent (dix-neuf) coups. *To kick up no end of a r., an infernal r.,* faire un bruit infernal; faire un charivari, un bacchanal, un sabbat, de tous les diables. **To stand the racket,** (i) subir les conséquences; payer les pots cassés; (ii) affronter la critique, la tempête; (iii) subvenir aux dépenses. *I'll have to stand the r.,* tout ça retombera sur moi. *The new manager won't be able to stand the r.,* le nouveau gérant ne tiendra pas le coup. **2.** Gaieté sociale; dissipation *f*; vie mouvementée. **To go on the racket,** (i) s'adonner au plaisir; (ii) faire la bombe; tirer une bordée. **To be on the racket,** être en bombe, en bordée. **3.** *P:* (*a*) Métier *m,* genre *m* d'affaires, spécialité *f* (d'un escroc, d'un gangster). *The blackmail r.,* l'escroquerie *f* au chantage. (*b*) Entreprise *f* de gangsters; coup *m*; combine *f*; affaire véreuse. **The rum-racket,** l'organisation *f* pour la vente des spiritueux passés ou fabriqués en fraude. **Do you want to be in on this racket?** voulez-vous être de la bande? **The Stavisky racket,** l'affaire *f* Stavisky. (*c*) Supercherie *f.*

racket[3], *v.i.* **1.** **To racket (about),** faire du tapage, *P:* du boucan. **2.** Faire la vie, faire la noce; faire la bombe.

racketing[1], *a.* = RACKETY.

racketing[2], *s.* **1.** Fracas *m,* tapage *m*; *P:* boucan *m.* **2.** Dissipation *f.*

racketeer [rake'tiːər], *s.* **1.** Chambardeur *m,* noceur *m.* **2.** *U.S:* Gangster *m*; combinard *m.*

rackety ['raketi], *a.* **1.** Tapageur, bruyant; charivarique. **2.** Noceur, coureur; qui fait la vie. *To lead a r. life,* mener une vie de bâton de chaise; mener une vie de patachon, de fêtard; faire la noce, la bombe.

racking[6] ['rakiŋ], *s. Const:* Empattement *m* (de mur) à gradins.

raconteur, -euse [rakɔn'təːr, -əːz], *s.* (*Entertainer*) Raconteur, -euse; diseur, -euse.

racoon [ra'kuːn], *s. Z:* Raton laveur. **Crab-eating racoon,** crabier *m.*

racquet ['raket], *s.* = RACKET[1].

racy ['reisi], *a.* **1.** (Vin) qui a de la race. **To be racy of the soil,** sentir le terroir. **2.** (*a*) **Racy anecdote,** (i) anecdote savoureuse; (ii) *U.S:* anecdote corsée. (*b*) (*Of pers., etc.*) Vif, piquant, plein de verve. **Racy style,** (i) style plein de verve, de mouvement; (ii) style de terroir. **3.** (Animal *m*) de race. **-ily,** *adv.* D'une façon piquante; avec verve.

rad [rad], *s. Pol: F:* Radical *m. The rads,* les radicaux.

raddle[1] [radl], *s.* Ocre *f* rouge.

raddle[2], *v.tr.* (*a*) Peindre ou marquer à l'ocre. (*b*) Farder (grossièrement) (le visage). **Raddled face,** visage fardé, au maquillage grossier.

radial[1] ['reidiəl]. **1.** *a.* (*a*) *Mec.E: Mth: etc:* Radial, -aux. *R. arm,* bras radial. *R. wires,* câbles radiaux. *R. stones of a well,* pierres radiales d'un puits. *R. drilling-machine,* machine à percer radiale. *R. spoke,* rayon droit (de roue de bicyclette, etc.). *I.C.E:* **Radial engine,** moteur *m* en étoile. *Veh:* **Radial axle,** essieu pivotant, à déplacement radial. *Rail:* **Radial truck,** bog(g)ie *m. Mec:* **Radial force,** force *f* centrifuge. (*b*) *Anat:* Radial; du radius. **2.** *s. Anat:* (Muscle ou nerf) radial *m*; (veine ou artère) radiale *f.* **-ally,** *adv.* Radialement.

radial[2], *a. Med:* Du radium; radique.

radialized ['reidiəlaːizd], *a.* Arrangé radialement; arrangé en étoile; radiaire.

radian ['reidiən], *s. Mth:* Radian(t) *m.*

radiance ['reidjəns], *s.* **1.** Rayonnement *m,* éclat *m,* splendeur *f,* lustre *m. In the full r. of her beauty,* dans tout l'éclat de sa beauté. **2.** *Ph:* Rayonnement, radiation *f,* radiance *f.* **3.** **Radiance of glory,** auréole *f* de gloire.

radiancy ['reidjənsi], *s. Lit: Poet:* = RADIANCE 1.

radiant ['reidjənt]. **1.** *a.* (*a*) Radiant, rayonnant. **Radiant heat,** *Ph:* chaleur radiante, chaleur rayonnante; *Med:* chaleur radiante. *See also* IMPERVIOUS. **Radiant energy,** énergie *f* de rayonnement. **Radiant point,** point radiant. (*b*) (Soleil, visage, etc.) radieux. *He was r. with joy,* il rayonnait de joie. *Face r. with smiles,* visage souriant et radieux. *R. with youth,* brillant de jeunesse. *R. joy, eyes,* joie rayonnante; yeux rayonnants de joie. (*c*) *Bot:* (Stigmate, etc.) rayonnant. (*d*) *Her:* Rayonné. **2.** *s.* (*a*) *Ph:* Point radiant; foyer lumineux; foyer de rayonnement. (*b*) *Astr:* Radiant *m.* **-ly,** *adv.* D'un air radieux.

radiary ['reidiəri], *s. Z:* Radiaire *m.*

radiata [reidi'eita], *s.pl. Z: A:* Radiaires *m,* rayonnés *m.*

radiate[1] ['reidiet], *a.* **1.** *Nat.Hist: etc:* Radié, rayonné. **2.** *Her:* **Radiate crown,** couronne rayonnée, à l'antique.

radiate[2] ['reidieit]. **1.** *v.i.* Rayonner, irradier. (*a*) Jeter, émettre, des rayons. *The heat that radiates from the sun,* la chaleur qui irradie du soleil. *Happiness radiates from her eyes,* ses yeux sont rayonnants de bonheur; le bonheur brille dans ses yeux. (*b*) (*Of lines, roads, etc.*) Partir d'un même centre. *Six avenues r. from the square,* six avenues rayonnent, forment une étoile, autour de la place. **2.** *v.tr.* (*a*) Émettre, radier, dégager (de la chaleur, de la lumière). *F:* *Orator who radiates enthusiasm,* orateur *m* qui dégage l'enthousiasme. *She radiates happiness wherever she goes,* elle répand le bonheur partout où elle va. (*b*) *W.Tel:* Émettre, (radio)diffuser, transmettre (un programme).

radiated, *a.* = RADIATE[1].

radiating[1], *a.* **1.** Radiant, rayonnant. **Radiating surface** (*of cooler*), surface *f* de refroidissement. **2.** Radié, rayonné, rayonnant, radiaire. *Bot:* *R. umbel,* ombelle rayonnante.

radiating[2], *s.* Radiation *f,* rayonnement *m.* **Radiating capacity,** pouvoir radiant, pouvoir rayonnant (d'une source de lumière, etc.).

radiation [reidi'eiʃ(ə)n], *s.* **1.** Irradiation *f*; rayonnement *m. R. of light,* rayonnement lumineux. **2.** (*Of radium, etc.*) Radiation *f. To emit radiations,* émettre des radiations.

radiator ['reidieitər], *s.* **1.** (*a*) Radiateur *m* (pour chauffage). **Hot-water radiator,** radiateur à eau chaude. **Electric radiator,** radiateur électrique. (*b*) *I.C.E:* Radiateur, refroidisseur *m.*

Fan-cooled r., radiateur soufflé. *Aut:* **V-type radiator,** radiateur en coupe-vent. **Gilled radiator, ribbed radiator,** radiateur à ailettes. *R. hose-connection*, raccord *m* d'eau du radiateur. *See also* HONEYCOMB[1] 1, SHUTTER[1] 1. 2. *W.Tel:* Antenne *f* d'émission.
'radiator-'cap, *s. Aut:* Bouchon *m* du radiateur.
'radiator-'fender, *s. Aut:* Protège-radiateur *m inv.*
'radiator-'muff, *s. Aut:* Couvre-radiateur *m, pl.* couvre-radiateurs.

radical ['radik(ə)l]. 1. *a.* Radical, -aux. (*a*) *A r. error*, une erreur radicale. *To make a r. alteration in sth.*, changer qch. radicalement. *R. principle*, principe fondamental; principe premier. *R. diversity*, diversité radicale, foncière. (*b*) Aux idées avancées; (opinions) hardies. *Pol:* **The Radical party,** le parti radical; les Gauches *m.* (*c*) *Bot:* **Radical leaf,** feuille radicale. (*d*) *Ling:* **Radical word,** mot radical, primitif. **Radical letter,** lettre radicale. (*e*) *Mth:* **Radical sign,** signe radical; radical *m.* 2. *s.* (*a*) *Pol:* Radical, -ale. (*b*) *Ch: Ling: Mth:* Radical. **-ally,** *adv.* Radicalement, foncièrement, fondamentalement.

radicalism ['radikəlizm], *s. Pol:* Radicalisme *m.*

radicant ['radikənt], **radicating** ['radikeitiŋ], *a. Bot:* Radicant.

radication [radi'keiʃ(ə)n], *s. Bot:* Radication *f.*

radicle ['radikl], *s.* 1. *Bot:* (*a*) Radicule *f* (de l'embryon). (*b*) Radicelle *f*; petite racine. 2. *Ch:* Radical *m.*

radicular [ra'dikjulər], *a. Bot:* Radiculaire.

radiferous [ra'difərəs], *a.* Radifère.

radio[1] ['reidio], *s. F. & U.S:* 1. *W.Tel:* La télégraphie sans fil; *F:* la T.S.F.; la radio. **Radio station,** poste *m* radiotélégraphique ou radiotéléphonique. **Radio beacon,** radiophare *m.* **Radio waves,** ondes hertziennes radiotéléphoniques. **Radio set,** poste récepteur, poste de réception (de T.S.F.). **Radio installation,** installation *f* de T.S.F. **Radio play,** pièce *f* radiophonique. 2. (*Radio-telegram*) Radio *m.* 3. *Med:* (i) Radiographie *f*; (ii) radiologie *f.*

radio[2], *v.tr.* 1. = WIRELESS[2]. 2. *Med:* (*a*) Radiographier. (*b*) Traiter (qn) au radium.

radio- ['reidio, reidi'ɔ], *comb.fm.* Radio-. 1. *Anat:* *Radiohumeral*, radiohuméral. *Radiomuscular*, radiomusculaire. *Radiopalmar*, radiopalmaire. 2. (*a*) *Ph:* *Radiometer*, radiomètre. *Radio-telegraphy*, radiotélégraphie. (*b*) *Med:* *Radio-dermatitis*, radiodermite.

radio-active [reidio'aktiv], *a. Ph:* Radio-actif. *R.-a. matter*, matière rayonnante.

radio-activity [reidioak'tiviti], *s. Ph:* Radio-activité *f.*

radio-broadcasting [reidio'brɔːdkɑːstiŋ], *s. W.Tel:* Radio-diffusion *f.*

radio-carpal [reidio'kɑːrp(ə)l], *a. Anat:* Radio-carpien.

radio-chemistry [reidio'kemistri], *s.* Radio-chimie *f.*

radio-compass ['reidiokʌmpəs], *s. Av:* Radio-compas *m.*

radio-conductor [reidiokon'dʌktər], *s. W.Tel:* Radioconducteur *m*; cohéreur *m.*

radio-element [reidio'elemənt], *s. Ph:* Corps simple radio-actif.

radiogene ['reidiodʒiːn], *s. Med:* Appareil *m* radiogène.

radiogoniometer [reidiogouni'ɔmetər], *s. W.Tel:* Radiogoniomètre *m.*

radiogoniometric(al) [reidiogounio'metrik(əl)], *a. W.Tel:* Radiogoniométrique.

radiogoniometry [reidiogouni'ɔmetri], *s. W.Tel:* Radiogoniométrie *f.*

radiogram ['reidiogram], *s.* 1. *W.Tel:* Radiogramme *m.* 2. = RADIOGRAPH. 3. *F:* = RADIOGRAMOPHONE.

radiogramophone [reidio'gramofoun], *s.* Radiophonographe *m*; poste *m* de T.S.F. avec pick-up; combiné *m* radio-phono.

radiograph[1] ['reidiogrɑːf, -graf], *s. Med: etc:* Radiogramme *m*, skiagramme *m*, radiographie *f.*

radiograph[2], *v.tr. Med: etc:* Radiographier.

radiographer [reidi'ɔgrəfər], *s. Med: etc:* Radiographe *m.* **Surgeon radiographer,** chirurgien *m* radiographe.

radiographic [reidio'grafik], *a.* Radiographique.

radiography [reidi'ɔgrəfi], *s.* 1. *Med:* Radiographie *f*, skiagraphie *f.* 2. Radiotélégraphie *f.*

radiolaria [reidio'lɛəria], *s.pl. Prot:* Radiolaires *m.*

radiolarian [reidio'lɛəriən], *a. & s. Prot:* Radiolaire (*m*).

radiole ['reidioul], *s. Echin:* Radiole *f*, piquant *m* (d'oursin).

radiological [reidio'lɔdʒik(ə)l], *a.* Radiologique.

radiologist [reidi'ɔlodʒist], *s. Med:* Radiologue *m.*

radiology [reidi'ɔlodʒi], *s. Med:* Radiologie *f.*

radiometer [reidi'ɔmetər], *s. Ph:* Radiomètre *m.*

radiometry [reidi'ɔmetri], *s. Ph:* Radiométrie *f.*

radiophare ['reidiofɑːr], *s. W.Tel:* Radiophare *m.*

radiophone ['reidiofoun], *s. Ph: Th: etc:* Radiophone *m. Tp:* Photophone *m.*

radiophony [reidi'ɔfoni], *s.* Radiophonie *f.*

radioscopic [reidio'skɔpik], *a. Med: etc:* Radioscopique.

radioscopy [reidi'ɔskopi], *s. Med: etc:* Radioscopie *f.*

radio-telegram [reidio'telegram], *s.* Radiotélégramme *m*; *F:* radio *m.*

radio-telegraph [reidio'telegrɑːf, -graf], *s.* Appareil *m* de radiotélégraphie.

radio-telegraphic [reidiotele'grafik], *a.* Radiotélégraphique.

radio-telegraphy [reidiote'legrəfi], *s.* Radiotélégraphie *f*; *F:* la radio.

radio-telephone[1] [reidio'telefoun], *s.* Radiotéléphone *m.*

radio-telephone[2], *v.tr.* Radiotéléphoner.

radio-telephony [reidiote'lefoni], *s.* Radiotéléphonie *f*; téléphonie *f* sans fil; T.S.F. *f.*

radio-therapeutic [reidioθera'pjuːtik]. 1. *a. Med:* Radiothérapique. 2. *s.pl.* **Radio-therapeutics,** radiothérapie *f.*

radio-therapy [reidio'θerəpi], *s.* Radiothérapie *f.*

radish ['radiʃ]. *s.* Radis *m.* **Turnip-radish,** rave *f.* *See also* HORSE-RADISH.
'radish-bed, *s. Hort:* Ravière *f.*
'radish-dish, *s.* Ravier *m.*

radium ['reidiəm], *s.* Radium *m.* **Radium paint,** incrustation *f* de radium. *Med:* **Radium treatment,** traitement *m* radique; radiumthérapie *f.*

radiumize ['reidiəmaiz], *v.tr. Med:* Traiter (un cancer, etc.) au radium.

radiumtherapist [reidiəm'θerəpist], *s. Med:* Radiumthérapeute *m.*

radiumtherapy [reidiəm'θerəpi], *s.* Radiumthérapie *f*, curiethérapie *f.*

radius, *pl.* **-ii** ['reidiəs, -iai], *s.* 1. (*a*) *Geom:* Rayon *m* (de cercle). (*b*) *R. of a crane-jib*, portée *f* d'une grue. *Aut:* **Steering radius,** rayon de braquage. **Radius of action** *of an aeroplane, of a submarine*, rayon d'action d'un avion, d'un sous-marin. *R. of free delivery* (*of telegrams, etc.*), circonscription *f* de remise gratuite. **Within a radius of three miles,** dans un rayon de trois milles; à trois milles de rayon. 2. *Anat:* Radius *m* (de l'avant-bras). 3. *Bot:* Rayon (de fleur composée, etc.).
'radius-arm, *s. Mec.E:* 1. Bielle *f* ou tringle *f* de poussée. 2. Tendeur *m*; jambe *f* de force.
'radius-bar, *s.* 1. (*a*) *Mec.E:* Tige *f* de parallélogramme. (*b*) *Mch:* Bielle *f* du tiroir. 2. *Nau: Surv:* Alidade *f.*
'radius-vector, *s. Mth:* Rayon vecteur.

radix, *pl.* **-ices** ['reidiks, -isiːz], *s.* 1. *Mth:* Base *f* (d'un système de logarithmes, etc.). 2. Racine *f*, source *f* (d'un mal, etc.).

radon ['reidɔn], *s. Ch:* Radon *m*; émanation *f* du radium.

raffia ['rafia], *s. Bot:* Raphia *m.* **Raffia mat,** carpette *f* en raphia.

raffish ['rafiʃ], *a. F:* (*a*) Bravache, esbrouffeur; casseur d'assiettes. (*b*) (Air *m*, etc.) canaille. **-ly,** *adv.* D'un air bravache ou canaille; d'un air de casseur d'assiettes.

raffle[1] [rafl], *s.* Loterie *f*, tombola *f* (à une vente de charité, pour une œuvre de bienfaisance, etc.).

raffle[2]. 1. *v.i.* Prendre part à une tombola; prendre un billet (*for sth.*, pour qch.). 2. *v.tr.* Mettre en tombola (les objets non vendus, etc.).
raffling, *s.* 1. Mise *f* en tombola (*of*, de). 2. *R. is against the law*, les tombolas *f* sont contraires à la loi.

raffle[3], *s.* 1. Rebut *m*; fatras *m.* 2. Lie *f* (du peuple).

Raffles [raflz]. *Pr.n.m.* Type *m* du cambrioleur doublé d'un homme du monde. (D'après les romans de E. W. Hornung.)

raft[1] [rɑːft], *s.* 1. Radeau *m.* **Life-raft,** radeau de sauvetage. *Emergency r.*, radeau de fortune. *Nau:* **Repairing raft,** ras *m* de carène. 2. (*a*) **(Timber-)raft** (*for floating down-stream*), *U.S:* **lumber raft,** train *m* de bois, train de flottage; flot *m*, accolure *f.* (*b*) Masse flottante (de glace, etc.). 3. *Const:* **Foundation raft,** radier *m*; châssis *m* de fondation.
'raft-port, *s. N.Arch:* Sabord *m* de charge.
'raft-wood, *s.* Bois flotté; bois de flottage.

raft[2]. 1. *v.tr.* (*a*) Transporter (des marchandises, etc.) sur un radeau. (*b*) Faire un radeau avec (des rondins). (*c*) Passer (une rivière, etc.) sur un radeau. 2. *v.i.* **To raft across the river, down the river,** traverser, descendre, le fleuve sur un radeau.
rafting, *s.* Flottage *m* en train.

raft[3], *s. U.S:* Grand nombre, tas *m* (de choses).

rafter[1] ['rɑːftər], *s. Const:* Chevron *m* (d'un comble). **Main rafter,** arbalétrier *m.* *The rafters of a roof*, le chevronnage d'un comble. *See also* HIP[1] 2, JACK-RAFTER, VALLEY-RAFTER.

rafter[2], *v.tr.* 1. Chevronner (un comble). 2. *Agr:* Labourer (un champ) en billons.
raftered, *a.* A chevrons.
raftering, *s.* 1. Chevronnage *m.* 2. Labour *m* en billons.

rafter[3], *s.* = RAFTSMAN.

raftsman, *pl.* **-men** ['rɑːftsmən, -men], *s.m.* Flotteur (de bois); voiturier par eau.

rag[1] [rag], *s.* 1. Chiffon *m*; lambeau *m.* *To clean sth. with a rag*, nettoyer qch. avec un chiffon. *My dress looks like a rag*, ma robe est toute en tapon. *F:* **To feel like a rag,** se sentir (mou) comme une chiffe; être comme une loque. **To reduce s.o. to a rag,** *P:* vider qn. **To tear sth. to rags,** mettre qch. en lambeaux. **My dress is worn to rags,** ma robe tombe en lambeaux. *Meteor:* *Flying rags of cloud*, diablotins *m.* **Meat cooked to rags,** viande réduite en bouillie, en lambeaux (à force de cuire); viande cuite et recuite. **There is not a rag of evidence,** il n'y a pas une parcelle de preuve. *U.S: P:* **To take the rag off the bush,** remporter la palme. *Nau:* *With every rag of sail spread*, couvert de toile; avec tout dessus. *P:* **To lose one's rag,** se fâcher tout rouge; sortir de ses gonds. *See also* BACK[1] I. 1, LIMP[3], RED 1. 2. *pl.* Rags (and tatters), haillons *m*, guenilles *f*, loques *f.* **To be in rags,** être en guenilles, en haillons; être dépenaillé, déguenillé. *All in rags and tatters*, tout déguenillé; tout en loques. *See also* GLAD 3. 3. *Com: Paperm:* Rag(s), chiffons; drilles *f.* **Rag pulp,** pâte *f* de chiffons. 4. *Pej:* (*a*) (*Newspaper*) Feuille *f* de chou. *I don't read that rag*, je ne lis pas ce canard-là. (*b*) Mouchoir *m*, drapeau *m*, etc.; "loque." 5. Peau blanche (d'une orange, etc.).
'rag-and-'bone, *attrib.a.* **Rag-and-bone man,** chiffonnier *m.*
'rag-baby, *s.* = RAG-DOLL.
'rag-bag, *s.* 1. Sac *m* aux chiffons. 2. *F:* Femme fagotée, mal attifée.
'rag-bolt, *s. Mec.E:* Boulon *m* de scellement à crans; boulon barbelé, cheville barbelée.
'rag-book, *s.* Livre d'images imprimé sur toile (pour jeunes enfants).
'rag-cutting, *s. Paperm:* Effilochage *m* des chiffons. **Rag-cutting machine,** machine *f* à pâte de chiffons; délisseuse *f* mécanique; dérompoir *m.*
'rag-'doll, *s.* Poupée *f* en chiffons; poupée en étoffe.
'rag-engine, *s. Paperm:* Pile défileuse.
'rag-fair, *s.* Marché *m* aux vieux habits; *F:* marché aux puces.

'rag-gatherer, *s.* = RAG-PICKER I.

'rag-merchant, *s.* Marchand *m* de chiffons en gros; chiffonnier *m* en gros.

'rag-paper, *s.* Papier *m* de chiffons.

'rag-picker, *s.* **1.** Chiffonnier, -ière; *F:* biffin *m.* **2.** *Paperm:* = RAG-SORTER.

'rag-picking, *s.* **1.** Chiffonnerie *f*; cueillette *f* des chiffons. **2.** *Paperm:* Triage *m* des chiffons.

'rag-sorter, *s.* *Paperm:* Chiffonnier, -ière; trieur, -euse, de chiffons.

'rag-tag, *s.* *F:* **The rag-tag (and bob-tail),** la canaille; *P:* la merdaille. *What a rag-tag and bob-tail show it was!* quelle cohue, quelle chie-en-lit, que cette procession!

'rag-time, *s.* Ragtime *m*; musique nègre syncopée; mesure *f* à contretemps. *F:* **Rag-time army,** armée indisciplinée; armée pour rire.

'rag-wheel, *s.* **1.** *Mec.E:* Pignon *m* de chaîne; poulie *f* à chaînes; hérisson *m*, bouc *m.* **2.** *Metalw: etc:* Disque *m* en drap.

rag[2], *s.* *Sch: F:* **1.** Brimade *f*; mauvais tour; farce *f.* **2.** Chahut *m*, bacchanal *m*; (*at dawn*) aubade *f.* **Undergraduates' rag,** *P:* canular *m.* *It was only a rag,* c'était les étudiants qui s'amusaient.

rag[3], *v.tr.* (ragged [ragd]; ragging) *F:* **1.** Brimer, faire des brimades à (un camarade). **2.** Chahuter (un professeur, etc.); monter une scie à (un professeur); taquiner, faire endêver, faire endiabler (qn); asticoter (qn); chambarder les effets (d'un étudiant). *Abs.* **To rag,** chahuter, bahuter; faire du chahut. **3.** Gronder, tancer (qn).

ragging, *s.* **1.** Brimades *fpl.* **2.** Chahutage *m.*

rag[4], *s.* **1.** *Geol:* Calcaire *m* oolithique. **2.** *Const:* Forte ardoise (de toiture).

ragamuffin ['ragəmʌfin], *s.* **1.** (*a*) Gueux *m*; va-nu-pieds *m inv.* (*b*) Mauvais garnement. **2.** Gamin *m* des rues. *A little r., a young r.,* un petit déguenillé; un petit galopin. *You little r.!* petit polisson!

rage[1] [reːidʒ], *s.* **1.** Rage *f*, fureur *f*, furie *f*, emportement *m.* *Fit of rage,* accès *m* de fureur; déchaînement *m* de colère. **To be in a rage,** être furieux, être en fureur; rager. **To be in a rage with s.o.,** être furieux contre qn. **To get, fly, into a rage,** se mettre en colère; entrer en fureur; s'emporter. *To put s.o. into a r.,* mettre qn en fureur; faire rager qn. *Mad with r.,* fou de rage, fou de colère. *See also* BESIDE 2, BOIL[3] I, TOWERING 2. **2.** Fureur, furie (des vents, de la mer, des flammes). *In the r. of battle,* dans l'ardeur *f*, dans la chaleur, du combat. **3.** Manie *f*, toquade *f.* **To have a rage for sth.,** être enragé pour qch.; avoir la rage, la manie, de qch.; avoir une toquade pour qch. (*Of thg*) **To be (all) the rage,** faire fureur, faire rage. *It's all the r. at the present time,* c'est la grande vogue, c'est le grand chic, à l'heure actuelle. *Here are some bags that are all the r.,* voici des sacs (d'un modèle) dernier cri.

rage[2], *v.i.* **1.** (*Of pers.*) **To rage (and fume),** être furieux; rager; être dans une colère bleue; *Lit:* jeter feu et flamme. **To rage against, at, s.o.,** être furieux, *F:* tempêter, contre qn. **2.** (*Of wind*) Faire rage, être furieux; (*of sea*) être en furie; (*of fire, storm*) faire rage; (*of war, pestilence*) sévir, régner; faire des ravages.

rage out, *v.pr.* (*Of storm*) Se dissiper.

raging[1], *a.* Furieux, en fureur. *R. lion,* lion furieux. **To be in a raging temper,** être furieux. *R. tempest,* tempête furieuse. *R. sea,* mer furieuse, déchaînée, démontée; *Lit:* mer en courroux. **Raging fever,** fièvre ardente, brûlante; fièvre de cheval. *R. thirst,* soif ardente. **Raging headache,** mal de tête fou. **-ly,** *adv.* Avec fureur; furieusement, rageusement.

raging[2], *s.* **1.** Rage *f*, fureur *f*, furie *f* (de qn). **2.** Fureur, furie (de la mer, de la tempête).

ragged ['ragid], *a.* **1.** (*a*) (*Of garment, etc.*) En lambeaux, en loques. (*b*) (*Of pers.*) En haillons, en guenilles; déguenillé, dépenaillé, loqueteux. (*c*) **Ragged school,** école communale (des quartiers pauvres). **2.** (*a*) (Rocher, nuage) déchiqueté; (rocher) ébréché; (plante) en broussailles; (terrain) raboteux, rocailleux. (*b*) *R. sentence,* (i) phrase hachée; (ii) phrase mal faite, sans syntaxe. *R. voice,* voix *f* rude. *Work done in a r. fashion,* ouvrage *m* qui manque de fini. (*Of crew*) *To row a r. stroke,* manquer d'ensemble. *Mus:* *The execution is r.,* l'exécution *f* manque d'ensemble. *Mil:* *R. fire,* feu désordonné, confus. (*c*) *Bot:* **Ragged Robin,** lychnide *f* des prés; œillet *m* des prés; (fleur *f* de) coucou *m*; véronique *f* des jardiniers; véronique amourette; lampette *f.* **-ly,** *adv.* **1.** (Vêtu) de guenilles, de haillons. **2.** *The grass grew r.,* l'herbe *f* poussait irrégulièrement. *To play, row, r.,* manquer d'ensemble.

raggedness ['ragidnəs], *s.* **1.** Déguenillement *m*, guenilles *fpl* (de qn); délabrement *m* (d'un vêtement). **2.** (*a*) Inégalités *fpl*, rugosités *fpl.* (*b*) Inégalité, rudesse *f* (d'un ouvrage, etc.); manque *m* d'ensemble (d'une équipe, d'un orchestre, de l'exécution).

ragger ['ragər], *s.* *F:* **1.** Chahuteur *m.* **2.** *P:* Chineur, -euse.

raglan ['raglən], *s.* & *attrib.a.* *Tail:* **Raglan (overcoat),** raglan *m.* *Dressm:* **Raglan sleeve,** manche *f* raglan (qui monte jusqu'au col).

ragman, *pl.* **-men** ['ragmən, -men], *s.m.* Marchand de chiffons; chiffonnier; *F:* biffin.

ragout [ra'guː], *s.* *Cu:* Ragoût *m.*

ragstone ['ragstoun], *s.* **1.** = RAG[4]. **2.** *Const:* Pierre bourrue; bourru *m*; souchet *m* (de carrière).

Ragusa [ra'guːza]. *Pr.n. Geog:* Raguse *f.*

ragweed ['ragwiːd], *s.* *Bot:* **1.** = RAGWORT. **2.** *U.S:* Ambrosie *f.*

ragwort ['ragwəːrt], *s.* *Bot:* Jacobée *f*; herbe *f* de Saint-Jacques.

raid[1] [reid], *s.* **1.** (*a*) Razzia *f* (de bandits, etc.). **Pirate raid,** descente *f* de pirates (sur la côte). *See also* SMASH-AND-GRAB. (*b*) **Police raid,** (i) descente de police (dans une boîte de nuit, etc.); (ii) rafle *f* (dans un quartier mal famé, etc.). (*c*) *Mil:* Raid *m*, coup *m* de main. **Air raid,** raid aérien (en temps de guerre). *See also* BOMBING I. **2.** *St.Exch:* Chasse *f.*

raid[2]. **1.** *v.i.* Faire une razzia, des razzias; *Mil:* faire un raid, des raids. **2.** *v.tr.* (*a*) Razzier (une tribu, etc.); (*of police*) faire une descente dans (une boîte de nuit, etc.); faire une rafle dans (un quartier). (*b*) *To r. orchards,* marauder des fruits dans les vergers. (*c*) *St.Exch:* **To raid the shorts, the bears,** (pour)chasser le découvert.

raider ['reidər], *s.* **1.** (*a*) Maraudeur *m*; pillard *m.* (*b*) Soldat *m*, etc., en raid; aviateur *m* en raid. (*c*) *Nau: A:* Corsaire *m.* **2.** (*a*) Avion *m* en raid. (*b*) Navire de course. *A:* Corsaire *m.* *See also* SLAVE-RAIDER.

rail[1] [reil], *s.* **1.** (*a*) Barre *f*, barreau *m* (de barrière, de clôture, etc.); barreau, bâton *m* (de chaise). **Hat-rail,** porte-chapeaux *m inv.* *See also* FIFE-RAIL, LUGGAGE-RAIL, PIN-RAIL, PLATE-RAIL, TOWEL-RAIL. (*b*) Barre d'appui; garde-fou *m*, *pl.* garde-fous; parapet *m* (de pont, etc.); balustrade *f* (de balcon); accoudoir *m*, appui *m*, allège *f* (de fenêtre); rampe *f* (d'escalier). *See also* HAND-RAIL, SIDE-RAIL 2. (*c*) *Veh:* Ridelle *f* (de charrette); (*upper*) trésaille *f.* (*d*) *Carp:* (Barre de) traverse *f* (d'une porte, etc.). **Middle rail,** traverse du milieu. **2.** *pl.* **Rails.** (*Iron*) Grille *f*; (*wood*) clôture *f*, palissade *f*, balustrade. *Rac:* **The rails,** la corde. **To have got on the rails,** tenir la corde. (*Of horse*) **To be driven on the rails,** être coincé à la corde. **3.** *N.Arch:* (*a*) Lisse *f*, liteau *m.* *To lower the lifeboats to the r.,* amener les embarcations *f* à hauteur de lisse. **Rails of the head,** lisses de l'éperon. *See also* BREAST-RAIL, SHEER-RAIL. (*b*) *pl.* *F:* Bastingages *m* (d'un paquebot). *Leaning over the rails,* accoudé aux bastingages. **4.** *Rail:* (*a*) Rail *m.* **Foot rail,** rail à patin. **Bullhead rail, double-headed rail,** rail à double champignon. **Flat-bottom rail,** rail à base plate; rail Vignole. **Main rail, line rail** (*at points*), contre-aiguille *f*, *pl.* contre-aiguilles. **Safety rail, check rail,** contre-rail *m*, *pl.* contre-rails. *El.Rail:* **Conductor rail, live rail, third rail,** rail de contact; rail de, du, courant; rail conducteur, électrisé, sous tension. **Middle rail,** rail central. (*Of train*) **To run off, to leave, the rails,** dérailler. *F:* (*Of pers.*) *To run off the rails,* "dérailler." *The whole system is off the rails,* tout le système est détraqué. *The train kept the rails,* le train n'a pas déraillé, n'a pas quitté la voie. *See also* COG-RAIL, EDGE-RAIL, GUARD-RAIL 2, GUIDE-RAIL, JUNCTION-RAIL, POINT-RAIL, SIDE-RAIL I, SLIDE-RAIL, STOCK-RAIL, TRAM[2] 2, WING-RAIL. (*b*) Chemin *m* de fer; voie ferrée. **To travel by rail,** voyager en chemin de fer, par le chemin de fer. **To send sth. by rail,** envoyer qch. par (le) chemin de fer, par voie ferrée. *Com:* **Price on rail,** prix *m* sur le wagon. (*c*) *pl.* *St.Exch:* *F:* **Rails,** les Chemins de fer.

'rail-car, *s.* *Rail:* Automotrice *f*; autorail *m.* *Stream-lined rail-car,* autorail aérodynamique, caréné.

'rail-chair, *s.* *Rail:* Coussinet *m* de rail; chaise *f* de rail.

'rail-clip, *s.* Attache-rail *m*, *pl.* attache-rails; serre-rail(s) *m inv.*

'rail-gauge, *s.* Gabarit *m* d'écartement; gabarit de voie.

'rail-guard, *s.* **1.** Chasse-pierre(s) *m inv* (d'une locomotive). **2.** *Rail:* Contre-rail *m*, *pl.* contre-rails.

'rail-'head, *s.* **1.** *Rail:* Champignon *m* de rail; champignon de roulement. **2.** (*a*) *Rail: etc:* Tête *f* de ligne. (*b*) *Mil:* Gare *f* de ravitaillement.

'rail-jack, *s.* *Tls:* Lève-rail(s) *m inv.*

'rail-mill, *s.* *Metall:* Laminoir *m* à rails; train *m* à rails.

'rail-motor, *s.* = RAIL-CAR.

'rail-plate, *s.* *Rail:* Serre-rail(s) *m inv.*

'rail-post, *s.* Potelet *m* (de balustrade, etc.).

'rail-wheel, *s.* Galet *m* de roulement; roue *f* de translation (pour chariot de pont roulant).

rail[2], *v.tr.* **1.** **To rail sth. in,** fermer (un jardin, etc.) avec une grille, une palissade; griller, palissader (un enclos, etc.). **To rail sth. round,** entourer (une pelouse, un tombeau, etc.) d'une grille, d'une palissade. **Railed off from the road,** séparé de la rue par une grille. **2.** Transporter ou envoyer (des marchandises, etc.) par (le) chemin de fer. **3.** Munir (un endroit dangereux, etc.) d'un garde-fou, d'un garde-corps, d'une barre d'appui.

railed, *a.* **1.** **Railed(-in, -off) space,** espace entouré d'une grille; espace séparé (de la rue, etc.) par une grille. **2.** *Rail:* **Single-railed, double-railed,** (ligne *f*) à une seule voie, à deux voies.

railing(s)[1], *s.(pl.)* **1.** Clôture *f* à claire-voie; grille *f*, palissade *f.* *Iron railings,* clôture en fer; grille. **2.** Garde-fou *m*, *pl.* garde-fous; garde-corps *m inv*; parapet *m* (de pont); balustrade *f* (de balcon); rampe *f* (d'escalier). **3.** *Veh:* **Top railing,** galerie *f* de toit (de taxi, etc.).

rail[3], *s.* *Orn:* Râle *m.* **Landrail,** râle de genêt. **Water-rail,** râle d'eau.

rail[4], *v.i.* Se répandre en plaintes, en injures. **To rail at, against, s.o.,** crier, criailler, invectiver, épancher sa bile, contre qn; s'en prendre à qn; se répandre en reproches, en invectives, contre qn. *To r. at fate,* s'en prendre au sort; se révolter contre le sort; se plaindre du sort.

railing[2], *a.* Criailleur.

railing[3], *s.* Criailleries *fpl*; injures *fpl*, invectives *fpl.*

railer ['reilər], *s.* **1.** Criailleur, -euse. **2.** Détracteur, -trice; mauvaise langue.

raillery ['reiləri], *s.* Raillerie *f.*

railless ['reilləs], *a.* **1.** (Escalier, etc.) sans rampe, sans balustrade. **2.** (Pays, région) sans chemin de fer.

railophone ['reilofoun], *s.* *W.Tel:* Installation *f* de radio à bord du train. *Train equipped with railophones,* train radio.

railroad[1] ['reilroud], *s.* *U.S:* = RAILWAY I.

railroad[2]. *U.S:* **1.** *v.tr.* (*a*) Expédier (des marchandises, etc.) par (le) chemin de fer. (*b*) *F:* **To railroad a bill,** faire voter en vitesse un projet de loi; faire avaler un projet de loi à la Chambre. (*c*) Fournir (une région) de chemins de fer. **2.** *v.i.* (*a*) Voyager en chemin de fer. (*b*) Être employé aux chemins de fer.

railway ['reilwei], *s.* **1.** **Railway (line),** (ligne *f* de) chemin *m* de fer; voie ferrée. **Light railway,** ligne d'intérêt local; chemin de fer à voie étroite. **Circle railway,** chemin de fer de ceinture. **Portable railway,** chemin de fer du type Decauville. *See also* ELEVATED 2, FUNICULAR, MOUNTAIN RAILWAY, SCENIC 2, TUBE-RAILWAY. **The great railway tracks,** les grandes lignes ferroviaires. **Railway**

system, réseau ferré. **Railway station,** station *f* de chemin de fer; gare *f*. **Railway bridge, railway carriage, railway company,** pont *m*, wagon *m*, compagnie *f*, de chemin de fer. **Joint-Railways Board** = Congrès *m* des chemins de fer. **Railway contractor,** entrepreneur *m* de chemins de fer. **Railway engineer,** ingénieur *m* des voies ferrées. **Railway accident,** accident *m* de chemin de fer, accident ferroviaire. **Railway guide,** indicateur *m* des chemins de fer (le *Bradshaw, l'A.B.C.,* etc.). **Railway traffic,** trafic *m* ferroviaire. **Railway transport,** transport *m* par chemin de fer. *Mil:* **Railway Transport Officer,** commissaire *m* de gare. *Works with r. facilities,* usine *f* avec facilités de transport par voie ferrée. **Railway parcels,** articles *m* de messageries. **Railway rug,** couverture *f* de voyage. **2.** *U.S:* = TRAM-LINE I. **3.** *Ind:* **Overhead railway** (*for shop use*), pont roulant (pour le service des ateliers).

'railway-'cutting, *s.* (Voie *f* en) déblai *m*; tranchée *f*.

'railway-em'bankment, *s.* (Voie *f* en) remblai *m*.

railwayman, *pl.* **-men** ['reilweimən, -men], *s.m.* Employé des chemins de fer; *F:* cheminot.

raiment ['reimənt], *s.* *A. & Poet:* Habillement *m*; vêtement(s) *m(pl)*. *Jur:* **Food and raiment,** la nourriture et le vêtement.

rain[1] [rein], *s.* Pluie *f*. **1.** (*a*) *Fine r.,* pluie fine. *Heavy r.,* forte, grosse, grande, pluie; pluie abondante. *Pelting r., driving r.,* pluie battante. *Soaking r.,* pluie pénétrante. **Thunder rain,** pluie d'orage. **It looks like rain,** *as if we are going to have rain,* le temps est à la pluie, menace la pluie; le temps a l'air d'être à la pluie; il a l'air de vouloir pleuvoir; nous allons avoir de la pluie. **It is turning to rain,** le temps se met à la pluie. *Sign of r.,* signe pluvieux; signe de pluie. **A walk in the rain,** une promenade sous la pluie. *They came in torrential r.,* ils sont venus par une pluie torrentielle, diluvienne. **To stay out in the rain,** rester à la pluie. **Come in out of the rain!** entrez donc, ne restez pas à la pluie! *P:* **To get out of the rain,** se défiler. *Pyr:* **Golden rain,** pluie d'or. *See also* FINE[3] 4, FORMER[1] 2, LAY[4] I. 2, POUR[2] 2, RIGHT[1] I. 4, SHINE[1] I, STORM[1] I. (*b*) *F:* **Rain of fire, of bullets,** pluie de feu, de balles. *R. of tears,* débordement *m*, flot *m*, de larmes. *R. of melody,* flots de mélodie. *There was a r. of congratulations,* les félicitations pleuvaient. **2.** (*a*) *The winds and rains of March,* les tempêtes et les pluies du mois de mars. (*b*) *pl.* **The rains** = *the rainy season, q.v. under* RAINY I. **3.** *Cin:* **'Rain'** (*during the showing of the film*), pluie (d'un film rayé).

'rain-band, *s.* *Opt:* Raie spectrale indiquant la présence de la vapeur d'eau.

'rain-bird, *s.* *Orn:* **1.** Pic-vert *m*, *pl.* pics-verts. **2.** Tacco *m*, vieillard *m*; oiseau *m* de pluie.

'rain-box, *s.* *Th:* Appareil *m* à faire la pluie.

'rain-cap, *s.* Parapluie *m* (de cheminée).

'rain-chart, *s.* Carte *f* pluviométrique.

'rain-cloud, *s.* Nuage *m* de pluie; nuage pluvieux; nimbus *m*.

'rain-coat, *s.* Imperméable *m*; manteau *m* de pluie.

'rain-drop, *s.* = RAINDROP.

'rain-gauge, *s.* Pluviomètre *m*, udomètre *m*, ombromètre *m*. **Recording rain-gauge, self-registering rain-gauge,** pluviographe *m*.

'rain-glass, *s.* *F:* Baromètre *m*.

'rain-laden, *a.* (Nuage) chargé de pluie.

'rain-pipe, *s.* *Const:* (Tuyau *m* de) descente *f*.

'rain-shower, *s.* Averse *f*.

'rain-water, *s.* Eau *f* de pluie; eaux pluviales. **Rain-water pipe** = RAIN-PIPE.

'rain-worm, *s.* *Ann:* Ver *m* de terre.

rain[2]. **1.** *v.impers.* Pleuvoir. *It rains, it is raining,* il pleut; il tombe de l'eau, de la pluie; *P:* il tombe de la flotte. *It is raining hard, fast,* il pleut à verse; il pleut fort. *F:* **It is raining cats and dogs; it is raining in torrents, in sheets, in buckets,** il pleut des hallebardes; il pleut à seaux, à torrents. *It is raining again,* voilà qu'il repleut. *It has rained itself out,* la pluie a cessé; le ciel s'est vidé. **It rained presents that day,** il pleuvait des cadeaux ce jour-là. *B:* **It rained fire from heaven,** il tomba du ciel une pluie de feu. *Prov:* **It never rains but it pours,** un malheur, un bonheur, ne vient jamais seul; jamais deux sans trois; quand on reçoit une visite, une lettre, on en reçoit dix. **2.** *v.i.* *F:* **Blows rained upon him,** les coups pleuvaient sur lui. *Tears rained down her cheeks,* ses joues ruisselaient de larmes; une pluie de larmes coulait sur ses joues. *Misfortunes have rained thick on me,* les malheurs ont grêlé sur ma tête. *Invitations are raining on us,* il nous pleut des invitations. **3.** *v.tr.* **To rain blows on s.o.,** faire pleuvoir des coups sur qn; frapper qn à coups pressés. **To rain benefits on s.o.,** faire tomber sur qn une pluie de bienfaits. *Her eyes rained tears,* une pluie de larmes coulait de ses yeux.

rainbow ['reinbou], *s.* Arc-en-ciel *m*, *pl.* arcs-en-ciel. **Sea-rainbow,** arc-en-ciel marin. *F:* **All the colours of the rainbow,** toutes les couleurs de l'arc-en-ciel, du spectre. **Rainbow-hued,** irisé. *Metall: Miner:* **Rainbow colours,** iris *m*. *Ich:* **Rainbow trout,** *F:* rainbow, truite *f* arc-en-ciel. *See also* DRESS[2] **2**.

raindrop ['reindrɔp], *s.* Goutte *f* de pluie.

rainfall ['reinfɔ:l], *s.* **1.** *Meteor:* (*a*) Précipitation *f* (atmosphérique); chute *f* de pluie; tombée *f* de pluie. (*b*) Quantité *f* d'eau tombée; hauteur *f* pluviométrique; pluviosité *f* (d'une région). *Annual r.,* quantité de pluie annuelle. *Average r.,* hauteur moyenne des chutes de pluie. **2.** Averse *f*.

raininess ['reininəs], *s.* Caractère pluvieux; disposition *f* à la pluie; pluviosité *f*. *The r. of the weather,* le temps pluvieux.

rainless ['reinləs], *a.* Sans pluie; (pays) dépourvu de pluie. **Rainless storm,** orage sec.

rainlessness ['reinləsnəs], *s.* Manque *m* de pluie; impluviosité *f*.

rainproof ['reinpru:f], *a.* **1.** Imperméable (à la pluie); imbrifuge, hydrofuge. **2.** Inaltérable par la pluie.

raintight ['reintait], *a.* = RAINPROOF I.

rainy ['reini], *a.* **1.** Pluvieux. *R. weather,* temps pluvieux, à la pluie. **Rainy season,** saison *f* des pluies; saison pluviale, pluvieuse. *The r. season has set in,* les pluies ont commencé. *R. day,* journée *f* de pluie. *What do you do on r. days?* que faites-vous les jours où il pleut? *F:* **We must lay, put, something by for a rainy day; we must provide against a rainy day,** il faut mettre de côté pour les mauvais jours; il faut garder une poire pour la soif; qui garde son dîner il a mieux à souper. *It is r.,* le temps est à la pluie, à l'eau. *It is a r. wind,* le vent souffle à la pluie. **2.** *Cin:* **Rainy film,** film rayé.

raise[1] [re:iz], *s.* (*a*) *U.S:* Augmentation *f* (de salaire, d'enjeu, etc.). (*b*) *Cards:* (*At poker*) Relance *f*.

raise[2], *v.tr.* **1.** (*a*) (*Erect*) Dresser, mettre debout (une échelle, un mât); guinder (un mât). **To raise (up) sth. that has fallen over,** relever qch. qui est tombé. *To r. a flag,* planter un drapeau. **To raise the standard of revolt,** lever, arborer, l'étendard de la révolte. *To r. the hair of a fur,* éveiller le poil d'une fourrure. **To raise up a patient to a sitting position,** soulever un malade sur son séant. *Tex:* **To raise (the nap of) the cloth,** carder, rebourser, garnir, aplaigner, lainer, gratter, le drap. (*Of bird*) *To r. its feathers,* hérisser ses plumes. (*b*) (*Make stand up*) **To raise (up) s.o. from the dead,** ressusciter qn des morts, d'entre les morts. *The dead are raised (up),* les morts ressuscitent. (*c*) **To raise game,** lever du gibier. **To raise the country, the people,** soulever, exciter, le peuple; mettre le pays en émoi (*against,* contre). **2.** Bâtir, élever (un palais); ériger (une statue). **3.** Élever (une famille); cultiver (des légumes); élever (du bétail); faire l'élevage (du bétail). **4.** (*a*) Produire. **To raise a blister, a bump,** occasionner, faire naître, une ampoule; faire une bosse. *These shoes always raise blisters,* ces souliers me donnent toujours des ampoules. **To raise steam,** produire de la vapeur; chauffer une chaudière, une locomotive; pousser les feux; chauffer. **To raise a storm,** faire naître, exciter, une tempête. *To r. a storm of laughter,* déchaîner l'hilarité, une tempête de rires. *See also* WIND[1] I. **To raise astonishment, a smile,** provoquer l'étonnement, un sourire. **To raise a blush, a laugh,** faire rougir, faire rire. **To raise a hope, a suspicion,** faire naître une espérance, un soupçon. *There's nothing like walking for raising a thirst,* il n'y a rien tel que la promenade pour donner soif. (*b*) **To raise a cry,** faire entendre, pousser, un cri. **To raise a song, a hymn,** entonner une chanson, un cantique. **No one raised his voice,** personne ne souffla mot. (*c*) **To raise an objection, a question,** soulever, élever, une objection; soulever une question. *See also* OBJECTION I. *Two new points were raised,* deux points nouveaux ont été mis en avant. *Protests were raised against this measure,* des protestations s'élevèrent contre cette mesure; cette mesure fut l'objet de protestations. **5.** (*Elevate*) (*a*) (*Lift*) Lever (le bras, les yeux); soulever (un poids). *To r. one's glass to one's lips,* porter son verre à ses lèvres. **To raise one's glass to s.o.,** lever son verre à la santé de qn. *See also* HAND[1] I, HAT[1]. **To raise an anchor,** lever une ancre. **To raise a mine, a submarine,** relever une mine, un sous-marin. **To raise a ship,** relever, renflouer, un navire. **To raise coal** (*to the pit-head*), remonter, extraire, le charbon. *To r. the workmen (from a mine),* monter, remonter, les ouvriers. *To r. the water (from a mine),* extraire, épuiser, l'eau. *Submarine that can be raised,* sous-marin relevable. *See also* DUST[1] I, ROOF[1] I. (*b*) (*Promote*) Élever. **To raise s.o. to power,** élever qn au pouvoir. *To r. s.o. to a higher rank,* élever qn à un rang plus élevé; donner de l'avancement à qn. *To r. s.o. to noble rank,* anoblir qn. *Raised to the peerage,* élevé à la pairie. *Mil:* **To raise a soldier from the ranks,** grader un soldat. *To be raised to the episcopate,* être promu à l'épiscopat. (*c*) **To raise (up) s.o. from poverty,** tirer qn de la pauvreté. *F: I raised him from the dust,* je l'ai tiré de la poussière, de rien. *To r. the soul,* exalter l'âme. **To raise s.o.'s hopes,** exalter l'espoir de qn. **To raise s.o.'s spirits,** relever le courage de qn; relever, remonter, le moral de qn; faire reprendre courage à qn. **To raise s.o. in s.o.'s estimation,** faire monter qn dans l'estime de qn. **To raise one's reputation,** relever, rehausser, sa réputation; ajouter à sa réputation. **6.** (*a*) Hausser, relever (un store). *To r. the window,* (i) relever le châssis; (ii) *Veh:* relever la glace. *Aut:* **To raise the bonnet,** soulever le capot. **To raise the hood,** relever la capote. *To r. one's veil,* relever son voile. *To r. a corner of the pall that hides the future,* soulever le voile qui cache l'avenir. (*b*) **To raise camp,** lever le camp. (*c*) **To raise (the height of) a building,** surélever un immeuble. *To r. a wall three feet,* surélever, (ex)hausser, un mur de trois pieds. (*d*) **To raise (the pitch of) a piano by a quarter tone,** monter un piano d'un quart de ton. **To raise one's voice,** élever, hausser, la voix. *He never once raised his voice at his wife,* il n'a jamais dit un mot plus haut que l'autre à sa femme. *One could hear voices raised in anger,* on entendait des éclats de voix. (*e*) (*Increase*) **To raise a tariff,** relever un tarif. *To r. the price of goods,* élever, (re)hausser, augmenter, relever, le prix des marchandises; (r)enchérir des marchandises. **To raise the value of the franc,** relever le cours du franc. *To r. production to a maximum,* porter la production au maximum. **To raise s.o.'s salary,** élever le salaire de qn; augmenter (les appointements de) qn. *If you could r. the sum to a thousand pounds,* si vous pouviez porter la somme à mille livres. **To raise the temperature,** élever la température. *To r. the temperature to* 100°, porter la température à 100°. **To raise a colour,** relever une couleur. (*f*) **To raise the dough, the bread,** faire lever la pâte, le pain. **7.** (*a*) **To raise an army,** lever, assembler, réunir, mettre sur pied, une armée. (*b*) **To raise money,** trouver, se procurer, de l'argent; *F:* battre monnaie. *To r. funds by subscription,* réunir des fonds par souscription. *To r. money for an industry,* procurer des capitaux à une industrie. **To raise money on an estate,** emprunter de l'argent sur une terre. *P:* **If you could only raise a cab,** si vous pouviez dénicher, dégot(t)er, un taxi. **To raise a tear,** y aller de sa larme. **I couldn't raise a blush,** ça ne m'a pas fait rougir. (*c*) **To raise taxes,** lever des impôts. (*Of the State*) **To raise a loan,** contracter un emprunt; émettre un emprunt. **8.** **To raise a spirit,** évoquer un esprit. *See also* CAIN, DEVIL[1] I, GHOST[1] 3, HELL **2**. **9.** *Nau:* **To raise the land,** voir se lever la terre; hausser la terre. *To r. a coast, a lighthouse*, élever une côte, un phare. **10. To raise a siege, a blockade**, (i) lever, (ii) faire lever, un siège, un blocus.

raise up, *v.tr.* To raise up enemies, se faire des ennemis. *God raised up prophets*, Dieu suscita des prophètes.

raised[1], *a.* **1.** (*a*) (*Of arm, etc.*) Levé; (*of head*) relevé. (*b*) **Raised deck**, pont surélevé. *R. signal-box*, cabine surélevée. *Geol:* **Raised beaches**, plages soulevées. *See also* ARCH[1] 1. **2.** (*a*) Saillant, en relief. **Raised work**, ouvrage relevé en bosse. *R. rail*, rail saillant. *R. letter*, caractère *m* en relief. **Raised print**, impression *f* anaglyptique (pour les aveugles). **Raised map**, carte *f* en relief. (*b*) **Raised plan**, élévation *f*. *See also* EMBROIDERY 1. **3. Raised voice**, voix élevée. **4.** *Cu:* **Raised pie**, pâté *m* en croûte.

raising, *s.* **1.** (*a*) Relèvement *m* (d'un objet tombé). *Nau:* Guindage *m* (d'un mât). *Tex:* Garnissage *m*, grattage *m*, lainage *m*, cardage *m*, aplaignage *m* (du drap). (*b*) Ressuscitation *f* (des morts). *See also* JAIRUS. **2.** Élévation *f*; érection *f* (d'un monument). **3.** Élevage *m* (du bétail); culture *f* (des plantes). **Tobacco of my own raising**, tabac *m* de ma propre culture. **4.** Production *f* (de la vapeur, etc.). *See also* FIRE-RAISING. **5.** Relevage *m* (d'un sous-marin, etc.); extraction *f* (du charbon). *Min:* Remontée *f* (des ouvriers, etc.). **6.** Relèvement (d'un mur, etc.); surélévation *f* (d'un immeuble); exhaussement *m* (de terrain, etc.); élévation (de la voix); rehaussement *m* (de réputation); relèvement (des tarifs, des prix); élévation (des prix); augmentation *f* (des prix, des salaires); hausse *f* (des loyers). **Raising of the bank rate**, relèvement du taux officiel de l'escompte. **7.** Évocation *f* (des esprits). **8.** Levée *f* (des troupes, des impôts). **9.** Levée (d'un siège, d'un blocus).

'raising-piece, *s.* *Const:* Sablière *f* de comble.

raised[2] [reːizd], *a.* *Tex:* **Raised velvet**, velours frappé.

raiser ['reizər], *s.* **1.** (*a*) Souleveur *m* (d'un poids, etc.). (*b*) Auteur *m* (d'une tempête, d'un tumulte); souleveur (d'une révolte). *See also* FIRE-RAISER. (*c*) Éleveur *m* (de bestiaux); cultivateur *m* (de plantes). **2.** (*a*) Levain *m*. (*b*) *Condition raisers for horses*, aliments engraissants pour chevaux. **3.** (*a*) *Anat:* Élévateur *m*. (*b*) *Aut:* **Window raiser**, lève-glace(s) *m inv.* **4.** *Carp:* Contremarche *f* (d'escalier).

raisin ['reizin], *s.* Raisin sec. **Raisin wine**, vin *m* de raisins secs.

raj [rɑːdʒ], *s.* (*Anglo-Indian*) Souveraineté *f*, autorité *f*. **Under the British raj**, sous l'empire anglais.

raja(h) ['rɑːdʒa], *s.m.* Raja(h).

rajpoot, rajput ['rɑːdʒpuːt], *s.* Radjpoute *m*.

Rajputana [rɑːdʒpu'tɑːna]. *Pr.n.* *Geog:* Le Radjpoutana.

rake[1] [reik], *s.* *Tls:* **1.** *Agr: Hort:* Râteau *m*. *Light r.*, ratissoire *f*. *Toil:* **Rake(-comb)**, démêloir *m*. *See also* HAY-RAKE, THIN[1] 1. **2.** (*a*) Fourgon *m*, rouable *m* (de boulanger); tire-braise *m inv.* (*b*) Ringard *m* (à crochet), crochet *m* à feu (de forgeron, etc.); râble *m*. *See also* FIRE-RAKE.

rake[2], *v.tr.* **1. To rake the leaves (up, together)**, râteler, ratisser, les feuilles; rassembler, amasser, les feuilles au râteau. *To r. the hay*, râteler le foin. **2.** (*a*) Râteler (le sol); ratisser (une allée). *To r. a path clean, a surface level*, nettoyer une allée, niveler une surface, au râteau. *F:* **The police raked the district for the criminals**, la police a fouillé (dans) tout le quartier pour trouver les criminels. *To r. history for examples*, scruter toute l'histoire pour trouver des exemples. *To r. one's memory*, fouiller (dans) ses souvenirs. *Abs.* **To rake (about) among old documents**, fouiller, fureter, dans de vieux documents. (*b*) Gratter, racler, égratigner (une surface). **3. To rake a ship, a trench**, enfiler, prendre en enfilade, un navire, une tranchée. *To r. the enemy with machine-gun fire*, mitrailler l'ennemi. *F: From his seat he could r. the whole auditorium with his eyes*, de sa place il embrassait tout l'auditoire de son regard. *Window that rakes the valley*, fenêtre qui a vue sur la vallée, qui domine, enfile, la vallée.

rake away, *v.tr.* Enlever (les feuilles, etc.) au râteau.

rake down, *v.tr.* *U.S:* = RAKE IN (*a*).

rake in, *v.tr.* (*a*) (*At casino*) Ratisser (les mises). (*b*) *F:* Amasser (de l'argent).

rake off, *v.tr.* **1.** = RAKE AWAY. **2.** *F:* Prélever (une somme d'argent, un tantième).

'rake-off, *s.* *F:* Gratte *f*. **To get a rake-off on all business introduced to the firm**, toucher une commission, *F:* une guelte, sur toutes les affaires que l'on amène à la maison.

rake out, *v.tr.* **To rake out the fire**, (i) retirer, enlever, les cendres du feu; dégager la grille du foyer; détiser le feu; (ii) *Mch: Ind:* faire tomber le feu.

rake over, *v.tr.* **1.** Égratigner (le sol). **2.** *To r. over a path*, repasser une allée.

raking over, *s.* Repassage *m* (d'une allée).

rake up, *v.tr.* Rassembler, attiser (le feu). *F:* **To rake up an old quarrel**, attiser, faire revivre, une ancienne querelle. **To rake up evidence**, exhumer des preuves. **To rake up the past**, revenir sur le passé. *Don't r. up the past*, ne remuez pas le passé. **To rake up s.o.'s past**, rechercher les vieux péchés de qn; fouiller dans le passé de qn. *To r. up an accusation without endorsing it*, rappeler une accusation sans la faire sienne. *To r. up an old slander*, remémorer, rééditer, une calomnie. *To r. up old grievances*, rappeler d'anciens griefs.

raking[1], *a.* (Feu *m*) d'enfilade; (tir *m*) en enfilade.

raking[2], *s.* **1.** (*a*) Râtelage *m*, ratissage *m*. (*b*) Fouillement *m* (dans de vieux papiers, etc.). (*c*) *F:* Réprimande *f*; verte semonce *f*. **2.** *pl.* **Rakings**, râtelures *f*.

rake[3], *s.* *Min:* Rame *f*, train *m* (de wagons).

rake[4], *s.* Viveur *m*, roué *m*, coureur *m*, noceur *m*. **Old rake**, vieux marcheur.

rake[5], *s.* **1.** Inclinaison *f* (d'un mât, d'un toit; *Aut:* de la colonne de direction). *Nau:* **Rake of the stem, of the stern-post**, élancement *m* de l'étrave; quête *f* de l'étambot. *Ship masted with a r.*, vaisseau mâté en frégate. *Veh:* **Rake of the axle-pin**, carrossage *m* de la fusée de l'essieu. **2. Rake of a tool**, (i) inclinaison (sur l'horizontale) d'un outil; (ii) dépouille *f*, affranchissement *m*, dégagement *m*, d'un outil. **3.** *Th:* Pente *f* (du parterre, du plateau).

rake[6]. **1.** *v.i.* **To rake, to be raked**, (*of mast, etc.*) pencher, être incliné; (*of roof, floor*) être en pente. **2.** *v.tr.* Incliner (vers l'arrière), faire pencher (un mât, etc.).

raking[3], *a.* **1.** (*a*) (Mât) incliné vers l'arrière. (*b*) *N.Arch:* (Avant) élancé. **2.** (Toit *m*, plancher *m*) en pente.

rakeful ['reikful], *s.* Râtelée *f* (de foin, etc.).

raker ['reikər], *s.* **1.** (*Pers.*) (*a*) Râteleur, -euse. (*b*) Fureteur, -euse. *See also* DUSTBIN. **2.** *Tls:* (*a*) Racloir *m*, grattoir *m*. (*b*) *Agr:* Râteau *m* mécanique, râteau à cheval. *See also* MOONRAKER.

rakish[1] ['reikiʃ], *a.* **1.** (*Of pers.*) Libertin, dissolu. **2.** *R. appearance*, (i) air crâne, bravache, cavalier, effronté, désinvolte; (ii) air de bambocheur. *To wear one's hat at a r. angle*, (i) porter avec désinvolture son chapeau sur l'oreille; (ii) porter son chapeau en casseur d'assiettes. *Hat like the r. caricature of a halo*, chapeau qui est la caricature polissonne d'une auréole. **-ly**, *adv.* **1.** En libertin; dissolument. **2.** Crânement, avec crânerie, cavalièrement, effrontément. *Hat tilted r.*, chapeau *m* à la cavalière; chapeau sur l'oreille.

rakish[2], *a.* (*a*) *N.Arch:* (Avant, etc.) élancé; (navire *m*) à formes élancées. (*b*) *Hist:* (Navire) aux allures de corsaire, de pirate.

rakishness ['reikiʃnəs], *s.* **1.** Libertinage *m*; mœurs déréglées. **2.** Crânerie *f*, effronterie *f*; air *m* crâne, air cavalier.

râle [rɑːl], *s.* *Med:* Râle *m*. *Bubbling r.*, râle bulleux. *Moist r.*, râle humide.

rallentando [ralen'tando], *adv.* *Mus:* Rallentando; en ralentissant; "cédez."

rallidae ['ralidiː], *s.pl.* *Orn:* Rallidés *m*.

rally[1] ['rali], *s.* **1.** (*a*) Ralliement *m* (de troupes, de partisans). (*b*) *U.S:* Grand rassemblement politique. (*c*) **Boy scouts' rally**, réunion de boy-scouts. (*d*) *Aut:* **(Beauty) rally**, concours *m* d'élégance, rallye *m*. **2.** (*a*) *Mil:* Reprise *f* en main. *Sp:* Dernier effort pour gagner le match; retour *m* d'énergie. (*b*) (i) Reprise des forces; retour à la santé; (ii) mieux momentané. (*c*) *Com:* Reprise (des prix); reprise des affaires. **3.** *Box:* Reprise. **4.** *Ten:* (Belle) passe de jeu.

rally[2]. **1.** *v.tr.* (*a*) Rallier (des troupes, ses partisans) (*round*, autour de). (*b*) Battre le rappel de (ses partisans); rassembler, réunir (des hommes, etc.). (*c*) Ranimer (qn); rappeler (qn) à la vie. (*d*) *To r. one's strength*, avoir un retour d'énergie; faire appel à toutes ses forces. *To r. one's spirits*, reprendre courage. **2.** *v.i.* (*a*) (*Of troops*) Se reformer, se rallier. (*b*) Se rallier (*to a party, to s.o.'s opinion*, à un parti, à l'opinion de qn). **His partisans rallied round him**, ses partisans se sont groupés autour de lui. *My party is rallying round me again*, mes partisans me reviennent. (*c*) Reprendre des forces; se reprendre à la vie; se ranimer. **To rally from an illness**, se remettre d'une maladie; prendre le dessus. *His flagging powers rallied*, il surmonta son abattement; ses forces défaillantes se ranimèrent. (*d*) (*Of team, etc.*) Avoir un retour d'énergie; se reprendre.

rallying[1], *s.* **1.** Ralliement *m*. **Rallying point**, point *m* de ralliement. **2.** Reprise *f* des forces, retour *m* à la santé.

rally[3], *v.tr.* Railler (*s.o. on sth.*, qn de qch.); se gausser de (qn).

rallying[2], *a.* Railleur, -euse; narquois. **-ly**, *adv.* En raillant; d'un ton moqueur, narquois.

rallying[3], *s.* Raillerie *f*.

Ralph [reif, ralf, rɑːf]. *Pr.n.m.* Raoul, Ralph, Rodolphe.

ram[1] [ram], *s.* **1.** (*a*) *Z:* Bélier *m*. (*b*) *Astr:* **The Ram**, le Bélier. **2.** (*a*) **(Battering-)ram**, bélier. (*b*) *Hyd.E:* Bélier hydraulique. (*c*) *Ind:* Défourneuse *f* (de four de cokerie). **3.** (*a*) *N.Arch:* Éperon *m* (d'étrave). (*b*) *Navy:* Navire *m* à éperon; navire éperonné; navire bélier. **4.** (*a*) *Hyd.E:* Piston *m*, piston plongeur, piston plein (de pompe refoulante); piston, pot *m* (de presse). (*b*) *Navy:* *Hydraulic elevating-ram*, presse *f* de pointage en hauteur. **5.** *Civ.E: Mec.E:* (*a*) Mouton *m* (de sonnette); bélier à pilotage. (*b*) Mouton, pilon *m* (de marteau-pilon). **6.** *Mec.E:* Chariot *m* porte-outil; trompette *f* (d'étau-limeur). **7.** *Min:* Bourre *f* (d'argile) (de trou de mine). **8.** = RAMMER 1 (*b*).

'ram-pump, *s.* *Hyd.E:* **1.** Pompe (re)foulante; pompe à plongeur. **2.** = RAM[1] 2 (*b*).

'ram's-'horn, *s.* Corne *f* de bélier.

ram[2], *v.tr.* (rammed; ramming) **1.** (*a*) Battre, damer, tasser (le sol); damer, pilonner (une allée); *Metall:* fouler (le sable, etc.). *Const:* **Rammed earth**, pisé *m* de terre. (*b*) Bourrer (une arme à feu, une pipe); remplir, bourrer (*sth. with sth.*, qch. de qch.). *Min:* **To ram the charge home**, bourrer, refouler, la charge. *F:* **To ram one's clothes into one's suit-case**, fourrer ses vêtements dans sa valise. (*c*) Enfoncer, damer (un pieu). *F:* **To ram sth. into s.o.** (*by repeating it*), faire entrer qch. dans la tête de qn (à force de le répéter). *Artil:* **To ram home the projectile**, refouler le projectile à poste. *F:* **To ram an argument home**, pousser un argument à fond. (*d*) *F:* **To ram one's way through the hedge**, passer comme un bolide à travers la haie. **2.** (*a*) *Nau:* Aborder (un navire) à l'éperon; éperonner un navire. (*b*) *Aut:* **To ram a car**, tamponner une voiture. (*c*) Heurter, cogner (*sth. against sth.*, qch. contre qch.). *He rammed his head against the wall*, il se heurta la tête contre le mur; il donna de la tête contre le mur.

ram down, *v.tr.* **1.** Tasser (la terre). **2.** (R)enfoncer (un pieu); bliner, hier (des pavés). *F:* **To ram one's hat down on one's head**, enfoncer son chapeau sur sa tête.

ram in, *v.tr.* Enfoncer, renfoncer (un pieu, etc.).

ram up, *v.tr.* Boucher (un trou).

ramming, *s.* **1.** (*a*) Damage *m*, battage *m*, tassement *m*, compression *f* (du sol); *Metall:* foulement *m* (du sable, etc.). (*b*) Bourrage *m*. **2.** *Nau:* Abordage *m* à l'éperon.

'ram-rod, *s.* Baguette *f* (de fusil). *Artil:* Écouvillon *m*. *See also* STRAIGHT I. 1.

ram[3], *s.* *N.Arch:* Longueur *f* (d'un vaisseau) de tête en tête.

Ramadan [rama'dɑːn], *s.* Ramad(h)an *m*, Ramazan *m*.

ramal ['reim(ə)l], *a. Bot:* Ramaire.

ramble[1] [rambl], *s.* **1.** Excursion *f*, grande promenade (sans itinéraire bien arrêté). *To go for a r., F:* faire une balade, une ballade; partir en balade. **2.** Discours incohérent.

ramble[2], *v.i.* **1.** (*a*) Errer à l'aventure; se promener; vagabonder; rôder de-ci de-là. *To r. through the streets, over the country,* parcourir les rues au hasard de la promenade; vagabonder dans la campagne. (*b*) Faire des excursions à pied. **2.** Divaguer; parler sans suite; causer à bâtons rompus; (*in delirium*) battre la campagne. **To ramble on,** dire mille inconséquences; passer sans suite d'un sujet à l'autre.

rambling[1], *a.* **1.** Errant, vagabond. *R. life,* vie errante, vagabonde. **2.** (Récit, discours) décousu, sans suite, incohérent, inconséquent. *R. thoughts,* pensées vagabondes. *R. talk,* propos incohérents, divagations *fpl*. *R. conversation,* conversation *f* à bâtons rompus. **3. Rambling plant,** plante rampante ou grimpante; plante sarmenteuse. **4. Rambling house,** maison *f* aux nombreux corridors, maison pleine de coins et de recoins. *R. street,* rue irrégulière, tortueuse. **-ly,** *adv.* **1.** En vagabondant; d'une manière vagabonde. **2.** En divaguant; (parler) d'une manière décousue; (causer) à bâtons rompus.

rambling[2], *s.* **1.** (*a*) Vagabondage *m*; promenades *fpl* à l'aventure. *R. propensity,* penchant *m* à vagabonder, à errer à l'aventure. (*b*) Excursions *fpl* à pied. **2.** Divagations *fpl*. *Ramblings of old age,* radotages *m*.

rambler ['ramblər], *s.* **1.** (*a*) Promeneur *m* (sans but). (*b*) Excursionniste *m* (à pied). **2.** Divagateur *m*; radoteur *m*. **3.** *Hort:* Rosier sarmenteux; rosier grimpant.

rambunctious [ram'bʌŋkʃəs], *a. U.S: F:* (*a*) Acariâtre; querelleur. (*b*) Turbulent; *F:* chahuteur, -euse.

rambutan [ram'buːtən], *s. Bot:* Ramboutan *m*; litchi chevelu.

ramee ['rami], *s. Bot:* = RAMIE.

ramekin, ramequin ['ramikin], *s. Cu:* Ramequin *m*.

Rameses ['ramesiːz]. *Pr.n.m. A.Hist:* Ramsès.

ramie ['rami], *s. Bot:* Ramie *f*.

ramification [ramifi'keiʃ(ə)n], *s.* **1.** (*a*) Ramification *f* (d'un arbre, d'une tige). (*b*) Ramification (des artères, etc.). **2.** *The ramifications of the plot were widespread,* les ramifications de ce complot s'étendaient très loin.

ramify ['ramifai]. **1.** *v.tr.* Ramifier (un réseau de chemins de fer, etc.). **2.** *v.i.* Se ramifier.

rammer ['ramər], *s.* **1.** (*a*) Pilon *m*, bourroir *m*. *Pneumatic r.,* pilon à air comprimé. (*b*) Dame *f*, damoir *m*, demoiselle *f*, pilon, hie *f*, blin *m* (de paveur). (*c*) *Metall:* Fouloir *m*, batte *f* (de mouleur). **2.** *Artil:* Refouloir *m*. **3.** Mouton *m* (pour pieux); bélier *m* à pilotage. **4.** *Tls:* (*Pin-drift*) Repoussoir *m*.

rammish ['ramiʃ], *a. Dial:* A odeur forte; à odeur d'aisselles. To smell rammish, sentir le bouc, le bouquin, *A:* le gousset.

ramose [ra'mous], *a. Nat.Hist:* Rameux, branchu.

ramp[1] [ramp], *s.* **1.** (*a*) *Civ.E: Fort: Rail:* Rampe *f*; pente *f*, talus *m*. **Approach-ramp** *of a bridge,* rampe d'accès d'un pont. *Rail:* **Unloading ramp,** rampe de débarquement. *End loading r.,* rampe terminus inclinée pour chargement. (*b*) *Rail:* **Ramp for re-railing,** rampe; sabot *m* de remise. *Aut:* **Garage repair ramp,** ponton *m* de visite; pont élévateur. **2.** *Av:* **Illuminated landing ramp,** rampe lumineuse d'atterrissage.

ramp[2]. **1.** *v.i.* (*a*) *Her:* (*Of lion*) Se dresser sur ses pattes de derrière. (*b*) *F:* (*Of pers.*) Rager, tempêter, être furieux. **To ramp and rave,** crier comme un énergumène. (*c*) *Dial:* = ROMP[2]. (*d*) *Arch: Fort:* (*Of wall*) Ramper (suivre une pente déterminée). **2.** *v.tr.* Construire (un mur) en rampe, en pente.

ramp[3], *s. F:* **1.** Supercherie *f*. *The whole thing's a r.,* c'est un coup monté. **2.** Majoration exorbitante des prix. **The housing ramp,** le scandale des loyers.

rampage[1] [ram'peːidʒ], *s. F:* **To be on the rampage,** en avoir après tout le monde; ne pas décolérer; se comporter comme un fou.

rampage[2], *v.i. F:* **To rampage (about),** se conduire en énergumène, comme un fou; en avoir après tout le monde.

rampageous [ram'peidʒəs], *a. F:* **1.** Violent, furieux, tapageur; rageur, -euse. **2.** *R. hat,* chapeau tapageur. **-ly,** *adv.* **1.** Avec violence; avec fureur; rageusement. **2.** Tapageusement.

rampageousness [ram'peidʒəsnəs], *s.* **1.** Violence *f*, rage *f*. **2.** Conduite tapageuse.

rampancy ['rampənsi], *s.* **1.** Violence *f*. **2.** (*a*) Exubérance *f*, excès *m*, surabondance *f*. (*b*) *The r. of vice,* l'extension *f* du vice; l'effrénement *m* du vice.

rampant ['rampənt], *a.* **1.** *Her:* (Lion) rampant, acculé. **2.** (*Of pers., etc.*) Violent, déchaîné, effréné. *R. democracy,* démocratie effrénée. *Heresy, famine, is r. in the land,* l'hérésie *f*, la famine, sévit dans le pays. *Vice is r.,* le vice s'étale. **3.** (*Of plant, growth*) Exubérant, luxuriant. **4.** *Arch:* (*Of arch*) Rampant. **-ly,** *adv.* **1.** Violemment; sans frein. **2.** Surabondamment.

rampart[1] ['rampɑːrt], *s. Fort:* Rempart *m*.

rampart[2], *v.tr.* Entourer (une place, etc.) d'un rempart, de remparts.

rampion ['rampiən], *s. Bot:* Raiponce *f*.

Ramses ['ramsiːz]. *Pr.n.m.* = RAMESES.

ramshackle ['ramʃakl], *a.* Délabré; qui tombe en ruines; *F:* qui ne tient ni à fer ni à clou. *R. old house,* vieille maison délabrée. *R. old conveyance,* vieille guimbarde. *R. staircase,* escalier branlant. *R. furniture,* meubles boiteux. *R. empire,* empire délabré, croulant, qui menace ruine.

ramson ['rams(ə)n], *s. Bot:* Ail *m* des ours; ail des bois.

ran [ran]. *See* RUN[2].

ranch[1] [rɑːnʃ], *s. U.S:* Ranch *m*, prairie *f* d'élevage; ferme *f* d'élevage; élevage *m*.

ranch[2], *v. U.S:* **1.** *v.i.* Tenir, avoir, un ranch; exploiter un ranch; faire de l'élevage. **2.** *v.tr.* Exploiter (des prairies, etc.) en ranchs.

rancher ['rɑːnʃər], *s. U.S:* **1.** Propriétaire *m* d'un ranch. **2.** Employé *m* de ranch.

rancid ['ransid], *a.* Rance. To smell rancid, sentir le rance. To become rancid, grow rancid, rancir.

rancidity [ran'siditi], **rancidness** ['ransidnəs], *s.* Rancidité *f*, rancissure *f*.

rancorous ['raŋkərəs], *a.* Rancunier, haineux, rancuneux. *R. reproaches,* reproches fielleux, pleins de fiel. **-ly,** *adv.* Avec rancune, avec haine; haineusement.

rancour ['raŋkər], *s.* Rancune *f*, rancœur *f*, haine *f*. *To be full of r.,* être plein d'aigreur *f*.

rand [rand], *s.* **1.** *Bootm:* Couche-point *m*, *pl.* couche-points. **2.** *Geog:* The Rand, le Rand.

randan [ran'dan]. **1.** *adv.* To row randan, ramer, nager, à trois (l'homme du milieu nageant en couple). **2.** *s.* Canot conduit par trois rameurs dont un en couple et deux en pointe.

randem ['randəm]. **1.** *adv.* To drive randem, conduire à trois chevaux en flèche. **2.** *s.* Voiture *f* à trois chevaux en flèche.

Randolph ['randɔlf]. *Pr.n.m.* Rodolphe.

random ['randəm]. **1.** *s.* At random, au hasard, à l'aventure, à la volée. *To speak at r.,* parler à tort et à travers; parler en l'air; ne pas mesurer ses paroles. *To fire at r.,* tirer à coup(s) perdu(s), à toute volée. *To hit out at r.,* lancer des coups à l'aveuglette. **2.** *a.* (*a*) Fait au hasard. *R. choice,* choix fait au hasard. *R. shot,* coup tiré au hasard; coup perdu, balle perdue. (*b*) *Com: etc:* **Random lengths,** longueurs *f* tout-venant. *Const:* **Random ashlar-work,** maçonnerie *f* en moellons bruts.

randy ['randi], *a.* **1.** *Scot:* Grossièrement importun; à la langue grossière. **2.** (Taureau *m*) farouche; (cheval) rétif. **3.** (*Of pers.*) Luxurieux, lascif, émoustillé.

ranee ['rɑːniː], *s.f. Anglo-Indian:* Rani (épouse du rajah); reine.

rang [raŋ]. *See* RING[4].

range[1] [reːindʒ], *s.* **1.** (*a*) Rangée *f* (de bâtiments). *A long r. of arches and bridges,* toute une profilée d'arcs et de ponts. *A fine r. of cliffs,* une belle ligne de falaises. (*b*) Chaîne *f* (de montagnes). **2.** Direction *f*, alignement *m*. *Nau: etc:* In range with . . ., à l'alignement de (deux amers, etc.). **3.** (*a*) Champ *m* libre. *He has free r. of the house,* la maison lui est ouverte. *To give a free r. to one's fancy,* donner libre essor à son imagination. (*b*) *U.S:* Étendue *f* de terrain où les animaux paissent en liberté. (*c*) *Nat.Hist:* Région *f*, zone *f*, circonscription territoriale (habitat d'une plante, d'un animal). (*d*) *For:* (*In India*) Cantonnement *m*. **4.** (*a*) Étendue, portée *f*, champ, domaine *m*. *R. of knowledge, of thought,* étendue des connaissances, de la pensée. *R. of a science, of an art,* domaine, champ, d'une science, d'un art. **Range of action,** champ d'activité. **Range of a musical instrument,** étendue, clavier *m*, d'un instrument de musique. **Range of the voice,** étendue, diapason *m*, registre *m*, de la voix. **Range of vision,** étendue, portée, de la vue; portée visuelle. *See also* VISUAL 1. *R. of a telescope,* portée d'une lunette. *R. of audibility,* champ d'audibilité. *W.Tel:* *R. of audible frequencies,* bande *f* des fréquences audibles. *Phot:* *R. of contrast,* intervalle *m* de contraste. *The whole r. of politics,* le champ entier de la politique. *Unlimited r. of speculation,* vaste champ d'hypothèses. *The r. of my observation,* mon champ d'observation; le cercle de mes observations. *The r. of our ideas,* le cercle de nos idées. *His reading is of very wide r.,* ses lectures embrassent un champ très étendu. *R. of expression,* variété *f* de moyens d'expression. **Within my range, beyond my range,** à ma portée; hors de ma portée. *Piece that is not within my r.,* morceau *m* (de musique) qui n'est pas dans mes moyens. (*Of writer, artist*) **To go outside his range,** sortir de son talent. (*b*) **Range of the barometer,** variation *f* du baromètre. **Range of the tide,** quantité *f* dont la mer marne. **Mean range of the tide,** niveau moyen de la marée. *Increase of r. between two tides,* rapport *m* de marée. **Range of speeds,** gamme *f* de vitesses. *Av: etc:* *Wide r. of speeds,* grand écart de vitesse. *Phot:* *Plate with a wide r. of exposure,* plaque *f* qui s'accommode des écarts de pose. **Range of colours, of sizes,** gamme de colorations, de couleurs; série *f* de dimensions. *Wide r. of patterns,* ample assortiment *m*, ample série, d'échantillons. (*c*) **The whole range of events,** la série complète des événements. *The whole r. of poetic emotions, etc., F:* toute la lyre. **5.** *Ball:* (*a*) La distance. **At a range of . . .,** à une distance de. . . . *F:* *Within a r. of twenty miles,* dans un rayon de vingt milles; à vingt milles à la ronde. **Engagement at short range,** action *f* à faible distance, à petite portée, à courte portée. **At long range,** à longue portée, à grande portée. **'High range!'** "grande hausse!" **'Low range!'** "petite hausse!" **To take key ranges,** repérer les distances. *Taking of key ranges,* repérage *m* des distances. *To correct the r.,* rectifier le tir. *To lengthen, shorten, the r.,* allonger le tir; raccourcir le tir, diminuer la portée. *Navy:* *To set the r. of a torpedo,* régler le parcours d'une torpille. (*b*) Portée (d'une arme à feu). *Rifle that has a r. of a thousand yards,* fusil *m* qui porte à mille mètres. **Within range,** à portée de tir. *Navy:* *Ship within torpedo r.,* vaisseau *m* à portée de lancement, à distance de lancement, d'une torpille. **At effective range,** à portée efficace. *Aeroplane* **out of range,** avion *m* hors de portée, hors d'atteinte. *Beyond the r. of the guns,* hors de portée du canon. **6. Shooting-range,** (champ de) tir. *Mil:* **Experimental range,** polygone *m*. *Navy:* **Torpedo range,** polygone de réglage des torpilles. **7.** *Nau:* (*a*) *A:* Bitture *f* (de câble). (*b*) *pl.* **The ranges,** les bittes *f*. **8.** *Dom.Ec:* Fourneau *m* de cuisine; cuisinière anglaise. **Gas range,** fourneau à gaz.

'range-card, *s. Artil:* Planchette *f*.

'range-dial, *s. Artil:* Cadran *m* de pointage.

'range-finder, *s. Artil: etc:* Télémètre *m*; indicateur *m* de distance.

'range-finding, *s. Artil:* Télémétrie *f*.

'range-heads, *s.pl. Nau:* Bittes *f* du cabestan.

'range-pole, *s. Surv:* Jalon *m*.

'range-table, *s. Artil: etc:* Table *f* de tir.

range². I. *v.tr.* **1.** (*a*) Ranger, aligner (des troupes, etc.); disposer (des objets) en ordre, en ligne. *Typ:* **To range the type,** aligner les caractères, les lignes. *Line that needs ranging,* ligne sortante. *Nau:* **To range the cable,** élonger la chaîne (de l'ancre). *They ranged themselves along the kerb,* ils se sont alignés, rangés, le long du trottoir. (*b*) Ranger, classer. **To range oneself with s.o., against s.o.,** se ranger du côté de qn, contre qn. **To range s.o. among great men,** ranger qn au nombre des grands hommes, parmi les grands hommes. *To range timber,* triquer, trier, les bois. **2.** (*a*) Parcourir (la ville, l'horizon); suivre (le bord d'un fleuve). *Nau:* **To range the land,** ranger la terre; longer la côte. (*b*) **To range one's eyes round sth.,** parcourir qch. des yeux. **3.** (*a*) Braquer (un télescope). (*b*) *Abs. Artil:* Régler le tir.

II. **range,** *v.i.* **1.** (*a*) S'étendre (*from one place to another, between two places,* d'un endroit à un autre, entre deux endroits). *Island that ranges along the mainland,* île qui longe la terre ferme. *Houses that r. along the railway,* maisons qui longent la voie. *The frontier ranges from north to south,* la frontière va, s'étend, du nord au sud. (*b*) *Our house ranges with the next building,* notre maison est à l'alignement du bâtiment voisin. *Books that r. well with one another,* livres *m* qui s'alignent bien. (*c*) *To r. with the great poets,* être classé au nombre des grands poètes. **2.** (*a*) Courir, errer. *To r. over the country,* parcourir le pays; rôder à travers le pays. *His eyes ranged over the audience,* ses yeux se promenaient sur l'auditoire; il parcourut des yeux l'auditoire. *Researches ranging over a wide field,* recherches *f* qui s'étendent sur un vaste terrain. *To r. far and wide* (*in a speech*), discourir à perte de vue. (*b*) *Nau:* (*Of ship*) **To range on the cable,** rappeler sur sa chaîne. (*c*) *Latitudes between which a plant ranges,* latitudes entre lesquelles on trouve une plante; latitudes limites de l'habitat d'une plante. **3.** *Strip that ranges from two to three inches in width,* bande *f* qui varie de deux à trois pouces en largeur. *Temperatures ranging from ten to thirty degrees,* températures comprises, s'échelonnant, entre dix et trente degrés. *Incomes ranging about £300,* revenus *m* de l'ordre de trois cents livres sterling. **4.** *Artil:* (*Of projectile*) Porter (*over a given distance,* à une distance donnée). *These guns r. over six miles,* ces pièces ont une portée de six milles.

ranging, *s.* **1.** Rangement *m,* alignement *m* (des troupes); disposition *f* (des objets) en ordre. *Typ:* Alignement (des caractères). **2.** *Artil:* Réglage *m* du tir. **Ranging fire,** tir de réglage. *See also* SOUND-RANGING, STAKE¹ 1.

ranger ['reindʒər], *s.* **1.** (*a*) *A:* Rôdeur *m,* vagabond *m.* *See also* BUSH-RANGER. (*b*) *Ven:* Chien courant (qui bat le pays); limier *m.* **2.** (*a*) *A:* Conservateur *m* des forêts; garde forestier. (*b*) *For:* (*In India*) Garde-général adjoint, *pl.* gardes-généraux. (*c*) Grand maître des parcs royaux. **3.** *pl. Mil:* (*a*) **The Rangers,** les Chasseurs *m* (à cheval). (*b*) *U.S:* Troupes montées faisant fonction de gendarmerie.

rangership ['reindʒərʃip], *s.* Charge *f* de grand maître des parcs royaux.

Rangoon [raŋ'guːn]. *Pr.n. Geog:* Rangoun *m.*

rangy ['reindʒi], *a.* **1.** (Animal) effilé. **2.** (Pays) montueux, montagneux.

ranine ['reinain], *a. Anat:* *R. vein,* veine ranine.

rank¹ [raŋk], *s.* **1.** *Mil:* (*a*) Rang *m.* **Front rank,** premier rang. **Rear rank,** (i) second rang; (ii) dernier rang. *See also* REAR¹ II. *To draw up troops in two ranks,* mettre des soldats en ligne sur deux rangs. **To close the ranks,** serrer les rangs. *To pass down the ranks,* passer sur le front (des hommes rassemblés). **To break rank,** (i) rompre les rangs; (ii) quitter son rang, les rangs. **To keep rank,** garder les rangs. **To fall into rank,** se mettre en rangs; prendre, former, les rangs. (*b*) *pl.* **The ranks,** les rangs; les simples soldats; les hommes (de troupe). **To rise from the ranks,** sortir du rang; de simple soldat passer officier. *To have risen from the ranks,* (i) *Mil:* avoir passé par les cadres; (ii) *F:* être parti de rien. *Officer risen from the ranks, promoted from the ranks,* officier sorti du rang, des rangs; *A:* officier de fortune. **To reduce an N.C.O. to the ranks,** faire rentrer un gradé dans les rangs; casser un homme de son grade; priver un homme de ses galons. *Reduction to the ranks,* dégradation *f* militaire. **To serve in the ranks,** être simple soldat. *To return to the ranks,* rentrer dans les rangs. *See also* RAISE² 5. (*c*) **The rank and file,** les hommes de troupe (simples soldats et gradés); la troupe. *Ten officers and two hundred r. and file,* dix officiers et deux cents hommes. **2.** (*a*) Rang (social), classe *f.* *High r., exalted r.,* rang élevé. *People of all ranks,* gens *m* de tous les rangs, de toutes les classes de la société. **Person of (high) rank,** personne *f* de haut rang; personne de qualité, de condition. **The rank and fashion,** *F:* la haute gomme. *According to one's r.,* selon son rang. *To rise to high r.,* s'élever aux dignités *f.* **To take rank with s.o.,** prendre rang avec qn; avoir le rang de qn. **Dancer of the first rank,** *F:* danseuse *f* de la première volée. **Artist of second rank, second-rank artist,** artiste *mf* de second plan. *Writer not in the first r.,* écrivain *m* d'arrière-plan. *The higher ranks of the secretariat,* la haute direction du secrétariat. (*b*) *Mil: Navy: etc:* Grade *m.* *R. of captain,* grade de capitaine. *He had attained the r. of captain,* il était passé capitaine. *Officer of high r.,* officier supérieur. *Permanent r., temporary r.,* grade à titre définitif, à titre temporaire. **Substantive rank,** grade effectif. **To hold a rank,** détenir un grade. *To hold the r. of colonel,* avoir rang de colonel. **To resign one's rank,** rendre ses galons. *He is above me in r., F:* il est mon supérieur hiérarchique. **All ranks,** (i) officiers et troupe; (ii) *F:* tous sans exception. *Adm:* **Officers and other ranks,** officiers et troupe. **3.** (**Cab-, taxi-)rank,** (i) station *f* (de fiacres, de taxis); stationnement *m* (pour fiacres, pour taxis); (ii) les taxis *m* en station. *The taxi at the head of the r.,* le taxi en tête de file.

rank². **1.** *v.tr.* (*a*) *Mil:* Ranger (des troupes). *See also* CLOSE-RANKED. (*b*) **To rank s.o. among the great writers,** ranger, compter, qn parmi les grands écrivains; mettre qn au rang, placer qn au nombre, des grands écrivains. (*c*) *U.S:* **To rank s.o.,** occuper un rang supérieur à qn; avoir le pas sur qn. *To r. s.o. in age,* être l'aîné de qn. **2.** *v.i.* (*a*) Se ranger, être classé, être placé (*among,* parmi). *To r. among the best,* compter parmi les meilleurs. *To r. third,* venir au, en, troisième rang. *To r. as a citizen,* avoir qualité de citoyen. **To rank with s.o.,** avoir le même rang que qn; prendre rang avec qn; aller de pair avec qn. *Corporals to r. with sergeants for this duty,* les caporaux sont assimilés aux sergents pour ce service. **To rank above s.o., below s.o.,** occuper un rang supérieur, inférieur, à qn; être supérieur, inférieur, à qn. **To rank after s.o.,** prendre rang, avoir rang, après qn. *F:* **To rank before s.o.,** primer qn; avoir le pas sur qn. *Fin:* **Shares that rank first in dividend rights,** actions qui priment en fait de dividende. *The preference shares of all issues shall rank equally,* les actions privilégiées de toutes les émissions prendront le même rang. **The shares will rank for the July dividend,** les actions prendront part à la distribution de dividendes en juillet. (*b*) *Mil:* **To rank past,** défiler. **To rank off,** partir en marche.

ranking¹, *a.* **1.** *The r. economists of the age,* les économistes éminents de l'époque. **2.** *U.S:* **Ranking officer,** supérieur *m* hiérarchique.

ranking², *s.* Rang *m.* *Jur:* **Ranking of a creditor,** collocation *f* utile.

rank³, *a.* **1.** (*Too luxuriant*) (Trop) luxuriant; prolifique; (trop) fort; exubérant, dru. *R. vegetation,* végétation luxuriante. *R. grass,* herbe haute et touffue; herbe drue. *The rankest weeds,* les mauvaises herbes les plus vigoureuses. *Land too r. for corn,* sol trop fort, trop riche, trop gras, pour le blé. (*Of grass, etc.*) **To grow rank,** croître trop rapidement, trop dru; (*of weeds*) pulluler. **2.** (*a*) (*Foul-smelling*) Rance; fort (en odeur); fétide. **To smell rank,** sentir fort. (*b*) (*Loathsome, gross*) Grossier, répugnant. **3.** (*Thorough*) Complet, -ète, absolu. **Rank poison,** (i) vrai poison; (ii) poison violent. *R. idolatry,* pure idolâtrie. *R. pedant,* pédant fieffé. *R. duffer,* parfait imbécile. *R. injustice,* injustice criante. *R. malice,* malice noire. *R. lie,* mensonge grossier; mensonge odieux. *R. swindler,* pur escroc. *R. stupidity,* stupidité grossière. *See also* OUTSIDER 1. **-ly,** *adv.* **1.** Fortement, avec exubérance, surabondamment, dru. **2.** Avec une odeur fétide. **3.** Grossièrement. *R. cheated,* grossièrement abusé.

ranker ['raŋkər], *s.* **1.** Simple soldat *m.* **Gentleman ranker,** fils de famille qui s'est engagé dans les rangs (le plus souvent comme pis-aller, à la suite de bêtises). **2.** Officier sorti des rangs.

rankle [raŋkl], *v.i.* **1.** (*a*) *A:* (*Of wound, sore*) S'envenimer, s'enflammer; s'ulcérer ou être ulcéré. (*b*) *F:* **The wound still rankles,** c'est une plaie qui saigne encore. **2.** (*Of feelings, events*) **To rankle in s.o.'s mind, in s.o.'s heart,** rester sur le cœur de qn. *This refusal rankles in his mind,* ce refus lui reste, lui demeure, sur le cœur; il garde de ce refus une rancœur; il n'a pas digéré ce refus. *It rankled with her,* cela lui tenait au cœur.

rankling¹, *a.* **1.** (*a*) (*Of wound*) Envenimé, enflammé. (*b*) (*Of hatred*) Envenimé, venimeux. **2.** (*Of injustice, etc.*) Qui a laissé une rancœur.

rankling², *s.* **1.** *A:* Inflammation *f,* ulcération *f* (d'une blessure). **2.** Rancœur (laissée par une injustice, etc.).

rankness ['raŋknəs], *s.* **1.** Luxuriance *f,* exubérance *f,* surabondance *f* (de la végétation, des mauvaises herbes). **2.** Goût fort et désagréable; odeur forte; fétidité *f.* **3.** Grossièreté *f* (d'une insulte, d'un mensonge).

ransack ['ransak], *v.tr.* **1.** Fouiller (une bibliothèque, un tiroir, les poches de qn); fouiller dans (sa mémoire). *They had ransacked the room to find the letter,* on avait retourné la pièce pour trouver la lettre. *To r. the dictionary for adjectives,* piller le dictionnaire à la recherche d'adjectifs. *To r. London for a book,* fouiller (dans) tout Londres pour trouver un livre. **2.** Dévaliser, faire le sac de, saccager, piller (une maison, etc.). *The palace was ransacked of its valuables,* le palais fut mis à sac et dépouillé de tous objets de valeur.

ransacking, *s.* Pillage *m.*

ransom¹ ['ransəm], *s.* **1.** (*a*) Rachat *m* (d'un captif). *Hist:* **The Order of Our Lady of Ransom,** l'ordre *m* de Notre-Dame de la Merci. **To hold s.o. to ransom,** mettre qn à rançon; rançonner qn. *Holding to r.,* rançonnement *m.* (*b*) *Jur:* **Ransom of cargo,** rachat de cargaison. (*c*) *Theol:* Rachat (de l'humanité par Jésus-Christ). **2.** Rançon *f.* **To pay ransom,** payer rançon. *To exact a r. from s.o.,* rançonner qn. *F:* **It will cost a king's ransom,** cela coûtera une rançon de roi. *To obtain sth.* **at a ransom price,** obtenir qch. à prix d'or. *Furs at r. prices,* fourrures *f* hors de prix.

'ransom-bill, -bond, *s. Hist:* Engagement *m* à payer par la suite sa rançon, ou la rançon d'un navire capturé en course.

ransom², *v.tr.* **1.** (*a*) Racheter (qn); payer la rançon de (qn); payer rançon pour (qn). (*b*) Racheter, expier (qch.). **2.** (*a*) Mettre (qn) à rançon; rançonner (qn); faire payer rançon à (qn). (*b*) *Hist:* Faire payer rançon à (un navire capturé en course).

ransoming, *s.* **1.** Rachat *m.* **2.** Mise *f* à rançon; rançonnement *m.*

ransomer ['ransəmər], *s.* Celui qui paye la rançon (de qn, *Hist:* d'une capture).

rant¹ [rant], *s.* **1.** Déclamation extravagante (d'un acteur, d'un orateur). **2.** Discours creux; rodomontades *fpl*; discours d'énergumène.

rant². **1.** *v.i.* Faire l'énergumène; déclamer avec extravagance; tenir un langage déclamatoire; *A:* faire le rodomont; *F:* tempêter, tonitruer, extravaguer. **2.** *v.tr.* Déclamer (un rôle, un discours) avec extravagance.

ranting¹, *a.* Déclamatoire; tonitruant; (discours *m*) d'énergumène.

ranting², *s.* = RANT¹.

rantan [ran'tan], *s. P:* Noce *f,* bombe *f.* **To be, go, on the rantan,** faire la noce.

ranter ['rantər], *s.* Déclamateur, -trice; énergumène *mf*; harangueur *m.*

ranula ['ranjulə], *s. Med:* Ranule *f*, grenouillette *f* (sous la langue).

ranunculaceae [ranʌŋkju'leisii:], *s.pl. Bot:* Renonculacées *f.*

ranunculus, *pl.* **-uses, -i** [ra'nʌŋkjuləs, -əsiz, -ai], *s. Bot:* Renoncule *f.*

rap[1] [rap], *s.* Petit coup sec et dur. **To give s.o. a rap on the knuckles**, donner sur les doigts à qn; *F:* remettre qn à sa place. *To give s.o. a rap on the head*, donner une calotte, une taloche, à qn. **A rap at the door**, un coup (frappé) à la porte. *There was a rap, a rap came, at the door*, on frappa à la porte. *F:* **To have a rap at s.o.**, donner un coup de dent à qn; donner sur les doigts à qn.

rap[2], *v.* (**rapped; rapping**) **1.** *v.tr.* Frapper (qch.); donner un coup sec à (qch.). *The chairman rapped the table*, le président frappa sur la table. **To rap s.o.'s knuckles; to rap s.o. on the knuckles**, (i) donner sur les doigts à qn; (ii) (*also U.S:* **to rap s.o.**) semoncer, tancer, qn. *Metall:* **To rap a pattern**, ébranler, ballotter, un modèle (avant de le retirer). **2.** *v.i. To rap at the door, on the table*, frapper un coup, donner un coup sec, à la porte, sur la table; cogner, frapper, sur la table. *Psychics:* **Rapping spirits**, esprits frappeurs.

rap out, *v.tr.* **1. To rap out an oath**, lâcher, lancer, décocher, un juron. **To rap out one's words**, parler sec. **2.** *Psychics:* (*Of spirit*) **To rap out a message**, faire une communication au moyen de coups frappés.

rapping, *s.* Coups frappés. *See also* SPIRIT-RAPPING, TABLE-RAPPING.

rap[3], *s. Tex:* Échevette *f* (de fil).

rap[4], *s.* **1.** (*a*) *Hist:* Petite pièce fausse d'un demi-farthing, qui avait cours en Irlande. (*b*) *F: A:* Sou *m*, liard *m.* **2.** *F:* **Not a rap**, rien du tout. *It isn't worth a rap*, ça ne vaut pas tripette; ça ne vaut pas chipette. *See also* CARE[2] 1.

rapacious [ra'peiʃəs], *a.* (Oiseau *m*, avare *m*, etc.) rapace; (marchand, etc.) voleur, -euse. (*Of pers.*) *To be r.*, avoir les ongles, les doigts, crochus; avoir les mains crochues. **-ly**, *adv.* Avec rapacité.

rapaciousness [ra'peiʃəsnəs], **rapacity** [ra'pasiti], *s.* Rapacité *f.*

rape[1] [reip], *s.* **1.** *Poet:* Rapt *m*, enlèvement *m*, ravissement *m.* **The rape of the Sabines, of Helen**, l'enlèvement des Sabines; le ravissement d'Hélène. *Lit:* **The Rape of the Lock**, la Boucle de cheveux dérobée. **2.** *Jur:* Viol *m. Assault with intent to commit r.*, tentative *f* de viol.

rape[2], *v.tr.* **1.** *Poet:* Ravir (une femme); enlever de force (une femme). **2.** *Jur:* Violer (une femme).

rape[3], *s. Adm:* District administratif (du comté de Sussex; ils sont au nombre de six).

rape[4], *s. Bot:* **1.** (**Summer**) **rape**, colza *m.* **2.** Navette *f.* **3. Wild rape**, sénevé *m* sauvage, moutarde *f* des champs.

'rape-cake, *s. Husb:* Tourteau *m* de colza.

'rape-oil, *s.* Huile *f* de colza; (huile de) navette *f.*

'rape-seed, *s.* Graine *f* de colza. **Rape-seed oil** = RAPE-OIL.

rape[5], *s.* **1.** (*Usu. pl.*) Marc *m* de raisin; râpe *f.* **2.** *A:* **Rape (wine)**, râpé *m*, criquet *m.*

Raphael ['rafeiəl]. *Pr.n.m.* Raphaël.

Raphaelesque [rafeiə'lesk], *a.* Raphaélesque.

Raphaelite ['rafeiəlait], *s. Art:* Disciple *m* de Raphaël.

raphe, *pl.* **raphae** ['reifi, -i:], *s. Anat: Bot:* Raphé *m.*

raphia ['rafiə], *s. Bot:* = RAFFIA.

rapid ['rapid]. **1.** *a.* Rapide. (*a*) *R. movement*, mouvement *m* rapide. *To make r. progress*, faire des progrès rapides. *Artil:* **Rapid fire**, feu accéléré, continu. (*b*) **Rapid slope**, pente *f* rapide, raide. **2.** *s.* (*Usu. pl.*) *Geog:* Rapide *m* (d'un fleuve). **To shoot the rapids**, franchir les rapides (en canoë). **-ly**, *adv.* Rapidement; à grands pas.

'rapid-'fire, *attrib.a. Artil:* (Canon *m*) à tir rapide.

'rapid-'firer, *s. Artil:* Canon *m* à tir rapide.

'rapid-'firing, *a. Artil:* = RAPID-FIRE.

'rapid-'flowing, *a.* (Cours *m* d'eau) à course rapide.

rapidity [ra'piditi], *s.* Rapidité *f.*

rapier ['reipiər], *s.* Rapière *f.* **Rapier thrust**, (i) coup *m* d'estoc, de pointe; (ii) *F:* trait *m* (de satire, etc.).

rapine ['rapain], *s.* Rapine *f. To live by r.*, vivre de rapine.

rappee [ra'pi:], *s.* Tabac râpé.

rapper ['rapər], *s.* **1.** (*a*) Frappeur, -euse. *See also* SPIRIT-RAPPER. (*b*) Acheteur *m* d'antiquités (dans les campagnes, etc.); antiquaire *m* qui fait des tournées. **2.** *Min:* (Marteau *m*) avertisseur *m.*

rapporteur [rapər'tə:r], *s.* Rapporteur *m* (d'une conférence).

rapscallion [rap'skaljən], *s.* Homme *m* de rien, canaille *f*, vaurien *m*, propre *m* à rien.

rapt [rapt]. **1.** *p.p.* (*a*) Enlevé. **Rapt (away, up) into heaven**, transporté au ciel. (*b*) Ravi, enchanté, extasié (*by*, par). (*c*) Occupé profondément; absorbé (*in*, dans). **Rapt in contemplation**, plongé dans la contemplation; recueilli. **2.** *a.* (*Of attention, interest*) Profond, enthousiaste. *To listen to s.o. with r. attention*, écouter qn avec une attention profonde; *F:* être suspendu aux lèvres de qn.

raptores [rap'tɔ:ri:z], *s.pl. Orn:* Rapaces *m.*

raptorial [rap'tɔ:riəl], *a.* (Oiseau *m*) de proie. *The r. birds*, les rapaces *m.*

rapture ['raptjər], *s.* Ravissement *m*, extase *f*, transport *m*, ivresse *f. To dance with r.*, danser avec ivresse. *Poet: The r. of strife*, la griserie de la lutte. **To be in raptures**, être ravi, enchanté (*with, over*, de); être dans le ravissement, être en extase. *In raptures of admiration, of delight*, transporté d'admiration, de joie. **To go into raptures**, s'extasier (*over*, sur); tomber en extase, se pâmer de joie. **To throw s.o. into raptures**, ravir, transporter, enthousiasmer, faire s'extasier, qn.

raptured ['raptjərd], *a.* Ravi; transporté (d'admiration, etc.).

rapturous ['raptjurəs], *a.* **1.** (Cris *mpl*) de ravissement, d'extase, d'enthousiasme; (joie *f*) frénétique. *R. applause*, applaudissements *m* enthousiastes, frénétiques. **2.** Ravi, transporté; en extase. **-ly**, *adv.* Avec transport, avec enthousiasme, avec frénésie; avec ravissement; d'un air ravi.

rara avis ['rɛərə 'eivis], *Lt.phr. F:* Oiseau *m* rare; rara avis.

rare[1] ['rɛər], *a.* **1.** (Atmosphère *f*) rare, peu dense. **2.** *R. object, r. occurrence*, objet *m*, événement *m*, rare; rareté *f.* **To grow rare, rarer**, se raréfier. *It is r., it is a r. thing, for him to do that*, il est rare qu'il fasse cela. *R. courage*, courage *m* rare; rare courage. *Ch:* **Rare earths**, terres *f* rares. **3.** *F:* Excellent, fameux, fier. *You gave me a r. fright*, tu m'as fait une fière peur. *A r. thrashing*, une raclée soignée. *We had r. fun*, on s'est fameusement, richement, amusé. *To miss a r. occasion*, rater une riche occasion. **I am a rare one to . . .**, je suis un homme comme il y en a peu pour. . . . **-ly**, *adv.* **1.** Rarement. **2.** *F:* Fameusement, merveilleusement.

rare[2], *a. U.S:* Peu cuit; cuit à demi; (bifteck) saignant.

rarebit ['rɛərbit], *s. Cu:* **Welsh rarebit** = *Welsh rabbit, q.v. under* RABBIT[1] 2.

raree-show ['rɛəri:ʃou], *s. A:* Spectacle forain de curiosités; petit spectacle ambulant (porté dans une boîte); "optique" *f.*

rarefaction [rɛəri'fakʃ(ə)n], *s.* Raréfaction *f* (de l'air, *Med:* du tissu osseux).

rarefactive [rɛəri'faktiv], *a. Ph:* Raréfiant.

rarefiable ['rɛərifaiəbl], *a. Ph:* Raréfiable.

rarefy ['rɛərifai]. **1.** *v.tr.* (*a*) Raréfier (l'air, un gaz). (*b*) Affiner (le goût); subtiliser (une idée). **2.** *v.i.* (*Of the air, of a gas, Med: of bone*) Se raréfier.

rarefied, *a.* (Air) raréfié, *A:* subtil. *To become r.*, se raréfier. *R. state*, subtilité *f* (de l'air).

rarefying[1], *a.* Raréfiant.

rarefying[2], *s.* Raréfaction *f.*

rareness ['rɛərnəs], *s.* **1.** Rareté *f* (de l'atmosphère). **2.** (*a*) Rareté (d'un objet). (*b*) Excellence *f.*

rarity ['rɛəriti], *s.* **1.** = RARENESS. **2.** Objet *m* rare; événement *m* rare. *Museum full of rarities*, musée plein de raretés. *Here a fine day is a r.*, ici les belles journées sont rares.

rasant ['reiz(ə)nt], *a. Mil:* **Rasant fortification**, fortification rasante.

rascal ['rɑ:sk(ə)l]. **1.** *s.* Coquin *m*, gredin *m*, pendard *m*, fripon *m*; mauvais sujet. *Young r., P:* gouspin *m. F:* **You little rascal!** petit coquin! *That r. of a nephew of mine*, mon polisson de neveu. *See also* WRAP-RASCAL. **2.** *a. A:* Du bas peuple; vulgaire. **The rascal rout**, le vulgaire, la canaille.

rascaldom ['rɑ:skəldəm], *s.* **1.** *Coll.* Le monde des gredins, des fripons. **2.** (**Piece of**) **rascaldom**, coquinerie *f*, gredinerie *f.*

rascalism ['rɑ:skəlizm], *s.* Coquinerie *f*, gredinerie *f.*

rascality [rɑ:s'kaliti], *s.* = RASCALDOM.

rascally ['rɑ:skəli], *a.* **1.** De coquin, de gredin; canaille; (homme de loi) retors. *These r. servants!* ces canailles de domestiques! **Rascally trick**, méchant tour; friponnerie *f.* **2.** Misérable, ignoble.

rase [re:iz], *v.tr.* = RAZE.

rash[1] [raʃ], *s. Med:* Éruption *f*; exanthème *m*; efflorescences *fpl* (de la rougeole). **Teething rash, tooth rash**, gourme *f*, strophulus *m. The r. comes out at the end of three days*, l'éruption paraît au bout de trois jours. (*In measles*) **The rash is out**, *F:* la rougeole est sortie. *See also* HEAT-RASH, NETTLE-RASH.

rash[2], *a.* Téméraire; irréfléchi, étourdi; inconsidéré, impétueux. *R. words*, paroles inconsidérées, imprudentes. *R. person*, personne téméraire, imprudente. **Rash act**, (i) coup *m* de tête; (ii) *Journ:* suicide *m* ou tentative *f* de suicide. *R. measures*, mesures inconsidérées. *R. judgment, statement*, jugement *m*, affirmation *f*, téméraire. *See also* PHILIP. **-ly**, *adv.* Témérairement; inconsidérément, imprudemment, impétueusement, follement. *To speak r.*, parler à la légère. *To act r.*, agir sans réflexion, à l'étourdie.

rasher ['raʃər], *s. Cu:* Tranche (de lard) grillée ou frite.

rashness ['raʃnəs], *s.* Témérité *f*; précipitation *f*, étourderie *f*; imprudence *f. To pay for one's r.*, payer sa témérité; *F:* payer la folle enchère.

rasp[1] [rɑ:sp], *s.* **1.** *Tls:* Râpe *f.* **Rasp-file**, écouane *f*; grosse lime; lime mordante. **Triangular rasp**, trois-quarts *m inv.* **Wood rasp**, râpe pour bois. **2.** *Ven:* Obstacle *m* difficile à franchir (à la chasse à courre). **3.** Bruit *m* de râpe; crissement *m*, grincement *m.*

rasp[2]. I. *v.tr.* **1.** Râper (le bois, etc.); chapeler (du pain). **2.** Racler, frotter (une surface); écorcher (la peau; *F:* l'oreille). *Wine that rasps the throat*, vin *m* qui racle, écorche, le gosier. **3. To rasp s.o.'s feelings**, froisser qn; produire une impression désagréable sur qn; *F:* taper sur les nerfs à qn. *P: To r. s.o.*, raser qn; scier le dos à qn.

II. **rasp**, *v.i.* **1.** Grincer, crisser. *F:* **To rasp on a violin**, racler du violon. **2.** Parler d'une voix âpre. *v.tr.* **To rasp out an insult**, lâcher une insulte d'une voix âpre. *To r. out an order*, donner un ordre d'une voix rauque, sèche.

rasp away, off, *v.tr.* Enlever (qch.) en râpant, à la râpe. *Cu: To r. away the crust of the bread*, chapeler la croûte.

rasping[1], *a.* **Rasping sound**, bruit *m* de râpe; son grinçant, irritant; crissement *m.* **Rasping voice**, voix rauque, âpre, sèche; *F:* voix de crécelle. **-ly**, *adv.* D'un ton ou d'une voix rauque, âpre; *F:* avec une voix de crécelle.

rasping[2], *s.* **1.** (*a*) Râpage *m.* (*b*) Travail *m* à la râpe; raclage *m.* **2. Rasping (sound)**, bruit *m* de frottement. *Med:* **Rasping (murmur)**, bruit de scie, de râpe; râpe *f* (du cœur). **3.** *pl.* **Raspings**, râpure(s) *f*(*pl*).

raspatory ['rɑ:spətəri], *s. Tls: Surg:* Râpe *f.*

raspberry ['rɑ:zbəri], *s.* **1.** Framboise *f.* **Raspberry bush, raspberry cane(s)**, framboisier *m. R. field*, framboiserie *f.* **Raspberry vinegar**, vinaigre à la framboise. *See also* CANE[1] 1. **2.** *P:* Bruit *m* des lèvres à l'imitation d'un pet. **To blow s.o. a raspberry, to give s.o. the raspberry**, faire nargue à qn, = dire zut à qn; *P:* = envoyer chier qn. **To get the raspberry,** (i) essuyer une rebuffade; (ii) se faire engueuler.

rasper ['rɑːspər], *s.* **1.** (*Pers.*) Râpeur, -euse. **2.** *Tls:* Râpe *f.* **3.** = RASP[1] 2.

raspy ['rɑːspi], *a.* (*Of tongue*) Râpeux.

rasse ['rasi, ras], *s.* *Z:* Genette *f* rasse.

rat[1] [rat], *s.* **1.** *Z:* Rat *m.* **Black rat, old-English rat,** rat noir. **Grey rat, brown rat, Norway rat,** (rat) surmulot *m.* **Sewer rat,** rat d'égout. *Female of the rat,* **she-rat,** rate *f.* *See also* MUSK-RAT, PHARAOH 2, WATER-RAT, WHARF-RAT. *To clear a place of rats,* dératiser un endroit. *Extermination of rats,* dératisation *f.* **Rat week,** semaine *f* de dératisation. *Rat colony (in ship, etc.),* ratage *m.* *F:* **A rat's nest,** un nid à rats. **To smell a rat,** se douter de quelque chose; soupçonner anguille sous roche; *A:* subodorer quelque chose. *I smelt a rat at once,* cela m'a mis la puce à l'oreille. **To die like a rat in a hole,** mourir dans son trou, sans secours. **To be caught like a rat in a trap,** être pris comme un rat au piège. *P:* **To have rats in the attic,** avoir une araignée au plafond. **To have (got) the rats,** (i) être en rogne; (ii) être en proie au delirium tremens. **Rats!** (i) zut! *P:* va-t'en voir s'ils viennent! (ii) (*in disbelief*) allons donc! (iii) (*in defiance*) chiche! *See also* DROWNED. **2.** (*a*) *Pol:* Transfuge *m,* renégat *m,* saxon *m.* (*b*) *Ind:* Gâte-métier *m inv;* jaune *m;* renard *m.*

'rat-catcher, *s.* **1.** Preneur *m* de rats. **2.** *Ven:* *F:* (*Of fox-hunter*) **To wear a rat-catcher,** porter un simple costume d'équitation.

'rat-catching, *s.* Chasse *f* aux rats.

'rat-eaten, -gnawed, *a.* (*Of fruit, etc.*) Raté; mangé des rats.

'rat-poison, *s.* Mort *f* aux rats; tord-boyaux *m inv.*

'rat's-tail, *s.* **1.** *Vet:* Arête *f* (à la jambe d'un cheval); queue-de-rat *f, pl.* queues-de-rat. **2.** *Tls:* (Lime *f*) queue-de-rat.

'rat-tail, *s.* **1.** Queue *f* de rat. *Tls:* **Rat-tail file,** queue-de-rat *f, pl.* queues-de-rat. **2.** = RAT'S-TAIL 1. **3.** (Cheval *m*) queue-de-rat *m.* **4.** *Ich:* Macroure *m,* grenadier *m.*

'rat-tailed, *a.* **Rat-tailed horse, file,** cheval *m,* lime *f,* queue-de-rat.

'rat-tight, *a.* (Magasin *m,* etc.) à l'abri des rats.

'rat-trap, *s.* Piège *m* à rats; ratière *f.* *Cy:* **Rat-trap pedals,** pédales *f* à scie(s), à dents.

rat[2], *v.i.* (**ratted; ratting**) **1.** (*Of pers.*) Faire la chasse aux rats, attraper des rats; (*of dog*) tuer des rats. **2.** *F:* (*a*) (*Of politician*) Tourner casaque, retourner sa veste, changer de chemise, (re)virer de bord; faire défection, défectionner, abandonner son parti. (*b*) *Ind:* (*Of workman*) Faire le jaune; faire le renard. (*c*) *To rat on a pal,* vendre un copain.

ratting, *s.* **1.** Chasse *f* aux rats. **2.** Apostasie *f.*

rat[3], *v.tr.* = DRAT. (*Used in the imp.*) *A:* **Rat me if . . .,** que le diable m'emporte si. . . .

rata ['rɑːta], *s.* *Bot:* Métrosidère *m,* métrosidéros *m* (de la Nouvelle-Zélande).

ratable ['reitəbl], *a.* = RATEABLE.

ratafia [rata'fiːa], *s.* Ratafia *m.*

ratal ['reit(ə)l], *s.* *Adm:* Valeur locative imposable (d'un immeuble); évaluation cadastrale (d'un terrain à bâtir).

ratch[1] [ratʃ], *s.* **1.** = RATCHET. **2.** = RATCHET-WHEEL.

ratch[2], *v.tr.* **1.** Munir (une roue, etc.) d'un encliquetage. **2.** Denter, endenter (une roue).

ratchet ['ratʃet], *s.* **1.** Encliquetage *m* à dents. **2.** Cliquet *m,* rochet *m,* chien *m;* entraîneur *m;* doigt *m* d'encliquetage. **Driving ratchet,** rochet d'entraînement. **Ratchet-and-pawl mechanism, motion,** encliquetage à rochet. *Aut:* **Hand-brake ratchet,** secteur *m* du frein.

'ratchet-brace, *s.* **1.** *Carp:* Vilebrequin *m* à cliquet, à rochet. **2.** *Mec.E:* Perçoir *m,* foret *m,* à rochet; fût *m* à rochet; cliquet *m* à percer.

'ratchet-drill, *s.* *Tls:* Drille *f* à rochet, à levier.

'ratchet-stop, *s.* Bouton *m* à friction, tête *f* à friction (d'un palmer).

'ratchet-wheel, *s.* Roue *f* à rochet, à cliquet, à chien; roue encliquetée; roue d'encliquetage.

rate[1] [reit], *s.* **1.** Nombre proportionnel, quantité proportionnelle. **Rate per cent,** pourcentage *m.* **Birth-, death-, marriage, rate,** (taux *m* de la) natalité, mortalité, nuptialité. **2.** (*a*) Taux, raison *f.* **Rate of speed,** degré *m* de vitesse. **Rate of growth,** taux d'accroissement. *Hyd.E:* *etc:* **Rate of flow,** vitesse *f* d'écoulement; débit moyen. *I.C.E:* *etc:* *R. of air delivery,* débit *m* de l'air. *At the present r. of consumption,* au taux actuel de la consommation; à raison de la consommation actuelle. *El:* **Rate of charging,** taux, régime *m,* intensité *f,* de chargement (d'un accumulateur). *High charging r.,* haut régime de charge. **Low-rate discharge,** décharge *f* à faible régime. (*b*) Allure *f,* vitesse *f,* train *m.* *To go at a great r.,* aller à grande allure; aller (à) grand train. **At the rate of . . .,** à la vitesse de. . . . *Nau:* *At the r. of twenty knots,* à l'allure de vingt nœuds. **At that rate . . .,** à ce train-là. . . . *He was going at a tremendous r.,* il allait d'un train d'enfer; il brûlait le pavé. *At a marvellous r.,* avec une célérité merveilleuse. *At the r. you are going,* du train dont vous allez. *At the r. at which things are progressing,* au train où, dont, marchent les choses. *To talk away at a great r.,* parler avec une volubilité extrême. *Unemployment is increasing at a fearful r.,* le chômage augmente avec une rapidité effrayante. *Artil:* *To slacken the r. of fire,* ralentir la cadence. *Nau:* **Daily rate of a chronometer,** marche *f* diurne d'un chronomètre. *Med:* **Pulse rate,** fréquence *f* du pouls. (*c*) Taux, cours *m;* tarif *m.* *R. of interest, of discount,* taux d'intérêt, d'escompte. *Bank:* **Rates for money on loan,** le loyer de l'argent. **The discount rate, the Bank rate,** le taux de la Banque, le taux (d'escompte) officiel. **Lombard rate,** taux des avances (sur nantissement). **Market rate,** taux (de l'escompte, de l'argent) hors banque; taux du cours libre (des denrées, du change, etc.). *St.Exch:* **Rate of contango,** cours du report; taux du report; le report. **To take the rate,** emprunter des actions. **To give the rate,** faire un prêt d'actions. *Shares quoted at the r. of . . .,* actions cotées au prix de. . . . *See also* EXCHANGE[1] 2. **Rate of the income tax,** taux de l'impôt sur le revenu. *The r. at which the franc has been stabilized,* le taux de la stabilisation du franc. *Ind:* **Rate of wages,** taux du salaire. **Base rate, basic rate,** salaire de base. *Com:* **Market rates,** cours du marché. *The rates obtained at to-day's market,* les cours réalisés au marché d'aujourd'hui. **Insurance rate,** prime *f* de l'assurance. **Low-rate insurance,** assurance *f* à tarif réduit. **Harbour rates,** droits *m* de port. **Freight rate,** fret *m* maritime. **Railway rates,** tarifs, taxes *f,* des chemins de fer. *Passenger r.,* tarif voyageurs. *Reduced rates,* tarifs réduits. *Flat mileage r.,* tarif kilométrique uniforme. **Standard rate per mile,** base *f* kilométrique. **Telephone rate,** (prix d')abonnement *m* au téléphone. *Telegraph rates,* tarif télégraphique. *Advertising rates,* tarif de publicité. *Rates in force,* tarifs en vigueur. *To accord s.o. favourable rates,* accorder à qn des taux favorables. **Rate-cutting,** rabais *m* des tarifs. **At the rate of six per cent,** au taux de six pour cent. *At the r. of two shillings an hour,* à raison de deux shillings l'heure. *To sell sth. at a reasonable r., at a fair r.,* vendre qch. à un prix raisonnable. *To pay s.o. at the r. of . . .,* payer qn sur le pied de. . . . **Rate of living,** train *m* de vie. **To live at the rate of five hundred pounds a year,** vivre sur le pied de cinq cents livres par an. **At that rate,** sur ce pied-là; à ce compte-là; de cette façon; de cette manière. *I can't go on at that r.,* je ne peux pas continuer sur ce pied-là. **At any rate,** dans tous les cas, en tout cas, de toute façon; quoi qu'il en soit. *I did my duty at any r.,* toujours est-il que j'ai fait mon devoir. **3.** *Adm:* Impôt local; contribution foncière; cotisation *f.* **Rates and taxes,** impôts et contributions; taxes et impôts. **County rates,** taxes régionales; (*in Fr.*) centimes départementaux. **Borough rates,** taxes municipales; (*in Fr.*) centimes communaux. *To lay a r. on a building,* grever un immeuble. *To reduce the rates on a building,* dégrever un immeuble. (*Of pers.*) **To come upon the rates,** avoir recours à l'Assistance publique. *See also* POOR-RATE. **4.** (*a*) *A:* Classe *f,* rang *m.* (*b*) (*With num. a. prefixed*) **First-rate,** de première classe; de première qualité; de première force; de premier ordre; de premier rang; excellent. **Second-rate,** de seconde classe; de seconde qualité; de second ordre; de second rang; inférieur. *See also* FIRST-RATE, SECOND-RATE, THIRD-RATE, FIFTH-RATE, *etc.* (*c*) *U.S:* Classement *m* (d'un élève). **5.** Estimation *f,* évaluation *f.* *To value sth. at a low r.,* faire peu de cas de qch.

'rate-aided, *a.* **1.** Qui relève de l'Assistance publique; assisté, secouru, par l'Assistance publique. **2.** (*Of school, etc.*) Qui relève de la commune; subventionné par la municipalité.

'rate-collector, *s.* Percepteur *m* des impôts locaux; receveur municipal. *Rate-collector's office,* recette municipale ou régionale.

'rate-payer, *s.* Contribuable *m.*

rate[2]. **1.** *v.tr.* (*a*) Estimer, évaluer (qch.); fixer la valeur de (qch.). *To r. sth. high,* assigner une haute valeur à qch.; faire grand cas de qch. *To r. a coin,* évaluer une pièce de monnaie. *To r. glory at its true value,* estimer la gloire à sa valeur. *Highly rated person,* *F:* personne très cotée. (*b*) Considérer, regarder (*as,* comme). **To rate s.o. among one's friends,** mettre qn au nombre de ses amis. (*c*) Taxer (*s.o. at a certain sum,* qn à raison d'une certaine somme). *Heavily rated building,* immeuble fortement grevé. *Ins:* **To rate s.o. up,** faire payer à qn une prime plus élevée. (*d*) Classer, classifier (une auto, etc.); étalonner (une lampe); *Nau:* classer (un homme, un navire). **Rated ship,** navire de haut bord. *Mec.E:* **Rated load,** charge prévue; charge de régime. **Rated speed,** vitesse normale, de régime. *Sch:* *U.S:* **To rate a student first,** assigner le premier rang, la première place, à un étudiant. (*e*) Régler, vérifier (un chronomètre). **2.** *v.i.* Être classé (*as,* comme).

rating[1], *s.* **1.** (*a*) Estimation *f,* évaluation *f* (d'une pièce de monnaie, de la puissance d'une machine, etc.). (*b*) Répartition *f* des impôts locaux. (*c*) Classement *m,* classification *f* (d'une auto, etc.); *Nau:* classement (d'un navire); étalonnage *m* (d'une lampe). *Sch:* *U.S:* Classement (d'un élève). (*d*) Réglage *m* (d'un chronomètre). **2.** (*a*) *Mec.E:* Cheval nominal. *R. of a boiler,* taux *m* de vaporisation, débit prévu, d'une chaudière. *R. of a motor,* charge prévue d'un moteur. **Rating performance,** rendement effectif. *Aut:* **Treasury rating,** puissance fiscale. **Rating formula,** formule *f* de puissance. (*b*) Classe *f,* catégorie *f* (d'un yacht de course, etc.). **3.** *Navy:* (*a*) Spécialité *f,* classe (d'un homme de l'équipage). (*b*) *pl.* **The ratings,** les matelots *m* et gradés. *See also* DECK[1] 1.

rate[3], *v.tr.* Tancer, semoncer, gourmander, morigéner (qn) (*for doing sth.,* d'avoir fait qch.). *To r. s.o. soundly,* tancer qn vertement; *F:* laver la tête à qn; flanquer un savon à qn.

rating[2], *s.* Semonce *f,* mercuriale *f;* verte réprimande. **To give s.o. a rating,** flanquer un savon à qn.

rate[4], *v.tr. & i.* = RET.

rateable ['reitəbl], *a.* **1.** Évaluable. **2.** Imposable. **Ratable value** = RATAL.

ratel ['reitel], *s.* *Z:* Ratel *m.*

-rater ['reitər], *s.* **1.** *Nau:* (*With num. prefixed, e.g.*) **Two-, ten-, rater,** yacht *m* de course de deux, de dix, tonneaux. **2.** *See* FIRST-RATER, SECOND-RATER.

rath [rɑːθ], *s.* *Irish Ant:* Place forte, enceinte fortifiée (située sur une colline).

rathe [reiːð], *a.* *Poet:* (*Of flower, etc.*) Hâtif, précoce. **Rathe-ripe,** (fruit *m*) précoce.

rather ['rɑːðər], *adv.* **1.** Plutôt. *R. long than short,* plutôt long que court. **Or rather,** ou plutôt, ou pour mieux dire. *Last night or r. early this morning,* hier soir ou plutôt de bonne heure ce matin. *He is an intimate friend, or r., he is a brother to me,* c'est un ami intime, disons mieux, c'est un frère. *He recites r. than sings,* il récite plutôt qu'il ne chante. **The rather that . . .,** d'autant plus que. . . . **2.** (*To some extent, slightly*) Un peu; quelque peu; assez, plutôt, passablement. *R. better,* un peu mieux. *With r. a dazed look,* l'air quelque peu hébété. *R. pretty*, assez joli. *R. nice*, assez gentil; pas mal. *R. plain*, plutôt laid. *R. more*, un peu plus. **Rather a lot**, *F:* un peu beaucoup. *Our company numbered r. over forty*, nous étions quarante et quelques. *To be r. out of sorts*, être un tantinet indisposé. *Do I look ill?—Well, you do r.*, est-ce que j'ai l'air malade? —Si, tout de même. **I rather think** *you know him*, je crois bien, j'ai idée, il me semble, que vous le connaissez. *I am r. inclined to agree with you*, je suis assez de votre avis. *I rather like it*, cela ne me déplaît pas. *He is r. touchy*, il est légèrement pointilleux. *The taste of these birds r. recalls that of fish*, le goût de ces oiseaux rappelle volontiers celui du poisson. **3.** (*Expressing preference*) Plutôt (*than*, que); de préférence (*than*, à). **Anything rather than . . .**, tout plutôt que . . ., rien moins que. . . . *To choose one thing r. than another*, choisir une chose de préférence à une autre. *I'll take this r. than that*, je prendrai celui-ci de préférence à celui-là. *I would r. go*, j'aime, j'aimerais, mieux y aller. *I would r. not go*, j'aimerais autant ne pas y aller. *I would r. that you came to-morrow*, je préférerais que vous veniez demain. *I'd r. people didn't know about it*, je préfère qu'on n'en sache rien. *I would r. be loved than feared*, j'aime mieux être aimé qu'être craint. *I had r. suffer than tell a lie*, plutôt souffrir que mentir. **I had rather not, I would rather not, I'd rather not**, veuillez m'excuser; je n'y tiens pas; *F:* j'aime mieux pas. *I would sacrifice everything* **rather than that** *you should be disgraced*, je sacrifierais tout plutôt que de vous voir déshonoré. **4.** *F:* (*Without doubt, assuredly*) *Do you know him?*—**Rather!** le connaissez-vous?—Pour sûr! **Rather!** je vous crois! fichtre oui! *P:* tu parles! **Rather not!** pas du tout! *F:* pour sûr que non!

ratification [ratifiˈkeiʃ(ə)n], *s. Adm: Jur:* Ratification *f*; entérinement *m*, homologation *f*. **Act of ratification and acknowledgement**, acte récognitif et conformatif.

ratifier [ˈratifaiər], *s.* Personne *f* qui ratifie.

ratify [ˈratifai], *v.tr. Adm: Jur:* Ratifier, sanctionner, valider, entériner, homologuer (des conclusions, une loi, un décret, etc.). *To r. a contract*, approuver un contrat.

ratifying[1], *a.* Ratificatif.

ratifying[2], *s.* Ratification *f*, validation *f*, homologation *f*, entérinement *m*.

ratio, *pl.* **-os** [ˈreiʃio, -ouz], *s.* **1.** Raison *f*, rapport *m*, proportion *f*. **Arithmetical ratio, geometrical ratio**, raison arithmétique, géométrique; proportion arithmétique, géométrique. **Harmonic ratio**, proportion harmonique. **In the ratio of . . .**, dans le rapport de. . . . *In the r. of one to three*, sous-triple. *In the same r. as . . .*, dans la même proportion que. . . . **In direct ratio, in inverse ratio, to . . .**, en raison directe, en raison inverse, de . . .; directement, inversement, proportionnel à. . . . *Fin:* **Gold ratio**, rapport de l'encaisse d'or à la monnaie en circulation; proportion de la monnaie d'or par rapport à la circulation. *Aut:* **Final-drive ratio**, multiplication finale. **Carburettor mixture ratio**, dosage *m* du carburateur. *See also* CROSS-RATIO, GEAR-RATIO. **2.** *I.C.E:* **Expansion ratio**, taux *m* de détente. *Mec.E:* **Feed-drive ratio**, taux d'avance.

ratiocinate [ratiˈɔsineit, raʃi-], *v.i. Lit. & Hum:* Raisonner, ratiociner.

ratiocination [ratiɔsiˈneiʃ(ə)n, raʃi-], *s.* Raisonnement *m*, ratiocination *f*.

ration[1] [ˈraʃ(ə)n], *s. Mil: etc:* Ration *f* (de pain, de fourrage, etc.). *To go and draw rations*, aller aux vivres. *Rations went up after dark*, le ravitaillement se faisait à la nuit tombée. **Emergency ration**, *F:* **iron ration**, vivres de réserve. **Short ration**, ration réduite, diminuée. **To put on (short) rations**, rationner (une garnison, un convalescent, etc.); mettre (qn) à la ration. *Putting on rations*, rationnement *m*. **Ration bread**, pain *m* de munition; pain de troupe. *War Adm:* **Ration card**, carte *f* alimentaire; carte de restriction. **Ration book**, carnet *m* alimentaire, carnet de rations.

ration[2], *v.tr.* **1.** Rationner (qn); mettre (qn) à la ration. *F:* **To ration s.o. in food**, mesurer la nourriture à qn. **2. To ration (out) bread**, rationner le pain; distribuer les rations de pain.

rationing, *s.* Rationnement *m*.

rational [ˈraʃən(ə)l], *a.* **1.** (*a*) Raisonnable; doué de raison. *To be quite r.*, avoir toute sa tête. *R. mind*, esprit conséquent. (*b*) (*Of explanation, etc.*) Raisonné; conforme à la raison. **A rational French grammar**, grammaire raisonnée de la langue française. **Rational belief**, croyance fondée sur la raison; croyance rationnelle. *R. tendencies (in religion)*, tendances *f* rationalistes. *F:* **Rational boating costume**, costume *m* de canotage pratique. *R. footwear*, chaussures rationnelles. *s.pl. F: A:* **Rationals**, culotte *f* (pour femmes, au lieu de jupe). **2.** *Mth: Ph:* Rationnel. **Rational quantity**, quantité rationnelle. *Astr:* **Rational horizon**, horizon rationnel. **-ally**, *adv.* Raisonnablement; rationnellement.

rationale [raʃioˈneili], *s.* **1.** Raison *f* d'être. **2.** Analyse raisonnée, exposé raisonné (d'un procédé).

rationalism [ˈraʃənəlizm], *s. Phil: Theol:* Rationalisme *m*.

rationalist [ˈraʃənəlist], *a. & s. Phil: Theol:* Rationaliste (*mf*).

rationality [raʃəˈnaliti], *s.* **1.** Rationalité *f*. **2.** Faculté *f* de raisonner.

rationalization [raʃənəlaiˈzeiʃ(ə)n], *s.* Rationalisation *f* (d'une religion, de l'industrie, etc.); organisation rationnelle (de l'industrie).

rationalize [ˈraʃənəlaːiz], *v.tr.* **1.** Rationaliser (une religion, une industrie). **2.** *Mth: To r. an expression*, faire évanouir les quantités irrationnelles d'une expression.

Ratisbon [ˈratizbɔn]. *Pr.n. Geog:* Ratisbonne *f*.

ratitae [ˈratitiː], *s.pl. Orn:* Ratites *m*.

ratite [ˈratait], *a. Orn:* **Ratite bird**, ratite *m*.

ratlin(e) [ˈratlin], **ratling** [ˈratliŋ], *s. Nau:* Enfléchure *f*. **Ratline stuff**, quarantenier *m*.

ratoon[1] [raˈtuːn], *s.* Rejeton *m* (de canne à sucre après le recépage).

ratoon[2]. **1.** *v.i.* (*Of sugar-cane*) Pousser des rejetons (après le recépage). **2.** *v.tr.* Recéper (les cannes à sucre, etc.).

ratsbane [ˈratsbein], *s.* **1.** *A:* = RAT-POISON. **2.** *Dial:* Cerfeuil *m*.

rat(t)an [raˈtan], *s.* **1.** *Bot:* Rat(t)an (cane), rotin *m*; jonc *m* d'Inde; souchet *m* d'Amérique. **2. Rat(t)an (walking-stick)**, (canne *f* de) jonc; rotin.

rat(-tat)-tat [ˈrat(a)ˈtat]. *Onomat:* Toc, toc; pan, pan. **To hear a rat-tat at the door**, entendre toc, toc, à la porte; entendre frapper à la porte.

ratteen [raˈtiːn], *s. Tex:* Ratine *f*.

ratten [ˈrat(ə)n], *v.tr. Ind: To r. an employer, a non-union workman*, saboter le matériel d'un patron; saboter les outils d'un ouvrier non syndiqué.

rattening, *s.* Sabotage *m* (dans les ateliers).

rattener [ˈratənər], *s. Ind:* Saboteur *m*.

ratter [ˈratər], *s.* **1.** (Chien *m*) ratier *m*. **2.** Preneur *m* de rats. **3.** = RAT[1] 2.

rattle[1] [ratl], *s.* **1.** (*a*) Hochet *m* (d'enfant). (*b*) Crécelle *f* (d'alarme, etc.). (*c*) *pl. Rept:* **Rattles**, sonnettes *fpl*, grelots *mpl*, cascabelle *f* (d'un crotale). (*d*) *Bot:* **Yellow rattle, corn-rattle**, (rhinanthe *m*) crête-de-coq *f*; croquette *f*; rougette blanche. **Red rattle**, pédiculaire *f* des bois. **2.** *F:* (*Pers.*) Crécelle; moulin *m* à paroles. **3.** (*a*) Bruit *m*, fracas *m* (de pierres, d'une voiture); bruit de ferraille, ferraillement *m* (d'une machine, d'une auto); claquement *m* (d'une porte); cliquetis *m* (de chaînes, d'armes); tapotis *m* (d'une machine à écrire); trictrac *m* (de dés); crépitement *m* (d'une fusillade); grésillement *m* (de la grêle); broutage *m* (d'un outil de tour, etc.); crachement *m* (d'un haut-parleur). (*b*) *Med:* Râle *m*. *F:* **The rattles**, l'angine striduleuse. *See also* DEATH-RATTLE. (*c*) Bavardage *m*; caquetage *m*.

'rattle-box, *s.* Hochet *m* (en forme de boîte).

'rattle-brain, *s. F:* Étourdi, -ie; écervelé, -ée.

'rattle-brained, *a. F:* Étourdi, écervelé; sans cervelle.

rattle[2]. **1.** *v.i.* (*a*) Faire entendre des bruits secs; (*of arms, etc.*) cliqueter; (*of car, machinery*) ferrailler; (*of musketry*) crépiter; (*of hail, rain*) crépiter, grésiller; (*of door, window*) trembler, branler; (*of articles in box*) ballotter; (*of wind on panes*) vibrer. *To make the windows r.*, faire trembler les vitres. **To rattle at the door**, frapper à la porte; agiter la porte. *Veh: Aut: The body rattles*, la carrosserie fait du bruit. (*b*) (*Of vehicle*) **To rattle along, in, out**, rouler, entrer, sortir, avec fracas, à toute vitesse. *The cart came rattling up to the door*, la charrette roula avec fracas jusqu'à la porte. (*c*) *Med:* Râler. **2.** *v.tr.* (*a*) Agiter (des chaînes, etc.) avec bruit; faire cliqueter (des clefs, des tasses, etc.); faire claquer (des castagnettes); faire sonner (son argent). **To rattle the dice**, agiter les dés (dans le cornet). *See also* SABRE-RATTLING. (*b*) Consterner, bouleverser (qn); faire perdre tout son sang-froid à (qn). *Box:* Ébranler (son adversaire). *Somewhat rattled by what he was told*, assez fortement ébranlé par ce qu'il apprenait. **He never gets rattled**, il ne s'épate jamais; rien ne l'épate; il ne se laisse pas démonter. (*c*) Conduire (une charrette, etc.) à toute vitesse. *F:* **To rattle a bill through the House**, faire passer un projet de loi en vitesse.

rattle away. 1. *v.i.* (*a*) (*Of carriage, etc.*) Partir avec fracas. (*b*) = RATTLE ON. **2.** *v.tr.* Faire rouler avec fracas (qch. que l'on emporte).

rattle down. 1. *v.i.* Tomber bruyamment; dégringoler. *The crockery came rattling down*, la faïence tomba avec fracas. **2.** *v.tr.* Faire tomber (qch.) avec fracas.

rattle off. 1. = RATTLE AWAY. **2.** *v.tr.* Réciter, débiter, rapidement (un poème, etc.); expédier (un travail, etc.). *To r. off one's prayers*, expédier ses prières; *F:* réciter ses prières à la six-quatre-deux. *He soon rattled off his mass*, il eut bientôt expédié sa messe. *To r. off a piece of music*, jouer au grand galop un morceau de musique.

rattle on, *v.i.* (*Of talkative person*) Continuer à bavarder; parler tout du long de l'aune; *P:* en dégoiser. *She rattles on*, *F:* la langue lui va comme un claquet de moulin.

rattle up, *v.tr.* **1.** *F:* Remuer, secouer, éveiller (qn). **2.** *Nau:* **To rattle up the anchor**, lever vivement l'ancre.

rattling[1], *a.* **1.** Bruyant, résonnant; crépitant. *R. coach*, carrosse *m* qui roule avec fracas. *R. swords*, sabres cliquetants. **2.** *F:* (*a*) (*Of pers.*) Vif, déluré. (*b*) **At a rattling pace**, au grand trot. **Rattling wind**, vent *m* à écorner les bœufs. **3.** *F:* **Rattling (good)**, excellent, épatant. *A r. good dinner*, un dîner rudement bon, un dîner épatant; un fameux dîner. *R. good speech*, discours tapé.

rattling[2], *s.* = RATTLE[1] 3.

rattle[3], *v.tr. Nau:* **To rattle (down)**, enflécher (les haubans).

rattler [ˈratlər], *s.* **1.** *U.S:* = RATTLESNAKE. **2.** *Navy: etc:* **Alarm rattlers**, klaxons *m* d'alarme. **3.** *F:* Coup dur. **4.** *F:* (*a*) Cheval épatant. (*b*) Personne, chose, épatante. **That's a rattler!** ça c'est tapé!

rattlesnake [ˈratlsneik], *s. Rept:* Serpent *m* à sonnettes; crotale *m*, cascabelle *f*.

rattletrap [ˈratltrap], *s.* **1.** Guimbarde *f*, patache *f*, tapecul *m*. **Rattletrap motor car**, auto délabrée; vieille bagnole. **2.** *P:* La bouche. **3.** *pl.* **Rattletraps**, bibelots *m*.

ratty [ˈrati], *a. F:* **1.** Fâché; en rogne; grincheux; *P:* grinchu. *P:* **He wasn't half ratty!** il était dans une de ces colères! **2.** (*a*) Plein, infesté, de rats. (*b*) *R. plait of hair*, natte *f* de cheveux en queue de rat.

raucity [ˈrɔːsiti], *s.* Raucité *f*.

raucous [ˈrɔːkəs], *a.* Rauque. *R. voice*, voix rauque, éraillée; *F:* voix de crécelle. **-ly**, *adv.* D'une voix rauque, éraillée.

raucousness [ˈrɔːkəsnəs], *s.* Raucité *f* (de la voix).

raughty [ˈrɔːti], *a.* = RORTY.

ravage[1] [ˈravedʒ], *s.* Ravage *m*. *The ravage(s) wrought by torrents*, les dévastations *f* des torrents. *The ravages of passion, of typhus,* le(s) ravage(s) des passions, du typhus. *The ravages of time*, l'injure *f* des ans; "l'irréparable outrage" des ans.

ravage². **1.** *v.tr.* Ravager, dévaster. *The war had ravaged the whole country*, la guerre avait dévasté tout le pays. *Ravaged face*, visage ravagé, meurtri. *Woods ravaged of their wild flowers*, bois dépouillés de leurs fleurs sauvages. **2.** *Abs.* Faire, causer, des ravages. *Marauders ravaging for loot*, maraudeurs *m* à la recherche du butin.

ravaging¹, *a.* Ravageur.

ravaging², *s.* Ravagement *m.*

ravager ['ravedʒər], *s.* Ravageur *m*, dévastateur *m.*

rave¹ [reːiv], *s.* (*Usu. pl.*) Raves, ridelles *f* (d'une charrette). **Floating raves**, fausses ridelles; bers *m.*

rave², *v.i.* (*a*) *A:* (*Of patient*) Être en délire; avoir le délire; délirer; divaguer; *F:* battre la campagne. *F:* **You're raving!** vous divaguez! (*b*) (*Of angry pers.*) **To rave and storm**, jeter feu et flamme; tempêter. **To rave at, against, s.o.**, s'emporter, pester, contre qn. (*c*) (*Of sea, wind*) Être en furie; faire rage. (*d*) *F:* (*Of enthusiast*) **To rave about sth.**, être fou de qch.; s'extasier sur qch.

raving¹, *a.* (*a*) En délire; délirant. (*b*) Furieux; fou, *f.* folle. **Raving lunatic**, fou furieux. *See also* MAD 1.

raving², *s.* **1.** Délire *m*, divagation *f*, frénésie *f.* **2.** *pl.* **Ravings**, paroles incohérentes; hallucinations nées du délire. *Ravings of a madman*, divagations d'un fou.

rave-hook ['reivhuk], *s.* *Tls:* Bec-de-corbin *m*, bec-de-corbeau *m*, *pl.* becs-de-corbin, -de-corbeau.

ravel¹ ['rav(ə)l], *s.* **1.** Emmêlement *m*, enchevêtrement *m* (de fils, etc.). *Threads* **in a ravel**, fils enchevêtrés, emmêlés. **2.** Effilochure *f.*

ravel², *v.* (ravelled; ravelling) **1.** *v.tr.* Embrouiller, enchevêtrer, emmêler (un écheveau, les affaires, etc.). **2.** *v.i.* (*Of skein, etc.*) S'embrouiller, s'enchevêtrer.

ravel out. **1.** (*a*) *v.tr.* Défiler, défilocher, effiler, effilocher, éfaufiler (un tissu) (pour en faire de la charpie, etc.). (*b*) *v.i.* (*Of material*) S'effiler, s'effilocher. **2.** *v.tr.* Débrouiller, démêler (des fils, une affaire).

ravelled, *a.* Embrouillé, emmêlé, enchevêtré.

ravelling, *s.* **1.** Effilochage *m*, défilage *m.* **2.** Effilochure *f*, effilure *f.*

ravelin ['ravlin], *s.* *Fort:* Ravelin *m*; demi-lune *f*, *pl.* demi-lunes.

raven¹ ['reiv(ə)n], *s.* *Orn:* Corbeau (proprement dit); grand corbeau. **Raven-black**, noir comme un corbeau. **Raven locks**, boucles *f* d'un noir de jais, d'un noir d'ébène. *See also* SEA-RAVEN.

raven² ['rav(ə)n]. **1.** *v.i.* Faire des ravages; vivre de rapine; (*of animal*) chercher sa proie. **To raven on sth.**, faire sa proie de qch.; se (re)paître de qch. **To raven after sth.**, chercher à faire sa proie de qch. **To raven for sth.**, être affamé de qch. **2.** *v.tr.* Ravir, dévorer (la proie).

ravening¹, *a.* Vorace, rapace. **Ravening wolves**, loups dévorants.

ravening², *s.* **1.** Rapine *f.* **2.** Rapacité *f*, voracité *f.*

Ravenna [ra'vena]. *Pr.n. Geog:* Ravenne *f.*

ravenous ['ravənəs], *a.* **1.** (*a*) *A:* Rapace. (*b*) (Animal *m*) vorace. **2.** (*a*) *R. appetite*, appétit *m* vorace, féroce. *R. hunger*, faim dévorante. (*b*) Affamé (*for*, de). *F:* **To be ravenous**, avoir une faim dévorante, une faim de loup, un appétit de cheval; *F:* mourir de faim. **-ly**, *adv.* Voracement. *To eat r.*, manger gloutonnement, goulûment. *See also* HUNGRY 1.

ravenousness ['ravənəsnəs], *s.* **1.** Voracité *f.* **2.** Faim *f* de loup; faim dévorante.

ravin ['ravin], *s.* *A. & Lit:* **1.** Rapine *f.* **Beast of ravin**, bête *f* de proie. **2.** Butin *m.*

ravine¹ [ra'viːn], *s.* **1.** Ravin *m*, ravine *f.* **2.** Creux accusé (d'un graphique).

ravine², *v.tr.* (*Of torrent, etc.*) Raviner (les terres).

ravish ['raviʃ], *v.tr.* **1.** (*a*) Ravir (qn, qch.); enlever (qn, qch.) de force. *Ravished from our sight by his untimely death*, enlevé à nos yeux par une mort prématurée. (*b*) Violer, forcer (une femme). **2.** Ravir (d'admiration); transporter, enchanter (qn).

ravishing¹, *a.* Ravissant. **1.** **Ravishing wolves**, loups ravissants, dévorants. **2.** *R. sight*, spectacle ravissant, enchanteur. **-ly**, *adv.* D'une manière ravissante. *R. dressed*, habillée à ravir.

ravishing², *s.* = RAVISHMENT.

ravisher ['raviʃər], *s.* **1.** Ravisseur *m*, voleur *m.* **2.** Ravisseur, violateur *m* (d'une femme).

ravishment ['raviʃmənt], *s.* **1.** (*a*) Enlèvement *m*, rapt *m.* (*b*) Viol *m* (d'une femme). **2.** Ravissement *m*; transports *mpl* (de joie, d'admiration).

raw¹ [rɔː]. I. *a.* **1.** Cru. **Raw meat**, viande crue, saignante; (*for feeding lions, etc.*) carnage *m*. *Raw apple*, pomme crue. *Raw brick*, brique crue. **2.** (*a*) **Raw material**, matière(s) première(s); matériaux bruts. **Raw hide**, cuir vert, cuir cru; peau verte, peau crue; peau non apprêtée, peau en poil. *Raw skins*, peaux vertes. **Raw silk**, soie *f* grège. *Raw oil*, huile brute. *Raw sugar*, sucre brut. *Raw metal*, métal brut. *See also* SPIRIT¹ 6. (*b*) **Raw colouring**, coloris cru; couleurs crues. **Raw(-flavoured) tea**, thé *m* à goût âpre. *Raw statement of facts*, exposition brutale des faits. *Raw story*, histoire crue. **3.** Sans expérience; inexpérimenté, novice, neuf. **A raw hand**, un novice; *F:* un bleu. **Raw troops**, troupes non aguerries, inaguerries. *See also* JOHNNY 1, RECRUIT¹. **4.** À vif. **Raw wound**, plaie vive, saignante. *Raw flesh*, chair *f* à vif. *Raw place*, écorchure *f*; endroit *m* à vif. *Drink that makes one's throat raw*, boisson *f* qui écorche le gosier. *My nerves are raw to-day*, j'ai les nerfs à fleur de peau aujourd'hui. *Raw edge of the cloth*, bord coupé de l'étoffe. **5.** **Raw weather**, temps *m* âpre, temps gris et froid. *Raw winds*, vents *m* aigres.

II. **raw**, *s.* **To touch s.o. on the raw**, piquer, atteindre, toucher, qn au vif; toucher qn à un endroit sensible. *This remark touched him on the raw*, cette parole le piqua au vif.

'raw-boned, *a.* Maigre, décharné; (cheval) efflanqué.

'raw-head, *s.* **Raw-head and bloody-bones**, loup-garou *m*, *pl.* loups-garous; croque-mitaine *m*, *pl.* croque-mitaines.

raw², *v.tr.* Mettre à vif; écorcher (le dos d'un cheval, etc.). *Mustard that raws the mouth*, moutarde *f* qui vous enlève la bouche.

rawness ['rɔːnəs], *s.* **1.** Crudité *f* (des fruits, etc.). **2.** Inexpérience *f* (d'une recrue, etc.). **3.** Écorchure *f*; excoriation *f.* **4.** Froid *m* humide; âpreté *f* (du temps).

ray¹ [rei], *s.* **1.** *Ph:* Rayon *m*, radiation *f.* *Ray of light*, rayon lumineux. *Red rays, orange rays*, radiations rouges, orangées. *Chemical rays*, rayons chimiques. *F:* **A ray of hope**, un rayon, une lueur, d'espoir. *See also* X-RAY¹. **2.** *Bot: Z:* Rayon (d'un animal ou d'une plante en étoile).

'ray-filter, *s.* *Phot:* Écran *m* orthochromatique.

ray², *v.* To ray (forth, off, out). **1.** *v.i.* Rayonner; émettre des rayons (lumineux, etc.). **2.** *v.tr.* Darder, faire rayonner (la lumière).

rayed, *a.* *Bot: Z:* Radié.

ray³, *s.* *Ich:* Raie *f.* **Electric ray**, torpille *f.* **Spotted ray**, raie tachetée. **Ray-maid**, raie bouclée. *See also* EAGLE-RAY, SHARK-RAY, STING-RAY.

ray⁴, *s.* *See* RE¹.

Rayah ['raia], *s.* (*In Turkey*) Raïa *m.*

rayless ['reiləs], *a.* Sans rayons (lumineux, actiniques, etc.).

raylet ['reilet], *s.* Petit rayon, petite lueur (d'espoir, etc.).

rayon ['reiɔn], *s.* *Tex:* Rayonne *f*; soie végétale; soie artificielle.

rayonnant ['reiənənt], *a.* **1.** *Her:* (Étoile) rayonnante. **2.** *Arch:* (Gothique) rayonnant.

raze [reːiz], *v.tr.* **1.** Raser, démanteler (des fortifications, etc.). **To raze a building to the ground**, raser un édifice; abattre un édifice à ras de terre. *The city was razed to the ground*, la ville fut détruite de fond en comble. *Const:* **To raze a wall**, receper un mur. **2.** *A. & Lit:* **To raze (out)**, effacer, rayer, biffer (un mot, etc.); effacer (un souvenir) de la mémoire. **3.** *A:* Érafler (la peau).

razing, *s.* Rasement *m* (d'une forteresse, etc.).

'razing-iron, *s.* *Tls:* Bec-de-corbin *m*, *pl.* becs-de-corbin.

razee¹ [ra'ziː], *s.* *Nau: A:* Vaisseau rasé.

razee², *v.tr.* *Nau: A:* Raser (un navire).

razor ['reizər], *s.* Rasoir *m.* *Hollow-ground r.*, rasoir évidé. *Straight r.*, *F:* **cutthroat razor**, rasoir à manche. **Safety razor**, rasoir de sûreté; rasoir mécanique; rasoir américain. **Razor blade**, lame *f* de rasoir. *See also* CORN² 1, STROP¹ 1.

'razor-back, *s. & attrib.a.* **1.** Dos tranchant (de cheval maigre, etc.). **2.** *Z:* **Razor-back whale**, rorqual, -als *m.* **3.** **Razor-back (hill)**, colline *f* en dos d'âne.

'razor-backed, *a.* (Cheval *m*) à dos tranchant; (colline *f*) en dos d'âne.

'razor-bill, *s.* *Orn:* Pingouin commun.

'razor-clam, *s.* *Moll:* Solen *m*; manche *m* de couteau.

'razor-edge, *s.* **1.** Fil *m*, tranchant *m*, de rasoir. *F:* **To be on a razor-edge**, se trouver dans une situation très critique; être au bord de l'abîme. **2.** Arête *f* (de montagne) en lame de couteau. **3.** *W.Tel:* **Razor-edge tuning**, accordage très poussé.

'razor-fish, *s.* **1.** *Ich:* Rason *m*, razon *m*, rasoir *m.* **2.** = RAZOR-CLAM.

'razor-paste, *s.* Pâte *f* à rasoir; *F:* augustine *f.*

'razor-shell, *s.* = RAZOR-CLAM.

'razor-stone, *s.* Pierre *f* à rasoir.

'razor-wipe, *s.* Essuie-rasoir *m*, *pl.* essuie-rasoir(s); frottoir *m* de barbier.

razzia ['razia], *s.* Razzia *f.*

razzle(-dazzle) ['razl(dazl)], *s.* *P:* Bombe *f*, bamboche *f*, bordée *f.* **To go on the razzle(-dazzle)**, faire la noce, faire la nouba, faire la bringue; tirer une bordée.

re¹ [rei], *s.* *Mus:* **1.** (*Fixed re*) Ré *m.* **2.** (*Movable re, in tonic solfa ray*) La sus-tonique; la sous-médiante.

re² [riː], *Lt.s. as prep.phr.* **1.** *Jur:* (In) **re Smith v. Jones**, (en l')affaire Smith contre Jones. **2.** *Com: F:* **Re your letter of June 10th**, relativement à, me référant à, au sujet de, votre lettre du 10 juin.

re- [riː], *pref.* (= *again, back*) **1.** Re-, ré-, r-. *Re-act*, rejouer. *React*, réagir. *Readjust*, rajuster. *Reaffirmation*, réaffirmation. *Rebaptize*, rebaptiser. *Reclothe*, rhabiller. *Reconquest*, reconquête. *Re-establishment*, rétablissement. *Reinsurance*, réassurance. *Rekindle*, rallumer. *Reopen*, rouvrir. **2.** *Readjourn*, ajourner de nouveau. *Rebaptism*, nouveau baptême. *Recolonization*, nouvelle colonisation. *Re-hear*, entendre à nouveau (une cause, etc.). *Resummons*, nouvelle citation. *To rethink a problem*, s'attaquer à nouveau à la solution d'un problème.

reabsorb [riːab'sɔːrb], *v.tr.* Réabsorber.

reabsorption [riːab'sɔːrpʃ(ə)n], *s.* Réabsorption *f.*

reaccustom [riːa'kʌstəm], *v.tr.* Rhabituer, réaccoutumer (*to*, à).

reach¹ [riːtʃ], *s.* **1.** Extension *f* (de la main). *Box:* Allonge *f.* **To make a reach for sth.**, étendre la main pour prendre qch. *Fenc:* **To have a long reach**, avoir beaucoup d'étendue. *Box: To have the longer r.*, être avantagé en allonge. **2.** (*a*) Portée *f*, atteinte *f.* **Within s.o.'s reach**, à la portée de qn. *Within r. of the hand*, à portée de la main; *F:* sous la main. *Object placed* **well within reach, within easy reach,** *of s.o.*, objet placé bien à la portée de qn, à courte portée, à courte distance. **Out of reach**, hors de portée. **Out of, beyond, above, s.o.'s reach**, hors de la portée de qn; hors d'atteinte. *No help was within r.*, on était hors de portée de tout secours. **Beyond reach of accident**, hors de portée de toute cause d'accident; à l'abri de tout accident. *Beyond the r. of all suspicion*, à l'abri de tout soupçon. *Beyond the r. of envy*, au-dessus de la malveillance. *To convey s.o. beyond the r. of justice*, soustraire qn aux recherches de la justice. *To put s.o. out of r. of s.o.'s revenge*, soustraire qn à la vengeance de qn. *Planet within the r. of moderately-sized instruments*, planète *f* visible à l'aide d'instruments de grandeur moyenne. *Cars within the r. of small purses*, voitures *f* abordables aux petites bourses. *Posts within the r. of all*, emplois *m* accessibles à tous. **The goal is within our reach,** nous touchons au but. (*b*) **Hotel within easy reach of the station,** hôtel *m* à proximité de la gare. *Versailles is within easy r. of Paris,* de Versailles on va facilement à Paris. (*c*) Étendue *f* (de l'esprit). *Beyond the r. of human intellect,* au-dessus de la portée de l'entendement humain. *It is beyond my r.,* cela me dépasse. **3. Reach of meadow,** étendue de prairies. *The far reaches of the valley,* les lointains *m* de la vallée. **4.** (*a*) Partie droite (d'un fleuve) entre deux coudes; bief *m* (d'un canal). (*b*) *Nau:* Bordée *f*. **To make a reach,** courir une bordée. **5.** *Tex:* **Reach of a drawing-frame,** écartement *m* des rouleaux d'un banc d'étirage.

reach[2]. I. *v.tr.* **1. To reach out,** étendre; tendre, avancer (la main, etc.). *The tree reaches out its branches,* l'arbre étend ses branches. **2.** Atteindre. *He could not r. his adversary,* il ne pouvait pas atteindre son adversaire. *The law does not r. these cases,* la loi ne s'étend pas jusqu'à ces cas. *Men who cannot be reached by reason,* hommes qu'on ne peut pas gagner par la raison. *The words reached his heart,* ces mots lui touchèrent le cœur. **3.** (*a*) Arriver à, parvenir à. *We shall r. Paris in the evening,* nous serons à Paris, nous arriverons à Paris, dans la soirée. *To r. the summit of the mountain,* parvenir au haut de la montagne. *Windows reached by a flight of three steps,* fenêtres où l'on accède par trois marches. *To r. the end of one's journey,* arriver au bout de son voyage. *To have reached the end of life,* toucher au terme de la vie. **To reach old age,** arriver à la vieillesse. *To r. the age of sixty,* atteindre l'âge de soixante ans. **To reach perfection,** atteindre, toucher, à la perfection. *Book that has reached its sixth edition,* livre qui a atteint sa sixième édition, qui en est à sa sixième édition. **To reach a high price,** atteindre un prix élevé; se vendre cher. *The sum-total reaches a hundred francs,* le montant s'élève à cent francs. *The disease had reached the town,* la maladie avait gagné la ville. **Your letter reached me to-day,** votre lettre m'est arrivée, m'est parvenue, aujourd'hui. *This letter never reached him,* cette lettre ne lui est jamais parvenue. **The sound reached my ears,** le son m'est venu aux oreilles, est arrivé jusqu'à mes oreilles. *These rumours reached me,* ces bruits vinrent jusqu'à moi. *All that has reached me about him,* tout ce que j'ai entendu dire de lui. (*b*) Arriver à (une conclusion, etc.). **To reach an agreement,** aboutir à un accord. *No agreement was reached,* aucun accord n'est intervenu. (*c*) *U.S: P:* **To reach s.o.,** corrompre, acheter, qn; suborner (un témoin). **4.** (*a*) **To reach sth. to s.o.,** passer qch. à qn (en étendant le bras). **Reach me (over) my gloves,** passez-moi mes gants. (*b*) **To reach sth. (down) from a shelf,** prendre qch. sur un rayon. *R. me (down) that plate,* descendez-moi cette assiette. *He reached down his hat,* il décrocha son chapeau.

II. **reach,** *v.tr. & i.* Arriver, s'élever, monter, descendre (jusqu'à . . .). **To reach (up to) the skies,** s'élever jusqu'aux cieux; toucher aux cieux; *Lit:* toucher aux nues. **To reach (down to) the bottom,** atteindre le fond; descendre jusqu'au fond, jusqu'en bas. *Curtains that do not r. the sill,* rideaux qui ne descendent pas jusqu'au rebord (de la fenêtre). *Coat that reached (to) his heels,* habit qui lui descendait jusqu'aux talons. *Boots reaching half-way up his legs,* bottes *f* lui montant à mi-jambe. *She scarcely reaches up to your shoulder,* c'est à peine si elle vous vient à l'épaule. *To r. a height of six feet,* atteindre une hauteur de six pieds. **My means will not reach to that,** mes moyens sont trop restreints pour cela.

III. **reach,** *v.i.* **1.** S'étendre. *Empire that reaches from . . . to . . .,* empire *m* qui s'étend de . . . jusqu'à. . . . **As far as the eye could reach,** aussi loin que portait le regard; aussi loin que la vue, le regard, pouvait s'étendre; à perte de vue. *Their voices reached across the lake,* leurs voix portaient jusqu'à l'autre côté du lac. **Annals that reach back to ancient times,** annales *f* qui remontent jusqu'aux temps anciens. **2. To reach out (with one's hand) for sth.,** tendre, avancer, la main pour prendre qch. *To r. for a box on a shelf,* atteindre une boîte sur un rayon. **To reach across to give s.o. sth.,** se pencher, étendre le bras, pour donner qch. à qn. **He reached over to the table,** il étendit la main vers la table. *The mind reaches forward to an ideal,* l'âme tend vers un idéal, cherche à atteindre un idéal. **3.** *Nau: Y:* Courir une bordée. **To reach ahead,** prendre de l'avance (sur un concurrent, etc.).

'reach-me-down, *s. & attrib.a.* *F:* **1. A reach-me-down,** un costume de confection; *P:* un décrochez-moi-ça. *To dress in reach-me-downs,* s'habiller au décrochez-moi-ça. **Reach-me-down garment,** vêtement confectionné, tout fait. **Reach-me-down tailor,** marchand *m* de confections. **2.** *U.S:* **Reach-me-downs,** pantalon *m*.

reach[3], *v.i.* = RETCH[2].

reachable ['riːtʃəbl], *a.* Que l'on peut atteindre; à portée. **Not reachable,** hors de portée.

reacher-in [riːtʃər'in], *s.* *Tex:* Passeur *m* (de la chaîne).

reacquire [riːə'kwaiər], *v.tr.* Réacquérir; rentrer en possession de (qch.).

react [ri'akt], *v.i.* **1.** Réagir (*upon,* sur; *against,* contre). **2.** *Fin:* (*Of prices*) Réactionner.

re-act ['riː'akt], *v.tr.* *Th:* Rejouer; jouer de nouveau (un rôle, une pièce).

reactance [ri'aktəns], *s.* *El:* Réactance *f*. **Reactance coil,** bobine *f* de réactance; réactance.

reaction [ri'akʃ(ə)n], *s.* Réaction *f*. **1.** (*a*) *The reactions of a policy,* les contre-coups *m* d'une politique. (*b*) *Physiol:* *Cutaneous r., skin r.,* réaction cutanée. *Keratic r.,* réaction kératique. *Wassermann r.,* réaction de Wassermann. *Psy:* **Reaction time,** temps *m* de réaction. (*c*) *Ph:* **Reaction wheel,** tourniquet *m* hydraulique. *W.Tel:* **Reaction coil,** bobine *f* de réaction. *See also* PIRQUET, TORQUE[2]. **2.** *Pol:* **The forces of reaction,** le parti de la réaction; le parti réactionnaire.

reactionary [ri'akʃənəri], *a. & s.* *Pol:* Réactionnaire (*mf*). *a.* Antiprogressif. *s.* Antiprogressiste *mf*.

reactive [ri'aktiv], *a.* **1.** (*a*) *Ph: Ch:* Réactif. *W.Tel:* **Reactive circuit,** circuit *m* de réaction; circuit réactif. (*b*) *Physiol:* **Reactive movements,** mouvements réactionnels. **2.** *Pol:* Réactionnaire; (politique *f,* etc.) de réaction.

reactivity [riak'tiviti], *s.* *Ch:* Réactivité *f*; pouvoir *m* de réaction.

reactor [ri'aktər], *s.* *El.E:* Réacteur *m*; bobine *f* de réactance; tamponneur *m*.

read[1] [riːd], *s.* Action *f* de lire. **1.** *He was having a quiet r.,* il lisait tranquillement. *I am going to have a good two hours' r.,* je vais passer deux bonnes heures à lire. **2. To give s.o. a read of one's book, of the paper,** laisser qn lire son livre; laisser qn jeter un coup d'œil sur le journal.

read[2] [riːd], *v.tr.* (*p.t. & p.p.* **read** [red]) **1.** (*a*) Lire (un livre, un journal, etc.). *To teach s.o. to r.,* enseigner la lecture à qn. **To read to oneself,** lire tout bas; lire des yeux. *To r. sth. (over) again,* relire qch. *On the ring one can r. these words . . .,* sur l'anneau se lisent ces paroles. . . . *To begin to r. a book,* commencer la lecture d'un livre. *I had just finished reading the letter,* je venais d'achever la lecture de la lettre. *Adm:* **Read** [red] **and approved,** lu et approuvé. *I have read somewhere that . . .,* j'ai lu quelque part que. . . . *I have read an account of it, abs.* **I have read of it,** j'en ai lu le récit; je l'ai lu quelque part. *I have read of a man who . . .,* j'ai lu une fois l'histoire d'un homme qui. . . . *Events that we r. of in history,* événements dont nous parle l'histoire; événements relatés dans l'histoire. (*b*) *Typ:* **To read proofs,** corriger des épreuves. (*c*) **To read up a subject,** étudier un sujet; se documenter sur un sujet. *He is reading for his examination,* il prépare, travaille, *F:* potasse, son examen. **To read law,** *abs.* **to read for the law, for the bar,** faire son droit; faire ses études de droit; suivre ses cours de droit. **2.** (*a*) **To read sth. aloud,** lire qch. à haute voix, tout haut. *He reads well,* il lit bien. **To read sth. out of, from, a book,** lire qch. dans un livre; donner lecture d'un passage pris dans un livre. *To r. a report (to the meeting),* donner lecture d'un rapport (à l'assemblée). *The bill was read for the first time,* lecture du projet a été faite pour la première fois. *After the will had been read . . .,* lecture faite du testament. . . . **To take the minutes as read,** approuver le procès-verbal sans lecture. **To read to s.o.,** faire la lecture à qn. *The children were read to every evening,* tous les soirs on faisait la lecture aux enfants. *I like being read to,* j'aime qu'on me fasse la lecture. *Willie had been read, out of a big blue book, the story of Cinderella,* on avait lu à Willie, dans un gros livre bleu, l'histoire de Cendrillon. *See also* RIOT[1] 1. (*b*) *F:* **To read s.o. a lesson,** semoncer qn; faire la morale à qn. *See also* LECTURE[1] 2. **3. To read s.o. to sleep,** endormir qn en lui faisant la lecture. *To r. oneself to sleep,* lire pour s'endormir. **To read oneself into a language,** s'initier à une langue par la lecture. **4.** (*a*) Lire (une langue étrangère, la musique); déchiffrer (la sténographie, les hiéroglyphes). **To read (music) at sight,** lire à vue. (*b*) Expliquer, interpréter (un songe, une énigme); deviner (le caractère de qn). **To read the future,** lire dans l'avenir. **To read s.o.'s hand,** lire dans la main de qn. **To read the sky,** (i) (*of astrologer*) lire dans les astres; (ii) (*of meteorologist*) prévoir le temps. **To read s.o.'s thoughts, s.o.'s heart,** lire dans la pensée, dans le cœur, de qn. *I can r. it in your eyes,* je le lis dans vos yeux. *His open nature could be read in his eyes,* ses yeux respiraient la franchise. *To r. s.o.'s mind clearly,* voir clair dans l'esprit de qn. **I can read him like a book,** je le connais comme le fond de ma poche; je lis dans sa pensée comme dans un livre. **You are not to read my silence as consent,** il ne faut pas interpréter mon silence comme un assentiment. *Clause that may be read several ways,* article qui peut s'interpréter de plusieurs manières. *For this passage some commentators read . . .,* au lieu de ce passage quelques commentateurs lisent . . ., donnent. . . . **To read into a sentence what is not there,** mettre dans une phrase ce qui n'y est pas. **To read between the lines,** lire entre les lignes; *F:* aider à la lettre. *I could r. jealousy between the lines,* entre les lignes je sentais transpirer la jalousie. *See also* RUN[2] I. 1. **5.** Lire (l'horloge, le thermomètre); relever (un compteur à gaz). *Surv: etc:* Observer (un angle). **6.** (*With passive force*) (*a*) *The telegram read as follows . . .,* le télégramme était ainsi conçu. . . . (*b*) **The play reads better than it acts,** la pièce est meilleure à la lecture qu'à la scène. *The play doesn't r. well,* la pièce ne donne rien à la lecture. *It reads very well,* cela se suit bien; cela se laisse lire. **The book reads like a translation,** le livre fait l'effet d'une traduction. (*c*) *The clause reads both ways,* l'article peut s'interpréter dans les deux sens. (*d*) *The thermometer reads* 30°, le thermomètre marque, indique, trente degrés.

read in. **1.** *v.pr.* *Ecc:* **To read oneself in,** faire la lecture, imposée par la loi, de certaines déclarations et des "39 articles" (en prenant possession de sa charge). **2.** *v.tr.* *Tex:* Lire (des cartons).

reading in, *s.* *Tex:* Lisage *m* (des cartons).

read off, *v.tr.* **1.** (*a*) Lire (qch.) d'un trait, sans hésiter; lire (de la musique, etc.) à vue, à livre ouvert. (*b*) Lire à haute voix (les noms sur une liste, etc.). **2.** = READ IN 2.

read on, *v.i.* Continuer de lire.

read out, *v.tr.* Lire (qch.) à haute voix. **To read out the agenda,** donner lecture de l'ordre du jour. *To hear the will read out,* entendre lecture du testament.

read over, *v.tr.* **1.** Relire (qch.). **To read sth. over and over,** lire et relire qch. **2.** = READ THROUGH 1.

read through, *v.tr.* **1.** Parcourir (qch.). *To r. through a contract,* prendre lecture d'un contrat. **2.** Lire (qch.) en entier; lire (un auteur) d'un bout à l'autre.

read[3] [red], *a.* **1.** (Discours) lu. **2.** (*Of pers.*) **Well-read, deeply-read,** instruit, savant, lettré, érudit; qui a beaucoup lu, qui a de la lecture; très cultivé. *Well-r. chap, F:* type calé. **To be well read, deeply read, in a subject,** être versé dans une matière; avoir une profonde connaissance d'un sujet; bien connaître un sujet. *Fairly well r. in the humanities*, assez imbu de belles-lettres. *He is deeply r. in history*, c'est un érudit en histoire.

reading[1], *a*. Qui lit. **The reading public**, le public qui lit; le public liseur; le public ami des livres. **A reading man**, un (grand) liseur; *Sch: F:* un travailleur, un piocheur, un bûcheur. *He was neither a sporting man nor a r. man*, il ne brillait ni comme athlète ni par ses études.

reading[2], *s*. **1.** (*a*) Lecture(s) *f*(*pl*). *To be fond of r.*, aimer la lecture. *R. broadens the mind*, le commerce des livres élargit l'esprit. **Book that makes good reading, dull reading**, livre qui est intéressant à lire, qui est d'une lecture ennuyeuse. **The reading matter of a newspaper**, la matière à lecture d'un journal. **Reading list**, liste *f* de livres à lire. *See also* LIP-READING, PROOF-READING, SIGHT-READING. (*b*) **To have immense reading**, avoir énormément lu. *Man of immense r.*, homme d'une vaste érudition. (*c*) Lecture à haute voix. *R. of a will*, lecture, ouverture *f*, d'un testament. **Second reading**, second énoncé; deuxième lecture; *Pol:* prise *f* en considération (d'un projet de loi). *Bill rejected at the second r.*, projet repoussé en deuxième lecture. *A:* **Penny readings**, lectures publiques d'œuvres célèbres. (Le prix d'entrée était de deux sous.) (*d*) Explication *f*, interprétation *f* (d'une énigme, etc.). *See also* HAND-READING, THOUGHT-READING. **2.** (*a*) Lecture (d'un instrument de précision). (*b*) Relevé *m* (d'un compteur à gaz); observation (faite avec un instrument de précision); cote (donnée par l'instrument). **Barometer reading**, hauteur *f* barométrique. *Ph: etc:* **To take readings**, faire la lecture des instruments de contrôle; *F:* faire des lectures; relever les cotes. **Zero reading**, cote zéro. *To take monthly readings* (*of the meter*), relever mensuellement la consommation (de gaz, etc.). *W.Tel:* **Dial readings**, réglages *m* (du poste). *Table of dial readings*, tableau *m* d'étalonnage. *See also* DOUBLE-READING. **3.** (*a*) Façon *f* de lire. *I don't like his r.*, je n'aime pas la façon dont il lit. (*b*) Interprétation (d'un rôle, d'un morceau de musique). *What is your r. of the facts?* comment interprétez-vous les faits? (*c*) Leçon *f*, variante *f* (d'un texte). **True reading**, bonne leçon.

'reading-book, *s*. Livre *m* de lecture.

'reading-desk, *s*. Pupitre *m*. *Ecc:* Lutrin *m*; aigle *m*.

'reading-glass, *s*. Loupe *f* (à lire).

'reading-lamp, *s*. Liseuse *f*; lampe *f* de travail.

'reading-room, *s*. **1.** Salle *f* de lecture (d'une bibliothèque, d'un club). **2.** *Typ:* Salle de correction des épreuves.

'reading-stand, *s*. Pupitre *m*; liseuse *f* (pour travail debout).

readable ['riːdəbl], *a*. Lisible. **1.** Qui se laisse lire; *F:* lisable. *Is it r.?* peut-on le lire? est-ce intéressant? **2.** *His handwriting is very r.*, son écriture est très lisible.

readableness ['riːdəblnəs], *s*. **1.** Lisibilité *f*. **2.** Qualité *f* de ce qui mérite d'être lu.

readdress [riːə'dres], *v.tr.* Mettre une nouvelle adresse sur (une lettre, un colis); changer l'adresse (d'une lettre); faire suivre (une lettre).

reader ['riːdər], *s*. **1.** (*a*) Liseur, -euse; lecteur, -trice. *He is a great r.*, c'est un (grand) liseur; il est (grand) liseur. *He is not much of a r.*, il n'aime guère la lecture. *My fair readers*, mes lectrices. *See also* GENERAL I. 2, GENTLE[1] I. 1. (*b*) **Publisher's reader**, lecteur, -trice, de manuscrits. (*c*) *Typ:* **Proof-reader**, lecteur, -trice, correcteur, -trice, d'épreuves. **2.** (*a*) Lecteur, -trice (à haute voix). *R. to the Queen*, lectrice de la Reine. (*b*) *Ecc:* Lecteur *m*. *See also* LAY[2] 1. (*c*) *Sch:* Chargé, -ée, de cours; maître *m* de conférences. **3.** (*a*) *Mus:* **To be a good reader at sight**, être bon lecteur, bonne lectrice. (*b*) Interprète *m* (des songes, etc.). *See also* HAND-READER. (*c*) *Tex:* **Reader-in, reader-off**, liseur, -euse, de dessins. **4.** *Sch:* Livre *m* de lecture; recueil *m* de morceaux choisis. **First reader**, premier livre de lecture.

readership ['riːdərʃip], *s*. *Sch:* Charge *f* de cours; maîtrise *f* de conférences.

readiness ['redinəs], *s*. **1.** (*a*) Empressement *m*, alacrité *f* (à faire qch.). *R. to believe evil*, promptitude *f* à croire le mal. (*b*) Bonne volonté. **2.** Facilité *f*, vivacité *f* (d'esprit). *R. of speech*, facilité de parole. *R. of wit*, vivacité, promptitude, d'esprit. *R. of mind*, (i) ouverture *f* d'esprit; (ii) présence *f* d'esprit. **3.** **To be in readiness**, être prêt. *To have everything in r.*, avoir tout prêt. *Horses harnessed in r. for the carriage*, chevaux harnachés tout prêts pour la voiture. *Have your revolver in r. to fire*, ayez votre revolver prêt à faire feu.

readjourn [riːə'dʒəːrn]. **1.** *v.tr.* Réajourner. **2.** *v.i.* S'ajourner à nouveau.

readjournment [riːə'dʒəːrnmənt], *s*. Réajournement *m*.

readjust [riːə'dʒʌst], *v.tr.* Rajuster, rectifier; régler à nouveau; remettre (un instrument) à point. *To r. one's dress*, se ragrafer ou se reboutonner.

readjustment [riːə'dʒʌstmənt], *s*. Rajustement *m*, rectification *f*. *Nau:* Régulation *f* (des compas).

readmission [riːəd'miʃ(ə)n], *s*. (*a*) Réadmission *f*. *Th:* **No re-admission**, on ne donne pas de billets de sortie. (*b*) *R. of an official*, réintégration *f* d'un fonctionnaire.

readmit [riːəd'mit], *v.tr.* (*a*) Réadmettre. (*b*) Réintégrer.

readmittance [riːəd'mitəns], *s*. Réadmission *f*.

readopt [riːə'dɔpt], *v.tr.* Réadopter.

readoption [riːə'dɔpʃ(ə)n], *s*. Réadoption *f*.

ready[1] ['redi]. I. *a*. **1.** (*a*) Prêt. **Are you ready?** êtes-vous prêt? y êtes-vous? (*To racers*) **Ready? go!** préparez-vous! partez! **To make, get, sth. ready**, préparer, apprêter, qch. *Get the dinner r. for seven*, que le dîner soit prêt à sept heures. *Dinner is r.*, le dîner est prêt. *To make a car r.*, mettre une voiture en état de marche. (*At hotel*) *Please get my bill r.*, veuillez établir ma note. **To make ready, get ready**, se préparer, s'apprêter, se disposer (*to*, à). *To make r. for a journey*, se préparer à un voyage. *F:* **Ready to the last gaiter button**, prêt jusqu'au dernier bouton de guêtre. *R. for the fray*, prêt à combattre, prêt au combat. *Car r. for driving*, auto prête à conduire. *Machine r. for assembly*, machine prête à être montée. **Ready for use**, prêt à l'usage; prêt à servir. (*Of book*) **Now ready, just ready**, vient de paraître; sur le point de paraître. *She was r. for company*, elle était prête à recevoir des visites, à recevoir ses invités. *He is r. for you now*, il est prêt à vous recevoir; il vous attend. **He is ready for anything**, il est prêt à tout. **To be ready with sth.**, avoir, tenir, qch. tout prêt. **To be ready to do sth.**, être prêt à faire qch.; être en état de faire qch. *We are r. to start*, nous sommes prêts à partir. *To be r. to face s.o.*, attendre qn de pied ferme. *Jur:* **Suit ready for hearing**, affaire *f* en état. *Nau:* **All ready!** on est paré! *Be r. to discharge the pilot*, soyez paré à débarquer le pilote. *See also* ABOUT 2. *Typ:* **To make ready**, mettre en train. **Making ready**, mise *f* en train. *Tg:* **Ready signal**, invitation *f* à transmettre. *See also* PRESS[1] 3, ROUGH-AND-READY. (*b*) **Ready to hand**, sous la main; à portée de la main. *To find an instrument r. to hand*, trouver un instrument sous la main. *There's a subject for a sermon r. to hand*, voilà un sujet de sermon tout trouvé. **Ready money**, argent comptant. *See also* MONEY 1. **Ready capital**, capital circulant. **2.** (*a*) Prêt, disposé (à faire qch.). *If he is r. to lend you the money* . . ., s'il est disposé à vous prêter l'argent. . . . **He is a ready believer in miracles**, il croit volontiers aux miracles. *He is too r. to suspect*, il est trop vite disposé à soupçonner. *Don't be too r. to believe all he says*, ne croyez pas trop légèrement tout ce qu'il dit. (*b*) Sur le point (de faire qch.). **Ready to die with hunger**, sur le point de mourir de faim. *R. to swear with rage*, prêt à jurer de colère. *Bud just r. to burst*, bourgeon *m* tout près d'éclore, juste sur le point d'éclore. **3.** (*a*) *She is not very efficient, but she is r.*, elle n'est pas très capable, mais elle est pleine de bonne volonté. (*b*) Complaisant; servile. *The r. ministers of vengeance*, les serviles instruments de la vengeance. *See also* EAR[1] 1. **4.** Prompt, facile. (*a*) **To have a ready wit**, avoir l'esprit prompt, présent; avoir l'esprit d'à-propos ou l'esprit de repartie. *To be a r. speaker*, avoir la parole facile. *To have a r. tongue*, avoir la langue agile, bien pendue. **To have a ready pen**, avoir la plume facile. *R. understanding*, intelligence ouverte. *R. reply*, prompte repartie. **To be ready with an answer**, avoir la réplique prompte. **Ready with his sword**, prompt à tirer l'épée; prompt à dégainer. *To be a r. tipper*, avoir le pourboire facile. (*b*) **Goods that meet with a ready sale**, marchandises *f* de vente courante, qui partent bien, qui s'écoulent rapidement. *The story found r. acceptance*, l'histoire fut acceptée sans difficulté. *He gave a r. consent*, il donna son consentement sans hésiter. *A r. subject for jokes*, un sujet de plaisanterie tout indiqué. *A r. source of revenue*, une source de revenu facile. **A ready way to do sth.**, un moyen facile, expéditif, de faire qch. *The readiest way to* . . ., le meilleur chemin pour aller à. . . . **-ily**, *adv*. **1.** (Faire qch.) promptement, volontiers, de bon cœur, avec empressement. *To consent r.*, consentir sans se faire prier. **2.** (Imaginer, comprendre, qch.) aisément, facilement. *She is not r. moved to tears*, elle n'a pas les larmes faciles.

II. **ready**, *adv*. **1.** **Ready dressed**, tout habillé. *Table r. covered*, table toute préparée. **2.** *The child who answers readiest*, l'enfant qui répond le plus promptement.

III. **ready**, *s*. **1.** *Mil:* **To come to the ready**, apprêter l'arme. *Artil:* **Guns at the ready**, pièces parées à faire feu. **2.** *P:* Argent comptant. **To plank down the ready**, mettre argent sur table; *P:* abouler la galette.

ready-'cooked, *a*. **Ready-cooked food**, aliments tout cuits; mets *mpl* à emporter.

'ready-for-'service, *attrib.a.* *U.S:* = READY-TO-WEAR.

ready-'made. **1.** *a*. (Article) tout fait. **Ready-made clothes**, vêtements confectionnés, de confection; vêtements tout faits; confections *f*. **Ready-made (clothes) shop**, maison *f* de confections. *R.-m. phrases*, expressions toutes faites. **2.** *s*. **A ready-made**, un complet tout fait ou une robe toute faite; une confection. **Ready-made clothier**, confectionneur *m*.

'ready-'reckoner, *s*. *Com:* Barème *m* (de comptes); (livre *m* de) comptes faits.

'ready-to-'eat, *a*. *U.S:* (Mets) prêt à servir.

'ready-to-'wear, *attrib.a.* (Vêtement) confectionné, de confection.

ready-'witted, *a*. A l'esprit prompt, à l'esprit vif.

ready[2], *v.tr.* **1.** Apprêter (qch.). **2.** *Turf:* Assurer un bon handicap à (un cheval).

reaffirm [riːə'fəːrm], *v.tr.* Réaffirmer (qch.); affirmer de nouveau (qch.). *I r. what I said before*, j'en reviens à ce que j'ai déjà dit, à mon dire.

reaffirmation [riːafər'meiʃ(ə)n], *s*. Nouvelle affirmation.

reaffix [riːə'fiks], *v.tr.* Réapposer (un sceau, etc.).

reaffixing, *s*. Réapposition *f*.

reafforest [riːə'fɔrest], *v.tr.* Reboiser (un terrain).

reafforestation [riːəfɔres'teiʃ(ə)n], *s*. Reboisement *m*.

reagent [ri'eidʒənt], *s*. *Ch:* Réactif *m*. **Reagent paper**, papier réactif.

real[1] ['riːəl, 'reiəl], *s*. *Num:* Réal *m*, *pl*. réaux (d'Espagne).

real[2] ['riːəl]. I. *a*. **1.** (*a*) Vrai. *R. bottles and sham ones*, bouteilles vraies et bouteilles feintes. *A r. diamond*, un vrai diamant. *R. lace*, vraie dentelle. *R. silk*, soie naturelle. *R. flowers*, fleurs naturelles. **Real old nobility**, noblesse *f* de bon aloi. *A r. old salt*, un vrai loup de mer. (*b*) Véritable, réel. *The r. world*, le monde réel. *He is not the r. head of the business*, ce n'est pas le véritable chef. *The r. value of things*, le véritable prix des choses. *You wouldn't find such a character* **in real life**, vous ne trouveriez pas un caractère semblable dans la vie quotidienne, dans la réalité. *These things are r., and no fancies*, ce ne sont pas des chimères, ce sont des choses réelles. *A r. friend*, un vrai ami, un véritable ami. *He is a r. man*, c'est vraiment un homme. **It is the real thing**, (i) c'est authentique; (ii) *F:* c'est ce qu'il nous faut. *s*. **The real and the ideal**, le réel et l'idéal. *Astr:* **Real movement of a star**, mouvement *m* propre d'un astre. *Fin:* **Real value,** valeur effective. *Theol:* **Real presence,** présence réelle (dans l'eucharistie). *Opt:* **Real image,** image réelle. **2.** *Jur:* **Real estate, real property,** propriété immobilière; biens *m* en immeubles; biens immobiliers; biens-fonds *mpl*; immeubles *mpl*; *U.S:* = *landed property, q.v. under* LANDED 2. **Real action,** action réelle. **-lly,** *adv.* Vraiment; réellement; à vrai dire; en effet; *F:* pour de vrai. *Things that r. exist,* choses qui existent réellement. *It was r. my fault,* c'était vraiment, franchement, de ma faute. *That is r. a matter for the manager,* c'est là proprement l'affaire du gérant. *You r. must go to it,* il faut absolument que vous y alliez. *You are r. too kind,* vous êtes vraiment trop bon. *Has he r. gone?* est-il parti pour de vrai? *Is it r. true?* est-ce bien vrai? **Really?** vraiment? *F:* sans blague? **Not really!** pas possible! *Well, r., that's a good one!* eh bien vrai, elle est bonne!

II. **real,** *adv. U.S: F:* Vraiment. *A r. fine day,* vraiment une belle journée. *P: I was r. sorry,* ça me faisait vraiment de la peine. *It's r. sweet!* c'est parfait! c'est tapé! *He's r. healthy,* c'est un déluré.

realgar [ri'algər], *s. Miner:* Réalgar *m*.

realism ['riːəlizm], *s. Art: Lit: Phil:* Réalisme *m*.

realist ['riːəlist], *a. & s. Art: Lit: Phil:* Réaliste (*mf*).

realistic [riə'listik], *a.* Réaliste. *R. style,* style plein de réalisme. **-ally,** *adv.* Avec réalisme. *Painted r.,* peint au naturel.

reality [ri'aliti], *s.* **1.** (*a*) La réalité; le réel. *To bring s.o. back to the world of r.,* ramener qn à la réalité, dans le vrai des choses. **In reality . . .,** en réalité . . .; dans le fait. . . . (*b*) *We must stick to realities,* il faut s'en tenir aux réalités; il faut rester dans le réel. **2.** Vérité *f* (d'un tableau, etc.). *Described with extraordinary r.,* décrit avec un réalisme extraordinaire.

realizable [riːə'laːizəbl], *a.* **1.** Réalisable. (*a*) Qui peut se faire. (*b*) *Assets that are hardly r.,* capital *m* difficile à convertir en espèces. **2.** Imaginable; dont on peut se rendre compte.

realization [riːəlai'zeiʃ(ə)n], *s.* **1.** (*a*) Réalisation *f* (d'un projet, etc.). (*b*) *Com: Fin:* Conversion *f* en espèces; réalisation (d'un placement); mobilisation *f* (d'une indemnité). **2.** Conception nette (d'un fait, d'un danger, etc.).

realize ['riːəlaːiz], *v.tr.* **1.** (*a*) Réaliser (un projet, une espérance). *His hopes were realized,* ses espérances se réalisèrent. (*b*) *Com: Fin:* Convertir (des biens) en espèces; réaliser (un placement); liquider (sa fortune); mobiliser (une indemnité). *These shares cannot be realized,* il n'y a pas de marché pour ces titres. (*c*) Réaliser (des bénéfices); gagner (une fortune). (*d*) (*Of goods*) *To r. a high price,* atteindre, rapporter, un haut prix. **2.** Représenter (qch.) au naturel, avec réalisme. **3.** Concevoir nettement, bien comprendre (qch.); s'apercevoir de (qch.); se rendre compte de (qch.). *We realized that he was blind,* nous nous aperçûmes qu'il était aveugle. *I realized it at the first glance,* je m'en suis rendu compte au premier coup d'œil. *I have realized my mistake,* je suis revenu de mon erreur. *I fully, quite, r.* (*the fact*) *that . . .,* je ne me dissimule pas que . . ., je ne méconnais pas que . . ., j'apprécie le fait que. . . . *The motor car is coming to be realized as a necessity,* on est en voie de se rendre compte que l'automobile est une nécessité.

realizing, *s.* = REALIZATION.

realizer ['riːəlaizər], *s.* Réalisateur, -trice (de capitaux, etc.).

re-allocate [riː'alokeit], *v.tr.* Réadjuger.

re-allocation [riːalo'keiʃ(ə)n], *s.* Réadjudication *f*.

re-allot [riːə'lɔt], *v.tr. Fin:* Attribuer, répartir, (des actions) à nouveau.

really ['riːəli], *adv. See* REAL[1] I.

realm [relm], *s.* Royaume *m*. **The Peers of the Realm,** les pairs *m* du Royaume. *Lit: The saints who dwell in the realms of heaven,* les saints qui habitent le royaume des cieux. *The realms of fancy,* le domaine de l'imagination. *Poet:* **The realm of the dead,** l'empire *m* des morts.

realtor [ri'altər], *s. U.S:* = ESTATE-AGENT I.

realty ['riːəlti], *s. Jur:* (*a*) Objet immobilier. (*b*) *Coll.* Biens immobiliers; (biens) immeubles *mpl*.

ream[1] [riːm], *s. Paperm:* (*a*) Rame *f* (de 20 mains = 480 feuilles); ramette *f* (de papier à lettres). (*b*) *Typ:* Rame de 516 feuilles. *F:* **He writes reams,** il écrit des pages et des pages.

ream[2], *v.tr.* **1.** *Mec.E:* (*a*) **To ream (out),** aléser, équarrir (un trou); aléser (un canon, un cylindre, etc.). **To ream to size,** aléser au diamètre voulu. (*b*) Fraiser, chanfreiner (un trou). (*c*) Sertir (une cartouche). **2.** *Nau:* Élargir, patarasser (une couture) (avant de calfater).

reaming, *s.* **1.** Alésage *m*, équarrissage *m*. **2.** Fraisage *m*. **3.** *Nau:* Travail *m* sur coque à la patarasse.

'reaming-iron, *s. Nau:* Patarasse *f*; coin *m* de calfat.

'reaming-machine, *s. Metalw:* Aléseuse *f*.

reamer(-bit) ['riːmər(bit)], *s. Tls:* **1.** Alésoir *m*, aléseuse *f*, équarrissoir *m*; mèche *f* à entailles; louche *f*; queue-de-rat *f*, *pl.* queues-de-rat. *Fluted r.,* alésoir cannelé. **2. Countersinking reamer,** fraise *f*.

reanimate [riː'animeit], *v.tr.* Ranimer, réanimer.

reanimation [riːani'meiʃ(ə)n], *s.* **1.** *Biol:* Anabiose *f*. **2.** Retour *m* à la vie; reprise *f* des affaires, etc.

reanneal [riːə'niːl], *v.tr. Metalw:* Recuire à nouveau.

reannex [riːə'neks], *v.tr.* Réannexer.

reannexation [riːanek'seiʃ(ə)n], *s.* Réannexion *f*.

reap [riːp], *v.tr.* (*a*) Moissonner (le blé, un champ). *Abs.* Moissonner; faire la moisson. *B:* **Whatsoever a man soweth that shall he also reap,** comme tu auras semé tu moissonneras. *Prov:* **We reap as we sow, we reap what we have sown,** on recueille ce qu'on a semé; on ne récolte que ce qu'on sème; on est puni par où l'on a péché. **He who sows the wind shall reap the whirlwind,** qui sème le vent récolte la tempête. (*b*) Recueillir (le fruit de ses travaux); acquérir (de l'expérience, etc.). **To reap laurels, glory,** moissonner, cueillir, des lauriers; faire une moisson de lauriers. *To r. everlasting dishonour,* se tarer totalement, pour toujours. **To reap profit from sth.,** retirer du profit, tirer profit, de qch. *I r. no benefit from it,* il ne m'en revient aucun avantage.

reaping, *s.* Moisson *f*.

'reaping-hook, *s.* Faucille *f*.

'reaping-machine, *s.* Moissonneuse *f*.

reaper ['riːpər], *s.* **1.** (*Pers.*) Moissonneur, -euse; coupeur *m* de blé. *Lit:* **The Reaper,** la Mort. **2.** (*Machine*) Moissonneuse. **Reaper and binder,** moissonneuse-lieuse *f*, *pl.* moissonneuses-lieuses.

reappear [riːə'piːər], *v.i.* Réapparaître, reparaître; se représenter.

reappearance [riːə'piːərəns], *s.* **1.** (*a*) Réapparition *f*. *R. of spring,* renaissance *f* du printemps. (*b*) *Th:* Rentrée *f* (d'un acteur). **2.** *Dy:* **White reappearance,** repousse *f* blanchâtre.

re-apply [riːə'plai], *v.tr.* Réappliquer (*upon,* sur).

re-appoint [riːə'pɔint], *v.tr.* **1.** Réintégrer (qn) dans ses fonctions. **2.** *To r. a representative,* rétablir les fonctions de représentant (auprès d'une assemblée, etc.).

re-appointment [riːə'pɔintmənt], *s.* Réintégration *f* (d'un fonctionnaire, etc.).

rear[1] [riːər]. I. *s.* **1.** *Mil:* (*a*) Arrière-garde *f*, derrières *mpl* (d'une armée). **In the rear,** à l'arrière-garde, au dernier rang. *To attack an army in the r.,* attaquer une armée en queue, par derrière. *F:* **To hang on to s.o.'s rear,** talonner qn. *To take a position in the r.,* prendre une position à revers. *To remove a casualty to the r.,* transporter un blessé à l'arrière. *He was sent to the r.,* on l'a envoyé à l'arrière-garde. **To bring, close, up the rear,** fermer la marche (d'une armée, etc.); venir en queue (d'un cortège). *F:* **To fall to the rear,** quitter les rangs (pour se soulager). (*b*) *P:* **The rear,** les latrines *f*, les cabinets *m*, le water(-closet). **2.** (*a*) Arrière *m*, derrière *m* (d'une maison, etc.). *In the r. of the house,* derrière la maison. (*b*) Dernier rang, queue *f* (d'un cortège, etc.). *At the r. of the procession,* à la queue du cortège. *In the r. of the train,* en queue du train. *They saw them far in the r.,* ils les voyaient bien loin en arrière.

II. **rear,** *a.* Situé à l'arrière, situé en queue; d'arrière, de queue; postérieur. *Veh:* **Rear lamp,** lanterne *f* arrière. **Rear wheel,** roue *f* (d')arrière. **Rear waggons,** wagons *m* de derrière. **Rear portion** *of the train,* rame *f* de queue; groupe *m* de queue. **Rear entrance,** entrée *f* par derrière. *Mil:* **Rear rank,** dernier rang; arrière-rang *m*, *pl.* arrière-rangs. **Rear-rank man,** serre-file *m*, *pl.* serre-files. *Navy:* **Rear column,** colonne *f* de queue. **Rear division,** arrière-garde *f* (d'escadrille). *Phot:* **Rear finder,** viseur postérieur. **Rear shutter,** obturateur *m* arrière. *See also* AXLE I, PEAK[1] I

'rear-admiral, *s.* Contre-amiral *m*, *pl.* contre-amiraux.

'rear-arch, *s. Arch:* Arc intérieur (d'une porte, etc.); arc en retrait.

'rear-drive, *s. Aut: etc:* Attaque *f* de l'essieu arrière. **Rear-drive car,** voiture *f* à pont arrière moteur.

'rear-guard, *s. Mil:* Arrière-garde *f*. **Rear-guard action,** combat *m* en retraite; combat d'arrière-garde.

'rear-light, *s. Aut:* **1.** Lanterne *f* arrière; feu *m* arrière. **2.** Fenestreau *m* (de coupé, etc.).

'rear-vault, *s. Arch:* Arrière-voussure *f*, *pl.* arrière-voussures.

rear[2], *v.i. P:* Se soulager.

rear[3]. **1.** *v.tr.* (*a*) Élever, construire (une cathédrale, etc.); ériger (une statue). (*b*) Dresser, mettre debout (une échelle, un mât, etc.); arborer (un étendard). **To rear oneself up,** se dresser. **To rear one's head,** relever la tête. **2.** *v.tr.* Élever (des animaux, des enfants); cultiver (des plantes). **3.** *v.i.* (*Of horse*) Se cabrer, se dresser.

rearing, *s.* **1.** Construction *f* (d'un édifice); érection *f* (d'une statue). **2.** Élevage *m* (des animaux). **Rearing of children,** puériculture *f*. **3.** Cabrement *m*, acculement *m* (d'un cheval).

rearer ['riːərər], *s.* **1.** Éleveur, -euse (d'animaux). **2.** Cheval *m* qui se cabre, qui a l'habitude de se cabrer.

rearm [riː'ɑːrm], *v.tr.* Réarmer.

rearmament [riː'ɑːrməmənt], *s.* Réarmement *m*.

rearmost ['riːərmoust], *a.* Dernier; de queue. *R. ship* (*of a line ahead*), serre-file *m*, *pl.* serre-files.

re-arrange [riːə'reindʒ], *v.tr.* Rarranger (qch.); arranger (qch.) de nouveau. *To r. one's hair,* arranger sa coiffure; se retaper les cheveux; remettre ses cheveux en ordre.

re-arrangement [riːə'reindʒmənt], *s.* Rarrangement *m*; nouvel arrangement.

rearview ['riːərvjuː], *attrib.a. Aut:* **Rearview mirror,** (miroir) rétroviseur *m*.

rearward ['riːərwərd]. **1.** *s.* Arrière-garde *f*, derrières *mpl* (d'une armée). **In, to, rearward of . . .,** à l'arrière de. . . . **In the rearward,** à l'arrière, en arrière; (par) derrière. **2.** *a.* (*a*) Situé à l'arrière. (*b*) (Mouvement, regard) en arrière. **3.** *adv.* = REARWARDS.

rearwards ['riːərwərdz], *adv.* **1.** A l'arrière; (par) derrière. **2.** Vers l'arrière.

reascend [riːə'send], *v.tr. & i.* Remonter. *To r. the throne,* remonter sur le trône.

reason[1] [riːzn], *s.* **1.** Raison *f*, cause *f*, motif *m*. **The reason for my absence,** la raison de mon absence. *He explained the r. I had been sent for,* il m'a expliqué pourquoi j'avais été appelé. *There are reasons for that,* il y a des raisons pour cela, à cela. *There is a r. for his doing so,* il y a une raison à ce qu'il le fasse. *Our reasons for hope,* nos raisons d'espérer; nos motifs d'espérance. **To give reasons for doing sth.,** (i) donner, fournir, des raisons pour avoir fait qch.; (ii) donner les raisons pour lesquelles qch. doit se faire. *To state one's reasons for a decision,* motiver une décision. *Alleging as his r. that . . .,* en alléguant comme motif, en motivant, que. . . . *He made my youth a r. for excluding me,* il argua de ma jeunesse pour m'exclure. *Jur:* **Reasons adduced,** les attendus *m* (d'un jugement). *F:* **A woman's reason,** une raison qui n'en est pas une. **For reasons best known to myself,** pour des raisons de moi seul connues. *For reasons of State,* pour des raisons d'État. *For reasons* *of health*, pour raisons de santé. **For one reason or another,** pour une raison ou pour une autre. *For no other r. than that I forgot*, pour l'unique raison que j'ai oublié. *He will not come* **and for a very good reason,** il ne viendra pas et pour cause. *For more than one good r.*, à plus d'un titre. *For the same r. . . .*, au même titre. . . . **For no reason at all,** sans motif, **sans cause.** *For the very r. that . . .*, précisément parce que . . .; pour cela même que. . . . **The reason for which he came, the reason why he came,** *F:* **the reason that he came,** la raison pour laquelle il est venu. *I shall do it and for this r.*, je le ferai et voici pourquoi. *For which r. I intend to . . .*, c'est pourquoi j'ai l'intention de. . . . **The reason why,** le pourquoi. *Tell me the r. why*, dites-m'en la raison. *What's the r. for it?* à quoi cela tient-il? **You have reason to be glad,** vous avez sujet à vous réjouir. *We have no r. to be glad*, nous n'avons pas sujet à nous réjouir. **I have reason to believe that . . .,** j'ai lieu de croire que . . .; je crois savoir que . . .; j'ai quelques raisons de croire que. . . . **I have every reason to suppose that . . .,** j'ai toute raison, tout lieu, tout sujet, de supposer que. . . . *There is every r. to believe that . . .*, rien n'empêche de croire que. . . . *There is no r. to suppose that . . .*, il n'y a pas de raisons pour supposer que. . . . *He complains* **with (good) reason,** il a des raisons pour se plaindre; il se plaint et pour cause, et à bon droit. *To act with good r.*, agir avec sujet. *To be proud with good r. of . . .*, être fier à bon droit de. . . . **It is not without (good) reason that . . .,** ce n'est pas pour rien que. . . . *The police have good r. to believe him guilty*, la police est bien fondée à le croire coupable. *I have good r. to complain, for complaint*, j'ai de quoi me plaindre. **All the more reason for going, why I should go,** raison de plus pour y aller, pour que j'y aille; à plus forte raison dois-je y aller. **By reason of . . .,** à cause de . . ., pour cause de . . ., en raison de. . . . *See also* EARTHLY 2. **2.** Raison; faculté *f* de raisonner. *It is disputed whether dogs have r.*, on discute sur le point de savoir si les chiens sont doués de raison. **He lost his reason,** il a perdu sa raison. *His r. failed him utterly*, sa raison sombra complètement. **3.** Raison; bon sens. *There is r. in what you say*, il y a du bon sens dans ce que vous dites. **To hear, listen to, reason,** entendre raison. *You can't make him listen to r., he will not listen to r.*, il n'en fait qu'à sa volonté; *F:* il n'entend ni à hue ni à dia. **To bring s.o. to reason,** faire entendre raison à qn; ramener, ranger, qn à la raison. *To try to bring s.o. to r.*, raisonner qn. **It stands to reason that . . .,** il est évident que . . .; il est de toute évidence que . . .; le bon sens, la raison, dit que . . ., veut que . . .; il va de soi que . . .; il va sans dire que. . . . **It stands to reason,** c'est évident; c'est tout naturel; cela va de soi; cela va sans dire; cela tombe sous le sens. **I cannot in reason do it,** je ne peux pas, raisonnablement, le faire. **As in reason,** comme de raison. *He will do everything in r.*, il est disposé à faire tout ce qui est raisonnable. **Everything in reason,** il y a mesure à tout. *It cost me a sum* **out of all reason,** cela m'a coûté les yeux de la tête. *The price of fish is out of all r.*, le poisson est hors de prix. *See also* RHYME[1] 1.

reason². **1.** *v.i.* **To reason from premises,** déduire des conclusions des prémisses. *To r. from past experience*, fonder ses raisons sur l'expérience du passé. **To reason in a circle,** revenir au point de départ; tourner dans un cercle (vicieux). **To reason on, about, a subject,** raisonner sur un sujet. **To reason with s.o.,** raisonner qn, avec qn; faire entendre raison à qn. **2.** *v.tr.* (*a*) *To r. that . . .*, arguer que . . .; arriver à la conclusion que. . . . *To r. whether . . .*, discuter pour savoir si. . . . **To reason out the answer to a problem,** déduire la solution d'un problème. (*b*) **To reason s.o. into obedience,** amener qn à l'obéissance (en le raisonnant). **To reason s.o. out of doing sth.,** dissuader qn de faire qch.; faire entendre raison à qn. **To reason s.o. out of his fear,** calmer la peur de qn (par de bonnes raisons). **To reason a fear away,** prouver par le raisonnement qu'une crainte est mal fondée.

reasoned, *a.* **1.** (*Of analysis, exposition, etc.*) Raisonné; accompagné de raisons. *R. refusal*, refus motivé. **2.** Raisonnable. *R. diet*, régime logique, rationnel.

reasoning¹, *a.* Doué de raison.

reasoning², *s.* Raisonnement *m*; dialectique *f*. *To surpass s.o. in power of r.*, être meilleur dialecticien que qn; surpasser qn par la puissance du raisonnement. **There is no reasoning with him,** (i) il n'y a pas moyen de lui faire entendre raison; (ii) on ne peut pas raisonner avec lui.

reasonable ['riːz(ə)nəbl], *a.* **1.** (*a*) Raisonnable; équitable. *You must try to be r.*, il faut vous raisonner; tâchez d'être raisonnable. *I find it r. that he should do so*, je trouve naturel qu'il le fasse. *To offer a r. excuse*, alléguer valablement une excuse. *R. offer*, offre *f* acceptable, raisonnable. (*b*) *R. suspicions*, soupçons bien fondés. **2.** Modéré. *R. prices*, prix modérés, raisonnables. *R. in one's desires*, modéré dans ses désirs. **-ably,** *adv.* Raisonnablement.

reasonableness ['riːz(ə)nəblnəs], *s.* **1.** Caractère *m* raisonnable; raison *f*. **There are times for reasonableness,** la raison a ses heures. **2.** Modération *f* (des prix, d'une demande).

reasoner ['riːz(ə)nər], *s.* Raisonneur, -euse. *He is a bad r.*, il raisonne mal.

reasonless ['riːz(ə)nləs], *a.* Sans raison; dénué de raison.

reassemble [riːə'sembl]. **1.** *v.tr.* (*a*) Rassembler; assembler de nouveau (les Chambres, etc.). (*b*) Remonter, remettre en état (une machine); remboîter (un meuble, etc.). **2.** *v.i.* Se rassembler; s'assembler de nouveau. *The school reassembles to-morrow*, c'est demain la rentrée des classes.

reassembling, *s.* Remontage *m* (d'une machine, d'un fusil, etc.); remboîtement *m* (d'un meuble).

reassembly [riːə'sembli], *s.* Rentrée *f* (du Parlement).

reassert [riːə'səːrt], *v.tr.* Affirmer (qch.) de nouveau; réaffirmer (une conviction, etc.).

reassess [riːə'ses], *v.tr.* **1.** Réimposer (un contribuable). **2.** Réévaluer (les dommages, un immeuble, etc.).

reassessment [riːə'sesmənt], *s.* **1.** Réimposition *f*. **2.** Réévaluation *f*.

reassign [riːə'sain], *v.tr.* Assigner (des terres, etc.) de nouveau.

reassignment [riːə'sainmənt], *s.* Nouvelle cession.

reassume [riːə'sjuːm], *v.tr.* Reprendre (un emploi, etc.); réassumer (une responsabilité, etc.).

reassurance [riːə'ʃuərəns], *s.* **1.** Action *f* de rassurer (qn). **To be a reassurance to s.o.,** rassurer qn. **2.** *Ins:* Réassurance *f*.

reassure [riːə'ʃuər], *v.tr.* **1.** Rassurer, tranquilliser (qn) (*on, about, sur*). *To r. s.o. of the truth of sth.*, rassurer qn sur la vérité de qch. **To feel reassured,** se rassurer. **2.** *Ins:* Réassurer.

reassuring, *a.* (*Of news, etc.*) Rassurant.

re-attach [riːə'tatʃ], *v.tr.* Rattacher; refixer (des fils, etc.).

reave [riːv], *v.* (*p.t. & p.p.* **reft** [reft]) *A. & Poet:* **1.** *v.i.* Commettre des ravages; se livrer à la rapine; faire des razzias sur le bétail. **2.** *v.tr.* (*a*) Ravager; razzier (le bétail). (*b*) Enlever, ravir (*s.o. of sth.*, qch. à qn); arracher (*sth. from s.o.*, qch. à qn). *Trees reft of their leaves*, arbres dépouillés de leurs feuilles. *The lands reft from the Crown*, les domaines arrachés à la Couronne.

reaving, *s.* Rapine *f*.

reaver ['riːvər], *s.* *A. & Poet:* Pillard *m*, brigand *m*; voleur *m* de bétail.

reawaken [riːə'weik(ə)n]. **1.** *v.tr.* Réveiller (qn). *To r. s.o.'s love, s.o.'s anger*, ranimer l'amour, la colère, de qn. **2.** *v.i.* Se réveiller; se ranimer.

rebake [riː'beik], *v.tr.* *Cer:* Recuire.

re-bale [riː'beil], *v.tr.* Remettre en balles, en ballots (des marchandises).

reballast [riː'baləst], *v.tr.* *Civ.E:* Ballaster à nouveau, recharger (une voie ferrée, une route).

reballasting, *s.* Rechargement *m*.

rebaptism [riː'baptizm], *s.* Rebaptisation *f*.

rebaptize [riːbap'taːiz], *v.tr.* Rebaptiser.

rebate¹ [ri'beit, 'riːbeit], *s.* *Com:* **1.** Rabais *m*, remise *f*, escompte *m*, bonification *f*. **To allow a rebate on an account,** faire une diminution sur un compte. **2.** Ristourne *f*; remboursement *m*.

rebate² [ri'beit], *v.tr.* *A:* **1.** *To r. a blow*, amortir un coup; diminuer la force d'un coup. **2.** Émousser (une arme).

rebate³ ['rabet], *s. & v.tr.* = RABBET[1, 2].

Rebecca [re'beka]. *Pr.n.f.* Rébecca.

rebeck ['riːbek], *s.* *Mus:* *A:* Rebec *m*.

rebel¹ ['reb(ə)l]. **1.** *Attrib.a.* Insurgé. **2.** *s.* Rebelle *mf*; révolté, -ée; insurgé *m*.

rebel² [ri'bel], *v.i.* (**rebelled; rebelling**) Se rebeller, se révolter, se soulever (*against*, contre). *To r. against one's fate*, se cabrer contre son destin.

rebellion [ri'beljən], *s.* **1.** Rébellion *f*, révolte *f* (*against*, contre); soulèvement *m*. *District* **in open rebellion,** région *f* en révolte ouverte. **2.** *Jur:* (*Scot.*) Contumace *f*.

rebellious [ri'beljəs], *a.* Rebelle. (*a*) *R. act*, acte *m* de rébellion. *R. troops*, troupes insubordonnées. *The accused was in liquor and r.*, l'inculpé était en état d'ébriété et de rebellion. *Jur:* **Rebellious assembly,** réunion *f* de plus de douze personnes en vue de commettre un acte illicite. *F: Her r. locks*, sa chevelure rebelle. (*b*) *Med:* (Fièvre *f*, etc.) rebelle. **-ly,** *adv.* En rebelle; d'un ton de défi.

rebelliousness [ri'beljəsnəs], *s.* Esprit *m* de rébellion; disposition *f* à la rébellion; insubordination *f*.

rebind [riː'baind], *v.tr.* (*p.t. & p.p.* **rebound** (riː'baund]) **1.** Relier (un livre) de nouveau, à neuf. **2.** Recercler (une roue).

rebinding, *s.* **1.** Reliure *f* à neuf. **2.** Recerclage *m*.

rebirth [riː'bəːrθ], *s.* Renaissance *f*; retour *m* à la vie.

reblock [riː'blɔk], *v.tr.* Reformer (un chapeau); remettre (un chapeau) en forme.

reboil [riː'bɔil]. **1.** *v.i.* (*a*) Rebouillir. (*b*) (*Of wine, etc.*) Entrer de nouveau en fermentation. **2.** *v.tr.* Faire rebouillir.

rebore [riː'bɔːər], *v.tr.* *Mec.E:* Réaléser; reforer.

rebottle [riː'bɔtl], *v.tr.* Mettre (le vin) dans de nouvelles bouteilles.

re-bottom [riː'bɔtəm], *v.tr.* Remettre un fond à (une boîte, etc.); remettre un siège à (une chaise); rempailler (une chaise paillée).

re-bottoming, *s.* Rempaillage *m* (d'une chaise paillée).

rebound¹ [ri'baund], *s.* Rebond *m*, rebondissement *m*; retour *m* brusque; détente *f* (d'un ressort); contre-coup *m* (d'une balle de fusil, etc.); ricochet *m* (d'une balle, etc.). *The r. of the car*, la remontée, le rebondissement, de la voiture. *His head made three rebounds on the scaffold*, sa tête rebondit trois fois sur l'échafaud. *F:* **To take s.o. on the rebound,** profiter du moment de détente de qn (après une émotion). *See also* SHOCK[4] 1.

re'bound-check, -stop, *s.* **1.** Butoir *m* de recul. **2.** Amortisseur *m* de rebondissement.

rebound², *v.i.* (*a*) (*Of ball, etc.*) Rebondir. *F: The ill he did rebounded upon him*, le mal qu'il avait fait retomba sur lui, rejaillit sur lui. (*b*) (*Of spring*) Rebondir; se détendre.

rebounding¹, *a.* Rebondissant, bondissant.

rebounding², *s.* Rebondissement *m*.

rebound³ [riː'baund]. *See* REBIND.

re-box [riː'bɔks], *v.tr.* *Hort:* Rencaisser (des orangers, etc.).

re-broadcast [riː'brɔːdkɑːst], *v.tr.* *W.Tel:* Retransmettre (un programme).

rebuff¹ [ri'bʌf], *s.* Rebuffade *f*; mortification *f*, déconvenue *f*, échec *m*. **To meet with, to suffer, a rebuff,** essuyer un refus; essuyer un déboire; *F:* prendre la pilule; remporter une veste.

rebuff², *v.tr.* Repousser, rebuter, *F:* rebuffer (qn); rembarrer (qn).

rebuild [riː'bild], *v.tr.* (*p.t. & p.p.* **rebuilt** [riː'bilt]) Rebâtir, reconstruire; relever (un mur); refaire (un mur, etc.) à neuf. *Rebuilt typewriter*, machine à écrire reconstruite et remise à l'état de neuf. *Rebuilt ship*, navire refait.

rebuilding, *s.* Reconstruction *f*; réfection *f* (d'un pont, etc.); relèvement *m* (d'un mur, etc.).

rebuilder [riː'bildər], *s.* Reconstructeur *m*.

rebuke[1] [ri'bjuːk], *s.* Réprimande *f*, reproche *m*, blâme *m*.

rebuke[2], *v.tr.* (*a*) Réprimander, reprendre, blâmer, gourmander (qn); *F:* rembarrer (qn). **To rebuke s.o. for sth.**, reprocher qch. à qn. (*b*) *He rebuked their presumption*, il leur a reproché leur présomption.

rebuking, *a.* Plein de reproches; (regard *m*) sévère, de reproche. **-ly**, *adv.* Avec des reproches; d'un ton, d'un air, de reproche; d'un ton sévère.

rebuker [ri'bjuːkər], *s.* Réprimandeur, -euse.

reburn [riː'bəːrn], *v.tr.* Recuire (le ciment).

reburning, *s.* Recuit *m*.

reburnish [riː'bəːrniʃ], *v.tr.* Repolir (le métal); brunir (l'or, etc.) à nouveau.

reburnishing, *s.* Repolissage *m*.

rebus ['riːbəs], *s.* Rébus *m*.

rebush [riː'buʃ], *v.tr.* *Mec.E:* Refaire les coussinets (d'un palier); regarnir.

rebut [ri'bʌt], *v.tr.* (**rebutted; rebutting**) **1.** (*a*) Réfuter (une accusation); démontrer la fausseté (d'une théorie, etc.). (*b*) *Abs. Jur:* Dupliquer; riposter. **2.** Rebuter, repousser (qn).

rebutment [ri'bʌtmənt], **rebuttal** [ri'bʌt(ə)l], *s.* Réfutation *f*.

rebutter [ri'bʌtər], *s.* *Jur:* **1.** Duplique *f*. **2.** = REBUTTAL.

recalcitrance [ri'kalsitrəns], *s.* Récalcitrance *f*; esprit *m* réfractaire.

recalcitrant [ri'kalsitrənt], *a.* & *s.* Récalcitrant, réfractaire; regimbeur, -euse; *P:* rouspéteur, -euse.

recalcitrate [ri'kalsitreit], *v.i.* Récalcitrer, regimber (*at, against*, contre); *P:* rouspéter.

recalesce [riːka'les], *v.i.* (*Of metal*) Subir la récalescence.

recalescence [riːka'les(ə)ns], *s.* *Metall:* Récalescence *f*.

recall[1] [ri'kɔːl], *s.* **1.** Rappel *m* (de qn, de troupes, etc.). *Dipl:* **Letters of recall**, lettres *f* de rappel. *Navy:* **General recall signal**, signal *m* de rappel général. *Th:* **To give an actor a recall**, rappeler un acteur. **2.** Rétractation *f*, révocation *f*. *Decision* **past recall**, décision *f* irrévocable. *It is past r.*, c'est irrémédiable. *Lost* **beyond recall**, perdu irrévocablement. *To give sth. up as beyond r.*, *F:* faire son deuil de qch.

recall[2], *v.tr.* **1.** Rappeler (un exilé, un ambassadeur, un acteur). *To r. s.o. to office, to life*, rappeler qn au pouvoir, à la vie. *To r. s.o. from his dreams*, tirer qn de ses rêves; rappeler qn à la réalité. **To recall s.o. to his duty**, rappeler, ramener, qn au devoir, à son devoir. *To r. s.o.'s attention to sth.*, appeler de nouveau l'attention de qn sur qch. **2.** (*a*) Rappeler (qch. à qn). *Everything here recalls my youth to me*, tout ici me retrace ma jeunesse. *Legends that r. the past*, légendes remémoratrices, évocatrices, du passé, qui évoquent le passé. (*b*) **To recall sth. (to mind)**, se rappeler qch., se souvenir de qch.; se retracer (un événement, etc.). *I don't r. his name*, je ne me souviens pas de son nom. *I don't r. you*, je ne vous remets pas. *I am beginning to r. his face*, son visage me revient. *How vividly I r. the scene!* avec quelle netteté je revois ce spectacle! **3.** (*a*) Rétracter (une promesse, etc.); retirer (sa parole); revenir sur (sa promesse, sa parole). (*b*) Annuler (un jugement); révoquer (un décret, etc.).

recalling, *s.* **1.** Rappel *m*. **2.** Révocation *f*.

recall[3] [riː'kɔːl], *v.tr.* Faire de nouveau l'appel (des noms, etc.).

recallable [ri'kɔːləbl], *a.* **1.** (Réserviste, etc.) rappelable; qui peut être rappelé. **2.** (Souvenir *m*) évocable; (événement *m*) qu'il est possible de rappeler à la mémoire. **3.** (Édit *m*, etc.) révocable; qui peut être rétracté; (jugement *m*) annulable.

recaller [ri'kɔːlər], *s.* Remémorateur, -trice (du passé).

recant [ri'kant]. **1.** *v.tr.* Rétracter, revenir sur (une opinion); abjurer (une erreur de doctrine, etc.), désavouer (une doctrine). **2.** *v.i.* Se rétracter; *A:* chanter la palinodie; revenir de ses égarements.

recanting[1], *a.* Qui se rétracte.

recanting[2], *s.* = RECANTATION.

recantation [rikan'teiʃ(ə)n], *s.* Rétractation *f*, abjuration *f* (*of*, de); *A:* palinodie *f*.

re-cap [riː'kap], *v.tr.* Recoiffer (une bouteille).

recapitulate [riːka'pitjuleit], *v.tr.* Récapituler. *Let us r. the facts*, reprenons les faits.

recapitulation [riːkapitju'leiʃ(ə)n], *s.* Récapitulation *f*.

recapitulatory [riːka'pitjulətəri], **recapitulative** [riːka'pitjulətiv], *a.* Récapitulatif.

recaption [riː'kapʃ(ə)n], *s.* *Jur:* Reprise *f* (de biens).

recapture[1] [riː'kaptjər], *s.* Reprise *f*.

recapture[2], *v.tr.* Reprendre, recapturer, ratteindre, se remparer de (qn, qch.). *Ship recaptured*, reprise *f*.

recarbonize [riː'kɑːrbənaiz], **recarburize** [riː'kɑːrbjuraiz], *v.tr.* *Metall:* Recarburer (l'acier).

recarry [riː'kari], *v.tr.* Reporter, rapporter.

re-case [riː'keis], *v.tr.* **1.** Remboîter (un livre). **2.** Recuveler (un puits).

re-casing, *s.* **1.** Remboîtage *m*. **2.** Recuvelage *m*.

recast[1] [riː'kɑːst], *s.* **1.** Refonte *f*. **2.** Nouveau calcul. **3.** *Th:* Nouvelle distribution des rôles.

recast[2], *v.tr.* (*p.t.* **recast**; *p.p.* **recast**) **1.** *Metall:* Refondre (une cloche, etc.). *F:* *To r. a poem, a sentence, a (literary) work*, refondre un poème; reconstruire, refaire, une phrase; remanier une œuvre littéraire; apporter des remaniements à un travail. **2.** Refaire le calcul de (ses dépenses, etc.); calculer de nouveau (qch.). **3.** *Th:* Faire une nouvelle distribution des rôles de (la pièce).

recasting, *s.* = RECAST[1].

recaster [riː'kɑːstər], *s.* Remanieur, -euse.

recede [ri'siːd], *v.i.* **1.** (*a*) (*Of pers., thg*) S'éloigner, reculer; (*of sea*) se retirer. *The mountains r. northward*, les montagnes *f* s'enfoncent au nord. *The coast recedes (from the ship)*, les côtes *f* s'enfuient. *Mil: etc:* **To recede from a position**, se retirer d'une position; accomplir un recul. *To r. a few paces*, reculer de quelques pas. (*b*) (*Of forehead*) Fuir. **2.** **To recede from an opinion, a promise**, abandonner une opinion, revenir sur une promesse; se dédire. **3.** Décliner (en valeur); (*of shares, etc.*) baisser. **4.** *Art:* (*Of background*) Se renfoncer.

receding[1], *a.* (*a*) Qui s'éloigne, qui recule. **Receding tide**, marée descendante. (*b*) **Receding forehead**, front fuyant. *See also* CHIN[1].

receding[2], *s.* **1.** Éloignement *m*, recul *m*. *R. of the gums from the teeth*, déchaussement *m* des dents. **2.** **Receding from an opinion**, abandonnement *m* d'une opinion. **3.** *Art:* **Receding of the background**, renfoncement *m*, fuite *f*, de l'arrière-plan.

receipt[1] [ri'siːt], *s.* **1.** = RECIPE. **2.** (*a*) *Com:* Recette *f*. **Receipts**, recettes, entrées *fpl*, rentrées *fpl*, encaissements *mpl*. **Receipts and expenses**, recettes et dépenses. (*b*) Perception *f* (des impôts). *B:* **Matthew, seated at the receipt of custom**, Mathieu, assis au lieu du péage. (*c*) Réception *f*. **I am in receipt of your favour**, j'ai bien reçu votre lettre. *We are in r. of your favour of the 4th inst.*, nous sommes en possession de votre honorée du 4 ct. **On receipt of this letter**, au reçu de cette lettre. **To pay on receipt**, payer à la réception. **To acknowledge receipt of a letter**, accuser réception d'une lettre. *I am not yet in r. of a salary*, je ne reçois pas encore d'appointements. *See also* ACKNOWLEDGEMENT. **3.** *Com:* (i) Reçu *m*, acquit *m*, quittance *f*; (ii) récépissé *m*, accusé *m* de réception. **Receipt for loan**, reconnaissance *f*. **Formal receipt**, quittance comptable. **Official receipt** (*for a parcel, etc.*), récépissé (d'un colis, etc.). *R. for goods, for money*, reçu de marchandises, d'argent. **Receipt in full (discharge)**, quittance pour solde; quittance finale, libératoire; *F:* quitus *m*. *Duplicate r.*, quittance double. *Send it with the r.*, envoyez-le avec la facture acquittée. *Adm:* **Custom-house receipt**, quittance de douane; *F:* billette *f*. **To give a receipt for sth.**, donner acquit, donner quittance, de qch. *See also* LUGGAGE.

re'ceipt-book, *s.* **1.** Livre *m* de recettes (de cuisine, etc.). **2.** Livre de quittances; quittancier *m*.

re'ceipt-form, *s.* Quittance *f* (à souche).

re'ceipt-stamp, *s.* Timbre *m* de quittance; timbre à quittance; timbre d'acquit.

receipt[2], *v.tr.* *Com:* Acquitter, quittancer (un mémoire, une facture); apposer le tampon "acquitté" sur (une facture).

receivable [ri'siːvəbl], *a.* **1.** Recevable, admissible. **2.** *Com:* **Bills receivable**, effets *m* à recevoir. **Bills receivable book**, échéancier *m*.

receive [ri'siːv], *v.tr.* **1.** (*a*) Recevoir (un don, une nouvelle, une lettre). **On receiving your letter**, au reçu de votre lettre. *I have received your letter*, votre lettre m'est parvenue. *He has received goods by the steamer*, il lui est arrivé des marchandises par le bateau. **To receive money**, recevoir, toucher, de l'argent. **Received the sum of . . .**, reçu la somme de. . . . **Received with thanks**, pour acquit. *I am expecting to r. payments*, j'attends des rentrées. *To r. a loan back*, rencaisser un prêt. *To r. one's salary*, toucher son traitement. **To receive s.o.'s confession**, recevoir la confession de qn. **To receive a petition**, accepter une pétition, une requête. **To receive the sacrament**, recevoir les sacrements; communier. *Abs.* **To be present at mass without receiving**, assister à la messe sans communier. *W.Tel:* **To receive a station**, capter, accrocher, un poste. *Finally the chassis r. the bodywork*, à la fin les châssis sont pourvus de carrosserie. (*b*) *Jur:* **To receive stolen goods**, recéler (des objets volés). **2.** Recevoir, soutenir (un poids). *Buttress which receives the weight of the roof*, arc-boutant qui supporte le poids du toit. **3.** Recevoir, contenir (qch.). *Vessel large enough to r. two gallons*, vaisseau assez grand pour contenir deux gallons. *Boat large enough to r. ten men*, bateau assez grand pour tenir dix hommes; bateau où l'on tient dix. *Town which receives a garrison*, ville *f* qui loge une garnison. **4.** (*a*) Recevoir (des invités, le maire, etc.); accueillir (qn chez soi). **To receive s.o. with open arms**, accueillir qn à bras ouverts. *To be cordially received*, trouver un accueil chaleureux. *He was received with cheers*, on l'a reçu, l'a accueilli, avec des acclamations. *The proposal was well received*, la proposition reçut un accueil favorable. *Abs.* **She is not receiving to-day**, elle ne reçoit pas aujourd'hui. *Mil:* **To receive the reviewing officer**, présenter une troupe. (*b*) *To r. s.o. into the Church*, admettre qn dans l'Église. **5.** (*a*) Recevoir (des salutations, des titres, etc.). **To receive sympathy**, recevoir des marques de sympathie; être l'objet de sympathie. (*b*) (*Suffer, undergo*) **To receive a blow**, encaisser un coup. *To r. a charge of cavalry*, soutenir une charge de cavalerie. *To r. a defeat, a disappointment*, subir une défaite, éprouver une déception. *To r. a refusal*, essuyer, se voir opposer, un refus. *To r. a severe beating, a black eye*, se faire rosser, se faire pocher l'œil. **To receive thirty days**, être condamné à un mois de prison.

received, *a.* Reçu, admis. *Opinion generally r.*, opinion généralement reçue; opinion répandue.

receiving[1], *a.* Récepteur, -trice.

receiving[2], *s.* Réception *f*. **1.** (*a*) **Receiving of stolen goods**, recel *m* (d'objets volés). (*b*) **Receiving back** (*of a loan, etc.*), rencaissage *m*. **2.** *Tg:* *Tp:* **Receiving by tape**, réception sur bande. *See also* SET[1] I.

re'ceiving-house, *s.* *Post:* Bureau *m* de(s) messageries.

re'ceiving-office, *s.* **1.** *Post:* Bureau *m* de(s) messageries. **2.** *W.Tel:* Bureau récepteur, bureau de réception.

re'ceiving-order, *s.* *Jur:* (*In bankruptcy proceedings*) Mandat *m* d'action; ordonnance *f* de mise sous séquestre.

re'ceiving-ship, *s.* *Navy:* Caserne flottante; ponton-caserne *m*, *pl.* pontons-casernes.

re'ceiving-station, *s.* *W.Tel:* Station réceptrice; poste récepteur.

re'ceiving-vault, *s.* Tombeau *m* d'attente; caveau *m* d'attente (d'un cimetière, etc.).

receiver [ri'siːvər], *s.* **1.** (*a*) Personne *f* qui reçoit (qch.); destinataire *mf* (d'une lettre); *Com:* réceptionnaire *m* (d'un envoi).

Givers and receivers, ceux qui donnent et ceux qui reçoivent. (*b*) *Adm:* Receveur *m* (des deniers publics). **Receiver's office**, recette *f*. *R.'s office for the customs*, recette des douanes. (*c*) **Receiver in bankruptcy, official receiver,** (*in Eng.*) administrateur *m* judiciaire (en matière de faillite); administrateur séquestre; liquidateur *m*; préposé *m* à la caisse des dépôts et consignations; (*in Fr.*) syndic *m* de faillite. (*d*) Receleur, -euse (d'objets volés); *P:* fourgat *m*. **2.** (*Device*) (*a*) *Tg: Tp:* Récepteur *m*, cornet *m* (de téléphone). *Tp:* **Receiver-hook,** étrier *m*, crochet *m* de suspension. **To lift the receiver,** décrocher (le récepteur); armer le téléphone. (*b*) *W.Tel:* = *receiving set, q.v. under* SET¹ I. (*c*) *Ch: Ind:* Récipient *m*; ballon *m*, cloche *f*, ou bouteille *f*. *Ch:* Matras *m*. (*d*) Réservoir *m* (d'air comprimé); récipient, cloche (de pompe pneumatique). (*e*) *Metall:* Avant-creuset *m* (de cubilot).

receivership [ri'siːvərʃip], *s.* **1.** Fonctions *fpl* de receveur; recette *f*. **2. Official receivership** = syndicat *m* de faillite.

recency ['riːsənsi], *s.* Caractère récent, date récente (*of*, de).

recense [ri'sens], *v.tr.* Faire la recension (d'un texte); réviser (un texte).

recension [ri'senʃ(ə)n], *s.* **1.** Recension *f*, révision *f* (d'un texte). **2.** Texte révisé.

recent ['riːsənt], *a.* Récent; nouveau, -elle; frais, *f.* fraîche. **Event of recent date,** événement de fraîche date, de date récente, contemporain. **Recent news,** nouvelles récentes, fraîches. *It happened within r. memory*, la mémoire en est encore récente. *Theirs was a r. acquaintance*, ils se connaissaient depuis peu. *All that is quite recent*, tout cela n'est que d'hier. **-ly,** *adv.* Récemment, nouvellement; tout dernièrement; dans ces derniers temps; naguère. **As recently as yesterday,** pas plus tard que d'hier. **Until quite recently,** jusque dans ces derniers temps. *They are r. married*, ils sont mariés de fraîche date, depuis peu.

recentness ['riːsəntnəs], *s.* = RECENCY.

receptacle [ri'septəkl], *s.* **1.** Réceptacle *m*. *F: Port which is the r. of all the scum of Europe*, port qui est le réceptacle de toute la racaille de l'Europe. **2.** Récipient *m*. *R. to catch the drips*, récipient pour attraper l'égouttage. **3.** *Bot:* Réceptacle (d'une fleur, d'un champignon).

reception [ri'sepʃ(ə)n], *s.* **1.** (*a*) Réception *f* (d'un candidat à une académie, etc.). (*b*) **Reception office, reception desk** (*of hotel, etc.*), la réception. *Med:* **Reception institute,** centre *m* d'observations (pour malades). *Adm:* **Reception order,** permis *m* de recevoir un aliéné (dans une maison de santé); permis d'internement. **2.** Accueil *m*. **To give s.o. a kind, courteous, hearty, reception,** faire un accueil courtois, cordial, à qn; bien accueillir qn; recevoir qn aimablement. *To give s.o. an unfriendly r.*, faire mauvais accueil à qn; mal accueillir qn. **To give s.o. a warm reception,** (i) recevoir chaleureusement qn; faire à qn un accueil chaleureux; (ii) *Iron:* recevoir chaudement qn; recevoir qn avec une hostilité marquée; conspuer qn. *To meet with a hostile r.*, rencontrer un accueil hostile. *Your r. of these people*, la façon dont vous avez accueilli ces gens. *The book has had a favourable r.*, le livre a été accueilli favorablement, a été bien reçu. **3.** Réception (officielle, hebdomadaire, etc.). *Mrs X holds her receptions on Tuesdays*, Mme X reçoit le mardi. *We are going to a r.*, nous allons en soirée. **Reception room,** (i) salle *f* de réception; salon *m*; (ii) pièce *f* (par opposition à chambre à coucher). *Three reception rooms and five bedrooms*, trois pièces, trois salles, et cinq chambres à coucher. **4.** Acceptation *f*, admission *f* (d'une théorie). **5.** *W.Tel:* Réception. *R. at headphone strength*, réception au casque. **6.** *Psy:* **Faculty of reception,** faculté *f* de recevoir les impressions; faculté d'assimilation; réceptivité *f*.

receptionist [ri'sepʃənist], *s.* Préposé(e) à la réception (d'un hôtel); réceptionniste *f* (d'un institut de beauté, etc.).

receptive [ri'septiv], *a.* (Esprit, etc.) réceptif.

receptiveness [ri'septivnəs], **receptivity** [riːsep'tiviti], *s.* Réceptivité *f*.

receptor [ri'septər], *s.* *Tp:* Récepteur *m*.

recess¹ [ri'ses], *s.* **1.** (*a*) Vacances *fpl* (des Chambres, des tribunaux); intersession *f* (parlementaire). (*b*) *Sch:* (L'heure *f* de) la récréation. **2.** *Hist:* Recez *m* (d'une Diète). **3.** Recul *m* (des eaux, d'un glacier). *See also* ACCESS I. **4.** (*a*) Recoin *m*. **Mountain recesses,** recoins, replis *m*, des montagnes. *In the innermost recesses of the soul*, dans les replis les plus secrets de l'âme. (*b*) Enfoncement *m*; *Const:* rentrant *m* (de muraille); embrasure *f* (de porte, de fenêtre); niche *f* (de statue); alcôve *f* (de lit); évidement *m*, renfoncement *m*, encastrement *m*; trou *m* borgne (pour la tête d'une vis, etc.); échancrure *f* (dans une plaque). *The wall forms a r. at this point*, le mur s'enfonce à cet endroit. *Book-shelves in the recesses*, rayons *m* de livres dans les retraits *m*. *R. under a staircase*, soupente *f* d'escalier. *Statue set, placed, in a r.*, statue nichée dans une embrasure, placée dans une niche.

recess². **1.** *v.tr.* Évider; chambrer; pratiquer un enfoncement, une alcôve, dans (une muraille); mettre (qch.) dans un enfoncement; encastrer (la tête d'une vis, etc.). *Square lights are recessed below the battlements*, au-dessous des créneaux s'évident des ouvertures carrées. **2.** *v.i.* *U.S:* (*Of assembly*) (i) Suspendre la séance; (ii) suspendre les séances.

recessed, *a.* **1.** Enfoncé; (lit) dans une alcôve; (devanture, etc.) en retrait. **Recessed arch,** arc renfoncé. *R. head*, tête encastrée (d'un boulon, etc.). **2.** (*a*) A enfoncement, à embrasure. (*b*) **Recessed pipe end,** embouchure *f* (de tuyau) à évidement annulaire.

recessing, *s.* Évidement *m* (d'un mur pour recevoir qch.); encastrement *m* (de la tête d'une vis, etc.).

re'cessing-tool, *s.* Outil *m* à chambrer.

recession [ri'seʃ(ə)n], *s.* Recul *m*, retraite *f*. *R. of the sea* (*from the coast-line*), régression *f* de la mer.

recessional [ri'seʃən(ə)l]. **1.** *a.* & *s.* *Ecc:* **Recessional** (hymn), hymne chanté pendant que les officiants retournent à la sacristie; hymne de sortie du clergé. **2.** *a.* *R. activities of M.P.'s*, activités *f* des députés pendant les vacances.

recessive [ri'sesiv], *a.* **1.** Rétrograde. *Ling:* **Recessive accent,** accent remontant, régressif. **2.** *Biol:* **Recessive characteristic,** caractère récessif, dominé.

Rechabite ['rekəbait], *s.* **1.** *Rel.H:* Réc(h)abite *mf*. **2.** Membre de l'*Independent Order of Rechabites* (société de secours mutuels dont les membres s'engagent à s'abstenir des boissons alcooliques).

recharge [riː'tʃɑːrdʒ], *v.tr.* **1.** Recharger (un four, un accumulateur). **2.** Accuser (qn) de nouveau.

rechase [riː'tʃeis], *v.tr.* Raviver (un pas de vis, une ciselure).

rechasing, *s.* Ravivage *m*.

rechock [riː'tʃɔk], *v.tr.* Recaler, remettre sur cales (un fût, etc.).

rechristen [riː'kris(ə)n], *v.tr.* Rebaptiser; donner un nouveau nom à (qn, qch.).

recidivism [ri'sidivizm], *s.* Récidive *f*; rechute *f* dans le crime.

recidivist [ri'sidivist], *s.* Récidiviste *mf*.

recipe ['resipi], *s.* **1.** *Cu:* Recette *f*. *Pharm:* Formule *f*. *Med:* Ordonnance *f*, *A:* récipé *m*. **2.** *F:* Recette; moyen *m* (de faire qch.). *A r. for taming shrews*, recette pour mettre les mégères à la raison. *A r. for happiness*, le moyen de vivre heureux.

recipient [ri'sipiənt]. I. *a.* Réceptif; susceptible de recevoir.

II. **recipient,** *s.* **1.** Personne *f* qui reçoit (un don, etc.); destinataire *mf* (d'une lettre); bénéficiaire *mf* (d'un chèque, d'un effet); donataire *mf*. **2.** *Ch:* Récipient *m*.

reciprocal [ri'siprok(ə)l]. **1.** *a.* (*a*) (Obligation *f*, affection *f*, devoir *m*) réciproque. *Friendship must be r.*, l'amitié doit être réciproque, mutuelle, doit être payée de retour. (*b*) *Gram:* (Pronom *m*, verbe *m*) réciproque. **2.** *s.* *Log:* Réciproque *f*, inverse *f*. **3.** *a.* & *s.* *Mth:* *Geom:* (Fonction *f*) inverse; (figure *f*) réciproque. **Reciprocal ratio,** raison *f* inverse. *See also* POLE² I. **-ally,** *adv.* **1.** Réciproquement, mutuellement. **2.** *Mth:* Inversement, réciproquement.

reciprocate [ri'siprokeit]. **1.** *v.tr.* (*a*) Échanger, se rendre mutuellement (des services, etc.). (*b*) Répondre à, payer de retour (un sentiment). *To r. s.o.'s good wishes*, souhaiter la pareille à qn. *I r. your good wishes*, croyez bien que je fais pour vous tous les vœux que vous m'avez exprimés. (*c*) *Book-k:* **To reciprocate an entry,** passer écriture conforme; passer une écriture en conformité. **2.** *v.i.* (*a*) Retourner le compliment; répondre au compliment. *He drank my health and I reciprocated*, il but à ma santé et je m'empressai de boire à la sienne. (*b*) *Mec.E:* (*Of piston, etc.*) Avoir un mouvement alternatif, un mouvement de va-et-vient.

reciprocating, *a.* *Mec.E:* (Mouvement) alternatif; (machine *f*) à mouvement alternatif, à mouvement de va-et-vient. **Reciprocating saw,** scie alternative.

reciprocation [risipro'keiʃ(ə)n], *s.* **1.** Action *f* de payer de retour (un sentiment); retour *m* (d'un compliment). **2.** *Mec.E:* Alternation *f* (de mouvement); va-et-vient *m inv.*

reciprocator [ri'siprokeitər], *s.* Machine *f* à vapeur à double effet.

reciprocity [resi'prɔsiti], *s.* Réciprocité *f*.

recital [ri'sait(ə)l], *s.* **1.** Récit *m*, narration *f*, relation *f* (d'un incident, etc.); énumération *f* (des détails). **2.** Récitation *f* (d'une poésie, etc.). **3.** *Jur:* Exposé *m* (des faits, d'un contrat, etc.). **4.** *Mus:* Audition *f*, récital *m*, *pl.* -als (d'orgue, etc.).

recitation [resi'teiʃ(ə)n], *s.* Récitation *f*. *See also* GIVE² I. 7.

recitative [resitə'tiːv]. **1.** *s.* (*a*) *Mus:* (i) Récitatif *m*; (ii) *A:* mélopée *f*. (*b*) *A:* Accent chantant (particulier à une région). **2.** *a.* En récitatif.

recite [ri'sait], *v.tr.* **1.** (*a*) Réciter, déclamer (un poème); réciter (une leçon). (*b*) *Abs.* Réciter une pièce; dire un monologue. *Will you r. to us?* voulez-vous nous dire quelque chose? **2.** *Jur:* Faire la relation de, exposer, citer (les faits). **3.** Énumérer (des détails).

reciter [ri'saitər], *s.* **1.** Récitateur, -trice, déclamateur *m*; diseur, -euse; narrateur, -trice. *The r. of the sonnet*, le diseur du sonnet. *She is a good r.*, elle dit bien; elle est bonne diseuse. **2.** Livre *m* de récitations; recueil *m* de monologues.

reck [rek], *v.tr.* & *i.* *Poet:* (*In neg. and interr. sentences only*) **To reck but little of sth.,** se soucier peu de qch.; faire peu de cas de qch. **I reck not who, whether, that . . .,** peu m'importe, peu me chaut, qui, si, que. . . . *I r. not my life*, je fais peu de cas de ma vie. **What recks it?** qu'importe? **What recks it me that . . .?** que m'importe que . . .?

reckless ['rekləs], *a.* Insouciant (*of*, de); téméraire, imprudent, irréfléchi. *He was r. of danger*, il se souciait peu du danger; c'était un casse-cou *inv.* *R. gambler*, homme aventureux au jeu. *Aut:* **Reckless driving,** conduite imprudente, téméraire. **-ly,** *adv.* Témérairement; avec insouciance; sans réfléchir; imprudemment; à corps perdu; en casse-cou. *He spends r.*, il dépense sans compter.

recklessness ['rekləsnəs], *s.* Insouciance *f* (*of*, de); imprudence *f*, témérité *f*.

reckon ['rek(ə)n]. **1.** *v.tr.* (*a*) Compter, calculer, faire le compte de, supputer (une somme, etc.). *The time is reckoned from . . .*, le temps est compté à partir de. . . . *Abs.* **Reckoning from to-day,** à compter, à partir, d'aujourd'hui. **To reckon sth. among, with . . .,** compter, ranger, qch. parmi. . . . *To r. s.o. among the greatest writers*, mettre qn au rang, au nombre, des plus grands écrivains. *I r. him among my friends*, je le mets au nombre de mes amis. *I do not r. him among my friends*, il n'est pas de mes amis. (*b*) Compter, estimer, juger. **I reckon he is forty,** je lui donne quarante ans. *I reckoned the explosion was ten miles away*, je jugeai que l'explosion était éloignée de dix milles. *F: I reckon he will consent*, j'ai dans l'idée qu'il consentira. (*c*) *To r. s.o. as, to be . . .*, regarder, considérer, qn comme. . . . *He is reckoned* (*as*) *one of our best generals*, on le considère comme un de nos meilleurs généraux. **2.** *v.i.* (*a*) Compter, calculer. *To learn to r.*, apprendre le calcul; apprendre à calculer. *See also* HOST². (*b*) **To reckon (up)on sth.,** compter sur qch. *To r. with certainty on sth.*, *F:* tabler à coup sûr sur qch. *To r. upon human foolishness, F:* caver sur la bêtise humaine. *I am not reckoning on him*, je fais peu de fond sur lui. *They had not reckoned on finding me here*, ils ne comptaient guère me trouver ici. *I r. on his doing it*, je compte qu'il le fera.

reckon in, *v.tr.* Compter, comprendre (qch.); faire entrer (qch.) en ligne de compte. *I've reckoned that in*, j'y ai compris cela; j'ai tenu compte de cela.

reckon off, *v.tr.* Décompter (qch.).

reckon up, *v.tr.* Compter, calculer, supputer, additionner. *To r. up one's losses*, dresser le bilan de ses pertes.

reckon with, *v.i.* **1.** To reckon with s.o., faire rendre compte à qn; demander des comptes à qn. **2.** To have to reckon with s.o., avoir à compter avec qn; avoir affaire à qn. A man to be reckoned with, un homme avec qui il faut compter.

reckoning, *s.* **1.** (*a*) Compte *m*, comptage *m*, calcul *m*, supputation *f* (des intérêts, etc.). To be out in one's reckoning, s'être trompé dans son calcul. *You are far out, sadly out, in your r.*, vous êtes loin de compte. Day of reckoning, (i) jour *m* de règlement; (ii) *Lit:* jour d'expiation. *We shall have a day of reckoning*, nous réglerons nos comptes un jour. The hour of reckoning, le quart d'heure de Rabelais. *Prov:* Short reckonings make long friends, les bons comptes font les bons amis. (*b*) Estimation *f*. To the best of my reckoning, autant que j'en puis juger; si je compte bien. (*c*) *Nau:* (Dead) reckoning, estime *f* (du point); point estimé, route *f* à l'estime. *To work out the ship's r.*, faire le point estimé. By dead reckoning, à l'estime. *Latitude by dead r.*, latitude estimée. *To be ahead of one's r.*, être en avant de son estime. **2.** (*At hotel*) Note *f*; (*at restaurant*) addition *f*. *F: A:* Dutch reckoning, le coup de fusil; addition salée.

reckoner ['rekənər], *s.* **1.** Calculateur, -trice, compteur, -euse, chiffreur, -euse. *He is an accurate r.*, il calcule bien. **2.** *See* READY-RECKONER.

reclaim¹ [ri'kleim], *s.* Amendement *m*. *Used only in the phr.* Past reclaim, beyond reclaim, perdu à tout jamais; qui ne se corrigera jamais, qui ne s'amendera jamais.

reclaim². **1.** *v.tr.* (*a*) Réformer, corriger (qn); civiliser (des sauvages). *To r. s.o. to a sense of duty*, ramener qn au devoir; redonner à qn le sens du devoir. To reclaim s.o. from vice, tirer, faire sortir, qn du vice. Reclaimed woman, fille repentie. *Reclaimed drunkard*, ivrogne qui s'est ressaisi. (*b*) Défricher ou assécher (du terrain); gagner, prendre, (du terrain) sur l'eau; rendre (un terrain) cultivable; assécher (un marais); mettre (un marais) en valeur. Reclaimed land, terrain amendé. (*c*) *Ven:* Apprivoiser (le faucon). (*d*) *Ind:* Régénérer (le caoutchouc, les huiles de graissage, etc.); récupérer (un sous-produit). **2.** *v.i. A:* Réclamer (*against*, contre).

reclaiming, *s.* = RECLAMATION.

reclaimable [ri'kleiməbl], *a.* **1.** (*Of pers.*) Corrigible; que l'on peut ramener dans la bonne voie. **2.** (*a*) (*Of land*) Défrichable; asséchable. (*b*) (*Of by-product, etc.*) Récupérable.

reclaimer [ri'kleimər], *s.* **1.** Réformateur, -trice (de qn). **2.** Défricheur *m* (de terrain).

reclamation [reklə'meiʃ(ə)n], *s.* **1.** (*a*) Réforme *f*, correction *f* (de qn). (*b*) Retour *m* au bien; amendement *m*. *After their r. from barbarism*, après qu'ils eurent été arrachés à la barbarie. **2.** Défrichement *m*, dessèchement *m* (d'un terrain); assèchement *m*, mise *f* en valeur (des marais); régénération *f* (du sol, du caoutchouc, des huiles de graissage, etc.); récupération *f* (de sous-produits, etc.). **3.** Réclamation *f*.

reclinate ['reklinet], *a.* *Bot:* (Organe) récliné.

recline [ri'klain]. **1.** *v.tr.* Reposer, appuyer, coucher (sa tête sur qch.). *To r. one's body, one's limbs, on sth.*, se reposer sur qch. **2.** *v.i.* Être couché, se reposer (*on*, sur); (*of head*) reposer, être appuyé (*on*, sur). To recline on a couch, être étendu, rester étendu, être à demi couché, sur un canapé.

reclose [riː'kloːuz]. **1.** *v.i.* Se refermer. **2.** *v.tr.* Refermer.

reclothe [riː'kloːuð], *v.tr.* **1.** Rhabiller (qn). *To r. oneself*, remettre ses vêtements. **2.** Fournir de nouveaux vêtements à (qn); remonter la garde-robe de (qn).

recluse [ri'kluːs]. **1.** *a.* (*a*) (*Of pers.*) Retiré du monde; reclus. (*b*) *A: A r. retreat*, une retraite loin du monde. **2.** *s.* Reclus, -use; solitaire *mf*; monial *m*, -aux; anachorète *m*. *F:* To live the life of a recluse, vivre en anachorète; se cloîtrer.

reclusion [ri'kluːʒ(ə)n], *s.* Réclusion *f*.

recoal [riː'koul]. **1.** *v.tr.* Réapprovisionner (un navire) de charbon. **2.** *v.i.* Se réapprovisionner de charbon.

recock [riː'kɔk], *v.tr.* *Sm.a:* Réarmer (un fusil).

recognition [rekog'niʃ(ə)n], *s.* Reconnaissance *f*. **1.** (*a*) *Fact which has obtained general r.*, fait qui a été reconnu de tous. (*b*) In recognition of . . ., en reconnaissance de. . . . **2.** *He was given the r. that is occasionally afforded the family tutor*, on lui donnait la considération qu'on accorde quelquefois au précepteur. *He received no r.*, on ne lui accordait aucune considération. **3.** To alter sth. beyond recognition, changer qch. au point de le rendre méconnaissable; défigurer qch. *He has altered past r.*, il n'est plus reconnaissable. *He gave me a* smile of recognition, il m'adressa un sourire de reconnaissance. Sign of recognition, signe *m* de reconnaissance. **4.** *Phil:* Récognition *f*.

recognizable ['rekognaizəbl], *a.* Reconnaissable. *This author is scarcely r. in his last novel*, on ne retrouve plus cet auteur dans son dernier roman.

recognizance [ri'kɔ(g)nizəns], *s.* *Jur:* **1.** Caution personnelle; engagement *m* (par-devant le tribunal). To enter into recognizances, donner caution; s'engager à comparaître, à ne plus troubler l'ordre, etc. **2.** Somme fournie à titre de cautionnement.

recognize ['rekognaːiz], *v.tr.* Reconnaître. **1.** (*a*) To recognize a government, s.o.'s rights, reconnaître un gouvernement, les droits de qn. (*b*) *Pred. To r. s.o. as king*, reconnaître qn pour roi. **2.** *He knows he is wrong but won't r. it*, il sait qu'il a tort mais ne veut pas l'admettre, le reconnaître. *To refuse to r. one's signature*, refuser de reconnaître sa signature; nier sa signature. To recognize a natural child, reconnaître (comme sien) un enfant naturel. To recognize a poor relation, avouer un parent pauvre. **3.** (*a*) To recognize s.o. by his walk, reconnaître qn à sa démarche. *They recognized each other at once as brothers-in-arms*, ils se reconnurent tout de suite frères d'armes. I do not recognize you, je ne vous remets pas. (*b*) *The duke recognized me*, le duc me salua, me fit un signe de connaissance. **4.** Connaître. To recognize the truth when one sees it, reconnaître, connaître, la vérité lorsqu'on la voit. *To be the first to r. a fact*, être le premier à se rendre compte d'un fait, à saisir un fait. **5.** *U.S:* (*Of chairman of a meeting, of Speaker in Parliament*) To recognize a member, donner la parole à un membre. *To be recognized*, avoir la parole.

recognized, *a.* Reconnu, admis, accepté, reçu; (*of manner, etc.*) classique. *The r. term*, le terme consacré. *Com:* Recognized agent, recognized merchant, agent accrédité; commerçant patenté, attitré.

recoil¹ [ri'kɔil], *s.* **1.** (*a*) Rebondissement *m*, détente *f* (d'un ressort, d'un arc tendu). (*b*) Recul *m* (d'une arme à feu); contre-coup *m*, *pl.* contre-coups (d'une explosion). *See also* BRAKE⁶, BUFFER¹ 2, SLIDE¹ 2, WEDGE¹. **2.** (*a*) Mouvement *m* de recul; reculade *f*. (*b*) Répugnance *f* (*from*, pour); horreur *f* (*from*, de).

recoil², *v.i.* **1.** (*a*) (*Of spring, bow*) Se détendre. (*b*) (*Of fire-arm*) Reculer, repousser. **2.** (*Of pers.*) Reculer (*from*, devant); se révolter (*from*, contre); avoir horreur (*from*, de). To recoil from doing sth., reculer devant l'idée de faire qch.; se refuser à faire qch. *The pen recoils from describing these atrocities*, la plume se refuse à décrire ces atrocités. **3.** (*Of evil, etc.*) Retomber (*on*, sur); se retourner (*on*, sur, contre). *The scandal will r. on me*, ce scandale retombera, rejaillira, sur moi. **4.** *Mil:* Reculer, se replier (devant une attaque).

recoiling, *s.* **1.** Recul *m*. **2.** Répugnance *f* (*from*, pour); révolte *f* (*from*, contre). *R. from doing sth.*, répugnance à faire qch.; refus *m* de faire qch.

recoin [riː'kɔin], *v.tr.* Refrapper, refondre (la monnaie).

recoinage [riː'kɔinedʒ], *s.* Refrappement *m*, refonte *f* (de la monnaie).

recollect¹ ['rekolekt], *s.* *Rel.H:* Récollet *m*.

recollect² [reko'lekt], *v.tr.* **1.** Se rappeler (qch.); se souvenir de (qch.); (se) remettre (qch., qn). *I don't r. your name*, votre nom ne me revient pas. I don't recollect you, je ne vous remets pas. *To r. having done sth.*, se rappeler avoir fait qch. As far as I recollect . . ., autant qu'il m'en souvienne. . . . **2.** To recollect oneself, one's thoughts, se recueillir.

recollect³ [riːko'lekt], *v.tr.* **1.** Assembler, réunir, (des personnes, des choses) de nouveau; rallier (des troupes). **2.** *A:* Rassembler (son courage); rappeler (ses esprits).

recollection [reko'lekʃ(ə)n], *s.* **1.** Souvenir *m*, mémoire *f*. To bring, recall, sth. to s.o.'s recollection, rappeler qch. à la mémoire de qn. *It brought many recollections to my mind*, cela réveilla chez moi de nombreux souvenirs. I have some recollection of it, j'en ai quelque souvenir. *I have no r. of it*, je n'en ai aucun souvenir. *I have a dim r. of it*, j'en ai gardé un souvenir confus, un vague souvenir. *My first r. is of being taken to Bristol*, mon premier souvenir, c'est d'avoir été emmené à Bristol. *He has a very favourable r. of you*, il conserve, a conservé, de vous un excellent souvenir. To the best of my recollection, autant que je m'en souviens; autant que je m'en souvienne; autant qu'il m'en souvient; autant qu'il m'en souvienne. *It has never occurred* within my recollection, cela n'est jamais arrivé de mon temps. **2.** Recueillement *m* (de l'âme); récollection *f*.

recollective [reko'lektiv], *a.* Qui peut se souvenir, plein de souvenirs. *R. memory*, mémoire rétentive. *After a r. silence he . . .*, après un silence où il rappelait ses souvenirs, il. . . .

recombine [riːkom'bain]. **1.** *v.tr.* Recombiner (des éléments). **2.** *v.i.* (*Of elements*) Se recombiner.

recommence [riːko'mens], *v.tr. & i.* Recommencer (une tâche, etc.). *It recommenced to rain*, il se remit à pleuvoir; la pluie recommença.

recommend [reko'mend], *v.tr.* Recommander. **1.** To recommend s.o. to do sth., recommander, conseiller, à qn de faire qch. *I have been recommended (to come) to you*, on m'a adressé à vous. *My mother was recommended to try these pills*, ces pilules ont été recommandées à ma mère. **2.** (*a*) To recommend a candidate for a post, recommander un candidat pour un emploi. *She has only her youth to r. her*, elle n'a que la jeunesse pour elle. *The hotel is to be recommended for its cooking*, l'hôtel se recommande par sa cuisine. *A book not to be recommended for young people*, un livre à déconseiller pour les jeunes gens. *Can you r. me a gardener?* pouvez-vous me recommander un jardinier? *I can r. him as a gardener*, je vous le recommande comme jardinier. (*b*) The jury recommended the murderer to mercy, les jurés ont signé le recours en grâce. **3.** *To r. sth. to the care of s.o., to s.o.'s care*, recommander qch. aux soins de qn. To recommend one's soul to God, recommander son âme à Dieu. *Com: We r. this draft to your kind protection*, nous recommandons cette traite à votre bon accueil.

recommendable [reko'mendəbl], *a.* **1.** (Ligne *f* de conduite, etc.) recommandable, conseillable. **2.** (Personne *f*) recommandable.

recommendation [rekomen'deiʃ(ə)n], *s.* Recommandation *f*. **1.** *To write* in recommendation of sth., écrire pour recommander qch. *F: He carries his own recommendation with him*, il porte son passeport sur lui. On the recommendation of . . ., sur la recommandation de. . . . Letter of recommendation, lettre *f* de recommandation. Recommendation to mercy, avis émis par le jury en faveur d'une commutation de peine. **2.** The recommendations of the commission, les avis rendus par la commission. *Stockbroker's list of recommendations*, liste *f* de placements conseillés par un courtier.

recommendatory [reko'mendətəri], *a.* **Recommendatory letter,** lettre *f* de recommandation; lettre recommandative, recommandatoire.

recommender [reko'mendər], *s.* Recommandeur *m.*

recommission [riːko'miʃ(ə)n]. **1.** *v.tr.* (*a*) Réarmer, armer de nouveau (un navire). (*b*) Donner à (un officier) un nouveau commandement; réintégrer (un officier) dans les cadres. **2.** *v.i.* (*Of ship*) Réarmer; rentrer en armement.

recommit [riːko'mit], *v.tr.* **1.** Renvoyer (un projet de loi) devant une commission. **2.** Recommander de nouveau, confier de nouveau (*sth. to s.o.*, qch. à qn). **3.** **To recommit s.o. to prison,** renvoyer, réintégrer, qn en prison. **4.** Commettre de nouveau (un délit).

recommitment [riːko'mitmənt], **recommittal** [riːko'mit(ə)l], *s.* **1.** Renvoi *m* (d'un projet de loi) devant une commission. **2.** Renvoi (de qn) en prison; nouvel emprisonnement (de qn).

recompense[1] ['rekompens], *s.* **1.** Récompense *f* (*for*, de). *Jur: Sum granted as a r.*, somme *f* rémunératoire. **2.** Dédommagement *m* (*for*, de); compensation *f* (*for*, de, pour). *As a r. for his trouble*, pour prix de ses peines. **3.** Rétribution *f* (*for one's sins*, de, pour, ses péchés).

recompense[2], *v.tr.* **1.** Récompenser (*s.o. for his kindness*, qn de sa bonté). **2.** Dédommager (*s.o. for sth.*, qn de qch.). **3.** Compenser, réparer (un mal, un dommage). **4.** Payer de retour (un service); répondre à (l'affection de qn).

recompose [riːkom'poːuz], *v.tr.* **1.** *Ch:* Recomposer (une substance). **2.** Rarranger (qch.). **3.** (*a*) Calmer (qn) de nouveau. (*b*) *To r. oneself to sleep*, se disposer de nouveau à dormir.

recomposition [riːkɔmpo'ziʃ(ə)n], *s.* *Ch:* Recomposition *f.*

recompound [riːkom'paund], *v.tr.* *Ch:* Recomposer.

reconcilable [rekon'sailəbl], *a.* **1.** (*Of statement, opinion*) Conciliable, accordable (*with*, avec). **2.** (*Of pers.*) Réconciliable.

reconcile ['rekonsail], *v.tr.* **1.** Réconcilier (*s.o. with, to, s.o.*, qn avec qn); réconcilier, rajuster, raccommoder, remettre bien ensemble, *F:* repapilloter (deux personnes). **To become reconciled,** se réconcilier. **To reconcile oneself with, to, s.o.,** se réconcilier, *F:* se raccommoder, avec qn. **2.** *A:* Se concilier, gagner (qn). **3.** *Ecc:* Réconcilier (une église profanée). **4.** **To reconcile s.o. to sth.,** faire accepter qch. à, par, qn; faire se résigner qn à qch. **To reconcile oneself to doing sth., to one's lot,** se résigner à faire qch., à son sort. *To r. oneself to one's work*, se faire à son travail; surmonter son aversion pour un travail. **5.** Ajuster, arranger, mettre fin à (une querelle). **6.** Concilier, faire accorder (des opinions, des faits). *To r. an opinion with, to, another*, concilier une opinion avec une autre. *This situation cannot be reconciled with . . .*, cette situation ne saurait être conciliable avec. . . . **To reconcile two points of view,** mettre d'accord deux points de vue. *You are trying to r. contraries*, vous essayez de concilier les contraires, de rendre compatibles les contraires.

reconciled, *a.* **1.** (*Of pers.*) Réconcilié (*with, to*, avec). **2.** (*Of fact*) Concilié (*with, to*, avec).

reconcilement ['rekonsailmənt], *s.* **1.** Réconciliation *f*, rapprochement *m* (de deux personnes). *To establish a r. between enemies*, rétablir la concorde entre des ennemis. **2.** Conciliation *f*, arrangement *m*, ajustement *m* (d'un différend). **3.** Conciliation (d'opinions contraires).

reconciler ['rekonsailər], *s.* Réconciliateur, -trice.

reconciliation [rekonsili'eiʃ(ə)n], *s.* **1.** = RECONCILEMENT 1. **2.** *Ecc:* Réconciliation *f* (d'une église profanée).

recondite ['rekondait], *a.* **1.** (*Of subject, knowledge*) Abstrus, profond, mystérieux; (*of author, style*) obscur. **2.** *A:* Caché à la vue. **-ly,** *adv.* D'une manière abstruse; profondément, mystérieusement, obscurément.

reconditeness ['rekondaitnəs], *s.* Caractère abstrus (d'une science); profondeur *f*, sens profond, sens caché (d'un écrit, etc.); obscurité *f* (de style).

recondition [riːkon'diʃ(ə)n], *v.tr.* Rénover, refaire; remettre (qch.) à neuf, en état; remettre (une route) en état de viabilité. *Reconditioned car*, voiture révisée.

reconditioning, *s.* Rénovation *f*; remise *f* à neuf, en état; réfection *f.*

reconduct [riːkon'dʌkt], *v.tr.* Reconduire (qn).

reconnaissance [ri'kɔnesəns], *s.* *Mil: Navy: Surv:* Reconnaissance *f*, exploration *f*. *To go on a r.*, aller en reconnaissance. *R. cruise*, croisière *f* de reconnaissance. **Reconnaissance party,** détachement *m* d'exploration. *F: To make a r. before opening negotiations*, explorer le terrain avant d'entamer des négociations.

reconnect [riːko'nekt], *v.tr.* *El.E: etc:* Réaccoupler; rebrancher (un câble, etc.).

reconnoitre [reko'nɔitər], *v.tr.* **1.** *Mil: Navy: Surv:* Reconnaître (le terrain). **2.** *Abs.* Faire une reconnaissance; aller à la découverte; éclairer le terrain, la marche; *Surv:* faire des travaux de reconnaissance. *To r. as far as . . .*, pousser une reconnaissance jusqu'à. . . . *F: To r. with a view to negotiations*, examiner, explorer, le terrain en vue de négociations.

reconnoitring[1], *a.* En reconnaissance. *R. party*, détachement *m* en reconnaissance, détachement d'exploration. *R. vessel*, éclaireur *m.*

reconnoitring[2], *s.* Reconnaissance *f*. *To go r.*, aller en reconnaissance, aller à la découverte.

reconnoitrer [reko'nɔitrər], *s.* Éclaireur *m.*

reconquer [riː'kɔŋkər], *v.tr.* Reconquérir (*from the enemy*, sur l'ennemi).

reconsider [riːkon'sidər], *v.tr.* **1.** Reconsidérer, considérer de nouveau, envisager de nouveau, examiner à nouveau (une question); reviser, revoir (un jugement). **2.** Revenir sur (une décision).

reconsideration [riːkonsidə'reiʃ(ə)n], *s.* Examen *m* à nouveau; reconsidération *f*; revision *f* (d'un jugement).

reconsolidate [riːkon'sɔlideit], *v.tr.* Reconsolider.

reconstituent [riːkon'stitjuənt], *a.* & *s.* *Med:* Reconstituant (*m*).

reconstitute [riː'kɔnstitjuːt], *v.tr.* Reconstituer.

reconstitution [riːkɔnsti'tjuːʃ(ə)n], *s.* Reconstitution *f.*

reconstruct [riːkon'strʌkt], *v.tr.* **1.** Reconstruire, rebâtir (un édifice, etc.); refaire (une comédie); rebâtir (un roman, etc.). **2.** *To r. the facts, a crime*, reconstituer les faits, un crime.

reconstruction [riːkon'strʌkʃ(ə)n], *s.* **1.** Reconstruction *f*, réfection *f*. *Fin:* Reconstitution *f* (d'une société). *Economic and financial r.*, restauration économique et financière. **2.** Reconstitution (des faits, d'un crime).

reconstructive [riːkon'strʌktiv], *a.* & *s.* *Med:* Reconstituant (*m*).

reconvention [riːkon'venʃ(ə)n], *s.* *Jur:* Contre-accusation *f*, *pl.* contre-accusations; contre-plainte *f*, *pl.* contre-plaintes; action reconventionnelle.

reconvert [riːkon'vəːrt], *v.tr.* Reconvertir.

reconvey [riːkon'vei], *v.tr.* **1.** (*a*) Transporter (qch.) de nouveau. (*b*) Reporter (qch.); ramener (qn). **2.** *Jur:* Rétrocéder.

reconveyance [riːkon'veiəns], *s.* **1.** Nouveau transport. **2.** *Jur:* Rétrocession *f.*

recopy [riː'kɔpi], *v.tr.* Recopier.

record[1] ['rekɔːrd], *s.* **1.** *Jur:* (*a*) Enregistrement *m* (d'un fait). **Matter of record,** fait enregistré (qui peut être cité comme autorité). (*Of judgment, fact*) **To be on record,** être enregistré, être authentique. **To put a resolution on record,** consigner une décision. *F:* **It is on record that . . .,** il est fait mention, il est rapporté, dans l'histoire que. . . . *U.S: F:* **To put oneself on record,** s'assurer une place dans l'histoire. **To put oneself on record, to go on record, as a free-trader,** se déclarer partisan du libre-échange. (*b*) **Record of a court,** feuille *f* d'audience. **To travel out of the record,** (i) statuer d'après un motif non articulé, ou sur une demande non formulée; (ii) *F:* s'écarter de son sujet. (*c*) Rôle *m* des minutes. **Record of evidence,** procès-verbal *m*, *pl.* procès-verbaux, de témoignage. (*d*) Minute *f* (d'un acte, d'un jugement). **2.** (*a*) Note *f*, mention *f*. **To make, keep, a record of an observation,** faire une note d'une observation; noter une observation; inscrire une observation sur un registre. *To keep a r. of road accidents*, procéder au recensement des accidents de la circulation. *On the basis of such records . . .*, au moyen des éléments recensés. . . . *Com:* **To be shown only as a record,** ne figurer que pour mémoire. *I can find no r. of it*, je n'en trouve aucune mention. (*b*) Registre *m*. **Record of attendances,** registre de présence. *His r. of attendances is bad*, il ne figure presque jamais au registre de présence. **3.** *pl.* **Records.** (*a*) *Hist: etc:* Archives *f*, registres, annales *f*, mémoires *m*, actes *m*, écritures *f*. *Com:* Archives. *The earliest records extant*, les plus anciens documents qui nous soient parvenus. **The Public Records,** les Archives nationales. **Keeper of the Records,** archiviste *m*, greffier *m*. *Official record(s) of a society*, bulletin officiel, organe officiel, d'une société. **Record office,** (i) *Jur:* greffe *m*; (ii) bureau *m* des archives; les Archives. *The regimental records*, l'historique *m* du régiment. (*b*) *Navy:* Feuilles *f* de tir. **4.** Monument *m*, document *m*, souvenir *m*, marque *f*, signe *m* (de qch.). **5.** Carrière *f*, dossier *m*, antécédents *mpl* (de qn). **Service record,** état *m* de service. *He has a good r.*, ses états de service sont bons. *An employee's, an officer's, good r.*, les bonnes notes d'un employé, d'un officier. **His past record,** (i) sa conduite passée; sa conduite dans le passé; (ii) (*of employee, etc.*) ses bonnes notes. **Police record, criminal record** (of s.o.), casier *m* judiciaire. *Entered in the police r.*, inscrit au casier judiciaire. **The Criminal Records Office,** l'Identité *f* judiciaire. **To have, show, a clean record,** avoir, présenter, un casier judiciaire intact, vierge. *To have a very bad r.*, avoir un dossier lourdement chargé. **6.** *Sp: etc:* Record *m*. **World record,** record mondial. *To achieve a r.*, établir un record. **To break, beat, the record,** battre le record. *Two records fell*, deux records ont été battus. **To hold a record,** détenir un record. **Record-holder,** recordman *m*, *pl.* recordmen; détenteur *m* du record. *Speed r.*, record de vitesse. *Attrib. Ind:* **Record output,** production *f*, rendement *m*, constituant un record. **At record speed,** (i) à une vitesse record; (ii) *F:* à toute vitesse. **7.** (*a*) (i) Disque *m*, (ii) cylindre *m*, rouleau *m* (de gramophone). **The wax record,** la cire. **Mother record,** matrice *f* de réserve. **Record-cutter,** aiguille *f* à graver; style *m* (d'enregistrement phonographique). *Music on (gramophone) records*, musique enregistrée. *To listen to records by . . .*, écouter des enregistrements par. . . . **Record library,** discothèque *f*. *See also* CASE[2] 2. (*b*) *Cin:* Enregistrement *m* (du son). **Sound-and-picture record,** photo-phonogramme *m*. (*c*) *U.S:* = MUSIC-ROLL 2.

record[2] [ri'kɔːrd], *v.tr.* **1.** (*a*) Enregistrer (un fait); consigner (qch.) par écrit; prendre acte de (qch.); minuter (un jugement, etc.). *The result is worth recording*, le résultat mérite d'être signalé. *He is recorded to have built this church in 1270*, l'histoire atteste qu'il éleva cette église en 1270. *He already has several convictions recorded against him*, son casier judiciaire est déjà très chargé; *F:* il a déjà plusieurs condamnations à son actif; il est déjà titulaire de plusieurs condamnations. (*b*) Relater, narrer, rapporter (qch.). *Livy records how . . .*, Tite-Live raconte, nous dit, que . . .; Tite-Live rapporte que. . . . (*c*) *This stone records a famous battle*, cette pierre perpétue la mémoire d'une bataille célèbre. (*d*) (*Of instrument*) Enregistrer, marquer (qch.). *The thermometer records ten degrees*, le thermomètre marque dix degrés. (*e*) *Adm:* Recenser (des faits, etc.). **2.** *Lit:* (*Of bird*) **To record its song,** *abs.* **to record,** chanter doucement. **3.** Enregistrer. (*a*) *Photography cannot but r. the features accurately*, la photographie ne saurait enregistrer la physionomie autrement qu'avec précision. (*b*) (*On gramophone*) Enregistrer (une chanson, etc.). *Abs. Singer who records for Pathé*, chanteur *m* qui enregistre pour les disques Pathé. (*With passive force*) **The piano does not record well,** le piano ne se prête pas bien à l'enregistrement.

recording[1], *a.* **1.** **The recording angel,** l'ange *m* qui tient le registre des actes de chacun. **Recording official,** agent chargé du recensement. **2.** (Instrument) enregistreur. **Recording tachometer,** tachymètre enregistreur. *See also* THERMOMETER.

recording[2], *s.* **1.** (*a*) Enregistrement *m*; consignation *f* par écrit. (*b*) Narration *f*, relation *f*. (*c*) *Adm: R. of accidents,* recensement *m* des accidents. **2.** *Gramophones: Automatic r. of sounds,* enregistrement, phonographie *f*. **Wax recording,** inscription *f* sur cire. *Electric r.,* enregistrement électrique. **Recording needle,** aiguille *f* à graver; style *m*. *Cin:* **Variable density recording,** enregistrement à densité variable. **Variable width recording,** enregistrement à densité constante. **Sound-and-picture recording,** enregistrement phono-visuel. **Recording-room,** central *m* d'enregistrement. *See also* VAN[4] 2.

recordable [ri'kɔːrdəbl], *a.* **1.** Digne d'être rapporté, digne de mention. **2.** Enregistrable (sur le phonographe, etc.).

recorder [ri'kɔːrdər], *s.* **1.** *Jur:* Recorder *m*. (*Barrister* nommé par la Couronne pour remplir dans certaines villes les fonctions de juge au civil et au criminel. Il préside les sessions trimestrielles.) **2.** (*a*) Celui qui consigne un fait par écrit. *He was a faithful r. of what he saw,* il transcrivait fidèlement ce qu'il voyait. (*b*) Archiviste *m* ou greffier *m*. (*c*) *Navy:* Secrétaire *m* des feuilles de tir. **3.** (*a*) Artiste *mf* qui enregistre (sur disques). (*b*) Appareil enregistreur; enregistreur *m*, compteur *m*. **Drum recorder,** tambour enregistreur; tambour inscripteur. *Aut:* **Distance recorder,** enregistreur de distance. *See also* SPEED-RECORDER, TIME-RECORDER, TRIP[1] 1, VOLTAGE. *Cin:* **Sound recorder,** appareil d'enregistrement du son. **4.** *Mus: A:* Flageolet *m*.

recordership [ri'kɔːrdərʃip], *s.* **1.** Fonctions *fpl* ou charge *f* de "recorder." **2.** Charge d'archiviste ou de greffier.

recork [riː'kɔːrk], *v.tr.* Reboucher (une bouteille).

recorking, *s.* Rebouchage *m*.

recount[1] [ri'kaunt], *v.tr.* Raconter (*sth. to s.o.,* qch. à qn).

recounting, *s.* Racontage *m*.

recount[2] [riː'kaunt], *s.* **1.** Recomptage *m*; nouvelle addition. **2.** Nouveau dépouillement du scrutin (en cas de majorité très faible à une élection).

recount[3] [riː'kaunt], *v.tr.* Recompter; compter de nouveau (les votes, etc.).

recoup [ri'kuːp], *v.tr.* **1.** Racquitter, dédommager (qn). **To recoup s.o. (for) his losses,** dédommager, indemniser, qn de ses pertes. **To recoup oneself for one's losses,** *abs.* **to recoup,** se récupérer, se dédommager, se rattraper, de ses pertes. *To sell at a low price and r. oneself by large sales,* vendre à bas prix et se rattraper, se sauver, sur la quantité. **2.** *Jur:* Défalquer, faire le décompte de (qch.).

recoupment [ri'kuːpmənt], *s.* **1.** Dédommagement *m*. **2.** *Jur:* Défalcation *f*, décompte *m*.

recourse [ri'kɔːrs], *s.* **1.** Recours *m*. **To have recourse to sth.,** avoir recours à qch.; recourir à qch. *To have r. to fraud,* avoir recours à la fraude; user de moyens frauduleux. *R. to arms is open to us,* la voie des armes nous est ouverte. *See also* LAW[1] 4. **2.** Expédient *m*. **3.** *Fin: Jur:* **To have recourse to the endorser of a bill,** avoir recours contre l'endosseur d'un effet. **Endorsement without recourse,** endossement *m* à forfait. **To reserve right of recourse,** se réserver le recours.

recover[1] [ri'kʌvər], *s.* = RECOVERY 4.

recover[2] [ri'kʌvər], *v.tr.* **1.** (*a*) Recouvrer, retrouver (un objet perdu); retrouver (son appétit, sa voix). *I went to r. my umbrella,* je suis allé reprendre mon parapluie. *To r. a drowned man,* repêcher un noyé. *Ind:* **To recover by-products from coal,** recouvrer, récupérer, recueillir, capter, des sous-produits de la houille. *Mil:* **Recover arms!** replacez l'arme! (*b*) **To recover one's breath, one's courage,** reprendre haleine, reprendre courage. **To recover one's senses, to recover one's reason,** reprendre ses sens; rentrer dans son bon sens; recouvrer sa raison. *To r. one's taste for sth.,* reprendre goût à qch. **To recover consciousness,** reprendre ses esprits, ses sens; revenir à soi. *I am recovering my strength,* mes forces me reviennent. **2.** Regagner (de l'argent perdu, l'affection de qn); recouvrer, regagner, rentrer en possession de (ses biens); rentrer dans (ses droits, ses débours); recouvrer, récupérer, faire rentrer (une créance). *To r. one's money,* rattraper son argent. *To r. money advanced,* rentrer dans ses avances. **To recover one's (fallen) fortunes,** se refaire une situation, une fortune. *Gaming:* **To recover one's losses,** se racquitter, *F:* se raccrocher. **To recover lost time,** rattraper le temps perdu. **To recover lost ground,** reprendre du terrain perdu; se rattraper. *He is recovering his authority, his credit,* son autorité, son crédit, se raffermit. **To recover a lost advantage,** reprendre le dessus. *Having recovered his liberty he travelled,* rendu à la liberté, il voyagea. **To recover sth. from s.o.,** reprendre qch. à qn; recouvrer qch. des mains de qn. **To recover land from the sea,** reprendre du terrain sur la mer. *France recovers Alsace,* la France récupère l'Alsace. *Jur:* **To recover damages from s.o.,** obtenir des dommages-intérêts de qn. *Abs.* **To recover from s.o.,** se faire dédommager par qn. **3.** **To recover s.o.** (*from a fainting-fit, etc.*), faire revenir qn à soi; ramener qn à la vie. **4.** **To recover one's health,** *v.i.* **to recover,** guérir; recouvrer la santé; se rétablir; revenir à la santé. *I am waiting till I have recovered my health,* j'attends le rétablissement de ma santé. **To recover from an illness,** se remettre, réchapper, guérir, d'une maladie; se rétablir. *His son, who is recovering from a severe illness,* son fils, convalescent d'une grave maladie. **The patient is recovering,** le malade reprend, *P:* se requinque. *To be quite recovered,* être tout à fait remis, guéri, rétabli. *He has only just recovered,* il relève de maladie. **To recover from the effects of a war,** *A:* **to recover the effects of a war,** se remettre des effets d'une guerre. **To recover from one's astonishment,** revenir, se remettre, de son étonnement. *To r. from an alarm,* se remettre d'une alerte. *To r. after a (business) failure,* se remettre, se relever, d'une faillite. **Prices have recovered,** les cours se sont relevés. **5.** **To recover oneself,** *abs.* **to recover,** se remettre, se ressaisir. *He nearly fell, but managed to r. himself,* il faillit tomber, mais se ressaisit, mais se redressa aussitôt. **To recover one's balance,** recouvrer, reprendre, retrouver, son équilibre. *To r. one's legs,* (i) se remettre sur pied; se redresser; (ii) se ressaisir (quand on est sur le point de tomber). *The car swerved but recovered itself,* la voiture a embardé, mais s'est rétablie. **6.** Réparer (une erreur). **7.** (*a*) *Fenc:* **To recover sword,** *abs.* **to recover,** reprendre la garde; se remettre en garde (après la botte). (*b*) *Row:* **To recover the oars,** *abs.* **to recover,** ramener les avirons; revenir sur l'avant.

recover[3], **re-cover** [riː'kʌvər], *v.tr.* Recouvrir; couvrir de nouveau; regarnir (des meubles). *Av:* Réentoiler (une aile, etc.).

recovering, re-covering, *s.* Recouvrage *m*, recouvrement *m*; réentoilage *m*.

recoverable [ri'kʌvərəbl], *a.* **1.** Recouvrable, récupérable. **2.** (*Of pers.*) Guérissable.

recovery [ri'kʌvəri], *s.* **1.** Recouvrement *m* (d'un objet perdu). *Ind:* **Recovery of by-products from coal,** récupération *f* des sous-produits de la houille. **Heat recovery,** récupération de la chaleur. **2.** *Jur: R. of payment made by mistake,* répétition *f* d'indu. **Action for recovery of property,** (action *f* en) revendication *f*; réintégrande *f*. **Recovery of damages,** obtention *f* de dommages-intérêts. **3.** (*a*) Rétablissement *m*, guérison *f* (de qn). **The patient is making a good recovery, is on the way to recovery,** le malade est en bonne voie de guérison, est en bon train. *He has made a good r.,* il s'est bien refait. **To be past recovery,** être dans un état désespéré; être condamné (par les médecins). *The loss is past r.,* la perte est irrémédiable. (*b*) Redressement *m* (économique, etc.); relèvement *m*, reprise *f* (des affaires). **Trade recovery, industrial recovery,** reprise économique. *R. of prices, of international credit,* reprise des cours, du crédit international. *An obstacle to r.,* un obstacle à tout essai de redressement. *Hist:* **The recovery on the Marne,** le redressement de la Marne. (*Of tennis player, etc.*) **To make a brilliant recovery,** se ressaisir, se raccrocher, brillamment. **4.** (*a*) *Fenc:* Remise *f* en garde; retour *m* à la position de garde. (*b*) *Row:* Retour sur l'avant; le dégagé.

recreancy ['rekriənsi], *s.* **1.** Lâcheté *f*. **2.** Apostasie *f*.

recreant ['rekriənt]. *Lit:* **1.** *a.* (*a*) Lâche. (*b*) Infidèle. **2.** *s.* (*a*) Lâche *m*. (*b*) Renégat *m*, traître *m*, apostat *m*.

recreate[1] ['rekrieit], *v.tr.* Récréer, divertir, distraire (qn). **To recreate oneself,** se récréer, se divertir (*with cards,* en jouant aux cartes).

recreate[2], **re-create** [riːkri'eit], *v.tr.* Recréer; créer (qch.) de nouveau.

recreation[1] [rekri'eiʃ(ə)n], *s.* Récréation *f*, divertissement *m*, distraction *f*, délassement *m*. *Innocent r.,* amusements innocents. *A few moments of r.,* quelques moments de détente *f*.

recre'ation-ground, *s.* **1.** *Sch:* Cour *f* de récréation; le préau. **2.** Terrain *m* de jeux.

recreation[2] [riːkri'eiʃ(ə)n], *s.* Nouvelle création.

recreative ['rekrieitiv], *a.* Récréatif, divertissant.

recrement ['rekrimənt], *s.* *Physiol:* Récrément *m*.

recriminate [ri'krimineit], *v.i.* Récriminer.

recrimination [rikrimi'neiʃ(ə)n], *s.* Récrimination *f*.

recriminative [ri'kriminətiv], **recriminatory** [ri'kriminətəri], *a.* Récriminatoire; récriminateur, -trice.

recross [riː'krɔs], *v.tr.* **1.** Retraverser; traverser de nouveau (une rue); repasser (une rivière). *The train recrosses the Thames,* le train passe une seconde fois sur la Tamise. **2.** Recroiser (ses mains sur sa poitrine, etc.).

recrudesce [riːkru'des], *v.i.* (*Of wound, sore, etc.*) S'enflammer de nouveau; (*of fever, etc.*) reprendre; (*of public disorders, etc.*) renaître, reprendre.

recrudescence [riːkru'des(ə)ns], *s.* Recrudescence *f*. *R. of activity,* regain *m* d'activité. *The r. of civil disorder,* la recrudescence des troubles civils.

recrudescent [riːkru'des(ə)nt], *a.* Recrudescent.

recruit[1] [ri'kruːt], *s.* *Mil:* Recrue *f*, conscrit *m*. **A raw recruit,** une recrue mal dégrossie; *F:* un bleu. *The young recruits, F:* la bleusaille. **Recruit drill,** école *f* du soldat. *To go through the r. stage,* faire ses classes. *F: To make many recruits for a party among . . .,* faire de nombreuses recrues pour un parti dans. . . .

recruit[2], *v.tr.* **1.** (*a*) Recruter (une armée, des troupes, des partisans); racoler (des hommes pour l'armée, pour la marine); apporter des recrues à (une société, un parti). *Cavalry officers are largely recruited from among the old nobility,* les officiers de cavalerie se recrutent pour une bonne part dans la vieille noblesse. *To r. a party from the people,* recruter un parti parmi le peuple. *The new party was largely recruited from the middle classes,* le nouveau parti faisait de nombreuses recrues dans la bourgeoisie. (*b*) **To recruit supplies,** se réapprovisionner. **2.** Restaurer (la santé); remettre, remonter (qn). **To recruit one's health, one's strength,** *abs.* **to recruit,** restaurer sa santé; se restaurer, se remettre, se refaire, se retremper; reprendre des forces; réparer ses forces.

recruiting, *s.* = RECRUITMENT. **Recruiting-agent,** agent *m* de recrutement; recruteur *m*. *Mil:* **Recruiting board,** conseil *m* de revision. **Recruiting-officer, -sergeant,** officier recruteur; sergent recruteur; racoleur *m*. **Recruiting station,** bureau *m* de recrutement.

recruiter [ri'kruːtər], *s.* Recruteur *m*.

recruitment [ri'kruːtmənt], *s.* **1.** Recrutement *m* (de troupes, etc.); racolage *m* (d'hommes pour l'armée, la marine). **2.** Réparation *f* (des forces); rétablissement *m* (de qn). *I am in Brighton for r.,* je suis à Brighton pour me remettre, *F:* pour me requinquer.

rectal ['rekt(ə)l], *a.* *Anat: Med:* Rectal, -aux; du rectum. **Rectal injection,** lavement *m*. **-ally,** *adv.* *Med:* (Médicament introduit) par l'anus, par le rectum.

rectangle ['rektaŋgl]. **1.** *s.* Rectangle *m*; *F:* carré long. **2.** *a.* **Rectangle triangle,** triangle *m* rectangle.

rectangular [rek'taŋgjulər], *a.* Rectangulaire, rectangle; orthogonal, -aux; à angle droit.

rectangularity [rektaŋgju'lariti], *s.* Rectangularité *f.*

rectifiable ['rektifaiəbl], *a.* Rectifiable.

rectification [rektifi'keiʃ(ə)n], *s.* **1.** Rectification *f*, redressement *m* (d'une erreur, etc.). **2.** *Dist:* Rectification (de l'alcool, etc.). **3.** *(a) Geom:* Rectification (d'une courbe). *(b) El.E:* Redressement, rectification (du courant alternatif). **Half-wave rectification,** redressement par demi-alternances. **Grid rectification,** rectification par grille.

rectifier ['rektifaiər], *s.* **1.** *(Pers.)* Rectificateur, -trice. **2.** *(Apparatus) (a) Dist:* Rectificateur. **Oil rectifier,** purificateur *m* d'huile. *(b) El:* Redresseur *m*, rectificateur (de courant); permutatrice *f*; soupape *f* électrique; clapet *m* (de courant). **Mechanical rectifier,** redresseur mécanique. **Copper-oxide rectifier,** redresseur à l'oxyde de cuivre. **Mercury rectifier,** convertisseur *m*, redresseur, à vapeur de mercure. **Filament rectifier,** redresseur à vide. **Rectifier vacuum tube,** tube redresseur. **Rectifier station,** poste *m* de redressement.

rectify ['rektifai], *v.tr.* **1.** *(a)* Rectifier, corriger (un calcul, une erreur); réparer (un oubli, une erreur). *Mistake that can be rectified,* erreur réparable. *Book-k:* **To rectify an entry,** modifier, rectifier, une écriture. *(b) Dist:* Rectifier, déflegmer (l'alcool). **2.** *(a) Geom:* Rectifier (une courbe). *(b) El.E:* Redresser (le courant alternatif).

rectified, *a.* Rectifié; corrigé; redressé. **Rectified alcohol,** alcool rectifié. *El: R. current,* courant redressé.

rectifying[1], *a.* Rectificatif, redresseur. *W.Tel: R. device,* système redresseur. *See also* COMMUTATOR, VALVE[1] 3.

rectifying[2], *s.* **1.** Rectification *f*, redressement *m*. **2.** *Dist:* Rectification, déflegmation *f* (de l'alcool). **Rectifying column,** colonne *f* à déflegmer; colonne de déflegmation.

rectilineal [rekti'liniəl], **rectilinear** [rekti'liniər], *a.* (Triangle *m*, etc.) rectiligne. *Phot:* **Rapid rectilinear lens,** objectif *m* rectilinéaire. **Wide-angle rectilinear lens,** rectiligne *m* grand angulaire.

rectitude ['rektitju:d], *s.* Rectitude *f* (de conduite); droiture *f* (de caractère).

recto ['rekto], *s.* *Typ:* Recto *m* (de la page).

rectocele ['rektosi:l], *s.* *Med:* Rectocèle *f*; hernie *f* du rectum.

rector ['rektər], *s.m.* **1.** *(a) Ch. of Eng:* Ecclésiastique préposé à l'administration d'une paroisse et titulaire du bénéfice et de la dîme. **Lay rector,** titulaire séculier d'un bénéfice (le préposé étant alors le *vicar*). *(b) R.C.Ch:* Curé. **2.** *(a)* Recteur (d'une université, d'un collège de jésuites). *(b) Scot:* Directeur (d'une école secondaire).

rectorate ['rektəret], *s.* Rectorat *m.*

rectorial [rek'tɔ:riəl], *a.* Rectoral, -aux; de recteur. *Scot:* **Rectorial election,** élection *f* du recteur (par les étudiants; occasion d'hostilités pour rire et de chahut).

rectory ['rektəri], *s.* *Ecc:* Presbytère *m*, cure *f* (du *rector, q.v.*).

rectrix, *pl.* **-ices** ['rektriks, -isi:z], *s.* *Orn:* Penne rectrice; rectrice *f.*

rectum ['rektəm], *s.* *Anat:* Rectum *m.*

recultivate [ri:'kʌltiveit], *v.tr.* Remettre en valeur, en culture (des terres, un champ).

recumbency [ri'kʌmbənsi], *s.* Position couchée.

recumbent [ri'kʌmbənt], *a.* Couché, étendu. **Recumbent figure** *(on tomb),* gisant *m*. *Geol:* **Recumbent fold,** pli couché.

recuperate [ri'kju:pəreit]. **1.** *v.tr.* *(a)* Remettre, rétablir, guérir (qn). *(b) Ind: To r. waste heat,* récupérer la chaleur perdue. **2.** *v.i.* Se remettre, se rétablir, se refaire; reprendre des forces; guérir. *He had gone to the South of France to r.,* il était allé dans le Midi pour achever de se rétablir.

recuperation [rikju:pə'reiʃ(ə)n], *s.* **1.** *(Of pers.)* Rétablissement *m*, guérison *f*. **2.** *Ind:* Récupération *f*; régénération *f* (de la chaleur, etc.).

recuperative [ri'kju:pərətiv], *a.* **1.** (Pouvoir) de rétablissement. **2.** (Remède) restauratif, réparateur, régénérateur.

recuperator [ri'kju:pəreitər], *s.* **1.** *Ind:* Récupérateur *m*, régénérateur *m* (de pertes d'énergie, etc.). **2.** *Artil:* Récupérateur. **Spring recuperators, oil recuperators,** récupérateurs à ressort, à huile.

recur [ri'kə:r], *v.i.* (recurred; recurring) **1.** *(a)* Revenir *(to a subject, etc.,* à, sur, un sujet, etc.). *(b) To r. to an expedient,* recourir à un expédient. **2.** *(a) (Of idea, event, etc.) To r. to the memory,* revenir, se retracer, à la mémoire. *(b) (Of question, event, etc.)* Se reproduire, se renouveler; revenir, reparaître; *(of occasion)* se représenter. *Festival that recurs every ten years,* fête *f* qui revient tous les dix ans. *(c) Mth: (Of figures)* Se reproduire.

recurring, *a.* *(a)* Périodique; qui revient. **Oft-recurring, ever-recurring,** qui revient souvent, sans cesse. *Ever-r. quarrels,* querelles sans cesse renaissantes. *(b) Mth:* **Recurring series,** série récurrente. **Recurring decimal,** fraction décimale périodique.

recurrence [ri'kʌrəns], *s.* **1.** *(a)* Retour *m (to,* à). *There was no r. to this matter,* on n'est pas revenu sur ce sujet. *(b)* Recours *m (to,* à). **2.** Réapparition *f*, renouvellement *m*, retour, reproduction *f*. *Med:* Récurrence *f* (d'une fièvre); récidive *f* (d'une maladie infectieuse). *The frequent r. of these attacks,* le retour fréquent de ces accès. **To be of frequent recurrence,** revenir fréquemment. *To prevent the r. of the evil,* éviter le retour du mal.

recurrent [ri'kʌrənt], *a.* **1.** *Anat: Bot:* Récurrent. *Anat: R. artery, s.* **recurrent,** (artère) récurrente *f*. **2.** Périodique; qui revient souvent. *R. expenses,* dépenses *f* qui reviennent périodiquement. *Med:* **Recurrent fever,** fièvre *f* périodique. *R. bronchial catarrh,* bronchite *f* à répétition. *Mth:* **Recurrent series,** série récurrente.

recurvate [ri'kə:rvet], *a.* *Nat.Hist:* Recourbé.

recusancy ['rekjuzənsi, ri'kju:zənsi], *s.* **1.** *Eng.Hist:* Refus *m* (de la part des catholiques) d'assister à l'office divin dans une église anglicane. **2.** Opposition *f* opiniâtre (à une autorité, à un ordre).

recusant ['rekjuzənt, ri'kju:zənt]. **1.** *s.* *Eng.Hist:* Catholique *mf* qui refusait d'assister à l'office divin dans une église anglicane; récusant, -ante. **2.** *a. & s.* Dissident, -ente; réfractaire *(mf) (against,* à).

recut [ri:'kʌt], *v.tr.* Recouper; retailler (une lime); rafraîchir, aviver (une arête, etc.).

recutting, *s.* Retaillage *m.*

red [red]. **1.** *a.* **(redder; reddest)** *(a)* Rouge; *(deep)* pourpre. *Red lips,* lèvres rouges, vermeilles. *Red eyes,* yeux rouges, éraillés. *Red hands,* (i) mains *f* rouges; mains de blanchisseuse; (ii) *Lit:* mains teintes de sang. *Hands red with the blood of martyrs,* mains trempées dans le sang des martyrs. *Lit:* **Red battle,** combat sanguinaire, sanglant, meurtrier. *Red vengeance,* vengeance sanguinaire, sanglante. **The red hat,** le chapeau rouge (d'un cardinal). **Red ribbon,** (i) *Hist:* ruban *m* rouge (de l'Ordre du Bain); (ii) *Ich: F:* cépole *m*, ruban. **To turn, go, red,** *(of thg)* rougir; *(of pers.)* rougir; devenir rouge; *(of sky, etc.)* rougeoyer. *To turn red and pale by turns,* rougir et pâlir tour à tour. *To become red with anger,* rougir de colère; se fâcher tout rouge. **To blush, flush, red,** devenir (tout) rouge. *Suddenly she stopped, and her cheeks burned red,* elle s'arrêta tout à coup, et ses joues s'empourprèrent. *Her cheeks burned redder and redder,* elle rougissait de plus en plus. *F:* **Red as a peony, as a turkey-cock, as a boiled lobster,** rouge comme une pivoine, comme un coq, comme une tomate. **It's like a red rag to a bull,** c'est le rouge pour les taureaux. *It's like a red rag to him,* **it makes him see red,** il voit rouge quand il entend dire cela. *F:* **We must mark that in red letters,** il faut faire une croix à la cheminée. *See also* RED-LETTER. *Cu:* **Red meat,** (i) viande saignante; (ii) (viande de) bœuf *m*. *Geol: Red granite, red marble,* granit *m* rose, marbre *m* rose. *Geog:* **The Red Sea,** la Mer Rouge. *Art:* **Red chalk,** sanguine *f*, rubrique *f*. *Sketch in red chalk,* esquisse *f* à la sanguine; sanguine *f*. *Ecc:* **Red mass,** messe *f* rouge; messe du Saint-Esprit. *See also* ADMIRAL 2, ALL-RED, ANTIMONY, ARSENIC[1], BARK[1] 1, CAMPION, CENT 1, COBALT, COPPER[1] 1, CROSS[1] 1, CURRANT 1, ENSIGN 1, FOG[2] 1, HERRING, INDIAN 2, IRON[1] 1, LANE 1, LIGHT[1] 2, MULLET[1] 2, OCHRE[1], PAINT[2] 3, PARTRIDGE, PHOSPHORUS, RATTLE[1] 1, SANDERS, SANDSTONE, SOLDIER[1] 4, SULPHIDE, VITRIOL 1, ZINC[1] 1. *(b) (Of hair)* Roux. *A red beard,* une barbe rousse. **Red Max,** *P:* Max le Rouquin. *See also* DEER, FOX[1] 1. *(c) Pol:* Rouge; de l'extrême gauche. **Red government,** gouvernement *m* des Gauches. **The red flag,** le drapeau rouge. **The Red Flag,** l'Internationale *f*. *F:* **A red-shirt,** un anarchiste. *F:* **The red peril,** (i) l'anarchisme *m*; (ii) le bolchevisme. **2.** *a. & s.* *(a) (In Fr. a.inv.)* **Cherry red,** rouge cerise. **Pillar-box red,** rouge drapeau. *Fiery red,* rouge feu. *Yellowish red,* rouge orangé. *Art:* **Titian red,** blond vénitien. *(b) Ind:* **Venetian red, English red,** colcotar *m*. *See also* ADRIANOPLE, BLOOD-RED, BRICK-RED, ORANGE[1] 3, TURKEY RED. **3.** *s.* *(a)* Rouge *m*. *Dressed in red,* habillé de, en, rouge. *The red and white of her complexion,* son teint de lis et de rose. *F:* **The red, white and blue,** la marine anglaise. *(b) Pol: (Pers.)* Rouge *mf*. *(c) Bill:* **The red,** la bille rouge. *(d) U.S: F:* **To be in the red,** avoir une balance déficitaire. **To come out of the red,** se solder par un bénéfice. **-ly,** *adv.* (Briller, etc.) avec un éclat rouge.

'red-'bearded, *a.* A la barbe rousse.

'red 'biddy, *s.* *P:* Vin rouge corsé d'alcool dénaturé.

'red-bine, *s.* *Bot:* Houblon *m* rouge.

'red-bird, *s.* *Orn:* Tangara *m* rouge; cardinal *m* d'Amérique.

'red-'blind, *a.* *Med:* Atteint d'anérythropsie.

'red-blindness, *s.* *Med:* Anérythropsie *f.*

'red-blooded, *a.* *(Of pers.)* Vigoureux, robuste.

'Red-Book, *s.* (Almanach) nobiliaire *m*; annuaire *m* de la noblesse.

red 'box, *s.* Coffret recouvert de cuir rouge dans lequel les ministres serrent leurs documents d'État.

'red-'breasted, *a.* *Orn:* A gorge rouge.

'red-cap, *s.* *Mil: P:* Soldat *m* de la police militaire.

'red-eye, *s.* **1.** *Ich:* Rotengle *m*; gardon *m* rouge. **2.** *U.S: P:* Whisky *m.*

'red-eyed, *a.* **1.** Aux yeux rouges. **2.** Aux yeux éraillés.

'red-faced, *a.* Rougeaud, rubicond, sanguin. *A big r.-f. fellow,* un gros rougeaud.

'red-fish, *s.* **1.** *(a)* Saumon *m* mâle à l'époque du frai. *(b) Com:* Saumon. **2.** Rouget commun.

'red-gum[1], *s.* *Med:* Strophulus *m*; feux *mpl* de dents.

'red-gum[2], *s.* *Bot:* **1.** Gomme-résine *f* rouge. **2.** Red-gum (tree), eucalyptus résineux.

'red-haired, *a.* Qui a les cheveux roux; roux, *f.* rousse; *P:* rouquin.

'red-'handed, *a.* **1.** Qui a les mains rouges de sang. *F:* **To be taken, caught, red-handed,** être pris sur le fait, en flagrant délit; *F:* être pris sur le tas; être pris la main dans le sac. **2.** *Z: (Of certain monkeys)* A mains rouges.

'red-'hat, *s.* *Mil: P:* Officier *m* d'état-major.

'red-'headed, *a.* **1.** = RED-HAIRED. **2.** *Orn: Z:* A tête rouge.

'red-'heat, *s.* (Température *f* du) rouge. *Metall:* Chaude *f* rouge, chaleur *f* rouge. *See also* HEAT[1] 1.

'red-'hot, *a.* **1.** Rouge; chauffé au rouge; porté au rouge; rougi au feu; d'un rouge ardent. *To make sth. red-hot,* porter qch. au rouge. *See also* POKER[1] 4. **2.** *F: (Of pers.)* Ardent, violent. **Red-hot Radical,** ardent radical; radical à tous crins. *Red-hot enthusiasm,* enthousiasme chauffé à blanc.

red lead [led], *s.* Minium *m*; mine anglaise. **Red-lead ore,** plomb *m* rouge.

'red-legged, *a.* *Orn: Z:* Aux pattes rouges, aux pieds rouges. *See also* CROW[1] 1, PARTRIDGE.

'red-leg(s), *s.* *Orn:* **1.** = RED-SHANK(S). **2.** Maubèche *f* violette. **3.** Perdrix *f* rouge.

'red-letter, *attrib.a.* **1.** Écrit ou imprimé en caractères rouges. **2.** *F:* Red-letter day, (i) jour férié; (ii) jour de fête; jour propice; jour de bonheur; jour pour lequel on fera ou on a fait une croix à la cheminée. *His return was a r.-l. day in the country*, son retour fit époque dans le pays.

'red-man, *pl.* **-men**, *s.m.* = REDSKIN.

'red-'nosed, *a.* Qui a le nez rouge; au nez rouge.

'red-'rimmed, *a.* **Red-rimmed eyes**, yeux éraillés.

'red-'roofed, *a.* (Maison, etc.) à toit rouge.

'red-shank(s), *s. Orn:* Chevalier *m*, gambette *m*.

'red-'short, *a. Metall:* (Fer) cassant à chaud; (fer) rouverin, métis, de couleur.

'red-streak, *s. Hort:* Pomme *f* à côtes rouges.

red 'tape, *s.* **1.** Ruban *m* rouge, bolduc *m* (rouge) (des documents officiels). **2.** *F:* Routine administrative; chinoiseries administratives; fonctionnarisme *m*, bureaucratie *f*, paperasserie *f*; lenteurs *fpl* des bureaux. *Official fond of red tape, bound by red tape*, fonctionnaire paperassier, enroutiné; bureaucrate *m*.

'red-'tapedom, -'tapism, *s.* Bureaucratie *f*, paperasserie *f*, fonctionnarisme *m*, formalisme *m*.

'red-'tapist, *s.* Bureaucrate *m*; paperassier, -ière, routinier, -ière; *F:* rond-de-cuir *m*, *pl.* ronds-de-cuir.

'red-top, *s. Bot:* Agrostide *f*.

'red-'water, *s. Vet:* Hématurie *f*; *F:* pissement *m* de sang.

'red weed, *s. Bot:* **1.** Phytolaque *m*; raisin *m* d'Amérique; épinard *m* de Virginie. **2.** Coquelicot *m*.

redact [ri'dakt], *v.tr. Lit:* **1.** Rédiger. **2.** Mettre au point (un article, etc.).

redaction [ri'dakʃ(ə)n], *s.* **1.** Rédaction *f*. **2.** Mise *f* au point (d'un article, etc.).

redactor [ri'daktər], *s.* Rédacteur *m*.

redan [ri'dan], *s. Fort:* Redan *m*.

redbreast ['redbrest], *s. Orn:* See ROBIN **2**.

redcoat ['redkout], *s. Hist:* Soldat anglais. **The redcoats**, *F:* les habits *m* rouges.

redd [red], *v.tr. Scot. & U.S:* **To redd (up)**, ranger (une pièce); mettre de l'ordre dans (la maison).

redden [redn]. **1.** *v.tr.* Rendre (qch.) rouge; rougir (qch.). **2.** *v.i.* Devenir rouge; (*of sky*) rougir, rougeoyer; (*of hair, leaves, etc.*) roussir; (*of pers.*) rougir.

reddening, *a.* Rougissant, rougeoyant.

redding ['rediŋ], *s.* = REDDLE[1].

reddish ['rediʃ], *a.* (*a*) Rougeâtre. (*b*) Roussâtre. *R. hair*, *F:* cheveux *m* d'un blond hasardé.

reddle[1] [redl], *s.* Ocre *f* rouge, craie *f* rouge; arcanne *f*, rubrique *f*.

reddle[2], *v.tr.* Frotter (qch.) d'ocre rouge, de rubrique; marquer (qch.) à l'ocre rouge. *To r. the floor*, passer les dalles à l'ocre rouge.

reddleman, *pl.* **-men** ['redlmən, -men], *s.m.* Marchand d'ocre rouge.

re-decorate [riː'dekoreit], *v.tr.* Peindre et tapisser (un appartement) à nouveau.

redeem [ri'diːm], *v.tr.* **1.** Racheter, rembourser (une obligation, une annuité); dégager (un nantissement); *F:* son honneur). *To r. a debt*, amortir une dette; se libérer d'une dette. *To r. a mortgage*, (i) (*of mortgagor*) éteindre une hypothèque; (ii) (*of purchaser of mortgaged property*) purger une hypothèque. *To r. a bill*, honorer une traite. **To redeem one's watch (from pawn)**, retirer, dégager, sa montre; *P:* déclouer, décrocher, sa montre. **2.** Tenir, accomplir (sa promesse). **3.** (*a*) Libérer, racheter (un esclave, un prisonnier). *Theol:* (*Of Christ*) Racheter (le genre humain). *Redeemed from vice*, arraché au vice. (*b*) **His good points redeem his faults**, ses qualités rachètent, compensent, ses défauts. *Book redeemed from grossness by its sincerity*, livre *m* qui rachète ses crudités par sa franchise. **4.** (*a*) *B:* **Redeeming the time** *because the days are evil*, rachetant le temps car les jours sont mauvais. (*b*) *F:* *To r. the time*, réparer le temps perdu.

redeeming[1], *a.* **1.** Rédempteur. **2.** Compensatoire; qui rachète, qui fait compensation. **Redeeming feature**, qualité *f* qui rachète les défauts, les fautes. *Ugliness without one r. feature*, laideur *f* que rien ne rachète; laideur désolante.

redeeming[2], *s.* = REDEMPTION.

redeemable [ri'diːməbl], *a. Fin:* (*Of stock, etc.*) Rachetable, remboursable, amortissable.

redeemer [ri'diːmər], *s.* **1.** *Theol:* **The Redeemer**, le Rédempteur. **2.** (*a*) Racheteur, -euse (d'un esclave, etc.). (*b*) *F:* Sauveur *m*.

redeliver [riːdi'livər], *v.tr.* **1.** Remettre de nouveau (une lettre à son destinataire, etc.). **2.** Répéter (un avis); prononcer de nouveau (un discours).

redelivery [riːdi'livəri], *s.* Nouvelle livraison (d'un paquet); nouvelle remise (d'une lettre). *R. of ship to owners*, remise d'un vaisseau aux armateurs.

redemand [riːdi'mɑːnd], *v.tr.* **To redemand sth. of s.o.**, sommer qn de rendre qch.

redemise[1] [riːdi'maiz], *s. Jur:* Rétrocession *f*.

redemise[2], *v.tr. Jur:* Rétrocéder (un bien à qn).

redemption [ri'dempʃ(ə)n], *s.* **1.** (*a*) *Fin:* Remboursement *m*, amortissement *m* (d'une obligation); rachat *m* (d'un emprunt); dégagement *m* (d'un nantissement, d'un objet mis en gage). *R. of a mortgage*, (i) (*by mortgagor*) extinction *f*, (ii) (*by purchaser of mortgaged property*) purge *f*, d'une hypothèque. *R. before due date*, remboursement anticipé. **Redemption fund**, caisse *f* d'amortissement. **Redemption table**, plan *m* d'amortissement (d'une dette, etc.). (*b*) *Jur:* **Sale with power, option, of redemption**, vente *f* avec faculté de rachat; vente à réméré. **Covenant of redemption**, pacte *m* de rachat. **2.** Rachat, délivrance *f* (d'un esclave, etc.). *Theol:* Rédemption *f* (du genre humain). **In the 500th year of our redemption**, en l'an de grâce 500. *This set-back proved his r.*, ce revers de fortune fut son salut. **3.** Rachat (d'un crime, etc.). **Crime without redemption, past redemption**, crime irréparable. *Monument spoilt* **beyond (all hope of) redemption**, monument qui a été abîmé irrémédiablement, irréparablement. **4.** **To join a society by redemption**, acheter son entrée dans une société.

redemptive [ri'demptiv], *a.* Rédempteur, -trice.

redemptorist [ri'demptərist], *s. Ecc:* Rédemptoriste *m*.

redesign [riːdi'zain], *v.tr.* Remanier le dessin (d'une machine, etc.).

redevelop [riːdi'veləp], *v.tr. Phot:* Développer de nouveau (un cliché).

redevelopment [riːdi'veləpmənt], *s. Phot:* Nouveau développement.

redhibition [redhi'biʃ(ə)n], *s. Jur:* Rédhibition *f*.

redhibitory [red'hibitəri], *a. Jur:* Rédhibitoire.

redintegrate [re'dintegreit], *v.tr.* (*a*) Rétablir (qch.) dans son intégrité. (*b*) *To r. s.o. in his possessions*, réintégrer qn dans ses possessions.

redintegration [redinte'greiʃ(ə)n], *s.* (*a*) Rétablissement intégral. (*b*) Réintégration *f* (de qn dans son domaine, etc.).

redirect [riːdai'rekt, -di-], *v.tr.* Adresser de nouveau, faire suivre (une lettre).

redirection [riːdai'rekʃ(ə)n, -di-], *s.* **1.** Réexpédition *f*. **2.** Nouvelle adresse.

rediscount[1] [riː'diskaunt], *s.* Réescompte *m*.

rediscount[2] [riːdis'kaunt], *v.tr.* Réescompter.

rediscover [riːdis'kʌvər], *v.tr.* Redécouvrir; retrouver.

rediscovery [riːdis'kʌvəri], *s.* Redécouverte *f*.

redissolve [riːdi'zɔlv], *v.tr.* Redissoudre.

redistil [riːdis'til], *v.tr. Dist:* Redistiller; rectifier, cohober.

redistilling, *s.* = REDISTILLATION.

redistillation [riːdisti'leiʃ(ə)n], *s. Dist:* Redistillation *f*, rectification *f*, cohobation *f*.

redistribute [riːdis'tribjut], *v.tr.* (*a*) Redistribuer. (*b*) Répartir de nouveau, à nouveau (des circonscriptions électorales, etc.).

redistribution [riːdistri'bjuːʃ(ə)n], *s.* (*a*) Redistribution *f*; nouvelle distribution. (*b*) Nouvelle répartition (de sièges parlementaires, etc.).

redness ['rednəs], *s.* **1.** Rougeur *f*; couleur *f* rouge. **2.** Rousseur *f* (des cheveux, etc.).

redolence ['redoləns], *s.* **1.** Odeur *f* suave; parfum *m*. **2.** Odeur forte (*of*, de).

redolent ['redolənt], *a.* **1.** Odorant, parfumé. **Redolent of spring**, qui exhale une odeur de printemps; qui exhale, qui sent, le printemps; qui fleure comme le printemps. *Town* **redolent of age**, ville qui respire l'ancien temps. **2.** Qui a une forte odeur (*of*, de). *To be r. of the soil*, sentir le cru. *Sauce r. of garlic*, (i) sauce *f* qui fleure l'ail; (ii) sauce qui pue l'ail. *Hum: Thy breath was r. of wine and tobacco*, ton haleine fleurait, odorait, le vin et la bouffarde.

redouble[1] [riː'dʌbl], *s. Cards:* (*At bridge, etc.*) Surcontre *m*.

redouble[2] [riː'dʌbl], *v.tr.* **1.** Replier (une étoffe, etc.); plier en quatre. **Redoubled folds**, doubles plis *m*. **2.** *Cards:* (*At bridge*) **To redouble spades**, surcontrer pique.

redouble[3] [ri'dʌbl]. **1.** *v.tr.* Redoubler (**ses cris, ses instances, etc.**). *To r. one's efforts, one's zeal*, redoubler d'efforts, de zèle. **2.** *v.i.* Redoubler. *The rain redoubled*, la pluie redoubla.

redoubled, *a.* Redoublé. *R. blows*, coups redoublés. *With r. zeal, anger*, avec un redoublement de zèle, de colère.

redoubling, *s.* Redoublement *m* (de joie, de zèle, etc.).

redoubt [ri'daut], *s.* (*a*) *Fort:* Redoute *f*, réduit *m*. (*b*) *N.Arch:* Réduit (de navire cuirassé).

redoubtable [ri'dautəbl], *a.* Redoutable, formidable.

redoubted [ri'dautid], *a. A:* Redouté.

redound [ri'daund], *v.i.* **1.** Contribuer (*to*, à). **This will redound to your credit**, votre réputation y gagnera. *To r. to s.o.'s advantage*, contribuer à l'avantage de qn; tourner à l'avantage de qn. *It redounds to your honour*, c'est tout à votre honneur. **2.** Résulter; rejaillir (*to*, sur). *The honour of this discovery redounds to . . .*, l'honneur de cette découverte rejaillit sur. . . . *The advantages that r. to us*, les avantages qui en résultent, qui s'ensuivent, pour nous.

redowa ['redova], *s. Danc: Mus: A:* Redowa *f*.

redpoll ['redpoul], *s.* **1.** *Orn:* Linotte *f*. **Mealy redpoll, stone redpoll**, (linotte) cabaret *m*. **2.** *Husb:* **Redpolls**, race *f* de bœufs roux sans cornes.

redraft[1] [riː'drɑːft], *s.* **1.** Nouvelle rédaction (d'un document, etc.). **2.** *Com:* Retraite *f*; traite *f* par contre.

redraft[2], *v.tr.* Rédiger (un document) de nouveau.

re-draw [riː'drɔː], *v.tr.* (-drew [druː]; -drawn) **1.** *Com:* Faire retraite (*on s.o.*, sur qn). **2.** Redessiner.

redress[1] [ri'dres], *s.* Redressement *m*, réparation *f* (d'un tort); réforme *f* (d'un abus); soulagement *m* (d'un mal). **To seek redress at the hands of s.o.**, demander réparation, demander justice, à qn. *Jur:* **Legal redress**, réparation légale. *Injury* **beyond redress, past redress**, *A:* **without redress**, tort *m* irréparable, sans remède.

redress[2] [ri'dres], *v.tr.* **1.** Rétablir (l'équilibre). **2.** Redresser, réparer (un tort); redresser (un grief); corriger, réformer (un abus); soulager, porter remède à (une détresse). *Prov:* **A fault confessed is half redressed**, péché avoué est à demi pardonné.

redressing[1], *s.* **1.** Rétablissement *m* (de l'équilibre). **2.** Redressement *m*, réparation *f* (d'un tort); soulagement *m* (d'une détresse).

redress[3] [riː'dres], *v.tr.* **1.** Rhabiller (qn). *Th:* **To redress a play**, changer les costumes d'une pièce; costumer une pièce à nouveau. **2.** *Tchn:* Réapprêter (des peaux, etc.). *Const:* Ravaler (le parement d'un mur).

redressing[2], *s.* **1.** Rhabillement *m* (de qn). **2.** *Tchn:* Nouvel apprêt (des peaux, etc.). *Const:* Ravalement *m* (d'un mur, etc.).

redressable [ri'dresəbl], *a.* (Tort) redressable, réparable; (faute) corrigible.

redresser [ri'dresər], *s.* Redresseur *m*, réparateur *m* (de torts).

redskin ['redskin], *s. Ethn:* Peau-Rouge *m*, *pl.* Peaux-Rouges.

redstart ['redstɑːrt], *s. Orn:* Rouge-queue *m*, *pl.* rouges-queues. **Black redstart**, gorge-noire *f*, *pl.* gorges-noires.

reduce [ri'dju:s], *v.tr.* **1.** (*a*) Réduire, rapetisser (un dessin, etc.); amincir, amenuiser, amaigrir, affaiblir, alléger (une planche, etc.); (*in length*) raccourcir. **To reduce one's weight,** se débarrasser de sa graisse. *Exercise reduces fat people,* l'exercice dégraisse les obèses. *v.i.* **Do you wish to reduce?** voulez-vous maigrir? *Cu:* **To reduce a sauce,** faire réduire une sauce. *Med:* **To reduce a swelling,** résoudre une tumeur. (*b*) Réduire, abaisser (la température); réduire, (ra)baisser, diminuer (le prix, etc.). *To r. taxes,* alléger les impôts; apporter des modérations à des impôts. *To r. the taxes on a house,* dégrever un immeuble. **To reduce expenses,** diminuer la dépense; *F:* rogner les dépenses; faire des économies. *To r. a claim,* réduire, *F:* amputer, une demande. **To reduce speed,** réduire la vitesse; diminuer de vitesse; diminuer sa vitesse; ralentir la marche. *Ind:* *To r. the output,* ralentir la production; mettre une entreprise, une usine, en veilleuse. *El:* *To r. the voltage,* abaisser la tension. *Mec:* *To r. the friction,* adoucir le frottement. *Mec.E:* *To r. the gear ratio,* démultiplier les vitesses. *Navy:* **Ship with reduced crew,** bâtiment *m* en disponibilité armée. *See also* SAIL[1] **1.** (*c*) Atténuer (un contraste). *Phot:* Affaiblir, atténuer, baisser (un cliché dur, un film). (*d*) (*Of illness*) Affaiblir, amaigrir (qn). **2.** (*a*) **To reduce sth. to ashes, to dust,** réduire qch. en cendres, en poussière; mettre qch. en poussière. **To reduce sth. to matchwood,** mettre qch. en miettes, *F:* en cannelle; pulvériser qch. *Clothes reduced to rags,* vêtements *m* à l'état de guenilles. *Passions reduced to memories,* passions *f* à l'état de souvenirs. (*b*) **To reduce a fraction to lower terms,** réduire une fraction. *To r. a fraction to its lowest, simplest, terms,* simplifier une fraction; ramener une fraction à sa plus simple expression. *To r. yards to feet, fractions to the same denominator,* réduire des mètres en pieds, des fractions au même dénominateur. *To r. everything to a single principle,* tout ramener à un seul principe. *The whole difficulty reduces itself to the question whether . . .,* toute la difficulté se réduit, se résume, à savoir si. . . . (*c*) *To r. anomalies to rules,* soumettre, ramener, des anomalies à des règles. *To r. flowers to classes, groups,* ranger, diviser, des fleurs en classes, en groupes. *To r. bribery to a system,* ériger la corruption en système. *Irony reduced to an art,* l'ironie érigée en art. (*d*) **To reduce sth. to writing,** coucher, consigner, qch. par écrit; rédiger (un document). (*e*) *To r. a theory to practice,* mettre une théorie en pratique. **3.** (*a*) Soumettre, réduire (*s.o. to obedience,* qn à l'obéissance). **To reduce the mob to order,** faire rentrer la populace dans l'ordre. **To reduce s.o. to silence,** faire taire qn. *Enemy reduced to impotence,* ennemi (mis) hors d'état de nuire. (*b*) *Mil:* Réduire (une ville révoltée). **4.** Réduire, amener (*s.o. to despair,* qn au désespoir). **I was reduced to . . ., to doing . . .,** j'en fus réduit à . . ., à faire. . . . *He was reduced to begging,* il en était arrivé, il en était venu, à demander l'aumône; il en était réduit à mendier son pain. *To r. s.o. to poverty,* mettre qn dans la misère. **5.** (*a*) Abaisser (*s.o. to a lower rank,* qn à une situation inférieure). *To r. s.o. to the level of beasts,* ravaler qn au niveau des bêtes. (*b*) *Mil:* Réduire (un homme) à un grade inférieur; rétrograder (un sous-officier). **To reduce an N.C.O. to the ranks,** dégrader un sous-officier; faire rentrer un sous-officier dans les rangs; casser un sous-officier (de son grade). **6.** *Ch:* Réduire, désoxyder (un oxyde). **7.** *Med:* Réduire (une fracture); remettre (une épaule démise).

reduced, *a.* **1.** Réduit. (*a*) **Reduced scale,** échelle réduite. *Much-r. capital,* capital fortement ébréché. (*b*) *Adm:* *A:* (Officier *m*) en demi-solde. (*c*) *Com:* **Reduced price,** prix réduit, diminué. **At (greatly) reduced prices,** au (grand) rabais; en solde. **Reduced goods,** soldes *m*. **To ask for a reduced assessment** (*on property*), demander un dégrèvement. (*d*) (*Of pers.*) Affaibli, amaigri (par la maladie). **2.** Appauvri. **In reduced circumstances,** dans l'indigence, dans la gêne.

reducing[1], *a.* **1.** (*a*) Réducteur, réduisant; de réduction. (*b*) *Phot:* (Bain, etc.) affaiblisseur. **2.** *Med:* (*a*) (Remède) déperditif. (*b*) (Remède, régime) amaigrissant.

reducing[2], *s.* = REDUCTION 1 (*a*), 2 (*a*), 3, 4, 5, 6. *See also* FIRE[1] 1, FLAME[1] 1.

re'ducing-agent, *s.* **1.** *Ch:* (Agent) réducteur *m*. **2.** *Phot:* Agent d'affaiblissement; (af)faiblisseur *m*.

re'ducing-gear, *s.* (Engrenage) démultiplicateur *m*; engrenages réducteurs; engrenages retardateurs; engrenage de réduction. **Worm reducing-gear,** réducteur *m* de vitesse par vis sans fin.

re'ducing-valve, *s.* *Mch:* Valve *f* de réduction; détendeur *m*.

re'ducing-wheel, *s.* Meule *f* à user.

reducer [ri'dju:sər], *s.* **1.** *Ch:* *Mec.E:* Réducteur *m*. **2.** (*a*) *Phot:* Affaiblisseur *m*, faiblisseur *m*, réducteur. (*b*) *Mus:* **Tone reducer,** sourdine *f*. **3.** *Med:* **Fever reducer,** antifébrile *m*.

reducibility [ridju:si'biliti], *s.* Réductibilité *f*.

reducible [ri'dju:sibl], *a.* Réductible (*to,* à).

reductio ad absurdum [re'dʌkʃioadab'sə:rdəm], *Lt.phr.* Réduction *f* à l'absurde. **Reductio ad absurdum method of reasoning,** raisonnement *m* par l'absurde.

reduction [ri'dʌkʃ(ə)n], *s.* **1.** (*a*) Rapetissement *m* (d'un dessin, etc.); amincissement *m*, amaigrissement *m*, amenuisement *m* (d'une planche, etc.); (*in length*) raccourcissement *m*. **Reduction compasses,** compas *m* de réduction. *Phot:* **Reduction printing,** tirage *m* par réduction. *Med:* **Reduction of a swelling,** résolution *f* d'une tumeur. (*b*) *The r. in her figure,* l'amincissement de sa taille. **2.** (*a*) Réduction *f*, diminution *f*, baisse *f* (des prix, des salaires); baisse (de température); modération *f* (des prix); amputation *f* (d'une demande). *Jur:* Relaxation *f* (d'une peine). *Phot:* Affaiblissement *m*, atténuation *f*, baissage *m* (d'un cliché, d'un film). *Rail:* *R. of carriage,* détaxe *f*. *El:* *R. of voltage,* diminution de tension. *Mec.E:* **Reduction of gear ratio,** démultiplication *f*. **Reduction gear** = REDUCING-GEAR. (*b*) *Com:* Rabais *m*. **To make a reduction on an article,** faire une remise sur un article. *What r. will you make on it?* combien en voulez-vous rabattre? *R. in taxation,* allégement *m* des impôts. **3.** (*a*) *R. to powder,* réduction en poudre. (*b*) *R. of things to order,* rétablissement *m* de l'ordre. (*c*) *Mil:* Réduction (d'une ville). **4.** *Mil:* Rétrogradation *f*, cassation *f* (d'un sous-officier). **5.** *Ch:* Réduction, désoxydation *f* (d'un oxyde). **6.** *Med:* Réduction (d'une fracture).

redundancy [ri'dʌndənsi], *s.* **1.** *Lit:* Redondance *f*, pléonasme *m*, tautologie *f*. *Speech full of redundancies,* discours plein de redondances. **2.** Surabondance *f*. **3.** Surplus *m*, excédent *m*.

redundant [ri'dʌndənt], *a.* **1.** *Lit:* (Mot) redondant, pléonastique, tautologique, parasite, qui fait double emploi. **2.** Surabondant; superflu, excessif. *Without a r. word,* sans un mot superflu; sans un mot de trop. **-ly,** *adv.* **1.** Avec redondance. **2.** Surabondamment.

reduplicate[1] [ri'dju:pliket], *a.* **1.** *Gram:* *Mus:* *etc:* Redoublé. **2.** *Bot:* (Pétale, etc.) réduplicqué, réduplicatif.

reduplicate[2] [ri'dju:plikeit], *v.tr.* Redoubler, répéter. *Ling:* **Reduplicating particle,** particule réduplicative.

reduplicated, *a.* *Gram:* (Verbe, etc.) réduplicatif. **Reduplicated perfect,** parfait redoublé.

reduplication [ridju:pli'keiʃ(ə)n], *s.* **1.** Redoublement *m*, répétition *f*. **2.** *Gram:* Redoublement, réduplication *f*.

reduplicative [ri'dju:plikətiv], *a.* = REDUPLICATE[1] **2.**

redwing ['redwiŋ], *s.* *Orn:* Merle *m* mauvis; mauvis *m*; grive tannée.

redwood ['redwud], *s.* *Bot:* **1.** Sequoia toujours vert, sequoia à feuilles d'if; redwood *m*. **2.** Bois *m* du Brésil; brésil *m*.

re-dye [ri:'dai], *v.tr.* (Faire) reteindre (ses cheveux, une robe). *Tchn:* Ramender biser (une étoffe).

reebok ['reibɔk], *s.* *Z:* Antilope-chevreuil *f*, *pl.* antilopes-chevreuils.

re-echo [ri:'eko]. **1.** *v.tr.* Répéter, renvoyer (un son). **2.** *v.i.* Retentir, résonner. *To make the air re-echo with one's cries,* faire retentir l'air de ses cris.

reed[1] [ri:d], *s.* **1.** (*a*) *Bot:* Roseau *m*; phragmite *m*; jonc *m* à balais. *F:* **To lean on, to trust to, a broken reed,** s'appuyer sur un roseau. **He proved a broken reed,** (i) ce n'était qu'un roseau peint en fer; (ii) il nous a fait faux bond. (*b*) *Coll.* Chaume *m*, glui *m* (à couvrir les toits). **2.** *Poet:* Chalumeau *m*, pipeau *m*. **3.** *Mus:* (*a*) Anche *f* (de hautbois, de clarinette, etc.). **Free reed** (*of organ-pipe*), anche libre. **Beating reed, striking reed,** anche battante. *See also* PIPE[1] **2.** (*b*) (*In orchestra*) **The reeds,** les instruments *m* à anche. *See also* BAND[3] **2.** **4.** *For:* Couche annuelle (d'un tronc d'arbre). **5.** *Tex:* Peigne *m* (de métier à tisser); ros *m*, rot *m*. **6.** *pl.* **Reeds,** *Arch:* roseaux, rudentures *f*; *Join:* baguettes *f*. **7.** *Physiol:* Caillette *f* (d'un ruminant).

'reed-babbler, *s.* *Orn.* = REED-WARBLER.

'reed-bed, *s.* Roselière *f*.

'reed-bunting, *s.* *Orn:* Bruant *m* des roseaux; *F:* rousserolle *f*, coqueluche *f*.

'reed-horn, *s.* *Aut:* Cornet *m* à anche.

'reed-mace, *s.* *Bot:* Massette *f*; roseau *m* des étangs; quenouille *f*.

'reed-marked, *a.* *Tex:* (Étoffe *f*) à chaîne irrégulière.

'reed-organ, *s.* *Mus:* Harmonium *m*.

'reed-pheasant, *s.* *Orn:* Mésange *f* à moustache.

'reed-sparrow, *s.* = REED-BUNTING.

'reed-stop, *s* *Organ:* Jeu *m* d'anches.

'reed-warbler, -wren, *s.* *Orn:* Fauvette riveraine; effarvate *f*; bec-fin *m* des roseaux, *pl.* becs-fins; petite rousserolle.

reed[2], *v.tr.* **1.** Couvrir (un toit) de chaume. **2.** *Mus:* Mettre une anche à (un instrument). **3.** *Tex:* Piquer (les fils de la trame) en peigne. **4.** *Arch:* Orner (qch.) de roseaux, de rudentures, de cannelures rudentées. *Join:* Orner (un meuble) de baguettes.

reeded, *a.* **1.** = REEDY. **2.** (Toit) couvert de chaume. **3.** *Mus:* (Instrument) à anche. **4.** Agrémenté de roseaux, de cannelures rudentées, de baguettes.

reeding, *s.* **1.** (*a*) Recouvrement *m* (d'un toit) en chaume. (*b*) *Tex:* Piquage *m* en peigne. **2.** *Coll.* *Arch:* Roseaux *mpl*; rudentures *fpl*. *Join:* Baguettes *fpl*.

'reeding-plane, *s.* *Tls:* Doucine *f* (à baguettes).

re-edify [ri:'edifai], *v.tr.* Réédifier; rebâtir.

re-edifying, *s.* Réédification *f*.

re-edit [ri:'edit], *v.tr.* Rééditer (d'anciens ouvrages); donner une nouvelle édition critique (d'un texte); publier (qch.) avec de nouvelles annotations.

re-editing, *s.* Réédition *f*.

reedling ['ri:dliŋ], *s.* **1.** *Orn:* Mésange *f* à moustache. **2.** = REED-BED.

re-educate [ri:'edjukeit], *v.tr.* *Med:* Rééduquer (les centres nerveux chez un paralytique, etc.).

re-education [ri:edju'keiʃ(ə)n], *s.* *Med:* Rééducation *f* (d'un paralytique, etc.).

reedy ['ri:di], *a.* **1.** (*a*) Abondant en roseaux; plein de roseaux; couvert de roseaux. (*b*) *A:* (Pipeau *m*, lit *m*, etc.) de roseaux. **2.** (*a*) *R. voice,* voix flûtée; voix ténue. (*b*) *The r. oboe,* le hautbois nasillard. **3.** (*Of pers.*) Grêle, mince (comme un roseau).

reef[1] [ri:f], *s.* *Nau:* Ris *m*. **To take in a reef,** (i) prendre un ris; (ii) *F:* réduire son train de maison; (iii) *F:* agir avec circonspection; veiller au grain. (iv) *F:* *She has had to take in a r. in her dress,* il lui a fallu rentrer une couture à sa robe, rétrécir sa robe. **To let out, shake out, a reef,** larguer un ris. *P:* **To let out a reef,** relâcher sa ceinture, défaire un bouton (après un gueuleton); se mettre à l'aise. *See also* CLOSE-REEF, PENDANT[1] **2.**

'reef-band, *s.* Bande *f* de ris.

'reef-cringle, *s.* Patte *f* de ris.

'reef-earing, *s.* Raban *m* de ris.

'reef-knot, *s.* Nœud plat, nœud droit.

'reef-line, *s.* Cartahu *m* d'empointure; hanet *m*, passeresse *f*.

'reef-point, *s.* Garcette *f* de ris.

'reef-tackle, *s.* Palanquin *m*.

reef², *v.tr.* *Nau:* **1.** To reef a sail, prendre un ris ou des ris dans une voile. *To r. the sails*, prendre les ris. **2.** (*a*) Rentrer (le beaupré, le mât de hune). (*b*) (*Of paddle-boat*) **To reef the paddles**, rentrer, raccourcir, les aubes (quand le navire est lourdement chargé).

reefed, *a.* (Voile *f*) à ris. **Double-reefed**, avec deux ris. *See also* CLOSE-REEFED.

reefing, *s.* Prise *f* de ris.

'reefing-jacket, *s.* = REEFER 2.

reef³, *s.* **1.** Récif *m*, banc *m*, chaussée *f*; pâté *m* de roches (à fleur d'eau). **Coral reef**, récif de corail; récif corallien; caye *f*. **Fringing reef**, récif frangeant; récif en bordure. **Submerged reef**, récif sous-marin; écueil *m*, brisant *m*. *See also* AWASH 1, BARRIER¹, LAGOON-REEF, SADDLE-REEF. **2.** *Gold-min:* Filon *m* de quartz aurifère; reef *m*. **Reef-claim**, concession *f* aurifère.

reefer ['ri:fər], *s.* *Nau:* **1.** (*Pers.*) (*a*) Cargueur *m*. (*b*) *F:* Aspirant *m* de marine; midshipman *m*. **2.** Veste *f* quartier-maître; forte vareuse.

reek¹ [ri:k], *s.* **1.** *Lit.* & *Scot:* (*a*) Fumée *f*. *See also* PEAT-REEK. (*b*) Vapeur *f*, exhalaison *f*; (*on window-pane, etc.*) buée *f*. **2.** (*a*) Odeur forte, âcre. *The lion r.*, l'odeur des fauves. *R. of tobacco*, (i) odeur âcre du tabac; (ii) relent *m* de tabac. (*b*) Atmosphère nauséabonde, fétide.

reek², *v.i.* **1.** *Scot:* (*Of something burning, of chimney*) Fumer. **2.** *Lit:* Exhaler des vapeurs; fumer. *Horse reeking with sweat*, cheval fumant de sueur. *Hands still reeking with blood*, mains encore fumantes de sang. (*Of street, etc.*) **To reek with crime**, exhaler, suer, le crime. **3.** Sentir mauvais; exhaler une mauvaise odeur, une odeur nauséabonde. *To r. of garlic*, empester l'ail; dégager une odeur d'ail. *To r. of alcohol*, empester l'alcool. *His breath reeked of wine*, il puait le vin à pleine bouche. *This room is reeking of tobacco*, ça empoisonne le tabac ici; cette salle sent le tabac à plein nez.

reeking, *a.* **1.** Fumant. **2.** Empestant, puant.

Reekie ['ri:ki], *s.* *Scot:* (= *reeky*) **Auld Reekie**, la vieille Enfumée; Édimbourg.

reeky ['ri:ki], *a.* **1.** Qui exhale des vapeurs. **2.** (Nuage) de fumée. **3.** (*a*) Enfumé, fumeux. (*b*) Noirci de fumée.

reel¹ [ri:l], *s.* **1.** *Tex:* *etc:* Dévidoir *m*, bobine *f*, tournette *f*; touret *m* (pour câbles, cordages); moulinet *m* (pour fils métalliques). *Ropem:* Caret *m* (de corderie). **2.** *Fish:* Moulinet, rouet *m* (de canne à pêche). *Nau:* Log-reel, tour *m*, touret, de loch. *F:* (**Straight**) **off the reel**, de suite, d'arrache-pied, (tout) d'une traite, d'affilée; sans interruption, sans s'arrêter. **3.** *Needlew:* Bobine (de coton, de soie). *Typ:* *etc:* Bobine (de papier). **Paper in reels**, papier continu. *Cin:* **Film reel**, (i) bobine; (ii) bande *f*, rouleau *m*, de film; *F:* galette *f*. *Upper r.*, *top r.*, bobine débitrice, dérouleuse. *Lower r.*, *take-up r.*, bobine enrouleuse, réceptrice. *See also* NEWS 2. **4.** *Paperm:* **Entering-reel**, rouleau d'entrée. **Delivery-reel**, rouleau de sortie. **5.** *Mill:* **Bolting-reel**, bluterie *f*, blutoir *m*.

'reel-boy, -girl, *s.* *Tex:* = REELING-BOY, -GIRL.

'reel-holder, -stand, *s.* Porte-bobines *m inv*.

reel². **1.** *v.tr.* (*a*) *Tex:* *etc:* Dévider ou bobiner (le fil, etc.). **To reel off cocoon silk**, dévider la soie des cocons. *F:* **To reel off verses, a list**, débiter avec facilité, réciter d'un trait, *P:* dégoiser, des vers, une liste. (*b*) *Nau:* **To reel in, to reel up, the log-line**, remonter la ligne de loch. **To reel in a fish**, remonter un poisson. **2.** *v.i.* (*Of grasshopper*) Crier, chanter, grésiller.

reeling¹, *s.* *Tex:* *etc:* Dévidage *m*, bobinage *m*.

'reeling-apparatus, -machine, *s.* Bobineuse *f*.

'reeling-boy, *s.m.*, **-girl**, *s.f.* *Tex:* Bobineur, -euse.

reel³, *s.* Titubation *f*, chancellement *m*.

reel⁴, *v.i.* **1.** Tournoyer. **To make s.o.'s senses reel**, donner le vertige à qn. *My head reels*, la tête me tourne. *His mind, brain, reeled at the thought*, cette pensée lui donnait le vertige. **2.** (*a*) Chanceler; (*of drunken man*) tituber; (*of building*) s'ébranler. **To reel to and fro** *like a drunken man*, marcher en titubant, vaciller en marchant, aller en zigzag, comme un homme ivre. **He reeled out, back**, il sortit, il recula, en chancelant. *To go reeling down the street*, descendre la rue en titubant; *F:* faire des embardées dans la rue. *The front rank reeled under the shock*, le premier rang plia sous le choc. *The ship reeled under the force of the wave*, le navire s'ébranla, s'abattit, sous le coup de la vague. *The Empire was reeling to its foundations*, l'Empire était ébranlé jusque dans ses fondations; l'Empire croulait. (*b*) *The whole room reeled before my eyes*, toute la salle tournoyait autour de moi.

reeling², *a.* **1.** (*a*) Tournoyant; (tête) qui tourne. (*b*) (Personne) qui chancelle, qui titube. *R. gait*, marche chancelante, titubante. **2.** (Coup, enivrement) qui fait chanceler.

reeling³, *s.* = REEL³.

reel⁵, *s.* Danse écossaise à quatre ou à huit (d'un mouvement très vif); branle écossais. *See also* FOURSOME 1, VIRGINIA 1.

reel⁶, *v.i.* Danser le *reel*.

re-elect [ri:i'lekt], *v.tr.* Réélire.

re-election [ri:i'lekʃ(ə)n], *s.* Réélection *f*.

reeler ['ri:lər], *s.* *Tex:* Dévideur, -euse. **Silk reeler**, tireur, -euse, de soie.

re-eligibility [ri:elidʒi'biliti], *s.* Rééligibilité *f*.

re-eligible [ri:'elidʒibl], *a.* Rééligible.

re-embark [ri:em'bɑ:rk]. **1.** *v.tr.* Rembarquer. **2.** *v.i.* (Se) rembarquer.

re-embarking, *s.* = RE-EMBARKATION.

re-embarkation [ri:embɑ:r'keiʃ(ə)n], *s.* Rembarquement *m* (de personnes, de marchandises).

re-embroider [ri:em'brɔidər], *v.tr.* Rebroder.

re-emerge [ri:i'mə:rdʒ], *v.i.* Ressortir, reparaître (à la surface de l'eau). *F:* *This question has re-emerged*, cette question revient sur l'eau.

re-enact [ri:e'nakt], *v.tr.* **1.** Remettre en vigueur, rétablir (une loi). **2.** Reconstituer, reproduire (une scène).

re-enactment [ri:e'naktmənt], *s.* **1.** Remise *f* en vigueur, rétablissement *m* (d'une loi). **2.** Reconstitution *f*, reproduction *f* (d'un crime, etc.).

re-enforce [ri:en'fɔ:rs], *v.tr.* **1.** *U.S:* = REINFORCE². **2.** (*a*) *To re-enforce a right*, faire valoir de nouveau un droit. (*b*) *To re-enforce a law*, remettre une loi en vigueur.

re-enforcement [ri:en'fɔ:rsmənt], *s.* *U.S:* = REINFORCEMENT.

re-engage [ri:en'ge:idʒ]. **1.** *v.tr.* (*a*) Rengager (des troupes); rengager, réintégrer (des employés); reprendre (un domestique). (*b*) *Mec.E:* Rengrener (une roue dentée, etc.). *Aut:* **To re-engage the clutch**, rembrayer. **2.** *v.i.* Se rengager.

re-engagement [ri:en'geidʒmənt], *s.* Rengagement *m*; nouvel engagement.

re-engine [ri:'endʒin], *v.tr.* Installer une nouvelle machine, de nouvelles machines, dans (un vapeur).

re-enlist [ri:en'list]. *Mil:* **1.** *v.tr.* Rengager (des troupes). **2.** *v.i.* Se rengager; *P:* repiquer au truc; rempiler.

re-enlistment [ri:en'listmənt], *s.* *Mil:* Rengagement *m*.

re-enter [ri:'entər]. **1.** *v.i.* (*a*) Rentrer. *Th:* **Re-enter Macbeth**, Macbeth rentre. (*b*) *Mus:* (*Of instrument*) Faire une rentrée, faire sa rentrée. (*c*) *To re-enter for an examination*, se présenter de nouveau à un examen; s'inscrire de nouveau pour un examen. **2.** *v.tr.* (*a*) Rentrer dans (un endroit). *He never re-entered that house*, il ne rentra jamais dans cette maison; il n'a jamais remis les pieds dans cette maison. **To re-enter an employment**, reprendre un emploi. (*b*) Réinscrire, inscrire de nouveau (*an item in an account*, un article sur un compte). (*c*) *Engr:* Revenir sur (un trait) avec le burin.

re-entering¹, *a.* = RE-ENTRANT 1.

re-entering², *s.* Rentrée *f*.

re-entrance [ri:'entrəns], *s.* *El.E:* Rentrée *f* (du fil de bobinage).

re-entrant [ri:'entrənt]. **1.** *a.* (*Of angle, curve*) Rentrant. **2.** *s.* *Fort:* Rentrant *m*.

re-entry [ri:'entri], *s.* **1.** Rentrée *f*. *Mus:* *Re-entry of an instrument*, rentrée d'un instrument. *Re-entry of the subject* (*in fugue*), reprise *f* du sujet. *Cards:* **Card of re-entry**, carte maîtresse. **2.** Réinscription *f*.

re-erect [ri:i'rekt], *v.tr.* **1.** Reconstruire; remonter (une machine). **2.** Dresser de nouveau (un mât, etc.).

re-erection [ri:i'rekʃ(ə)n], *s.* **1.** Reconstruction *f*; remontage *m* (d'un appareil). **2.** Remise *f* en place (d'un mât, d'un poteau).

re-establish [ri:es'tabliʃ], *v.tr.* **1.** Rétablir. *To re-establish a king on his throne*, rétablir un roi sur son trône. *To re-establish s.o. in his possessions*, réintégrer qn dans ses biens. *To re-establish s.o. in public esteem*, réhabiliter qn dans l'opinion. *To re-establish the king's authority*, restaurer l'autorité du roi. *To re-establish a firm's credit*, raffermir le crédit d'une maison. *Com:* *To re-establish one's affairs*, se refaire; *F:* revenir sur l'eau. *Mil:* *To re-establish one's line*, redresser la ligne. **2.** *To re-establish* **one's health**, se rétablir. *I am now re-established*, me voilà rétabli.

re-establishing, *s.* = RE-ESTABLISHMENT.

re-establishment [ri:es'tabliʃmənt], *s.* **1.** Rétablissement *m*; relèvement *m* (de sa fortune, etc.); réintégration *f* (*in*, dans). *Mil:* Redressement *m* (de la ligne). **2.** Rétablissement (de la santé).

reeve¹ [ri:v], *s.* **1.** *Hist:* Premier magistrat (d'une ville, d'une région). **2.** *A:* Bailli *m*, intendant *m*. *See also* FEN-REEVE. **3.** (*In Canada*) Président *m* (d'un conseil municipal).

reeve², *s.* *Orn:* Combattant *m* femelle.

reeve³, *v.tr.* (*p.t.* rove [rouv]; *p.p.* **reeved, rove, roven** [rouvn]) *Nau:* **1.** **To reeve a rope**, passer un cordage (*through a block*, dans une poulie). *To r. a tackle*, passer les garants d'un palan. **To reeve a rope to, around, a yard**, capeler un cordage sur une vergue, autour d'une vergue. **2.** (*Of ship*) **To reeve the shoals**, se frayer un chemin à travers les bas-fonds.

reeving, *s.* Passage *m* (d'un cordage). *See also* LINE² 1.

re-examination [ri:egzami'neiʃ(ə)n], *s.* **1.** Nouvel examen. **2.** *Jur:* Nouvel interrogatoire (du témoin par la partie qui l'a fait citer) après l'interrogatoire contradictoire.

re-examine [ri:eg'zamin], *v.tr.* **1.** (*a*) Examiner (qn, qch.) de nouveau. (*b*) = REVISE² 2. **2.** *Jur:* Interroger de nouveau (un témoin que l'on a fait citer) après l'interrogatoire contradictoire.

re-exchange [ri:eks'tʃeindʒ], *s.* **1.** Nouvel échange. **2.** *Com:* (*a*) Rechange *m* (d'une lettre de change). (*b*) Retraite *f*.

re-export¹ [ri:'ekspɔ:rt], *s.* Réexportation *f*. **Re-export trade**, commerce *m* intermédiaire.

re-export² [ri:eks'pɔ:rt], *v.tr.* Réexporter.

re-exportation [ri:ekspɔ:r'teiʃ(ə)n], *s.* Réexportation *f*.

reface [ri:'feis], *v.tr.* **1.** (*a*) Revêtir de nouveau, réparer, remaçonner (un mur). (*b*) Mettre de nouveaux revers à (un smoking, etc.). **2.** *I.C.E:* *etc:* *To r. the valves*, rectifier le siège des soupapes (à la fraise, etc.).

refashion [ri:'faʃ(ə)n], *v.tr.* Refaçonner.

refashioning, *s.* Refaçon *f*.

refasten [ri:'fɑ:sn], *v.tr.* Rattacher; ragrafer.

refection [ri'fekʃ(ə)n], *s.* Rafraîchissement *m*. **1.** (*a*) Réfection *f* (des forces, de l'esprit). (*b*) Réparation *f* de forces par la nourriture; réfection. **2.** Repas léger; collation *f*, réfection.

refectory [ri'fektəri], *s.* Réfectoire *m*.

refer [ri'fə:r], *v.* (**referred**; **referring**) **1.** *v.tr.* (*a*) Rapporter, rattacher (un fait à une cause, un événement à une date); rattacher, rapporter (une plante à une famille); référer (une découverte à un explorateur, etc.). *To r. an upheaval to the ice-age*, faire remonter un soulèvement géologique à la période glaciaire. *To r. ill temper to indigestion*, attribuer, imputer, la mauvaise humeur à l'indigestion. (*b*) **To refer a matter to s.o.**, se, s'en, référer à qn d'une question; *Jur:* référer à qn d'une question. *To r. a request to s.o.*, soumettre une demande à qn. **To refer a question to s.o.'s decision**, to s.o.'s judgment, remettre une question, s'en rapporter, s'en remettre, à la décision de qn; s'en référer à qn, à l'avis de qn. *To r. a matter to a tribunal*, soumettre une affaire à un tribunal; renvoyer une affaire devant un tribunal; saisir un tribunal d'une affaire. *Let us r. the dispute to Socrates!* rapportons-nous-en dans cette discussion à Socrate! *A: I r. myself to your generosity, to your decision*, je m'en remets à votre générosité, à votre décision. (*c*) To refer s.o. to s.o., renvoyer, adresser, qn à qn. To refer a reader to a work, renvoyer un lecteur à un ouvrage. 'The reader is referred to . . .,' "se reporter à. . . ." *I referred him to the secretary*, je l'ai renvoyé au secrétaire. *I have been referred to you*, on m'a recommandé de m'en adresser à vous. *If they come I shall r. them to you*, s'ils viennent je vous les renverrai. (*Of bank*) To refer a cheque to drawer, refuser d'honorer un chèque (faute de provision). 'Referred to drawer,' "voir le tireur." (*d*) *Sch:* Ajourner (un candidat). **2.** *v.i.* (*a*) To refer to an authority, s'en rapporter à, se reporter à, se référer à, une autorité; consulter une autorité. *I shall have to r. to the Board*, il faudra que je consulte le Conseil de direction. *To r. to a document*, se reporter à un document. *To r. to a document as proof*, invoquer un document. *For my proof I r. to the passage quoted*, pour la preuve je m'en rapporte au passage cité. *He referred to his watch for the exact time*, il consulta sa montre pour savoir l'heure exacte. *Com:* Referring to . . ., nous référant à. . . . *Referring to your letter* . . ., comme suite à votre lettre. . . . (*b*) (*Of statement, etc.*) To refer to sth., se rapporter, avoir rapport, avoir trait, à qch. *This remark refers to you*, cette remarque est à votre adresse. (*c*) (*Of pers.*) Faire allusion à (qn); viser (qn). *I r. to you*, c'est de vous que je parle. *I am not referring to you*, je ne veux pas parler de vous; ce n'est pas à vous que j'en ai. *Whom are you referring to? F: who are you referring to?* à qui s'applique cette remarque? à qui en avez-vous? (*d*) (*Of pers.*) *To r. to a fact*, faire mention d'un fait; signaler un fait. *The States referred to in this article*, les États visés dans l'article. *Referred to as* . . ., désigné sous le nom de. . . . *He never refers to it*, il n'en parle jamais. *We will not r. to it again*, n'en reparlons plus.

referring, *s.* (*a*) Référence *f* (de qch. à une autorité); rattachement *m* (d'un fait à une cause). (*b*) Renvoi *m* (d'une affaire devant le tribunal, etc.). (*c*) *Sch:* Ajournement *m* (d'un candidat).

referable ['refərəbl], *a.* (*a*) Qu'on peut rapporter, attribuer, référer (*to*, à). *Bodily defects r. to spiritual vices*, tares *f* organiques qui relèvent de vices spirituels. (*b*) *Pottery r. to the bronze age*, poteries que l'on peut faire remonter à l'âge de bronze.

referee[1] [refə'riː], *s.* **1.** (*a*) *Sp:* Arbitre *m.* (*b*) *Jur:* Arbitre rapporteur; arbitre expert; compromissaire *m*; (*deciding between arbitrators*) tiers arbitre. Board of referees, commission arbitrale. **2.** Répondant *m. Com:* Referee in case of need, recommandataire *m*, besoin *m*, donneur *m* d'aval; avaliste *m.*

referee[2], *v.i.* & *tr.* (*p.p.* refereed) *Sp:* Remplir les fonctions d'arbitre. To referee (at) a match, arbitrer un match. *Will you r.* (*the match*)? voulez-vous être arbitre?

refereeing, *s.* Arbitrage *m.*

reference ['refərəns], *s.* **1.** (*a*) Renvoi *m*, référence *f* (d'une question à une autorité, etc.). *He acted without r. to me*, il a agi sans me consulter. (*b*) Renvoi *m* (d'une affaire) devant arbitre; *esp.* renvoi devant la Cour de la Chancellerie. (*c*) Compétence *f*, pouvoirs *mpl* (d'un tribunal). Terms of reference *of a commission*, order of reference, délimitation *f* des pouvoirs d'une commission; mandat *m*, attributions *fpl*, d'une commission. *It is outside the r. of the commission*, c'est hors de la compétence, hors des attributions, de la commission. *Under its term of r. the commission was instructed to* . . ., aux termes des instructions qui lui avaient été données, la commission était chargée de. . . . **2.** *R. of a fact to its cause*, attribution *f* d'un fait à sa cause. **3.** (*a*) *R. to the samples submitted will prove that* . . ., si vous vous reportez aux échantillons soumis vous constaterez que. . . . With reference to *my letter of the 20th inst.* . . ., me référant à, comme suite à, ma lettre du 20 ct. . . . *With r. to nothing at all he asked me* . . ., à propos de bottes il m'a demandé. . . . *See also* FURTHER[1] II. 2. *Mth:* *To determine the position of a point by r. to two axes*, déterminer la position d'un point en le rapportant à deux axes. *See also* FRAME[1] 2. *Phot:* Reference plate, plaque *f* témoin. Reference solution, solution *f* témoin. *Surv: etc:* Reference mark, repère *m. See also* MARK[1] 6. *Nau:* Reference position, point *m*, position *f*, de référence. *Ind:* Reference gauge, calibre *m* étalon. *See also* SAMPLE[1]. (*b*) Consultation *f* (*to a book*, d'un livre). *Card index* of easy reference, fichier *m* aisément consultable. Reference work, work of reference, ouvrage *m* à consulter, ouvrage de référence. *See also* LIBRARY 1. **4.** Rapport *m.* To have reference to sth., avoir rapport, avoir trait, se rapporter, à qch. *Success seems to have very little r. to merit*, le succès semble avoir très peu de rapport avec le mérite. In reference, with reference, to your letter . . ., en ce qui concerne votre lettre . . .; relativement à votre lettre. . . . Without reference to . . ., (i) sans égard pour, indépendamment de . . .; (ii) sans tenir compte de. . . . **5** Allusion *f* (*to*, à), mention *f* (*to*, de). To make reference to a fact, faire mention d'un fait, signaler un fait. (*A*) *r. was made to this conversation*, on a fait mention de, on a fait allusion à, on a parlé de, cette conversation. *Another matter to which r. must be made is* . . ., une autre affaire dont il convient de parler, c'est. . . . *If any r. is made to me* . . ., si on parle de moi. . . . *Flattering r. was made to your help*, on a parlé de votre collaboration en termes flatteurs. **6.** Renvoi (dans un livre). *List of references* (*to a diagram*), légende *f. To put down references on a map*, coter une carte. (*On map*) Reference point, point coté. Reference square, carreau-module *m*, *pl.* carreaux-modules. Reference Bible, Bible *f* avec parallèles. *Adm: Com:* (*At head of letter*) Reference AB, rappeler dans la réponse AB; mention AB. *Typ:* Reference (mark), renvoi, appel *m.* Foot-note reference, appel de note. Reference letter, lettrine *f. See also* CROSS-REFERENCE[1], NUMBER[1] 3. **7.** (*a*) Renseignements *mpl*; référence *f* (de domestique, d'employé). *To give a r. concerning* . . ., fournir des renseignements sur. . . . *To go for a r. to s.o.*, aller se renseigner auprès de qn. *Com: etc:* To take up s.o.'s references, prendre des renseignements sur qn. *To give s.o. a r. to one's last employer*, donner à qn le nom de son dernier employeur comme référence. *To engage a servant without references*, engager un domestique sans renseignements, sans références. *To have good references*, avoir de bonnes références, de bonnes recommandations. (*b*) (*Pers.*) Référence; *Jur:* répondant *m. Who are your references?* quelles sont vos références, les personnes que vous pouvez donner en référence? *To give s.o. as a r.*, se recommander de qn. *You may use my name as r.*, vous pouvez vous réclamer de moi; vous pouvez donner mon nom comme référence.

referendary [refə'rendəri], *s.* Référendaire *m. Fr.Hist:* Great Referendary, Grand Référendaire (du Sénat impérial).

referendum [refə'rendəm], *s. Pol:* Referendum *m*; plébiscite *m.*

re-figure [riː'figər], *v.tr.* Recalculer (qch.).

refile [riː'fail], *v.tr.* Raviver (une surface) à la lime.

refill[1] ['riːfil], *s.* Objet *m* de remplacement, de rechange; pile *f* ou batterie *f* de rechange (pour lampe de poche électrique); mine *f* de rechange (pour porte-mine); feuilles *fpl* de rechange (pour carnet à feuilles mobiles); godet *m* de rechange (pour poudrier); ampoule *f* de rechange (pour bouteille isolante); etc., etc.

refill[2] [riː'fil]. **1.** *v.tr.* (*a*) Remplir (qch.) (à nouveau); regarnir (sa poche, sa bourse). *To r. the tanks with water*, regarnir les réservoirs d'eau. *To r. an oxygen cylinder*, recharger une bouteille d'oxygène. *I refilled his glass*, je remplis son verre; je lui versai une nouvelle rasade. (*b*) *Abs. Aut: etc:* Faire le plein (d'essence, etc.). **2.** *v.i.* Se remplir à nouveau.

refilling, *s.* Nouveau remplissage; rechargement *m. Aut:* Refilling station, ravitaillement *m*; relais *m* d'essence. *Mil:* Refilling point, centre *m* de ravitaillement.

refine [ri'fain]. **1.** *v.tr.* (*a*) Raffiner, affiner (les métaux); purger (l'or); raffiner (le sucre); raffiner, épurer (le pétrole); subtiliser (une substance). *To r. cast iron*, raffiner, mazer, la fonte. *To r. pig-iron*, blanchir la fonte en gueuses. (*b*) Raffiner (les plaisirs, les goûts, la langue); épurer, purifier (les mœurs). **2.** *v.i.* (*a*) (*Of metals, sugar, etc.*) S'affiner, se raffiner, s'épurer. (*b*) (*Of taste, manners*) Se raffiner; (*of morals*) s'épurer, se purifier. (*c*) (*Of pers.*) Renchérir (*on, upon*, sur). *To r. upon a question*, subtiliser sur une question.

refined, *a.* **1.** (Or) fin, affiné; (pétrole) raffiné, épuré. **2.** (Goût, homme) raffiné; (goût) délicat; (homme) distingué, cultivé.

refining, *s.* **1.** Affinage *m*, raffinage *m*, affinement *m* (des métaux); affinage, finage *m*, mazéage *m* (de la fonte); blanchiment *m* (de la fonte en gueuses); raffinage (du sucre); raffinage, épuration *f* (des huiles). *Ind:* Refining furnace, four *m* d'affinage, à affiner; *Metall:* finerie *f*, renardière *f.* Refining works, affinerie *f. Metall:* Refining point *of a metal*, point *m* de transformation d'un métal. **2.** Raffinement *m* (des goûts); purification *f* (des mœurs).

refinement [ri'fainmənt], *s.* **1.** Affinage *m* (des métaux); raffinage *m* (du sucre); raffinage, épuration *f* (des huiles). **2.** Raffinement *m* (du goût, de qn); pureté *f* (des mœurs). *A person of r.*, un(e) raffiné(e); un(e) délicat(e). *To acquire r.*, se raffiner. *Lack of r.*, vulgarité *f.* **3.** (*a*) Raffinement, subtilité *f* (de la pensée). *R. of cruelty*, raffinement de cruauté. *To go into refinements*, entrer dans des subtilités. (*b*) *Wireless set with all the latest refinements*, poste *m* de radio avec les perfectionnements les plus récents.

refiner [ri'fainər], *s.* **1.** Raffineur *m* (de sucre); affineur *m* (de métaux). **2.** Personne *f* qui raffine (les goûts), qui épure (les mœurs); purificateur, -trice.

refinery [ri'fainəri], *s. Ind:* Affinerie *f*, raffinerie *f*; usine *f* d'affinage, de raffinage. Iron refinery, finerie *f*, mazerie *f*, renardière *f. See also* SUGAR-REFINERY.

refit[1] ['riːfit, riː'fit], *s.* **1.** *Nau:* (*a*) Radoub *m*, réparation *f.* (*b*) Réarmement *m*, refonte *f* (d'un vaisseau). **2.** Rajustement *m*; regarnissement *m* (d'une usine, etc.); remontage *m* (d'une arme à feu, des organes d'une machine); relevé *m* (des sabots d'un cheval).

refit[2] [riː'fit], *v.tr.* (refitted; refitting) Remettre en état de service. **1.** *Nau:* (i) Radouber, réparer; (ii) réarmer, refondre (un vaisseau). *Abs.* (*Of ship*) (i) Réparer ses avaries; entrer en radoub; (ii) réarmer. **2.** Rajuster (une machine, etc.). *To r. bearings*, remplacer des coussinets. *To r. valves*, roder des soupapes. **3.** Regarnir, remonter (une usine, etc.).

refitting, *s.* = REFIT[1].

refix [riː'fix], *v.tr.* Réassujettir.

re-flange [riː'flandʒ], *v.tr.* Reborder (un tuyau, etc.).

reflation [riː'fleiʃ(ə)n], *s. Pol.Ec:* Nouvelle inflation (fiduciaire).

reflect [ri'flekt]. **1.** *v.tr.* (*a*) (*Of surface*) Réfléchir (la lumière, le son, une image); renvoyer (la chaleur, la lumière); refléter (la lumière, la couleur); répéter (une image). *To be reflected*, se réfléchir. *Trees reflected in the water*, arbres qui se reflètent dans l'eau. *The literature of a people does but r. its manners*, la littérature d'un peuple n'est que le reflet de ses mœurs. (*b*) Action that reflects credit on s.o., action *f* qui fait honneur à qn. *To r. discredit on s.o.*, faire retomber, faire rejaillir, la honte sur qn; nuire à la réputation de qn. *Your glory will be reflected upon your children*, votre gloire rejaillira, se reflétera, sur vos enfants. **2.** *v.i.* (*a*) Méditer (*on, upon*, sur); réfléchir (à, sur). To reflect that . . ., penser, se dire, que. . . . *He never reflected that she might not be at home*, il ne fit pas cette réflexion qu'elle pourrait être absente. *To r. how, why* . . ., se demander comment, pourquoi. . . . *I never reflected whether it was possible*, je ne me suis pas demandé si c'était possible. (*b*) To reflect on s.o., adresser une critique, un reproche, à qn; critiquer, blâmer, censurer, qn. To reflect on s.o.'s honour, porter atteinte à, élever des doutes sur, l'honneur de qn. (*c*) (*Of action, etc.*) Faire du tort (*on s.o.*, à qn); nuire (à qn); nuire à la réputation de (qn). *His rudeness reflects only on himself*, sa grossièreté ne fait de tort qu'à lui-même.

reflected, *a.* **1.** *Ph: etc:* Réfléchi. **Reflected wave**, onde réfléchie. **2.** *Bot:* Réfléchi. **3.** *The father enjoyed the son's r. glory*, la gloire du fils rejaillissait sur le père.

reflecting[1], *a.* **1.** (Miroir, etc.) réflecteur *m*, catoptrique. *R. surface*, surface réfléchissante. *R. view-finder*, viseur obscur, à chambre noire. *See also* TELESCOPE[1]. **2.** (Homme, esprit) réfléchi.

reflecting[2], *s.* **1.** Réfléchissement *m*, réflexion *f*, renvoi *m* (de la lumière). **2.** Réflexions (*on sth.*, sur qch.). **3.** Blâme *m*, censure *f* (*on s.o.*, de qn).

reflection [ri'flekʃ(ə)n], *s.* **1.** (*a*) Réfléchissement *m*, réflexion *f* (de la lumière, d'un son, d'une image); réverbération *f* (de la lumière). *See also* REFLEXION. (*b*) **Point of reflection of a curve**, point *m* de rebroussement (d'une courbe). **2.** Réflexion, reflet *m*, image *f*. *The r. of the trees in the water*, le reflet des arbres dans l'eau. *To see one's r. in a mirror*, voir son image dans un miroir. *His fame is but a pale r. of that of his father*, sa réputation n'est qu'un pâle reflet de celle de son père. **3.** (*a*) Censure *f*, blâme *m* (*on*, de). **To cast reflections on s.o.**, censurer, critiquer, blâmer, qn. (*b*) *This is a r. on your honour*, c'est une atteinte à votre honneur. **4.** (*a*) *The faculty of r.*, la faculté de réflexion. (*b*) **On reflection**, en y réfléchissant; (toute) réflexion faite; à la réflexion. *On r. you will change your mind*, à la réflexion vous changerez d'avis. *To do sth. without due r., without sufficient r.*, faire qch. sans avoir suffisamment réfléchi; *F:* faire qch. à l'étourdie. *Danger that gives cause for r.*, péril qui donne à réfléchir. **5.** *pl.* **Reflections**, considérations *f*, pensées *f*. *Reflections on, upon, history*, considérations sur l'histoire.

reflective [ri'flektiv], *a.* **1.** (*Of surface*) Qui réfléchit; réflecteur (*no f.*); réfléchissant. *R. power*, pouvoir réfléchissant; pouvoir de réflexion. **2.** (*a*) (Homme, esprit) réfléchi. (*b*) (Facultés) de réflexion. **3.** *Gram:* = REFLEXIVE. **-ly**, *adv.* **1.** Avec réflexion; d'un air réfléchi. **2.** Indirectement; par ricochet.

reflectiveness [ri'flektivnəs], *s.* Caractère réfléchi.

reflector [ri'flektər], *s.* **1.** (*a*) Appareil *m* à surface réfléchissante; réflecteur *m*. **Parabolic reflector**, réflecteur parabolique. *El:* **Hole reflector**, réflecteur à charbon passant. *Cy:* **Red reflector**, cabochon *m* rouge. (*b*) = *reflecting telescope, q.v. under* TELESCOPE[1]. **2.** *Literature is a r. of the age*, une époque se reflète dans sa littérature.

reflex[1] ['ri:fleks], *s.* **1.** Reflet *m*. *His fame is but a pale r. of that of his father*, sa réputation n'est qu'un pâle reflet de celle de son père. **2.** *Physiol:* Réflexe *m*. *See also* CONDITIONED 2.

reflex[2], *a.* **1.** *Physiol:* (*Of movement, etc.*) Réflexe. **2.** (*Of influence, etc.*) Indirect. **3.** (*Of thoughts, etc.*) Introspectif. **4.** (*Of light, etc.*) Réfléchi, reflété, réflexe. **5.** *Bot:* Réfléchi. **6.** *Phot:* **Reflex camera**, appareil *m* reflex. **7.** *W.Tel:* **Reflex set**, poste monté en reflex.

reflexed [ri'flekst], *a.* (*a*) *Ph:* Réfléchi. (*b*) *Bot:* Réfléchi, recourbé.

reflexibility [rifleksi'biliti], *s.* *Ph:* Réflexibilité *f*.

reflexible [ri'fleksibl], *a.* (Rayon *m*) réflexible.

reflexion [ri'flekʃ(ə)n], *s.* = REFLECTION. *Esp. Opt:* **Angle of reflexion**, angle *m* de réflexion. **Total reflexion**, réflexion totale. *The study of r.*, la catoptrique.

reflexive [ri'fleksiv], *a.* & *s.* *Gram:* (Verbe, pronom) réfléchi. **-ly**, *adv.* Au sens réfléchi.

refloat [ri:'flout], *v.tr.* **1.** Renflouer, afflouer, relever, (re)mettre à flot, déséchouer (un navire échoué). *Ship that can be refloated*, navire relevable. **2.** (*a*) Émettre de nouveau (un emprunt). (*b*) Remettre à flot (une entreprise, une société).

refloating, *s.* **1.** *Nau:* Renflouage *m*, afflouage *m*, mise *f* à flot, déséchouage *m*. **2.** (*a*) Nouvelle émission (d'un emprunt). (*b*) Remise à flot (d'une affaire).

reflorescence [ri:flɔ'res(ə)ns], *s.* Refleurissement *m*.

refluence ['refluəns], *s.* Refluement *m*, reflux *m*.

refluent ['refluənt], *a.* Qui reflue.

reflux ['ri:flʌks], *s.* **1.** Reflux *m*; refluement *m*. **Reflux valve**, soupape *f* de reflux. **2.** (*Tide*) Jusant *m*.

refoot [ri:'fut], *v.tr.* Rempiéter, renter (un bas); refaire le pied à (un bas).

reforest [ri:'fɔrest], *v.tr.* = REAFFOREST.

reforestation [ri:fɔres'teiʃ(ə)n], *s.* = REAFFORESTATION.

reforge [ri:'fɔ:rdʒ], *v.tr.* Reforger.

reform[1] [ri'fɔ:rm], *s.* **1.** Réforme *f* (d'un abus, du calendrier, etc.). *Hist:* **Reform Bill**, Bill *m* de réforme. **2.** Réforme, retour *m* au bien.

reform[2]. **1.** *v.tr.* (*a*) Réformer (une institution, un abus). *To r. an administration*, apporter des réformes à une administration. (*b*) Réformer, corriger (qn); ramener (qn) au bien. *To r. oneself*, se réformer, se corriger. **2.** *v.i.* Se réformer, se corriger; *F:* acheter une conduite.

reformed, *a.* **1.** *Rel.H:* (*Of church, religion*) Réformé. **2.** *He is a r. character*, il est venu à résipiscence; le diable s'est fait ermite.

reforming[1], *a.* Réformateur, -trice.

reforming[2], *s.* Réformation *f* (des abus, etc.).

re(-)form [ri:'fɔ:rm]. **1.** *v.tr.* Reformer (un bataillon, etc.). **2.** *v.i.* (*Of troops*) Se reformer.

reformable [ri'fɔ:rməbl], *a.* Réformable, corrigible.

reformation [refɔ:r'meiʃ(ə)n], *s.* **1.** Réformation *f*, réforme *f*. *Rel.H:* **The Reformation**, la Réforme, la Réformation. **2.** Changement *m* de conduite; retour *m* au bien.

re-formation [ri:fɔ:r'meiʃ(ə)n], *s.* Nouvelle formation (de troupes, etc.).

reformational [refɔ:r'meiʃən(ə)l], *a.* *Rel.H:* De la Réformation, de la Réforme.

reformative [ri'fɔ:rmətiv], *a.* = REFORMATORY 1.

reformatory [ri'fɔ:rmətəri]. **1.** *a.* (*a*) (Mesures *fpl*, etc.) de réforme. (*b*) **Reformatory settlement** *or* **school**, colonie *f* pénitentiaire. **2.** *s.* École *f* de réforme; maison *f* de correction, prison *f* pour jeunes détenus. *To send a boy to a r.*, envoyer un garçon en correction.

reformer [ri'fɔ:rmər], *s.* **1.** Réformateur, -trice. **2.** = REFORMIST.

reformist [ri'fɔ:rmist], *a.* & *s.* *Pol:* *Rel.H:* Réformiste (*m*); partisan (*m*) de la réforme ou de la Réforme.

reforwarding [ri:'fɔ:rwərdiŋ], *s.* Réexpédition *f* (de colis).

refract [ri'frakt], *v.tr.* *Ph:* Réfracter, briser (un rayon de lumière). *To be refracted*, se réfracter.

refracted, *a.* *Ph:* (Rayon) réfracté, dévié.

refracting, *a.* *Ph:* Réfringent, réfractif, réfractant, réfracteur *m*. **Double-refracting**, biréfringent. **Refracting angle**, angle réfringent (d'un prisme). *R. optical system*, dispositif *m* optique à réfraction. *See also* TELESCOPE[1].

refraction [ri'frakʃ(ə)n], *s.* *Ph:* *Opt:* Réfraction *f*. (*Of beam*) **To suffer refraction**, se réfracter. **Double refraction**, biréfringence *f*; double réfraction.

refractive [ri'fraktiv], *a.* Réfractif, réfringent. **Refractive index**, indice *m*, coefficient *m*, de réfraction. *R. power*, pouvoir réfractif; réfringence *f*. *R. optical system*, dispositif *m* optique à réfraction. **Doubly refractive**, biréfringent.

refractivity [rifrak'tiviti], *s.* Réfringence *f*.

refractometer [rifrak'tɔmetər], *s.* Réfractomètre *m*. **Immersion refractometer, dipping refractometer**, réfractomètre à immersion. **Parallax refractometer**, réfractomètre à parallaxe. *See also* INTERFERENCE 2.

refractor [ri'fraktər], *s.* *Opt:* **1.** (*a*) Milieu réfringent. (*b*) Dispositif réfringent, réfractif; lentille *f*, loupe *f*, etc. **2.** = *Refracting telescope, q.v. under* TELESCOPE[1].

refractoriness [ri'fraktərinəs], *s.* **1.** Indocilité *f*, insoumission *f*, mutinerie *f*, récalcitrance *f*, regimbement *m*. **2.** (*a*) *Ch:* *Miner:* *etc:* Nature *f* réfractaire. (*b*) *Med:* Opiniâtreté *f* (d'une toux, etc.).

refractory [ri'fraktəri], *a.* **1.** (*Of pers.*) Réfractaire, indocile, mutin, rebelle, récalcitrant, insoumis; *F:* (*of pers., mule*) regimbeur, -euse. **2.** *Ch:* *Miner:* Réfractaire, apyre, à l'épreuve du feu. *See also* ORE. **3.** *Med:* (Toux *f*, etc.) opiniâtre.

refrain[1] [ri'frein], *s.* *Pros:* *Mus:* Refrain *m*.

refrain[2]. **1.** *v.i.* Se retenir, s'abstenir (*from*, de). *To r. from doing sth.*, s'abstenir de faire qch. *He found it difficult to r. from tears*, il avait peine à retenir ses larmes, à se retenir de pleurer. *To r. from useless words*, se garder de paroles inutiles. *He could not r. from smiling*, il ne put s'empêcher, se défendre, de sourire. *He cannot r. from mentioning it*, il ne peut se passer d'en parler. *We have refrained from entering into further detail*, nous nous sommes interdit d'entrer dans d'autres détails. *It is impossible to r. from admiring this work*, on ne peut laisser d'admirer ce travail. **2.** *v.tr.* *A:* Refréner, retenir, contenir (ses passions); mettre un frein à (ses passions, etc.).

reframe [ri:'freim], *v.tr.* **1.** Encadrer de nouveau (un tableau); mettre un nouveau cadre à (un tableau). **2.** Façonner (qch.) à nouveau, refaire (qch.). **3.** Remanier (un projet de loi, une phrase, etc.).

refrangibility [rifrandʒi'biliti], *s.* *Ph:* *Opt:* Réfrangibilité *f*.

refrangible [ri'frandʒibl], *a.* *Ph:* *Opt:* Réfrangible.

refresh [ri'freʃ]. **1.** *v.tr.* (*a*) (*Of food, drink*) Rafraîchir (qn); (*of rest, recreation*) reposer, délasser, récréer, réconforter (qn). *To r. the eye, the mind*, reposer l'œil, l'esprit. **To refresh oneself**, se restaurer; se rafraîchir. *I feel refreshed after my meal*, le repas m'a remis, m'a défatigué, *F:* m'a ravigoté. *To awake refreshed*, s'éveiller bien reposé. *F:* **To refresh the inner man**, se refaire, se restaurer. (*b*) Rafraîchir (la mémoire). *To r. one's memory*, se dérouiller la mémoire. *To r. one's memory of, about, sth.*, se remettre qch. en mémoire; renouveler le souvenir de qch. (*c*) Ranimer (un feu éteint); recharger (un accumulateur). (*d*) Aviver (un angle, etc., *Surg:* les bords d'une plaie). (*e*) (*Of rain, etc.*) Rafraîchir (l'air). **2.** *v.i.* (*a*) Se rafraîchir, se reposer. (*b*) Se restaurer.

refreshing[1], *a.* Rafraîchissant; réparateur, -trice; délassant, qui repose; *F:* ravigotant. *R. sleep*, sommeil reposant, réparateur. *R. cup of tea*, tasse de thé ravigotante. *R. innocence*, aimable innocence *f*. *F:* **It was quite refreshing to hear him**, cela faisait du bien de l'entendre. **-ly**, *adv.* D'une manière qui vous fait du bien, qui repose, qui fait plaisir.

refreshing[2], *s.* **1.** Rafraîchissement *m*, délassement *m*. **2.** Avivement *m* (d'une plaie).

refresher [ri'freʃər], *s.* **1.** Personne *f* ou chose *f* qui rafraîchit. **2.** (*Food, drink*) Rafraîchissement *m*. *F:* *Let's have a r.*, on va boire quelque chose; on va s'humecter le gosier. **3.** Rafraîchissement (de la mémoire). *Sch:* **Refresher course**, cours *m* de rafraîchissement, d'entretien, de perfectionnement. **4.** *Jur:* Honoraires supplémentaires (payés au *barrister* en cas de prolongation de l'affaire).

refreshment [ri'freʃmənt], *s.* **1.** (*a*) Rafraîchissement *m*, délassement *m*, repos *m*. (*b*) **Refreshment for the inner man**, réfection *f*. *To have some refreshment*, se refaire; manger ou boire quelque chose; se désaltérer; se rafraîchir. *To order some r.*, commander à manger ou à boire. **Refreshment table**, buffet *m*. *Rail:* **Refreshment room**, buffet (de gare). *See also* CAR 3. *F:* **Refreshment Sunday**, le quatrième dimanche de carême. **2.** *pl.* **Refreshments**, rafraîchissements (servis au buffet, à une soirée, etc.).

refrigerant [ri'fridʒərənt]. **1.** *a.* & *s.* *Med:* Réfrigérant (*m*); *A:* réfrigératif (*m*). **2.** *s.* *Ind:* (*Freezing agent*) Réfrigérant; mélange *m* frigorifique.

refrigerate [ri'fridʒəreit]. **1.** *v.tr.* *Ind:* Réfrigérer, frigorifier, refroidir. **Refrigerated meat**, viande frigorifiée; *F:* frigo *m*. **2.** *v.i.* (Se) refroidir; se réfrigérer.

refrigerating[1], *a.* (*Of temperature, etc.*) Réfrigérant, frigorifique.

refrigerating[2], *s.* Réfrigération *f*, frigorification *f*. **The**

refrigerating industry, l'industrie *f* du froid. **Refrigerating plant,** appareil *m*, installation *f*, frigorifique. **Refrigerating machine,** machine *f* frigorifique; glacière *f* (frigorifique). **Refrigerating engineer,** frigoriste *m*.

refrigeration [rifridʒə'reiʃ(ə)n], *s*. Réfrigération *f*; frigorification *f* (de la viande). **The refrigeration industry,** l'industrie *f* du froid.

refrigerative [ri'fridʒərətiv], *a*. *Med: A:* Réfrigérant; *A:* réfrigératif.

refrigerator [ri'fridʒəreitər], *s*. (*a*) Machine *f* frigorifique; congélateur *m*. (*b*) Chambre *f* frigorifique; étuve froide; *Nau:* les frigorifiques *m*. **Refrigerator van, car,** wagon *m* frigorifique. (*c*) (**Cabinet-)refrigerator,** glacière *f* (frigorifique).

refrigeratory [ri'fridʒərətəri]. **1.** *s*. Réfrigérant *m* (d'alambic). **2.** *a*. Réfrigérant, frigorifique.

refringency [ri'frindʒənsi], *s*. *Ph:* Réfringence *f* (d'un cristal, etc.).

refringent [ri'frindʒənt], *a*. *Ph:* Réfringent.

reft [reft]. *See* REAVE.

refuel [riː'fjuəl], *v.i.* (**refuelled; refuelling**) *Nau: etc:* Se réapprovisionner, se ravitailler, en combustible; refaire sa provision de combustible. *Av:* Faire le plein d'essence.

refuelling, *s*. Ravitaillement *m* en combustible.

refuge[1] ['refjuːdʒ], *s*. **1.** (*a*) Refuge *m*, abri *m* (*from*, contre). **Place of refuge,** lieu *m* de refuge, d'asile. **House of refuge,** maison *f* de refuge; hospice *m*; refuge. **Haven, harbour, of refuge,** port *m* de refuge, de salut. *B:* **City of refuge,** ville *f* de refuge. **To seek refuge,** chercher refuge. **To take refuge,** se réfugier (dans une église, etc.). *To take r. in a dug-out,* se réfugier dans un abri-caverne. *To take r. in lying, behind a pretext,* se réfugier dans les mensonges; se retrancher derrière un prétexte. (*b*) *He is the r. of the distressed,* il est le refuge des affligés. *God is my r.,* Dieu est mon recours, mon refuge. **2.** (*a*) Lieu de refuge, d'asile. **Night refuge,** asile *m* de nuit. (*b*) (**Street-)refuge,** refuge.

'refuge-hole, *s*. *Min: etc:* Refuge *m*; niche *f* de refuge; abri *m*, retraite *f*, caponnière *f*.

refuge[2], *v. A:* **1.** *v.tr.* Donner un asile, un refuge, à (qn). **2.** *v.i.* Se réfugier.

refugee [refju'dʒiː], *s*. Réfugié, -ée.

refulgence [ri'fʌldʒəns], *s*. Splendeur *f*, éclat *m*.

refulgent [ri'fʌldʒənt], *a*. Resplendissant, éclatant. *F: R. smile,* sourire *m* qui illumine le visage.

refund[1] [ri'fʌnd], *s*. (*a*) Remboursement *m*. *Cust: To obtain a r. of the money deposited,* se faire rembourser le cautionnement versé. (*b*) Ristourne *f*. (*c*) Restitution *f* d'indu.

refund[2], *v.tr.* **1.** (*a*) Rembourser (de l'argent, un paiement) (*to s.o.*, à qn). *To r. the cost of postage,* rembourser les frais de port. *To have money refunded,* rencaisser de l'argent. (*b*) Ristourner (un paiement en trop); restituer (de l'argent). (*c*) *Abs.* Faire restitution d'indu; *F:* rendre gorge. **2. To refund s.o.,** rembourser qn.

refunding, *s*. Remboursement *m*. **Refunding loan,** emprunt *m* de remboursement.

refund[3] [riː'fʌnd], *v.tr.* Fonder de nouveau (une dette).

refundable [ri'fʌndəbl], *a*. Remboursable.

refundment [ri'fʌndmənt], *s*. Remboursement *m*.

refurbish [riː'fəːrbiʃ], *v.tr.* Refourbir; remettre à neuf.

refurnish [riː'fəːrniʃ], *v.tr.* **1.** Remeubler; meubler de neuf (un appartement); remonter (sa maison). **2.** Refournir.

refusable [ri'fjuːzəbl], *a*. Refusable.

refusal [ri'fjuːz(ə)l], *s*. **1.** (*a*) Refus *m*. *R. to stop,* refus de s'arrêter. *R. to obey an order,* refus d'obéissance à un ordre. **To give a flat refusal,** refuser (tout) net. **I will take no refusal,** je n'admets pas de refus. *See also* MEET[3] II. (*b*) *Com:* **Refusal of goods,** refus, non-acceptation *f*, de marchandises. (*c*) *Jur:* **Refusal of justice,** déni *m* de justice. **2.** Droit *m* de refuser; droit de préemption. **To have the refusal of sth.,** (i) avoir le droit d'accepter ou de refuser qch.; (ii) n'avoir qu'à dire le mot pour avoir qch. **To have the first refusal of sth.,** avoir la première offre de qch. *He has not had, has not been given, the r. of it,* ce n'est pas à son refus.

refuse[1] ['refjus]. **1.** *s*. Rebut *m* (de boucherie, etc.); déchets *mpl* (de carrière, de la nutrition, etc.); détritus *m* (de bâtiment, etc.); épluchures *fpl* (de légumes, etc.); ordures *fpl* (de marché, etc.). *Tex:* Coron *m* (de la laine). **Household refuse,** ordures ménagères. **Town refuse,** ordures de ville; résidus urbains; gadoues *fpl*. **Garden refuse,** balayures *fpl*, détritus, de jardin. *Ind:* **Screening refuse,** refus de crible. **Refuse bin,** boîte *f* à ordures ménagères; boîte aux ordures; baluchon *m*; (*in Fr.*) poubelle *f*. **Refuse dump** (*in town, village*), voirie *f*; terrain *m* de décharge. *See also* DESTRUCTOR **2.** **2.** *a*. De rebut. *Const: R. material,* détritus de matériaux. *For: R. wood,* bois *m* de déchet. *Ind:* **Refuse water,** eaux vannes.

refuse[2] [ri'fjuːz]. I. *v.tr.* **1.** Refuser (une offre, un don, un candidat, qn comme mari). *That is not to be refused,* cela n'est pas de refus. *He does not want what another has refused,* il ne veut pas du refus d'un autre. *To r. a hundred pounds for a picture,* refuser cent livres d'un tableau. **2.** (*a*) Rejeter, repousser (une requête). **To refuse s.o. sth.,** refuser qch. à qn. **To refuse obedience,** refuser obéissance; refuser d'obéir. *To r. s.o. satisfaction,* refuser de satisfaire qn. **To be refused sth.,** essuyer un refus. *The miners, refused a minimum wage, downed tools,* les mineurs, en se voyant refuser un salaire minimum, se mirent en grève. **He was refused a hearing,** on refusa de l'entendre. *I don't see how it can be refused them,* je ne vois pas comment on peut le leur refuser. *I have never been refused,* on ne m'a jamais rien refusé. *She refused to be seen home,* elle refusa l'offre qu'on lui fit de la reconduire. (*b*) **To refuse to do sth.,** refuser de faire qch.; se refuser, résister, à faire qch. *On his refusing to surrender . . .,* sur son refus de se rendre. . . . *To r. to listen,* détourner l'oreille, les oreilles. *To r. to admit that s.o. has any talent,* refuser tout talent à qn. *Abs. I asked him to come but he refused,* je l'ai prié de venir mais il a refusé. **3.** *Mil:* **To refuse a wing,** refuser l'aile. *Refused wing,* aile refusée. **4. Horse that refuses the fences,** cheval *m* qui refuse, qui se dérobe (devant les obstacles).

II. **refuse,** *v.i.* **1.** *Cards:* (*a*) (*At écarté*) Refuser (des cartes à qn). (*b*) *U.S:* Ne pas fournir (la couleur). **2.** *Equit:* (*Of horse*) *To r. at a fence,* refuser devant un obstacle. **3.** (*Of foundation pile, of bolt, etc.*) Refuser, refouler.

re-fuse [riː'fjuːz], *v.tr.* Refondre.

refuser [ri'fjuːzər], *s*. **1.** Refuseur, -euse; refusant, -ante. **2.** *Equit:* Cheval *m* qui refuse.

re-fusion [riː'fjuːʒ(ə)n], *s*. Refonte *f*.

refutable ['refjutəbl], *a*. Réfutable.

refutal [ri'fjuːt(ə)l], **refutation** [refju'teiʃ(ə)n], *s*. Réfutation *f* (d'un argument, etc.).

refute [ri'fjuːt], *v.tr.* **1.** Réfuter (une opinion, un argument). *To r. a statement,* démontrer la fausseté d'un dire. **2.** *To r. s.o., an author, a sophist,* réfuter qn, un auteur, un sophiste.

refuter [ri'fjuːtər], *s*. Réfutateur, -trice.

regain[1] [riː'gein], *s*. = REGAINMENT.

regain[2] [riː'gein, ri'gein], *v.tr.* **1.** Regagner, recouvrer, récupérer (de l'argent perdu); regagner (la confiance de qn). **To regain possession of . . .,** rentrer en possession, reprendre possession, de. . . . **To regain consciousness,** reprendre connaissance, revenir à soi; reprendre ses esprits, ses sens. *To r. one's freedom,* reconquérir, recouvrer, la liberté. **Paradise regained,** le Paradis reconquis. **To regain one's feet, one's footing,** reprendre pied. *To r. one's balance,* reprendre l'équilibre. *To r. strength,* reprendre des forces. *To go to the seaside to r. health,* aller à la mer pour se remonter. *Paris was regaining her normal appearance,* Paris retrouvait, reprenait, son aspect normal. *See also* CONTROL[1] **1.** **2.** Regagner (un endroit, la côte); rejoindre (qn).

regainable [ri'geinəbl, riː-], *a*. Recouvrable, regagnable.

regainment [ri'geinmənt], *s*. Récupération *f* (d'une perte); rentrée *f* en possession (d'un bien, etc.).

regal ['riːg(ə)l], *a*. Royal, -aux. (*a*) Qui appartient au roi. **The regal power,** l'autorité royale. (*b*) Digne d'un roi. **Regal magnificence,** magnificence royale; faste royal. **-ally,** *adv.* Royalement; en roi.

regale[1] [ri'geil]. **1.** *v.tr.* (*Of pers.*) Régaler (qn). **To regale s.o. with a cold collation, with a story,** régaler qn d'un repas froid, d'une anecdote. **To regale oneself with sth.,** se régaler de qch. *F:* **Flowers to regale our eyes,** des fleurs pour réjouir nos yeux. **2.** *v.i.* Se régaler (*with, on,* de).

regaling, *s*. Régalade *f*.

regale[2] [ri'geili], *s*. *Fr.Ecc.Hist:* Régale *f*.

regalia[1] [ri'geiliə], *s.pl.* **1.** (*a*) Insignes *m* de la royauté; joyaux *m* de la Couronne. **The Coronation regalia,** les honneurs *m*. (*b*) Insignes (de franc-maçon, etc.). *The mayor came first with all his r.,* le maire venait en premier avec tous les insignes de son office. **2.** *Hist:* Droits régaliens.

regalia[2], *s*. (Cigare *m*) régalia *m*.

regalian [ri'geiliən], *a*. *Hist:* Régalien.

regality [ri'galiti], *s*. **1.** Royauté *f*, souveraineté *f*. **2.** *pl. Hist:* **Regalities,** droits régaliens.

regard[1] [ri'gaːrd], *s*. **1.** *A. & Lit:* Regard *m*. *To turn one's r. on s.o.,* tourner ses regards sur qn. **2.** Égard *m*, point *m* (de vue). **In this regard,** à cet égard, à ce point de vue. *In my r.,* à mon égard. **With regard to . . .,** quant à . . .; concernant . . .; pour ce qui concerne . . .; pour ce qui regarde . . .; en ce qui se rattache à . . .; pour ce qui est de. . . . *Questions with r. to France,* questions relatives à la France. *Dispute with r. to a sale,* dispute *f* à l'occasion d'une vente. **In regard to, of . . .,** en ce qui concerne. . . . *Neutrality of a gas in r. to a metal,* neutralité *f* d'un gaz vis-à-vis d'un métal. **3.** Égard (*to, for,* à, pour); attention *f* (*to, for,* à); considération *f* (*to, for,* pour); souci *m* (*to, for,* de). *To act without r. to, for, decency,* agir sans (aucun) souci de la décence. *Sentence translated without r. to the context,* phrase traduite sans égard au contexte. *The next* **object of regard** *is . . .,* ce qui ensuite doit entrer en considération, c'est. . . . **To pay regard to . . .,** avoir égard à. . . . **To pay no regard to . . .,** ne faire aucune attention à. . . . *To have no r. for human life,* faire peu de cas de la vie humaine. *R. must be had, paid, to . . .,* on doit avoir égard à, faire attention à. . . . **Having regard to . . .,** si l'on tient compte de . . .; en raison de . . .; eu égard à. . . . *R. being had to the past, it is difficult to deny that . . .,* lorsqu'on tient compte du passé, on ne saurait nier que. . . . **4.** (*a*) Égard, respect *m*, estime *f*, déférence *f*. **To have great regard for s.o.,** avoir beaucoup d'estime pour qn; estimer beaucoup qn. **To hold s.o. in great regard,** tenir qn en haute estime. **To show regard for s.o.,** témoigner de l'estime, des égards, pour qn; traiter qn avec respect; se montrer plein de déférence pour qn. *To have a high r. for s.o.'s judgment,* avoir beaucoup de considération pour le jugement de qn. **Out of regard for s.o.,** par égard, par respect, par déférence, pour qn. (*b*) *pl.* **To send s.o. one's kind regards,** envoyer le bonjour à qn. *Give my kind regards to your brother,* faites mes amitiés à votre frère. *Give my very kindest regards to . . .,* faites toutes sortes d'amabilités de ma part à . . . . **With kind regards from . . .,** avec les sincères amitiés de. . . . *With kindest regards to your family,* mon souvenir le plus aimable à votre famille. *Kindest regards to all, to you and yours,* bien des choses chez vous; je vous envoie à tous mon meilleur souvenir, mes meilleures amitiés; mes compliments, mes civilités, à tous. *With kind regards from the author,* hommage de l'auteur.

regard[2], *v.tr.* **1.** *A. & Lit:* Regarder (*s.o., sth., fixedly,* qn, qch. fixement). **2.** Faire attention, prendre garde, à (qn, qch.). *To r. s.o.'s advice,* tenir compte des conseils de qn. *Thou shalt not r. persons, saith the Lord, A:* ne regarde point les personnes, dit le Seigneur. **3.** *To r. neither God nor man,* ne craindre ni Dieu ni homme. *I r. him so much that . . .,* j'ai tant de considération pour lui que. . . . **4.** (*a*) *Pred.* **To regard sth. as a crime,** regarder, considérer, qch. comme un crime. *To r. s.o. in the light of a national hero,* considérer qn comme un héro national. *To r. oneself as a hero,* se regarder comme un héros. *Please r. our communication as confidential,* veuillez bien considérer ces renseignements comme confidentiels. (*b*) *To r. sth. with horror,* regarder qch. avec horreur. *To r. sth. with suspicion,* avoir des soupçons au sujet de qch. **5.** (*Of thg*) Regarder, concerner. **That does not regard me,** cela ne me regarde pas. **As regards . . .; in so far as regards . . .,** pour ce qui regarde . . .; en ce qui concerne . . .; pour ce qui est de . . .; dans le domaine de . . .; quant à. . . . *As far as regards you,* en ce qui vous touche. *She is strict as regards discipline,* elle est sévère sur le chapitre de la discipline.

regarding, *prep.* A l'égard de; à l'endroit de; concernant; quant à. *R. your enquiry,* en ce qui concerne votre demande. *To entertain suspicions r. s.o.,* avoir des soupçons à l'endroit de qn. *What are his intentions r. you?* quelles sont ses intentions à votre endroit? *I have learnt nothing new r. this matter,* je n'ai rien appris de nouveau relativement à cette affaire. *Your letter r. your brother,* votre lettre *f* concernant votre frère. *Considerations r. peace,* considérations *f* qui regardent la paix, qui ont rapport à la paix.

regardant [ri'gɑːrdənt], *a. Her:* Regardant.

regardful [ri'gɑːrdful], *a.* **1.** Soigneux (*of,* de); attentif (*of,* à); qui prend garde (*of,* à). **2.** Plein d'égards (*of s.o.,* pour qn, envers qn). **-fully,** *adv.* **1.** Attentivement, avec soin. **2.** Avec beaucoup d'égards.

regardless [ri'gɑːrdləs], *a.* Peu soigneux (*of,* de); inattentif (*of,* à). *To do sth. r. of the consequences,* faire qch. sans se soucier, sans faire aucun cas, des conséquences. *R. of the future,* insouciant de l'avenir; sans se préoccuper de l'avenir. **Regardless of expense,** sans regarder à la dépense. *He is r. of expense,* il ne regarde pas à la dépense. *P:* **He was got up regardless,** il s'était mis sur son trente et un; il n'avait pas regardé à la dépense pour s'habiller. *He had done things r.,* il s'était fendu. **-ly,** *adv.* Avec insouciance, avec indifférence.

regardlessness [ri'gɑːrdləsnəs], *s.* Insouciance *f,* indifférence *f* (*of,* pour).

regarnish [riː'gɑːrniʃ], *v.tr.* Regarnir.

regatta [ri'gata], *s.* Régate(s) *f(pl).* *Rowing r., pulling r.,* régate à l'aviron. *Sailing r.,* régate à voiles; régates.

regelate ['riːdʒeleit], *v.i.* (*Of thawing snow*) Se regeler; (*of pieces of ice*) se souder entre eux.

regelation [riːdʒe'leiʃ(ə)n], *s.* Régélation *f,* regel *m.*

regency ['riːdʒənsi], *s.* Régence *f. Eng.Hist:* **The Regency,** la Régence de Georges IV (1810-20).

regenerate[1] [ri'dʒenəret], *a.* Régénéré.

regenerate[2] [ri'dʒenəreit]. **1.** *v.tr.* Régénérer ((i) un organe détruit, etc., (ii) le monde, etc.). **2.** *v.i.* (*a*) (*Of lobster's claw, etc.*) Se régénérer, se reproduire. (*b*) (*Of society, etc.*) Se régénérer, s'améliorer.

regenerating, *a.* **1.** Régénérateur, -trice; régénératif. **2.** *Tchn:* **Regenerating furnace,** four *m* (à) régénérateur; four à récupérateur; régénérateur *m.* **Regenerating chamber,** chambre *f* de récupération. **Regenerating plant,** régénérateur. *El.Rail:* **Regenerating braking,** freinage *m* par récupération.

regeneration [ridʒenə'reiʃ(ə)n], *s.* (*a*) Régénération *f.* (*b*) Épuration *f* (d'huiles de graissage, etc.).

regenerative [ri'dʒenərətiv], *a.* = REGENERATING.

regenerator [ri'dʒenəreitər], *s.* **1.** (*Pers.*) Régénérateur, -trice. **2.** *Ind:* (*Apparatus*) Régénérateur *m,* récupérateur *m.*

regent ['riːdʒənt]. **1.** *a. & s.* Régent, -ente. **Prince regent,** prince régent. *Hist:* **The Regent Murray,** le régent Murray. **2.** *s. Sch: U.S:* Membre *m* du conseil d'administration (d'une université, etc.).

regerminate [riː'dʒəːrmineit], *v.i.* Germer de nouveau.

regicidal [redʒi'said(ə)l], *a.* Régicide.

regicide[1] ['redʒisaid], *s. & a.* Régicide (*m*). *Eng. & Fr.Hist:* **The regicides,** les régicides.

regicide[2], *s.* (Crime *m* de) régicide *m.*

regild [riː'gild], *v.tr.* (*Conj. like* GILD) Redorer.

Regillus [re'dʒiləs]. *Pr.n. A.Geog:* **Lake Regillus,** le lac Régille.

régime, regime [re'ʒiːm], *s.* **1.** Régime *m*; forme *f* de gouvernement, d'administration. *Fr.Hist:* **The old regime,** l'ancien régime. *To establish a new industrial r.,* établir un nouveau régime industriel. **2.** *Hyd.E:* **Regime of a watercourse,** régime d'un cours d'eau.

regimen ['redʒimen], *s. Gram: Med: etc:* Régime *m.*

regiment[1] ['redʒimənt], *s.* **1.** *Mil:* Régiment *m. F: Regiments of voluntary helpers,* des légions *f,* une armée, d'aides volontaires. **2.** *A:* Régime *m,* gouvernement *m.* **The regiment of women,** le gouvernement par les femmes.

regiment[2], *v.tr.* Enrégimenter (des paysans, des ouvriers).

regimental [redʒi'ment(ə)l]. **1.** *a.* Du régiment, de régiment; régimentaire. *R. tie,* cravate *f* aux couleurs du régiment. *See also* DINNER, OFFICER[1] 2, ORDER[1] 11. **2.** *s.pl.* **Regimentals,** uniforme *m* (militaire); habit *m* d'ordonnance. *In full regimentals,* en grand uniforme, en grande tenue. **-ally,** *adv.* Par régiment.

regimentation [redʒimen'teiʃ(ə)n], *s.* Enrégimentation *f.*

Regina [ri'dʒaina]. *Pr.n.f. Jur:* **Regina v. Smith,** la Reine en cause avec Smith.

Reginald ['redʒinəld]. *Pr.n.m.* Renaud.

region ['riːdʒ(ə)n], *s.* Région *f. The arctic regions,* les régions, les terres *f,* les climats *m,* arctiques. **The nether regions, the lower regions,** les enfers *m. Lit: The r. beyond the grave,* le royaume d'outre-tombe. *Anat:* **The lumbar region,** la région lombaire.

regional ['riːdʒən(ə)l], *a.* Régional, -aux.

regionalism ['riːdʒənəlizm], *s.* Régionalisme *m.*

regionary ['riːdʒənəri], *a.* Régionnaire.

register[1] ['redʒistər], *s.* **1.** (*a*) Registre *m. Adm: etc:* Sommier *m. Navy:* Casernet *m. Mil:* **Arms register,** contrôle général des armes. *Cust: R. of goods in bond,* sommier d'entrepôt. *Nau:* **Ship's register,** livre *m* de bord. *There are ten million* (*annuitants, etc.*) **on the registers,** il y a dix millions d'immatriculés. *See also* TRANSFER-REGISTER. (*b*) Registre (public). **Public registers,** actes publics. *The registers of births, marriages, and deaths,* les registres de l'état civil. *See also* DEATH 2. **Police registers,** listes *f* de contrôle de la police. *Nau:* **Register (of seamen),** matricule générale. *U.S:* **Navy Register,** annuaire *m* de la marine; liste navale. **Register of voters, Parliamentary Register,** liste électorale; liste de vote, des votants. **Commercial Register, Trade Register,** registre du Commerce. *See also* LLOYD'S, TONNAGE 1. (*c*) *Nau: Adm:* Lettre *f* de mer (d'un navire); acte *m* de nationalité; (*of Fr. ship*) acte de francisation. **2.** **Register(-book),** registre, journal, -aux *m. See also* THUMB-REGISTER. **3.** Quantité marquée (par un pluviomètre, etc.); température marquée (par un thermomètre). **4.** *Mus:* (*a*) Registre (d'un instrument, de la voix); étendue *f* (de la voix). **Upper register of the clarinet,** clairon *m.* (*b*) (**Stop**) **register** (*of organ*), registre. **5.** (*a*) Registre (d'un fourneau); rideau *m,* trappe *f* (d'une cheminée). (*b*) *U.S:* Bouche *f* de chaleur. **6.** Compteur *m* (kilométrique, etc.). *See also* CASH-REGISTER. **7.** (*a*) Correspondance exacte (entre parties rapportées, entre trous et goujons, etc.). (*b*) *Typ:* Registre. **In register,** en registre. **Out of register,** mal en registre. (*c*) *Phot:* Coïncidence *f* du verre dépoli et de la plaque sensible.

'Register House, *s. Scot:* Les Archives *f* (à Édimbourg).

'register office, *s.* = REGISTRY OFFICE.

register[2]. **1.** *v.tr.* (*a*) Enregistrer, inscrire, immatriculer, enrôler. *To r. a name, a fact,* inscrire, enregistrer, consigner, un nom, un fait. **To register a car, a security,** immatriculer une auto, une valeur. *To r. a company,* faire enregistrer une société. **To register a birth,** déclarer une naissance. **To register a trade-mark,** déposer une marque de fabrique; opérer le dépôt d'une marque. **To register (oneself) with the police,** se faire inscrire à la police (pour permis de séjour, etc.). **To register (oneself on the voting-list),** se faire inscrire sur la liste électorale. *Jur:* **To register a divorce,** transcrire un divorce. (*b*) **To register luggage,** enregistrer des bagages. **To register a letter,** (i) recommander une lettre; (ii) (valeur déclarée) charger une lettre. (*c*) (*Of thermometer, etc.*) Marquer (tant de degrés). (*d*) Faire coïncider exactement (des pièces rapportées, trous et goujons, etc.). *Typ:* Pointer (les feuilles). *Phot: Typ: Engr:* Repérer (les impressions). *Carefully registered colour-prints,* gravures *f* en couleurs tirées au repérage. (*e*) *Cin: U.S:* Enregistrer (une émotion). *F: His face registered disappointment,* son visage a témoigné de la déception. *Face that registers great strength of character,* visage qui accuse beaucoup de volonté. **2.** *v.i.* (*a*) (*Of parts, of holes and pins, etc.*) Coïncider exactement. *Typ:* (*Of impressions*) Être en registre; coïncider. *Proof that registers well,* épreuve *f* qui repère bien. (*b*) *U.S:* S'inscrire sur le registre (d'un hôtel, etc.).

registered, *a.* (*a*) Enregistré, inscrit, immatriculé. *Com:* **Registered pattern,** modèle déposé. *Fin:* **Registered stock,** effets nominatifs. *Dividend of so much on r. securities,* dividende *m* de tant au nominatif. *R. value,* valeur enregistrée, constatée. *See also* CAPITAL[2] II. 1, OFFICE 4, SHAREHOLDER, TONNAGE 1, TRADE-MARK. (*b*) *Post:* **Registered parcel,** paquet *m* avec valeur déclarée. **Registered letter,** (i) lettre recommandée; (ii) lettre chargée (valeur déclarée).

registering[1], *a. Tchn:* Enregistreur, -euse. *See also* SELF-REGISTERING.

registering[2], *s.* **1.** Enregistrement *m,* inscription *f,* immatriculation *f. Jur: R. of a divorce,* transcription *f* d'un divorce. **2.** *Phot: Typ: Engr:* Repérage *m. Typ:* Pointage *m.*

registrable ['redʒistrəbl], *a.* Enregistrable.

registrant ['redʒistrənt], *s.* Inscrivant, -ante.

registrar ['redʒistrɑːr], *s.* Teneur *m* des registres. **1.** *Jur:* Greffier *m. Adm:* **Registrar of mortgages,** conservateur *m* des hypothèques. **Companies Registrar,** Directeur *m* de l'enregistrement des sociétés. *Fin:* **Registrar of transfers,** agent *m* comptable des transferts. **2.** Officier *m* de l'état civil. *The registrar's office,* le bureau de l'état civil. **The Registrar General,** le Conservateur des actes de l'état civil. **The Registrar General's Office,** les Archives *f* de l'état civil. *To get married before the r.,* se marier civilement; contracter un mariage civil, = (*in Fr.*) se marier à la mairie. *To inform the r. of a death,* informer l'état civil d'une mort. **3.** *Sch:* Secrétaire *m* et archiviste *m* (d'une université, etc.).

registrarship ['redʒistrɑːrʃip], *s.* Charge *f* de greffier, d'archiviste, d'officier de l'état civil, etc.

registrary ['registrəri], *s.* (*At Cambridge*) = REGISTRAR 3.

registration [redʒis'treiʃ(ə)n], *s.* **1.** (*a*) Enregistrement *m,* inscription *f*; immatriculation *f* (de matériel roulant, etc.); immatricule *f. R. of mortgages,* inscription hypothécaire. *R. of a trade-mark,* dépôt *m* d'une marque de fabrique. **Registration of luggage,** inscription des colis, des bagages. **Registration of a letter,** recommandation *f* ou chargement *m* d'une lettre. **Registration fee,** taxe *f* de recommandation. (**Hotel**) **registration form,** fiche policière. **Registration number,** immatricule, numéro *m* matricule; (*of car*) numéro de police. *Aut: etc:* **Registration plate,** plaque *f* de contrôle, de police. *Rail:* **The Seat Registration Office,** la Réservation, la Location, des places. *Fin:* **Registration and transfer fees,** droit *m* d'inscription et de transfert. *See also* CERTIFICATE[1] 3. (*b*) Tenue *f* du registre, des registres. **2.** (*a*) *Engr: Phot: Typ:* Repérage *m.* (*b*) *Cin:* Stabilisation *f* du film (par contre-griffe, etc.).

registry ['redʒistri], *s.* **1.** (*a*) Enregistrement *m. Com:* **Registry books,** livres *m* d'ordre, de statistique. *Nau:* **Certificate of registry,** lettre *f* de mer; certificat *m* d'inscription ou d'immatriculation; acte *m* de nationalité; (*of Fr. ship*) acte de francisation. **Port of registry,** port *m* d'armement; port d'attache. (*b*) *U.S:* Recommandation *f,* chargement *m* (d'une lettre). **Registry fee,** taxe *f* de recommandation. **2.** *Fin: Adm:* Bureau *m* d'enregistrement; greffe *m.* **3.** (*a*) Bureau *m* de l'état civil. **To be married at a registry,** se marier civilement. **Registry marriage,** mariage civil. (*b*) = REGISTRY OFFICE I. **4.** *A:* Registre *m*, livre, journal, -aux *m.*

'registry office, *s.* **1.** Bureau *m*, agence *f*, de placement (de domestiques). **2.** Bureau d'enregistrement, greffe *m.* **3.** Bureau de l'état civil.

Regius ['ri:dʒiəs], *a. Sch:* **Regius professor,** professeur royal (professeur d'université dont la chaire a été créée par Henri VIII ou créée postérieurement avec les mêmes prérogatives).

regive [ri:'giv], *v.tr.* Redonner, rendre.

reglet ['reglet], *s. Arch:* Réglet *m. Typ:* Réglet, réglette *f.*

regnal ['regnəl], *a.* Du règne, des règnes. **Regnal day,** anniversaire *m* de l'avènement au trône. **Regnal year,** année du règne comptée à partir de l'avènement.

regnant ['regnənt], *a.* (*Of prince, opinion, etc.*) Régnant. *A belief r. in our young days,* une croyance très répandue lorsque nous étions jeunes.

regorge [ri:'gɔ:rdʒ]. **1.** *v.tr.* (*a*) Regorger, vomir. (*b*) Avaler de nouveau; ravaler. **2.** *v.i.* (*Of river, etc.*) Refluer.

regrade [ri:'greid], *v.tr.* Reclasser.

regrate[1] [ri'greit], *v.tr. Hist:* **1.** Accaparer (des marchandises) pour les revendre à fort profit. **2.** Revendre au détail; *abs.* regratter.

regrate[2], *v.tr. Stonew:* Regratter (une pierre).

regrater [ri'greitər], *s. Hist:* **1.** Accapareur *m.* **2.** Regrattier, -ière; revendeur, -euse.

regress[1] ['ri:gres], *s.* **1.** (*a*) Retour *m* en arrière; rétrogression *f*, régression *f.* (*b*) *Astr:* Rétrogradation *f.* **2.** Rentrée *f* (*into,* dans). **3.** Déclin *m.* **Progress and regress,** progrès et rétrogression. **4.** *Ecc: Jur:* Regrès *m.*

regress[2] [ri'gres], *v.i.* **1.** (*a*) Retourner en arrière. (*b*) *Astr:* (*Of planet*) Rétrograder. **2.** Rétrograder; décliner.

regression [ri'greʃ(ə)n], *s.* **1.** = REGRESS[1] I. **2.** *Biol: etc:* Régression *f.* **3.** *Mth:* Rebroussement *m* (d'une courbe).

regressive [ri'gresiv], *a.* Régressif. **-ly,** *adv.* Régressivement.

regressiveness [ri'gresivnəs], *s. Biol: etc:* Caractère régressif.

regret[1] [ri'gret], *s.* Regret *m. R. for the loss of sth., at being refused sth.,* regret de la perte de qch., de se voir refuser qch. *To feel r.,* éprouver, avoir, du regret. *To have no regrets,* n'avoir aucun regret. *I expressed to them my r. that . . .,* je leur exprimai mon regret que + *sub. To express r. at not being able to . . .,* exprimer le regret de ne pas être à même de. . . . *To hear with r. of sth., that . . .,* apprendre qch. avec regret; apprendre avec regret que + *ind. I state the fact with r.,* je le dis à regret. *To refuse with much r., with many regrets,* refuser avec beaucoup de regret, avec bien des regrets. *To cease from vain expressions of r.,* cesser des regrets inutiles. **(Much) to my regret,** *I find myself constrained to . . .,* à regret, à mon grand regret, je me vois forcé de. . . . *Fin:* **Letter of regret,** lettre *f* d'avis de retour de souscription.

regret[2] [ri'gret], *v.tr.* **(regretted; regretting)** Regretter (qn, qch.). *To r. one's ignorance,* se lamenter de son ignorance. **To regret doing, having done, to have done, sth.,** regretter d'avoir fait qch. *I r. having deceived him,* j'ai regret de l'avoir trompé. *To r. not having done sth.,* avoir du regret de ne pas avoir fait qch. *I r. to have to leave you,* je regrette d'avoir à vous quitter. *I r. to have to say it,* je regrette d'avoir à le dire; il m'en coûte de le dire; cela me coûte à dire. *You will not r. following my advice,* vous ne regretterez pas d'avoir suivi mon avis. *I r. that I cannot come on Monday,* je regrette de ne pouvoir venir lundi. *I r. to have to inform you that . . .,* j'ai le regret de vous annoncer que. . . . *We deeply r. to have to announce to you the death of our father,* nous avons la douleur, le regret, de vous annoncer la mort de notre père. *To r. bitterly having spoken,* se mordre la langue d'avoir parlé. *We r. very much to hear . . .,* nous sommes désolés d'apprendre. . . . *I r. that he has gone so soon,* je regrette, j'ai regret, qu'il soit parti si tôt. **It is to be regretted that . . .,** il est à regretter, il est regrettable, que + *sub. It is the more to be regretted as, since . . .,* c'est d'autant plus regrettable que + *ind.* **He died regretted by all,** *Lit:* **regretted of all men,** il mourut regretté de tous.

regretting, *s.* Regrets *mpl.*

regretful [ri'gretful], *a.* **1.** (*Of pers.*) Plein de regrets. **2.** (Sentiment *m*) de regret. **-fully,** *adv.* Avec regret, à regret.

regrettable [ri'gretəbl], *a.* (Erreur *f*, etc.) regrettable, à regretter. *R. hitch,* contretemps fâcheux. **It is regrettable that . . .,** il est regrettable que + *sub.*; il est à regretter que + *sub.* **-ably,** *adv.* Regrettablement. *There was a r. small attendance,* il est à regretter que les assistants aient été si peu nombreux.

regrind [ri:'graind], *v.tr.* (*p.t.* reground [ri:'graund]; *p.p.* reground) **1.** Rebroyer, remoudre (du blé, du café). **2.** (*a*) Rémoudre, réaffuter (un outil). *Tool that can easily be reground,* outil réaffutable. (*b*) Roder à nouveau (une soupape).

regrinding, *s.* **1.** Rebroyage *m*, remoulage *m.* **2.** (*a*) Réaffutage *m.* (*b*) Rodage *m* à nouveau.

regroup [ri:'gru:p], *v.tr.* Reclasser; grouper de nouveau; regrouper.

regrowth [ri:'grouθ], *s.* Croissance nouvelle; régénération *f. For:* Repeuplement *m.*

regulable ['regjuləbl], *a.* Réglable.

regular ['regjulər]. I. *a.* **1.** (*a*) Régulier. **Regular polygon,** polygone régulier. *R. features,* traits réguliers. (*b*) Régulier, exact. *R. pulse,* pouls régulier. *R. footsteps,* pas réguliers, mesurés. *Equit:* **Regular step,** pas écouté. *F:* **As regular as clockwork,** exact comme une horloge; réglé comme du papier à musique. *R. service, income,* service, revenu, régulier. *R. salary,* traitement *m* fixe. **My regular time for going to bed,** l'heure habituelle à laquelle je me couche. *He comes at r. hours,* il vient à des heures régulières, réglées. *See also* HOUR 2. *He had a r. day for writing to me,* il m'écrivait à jour fixe. **To do sth. as a regular thing,** faire qch. régulièrement. *R. attendance on s.o.,* assiduité *f* auprès de qn. *See also* ATTENDANCE 2. *He is r. in his attendance at his office,* il est assidu à son bureau. **Regular visitor,** visiteur assidu. *Rail:* **The regular travellers,** les abonnés *m.* **Regular customer,** bon client, bonne cliente; habitué, -ée. *The diners were r. customers,* les dîneurs étaient des accoutumés. (*At restaurant*) **Our regular waiter,** notre garçon habituel. **Regular staff,** employés permanents. **Regular agent,** agent fixe, attitré. **Regular judge,** juge *m* titulaire. *Course given by a substitute in the absence of the r. lecturer,* cours donné par un suppléant en l'absence du titulaire. *Our r. cook is ill,* notre cuisinière attitrée est malade. **2.** Régulier, réglé, rangé. *A r. life,* une vie régulière, uniforme, réglée, unie, compassée. **Man of regular habits,** homme ordonné, qui a des habitudes régulières; homme rangé dans ses habitudes. *R. people,* personnes rangées. **3.** (*a*) Régulier, dans les règles; réglementaire. *Procedure that is not r.,* procédé qui n'est pas régulier. *To speak to s.o. without a r. introduction,* parler à qn sans avoir été présenté dans les règles, dans les formes. *The r. expression,* l'expression consacrée. **To make regular,** régulariser (sa position, etc.). *In the r. manner,* réglementairement. (*b*) Ordinaire, normal, -aux. *R. price,* prix *m* ordinaire, prix de règle. *The r. stock consists of . . .,* la provision ordinaire consiste en. . . . *Ind:* **Regular model,** modèle courant; type courant. (*c*) *Gram:* (Verbe) régulier. (*d*) (Cuisinier *m*, médecin *m*) de profession; (médecin, etc.) diplômé. (*e*) *Ecc:* (Clergé) régulier. (*f*) *Mil:* **Regular troops,** troupes régulières. **Regular officer,** officier *m* de carrière, de l'activité, *F:* de l'active. *Ex-regular officer,* ancien officier de l'armée active. *See also* ARMY I. **4.** *F:* (*Intensive*) Vrai, véritable. **A regular hero,** un vrai héros. *R. rascal,* vrai coquin; fameuse canaille. **Regular set-to,** bataille *f* en règle. *After their departure we had a r. clean-up,* après leur départ nous avons fait un nettoyage en règle. *It's a r. swindle!* c'est une vraie attrape! *U.S: He's a r. fellow, a r. guy,* c'est un bon type; c'est le type qu'il faut. **5.** *adv. P:* = REGULARLY. **It happens regular,** ça arrive tous les jours. **He was regular angry!** il était fâché, je vous dis que ça! **-ly,** *adv.* **1.** Régulièrement, d'une façon réglée. *To happen as r. as clockwork,* arriver comme mars en carême. **2.** Régulièrement, dans les règles. **3.** *F:* Véritablement, franchement, positivement, complètement.

II. **regular,** *s.* **1.** (*a*) *Ecc:* Régulier *m*; religieux *m.* (*b*) *Mil:* Soldat *m* de l'armée permanente; soldat de carrière. **Regulars,** troupes régulières; réguliers. **2.** (*a*) *F:* Bon client; habitué. (*b*) *Usu. pl.* **Temporaries and regulars,** les employés temporaires et les permanents.

regularity [regju'lariti], *s.* **1.** Régularité *f.* **Regularity of attendance at . . .,** assiduité *f* à. . . . **2.** *Com: etc:* **For regularity's sake, please confirm . . .,** pour la bonne règle veuillez bien nous confirmer. . . .

regularization [regjulərai'zeiʃ(ə)n], *s.* Régularisation *f.*

regularize ['regjuləraiz], *v.tr.* Régulariser (un document, sa situation, etc.).

regulate ['regjuleit], *v.tr.* **1.** Régler, ajuster (la marche d'une machine, la tension d'un ressort, etc.); modérer (une machine, etc.). *To r. a watch,* régler une montre. **2.** Régler, diriger (les affaires); réglementer (les affaires, les personnes); compasser (ses actions, etc.); fixer les règles pour (une procédure, etc.). *To r. one's expenditure,* régler, calculer, ses dépenses. **To regulate one's life by s.o.,** se régler sur qn. *To be regulated by s.o., by sth.,* se régler sur qn, sur qch. *See also* WELL-REGULATED.

regulating[1], *a.* Régulateur, -trice; réglant. *See also* LEVER[1] 2.

regulating[2], *s.* = REGULATION I.

regulation [regju'leiʃ(ə)n], *s.* **1.** (*a*) Réglage *m* (d'un chronomètre, etc.); *Nau:* régulation *f* (des compas). **Regulation nut, screw,** écrou *m*, vis *f*, de réglage. (*b*) Règlement *m*, réglementation *f* (des affaires, etc.). **To bring under regulation,** réglementer (qch.). *Bringing under r.,* réglementation *f.* **2.** (*a*) Règlement, arrêté *m*, ordonnance *f*, prescription *f.* **Regulations,** règlement(s), réglementation, prescriptions *f*, dispositions *f.* **Contrary to, against, the regulations,** contraire aux prescriptions, au règlement; antiréglementaire. *To act in accordance with the regulations,* agir régulièrement. *It is not according to regulations,* ce n'est pas réglementaire. **The customs regulations,** les règlements de la douane. **Hospital regulations,** régime *m* des hôpitaux. **Safety regulations,** prescriptions relatives à la sûreté. **Road regulations** (*for drivers, etc.*), police *f* du roulage; police de la voirie. *Railway companies' regulations,* police des chemins de fer. *See also* TRAFFIC[1] 2. (*b*) *Attrib.* Réglementaire. *Mil:* **Regulation revolver,** revolver *m* d'ordonnance. **Regulation uniform,** tenue *f* réglementaire. *Nau: etc:* **The regulation lights,** les feux *m* réglementaires. *See also* LAMP[1] I.

regulationist [regju'leiʃənist], *a.* **Regulationist country,** pays *m* réglementariste (par opposition à abolitionniste, en matière de prostitution).

regulative ['regjuleitiv], *a.* Régulateur, -trice.

regulator ['regjuleitər], *s.* **1.** (*Pers.*) Régulateur, -trice; régleur, -euse. **2.** (*Device*) *Clockm: El: Mch: etc:* Régulateur *m*; modérateur *m* (de moteur). **Self-acting regulator,** autorégulateur *m. El:* **Voltage regulator,** graduateur *m* de tension. *R. of oxygen cylinder;* **feed regulator,** doseur *m* d'oxygène; (mano-)détendeur *m. Hyd.E:* **Canal regulator,** prise *f* d'eau. *Metall:* **Blast regulator,** registre *m* de vent. *Mch:* **Regulator-lever,** registre (de prise de vapeur). *See also* DRAUGHT-REGULATOR.

reguline ['regjulain], *a. Ch: A:* Régulin.

Regulus[1] ['regjuləs]. *Pr.n.m. Rom.Hist: Astr:* Régulus.

regulus[2], *pl.* **-i** ['regjuləs, -ai], *s.* **1.** Petit roi; roitelet *m.* **2.** *Orn:* Roitelet à tête rouge. **3.** *Ch: A:* Régule *m.* **Regulus of antimony,** régule d'antimoine. **4.** *Metall:* (*a*) Culot *m.* (*b*) Matte blanche de cuivre.

regurgitate [ri'gə:rdʒiteit]. **1.** *v.tr.* Régurgiter, regorger (sa nourriture). **2.** *v.i.* (*Of liquid, etc.*) Refluer, regorger.

regurgitation [rigə:rdʒi'teiʃ(ə)n], *s.* Régurgitation *f.*

rehabilitate [riːha'biliteit], *v.tr.* Réhabiliter. *To r. s.o. in the public esteem*, réhabiliter, rétablir, qn dans l'opinion.
rehabilitating, *a.* (*Of order, etc.*) Réhabilitant, réhabilitoire.

rehabilitation [riːhabili'teiʃ(ə)n], *s.* **1.** Réhabilitation *f* (d'un failli, d'un condamné, d'une réputation); relèvement *m* (d'une prostituée). **2.** Assainissement *m* (des finances). *R. plan*, plan *m* de réorganisation.

rehandle¹ [riː'handl], *v.tr.* Remmancher; remettre un manche à (un outil, etc.).

rehandle², *v.tr.* Traiter à nouveau (un sujet, une question).

reharden [riː'hɑːrd(ə)n], *v.tr.* *Metall:* Retremper (le métal).
rehardening, *s.* Retrempe *f*.

reharness [riː'hɑːrnes], *v.tr.* Ratteler.

rehash¹ [riː'haʃ], *s.* Réchauffé *m*, *F:* resucée *f* (d'un livre, etc.).

rehash², *v.tr.* Réchauffer (un vieux conte, de vieux arguments, etc.).

rehear [riː'hiːər], *v.tr.* (*p.t.* **reheard** [riː'həːrd]; *p.p.* **reheard**) *Jur: etc:* Entendre (une cause, etc.) de nouveau.
rehearing, *s.* Nouvelle audition.

rehearsal [ri'həːrs(ə)l], *s.* **1.** Récit détaillé, relation *f* (des aventures, des malheurs, de qn). *R. of old grievances*, énumération *f* d'anciens griefs. **2.** *Th:* Répétition *f*. **Dress rehearsal**, répétition en costume. **The dress rehearsal**, la (répétition) générale; l'avant-première *f*, *pl.* avant-premières. *To have a dress r.*, répéter en costume. **To put a play in rehearsal**, mettre une pièce en répétition, à l'étude. *Play in, under, r.*, pièce *f* à l'étude.

rehearse [ri'həːrs], *v.tr.* **1.** Raconter tout au long; énumérer (des faits, des griefs); repasser (une liste); réciter, répéter (des prières). **2.** *Th:* Répéter (une pièce).
rehearsing, *s.* Étude *f* (d'une pièce de théâtre); les répétitions *f*.

rehearser [ri'həːrsər], *s.* *Th:* Acteur, -trice, en train de répéter, en répétition.

reheat [riː'hiːt], *v.tr.* (*a*) Réchauffer. (*b*) *Metall:* Recuire, récrouir.
reheating, *s.* (*a*) Réchauffage *m*, réchauffement *m*. *Mch:* **Reheating boiler**, chaudière *f* pulmonaire. (*b*) *Metall:* Recuisson *f*; revenu *m*. *See also* BATH¹ 3.

reheater [riː'hiːtər], *s.* *Mch:* (*Device*) Réchauffeur *m*.

re-heel [riː'hiːl], *v.tr.* Remettre des talons à (des chaussures); refaire un talon à (un bas).

Rehoboam [riho'bouəm]. *Pr.n.m. B.Hist:* Roboam.

re-hoop [riː'huːp], *v.tr.* Recercler (un fût).
re-hooping, *s.* Recerclage *m*.

rehouse [riː'hauz], *v.tr.* Loger dans de nouvelles habitations (les familles évincées des taudis).

reign¹ [rein], *s.* **1.** Règne *m* (d'un roi, de la vérité, etc.). **In, under, the reign of . . .**, sous le règne de. . . . *See also* TERROR 1. **2.** *The vegetable, mineral, r.*, le règne végétal, minéral.

reign², *v.i.* Régner (*over*, sur). **To reign supreme**, régner en maître. *Silence reigns (supreme)*, le silence règne (sur tout).
reigning, *a.* Régnant. *F: She was the r. beauty of those days*, c'est elle qui à cette époque régnait par la beauté; elle fut la beauté suprême de son époque.

reignite [riːig'nait], *v.tr.* Rallumer.

reignition [riːig'niʃ(ə)n], *s.* Nouvel allumage.

reillume [riːi'ljuːm], *v.tr.* *Lit:* Éclairer de nouveau.

reimbursable [riːim'bəːrsəbl], *a.* Remboursable.

reimburse [riːim'bəːrs], *v.tr.* **1.** Rembourser (une somme). **2.** **To reimburse s.o. (for) his costs**, rembourser qn de ses frais; désintéresser qn. *To be reimbursed (for) one's expenses*, rentrer dans ses débours; se rembourser de ses débours.

reimbursement [riːim'bəːrsmənt], *s.* Remboursement *m*.

reimport¹ [riː'impoːrt], *s.* = REIMPORTATION.

reimport² [riːim'poːrt], *v.tr.* Réimporter.

reimportation [riːimpoːr'teiʃ(ə)n], *s.* Réimportation *f*.

reimpose [riːim'pouz], *v.tr.* **1.** Réimposer (une charge, etc.). **2.** *Typ:* Réimposer (une feuille); remanier (les pages).
reimposing, *s.* = REIMPOSITION.

reimposition [riːimpo'ziʃ(ə)n], *s.* Réimposition *f* ((i) d'une taxe, (ii) *Typ:* d'une feuille).

reimpression [riːim'preʃ(ə)n], *s.* *Typ: Publ:* Réimpression *f*.

re-imprison [riːim'prizən], *v.tr.* Remprisonner; remettre, renvoyer, (qn) en prison; récrouer (un détenu).

rein¹ [rein], *s.* Rêne *f* (de cheval monté); guide *f* (de cheval de voiture). **Bearing-rein, check-rein**, fausses rênes. *To put the reins on a horse*, rêner un cheval. **To hold the reins**, tenir les rênes; tenir la bride; *Veh:* tenir les guides. *F: To assume, hold, the reins of government*, prendre, tenir, les rênes du gouvernement. **With a loose rein, with a slack rein**, *with reins slack*, (i) (chevaucher) à bout de rênes; (ii) *F:* (mener ses gens) mollement. **To give a horse free rein, the reins**, lâcher les rênes, lâcher la bride, à un cheval; donner carrière à un cheval. *F: To give s.o. a free r.*, lâcher la gourmette à qn; laisser à qn la bride sur le cou. **To give rein, the reins, to one's anger**, lâcher la bride à sa colère. *To give free r. to one's imagination*, donner libre cours, donner carrière, à son imagination. **To draw rein**, serrer la bride; s'arrêter. *F: If you don't draw r. a bit you'll have a break-down*, si vous n'y allez pas plus doucement vous allez vous détraquer la santé. **To keep a tight rein on, over, s.o.**, tenir la bride serrée, tenir la bride haute, à qn. **To drop the reins**, abandonner les rênes; *F:* abandonner. *See also* BIT-REINS, CURB-REINS, EASE² 3, LEAD-REINS, LEADING³ 1, SNAFFLE-REIN.
'rein-ring, *s.* *Harn:* Anneau *m* porte-rêne, *pl.* anneaux porte-rêne.

rein², *v.tr.* **To rein in a horse**, serrer la bride à un cheval; ramener, retenir, un cheval. *To hold a horse tightly reined in*, tenir un cheval de court, sous le bouton. *Abs.* **To rein in**, ramener son cheval au pas. *F:* **To rein s.o. in**, retenir qn; ramener qn sous la discipline. **To rein up a horse**, arrêter un cheval. **To rein back a horse**, (faire) reculer un cheval.

reincarnate¹ [riːin'kɑːrnet], *a.* Réincarné.

reincarnate² [riːin'kɑːrneit]. **1.** *v.tr.* Réincarner. **2.** *v.i.* Se réincarner.

reincarnation [riːinkɑːr'neiʃ(ə)n], *s.* Réincarnation *f*.

reincorporate [riːin'kɔːrporeit], *v.tr.* Réincorporer.

reindeer ['reindiːər], *s.* (*Coll. sg. preferred to pl.*) *Z:* Renne *m*. *A herd of reindeer*, un troupeau de rennes. *Buck r.*, renne mâle. *Doe r.*, renne femelle. *Geog:* **Reindeer Lake, Reindeer River**, le lac, la rivière, Caribou.
'reindeer-'moss, -'lichen, *s.* *Moss:* Cladonie *f*.

reinflate [riːin'fleit], *v.tr.* Regonfler (un ballon, etc.). *Aer:* Renflouer (un ballon après l'ascension).

reinflation [riːin'fleiʃ(ə)n], *s.* Regonflement *m*. *Aer:* Renflouage *m* (d'un ballon).

reinforce¹ [riːin'fɔːrs], *s.* **1.** *Artil:* Renfort *m* (du canon). **2.** *Const:* Clef *f* (d'une poutre).

reinforce², *v.tr.* **1.** (*a*) Renforcer (une armée, une garnison, un orchestre). (*b*) Affermir (la santé de qn, etc.); renforcer (un argument); appuyer (une demande). *To r. a sound*, renforcer un son. **2.** Renforcer (un mur, un barrage, etc.); consolider (un échafaudage, des fondations); armaturer (de la maçonnerie, etc.); armer (une poutre, le béton); entretoiser, arc-bouter (un bâtiment); haubaner (un mât, etc.); nervurer (une tôle, etc.). *To r. a timber*, renforcer une poutre; mettre une armure sur une pièce de charpente. **Reinforced concrete**, béton armé. *Metalw: etc:* **Reinforced seam**, joint surépaissé. *Tex:* **Reinforced fabric**, tissu armé.
reinforcing¹, *a.* (i) De renfort; (ii) d'armature. *R. troops*, troupes *f* de renfort. *Tex:* **Reinforcing fabric**, toile *f* d'armature. *Mch:* **Reinforcing plate**, plaque *f* de renforcement; contre-plaque *f*, *pl.* contre-plaques.
reinforcing², *s.* = REINFORCEMENT 1.

reinforcement [riːin'fɔːrsmənt], *s.* **1.** (*a*) *Mil:* Renforcement *m* (d'une garnison, etc.). (*b*) *Const:* etc: Renforcement, renforçage *m* (d'un barrage, etc.); armature *f* (du béton). **2.** (*a*) *Mil:* (*Usu. pl.*) Renfort *m*. *To await reinforcements, a r. of 1000 men*, attendre un renfort, des renforts; attendre un renfort de mille hommes. (*b*) *Const: etc:* Renfort; entretoisement *m*. *Iron r.*, armature en fer.

reingratiate [riːin'greiʃieit], *v.tr.* Faire rentrer en grâce (qn) (*with*, auprès de). **To reingratiate oneself with s.o.**, rentrer en grâce auprès de qn.

reinhabit [riːin'habit], *v.tr.* Habiter de nouveau (une maison, un endroit).

reinless ['reinləs], *a.* **1.** (Cheval) sans rênes, débridé. **2.** *F:* (*Of passion, etc.*) Sans frein; sans retenue; débridé; effréné.

reins [reinz], *s.pl.* **1.** *Anat: A:* Reins *m*. **2.** *Arch:* Reins (d'une voûte).

reinsert [riːin'səːrt], *v.tr.* **1.** Réinsérer (une annonce, etc.). **2.** Remettre (une pièce) en place.

reinsertion [riːin'səːrʃ(ə)n], *s.* **1.** Insertion *f* à nouveau; réinsertion *f* (d'une annonce, etc.). **2.** Remise *f* en place; remise dans son trou, dans sa rainure (d'une clavette, etc.).

reinstall [riːin'stɔːl], *v.tr.* Réinstaller.

reinstate [riːin'steit], *v.tr.* **1.** Réintégrer (qn) (dans ses fonctions); rétablir (un fonctionnaire, etc.). *To r. s.o. in his possessions*, réintégrer qn dans ses possessions. **2.** (*a*) Remettre, rétablir (qch.). (*b*) *Post: etc:* *To r. the contents of a parcel*, remplacer le contenu d'un colis (perdu).

reinstatement [riːin'steitmənt], *s.* **1.** Réintégration *f* (de qn dans ses fonctions). **2.** Rétablissement *m* (de qch.).

reinsurance [riːin'ʃuərəns], *s.* *Ins:* Réassurance *f*; contre-assurance *f*, *pl.* contre-assurances. **Reinsurance policy**, police *f* de réassurance.

reinsure [riːin'ʃuər], *v.tr.* *Ins:* Réassurer.

reinsurer [riːin'ʃuərər], *s.* *Ins:* Réassureur *m*.

reintegrate [riː'integreit], *v.tr.* **1.** = REDINTEGRATE. **2.** *Mth:* Réintégrer (une quantité).

reinter [riːin'təːr], *v.tr.* (**reinterred; reinterring**) Renterrer.

reinterment [riːin'təːrmənt], *s.* Renterrement *m*.

reinterpret [riːin'təːrpret], *v.tr.* Réinterpréter.

reinterrogate [riːin'terogeit], *v.tr.* Réinterroger; interroger de nouveau (le témoin, etc.).

reintroduce [riːintro'djuːs], *v.tr.* **1.** Réintroduire (un sujet de conversation, etc.). **2.** Représenter (qn); présenter (qn) de nouveau.
reintroducing, *s.* = REINTRODUCTION.

reintroduction [riːintro'dʌkʃ(ə)n], *s.* **1.** Réintroduction *f* (d'un sujet de conversation). *R. of goods into the country*, réimportation *f* de marchandises. **2.** Nouvelle présentation (de qn à qn).

reinvasion [riːin'veiʒ(ə)n], *s.* Renvahissement *m*.

reinvent [riːin'vent], *v.tr.* Réinventer.

reinvest [riːin'vest], *v.tr.* **1.** Revêtir, investir, (qn) de nouveau (*with*, de). **2.** *Mil:* Investir de nouveau (une ville). **3.** *Fin:* Replacer (des fonds); trouver un nouveau placement pour (des fonds).

reinvestigate [riːin'vestigeit], *v.tr.* Examiner de nouveau (une question); faire une nouvelle enquête sur (un crime, etc.).

reinvestment [riːin'vestmənt], *s.* **1.** *Mil:* Nouvel investissement (d'une place forte). **2.** *Fin:* Nouveau placement.

reinvigorate [riːin'vigəreit], *v.tr.* Rendre la vigueur, redonner de la vigueur, à (qn); ranimer, *F:* retremper, ravigoter, requinquer (qn).

reinvite [riːin'vait], *v.tr.* Réinviter; inviter (qn) de nouveau.

reissue¹ [riː'iʃjuː, -'isjuː], *s.* **1.** *Fin:* Nouvelle émission (de billets de banque, etc.). **2.** *Publ:* Réédition *f*; nouvelle édition ou nouveau tirage.

reissue², *v.tr.* **1.** *Fin:* Émettre de nouveau (des actions, etc.). **2.** *Publ:* Rééditer (un livre); donner une nouvelle édition ou un nouveau tirage (d'un livre).

reiter [ˈraitər], *s. Hist:* Reître *m.*

reiterate [riːˈitəreit], *v.tr.* Réitérer, répéter.

reiterated, *a.* Réitéré.

reiteration [riːitəˈreiʃ(ə)n], *s.* **1.** Réitération *f*, répétition *f*. **2.** *Typ:* Retiration *f*.

reiterative [riːˈitərətiv], *a.* Réitératif.

reive [riːv], *v.*, **reiver** [ˈriːvər], *s. Scot:* = REAVE, REAVER.

reject[1] [ˈriːdʒekt], *s.* **1.** (Pièce *f* de) rebut *m.* **2.** Recrue refusée par le conseil de revision; réformé *m.*

reject[2] [riˈdʒekt], *v.tr.* (*a*) Rejeter, repousser (une offre, une proposition); repousser (une mesure); rejeter (un projet de loi); réprouver (une doctrine); éconduire (un soupirant). *The stomach rejects indigestible food,* l'estomac rend, rejette, les aliments indigestes. *To r. the authenticity of a fact,* nier l'authenticité d'un fait. *B: Rejected of God and of men,* renié de Dieu et des hommes. (*b*) Refuser (des marchandises, un manuscrit, un candidat, etc.). *Ind: To r. a casting,* mettre une pièce au rebut; rebuter une pièce.

rejected, *a.* (Projet, etc.) rejeté, repoussé; *Ind:* (pièce) rebutée, à écarter. *R. candidate,* candidat refusé. *R. suitor,* soupirant éconduit. *R. conscript,* conscrit réformé.

rejectable [riˈdʒektəbl], *a.* Rejetable; à rejeter, à refuser.

rejectamenta [ridʒektəˈmentə], *s.pl.* **1.** Rebuts *m.* **2.** Épaves rejetées par la mer. **3.** *Physiol:* Déjections *f.*

rejecter [riˈdʒektər], *s.* **1.** Personne *f* qui rejette, qui repousse (une offre, etc.). **2.** *W.Tel:* **Rejecter (circuit),** filtre *m.*

rejection [riˈdʒekʃ(ə)n], *s.* **1.** Réjection *f*, rejettement *m*, rejet *m* (d'un projet de loi, d'une proposition, etc.); repoussement *m* (d'une mesure, etc.); refus *m* (d'une offre de mariage, etc.). **2.** *pl. Ind:* **Rejections,** pièces *f* de rebut; rebuts *m.* **3.** *pl. Physiol:* Déjections *f.*

rejector [riˈdʒektər], *s.* = REJECTER.

rejoice [riˈdʒɔis]. **1.** *v.tr.* Réjouir (qn). **I am rejoiced at it, by it,** je m'en réjouis; j'en suis enchanté, ravi. *I am rejoiced to hear it,* je me réjouis, je suis heureux, de l'entendre. *Impers. It rejoices my heart to hear him,* cela me réjouit le cœur de l'entendre. **2.** *v.i.* (*a*) Se réjouir; *F:* jubiler. **To rejoice at, over, sth.,** se réjouir de qch. *I r. that they are reconciled,* je me réjouis de les voir réconciliés, qu'ils soient réconciliés. *To r. to do sth.,* se réjouir de faire qch. *Prov:* **It's a poor heart that never rejoices,** ce n'est pas tous les jours fête. (*b*) *F:* **To rejoice in sth.,** jouir de qch.; posséder qch. *He rejoiced in the name of Bacon,* il portait le nom, il s'honorait du nom, de Bacon.

rejoicing[1], *a.* **1.** (*Of news, etc.*) Réjouissant. **2.** Joyeux, jubilant; plein de joie; en joie. **To go on one's way rejoicing,** poursuivre son chemin plein de joie. **-ly,** *adv.* Avec joie; *F:* avec jubilation.

rejoicing[2], *s.* **1.** Réjouissance *f*, allégresse *f*; *F:* jubilation *f.* *Ships dressed in token of r.,* navires pavoisés en signe de réjouissance. *It was an occasion for general r.,* ce fut la grande liesse. **2.** *pl.* **The rejoicings,** les réjouissances; la fête.

rejoicement [riˈdʒɔismənt], *s.* Réjouissance *f.*

rejoicer [riˈdʒɔisər], *s.* **1.** Celui qui se réjouit (*at*, de). **2.** Fêtard, -arde.

rejoin[1] [riˈdʒɔin], *v.i.* **1.** Répliquer, répondre. **2.** *Jur: A:* Dupliquer.

rejoin[2] [riːˈdʒɔin]. **1.** *v.tr.* (*a*) Rejoindre, réunir (*sth. to, with, sth.,* qch. à qch.); remettre, *F:* rebouter (un membre cassé). (*b*) Rejoindre (qn, une compagnie, son régiment). *I will r. you at Basel,* je vous rejoindrai, je vous retrouverai, à Bâle. *Mil: Navy: The scouts rejoined their unit,* les éclaireurs *m* rallièrent leur unité. **To rejoin one's ship,** rallier le bord. (*c*) *To r. the army, the navy,* rentrer dans l'armée, dans la marine. *Abs.* (*Of soldier, sailor*) **To rejoin,** se rengager. **2.** *v.i.* (*Of roads, lines, etc.*) Se réunir, se rejoindre.

rejoining, *s.* **1.** Réunion *f* (de qch. à qch.). **2.** *Mil: Navy:* Rengagement *m.*

rejoinder [riˈdʒɔindər], *s.* **1.** Réplique *f*, repartie *f.* **2.** *Jur: A:* **Defendant's rejoinder,** duplique *f.*

rejoint [riːˈdʒɔint], *v.tr.* **1.** *Carp: etc:* Refaire un joint à (qch.). **2.** *Const:* Rejointoyer (un mur, etc.).

rejointing, *s. Const:* Rejointoiement *m.*

rejuvenate [riˈdʒuːveneit]. **1.** *v.tr.* Rajeunir (qn). **2.** *v.i.* Rajeunir; redevenir jeune.

rejuvenation [ridʒuːveˈneiʃ(ə)n], *s.* **1.** (*a*) Rajeunissement *m.* (*b*) *Med: etc:* Régénérescence *f.* **2.** Cure *f* de rajeunissement.

rejuvenesce [ridʒuːveˈnes], *v.i. Biol:* (*Of cells*) Rajeunir; se revivifier.

rejuvenescence [ridʒuːveˈnes(ə)ns], *s. Biol:* Rajeunissement *m*, revivification *f.*

rejuvenescent [ridʒuːveˈnes(ə)nt], *a.* **1.** Rajeunissant. **2.** En train de rajeunir.

rekiln [riːˈkiln], *v.tr. Cer:* Recuire.

rekindle [riːˈkindl]. **1.** *v.tr.* Rallumer, renflammer (le feu, etc.); ranimer (l'espoir); réchauffer (le zèle de qn). **2.** *v.i.* Se rallumer. *His love rekindled,* son amour se réveilla; son cœur se renflamma.

relapse[1] [riˈlaps], *s.* **1.** *R. into sin, into vice,* rechute *f* dans le péché, dans le vice. *R. into crime,* récidive *f.* **2.** *Med:* Rechute. **To have a relapse,** faire une rechute; rechuter.

relapse[2], *s. Theol:* Relaps, *f.* relapse.

relapse[3], *v.i.* **1.** *To r. into vice, into heresy, into poverty,* retomber dans le vice, dans l'hérésie, dans la misère. *To r. into crime,* retomber dans le crime; récidiver. *Theol: Relapsed heretic,* relaps, *f.* relapse. **2.** *Med:* (*Of patient*) Rechuter; avoir une rechute.

relapsing, *s.* Rechute *f.*

relapser [riˈlapsər], *s.* = RELAPSE[2].

relate [riˈleit]. **1.** *v.tr.* Raconter, conter (une histoire, etc.); rapporter, *Jur:* relater (des faits). *To r. one's adventures,* faire le récit de ses aventures. *The historian who relates these facts,* l'historien narrateur de ces faits. *To r. sth. again,* renarrer qch. **Strange to relate!** chose étrange! chose étonnante à dire! **2.** (*a*) *v.tr. Nat.Hist: etc:* Rapporter, rattacher (une espèce à une famille, etc.); apparenter (deux espèces); établir un rapport entre (deux faits, etc.). *We cannot r. this species to, with, any other,* nous ne pouvons apparenter cette espèce à aucune autre. (*b*) *v.i.* Se rapporter, avoir rapport, avoir trait (*to*, à). *Passage that relates to another,* passage qui se rapporte à un autre. *Agreement relating to . . .,* convention *f* ayant trait à. . . . *The charge relates to serious acts,* cette inculpation vise des faits graves. *The invention relates to . . .,* l'invention porte sur. . . .

related, *a.* **1.** (*a*) Ayant rapport (*to*, à). *Industries r. to shipbuilding,* industries *f* connexes de la construction navale, qui se rattachent à la construction navale. (*b*) **Related ideas,** idées *f* connexes. *Ch:* **Related elements,** éléments apparentés. *Mus:* **Related keys,** tons relatifs. *Nat.Hist: Closely r. species,* espèces voisines. **2.** (*Of pers.*) (*a*) Apparenté (*to*, à); parent (*to*, de); (*by marriage*) allié (*to*, à), affin (*to*, de). *He is r. to us,* il est notre parent; il nous touche de naissance. *They are supported by a minister who is r. to them,* ils ont l'appui d'un ministre qui leur est parent. *To be r. to an illustrious family,* attenir à une famille illustre. **They are nearly, closely, related,** ils sont proches parents; ils sont étroitement apparentés; il y a proximité de sang entre eux; (*by marriage*) ils sont alliés de près. *He is nearly r. to me,* il me touche de près. **They are very distantly related,** ils sont parents à un degré très éloigné; *F:* ils sont parents du côté d'Adam; ils sont cousins à la mode de Bretagne. (*b*) **To be very well related,** être très bien relationné.

relating, *a.* **Relating to . . .,** relatif à . . .; qui se rapporte à . . .; concernant . . .; *Adm: Jur:* afférent à. . . . *Questions r. to a subject,* questions relatives à un sujet. *Information r. to a matter,* renseignements afférents à une affaire; informations *fpl* au sujet d'une affaire. *Agreement r. to . . .,* convention *f* ayant trait à . . ., afférente à. . . .

relatedness [riˈleitidnəs], *s.* Parenté *f* (de personnes); connexité *f* (d'idées, etc.).

relater [riˈleitər], *s.* Conteur, -euse; narrateur, -trice. *The relaters of the past,* les raconteurs du passé.

relation [riˈleiʃ(ə)n], *s.* **1.** Relation *f*, récit *m* (d'événements, etc.). *Jur:* (*Of public prosecutor*) **To act at the relation of s.o.,** agir à la suite d'une dénonciation. **2.** (*a*) Relation, rapport *m.* *R. between cause and effect,* relation entre la cause et l'effet. **In relation to . . .,** relativement à . . .; par rapport à. . . . *The sun is motionless in r. to us,* le soleil est immobile quant à nous. **To bear a relation to . . .,** avoir rapport à. . . . *To bear no r. to . . .,* **to be out of all relation to . . .,** n'avoir aucun rapport avec. . . . *That has no r. to the present situation,* cela n'a rien à faire, rien à voir, avec la situation actuelle. (*b*) *pl.* **To have (business) relations with s.o.,** être en relations (d'affaires) avec qn; avoir, entretenir, des relations avec qn. *To entertain friendly relations with s.o.,* entretenir des relations d'amitié avec qn. *Pej: To have relations with sharpers,* avoir des accointances *f* avec des escrocs. *Suspected of relations with the enemy,* soupçonné d'accointance avec l'ennemi. **To enter into relations with s.o.,** (i) entrer, se mettre, en rapport, en relations, avec qn; entamer des relations avec qn; (ii) *Pej:* s'accointer avec qn, de qn. *To avoid all relations with strangers,* éviter tou contact avec les étrangers. **To break off all relations with s.o.,** rompre toutes relations, cesser tout rapport, avec qn. *Strained relations between two countries,* relations tendues entre deux pays. **3.** Parent, -ente. **Near relation,** proche parent. **Relation by marriage,** allié, -ée; *Jur:* affin *m.* *R. on the mother's side,* parent maternel; cognat *m.* *Distant r.,* parent éloigné. *Parents and relations,* ascendants directs et collatéraux. **What relation is he to you?** quelle est sa parenté avec vous? **Is he any relation to you?** est-il de vos parents? *He is no r. to me, he is no r. of mine,* il n'est pas de mes parents. *He has no relations,* il n'a pas de famille; il est sans famille. *All the poor relations,* tous les parents pauvres; *F:* tout le cousinage. *See also* BLOOD-RELATION.

relational [riˈleiʃən(ə)l], *a.* **1.** Uni par des rapports étroits (*to*, avec). *R. words,* mots apparentés, connexes. *Our r. duties to God and man,* nos devoirs envers Dieu et envers les hommes. **2.** *Gram:* (Mot) relatif.

relationless [riˈleiʃənləs], *a.* **1.** Sans parents. **2.** Sans relations.

relationship [riˈleiʃənʃip], *s.* **1.** (*a*) Rapport *m*, connexité *f* (entre deux choses). *Phil:* **The principle of relationship,** le principe de connexité. *To bring different activities into close r.,* établir des relations étroites entre des activités diverses. (*b*) (*Of pers.*) **To be in relationship with s.o.,** avoir des relations avec qn; être en rapport, en commerce, avec qn. **2.** Parenté *f*; lien *m* de parenté; (*by marriage*) affinité *f.* **Blood relationship,** proximité *f* de sang; parenté. *Near r.,* proximité du sang.

relative [ˈrelətiv]. **1.** *a.* (*a*) Relatif, qui se rapporte (*to*, à). *Negotiations r. to an alliance,* négociations relatives à une alliance, visant une alliance. (*b*) (*Of movement, terms, etc.*) Relatif. *The r. advantages of the two methods,* les avantages relatifs des deux méthodes. *The force is r. to the length of the lever,* la force exercée dépend de la longueur du levier. *Luxury is r. to one's standard of life,* ce que nous appelons luxe dépend de notre niveau de vie. *Anat: R. positions of two parts,* positions relatives de deux organes. *R. area of a country under timber,* taux *m* de boisement d'un pays. *They live in r. luxury,* par rapport aux autres ils vivent dans le luxe. *Mil:* **Relative rank,** assimilation *f* (d'un non-combattant). (*c*) *Gram:* **Relative pronoun,** *s.* **relative,** pronom relatif. *Mus:* **Relative keys,** tons relatifs. **Relative major and minor,** modes relatifs. **2.** *adv. F:* *I am writing* **relative to my health, relative to the rent,** je vous écris par rapport à ma santé, par rapport au loyer, au sujet de ma santé, du loyer. **3.** *s.* = RELATION 3. **-ly,** *adv.* (*a*) Relativement (*to*, à); par rapport (à). *R. to the sun the earth is small,* la terre est petite par rapport au soleil. *Engine that is powerful r. to its weight,* moteur puissant relativement à son poids. *That is only r. true*, cela n'est vrai que relativement. (*b*) *F: She is r. happy*, somme toute elle est assez heureuse.

relativeness ['relətivnəs], *s.* Relativité *f*; caractère relatif.

relativist ['relətivist], *s. Phil:* Relativiste *mf*.

relativity [relə'tiviti], *s.* Relativité *f*. **The theory of relativity**, la théorie de la relativité; la théorie einsteinienne.

relax [ri'laks]. **1.** *v.tr.* (*a*) Relâcher (les muscles, l'attention, la discipline); détendre, délasser (l'esprit); détendre, débander (un arc). *To r. one's efforts*, se relâcher dans ses efforts. *The serpent relaxed its hold*, le serpent desserra son étreinte. *To r. a blockade*, desserrer un blocus. *To r. one's features*, se dérider. *She relaxed her tone of severity*, son ton s'adoucit. *I read to r. my mind*, je lis pour me débander l'esprit. (*b*) *Med:* **To relax the bowels**, relâcher le ventre; dévoyer les intestins. (*c*) *Med:* **To relax the throat**, enflammer la gorge. (*d*) (*Of climate*) Débiliter, amollir. (*e*) Mitiger (une loi, une peine). **2.** *v.i.* (*a*) (*Of muscles, etc.*) Se relâcher, se détendre, se débander. **His face relaxed into a smile**, son visage se détendit dans un sourire. *If the cold relaxes*, si le froid diminue. (*b*) (*Of pers.*) Se détendre; *F:* détendre l'arc, débander l'arc. *To r. for an hour*, prendre une heure de délassement. **To relax in one's efforts**, se relâcher dans ses efforts.

relaxed, *a.* Relâché; (muscle) relaxé. (*Of muscle*) *To become r.*, se relâcher. *Med:* **Relaxed throat**, pharyngite subaiguë.

relaxing[1], *a.* Relâchant; (climat) énervant, débilitant, mou. *Med:* (Médicament) relâchant, laxatif.

relaxing[2], *s.* = RELAXATION 1.

relaxation [ri:lak'seiʃ(ə)n], *s.* **1.** (*a*) Relâchement *m* (des muscles, des nerfs, de la discipline); détente *f* (des muscles, de l'esprit). (*b*) Mitigation *f*, adoucissement *m* (d'une loi, d'une peine). **2.** Relâche *m*, délassement *m*, repos *m*, détente; récréation *f*. **To take some relaxation**, se donner un peu de relâche; se délasser; se débander l'esprit. *R. after the day's toil*, détente après le travail du jour. *This occupation is a r. for my mind*, cette occupation me délasse l'esprit, me détend l'esprit. *These little jobs come as a r.*, ces petits travaux me dissipent, me permettent de me détendre. **As a relaxation, I . . .**, pour me délasser, je. . . . **To seek relaxation in books**, se délasser dans les livres. *To seek r. from a task by working at something else*, se reposer d'un travail par un autre. *Fishing is his only r.*, la pêche est son seul délassement.

relay[1] [ri'lei], *s.* **1.** Relais *m* (d'hommes, de chevaux); relève *f* (d'ouvriers). **To work in relays**, se relayer. **Relay horse**, (i) cheval *m* de relais; (ii) cheval de renfort. *Sp:* **Relay race**, course *f* de, à, relais. **2.** (*a*) *El.E:* Relais; contacteur *m*; contacteur-disjoncteur *m*, *pl.* contacteurs-disjoncteurs. *Tg:* Répéteur *m*, répétiteur *m*. **Pilot relay, alarm relay**, relais de contrôle. (*b*) Relais-moteur *m*, *pl.* relais-moteurs; servo-moteur *m*; moteur asservi. **3.** *W.Tel:* Radio-diffusion relayée. *Connection for simultaneous r.*, position *f* en simultané.

re'lay station, *s.* **1.** Relais *m*; poste amplificateur. **2.** *W.Tel:* Poste *m* auxiliaire de relayage.

relay[2], *v.tr.* (*p.t.* & *p.p.* **relayed** [ri'leid]) **1.** Relayer (un message téléphonique, un programme de T.S.F., etc.); transmettre (un message) par relais. **2.** *Tg:* Munir (une ligne) de relais.

relaying, *s.* *Tg:* Translation *f* (d'une dépêche).

re-lay [ri:'lei], *v.tr.* (*p.t.* **re-laid** [-leid]; *p.p.* **re-laid**) **1.** Poser (un tapis, etc.) de nouveau, à nouveau; remettre (la nappe). **2.** Reposer (une voie ferrée, une voie de tramway); remanier (une canalisation). **3.** *Nau:* Remettre en batterie, repointer (un canon).

re-laid, *a.* *Nau:* (Cordage) morfondu.

re-laying, *s.* Nouvelle pose, nouveau posage (de tuyaux, de câbles, etc.); repose *f* (d'une voie ferrée, etc.); remaniement *m* (d'une canalisation).

relearn [ri:'lə:rn], *v.tr.* (*Conj. like* LEARN) Rapprendre.

releasable [ri'li:səbl], *a.* **1.** (Dispositif *m*) qui peut se déclancher. **2.** *Av:* (Réservoir *m* à essence, etc.) largable. **3.** *Cin:* (Film) qui peut être mis en location.

release[1] [ri'li:s], *s.* **1.** (*a*) (*Of pers.*) Délivrance *f*, libération *f* (*from care*, du souci); décharge *f*, libération (*from an obligation*, d'une obligation). *I granted him a r. from this debt, from the fine*, je lui fis la remise de cette dette, de l'amende. (*b*) Élargissement *m*, libération, mise *f* en liberté, *Jur:* relaxation *f*, relaxe *f* (d'un prisonnier). **Order of release**, (ordre *m* de) levée *f* d'écrou. *To order s.o.'s r.*, prendre des mesures d'élargissement à l'egard de qn. *R. of prisoner on ticket of leave*, libération conditionnelle. **Release on bail**, mise en liberté provisoire (sous caution). (*c*) Lâcher *m*, lancer *m* (de pigeons). (*d*) *Cust:* **Release of wine from bond**, congé *m* pour le transport des vins. *R. of goods against payment*, libération de marchandises. (*e*) (i) Mise *f* en vente (d'une nouvelle auto, etc.). (ii) *Journ:* Autorisation *f* de publier (un discours, etc.). (iii) *Cin:* **Release of a film**, mise en circulation, location *f*, d'un film. (iv) *Coll. Cin:* L'ensemble *m* des copies pour la location. **2.** (*a*) *Ch:* *etc:* Mise en liberté, dégagement *m* (d'un gaz). *Mch:* Émission *f*, échappement *m* (de la vapeur). (*b*) *Av:* Lâchage *m* (d'une bombe); lancement *m* (d'un parachute). (*c*) *Mec.E:* *etc:* Mise en marche (d'un appareil); déclanchement *m* (d'un ressort, etc.); dégagement *m*, desserrage *m*, déblocage *m* (d'un frein). **Full release**, point mort (des freins). **Brakes in release position**, freins au repos. **Ratchet release**, relâchement *m* par cliquet. **Release gear, release device**, déclanche *f*, déclancheur *m*, déclic *m*; dispositif *m* de déclanchement; relaxeur *m*; débloqueur *m*. **Release button, knob**, bouton *m* de déclanchement, de démarrage. **Release motion**, débrayage *m*. *Phot:* **Shutter-release**, déclancheur. **Pneumatic release, bulb release**, déclanche pneumatique, à la poire; déclancheur à poire. **Trigger release**, déclanchement au doigt. *See also* CABLE-RELEASE. *Typewr:* **Carriage release (lever)**, touche *f* de dégagement de chariot. **3.** *El.E:* Disjoncteur *m*, interrupteur *m*. *See also* NO-LOAD. **4.** *Com:* Acquit *m*, quittance *f*, reçu *m*. **5.** *Jur:* Cession *f*, transfert *m*, abandon *m* (de terres).

re'lease-valve, *s.* *Mch:* Soupape *f* de sûreté.

release[2], *v.tr.* **1.** (*a*) Décharger, acquitter, libérer (qn d'une obligation); libérer (un débiteur). *To r. a nun from her vows*, relever une religieuse de ses vœux. **To release s.o. from his promise**, délier, relever, qn de sa promesse; rendre sa parole à qn; tenir qn quitte de sa promesse. *To r. s.o. from bondage*, délivrer qn de la captivité. (*b*) Libérer, élargir, relâcher, relaxer (un prisonnier). *Released on bail*, remis en liberté sous caution. *To r. a bird*, relâcher un oiseau; donner libre essor à un oiseau. (*c*) Lâcher (des pigeons voyageurs). *Mil:* *To r. poison gas*, lâcher des gaz asphyxiants. (*d*) (i) Mettre en vente (une nouvelle auto, etc.). (ii) Permettre la publication (d'une nouvelle). (iii) *Cin:* Mettre (un film) dans le commerce, en circulation, en location. (*e*) *She tried to r. her hand*, elle tenta de dégager sa main. **2.** (*a*) *Ch:* *etc:* Dégager, laisser échapper (un gaz); émettre (de la fumée, etc.). *Hydrogen is released at the cathode*, l'hydrogène est mis en liberté à la cathode. (*b*) *Av:* Lâcher (une bombe); lancer (un parachute); larguer (un réservoir à essence, etc.). (*c*) Lâcher (son emprise, etc.); lâcher, détendre, faire jouer (un ressort); décliquer (un doigt d'encliquetage); déclancher, décoller, dégripper (un organe). **To release one's hold**, lâcher prise. **To release one's hold of sth.**, lâcher qch. **To release the brake**, dégager, désengager, desserrer, débloquer, lâcher, le frein. *To r. the drilling-spindle*, débrayer, désembrayer, l'arbre porte-foret. *To r. the monkey of a pile-driver*, décliquer le mouton d'une sonnette. *To r. the trigger of a gun*, faire jouer la gâchette d'un fusil. *To r. the gramophone motor*, démarrer le moteur du phonographe. *Phot:* **To release the shutter**, déclancher l'obturateur. **3.** *Jur:* (*a*) **To release a debt, a tax**, remettre une dette, un impôt; faire (à qn) la remise d'une dette, d'un impôt. (*b*) Abandonner, renoncer à (un droit, une créance). (*c*) Céder, transférer (une terre).

releasee [rili:'si:], *s.* *Jur:* Renonciataire *mf*, cessionnaire *mf*, abandonnataire *mf*.

releaser [ri'li:sər], *s.* **1.** (*Device*) Déclancheur *m*, démarreur *m*. *Phot:* **Time releaser**, déclancheur à temps. **2.** *Cin:* (*Pers.*) Distributeur *m* ou loueur *m* (de films).

releasor [ri'li:sər], *s.* *Jur:* Renonciateur, -trice (*of a right*, à un droit); cédant, -ante (*of an estate*, d'une terre).

releather [ri:'leðər], *v.tr.* Renouveler le cuir de (l'embrayage, etc.).

relegable ['relegəbl], *a.* **1.** Qu'on peut reléguer (*to*, à). **2.** Qu'on peut (i) remettre, (ii) renvoyer (*to*, à).

relegate ['relegeit], *v.tr.* **1.** Reléguer (un tableau au grenier, un fonctionnaire aux colonies, etc.); bannir (qn). *Girl relegated to a convent*, jeune fille séquestrée, mise en séquestre, dans un couvent. *To r. one's wife to the position of a servant*, ravaler sa femme au rôle de servante. *To r. s.o. to the end of the table*, *F:* colloquer qn au bout de la table. *Fb:* *To r. a team* (*to the next division*), reléguer une équipe à la division inférieure (de la Ligue). *To r. sth. to the past, to fable*, reléguer qch. dans le passé, parmi les fables. **2.** (*a*) *To r. a matter to s.o.*, (i) remettre une question à la décision de qn; (ii) confier, remettre, une affaire à qn. (*b*) Renvoyer (qn à une autorité, etc.).

relegation [rele'geiʃ(ə)n], *s.* **1.** (*a*) *Jur:* Relégation *f*, bannissement *m*. (*b*) *Fb:* Renvoi *m* d'une équipe à la division inférieure (de la Ligue). (*c*) Mise *f* à l'écart, *F:* mise au rancart (d'un objet inutile, etc.). **2.** Renvoi (d'une affaire à qn).

relent [ri'lent], *v.i.* Se radoucir, s'adoucir; se laisser attendrir; se laisser fléchir; revenir sur une décision (sévère). *He would not r.* (*towards me*), il ne se laissa pas attendrir; il me tint rigueur.

relenting, *s.* Pardon *m*.

relentless [ri'lentləs], *a.* (*a*) Implacable, impitoyable, inflexible. (*b*) *R. persecution*, persécution *f* sans rémission. *To be r. in doing sth.*, mettre de l'acharnement à faire qch.; s'acharner à faire qch. **-ly**, *adv.* (*a*) Implacablement, impitoyablement, inflexiblement. (*b*) Sans rémission.

relentlessness [ri'lentləsnəs], *s.* Inflexibilité *f*, implacabilité *f*. *R. in revenge*, acharnement *m* à la vengeance.

re-let [ri:'let], *v.tr.* Relouer (une maison, etc.).

re-letting, *s.* Relocation *f*.

relevance ['relevəns], **relevancy** ['relevənsi], *s.* Pertinence *f*, à-propos *m*; applicabilité *f* (*to*, à); convenance *f*; rapport *m* (*to*, avec).

relevant ['relevənt], *a.* Qui a rapport (*to*, à); applicable, pertinent (*to*, à); à propos (*to*, de). *Detail r. to the event*, détail *m* qui touche à l'événement; détail pertinent. *The r. documents*, les documents *m* qui se rapportent à l'affaire; *Jur:* les pièces justificatives. *All r. information*, tous renseignements utiles. *To stick to the r. facts*, s'en tenir aux faits significatifs. **-ly**, *adv.* Pertinemment.

re-level [ri:'lev(ə)l], *v.tr.* Reniveler.

re-levelling, *s.* Renivellement *m*.

reliability [rilaiə'biliti], *s.* Sûreté *f*; honnêteté *f*, véracité *f* (de qn); sûreté (de la mémoire); crédibilité *f* (d'une rumeur); sûreté de fonctionnement, sécurité *f* du fonctionnement, régularité *f* de marche (d'une machine). *Aut:* **Reliability trial**, épreuve *f* de régularité; épreuve, course *f*, d'endurance.

reliable [ri'laiəbl], *a.* Sûr; (homme) sérieux, digne de confiance; (homme) de toute confiance, d'un commerce sûr, sur lequel on peut compter, auquel on peut se fier; (ami) solide; (caractère) d'une bonne trempe; (renseignement) sûr, digne de foi; (machine) qui offre de la sécurité; (machine) d'un fonctionnement sûr, de tout repos. *R. tool*, bon outil. *R. firm*, maison *f* de confiance. *R. guarantee*, garantie *f* solide. *R. list*, liste à laquelle on peut se fier. *To have sth. from a r. source*, tenir qch. de bonne source, de bonne part. *F:* *R. tip*, tuyau sûr. *Jur:* *R. evidence, r. witness*, témoignage *m*, témoin *m*, sans reproche. **-ably**, *adv.* Sûrement; d'une manière digne de foi ou digne de confiance.

reliableness [ri'laiəblnəs], *s.* = RELIABILITY.

reliance [ri'laiəns], *s.* **1.** Confiance *f.* To place reliance in, on, upon, s.o., mettre sa confiance dans qn; avoir (de la) confiance en qn; se fier à qn; compter sur qn. *He places no r. on doctors*, il n'a pas de confiance dans les médecins. *I put little r. in him*, je ne me repose pas beaucoup sur lui; je fais peu de fond sur lui. *There is no r. to be placed on his word*, il n'y a pas de fondement à faire sur sa parole; on ne peut pas se fier à sa parole. *See also* SELF-RELIANCE. **2.** Personne ou chose en laquelle on met confiance; soutien *m*, appui *m*.

reliant [ri'laiənt], *a.* To be reliant on . . ., (i) avoir confiance en . . .; compter sur . . .; (ii) dépendre de (qn pour vivre). *See also* SELF-RELIANT.

relic ['relik], *s.* **1.** *Ecc:* Relique *f.* **2.** *pl.* Relics, restes *m.* (*a*) Dépouille mortelle. (*b*) *Relics of the past*, vestiges *m* du passé; survivance *f* des temps passés. *A rich store-house of historic relics*, un riche musée de souvenirs historiques.

relict ['relikt], *s.* **1.** *Jur:* Veuve *f* (*of*, de). **2.** *F:* Relict of pre-war days, survivance *f* d'avant-guerre.

relief[1] [ri'li:f], *s.* **1.** (*a*) Soulagement *m* (d'une douleur, etc.); allégement *m* (d'une détresse, etc.). *The medicine brought some r.*, le remède apporta quelque soulagement. *To feel some r.*, éprouver un certain soulagement. To heave a sigh of relief, pousser un soupir de soulagement. *It is a r. to tell one's woes*, on soulage ses maux à les raconter. *It was somewhat of a r. to me when . . .*, je fus légèrement soulagé quand. . . . *To find r. in work*, trouver un dérivatif dans le travail. (*b*) *Black costume without r.*, toilette noire sans agrément. *Blank wall without r.*, mur *m* d'une nudité monotone. *A comic scene follows by way of r.*, une scène comique suit pour détendre les esprits. *A clump of trees was a r. to the eye*, un bouquet d'arbres reposait la vue. (*c*) Décharge *f.* Relief of the pressure, réduction *f* de la pression; *Mch:* décompression *f.* *Mch:* Relief cock, décompresseur *m.* Relief from taxation, dégrèvement *m.* *This is a great r. to the State*, c'est une grande décharge pour l'État. **2.** Secours *m*, assistance *f*, aide *f.* (*a*) To go to s.o.'s relief, aller, se porter, au secours de qn, à l'aide de qn. Relief fund, caisse *f* de secours (en cas de sinistre, etc.). Relief works, travaux publics organisés pour secourir les sinistrés, les sans-travail. Relief train, train *m* de secours. Relief engine, locomotive remorqueuse. (*b*) *Adm:* (Poor-)relief, secours, aide, aux pauvres; assistance publique. *The poor receive State r.*, les pauvres sont assistés. Child in receipt of relief, enfant assisté. *R. of old people*, assistance aux vieillards. Parish relief = les secours du bureau de bienfaisance. Out(door) relief, secours à domicile. *See also* INDOOR. Relief ticket, bon *m* de secours. **3.** *Mil:* (*a*) Dégagement *m*, délivrance *f*, déblocus *m* (d'une ville, d'une place forte). *He hastened to the r. of the town*, il partit en toute diligence au secours de la ville. Relief troops, troupes *f* de secours. (*b*) Relève *f* (d'une garde, etc.). *Nau:* Relève du quart. Relief man, sentinelle *f* de relève; relève *f.* Relief party, draft of reliefs, détachement *m* de relève; une relève. **4.** *Jur:* Réparation *f* (d'un grief); redressement *m* (d'un tort). *He could get no r.*, il ne put obtenir justice. **5.** *Mec.E:* Dégagement *m*, dépouille *f* (d'un foret, d'une fraise). Angle of relief (*of tool*), angle *m* de dépouille, d'incidence.

re'lief-valve, *s.* *Mch:* Soupape *f* de sûreté, de décompression. *I.C.E:* Clapet *m* d'excès de pression.

relief[2], *s.* **1.** *Art:* Relief *m*; modelé *m.* High relief, low relief, haut-relief, bas-relief. *Sculp:* Half relief, demi-bosse *f.* *See also* BAS(S)-RELIEF. In relief, en relief; (ouvrage) relevé en bosse. *To stand out in r.*, ressortir, saillir; se détacher, se découper (*against*, sur); s'accuser (*against*, contre). To bring, throw, sth. into relief, relever qch.; faire ressortir qch.; mettre qch. en relief; donner du relief à qch. *To bring sth. out* in strong relief, in bold relief, faire vivement ressortir qch. *Figure that is not in sufficient r.*, figure *f* qui n'a pas assez de saillie. *To give r. to one's style*, donner du relief à son style. Relief map, carte *f* en relief; stéréorama *m.* **2.** (*a*) *Ph.Geog:* Relief (terrestre). (*b*) *Fort:* Relief, élévation *f* (des remparts, etc.).

relievable [ri'li:vəbl], *a.* **1.** (Douleur *f*) allégeable, qu'on peut soulager; (mal *m*) remédiable. **2.** *Mil:* (Place forte) secourable. *Place r. by sea*, place secourable par mer.

relieve [ri'li:v], *v.tr.* **1.** (*a*) Soulager, alléger (la misère, les souffrances, de qn). *I am much relieved to hear it*, c'est un grand soulagement pour moi de l'apprendre. To relieve s.o.'s mind, tranquilliser l'esprit de qn; *F:* tirer à qn une épine du pied. To relieve one's feelings, se décharger le cœur; se soulager. *F:* To relieve nature, faire ses besoins; se décharger le ventre; se soulager. (*b*) *Black bodice relieved by, with, white lace*, corsage noir agrémenté de dentelle blanche. *To r. the severity of one's mourning*, égayer son deuil. *His lecture was relieved by wit*, sa conférence était relevée par des traits d'esprit. *There was nothing to r. the gloom of the play*, il n'y avait rien pour racheter la mélancolie de la pièce. *To r. the tedium of the journey*, tromper, dissiper, l'ennui du voyage. *To r. the monotony we went for a walk*, pour nous changer les idées nous sommes allés nous promener. (*c*) Soulager, décharger (une soupape, etc.). *To r. the pressure*, réduire la pression. *To r. the strain on a beam*, soulager une poutre. To relieve congestion, (i) faciliter la circulation (aux heures d'affluence, etc.); (ii) *Med:* décongestionner (les poumons, etc.). **2.** Secourir, aider, assister (qn); venir en aide à (qn); subvenir aux besoins de (qn). **3.** To relieve s.o. of sth., soulager, délester, qn (d'un fardeau); débarrasser qn (de son manteau, etc.); délivrer, tirer, ôter, qn (d'un doute, etc.); dégager, délier, relever, affranchir, qn (d'une obligation); relever, destituer, qn (de ses fonctions). *To r. the people of a tax*, alléger le peuple d'un impôt. *To feel relieved of a great weight*, se sentir allégé d'un grand poids. *Relieved of anxiety*, hors d'inquiétude; allégé de souci. *It relieves me of all responsibility*, cela me dégage de toute responsabilité. *To r. s.o. of the necessity of working*, dispenser qn de travailler. *F:* To relieve s.o. of his purse, soulager qn de son porte-monnaie. **4.** (*a*) *Mil:* Dégager, délivrer, secourir (une ville, une place forte). (*b*) Relever, relayer (qn). *Mil:* To relieve the guard, relever la garde. *Nau:* To relieve the watch, relever, remplacer, au quart; changer le quart; faire la relève. **5.** *Mec.E:* Dépouiller, dégager (un foret, un taraud). **6.** *Art:* *Sculp:* *etc:* Relever, mettre en relief, donner du relief à (un motif); faire ressortir (une couleur, etc.); détacher (le sujet sur le fond). *Relieved against a dark background*, qui ressort, qui se découpe, qui se détache, qui tranche, sur un fond noir.

relieving[1], *a.* **1.** *Adm:* Relieving officer, commissaire *m* des pauvres; commissaire du bureau de bienfaisance. **2.** (*a*) *Mil:* (Armée) de secours. (*b*) (Équipe, etc.) de relève. *Mil:* Relieving troops, troupes *f* de relève; une relève. **3.** *Nau:* Relieving tackle, palans *mpl* de retenue du gouvernail; palans de barre; attrape *f.* **4.** *Arch:* Relieving arch, arc *m* de décharge; voûte *f* de décharge; *Civ.E:* *etc:* arche *f* de soutènement.

relieving[2], *s.* **1.** (*a*) Soulagement *m*, allégement *m* (d'une douleur, etc.). *Med:* *R. of the bowels*, soulagement du ventre. **2.** (*a*) *Mil:* Dégagement *m*, délivrance *f* (d'une ville, etc.). (*b*) Relève *f*, relèvement *m* (d'une sentinelle, etc.).

reliever [ri'li:vər], *s.* **1.** (*a*) Personne *f* qui soulage, qui secourt; secoureur *m.* (*b*) *pl.* *Ecc.Hist:* Relievers, secoureurs. **2.** Dispositif *m* de soulagement ou d'allégement. *See also* BREAST-RELIEVER.

relievo [ri'li:vo], *s.* *Art:* Relief *m.* Alto relievo, haut-relief *m.* Basso relievo, bas-relief. In relievo, en relief.

relight [ri:'lait]. **1.** *v.tr.* Rallumer. **2.** *v.i.* Se rallumer.

relighting, *s.* Rallumage *m.*

religion [ri'lidʒən], *s.* Religion *f*; culte *m.* *Adm:* *Mil:* Confession *f.* Freedom of religion, liberté *f* du culte. Established religion, religion d'État. *He respects neither law nor r.*, il n'a ni foi ni loi. To enter into religion, entrer en religion. *Her* name in religion *is Sister Martha*, elle s'appelle en religion sœur Marthe. *F:* To get religion, (i) se convertir; (ii) devenir bigot. To take to religion, tomber, se jeter, dans la dévotion. To make a religion of doing sth., to make it a religion to do sth., se faire une religion de faire qch. *Hist:* The wars of religion, les guerres *f* de religion.

religiosity [rilidʒi'ɔsiti], *s.* Religiosité *f.*

religious [ri'lidʒəs]. **1.** *a.* (*a*) Religieux, pieux, dévot. *He is very r.*, il a beaucoup de religion. (*b*) (Ordre) religieux; (vie) de religion. *R. book*, livre *m* de piété, de dévotion. *R. exercises*, exercices spirituels. *R. habit*, habit *m* monastique, de religieux. *R. minorities*, minorités *f* de religion. *R. wars*, guerres *f* de religion. *Art:* *R. subject*, sujet *m* de sainteté. (*c*) *F:* (Soin) religieux, scrupuleux. *R. exactitude*, exactitude scrupuleuse. **2.** *s.* (*inv. in pl.*) *Ecc:* Religieux, -euse. *The religious of the Sacred Heart*, les dames *f* du Sacré-Cœur. **-ly**, *adv.* **1.** (*a*) Religieusement, pieusement. (*b*) *F:* Religieusement, scrupuleusement. **2.** Au point de vue religieux.

religiousness [ri'lidʒəsnəs], *s.* (*a*) Piété *f*, dévotion *f*; caractère religieux, caractère pieux. (*b*) *F:* Religiosité *f* (*in attending to sth.*, à faire qch.).

re-line [ri:'lain], *v.tr.* **1.** Remettre une doublure à (un manteau, etc.); rentoiler (une manchette, une peinture à l'huile, etc.). **2.** (*a*) Regarnir (un frein, un coussinet, etc.); revêtir à nouveau (un fourneau, un puits de mine). (*b*) Rechemiser (un cylindre).

re-lining, *s.* **1.** (*a*) Remplacement *m* de la doublure (d'un manteau, etc.); rentoilage *m* (de manchettes, etc.). (*b*) Regarnissage *m* (de freins, etc.); rechemisage *m* (de cylindres). **2.** Nouveau revêtement (intérieur).

re-liner [ri:'lainər], *s.* Rentoileur *m* (de tableaux).

relinquish [ri'liŋkwiʃ], *v.tr.* **1.** Abandonner (une habitude, tout espoir); renoncer à (un projet, un droit); se dessaisir de (ses biens). *Jur:* Délaisser (un droit, une succession); répudier (une succession). *To r. one's place, one's appointment*, abandonner, céder, sa place; résigner ses fonctions. **2.** Lâcher prise de (qch.); lâcher, abandonner (la corde à laquelle on s'agrippait, etc.).

relinquishing, *s.* = RELINQUISHMENT.

relinquishment [ri'liŋkwiʃmənt], *s.* Abandon *m*, abandonnement *m* (de ses biens, etc.); renonciation *f* (*of a right*, à un droit); dessaisissement *m* (d'une propriété, etc.). *R. of one's property*, dépouillement *m* volontaire de ses biens. *Jur:* *R. of a succession*, répudiation *f* d'une succession.

reliquary ['relikwəri], *s.* Reliquaire *m*; (*arched*) absidiole *f.*

reliquiae [ri'likwii:], *s.pl.* Restes *m* (fossiles, etc.).

relish[1] ['reliʃ], *s.* **1.** (*a*) Goût *m*, saveur *f* (d'un mets, etc.). *To give r. to a dish*, assaisonner un mets. *His food has no more r. for him*, il ne trouve plus de goût à sa nourriture. *F:* The relish of novelty, le ragoût, l'attrait *m*, de la nouveauté. *Danger gives r. to an adventure*, le danger donne du ragoût, du relief, du piquant, à une aventure. (*b*) Assaisonnement *m*, condiment *m.* *F:* With hunger for a relish, avec la faim pour ragoût, pour assaisonnement. (*c*) *Cu:* Soupçon *m*, pointe *f* (de piment, etc.). (*d*) *Cu:* Petit hors-d'œuvre *inv*; quelque chose pour agacer l'appétit. **2.** To eat sth. with relish, manger qch. de bon appétit; savourer qch. avec délectation. *He used to tell the story with great r.*, il se délectait à raconter cette histoire. To have a relish for sth., avoir le goût de qch.; avoir du goût pour qch.; avoir un penchant pour (un vice, etc.). *He has no further r. for games*, il ne prend, ne trouve, plus de plaisir aux jeux; les jeux ne lui plaisent plus guère.

relish[2]. **1.** *v.tr.* (*a*) Donner du goût à (un mets); relever le goût de (qch.). (*b*) (*Of pers.*) Goûter, savourer (un mets); trouver goût à (qch.); trouver bon (qch.). *He relished this simple family life*, il goûtait cette simple vie de famille. *F:* To relish doing sth., trouver du plaisir à faire qch. *We did not* (*quite*) *r. the idea*, l'idée ne nous souriait pas, ne nous souriait qu'à demi. *I do not r. the prospect*, je ne goûte pas beaucoup cette perspective. **2.** *v.i.* To relish of sth., avoir un léger goût de qch.; sentir (l'ail, etc.).

relishable ['reliʃəbl], *a.* Savoureux, ragoûtant.

relive [riː'liv], *v.tr.* Revivre (sa vie, le passé).

reload [riː'loud], *v.tr.* Recharger (un navire, une arme à feu, etc.).

reloading, *s.* Rechargement *m.* *Nau:* **Reloading charges**, frais *m* de transbordement.

reluct [ri'lʌkt], *v.i.* *A:* (*a*) = *to show reluctance.* (*b*) **To reluct at, against, sth.**, montrer de la répugnance pour qch.; se révolter à l'idée de qch.

reluctance [ri'lʌktəns], *s.* **1.** Répugnance (*to do sth.*, à faire qch.). **To show (some) reluctance to do sth.**, montrer quelque répugnance à faire qch.; se montrer peu disposé, peu empressé, à faire qch.; montrer peu d'empressement à faire qch.; hésiter, résister, *F:* renâcler, à faire qch. *He showed no r. to . . .*, il ne se fit pas tirer l'oreille pour. . . . **To do sth. with reluctance**, faire qch. à regret, à contre-cœur, à son corps défendant; *F:* se faire tirer la manche pour faire qch. **To affect reluctance**, faire des manières; *P:* faire des chichis. **2.** *El:* Reluctance *f*; résistance *f* magnétique. **Specific reluctance**, résistivité *f* spécifique.

reluctant [ri'lʌktənt], *a.* **1.** Qui résiste; qui agit à contre-cœur. **To be reluctant to do sth.**, être peu disposé à faire qch.; hésiter à faire qch. *However r. he was to write*, quelque répugnance qu'il eût à écrire. *I feel r. to . . .*, j'éprouve de la répugnance à . . .; je répugne à . . .; il me répugne de. . . . *He seems r. to take the matter up*, il semble se désintéresser de l'affaire. **2.** (Voyage) fait à contre-cœur; (consentement) accordé à contre-cœur. **-ly**, *adv.* Avec répugnance; à contre-cœur; à regret; de mauvais cœur; de mauvaise grâce; à son corps défendant. *I say it r.*, il m'en coûte de le dire; cela me coûte à dire. *He paid up, consented, very r.*, il s'est fait tirer l'oreille pour payer, pour consentir.

reluctivity [relʌk'tiviti], *s.* *El:* Reluctivité *f*.

rely [ri'lai], *v.i.* **To rely (up)on s.o., sth.**, compter sur, faire fond sur, qn, qch.; avoir confiance en qn; se reposer, s'appuyer, sur qn; se fier à qn. *I r. upon him*, je compte sur lui. *I r. upon it*, j'y compte. *He is not to be relied upon*, on ne peut pas compter sur lui. *I want a man I can r. on*, il me faut un homme de confiance. *I r. on you to help me*, je compte sur vous pour m'aider. *To r. on s.o. for sth.*, s'en remettre à qn de qch. *To r. upon s.o. to take charge of an affair*, se reposer sur qn du soin d'une affaire. *To r. on s.o.'s evidence*, s'en rapporter au témoignage de qn. *Statement not to be relied upon*, rapport sujet à caution. *We cannot r. on the weather*, le temps n'est pas sûr. **You may rely upon it that I shall be punctual, you may rely upon my being punctual**, vous pouvez compter que je serai à l'heure. *Prov:* **Rely on yourself only, ne t'attends** qu'à toi seul.

remagnetize [riː'magnetaɪːz], *v.tr.* Réaimanter.

remain[1] [ri'mein], *s.* **1.** *A Roman remain*, un reste de la civilisation romaine. **2.** *pl.* **Remains.** (*a*) Restes (d'un repas, etc.); débris *m*, ruines *f* (d'un édifice); vestiges *m* (d'une ancienne voie, etc.). *She still shows the remains of beauty*, elle a conservé des restes de beauté. (*b*) Œuvres *f* posthumes (d'un auteur). (*c*) **Mortal remains**, restes mortels; dépouille mortelle. *To discover* **human remains**, découvrir des ossements *m*.

remain[2], *v.i.* **1.** Rester. *Nothing remains of the meal*, il ne reste rien du repas. *The memory remained in my mind*, le souvenir m'en resta dans l'esprit; ce souvenir surnagea dans mon esprit. *The few pleasures that r. to us*, les quelques plaisirs qui nous restent. **This objection remains**, cette objection subsiste. **The fact remains that . . .**, il n'en est pas moins vrai que . . .; toujours est-il que . . .; tant (il) y a que. . . . **Much yet remains to be done**, il reste encore beaucoup à faire. *Worse things r. to be told*, mais il y a pis encore à raconter. **Nothing remains for me but to . . .**, il ne me reste plus qu'à (demander l'aumône, etc.). **It (only) remains for me to . . .**, il (ne) me reste (qu')à (vous remercier, etc.); je n'ai plus qu'à (me retirer, etc.). **It remains to be seen whether . . .**, reste à savoir si. . . . *That remains to be seen*, c'est ce que nous verrons. **2.** Demeurer, rester. (*a*) *To r. at home*, rester à la maison; se tenir chez soi. *To r. sitting*, rester assis, demeurer assis. *The police have remained on the spot*, la police est demeurée sur les lieux. **To remain behind**, rester; ne pas partir. *He remained away three weeks*, il resta absent trois semaines. *The victory remained with Prince Eugene*, la victoire resta aux mains du Prince Eugène. (*b*) *Let it r. as it is*, laissez-le comme cela. *Beauty remains but changes*, la beauté persiste mais évolue. **3.** (*a*) *One thing remains certain*, une chose reste certaine. *I r. convinced that . . .*, je demeure convaincu que. . . . *To r. faithful to s.o.*, rester fidèle à qn. *The weather remains fine*, le temps se maintient au beau. (*b*) *Corr:* **I remain, Sir, yours truly**, agréez, Monsieur, mes salutations empressées.

remaining, *a.* **1.** Qui reste; de reste. *I have four r.*, j'en ai quatre de reste; il m'en reste quatre. **There is, there are, remaining . . .**, il reste. . . . **2.** *The r. travellers*, le reste des voyageurs; les autres voyageurs. *The r. foreign exchange*, le reliquat des devises étrangères. *Our only r. hope*, le seul espoir qui nous reste.

remainder[1] [ri'meindər], *s.* **1.** (*a*) Reste *m*, restant *m*, reliquat *m* (de fortune, etc.). *The r. of his life*, le reste de sa vie. (*b*) *Ar:* Reste. *Division with no r.*, division *f* sans reste. **2.** (*a*) *Coll.* **The remainder**, les autres *mf*. *The r. sat down*, les autres s'assirent. (*b*) *Bookselling:* **Remainders, remainder line**, fin *f* de série; bouillon *m* (d'exemplaires invendus); solde *m* d'édition. **Remainder sale**, solde d'édition. **Remainder shop**, magasin *m* de soldes d'éditions. **3.** *Jur:* Réversion *f*. *The estate is left to A with r. to B*, la succession passe à A avec réversion sur B.

remainder[2], *v.tr.* *Com:* Solder (une édition).

remake [riː'meik], *v.tr.* (*p.t.* remade [riː'meid]; *p.p.* remade) Refaire; rebattre (un matelas).

remaking, *s.* Réfection *f*.

re-man [riː'man], *v.tr.* (re-manned; re-manning) *Nau:* **1.** Réarmer (un navire). **2.** Reprendre (une aussière).

remand[1] [ri'mɑːnd], *s.* *Jur:* Renvoi *m* (d'un prévenu) à une autre audience. **Detention under remand**, détention préventive. **To be on remand**, être renvoyé à une autre audience. **Remand home**, maison *f* de détention provisoire (pour mineurs renvoyés à une autre audience).

remand[2], *v.tr.* *Jur:* Renvoyer (un prévenu) à une autre audience. *He was remanded for a week*, son cas a été remis à huitaine. *To r. a prisoner in custody*, renvoyer à huitaine la comparution de l'inculpé, avec détention provisoire. *To r. a prisoner on bail*, mettre un inculpé en liberté sous caution.

remanence ['remənəns], *s.* *Magn:* Remanence *f*.

remanent ['remənənt], *a.* **1.** Qui reste; de reste. **2.** *El:* (Magnétisme) remanent, résiduel.

remark[1] [ri'mɑːrk], *s.* **1.** Remarque *f*, attention *f*. **Things worthy of remark**, choses dignes d'attention, dignes d'être remarquées. **2.** Remarque, observation *f*, commentaire *m*. **To make, pass, let fall, a remark**, faire une remarque, une observation. **To let sth. pass without remark**, laisser passer qch. sans commentaire, sans faire d'observations. *Did you make a r.?* avez-vous dit quelque chose? **To venture, hazard, a remark**, se permettre un mot; hasarder une observation. *This r. went home*, cette parole porta; cette parole le piqua. *After some preliminary remarks*, après quelques avant-propos *m*. *Your complimentary remarks*, les compliments *m* que vous avez bien voulu m'adresser. **To make remarks about s.o.**, *F:* **to pass remarks upon s.o.**, faire des observations sur qn; gloser sur qn; battre qn en brèche. *To make scathing remarks about s.o.*, tenir des propos moqueurs sur qn.

remark[2]. **1.** *v.tr.* (*a*) Remarquer, observer (qn, qch., que . . .); noter (qch., que . . .). *It may be remarked that . . .*, constatons que. . . . (*b*) Faire la remarque (que . . .); faire remarquer, faire observer (à qn que . . .). *She remarked that it was getting late*, elle déclara qu'il se faisait tard. *"I thought you had gone," he remarked*, "je croyais que vous étiez parti," dit-il, déclara-t-il. **2.** *v.i.* Faire une remarque, faire des remarques (*on*, sur). *I remarked upon it to my neighbour*, j'en fis l'observation à mon voisin. *You remember that I remarked upon it*, vous vous souvenez que j'en ai fait la remarque.

remarkable [ri'mɑːrkəbl], *a.* Remarquable; frappant; (mérite, etc.) singulier; (courage) signalé. *A man r. for his courage*, un homme remarquable par son courage. *His playing is r. only for its flawless technique*, son jeu ne vaut que par sa technique impeccable. *Our family has never been r.*, notre famille n'a jamais marqué. **-ably**, *adv.* Remarquablement.

remarkableness [ri'mɑːrkəblnəs], *s.* Ce qu'il y a de remarquable, de frappant (*of*, dans). *The r. of his playing*, son jeu remarquable.

remarriage [riː'maredʒ], *s.* Remariage *m*; nouveau mariage.

remarry [riː'mari]. **1.** *v.tr.* (*a*) Épouser de nouveau (qn dont on est divorcé); se remarier à (qn). (*b*) (*Of registrar, etc.*) Remarier (des divorcés). **2.** *v.i.* Se remarier; contracter un nouveau mariage; (*of widow*) convoler en deuxièmes noces.

remast [riː'mɑːst], *v.tr.* Remâter (un vaisseau).

Rembrandt ['rembrant]. *Pr.n.m.* *Hist. of Art:* Rembrandt. *Art:* *Phot:* **Rembrandt effect**, contre-jour *m*.

Rembrandtesque [rembran'tesk], *a.* *Art:* Rembranesque.

remediable [re'miːdiəbl], *a.* Remédiable; réparable.

remedial [re'miːdiəl], *a.* Réparateur, -trice; (traitement, etc.) curatif. *All is lost unless r. measures are taken at once*, tout est perdu à moins d'un prompt remède. *Civ.E:* **Remedial works**, ouvrages *m* de protection.

remediless ['remediləs], *a.* (Mal *m*) sans remède; (perte *f*, etc.) irrémédiable.

remedy[1] ['remedi], *s.* **1.** Remède *m*. **Remedy for an ailment**, remède pour, contre, une maladie. *F:* **Old wives' remedy**, remède de bonne femme. *All is lost failing an immediate r.*, tout est perdu à moins d'un prompt remède. *There is no r. but the knife*, il n'y a pas d'autre remède qu'une intervention chirurgicale. **The evil is past remedy, beyond remedy**, le mal est sans remède, est irrémédiable. *See also* DESPERATE 1. **2.** *Jur:* Réparation *f*; dédommagement *m*. **To have no remedy at law**, n'avoir aucun recours contre qn. **3.** *Num:* **Remedy (of the Mint)**, remède, tolérance *f*.

remedy[2], *v.tr.* Remédier, (ap)porter remède, à (qch.). *That cannot be remedied*, on ne saurait y remédier; c'est sans remède. *To r. an evil promptly*, apporter un prompt remède à un mal.

remedying, *s.* Remédiement *m* (à qch.).

remelt [riː'melt], *v.tr.* Refondre.

remelting, *s.* Refonte *f*.

remember [ri'membər], *v.tr.* **1.** (*a*) Se souvenir de (qch.); se rappeler, se remémorer (qch.); avoir mémoire de (qch.); retenir, ne pas oublier (une leçon, etc.). **To remember sth. by heart**, avoir retenu qch. par cœur. *I r. that . . .*, je me souviens, je me rappelle, que . . .; *Lit:* il me souvient que. . . . *Few people r. that they were once young*, peu de gens se souviennent d'avoir été jeunes. *Now I r. that I left it at home*, il me revient à l'idée, en idée, que je l'ai laissé à la maison. *I r. seeing it*, je me souviens, il me souvient, de l'avoir vu. *I r. John saying that . . .*, je me souviens d'avoir entendu dire à Jean que. . . . *I r. Mr X coming to talk to me*, je me souviens que M. X est venu me parler. *I r. his going*, je me rappelle son départ, je me souviens de son départ. *I r. his going away one day . . .*, je me rappelle l'avoir vu partir un jour. . . . *I r. the occasion*, j'ai cette occasion présente à l'esprit. *I r. your being ill*, je me rappelle votre maladie, quand vous avez été malade. *To be able to r. things that happened long ago*, se ressouvenir de loin. **If I remember aright**, si je m'en souviens bien; si j'ai bonne mémoire. **As far as I remember**, autant qu'il m'en souvient; autant qu'il m'en souvienne. *As far back as I can r.*, du plus loin qu'il m'en souvienne. *I can't r. his name for the moment*, son nom m'échappe pour l'instant. **Don't you remember me?** (est-ce que) vous ne me remettez pas? **It will be something to remember you by**, ce sera un souvenir de vous. *Occ. v.ind.tr.* **Do you remember about his bankruptcy?** vous souvenez-vous du bruit qu'a fait sa faillite? *See also* WELL REMEMBERED. (*b*) Faire attention à (qch.). *One cannot r. everything*, on ne peut pas songer à tout. *I shall r. to do it*, je n'oublierai pas de le faire; je penserai à le faire. *R. not to turn to the right*, rappelez-vous qu'il ne faut pas tourner à droite. *That is worth remembering*, cela est à noter. *These things being remembered, it will not seem strange that . . .*, si l'on tient compte de ces faits, il ne paraîtra pas étrange que + *sub. R. that he is only ten years old*, faites attention qu'il n'a que dix ans. (*c*) **He remembered me in his will**, il ne m'a pas oublié dans son testament. *R. me in your prayers*, ne m'oubliez pas dans vos prières. **Remember the waiter!** n'oubliez pas le garçon! (*d*) **To remember oneself**, se ressaisir. **2.** **Remember me (kindly) to them**, rappelez-moi à leur bon souvenir; faites-leur mes amitiés; dites-leur des choses aimables, bien des choses, de ma part. *R. me to Mrs X*, mes compliments à Madame X. *He begs to be remembered to you*, il me prie de le rappeler à votre bon souvenir. **3.** *A:* **I remembered me that . . .**, je me rappelais que . . .; il me souvenait que. . . . *They remembered them of it*, ils se le rappelèrent.

remembrance [ri'membrəns], *s.* **1.** Souvenir *m*, mémoire *f*. **To have sth. in remembrance**, avoir qch. à la mémoire. *It has escaped my r.*, cela m'est sorti de la mémoire. **To the best of my remembrance**, autant qu'il m'en souvienne; autant que je puisse m'en souvenir. *To have no r. of sth.*, n'avoir aucun souvenir de qch. **To call sth. to remembrance**, se rappeler qch.; se remémorer qch. **To put s.o. in remembrance of sth.**, rappeler qch. à qn. *You put me in r. of your father*, vous me rappelez votre père. *It has happened more than once* **within my remembrance**, c'est arrivé plus d'une fois à ma connaissance. **Never within man's remembrance**, jamais de mémoire d'homme. **In remembrance of s.o., of sth.**, en souvenir, en mémoire, de qn, de qch. **Annual festival of remembrance**, fête commémorative. **Remembrance Day**, l'anniversaire *m* de l'Armistice (de 1918). **2.** *pl.* **Give my kind remembrances to him**, rappelez-moi à son bon souvenir; dites-lui bien des choses de ma part.

remembrancer [ri'membrənsər], *s.* **1.** *A:* (*a*) Souvenir *m*, mémento *m*. (*b*) Carnet *m* (de notes); agenda *m*. **2.** *Adm:* (*a*) **King's Remembrancer, Queen's Remembrancer**, fonctionnaire *m* qui perçoit les dettes dues au souverain. (*b*) **City Remembrancer**, représentant *m* du Conseil de la Cité de Londres devant les commissions parlementaires.

re-mesh [riː'meʃ], *v.tr.* Remailler (un filet).

remetal [riː'met(ə)l], *v.tr.* (**remetalled; remetalling**) **1.** *Civ.E:* Recharger (une route). **2.** *Mec.E:* Regarnir (un coussinet).

remetalling, *s.* Rechargement *m* (d'une route); regarnissage *m* (d'un palier).

remex, *pl.* **-iges** ['riːmeks, 'remidʒiːz], *s.* *Orn:* Rémige *f*. *Usu. pl.* **The remiges**, les (plumes *f*) rémiges.

remigial [re'midʒiəl], *a.* *Orn:* (Plume *f*) rémige.

Remigius [rə'midʒəs]. *Pr.n.m.* (Saint) Remi.

remill [riː'mil], *v.tr.* **1.** Remoudre (du blé, etc.). **2.** *Tex:* Refouler (des étoffes). **3.** *Metalw:* Fraiser à nouveau (un engrenage, etc.).

remilling, *s.* **1.** Remoulage *m* (des céréales). **2.** *Tex:* Refoulement *m* (des étoffes).

remind [ri'maind], *v.tr.* **To remind s.o. of sth.**, rappeler, remémorer, qch. à qn; remettre qch. en mémoire à qn; faire souvenir qn de qch.; faire penser qn à qch. *I was reminded of my promise*, on m'a fait souvenir de ma promesse. *That reminds me of . . .*, cela me rappelle. . . . **That reminds me!** à propos! *Everything here reminds me of my youth*, tout ici me retrace ma jeunesse. *He reminds me of my brother*, il me fait penser à mon frère. *She reminds me of a sparrow*, elle me fait l'effet d'un moineau. **To remind s.o. to do sth.**, rappeler à qn qu'il doit faire qch. *R. me to write to him*, faites-moi penser à lui écrire. *Passengers are reminded that . . .*, il est rappelé à messieurs les voyageurs que. . . .

reminder [ri'maindər], *s.* (*a*) Mémento *m*. **As a reminder**, pour mémoire. *As a r. that . . .*, pour rappeler que. . . . *This will be a r. to me*, cela me servira de mémoratif. (*b*) **(Letter of) reminder**, lettre envoyée à titre d'avertissement; *Com:* lettre de rappel. *Send me a r.*, envoyez-moi un mot pour me le faire rappeler. *I'll send him a r.*, je vais lui rafraîchir la mémoire. (*c*) *Com:* Rappel *m* de compte; rappel d'échéance.

remindful [ri'maindful], *a.* **1.** Qui se souvient (*of*, de). **2.** Remémorateur, -trice; qui fait souvenir (*of*, de).

reminisce [remi'nis], *v.i.* *U.S:* *F:* Raconter ses souvenirs; remonter dans le passé.

reminiscence [remi'nis(ə)ns], *s.* **1.** Réminiscence *f*; souvenir *m* vague. *Phil:* **Platonic reminiscence**, la réminiscence platonicienne. **2.** **To write one's reminiscences**, écrire ses souvenirs, ses réminiscences.

reminiscent [remi'nis(ə)nt], *a.* **1.** Qui se souvient; remémorateur. *A previous life of which we may be r.*, une vie antérieure dont nous avons peut-être conservé un vague souvenir. **2.** **Reminiscent of s.o., of sth.**, qui rappelle qn, qch.; qui fait penser à qn, à qch. *Aberfoyle, r. of Rob Roy*, Aberfoyle, nom associé à celui de Rob Roy. *Tunes r. of Prince Charlie*, airs *m* qui rappellent le souvenir du Prince Charles. **-ly**, *adv.* De l'air de celui qui se souvient. *He smiled r.*, il sourit à ce souvenir.

remint [riː'mint], *v.tr.* Refondre (la monnaie).

remiss [ri'mis], *a.* **1.** Négligent, insouciant; inexact à remplir ses devoirs; sans soin; nonchalant. **To be remiss in doing sth.**, être négligent à faire qch. **2.** *A:* Mou, *f.* molle; faible; peu zélé. **-ly**, *adv.* Négligemment; sans soin; inexactement.

remissible [ri'misibl], *a.* (Péché, etc.) rémissible.

remission [ri'miʃ(ə)n], *s.* **1.** *Theol:* **Remission of sins**, pardon *m*, rémission *f*, des péchés. *To grant s.o. r. of his sins*, absoudre qn de ses péchés. **2.** Remise *f* (d'une peine, d'une dette, etc.). *R. of a tax*, remise d'un impôt; détaxe *f*. *R. of taxation*, abattement *m* sur les impôts. *R. of examination fees, etc.*, exonération *f*. **3.** (*a*) Relâchement *m*, adoucissement *m* (du froid, etc.). *An unexpected r. of the storm*, une accalmie inattendue. (*b*) *Med:* Rémission, rémittence *f* (d'une fièvre, etc.).

remissness [ri'misnəs], *s.* Négligence *f*, insouciance *f*; inexactitude *f* à remplir ses devoirs.

remit [ri'mit], *v.* (**remitted; remitting**) I. *v.tr.* **1.** (*a*) Remettre, pardonner (les péchés). (*b*) Remettre (une dette, une peine); faire remise de (qch.). *To r. a candidate's examination fees*, exonérer un candidat. **2.** Relâcher (son zèle, ses efforts). **3.** (*a*) Remettre, soumettre (une question à une autorité). (*b*) *Jur:* Renvoyer (un procès à un autre tribunal). (*c*) Remettre, différer (une affaire). **4.** *A:* Mettre de nouveau, remettre, rétablir (dans un certain état). *To r. a tribe into slavery*, plonger de nouveau une tribu dans l'esclavage. **5.** *Com:* **To remit a sum to s.o.**, remettre, envoyer, une somme à qn; faire remise, faire envoi, d'une somme à qn; faire tenir une somme à qn. *Abs.* **Kindly remit by cheque**, prière de nous couvrir par chèque.

II. **remit**, *v.i.* **1.** (*Of zeal, etc.*) Se relâcher. **2.** Diminuer d'intensité; (*of pain*) se calmer; s'apaiser; (*of storm*) se calmer, tomber.

remitting, *a.* **1.** (*Of bank, etc.*) Remetteur, -euse. **2.** *Med:* (*Of fever*) Rémittent.

remittal [ri'mit(ə)l], *s.* **1.** (*a*) Rémission *f* (*for a sin*, d'un péché). (*b*) Remise *f* (*of a penalty, of a debt*, d'une peine, d'une dette). **2.** *Jur:* Renvoi *m* (d'un procès à un autre tribunal).

remittance [ri'mitəns], *s.* *Com:* Remise *f* (d'argent); envoi *m* de fonds. *To send s.o. a r.*, faire une remise, un versement, à qn. *F:* **Remittance-man**, propre à rien envoyé aux colonies, où il vit des fonds que lui envoie sa famille.

remittee [rimi'tiː], *s.* Destinataire *mf* (d'un envoi de fonds).

remittent [ri'mitənt], *a.* *Med:* (*Of fever*) Rémittent.

remitter[1] [ri'mitər], *s.* *Com:* Remetteur, -euse; remettant, -ante; envoyeur, -euse (de fonds).

remitter[2], *s.* *Jur:* Renvoi *m* (*to another court*, à, devant, un autre tribunal).

remnant ['remnənt], *s.* **1.** (*a*) Reste *m*, restant *m*; ce qui reste. *The remnant(s) of a great host, of a large property*, le restant, les restes, d'une grande armée, d'une grande propriété. *Only a r. survived*, les survivants *m* n'étaient plus qu'une petite bande. *The remnants of a mighty forest*, tout ce qui reste d'une grande forêt. (*b*) *I found a few remnants of food*, je trouvai quelques restes, quelques bribes *f*, de nourriture. **2.** Vestige *m* (d'un usage, d'une croyance, etc.). **3.** *Com:* Coupon *m* (d'étoffe). **Remnants**, soldes *m*; fin *f* de série. **Remnant sale**, solde de coupons.

remodel [riː'mɔd(ə)l], *v.tr.* (**remodelled; remodelling**) Remodeler (une statue); refondre (un poème); remanier (un ouvrage); réorganiser (une armée, etc.); transformer (une machine).

remodelling, *s.* Nouveau modelage; remaniement *m*, refonte *f* (d'un poème, etc.); réorganisation *f* (d'une usine, etc.); transformation *f* (d'une machine).

remodeller [riː'mɔd(ə)lər], *s.* Remanieur, -euse.

remonstrance [ri'mɔnstrəns], *s.* **1.** Remontrance *f*; protestation *f*. **2.** *Hist:* Remontrance.

remonstrant [ri'mɔnstrənt]. **1.** *a.* (*a*) (Ton, air) de remontrance ou de protestation; (personne) qui proteste. (*b*) *Ecc.Hist:* De Remontrant, des Remontrants. **2.** *s.* (*a*) Remontreur, -euse; protestataire *mf*. (*b*) *Ecc.Hist:* Remontrant *m*.

remonstrate [ri'mɔnstreit]. **1.** *v.i.* **To remonstrate with s.o. upon sth.**, faire des remontrances, des représentations, à qn au sujet de qch.; sermonner, argumenter, qn au sujet de qch. *He had remonstrated gently with her (about it)*, il l'en avait reprise avec douceur. **To remonstrate against sth.**, protester contre qch. **2.** *v.tr.* **To remonstrate that . . .**, protester que . . .; faire remarquer que (qch. est peu recommandable, etc.).

remonstrating, *a.* = REMONSTRANT 1 (*a*). **-ly**, *adv.* D'un ton de remontrance, d'un ton de protestation; en protestant.

remonstrative [ri'mɔnstrətiv], *a.* (Ton, lettre) de remontrance, de protestation.

remonstrator [ri'mɔnstreitər], *s.* Remontreur, -euse; protestataire *mf*.

remontant [ri'mɔntənt], *a.* & *s.* *Hort:* (Rosier, framboisier) remontant.

remora ['remora], *s.* **1.** *Ich:* Rémora *m*. **2.** *F:* *A:* Rémora, obstacle *m*, retardement *m*.

remorse [ri'mɔːrs], *s.* **1.** Remords *m* (*at*, de; *for*, pour). **To feel remorse**, éprouver, avoir, du remords, des remords, du repentir. **A feeling, a twinge, of remorse**, un remords. *Feelings of r.*, des remords. **To be smitten with remorse**, être pris de remords. *Biting r.*, des remords cuisants. **2.** **Without remorse**, sans aucune componction; sans pitié.

remorseful [ri'mɔːrsful], *a.* Plein de remords; repentant. **-fully**, *adv.* Avec remords.

remorseless [ri'mɔːrsləs], *a.* **1.** Sans remords. **2.** Sans pitié; impitoyable. **-ly**, *adv.* **1.** Sans remords. **2.** Sans pitié; impitoyablement.

remote [ri'mout], *a.* **1.** (*Far apart*) Éloigné, écarté. *Sciences r. from each other*, sciences *f* qui n'ont rien en commun. **2.** (*Far off*) Lointain; éloigné, écarté; reculé. **The house lies remote from the road**, la maison est située loin de la route. *Considerations r. from the subject*, considérations éloignées du sujet. *R. country*, pays lointain, éloigné. *R. place*, endroit éloigné, écarté, reculé, retiré. *In the remotest part of Asia*, au fond de l'Asie. *At a r. period*, à une époque reculée. **In a remote future**, dans un avenir lointain, reculé. *R. ages*, siècles éloignés, reculés. *R. antiquity*, les hauts temps. *The remotest antiquity*, l'antiquité la plus reculée. **Remote ancestors**, ancêtres reculés. **Remote causes**, causes lointaines, éloignées. *See also* CONTROL[1] 2. **3.** Faible, léger, vague. *A r. resemblance*, une vague ressemblance; une ressemblance légère. *A r. idea of . . .*, une légère idée de. . . . **I haven't the remotest idea** *of what he meant*, je n'ai pas la moindre idée de ce qu'il voulait dire.

If by any remote chance *he is still alive*, si par impossible il est encore vivant. *Without the remotest chance of succeeding*, sans la moindre chance de réussir. **Remote prospect**, éventualité *f* peu probable. **-ly**, *adv.* **1.** Loin; au loin; dans le lointain. *R. distant*, à une distance éloignée. **2.** De loin. *We are r. related*, nous sommes parents de loin. **3.** Vaguement, faiblement. *R. connected with . . .*, qui n'a qu'un faible rapport avec. . . . *R. affected by . . .*, faiblement affecté de. . . . *R. derived from . . .*, vaguement dérivé de. . . .

remoteness [ri'moutnəs], *s.* **1.** (*a*) Éloignement *m*, lointaineté *f* (d'un village, etc.). (*b*) Éloignement (d'un événement, etc.); époque reculée. **2.** (*a*) Degré éloigné (de parenté). (*b*) Faible degré (de ressemblance, etc.). *The r. of this prospect*, le peu de probabilité de cette éventualité.

remould [riː'mould], *v.tr.* *Tchn: etc:* Remouler; mouler à nouveau.

remoulding, *s.* Remoulage *m*; nouveau moulage.

remount[1] [riː'maunt, ri-], *s.* *Mil:* **1.** Remonte *f*. **Remount depot**, établissement *m*, dépôt *m*, de remonte. **Remount officer**, officier *m* de remonte. **2.** Cheval *m* de remonte. **Army remounts**, chevaux de troupe. *To provide remounts for a cavalry regiment*, remonter un régiment de cavalerie. (*Of officer*) *To go buying remounts*, aller en remonte.

remount[2]. **1.** *v.tr.* (*a*) Remonter (une colline, etc.). (*b*) **To remount one's horse**, *abs.* **to remount**, remonter à cheval, sur son cheval; se remettre en selle. (*c*) *Mil:* Remonter (un officier, un régiment de cavalerie). (*d*) Remonter, rentoiler (une carte); remonter (un pneu). **2.** *v.i.* Remonter (à une époque éloignée). *To r. to the source of these events*, remonter jusqu'à la source de ces événements.

remounting, *s.* **1.** *Mil:* Remonte *f* (de cavalerie). **2.** Rentoilage *m* (d'une carte); remontage *m* (de pneus, etc.).

removability [rimuːvə'biliti], *s.* Amovibilité *f* (d'un organe, d'un fonctionnaire).

removable [ri'muːvəbl], *a.* **1.** Détachable; (porte *f*) mobile; (foyer *m*) amovible; (table *f*, machine *f*) démontable. *R. by hand*, démontable à la main. **2.** Transportable; qui peut être enlevé, déplacé. **3.** (*a*) (Mal *m*) extirpable. (*b*) (Fonctionnaire *m*) amovible, révocable.

removal [ri'muːv(ə)l], *s.* **1.** (*a*) Enlèvement *m* (d'une tache, etc.); suppression *f* (d'un mal, d'un abus). *Surg:* Ablation *f* (d'une tumeur, etc.). *Ecc:* **Removal of interdict**, mainlevée *f* d'interdit. (*b*) Révocation *f* (d'un fonctionnaire); destitution *f* (d'un officier). (*c*) *F:* Assassinat *m*, meurtre *m* (de qn). **2.** Déplacement *m* (d'une épave, d'une usine, etc.); transport *m*, (d'un colis, etc.); dépose *f* (de pavés, de rails). *For: etc:* Transport, débardement *m* (du bois, de la pierre). **3.** (*a*) Action *f* d'enlever (qch.); démontage *m* (d'un pneu, etc.); levée *f* (de scellés). *Med:* Levée (d'un pansement, d'un appareil). *To order the r. of the body*, ordonner la levée du cadavre. (*b*) Soustraction *f* (d'un document, etc.). **4.** Déménagement *m*; changement *m* de domicile. *R. into a house*, emménagement *m*. **Removal expenses**, frais *m* de déplacement.

remove[1] [ri'muːv], *s.* **1.** *Cu:* Relevé *m*. **2.** *Sch:* (*a*) Passage *m* à une classe supérieure. *Examinations for the r.*, examens *m* de passage. (*b*) Classe *f* intermédiaire (entre moyens et grands). **3.** (*a*) Distance *f*. *At a certain r.*, à une certaine distance. (*b*) **It is but one remove from . . .**, cela est tout près de . . .; cela confine à. . . . (*c*) Degré *m* (de parenté). **Cousin in the second remove** = *cousin twice removed*, *q.v. under* REMOVED 1.

remove[2], *v.tr.* **1.** (*a*) Enlever, effacer, ôter, faire disparaître, faire s'en aller, faire partir (une tache); enlever (les traces de qch.); écarter, lever (un obstacle); résoudre (une objection); (en)lever (un doute); chasser, dissiper (une appréhension); supprimer, faire cesser (un abus); ôter, dissiper (une douleur); supprimer, aplanir, lever (une difficulté). *Surg:* Enlever, retrancher (une tumeur, etc.); opérer l'ablation (d'une tumeur). *To r. s.o.'s name from a list*, rayer qn d'une liste. *To r. a doubt from s.o.'s mind*, éclaircir qn d'un doute. *To r. the scale from a boiler*, désincruster, détartrer, une chaudière. *To r. the burr from a casting*, ébarber une pièce moulée. *To r. the water from a mixture*, séparer l'eau d'un mélange. (*b*) Révoquer (un fonctionnaire); destituer, casser (un officier). (*c*) Assassiner ou faire assassiner; *F:* supprimer (qn). *To r. s.o. by poison*, empoisonner ou faire empoisonner qn. **2.** (*a*) Déplacer (une machine, une épave, etc.); transporter, transférer (des colis, etc.); déménager (sa bibliothèque, etc.). *For: etc:* Débarder (le bois coupé, la pierre d'une carrière). *His bed was removed to the sitting-room, was removed downstairs*, on a transporté son lit dans la salle; on a descendu son lit en bas. *To have one's furniture removed*, faire emporter ses meubles. **To remove oneself and all one's belongings**, *F:* faire place nette. *Abs.* **To remove**, déménager; se déplacer; changer de résidence. *To r. into the country*, aller habiter à la campagne. (*b*) Éloigner (qch., qn). *Please r. the candle a little*, veuillez bien éloigner un peu la bougie. (*c*) Enlever, retirer (son chapeau); enlever (les assiettes, etc.); démonter (un pneu); déposer (des pavés, etc.). *Med:* *To r. a bandage*, lever un appareil. (*d*) Déplacer (un fonctionnaire, etc.). (*e*) *To r. a sentry*, lever une sentinelle ou un factionnaire. *You may r. the prisoner*, vous pouvez emmener, remmener, faire sortir, le prévenu. **To remove a pupil from school**, retirer un élève de l'école. *Death has removed him from our midst*, la mort nous l'a enlevé. **3.** *Cu:* (*Of course*) **To be removed by sth.**, être suivi de qch.

removed, *a.* **1.** **First cousin once removed**, cousin(e) issu(e) de germain; parent(e) au cinquième degré; *F:* oncle *m* ou tante *f*, neveu *m* ou nièce *f*, à la mode de Bretagne. **Cousin twice removed**, cousin issu de fils de germain; parent au septième degré. *See also* GENERATION 2. **2.** Éloigné. **Far removed from . . .**, bien loin de . . .; très éloigné de. . . . *Not far r. from . . .*, qui n'est pas très éloigné de . . .; qui est tout près de . . .; qui confine à. . . . *His feeling was not far r. from love*, son sentiment n'était pas très éloigné de l'amour. **He is only one step removed from a swindler**, c'est un escroc ou peu s'en faut.

removing, *s.* = REMOVAL. *Toil:* **Removing cream**, crème *f* à démaquiller.

removedness [ri'muːvidnəs], *s.* Éloignement *m*.

remover [ri'muːvər], *s.* **1.** (*Pers.*) = FURNITURE-REMOVER. **2.** **Varnish remover**, décapant *m* pour vernis. **Soot remover**, séparateur *m* de suie. **Superfluous hair remover**, pâte *f* dépilatoire. *See also* SCALE[1] 3, STAIN-REMOVER.

remunerate [ri'mjuːnəreit], *v.tr.* **1.** Rémunérer (*s.o. for his services*, qn de ses services). **2.** Rémunérer, rétribuer (un service).

remuneration [rimjuːnə'reiʃ(ə)n], *s.* Rémunération *f* (*for*, de); rétribution *f*. **In remuneration for . . .**, en rémunération de. . . .

remunerative [ri'mjuːnərətiv], *a.* **1.** (Travail, prix) rémunérateur, -trice. **2.** *Jur:* (Legs *m*, etc.) rémunératoire.

remunerativeness [ri'mjuːnərətivnəs], *s.* Caractère rémunérateur (d'une entreprise, etc.).

remuneratory [ri'mjuːnərətəri], *a.* = REMUNERATIVE 2.

Remus ['riːməs]. *Pr.n.m. Rom.Hist:* Rémus.

renaissance [ri'neisəns], *s.* *Art: Lit: etc:* Renaissance *f*. *R. style*, style *m* (de la) Renaissance.

renal ['riːn(ə)l], *a.* *Anat:* Rénal, -aux; des reins.

rename [riː'neim], *v.tr.* Débaptiser (qn, une rue).

renascence [ri'nas(ə)ns], *s.* **1.** Retour *m* à la vie; renouveau *m*. **2.** = RENAISSANCE.

renascent [ri'nas(ə)nt], *a.* Renaissant.

rencounter[1] [ren'kauntər], *s.* *A:* Rencontre *f*.

rencounter[2]. *A:* **1.** *v.tr.* Rencontrer. **2.** *v.i.* Se rencontrer.

rend [rend], *v.* (*p.t.* **rent** [rent]; *p.p.* **rent**) **1.** *v.tr.* (*a*) *Lit:* Déchirer (qch.). **To rend sth. off, away**, arracher, déchirer, qch. **To rend sth. asunder, apart**, déchirer, fendre, qch. en deux. *Province rent from the empire*, province arrachée à l'empire. **To rend sth. in two, in twain**, déchirer qch. en deux. **To rend one's garments**, déchirer ses vêtements. **To rend one's hair**, arracher ses cheveux; s'arracher les cheveux. **A cry rent the air**, un cri fendit l'air. *To r. the air with shouts*, déchirer l'air de ses cris. **To rend s.o.'s heart**, fendre, déchirer, le cœur à qn. *Anarchy will r. the country*, l'anarchie déchirera le pays. **To turn and rend s.o.**, *B:* se retourner et déchirer qn; *F:* tomber, fondre, sur qn. (*b*) *Tchn:* **To rend laths**, fendre le bois en lattes. **2.** *v.i.* Se déchirer, se fendre.

rent, *a.* (Latte *f*) de fente.

rending, *s.* Déchirement *m*, arrachement *m*, fendage *m*.

render ['rendər], *v.tr.* Rendre. **1.** (*a*) (*Give in return*) *To r. good for evil*, rendre le bien pour le mal. (*b*) **To render thanks to s.o.**, remercier qn; faire des remerciements à qn. *To r. thanks to God*, rendre grâce à Dieu. **2.** *Lit:* (*Give up, surrender*) Rendre (une forteresse, etc.). *B:* **Render unto Caesar the things that are Caesar's!** rendez à César ce qui appartient à César! **The grave will render up its dead**, la tombe rendra ses morts. **3.** **To render homage, a service, to s.o.**, rendre hommage, un service, à qn. *To r. help to s.o.*, prêter secours à qn. *To r. a tribute*, fournir un tribut. *The services of all kinds rendered to you by myself*, les services de toutes sortes à vous rendus par moi. *See also* SERVICE[1] 5. **4.** (*a*) Rendre (un compte, une raison). **To render an account of sth.**, rendre compte de qch. *To r. a verdict*, rendre un verdict. (*b*) *Com:* **To render an account to s.o.**, remettre un compte à qn. **'As per account rendered, to account rendered,'** "suivant notre compte; suivant compte remis; suivant relevé remis." **5.** Rendre (les traits de qn); interpréter (un morceau de musique, une œuvre dramatique); rendre, traduire (une phrase). *To r. a French expression into English*, rendre, traduire, une expression française en anglais. **6.** Rendre, faire devenir. *His wealth renders him important, an important person*, sa fortune le rend important, fait de lui une personne importante. *His action renders it probable that . . .*, son action fait pressentir que. . . . **7.** (*a*) *Cu:* Fondre (de la graisse). (*b*) Clarifier (l'huile). **8.** *Const:* **To render a wall with cement**, enduire un mur de ciment; cimenter, gobeter, un mur. *See also* ROUGH-RENDER. **9.** *Nau:* Mettre (un palan) en force.

rendered, *a.* *Cu:* **Rendered fat**, graisse fondue.

rendering, *s.* **1.** (*a*) *R. of thanks, of praise, of help*, remerciements *mpl*, louanges *fpl*, assistance *f*. (*b*) Reddition *f* (d'un compte, d'une forteresse). **2.** Rendu *m* (d'une expression, des traits de qn); interprétation *f* (d'un morceau de musique, etc.); traduction *f* (d'une phrase). *Her r. of Chopin is very good*, elle rend très bien Chopin. **3.** Fonte *f*, extraction *f* (de la graisse); clarification *f* (de l'huile). **4.** Gobetage *m*. **Cement rendering**, enduit *m* de ciment.

'render-set[1], *s.* *Const:* Crépi *m* et enduit *m*.

'render-set[2], *v.tr.* (*p.t.* **set**; *p.p.* **set**; *pr.p.* **setting**) Crépir et enduire (un mur).

render-set[3], *a.* (Mur) crépi et enduit.

renderer ['rendərər], *s.* Fondeur *m* (de suif, etc.).

rendezvous [rɔndi'vuː], *s.* Rendez-vous *m*.

rendition [ren'diʃ(ə)n], *s.* **1.** Reddition *f* (d'une forteresse). **2.** *U.S:* (*a*) Traduction *f*. (*b*) *Th: etc:* Interprétation *f* (d'un rôle, d'un morceau de musique, etc.).

renegade[1] ['renigeid], *s.* Renégat, -ate. **Renegade Christian, monk**, chrétien renié; moine renié.

renegade[2], *v.i.* (*a*) *To r. from one's party, one's religion*, renier son parti, sa religion. (*b*) *Abs.* Apostasier.

renew [ri'njuː]. **1.** *v.tr.* (*a*) Renouveler. *To be renewed*, se renouveler. **To renew one's youth**, retrouver sa jeunesse; rajeunir. **To renew a lease**, renouveler un bail. *To r. one's subscription, s.o.'s subscription*, se réabonner, réabonner qn (*to*, à). *Com:* **To renew a bill**, prolonger une lettre de change. (*Of bill, etc.*) **Unless renewed**, à moins de renouvellement. *Jur:* **To renew a title**, rénover un titre. *Gaming:* **To renew the bank**, arroser la banque. (*b*) Renouer (une conversation, une correspondance). *To r. a request, an attempt*, *F:* revenir à la charge. **To renew one's acquaintance with s.o.**, renouer, renouveler, refaire, connaissance avec qn. *To r. one's friendship, an intimacy, with s.o.*, renouer (amitié) avec qn. *To r. the combat*, rengager le combat. *To r. a tradition*, renouer une tradition. *To r. a promise*, renouveler une promesse. *To r. one's attention*, redoubler d'attention. *To r. one's attentions for s.o.*, redoubler d'attentions pour, envers, qn. (*c*) Remplacer (un organe de machine, etc.); renouveler (ses vêtements, l'air d'une chambre, etc.). *To r. one's tyres, one's staff*, renouveler ses pneus, son personnel. (*d*) *Phot: etc: To r. a bath*, (i) renouveler un bain; (ii) rafraîchir un bain. **2.** *v.i.* Se renouveler.

renewed, *a.* Renouvelé, redoublé; nouveau, -elle. *R. lease*, bail renouvelé. *R. activity*, activité redoublée. *R. hopes*, nouvelles espérances. *R. outbreak of an evil*, recrudescence *f* d'un mal. *To act with r. zeal, to eat with r. appetite*, renouveler de zèle, d'appétit. *To step out with r. vigour*, renouveler de jambes.

renewing, *s.* = RENEWAL.

renewable [ri'nju:əbl], *a.* Renouvelable.

renewal [ri'nju:əl], *s.* **1.** (*a*) Renouvellement *m* (d'un traité, etc.). *R. of beauty, of youth*, regain *m* de beauté, de jeunesse; *F:* renouveau *m* de jeunesse. *R. of a vow, Jur: of a title*, rénovation *f* d'un vœu, d'un titre. **Renewal of subscription,** réabonnement *m* (*to*, à). *Com:* **Renewal of a bill,** atermoiement *m*, prolongation *f*, d'une lettre de change. **Renewal bill,** retraite *f*. *R. of a lease*, renouvellement d'un bail. *Jur:* **Renewal of lease by tacit agreement,** tacite reconduction *f*. (*b*) **Renewal of acquaintance,** renouvellement, renouement *m*, des relations. *A r. of affection, F:* un revenez-y de tendresse. *R. of activity, of negotiations*, reprise *f* d'activité, de négociations. **2.** Remplacement *m* (d'un organe de machine, d'un pneu, etc.).

renewedly [ri'nju:idli], *adv.* De nouveau.

reniform ['renifɔ:rm], *a.* Réniforme.

renitency [ri'naitənsi, 'renitənsi], *s.* *Med: A:* Rénitence *f* (du ventre, etc.).

renitent [ri'naitənt, 'renitənt], *a.* *Med: A:* Rénitent.

rennet[1] ['renet], *s.* Caille-lait *m inv*; présure *f*. **Rennet stomach,** caillette *f*. **Rennet-maker,** présurier *m*.

rennet[2], *s.* *Hort:* (Pomme *f* de) rainette *f*, reinette *f*.

renounce[1] [ri'nauns], *s.* *Cards:* Renonce *f*.

renounce[2], *v.tr.* **1.** Renoncer à, abandonner (une prétention, un droit, une possession); répudier (une succession). *She renounces him*, elle renonce à lui. *To r. one's property*, se dévêtir de son bien; *Jur:* se désapproprier. **To renounce the world,** renoncer au monde; divorcer, faire divorce, avec le monde. **2.** (*a*) Renoncer à, dire adieu à (un projet, une idée). (*b*) Dénoncer, abjurer (une convention); répudier (un traité, un enfant); renier, désavouer (un ami). *To r. one's principles, one's party*, renier ses principes, son parti. *To r. one's faith, one's gods*, renoncer (à) sa foi, renoncer ses dieux; apostasier. *To r. a treaty*, répudier, dénoncer, un traité. *To r. one's country*, renoncer sa patrie. **3.** *Abs. Cards:* (*a*) (*Fail to follow suit*) Renoncer. (*b*) *A:* = REVOKE[2] **2**.

renouncing, *s.* = RENOUNCEMENT.

renouncement [ri'naunsmənt], *s.* Renoncement *m* (*of*, à). *R. of one's property*, dépouillement *m* volontaire de ses biens. *Jur:* **Renouncement of a succession,** répudiation *f* d'une succession.

renouncer [ri'naunsər], *s.* **1.** *Jur:* Renonciateur, -trice; renonçant, -ante. **2.** *Cards:* Renonçant, -ante.

renovate ['renoveit], *v.tr.* **1.** Renouveler (l'air, l'eau). **2.** Remettre à neuf (un vêtement); rénover (un moteur, des pneus, etc.); désenfumer (un tableau). *Phot:* Rafraîchir (un bain). **3.** *A:* Restaurer (qn). **4.** Relever (le moral, l'âme, de qn); régénérer, rénover (un art, les mœurs).

renovating, *a.* Rénovateur, -trice.

renovation [reno'veiʃ(ə)n], *s.* Rénovation *f*, renouvellement *m*; remise *f* à neuf (d'un vêtement). *Theol:* **Renovation of the soul,** renouvellement, régénération *f*, de l'âme.

renovator ['renoveitər], *s.* Rénovateur, -trice.

renown [ri'naun], *s.* Renommée *f*, renom *m*, célébrité *f*. *Man* **of great renown, of high renown,** homme *m* de grand renom. *To win r.*, se faire un grand nom. *See also* CREDIT[1] **2**.

renowned [ri'naund], *a.* Renommé (*for*, pour); célèbre (*for*, par); fameux, illustre; en renom (*for*, pour).

rent[1] [rent]. *See* REND.

rent[2], *s.* **1.** Déchirure *f*, accroc *m* (à un vêtement); déchirure (dans les nuages). **2.** Fissure *f*, fente *f*, bâillement *m*, cassure *f* (de terrain). **3.** Rupture *f*, schisme *m* (dans une société, dans un parti).

rent[3], *s.* **1.** Loyer *m*; (prix *m* de) location *f*, prix locatif (d'une maison, etc.); fermage *m*, affermage *m* (d'une ferme). *Heavy r.*, gros loyer. *To owe three months' rent*, devoir trois mois de loyer. *Quarter's r.*, terme *m*. *Free of r.*, exempt de loyer; sans payer de loyer. *See also* GROUND-RENT, PEW-RENT. **2.** *A:* Rente *f*.

'rent-charge, *s.* *Jur:* (*Charge on landed property*) Servitude *f* de rente à faire à un tiers.

'rent-collector, *s.* Receveur *m* de loyers.

'rent-day, *s.* Jour *m* du terme.

'rent-free, *a.* **1.** *To live r.-f. in a house*, habiter une maison sans payer de loyer. **2.** *R.-f. house*, maison exempte de loyer.

'rent-roll, *s.* (*a*) Montant *m* des loyers (d'une maison de rapport, etc.). (*b*) *R.-r. of an estate*, état *m* des fermages d'une propriété.

rent[4], *v.tr.* **1.** (*a*) (*Let*) Louer (une maison); affermer (une terre). (*b*) (*Hire*) Louer, prendre en location (une maison, *U.S:* un piano, etc.); affermer, prendre en location (une terre). *To r. a house from the tenant*, sous-louer une maison. (*c*) (*Impose rent on*) Fixer un loyer à (un tenancier). **To rent s.o. high,** faire payer un loyer exorbitant à qn. **2.** (*With passive force*) *The house, the farm, rents at so much a year*, la maison se loue, est louée, à tant par an; la terre est affermée à tant par an.

renting, *s.* Louage *m*, location *f*, affermage *m*.

rentable ['rentəbl], *a.* Qu'on peut louer; qui peut se louer; affermable.

rental ['rent(ə)l], *s.* **1.** (*a*) Loyer *m*, location *f*, valeur locative (d'un immeuble); montant *m* du loyer. *Yearly r.*, redevance annuelle. (*b*) Revenu *m* provenant des loyers, état *m* des loyers. **2.** (*a*) *U.S:* (Prix *m* de) location (d'une auto, etc.). **Rental library,** bibliothèque *f* de prêt. (*b*) *Tp:* **Fixed rental,** taux principal d'abonnement.

renter ['rentər], *s.* **1.** Locataire *mf* (d'un immeuble, *U.S:* d'une auto, etc.); fermier *m* (d'une terre). **2.** (*a*) *U.S:* Loueur, -euse. (*b*) *Cin:* Loueur, distributeur *m* (de films).

renumber [ri:'nʌmbər], *v.tr.* Renuméroter.

renunciation [rinʌnsi'eiʃ(ə)n], *s.* **1.** Renoncement *m*, renonciation *f* (*of rights, of principles, of pleasures*, aux droits, aux principes, aux plaisirs); abandon *m*, délaissement *m* (d'un droit). *Jur:* *R. of property*, désappropriation *f*. *R. of a succession*, répudiation *f* d'une succession. **Letter of renunciation,** lettre *f* de renoncement. **2.** Répudiation, désaveu *m*, reniement *m* (*of*, de). **Renunciation on oath,** abjuration *f* (*of*, de).

renunciatory [ri'nʌnʃiətəri], *a.* **1.** De renoncement; de renonciation. **2.** De désaveu; de reniement.

reoccupation [ri:ɔkju'peiʃ(ə)n], *s.* Réoccupation *f* (d'un territoire, etc.).

reoccupy [ri:'ɔkjupai], *v.tr.* Réoccuper.

reoccupying, *s.* Réoccupation *f*.

reopen [ri:'oup(ə)n]. **1.** *v.tr.* (*a*) Rouvrir (un livre, un compte, une blessure, un théâtre). *Metall:* *To r. a (brazed or welded) seam*, dessouder une soudure. *F:* **To reopen an old sore,** raviver une plaie. (*b*) Reprendre, recommencer (les hostilités); recommencer (le feu); renouveler (une querelle, un procès). *The question cannot be reopened*, il n'y a pas à y revenir. *Jur:* *To r. a case of bankruptcy*, rapporter une faillite. **2.** *v.i.* (*a*) (*Of wound*) Se rouvrir. (*b*) (*Of theatre*) Rouvrir; (*of school, law court*) rentrer. *The shops, the schools, will r. on Monday*, la réouverture des magasins, la rentrée des classes, aura lieu lundi.

reopening, *s.* **1.** Réouverture *f* (d'un théâtre, d'un magasin). **2.** Rentrée *f* (des classes, des tribunaux, des Chambres).

reordain [ri:ɔ:r'dein], *v.tr.* Réordonner (un ecclésiastique).

reorder[1] [ri:'ɔ:rdər], *s.* *Com:* Commande renouvelée; "à nouveau" *m inv.*

reorder[2], *v.tr.* Renouveler la commande de (qch.); faire une nouvelle commande de (marchandises, etc.); commander à nouveau.

reordination [ri:ɔ:rdi'neiʃ(ə)n], *s.* Réordination *f*.

reorganization [ri:ɔ:rgənai'zeiʃ(ə)n], *s.* Réorganisation *f*; assainissement *m* (des finances); réforme *f* (de l'enseignement, etc.).

reorganize [ri:'ɔ:rgənaiz]. **1.** *v.tr.* Réorganiser; assainir (les finances). **2.** *v.i.* (*Of business-house, etc.*) Se réorganiser.

reorganizing[1], *a.* Réorganisateur, -trice.

reorganizing[2], *s.* = REORGANIZATION.

reorganizer [ri:'ɔ:rgənaizər], *s.* Réorganisateur, -trice.

rep[1] [rep], *s.* *Tex:* Reps *m*. *Woollen rep*, reps de laine.

rep[2], *s.* *Sch: F:* = REPETITION.

rep[3], *s.* *U.S: F:* = REPROBATE[1] **2**.

repack [ri:'pak], *v.tr.* **1.** Rempaqueter, remballer, rencaisser (des marchandises); refaire (une malle). **2.** *Mch:* Regarnir (un presse-étoupe, un piston); remplacer la garniture (d'un piston, d'une pompe). *To r. a joint*, refaire un joint.

repacking, *s.* **1.** Rempaquetage *m*, remballage *m*, rencaissage *m*. **2.** *Mch:* Regarnissage *m* (d'un piston).

repaid [ri'peid]. *See* REPAY.

repaint[1] ['ri:peint], *s.* *Golf: F:* Balle *f* de seconde main.

repaint[2] [ri:'peint], *v.tr.* Repeindre.

repainting, *s.* Nouvelle peinture.

repair[1] [ri'pɛər], *s.* *A:* Fréquentation *f* (*to a place*, d'un endroit); recours *m* (*to s.o.*, à qn). **To have repair to a place,** fréquenter un endroit. **Place of great, of little, repair,** endroit très fréquenté, peu fréquenté. *Place of safe r.*, abri sûr.

repair[2], *v.i.* **To repair to a place,** aller, se rendre, à un endroit; gagner un endroit. *A:* *To r. to s.o.*, avoir recours à qn.

repair[3], *s.* **1.** Réparation *f* (d'un bâtiment, d'une machine, d'une route); rétablissement *m* (d'un bâtiment); remise *f* en état (d'une machine); réfection *f* (d'un mur); renfaîtage *m* (d'un toit); raccommodage *m* (d'un vêtement, d'un meuble); *Nau:* radoub *m* (d'une coque). *Superficial r., F:* replâtrage *m*. *Slight repairs, heavy repairs*, légères réparations, grosses réparations. **Street repairs, road repairs,** réfection des rues, des routes. **Road(side) repairs** (*to motor car*), dépannage *m*; réparations *fpl* de fortune. *Nau:* **To put into port for repairs,** relâcher pour faire des réparations. **To undergo repairs, to be under repair,** subir des réparations; être en réparation, en voie de réfection. *Ship under r.*, navire *m* en radoub. *To carry out repairs*, (faire) effectuer des réparations. **Beyond repair,** hors d'état d'être réparé. *Ruined beyond r.*, ruiné irréparablement, irrémédiablement. *See also* TENANT[1]. **2.** **To be in (good) repair,** être en bon état; être bien entretenu. **To be in bad repair, to be out of repair,** être en mauvais état; être mal entretenu; avoir besoin de réparations. *Bicycle out of r., F:* bicyclette démanchée. **To keep a road, a building, in repair,** entretenir une route; tenir une route en bon état; entretenir un immeuble (en réparation). *Keeping in r.*, entretien *m*; réparations d'entretien. **To put sth. in repair,** faire réparer qch. *The house needs putting in r., will have to be put in r.*, la maison a besoin d'être réparée; des réparations s'imposent. *See also* HABITABLE.

re'pair mechanic, *s.* Mécanicien réparateur.

re'pair outfit, *s.* Nécessaire *m*, trousse *f*, de réparation.

re'pair ship, *s.* Bateau *m* de réparations; navire-atelier *m*, *pl.* navires-ateliers.

re'pair truck, *s.* *Rail:* Voiture-atelier *f*, *pl.* voitures-ateliers.

repair[4], *v.tr.* **1.** Réparer, réfectionner (un bâtiment, une machine, un chemin); remettre en état (une machine); rhabiller (une montre); dépanner (une auto en détresse); refaire, repiquer (un chemin); renfaîter (un toit); raccommoder, raccoutrer (un vêtement); raccommoder, reprendre (des bas); raccommoder, ressemeler (des chaussures); radouber (un filet, *Nau:* une coque). **To repair one's fortunes,** réparer, rétablir, sa fortune. **2.** Réparer, corriger (une faute); réparer (un tort); se rattraper de (ses pertes); réparer (une défaite). **3.** Rétablir (sa santé).

repairing, *s.* Réparation *f*, repiquage *m*, raccommodage *m*, remise *f* en état, remaniage *m*, reprise *f*, rhabillage *m*. **Repairing shop, works,** atelier *m* de réparations. **Repairing lease,** bail *m* qui engage le locataire à maintenir les locaux dans l'état où il les a reçus.

repairer [ri'pɛərər], *s.* Réparateur, -trice; *occ.* répareur, -euse; raccommodeur, -euse; rajusteur, -euse. *R. of clocks*, horloger rhabilleur.

repaper [riː'peipər], *v.tr.* Retapisser (une pièce).

reparable ['repərəbl], *a.* (Machine *f*, faute *f*, tort *m*) réparable.

reparation [repə'reiʃ(ə)n], *s.* **1.** Réparation *f* (d'un bâtiment, d'une machine). **2.** Réparation (d'un tort). *War reparations*, réparations de guerre. **The Reparations Commission,** la Commission des Réparations. **In reparation of . . .,** en réparation de. . . . **To make reparation for an injury,** réparer un tort. *He will make r.*, il vous donnera satisfaction; il réparera.

reparative [ri'parətiv], *a.* Réparateur, -trice; réparatoire.

repartee [repɑː'tiː], *s.* Repartie *f*. **To be good, quick, at repartee,** avoir la repartie prompte; avoir l'esprit de repartie; avoir des reparties, des répliques, spirituelles. *He is not happy at r.*, *F:* il n'est pas heureux à la parade.

repartition [repɑː'tiʃ(ə)n, riː-], *s.* **1.** (*a*) Répartition *f* (des biens, des impôts). (*b*) *The r. of land and water on the surface of the globe*, la répartition des eaux et des terres à la surface du globe. **2.** [riː-] Nouveau partage.

repass [riː'pɑːs]. **1.** *v.tr.* (*a*) Repasser, retraverser (la mer, un fleuve). (*b*) Passer de nouveau devant (la maison, etc.). (*c*) Voter de nouveau (une loi). **2.** *v.i.* Repasser, passer de nouveau (*in front of*, devant; *through*, à travers).

repast [ri'pɑːst], *s.* Repas *m*.

repaste [riː'peist], *v.tr.* **1.** Recoller. **2.** *El:* Réempâter, *F:* retartiner (les plaques d'un accumulateur).

repasting, *s.* **1.** Recollage *m*, recollement *m*. **2.** *El:* Réempâtage *m*.

repatriate [ri'peitrieit], *v.tr.* Rapatrier.

repatriation [ripeitri'eiʃ(ə)n], *s.* Rapatriement *m*.

repave [riː'peiv], *v.tr.* Repaver (une rue); recarreler (une buanderie, etc.).

repaving, *s.* Repavage *m*.

repay [ri'pei], *v.tr.* (*p.t.* **repaid** [ri'peid]; *p.p.* **repaid**) **1.** Rendre (de l'argent, un coup, une visite); rendre, payer de retour (un service); rembourser, rendre (un prêt). *This money will soon be repaid to you*, cet argent vous rentrera bientôt. **To repay good for evil, to repay evil with, by, good,** rendre le bien pour le mal. *To r. an obligation*, s'acquitter d'une obligation. *To r. an injury*, se venger d'un tort. *To r. s.o.'s kindness*, récompenser qn de sa bonté; payer de retour la bonté de qn. **I owe you more than I can repay,** *F:* je vous dois une fière chandelle. *Abs.B:* **Vengeance is mine, I will repay,** à moi appartient la vengeance, je le rendrai. **2.** (i) Rembourser (qn); (ii) récompenser (qn) (*for*, de). **To repay s.o. in full,** s'acquitter avec, envers, qn. *See also* KIND[1] 5. *To r. s.o. for his kindness*, récompenser qn de sa bonté; revaloir à qn sa bonté. *To r. s.o. sixfold*, rendre à qn au sextuple ce qu'on lui doit. *To r. s.o. with ingratitude*, payer qn d'ingratitude. *How can I r. you?* comment pourrai-je m'acquitter envers vous? **3.** *Book that repays reading*, livre *m* qui mérite, qui vaut la peine, d'être lu. *The effort will r. itself*, l'effort aura sa récompense; cela vaut la peine de faire un effort.

repayable [ri'peiəbl], *a.* Remboursable. *See also* PAR[1].

repayment [ri'peimənt], *s.* **1.** Remboursement *m* (d'une somme). **Bond due for repayment,** obligation amortie. **2.** Récompense *f* (d'un service).

repeal[1] [ri'piːl], *s.* Abrogation *f* (d'une loi); rappel *m*, révocation *f* (d'un décret); annulation *f* (d'une sentence).

repeal[2], *v.tr.* Rapporter, abroger, annuler (une loi); révoquer, rappeler (un décret); annuler (un ordre).

repealable [ri'piːləbl], *a.* Révocable; abrogeable; rappelable.

repealer [ri'piːlər], *s.* **1.** Auteur *m* de l'ordre de rappel (d'un décret, etc.). **2.** *Hist:* Partisan *m* de l'abrogation de l'Acte d'union entre la Grande-Bretagne et l'Irlande.

repeat[1] [ri'piːt], *s.* **1.** (*Of item in programme*) Bis *m*. **2.** *Mus:* Reprise *f*. **Repeat(-mark),** (barre *f* de) reprise; renvoi *m*. **3.** Répétition *f* (d'un motif décoratif); compartiment *m* (d'un ornement, etc.); rapport *m* (du dessin). **4.** *Tg:* **Repeat signal,** invitation *f* à répéter. **5.** *Com:* **Repeat (order),** commande renouvelée; "à nouveau" *m inv.*

repeat[2]. **1.** *v.tr.* (*a*) Répéter (une question); réitérer (un ordre). *It cannot be too often repeated that . . .*, on ne saurait trop répéter, redire, que. . . . *Story not fit to be repeated*, histoire *f* peu convenable. (*After a line of a song, etc.*) 'Repeat,' "bis." *To have sth. repeated*, faire répéter qch. *Tg:* **To repeat back a telegram,** collationner, répéter, un télégramme. *To have a telegram repeated*, faire collationner un télégramme. (*b*) *Pej:* Rapporter (un méfait, etc.). *He repeats everything to the master*, c'est un rapporteur. *To r. a secret*, répéter un secret. (*c*) Répéter (une action, un dessin); recommencer (une tentative); renouveler (ses efforts). *Sch:* Doubler (une classe). *Com:* Renouveler (une commande). *I hope it will not be repeated*, j'espère que cela ne se répétera pas. *The next day the complaints were repeated*, le lendemain les plaintes se renouvelèrent. **To repeat oneself,** se répéter. **History repeats itself,** l'histoire se répète. *To avoid repeating oneself*, éviter les redites. *Com:* (*Of article*) 'Cannot be repeated,' "sans suite." (*d*) **To repeat the lessons, a poem,** réciter les leçons, une poésie. **2.** *v.i.* (*a*) (*Of watch, rifle*) Être à répétition. (*b*) *Ar:* (*Of figures*) Se répéter. (*c*) (*Of food*) Revenir, donner des renvois. *My food repeats*, j'ai des renvois.

repeated, *a.* Répété, réitéré, redoublé. *R. requests*, demandes réitérées. *Med:* **Repeated dose,** dose refractée. **-ly,** *adv.* A plusieurs reprises; maintes et maintes fois; à coups répétés; à tout bout de champ. *They told me r. that they would do their utmost*, ils m'ont assuré à plusieurs reprises qu'ils feraient leur possible.

repeating[1], *a.* **1.** (Fusil *m*) à répétition; (montre *f*) à répétition, à sonnerie. *Clockm:* **Repeating spring,** tout-ou-rien *m inv.* **2.** *Nau:* *Surv:* (Cercle) répétiteur. **Repeating theodolite,** théodolite réitérateur. **3.** *Navy:* **Repeating ship,** répétiteur *m* (des signaux). **4.** *Mth:* **Repeating decimal,** fraction *f* périodique.

repeating[2], *s.* **1.** (*a*) Répétition *f* (d'un mot, etc.). *Tg:* Collationnement *m* (d'un télégramme). *His language will not bear r.*, les mots qu'il emploie ne sont pas à répéter. *Your joke will bear r.*, votre plaisanterie mérite les honneurs du bis, ne perdrait rien de son sel à être répétée. (*b*) Répétition (d'une action). (*c*) Récitation *f* (des leçons, d'un poème). **2.** *R. of food*, renvois *mpl*.

repeatable [ri'piːtəbl], *a.* Qu'on peut répéter ou recommencer.

repeater [ri'piːtər], *s.* **1.** Rediseur, -euse. *The r. of the story*, celui qui a répété cette histoire. **2.** (*a*) **Repeater (watch),** montre *f* à répétition, à sonnerie. (*b*) Fusil *m* à répétition; *U.S:* revolver *m*. (*c*) *Navy:* Répétiteur *m* (des signaux). (*d*) *Tg:* *Tp:* Répétiteur, répéteur *m*. **Telephone repeater,** relais amplificateur téléphonique. **Impulse repeater,** translateur *m* d'impulsions. (*e*) *W.Tel:* Traducteur *m*. **3.** *Mth:* Fraction *f* périodique. **4.** *pl. U.S:* *P:* Haricots *m*, fayots *m*.

repel [ri'pel], *v.tr.* (**repelled; repelling**) **1.** Repousser (un assaillant, une attaque, une offre, un argument). **2.** Repousser, rebuter (qn); répugner à (qn); inspirer de la répulsion à (qn). *To be repelled by s.o.*, éprouver de la répulsion pour qn.

repelling, *a.* Répulsif.

repellent [ri'pelənt], *a.* **1.** (*a*) Répulsif. *Ph:* *R. force*, force répulsive. (*b*) Imperméable. **2.** Repoussant, répulsif, répugnant, antipathique. *R. features*, traits répulsifs. *R. food*, nourriture repoussante. *He has a r. manner*, il a l'abord antipathique, peu sympathique. *They find the work r.*, ce travail les rebute. **To be repellent to s.o.,** repousser qn.

repent[1] ['riːpənt], *a.* *Bot:* *Z:* (*Of stalk, shoot, insect, etc.*) Rampant.

repent[2] [ri'pent]. **1.** *v.i.* Se repentir (*of*, de). *He repents of it*, *F:* il s'en mord les doigts. *To make s.o. r.*, faire repentir qn. *To allow s.o. to r.*, laisser repentir qn; laisser qn se repentir. *See also* MARRY[1] 2. **2.** *v.tr.* Se repentir de, regretter (qch.). **To repent having done sth.,** se repentir d'avoir fait qch.; avoir du repentir d'avoir fait qch. *He has bitterly repented it*, il s'en est repenti amèrement; *F:* il s'en est mordu les doigts, les pouces. **3.** *A:* (*a*) *v.pr.* **To repent oneself of sth.,** se repentir de qch. (*b*) *v.impers.* **It repents me of . . .,** je me repens de. . . . *It r. me that I spoke ill of him*, je me repens d'avoir dit du mal de lui.

repenting[1], *a.* = REPENTANT. **-ly,** *adv.* Avec repentir; d'un ton de repentir.

repenting[2], *s.* = REPENTANCE.

repentance [ri'pentəns], *s.* Repentir *m*. *To show r.*, venir à résipiscence. **Stool of repentance,** sellette *f*.

repentant [ri'pentənt], *a.* **1.** Repentant, repenti. **The righteous and the repentant,** les justes *m* et les repentis. **2.** (Soupir *m*) de repentir.

repenter [ri'pentər], *s.* Repentant, -ante; repenti, -ie.

repeople [riː'piːpl], *v.tr.* Repeupler (un pays).

repeopling, *s.* Repeuplement *m*.

repercussion [riːpər'kʌʃ(ə)n], *s.* Répercussion *f*; contre-coup *m*, *pl.* contre-coups (d'une explosion). *Shock that causes r. throughout the organism*, choc *m* qui retentit dans tout l'organisme. *Failure that will have repercussions throughout the country*, faillite *f* dont les effets se répercuteront dans tout le pays.

repercussive [riːpər'kʌsiv], *a.* Répercussif, répercutant.

repertoire ['repərtwɑːr], *s.* *Th:* *Mus:* Répertoire *m*.

repertory ['repərtəri], *s.* **1.** Répertoire *m* (de renseignements, etc.). **2.** *Th:* Répertoire. **Repertory company,** troupe *f* à demeure (dans une ville).

reperusal [riːpə'ruːz(ə)l], *s.* Nouvelle lecture.

reperuse [riːpə'ruːz], *v.tr.* Relire.

repetend [repe'tend], *s.* **1.** *Mth:* Période *f* (d'une fraction périodique). *Single r.*, période d'un seul chiffre. **2.** Refrain *m*.

repetition [repe'tiʃ(ə)n], *s.* **1.** (*a*) Répétition *f* (d'un mot, etc.). *Mus:* (*In singing, playing*) Reprise *f*. *Tg:* Collationnement *m* (d'un télégramme). **Repetition-paid telegram,** télégramme collationné. *The subject lent itself to endless r.*, le sujet se prêtait à mille rabâcheries. **Repetition clock,** horloge *f* à répétition. (*b*) *Sch:* Récitation *f*. **2.** Répétition, réitération *f* (d'une action); recommencement *m* (d'une tentative); renouvellement *m* (d'un effort). **3.** Répétition, réplique *f*; double *m* (d'une œuvre d'art, etc.). *Ind:* **Repetition work,** fabrication *f* en série.

repiece [riː'piːs], *v.tr.* Raccommoder.

repine [ri'pain], *v.i.* Être mécontent, se plaindre, se chagriner (*at*, *against*, de); murmurer (*at*, *against*, contre); exhaler des plaintes; *F:* se manger le sang; ronger son frein.

repining[1], *a.* **1.** Disposé à se plaindre; mécontent. **2.** (Ton *m*) de mécontentement; (ton) dolent; (humeur) chagrine. **-ly,** *adv.* En murmurant, en se plaignant.

repining[2], *s.* Mécontentement *m*, plaintes *fpl*, murmures *mpl*.

repiner [ri'painər], *s.* Mécontent, -ente; murmurateur, -trice; grognon, -onne.

repique[1] [ri'piːk], *s.* *Cards:* (*At piquet*) Repic *m*.

repique[2], *v.* *Cards:* **1.** *v.i.* Faire repic. **2.** *v.tr.* Faire repic (l'adversaire).

replace [ri'pleis], *v.tr.* **1.** Replacer (qch.); remettre (qch.) en place; remonter, refixer (une pièce). *Tp:* **To replace the receiver,** raccrocher le récepteur; *F:* raccrocher. **2.** Remplacer (qn, qch.).

The living r. the dead, les vivants *m* succèdent aux morts. *To be replaced by . . .*, être remplacé par. . . . *I shall ask to be replaced*, je demanderai à me faire remplacer. *To r. coal by, with, oil fuel*, remplacer le charbon par le pétrole; substituer le pétrole au charbon. *Nothing can r. a mother's care*, la sollicitude maternelle ne se supplée pas.

replacing, *s.* = REPLACEMENT I, 2 (*a*).

replaceable [ri'pleisəbl], *a.* Remplaçable; échangeable.

replacement [ri'pleismənt], *s.* **1.** Remise *f* en place; remontage *m* (d'un pneu, etc.). **2.** (*a*) Remplacement *m*, substitution *f*. (*b*) *pl. Ind:* **Replacements**, pièces *f* de rechange; rechanges *m*; pièces de réserve.

replant [riː'plɑːnt], *v.tr.* Replanter.

replanting, *s.* Replantage *m*, replantement *m*.

replantation [riːplɑːn'teiʃ(ə)n], *s.* Replantage *m*, replantement *m*.

replaster [riː'plɑːstər], *v.tr.* Replâtrer, recrépir (un mur).

replastering, *s.* Replâtrage *m*.

replate [riː'pleit], *v.tr.* **1.** Replaquer (une feuille de cuivre). **2.** *To r. sth. with gold, silver, nickel, tin*, redorer, réargenter, renickeler, rétamer, qch.

replating, *s.* **1.** Replacage *m*. **2.** Redorure *f*, réargentage *m*, renickelage *m*, rétamage *m*.

replay[1] ['riːplei], *s.* *Games: Sp:* Second match (après match nul).

replay[2] [riː'plei], *v.tr.* Rejouer (un match).

replenish [ri'pleniʃ], *v.tr.* Remplir (de nouveau) (*with*, de). *To r. one's wardrobe*, remonter sa garde-robe. *To r. one's supplies*, se réapprovisionner (*with*, de). *To r. a ship's stores*, compléter les vivres d'un navire. *To r. a lamp*, remplir, garnir, une lampe. *To r. with water, with petrol*, faire le plein; se ravitailler en eau, en essence. *Aut: etc: To r. the oil*, rétablir le niveau d'huile. *Aer: To r. the gas of a balloon (after ascension)*, renflouer un ballon.

replenished, *a.* Rempli, plein.

replenishing, *s.* = REPLENISHMENT.

replenisher [ri'pleniʃər], *s.* *El.E:* Rechargeur *m*, replenisher *m*; reproducteur *m* de charge.

replenishment [ri'pleniʃmənt], *s.* Remplissage *m*. *R. of supplies*, réapprovisionnement *m*. *R. of ammunition*, ravitaillement *m* en munitions.

replete [ri'pliːt], *a.* Rempli, plein, gorgé (*with*, de).

repletion [ri'pliːʃ(ə)n], *s.* Réplétion *f*; plénitude *f* d'estomac. **To eat to repletion**, manger jusqu'à satiété; *F:* manger jusqu'à plus faim. *To drink to r.*, boire à sa soif; *F:* boire jusqu'à plus soif. *See also* FILL[2] I. 4.

replevin [ri'plevin], *s.* *Jur:* Mainlevée *f* de saisie. *To grant r.*, donner mainlevée (de saisie).

replevy [ri'plevi], *v.tr.* *Jur:* **1.** Admettre (qn) à fournir caution. **2.** Obtenir la mainlevée d'une saisie de (cheptel, meubles).

replica ['replikə], *s.* (*a*) Reproduction *f*, copie *f*, double *m*, facsimilé *m* (d'un document, etc.). (*b*) *Art:* Réplique *f*, double (d'une œuvre d'art). *To make an exact r. of sth.*, copier qch. trait pour trait. *He had made of his wife a r. of himself*, il avait fait de sa femme une réplique de lui-même.

replicate[1] ['repliket], *s.* *Mus:* Réplique *f*.

replicate[2], *a.* *Bot:* Replié.

replicate[3] ['replikeit], *v.tr.* **1.** Exécuter une réplique (d'une œuvre d'art). **2.** Replier.

replication [repli'keiʃ(ə)n], *s.* **1.** (*a*) Repartie *f*, riposte *f*. (*b*) *Jur:* Réplique *f*. **2.** Répercussion *f*, retentissement *m*. **3.** Réplique, copie *f*, fac-similé *m*.

replier [ri'plaiər], *s.* Personne *f* qui répond, qui réplique.

replunge [riː'plʌndʒ]. **1.** *v.tr.* Replonger. **2.** *v.i.* (*a*) Replonger (dans l'eau). (*b*) Se replonger (dans le vice, etc.).

reply[1] [ri'plai], *s.* **1.** Réponse *f*. **To make a reply to s.o.**, répondre à qn. *To make some r.*, répondre qch. *I made no r.*, je n'ai rien répondu. **What have you to say in reply?** qu'avez-vous à répondre? *To drop s.o. a line in r.*, envoyer un mot de réponse à qn. *Post:* **Reply card**, carte postale avec réponse payée. *Tg:* **Reply paid**, réponse payée. **2.** *Jur:* (*a*) Réplique *f*. (*b*) Dernière affirmation du demandeur.

reply[2], *v.i. & tr.* (**replied**) Répondre, répliquer (*to*, à). *Jur:* Répliquer. *To r. smartly, wittily*, repartir. *What did he r.?* qu'a-t-il répondu? "*Yes, madam,*" *he replied*, "oui, madame," reprit-il. *Mil: To r. to the enemy's fire*, répondre au feu de l'ennemi.

repoint [riː'pɔint], *v.tr.* *Const:* Rejointoyer.

repointing, *s.* Rejointoiement *m*.

repolish [riː'pɔliʃ], *v.tr.* Repolir.

repolishing, *s.* Repolissage *m*.

repone [ri'poun], *v.tr.* *Jur:* **1.** Rétablir (*s.o. to, in, an office*, qn dans une charge). **2.** Réhabiliter.

repopulate [riː'pɔpjuleit], *v.tr.* Repeupler.

repopulation [riːpɔpju'leiʃ(ə)n], *s.* Repopulation *f*, repeuplement *m*.

report[1] [ri'pɔːrt], *s.* **1.** (*a*) Rapport *m* (*on*, sur); compte rendu (*of proceedings, of speech*, de la cérémonie, du discours); procès-verbal, *pl.* procès-verbaux (des débats d'une assemblée); exposé *m*, récit *m* (d'une affaire). **Annual report** (*of a company*), rapport de gestion. **Secretary's report** (*of an association*), rapport moral. **Treasurer's report**, rapport financier. *R. by Mr B.*, rapport rédigé par M. B. **Policeman's report**, procès-verbal. *Pol:* **The bill has reached the report stage**, le rapport a été présenté. *Sch:* **Terminal report**, bulletin trimestriel; notes trimestrielles. **Examiners' report**, notes *fpl* des examinateurs. *Mil:* **Sick report**, rôle *m* des malades. **Law reports**, (i) *Jur:* recueil *m* d'arrêts et de décisions judiciaires; recueil de jurisprudence; (ii) *Journ:* gazette *f*, chronique *f*, des tribunaux; nouvelles *f* judiciaires. *M.Ins:* **Damage report**, rapport d'avaries. *To draw up a r. on an accident*, dresser procès-verbal d'un accident. **To present a report** *on a plan*, rapporter sur un projet. *Favourable r.*, bons renseignements. *We have received two reports on this firm*, nous avons reçu deux bulletins de renseignements sur cette maison. *See also* EXPERT[2], VERBATIM 2. (*b*) **Weather report**, bulletin *m* météorologique. **2.** (i) Bruit *m* qui court; rumeur *f*; (ii) nouvelle *f*. *Mere newspaper r.*, simple reportage *m*. *To confirm a r.*, confirmer une nouvelle. *There was a r. that . . .*, le bruit courait que. . . . *There arose a r. that . . .*, le bruit se répandit que. . . . *To know of sth.* **by mere report**, savoir qch. par ouï-dire. **As report will have it**, à ce qu'on prétend. **It is a matter of current report**, la nouvelle en court partout. *See also* COMMON[1] I. **3.** Réputation *f*, renom *m*, renommée *f*. *Man* **of good report**, homme de bonne réputation, bien famé. **Of evil report**, de mauvaise réputation; mal famé. *He held his course* **through good report and evil report**, il a poursuivi son but et a laissé dire. **4.** (*a*) Détonation *f* (d'une arme à feu); coup *m* de fusil, de canon. *The r. of a gun was heard*, on entendit un coup de fusil. (*b*) Bruit d'explosion; détonation.

report[2], *v.* I. *v.tr.* **1.** (*a*) Rapporter, relater (un fait); rendre compte de (qch.). *To r. a speech, a meeting*, faire le compte rendu d'un discours, d'une séance. *To r. s.o.'s words*, rapporter les paroles de qn. *Our Paris branch reports a marked improvement in business*, notre succursale à Paris nous annonce une amélioration sensible dans les affaires. **To report progress to s.o.**, tenir qn au courant de la marche d'une affaire; exposer l'état de l'affaire. *Parl:* **To report progress**, faire rapport de l'état de la question; clore les débats; lever la séance. **To move to report progress**, demander la clôture des débats. *I have the honour to r. that . . .*, j'ai l'honneur de rendre compte que . . ., de faire savoir que. . . . **To report to s.o.**, envoyer, faire, un rapport à qn. *To r. to a superior*, rendre compte à un supérieur. *Parl:* **To report a bill (to the House)**, rapporter un projet de loi. *Jur:* **To report to the court**, en référer au tribunal. *See also* SPEECH 5. (*b*) *Journ:* Faire le reportage de (qch.). *Abs.* **To report** (*for a newspaper*), faire des reportages. (*c*) Rapporter, raconter, dire (qch.). *He is reported to be dead*, on le dit mort; on rapporte qu'il est mort. *It is reported that . . .*, le bruit court, on dit, que. . . . *He is reported as saying that . . .*, il aurait dit que. . . . *Journ: It is reported from Paris that . . .*, on mande de Paris que. . . . **2.** (*a*) *To r. an accident to the police*, signaler un accident à la police. **To report s.o. to the police**, dénoncer qn à la police. *To r. s.o. to a superior*, signaler qn à un supérieur. *Adm: Mil: etc:* **To report s.o. sick**, porter qn malade. *To r. (oneself) sick*, se (faire) porter malade. **'Nothing to report,'** "rien à signaler"; (*on report sheet, etc.*) "néant." *Cust:* **To report a vessel**, déclarer un navire; faire la déclaration d'entrée. (*b*) **To report oneself (to s.o.)**, se présenter à, devant (un supérieur) (en rentrant). *Abs. Mil:* **To report to one's unit, to head-quarters**, rallier son unité, son quartier général; se faire porter rentrant. *Nau:* **To report to the port authorities**, arraisonner avec les autorités du port. *Com: You will r. to our branch in Bradford*, vous allez vous rendre à notre succursale de Bradford.

II. **report**, *v.ind.tr.* **To report on, upon, sth.**, faire un rapport sur qch.; rendre compte de qch. *To r. on a plan*, rapporter sur un projet. *He is well reported on, badly reported on*, il est bien noté, mal noté. *He reports well of the scheme*, son rapport sur ce projet est favorable.

reporting, *s.* Reportage *m*; comptes rendus. *Journ:* **Reporting staff**, service *m* des informations.

reporter [ri'pɔːrtər], *s.* **1.** Auteur *m* d'un rapport, d'un compte rendu; rapporteur *m* (d'une conférence). **2.** (*a*) Journaliste *m*, reporter *m*. *Police-news r.*, journaliste informateur. (*b*) Sténographe *mf* (parlementaire, etc.). **The Reporters' Gallery**, la Tribune de la presse.

reposal [ri'pouz(ə)l], *s.* **Reposal of trust, of confidence, in s.o.**, confiance *f* en qn.

repose[1] [ri'pouz], *v.tr.* **To repose one's trust, one's confidence, one's hope, in s.o.**, mettre sa confiance, son espoir, en qn; se reposer sur qn.

repose[2], *s.* **1.** Repos *m*. (*a*) **To seek repose**, chercher du repos. **To take repose**, se donner, prendre, du repos. *To work without r.*, travailler sans se reposer, sans repos, sans arrêt. (*b*) Sommeil *m*. *Good night and* **sweet repose!** bonne nuit et dormez bien! *Ecc:* **Repose of the Virgin**, mort *f* de la Vierge. (*c*) Calme *m*, tranquillité *f*, sérénité *f* (d'esprit). *To disturb s.o.'s r.*, troubler le repos, la tranquillité, de qn. **Features in repose**, traits *m* au repos. *Face beautiful in r.*, physionomie belle au repos. *When the sea is in r.*, quand la mer est calme, est en repos. *To behave with one's usual r.*, se conduire avec son calme habituel. *Art: Picture that lacks r.*, tableau *m* qui manque de repos. **2.** *Civ.E:* **Angle of repose**, angle *m* d'éboulement, pente naturelle de repos, angle naturel de repos (d'un talus).

repose[3]. **1.** *v.tr.* (*a*) Reposer (qn, sa tête sur un oreiller). (*b*) **To repose oneself**, se reposer. **2.** *v.i.* (*a*) Se reposer; (i) se délasser; (ii) dormir. (*b*) Reposer (*on, upon*, sur). *The foundations r. upon rock*, les fondations reposent sur la roche. *Organization that reposes on the loyalty of its members*, organisation *f* qui repose sur la loyauté de ses membres. (*c*) Reposer (dans la mort). *His body reposes under this stone*, c'est sous cette pierre que son corps repose.

reposeful [ri'pouzful], *a.* Reposé, reposant; calme.

reposit [ri'pɔzit], *v.tr.* Déposer (*sth. in a safe place*, qch. en lieu sûr).

repository [ri'pɔzitəri], *s.* **1.** Dépôt *m*, entrepôt *m*, magasin *m* (de marchandises, etc.). **Furniture repository**, garde-meuble *m*, *pl.* garde-meubles. **2.** Caveau *m* (de sépulture). **3.** Répertoire *m* (de renseignements, etc.). *He is a r. of curious information*, c'est une mine de renseignements curieux. **4.** (*Pers.*) Dépositaire *mf* (d'un secret, etc.). *Lit: To make s.o. the r. of one's sorrows*, confier ses peines à qn.

repossess [riːpɔ'zes], *v.tr.* **1.** Rentrer en possession de (qch.). **2.** (*a*) *To r. s.o. of sth.*, remettre qn en possession de qch. (*b*) *To r. oneself of sth.*, reprendre possession de qch.

repossession [riːpɔ'zeʃ(ə)n], *s.* Rentrée *f* en possession (*of*, de).

repot [riː'pɔt], *v.tr.* Rempoter (une plante).
repotting, *s.* Rempotage *m.*
repoussé [rə'puːse], *a.* & *s.* *Metalw:* Repoussé (*m*). **Repoussé work(ing),** repoussage *m*; travail *m* de repoussé. *Piece of plate in r. work,* pièce *f* en argent martelé.
repp [rep], *s.* *Tex:* = REP[1].
reprehend [repri'hend], *v.tr.* **1.** Reprendre, blâmer, réprimander (qn). **2.** *To r. s.o.'s conduct,* trouver répréhensible la conduite de qn. *To r. s.o.'s choice,* condamner le choix fait par qn.
reprehensible [repri'hensibl], *a.* Répréhensible, blâmable, condamnable. **-ibly,** *adv.* Répréhensiblement; de façon répréhensible, blâmable.
reprehensibleness [repri'hensiblnəs], *s.* Caractère *m* répréhensible (d'une action).
reprehension [repri'henʃ(ə)n], *s.* **1.** Réprimande *f.* **2.** Répréhension *f.*
represent [repri'zent], *v.tr.* **1.** (*a*) Représenter (qch. à l'esprit). *These pictures r. nothing,* ces tableaux ne représentent rien, ne disent rien. (*b*) *Th:* Représenter (une pièce, une scène, un personnage); jouer (un personnage). (*c*) *The flag represents the nation,* le drapeau symbolise la nation. **2.** Faire remarquer, signaler (*sth. to s.o.,* qch. à qn). *I will r. to him the dangers he is running,* je vais lui mettre sous les yeux, devant les yeux, les dangers qu'il court. *He represented that the culprit was only a child,* il a fait valoir que le coupable n'était qu'un enfant. *May I r. that . . .?* puis-je vous faire observer que . . .? **3.** (*a*) Représenter (*s.o., sth., to be . . ., as . . .,* qn, qch., comme . . .). *He represents himself as a model of virtue,* il se donne pour un modèle de vertu. *Exactly as represented,* exactement conforme à la description. (*b*) *He represented that he had been sent to mend the geyser,* il a dit, a prétendu, qu'il venait faire des réparations au chauffe-bain. **4.** Représenter (qn, une maison de commerce, une circonscription électorale). *The nation is represented by the House of Commons,* la nation est représentée par la Chambre des Communes. *To invite s.o. to be represented,* inviter qn à se faire représenter.
representable [repri'zentəbl], *a.* Représentable.
representation [reprizen'teiʃ(ə)n], *s.* **1.** (*a*) Représentation *f* (de qch. à l'esprit). (*b*) *Th:* Représentation (d'une pièce); interprétation *f* (d'un rôle). **2.** (*a*) Représentation (du roi par ses ambassadeurs, etc.). *Pol:* **Proportional representation,** représentation proportionnelle. *Jur:* **To inherit by right of representation,** venir par représentation à une succession. (*b*) *Coll.* Les représentants *m.* **3.** (*a*) Représentation, reproduction *f.* *This is a fair r. of their point of view,* cela représente bien leur point de vue. *There are many different representations of the Platonic doctrine,* la doctrine de Platon a été présentée de bien des façons. (*b*) **To make false representations to s.o.,** déguiser la vérité à qn; jeter de la poudre aux yeux de qn. **4.** (i) Représentation; remontrance courtoise; protestation courtoise; (ii) exposé *m* des faits. **To make representations to s.o.,** faire des représentations à qn. *To consent to do sth. on the representations of s.o.,* consentir à faire qch. sur les instances *f* de qn.
representative [repri'zentətiv]. I. *a.* **1.** (*a*) *Phil:* (*Of faculty, etc.*) Représentatif. (*b*) **Allegorical figure representative of the fertility of the soil,** figure *f* allégorique qui représente, qui symbolise, la fertilité du sol. **2.** (*a*) **Representative government,** gouvernement représentatif, par députés. *Jur:* **Representative heir,** représentant, -ante. (*b*) *Government that is r. of the will of the people,* gouvernement *m* qui représente bien la volonté du peuple. *Meeting of r. men from all classes,* réunion *f* d'hommes représentant toutes les classes. (*c*) *Com:* **Representative sample,** échantillon *m* type; échantillon sérieux.
II. **representative,** *s.* **1.** (*a*) Représentant, -ante; délégué, -ée. *To send, appoint, a r. to a conference,* se faire représenter à une conférence. (*b*) *Last r. of an illustrious race,* dernier rejeton d'une race illustre. **2.** *Com: etc:* **District representative,** représentant régional. **Foreign representative,** représentant à l'étranger. *Sole representatives of a firm,* seuls représentants, seuls agents, d'une maison. **3.** *Pol:* Député *m.* *U.S:* **The House of Representatives,** la Chambre des Représentants.
repress [ri'pres], *v.tr.* **1.** Réprimer (des séditieux, une sédition). **2.** Réprimer, retenir, contenir, rentrer, concentrer (ses désirs, ses passions); retenir, comprimer (ses larmes). *Psy:* Refouler (ses sentiments). *To r. a sneeze,* étouffer un éternûment.
repressed, *a.* Réprimé, contenu, rentré. *A r. young man,* un jeune homme renfermé.
repressible [ri'presibl], *a.* Réprimable.
repression [ri'preʃ(ə)n], *s.* **1.** Répression *f* (d'une sédition, de ses passions). **2.** *Psy:* **Unconscious repression,** refoulement *m.* **Conscious repression,** répression.
repressive [ri'presiv], *a.* Répressif, réprimant. *R. measures,* mesures *f* de répression.
reprieve[1] [ri'priːv], *s.* **1.** *Jur:* (*a*) *A:* Sursis *m*, surséance *f.* (*b*) Commutation *f* de la peine capitale. (*c*) Lettre(s) *f(pl)* de grâce. **2.** Répit *m*, délai *m*; surséance (*from,* à).
reprieve[2], *v.tr.* **1.** *Jur:* (*a*) *A:* Accorder un sursis à (un condamné); surseoir à l'exécution (d'un condamné). (*b*) Accorder à (un condamné) une commutation de la peine capitale. **2.** Donner du répit à (un débiteur, etc.); accorder un délai à (qn).
reprimand[1] ['reprimɑːnd], *s.* (*a*) Réprimande *f*; *F:* mercuriale *f*, apostrophe *f*, attrapage *m.* (*b*) *Adm.* & *Jur:* Blâme *m.* *To incur a r.,* (i) s'attirer un blâme; (ii) *F:* se faire attraper.
reprimand[2], *v.tr.* (*a*) Réprimander; faire une réprimande, des observations, à (qn); *F:* donner sur les ongles à (qn). *To r. s.o. severely,* réprimander qn sévèrement; chapitrer qn d'importance. *To be reprimanded by s.o. for having done sth.,* être réprimandé par qn pour avoir fait qch. (*b*) *Adm.* & *Jur:* Blâmer publiquement (qn).
reprimander [repri'mɑːndər], *s.* Réprimandeur, -euse.
reprime [riː'praim], *v.tr.* Amorcer à nouveau (une pompe, etc.).
repriming, *s.* Réamorçage *m.*
reprint[1] ['riːprint], *s.* Réimpression *f*; nouveau tirage. *Separate r.* (*of magazine article*), tirage à part. *Cheap r. of a book,* édition *f* populaire d'un ouvrage. **Reprint edition,** (i) nouveau tirage; (ii) édition populaire.
reprint[2] [riː'print], *v.tr.* Réimprimer; faire un nouveau tirage (d'un livre). *The book is in course of reprinting,* on procède actuellement à la réimpression de ce livre.
reprisal [ri'praiz(ə)l], *s.* *Usu.pl.* Représaille *f.* **To make reprisal(s),** exercer des représailles; user de représailles. *To do sth. by way of r.,* agir par représailles. *See also* MARQUE 1.
reprises [ri'praiziz], *s.pl.* *Jur:* Déductions *fpl* à faire sur un revenu foncier. **Revenue above reprises, beyond reprises,** revenu net.
reproach[1] [ri'proutʃ], *s.* **1.** (*a*) Motif *m* de honte, d'opprobre. **To be a reproach to . . .,** être la honte, l'opprobre *m*, de. . . . *These slums are a r. to the town,* ces taudis sont la honte de la ville. (*b*) Honte, opprobre. *To live in r. and ignominy,* vivre dans la honte et l'ignominie. *B:* *God hath taken away my r.,* Dieu a ôté mon opprobre. *Things that have brought r. upon him,* choses *f* qui ont jeté l'opprobre, le discrédit, sur lui. **2.** Reproche *m*, blâme *m*, censure *f.* *To abstain from r.,* s'abstenir de tout reproche, de faire aucun reproche. *To incur reproaches,* s'attirer des reproches. *She heaped reproaches on him,* elle l'accabla de reproches. **Beyond, above, reproach,** irréprochable, irrépréhensible. *Not beyond r.,* qui n'est pas à l'abri du reproche. *Look of r.,* regard *m* de reproche; regard réprobateur. **Term of reproach,** (i) expression *f* de reproche; (ii) terme injurieux. **3.** *pl.* *Ecc:* (*R.C. liturgy*) **The Reproaches,** l'Impropère *m.*
reproach[2], *v.tr.* **1.** Faire, adresser, des reproches à (qn) (*about,* au sujet de); blâmer (qn). **To reproach s.o. with sth.,** reprocher qch. à qn. **To reproach s.o. for, with, doing sth., for having done sth.,** reprocher à qn d'avoir fait qch. *I have nothing to r. myself with,* je n'ai rien à me reprocher. *That is the last thing that one can r. him with,* c'est là son moindre défaut. *I didn't r. him in the slightest,* je ne lui ai pas fait le moindre reproche. *Without meaning to r. you, I must point out that . . .,* sans reproche, je vous ferai observer que. . . . *His eyes reproached me,* ses yeux étaient pleins de reproche. **2.** Blâmer (l'ignorance de qn, etc.). **3.** Être la honte, l'opprobre de (qn, qch.).
reproachable [ri'proutʃəbl], *a.* Reprochable; digne de reproche.
reproachful [ri'proutʃful], *a.* Réprobateur, -trice; plein de reproche(s). *R. glance,* regard réprobateur, improbateur. **-fully,** *adv.* Avec reproche; d'un air, d'un ton, de reproche.
reprobate[1] ['reprobet], *a.* & *s.* **1.** *Ecc:* Réprouvé, -ée. **2.** *F:* Chenapan *m*, vaurien *m*, mauvais garnement. **Old reprobate,** vieux marcheur.
reprobate[2] ['reprobeit], *v.tr.* (*a*) Réprouver (qn, un crime). (*b*) *Theol:* (*Of God*) Condamner aux peines éternelles; réprouver.
reprobating, *a.* Réprobateur, -trice.
reprobation [repro'beiʃ(ə)n], *s.* Réprobation *f.* *The fear of public r.,* la crainte de la réprobation publique.
reprobatory ['reprobətəri], *a.* Réprobateur, -trice.
reproduce [riːpro'djuːs]. **1.** *v.tr.* Reproduire. (*a*) Produire à nouveau; copier. *The features are well reproduced,* les traits sont bien rendus. (*b*) Multiplier (par génération). (*c*) Produire de nouveau. *Earthworms can r. their tails,* les vers *m* de terre reproduisent leurs queues. **2.** *v.i.* (*a*) Se reproduire, se multiplier. (*b*) (*With passive force*) *Print that will r. well,* estampe *f* qui se prête à la reproduction.
reproducing[1], *a.* Reproducteur, -trice. **Reproducing needle,** aiguille *f* de reproduction (d'un phonographe).
reproducing[2], *s.* Reproduction *f.*
reproducer [riːpro'djuːsər], *s.* **1.** (*Pers.*) Reproducteur, -trice (des œuvres d'autrui, etc.). **2.** (*Device*) *Cin: etc:* Pick-up *m*, *pl.* pick-ups. *R. of a phonograph,* reproducteur d'un phonographe; pick-up.
reproducible [riːpro'djuːsibl], *a.* Reproductible.
reproduction [riːpro'dʌkʃ(ə)n], *s.* **1.** Reproduction *f* (d'un tableau, du genre humain, etc.). *Right r. of colour,* rendu exact des couleurs. *Cin:* *R. of a sound film,* reproduction sonore d'un film. **2.** Reproduction; répétition *f*; copie *f*, imitation *f.*
reproductive [riːpro'dʌktiv], *a.* Reproductif; reproducteur, -trice. *The r. organs,* les organes *m* de la reproduction; les organes reproducteurs.
reproductiveness [riːpro'dʌktivnəs], *s.* Reproductivité *f*, fertilité *f.*
reproof[1] [ri'pruːf], *s.* **1.** Reproche *m*, blâme *m*, répréhension *f*, réprobation *f.* *Word, glance, of r.,* mot *m*, regard *m*, de reproche. *Deserving of r.,* réprimandable. *He spoke in r. of their cruelty,* (dans son discours) il s'est élevé contre leur cruauté, il a réprouvé leur cruauté. **2.** Réprimande *f.* *To administer a sharp r. to s.o.,* *F:* donner sur les ongles à qn.
reproof[2] [riː'pruːf], *v.tr.* Réimperméabiliser (un manteau, etc.).
reproval [ri'pruːv(ə)l], *s.* = REPROOF[1] 1.
reprove [ri'pruːv], *v.tr.* (*a*) Reprendre, réprimander, blâmer, censurer (qn). *To r. s.o. for his faults,* reprendre qn de ses fautes. (*b*) Condamner, réprouver (une action). *See also* SATAN.
reproving, *a.* Réprobateur, -trice; (ton *m*) de reproche, de blâme. **-ly,** *adv.* D'un ton de reproche, d'un air de reproche; en termes réprobateurs. *To look r. at s.o.,* *F:* faire les gros yeux à qn.
reprover [ri'pruːvər], *s.* Censeur *m*; réprobateur, -trice.
reprovision [riːpro'viʒ(ə)n]. **1.** *v.tr.* Réapprovisionner, ravitailler. **2.** *v.i.* Se réapprovisionner, se ravitailler.
reps [reps], *s.* *Tex:* = REP[1].
reptant ['reptənt], *a.* *Z:* Rampant.
reptile ['reptail]. **1.** *s.* (*a*) *Z:* Reptile *m.* (*b*) *F:* (*Pers.*) Reptile; lèche-bottes *m inv*; cafard *m.* **2.** *a.* (*a*) Reptile, rampant.

(b) *F:* (Caractère, etc.) rampant, cafard, bas, *f.* basse. **The reptile press,** les journaux reptiliens; la presse vendue.

reptilia [rep'tilia], *s.pl. Z:* Reptiles *m.*

reptilian [rep'tiliən]. **1.** *a.* Reptilien. **2.** *s.* Reptile *m.*

republic [ri'pʌblik], *s.* République *f. F:* **The republic of letters,** la république des lettres.

republican [ri'pʌblikən], *a. & s.* Républicain, -aine. *See also* GROSBEAK.

republicanism [ri'pʌblikənizm], *s.* Républicanisme *m.*

republicanize [ri'pʌblikənaːiz], *v.tr.* Républicaniser.

republication [riːpʌbli'keiʃ(ə)n], *s.* **1.** Nouvelle édition, réédition *f* (d'un livre). **2.** (a) *Jur:* Renouvellement *m* (d'un testament antérieur). (b) Nouvelle publication (d'une loi, d'un décret).

republish [riː'pʌbliʃ], *v.tr.* **1.** Rééditer (un livre); publier de nouveau; donner une nouvelle édition (d'un ouvrage). **2.** (a) *Jur:* Renouveler (un testament antérieur). (b) Republier (une loi, un décret).

repudiable [ri'pjuːdiəbl], *a.* Répudiable.

repudiate [ri'pjuːdieit], *v.tr.* **1.** Répudier (une épouse). **2.** Répudier, désavouer, renier (un ami, une opinion); repousser (une accusation); nier (une dette). *To r. the authorship of a book,* désavouer la paternité d'un livre. *(Of government) To r. its debts, abs.* **to repudiate,** répudier ses engagements.

repudiation [ripjuːdi'eiʃ(ə)n], *s.* **1.** Répudiation *f* (d'une épouse). **2.** (a) Répudiation, désaveu *m* (de qn, d'une opinion); reniement *m* (d'une dette). (b) Répudiation de ses engagements (par le gouvernement).

repudiator [ri'pjuːdieitər], *s.* Renieur, -euse (d'une dette); celui qui répudie, désavoue, renie (une opinion, etc.).

repugnance [ri'pʌgnəns], *s.* **1.** Incompatibilité *f*, contrariété *f* (*of, between, ideas, etc.*, des idées, etc.). *R. of an action with, to, one's sense of duty,* incompatibilité d'une action avec la conception du devoir. **2.** Répugnance *f*, antipathie *f* (*to, against,* pour). *To feel r. to sth., to doing sth.,* éprouver de la répugnance pour qch.; répugner à une action, à faire qch. *He showed great r. to accept money,* il montra une grande répugnance à accepter de l'argent. *The r. he had to writing,* la répugnance qu'il avait à écrire.

repugnant [ri'pʌgnənt], *a.* **1.** Incompatible (*to, with,* avec); contraire (*to, with,* à). *Naturalism is r. to tragedy,* la tragédie répugne au naturalisme. **2.** Répugnant (*to,* à). *To be r. to s.o.,* répugner à qn. *It is r. to me to . . .,* il me répugne de. . . .

repulse[1] [ri'pʌls], *s.* **1.** Échec *m*; défaite *f* (de l'ennemi). **To meet with, suffer, a repulse,** essuyer un échec. **2.** Rebuffade *f*, refus *m. To meet with a r.,* essuyer un refus.

repulse[2], *v.tr.* **1.** Repousser, refouler (un assaut, un ennemi). **2.** Repousser (les avances de qn, une demande); refuser, rebuter, renvoyer (qn).

repulsion [ri'pʌlʃ(ə)n], *s.* **1.** *Ph:* Répulsion *f. Mutual r. of electrified bodies,* répulsion mutuelle des corps électrisés. **2.** Répulsion, aversion *f*, répugnance *f. To feel r. for s.o.,* éprouver de la répulsion pour qn.

repulsive [ri'pʌlsiv], *a.* **1.** *Ph:* Répulsif. **2.** Répulsif, repoussant, rebutant. *To be* **repulsive-looking,** offrir un aspect repoussant. **3.** (*Of pers.*) Qui repousse les avances; froid, distant; à l'abord difficile. **-ly,** *adv. R. ugly,* d'une laideur repoussante; dégoûtant par sa laideur.

repulsiveness [ri'pʌlsivnəs], *s.* **1.** *Ph:* Force répulsive. **2.** Caractère repoussant.

repurchase[1] [riː'pəːrtʃes], *s.* Rachat *m. Jur:* Réméré *m.* **With option of repurchase,** avec faculté de rachat, de réméré. *Sale with privilege of r.,* vente *f* à réméré.

repurchase[2], *v.tr.* Racheter. *Sale subject to right of vendor to r.,* vente *f* à réméré.

reputable ['repjutəbl], *a.* **1.** (*Of pers.*) Honorable, estimé, estimable, de bonne réputation. **2.** (Emploi *m*) honorable. **-ably,** *adv.* Honorablement.

reputation [repju'teiʃ(ə)n], *s.* Réputation *f*, renom *m.* **To acquire, make, a reputation** (*for oneself*), se faire une réputation, un grand nom. **To have a reputation for courage,** avoir une réputation de courage. *To have the r. of being, of doing, sth.,* avoir la réputation d'être, de faire, qch. *His r. as a surgeon,* sa réputation de chirurgien. *To know s.o. only by r.,* ne connaître qn que de réputation. *He has a bad r.,* il a une mauvaise réputation. *To enjoy a high r.,* jouir d'une grande considération. **Of bad reputation,** de mauvaise réputation; *Adm:* mal noté. **Of good reputation,** de bon renom. *Persons of r.,* personnes *f* honorables. *To be held in r.,* être apprécié. *To ruin s.o.'s r.,* perdre qn de réputation.

repute[1] [ri'pjuːt], *s.* Réputation *f*, renom *m*, renommée *f.* **To know s.o. by repute,** connaître qn de réputation. **To be held in high repute,** (i) avoir une belle, une haute, réputation; (ii) *Adm:* être bien noté. *Burgundy wines are held in high r.,* les vins de Bourgogne sont en réputation, sont renommés. *Adm: In what r. is he held?* comment est-il noté? **To be in good, in bad, repute with s.o.,** *F:* être en bonne, en mauvaise, odeur auprès de qn. *He is in bad r.,* il a une mauvaise réputation. **Doctor of repute, in great repute,** médecin réputé, en grand renom. *The family is of good r.,* la famille est honorablement connue. *Theatre of good r.,* théâtre *m* de bonne compagnie. **Place of ill repute,** endroit mal famé. *See also* ILL-REPUTE. **Of no repute,** sans réputation. **To bring s.o.'s name into repute,** faire la réputation de qn.

repute[2], *v.tr.* (*Usu. passive*) **To be reputed wealthy,** avoir la réputation d'être riche. *He is reputed (to be) a good doctor,* il a la réputation d'être, il passe pour (être), il est censé être, un bon médecin. *He is reputed to know everything about this science,* il est réputé ne rien ignorer de cette science.

reputed, *a.* Réputé, censé, supposé. *A r. Hogarth,* un tableau attribué à Hogarth. *Jur:* **Reputed father,** père putatif. *See also* PINT. **-ly,** *adv.* Censément; suivant l'opinion commune. *Jur:* Putativement.

request[1] [ri'kwest], *s.* **1.** (a) Demande *f*, prière *f*, requête *f. Jur:* Requête, sommation *f. Earnest r.,* sollicitation *f. R. for money,* demande d'argent. **At the request of s.o.,** à la demande, sur la demande, à la requête, à la prière, de qn. *To do sth. at s.o.'s r.,* faire qch. sur la demande de qn. *At his r.,* sur sa demande. *At the urgent r. of . . .,* sur la demande pressante de . . ., sur les instances pressantes de. . . . *Samples sent* **on request,** échantillons sur demande. **To make a request,** faire une demande. *To grant a r.,* accéder à un désir. *You shall have your r.,* vous aurez ce que vous demandez. **To make request for sth.,** demander, solliciter, qch. **To sing sth. by request,** chanter qch. à la demande générale. *P.N:* **'Cars stop by request,'** "arrêt facultatif." (b) *Navy:* Réclamation *f.* **Request-book,** cahier *m* de réclamations. **2.** Recherche *f*, vogue *f*, demande. **To be in request,** être recherché; être en vogue; avoir une vogue, de la vogue. *Com:* **Article in great request,** article très demandé, très recherché. *He is very much in r.,* on se le dispute; *F:* on se l'arrache.

request[2], *v.tr.* **1. To request sth. of s.o.,** demander qch. à qn; solliciter qch. de qn. **An answer is requested,** réponse, s'il vous plaît. *See also* PLEASURE[1] 1. **2. To request s.o. to do sth.,** demander à qn de faire qch.; prier qn de faire qch.; inviter qn à faire qch. *To act when requested,* agir sur demande. *I find myself requested to be reasonable,* on me demande d'être raisonnable. *The public is requested to keep off the grass,* prière au public de ne pas marcher sur le gazon. *Com:* **As requested,** conformément à vos instructions. **3. To request permission to do sth.; to request to do sth.,** demander à faire qch.

requicken [riː'kwik(ə)n]. **1.** *v.tr.* Ranimer, raviver. **2.** *v.i.* Se ranimer, se raviver.

requiem ['rekwiem], *s.* **1.** *Ecc: Mus:* **Requiem (mass),** requiem *m*; messe *f* des morts. *R. mass said daily for a year,* annuel *m.* **2.** *F:* Chant *m* funèbre.

require [ri'kwaiər], *v.tr.* **1. To require sth. of s.o.,** demander, réclamer, qch. à qn; exiger qch. de qn. *What do you r. of me?* que prétendez-vous de moi? *To r. a gift at s.o.'s hands,* exiger un cadeau de qn. **To require (of) s.o. to do sth.,** demander à qn de faire qch.; exiger de qn qu'il fasse qch.; requérir qn de faire qch. *He required that I should appear,* il a exigé que je me présente. *I r. you to obey me,* je veux que vous m'obéissiez. *The court requires you to attend,* la cour requiert que vous comparaissiez. *He had done* **all that was required by the law,** il avait fait tout ce que la loi exigeait; il s'était conformé à toutes les exigences de la loi. **It is required of me that I do it,** on exige que je le fasse. *When I find myself required to do three things at once . . .,* lorsqu'on me demande de faire trois choses à la fois. . . . *Required to multiply* x *by* y, soit *x* à multiplier par *y.* **2.** Exiger, demander, requérir, réclamer. *The situation requires that this should be done,* la situation exige que cela se fasse. *Operations that r. calmness,* opérations *f* qui requièrent, demandent, exigent, le calme. *His wound requires very little care,* sa blessure réclame fort peu de soins. *Work that requires great precision,* travail *m* qui nécessite une grande précision. *Words that r. saying,* paroles qui demandent à être dites. *Ore that requires special treatment,* minerai *m* qui comporte des traitements particuliers. *Garment that requires so much material,* vêtement *m* qui emploie tant d'étoffe. *The vine requires a chalky soil,* la vigne veut un terrain crayeux. *Plant that requires only light dressing,* plante *f* qui se contente de fumures peu abondantes. *This plant requires plenty of water,* cette plante veut beaucoup d'eau; il faut beaucoup d'eau à cette plante. *Have you got all you r.?* avez-vous tout ce qu'il vous faut? *You will not r. a coat,* vous n'aurez pas besoin d'un manteau. **He did not require a second telling, he did not require twice telling,** il ne se le fit pas dire deux fois. *She will r. a good hour to titivate herself,* elle n'a pas trop d'une heure pour s'attifer. *The fort would r. an army to take it,* il faudrait une armée pour prendre la forteresse. *It required all his strength to hold them back,* il fallait toute sa force, toute sa force était nécessaire, pour les retenir. *The whole question requires to be aired,* toute la question demande à être ventilée. *I shall do* **whatever is required,** je ferai tout ce qu'il faudra; je ferai l'utile. **If required,** s'il le faut; si besoin est; si c'est nécessaire; si on l'exige. **When required,** au besoin. **As may be required, as circumstances may require, as occasion shall require,** selon l'exigence du cas; selon les nécessités. *Gram: Verb that requires the preposition 'of' before the noun,* verbe *m* qui veut la préposition *of* devant le nom.

required, *a.* Exigé, demandé, requis, voulu. *To find the r. part of a whole,* soit à trouver la tantième partie d'un tout. *To cut sth. to the r. length,* couper qch. à la longueur voulue. *In the r. time,* dans le délai prescrit; en temps voulu. *To have the money r.,* avoir l'argent nécessaire. *The qualities required for this post,* les qualités requises pour ce poste. *Sch: U.S:* **Required subjects,** matières inscrites au programme.

requirement [ri'kwaiərmənt], *s.* **1.** Demande *f*, réclamation *f.* **2.** Exigence *f*, nécessité *f*, besoin *m.* **To meet s.o.'s requirements,** répondre aux désirs de qn; satisfaire les exigences, aux exigences, de qn. *See also* MEET[3] I. 8. *To make one's requirements known,* faire connaître ses besoins. *The requirements of health,* les soins *m* qu'exige la santé. **3.** Condition requise; qualité voulue; nécessité. *Dimensional requirements of a machine,* nécessités d'encombrement d'une machine.

requisite ['rekwizit]. **1.** *a.* Requis (*to,* pour); nécessaire (*to,* à); indispensable (*to,* pour); exigé, voulu. *They lack the r. capital,* il leur manque le capital nécessaire. *To take the r. measures,* prendre les mesures qu'exigent les circonstances. **2.** *s.* (a) Condition requise (*for,* pour). (b) Chose *f* nécessaire. **Toilet requisites,** accessoires *m*, objets *m*, ustensiles *m*, de toilette. **Office requisites,** fournitures *f* de bureau. **Travelling requisites,** articles *m* de voyage.

requisiteness ['rekwizitnəs], *s.* Nécessité *f*, indispensabilité *f.*

requisition[1] [rekwi'ziʃ(ə)n], *s.* **1.** Demande *f. Upon a r. by ten members*, sur la demande de dix membres. *Repairs executed under the r. of the town council*, réparations exécutées sur la demande du conseil municipal. *Com: etc: R. for materials, for supplies*, demande de matériaux; commande *f* pour fournitures. **Requisition number,** numéro *m* de référence. **2.** *Mil:* Réquisition *f. To levy requisitions upon a village*, imposer des réquisitions à un village. **To put sth. in requisition, to call sth. into requisition,** (i) *Mil:* mettre qch. en réquisition; (ii) *F:* mettre qch. à contribution. *Horse registered for r.*, cheval *m* de réquisition. *F: His services were in constant r.*, on avait constamment recours à ses services. *The guillotine was in constant r.*, la guillotine fonctionnait sans arrêt.

requisition[2], *v.tr.* **1.** Réquisitionner (des vivres, etc.); mettre (des chevaux, etc.) en réquisition. *To r. troops (in aid of the civil power)*, requérir la force armée. *To r. s.o.'s services*, recourir, avoir recours, aux services de qn. *Liable to be requisitioned*, requérable. **2.** Faire des réquisitions dans (une ville).

requisitioning, *s.* Réquisitionnement *m*; (mise *f* en) réquisition *f*.

requital [ri'kwait(ə)l], *s.* **1.** Récompense *f*, retour *m*. **In requital of, for,** en récompense, en retour, de. *The r. for loose living*, les sanctions *f* des excès de conduite. **2.** Revanche *f*, représailles *fpl*, vengeance *f. In r. for this act of perfidy . . .*, pour punir cette perfidie. . . .

requite [ri'kwait], *v.tr.* **1.** Récompenser, payer de retour (un service); revaloir (un tort); se venger de, venger (une injure). **To requite s.o.'s love,** répondre à l'amour de qn; aimer qn en retour. *To r. evil with good*, rendre le bien pour le mal. **2. To requite s.o. for a service, for his perfidy,** récompenser qn d'un service, de sa perfidie. *He requites me with ingratitude*, il me paie d'ingratitude. *You may be sure that he will r. you*, soyez assuré qu'il vous rendra la pareille.

requited, *a.* **1. Well requited, ill requited,** bien récompensé, mal récompensé. **2. Requited love,** amour partagé.

rerail [riː'reil], *v.tr.* Remettre (une locomotive) sur les rails.

rerailing, *s.* Remise *f* (d'une locomotive) sur (les) rails.

re-read [riː'riːd], *v.tr.* Relire.

re-reading, *s.* Relecture *f*; lecture *f* à nouveau.

rerebrace ['riːərbreis], *s. Archeol:* (Canon *m* d')arrière-bras *m inv* (de l'armure).

re-record [riːri'kɔːrd], *v.tr. Cin:* Reporter, transférer (la piste sonore d'un film sur un autre).

re-recording, *s. Cin:* Transfert *m*.

reredos ['riːərdɔs], *s. Ecc:* Retable *m*, rétable *m*.

re-rig [riː'rig], *v.tr.* Ragréer (un navire).

re-rubber [riː'rʌbər], *v.tr.* Recaoutchouter.

re-rubbering, *s.* Recaoutchoutage *m*.

res [riːz], *s. Jur:* Chose *f*. **Res judicata,** chose jugée.

resaddle [riː'sadl], *v.tr.* Resseller (un cheval). *F:* **To be resaddled with a responsibility,** rendosser une responsabilité.

resale [riː'seil], *s.* Revente *f. To have a better r. value*, se revendre mieux.

rescind [ri'sind], *v.tr.* Rescinder (un acte); annuler (un vote, une décision); abroger (une loi); casser (un jugement); annuler, résoudre, résilier (un contrat); rétracter (un arrêt).

rescinding[1], *a.* (Clause *f*, etc.) abrogatoire.

rescinding[2], *s.* = RESCISSION.

rescission [ri'siʒ(ə)n], *s.* Rescision *f*, abrogation *f* (d'un acte); annulation *f*, résolution *f*, résiliation *f*, résiliement *m* (d'un contrat).

rescissory [ri'sisəri], *a. Jur:* (Acte *m*) rescisoire.

rescore [riː'skɔːər], *v.tr. Mus:* Réorchestrer (un opéra, etc.).

rescript ['riːskript], *s.* **1.** *Ecc: etc:* Rescrit *m*. **2.** (*a*) (Nouvelle) transcription. (*b*) *Archeol:* Palimpseste *m*.

rescue[1] ['reskjuː], *s.* **1.** Délivrance *f*; (*from shipwreck, fire*) sauvetage *m*. **To the rescue!** au secours! *A:* à la rescousse! **Rescue appliances,** matériel *m*, appareils *mpl*, de sauvetage. **Rescue corps, party,** équipe *f* de sauvetage, de sauveteurs. **Rescue work,** (i) travaux *mpl* de sauvetage; (ii) œuvre *f* de réformation des filles publiques. **Rescue home for unfortunates,** maison *f* des filles repenties. **2.** *Jur:* (*a*) Délivrance illégale (d'un prisonnier). (*b*) *A:* Reprise *f* par force (de biens).

'rescue-bid, *s. Cards:* Enchère faite pour tirer son partenaire d'un mauvais pas.

rescue[2], *v.tr.* **1.** Sauver, délivrer, secourir; porter secours à (qn). *To r. s.o. from prison*, extraire qn de sa prison. *To r. s.o. from a danger*, sauver, délivrer, qn d'un danger; arracher qn à un danger. *To r. a troop (that has been surrounded)*, dégager une troupe. *To r. s.o. from death*, dérober qn à la mort. *To r. s.o. from drowning*, sauver qn qui se noie; opérer le sauvetage d'un noyé. **The rescued men,** *s.* **the rescued,** les rescapés *m. To r. s.o. from poverty, from a scrape*, tirer qn de la misère, d'un mauvais pas. **To rescue a name from oblivion,** sauver un nom de l'oubli. **2.** *Jur:* (*a*) Arracher (un prisonnier) aux mains de la justice; délivrer (un prisonnier) par force; délivrer, dégager, (un prisonnier) des mains de la police. (*b*) *A:* Reprendre de force (ses biens); recouvrer de force (les biens de qn).

rescuing, *s.* Sauvetage *m*.

rescuer ['reskjuər], *s.* **1.** Secoureur, -euse; libérateur, -trice. **2.** (*From shipwreck, etc.*) Sauveteur *m*.

reseal [riː'siːl], *v.tr.* Resceller.

resealing, *s.* Rescellement *m*.

research[1] [ri'səːrtʃ], *s.* Recherche *f* (*after, for*, de). **Scientific research, technical research,** investigation(s) *f*, recherche(s), scientifique(s), études *f* techniques (*on*, sur). **Piece of research,** enquête *f* scientifique. *To be engaged in r.*, faire des recherches, des investigations. *His researches have been fruitful*, ses recherches ont été fructueuses. **The Fatigue Research Board,** le Bureau d'étude de la fatigue. **Research work,** recherches, investigations; travaux *mpl* de recherche. **Research-worker,** faiseur, -euse, de recherches; investigateur, -trice. **Research department** (*of factory*), bureau *m* d'études (d'une fabrique); service *m* de recherches.

research[2], *v.i.* Faire des recherches (scientifiques, techniques, etc.).

re-search [riː'səːrtʃ], *v.tr.* Chercher de nouveau dans (un endroit); refouiller (ses poches). *Jur:* Faire une nouvelle perquisition dans (une maison). *Cust:* Revisiter (un navire).

researcher [ri'səːrtʃər], *s.* Faiseur, -euse, de recherches; chercheur *m* (scientifique, etc.); investigateur, -trice.

reseat [riː'siːt], *v.tr.* **1.** Rasseoir (qn), remettre (qn) sur son siège; faire rasseoir (qn). *To r. oneself*, se rasseoir. **2.** Remettre un fond à (une culotte, une chaise); rempailler (une chaise paillée); regarnir (un autocar) de sièges. **3.** *Farr:* Relever (un fer à cheval). **4.** *I.C.E: etc:* **To reseat a valve,** repasser, roder, fraiser, le siège d'une soupape.

réseau ['reizo], *s.* **1.** Réseau *m* (pour dentelle). **2.** *Astr:* Réseau (de carrés de repère).

resect [ri'sekt], *v.tr. Surg:* Réséquer (un os).

resection [ri'sekʃ(ə)n], *s. Surg:* Résection *f*.

reseda [ri'siːdə], **1.** *s. Bot:* Réséda *m*. **2.** ['rezedə] *a. & s.* (Vert) réséda *inv*.

resell [riː'sel], *v.tr.* (*p.t.* **resold** [riː'sould]; *p.p.* **resold**) Revendre.

resemblance [ri'zembləns], *s.* Ressemblance *f* (*to*, à, avec; *between*, entre). *There is a distant r., a faint r., between them*, ils offrent une vague ressemblance. *A strong r.*, une grande ressemblance. **To bear a resemblance to sth.,** avoir de la ressemblance avec qch.

resemble [ri'zembl], *v.tr.* **1.** Ressembler à, approcher de (qn, qch.). *To r. one another*, se ressembler. **2.** *A:* Comparer (*to*, à).

resembling, *a.* Ressemblant.

resent [ri'zent], *v.tr.* **1.** Être offensé, froissé, de (qch.); avoir pris (qch.) en mauvaise part; être irrité de (qch.). *You r. my being here*, ma présence vous déplaît. *To r. sth. on s.o.'s part*, savoir mauvais gré à qn de qch.; tenir rigueur à qn de qch. **2.** S'offenser de (qch.); se froisser de, ressentir (une critique, etc.). *To r. a piece of fun*, se fâcher d'une badinerie. *I should r. a refusal*, vous me désobligeriez en refusant; un refus me blesserait.

resentful [ri'zentful], *a.* **1.** Plein de ressentiment; rancunier. **2.** Froissé, irrité (*of*, de). **-fully,** *adv.* Avec ressentiment; d'un ton, d'un air, rancuneux. *He spoke to me r. about it*, il m'en a parlé avec ressentiment.

resentfulness [ri'zentfulnəs], *s.* Ressentiment *m*.

resentment [ri'zentmənt], *s.* Ressentiment *m. My heart rises up in r.*, mon cœur se soulève de colère. *To harbour r. against s.o. on account of sth., for having done sth.*, faire grief à qn de qch.; garder rancune à qn, avoir de la rancune contre qn, d'avoir fait qch. *To cherish a secret r. against s.o.*, ressentir un dépit secret contre qn.

reservation [rezər'veiʃ(ə)n], *s.* **1.** (*a*) Réserve *f* (des places, etc.). *Rail: Office for r. of seats*, garde-places *m inv*; la réservation des places. (*b*) *U.S:* Place retenue. **2.** Réserve, restriction *f. To enter a r. in respect of a contract*, apporter une réserve à un contrat. **To accept sth. without reservation,** accepter qch. (i) sans réserve, (ii) sans arrière-pensée. **With reservations,** avec certaines réserves; *F:* sous bénéfice d'inventaire. **With this reservation,** à cette restriction près; sous le bénéfice de cette observation. *To make reservations*, faire des réserves. *See also* MENTAL[1]. **3.** *Ecc:* (*a*) Réserve, réservat *m*, réservation (d'un bénéfice) (par le pape). (*b*) **The Reservation of the Sacrament,** la sainte Réserve. **4.** *Jur:* Réservation (d'un droit). **Power of reservation of Dominion legislation,** droit de réservation des lois des Dominions; droit de veto sur les lois des Dominions. **5.** *U.S:* Terrain réservé. **Indian reservation,** réserves indiennes.

reserve[1] [ri'zəːrv], *s.* **1.** (*a*) Réserve *f* (d'argent, d'énergie). *R. for doubtful debts*, réserve, provision *f*, prévision *f*, pour créances douteuses; amortissement *m* des créances douteuses. **Cash reserves,** réserve de caisse. *Stocks forming the reserves necessary for steadiness of output*, stocks *m* qui constituent le volant nécessaire à la production. *Games:* **To draw a domino from the reserve,** prendre un domino dans le talon, dans la réserve. *He has a great r. of energy*, il a beaucoup d'énergie en réserve. *Attrib.* **His reserve strength** *is not great*, il n'a pas beaucoup de force en réserve. **Reserve fund,** fonds de réserve, de prévision, de prévoyance. **Reserve power,** réserve de puissance. **Reserve machine,** machine *f* de réserve, de secours. *Nau:* **Reserve (coal-bunker),** soute *f* du charbon de réserve. *See also* GOLD, HIDE[2] 1, INNER 1. (*b*) **To have sth. in reserve,** tenir qch. en réserve. *Mil:* **Horse in reserve,** cheval *m* haut-le-pied. **2.** (*a*) *Mil:* **The reserves,** les réserves. *To send the reserves into action*, faire donner les réserves. (*b*) *Mil:* **The reserve,** la réserve (de l'armée active). **Reserve list,** cadre *m* de réserve. *To be on the r. list*, être dans la réserve. **Reserve officer,** officier *m* de réserve. **Reserve man,** réserviste *m*. *Navy:* **Reserve ship,** navire *m* de la réserve. **To put a ship in reserve** (*with maintenance party*), mettre un navire en réserve. (*c*) *Sp:* Joueur *m* de réserve; réserve. **3.** Terrain réservé. *For:* Réserve. **4.** (*a*) Réserve, restriction *f*. **Without reserve,** sans réserve; sans restriction. *To make reserves*, faire des réserves. *With these reserves, I propose . . .*, sous ces réserves, je propose. . . . *Not without some (mental) reserves*, non sans réserves; avec quelques réserves. *To tell all with no reserves*, tout avouer sans rien taire, sans rien dissimuler. *To publish news* **with all reserves,** publier une nouvelle sous toutes réserves. *Bank:* **Under reserve,** sauf bonne fin. (*b*) (*At sale*) **Reserve price,** prix *m* minimum; mise *f* à prix. **To be sold without reserve,** à vendre sans réserve. **5.** (*In behaviour*) Réserve, discrétion *f*, retenue *f*. **To maintain an attitude of reserve,** se tenir sur la réserve. *To maintain a wise r.*, se tenir sur, observer, une sage réserve. *When he breaks through his r. . . .*, quand il sort de sa réserve. . . .

reserve[2], *v.tr.* Réserver (*sth. for s.o., for another occasion*, qch. pour qn, pour une autre occasion); mettre (qch.) en réserve; mettre (qch.) de côté. *The bathing-boxes reserved for ladies*, les cabines réservées aux dames. **To reserve a seat for s.o.**, réserver, retenir, une place à qn. **To reserve oneself for the end**, se réserver pour la fin. *To r. a right for oneself*, se réserver un droit. **To reserve the right to do sth.**, se réserver de faire qch. *I consent, reserving the right to . . .*, je consens sauf à. . . . **It was reserved for him to** *make the discovery*, le sort lui réserva de faire cette découverte; c'est à lui qu'il était réservé de faire cette découverte.

reserved, *a.* **1.** (Compartiment, etc.) réservé. **Reserved seats**, places réservées, louées. *Publ:* **All rights reserved**, tous droits (de reproduction, etc.) réservés. *Ecc:* **Reserved sin**, cas réservé. **2.** *Navy: etc:* **Reserved list**, cadre *m* de réserve. *To be on the r. list*, être dans la réserve; être au cadre de réserve. **3.** (*Of pers.*) Réservé, renfermé, contenu, concentré; peu communicatif; en dedans; froid; *F:* boutonné. **To be reserved with s.o.**, être réservé, se tenir sur la réserve, avec qn.

reserving, *s.* Réserve *f*, réservation *f*.

re-serve [riːˈsəːrv], *v.tr.* Resservir (un plat).

reservedly [riˈzəːrvidli], *adv.* Avec réserve.

reservedness [riˈzəːrvidnəs], *s.* Réserve *f*, retenue *f*, froideur *f* (avec qn).

reservist [riˈzəːrvist], *s.* *Mil:* Réserviste *m.*

reservoir [ˈrezərvwɑːr], *s.* Réservoir *m.* **1.** *Hyd.E:* Bassin *m* de retenue; retenue *f*, décharge *f* (d'un cours d'eau). **2.** (*a*) *F:* *A great r. of facts*, un grand réservoir de faits; une réserve inépuisable de faits. (*b*) *Anat:* **The bile reservoir**, le réservoir de la bile.

reset[1] [riˈset], *s.* *Jur:* (*Scot.*) Recel *m*, recèlement *m* (d'objets volés).

reset[2], *v.tr.* **(resetted; resetting)** *Jur:* (*Scot.*) Recéler (des objets volés).

resetting[1], *s.* = RESET[1].

reset[3] [riːˈset], *v.tr.* (*p.t.* **reset**; *p.p.* **reset**; *pr.p.* **resetting**) **1.** Remettre (qch.) en place; replacer (qch.); remonter (des pierres précieuses, etc.); enfoncer de nouveau (un pieu, etc.); replanter (des rosiers, un parterre, etc.). **To reset the table**, remettre le couvert. **To reset a sail**, rétablir une voile. **2. To reset an instrument to zero**, remettre, ramener, un instrument à zéro. **To reset one's watch**, remettre sa montre à l'heure. *I.C.E:* *To r. the timing-gear*, recaler l'engrenage de distribution. *To r. a spring*, retendre, rebander, un ressort. **3.** *Surg:* **To reset a limb**, (i) remettre un membre; (ii) remettre à nouveau un membre. *To r. a bone in its socket*, remboîter un os. **4.** Raffûter (un outil). **5.** *Typ:* Recomposer (un livre).

resetting[2], *s.* **1.** (*a*) Remontage *m.* (*b*) Remise *f* en place. **2.** Raffûtage *m.* **3.** *Typ:* Recomposition *f.*

resetter [riˈsetər], *s.* *Jur:* (*Scot.*) Receleur, -euse; *P:* fourgat *m.*

resettle [riːˈsetl]. **1.** *v.tr.* (*a*) Remettre (*sth. in its place*, qch. à sa place); rétablir (*s.o. in a country*, qn dans un pays); réinstaller (qn). **To resettle oneself**, se rasseoir; se remettre sur son siège; se réinstaller. (*b*) Coloniser de nouveau (un pays). **2.** *v.i.* (*a*) Se fixer de nouveau (*in a place*, dans un endroit); se remettre (*to an occupation*, à une occupation); se réinstaller. (*b*) (*Of wine, etc., after transport*) Se reposer.

resettlement [riːˈsetlmənt], *s.* **1.** Nouvelle colonisation (d'un pays). **2.** Nouveau dépôt (d'un liquide).

reshape [riːˈʃeip], *v.tr.* Reformer, refaçonner; remanier (une œuvre littéraire, etc.).

reshaping, *s.* Remaniage *m*, remaniement *m.*

resharpen [riːˈʃɑːrp(ə)n], *v.tr.* Réaffûter, raffûter (un outil); retailler (une lime, un crayon).

resharpening, *s.* Réaffûtage *m*, raffûtage *m*; retaillage *m.*

reship [riːˈʃip], *v.tr.* **1.** Rembarquer, réembarquer, réexpédier (des marchandises). **2.** Remonter (le gouvernail, l'hélice).

reshipment [riːˈʃipmənt], *s.* Réembarquement *m*, réexpédition *f.*

reshoe [riːˈʃuː], *v.tr.* **1.** Referrer (un cheval, etc.). **2.** Remettre un bandage à (une roue).

reshuffle[1] [riːˈʃʌfl], *s.* (*a*) Nouveau battement (des cartes). (*b*) *F:* **Reshuffle of the Cabinet**, remaniement *m* du Ministère.

reshuffle[2], *v.tr.* (*a*) Rebattre, remêler (les cartes). (*b*) *F:* Remanier (un personnel, etc.).

reshuffling, *s.* = RESHUFFLE[1].

reside [riˈzaid], *v.i.* **1.** (*Of pers.*) Résider (*in a place*, dans un endroit). **Permission to reside**, permis *m* de séjour. **2.** (*Of quality*) Résider (*in s.o., sth.*, dans qn, qch.). *The supreme authority resides in the King*, l'autorité suprême réside, se trouve, dans le roi, appartient au roi.

residence [ˈrezidəns], *s.* **1.** Résidence *f*, demeure *f*, séjour *m.* *To have one's r. in . . ., at . . .*, résider à . . ., dans. . . . *During my r. abroad*, pendant mon séjour à l'étranger. **To take up one's residence somewhere**, fixer sa résidence, établir sa demeure, établir son domicile, prendre domicile, quelque part. *To take up one's r. in a country*, se fixer, s'établir, dans un pays. *To change one's r.*, changer de domicile ou de résidence. *R. is required*, la résidence dans l'établissement est exigée. *Official of whom r. is required*, fonctionnaire pour qui la résidence est obligatoire; fonctionnaire tenu à la résidence. *Ecc:* **Canon in residence**, chanoine *m* en résidence. *Sch:* **Residence of undergraduates**, internat *m* des étudiants. *To be in r. at Oxford*, être en résidence à Oxford. *The undergraduates are not yet in r.*, les étudiants ne sont pas encore rentrés. *See also* BOARD[1] 2. **2.** Demeure, maison *f*, habitation *f*. *Navy:* *R. of the port admiral*, amirauté *f.* *Town and country residences for sale*, hôtels *m* et propriétés *f* à vendre.

residency [ˈrezidənsi], *s.* *Adm:* Résidence officielle du résident anglais (aux Indes et ailleurs); la Résidence.

resident [ˈrezidənt]. **1.** *a.* (*a*) Résidant, qui réside. *To be r. in a place*, résider dans un endroit. *The r. population*, la population fixe. *Orn:* **Resident birds**, oiseaux non migrateurs; oiseaux à demeure. (*b*) **Resident physician**, médecin *m* à demeure (dans un hôpital, un établissement thermal); interne *m*. **Resident engineer**, ingénieur *m* en résidence. *Sch:* *R. master*, maître *m* à demeure (avec certaines fonctions de surveillant). *See also* GOVERNESS 1. (*c*) *Difficulties r. in the situation*, difficultés *f* qui résident dans la situation. *Privileges r. in a class*, privilèges *m* qui appartiennent à une classe. **2.** *s.* (*a*) Habitant, -ante. (*b*) *Adm:* (Ministre) résident *m* (p.ex. aux colonies). *The Resident's wife*, madame la Résidente.

residenter [*Scot:* reziˈdentər; *U.S:* ˈrezidentər], *s.* *Dial:* Habitant, -ante, de l'endroit, de la ville.

residential [reziˈdenʃ(ə)l], *a.* **1. Residential street**, rue composée de maisons d'habitation. **Residential area, residential district**, quartier d'habitation; quartier bourgeois. **Residential estate**, (i) propriété composée de maisons d'habitation; (ii) propriété avec maison de maître. *See also* FLAT[1] 2, HOTEL. **2. Residential qualification**, (i) quotité *f* d'imposition nécessaire pour être électeur; cens électoral; (ii) droit *m* de vote en tant que propriétaire ou locataire.

residentiary [reziˈdenʃəri]. **1.** *a.* Résidant, qui réside. **2.** *s. & a.* *Ecc:* **(Canon) residentiary**, chanoine résidant, obligé à la résidence.

residentship [ˈrezidəntʃip], *s.* *Adm:* Résidence *f.*

residual [riˈzidjuəl]. **1.** *a.* (*a*) *Ph: etc:* Résiduel, résiduaire. **Residual magnetism**, magnétisme remanent, résiduel; remanence *f*. (*b*) (*Of objection, mistake, etc.*) Qui reste; restant. **2.** *s.* (*a*) *Ch: etc:* Résidu *m.* (*b*) *Ar:* Reste *m*, *A:* résidu (d'une soustraction, d'une puissance dont on a extrait la racine, etc.).

residuary [riˈzidjuəri], *a.* **1.** *Ch: etc:* Résiduaire, résiduel. **2.** Qui reste; restant; du reste. *Jur:* **Residuary legatee, residuary devisee**, légataire (à titre) universel. *Rel.H:* **The Residuary Church**, l'Église (établie) d'Écosse après la scission de 1843.

residue [ˈrezidjuː], *s.* **1.** *Ch:* Résidu *m.* **2.** Reste(s) *m(pl)* (d'une armée, etc.). **3.** *Jur:* Reliquat *m* (d'une succession); actif net après paiement de toutes les charges. **4.** *Mth:* Résidu (d'une fonction).

residuum, *pl.* **-a**, [riˈzidjuəm, -a], *s.* (*a*) *Ch: etc:* Résidu *m*; reste *m*. (*b*) **Electric residuum**, électricité résiduelle.

resign [riˈzain], *v.tr.* **1.** (*a*) Résigner (une fonction); se démettre de, donner sa démission de (son emploi); abdiquer (la couronne); *abs.* démissionner; donner sa démission; résigner ses fonctions, sa charge. *Mil:* **To resign one's commission**, donner sa démission. *Resigning officer*, officier *m* démissionnaire. *Is it true that the Cabinet is resigning?* est-il vrai que le Gouvernement soit démissionnaire? **To resign from the cabinet**, démissionner du gouvernement. *Parl:* **Resign! resign!** démission! démission! (*b*) Abandonner (un droit, tout espoir); renoncer à (la vie); abandonner, renoncer à (une tâche). (*c*) **To resign sth. to s.o.**, abandonner, céder, qch. à qn; faire l'abandon de qch. à qn. **To resign one's soul to God**, remettre son âme à Dieu. **2.** (*a*) **To resign oneself to sleep, to meditation**, s'abandonner au sommeil; se livrer à la méditation. *To r. oneself to s.o.'s guidance*, se laisser guider par qn. (*b*) **To resign oneself to one's fate, to doing sth.**, se résigner à son sort, à faire qch.; en prendre son parti. *To r. oneself to sth. being done*, se résigner à ce que qch. se fasse. *See also* INEVITABLE.

resigned, *a.* **1.** Résigné (*to*, à). *To become r. to sth.*, prendre son parti de qch.; se résigner à qch. **2.** (Officier *m*, député *m*) démissionnaire.

re-sign [riːˈsain], *v.tr.* Signer (qch.) de nouveau, à nouveau.

resignation [rezigˈneiʃ(ə)n], *s.* **1.** (*a*) Démission *f.* **To send in, hand in, tender, one's resignation**, donner sa démission. (*b*) *Ecc:* Résignation *f* (d'un bénéfice). (*c*) Abandon *m* (d'un droit, etc.); abdication *f* (de la couronne, etc.). **2.** Résignation (*to*, à); soumission *f*. *To accept one's fate with r.*, se résigner à son sort.

resignedly [riˈzainidli], *adv.* Avec résignation; d'un air, d'un ton, de résignation; d'un air, d'un ton, résigné.

resignedness [riˈzainidnəs], *s.* Résignation *f.*

resigner [riˈzainər], *s.* **1.** Démissionnaire *m*; résignant, -ante (d'un emploi). **2.** *Ecc:* Résignant *m*, résignateur *m* (d'un bénéfice).

resile [riˈzail], *v.i.* **1.** (*a*) Reculer vivement. (*b*) *To r. from a contract*, résilier un contrat. *To r. from a statement*, se dédire; se rétracter. **2.** (*a*) (*Of elastic body*) Reprendre sa forme. (*b*) (*Of ball*) Rebondir. (*c*) *F:* (*Of pers.*) Faire preuve de ressort.

resilience [riˈziljəns], **resiliency** [riˈziljənsi], *s.* **1.** (*a*) *Mec:* Résilience *f*; résistance vive. **Spring resilience**, bande *f* d'un ressort. (*b*) (*Of pers.*) Élasticité *f* de caractère, de tempérament. **To have resilience**, avoir du ressort. (*c*) (*Of skin, etc.*) Élasticité. **2.** Rebondissement *m.*

resilient [riˈziljənt], *a.* Rebondissant, élastique. *F:* (*Of pers.*) **To be resilient**, avoir du ressort. *R. disposition*, tempérament plein de ressort. *Children are more r. than adults*, les enfants ont plus de ressort que les adultes; les enfants se remettent, se relèvent, plus vite que les adultes.

re-silver [riːˈsilvər], *v.tr.* Rétamer (un miroir).

re-silvering, *s.* Rétamage *m.*

resin[1] [ˈrezin], *s.* **1.** Résine *f.* *Arb:* **Resin duct**, canal *m* résinifère. **Resin gall**, poche *f* de résine. **White resin**, poix *f* de Bourgogne; galipot *m*. *To tap fir-trees for r.*, résiner des pins. *To dip firewood in r.*, résiner des bûchettes. *See also* PINE-RESIN. **2.** (*Also rosin*) Colophane *f*, brai sec, poix sèche.

'resin-tapper, *s.* *For:* (*Pers.*) Résinier *m.*

'resin-tapping, *s.* *For:* Résinage *m*, gemmage *m.*

resin[2], *v.tr.* Résiner.

resinaceous [reziˈneiʃəs], *a.* Résineux.

resinate [ˈrezinet], *s.* *Ch:* Résinate *m.*

resiniferous [reziˈnifərəs], *a.* (Arbre *m*, etc.) résinifère.

resinification [rezinifiˈkeiʃ(ə)n], *s.* Résinification *f* (de l'huile, etc.).

resinify [ˈrezinifai]. **1.** *v.tr.* Résinifier. **2.** *v.i.* (*Of oil, etc.*) Se résinifier.

resinite [ˈrezinait], *s.* *Miner:* Résinite *f.*

resinoid [ˈrezinɔid], *a.* Résinoïde.

resinosis [reziˈnousis], *s.* *For:* Écoulement exagéré de la résine.

resinous [ˈrezinəs], *a.* Résineux. *To become r.*, **se résinifier.**
resipiscence [resiˈpisəns], *s.* Résipiscence *f.*
resist[1] [riˈzist], *s.* *Engr: Dy: etc:* Réserve *f.*
resist[2], *v.tr.* **1.** (*a*) Résister (à une attaque, à la chaleur, à une tentation). **To resist the cold,** résister au froid. *To r. infection*, être résistant à l'infection. *A temptation too strong to be resisted*, une tentation trop forte pour que l'on pût y résister. (*b*) *I couldn't r. telling him what I thought of him*, je n'ai pas pu m'empêcher, me tenir, m'abstenir, de lui dire son fait. **He cannot resist a pun,** il ne laisse jamais passer l'occasion de faire un calembour. *I can't r. chocolates*, je ne peux pas résister à la tentation d'une crotte de chocolat; j'ai un faible pour les crottes de chocolat. **2.** (*a*) Résister à, s'opposer à (un projet, etc.); refuser d'obéir à (un ordre); s'opposer à, se bander contre (une influence). *To r. being kissed*, refuser de se laisser embrasser. **To resist authority,** résister à l'autorité. *Jur:* **To resist the authority of the Court,** faire rébellion à la justice. *Abs.* *It's best not to r.*, mieux vaut ne pas offrir de résistance, ne pas résister, *F:* ne pas rouspéter. (*b*) Repousser (une suggestion, etc.). *To r. the evidence*, se refuser à l'évidence. **3.** (*Of girder, spring*) Résister à (une pression). *Abs.* **Spring that no longer resists,** ressort *m* qui ne repousse plus. *Med:* **Tumour resisting pressure,** tumeur rénitente.
resisting[1], *a.* Résistant; de résistance. *See* ACID-RESISTING, ALKALI, FIRE-RESISTING.
resisting[2], *s.* Résistance *f.* *R. the police in the discharge of their duty*, rébellion *f* aux agents dans l'exercice de leurs fonctions.
resistance [riˈzistəns], *s.* Résistance *f.* **1.** **To offer resistance,** résister (à la police, à la loi, etc.); *F:* rouspéter. *To offer, make, a stout r.*, (i) offrir une résistance opiniâtre; (ii) (*in battle*) se défendre vaillamment; combattre de pied ferme. **To offer no resistance,** ne faire aucune résistance; ne pas résister. *To offer no r. to the police, F:* ne pas rouspéter. *She made no r.*, elle s'est laissé faire. **Weary of resistance,** de guerre lasse. **Passive resistance,** résistance passive. *See also* ARMED[1]. **2.** (*a*) *Mec: Ph:* Résistance. *To overcome the r. of the air*, surmonter la résistance de l'air. **Line of least resistance,** ligne *f* de moindre résistance. *F: To take the line of least r.*, aller au plus facile; transiger. *Mec:* **Impact resistance,** résistance au choc. **High-resistance steel,** acier *m* à haute résistance. **Resistance energy,** travail résistant. *See also* FRICTIONAL. *Med:* **Resistance to pressure,** rénitence *f* (d'une tumeur). (*b*) *El: Magn:* **Magnetic resistance,** résistance magnétique; reluctance *f.* *R. to the passage of electricity*, résistance au passage. **Resistance coil,** bobine *f*, boudin *m*, de résistance. **Resistance flex, flexible resistance,** cordon chauffant. **Resistance box,** boîte *f*, caisse *f*, de résistance; rhéostat *m.* **Resistance furnace,** four *m* à résistance. **Resistance welding,** soudure *f* par résistance; soudure électrique. (*c*) *El:* (*Device*) Résistance, rhéostat. *Burned-out r.*, résistance grillée. **Sliding-contact resistance,** résistance à curseur. **Variable resistance,** résistance variable; rhéostat. *Regulating r.*, rhéostat de réglage. **Field resistance,** rhéostat de champ.
resistant, resistent [riˈzistənt], *a.* Résistant.
resister [riˈzistər], *s.* **1.** Personne *f* qui résiste, qui oppose de la résistance; *F:* rouspéteur *m.* **Passive resister,** partisan *m* de la résistance passive. **2.** Corps résistant, force résistante. **3.** *Biol: Med:* Sujet *m* qui résiste à la maladie, à l'infection.
resistible [riˈzistibl], *a.* Résistible; à quoi l'on peut résister.
resistive [riˈzistiv], *a.* Résistant; qui résiste; susceptible de résistance.
resistivity [rizisˈtiviti], *s.* *El:* Résistivité *f.*
resistless [riˈzistləs], *a.* **1.** Irrésistible. **2.** Sans défense; incapable de résister. **3.** Qui se laisse faire. **-ly,** *adv.* Irrésistiblement.
re-size [riːˈsaːiz], *v.tr.* *Ind:* Remettre (une pièce, etc.) à la cote.
resold. *See* RESELL.
resolder [riːˈsouldər], *v.tr.* *Metalw:* Ressouder.
re-sole [riːˈsoul], *v.tr.* Ressemeler, carreler (des souliers); remettre une semelle à (un soulier).
re-soling, *s.* Ressemelage *m*, carrelure *f.*
resoluble [ˈrezoljubl], *a.* **1.** *Body r. into its elements*, corps *m* qui peut se résoudre, se décomposer, en ses éléments. **2.** (Problème *m*) résoluble.
resolute [ˈrezoljut], *a.* Résolu, déterminé. *R. tone*, ton résolu; ton ferme; ton de résolution. *R. man*, homme *m* de résolution. **Resolute to do sth.,** résolu à faire qch. *The Queen was r. for, against, peace*, la Reine avait résolu de faire, de ne pas faire, la paix; la Reine était décidée à faire, à ne pas faire, la paix. **-ly,** *adv.* Résolument, avec détermination. *To come forward r.*, s'avancer avec résolution, hardiment. *To go r. to work*, se mettre résolument au travail. *To wait r. for s.o.*, attendre qn de pied ferme.
resoluteness [ˈrezoljutnəs], *s.* Résolution *f*, fermeté *f.*
resolution [rezoˈljuːʃ(ə)n], *s.* **1.** *Ch: Med: Mth: Mus: etc:* Résolution *f* (d'un composé, d'une tumeur, d'un problème, d'une dissonance). **Resolution of water into steam,** résolution de l'eau en vapeur. *Pros: R. of a long syllable*, résolution d'une (syllabe) longue. *Mec:* **Resolution of forces,** décomposition *f* des forces. **2.** Résolution, délibération *f* (d'une assemblée); proposition *f*, vœu *m*; ordre *m* du jour. **To put a resolution to the meeting,** mettre aux voix, soumettre, proposer, une résolution. *To pass, carry, adopt a r.*, adopter, prendre, une résolution, une décision, une délibération. *To reject a r.*, rejeter une proposition. *The committee passed a r. in favour of . . .*, le comité a adopté des vœux demandant que. . . . **3.** Résolution, détermination *f.* **Good resolutions,** bonnes résolutions. **To make a resolution,** prendre une résolution. **To make a resolution to do sth.,** prendre la résolution de faire qch.; faire vœu de faire qch. **4.** Résolution, fermeté *f*, décision *f.* **Man of resolution,** homme de résolution, homme résolu. *Look of r.*, air résolu. **Lack of resolution,** manque *m* de caractère; caractère irrésolu.
resolutive [ˈrezoljutiv]. **1.** *a.* *Jur:* (**Clause, etc.**) **résolutoire.** **2.** *a.* & *s.* *Med:* Résolutif (*m*).
resolutory [ˈrezoljutəri], *a.* *Jur:* (Condition) résolutoire (d'un contrat).
resolvable [riˈzɔlvəbl], *a.* Résoluble, réductible. *Astr:* **Resolvable nebula,** nébuleuse *f* résoluble.
resolve[1] [riˈzɔlv], *s.* **1.** Résolution *f.* **To make a resolve to do sth.,** prendre la résolution de faire qch.; se résoudre à faire qch. *To keep one's r.*, tenir sa résolution. **2.** *Poet:* **Deeds of high resolve,** nobles élans *m.*
resolve[2]. I. *v.tr.* **1.** (*a*) Résoudre (qch. en ses éléments). *The water resolves itself into vapour*, l'eau se résout, se transforme, en vapeur. *The steam that the cold had resolved into water*, la vapeur que le froid avait résoute en eau. *The fog resolved itself into rain*, le brouillard s'est résous en pluie. *Med: To r. a tumour*, résoudre une tumeur. *Mec:* **To resolve a velocity into its components,** décomposer une vitesse en ses composantes. *Mus:* **To resolve a discord,** résoudre une dissonance. *The sounds resolved themselves into a melody*, les sons prirent la forme d'une mélodie. (*b*) *The House resolved itself into a committee*, la Chambre se constitua en commission. (*c*) *Opt: Phot:* **Resolving power** *of a lens, of the emulsion*, pouvoir séparateur, résolvant, d'un objectif, de l'émulsion. **2.** Résoudre (un problème, une difficulté); dissiper (un doute). **3.** (*a*) (*Of committee, etc.*) Résoudre, décider (de faire qch.). *What has been resolved?* qu'a-t-on résolu? *To r. that . . .*, décider que. . . . *The committee resolved to authorize this step*, le comité adopta une résolution autorisant cette démarche. *Resolved that the question be adjourned for a week*, il a été résolu, décidé, de remettre la question à huitaine. (*b*) (*Of individual*) **To resolve to do sth.,** se résoudre à faire qch.; prendre la résolution de faire qch. **4.** *A:* **To resolve s.o. to do sth., on doing sth.,** résoudre, décider, déterminer, qn à faire qch.
II. **resolve,** *v.i.* **1.** Se résoudre (en ses éléments). *Med:* (*Of tumour*) Se résoudre; disparaître sans suppuration; se résorber. **2.** (*Of pers.*) Se résoudre (*upon sth.*, à qch.); résoudre (*upon sth.*, de faire qch.); se résoudre, se décider, se déterminer (*upon doing sth., to do sth.*, à faire qch.); prendre la résolution, le parti (de faire qch.).
resolved, *a.* Résolu, décidé (*to do sth.*, à faire qch.). *She was resolved that he must come with her, that he should come with her*, elle était résolue à ce qu'il l'accompagnât.
resolvedly [riˈzɔlvidli], *adv.* Résolument.
resolvent [riˈzɔlvənt], *a.* & *s.* *Med:* Résolvant (*m*), résolutif (*m*).
resonance [ˈrezonəns], *s.* Résonance *f.* (*a*) *Mus:* Vibration *f* (de la voix). **Resonance box,** caisse *f* de résonance (d'un instrument, d'un diapason). (*b*) *W.Tel:* **Circuits in resonance,** circuits *m* en résonance. **Resonance distortion,** distorsion *f* de résonance.
resonant [ˈrezonənt], *a.* (*Of sound, room, etc.*) Résonnant. *R. voice*, voix résonnante, sonore. *Valleys r. with the sound of bells*, vallées résonnantes du son des cloches.
resonate [ˈrezoneit], *v.i.* Résonner, retentir (*with*, de).
resonating, *a.* Résonnant.
resonator [ˈrezoneitər], *s.* *El: Ph:* Résonateur *m.*
resorb [riˈsɔːrb], *v.tr.* Résorber.
resorcin [reˈzɔːrsin], *s.* *Ch:* Résorcine *f.*
resorption [riˈsɔːrpʃ(ə)n], *s.* Résorption *f.*
resort[1] [riˈzɔːrt], *s.* **1.** (*a*) Ressource *f.* **To be the only resort,** être la seule chose à laquelle on puisse recourir; être la seule ressource. (*b*) Recours *m.* **Without resort to compulsion,** sans recourir à la force; sans avoir recours à la force. *Jur:* **Last resort,** dernier ressort. *See also* LAST[4] I. 1. **2.** Fréquentation *f*, affluence *f*, concours *m* (de personnes). **Place of great resort,** lieu très fréquenté. *He encouraged the r. of artists*, il encourageait les artistes à se réunir chez lui. **3.** (*a*) Lieu de séjour, de rendez-vous. **Famous resort,** séjour réputé. *R. of thieves*, repaire *m* de voleurs. **All-night resort,** boîte *f* de nuit. (*b*) **Health resort,** station climatique, thermale, estivale. **Seaside resort,** station balnéaire; plage *f*; bains *mpl* de mer. **Holiday resort,** (centre *m* de) villégiature *f.* **Summer resort, winter resort,** station d'été, d'hiver.
resort[2], *v.i.* **1.** Avoir recours, recourir (*to*, à); user (*to*, de). *To r. to all sorts of precautions*, s'entourer de toutes sortes de précautions. *To r. to every kind of trick in order to . . .*, user de tous les artifices pour. . . . **To resort to force,** faire emploi de la force; avoir recours à la force. *To r. to violence*, recourir à la violence. **To resort to blows,** en venir aux coups. **2.** (*a*) *To r. to s.o.* (*for help*), avoir recours à qn; s'adresser à qn. (*b*) **To resort to a place,** (i) (*in numbers*) se rendre, affluer, dans un endroit; (ii) (*singly*) fréquenter, hanter, un lieu. *A place to which he was known to r.*, un lieu qu'on lui savait fréquenter.
re-sort [riːˈsɔːrt], *v.tr.* Reclasser; faire un nouveau triage de (la marchandise, etc.).
resorter [riˈzɔːrtər], *s.* *R. to a place*, personne *f* qui fréquente, qui hante, un endroit.
resound [riˈzaund]. **1.** *v.i.* (*a*) (*Of place*) Résonner; retentir (*with cries*, de cris). (*b*) (*Of voice, instrument*) Résonner. (*c*) (*Of fame, event*) Avoir du retentissement, retentir (*through the world*, à travers le monde). **2.** *v.tr.* *A.* & *Lit:* (*a*) Célébrer, chanter (les louanges de . . .). (*b*) Faire résonner, faire retentir, répéter, renvoyer (des sons).
resounding, *a.* Résonnant, retentissant; (rire *m*) sonore. **Resounding success,** succès bruyant. **-ly,** *adv.* D'une manière retentissante; bruyamment; avec fracas.
resource [riˈsɔːrs], *s.* **1.** (*a*) Ressource *f.* **Man of resource,** homme *m* de ressource, fertile en expédients. *Man of no r.*, homme sans moyens, incapable de se débrouiller. (*b*) Ressource, expédient *m.* *Deception was his only r.*, il ne pouvait s'en tirer qu'à l'aide d'une supercherie. **Ruined without resource,** ruiné sans remède, sans ressource. *See also* LAST[4] I. 1. **2.** *pl.* **Resources,** ressources. *The town's resources in men and ammunition*, les ressources de la ville en hommes et en munitions. **To be at the end of one's resources,** être au bout de ses ressources, à bout de ressources.

To draw upon one's own resources (*to do sth.*), faire qch. par ses propres moyens. *To make the most of one's resources*, ménager ses ressources. **3.** Récréation *f*, distraction *f*, délassement *m*. *Cards are our only r.*, notre seul moyen de distraction, notre seule ressource, c'est de jouer aux cartes.

resourceful [ri'sɔːrsful], *a.* Fertile en ressources; plein de ressource(s); *F:* débrouillard. *She was r. in concocting dainty dishes*, elle était ingénieuse à composer des petits plats.

resourcefulness [ri'sɔːrsfulnəs], *s.* Ressource *f*.

resourceless [ri'sɔːrsləs], *a.* **1.** Sans ressources. **2.** Qui manque de ressource; qui ne sait pas se débrouiller.

resourcelessness [ri'sɔːrsləsnəs], *s.* Manque *m* de ressource, de sens pratique.

resow [riː'sou], *v.tr.* (*p.t.* **resowed** [riː'soud]; *p.p.* **resown** [riː'soun]) Ressemer (un champ, le blé).

respect¹ [ri'spekt], *s.* **1.** (*a*) (*Reference*) Rapport *m*, égard *m*. **To have respect to sth.**, avoir rapport à qch. **With respect to . . .**, en ce qui concerne . . .; concernant . . .; quant à. . . . *There are difficulties with r. to the wording*, la rédaction offre des difficultés. *Gram:* **Accusative of respect**, accusatif *m* de relation, de point de vue. (*b*) Rapport, égard, point *m* de vue. *Superior in r. of intelligence*, supérieur sous le rapport de l'intelligence. **In many respects**, à bien des égards, à plus d'un point de vue. **In some, in certain, respects**, sous quelques rapports; à certains égards; par certains côtés. **In all respects, in every respect**, sous tous les rapports; de tous points; à tous les points de vue; à tous les égards. **In one respect**, sous un rapport. **In this respect**, à cet égard, sous ce rapport. *The first differs from the others in this r., that . . .*, le premier diffère des autres en ceci, que. . . . **In no respect**, sous aucun rapport; à aucun égard. **In other respects**, sous d'autres rapports; à d'autres égards. *Com:* **In respect of . . .**, au compte de. . . . *A:* **In respect that . . .**, en ce que. . . . **2.** (*Heed*) Égard. **To have, pay, respect to sth.**, avoir égard à, tenir compte de, qch. *To do sth. without r. to the results*, faire qch. sans songer aux résultats, sans se soucier des résultats. **Without respect of persons**, sans acception de personnes. **3.** (*a*) Respect *m* (*for the truth*, pour la vérité); respect, déférence *f*, considération *f* (*for s.o.*, pour, envers, qn). **To have respect for s.o.**, avoir du respect pour qn; porter du respect à qn. *To have the greatest r. for s.o.*, avoir le plus grand respect pour qn. *R. for others*, le respect des autres, d'autrui. *To win the r. of all*, gagner le respect de tous. *He can command r.*, il sait se faire respecter. *To enforce r.*, se faire porter respect. *The r. which we pay to wealth*, le respect que nous portons à la richesse. **To have lost all respect**, être perdu d'estime. *His firmness filled me with r.*, sa fermeté m'en imposa. **Worthy of respect**, respectable; digne d'estime. **Out of respect for . . .**, par respect, par égard, par considération, pour. . . . **With all due respect** (**to you**), révérence parler; sauf votre respect; sauf le respect que je vous dois; soit dit sans vouloir vous offenser. *A man with any r. for himself can only decline*, un homme qui se respecte ne saurait que refuser. *See also* HOLD² I. 9, SELF-RESPECT. (*b*) **Respect for the law**, respect de la loi. *To enforce r. for a decree*, faire observer un décret. **4.** *pl.* **Respects**, respects, hommages *m*, devoirs *m*. **To pay one's respects to s.o.**, rendre ses respects, ses devoirs, présenter ses hommages, à qn. **Give him my respects**, présentez-lui mes respects. *Please give my respects to your daughter*, veuillez présenter mes respects à mademoiselle votre fille. *See also* LAST⁴ I. 1.

respect², *v.tr.* Respecter. **1.** Honorer (qn); porter respect à (qn); éprouver du respect pour (qn). *A man universally respected*, un homme respecté de tous. **My respected colleague**, mon honoré confrère. **2.** Avoir égard à (qch.). (*a*) *He's a man who respects nothing*, c'est un homme qui ne respecte rien. *He respected my desire to be alone*, il respecta mon désir, eut égard à mon désir, d'être seul. *He respected my silence*, il ne troubla pas mon silence. *To r. s.o.'s opinion*, respecter l'opinion de qn. (*b*) **To respect persons**, faire acception de personnes. (*c*) **To respect the law**, avoir le respect des lois. *To r. a clause in a contract*, respecter une clause dans un contrat. (*d*) *He was able to make himself, his authority, respected*, il a su se faire porter du respect, se faire respecter. **3.** Avoir rapport, avoir trait, à (qch.); concerner (qch.). *Matters that r. our own interests*, choses *f* qui se rapportent à nos propres intérêts. **As respects . . .**, pour ce qui est de . . .; quant à. . . .

respecting, *prep.* Relativement à; quant à; par rapport à; à l'égard de; en ce qui concerne; concernant; touchant. *Legislation r. property*, législation *f* concernant, ayant rapport à, la propriété. *Questions r. a matter*, questions relatives à un sujet; questions touchant un sujet. *We could not agree r. the price*, nous n'avons pas pu nous mettre d'accord sur le prix.

respectability [rispektə'biliti], *s.* **1.** (*a*) Respectabilité *f*, honorabilité *f*. *To preserve a certain r. of appearance*, garder une certaine décence. (*b*) *To maintain the respectabilities* (*of life*), maintenir les convenances, les bienséances. **2.** *A. & Hum:* (*a*) Personne *f* honorable. (*b*) *The respectabilities of the town*, les gros bonnets de la ville.

respectable [ri'spektəbl], *a.* Respectable. **1.** Digne de respect. *He was poor but r.*, il était pauvre mais respectable. **2.** (*a*) Honorable, convenable, honnête, comme il faut. *The r. middle classes*, la bonne bourgeoisie. **Respectable society**, milieu *m* de gens respectables, d'honnêtes gens. *R. family*, famille *f* honnête. *R. clothes*, vêtements *m* convenables. *She is a very r. woman*, c'est une femme tout à fait comme il faut; c'est une très digne femme. *Woman of r. appearance*, femme d'apparence honnête. *You don't look r.*, vous n'avez pas l'air convenable. **It isn't respectable**, ça n'est pas comme il faut. *Hardly r.*, peu honorable. (*b*) *F:* **She is of a respectable age**, elle est d'un âge canonique. **3.** Passable. **A respectable number of people**, un nombre respectable de gens; bon nombre de gens. *The takings ran to a very r. figure*, la recette a atteint un chiffre important, une somme rondelette. *R. competence*, fortune *f* honorable. *R. painter*, assez bon peintre. *R. weather*, assez beau temps, temps passable. *R. hill*, montée *f* nullement méprisable. **-ably**, *adv.* **1.** Respectablement, honorablement, convenablement, honnêtement, comme il faut. **2.** Pas mal, passablement. *He can write, play, quite r.*, il écrit, joue, passablement; il n'est pas sans un certain talent.

respecter [ri'spektər], *s.* *To be no r. of the law*, ne pas respecter les lois; ne tenir aucun compte des lois. **To be no respecter of persons**, ne pas faire acception de personnes. *Death is no r. of persons*, la mort n'épargne personne.

respectful [ri'spektful], *a.* Respectueux (*to*, envers, pour). **To stand at a respectful distance**, se tenir à une distance respectueuse. *To keep s.o. at a r. distance*, tenir qn en respect. *To be r. of tradition*, respecter la tradition. **-fully**, *adv.* Respectueusement, avec respect. *Corr:* **I remain yours respectfully**, je vous prie d'agréer mes salutations très respectueuses.

respectfulness [ri'spektfulnəs], *s.* Caractère respectueux; respect *m*.

respective [ri'spektiv], *a.* Respectif. *Our r. places of abode*, nos demeures respectives. **-ly**, *adv.* Respectivement.

respell [riː'spel], *v.tr.* (**respelled** *or* **respelt**) **1.** Épeler (un mot) de nouveau. **2.** Modifier l'orthographe de (certains mots).

respirable ['respirəbl], *a.* **1.** Respirable. **2.** *A:* Capable de respirer.

respiration [respi'reiʃ(ə)n], *s.* *Physiol: Bot:* Respiration *f*.

respirator ['respireitər], *s.* Respirateur *m*; masque *m* respiratoire; *Mil:* masque à gaz.

respiratory ['respireitəri], *a.* (Organe *m*, appareil *m*, etc.) respiratoire.

respire [ris'paiər], *v.tr.* & *i.* **1.** *Physiol: Bot:* Respirer. **2.** *F:* Reprendre haleine; respirer.

respite¹ ['respit], *s.* **1.** *Jur:* Sursis *m*, délai *m*. *To get a r.*, obtenir un délai. *Com:* **To grant a respite for payment**, atermoyer un payement. **2.** Répit *m*, relâche *m*. *His toothache gives him no r.*, son mal de dents ne lui donne pas de trêve. *To work without r.*, travailler sans relâche.

respite², *v.tr.* **1.** (*a*) Accorder un sursis à (un prévenu); surseoir à l'exécution (d'un condamné). (*b*) Remettre, différer (un jugement). **2.** Apporter du soulagement à (qn, une douleur); laisser du répit à (qn).

resplendence [ri'splendəns], **resplendency** [ri'splendənsi], *s.* Splendeur *f*, resplendissement *m*, éclat *m* (d'un astre, d'une cérémonie).

resplendent [ri'splendənt], *a.* Resplendissant, éblouissant. **-ly**, *adv.* Avec splendeur; avec éclat; splendidement.

respond¹ [ri'spɔnd], *s.* **1.** *Ecc:* = RESPONSORY. **2.** *Arch:* Demi-pilier *m* (soutenant une arête de voûte); colonne engagée.

respond², *v.i.* **1.** (*a*) Répondre, faire une réponse. *To r. to a toast*, répondre à un toast. *F: His opponent responded with a summons for assault*, en réponse son adversaire le fit assigner pour voies de fait. (*b*) *Ecc:* Réciter, chanter, les répons. **2.** (*a*) Répondre, être sensible (à l'affection, à la bonté); se prêter (à une proposition). **To respond to music**, *F:* avoir la fibre de la musique. *Av:* (*Of plane*) **To respond to the controls**, obéir aux gouvernes. (*b*) Réagir (*to*, contre). *The nerves r. to external stimuli*, les nerfs *m* réagissent contre les excitants extérieurs. **3.** *Jur: U.S:* Être responsable. **To respond in damages**, être tenu des dommages-intérêts.

respondent [ri'spɔndənt]. **1.** *a.* (*a*) Répondant; qui répond; qui a donné la réponse. (*b*) Qui répond, qui est sensible (*to an influence*, à une influence); qui réagit (*to a stimulus*, à un stimulus). **2.** *s.* (*a*) *Sch:* Répondant *m* (qui soutient la thèse). (*b*) *Jur:* (i) (*Esp. in divorce case*) Défendeur, -eresse. (ii) (*Before Court of Appeal*) Intimé, -ée.

respondentia [respɔn'denʃja], *s.* *Nau:* Hypothèque consentie sur la cargaison; emprunt *m* sur le chargement.

response [ri'spɔns], *s.* **1.** (*a*) Réponse *f*, réplique *f*. *He made no r.*, il ne fit aucune réponse. (*b*) *Ecc:* Répons *m*. **To make the responses in the mass, at mass**, répondre la messe. **2.** (*a*) Réponse (à un sentiment, à un appel). *His r. to affection was disappointing*, la façon dont il répondait à l'affection qu'on lui portait était peu encourageante. *Her sympathy called forth no r. in his breast*, sa sympathie ne suscitait en lui aucune émotion. *His love met with no r.*, son amour ne fut point payé de retour. *This appeal met with a generous r.*, il fut répondu largement à cet appel. *There was no r. to his appeal*, son appel resta sans réponse. *To act in r. to the call of duty*, répondre à l'appel du devoir. (*b*) Réaction *f*, réponse. *Phot:* Réponse (de l'émulsion). **Response curve**, courbe *f* de réponse (d'un haut-parleur, etc.).

responsibility [rispɔnsi'biliti], *s.* (*a*) Responsabilité *f*. *Divided r.*, responsabilité partagée. *Division of r.*, partage *m* de responsabilité. **Post of responsibility**, poste *m* responsable; situation pleine de responsabilité. **To assume a responsibility**, accepter une responsabilité. *To assume personal r. for sth.*, engager sa responsabilité personnelle en ce qui concerne qch. **To take the responsibility of sth., to accept responsibility for sth.**, prendre la responsabilité de qch.; prendre qch. sous sa responsabilité. **'Without responsibility on our part,'** "sans engagement ni responsabilité de notre part." *To do sth.* **on one's own responsibility**, faire qch. de son chef, sous sa propre responsabilité. *The r. rests with the author*, la responsabilité en incombe à l'auteur. *The r. that is laid upon me, that falls on me, that is delegated to me*, la responsabilité qui m'est imposée, qui m'est impartie. *See also* JOIN² II. (*b*) Responsabilité (d'une faute); culpabilité *f*. *To decline all r. for the accident*, décliner toute responsabilité au sujet de cet accident.

responsible [ri'spɔnsibl], *a.* **1.** (*a*) Chargé (d'un devoir, etc.). *Person r. for doing sth.*, personne à qui il incombe de faire qch. *To be r. for the expenditure*, tenir les comptes de la dépense. *I will be r. for his safe-keeping*, je me porte garant qu'il ne lui sera fait aucun mal. *R. before public opinion*, responsable vis-à-vis de l'opinion publique. **Responsible to s.o.**, responsable devant qn, envers qn. *Commission r. to a government*, commission *f* relevant d'un gouvernement. **To be responsible to s.o. for sth.**, avoir à rendre compte à qn de qch.; être comptable à qn de qch. **To be responsible for s.o., for sth.**, répondre de qn, de qch. *Each government shall be r. solely for the share . . .*, l'engagement *m* de chaque gouvernement portera exclusivement sur la part. . . . **He is not responsible for his actions**, il n'est pas maître de ses actes. (*b*) Responsable (d'un accident, etc.). **To hold s.o. responsible (for sth.)**, tenir qn responsable (de qch.). *F: He is r. for these verses*, c'est à lui que nous devons ces vers; c'est lui l'auteur de ces vers. *Jur:* **To be responsible for s.o.'s actions**, être solidaire des actes de qn. **2.** Capable, compétent, digne de confiance, sur qui on peut compter. **In responsible quarters**, dans les milieux autorisés. *Situation for a r. man*, situation *f* pour homme sérieux. **3.** (Poste, etc.) plein de responsabilités, qui comporte des responsabilités.

responsion [ri'spɔnʃ(ə)n], *s.* **1.** *A: Lit:* Réponse *f.* **2.** *pl. Sch:* **Responsions**, examen *m* préliminaire d'admissibilité au grade de B.A. (à l'Université d'Oxford).

responsive [ri'spɔnsiv], *a.* **1.** (*a*) Impressionnable; facile à émouvoir; sensible (*to*, à). *They are r. to affection*, ils répondent à l'affection; ils sont sensibles à l'affection. *R. sympathy*, sympathie émue. (*b*) (Moteur) docile, nerveux, flexible, souple. *W.Tel:* (Détecteur *m*) sensible. **2.** *Ecc:* (Liturgie *f*) qui use de répons. **-ly**, *adv.* Avec sympathie; en partageant les sentiments de celui avec lequel on se trouve. *She glanced at him and he smiled r.*, elle lui lança un coup d'œil auquel il répondit par un sourire.

responsiveness [ri'spɔnsivnəs], *s.* **1.** Émotion *f* sympathique; sensibilité *f.* *His r. to an impression*, la façon dont il répond à une impression. **2.** (*a*) *Phot:* Réponse *f* (de l'émulsion photographique). (*b*) Flexibilité *f*, souplesse *f*, nervosité *f* (d'un moteur, etc.).

responsory [ri'spɔnsəri], *s.* *Ecc:* Répons *m.*

ressaldar [resal'dɑːr], *s.m.* (*Indian army*) Capitaine (indigène) de cavalerie.

ressaut [re'sɔːt], *s.* *Arch:* Ressaut *m.*

rest[1] [rest], *s.* **1.** (*a*) Repos *m.* **To go, retire, to rest**, aller se reposer; aller prendre du repos. **To have a good night's rest**, passer une bonne nuit. *To give up one night's r. to sth.*, consacrer ses veilles à qch. *I could get no r.*, (i) je ne pouvais pas prendre de repos; (ii) je n'ai pas fermé l'œil (de la nuit). **At rest**, en repos. **To be at rest with one's fathers**, reposer parmi ses pères. **To set a question at rest**, régler, décider, vider, une question; en finir avec une question. **To set s.o.'s mind, s.o.'s fears, at rest**, calmer, tranquilliser, l'esprit de qn; dissiper les craintes, les inquiétudes, de qn. *My mind is at r. about the matter*, j'ai l'esprit tranquille à ce sujet. **To set doubts at rest**, faire cesser, dissiper, des doutes. **Set your heart at rest!** ne vous inquiétez pas! tranquillisez-vous! *See also* LAY[4] I. 3. (*b*) **To take a rest**, se donner, prendre, du repos; se reposer; *Mil:* faire la pause. *To take a r. from work*, se reposer de son travail. *To give s.o. a r. from work*, permettre à qn de se reposer, reposer qn, de son travail. *To give a horse, a machine, a r.*, laisser reposer un cheval, une machine. *To travel with occasional rests*, voyager à reposées *f*. *A day of r.*, un jour de repos. **The day of rest**, le jour du Seigneur. (*c*) (*Of moving body*) **To come to rest**, s'arrêter, s'immobiliser. **2.** (*a*) *Mus:* Pause *f*, silence *m.* **Semibreve rest**, pause. **Breve rest, double rest**, demi-bâton *m.* **Minim rest**, demi-pause *f.* **Crotchet rest**, soupir *m.* **Quaver rest**, demi-soupir *m.* **Semiquaver rest**, quart *m* de soupir. **Demi-semiquaver rest**, demi-quart *m* de soupir. **Bar's rest**, pause (indiquant le silence d'une mesure entière). (*b*) (*In elocution*) Repos. **3.** Abri *m* (pour marins, pour chauffeurs de taxis, etc.); foyer *m* (pour matelots). **4.** (*a*) **Elbow-rest, arm-rest** (*of chair*), accoudoir *m*, accotoir *m.* *See also* ARM-REST, BACK-REST, BED-REST, CHIN-REST, FOOT-REST, HEAD-REST, LEG-REST. (*b*) **Billiard-cue rest**, chevalet *m*, râteau *m.* *Mil:* **Aiming-rest, rifle-rest**, chevalet de pointage. **Telescope rest**, affût *m* de télescope. *Tp:* **Receiver-rest**, étrier *m* du récepteur. *Dom.Ec:* **Knife-rest**, porte-couteau *m*, *pl.* porte-couteaux; chevalet (de table). *Ash-tray with cigarette r.*, cendrier *m* avec support pour cigarette. *See also* BOOK-REST. (*c*) *Mec.E:* (*On lathe*) Support *m* d'outil; appui *m.* *See also* SLIDE-REST.

'rest-balk, *s.* *Agr:* Billon *m.*

'rest-camp, *s.* *Mil:* Cantonnement *m* de repos.

'rest-cure, *s.* Cure *f* de repos; *Med:* stabulation *f.*

'rest-gown, *s.* *Cost:* (*Ladies'*) Liseuse *f*; négligé *m.*

'rest-house, *s.* **1.** Auberge *f*, hôtellerie *f*; (*in the Orient*) kan *m.* **2.** Maison *f* de repos (pour les classes ouvrières).

rest[2]. I. *v.i.* **1.** Se reposer. (*a*) Avoir du repos, de la tranquillité. *He could not r. till he got his wish*, il n'a pu avoir de tranquillité tant qu'il n'eut (pas) satisfait son désir. *He will not r. till he has succeeded*, il n'aura (pas) de cesse qu'il n'ait réussi. *He could not r. under this imputation*, cette accusation lui enlevait tout repos. **To rest in the Lord**, se confier, mettre sa confiance, en l'Éternel; s'en remettre à Dieu. **Let him rest in peace**, qu'il repose en paix. *The waves never rest*, les vagues ne sont jamais tranquilles. (*b*) **To rest from one's labours**, se reposer de ses travaux. *Where do we r. to-night?* où couchons-nous ce soir? **Let us rest here awhile**, reposons-nous ici quelques instants. *Th: F:* (*Of actor*) **To be resting**, se trouver sans engagement. **To let a piece of ground rest**, laisser reposer une terre. *The land was often allowed to r.*, on laissait souvent la terre se reposer. *See also* LAUREL, OAR[1] 1. (*c*) **So the matter rests, there the matter rests**, l'affaire en reste là, en est là. *The matter will not r. there*, l'affaire n'en demeurera pas là, n'en restera pas là. *I shall not let it r. at that*, cela ne se passera pas ainsi. *All the difficulty rests in this*, toute la difficulté réside en ceci. *Under these fictions rests a fact*, ces fictions recouvrent un fait. **2.** (*a*) Se poser, être posé, s'appuyer, être appuyé. *His hand resting on the table*, sa main posée, appuyée, sur la table. **To let one's glance rest on sth.**, reposer ses regards sur qch. *His eyes rested on me*, ses yeux se posèrent, s'arrêtèrent, sur moi. *The light rested on her face*, la lumière tombait sur son visage. *Beam that rests on a wall*, poutre *f* qui s'appuie, qui prend appui, qui porte, sur un mur, qui bute contre un mur. **The left of the army rests on the river**, la gauche de l'armée s'appuie sur la rivière. **A heavy responsibility rests upon them**, une lourde responsabilité pèse sur eux. (*b*) **Trade rests upon credit**, le commerce repose sur le crédit. *French society still rests upon the peasant*, le socle de la société française demeure toujours paysan. *His fame rests on his novels*, sa gloire est assise sur ses romans, repose sur ses romans.

II. **rest**, *v.tr.* **1.** (*a*) Reposer, faire reposer (qn). **To rest a player for to-morrow's game**, laisser reposer un membre de l'équipe pour le match de demain. *To r. one's men*, faire, laisser, reposer ses hommes; rafraîchir ses hommes. **To rest oneself**, se reposer. **To rest the mind**, reposer l'esprit. **Colour that rests the eyes**, couleur *f* qui repose l'œil. **God rest his soul!** Dieu donne le repos à son âme! (*b*) Appuyer (ses coudes sur la table); poser, déposer (un fardeau par terre). *To r. one's head on a cushion*, reposer la tête sur un coussin. **To rest sth. (with its back) against sth.**, adosser qch. à, contre, qch. *To shoot with the rifle rested*, tirer avec le fusil appuyé. **To rest one's case on equity**, fonder, baser, sa plainte sur l'équité. *To r. an opinion on proof*, appuyer, fonder, une opinion sur des preuves. **2.** *Jur: U.S:* **To rest the case**, conclure son plaidoyer. *Abs.* **"The defence, the prosecution, rests"** = "plaise au tribunal d'accepter mes conclusions."

rested, *a.* (*Of look, etc.*) Reposé. *Are you quite rested?* êtes-vous bien reposé?

resting[1], *a.* (Homme, machine) au repos. *The silence of the r. household*, le silence de la maison endormie.

resting[2], *s.* Repos *m.*

'resting-place, *s.* (Lieu *m* de) repos *m*; gîte *m*, abri *m.* **Last resting-place**, dernière demeure; lieu de sépulture.

rest[3], *s.* **1.** Reste *m*, restant *m* (de la journée, de mon argent, etc.). *Her hands were red like the r. of her*, ses mains étaient rouges, comme toute sa personne. **To do the rest**, faire le reste. **For the rest**, quant au reste, pour le reste, d'ailleurs. *F:* **And all the rest of it**, et tout le tremblement; et tout ce qui s'ensuit; et patati et patata. *P:* **And the rest?** mais chez qui? **2.** (*With pl. const.*) **The rest**, les autres *mf.* *The r. were busy cutting a trench*, les autres étaient occupés à creuser une tranchée. **The rest of us**, nous autres; les autres d'entre nous. *Among the r.*, parmi les autres; entre autres. *To cut adrift from the r. (of the gang, etc.)*, *F:* se tirer de la presse. **3.** *Fin:* Fonds *m* de réserve; réserve *f.* **4.** *Com:* Arrêté *m* (de compte).

rest[4], *v.i.* **1.** Rester, demeurer. *The affair rests a mystery*, l'affaire demeure mystérieuse. **Rest assured that . . .**, soyez assuré que. . . . **2.** (*This section, in some dictionaries, is referred to* REST[2].) **It rests with you** (*to do sth.*), il dépend de vous, il ne tient qu'à vous, il vous incombe (de faire qch.). *It rests with him alone to . . .*, il appartient à lui seul de. . . . *It rests with us to see the matter through*, c'est à nous de mener l'affaire à bien. *It does not r. with me to . . .*, il est en dehors de mes pouvoirs de. . . . *If we were successful, the full merit of it rests with you*, si nous avons réussi, c'est à vous qu'en revient tout le mérite. *It rests with France to decide*, il appartient à la France de décider. *It rests entirely with you to become rich*, il ne tient qu'à vous de devenir riche. *His fate rests with you*, sa destinée dépend de vous. *The victory rests with us*, la victoire nous demeure. *The responsibility rests with the author*, la responsabilité incombe à l'auteur.

rest[5], *s.* *Archeol:* (*For couched lance*) Arrêt *m* ferme; faucre *m.* **Lance in rest**, lance *f* en arrêt.

'rest-harrow, *s.* *Bot:* Bugrane *f*; arrête-bœuf *m inv.*

re-staff [riː'stɑːf], *v.tr.* Remonter (sa maison).

re-stage [riː'steidʒ], *v.tr.* *Th:* Remonter (une pièce); remettre (une pièce) à la scène.

restamp [riː'stamp], *v.tr.* Timbrer à nouveau (une lettre, une quittance, etc.).

restart[1] [riː'stɑːrt], *s.* = RESTARTING.

restart[2]. **1.** *v.tr.* (*a*) Recommencer, reprendre (un travail). (*b*) (Re)mettre (une machine) en marche; relancer (un moteur, etc.). (*c*) *Ven:* Relancer (un cerf). **2.** *v.i.* (*a*) (*Of work, war, etc.*) Recommencer, reprendre. (*b*) (*Of machine, etc.*) Se remettre en marche.

restarting, *s.* **1.** Reprise *f* (d'un travail, d'un jeu). **2.** Remise *f* en marche (d'une machine); relancement *m* (d'un moteur). **3.** *Ven:* Relancement (d'un cerf, etc.).

restate [riː'steit], *v.tr.* Exposer de nouveau (une théorie, un point de vue); énoncer de nouveau (un problème); spécifier de nouveau (des conditions). *The question needs to be restated*, la question a besoin d'être mise au point.

restaurant ['restərɔŋ, 'restorɑ̃(t)], *s.* Restaurant *m.* *Rail:* **Restaurant-car**, wagon-restaurant *m*, *pl.* wagons-restaurants.

restful ['restful], *a.* Qui repose; paisible, tranquille. *R. spot*, endroit reposant. *R. country scene*, paysage *m* d'une sérénité agreste. *Colour that is r. to the eyes*, couleur *f* qui repose les yeux. **-fully**, *adv.* Paisiblement, tranquillement.

restfulness ['restfulnəs], *s.* Tranquillité *f.*

restiform ['restifɔːrm], *a.* *Anat:* Restiforme.

restitch [riː'stitʃ], *v.tr.* *Needlew:* Repiquer (à l'aiguille).

restitution [resti'tjuːʃ(ə)n], *s.* **1.** Restitution *f.* **To make restitution of sth.**, restituer qch.; *F:* rendre gorge. *Jur:* **Restitution of conjugal rights**, réintégration *f* du domicile conjugal. **2.** (*a*) *Theol:* **The restitution of all things**, le rétablissement final. (*b*) *Ph:* *R. of an elastic body*, retour *m* d'un corps élastique à sa forme primitive.

restive ['restiv], *a.* **1.** (Cheval) rétif, quinteux, vicieux, qui a du vice; *F:* (personne) rétive, indocile. **2.** Inquiet, -ète; nerveux; *F:* à cran.

restiveness ['restivnəs], *s.* **1.** Humeur rétive; rétivité *f*; nature vicieuse (d'un cheval). **2.** Humeur inquiète; nervosité *f.* *A certain r. (of the people)*, une certaine effervescence.

restless ['restləs], *a.* **1.** Sans repos. **To have a restless night**, passer une nuit blanche. **2.** (*a*) Agité. *R. dog*, chien *m* toujours en mouvement. *R. hands, r. feet*, mains *f*, pieds *m*, qui ne peuvent pas rester tranquilles. **To be restless in one's sleep**, avoir le sommeil agité, troublé. *The r. sea*, la mer toujours agitée. *I have had a r. night*, j'ai passé une nuit agitée. (*b*) (Enfant) turbulent, remuant. **3.** Inquiet, agité. *R. mind*, esprit agité. *R. brain*, cerveau *m* en effervescence. *R. thoughts*, pensées inquiètes. *He's a r. soul*, c'est un agité. *R. eye*, regard inquiet. **The audience was getting restless**, l'auditoire s'impatientait. *For some time the masses had been r.*, depuis quelque temps les masses s'agitaient. **-ly**, *adv.* **1.** (*a*) Avec agitation, avec inquiétude. *To turn sth. over r. in one's mind*, retourner qch. sans cesse dans sa pensée. (*b*) Avec turbulence. **2.** Nerveusement, fiévreusement. *To turn over r. in bed*, se retourner fiévreusement dans son lit. *To finger an object r.*, tripoter nerveusement un objet.

restlessness ['restləsnəs], *s.* **1.** (*a*) Inquiétude *f*, agitation *f*, insomnie *f*. (*b*) Turbulence *f*; mouvement incessant (de la mer, etc.). **2.** Nervosité *f*; état fiévreux (des esprits); effervescence *f* (du peuple).

restock [riː'stɔk], *v.tr.* **1.** (*a*) Repeupler (un étang, une garenne); rempoissonner (un étang). (*b*) *For:* Reboiser (une terre). **2.** *Com:* Remonter, réassortir, regarnir (un magasin); réapprovisionner (*with foodstuffs*, en comestibles, en denrées).

restocking, *s.* **1.** (*a*) Repeuplement *m*, repopulation *f*; rempoissonnement *m* (d'un étang). (*b*) Reboisement *m*. **2.** *Com:* Remontage *m* (du stock); réassortiment *m*; réapprovisionnement *m* (*with*, en).

restorable [ri'stɔːrəbl], *a.* **1.** Qui peut être restitué, rendu. **2.** (Monument, etc.) qui peut être restauré, rétabli.

restoration [restə'reiʃ(ə)n], *s.* **1.** Restitution *f* (de biens); remise *f* (d'objets trouvés). *Jur:* **Restoration of goods taken in distraint**, mainlevée *f* de saisie. **2.** Restauration *f* (d'un monument); restitution (d'un texte); rétablissement *m* (d'un texte, d'un édifice); réfection *f* (d'un bâtiment); reconstitution *f* (d'une région dévastée, d'un animal paléontologique); rénovation *f* (d'un meuble, des mœurs, etc.). **3.** (*a*) Réintégration *f* (d'un fonctionnaire). *R. to favour*, rentrée *f* en faveur. (*b*) Rétablissement de la santé. (*c*) Relèvement *m* (d'une fortune). **4.** Rétablissement sur le trône. *Hist:* **The Restoration**, la Restauration (des Stuarts, des Bourbons).

restorative [ri'stɔːrətiv], *a.* & *s.* *Med:* **1.** Fortifiant (*m*); reconstituant (*m*). **2.** Cordial (*m*), -aux; réconfortant (*m*).

restore [ri'stɔːr], *v.tr.* **1.** Restituer, rendre (qch.). **To restore sth. to s.o.**, rendre qch. à qn; *Jur:* ressaisir qn de qch. *To r. his fortune, his property, to s.o.*, remettre qn en possession de sa fortune; remettre qn dans ses biens. *To r. what has been borrowed*, rapporter ce qu'on a emprunté. **2.** (*a*) Restaurer (un monument); reconstituer (une région dévastée); réparer (un tableau); rénover (un meuble). *F:* *To r. one's reputation*, se refaire une réputation. (*b*) Reconstituer, restituer, rétablir (un texte); reconstituer (un fossile, une villa romaine, etc.). **3.** (*a*) **To restore sth. to its place, to its former condition**, remettre qch. en place, en état. *To r. a statue to its pedestal*, remettre une statue sur son piédestal. *To r. the excised passages to a text*, réintégrer les coupures dans un texte. (*b*) Rétablir, réintégrer (qn dans ses droits, dans ses fonctions, etc.). **To restore an officer to his command**, rétablir un officier dans son commandement. *Fb:* **To restore a player to his former position**, réintégrer un joueur à son ancien poste. **To restore the king (to the throne)**, remettre, rétablir, le roi sur le trône. (*c*) **To restore s.o. to health**, rétablir la santé de qn; réparer les forces de qn; rendre la santé à qn; remettre qn (sur pied). *To be restored to health*, être revenu à la santé. *Are you quite restored to health?* êtes-vous bien rétabli? **To restore s.o. to life**, ramener, rappeler, qn à la vie. *To feel oneself restored to life*, se sentir revivre. *To be restored to happiness*, renaître au bonheur. *Having been restored to liberty, he travelled*, rendu à la liberté, il voyagea. *Ecc:* **Restore Thou them that be penitent**, rétablis ceux qui se repentent. **4.** (*a*) Rétablir (la liberté, la discipline, la confiance, l'ordre); ramener (la confiance, la paix); faire renaître (le calme, la confiance); restaurer (les mœurs, la discipline). *Public order is being restored*, l'ordre se rétablit. *To see calm restored*, voir renaître le calme. (*b*) **To restore s.o.'s strength**, redonner des forces à qn; réparer les forces de qn. **To restore the circulation**, réactiver la circulation. *To r. the fortunes of one's house*, rétablir la fortune de sa maison; *F:* redorer son blason. *He it was who restored the fortunes of the game*, c'est lui qui a ramené la partie, qui a raccroché la partie.

restoring, *a.* (Sommeil *m*, etc.) réparateur, -trice.

re-store [riː'stɔːr], *v.tr.* Remunir, réapprovisionner (*with*, de).

restorer [ri'stɔːrər], *s.* **1.** (*a*) Restaurateur, -trice (d'un tableau, d'une église); réparateur, -trice; rénovateur *m* (de meubles). (*b*) Rétablisseur *m*; restituteur *m* (d'un texte). **2.** **Health restorer**, fortifiant *m*. *See also* HAIR-RESTORER.

restow [riː'stou], *v.tr.* *Nau:* Réarrimer (la cargaison).

restowing, *s.* Réarrimage *m*.

restrain [ri'strein], *v.tr.* **1.** Retenir, empêcher (qn) (*from*, de). **2.** Détenir (qn); tenir (qn) emprisonné. **3.** Contenir, refréner (ses passions); contenir, réprimer, comprimer (sa colère); retenir (sa curiosité); tenir (sa langue); contenir, refouler, retenir (ses larmes). **To restrain oneself**, se contraindre. **To restrain one's mirth**, se retenir de rire. *To r. production*, freiner la production. *To r. s.o.'s activities*, mettre un frein, servir de frein, aux activités de qn; entraver les activités de qn; mettre obstacle à l'activité de qn.

restrained, *a.* **1.** (*Of passion, anger*) Contenu. **In restrained terms**, en termes mesurés. **2.** (*Of style*) Tempéré. *R. drawing*, dessin *m* très sobre.

restraining¹, *a.* Qui retient; restrictif. *R. force*, force compulsive. *Phot:* Restraining bath, bain ralentisseur.

restraining², *s.* **1.** Restriction *f*, contrainte *f*. *Vet:* **Restraining apparatus**, moyen *m* de contention. **2.** Répression *f* (de ses passions, d'un abus). **3.** Détention *f* (de qn).

restrainable [ri'streinəbl], *a.* Qui peut être retenu, contenu, réprimé.

restrainedly [ri'streinidli], *adv.* Avec retenue. *To speak r.*, parler avec contrainte, en termes modérés.

restrainer [ri'streinər], *s.* **1.** Personne *f* ou chose *f* qui retient, contient, réprime. **2.** *Phot:* Retardateur *m*, modérateur *m* (du révélateur).

restraint [ri'streint], *s.* **1.** (*a*) Contrainte *f*, restriction *f*, entrave *f*, frein *m*, empêchement *m*. **To put a restraint on s.o.**, contraindre qn; tenir qn en contrainte. *To put a r. on s.o.'s activity*, mettre frein à, entraver, l'activité de qn. *To put a r. on one's zeal*, tenir son zèle en contrainte. **To fret, chafe, under restraint**, (i) ronger son frein; (ii) ne pouvoir souffrir aucune contrainte. **To break through every restraint, to break loose from all restraint**, se donner libre cours; ne plus connaître de frein. *To be under no r.*, avoir ses coudées franches. **Restraint of, upon, trade**, (i) atteinte *f* à la liberté du commerce; (ii) clause *f* spécifiant que le vendeur d'un fonds de commerce ne pourra pas se réinstaller dans un périmètre donné. *To be allowed to act* **without restraint**, être libre d'agir sans contrainte, à sa guise. (*b*) Contrainte; réserve *f*, gêne *f*. **To put a restraint upon oneself**, se contenir, se contraindre. **Lack of restraint**, abandon *m*; manque *m* de réserve. *To fling oneself* **without restraint** *into the fray*, se jeter à corps perdu dans la mêlée. *To indulge one's sorrow without r.*, se laisser aller à la douleur. *To speak without r.*, parler avec liberté, en toute liberté. *To fling aside all r.*, ne garder aucune mesure. *See also* SELF-RESTRAINT. (*c*) Sobriété *f* (de style, etc.); mesure *f*. **2.** Contrainte par corps; interdiction *f* (d'un aliéné); emprisonnement *m*; séquestration *f*. **To keep s.o. under restraint**, tenir qn emprisonné. **To put a lunatic under restraint**, interner un aliéné. *Lunatic under r.*, aliéné interdit. **To put s.o. under illegal restraint**, séquestrer qn. *Jur:* **Arrests and restraints of princes**, arrêts et contraintes de princes.

restrict [ri'strikt], *v.tr.* Restreindre; réduire (les libertés publiques, etc.); resserrer (ses besoins). **To restrict a word to a particular sense**, restreindre un mot à un sens particulier. *To r. one's matter to two points*, renfermer son sujet en deux points. *His power was restricted within narrow limits*, son pouvoir était étroitement limité. *I am restricted to advising*, il ne m'est permis que de donner des conseils. *He is restricted to one bottle of wine per day*, on ne lui permet qu'une bouteille de vin par jour. **To restrict the consumption of alcohol**, restreindre la consommation de l'alcool. *Adm:* *Aut:* **To restrict a road**, restreindre, limiter, l'allure des automobiles à tant de milles par heure sur une voie publique.

restricted, *a.* Restreint, limité, borné, réduit. *R. horizon*, horizon borné, rétréci. *R. diet*, régime *m* sévère. **To live in a restricted circle**, avoir un nombre d'amis restreint; vivre dans un cercle de relations restreint. *To enjoy very r. credit*, jouir d'un crédit très restreint. *Adm:* *Aut:* **Restricted area**, zone *f* où l'allure des automobiles est limitée.

restriction [ri'strikʃ(ə)n], *s.* Restriction *f*. (*a*) **Restriction of expenditure**, réduction *f* des dépenses. (*b*) *To set certain restrictions on sth.*, assujettir qch. à certaines restrictions. **To place restrictions on the sale of . . .**, apporter des restrictions à la vente de. . . . (*c*) **Mental restriction**, restriction mentale.

restrictive [ri'striktiv], *a.* Restrictif.

restring [riː'striŋ], *v.tr.* **1.** Enfiler de nouveau (des perles). **2.** Remonter (un violon); recorder (une raquette).

restringing, *s.* **1.** Enfilement *m* (de perles, etc.). **2.** Remontage *m* (d'un violon); recordage *m* (d'une raquette).

restuff [riː'stʌf], *v.tr.* Rembourrer de nouveau (un matelas, etc.).

result¹ [ri'zʌlt], *s.* **1.** Résultat *m* (*of*, de); aboutissement *m* (des efforts de qn). *His infirmity is the r. of an accident*, son infirmité est due à un accident, est la suite, la conséquence, d'un accident. *That's the r. of the way he was brought up*, cela tient à son éducation. **The result is that . . .**, il en résulte que . . ., cela fait que. . . . *The r. of which will be that . . .*, ce qui aura pour effet de. . . . **In the result . . .**, finalement. . . . *I worked at it for ten years;* **result: I'm none the richer**, j'y ai travaillé pendant dix ans; total, je n'en suis pas plus riche. *What will be the r. of it all?* que sortira-t-il de tout cela? **To yield results**, donner des résultats. **To have a favourable result**, (i) bien aboutir; (ii) avoir, donner, de bons résultats. **To work with good result**, travailler avec fruit. **As a result of . . .**, par suite de. . . . **Without result**, sans résultat. *Movement that led to no results*, mouvement frappé de stérilité, qui n'a pas abouti. *No results will ever come without advertising*, on n'arrivera jamais à rien sans publicité. *To give out the results (of a competition)*, donner le classement. *Gram:* **'Result' clause**, proposition consécutive. **2.** *Ar:* Résultat.

result², *v.i.* **1.** Résulter, provenir, découler (*from*, de). *Obligations that r. from a clause*, obligations qui émanent d'une clause. *Erosion results from the movement of the waves*, l'érosion *f* provient du mouvement des vagues. *It results from this that . . .*, il s'ensuit que. . . . *Much harm resulted from this*, il en est résulté beaucoup de mal; beaucoup de mal s'en est ensuivi. **Consequences resulting from . . .**, conséquences découlant de. . . . *Damage resulting from an accident*, dommage consécutif à un accident. **2.** Aboutir (*in failure, in a discovery*, à un fiasco, à, dans, une découverte). **It resulted in nothing**, il n'en est rien résulté; cela n'a mené à rien. *The effort to please everybody usually results in pleasing nobody*, quand on veut contenter tout le monde on aboutit le plus souvent à ne contenter personne. *It resulted in a large profit*, cela a donné de gros bénéfices. *It resulted badly*, cela s'est mal terminé; cela a mal tourné. *This will r. in unpleasantness*, cela entraînera des désagréments; cela va vous amener des ennuis. *These revelations resulted in the fall of the Government*, ces révélations eurent pour résultat la chute du Ministère. *Hurried reading results in the learner forgetting half of* *what he reads*, une lecture trop hâtive a pour résultat que l'étudiant oublie la moitié de ce qu'il lit. **3.** *Jur:* Faire retour, revenir (*to s.o.*, à qn). **Resulting trust,** trust *m* qui (sous certaines conditions) fait retour à celui qui l'a créé.

resultant [ri'zʌltənt], *a. & s.* Résultant. *Owing to the r. increase in price*, par l'élévation du prix que (cette opération, etc.) entraîne. *Mec:* **Resultant force,** *s.* **resultant,** force résultante; résultante *f*. *To find the r. of three forces*, composer trois forces.

resultful [ri'zʌltful], *a.* Plein de bons résultats; fructueux.

resultless [ri'zʌltləs], *a.* Sans résultat.

resumable [ri'zjuːməbl], *a.* *Jur:* (*Of concession, etc.*) Recouvrable.

resume [ri'zjuːm], *v.tr.* **1.** Reprendre, regagner (sa vigueur, etc.). **To resume one's courage,** reprendre courage. **To resume one's seat,** se rasseoir. **2. To resume a territory,** rentrer en possession, reprendre possession, d'un territoire. *See also* POSSESSION 1. **3.** (*a*) Reprendre (une conversation, sa route, ses habitudes, des négociations); renouer (des relations); continuer, poursuivre (un discours). **To resume work, one's labours,** se remettre au travail, à travailler. **To resume one's duties,** reprendre son service, ses fonctions; rentrer en fonctions. *Then he resumed his reading, his book*, puis il se remit à lire, à sa lecture. **To resume (the thread of) one's discourse,** reprendre le fil de son discours. *To r. correspondence with s.o.*, rentrer en correspondance avec qn. *If hostilities should be resumed*, si les hostilités reprenaient. (*b*) *Abs.* **The House resumed yesterday,** (i) c'était hier la rentrée des Chambres; (ii) les débats ont repris hier. (*c*) "*This was a great mistake*," **he resumed,** "c'était une grosse erreur," continua-t-il, reprit-il. **4.** Reprendre, récapituler (les faits).

résumé ['rezjume], *s.* Résumé *m*, analyse *f*.

resummon [riː'sʌmən], *v.tr.* *A:* **1.** Réassigner; citer (qn) de nouveau. **2.** Reconvoquer (une assemblée).

resummons [riː'sʌmənz], *s.* *A:* **1.** Réassignation *f*, nouvelle citation (de qn). **2.** Reconvocation *f* (d'une assemblée).

resumption [ri'zʌmpʃ(ə)n], *s.* Reprise *f* (de négociations, etc.); *Fb: etc:* reprise de la partie. *R. of work*, reprise des travaux. *R. of contact*, reprise de contact. *Jur:* **Resumption of residence,** réintégration *f* de domicile.

resupinate [ri'sjuːpinet], *a.* *Bot:* Résupiné.

resupply [riːsə'plai], *v.tr.* Réapprovisionner (*with*, de).

resurface [riː'səːrfes], *v.tr.* *To r. a road*, refaire le revêtement d'une route; remettre une route en état.

resurge [ri'səːrdʒ], *v.i.* *Lit. & Hum:* Surgir de nouveau; ressusciter; resurgir.

resurgence [ri'səːrdʒəns], *s.* Résurrection *f* (d'un peuple, etc.).

resurgent [ri'səːrdʒənt], *a.* Qui resurgit; qui ressuscite.

resurrect [rezə'rekt]. **1.** *v.tr.* Ressusciter, faire revivre (qn, *F:* une mode, etc.). **2.** *v.i.* Ressusciter.

resurrection [rezə'rekʃ(ə)n], *s.* **1.** (*a*) Résurrection *f* (des morts). *Theol:* **The resurrection body,** le corps après la résurrection. (*b*) **The Resurrection,** la résurrection de Jésus-Christ. **2.** *F:* *A:* Exhumation *f*, déterrement *m*, de cadavres aux fins de dissection. *Eng.Hist:* *F:* **Resurrection man,** déterreur *m* de cadavres; résurrection(n)iste *m*. **3.** *F:* Résurrection, reprise *f* (d'une coutume); réchauffement *m* (d'un plat). *See also* PIE[2].

resur'rection fern, plant, *s.* *Bot:* **1.** Rose *f* de Jéricho. **2.** Fleur *f* de Candie.

resurrectionist [rezə'rekʃənist], *s.* **1.** Résurrection(n)iste *mf* (de théories démodées, etc.). **2.** *Eng.Hist:* Déterreur *m* de cadavres (aux fins de dissection); résurrectionniste *m*.

resurvey[1] [riː'səːrvei], *s.* **1.** (*a*) Revision *f*; nouvel examen. (*b*) *Nau:* Contre-expertise *f* (d'un navire, etc.). **2.** *Surv:* Réarpentage *m*; nouvel arpentage; nouveau levé (topographique).

resurvey[2] [riːsər'vei], *v.tr.* **1.** (*a*) Examiner de nouveau; revoir (un immeuble, la situation, etc.). (*b*) Faire la contre-expertise (d'un navire). **2.** *Surv:* Réarpenter, arpenter de nouveau (un terrain). *To r. a district, a mine*, faire un nouveau levé d'une région, d'une mine.

resuscitate [ri'sʌsiteit]. **1.** *v.tr.* Ressusciter, faire revivre (qn); rappeler (qn) à la vie. **2.** *v.i.* Ressusciter; revenir à la vie.

resuscitation [risʌsi'teiʃ(ə)n], *s.* Ressuscitation *f*.

ret [ret], *v.* (**retted; retting**) **1.** *v.tr.* Rouir (le lin, etc.). *See also* DEW-RET. **2.** *v.i.* (*Of hay, etc.*) Pourrir.

retting, *s.* **1.** Roui *m*, rouissage *m* (du lin, etc.). **2.** Pourriture *f* (du foin).

'retting-ground, -pit, *s.* = RETTERY.

retable [ri'teibl, 'riːteibl], *s.* *Ecc:* Retable *m*.

retail[1] ['riːteil], *s.* *Com:* Détail *m*; vente *f* au détail. **To sell goods (by) retail,** vendre des marchandises au détail. **Wholesale and retail,** en gros et au détail. **Retail dealer,** marchand *m* au détail; marchand détaillant. **Retail price,** prix *m* de détail. **Retail trade,** commerce *m* de détail; petit commerce.

retail[2] [ri'teil], *v.tr.* **1.** Détailler, vendre au détail (des marchandises). (*With passive force*) **Goods that retail at . . .,** marchandises qui se vendent au détail à . . ., qui se détaillent à. . . . **2.** *F:* Répéter, colporter (des nouvelles, une calomnie).

retailer [ri'teilər], *s.* **1.** (Commerçant) détaillant *m*; marchand *m* au détail. **2.** *F:* **Retailer of news,** colporteur *m* de nouvelles.

retain [ri'tein], *v.tr.* **1.** Retenir, maintenir (qch. dans une position). *Dyke to r. the waters*, digue *f* pour retenir, contenir, les eaux. **2.** Engager, retenir (un domestique, etc.); prendre (qn) à son service. **To retain s.o.'s services,** retenir, arrêter, les services de qn. *To r. a barrister, a counsel*, retenir un avocat (à l'avance); choisir un avocat. **3.** Conserver, garder (un bien, etc.); conserver (une coutume, une qualité, l'usage de qch., etc.). *To r. all one's faculties*, conserver toutes ses facultés. *To r. the power to . . .*, se réserver le droit de. . . . **To retain hold of sth.,** ne pas lâcher (prise de) qch.; ne pas abandonner qch. *To r. control of one's car*, demeurer maître de sa voiture, de sa vitesse. **4.** Garder (qch.) en mémoire; retenir (qch.) dans son souvenir; garder le souvenir de (qch.). *To r. a clear memory of sth.*, conserver un souvenir net de qch.

retaining, *a.* **1. Retaining wall,** mur *m* de soutènement, de retenue; mur de revêtement; mur de terrasse; mur d'appui. **Retaining dam,** barrage *m* de retenue. *Hyd.E:* **Retaining valve,** retour *m* d'eau. *Surg:* **Retaining bandage,** bandage contentif. **2. Retaining fee** = RETAINER 3.

retainer [ri'teinər], *s.* **1.** (*a*) Dispositif *m* de retenue. *Mec.E:* **Retainer ring,** bague *f* d'arrêt, de retenue. (*b*) *A brick is a r. of heat*, une brique conserve la chaleur. *Limestone soils are bad retainers of water*, les terrains calcaires retiennent mal l'eau. **2.** *Hist:* (*Pers.*) Serviteur *m*, suivant *m*. *A lord's retainers*, la suite, le train, les gens *m*, d'un noble. **3.** (*a*) Arrhes *fpl*. (*b*) *Jur:* Honoraires versés à un avocat pour s'assurer son concours éventuel; provision *f*; avance *f*. **4.** *Jur:* *U.S:* Choix *m* d'un avocat.

retake[1] ['riːteik], *s.* *Cin:* Réplique *f* (d'une prise de vues).

retake[2] [riː'teik], *v.tr.* (*p.t.* **retook** [riː'tuk]; *p.p.* **retaken** [riː'teik(ə)n]) **1.** Reprendre (une place forte, etc.); rattraper (un prisonnier qui s'est sauvé, etc.). *To r. a town from the enemy*, reprendre une ville à, sur, l'ennemi. **2.** *Cin:* Tourner à nouveau (une scène).

retaking, *s.* Reprise *f* (d'une position).

retaliate [ri'talieit], *v.tr.* **1.** Exercer des représailles, user de représailles, pour (un tort); payer de retour (une insulte, etc.). **2.** *To r. an accusation upon s.o.*, retourner une accusation contre qn. **3.** *Abs.* **To retaliate (on s.o.),** rendre la pareille (à qn); user de représailles (envers qn); appliquer (à qn) la loi du talion. *Pol.Ec:* Prendre des mesures de rétorsion douanière.

retaliation [ritali'eiʃ(ə)n], *s.* Revanche *f*, représailles *fpl*. *Internat. Jur:* Rétorsion *f*. **To inflict retaliation, to exercise retaliation,** user de représailles; exercer des représailles. *F:* *To indulge in verbal r.*, se renvoyer des injures. **In retaliation, by way of retaliation,** en revanche; par mesure de représailles. **The law of retaliation,** la loi du talion.

retaliatory [ri'taliətəri], *a.* De représailles. **Retaliatory measures,** représailles *f*; *Internat. Jur:* mesures *f* de rétorsion.

retard[1] [ri'tɑːrd], *s.* Retard *m*. **1.** *I.C.E:* **Spark at full retard,** allumage *m* au plein retard. **2. In retard (of s.o.),** en retard (sur qn). **3.** *Meteor:* **Retard of the tide, of high water,** retard des marées.

retard[2]. **1.** *v.tr.* Retarder (qn, qch.). *I.C.E:* **To retard the spark,** réduire l'avance; retarder l'allumage. **2.** *v.i.* *A:* (*Of pers.*) Tarder; (*of thg*) retarder.

retarded, *a.* Retardé. *Mec:* **Retarded acceleration,** accélération négative; accélération retardatrice. *Med:* **Mentally retarded child,** enfant attardé, arriéré. *See also* ADMISSION 3.

retarding[1], *a.* (Frottement, etc.) retardateur, -trice.

retarding[2], *s.* = RETARDMENT.

retardation [riːtɑːr'deiʃ(ə)n], *s.* **1.** (*a*) Retardement *m*; retard *m*. (*b*) *Mus:* Ralentissement *m* (de la mesure). (*c*) *Mus:* Retard (harmonique). **2.** *Mec:* *Ph:* (*a*) Retardation *f*; contre-accélération *f*; accélération négative, accélération retardatrice; vitesse retardée. (*b*) Freinage *m*. **3.** *Nau:* Retard (des marées).

retardative [ri'tɑːrdətiv], **retardatory** [ri'tɑːrdətəri], *a.* Retardateur, -trice.

retarder [ri'tɑːrdər], *s.* **1.** Celui qui retarde (qch.). *To be a r. of progress*, retarder le progrès; faire ralentir le progrès. **2.** (*a*) (*Device*) Retardateur *m*; ralentisseur *m* (de vitesse). (*b*) *Phot:* Retardateur, modérateur *m* (du développement).

retardment [ri'tɑːrdmənt], *s.* Retardement *m*, retard *m*.

retch[1] [retʃ, riːtʃ], *s.* Effort *m* pour vomir; haut-le-cœur *m inv*.

retch[2], *v.i.* Faire des efforts pour vomir; avoir des haut-le-cœur. *F:* *It makes me r.*, j'en ai des haut-le-cœur.

retching, *s.* Efforts *mpl* pour vomir; des haut-le-cœur *m*; *Med:* vomiturition *f*.

retell [riː'tel], *v.tr.* (*p.t.* **retold** [riː'tould]; *p.p.* **retold**) (*a*) Redire, répéter. (*b*) Raconter de nouveau (une histoire).

retemper [riː'tempər], *v.tr.* *Metalw:* Retremper.

retempering, *s.* Retrempe *f*.

retention [ri'tenʃ(ə)n], *s.* **1.** *Med:* Rétention *f* (d'urine, etc.). **2.** Fixation *f*, fixage *m*. *Surg:* *R. of a fracture in position*, contention *f* d'une luxation. **3.** Conservation *f* (d'un usage, etc.); maintien *m* (d'une autorité). *To decide on the r. of sth.*, décider de garder, de conserver, qch. **4.** *Psy:* (Faculté *f* de) rétention; mémoire *f*.

retentive [ri'tentiv], *a.* **1.** (*a*) (Mémoire *f*) tenace, fidèle, sûre. (*b*) **To be retentive of sth.,** retenir, garder, conserver, qch. *Memory r. of detail*, mémoire gardeuse de détails. **Retentive soil,** sol *m* qui retient l'eau. **2.** *Anat:* (Muscle) rétentif. **3.** *Surg:* (Bandage, appareil) contentif.

retentiveness [ri'tentivnəs], *s.* **1.** Pouvoir *m* ou faculté *f* de retenir, de garder. **Retentiveness of memory,** fidélité *f*, sûreté *f*, ténacité *f*, de mémoire. **2.** *Psy:* Rétentivité *f*. **3.** *Magn:* = RETENTIVITY.

retentivity [riten'tiviti], *s.* *Magn:* Rétentivité *f*, coercivité *f*, force coercitive (d'un aimant).

retest [riː'test], *s.* *Ind: etc:* Contre-essai *m*, *pl.* contre-essais.

rethread [riː'θred], *v.tr.* **1.** Enfiler à nouveau (une aiguille, des perles). **2.** Rénover les filets (d'une vis, d'un écrou).

retiarius [riːti'ɛəriəs, riːʃi-], *s.* *Rom.Ant:* Rétiaire *m*.

retiary ['riːʃiəri], *s.* *Arach:* Orbitèle *f*; araignée *f* orbitélaire.

reticence ['retis(ə)ns], *s.* **1.** (*a*) Réticence *f*. *His reticences are more significant than what he says*, ses réticences signifient plus que ce qu'il dit. *To tell a story without any r.*, raconter les choses sans gaze, sans rien gazer, sans aucune réserve. (*b*) *Rh:* Réticence. **2.** Caractère peu communicatif; réserve; taciturnité *f*.

reticent ['retis(ə)nt], *a.* Peu communicatif; taciturne; réservé, discret, -ète. **To be very reticent about, on, an event,** faire grand mystère d'un événement. *R. dispatch*, dépêche *f* sobre de renseignements. **-ly,** *adv.* Avec réticence; avec réserve.

reticle ['retikl], *s.* *Opt:* Réticule *m* (de lunette, de télescope).

reticular [re'tikjulər], *a.* Réticulaire; en réseau.

reticulate[1] [re'tikjulet], *a.* = RETICULATED.
reticulate[2] [re'tikjuleit]. **1.** *v.tr.* Couvrir (une surface) d'un réseau; diviser (une surface) en réseau. **2.** *v.i.* Former un réseau; prendre une apparence réticulaire; se couvrir de mailles.
reticulated, *a.* Réticulé; rétiforme. *Geol: etc: R. structure,* structure maillée. *Archeol: R. (masonry) work,* appareil réticulé.
reticulation [retikju'leiʃ(ə)n], *s.* Réticulation *f*; forme réticulée; disposition *f* en forme de réseau; structure maillée. *Phot: R. of the gelatine,* réticulation de la gélatine.
reticule ['retikju:l], *s.* **1.** Réticule *m*; sac *m* à main. **2.** = RETICLE.
reticulum, *pl.* **-a** [re'tikjuləm, -a], *s.* **1.** *Physiol:* Réticulum *m,* réseau *m,* bonnet *m* (de l'estomac d'un ruminant). **2.** *Anat:* Réseau, réticulum; tissu réticulé; membrane réticulée.
retie [ri:'tai], *v.tr.* **(retied; retying)** Rattacher; reficeler, recorder (un paquet).
retiform ['ri:tifɔ:rm], *a.* Rétiforme.
retighten [ri:'tait(ə)n], *v.tr.* Retendre (une courroie); resserrer (une vis, les freins); rebloquer (un écrou).
retile [ri:'tail], *v.tr.* **1.** Renouveler les tuiles (d'un toit); remanier (un toit). **2.** Recarreler (une salle, etc.).
retimber [ri:'timbər], *v.tr.* Reboiser (une région, une galerie de mine, etc.).
retime [ri:'taim], *v.tr. I.C.E: etc:* Régler à nouveau (l'allumage, l'arbre à cames).
retiming, *s.* Réglage *m* à nouveau.
re-tin [ri:'tin], *v.tr.* **(re-tinned, -tinning)** Rétamer (un ustensile de cuisine).
retina, *pl.* **-ae, -as** ['retina, -i:, -az], *s. Anat:* Rétine *f* (de l'œil). *See also* DETACHMENT I.
retinaculum, *pl.* **-a** [reti'nakjuləm, -a], *s. Bot: Ent:* Rétinacle *m.*
retinal ['retin(ə)l], *a.* Rétinien; de la rétine.
retinite ['retinait], *s. Miner:* Rétinite *f.*
retinitis [reti'naitis], *s. Med:* Rétinite *f.*
retinue ['retinju:], *s.* Suite *f* (d'un prince, etc.). *The gentlemen in his r.,* les gentilshommes de sa suite, à sa suite.
retiral [ri'tairəl], *s.* **1.** Retraite *f* (d'un fonctionnaire, etc.). **2.** Démission *f.*
retire[1] [ri'taiər], *s. Mil:* **To sound the retire,** sonner la retraite.
retire[2]. I. *v.i.* **1.** (a) Se retirer (*to a place,* dans un endroit). **To retire from the world,** se retirer du monde. **To retire into oneself,** se replier sur soi-même; rentrer, se retirer, se concentrer, descendre, en soi-même; se recueillir. **To retire from sight,** se soustraire, se dérober, aux regards. (b) **To retire from the room,** quitter la salle. **After the ladies had retired,** après que les dames se furent retirées; après que les dames furent passées au salon. **To retire to bed, for the night,** se retirer; aller se coucher. *We r. early,* nous nous retirons de bonne heure. **2.** Se démettre (de ses fonctions). **To retire from business,** se retirer des affaires; cesser le commerce. **To retire on a pension,** prendre sa retraite. **3.** (a) *Mil: etc:* Reculer; se replier; battre en retraite. *As science advances superstition retires,* à mesure que la science avance la superstition recule. (b) *Sp: etc:* **To retire from the field, from the race,** se retirer de la partie, du match; abandonner. **To retire hurt,** se retirer à la suite d'un coup, d'une foulure, etc. (c) *Fenc:* Rompre. **4.** *Art:* (*Of background*) S'éloigner, fuir.
II. **retire,** *v.tr.* **1.** *Adm:* Mettre (un fonctionnaire) à la retraite, en retrait d'emploi; *F:* fendre l'oreille à (un officier, etc.). **2.** *Mil:* Faire replier (ses troupes); ramener (les troupes) en arrière. **3.** *Fin:* Retirer, rembourser (un effet).
retired, *a.* **1.** (a) (*Of life, etc.*) Retiré. **To live retired,** vivre dans la retraite; mener une vie retirée. (b) (Endroit, etc.) retiré, écarté, peu fréquenté. *R. suburb,* faubourg écarté. **In a retired spot,** à l'écart. **2.** (a) (Commerçant) retiré des affaires; (officier) retraité, en retraite. *R. baker,* boulanger retiré des affaires; ancien boulanger. *Mr Winter was r.,* M. Winter était retiré des affaires. (b) **Retired pay,** pension *f* de retraite. **Retired list,** *Mil:* cadre *m* de retraite; *Adm:* tableau *m* des fonctionnaires mis à la retraite. **On the retired list,** en retraite; retraité. **To put, place, s.o. on the retired list,** mettre qn à la retraite. *To be placed on the r. list at one's own request,* être mis à la retraite sur sa demande.
retiring[1], *a.* **1.** (*Of pers.*) Réservé; farouche; peu expansif. *He is of a r. disposition,* il aime à s'effacer. **2.** (Président, administrateur) sortant; (officier) qui se retire. **3.** *Mil: etc:* (Aile, ligne) qui se replie. *Navy:* **In retiring order,** en ordre de retraite. **-ly,** *adv.* Modestement; en s'effaçant.
retiring[2], *s.* **1.** Action *f* de se retirer d'un endroit. **Retiring room,** (i) cabinet *m* de toilette; (ii) cabinets; lieux *mpl* d'aisance; chalet *m* de nécessité; (iii) cabinet particulier, vestiaire *m* (d'un magistrat, etc.). **2.** (a) Mise *f* en retraite (d'un officier, etc.). **Retiring fund,** caisse *f* des retraites. **Retiring pension,** pension *f* de retraite. (b) *R. from business,* cessation *f* de commerce.
re-tire [ri:'taiər], *v.tr.* = RE-TYRE.
retiredness [ri'taiərdnəs], *s.* **1.** (*Of pers.*) (a) Réserve *f.* (b) Amour *m* de la solitude. **2.** (a) Vie retirée. (b) Situation écartée (d'une maison, etc.).
retirement [ri'taiərmənt], *s.* **1.** (a) *Adm: Mil: etc:* La retraite. **Optional retirement,** retraite sur demande. **Compulsory retirement,** retraite d'office. *R. on account of age,* retraite par limite d'âge. (b) **To live in retirement,** (i) vivre dans la retraite; (ii) vivre retiré du monde. **2.** (a) Retraite, retrait *m,* recul *m* (des eaux, etc.). (b) *Mil:* Retraite, repliement *m* (des troupes). (c) *Sp: Games:* Abandon *m* de la partie ou du match par un des concurrents; *abs.* abandon. **3.** *Fin:* Retrait, remboursement *m* (d'un effet).
retiringness [ri'tairiŋnəs], *s.* (*Of pers.*) Modestie *f*; disposition *f* à s'effacer.
retold [ri:'tould]. *See* RETELL.
retort[1] [ri'tɔ:rt], *s.* Réplique *f* (*to,* à); riposte *f. To make an insolent r.,* répliquer par une insolence. *Hum:* **To give s.o. the retort courteous,** faire une réplique courtoise à qn.
retort[2], *v.tr.* **1.** Renvoyer, rendre, retourner (une injure); payer (une moquerie) de retour. **To retort a charge on s.o.,** relancer une accusation à qn. **To retort an argument against s.o.,** rétorquer un argument contre qn. **2.** *Abs.* Répliquer, riposter, repartir. **To retort on s.o.,** riposter. *"That's your business," he retorted,* "ça c'est votre affaire," riposta-t-il.
retort[3], *s. Ch: Ind:* Cornue *f*; vase clos. **Gas retort,** cornue à gaz.
retort[4], *v.tr. Ind:* Distiller (l'amalgame, etc.) en vase clos.
retorted [ri'tɔ:rtid], *a. Nat.Hist: etc:* **1.** Recourbé, tordu. **2.** Retourné.
retortion [ri'tɔ:rʃ(ə)n], *s.* **1.** Renversement *m,* reploiement *m.* **2.** *Internat. Jur:* Rétorsion *f,* représailles *fpl.*
retouch[1] [ri:'tʌtʃ], *s.* Retouche *f* (*to a picture, etc.,* à un tableau, etc.).
retouch[2], *v.tr.* (a) Retoucher (un travail, un discours, etc.); faire des retouches à (un travail). (b) *Phot:* Retoucher (le cliché, une épreuve).
retouching, *s. Phot:* Retouche *f.* **Retouching desk,** pupitre *m* à retouche(s); lecteur *m.* **Retouching medium,** mat(t)olin *m.* **Retouching instrument,** retouchoir *m.*
retoucher [ri:'tʌtʃər], *s. Phot:* (*Pers.*) Retoucheur, -euse.
retrace[1] [ri'treis], *v.tr.* **1.** Remonter à l'origine de (qch.). **2.** Reconstituer, se retracer (le passé); se remémorer (le passé). **3.** **To retrace one's steps,** revenir sur ses pas, *F:* sur ses brisées; rebrousser chemin.
retrace[2] [ri:'treis], *v.tr.* (a) Retracer (un dessin, etc.). (b) Décalquer à nouveau.
retract [ri'trakt]. **1.** *v.tr.* (a) Rétracter; tirer (qch.) en arrière. *Surg:* Écarter (les lèvres d'une plaie, etc.). *The snail retracts its horns,* le colimaçon rétracte, rentre, ses cornes. *The cat retracts its claws,* le chat rentre ses griffes. *Av:* **To retract the under-carriage,** escamoter le train d'atterrissage. *Ling:* **To retract a vowel,** prononcer une voyelle avec la langue ramenée en arrière. **Retracted vowel,** voyelle postérieure. (b) Rétracter (ce qu'on a dit); reprendre (une promesse, sa parole); désavouer (une opinion); revenir sur (ses aveux). *Abs.* **To retract,** se rétracter; se dédire; *A:* chanter la palinodie. *Chess:* **To retract a move,** déjouer. **2.** *v.i.* Se rétracter; se contracter; (*of cat's claws, etc.*) rentrer.
retracting, *a.* = RETRACTABLE I.
retractable [ri'traktəbl], *a.* **1.** (a) *Nat.Hist:* = RETRACTILE. (b) *Av:* **Retractable under-carriage,** train *m* d'atterrissage rentrant, escamotable, relevable. **2.** (Remarque, opinion) que l'on peut rétracter, que l'on peut désavouer.
retractation [ri:trak'teiʃ(ə)n], *s.* **1.** Rétractation *f* (de sa parole); désaveu *m* (d'une opinion). **2.** Rétractation; palinodie *f.* **3.** *pl.* **The Retractations of St Augustine,** les Rétractations de saint Augustin.
retractile [ri'traktail], *a. Nat. Hist:* (Organe *m,* etc.) rétractile.
retractility [ritrak'tiliti], *s.* Rétractilité *f.*
retraction [ri'trakʃ(ə)n], *s.* **1.** Retrait *m,* rétraction *f* (des griffes, de la langue, etc.). *Med:* Rétraction (d'un organe, d'un muscle). *Ling:* **Retraction of the tongue,** recul *m* de la langue. **2.** = RETRACTATION I.
retractor [ri'traktər], *s.* **1.** *Anat:* Muscle rétracteur. **Eyelid retractor,** releveur *m* de la paupière. **2.** *Tls: Surg:* Rétracteur *m,* écarteur *m.* **Vaginal retractor,** valve *f.*
retral ['ri:trəl], *a.* **1.** (*Of part*) Postérieur. **2.** (*Of movement*) En arrière, vers l'arrière.
retranslate [ri:trɑ:ns'leit], *v.tr.* Retraduire.
retranslation [ri:trɑ:ns'leiʃ(ə)n], *s.* **1.** Nouvelle traduction. **2.** *Sch:* **Retranslation exercise,** thème *m* où l'on part d'une traduction pour reconstituer l'original; thème imitatif.
retransmission [ri:trɑ:ns'miʃ(ə)n], *s.* **1.** Réexpédition *f,* translation *f* (d'un télégramme). **2.** *W.Tel:* Retransmission *f* (d'un concert, etc.).
retransmit [ri:trɑ:ns'mit], *v.tr.* **(retransmitted; retransmitting)** Transmettre de nouveau; réexpédier (un télégramme).
retraverse [ri:'travərs], *v.tr.* Retraverser; traverser de nouveau.
retraxit [ri'traksit], *s. Jur:* Désistement *m.*
retread[1] [ri:'tred], *v.tr.* (*p.t.* **retrod** [ri:'trɔd]; *p.p.* **retrodden** [ri:'trɔdn]) Fouler de nouveau (le sol); repasser dans (un lieu).
retread[2], *v.tr.* (*p.t. & p.p.* **retreaded**) *Aut:* Rechaper, surmouler, regommer, recaoutchouter (un pneu).
retreading, *s.* Rechapage *m,* surmoulage *m,* regommage *m,* recaoutchoutage *m.*
retreat[1] [ri'tri:t], *s.* **1.** *Mil:* (a) Retraite *f.* **To sound, beat, the retreat,** sonner, battre, la retraite. *See also* BEAT[2] I. **To be in retreat,** battre en retraite. *They are in full r.,* ils sont en pleine retraite. **To cut off an army's retreat,** couper la retraite à une armée. **To make good one's retreat,** (i) *Mil:* se replier, se retirer, en bon ordre; (ii) *F:* s'échapper, s'évader. (b) (*Evening call*) La retraite. **2.** (a) Retraite, retrait *m,* recul *m* (des eaux, etc.); décrue *f* (d'un glacier). *R. of the sea* (*from the coast-line*), régression *f* de la mer. (b) *Ecc:* Retraite. **To go into retreat for a week,** faire une retraite de huit jours. **Retreat house,** maison *f* de retraite. **3.** (a) Abri *m,* asile *m*; retraite. (b) Repaire *m,* nid *m* (de brigands, etc.).
retreat[2]. **1.** *v.i.* (a) Se retirer, s'éloigner (*to a place,* vers un endroit); se rencogner (*into a corner,* dans un angle). *Box: Fenc:* Rompre. (b) *Mil:* Battre en retraite. **2.** *v.tr. Chess:* Ramener (une pièce en danger).
retreating[1], *a.* **1.** (a) (Mer, etc.) qui se retire. *I heard his r. steps* j'entendis ses pas qui s'éloignaient. (b) *Mil:* (Ennemi) en retraite. **2.** (a) **Retreating chin, forehead,** menton, front, fuyant. (b) *R. part of a building,* arrière-corps *m inv* d'un bâtiment; aile *f* en retrait.
retreating[2], *s.* Retraite *f.*
retree [ri'tri:], *s. Paperm:* Papier *m* de rebut.
retrench [ri'trenʃ], *v.tr.* **1.** Restreindre, comprimer, réformer (ses dépenses). *Abs.* **To retrench,** restreindre sa dépense; faire des

économies; *A:* se resserrer. **2.** Diminuer, réduire (la pension, les privilèges, de qn); faire des coupures dans (une œuvre littéraire); supprimer, retrancher (un passage dans un livre, etc.). *To r. an hour from the working day,* retrancher une heure à la journée de travail. **3.** *Fort:* Retrancher (une position).

retrenched, *a. Fort:* (Campement, etc.) retranché.

re-trench [riː'trenʃ], *v.tr. Agr: Hort:* Procéder à un nouveau défonçage (du terrain).

retrenchment [ri'trenʃmənt], *s.* **1.** (*a*) Réduction *f*, compression(s) *f(pl)* (des dépenses). (*b*) Réduction des dépenses. **Policy of retrenchment,** politique *f* d'économies, de redressement. **2.** Suppression *f*, retranchement *m* (d'un passage littéraire, etc.). **3.** *Mil:* Retranchement. *They were attacked within their retrenchments,* ils se voyaient forcés dans leurs retranchements.

retrial [riː'traiəl], *s. Jur:* Nouveau procès.

retribution [retri'bjuːʃ(ə)n], *s.* **1.** Châtiment *m*; jugement *m*; vengeance *f*. **The Day of Retribution,** le jour du jugement; l'heure *f* du châtiment. **Just retribution of, for, a crime,** juste récompense *f* d'un crime. *The r. for loose living,* les sanctions *f* des excès de conduite. **2.** *Occ.* Récompense (d'un service).

retributive [ri'tribjutiv], *a.* **1.** Vengeur, *f.* vengeresse; qui châtie. **Retributive punishment,** punition justicière. **2.** De récompense.

retributor [ri'tribjutər], *s.* Vengeur, *f.* vengeresse.

retributory [ri'tribjutəri], *a.* = RETRIBUTIVE.

retrievable [ri'triːvəbl], *a.* **1.** (Somme *f*) recouvrable. **2.** (Perte *f*, erreur *f*) réparable. *Mil: The position was no longer r.,* on ne pouvait plus rétablir la position, le combat.

retrieval [ri'triːv(ə)l], *s.* **1.** Recouvrement *m* (de biens). **2.** Rétablissement *m*, relèvement *m* (de sa fortune); rétablissement (de sa réputation). **3.** (*a*) Réparation *f* (d'une perte, d'une erreur). (*b*) **Beyond retrieval, past retrieval,** (erreur, etc.) irréparable. *Lost beyond r.,* perdu irréparablement.

retrieve[1] [ri'triːv], *s.* = RETRIEVAL 3 (*b*).

retrieve[2], *v.tr.* **1.** (*a*) *Ven:* (*Of dog*) Rapporter (le gibier). (*b*) Recouvrer (des biens); retrouver (un objet perdu, sa liberté). *F: I went to r. my umbrella,* je suis allé reprendre mon parapluie. (*c*) *A:* Ressusciter (des souvenirs); se rappeler (qch.); se souvenir de (qch.). **2.** (*a*) Relever, rétablir (*s.o.'s fortunes,* la fortune de qn). *To r. one's honour,* **to retrieve oneself,** racheter son honneur; rétablir sa réputation; **se réhabiliter.** (*b*) *To r. s.o. from ruin, from certain death,* arracher qn à la ruine, à une mort certaine; sauver qn d'une mort certaine. **3.** Réparer (une perte, un désastre, une erreur). *Gaming: etc: To r. one's losses,* se racquitter, se refaire; *F:* se raccrocher.

retrieving, *a. Ven:* (Chien) rapporteur.

retriever [ri'triːvər], *s. Ven:* **1.** Chien rapporteur; chien d'apporte, de rapport. *A good r.,* un chien qui rapporte bien. **2.** (*Breed*) Retriever *m*. **Flat-coated retriever,** retriever à poil lisse, à poil plat. **Curly-coated retriever,** retriever à poil bouclé.

retrim [riː'trim], *v.tr.* **(retrimmed; retrimming)** Regarnir, réarranger, *F:* retaper (un chapeau, etc.).

retro- ['riːtro, 'retro], *pref.* Rétro-. *Retroposition,* rétroposition. *Retroversed,* rétroversé. *Anat: Retro-sternal,* rétro-sternal.

retroact [riːtro'akt], *v.i.* **1.** Réagir (*against,* contre). **2.** (*Of legislation*) Rétroagir; avoir un effet rétroactif.

retroaction [riːtro'akʃ(ə)n], *s.* **1.** Réaction *f*; contre-coup *m*, *pl.* contre-coups. **2.** Rétroaction *f* (d'une loi, etc.).

retroactive [riːtro'aktiv], *a.* Rétroactif. **-ly,** *adv.* Rétroactivement.

retroactivity [riːtroak'tiviti], *s.* Rétroactivité *f*.

retrocede[1] [riːtro'siːd], *v.i.* **1.** Rétrograder, reculer. **2.** *Med:* (*Of gout, etc.*) Rentrer, remonter.

retrocede[2], *v.tr.* Rétrocéder, rendre (un territoire, etc.). *Jur:* Rétrocéder (un droit).

retrocession[1] [riːtro'seʃ(ə)n], *s.* **1.** Rétrogradation *f*, recul *m*; mouvement *m* rétrograde. **2.** *Med:* Rétrocession *f*, rentrée *f* (d'une éruption, de la goutte).

retrocession[2], *s. Jur:* Rétrocession *f* (d'un droit, etc.).

retrochoir ['riːtrokwaiər], *s. Ecc.Arch:* Arrière-chœur *m*, *pl.* arrière-chœurs.

retroflected [riːtro'flektid], **retroflex** ['riːtrofleks], **retroflexed** ['riːtroflekst], *a. Nat.Hist: etc:* Rétrofléchi.

retroflexion [riːtro'flekʃ(ə)n], *s. Med:* Rétroflexion *f* (de l'utérus).

retrogradation [retrogra'deiʃ(ə)n], *s.* **1.** *Astr:* Rétrogradation *f*; mouvement *m* rétrograde. **2.** Retour *m* en arrière (dans un raisonnement, etc.). **3.** Décadence *f*, dégénérescence *f*; *Biol:* régression *f*.

retrograde[1] ['retrogreid]. **1.** *a.* (*a*) Rétrograde. *R. movement,* mouvement *m* rétrograde (d'une constellation, etc.); mouvement en arrière ou à reculons. *R. policy,* politique *f* rétrograde. (*b*) *Enumerated in r. order,* énumérés en ordre inverse. **2.** *s.* (*a*) Dégénéré, -ée. (*b*) *Pol: etc:* Rétrograde *m*. (*c*) *Bill:* Effet *m* rétrograde.

retrograde[2], *v.i.* **1.** Rétrograder; revenir ou retourner en arrière. **2.** *Astr:* (*Of planet*) Rétrograder. **3.** Rétrograder, dégénérer.

retrogress [riːtro'gres], *v.i.* **1.** = RETROGRADE[2] 1, 3. **2.** *Mth:* (*Of curve*) Rebrousser.

retrogression [riːtro'greʃ(ə)n], *s.* **1.** = RETROGRADATION. **2.** *Mth:* Rebroussement *m* (d'une courbe). **3.** *Med:* Rétrocession *f* (d'une éruption).

retrogressive [riːtro'gresiv], *a.* **1.** Rétrogressif, régressif; rétrograde. *Ph.Geog:* **Retrogressive erosion,** érosion régressive, remontante. **2.** *Biol:* Régressif; dégénérescent.

retropulsion [riːtro'pʌlʃ(ə)n], *s. Med:* **1.** = RETROCESSION[1] 2. **2.** Rétropulsion *f* (dans la maladie de Parkinson).

retrorse [ri'trɔːrs], *a. Nat.Hist:* Renversé.

retrospect[1] ['retrospekt, 'riː-], *s.* **1.** Renvoi *m* (à une autorité, etc.). **2.** Coup d'œil rétrospectif; examen rétrospectif; vue rétrospective. *When I consider these events* **in retrospect,** quand je jette un coup d'œil rétrospectif sur ces événements.

retrospect[2], *v.i. To r. on one's past life,* revoir en esprit sa vie passée. *To r. to an earlier period,* se reporter à une période plus ancienne.

retrospection [riːtro'spekʃ(ə)n, retro-], *s.* Rétrospection *f*; examen rétrospectif (des événements, etc.).

retrospective [riːtro'spektiv, retro-], *a.* **1.** (Examen) rétrospectif. **2.** (Loi *f*) avec effet rétroactif. *R. effect of a statute,* rétroactivité *f* d'un statut. **3.** (Vue) rétrospective, vers l'arrière. **-ly,** *adv.* **1.** Rétrospectivement. **2.** Rétroactivement.

retrovaccination [riːtrovaksi'neiʃ(ə)n], *s. Med:* Rétrovaccination *f*.

retrovaccine [riːtro'vaksin], *s. Med:* Rétrovaccin *m*.

retroversion [riːtro'vəːrʃ(ə)n], *s. Med:* Rétroversion *f*, renversement *m* (de l'utérus).

retroverted ['riːtrovəːrtid], *a. Med:* (Utérus) renversé.

retry [riː'trai], *v.tr.* **1.** Refaire (une expérience); faire un nouvel essai de (qch.). **2.** *Jur:* Juger (un accusé, un procès) à nouveau.

retted ['retid], **retting** ['retiŋ]. *See* RET.

retter ['retər], *s. Tex:* Rouisseur *m*.

rettery ['retəri], *s. Tex:* Rouissoir *m*, routoir *m*.

re-tube [riː'tjuːb], *v.tr. Mch:* Retuber (une chaudière).

return[1] [ri'təːrn], *s.* **1.** (*a*) Retour *m*. *The r. of the swallows,* le retour des hirondelles. *The r. of pupils to school,* la rentrée des classes. *R. of troops to quarters,* rentrée des troupes dans leurs quartiers. *I shall see you* **immediately on my return,** je vous verrai dès mon retour. *On my r. home I found . . .,* de retour à la maison j'ai trouvé. . . . *On his r. to France,* à sa rentrée en France. **He is on his return,** il est sur la route du retour. **By return of post, of mail,** par retour du courrier, de la poste. **To wish s.o. many happy returns of the day,** souhaiter à qn (i) un heureux anniversaire, (ii) une bonne fête. **Many happy returns (of the day)!** mes meilleurs vœux pour votre anniversaire! *To have a r. of an illness,* avoir un retour, une recrudescence, d'une maladie. *There is a r. to public order,* l'ordre se rétablit. *A r. of affection,* un renouvellement, *F:* un revenez-y, de tendresse. **Return journey,** voyage *m* de retour. *Rail:* **Return ticket,** *F:* **return,** billet *m* d'aller et retour. **Third return to Leeds,** troisième *f* aller et retour pour Leeds. (*b*) **Return stroke** (*of piston*), course *f* de retour, course rétrograde; contre-course *f*; **retour en arrière. Return flue,** tube *m* de retour de fumée ou de flamme. **Return-flue boiler,** chaudière *f* à retour de flamme. **Return block,** poulie coupée. **Return angle,** retour d'angle. **Return bend** (*in pipe*), coude *m* double; coude en U. *Arch:* **Return wall,** mur *m* en retour. *El.E:* **Return current,** courant *m* de retour; contre-courant *m*. **Return conductor,** conducteur *m* de retour. **Return shock,** choc *m* en retour; contre-coup *m*. (*c*) *Arch:* Retour (d'un mur). (*d*) *El:* Circuit *m* de retour. *See also* EARTH[1] 3, LEAD[5] 7. **2.** *Com:* (*a*) *pl.* **Returns,** recettes *f*; rentrées *f* (provenant des ventes). **Quick returns,** un prompt débit; une vente rapide. **Gross returns,** recettes brutes. *Returns during the year,* rendement *m* au cours de l'exercice. (*b*) Revenu *m*, gain *m*, profit *m*; rendement. **Return on capital,** rémunération *f* du capital. *To bring (in) a fair r.,* rapporter un bénéfice raisonnable. *The r. of the year amounts to . . .,* le produit de l'exercice se monte à. . . . **Gross return,** rendement brut. *See also* DIMINISHING[1] 1. **3.** (*a*) Renvoi *m*, retour, réexpédition *f* (de marchandises avariées, etc.). *Com:* **Return of bill to drawer,** contre-passation *f*. **On sale or return,** (marchandises) en dépôt (avec reprise des invendus), en commission, à condition; *Publ:* (exemplaire) d'office. *To deliver goods on sale or r.,* livrer des marchandises en dépôt temporaire. *Post:* **Return address,** adresse *f* de l'expéditeur. (*b*) Restitution *f* (d'un objet volé, etc.); ristourne *f* (d'une somme payée en trop). *He asked for a r. of his book,* il demanda qu'on lui rendît son livre. *Com: Fin: R. of a capital sum,* remboursement *m* d'un capital. **Return commission,** rétrocession *f* de commission; commission allouée en retour. (*c*) Échange *m*. *To give a pen* **in return for** *a pencil,* donner une plume en échange d'un crayon. *To give a pen in r. for ten francs,* donner une plume moyennant dix francs. **In return for which . . .,** moyennant quoi. . . . *He was given a receipt in r. for his money,* on lui donna un reçu en retour de son argent. *If you will do sth.* **in return,** si vous voulez bien faire qch. en retour. (*d*) *pl. Com:* **Returns,** rendus *m*; (*of books, newspapers*) invendus *m*, *F:* bouillon *m*. (*e*) *pl.* **Returns,** (i) *A:* déchets *m* de tabac; (ii) tabac blond. **4.** (*a*) Renvoi, répercussion *f* (d'un son). *R. of a control lever,* rappel *m*, recul *m*, d'un levier de commande. *Typewr: R. of carriage,* rappel de chariot; rappel arrière. **Return-to-neutral mechanism,** dispositif *m* de rappel à la position neutre. **Return spring,** ressort *m* de rappel. **Return pulley,** poulie *f* de renvoi. **Return rope,** câble *m* de renvoi. (*b*) *Ten: etc:* Renvoi (de la balle); riposte *f*. **5.** (*a*) Récompense *f*. **I should like to make some return for your services,** je voudrais reconnaître vos services. *That is a poor r. for his kindness,* c'est mal répondre à ses bontés. *To owe s.o. some r.,* devoir du retour à qn. **In return for this service . . .,** en récompense, en retour, de ce service. . . . *You must expect the same treatment in r.,* il faut vous attendre à la pareille. (*b*) *Mil: Nau:* **Return salute,** contre-salut *m*. *Sp:* **Return match,** match *m* retour; revanche *f*; contre-partie *f*. *Fenc:* **Return (thrust),** riposte *f*. **6.** (*a*) Rapport officiel; état *m*, exposé *m*; compte rendu; relevé *m*, relèvement *m*; statistique *f*. *Adm:* Recensement *m* (de la population, etc.). *The official returns,* les relevés officiels. *R. of expenses,* état de frais, de dépenses. *R. of killed and wounded,* liste *f* des tués et blessés. **Bank return,** situation *f* de la Banque. **The weekly Bank Return,** le bilan hebdomadaire. *Quarterly r.,* rapport trimestriel. **Board of Trade returns,** statistique de commerce. *See also* DESCRIPTIVE 1. (*b*) **Return of income,** déclaration *f* de revenu. **7.** *Pol:* Élection *f* (d'un député).

return[2]. **I.** *v.i.* **1.** (*Come back*) Revenir; (*go back*) retourner. *I was returning from a journey,* je rentrais de voyage. **To return (to one's) home,** (i) rentrer (chez soi); (ii) regagner sa patrie;

Lit: rentrer dans ses foyers. *When he returned to France*, lorsqu'il rentra en France. *He has gone never to r.*, il est parti pour ne plus revenir; il est parti sans espoir de retour. *To r. the way one came*, retourner par le chemin qu'on a pris pour venir. **They have, are, returned,** ils sont de retour. *They are about to r.*, ils sont sur leur retour. **To return from the dead,** ressusciter d'entre les morts. **Her colour returned,** les couleurs lui revinrent. *The wires r. over pulleys*, les fils sont renvoyés (sur leur parcours) par des poulies. *Property that returns to its owner*, biens *mpl* qui reviennent, qui font retour, à leur propriétaire. *Nau:* **To return to port,** rentrer au port. **2.** **To return to a task,** reprendre une tâche. *I shall r. later to the subject*, je reviendrai plus tard à ce sujet; je reprendrai plus tard ce sujet. **Let us return to the subject,** *F:* revenons à nos moutons. *To r. to one's old habits*, retomber dans ses vieilles habitudes. *See also* CHARGE[1] 7, FRAY[1] 2. **3.** Retourner, revenir (à un état antérieur). *B:* **Unto dust shalt thou return,** tu retourneras en poussière.

II. **return,** *v.tr.* **1.** (*a*) Rendre (un livre emprunté, un dépôt, etc.); restituer (un objet volé, etc.); renvoyer (un cadeau, etc.); rembourser (un emprunt). *To r. property to its rightful owner*, restituer un bien à son propriétaire légitime. *Territories returned to France*, territoires *m* qui ont fait retour à la France. *Com: To r. an overpaid amount*, ristourner une somme payée en trop. *To r. an article*, faire un rendu. *Fin:* **To return a bill to drawer,** contre-passer un effet. *To r. a commission*, rétrocéder une commission. (*b*) **To return a book to its place,** remettre un livre à sa place. *Small fish must be returned to the water*, les petits poissons doivent être remis dans l'eau. *To r. a sword to the scabbard*, remettre une épée au fourreau, dans le fourreau. *Mil:* **To return swords,** remettre l'épée; remettre le sabre. **2.** Renvoyer (la lumière, un son); renvoyer, rejeter (une balle, etc.). *Ten:* **To return the service, a stroke,** relancer la balle. **Spring to return the valve to its seat,** ressort *m* pour ramener, rappeler, la soupape sur son siège. *Typewr:* **To return the carriage,** rappeler le chariot. **3.** (*a*) Rendre (une visite, un compliment); rendre (un coup); renvoyer (une accusation). **To return a bow, s.o.'s greeting,** rendre un salut à qn; répondre au salut de qn. **To return like for like,** rendre la pareille. *To r. good for evil*, rendre le bien pour le mal. **To return s.o.'s love,** répondre à l'amour de qn; payer de retour l'amour de qn; aimer qn en retour. *Cards:* **To return clubs,** rejouer du trèfle (après son partenaire). *See also* COMPLIMENT[1] 1, LEAD[3] 2. (*b*) Répondre, répliquer; donner comme réponse. **To return a denial,** opposer une dénégation. *To r. s.o. an answer*, rendre réponse à qn. (*c*) **To return thanks to s.o.,** adresser des remerciements à qn. *See also* THANK[1]. **4.** *Com: Fin:* Rapporter, donner (un bénéfice). *Investment that returns very good interest*, placement *m* qui rapporte de gros intérêts; placement avantageux. **5.** (*a*) Déclarer, rapporter; rendre compte de (qch.). *Men returned unfit for duty*, hommes déclarés (par le médecin) incapables de reprendre leur service. **To return one's income at £400,** faire une déclaration de £400 de revenu. *The liabilities are returned at £10,000*, le passif est estimé, évalué, à £10,000. (*b*) *Jur:* **Prisoner was returned guilty,** l'accusé fut déclaré coupable. *See also* VERDICT 1. **6.** *Parl:* (*a*) (*Of sheriff*) **To return the result of the poll,** faire son rapport sur les résultats du scrutin. (*b*) Élire (un député).

returned, *a.* **1.** (*Of pers.*) De retour; rentré chez soi. *R. emigrant*, émigrant *m* de retour. *R. soldiers*, soldats rentrés dans leurs foyers. **2.** *Post:* **Returned letter,** lettre renvoyée à l'expéditeur. *Com:* **Returned article,** (i) rendu *m*; (ii) laissé *m* pour compte. *See also* EMPTY[1] 2. **3.** *Sp: He won the race in 11⅕ seconds,* **returned time,** il a gagné la course en 11 secondes ⅕, temps contrôlé, temps officiel.

returning[1], *a.* **1.** (*a*) (*Of pers.*) Qui revient ou qui retourne; qui rentre. (*b*) *R. health*, la santé qui revient; le retour à la santé. **2.** *Parl:* **Returning officer,** directeur *m* du scrutin. **Deputy returning officer,** scrutateur *m*. **Returning borough,** ville *f* qui a le droit d'envoyer un représentant au Parlement.

returning[2], *s.* **1.** Retour *m*; rentrée *f* (d'un émigrant, etc.). **2.** (*a*) Retour (d'un objet prêté); restitution *f* (d'un objet volé). (*b*) Renvoi *m* (de marchandises, etc.). **3.** *Parl:* Élection *f* (d'un député). **Returning operations,** dépouillement *m* du scrutin.

re-turn [riː'təːrn], *v.tr.* **1.** *To turn and re-turn sth. in one's hands*, tourner et retourner qch. dans ses mains. **2.** *Mec.E: etc:* **To re-turn a piece,** repasser une pièce au tour; redresser une pièce.

returnable [ri'təːrnəbl], *a.* **1.** *Jur:* (Mandat) de renvoi. **2.** Qui peut être rendu, renvoyé; restituable. *R. goods*, marchandises *f* de retour; marchandises en commission. **3.** *Pol:* (Candidat) éligible.

returner [ri'təːrnər], *s.* **1.** Rentrant *m* (de l'étranger, etc.). **2.** Rendeur, -euse (d'un livre emprunté, etc.).

retuse [ri'tjuːs], *a.* *Bot:* (*Of leaf*) Rétus.

re-tyre [riː'taiər], *v.tr.* Remettre un bandage, un caoutchouc plein, ou un pneu, à (une roue).

Reub [ruːb], *s.* *U.S: P:* = REUBEN 2.

Reuben ['ruːben]. **1.** *Pr.n.m.* Ruben. **2.** *s.m. U.S: F:* Paysan, rustaud.

reunion [riː'juːnjən], *s.* **1.** Réunion *f* (des lèvres d'une plaie, d'une famille en désaccord, etc.). **2.** Réunion, assemblée *f*.

reunionist [riː'juːnjənist], *s.* *Ecc:* Partisan *m* de la réunion de l'Église anglicane et de l'Église catholique.

reunite [riːju'nait]. **1.** *v.tr.* (*a*) Unir de nouveau; réunir (des fragments, etc.). (*b*) Réunir, rassembler (ses partisans, etc.); réconcilier (une famille, etc.). *Since they became reunited*, depuis leur réconciliation; depuis leur rapprochement. **2.** *v.i.* Se réunir. (*a*) Se réconcilier. (*b*) (*Of edges of wound, etc.*) Se ressouder.

re-urge [riː'əːrdʒ], *v.tr.* Avancer de nouveau (un argument).

re-use [riː'juːz], *v.tr.* Remployer (qch.).

re-utter [riː'ʌtər], *v.tr.* Prononcer de nouveau (des paroles).

rev[1] [rev], *s.* *Aut: F:* (*Abbr. of revolution*) *Two thousand revs a minute*, deux mille tours *m* à la minute. **To keep the revs up,** ne pas laisser ralentir le moteur. *Losing revs*, baisse *f* de régime.

rev[2], *v.* (revved; revving) *Aut: F:* **1.** *v.tr.* **To rev up the engine,** faire s'emballer le moteur. **2.** *v.i.* **The engine began to rev up,** le moteur s'emballa.

revaccinate [riː'vaksineit], *v.tr.* Revacciner.

revaccination [riːvaksi'neiʃ(ə)n], *s.* Revaccination *f*.

revalorization [riːvalorai'zeiʃ(ə)n], *s.* *Fin:* Revalorisation *f* (du franc, etc.).

revalorize [riː'valoraiz], *v.tr.* *Fin:* Revaloriser (le franc, etc.).

revaluation [riːvalju'eiʃ(ə)n], *s.* Réévaluation *f*; réestimation *f*.

revalue [riː'valju], *v.tr.* Réestimer; réévaluer (une propriété, etc.).

revamp [riː'vamp], *v.tr.* **1.** *To r. a shoe*, remplacer l'empeigne d'un soulier. **2.** *F:* Raccommoder, rafistoler (qch.).

revarnish [riː'vɑːrniʃ], *v.tr.* Revernir (un meuble). *F:* **To revarnish s.o.'s reputation,** réhabiliter qn; blanchir qn.

reveal[1] [ri'viːl]. *v.tr.* **1.** (*a*) Révéler, découvrir (son jeu); faire connaître (un fait). *To r. one's soul to s.o.*, ouvrir son cœur à qn. **To reveal one's identity,** se faire connaître. (*b*) Laisser voir. *His conduct reveals great intelligence*, sa conduite accuse, fait preuve de, décèle, une grande intelligence. *In his letters he reveals himself as full of kindness*, ses lettres nous le montrent plein de bonté. (*c*) Révéler, découvrir (un objet caché); déceler (un objet caché); dévoiler (un mystère); faire voir, mettre à jour (qch.). *The truth will be revealed some day*, la vérité se découvrira un jour. *If some latent talent reveals itself*, si quelque capacité latente se découvre. **2.** *Theol:* Révéler. **Revealed religion,** la religion révélée; la révélation divine.

revealing[1], *a.* Révélateur, -trice.

revealing[2], *s.* Révélation *f*.

reveal[2], *s.* *Arch:* Jouée *f*; tableau *m* (de pied-droit). **Window reveal,** listel *m* d'encadrement de baie. *Const:* **Door with plain plaster reveal,** porte cueillie en plâtre.

revealable [ri'viːləbl], *a.* Que l'on peut révéler, dévoiler; qu'il est permis de faire connaître.

revealer [ri'viːlər], *s.* Révélateur, -trice.

reveille [ri'veli], *s.* *Mil:* Le réveil; la diane. *See also* SOUND[2] II. 1.

revel[1] ['rev(ə)l], *s.* *Often pl.* (*a*) Divertissement(s) *m(pl)*; réjouissances *fpl*; ébats *mpl*. *Hist:* **Master of the revels (of the King),** intendant *m* des menus plaisirs du roi. (*b*) Bacchanale *f*, orgie *f*, bombance *f*, bamboche *f*. *Midnight revels*, orgies nocturnes, réjouissances nocturnes. *A. & Lit:* **Revel rout,** (i) troupe tumultueuse; (ii) orgie, bacchanale.

revel[2], *v.* (revelled; revelling) **1.** *v.i.* (*a*) Se réjouir, se divertir, s'amuser. (*b*) Festiner; faire bombance, faire ripaille; bacchanaliser. (*c*) **To revel in sth., in doing sth.,** se délecter à qch., à faire qch.; se complaire dans qch., à qch., à faire qch.; s'enivrer de qch., à faire qch.; faire ses délices de qch. *To r. in words*, s'enivrer de mots. *They r. in gossip*, elles se délectent à échanger des commérages. **2.** *v.tr.* **To revel away the time,** passer le temps en orgies. *To r. away money*, gaspiller de l'argent dans les plaisirs.

revelling, *s.* = REVELRY.

revelation [revə'leiʃ(ə)n], *s.* **1.** Révélation *f*. *It was a r. to me*, ce fut une révélation pour moi. *What a r.!* quelle surprise! **2.** *B:* **The Revelation, (the Book of) Revelations,** l'Apocalypse *f*; les Révélations de saint Jean.

revelationist [revə'leiʃ(ə)nist], *s.* **1.** **The Revelationist,** l'auteur *m* de l'Apocalypse. **2.** Celui qui accepte la Révélation divine.

reveller ['rev(ə)lər], *s.* (*a*) Joyeux convive. (*b*) Viveur, -euse, noceur, -euse, cascadeur, -euse, bambocheur, -euse.

revelry ['revəlri], *s.* (*a*) Divertissements *mpl*, réjouissances *fpl*, ébats *mpl*. (*b*) Bacchanale *f*, orgie *f*, bombance *f*.

revendication [rivendi'keiʃ(ə)n], *s.* Revendication *f*.

revenge[1] [ri'vendʒ], *s.* **1.** Vengeance *f*. **To take revenge for sth. on s.o.,** se venger de qch. sur qn. **To have one's revenge,** se venger (*by doing sth.*, à faire qch.). **In revenge,** pour se venger (*for*, de). **Out of revenge,** par vengeance. *By one of Time's revenges*, par un juste retour des choses d'ici-bas. *My r. will keep*, il ne perdra rien pour attendre. **Thirsting for revenge,** altéré de vengeance. *He was still harbouring thoughts of r.*, il avait toujours la vengeance dans le cœur. **2.** (*Esp. in games*) Revanche *f*; contre-partie *f*. **To give s.o. his revenge,** donner à qn une occasion de revanche; donner sa revanche à qn.

revenge[2], *v.tr.* **1.** **To revenge oneself, to be revenged,** se venger (*on s.o.*, sur qn); tirer vengeance, prendre vengeance (*on s.o.*, de qn); exercer sa vengeance (*on s.o.*, sur qn). *To r. oneself for sth.*, se venger de qch. *To r. oneself on s.o. for an insult*, se venger de qn pour une injure; se venger d'une injure sur qn. **2.** Venger (une injure) (*on, upon, s.o.*, sur qn). **3.** Venger (qn).

revengeful [ri'vendʒful], *a.* **1.** Vindicatif; porté à la vengeance. **2.** Qui punit; vengeur, -eresse. **-fully,** *adv.* Vindicativement, par vengeance.

revengefulness [ri'vendʒfulnəs], *s.* Caractère vindicatif; esprit *m* de vengeance.

revenger [ri'vendʒər], *s.* Vengeur, -eresse (*of*, de).

revenue ['revənjuː], *s.* **1.** Revenu *m*, rentes *fpl*; rapport *m* (*from an estate*, d'une terre). **2.** **The Public Revenue,** (i) le revenu de l'État; le Trésor public; (ii) *Adm:* le fisc. **The revenue authorities,** les agents *m* du fisc. **Revenue cutter,** cotre *m*, canot *m*, de la douane; *A:* patache *f*. **Revenue office,** (bureau *m* de) perception *f*; recette *f*. **Revenue officer,** employé *m* de la douane. *See also* INLAND 2.

reverberant [ri'vəːrbərənt], *a.* **1.** (*Of sound*) Résonnant, sonore, réverbérant. **2.** (*Of light*) Réverbérant.

reverberate [ri'vəːrbəreit]. **1.** *v.tr.* (*a*) Renvoyer, répercuter, réfléchir (le son). (*b*) Réverbérer, réfléchir (la lumière, la chaleur). *To be reverberated*, réverbérer. **2.** *v.i.* (*a*) (*Of sound*) Retentir, résonner, se réfléchir. (*b*) (*Of light, heat*) Réverbérer.

reverberating, *a.* 1. = REVERBERANT. 2. *Tchn:* = REVERBERATORY.

reverberation [rivəːrbə'reiʃ(ə)n], *s.* (*a*) Renvoi *m*, réfléchissement *m*, répercussion *f* (d'un son). (*b*) Réverbération *f* (de la lumière, de la chaleur).

reverberative [ri'vəːrbəreitiv], *a.* Réverbérant.

reverberator [ri'vəːrbəreitər], *s.* Réflecteur *m* (de la chaleur, de la lumière).

reverberatory [ri'vəːrbərətəri], *a.* & *s.* *Metall:* Reverberatory furnace, reverberatory, four *m* à réverbère. Reverberatory flame, feu *m* de réverbère.

revere [ri'viːər], *v.tr.* Révérer (qn, la vertu). *My revered master*, mon maître révéré, vénéré.

reverence[1] ['revərəns], *s.* 1. (*a*) Respect religieux; révérence *f*, vénération *f*. Filial reverence, piété filiale. To hold s.o. in reverence; to feel reverence for s.o., révérer qn; éprouver du respect, de la vénération, pour qn. *Held in r. by all*, révéré de tous. *To regard s.o. with r.*, considérer qn avec respect, avec vénération. To pay reverence to s.o., rendre hommage à qn. (*b*) *A:* To make a reverence to s.o., s'incliner devant qn; faire une révérence à qn. 2. *A. & P:* Saving your reverence, sauf révérence; révérence parler. 3. (*Esp. in Ireland*) Your Reverence, his Reverence, monsieur l'abbé. *Yes, your R.*, oui, mon révérend; *A:* oui, votre Révérence.

reverence[2], *v.tr.* Révérer.

reverend ['revərənd], *a.* 1. Vénérable; *A:* révérend. 2. *Ecc:* (*a*) The reverend gentleman, le révérend abbé, père, ou pasteur. (*b*) (*As title*) The Rev. Father O'Malley, le révérend père O'Malley. The Rev. Ch. Black, (i) le révérend Ch. Black; (ii) monsieur l'abbé Ch. Black. The Reverend Mother Superior, la révérende mère supérieure. (*Of dean*) Very Reverend, très révérend. (*Of bishop*) Right Reverend, très révérend. *The Right Rev. Bishop of . . .*, Monseigneur l'évêque de. . . . (*Of archbishop*) Most Reverend, révérendissime. *s. F: A crowd of reverends and right reverends*, une foule de prêtres et d'évêques.

reverent ['revərənt], *a.* Respectueux; plein de vénération. **-ly**, *adv.* Révéremment; avec respect, avec vénération.

reverential [revə'renʃ(ə)l], *a.* (Respect) révérenciel; (crainte) révérencielle. **-ally**, *adv.* Avec respect; avec une crainte révérencielle.

reverer [ri'viːərər], *s.* Vénérateur *m* (*of*, de).

reverie ['revəri], *s.* 1. Rêverie *f*; *F:* songerie *f*. 'Rapt in nameless reverie,' plongé dans de vagues rêveries. 2. *Mus:* Rêverie.

revers [rə'veər, ri'viːərz], *s.pl.* *Cost:* Revers *mpl* (d'un habit, etc.).

reversal [ri'vəːrs(ə)l], *s.* 1. *Jur:* Réforme *f*, annulation *f* (d'un jugement). 2. (*a*) Renversement *m* (*Opt:* d'une image, *Log:* d'une proposition, etc.); inversion *f*, changement *m*. Reversal of opinion, revirement *m* d'opinion. *Ph:* Reversal of polarity, renversement de polarité. *Mec.E:* Reversal of motion, renversement de marche. *R. of stroke*, changement de course. (*b*) *Phot:* (i) Inversion (de l'image négative en image positive). Reversal positive, positif *m* par inversion. (ii) Reversal finder, viseur redresseur. 3. *Book-k:* Contre-passement *m*; annulation (d'une écriture).

reverse[1] [ri'vəːrs], *a.* Inverse, contraire, opposé (*to*, à). In the reverse order, en ordre inverse. In the reverse direction, dans la direction opposée. The reverse side of a medal, le revers, l'envers *m*, d'une médaille. *The r. side of a picture*, le dos d'un tableau. *To record a payment on the r. side of a letter of credit*, inscrire un paiement au dos d'une lettre de crédit. Reverse slope *of a hill*, revers d'une colline; contre-pente *f*. Reverse current, (i) contre-courant *m*; *Nau:* revolin *m*; (ii) *El:* renverse *f* de courant. *Book-k:* Reverse entry, écriture *f* inverse. *Typ:* Reverse indention, composition *f* en sommaire. *Geol:* Reverse fault, faille *f* inverse. *Mch:* Reverse steam, contre-vapeur *f*. Reverse stroke, contre-course *f* (du piston, etc.). *Mec: etc:* Reverse motion, action, marche *f* arrière. *Mil:* Reverse flank, flanc extérieur (dans un mouvement de conversion). *Artil:* Reverse fire, feu *m* de revers. **-ly**, *adv.* Inversement, contrairement.

reverse[2], *s.* 1. (*a*) Inverse *m*, contraire *m*, opposé *m*. To be quite the reverse, the very reverse, of s.o., être tout le contraire, tout l'opposé, de qn. *He is sometimes pleasant, but generally the r.*, il est quelquefois aimable mais en général le contraire. *Remarks that are the r. of complimentary*, remarques qui ne sont rien moins qu'obligeantes. (*b*) *Mil:* To take a position in reverse, prendre une position à revers. (*c*) *Aut:* To go into reverse, mettre en marche arrière; renverser la marche. Reverse pedal, pédale *f* de marche arrière. *See also* GEAR[1] 3. (*d*) *Typewr:* Automatic ribbon-reverse, renversement *m* automatique du ruban. 2. (*a*) Revers *m* (d'une médaille, d'une monnaie). (*b*) Verso *m* (d'un feuillet). 3. (*Defeat*) Revers. Reverse of fortune, revers de fortune. To suffer a reverse, essuyer un revers, une défaite. 4. *Fenc:* (Coup *m* de) revers.

reverse[3], *v.tr.* 1. Renverser. *Mil:* To reverse arms, renverser l'arme; mettre l'arme sous le bras droit. *Opt:* To reverse an inverted image, redresser une image invertie. 2. (*a*) Retourner (un habit, un tableau). (*b*) Renverser (un mouvement); intervertir, renverser (l'ordre de qch.); changer complètement. To reverse a process, avoir recours à une méthode inverse. *Then the process is reversed*, ensuite c'est l'inverse *m* qui se produit. *Phot:* To reverse a negative, invertir un cliché (de négatif en positif). *Pol: etc: To r. a policy*, prendre le contre-pied d'une politique. *Pol: etc: To r. one's opinions, one's policy*, faire volte-face; *F:* faire la pirouette. *El: To r. the wires*, intervertir les fils. *Fb: To r. the result*, inverser le résultat (dans la contre-partie). *Book-k:* To reverse an entry, contre-passer, annuler, une écriture. (*c*) To reverse the engine, *abs.* to reverse, (i) renverser la marche de la machine; (ii) *Rail:* faire machine (en) arrière; *Nau: Rail:* marcher en arrière. *Aut:* To reverse one's car, *abs.* to reverse, faire marche arrière. *El:* To reverse the current, inverser, invertir, le sens du courant; renverser le courant. *Mch:* To reverse steam, renverser la vapeur; battre contre vapeur. 3. *Jur:* Révoquer (une sentence); réformer (un jugement). 4. *v.i.* *Danc:* Valser de gauche à droite; renverser.

reversed, *a.* 1. Renversé. *Her:* Renversé, versé. *Arch:* Reversed arch, ogee, voûte, doucine, renversée. *Mil:* With reversed arms, les armes renversées. 2. Inverse, contraire, opposé. *Arch:* Reversed moulding, reversed curve, contre-profil *m* (d'une cimaise). *Aut: etc:* Reversed curvature, double courbure *f* (d'un longeron, etc.). *El:* Reversed current, renverse *f* de courant. *Mch:* Reversed steam, contre-vapeur *f*. *Mec:* Reversed velocity, vitesse inversée. *Geol:* Reversed fault, faille *f* inverse. Reversed fold, pli renversé, déversé.

reversing[1], *a.* *Phot:* Reversing back (*of camera*), arrière-cadre *m* réversible; cadre *m* arrière réversible.

reversing[2], *s.* 1. Renversement *m*. 2. (*a*) Inversion *f*; changement complet. *Book-k:* Reversing of entry, contre-passation *f*, contre-passement *m*, d'une écriture. (*b*) *Mch: Aut: etc:* Changement de marche; inversion de marche. *Nau:* Reversing of the propeller, acculée *f* de l'hélice. *Mec.E:* Reversing lever, renvoi *m*. *Mch:* Reversing link, coulisse *f* de changement de marche. Reversing rod, barre *f* de relevage. *El:* Reversing key, levier inverseur. Reversing switch, inverseur *m* de marche. *See also* GEAR[1] 3, STATION[1] 3.

reverser [ri'vəːrsər], *s.* *El:* Inverseur *m* de courant.

reversi [ri'vəːrsi], *s.* = REVERSIS.

reversibility [rivəːrsi'biliti], *s.* Réversibilité *f*.

reversible [ri'vəːrsibl], *a.* 1. (Flacon *m*, etc.) renversable. 2. (Drap *m*) sans envers, à envers réversible, à deux endroits; (vêtement *m*) à double face. 3. (*a*) (Procédé *m*, etc.) réversible. *R. fan*, ventilateur *m* réversible. *R. gear*, engrenage *m* à retour, engrenage réciproque. Reversible motion, mouvement *m* réciproque. *See also* GEL[1]. (*b*) *Rail:* Reversible rail, rail *m* symétrique, à double champignon. 4. *Phot:* (Film *m*, émulsion *f*) inversible. 5. (*Of decree, judgment, sentence*) Révocable, réformable.

reversion [ri'vəːrʃ(ə)n], *s.* 1. *Jur:* (*a*) Retour *m* (d'un bien); réversion *f*. (*b*) Substitution *f*. (*c*) Right of reversion, réversion; droit *m* de retour (d'une donation). To come into a reversion, entrer en possession d'un bien (i) par réversion, (ii) par substitution. Annuity in reversion *on the death of the holder*, rente *f* réversible après la mort du titulaire. Estate in reversion, bien grevé (i) d'une réversion, de droit de retour, (ii) de substitution. 2. Survivance *f* (d'une place, d'un bénéfice). 3. Retour (*to an earlier state*, à un état antérieur). *Biol:* Reversion to type, réversion (au type primitif). *Med:* *R. to virulence*, retour à la virulence. 4. *Phot:* Inversion *f*.

reversionary [ri'vəːrʃənəri], *a.* 1. (Droit *m*) de réversion. Reversionary annuity, (i) annuité *f* réversible; (ii) rente *f* à payement différé. *To have a r. interest in an estate*, être détenteur du droit de réversion ou de substitution d'un domaine. 2. Atavique. Reversionary degeneration, dégénerescence *f* atavique.

reversioner [ri'vəːrʃənər], *s.* Détenteur *m* d'un droit de réversion ou de substitution.

reversis [ri'vəːrsi], *s.* *Cards: A:* Reversi(s) *m*.

revert[1] [ri'vəːrt, 'riːvərt], *s.* Converti, -ie, qui revient à sa foi primitive.

revert[2] [ri'vəːrt]. 1. *v.i.* (*a*) *Jur:* (*Of office, property*) Revenir, retourner (*to*, à). (*Of estate*) *To r. to an ascendant*, faire retour à un ascendant. (*b*) Retourner, revenir (*to a wild state*, à l'état sauvage). *Biol:* To revert to type, revenir au type primitif. *F: We are reverting to travel by rail*, on revient au chemin de fer. (*c*) Revenir (*to a subject*, à un sujet). To revert to our subject, pour en revenir à la question, à notre sujet. *We shall r. to this matter in due course*, nous reviendrons en temps utile sur cette question. *Let us r. to the subject*, *F:* revenons à nos moutons. *We won't r. to the past*, ne retournons pas sur le passé. 2. *v.tr.* To revert one's eyes, regarder derrière soi; porter ses regards en arrière. To revert one's steps, revenir sur ses pas.

revertibility [rivəːrti'biliti], *s.* *Jur:* Réversibilité *f*.

revertible [ri'vəːrtibl], *a.* *Jur:* Réversible (*to*, à, sur) (par droit de retour ou de substitution).

revet [ri'vet], *v.tr.* (revetted; revetting) *Const: Fort:* Revêtir; garnir (un talus, etc.) d'un revêtement.

revetment [ri'vetmənt], *s.* *Const: Fort:* Revêtement *m*. Revetment wall, mur *m* de revêtement, de chemise; épaulement *m*.

revictual [riː'vit(ə)l], *v.* (revictualled; revictualling) 1. *v.tr.* Ravitailler, réapprovisionner. 2. *v.i.* Se ravitailler.

revictualling, *s.* Ravitaillement *m*, réapprovisionnement *m*. Revictualling ship, bâtiment vivrier.

revictualment [riː'vit(ə)lmənt], *s.* Ravitaillement *m*.

review[1] [ri'vjuː], *s.* 1. *Jur:* Revision *f*, révision *f* (d'un procès). Court of review = cour *f* de cassation. 2. *Mil:* Revue *f*. To hold a review, passer une revue. To pass troops, *F:* one's sins, in review, passer en revue des troupes, ses péchés. *See also* ORDER[1] 3. 3. Examen *m*, revue (du passé, etc.). *A r. of the year*, recensement *m* des événements de l'année. 4. Compte rendu, examen critique (d'un livre); recensement. Review copy, exemplaire fourni au critique; exemplaire de service de presse. 5. *Publ:* Revue (périodique).

review[2], *v.tr.* 1. Revoir, reviser, réviser (un procès, etc.). 2. Revoir, examiner (des événements passés); passer (des faits, etc.) en revue. 3. To review the troops, the fleet, passer les troupes, la flotte, en revue; faire la revue, passer la revue, des troupes, de la flotte. (*Of troops*) *To be reviewed*, passer en revue. 4. To review a book, faire la critique, le compte rendu, d'un livre. *Abs.* To review, faire des articles de critique; faire de la critique (littéraire).

reviewing, *s.* 1. Revision *f*, révision *f*, examen *m*. 2. *Mil:* Revue *f*. 3. Critique *f* littéraire.

reviewable [ri'vjuːəbl], *a.* 1. *Jur:* Revisable, révisable. 2. Qui supporte l'examen.

reviewal [ri'vjuːəl], *s.* **1.** *Jur:* Revision *f*, révision *f*. **2.** Compte rendu, examen *m* critique (d'un livre); recensement *m*.

reviewer [ri'vjuːər], *s.* Critique *m* (littéraire).

revile [ri'vail]. **1.** *v.tr.* Injurier (qn); dire, débiter, des injures à (qn); insulter à (qn); agonir (qn) de sottises. **2.** *v.i.* Se répandre en injures. *To r. against s.o.*, invectiver contre qn.

reviling[1], *a.* Injurieux. **-ly**, *adv.* Injurieusement.

reviling[2], *s.* Injures *fpl.*

revilement [ri'vailmənt], *s.* **1.** Injures *fpl.* **2.** Discours injurieux.

reviler [ri'vailər], *s.* Insulteur *m*, contempteur *m*, dénigreur *m*.

revisable [ri'vaizəbl], *a.* *Jur:* Revisable, révisable; (jugement, etc.) sujet à revision.

revisal [ri'vaiz(ə)l], *s.* Revision *f*, révision *f*.

revise[1] [ri'vaːiz], *s.* *Typ:* Épreuve *f* de revision, de révision; seconde *f*. **Second revise, final revise**, troisième épreuve; tierce *f*. *See also* PRESS-REVISE.

revise[2], *v.tr.* **1.** Revoir, relire (des travaux littéraires); corriger, reviser, réviser (des épreuves). *Sch:* Repasser, revoir (une leçon). '**To be revised**,' "à revoir." **2.** (*a*) Reviser, réviser (les lois, la constitution). (*b*) **To revise a decision**, revenir sur une décision; remettre en question une décision.

revised, *a.* Revu, revisé, corrigé. **The Revised Version**, la traduction de la Bible de 1884. *Cf.* AUTHORIZED. *See also* PROOF[1] 3.

revising, *s.* Revision *f*, révision *f*.

reviser [ri'vaizər], *s.* Reviseur *m*, réviseur *m*; correcteur *m* (des épreuves).

revision [ri'viʒ(ə)n], *s.* Revision *f*, révision *f*. '**For revision**,' "à revoir."

revisionary [ri'viʒənəri], *a.* De revision, de révision.

revisionist [ri'viʒənist], *s.* *Pol:* Révisionniste *m*.

revisit [riː'vizit], *v.tr.* Visiter de nouveau; revisiter; revoir, revenir voir (sa maison natale, etc.).

revisor [ri'vaizər], *s.* = REVISER.

revisory [ri'vaizəri], *a.* De revision, de révision.

revisualize [riː'viʒjuəlaːiz], *v.tr.* Se repeindre, se représenter de nouveau (un événement passé).

revitalize [riː'vaitəlaːiz], *v.tr.* Revivifier.

revivable [ri'vaivəbl], *a.* Que l'on peut ressusciter, ranimer, ou renouveler.

revival [ri'vaiv(ə)l], *s.* **1.** Renaissance *f*, renouvellement *m* (des arts, de l'industrie); réapparition *f* (d'un usage); reprise *f*, relèvement *m* (des affaires); reprise (d'une pièce de théâtre); remise en vigueur (d'une loi); réveil *m*, renouvellement (de la nature). *R. of sales*, regain *m* de vente. *The r. of trade*, la reprise des affaires. *Hist:* **The revival of learning**, la renaissance des lettres; la Renaissance. **2.** (*a*) Retour *m* à la vie; retour des forces. (*b*) Reprise des sens. **3.** *Rel:* Réveil. **Religious revival**, renouveau religieux; retour à la religion (par les masses); revival *m*, *pl.* revivals. **Revival meetings**, réunions *f* dans le but de ranimer la foi (dans une ville, etc.).

revive [ri'vaːiv]. **1.** *v.i.* (*a*) (*Of pers.*) Ressusciter, revenir à la vie; reprendre connaissance; reprendre ses sens. (*b*) (*Of feelings*) Se ranimer; se réveiller; renaître. *His spirits revived*, son courage se ranima. *His jealousy revived*, il fut repris de jalousie. *His hopes revived*, il se reprit à espérer; son espoir renaquit. *To feel one's hopes reviving*, renaître à l'espérance; sentir renaître l'espoir. (*c*) (*Of custom, etc.*) Se renouveler; reprendre; (*of fashion*) reprendre de la vogue; rentrer en vogue; (*of arts*) renaître; (*of business, commerce*) reprendre, se relever; (*of nature*) se réveiller. *Industry is reviving*, l'industrie *f* commence à revivre; l'industrie reprend. *Credit is reviving*, le crédit se rétablit. (*d*) *Ch:* (*Of metal*) Se revivifier. **2.** *v.tr.* (*a*) Faire revivre (qn); rappeler (qn) à la vie; ressusciter (qn); faire reprendre connaissance à (qn). **That will revive you**, voilà qui vous remontera, qui vous remettra d'aplomb. (*b*) Ranimer, faire revivre, faire renaître, renouveler (les espérances); réveiller, ranimer (un désir); rallumer (la colère de qn); raviver (la douleur, l'intérêt); ranimer, réparer (les forces de qn); rappeler, réveiller (un souvenir); renouveler (un usage); ressusciter (un parti politique); remettre en vogue (une mode); remettre en vigueur (une loi). *To r. the arts*, revivifier les arts; faire refleurir les arts. *To r. old connections*, renouer d'anciennes relations. *To r. a dead phrase*, remettre en usage une expression morte. *To r. an old charge*, reproduire une accusation. *To r. the conversation*, ranimer, relever, la conversation. *To r. trade*, ranimer, revivifier, le commerce, les affaires. *To r. drooping spirits*, remonter les esprits abattus. *To r. one's strength, one's spirits*, se remonter. *To r. s.o.'s courage*, remonter le courage de qn. *To r. s.o.'s memory of sth.*, rafraîchir à qn la mémoire de qch. (*c*) Remonter, reprendre (une pièce de théâtre); remettre (une pièce) au théâtre; ressusciter (un périodique); réchauffer (une histoire). *I am going to r. my Wednesdays at home*, je vais ressusciter mes mercredis. (*d*) Retaper (un chapeau, un habit); rafraîchir (la peinture, etc.); rendre son lustre à (un métal, un bijou, etc.). *To r. leather*, redonner de la souplesse au cuir. (*e*) *Ch: A:* Revivifier (le mercure).

reviving[1], *a.* (*Of strength, hope*) Renaissant.

reviving[2], *s.* **1.** Renouvellement *m* (d'un usage); avivage *m* (d'une douleur, etc.); remise *f* en vogue (d'une mode); remise en vigueur (d'une loi). **2.** *Th:* Reprise *f* (d'une pièce). **3.** Rafraîchissement *m* (d'une couleur).

reviver [ri'vaivər], *s.* **1.** Celui qui fait revivre, qui ranime, qui renouvelle, qui remet en vogue; ressusciteur *m*. **2.** *F:* Petit verre qui ravigote; coup *m* de cognac, de whisky. **3.** Encaustique *f* (pour meubles, etc.).

revivification [rivivifi'keiʃ(ə)n], *s.* **1.** Revivification *f*. **2.** *Ch: A:* Revivification, réduction *f*.

revivify [ri'vivifai], *v.tr.* Revivifier.

reviviscence [revi'vis(ə)ns], *s.* Revivification *f*, renaissance *f*; retour *m* à la vie.

reviviscent [revi'vis(ə)nt], *a.* Reviviscent.

revocability [revokə'biliti], *s.* Révocabilité *f*.

revocable ['revokəbl], *a.* (*Of pers., order, etc.*) Révocable. *R. post*, emploi *m* amovible.

revocation [revo'keiʃ(ə)n], *s.* Révocation *f* (d'un décret, d'une donation, *A:* d'un fonctionnaire); abrogation *f* (d'un décret); annulation *f*. **Revocation of driving licence**, retrait *m* du permis de conduire.

revocatory ['revokətəri], *a.* Révocatoire.

revoke[1] [ri'vouk], *s.* *Cards:* Fausse renonce.

revoke[2]. **1.** *v.tr.* (*a*) Révoquer (un ordre); révoquer, rapporter (un décret); annuler, contremander, rappeler (un ordre); retirer (son consentement); rétracter (une promesse). *Mil: Nau:* **To revoke an order**, lever une consigne. (*b*) **To revoke a driving licence**, retirer un permis de conduire. **2.** *v.i.* *Cards:* Renoncer à faux; faire une fausse renonce.

revolt[1] [ri'voult], *s.* Révolte *f*. **To rise in revolt**, se soulever, se révolter (*against*, contre). *To be in r.*, être en sédition, en révolte. **To rouse, stir up, the people to revolt**, soulever le peuple, insurger le peuple.

revolt[2]. **1.** *v.i.* (*a*) Se révolter, s'insurger, se soulever, se rebeller (*from, against*, contre). *To r. to the other side*, se révolter et passer à l'autre parti. *To induce subjects to r. against their king*, insurger, révolter, des sujets contre leur roi. (*b*) Se révolter (*at, against, sth.*, contre qch.). *Common sense revolts at, against, such a supposition*, le bon sens se révolte contre une telle supposition. **2.** *v.tr.* (*Of action, etc.*) Révolter, indigner (qn); *F:* faire sauter (qn).

revolted, *a.* Révolté, en révolte.

revolting, *a.* **1.** (*Of action, conduct*) Révoltant. **2.** *The r. troops*, les troupes insurgées, en révolte. **-ly**, *adv.* D'une façon révoltante, indigne.

revolter [ri'voultər], *s.* Révolté, -ée; insurgé *m*.

revolute ['revoljuːt], *a.* *Bot:* Révoluté.

revolution [revo'ljuːʃ(ə)n], *s.* **1.** *Astr:* Révolution *f* (d'une planète, etc.). **2.** (*a*) Rotation *f* (autour d'un axe). (*b*) Tour *m*, révolution (d'une roue); volée *f* (des ailes d'un moulin); *Av: Nau:* tour d'hélice. *The engine runs at two thousand revolutions a minute*, la machine fait deux mille tours à la minute. **Maximum revolutions**, régime *m* maximum. **Revolution counter**, compteur *m* de tours, compte-tours *m inv.* **Revolution indicator**, indicateur *m* de vitesse, de rotation. **3.** (*a*) *Pol: etc:* Révolution. *Fr. & Eng.Hist:* **The Revolution**, la Révolution. **The French Revolution**, la Révolution française. *F:* **The ghost of revolution**, le spectre rouge. (*b*) *The revolutions brought about in our notions of time and space*, les bouleversements qu'ont subis les notions de temps et d'espace. *The revolutions of the globe*, les révolutions du globe.

revolutionary [revo'ljuːʃənəri, -'luː-]. **1.** *a. & s.* Révolutionnaire (*mf*). *Advocacy of r. principles*, révolutionnarisme *m*. **2.** *a.* Gyratoire.

revolutionism [revo'ljuːʃənizm], *s.* Révolutionnarisme *m*.

revolutionist [revo'ljuːʃənist, -'luː-], *s.* Partisan *m* de la révolution; révolutionnaire *mf*.

revolutionize [revo'ljuːʃənaːiz, -'luː-], *v.tr.* Révolutionner (un pays, *F:* la langue, l'industrie).

revolve [ri'vɔlv]. **1.** *v.tr.* (*a*) (i) Retourner, repasser, rouler (*a problem in one's mind*, un problème dans son esprit); (ii) ruminer (une pensée, etc.). (*b*) Faire tourner (les roues, etc.). **2.** *v.i.* (*a*) (*Of wheel, etc.*) Tourner. **To revolve on a spindle**, pivoter, tourner, sur un axe. (*b*) *The earth revolves round the sun*, la terre tourne, fait sa révolution, gravite, autour du soleil. (*c*) **The seasons, years, revolve**, les saisons, les années, font leur révolution, reviennent.

revolving, *a.* **1.** (*a*) (Mois *m*, années *f*) qui font leur révolution, qui reviennent. (*b*) *Bank:* **Revolving credit**, accréditif *m* automatiquement renouvelable. **2.** (Corps *m*, planète *f*) en rotation, qui tourne, qui accomplit sa révolution. **3.** *Tchn:* Tournant, pivotant, rotatif, rotatoire; à rotation. *R. chair*, fauteuil pivotant, tournant; (*with screw*) fauteuil à vis. *R. furnace*, four tournant. *R. bookcase*, bibliothèque tournante. **Revolving light**, feu tournant, feu à éclats (d'un phare, etc.). *Cer:* **Revolving table**, girelle *f* (d'une roue de potier). *Mec.E:* **Revolving tool-holder**, porte-outil(s) *m inv* revolver. **Revolving crane**, grue *f* à pivot. *See also* DOOR 1, SHUTTER[1] 1, STAND[1] 5.

revolver [ri'vɔlvər], *s.* Revolver *m*. *Six-chambered r.*, revolver à six coups.

revue [ri'vjuː], *s.* *Th:* Revue *f*. *Short r.*, revuette *f*. *Composer of revues*, revuiste *mf*.

revuist [ri'vjuːist], *s.* *Th:* Revuiste *mf*.

revulsion [ri'vʌlʃ(ə)n], *s.* **1.** Revirement *m* (de sentiments, etc.). *R. of public feeling in favour of s.o.*, révolution *f* de l'opinion, retour *m* d'opinion, en faveur de qn. *R. from s.o., from a fashion*, réaction *f* contre qn, contre une mode. **2.** *Med:* Révulsion *f*.

revulsive [ri'vʌlsiv], *a. & s.* *Med:* Révulsif (*m*).

reward[1] [ri'wɔːrd], *s.* **1.** Récompense *f*. **A hundred pounds reward**, cent livres *f* de récompense. *To offer a r. for a stolen object*, offrir une récompense pour la restitution d'un objet volé. *To offer a r. for s.o.*, mettre la tête de qn à prix. **As a reward for . . .**, en récompense de . . ., pour prix de. . . . *Hanging was the r. of desertion*, la désertion s'expiait sur l'échafaud. **To get a fair reward for, from, one's labour**, tirer de son travail un tribut légitime. *Prov:* **No reward without toil**, nul pain sans peine. *See also* VIRTUE 1. **2.** *Publ:* Livre *m* de prix ou livre d'étrennes.

reward[2], *v.tr.* Récompenser, rémunérer (*s.o. for sth.*, qn de qch.). *That's how he rewards me for my zeal*, voilà comment il me paie mon zèle; voilà comment il reconnaît mon zèle. *To r. s.o. with sth.*, donner qch. en récompense à qn. *God who rewards virtue*, Dieu, rémunérateur de la vertu.

rewarding[1], *a.* Rémunérateur, -trice.

rewarding[2], *s.* Récompense *f*, rémunération *f*.

rewardable [ri'wɔːrdəbl], *a.* Digne de récompense.

rewarder [ri'wɔːrdər], *s.* Rémunérateur, -trice.
re-weigh [riː'wei], *v.tr.* Repeser.
reweld [riː'weld], *v.tr. Metalw:* Ressouder.
re-win [riː'win], *v.tr.* Regagner.
re-wind [riː'waind], *v.tr.* (re-wound [riː'waund]) **1.** (*a*) Rebobiner (la soie, un induit). (*b*) *Cin: Typewr: etc:* Rembobiner, réembobiner (le film, le ruban). **2.** Remonter (une horloge, une montre).
re-winding, *s.* **1.** (*a*) Rebobinage *m.* (*b*) *Typewr:* Rembobinage *m.* **2.** Remontage *m* (d'une horloge).
rewinder [riː'waindər], *s. Cin: etc:* Réembobineuse *f.*
re-wire [riː'waiər], *v.tr. To r. a house,* remettre à neuf ou réaménager la canalisation électrique d'une maison.
reword [riː'wəːrd], *v.tr.* Recomposer, rédiger à nouveau (un paragraphe, etc.).
rewrite [riː'rait], *v.tr.* (*p.t.* rewrote [riː'rout]; *p.p.* rewritten [riː'rit(ə)n]) Récrire; remanier (un article, etc.).
Rex [reks]. *Pr.n.m. Jur:* **Rex v. Smith,** le Roi en cause avec Smith.
rexine ['reksiːn], *s.* Similicuir *m* (de la marque Rexine).
Reykjavik ['rekjavik]. *Pr.n. Geog:* Reikiavik *m.*
Reynard ['renərd, 'rei-]. *Pr.n.m. Lit:* **Reynard (the Fox),** maître Renard; compère le renard.
Reynold ['reinold]. *Pr.n.m.* Renaud.
rhabdomancy ['rabdomansi], *s.* Rabdomancie *f,* divination *f* à la baguette.
Rhadamanthine [rada'manθain], *a. Gr.Myth:* (Jugement *m*) de Rhadamante. *F:* **Rhadamanthine judges,** juges *m* inflexibles.
Rhadamanthus [rada'manθəs]. *Pr.n.m. Gr.Myth:* Rhadamante.
Rhaetia ['riːʃja]. *Pr.n. A.Geog:* La Rhétie.
Rhaetian ['riːʃən]. **1.** (*a*) *a. Geog:* Rhétique. **The Rhaetian Alps,** les Alpes rhétiques. (*b*) *a. & s. A.Geog:* Rhétien, -ienne. **2.** *s. Ling:* Le rhétique.
Rhaetic ['riːtik], *a. Geol:* Rhétien. **Rhaetic formation,** *s.* **Rhaetic,** rhétien *m.*
Rhaeto-Romanic ['riːtoro'manik], *a. & s. Ling:* (Le) rhéto-roman.
rhapsode ['rapsoud], *s. Gr.Ant:* R(h)apsode *m.*
rhapsodical [rap'sɔdik(ə)l], *a.* R(h)apsodique; de r(h)apsodie.
rhapsodist ['rapsodist], *s.* R(h)apsodiste *m.* **1.** (*a*) R(h)apsode *m.* (*b*) Déclamateur *m* de vers. **2.** R(h)apsodiste, enthousiaste *m.*
rhapsodize ['rapsodaiz], *v.i. F:* **To rhapsodize over sth.,** entonner les louanges de qch.; s'extasier sur qch.
rhapsody ['rapsodi], *s.* **1.** *Lit: Mus:* R(h)apsodie *f.* **2.** *F:* Transports *mpl.*
rhatany ['ratani], *s. Bot: Med:* Ratanhia *m.*
Rhea ['riːa]. **1.** *Pr.n.f. Myth:* Rhée, Rhéa. **2.** *s. Orn:* Rhée *f,* nandou *m;* autruche *f* d'Amérique.
Rheims [riːmz]. *Pr.n. Geog:* Reims *m.*
Rhemish ['riːmiʃ], *a.* De Reims; Rémois. *R.C.Ch:* **The Rhemish Bible,** la version anglaise de la Bible publiée à Reims en 1582.
Rhenish ['reniʃ], *a. Geog:* Rhénan; du Rhin. **Rhenish wine,** vin *m* du Rhin.
rheograph ['riːograf, -grɑːf], *s. El:* Rhéographe *m.*
rheophore ['riːofɔər], *s. El:* Rhéophore *m.*
rheoscope ['riːoskoup], *s. El:* Rhéographe *m.*
rheostat ['riːostat], *s. El.E:* Rhéostat *m;* résistance *f* réglable, à curseur. **Field rheostat,** rhéostat, résistance, de champ. *Veh: etc:* **Starting rheostat,** rhéostat, résistance, de démarrage.
Rhetic ['riːtik], *a. & s.* = RHAETIC.
rhetor ['riːtɔːr], *s.* **1.** Rhéteur *m.* **2.** *Pej:* Rhéteur; parleur *m;* phraseur *m.*
rhetoric ['retorik], *s.* **1.** Rhétorique *f,* éloquence *f.* **2.** *Pej:* Rhétorique, emphase *f;* discours creux.
rhetorical [re'tɔrik(ə)l], *a.* (*a*) (Terme, etc.) de rhétorique. **Rhetorical question,** communication *f.* (*b*) *Pej:* (Style, etc.) emphatique, ampoulé. **-ally,** *adv.* **1.** Suivant les règles de la rhétorique; en rhétoricien. **2.** Avec emphase; en rhéteur.
rhetorician [reto'riʃ(ə)n], *s.* **1.** (*a*) Rhétoricien *m.* (*b*) *Pej:* Rhéteur *m.* **2.** *Gr.Ant:* Rhéteur (qui enseignait la rhétorique).
rheum [ruːm], *s.* *A:* **1.** Flux muqueux; salive *f;* pituite *f;* (*in the eyes*) chassie *f.* **2.** Rhume *m,* catarrhe *m.* **3.** *pl.* **Rheums,** rhumatismes *m.*
rheumatic [ru'matik], *a. Med:* (*Of pain, etc.*) Rhumatismal, -aux. *R. person, r. patient, s.* **rheumatic,** rhumatisant, -ante. **Rheumatic fever,** rhumatisme articulaire aigu; fièvre rhumatismale. *See also* GOUT 1. *F:* **Rheumatic climate,** climat *m* à rhumatismes. *R. walk,* allure *f* de rhumatisant. **-ally,** *adv. R. affected,* souffrant de rhumatisme. *To walk r.,* avoir une allure de rhumatisant.
rheumaticky [ru'matiki], *a. F:* Rhumatisant, rhumatisé. *To feel r.,* se sentir tout perclus (de rhumatismes).
rheumatics [ru'matiks], *s.pl. F:* Rhumatisme *m. To be crippled with the r.,* être perclus de rhumatismes.
rheumatism ['ruːmatizm], *s.* Rhumatisme *m.* **Rheumatism in the joints,** rhumatisme articulaire. **Muscular rheumatism,** myodynie *f.* *To suffer from r.,* être sujet au rhumatisme; avoir des rhumatismes. *I have a touch of r.,* j'ai un peu de rhumatisme.
rheumatoid ['ruːmatɔid], *a.* Rhumatoïde. *See also* ARTHRITIS.
rheumy ['ruːmi], *a. A:* Qui laisse couler un flux muqueux. *R. eyes,* yeux chassieux. **Rheumy-eyed** *old man,* vieillard chassieux.
rhexis ['reksis], *s. Med:* Rupture *f* d'un vaisseau sanguin.
rhinal ['rain(ə)l], *a.* (Douleur *f*) qui a son siège dans le nez; (miroir *m*) de rhinologie.
rhinanthus [rai'nanθəs], *s. Bot:* Rhinanthe *m;* crête-de-coq *f,* *pl.* crêtes-de-coq.
Rhine (the) [ðə'rain]. *Pr.n. Geog:* Le Rhin. **The Upper, the Lower, Rhine,** le Haut, le Bas, Rhin. **Rhine wines,** vins *m* du Rhin.
Rhinegrave ['raingreːiv], *s.m. Hist:* Rhingrave.
Rhineland (the) [ðə'rainlənd]. *Pr.n. Geog:* Les pays rhénans; la Rhénanie.
Rhinelander ['rainlandər], *s.* Rhénan, -ane.
Rhinestone ['rainstoun], *s. Lap:* **1.** Caillou *m* du Rhin (en cristal de roche). **2.** Faux diamant; stras(s) *m.*
rhinitis [ri'naitis], *s. Med:* Rhinite *f. Chronic r.,* coryza *m* chronique.
rhino[1] ['rainou], *s. P:* Argent *m; P:* pèze *m,* galette *f.*
rhino[2], *s. Z: F:* Rhinocéros *m.*
rhinoceros [rai'nɔsərəs], *s.* **1.** *Z:* Rhinocéros *m.* **2.** *Ent:* **Rhinoceros beetle,** rhinocéros.
rhinology [rai'nɔlodʒi], *s. Med:* Rhinologie *f.*
rhino-pharyngeal [rainofa'rindʒiəl], *a. Med:* Rhino-pharyngien.
rhinoplastic [raino'plastik], *a. Surg:* Rhinoplastique.
rhinoplasty ['rainoplasti], *s. Surg:* Rhinoplastie *f.*
rhinoscope ['rainoskoup], *s. Surg:* Speculum *m* nasi.
rhinoscopy [rai'nɔskopi], *s. Surg:* Rhinoscopie *f.*
rhizo- ['raizo, rai'zɔ], *comb.fm.* Rhizo-. *Rhizo'cephalous,* rhizocéphale. *Rhizo'genic,* rhizogène. *Rhizo'morphous,* rhizomorphe. *Rhi'zostoma,* rhizostome.
rhizocarp ['raizokɑːrp], *s. Bot:* Rhizocarpée *f.*
rhizocarpous [raizo'kɑːrpəs], *a. Bot:* Rhizocarpé.
rhizome ['raizoum], *s. Bot:* Rhizome *m.*
rhizophagous [rai'zɔfagəs], *a. Ent: Z:* Rhizophage, radicivore.
rhizopod, *pl.* **-poda** ['raizopɔd, rai'zɔpoda], *s. Prot:* Rhizopode *m.*
rhizopodous [rai'zɔpodəs], *a. Prot:* Rhizopode.
rho [rou], *s. Gr.Alph:* Rô *m.*
rhodamin ['roudamin], *s. Ch:* Rhodamine *f.*
Rhode Island Red ['roudailənd'red], *s. Husb:* Coq *m,* poule *f,* de la race de Rhode Island.
Rhodes[1] [roudz]. *Pr.n. Geog:* **1.** (L'île *f* de) Rhodes *f.* **2.** **The Inner, the Outer, Rhodes,** les Rhodes intérieures, extérieures (de la Suisse).
Rhodes[2] **scholar** ['roudz'skɔlər], *s. Sch:* Boursier *m* de la fondation Cecil Rhodes. (Ces bourses sont réparties entre étudiants des Dominions britanniques, des États-Unis, et de l'Allemagne, et comportent trois années d'études à l'Université d'Oxford.)
Rhodesia [ro'diːzia]. *Pr.n. Geog:* La Rhodésie.
Rhodesian [ro'diːziən], *a. & s. Geog:* Rhodésien, -ienne.
Rhodian ['roudiən], *a. & s. Geog:* Rhodien, -ienne.
rhodium[1] ['roudiəm], *s. Ch:* Rhodium *m.*
rhodium[2], *s. Bot:* **Rhodium(-wood),** bois *m* de rose; bois de Rhodes. **Oil of rhodium,** essence *f* de bois de rose.
rhododendron, *pl.* **-ons, -a** [roudo'dendrən, -ənz, -a], *s.* *Bot:* Rhododendron *m,* rosage *m.*
rhodonite ['rɔdonait], *s. Miner:* Rhodonite *f.*
rhodospermous [roudo'spəːrməs], *a. Bot:* Rhodosperme.
rhomb [rɔm(b)], *s.* **1.** *Geom:* Losange *m; A:* rhombe *m.* **2.** *Cryst:* Rhomboèdre *m.*
rhombic ['rɔmbik], *a.* Rhombique, rhombe.
rhombohedral [rɔmbo'hiːdrəl, -'hedrəl], *a. Cryst:* Rhomboédrique.
rhombohedron, *pl.* **-a** [rɔmbo'hiːdrən, -'hedrən, -a], *s.* *Cryst:* Rhomboèdre *m.*
rhomboid ['rɔmbɔid], *a. & s. Geom:* Rhomboïde (*m*). *Anat:* **Rhomboid (muscle),** (muscle *m*) rhomboïde.
rhomboidal [rɔm'bɔid(ə)l], *a.* Rhomboïdal, -aux; (muscle *m*) rhomboïde.
rhombus, *pl.* **-uses, -i** ['rɔmbəs, -əsiz, -ai], *s.* **1.** *Geom:* Losange *m; A:* rhombe *m.* **2.** *Ich:* Rhombe.
rhonchal ['rɔŋk(ə)l], **rhonchial** ['rɔŋkiəl], *a. Med:* **Rhonch(i)al breathing,** respiration râlante.
rhonchus, *pl.* **-i** ['rɔŋkəs, -ai], *s. Med:* Rhonchus *m;* râle (caverneux); râle ronflant.
Rhone (the) [ðə'roun]. *Pr.n. Geog:* Le Rhône. **The Rhone valley,** la vallée du Rhône; la vallée rhodanienne.
rhotacism ['routasizm], *s. Ling:* Rhotacisme *m.*
rhubarb ['ruːbɑːrb], *s.* **1.** *Bot: Pharm:* Rhubarbe *f. Chinese r.,* rhubarbe de Chine. *Russian r.,* rhubarbe de Moscovie. *Turkey r.,* rhubarbe de Turquie. *Batavian r.,* rhubarbe batave. *East Indian r.,* rhubarbe des Indes. *Bot: Cu:* **Common or garden rhubarb,** rhubarbe rhapontic. **2.** *Bot:* **Prickly rhubarb,** gunnère *f.*
rhumb [rʌm(b)], *s. Nau:* **1.** R(h)umb *m* (de 11° 15' entre deux des 32 aires de vent). **2.** *A:* = RHUMB-LINE.
'rhumb-line, *s.* (*a*) Ligne *f* de rumb; (*on chart*) loxodromie *f.* (*b*) Rumb *m* de vent.
rhyme[1] [raim], *s.* **1.** *Pros:* Rime *f. Masculine rhymes, feminine rhymes,* rimes masculines, féminines. *Rhymes in couplets,* rimes plates, suivies. *Alternate rhymes,* rimes croisées, alternées. *Enclosing rhymes,* rimes embrassées. *Rich r., perfect r.,* rime riche. *Double r.,* rime double; rime léonine. *To tag one's verse for the sake of r.,* cheviller pour la rime. **To look for a rhyme to a word,** chercher une rime à un mot. *F:* **Without rhyme or reason,** sans rime ni raison; à tort et à travers. *She said this without r. or reason,* elle nous a dit cela à propos de bottes, comme à plaisir. *There's neither r. nor reason about it,* cela ne rime à rien; cela n'a ni rime ni raison. **2.** *Usu.pl.* Vers (rimés); poésie *f.* **In rhyme,** en vers. *To put sth. into r.,* mettre qch. en vers. *See also* NONSENSE 2, NURSERY 1.
rhyme[2]. **1.** *v.i.* (*a*) Rimer; rimailler; faire des vers. (*b*) Se servir de la rime. (*c*) (*Of words*) Rimer (*with,* avec; *to,* à). **2.** *v.tr.* (*a*) Faire rimer (des vers, des mots). *To r. a word with another,* faire rimer un mot avec un autre. (*b*) Mettre en vers (un récit, ses pensées). (*c*) *To r. a sonnet,* écrire un sonnet.
rhymed, *a.* Rimé; en vers (rimés).
rhyming[1], *a.* **1.** (*Of pers.*) Qui écrit des vers. **2.** (*Of verse*) Rimé; en vers (rimés).
rhyming[2], *s.* **1.** Recherche *f* de la rime. **Rhyming dictionary,** dictionnaire *m* de rimes. **2.** *F:* Versification *f.*
rhymeless ['raimləs], *a.* Sans rime.
rhymer ['raimər], *s.* Rimeur *m;* versificateur *m.*
rhymester ['raimstər], *s. Pej:* Rimailleur *m;* poét(r)aillon *m.*

rhynchites [riŋ'kaitiːz], *s. Ent:* Rhynchite *m.*

rhyolite ['raiolait], *s. Miner:* Rhyolite *f*, liparite *f.*

rhythm [riðm], *s.* Rythme *m*, cadence *f. To give r. to one's sentences*, cadencer ses phrases. *Happy r. of a passage*, eurythmie *f* d'un passage.

rhythmic(al) ['riðmik(əl)], *a.* Rythmique, cadencé. *R. tread*, marche scandée. **-ally**, *adv.* Avec rythme; avec cadence; *Mus:* en scandant bien la mesure.

ria ['riːa], *s. Ph.Geog:* Ria *f.* **Ria(s)-coast**, côte *f* à rias.

rib[1] [rib], *s.* **1.** (*a*) *Anat:* Côte *f.* **True ribs, sternal ribs**, vraies côtes. **False ribs, floating ribs, short ribs, asternal ribs**, fausses côtes; côtes flottantes, asternales. *Cu:* **Rib of beef**, côte de bœuf. *B: And smote him there under the fifth rib*, il le frappa là à la cinquième côte. *F:* **To smite s.o. under the fifth rib**, tuer, poignarder, qn. *See also* DIG[1] 2. (*b*) *A. & Lit:* Épouse *f*, femme *f.* (Allusion à la création d'Ève.) **2.** (*a*) *Nat.Hist:* Nervure *f* (d'une feuille, d'une aile d'insecte); projecture *f* (d'une feuille); strie *f* (d'une coquille). (*b*) Nervure (d'une voûte, d'une pièce venue de fonte); arête *f* (d'une baïonnette, d'une lame). *Bookb:* Nervure. *Ribs of the treads of a comb-escalator*, tasseaux *m* des marches d'un escalator à peignes. *I.C.E: Ribs of a piston*, nervures d'un piston. **Cooling ribs**, ailettes *f* (du radiateur, du piston, etc.). *Nau: Ribs of the parrel*, bigots *m* de racage. *Ribs of the capstan, of the windlass*, taquets *m* du cabestan, du guindeau. *See also* WALL-RIB. (*c*) (i) *Agr:* Billon *m*, ados *m* (de terrain laissé par la charrue). (ii) *The ribs left on the sand*, les rides laissées sur le sable (de la plage). (*d*) Arête (d'une chaîne de montagnes). (*e*) *Min:* Planche *f* (de charbon); pilier *m* de sûreté. (*f*) *Knitting: Tex:* Côte. (*g*) (*Of melon, etc.*) Côte. **3.** (*a*) Support *m*, étançon *m*, entretoise *f*, ferme *f* (d'un échafaudage, etc.); baleine *f* (de parapluie); brin *m* (d'éventail); armature *f* (d'un foyer). *Av:* Travée *f* (d'une aile). (*b*) *N.Arch:* Membre *m*, membrure *f.* *See also* ATHWART 2. (*c*) *Typ:* Coulisse *f* (d'une presse). **4.** Éclisse *f* (de violon).

'rib-grass, -wort, *s. Bot:* Plantain lancéolé; herbe *f* aux cinq coutures.

'rib-'stall, *s. Gym:* Échelle suédoise; espalier *m.*

rib[2], *v.tr.* (**ribbed; ribbing**) **1.** Garnir (qch.) de côtes, de nervures; nervurer, renforcer (un carter, etc.); munir d'ailettes (un radiateur, etc.); rider (le métal, etc.). **2.** Labourer à demi (un champ); labourer (un champ) en billons.

ribbed, *a.* **1.** (Coquillage) strié; (verre) à côtes, cannelé; (plafond *m*, radiateur *m*, etc.) à nervures; (sable) ridé; (édifice, etc.) ossaturé (*with*, de). *Const:* **Ribbed frame**, bâti *m* à nervures. *Ind:* **Ribbed plate**, fer *m* à nervure(s), à côte(s). **Ribbed pipe**, tuyau *m* à ailettes. *R. housing*, carter nervuré. **2.** (Bas, velours) à côtes, côtelé. *Crochet:* **Ribbed stitch**, point *m* à côtes. *See also* VELVET 1. **3.** *Bot:* (*Of leaf*) A nervures, nervuré, nervifolié.

ribbing, *s.* **1.** *Ind: Mec.E:* Nervurage *m.* **2.** *Coll.* Côtes *fpl* (d'un bas, etc.); nervures *fpl* (d'une feuille).

ribald ['ribəld]. **1.** *a.* Licencieux, obscène, impudique, paillard, ordurier. *R. song*, chanson paillarde, grivoise. *R. joke*, paillardise *f.* **2.** *s.* (*a*) *A. & Lit:* Ribaud, -aude; paillard, -arde. (*b*) Homme grossier, éhonté, aux propos orduriers.

ribaldry ['ribəldri], *s.* Paillardises *fpl*; langage licencieux, ordurier; obscénités *fpl*; grivoiserie *f.*

riband ['ribənd], *s.* = RIBBON[1].

ribband ['ribənd], *s.* **1.** (*a*) *Av: N.Arch:* Lisse *f*, liteau *m.* (*b*) *Mil.E:* Guindage *m* (d'un pont de bateaux). **2.** *Ribbands of the sliding-way*, coulisseaux *m* des chantiers de construction. **3.** = RIBBON[1]. **Ribband building, ribband development** = *ribbon building, q.v. under* RIBBON[1] 5.

ribbon[1] ['ribən], *s.* **1.** Ruban *m.* *To tie up one's hair with a r.*, attacher ses cheveux avec un ruban. *Bunch of r.*, chou *m.* *See also* BABY-RIBBON. *Typewr:* **Inking ribbon**, ruban encreur. **Ribbon factory**, fabrique *f* de rubans; rubanerie *f.* **Ribbon industry, trade**, rubanerie; industrie rubanière. *Irish Hist:* **The Ribbon Society**, la société secrète catholique fomentatrice de troubles agrariens (au début du XIXe siècle). **2.** (*a*) Ruban (d'une décoration); cordon *m* (d'un ordre). **Blue ribbon**, ruban bleu. (*b*) *Navy:* **Cap ribbon**, ruban légendé (du béret). **3.** *pl. F:* **Ribbons**, guides *f.* **To handle, hold, the ribbons**, tenir les guides; conduire. *See also* FLUTTER[2] 2. **4.** (*a*) Ruban (de magnésium). (*b*) **Steel ribbon**, ruban d'acier; feuillard *m.* **5.** Bande *f*, ruban (de terre, de route, etc.); lambeau *m* (de ciel). *A long r. of white road*, un long ruban de route blanche. **Ribbon building, development**, alignement *m* (de constructions) en bordure de route; lignes *fpl* sans fin de maisons à la sortie des agglomérations. *Miner:* **Ribbon agate**, agate rubanée. *See also* LIGHTNING. **6.** *pl.* Lambeaux. **To tear sth. to ribbons**, mettre qch. en lambeaux; déchiqueter qch. *Flag reduced to ribbons*, drapeau réduit en lanières.

'ribbon-brake, *s.* Frein *m* à ruban, à bande, à sangle.

'ribbon-fish, *s. Ich:* **1.** Cépole *m*, ruban *m*, fouet *m.* **2.** Régalec *m.*

'ribbon-grass, *s. Bot:* Phalaris *m*; alpiste *m* roseau.

'ribbon-maker, -manufacturer, *s.* Rubanier, -ière.

'ribbon-saw, *s.* Scie *f* à ruban; scie (à lame) sans fin.

'ribbon-weaver, *s.* = RIBBON-MAKER.

'ribbon-weaving, *s.* Rubanerie *f.*

ribbon[2], *v.i.* (*Of road, etc.*) Serpenter (à travers la plaine, etc.).

ribboned ['ribənd], *a.* **1.** Orné, garni, de rubans; enrubanné. **2.** *Nat.Hist: etc:* Rubané, rubanaire.

Ribbonism ['ribənizm], *s. Irish Hist:* Ribbonisme *m.*

Ribbonman, *pl.* **-men** ['rib(ə)nmən, -men], *s.m. Irish Hist:* Ribboniste.

ribes ['raibiːz], *s.* **1.** *Bot:* Ribes *m*, groseillier *m.* **2.** *As pl. A:* Groseilles *f.*

Ribston ['ribstən]. *Pr.n. Hort:* **Ribston pippin**, (pomme) rainette *f* de Ribston.

rice [rais], *s.* **1.** (*a*) *Bot:* Riz *m.* (*b*) *Cu:* **Rough rice**, riz non décortiqué; paddy *m.* **Husked rice**, riz décortiqué. **Milled rice, whitened rice**, riz blanc. **Polished rice, bright rice**, riz glacé. **Ground rice**, farine *f* de riz. **2.** *Bot:* **Canadian (wild) rice, Indian rice**, zizanie *f*; riz du Canada. *See also* WATER-RICE.

'rice-bird, *s. Orn:* **1.** Bruant *m* oryzivore; bruantin *m*; mangeur *m* de riz. **2.** Agripenne *m*; ortolan *m* de riz.

'rice-growing, *a. R.-g. country*, contrée rizière.

'rice-mill, *s.* Rizerie *f.*

'rice-paper, *s.* Papier *m* de riz; papier de Chine.

'rice-plantation, *s.* Rizière *f.*

rice 'pudding, *s. Cu:* Riz *m* au lait.

rice 'shape, *s. Cu:* Gâteau *m* de riz.

'rice-stone, *attrib. a.* **Rice-stone glass**, verre *m* de riz, d'albâtre.

'rice-straw, *s.* Paille *f* de riz.

'rice-swamp, *s.* Rizière *f.*

'rice-water, *s.* **1.** Eau *f* de riz. **2.** *Med:* **Rice-water evacuations**, selles *f* riziformes.

rich [ritʃ], *a.* **1.** (Personne *f*, société *f*) riche. *R. people, s.* **the rich**, les riches *m.* *A r. man, F:* un richard. **Will you be any the richer for it?** *F:* en serez-vous plus gras? *Extremely r., F:* richissime. **As rich as Croesus, as a Jew**, riche comme Crésus. **Rich and poor**, les riches et les pauvres. **The new, newly, rich; the vulgar rich**, les nouveaux riches; les parvenus *m.* **To grow rich**, s'enrichir. *This invention made him r.*, cette invention l'a enrichi. *See also* IDLE[1] 2, LAW[1] 2, QUICK 3, UNCLE 1. **2.** (*Of country*) Riche; (*of soil*) riche, fertile, amoureux. *R. pastures*, gras pâturages. *R. offerings, harvest*, de riches offrandes *f*; moisson *f* riche. *R. vegetation*, végétation *f* riche. *R. concrete, r. limestone*, béton, calcaire, gras. *R. clay*, argile grasse. *R. language*, langue *f* riche. **Rich in . . .**, riche en . . ., abondant en. . . . *Book r. in information*, livre *m* riche de faits. *Museum r. in paintings*, musée *m* riche en tableaux. *The drama is growing richer in ideas*, le théâtre s'enrichit en idées. *R. in hope*, riche d'espérances. *See also* STRIKE[2] I. 7. **3.** (Toilette *f*) magnifique; (meubles) de luxe, luxueux; (festin) somptueux. *R. buildings*, bâtiments superbes, beaux bâtiments. *Curtains that look nice and r.*, rideaux *m* qui meublent bien; *F:* rideaux qui font riche. **4.** (*a*) **Rich food**, nourriture (i) généreuse, (ii) grasse, (iii) composée d'ingrédients de choix. *R. dish*, plat de haut goût; plat fortement relevé. *R. tomato sauce*, sauce tomate concentrée. *R. cake*, gâteau où il entre beaucoup de beurre et d'œufs. *R. wine*, vin généreux, corsé, qui a du corps. (*b*) *I.C.E:* **Rich mixture**, mélange *m* riche; carburation *f* riche. **5.** *R. colour*, couleur chaude, riche, vive, éclatante. *The r. green of the tropics*, le vert intense des tropiques. *R. voice*, voix étoffée, ample, pleine. *R. smell*, parfum très fort. *R. style*, style riche, abondant. **6.** *F:* (*Of incident, situation*) Très divertissant; absurde, impayable, épatant. **-ly**, *adv.* **1.** Richement, avec opulence; somptueusement, magnifiquement. **2.** (*a*) Richement, abondamment, amplement, grandement. (*b*) *F:* Fameusement, joliment. *He r. deserves it*, il l'a joliment bien mérité.

Richard ['ritʃərd]. *Pr.n.m.* Richard. *Lit:* **Poor Richard**, le Bonhomme Richard. **Poor Richard's Sayings**, la Science du Bonhomme Richard.

riches ['ritʃiz], *s.pl.* Richesse(s) *f(pl).* *To amass great r.*, amasser de grandes richesses. *He had great r.*, il était très riche. *See also* CONTENTMENT, NAME[1] 2.

richness ['ritʃnəs], *s.* **1.** Richesse *f*, abondance *f.* **2.** Richesse (du sol); fertilité *f.* **3.** Somptuosité *f*, magnificence *f*, luxe *m.* *The quiet r. of her dress*, le luxe discret de sa toilette. **4.** (*a*) Richesse en principes nutritifs (d'un aliment); générosité *f* (du vin). (*b*) *I.C.E: R. of the mixture*, richesse du mélange. **5.** Éclat *m*, vivacité *f* (d'une couleur); ampleur *f* (de la voix); richesse, coloris *m* (du style).

ricinus ['risinəs], *s. Bot:* Ricin *m.*

rick[1] [rik], *s.* Meule *f* (de foin).

'rick-cloth, *s.* Bâche *f* de meule.

'rick-stand, *s.* Support *m*, tréteau *m*, de meule.

'rick-yard, *s.* Cour *f* de ferme; pailler *m.*

rick[2], *v.tr.* Mettre (le foin) en meule(s); ameulonner (le foin).

rick[3, 4], *s. & v.tr.* = WRICK[1, 2].

ricker ['rikər], *s. Nau:* Étance volante.

ricketiness ['riketinəs], *s. F:* Manque *m* de solidité, état boiteux, disloquement *m*, état branlant (d'un meuble, etc.).

rickets ['rikets], *s.pl. Med:* **1.** Rachitisme *m*, rachitis *m*, nouure *f.* *To have r.*, être rachitique; *F:* être noué. **2.** (*Sg. in combination*) **Ricket-producing**, qui engendre le rachitisme.

rickety ['riketi], *a.* **1.** *Med:* Rachitique, *F:* noué. *To become r.*, devenir rachitique; se nouer. **2.** *F:* (*a*) *R. legs*, jambes chancelantes. (*b*) (Esprit) boiteux, qui manque d'assiette. *R. ideas*, idées mal assises. **3.** *F:* (Escalier) branlant, délabré; (pont) branlant; (fauteuil) bancal, (meubles) bancaux. *R. table*, table boiteuse, branlante, mal affermie sur ses pieds. *R. old cab*, vieux fiacre disloqué, jaloux, calamiteux. *To be in a r. state*, ne tenir ni à fer ni à clou.

rickshaw ['rikʃɔː, 'rikʃa], *s.* Pousse-pousse *m inv.* **Rickshaw-man**, pousse-pousse *m.*

ricochet[1] ['rikoʃei], *s. Artil:* Ricochet *m.* **Ricochet fire, firing**, feu *m* par ricochet; tir *m* à ricochet. *R. battery*, batterie *f* à ricochet.

ricochet[2], *v.* (**ricochetted** ['rikoʃeid, -ʃetid]; **ricochetting** ['rikoʃeiiŋ, -ʃetiŋ]) **1.** *v.i.* (*Of projectile*) Ricocher. **2.** *v.tr. Artil:* Ricocher (une face d'ouvrage); battre (un ouvrage) à ricochets.

rictus ['riktəs], *s.* Rictus *m.*

rid [rid], *v.tr.* (*p.t.* **ridded, rid**; *p.p.* **rid**; *pr.p.* **ridding**) Débarrasser, délivrer (*s.o. of sth.*, qn de qch.); débarrasser (*a place of sth.*, un endroit de qch.). *To rid a country of bandits*, purger un pays de bandits. *To rid s.o. of his enemies*, délivrer qn de ses ennemis. *He was rid of a troublesome rival*, il était délivré d'un rival incommode. *To rid one's estate of debt*, purger ses terres de dettes.

To get rid of sth., to rid oneself of sth., se débarrasser, se défaire, de qch. *To rid oneself of an idea*, s'ôter une idée de la tête. *To rid oneself of an obligation*, se libérer d'une obligation. *I've got rid of my car, F:* j'ai bazardé ma voiture. *Com: Article hard to get rid of*, article *m* de défaite difficile, d'écoulement difficile. *To get rid of old stock*, écouler de la vieille marchandise. *Av: To get rid of a tank*, larguer un réservoir. *Cards:* **To get rid of a card,** se défausser d'une carte. *To get rid of one's clubs*, se défausser à trèfle. *Mth: To get rid of* x, y, éliminer *x, y*. **To get rid of s.o.,** (i) se débarrasser de qn; *F:* se dépêtrer de qn; (*politely*) éconduire qn; renvoyer (un domestique); *F:* balayer, débarquer (un ministre, etc.); (ii) faire disparaître qn; supprimer qn; se défaire (d'un ennemi, d'un rival). *When shall we be rid of him?* quand verrons-nous ses talons? *When she comes on a visit, there's no getting rid of her*, quand elle vient en visite elle prend racine chez les gens.

ridable ['raidəbl], *a.* = RIDEABLE.

riddance ['ridəns], *s.* (*a*) Débarras *m.* **A good riddance!** bon débarras! *Their departure was a happy r.*, leur départ a été un bon débarras. (*b*) Délivrance *f* (*from*, de).

riddel ['rid(ə)l], *s. Ecc:* Rideau *m* (d'autel).

riddle[1] [ridl], *s.* Énigme *f*, devinette *f*. **To propound a riddle to s.o., to ask s.o. a riddle,** poser, proposer, une énigme à qn. **To know the answer to the riddle,** (i) connaître la réponse à l'énigme; (ii) *F:* connaître le mot de l'énigme. *F:* **To speak in riddles,** parler par énigmes, par rébus.

riddle[2], *v. A. & Lit:* **1.** *v.i.* Parler énigmatiquement; parler par énigmes. **2.** *v.tr.* **To riddle (out)** *a dream, etc.*, expliquer un rêve, etc; résoudre l'énigme d'un rêve; trouver la clef d'un rêve. **Riddle me this!** donnez-moi le mot de cette énigme!

riddling[1], *a. A:* **1.** Énigmatique. **2.** Qui parle par énigmes.

riddle[3], *s.* (*a*) Crible *m*, claie *f*. **Hand riddle,** crible à main; (*if fine*) tamis *m* à main. *F:* **To turn the riddle and shears,** faire tourner le sas. **To make a riddle of s.o.,** cribler qn de balles. (*b*) *Ind:* (*Machine*) Cribleuse *f*.

riddle[4], *v.tr.* **1.** Cribler (le grain, etc.); passer (qch.) au crible; passer (du minerai) à la claie. *F: To r. evidence*, passer les témoignages au tamis. **2.** *F:* **To riddle s.o. with bullets,** cribler qn de balles. *Ship riddled with shots*, vaisseau criblé de coups. *F: Riddled like a sieve*, criblé comme une écumoire. *Administration riddled with corruption*, administration criblée de corruption. **To riddle s.o.'s arguments,** battre en brèche les arguments de qn.

riddling[2], *s.* **1.** Criblage *m.* **2.** *pl.* **Riddlings,** refus *m* du crible; matières refusées par le crible; criblures *fpl.*

riddler ['ridlər], *s.* Cribleur, -euse.

ride[1] [raid], *s.* **1.** (*a*) Course *f*, promenade *f*, trajet *m* (à cheval, à bicyclette). **To go for a ride, to take a ride,** aller se promener à cheval; faire une promenade à cheval. **To give s.o. a ride,** (i) faire monter qn; faire faire une promenade à cheval à qn; laisser monter qn à cheval; (ii) *F:* promener qn en voiture. **To give a child a ride on one's back,** porter un enfant sur son dos. **Death ride,** chevauchée *f* à la mort (d'un escadron). (*b*) Promenade, voyage *m* (en automobile, etc.). **To go for a ride in a carriage,** aller se promener en voiture. *The children had a r. on the camel*, les enfants ont fait un tour à dos de chameau. *R. on a roundabout*, tour de chevaux de bois. *It's a twopenny r. on the bus*, c'est un trajet de deux pence, il y en a pour deux pence, en autobus. *It's a quarter of an hour's r. on a bicycle*, il y en a pour un quart d'heure à bicyclette. **To steal a ride** (*on a lorry, on a train*), s'accrocher derrière un camion; voyager sans billet. **To take s.o. for a ride,** (i) emmener qn faire une promenade (à cheval ou en voiture); (ii) *U.S: F:* enlever qn (pour l'assassiner, pour lui faire son affaire). *See also* JOY-RIDE[1]. **2.** (*In forest*) Allée cavalière; piste *f*; avenue *f*; laie *f*. **Major ride,** laie sommière. **Minor ride,** layon *m*.

ride[2], *v.* (*p.t.* **rode** [roud]; *p.p.* **ridden** ['rid(ə)n], *Nau:* **rode**) I. *v.i.* **1.** (*a*) Chevaucher; aller, se promener, monter, être monté, à cheval; être à cheval. **To ride astride,** monter à califourchon. **To ride side-saddle,** monter en amazone. **Can you ride?** montez-vous à cheval? *He cannot r.*, il ne sait pas monter à cheval. *I rode in my youth*, j'ai monté à cheval dans ma jeunesse. *He, she, rides well*, il, elle, monte bien (à cheval); il est bon cavalier, bon écuyer; elle est bonne cavalière, bonne écuyère. **He rides easy,** il ne fatigue pas à cheval. *See also* PILLION. (*b*) **To ride on an ass,** être, monter, à âne; aller à dos d'âne. *To r. on an elephant*, voyager, aller, à dos d'éléphant. **To ride on a bicycle,** aller, se promener, monter, à bicyclette. *To r. on a stick*, être à cheval sur un bâton. *To r. on s.o.'s shoulders, on s.o.'s back*, être monté, être à cheval, sur les épaules, sur le dos, de qn. (*Of child*) *To r. on s.o.'s knee*, être à califourchon, à cheval, sur le genou de qn. *The witches r. by night*, les sorcières chevauchent la nuit. *See also* SHANK[1] 1. (*c*) **To ride to a place,** se rendre dans un endroit à cheval, à bicyclette, etc. *To r. fifty miles*, aller, faire, cinquante milles. *Did he walk or r.?* est-il venu à pied ou à cheval? *I rode all the way*, j'ai fait tout le trajet à cheval. **To ride and tie,** (lorsque deux voyageurs n'ont qu'un cheval) voyager à cheval tour à tour, le cavalier attachant le cheval et repartant à pied pour que le piéton qui suit puisse monter à son tour et rattraper son compagnon. *He rode straight at us*, il lança son cheval contre nous. *To r. a good pace, full speed*, aller bon train, grand train, à toute vitesse. **To ride like mad,** chevaucher à une allure folle; galoper à tombeau ouvert. *See also* FALL[1] 1, HOUND[1] 2, JOY-RIDE[2], ROUGHSHOD. **2.** (*a*) *Equit: Rac:* **He rides twelve stone,** il pèse 76 kilos en selle. (*b*) (*With passive force*) (*Of horse*) *To r. quietly, gracefully*, être une monture douce, gracieuse. (*c*) (*With passive force*) (*Of ground*) **To ride well,** être favorable à l'équitation. *To r. soft, hard*, offrir un parcours doux, dur. **3.** Aller, se promener, rouler, en voiture; aller, venir, être, en autobus, etc. **Riding in a carriage,** monté en voiture. *I was riding outside, F: on top*, j'étais sur l'impériale. (*With passive force*) **The car rides smoothly,** la voiture est bien suspendue. **4.** (*a*) *The ship was riding over the waves*, le navire flottait, voguait, était porté, sur les eaux. *The ship rode into port*, le navire entra dans le port. *The moon was riding high in the heavens*, la lune était haute dans le ciel, voguait haut dans le ciel. (*b*) *Nau:* (*Of ship*) **To ride at anchor,** être mouillé; être au mouillage, à l'ancre; se balancer sur ses ancres. *We were riding by the starboard anchor*, nous étions sur l'ancre de tribord. **To ride hard,** fatiguer, tanguer, au mouillage; fatiguer l'ancre. **To ride easy,** ne pas fatiguer (au mouillage); ne pas fatiguer l'ancre. *To r. to the tide, to the wind*, être évité à la marée, au vent. *See also* WIND-RODE. *To r. head to the land*, être évité le cap sur la terre. *To r. head to the tide, to the wind*, être évité debout au courant, au vent. **5.** (*a*) *Typ: Surg:* (*Of type, of ends of fractured bone, etc.*) Chevaucher. (*b*) *Nau: etc:* (*Of rope*) Être pris; travailler. (*c*) *Your tie is riding* (*above the collar*), votre cravate *f* remonte par derrière.

II. **ride,** *v.tr.* **1.** (*a*) **To ride a race,** courir une course. (*b*) Traverser (le pays) à cheval; parcourir (les rues) à cheval. **2.** (*a*) **To ride a horse,** monter un cheval; être monté sur un cheval. *Turf: Comet ridden by Jones*, Comet monté par Jones. *To r. an ass, an elephant*, être monté à dos d'âne, d'éléphant. **To ride a bicycle,** aller à, en, bicyclette; être monté sur une bicyclette. *The witches r. broomsticks*, les sorcières chevauchent sur des manches à balai. *Mr X was knocked down while riding a bicycle*, M. X a été renversé en circulant à bicyclette. *The motor cycle was ridden by ...*, la motocyclette était conduite par.... *For sale: bicycle, never (been) ridden*, à vendre: bicyclette, jamais roulée. (*b*) **To ride one's horse at a fence,** diriger son cheval sur une barrière. **To ride a horse to death,** crever, éreinter, un cheval. *F:* **To ride an idea to death,** être féru d'une idée. *He rides this theory to death*, cette théorie est son cheval de bataille. *See also* HOBBY[1] 2, HORSE[1] 1. (*c*) Opprimer, dominer; (*of nightmare*) oppresser (qn). (*Esp. in the passive*) **Ridden by fear,** sous le coup de la peur; dominé par la peur; hanté par la peur. *Ridden by prejudice*, dominé, gouverné, par les préjugés. **3.** *The ship rides the waves*, le navire vogue sur les flots. *F:* **To ride the whirlwind,** soutenir bravement le choc de la tempête, le déchaînement de l'indignation publique, etc. **4.** (*Of horse, etc.*) Monter (la femelle).

ride about, *v.i.* Aller çà et là (à cheval, en voiture, etc.).

ride along, *v.i.* Passer (à cheval, etc.).

ride away, *v.i.* Partir, s'éloigner (à cheval, etc.).

ride back, *v.i.* (S'en) retourner, s'en revenir (à cheval, etc.).

ride behind, *v.i.* **1.** (*On same horse*) Monter en croupe; (*in carriage*) prendre le siège arrière. **2.** Suivre à cheval.

ride by, *v.i.* Passer (à cheval, etc.).

ride down, *v.tr.* **1.** Écraser, piétiner, renverser (qn); passer sur le corps, sur le ventre, à (l'ennemi); charger (la foule). *The squadron rode them down*, l'escadron *m* leur passa sur le corps. **2.** Dépasser (qn) à cheval. **3.** *Ven:* Forcer (un cerf).

ride in, *v.i.* Entrer (à cheval, etc.).

ride off. **1.** *v.i.* (*a*) Partir, s'éloigner (à cheval, etc.). (*b*) *F: To r. off* (*in an argument*), se jeter dans un à-côté, dans une digression. **2.** *v.tr.* (*a*) (*At polo*) Bousculer (un adversaire). (*b*) Donner le change à (qn).

ride on, *v.i.* Continuer sa route (à cheval, etc.).

ride out. **1.** *v.i.* Sortir (à cheval, etc.). **2.** *v.tr.* **To ride out the storm,** (i) *Nau:* étaler la tempête (au mouillage ou à la cape); (ii) *F:* surmonter la crise.

ride over, *v.i.* **1.** *Prep. use.* **To ride over s.o.,** (i) passer sur le corps à qn; (ii) *F:* triompher de qn. **2.** *Adv. use. He often rides over to see us*, il vient souvent nous voir (en faisant le trajet à cheval à travers la campagne).

ride up, *v.i.* **1.** Arriver (à cheval, etc.). **2.** (*Of garment*) Remonter.

ridden, *a.* (*With noun prefixed*) **King-ridden,** tyrannisé par les rois. (*Of locality*) **Gang-ridden,** infesté de gangsters, de bandes noires. **Family-ridden,** (i) chargé de famille; (ii) tyrannisé par sa famille. *See also* HAG-RIDDEN, PRIEST-RIDDEN.

riding[1], *a.* **1.** (*a*) Monté (à cheval, en voiture); qui va à cheval; à cheval. (*b*) **Smooth-, hard-riding car,** voiture bien, mal, suspendue. **2.** *Nau:* Mouillé; à l'ancre. **The riding anchor,** l'ancre *f* qui porte. **3.** *Nau:* **Riding cable,** chaîne *f* qui travaille.

riding[2], *s.* **1.** Équitation *f*; exercice *m* à cheval. **To go in for riding,** monter à cheval. **Obstacle riding,** monte *f* à l'obstacle. *Clever r.* (*of jockey*), monte adroite, intelligente. *See also* SURF-RIDING, TRICK[1] 3. **Riding costume,** habit *m* de cavalier. **Riding mule,** mulet *m* de selle. *See also* TRACK[1] 2. **2.** *Aut:* **Smooth riding** (*of a car*), suspension douce. **3.** *Nau:* Mouillage *m. See also* LIGHT[1] 2. **4.** Chevauchement *m* ((i) des fragments d'un os fracturé, (ii) des tuiles d'un faîte). **5.** Allée cavalière.

'riding-boots, *s.pl.* Bottes *f* (à l'écuyère, à la hussarde); bottes de cheval.

'riding-breeches, *s.pl.* Culotte *f* de cheval; culotte à la hussarde. *Buckskin r.-b.*, culotte de peau.

'riding-coat, *s.* Habit *m* de cheval.

'riding-gauntlet, -glove, *s.* Gant *m* de buffle.

'riding-habit, *s. Cost:* Amazone *f*.

'riding-hood, *s. A:* Capuchon *m*; pèlerine *f*. **Little Red Riding Hood,** le petit Chaperon rouge.

'riding-master, *s.m.* **1.** Maître d'équitation, de manège. **2.** *Mil:* Écuyer instructeur; officier instructeur de cavalerie.

'riding-sail, *s. Nau:* Voile *f* de cape.

'riding-school, *s.* École *f* d'équitation; manège *m*; académie *f* (d'équitation). *Open-air r.-s.*, manège découvert.

'riding-whip, *s.* Cravache *f*; stick *m*.

ride[3], *s. Dial:* Penture *f*. *See also* HOOK[1] 1.

rideable ['raidəbl], *a.* **1.** (*Of road, country*) Praticable (à cheval, etc.). *Path r. only on a mule*, sentier *m* où l'on ne peut passer qu'à dos de mulet. **2.** (*Of horse, etc.*) Que l'on peut monter. *In the camp* *there was nothing r.*, dans le camp il n'y avait pas une bête qui pût servir de monture.

ridel ['rid(ə)l], *s.* = RIDDEL.

rider ['raidər], *s.* **1.** Cavalier, -ière; (*in vehicle*) voyageur, -euse; (*on cycle*) cycliste *mf*; (*in circus*) écuyer, -ère. *Rac:* Jockey *m*. *He is a good r.*, il monte bien à cheval; c'est un bon écuyer, un bon cavalier. **Gentleman rider,** amateur *m* qui monte en course; gentleman rider *m*. *Track reserved for motor-cycle riders*, piste réservée aux motocyclistes. *See also* DISPATCH-RIDER, JOY-RIDER, SURF-RIDER. **2.** *pl. N.Arch:* **Riders,** porques *f*. *See also* FLOOR[1] 1. **3.** *Geol: Min:* Nerf *m* (de roche). **4.** (*a*) Ajouté *m*, annexe *f*, papillon *m* (d'un document); avenant *m* (d'un verdict); clause additionnelle (d'un projet de loi); correctif *m* (à une formule). *Com:* Allonge *f* (d'un effet de commerce). (*b*) *Mth:* Exercice *m* d'application (d'un théorème). **5.** Cavalier (d'une balance de précision).

riderless ['raidərləs], *a.* **Sans cavalier.** *Rac:* **Riderless horse,** cheval *m* sauvage.

ridge[1] [ridʒ], *s.* **1.** (*a*) Arête *f*, crête *f*, croupe *f* (d'une chaîne de montagnes). **The Vimy ridge,** la crête de Vimy. **Wind-cut ridge,** arête vive. **Anticlinal ridge,** arête anticlinale. *See also* DIVIDING[1]. (*b*) Faîte *m*, faîtage *m*, crête (d'un comble). *Arch:* **Ridge turret,** tour *f* à cheval. (*c*) **Ridge of the back,** épine dorsale; *F:* raie *f* du dos. **Ridge of the nose,** arête du nez. (*d*) *Nau:* Banc *m* (de rochers, de récifs). **2.** Chaîne *f*, rangée *f* (de coteaux). **Secondary ridge,** contrefort *m*. **Lower ridge,** arrière-chaîne *f*, *pl.* arrière-chaînes. **3.** (*a*) *Agr:* Billon *m*, butte *f*. (*b*) *Ridges in waved hair*, crans *m* d'une ondulation. **4.** *Hort:* Couche *f* (de fumier); meule *f*. **5.** Arête, trace saillante, strie *f* (sur une surface); ride *f* (sur le sable).

'ridge-bar, 'ridge-board, *s. Const:* Longeron *m*, longrine *f*, de faîtage. **Under ridge-board,** sous-faîte *m*, *pl.* sous-faîtes.

'ridge-piece, *s. Const:* Faîtage *m*, faîte *m*; panne faîtière; lien *m*, poutre *f*, de faîte; longrine *f* de faîtage.

'ridge-plough, *s. Agr:* Buttoir *m*.

'ridge-pole, *s.* **1.** *Const:* Poutre *f* de faîte, (panne) faîtière *f*; faîtage *m*. **2.** Fune *f* (de tente).

'ridge-roof, *s.* Comble *m* à deux pentes, à deux égouts; toit *m* en dos d'âne.

'ridge-rope, *s.* Filière *f* (de tente, *Nau:* de beaupré); fune *f*, ralingue *f*, ralingue de faix (de tente).

'ridge-tile, 'ridge tile, *s.* (Tuile) faîtière *f*; enfaîteau *m*.

'ridge-tiling, *s.* Enfaîtement *m*, faîtage *m*.

ridge[2]. **1.** *v.tr.* (*a*) *Const:* **To ridge a roof,** enfaîter un comble; couronner le faîte d'un comble. *See also* NEW-RIDGE. (*b*) *Agr: Hort:* Disposer (le terrain) en sillons, en billons. (*c*) *Hort:* **To ridge (out),** butter (des plantes); mettre (des concombres, etc.) dans un châssis de couche. (*d*) Sillonner, canneler, strier (une surface); (*of tide, etc.*) rider (le sable). **2.** *v.i.* (*a*) (*Of sea*) Former des crêtes. (*b*) *The veins ridged up on his forehead*, les veines *f* se gonflaient sur son front. (*c*) (*Of rock, etc.*) Se couvrir de stries; (*of sand*) se rider.

ridged, *a.* **1.** Sillonné d'arêtes, de stries; strié; ridé. **2.** En dos d'âne.

ridging, *s.* **1.** *Const:* Enfaîtement *m* (d'un comble). **2.** *Hort:* Buttage *m*; mise *f* en couche.

'ridging-tile, *s.* = RIDGE-TILE.

ridgel ['ridʒel], *s.* = RIG[5].

ridgeless ['ridʒləs], *a.* (*a*) Sans saillies, sans stries; uni. (*b*) *Metalw: etc:* (Joint *m*) sans épaisseur.

ridgy ['ridʒi], *a. F:* = RIDGED.

ridicule[1] ['ridikjuːl], *s.* **1.** Moquerie *f*, raillerie *f*, risée *f*, dérision *f*. *To sustain r.*, subir des railleries. **To hold s.o., sth., up to ridicule, to turn s.o., sth., into ridicule,** se moquer de qn, de qch.; tourner qn, qch., en ridicule, en dérision; ridiculiser qn, qch. **To give cause for ridicule, to be open to ridicule,** prêter au ridicule. *To lay oneself open to r.*, s'exposer au ridicule. *To be an object of r., F:* être en butte au ridicule. **2.** *A:* *Ridicules of our time*, les ridicules de notre époque.

ridicule[2], *v.tr.* Se moquer de, railler, ridiculiser (qn, qch.); tourner (qn, qch.) en ridicule, en dérision.

ridiculer ['ridikjuːlər], *s.* Moqueur, -euse; railleur, -euse.

ridiculosity [ridikju'lɔsiti], *s. F:* Ridicule *m*.

ridiculous [ri'dikjuləs], *a.* Ridicule. *It is perfectly r.*, c'est d'un ridicule achevé. *What a r. excuse!* plaisante excuse! **To make s.o., sth., ridiculous,** rendre qn, qch., ridicule; ridiculiser qn, qch. **To make oneself ridiculous,** se rendre ridicule, se faire moquer de soi; prêter à rire, tomber dans le ridicule. *The r. side of the situation*, le ridicule de la situation. *To laugh at s.o.'s r. ways*, se moquer des ridicules de qn. *It's quite r. people making such a fuss*, il est parfaitement ridicule que l'on en fasse une si grosse affaire. *s.* **From the sublime to the ridiculous,** du sublime au ridicule. **-ly,** *adv.* Ridiculement; (se conduire) d'une façon ridicule.

ridiculousness [ri'dikjuləsnəs], *s.* Ridicule *m*.

riding[1, 2] ['raidiŋ]. *See* RIDE[2].

riding[3], *s. Adm:* Chacune des trois divisions administratives du comté d'York. *The East, West, and North Ridings*, les divisions est, ouest, et nord.

rifacimento [rifatʃi'mento], *s. Lit:* Refonte *f*, remaniement *m* (d'une œuvre littéraire).

rife [raif], *pred.a.* **1.** **To be rife,** (*of disease, etc.*) régner, sévir; (*of rumour*) courir, courir les rues. *Distress is r.*, on voit la misère partout; la misère sévit partout. *Ailments that are r. during the summer*, maladies *f* qui courent pendant l'été. **To grow rife, wax rife,** augmenter, redoubler; sévir de plus belle. **2.** Abondant, nombreux. **To be rife with sth.,** abonder en qch.

Riff [rif]. *Pr.n. Geog:* **The Riff,** le Rif(f).

Riffian ['rifiən], *a. Geog:* Riffain.

riffle [rifl], *s. Gold-Min:* Rif(f)le *m*.

riffler ['riflər], *s. Tls:* (*a*) Rifloir *m* (de sculpteur); lime *f* à archet; (lime) feuille-de-sauge *f*. (*b*) Riflard *m* (à dégrossir les métaux).

riff-raff ['rifraf], *s. Coll.* Canaille *f*, racaille *f*, gueusaille *f*; *P:* merdaille *f*. *All the r.-r.*, tout le bas peuple; tout le rebut de la société. *To hob-nob with the r.-r.*, gueusailler.

rifle[1] [raifl], *v.tr.* **1.** Piller (un endroit); (fouiller et) vider (les poches de qn); dévaliser, détrousser (qn). *To r. a tomb*, violer, spolier, un tombeau. *They rifled my pockets, F:* on m'a nettoyé. **To rifle a cupboard of its contents,** vider une armoire de son contenu. **2.** *Lit:* *The bees r. the honey from the flowers*, les abeilles butinent les fleurs.

rifled[1], *a.* Pillé, vidé; (*of pers.*) dévalisé, détroussé.

rifling[1], *s.* Pillage *m*.

rifle[2], *s.* **1.** Rayure *f* (d'un fusil). **2.** Fusil (rayé); carabine *f* (de chasse). **Gallery rifle,** carabine de salon. **Magazine rifle,** fusil à répétition. *Cavalry magazine r.*, mousqueton *m*. **Rifle shooting,** tir *m* au fusil. **Rifle rest,** affût *m* de tir. **Rifle sling,** bretelle *f*, banderole *f*, de fusil. **Rifle oil,** graisse *f* d'armes. *See also* EXERCISE[1] 2, SERVICE-RIFLE. **3.** *pl.* **Rifles,** hommes armés d'un fusil; fusiliers *m*. *A force of 500 rifles*, une force de cinq cents fantassins *m*. (*Brit. Army*) **The (60th) Rifles,** le régiment des "*King's Royal Rifles.*"

'rifle-bird, *s. Orn:* Ptiloris *m*; riflebird *m*.

'rifle-bore[1], *s. Sm.a:* Âme rayée.

'rifle-bore[2], *v.tr.* Rayer (un canon de fusil).

'rifle-club, *s.* Société *f* de tir.

'rifle-corps, *s.* (*Inv. in pl.*) Corps *m* de fusiliers.

'rifle-'green, *a.* Vert foncé *inv* (de l'uniforme des *riflemen*).

'rifle-pit, *s.* Trou *m* de tirailleur(s); tranchée-abri *f*, *pl.* tranchées-abris.

'rifle-range, *s.* **1.** = RIFLE-SHOT 1. **2.** (*a*) Champ *m* de tir. (*b*) Stand *m* (de tir).

'rifle-shot, *s.* **1.** **Within rifle-shot,** à portée de fusil. **2.** Coup *m* de fusil. **3.** Tireur *m* (au fusil). *He was a good r.-s.*, il était bon tireur.

rifle[3], *v.tr.* **1.** Rayer (un fusil, une pièce à feu). **2.** *To r. s.o.*, (i) tirer sur qn; (ii) abattre qn d'un coup de fusil; (iii) fusiller (un espion, etc.).

rifled[2], *a.* (*Of gun-barrel*) Rayé. **Rifled bore,** âme rayée.

rifling[2], *s.* **1.** Rayage *m* (d'un fusil). **Rifling bench,** banc *m* de rayage. **Rifling machine,** machine *f* à rayer. **Rifling rod,** tringle *f* à rayer. **2.** *Coll.* Rayure(s) *f*.

'rifling-band, *s. Artil:* Ceinture *f* de, à, forcement (d'un obus).

rifleman, *pl.* **-men** ['raiflmən, -men], *s.m. Mil:* Chasseur à pied; fusilier; *A:* carabinier.

rift [rift], *s.* (*a*) Fente *f*; déchirure *f*; fissure *f* (dans la terre, dans une roche, etc.); crevasse *f*; (*in schists*) délit *m*. (*b*) *A. & Lit:* Fêlure *f*. *F:* **A rift in the lute,** une fêlure dans le cristal de leur amitié. (*c*) *Rifts in the smoke, in the fog*, éclaircies *f* dans la fumée, dans la brume.

'rift-valley, *s. Geol:* Fossé *m*, graben *m*.

rifted ['riftid], *a.* **1.** (*Of wood, etc.*) Crevassé, fissuré, fendu. **2.** (*Of clouds, etc.*) Percé d'une éclaircie, d'éclaircies.

rig[1] [rig], *s.* **1.** *Nau:* Gréement *m* (d'un navire); gréement, capelage *m* (d'un mât). *See also* JURY[2]. **2.** *F:* **Rig(-out),** (i) toilette *f*, tenue *f*; (ii) *Pej:* attifage *m*, accoutrement *m*. **To be in full rig,** être en grande tenue, en grand uniforme, *F:* en grand équipage. *In full evening rig*, en grande tenue de soirée. *Shall I put on my evening rig?* faut-il me mettre en habit? *In working rig*, en tenue de travail. **To get a new rig-out,** *F:* se requinquer. *Queer rig-out*, drôle *m* de costume. *Look at her rig-out!* comme la voilà ficelée! **3.** *Mec.E:* (*a*) Équipement *m*, installation *f*, accessoires *mpl*. (*b*) Mécanisme *m* de manœuvre. **4.** *Veh: U.S:* Équipage *m*; voiture *f*.

rig[2], *v.tr.* (**rigged; rigging**) *Nau:* **1.** Gréer, équiper (un navire); gréer, capeler, garnir (un mât); garnir, armer, équiper (le cabestan). *To rig a derrick*, gréer un mât de charge. *To rig a ship with lateen sails*, appareiller un vaisseau en voiles latines. *See also* PUMP[1] 1. **2.** Monter, mâter (un mât de charge, etc.). *To rig a derrick with a yard*, pousser, mettre, une vergue en bataille.

rig in, *v.tr. Nau:* Rentrer (le beaupré, etc.).

rig out, *v.tr.* **1.** *Nau:* Pousser dehors (le beaupré, etc.). *To rig out the studding-sail boom*, sailler le bout-dehors. **2.** *F:* Attifer, accoutrer, nipper (qn). **To rig oneself out,** s'attifer, s'accoutrer (*in*, de); *P:* se gréer. *He had rigged himself out as a tramp*, il avait pris la tenue d'un chemineau; il s'était affublé en chemineau.

rig-'out, *s.* **1.** *See* RIG[1] 2. **2.** (*a*) Trousseau *m*, équipement *m*. (*b*) Jeu complet (d'outils, d'instruments, etc.).

rigging out, *s. F:* Accoutrement *m*, attifement *m*, attifage *m* (de qn).

rig up, *v.tr.* Monter, installer, fixer (un appareil, etc.); mâter (un mât de charge, etc.). *Nau:* *To rig up the beds*, monter les couchettes.

'rig-up, *s.* Installation *f* ou appareil *m* de fortune.

rigged, *a. Nau:* (*With adv. or noun prefixed, e.g.*) **Well-rigged,** bien gréé. **Cutter-rigged boat,** canot voilé en cotre. **Schooner-rigged ship, yacht,** navire gréé en goélette; yacht *m* avec une voilure de goélette. *See also* BARK-RIGGED, FULL-RIGGED, SLOOP-RIGGED, SQUARE-RIGGED.

rigging[1], *s.* **1.** (*a*) *Nau:* Gréage *m* (d'un navire). (*b*) *Mec.E:* Équipage *m* ou montage *m* (d'une machine). **2.** (*a*) *Nau:* Gréement *m*, agrès *mpl*, garniture *f* (d'un vaisseau); capelage *m* (d'un mât). **Main rigging,** haubans *mpl* de grand mât. **Lower rigging,** basse carène. **Standing rigging,** manœuvres dormantes. **Running rigging,** manœuvres courantes. *To send up the r.*, capeler le gréement. *See also* JURY[2]. (*b*) *Av:* Gréement, haubanage *m*, câblage *m*. (*c*) *Mec.E:* Mécanisme *m* de manœuvre; tringlage *m*; timonerie *f*.

'rigging-loft, *s.* **1.** (*In dockyard*) (Atelier *m* de) garniture *f.* **2.** *Th:* Cintre *m*, dessus *mpl* (de la scène).

rig[3], *s.* **1.** Farce *f*; mauvais tour. **2.** (*a*) Coup monté; tripotage *m.* (*b*) *St.Exch:* Hausse *f* ou baisse *f* factice; coup de bourse.

rig[4], *v.tr.* **1.** *Fin:* *St.Exch:* **To rig the market,** agir sur le marché; travailler le marché; provoquer une hausse ou une baisse factice. *To rig the wheat market,* tripoter sur les blés. **To rig up prices,** faire monter les prix. **2.** *Cards:* Apprêter, truquer (les cartes).

rigging[2], *s.* Agiotage *m*; tripotage *m* de bourse. *See also* MARKET-RIGGING.

rig[5], *s.* *Husb:* *etc:* Cheval *m*, taureau *m*, ou bélier *m* monorchide, à demi châtré.

Riga ['raigə]. *Pr.n. Geog:* Riga. **Riga balsam,** baume extrait du pin cembro.

rigadoon [rigə'du:n], *s.* *Danc:* *Mus:* *A:* Rigodon *m*.

rigger[1] ['rigər], *s.* **1.** (*Pers.*) (*a*) *Nau:* Gréeur *m*, mâteur *m*; (*on board*) gabier *m*. (*b*) *Av:* Monteur-régleur *m*, *pl.* monteurs-régleurs. **2.** *Mec.E:* Poulie *f* à courroie; poulie de transmission; poulie de commande. **3.** (*a*) *Nau:* **Square-rigger,** navire gréé en carré. (*b*) *Row:* *F:* = OUTRIGGER 2.

rigger[2], *s.* *St.Exch:* Agioteur *m*, trafiqueur *m*, tripoteur *m*. *See also* MARKET-RIGGER.

right[1] [rait]. I. *a.* **1.** *Geom:* (*a*) **Right line,** ligne droite. (*b*) **Right angle,** angle droit; angle à l'équerre. *R. cone, cylinder, prism,* cône droit, cylindre droit, prisme droit. *Nau:* **Right sailing,** route *f* droit sur un des quatre points cardinaux. *See also* ASCENSION 1. **At right angles to . . ., with . . .,** à angle droit avec . . ., au droit de . . ., perpendiculaire à. . . . *Nau:* *At r. angles to the shore,* au droit de la côte. **To meet at right angles,** se croiser à angle droit, en retour d'équerre, orthogonalement. **2.** (*Morally good*) Bon, juste, honnête, droit, équitable, convenable. *You know what is r. and wrong,* vous savez ce qui est bien et ce qui est mal. **Right (and proper) conduct,** bonne conduite; conduite conforme à la morale ou au devoir. **More than is right,** plus que de raison. **It is only right** (*that it should be so*), ce n'est que justice. *It is only r. and proper to tell you . . .,* il n'est que justice de vous dire. . . . **It is right that** *you should know this,* il est bon, il est juste, que vous le sachiez. *It is r. that he should be grateful to you,* il est bien juste qu'il vous soit reconnaissant. *Would it be r. for me to . . ., should I be r. to . . .?* ferais-je bien de . . .? **I thought it right to . . .,** j'ai cru devoir. . . . *I thought it r. to call you,* j'ai jugé bon, à propos, de vous appeler. **To take a right view of things,** voir juste. **To do the right thing,** (i) se conduire honnêtement; (ii) faire ce qu'il fallait faire; agir avec jugement. **To do the right thing by s.o.,** traiter qn honorablement. **3.** (*a*) Correct, juste, exact. *The r. use of words,* l'emploi correct des mots. *To give the r. answer,* répondre juste. *He did not give the r. account of the matter,* il n'a pas rapporté fidèlement l'affaire. *Your accounts are not r.,* vos comptes ne sont pas justes. *The sum is r.,* l'addition est exacte. *The account, number, is r.,* le compte y est. **My figures, my calculations, have come right,** mes chiffres se trouvent exacts. *This sum won't come r.,* je n'arrive pas à trouver la réponse à ce problème. *My figures won't come r., I can't get my figures r., F:* ça ne colle pas. *To put, set, an account r.,* ajuster un compte. **To put an error right,** redresser, corriger, réparer, rectifier, une erreur. *Mistake that can be put r.,* erreur réparable. **The right time,** l'heure exacte, l'heure juste. *What is the r. time?* quelle est l'heure juste? **My watch is right,** ma montre est à l'heure; ma montre va bien. *You are late if my watch is r., F:* vous êtes en retard si je vais bien. *The clock is not r.,* l'horloge n'est pas à l'heure. *The clock is never r.,* l'horloge ne marche jamais bien. *To set one's watch r.,* régler sa montre. **Right to a thousandth of an inch,** exact à un millième de pouce près. *R. reproduction of colour,* rendu exact des couleurs. (*b*) (*Of pers.*) **To be right,** avoir raison. *You are r.,* vous avez raison; vous êtes dans le vrai; vous ne vous trompez pas. **You are quite right!** *F:* c'est ma foi vrai! rien de plus juste! *To declare s.o. to be r.,* donner raison à qn. *He was r. in his opinion,* il ne s'était pas trompé dans son opinion. *We shall probably be r. in saying that . . .,* nous sommes probablement autorisés à affirmer que. . . . *Are you r. in refusing?* êtes-vous fondé à refuser? (*c*) **The right word,** le mot propre; le mot juste; le mot qu'il faut. **The right side of a fabric,** l'endroit *m*, le dessus, d'une étoffe. **Right side up, right way up,** à l'endroit; dans le bon sens. *The plank is not the r. width,* la planche n'est pas de la largeur voulue. **Have you the right amount?** avez-vous votre compte? **Is that the right house?** est-ce bien la maison? *These are not the r. tools,* ce ne sont pas là les outils qu'il me faut, qu'il nous faut. *The r. train,* le bon train, le train qu'il faut. *F:* **Am I right for Paris?** suis-je bien dans le train de Paris? **Which is the right way to . . .?** quel est le meilleur chemin pour aller à . . .? *To put s.o. on the r. way,* remettre qn sur la bonne route. *F:* **We are on the right road,** nous sommes dans le bon chemin, dans la bonne voie. *To deviate from the r. path,* s'écarter du droit chemin. **To put, set, s.o. right,** (i) mettre qn sur la voie; (ii) détromper, désabuser, qn; (iii) rectifier les dires de qn. *It is not your business to put us r.,* ce n'est pas à vous de nous en remontrer. **To set oneself right on a matter, about a matter,** se renseigner sur une question. **To set oneself right with s.o.,** se justifier auprès de qn. *To put oneself r. with the authorities,* se mettre en règle avec les autorités. *Ten:* **The ball is right,** la balle tombe bonne, est bonne. (*d*) (*Most appropriate*) **In the right place,** (i) bien placé; dans l'endroit convenable; (ii) à sa place. *That is its r. place,* voilà sa vraie place. **The right man in the right place,** l'homme qu'il faut pour le poste; l'homme de la situation. *You came* **at the right moment, at the right time,** vous êtes venu au bon moment, à propos. *To wait for the r. moment,* attendre le moment opportun. *To do sth. in the r. way,* s'y bien prendre pour faire qch. *There is only one way of doing it that is r.,* il n'y a qu'une façon de le faire qui soit la bonne. *See also* WAY[1] 6. **The right thing to do,** ce qu'il y a de mieux à faire. *I have found the r. thing,* je tiens mon affaire. *That is not the r. thing,* cela ne fait pas l'affaire; ce n'est pas là ce qu'il faut. **The knack of saying the right thing,** le don de l'à-propos. *He always says the r. thing,* il a toujours le mot de circonstance. *Are these the r. sort of apples for cooking?* ces pommes sont-elles bonnes à cuire? *F:* **He's one of the right sort,** c'est un brave homme. *P:* **She has found Mr Right,** elle a trouvé le fiancé qui lui convient, un mari à son goût. **That's right!** c'est bien cela! voilà qui est bien! à la bonne heure! c'est juste! c'est ça! parfaitement! **Quite right!** (i) très bien! parfait! (ii) parfaitement! *F:* **Right! right you are! right oh! right ho!** bon! entendu! d'accord! c'est dit! compris! *P:* ça colle! (*e*) **It is a fault on the right side,** c'est pécher du bon côté. **He is on the right side of forty,** il n'a pas encore quarante ans. **To get on the right side of s.o.,** s'insinuer dans les bonnes grâces de qn. **To be on the right side,** être en bonne position. **4.** (*In good condition*) (*a*) *F:* **As right as a trivet, as right as rain,** en parfait état. *I'm as r. as a trivet,* je me porte comme le Pont-Neuf. *I don't feel quite r.,* je ne suis pas d'aplomb; je ne suis pas dans mon assiette. **To be right in one's mind, to be in one's right mind,** être en possession de tous ses sens, de toutes ses facultés; être dans son bon sens; avoir toute sa raison. *He was no longer in his r. mind,* il n'avait plus sa tête à lui. **He is not right in his head,** il a un grain; il n'a pas toute sa tête; il est un peu détraqué, un peu toqué. **Good nursing will put him right,** les bons soins le remettront. **That'll set you right,** voilà qui vous remontera, qui vous remettra d'aplomb. **To set things right,** rétablir les choses. *To put, set, a matter r.,* arranger, débrouiller, une affaire. *To put, set, a bad state of things r.,* remédier à un mauvais état de choses. *I am going to make everything r.,* je vais tout mettre en règle. **Things will come right, will turn out right,** les affaires s'arrangeront; *F:* ça se tassera. (*b*) **All right.** *Everything is all r.,* tout est très bien; tout est en bon état. *I'm sure that will be all r.,* cela ne fera pas de difficulté que je sache. **It's all right,** c'est parfait; tout va bien. **All right!** c'est bon! c'est bien! ça va bien! c'est ça! ça y est! entendu! soit! *Is John all r.?* (i) est-ce que Jean est sain et sauf? (ii) est-ce que Jean va bien? *I'm perfectly all r., thanks,* (i) je me porte à merveille, merci; (ii) je n'ai besoin de rien, merci; (iii) je n'ai plus besoin de rien, merci. *I'm all r. again now,* je suis tout à fait remis maintenant; me revoilà d'aplomb; ma santé s'est maintenant raffermie. *A few days' rest and you'll be all r.,* quelques jours de repos et il n'y paraîtra plus. **I have made it all right for my family,** j'ai pris des arrangements en faveur de ma famille; j'ai tout arrangé pour ma famille. *He's all r. for the rest of his life,* il a son pain cuit; il est tranquille pour le reste de ses jours. *F:* **It's all right for you to laugh!** permis à vous de rire! vous avez beau rire! **He's all right!** c'est un bon type! *P:* **A bit of all right,** quelque chose de tout à fait épatant. *That's a bit of all r.!* voilà qui va bien! ça fait mon beurre! *She's a bit of all r.!* elle est gironde! **5.** (*Genuine*) **Right whale,** baleine franche. **Right cognac,** cognac *m* d'origine. **6.** (*a*) (Côté, etc.) droit. **On the right side,** à droite, sur la droite. **On one's right hand,** à sa droite. *F:* **I am his right hand,** je suis son bras droit. **To put one's right hand to the task,** y aller de bon cœur. *See also* RIGHT-HAND. *Ven:* **Right shot,** (i) coup *m* de fusil à droite; (ii) coup du canon droit. (*b*) *Tchn:* **Right screw,** vis *f* à droite. **-ly,** *adv.* **1.** *To act r.,* bien agir; agir sagement, avec sagesse, avec raison; agir comme il convient. *To judge r.,* bien juger. **2.** (Expliquer, etc.) correctement. *To argue r.,* raisonner avec justesse. *To see r.,* voir juste. *R. named the Good,* appelé à juste titre le Bon. **Rightly speaking,** à bien prendre les choses; pour parler juste. **I cannot rightly say,** je ne saurais dire au juste. *We r. judge people by the company they keep,* nous jugeons des gens à juste titre, à bon droit, d'après ceux qu'ils fréquentent. **Rightly or wrongly,** *I think he is guilty,* à tort ou à raison je le juge coupable.

II. **right,** *s.* **1.** Le droit; la justice; le bien. *The fundamental principles of r.,* les principes fondamentaux du droit. **Might and right,** la force et le droit. *See also* MIGHT[1] 1. **Right and wrong,** le bien et le mal; le juste et l'injuste. *See also* WRONG[1] II. 1. *God defend the r.!* Dieu protège le droit! **To do s.o. right,** rendre justice à qn. **To be in the right,** avoir raison; être dans son droit. *To declare, hold, s.o. to be in the r.,* donner raison à qn; donner gain de cause à qn. *See also* PETITION[1]. **2.** (*a*) Droit, titre *m*; privilège *m*. **Divine right,** droit divin. **To have a right, the right, to sth.,** avoir droit à qch. **Right of common,** droit d'usage, de pâture. *R. to grass, to litter,* droit à l'herbe, à la litière. **Right of way,** (i) *Jur:* servitude *f* de passage; droit de passage; jouissance *f* de passage; (ii) *Aut:* *etc:* priorité *f* de passage, de circulation; (iii) *Rail:* *U.S:* la voie ferrée; la voie. *See also* SEARCH[1] 2. **To have a right, the right, to do sth.; to have the right of doing sth.,** avoir le droit de faire qch.; être en droit de faire qch. *I have a r. to live,* j'ai le droit de vivre. *I have a r. to demand an explanation,* j'ai le droit de vous demander une explication; j'ai droit à une explication. **He has no right to complain,** il est mal venu à se plaindre. **What right have you to** *bid me be silent?* de quel droit m'ordonnez-vous de me taire? **With better right,** à plus juste titre. *Jur:* *To have the r. to prosecute,* avoir qualité pour poursuivre. *Petitioner declared to have* **no right of action,** demandeur *m* non-recevable dans son action. *R. to vote,* droit de vote. *With r. of transfer,* avec faculté de transfert. *To vindicate one's r.,* faire valoir son bon droit. **Right of succession,** droit de succession, d'héritage. **By what right . . .?** de quel droit . . .? à quel titre . . .? *He reigns by r. of conquest,* il règne par droit de conquête. **To act by right,** agir de (plein) droit. **It belongs to him by right,** cela lui appartient de droit. **To possess sth. in one's own right,** posséder qch. de son chef; avoir qch. en propre. *It belongs to him in his own r.,* cela lui appartient en propre. *What he claims in r. of his wife,* ce qu'il revendique du chef de sa femme. **She is a peeress in her own right,** elle détient le titre de pairesse personnellement; elle est pairesse de son propre chef. (*b*) *pl.* **Rights,** droits; droit.

To assert, stand on, one's rights, soutenir ses droits. **By rights**, en toute justice. **To be within one's rights**, être dans son droit. *I acted within my rights in claiming . . .*, j'étais dans mon droit en réclamant. . . . *Fin:* **Application rights**, droit(s) de souscription; privilège *m* de souscription. *See also* EX[1] 2. *Hist:* **The Bill of Rights**, la Déclaration des droits des citoyens (1689). *See also* CIVIL 1, MAGAZINE 2, RESERVED 1, SERIAL 2. **3.** (*a*) **To put, set, sth. to rights**, arranger qch.; mettre qch. en ordre; réparer qch. *To put everything to rights*, tout mettre en règle. **To set things to rights**, rétablir les choses; réparer le désordre. (*b*) **To know the rights of the case**, savoir, connaître, les tenants et aboutissants de l'affaire. **Not to know the rights of the case**, ne pas savoir le fin mot de l'affaire; ne pas savoir qui a tort et qui a raison. **I want to know the rights of it**, je voudrais en avoir le cœur net. **4.** (*a*) Droite *f*; côté droit. **On the right**, à droite. *On your r.*, à votre droite. **To keep to the right**, tenir la droite. *First turning to the r.*, premier tournant à droite. *Mth: etc:* **From right to left**, sinistrorsum. *F:* **From right and left**, de droite et de gauche; de tous côtés. *Mil:* **By the right!** guide à droite! (*b*) *Pol:* (*In Fr.*) **The Right**, la Droite. *Member of the R.*, droitier *m*; conservateur *m*. (*c*) *Box:* Coup *m* du droit. (*d*) *Ven:* (i) Coup de fusil à droite; (ii) coup du canon droit.

III. **right**, *adv.* **1.** (*a*) (*Straight*) Droit. **To go right on**, aller droit en avant; continuer tout droit. *I am going r. home*, je rentre tout droit à la maison. *He went r. at him*, il alla droit vers lui. *To leap r. into romance*, sauter de plain-pied dans le roman. (*b*) *F:* **To do sth. right off, right away**, (i) faire qch. sur-le-champ, immédiatement; (ii) faire qch. du premier coup, du premier bond, d'emblée. *I am going there r. away*, j'y vais de ce pas. *He accepted r. away*, il ne fit pas de manières pour accepter. **Right away!** *Rail: etc:* en route! *Av:* enlevez (les cales)! *U.S: I'll do it* **right now**, je vais le faire tout de suite. **2.** (*a*) (*Completely*) *To sink* **right to the bottom**, couler droit au fond. *There was a wall* **right round the house**, il y avait un mur tout autour de la maison. *He turned r. round*, il fit un tour complet. *He took the gate* **right off its hinges**, il a fait sauter la porte de ses gonds. *To hoist a flag* **right up**, hisser un pavillon à bloc. *The prisoner* **got right away**, le prisonnier s'est évadé sans qu'on ait de chance de le rattraper. (*b*) (*Exactly*) **Right at the top**, tout en haut. *R. at the other end*, tout à l'autre bout. **Right in the middle**, au beau milieu; en plein milieu. *R. in the middle of the harvest*, en pleine moisson. *To pass r. through the middle of the town*, passer en plein centre de la ville. *Shot r. through the heart, r. in the forehead*, frappé en plein cœur, au beau milieu du front. *He threw it r. in my face*, il me le jeta en pleine figure. *R. against the wall*, tout contre le mur. *The wind was r. behind us*, nous avions le vent juste dans le dos. *Nau:* **Breakers right ahead**, des brisants droit devant, droit debout. *U.S: I shall be waiting* **right here**, j'attendrai ici même. **3.** (*To the full*) **To know right well that . . .**, savoir fort bien que. . . . *I was r. glad to hear it*, j'ai été fort heureux de l'apprendre. **Right reverend**, révérendissime; très révérend. . . . *See also* HONOURABLE 2. **4.** (*a*) (*Justly*) **To do right**, bien faire; bien agir. *You did r. to wait*, vous avez bien fait d'attendre. *Whether they act r. or wrong . . .*, qu'ils agissent bien ou mal. . . . *See also* SERVE[2] I. 7. (*b*) (Répondre, etc.) correctement; (deviner) juste. **If I remember right**, si je me souviens bien. *Everything is going on r.*, tout va bien. **Nothing goes right with me**, rien ne me réussit; tout se tourne contre moi. *I got your letter* **all right**, j'ai bien reçu votre lettre. *I arrived all r.*, je suis arrivé à bon port. *F: He is coming* **right enough**, il va venir sans aucun doute. *I'm fifty r. enough!* c'est pourtant bien vrai que j'ai cinquante ans! *He's to blame r. enough*, c'est bien de sa faute. *This is a hot summer r. enough*, pour un été chaud, c'est un été chaud. **5.** A droite. *He looks neither r. nor left*, il ne regarde ni à droite ni à gauche. **The crowd divided right and left**, la foule se dispersa de droite et de gauche. **To hit out right and left**, frapper de droite et de gauche; *F:* frapper d'estoc et de taille. **He owes money right and left**, il doit de l'argent de tous les côtés; il doit au tiers et au quart. *Mil: etc:* **Eyes right!** tête à droite! **Right turn!** *A:* **right face!** à droite! par le flanc droit! *s.* **A right-turn, a right-face**, un à-droite *inv.* **Right dress!** à droite, alignement!

'right-about. **1.** *s. Mil:* Demi-tour *m* à droite. *F:* **To send s.o. to the right-about**, envoyer promener qn; *P:* envoyer bouler qn; envoyer qn au bain. *I sent him to the r.-a.*, je l'ai envoyé paître. **2.** *adv.* **To turn, face, right-about**, (i) *Mil: etc:* faire demi-tour; faire volte-face; (ii) *F:* changer brusquement d'opinion; *F:* faire la pirouette; tourner casaque. **Right-about turn!** demi-tour à droite! *s.* **Right-about turn, right-about face**, volte-face *f inv*; demi-tour à droite. *Nau:* **To go right-about**, virer court.

'right-and-'left, *a.* **1.** **Right-and-left screw**, vis *f* à pas contraires; vis à filet à droite et à gauche. **2.** *Ven: A r.-a.-l. shot*, *s.* **a right-and-left**, un (coup) double; un doublé.

'right-angled, *a.* Rectangle, rectangulaire; à angle droit. **Right-angled triangle**, triangle *m* rectangle. *R.-a. bend*, coude *m* d'équerre.

'right-down. *F:* **1.** *a.* **Right-down thief**, voleur fieffé, achevé. **2.** *adv.* **I am right-down sorry for you**, je vous plains sincèrement, de tout mon cœur. *He was r.-d. angry about it*, il était tout à fait fâché.

'right-hand, *attrib.a.* **1.** (*a*) (Pouce, gant) de la main droite. (*b*) *The r.-h. corner of the sheet*, le coin à droite de la feuille. *The r.-h. drawer*, le tiroir de droite. **On the right-hand side**, à droite. *The r.-h. bank* (*of a river*), la rive droite. **Right-hand man**, (i) *Mil:* homme *m* de droite; (ii) *F:* bras droit (de qn); homme de confiance. *Mth:* **Right-hand side of an equation**, second membre d'une équation. **2.** *Tchn:* **Right-hand screw, lock**, vis *f*, serrure *f*, à droite. *Av:* **Right-hand air-screw**, hélice *f* à pas à droite.

'right-handed, *a.* **1.** (*Of pers.*) Droitier. **2.** *Box:* **Right-handed blow, punch**, coup *m* du droit. **3.** *Tchn:* (*a*) = RIGHT-HAND 2. (*b*) (Outil) pour la main droite. (*c*) **Right-handed crystal**, cristal droit. **4.** *adv.* (*In hunting*) **To turn right-handed**, tourner à droite.

'right-'handedness, *s.* Droiterie *f*.

'right-'hander, *s.* **1.** (*Of pers.*) Droitier, -ière. **2.** *Box:* Coup *m* du droit.

'right-holder, *s.* *Jur:* Usager *m* (d'un droit).

'right-'minded, *a.* **1.** (*a*) Bien pensant. (*b*) A l'esprit droit. **2.** *F:* Sain d'esprit.

'right-'principled, *a.* Qui a de bons principes.

'right-'thinking, *a.* = RIGHT-MINDED 1.

'right-'winger, *s.* *Fb:* Ailier droit.

right[2], *v.tr.* **1.** (*a*) Redresser (un canot, une auto, etc.); remettre (une auto) d'aplomb, sur ses roues; relever (un navire). (*Of boat*) **To right itself**, *v.i.* **to right**, se redresser, se relever. **To right oneself**, retrouver son équilibre. *See also* SELF-RIGHTING. (*b*) *Nau:* Redresser, mettre droite (la barre); remettre (la barre) à zéro. **2.** (*a*) Redresser, réparer (un tort). (*b*) Rendre justice à (qn); faire droit à (qn). *Your wrongs will be righted*, on vous fera justice. (*c*) *To r. oneself in the eyes of s.o., in s.o.'s opinion*, se justifier aux yeux de qn. **3.** Corriger, rectifier (une erreur).

righting, *s.* **1.** Redressement *m* (d'un canot, d'une voiture, etc.). **Righting force**, effort *m* de redressement. **2.** Redressement, réparation *f* (d'un tort).

righteous ['raitʃəs], *a.* **1.** Droit, juste; vertueux. *s. The righteous and the wicked*, les bons et les méchants. *See also* SELF-RIGHTEOUS. **2.** Juste, justifié. *R. anger*, juste colère *f*. **-ly**, *adv.* Justement; avec droiture; vertueusement.

righteousness ['raitʃəsnəs], *s.* **1.** Droiture *f*, vertu *f*. *R. of conduct*, rectitude *f* de conduite. *Theol: The r. of Christ*, les mérites *m* du Christ. *See also* SELF-RIGHTEOUSNESS. **2.** Justice *f* (d'une décision, etc.).

rightful ['raitful], *a.* **1.** Légitime, véritable; en droit. **Rightful heir**, héritier *m* légitime. *See also* OWNER 1. **2.** (*a*) (*Of claim, etc.*) Légitime, juste. (*b*) (*Of conduct, etc.*) Équitable. **3.** (Héritage, etc.) auquel on a droit. **-fully**, *adv.* Légitimement; à juste titre.

rightness ['raitnəs], *s.* **1.** Rectitude *f*, droiture *f*. **2.** (*a*) Justesse *f* (d'une décision). (*b*) Justesse, exactitude *f* (d'une réponse, d'un calcul, etc.).

rightwise ['raitwaːiz], *adv.* (Tourner) à droite.

rigid ['ridʒid], *a.* **1.** Rigide, raide. *R. body*, corps *m* rigide; corps solide. *R. member*, organe *m* fixe (d'une machine, etc.). *Aer:* **Rigid airship**, *s.* **rigid**, dirigeable *m* rigide. **2.** (*Of conduct, opinion, etc.*) Sévère, strict. *R. principles*, principes *m* sévères. *R. virtue*, vertu *f* inflexible, rigide. *R. catholic*, catholique sévère, intransigeant. *R. parsimony*, âpre parcimonie *f*. *R. experiment*, expérience précise, exacte, rigoureuse. *R. obligation*, obligation stricte. **-ly**, *adv.* **1.** Rigidement. *R. supported*, maintenu rigide. **2.** Sévèrement, strictement.

rigidity [ri'dʒiditi], *s.* **1.** Rigidité *f*, raideur *f*; résistance *f*. *Med:* **Cadaveric rigidity**, rigidité cadavérique. **2.** (*a*) Sévérité *f*; intransigeance *f*. (*b*) *The r. of the proof*, la rigueur de la preuve.

rigmarole ['rigməroul], *s.* Rabâchage *m*; *F:* litanie *f*; longue tartine; propos *mpl* sans queue ni tête; discours sans suite, incohérent.

rigor ['raigɔːr, 'ri-], *s.* *Med:* **1.** Frissons *m* (symptomatiques). **2.** **Rigor mortis**, rigidité *f* cadavérique. **Cataleptic rigor**, rigidité cataleptique.

rigorism ['rigərizm], *s.* Rigorisme *m*, austérité *f*. *Theol:* Rigorisme.

rigorist ['rigərist], *s.* *Theol: etc:* Rigoriste *mf*.

rigorous ['rigərəs], *a.* Rigoureux. *R. measures*, mesures *f* de rigueur. **-ly**, *adv.* Rigoureusement; avec rigueur; en toute rigueur. *To observe a command r.*, observer un ordre à la lettre. *To treat s.o. r.*, sévir contre qn.

rigour ['rigər], *s.* **1.** (*a*) Rigueur *f*, sévérité *f*; dureté *f*. *The r. of their principles*, la rigueur, la sévérité, de leurs principes; leurs principes *m* inflexibles. *The r. of the law*, la rigueur de la loi. *To put the law into operation in all its r.*, appliquer la loi dans toute sa rigueur. (*b*) *The rigours of prison life*, les rigueurs de la vie de prison. **2.** Rigueur, âpreté *f* (du temps). **3.** Exactitude *f*, précision *f*, rigueur (d'une preuve, d'un calcul). **4.** Raideur *f*, austérité *f* (d'une doctrine, etc.).

Rig-veda (the) [ðərig'veidə], *s.* *Hindu Rel:* Le Rig-véda.

rile [rail], *v.tr.* *F:* Agacer, exaspérer, irriter, énerver, *F:* chiffonner (qn); *F:* échauffer, remuer, émouvoir, la bile à (qn); *P:* faire bisquer (qn). *It riled him, he was riled, that no one paid any attention to him*, il rageait qu'on ne fît aucune attention à lui.

rill[1] [ril], *s.* (*a*) Ruisselet *m*; petit ruisseau. *Geol:* **Rill mark**, trace *f* de ruissellement. (*b*) *Dial:* Rigole *f*.

rill[2]. **1.** *v.i.* Ruisseler (doucement). **2.** *v.tr.* Laisser des traces de ruissellement sur (les roches, etc.).

rille [ril], *s.* *Astr:* Rainure *f* (sur la face de la lune).

rillet ['rilet], *s.* *Poet:* Ruisselet *m*.

rim[1] [rim], *s.* **1.** (*a*) Jante *f*, pourtour *m*, bourrelet *m* (de roue); couronne *f*, jante (de poulie, de roue d'engrenage); limbe *m* (de volant). *Aut:* **Well-base rim**, jante à base creuse. **Straight-sided rim**, jante à tringles. **Detachable rim**, jante amovible. **Rim base**, plat *m* de jante; fond *m* de jante. **Rim bead, rim clinch** (*of the tyre*), talon *m* d'accrochage (du pneu). *See also* BRAKE[6] 1. (*b*) Cercle *m* (d'un tamis). **2.** Bord *m* (d'un vase, etc.); cordon *m*, cordonnet *m*, carnèle *f*, listeau *m* (d'une pièce de monnaie); rebord *m* (d'une cartouche, etc.). **Spectacle rims**, monture *f*, châsse *f*, de lunettes. *Astr:* **Rim of the sun**, limbe du soleil. *Anat:* **Rim of the ear**, rebord, ourlet *m*, de l'oreille. *Nau: Rim of the top*, guérite *f* de la hune. *Poet: The rim of the ocean*, l'horizon *m*.

'rim-lock, *s.* Serrure *f* à palastre.

rim[2], *v.tr.* (**rimmed; rimming**) **1.** Janter (une roue). **2.** Border, entourer.

rimmed, *a.* A bord; bordé; (tamis, etc.) à cercle. *See also* GOLD-RIMMED, RED-RIMMED.

rime[1] [raim], *s.* Givre *m*; gelée blanche.

'rime-break, *s.* *For:* Bris *m* de givre (dans un arbre).

rime[2, 3], *s.* & *v.* = RHYME[1, 2].

rimed [raimd], *a.* Couvert de givre, de gelée blanche.

rimer[1] ['raimər], *s.* = REAMER.

rimer[2], *s.* = RHYMER.

rimester ['raimstər], *s.* = RHYMESTER.

rimless ['rimləs], *a.* (Lunettes *fpl*) sans monture; (chapeau *m*, etc.) sans bords.

Rimmon ['rimən]. *Pr.n.m.* *B:* Rimmon. **To bow down, worship, in the house of Rimmon,** transiger avec sa conscience; faire comme les autres.

rimose [rai'mous], **rimous** ['raiməs], *a.* *Nat.Hist:* Rimeux.

rimy ['raimi], *a.* Givré; couvert de givre.

rind[1] [raind], *s.* **1.** (*a*) Écorce *f* (mince), peau *f* (d'arbre, de plante). (*b*) *F:* *We must look below the r.*, il faut regarder sous la surface, sous l'écorce. **2.** Peau, pelure *f* (de légume, de fruit); pelure, croûte *f* (de fromage); couenne *f* (de lard). **3.** *Geol:* *Min:* Couche supérieure en roche tendre.

rind[2], *v.tr.* Ôter l'écorce, ôter la croûte, de (qch.); peler (un fruit); écorcer (un arbre).

-rinded ['raindid], *a.* (*With adj. prefixed, e.g.*) **Gold-rinded fruit,** fruit *m* à peau dorée. *Hard-r. cheese*, fromage *m* à croûte dure.

rinderpest ['rindərpest], *s.* *Vet:* Peste bovine.

ring[1] [riŋ], *s.* **1.** (*a*) **(Finger-)ring,** (*symbolical of rite, office, etc.*) anneau *m*; (*for adornment*) bague *f*. **Wedding ring,** anneau nuptial; anneau de mariage; alliance *f*. **Engagement ring,** anneau, bague, de fiançailles. **Plain ring,** jonc *m*. *Amethyst r.*, bague d'améthyste. **The amethyst ring** (*of a bishop*), l'anneau d'améthyste. *Fingers covered with rings*, doigts couverts de bagues. *See also* GEMEL-RING, GUARD-RING 1, SIGNET-RING. (*b*) **Arm-ring,** bracelet *m*. *See also* EAR-RING, NOSE-RING, SCARF-RING. **2.** (*a*) Rond *m*, cercle *m*, anneau (de métal, etc.); ansette *f* (d'une médaille); rondelle *f* (de bâton de ski); maille *f* (d'une cotte de mailles). **Napkin ring,** rond de serviette. **Umbrella ring,** rondelle de parapluie. **Split ring** (*for keys, etc.*), anneau brisé; bague fendue. **Ring and staple,** anneau à happe. *Gym:* **Pair of rings, flying rings,** anneaux. *Mec.E:* **Ball-bearing ring,** bague à billes; couronne *f* de billes. **Roller ring,** couronne de galets. *El.E:* **Collecting ring,** bague collectrice (de dynamo, etc.). **Carbon ring,** bague en charbon. *See also* GAS-RING, JUNK-RING, PACKING-RING, PULL-RING, SLIP-RING, SNAKE-RING. (*b*) **(Binding-)ring,** frette *f*; (*of ferrule type*) virole *f*; (*on gun*) plate-bande *f*, *pl.* plates-bandes. **Nave-ring** (*of wheel*), frette de moyeu. *See also* MUZZLE-RING. (*c*) *Mch:* *I.C.E:* **Piston-ring,** segment *m* (de piston). **Oil-control ring,** segment racleur; segment à rappel d'huile. **Split ring,** segment fendu. **Oblique-slotted ring, diagonal-joint ring,** segment à biseau, à joint en sifflet. *Double-vent r., double-slot r.*, segment à doubles fentes. *Lap-joint r., step-cut r.*, segment à coupure à redan; segment coupé à recouvrement. *See also* SCRAPER-RING. (*d*) Tire-fond *m inv* (de plafond). (*e*) *Nau:* Organeau *m* (d'ancre, etc.). *See also* ANCHOR-RING, MOORING 1. **3.** (*a*) Anneau (d'une planète); cerne *m* (autour d'une plaie, autour des yeux); cernure *f* (autour des yeux); aréole *f* (autour de la lune); rond (de fumée). *He has rings round his eyes*, il a les yeux cernés, battus. *Eyes with dark rings round them*, yeux cerclés de bistre. *Stain-remover that leaves no r.*, enlève-taches *m inv* qui ne laisse pas de cerne. *To make rings in the water*, faire des ronds dans l'eau. (*Of skater*) *To make rings on the ice*, faire des ronds sur la glace. *F:* **To make rings round s.o.,** courir deux fois aussi vite que qn; avoir sur qn une supériorité marquée; battre qn à plate couture. *See also* EDGE-RING. (*b*) *Bot:* **Annual ring** (*of tree*), anneau annuel; couche annuelle; cercle annuel. (*c*) *Cr:* **The ring,** la ligne qui indique les limites du terrain. (*d*) *Orn:* Collier *m* (d'un pigeon, etc.). *See also* PLOVER 1. (*e*) *Arb:* Incision annulaire (faite à un arbre). **4.** Cercle *m* (d'arbres, de personnes, etc.). **Sitting in a ring,** assis en rond, en cercle. *To dance in a r.*, danser en rond. **5.** (*a*) Groupe *m*, bande *f*, petit cercle, petite coterie (de personnes); coterie (politique). (*b*) *Com:* Syndicat *m*, cartel *m*. (*c*) *Com:* *Pej:* Bande noire; coalition *f*. *See also* OIL-RING 2. (*d*) *St.Exch:* **The Ring,** le Parquet; le marché en Bourse, le marché officiel. **6.** Arène *f*, piste *f* (de cirque, etc.). *See also* BULL-RING. **7.** *Box:* *Wr:* (*a*) *A:* Cercle formé par les spectateurs autour des boxeurs ou des lutteurs. *F:* **To keep, hold, the ring,** laisser le champ libre aux adversaires (dans une dispute industrielle, etc.); ne permettre aucune intervention au préjudice de l'une des parties. (*b*) Enceinte *f*, ring *m* (d'un match de boxe). (*c*) *F:* **The ring,** le pugilisme et les fervents de la boxe. **8.** *Turf:* **The Ring,** (i) l'enceinte (du pesage); le pesage; (ii) les bookmakers *m*, *P:* les books *m*. **The Silver Ring,** l'enceinte des bookmakers qui acceptent les petits paris.

'ring-armour, *s.* *Archeol:* Armure *f* de mailles.

'ring-bark, *v.tr.* = RING[2] II. 3.

'ring-biscuit, *s.* *Cu:* Gimb(e)lette *f*.

'ring-bolt, *s.* (*a*) Anneau *m* à fiche; piton *m* à boucle; piton. (*b*) Boucle *f*, bague *f*, d'amarrage.

'ring-burner, *s.* Couronne *f* de gaz; brûleur *m* à anneau.

'ring-cartilage, *s.* *Anat:* Cartilage *m* cricoïde.

'ring-case, *s.* Baguier *m*.

'ring-connection, *s.* *El:* Montage *m*, groupement *m*, en boucle.

'ring-craft, *s.* Le pugilisme; la boxe.

'ring-die, *s.* *Num:* Virole *f*.

'ring-dove, *s.* *Orn:* Pigeon *m* ramier; ramier *m*; palombe *f*.

'ring-fence, *s.* Clôture *f* (enfermant une propriété). *F:* *To raise a r.-f. of tariffs*, se retrancher derrière une barrière de tarifs douaniers.

'ring-finger, *s.* Annulaire *m*.

'ring-frame, *s.* *Tex:* Métier *m* à anneaux.

'ring-gauge, *s.* Baguier *m*, triboulet *m*.

'ring-keeper, *s.* **1.** = KEEPER 3. **2.** *Box:* Maître *m* de combat.

'ring-like, *a.* Annulaire.

'ring-magnet, *s.* Aimant *m* annulaire, circulaire.

'ring-mail, *s.* = RING-ARMOUR.

'ring-man, *pl.* **-men,** *s.m.* *Turf:* Bookmaker; *F:* book.

'ring-master, *s.m.* **1.** Maître de manège (d'un cirque). **2.** = RING-KEEPER 2.

'ring-neck, *s.* *Orn:* Oiseau *m* à collier.

'ring-necked, *a.* *Orn:* A collier.

'ring-net, *s.* *Fish:* Épuisette *f*.

'ring-ouzel, *s.* *Orn:* Merle *m* à collier, merle à plastron.

'ring-pigeon, *s.* = RING-DOVE.

'ring-piston, *s.* *Mch:* Piston *m* à segments.

'ring-puzzle, *s.* Baguenaudier *m*.

'ring-road, *s.* Route *f* de ceinture (autour d'une ville).

'ring-shake, *s.* *Arb:* Roulure *f*.

'ring-shaped, *a.* Annulaire; en forme d'anneau.

'ring-snake, *s.* *Rept:* Couleuvre *f* à collier; serpent *m* d'eau.

'ring-spanner, *s.* *Tls:* Clef fermée.

'ring-spinning, *s.* *Tex:* Filage *m* au métier à anneaux.

'ring-splice, *s.* Épissure *f* à œillet.

'ring-stand, *s.* Baguier *m*.

'ring-straked, *a.* Annelé.

'ring-tailed, *a.* *Z:* A queue zébrée.

'ring-tilting, *s.* Jeu *m* de bagues.

'ring-wall, *s.* **1.** Mur *m* de clôture; clôture *f*. **2.** Parois intérieures (d'un four).

'ring-winding, *s.* *El.E:* Enroulement *m* à anneau.

ring[2]. I. *v.i.* (*a*) (*Of hawk*) Monter en spirale. (*b*) (*Of stag, fox*) Courir en rond; décrire des cercles.

II. **ring,** *v.tr.* **1.** (*a*) Mettre un anneau ou une bague au doigt de (qn). (*b*) Baguer (un pigeon, etc.). (*c*) Boucler, anneler, ferrer (un porc, un taureau); mettre un anneau au nez (d'une bête). (*d*) *Tchn:* Baguer, fretter (un pieu, etc.); baguer (un tuyau). **2.** (*a*) **To ring round, to ring about, to ring in,** encercler; entourer; faire cercle autour de (qn, qch.). *A livid circle ringed the wound*, un cercle bleu cernait la plaie. (*b*) *Ven:* Rabattre, cerner (le gros gibier); battre (le terrain). **3.** *Arb:* Baguer, cerner (un arbre, une branche); circoncire (un arbre fruitier). **4.** Couper (des pommes, des oignons) en rondelles.

ringed, *a.* **1.** (Doigt) bagué. *See also* PAWN[2]. **2.** (*a*) (*Of planet, etc.*) Entouré d'un anneau. (*b*) **Black-ringed eyes,** yeux cernés de noir, de bistre. (*c*) **Broad-ringed tree, fine-ringed tree,** arbre *m* à couches épaisses, minces. *See also* NARROW-RINGED. (*d*) (Oiseau) à collier; (animal) annelé, qui a des anneaux. *See also* PLOVER 1. **3.** Annulaire; en forme d'anneau.

ringing[1], *s.* **1.** (*a*) Baguage *m* (d'un pigeon, etc.); bouclement *m*, ferrement *m* (d'un taureau, etc.). (*b*) *Tchn:* Baguage (d'un tube, etc.). **2.** *Arb:* Baguage, cernement *m* (d'un arbre); incision *f* annulaire. *Tls:* **Ringing-knife, ringing-shears,** bagueur *m*; coupe-sève *m inv*.

ring[3], *s.* **1.** Son (clair, métallique); sonnerie *f* (de cloches); tintement *m* (de cloches, de pièces de monnaie); timbre *m* ou intonation *f* (de la voix). *Tchn:* **Ring of a coin,** son, voix, d'une pièce de monnaie; voix de monnayage. **2.** (*a*) Coup *m* de sonnette, de timbre. **There is a ring at the door,** on sonne (à la porte); on a sonné. *He heard a loud r. at the door*, il entendit un grand coup de sonnette. *I recognize his r.*, je reconnais son coup de sonnette, sa manière de sonner. (*b*) **Ring on the telephone,** appel *m* téléphonique. **I'll give you a ring (up),** je vous téléphonerai. **3.** *Ecc:* Jeu *m* de cloches. *R. of six bells*, jeu de six cloches.

ring[4], *v.* (*p.t.* rang [raŋ], *occ.* rung [rʌŋ]; *p.p.* rung) **1.** *v.i.* (*a*) (*Of bell*) Sonner, tinter. *The bells are ringing*, les cloches *f* sonnent; on sonne les cloches. **To set the bells ringing,** mettre les cloches en branle. *To set all the bells a-ringing*, sonner à toute volée. *The bells are ringing for church*, les cloches sonnent la messe, l'office. *The bell was ringing to vespers, for vespers*, la cloche sonnait les vêpres; les vêpres sonnaient. *The bell is ringing for dinner*, on sonne pour le dîner. *The electric bell rang*, le timbre électrique résonna. *The bell rings in the kitchen*, le timbre, la sonnette, répond dans la cuisine. (*b*) (*Of coin*) **To ring true, false,** sonner clair, sonner faux. *F:* *His answer did not r. true*, sa réponse n'avait pas l'intonation de la vérité; sa réponse a sonné faux. *His account rings true*, son récit a l'accent de la vérité. *See also* HOLLOW[1] II. 1. (*c*) (*Of place, etc.*) Résonner, retentir (*with*, de). **The air rang with their cries,** l'air *m* résonnait de leurs cris. *To make the air r. with one's cries*, frapper l'air de ses cris. *The passage rang with his voice*, le corridor retentit du son de sa voix. *This scandal set the whole town ringing*, ce scandale a retenti, a eu du retentissement, dans toute la ville; dans toute la ville il ne fut bruit que de ce scandale. (*d*) *Words ringing with emotion*, paroles vibrantes d'émotion. **His words still ring in my ears,** ses paroles sonnent encore à mes oreilles. **My ears are ringing,** mes oreilles tintent; les oreilles me cornent, me tintent. *My ears are still ringing*, mon assourdissement dure encore; mes oreilles bourdonnent encore. **2.** *v.tr.* (*a*) Sonner, faire sonner (une cloche). **To ring the (door-)bell,** agiter la sonnette; tirer le cordon de la sonnette; appuyer sur le bouton du timbre. **Ring the bell!** sonnez! *To be for ever ringing the bell*, *F:* sonnailler. *Abs.* **To ring at the door,** sonner à la porte. *To r. violently at s.o.'s door*, carillonner à la porte de qn. **To ring for the maid,** sonner la bonne. **Did you ring, madam?** madame a sonné? *To r. for some coffee*, sonner pour demander du café. *To r. for more water*, sonner pour avoir encore de l'eau. (*Of sexton, etc.*) **To ring for (church) service,** tinter l'office. **To ring the alarm,** sonner le tocsin. *See also* CHANGE[1] 5, KNELL[1]. (*b*) Faire sonner (une pièce de monnaie). (*c*) **To ring the bell,** (i) (*at fair, etc.*) faire sonner la sonnette de la tête de Turc; (ii) *P:* réussir le coup; décrocher le grand succès.

ring again, *v.i.* **1.** Sonner de nouveau. **2.** Résonner, retentir. *An explosion that made the mountains r. again,* une explosion qui fit retentir les montagnes, qui réveilla tous les échos des montagnes.

ring down. **1.** *v.tr. Th:* **To ring down the curtain,** sonner pour la chute du rideau. *See also* CURTAIN[1] 2. **2.** *v.i.* (*Of curtain*) Tomber, descendre.

ring in, *v.tr.* Célébrer par une sonnerie de cloches l'arrivée de (qn); carillonner la venue de (qn). *F:* **To ring in the New Year,** réveillonner; faire le réveillon du jour de l'an.

ring off, *v.tr.* **1.** *Tp: Abs.* **To ring off,** raccrocher (l'appareil); couper la communication. *The telephone rang off,* on a coupé la communication. **2.** *Nau:* **'Ring off the engines,'** "terminé pour la machine."

'ring-off, *s. Tp:* Fin *f* de conversation. **Ring-off indicator,** volet *m* de fin de conversation.

ring out. **1.** *v.tr.* Célébrer par une sonnerie de cloches le départ de (qn); carillonner le départ de (qn). *F:* **To ring out the old year,** réveillonner; faire réveillon. **2.** *v.i.* Sonner; retentir. *The bells r. out,* les cloches *f* sonnent à toute volée. *A shot rang out,* un coup de fusil retentit.

ring up, *v.tr.* **1.** *Th:* **To ring up the curtain,** sonner pour faire lever le rideau; (*in Fr.*) frapper les trois coups. **2.** *Tp:* **To ring s.o. up** (*on the telephone*), donner un coup de téléphone à qn; appeler, sonner, qn au téléphone; téléphoner à qn. *I was rung up at two o'clock,* on m'a appelé au téléphone à deux heures. *To r. up a telephone exchange,* appeler, attaquer, un poste téléphonique.

'ring-up, *s.* Coup *m* de téléphone.

ringing[2], *a.* **1.** (*Of bell*) Qui tinte, qui résonne. **2.** Sonore, retentissant. *In r. tones,* d'une voix vibrante. *R. cheers,* un hourrah retentissant. **Clear-ringing laugh,** rire *m* qui sonne clair. **Ringing frost,** gelée *f* à pierre fendre. *Med:* **Ringing second sound of the heart,** bruit clangoreux du cœur.

ringing[3], *s.* **1.** Son *m*, sonnerie *f*, tintement *m* (de cloches); bruit *m* de sonnette ou de timbre. **2.** (*a*) Tintement (dans les oreilles). (*b*) Retentissement *m*.

'ringing-engine, *s. Civ.E:* Sonnette *f* à tiraude (pour pilotis).

ringbone ['riŋboun], *s. Farr: Vet:* Forme *f* (sur le paturon).

ringent ['rindʒənt], *a. Bot:* (Corolle) ringente.

ringer[1] ['riŋər], *s.* **1.** Sonneur *m*; carillonneur *m*. **2.** *U.S: F:* **To be a dead ringer for s.o.,** être le portrait vivant de qn.

ringer[2], *s. U.S: P:* Resquilleur *m*.

ringleader ['riŋliːdər], *s.* Chef *m* (d'attroupement); meneur *m* (de révolte, etc.); chef de bande, chef de complot, chef d'émeute, chef de meute.

ringlet ['riŋlet], *s.* **1.** Petit anneau. **2.** Boucle *f* (de cheveux); anneau *m*; frisette *f*, anglaise *f*. **To wear one's hair in ringlets,** porter les cheveux bouclés; porter des anglaises. *To arrange the hair in ringlets,* anneler les cheveux.

ringleted ['riŋletid], *a.* **1.** *R. hair,* cheveux bouclés. **2.** (*Of pers.*) Aux cheveux bouclés; qui porte des anglaises.

ringlety ['riŋleti], *a.* = RINGLETED 1.

ringtail ['riŋteil], *s.* **1.** *Orn:* Soubuse *f*. **2.** *Nau:* Bonnette *f* de tapecul, de sous-gui, de brigantine.

ringworm ['riŋwəːrm], *s. Med:* Teigne tonsurante, teigne tondante, teigne annulaire; herpès tonsurant. **Crusted ringworm, honeycomb ringworm,** teigne faveuse.

rink[1] [riŋk], *s.* **1.** (**Skating-**)**rink,** patinoire *f*; piste de patinage artificielle; salle *f* de patinage. **Roller-skating rink,** salle de patinage à roulettes; skating *m*. **2.** (**Curling-**)**rink,** "terrain" délimité sur la glace pour chaque équipe du jeu de *curling*; rink *m*. **3.** Équipe *f* (aux jeux de *curling*, de boules, de palet).

rink[2], *v.i.* Faire du patinage à roulettes.

rinse[1] [rins], *s.* (*a*) Rinçage *m*. **To give a bottle a rinse,** rincer une bouteille. (*b*) *P:* **To have a rinse,** se rincer le gosier, la dalle; boire quelque chose.

rinse[2], *v.tr.* Rincer. **1.** (*a*) **To rinse (out)** *a bottle,* rincer une bouteille. *To r. (out) one's mouth,* se rincer la bouche. *F:* **To rinse one's dinner down with a pint of ale,** arroser son dîner d'une pinte de bière. (*b*) *To r. one's hands,* se rincer les mains. **2.** *To r. the linen,* rincer le linge. **To rinse out, rinse away, impurities,** faire disparaître des impuretés au cours des rinçages.

rinsing, *s.* **1.** Rinçage *m*. **2.** *pl.* **Rinsings,** rinçure(s) *f(pl)*.

riot[1] ['raiət], *s.* **1.** Émeute *f*; rassemblement tumultueux; attroupement séditieux; attentat *m* contre l'ordre public. *There were riots,* il y eut des troubles *m*, des émeutes, des bagarres *f*. **The Riot Act,** la loi contre les attroupements. **To read the Riot Act,** faire les trois sommations légales. *F:* **To read the Riot Act to s.o.,** semoncer, tancer, qn d'importance. **2.** (*a*) *A:* Dérèglement *m*, désordre *m* (de mœurs); débordement *m* (de vice, etc.). (*b*) Orgie *f* (de couleurs, de fleurs, etc.); débordement (de pamphlets, etc.). *The stage setting is a r. of colour,* le décor est une débauche de couleurs. *To indulge in a r. of emotion,* donner libre cours à ses émotions; laisser déborder ses émotions. **3.** (*a*) **To run riot,** (*of pers., fancy, etc.*) se déchaîner, ne plus connaître de frein; (*of plants*) pulluler; croître en abondance. (*b*) **The play was a riot in the States,** la pièce a fait fureur aux États-Unis.

riot[2], *v.* (**rioted; rioting**) **1.** *v.i.* (*a*) Provoquer une émeute; causer une bagarre; s'ameuter. (*b*) Faire du vacarme; *F:* chahuter. (*c*) *A:* Mener une vie déréglée, désordonnée. (*d*) **To riot in . . .,** se livrer sans frein à . . .; être passionnément adonné à. . . . **2.** *v.tr. A:* **To riot away one's time, one's money,** gâcher, gaspiller, son temps, son argent, en orgies.

rioting, *s.* Émeutes *fpl*; troubles *mpl*; bagarres *fpl*.

rioter ['raiətər], *s.* **1.** Émeutier *m*, séditieux *m*. **2.** Noceur *m*, *F:* chahuteur *m*; (étudiant *m*, etc.) en rupture de ban.

riotous ['raiətəs], *a.* **1.** (*Of assembly, etc.*) Séditieux; tumultueux, turbulent; *A:* tumultuaire. **2.** (*Of pers.*) (*a*) Tapageur, bruyant; *F:* chahuteur. *A few r. students,* quelques étudiants en rupture de ban. (*b*) *A:* Déréglé, dissipé, dissolu. **-ly,** *adv.* **1.** Séditieusement; tumultueusement. **2.** D'une manière désordonnée; en désordre. *See also* LIVE[2] 1.

riotousness ['raiətəsnəs], *s.* **1.** Turbulence *f* (de la foule, etc.). **2.** Désordre *m*. **3.** *A:* Dérèglement *m*.

riotry ['raiətri], *s.* **1.** Émeutes *fpl*, troubles *mpl*. **2.** = RIOTOUSNESS.

rip[1] [rip], *s.* Déchirure *f*; ouverture *f* en long; fente *f*; (*caused by horns or tusks of animal*) décousure *f*.

'rip-cord, *s. Aer:* Corde *f* de déchirure (d'un ballon).

'rip-saw, *s. Tls:* Scie *f* à refendre.

rip[2], *v.* (**ripped; ripping**) **1.** *v.tr.* (*a*) Fendre (en long); déchirer. **To rip (sth.) open,** ouvrir (un paquet) en le déchirant; éventrer (un sac, une enveloppe); (*of wild boar, etc.*) découdre (un chien, etc.). *To rip a tyre,* éventrer un pneu. (*b*) Refendre (le bois); scier (le bois) en long; scier de long. (*c*) *Const:* **To rip a roof,** enlever les tuiles d'un comble; découvrir un toit. **2.** *v.i.* (*a*) Se déchirer, se fendre. (*Of sail, etc.*) **To rip along the seams,** se découdre. (*b*) *F:* **To rip (along),** aller, avancer, à toute vitesse, à fond de train. (*Of pers.*) **Let him rip!** laissez-le faire à sa guise! (*Of motor-car, etc.*) **Let her rip!** mettez tous les gaz! laissez-la filer! (*c*) *F:* **To let rip,** faire une noce à tout casser.

rip away. **1.** *v.tr.* Arracher. **2.** *v.i.* Se déchirer; se détacher (par déchirure).

rip off, *v.tr.* Arracher, déchirer (ce qui recouvre qch.).

rip out, *v.tr.* **1.** *To rip out the lining of a coat,* arracher la doublure d'un habit. *To rip a page out of a book,* déchirer une page d'un livre. **2.** *F:* *To rip out an oath,* lâcher un juron.

rip up, *v.tr.* **1.** (*a*) Fendre (une voile, etc.). (*b*) Refendre (l'ardoise, le bois). (*c*) Éventrer (qn); découdre (un vêtement, le ventre). *He was ripped up by a wild boar,* il s'est fait découdre par un sanglier. (*Of lorry, etc.*) **To rip up the road,** défoncer la route. (*d*) *Knitting:* = UNDO 2 (*a*). **2.** *F:* **To rip up an old sore, an old quarrel,** rouvrir une ancienne plaie, une vieille querelle. *To rip up old grievances,* revenir sur d'anciens griefs; réveiller d'anciens griefs.

ripping[1], *a.* **1.** Qui déchire, qui fend. **2.** *P:* Épatant, fameux; chic *inv in f*; bath *inv in f*. **It's ripping,** c'est épatant. **-ly,** *adv.* *P:* **1.** D'une façon épatante; épatamment. **2.** *We're getting on r.,* ça marche comme sur des roulettes.

ripping[2], *s.* **1.** Déchirement *m*. **2.** Sciage *m* en long; refente *f* (du bois).

'ripping-chisel, *s. Tls: Carp:* Ciseau *m* à planches; ciseau fort.

'ripping-iron, *s. Tls: Nau:* Bec-de-corbin *m*, *pl.* becs-de-corbin (de calfat).

'ripping-panel, -strip, *s. Aer:* Fuseau *m* de déchirure totale (d'un ballon).

rip[3], *s.* **1.** (*Horse*) Vieille rosse. **2.** (*a*) Mauvais garnement; bambocheur, -euse. **An old rip,** un vieux marcheur; un vieux paillard. *He's growing into an old rip,* il s'appaillardit. (*b*) Gaillard (déluré). **He's a bit of a rip,** c'est un gaillard.

rip[4], *s.* **1.** Clapotis *m* (du courant); bouillonnement *m* (des eaux d'un fleuve). *See also* TIDE-RIP. **2.** Étendue *f* d'eau agitée (dans un fleuve, etc.).

riparian [rai'pεəriən], *a.* & *s.* Riverain (*m*). *Territory r. to a waterway,* territoire riverain d'un cours d'eau. *R. owner,* propriétaire riverain.

ripe [raip], *a.* **1.** (*a*) Mûr. **Ripe corn, ripe fruit,** blé mûr, fruits mûrs. **Ripe timber,** bois (de forêt) mûr, exploitable. *R. abscess,* abcès mûr. **Ripe cheese,** fromage (bien) fait. **To grow ripe,** mûrir. *F:* **Ripe lips,** lèvres *f* vermeilles. *R. beauty,* beauté *f* dans sa maturité, dans sa pleine fleur. (*b*) **Ripe scholar,** savant accompli. *R. experience,* expérience mûrie. *Person of r. judgement,* personne *f* de jugement mûr, de sens rassis. **A ripe old age,** un bel âge. *Persons of riper years,* personnes *fpl* d'un âge mûr. **2. Plan ripe for execution,** projet suffisamment mûri pour que son exécution soit possible; projet prêt à être exécuté; projet mûr. *Opportunity r. to be seized,* occasion mûre pour qu'on la saisisse. *City r. for destruction,* cité mûre pour la ruine. *Growth r. for operation,* tumeur assez avancée pour qu'une opération puisse avoir lieu. **He is ripe for mischief,** il est prêt à faire le mal. *He is r. to hear the truth,* il est dans l'état d'esprit voulu pour entendre la vérité. **-ly,** *adv.* **1.** Mûrement. **2.** (Considérer qch.) avec un jugement mûr, avec maturité.

ripen ['raip(ə)n]. **1.** *v.tr.* Mûrir; faire mûrir; affiner (le vin, le fromage). **2.** *v.i.* (*a*) (*Of fruit, boil, plan, etc.*) Mûrir, venir à maturité; (*of fruit*) tourner. **To ripen under glass,** joûtir. *To lay out medlars to r.,* mettre joûtir des nèfles. **This cheese will ripen,** ce fromage se fera. (*b*) *When these youths r. into manhood,* quand ces jeunes gens atteindront l'âge d'homme; quand ces jeunes gens se seront faits.

ripening[1], *a.* **1.** (*Of sun*) Qui fait mûrir; (*of season*) favorable à la maturité. **2.** Mûrissant, qui mûrit; (blé) jaunissant; (fromage, jeune homme) qui se fait.

ripening[2], *s.* Maturation *f*; aoûtement *m* (des fruits, etc.); jaunissement *m* (du blé); véraison *f* (du raisin); affinage *m* (du vin, du fromage). *R. of a plan,* maturation d'un projet.

ripeness ['raipnəs], *s.* Maturité *f*, état mûr.

ripieno [ri'pjeːno], *a.* & *s.* *Mus:* Ripieno (*m*). **Ripieno cornet,** piston *m* ripieno.

riposte[1] [ri'poust], *s.* *Box: Fenc: etc:* Riposte *f*.

riposte[2], *v.i.* Riposter.

ripper ['ripər], *s.* **1.** (*Pers.*) (*a*) Fendeur *m*. (*b*) *Hist:* **Jack the Ripper,** Jack l'Éventreur. **2.** *Tls:* (*a*) Scie *f* à refendre; arpon *m*. (*b*) Fendoir *m* (pour ardoises). (*c*) (*Chisel*) Burin *m* à défoncer.

3. *P:* Type épatant; chose épatante. **She is a ripper,** c'est une femme épatante, une voiture épatante, un yacht épatant.

ripple[1] [ripl], *s.* *Tex:* Drège *f*; égreneuse *f* (pour le lin); égrugeoir *m*.

ripple[2], *v.tr.* *Tex:* Dréger, égrener, égruger (le lin).

rippling[1], *s.* Égrenage *m*, égrugeage *m* (du lin).

'rippling-comb, *s.* *Tex:* = RIPPLER.

ripple[3], *s.* **1.** (*a*) Ride *f* (sur l'eau); ondulation *f*. *Nau:* **Cross ripple,** revolin *m* de lame. (*b*) Gazouillement *m* (d'un ruisseau); léger clapotis (de l'eau). **2.** (*In hair*) Ondulation. **3.** *Ph:* Série *f* d'ondes. **4.** (*a*) Murmure(s) *m*(*pl*) (de conversation). (*b*) **A ripple of laughter** *was heard*, des rires perlés se firent entendre, une vague de rire se fit entendre. *Long ripples of laughter*, de longues fusées de rires.

'ripple-cloth, *s.* *Tex:* Ondulé *m* de laine.

'ripple-mark, *s.* Ride laissée sur le sable (par la marée, etc.). *Geol:* Ripple-mark *m*, *pl.* ripple-marks; sillon ondulé.

'ripple-plate, *s.* Tôle ondulée.

'ripple-silk, *s.* *Tex:* **Ripple-silk fabric,** cloqué *m* de soie.

ripple[4]. **1.** *v.i.* (*a*) (*Of sea, lake*) Se rider. (*b*) (*Of corn, hair*) Onduler, ondoyer; (*of hair*) former des ondulations. (*c*) *The river rippled onwards towards the sea*, le fleuve coulait en ondoyant vers la mer. (*d*) (*Of brook*) Murmurer, gazouiller; (*of the tide*) clapoter; (*of laughter*) perler; partir en fusées. **2.** *v.tr.* (*Of wind, etc.*) Rider (l'eau, le sable).

rippled, *a.* Ridé, ondulé.

rippling[2], *a.* **Rippling stream,** ruisseau murmurant, gazouillant. **Rippling laughter,** rires perlés.

rippling[3], *s.* **1.** Rides *fpl*, ondulations *fpl*. **2.** Gazouillement *m*, clapotis *m* (de l'eau).

rippler ['riplər], *s.* *Tex:* = RIPPLE[1].

ripply ['ripli], *a.* (*Of water, sand*) Couvert de rides.

rip-rap[1] ['riprap], *s.* **1.** *A:* Pétarade *f* (de feux d'artifice, etc.). **2.** *Civ.E:* *Hyd.E:* Enrochement *m* (d'un fond boueux, etc.).

rip-rap[2], *v.tr.* *Civ.E:* *Hyd.E:* Enrocher.

rip-rapping, *s.* Enrochement *m*.

rip-roaring ['riprɔəriŋ], *a.* *U.S:* **1.** (*Of pers.*) Vigoureux, robuste. **2.** (*Of welcome, rejoicing, etc.*) Tumultueux, tapageur.

Ripuarian [ripju'ɛəriən], *a.* & *s.* *Hist:* **The Ripuarian Francs, the Ripuarians,** les Francs *m* ripuaires, les Ripuaires *m*. *The R. code of law*, la loi ripuaire.

rise[1] [raiz], *s.* **1.** (*a*) Ascension *f* (d'un ballon, de vapeurs, etc.). **Rise of day,** l'aube *f*. *Th:* **Rise of the curtain,** lever *m* du rideau. *See also* SUNRISE. (*b*) *Ven:* **To shoot a bird on the rise,** tirer un oiseau au cul levé. *Fish:* (*Of fish*) **To be on the rise,** moucheronner; monter à la mouche. *I haven't had a r. all day*, ça n'a pas mordu, je n'ai pas eu une touche, de toute la journée. *F:* **To take, get, a rise out of s.o.,** (i) berner qn; mystifier qn; *F:* faire marcher qn; se payer la tête, la figure, de qn; (ii) faire monter qn; mettre qn en colère. *You can't get a r. out of him*, (i) on ne la lui fait pas; (ii) il ne perd jamais son sang-froid; rien ne le démonte. **2.** (*a*) Montée *f*, côte *f* (de route); rampe *f*. **Rise in the ground,** exhaussement *m* du terrain; (*sharp*) ressaut *m* de terrain. *Mth:* **Rise of a curve,** pente *f* d'une courbe. (*b*) Éminence *f*, élévation *f*. *Church standing on a r.*, église située sur une hauteur. (*c*) *Oc:* Seuil (sous-marin). **3.** (*a*) *Arch:* *Civ.E:* Flèche *f*, hauteur sous clef (d'un arc, d'une voûte); rampant *m* (d'une voûte). (*b*) **Rise of step,** (i) hauteur de marche; (ii) = RISER 2 (*a*). (*c*) *Metalw:* **Rise of the steam-hammer,** volée *f* du marteau. (*d*) *Geol:* Inclinaison *f* (d'une couche géologique). (*e*) *N.Arch:* Relevé *m*, relèvement *m*, acculement *m* (d'une varangue). **4.** *Min:* Montage *m*, remontage *m*, remonte *f*, remontée *f* (des travaux). **5.** (*a*) Crue *f* (des eaux); flot *m*, flux *m* (de la marée); hausse *f* (du baromètre); élévation *f*, relèvement (de température); augmentation *f*, accroissement *m* (de pression). **The rise of the tide,** la montée de l'eau. **Amount of rise** *of a tide*, apport *m* d'une marée. *R. in level* (*of river above dam*), remous *m*. **Rise and fall of the sea,** flot et jusant *m*, flux et reflux *m*, de la mer. **Perceptible rise in temperature,** relèvement sensible de la température. *Sudden r. of temperature*, saut *m* de température. *El.E:* **Volt rise, pressure rise,** surtension *f*; augmentation de tension; à-coup *m* de tension. (*b*) Augmentation, élévation, hausse (de prix); augmentation (de salaire); renchérissement *m* (des denrées). **The rise in the price of wheat,** la hausse du prix du blé, le renchérissement du blé. **Rise in value** *of a possession*, appréciation *f* d'un bien; plus-value *f*. **Rise in the bank rate,** relèvement du taux de l'escompte. **Food prices are on the rise,** le prix des denrées, le coût de la vie, est en hausse. *His fortunes are on the r.*, *F:* ses actions *f* remontent. *St.Exch:* **To speculate on the rise,** jouer à la hausse. **To ask (one's employer) for a rise,** demander une augmentation. (*c*) *Mus:* *R. of half a tone*, hausse d'un demi-ton. **6.** Avancement *m*; élévation (en rang). **The rise of Napoleon,** l'essor *m* de Napoléon. *After this r. in life*, après s'être ainsi élevé à un rang supérieur. **Rise and fall of an empire,** grandeur *f* et décadence *f* d'un empire. *See also* IRISHMAN. **7.** Source *f* (d'un fleuve, etc.); commencement *m*, naissance *f*, origine *f*. (*Of river*) **To have, take, its rise in . . .,** avoir son origine, prendre sa source, dans. . . . **To give rise to sth.,** faire naître, engendrer, produire, occasionner, qch.; donner lieu, donner naissance, à qch. *Privilege that gives r. to abuses*, privilège *m* qui prête, qui donne lieu, aux abus. *Bacteria that give r. to fermentation*, bactéries *f* qui provoquent la fermentation. *To give r. to difficulties*, faire surgir des difficultés; entraîner, susciter, des difficultés. *To give r. to comment(s), to dissatisfaction*, provoquer des commentaires, le mécontentement. *It would give r. to misunderstandings*, cela donnerait lieu à des malentendus.

rise[2], *v.* (*p.t.* rose [rouz]; *p.p.* risen ['riz(ə)n]) **I.** *v.i.* **1.** (*a*) **To rise (to one's feet),** se lever; se mettre debout; (*after kneeling, after a fall*) se relever; se remettre debout. **He fell never to rise again,** il tomba pour ne plus (jamais) se relever. *To r. from one's seat*, se lever (de son siège). **To rise (up) from table,** se lever de table. *I have just risen from table*, je sors de table. **On rising from table . . .,** au sortir de table. . . . **To rise at an actor,** (se lever pour) saluer un acteur d'acclamations. **The horse rose on its hind legs,** le cheval se dressa sur ses pieds de derrière; le cheval se cabra. *The hair rose on his head*, ses cheveux se dressèrent sur sa tête. *See also* ORDER[1] 5. (*b*) **The House rose at five o'clock,** la Chambre a levé la séance à cinq heures. **Parliament will rise next week,** le Parlement doit s'ajourner, entrera en vacances, la semaine prochaine. (*c*) **To rise early, late,** se lever tôt, tard. *See also* LARK[1] 1. (*d*) **To rise (again) from the dead,** ressusciter des morts. *Risen from the dead*, ressuscité des morts, d'entre les morts. **Christ is risen,** le Christ est ressuscité. *He looks as though he had risen from the grave*, il a l'air d'un déterré, il a une mine de déterré. *Town that rises from its ashes*, ville qui renaît de ses cendres. **2. To rise (in revolt),** se soulever, se révolter (*against*, contre). *The whole country had risen*, tout le pays était en révolte. **To rise (up) in arms,** prendre les armes. *My soul rises against the idea*, mon âme se révolte à, contre, cette idée. *My whole being rises in anger against him*, tout mon être se soulève de colère contre lui. *See also* GORGE[1] 1. **3.** (*a*) (*Of sun, star*) Se lever; (*of smoke, mist, balloon*) monter, s'élever. *We saw the sun rise*, nous avons vu lever le soleil. (*b*) **To rise off the ground,** quitter le sol. *Av:* **The plane tends to rise,** l'avion pousse dans la main. **To rise in the saddle, in the stirrups,** trotter à l'anglaise; faire du trot enlevé. **To rise to the surface,** monter à la surface. *A drowning man rises three times*, une personne qui se noie remonte trois fois à la surface. (*c*) (*Of fish*) **To rise to the bait,** monter à la mouche; moucheronner; mordre. *See also* BAIT[1] 1, FLY[1] 1. *F:* (*Of pers.*) **To rise to it,** se laisser provoquer; riposter à une provocation. *He did not r. to it*, il laissa passer l'occasion. (*d*) *Ven:* (*Of game*) **To rise,** se lever, partir, s'envoler. (*e*) *Murmur rising from the crowd*, rumeur *f* qui se dégage de la foule. **4.** (*a*) (*Of ground, road, etc.*) Monter, s'élever. *The building is rising gradually*, l'édifice s'élève peu à peu. **The dough does not rise,** la pâte ne lève pas, ne bouffe pas. **Blisters rose on his hands,** ses mains se couvraient d'ampoules. **The tide is rising,** la marée monte. **The sea is rising,** (i) la mer monte; (ii) la mer devient grosse, s'agite; *Nau:* la mer se creuse. *The river has risen*, la rivière est en crue. **The barometer is rising,** le baromètre monte, remonte, est à la hausse. *The thermometer rose above* 92°, le thermomètre a dépassé 33°. **Tears rose to my eyes,** les larmes me vinrent, me montèrent, aux yeux. **To rise and fall,** monter et retomber, monter et s'abaisser, s'élever et s'abaisser; (*of the breast*) palpiter, haleter. *The boat rose and fell on the water*, le bateau se balançait sur l'eau. *Nau:* (*Of ship*) **To rise with the sea,** s'élever à la lame. (*b*) *Trees rising a hundred feet above the plain*, arbres *m* qui s'élèvent à cent pieds au-dessus de la plaine. **In the distance rises a castle,** au loin s'élève, se dresse, un château. *Steeples r. on all sides*, partout les clochers pointent. (*c*) **A picture rises in my mind,** une image se présente à mon esprit. *A building rose to view*, un bâtiment se présenta à la vue. *Nau:* **The ship is rising from the water, on the horizon,** le navire sort de l'eau, s'élève à l'horizon. (*d*) (*Of wind*) (i) Se lever; (ii) croître, forcer. **The wind is rising,** (i) le vent s'élève; (ii) le vent force. **Her colour rose,** sa rougeur croissait; ses joues s'empourpraient, s'empourprèrent. **His hopes are beginning to rise,** ses espérances commencent à croître; l'espérance lui vient. *His spirits are rising*, il se sent de plus en plus en verve; son moral se remonte. **His voice rose** *as he saw their faces lengthening*, sa voix s'élevait, devenait plus aiguë, son ton montait, à mesure qu'il voyait s'allonger les visages. (*e*) (*Of prices*) Monter, hausser. **Prices are rising,** les prix sont à la hausse, sont en hausse. *Prices have risen considerably*, les prix ont subi une forte hausse. **Everything has risen in price,** tout a augmenté de prix. *Meat is rising* (*in price*), la viande renchérit. *Sugar rose to five francs a pound*, le prix du sucre s'éleva à cinq francs la livre; le sucre a monté, est monté, à cinq francs la livre. **5.** (*a*) **To rise above vanity,** être au-dessus de la vanité. *To r. above events*, se montrer supérieur aux événements. (*b*) *The horse rose at the fence*, le cheval s'enleva pour franchir l'obstacle. *F:* **To rise to the occasion,** s'élever à la hauteur des circonstances; se montrer à la hauteur de la situation. *F:* **I can't rise to it,** (i) je ne me sens pas d'humeur à le faire; (ii) je n'ai pas la force de le faire; (iii) je n'ai pas les moyens de le faire. *See also* EMERGENCY. **6. To rise in the world, in life,** faire son chemin; parvenir. *To r. to wealth*, parvenir à l'opulence. **To rise to be a colonel,** monter au grade de colonel. *He rose to be a partner*, il arriva à être associé. **To rise in s.o.'s esteem,** monter, croître, dans l'estime de qn. *To be rising is more agreeable than to have risen*, il est plus agréable de monter que de se trouver sur le faîte. *To r. by merit only*, réussir par son seul mérite. He rose **from nothing,** il est parti de rien. *See also* RANK[1] 1. **7.** (*Of river*) Prendre sa source (*at*, à; *in*, dans). *The quarrel rises from a misapprehension*, la querelle a son origine dans un malentendu, provient d'un malentendu, est née d'un malentendu.

II. rise, *v.tr.* **1.** (*a*) *Ven:* **To rise a bird,** lever, faire lever, faire partir (un faisan, une perdrix). (*b*) *Fish:* *I couldn't r. a fish*, le poisson n'a pas mordu; je n'ai pas eu une touche (de la journée). **2.** *Nau:* **To rise a ship,** voir sortir un navire de l'eau. *To r. a coast, a lighthouse*, élever une côte, un phare.

rising[1], *a.* **1.** (Soleil) levant; (brume) qui s'élève. *See also* SUN[1]. **2.** (*a*) (Route) qui monte; (baromètre, température) en hausse. **Rising ground,** élévation *f* de terrain; éminence *f*. *Rail:* **Rising gradient,** rampe *f*. **Rising tide,** marée montante. (*b*) *Arch:* **Rising arch,** voûte rampante. (*c*) **Rising main,** (i) *Plumb:* conduite montante; (ii) *Min:* colonne d'exhaure. (*d*) *Mec.E:* *Ind:* **Rising table,** table *f* à hauteur variable. (*e*) *N.Arch:* **Rising floor-timbers,** varangues acculées. **Rising wood,** contre-quille *f*, *pl.* contre-quilles. **Rising line,** ligne *f* des façons. (*f*) *Phot:* **Rising**

front, objectif à décentration *f*, à décentrement *m*, en hauteur. 3. (*a*) (Vent) qui se lève; (colère) qui croît, qui monte; (colère) croissante. **Rising colour,** rougeur croissante. *R. importance*, importance croissante. (*b*) **Rising price,** prix croissant, en hausse. **Rising market,** marché orienté à la hausse. *The market shows a r. tendency*, le marché accuse une tendance à la hausse. 4. **Rising man,** homme *m* d'avenir, qui fait son chemin. **Rising genius,** *Lit:* génie *m* à son orient. 5. **The rising generation,** la nouvelle, la jeune, génération. 6. (*a*) **To be rising five,** (*of horse, F: of child*) aller sur (ses) cinq ans; prendre cinq ans. (*b*) *U.S:* **Rising ten thousand,** à peu près dix mille. **Rising of ten thousand,** plus de dix mille.

rising², *s.* 1. (*a*) Lever *m* (du rideau). (*b*) Levée *f*, clôture *f* (d'une assemblée). **Upon the rising of the House,** quand la Chambre se leva. *Upon the r. of Parliament*, quand le Parlement entra en vacances. (*c*) **Not to like early rising,** ne pas aimer à se lever tôt. (*d*) **Rising again, rising from the dead,** résurrection *f*. 2. (*a*) Ameutement *m*, insurrection *f*, révolte *f*, soulèvement *m*. *R. of the people*, mouvement *m* populaire. (*b*) **Rising of the stomach,** soulèvement de cœur. 3. (*a*) Lever, ascension *f* (d'un astre). (*b*) *Ven:* Envol *m* (de gibier). 4. (*a*) Éminence *f*; élévation *f* (de terrain). (*b*) Hausse *f*, ascension (du baromètre); crue *f* (des eaux); ascension, poussée *f*, montée *f* (de la sève). **Rising and falling,** mouvement de hausse et de baisse, de montée et de descente. (*c*) *Nau:* **Rising of the floor-timbers,** acculement *m*, relevé *m*, des varangues. 5. *Med: F:* Furoncle *m*, clou *m*, bouton *m*, ampoule *f*, etc. 6. Élévation, avancement *m* (en rang).

riser ['raizər], *s.* 1. (*Pers.*) **Early riser,** (i) personne matinale; (ii) *F:* malin *m*. *To be an early r.*, être matineux, matinal; (avoir l'habitude de) se lever de bonne heure, de bon matin, de grand matin. 2. (*a*) *Const:* (Ais *m* de) contremarche *f*; devant *m* de la marche (d'un escalier). (*b*) *Bootm:* Gorge *f* (du talon). 3. (*a*) *Ind:* Canalisation ascendante; tuyau *m* de montée; colonne montante. (*b*) *Metall:* (i) (Trou *m* d')évent *m*; (ii) baguette *f* de coulée.

risibility [rizi'biliti], *s.* Faculté *f* de rire; disposition *f* à rire; risibilité *f*.

risible ['rizibl], *a.* 1. (*a*) *A:* Rieur, -euse; disposé au rire. (*b*) *The r. faculty*, la faculté du rire. 2. Risible, dérisoire, ridicule.

risk¹ [risk], *s.* (*a*) Risque *m*, péril *m*, aléa *m*, hasard *m*. **The risks of an undertaking,** les aléas d'une entreprise. *This business is full of risks*, ce genre d'affaires comporte beaucoup de risques. **The risks of war,** les hasards de la guerre. *There is the r. of his catching cold*, il risque de s'enrhumer. *There is the r. of his being taken in*, il court le risque d'être filouté. *There is some r. in waiting*, il y a du risque à attendre. **To run, incur, a risk,** courir un risque. *To run the r. of losing everything*, courir le risque, risquer, de tout perdre. **To take risks,** courir des risques. *Mind you don't take too many risks*, prenez garde de trop vous exposer, de trop vous aventurer. **It isn't worth the risk,** *F:* ça ne vaut pas le coup. **To take no risks,** *F:* serrer son jeu. *I am not taking any risks*, je ne veux rien risquer. **At the risk of his life,** au risque, au péril, de sa vie. **At one's own risk,** à ses risques et périls. *At the r. of displeasing him*, au risque de lui déplaire. *The vessel was approaching so as to involve r. of collision*, le navire approchait de manière à faire craindre une collision. *See also* OWNER 1. (*b*) *Ins:* **Fire risk,** risque d'incendie. **War risks,** risques de guerre. *Risks and perils of the sea*, **sea risks,** risques et périls de la mer; péril de mer; fortune *f* de mer. **To underwrite a risk,** souscrire, partager, un risque. *See also* TENANT¹.

'risk-money, *s.* *Com:* Fonds *m* pour déficits de caisse.

risk², *v.tr.* Risquer. (*a*) Aventurer, hasarder (qch.). *F:* **To risk one's own skin,** risquer sa peau; payer de sa personne. **To risk everything on one throw,** jouer, risquer, le tout pour le tout; jouer son va-tout. (*b*) **We must risk a battle,** il faut risquer le combat. *I wouldn't r. a crossing in such weather*, je ne me risquerais pas à tenter la traversée par un temps pareil. **I'll risk it,** je vais risquer le coup; risquons le coup. (*c*) **To risk defeat,** courir les chances d'une défaite. **To risk a sprained ankle, to risk breaking one's leg,** risquer, courir le risque, de se donner une entorse, de se casser la jambe. *I can't r. getting a puncture in the middle of the night*, je ne peux courir le risque, les chances, d'une crevaison au milieu de la nuit.

riskiness ['riskinəs], *s.* Risques *mpl* et périls *mpl*; aléas *mpl* (d'une entreprise).

risky ['riski], *a.* 1. Hasardeux, chanceux, aléatoire. 2. (*Of story, etc.*) Risqué, scabreux. *To tell r. stories*, conter des gaillardises *f*. **-ily**, *adv.* D'une manière hasardeuse, chanceuse; hasardeusement; aléatoirement.

rissole ['risoul], *s.* *Cu:* Rissole *f*; attignole *f*.

rite [rait], *s.* Rit(e) *m*, cérémonie *f*. **The Roman rite,** le rite romain; le rit de l'Église romaine. *To die fortified with* **the rites of the Church,** mourir muni des sacrements de l'Église; faire une bonne fin. *The r. of confirmation*, la cérémonie de la confirmation. *Funeral rites, burial rites*, les rites funèbres. *F: With all the customary rites and ceremonies*, dans les formes. **The rites of hospitality,** les rites, les lois *f*, de l'hospitalité. **To carry out the conjugal rites, the nuptial rites,** accomplir l'acte conjugal, les rites conjugaux.

ritornello [ritɔːr'nelo], *s.* *Mus:* Ritournelle *f*.

ritual ['ritjuəl]. 1. *a.* Rituel; selon le rite, selon les rites. 2. *s.* (*a*) Rites *mpl*, cérémonies *fpl*, cérémonial *m*. (*b*) (*Book*) Rituel *m*. **-ally**, *adv.* Selon les rites.

ritualism ['ritjuəlizm], *s.* *Ecc:* Ritualisme *m*, cérémonialisme *m*.

ritualist ['ritjuəlist], *s.* Ritualiste *mf*.

ritualistic [ritjuə'listik], *a.* Ritualiste.

Ritzy ['ritsi], *a.* *U.S: P:* Élégant, chic.

rivage ['raivedʒ], *s.* *Poet:* Rivage *m* (de la mer, etc.).

rival¹ ['raiv(ə)l], *a.* & *s.* (*a*) Rival, -ale, *pl.* -aux, -ales; compétiteur, -trice; concurrent, -ente. (*b*) *His r. in good deeds*, son émule *mf* en bonnes œuvres.

rival², *v.* (rivalled; rivalling) 1. *v.tr.* (*a*) Rivaliser avec (qn, qch.); *occ.* rivaliser (qn). (*b*) *To r. s.o. in good deeds*, être l'émule de qn en bonnes œuvres. 2. *v.i.* Rivaliser (*with*, avec).

rivalize ['raivəlaːiz], *v.i.* Rivaliser (*with*, avec).

rivalry ['raivəlri], *s.* (*a*) Rivalité *f*. *Political r.*, compétition *f* entre partis politiques. **In rivalry with . . .,** concurremment avec . . .; en concurrence avec. . . . *To enter into r. with s.o.*, entrer en rivalité avec qn; *F:* aller sur les brisées de qn. (*b*) Émulation *f*.

rive [raːiv], *v.* (*p.t.* **rived** [raːivd]; *p.p.* **riven** ['riv(ə)n], *occ.* **rived**) 1. *v.tr.* (*a*) Fendre (le bois, la roche, etc.). *Trees riven by the lightning*, arbres éclatés par la foudre. *Lit: It rives my heart*, cela me fend le cœur. *Heart riven by jealousy*, cœur déchiré par la jalousie. (*b*) **To rive sth. from s.o., from sth.,** arracher qch. à qn, de qch. **To rive sth. off, away,** arracher qch. 2. *v.i.* Se fendre; éclater.

riven, *a.* Fendu, éclaté. *R. heart*, cœur déchiré, lacéré.

riving, *s.* Fendage *m*; éclatement *m* (de la pierre).

river¹ ['rivər], *s.* 1. Cours *m* d'eau; (*main r.*) fleuve *m*; (*small r.*) rivière *f*. **The river Thames,** *U.S:* **the Thames river,** (le fleuve de) la Tamise. *The rivers of France*, les cours d'eau de (la) France. **Down the river,** en aval. **Up the river,** en amont. *F:* **To cross the river (of death),** trépasser, mourir; *Lit:* passer l'Achéron. *U.S: P:* **To be up the river,** être en prison. *See also* STREAM¹ 1. **River port,** port fluvial. **River bar,** barre *f* de rivière. **River wall,** bajoyer *m*. **River gunboat,** canonnière fluviale. *River molluscs*, mollusques fluviaux, fluviatiles. *River meadow*, prairie *f* le long de la rivière. *See also* LAMPREY, POLICE¹. 2. Coulée *f* (de lave, etc.); flot *m*, fleuve (de sang). *Typ:* **River** (*of white running down the page*), rue *f*. 3. *Lap:* **Diamond of the finest river, diamond extra river,** diamant *m* de la plus belle eau.

river-'bank, *s.* Bord *m* de la rivière, du fleuve.

river-'basin, *s.* *Ph.Geog:* Bassin fluvial, *pl.* bassins fluviaux.

river-'bed, *s.* Lit *m* de rivière.

'river-borne, *a.* (Charbon, etc.) transporté par voie d'eau.

'river-driver, *s.* (*Pers.*) Flotteur *m* (de trains de bois).

'river-fish, *s.* Poisson *m* d'eau douce, de rivière.

'river-god, *s.* *Myth: Art:* Fleuve *m*.

river-'head, *s.* Source *f*. *To go up to the r.-h.*, remonter la rivière jusqu'à la source.

'river-horse, *s.* 1. Hippopotame *m*. 2. *Scot:* = KELPIE 1.

'river-keeper, *s.* Garde-pêche *m*, *pl.* gardes-pêche.

'river-pearl, *s.* Perle *f* (de moule) d'eau douce.

'river-sand, *s.* Sable *m* de rivière; sable fluviatile.

'river-watcher, *s.* = RIVER-KEEPER.

river² ['raivər], *s.* (*Pers.*) Fendeur *m* (de bois, de pierre).

riverain ['rivərein], *a.* & *s.* Riverain, -aine.

rivered ['rivərd], *a.* (*With adj. or adv. prefixed*) **The best-rivered country,** le pays le mieux arrosé (par des cours d'eau). **Slow-rivered country,** pays où les rivières coulent lentement, sont lentes.

riverine ['rivərain], *a.* 1. Riverain. *R. plants*, plantes riveraines. 2. De la rivière; fluvial, -aux.

riverman, *pl.* **-men** ['rivərmən, -men], *s.m.* Batelier; marinier (d'eau douce).

riverside [rivər'said], *s.* 1. Bord *m* de l'eau; rive *f*. 2. *Attrib.* ['rivərsaid] **Riverside inn,** auberge située au bord de la rivière. **Riverside police,** agents plongeurs.

rivet¹ ['rivit], *s.* 1. (i) Rivet *m*; (ii) clou *m* à river. **To drive a rivet,** placer un rivet. **Clinch rivet,** rivet bifurqué, à clin. **Rivet head,** tête *f* de rivet. *Snapped r. head*, tête de rivet bouterollée, en goutte-de-suif. *See also* COUNTERSINK² 2. 2. (*For china*) Attache *f*.

'rivet-hearth, *s.* *Metalw:* Forge *f* à chauffer les rivets.

'rivet-joint, *s.* *Metalw:* Assemblage *m* par rivets, à rivets.

'rivet-plate, *s.* *Metalw:* Contre-rivure *f*; rosette *f*.

'rivet-punch, -set, -snap, *s.* *Metalw:* Chasse-rivet(s) *m inv*; bouterolle *f*.

'rivet-washer, *s.* = RIVET-PLATE.

rivet², *v.tr.* (rivet(t)ed; rivet(t)ing) (*a*) River (un clou); river, riveter, clouer (deux plaques de tôle). **To rivet over** *the head of a bolt*, bouteroller, aplatir, la tête d'un boulon. *Nau:* **To rivet on** *planking*, coudre des planches. *Bootm:* **To rivet on the sole,** clouer la semelle. (*b*) *F:* **To rivet one's eyes on s.o.,** river, attacher, son regard sur qn; fixer qn des yeux. **To rivet the attention,** fixer, retenir, attacher, capter, l'attention. *To r. a friendship*, sceller une amitié. **To be riveted to a task,** être rivé à une tâche.

rivet(t)ed, *a.* Rivé, riveté, cloué. **Riveted together,** assemblé à rivets. **Cold-riveted,** rivé à froid. *F: R. errors*, erreurs ancrées dans l'esprit.

rivet(t)ing, *s.* 1. (*a*) Rivetage *m*. *Pneumatic r.*, rivetage à air comprimé. *See also* CROSS-RIVETING, LAP-RIVETING. (*b*) *Bootm:* Clouage *m*, clouure *f* (des semelles). 2. Rivure *f*. *Poor r.*, rivure défectueuse.

'riveting-die, *s.* *Tls:* Bouterolle *f*.

'riveting-hammer, *s.* *Tls:* Rivoir *m*; matoir *m*; marteau *m* à river; marteau-riveur *m*, *pl.* marteaux-riveurs.

'riveting-machine, *s.* Machine *f* à river; riveteuse *f*, riveuse *f*.

riveter ['rivitər], *s.* 1. (*Pers.*) Riveur *m*. 2. Riveuse *f*; riveteuse *f*; rivoir *m*; machine *f* à river.

rivetless ['rivitləs], *a.* (Châssis *m*, etc.) sans rivets.

Riviera (the) [ðərivi'ɛərə]. *Pr.n. Geog:* La Riviera; la Rivière de Gênes; la Côte d'Azur.

rivière [ri'vjɛər], *s.* Rivière *f* de diamants.

rivulet ['rivjulet], *s.* 1. (*a*) Ruisseau *m*; petit cours d'eau. (*b*) *F:* Petit filet (d'intelligence, etc.). 2. *Ent:* Emmélésie *f*.

rix-dollar ['riksdɔlər], *s.* *Num: A:* Rixdale *f*.

riziform ['rizifɔːrm], *a.* Riziforme.

roach¹ [routʃ], *s.* *Ich:* Gardon *m*. *F:* **To be as sound as a roach,** se porter à merveille; *A:* être sain, frais, comme un gardon.

roach[2], *v.tr. U.S:* Couper en brosse (la crinière d'un cheval).
roach[3], *s. Nau:* Échancrure *f* (du bas d'une voile).
roach[4], *s. U.S:* = COCKROACH.
road[1] [roud], *s.* **1.** Route *f*, chemin *m*, voie *f*; (*in towns often* = *street*) rue *f*. (*a*) **Across the road,** de l'autre côté de la route ou de la rue. *Metalled r.*, route empierrée. *Paved r.*, chaussée (pavée). **Road of a bridge,** tablier *m* d'un pont. *Adm:* **Roads and bridges,** ponts *m* et chaussées *f*. **High road, main road,** grand chemin, grande route. **Local road,** chemin vicinal. *Aut:* **The Great West Road,** l'Autostrade *m or f* de l'ouest. *Adm:* **The high roads,** la grande voirie. **Accommodation roads,** chemins de terre. **Adopted road,** route entretenue par la municipalité ou l'État. **Road making,** construction *f* de routes; construction routière. **Road transport,** transports routiers, par route; charriage *m*. *R. accidents*, accidents *m* de la circulation. *R. measurements*, mesures *f* itinéraires. *R. budget*, budget routier. *Mil:* **Strategic road, military road,** route stratégique. **Main communication road,** route d'étapes. *See also* BRIDLE-ROAD, BY-ROAD, CARRIAGE-ROAD, CART-ROAD, CORDUROY[1], FARM-ROAD, REPAIR[3] 1, SIDE-ROAD, TRAFFIC[1] 2, UP[1] I. 2. (*b*) **The road to London,** la route de Londres. **To take the road,** se mettre en route; partir. *A:* **To take to the road,** se faire voleur de grand chemin. **To be on the road to a town,** être en route pour une ville. **To be on the road,** (i) être en route, en chemin; (ii) *Com: F:* être commis voyageur; voyager; (iii) *Com:* (*of traveller*) être en tournée. **He is on the right road,** il est dans la bonne voie. **The road to success,** la voie, la carrière, du succès. **The (high) road to crime, to beggary,** le chemin du crime, de l'hôpital. *To be on the (high) r. to success*, être en (bonne) voie, en (bonne) passe, de réussir; *F:* avoir le vent en poupe. *To be on the (high) r. to fortune*, être en train de faire fortune. *To be on the (high) r. to recovery*, être en (bonne) voie de guérison. **There is no royal road to proficiency,** on n'arrive pas sans peine à la compétence. *See also* INTENTION 1. (*c*) Voie, chemin. **To obstruct s.o.'s road,** barrer le chemin à qn. *Rail:* **To whistle for the road,** demander la voie; siffler au disque. **2.** Chaussée. *To step into the r.*, prendre un pas sur la chaussée; quitter le trottoir. **Car that holds the road well,** voiture *f* qui tient bien la route. **Road-holding qualities,** tenue *f* de route (d'une auto). *See also* RULE[1] 1. **3.** *Min:* Galerie *f*, voie. *See also* DRAWING-ROAD, STALL ROAD. **4.** *Nau:* (*Usu. pl.*) **Roads,** rade *f*. **Outer road,** rade extérieure; avant-port *m*. **In the roads,** en rade. *To leave the road(s)*, dérader. *Roads well sheltered from the north*, bonne rade du nord. **5.** *U.S:* Chemin de fer; voie ferrée.
'**road-bank,** *s.* Accotement *m* (d'une route).
'**road-bearer,** *s.* Poutrelle *f* (de pont de bateaux).
'**road-bed,** *s. Civ.E:* (*a*) Assiette *f*, encaissement *m* (de la route); plate-forme *f*, *pl.* plates-formes. (*b*) *Rail:* Superstructure *f* (de la voie); terre-plein *m*, *pl.* terre-pleins.
'**road-book,** *s.* Itinéraire *m*; guide routier.
'**road-breaking,** *s.* Défoncement *m*, défonçage *m*, des routes.
'**road-builder,** *s.* Constructeur *m* de routes.
'**road-clearance,** *s. Veh: esp. Aut:* = GROUND-CLEARANCE.
'**road-crossing,** *s.* Croisée *f* de routes; croisement *m*, carrefour *m*.
'**road-engine,** *s.* Machine routière; (locomotive) routière *f*.
'**road-hog**[1], *s. F:* Écraseur *m*, chauffard *m*.
road-hog[2], *v.i.* (-hogged; -hogging) *F:* Brûler le pavé; rouler à une allure folle.
'**road-house,** *s.* Auberge *f*, hôtel *m*; *esp.* hôtellerie en bord de route avec piscine, dancing, etc., fréquentée par les automobilistes.
'**road-labourer,** *s.* Cantonnier *m*.
'**road-maker,** *s.* (*a*) Constructeur *m* de routes. (*b*) Travailleur *m* de la voirie.
'**road-making,** *s.* Construction *f*, confection *f*, des routes.
'**road-map,** *s.* Carte routière.
'**road-master,** *s.m. Rail:* Brigadier-poseur, *pl.* brigadiers-poseurs.
'**road-mender,** *s.* Cantonnier *m*; travailleur *m* de la voirie.
'**road-metal,** *s.* Matériaux *mpl* d'empierrement pour routes; caillasse *f*, cailloutis *m*.
'**road-metalling,** *s.* Cailloutage *m*.
'**road-post,** *s.* **1.** Poteau indicateur. **2.** Poste militaire situé sur une route.
'**road-race,** *s. Sp:* Course *f* sur route. *Long road-race*, randonnée *f*.
'**road-racer,** *s. Cy:* Bicyclette *f* de course sur route.
'**road-ready,** *a.* Prêt à se mettre en route.
'**road-roller,** *s. Civ.E:* Rouleau compresseur.
'**road-scraper,** *s.* Rabot *m* d'ébouage; éboueur *m*.
'**road-sense,** *s. Aut: etc:* Sens *m* pratique de la conduite sur route, des dangers de la route; sens de la route.
'**road-surveyor,** *s.* Agent voyer. *District r.-s.*, (chef) cantonnier *m*.
'**road-traction,** *s.* Traction *f* par voie de terre.
'**road-trials,** *s.pl. Cy: etc:* Compétitions routières.
'**road-weary,** *a.* Fatigué par une longue marche.
road[2], *v.tr. Ven:* (*Of dog*) **To road (up) the game,** suivre le gibier (ailé) à la piste; suivre la piste du gibier.
roadman, *pl.* **-men** ['roudmən, -men], *s.m.* **1.** Travailleur de la voirie; cantonnier. **2.** Commis voyageur qui visite les maisons particulières; *Ins:* démarcheur.
roadside [roud'said], *s.* **1.** Bord *m*, bas-côté *m*, côté *m*, de la route, de la chaussée; *Civ.E:* accotement *m* de la route. **2.** *Attrib.* ['roudsaid] **Roadside inn,** auberge située au bord de la route. *R. flowers*, fleurs *f* des chemins. *Aut:* **Roadside repairs,** réparations *f* de fortune; dépannage *m*.
roadstead ['roudsted], *s. Nau:* Rade *f*. **Open roadstead,** rade foraine, ouverte. *Sheltered r.*, *closed r.*, rade-abri *f*, *pl.* rades-abris; rade fermée, abritée. **Outer roadstead,** grand'rade *f*. *To leave the r.*, dérader.
roadster ['roudstər], *s.* **1.** *Nau:* Navire *m* en rade, à l'ancre. **2.** Cheval *m*, -aux, de fatigue. **3.** Bicyclette *f* ou voiture *f* de route; machine routière; roadster *m*. **4.** *A:* (*Pers.*) **Old roadster,** vieux routier.
roadway ['roudwei], *s.* **1.** Chaussée *f*. **2.** (*a*) Passage *m* carrossable. (*b*) Voie *f*, tablier *m*, plancher *m*, aire *f* (de pont). (*c*) Voie (de mine).
roadworthy ['roudwərði], *a.* (*Of vehicle*) En état de faire le voyage; en état de marche.
roam[1] [roum], *s.* **To go for a (half-hour's) roam,** faire une promenade, flâner (pendant une demi-heure). *I had a r. through the town*, j'ai parcouru, visité, la ville un peu au hasard.
roam[2]. **1.** *v.i.* Errer, rôder. **To roam about,** (i) battre du pays; (ii) se promener de-ci de-là. *To r. about the world*, courir le monde; vadrouiller, rouler, par le monde; rouler sa bosse. **2.** *v.tr.* Errer par, parcourir (les rues, etc.). **To roam the seas,** *F:* sillonner les mers.
roaming[1], *a.* Errant, vagabond.
roaming[2], *s.* Course errante; course à l'aventure. *After years of r.*, après avoir passé des années à rouler par le monde, à courir le monde.
roamer ['roumər], *s.* Vagabond *m*; nomade *m*; *P:* vadrouilleur; roule-ta-bosse *m inv.*
roan[1] [roun]. **1.** *a.* Rouan. **2.** *s.* (Cheval) rouan *m*; vache rouanne. **Red roan,** (cheval) aubère *m*.
roan[2], *s. Bookb:* Basane *f*.
roar[1] ['rɔːər], *s.* **1.** (*a*) (*Of pers.*) Hurlement *m*; rugissement *m*, vocifération *f*; grands cris. **Roars of laughter,** grands éclats de rire. **To set the table, the company, in a roar,** faire rire aux éclats la table, toute la société; exciter l'hilarité bruyante de tous les convives; (*of remark, etc.*) déclencher un fou rire. (*b*) Rugissement (du lion); mugissement *m* (du taureau). **2.** Grondement *m* (de canon, de tonnerre); mugissement *m* (de la mer); clameurs *fpl* (du vent, de la tempête); ronflement *m*, brondissement *m* (d'un fourneau). *The waves break with a r.*, les lames *f* se brisent avec fracas. *P:* **Everything went with a roar,** tout a marché comme sur des roulettes; ç'a été un succès fou.
roar[2]. **1.** *v.i.* (*a*) (*Of pers.*) Hurler, rugir, vociférer. **To roar with pain,** hurler de douleur. *To r. with anger*, rugir de colère. *See also* LAUGHTER. (*b*) (*Of lion*) Rugir; (*of bull*) mugir. (*c*) (*Of thunder, storm*) Gronder; (*of cannon*) tonner; (*of sea*) mugir; (*of fire*) ronfler; (*of stove*) brondir. **A motor car roared by,** une auto a passé en ronflant. (*d*) *Vet:* (*Of horse*) Corner. **2.** *v.tr.* (*a*) **To roar (out) an order, a chorus,** hurler, vociférer, un ordre; beugler, brailler, un refrain. (*b*) **To roar s.o. down,** réduire qn au silence par des hurlements. (*c*) **To roar oneself hoarse,** s'enrouer, se casser la voix, à force de hurler.
roaring[1], *a.* **1.** (*a*) (Homme) hurlant; (lion) rugissant; (taureau) mugissant. (*b*) (Tonnerre) grondant; (feu) ronflant; (vent) mugissant. *We were sitting in front of a r. fire*, nous étions assis devant une belle flambée. *Nau:* **The roaring forties,** les parages océaniques situés entre les 40e et 50e degrés de latitude nord. (*c*) *A r. audience, a r. house*, un auditoire, une salle, qui se tord de rire, qui rit aux éclats. (*d*) *Vet:* **Roaring horse** = ROARER 2. **2.** *F:* **What a roaring time I had!** ce que je me suis amusé! **To do a roaring trade,** faire un gros commerce; faire des affaires superbes, des affaires d'or. *The quack was doing a r. trade*, le charlatan écoulait rapidement sa marchandise. *R. health*, santé florissante. *Scot:* **The roaring game,** le curling.
roaring[2], *s.* **1.** = ROAR[1]. **2.** *Vet:* Cornage *m*.
roarer ['rɔːrər], *s.* **1.** Braillard *m*. **2.** *Vet:* (Cheval) cornard *m*, corneur *m*, souffleur *m*. **3.** *U.S:* Puits jaillissant. **4.** *U.S: P:* Quelque chose d'épatant.
roast[1] [roust], *s.* **1.** *Cu:* Rôti *m*, *F:* rosbif *m*; *A:* rôt *m*. *A r. of veal*, un rôti de veau; *F:* un rosbif de veau. *F:* **He rules the roast,** il a la haute main; c'est lui le maître; il fait la loi chez lui; *F:* il fait la pluie et le beau temps chez lui. **2.** **To give sth. a good roast,** bien rôtir qch.; bien griller qch. **3.** **A roast of ore,** une fournée de minerai (soumis au grillage).
roast[2], *v.* (*p.p. in compound tenses* **roasted,** *as attrib. a.* **roast**) **1.** *v.tr.* (*a*) Rôtir, faire rôtir (la viande); cuire (la viande) au four; rôtir (des marrons). **Fire fit to roast an ox,** feu *m* à rôtir un bœuf. *F:* **To roast oneself** (*before a fire*), se rôtir; se griller devant le feu. (*b*) *Ind:* Griller, calciner, fritter (le minerai); ressuer (le minerai de plomb, d'argent). (*c*) Griller, brûler, torréfier (le café). (*d*) *F:* Railler, blaguer, berner (qn). **2.** *v.i.* (*a*) (*Of meat, etc.*) Rôtir. (*b*) **I was roasting under the sun,** je grillais sous le soleil.
roast[3], *a. R. meat, r. pork*, viande rôtie, porc rôti. **Roast beef,** rôti *m* de bœuf; rosbif *m*. *Bot: F:* **Roast-beef plant,** iris *m* fétide; iris-gigot *m*.
roasting[1], *a.* (Feu, etc.) brûlant; torréfiant.
roasting[2], *s.* **1.** Rôtissage *m*, cuisson *f* (de la viande). **2.** Grillage *m*, calcination *f*, frittage *m*, fritte *f* (du minerai); ressuage *m* (du minerai de plomb, d'argent). **3.** Torréfaction *f* (du café). **4.** *F:* (*a*) Raillerie *f*. (*b*) Semonce *f*, réprimande *f*; *F:* savon *m*. **To give s.o. a roasting,** (i) blaguer qn sans pitié; (ii) flanquer un savon à qn.
'**roasting-jack,** *s.* Tournebroche *m*.
roaster ['roustər], *s.* **1.** (*Pers.*) Rôtisseur, -euse. **2.** (*a*) *Cu:* Rôtissoire *f*. (*b*) *Metall:* Four *m* à griller; four de grillage (de minerai). (*c*) Brûloir *m*, torréfacteur *m* (à café). **3.** Animal *m*, volaille *f*, à rôtir. **4.** *F:* Journée *f* torride.
rob [rɔb], *v.tr.* (**robbed; robbing**) Voler, détrousser (qn); piller (un verger); *abs. F:* brigander. **To rob s.o. of sth.,** (i) voler, dérober, ravir, qch. à qn; (ii) escroquer, *F:* filouter, qch. à qn. *To rob a tree of its fruit*, dépouiller un arbre. *To rob the till*, voler la caisse. *He was robbed of his money*, on lui a volé, lui a dérobé,

son argent. *F:* **He would rob a church,** il en prendrait sur l'autel. **To rob Peter to pay Paul,** décoiffer saint Pierre pour coiffer saint Paul; déshabiller, découvrir, saint Pierre pour habiller, couvrir, saint Paul; faire un trou pour en boucher un autre. *Min:* **To rob a mine,** écrémer une mine.

robbing, *s.* = ROBBERY.

robands ['roubəndz], *s.pl.* *Nau:* Rabans *m* d'envergure, d'empointure, de faix; envergures *f.*

robber ['rɔbər], *s.* (*a*) Voleur, -euse; dévaliseur, -euse. (*b*) *A:* Voleur de grand chemin; brigand *m.* **Robber chief,** chef *m* de brigands.

'robber-fly, *s.* *Ent:* Asilidé *m,* asile *m.*

robbery ['rɔbəri], *s.* Vol qualifié. **Armed robbery, robbery under arms,** vol à main armée. *A:* **Highway robbery,** vol de grand chemin; brigandage *m.* *To commit highway r.,* voler sur les grands chemins.

robe¹ [roub], *s.* **1.** Robe *f* (d'office, de cérémonie). *Hist:* **The short robe,** la robe courte (des militaires). **The long robe,** la robe longue (des gens de droit et du clergé). **Gentlemen of the robe, the Robe,** les gens *m* de robe; la robe; *F:* les robins *m.* *Magistrates in their robes,* magistrats *m* en robe. *The Coronation robes,* les robes et insignes du sacre (du roi). **Master of the Robes,** grand maître de la garde-robe (du roi). **Mistress of the Robes,** dame d'honneur chargée de la garde-robe (de la reine). **2.** Vêtement *m.* (*Baby's*) **long robe,** maillot anglais. *See also* BATH-ROBE. **3.** *U.S:* Peau de buffle employée comme couverture.

robe². **1.** *v.tr.* (*a*) Revêtir (qn) d'une robe d'office, de cérémonie. *Professors robed in their gowns,* professeurs vêtus de leurs toges. (*b*) *Lit:* *Hills robed in verdure,* collines couvertes de verdure. **2.** *v.i.* Revêtir sa robe, sa toge, etc.

robing, *s.* **1.** *Coll.* Robes *fpl,* vêtements *mpl.* **2.** Action *f* de revêtir (qn), de se revêtir (de sa toge, etc.); revêtissement *m* des robes de cérémonie.

'robing-room, *s.* Vestiaire *m* (d'un juge, etc.).

Robert ['rɔbərt]. **1.** *Pr.n.m.* Robert. *See also* HERB **2**. **2.** *F:* Surnom donné aux agents de police. *Cf.* BOBBY **2**.

Robin ['rɔbin]. **1.** *Pr.n.m.* (*Dim. of Robert*) Robert, Bob. **Robin Goodfellow,** lutin *m* domestique. (*In legend*) **Robin Hood,** Robin Hood, Robin des bois. **2.** *s.* (*a*) *Orn:* **Robin (redbreast),** (i) rouge-gorge *m, pl.* rouges-gorges; *F:* frileux *m,* frileuse *f*; (ii) *U.S:* grive *f* migratoire. (*b*) *Bot:* **Ragged robin,** lychnide *f* des prés; fleur *f* de coucou. (*c*) *See* ROUND ROBIN.

'Robin-'run-(in-)the-'hedge, *s.* *Bot:* *F:* Lierre *m* terrestre.

'robin's-eye, *s.* *Bot:* = *herb Robert, q.v. under* HERB **2**.

robinia [ro'biniə], *s.* *Bot:* Robinier *m.*

roborant ['roubɔrənt, 'rɔ-], *a.* & *s.* *Med:* Fortifiant (*m*); *A:* roboratif (*m*).

robot ['roubɔt], *s.* Automate *m* (du drame "R.U.R" de Tchapek). *Attrib. F:* **Robot distributor,** distributeur *m* automatique. **Robot traffic-lights, traffic robots,** feux *m* de circulation automatiques.

robur(-oak) ['roubər(ouk)], *s.* *Arb:* Chêne *m* rouvre; rouvre *m.*

roburite ['roubərait], *s.* *Exp:* Roburite *f.*

robust [ro'bʌst], *s.* **1.** (*Of pers., faith, etc.*) Robuste, vigoureux, solide. **Robust appetite,** appétit *m* robuste; rude appétit. *He is not r.,* il est d'une santé délicate. *He has grown more r.,* sa santé s'est fortifiée. **2.** (*a*) *Aut:* etc: *R. engine,* moteur *m* rustique. (*b*) *R. exercises,* exercices *m* qui exigent de la vigueur. **-ly,** *adv.* Robustement, vigoureusement.

robustious [ro'bʌstjəs], *a.* *F:* **1.** Robuste, vigoureux, solide. **2.** Violent, bruyant. *R. style,* (i) style de matamore; style ronflant; (ii) style rude, énergique, robuste. **3.** *R. climate,* climat *m* rude. **-ly,** *adv.* **1.** Robustement, vigoureusement, solidement. **2.** Violemment, bruyamment.

robustness [ro'bʌstnəs], *s.* Nature *f* robuste; robustesse *f,* vigueur *f.*

roc [rɔk], *s.* *Myth:* Rock *m.*

rocaille [ro'ka:j], *s.* *Furn:* *A:* Rocaille *f.*

rocambole ['rɔkəmboul], *s.* *Bot:* Rocambole *f*; échalote *f* d'Espagne.

Rochelle [rɔ'ʃel]. *Pr.n.* *Geog:* La Rochelle. *See also* SALT¹ **2**.

rochet ['rɔtʃet], *s.* *Ecc.Cost:* Rochet *m*; surplis *m* à manches étroites.

rock¹ [rɔk], *s.* **1.** (*a*) Rocher *m,* roc *m.* **Built on (the) rock,** bâti sur le roc. *Dwelling cut in the r.,* habitation creusée dans le roc. **Rock island,** rocher isolé. **Rock-face** (*to be climbed*), varappe *f.* (*b*) *Geol:* Roche *f.* *Primitive r.,* roche primitive. *Igneous r.,* roche ignée, pyrogène. **Volcanic rock,** roche d'épanchement. *Min:* **Country rock, wall rock,** roche encaissante. *See also* FLINT, PLUTONIC. **2.** (*a*) **A rock,** un rocher, une roche. *Geog:* *F:* **The Rock,** le rocher de Gibraltar. *Nau:* **To run upon, strike, the rocks,** se jeter sur des roches; donner sur les écueils. **To see rocks ahead,** (i) *Nau:* voir des rochers devant; (ii) *F:* voir des obstacles devant soi; voir surgir des difficultés. *F:* **To be on the rocks,** être à la côte; être à sec; être à fond de cale; être dans la débine, dans la dèche, dans la purée. *See also* FIRM² **1**. (*b*) *B:* **The rock of our salvation,** le rocher de notre salut. *Ecc:* **The Rock of Ages,** Jésus-Christ. (*c*) *U.S:* Pierre *f,* moellon *m.* **3.** Bonbons *mpl* façon sucre d'orge; bâtons *mpl* de sucrerie, gros morceaux de sucrerie. **4.** = ROCK-PIGEON. *See also* PARTRIDGE.

'rock-alum, *s.* Alun *m* de roche; alun de Rome.

'rock-basin, *s.* Bassin *m* géologique.

'rock-bed, *s.* Roche *f* de fond; fond *m* de roche.

'rock-begirdled, *a.* Entouré de rochers.

'rock-bird, *s.* *Orn:* **1.** Macareux *m,* mormon *m.* **2.** Rupicole *m,* coq *m* de roche.

'rock-'bottom, *s.* (*a*) Fond rocheux. (*b*) *F:* Le fin fond. **Rock-bottom price,** prix le plus bas; dernier prix; plus juste prix. *Prices have touched r.-b.,* les prix sont au plus bas.

'rock-bound, *a.* Entouré de rochers. *R.-b. coast,* côte hérissée de rochers.

'rock-breaker, *s.* *Civ.E:* Concasseur *m*; broyeur *m*; casse-pierre(s) *m inv*; dérocheuse *f.* *Under-water r.-b.,* brise-roc *inv* sous-marin.

'rock-cake, *s.* *Cu:* Petit gâteau pour le thé à surface irrégulière.

rock-'candy, *s.* *Cu:* = ROCK¹ **3**.

'rock-'cavity, *s.* Cavité rocheuse.

'rock-climber, *s.* Varappeur *m*; rochassier *m.*

'rock-climbing, *s.* Varappe *f.* *R.-c. expedition,* varappée *f.*

'rock-'cork, *s.* *Miner:* Liège *m* de montagne; liège fossile.

'rock-'crystal, *s.* *Miner:* Cristal *m* de roche; quartz hyalin. *R.-c. mine,* cristallière *f.*

'rock-dove, *s.* *Orn:* = ROCK-PIGEON.

'rock-drill, *s.* *Tls:* *Civ.E:* *Min:* Perforatrice *f* (de rocher); foreuse *f*; sonde *f,* sondeuse *f*; bosseyeuse *f.*

'rock-dust, *s.* Pulvérin rocheux, pulvérin schisteux.

'rock English, *s.* L'anglais *m* de Gibraltar.

'rock-fever, *s.* *Med:* *F:* Fièvre méditerranéenne; fièvre de Gibraltar, de Malte; fièvre ondulante.

'rock-fish, *s.* *Ich:* **1.** Goujon *m* de mer. **2.** Labre *m.*

'rock-garden, *s.* Jardin *m* de rocaille; jardin alpin.

'rock-gas, *s.* *Ind:* Gaz naturel.

'rock-goat, *s.* *Z:* Bouquetin *m.*

'rock-hewn, *a.* Creusé dans le rocher.

'rock-leather, *s.* *Miner:* Cuir *m* de montagne.

'rock-maple, *s.* *Bot:* Érable dur.

'rock-oil, *s.* *Miner:* Huile *f* de roche; naphte minéral.

'rock-pigeon, *s.* *Orn:* Biset *m*; pigeon *m* de rocher; colombe *f* de rocher.

'rock-plant, *s.* Plante *f* des rochers.

'rock-ptarmigan, *s.* *Orn:* Lagopède alpin; perdrix *f* de neige.

'rock-ribbed, *a.* (Montagne etc.) aux arêtes rocheuses.

'rock-rose, *s.* *Bot:* Ciste *m,* hélianthème *m.*

'rock-salt, *s.* Sel *m* gemme. **Rock-salt mine,** minerie *f.*

'rock-soap, *s.* *Miner:* = MOUNTAIN-SOAP.

'rock-step, *s.* *Geol:* Ressaut *m.*

'rock-sucker, *s.* *Ich:* Lamproie *f* de mer.

'rock-tar, *s.* *Miner:* Pétrole brut.

'rock-water, *s.* Eau *f* de roche.

'rock-weed, *s.* *Algae:* Fucus *m.*

'rock-whistler, *s.* *Z:* Marmotte *f* des Alpes.

'rock-work, *s.* **1.** Rocaille *f*; rochers artificiels. **2.** *Min:* Travaux *mpl* en roche.

rock², *s.* = ROCKING² **1**. *Give the child a r.,* faites aller un peu le berceau (de l'enfant).

'rock-lever, *s.* = ROCKER-ARM.

'rock-shaft, *s.* = ROCKER-SHAFT.

'rock-staff, *s.* Branloire *f,* courbotte *f* (d'un soufflet de forge).

rock³. **1.** *v.tr.* (*a*) Bercer, balancer, remuer; *Tchn:* dodiner (un blutoir, etc.); *Mec.E:* basculer (un levier, etc.). **To rock a child,** bercer un enfant. *To r. a child on one's knees,* balancer un enfant sur ses genoux. **To rock a cradle,** remuer, balancer, un berceau; faire aller un berceau. **To rock a child to sleep,** bercer un enfant jusqu'à ce qu'il s'endorme; endormir un enfant en le berçant. *To r. a car backwards,* balancer une voiture d'avant en arrière. *Ship rocked by the waves,* navire ballotté, balancé, par les flots. *We were rocked gently by the waves,* nous étions bercés par les flots. **To rock oneself in one's chair,** se balancer (d'avant en arrière) sur son fauteuil à bascule; *A:* se brandiller. **Rocked in hopes,** bercé d'espoir. *Mec.E:* *Lever rocked by a cam,* levier basculé par une came. *Phot:* **To rock a plate,** balancer une plaque (dans le révélateur). *Gold-Min:* **To rock the ore,** travailler le minerai au berceau. (*b*) **The earthquake rocks the house,** le tremblement de terre secoue, ébranle, la maison. **2.** *v.i.* (*a*) **The cradle rocks,** le berceau balance. *The ship is rocking on the waves,* le navire est balancé, ballotté, sur les flots. *He sat rocking in his chair,* il se balançait dans son fauteuil. (*b*) **The house was rocking with the shock,** la maison tremblait, oscillait, sous le choc. *See also* LAUGHTER.

rocking¹, *a.* **1.** Oscillant; à bascule. **Rocking motion,** *Mec:* etc: mouvement *m* de bascule; *Civ.E:* mouvement de ballant (d'un pont); *Rail:* mouvement de lacet (d'un wagon); *Aut:* louvoiement *m,* lacet *m* (de la voiture). **2.** Branlant. **3.** *Skating:* **Rocking-turn,** rocker *m.*

'rocking-arm, *s.* = ROCKER-ARM.

'rocking-chair, *s.* Fauteuil *m,* chaise *f,* à bascule; berceuse *f,* rocking-chair *m.*

'rocking-horse, *s.* Cheval *m,* -aux, à bascule.

'rocking-lever, *s.* = ROCKER-ARM.

'rocking-shaft, *s.* = ROCKER-SHAFT.

'rocking-stone, *s.* *Geol:* Rocher branlant; pierre branlante; roche *f* qui remue.

'rocking-valve, *s.* *Mch:* Distributeur oscillant, tournant.

rocking², *s.* **1.** Balancement *m,* bercement *m*; oscillation *f*; *Mec.E:* basculage *m.* *Rail:* **Rocking (of carriages),** mouvement *m* de lacet. **2.** Tremblement *m,* secousses *fpl,* branlement *m.* **3.** *Tchn:* Dodinage *m* (d'un blutoir, etc.).

rock⁴, *s.* *A:* Quenouille *f.*

rocker ['rɔkər], *s.* **1.** (*Pers.*) *A:* Remueuse *f* (de l'enfant au berceau). **2.** Bascule *f* (de berceau, de fauteuil à bascule, etc.). *F:* **To be off one's rocker,** avoir l'esprit dérangé; être un peu fou, un peu toqué, un peu marteau. **3.** *Gold-Min:* etc: Berceau *m*; sas *m* mobile. **4.** (*a*) *I.C.E:* Culbuteur *m.* **Rocker-actuated engine,** moteur *m* à culbuteurs. *Aut:* **Valve-rocker shaft,** rampe *f* des culbuteurs. (*b*) *El.E:* **Brush rocker,** joug *m,* balancier *m,* du porte-balais. **5.** Branloire *f* (d'un soufflet de forge). **6.** *Phot:* (*For dishes*) Balance-cuvette *m, pl.* balance-cuvettes. **7.** *Skating:*

(*a*) Rocker *m*. (*b*) Patin *m* à lame recourbée. **8.** *U.S:* = ROCKING-CHAIR.

'rocker-arm, *s.* (*a*) *Mec.E:* Basculeur *m*. *I.C.E:* Culbuteur *m*. **Rocker-arm pedestal,** support *m* de culbuteur. (*b*) *Mec.E:* (*Equalizing bar*) Balancier *m* de répartition, palonnier *m*; *Mch:* balancier de renvoi; renvoi *m* (de distribution). (*c*) Brimbale *f* (de pompe); bringuebale *f*.

'rocker-bar, *s.* *Civ.E:* Bielle *f* (de pont métallique).

'rocker-lever, *s.* = ROCKER-ARM.

'rocker-shaft, *s.* *Mch:* Arbre *m* de renversement de marche.

rockery ['rɔkəri], *s.* *Hort:* Rochers artificiels; jardin *m* de rocaille.

rocket[1] ['rɔket], *s.* *Bot:* **1.** **(Garden, Roman) rocket,** roquette *f*. **2.** **(Dame's) rocket,** julienne *f* des dames. **3.** **London rocket,** vélaret *m*. **4.** **Blue rocket,** (i) aconit *m* napel; tue-chien *m inv*; (ii) pied-d'alouette *m*, *pl.* pieds-d'alouette. **5.** **Corn rocket,** roquette des champs. *See also* SEA-ROCKET.

rocket[2], *s.* *Pyr:* Fusée *f*. **Spinning rocket,** tournante *f*. **Rocket signal, signal rocket,** signal *m* à fusée; fusée de signaux. *To fire a r.*, tirer une fusée. *See also* LIFE-SAVING, SKY-ROCKET.

'rocket-apparatus, *s.* (Fusée *f*) porte-amarre *m inv.*

'rocket-case, *s.* *Pyr:* Gobelet *m*.

'rocket-gun, *s.* (Canon *m*) lance-amarre *m*, *pl.* lance-amarres.

'rocket-stick, *s.* Baguette *f* de direction (d'une fusée).

rocket[3], *v.i.* (*a*) (*Of horse*) Se lancer comme un éclair. (*Of rider, etc.*) **To rocket into s.o.,** fondre comme un éclair sur qn; caramboler contre qn. (*Of rider*) **To rocket off,** vider les arçons. (*b*) (*Of partridge, aeroplane*) Monter en chandelle.

rocketer ['rɔketər], *s.* *F:* Gibier (ailé) qui monte en chandelle.

Rockies ['rɔkiz]. *Pr.n.pl.* *Geog:* *F:* *See* ROCKY[1] 2.

rockiness ['rɔkinəs], *s.* Nature rocheuse, rocailleuse (*of*, de). *F:* *The r. of his style*, son style rocailleux.

rockling ['rɔkliŋ], *s.* *Ich:* Motelle *f*; loche *f* de mer.

rockslide ['rɔkslaid], *s.* **1.** Avalanche *f* de rochers. **2.** Traînée *f* d'éboulis.

rocky[1] ['rɔki], *a.* **1.** (*Of road, etc.*) Rocailleux; (*of sea, etc.*) plein de rochers, rocheux. *F:* *R. style*, style raboteux, rocailleux. **2.** De roc, de roche; rocheux. *R. soil, r. bottom*, terrain *m* de roche; fond *m* de roche. **The Rocky Mountains,** *F:* **the Rockies,** les montagnes Rocheuses; les monts Rocheux.

rocky[2], *a.* *F:* Chancelant, instable, branlant. *His business is in a r. condition*, ses affaires vont mal; il branle dans le manche.

rococo [ro'koukо], *a.* & *s.* **1.** *Furn:* Rococo *inv.* (*m*). **2.** *F:* (*Of pers., character, etc.*) Vieux jeu; baroque.

rod [rɔd], *s.* **1.** Baguette *f*, canne *f*. *See also* AARON 2, DIP-ROD, DIVINING-ROD, DOWSING-ROD, GAUGING-ROD, GLASS-ROD, MEASURING-ROD. **2.** Verge *f*. **To be beaten with rods,** être battu de verges. *F:* **To make, pickle, a rod for one's own back,** se préparer des ennuis; cueillir des verges pour se faire fouetter. **To have a rod in pickle for s.o.,** garder à qn un chien de sa chienne; avoir une dent contre qn; la garder bonne à qn. *Prov:* **Spare the rod and spoil the child,** qui aime bien châtie bien. *See also* KISS[2] 1. **3.** Verge (d'huissier, de bedeau). *F:* **To rule s.o. with a rod of iron,** mener qn à la baguette; gouverner qn avec une main de fer; tyranniser qn. *See also* BLACK ROD. **4.** **(Fishing-)rod,** canne à pêche; gaule *f*. *Casting rod*, canne à lancer. **Rod and line,** ligne *f* à pêche. *To fish with rod and line*, pêcher à la ligne. *See also* FLY-ROD. **5.** *Meas:* = PERCH[1] 2. **6.** (*a*) Tringle *f*. **Curtain rod,** tringle de rideau. **Stair rod,** tringle d'escalier. (*b*) **Copper rod,** barre *f* de cuivre. *El:* **Discharging rod,** excitateur *m* (pour condensateur, etc.). **Carbon rod, zinc rod,** crayon *m* de charbon, de zinc (de pile). (*c*) *Mec.E:* *etc:* Tige *f*. **Pump rod,** tige de pompe. *Aut:* **Brake rod,** tige de frein; tirant *m* de frein. **(Steering) cross rod,** barre *f* d'accouplement. *Mch:* **Eccentric rod,** barre excentrique; tige du tiroir. **Driving rod,** bielle directrice. *Mec.E:* **(System, series, of) rods,** tringlerie *f*, tringlage *m*. *Civ.E:* *Auxiliary rods of a framework*, éléments *m* auxiliaires d'un système articulé. *Ph:* **Rod of a pendulum,** verge d'un pendule. *See also* CONNECTING-ROD, COUPLING-ROD, LIGHTNING-ROD, PISTON-ROD, PUSH-ROD, REVERSING[2] 2, SELECTOR 2, SLIDE-ROD, SOUNDING-ROD, STAY-ROD, STOPPER-ROD, STRETCHER-ROD, STRIKER-ROD, TIE-ROD, VALVE-ROD. **7.** *Anat:* **Rod and cone layer** (*of the retina*), couche *f* des cônes et des bâtonnets *m*. **Rod pigment,** pourpre rétinien. **8.** *Anat:* *F:* Verge; membre viril. **9.** *Surv:* Mire *f*. *See also* LEVELLING-ROD.

'rod-bacterium, *pl.* **-ia,** *s.* *Bac:* Bâtonnet *m*.

'rod-fishing, *s.* Pêche *f* à la ligne.

'rod-iron, *s.* *Com:* Fer *m* en verges; fer en rondins; carillon *m*.

'rod-like, 'rod-shaped, *a.* En forme de baguette; *Nat.Hist:* bacilliforme.

rodded ['rɔdid], *a.* **1.** A tiges. **2.** En forme de baguette.

rodding ['rɔdiŋ], *s.* *Com:* **(Iron) rodding,** carillon *m*; fer *m* en verges.

rode [roud]. *See* RIDE[2].

rodent ['roudənt]. **1.** *a.* (Animal, ulcère, souci) rongeur. *See also* ULCER. **2.** *s.* *Z:* Rongeur *m*.

rodeo [ro'dejo], *s.* *U.S:* **1.** Rassemblement *m* du bétail. **2.** (*a*) Concours *m* d'équitation des cowboys. (*b*) *F:* **Motor cycle rodeo,** concours de motocyclisme.

Roderick ['rɔdərik], **Rod(e)rigo** [rɔ'dri:go]. *Pr.n.m.* Rodrigue, Roderic.

rodinal ['rɔdin(ə)l], *s.* *Phot:* Rodinal *m*; révélateur *m* au paramidophénol.

rodlet ['rɔdlet], *s.* Bâtonnet *m*.

rod(s)man, *pl.* **-men** ['rɔd(z)mən, -men], *s.m.* **1.** *Surv:* Porte-mire, *pl.* porte-mires. **2.** *A:* Pêcheur à la ligne.

rodomontade[1] [rɔdomɔn'teid], *s.* Rodomontade *f*.

rodomontade[2], *v.i.* Faire le rodomont; faire des rodomontades; fanfaronner.

roe[1] [rou], *s.* *Z:* (*a*) **Roe(-deer),** chevreuil *m*. *Yearling roe-deer*, brocard *m*. **Roe calf,** faon *m* (de chevreuil). (*b*) **Roe(-doe),** chevrette *f*.

roe[2], *s.* (*a*) **(Hard) roe,** œufs *mpl* (de poisson). *Fish:* **Salted cod's-roe,** rogue *f*. (*b*) **Soft roe,** laite *f*, laitance *f*.

'roe-corn, *s.* Œuf *m* (de hareng, de saumon, etc.).

'roe-stone, *s.* *Geol:* Oolithe *m or f*.

roebuck ['roubʌk], *s.* Chevreuil *m* (mâle).

roed [roud], *a.* (Hareng) rogué. **Hard-roed,** œuvé. **Soft-roed,** laité.

rogation [ro'geiʃ(ə)n], *s.* **1.** *Ecc:* *Usu. pl.* Rogations *fpl.* **Rogation days,** Rogations. **Rogation week,** la semaine des Rogations. **2.** *Rom.Hist:* Rogation; projet de loi présenté au peuple.

ro'gation flower, *s.* *Bot:* Polygale commun; laitier *m*; herbe *f* au lait.

rogatory ['rɔgətəri], *a.* *Jur:* Rogatoire.

Roger ['rɔdʒər]. *Pr.n.m.* Roger. *Nau:* *F:* *A:* **The Jolly Roger,** le pavillon noir (des pirates). *Danc:* **(Sir) Roger de Coverley,** (variété de) contre-danse *f*.

rogue [roug], *s.* **1.** Coquin, -ine; fripon, -onne; fourbe *mf*; pendard, -arde; chenapan *m*. *A:* **Rogue's gallery,** musée *m* de portraits ou d'effigies de criminels. *F:* *They formed a real rogue's gallery*, ils avaient tous une mine patibulaire. *Mil:* **Rogue's march,** sonnerie *f* ou air *m* de fifre qui accompagne l'expulsion d'un mauvais soldat. **2.** Malin, -igne; espiègle *mf*; farceur, -euse. *Little r.*, petit fripon d'enfant. *She's a little r.*, c'est une petite coquine, une petite friponne. *Her r.'s eyes gleamed*, ses yeux espiègles, malins, étincelaient. **Rogue-eyed,** aux yeux espiègles. **3.** *Jur:* *A:* Vagabond *m*. **4.** (*a*) Éléphant *m* ou buffle *m* solitaire; solitaire *m*. (*b*) *Hort:* Plante peu vigoureuse (dans un semis). (*c*) *Rac:* Cheval de course vicieux ou paresseux; cheval qui refuse.

roguery ['rougəri], *s.* **1.** Coquinerie *f*, friponnerie *f*, fourberie *f*. **A piece of roguery,** une coquinerie, etc.; un tour pendable. **2.** Malice *f*, espièglerie *f*, friponnerie (d'un enfant).

roguish ['rougiʃ], *a.* **1.** (Air) coquin, fripon, polisson; (ruses *fpl*) de coquin, de fripon. **2.** (Air, etc.) malin, espiègle. *R. eyes*, yeux espiègles, fripons. *In her r. little heart*, dans son petit fripon de cœur. **-ly,** *adv.* **1.** En fripon, en fourbe, en coquin. **2.** Avec espièglerie; malicieusement; d'un air fripon.

roguishness ['rougiʃnəs], *s.* = ROGUERY.

roil [rɔil], *v.tr.* *U.S:* **1.** Troubler (l'eau, etc.). **2.** *F:* Embêter, faire endêver (qn).

roily ['rɔili], *a.* *U.S:* (Eau *f*, etc.) trouble.

roinek ['rɔinek], *s.* (*In S. Africa*) **1.** Nouveau venu, nouveau débarqué (dont la nuque rougit au soleil). **2.** *Hist:* *Pej:* Soldat anglais.

roister ['rɔistər], *v.i.* Faire du tapage, faire la fête; *P:* faire du chambard, du chahut; bambocher.

roistering[1], *a.* Tapageur; bruyant; chahuteur; bambocheur.

roistering[2], *s.* Tapage *m*; chahut *m*; la noce, la fête; la bombe.

roisterer ['rɔistərər], *s.* Tapageur, -euse; fêtard, -arde; cascadeur, -euse; bambocheur, -euse.

Roland ['roulənd]. *Pr.n.m.* Roland. *F:* **A Roland for an Oliver,** un prêté rendu; *F:* un prêté pour un rendu. **To give s.o. a Roland for an Oliver,** rendre à qn la monnaie de sa pièce.

rôle [roul], *s.* *Th.* & *F:* Rôle *m*. *His r. was to . . .*, il avait pour rôle de. . . .

roll[1] [roul], *s.* **1.** (*a*) Rouleau *m* (de papier, de musique, d'étoffe, etc.); pièce *f* (d'étoffe). *Cin:* Rouleau, galette *f* (de film pour prise de vues). *Phot:* *Typ:* *etc:* Bobine *f* (de film pour kodak, de papier). *Tex:* **Roll of carded wool,** loquette *f*. *See also* FILM[1] 2, MUSIC-ROLL, TOILET-ROLL, TOOL-ROLL. (*b*) *Arch:* Volute *f* (de chapiteau ionique). (*c*) *Cu:* **Boiled jam roll,** pudding *m* dont la pâte a été enroulée après avoir été enduite de confiture. **Swiss roll,** bûche *f*; duchesse *f*. *Bak:* **Roll of bread,** petit pain. **French roll,** petit pain mollet. *See also* SAUSAGE-ROLL. (*d*) Coquille *f* (de beurre). (*e*) *U.S:* Liasse *f* (de billets de banque). **2.** *Adm:* *etc:* Rôle *m*, contrôle *m*, liste *f*. **Nominal roll,** état nominatif; contrôle nominatif. *Mil:* *Nau:* **To put, enter, a man on the rolls,** porter un homme sur les contrôles. *To be on the rolls*, être porté sur les contrôles. *His name is on the r.*, son nom se trouve sur la liste. *In the r. of saints*, au nombre des saints. *On the rolls of fame*, dans les annales de la gloire. *A long r. of heroes*, une longue liste de héros. **To call the roll,** faire l'appel. *The reading of the r. of the dead*, l'appel *m* des morts. **The roll of honour,** la liste de ceux qui sont morts pour la patrie. **To strike s.o. off the rolls,** *Jur:* rayer qn du tableau, du barreau; *Mil:* *etc:* rayer qn des états. *Jur:* **To strike an action off the roll,** biffer un procès. *See also* MASTER[1] 1, MUSTER-ROLL, PAY-ROLL, RENT-ROLL. **3.** Canon *m*, bâton *m* (de soufre); bâton (de cannelle); rouleau, carotte *f*, torquette *f*, boudin *m* (de tabac). *F:* *He has rolls of fat on him*, il a des bourrelets *m* de graisse. **4.** *Arch:* **Roll (moulding),** moulure *f* à rouleau. **5.** *Tail:* Rabat *m* (de col d'habit). **6.** (*Roller*) (*a*) Rouleau, cylindre *m* (de laminoir, etc.). *Tex:* Rouleau, ensouple *f* (d'un métier). *Paperm:* **Beater-roll,** cylindre porte-lames; cylindre travailleur. *See also* DELIVERY 7. (*b*) *pl.* *Metalw:* **Rolls,** train *m* (de laminoir). **Two-high rolls,** train duo. **Roughing rolls,** train dégrossisseur; gros train. *See also* BILLETING-ROLL, FEED-ROLL, FINISHING-ROLLS, SCALE[1] 2. **7.** *Tls:* *Bookb:* Roulette *f*.

'roll-call, *s.* *Mil:* *Sch:* *etc:* Appel (nominal). *Mil:* **Check roll-call,** contre-appel *m*.

'roll-collar, *s.* *Dressm:* *Tail:* Col roulé.

'roll-shutter, *s.* Rideau *m* (de classeur, etc.).

'roll-tobacco, *s.* Tabac roulé.

'roll-top, *s.* Rideau *m* (de bureau américain). **Roll-top desk,** pupitre *m*, bureau, à cylindre; bureau américain.

roll[2], *s.* **1.** (*a*) *Nau:* Coup *m* de roulis. *Downward r.*, roulis *m* sous le vent. *Av:* *Nau:* **Angle of roll,** angle *m* de roulis. *F:* **To walk with a roll** (*in one's gait*), se balancer, se dandiner, en marchant; marcher d'une allure roulante. *See also* FALLING[1],

WEATHER-ROLL[1]. (*b*) **The roll of the sea,** la houle. (*c*) **The roll of his delivery, of his sentences,** le flot rythmé de son débit, de sa période; le déroulement de sa phrase. (*d*) *Lit:* **The roll of the ages,** le déroulement des époques. **2.** (*a*) Roulement *m* (d'une balle, etc.). *With each r. of his eyes,* chaque fois qu'il roulait ses yeux. (*b*) (*Of horse, etc.*) **To have a roll on the grass,** se rouler par terre. (*c*) *Av:* Vol *m* en tonneau. **3.** Roulement (de tambour, de tonnerre). *R. on the side-drum,* batterie *f*.

roll[3], *v.* I. *v.tr.* **1.** (*a*) Rouler (un tonneau, une bille, etc.). **To roll a snowball,** faire une boule de neige. *See also* LOG[1] 1, LOG-ROLL. (*b*) **To roll one's eyes,** rouler les yeux. **2.** *The river rolls its waters,* le fleuve roule ses eaux. *The river Pactolus rolled gold,* le Pactole roulait des paillettes d'or. **3.** **To roll one's r's,** rouler, faire sonner, faire ronfler, les r; grasseyer. **4.** (*a*) Rouler, passer au rouleau (le gazon); cylindrer (une route, la couche d'empierrement). (*b*) Laminer (les métaux); travailler (les métaux) au laminoir; planer (l'or). *Leath:* Calandrer (les peaux). *See also* COLD-ROLL. (*c*) *Cu:* **To roll (out) paste,** étendre la pâte au rouleau; abaisser, biller, la pâte. **To roll and fold,** feuilleter (la pâte). (*d*) (*With passive force*) **Steel that rolls well,** acier qui se lamine facilement. *Dough that rolls well,* pâte qui se laisse travailler au rouleau. **5.** (*a*) **To roll (up) paper,** rouler, enrouler, du papier. *To r. a flag round its staff,* enrouler un drapeau autour de sa hampe. *To r. (up) one's cape,* faire un rouleau de son manteau. *Cu: Loin of mutton* **boned and rolled,** carré de mouton roulé. **To roll cigarettes,** rouler des cigarettes. *The hedgehog rolls itself into a ball,* le hérisson se roule en boule, ramasse son corps en boule. (*b*) *F: Chauffeur and footman* **rolled in one,** chauffeur et valet de pied en une seule et même personne.

II. **roll,** *v.i.* Rouler. **1.** (*a*) *The barrel started rolling,* le tonneau se mit à rouler. *The ball rolls under the table,* la balle roule sous la table. *See also* BALL[1] 1. (*Of pers.*) **To roll downhill,** faire une roulade. *To r. downstairs,* rouler, débouler, du haut en bas de l'escalier. (*b*) **His eyes were rolling,** il roulait les yeux; les yeux lui roulaient dans la tête. (*c*) (*Of pers.*) Rouler (en voiture, en chemin de fer). (*d*) *Av:* Voler en tonneau. **2.** *v.i. & pr.* **To roll (oneself) from side to side,** se retourner, se rouler, de côté et d'autre. *To r. in the mud,* se rouler dans la boue. *The mule tried to r.,* la mule essaya de se retourner sur le dos, de se rouler par terre. *The bed has been rolled on,* on s'est roulé sur le lit. *F:* **To be rolling in wealth,** rouler sur l'or (et sur l'argent); nager dans l'opulence; *P:* être riche à crever. *To be rolling in money,* remuer, ramasser, l'argent à la pelle. **3.** *The river rolls over the stones,* le fleuve roule, coule, sur les pierres. *The planets r. on their courses,* les planètes accomplissent leurs révolutions. *I could hear the sea rolling,* j'entendais déferler la mer. **4.** (*Of thunder*) Gronder, rouler; (*of organ, voice*) rendre un son grave et prolongé. *To hear the drums rolling,* entendre le roulement des tambours. **5.** (*Of ship, aeroplane*) Rouler; avoir du roulis; avoir un mouvement de roulis. *To r. heavily,* rouler bas; donner de forts roulis. **To roll gunwale under,** rouler à faire cuiller; engager. *See also* WEATHER-ROLL[2]. *F:* **To roll in one's walk,** se dandiner, se balancer, en marchant; *Hum:* marcher avec un roulis prononcé.

roll about. **1.** *v.tr.* Rouler (qch.) çà et là. **2.** *v.i.* Rouler çà et là.

roll along. **1.** *v.tr.* Rouler (qch.) le long de la route, etc. **2.** *v.i.* Rouler; (*of carriage*) avancer (en roulant). *To r. along in one's carriage,* rouler dans sa voiture.

roll away. **1.** *v.tr.* Éloigner, faire rouler (qch.). **2.** *v.i.* S'éloigner (en roulant). *The mist rolls away,* la brume se retire; le vent emporte la brume.

roll back. **1.** *v.tr.* Rouler (qch.) en arrière. *To r. back the stone,* faire rouler la pierre en arrière. *He rolled his eyes back,* ses yeux chavirèrent. **2.** *v.i.* (*a*) Rouler en arrière; reculer (en roulant); (*of car*) reculer en dérive. (*b*) (*Of the eyes*) Chavirer.

roll by, *v.i.* Passer (en roulant); (*of time*) s'écouler. *The rich roll by in their motor cars,* les richards passent dans leurs automobiles.

roll down. **1.** *v.tr.* Rouler (qch.) de haut en bas; descendre (qch.) (en le roulant). **2.** *v.i.* *To r. down a slope,* rouler sur une pente. *To r. down the hill,* débouler sur la pente. *The tears rolled down his cheeks,* les larmes coulaient sur ses joues.

roll in. **1.** *v.tr.* (*a*) Faire entrer (qch.). (*b*) (*At hockey*) **To roll in the ball,** remettre la balle en jeu. **2.** *v.i.* (*a*) Entrer en roulant; (*of carriage*) entrer lourdement; entrer avec un fracas de roues. (*b*) *To watch the waves r. in,* regarder les vagues déferler sur le rivage.

'roll-in, *s.* *Hockey:* Touche *f*.

roll off. **1.** *v.i.* Tomber (en roulant). **2.** *v.tr.* Sortir (qch.) (en le roulant).

roll on. **1.** *v.i.* Continuer de rouler; (*of time*) s'écouler. **2.** *v.tr.* (*a*) Étendre (l'encre, etc.) avec le rouleau. (*b*) Passer (un vêtement, etc.) en le faisant rouler sur le corps. **Roll-on belt,** gaine *f* sans attaches, sans agrafes.

roll out. **1.** *v.tr.* (*a*) Faire sortir (qch.) en le roulant; rouler (qch.) dehors. (*b*) **To roll out verse,** débiter des vers sur un ton rythmé, d'une voix ronflante; faire ronfler les vers. (*c*) *See* ROLL[3] I. 4 (*c*). **2.** *v.i.* (*a*) (*Of pers.*) Sortir en roulant, en se dandinant, en titubant, etc. (*b*) (*Of ball, etc.*) Rouler dehors.

roll over. **1.** *v.tr.* (*a*) *To roll sth. over,* retourner qch. (*b*) *To roll s.o. over,* culbuter qn. **2.** *v.i.* (*a*) Se retourner (en roulant). (*b*) *To r. over on the ground,* rouler sur le sol. *To r. over (and over),* rouler sur soi-même (plusieurs fois).

rolling over, *s.* *Metall:* Renversement *m*.

roll up. **1.** *v.tr.* (*a*) Rouler, enrouler (une carte, de la musique, etc.); relever, retrousser (ses manches). (*b*) **To roll up the enemy's flank,** rabattre le flanc de l'ennemi; se rabattre sur le flanc de l'ennemi. (*c*) Envelopper (qch.). **To roll oneself up in a blanket,** s'enrouler dans une couverture. **2.** *v.i.* (*a*) (*Of smoke, etc.*) S'élever en volutes. (*b*) (*Of blind, etc.*) S'enrouler. (*Of kitten, etc.*) To roll up into a ball, se mettre, se rouler, en boule; ramasser son corps en boule. (*c*) (i) (*Of dying insect*) Se tordre, se crisper; (ii) *P:* (*of pers.*) mourir. (*d*) (*Of ball*) Arriver jusqu'au but; *P:* (*of guests, etc.*) arriver, s'abouler. *Roll up about three o'clock,* venez vers les trois heures. *There they come rolling up,* les voilà qui s'aboulent.

'roll-up, *attrib.a.* **Roll-up map,** carte *f* à enrouler.

rolled, *a.* **1.** (Papier *m*) en rouleau; (paquet) roulé. **Rolled (up) leaf,** feuille enroulée. *Mil:* **Rolled great-coat,** manteau *m* en cor de chasse; capote roulée et portée en bandoulière. **2.** *Metalw:* Laminé; venu de, au, laminage. **Rolled iron,** (fer) laminé; fer cylindré. **3.** **Rolled gold,** doublé *m*, plané *m*. *Rolled-gold watch,* montre *f* en plaqué or, en doublé. **4.** (Gazon) passé au rouleau, roulé.

rolling[1], *a.* **1.** Roulant, qui roule. **Rolling bridge,** pont roulant. *Prov:* **A rolling stone gathers no moss,** pierre qui roule n'amasse pas mousse. *F:* **A rolling stone,** un roule-ta-bille *inv*. *He is a r. stone,* il ne s'applique à rien. *What a r. stone I've been!* ce que j'ai roulé ma bosse! *See also* SHUTTER[1] 1. **2.** **Rolling years,** années *f* qui s'écoulent. **3.** (Brouillard *m*) qui avance; (fumée *f*) qui s'élève en volutes. **4.** **Rolling ship,** bateau *m* qui roule, qui a du roulis. (*Of pers.*) **To have a rolling gait,** se balancer, se dandiner, en marchant. *Ind:* **Rolling furnace,** four oscillant. **5.** (*a*) **Rolling sea,** mer grosse, houleuse; mer démontée. (*b*) **Rolling country,** contrée onduleuse, ondulée, accidentée; région *f* à ondulations. *The r. nature of the ground,* les ondulations *f* du terrain.

'rolling-stock, *s.* *Rail:* Matériel roulant. *R.-s. depot,* parc *m* de wagons.

rolling[2], *s.* **1.** (*a*) Roulement *m* (d'une bille, etc.). *Mec:* **Rolling friction,** frottement *m* de roulement. *Mec.E:* **Rolling arc,** arc *m* de roulement (d'un engrenage). **Rolling circle,** cercle primitif. (*b*) Roulades *fpl* (dans la poussière, etc.). (*c*) *Swim:* *R. of the body,* rotation *f* du corps. **2.** (*a*) *Metalw:* Laminage *m*, cylindrage *m*; travail *m* au laminoir. *See also* COLD-ROLLING. (*b*) *Civ.E:* Cylindrage (de la chaussée). **3.** Roulis *m* (d'un navire, d'une automobile). *Nau:* **Rolling chocks,** quilles *f* de roulis. **4.** Roulement (du tambour, du tonnerre).

'rolling-gear, *s.* *Nau:* Rouleau *m* (du gui).

'rolling-hitch, *s.* *Nau:* Amarrage *m* à fouet.

'rolling-machine, *s.* *Tchn:* Glaceur *m*.

'rolling-mill, *s.* *Metalw:* **1.** Usine *f* de laminage; laminerie *f*. **2.** Laminoir *m*.

'rolling-pin, *s.* *Cu:* Rouleau *m*, bille *f* (pour pâtisserie).

'rolling-press, *s.* *Metalw:* Presse *f* à cylindres.

'rolling-stone, *s.* *Hort:* Rouleau compresseur, cylindre compresseur.

'rolling-tank, *s.* *Nau:* Caisse *f* à roulis.

roller ['roulər], *s.* **1.** (*a*) Rouleau *m* (de pâtissier, etc.); enrouleur *m* (de store); gorge *f* (de carte). **Spring(-actuated) blind roller,** enrouleur automatique de store. *Typewr:* *Typ:* **Impression roller,** rouleau porte-papier; rouleau d'impression. *Typ:* **Inking roller, colour roller,** rouleau encreur. *See also* BLIND[3] 1, TOWEL-ROLLER. (*b*) (*For roads, etc.*) (Rouleau) compresseur; cylindre compresseur ou écraseur; cylindre de compression. *Agr:* Rondeau *m*; plombeur *m*. **Garden roller,** rouleau de jardin; cylindre compresseur. *Agr:* **Toothed roller,** rouleau à dents; hérisson *m*. **Cambridge roller,** rouleau squelette. *Min:* *etc:* **Crushing-roller,** rouleau concasseur. *See also* STEAM-ROLLER. (*c*) *Metalw:* Cylindre; cylindre lamineur; laminoir *m*. *Tex:* *Paperm:* *etc:* Calandre *f*. (*d*) (*For moving heavy objects*) Rouleau. *Transport by rollers,* transport *m* sur rouleaux, par rouleaux; bardage *m*. (*e*) Roulette *f* (de fauteuil, etc.). (*f*) *Mec.E:* Galet *m*, rouleau; roulette; grain *m* (de came). **Tension roller,** galet, rouleau, de tension. **Flanged roller,** galet à boudin. **Live roller,** galet de roulement. **Bearing roller,** rouleau de roulement. **Striking roller,** galet d'entraînement; came *f*, doigt *m* (de la croix de Malte). **Roller ring,** couronne *f* de galets. *I.C.E:* **Tappet roller,** galet de poussoir. *Cin:* **Idle rollers,** galets presseurs; galets guide-film. *See also* TRAIN[1] 4. (*g*) Tourniquet *m*, tambour *m* (de cabestan). *Ropem:* Virolet *m* (de corderie). (*h*) Cylindre denté d'une boîte à musique. **2.** *Med:* **Roller(-bandage),** bande roulée. **3.** *Nau:* Lame *f* de houle. **4.** *Orn:* (*a*) Pigeon culbutant. (*b*) Rollier *m*; geai bleu. **5.** (*Pers.*) Cylindreur *m*. *Min:* Rouleur *m*. *Metalw:* Lamineur *m*. *See also* LOG-ROLLER.

'roller-beam, *s.* *Tex:* Porte-cylindre *m inv*.

roller-'bearing, *s.* **1.** *Mec.E:* Coussinet *m* à rouleaux; palier *m* à rouleaux; roulement *m* à rouleaux. *Twin r.-b.,* roulement à rouleaux jumelés. *Thrust r.-b.,* butée *f* à rouleaux. **2.** *Civ.E:* Chariot *m* de dilatation (de pont métallique).

'roller-chain, *s.* *Tchn:* Chaîne *f* à galets.

'roller-map, *s.* Carte *f* sur rouleau.

'roller-skate, *v.i.* Patiner sur roulettes; skatiner; faire du skating.

roller-skating, *s.* Patinage *m* à roulettes; skating *m*, skatinage *m*.

'roller-skater, *s.* Patineur, -euse, à roulettes.

'roller-skates, *s.pl.* Patins *m* à roulettes.

roller-'towel, *s.* Essuie-main(s) *m inv* sans fin (pour rouleau); essuie-main(s) à rouleau; serviette *f* sans fin; touaille *f*.

'roller-track, *s.* *Mec.E:* Voie *f* de roulement; chemin *m* de roulement.

rollick[1] ['rɔlik], *s.* **1.** Gaieté exubérante. **2.** Ébats *mpl*; folâtrerie *f*. **3.** Bordée *f*, bamboche *f*, noce *f*.

rollick[2], *v.i.* Folâtrer; faire la fête, la noce, la bombe; rigoler.

rollicking[1], *a.* Joyeux; jovial, -aux; d'une gaieté exubérante; rigoleur, -euse. *To lead a r. life,* mener une vie de patachon, de bâton de chaise. *The r. side of life,* le côté tapageur de la vie. *R. laughter,* rires bruyants.

rollicking[2], *s.* Folâtrerie *f*; rigolades *fpl*; vie *f* de bohème.

rollicker ['rɔlikər], *s.* Noceur *m*; vadrouilleur *m*; tapageur *m*.

Rollo ['rɔlo]. *Pr.n.m. Hist:* Rollon.

roly-poly ['rouli'pouli], *s.* 1. *Cu:* **Roly-poly (pudding)**, pouding en rouleau aux confitures (bouilli dans un linge). 2. *F:* **Roly-poly (child)**, enfant boulot, rondelet; petit boulot, petite boulotte.

Rom, *pl.* **Roma(s)** [rɔm, 'rɔma(z)], *s.m.* Romanichel.

Romagna [rou'mɑːnja]. *Pr.n. Geog:* La Romagne.

Romaic [ro'meiik], *a. & s. Ling:* (Le) romaïque.

Roman ['roumən], *a. & s. A.Hist: Mod.Hist: Ecc:* Romain, -aine. (*a*) *The R. legions*, les légions romaines; les légions de Rome. **Roman numerals**, chiffres romains. **Roman law**, le droit romain. **Roman architecture**, architecture romaine; l'ordre *m* composite. **Roman nose**, nez busqué, aquilin. **Roman cement**, ciment romain. **Roman alum**, alun *m* de Rome. **Roman balance, Roman beam, Roman steelyard**, balance romaine; romaine *f*. *Med:* **Roman fever**, paludisme *m*. *Pyr:* **Roman candle**, chandelle romaine. *See also* HYACINTH 2, VITRIOL 1. (*b*) **The Holy Roman Empire**, le Saint Empire (romain). *Ecc:* **The Roman rite**, le rit romain. (*c*) *Typ:* **Roman type**, (caractère) romain.

'Roman 'Catholic, *a. & s.* Catholique (*mf*) (romain(e)).

'Roman-'nosed, *a.* Au nez busqué, aquilin.

romance[1] [ro'mans], *s.* 1. *Ling:* Le roman; la langue romane. *Attrib.* **The Romance languages**, les langues romanes, néo-latines. *Student of the R. languages*, romaniste *m*. 2. (*a*) *Medieval Lit:* Roman *m* de chevalerie, d'aventures, etc. **The Romance of the Rose**, le Roman de la Rose. **Hero of romance**, (i) héros *m* de roman; (ii) *F:* homme *m* chevaleresque. **The age of romance**, les temps *m* chevaleresques. (*b*) Histoire *f* romanesque; conte bleu; fable *f*, roman; aventure *f* romanesque. **It's quite a romance**, c'est tout un roman; cela tient du roman; c'est tout un feuilleton. *The r. of our marriage*, l'histoire merveilleuse de notre mariage. *R. between two young people*, idylle *f* entre deux jeunes gens. (*c*) **Love of romance**, amour *m* du romanesque. *To lean to r.*, donner dans le romanesque. *The r. of the sea*, la poésie de la mer. *The r. of words*, l'histoire curieuse des mots. 3. *Mus:* Romance *f*.

ro'mance-novel, *s.* Roman *m* de chevalerie, d'aventures.

ro'mance-writer, *s.* Romancier, -ière (i) du moyen âge, (ii) qui donne dans le romanesque.

romance[2], *v.i.* Exagérer; lâcher la bride à son imagination; broder; inventer à plaisir.

romancing, *s.* (*a*) Exagération *f*. (*b*) Pure invention.

romancer [ro'mansər], *s.* 1. Romancier, -ière (de l'ancien temps). 2. *F:* Auteur *m* d'un récit de pure imagination; (i) brodeur, -euse; (ii) menteur, -euse.

romancero [roumən'sεəro], *s. Span.Lit:* Romancero *m*.

Romanesque [roumə'nesk], *a. & s. Ling: Arch:* (Le) roman.

Romanic [ro'manik]. 1. *a. & s. Ling:* (Le) roman. 2. *a.* Romain; qui dérive des Romains.

Romanism ['roumənizm], *s.* 1. Romanisme *m*; l'influence *f* de Rome. 2. *Ecc:* Le catholicisme.

Romanist ['roumənist]. 1. *s.* Romaniste *m* (qui s'intéresse à la Rome antique ou au droit romain). 2. *a. & s. Ecc:* Romaniste (*mf*), catholique (*mf*).

Romanization [roumənai'zeiʃ(ə)n], *s.* 1. *Hist:* Romanisation *f* (d'un peuple, etc.). 2. *Ecc:* Tendances romanisantes. 3. *Typ:* Transcription *f* en caractères romains.

Romanize ['roumənaiz]. 1. *v.tr.* (*a*) Romaniser (un peuple vaincu, etc.). (*b*) Convertir (un pays) au catholicisme. 2. *v.i. Ecc:* Romaniser; embrasser la foi de l'Église romaine; donner dans le catholicisme.

Romanizing[1], *a.* Romanisant.

Romanizing[2], *s.* = ROMANIZATION.

Romanizer ['roumənaizər], *s.* Romanisant, -ante.

Romano-gallican ['roumənoˈgalikən], *a. Ecc:* Romano-gallican, -ane.

Romans(c)h [ro'manʃ], *s. Ling:* Le romanche, le roumanche.

romantic [ro'mantik]. 1. *a.* (*a*) Romanesque; qui tient du roman ou qui a le goût du roman. *R. story*, histoire *f* romanesque. *R. adventure*, aventure *f* romanesque. *R. name*, nom *m* romanesque, de roman. *R. projects*, projets *m* romanesques. *R. young woman*, jeune fille romanesque, exaltée. (*b*) *R. landscape*, paysage *m* romantique. *R. site*, site *m* pittoresque. (*c*) *Art: Lit: Mus:* Romantique. **The romantic school**, l'école *f* romantique. 2. *s.* (*a*) = ROMANTICIST. (*b*) *pl.* **Romantics**, idées romanesques, exaltées. **-ally**, *adv.* 1. Romanesquement; pittoresquement. 2. Romantiquement; en romantique.

romanticism [ro'mantisizm], *s.* 1. Idées *f* romanesques. 2. *Art: Lit: Mus:* Romantisme *m*.

romanticist [ro'mantisist], *s. Art: Lit: Mus:* Romantique *mf*.

romanticize [ro'mantisaiz]. 1. *v.tr.* Romanciser (une idée, un incident); faire tout un roman (d'un incident). 2. *v.i.* Donner dans le romanesque.

Romany ['rɔməni], *s.* 1. (*a*) Romanichel, -elle; bohémien, -ienne. (*b*) *Coll.* Les bohémiens. 2. *Ling:* Le romanichel; la langue tzigane.

romaunt [ro'mɔːnt], *s. Medieval Lit:* Roman *m*. **The Romaunt of the Rose**, le Roman de la Rose.

rombowline [rʌm'boulin], *s. Nau:* Larderasse *f*; filin *m* et toile *f* usagés.

Rome [roum]. *Pr.n. Geog: Hist:* 1. Rome *f*. *Prov:* **Rome was not built in a day**, Paris n'a pas été bâti en un jour; l'arbre ne tombe pas du premier coup. **When at Rome you must do as the Romans do**, à Rome il faut vivre comme à Rome; il faut hurler avec les loups. **All roads lead to Rome**, tout chemin mène à Rome. 2. *Ecc:* **(The Church of) Rome**, l'Église romaine. *Converts to R.*, convertis à l'Église romaine, au catholicisme.

Romish ['roumiʃ], *a. Pej:* Catholique; (tendance) romanisante.

romp[1] [rɔmp], *s.* 1. (*a*) Jeune fille garçonnière; gamine *f*. (*b*) Enfant turbulent, -ente. 2. Gambades *fpl*; ébats *mpl*; jeu turbulent. 3. *Rac. & F:* **To win in a romp** = *to romp home, q.v. under* ROMP[2] 2.

romp[2], *v.i.* 1. S'ébattre (bruyamment); faire le diable. 2. *Rac. & F:* **To romp in, home**, gagner haut la main; arriver premier "en se promenant"; arriver dans un fauteuil. **To romp past s.o.**, dépasser un concurrent sans effort. **To romp through an examination**, passer un examen sans le moindre effort, haut la main.

romping, *s.* Ébats *mpl*; turbulence *f*.

romper ['rɔmpər], *s.* (*Also* **suit of rompers, rompers**) Tablier-combinaison *m*, *pl.* tabliers-combinaisons (pour enfants); barboteuse *f*.

rompish ['rɔmpiʃ], **rompy** ['rɔmpi], *a.* (*Of child, etc.*) Turbulent; (*of girl*) garçonnière, d'allures garçonnières; (*of game*) bruyant.

Roncesvalles [rɔnsə'val(es)]. *Pr.n. Lit: Hist:* Roncevaux.

rondache [rɔn'daʃ], *s. Archeol:* Rondache *f*; bouclier *m* circulaire.

rondeau ['rɔndou], *s. Fr.Lit:* Rondeau *m*.

rondel ['rɔndel], *s. Fr.Lit:* Rondel *m*, rondeau *m*.

rondo ['rɔndou], *s. Mus:* Rondeau *m*.

Roneo[1] ['rounio], *s.* Appareil *m* à polycopier (de la marque Roneo).

Roneo[2], *v.tr.* (Roneoed, Roneo'd) Polycopier (une circulaire, etc.).

Röntgen ['rəːntjən]. *Pr.n. Ph:* **Röntgen rays**, rayons *m* Röntgen.

rood [ruːd], *s.* 1. (*a*) *A:* **The (Holy) Rood**, la Sainte Croix; l'Arbre *m* de la Croix. (*b*) *Ecc:* Crucifix *m* (au centre du jubé). 2. *Meas: A. & Dial:* Rood *m* (= 10 ares 117); quart *m* d'arpent.

'rood-arch, *s. Ecc.Arch:* Arche *f* du jubé.

'rood-beam, *s.* Poutre *f* du jubé.

'rood-cloth, *s.* Voile *m* du crucifix (déployé pendant le carême).

'rood-loft, *s.* (Galerie *f* du) jubé; *A:* ambon *m*.

'rood-screen, *s.* Jubé *m*.

roof[1] [ruːf], *s.* 1. (*a*) Toit *m*, toiture *f*, comble *m*. **Thatched roof**, toit, couverture *f*, de chaume, en chaume. **Tiled roof**, toit en tuiles; couverture de tuiles. **Flat roof**, toit en terrasse. *Conical r.*, comble conique. **Pent roof, lean-to roof**, comble en appentis; toit à un égout. **Umbrella roof**, comble avec avant-toit. *Jutting-out r.*, toit qui fait saillie. **Roof timbering**, les combles. **Family still under the paternal roof**, famille *f* encore sous le toit paternel. *F:* **To lift, raise, the roof**, (i) applaudir à tout casser; (ii) faire du vacarme. *P:* **That would put the gilded roof on it!** ça serait complet! ça serait le comble! *See also* BARREL-ROOF, CURB-ROOF, DOME[1] 2, FRENCH-ROOF, GABLE 1, HIP-ROOF, MANSARD, RIDGE-ROOF, SAW-TOOTH, SPAN-ROOF. (*b*) *Ap:* Chapiteau *m* (d'une ruche). (*c*) *Rail:* Marquise *f* (des quais). 2. Voûte *f* (de tunnel, de caverne). **Roof of the mouth**, voûte, dôme *m*, du palais; le palais. *The roof of heaven*, la voûte des cieux. 3. *Veh:* (*a*) Impériale *f* (de voiture publique). (*b*) *Aut:* Toit, pavillon *m*, capotage *m*. **Sliding roof**, toit découvrable, toit ouvrant. **Soft roof**, pavillon flexible. 4. *Min:* Ciel *m*, plafond *m*, toit, faîte *m*, banc *m* de ciel (d'une mine). 5. (*a*) *Mch:* Ciel (du foyer). (*b*) *Metall:* Dôme (d'un four à réverbère). 6. *Ecc:* Ciel (d'autel). 7. *Av:* = CEILING 3 (*b*).

'roof-garden, *s.* Jardin *m* sur un toit en terrasse.

'roof-lamp, *s. Aut:* Plafonnier *m*.

'roof-light, *s.* 1. *Aut:* Plafonnier *m*. 2. *Const:* **Leaded roof-light**, nochère *f*.

'roof-tree, *s.* 1. Charpente *f* de toiture; poutre *f* de faîte; faîtage *m*. 2. *Lit:* Toit *m*; demeure paternelle. *My humble r.-t.*, mon humble toit.

roof[2], *v.tr.* 1. (*a*) *Const:* Couvrir (une maison, etc.). *House roofed with tiles*, maison couverte de, en, tuiles. (*b*) **To roof sth. (in, over)**, recouvrir qch. d'un toit. 2. Abriter, loger (qn).

-roofed, *a.* (*With adj. or noun prefixed, e.g.*) **Red-roofed**, à toit rouge; à toiture rouge. **Thatch-roofed**, à toit de chaume. **Low-roofed**, à toiture basse.

roofing, *s.* 1. (*a*) (Matériaux *mpl* de) couverture *f* pour toitures. (*b*) Toiture *f*, couverture; garniture *f* de comble. **Glass roofing**, vitrerie *f* de toits. 2. Pose *f* de la toiture. **Roofing-strip**, volige *f*; latte *f* volige. *See also* FELT[1] 2.

roofage ['ruːfedʒ], *s.* = ROOFING 1.

roofer ['ruːfər], *s.* 1. *Ind:* Couvreur *m* (de maisons). 2. *F:* Lettre de civilité écrite à un hôte pour le remercier de son hospitalité.

roofless ['ruːfləs], *a.* 1. Sans toit, sans toiture; à ciel ouvert. 2. (*Of pers.*) Sans abri, sans asile. 3. *Cards:* **Roofless poker**, poker *m* sans maximum de relance.

rooinek ['rɔinek], *s.* = ROINEK.

rook[1] [ruk], *s.* 1. (*a*) *Orn:* Freux *m*; corneille *f* (chauve); grolle *f*. (*b*) *P: A:* Homme *m* à soutane; ecclésiastique *m*; *P:* corbeau *m*. 2. *F:* Filou *m*, escroc *m*; (*at the card-table*) grec *m*.

'rook-rifle, *s.* Carabine *f* de chasse de petit calibre.

rook[2], *v.tr. F:* Refaire, rouler, escroquer, filouter, (qn) au jeu. *To r. s.o. of his money*, filouter son argent à qn.

rooking, *s.* Escroquerie *f*.

rook[3], *s. Chess:* Tour *f*.

rook[4], *v.i. Chess: A:* Roquer.

rookery ['rukəri], *s.* 1. Colonie *f* de freux; roukerie *f*, corbeautière *f*. 2. **Seal rookery**, colonie, roukerie, de phoques. **Penguin rookery**, pingouinière *f*; colonie, roukerie, de pingouins. *See also* GULL-ROOKERY. 3. *F:* Quartier *m* de taudis misérables. *R. district*, bas quartier. *R. of prostitutes*, quartier de filles.

rookie, rooky ['ruki], *s. Mil: P:* Recrue *f*, bleu *m*.

rooklet ['ruklet], *s.* Jeune freux *m*.

room[1] [rum, ruːm], *s.* 1. (*a*) Place *f*, espace *m*. *To take up a great deal of r.*, occuper beaucoup de place; être très encombrant. *There is plenty of r.*, il y a amplement de la place; ce n'est pas la place qui manque. *There is no r.*, il n'y a pas de place. *You have plenty of r. here*, vous êtes au large ici. *There is still r. in the case*, il y a encore de la place, du vide, dans la caisse. *I have no r. to write more*, la place me manque pour vous en écrire davantage. **To be cramped for room**, être à l'étroit. **There is no room to turn in**, il n'y a pas de place pour se retourner. *See also* CAT[1] 1.

To give oneself room to move, se donner de l'air. *To give oneself plenty of r. to jump,* prendre du champ pour sauter. *R. taken up by a machine,* encombrement *m* d'une machine. **To make room for s.o.,** faire place à qn; faire de la place pour laisser passer qn; laisser le champ libre à qn. *To stand aside to make r. for s.o.,* s'écarter, se ranger, pour laisser passer qn. **Room for the King!** place au Roi! *See also* ELBOW-ROOM, HEAD-ROOM, HOUSE-ROOM, STANDING-ROOM. (*b*) **In s.o.'s room, in the room of s.o.,** au lieu de qn; à la place de qn. **I would rather have his room than his company,** je me consolerais facilement de son absence. **2.** Lieu *m*. **There is room for uneasiness at . . .,** il y a lieu d'être inquiet de. . . . *There was no r. to suppose that . . .,* il n'y avait pas lieu de supposer que. . . . *There is r. for discussion on that point,* il y a là matière à controverse. *No r. for dispute, for fear,* aucun sujet de désaccord, de crainte. **That leaves no room for doubt,** cela ne laisse place à aucun doute; le doute n'est plus permis. *There is no r. for hesitation,* il n'y a pas à hésiter; l'hésitation n'est pas possible, n'est pas permise. **There is (much) room for improvement,** cela laisse (beaucoup) à désirer; on peut faire mieux encore. **3.** (*a*) (*In house, etc.*) Pièce *f*; (*public room*) salle *f*. **(Bed)room,** chambre *f* (à coucher). **Spare (bed)room,** chambre d'ami. **Dining-room,** salle à manger. **(Reception) room,** salon *m*, salle de réception. **Private room,** (*in restaurant*) cabinet particulier; (*in hotel*) salon réservé. **Public rooms** (*in hotel*), salles. **Public rooms, reception rooms** (*in house*), appartements *m* de réception. *See also* BACK[1] II, BATH-ROOM, BILLIARD-ROOM, BOX-ROOM, COMMON-ROOM, CONSULTING-ROOM, DRAWING-ROOM, DRESSING-ROOM, FRONT-ROOM, GREEN-ROOM, GUARD-ROOM, GUN-ROOM, MESS-ROOM, PUMP-ROOM, SMOKING-ROOM, STATE-ROOM, STILL-ROOM, STORE-ROOM, STRONG-ROOM, TAP-ROOM, WAITING-ROOM, WELL-ROOM 2. (*b*) *pl.* **(Set of) rooms,** appartement *m*, logement *m*. **To live in rooms,** vivre en garni. *I have rooms in town,* j'ai un appartement en ville. *Come to my rooms to talk it over,* venez chez moi pour en causer. (*c*) **Bachelor's rooms,** garçonnière *f*. **4.** (*a*) *E: Ind:* Salle, halle *f*, hall *m*. **Boiler-room,** salle, bâtiment *m*, des chaudières. *See also* ENGINE-ROOM. (*b*) *Nau:* **Store-room,** soute *f*. **Torpedo-room,** magasin *m* des torpilles. *See also* BREAD-ROOM, CHART-ROOM, LUGGAGE-ROOM, SLOP-ROOM, WELL-ROOM 1. **5.** *Min:* Taille *f*. **6. Salt room,** compartiment *m* de marais salant.

'room-mate, *s.* Compagnon, *f.* compagne, de chambre.

'room-temperature, *s.* Température normale d'intérieur (15.5° c.).

room², *v. U.S:* **1.** *v.i.* (*a*) Vivre en garni. (*b*) Partager un logement (*with s.o.,* avec qn). **To room together,** vivre ensemble dans le même logement. **2.** *v.tr.* Loger (qn); donner à coucher à (qn); fournir une chambre à (qn).

-roomed [rumd], *a.* (*With num. or adj. prefixed, e.g.*) **Four-roomed flat,** appartement *m* de quatre pièces.

roomer ['ru:mər], *s. U.S:* Locataire *mf* qui prend ses repas dehors.

roomful ['ru:mful], *s.* Salle pleine, pleine salle, chambrée *f* (*of,* de).

roominess ['ru:minəs], *s.* Ample espace *m*, dimensions spacieuses (d'une maison, etc.); dimensions généreuses (d'une cabine).

roomy ['ru:mi], *a.* Spacieux; où l'on a de la place; (vêtement *m*) ample, d'amples proportions. *This makes the cabin more r.,* cela donne plus de place, plus d'espace, dans la cabine. **-ily,** *adv.* (Être logé) spacieusement, à l'aise.

roost¹ [ru:st], *s.* Juchoir *m*, perchoir *m*. **To go to roost,** (i) (*of hens*) se jucher; (ii) *F:* (*of pers.*) aller se coucher; aller au dodo. (*Of hen*) **Gone to roost,** juchée. **To be at roost,** (i) (*of fowl*) être perché, juché; (ii) *F:* (*of pers.*) être couché. **To come off the roost,** déjucher. (*Of crime, mistake, etc.*) **To come home to roost,** retourner sur son auteur. **To rule the roost** = *to rule the roast, q.v. under* ROAST[1] 1. *See also* COCK[1] 1, CURSE[1] 1, HEN-ROOST.

roost². **1.** *v.i.* (*Of hens*) Se percher (pour la nuit); se jucher. *F: Where do you r.?* où logez-vous? où perchez-vous? **2.** *v.tr. F:* Donner à coucher à (qn); héberger (qn) pour la nuit.

roosting, *a.* Perché, juché.

roost³, *s. Ph.Geog:* Raz *m* de courant (au large des Orcades et des îles Shetland).

rooster ['ru:stər], *s. U.S. & Dial:* Coq *m*.

root¹ [ru:t], *s.* **1.** *Bot:* Racine *f*; griffe *f*, patte *f* (d'anémone, d'asperge, etc.). **Clinging root,** crampon *m*. *Edible roots,* racinage *m*, racines. *See also* TAP-ROOT. **To pull up a plant by the roots,** déraciner une plante; arracher une plante par les racines. *To cut a tree off at the roots,* couper un arbre à blanc estoc. **To take root, strike root,** jeter, pousser, des racines; prendre racine; prendre pied. *The tree has taken firm r., has taken r. again,* l'arbre a bien pris, a repris. *B:* **The axe is laid unto the root of the trees,** la cognée est déjà mise à la racine des arbres. *F:* **To lay the axe to the root of an evil,** mettre la cognée au pied de l'arbre. **To strike at the root of an evil,** atteindre, couper, un mal dans sa racine; aller à la source du mal. *F:* **To destroy abuses, a race, root and branch,** extirper des abus, une race. **2.** *B:* **Root of Jesse,** racine de Jessé. **3.** (*a*) Racine (d'une dent, d'un ongle). *R. of a hair,* racine d'un cheveu; bulbe pileux. *Roots of a mountain,* racines d'une montagne. (*b*) *Mec.E:* Racine, pied *m* (d'une dent d'engrenage). **4.** Source *f*, souche *f*, fondement *m*. *To lie at the r. of . . .,* être la cause première de. . . . **Money is the root of all evil,** l'argent est la source de tous les maux. *See also* IDLENESS 3. **To get to the root of things,** aller au fond des choses. **He has the root of the matter in him,** il possède le fond, l'essentiel, de cette matière. *This action strikes at the r. of all government,* par cet acte le gouvernement est frappé dans son principe même. **Custom having its root(s) in the natural instincts of man,** coutume *f* qui prend sa source dans les instincts naturels de l'homme, qui part des instincts naturels de l'homme. **Root ideas,** idées maîtresses; idées fondamentales. **Root fallacy,** erreur foncière. *The r. reason for his action,* la raison première de ce qu'il a fait. **Root cause,** cause première. **5.** *Mth:* Racine. **Square root,** racine carrée. **Cube root,** racine cubique. **Twice root** 7 ($2\sqrt{7}$), deux fois la racine carrée de sept. **6.** *Ling:* Racine (d'un mot). **7.** *Mus:* Base *f*, son fondamental, basse fondamentale (d'un accord).

'root-cap, *s. Bot:* Coiffe *f* (de racine); pilorhize *f*.

'root-circle, *s. Mec.E:* Cercle *m* de pied, de racine, de fond de creux (d'un engrenage).

'root-cutter, *s. Sug.R: Husb:* Coupe-racines *m inv.*

'root-eating, *a. Ent: Z:* Radicivore.

'root-hair, *s. Bot:* Poil *m* radiculaire. *The root-hairs,* le chevelu.

'root-line, *s. Mec.E:* Ligne *f* de racine, droite *f* d'évidement (d'un engrenage).

'root-note, *s. Mus:* Base *f* (d'un accord).

'root-sign, *s. Mth:* (Signe) radical *m*, -aux.

'root-slicer, *s. Sug.-R: Husb:* Coupe-racines *m inv.*

'root-stock, *s.* (*a*) *Bot:* Rhizome *m*; souche *f* (d'iris, etc.). (*b*) *F:* Souche, origine *f*.

'root-swelling, *s. Arb:* Empattement *m*, patte *f* (de la racine).

'root-syllable, *s. Ling:* Syllabe radicale.

'root-word, *s. Ling:* Mot *m* racine, mot souche.

root². **1.** *v.tr.* (*a*) Enraciner (des plantes). *F: Fear rooted him to the ground,* la peur le cloua au sol. **To remain rooted to the spot,** rester cloué, figé, sur place. *Principles rooted in the public mind,* principes enracinés, établis, dans l'opinion publique. *Vices that become deeply rooted in the soul,* vices *m* qui jettent dans l'âme de profondes racines, qui s'enracinent profondément dans l'âme. (*b*) *P:* **To root s.o.,** enlever le ballon à qn; donner à qn un coup de pied quelque part. **2.** *v.i.* (*Of plants*) S'enraciner, prendre racine.

root in, *v.tr. To r. in the blades of a (water-)wheel,* empatter, planter, enter, les aubes d'une roue.

rooting in, *s.* Empattement *m*.

root out, up, *v.tr.* Déraciner, arracher (une plante); extirper déraciner, exterminer (un abus, un vice).

rooting out, up, *s.* Déracinement *m*; extirpation *f*, extermination *f*, éradication *f*.

rooted, *a.* **1.** Enraciné. **Shallow-rooted tree,** arbre *m* à enracinement superficiel. *See also* DEEP-ROOTED. **2.** *F:* (Préjugé) enraciné, invétéré. **-ly,** *adv.* Profondément.

rooting, *s.* Enracinement *m*.

root³. **1.** *v.i.* (*a*) (*Of swine, etc.*) Fouiller avec le groin; fouger; nasiller. (*b*) *F:* (*Of pers.*) **To root among, in, papers,** fouiller dans des paperasses. (*c*) *U.S:* *F:* **To root for one's team,** encourager son équipe (de ses applaudissements, etc.). **To root for a candidate,** appuyer un candidat (aux élections); prôner un candidat. **2.** *v.tr.* (*Of boar, etc.*) Fouiller (la terre). *F:* **To root sth. out, up,** trouver qch. (en fouillant); dénicher qch.

rootedness ['ru:tidnəs], *s.* Enracinement *m* (d'une opinion, etc.).

rooter ['ru:tər], *s.* **Rooter out, up,** déracineur, -euse; extirpateur, -trice (*of,* de).

rootlet ['ru:tlet], *s. Bot:* Petite racine; radicelle *f*; radicule *f*.

rooty ['ru:ti], *a.* Plein de racines.

rope¹ [roup], *s.* **1.** (*a*) Corde *f*, cordage *m*, fil retors. *Nau:* Filin *m*; (*small*) passeresse *f*. *Hempen r.,* cordage en chanvre. **Tarred rope,** cordage goudronné; filin noir. **White rope, untarred rope,** filin blanc; franc-filin *m*, *pl.* francs-filins. **Three-, four-stranded rope,** filin en trois, en quatre. **Bell-rope,** cordon *m* de sonnette. **Wire rope,** câble *m* métallique. **Party of mountaineers on the rope,** (bande *f* d'ascensionnistes en) cordée *f*. *Nau:* **Running ropes,** manœuvres courantes. **To know the ropes,** (i) (*of sailor*) connaître ses manœuvres; (ii) *F:* connaître son affaire; connaître le terrain; savoir comment s'y prendre; *P:* savoir la carte; être à la coule. **To put s.o. up to the ropes,** (i) mettre qn au courant; (ii) dresser, former, qn. **To give s.o. (plenty of) rope,** lâcher la bride à qn; accorder à qn toute facilité pour bien ou mal faire. **To come to the end of one's rope,** se trouver arrêté dans la carrière du crime. **Give him enough rope and he will hang himself,** laissez-le faire et il va s'enferrer tout seul. *P:* **To be on the high rope,** être pendu; danser en l'air, sur rien. **Crime worthy of the rope,** crime *m* pendable, qui mérite la corde. *Nau:* **Rope fender,** défense *f* en cordage. **Rope border** (*of basket*), torche *f* d'osier. *See also* AFTER-ROPE, AWNING-ROPE, BACK-ROPE, BOLT-ROPE, BOW-ROPE, DRAG-ROPE, FOOT-ROPE, GROUND-ROPE, GUESS-ROPE, GUIDE-ROPE, HAND-ROPE, HEAD-ROPE, HEEL-ROPE, HOOK-ROPE, LADDER-ROPE, LEECH-ROPE, MAN-ROPE, MAST-ROPE, MOORING 1, PARREL, RIDGE-ROPE, SKIPPING-ROPE, SLACK-ROPE, SLIP-ROPE, STAY-ROPE, STERN-ROPE, STRAW ROPE, TAIL-ROPE, TILLER-ROPE, TOW-ROPE, TRAIL-ROPE. (*b*) *Box: Rac: etc:* **The ropes,** les cordes; *F:* les ficelles *f*. (*c*) = TIGHT ROPE. **2.** Glane *f*, chapelet *m* (d'oignons); rangée *f*, grand collier (de perles). **3.** (*In beer*) Graisse *f*.

'rope-bands, *s.pl.* = ROBANDS.

'rope-brake, *s.* Frein *m* à corde.

'rope-dancer, *s.* Danseur, -euse, de corde; funambule *mf*; équilibriste *mf*.

'rope-dancing, *s.* Funambulie *f*; danse *f* sur la corde.

'rope-drive, *s.* Commande *f* par câble.

'rope-ends, *s.pl. Nau:* Chènevotte *f*.

'rope-house, *s.* Corderie *f*.

'rope-ladder, *s.* Échelle *f* de corde.

'rope-maker, *s.* Cordier *m*.

'rope-making, *s.* Corderie *f*.

'rope-moulding, *s. Arch:* Torsade *f*.

'rope-quoit, *s.* Anneau *m* de corde (pour jeu de palets à bord).

'rope-'railway, *s.* (Chemin *m* de fer) funiculaire *m*.

rope's-'end¹, *s.* Bout *m* de corde; *Nau:* (i) bout de manœuvre; (ii) garcette *f*.

'rope's-'end², *v.tr. F:* Passer (un marin) à la garcette.

'rope-soled, *a.* (Espadrilles *f*, etc.) à semelles de corde.

'rope-walk, *s.* Corderie *f*.

'rope-walker, -walking, *s.* = ROPE-DANCER, -DANCING.

'rope-way, *s.* Câble aérien, pour transport aérien; voie *f* à câble aérien; transporteur *m* par câbles; téléphérique *m*; téléférique *m*.

'rope-yard, *s.* Corderie *f*.

'rope-yarn, *s.* Fil *m* de caret.

rope[2]. I. *v.tr.* **1.** Corder (un paquet). **2.** Attacher avec une corde. (*a*) **To rope s.o. to a tree,** lier qn à un arbre. (*b*) **To rope climbers (together),** encorder des alpinistes. *Climbers roped together,* ascensionnistes en cordée. **3.** *Nau:* Ralinguer (une voile). **4.** *Rac:* Tirer (un cheval) (pour l'empêcher de gagner). *Abs. Jockey accused of roping,* jockey accusé d'avoir tiré son cheval. **5.** *U.S:* Prendre (un cheval) au lasso.

II. **rope,** *v.i.* (*Of beer, etc.*) Devenir graisseux; (*when poured*) filer.

rope in, round, *v.tr.* **1.** Entourer (un terrain) de cordes. **2.** *F:* **To rope s.o. in,** (i) entraîner qn dans un projet; s'assurer le concours de qn; associer qn à une entreprise; (ii) prendre (un filou, etc.) dans une rafle.

rope off, *v.tr.* Réserver (une partie de la salle, etc.) au moyen d'une corde tendue.

roping, *s.* **1.** (*a*) Cordage *m* (d'un ballot). (*b*) Liage *m* (de la charge d'une charrette, etc.). (*c*) *U.S:* Prise *f* (d'une bête) au lasso. **2.** *Coll.* Cordages.

ropery ['roupəri], *s.* Corderie *f*.

ropiness ['roupinəs], *s.* Viscosité *f*; (*in beer, wine*) graisse *f*, pousse *f*.

ropy ['roupi], *a.* **1.** (*Of liquid*) Visqueux; (*of beer, etc.*) graisseux; (*when poured*) filant, qui file. **Ropy wine,** vin gras, graisseux. (*Of wine*) *To become r.,* tourner à la graisse; graisser, bouter. **2.** *Geol:* **Ropy lava,** lave cordée.

Roquefort ['rɔkfɔːər], *s.* **Roquefort cheese,** fromage *m* de Roquefort; roquefort *m*.

roquelaure ['rɔkəlɔːər], *s. A.Cost:* Roquelaure *f*.

roquet[1] ['rouke], *s. Croquet:* Touche *f* (de la boule d'un adversaire avec la sienne).

roquet[2], *v.tr. & i.* (*p.t.* **roqueted** ['roukeid]; *p.p.* **roqueted;** *pr.p.* **roqueting** ['roukeiiŋ]) Toucher (une autre boule avec la sienne).

roqueting, *s.* Touche *f*.

'roquet-'croquet, *v.tr.* Roquer (deux boules).

rorqual ['rɔːrkwəl], *s. Z:* Rorqual, -als *m*; balénoptère *m*.

rorty ['rɔːrti], *a. P:* **1.** Allumé, émoustillé. **2. To have a rorty time,** faire la noce.

Rosa ['rouza]. *Pr.n.f.* Rose.

rosaceae [ro'zeisiiː], *s.pl. Bot:* Rosacées *f*.

rosaceous [ro'zeiʃəs], *a. Bot:* Rosacé.

Rosalind ['rɔzalind]. *Pr.n.f.* Rosalinde.

Rosamond ['rɔzamənd]. *Pr.n.f.* Rosemonde.

rosaniline [rou'zanilain], *s. Ch:* Rosaniline *f*.

rosarium [ro'zɛəriəm], *s. Hort:* Roseraie *f*.

rosary ['rouzəri], *s.* **1.** Rosaire *m*. **Lesser rosary** (*of 55 beads*), chapelet *m*. *To go through the r.,* dire le rosaire. **2.** = ROSERY.

Roscian ['rɔʃjən], *a. Rom.Th:* De Roscius; (jeu *m*, etc.) digne de Roscius.

rose[1] [roːuz], *s.* **1.** *Bot:* (*a*) Rose *f*. **Briar-rose,** églantine *f*. **Monthly rose, Indian rose, China rose,** rose des quatre saisons, de tous les mois. *See also* CABBAGE-ROSE, DAMASK[1] 3, DOG-ROSE, FAIRY 2, MOSS ROSE, MUSK-ROSE, SUN-ROSE, TEA-ROSE. **Attar, otto, of roses,** essence *f* de roses. **Rose honey, rose vinegar,** miel *m* rosat, vinaigre *m* rosat. **Bed of roses,** (i) *Hort:* massif *m*, corbeille *f*, de rosiers; (ii) *F:* lit *m* de roses. **To be on a bed of roses,** être (couché) sur des roses; être sur un lit de roses. **Life is not a bed of roses, is not roses all the way,** tout n'est pas rose(s) dans ce monde; la vie n'est pas tout roses. *Prov:* **No rose without a thorn; every rose has its thorn,** (il n'est) pas de rose sans épines; chaque médaille a son revers; il n'y a pas de viande sans os. *She was like a new-blown r.,* elle était fraîche comme une rose. *F:* **She has lost her roses,** elle a perdu son teint de roses. *See also* FRESH I. 4, MILK[1] 1. *Lit:* **Path strewn with roses,** chemin fleuri. **To gather the roses of youth,** cueillir les roses de la jeunesse. *Hist:* **The Wars of the Roses,** la guerre des Deux-Roses. *F:* **Under the rose,** en cachette; **sub rosa;** en confidence; *A:* sous le manteau (de la cheminée). (*b*) **Rose of Jericho,** jérose *f* hygromètre; rose de Jéricho. **Rose of May,** narcisse *m* des poètes, œillet *m* de Pâques. *B:* **Rose of Sharon,** rose de Saron. *See also* CHRISTMAS-ROSE, GERANIUM 2, GUELDER ROSE, SUN-ROSE. **2.** (*On hat, shoe*) Rosette *f*. **3.** *Ven:* (*On stag's horn*) Fraise *f*. **4.** Pomme *f*, aspersoir *m* (d'arrosoir); crépine *f*, aspirant *m*, lanterne *f*, grenouillère *f* (de pompe). *Mch:* Reniflard *m*. **5.** *El:* (*a*) **Ceiling rose,** rosace *f* de plafond. (*b*) **Connecting rose,** rosace de canalisation. **6.** *Tls:* **Rose (countersink) bit,** fraise champignon (striée); fraise conique, angulaire. **7.** *Med:* *F:* **The rose,** l'érésipèle *m*, l'érysipèle *m*. **8.** (*Colour*) Rose *m*. *Dark r. materials, light r. materials,* étoffes *f* (d'un) rose foncé, (d'un) rose clair. **9.** *Arch:* = ROSE-WINDOW. **10.** *Lap:* = ROSE-DIAMOND.

'rose-apple, *s. Bot:* **1.** Pomme *f* de rose; jambose *f*. **2.** **Rose-apple (tree),** jambosier *m*.

'rose-bay, *s. Bot:* **1.** Laurier-rose *m*, *pl.* lauriers-rose(s). **2.** Rhododendron *m*.

'rose-bed, *s.* Massif *m*, corbeille *f*, de rosiers.

'rose-beetle, *s. Ent:* Cétoine dorée; hanneton vert.

'rose-bowl, *s.* Coupe *f* à fleurs.

'rose-bug, *s. U.S:* = ROSE-BEETLE.

'rose-'burner, *s.* Brûleur *m* à couronne (de réchaud à gaz, etc.).

'rose-bush, *s.* Rosier *m*.

'rose-'campion, *s. Bot:* Agrostemme *f* en couronne; coquelourde *f*; jalousie *f* des jardins; passe-fleur *f*, *pl.* passe-fleurs.

'rose-chafer, *s.* = ROSE-BEETLE.

'rose-colour, *s.* Rose *m*; couleur *f* de rose. *F: To see everything in r.-c.,* voir tout en rose.

'rose-coloured, *a.* Rose, rosé; couleur de rose *inv.* *F:* **To see things through rose-coloured spectacles,** voir tout en rose, en beau; voir tout couleur de rose.

'rose-copper, *s. Metall:* Cuivre *m* de rosette; rosette *f*.

'rose-cut, *a. Lap:* (Diamant) taillé en rose.

'rose-'diamond, *s. Lap:* Diamant taillé en rose; rose *f*.

'rose-engine, *s.* Machine *f*, tour *m*, à guillocher. **Rose-engine tool,** guilloche *f*. **Rose-engine ornamentation,** guillochure *f*.

'rose-gall, *s. Hort:* Bédégar *m*, éponge *f*.

'rose-garden, *s.* Roseraie *f*.

'rose-grower, *s.* Rosiériste *m*.

'rose laurel, *s. Bot:* Laurier-rose *m*, *pl.* lauriers-rose(s).

'rose-leaf, *s.* Feuille *f* de rose; pétale *m* de rose. *F:* **A crumpled rose-leaf,** une petite contrariété (en amour); une anicroche.

'rose-like, *a.* Rosacé.

'rose-lipped, *a. Lit:* Aux lèvres vermeilles; aux lèvres de rose.

'rose mallow, *s. Bot:* Rose trémière; passe-rose *f*, *pl.* passe-rose(s).

'rose-nail, *s.* Clou *m* à tête de diamant.

'rose 'noble, *s. Num:* *A:* Noble *m* à la rose.

'rose-pink. 1. (*a*) *s.* Rose *m*. (*b*) *a.* (Couleur de) rose; rosé; incarnat. **2.** *s.* Rosette *f* (encre ou craie).

'rose-punch, *s. Tls:* *Metalw:* Rosetier *m*, rosettier *m*.

'rose-rash, *s. Med:* = ROSEOLA.

'rose-red. 1. *a.* Vermeil. **2.** *s.* Vermillon *m*.

'rose-root, *s. Bot:* Rhodiole *f* rose.

'rose-scented, *a.* Parfumé à la rose; qui sent la rose.

'rose-tree, *s.* Rosier *m*. *Standard r.-t.,* rosier sur tige. *Bush r.-t.,* rosier nain.

'rose-water, *s.* Eau *f* de rose. *F:* **Rose-water literature,** littérature *f* à l'eau de rose.

'rose-window, *s. Arch:* Rosace *f*, rose *f*.

'rose-wine, *s.* Vin rosé; rosé *m* (d'Anjou, etc.).

'rose-work, *s.* Rosaces *fpl.*

rose[2], *v.tr.* Roser; rosir; teindre ou teinter en rose.

rosed, *a.* **1.** (*a*) Rose, rosé. (*b*) Couvert, orné, de roses. **2.** (Arrosoir *m*) à pomme.

Rose[3]. *Pr.n.f.* Rose.

rose[4]. *See* RISE[2].

roseate ['rouziet], *a.* Couleur de rose *inv*; rose, rosé. *F: To take a r. view of things,* voir les choses en rose, avec optimisme.

rosebud ['rouzbʌd], *s.* **1.** Bouton *m* de rose. *F:* **Rosebud mouth,** bouche *f* de cerise. **2.** (*a*) Jeune fille séduisante. (*b*) *U.S:* Débutante *f*.

rosemary ['rouzməri], *s. Bot:* Romarin *m*, encens *m*, encensier *m*.

roseola [ro'ziːola], *s. Med:* Roséole *f*.

rosery ['rouzəri], *s.* Roseraie *f*.

Rosetta [ro'zeta]. *Pr.n. Geog:* Rosette *f*. *Archeol:* **The Rosetta Stone,** la pierre de Rosette.

rosette [ro'zet], *s.* **1.** (*a*) Chou *m*, -oux (de ruban); cocarde *f*; rosette *f* (de la Légion d'honneur, etc.). (*b*) **Rosette burner,** brûleur *m* à couronne. *Metall:* **Rosette copper,** cuivre *m* de rosette; rosette *f*. **2.** *Arch:* Rosace *f*. **3.** *El:* **Ceiling rosette,** rosace de plafond.

rosewood ['rouzwud], *s.* **1.** Palissandre *m*; bois *m* de rose. **2. African rosewood,** bois de santal rouge. **3. Jamaica rosewood,** baumier *m* de la Jamaïque.

Rosicrucian [rouzi'kruːʃjən]. *Hist:* **1.** *s.* Rose-croix *m inv.* **2.** *a.* Des rose-croix; de la Rose-croix.

Rosie ['rouzi]. *Pr.n.f.* (*Dim. of Rose*) Rosette.

rosin[1] ['rɔzin], *s.* Colophane *f*.

rosin[2], *v.tr.* Frotter (l'archet) de colophane; colophaner (l'archet).

Rosinante [rɔzi'nanti], *s.* (*a*) *Span.Lit:* Rossinante *f*. (*b*) *F:* Cheval *m* étique; rossinante.

rosiness ['rouzinəs], *s.* Couleur *f* rose; incarnat *m*. *The r. of her cheeks,* les roses *f* de ses joues. *F: The r. of these prospects,* les promesses *f* que nous offrait cette perspective. *The r. of his views,* son optimisme *m*.

rosiny ['rɔzini], *a.* Résineux.

rosolic [ro'zɔlik], *a. Ch:* Rosolique.

rosolio [ro'zoulio], *s.* (*Cordial*) Rossolis *m*.

rosso antico ['rɔsoan'tiːko], *s. Geol:* Rouge *m* antique.

rostellate [rɔs'telet], *a. Nat.Hist:* Rostellé.

rostellum [rɔs'teləm], *s. Nat.Hist:* Rostelle *f*.

roster ['rɔstər, 'roustər], *s.* *Mil:* *Navy:* (*a*) **(Duty) roster,** tableau *m*, contrôle *m*, de service. **By roster,** à tour de rôle. (*b*) Liste *f*, rôle *m*, feuille *f*. *Nau:* Liste d'embarquement. *Adm:* **Promotion roster, advancement roster,** tableau d'avancement. *Position on the promotion r.,* classement *m*.

rostral ['rɔstrəl], *a.* Rostral, -aux. *Rom.Ant:* **Rostral column, rostral crown,** colonne rostrale, couronne rostrale.

rostrate ['rɔstret], **rostrated** ['rɔstreitid], *a. Nat.Hist:* Rostré.

rostriform ['rɔstrifɔːrm], *a. Nat.Hist:* Rostriforme.

rostrum, *pl.* **-a, -ums** ['rɔstrəm, -a, -əmz], *s.* **1.** (*a*) *Rom.Ant:* (*Platform*) **The Rostra,** les rostres *m*. (*b*) Tribune *f*. *F: Traffic policeman's r.,* mirador *m* d'agent vigie. **2.** *Rom.Ant:* (*Beak of ship*) Rostre *m*. **3.** *Nat.Hist:* Rostre, bec *m*.

rosy ['rouzi], *a.* De rose, rose, rosé, vermeil. *R. cheeks,* joues vermeilles. *Her r. complexion, cheeks,* les roses *f* de son teint; son teint de rose; ses jolies couleurs; ses joues vermeilles. (*Of dawn, etc.*) **To become, turn, rosy,** prendre une teinte rose; se roser. *F:* **To paint everything in rosy colours,** peindre tout en beau, en rose. *A r. prospect,* une perspective souriante, attrayante. *Our chances are growing less r.,* nos chances deviennent plus douteuses.

'rosy-'fingered, *a. Lit:* (L'Aurore *f*) aux doigts de rose.

rot[1] [rɔt], *s.* **1.** Pourriture *f*, putréfaction *f*, carie *f*; (*of lettuce, etc.*) morve *f*. *Vit:* **Brown rot,** rouille *f* des feuilles; rosée *f* de farine; faux oïdium; mildew *m*, mildiou *m*. *See also* DRY-ROT, HEART-ROT, POTATO-ROT, SALTPETRE. **2.** *Vet:* (*In sheep*) (Liver-)rot, distomatose *f*; pourriture; cachexie aqueuse; bouteille *f*, boule *f*. *See also* FOOT-ROT. **3.** *F:* Blague *f*, bêtises *fpl*. *That's all (beastly) rot!* tout ça c'est de la blague, des racontars, des sottises! *P:* tout ça c'est des bobards, des foutaises. *To talk (utter) rot,* dire des imbécillités. *Don't talk rot!* ne dites pas des bêtises! *His speech was all rot,* son discours a été nul; il nous a débité des niaiseries, des sottises, des balivernes. *What rot!* quelle blague! allons donc! *P:* quelle foutaise! *What rot that we can't go!* c'est idiot qu'on ne puisse pas y aller! **4.** (*In cricket, war, etc.*) Démoralisation *f*. **A rot set in,** le moral (des joueurs, des combattants) a flanché. **To stop the rot,** parer à la panique, à la démoralisation; enrayer la crise.

rot[2], *v.* (**rotted; rotting**) **1.** *v.i.* (*a*) Pourrir, se pourrir; se décomposer, se putréfier, se carier; (*of society, institutions*) tomber en décadence. **To rot off, away,** tomber en pourriture. **To let s.o. rot in prison,** laisser pourrir qn dans un cachot. (*b*) *F:* **To rot about,** gaspiller son temps; flânocher. **2.** *v.tr.* (*a*) Pourrir, faire pourrir; décomposer, putréfier, carier. (*Of oil, etc.*) *To rot the rubber,* désagréger le caoutchouc. (*b*) *F:* Gâcher (une entreprise). (*c*) *F:* Railler, blaguer (qn). *Abs.* **He is only rotting,** il n'est pas sérieux; il est en train de blaguer.

rotted, *a.* **1.** Pourri, carié. **2.** *Vet:* Atteint de (la) distomatose; mangé des douves.

rotting[1], *a.* Qui pourrit, qui se carie; en pourriture.

rotting[2], *s.* **1.** Pourriture *f*, putréfaction *f*, carie *f*. **Subject to rotting,** putrescible. **Proof against rotting,** (i) imputrescible; (ii) qui résiste à l'humidité, au soleil. **2.** *F:* Blague *f*, bêtises *fpl*.

'rot-gut, *s.* *P:* (*Spirits*) Tord-boyaux *m*; casse-gueule *m*, casse-pattes *m*, casse-poitrine *m*; riquiqui *m*, bistouille *f*; (*wine*) piquette *f*; (*beer*) bibine *f*.

rota ['routa], *s.* **1.** *Ecc:* **The Rota,** la Rote (de la cour pontificale). **2.** Liste *f* de roulement; liste, tableau *m*, contrôle *m*, de service. *Members take the Chair* **according to a rota,** les membres exercent la présidence à tour de rôle.

Rotarian [ro'tɛəriən], *s.* Rotarien *m* (membre d'un *Rotary Club*).

rotary ['routəri], *a.* Rotatif, rotatoire. (*a*) *R. motion,* mouvement rotatif, circulaire; mouvement de rotation. **Rotary traffic,** circulation *f* giratoire. *Ph:* **Rotary polarization,** polarisation *f* rotatoire. (*b*) Tournant. *R. knob,* bouton tournant. *Cin:* **Rotary shutter,** obturateur rotatif. *Mch:* **Rotary furnace,** four rotatif, rotatoire, tournant. *Mec.E:* **Rotary crane,** grue pivotante. *Ind:* **Rotary dryer,** essoreuse *f* centrifuge. *Typ:* **Rotary printing-press,** rotative *f*. *Mus:* **Rotary valve** (*of brass instrument*), cylindre *m*. *Mch:* **Rotary-valve engine,** machine *f* à tiroirs rotatifs, à plateaux tournants. *See also* TRANSFORMER 2.

'Rotary Club, *s.* Rotary Club *m*.

rotate[1] [ro'teit]. **1.** *v.i.* Tourner; (*on pivot*) basculer, pivoter. **2.** *v.tr.* (*a*) Tourner; faire tourner; faire basculer (un creuset, etc.). *To r. a wheel by hand,* faire tourner une roue à la main. *To r. a telescope through an angle of* 90°, faire faire une rotation de 90° à une lunette. (*b*) Remplir (ses fonctions) à tour de rôle. (*c*) *Agr:* Alterner, varier (les cultures). *To r. the crops on poor soil,* assoler une terre peu fertile.

rotating, *a.* **1.** Tournant, rotatif, à rotation. **Rotating body,** corps *m* en rotation. **2.** *Agr:* **Rotating crops,** cultures alternantes.

rotate[2] ['routet], *a.* *Nat.Hist:* Rotiforme. *Bot:* (*Of corolla*) Rotacé.

rotation [ro'teiʃ(ə)n], *s.* **1.** (*a*) (Mouvement *m* de) rotation *f*. *Axis of r.,* axe *m* de rotation. **Clockwise rotation, anti-clockwise rotation,** rotation à droite, à gauche. (*b*) Basculage *m* (d'un creuset, etc.). **2.** (*a*) Succession *f* tour à tour; rotation, roulement *m*. *Ind: etc:* **Rotation roll,** (tableau *m* de) roulement. **By rotation, in rotation,** par roulement; à tour de rôle. *That is done in r.,* cela se fait par roulement. (*b*) *Agr:* **Rotation of crops,** rotation des cultures; assolement *m*. **Three-course rotation, four-course rotation,** assolement triennal, quadriennal. *To practise rotations on a field,* alterner les cultures dans un champ; assoler un champ. **3.** Rotation, tour *m*. **Rotations per minute,** tours-minute *mpl*.

rotational [ro'teiʃən(ə)l], *a.* = ROTATIVE 1.

rotative ['routətiv], *a.* **1.** Rotatif; de rotation; (*of force, etc.*) rotateur, -trice. **2.** *Agr:* (Culture *f*) en assolement.

rotativism [ro'teitivizm], *s.* *Pol:* Rotativisme *m*.

rotator [ro'teitər], *s.* **1.** *Anat:* (Muscle) rotateur *m*. **2.** *Nau:* Hélice *f* (du loch). **3.** *Ann:* Rotateur, rotifère *m*.

rotatory ['routətəri], *a.* Rotatoire, de rotation. *Ph:* **Rotatory power,** pouvoir *m* rotatoire (d'un cristal, etc.).

rotch(e) [rɔtʃ], *s.* *Orn:* Mergule *m*.

rote [rout], *s.* Routine *f*. *Used only in the phr.* **By rote. To say, learn, sth. by rote,** dire, apprendre, qch. mécaniquement, par cœur, comme un perroquet. **To know sth. by rote,** savoir qch. par cœur. *To do sth. by r.,* faire qch. par routine.

rotifer ['routifər], *s.* *Ann:* Rotateur *m*, rotifère *m*.

rotifera [ro'tifəra], *s.pl.* *Ann:* Rotateurs *m*, rotifères *m*.

rotiform ['routifɔːrm], *a.* *Nat.Hist:* Rotiforme.

rotogravure [routogra'vjuər], *s.* *Typ:* Rotogravure *f*.

rotor ['routər], *s.* *Mec.E:* Rotor *m*. *El.E:* Rotor, induit *m*. **Rotor current, circuit,** courant *m* rotorique, circuit *m* rotorique. **Air-cleaner rotor,** centrifugeur *m* d'un épurateur d'air. *Av:* **Helicopter rotor,** sustentateur rotatif d'un hélicoptère. *N. Arch:* **Rotor ship,** navire *m* à rotors.

rotten ['rɔt(ə)n], *a.* **1.** Pourri, putréfié, carié. *R. egg,* œuf pourri, gâté. *R. fruit,* fruits gâtés. *These apples* **smell rotten,** ces pommes sentent le pourri. *F:* **He is rotten to the core,** il est pourri de vices; il est corrompu jusqu'à la moelle des os. *R. with prejudices,* pourri de préjugés. *R. society,* société galeuse. *See also* BOROUGH 1. **2.** *P:* (*a*) De mauvaise qualité; *F:* lamentable; *P:* moche. *R. weather,* temps *m* de chien. *R. job,* sale besogne *f*. *R. play,* pièce *f* qui ne vaut rien. *His golf is r.,* son jeu est pitoyable; *P:* il joue (au golf) comme un pied. **I am feeling rotten to-day,** je me sens mal fichu, je me sens patraque, aujourd'hui. **Rotten luck!** quelle guigne! pas de veine! (*b*) (*Intensive*) **I owed him a rotten five pounds,** je lui devais cinq malheureuses livres. **3.** *Vet:* (Mouton *m*) au foie douvé. **-ly,** *adv.* *P:* Très mal; d'une façon pitoyable; abominablement.

'rotten(-)stone, *s.* *Geol:* Tripoli anglais; terre pourrie d'Angleterre; potée *f* de montagne.

rottenness ['rɔt(ə)nnəs], *s.* **1.** État *m* de pourriture, de décomposition. **2.** *F:* *The r. of the weather, of his acting,* le sale temps, son jeu pitoyable.

rotter ['rɔtər], *s.* **1.** Raté *m*; propre *m* à rien; bon *m* à rien. *He's a r.,* il ne vaut pas les quatre fers d'un chien. **2.** Sale type *m*; sale moineau *m*; *P:* vilain coco; pignouf *m*.

Rotumah [ro'tuːma]. *Pr.n. Geog:* Rotouma.

rotund [ro'tʌnd], *a.* **1.** Rond, arrondi. *His r. figure,* ses formes arrondies. **2.** (Discours) emphatique, grandiloquent; (style) ampoulé.

rotunda [ro'tʌnda], *s.* *Arch:* Rotonde *f*.

rotundity [ro'tʌnditi], *s.* **1.** (*a*) Rondeur *f*, rotondité *f*. *Hum:* Embonpoint *m*. (*b*) Rondeur, grandiloquence *f* (de style). **2.** *F:* *The rotundities of a fine woman,* les rotondités d'une belle femme.

rouble [ruːbl], *s.* *Num:* Rouble *m*.

roucou ['ruːkuː], *s.* **1.** *Dy:* Ro(u)cou *m*. **2.** *Bot:* **Roucou(-tree),** ro(u)couyer *m*.

rouge[1] [ruːʒ], *s.* **1.** (*a*) *Toil: etc:* Rouge *m*, fard *m*, carmin *m*; (*for the lips*) raisin *m*. (*b*) **Jeweller's rouge,** rouge à polir; rouge d'Angleterre. **2.** *Cards:* **Rouge et noir** ['ruːʒe'nwɑːr], trente et quarante *m*.

'rouge-pot, *s.* Pot *m* de rouge.

rouge[2], *v.tr.* Vermillonner (son visage); mettre du rouge à (qn). *To r. one's cheeks,* se carminer les joues; se mettre du rouge, du fard, aux joues. **To rouge (oneself),** mettre du rouge; se farder.

rough[1] [rʌf]. I. *a.* **1.** (*a*) (*To the touch*) Rude, rugueux, raboteux; (*of surface, skin*) rêche, rugueux, rude; (*of paper*) rugueux, inégal, -aux; (*of cloth*) revêche, gros, grossier. **Rough to the touch,** rude, âpre, rugueux, au toucher. *R. hands,* mains calleuses. *R. wood,* bois raboteux, rugueux. *R. tongue,* langue rugueuse. **Rough edges,** tranches non ébarbées, non rognées (d'un livre). *Bot:* **Rough leaves,** feuilles *f* de la gemmule. *R. linen, leather,* grosse toile, gros cuir. *R. tweed,* tissu (de laine) bourru. *R. glass,* verre dépoli. **Rough side of a skin, of leather,** côté *m* chair; le grain. *R. side of a tennis racket,* envers *m*; côté des nœuds. *Ten:* **'Rough or smooth?'** "corde ou nœud?" *F:* **To give s.o. a lick with the rough side of one's tongue,** laver la tête à qn; passer un savon à qn. *See also* FILE[1] 1. (*b*) (*Uneven*) (*Of road*) Raboteux, rude; (*of coast*) anfractueux; (*of ground*) inégal, raboteux, accidenté; (*of rock, outline, etc.*) haché. *R. hair,* cheveux ébouriffés. *Mec.E:* *R. cam,* came ébréchée. (*c*) (*Undressed, unmachined*) Brut. **In the rough state,** à l'état brut. **Rough casting,** pièce brute de fonderie. **Rough stamping,** pièce brute d'estampage. *Const:* **Rough stone,** pierre velue, brute. *Joint r. from the trowel,* joint brut de truelle. *See also* DIAMOND[1] 1, FORGING 2. **2.** (*Violent*) Grossier; brutal, -aux; brusque, rude, dur; (*of treatment*) mauvais, dur, brutal; (*of wind*) violent. *R. sea,* mer agitée, mauvaise, forte, dure, grosse, houleuse, peu maniable; levée *f* de la mer. *Nau:* **Rough weather,** gros temps, mauvais temps. *To have a r. crossing, a r. passage,* faire une mauvaise traversée; avoir une grosse mer pour la traversée. **Rough play,** *P:* **rough stuff,** jeu brutal ou jeux brutaux; jeu de mains. *F:* **Rough music,** tintamarre *m*, charivari *m*. *To treat s.o. to r. music,* tintamarrer qn; faire un charivari à qn. **The rough(er) element** (*of the population*), la canaille, les voyous *m*. **Rough handling,** brutalités *fpl*. *To give s.o. a r. handling,* malmener, houspiller, qn; *P:* passer qn à tabac. *To be r. with s.o., with a horse,* brutaliser, rudoyer, qn; brutaliser un cheval. **It was rough on him,** c'était dur pour lui. *See also* CUT UP 2, TIME[1] 8. **3.** (*Of manners*) Grossier, fruste; (*of speech*) bourru, rude; (*of style*) fruste. *R. welcome,* accueil *m* rude (mais sincère); accueil bourru. *R. accommodation,* logement *m* rudimentaire. *R. nursing,* soins rudes, primitifs, sommaires. *R. work,* travail grossier, primitif. *R. justice,* justice *f* sommaire. *He had had a r. upbringing,* il avait été élevé à la va-comme-je-te-pousse. *See also* ROUGH-AND-READY. **4.** Approximatif. **Rough sketch,** (i) ébauche *f*, esquisse *f*, griffonnage *m*, pochade *f*; (ii) plan *m* en croquis; croquis *m* de projet; premier jet; aperçu *m*. *R. attempt,* vague tentative *f*. *R. translation,* traduction *f* à peu près. **Rough draft,** brouillon *m*. *Lap:* **Rough cutting,** brutage *m*, ébrutage *m* (d'un diamant). *Metalw:* **Rough facing,** dressage *m* d'ébauche. **Rough calculation,** calcul grossier, approximatif. *R. average,* moyenne approximative. **Rough guess,** approximation *f*. **At a rough guess,** par aperçu, par approximation; approximativement. **Rough estimate,** évaluation *f* en gros; estimation approximative, devis approximatif. *On a r. estimate it is worth . . .,* cela vaut approximativement . . .; à vue d'œil, *F:* à vue de nez, cela vaut. . . . *See also* BOOK[1] 2. **5.** (*a*) (*Of voice*) Rude, rêche, rauque. (*b*) *Gram:* **Rough breathing,** esprit *m* rude. (*c*) (*Of wine*) Gros, âpre, rude. **-ly,** *adv.* **1.** Rudement, brutalement, brusquement, âprement. *To treat s.o. r.,* malmener qn; rudoyer qn. *The wind blew r.,* le vent était violent. *You are going rather r. about it,* vous y allez un peu fort. **2.** Grossièrement. *R. painted, bound,* peint, relié, grossièrement. **Roughly made,** *F:* fait à la serpe, à coups de serpe. *R.-made table,* table grossièrement façonnée. *To sketch sth. r.,* faire un croquis sommaire de qch. **3.** Approximativement; à peu près; en gros; dans ses lignes générales. **Roughly speaking . . .,** en général . . .; généralement parlant. . . . *To estimate sth. r.,* estimer qch. à peu près, en gros, approximativement. *We are steering r. north,* notre cap est aux environs du nord.

II. **rough,** *adv.* Rudement, grossièrement. *To play r.,* jouer brutalement. *U.S: P:* **To treat 'em rough,** employer la manière forte (avec les femmes).

III. **rough,** *s.* **1.** (*a*) Terrain accidenté. (*b*) *Golf:* **To be in the rough,** être dans l'herbe longue. **2.** Crampon *m* (d'un fer à cheval); crampon à glace. **3.** (Le) côté désagréable des choses. **To take the rough with the smooth,** prendre le bénéfice avec les charges; prendre les choses comme elles viennent. *One must take the r. with the smooth,* à la guerre comme à la guerre. **4.** (*Pers.*) Voyou *m*, bandit *m*, (*in Paris*) apache *m*. **5.** (*a*) État brut. **Wood in the rough,** bois (à l'état) brut; bois en grume. (*b*) Ébauche *f* (d'un tableau, etc.). **Statue in the rough,** statue brute; ébauche d'une statue. (*c*) **In the rough it will cost . . .,** approximativement, en gros, cela coûtera. . . .

'rough-and-'ready, *a.* **1.** Exécuté grossièrement; fait à la hâte. *R.-and-r. methods,* méthodes grossières et expéditives; procédés *m* au petit bonheur; procédés primitifs. *To do sth. in a r.-and-r. manner,* faire qch. à vue de nez. *Done in a r.-and-r. fashion,* taillé à coups de hache. *R.-and-r. installation,* installation *f* de fortune. **2.** (*Of pers.*) Cavalier, sans façon.

'rough-and-'tumble. **1.** *a.* (*a*) (Combat, jeu) où l'on n'observe pas de règles. (*b*) **Rough-and-tumble life,** vie mouvementée. (*c*) (Abri *m*, appareil *m*, etc.) de fortune. **2.** *s.* Mêlée *f*, bousculade *f*; corps-à-corps *inv* jovial.

'rough-bore, *v.tr.* *Mec.E:* **1.** Aléser d'ébauche; aléser à brut. **2.** = ROUGH-DRILL.

rough-boring, *s.* Alésage *m* d'ébauche; ébauche *f* à la fraise.

'rough-cast[1], *s.* **1.** *Const:* Crépi *m*, gobetis *m*, ravalement *m*. **2.** Ébauche *f* (d'un plan).

'rough-cast[2], *v.tr.* (*p.t.* **rough-cast;** *p.p.* **rough-cast**) **1.** *Const:* Crépir, hourder, gobeter, encroûter, hérisser, hérissonner (un mur, etc.); ravaler (une façade). **2.** Ébaucher (un plan).

rough-cast[3], *a.* **1.** *Const:* Crépi, hourdé, gobeté. **2.** *Metall:* Brut de fonte; brut de coulée. **3.** (Plan) ébauché, à l'état d'ébauche.

rough-casting, *s.* **1.** Crépissage *m*; ravalement *m*. **2.** Ébauchage *m*.

'rough-caster, *s.* *Const:* Ravaleur *m*.

'rough-coat, *v.tr.* *Const:* Ravaler (une façade).

rough-coating, *s.* Ravalement *m*.

'rough-coated, *a.* (Cheval) hérissé, à long poil; (chien) à poil dur.

'rough-drill, *v.tr.* *Metalw:* Percer un avant-trou dans (une pièce).

'rough-dry, *v.tr.* Faire sécher (le linge, etc.) sans le repasser.

rough-'footed, *a.* *Orn:* (Pigeon, etc.) pattu.

rough-'forged, *a.* Brut de forge.

'rough-grained, *a.* A grain grossier, à gros grain.

'rough-grind, *v.tr.* (*p.t.* **rough-ground** [graund]; *p.p.* **rough-ground**) Dégrossir, blanchir, (un outil) à la meule; émoudre (un outil).

rough-grinding, *s.* Dégrossissage *m* à la meule; émoulage *m*.

'rough-grinder, *s.* (*Pers.*) Émouleur *m*.

'rough-'hew, *v.tr.* (*p.t.* **rough-hewed;** *p.p.* **rough-hewn**) Ébaucher, dégrossir (une statue, etc.); dégrossir, bûcher (du bois d'œuvre).

rough-hewn, *a.* (Statue) taillée à coups de hache. *F:* **Rough-hewn plan,** projet *m* à l'état d'ébauche.

'rough-hound, *s.* *Ich:* Roussette *f*.

'rough 'house[1], *s.* *F:* Chahut *m*, bousculade *f*. **To give s.o. a rough house,** malmener, houspiller, qn.

'rough-'house[2]. *P:* **1.** *v.i.* Chahuter, *P:* bahuter. **2.** *v.tr.* *To r.-h. s.o.,* malmener, houspiller, qn; faire un mauvais parti à qn.

'rough-'legged, *a.* **1.** *Orn:* (Pigeon) pattu. **2.** (Chien, etc.) à poil long sur les pattes.

'rough neck, *s.* *U.S:* *F:* **1.** Homme mal dégrossi, qui sent sa province; rustre *m*. **2.** = ROUGH[1] III. 4.

'rough-render, *v.tr.* *Const:* = ROUGH-CAST[2] **1.**

rough-rendering, *s.* = ROUGH-CASTING **1.**

'rough-rider, *s.* **1.** Dresseur *m* de chevaux; *F:* casse-cou *m inv.* **2.** *Mil:* Cavalier *m* appartenant à un corps irrégulier.

'rough-spoken, *a.* **1.** Bourru. **2.** Au langage grossier.

'rough-stamped, *a.* *Metalw:* Brut d'estampage.

'rough-turn, *v.tr.* Ébaucher (au tour); dégrossir.

rough-turning, *s.* Ébauchage *m*.

'rough-wrought, *a.* Travaillé grossièrement.

rough[2], *v.tr.* **1.** **To rough (up) the hair,** ébouriffer (les cheveux); faire hérisser (le poil). **2.** (*a*) *Farr:* Ferrer (un cheval) à glace; (faire) acierer (un cheval); acierer les fers (d'un cheval). (*b*) Dépolir (le verre). (*c*) *Const:* Piquer, bretter, bretteler (un mur, etc.). **3.** *F:* **To rough it,** (i) vivre à la dure; en voir de dures; manger de la vache enragée; (ii) se passer des petites douceurs, des raffinements, auxquels l'on est habitué. *You will have to r. it at the start,* vous aurez la vie dure pour commencer. *We, you, have got to r. it,* à la guerre comme à la guerre. **4.** Dégrossir (une lentille, etc.). **5.** *U.S:* Rudoyer, malmener (qn).

rough down, *v.tr.* Dégrossir (le travail, une pièce de forge).

roughing down, *s.* Dégrossissage *m*, dégrossissement *m*.

rough in, *v.tr.* **1.** *Sculp:* **To rough in a block of marble,** ébaucher un bloc de marbre. **2.** *Const:* **Roughing-in coat** (*of plaster*), gobetis *m*.

rough out, *v.tr.* Ébaucher (un plan); dégrossir (une pièce, une statue); concevoir (un projet) dans ses grandes lignes.

roughing out, *s.* Dégrossissage *m*, dégrossissement *m*; ébauchage *m*. *See also* CHISEL[1] **1.**

rough up, *v.tr.* Accorder approximativement (un piano); faire le premier accordage.

roughing, *s.* **1.** Dégrossissage *m*, dégrossissement *m*; ébauchage *m*. **Roughing tool,** ciseau *m* à dégrossir; ébauchoir *m*. *Metalw:* **Roughing out,** passe *f* de dégrossissage (au tour); coupe *f* d'ébauche. **2.** *Const:* Crépissage *m*, ravalement *m*. **3.** *Farr:* Ferrage *m* à glace. **4.** *F:* **Roughing it,** la vie dure; la vache enragée.

'roughing-cylinder, *s.* *Metall:* Cylindre dégrossisseur; cylindre ébaucheur.

'roughing-mill, *s.* *Metalw:* Fraise *f* pour dégrossir.

'roughing-roll, *s.* *Metall:* Dégrossisseur *m*.

roughage ['rʌfedʒ], *s.* *Physiol:* Détritus *mpl*, déchets *mpl*, parties *f* non digestibles (de la nourriture).

roughen ['rʌf(ə)n]. **1.** *v.tr.* (*a*) Rendre rude, rugueux, âpre. (*b*) *Masonry:* Boucharder (la pierre). **2.** *v.i.* (*a*) Devenir rude, rugueux, âpre. *Her hands had roughened,* ses mains étaient devenues calleuses. (*b*) (*Of the sea*) Grossir; devenir houleuse.

roughener ['rʌfnər], *s.* *Tls:* Râpe *f*.

rougher ['rʌfər], *s.* (*Pers.*) **1.** *Metalw:* Ébaucheur *m*. **2.** *Art:* **Rougher-out,** praticien *m* (qui ébauche la statue).

roughish ['rʌfiʃ], *a.* **1.** Un peu rude; un peu rugueux. **2.** (Mer) assez houleuse, un peu dure. **3.** (Individu *m*) un peu fruste, mal dégrossi.

roughness ['rʌfnəs], *s.* **1.** (*a*) Rudesse *f*, aspérité *f*, rugosité *f*. (*b*) Rugosité, inégalité *f* (du sol, du chemin); mauvais état (du chemin); anfractuosités *fpl* (d'un rocher, d'une côte). **2.** (*a*) Grossièreté *f*, brusquerie *f*, sans-façon *m*; manières bourrues. (*b*) Agitation *f*, état agité (de la mer); inclémence *f*, rudesse (du temps). **3.** Rudesse (de la voix); âpreté *f*, rudesse (de goût); qualité *f* fruste (du style).

roughshod ['rʌf'ʃɔd], *a.* (*a*) (Cheval) ferré à glace; acieré. (*b*) *F:* **To ride roughshod over s.o.,** fouler qn aux pieds; sauter à pieds joints sur qn; traiter qn cavalièrement, sans ménagement, avec rudesse.

roughstone ['rʌfstoun], *s.* *Const:* Pierre bourrue.

roulade [ru'lɑːd], *s.* *Mus:* Roulade *f*.

rouleau [ru'lou], *s.* Rouleau *m* (d'or).

roulette [ru'let], *s.* **1.** (*Gaming*) Roulette *f*. **2.** *Mth:* Roulette, cycloïde *f*; (courbe) trochoïde *f*. **3.** *Tls:* Roulette (de graveur, etc.); molette *f* (à perforer).

Roumania [ru'meinja]. *Pr.n. Geog:* La Roumanie.

Roumanian [ru'meinjən], *a.* & *s.* *Geog:* Roumain, -aine.

Roumansh [ru'manʃ], *s.* = ROMANS(C)H.

Roumelia [ru'miːljə]. *Pr.n. Geog:* La Roumélie.

Roumelian [ru'miːljən], **Roumeliote** [ru'miːljout], *a.* & *s.* *Geog:* Roumeliote *mf*.

round[1] [raund]. I. *a.* **1.** (*a*) Rond, circulaire. *R. hole,* trou rond. *Hist:* **The Round Table,** la Table ronde. *Pol: Ind: etc:* **Round-table conference,** conférence *f* ou discussion *f* pour échange de vues sur un pied d'entière égalité; réunion *f* paritaire, intime. *Archeol:* **Round tower,** tour ronde. **To make round,** arrondir. **To become round,** s'arrondir. *Eyes r. with astonishment,* yeux arrondis par l'étonnement. *R. face, cheeks,* visage rond, joues rondes. *R. limbs,* membres arrondis, rondelets. **Round shoulders,** épaules rondes, voûtées; dos voûté. **Round-hand,** (écriture) ronde; grosse *f*. *Written in r.-h.,* écrit en ronde. *Ling:* **Round vowel,** voyelle prononcée en arrondissant les lèvres. *Com:* **Round bars,** fer rond; rondins *m*. **Round timber,** bois rond; bois non équarri. *Tls:* **Round file,** lime ronde. **Round tool,** gouge *f* à ébaucher. *R. nut,* écrou *m* cylindrique. *See also* ARCH[1] **1**, CHEESE[1] **2**, GAME[1] **1**, HALF-ROUND **1**, LOAF[1] **1**. (*b*) *Min:* **Round coal,** charbon gros; charbon en roche. **2.** (*a*) **Round dance,** danse *f* en rond; ronde *f*. **Round voyage,** voyage *m* circulaire. *U.S:* **Round trip,** l'aller *m* et le retour. *See also* POLICY[2]. **Round towel,** essuie-main(s) *m* à rouleau; serviette *f* sans fin. (*b*) *Nau:* **Round turn,** tour mort (de cordage). *F:* **To pull s.o. up with a round turn,** rembarrer qn sec. **3.** (*a*) **Round dozen,** bonne douzaine. **In round figures,** en chiffres ronds. *R. sum,* compte rond. *F:* *R. unvarnished tale,* récit franc et sans ambages. (*b*) **Good round sum,** somme rondelette. *That is a good r. sum,* cela fait une assez belle somme. **To go at a good round pace,** aller bon train. *At a r. trot,* au grand trot. (*c*) *R. style,* style rond, coulant. *R. voice,* voix ronde; voix pleine, sonore. **Round oath,** gros juron. **4.** *A:* **To be round with s.o.,** parler à qn franchement, rondement, sans façon; être rond avec qn. **-ly,** *adv.* **1.** En forme de rond. *To swell out r.,* ballonner. **2.** Rondement, vivement. **To go roundly to work,** y aller bon train; mener rondement les choses; s'y mettre avec entrain; y aller rondement. **3.** *A:* (Parler) rondement, franchement, carrément.

II. **round,** *s.* **1.** (*a*) Cercle *m*, rond *m*. *R. of the chin,* arrondi *m* du menton. **Cylinder out of round,** cylindre ovalisé. *See also* HALF-ROUND **2.** (*b*) *Art:* **Statue in the round,** statue *f* en bosse, en ronde-bosse. **To draw from the round,** dessiner d'après la bosse. **2.** (*a*) Barreau *m*, roulon *m* (de chaise, d'échelle, etc.); échelon *m* (d'échelle). (*b*) *Arch:* Rond (de moulure). *See also* QUARTER-ROUND. (*c*) *pl.* *Com:* **Rounds,** fers ronds; rondins *m*. (*d*) *Cu:* **Round of beef,** sous-noix *m* de bœuf; tranche grasse. **Round of veal,** rouelle *f* de veau. **3.** (*a*) *The yearly r. of the earth,* la révolution annuelle de la terre. (*b*) *R. of daily labours,* cycle *m* de travaux journaliers. **The daily round,** le train ordinaire des jours; le train-train quotidien; le tran-tran quotidien. **One continual round of pleasures,** une succession perpétuelle de plaisirs. **4.** (*a*) Tour *m*. *To go for a good r.,* faire un grand tour (de promenade). **To make the round of the country,** faire le tour du pays. *Sp:* **To do the round** (*of the course*) *in one hour,* boucler le circuit en une heure. **To have a round of golf,** faire une tournée de golf. *Knitting:* **Round of stitches,** tour de mailles. *F:* **The story went the round** (*of the village, etc.*), l'histoire *f* a passé de bouche en bouche, a fait le tour (du village, etc.). *Rumour that is going the rounds,* bruit *m* qui court. (*b*) Tournée *f*. *The postman's r.,* la tournée du facteur. **The inspector is on his round,** l'inspecteur est en tournée. (*Of doctor*) **To make his rounds, to go (on) his rounds,** faire sa tournée. **To do a hospital round,** (i) faire sa visite à l'hôpital; (ii) faire une clinique. **To make a round of visits,** faire une tournée, une série, de visites. (*c*) *Mil:* Ronde *f* (d'inspection). **Check-round,** contre-ronde *f*. (*Of officer*) **To go the rounds,** faire le service de ronde; faire sa ronde; *A:* faire le guet. **5.** (*a*) *Box:* Round *m*, reprise *f*. (*b*) *Ten:* Tour, série *f* (d'un tournoi). *To have a bye to the third r.*, être exempt jusqu'au troisième tour. *See also* QUALIFYING 2. **6.** (*a*) **To stand a round of drinks,** payer une tournée (générale). *To serve out a r. of rum*, verser du rhum à la ronde. (*b*) *Cards:* Tour; levée *f*. (*c*) *Mil:* **A round of ten shots,** une salve de dix coups. *F:* **Round of applause,** salve d'applaudissements. **Rounds of rippling laughter,** cascades *f* de rire. (*d*) *Mil:* **Round of ammunition,** cartouche *f*. *Every man must carry a hundred rounds*, chaque homme doit porter cent cartouches. (*Of company*) **To fire a round,** tirer un coup (chacun). *To have only five rounds left*, (i) (*of company*) n'avoir plus que cinq coups à tirer; (ii) (*of individual*) n'avoir plus que cinq cartouches. **7.** *Mus:* Canon *m*; fugue perpétuelle (pour voix égales). **8.** *Slice going the whole r.* (*of the loaf*), tranche complète. **Round of toast,** rôtie *f*.

'round-'arched, *a. Arch:* A voûte(s) en plein cintre.

'round-'backed, *a.* = ROUND-SHOULDERED.

'round-'cornered, *a.* Aux angles arrondis; à coins arrondis.

'round-'eyed, *a.* Aux gros yeux. **To stare round-eyed,** ouvrir de grands yeux étonnés. *To listen in r.-e. wonder*, écouter les yeux ouverts tout rond.

'round-'headed, *a.* A tête ronde.

'round-house, *s.* **1.** *Nau:* (*a*) Roufle *m*; dunette *f*. (*b*) W.C. de l'avant; poulaine *f*. (*c*) *Navy:* *A:* Chambre *f* du conseil. **2.** *Rail:* *U.S:* Rotonde *f*. **3.** *Hist:* Corps *m* de garde; salle *f* de police.

'round-'leaved, *a. Bot:* A feuilles rondes; rotundifolié.

'round-'nosed, *a.* **1.** Au nez arrondi, camus. **2.** *Tls:* **Round-nosed chisel,** burin *m* grain-d'orge; dégorgeoir *m*; gouge pleine. *See also* PLIERS.

'round 'robin, *s.* Pétition revêtue de signatures en rond, en cercle (pour ne pas révéler le chef de bande).

'round-'shouldered, *a.* Au dos voûté, bombé; aux épaules voûtées, rondes. *To be r.-s.*, avoir le dos rond; *F:* avoir le dos en cerceau; être voûté.

'round-'top, *s. Nau:* Hune *f*.

'round-worm, *s. Ann:* Ascaride *m* lombricoïde.

round². I. *adv.* **1.** (*a*) **To go round,** tourner; décrire un cercle ou des cercles. *The earth goes r.*, la terre tourne sur elle-même. *The wheels go r.*, les roues tournent. *To turn* **round and round,** tournoyer. *To run, fly, r. and r.*, courir, voler, en rond, en cercles. **To turn round (about),** se retourner. *See also* CLOCK¹. (*b*) **All the year round,** (pendant) toute l'année. *This brings us r. to winter*, cela nous ramène à l'hiver. **Winter came round,** l'hiver revint, arriva. (*c*) **To bring s.o. round** (*after a faint*), remettre, ranimer, qn. **To come round** (*after a faint*), revenir à soi; se remettre. **To come round to s.o.'s opinion,** se ranger à l'opinion de qn. **We soon won him round,** nous l'avons vite gagné à notre cause. *See also* TALK ROUND 1. **2.** (*a*) Autour. *Garden with a wall* **right round, all round,** jardin *m* avec un mur tout autour. **To be six feet round,** avoir six pieds de tour. *The town walls are* 3000 *yards r.*, les murs de la ville ont 3000 mètres de pourtour, de circuit. **Room hung round with pictures,** pièce *f* avec des tableaux sur tous les murs, avec des tableaux tout autour. **To show s.o. round,** faire faire à qn le tour de sa propriété, etc. *F:* **Taken all round,** dans l'ensemble; en général. *See also* ALL-ROUND. (*b*) **All the country round,** tout le pays à l'entour. **For a mile round,** à un mille à la ronde. **The villages round about,** les villages à l'entour. **3.** **To hand round, pass round, send round,** *the bottle, the cakes*, faire passer, faire circuler, la bouteille, les gâteaux. *Tea was served r.*, le thé fut servi à tout le monde, fut servi à la ronde. **Glasses round!** des verres pour tout le monde! **There is not enough to go round,** il n'y en a pas pour tout le monde. **To pay for drinks all round,** payer une tournée (générale). *Home Rule all r.*, le Home Rule pour tout le monde. *See also* HAT¹. **4.** (*a*) *Don't come across*, **come round, go round,** ne traversez pas, faites le tour! **It's a long way round,** cela fait un grand détour. **To take the longest way round,** prendre par le plus long; faire le grand tour. **To go round about** *to a place*, aller à un endroit par un détour. (*b*) **To order the carriage round,** commander qu'on amène la voiture. *F:* **To ask s.o. round for the evening,** inviter qn à venir passer la soirée. **To bring s.o. round,** amener qn avec soi. *If you are r. this way next week*, si vous passez par ici la semaine prochaine. *See also* COME ROUND, GET ROUND, GO ROUND, *etc.*

II. **round,** *prep.* **1.** (*a*) (*Indicating position*) Autour de. *To wear a muffler r. one's neck*, porter un foulard au cou, autour du cou. *Belt going r. the waist*, ceinture *f* qui entoure la taille. **To seize s.o. round the body,** saisir qn à bras le corps. *Seated r. the table*, assis autour de la table. *There was a crowd r. the church*, il y avait foule autour de l'église, aux abords de l'église. *Newspaper with a wrapper r. it*, journal *m* avec la bande autour. *He measures* 36 *inches r. the chest*, il a un tour de poitrine de 36 pouces; il a 36 pouces de tour de poitrine. *Shells were bursting* **round (about) him,** des obus éclataient autour de lui. *She radiates cheerfulness r. her*, sa présence répand la gaieté. **It will be somewhere round a hundred pounds,** cela fera dans les cent livres. **Round (about) midday,** sur les midi. (*b*) (*Indicating motion*) *To journey r. the world*, faire le tour du monde. *To row, sail, swim, r. the island*, faire le tour de l'île à la rame, à la voile, à la nage. *To take, show, walk, s.o. r. one's estate*, faire faire à qn le tour de sa propriété. *To go r. the museums*, visiter les musées. *To hawk one's wares r. the streets*, colporter sa marchandise de rue en rue. *The earth goes r. the sun*, la terre fait sa révolution autour du soleil, tourne autour du soleil. *The earth turns r. its centre of gravity*, la terre tourne autour de son centre de gravité. **To go round and round sth.,** tourner autour de qch.; faire et refaire le tour de qch. (*Of birds*) *To fly r. and r. the house*, tournoyer autour de la maison. **To argue round (and round) a subject,** tourner autour du sujet; *F:* tourner autour du pot. **To write a book round an incident,** écrire un livre à propos d'un incident. **2.** **To go round an obstacle,** contourner un obstacle. *To sail r. a cape*, doubler, franchir, un cap. **To go round the corner,** (*of pers.*) tourner le coin; (*of vehicle*) prendre le virage. *You will find the grocer r. the corner*, vous trouverez l'épicerie au coin, en tournant le coin. *See also* GET ROUND 1 (*c*).

round³. **1.** *v.tr.* (*a*) Arrondir (qch.); rendre (qch.) rond; abattre (un angle). *Bookb:* Endosser (un livre). *To r. one's arm*, arrondir le bras. *To r. one's mouth, a vowel*, arrondir les lèvres, une voyelle. *To r. the bottom of a cauldron*, gironner un chaudron. **To round a dog's ears,** couper les oreilles à un chien. (*b*) *Nau:* Garnir (un cordage); fourrer (un espar). (*c*) Contourner (un obstacle). *Nau:* Doubler, franchir, arrondir (un cap); contourner, arrondir (une île). *Aut:* Prendre (un virage). **To round a corner close,** prendre un virage à la corde. **2.** *v.i.* (*a*) S'arrondir; devenir rond. (*b*) **To round on one's heel,** faire un demi-tour. *F:* **To round on s.o.,** (i) dénoncer qn; vendre qn; (ii) tomber sur qn; s'en prendre inopinément à qn. *When I tried to intervene, they both rounded on me*, quand je voulus m'interposer, ils se retournèrent tous les deux contre moi.

round in, *v.tr. Nau:* Rentrer vivement (un cordage).

round off, *v.tr.* **1.** Arrondir (un angle, ses biens); adoucir (une arête). *To r. off one's sentences*, arrondir, perler, ses phrases. *To r. off one's speech with a neat compliment to . . .*, achever son discours avec un compliment bien tourné à l'adresse de. . . . *To r. off the negotiations*, achever les négociations. **2.** *Nau:* Faire virer (un navire) le cap au large.

round-'off, *s.* Arrondi *m* (d'un bord, etc.); chute *f* (d'une phrase).

round out, *v.i. F:* Engraisser; prendre de l'embonpoint.

round to, *v.i. Nau:* Mettre en panne; lofer.

round up, *v.tr.* Rassembler (du bétail); cerner, rabattre (des bisons, des éléphants, etc.); cerner, rabattre, rafler (des filous); faire une rafle de (filous); *F:* cueillir (une bande).

round-'up, *s.* **1.** *N.Arch:* Bouge vertical (du pont, des barrots, etc.). **2.** (*a*) *U.S:* Rassemblement *m* (du bétail, etc.); grande battue (à cheval). (*b*) Rafle *f* (de filous); arrestations *fpl* en masse.

rounded, *a.* Arrondi. *R. cheeks*, joues rebondies. *R. bank*, talus curviligne, bombé. *Nau:* **Rounded stern,** arrière *m* en cul-de-poule; arrière rond. *See also* WELL-ROUNDED.

rounding, *s.* **1.** (*a*) Arrondissement *m*; arrondissage *m*. *Bookb:* Endossage *m* (d'un livre). (*b*) *Nau:* (i) Garniture *f* (d'une manœuvre); (ii) garni *m* (d'une manœuvre); fourrure *f* (d'un espar). **2.** *N.Arch:* Bouge *m* (du pont, des baux).

'rounding-adze, *s. Tls:* Herminette *f* à gouge.

roundabout ['raundəbaut]. I. *s.* **1.** (*a*) Détour *m*; chemin détourné. (*b*) Circonlocution *f*. (*c*) Enclos *m* ou clôture *f* circulaire. **2.** (*a*) (Manège *m* de) chevaux *mpl* de bois; carrousel *m*. *F:* **What I lose on the swings I make up on the roundabouts,** l'un dans l'autre, je n'y perds rien; ce qu'on perd d'un côté on le gagne de l'autre. (*b*) *Aut:* Sens *m* gyro. **Roundabout traffic system,** circulation *f* giratoire. **3.** *U.S:* Veston court.

II. **roundabout,** *a.* **1.** (Chemin) détourné, indirect. **To take a roundabout way,** faire un détour; faire un crochet; *F:* prendre le chemin des écoliers. *That was a r. way of . . .*, c'était une manière détournée de. . . . *To hear of sth. in a r. way*, apprendre qch. par ricochet, indirectement. *To lead up to a question in a r. way*, aborder de biais une question. *R. phrase*, circonlocution *f*. *R. policy*, politique tortueuse. **2.** *A:* Rebondi, grassouillet, boulot.

roundel ['raundəl], *s.* **1.** (*a*) *Her:* Tourteau *m*. (*b*) *A:* Plateau *m* en bois; rondeau *m*. **2.** *A:* (*a*) *Lit:* Rondeau. (*b*) *Mus:* *Danc:* Ronde *f*.

roundelay ['raundəlei], *s. A:* (*a*) Chanson *f* à refrain; rondeau *m*. (*b*) Chant *m* d'oiseau. (*c*) *Danc:* Ronde *f*.

rounder ['raundər], *s.* **1.** *Games:* (*a*) *pl.* **Rounders,** balle *f* au camp; thèque *f*. (*b*) Tour complet accompli sans arrêt (par un joueur). **2.** Outil *m* à arrondir. **3.** *U.S:* *F:* Flâneur *m*; fainéant *m*; pilier *m* de cabaret; habitué *m* de prison.

Roundhead ['raundhed], *s. Hist:* Tête ronde (adhérent de Cromwell, aux cheveux coupés ras).

roundish ['raundiʃ], *a.* Rondelet; presque rond.

roundness ['raundnəs], *s.* **1.** (*a*) Rondeur *f*; rotondité *f* (d'un globe, etc.); arrondi *m* (d'une arête, etc.). (*b*) Rotondité, bosse *f*, protubérance *f* (sur une surface). **2.** (*a*) Rondeur (de style). *To give r. to a sentence*, arrondir une période. (*b*) *A:* Rondeur, franchise *f* (de paroles). (*c*) Sonorité *f*, rondeur, ampleur *f* (de la voix).

roundsman, *pl.* **-men** ['raundzmən, -men], *s.m.* **1.** *Com:* Homme de tournée; livreur. **Milk roundsman,** laitier livreur; distributeur de lait. **2.** *U.S:* Agent de police chargé de fonctions de surveillance; brigadier.

roup¹ [raup], *s. Scot:* Vente publique aux enchères; criée *f*.

roup², *v.tr. Scot:* **1.** Mettre (qch.) aux enchères; vendre (un mobilier, etc.) à la criée. **2.** Vendre les biens de (qn); exécuter (qn).

roup³ [ruːp], *s. Husb:* **1.** Diphtérie *f* des poules; angine croupeuse, diphtérique. **2.** Maladie *f* du croupion.

roupy ['ruːpi], *a. Husb:* (*Of fowl*) **1.** Atteint de la diphtérie, de l'angine croupeuse, de l'angine diphtérique. **2.** Atteint de la maladie du croupion.

rouse¹ [rauz], *s. Mil:* Réveil *m*.

rouse². I. *v.tr.* **1.** (*a*) *Ven:* Faire lever, faire partir, lancer (le gibier). (*b*) **To rouse s.o. (from sleep),** éveiller, réveiller, qn. *To r. s.o. from his reflections*, arracher qn à ses réflexions. *F:* **To rouse the sleeping lion,** réveiller le chat qui dort. *To r. the camp*, donner l'alerte au camp. *To r. s.o. from indolence*, **to rouse s.o. up**, faire sortir qn de son apathie; secouer l'indifférence, l'énergie, de qn; *F:* secouer qn. *He wants rousing*, il faut qu'on le secoue; il a besoin qu'on l'aiguillonne. *I tried to r. him*, je voulus le faire sortir de sa torpeur. **To rouse oneself**, se secouer; *F:* se défiger; sortir de son apathie. *She roused herself to look up and to speak*, elle fit l'effort de lever les yeux et de parler. *Come, r. yourself!* voyons, secouez-vous! **To rouse s.o. to action**, inciter qn à agir. *See also* REVOLT[1]. **To rouse the masses**, remuer, activer, les masses. (*c*) Mettre (qn) en colère; irriter (qn). *Nothing will r. him*, *F:* il n'a pas de sang dans les veines. *He is terrible when roused*, il est terrible quand il est monté. *The wind had roused the sea*, *Lit:* le vent avait éveillé la fureur des flots. (*d*) *F:* Enlever le ballon à (qn). (*e*) Activer (le feu); *Brew:* agiter (le moût, etc.). **2.** Soulever (l'indignation); susciter (l'admiration, l'opposition). *Lit: To r. s.o.'s ire*, mettre qn en courroux; éveiller le courroux de qn. *To r. the passions*, éveiller les passions. **3.** *Nau:* **To rouse in the cable**, haler la chaîne; enlever la chaîne à la main. **Rouse together!** halez ensemble! **To rouse a rope taut**, embraquer un cordage.

II. **rouse**, *v.i.* **To rouse (up)**, (i) se réveiller; (ii) se secouer; sortir de sa torpeur.

rousing, *a.* **1.** Qui éveille, qui réveille, qui excite. *R. cheers*, applaudissements chaleureux. *R. speech*, discours enlevant, vibrant. *R. chorus*, refrain entraînant. **2.** (*a*) *F:* **Rousing lie**, gros mensonge. (*b*) *R. fire*, belle flambée; feu ronflant.

rouse[3], *s.* *A:* **1.** Rasade *f.* **2.** Bacchanale *f*; buverie *f.*

rouse[4], *v.tr.* Saler (les harengs).

rouser ['rauzər], *s.* **1.** (*a*) (*Pers.*) (i) Excitateur, -trice; (ii) éveilleur *m.* (*b*) Stimulant *m.* **2.** *Brew:* Agitateur *m* mécanique. **3.** *F:* Gros mensonge; craque *f.*

roussette [ru'set], *s.* **1.** *Ich:* Roussette *f.* **2.** *Z:* (Chauve-souris *f*) roussette.

roust [raust], *v.* *U.S: P:* **1.** *v.i.* **To roust (about)**, se remuer, s'activer. **2.** *v.tr.* (*a*) Bousculer (qn, pour le voler). (*b*) **Roust out** = ROUT OUT 1.

roustabout ['raustəbaut], *s.* **1.** *U.S:* Débardeur *m.* **2.** *Austr:* Homme *m* à tout faire; manœuvre *m.*

rout[1] [raut], *s.* **1.** Bande *f* (de fêtards). **2.** *Jur:* Attroupement *m* (de trois personnes au moins, dans une intention délictueuse). **3.** *A:* Raout *m*; réception (mondaine); soirée *f.*

rout[2], *s.* *Mil:* Déroute *f*; débandade *f.* **To put troops to rout**, mettre des troupes en déroute. **To break into a rout**, se débander.

rout[3], *v.tr.* *Mil:* Mettre (une armée) en déroute; disperser, défaire, enfoncer (une armée). *To r. the enemy*, mettre l'ennemi en fuite; *F: A:* tailler des croupières à l'ennemi.

routed, *a.* En déroute.

rout[4], *v.tr. & i.* = ROOT[3].

rout out, *v.tr.* **1.** Dénicher (qn, qch.); tirer (qn) de son lit, etc.; faire sortir (qn); faire déguerpir (un renard). *He routed out all our hidden treasures*, il a déniché tous nos trésors cachés. **2.** (*a*) *Carp:* Évider (une rainure); rainurer (une planche); toupiller (une moulure). (*b*) *Engr: Typ:* Échopper.

routing[1] **(out)**, *s.* (*a*) *Carp:* Évidage *m*, toupillage *m.* (*b*) *Engr:* Échoppage *m.*

'routing-machine, *s.* *Engr: Typ:* Échoppeuse *f*; machine *f* à échopper.

'routing-plane, *s.* *Tls:* Guimbarde *f.*

route[1] [ruːt], *s.* (*a*) Itinéraire *m*; route *f*, voie *f.* *To trace, map out, a r.*, tracer un itinéraire. **The great trade routes**, les grandes routes commerciales. **Sea route**, route maritime. **Overland route**, route de terre. *R. of a procession*, parcours *m* d'un défilé. **Bus route**, (i) ligne *f* d'autobus; (ii) itinéraire, parcours, d'un autobus. *Com: R. to be followed by a case of goods*, acheminement *m* d'un colis. *Nau: etc:* **To alter one's route**, changer de direction. (*b*) *Mil:* [raut] **Column of route**, colonne *f* de route. **Route-sheet**, *F:* **route**, feuille *f* de route.

route-map ['ruːtmap], *s.* Carte routière.

route-march ['rautmaːrtʃ], *s.* *Mil:* Marche *f* militaire.

route[2], *v.tr.* Router (un colis, etc.).

routing[2], *s.* Routage *m* (d'un colis).

router ['rautər], *s.* *Tls:* (*a*) Couteau *m* (d'une mèche à trois pointes). (*b*) **Router-gauge**, trusquin *m* à filet.

routh [rauθ, ruːθ], *s.* *Scot:* Abondance *f.*

routine [ru'tiːn], *s.* **1.** (*a*) Routine *f.* (*b*) **The daily routine**, le train ordinaire des jours; le train-train journalier, le tran-tran quotidien. *Office r.*, travail courant du bureau. *To do sth. as a matter of r.*, faire qch. d'office. **Routine business**, travail courant. **Routine work, duties**, service courant; besogne courante; affaires courantes; *Adm:* service de détail. **2.** *Mil: Navy:* Emploi *m* du temps. **Routine board**, tableau *m* de service.

routinish [ru'tiːniʃ], *a.* Routinier, enroutiné.

routinism [ru'tiːnizm], *s.* Routine *f*; esprit *m* de routine.

routinist [ru'tiːnist], *s.* Routinier, -ière.

rove[1] [roːuv], *s.* *F:* **To be on the rove**, rôder, vagabonder; rouler sa bosse.

rove[2]. **1.** *v.i.* (*a*) Rôder; vagabonder, errer. *To r. in every land*, rouler dans tous les pays; rouler sa bosse. *His eyes roved over the pictures*, son regard parcourait les tableaux. *His eyes roved from one to the other*, ses yeux erraient de l'un à l'autre. *His mind roved back to his youth*, sa pensée vagabonde revint sur sa jeunesse. (*b*) *Fish:* Pêcher (au vif) à la cuiller. **2.** *v.tr.* Parcourir (la campagne, un pays). *To r. the streets*, errer par les rues. (*Of pirate, etc.*) **To rove the seas**, écumer la mer, les mers.

roving[1], *a.* Vagabond, nomade. *R. life*, vie errante, nomade. *R. thoughts*, pensées vagabondes.

roving[2], *s.* Vagabondage *m.* *R. instincts*, instincts *m* nomades. *To be of a r. disposition*, être de caractère aventureux. *See also* COMMISSION[1] 2.

rove[3], *s.* *Metalw:* Rosette *f*; rondelle *f*; contre-rivure *f.*

rove[4], *s.* *Tex:* Mèche *f*; boudin *m.*

rove[5], *v.tr.* *Tex:* **To rove the slivers**, *abs.* **to rove**, faire la mèche; boudiner.

roving[3], *s.* **1.** Boudinage *m.* **Roving frame** = ROVER[3] 1. **2.** (*a*) Mèche *f* ou bobine *f* de préparation. (*b*) *Coll.* Mèches; boudins *m.*

rove[6]. *See* REEVE[3].

rove-beetle ['rouvbiːtl], *s.* *Ent:* Staphylin *m.*

rover[1] ['rouvər], *s.* **1.** (*a*) Coureur, -euse; rôdeur, -euse; vagabond, -onde. (*b*) *Scouting:* Éclaireur chevalier. **2.** *Archery:* But *m* à une portée fixée à volonté. **To shoot at rovers**, (i) viser un but choisi à volonté; (ii) *F:* tirer au hasard. **3.** *Croquet:* (*a*) Balle *f* corsaire; corsaire *m.* (*b*) (*Pers.*) Corsaire.

rover[2], *s.* *Nau:* Forban *m*, corsaire *m*, pirate *m*; écumeur *m* de mer.

rover[3], *s.* *Tex:* **1.** Banc *m* à broches; boudineuse *f.* **2.** (*Pers.*) Bancbrocheur, -euse; boudineur, -euse.

row[1] [rou], *s.* **1.** (*a*) Rang *m*, rangée *f*; ligne *f*; file *f*; alignement *m.* *Row of trees*, rang, rangée, alignée *f*, d'arbres. *Row of cars*, file de voitures. *Row of figures*, (*horizontal*) ligne de chiffres; (*vertical*) colonne *f* de chiffres. *Row of pearls*, rang de perles. *Row of medals*, brochette *f* de décorations. *Row of gas-jets*, rampe *f* de gaz. *Row of bricks*, assise *f* de briques. **Row of knitting, of crochet**, rang, tour *m*, de tricot, de crochet. **In a row**, en rang, en ligne. *To set things in a row*, mettre des objets en rang; aligner des objets. **All in a row**, tous sur un rang; *F:* (*of pers.*) en rang d'oignons. **In rows**, par rangs. *In two rows*, sur deux rangs. (*b*) *Agr: Hort:* Ligne, rayon *m.* *In rows*, en lignes, en rayons. *Row of onions, of lettuces*, rang, rayon, d'oignons, de laitues. *See also* HOE[2]. **2.** (*a*) Rang (de chaises, de bancs, etc.). **In the front, third, row**, au premier, au troisième, rang. *Th: Front row of the stalls*, premier rang des fauteuils d'orchestre. (*b*) *Row of houses*, ligne, rangée, de maisons. (*c*) *Dial:* (i) Ruelle *f*; (ii) arcades *fpl* (d'une rue).

row[2] [rou], *s.* **1.** Promenade *f* en barque, en canot; partie *f* de canotage. **To go for a row**, faire une promenade, se promener, en canot; canoter; faire du canotage; faire de l'aviron. **2.** *It was a long row*, il a fallu ramer longtemps.

row[3] [rou]. **1.** *v.i.* (*a*) Ramer. *Nau:* Nager. *To row hard*, faire force de rames. *To row in a race*, ramer dans une course; prendre part à une course d'aviron. *To row over the river*, traverser la rivière en canot. *To row round the island*, faire le tour de l'île à la rame. *To row up towards the source of the river*, remonter vers la source de la rivière. *To row down the river*, descendre la rivière. (*With cogn. acc.*) **To row a fast stroke**, ramer vite. *To row a few strokes*, ramer quelques coups; donner quelques coups de rame. **To row a race**, faire une course d'aviron. *Pred.* **To row stroke**, être chef de nage; donner la nage. (*b*) (*With passive force*) **Boat that rows six oars**, bateau qui arme à six avirons. (*c*) Canoter; faire du canotage. *To spend one's afternoons rowing*, passer ses après-midi à canoter. **2.** *v.tr.* (*a*) Faire aller (un bateau) à la rame; conduire (un bateau) à l'aviron. (*b*) Conduire (qn) dans une embarcation à rames. *To row s.o. over the river*, transporter qn (en canot) sur l'autre rive. (*c*) Lutter de vitesse avec (qn).

row off, *v.tr.* Faire courir (une course).

row out, *v.tr.* (*Of oarsman*) **To be rowed out**, être à bout de forces.

rowing[1], *s.* Conduite *f* (d'un bateau) à l'aviron. *Nau:* Nage *f.* *Sp:* Canotage *m.* **To go rowing**, canoter; faire du canotage. *To go in for r.*, faire du canotage; faire de l'aviron. **Rowing exercise, rowing drill**, canotage; *Nau:* exercice *m* de nage.

'rowing-barge, *s.* Barque *f* à rames.

'rowing-boat, *s.* Bateau *m* à rames; canot *m* à l'aviron.

'rowing-club, *s.* Cercle *m* d'aviron; cercle de canotiers.

'rowing-man, *s.m.* Amateur de canotage; canotier; rameur.

'rowing-machine, *s.* *Gym:* Machine *f* à ramer.

'rowing-match, *s.* Course *f* à la rame; course à l'aviron; course d'aviron.

'row-boat, *s.* = ROWING-BOAT.

'row-port, *s.* *Nau:* Sabord *m* d'aviron; sabord de nage.

row[4] [rau], *s.* **1.** Chahut *m*, tapage *m*, vacarme *m*; charivari *m*; *P:* ramdam *m.* **To make, kick up, a row**, (i) faire du chahut; chahuter; faire du fracas, du tapage, *P:* du boucan, du carillon, du chambard, du barouf, du bacchanal, du bastringue; (ii) *P:* faire de la rouspétance; rouspéter. *F:* **To kick up the devil of a row**, faire un bacchanal, un charivari, un sabbat, de tous les diables. *An infernal row*, un bacchanal d'enfer. *The devil's own row*, un raffût du diable. **What's the row?** qu'est-ce qu'il y a? qu'est-ce qui se passe? *P:* **Hold your row!** taisez-vous! *P:* la ferme! **2.** Rixe *f*, dispute *f*; scène *f*; chamaillis *m*; attrapade *f.* **Street row**, dispute de rue. *Family rows*, scènes de ménage. *To get mixed up in a row*, être mêlé à une dispute, à une altercation. *There'll be a row!* il va y avoir de la casse! *To be always ready for a row*, *F:* ne demander que plaies et bosses. **3.** Réprimande *f*; *F:* savon *m.* **To get into a row**, se faire attraper; se faire laver la tête. *There'll be a row!* vous allez vous faire attraper!

'row-de-'dow, *s.* *F:* Chahut *m*, vacarme *m.*

row[5] [rau]. **1.** *v.tr.* *F:* (i) Attraper, semoncer (qn); (ii) faire une scène à (qn). **2.** *v.i.* Se quereller (*with s.o.*, avec qn).

rowing[2], *s.* Attrapade *f*, semonce *f*; réprimande *f.*

rowan ['rauən], *s.* *Bot:* **1.** **Rowan(-tree)**, sorbier commun, sorbier sauvage; sorbier des oiseaux, des oiseleurs; arbre *m* à grives; cochêne *m.* **2.** **Rowan(-berry)**, sorbe *f.*

rowdiness ['raudinəs], *s.* Turbulence *f*; tapage *m.*

rowdy ['raudi]. **1.** *a.* Tapageur, charivarique. *To be r.*, chahuter; *P:* bousiner. *To spend a r. evening*, passer une soirée tapageuse. **2.** *s.* (*a*) Chahuteur *m.* (*b*) Voyou *m.*

'rowdy-'dowdy, *a.* *F:* Tapageur.

rowdyism ['raudiizm], *s.* Tapage *m*; chahut *m*, chahutage *m.*

rowel[1] ['rauəl], *s.* **1.** Molette *f*, rais *m*, cautère *m* (d'éperon).

2. *Vet:* **(Draining) rowel,** séton anglais; séton à, en, rouelle; ortie *f*.

rowel², *v.tr.* (rowelled; rowelling) 1. Éperonner (un cheval). *To r. a horse's sides*, labourer les flancs d'un cheval. 2. *Vet:* Appliquer une ortie à (un cheval).

rower [ˈrouər], *s.* Rameur, -euse; canotier, -ière. *Nau:* Nageur *m*.

rowlocks [ˈrʌləks], *s.pl.* Dames *f*, demoiselles *f* (de nage); tolets *m*, toletières *f*; porte-rame *m inv*. **Swivel rowlocks,** tolets à fourche; systèmes (articulés).

Roxana [rɔkˈsɑːnə]. *Pr.n.f.* Roxane.

Roxburghe [ˈrɔksbərə], *s.* *Bookb:* **Roxburghe (binding),** reliure *f* amateur sans coins, dos sans ornement, tranche supérieure dorée, gouttière et pied non rognés.

royal [ˈrɔiəl]. 1. *a.* (*a*) Royal, -aux; du roi, de la reine. **Prince Royal,** prince royal. **His, Her, Royal Highness,** son Altesse royale. *The R. household*, la maison du roi, de la reine. *With r. consent*, avec le consentement du roi. *My r. word*, ma parole de roi. *R. charter*, acte *m* du souverain; charte royale. **Royal blue,** bleu *inv* de roi. *See also* ACADEMY 2, NAVY 1. (*b*) Royal, princier; magnifique. *R. bearing*, attitude *f* digne d'un roi. *R. munificence*, munificence princière. *A r. feast*, un festin de roi. *To be in r. spirits*, être en verve. **To have a (right) royal time,** s'amuser follement, royalement. *See also* BATTLE¹. (*c*) *Bot:* **Royal fern,** osmonde royale. (*d*) *Nau:* **Royal sail,** *s.* **royal,** cacatois *m*. *See also* MIZ(Z)EN-ROYAL. **Royal mast, royal yard,** mât *m*, vergue *f*, de cacatois. *Main r. yard*, vergue de grand cacatois. *Fore r. yard*, vergue de petit cacatois. (*e*) *Paperm:* **Royal paper,** *s.* **royal,** *approx.* = grand raisin. **Long royal, super royal,** *approx.* = (papier) jésus *m*. 2. *s.* (*a*) Cerf *m* à douze andouillers. (*b*) *pl.* *Mil:* (*Brit. Army*) **The Royals,** (i) le Royal Écossais; (ii) le régiment des Dragons du Roi. **-ally,** *adv.* Royalement; en roi.

royalism [ˈrɔiəlizm], *s.* Royalisme *m*.

royalist [ˈrɔiəlist], *a.* & *s.* Royaliste (*mf*).

royalty [ˈrɔiəlti], *s.* 1. Royauté *f*. 2. (*a*) *pl.* **Royalties,** (i) personnages royaux; (ii) membres *m* de la famille royale. (*b*) *Coll.* **Hotel patronized by royalty,** hôtel fréquenté par les personnages royaux. 3. (*a*) *Hist:* *For:* *etc:* Droit régalien. (*b*) *Usu. pl.* **Royalties,** (i) redevance (due à un inventeur, au détenteur de la propriété littéraire ou artistique d'une œuvre); (ii) *Publ:* droits *m* d'auteur. *Royalty of 10% on the published price*, droit de 10% sur le prix fort. (*c*) **Mining royalties,** redevance tréfoncière.

Royston [ˈrɔistən]. *Pr.n.* *Geog:* Ville du comté de Hertford. *Orn:* **Royston crow,** corneille mantelée, cendrée.

rub¹ [rʌb], *s.* 1. Frottement *m*; friction *f*. **To give sth. a rub (up),** (i) donner un coup de torchon, un coup de brosse, à qch.; (ii) frotter, polir, astiquer (des cuivres, etc.). *Med:* **Pleural rub,** bruit *m* de frottement (dans la pleurésie sèche). 2. (*a*) *Bowls:* Inégalité *f* (du terrain). *F:* **There's the rub!** c'est là la difficulté! *F:* c'est là le diable! voilà le hic! voilà le cheveu! *Lit:* c'est là que gît le lièvre! *P:* voilà le chiendent! **To come to the rub,** arriver au moment difficile. *The rubs and worries of life*, les difficultés *f* et les ennuis *m* de la vie; les contrariétés *f* de la vie. (*b*) *Golf:* **Rub of, on, the green,** risque *m* de jeu.

rub², *v.* (rubbed; rubbing) 1. *v.tr.* (*a*) Frotter. *To rub one's leg with oil*, se frotter, se frictionner, la jambe avec de l'huile. *To rub one's hand against, on, over, sth.*, frotter sa main sur qch. *To rub ears of corn in the hands*, froisser des épis dans les mains. **To rub one's hands (together),** se frotter les mains. *To rub two stones together*, frotter deux pierres l'une contre l'autre. **To rub noses with s.o.,** (i) *Anthr:* saluer qn d'un frottement de nez à nez; (ii) *F:* être ami, être intime, avec qn. *F:* **To rub shoulders with other people,** se frotter au monde; coudoyer, côtoyer, le monde; s'associer avec, frayer avec, d'autres gens. *See also* ELBOW¹ 1. **To rub s.o. (up) the wrong way,** prendre qn à rebrousse-poil; contrarier, énerver, irriter, qn; *F:* échauffer la bile, la tête, de qn. *What has rubbed you (up) the wrong way? F:* quelle mouche vous pique? (*b*) *Pred.* **To rub sth. dry,** sécher qch. en le frottant. **To rub a surface bare,** dénuder une surface par le frottement. *To rub one's hands sore*, se faire mal aux mains à force de les frotter. (*c*) **To rub sth. through a sieve,** passer qch. dans un tamis. **To rub sth. (down) to powder,** réduire qch. en poudre; triturer qch. *To rub sth. over a surface*, enduire une surface de qch. **To rub oil into s.o.,** faire une friction d'huile à qn; frictionner qn à l'huile. **To rub the nap off the cloth,** user le drap jusqu'à la corde. (*d*) **To rub a brass, an inscription,** prendre un frottis d'un cuivre, d'une inscription. *To rub a drawing*, poncer un dessin; calquer un dessin à la ponce. 2. *v.i.* (*a*) Frotter (*against*, contre); (*of pers.*) se frotter (contre). *The wheel is rubbing against the body*, la roue frotte contre la carrosserie. *Something is rubbing*, il y a quelque chose qui frotte. (*b*) (*Of clothes, etc.*) S'user. *Nau:* (*Of hawser, etc.*) Riper, raguer.

rub along, *v.i.* *F:* (*a*) (i) Aller son petit bonhomme de chemin; (ii) se tirer d'affaire; se débrouiller. (*b*) *We rub along very well together*, nous nous accordons très bien; nous faisons bon ménage ensemble. (*c*) Vivoter d'une maigre rente. **We manage to rub along,** on vit bien juste; on vit tant bien que mal.

rub away, *v.tr.* 1. User (qch.) par le frottement. 2. = RUB OFF. 3. Faire disparaître (une courbature, etc.) par des frictions.

rubbing away, *s.* Usure *f*.

rub down, *v.tr.* 1. (*a*) Panser, étriller, épousseter, (*with wisp*) bouchonner (un cheval). (*b*) Frictionner (qn) (après le bain, etc.). 2. Adoucir (une surface); regratter (un mur); poncer (de la peinture). *To rub down a bassoon reed*, préler une anche de basson. *Phot:* **To rub down the negative,** user le cliché. *Nau:* *To rub down the seams of a sail*, frotter les coutures d'une voile.

rub-'down, *s.* (*a*) = RUBBING DOWN 1. (*b*) Friction *f*. **To give s.o. a rub-down,** faire une friction à qn; frictionner qn. *To give a horse a rub-down*, bouchonner un cheval.

rubbing down, *s.* 1. Pansage *m*, étrillage *m*, bouchonnage *m* (d'un cheval). 2. Adoucissage *m* (d'une surface); ponçage *m* (de la peinture). *Phot:* Usure *f* (d'un cliché). *Esp.* **Local rubbing down,** usure locale.

rub in, *v.tr.* Faire pénétrer (un liniment, etc.) par des frictions, en frottant. *F:* **Don't rub it in!** n'insistez pas davantage (sur ma gaffe, etc.).

rub off, *v.tr.* Enlever (qch.) par le frottement. *To rub one's skin off*, s'écorcher légèrement; s'érafler la peau; s'érafler. (*With passive force*) **Colour that easily rubs off,** couleur qui s'enlève facilement. *See also* RUST¹ 1.

rub out, *v.tr.* Enlever (qch.) par le frottement; effacer (un mot). *To rub out pencil marks*, gommer des traces de crayon.

rub over, *v.tr.* *To rub sth. over with sth.*, enduire qch. de qch.

rub through, *v.i.* *F:* *We shall rub through somehow*, nous viendrons à bout de nos difficultés de façon ou d'autre.

rub up. 1. *v.tr.* (*a*) Astiquer, faire reluire, frotter, fourbir (des objets en métal, etc.). *F:* **To rub up one's memory,** rafraîchir sa mémoire. **To rub up one's knowledge of a subject,** se remettre au courant d'un sujet. *To rub up one's Greek*, refaire du grec pour se dérouiller. (*b*) **To rub sth. up into a paste,** mettre qch. en pâte. 2. *v.i.* **To rub up against other people,** se frotter au monde.

rubbing up, *s.* Astiquage *m*, fourbissage *m* (d'un fusil, des cuivres, etc.).

rubbed, *a.* 1. (*Of elbows, material*) Râpé; qui montre la corde. *R. furniture*, meubles dévernis. 2. *F:* Irrité, fâché, de mauvaise humeur.

rubbing¹, *a.* Frottant. *R. surfaces*, surfaces frottantes.

rubbing², *s.* 1. (*a*) Frottage *m* (de qch. avec qch.); *Med:* *etc:* frictions *fpl*. **Rubbing compound,** pâte *f* à polir. **Rubbing surface** (*of match-box*), gratin *m*. (*b*) Frottement *m* (d'un organe de machine, etc.). *Nau:* Ripage *m* (d'un câble). 2. Calque *m* par frottement; frottis *m*. **To take a rubbing of an inscription,** (i) prendre un frottis d'une inscription; (ii) poncer, calquer, une inscription.

'rubbing-strake, *s.* *N.Arch:* Bourrelet *m* de défense; ceinture *f* (d'une embarcation); liston *m*, listeau *m*.

rub³, *s.* *Cards:* = RUBBER³.

rub-a-dub(-dub) [ˈrʌbəˈdʌb(ˈdʌb)], *s.* Rataplan *m* (d'un tambour).

rubato [ruˈbɑːto], *a.* & *s.* *Mus:* (**Tempo**) **rubato,** tempo *m* rubato.

rubber¹ [ˈrʌbər], *s.* 1. (*a*) Frottoir *m*. **Kitchen rubber,** torchon *m*. *See also* STABLE-RUBBER. (*b*) *Tls:* **Rubber (file),** carreau *m*. (*c*) *Veh:* Sabot *m* de frein. (*d*) *Nau:* Défense *f* d'appontement (d'un embarcadère). 2. (*Pers.*) (*a*) Frotteur, -euse. (*b*) Calqueur, -euse (d'inscriptions, etc.) (par frottis). (*c*) Masseur, -euse (de hammam). 3. (*a*) **(India-)rubber (eraser),** gomme *f* à effacer. (*b*) **(India-)rubber,** caoutchouc *m*; gomme élastique. **Crape rubber, crêpe rubber,** crêpe *m* de latex. **Hard rubber,** caoutchouc durci; vulcanite *f*; ébonite *f*. **Sponge rubber,** caoutchouc éponge; caoutchouc mousse. **Rubber gum,** latex *m*. **Virgin rubber,** caoutchouc neuf. *See also* SHEET-RUBBER. **(India-)rubber ball,** balle *f* en caoutchouc; balle élastique. **(India-)rubber band,** (i) élastique *m*; (ii) courroie *f* en caoutchouc. **Rubber cloth, fabric,** toile *f* caoutchouc; tissu caoutchouté. **Rubber tape,** ruban caoutchouté. *El.E:* **Rubber cable,** câble *m* sous caoutchouc. **Rubber hose, rubber gloves,** tuyau *m*, gants *m*, en caoutchouc. *Com:* *F:* **Rubber goods,** articles *m* d'hygiène en caoutchouc; spécialités *f* pharmaceutiques. *See also* SOLUTION¹ 1, STAMP¹ 2. (*c*) Rondelle *f* de caoutchouc (d'une pompe). (*d*) *pl.* (*Overshoes*) **(India-)rubbers,** caoutchoucs. (*e*) *pl.* *St.Exch:* *F:* **Rubbers,** caoutchoucs. 4. *Const:* Brique *f* tendre.

'rubber-bearing, *a.* (Arbre, etc.) caoutchoutifère.

rubber-'cored, *a.* *Golf:* (Balle) à noyau de caoutchouc.

'rubber-covered, *a.* (Câble) à revêtement en caoutchouc, sous (gaine de) caoutchouc.

rubber-'cushioned, *a.* Amorti par cales en caoutchouc.

'rubber-neck, *s.* *U.S:* *P:* 1. (*a*) Badaud, -aude; curieux, -euse, qui regarde en l'air. (*b*) Touriste *mf*. 2. **Rubber-neck (wagon),** autocar *m* à l'usage des touristes.

'rubber-plant, *s.* *Bot:* Caoutchoutier *m*.

'rubber-'processed, *a.* *R.-p. fabric*, toile imprégnée de gomme.

rubber-'shod, *a.* = RUBBER-TYRED.

'rubber-tree, *s.* *Bot:* Arbre *m* à gomme.

rubber-'tyred, *a.* (*Of wheel*) Caoutchouté.

rubber². 1. *v.tr.* = RUBBERIZE. 2. *v.i.* *U.S:* *P:* Badauder; faire le badaud.

rubber³, *s.* *Cards:* Robre *m*, rob *m*. *To play a r.*, faire un robre. **The rubber game,** la belle.

rubberize [ˈrʌbəraiz], *v.tr.* Caoutchouter; imprégner, enduire, (un tissu, etc.) de caoutchouc. **Rubberized cotton,** coton caoutchouté.

rubberoid [ˈrʌbərɔid], *s.* *Const:* Rubéroïde *m*; feutre goudronné (pour toitures).

rubbery [ˈrʌbəri], *a.* Caoutchouteux, gommeux.

rubbish [ˈrʌbiʃ], *s.* 1. (*a*) Immondices *fpl*, détritus *mpl*; (*of buildings*) décombres *mpl*, gravois *mpl*, gravats *mpl*. *Min:* *etc:* Déblai *m*. *Ind:* Rebuts *mpl*; déchets *mpl*. **Household rubbish,** ordures ménagères. **'Shoot no rubbish,'** "défense de déposer des immondices," "défense de verser des décombres." (*b*) Fatras *m*; choses *fpl* sans valeur. *Old r.*, vieilleries *fpl*. *F:* **A good riddance of bad rubbish,** un bon débarras. (*c*) Camelote *f*. *Never buy r.*, achetez toujours de la bonne qualité. 2. Bêtises *fpl*, sottises *fpl*; niaiseries *fpl*. **To talk rubbish,** débiter des absurdités *f*; dire des bêtises, des niaiseries, des sottises; radoter. **(What) rubbish!** allons donc! quelle blague!

'rubbish-bin, *s.* Boîte *f* aux ordures.

'rubbish-cart, *s.* Tombereau *m*.

'rubbish-heap, *s.* (*a*) (*In garden, etc.*) Monceau *m* de détritus. (*b*) = RUBBISH-SHOOT.

'rubbish-shoot, *s.* Dépôt *m* d'immondices; (lieu *m* de) décharge *f*; décharge publique.

rubbishing ['rʌbiʃiŋ], *a. F:* = RUBBISHY 2.

rubbishy ['rʌbiʃi], *a.* **1.** (Endroit) plein de décombres. **2.** Sans valeur; (marchandises) (i) de rebut, (ii) de camelote. *That's all r. stuff,* tout ça c'est de la camelote.

rubble [rʌbl], *s. Const:* **1.** (*a*) **Rubble(-stone),** moellons (bruts); libages *mpl*; blocaille *f*; *Civ.E:* (*for roads*) brocage *m*, brocaille *f*. *To fill up the empty spaces with r.,* bloquer les vides. **Rubble masonry,** maçonnerie *f* de moellons; maçonnerie brute, sans assises. **Rubble worker,** terrasseur *m*. (*b*) *Geol:* Moellon. **Rock rubble,** moellon de roche. **2. Rubble(-work),** moellonage *m*, blocage *m*; maçonnerie brute, en blocaille; limo(u)sinage *m*, hourdage *m*; appareil polygonal; *Arch:* rocaille *f*. **Coursed rubble,** appareil en moellons smillés. *R. with lacing courses,* moellons avec assises de briques.

rubbly ['rʌbli], *a.* Blocageux, blocailleux.

rube [ru:b], *s. U.S: P:* = REUBEN 2.

rubefacient [ru:bi'feiʃənt], *a.* & *s. Med:* Rubéfiant (*m*).

rubefaction [ru:bi'fakʃ(ə)n], *s. Med:* Rubéfaction *f*.

rubefy ['ru:bifai], *v.tr. Med:* Rubéfier.

rubella [ru'belə], *s. Med:* Rubéole *f*.

rubellite ['ru:belait], *s. Miner:* Rubellite *f*; apyrite *f*.

rubescent [ru:'bes(ə)nt], *a.* Rubescent.

rubiaceae [rubi'eisii:], *s.pl. Bot:* Rubiacées *f*.

rubiaceous [rubi'eiʃəs], *a. Bot:* Rubiacé.

rubicelle ['ru:bisel], *s. Miner:* Rubicelle *f*, rubace *f*.

Rubicon ['ru:bikən]. *Pr.n. A.Geog:* **The Rubicon,** le Rubicon. *F:* **To cross the Rubicon,** franchir le Rubicon; sauter le fossé; sauter le pas.

rubicund ['ru:bikʌnd], *a.* Rubicond; rougeaud.

rubidium [ru'bidiəm], *s. Ch:* Rubidium *m*.

rubied ['ru:bid], *a. Lit:* Couleur de rubis.

rubify ['ru:bifai], *v.tr.* = RUBEFY.

rubiginous [ru'bidʒinəs], *a.* Rubigineux; couleur de rouille *inv.*

rubious ['ru:biəs], *a. A. & Lit:* Couleur de rubis.

rubric ['ru:brik], *s. Typ: Ecc:* Rubrique *f*.

rubrical ['ru:brik(ə)l], *a.* Des rubriques; contenu dans les rubriques.

rubricate ['ru:brikeit], *v.tr.* Rubriquer, traiter en rouge (une initiale).

rubrician [ru'briʃən], **rubricist** ['ru:brisist], *s. Ecc:* Rubricaire *m*.

rubstone ['rʌbstoun], *s.* Pierre *f* à aiguiser, à affûter.

ruby ['ru:bi], *s.* **1.** *Miner: Lap:* (*a*) Rubis *m*. **True ruby, Oriental ruby,** rubis oriental. **Spinel ruby,** (rubis) spinelle *m*. **Balas ruby,** rubis balais. **Bohemian ruby,** rubis de Bohême; pseudo-rubis *m*. **Ruby mine,** mine *f* de rubis. **Ruby-studded bracelet,** bracelet garni de rubis. (*b*) **Ruby copper,** cuivre vitreux rouge. **Ruby silver,** argent *m* rouge. *See also* ARSENIC[1]. **2.** (*Pimple*) Rubis; bouton *m*. **3.** *Typ:* (*a*) Caractères *mpl* entre la parisienne et la non-pareille; corps 5½. (*b*) *U.S:* Corps 3½. **4.** *a. & s.* (*Inv. in Fr.*) Couleur (*f*) de rubis; rouge (*m*). **Ruby lips,** lèvres vermeilles; lèvres de carmin. **Wine of a rich brilliant ruby,** vin *m* avec une belle robe. *F:* **Ruby nose,** nez vineux. *Phot:* **Ruby glass,** verre *m* rubis. **5.** *Box: P:* **The ruby,** le sang.

'ruby-tail, *s. Ent:* Chrysis *f*; guêpe dorée.

'ruby-tailed, *a. Ent:* **Ruby-tailed wasp** = RUBY-TAIL.

ruche[1] [ru:ʃ], *s. Dressm:* Ruche *f*.

ruche[2], *v.tr. Dressm:* Rucher (un ruban, un bonnet, etc.).

ruched, *a.* A ruches; garni de ruches.

ruching, *s.* Ruché *m*.

ruck[1] [rʌk], *s.* **1.** *Rac:* Peloton *m* (des coureurs). **2. The (common) ruck,** le commun (du peuple). **To get out of the ruck,** sortir du rang, de l'ornière; arriver. **To be out of the ruck,** être hors du commun des mortels; être lancé.

ruck[2], *s.* **1.** *Dressm:* Froncis *m*, fronçure *f*. **2.** = RUCKLE[1].

ruck[3]. **1.** *v.tr. Dressm:* Froncer (un vêtement). **Rucked sleeves,** manches froncées. **2.** *v.tr. & i.* = RUCKLE[2].

rucking, *s. Laund:* Froncis *m* (du linge).

ruckle[1] [rʌkl], *s.* (*In cloth, garment*) Faux pli; ride *f*; godet *m*, godure *f*; (*in silk, etc.*) froissure *f*.

ruckle[2], *v.* **To ruckle (up). 1.** *v.tr.* Froisser, chiffonner, friper (ses habits, etc.). **2.** *v.i.* (*Of garment, sheet, etc.*) (*a*) Se froisser, se rider. (*b*) Goder.

ruckle[3], *s. Med:* Râle *m*, râlement *m*.

ruckle[4], *v.i. Med:* Râler.

rucksack ['rʌksak], *s.* Sac *m* touriste; sac d'alpiniste; sac tyrolien.

ruckus ['rʌkəs], *s. U.S: P:* = RUMPUS.

ruction ['rʌkʃ(ə)n], *s. F:* Bagarre *f*, scène *f*. *Usu. pl.* **There will be ructions,** il va y avoir du grabuge. *There'll be ructions if . . .,* il y aura de la casse si. . . . *If you come home late, there'll be ructions,* si tu rentres tard, tu te feras attraper, *P:* tu te feras engueuler.

rudbeckia [rʌd'bekjə], *s. Bot:* Rudbeckie *f*.

rudd [rʌd], *s. Ich:* Gardon *m* rouge; rotengle *m*.

rudder ['rʌdər], *s.* **1.** *Nau:* Gouvernail *m*. *Balanced r.,* gouvernail compensé, à double safran. *Horizontal r.* (*of submarine*), gouvernail de plongée. *See also* JURY[2]. **2.** *Av:* (*Vertical*) *r.,* gouvernail de direction. *Horizontal r.,* gouvernail de profondeur. **The rudders,** l'empennage *m*. *The rudders and ailerons,* les gouvernes *f*. **3.** Queue *f* (d'orientation) (d'un anémomètre, d'un moulin à vent). **4.** *Brew:* Agitateur *m* mécanique.

'rudder-bands, *s.pl.* Pentures *f*, ferrures *f*, du gouvernail.

'rudder-bar, *s.* **1.** Barre *f* du gouvernail. **2.** *Av:* Palonnier *m* du gouvernail de direction.

'rudder-braces, *s.pl.* = RUDDER-BANDS.

'rudder-case, -casing, *s. N.Arch:* Louve *f*; manchon *m* du gouvernail.

'rudder-chain, *s. Nau:* Chaîne *f*, sauvegarde *f*, du gouvernail. *The rudder-chains,* les drosses *f*.

rudder-'head, *s.* Tête *f* du gouvernail.

'rudder-hole, *s.* (Trou *m* de) jaumière *f*.

'rudder-post, *s.* **1.** *N.Arch:* Étambot *m* arrière. **2.** *Av:* Axe *m* du gouvernail.

'rudder-stops, *s.pl.* Cales *f* d'arrêt (du gouvernail); butoirs *m* de bout de course.

'rudder-trunk, *s.* = RUDDER-CASE.

rudderless ['rʌdərləs], *a.* (Vaisseau) sans gouvernail, à la dérive.

ruddiness ['rʌdinəs], *s.* Coloration *f* du teint.

ruddle[1, 2] [rʌdl], *s. & v.tr.* = REDDLE[1, 2].

ruddy[1] ['rʌdi], *a.* **1.** (*a*) (Teint) coloré, haut en couleur, rouge de santé. *R. cheeks,* joues rouges et hâlées. *Large r. man,* gros rougeaud. (*Of complexion*) *To grow r.,* se colorer. (*b*) Rouge, rougeâtre. *R. glow* (*of fire*), lueur rouge, rougeoyante. (*c*) (Animal, oiseau) roux, *f.* rousse. *See also* DUCK[1] 1. **2.** *Attenuated form of* BLOODY[1] 2.

ruddy[2], *v.tr.* Rendre rouge.

rude [ru:d], *a.* **1.** (*a*) Primitif, rude; grossier; non civilisé. *R. tribe,* tribu primitive. *Peoples still in a r. state of civilisation,* peuples encore sans civilisation, encore barbares. *R. times,* temps primitifs. *R. simplicity,* simplicité *f* fruste. *R. ignorance,* ignorance *f* des premiers âges. *R. style,* style *m* fruste. *R. voice,* voix *f* sans raffinement. (*b*) (Outil, etc.) grossier; rudimentaire. *R. plough,* charrue *f* rudimentaire. *R. methods,* méthodes grossières. *R. beginnings,* commencements *m* informes. *R. path,* chemin à peine ébauché. *R. verses,* vers faits sans art. *R. drawing,* dessin primitif, sans art. *R. classification,* classification *f* par à peu près. (*c*) **Rude ore,** minerai brut. **2.** Violent, brusque; rude. *R. passions,* passions violentes. *R. blast,* coup de vent violent. *R. shock,* choc violent; rude secousse *f*. *See also* AWAKENING[2]. **3.** *R. health,* santé *f* robuste. **4.** (*Of pers.*) Impoli, malhonnête; mal élevé; grossier. **To be rude to s.o.,** *to say r. things to s.o.,* être malhonnête, impoli, avec qn; répondre grossièrement; dire des grossièretés *f* à qn. *He was most r.,* il a été on ne peut plus grossier. *Don't be r.!* ne soyez pas malhonnête! tâchez d'être poli! *You r. boy!* petit malappris! *R. remark,* remarque *f* malhonnête. *Would it be r. to inquire . . .,* peut-on demander sans indiscrétion. . . .

-ly, *adv.* **1.** Primitivement, rudement; grossièrement. *R. fashioned,* fabriqué sans art. **2.** Violemment; brusquement. *R. awakened,* brusquement éveillé; éveillé en sursaut. **3.** (Parler, etc.) impoliment, malhonnêtement, grossièrement.

rudeness ['ru:dnəs], *s.* **1.** (*a*) Caractère primitif (des coutumes, etc.); manque *m* d'art; manque de civilisation (d'un peuple); rudesse *f* (des mœurs). (*b*) Rudesse (de caractère). **2.** (*Of pers.*) Impolitesse *f*, malhonnêteté *f*, grossièreté *f*.

ruderal ['ru:dərəl], *a. Bot:* *R. plant,* plante rudérale.

rudiment ['ru:dimənt], *s.* **1.** *Biol:* Rudiment *m*. *R. of a thumb, of a tail,* rudiment de pouce, de queue. **2.** *pl.* **Rudiments,** rudiments, éléments *m*, premières notions (de grammaire, etc.).

rudimental [ru:di'ment(ə)l], **rudimentary** [ru:di'mentəri], *a.* (Organe, etc.) rudimentaire.

Rudolph ['ru:dɔlf]. *Pr.n.m.* Rodolphe.

rue[1] [ru:], *s. A:* **1.** Repentir *m*, regret *m*. **2.** Compassion *f*.

rue[2], *v.tr.* Regretter amèrement (une action); se repentir de (qch.); éprouver des remords de (qch.). **You shall rue it,** vous vous en repentirez; il vous en cuira; vous vous en mordrez les doigts. *I have come to rue it,* j'en suis au repentir. **To rue the day when . . .,** regretter le jour où. . . . *To have cause to rue sth.,* pâtir de qch. *To rue having done sth.,* se repentir d'avoir fait qch.

rue[3], *s. Bot:* Rue *f*. *Common rue,* rue odorante. *See also* MEADOW-RUE, SAXIFRAGE 1.

rueful ['ru:ful], *a.* Triste, lugubre. *Lit:* **The Knight of the Rueful Countenance,** le chevalier de la Triste Figure. **-fully,** *adv.* Tristement, lugubrement.

ruefulness ['ru:fulnəs], *s.* Tristesse *f*; air *m* triste, air lugubre; ton *m* triste, ton lugubre. *The r. of his countenance,* son air triste.

ruelle [ru'el], *s.* **1.** Ruelle *f* (de lit). **2.** *Fr.Lit.Hist:* Ruelle.

ruff[1] [rʌf], *s.* **1.** *A.Cost:* Fraise *f*, collerette *f*. **2.** *Z: Orn:* Collier *m*, cravate *f*. **3.** *Orn:* Pigeon *m* à cravate.

ruff[2], *s. Orn:* Combattant *m*; paon *m* de mer.

ruff[3], *s. Ich:* Grémille *f* vulgaire; perche goujonnière.

ruff[4], *s. Whist: etc:* Coupe *f* (avec un atout).

ruff[5], *v.tr. Whist: etc:* Couper (avec un atout).

ruff[6], *s.* = RUFFLE[4].

ruffed [rʌft], *a.* **1.** (*Of pers.*) Portant une fraise. **2.** *Nat.Hist:* (Animal, oiseau) à collier.

ruffian ['rʌfjən], *s.* (*a*) Bandit *m*, brute *f*, chenapan *m*, apache *m*; *A:* coupe-jarret *m*, *pl.* coupe-jarrets. *A:* **Hired ruffian,** spadassin *m* à gages. (*b*) *F: Little ruffians,* petits polissons.

ruffianism ['rʌfjənizm], *s.* Brutalité *f*; conduite *f* de bandit, de chenapan.

ruffianly ['rʌfjənli], *a.* (Homme) brutal; (conduite) de bandit, de brute. *R. appearance,* allure *f* de brigand, d'apache. *A: Followed by his r. bands,* suivi de ses soudards.

ruffle[1] [rʌfl], *s.* **1.** (*a*) *A:* Trouble *m*, agitation *f*. (*b*) Contrariété *f*, ennui *m*. *Life without r.,* vie *f* calme, paisible; vie que rien n'est venu agiter. (*c*) *R. on the surface of the water,* rides *fpl* sur l'eau. **2.** (*a*) *Cost:* (*At wrist*) Manchette *f* en dentelle; ruche *f*; (*at breast*) jabot plissé; (*at neck*) fraise *f*. (*b*) *Nat.Hist:* Collier *m*; cravate *f* (d'un oiseau, etc.).

ruffle[2]. **1.** *v.tr.* (*a*) **To ruffle s.o.'s hair,** ébouriffer les cheveux de qn; dépeigner qn. *Hair ruffled by the breeze,* cheveux agités par la brise. **The bird ruffles (up) its feathers,** l'oiseau *m* hérisse ses plumes. *To r. the surface of the waters,* troubler, crisper, rider, la surface des eaux. **To ruffle s.o., s.o.'s feelings,** froisser qn. **To ruffle s.o., s.o.'s temper,** *F:* **s.o.'s feathers,** irriter, contrarier, chagriner, qn. *To r. s.o., s.o.'s serenity,* troubler qn. *Nothing ever ruffles him,* rien ne le trouble jamais. (*b*) Rucher (des manchettes, etc.); plisser (un jabot, etc.). (*c*) Chiffonner, froisser (sa robe, etc.). **2.** *v.i.* (*Of* *hair*) S'ébouriffer; (*of feathers*) se hérisser; (*of sea*) s'agiter, se rider.

ruffled, *a.* **1.** (*a*) (*Of hair*) Ébouriffé; en broussailles; (*of feathers, etc.*) hérissé. **Ruffled sea,** mer agitée, ridée de vagues. (*b*) (*Of pers.*) (i) Irrité; (ii) troublé. (*c*) Chiffonné, froissé. **2.** (*a*) (*Of dress, etc.*) (*At wrist*) A manchettes; (*at breast*) à jabot; (*at neck*) à fraise. (*b*) *Nat.Hist:* A collier, à cravate.

ruffle[3], *s. A:* Dispute *f*, querelle *f*, bagarre *f*.

ruffle[4], *s.* **1.** *Mus:* Ra *m* (sur le tambour). **2.** *Mil:* **To beat a ruffle,** battre aux champs.

ruffler ['rʌflər], *s.* (*Device*) Fronceur *m* (de machine à coudre).

rufi- ['ruːfi], *pref.* Rufi-. *Ruficarpous*, ruficarpe. *Ruficornate*, ruficorne. *Rufigallol*, rufigallol. *Rufimoric*, rufimorique.

Rufinus [ru'fainəs]. *Pr.n.m.* Rufin.

rufous ['ruːfəs], *a. Nat.Hist:* Roux, *f.* rousse; rougeâtre. *Ent:* **Rufous bee,** abeille *f* des sables.

rug [rʌg], *s.* **1.** Couverture *f*. **Travelling rug, motor rug,** couverture de voyage; plaid *m*. **Rug-strap,** porte-couvertures *m inv.* **2. Floor rug,** tapis *m*; carpette *f*; tapis de carpette. **Bedside rug,** descente *f* de lit. *Oriental rug*, tapis d'Orient. *See also* HEARTH-RUG.

Rugbeian [rʌg'biːən], *s.m.* Élève ou ancien élève de l'école de Rugby.

Rugby ['rʌgbi]. *Pr.n.* **1.** *Geog:* (La ville de) Rugby (comté de Warwick). **2.** (*a*) (La grande école de) Rugby. (*b*) **Rugby (football),** le rugby.

rugged ['rʌgid], *a.* **1.** (*Of ground*) Raboteux, accidenté, inégal; anfractueux; (*of road, path*) raboteux, dur; (*of mountain, rock*) anfractueux; (*of bark*) rugueux. *R. outlines*, profil anguleux; anfractuosités *fpl. High mountains give a r. appearance to the whole of this region*, de hautes montagnes hérissent toute cette région. **2. Rugged features,** traits rudes, irréguliers; *F:* visage taillé à coups de serpe. **3.** (*Of pers., character*) Bourru, rude; (*of style*) raboteux, fruste. *R. manners*, manières *f* rudes. *R. independence*, indépendance *f* farouche. *R. code of morals*, morale *f* austère. *R. kindness*, tendresse bourrue. *R. life*, vie rude, accidentée, dure. **4.** *U.S: F:* Vigoureux, robuste. **-ly,** *adv.* **1.** *To speak r.*, parler d'un ton bourru. **2.** *R. barren country*, pays stérile et rugueux.

ruggedness ['rʌgidnəs], *s.* **1.** Nature raboteuse, aspérité *f*, rugosité *f* (d'une surface, etc.); anfractuosités *fpl* (d'un rocher, etc.). *Sculp: The r. of the execution*, le rocheux du travail. **2.** Rudesse *f* (de caractère, de manières).

rugger ['rʌgər], *s. Fb: F:* Le rugby.

Ruggiero [rudʒi'ɛro]. *Pr.n.m. Lit:* Roger (dans le "Roland Furieux" de l'Arioste).

rugose [ru'gous], **rugous** ['ruːgəs], *a. Nat.Hist:* Rugueux.

rugosity [ru'gɔsiti], *s.* Rugosité *f*.

Ruhr (the) [ðə'ruər]. *Pr.n. Geog:* La Ruhr.

ruin[1] ['ruin], *s.* **1.** Ruine *f*; renversement *m* (d'un État, d'une fortune). *F:* **Red ruin,** le désastre, la catastrophe. **To tumble, to lie, in ruin,** tomber, être, en ruine. **To go to ruin,** se délabrer; tomber en ruine. *Gone to r.*, délabré. *See also* RACK[2]. *Empires that have fallen into r.*, empires qui ont péri, qui ont croulé, qui se sont effondrés. *The r. of my hopes*, la ruine, l'effondrement *m*, de mes espoirs. *The r. of the intellectual faculties*, le détraquement des facultés intellectuelles. *R. was staring him in the face*, la ruine se dressait devant lui; sa ruine était imminente. *The final r.*, l'affalement final, l'effondrement final. **To bring s.o. to ruin,** ruiner, perdre, qn; *F:* mettre, réduire, qn à la paille; *P:* rafaler qn. *This measure brought r. upon the town*, cette mesure causa la ruine de la ville. *This failure spells r. for us*, cette faillite nous perd. *He is on the road to r., F:* il est en train de se noyer; il finira à l'hôpital. *See also* BRINK. **2.** (*Often pl.*) Ruine(s). *The ruins of Troy*, les ruines de Troie. *The ruins of a building*, les ruines d'un édifice. **Ramparts fallen in ruins,** remparts dégradés. **He is but the ruin of what he was,** il n'est plus que la ruine de ce qu'il a été. *The building is a r.*, l'édifice est en ruines. **To lay a town in ruins,** mettre une ville en ruine; détruire une ville de fond en comble. **3. To be, prove, the ruin of s.o.,** ruiner, perdre, qn. *Pride will be his r.*, son orgueil le perdra. *That has been the r. of him*, c'est cela qui a fait son malheur. *A practice that may be the r. of* . . ., pratique *f* qui peut être funeste à. . . . *P:* **Blue ruin, mother's ruin,** gin *m* de mauvaise qualité; tord-boyaux *m*.

ruin[2], *v.tr.* Ruiner. **1.** (*a*) Abîmer, *F:* éreinter (son chapeau, etc.). (*b*) *To r. one's life, one's prospects*, gâcher sa vie, son avenir. *To r. one's health, one's reputation, F:* démolir sa santé, sa réputation. **To ruin s.o.'s reputation, s.o.'s good name,** perdre qn de réputation; ruiner la réputation de qn. *Excesses that r. one's powers of resistance to disease*, excès *m* qui mettent à bas la résistance vitale. **2.** (*a*) *Her extravagance ruined him*, ses folles dépenses l'ont ruiné. *To r. oneself gambling*, se ruiner à jouer, au jeu. *To r. oneself over an adventuress*, se ruiner pour une aventurière. *Their failure would r. me*, s'ils faisaient faillite ce serait ma ruine. *He is utterly ruined*, il est complètement ruiné; il est coulé. (*b*) Séduire, tromper (une jeune fille).

ruined, *a.* **1.** En ruines. **2.** Ruiné.

ruination [rui'neiʃ(ə)n], *s.* **1.** Ruine *f*, perte *f*. *To get rich through the r. of others*, s'enrichir par la ruine d'autrui. *Gaming spells r.*, le jeu c'est la ruine. *Floods that will mean r. to the farmers*, inondations *f* qui feront la ruine des fermiers. **2. Ruination work,** travail ruineux.

ruinous ['ruinəs], *a.* **1.** (Tombé) en ruines; délabré; ruineux. *R. old houses*, vieilles maisons qui menacent ruine. *The r. state of his fortune*, le délabrement de sa fortune. **2.** Ruineux. *R. expense*, dépenses ruineuses. (*Of undertaking*) **To prove ruinous to s.o.,** être la ruine de qn. **-ly,** *adv.* Ruineusement.

rule[1] [ruːl], *s.* **1.** Règle *f*. (*a*) **To set sth. down as a rule,** établir qch. en règle générale; arrêter une disposition générale. **To serve as a rule to s.o.,** servir de règle à qn. **As a (general) rule,** en règle générale; en thèse générale; en général; en principe; à l'ordinaire; d'ordinaire. **As is the rule,** comme c'est la règle; comme de règle. **It is the rule to . . .,** il est de règle de . . .; la règle est de. . . . *Such an occurrence is* **the exception rather than the rule,** un tel événement est exceptionnel plutôt que de règle. **To do everything by rule,** tout faire suivant les règles, *F:* au compas. *To live by r.*, vivre de régime. **Rule of thumb,** méthode *f* empirique; procédé mécanique, approximatif. *By r. of thumb*, empiriquement, par voie pratique; *F:* à vue de nez. *Mth:* **Rule of three,** règle de trois, de proportion. *See also* GOLDEN, PROVE I. 2. (*b*) **To make it a rule to . . .,** se faire une règle, une loi, de. . . . *I make it a r. to . . .,* je me suis fait une règle de. . . . *To make a strict r. of a long daily walk*, s'astreindre à faire tous les jours une longue promenade à pied. **Rules of conduct,** directives *f*; normes *f* de conduite. *Ecc:* **Rule of an order, of St Benedict,** règle d'un ordre; règle de saint Benoît. (*c*) **Rules and regulations,** statuts *m* et règlements *m*. *Rules made by a local authority*, règlement émanant d'une autorité locale. *Hospital rules*, régime *m* des hôpitaux. *The rules of a society*, les statuts d'une société. **The rules of the game,** les règles, les lois, du jeu. *To observe, play according to, the rules of the game*, entrer dans les règles du jeu; jouer selon les règles. **There was a rule that . . .,** il y avait une règle qui voulait que. . . . *That is* **against the rules,** c'est contre les règles; ce n'est pas réglementaire. **The Rule of the Road,** (i) *Aut: etc:* le code de la route; les règlements sur la circulation; (ii) *Nau:* les règles de route; les règles de la route de mer. *See also* STANDING[1] 5. **2.** (*a*) Empire *m*, autorité *f*, administration *f*, domination *f*. **To bear rule,** commander, avoir de l'autorité. **Under the rule of a tyrant,** sous l'empire d'un tyran. *Under his r.*, sous son administration. *Under British r.*, sous l'autorité britannique. *The Netherlands had come under the r. of Spain*, les Pays-Bas étaient tombés au pouvoir de l'Espagne. *F: The r. of fashion*, l'empire, la tyrannie, de la mode. *See also* HOME RULE. (*b*) *pl. Hist:* (i) **Rules of a prison,** zone *f* aux alentours des prisons pour dettes, où certains prisonniers pouvaient habiter sous caution. (ii) **The prisoners on rule,** les prisonniers admis à prendre un garni dans la zone. **3.** *Jur:* Décision *f*, ordonnance *f*. **Rule of court,** décision du tribunal; règlement judiciaire. **4.** (*a*) *Carp: etc:* Règle graduée; mètre *m*. **Pocket rule,** mètre de poche. **Folding rule,** mètre pliant. (*b*) *Surv:* **Sighting rule,** alidade *f*. *See also* CONTRACTION 1, FOOT-RULE, GAUGING-RULE, LINE[2] 1 (*d*), MITRE RULE, PARALLEL[1] I. 1, PLUMB-RULE, SLIDE-RULE. **5.** *Typ:* (*a*) **(Brass) rule,** (i) filet *m*; (ii) *Coll.* filets. *Thin r., thick r.*, filet maigre, gras. **French rule, swell rule,** filet anglais. (*b*) **(Em) rule,** tiret *m*. **(En) rule,** trait *m* d'union. (*c*) *See* SETTING-RULE.

'rule-box, *s. Typ:* Encadrement *m* en filets.

'rule-joint, *s.* Articulation *f*, noix *f* (d'une règle de poche).

rule[2]. I. *v.tr.* **1.** Gouverner, régir (un État); gouverner, commander (un peuple). **To rule (over) a nation,** régner sur une nation. **To rule the waves,** tenir la mer; être maître ou maîtresse des mers. **To rule one's passions,** contenir, commander à, ses passions; être maître, maîtresse, de ses passions. **To be ruled by s.o.,** subir la loi de qn; être sous la coupe, sous la verge, de qn. *To allow oneself to be ruled by s.o.*, se laisser mener, diriger, guider, par qn. *The press, which rules opinion*, la presse, reine *f* de l'opinion. *See also* ROAST[1] 1, ROD 3. **2.** *Jur: etc:* Décider. **To rule sth. out of order,** déclarer que qch. n'est pas en règle. **To rule that . . .,** décider, déterminer, que. . . . **3.** Régler, rayer (du papier). **To rule a line,** tirer une ligne avec une règle; tracer une ligne à la règle. *See also* CROSS-RULE.

II. **rule,** *v.i.* **Prices are ruling high,** les prix restent élevés; les prix se maintiennent. *The prices ruling in Manchester*, les prix qui se pratiquent à Manchester. *F: Apples are ruling small this year*, les pommes sont plutôt petites cette année.

rule off, *v.tr.* **1.** Tirer une ligne au-dessous (d'un paragraphe, d'un compte, etc.). **2.** *Com:* Clore, arrêter, régler (un compte).

rule out, *v.tr.* **1.** Écarter, éliminer (qch.). *Possibility that cannot be ruled out*, possibilité qui s'impose à l'attention, que l'on ne saurait écarter. **2.** Biffer, rayer (un mot).

ruling out, *s.* **1.** Écartement *m*, élimination *f*. **2.** Biffage *m*, biffure *f*; radiation *f* (d'un nom, etc.).

ruled, *a.* **1.** *Jur: etc:* **Ruled case,** affaire jugée. **2.** (Papier) réglé, rayé. *See also* BORDER[1] 2, TINT[1] 2.

ruling[1], *a.* **1.** Souverain, dominant, dirigeant. **The ruling classes,** les classes dirigeantes. **Ruling passion,** passion dominante. *To be the r. spirit in a firm*, avoir la haute main dans une maison. **2. Ruling price,** cours actuel, pratiqué; prix *m* du jour.

ruling[2], *s.* **1.** Gouvernement *m*; action *f* de gouverner, de diriger. **2.** Ordonnance *f*, décision *f*, (d'un juge, etc.) sur un point de droit; jurisprudence *f*. **To give a ruling in favour of s.o.,** décider en faveur de qn. *To make a r. by summary process*, statuer sommairement. **3.** Réglage *m*, réglure *f* (d'une feuille de papier). *Close r.*, réglure serrée. *Phot.Engr:* **Ruling of the screen,** linéature *f* de la trame.

'ruling-pen, *s.* Tire-ligne *m*, *pl.* tire-lignes.

ruleless ['ruːlləs], *a.* Déréglé, désordonné.

ruler ['ruːlər], *s.* **1.** Souverain, -aine (*of, over*, de); celui qui régit . . ., qui gouverne. . . . *The rulers*, les dirigeants *m*. *God is the r. of the universe*, Dieu gouverne l'univers. **2.** Règle *f*, mètre *m*. *See also* PARALLEL[1] I. 1, SQUARE[1] II. 1. **3.** *Tchn:* (*Pers.*) Régleur *m* (de papier, etc.).

rulership ['ruːlərʃip], *s.* Pouvoir *m*, autorité *f*, domination *f*.

rum[1] [rʌm], *s.* **1.** *Dist:* Rhum *m*. *See also* BAY-RUM. **2.** *U.S: Pej:* Boisson *f* alcoolique. **Rum joint,** débit *m* de boissons alcooliques passées en contrebande.

'rum-runner, *s. U.S: P:* = BOOTLEGGER.

'rum-running, *s. U.S: P:* = BOOTLEGGING.

rum[2], *a.* (rummer; rummest) *F:* Drôle, bizarre. *A rum fellow*, un drôle de particulier, de type, de corps, de client. *He's a* *rum 'un*, c'est un drôle de type, de numéro; c'est un type, un numéro. *That's rum!* ça c'est pas ordinaire! *He's got rum ideas*, il en a de bonnes. *I've heard rummer stories than that*, j'en ai entendu de plus étranges que ça. *See also* CUSTOMER 2, GO[1] 4, START[1] 3. **-ly**, *adv.* D'une manière drôle, bizarre. *R. enough, I had just . . .*, chose curieuse, je venais de. . . .

Rumania [ru'meinjə]. *Pr.n. Geog:* La Roumanie.

Rumanian [ru'meinjən], *a.* & *s.* Roumain, -aine.

rumble[1] [rʌmbl], *s.* **1.** Bruit sourd; grondement *m* (du tonnerre); roulement *m* (d'une charrette); gargouillement *m*, grouillement *m* (des entrailles). *Aut: Body r.*, résonance *f* de la carrosserie. **2.** *Veh:* Siège *m* de derrière; *Aut:* spider *m*. **3.** *Metall:* Tonneau *m* à dessabler.

rumble[2]. **1.** *v.i.* (*Of thunder, etc.*) Gronder (sourdement), rouler, bruire; (*of bowels*) grouiller, gargouiller. *A cart rumbled along the street*, une charrette passa bruyamment, avec bruit, dans la rue. *The cart* **rumbled off**, la charrette s'ébranla lourdement. **2.** *v.tr.* **To rumble out, forth, a remark,** faire une observation d'une voix caverneuse; grommeler une observation.

rumbling[1], *a.* (*a*) Qui gronde, qui roule. (*b*) Qui gargouille.

rumbling[2], *s.* = RUMBLE[1] 1. *R. sound*, grondement *m*, roulement *m*. *Med:* **Rumblings in the bowels,** borborygmes *m*.

'rumbling-mill, *s.* *Metall:* Tonneau *m* à dessabler.

rumble[3], *v.tr.* *P:* Pénétrer les intentions de (qn); sentir (qn) de loin.

rumbowline [rʌm'boulin], *s.* = ROMBOWLINE.

rumbustious [rʌm'bʌstjəs], *a.* *P:* Turbulent; tapageur, -euse, chahuteur, -euse.

Rumelia [ru'mi:ljə]. *Pr.n. Geog:* La Roumélie.

Rumelian [ru'mi:ljən], *a.* & *s.* *Geog:* Rouméliote (*mf*).

rumen ['ru:men], *s.* *Z:* Rumen *m*, panse *f*, herbier *m* (d'un ruminant).

rumex ['ru:meks], *s.* *Bot:* **Rumex sanguineus,** patience *f* rouge; pimprenelle *f* des prés; sang-de-dragon *m*; sang-dragon *m*.

ruminant ['ru:minənt]. **1.** *a.* & *s.* *Z:* Ruminant (*m*). **The ruminants,** les ruminants, les bisulques *m*. **2.** *a.* *F:* (*Of pers.*) Méditatif.

ruminate ['ru:mineit]. **1.** *v.i.* (*Of cow*) Ruminer. **2.** *F:* *v.i.* & *tr.* Ruminer, méditer. **To ruminate on, over, about, a plan, to ruminate a plan,** ruminer, *F:* remâcher, un projet.

ruminating[1], *a.* Ruminant.

ruminating[2], *s.* Rumination *f*.

rumination [ru:mi'neiʃ(ə)n], *s.* **1.** *Physiol:* Rumination *f*. **2.** *F:* Rumination, méditation *f*.

ruminative ['ru:mineitiv], *a.* Méditatif. **-ly**, *adv.* En ruminant; en méditant, d'un ton méditatif.

rummage[1] ['rʌmedʒ], *s.* **1.** *Nau:* Changement *m* d'arrimage. **2.** (*a*) Recherches *fpl*, fouille *f* (dans de vieux documents, etc.). (*b*) *Cust:* Visite *f* de douane (à bord). **3.** Vieilleries *fpl*; objets divers; choses *f* de rebut. **Rummage sale,** (i) déballage *m*, braderie *f*; (ii) vente *f* d'objets usagés (pour une charité).

rummage[2]. **1.** *v.tr.* Fouiller, farfouiller (une armoire, ses poches; dans une armoire, dans ses poches). *To r. a house from top to bottom*, fouiller une maison de fond en comble. **2.** *v.i.* **To rummage in one's pockets,** fouiller dans ses poches. *To r. everywhere*, fouiller partout. **To rummage for sth.,** fouiller pour trouver qch. **To rummage about among old papers,** fouiller, fourrager, fourgonner, dans de vieux documents.

rummage out, up, *v.tr.* Trouver (qch.) à force de recherches; dénicher (qch.).

rummaging, *s.* Recherches *fpl*; farfouillement *m*.

rummer[1] ['rʌmər], *s.* Grand verre à boire.

rummer[2], rummest ['rʌməst], *a.* *See* RUM[2].

rummy[1] ['rʌmi], *a.* *F:* = RUM[2].

rummy[2], *s.* Jeu *m* de cartes (pour un nombre indéterminé de joueurs; appartient aux jeux innocents).

rumness ['rʌmnəs], *s.* *F:* Singularité *f*, bizarrerie *f* (*of*, de).

rumour[1] ['ru:mər], *s.* **1.** Rumeur *f*, bruit *m* (qui court); on-dit *m inv.* **Rumour has it that . . .,** le bruit court que . . .; on dit que. . . . *There are rumours of the monster having been seen, that the monster has been seen*, le bruit court que le monstre a été aperçu. *Vague rumours of defeat*, de vagues rumeurs de défaite. *Disquieting rumours are afloat*, il court des bruits peu rassurants. *All sorts of rumours are going round*, toutes sortes de bruits circulent. **2.** *A.* & *Lit:* *The r. of the sea, of the wind*, la rumeur des flots, du vent.

rumour[2], *v.tr.* Répandre, ébruiter (une nouvelle, etc.). *Esp. in the passive.* **It is rumoured that . . .,** le bruit, la rumeur, court que . . .; on raconte que. . . . *He is rumoured to be . . .*, le bruit court, on dit, qu'il est. . . .

rump [rʌmp], *s.* **1.** Croupe *f* (d'un quadrupède); croupion *m* (d'un oiseau); *F:* *V:* croupion, postérieur *m* (d'une personne). *Cu:* Culotte *f*, cimier *m* (de bœuf); *F:* as *m* de pique (de volaille). *See also* TOP-RUMP. **2.** *F:* Restes *mpl*, restant *m* (d'un parti politique, etc.). *Eng.Hist:* **The Rump (Parliament),** le Parlement Croupion (1648–1653).

'rump-steak, *s.* *Cu:* Rum(p)-steak *m*, romsteck *m*.

rumple [rʌmpl]. **1.** *v.tr.* (*a*) Chiffonner, friper, froisser (une robe, etc.); ébouriffer (les cheveux). *To r. s.o.'s hair*, écheveler, dépeigner, qn. *Some girls like to be rumpled a little*, il y a des petites à qui il ne déplaît pas qu'on les chiffonne un peu. *How you have rumpled my lace!* comme vous avez fourragé mes dentelles! (*b*) *F:* Contrarier, fâcher, chiffonner (qn). **2.** *v.i.* *Her hair* **rumpled up** *on my shoulder*, ses cheveux *m* s'ébouriffaient sur mon épaule.

rumpled, *a.* Chiffonné, fripé, froissé. *R. hair*, cheveux dérangés, ébouriffés.

rumpling, *s.* Froissement *m*, chiffonnage *m*.

rumpless ['rʌmpləs], *a.* Sans croupion; sans queue.

rumpus ['rʌmpəs], *s.* *F:* (i) Chahut *m*, vacarme *m*, boucan *m*; (ii) fracas *m*. **To kick up, make, a rumpus,** (i) faire un chahut à tout casser; faire du boucan; (ii) faire du fracas, faire une scène. **To have a rumpus with s.o.,** avoir une prise de bec avec qn; *P:* s'engueuler avec qn.

run[1] [rʌn], *s.* **1.** (*a*) Action *f* de courir. *To start off* **at a run,** partir au pas de course. *He came up at a run*, il arriva en courant. **To break into a run,** se mettre à courir; prendre le pas de course. **Prices have come down with a run,** les prix sont descendus brusquement, ont dégringolé. **She is always on the run,** elle est tout le temps à courir. *Mil:* **To keep the enemy on the run,** harceler l'ennemi; ne donner, ne laisser, aucun répit aux fuyards. **We have got them on the run,** c'est une débandade. *To have ten minutes' run before breakfast*, faire dix minutes de pas gymnastique avant le déjeuner. *There was no run left in me*, je ne pouvais plus courir; j'étais à bout de souffle. *Nau:* **To lower the yards by the run,** amener les vergues en pagaïe. *F:* **Everything went with a run,** tout a bien marché; tout a marché comme sur des roulettes. (*b*) Course *f*. *To have a long run*, faire une longue course (à pied, à cheval, etc.); courir longtemps. *The horse had already had a long run*, le cheval avait déjà fourni une longue course. **My eye took a run over the scene,** je parcourus la scène du regard. *F:* **To make a run for it,** s'enfuir, se sauver. **To have a run for one's money,** en avoir pour son argent. **To give s.o. a run for his money,** faire voir du pays à qn; donner du fil à retordre à qn. *We must give him a run for his money*, il faut lui en donner pour son argent. (*c*) Élan *m*. **To make a run at s.o.,** s'élancer sur qn. *He took a short run and cleared the gate*, il prit un court élan et franchit la barrière. (*d*) *Cr:* Course (faite par le batteur). *To make ten runs*, faire dix courses; marquer dix points. (*e*) *Fish:* (i) Remonte *f*, montaison *f* (du saumon, etc.). (ii) Remonte, banc *m* (de saumons, etc.). (*f*) *Bill:* *Golf:* **To get plenty of run on the ball,** faire courir la bille ou la balle; donner de l'effet en dessus. **2.** (*a*) Course, promenade *f*, tour *m*. (*Long*) *run* (*on a bicycle, in a car, etc.*), randonnée *f*. **To have a run, to go for a run,** faire une course, une promenade. *A run on the continent, to Paris*, un petit tour sur le continent; une petite visite à Paris. *Preliminary run*, sortie *f* préliminaire (d'une auto, d'un navire, etc.). **Trial run,** (i) course d'essai (d'un navire, d'une locomotive); (ii) *Aut:* course d'essai que l'on fait faire à un client. (*b*) *Rail:* Trajet *m*. **Birmingham is two hours' run from London,** Birmingham est à deux heures de chemin de fer de Londres. *It is a quick run from Glasgow*, de Glasgow le trajet est rapide. (*c*) *Nau:* Traversée *f*, parcours *m*. *Ship hands engaged by the run*, marins embauchés au voyage, pour la traversée. **Contract for the run,** maréage *m*. *Good run*, bon voyage, bonne traversée. **Day's run,** course; distance parcourue; chemin direct; cinglage *m*. *F:* **It's all in the day's run,** tout cela nous y sommes habitués. (*d*) Marche *f* (d'une machine). **Trial run of new plant, of an engine,** marche d'essai du matériel neuf, d'une machine. **Run of a blast-furnace, of a stamping-mill,** campagne *f* d'un haut fourneau, d'un bocard. *Typ:* *Run of three thousand* (*copies*), tirage *m* à trois mille. **3.** (*a*) *The run of the hills is from north to west*, l'orientation *f* des collines est du nord à l'ouest; les collines courent du nord à l'ouest. *Mth:* **Run of a curve,** allure *f* d'une courbe. *Min:* **Run of a lode,** direction *f*, cours *m*, d'un filon. (*b*) *N.Arch:* Formes *fpl* arrière (d'un navire); coulée *f* arrière; échappée *f*; façons *fpl* de l'arrière. **Stern run,** évidement *m*. **Ship with a clean run,** vaisseau *m* à l'arrière évidé. (*c*) **Run of sea, of tide,** courant *m* de marée. (*d*) Cours, marche, suite *f* (des événements); rythme *m*, cadence *f* (des vers). *Nothing new to-day, just the ordinary run* (*of things*), rien de nouveau aujourd'hui; ç'a été le tran-tran ordinaire. *The run of the market was against us*, les tendances *f* du marché étaient contre nous. *The run of the cards favoured us*, au cours de la soirée les cartes nous ont été favorables. **4.** (*a*) **A run of luck,** une suite d'heureuses chances; (*at play*) un coup de veine. *To have a run of luck*, être en veine. *See also* ILL(-)LUCK. *A run of misfortune*, une suite de malheurs; *F:* une série noire. *A run of bad weather*, une période, une continuation, de mauvais temps. *Cards:* **Run of three,** séquence *f* de trois. *To have a good run of business*, faire une bonne campagne. *Play that has had a run of 200 nights*, pièce *f* qui a eu 200 représentations. *Length of run of a play*, durée *f* du succès d'une pièce. **To have a long run,** (*of fashion*) avoir une longue vogue, rester longtemps en vogue; (*of play*) tenir longtemps l'affiche. *Cin:* *First run*, présentation *f*, première *f* (d'un film). *The government had a long run* (*of power*), le gouvernement resta au pouvoir pendant une longue période. **In the long run,** à la longue; en fin de compte; au bout du compte; au long aller. *It will pay in the long run*, cela rapportera avec le temps. (*b*) *Tchn:* **Run of pipes,** suite, ligne *f*, de tuyaux. *Total run of a pipe-line*, parcours global d'un pipe-line. **5.** Série *f*, suite. *Gaming:* **Run on the red,** série à la rouge. *Bill:* **Run of cannons,** série de carambolages. **6.** Descente *f* (sur une banque); ruée *f* (sur des valeurs de bourse). *A run on oils*, une ruée sur les valeurs pétrolifères. *There was a run on the bank*, les demandes *f* de remboursement ont afflué à la banque; on s'est précipité sur la banque; les guichets ont été assiégés. *There is a great run on that novel*, on demande beaucoup ce roman. **7.** (*a*) Généralité *f*, commun *m* (des hommes, etc.). **The common run of men,** le commun des hommes. **Above the common run,** au-dessus de l'ordinaire. *The ordinary run of buyers*, la moyenne, la généralité, des acheteurs. *Out of, above, the ordinary run*, au-dessus de l'ordinaire; peu ordinaire. *This hotel is quite out of the common run*, cet hôtel est très différent de ce que l'on trouve à l'ordinaire. (*b*) *Min:* **Run of the mine, mine run, run-of-mine coal,** tout-venant *m*. **8.** Libre accès *m*. **To allow s.o. the run of one's library,** permettre à qn de se servir librement de sa bibliothèque; mettre sa bibliothèque à la disposition de qn. **To have the (free) run of the house,** avoir libre accès, pouvoir aller partout, dans la maison. *We have the run of the garden*, nous sommes libres de courir dans le jardin. *F:* **To have the run of one's teeth, of one's knife,** avoir la nourriture gratuite et sans restriction. **9.** (*a*) **Sheep-run,** pâturage *m* de moutons; bergerie *f*. **Fowl-run,** parcours *m* de poulailler; *A:* parquet *m*. **Pigeon-run,** volière *f*. *See also* CHICKEN-RUN. (*b*) **Toboggan-run,** piste *f* de toboggan. **Ski run,** descente *f* à ski. (*c*) *Rail: Level run,* palier *m*. **10.** Maille partie, maille lâchée, échelle *f* (dans un bas de soie, etc.). **11.** *Geol: Min:* **Run of ground,** coulée *f* de terres; éboulement *m* du terrain. **12.** *Mus:* Roulade *f*, tirade *f*, trait *m*; *A:* fusée *f*. **13.** *U.S:* Ruisseau *m*.

run[2], *v.* (*p.t.* **ran** [ran]; *p.p.* **run**; *pr.p.* **running**) **I.** *v.i.* **1.** (*a*) Courir. *To run as hard as one can,* courir à toutes jambes. *F:* **To run like a hare, like anything, like blazes, like hell, like the devil,** courir comme un dératé, comme un lièvre, comme un Basque. *He runs like a deer,* c'est un cerf à la course. **He set off running,** il se mit à courir. *To run to s.o., to a place,* courir à, vers, qn; courir trouver qn; courir à, vers, un endroit. *To come running towards s.o.,* accourir vers qn. *To run to meet s.o.,* courir au-devant de qn. *F:* **To run to meet one's troubles,** aller au-devant des ennuis. *To run to help s.o.,* voler au secours de qn. *To run upstairs,* monter l'escalier en toute hâte, quatre à quatre. *To run down the street,* descendre la rue en courant. *To run past s.o.,* (i) passer devant qn, à côté de qn (en courant); (ii) dépasser qn. *Rules so clear that* **he who runs may read,** règles si claires qu'elles se comprennent immédiatement. *See also* HARE[1] 1, MAD 1, RIOT[1] 3, WILD 1, 2. (*b*) (*With cognate object*) **To run a race,** courir, disputer, une course. *The Derby was run in a snow-storm,* le Derby a été couru dans une tempête de neige. *To run a race over a mile,* disputer une course sur un mille. (*c*) *To run a mile,* courir, faire, un mille. *Ven:* **To run a scent,** suivre une piste. *To run* (*about*) *the streets, to run about the fields,* courir les rues, les champs. **To run an errand, a message,** faire une course. **To run the rapids,** franchir les rapides. **To run the blockade,** forcer le blocus. *See also* CHANCE[1] 2, GAUNTLET[2], RISK[1]. **2.** Fuir, s'enfuir, se sauver. *To run from s.o.,* se sauver (pour échapper à qn). *To run from a place,* s'enfuir d'un endroit. **Now we must run for it!** maintenant sauvons-nous! *P:* maintenant il s'agit de les mettre! *See also* LIFE 1. **3. To run in a race,** courir, disputer, une épreuve, une course. *To run second,* arriver second. *He ran second nearly all the way,* il a conservé la seconde place pendant presque toute la course. *The cup will be run for to-morrow,* la coupe se courra demain. *This horse ran well,* ce cheval a fourni une belle carrière. *F:* **To run for Parliament,** se présenter à la députation. *To run for office,* se porter candidat (à une place). *See also* ALSO. **4.** (*Of salmon, etc.*) Remonter les rivières; faire la montaison. **5.** *Nau:* Courir, filer, faire route. *To run so many knots,* filer tant de nœuds. **To run before the wind,** courir vent arrière; fuir devant le vent. *Sailing-ship running,* navire *m* vent arrière. **To run free,** courir largue. **To run before the sea,** fuir devant la lame; fuir arrière à la lame; gouverner l'arrière à la lame; avoir la mer de l'arrière. *We had to run before it,* il a fallu fuir. *We had to run into Falmouth,* nous avons dû nous réfugier dans le port de Falmouth. *To run on the rocks,* donner sur les roches. *See also* ABOARD 2, AGROUND, ASHORE 2, BARE[1] 1, CUT[2] 1, FOUL[1] I. 3. **6.** (*a*) Aller, marcher. *Sledges run on snow,* les traîneaux vont, glissent, sur la neige. *The table runs on wheels,* la table peut se rouler. *Vehicle that runs easily,* voiture *f* qui roule bien. *Train running at fifty miles an hour,* train qui marche à cinquante milles à l'heure, qui fait cinquante milles à l'heure. *Trains running to Paris,* trains à destination de Paris. **To run past a signal,** brûler un signal. (*b*) Circuler. *The traffic runs day and night,* les voitures circulent jour et nuit. *Trains running between London and the coast,* trains qui font le service, le trajet, le parcours, entre Londres et la côte. *A bus runs between Waterloo and Aldwych,* un omnibus fait la navette entre (la gare de) Waterloo et Aldwych. *The trains are not running,* les trains ne fonctionnent plus, ont cessé de circuler. *This train is not running to-day,* ce train est supprimé, n'a pas lieu, aujourd'hui. *Boats that run daily,* bateaux qui font la traversée tous les jours. **7.** (*a*) *A whisper ran through the crowd,* un murmure courut dans la foule. *A cheer ran down the line,* des acclamations éclatèrent tout le long de la ligne. *His influence runs through every department,* son influence *f* s'exerce dans tous les départements. *This error runs through all his work,* cette erreur se retrouve dans toute son œuvre. **The thought keeps running through my head,** cette idée ne me sort pas de l'esprit, me revient continuellement à l'esprit; cette idée me trotte dans la cervelle. *The song keeps running in my head,* la chanson me trotte dans la tête. **It runs in the family, in the blood,** cela tient de famille, cela est dans le sang. *See also* FAMILY 1, WILDFIRE 1. (*b*) *To let one's ideas run freely,* donner libre cours à ses idées. **The talk ran on this subject,** la conversation a roulé sur ce sujet. *His mind kept running on the problem,* il roulait ce problème dans sa tête. *His life runs smoothly,* ses jours s'écoulent paisiblement. *Lines that do not run smoothly,* vers *m* qui ne coulent pas. **Things must run their course,** il faut que les choses suivent leur cours. *See also* COURSE[1] 1. *Com: The bill has 15 days to run,* l'effet a 15 jours à courir. *The lease has only a year to run,* le bail n'a plus qu'un an à courir. *The play ran for 200 nights,* la pièce a eu 200 représentations. *The play has been running for a year,* la pièce tient l'affiche depuis un an. *See also* CONCURRENTLY. (*c*) (*Of amount, number*) **To run to . . .,** se monter, s'élever, à. . . . *The increase in business may run to ten or twelve thousand pounds,* l'augmentation *f* du chiffre d'affaires pourra bien être de l'ordre de dix à douze mille livres. *The interval sometimes runs to as much as half an hour,* l'entr'acte *m* pousse parfois à la demi-heure. *The manuscript ran to a great length,* le manuscrit était très long. *The work has already run to some length,* l'ouvrage a déjà pris une certaine envergure. *This paper runs to sixteen pages,* ce journal est publié sur seize pages. *See also* RUN INTO 1 (*d*). (*d*) **The money won't run to a car,** c'est une somme insuffisante pour acheter une auto. *F:* **I can't run to that,** je ne peux pas me payer ça; c'est au-dessus de mes moyens. **8.** (*Of engine, etc.*) Fonctionner, travailler, marcher; (*of wheel, spindle, etc.*) tourner. *I.C.E: The engine is running,* le moteur est en marche; le moteur tourne. *Machine that runs well,* machine *f* qui fonctionne bien, qui roule bien. *The engine runs smoothly,* le moteur tourne rond. *Engine that is running badly,* moteur qui donne mal. *Engine that runs at a very high speed,* machine qui marche à une allure très rapide, qui tourne à grande vitesse. **Apparatus that runs off the** (*electric*) **mains,** appareil *m* qui se branche sur le secteur. *Mandrel running in bearings,* mandrin *m* tournant dans des coussinets. *Rope that runs in a pulley,* corde renvoyée par une poulie, qui passe dans une poulie. *The drawer does not run easily,* le tiroir ne joue pas bien. *The works have ceased running,* l'usine ne marche plus. *F: The whole argument runs on this point,* c'est sur ce point que tourne toute la discussion. **9.** (*Of colour in fabric*) Déteindre; (*of ink on paper*) s'étendre. (*Of dye*) S'étendre, couler (au lavage). *Colour that runs in the washing,* couleur *f* qui déteint au lavage. *Typ: Ink that will not run,* encre *f* qui ne s'étend pas. **10.** (*a*) (*Of liquid, sand, etc.*) Couler. *River that runs smoothly,* rivière *f* qui coule tranquillement, qui a un cours tranquille. *River that runs for 200 miles,* rivière qui a 200 milles de cours. *River running into the sea,* rivière qui coule, débouche, se jette, tombe, dans la mer. **The tide runs strong,** le courant de marée est fort. **A heavy sea was running,** il y avait grosse mer; la mer était grosse. *The wine ran* (*all*) *over the table,* le vin se répandit sur la table. *I felt the blood running to my head,* j'ai senti le sang me monter à la tête. *A consuming fire runs through his veins,* dans ses veines circule un feu dévorant. **The rivers ran blood,** les rivières coulaient rouge, étaient teintes de sang. **Wait till the water runs hot** (*at the tap*), attendez la venue de l'eau chaude. **His funds are running low,** ses fonds baissent. *Our stores are running low,* nos provisions s'épuisent, tirent à leur fin. *Our stock is running very low,* notre stock *m* s'écoule rapidement. *See also* BLOOD[1] 1, DRY[1] 1, HIGH II. 3, SHORT[1] I. 3. (*b*) **The floor was running with water,** le parquet ruisselait. *Floors running with water,* parquets ruisselants. *The streets ran with wine,* le vin coulait dans les rues. *He was running with sweat,* il était en nage. *Vessel running with oil,* vase qui dégoutte d'huile. **To run at the mouth,** baver. **His nose was running, he was running at the nose,** le nez lui coulait; *F:* une chandelle lui pendait au nez. *Tommy, your nose is running,* Tommy, tu as le nez qui coule. *Vet:* (*Of horse*) *To run at the nose,* jeter sa gourme. *Her eyes were running,* ses yeux *m* pleuraient. **Ulcer that runs,** ulcère *m* qui suppure, qui suinte. *The pus is running,* le pus coule, flue. *Pen that runs,* plume *f* qui bave, qui coule. *Candle that runs,* bougie *f* qui coule. *Casting that has run,* pièce *f* qui a coulé. *Artil:* (*Of gun*) **To run at the muzzle,** s'égueuler. (*c*) *Ice-cream that is beginning to run,* glace *f* qui commence à fondre. *The jelly is running,* la gelée (aux pommes, etc.) commence à couler; la gelée se déprend. (*d*) *Vessel that runs,* vase qui coule, qui fuit. *The kettle is beginning to run,* la bouilloire commence à fuir. *F:* **Money runs through his fingers like water through a sieve,** l'argent lui fond entre les mains; *F:* c'est un panier percé. **11.** (*a*) Courir, s'étendre. *A gallery runs round the room,* une galerie court, règne, autour de la salle, fait le tour de la salle. *A corridor runs through the house,* un corridor traverse la maison. **To run north and south,** être orienté du nord au sud. *Chain of mountains that runs from north to south,* chaîne *f* de montagnes qui court du nord au sud. *The coast runs north and south,* la côte gît nord et sud. *The line runs from . . . to . . .,* la ligne s'étend depuis . . . jusqu'à. . . . *The road runs quite close to the village,* la route passe tout près du village. *Road that runs at right angles to another,* route *f* qui est à angle droit, qui fait angle droit, avec une autre. (*b*) **The King's writ does not run in these parts,** ces régions *f* sont en dehors de la loi britannique. (*c*) **So the story runs, ran,** c'est ainsi que l'histoire est racontée; c'est ainsi que disait l'histoire. *The document runs in these words,* le document est ainsi conçu. *Thus the letter runs,* telle est la teneur de la lettre. *You must not run to extremes,* il ne vous faut pas pousser les choses à l'extrême. *He runs to sentimentality,* il tombe dans la sentimentalité. **To run to ruin,** tomber en ruine. **To run to seed,** (*of plant*) monter en graine; (*of land*) s'affricher. (*Of pers.*) **To run to fat,** prendre de la graisse. *See also* EXPENSE 1, WASTE[2] 2. (*d*) *Where the houses are scattered, they run large,* là où les maisons sont éparses, elles sont en général plutôt grandes. *Apples run rather big this year,* les pommes sont plutôt grosses cette année. **Prices run high,** les prix sont élevés en général; les prix sont plutôt élevés. *Prices run from six shillings to a pound,* les prix varient entre six shillings et une livre.

II. run, *v.tr.* **1.** (*a*) Chasser, courre (le renard, etc.). *See also* EARTH[1] 4. (*b*) Courir une course avec (qn). **To run s.o. hard, close,** presser qn; serrer qn de près. **To be hard run,** (i) être serré de près; (ii) *F:* être gêné, embarrassé, à bout de ressources. **To run s.o. clean off his legs,** faire courir qn jusqu'à ce qu'il tombe de fatigue, jusqu'à ce qu'il ne tienne plus debout. *You'll run me off my legs,* à ce train-là vous me romprez les jambes. *To run oneself out of breath,* s'essouffler à force de courir. *See also* FINE[3] 6. **2.** (*a*) Activer, pousser (un cheval); mettre (un cheval) au galop. (*b*) Mettre (du bétail) au vert. **3.** (*a*) *To run a ship to New York, a train to London,* diriger un navire sur New-York, un train sur Londres. *To run the car into the garage,* rentrer la voiture dans le garage; garer la voiture. *To run s.o. up to town, back home,* conduire qn en ville, reconduire qn chez lui (en voiture). *To run logs,* flotter des bois. *To run a boat ashore,* atterrir une embarcation. *To run a ship on a rock,* lancer un navire sur un rocher. *Nau:* **To run her into the surf,** donner sur la barre. **To run one's head against the door,** donner de la tête contre la porte. *See also* POST[1] 1, WALL[1] 1. (*b*) Avoir en service (des navires, des véhicules). *To run* (*a service of*) *trains between two places,* établir, mettre en marche, un service de trains entre deux endroits. *An express train is run between X and Y,* un train direct est en service entre X et Y. *Days when a train is run*, jours *m* de mise en marche. *Sleeping-cars are run twice a week*, des wagons-lits sont mis en circulation deux fois par semaine. *They are running an extra train*, on fait chauffer un train supplémentaire. (*c*) Introduire (de l'alcool) en contrebande. **To run arms**, faire la contrebande des armes. **4.** (*a*) Faire fonctionner, faire travailler (une machine). *I can't afford to run a car*, je n'ai pas les moyens d'entretenir une auto. *To run a car at small cost*, faire un usage économique d'une voiture. *Car that can be run at small cost*, voiture économique. *These buses are run on paraffin*, ces autobus marchent au pétrole. *El.E:* **To run a bell off the light circuit**, brancher une sonnerie sur le circuit de lumière. (*b*) *Com: We are running a cheap line just now that might suit you*, nous avons actuellement en magasin, nous vendons actuellement, un article à bon marché qui pourrait faire votre affaire. **5.** (*a*) Diriger (une affaire); tenir (un magasin, un hôtel); exploiter (une usine, etc.); diriger (un théâtre, une ferme); éditer, gérer (un journal, une revue). **To run a business**, faire aller un commerce. *To run a factory at a loss*, exploiter une usine avec perte. *To run the house, the business*, faire marcher, conduire, la maison, l'affaire. *To run the external affairs of the kingdom*, gérer les affaires extérieures du royaume. *To run s.o.'s house*, tenir le ménage de qn. *F:* **He is run by his secretary**, il se laisse diriger par son secrétaire. *See also* SHOW[1] 4. (*b*) *F:* **To run a (high) temperature**, faire de la température; avoir (de) la fièvre. **6.** *Turf:* **To run a horse**, faire courir un cheval; engager un cheval dans une course. *F:* **To run a candidate**, (i) mettre en avant un candidat; (ii) appuyer un candidat. **7.** Passer; faire passer. *To run a sword through s.o., to run s.o. through the body with a sword*, passer à qn une épée à travers le corps; transpercer qn d'un coup d'épée. *To run pipes through a wall*, faire passer des tuyaux à travers un mur. *Croquet:* **To run a hoop**, passer un arceau d'un seul coup. *To run a thorn, a needle, into one's finger*, s'enfoncer une épine, une aiguille, dans le doigt. **To run one's fingers over a surface**, promener, faire glisser, ses doigts sur une surface. *He ran his finger down the list*, il parcourut la liste (de l'œil et) du doigt. *To run one's fingers over the strings of a harp*, faire frémir les cordes d'une harpe. *He ran his hand through his hair*, il se passa la main dans les cheveux. *See also* EYE[1] 1. **To run one's pen through a word**, rayer, biffer, un mot. *Typ: To run type round a block*, habiller une gravure. **8.** *To run molten metal into a mould*, couler, jeter, du métal en fusion dans un moule. **9.** *To run a parallel too far*, pousser trop loin une comparaison. **10.** *St.Exch:* **To run stock against one's client**, se porter contrepartiste de son donneur d'ordres; faire la contre-partie. **11.** Tracer (une ligne) (*round*, autour de). *Surv: To run a contour*, filer une courbe de niveau. **12.** *Needlew:* Coudre (une étoffe) au point devant, au point glissé, au point coulé. **13.** *Mil: P:* **To run a man**, accuser un homme d'un manquement à la discipline.

run about, *v.i.* Courir çà et là; courir de côté et d'autre. *To let the dogs run about*, laisser courir, laisser promener, les chiens.

'run-about, *s.* **1.** (*a*) Vagabond, -onde. (*b*) *pl. Austr:* Bêtes *f* paissant en liberté. **2.** (*a*) *Aut:* **Run-about (car)**, voiturette *f*; torpédo *m* (à deux places); runabout *m*. (*b*) Petit canot à moteur.

running about, *s.* Allées *fpl* et venues *fpl*.

run across, *v.i.* **1.** Traverser (la rue, etc.) en courant. **2.** Rencontrer (qn) sur son chemin, par hasard; tomber sur (qn) par hasard, inopinément.

run after, *v.i.* Courir après (qn). *To run after the great*, *F:* courir les antichambres. *Man who runs after women*, homme *m* qui court le cotillon. *She is much run after in society*, elle est très recherchée dans le monde. *Everybody runs after them*, *F:* tout le monde leur court après.

run against, *v.i.* (*a*) Se heurter contre (qch.). (*b*) = RUN ACROSS 2. (*c*) *This runs against my interests*, cela va à l'encontre de mes intérêts.

run along, *v.i.* **1.** (*Prep. use*) *Road that runs along the river*, chemin *m* qui longe la rivière. *A ditch runs along the garden*, un fossé borde le jardin, règne le long du jardin. *Railing running along the side of the street*, grille *f* en bordure de la rue. *Nau: To run along (the) shore*, ranger la côte. **2.** (*Adv. use*) (*a*) = RUN ROUND. (*b*) **Run along!** allez-vous-en! filez!

run at, *v.i.* Courir sur, se jeter sur (qn); attaquer (qn).

run away, *v.i.* (*a*) (*Of pers.*) S'enfuir, se sauver; s'échapper; *F:* jouer des flûtes; *P:* se cavaler. *They ran away and hid in the bushes*, ils coururent se cacher dans les buissons. **To run away from s.o.**, s'enfuir de chez qn. **To run away from school**, se sauver de l'école. *F:* **To run away from the facts**, se refuser à l'évidence des faits. *Sp: F:* **To run away from a competitor**, semer un concurrent; battre un concurrent à plate couture. (*b*) (*Of horse*) S'emballer, s'emporter; prendre le mors aux dents. (*c*) **To run away with s.o.**, enlever qn. **To run away with sth.**, emporter, enlever, qch. *F: Tilden ran away with the first set*, Tilden a enlevé le premier set, a gagné haut la main le premier set. **To run away with the idea that . . .**, se mettre dans la tête que . . ., s'imaginer que. . . . *Don't run away with the idea that . . .*, n'allez pas vous imaginer, n'allez pas croire, que. . . . *His imagination runs away with him*, son imagination prend la galopade. **That runs away with a lot of money**, cela mange beaucoup d'argent.

running away, *s.* (*a*) Fuite *f*. (*b*) **Running away with s.o.**, enlèvement *m* de qn.

run back, *v.i.* **1.** (*a*) Retourner, revenir, en courant. (*b*) *Aut:* Reculer; faire marche arrière. (*c*) *Rail:* (*Of portion of train*) Partir à la dérive. **2.** **To run back over the past**, jeter un regard (rétrospectif) sur le passé.

'run-'back, *s.* Recul *m*. *Ten: Five-yard run-back (behind the base-line)*, recul de cinq mètres.

running back, *s.* Marche *f* arrière. *Rail:* Dérive *f* (de wagons).

run by, *v.i.* **1.** (*Prep. use*) (*a*) Passer devant (la fenêtre, etc.) en courant, au pas de course. (*b*) Dépasser (un concurrent). **2.** (*Adv. use*) (*Of pers.*) Passer en courant; (*of time*) passer vite.

run down. I. *v.i.* **1.** (*Prep. use*) (*a*) Descendre (une colline) en courant. (*b*) *The rain ran down the windscreen*, la pluie ruisselait le long du pare-brise. *The sweat ran down his forehead*, la sueur lui coulait sur le front. *Tears ran down her cheeks*, les larmes lui ruisselaient, lui coulaient, le long des joues. **2.** (*Adv. use*) (*a*) *The walls run down into the moat*, les murs plongent dans le fossé. (*b*) (*Of spring*) Se détendre; (*of clockwork*) se décharger; (*of clock*) s'arrêter (faute d'être remontée); (*of accumulator*) se décharger à plat; (*of dynamo*) se désamorcer. *The clock is running down, is run down*, l'horloge est à bout de remontage; l'horloge a besoin d'être remontée.

II. **run down**, *v.tr.* **1.** **To run down a ship**, (i) (aborder et) couler un navire; couler bas un navire; couler à fond un navire; (ii) laisser porter sur un navire. **To run s.o. down**, heurter, renverser, qn; (*of motorist, etc.*) écraser qn. **2.** (*a*) *Ven:* Forcer, mettre aux abois (un cerf). *F:* **To run s.o. down**, attraper qn à la course. (*b*) *The police ran him down*, la police l'a dépisté, a découvert sa retraite. **3.** *F:* Rabaisser, ravaler, dénigrer, déprécier, décrier, diffamer, éreinter (qn); médire de (qn); mal parler de (qn); déblatérer contre (qn); *F:* bêcher, débiner (qn); battre (qn) en brèche; casser du sucre sur la tête, sur le dos, de (qn); *P:* chiner (qn); éreinter (une pièce de théâtre). *To run down genius*, conspuer le génie. *To run s.o. down in the papers*, abîmer qn dans la presse. **4.** *Mch:* **To run down the boilers**, vider les chaudières.

run down, *a.* **1.** *Attrib.a.* **Run-down clock**, horloge *f* au bas. **Run-down accumulator**, accumulateur à plat, épuisé, déchargé. **2.** *Pred.a. F:* (*Of pers.*) Run down, épuisé, anémié, débilité, très affaibli. To be, feel, run down, être, se sentir, épuisé, affaibli, fatigué. *To get run down*, s'anémier; se débiliter. *I was completely run down*, j'étais complètement à plat.

running down, *s.* **1.** Descente *f*; ruissellement *m* (de l'eau). **2.** *F:* Dépréciation *f*, ravalement *m*, éreintement *m* (de qn); *P:* chinage *m* (de qn). **3.** Déchargement *m* (d'un moteur à ressort, d'un accu, etc.); désamorçage *m* (d'une dynamo).

run in. **1.** *v.i.* (*a*) Entrer en courant. **To run in to see s.o.**, faire une courte visite chez qn. (*b*) *Box:* Combattre de près, entrer en corps-à-corps. (*c*) *Fb:* (*Rugby*) Aller à l'essai. (*d*) *Nau:* **To run in for a passage**, donner dans une passe. **2.** *v.tr.* (*a*) *F:* Conduire (qn) au poste (de police); coffrer, coincer, emboîter, écrouer (qn); fourrer (qn) au bloc, dedans; *P:* fourrer (qn) au clou. *To be, get, run in*, se faire coffrer; se faire ramasser. (*b*) Faire élire (un candidat). (*c*) Ajouter, introduire (du liquide). *To run in lead round a joint, to run in a joint with lead*, couler du plomb dans un joint. (*d*) *Nau:* Rentrer (le beaupré, *A:* un canon). (*e*) *I.C.E:* Roder (un moteur). *Engine not yet run in*, moteur non encore rodé, encore mal rodé. *Aut:* **'Running in,'** "en rodage." *Mec.E: To run in the gears*, permettre aux engrenages de se faire.

run-'in. **1.** *a.* Inséré. **2.** *s.* *U.S:* Querelle *f*, rixe *f*.

running in, *s.* **1.** Coulage *m* (du métal en fusion, etc.). **2.** Rodage *m* (d'un moteur).

run into. **1.** *v.i.* (*a*) **To run into debt**, faire des dettes; s'endetter. *Running into debt*, endettement *m*. *To run into debt again*, se rendetter. *To run into absurdity*, tomber dans l'absurdité. *To run into a practice, a habit*, s'adonner à une pratique; tomber dans une habitude. (*b*) **To run into one another**, (*of colours*) se fondre l'une dans l'autre; *Typ:* (*of words*) se rejoindre. (*c*) **To run into sth.**, entrer en collision avec (un vaisseau, une auto, un arbre); (*of vehicle*) heurter, accrocher, enfoncer, entrer dans (un autre); (*of train*) rencontrer, tamponner (un autre); (*of ship*) aborder (un autre). (*Of vehicles*) *To run into each other*, se rencontrer. (*Of pers.*) **To run into s.o.**, (i) se jeter dans qn; (ii) se trouver nez à nez avec qn. (*d*) **His income runs into thousands**, son revenu s'élève à des milliers de livres. *Takings run into four figures*, la recette atteint, *F:* on décroche, les quatre chiffres. *That runs into a lot of money*, ça coûte gros. *Book that has run into five editions*, livre *m* dont on a publié cinq éditions, qui a connu cinq éditions. **2.** *v.tr.* (*a*) *To run one's car into a wall*, rentrer dans un mur avec sa voiture; aller s'emboutir contre un mur. (*b*) **To run s.o. into debt**, faire faire des dettes à qn. *That will run him into losses*, cela lui fera perdre de l'argent. *That runs one into expense*, cela entraîne des frais.

run off. **1.** *v.i.* (*a*) Fuir, s'enfuir, se sauver. *To run off with the cash*, filer avec l'argent. (*b*) (*Of pers.*) S'égarer, faire une digression (en parlant). (*c*) (*Of liquid*) S'écouler. **2.** *v.tr.* (*a*) Réciter (qch.), donner lecture de (qch.), d'un trait, tout d'une haleine. *To run off an article*, écrire, rédiger, un article au courant de la plume. (*b*) *To run off a letter on the typewriter*, taper une lettre en moins de rien. *Typ: Machine that runs off 80 copies a minute*, machine qui imprime 80 feuilles par minute. (*c*) Faire écouler (un liquide). *Laund:* Voyer, couler (la lessive). *Metall:* Couler (le métal). *To run off the water from a boiler*, vider l'eau d'une chaudière. (*d*) Enlever rapidement (un décor de la scène, etc.); entraîner vivement (un intrus). (*e*) *Sp:* Faire courir (une course). *To run off a heat*, courir une éliminatoire. *The race will be run off on Tuesday*, la finale se courra mardi.

run-'off, *s.* **1.** *Hyd.E:* Écoulement *m*. **2.** *Sp:* (Course) finale *f*.

running off, *s.* **1.** Fuite *f*. **2.** Coulée *f*, écoulement *m*, coulage *m* (du liquide).

run on. **1.** *v.i.* (*a*) Continuer sa course. (*b*) (*Of time*) S'écouler, passer; (*of contract, disease, etc.*) suivre son cours; (*of debts*) continuer à monter. (*c*) (*Of verse*) Enjamber. (*d*) *Typ:* (*Of words*) Se rejoindre; être liés; (*of text*) suivre sans alinéa; (*of chapter*) suivre sur la même page. **'Run on,'** "alinéa à supprimer"; "faire suivre." (*e*) Continuer à parler; aller toujours; *F:* ne pas déparler; en dégoiser. *How your tongue runs on!* comme votre langue va! **2.** *v.tr.* (*a*) *Th:* Mettre vivement en place, amener (un décor). (*b*) *Typ:* *To run on the matter*, faire suivre sans alinéa.

run-'on, *attrib.a.* (Vers *m*) qui enjambe. *Run-on line*, enjambement *m*.

run out. 1. *v.i.* (*a*) Sortir en courant. (*b*) *The tide is running out*, la mer se retire. *The tide has run out*, la marée est basse. (*c*) (*Of liquid*) Couler, fuir; se répandre (sur la table, etc.); (*of vessel*) fuir. (*d*) (*Of period of time*) Se terminer, expirer. *Our lease has run out*, notre bail est expiré. *It ran out on the 30th*, il a expiré le 30. (*e*) *Cards:* (*Of player*) Être le premier à se retirer du jeu; gagner la partie. (*f*) (*Of supplies, etc.*) S'épuiser, venir à manquer; faire défaut. *Our stores are running out*, nos provisions s'épuisent, tirent à leur fin. *F:* **His sands are running out**, il tire à sa fin; il n'y a plus d'huile dans la lampe. *The sands are running out*, la dernière heure approche, a sonné. (*Of pers.*) **To have run out of provisions**, avoir épuisé ses provisions; être à court, à bout, de provisions. *I have run out of tobacco*, je suis à court de tabac. *We ran out of food*, les vivres vinrent à nous manquer. *Aut:* *We ran out of petrol*, nous avons eu une panne sèche. (*g*) (*Of rope*) Filer, se dérouler. (*h*) (*Of building, rock, etc.*) S'avancer, saillir. *A strip of land runs out to sea*, une langue de terre s'avance dans la mer. (*i*) *Hort:* (*Of roots*) Tracer. **2.** *v.tr.* (*a*) **To run out a race**, courir la course finale. (*b*) **To run oneself out**, s'épuiser à force de courir; être à bout de souffle. (*c*) *Cr:* Mettre (un batteur) hors jeu pendant sa course (en abattant le guichet). (*d*) (Laisser) filer (une corde); élonger (une amarre). (*e*) *Nau:* Pousser dehors (le beaupré, une passerelle); *A:* mettre en batterie (un canon). (*f*) *Typ:* **To run out a line into the margin**, sortir une ligne.

run-'out, *s.* **1.** *Fb:* Sortie *f* (par le gardien de but). **2.** *Cin:* Fin *f* de bande (après la dernière image).

running out, *s.* **1.** Coulée *f*, écoulement *m*, fuite *f*, coulage *m* (du liquide). **2.** Expiration *f* (d'un bail, etc.). *R. out of an insurance policy*, déchéance *f* d'une police.

run over, *v.i.* **1.** (*Prep. use*) (*a*) Parcourir (un document) du regard; revoir d'un coup d'œil (les principaux arguments); passer en revue (les événements). *To run over s.o.'s good points*, faire le catalogue des qualités de qn. (*b*) *To run over the piano*, faire quelques gammes (pour essayer le piano). *To run over the seams of a boat*, vérifier les coutures d'une embarcation. *To run over s.o.'s pockets*, fouiller qn. (*c*) (*Of vehicle*) Passer sur le corps de, à (qn); (*with serious results*) écraser (qn). *The car ran over his legs*, l'auto lui a passé sur les jambes. *He has been run over*, il a été écrasé. **2.** (*Adv. use*) (*a*) *To run over to a neighbour's*, faire une petite visite à un voisin; aller jusque chez le voisin. *To run over to the chemist, F:* faire un bond jusque chez le pharmacien. (*b*) (*Of vessel or contents*) Déborder; (*of sewer, vessel*) regorger; (*of liquid*) se répandre.

running over, *s.* Débordement *m*.

run round, *v.i.* Faire un saut (*to s.o.*, jusque chez qn). ***Mrs Smith ran round to tell me***, Mrs Smith est accourue pour m'en faire part.

run through. I. *v.i.* **1.** (*Prep. use*) (*a*) Traverser (la salle, etc.) en courant. (*b*) Parcourir (un document) du regard; feuilleter (un livre). *To run through one's cards (before playing)*, filer ses cartes. (*c*) Expédier (une affaire). (*d*) **To run through a fortune**, gaspiller, dissiper, dévorer, manger, une fortune; *F:* bouffer une fortune. *See also* GEAR[1] 3. **2.** (*Adv. use*) (*a*) (*Of liquid*) Filtrer, passer à travers. (*b*) *Fb:* Faire une percée; percer.

II. run through, *v.tr.* **1.** (*Prep. use*) (*a*) *To run the actors through their parts*, (i) faire lire la (nouvelle) pièce par la troupe; (ii) faire répéter vivement les rôles (pour les remettre en mémoire). (*b*) *See* RUN[2] II. 7. **2.** (*Adv. use*) (*a*) **To run s.o. through** (and through), percer qn d'outre en outre, de part en part; transpercer, enfiler, qn. *He ran him through*, il lui passa son épée au travers du corps. *He was run through by a bayonet*, une baïonnette le traversa de part en part; il fut transpercé d'un coup de baïonnette. (*b*) *Abs. Bill:* **To run through**, couler la bille; faire un coulé.

run-'through, *s.* **1.** *Bill:* Coulé *m*. **2.** *Fb:* Percée *f*. **3.** *Th:* (i) Lecture *f* rapide de la pièce (par la troupe); (ii) répétition *f* rapide (pour se remettre la pièce en mémoire).

run up. 1. *v.i.* (*a*) Monter en courant. (*b*) Accourir. *To come running up*, arriver en courant. *To run up to s.o.*, arriver en courant pour parler à qn. To run up **against s.o.**, rencontrer qn par hasard. (*c*) (*Of plant, etc.*) Croître rapidement. (*d*) (*Of amount, price*) Monter, s'élever. *The price of sugar ran up to sixpence a pound*, le prix du sucre s'éleva à six pence la livre. (*e*) (*Of fish*) Remonter le fleuve, la rivière. (*f*) *Sp:* Arriver bon second (*to s.o.*, derrière qn). **2.** *v.tr.* (*a*) Laisser grossir (un compte); faire monter (le prix de qch.); laisser accumuler (des dettes). *To run up bills*, s'endetter. *He is allowed to run up a score, F:* il a l'ardoise. (*b*) (*At auction*) **To run up the bidding**, pousser les enchères. (*c*) **To run up a flag**, hisser un drapeau, un pavillon. (*d*) Élever, bâtir, (une maison, etc.) à la va-vite; confectionner (une robe) à la hâte; (re)coudre (un vêtement) à gros points. (*e*) *Needlew:* (i) Coulisser (une couture, etc.); (ii) faire un point à (une déchirure). (*f*) *Mec.E:* *To run up patent metal in the brasses*, recouler le métal aux coussinets.

run-'up, *s.* **1.** (*a*) *Golf:* Coup roulé d'approche. (*b*) *Fb:* Percée *f*. **2.** *Fish:* Montaison *f* (du saumon).

run upon, *v.i.* Rencontrer (qn) tout à coup, à l'improviste.

run[3], *a.* **1.** (*a*) **(Fresh) run salmon**, saumon *m* qui vient de remonter. (*b*) **To have a near-run escape**, l'échapper belle. **2.** *Tchn:* **Price per foot run**, prix *m* par pied courant. **3.** (*Of dutiable goods*) Passé en contrebande. **4.** (*a*) **Run butter**, beurre fondu pour conserve. **Run honey**, miel extrait des rayons. (*b*) *Metall:* **Run steel**, acier coulé. **5.** *Min:* **Run coal**, houille grasse.

running[1], *a.* **1.** (*a*) (*Of pers.*) Courant. *Orn:* **The running birds**, les coureurs *m*. *See also* TOAD 1. (*b*) *Fb:* **Running kick**, coup de pied donné en courant. *Sp:* **Running jump**, saut *m* avec élan. **Running fight**, (i) *Mil:* escarmouche *f* de route; (ii) *Navy:* combat *m* en chasse, en retraite. **To keep up a running fight**, (i) se battre en retraite; (ii) *Navy:* soutenir, appuyer, la chasse; soutenir chasse. *Cin:* *Phot:* **Running shot**, prise *f* de vues en mouvement. *See also* MOOR[2]. (*c*) (*With passive force*) **Easy running road**, chemin bien roulant. **2.** (*Of water, etc.*) Courant, coulant. **Running water**, eau courante, eau vive. (*In hotel, etc.*) *Bedroom with r. water*, chambre *f* avec eau courante. *R. spring*, source vive. *R. stream*, ruisseau coulant. **Running soil**, terrain ébouleux, terrain meuble. **Running cold**, fort rhume de cerveau. **Running sore**, plaie *f* qui suppure; plaie en suppuration. *See also* SWIFT-RUNNING. **3.** (*a*) (Style) coulant. (*b*) **Running hand**, écriture cursive; (écriture) coulée *f*; expédiée *f*. **4.** (*a*) Continu. **Running pattern** (*in ornamentation, etc.*), dessin continu. **Running accompaniment**, accompagnement soutenu (d'acclamations, etc.). *Mil:* **Running fire**, feu roulant. *Typ:* **Running title, running head-line**, titre courant (d'un volume). *See also* COMMENTARY 2, NUMBER[1] 3. (*b*) *Meas:* **Running foot**, pied courant, pied linéaire. (*c*) **Running account**, compte courant. **Running expenses**, dépenses courantes. (*d*) (*Following the noun*) Consécutif, de suite. **Three days running**, trois jours de suite. **5.** (*a*) **Running block**, poulie *f* mobile; moufle *f* mobile. (*b*) *Nau:* **Running rigging**, manœuvres courantes. **Running bowline**, laguis *m*. *See also* BOWSPRIT, KNOT[1] 1. (*c*) **Running cord** (*of garment*), coulisse *f*. (*d*) **Running bridge**, pont roulant. **6.** *Needlew:* **Running stitch**, point devant, point droit, point coulé, point glissé.

running[2], *s.* **1.** Course(s) *f*(*pl*). **Running match**, course *f* à pied; lutte *f* à la course. *F:* **To make, take up, the running**, mener la course. *F:* *The father has died, but the son is taking up the running*, le père est mort, mais le fils prend sa suite, prend la suite des affaires. (*Of runner, horse, etc.*) **To have the best of the running**, tenir la corde. *F:* *In the competition for the most popular pastime swimming certainly has the best of the r.*, dans la lutte pour la popularité, la nage est certainement le sport qui l'emporte. **To be in the running**, avoir des chances d'arriver. **To be out of the running**, n'avoir plus aucune chance; ne plus compter. *Candidates in the r.*, candidats *m* de premier plan. *See also* BLOCKADE-RUNNING, IN[1] II. 4. **2.** *Nau:* **Running ashore**, échouage *m*, atterrissage *m*. **3.** (*a*) Marche *f*, fonctionnement *m* (d'une machine, etc.); roulement *m* (d'une voiture); marche, circulation *f*, roulement (de trains). *Smooth r.*, allure régulière. **In running order**, prêt au service. *See also* CLEARANCE 4, LIGHT[4] I. 2. (*b*) *R. of a service of trains*, mise *f* en marche d'un service. *To alter the r. of the trains*, modifier la marche des trains. *Rail:* (*Of company*) **To have running rights over another line**, avoir libre parcours sur un autre réseau. **Running powers** (*of a company*), droit *m* de circulation sur un autre réseau. (*c*) Direction *f* (d'un hôtel, etc.); exploitation *f* (des chemins de fer, etc.). (*d*) Introduction *f* (de l'alcool, etc.) en contrebande. *See also* GUN-RUNNING. **4.** (*a*) Écoulement *m* (des eaux); ruissellement *m* (de l'eau, etc.). *Med:* Écoulement, suppuration *f*. *Vet:* *R. at the nostrils* (*of glanderous horse*), jetage *m*. (*b*) Coulage *m* (du liquide d'un tonneau). **5.** Tracé *m* (d'une ligne). **6.** *Needlew:* Point devant, point coulé, point droit, point glissé. **7.** *pl. Dist:* **Runnings**, têtes *f*. *Last runnings*, queues *f*.

'running board, *s.* **1.** *Aut:* Marchepied *m*. **2.** *Rail:* Tablier *m*.

'running track, *s.* *Sp:* Piste *f*.

runagate ['rʌnəgeit], *s.* *A. & Dial:* **1.** Vagabond, -onde. **2.** Fuyard, -arde; fugitif, -ive.

runaway ['rʌnəwei], *attrib.a.* **1.** (*a*) Fuyard, fugitif. *R. soldier, r. prisoner, s.* **runaway**, (soldat) fuyard ou déserteur; (prisonnier) fugitif. **Runaway slave,** *s.* **runaway**, esclave fugitif. *F:* **Runaway chin**, menton fuyant. (*b*) **Runaway horse,** *s.* **runaway**, cheval emballé, échappé. (*c*) *Rail:* **Runaway truck**, wagon parti à la dérive. **Runaway switch**, aiguille *f* de déraillement. **2.** (*a*) (Mariage) à la suite d'un enlèvement, par enlèvement. **To make a runaway match with s.o.**, enlever une jeune fille pour l'épouser; (*of the girl*) se laisser enlever pour être épousée. (*b*) **Runaway ring, knock**, coup de sonnette tiré, coup frappé, à une porte par plaisanterie et après lequel on se sauve. (*c*) **Runaway victory**, victoire remportée haut la main. **3.** *Mec.E:* **Runaway governor**, sûreté *f* contre l'emballement.

runcinate ['rʌnsinet], *a.* *Bot:* Ronciné.

rune [ru:n], *s.* **1.** *Archeol:* *Ling:* Rune *f*. **2.** *A:* (*a*) Charme *m*, incantation *f*. (*b*) Poésie *f* (nordique).

rung[1] [rʌŋ]. *See* RING[4].

rung[2], *s.* **1.** Échelon *m*, barreau *m*, roulon *m*, (barre *f* de) traverse *f* (d'une échelle); bâton *m* (d'une chaise). *See also* CLIMB[2] 1. **2.** *Nau:* Varangue *f*. **The rung-heads**, les fleurs *f*. **3.** *Mec.E:* Fuseau *m* (de lanterne).

runged [rʌŋd], *a.* À échelons.

runic ['ru:nik], *a.* (*Of letters, verse*) Runique.

runlet[1] ['rʌnlet], *s.* *A:* Barillet *m*.

runlet[2], *s.* Ruisseau *m*; filet *m* d'eau.

runnel ['rʌn(ə)l], *s.* **1.** Ruisseau *m*; filet *m* d'eau. **2.** *Agr:* Échau *m*, *pl.* -aux.

runner ['rʌnər], *s.* **1.** (*a*) (*Pers., horse, etc.*) Coureur, -euse. *Rac:* *Five runners*, cinq partants *m*. *See also* LONG-DISTANCE. (*b*) Messager *m*, courrier *m*. *U.S:* **Bank-runner**, garçon *m* de recette; encaisseur *m*. (*c*) Racoleur *m*. *Fin:* Démarcheur *m*. (*d*) *Hist:* **(Bow-Street) runner**, sergent *m* (de police). (*e*) **(Blockade-)runner**, forceur *m* de blocus. *See also* RUM-RUNNER. (*f*) *U.S:* Mécanicien *m* (conducteur de locomotive). *See also* HUTCH-RUNNER. (*g*) *St.Exch:* *R. of stock against his client*, contrepartiste *m* (qui opère lui-même contre son donneur d'ordre).

2. *Orn:* Râle *m* d'eau. **3.** *Hort:* (*a*) Coulant *m*, stolon *m*, stolone *f*, filet *m*, marcotte *f*, traînée *f* (de fraisier, etc.). (*b*) **Scarlet runner, runner-bean,** haricot *m* d'Espagne; haricot à bouquets, à rames, à grappes. **4.** Maille partie, maille lâchée (d'un tricot, etc.). **5.** (Meule) courante *f*, surmeule *f* (de moulin). **6.** Patin *m* (de traîneau); lame *f* (de patin). *Av:* Glissoir *m*, patin. **7.** (*a*) *Nau:* Chaîne *f* de charge; itague *f*. **Runner and tackle,** palan *m* sur itague; bastague *f*, bastaque *f*. (*b*) Anneau *m* mobile. **8.** (*a*) (*Sliding ring*) Coulant *m* (de bourse, etc.). *Harn:* Panurge *m*. (*b*) Curseur *m*. *El:* **Runner resistance,** résistance *f* à curseur. **9.** (*a*) Chariot *m* de roulement; chariot roulant; trolley *m*. (*b*) Galet *m* (de roulement). (*c*) Roue *f* parasite, intermédiaire. (*d*) Roue mobile, couronne *f* mobile (d'une turbine, d'une pompe centrifuge). (*e*) Coulisseau *m* (de lit, de tiroir). **10.** (*a*) Poulie *f* fixe. (*b*) Poulie-guide *f*, *pl.* poulies-guides; galet-guide *m*, *pl.* galets-guides (de courroie). **11.** *Metall:* (*a*) Trou *m*, jet *m*, de coulée; chenal *m*, -aux, de coulée. (*b*) Jet, masselotte *f*. **12.** Têtière *f* (de canapé). **(Table-)runner,** chemin *m* de table; garde-nappe *m*, *pl.* garde-nappe(s). **13. Runner-up.** (*a*) (i) *Sp: etc:* Celui des deux joueurs (ou des deux coureurs) qui est battu dans l'épreuve finale; bon second. (ii) *Sch: etc:* **The runners-up,** ceux qui dans la liste de classement d'un concours viennent en tête des refusés. (*b*) (*At auction sale*) Compère chargé de pousser les enchères.

'runner-pin, -stick, *s. Metall:* Broche *f* de coulée; mandrin *m* de coulée.

runt [rʌnt], *s.* **1.** (*a*) Bœuf *m* ou vache *f* de race petite. (*b*) Petit dernier (d'une portée de porcs). **2.** (*a*) (Cheval) ragot *m*. (*b*) Mauvais cheval; rosse *f*. **3.** Pigeon romain. **4.** Rustre *m*. **5.** *F:* (*a*) Nain *m*, nabot *m*. (*b*) **The little runt** (*of the family*), le petit culot. **6.** Trognon *m* (de chou).

runway ['rʌnwei], *s.* **1.** *Ven:* Coulée *f* (du cerf). **2.** (*a*) *Mec.E: etc:* Chemin *m* de roulement. **Elevated runway,** estacade *f*. **Crane runway,** pont roulant. (*b*) Piste *f*, voie *f*, de roulement (d'une poulie). (*c*) Monorail aérien, transporteur; chemin de fer suspendu; voie suspendue. **Overhead runway,** transporteur aérien. (*d*) Glissière *f* (de fenêtre). **3.** Rampe *f* (de bois) pour chargement de voitures; panneau *m* d'entrée (de bac). **4.** *Aer:* Coursive *f* (d'un dirigeable). **5.** *Av:* Voie de départ.

rupee [ru:'pi:], *s. Num:* Roupie *f*.

Rupert ['ru:pərt]. *Pr.n.m.* Rupert. *Ph:* **Prince Rupert's drop, ball, tear,** larme *f* batavique; bombe-chandelle *f*, *pl.* bombes-chandelles.

rupestral [ru'pestrəl], **rupestrine** [ru'pestrain], **rupicolous** [ru'pikoləs], *a. Bot:* Rupestre.

rupture¹ ['rʌptjər], *s.* **1.** (*a*) Rupture *f* (de négociations, etc.); rupture, séparation *f*, brouille *f* (entre amis, entre époux). (*b*) *El:* **Rupture of the arc,** rupture, désamorçage *m*, de l'arc. **2.** *Med:* (*a*) Éclatement *m*, rupture (d'une veine, etc.). (*b*) Hernie *f*; *F:* effort *m*.

rupture². **1.** *v.tr.* (*a*) Rompre (des relations, un mariage). (*b*) *To r. a ligament, a blood-vessel,* se rompre un tendon, un vaisseau sanguin; claquer un tendon. **2.** *v.i.* (*Of membrane, etc.*) Se rompre.

ruptured, *a.* **1.** Rompu. **2.** *Med:* (Intestin) hernié. (*Of pers.*) **To be ruptured,** avoir une hernie; être hernieux.

rupturing, *s.* Rupture *f*.

rupturewort ['rʌptjərwə:rt], *s. Bot:* Herniaire *f*, herniole *f*; herbe *f* aux hernies. *Smooth r., glabrous r.,* herniaire glabre; turquette *f*.

rural ['ruərəl], *a.* Rural, -aux; rustique, champêtre; des champs, de (la) campagne. *R. site,* site *m* agreste. *R. occupations,* travaux *m* des champs. *To be in r. seclusion,* être dans la retraite à la campagne. **Rural postman,** facteur rural. *Rural policeman,* **rural constable,** garde *m* champêtre. *R. sports,* jeux *m* champêtres. *R. manners,* mœurs *f* rustiques. *See also* DEAN I. **-ally,** *adv. R. situated,* situé à la campagne. *R. picturesque,* d'un pittoresque champêtre.

ruralism ['ruərəlizm], **rurality** [ruə'raliti], *s.* **1.** Rusticité *f*. **2.** Vie *f* à la campagne.

ruralize ['ruərəlaiz]. **1.** *v.tr.* Rendre rural; rendre rustique; donner un aspect rustique ou campagnard à (une localité, etc.). **2.** *v.i.* Visiter la campagne; habiter la campagne; être en villégiature; villégiaturer.

ruridecanal [ruəride'kein(ə)l], *a. Ecc:* Qui appartient à un doyen rural; qui relève du doyen rural.

ruscus ['rʌskəs], *s. Bot:* Fragon *m*.

ruse [ru:z], *s.* Ruse *f*, stratagème *m*, malice *f*, subterfuge *m*, piège *m*.

rush¹ [rʌʃ], *s.* **1.** *Bot:* (*a*) Jonc *m*. **Hard rush,** jonc glauque. *Plantation of rushes,* jonchaie *f*. *See also* CARE² I, WORTH¹ I. (*b*) **Flowering rush,** butome *m* à ombelles; jonc fleuri. **Sweet rush,** jonc odorant; roseau *m* aromatique; lis *m* des marais. *See also* WOOD-RUSH. **2.** *F:* Jonc ou paille *f* (pour fonds de chaises).

'rush-bed, *s.* Jonchaie *f*.

'rush-bottomed, *a.* (Chaise) paillée, à fond de paille.

'rush-'candle, -'dip, *s.* = RUSHLIGHT.

'rush-holder, *s.* Chandelier *m* (pour chandelle à mèche de jonc).

'rush-'mat, *s.* Natte *f* de jonc; paillasson *m*.

'rush-nut, *s. Bot:* Souchet *m* comestible.

rush², *v.tr.* **1.** Joncer ou pailler (une chaise). **2.** Joncher (un plancher) de joncs.

rush³, *s.* **1.** (*a*) Course précipitée; mouvement *m* rapide. *F: After a r. through Europe,* après un tour rapide en Europe. **To make a rush at s.o.,** s'élancer, se jeter, se précipiter, sur qn. *Mil:* **To attack by rushes,** attaquer par bonds, par assauts successifs. *See also* ATTACK¹ I. *Hist:* **The rush for the Channel ports,** la course à la Manche (1914). (*b*) **General rush,** ruée générale; bousculade *f*. *R. on mining stocks,* ruée sur les valeurs minières. *There was a r. for safety,* ce fut une ruée pour se mettre à l'abri. *There was a r. to the doors,* on se bouscula pour gagner les portes; on se précipita vers les portes. *There was a r. for the papers,* on s'arrachait les journaux. **Rush hour,** heure *f* de la bousculade. **The rush hours,** (i) (*in passenger transport*) les heures d'affluence, les moments *m* de presse; les heures de pointe; (ii) (*in business*) le coup de feu. *A r. period,* une poussée (d'affaires, etc.). *See also* GOLD-RUSH. (*c*) *Fb:* Charge *f* à fond. **2.** Hâte *f*, empressement *m*. *We had a r. to get the job done,* il a fallu nous hâter pour achever le travail. *Life is too much of a r. in London,* la vie à Londres est trop enfiévrée. *The r. of modern life,* la vie fiévreuse d'aujourd'hui. *The r. of business,* le torrent des affaires. **Rush order,** commande urgente. **Rush-work,** (i) travail fait à la va-vite, à la galopée; (ii) travail de première urgence. **3. A rush of air,** un coup d'air, une chasse d'air. *A r. of cold air,* une bouffée d'air glacé. *R. of water,* coup d'eau. *R. of steam,* jet *m* de vapeur. **Rush of blood to the head,** un coup de sang; un afflux, une affluence, de sang. *El.E:* **Rush of current,** accélération *f* brusque de courant; soubresaut *m* de courant; à-coup *m* de courant; *F:* coup de fouet.

rush⁴. I. *v.i.* **1.** (*a*) Se précipiter; se jeter, se lancer, s'élancer. **To rush about,** courir çà et là. *The river rushes along,* la rivière précipite ses eaux. **To rush into the room,** entrer précipitamment; faire irruption dans la chambre. *F:* **To rush in where angels fear to tread,** y aller avec audace sans se rendre compte du danger, sans se soucier des précautions à prendre. **To rush into an affair,** se jeter étourdiment dans une affaire. *To r. into danger,* courir au danger tête baissée. *F:* **To rush to conclusions,** conclure trop hâtivement. *See also* PRINT¹ 2. (*b*) **To rush out,** sortir précipitamment; s'élancer dehors. **To rush down,** descendre impétueusement, précipitamment. *He came rushing down the stairs,* il dégringola l'escalier. *Stream that rushes down the mountains,* ruisseau *m* qui dévale de la montagne. **To rush up,** (i) monter à la hâte; (ii) accourir. *To r. upstairs,* monter l'escalier quatre à quatre. **To rush back,** revenir en toute hâte, à la hâte, en vitesse; revenir brusquement. *He rushed back to his friends,* il vola retrouver ses amis. **To rush to a place,** gagner un endroit à toute vitesse; se rendre précipitamment quelque part. *To r. through France,* traverser la France à la galopade, à la galope. *F:* **To rush through one's prayers,** expédier ses prières. **To rush past s.o.,** (i) dépasser qn, (ii) croiser qn, au galop, à toute vitesse. (*c*) **To rush at, on, s.o.,** se ruer, se jeter, sur qn; fondre sur qn. *To r. at the enemy,* courir sus à l'ennemi. (*d*) **To rush for gold,** se ruer vers les champs aurifères. **2.** *The wind rushes up the chimney,* le vent s'engouffre dans la cheminée. *The blood rushed to his face, to his head,* le rouge lui monta au visage, lui envahit le visage; le sang lui monta à la tête. *All the blood rushed to her heart,* tout son sang lui reflua, lui afflua, au cœur. *His past life rushed into his memory,* toute sa vie passée surgit à sa mémoire.

II. **rush,** *v.tr.* **1.** (*a*) Pousser ou entraîner violemment. **To rush s.o. out of the room,** chasser qn brusquement de la chambre. *They were rushed to hospital,* on les transporta d'urgence, en hâte, à l'hôpital. *To r. s.o. into danger,* entraîner qn dans le danger. *To r. s.o. into an undertaking,* entraîner qn dans une entreprise sans lui donner le temps de réfléchir. *To r. a people into war,* précipiter un peuple dans la guerre. *He rushed me through luncheon,* il me fit déjeuner au galop. **I don't want to rush you,** je ne voudrais pas vous bousculer; prenez votre temps. *Don't rush me,* laissez-moi le temps de souffler. **He refuses to be rushed,** il refuse de se laisser mener trop vite. **To rush a bill through (the House),** faire passer un projet de loi à la hâte. *Th:* **To rush the ending,** brusquer le dénouement. (*b*) *F:* **To rush s.o. for sth.,** faire payer à qn un prix exorbitant pour qch.; *P:* estamper qn. *He rushed me £10 for it,* il me l'a fait payer dix livres. *He rushed me for a fiver,* il m'a fait cracher cinq livres. *They rushed you shockingly,* on vous a fait payer les hauts prix; on vous a écorché terriblement. **2.** *Ind: etc:* Dépêcher (un travail); expédier (un travail) à toute vitesse; exécuter (une commande) d'urgence. **Rush!** pressé! urgent! **3.** (*a*) *Horse that rushes his fences,* cheval qui se précipite sur l'obstacle avec trop d'impétuosité; cheval qui fonce sur l'obstacle. (*b*) *The audience rushed the platform,* le public envahit l'estrade. *Mil:* **To rush a position,** (i) prendre d'assaut une position; (ii) bondir à l'assaut d'une position. *To r. a trench,* surprendre une tranchée; s'emparer d'une tranchée par surprise.

rush up, *v.tr.* **1.** Bâtir (une maison) à la hâte, *F:* à la vapeur. **2. To rush up the prices,** se hâter de majorer les prix. **3. To rush up reinforcements,** faire venir du renfort en toute hâte.

rushed, *a.* **1.** (*Of pers.*) Débordé de travail. *To be greatly r.,* avoir fort à faire; être débordé. **2.** (Travail) fait à la va-vite, fait d'une galopée.

rushing¹, *a.* (Vent, fleuve) impétueux. *B:* **A rushing mighty wind,** un vent qui souffle avec véhémence.

rushing², *s.* Course précipitée; mouvement impétueux; précipitation *f*.

rusher ['rʌʃər], *s. F:* Homme *m* qui mène rondement les affaires, qui ne perd pas une minute de temps, qui mène son monde tambour battant.

rushlight ['rʌʃlait], *s.* Chandelle *f* à mèche de jonc.

rushy ['rʌʃi], *a.* **1.** *Poet:* Fait en jonc; de jonc. **2.** (Terrain) couvert de joncs. **3.** *Bot:* Jonciforme.

rusk [rʌsk], *s. Cu:* Biscotte *f*.

Ruskinesque [rʌski'nesk], *a. Lit:* De Ruskin; à la manière de Ruskin.

Ruskinian [rʌs'kinjən]. **1.** *a.* = RUSKINESQUE. **2.** *s.* Disciple *m* de Ruskin.

russet ['rʌset]. **1.** *s.* (*a*) *Tex: A:* Drap *m* de bure de couleur brunâtre ou grisâtre. (*b*) *Hort:* Reinette grise, rainette grise. **2.** *a. & s.* (Couleur *f*) roussâtre; roux, *f.* rousse; feuille-morte (*m*) *inv.* **Russet pear,** rousselet *m*. *R.-coloured morocco,* maroquin *m* La Vallière. **3.** *a. A:* Simple; rustique.

russety ['rʌseti], *a.* Roussâtre; feuille-morte *inv.*

Russia [ˈrʌʃə]. **1.** *Pr.n. Geog:* La Russie. **2.** *s.* **Russia (leather),** cuir *m* de Russie.

Russian [ˈrʌʃən]. **1.** *s.* (*a*) Russe *mf.* **Little Russian,** Petit(e) Russe; Ruthène *mf.* *See also* WHITE[1] I. 1. (*b*) *Ling:* Le russe. **2.** *a.* De Russie; russe. **Russian leather** = RUSSIA 2. *Cost:* **Russian boots,** bottes *f* de cuir pour dames. *See also* OAK 1.

Russianism [ˈrʌʃənizm], *s.* Tendances *f* russophiles.

Russianize [ˈrʌʃənaiz], *v.tr.* Russifier.

Russianizing, *s.* Russification *f.*

Russification [rʌsifiˈkeiʃ(ə)n], *s.* Russification *f.*

Russify [ˈrʌsifai], *v.tr.* Russifier.

Russniak [ˈrʌsniak], *a.* & *s.* Petit(e) Russe; ruthène (*mf*).

Russophil(e) [ˈrʌsofil], *a.* & *s.* Russophile (*mf*).

Russophobe [ˈrʌsofoub], *a.* & *s.* Russophobe (*mf*).

rust[1] [rʌst], *s.* **1.** Rouille *f.* *To cover sth. with r.,* (en)rouiller qch. *To get covered with r.,* se couvrir de rouille; se rouiller. **To rub the rust off,** (i) enlever la rouille; dérouiller (qch.); (ii) *F:* se remettre au courant (d'une science, etc.); se dérouiller. **2.** *Agr:* Rouille. **Black rust,** charbon *m* des céréales; nielle *f.*

ˈrust-box, *s.* *F:* Vieux navire rongé de rouille.

ˈrust-cement, *s.* Mastic *m* de fonte.

ˈrust-coloured, *a.* Rouilleux; roux, *f.* rousse; roussâtre.

ˈrust-eaten, *a.* Mangé par la rouille.

ˈrust-joint, *s.* Joint rouillé.

ˈrust-mite, *s.* *Arach:* Phytopte *m.*

ˈrust-preventative, -preventer, *s.* Anti-rouille *m inv.*

ˈrust-preventing, *a.* Anti-rouille *inv.*

ˈrust-preventive, *s.* = RUST-PREVENTATIVE.

ˈrust-proof, *a.* Inoxydable; anti-rouille *inv.*

ˈrust-putty, *s.* Potée *f* de fer.

ˈrust-ˈred, *a.* = RUST-COLOURED.

ˈrust-resisting, *a.* = RUST-PROOF.

rust[2]. **1.** *v.i.* Se rouiller; s'oxyder. **The nut has rusted on to the screw,** l'écrou s'est rouillé avec la vis. (*Of leak*) **To rust up,** s'obstruer par la rouille. *Prov:* **It's better to wear out than rust out,** mieux vaut se tuer de travail que de croupir dans l'oisiveté. *F:* *To allow one's knowledge to r.,* laisser rouiller ses connaissances. **2.** *v.tr.* Rouiller (le fer, etc.). *F:* *Idleness rusts the mind,* l'oisiveté *f* rouille l'esprit.

rust in, *v.i.* **1.** (*Of screw, etc.*) Se rouiller dans son trou. **2.** *U.S:* *F:* (*Of pers.*) S'ancrer (dans un endroit).

rusting, *s.* Rouillement *m,* rouillage *m;* oxydation *f* (du fer).

rustic [ˈrʌstik]. **1.** *a.* Rustique; champêtre, agreste; paysan, *F:* paysanesque. *R. manners, r. ways,* mœurs *f* rustiques, manières paysannes; paysannerie *f.* *R. seat,* banc *m* rustique. *Pal:* **Rustic lettering,** écriture *f* rustique. **2.** *s.* (*a*) Paysan, -anne; campagnard, -arde. (*b*) Rustaud, -aude; rustre *m.* *Prov:* **Once a rustic always a rustic,** toujours souvient à Robin de ses flûtes. **-ally,** *adv.* Rustiquement; agrestement.

rusticate [ˈrʌstikeit]. **1.** *v.i.* Se retirer à la campagne; habiter la campagne; être en villégiature; villégiaturer. *He has retired and is rusticating down in Somerset,* *F:* il a pris sa retraite et il plante ses choux dans le Somerset. **2.** *v.tr.* (*a*) Rendre rustique. (*b*) *Arch:* Rustiquer (un mur, etc.). (*c*) *Sch:* Renvoyer, exclure, temporairement (un étudiant).

rustication [rʌstiˈkeiʃ(ə)n], *s.* **1.** Vie *f* à la campagne; villégiature *f.* **2.** *Arch:* Ouvrage *m* rustique. **3.** *Sch:* Renvoi *m* temporaire (d'un étudiant).

rusticity [rʌsˈtisiti], *s.* Rusticité *f.*

rustiness [ˈrʌstinəs], *s.* Rouillure *f;* rouille *f;* (*of clothing*) vétusté *f.* *I became aware of the r. of my Latin,* je me rendis compte combien je m'étais rouillé en latin.

rustle[1] [rʌsl], *s.* **1.** Bruissement *m,* *Lit:* susurration *f* (des feuilles); frou-frou *m* (de la soie, d'une robe); froissement *m* (de papiers). **2.** *U.S:* = HUSTLE[1] 2.

rustle[2]. **1.** *v.i.* (*a*) (*Of leaves, paper, etc.*) Produire un bruissement; (*of leaves, wind*) bruire; (*of garment*) faire frou-frou; froufrouter. (*Of pers.*) **To rustle along,** passer en faisant frou-frou. **To rustle in silks,** être vêtue de soie froufroutante. *I heard a deer r. through the bracken,* j'entendis un cerf froisser les fougères. (*b*) *U.S:* = HUSTLE[2] 2 (*a*). **2.** *v.tr.* Faire bruire (les feuilles, des papiers, etc.); faire froufrouter (la soie); froisser (le papier). **3.** *v.tr.* *U.S:* (*a*) Rassembler, ramener (le bétail); cueillir (du bois). (*b*) Voler (des chevaux, etc.). *Abs.* Voler du bétail.

rustling[1], *a.* Bruissant; (jupon, etc.) froufroutant. *R. silk,* soie chuchotante.

rustling[2], *s.* **1.** (*a*) = RUSTLE[1]. (*b*) *Med:* Bruit *m* de frôlement. **2.** *U.S:* Vol *m* du bétail.

rustler [ˈrʌslər], *s.* *U.S:* **1.** Voleur *m* de bétail. *See also* HORSE-RUSTLER. **2.** = HUSTLER 2.

rustless [ˈrʌstləs], *a.* **1.** Sans rouille. **2.** Inoxydable, inrouillable.

rusty[1] [ˈrʌsti], *a.* **1.** Rouillé. **To get rusty,** se rouiller. *F:* *At sixty your joints begin to get r.,* à soixante ans les articulations commencent à se rouiller, perdent de leur souplesse. *F:* *My French is r.,* je suis rouillé en français; mon français se rouille, est rouillé. **2.** Couleur de rouille; rouilleux; (vêtement) vétuste. *A r. black coat,* un habit d'un noir rouilleux. **3.** *Agr:* (Blé) rouillé. **-ily,** *adv.* **1.** *The door moved r. on its hinges,* la porte grinça sur ses gonds rouillés. **2.** *To be r. clad,* porter des vêtements vétustes, dont le noir tourne au roux.

rusty[2], *a.* (Cheval) rétif, quinteux. *F:* (*Of pers.*) **To turn rusty, to cut up rusty,** se rebiffer; regimber, rechigner. *Don't get r.,* ne vous fâchez pas.

rusty[3], *a.* *Dial:* (Lard *m*) rance.

rut[1] [rʌt], *s.* **1.** Ornière *f.* *F:* **To settle, sink, into a rut,** (*of pers.*) s'encroûter; (*of the mind*) se figer en routine. *To move in a rut,* être routinier; être esclave de la routine. *We, things, are stuck in a rut,* c'est la diligence embourbée. **To get out of the rut,** sortir de l'ornière; se désencroûter. *To lift s.o. out of the rut,* sortir qn de l'ornière; désencroûter qn. **2.** *Mec.E:* Grippure *f* (d'un palier, etc.).

rut[2], *v.* (rutted; rutting) **1.** *v.tr.* Sillonner (un chemin) d'ornières. **2.** *v.i.* *Mec.E:* (*Of bearing, etc.*) Gripper.

rut[3], *s.* (*Of stags, etc.*) Rut *m.*

rut[4], *v.i.* (rutted; rutting) Être en rut.

rutting, *s.* Rut *m.* **Rutting season,** saison *f* du rut.

rut[5], *s.* *U.S:* Fracas *m* (de la mer); mugissement *m* (des flots).

rutaceae [ruˈteisiiː], *s.pl.* *Bot:* Rutacées *f.*

rutaceous [ruˈteiʃəs], *a.* *Bot:* Rutacé.

ruth[1] [ruːθ], *s.* *A:* Pitié *f;* compassion *f.*

Ruth[2]. *Pr.n.f.* Ruth.

Ruthene [ruˈθiːn], *a.* & *s.* = RUTHENIAN 1.

Ruthenia [ruˈθiːnja]. *Pr.n. Geog:* La Ruthénie.

Ruthenian [ruˈθiːnjən]. **1.** *a.* & *s.* *Ethn:* Ruthène (*mf*). **2.** *s. Ling:* Le ruthène.

ruthenic [ruˈθenik], *a.* *Ch:* Ruthénique.

ruthenium [ruˈθiːniəm], *s.* *Ch:* Ruthénium *m.*

ruthless [ˈruːθləs], *a.* Impitoyable; sans pitié, sans merci; *F:* sans entrailles; (*of truth, act, etc.*) brutal, -aux. *To be r. in claiming one's money,* être sans pitié à réclamer son argent. *To be a r. player,* être âpre au jeu. **-ly,** *adv.* Impitoyablement; sans pitié, sans merci.

ruthlessness [ˈruːθləsnəs], *s.* Nature *f* impitoyable; cruauté *f;* âpreté *f* (*in doing sth.,* à faire qch.).

rutilant [ˈruːtilənt], *a.* *Lit:* Rutilant.

rutilated [ˈruːtileitid], *a.* *Miner:* **Rutilated quartz,** flèches *fpl* d'amour.

rutile [ˈruːtil], *s.* *Miner:* Rutile *m;* schorl *m* rouge; flèches *fpl* d'amour.

rutty [ˈrʌti], *a.* **1.** (Chemin) coupé d'ornières. **2.** *Mec.E:* (Palier) strié de grippures.

rye [rai], *s.* **1.** Seigle *m.* *To harvest the rye,* faire les seigles. **2.** *F:* Whisky *m.*

ˈrye-bread, *s.* Pain *m* de seigle. **Westphalian rye-bread,** pumpernickel *m.*

rye-grass [ˈraigrɑːs], *s.* Ivraie *f* vivace; fausse ivraie; faux seigle; ray-grass *m.* **Perennial rye-grass,** ray-grass anglais.

ryepeck [ˈraipek], *s.* Pieu *m* d'amarrage (dans une rivière); perche *f,* gaffe *f* (d'amarrage).

ryot [ˈraiət], *s.* (*In India*) Ryot *m,* paysan *m.*

S

S, s [es], *s.* **1.** (La lettre) S, s *m*; esse *f.* *Tp:* **S for Sugar,** S comme Samuel. *Typ:* **Long s,** s allongé. *Hist:* **Collar of esses, of ss,** emblème *m* de la maison de Lancastre. **2.** (Courbe *f* en) S; esse. **S(-shaped) hook,** crochet *m* en S; S de suspension. **S-sofa,** canapé *m* en S. **S wrench,** clef cintrée en S. **S curve,** courbure *f* double. *Const:* **S-shaped wall-anchor,** fer *m* en S. *See also* COUCH[1] **2.** **3.** (*Abbr. for Lt.* '*solidus*') Shilling *m.* (*Cp.* D 3.)

's [s, z]. **1.** *A:* (*Euphemistic abbr. of* '*God's*' *in oaths*) **'Sblood!** sangdieu! palsambleu! **'Sdeath!** mordieu! morbleu! **2.** *F:* (*Shortened form of*) (*a*) *Is. It's raining,* il pleut. *There's one,* en voilà un. *He's coming,* il vient. *What's the matter? what ever's the matter?* qu'est-ce qu'il y a (donc)? (*b*) *Has. He's got a knife,* il a un couteau. *What's he found?* qu'est-ce qu'il a trouvé? (*c*) *Us. Let's go back!* retournons! *Let's see!* laissez-moi voir! **3.** (*Genitive case*) (*a*) (*Possessive*) *The pupil's books,* les livres *m* de l'élève. *The pupils' books,* les livres des élèves. *My children's governess,* l'institutrice *f* de mes enfants. *The King of England's daughter,* la fille du roi d'Angleterre. *My father-in-law's house,* la maison de mon beau-père. *John and Mary's father,* le père de Jean et de Marie. *My friend's brother's wife,* la femme du frère de mon ami. *He neglects his own business to look after other people's,* il néglige ses affaires pour s'occuper de celles des autres. **He is a friend of my brother's,** c'est un ami de mon frère. *See also* OF 8 (*b*). **At my aunt's,** chez ma tante. *On leaving the duke's,* en partant de chez le duc. **At the grocer's,** chez l'épicier. *The grocer's will be shut,* l'épicerie sera fermée. *My aunt had a baker's and post office combined in Hackney,* ma tante tenait une boulangerie bureau de poste dans le quartier de Hackney. *We are going to Gatti's,* nous allons chez Gatti. **St Paul's,** (i) la cathédrale de Saint-Paul; (ii) l'école *f* de Saint-Paul. *We worship at St Luke's,* nous allons à l'office à l'église Saint-Luc. (*b*) (*Objective*) *Caesar's accusers,* les accusateurs de César. (*c*) (*Classifying*) *A man's foot,* le pied d'un homme. *A miner's dress,* un vêtement de mineur. *To sit in the chairman's seat,* occuper le fauteuil présidentiel. *He has the artist's temperament,* il a un tempérament d'artiste. *We found a deserted lark's nest,* nous avons trouvé un nid d'alouette abandonné. *Ladies' and children's wear,* articles *m* pour dames et enfants. *A giant's task,* un travail de géant. *A Noah's flood of oratory,* un déluge d'éloquence. *Her rogue's eyes gleamed,* ses yeux espiègles étincelaient. (*d*) (*Genitive of nouns of measure*) **Give me a shilling's worth,** donnez-m'en pour un shilling. **An hour's delay,** une heure de retard. **In an hour's time,** dans une heure. **In a minute or so's time,** au bout d'une minute à peu près. *A moment's hesitation,* un moment d'hésitation. *It's a mile's walk,* il y a un mille à pied. **4.** (*Plural ending*) **The James's,** les Jacques. *A series of o's,* une série d'o.

Saar [sɑːr]. *Pr.n. Geog:* **The Saar,** la Sarre. **The Saar Basin,** le bassin de la Sarre. *The industries of the S.,* les industries sarroises.

Saarbruck ['sɑːrbruk]. *Pr.n. Geog:* Sarrebruck *m.*

Saarlander ['sɑːrlandər], *s. Geog:* Sarrois, -oise.

Saarlouis [sɑːr'luis]. *Pr.n. Geog:* Sarrelouis *m.*

Sab(a)ean [sa'biːən], *a.* & *s. A.Geog:* Sabéen, -éenne.

sabaism ['seibeiizm], *s. Rel.H:* Sabéisme *m,* sabaïsme, sabisme *m.*

Sabaoth ['sabeiouθ], *s. B:* Sabaoth, Zebaoth. **The Lord of Sabaoth,** Jéhovah Sabaoth; le Seigneur des armées.

Sabbatarian [saba'tɛəriən], *s.* **1.** Observateur, -trice, du dimanche, *Jew:* du sabbat. **2.** *Rel.H:* Sabbataire *mf.*

Sabbatarianism [saba'tɛəriənizm], *s.* Sabbatisme *m.*

Sabbath ['sabəθ], *s.* **1.** (*a*) *Jew: B.Hist:* Sabbat *m.* (*b*) *Ecc:* Dimanche *m.* **To keep, break, the Sabbath,** observer, violer, le sabbat ou le dimanche. **2.** *A:* **Witches' sabbath,** sabbat.

'Sabbath-breaker, *s.* Violateur, -trice, du sabbat ou du dimanche.

'Sabbath-breaking, *s.* Violation *f* du sabbat ou du dimanche.

'Sabbath-'day, *s.* = SABBATH **1.** **Sabbath-day's journey,** chemin *m* du sabbat; voyage très court.

'Sabbath-school, *s.* **1.** = *Sunday school, q.v. under* SCHOOL[1] **1.** **2.** *Jew:* École *f* du samedi pour l'instruction religieuse.

sabbatic(al) [sa'batik(əl)], *a. Jew.Rel:* Sabbatique. **Sabbatical year,** (i) *Jew.Rel:* année *f* sabbatique; (ii) *Sch: U.S:* année de congé (accordée à un professeur pour voyager, pour faire des recherches, etc.).

sabbatine ['sabatain], *a. Rel.H:* **Sabbatine bull,** bulle sabbatine.

sabbatize ['sabataiz]. **1.** *v.i.* Sabbatiser; observer le sabbat ou le dimanche. **2.** *v.tr. To s. the Lord's Day,* observer le jour du Seigneur.

Sabean [sa'biːən], *a.* & *s.* = SABAEAN.

sabella [sa'belə], *s. Ann:* Sabelle *f.*

Sabellian [sa'beliən], *a.* & *s.* **1.** *Rom.Hist:* Sabellien, -ienne; *a.* sabellique. **2.** *Rel.H:* Sabellien, -ienne.

Sabina [sa'bainə]. *Pr.n.f.* Sabine.

Sabine ['sabain], *a.* & *s. A.Hist:* Sabin, -ine. **The rape of the Sabines,** l'enlèvement *m* des Sabines.

sable[1] [seibl], *s.* **1.** *Z:* (Martre *f*) zibeline *f.* **2.** **Sable (fur),** zibeline. *A s. coat,* un manteau de zibeline. **3.** *Art:* **Sable (brush),** pinceau *m* en poil de martre.

sable[2]. **1.** *Her:* (*a*) *s.* Sable *m.* (*b*) *a.* (Écusson, etc.) de sable. **2.** *Poet:* (*a*) *s.* Noir *m. Esp. in pl.* **Sables,** vêtements *m* de deuil. *All in rueful sables clad,* tout de noir vêtu. (*b*) *a.* Noir; (vêtement) de deuil. *Z:* **Sable antelope,** égocère noir, *F:* antilope noire.

sabot ['sabou], *s.* **1.** *Cost:* Sabot *m.* **2.** *Tchn:* Sabot (de pieu, etc.). *Artil:* Sabot (de projectile).

sabotage[1] [sabo'tɑːʒ, 'sabotedʒ], *s. Ind: etc:* Sabotage *m.* *Continual acts of s.,* des sabotages continuels.

sabotage[2] ['sabotedʒ], *v.tr.* **1.** *Ind: etc:* Saboter (l'outillage). **2.** *F:* Saboter, faire avorter (un projet, etc.).

sabre[1] ['seibər], *s.* **1.** *Mil:* Sabre *m.* **Sabre cut,** (i) coup *m* de sabre; (ii) (*scar*) balafre *f.* *The old sergeant with the s. cut,* le vieux sergent balafré. **2.** *Glassm:* Sabre.

'sabre-'bayonet, *s.* Sabre-baïonnette *f, pl.* sabres-baïonnettes.

'sabre-bill, *s. Orn:* Xiphorhynque *m.*

'sabre-rattler, *s. F:* Traîneur *m* de sabre.

'sabre-rattling, *s.* Rodomontades *fpl*; menaces *fpl* de guerre.

'sabre-tooth, *s. Paleont:* Machérode *m.*

'sabre-toothed, *a. Paleont:* **Sabre-toothed lion** *or* **tiger,** machérode *m.*

'sabre-wing, *s. Orn:* Campyloptère *m.*

sabre[2], *v.tr.* Sabrer (qn).

sabred ['seibərd], *a.* (Hussard, etc.) à sabre; armé d'un sabre.

sabretache ['sabərtaʃ], *s. Mil:* Sabretache *f.*

sabulous ['sabjuləs], *a.* **1.** Sablonneux; de sable. **2.** *Med:* (*Of urine, etc.*) Graveleux.

saburra [sa'bʌrə], *s. A.Med:* Saburre *f.*

saburral [sa'bʌrəl], *a. Med:* Saburral, -aux.

sac [sak], *s. Nat.Hist:* Sac *m,* poche *f.* *See also* YOLK-SAC.

saccate ['sakeit], *a. Bot:* En forme de poche, de sac; sacciforme.

saccharate ['sakəret], *s. Ch:* Saccharate *m.*

saccharic [sa'karik], *a. Ch:* (Acide *m*) saccharique.

saccharide ['sakərid], *s. Ch:* Saccharide *m.*

sacchariferous [sakə'rifərəs], *a.* Saccharifère.

saccharifiable [sakəri'faiəbl], *a. Ch:* Saccharifiable.

saccharification [sakərifi'keiʃ(ə)n], *s. Ch:* Saccharification *f.* *S. of starch,* amylolyse *f.*

saccharify [sa'karifai], *v.tr. Ch:* Saccharifier.

saccharifying, *a.* Saccharifiant.

saccharimeter [sakə'rimetər], *s. Ch: Ind:* Saccharimètre *m.*

saccharimetry [sakə'rimetri], *s. Ch:* Saccharimétrie *f.*

saccharin(e)[1] ['sakərin, -riːn], *s. Ch: etc:* Saccharine *f.*

saccharine[2] ['sakərain, -rin], *a. Ch:* Saccharin.

saccharization [sakərai'zeiʃ(ə)n], *s.* = SACCHARIFICATION.

saccharoid ['sakərɔid], *a. Geol:* (Gypse *m*) saccharoïde.

saccharometer [sakə'rɔmetər], *s.* **1.** *Brew:* Saccharimètre *m,* glucomètre *m*; pèse-moût *m inv.* **2.** *Med:* Diabétomètre *m.*

saccharomyces [sakəro'maisiːz], *s. Fung:* Saccharomyces *m.*

saccharomycetes [sakəromai'siːtiːz], *s.pl. Fung:* (Les) saccharomyces *m*; les levures *f.*

saccharose ['sakərous], *s. Ch:* Saccharose *m.*

sacciform ['saksifɔːrm], *a. Bot: etc:* Sacciforme; en forme de poche, de sac.

saccophore ['sakofɔər], *s. Z:* Saccophore *m.*

saccular ['sakjulər], *a.* = SACCIFORM.

saccule ['sakjuːl], *s. Anat:* Saccule *m.*

sacerdotal [sasər'dout(ə)l], *a.* Sacerdotal, -aux.

sacerdotalism [sasər'doutəlizm], *s.* Sacerdotalisme *m.*

sachem ['seitʃem], *s.* **1.** (*Of Amer. Indians*) Sachem *m.* **2.** *F:* Gros bonnet; *P:* grosse légume.

sachet ['saʃe], *s. Toil:* Sachet *m.* **Scent sachet,** sachet à parfums; sultan *m.*

sack[1] [sak], *s.* **1.** (Grand) sac. *S. of coal, of flour,* sac de charbon, de farine. *S. of oats,* poche *f* d'avoine. *U.S: F:* **To hold the sack,** subir les conséquences (des faits d'autrui); payer les pots cassés. *We shall be holding the s. for the whole of the balance unpaid,* c'est sur nous que retombera la responsabilité de tout le solde débiteur. *See also* WOOLSACK. **2.** *P:* **To give s.o. the sack,** congédier (un employé, etc.); *F:* donner son paquet à qn; flanquer qn à la porte; mettre qn dehors; débarquer, dégommer, qn; prier (la bonne) de faire ses paquets; faire sauter (un fonctionnaire); *P:* balancer, saquer, qn; mettre qn à pied. **To get the sack,** recevoir son congé; *F:* se faire dégommer; *P:* être saqué; se faire balancer; recevoir son paquet.

'sack-hoist, -lift, *s.* Monte-sacs *m inv.*

'sack-race, *s. Sp:* Course *f* en sacs.

sack[2], *v.tr.* **1.** Ensacher, mettre en sac (du charbon, etc.). **2.** *P:* = *to give (s.o.) the sack, q.v. under* SACK[1] **2.**

sacking[1], *s.* **1.** Mise *f* en sac (du charbon, etc.). **2.** *P:* Congédiement *m.* **3.** = SACKCLOTH **1.**

sack[3], *s. Mil: etc:* Sac *m,* pillage *m* (d'une ville, etc.).

sack[4], *v.tr.* Saccager, mettre à sac, mettre au pillage (une ville, etc.)

sacking[2], *s.* Saccagement *m*; sac *m* (d'une ville, etc.).
sack[5], *s. A:* (Canary) sack, vin *m* des Canaries. **Sherry sack**, vin de Xérès.
sack[6], *s. Cost:* **1.** Manteau non ajusté, à lignes verticales; paletot *m* sac; pardessus *m* sac. **2.** *A:* Traîne *f* (retombant des épaules) d'une robe de cérémonie.
sackbut ['sakbʌt], *s. Mus: A:* **1.** Saquebute *f*. **2.** *B:* Sambuque *f*.
sackcloth ['sakklɔθ], *s.* **1.** *Tex:* Toile *f* à sacs; grosse toile; serpillière *f*; toile d'emballage. **2.** *B: etc:* Sac *m*; bure *f* (au sens figuré). **Sackcloth and ashes**, le sac et la cendre. *To do penance in s. and ashes*, faire pénitence avec le sac et la cendre, sous le sac et la cendre. *Clothed in the s. of a criminal*, vêtu du sac d'un criminel.
sackful ['sakful], *s.* Sachée *f*, plein sac (de farine, etc.). *Whole sackfuls of money*, des sacs tout pleins d'argent.
sacral[1] ['seikrəl], *a. Anat:* Sacré; du sacrum.
sacral[2], *a.* Rituel; sacral, -als.
sacrament ['sakrəmənt], *s.* **1.** *Ecc:* Sacrement *m*. **The (Most) Holy Sacrament, the Blessed Sacrament, the Sacrament of the altar**, le saint Sacrement (de l'autel); le saint sacrifice; le Très Saint Sacrement. *The s. of baptism*, le sacrement du baptême. **To receive, partake of, the sacrament**, s'approcher des sacrements; communier; *F:* recevoir le bon Dieu. *To give* **the last sacraments** *to a dying person*, administrer les derniers sacrements à un mourant. **2.** *A:* Serment *m*. *To take the s. to do sth.*, faire vœu solennel d'accomplir qch.
sacramental [sakrə'ment(ə)l]. **1.** *a.* (*a*) Sacramentel. *F: To pronounce the s. words*, prononcer les paroles sacramentelles. (*b*) **Sacramental obligation**, obligation *f* sous serment; vœu *m*. **2.** *s.pl. Ecc:* **The sacramentals**, les sacramentaux. **-ally**, *adv.* Sacramentellement, sacramentalement.
sacramentarian [sakrəmen'tɛəriən], *s. Rel.H:* Sacramentaire *m* (calviniste ou zwinglien).
sacramentary [sakrə'mentəri], *s.* **1.** *Ecc: A:* (*Book*) Sacramentaire *m*. **2.** = SACRAMENTARIAN.
sacrarium, *pl.* **-ia** [sa'krɛəriəm, -iə], *s.* **1.** *Rom.Ant:* Sacrarium *m*. **2.** *Ecc:* (*a*) Sanctuaire *m* (d'une église). (*b*) *R.C.Ch:* Piscine *f*.
sacred ['seikrid], *a.* **1.** (*a*) Sacré. *S. place*, lieu sacré. *Rom.Hist:* **The Sacred Way**, la Voie sacrée. *Z:* **Sacred baboon**, hamadryas *m*, tartarin *m*. (*b*) **Tree, animal, sacred to . . .**, arbre, animal, consacré à . . ., dédié à. . . . **Sacred to the memory of . . .**, consacré à la mémoire de. . . . **2.** (*a*) *Ecc:* Sacré, saint. **Sacred history**, l'Histoire sainte. *S. books*, (i) livres *m* d'Église; (ii) livres saints. *S. and profane*, sacré et profane. **Convent of the Sacred Heart**, couvent *m* du Sacré-Cœur. **The sacred orders**, les ordres majeurs. (*b*) *S. music, s. procession*, musique religieuse, procession religieuse. *See also* CONCERT[1] 2. **3.** (*Of promise, right, etc.*) Sacré, inviolable. *S. duty*, devoir sacré. *S. interests*, intérêts *m* intangibles. **His Sacred Majesty**, la personne sacrée du Souverain. **To hold a promise sacred**, considérer une promesse comme sacrée. *To these urchins nothing is s.*, pour ces gamins rien n'est sacré. *Nothing was s. to him*, il ne respectait rien. *Nothing was s. from him*, rien n'était à l'abri de ses outrages. *See also* SWEAR BY 1. **-ly**, *adv.* Religieusement. (*a*) Pieusement. (*b*) Inviolablement.
sacredness ['seikridnəs], *s.* **1.** Caractère sacré (d'un lieu, etc.). **2.** Inviolabilité *f* (d'un serment, etc.).
sacrifice[1] ['sakrifais], *s.* **1.** (*a*) Sacrifice *m*, immolation *f* (d'une victime). **To offer (up) sth. as a sacrifice**, offrir qch. en sacrifice (*to*, à). *To win a battle* **at a great sacrifice of life**, remporter la victoire au prix de grands sacrifices. (*b*) Victime; offrande *f*. **2.** *Theol:* Sacrifice (du Christ). **The Sacrifice of the Mass, the eucharistic Sacrifice**, le saint sacrifice, le sacrifice de la messe. **To offer a sacrifice of praise (and thanksgiving) to God**, faire, offrir, à Dieu un sacrifice de louanges. **3.** (*a*) Sacrifice, abnégation *f* (de qch.); renoncement *m* (à qch.). **To make sacrifices to obtain one's end**, faire de grands sacrifices pour arriver à ses fins. *His parents made every s. to educate him*, ses parents ont fait de grands sacrifices, *F:* se sont saignés aux quatre veines, pour lui faire faire ses études. *To amuse oneself* **at the sacrifice of** *one's studies*, s'amuser aux dépens de ses études. *He succeeded at the s. of his health*, il a réussi en sacrifiant sa santé. **The last sacrifice**, le sacrifice de sa vie. *See also* SELF-SACRIFICE. (*b*) *Com:* Mévente *f*; vente *f* à perte. **To sell sth. at a sacrifice**, sacrifier, mévendre, qch.; vendre qch. à perte, à toute offre acceptable. **Sacrifice prices**, prix *m* au-dessous des prix coûtants.
sacrifice[2], *v.tr.* **1.** Sacrifier, immoler, offrir en sacrifice (une victime). *Abs.* **To sacrifice to idols**, sacrifier aux idoles; offrir des sacrifices aux idoles. **2.** (*a*) Sacrifier, renoncer à (qch.); faire abnégation de (ses intérêts, etc.). **To sacrifice oneself**, se sacrifier (*for*, pour). *To s. everything in the interests of one's family*, immoler tout aux intérêts de sa famille. *To s. one's friends to one's ambition*, sacrifier ses amis à son ambition. (*b*) *Com:* Sacrifier, mévendre, vendre à perte (des marchandises).
sacrificing, *s.* Sacrifice *m*.
sacrificer ['sakrifaisər], *s.* **1.** Sacrificateur, -trice; immolateur *m*. **2.** *To be a s. of sth.*, faire le sacrifice de qch.
sacrificial [sakri'fiʃəl], *a.* **1.** Sacrificatoire. **2.** *Com:* (Vente *f*) à perte; (prix *m*) au-dessous des prix coûtants.
sacrilege ['sakriledʒ], *s.* Sacrilège *m*. *It would be s. to . . .*, ce serait un sacrilège que de. . . .
sacrilegious [sakri'liːdʒəs], *a.* Sacrilège. *S. person*, sacrilège *mf*. **-ly**, *adv.* D'une manière sacrilège.
sacrilegist [sakri'liːdʒist], *s.* Sacrilège *mf*.
sacring ['seikriŋ], *s. Ecc:* **1.** Consécration *f* (du pain et du vin); élévation *f* (de l'hostie). **2.** Sacre *m* (d'un roi, d'un évêque).
'sacring-bell, *s. Ecc:* Sonnette *f* de l'élévation.
sacrist ['seikrist], **sacristan** ['sakristən], *s. Ecc:* Sacristain *m*.
sacristine ['sakristin], *s.f. Ecc:* Sacristine.
sacristy ['sakristi], *s. Ecc:* Sacristie *f*.
sacro- [seikro], *comb.fm. Anat:* Sacro-. *Sacro-coccygeal*, sacro-coccygien. *Sacro-femoral*, sacro-fémoral. *Sacro-spinal*, sacro-épineux.
sacro-iliac [seikro'iliak], *a. Anat:* (*Of joint, etc.*) Sacro-iliaque.
sacro-lumbal [seikro'lʌmb(ə)l], *a. Anat:* (*Of muscle, etc.*) Sacro-lombaire.
sacrosanct ['sakrosaŋkt], *a.* (*Of interests, etc.*) Sacro-saint, *pl.* sacro-saint(e)s; *F:* intangible.
sacro-vertebral [seikro'vəːrtebrəl], *a. Anat:* Sacro-vertébral, -aux.
sacrum ['seikrəm], *s. Anat:* Sacrum *m*.
sad [sad], *a.* (**sadder, saddest**) **1.** (*a*) Triste, malheureux. *To become sad*, s'assombrir, s'attrister. *To look sad*, avoir l'air triste, malheureux, affligé, mélancolique. **To make s.o. sad**, attrister, contrister, rembrunir, qn. **To be sad at heart**, avoir le cœur gros, serré. **In sad earnest**, bien sérieusement. **A sadder and a wiser man**, (i) un homme instruit par le récit du malheur; (ii) *F:* un homme instruit par le malheur; (iii) *Iron:* un homme désillusionné. (*b*) (*Of news, etc.*) Affligeant, désolant, fâcheux; (*of loss, etc.*) cruel; (*of place, etc.*) morne, lugubre. *He came to a sad end*, il a fait une triste fin. *I found him in a sad state of poverty*, je l'ai trouvé dans une misère à faire pitié. **2.** Déplorable. *To make a sad mistake*, commettre une fâcheuse erreur, une erreur déplorable. *She is a sad flirt*, c'est une terrible coquette. **A sad dog**, un gaillard, un luron. *He has written some sad stuff*, il a écrit des choses pitoyables, déplorables. **To make sad work of . . .**, s'acquitter peu brillamment de. . . . **3.** *Cu: Dial:* (Gâteau, etc.) pâteux, mal levé. **4.** *Paperm: etc:* *Sad colours*, couleurs ternes, fades, mortes. **-ly**, *adv.* **1.** Tristement. *To gaze s. at sth.*, contempler qch. d'un œil attristé, avec tristesse. **2.** *Usu. iron.* Déplorablement. *To be s. deficient in intelligence*, manquer fortement d'intelligence. *I was s. puzzled*, j'étais cruellement embarrassé. **3.** Très; beaucoup. *I need it s.*, j'en ai bien besoin, grand besoin. *You are s. mistaken*, vous vous trompez étrangement; vous vous trompez fort.
'sad-iron, *s. Dom.Ec:* Fer *m* à repasser.
'sad-tree, *s. Bot:* Arbre *m* triste.
sadden ['sad(ə)n]. **1.** (*a*) *v.tr.* Attrister, contrister, affliger (qn). (*b*) *v.i.* S'attrister; s'affliger (*at sth.*, de qch.). **2.** *v.tr. Dy: Paperm:* Ternir (la couleur).
saddening, *a.* Attristant.
saddle[1] [sadl], *s.* **1.** (*a*) (i) Selle *f* (de cheval); (ii) sellette *f* (de cheval de trait). **Hunting saddle**, selle anglaise. **Hussar saddle, light cavalry saddle**, selle de cavalerie légère. **Dragoon saddle, heavy cavalry saddle**, selle allemande. *Badly shaped s., ill-fitting s.*, selle qui n'a pas de tenue. **To rise in the saddle**, (i) se dresser sur ses étriers; (ii) faire du trot enlevé. *To vault into the s.*, sauter en selle. *To be in the s.*, être en selle. *To be thrown out of the s.*, vider les arçons. **To get into the saddle again**, (i) (*after a fall*) se remettre en selle; (ii) *F:* (*after a failure*) se remettre en selle; se remettre à flot. *F:* **To put the saddle on the right horse**, désigner le vrai coupable; mettre le doigt dessus. *You are putting the s. on the wrong horse*, votre accusation porte à faux. *See also* BOOT[1] 1, GIRTH[1] 1, PACK-SADDLE, SIDE-SADDLE. (*b*) Selle (de bicyclette). **2.** (*a*) *Ph.Geog:* Col *m* (de montagne). (*b*) *Geol:* (Pli) anticlinal *m*; charnière supérieure (d'un plissement). **3.** *Cu:* Selle (de mouton, etc.); râble *m* (de lièvre). **4.** *Tchn:* (*a*) Gâche *f* (pour assujettir le fil de fer). (*b*) Reposoir *m* (d'un cric, etc.); chevalet *m* (de chaudière). *Civ.E:* Sabot *m*, balancier *m* (d'une poutre verticale). *I.C.E:* Selle, assiette *f* (de cylindre). *Mec.E:* Sellette (de machine à aléser); chariot *m*, traînard *m* (d'un tour). **To block the saddle**, verrouiller le chariot sur la coulisse. **5.** *Nau:* Croissant *m*, taquet *m*, collier *m* (de gui, de vergue).
'saddle-back. **1.** *s.* (*a*) *Arch:* (Toit *m* en) bâtière *f*; toit en dos d'âne. (*b*) (*Of hill*) Ensellement *m*. (*c*) *Geol:* Pli anticlinal. (*d*) *Orn:* **Saddle-back (crow)**, corneille mantelée, corneille cendrée; *F:* religieuse *f*, jacobine *f*. **Saddle-back gull**, mouette marine ou mouette brune. (*e*) *Z:* Mâle *m* adulte du phoque stellé. **2.** *a.* = SADDLE-BACKED.
'saddle-backed, *a.* (*a*) (Colline *f*, etc.) en dos d'âne. *Arch:* (Toit *m*) en bâtière, en dos d'âne. *S.-b. coping of a breast wall*, bahut *m* d'un parapet. (*b*) (Cheval) ensellé. (*c*) *Orn:* **Saddle-backed crow** = SADDLE-BACK 1 (*d*).
'saddle-bag, *s.* **1.** *Mil: etc:* Sacoche *f* (de selle); fauconnière *f*. **2.** *Furn:* Moquette *f*.
'saddle-bar, *s.* **1.** *Harn:* Bande *f* d'arçon. **2.** *Cy:* Tige *f* de selle.
'saddle-boiler, *s. Plumb:* Chaudière horizontale.
'saddle-bow, *s. Harn:* Pontet *m*, arçon *m*.
'saddle-cloth, *s.* Housse *f* de cheval; couverture *f*, tapis *m*, de selle.
'saddle-cushion, *s.* Torche *f*.
'saddle-fast, *a.* (*Of pers.*) Bien en selle; qui a une bonne assiette.
'saddle-feather, *s.* = SADDLE-HACKLE.
'saddle-gall, *s. Equit:* Écorchure *f* sous la selle; foulure *f*; mal *m* de rognon.
'saddle-galled, *a.* (Cheval) écorché par la selle; foulé.
'saddle-hackle, *s.* Plume *f* de dos (de coq domestique).
'saddle-horse, *s.* Cheval, -aux *m*, de selle; monture *f*. **Saddle and draught-horse**, cheval à deux fins, à deux mains.
'saddle-pin, *s. Cy:* Tube *m* porte-selle; tige *f* de selle.
'saddle-reef, *s. Geol:* Filon *m* en selle.
'saddle-room, *s.* Sellerie *f*.
'saddle-shaped, *a.* Ensellé; en dos d'âne; en forme de selle.
'saddle-shell, *s. Moll:* Anomie *f*.
'saddle-sore, *a.* *To be s.-s.*, avoir les fesses meurtries par la selle. *To get s.-s., F:* faire du bœuf à la mode; faire du bifteck.
'saddle-tile, *s. Const:* Tuile *f* en dos d'âne.

'saddle-tree, *s.* **1.** *Harn:* Arçon *m*; bois *m* de selle. **2.** *Bot: U.S:* Tulipier *m*.

saddle[2], *v.tr.* (*a*) Seller (un cheval); embâter (une bête de somme). (*b*) *F:* **To saddle s.o. with sth., to saddle sth. on s.o.,** charger qn de qch.; mettre qch. sur le dos de qn. *Why s. me with your misdeeds?* pourquoi me gratifier de vos méfaits? *To s. oneself with other people's troubles,* endosser les soucis des autres. *She is saddled with five children,* elle a cinq enfants sur les bras, sur le dos. *Saddled with a tax,* grevé d'un impôt.

saddling, *s.* Sellage *m* (d'un cheval); embâtage *m* (d'une bête de somme).

saddler ['sadlər], *s.* **1.** Sellier *m*; bourrelier *m*. **2.** *U.S:* = SADDLE-HORSE.

saddlery ['sadləri], *s.* **1.** (*Trade*) Sellerie *f*, bourrellerie *f*. **2.** = SADDLE-ROOM. **3.** *Coll.* Harnachement *m* de selle; sellerie.

Sadducean [sadju'si:ən], *a.* Saducéen.

Sadducee ['sadjusi:], *s.* Saducéen, -éenne.

Sadduceeism ['sadjusi:izm], *s.* Saducéisme *m*.

sadism ['sadizm], *s.* *Psy:* Sadisme *m*.

sadist ['sadist], *s.* *Psy:* Sadique *mf*.

sadistic [sa'distik], *a.* Sadique.

sadness ['sadnəs], *s.* Tristesse *f*, mélancolie *f*. *In winter there falls a s. over the landscape,* en hiver le paysage s'attriste. *Bot:* **Tree of sadness,** arbre *m* triste.

safari [sa'fɑ:ri], *s.* (*In Africa*) **1.** Expédition *f* de chasse. **On safari,** en expédition de chasse. **2.** Partie *f* de chasse.

safe[1] [seif], *s.* **1.** Coffre-fort *m*, *pl.* coffres-forts; coffre-caisse *m*, *pl.* coffres-caisses. *Nau:* **The money safe,** la caisse du bord. **2.** *Dom.Ec:* **(Meat-)safe,** garde-manger *m inv.* **3.** *Plumb:* (Plaque *f* de) dessous *m* (de bain, de réchaud, etc.). **4.** *Sm.a:* **Rifle (set) at safe,** carabine *f* au cran de sûreté.

safe[2], *a.* **1.** (*a*) En sûreté, à l'abri. **Safe from sth.,** à l'abri de, en sûreté contre, qch. *Now we can feel s.,* nous voilà à l'abri, hors de danger. *At last we are s.,* enfin nous voilà saufs, nous voilà sauvés. *Is John s. to play on the beach alone?* est-ce qu'on peut laisser Jean jouer tout seul sur la plage? *The money is s. in your hands,* l'argent est en sûreté entre vos mains. (*b*) (Sain et) sauf. **Safe and sound, safe in life and limb,** sain et sauf. **Safe arrival,** arrivée *f* sain(s) et sauf(s). *We got s. into port,* nous sommes arrivés à bon port. *A s. passage,* une heureuse traversée. **To see s.o. safe home,** reconduire qn chez lui. *To come s. home again,* rentrer sans accident; *F:* revenir à bon port. *The parcel came s.,* le paquet est arrivé sans dommage. **With a safe conscience,** en toute sûreté de conscience; la conscience tranquille. **His honour is safe,** son honneur est à couvert, est sauf. **2.** (*a*) (*Of place, thg, etc.*) Sans danger, sûr. **Safe retreat,** asile assuré, sûr. *To put s.o., sth., in a s. place,* mettre qn, qch., en lieu sûr, en sûreté. **The matter is in safe hands,** l'affaire est en mains sûres. **Safe road,** route sûre. *S. beach, s. bathing,* plage sûre. *S. beach for children,* plage où les enfants sont en sécurité. **Safe deposit,** dépôt *m* en coffre-fort. **Safe deposit company,** service *m* de coffres-forts. *Nau:* **Safe roadstead,** rade sûre. **Safe anchorage,** bon mouillage; mouillage sain. **At a safe distance,** à distance respectable. *Quarter in which it is not s. to go out at night,* quartier *m* où il ne fait pas sûr la nuit. *See also* CUSTODY 1. (*b*) (*Of house, bridge, etc.*) Solide. (*c*) **Dog that is not safe,** chien dangereux. *Toys that are not s. to play with,* jouets dangereux. **Is it safe to leave him alone?** est-ce qu'il n'y a pas de danger à le laisser seul? *Tchn:* **Safe load,** charge *f* admissible; charge de sécurité. *El.E:* **Safe operating voltage,** tension *f* de régime. *Tls:* **Safe edge of a file,** côté *m* lisse, champ *m* lisse, d'une lime. **Safe-edge file,** lime à champs lisses. *Phot:* **Safe edge,** cache *m*. **Safe light,** (i) éclairage *m* inactinique; (ii) écran *m* inactinique. (*d*) **To be on the safe side,** tenir le bon bout; être du bon côté; être à couvert. *In order to be on the s. side,* pour plus de sûreté, pour être plus sûr. *The safest course would be to . . .,* le plus sûr serait de. . . . **To play a safe game,** avoir un jeu sûr, serré. **Perfectly safe investment,** placement sûr, de tout repos, de père de famille. *F:* **It is as safe as the Bank of England, as safe as houses,** c'est de l'or en barres. **It is a safe thing,** c'est une affaire sûre. *Horse which is a* **safe winner,** *which is s. to win,* cheval qui est sûr, certain, de gagner. **It is safe to say that . . .,** on peut dire à coup sûr que. . . . **3.** (*Of critic, politician*) Prudent, circonspect. **-ly,** *adv.* **1.** Sans accident, sans dommage. **To arrive safely,** arriver sain et sauf, sans accident; (*of ship, etc.*) arriver à bon port. *The parcel arrived s.,* le paquet est arrivé sans dommage. **To see s.o. safely home,** reconduire qn chez lui. *To come home s.,* rentrer sans encombre, sans accident. **To put sth. safely away,** mettre qch. en lieu sûr, en sûreté. **2.** Sûrement, sans danger, sans risque. **Money safely invested,** argent bien placé. **I can safely say that . . .,** je puis dire à coup sûr, sans crainte, sans contredit, que. . . .

safe-'conduct, *s.* Sauf-conduit *m*, *pl.* sauf-conduits.

safe-'keeping, *s.* Bonne garde. **To be in safe-keeping,** être sous bonne garde, en sûreté.

safeguard[1] ['seifgɑ:rd], *s.* **1.** *A:* (*a*) Sauvegarde *f*, sauf-conduit *m*, *pl.* sauf-conduits. (*b*) (Sauve)garde *f*, escorte *f*. **2.** Sauvegarde, garantie *f* (*against,* contre). *To obtain safeguards,* s'entourer de garanties. **3.** *Rail:* Chasse-pierre(s) *m inv*, garde *f* (d'une locomotive).

safeguard[2], *v.tr.* Sauvegarder, protéger (les intérêts, les droits, de qn); mettre (ses intérêts) à couvert. **To be safeguarded against sth.,** avoir des sauvegardes contre qch.; être à l'abri de qch. *Pol.Ec:* *To s. an industry,* sauvegarder, protéger, une industrie.

safeguarding, *s.* Sauvegarde *f*, protection *f*. *Pol.Ec:* **Safeguarding duties,** droits *m*, tarifs *m*, de sauvegarde.

safeguarder ['seifgɑ:rdər], *s.* **1.** Protecteur, -trice. **2.** *Pol.Ec:* Protectionniste *mf*.

safeness ['seifnəs], *s.* **1.** **A feeling of safeness,** un sentiment de sécurité *f*, de sûreté *f*. **2.** Solidité *f* (d'un pont). **3.** Sûreté (d'une affaire, d'un placement, etc.).

safety ['seifti], *s.* Sûreté *f*, sécurité *f* (de qch., de qn); salut *m* (de qn). *To endanger the s. of the workmen,* compromettre la sécurité des ouvriers. **To seek safety in flight,** chercher son salut dans la fuite. **For safety's sake,** pour plus de sûreté. *To climb up a tree for s.,* grimper dans un arbre pour se mettre en sûreté. **In a place of safety,** en lieu sûr; en lieu de sûreté. *To be in s.,* être à l'abri, hors de danger. *To travel in s.,* voyager en sûreté. **Road safety,** sécurité de la route. **To swim to safety,** parvenir en lieu sûr (à la nage). *To be able to do sth. with s.,* pouvoir faire qch. en toute sécurité. **Safety first!** prudence est mère de sûreté! la sécurité d'abord! soyez prudents! *Aut:* **'Safety first' signal,** signal *m* de prudence. *F:* **Safety-first policy,** politique *f* de prudence. **To play for safety,** (i) jouer au plus sûr; (ii) *F:* louvoyer, tendre les voiles du côté où vient le vent. *Adm:* **The public safety,** la sécurité publique. *Hist:* **Committee of Public Safety,** Comité *m* de salut public. *Sm.a:* **To put one's rifle at safety,** mettre son fusil au cran de sûreté. **Safety device,** dispositif *m* de sécurité, de protection; (*of pit-shaft cage*) parachute *m* (de mine). **Safety measures,** mesures *f* de sécurité. **Safety vault,** chambre blindée (d'une banque, etc.). *Paperm:* **Safety cheque paper,** papier *m* de sûreté. **Safety hook,** crochet *m* de sûreté; mousqueton *m*. **Safety lock,** serrure *f* de sûreté; *Aut: etc:* serrure à condamnation. *Ind:* **Safety factor,** facteur *m*, coefficient *m*, de sécurité. **Safety clutch, safety brake** (*on lift*), parachute. **Safety guard,** appareil protecteur. **Safety fuse,** (i) *Min:* mèche *f* de sûreté; cordon *m* Bickford; (ii) *El:* (plomb) fusible *m* de sûreté; coupe-circuit *m inv* de sécurité. *El.E:* **Safety gap,** parafoudre *m*. *Arch:* **Safety arch,** arc *m* de décharge. *For:* **Safety belt,** essartement *m* de protection (contre le feu). *Cin:* **Safety film,** film *m* ininflammable. *Ch:* **Safety bottle,** flacon *m* de garde. *Sm.a:* **Safety (bolt),** arrêt *m* de sûreté. *See also* CURTAIN[1] 2, GLASS[1] 1, LANE 4, MATCH[2] 1, PLUG[1] 1, RAZOR.

'safety-bicycle, *s.* Bicyclette *f*.

'safety-catch, *s.* **1.** Fermoir *m* de sûreté (d'une agrafe, etc.). *Aut:* *Handle with a s.-c.,* poignée *f* à condamnation. **2.** *Sm.a:* Cran *m* de sûreté. **3.** *Min:* Parachute *m* (de cage).

'safety-lamp, *s.* *Min:* Lampe *f* de sûreté.

'safety-pin, *s.* **1.** Épingle anglaise; épingle de nourrice, de sûreté; épingle double. **2.** *Artil:* **Fuse safety-pin,** goupille *f* de sûreté.

'safety-valve, *s.* *Mch:* Soupape *f* de sûreté. *Weighted s.-v.,* soupape (de sûreté) à contrepoids. **To sit on the safety-valve,** (i) ajouter son poids à la charge de la soupape de sûreté; empêcher de fonctionner la soupape de sûreté; (ii) *F:* museler la presse; interdire les discours; bâillonner l'opinion publique; risquer l'explosion. *The liberty of the press acts as a s.-v.,* la liberté de la presse est une soupape. *Athletics provided a s.-v. for his excessive energy,* l'athlétisme servait de dérivatif à son excès d'énergie.

saffian ['safjən], *s.* *Leath:* (Variété de) maroquin *m*.

safflower ['saflauər], *s.* *Bot:* Carthame *m*; safran bâtard. *Dy:* *Pharm:* Safranum *m*. **Safflower oil,** huile *f* de carthame.

saffron ['safrən], *s.* **1.** (*a*) *Cu:* *Pharm:* Safran *m*. *To colour a cake with s.,* safraner un gâteau. **Saffron oil,** essence *f* de safran. *Ch:* *Dy:* **Saffron-yellow,** safranine *f*. (*b*) *Bot:* **Saffron (crocus),** safran. **Bastard saffron,** safran bâtard, carthame *m*. **Wild saffron, meadow saffron,** colchique *m* d'automne; safran des prés; *F:* tue-chien *m inv*; mort *f* aux chiens; veillotte *f*, veilleuse *f*. **Saffron plantation,** safranière *f*. **2.** *a.* & *s.* (*Colour*) Safran *inv*; jaune safran *inv*. *S. material,* étoffe *f* (couleur de) safran. *S. complexion,* teint safrané.

'saffron-wood, *s.* Bois *m* d'éléodendron.

safranin ['safranin], *s.* *Ch:* *Dy:* Safranine *f*.

sag[1] [sag], *s.* **1.** (*a*) Affaissement *m*, fléchissement *m* (du sol, d'un toit, etc.). (*b*) *Com:* Baisse *f* (des valeurs, etc.). (*c*) *Nau:* Mouvement *m* (de dérive) vers le côté sous le vent; dérive *f*. **2.** Flèche *f*, ventre *m* (d'une ligne, d'un cordage, etc.); contre-arc *m*.

sag[2], *v.* (**sagged; sagging**) I. *v.i.* **1.** (*a*) (*Of platform, roof, pavement, etc.*) S'affaisser, fléchir, donner, ployer, plier, arquer (sous un poids, etc.). *Roof that sags,* toit *m* qui courbe. (*b*) (*Of bridge, gate, door, etc.*) Pencher d'un côté, s'incliner; gauchir. (*c*) (*Of cheeks, breasts, hem of garment, etc.*) Pendre. (*d*) (*Of cable, etc.*) Se relâcher, se détendre; (*of curtain, beam, rope, line, etc.*) fléchir au milieu; faire ventre; faire guirlande; faire flèche; cintrer; (*of trolley-line, etc.*) faire la chaînette (entre les supports). *Nau:* (*Of ship*) Contre-arquer, avoir du contre-arc; (*of yard*) avoir de l'arc. **2.** *Com:* (*Of prices*) Baisser, fléchir, se détendre. *Prices are sagging,* les prix fléchissent, mollissent. **3.** *Nau:* **To sag to leeward,** tomber sous le vent; être dépalé.

II. **sag,** *v.tr.* Faire fléchir (un cordage, etc.) dans son milieu. *Nau:* (*Of cargo, etc.*) Donner du contre-arc à (un navire).

sagging[1], *a.* **1.** (*a*) (*Of roof, pavement, etc.*) Affaissé, fléchi, ployé. (*b*) (*Of gate, etc.*) Incliné; penché d'un côté; déjeté. (*c*) (*Of cheek, breast, hem of garment, etc.*) Flasque, tombant, pendant. (*d*) (*Of line, beam, etc.*) Courbe, fléchi au milieu; (*of rope, etc.*) lâche. *Nau:* (*Of ship*) Contre-arqué; qui a du contre-arc. (*e*) *Com:* (*Of prices, etc.*) Qui se détendent; (*of market*) en baisse. **2.** *Nau:* (*Of ship*) Dépalé, tombé sous le vent.

sagging[2], *s.* **1.** (*a*) Affaissement *m*, fléchissement *m* (d'un toit, du sol, etc.). (*b*) Inclinaison *f* (d'une porte, d'un pont, etc.); tombée *f* (d'une porte, d'une barrière); gauchissement *m* (d'un châssis, etc.). (*c*) Flèche *f* (d'une ligne, d'un cordage, etc.). *Nau:* (i) Contre-arc *m*; (ii) arc *m* (d'une vergue). *S. strain,* effort *m* du contre-arc. (*d*) *Com:* Baisse *f*, fléchissement, affaissement (des prix). *S. of the market, s. of the franc,* défaillance *f* du marché, du franc. **2.** *Nau:* = SAG[1] 1 (*c*).

saga ['sɑ:ga], *s.* *Lit:* Saga *f*. *See also* NOVEL[1] 2.

sagacious [sa'geiʃəs], *a.* (*Of pers., mind*) Sagace, avisé; perspicace; entendu; (*of dog, etc.*) intelligent, rusé; (*of action, remark*) plein de sagesse. *To be s., F:* avoir bon nez, avoir le nez fin. **-ly,** *adv.* Sagacement; avec sagacité.

sagaciousness [sa'geiʃəsnəs], **sagacity** [sa'gasiti], *s.* Sagacité *f*, perspicacité *f*; intelligence *f* (d'un animal); sagesse *f* (d'une remarque, etc.).

sagamore ['sagamɔːər], *s.* = SACHEM 1.

sagathy ['sagaθi], *s.* *Tex: A:* Sayette *f*.

sage¹ [seidʒ]. 1. *a.* *Lit:* (*Of pers., conduct, etc.*) Sage, prudent, judicieux, discret, -ète. 2. *s.* Philosophe *m*, sage *m*. **The Seven Sages,** les sept Sages. *B.Hist:* **The Eastern sages,** les trois Mages *m*. *F:* **The Sage of Chelsea,** le Sage de Chelsea (Carlyle). **The Sage of Concord,** le Sage de Concord (Emerson). **-ly,** *adv.* (*a*) *Lit:* Sagement, prudemment, judicieusement. (*b*) *F:* D'un ton doctoral.

sage², *s.* *Bot: Cu:* Sauge *f*. **Bitter sage, wood sage,** sauge amère; sauge des bois. **Meadow sage,** sauge des prés; sauge sauvage. **Sage tea,** infusion *f* de sauge. *a.* & *s.* **Sage green,** vert cendré *inv.*

'sage-brush, -bush, *s.* *Bot:* Nom de quelques armoises *f* d'Amérique. *F:* **The Sage-brush State,** le Nevada.

'sage-'cheese, *s.* Fromage persillé à la sauge.

'sage-cock, -grouse, *s.* *Orn:* Centrocerque *m* des montagnes Rocheuses.

'sage-hare, -rabbit, *s.* *Z:* Lièvre *m* des artémisiées.

sageness ['seidʒnəs], *s.* Sagesse *f*, prudence *f*, discrétion *f*.

saggar ['sagər], *s.* 1. *Cer:* Casette *f*. 2. *Metall:* Caisse *f*, boîte *f*, de cémentation.

sagitta [sa'dʒita], *s.* 1. *Pr.n. Astr:* La Flèche. 2. *Geom:* Flèche (d'un arc de cercle).

sagittal [sa'dʒit(ə)l], *a.* *Anat:* Sagittal, -aux. *Esp.* **Sagittal suture,** suture sagittale.

sagittaria [sadʒi'tɛəria], *s.* *Bot:* Sagittaire *f*; *F:* flèche *f* d'eau.

sagittarius [sadʒi'tɛəriəs], *s.* 1. *Rom.Ant: Her:* Sagittaire *m*. 2. *Pr.n. Astr:* Le Sagittaire.

sagittary ['sadʒitəri], *s.* *Myth: Rom.Ant:* Sagittaire *m*.

sagittate(d) ['sadʒiteit(id)], *a.* *Bot: etc:* Sagitté.

sago ['seigo], *s.* *Cu:* Sagou *m*. **Sago pudding,** sagou au lait.

'sago-palm, -tree, *s.* *Bot:* Sagoutier *m*.

sagoin [sa'gɔin], *s.* *Z:* Sagouin *m*, ouistiti *m*.

sagum, *pl.* **-a** ['seigəm, -a], *s.* *Rom.Ant:* Saie *f*.

Saguntine [sa'gʌntain], *a.* & *s.* *A.Geog:* Sagontin, -ine.

Saguntum [sa'gʌntəm]. *Pr.n. A.Geog:* Sagonte *f*.

Sahara (the) [ðəsa'hɑːra]. *Pr.n. Geog:* Le Sahara.

Saharan [sa'hɑːrən], **Saharian** [sa'hɑːriən], **Saharic** [sa'hɑːrik], *a.* Saharien.

sahib ['sɑːib], *s.m.* Sahib.

saic [se'iːk], *s.* *Nau:* Saïque *f*.

said [sed]. See SAY².

Saigon [sai'gɔn]. *Pr.n. Geog:* Saïgon *m*.

sail¹ [seil], *s.* 1. *Nau:* (*a*) Voile *f*. **After-sails,** voiles de l'arrière. **Head-sails,** voiles de l'avant. **Light sails, upper sails,** voiles hautes. **Lower sails,** voiles basses; basses voiles. **Square sail,** voile carrée. *See also* FORE(-)AND(-)AFT, FORE-SAIL, GAFF-SAIL, GUNTER 2, MAINSAIL, MIZZEN-TOPGALLANT, ROYAL 1, SKY-SAIL, SMOKE-SAIL, STAYSAIL, STORM-SAIL, STUDDING SAIL, TOPSAIL. **To hoist, lower, a sail,** hisser, amener, une voile. **To slash a sail** (*in emergency*), *F:* prendre un ris à l'irlandaise. **To take in a sail,** carguer, ramasser, serrer, rentrer, une voile. *F:* **To haul in one's sails,** (i) rabattre de ses prétentions; en rabattre; (ii) réduire son train de maison, ses dépenses. **To carry all sails, to have all sails set,** porter tout dessus. *See also* FILL² I. 1, SET² I. 7, TAKE IN 2, WIND¹ 1. (*b*) *Coll.* Voile(s), voilure *f*, toile *f*. **To make sail,** faire (de la) voile; faire de la toile. *To make more s.*, augmenter de voile, de toile; augmenter la voilure; alarguer. *See also* CROWD ON. **To reduce sail for a squall,** saluer un grain; parer au grain. **Ship under full sail,** navire toutes voiles dehors. **He bore down on us full sail, at full sail,** il se dirigeait sur nous à toutes voiles. *To arrive under full s.*, arriver à pleines voiles. **Vessel under sail,** vaisseau marchant à la voile, vaisseau sous voile(s). **To get under sail,** appareiller (à la voile); mettre à la voile; faire voile. *Getting under s.*, appareillage *m*. *To proceed under s.*, voguer. *To keep under easy s.*, faire peu de toile. **To set sail,** mettre à la voile; faire voile; prendre la mer; appareiller. *They will set s.* (*again*) *for . . .*, ils (re)mettront à la voile pour. . . . **To strike sail,** (i) amener les voiles; amener; (ii) *F:* s'avouer battu; baisser pavillon; mettre les pouces. (*c*) (*Ship*) **A sail in sight,** un navire, un voilier, en vue. **Sail ho!** navire en vue! *Coll.* **A fleet of twenty sail,** une flotte de vingt voiles, de vingt voiliers. *A:* **Twenty sail of the line,** vingt vaisseaux de ligne. (*d*) *P:* **Sails,** le maître voilier. 2. (*a*) Aile *f*, volant *m*, toile (de moulin). (*b*) = WINDSAIL. 3. (*a*) *Ich:* Nageoire dorsale (du pèlerin). (*b*) *Moll:* Lamelle *f* (d'un tentacule du nautile).

'sail-arm, *s.* 1. Châssis *m* de l'aile (d'un moulin à vent). 2. *Moll:* Tentacule *m* (du nautile).

'sail-axle, *s.* Arbre moteur (d'un moulin à vent).

'sail-boat, *s.* *U.S:* = *sailing-boat, q.v. under* SAILING¹ 2.

'sail-cover, *s.* Étui *m* de voile.

'sail-fish, *s.* *Ich:* Pèlerin *m*.

'sail-locker, *s.* *Nau:* Soute *f* à voiles.

'sail-loft, *s.* Voilerie *f*.

'sail-maker, *s.* (*Pers.*) Voilier *m*.

'sail-making, *s.* Voilerie *f*.

'sail-needle, *s.* *Tls:* Aiguille *f* à voiles; carrelet *m*.

'sail-plane, *s.* *Av:* Planeur *m*.

'sail-planing, *s.* Vol *m* à voile.

'sail-room, *s.* *Nau:* Voilerie *f*.

sail², *s.* 1. Excursion *f* en bateau à voiles; sortie *f* à la voile. **To go for a sail, to take a sail,** faire une promenade à la voile, en bateau. 2. Voyage *m* sur mer. *It is a week's s. from Hull,* c'est une traversée, un voyage, de huit jours en partant de Hull; c'est à huit jours de traversée de Hull. *The s. occupies three hours,* la promenade, la traversée, dure trois heures.

sail³. 1. *v.i.* (*a*) (i) (*Of sailing-ship*) Aller à la voile; faire voile; (ii) (*of sailing-ship or steamer*) naviguer; faire route. **To sail up the coast,** remonter la côte. *To s. along the land,* naviguer près de la terre. **To sail round a cape,** contourner un promontoire. **To sail towards the harbour,** cingler vers le port. **To sail into harbour,** entrer, donner, dans le port. *To s. up towards the source of the river,* remonter vers la source de la rivière. **To sail to, for, South America,** faire route sur l'Amérique du Sud. **To sail about,** croiser. **To sail (at) ten knots,** filer dix nœuds. *See also* FREE¹ I. 8, WIND¹ 1. (*b*) Partir, appareiller; prendre la mer. **To be about to sail,** être en partance. *Ship about to s. for Bordeaux,* navire *m* en partance pour Bordeaux. *The boat sails at ten o'clock,* le bateau part à dix heures. *We sailed on the first of May,* nous sommes partis le premier mai. **To sail away,** partir. (*Of captain or ship*) **To sail out,** sortir. (*c*) *P:* **To sail into s.o.,** tomber sur qn (à bras raccourcis). 2. *v.tr.* & *ind.tr.* (*a*) **To sail (on, over) the seas,** parcourir les mers; naviguer sur les mers; naviguer les mers (*b*) (*Of bird, etc.*) **To sail (through) the sky,** planer dans le ciel. 3. *v.i.* Planer (dans l'air, etc.). *Aer:* Voler. *The clouds sailing by,* les nuages voguant dans le ciel. *F:* **She sailed into the room,** elle entra majestueusement; elle fit une entrée pleine de dignité. 4. *v.tr.* (*a*) Manœuvrer (un voilier); conduire (un vaisseau). (*b*) *To s. a toy boat on a pond,* faire aller son petit bateau sur une pièce d'eau.

sailing¹, *a.* 1. **Fleet sailing,** flotte navigante, en mer. 2. **Sailing-ship,** (navire) voilier *m*; navire, bâtiment *m*, à voiles. **Sailing-boat,** canot *m* à voiles. 3. (*With adv. prefixed*) **Fast-sailing ship,** navire de grande, bonne, marche.

'sailing-barge, *s.* Chaland *m* à voiles; gabare *f*.

'sailing-craft, *s.* 1. Petit bateau à voiles. 2. *Coll.* Petits bateaux à voiles.

sailing², *s.* 1. (*a*) Navigation *f*. **Circular sailing, great circle sailing,** navigation sur un arc de grand cercle; navigation par, sur, l'arc de grand cercle; route *f* par l'arc de grand cercle; navigation orthodromique; orthodromie *f*. **Plane sailing,** navigation plane, loxodromique. *F:* **It's (all) plain sailing,** cela va tout seul; vous êtes en bonne passe; tout cela ne fait pas un pli. *See also* CLEAR¹ I. 6, DIRECTION 4, OBLIQUE¹ 1. (*b*) Marche *f*, allure *f* (d'un navire, d'un voilier). **Fast sailing,** bonne marche. **Sailing before the wind,** allure du vent arrière. **To change the point of sailing,** changer d'allure. *Navy:* **Order of sailing,** ordre *m* de marche. **Sailing qualities, sailing points,** allures nautiques, qualités *f* nautiques (d'un navire). *See also* TRIM¹ 2. 2. Départ *m*, appareillage *m*. **Port of sailing,** port *m* de départ. *Time of s.*, heure *f* de départ. **(List of) sailings,** (liste *f* des) départs; bâtiments *mpl* en partance. *See also* ORDER¹ 11.

'sailing-line, *s.* 1. Ligne *f* de flottaison lège (d'un navire). 2. Ligne, service *m*, de bateaux à voiles.

'sailing-master, *s.* 1. Maître *m*, capitaine *m* (de yacht). 2. *Navy: U.S:* = *navigating officer, q.v. under* NAVIGATE 2.

sailcloth ['seilklɔθ], *s.* *Tex:* Toile *f* à voile(s); canevas *m*.

-sailed [seild], *a.* (*With adj. prefixed, e.g.*) **Full-sailed,** à pleines voiles. **White-sailed,** à voiles blanches.

sailer ['seilər], *s.* *Nau:* 1. (*Of sailing ship*) Voilier *m*. *Good s., bad s.*, bâtiment bon, mauvais, voilier. 2. (*Of any ship*) Marcheur *m*. *Fast s., slow s.*, (navire) bon, mauvais, marcheur.

sailor ['seilər], *s.* (*a*) Marin *m* (officier *m* ou matelot *m*). **Sailor's home,** maison *f*, foyer *m*, du marin. (*b*) **To be a bad sailor,** être sujet au mal de mer. **To be a good sailor,** avoir le pied marin. *See also* KNOT¹ 1, MAST¹ 1.

'sailor 'hat, *s.* *Cost:* 1. (Chapeau) canotier *m* (pour femmes). 2. Jean-Bart *m* en paille (de petit garçon).

'sailor-man, *pl.* **-men,** *s.m.* *F:* = SAILOR (*a*).

'sailor-'suit, *s.* *Cost:* Costume marin (d'enfant); matelot *m*.

sailoring ['seilərɪŋ], *s.* Matelotage *m*. *F:* **To go sailoring,** se faire matelot.

sailorly ['seilərli], *a.* (*Of ways, etc.*) De marin, de matelot; (*of pers.*) qui a l'air, les qualités, d'un matelot.

sailsman, *pl.* **-men** ['seilzmən, -men], *s.m.* Patron de voilier.

sain [sein], *v.tr.* *A.* & *Poet:* 1. Bénir (d'un signe de croix). *To s. oneself,* se signer. 2. Guérir (qn).

sainfoin ['seinfɔin], *s.* *Bot: Agr:* Sainfoin *m*; *F:* bourgogne *m*, esparcette *f*, éparcette *f*, lupinelle *f*.

saint¹ [seint]. 1. (*a*) *s.* Saint, -e. **Saint's day,** fête *f* de saint. **All Saints' (Day),** la Toussaint. *Calendar of Saints,* calendrier *m* ecclésiastique. *F:* **To try the patience of a saint,** lasser la patience d'un saint. **He's a little plaster saint,** c'est un petit saint de bois. *See also* GLORY¹ 1, LATTER-DAY, PATRON 1. (*b*) [s(ə)nt] *Attrib.a.* (*abbr.* **St** *or* **S.**) *Saint Chrysostom,* saint Chrysostome. **The feast of Saint Chrysostom, Saint Chrysostom's day,** la Saint-Chrysostome. *Ellip.* **St Peter's,** (l'église *f*) Saint-Pierre. (*With loss of possessive sign*) **St Albans, St Andrews,** (la ville de) Saint-Albans, Saint-Andrews. *See also* ANTHONY, ELMO, GEORGE 1, VITUS. 2. *s.* **The saints departed,** les fidèles trépassés. **The Communion of Saints,** la Communion des Saints. *F:* **To be with the Saints,** être dans l'autre monde.

Saint 'Angelo ['andʒelo]. *Pr.n.m.* Saint Ange. **The Castle of St Angelo,** le fort Saint-Ange.

Saint 'Bernard, *s.* (Chien *m*) saint-bernard *inv.*

Saint Do'mingo. *Pr.n.m.* *Geog:* Saint-Domingue *m*. *Med:* **Saint Domingo fever,** fièvre *f* jaune.

Saint 'George's 'Channel. *Pr.n. Geog:* Le canal de Saint-Georges.

Saint He'lena [he'liːna]. *Pr.n. Geog:* Sainte-Hélène *f*.

Saint John. *Pr.n.m.* Saint Jean. **The Feast of Saint John, Saint John's day, Saint John's Eve,** la Saint-Jean. *Bot:* **Saint John's bread,** caroubier *m*. **Saint John's wort,** mille-pertuis *m inv*; herbe *f* de Saint-Jean. *Geog:* **St John (river),** le Saint-Jean. *See also* JOHN 1.

Saint 'Lawrence. *Pr.n. Geog:* Le (fleuve) Saint-Laurent.

Saint 'Lucia. *Pr.n. Geog:* Sainte-Lucie *f.*
Saint 'Petersburg. *Pr.n. Geog: A:* Saint-Pétersbourg *m.*
'saint's-day, *s.* Fête patronale.
saint², 1. *v.tr. Ecc:* Canoniser (un personnage). 2. *v.i. F:* To saint (it), faire le saint.
sainted, *a.* 1. (*Of pers.*) Saint, canonisé; (*of place*) saint, consacré, sacré. *F:* **My sainted aunt!** mon Dieu! 2. (*Of pers.*) Saint, vertueux, pieux.
sainthood ['seinthud], *s.* 1. Rang *m* de saint; sainteté *f.* 2. *Coll.* **The sainthood,** les saints *m.*
saintliness ['seintlinəs], *s.* Sainteté *f.*
saintling ['seintliŋ], *s.* *Usu. Iron:* Petit saint.
saintly ['seintli], *a.* (*Of life, deeds, etc.*) (De) saint. *Iron:* **To put on a saintly air,** prendre un air de petit saint.
Saint-Simonian [sentsi'mounjən], *a.* & *s.* *Hist. of Pol.Ec:* Saint-simonien, -ienne.
Saint-Simonianism, -'Simonism [sentsi'mounjənizm, -'saimənizm], *s.* *Hist. of Pol.Ec:* Saint-simonisme *m.*
Sais [seis]. *Pr.n. A.Geog:* Saïs *f.*
saith [seθ]. *See* SAY².
Saitic [sei'itik], *a.* *A.Geog:* Saïte.
Saiva ['saiva, 'ʃai-], *a.* & *s.* *Hindoo Rel:* Civaïte.
Saivism ['saivizm], *s.* *Hindoo Rel:* Civaïsme *m.*
sajou [sa'dʒuː], *s.* *Z:* Sajou *m.*
sake [seik], *s.* 1. *Used only in the phr.* **For the sake of s.o., of sth.** *To do sth. for the sake of s.o., for s.o.'s sake,* faire qch. dans l'intérêt de qn, par égard pour qn, en considération de qn, à cause de qn. *I forgive you for her s.,* je vous pardonne à cause d'elle, par égard pour elle. *Self-denial for the s. of others,* abnégation dans l'intérêt d'autrui. *Do it for the s. of your family,* faites-le pour (l'amour de) votre famille. **Do it for my sake,** faites-le pour moi, pour me faire plaisir. *I love my friends for their sakes, not for my own,* j'aime mes amis pour eux-mêmes, non pour moi. **For God's sake, for goodness(') sake,** pour l'amour de Dieu. **For the sake of the cause,** pour le besoin de la cause. *For the s. of example,* pour l'exemple. *Word brought in for the s. of the rhyme,* mot employé pour la rime. **For old times' sake,** en souvenir du passé. **For old acquaintance(') sake,** en souvenir de notre vieille amitié. **For conscience(') sake,** par acquit de conscience. *For economy's sake,* par économie. *For convenience(') s.,* pour plus de commodité. **For order's sake,** pour la bonne règle. **To talk for talking's sake,** parler pour le plaisir de parler. *To read for the s. of reading,* lire uniquement pour lire. *To worry for the s. of worrying,* se tourmenter à plaisir. **Art for art's sake,** l'art pour l'art. *See also* ARGUMENT 1, FORM¹ 3, PITY¹. 2. *U.S: P:* **Sakes alive! sakes!** grand Dieu! par exemple!
saké ['saki], *s.* *Dist:* Saké *m,* saki *m.*
saker ['seikər], *s.* 1. *Orn:* Sacre *m.* 2. *Archeol:* (*Gun*) Fauconneau *m,* sacre.
sakeret ['seikəret], *s.* *Orn:* Sacret *m.*
saki ['sɑːki], *s.* *Z:* Saki *m.*
sal¹ [sal], *s.* *A.Ch:* Sel *m.*
sal-am'moniac, *s.* *Ch: Ind:* Sel ammoniac; chlorure *m* d'ammonium.
sal volatile [salvo'latili], *s.* (Solution *f* de) sels volatils anglais; *F:* sels (à respirer).
Sal². *Pr.n.f.* (*Abbrev. of Sally*) Sarah. *P:* **Salvation Sal,** militante *f* de l'Armée du Salut.
salaam¹ [sa'lɑːm], *s.* *F:* Salamalec *m;* grand salut.
salaam², *v.tr.* & *i.* Faire des salamalecs, un grand salut (à qn).
salable ['seiləbl], *a.* = SALEABLE.
salacetol [sa'lasitəl], *s.* *Ch:* Salacétol *m.*
salacious [sa'leiʃəs], *a.* (*Of pers., story, etc.*) Lubrique, ordurier.
salaciousness [sa'leiʃəsnəs], **salacity** [sa'lasiti], *s.* Salacité *f,* lubricité *f.*
salad ['saləd], *s.* Salade *f.* 1. **Mixed salad,** salade panachée. **Russian salad,** salade russe. *Lobster s.,* salade de homard. *See also* LAMB¹ 1. 2. **Fruit salad,** macédoine *f,* salade, de fruits.
'salad-basket, *s.* Panier *m* à salade.
'salad-bowl, *s.* Saladier *m.*
'salad days, *s.pl.* *F:* Années *f* de jeunesse, d'inexpérience. *He wrote that in his s. d.,* il a écrit cela à ses débuts, dans sa jeunesse.
'salad-'dressing, *s.* Sauce *f* genre mayonnaise (pour assaisonner la salade).
'salad-'oil, *s.* Huile *f* comestible, de table; huile à manger, pour la salade.
salade ['salad, sa'lɑːd], *s.* *Archeol:* (Heaume *m* en forme de) salade *f.*
Salamanca [sala'maŋka]. *Pr.n. Geog:* Salamanque *f.*
salamander ['salamandər], *s.* 1. *Rept:* Salamandre *f.* *Giant s.,* salamandre du Japon. *See also* WATER-SALAMANDER. 2. *Her:* **Salamander in flames,** patience *f.* 3. *Cu:* Couvercle *m* à braiser; four *m* de campagne. 4. Tisonnier ardent; allumoir *m.* 5. *Metall:* Carcas *m,* loup *m,* cochon *m.*
'salamander 'stove, *s.* Salamandre *f.*
salamandrine [sala'mandrin], *a.* De salamandre.
Salamis ['salamis]. *Pr.n. A.Geog:* Salamine *f.*
salangane ['salaŋgein], *s.* *Orn:* Salangane *f.*
salariat [sa'lɛəriət], *s.* *Coll. Pol.Ec: Ind:* (Les) employés *m* à forts appointements; les appointés *m.*
salary¹ ['saləri], *s.* Traitement *m,* appointements *mpl.* **Salaries of staff,** appointements du personnel. *S. of a member of Parliament,* indemnité *f* parlementaire. **To receive a salary,** être aux appointements. **To draw one's salary,** toucher ses appointements. *To draw a fixed s.,* toucher un traitement fixe. *My s. has been raised,* mes appointements, mes émoluments *m,* ont été augmentés; *F:* j'ai été augmenté.
salary², *v.tr.* Payer des appointements à (qn); faire un traitement à (qn).
salaried, *a.* *Ind: Com:* 1. (Personnel) aux appointements. *High-salaried officials,* fonctionnaires bien rétribués, à forts appointements. 2. (*Of post*) Rétribué.
salda ['salda], *s.* *Ent:* Salde *m.*
sale [seil], *s.* 1. Vente *f.* (*a*) Débit *m,* mise *f* en vente (de marchandises). **Cash sale,** vente au comptant. **Credit sale,** vente à crédit. **Sale value,** valeur marchande; valeur vénale. **Ready sale,** vente facile; écoulement *m* rapide. *To find a quick s. for an article,* trouver un placement rapide pour un article. *Goods that command a sure s.,* marchandises de placement sûr, qui ont un grand débit. *Article for which there is no s.,* article qui n'a pas de marché. **House for sale,** maison *f* à vendre. *Businesses for s.,* affaires *f* à céder. *Entrusted with the s. of sth.,* chargé de vendre qch., de la vente de qch. *To exhibit sth. for s.,* mettre qch. en vente; exposer qch. à l'étalage. **To set, put, sth. up for sale,** offrir, mettre, qch. en vente. *These things are not for s.,* ces choses-là ne sont pas à vendre. **On sale,** en vente. *See also* RETURN¹ 3. **Sale by private contract,** vente à l'amiable, de gré à gré. *S. by sealed tender,* vente par soumission cachetée. *S. with option of repurchase,* vente *f* à réméré, avec faculté de rachat. *St.Exch: S. for the account,* vente à terme. **Sale contract,** contrat *m* de vente; *St.Exch:* bordereau *m* de vente. **Goods under a bill of sale,** marchandises hypothéquées. *Ind:* **The sales department,** le service commercial, le service ventes. **The sales room,** le magasin de vente(s). **Sales-book,** livre *m* de(s) vente(s); journal *m* des débits; facturier *m.* (*b*) **Sale by auction, sale to the highest bidder,** vente à l'enchère, aux enchères; criée *f;* vente à la criée. *See also* AUCTION¹. **Day's sale** (*at auction*), vacation *f.* **Sale ring,** cercle *m* d'acheteurs. *S. of goods, of land, by auction,* vente mobilière, immobilière, aux enchères. *Jur:* **Compulsory sale,** adjudication forcée. *See also* CANDLE¹ 1. (*c*) **To attend a sale,** assister à une vente. **Sale of work,** vente de charité. *See also* JUMBLE-SALE. 2. *Com:* **(Bargain-)sale,** vente de réclame, au rabais; liquidation *f.* **Closing-down sale,** soldes *m* avant départ; liquidation du stock avant départ. *The sales are on,* c'est le moment des soldes. *To buy goods at the sales,* acheter des soldes. **Sale goods,** (i) soldes; (ii) marchandises *f* de pacotille. **Sale price,** prix *m* de solde. *See also* CLEARANCE 1, WHITE¹ II. 3.
'sale-goer, *s.* Chercheur, -euse, de soldes.
'sale-room, *s.* Salle *f* de(s) vente(s).
saleable ['seiləbl], *a.* (*Of goods, etc.*) Vendable, marchand; de vente facile, courante.
saleableness ['seiləblnəs], *s.* *Com:* Qualité marchande (d'un article); facilité *f* d'écoulement.
Salem ['seiləm]. 1. *Pr.n.* (*a*) *B:* Salem. (*b*) *Poet:* = JERUSALEM. (*c*) *Geog:* (*U.S.*) Salem. 2. *s.* Temple *m* (des non-conformistes, des dissidents).
salep ['salep], *s.* *Cu:* Salep *m.*
saleratus [salə'reitəs], *s.* *Cu: U.S:* Bicarbonate *m* de soude.
Salernitan [sa'ləːrnitən], *a.* & *s.* *Geog:* Salernitain. *Med.H: The S. school,* l'école *f* de Salerne.
Salerno [sa'ləːrno]. *Pr.n. Geog:* Salerne *f.*
saleslady ['seilzleidi], *s.f.* *U.S:* Vendeuse.
salesman, *pl.* **-men** ['seilzmən, -men], *s.m.* *Com:* 1. (Commis) vendeur; employé à la vente; commis marchand. *He is a born s.,* il a le commerce dans le sang. 2. Intermédiaire, facteur, courtier de commerce. **Travelling salesman,** voyageur de commerce; commis voyageur.
salesmanship ['seilzmənʃip], *s.* L'art *m* de vendre. *His s. is good, bad,* il est bon, mauvais, commerçant.
salespeople ['seilzpiːpl], *s.pl.* Employés et employées à la vente; vendeurs et vendeuses.
saleswoman, *pl.* **-women** ['seilzwumən, -wimen], *s.f.* Vendeuse.
Salian¹ ['seiljən], *a.* & *s.* *Rom.Ant:* Salien, -ienne.
Salian². *Hist:* 1. *s.* Salien, -ienne. 2. *a.* Salien, salique. **Salian Franks,** Francs Saliens. *S. kingdom,* royaume *m* salique.
Salic ['salik], *a.* *Hist:* **The Salic law,** la loi salique.
salicaceae [sali'keisiiː], *s.pl.* *Bot:* Salicacées *f.*
salicet ['saliset], *s.* *Organ:* Salicional *m.*
salicin ['salisin], *s.* *Ch:* Salicine *f.*
salicional [sa'liʃən(ə)l], *s.* *Organ:* Salicional *m.*
salicyl ['salisil], *s.* *Ch:* Salicyle *m.*
salicylate¹ [sa'lisilet], *s.* *Ch:* Salicylate *m.*
salicylate² [sa'lisileit], *v.tr.* Salicyler (la bière, etc.).
salicylic [sali'silik], *a.* *Ch:* (Acide *m*) salicylique. *S. aldehyde,* salicylol *m.*
salience ['seiliəns], *s.* Projection *f.* 1. Nature saillante, caractère saillant (d'une configuration, etc.). 2. Angle saillant; saillant *m,* saillie *f.*
saliency ['seiliənsi], *s.* = SALIENCE 1. *To give s. to a fact,* mettre un fait en avant, en vedette.
salient ['seiliənt], *a.* 1. (*a*) *A. & Lit:* (*Of animal*) Bondissant; (*of spring, water*) jaillissant. (*b*) *Her:* **Ram salient,** bélier saillant. **Horse salient, lion salient,** cheval, lion, effaré. 2. (*a*) (*Of angle, etc.*) Saillant; en saillie. *El.E:* **Salient pole,** pôle saillant (de dynamo). *Large s. eyes,* de gros yeux saillants. (*b*) *s.* *Fort:* Saillant *m.* *Hist:* **The Salient,** le saillant d'Ypres (1914-18). 3. (Trait) saillant, frappant. **Salient features of an agreement,** traits saillants, caractéristiques *f,* d'une convention.
saliferous [sa'lifərəs], *a.* *Geol:* (*Of rock, etc.*) Salifère, salicole. *S. system,* système saliférien.
salifiable ['salifaiəbl], *a.* *Ch:* Salifiable.
salification [salifi'keiʃ(ə)n], *s.* Salification *f.*
saligot ['saligət], *s.* *Bot:* Saligot *m,* macre *f,* châtaigne *f* d'eau; corniolle *f.*
Salii ['seiliai], *s.pl.* *Rom.Ant:* Saliens *m.*
salina [sa'laina], *s.* Marais salant; salin *m;* saline *f.*
saline. 1. *a.* ['seilain] (*a*) (*Of spring, water, taste, etc.*) Salin, salé. **Saline marshes,** marais salants. **Saline lake,** lac salé; (*in N. Africa*)

chott *m.* (*b*) (*Of medicine, etc.*) Salin. **2.** *s.* ['salain] *Med:* Purgatif salin; sel purgatif. **3.** *s.* [sa'lain] = SALINA.

salinity [sa'liniti], *s.* Salinité *f*, salure *f* (de l'eau de mer, etc.). *Lowering of s.*, dessalure *f* (de l'eau de mer).

salinometer [sali'nɔmetər], *s.* Salinomètre *m.*

saliva [sa'laiva], *s.* Salive *f.*

salival [sa'laivəl], **salivary** ['salivəri], *a.* (*Of glands, etc.*) Salivaire.

salivate ['saliveit]. **1.** *v.i.* Saliver. **2.** *v.tr.* Faire saliver (qn).

salivation [sali'veiʃ(ə)n], *s.* Salivation *f.*

sallenders ['saləndərz], *s.pl.* *Vet:* Crevasses *f* du pli du jarret (chez le cheval); malandres *f.*

sallet ['salet], *s.* *Archeol:* = SALADE.

sallow[1] ['salou, -o], *s.* *Bot:* Saule *m.* **Goat sallow,** (saule) marsaux *m*, marsault *m*, marceau *m.* **Sallow thorn,** argousier *m*, hippophaé *m.*

sallow[2], *a.* (Teint *m*) jaune, jaunâtre, olivâtre; *occ.* (teint) plombé, brouillé. *Lit:* *The s. moon*, la lune blafarde.

sallow[3]. **1.** *v.tr.* Jaunir, brouiller (le teint). *Face sallowed by long residence in the tropics*, visage jauni, décoloré, par un long séjour sous les tropiques. **2.** *v.i.* *His complexion had sallowed*, son teint avait jauni.

sallowness ['salonəs], *s.* Ton *m* jaunâtre (du teint).

Sallust ['salʌst]. *Pr.n.m.* *Lt.Lit:* Salluste.

sally[1] ['sali], *s.* **1.** *Mil:* Sortie *f* (des assiégés). **2.** (*a*) Excursion *f*, sortie. (*b*) Escapade *f*, fredaine *f.* **3.** (*a*) Saillie *f*, sursaut *m*, élan *m* (d'activité, d'émotion, etc.). (*b*) **Sally (of wit),** saillie (d'esprit); boutade *f*; pointe *f* d'esprit; trait *m* d'esprit.

sally[2], *v.i.* **1.** *Mil:* **To sally (out),** faire une sortie. **2. To sally forth, out,** (i) sortir; se mettre en route; partir en promenade; (ii) (*of liquid*) jaillir; (*of blood*) gicler.

sally[3], *s.* **1.** Branle *m* (d'une cloche); mise *f* en branle. **2.** Garniture *f* de corde (qu'empoigne le sonneur de cloches).

'sally-hole, *s.* Trou *m* de corde (dans la voûte du clocher).

sally[4], *v.tr.* *Nau:* (*Of crew*) **To sally ship,** faire osciller le navire (en cas d'enlisement) en courant ensemble d'un bord à l'autre.

Sally[5]. *Pr.n.f.* (*Dim. of Sarah*) Sarah. *See also* AUNT 2.

Sally Lunn, *s.* *Cu:* (Sorte de) petit pain au lait (qui se mange au thé en rôtie beurrée).

sally[6], *s.* *Bot:* = SALLOW[1].

'sally-garden, *s.* Oseraie *f.*

sallyport ['salipɔːrt], *s.* **1.** *Archeol:* (*a*) Poterne *f* de sortie, de secours (d'une place forte, etc.); porte *f* de sortie. (*b*) Poterne. **2.** (*a*) *Navy:* *A:* Sabord *m* de fuite (d'un brûlot). (*b*) *N.Arch:* *A:* (Sabord de) coupée *f* (d'un trois-ponts).

salmagundi [salma'gʌndi], *s.* *Cu:* Salmigondis *m.*

Salmanasar [salma'neizər]. *Pr.n.m.* *A.Hist:* Salmanasar.

salmi ['salmi], *s.* *Cu:* Salmis *m* (de perdrix, etc.).

salmon ['samən]. **1.** *s.* (*Usu. inv. in pl.*) *Ich:* Saumon *m.* **Young salmon,** saumoneau *m.* *River full of salmon*, rivière pleine de saumons. *Fish:* **Salmon ladder, salmon leap, salmon pass,** échelle *f* à poissons, à saumon(s). *See also* FRY[1] 1. **2.** *a.* & *s.* (*Colour*) Saumon *inv.* **Salmon pink ribbons,** rubans (couleur) saumon. **Dress of a pale salmon,** robe saumon clair.

'salmon-breeder, *s.* Salmoniculteur *m.*

'salmon-breeding, *s.* Salmoniculture *f.*

'salmon-gaff, *s.* Saumier *m.*

'salmon-'trout, *s.* *Ich:* Truite saumonée.

salol ['salɔl], *s.* *Pharm:* Salol *m.*

Salome [sa'loumi]. *Pr.n.f.* *B.Hist:* Salomé.

Salomonian [salo'mouniən], **Salomonic** [salo'mɔnik], *a.* Salomonien; du roi Salomon.

salon ['salɔ̃], *s.* **1.** (*a*) Salon *m.* (*b*) Réception *f* (de notabilités). **2.** (*a*) Salon d'exposition (d'une modiste, etc.). (*b*) *Art:* The Salon, le Salon.

Salonika [salɔ'niːka, -'naika]. *Pr.n.* *Geog:* Salonique *f.*

saloon [sa'luːn], *s.* **1.** (*a*) Salle *f*, salon *m.* **Billiard saloon,** salle de billard. **Hairdressing saloon,** salon de coiffure. **Dancing saloon,** dancing *m.* **Saloon rifle,** carabine *f* de salon. *See also* SMOKING-SALOON. (*b*) *U.S:* Cabaret *m*, bar *m*; débit *m* de boissons. **Saloon keeper,** cabaretier *m.* **2.** *Nau:* Salon (de paquebot); la cabine. **Saloon passenger,** voyageur, -euse, de première classe. **Saloon deck,** pont *m* de première classe. **3.** (*a*) *Rail:* **Saloon(-car, -carriage),** wagon-salon *m*, *pl.* wagons-salons. **Dining-saloon,** wagon-restaurant *m*, *pl.* wagons-restaurants. (*b*) *Aut:* **Saloon-car,** voiture *f* à conduite intérieure; *F:* conduite intérieure. **Saloon landaulette,** landaulet *m* conduite intérieure.

sa'loon-bar, *s.* Salle *f* de cabaret.

Salopian [sa'loupiən], *a.* & *s.* **1.** (Originaire, habitant) du Shropshire ou de la ville de Shrewsbury. **2.** *Sch:* Élève ou ancien élève de la grande école de Shrewsbury.

salpa, *pl.* **-as, -ae** ['salpa, -az, -iː], *s.* *Moll:* Salpe *m*, *F:* nourrice *f.*

salpidae ['salpidiː], *s.pl.* *Moll:* Salpidés *m.*

salpiglossis [salpi'glɔsis], *s.* *Bot:* Salpiglossis *m.*

salpingectomy [salpin'dʒektəmi], *s.* *Surg:* Salpingectomie *f*; ablation *f* des trompes utérines.

salpingitis [salpin'dʒaitis], *s.* *Med:* Salpingite *f.*

salpinx ['salpiŋks], *s.* **1.** *Gr.Ant:* Salpinx *m.* **2.** *Anat:* (*a*) Trompe *f* d'Eustache. (*b*) Trompe de Fallope.

salse [sals], *s.* *Geol:* Salse *f.*

salsify ['salsifi], *s.* *Bot:* Salsifis *m.* *Black s.*, salsifis noir; salsifis d'Espagne; scorsonère *f.*

salsuginous [sal'sjuːdʒinəs], *a.* *Bot:* (Plante *f*) salicole.

salt[1] [sɔlt]. **I.** *s.* **1.** (*a*) *Cu:* Sel (commun); *Ch:* chlorure *m* de sodium. *Cake of s.*, salignon *m.* **Rock salt, fossil salt,** sel gemme; halite *f.* **Sea salt, bay salt,** sel marin; sel de mer; sel gris. **Kitchen salt,** sel marin, sel de cuisine; gros sel. **Table salt,** sel de table; sel blanc. **The salt industries,** les industries *f* salicoles. (*Of meat*) **To take the salt,** prendre le sel; prendre son sel. **Meat in salt,** viande *f* en conserve, en train de mariner. **To eat salt with s.o.,** partager le pain et le sel avec qn. *See also* PECK[2] 1. **To eat s.o.'s salt,** (i) recevoir l'hospitalité de qn; (ii) être à la charge de qn. **To be true to one's salt,** servir fidèlement ses chefs; se montrer loyal. *To take s. with sth.*, prendre du sel avec qch. *I eat my salad just with s.*, je mange ma salade à la croque au sel. *F:* **To take a story with a grain, a pinch, of salt,** croire à une histoire avec certaines restrictions, avec quelques réserves, non sans réserves; en prendre et en laisser; ne pas prendre une histoire à la lettre; prendre l'histoire avec un grain de sel. *That is what he says, but it must be taken with a grain of s.*, voilà ce qu'il dit, mais il faut faire la part de l'exagération, il faut en déduire. **He is not worth his salt,** il ne vaut pas le pain qu'il mange, l'eau qu'il boit; il ne gagne pas sa nourriture. *F:* (*To child*) **Put a pinch of salt on his tail,** mets-lui un grain de sel sur la queue. **You're not made of salt!** vous n'avez pas peur d'une averse? *B:* **Ye are the salt of the earth,** vous êtes le sel de la terre. *He is of the s. of the earth*, c'est un homme comme il y en a peu. *A:* **Conversation full of salt,** conversation pleine de sel, de piquant. **Attic salt,** sel attique. (*b*) *A:* = SALT-CELLAR. **To sit** (*at table*) **above, below, the salt,** être assis au haut bout, au bas bout, de la table. (*c*) *A:* = SALT-MARSH. (*d*) *pl.* **Salts,** poussée *f* du large (à l'embouchure d'un fleuve). (*e*) *F:* **Old salt,** loup *m* de mer; vieux matelot; *P:* gourganier *m*; vieux bourlingueur des mers. **2.** (*a*) *Ch:* Sel. **Acid salt,** sursel *m.* **Basic salt,** sous-sel *m.* **Metal(lic) salt,** sel métallique. **Double salt,** sel double. **Tin salt,** sel d'étain; chlorure stanneux. *Com:* **Spirit(s) of salts,** esprit *m* de sel; acide *m* chlorhydrique. (*b*) *Pharm:* *etc:* **Salt(s) of lemon,** (i) mélange de sel d'oseille et de potasse (employé pour enlever les taches); (ii) sel d'oseille. **Rochelle salt(s),** tartrate *m* double de potassium et de sodium; *F:* tartrate de potasse et de soude; sel de Seignette. *See also* BATH SALTS, EPSOM, GLAUBER, SMELLING-SALTS.

II. **salt,** *a.* Salé. **1.** (*a*) **Salt water,** eau salée; eau saline; eau de mer. **Salt provisions, salt butter,** vivres salés, beurre salé. *Nau:* *P:* **Salt horse,** bœuf *m* de conserve. *Lit:* **To weep salt tears,** pleurer amèrement; pleurer à chaudes larmes. *A:* **Salt wit,** esprit salé. *F:* **Salt stories,** histoires salées, corsées, grivoises. (*b*) (*Of food*) **Too salt,** trop salé. (*c*) *F:* *The bill was pretty s.*, l'addition était salée. **2. Salt plant,** plante marine, salicole; plante qui croît dans les marais salants. *U.S:* **Salt grass, salt hay,** herbe *f*, foin *m*, des prés salés. **3.** (*Of concretion, etc.*) Salin; (*of rocks, ground*) salifère, saliférien.

'salt-box, *s.* Boîte *f* à sel; salière *f* (de cuisine); saunière *f.*

salt-'cat, *s.* *Husb:* Salègre *m* (pour pigeons, etc.).

'salt-cellar, *s.* **1.** Salière *f* (de table). **2.** *F:* *Salt-cellars*, salières (derrière les clavicules).

'salt-free, *a.* *Med:* **Salt-free diet,** régime déchloruré.

'salt-gauge, *s.* *Ind:* *Oc:* Halomètre *m.*

'salt-glaze, *s.* *Cer:* Demi-émaillage *m*; vernissage *m* par salage.

'salt-glazed, *a.* *Cer:* **Salt-glazed earthenware,** grès salé.

'salt-'junk, *s.* *Nau:* *F:* Bœuf salé.

salt 'lake, *s.* Lac salé; (*in N. Africa*) chott *m.* *Geog:* **The Great Salt Lake,** le Grand Lac Salé. **Salt Lake City,** la ville du Grand Lac Salé.

'salt-lick, *s.* *Husb:* **1.** Pain salé; saunière *f*; salègre *m.* **2.** *U.S:* Terrain *m* salifère (où les bêtes viennent lécher le sol).

'salt-loving, *a.* *Bot:* Salicole.

'salt-market, *s.* *A:* Saunerie *f.*

'salt-marsh, *s.* Marais salant; saline *f*; salin *m*; salanque *f.*

'salt 'meadow, *s.* Pré salé.

'salt-mill, *s.* Égrugeoir *m* de table.

'salt-pan, *s.* **1.** = SALT-MARSH. **2.** Vase *m* de saunage; mords *m.*

'salt-pit, *s.* Saline *f*; mine *f* de sel.

'salt-'rising, *s.* *Cu:* *U.S:* Levain *m.*

Salt 'River. *Pr.n.* *U.S:* *F:* (*Of politician*) **To row up Salt River,** tomber dans l'oubli.

'salt-spoon, *s.* Cuiller *f* à sel; pelle *f* à sel.

'salt-spring, *s.* Source *f* saumâtre, saline.

'salt-sprinkler, *s.* *Cu:* Saloir *m.*

'salt-tax, *s.* *Hist:* La gabelle.

'salt-truck, *s.* *Rail:* *Tram:* (*For melting snow*) Saleuse *f.*

'salt-water, *attrib.a.* **Salt-water fish,** poisson *m* de mer. *S.-w. ditch*, fossé *m* d'eau salée. *Med:* **Salt-water treatment,** thalassothérapie *f.* *Geog:* **Salt-water pool,** lagon *m.*

'salt-works, *s.* (*a*) Saunerie *f*, saline *f.* (*b*) Raffinerie *f* de sel.

salt[2], *v.tr.* **1.** (*a*) **To salt (down)** *meat, butter*, saler de la viande, du beurre. *F:* *To salt down, away* (*money, etc.*), économiser (de l'argent, etc.). *U.S:* *F:* **To salt s.o.** = DRESS DOWN 1. (*b*) Saupoudrer (qch.) de sel; faire dégorger (des escargots). (*c*) Saler (un mets); assaisonner (un mets, etc.) de sel. (*d*) Jeter du sel sur (la neige). **2.** *Vet:* Immuniser (un cheval). **3.** (*a*) *Phot:* Saler (le papier). (*b*) *Soapm:* **To salt out (soap),** relarguer (le savon). **4.** (*a*) *Com:* *F:* Cuisiner, truquer (des livres de compte, etc.). (*b*) *F:* *To s. the bill*, saler l'addition. (*c*) *Min:* **To salt a mine,** saler une mine (d'or, etc.); tapisser le front d'une mine.

salted, *a.* **1.** (*Of meat, butter, etc.*) Salé. *See also* HERRING. **2.** (*a*) (*Of horse, F: of pers.*) Immunisé. (*b*) *F:* (*Of campaigner, etc.*) Aguerri, endurci. *An old s. veteran*, un vieux dur à cuire. **3.** *Phot:* (*Of paper*) Salé.

salting, *s.* **1.** Salaison *f*, salage *m* (de la viande, etc.). **2.** *Vet:* Immunisation *f* (des chevaux). **3.** *Phot:* Salage, salaison (des papiers). **4.** *Soapm:* Relargage *m.* **5.** Truquage *m* (des comptes, d'une mine d'or, etc.). **6.** *pl.* **Saltings,** prés salés.

'salting-tub, *s.* Saloir *m.*

saltant ['saltənt], *a.* *Her:* (Bouc, écureuil) sautant, saillant.

saltarello [salta'relo], *s.* *Danc:* Saltarelle *f.*

saltation [sal'teiʃ(ə)n], *s.* **1.** *Rom.Ant:* Saltation *f*, danse *f*. **2.** *Biol:* Mutation *f*.

saltatorial [saltə'tɔːriəl], **saltatory** ['saltətəri], *a.* **1.** *Ent:* Saltatoire. *F: The methods of nature are s.*, la nature procède par sauts. **2.** *Med:* **Saltatory spasm**, chorée *f* saltatoire.

salter ['sɔltər], *s.* **1.** (*a*) Fabricant *m* de sel; salinier *m*. (*b*) Ouvrier *m* de saunerie; saunier *m*. **2.** = DRYSALTER. **3.** Saleur, -euse (de poissons, etc.).

saltern ['sɔltərn], *s.* **1.** Saunerie *f*. **2.** = SALT-MARSH.

saltigradae ['saltigreidiː], *s.pl. Arach:* Saltigrades *m*.

saltigrade ['saltigreid], *a.* & *s.* *Arach:* **Saltigrade (spider)**, saltigrade *m*.

saltire ['saltaiər], *s.* *Her:* Sautoir *m*; croix *f* de Saint-André. **In saltire, per saltire**, en sautoir.

saltirewise ['saltaiərwaiz], *adv.* En sautoir.

saltish ['sɔltiʃ], *a.* Légèrement salé; saumâtre; qui a un goût de sel.

saltishness ['sɔltiʃnəs], *s.* Goût légèrement salé.

saltless ['sɔltləs], *a.* Sans sel; (*of food, poem, speech, etc.*) fade, insipide.

saltness ['sɔltnəs], *s.* Salure *f*, salinité *f* (de l'eau de mer, etc.).

saltpetre [sɔlt'piːtər], *s.* Salpêtre *m*, nitre *m*; nitrate *m* de potassium. **Chile saltpetre, cubic saltpetre**, nitre cubique, de Chili; nitrate de soude; caliche *m*. **Fused saltpetre**, sel *m* de prunelle. **Saltpetre bed**, nitrière *f*. **Saltpetre works**, salpêtrière *f*. **Saltpetre worker**, salpêtrier *m*. *To treat the ground with s.*, salpêtrer la terre. **Saltpetre rot**, salpêtre (sur les murs). *To become covered with s. rot*, se salpêtrer. *Pyr: etc:* **Saltpetre paper**, papier *m* d'amorce.

saltwort ['sɔltwəːrt], *s.* *Bot:* **1.** Soude *f*. **Prickly saltwort**, (soude) kali *m*. **2.** **Black saltwort**, glaux *m*. **3.** Salicorne *f*.

salty ['sɔlti], *a.* **1.** **Salty deposit**, grumeaux *mpl* de sel. **2.** (*Of taste, sauce, etc.*) Salé, saumâtre. **3.** *F:* (*Of tale, book, etc.*) (i) Piquant; (ii) salé, corsé.

salubrious [sə'ljuːbriəs, -luː-], *a.* Salubre, sain. **-ly**, *adv.* Salubrement.

salubrity [sə'ljuːbriti, -luː-], *s.* Salubrité *f*.

saluki [sə'luːkiː], *s.* *Z:* Sloughi *m*; lévrier arabe, persan.

salutary ['saljutəri], *a.* Salutaire (*to*, à).

salutation [salju'teiʃ(ə)n], *s.* Salutation *f*. *S. of a letter*, mots *mpl* en vedette d'une lettre. *See also* ANGELIC.

salutatory [sə'ljuːtətəri], *a.* **1.** (Formule *f*) de salutation. **2.** *Sch: U.S:* **Salutatory oration**, allocution *f* de bienvenue.

salute[1] [sə'ljuːt, -luː-], *s.* (*a*) Salut *m*, salutation *f*. *Fenc:* **Salute with foils**, salut des armes. *A.* & *Lit:* **Chaste salute**, chaste baiser *m*. (*b*) *Mil: Navy:* Salut. **To give a salute**, faire, exécuter, un salut. **To return, acknowledge, a salute**, rendre un salut. **Return salute, answering salute**, contre-salut *m*. *To exchange salutes*, échanger le salut. *To be entitled to a s.*, avoir droit à un salut. **To stand at (the) salute**, garder l'attitude du salut. *S. with the sword*, salut de l'épée. *S. of the colour(s)*, salut au drapeau. **To beat a salute; to beat the general salute**, battre aux champs. (*c*) *Mil: Navy:* **Salute with the guns**, salut du canon; salve *f*. **To fire a salute**, tirer une salve. *To fire a s. of ten guns*, saluer de dix coups; exécuter une salve (de salut) de dix canons, de dix coups de canon. *To fire a s. in honour of s.o.*, tirer le canon à qn, en l'honneur de qn. *To return a s. gun for gun*, rendre un salut coup pour coup.

salute[2], *v.tr.* Saluer (qn). **1.** (*a*) **To salute s.o. emperor**, saluer qn empereur. (*b*) **To salute s.o. with a smile, a kiss, a word**, accueillir, saluer, qn par un sourire, un baiser, un mot; saluer qn d'un sourire, d'un mot. **2.** **To salute (s.o.) with the hand, with the sword**, saluer (qn) de la main, de l'épée, du sabre. *Abs. Mil:* **To salute**, faire le salut militaire. **To salute with twenty guns**, saluer de vingt coups. *Fenc:* **To salute with the foils**, saluer des armes. **3.** (*Of sound*) **To salute the ear**, frapper l'oreille. **The first object that salutes the eye**, la première chose qui s'offre à nos regards.

saluting, *s.* Salut *m*. **Saluting of the colours**, salut au drapeau. **Saluting point**, endroit *m* où se trouve le personnage devant lequel les troupes défilent.

saluter [sə'ljuːtər, -luː-], *s.* Salueur, -euse. *The French are great saluters*, les Français sont de grands salueurs.

salvable ['salvəbl], *a.* **1.** *Ins:* Qui peut être sauvé; susceptible de sauvetage. **2.** *Theol:* Que l'on peut sauver; (âme *f*) en état de salut.

salvage[1] ['salvedʒ], *s.* **1.** Indemnité *f*, droit *m*, prime *f*, de sauvetage; (*paid to salvage-tug*) indemnité de remorquage. **2.** Sauvetage *m* (d'un vaisseau, etc.); assistance *f* maritime. **To make salvage of goods**, sauver des marchandises. **Salvage company**, corps *m*, société *f*, de sauvetage (de marchandises). **Salvage agreement, salvage bond**, contrat *m* de sauvetage. *S. expenses*, frais *m* de sauvetage. **Salvage dues**, droits de sauvetage. *Nau:* **Salvage plant**, appareils *mpl* de renflouage. **3.** Objets sauvés (d'un naufrage, d'un incendie).

'salvage-tug, *s.* Remorqueur *m* de sauvetage.

'salvage-vessel, *s.* *Navy:* Dock *m* de sauvetage (pour sous-marins); bateau sauveteur.

salvage[2], *v.tr.* **1.** (*a*) = SALVE[3]. (*b*) Récupérer (une voiture, etc.). *Salvaged material*, matériel sauvé, récupéré. **2.** *Mil: U.S: P:* Chiper, chaparder.

salvaging, *s.* Sauvetage *m*; récupération *f*.

salvager ['salvedʒər], *s.* *Ins:* Sauveteur *m* (de marchandises).

salvarsan ['salvərsan], *s.* *Pharm:* Salvarsan *m*.

salvation [sal'veiʃ(ə)n], *s.* Salut *m*. (*a*) **To work out one's own salvation**, travailler à son (propre) salut; faire son salut. *F: They must work out their economic s.*, il leur faudra travailler à la réalisation de leur relèvement économique. **To find salvation**, faire son salut. **To seek salvation in sth.**, chercher son salut dans qch. *Without that there is no hope of s.*, hors de là, point de salut. *See also* ARMY 1. (*b*) *Joan of Arc was the s. of France*, Jeanne d'Arc fut le salut de la France. *You have been the s. of me, F:* je vous dois une fière chandelle.

salvationist [sal'veiʃənist], *s.* Salutiste *mf*.

Salvatorian [salvə'tɔːriən], *s.m. R.C.Ch:* Salvatorien.

salve[1] [sɑːv], *s.* *Pharm:* Onguent *m*, baume *m*, pommade *f* (pour les lèvres, etc.). *F:* Baume, apaisement *m* (pour les sentiments, etc.). *See also* EYESALVE, LIPSALVE.

salve[2], *v.tr.* Adoucir, apaiser, calmer (les sentiments, l'amour-propre, etc., de qn). **To do sth. to salve one's conscience**, faire qch. par acquit de conscience.

salve[3] [salv], *v.tr.* *Nau: etc:* Sauveter, sauver, relever (un vaisseau, un sous-marin); effectuer le sauvetage (d'un vaisseau, des marchandises); sauver (des objets dans un incendie).

salving, *s.* Sauvetage *m*, relevage *m*.

salve[4] ['salvi], *s.* *R.C.Ch:* Salvé *m*.

salver ['salvər], *s.* Plateau *m* (d'argent, etc.).

Salvianus [salvi'einəs]. *Pr.n.m. Ecc.Hist:* Salvien.

salvo[1], *pl.* **-oes** ['salvo, -ouz], *s.* *A:* **1.** (*a*) Réservation *f*, réserve *f* (de ses droits, etc.). **With an express salvo of all my rights**, réservation faite de tous mes droits. (*b*) *F:* Restriction mentale; subterfuge *m*, échappatoire *f*, faux-fuyant *m*, *pl.* faux-fuyants. **2.** *F:* Moyen *m* pour sauver (la réputation de qn, etc.), pour apaiser (la conscience, etc.).

salvo[2], *s.* *Mil: Navy:* Salve *f*. **To fire a salvo**, lancer, tirer, une salve. *To fire salvoes*, tirer en salves. *F:* **Salvo of applause**, salve d'applaudissements.

salvor ['salvər], *s.* *Nau:* Sauveteur *m*.

Salzburg ['saltsbuərg]. *Pr.n. Geog:* Salzbourg *m*.

Sam [sam]. *Pr.n.m.* (*Dim. of Samuel*) Samuel. *F:* **Uncle Sam**, l'oncle Sam; les États-Unis; les Américains. *F:* **To stand Sam**, payer l'addition; régaler la compagnie; payer la tournée. **Upon my Sam**, parole d'honneur.

Sam Browne, *s.* *Mil: F:* **Sam Browne (belt)**, ceinturon *m* et baudrier *m* (d'officier); *F:* bricole *f*.

samara ['samərə], *s.* *Bot:* Samare *f* (de l'orme, etc.).

Samaria [sə'mɛəriə]. *Pr.n. Geog:* La Samarie. *B:* **The woman of Samaria**, la Samaritaine.

Samaritan [sə'maritən], *a.* & *s.* Samaritain, -aine. *B:* **The good Samaritan**, le bon Samaritain. *Jew.Rel:* **Samaritan version**, texte samaritain du Pentateuque.

Samarkand ['samərkand]. *Pr.n. Geog:* Samarcande *f*.

sambar ['sambər], *s.* = SAMBUR.

sambo ['sambo], *s.* **1.** *Ethn:* Zambo *m*. **2.** *F:* Moricaud *m*.

sambuca [sam'bjuːkə], *s.* *A.Mus: Rom.Ant:* Sambuque *f*.

sambur ['sambər], *s.* *Z:* Sambar *m*; cerf *m* d'Aristote.

same [seim]. **1.** *a.* & *pron.* (*a*) (Le, la) même, (les) mêmes. *To repeat the s. words twice*, répéter deux fois les mêmes mots. *Put it back in the s. place where you found it*, remettez-le à la place où vous l'avez trouvé. *At the s. time that, when, as, this was happening*, au moment même où cela se passait. *He is of the s. age as myself*, il est du même âge que moi. *His name is the s. as mine, A: with mine*, son nom est le même que le mien; il a le même nom que moi. *I found her just the s. as before*, je l'ai retrouvée la même qu'autrefois. *They are sold the s. day as they come in, the same day that they come in*, ils sont vendus le jour même de leur arrivée. *A lady in the s. carriage with me*, une dame dans le même compartiment que moi. *All seated at the s. round table*, tous assis à une même table ronde. *To live in the s. house*, habiter la même maison. *The barrels are exactly the s. height, the s. width, the s. depth*, les fûts sont juste de la même hauteur, de la même largeur, de la même profondeur. *All actuated by the s. impulse*, tous poussés par un même élan. **Of the same kind**, similaire. **In the same way**, de même. *We are going the s. way*, nous allons dans la même direction. *Be sure you all tell the s. story;* **be sure that you all say the same**, assurez-vous bien que vous allez raconter tous la même histoire; *F:* accordez vos flûtes. *A Happy New Year to you!*—**The same to you!** je vous souhaite une bonne année!—À vous de même, à vous pareillement. *He got up and* **I did the same**, il se leva et j'en fis autant, et je fis de même. *I should have done the s.*, j'aurais fait de même; j'aurais agi de la même façon. (*Emphatic*) **The very same thing, one and the same thing**, une seule et même chose; tout à fait la même chose. *They belong to one and the s. class*, ils appartiennent à la même classe. *Raffles and the burglar are* (*one and*) *the same person*, Raffles et le cambrioleur ne font qu'un. (*Of letters*) **From the same to the same**, du même au même. **At the same time**, (i) en même temps; (ii) à la fois. *To settle several matters at* (*one and*) *the s. time*, arranger plusieurs affaires du même coup. *See also* TIME[1] 10. **It is the same (thing) everywhere**, il en est ainsi partout; il en est de même partout. *It is no longer the s. thing*, ce n'est plus la même chose. **It, all that, amounts, comes, to the same thing**, tout cela revient au même; *F:* tout cela c'est du pareil au même. **It's all the same, it's just the same**, c'est tout un; *F:* c'est tout comme. **It is all the same to me**, cela ne me fait rien; ça m'est égal; *F:* ça ne me fait ni chaud ni froid. *If it is all the s. to you*, si cela ne vous fait rien; si ça vous est égal. *It is the s. with me, with him*, il en va de même pour moi, pour lui. *You still look the s.*, vous n'avez pas changé. *She was always the s. to me*, (i) à mes yeux elle a toujours été la même; (ii) elle a toujours été la même, elle n'a jamais changé, envers moi. **It is much the same**, c'est à peu près la même chose. *He is much about the s.*, il va à peu près de même. **The same old daily round**, le train-train quotidien. *See also* STORY[1] 1. (*b*) *a. The choruses were perhaps* **a little same**, les chœurs étaient peut-être un peu semblables l'un à l'autre, manquaient peut-être de variété. (*c*) (*He, she, it, the aforesaid*) **The same**, celui-là, celle-là; *pl.* ceux-là, celles-là; (*nom.*) il, elle; lui, *pl.* eux. *B: He that shall endure to the end, the s. shall be saved*, qui aura persévéré jusques à la fin, celui-là sera sauvé. **That same man** *is now a millionaire*, lui-même, ce même homme, est à présent millionnaire. *Com:* **Coat lined with**

the same, manteau doublé du même. **Please return same by return of post,** prière de le renvoyer par retour du courrier. *P:* (The) **same here!** et moi aussi! et moi de même! **2.** *adv.* De même. *To think, feel, act, the s.*, penser, sentir, agir, de même. *We like good things* **the same as you,** *P:* **same as you,** nous aimons les bonnes choses tout comme vous-même. **All the same,** malgré tout; quand même; tout de même; *Lit:* au demeurant. *It is very nice of you all the s.*, c'est très gentil de votre part tout de même. *All the s. it has cost us dear*, n'empêche que cela nous a coûté cher. *Come along, all the s.!* venez toujours! *The word is French; all the s. it is not in common use*, le mot est français, toutefois il est peu usité. *I feel anxious all the s.*, cela ne laisse pas (que) de m'inquiéter. *When I am away things go on* **just the same,** quand je suis absent tout marche comme d'habitude, comme à l'ordinaire.

samel ['sam(ə)l], *a.* *Cer:* (Brique, tuile) mal cuite.

sameliness ['seimlinəs], *s.* *F:* = SAMENESS 2.

sameness ['seimnəs], *s.* **1.** (*a*) Identité *f* (*with*, avec). (*b*) Ressemblance *f* (*with*, à). **2.** Monotonie *f*, uniformité *f* (d'un paysage, de la vie, etc.). *A tiresome s. of situation*, une fatigante uniformité de situation (dans un roman, etc.).

Samian ['seimiən], *a.* & *s.* *Geog:* Samien, -ienne. *Rom.Ant:* **Samian ware,** vaisselle *f* de Samos.

samisen ['samisen], *s.* *Mus:* San-heen *m inv:* guitare orientale.

samite ['samait], *s.* *Tex:* *A:* Samit *m*; brocart lamé.

samlet ['samlet], *s.* *Ich:* Saumoneau *m*.

Sammy ['sami]. **1.** *Pr.n.m.* (*Dim. of Samuel*) Samuel. **2.** *s.* *P:* (*a*) **Simple Sammy,** nigaud *m*. (*b*) *Hist:* (1914-18) Soldat américain.

Samnites ['samnaits], *s.pl.* *Rom.Hist:* Samnites *m*.

Samoan [sa'mouən], *a.* & *s.* *Geog:* Samoan, -ane; de Samoa.

Samosata [samo'sɑːta]. *Pr.n.* *A.Geog:* Samosate.

Samosatenian [samosa'tiːnjən], *a.* & *s.* **1.** *A.Geog:* Samosaténien, -ienne. **2.** *Rel.H:* Samosatien, -ienne.

Samothrace ['samoθreis]. *Pr.n.* (L'île de) Samothrace *f*.

Samothracian [samo'θreiʃjən], *a.* & *s.* *Geog:* Samothracien, -ienne.

samovar [samo'vɑːr], *s.* Samovar *m*.

Samoyed [samo'jed], **Samoyede** [samo'jiːd]. **1.** *a.* & *s.* *Ethn:* Samoyède (*mf*). **2.** *Breed:* Chien *m* samoyède.

Samoyedic [samo'jedik], *a.* Samoyède.

samp [samp], *s.* *U.S:* Gruau *m* de maïs.

sampan ['sampan], *s.* *Nau:* Sampan(g) *m*.

samphire ['samfaiər], *s.* *Bot:* **1.** Bacile *m* maritime; fenouil marin, de mer; perce-pierre *f*, *pl.* perce-pierres; passe-pierre *m*, *pl.* passe-pierre(s); casse-pierre(s) *m inv*; c(h)riste-marine *f*, *pl.* c(h)ristes-marines. **2.** Salicorne *f*.

sample[1] [sɑːmpl], *s.* *Com:* *etc:* Échantillon *m* (d'étoffe, de blé, de vin, etc.); prise *f*, prélèvement *m* (de gaz, de minerai, de sang, etc.); témoin *m* (de câble, etc.); essai *m* (de vin). **Up to sample,** pareil, conforme, à l'échantillon. **To be up to sample,** répondre à l'échantillon. *Picked s.*, échantillon choisi. *Representative s.*, échantillon type. *Reference s.*, contre-échantillon *m*. *Post:* '*Samples of no value*,' '*sample post*,' "échantillons sans valeur." **To send sth. as a sample,** envoyer qch. à titre d'échantillon. *To keep a stock of samples*, **a sample stock,** tenir un dépôt d'échantillons. **To buy sth. from sample,** acheter qch. d'après l'échantillon, sur montre. *To put tissues up into samples*, échantillonner des étoffes. *Putting up into samples*, échantillonnage *m*. *F:* **To give a sample of one's knowledge,** donner un échantillon, un exemple, de son érudition. **Sample book,** collection *f* d'échantillons. *S. box of . . .*, boîte *f* échantillon de. . . . *Hort:* **Sample plot, sample area,** parcelle *f* d'essai. *For:* **Sample tree,** arbre *m* type. *See also* CORE[1] 3.

sample[2], *v.tr.* **1.** (*a*) *Com:* Prendre des échantillons de, échantillonner (une étoffe, etc.); goûter à, déguster (un vin); lotir (du minerai). (*b*) *F:* Goûter (un mets, etc.); essayer (un nouveau restaurant, etc.). *It was the first time I had sampled camp life*, c'était ma première expérience des camps. **2.** Donner un échantillon, un exemple, de (qch.).

sampling, *s.* Prise *f* d'échantillons; échantillonnage *m*; lotissage *m* (d'un minerai). *Com:* *Ind:* **Random sampling,** prélèvement *m* d'échantillons au hasard. **Sampling tube,** tâte-vin *m inv.* **Sampling works,** laboratoire *m* d'essais (chimiques, etc.).

sampler[1] ['sɑːmplər], *s.* **1.** *Needlew:* Modèle *m* de broderie (sur canevas); marquoir *m*. **2.** *For:* Arbre type (laissé debout dans une coupe).

sampler[2], *s.* **1.** (*Pers.*) Échantillonneur, -euse. **2.** **(Grain-)sampler,** sonde *f*.

Samson ['sams(ə)n]. *Pr.n.m.* *B.Hist:* Samson. *F:* **A veritable Samson,** un vrai Hercule.

'Samson's 'post, *s.* *Nau:* Épontille *f* à manche; étance *f* à coches.

Samuel ['samjuəl]. *Pr.n.m.* Samuel.

samurai ['samurai], *s. inv. in pl.* (*In Japan*) Samouraï *m*.

san [san], *s.* *Sch:* *F:* = SANATORIUM 2.

sanad ['sanad], *s.* *Jur:* (*In India*) Charte *f*, brevet *m*.

sanative ['sanativ], *a.* (*a*) Curatif; guérisseur, -euse. (*b*) *F:* Salutaire.

sanatorium, *pl.* **-iums, -ia** [sana'tɔːriəm, -iəmz, -ia], *s.* **1.** Sanatorium *m*, *pl.* sanatoriums, *occ.* sanatoria. **2.** *Sch:* Infirmerie *f*.

sanatory ['sanatəri], *a.* = SANATIVE.

sanbenito [sanbe'niːto], *s.* *Rel.H:* San-benito *m inv.*

Sancho ['saŋko]. *Pr.n.m.* *Span.Hist:* Sanche. *Span.Lit:* **Sancho Panza,** Sancho Pança.

sanctification [saŋ(k)tifi'keiʃ(ə)n], *s.* *Theol:* Sanctification *f* (des âmes, etc.).

sanctifier ['saŋ(k)tifaiər], *s.* *Theol:* Sanctificateur, -trice. **The Sanctifier,** le Sanctificateur.

sanctify ['saŋ(k)tifai], *v.tr.* **1.** Sanctifier (qn, qch.); consacrer (un jour, un terrain, etc.). **2.** *F:* *Custom sanctified by time*, coutume consacrée par le temps.

sanctified, *a.* (*a*) (*Of pers.*) Sanctifié, saint; (*of thg*) consacré. (*b*) **Sanctified air,** air confit (en dévotion), air papelard.

sanctifying[1], *a.* Sanctifiant; sanctificateur, -trice.

sanctifying[2], *s.* Sanctification *f*.

sanctimonious [saŋ(k)ti'mounjəs], *a.* (*Of pers., voice, manner, etc.*) Papelard, cafard, cagot, béat. *His s. air*, son air confit (en dévotion); son air de ne pas y toucher. *A s. knave*, *F:* un bon apôtre. **-ly,** *adv.* D'une manière papelarde, cafarde; béatement; d'un air de petit saint.

sanctimoniousness [saŋ(k)ti'mounjəsnəs], **sanctimony** ['saŋ(k)timəni], *s.* Papelardise *f*, cafarderie *f*, cagoterie *f*.

sanction[1] ['saŋ(k)ʃ(ə)n], *s.* **1.** *Jur:* **Vindicatory sanction, punitive sanction,** sanction pénale. **Remuneratory sanction,** sanction rémunératoire. **2.** Sanction, autorisation *f*, consentement *m*, approbation *f*. **With the sanction of . . .,** avec le consentement de. . . . *With the s. of the author*, avec l'autorisation de l'auteur. *F:* **Sanction of custom,** sanction de l'usage. *S. by usage*, consécration *f* par l'usage. **3.** *Hist:* Sanction, ordonnance *f*, décret *m*. **The Pragmatic Sanction,** la Pragmatique sanction.

sanction[2], *v.tr.* Sanctionner. **1.** *Jur:* Attacher des sanctions (pénales) à (une loi, etc.). **2.** (*a*) *Jur:* Ratifier (une loi, etc.). (*b*) *F:* Approuver, autoriser (qch.); encourager (une action). *It is custom that sanctions an error*, c'est l'habitude qui consacre une erreur. **Sanctioned by usage,** sanctionné, consacré, par l'usage.

sanctioned, *a.* **1.** *Jur:* Sanctionné. **2.** (*Of pers., thg*) Autorisé; qui a reçu sanction.

sanctity ['saŋ(k)titi], *s.* **1.** Sainteté *f* (d'une personne, d'une vie, etc.). *See also* ODOUR 2. **2.** Caractère sacré (d'un terrain, d'un serment, etc.); inviolabilité *f* (de la vie privée, etc.). *To violate the s. of the oath*, forfaire à la religion du serment. *F:* *The sanctities of the home*, les occupations sacrées du ménage.

sanctuary ['saŋ(k)tjuəri], *s.* **1.** (*a*) Sanctuaire *m*, temple *m*, église *f*. (*b*) (*Sacrarium*) Sanctuaire, saint *m* des saints. *F:* *The s. of the heart*, le sanctuaire du cœur. **2.** *Ecc.Jur:* Asile (sacré); refuge *m*. **Right of sanctuary,** droit *m* d'asile; immunité *f*. **To take sanctuary,** chercher asile. **To violate, break, sanctuary,** violer un asile. **3.** *Ven:* (*a*) Refuge (d'oiseaux). (*b*) Période *f* d'interdiction.

sanctum ['saŋ(k)təm], *s.* **1.** Sanctuaire *m*, sacrarium *m*. **The sanctum sanctorum,** le Saint des Saints. **2.** *F:* Sanctuaire; cabinet privé; *P:* turne *f*. *Lady's s.*, boudoir *m*.

sanctus ['saŋ(k)təs], *s.* *Ecc:* *Mus:* Sanctus *m*.

sand[1] [sand], *s.* **1.** (*a*) Sable *m*; *Lit.* & *Poet:* arène *f*. **Loam sand,** sable argileux. **Sharp sand,** sable liant, mordant. **Scouring sand, welding sand, fine sand,** sablon *m*. *Metall:* **Foundry sand,** sable de moulage. **Dry sand,** sable recuit, étuvé. *See also* GAS-SAND, GREEN-SAND, PARTING-SAND. *To scour with s.*, sablonner. *Choked up with s.*, ensablé. *Anchor buried in s.*, ancre ensablée. *F:* **To build on sand,** bâtir sur le sable. *U.S:* *F:* **Man who has got plenty of sand,** homme qui a du cran, de l'étoffe. (*b*) *sg. or pl.* Banc *m* de sable. (*c*) *Usu. pl.* Grain(s) *m*(*pl*) de sable. **As numerous as the sand(s) on the sea-shore,** aussi nombreux que les grains de sable de la mer. *See also* PLOUGH[2] 1, RUN OUT 1. **2.** *pl.* **Sands.** (*a*) Plage *f*, grève *f*. *To play on the sands*, jouer sur la plage. *See also* QUICKSAND. (*b*) Arènes, sables (de Libye, etc.). **3.** *Med:* **Urinary sand,** sable, gravier *m*.

'sand-bag, *s.* = SANDBAG[1].

'sand-bank, *s.* Banc *m* de sable; sommail *m*; (*in river*) javeau *m*, allaise *f*.

'sand-bar, *s.* Somme *f*, ensablement *m* (à l'embouchure d'un fleuve).

'sand-bath, *s.* *Ch:* *Med:* Bain *m* de sable.

'sand-beach, *s.* Plage *f* de sable. *Nau:* Plateau *m*.

'sand-bed, *s.* **1.** *Geol:* Couche *f* de sable. **2.** *Metall:* Moule ouvert en sable.

'sand belt, *s.* **1.** *Geol:* Zone *f* de sable. **2.** *Metalw:* *etc:* Courroie *f* à poncer.

'sand-blast[1], *s.* *Glassm:* *Metalw:* *etc:* Jet *m* de sable. **Sand-blast (machine),** sableuse *f*. *S.-b. sharpening*, affûtage *m* (de limes) par projection de sable.

'sand-blast[2], *v.tr.* Passer (une surface) au jet de sable; décaper (une surface).

sand-blasted, *a.* *Metalw:* Sablé.

sand-blasting, *s.* Décapage *m*, décapement *m*, au (jet de) sable. *Glassm:* Projection *f* de sable. *Metalw:* Affûtage *m* (de limes) par projection de sable.

'sand-box, *s.* **1.** *A:* Sablier *m* (pour répandre le sable sur l'écriture). **2.** *Metall:* Caisse *f* à sable. *Golf:* Boîte *f* à sable. *Rail:* Sablière *f*, jette-sable *m inv* (de locomotive). **3.** *Bot:* **Sand-box tree,** sablier.

'sand-boy, *s.m.* *Used only in the phr.* **As merry, as jolly, as happy, as a sand-boy,** gai comme un pinson.

'sand-cast, *a.* *Metall:* Coulé au sable.

'sand-casting, *s.* *Metall:* **1.** Moulage *m* en sable; coulée *f* en sable. **2.** Pièce fondue en sable.

'sand-castle, *s.* Château fort en sable (construit par les enfants sur la plage).

'sand-cloth, *s.* Toile émerisée, verrée, ou au carborundum.

'sand-cloud, *s.* *Meteor:* Tourbillon *m* de sable.

'sand-crack, *s.* *Vet:* Seime *f*.

'sand-drift, *s.* **1.** Mouvement *m* du sable. **2.** Sable mouvant.

'sand-dune, *s.* Dune *f*.

'sand-eel, *s.* *Ich:* Équille *f*, lançon *m*; anguille *f* plat-bec; anguille de sable; ammodyte *m*.

'sand filter, *s.* Fontaine sablée.

'sand flea, *s.* **1.** *Ent:* = CHIGOE. **2.** *Crust:* Crevettine *f*.

'sand floor, *s.* *Metall:* Chantier *m* de moulage en sable.

'sand-fly, *s.* **1.** *Ent:* Simulie *f*; *F:* moustique *m*, maringouin *m*.

Med: **Sand-fly fever,** fièvre *f* de trois jours; fièvre d'été. **2.** *Fish:* Mouche *f* jaune à deux ailes.
'sand-glass, *s.* Sablier *m*; horloge *f* de sable.
'sand-grouse, *s. inv. in pl. Orn:* Ganga *m* unibande; ganga des sables. *See also* PINTAILED.
'sand-hill, *s.* Dune *f*.
'sand-hole, *s. Metall:* Trou *m* de sable (dans une pièce venue de fonte).
'sand-hopper, *s. Crust:* Puce *f* de mer.
'sand-jet, *s.* = SAND-BLAST[1].
'sand-lance, *s. Ich:* = SAND-EEL.
'sand-lark, *s. Orn:* Pluvier *m* à collier.
'sand-like, *a.* Aréniforme.
'sand-man, *pl.* **-men,** *s.m.* Sablonnier; sablier. *Esp. F:* (*To children*) **The sand-man has come,** le marchand de sable passe.
'sand-martin, *s. Orn:* Hirondelle *f* de rivage; cotyle *f*; *F:* mottereau *m*.
'sand-mould, *s. Metall:* Moule *m* de sable. *To cast a piece in a s.-m.*, sabler une pièce.
'sand-moulder, *s. Metall:* Mouleur *m* à, en, sable; sableur *m*.
'sand-moulding, *s. Metall:* Moulage *m* en sable.
'sand natter, *s. Rept:* Ammodyte *m*.
'sand-paper, *s.* = SANDPAPER[1].
'sand-pipe, *s. Rail:* Tuyau sableur; tuyau d'amenée du sable.
'sand-pit, *s.* Sablière *f*, sablonnière *f*, arénière *f*; carrière *f* à sable.
'sand-reed, *s. Bot:* Ammophile *f*.
'sand-shoal, *s.* = SAND-BANK.
'sand-shoes, *s.pl.* **1.** Souliers *m* bains de mer (à semelles de caoutchouc). **2.** Sandales *f* ou espadrilles *f*.
'sand-spout, *s. Meteor:* Trombe *f* de sable.
'sand-sprayer, *s. Ind:* Sablière *f*.
'sand-star, *s. Echin:* Ophiure *f*.
'sand-storm, *s.* Simoun *m*; tempête *f* de sable, pluie *f* de sable.
'sand-vent, *s. Metall:* Trou *m* d'air (de moule).
'sand-worm, *s. Ann:* Arénicole *f* des pêcheurs.
'sand-wort, *s. Bot:* Arénaire *f*; *F:* sabline *f*.
sand[2], *v.tr.* **1.** Sabler (une allée, etc.). *To s. the floor,* répandre du sable sur le plancher. **2.** (*a*) (*Of alluvium*) **To sand (up),** ensabler (l'embouchure d'un fleuve, etc.). (*b*) *v.i.* (*Of river mouth, etc.*) *To s. up,* s'ensabler. **3.** Additionner de sable (le sucre, etc.); mettre du sable dans (le sucre). **4.** Sabler, sablonner; nettoyer (qch.) avec du sable. *Metalw:* **To sand down a plate,** poncer, sabler, une tôle.
sanded, *a.* **1.** (*a*) (*Of path, floor, etc.*) Sablé. (*b*) *Const:* (*Of wood*) Paré de sable (pour prendre l'apparence de la pierre). **2.** (*Of sugar, flour, etc.*) Sableux; additionné de sable.
sanding, *s.* **1.** Sablage *m* (d'une allée, etc.). **2. Sanding (up),** ensablement *m* (d'un port, etc.). **3.** Sablage, sablonnage *m*; nettoyage *m* au sable.
sandal[1] ['sand(ə)l], *s.* **1.** Sandale *f*. **Bathing sandals,** espadrilles *f*. **Dancing sandals, opera sandals,** chaussons *m* de danse. **2.** Courroie *f*, barrette *f* (de sandale, de chausson de danse).
'sandal-maker, *s.* Sandalier, -ière.
sandal[2], *v.tr.* **(sandalled; sandalling)** Chausser (qn) de sandales.
sandalled, *a.* (Pieds) chaussés de sandales.
sandal(wood) ['sand(ə)l(wud)], *s.* **1.** (Bois *m* de) santal *m*. (*a*) **Sandalwood proper, white sandalwood,** santal blanc; santal citrin. **Sandalwood oil,** essence *f* de santal citrin. (*b*) **Yellow sandalwood,** santal citrin de Cochinchine. (*c*) **Red sandalwood,** santal rouge (des Indes). **2. Sandal(-tree),** santal, *pl.* -als *or* -aux.
sandarac ['sandarak], *s.* **1.** *Miner:* Réalgar *m*; *A:* sandaraque *f*. **2.** (Gum) **sandarac,** sandaraque; gomme *f* de genévrier; vernis sec.
sandbag[1] ['sandbag], *s.* **1.** *Fort:* Sac *m* à terre. **2.** *Aer:* *Nau:* Sac de lest. **3.** *P:* Peau d'anguille, etc., remplie de sable (employée comme assommoir); assommoir *m*; boudin *m*. **4.** Coussin *m* (de graveur, de ciseleur). **5.** Bourrelet *m* (de porte, fenêtre, etc.); boudin.
sandbag[2], *v.tr.* **(sandbagged; sandbagging) 1.** (*a*) Protéger (un bâtiment, etc.) avec des sacs de terre ou de sable. (*b*) Mettre des bourrelets à (une fenêtre, une porte). **2.** Assommer (qn) (d'un coup de boudin sur la nuque); *F:* sabler (qn). *U.S:* *F:* **To sandbag a proposal,** étouffer (déloyalement) un projet.
sand-blind ['sandblaind], *a. A:* = PURBLIND.
sanderling ['sandərliŋ], *s. Orn:* Cocorli *m*.
sanders ['sɑːndərz], *s. Bot:* Santal *m*. **Red sanders, (i)** santal rouge (des Indes); (ii) bois *m* de santal.
sandhi ['sandi], *s. Ling:* Sandhi *m*; euphonie extérieure; phonétique *f* de phrase.
Sandhurst ['sandhəːrst]. *Pr.n. F:* Le Collège militaire de Sandhurst.
sandiness ['sandinəs], *s.* Qualité sablonneuse (du sol, etc.).
sandiver ['sandivər], *s. Glassm:* Suin(t) *m* (du verre).
sandpaper[1] ['sandpeipər], *s.* Papier sablé, verré, ou émerisé; *F:* papier de verre.
sandpaper[2], *v.tr.* Frotter (qch.) au papier de verre; poncer, doucir, dresser, (une surface) au papier de verre.
sandpapering, *s.* Ponçage *m*. **Sandpapering machine,** machine *f* à poncer; ponceuse *f*.
sandpiper ['sandpaipər], *s. Orn:* Maubèche *f*, bécasseau *m*, totane *m*; tringa *m*, chevalier *m*; charlot *m* de plage; etc.
sandstone ['sandstoun], *s. Geol: etc:* Grès *m*, molasse *f*; roche *f* psammitique. **Red sandstone,** grès rouge. **Old Red Sandstone,** vieux grès rouge. **Bunter sandstone, New Red Sandstone,** grès bigarré. **Hard sandstone,** grignard *m*, grisard *m*, grisart *m*. **Sandstone quarry,** carrière *f* de grès; grésière *f*, gréserie *f*. **Sandstone formation,** formation gréseuse. *S. dyke,* fosse *f* de grès. **Sandstone wheel,** meule *f* en grès.

sandwich[1] ['sandwitʃ], *s.* **1.** Sandwich *m*, *pl.* sandwichs, sandwiches. *Ham sandwiches,* sandwichs au jambon. **2.** *Geog:* **The Sandwich Islands,** les îles *f* Sandwich.
'sandwich-board, *s.* Panneau *m*, pancarte *f* (que porte l'homme-sandwich).
'sandwich-film, *s. Phot:* *Cin:* Film *m* à double couche sensible.
'sandwich-man, *pl.* **-men,** *s.m.* Homme-sandwich, homme-affiche, *pl.* hommes-sandwichs, -affiches.
sandwich[2], *v.tr.* Serrer, intercaler (*between,* entre). *At dinner he was sandwiched (in) between two labour members,* au dîner il se trouva placé entre deux députés travaillistes.
Sandy[1] ['sandi]. **1.** *Pr.n.m.* (*Dim. of Alexander, used esp. in Scot.*) Alexandre. **2.** *s. F:* Écossais *m*.
sandy[2], *a.* **1.** (*Of earth, etc.*) Sableux, sablonneux, arénacé, arénifère; (*of path, etc.*) sablé. *S. stretches of coast,* longues grèves de sable. *Nau:* **Sandy bottom,** fond *m* de sable. **2.** (*Of hair, etc.*) Roux pâle *inv*; blond roux *inv*. **Sandy-haired,** aux cheveux d'un blond roux.
sane [sein], *a.* (*Of pers.*) Sain d'esprit; sensé; (*of views, speech, etc.*) raisonnable, sensé. *To be s.,* avoir toute sa raison. *S. judgment,* jugement sain; sens rassis. *S. mind,* esprit bien équilibré. **-ly,** *adv.* Raisonnablement, sensément.
sang [saŋ]. *See* SING[2].
sanga(r) ['saŋga, -ər], *s.* (*In India*) Parapet *m* de défense (en pierres).
sang-froid ['sɑ̃ŋfrwɑː], *s.* Sang-froid *m*.
sangrail, sangreal (the) [ðəsaŋ'greil], *s.* *Medieval Lit:* Le Saint-Graal; le Saint-Gréal.
sanguinaria [saŋgwi'nɛəria], *s. Bot:* Sanguinaire *f*.
sanguinariness ['saŋgwinərinəs], *s.* Caractère *m* sanguinaire (d'un combat, d'une loi, etc.).
sanguinary ['saŋgwinəri], *a.* **1.** (*a*) (*Of battle, etc.*) Sanguinaire, sanglant. (*b*) (*Of law*) Sanguinaire, barbare. (*c*) Altéré de sang. **2.** *P:* *Euphemism for* BLOODY[1] **2.** **-ily,** *adv.* D'une manière sanguinaire.
sanguine ['saŋgwin]. **1.** *a.* (*a*) (*Of complexion, etc.*) D'un rouge sanguin; rubicond. (*b*) (*Of temperament*) Sanguin. (*c*) (*Of pers., disposition, etc.*) Confiant, optimiste. *To be of a s. disposition,* être porté à l'optimisme. **To be, feel, sanguine about the future,** avoir confiance en l'avenir; être plein d'espoir, d'espérance, pour l'avenir. *I am s. that all will be well,* j'ai bon espoir que tout ira bien. *It surpassed our most s. expectations,* cela a dépassé toutes nos espérances. **2.** *s. Art:* Sanguine *f* (crayon ou dessin). **-ly,** *adv.* Avec confiance, avec espoir, avec optimisme.
sanguineness ['saŋgwinnəs], *s.* Confiance *f*, espoir *m*, optimisme *m*.
sanguineous [saŋ'gwiniəs], *a.* **1.** *Med:* (Crachat, etc.) sanguin, de sang. **2.** *Bot: etc:* D'un rouge sanguin; couleur de sang. **3.** (*Of pers., constitution*) Sanguin, pléthorique.
sanguinolent [saŋ'gwinolənt], *a. Med: etc:* Sanguinolent; teint de sang. *S. sputa,* crachats sanguinolents.
Sanhedrim, Sanhedrin ['sanidrim, -in], *s.* *Jew Ant:* Sanhédrin *m*.
sanicle ['sanikl], *s. Bot:* Sanicle *f*, sanicule *f*. **Wood sanicle,** sanicle d'Europe.
sanidine ['sanidiːn], *s. Miner:* Sanidine *f*.
sanies ['seiniiːz], *s. Med:* Sanie *f*.
sanify ['sanifai], *v.tr.* Améliorer les conditions hygiéniques (d'un endroit); assainir (un endroit).
sanious ['seiniəs], *a. Med:* (*Of matter, ulcer*) Sanieux.
sanitarian [sani'tɛəriən], *a.* & *s.* Hygiéniste (*mf*).
sanitarianism [sani'tɛəriənizm], *s.* Hygiénisme *m*.
sanitarium [sani'tɛəriəm], *s.* *U.S:* = SANATORIUM.
sanitary ['sanitəri], *a.* Hygiénique, sanitaire. *S. care,* précautions *f* hygiéniques. *Insufficient s. arrangements,* manque *m* d'hygiène. *To render s.,* assainir. *S. slop-pail,* seau *m* hygiénique. *S. wall-paper,* papier *m* lavable. **Sanitary engineering,** (i) technique *f* sanitaire; (ii) constructions *fpl* et matériel sanitaires. **The Sanitary authorities,** l'administration *f* sanitaire; le Conseil d'hygiène (d'un district). *S. control, s. inspection,* surveillance *f* hygiénique. **Sanitary inspector,** inspecteur *m* de la salubrité publique. *Mil:* **Sanitary cordon,** cordon *m* sanitaire. *Nau:* **The Sanitary Office,** le Bureau sanitaire (du port). *See also* TOWEL[1] **2.**
sanitation [sani'teiʃ(ə)n], *s.* Hygiène *f*, assainissement *m*; salubrité publique; système *m* sanitaire. *Conference on (health and) s.,* conférence *f* sanitaire. *To improve the s. of a town,* assainir une ville. *Improving of the s. of a town,* assainissement *m* d'une ville. *See also* INDOOR.
sanity ['saniti], *s.* **1.** Santé *f* d'esprit; jugement sain. **2.** Modération *f*; bon sens; rectitude *f* (du jugement).
sanjak ['sandʒak], *s. Adm:* Sandjak *m* (d'un vilayet turc).
sank [saŋk]. *See* SINK[2].
sans [sanz], *prep.* **1.** *Lit.* & *Poet:* Sans. *Sans teeth, sans eyes,* sans dents, sans yeux. **2.** *Fr.phrs. Com:* (*On bill of exchange*) **Sans frais, sans recours,** (retour *m*) sans frais, sans protêt, sans compte de retour.
Sanscrit ['sanskrit], *a.* & *s.* = SANSKRIT.
sansculotte [sanzkju'lɔt], *s. Hist:* (*Fr.Revol.*) Sans-culotte *m*, *pl.* sans-culottes.
sansculottism [sanzkju'lɔtizm], *s. Pol:* Sans-culottisme *m*.
sansculottist [sanzkju'lɔtist], *s. Pol:* Sans-culotte *m*, *pl.* sans-culottes.
sanserif [san'serif], *s. Typ:* Caractères *mpl* sans obit et sans empattement.
sansevieria [sansə'viːəria], *s. Bot:* Sansevière *f*.
Sanskrit ['sanskrit], *a.* & *s. Ling:* (Le) sanscrit, (le) sanskrit. *S. scholar,* sanscritiste *m*, sanskritiste *m*.
Sanskritic [sans'kritik], *a. Ling:* Sanscritique, sanskritique.
Sanskritist ['sanskritist], *s.* Sanscritiste *m*, sanskritiste *m*.

Santa Claus [ˈsantəˈklɔːz]. *Pr.n.m. (Child's speech)* Le Bonhomme Noël; saint Nicolas.

Santa Cruz [ˈsantə ˈkruːz]. *Pr.n. Geog:* **Santa Cruz Island,** l'île *f* Sainte-Croix.

santal[1] [ˈsant(ə)l], *s.* = SANDALWOOD.

Santal[2], *a. & s. Ethn:* Santal, -als.

Santali [sanˈtɑːli], *s. Ling:* Le santal.

Sant' Angelo [santˈandʒelo]. *Pr.n. Geog:* **The Castle of Sant' Angelo,** le fort Saint-Ange.

Santo Domingo [ˈsantodoˈmiŋgo]. *Pr.n. Geog:* Saint-Domingue *m*; la République Dominicaine.

santolina [santoˈliːnə], *s. Bot:* Santoline *f*; aurone *f* femelle.

santon [ˈsantən], *s.* Santon *m*; ascète musulman.

santonic [sanˈtɔnik], *a. Ch:* (Acide *m*) santonique.

santonica [sanˈtɔnikə], *s.* **1.** *Bot:* Santonine *f.* **2.** *Pharm:* Semen-contra *m.*

santonin [ˈsantonin], *s. Ch:* Santonine *f.*

sap[1] [sap], *s.* **1.** *Bot:* Sève *f. Cellular sap,* suc *m* cellulaire. *F:* **The sap of youth,** la sève de la jeunesse. **2.** = SAP-WOOD.

'sap-green, *s. Dy: etc:* Vert *m* de sève, de vessie.

'sap-wood, *s.* (Bois *m* d')aubier *m. Carp:* Aubour *m.* **False sap-wood,** faux aubier. **Sap-wood rot,** pourriture *f* de l'aubier.

sap[2], *s. Mil:* Sape *f. Direct double sap,* sape debout. *Zigzag sap,* sape en zigzag. *Underground sap,* sape en galeries de mine. *Sap work,* sapement *m*; travail *m* en sape. **To drive a sap,** exécuter une sape. *F:* **The sap of prejudices,** la sape des préjugés.

'sap-head, *s.* Tête *f* de sape.

'sap-roller, *s.* Gabion farci.

sap[3], *v.* **(sapped; sapping) 1.** *v.tr. & i. Mil:* Saper (une muraille, etc.); approcher (d'un endroit) à la sape. **To sap forward,** pousser des approches. **2.** *v.tr.* Saper, miner (les fondements d'une doctrine, etc.). *Fever has sapped his strength,* la fièvre l'a miné.

sapping, *s.* Sapement *m*, sape *f* (d'une muraille, d'une croyance); travail *m* en sape.

sap[4], *s.* **1.** *Sch: F:* Piocheur, -euse; bûcheur, -euse. **2.** Travail *m* monotone; *P:* turbin *m*, boulot *m.*

sap[5], *v.i.* **(sapped; sapping)** *Sch: P:* Piocher, bûcher.

sapajou [ˈsapədʒuː], *s. Z:* Sapajou *m*, sajou *m.*

sapan wood [ˈsapənwud], *s. Bot: Dy:* (Bois *m* de) sap(p)an *m*; brésillet *m* des Indes; césalpinie *f* sappan.

sapeke [səˈpiːk], *s. Num:* Sapèque *f.*

saphead [ˈsaphed], *s. P:* Nigaud, -aude.

saphena [səˈfiːnə], *s. Anat:* Saphène *f.* **Long saphena, internal saphena,** grande saphène. **Short saphena, posterior saphena,** petite saphène.

sapid [ˈsapid], *a.* **1.** *(Of food, etc.)* Sapide, savoureux. **2.** *(Of conversation, etc.)* Intéressant.

sapidity [səˈpiditi], *s.* Sapidité *f.*

sapience [ˈseipiəns], *s.* **1.** *A. & Hum:* Sagesse *f*, *A:* sapience *f.* **2.** Pédanterie *f*, pédantisme *m.*

sapient [ˈseipiənt], *a.* **1.** *A. & Hum:* Sage, savant. **2.** Pédant. **-ly,** *adv.* **1.** *A. & Hum:* Sagement, savamment. **2.** Avec pédanterie.

sapiential [sapiˈenʃjəl], *s. B:* **The sapiential books,** les livres sapientiaux.

sapindaceae [sapinˈdeisiiː], *s.pl. Bot:* Sapindacées *f.*

sapindaceous [sapinˈdeiʃəs], *a. Bot:* Sapindé, sapindacé.

sapless [ˈsapləs], *a.* *(Of plants, wood)* Sans sève; desséché; *(of soil)* stérile; *F: (of pers., character)* sans vigueur; *(of saying, idea)* insipide, fade; banal, -aux.

sapling [ˈsapliŋ], *s.* **1.** Jeune arbre *m*; plant *m*, plançon *m*, baliveau *m. For: Saplings,* boisage *m. To plant saplings on a piece of ground,* mettre un terrain en boisement. *For:* **Sapling wood,** gaulis *m. See also* OAK 1. **2.** *F:* (a) Jeune homme *m*; adolescent *m.* (b) Levron *m*, jeune lévrier *m.*

sapodilla [sapoˈdilə], *s. Bot:* **1. Sapodilla(-plum),** sapotille *f.* **2. Sapodilla(-tree),** sapotillier *m.*

saponaceous [sapoˈneiʃəs], *a.* **1.** Saponacé, savonneux. **2.** *Hum: (Of pers., manner)* Mielleux; onctueux; flagorneur.

saponaria [sapoˈnɛəriə], *s. Bot:* Saponaire *f.*

saponifiable [səˈpɔnifaiəbl], *a.* Saponifiable.

saponification [səpɔnifiˈkeiʃ(ə)n], *s.* Saponification *f.*

saponify [səˈpɔnifai]. **1.** *v.tr.* Saponifier (de la graisse, etc.). **2.** *v.i.* Se saponifier.

saponin [ˈsaponin], *s. Ch:* Saponine *f.*

sapper [ˈsapər], *s. Mil:* Sapeur *m*, mineur *m*; *P:* taupin *m.* **Sapper and miner, engineer sapper,** sapeur-mineur *m, pl.* sapeurs-mineurs; sapeur du génie. *Regimental s., infantry s.,* sapeur du régiment. **Sapper cyclist,** sapeur-cycliste *m, pl.* sapeurs-cyclistes. *F:* **The sappers,** le génie.

sapphic [ˈsafik]. **1.** *a.* (a) *Pros:* **Sapphic stanza,** strophe *f* saphique. (b) Saphique, lesbien. **Sapphic vice,** saphisme *m.* **2.** *s.pl. Pros:* **Sapphics,** vers *m* saphiques.

Sapphira [səˈfairə]. *Pr.n.f. B.Hist:* Saphire.

sapphire [ˈsafaiər], *s.* **1.** *Miner: Lap:* Saphir *m. Indigo-blue s.,* saphir mâle. *White s., water s.,* saphir blanc, saphir d'eau. **Sapphire ring,** bague *f* de saphirs. *Miner:* **Sapphire quartz,** saphir faux. **2.** *Orn:* Saphir. **3.** *a. & s.* (Couleur de) saphir *inv.*

sapphirine[1] [ˈsafirain], *s. Miner:* Saphirine *f.*

sapphirine[2], *a.* Saphirin. *See also* GURNARD.

Sapphism [ˈsafizm], *s.* Saphisme *m*; vice lesbien.

Sappho [ˈsafo]. *Pr.n.f. Gr.Lit:* Sapho.

sappiness [ˈsapinəs], *s.* **1.** Abondance *f* de sève; teneur *f* en sève (du bois). **2.** *P:* Nigauderie *f*; inexpérience *f.*

sappy [ˈsapi], *a.* **1.** (a) *(Of tree, F: of youth, etc.)* Plein de sève. (b) *(Of timber)* Vert. **2.** *P:* Nigaud; sans expérience.

sapraemia [səˈpriːmiə], *s. Med:* Saprémie *f.*

saprogenic [sapro'dʒenik], **saprogenous** [səˈprɔdʒənəs], *a. Med:* Saprogène.

saprolegnia [sapro'legniə], *s. Fung:* Saprolégnie *f.*

saprophagous [səˈprɔfəgəs], *a. Ent:* Saprophage.

saprophyte [ˈsaprofait], *s. Biol:* Saprophyte *m.*

sapucaia [sapuˈkaiə], *s. Bot:* **Sapucaia(-tree),** sapucaia *m.*

sar [sɑːr], *s. Ich:* Sargue *m.*

saraband [ˈsarəband], *s. Danc: Mus:* Sarabande *f.*

Saracen [ˈsarəsən], *a. & s.* **1.** *Hist:* Sarrasin (*m*). **2.** *Agr:* **Saracen corn,** sarrasin *m*; blé noir.

Saracen's head, *s. Her:* Tête de Maure (figurée surtout comme enseigne de taverne).

Saracenic [sarəˈsenik], *a. Hist: Arch:* Sarracénique.

Saragossa [sarəˈgɔsə]. *Pr.n. Geog:* Saragosse *f.*

Sarah [ˈsɛərə]. *Pr.n.f.* Sara(h).

saratoga [sarəˈtougə], *s.* **Saratoga (trunk),** malle bombée; chapelière *f* (? employée d'abord à Saratoga Springs, station estivale des États-Unis).

sarcasm [ˈsɑːrkazm], *s.* **1.** Raillerie *f*, ironie *f*; esprit *m* sarcastique; sarcasme *m. See also* DRY[1] 4. **2.** (Piece of) sarcasm, sarcasme. *To put up with the sarcasms of s.o.,* essuyer les sarcasmes de qn.

sarcastic [sɑrˈkastik], *a.* Sarcastique; mordant. *He is very s., F:* c'est un emporte-pièce. **Sarcastic remark,** sarcasme *m.* **-ally,** *adv.* D'une manière sarcastique; avec sarcasme; ironiquement.

sarcelle [sɑːrˈsel], *s. Orn:* Sarcelle *f.*

sarcenet [ˈsɑːrsnet], *s. Tex:* = SARSENET.

sarcina, *pl.* **-ae** [ˈsɑːrsinə, -iː], *s. Bac:* Sarcine *f.*

sarcine [ˈsɑːrsin], *s. Ch:* Sarcine *f.*

sarco- [ˈsɑːrko, sɑrˈkɔ], *comb.fm.* Sarco-. *'Sarcoblast,* sarcoblaste. *'Sarcosome,* sarcosome. *Sar'cophagus,* sarcophage.

sarcocarp [ˈsɑːrkokɑːrp], *s. Bot:* Sarcocarpe *m* (d'un fruit).

sarcocele [ˈsɑːrkosiːl], *s. Med:* Sarcocèle *m or f.*

sarcocolla [sɑːrkoˈkɔlə], *s.* **1.** *Bot:* Sarcocollier *m.* **2.** *A.Pharm: Com:* Sarcocolle *f.*

sarcoderm [ˈsɑːrkodəːrm], *s. Bot:* Sarcoderme *m.*

sarcolactic [sɑːrkoˈlaktik], *a. Ch:* (Acide *m*) sarcolactique, paralactique.

sarcolemma [sɑːrkoˈlemə], *s. Anat:* Sarcolemme *m*, myolemme *m.*

sarcology [sɑrˈkɔlodʒi], *s.* Sarcologie *f.*

sarcoma, *pl.* **-ata** [sɑrˈkoumə, -ətə], *s. Med:* Sarcome *m.*

sarcomatosis [sɑːrkoməˈtousis], *s. Med:* Sarcomatose *f.*

sarcomatous [sɑrˈkoumətəs], *a.* Sarcomateux.

sarcophagus, *pl.* **-phagi** [sɑrˈkɔfəgəs, -fadʒai], *s.* Sarcophage *m.*

sarcophagy [sɑrˈkɔfədʒi], *s.* Sarcophagie *f.*

sarcoplasm [ˈsɑːrkoplazm], **sarcoplasma** [sɑːrkoˈplazmə], *s. Anat:* Sarcoplasma *m.*

sarcoptes [sɑrˈkɔptiːz], *s. Arach:* Sarcopte *m.*

sarcosis [sɑrˈkousis], *s. Physiol:* Sarcose *f.*

sard [sɑːrd], *s. Miner:* Sardoine *f*; *A:* sarde *m.*

Sardanapalian [sɑːrdənəˈpeiliən], *a.* (Luxe *m*, etc.) sardanapalesque.

Sardanapalus [sɑːrdənəˈpeiləs]. *Pr.n.m. A.Hist:* Sardanapale.

Sardian [ˈsɑːrdiən], *a. & s. A.Geog:* Sardien, -ienne; (habitant *m*) de Sardes.

Sardica [ˈsɑːrdikə]. *Pr.n. A.Geog:* Sardique *f.*

sardine[1] [sɑrˈdiːn], *s. Ich:* Sardine *f. Tinned sardines,* sardines (conservées) à l'huile. *See also* PACK[2] I. 2. **Sardine fisher, sardine curer,** sardinier, -ière. **Sardine boat, sardine net,** sardinier *m.*

sardine[2] **stone** [ˈsɑːrdain stoun], *s. B:* Sardoine *f.*

Sardinia [sɑrˈdiniə]. *Pr.n. Geog:* La Sardaigne.

Sardinian [sɑrˈdinjən]. **1.** *a. & s. Geog:* Sarde (*mf*). **2.** *s. Ling:* Le sarde.

Sardis [ˈsɑːrdis]. *Pr.n. A.Geog:* Sardes *f.*

sardonic [sɑrˈdɔnik], *a.* (a) *Med:* (Rire) sardonien. (b) *F:* (Expression *f*, rire) sardonique. **-ally,** *adv.* D'une manière sardonique; sardoniquement.

sardonyx [ˈsɑːrdoniks], *s. Miner:* Agate *f* onyx; sardonyx *m*, sardoine *f.*

saree [ˈsɑːri], *s. Cost:* Saree *m* (des femmes hindoues).

sargasso, *pl.* **-os, -oes** [sɑrˈgaso, -ouz], *s. Algae:* Sargasse *f. Geog:* **The Sargasso Sea,** la mer des Sargasses.

sargo [ˈsɑːrgo], **sargus** [ˈsɑːrgəs], *s. Ich:* Sargue *m.*

sarigue [səˈriːg], *s. Z:* Sarigue *m, f.* la sarigue.

sarissa, *pl.* **-ae** [səˈrisə, -iː], *s. Gr.Ant:* Sarisse *f*; lance macédonienne.

sark[1] [sɑːrk], *s. Scot:* (a) Chemise *f. See also* CUTTY 1. (b) Chemise de nuit.

Sark[2]. *Pr.n. Geog:* Sercq *m.*

sarkine [ˈsɑːrkin], *s. Ch:* Sarcine *f.*

sarky [ˈsɑːrki], *a. Sch: P:* Sarcastique, mordant.

Sarmatia [sɑrˈmeiʃjə]. *Pr.n. A.Geog:* La Sarmatie.

Sarmatian [sɑːrˈmeiʃjən]. *A.Geog:* **1.** *s.* Sarmate *mf.* **2.** *a.* Sarmatique, sarmate.

Sarmatic [sɑrˈmatik], *a. A.Geog:* Sarmatique, sarmate.

sarmentose [sɑːrmenˈtous], **sarmentous** [sɑrˈmentəs], *a. Bot:* Sarmenteux.

sarong [səˈrɔŋ], *s. Cost:* Pagne *m*, jupe *f* (des indigènes de la Malaisie).

Sarpedon [sɑrˈpiːdɔn]. *Pr.n.m. Gr.Lit:* Sarpédon.

sarracenia [sarəˈsiːniə], *s. Bot:* Sarracénie *f.*

sarrusophone [səˈrʌsofoun], *s. Mus:* Sarrussophone *m.*

sarsaparilla [sɑːrsəpəˈrilə], *s. Bot: Pharm:* Salsepareille *f.*

sarsen [ˈsɑːrsən], *s.* **1.** *Archeol:* **Sarsen(-boulder, -stone),** monolithe *m*; monolithe tumulaire (des plaines du Wiltshire). **2.** *Geol:* **Sarsen stone,** grès mamelonné.

sarsenet [ˈsɑːrsnet], *s. Tex:* Taffetas léger; florence *m*, armoisin *m.* **Sarsenet ribbon,** ruban *m* de taffetas.

Sart [sɑːrt], *s. inv. in pl. Ethn:* Sarte *mf* (du Turkestan, etc.).

sartorial [sɑrˈtɔːriəl], *a.* De tailleur. *Hum:* **Sartorial artist,**

artiste tailleur. *The s. smartness of the gathering*, l'élégance *f* vestimentaire de la réunion.

sartorius [sɑr'tɔːriəs], *s. Anat:* Sartorius *m*; muscle couturier.

Sarum ['sɛərəm]. *Pr.n. Ecc:* (Évêché *m* de) Salisbury *m*. **Sarum use,** liturgie particulière à l'évêché de Salisbury (avant la Réformation).

sash[1] [saʃ], *s. Cost:* (*a*) Écharpe *f* ou ceinture *f* (d'étoffe) (portée par les officiers). (*b*) Ceinture(-écharpe) *f* (de dame, d'enfant); large ceinture à nœud bouffant.

sash[2], *s. Const:* Châssis *m* mobile, cadre *m* (d'une fenêtre à guillotine, d'une glace à coulisse). **French sash,** châssis à fiches. **Inner sash, double sash,** contre-fenêtre *f*, contre-châssis *m*.

'sash bar, *s. Const:* Petit bois (d'une fenêtre).

'sash-cord, 'sash-line, *s.* Corde *f* (d'une fenêtre à guillotine).

'sash frame, *s.* (Châssis) dormant *m* (d'une fenêtre à guillotine).

'sash-weight, *s.* Contrepoids *m* (de fenêtre à guillotine).

sash-'window, *s.* Fenêtre *f* à guillotine, à coulisse.

sashed[1] [saʃt], *a.* Portant une écharpe, une large ceinture.

sashed[2], *a.* (Fenêtre *f*) à châssis, à guillotine.

sasin ['sasin], *s. Z:* Antilope *f* de l'Inde.

sasine ['seisin], *s. Jur:* (*Scot.*) Saisine *f*.

sassaby [sa'seibi], *s. Z:* Grande antilope de l'Afrique du Sud.

sassafras ['sasəfras], *s. Bot:* Sassafras *m*. **Dwarf sassafras, swamp sassafras,** arbre *m* du castor. *Ch:* **Sassafras oil,** essence *f* de sassafras. **Tasmanian sassafras oil,** essence d'athérosperme.

Sassanian [sa'seinjən], **Sassanid** ['sasənid], *a. & s. A.Hist:* Sassanide (*m*).

Sassenach ['sasənax], *a. & s. Scot: Irish:* Anglais, -aise.

sassoline ['sasoliːn], *s. Miner:* Sassoline *f*; acide borique hydraté naturel.

sat [sat]. *See* SIT[2].

Satan ['seit(ə)n]. *Pr.n.m.* Satan. *F:* **It's like Satan reproving sin,** les morveux veulent moucher les autres. *See also* LIMB[1] 2, MISCHIEF 2.

satanic [sə'tanik], *a.* Satanique, diabolique. **His Satanic Majesty,** le diable. **-ally,** *adv.* Sataniquement, diaboliquement.

satanism ['seitənizm], *s.* Satanisme *m*.

satchel ['satʃ(ə)l], *s.* Sacoche *f*. *Sch:* Cartable *m*, carton *m* (d'écolier); musette *f*; giberne *f*, gibecière *f*. *Cy: Saddle s.*, sacoche de selle. *See also* MUSIC-SATCHEL.

sate[1] [seit]. *A: See* SIT[2].

sate[2], *v.tr.* **1.** Assouvir (sa faim, ses passions, etc.); rassasier, satisfaire (qn, la faim). *To s. one's thirst for blood*, s'abreuver de sang. **2.** = SATIATE 1.

sated, *a.* **1.** Rassasié (*with*, de). *S. lion*, lion repu. **2. To become sated,** se blaser (*with*, de).

sating, *s.* Assouvissement *m* (de la faim, des passions).

sateen [sa'tiːn], *s. Tex:* Satinette *f*; satin *m* de coton.

sateless ['seitləs], *a. Poet:* Insatiable.

satellite ['satelait], *s. Astr: etc:* Satellite *m*.

satiate ['seiʃieit], *v.tr.* **1.** Rassasier (qn) jusqu'au dégoût (*with*, de); blaser (*with*, de). **2.** *Occ.* = SATE[2] 1.

satiated, *a.* Soûl, rassasié (de manger, etc.); gorgé, rassasié, blasé (de plaisirs, etc.).

satiating[1], *a.* Rassasiant, affadissant.

satiating[2], *s.* Rassasiement *m*.

satiation [seiʃi'eiʃ(ə)n], *s.* **1.** = SATIATING[2]. **2.** = SATIETY.

satiety [sə'taiəti], *s.* Satiété *f*. **To eat to satiety,** *F:* manger jusqu'à plus faim. *To indulge in a pleasure* **to the point of satiety, to satiety,** goûter un plaisir jusqu'à satiété; se blaser d'un plaisir.

satin[1] ['satin], *s.* **1.** *Tex:* Satin *m*. **Satin ribbon,** ruban satiné; ruban (de) satin. *S. dress*, robe *f* de, en, satin. **Denmark satin,** satin pour souliers de dames. *See also* GYPSUM[1]. **2. (White) satin,** (i) *Bot: F:* = SATIN-FLOWER 1; (ii) *P:* genièvre *m*, gin *m*. **3.** (*a*) *Ind: Com:* **Satin finish,** apprêt satiné (du papier, etc.). *Paperm:* **Satin paper,** papier satiné; papier (à lettres) brillant. **Satin white,** blanc satin (pour papiers chargés). *Miner:* **Satin spar, satin stone,** spath satiné. (*b*) *Art: etc:* **The satin of the skin,** le satiné de la peau.

'satin cloth, *s. Tex:* Drap *m* satin.

'satin-flower, *s. Bot: F:* **1.** Lunaire *f*; satin blanc; médaille *f* (de Judas); monnaie *f* du pape. **2.** Stellaire holostée.

'satin-pod, *s.* = SATIN-FLOWER 1.

'satin-stitch, *s. Needlew:* **(Raised) satin-stitch,** plumetis *m*. **Satin-stitch embroidery,** broderie *f* au passé.

'satin-weave, *s. Tex:* Armure *f* satin.

'satin-weaver, *s. Tex:* Satinaire *m*.

'satin-wood, *s. Com:* Bois satiné de l'Inde.

satin[2], *v.tr.* Satiner (le papier, etc.).

satining, *s.* Satinage *m*. **Satining machine,** satineuse *f*.

satiner ['satinər], *s.* Satineur, -euse (du drap, du papier, etc.).

satinette [sati'net], *s. Tex:* (*a*) (*Silk*) Satinade *f*. (*b*) (*Cotton*) Satinette *f*.

satiny ['satini], *a.* Satiné.

satire ['sataiər], *s.* **1.** *Lit:* Satire *f* (*on, upon*, contre). **2.** Satire, sarcasme *m*.

satiric(al) [sə'tirik(əl)], *a.* **1.** Satirique. **2.** (*Satirical*) Sarcastique, ironique. **-ally,** *adv.* Satiriquement; ironiquement; d'un ton moqueur.

satirist ['satirist], *s.* **1.** (Auteur, écrivain) satirique *m*. **2.** Esprit mordant, malicieux.

satirize ['satiraiz], *v.tr.* Satiriser. *To s. one's times*, faire la satire de son époque.

satisfaction [satis'fakʃ(ə)n], *s.* **1.** (*a*) Acquittement *m*, paiement *m*, liquidation *f* (d'une dette); désintéressement *m* (d'un créancier); accomplissement *m* (d'une condition); exécution *f* (d'une promesse). *Jur:* **To enter satisfaction,** enregistrer l'acquittement d'une obligation pécuniaire. (*b*) **Satisfaction for an offence,** réparation *f*, expiation *f*, d'une offense. *To demand s. for an insult*, demander raison d'un affront; exiger réparation par les armes. **To give s.o. satisfaction** (*by a duel*), faire raison à qn, faire réparation à qn (par les armes). **To refuse s.o. satisfaction,** refuser de satisfaire qn. **To obtain satisfaction from s.o.,** tirer raison de qn. *To give s. for sth.*, rendre raison de qch. **To make full, ample, satisfaction to s.o.,** dédommager qn amplement, entièrement. **In satisfaction of a wrong done,** en dédommagement d'un tort. (*c*) Assouvissement *m* (de la faim, d'une passion). *Savages think only of present satisfactions*, les barbares ne pensent qu'à l'assouvissement de leurs désirs actuels. **2.** Satisfaction *f*, contentement *m* (*at, with*, de). **To give s.o. satisfaction,** donner du contentement à qn; satisfaire, contenter, qn. *To give s.o. cause for s.*, donner sujet de satisfaction à qn. *To have cause for s. that one has done sth.*, se trouver bien d'avoir fait qch. **To find satisfaction** *in the monastic life*, trouver le contentement dans la vie monastique. **To have the satisfaction of doing sth.,** avoir la satisfaction de faire qch. *To express s. at a result*, (i) se féliciter d'un résultat; (ii) exprimer sa satisfaction. **I note with satisfaction that . . .,** je suis heureux de noter que. . . . *To look at sth. with s.*, regarder qch. complaisamment, avec plaisir. **To his (entire) satisfaction,** (i) à sa grande satisfaction; (ii) à son gré. *The work will be done to your s.*, le travail sera fait de manière à vous satisfaire. **To prove sth. to s.o.'s satisfaction,** convaincre qn de qch. **3. That is a great satisfaction,** c'est un grand motif de contentement. *It is a s. to know that . . .*, je suis heureux d'apprendre que. . . .

satisfactoriness [satis'faktərinəs], *s.* Caractère satisfaisant (d'un travail, etc.).

satisfactory [satis'faktəri], *a.* **1.** Satisfaisant. *S. reason*, raison satisfaisante. *S. pupil*, élève qui donne satisfaction. *The result is not very s.*, le résultat laisse à désirer. *The result is entirely s.*, le résultat ne laisse rien à désirer. **To bring negotiations to a satisfactory conclusion,** mener à bien des négociations. **To give a satisfactory account of one's movements,** justifier de ses mouvements. **2.** *Theol:* Satisfactoire, expiatoire. **-ily,** *adv.* D'une manière satisfaisante; de façon satisfaisante. *Business is going on s.*, les affaires marchent à souhait. *Your consignment has turned out s.*, votre envoi répond à notre attente.

satisfiable ['satisfaiəbl], *a.* Que l'on peut satisfaire, contenter.

satisfier ['satisfaiər], *s. Bread is a s. of hunger*, le pain assouvit la faim.

satisfy ['satisfai], *v.tr.* **1.** (*a*) Payer, liquider (une dette); s'acquitter (d'une dette, d'une obligation); exécuter (une promesse); faire droit à (une réclamation); remplir (une condition); désintéresser (ses créanciers). *Mere words do not s. me, I am not satisfied with words*, je ne me paie pas de mots, de phrases. (*b*) Satisfaire (qn); faire réparation à, satisfaire à (l'honneur). *To s. one's conscience*, pour l'acquit de sa conscience; par acquit de conscience. **2.** (*a*) Satisfaire, contenter (qn); donner sujet de satisfaction à (qn). *This proposal satisfied everyone*, cette proposition mit tout le monde d'accord. *Sch:* **To satisfy the examiners,** être reçu avec la mention passable. (*b*) Satisfaire, assouvir, donner satisfaction à (un désir, un appétit, sa curiosité, etc.). *To s. all requirements*, suffire à tous les besoins. *To s. s.o.'s expectation*, répondre à l'attente de qn. *Abs.* **Food that satisfies,** nourriture qui satisfait. *Fruit does not s.*, les fruits ne rassasient pas. **3.** Convaincre, assurer, satisfaire (qn); éclaircir (un doute, etc.). **To satisfy s.o. of a fact,** convaincre qn d'un fait. **To satisfy s.o. that . . .,** convaincre qn que. . . . *To s. you that this is so . . .*, pour vous convaincre qu'il en est ainsi . . .; pour éclaircir vos doutes à cet égard. . . . **I have satisfied myself that . . .,** je me suis assuré que. . . .

satisfied, *a.* **1.** Content, satisfait. **To be satisfied with sth.,** (i) être content, satisfait, de qch.; se louer de qch.; (ii) se contenter de qch. *I have every reason to be s. with the result*, j'ai tout lieu de me féliciter du résultat. *He would be quite s. to be left at home*, il s'accommoderait parfaitement qu'on le laissât à la maison. **To rest satisfied** *with an explanation*, se contenter d'une explication; se tenir pour satisfait. *Cards:* **I am satisfied,** je m'y tiens. **2.** Convaincu. **I am satisfied that . . .,** j'ai la certitude que. . . .

satisfying[1], *a.* **1.** Satisfaisant; qui contente; (*of food*) nourrissant. *Food s. to the inner man*, nourriture qui restaure. *I find his works entirely s.*, pour moi son œuvre ne laisse rien à désirer. **2.** (Argument, etc.) convaincant. **-ly,** *adv.* De façon satisfaisante.

satisfying[2], *s.* **1.** = SATISFACTION 1 (*a*). **2.** Satisfaction *f*, contentement *m* (de qn); assouvissement *m* (d'un désir, etc.). **3.** Conviction *f* (de qn); éclaircissement *m* (d'un doute, etc.).

satrap ['satrap], *s. A.Hist:* Satrape *m*.

satrapy ['satrəpi], *s. A.Hist:* Satrapie *f*.

Satsuma ['satsjumə]. *Pr.n. Geog:* Satsouma *m*. *Cer:* **Satsuma ware,** faïence *f* de Satsouma; satsouma *m*.

saturable ['satjurəbl], *a.* Saturable.

saturant ['satjurənt], *s.* Imprégnant *m* (de garniture de frein, etc.).

saturate ['satjureit], *v.tr.* **1.** Imprégner, saturer, tremper, imbiber (*with*, de). *To become saturated with . . .*, s'imprégner de. . . . *F: Saturated with conceit*, pénétré de sa propre importance. **2.** *Ch: Ph:* Saturer (une solution, etc.).

saturated, *a.* **1.** (Terrain, etc.) trempé. *F: I was s.*, j'étais trempé comme une soupe. **2.** *Ch: Ph:* (*Of solution, compound, etc.*) Saturé; (*of vapour*) saturant. **3.** (*Of colour*) Riche; non combiné avec le blanc; intense.

saturation [satju'reiʃ(ə)n], *s.* **1.** Imprégnation *f*; trempage *m*. **2.** *Ch: Ph:* Saturation *f*. *Magnetic s.*, saturation magnétique. **To dissolve a salt to saturation,** dissoudre un sel jusqu'à saturation, jusqu'à refus. **Saturation point,** point *m* de saturation. *El:* **Saturation voltage,** tension *f* de saturation (d'une cellule photo-électrique, etc.). *Com: The market has reached s. point*, le marché est saturé. *Geol:* **Zone of saturation,** nappe *f* bathydrique.

Saturday ['satərdi], *s.* Samedi *m.* *He is coming on S.*, il viendra samedi. *He comes on Saturdays*, il vient le samedi, *occ.* il vient les samedis. *He comes every S.*, il vient tous les samedis. **Saturday-to-Monday**, fin *f* de semaine. **Holy Saturday**, le samedi saint.
Saturn ['satərn]. **1.** *Pr.n. Astr: Myth:* Saturne *m.* **2.** *s. A.Ch:* Saturne; plomb *m.*
Saturnalia [satər'neiljə], *s.pl.* **1.** *Rom.Ant:* Saturnales *f.* **2.** *F:* (*As sing.*) **A perfect saturnalia of vice**, une vraie orgie de vice.
saturnalian [satər'neiljən], *a.* (*a*) Des saturnales. (*b*) *F: S. excesses*, excès *m* dignes des saturnales.
Saturnian [sa'tə:rnjən], *a.* **1.** *Astr: Myth:* Saturnien; de Saturne. **The Saturnian age**, l'âge *m* d'or. **2.** *A.Pros:* **Saturnian verse**, vers saturniens.
saturnic [sa'tə:rnik], *a.* *Med:* Saturnin; atteint de saturnisme.
saturnine ['satərnain], *a.* **1.** (*Of pers.*) Taciturne, sombre. *To be of a s. disposition*, avoir du sombre dans l'âme. **2.** (*a*) Saturnin; de plomb. **Saturnine poisoning**, intoxication *f* par le plomb; saturnisme *m.* (*b*) = SATURNIC. *S. symptoms*, symptômes *m* de saturnisme.
saturnism ['satərnizm], *s.* *Med:* Saturnisme *m*; intoxication *f* par le plomb.
satyr ['satər], *s.* **1.** *Myth:* Satyre *m.* **She-satyr**, satyresse *f.* *Dance of satyrs*, danse *f* satyrique. **2.** *Ent:* **Satyr (butterfly)**, satyre.
satyriasis [sati'raiəsis], *s.* *Med:* **1.** Satyriasis *m.* **2.** Priapisme *m.*
satyric [sa'tirik], *a.* *Gr.Lit:* Satyrique. *S. drama*, drame *m* satyrique; satyre *f.*
satyrion [sa'tiriən], *s.* *Bot:* Satyrion *m*; orchis *m* bouc.
sauce[1] [sɔ:s], *s.* **1.** *Cu:* (*a*) Sauce *f.* *Tomato s.*, (i) sauce tomate; (ii) concentré *m* de tomate (en bouteille). *White s.*, sauce blanche. *Butter s.*, sauce au beurre. *Shrimp s.*, beurre de crevettes. *Caper s.*, sauce aux câpres. (*b*) Assaisonnement *m*; condiment *m.* *F: An adventure is tame without the s. of danger*, une aventure est fade sans le sel du danger. **To add a sauce to sth.**, relever le goût de qch. *Prov:* **What is sauce for the goose is sauce for the gander**, ce qui est bon pour l'un l'est aussi pour l'autre. *F: I don't want to be served with the same s.*, je ne veux pas être traité de la même façon. (*c*) *U.S:* Accompagnement *m* de légumes verts, de salade, de fruits, etc. *See also* APPLE-SAUCE, BREAD-SAUCE, HUNGER[1], MINT-SAUCE. **2.** *Tobacco Ind: Gilding:* Sauce. **3.** *P:* (i) Impertinence *f*, insolence *f*; (ii) culot *m*, toupet *m.* **None of your sauce!** pas d'impertinence! **What sauce!** quel toupet! *To have plenty of s.*, avoir du culot.
'sauce-alone, *s.* *Bot:* Alliaire *f.* **Sauce-alone oil**, essence *f* d'alliaire.
'sauce-boat, *s.* Saucière *f.*
'sauce-cook, *s.* (*Pers.*) Saucier *m.*
sauce[2], *v.tr.* **1.** *A:* Assaisonner (un mets). **2.** *F:* Donner de l'agrément, du piquant, à (une nouvelle, etc.). **3.** *P:* Dire des impertinences à (qn); manquer de respect à (qn).
saucebox ['sɔ:sbɔks], *s.* *P:* Effronté, -ée; impertinent, -ente.
saucepan ['sɔ:spən], *s.* Casserole *f*; poêlon *m.* **Double saucepan, jacketed saucepan**, bain-marie *m*, *pl.* bains-marie.
saucepanful ['sɔ:spənful], *s.* Casserolée *f.*
saucer ['sɔ:sər], *s.* **1.** (*a*) Soucoupe *f.* (*b*) *Art:* (*For mixing water colours*) Godet *m* à couleur. **2.** *Nau:* Saucier *m*, écuelle *f* (du cabestan).
'saucer-eyed, *a.* Aux yeux en soucoupe, en boule de loto.
'saucer-eyes, *s.pl.* Yeux *m* en soucoupe, en boule de loto.
saucerful ['sɔ:sərful], *s.* Pleine soucoupe (*of*, de).
sauciness ['sɔ:sinəs], *s.* (*a*) Impertinence *f*; toupet *m.* (*b*) Mutinerie *f*, gaminerie *f.* (*c*) Élégance *f*; chic *m.* *Nau:* Coquetterie *f* (d'une frégate, etc.).
saucy ['sɔ:si], *a.* (*a*) Impertinent, effronté; répliqueur, répondeur. *A. & Lit:* **Saucy baggage**, petite effrontée. (*b*) Fripon, gamin, mutin; émancipé. *S. gesture*, geste gamin. *S. smile*, sourire mutin, aguichant. *S. little nursemaid*, petite bonne à l'air fripon. *To swing a s. hip*, ginginer des hanches. (*c*) *S. little hat*, petit chapeau coquet, chic. *S. frigate*, frégate pimpante et de crâne allure. **-ily**, *adv.* (*a*) Impertinemment; d'un ton effronté. (*b*) D'un air gamin; d'un air mutin. (*c*) (Chapeau porté) coquettement, crânement, avec chic.
sauerkraut ['sauərkraut], *s.* *Cu:* Choucroute *f.*
Saul [sɔ:l]. *Pr.n.m. B.Hist:* Saül. **Is Saul also among the prophets?** (i) *B:* Saül aussi est-il entre les prophètes? (ii) *F:* où la vérité va-t-elle se nicher?
saunter[1] ['sɔ:ntər], *s.* **1.** Promenade faite à loisir; flânerie *f.* **2.** *To come along* **at a saunter**, arriver, *F:* s'amener, au pas de promenade, tout doucement.
saunter[2], *v.i.* **To saunter (along)**, flâner; marcher nonchalamment; se balader; déambuler. *To s. along Piccadilly*, badauder, muser, en descendant Piccadilly; déambuler dans Piccadilly. *To s. up to the hotel*, arriver à petits pas devant l'hôtel. *To s. down, across, the road*, descendre la rue en flânant; traverser la rue sans se presser. *To s. back home*, s'en revenir tout doucement chez soi. *F: He had sauntered through life*, il avait flâné sa vie; il s'était laissé vivre.
sauntering, *s.* Flânerie *f*; badauderie *f*, badaudage *m.*
saunterer ['sɔ:ntərər], *s.* Flâneur, -euse; badaud, -aude; museur, -euse; baladeur, -euse.
saunteringly ['sɔ:ntəriŋli], *adv.* A petits pas; sans se presser.
sauria ['sɔ:riə], *s.pl.* *Rept:* Sauriens *m.*
saurian ['sɔ:riən], *a. & s.* *Rept:* Saurien (*m*). **Fossil saurians**, sauroptérygiens *m.*
sauroid ['sɔ:rɔid], *a. & s.* *Z:* Sauroïde (*m*).
sauropterygia [sɔ:rɔpte'ridʒiə], *s.pl.* *Paleont:* Sauroptérygiens *m.*
saury ['sɔ:ri], *s.* *Ich:* Scombrésoce *m.*
sausage ['sɔsedʒ], *s.* **1.** *Cu:* (*a*) (*Fresh, wet, eaten hot*) Saucisse *f.* **Paris sausage, small sausage**, chipolata *f.* **Frankfurt sausage**, saucisse de Francfort. (*b*) (*Preserved, hard, dry*) Saucisson *m.* *See also* BOLOGNA. **2.** (*a*) *Min: etc:* Boudin *m* (d'explosif). (*b*) *Mil:* **Sausage (balloon)**, ballon *m* d'observation; *F:* saucisse.
'sausage-filler, *s.* Machine *f* à saucisses; entonnoir *m* à saucisses.
'sausage-meat, *s.* Chair *f* à saucisse.
'sausage-'roll, *s.* *Cu:* Saucisse enrobée (de pâte feuilletée).
'sausage-skin, *s.* Peau *f* à saucisses; boyau *m.*
saussurite ['sousjurait], *s.* *Miner:* Jade *m* de Saussure; jade tenace; saussurite *f.*
sauté[1] ['souti], *a. & s.* *Cu:* Sauté (*m*).
sauté[2], *v.tr.* *Cu:* Sauter, faire sauter (des pommes de terre).
Sauterne [so'tə:rn], *s.* *Vit:* Vin *m* de Sauternes; sauternes *m.*
savable ['seivəbl], *a.* Sauvable; dont l'âme peut être sauvée.
savage[1] ['savedʒ]. **1.** *a.* (*a*) (*Of race, custom, etc.*) Sauvage, barbare; non civilisé. *Her:* **Savage man**, sauvage *m.* (*b*) (Animal, coup) féroce; (coup) brutal, -aux; (visage) farouche. (*c*) *F:* (*Of pers.*) Furieux; en rage, en colère. **To grow savage**, se fâcher (tout rouge); se mettre en colère. *To make a s. attack on s.o.*, s'attaquer férocement à qn. **2.** *s.* Sauvage *mf.* **-ly**, *adv.* Sauvagement, férocement; furieusement.
savage[2], *v.tr.* (*a*) (*Of animal, esp. of horse*) Attaquer, mordre (qn, les autres bêtes). (*b*) *F:* (*Of pers.*) Attaquer (qn) du bec et des ongles.
savageness ['savedʒnəs], **savagery** ['savedʒəri], *s.* **1.** Sauvagerie *f*, barbarie *f* (d'une race, d'une coutume, etc.). *To live in s.*, vivre à l'état sauvage. **2.** Férocité *f* (d'un animal, d'un coup); brutalité *f* (d'un coup).
savanna(h) [sa'vanə], *s.* **1.** Savane *f* (de la Floride, etc.). **2.** Prairie *f* (avec arbres disséminés).
savarin ['savarin], *s.* *Cu:* Savarin *m.*
savate [sa'vat], *s.* *Box:* Savate *f*, chausson *m.*
save[1] [se:iv], *s.* **1.** *V. & Dial:* Économie *f.* *A great s. in firing*, une grande économie de chauffage. **2.** *Fb:* Arrêt *m* (du ballon) (par le gardien de but). **To effect a save**, parer à l'attaque.
save[2], *v.tr.* **1.** (*a*) Sauver (qn, une bête, etc.). **To save s.o.'s life**, sauver la vie à qn. *The doctors could not s. him*, les médecins l'avaient condamné, se déclaraient incapables de le sauver. *He has saved several lives at sea*, il a fait plusieurs sauvetages en mer. *He was saved from the wreck*, il a réchappé du naufrage. *To s. oneself by grabbing a rope*, se raccrocher, se reprendre, à un cordage. **To save s.o. from death**, arracher qn à la mort. *To s. s.o. from drowning*, sauver qn qui se noie; tirer qn de l'eau. *To s. s.o. from s.o.'s anger*, préserver qn de la colère de qn. *To s. s.o. from a danger*, sauver qn d'un danger; dérober qn à un danger. *To s. s.o. from falling*, empêcher qn de tomber. *I went with him to s. him from promising what he couldn't perform*, je l'ai accompagné pour veiller à ce qu'il ne promît rien d'impossible. *To s. s.o. from bad companions*, arracher qn à de mauvaises fréquentations. *Fb:* (*Of goal-keeper*) **To save the goal**, arrêter le ballon. (*b*) *Theol:* **To save one's soul**, sauver son âme. *Whoso loveth God shall be saved*, quiconque aime Dieu fera son salut. *F:* **As I hope to be saved . . .**, sur ma part de paradis. . . . (*c*) Sauver, protéger, sauvegarder (son honneur, etc.). **To save the situation**, se montrer à la hauteur de l'occasion; faire le nécessaire (pour parer à la catastrophe, etc.). **To save appearances**, sauver, sauvegarder, les apparences; sauver les dehors. **To save one's pocket**, éviter des dépenses. (God) **save me from my friends!** Dieu me protège contre mes amis! *F:* c'est le pavé de l'ours! **God save the King!** Dieu sauve le Roi! **Save us!** Dieu nous garde! *See also* BACON, FACE[1] 2, MARK[1] 4, NECK[1] 1. **2.** (*a*) Mettre (qch.) de côté. *To s. the crusts for the chickens*, mettre de côté les croûtons pour les donner aux poules. *To s. silver paper for the hospitals*, garder le papier d'argent pour les hôpitaux. *S. a dance for me*, réservez-moi une danse. (*b*) Économiser, épargner, mettre de côté (de l'argent). *I have money saved*, j'ai de l'argent de côté. *To s. every penny one can*, mettre sou sur sou; regarder à chaque sou. *To s. little by little*, économiser sou par sou. *He does not know how to s. money*, l'argent lui brûle la poche, lui fond entre les mains. *Abs.* **To save (up)**, économiser pour l'avenir; faire des économies; épargner son argent; thésauriser. *To s. up for one's old age*, amasser pour sa vieillesse. *Prov:* **A penny saved is a penny gained, is a penny earned**, qui épargne gagne; il n'y a pas de petites économies; les petites économies font les bonnes maisons. (*c*) *Ind:* Recueillir, capter (les sous-produits, etc.). **3.** Ménager (ses vêtements, etc.); économiser (le travail, etc.); éviter (une dépense, de la peine, etc.). **To save time**, gagner du temps; faire une économie de temps. *Hours saved*, heures rescapées. *You will s. money by it*, vous y gagnerez (de l'argent). *In this way you s. twenty per cent*, vous faites ainsi une économie de vingt pour cent. *S. middlemen's profits*, profitez vous-même du bénéfice qui va d'ordinaire aux intermédiaires. *Ind:* **To save labour**, économiser la main-d'œuvre. *I am saving my strength*, je me ménage; je ménage ma force. **I might as well have saved my breath, my pains**, j'avais beau parler; j'ai perdu ma peine. **To save oneself for sth.**, se réserver pour qch. *See also* STITCH[1] 1. **4.** (*a*) **To save s.o. sth.**, éviter, épargner, qch. à qn. *This has saved him much expense, much trouble*, cela lui a évité beaucoup de dépense, beaucoup de peine. *We have saved (ourselves) a mile by going this way*, nous avons gagné un mille en prenant par ici. *All this labour would be saved to them, they would be saved all this labour*, cela leur épargnerait tout ce travail. *Everyone helps to clear the table to s. the maid too many journeys*, tout le monde aide à desservir, pour que la bonne ait moins de voyages. **To save s.o. the trouble of doing sth.**, épargner à qn la peine de faire qch. (*b*) **To save s.o. from sth., from doing sth.**, épargner qch. à qn; épargner à qn la peine de faire qch. *We try to s. the wounded from being jolted*, nous tâchons d'épargner, d'éviter, les secousses aux blessés. **5.** *A:* Attraper, ne pas manquer (la poste, le train, etc.).
saving[1]. **I.** *a.* **1.** (*a*) Qui sauve; qui protège; (conseil, etc.) salutaire. (*b*) (Qualité, etc.) qui rachète des défauts. *See also*

GRACE[1] 2. **2.** (*a*) (*Of pers.*) Économe, ménager (*of*, de); parcimonieux. (*b*) (*Of system, etc.*) Économique. *See also* LABOUR-SAVING[1]. **3. Saving clause,** clause *f* de sauvegarde; clause restrictive; réservation *f*. **-ly,** *adv.* Économiquement; frugalement.

II. **saving. 1.** *prep.* & *conj.* = SAVE[3]. **2.** *prep.* Sauf; sans blesser; sans porter atteinte à. **Saving your presence,** sauf votre respect.

saving[2], *s.* **1.** (*a*) Délivrance *f*, salut *m* (de qn, des âmes). *This was the s. of him,* cela a été son salut. (*b*) Sauvetage *m*. *See also* LIFE-SAVING. (*c*) Protection *f* (de qn, qch.). (*d*) *Ind:* Récupération *f*, captage *m* (des sous-produits). **2.** (*a*) Économie *f*, épargne *f*. **Saving of labour, labour-saving,** (i) économie de travail; (ii) *Ind: etc:* économie de main-d'œuvre. *S. in handling costs,* économie dans le coût de la manutention. *See also* DAYLIGHT 1, SKIMPING[2] 1. (*b*) *pl.* **Savings,** économies, pécule *m*; *Pol.Ec:* dépôts *m* d'épargne. *To live on one's savings,* vivre de ses épargnes. *To draw on one's savings,* prendre sur ses économies; faire appel à ses économies. *To be careful of one's small savings, F:* ménager ses quatre sous. **3.** *Jur:* Réservation *f*; clause *f* de sauvegarde.

'savings-bank, *s.* Caisse *f* d'épargne. **Post office savings-bank,** caisse (nationale) d'épargne postale. *To put money in the s.-b.,* mettre de l'argent à la caisse d'épargne. **Savings-bank book,** livret *m* de caisse d'épargne. **Savings-bank stamp,** timbre-épargne *m*, *pl.* timbres-épargne.

'save-all, *s.* **1.** *Mch: etc:* Appareil économiseur. **2.** Brûle-bout(s) *m inv*; brûle-tout *m inv* (de bougeoir). **3.** *Nau:* Petite voile supplémentaire établie au-dessous d'une autre voile.

save[3]. *A.* & *Lit:* **1.** *prep.* (*a*) Sauf, excepté, hormis; à l'exception de; exception faite de. *He lost all his family s. one son,* il a perdu toute sa famille sauf un fils. *All, s. the doctor,* tous, à l'exception du docteur. *All is lost s. honour, A:* tout est perdu fors l'honneur. *S. on this point we are agreed,* à cela près, à ce détail près, nous sommes d'accord. *S. as otherwise provided in the articles,* sauf dispositions contraires des statuts. *To be happy, what is required s. to desire nothing?* pour être heureux, que faut-il sinon ne rien désirer? (*b*) **Save for** *a grazed arm he is unhurt,* il est indemne sauf une écorchure au bras. *He would be happy s. for one thing,* il serait heureux si ce n'était une chose. **2.** *conj.* (*a*) *A.* & *Lit:* **Save he be dead,** *he will return,* à moins qu'il ne soit mort, il reviendra. (*b*) *conj.phr.* **Save that . . .,** hormis que . . ., sauf que . . ., sinon que . . ., excepté que. . . . *I know nothing s. that she loves you,* je ne sais rien hors, hormis, qu'elle vous aime.

saveloy ['savəlɔi], *s.* *Cu:* Cervelas *m*.

saver ['seivər], *s.* **1.** (*a*) Sauveur *m*, libérateur, -trice (de sa patrie, etc.). (*b*) Sauveteur *m* (de vie, de biens). **2.** Appareil économiseur. *S. of time, of labour,* économiseur *m* de temps, de travail. **3.** Personne *f* économe. *To be a s.* (*of money*), pratiquer l'épargne.

savey ['savi], *s.* & *v.tr.* = SAVVY[1, 2].

savin(e) ['savin], *s.* **1.** *Bot:* **Savin(-tree),** (genévrier *m*) sabine *f*; savinier *m*. **2.** *Pharm:* Sabine.

saviour ['seivjər], *s.* Sauveur *m*. *Theol:* **Our Saviour,** Notre Sauveur.

Savonarola [savonа'roula]. *Pr.n.m. Hist:* Savonarole.

savory ['seivəri], *s.* *Bot:* *Cu:* Sarriette *f*. **Savory oil,** essence *f* de sarriette.

savour[1] ['seivər], *s.* **1.** Saveur *f*, goût *m*, arome *m* (d'un mets, etc.). *F: The s. of his humour,* son humour savoureux. *I find no s. left in life,* pour moi la vie n'a plus ni goût ni saveur. **2.** Trace *f*, soupçon *m*, pointe *f* (d'ail, d'hérésie). *Religion with a s. of fanaticism,* religion *f* qui sent le fanatisme.

savour[2]. **1.** *v.tr.* *A:* (*Of pers.*) Savourer (un mets, etc.). **2.** *v.i.* (*Of thg*) **To savour of sth.,** sentir qch.; tenir de qch. *Passion that savours of love,* passion *f* qui tient de l'amour. *Letter that savours of jealousy,* lettre *f* où perce la jalousie, qui sent la jalousie. *Doctrine that savours of heresy,* doctrine *f* qui sent le fagot.

savouriness ['seivərinəs], *s.* Saveur *f*, succulence *f*, sapidité *f*, qualité savoureuse (d'un mets, etc.).

savourless ['seivərləs], *a.* Fade, insipide; sans saveur.

savoury ['seivəri]. **1.** *a.* (*a*) (Goût, mets) savoureux, appétissant; succulent. *To make a dish s.,* donner du goût à un mets; relever un plat. *F: He looked even less s. than the majority of tramps,* il avait l'air encore plus répugnant que la plupart des chemineaux. (*b*) (Mets) piquant ou salé. **Savoury herbs,** plantes assaisonnantes, aromatiques. **Savoury omelette,** omelette *f* aux fines herbes. **2.** *s.* Entremets non sucré (de fin de repas); bouchée piquante, salée (qui donne soif); canapé *m* d'anchois, etc.

Savoy [sə'vɔi]. **1.** *Pr.n.* (*a*) *Geog:* La Savoie. (*b*) *Hist:* **The Savoy Palace,** le Palais de Savoie (à Londres), qui jouissait du droit d'asile. (*c*) *F:* **The Savoy** = (i) *the Savoy Hotel;* (ii) *the Savoy Theatre.* **2.** *s.* (*a*) **Savoy (cabbage),** chou frisé de Milan; *F:* pancalier *m*. (*b*) **Savoy (biscuit),** biscuit *m* à la cuillère.

Savoyard [sə'vɔiɑːrd, 'sav-], *a.* & *s.* **1.** *Geog:* Savoisien, -ienne; *F:* savoyard, -arde. **2.** *F:* (*a*) *Hist:* Réfugié qui avait pris asile dans l'enceinte du Palais de Savoie. (*b*) *A:* Membre *m* de la troupe du *Savoy Theatre* (où furent données toutes les opérettes de Gilbert et Sullivan).

savvy[1] ['savi], *s.* *P:* Jugeotte *f*, gingin *m*.

savvy[2], *v.tr.* *P:* Savoir; comprendre, *P:* piger. **Savvy?** compris?

saw[1] [sɔː], *s.* *Tls:* Scie *f*. **Hand-saw,** scie à main; (*small*) égohine *f*. *See also* HAND-SAW. **Back(ed) saw,** scie à dos, à dossière; scie renforcée. **Tenon saw,** scie à tenon; scie à araser. **Cross-cut saw,** scie de travers; (scie) passe-partout *m*; (h)arpon *m*; hansar(d) *m*; passant *m*. **Power saw,** scie mécanique; scierie *f*. **Circular saw,** *U.S:* **buzz-saw,** scie circulaire. **Alternating saw, reciprocating saw,** scie alternative. *Metal saw,* scie à métaux. *Marble saw,* scie à marbre. *Bookbinder's saw,* grecque *f*. *See also* BAND-SAW, BELT-SAW, BOW-SAW, CHAIN-SAW, COMPASS-SAW, CROWN-SAW, DRAG-SAW, EDGE-SAW, FRAME-SAW, FRET-SAW[1], GANG[1] 3, GAUGE-SAW, HACK-SAW, JIG-SAW, KEYHOLE, MEAT-SAW, MOTOR SAW, PAD-SAW, PIERCING-SAW, PIT-SAW, PRUNING-SAW, RIBBON-SAW, RIP-SAW, SCROLL-SAW, TURNING-SAW.

'saw-bench, *s.* **1.** Scie *f* circulaire à table. **2.** = SAW-HORSE.

'saw-blade, *s.* Lame *f*, feuille *f*, de scie.

'saw-buck, *s.* *U.S:* = SAW-HORSE.

'saw-cut[1], *s.* Trait *m* de scie; coupement *m*.

'saw-cut[2], *v.tr.* *Bookb:* = SAW[2] 2.

'saw-doctor, *s.* Machine *f* à découper les creux (des dents de scie).

'saw-file, *s.* *Tls:* Lime *f* à scies; affûteur *m*; tiers-point *m*, *pl.* tiers-points.

'saw-fly, *s.* *Ent:* Tenthrède *f*; lophyre *m*; mouche *f* à scie. **Stem saw-fly,** cèphe *m*.

'saw-frame, *s.* Châssis *m*, monture *f*, affût *m*, arçon *m*, de scie; porte-scie *m inv*.

'saw-guard, *s.* *Ind:* Protecteur *m*, chapeau *m*, de scie.

'saw-horse, -jack, *s.* *Mec.E:* Chevalet *m* de sciage, de scieur; chèvre *f*; bidet *m*.

'saw-log, *s.* *U.S:* Bloc *m* de sciage.

'saw-pad, *s.* *Tls:* Manche *m* porte-scies.

'saw-pit, *s.* Fosse *f* de scieur de long. **Saw-pit frame, horse,** baudet *m*.

'saw-set, *s.* *Tls:* Tourne-à-gauche *m inv*.

'saw-tooth, *s.* Dent *f* de scie. **Saw-tooth roof,** toit *m* en dents de scie; (toit en) shed *m*.

'saw-toothed, *a.* En dents de scie; (toit *m*) en shed.

'saw-way, *s.* Trait *m* de scie.

'saw-wort, *s.* *Bot:* Serrette *f*, sarrette *f*; serratule *f*.

'saw-wrench, *s.* = SAW-SET.

saw[2], *v.tr.* (*p.t.* sawed; *p.p.* sawn, *F:* sawed) **1.** Scier (le bois, etc.); sciotter (la pierre, le marbre). **To saw up wood,** débiter du bois. **Sawn timber,** (bois de) sciage *m*. *To saw through timber,* tronçonner le bois; scier le bois en travers. **To saw off a piece of wood,** scier (et détacher) un morceau de bois. *To saw off the end of a plank,* araser une planche. *To saw off the waste,* enlever l'excédent à la scie. **Sawed-off shot-gun,** carabine *f* à canon tronçonné. **To saw out a piece,** découper un morceau à la scie; chantourner un morceau. **To saw down a screw,** araser une vis. (*With passive force*) **Wood that saws well,** bois qui se scie bien. *F:* **To saw the air,** battre l'air (avec les bras). **To saw on the fiddle,** racler du violon; racler le violon. *U.S:* **To saw wood,** vaquer à ses affaires. *Equit:* **To saw a horse's mouth,** gourmander la bouche d'un cheval; scier du bridon. **2.** *Bookb:* Grecquer (les feuilles).

sawing, *s.* **1.** Sciage *m* (du bois). **Sawing up,** débitage *m*. **Sawing machine,** scie *f* mécanique. **2.** *Bookb:* Grécage *m*.

saw[3], *s.* Adage *m*, proverbe *m*, maxime *f*; dicton *m*. *Usu.* **Old saw,** adage. **Wise saw,** aphorisme *m*.

saw[4]. *See* SEE[1].

sawbones ['sɔːbounz], *s.* *F:* Chirurgien *m*; *F:* carabin *m*.

sawder[1, 2] ['sɔːdər], *s.* & *v.tr.* = SOFT-SAWDER[1, 2].

sawdust[1] ['sɔːdʌst], *s.* Sciure *f* (de bois); bran *m* de scie. *F:* **To knock the sawdust out of s.o.,** bourrer qn de coups de poing; rosser qn; rentrer dedans à qn.

sawdust[2], *v.tr.* Répandre de la sciure sur (le plancher, etc.).

sawfish ['sɔːfiʃ], *s.* *Ich:* Scie *f* (de mer).

sawmill ['sɔːmil], *s.* Scierie *f*.

sawn [sɔːn]. *See* SAW[2].

Sawney, Sawnie ['sɔːni]. **1.** *Pr.n.m.* *F:* (*Scot.*) Alexandre. **2.** *s.* *F:* (*a*) Écossais *m*. (*b*) Niais *m*; béjaune *m*.

sawyer ['sɔːjər], *s.* **1.** Scieur *m*; *esp.* scieur de long. *See also* TOP-SAWYER. **2.** *U.S:* Arbre immergé dans le courant d'un fleuve, et dangereux pour la navigation.

sax [saks], *s.* *Tls:* Hache *f* d'ouvrage (de couvreur).

saxatile ['saksatail], *a.* *Nat.Hist:* Saxatile.

saxe [saks], *a.* & *s.* *Dy:* **Saxe blue,** bleu *inv* de Saxe.

saxhorn ['sakshɔːrn], *s.* *Mus:* Saxhorn *m*.

saxicava, *pl.* **-ae** [sak'sikava, -iː], *s.* *Moll:* Saxicave *f*.

saxicavous [sak'sikavəs], *a.* *Moll:* Saxicave.

saxicolinae [saksiko'lainiː], *s.pl.* *Orn:* Saxicoles *m*.

saxicoline [sak'sikolain], **saxicolous** [sak'sikoləs], *a.* *Nat.Hist:* Saxicole.

saxifrage ['saksifredʒ], *s.* *Bot:* **1.** Saxifrage *f*. *Yellow s.,* saxifrage d'automne. *White meadow s.,* saxifrage granulée; casse-pierre(s) *m inv*, perce-pierre *f*, *pl.* perce-pierres; christe-marine *f*. *Rue-leaved s.,* saxifrage tridactyle, à trois doigts. *Mossy s.,* saxifrage mousseuse; saxifrage hypnoïde; gazon *m* mousse. *Wood s.,* saxifrage cunéiforme. **2. Golden saxifrage,** saxifrage dorée. **Burnet saxifrage,** pied-de-chèvre *m*, *pl.* pieds-de-chèvre. **Meadow saxifrage,** séséli *m*.

Saxon ['saksən]. **1.** *a.* & *s.* Saxon, -onne. **2.** *Ling:* (*a*) *s.* Le saxon. (*b*) *a.* (*Of English elements*) Teutonique. **3.** *a.* (*a*) *Arch:* (Style) roman teutonique. (*b*) *Dy:* **Saxon blue,** bleu *inv* de Saxe.

Saxony ['saksəni]. *Pr.n. Geog:* La Saxe.

saxophone ['saksofoun], *s.* *Mus:* Saxophone *m*, *F:* saxo *m*.

saxophonist ['saksofounist], *s.* (Joueur *m* de) saxophone *m*.

saxpence ['sakspəns], *s.* *Scot.* & *Hum:* = SIXPENCE. *See also* BANG[2] 2, BANG[3] 1.

sax-tuba ['saks'tjuːba], *s.* *Mus:* Tuba *m*.

say[1] [sei], *s.* Dire *m*, parole *f*, mot *m*. **To have, say, one's say,** dire ce qu'on a à dire; dire son mot; *F:* défiler son chapelet. **To have one's say out,** dire ce que l'on a sur le cœur. *Now I shall have my say,* maintenant (c'est) à moi la parole. *Let me have my say,* laissez-moi parler; laissez-moi dire un mot. **I have no say in the matter,** *F:* je n'ai pas voix au chapitre.

say[2], *v.tr.* (*p.t.* said [sed]; *p.p.* said; 3rd *sg. pr. ind.* says [sez], *A:* sayeth ['seiəθ], saith [seθ]) Dire. **1.** (*a*) (*Utter*) *To say a word,* dire un mot. **You have only to say the word,** vous n'avez qu'à le dire, qu'à donner l'ordre. *F: To ask s.o.* **to say a few words,** prier qn de prendre la parole, de faire une courte allocution. *To say good morning to s.o.*, dire bonjour à qn. *Molly said nothing, as became her age,* Molly se taisait, comme il seyait à son âge. *F:* **Who shall I say?** qui dois-je annoncer? **To say again,** répéter, redire. *Don't say it again,* ne le répétez pas. (*In defiance*) *Just say that again!* répétez un peu pour voir! **It isn't said in good company,** cela ne se dit pas dans la bonne société. **What do you say?** que dites-vous? qu'est-ce que vous dites? **What did you say?** (i) qu'avez-vous dit? (ii) plaît-il? *F:* comment? *That's just what I was about to say,* c'est justement ce que j'allais dire. *He never hears what is said to him,* il n'entend jamais ce qu'on lui dit. *I don't care what you say . . .*, vous avez beau dire. . . . *Whatever he may say . . .*, quoiqu'il en ait . . .; malgré qu'il en ait. . . . **To say yes, no,** dire (que) oui, (que) non. *To say yes one moment and no the next,* avoir son dit et son dédit. *I offered you a drink and* **you said no,** je vous ai offert à boire et vous avez refusé. **To say no to a statement,** nier un fait; contredire un fait. **To say yes to an invitation,** accepter une invitation. **I wouldn't say no to a glass of beer,** je boirais bien, volontiers, un verre de bière; un verre de bière ne serait pas de refus. **What do you say to a drink?** si on buvait un verre? *What do you say, what say you, to a game of bridge?* si on faisait un bridge? ça vous dit-il, vous dirait-il, de faire une partie de bridge? *He goes to the club.*—**So he says!** il va au cercle.—A l'en croire! **Thus saith the Lord,** ainsi dit l'Éternel; ainsi parle le Seigneur. **"I accept," said he, he said,** "j'accepte," fit-il, dit-il. *P: "By no means," says I,* "pas du tout," que je dis. *See also* NAY 2. (*b*) (*Express orally or otherwise*) *He said that you were here,* il a dit que vous étiez ici. *All that can be said in a couple of words,* tout ça tient en deux mots. **Say it with flowers,** exprimez vos sentiments avec des fleurs. *As I said in my letter,* comme je vous l'ai dit dans ma lettre. **The Bible says . . ., it says in the Bible . . .,** on dit, il est dit, dans la Bible. . . . *The text of the treaty says . . .*, le texte du traité porte ces mots. . . . *The church clock says ten o'clock,* le cadran de l'église marque dix heures. *The sign-post that says London,* le poteau qui porte l'indication Londres. *Be it said* (*incidentally*), soit dit en passant. *What did you say your trade was?* qu'est-ce que vous faites déjà? *You don't mean to say you've turned socialist,* vous n'allez pas me dire que vous êtes devenu socialiste. **Though I say it who should not,** bien que ce ne soit pas à moi de le dire. *As people say, as they say,* comme dit l'autre; comme on dit. **So to say,** pour ainsi dire. **As one might say . . .,** comme qui dirait. . . . **One might as well say . . .,** autant dire. . . . *One may well say so,* c'est bien le cas de le dire. *Or perhaps I should say . . .*, ou pour mieux dire. . . . **I must say . . .,** j'avoue . . ., je dois dire . . ., il faut avouer . . .; franchement. . . . *This news surprises me, I must say,* cette nouvelle me surprend, je l'avoue. *I will say this about you that . . .*, je vous rends ce témoignage que. . . . **That is to say . . ., c'est-à-dire . . .;** à savoir. . . . *Three shirts at fifteen shillings, that is to say, forty-five shillings,* trois chemises à quinze shillings, soit quarante-cinq shillings. **His language was coarse, not to say blasphemous,** son langage était grossier, même, voire, pour ne pas dire, blasphématoire. *Have you said anything about it to him?* lui en avez-vous parlé? *I don't wish anything said about it,* je ne veux pas qu'on en dise rien; je ne veux pas que cela s'ébruite. *I remember something was said about it,* je me souviens qu'on en a parlé, qu'il en a été parlé. **The less said the better,** moins nous parlerons, mieux cela vaudra. **Say no more!** n'en dites pas davantage! **To say nothing of . . .,** sans parler de. . . . *He knows no English, to say nothing of French,* il ne sait pas l'anglais, sans parler du français. *He says little,* il parle peu; il est peu communicatif. *He has very little to say for himself; he never has anything to say for himself,* (i) il est peu communicatif; (ii) il ne sait pas se faire valoir. *He has plenty to say for himself,* (i) *F:* il n'a pas sa langue dans sa poche; (ii) il sait se faire valoir, se mettre en avant. **What have you to say for yourself?** (i) quelles sont vos nouvelles? (ii) quelle excuse avez-vous pour expliquer votre conduite? *We had nothing to say to each other,* nous n'avions rien à nous dire. **At first they would have nothing to say to him,** d'abord on refusa de le reconnaître. **He will have nothing to say to it,** il ne veut rien entendre. *See also* NOTHING I. 1 (*c*). *There is something to be said on both sides,* il y a du pour et du contre. *This much can be said at present, that . . .*, on peut affirmer dès maintenant que. . . . **There is much to be said for beginning now,** il y a de bonnes raisons pour s'y mettre dès maintenant. **There is much to be said for this invention,** cette invention se recommande à plusieurs points de vue. **I can't say much for his mathematics,** en mathématiques il est plutôt faible. *That doesn't say much for his intelligence,* cela ne dénote pas beaucoup d'intelligence. *Don't say he didn't cheat! F:* avec ça qu'il n'a pas triché! **You don't say so!** allons donc! pas possible! vraiment? vous m'en direz tant! *P:* **You don't say!** c'est-il possible! *See also* ALL I. 1, DARE 1, EASY[1] II. 1, ENOUGH 1, LEAST 2, MORE 5, SOON 2. (*c*) (*Report*) **They say that . . ., it is said that . . .,** on dit que. . . . *That is what people are saying,* voilà ce qu'on raconte. *I don't care a straw for what people may say,* je me moque du qu'en-dira-t-on. *They say he has a large fortune,* **he is said to have a large fortune,** on lui donne, on lui attribue, une grande fortune. *He is said to be rich,* on le dit riche; on dit qu'il est riche. *He is said to be the culprit,* on dit que c'est lui le coupable; ce serait lui le coupable. **Nobody can be said to have understood him,** on ne peut pas affirmer que personne l'ait jamais compris. *The furniture is said not to be worth much,* on dit que le mobilier ne vaut pas grand'chose. (*d*) (*Opine*) **Anyone would say that he was asleep,** on dirait qu'il dort. *I should say she has intelligence,* autant que j'en puis juger elle est intelligente. **I should say not,** je ne crois pas; je crois que non. *It is difficult to say* (*when, where, which, etc.*), il est difficile de dire, on ne saurait préciser, on ne sait pas (quand, où, quel, etc.). *What say you?* et vous, qu'en dites-vous? **And so say all of us,** et nous pensons tous de même; c'est ce que nous disons tous. *Didn't I say that he would come!* je le disais bien qu'il viendrait! *Didn't I say so!* quand je vous le disais! je vous l'avais bien dit! (*e*) *It was you who said I was to,* c'est vous qui m'avez dit de le faire, qui me l'avez dit. (*f*) **(Let us, shall we, shall I) say,** disons. *Come and have lunch one of these days, say Sunday,* venez déjeuner un de ces jours, disons dimanche, par exemple dimanche. *If I had an income of* (*shall I, let us*) *say a thousand a year,* si j'avais des rentes, mettons mille livres par an. *A letter of credit for £1000* (*say, one thousand pounds*) . . ., une lettre de crédit pour la somme de £1000 (nous disons mille livres sterling). . . . *Three times round the track, say two miles,* trois tours de piste, soit deux milles. *Nine shillings and sixpence, say ten shillings,* neuf shillings et six pence, autant dire dix shillings. **Well, say it were true, what then?** eh bien, mettons que ce soit vrai, même si c'était vrai, quand même ça serait vrai, alors quoi? (*g*) (*Exclamatory*) **I say,** *U.S:* **say!** dites donc! *I say, here's an idea,* écoutez donc, j'ai une idée. *U.S: Say, stranger, can you . . .?* pardon, monsieur, pourriez-vous . . .? (*Expressing surprise*) **I say!** pas possible! fichtre! mazette! **2.** Dire, réciter (une leçon, une prière, etc.); faire (ses prières). **To say mass,** dire la messe. *To say grace,* dire, réciter, le bénédicité.

say on, *v.i.* (*Only in imp.*) Dites toujours.

say out, *v.tr.* Dire (qch.) ouvertement.

say over, *v.tr.* **1.** Repasser (un rôle, etc.). **2. To say a thing over and over again,** répéter qch. à satiété; rabâcher toujours la même chose.

saying, *s.* **1.** (*a*) Énonciation *f* (d'un fait, etc.); récitation *f* (d'une leçon, etc.). **It goes without saying that . . .,** il va de soi, cela va sans dire, que. . . . *That goes without saying,* cela va sans dire; *F:* cela ne fait pas un pli. (*b*) **There is no saying . . .,** (il est) impossible de dire, on ne sait pas (quand . . ., etc.). *There is no s. what will happen,* on ne peut pas dire ce qui arrivera. *There's no saying!* je ne dis pas non! *See also* DOING 1. **2.** (*a*) Dit *m* (de qn). **Doings and sayings,** faits *m* et dits. **Historical saying,** mot *m* historique. (*b*) **(Common) saying,** adage *m*, proverbe *m*, maxime *f*, dicton *m*, aphorisme *m*. **As the saying goes,** comme dit le proverbe; *F:* comme dit l'autre.

sayable ['seiəbl], *a.* Dicible, disable.

sayer ['seiər], *s.* Diseur, -euse (de bons mots, etc.). *See also* SOOTHSAYER.

sayyid ['seijid], *s.* Séid *m*, sidi *m*.

sbirro, *pl.* **sbirri** ['sbirro, 'sbirri], *s.* Sbire *m*.

'sblood [zblʌd]. *See* 's 1.

scab[1] [skab], *s.* **1.** (*a*) *Vet:* Gale *f*, bouquet *m*. (*b*) *Hort:* (*Of plants*) Gale; *F:* rogne *f*. **2.** (*a*) (*On wound*) Croûte *f*, eschare *f*. (*b*) *Metall:* (i) Dartre *f*; (ii) "peau *f* de crapaud" (de moulage). **3.** *P:* (*Pers.*) (*a*) *Ind:* Renard *m*, jaune *m*. (*b*) Canaille *f*; *P:* sale type *m*; vilain coco; salaud *m*, saligaud *m*.

'scab-wort, *s. Bot:* Aunée *f* hélène.

scab[2], *v.i.* (**scabbed; scabbing**) **1.** (*Of wound*) **To scab (over),** former une croûte; se cicatriser. **2.** *Metall:* Dartrer. **3.** *P:* Supplanter les grévistes; trahir ses camarades.

scabbed, *a.* = SCABBY 2.

scabbing, *s.* Formation *f* (i) d'une croûte, (ii) d'une dartre.

scabbard ['skabərd], *s.* Fourreau *m* (d'une épée); gaine *f* (d'un poignard, etc.). *F:* **To throw away the scabbard,** jurer la guerre à outrance; s'en remettre au sort des armes.

'scabbard-catch, *s. Sm.a:* Pontet *m* (de baïonnette, etc.).

'scabbard-fish, *s. Ich:* Lépidope *m*; *F:* jarretière *f*.

scabbiness ['skabinəs], *s.* **1.** État galeux (d'un animal). **2.** (*a*) État croûteux (d'une blessure, etc.). (*b*) *Metall:* État dartreux (d'un moulage). **3.** *P:* Mesquinerie *f*; pingrerie *f*.

scabble [skabl], *v.tr.* Dégrossir, smiller (la pierre de carrière). **Scabbled stone,** moellon smillé.

scabbling, *s.* Smillage *m*.

scabby ['skabi], *a.* **1.** *Vet:* (*Of sheep, etc.*) Galeux. **2.** (*a*) (*Of sore, etc.*) Croûteux, scabieux. (*b*) (*Of metal casting*) Dartreux. **3.** *P:* (*a*) (*Of pers., thg*) Mesquin, sordide, méprisable. (*b*) (*Of pers.*) Ladre, pingre.

scabies ['skeibii:z], *s. Med:* Gale *f*.

scabious ['skeibiəs]. **1.** *a.* = SCABBY 1, 2. **2.** *s. Bot:* Scabieuse *f*. **Purple scabious, sweet scabious,** scabieuse fleur de veuve; veuve *f*; fleur *f* des veuves. **Blue scabious, devil's-bit scabious,** scabieuse tronquée; scabieuse succise; succise *f*; mors *m* du diable; herbe *f* de Saint-Joseph. **Field scabious, meadow scabious,** scabieuse des champs. **Small scabious,** scabieuse colombaire.

scabrous ['skeibrəs], *a.* **1.** (*Of surface, etc.*) Rugueux, raboteux; *A:* scabreux. **2.** (*Of topic, tale, etc.*) Scabreux, risqué.

scabrousness ['skeibrəsnəs], *s.* **1.** Scabrosité *f*, rugosité *f* (d'une surface). **2.** Scabreux *m*, caractère scabreux, caractère risqué (d'un récit, etc.).

scad [skad], *s. Ich:* Carangue *f*, saurel *m*; *F:* maquereau bâtard.

scads [skadz], *s.pl. U.S:* *P:* **1.** Argent *m*, *P:* pèse *m*, pognon *m*. **2. There's scads of it,** il y en a des tas.

scaffold[1] ['skafəld], *s.* **1.** *A:* (*a*) Échafaud *m*, estrade *f* (pour représentations). (*b*) Tribunes *fpl* (pour spectateurs). **2.** Échafaud (pour exécutions); bois *m* de justice. **To go to, to mount, the scaffold,** monter à, sur, l'échafaud. *To perish, die, on the s.*, mourir sur l'échafaud. **To bring s.o. to the scaffold,** faire tomber la tête de qn. **3.** *Const:* = SCAFFOLDING 1. **4.** *Metall:* Engorgement *m* (d'un haut fourneau).

scaffold[2]. **1.** *v.tr. Const:* Dresser un échafaudage contre (une maison, etc.), autour (d'une maison, etc.). **2.** *v.i. Metall:* (*Of furnace*) S'engorger.

scaffolding, *s.* **1.** *Const:* Échafaud *m*, échafaudage *m*. **Fixed scaffolding,** sapine *f*. **2.** *Metall:* = SCAFFOLD[1] 4.

'scaffolding-pole, *s. Const:* Écoperche *f*, pointier *m*; perche *f* d'échafaudage; baliveau *m*. *Horizontal s.-p.*, tendière *f*.

scaffolder ['skafəldər], *s.* *Const:* Ouvrier *m* qui dresse des échafaudages; échafaudeur *m.*

scalable[1] ['skeiləbl], *a.* (*Of cliff, wall, etc.*) Dont l'escalade est possible.

scalable[2], *a.* (Chaudière, etc.) que l'on peut désincruster, que l'on peut détartrer.

scalariform [ska'larifɔːrm], *a.* *Nat.Hist:* Scalariforme.

scalawag ['skalawag], *s.* = SCALLYWAG.

scald[1] [skɔːld], *s.* Échaudure *f* (sur la main, etc.).

scald[2], *v.tr.* **1.** Échauder, ébouillanter (la main, etc.). *To s. one's foot,* s'échauder, s'ébouillanter, le pied. **To be scalded to death,** mourir de ses brûlures (après l'explosion d'une chaudière, etc.). **2.** (*a*) Échauder, peler (un porc, etc.); blanchir (un chou, etc.). (*b*) Faire chauffer (le lait, etc.) juste au-dessous du point d'ébullition. **Scalded cream,** crème échaudée. (*c*) **To scald (out) a vessel,** échauder, ébouillanter, un récipient.

scalding[1], *a.* (*Of liquid*) **Scalding(-hot),** brûlant, tout bouillant. *F:* **Scalding tears,** larmes brûlantes.

scalding[2], *s.* **1.** Échaudage *m,* ébouillantage *m.* **Scalding room** (*of slaughter-house*), échaudoir *m.* **Scalding-tub,** échaudoir. **2.** *Cu:* (*a*) Blanchiment *m* (de la viande, etc.). (*b*) Cuisson *f* (du lait, etc.) juste au-dessous du point d'ébullition.

scald[3], *s.*, **scaldic** ['skɔːldik], *a.* = SKALD, SKALDIC.

Scaldesian [skɔl'diːziən], *a.* & *s.* *Geol:* (Étage) scaldisien *m.*

scald-head ['skɔːldhed], *s.* *Med:* Teigne faveuse.

scale[1] [skeil], *s.* **1.** (*On fish, reptile, bud, etc.*) Écaille *f.* *Med:* (*On skin*) Écaille, squame *f.* *Lit:* **The scales fell from his eyes,** les écailles tombèrent de ses yeux, lui tombèrent des yeux; ses yeux furent dessillés. **2.** *Metalw:* (*a*) Barbure *f* (de pièce coulée); balèvre *f,* dartre *f.* (*b*) *pl. or sing. coll.* **Scale(s),** écailles de fer, battitures *fpl,* pailles *fpl,* paillettes *fpl.* **Mill scale, roll scale,** scories *fpl* de laminoir. *See also* HAMMER-SCALE(S). **3.** Incrustation *f,* dépôt *m;* tartre *m* (des dents); teigne *f* (des vieux arbres). *Metalw:* (*On copper, iron, etc.*) Oxyde *m.* *Mch:* **Boiler scale,** tartre, entartrage *m,* incrustation; dépôt calcaire; calcin *m,* crasse *f.* **Scale preventive, preventer, remover** (*for boilers*), tartrifuge *m,* désincrustant *m,* anticalcaire *m.* **Scale-preventing, -removing,** anti-incrustant, anticalcaire. **4.** (*a*) **The scales of a lancet, of a razor,** la châsse d'une lancette, d'un rasoir. (*b*) *Mil:* **(Shoulder-)scale,** contre-épaulette *f, pl.* contre-épaulettes.

'scale-armour, *s.* *Archeol:* Armure *f* à écrevisse, à écailles.

'scale-blight, *s.* *Agr:* Maladie des plantes produite par la cochenille.

'scale-board, *s.* Lame *f* mince (de bois).

'scale-coated, *a.* (*Of boiler*) Entartré, incrusté.

'scale-crust, *s.* *Mch:* *etc:* Croûte *f* de tartre.

'scale-fern, *s.* *Bot:* Cétérac(h) *m.*

'scale-insects, *s.pl.* *Ent:* Coccidés *m,* cochenilles *f.*

'scale-moss, *s.* *Moss:* Jungermannie *f.*

'scale-wing, *s.* *Ent:* Lépidoptère *m.*

'scale-winged, *a.* *Ent:* Lépidoptère.

'scale-work, *s.* Ornementation *f* en forme d'écailles; imbrication *f.*

scale[2], *v.* I. *v.tr.* **1.** (*a*) Écailler; (*by scalding*) limoner (un poisson, etc.). (*b*) Détartrer, nettoyer, ruginer (les dents); piquer, désencroûter, décrasser, désincruster, détartrer, écailler (une chaudière, un tube); flamber (un canon); exfolier (un arbre, un os, etc.). *To s. a sheet of iron,* décaper une tôle. *To s. a boiler,* enlever les incrustations d'une chaudière; piquer, détartrer, une chaudière. **2.** Entartrer, incruster (une chaudière).

II. **scale,** *v.i.* **1.** (*a*) **To scale (off),** s'écailler; (*of colour*) s'effeuiller; *Med:* (*of skin*) se desquamer; (*of bark, bone, etc.*) s'exfolier. (*b*) (*Of wall, ceiling, etc.*) Se déplâtrer. **2.** (*Of boiler, etc.*) S'entartrer, s'incruster.

scaling[1], *s.* **1.** (*a*) Écaillage *m* (d'un poisson, etc.). (*b*) Détartrage *m* (des dents); piquage *m,* décrassage *m,* désincrustation *f,* désencroûtement *m,* détartrage (d'une chaudière, des tubes); décapage *m,* décapement *m* (des feuilles de fer); flambage *m* (d'un canon). *Mch:* **Scaling tools,** outils détartreurs. **Scaling brush,** brosse *f* à tubes. *Boiler-s. device,* désincrusteur *m.* **2.** *Mch:* Formation *f* du tartre; entartrage *m,* incrustation *f* (d'une chaudière).

scale[3], *s.* **1.** Plateau *m,* plat *m* (de balance). *Deep s.,* bassin *m.* **To throw sth. into the scale,** jeter qch. dans la balance; mettre qch. en balance. *To throw one's sword into the s.,* jeter, mettre, son épée dans la balance. *Victory was long in the s.,* la victoire fut longtemps en balance. **To turn the scale,** emporter, faire pencher, la balance. *This argument at once turned the s.,* cet argument emporta du coup la balance. *F:* **To turn the scale(s) at . . .,** peser plus de. . . . *Turf:* (*Of jockey*) **To ride to scale, to go to scale,** passer au pesage. **2.** *pl.* **(Pair of) scales,** balance. **Platform scales,** bascule *f;* (*with steelyard*) bascule romaine. **Kitchen scales, shop scales,** balance à plateaux. **Arm-chair scales,** chaise-bascule, *pl.* chaises-bascules. **Scales for gold,** trébuchet *m.* **Letter-scales,** pèse-lettres *m inv.* *F:* **To hold the scales even,** tenir la balance égale; juger avec désintéressement. *See also* BABY-SCALES, BEAM-SCALES. **3.** *pl.* *Astr:* **The Scales,** la Balance.

'scale-maker, *s.* Balancier *m;* fabricant *m* de balances.

'scale-pan, *s.* = SCALE[3] 1.

scale[4]. **1.** *v.tr.* *A:* Peser (qch.). **2.** *v.i.* **To scale six pounds,** peser, avoir un poids de, six livres.

scale in, *v.i.* *Turf:* Passer au pesage.

scale[5], *s.* **1.** Échelle *f.* (*a*) Graduation *f,* graduations (d'un thermomètre, d'un voltmètre, d'un système numérique, etc.); série *f,* suite *f* (de nombres, etc.). **Fahrenheit scale,** échelle de Fahrenheit. **Standard scale** (*of machine-part sizes, etc.*), échelle des calibres. **Scale of salaries,** échelle, barème *m,* des traitements. *S. of age,* rang *m* d'âge (des élèves, etc.). *Com:* **Scale of prices, of charges,** tarif *m,* échelle, gamme *f,* des prix. *Tax on a descending s.,* impôt régressif. *Jur:* **Costs on the higher scale,** le maximum des frais. *F:* **The social scale,** l'échelle sociale. **At the top of the scale,** en haut, au sommet, de l'échelle. *See also* SLIDING[1]. (*b*) Cadran gradué. *W.Tel:* **Wave-length scale,** cadran des longueurs d'onde. (*c*) Règle (divisée). **Diagonal scale,** échelle de proportion. *See also* FOCUSING 2, GUNTER 1, TANGENT-SCALE. (*d*) Échelle (d'une carte, d'un plan, etc.). *Curve plotted to a given s.,* courbe tracée à une échelle déterminée. **To draw sth. to scale,** dessiner qch. à l'échelle. **Drawing to scale,** dessin *m* à l'échelle. **Map on the scale of . . .,** carte (rapportée) à l'échelle de. . . . *To cut a pattern on the same s. as another,* couper un patron sur le compas d'un autre. **On a large scale,** en grand. **Large-scale map,** carte à grande échelle. *See also* LARGE I. 1. **On a small scale,** en petit. *Reproduction on a small s.,* reproduction *f* en petit, en miniature. *F:* *Dictators on a small s.,* dictateurs *m* au petit pied. *On a greater, wider, s.,* dans de plus vastes proportions. (*e*) Envergure *f* (d'une entreprise, etc.); étendue *f* (d'une calamité). *To keep house on a small s.,* avoir un train de maison très simple. **2.** (*a*) *Mus:* Gamme *f.* **Major scale, minor scale,** gamme majeure, mineure. *Melodic minor s.,* gamme mineure italienne. **To sing up the scale,** monter la gamme. **To practise scales,** faire des gammes. (*b*) **Scale of colours, of tones,** échelle, gamme, de couleurs, de nuances. *Art:* **A long scale of tones,** une gamme de tons très étendue.

'scale drawing, *s.* Dessin *m* à l'échelle.

'scale-paper, *s.* Papier quadrillé; papier millimétrique; papier pour architectes.

scale[6], *v.tr.* **1.** Escalader (un mur, une forteresse, etc.). *To s. a mountain,* faire l'ascension d'une montagne. **2. To scale a map,** tracer une carte à l'échelle. **To scale a building,** établir le dessin d'un bâtiment à l'échelle. **3.** *v.i.* (*Of quantities, etc.*) Avoir une échelle commune; être commensurables.

scale down, *v.tr.* Réduire (les gages, etc.) à l'échelle.

scale up, *v.tr.* Augmenter (les gages, etc.) à l'échelle.

scaling[2], *s.* **1.** Escalade *f.* **2.** (*a*) Graduation *f* (des prix, des salaires, etc.). (*b*) Dessin *m* (d'une carte) à l'échelle; tracé *m* à l'échelle.

'scaling-ladder, *s.* *Mil:* *A:* Échelle *f* d'escalade, de siège.

scaled [skeild], *a.* **1.** Écailleux, squameux. **2.** Écaillé.

scalene [skei'liːn], *a.* *Geom:* *Anat:* (Triangle *m,* muscle *m*) scalène.

scalenus [skei'liːnəs], *s.* *Anat:* **Scalenus (muscle),** scalène *m.*

scaler[1] ['skeilər], *s.* **1.** (*a*) Écailleur, -euse (de poissons). (*b*) *Mch:* Piqueur *m,* nettoyeur *m,* batteur *m* (de chaudières). **2.** *Tls:* (*a*) Écailleur *m* (de poissons). (*b*) **Boiler-scaler,** outil détartreur. (*c*) *Dent:* Rugine *f.*

scaler[2], *s.* Ascensionniste *mf* (d'une montagne). **Crag scaler,** varappeur *m.*

scalesman, *pl.* **-men** ['skeilzmən, -men], *s.m.* *Ind:* Peseur.

scaliness ['skeilinəs], *s.* Squamosité *f* (de la peau, etc.).

scallion ['skaljən], *s.* *Bot:* (*a*) Ciboule *f.* (*b*) *Dial:* Échalote *f.*

scallop[1] ['skaləp], *s.* **1.** (*a*) *Moll:* Pétoncle *m,* peigne *m;* coquille *f* (de) Saint-Jacques; pecten *m.* (*b*) *Cu:* Coquille (de poisson au gratin, de viande, etc.). **2.** *Needlew:* *etc:* Feston *m,* dent *f,* dentelure *f,* découpure *f.* *Skirt with scallops,* jupe avec découpes *f.*

'scallop-shell, *s.* *Moll:* = SCALLOP[1] 1.

scallop[2], *v.tr.* **1.** *Cu:* Faire cuire (du poisson, etc.) en coquille(s). *Scalloped oysters,* huîtres gratinées en coquilles. **2.** *Needlew:* Festonner; découper, denteler. *Scalloped handkerchief,* mouchoir échancré. *Scalloped design,* dessin dentelé. *Arch:* **Scalloped moulding,** moulure *f* en écailles.

scallywag ['skaliwag], *s.* *P:* **1.** (*a*) Propre-à-rien *m inv;* bon-à-rien *m inv;* vaurien *m;* mauvais garnement. (*b*) *A:* Tireur *m* au flanc. **2.** *U.S:* Bœuf efflanqué ou rabougri; bête mal venue.

scalp[1] [skalp], *s.* **1.** (*a*) *Anat:* Épicrâne *m.* (*b*) *Anat:* Cuir chevelu; tégument chevelu (de la tête). (*c*) Ballon *m,* sommet pelé (d'une montagne). **2.** (*In Amer. Indian warfare*) Scalpe *m.* *F:* **To be out for scalps,** être parti en campagne; chercher qui dévorer, qui éreinter.

'scalp-hunter, *s.* Chasseur *m* de chevelures, de têtes.

scalp[2], *v.tr.* **1.** (*a*) (*Of Amer. Indians*) Scalper (un ennemi). (*b*) *F:* (*Of critic*) Éreinter (un auteur, un livre). (*c*) *Surg:* Ruginer (un os). **2.** *U.S:* (*a*) Vendre (des denrées, etc.) à un prix de concurrence; vendre (des billets de chemin de fer, etc.) au-dessous du prix officiel; *abs.* mévendre; *St.Exch:* vendre au-dessous de la cote. (*b*) *St.Exch:* Faire de petits bénéfices en profitant de légères fluctuations du marché; boursicoter.

scalped, *a.* Scalpé. **Scalped mountain,** montagne *f* chauve, pelée.

scalping, *s.* **1.** Escalpe *f,* scalpement *m.* **2.** *U.S:* (*a*) Vente *f* au-dessous de la cote; trafic *m* (sur les billets de chemin de fer). (*b*) Opérations *fpl* à petits bénéfices; boursicotage *m.*

'scalping-iron, *s.* *Surg:* Rugine *f.*

scalpel ['skalpəl], *s.* *Surg:* Scalpel *m.* *See also* WIG[1] 1.

scalper ['skalpər], *s.* **1.** = SCALP-HUNTER. **2.** *U.S:* Trafiqueur *m* (de billets, d'actions cotées); boursicoteur *m.*

scalpriform ['skalprifɔːrm], *a.* *Z:* (Dent de rongeur) en forme de ciseau.

scaly ['skeili], *a.* **1.** (*a*) (*Of fish, skin, etc.*) Écailleux, squameux. *See also* ANT-EATER. (*b*) (*Of slate, etc.*) Écailleux; (*of metal*) paillé, lamelleux, lamellé; (*of boiler*) tartreux. **2.** *P:* (*a*) Mesquin, chiche, ladre, pingre. (*b*) Mesquin; de piètre apparence; minable.

Scamander (the) [ðəska'mandər]. *Pr.n.* *A.Geog:* Le Scamandre.

scammony ['skaməni], *s.* *Bot:* *Pharm:* Scammonée *f.*

scamp[1] [skamp], *s.* (*a*) Vaurien *m;* mauvais sujet; garnement *m;* *F:* fripouille *f.* (*b*) *F:* *My s. of a nephew,* mon chenapan, mon garnement, mon gueux, de neveu. (*Of child*) **Young scamp, little scamp,** petit galopin, petit polisson, petit coquin.

scamp², *v.tr.* *F:* Bâcler, torchonner, sabrer, saboter, bousiller (un travail); faire (un travail) par-dessous la jambe, à la vapeur, au galop. *Scamped work*, travail fait à la diable, à la va-vite, par-dessous la jambe; travail mal torché.

scamping, *s.* Bâclage *m*, sabotage *m*, bousillage *m* (d'un travail). *Ind:* Grève perlée.

scamper¹ ['skampər], *s.* (*a*) Course *f* folâtre, allègre. (*b*) Course rapide. *After a s. through Europe*, après un tour rapide en Europe; après avoir visité l'Europe au galop, à la galope.

scamper², *v.i.* (*a*) Courir allègrement, d'une manière folâtre. (*b*) **To scamper away, to scamper off**, détaler; s'enfuir, se sauver, à toutes jambes; *F:* prendre ses jambes à son cou. (*c*) **To scamper through France**, traverser la France à la galopade, à la galope, au galop. *F:* **To scamper through a book**, parcourir un livre à la hâte.

scampering, *s.* = SCAMPER¹.

scamper³, *s.* *F:* Bâcleur, -euse (de travail); bousilleur, -euse.

scan¹ [skan], *s.* Regard scrutateur.

scan², *v.tr.* (scanned; scanning) **I.** *Pros:* (*a*) Scander, mesurer (des vers). (*b*) (*With passive force*) (*Of verse*) Se scander (facilement, mal, etc.). *This line won't s.*, le vers est faux. **2.** (*a*) Examiner, scruter; sonder du regard. *To s. the horizon*, examiner attentivement, sonder, scruter, l'horizon. *To s. the crowd*, promener un regard, ses regards, sur la foule. *To s. s.o.'s face*, scruter le visage de qn. *To s. s.o. from head to foot*, toiser qn. *He scanned the audience*, ses yeux fouillaient la salle. (*b*) Jeter un coup d'œil sur (qch.). *To s. a book*, feuilleter, parcourir, un livre. *To s. the newspaper*, jeter un coup d'œil sur le journal; parcourir rapidement le journal. (*c*) *Television: Cin:* Balayer, explorer (l'image à transmettre, la piste sonore).

scanning¹, *a.* Scrutateur, -trice.

scanning², *s.* **I.** Scansion *f* (de vers). **2.** (*a*) Examen minutieux. (*b*) *Cin: etc:* Balayage *m*, exploration *f* (de l'image à transmettre, de la piste sonore). **Scanning apparatus**, appareil explorateur. **Scanning cell**, cellule exploratrice.

scandal ['skand(ə)l], *s.* **I.** Scandale *m*; honte *f*; affaire scabreuse. *It is a s. that such a thing should be possible*, il est scandaleux, honteux, qu'une telle chose soit possible. *It is a s. that he should have been acquitted*, c'est une honte qu'il ait été acquitté. *To give rise to s.*, causer du scandale. **To create a scandal**, faire un scandale; faire de l'éclat. *Without any s.*, sans éclat. *To be the s. of one's family*, être l'opprobre *m* de sa famille. **2.** Médisance *f*; potins *mpl*, cancans *mpl*. **To talk scandal**, cancaner, potiner; *F:* piler du poivre. *To talk s. about s.o.*, médire de qn; dire des méchancetés, faire des cancans, des commérages, sur qn. *Th:* **The School for Scandal**, l'École *f* de la Médisance. *See also* -MONGERING¹, ². **3.** *Jur:* (*a*) Allégations diffamatoires, injurieuses. (*b*) Atteinte *f* à la dignité du tribunal; manque *m* de respect.

'scandal-monger, *s.* Cancanier, -ière; potinier, -ière; clabaud *m*; clabaudeur, -euse; médisant, -ante; colporteur, -euse, d'histoires scandaleuses; débiteur, -euse, de calomnies; mauvaise langue.

scandalize¹ ['skandəlaiz]. **I.** *v.tr.* Scandaliser, choquer, offusquer (qn). *To be scandalized*, se scandaliser. **2.** *v.i.* Médire, cancaner, potiner.

scandalize², *v.tr.* *Y:* **To scandalize the mainsail**, scandaliser le pic.

scandalizer ['skandəlaizər], *s.* Scandalisateur, -trice.

scandalous ['skandələs], *a.* **I.** (*a*) (*Of conduct, event, etc.*) Scandaleux, infâme, odieux, honteux. *What a s. thing!* quelle indignité! (*b*) *A:* *S. tongues*, mauvaises langues. **2.** *Jur:* (*Of statement, writing*) Diffamatoire, calomnieux. **-ly**, *adv.* Scandaleusement.

scandalousness ['skandələsnəs], *s.* Caractère scandaleux, infâme, odieux, honteux (d'une action, d'un spectacle, etc.); indignité *f*, infamie *f* (de la conduite de qn, etc.).

Scandinavia [skandi'neivjə]. *Pr.n. Geog:* La Scandinavie.

Scandinavian [skandi'neivjən], *a.* & *s.* Scandinave (*mf*).

Scandinavianism [skandi'neivjənizm], *s.* Scandinavisme *m*.

scandium ['skandiəm], *s.* *Ch:* Scandium *m*.

scandix ['skandiks], *s.* *Bot:* Scandix *m*; peigne *m* de Vénus; aiguille *f* de berger; cerfeuil *m* à aiguillettes.

Scanian ['skeiniən], *a.* & *s.* *Geol:* (Étage) scanien *m*.

scanner ['skanər], *s.* **I.** Scrutateur, -trice; sondeur, -euse (de la pensée de qn, etc.). **2.** *Pros:* Personne *f* qui scande (des vers); prosodiste *m*.

scansion ['skanʃ(ə)n], *s.* *Pros:* Scansion *f*.

scansorial [skan'sɔːriəl], *a.* & *s.* *Orn:* Grimpeur (*m*).

scant¹ [skant], *a.* **I.** *A.* & *Poet:* (*Except in certain phrases now usu. 'scanty'*) Rare, insuffisant, peu abondant, limité. *S. vegetation*, végétation *f* pauvre. *To live on a s. income*, vivre pauvrement; *F:* être réduit à la portion congrue. **Scant weight**, poids *m* bien juste; poids faible. *F:* **In scant attire**, en tenue plutôt sommaire. *To show s.o. s. hospitality*, se montrer peu hospitalier envers qn. **With scant courtesy**, peu poliment. *The appeal has met with but s. success*, cet appel n'a eu guère de succès. **To be scant of, in, sth.**, avoir peu de qch. *To be s. of speech*, être peu communicatif; être avare de paroles. **Scant of breath**, (i) hors d'haleine; essoufflé; (ii) poussif. **2.** *Nau:* (Vent) pointu. **-ly**, *adv.* = SCANTILY.

scant². **I.** *v.i.* *Nau:* (*Of wind*) Refuser. **2.** *v.tr.* *To s. s.o. of sth.*, mesurer qch. à qn avec parcimonie.

scantiness ['skantinəs], *s.* Insuffisance *f*, rareté *f* (de provisions, etc.); pauvreté *f* (de la végétation); étroitesse *f* (d'un vêtement); faiblesse *f*, insuffisance (de poids). *The s. of my resources*, l'exiguïté *f* de mes ressources. *The s. of her attire*, sa tenue sommaire.

scantling ['skantliŋ], *s.* **I.** *Occ.* Petite quantité (de qch.). **2.** *Const:* (*a*) Menu bois de sciage; volige *f*. (*b*) Bois équarri; bois d'équarrissage; volige, madrier *m*. **Building scantling**, échantillon *m* de construction. *N.Arch:* **Scantlings**, échantillons. **Ship heavy of scantling**, navire fort en bois. **3.** Échantillon, équarrissage *m*. *To have a s. of two by four inches*, avoir un équarrissage de deux pouces sur quatre. **4.** Chantier *m* (pour fûts).

scanty ['skanti], *a.* (*Of quantity, supply, etc.*) Insuffisant ou à peine suffisant; rare; peu abondant; limité; (*of garment, etc.*) étroit, étriqué. *S. hair*, cheveux *m* rares. *A s. income*, un mince revenu; un revenu bien juste. *S. means*, faibles ressources *f*. *S. meal*, maigre repas *m*; repas sommaire, succinct. *To make a s. meal*, dîner succinctement. *In s. attire*, en tenue (plutôt) sommaire. *S. store of Latin*, maigre bagage *m* de latin. **-ily**, *adv.* Insuffisamment; peu abondamment. *S. clad*, (i) vêtu sommairement, à la légère; à peine vêtu; (ii) mal protégé contre le froid. *S. dowered*, mincement dotée. *S. lighted street*, rue chichement éclairée.

scape¹ [skeip], *s.* **I.** *Arch:* Escape *f*, fût *m* (d'une colonne). **2.** (*a*) *Bot:* Hampe *f*, scape *m*. (*b*) *Orn:* Tuyau *m* (de plume). (*c*) *Ent:* Scape (de l'antenne).

scape², *s.* *A.* & *Poet:* = ESCAPE¹.

'scape-wheel, *s.* = ESCAPE-WHEEL.

scapegoat ['skeipgout], *s.* (*a*) *B:* Bouc *m* émissaire. (*b*) *F:* Souffre-douleur *m inv* (d'un ministère, etc.); *F:* l'âne *m* du moulin.

scapegrace ['skeipgreis], *s.* **I.** Polisson *m*, garnement *m*, mauvais sujet. *S. husband*, polisson de mari. **2.** Petit écervelé; enfant *m* incorrigible.

scapement ['skeipmənt], *s.* = ESCAPEMENT 2.

scaphocephalic [skafose'falik], **scaphocephalous** [skafo'sefələs], *a.* *Anthr:* Scaphocéphale.

scaphocephalus [skafo'sefaləs], *s.* *Anthr:* Scaphocéphalie *f*.

scaphoid ['skafɔid], *a.* & *s.* *Anat:* Scaphoïde (*m*).

scapula, *pl.* **-ae** ['skapjula, -iː], *s.* *Anat:* Omoplate *f*.

scapular ['skapjulər]. **I.** *a.* *Nat.Hist:* Scapulaire. *Anat:* **Scapular arch**, ceinture *f* scapulaire; ceinture thoracique. *Surg:* **Scapular bandage**, *s.* **scapular**, scapulaire *m*. *Orn:* **Scapular feathers**, *s.* **scapulars**, rémiges *f* scapulaires. **2.** *s.* *Ecc:* = SCAPULARY.

scapulary ['skapjuləri], *s.* *Ecc:* Scapulaire *m*.

scapulo-humeral ['skapjulo'hjuːmərəl], *a.* *Anat:* Scapulo-huméral, -aux.

scar¹ [skɑːr], *s.* **I.** Cicatrice *f*, couture *f*. *Long scar* (*on face*), balafre *f*. *F:* *Such sorrows leave a scar*, ces profonds chagrins laissent une cicatrice au cœur. **2.** *Bot:* Cicatrice, hile *m*.

'scar-face, *s.* Balafré *m*. **Scar-face X**, X le balafré.

'scar-tissue, *s.* *Surg:* Tissu cicatriciel.

scar², *v.* (scarred; scarring) **I.** *v.tr.* (*a*) Laisser une cicatrice sur (la chair); marquer (le visage, etc.) d'une cicatrice; balafrer (le visage). (*b*) **To scar up**, cicatriser (une plaie). **2.** *v.i.* (*Of wound*) **To scar (over)**, se cicatriser.

scarred, *a.* **I.** (*Of face, etc.*) Couturé (de cicatrices); portant des cicatrices; balafré. **Face scarred by smallpox**, figure grêlée (par la petite vérole). *F:* **War-scarred country**, pays éprouvé par la guerre. **2.** **Scarred over**, (blessure) cicatrisée.

scar³, *s.* (*In mountain range, etc.*) Rocher escarpé; muraille *f*.

scar⁴(-fish) ['skɑːr(fiʃ)], *s.* *Ich:* = SCARUS.

scarab ['skarəb], *s.* **I.** *Ent:* Scarabée sacré (de l'Égypte). **2.** *Egypt.Ant:* *Lap:* Scarabée.

scarabaeid [skarə'biːid], *s.* *Ent:* Scarabéidé *m*.

scarabaeidae [skarə'biːidiː], *s.pl.* *Ent:* Scarabéidés *m*.

scarabaeus [skarə'biːəs], *s.* *Ent:* Scarabée *m* pilulaire.

Scaramouch ['skaramautʃ]. *Pr.n.m.* *A.Th:* Scaramouche.

Scarborough ['skɑːrbrə]. *Pr.n.* *Geog:* Scarborough *m*. *F:* **Scarborough warning**, avertissement qui n'en est pas un; surprise *f*.

scarce [skɛərs]. **I.** *a.* (*a*) (*Of food, money, specimens, etc.*) Rare, peu abondant. *Countries where coal is s.*, pays *m* où la houille est peu abondante. *Money is s. with them*, l'argent *m* est rare chez eux. *Good engravers are growing s.*, les bons graveurs se font rares. *F:* **To make oneself scarce**, s'éclipser, s'esquiver, décamper, déguerpir, filer; vider les lieux, le plancher; filer son nœud; déloger sans tambour ni trompette; *P:* se débiner en vitesse; se défiler. (*b*) *A:* (*Of pers.*) **To be scarce of food, money**, être à court de vivres, d'argent. **2.** *adv.* *A.* & *Lit:* = SCARCELY. **-ly**, *adv.* **I.** A peine; guère; presque pas. *I have s. any left*, il ne m'en reste presque plus. *She could s. speak*, c'est à peine si elle pouvait parler; à peine pouvait-elle parler. *He s. thinks of anything else*, il ne pense guère à autre chose. *He s. troubled to listen to me*, c'est à peine s'il m'écoutait, s'il se donnait la peine de m'écouter. *You'll s. believe it*, vous aurez de la peine, du mal, à le croire. *I s. know*, je ne sais pas trop. *I s. know what to say*, je ne sais trop que dire, comment répondre. **Scarcely ever**, presque jamais. *He had scarcely come in when the telephone bell rang*, à peine était-il rentré que le téléphone retentit. **2.** (*Expressing incredulity*) Sûrement pas. *He can s. have said that*, il n'a sûrement pas dit cela. **Scarcely!** j'en doute!

scarcement ['skɛərsmənt], *s.* (*In rock, wall, etc.*) Ressaut *m*, saillie *f*.

scarceness ['skɛərsnəs], **scarcity** ['skɛərsiti], *s.* Rareté *f*; manque *m*, pénurie *f*, disette *f* (d'argent; de charbon, etc.). *S. of rain*, rareté des pluies. *S. of labour*, manque, disette, de main-d'œuvre; raréfaction *f* de la main-d'œuvre. *There is a s. of provisions*, les provisions *f* font défaut, manquent. *In view of the s. of money . . .*, vu la crise. . . .

scare¹ [skɛər], *s.* Panique *f*, alarme *f*. **To create a scare**, semer l'alarme. **To raise a scare** (*in a political party, etc.*), porter l'alarme dans le camp. *Measure passed during a national s.*, mesure passée dans un moment de panique. *F:* **You did give me a scare**, vous m'avez fait rudement peur. *Journ:* **Scare headline**, manchette sensationnelle.

'scare-monger, *s.* Alarmiste *mf*; semeur, -euse, de panique; *F:* paniquard *m*.

'scare-mongering, *s.* Nouvelles *f* alarmistes.

scare², *v.tr.* Effrayer, effarer, alarmer; faire peur à (qn); épouvanter (qn). **To scare away**, effaroucher (le gibier, etc.). *He was scared out of the attempt*, la peur lui fit abandonner la tentative.

scared, *a.* Apeuré, épeuré. *S. look*, regard effaré, empeuré; air épouvanté. **To be scared to death**, avoir une peur bleue; avoir la peur au ventre. *They were s. out of their wits*, ils étaient affolés, fous d'épouvante. *P: He was* **scared stiff** *of women*, il avait une peur bleue de la femme.

scarecrow ['skɛərkrou], *s.* *Agr:* Épouvantail *m*, mannequin *m*. *F:* (*Of pers.*) (i) Épouvantail; (ii) grand escogriffe. *She's a regular s., P:* c'est un remède d'amour.

scarf¹, *pl.* **scarfs, scarves** [skɑːrf(s), skɑːrvz], *s.* **1.** (*Woman's*) Écharpe *f*, fichu *m*; (*man's*) cache-col *m*, *pl.* cache-col(s); (*in silk*) foulard *m*; *A:* cravate *f*. *See also* PIN¹ 1. **2.** **Clerical scarf**, étole *f* (des *clergymen*). **3.** Écharpe (d'officier, de dignitaire).

'scarf-ring, *s.* Coulant *m* d'écharpe, de cravate.

'scarf-skin, *s.* *Anat:* Épiderme *m*, cuticule *f*.

'scarf-wise, *adv.* En écharpe; (porté) en baudrier.

scarf², *s.* (*Also* **scarf-joint**) **1.** Assemblage *m* à mi-bois, à entaille; joint *m* en bec de flûte, en sifflet; écart *m* (double), enture *f*, empatture *f*. **Skew scarf**, (assemblage à) trait *m* de Jupiter. *See also* HOOK-SCARF. **2.** *Metalw:* Chanfrein *m* de soudure.

'scarf-weld(ing), *s.* *Metalw:* Soudure *f* à chanfrein, à recouvrement, par amorces.

'scarf-welded, *a.* Soudé en écharpe.

scarf³, *v.tr.* **1.** *Carp:* *N.Arch:* Enter, écarver, assembler à mi-bois (deux planches, etc.). **2.** *Metalw:* Amorcer (deux bouts à souder, etc.).

scarfed, *a.* *Carp:* (*Of boards, etc.*) Assemblés à mi-bois, à enture, à écart, en mouchoir.

scarfing, *s.* **1.** *Carp:* Assemblage *m* à mi-bois, à enture, à écart. **2.** *Metalw:* Amorçage *m*. **3.** = SCARF².

scarf⁴, *s.* (*In whaling*) Taillade *f*, entaille *f* (dans le corps de la baleine).

scarf⁵, *v.tr.* Taillader (le lard de la baleine); découper, dépecer (la baleine).

scarification [skarifi'keiʃ(ə)n], *s.* *Surg:* *Agr:* Scarification *f* (de la peau, du sol).

scarificator ['skarifikeitər], *s.* *Surg:* Scarificateur *m*.

scarifier ['skarifaiər], *s.* **1.** *Surg:* = SCARIFICATOR. **2.** *Civ.E:* **Road scarifier**, piocheuse scarificatrice. **3.** *Agr:* Scarificateur *m*, extirpateur *m*; déchaumeur *m*, déchaumeuse *f*; écroûteuse *f*.

scarify ['skarifai], *v.tr.* **1.** Scarifier (la peau, le sol); écroûter, ameublir (le sol). **2.** *F:* Éreinter (un auteur, etc.).

scarifying¹, *a.* (Reproche, etc.) qui touche au vif, sanglant.

scarifying², *s.* **1.** *Agr:* Écroûtage *m*, scarifiage *m*. **2.** *F:* Éreintement *m* (d'un auteur, d'un ouvrage).

scariose ['skɛərious], **scarious** ['skɛəriəs], *a.* *Bot:* Scarieux.

scarlatina [skɑːrla'tiːna], *s.* *Med:* (Fièvre) scarlatine *f*.

scarlet ['skɑːrlet], *a.* & *s.* Écarlate (*f*). *S. dress*, robe *f* coquelicot. *F:* **To blush scarlet, flush scarlet**, devenir cramoisi, rouge comme une pivoine, comme un homard. *His cheeks flushed s.*, ses joues s'empourprèrent. *Med:* **Scarlet rash**, roséole *f*. *R.C.Ch:* **To don the scarlet**, endosser l'écarlate; revêtir la pourpre cardinalice. **Scarlet hat**, chapeau *m* de cardinal. *F: A:* **To wear the King's scarlet**, porter l'uniforme; être soldat. *A: A s. woman*, une prostituée. **The scarlet woman**, (i) *B:* la femme vêtue d'écarlate; (ii) *Hist:* *F:* (*also* **the scarlet whore**), l'Église catholique romaine. *See also* PIMPERNEL, RUNNER 3.

'scarlet 'fever, *s.* *Med:* (Fièvre) scarlatine *f*. *S.-f. patient*, scarlatineux, -euse.

'scarlet 'grains, *s.pl.* *Dy:* Graines *f* d'écarlate (du chêne kermès).

scarp¹ [skɑːrp], *s.* **1.** *Fort:* Escarpe *f*. **2.** Escarpement *m* (d'une colline); versant abrupt (d'une montagne).

scarp², *v.tr.* *Fort:* *etc:* Escarper (un fossé, etc.).

scarped, *a.* Escarpé; (versant) abrupt, à pic.

scarp³, *s.* *Her:* Écharpe *f*.

scarus ['skɛərəs], *s.* *Ich:* Scare *m*; perroquet *m* de mer.

scary ['skɛəri], *a.* *U.S:* *F:* **1.** Épouvantable. **2.** (*Of pers.*) Timide, peureux.

scat [skat], *int.* Filez! fichez le camp! allez ouste!

scathe¹ [skeːið], *s.* *A.* & *Lit:* Dommage *m*, blessure *f*. **Without scathe**, indemne; sain et sauf.

scathe², *v.tr.* *A.* & *Lit:* **1.** Nuire, causer du dommage, à (qch.); (*of lightning*) foudroyer, sidérer (un arbre), ravager (une campagne). **2.** Cingler (ses ennemis) de sa satire.

scathing, *a.* (*Of remark, sarcasm, etc.*) Acerbe, mordant, cinglant, caustique. *S. retort*, réplique cassante, cinglante; réplique à l'emporte-pièce. *S. irony*, ironie *f* âpre. *He can be very s.*, il sait être très cinglant. *Satirical to a s. degree*, satirique jusqu'à la cruauté. *To write a s. criticism of a play*, soumettre une pièce à une critique sanglante, virulente. **-ly**, *adv.* D'une manière acerbe, caustique, mordante; d'un ton cassant, cinglant.

scatheless ['skeiðləs], *a.* Sans dommage, sans blessure; sain et sauf; indemne. *I escaped s.*, je n'ai pas eu une égratignure. *He did not get away s., F:* il y a laissé des plumes.

scatological [skato'lɔdʒik(ə)l], *a.* (Littérature *f*) scatologique. *S. tastes, s. literature*, scatologie *f*.

scatology [ska'tɔlodʒi], *s.* **1.** (*a*) Étude *f* des coprolites. (*b*) *Med:* Étude des fèces. **2.** Scatologie *f*.

scatophage ['skatofeidʒ], *s.* *Ent:* Scatophage *m*.

scatophagous [ska'tɔfagəs], *a.* *Ent:* *etc:* Scatophage.

scatter¹ ['skatər], *s.* (*Of shot, etc.*) Éparpillement *m*; dispersion *f*.

scatter². **1.** *v.tr.* (*a*) Disperser, mettre en fuite (une armée, etc.); dissiper (des nuages, etc.). *The tempest had scattered the ships*, la tempête avait dispersé les vaisseaux. **To (alarm and) scatter the birds**, égailler les oiseaux; faire envoler les oiseaux. *Games:* **To scatter the opponent's bowls**, bouler. (*b*) Éparpiller (des feuilles, des papiers, etc.); semer (des graines) à la volée; épandre (du fumier); disséminer (des nouvelles, des erreurs); (*of surface*) diffuser (la lumière). *To s. bits of paper on the floor*, **to scatter the floor with paper**, joncher le plancher de morceaux de papier. *Path scattered with roses*, chemin jonché de roses. *Scattered over the floor*, éparpillés sur le plancher. *Scattered all over the street*, éparpillés par toute la rue. *The region is scattered over with small towns*, la région est parsemée de petites villes. (*Of gun*) **To scatter the shot**, *abs.* **to scatter**, éparpiller, écarter, le plomb. **2.** *v.i.* (*Of crowd, etc.*) Se disperser; (*of birds, wedding party, etc.*) s'égailler; (*of party*) se débander; (*of clouds, etc.*) se dissiper; (*of shot*) s'éparpiller, s'écarter. *The tourists s. about the town*, les touristes se répandent dans la ville.

scattered, *a.* (*Of family, army, etc.*) Dispersé, répandu; (*of papers, etc.*) éparpillés; (*of trees, buildings*) disséminés, épars. *Thinly s. population*, population clairsemée. *S. beard*, barbe clairsemée. *The cottages lie s. in the plain*, les chaumières s'éparpillent dans la plaine. *Ph:* **Scattered light**, lumière diffuse.

scattering, *s.* **1.** Dispersion *f* (d'une armée, etc.); éparpillement *m* (de feuilles, etc.); projection *f* (d'un liquide); diffusion *f* (de la lumière). **2.** Petit nombre; petite quantité. *He has a mere s. of followers*, ses adhérents sont peu nombreux et sans cohésion.

'scatter-brain, *s.* *F:* Étourdi, -ie; écervelé, -ée; évaporé, -ée.

'scatter-brained, *a.* *F:* Étourdi, écervelé, évaporé. *To be s.-b., F:* avoir une tête de linotte.

scaup [skɔːp], *s.* *Orn:* **Scaup(-duck)**, milouinan *m*, mitouissan *m*.

scaur [skɑːr], *s.* *Scot:* = SCAR³.

scavenge ['skavəndʒ], *v.tr.* **1.** Ébouer, balayer (les rues, etc.). **2.** *Artil:* Écouvillonner (une pièce). **3.** *I.C.E:* **To scavenge the burnt gases**, balayer, refouler, expulser, les gaz brûlés.

scavenging, *s.* **1.** Ébouage *m*, balayage *m* (des rues); enlèvement *m* des ordures. **2.** *Artil:* Écouvillonnage *m* à l'air. **3.** *I.C.E:* *etc:* Évacuation *f*, balayage, refoulement *m* (des gaz brûlés, de la vapeur, etc.). *Mch:* **Scavenging valve**, soupape *f* de balayage.

scavenger ['skavəndʒər], *s.* **1.** (*a*) Boueur *m*; balayeur *m* des rues; travailleur *m* de la voirie. **Sewer scavenger**, égoutier *m*; *F:* gadouard *m*. (*b*) Ramasseur *m* de poubelles. **2.** *Ent:* *Z:* Insecte *m* ou animal *m* nécrophage, scatophage, coprophage.

'scavenger-beetle, *s.* *Ent:* Nécrophore *m*; scarabée *m* nécrophage.

'scavenger-crab, *s.* Crabe *m* nécrophage.

scavengery ['skavəndʒəri], *s.* = SCAVENGING 1.

scenario [ʃe'nɑːrio], *s.* *Cin:* *Th:* Scénario *m*; canevas *m* (d'une pièce). (Film) **scenario writer**, cinégraphiste *m*, cinéaste *m*, scénariste *m*.

scend¹, ² [send], *s.* & *v.i.* = SEND², ³.

scene [siːn], *s.* **1.** *Th:* *A:* = STAGE¹ 2. *F:* **To appear on the scene**, entrer en scène. **To quit the scene**, mourir. **2.** (*a*) *Th:* (*Place of action of a play*) Scène *f*. **The scene is laid in London**, l'action *f* se passe à Londres. (*b*) Théâtre *m*, lieu *m* (d'un événement). *The s. of operations*, le théâtre des opérations. (*In narrative*) *The s. changes*, l'action change de lieu. *F: A change of s. would do him good*, un changement d'air lui ferait du bien. *The world is a s. of strife*, ce monde est le théâtre d'une lutte continuelle. *The scenes of his early exploits*, les lieux de ses premiers exploits. *To revisit the scenes of one's youth*, revoir les scènes de sa jeunesse. *On the s. of the disaster*, sur le(s) lieu(x) du sinistre. **3.** (*a*) *Th:* (*Sub-division of a play*) Scène. *Second s. of Act III*, deuxième scène du troisième acte. (*b*) Scène, incident *m*, spectacle *m*. *Distressing scenes*, des scènes affligeantes. *That brings the s. before you*, cela fait image. *Lit:* '*Scenes from Clerical Life*', "Scènes de la Vie du Clergé". **4.** (*a*) *Th:* (**Set**) **scene**, décor *m*. *Scenes painted by . . .*, décors par. . . . **Behind the scenes**, derrière la toile; *F:* dans la coulisse. (*Of actor*) *To speak to s.o. behind the scenes*, parler à la cantonade. *F:* **To be behind the scenes**, être derrière la tapisserie. *To know what is going on behind the scenes*, savoir ce qui se passe dans la coulisse; connaître, voir, le dessous des cartes. *Behind the scenes in politics*, les coulisses de la politique. (*b*) Vue *f*, paysage *m*. *A sylvan s.*, un paysage champêtre. *The s. from the window*, la vue de la fenêtre. *What varied scenes this journey offers!* dans ce voyage que de scènes variées! *See also* TRANSFORMATION 1. **5.** *F:* **To make a scene**, faire une scène; faire de l'esclandre. *Come, don't make a s.!* allons, calmez-vous! pas de scène!

'scene-dock, *s.* *Th:* Remise *f* à décors.

'scene-painter, *s.* Peintre *m*, brosseur *m*, de décors; peintre en décors.

'scene-shifter, *s.* *Th:* Machiniste *m*.

'scene-shifting, *s.* *Th:* Changement *m* de décors.

scenery ['siːnəri], *s.* **1.** (*a*) *Th:* Décors *mpl*; la scène; la mise en scène. (*b*) *F: You want a change of s.*, il vous faut du changement. **2.** Paysage *m*; vue *f*. *A passion for s.*, la passion des beaux paysages. *U.S:* *P:* **Scenery bum**, chemineau *m*.

scenic ['siːnik], *a.* **1.** (*a*) (*Of performance, etc.*) Scénique; théâtral, -aux. *Cin:* **Scenic film**, film *m* spectaculaire d'après nature; film à grands tableaux d'après nature. (*b*) (*Of emotion, effect*) Théâtral; exagéré. **2.** **Scenic railway**, montagnes *f* russes. **3.** *Art:* (Tableau) qui représente un incident.

scenographic(al) [siːno'grafik(əl)], *a.* Perspectif. *S. scale*, échelle perspective.

scenography [siː'nɔgrəfi], *s.* **1.** *Gr.Ant:* Scénographie *f*. **2.** *A:* Dessin *m* en perspective.

scent¹ [sent], *s.* **1.** (*a*) Parfum *m*, senteur *f*; odeur *f* agréable (des fleurs, etc.); odeur (d'un cigare). *Rose that has no s.*, rose qui ne fleure pas. *Whiffs of the s. of roses*, les effluves parfumés des roses. (*b*) **Bottle of scent**, flacon *m* de parfum. *To use scents*, se parfumer. **2.** *Ven:* (*a*) Fumet *m*, vent *m* (de la bête). (*b*) Piste *f*, voie *f*, trace *f*. (*Of hounds*) **To get on the scent, to pick up the scent**, empaumer la voie; assentir la voie. *The hounds are on the s.*, les chiens ont rencontré. *F: To be on the right s.*, être sur la piste. **To lose the scent, to be thrown off the scent,** perdre la trace; être, venir, à bout de voie. *To pick up the s. again,* retrouver la trace. *To put the hounds on the (right) s.*, mettre les chiens sur la voie. *To throw the hounds off the s., to put the hounds on the wrong s.*, dépister les chiens; mettre les chiens en défaut; donner le change aux chiens. *F:* **To put s.o. on a false scent,** aiguiller qn sur une fausse piste; donner le change à qn. **To throw people off the scent,** dérouter les soupçons. *To throw the police off the s.*, dérouter la police. **To get scent of sth.,** avoir vent de qch. *See also* BACK-SCENT, COLD[1], HOT[1] 2, WRONG[1] I. 3. **3.** Odorat *m*, flair *m* (d'un chien). *Dog that has no s.*, chien qui n'a pas de nez. *F:* **To have a good scent for** *young talent*, avoir du flair, le flair, pour découvrir les jeunes talents.

'scent-bag, *s.* **1.** *Nat.Hist:* Poche *f* à sécrétion odoriférante (du porte-musc, etc.). **2.** Sachet *m* à parfums. **3.** *Ven:* Drag *m*.

'scent-bottle, *s.* Flacon *m* de parfum; flacon à odeur.

'scent-gland, *s. Nat.Hist:* Glande *f* à sécrétion odoriférante.

'scent-laden, *a.* (Jardin, buisson, etc.) odoriférant.

'scent-organ, *s.* = SCENT-GLAND.

'scent-spray, *s. Toil:* Vaporisateur *m*.

scent[2], *v.tr.* **1.** (*Of hounds, etc.*) **To scent (out) game,** flairer, sentir, (sub)odorer, éventer, halener, le gibier. *F:* **To scent trouble,** flairer, subodorer, des désagréments, des ennuis. **2.** (*a*) (*Of flower, etc.*) Parfumer, embaumer (l'air, etc.). (*b*) **To scent sth. with sth.,** parfumer, imprégner, qch. de qch. *To s. one's handkerchief,* parfumer son mouchoir.

scented, *a.* **1.** (*Of pers., handkerchief, cigarette, etc.*) Parfumé (*with*, de); (*of air, etc.*) embaumé (*with*, de). **Lavender-scented sachet,** sachet *m* à odeur de lavande. **2.** (*Of plant, etc.*) Odorant; (*of garden, etc.*) odoriférant. **3. Keen-scented dog,** chien *m* au nez fin.

scentless ['sentləs], *a.* **1.** (Fleur *f*, etc.) inodore, sans odeur. **2.** *Ven:* (Terrain *m*, etc.) qui ne révèle pas le fumet, sans fumet.

scepsis ['skepsis], *s. Phil:* Scepticisme *m*.

sceptic ['skeptik], *s.* Sceptique *mf*.

sceptical ['skeptik(ə)l], *a.* Sceptique. **-ally,** *adv.* Sceptiquement; avec scepticisme; d'un air ou d'un ton sceptique, incrédule.

scepticism ['skeptisizm], *s.* Scepticisme *m*.

sceptre ['septər], *s.* Sceptre *m*. **To hold, wield, the sceptre,** tenir le sceptre.

Schaffhausen ['ʃafhauz(ə)n]. *Pr.n. Geog:* Schaffhouse.

schedule[1] ['ʃedjul, *U.S:* 'skedjul], *s.* **1.** (*a*) *Jur:* Annexe *f* (à une loi, aux statuts d'une société, etc.). (*b*) Bordereau *m*; note explicative. **2.** (*a*) *Com: Ind:* Nomenclature *f* (des pièces, etc.); inventaire *m* (des machines, etc.); barème *m* (des prix). **Schedule of charges,** liste officielle des taux; tarif *m*. (*b*) *Adm:* Cédule *f* (d'impôts). (*c*) *Jur:* (*In bankruptcy*) Bilan *m* (de l'actif et du passif). **3.** (*a*) *Esp. U.S:* Plan *m* (d'exécution d'un travail, etc.). *Civ.E: etc:* **Schedule work,** travail *m* de régime. *F: Everything went off* **according to schedule,** tout a marché selon les prévisions. (*b*) *Rail: etc: esp. U.S:* Horaire *m*; indicateur *m*. **Up to schedule,** (train *m*) à l'heure. (*In long-distance road-race*) *To arrive at a check* **on schedule,** arriver à un contrôle selon l'horaire.

schedule[2], *v.tr.* **1.** (*a*) *Jur:* Ajouter (un article) comme annexe (à une loi, etc.). (*b*) Ajouter (une note) en bordereau. **2.** Inscrire (un article, etc.) sur une liste, sur l'inventaire. **3.** *U.S:* (*a*) Dresser un plan, un programme, de (qch.); arrêter (le programme). *The mayor is scheduled to make a speech,* le maire doit prononcer un discours. *Iron: An event that was scarcely scheduled,* un événement qui ne figurait pas au programme. (*b*) Inscrire (un train) à l'horaire. *The train is scheduled to arrive at noon,* selon l'indicateur le train arrive à midi.

scheduled, *a.* (*a*) **Scheduled prices,** prix *m* selon le tarif. (*b*) **Scheduled taxes,** impôts *m* cédulaires. (*c*) *Rail:* **To arrive at the scheduled time,** arriver à l'heure indiquée.

scheelite ['ʃi:lait], *s. Miner:* Scheelite *f*.

Scheldt (the) [ðəskelt, ʃelt]. *Pr.n. Geog:* L'Escaut *m*.

schema, *pl.* **-ata** ['ski:ma, -ata], *s.* **1.** Schéma *m*, diagramme *m*. **2.** *Rh:* Figure *f* de mots; *A:* schème *m*. **3.** *Phil:* Schème.

schematic [ski:'matik], *a.* Schématique. **-ally,** *adv.* Schématiquement.

schematize ['ski:mata:iz], *v.tr.* **1.** Schématiser; représenter (qch.) par un diagramme. **2.** *Phil:* Schématiser (les catégories).

scheme[1] [ski:m], *s.* **1.** (*a*) Arrangement *m*, combinaison *f*. **The scheme of things,** l'ordre *m* de la nature. *S. of colour,* **colour scheme,** (i) schéma *m*, combinaison, de(s) couleurs; coloris *m*; (ii) *Nat.Hist:* coloration protectrice (des animaux, insectes, etc.). *The colour s. is good,* les couleurs sont bien agencées. **Rhyme scheme,** agencement *m*, disposition *f*, des rimes. (*b*) *Jur:* **Scheme of composition** (*between debtor and creditors*), concordat préventif (à la faillite). (*c*) Système *m*. *S. of marking* (*of examination papers*), barème *m* des notes. **2.** Résumé *m*, exposé *m* (d'un sujet d'étude); plan *m* (d'un ouvrage littéraire). **3.** (*a*) Plan, projet *m*. *S. for a canal,* étude *f* d'un canal. *S. of demobilization,* plan de démobilisation. *Mil: etc:* **Tactical scheme,** thème *m* tactique. *S. of the manœuvres,* thème des manœuvres. (*b*) *Pej:* Machination *f*, intrigue *f*, complot *m*, cabale *f*; *F:* combinaison; *P:* combine *f*. *Shady s.*, combinaison louche. **To lay a scheme,** ourdir, tramer, une machination. *The best-laid schemes* . . ., les combinaisons les mieux étudiées. . . . *To lay a s. to do sth.*, combiner de faire qch. *To thwart s.o.'s schemes,* ruiner les desseins *m* de qn; contrecarrer qn.

scheme[2]. **1.** *v.i.* Intriguer, ruser, comploter. **To scheme to do sth.,** combiner de faire qch.; intriguer pour faire qch. **To scheme for a post,** briguer un emploi. **2.** *v.tr.* Machiner, combiner (une conspiration, etc.).

scheming[1], *a.* (*a*) (*Of pers.*) Intrigant, tripotier. (*b*) **We live in scheming times,** nous vivons dans une époque d'intrigues.

scheming[2], *s.* **1.** Plans *mpl*, projets *mpl*. **2.** Machinations *fpl*, intrigues *fpl*; menées *fpl* (d'un parti politique).

scheme-arch ['ski:mɑ:rtʃ], *s. Arch:* Arc surbaissé.

schemer ['ski:mər], *s.* **1.** Faiseur, -euse, de projets, de plans; homme *m* à projets. **2.** *Pej:* Intrigant, -ante; machinateur, -trice; comploteur *m*. *He was a s. all his life,* il a comploté toute sa vie.

scherzo ['skeərtso], *s. Mus:* Scherzo *m*.

Scheveningen ['skeivəniŋən]. *Pr.n. Geog:* Schéveningue.

Schiedam [ski'dam]. **1.** *Pr.n. Geog:* Schiedam. **2.** *s.* Schiedam *m*, genièvre *m*.

schipperke ['ʃipərki, 'skipərki], *s.* (Chien) schipperke *m*.

schism [sizm], *s.* Schisme *m*.

schismatic [siz'matik], *a.* & *s.* Schismatique (*mf*).

schismatical [siz'matik(ə)l], *a.* Schismatique.

schist [ʃist], *s. Miner:* Schiste *m*. *See also* MICA-SCHIST, TALC-SCHIST.

schistoid ['ʃistɔid], *a. Miner:* Schistoïde.

schistose ['ʃistous], **schistous** ['ʃistəs], *a. Miner:* Schisteux.

schizanthus [skai'zanθəs], *s. Bot:* Schizanthe *m*.

schizocarpous [skaizo'kɑ:rpəs], *a. Bot:* Schistocarpe.

schizogenesis [skaizo'dʒenesis], *s. Biol:* Fissiparité *f*.

schizomycete [skaizomai'si:t], *s. Biol:* Schizomycète *m*.

schizophrenia [skaizo'fri:nia], *s. Psy:* Schizophrénie *f*.

schizophrenic [skaizo'frenik], *a. Psy:* Schizophrène.

schizophyte ['skaizofait], *s. Biol:* Schizophyte *m*.

schizopod ['skaizopɔd], *s. Crust:* Schizopode *m*.

Schleswick ['ʃlezwik], **Schleswig** ['ʃlezwig]. *Pr.n. Geog:* Le Slesvig.

Schmalkalden ['ʃmɑ:lkaldən]. *Pr.n. Geog:* Smalkalde.

Schmalkaldic ['ʃmɑ:lkaldik], *a. Hist:* **The Schmalkaldic League,** la Ligue de Smalkalde.

schnap(p)s [ʃnaps], *s. Dist:* Genièvre (allemand); schnaps *m*.

schnorrer ['ʃnɔrər], *s.* Mendiant juif.

scholar ['skɔlər], *s.* **1.** (*a*) Élève *mf*, écolier, -ière (d'une école primaire). *See also* DAY-SCHOLAR. (*b*) *A:* Élève, disciple *m* (*of*, de). (*c*) Personne *f* qui apprend. *At eighty he was still a s.*, à quatre-vingts ans il apprenait encore. *To be an apt s.*, apprendre facilement. **2.** Savant, -ante; lettré, -ée; homme *m* d'étude; érudit, -ite, intellectuel, -elle; *esp.* humaniste *m*. *A great s.*, un homme d'un grand savoir. *A fine s.*, un fin lettré. *A s. and a gentleman,* un homme cultivé et un gentleman. *Latin s.*, latiniste *mf*. *Greek s.*, helléniste *mf*. *Hebrew s.*, hébraïsant, -ante. *Polish s.*, polonisant *m*. *Chinese s.*, sinologue *mf*. *German s.*, germaniste *mf*. *He is a good German s.*, il sait l'allemand à fond. *F:* **He is no scholar,** son éducation laisse à désirer; ce n'est pas un lettré, un fort en thème. *See also* CLASSICAL. **3.** *Sch:* Boursier, -ière.

scholarlike ['skɔlərlaik], *a.* = SCHOLARLY.

scholarly ['skɔlərli], *a.* Savant, érudit. *A s. work on Plato,* un savant ouvrage sur Platon. *S. translation,* traduction savante. *A very s. man,* un homme d'un grand savoir. *F: A s. chap,* un type calé.

scholarship ['skɔlərʃip], *s.* **1.** Savoir *m*, science *f*; érudition *f*; *esp.* connaissance *f* du latin et du grec; humanisme *m*. **2.** *Sch:* Bourse *f* (d'études). **Open scholarship,** bourse accessible à tous. *To win, gain, a s.*, obtenir une bourse.

scholastic [sko'lastik]. **1.** *a.* (*a*) (Philosophie *f*, théologie *f*) scolastique. (*b*) (Année *f*, etc.) scolaire; (enseignement *m*, etc.) scolastique, scolaire. *The s. profession,* la carrière de l'enseignement. *S. post,* poste *m* dans l'enseignement. *He received a s. education,* il a fait des études. **Scholastic agency,** agence *f* de placement pour professeurs et institutrices. (*c*) (*Of manner, speech, etc.*) Pédant. **2.** *s. Phil: Theol:* Scolastique *m*.

scholasticism [sko'lastisizm], *s. Phil:* La scolastique; le scolasticisme.

scholiast ['skouliast], *s. Lit:* Scoliaste *m*.

scholium, *pl.* **-ia** ['skouliəm, -ia], *s.* **1.** *Lit:* Scolie *f*. **2.** *Mth:* Scolie *m*.

school[1] [sku:l], *s.* **1.** (*a*) École *f*. **Infant school,** école maternelle, *F:* maternelle *f*; école enfantine; salle *f* d'asile. **Elementary school, primary school,** école primaire. **Secondary school,** établissement *m* d'enseignement secondaire. *Proprietary (secondary) s.*, école libre appartenant à une société (par actions, etc.). **High school,** (i) école secondaire de jeunes filles; (ii) *Scot:* école secondaire; (iii) *U.S:* établissement d'enseignement secondaire correspondant au second cycle des lycées. **Central school,** école primaire supérieure. **Free school,** école gratuite. **Private school,** école libre. **Public school,** (i) grande école d'enseignement secondaire; (ii) *U.S:* école communale. **Demonstration school** (*attached to training college*), école annexe. **Open-air school,** école de plein air. **Sunday school,** école du dimanche; (*in Fr.*) "le catéchisme." **What school were you at?** où avez-vous fait vos études? **To keep a school,** *F:* **to keep school,** tenir une école. **School furniture,** matériel *m* scolaire. *See also* BOARD-SCHOOL, BOARDING-SCHOOL, CHOIR-SCHOOL, COUNCIL-SCHOOL, DAME-SCHOOL, DAY-SCHOOL, FINISHING-SCHOOL, FOUNDATION-SCHOOL, GRAMMAR-SCHOOL, NURSERY I, PREPARATORY I. (*b*) (Les élèves d'une) école. *The s. was assembled,* on a, on avait, réuni tous les élèves. *The whole s. knew it,* tous les élèves le savaient; toute l'école le savait. **The upper school,** les hautes, grandes, classes. **The middle, lower, school,** les moyennes classes; les petites classes. (*c*) (*At Rugby*) Salle *f* de classe. *Fifth-form s.*, la classe de seconde. *Chemistry s.*, salle de chimie. **2.** (*Schooling*) **To go to school,** (i) aller en classe; (ii) aller à l'école (primaire). **To be at school,** (i) être en classe; (ii) être à l'école (primaire). *We were at s. together,* nous avons été condisciples; nous avons été à l'école ensemble. *When I was at s., F:* quand j'étais sur les gradins. **To be in school,** être en classe. **To come out of school,** sortir de classe. *S. begins at nine,* les classes commencent à neuf heures. *I arrived ten minutes before s.*, je suis arrivé dix minutes avant la classe. *There will be no s. to-day,* il n'y aura pas classe aujourd'hui. *S. has produced a marked effect on the speech of the people,* la fréquentation de l'école a eu un effet très marqué sur le langage du peuple. *F:* **You'd better go back to school again,** il faut vous remettre sur les bancs. **School children,** (i) écoliers *m*; (ii) *Adm:* enfants *m* d'âge scolaire. **School year, school life,** année *f*, vie *f*, scolaire. **School fees,** frais *m* scolaires. **School report,** bulletin trimestriel. *A:* **School Board,** conseil *m* de l'enseignement primaire. *See also* TALE 2. **3.** École, académie *f*, institut *m* (d'enseignement technique, industriel, etc.). **School of art,** école des beaux-arts. **School of mines,** école des mines. **Torpedo school,** école des torpilleurs. *Regimental s.,* école régimentaire. **School of dancing,** académie de danse; cours *m* de danse. **School of music,** académie de musique; conservatoire *m*. *Language s.,* école de langues. *Fencing s.,* académie d'escrime; salle *f* d'escrime. **Evening school,** *A:* **night school,** école du soir; classe du soir; cours *mpl* du soir. **Continuation school,** (i) cours d'adultes; cours complémentaire; (ii) école du soir. **Technical school, trade school,** école des arts et métiers; école professionnelle; école industrielle; école pratique. **Summer school,** école d'été; cours de vacances. *F:* **The school of adversity,** l'école du malheur. *Lit:* **The School for Wives,** l'École des Femmes. *See also* AVIATION, BOXING-SCHOOL, NORMAL 1, RIDING-SCHOOL, SCANDAL 2. **4.** *pl. Hist. of Phil:* **The Schools,** l'École; la philosophie scolastique (du moyen âge). **5.** (*In Universities*) (*a*) Faculté *f*. **The Arts School,** la Faculté des lettres. (*b*) *pl.* **Schools,** (i) salle *f* d'examen; (ii) (*at Oxford*) examen *m* (pour le "B.A."). *To sit for one's schools,* se présenter à l'examen. **6.** (*a*) *Art: Lit: Phil:* École. *Art:* **The Flemish school, the Italian school,** l'école flamande; l'école italienne. *Phil:* **The Platonic school,** l'école de Platon. (*b*) *F:* **School of thought,** école (de pensée, d'opinions). *Reared in the s. of materialism,* élevé à l'école du matérialisme. **One of the old school,** un homme de la vieille école, de la vieille roche. (*c*) Disciples *mpl* (d'un maître). **He founded no school,** il n'a pas laissé de disciples; il n'a pas fait école. **7.** *Mus:* Livre *m* d'instruction; méthode *f* (de violon, etc.); école (du violon).

'school-book, *s.* Livre *m* scolaire; livre classique; livre de classe.

'school-dame, *s.f.* (*a*) *A:* Maîtresse d'une école enfantine de village; vieille demoiselle qui tenait école. (*b*) *F: Hum:* Maîtresse d'école; institutrice.

'school-day, *s.* **1.** Jour *m* de classe. **2.** *pl.* **School-days,** vie *f* scolaire; années *f* de classe ou d'école. **In my school-days,** au temps où j'allais en classe; du temps que j'étais au collège ou à l'école.

'school divine, *s.* (Théologien) scolastique *m*.

'school-house, *s.* **1.** Maison *f* d'école; école *f*. **2.** (*In Eng. public school*) Maison (et pensionnat) du directeur.

'school-leaving, *attrib.a.* **School-leaving age,** âge *m* de fin de scolarité. *Raising of the s.-l. age,* prolongation *f* de la scolarité.

'school-ma'am, *s.f.* *F:* (*Esp. U.S:*) Maîtresse d'école; institutrice.

'school-mate, *s.* = SCHOOLFELLOW.

'school-miss, *s.f.* *F:* Pensionnaire. *She looked like a s.-m.,* elle avait l'air d'une petite pensionnaire.

'school-ship, *s.* Vaisseau-école *m*, *pl.* vaisseaux-écoles.

'school-teacher, *s.* Maître *m*, maîtresse *f*, d'école primaire; instituteur, -trice.

'school-time, *s.* **1.** Les heures *f* de classe. *In s.-t.,* pendant les heures de classe; pendant la classe; pendant les classes. **2.** = SCHOOL-DAY 2.

school[2], *v.tr.* **1.** (*a*) Envoyer (un enfant) à l'école. (*b*) Instruire (qn); faire l'éducation de (qn). **2.** Former (un enfant, un cheval, l'esprit de qn, etc.); discipliner (sa voix, son geste, etc.). **To school s.o. to do sth.,** entraîner, dresser, qn à faire qch. **To school oneself to patience,** s'astreindre à la patience; apprendre à patienter. *To s. oneself into a habit,* se discipliner à une habitude. *To s. s.o. in a part,* apprendre son rôle à qn. *To s. s.o. in society ways,* styler qn aux usages du monde.

schooled, *a.* (*Of pers., horse, etc.*) Formé, entraîné, dressé, rompu. **I am schooled to patience,** j'ai appris à patienter. *He has his people well s.,* il mène ses gens au doigt et à l'œil. *Well s. servant,* domestique bien stylé. **Schooled in adversity,** formé à l'école du malheur. *S. forbearance,* patience disciplinée; patience acquise.

schooling, *s.* Instruction *f*, éducation *f*. *He has had no s., little s.,* il n'a pas reçu d'instruction; il est peu instruit. *He had paid for his nephew's s.,* il avait subvenu aux frais d'études de son neveu.

school[3, 4], *s.* & *v.i.* = SHOAL[3, 4].

schoolable ['sku:ləbl], *a.* **1.** *Adm:* (Enfant) qui tombe sous l'obligation scolaire. **2.** (Enfant) d'âge scolaire.

schoolboy ['sku:lbɔi], *s.m.* Écolier; élève. **Public schoolboy,** élève d'une des grandes écoles. *When I was a s.,* lorsque j'étais à l'école, en classe. *To behave like a s.,* se conduire en écolier. **Schoolboy slang,** argot *m* scolaire; argot des écoles.

schoolfellow ['sku:lfelo], *s.* Camarade *mf* de classe ou d'école; compagnon *m*, *f.* compagne; condisciple *m*.

schoolgirl ['sku:lgə:rl], *s.f.* Écolière; élève. *To behave like a s.,* se comporter comme une petite pensionnaire. *S. complexion,* teint frais de petite pensionnaire.

schoolgirlish ['sku:lgə:rliʃ], **schoolgirly** ['sku:lgə:rli], *a.* (Idée *f*, etc.) de petite pensionnaire.

schoolman, *pl.* **-men** ['sku:lmən, -men], *s.m.* **1.** *Hist. of Phil:* Scolastique. **The Schoolmen,** l'École *f*. **2.** *U.S:* Professeur.

schoolmaster ['sku:lmɑ:stər], *s.m.* (*a*) (*In elementary school*) Instituteur; maître d'école; (*in secondary school*) professeur. (*b*) Directeur (de l'école); chef d'institution. *F:* **The schoolmaster is abroad,** (i) les bienfaits de l'instruction sont répandus partout; l'éducation fait des progrès; (ii) *Iron:* voilà ce qu'on leur apprend aujourd'hui!

schoolmastering ['sku:lmɑ:stəriŋ], *s.* *F:* Enseignement *m*, pédagogie *f*. *To go in for s.,* entrer dans l'enseignement; se faire instituteur ou professeur.

schoolmistress ['sku:lmistres], *s.f.* (*a*) (*In elementary school*) Institutrice; maîtresse d'école; (*in secondary school*) professeur *m*. (*b*) Directrice (de pensionnat).

schoolroom ['sku:lrum], *s.* (*In school*) (Salle *f* de) classe *f*; (*in private house*) salle d'étude.

schooner[1] ['sku:nər], *s.* **1.** *Nau:* Schooner *m*; goélette *f*. **Fore-and-aft schooner,** goélette franche. **Three-mast(ed) schooner,** trois-mâts *m* goélette; trois-mâts latin. *See also* TOPSAIL. **2.** *U.S:* = PRAIRIE SCHOONER.

'schooner-rigged, *a.* *Nau:* (Navire) gréé en goélette.

'schooner-yacht, *s.* *Nau:* Yacht gréé en goélette.

schooner[2], *s.* **1.** *U.S:* Grande flûte (pour bière). **2.** (*In Engl. approx.*) Demi-litre *m* (de bière).

schorl [ʃɔ:rl], *s.* *Miner:* Tourmaline noire.

schottische [ʃɔ'ti:ʃ], *s.* *Danc: Mus:* Scottish *f*, schottisch *f*.

schreinering ['ʃrainəriŋ], *s.* *Tex:* Similisage *m* (des cotonnades).

Schubertian [ʃu'bə:rtiən], *a.* (Musique *f*) à la manière de Schubert.

sciaena [sai'i:na], *s.* *Ich:* Sciène *f*.

sciaenoid [sai'i:nɔid], *s.* *Ich:* Sciénidé *m*.

sciagram ['saiagram], *s.* **1.** *Art: A:* Sciographie *f*; silhouette *f*. **2.** = SCIAGRAPH.

sciagraph ['saiagrɑ:f, -graf], *s.* **1.** *Med: etc:* Radiographie *f*; skiagramme *m*. **2.** *Arch:* Coupe verticale (d'une maison, etc.); sciographie *f*.

sciagraphic(al) [saia'grafik(əl)], *a.* Sciographique.

sciagraphy [sai'agrəfi], *s.* **1.** *Art: Astr:* Sciographie *f*. **2.** *Med: etc:* Radiographie *f*; skiagraphie *f*.

sciascopy [sai'askopi], *s.* *Med:* Pupilloscopie *f*; skiascopie *f*.

sciatic [sai'atik], *a.* *Anat:* Sciatique. *The s. nerve,* *s.* **the sciatic,** le nerf sciatique.

sciatica [sai'atika], *s.* *Med:* Sciatique *f*.

science ['saiəns], *s.* **1.** *A:* Science *f*, savoir *m*. **The seven liberal sciences,** les sept sciences libérales. *See also* GAY 1. **2.** Science. *The exact sciences,* les sciences exactes. **Pure science,** science pure, science abstraite. **Physical science,** les sciences physiques. *The s. of chemistry,* la (science de la) chimie. **To study science,** étudier les sciences. **Man of science,** savant *m*; homme *m* de science. **Social science,** économie sociale. *F:* **The dismal science,** l'économie politique. **To reduce betting to a science,** ériger le pari en étude scientifique. *Boxer who lacks s.,* boxeur *m* qui manque de la science du combat. *See also* APPLIED, CHRISTIAN, DOCTOR[1] 2.

'science-master, *s.m.* *Sch:* Professeur de sciences.

scienter [sai'entər], *adv.* *Jur:* A bon escient. *s.* **To prove a scienter,** prouver qu'un acte a été commis ou permis à bon escient.

scientific [saiən'tifik], *a.* Scientifique. **Scientific instruments,** instruments *m* de précision. *S. men,* hommes *m* de science. *Full of s. enthusiasm,* plein d'enthousiasme pour la science. *F: S. cruelty,* cruauté étudiée. *S. game,* jeu *m* qui est une véritable science. *S. boxer,* boxeur *m* qui possède la science du combat. **-ally,** *adv.* Scientifiquement.

scientist ['saiəntist], *s.* Savant, -ante; homme *m* de science. *See also* CHRISTIAN.

scilicet ['sailiset], *adv.* A savoir; c'est-à-dire.

scilla ['sila], *s.* *Bot:* Scille *f*.

Scilly ['sili]. *Pr.n. Geog:* **The Scilly Isles,** les Sorlingues *f*.

scimitar ['simitər], *s.* Cimeterre *m*.

scintilla [sin'tila], *s.* Soupçon *m*, parcelle *f*, fragment *m*; *F:* miette *f*. *A mere s. of evidence,* un simple soupçon de preuve; un indice infime. **Not a scintilla of truth,** pas un atome de vérité. *To speak without a s. of animation,* parler sans la moindre animation. *Not a s. of genius,* pas une étincelle de génie.

scintillant ['sintilənt], *a.* Scintillant, étincelant.

scintillate ['sintileit], *v.i.* Scintiller, étinceler. *Book scintillating with wit,* livre *m* qui pétille d'esprit.

scintillating, *a.* = SCINTILLANT.

scintillation [sinti'leiʃ(ə)n], *s.* Scintillation *f*, scintillement *m* (des étoiles, de l'esprit, etc.).

Scio ['saio, 'ʃi:o]. *Pr.n. Geog:* (L'île *f* de) Chio *m*.

sciolism ['saiolizm], *s.* Demi-savoir *m*, demi-science *f*.

sciolist ['saiolist], *s.* Demi-savant *m*; faux savant, prétendu savant.

scion ['saiən], *s.* **1.** *Hort:* (*a*) Scion *m*, ente *f*, greffon *m*. (*b*) *A:* Rejeton *m*, pousse *f*; surgeon *m*. **2.** Descendant *m*, rejeton, héritier *m* (d'une race noble, etc.). **Scion of a noble house,** rejeton d'une famille noble.

Sciot(e) ['saiɔt], *a.* & *s.* *Geog:* Chiote (*mf*).

Scipio ['sipio]. *Pr.n.m. Rom.Hist:* Scipion. **The Scipios,** les Scipions.

scirrhoid ['sirɔid], *a.* = SCIRRHOUS.

scirrhosity [si'rɔsiti], *s.* *Med:* Squirrosité *f*.

scirrhous ['sirəs], *a.* *Med:* Squirreux. **Scirrhous cancer,** cancer *m* en cuirasse.

scirrhus ['sirəs], *s.* *Med:* Squirre *m*.

scissel ['sisəl], *s.* *Num:* Cisaille *f*; rognures *fpl* (de flans).

scissile ['sisil], *a.* *Miner: etc:* Scissile, fissile.

scission ['siʃ(ə)n], *s.* **1.** Coupage *m* avec un instrument tranchant; cisaillement *m*, cisaillage *m*. **2.** *F:* Scission *f*, division *f* (dans un parti, etc.).

scissiparity [sisi'pariti], *s.* = SCHIZOGENESIS.

scissiparous [si'siparəs], *a.* *Biol:* Scissipare.

scissor[1] ['sizər], *s.* **1.** (*a*) **(Pair of) scissors,** ciseaux *m*. **Cutting-out scissors,** ciseaux de couturière. **Buttonhole scissors,** ciseaux à boutonnières. **Cuticle scissors,** ciseaux de manucure; ciseaux à envies. *See also* EGG-SCISSORS, LAMP-SCISSORS, NAIL-SCISSORS, PRUNING-SCISSORS. *They were very short-bladed scissors, occ. it was a very short-bladed scissors,* c'étaient des ciseaux à lames très courtes. *Journ: etc:* **To work with scissors and paste,** travailler à coups de ciseaux. **Scissors-and-paste production**, ouvrage fait à coups de ciseaux; pure compilation. *El:* **Scissors arc-lamp**, lampe *f* à charbons à angle obtus. *Rail:* **Scissors crossing**, traversée *f* bretelle. *Sp:* **Scissor jump**, saut *m* en hauteur avec élan. *Skiing:* **Scissors stop**, arrêt *m* en ciseaux. (*b*) *Swim:* **The scissors**, le coup de ciseaux. (*c*) *Pol.Ec:* **Price scissors**, écart *m* entre les prix agricoles et les prix industriels. **2.** *Const:* (**Hoisting**) **scissors**, louve *f* à pinces.

'scissor-bill, *s.* *Orn:* *F:* Bec-en-ciseaux *m*, *pl.* becs-en-ciseaux; coupeur *m* d'eau.

'scissor-case, *s.* Étui *m* à ciseaux.

'scissor-chair, *s.* Transatlantique *m*; *F:* transa(t) *m*.

'scissor-cut, *s.* Silhouette découpée dans le papier noir.

'scissor-grinder, *s.* Rémouleur *m* de ciseaux.

'scissor-tooth, *s.* *Z:* Dent carnassière.

scissor², *v.tr.* Couper, découper, (qch.) avec des ciseaux; cisailler (qch.).

scissoring, *s.* Cisaillement *m*, cisaillage *m*.

sciuridae [sai'juəridiː], *s.pl.* *Z:* Sciuridés *m*, écureuils *m*.

sciurine ['saijurin], *a.* *Z:* De l'écureuil, des sciuridés.

sclaff¹ [sklaf], *s.* *Golf:* Coup *m* qui érafle la balle, le terrain.

sclaff², *v.tr.* *Golf:* Érafler (la balle, le terrain).

sclera ['skliːərə], *s.* *Anat:* Sclérotique *f*; cornée *f* opaque; *F:* blanc *m* de l'œil.

sclerenchyma [skliːə'reŋkimə], *s.* *Nat.Hist:* Sclérenchyme *m* (du corail, etc.).

scleriasis [skliːə'raiəsis], *s.* *Med:* Sclériase *f*.

scleritis [skliːə'raitis], *s.* *Med:* Sclérite *f*, sclérotite *f*.

scler(o)- ['skliːər(o)], *comb.fm.* Sclér(o)-. *Sclerobase*, sclérobase. *Sclerogenic*, sclérogène.

scleroderm ['skliːərodəːrm], *s.* *Ich:* Scléroderme *m*.

scleroderma [skliːəro'dəːrmə], *s.* *Med:* Sclérodermie *f*.

sclerodermatous [skliːəro'dəːrmətəs], *a.* **1.** *Z:* Sclérodermé. **2.** *Med:* Scléreux.

sclerogenic [skliːəro'dʒenik], *a.* *Med:* Sclérogène.

scleroma, *pl.* **-ata** [skliːə'roumə, -ətə], *s.* *Med:* = SCLERIASIS.

sclerometer [skliːə'rɔmətər], *s.* *Mec:* *Cryst:* Scléromètre *m*.

sclerophthalmia [skliːərɔf'θalmiə], *s.* *Med:* Sclérophtalmie *f*.

scleroscope ['skliːəroskoup], *s.* *Mec:* Scléroscope *m*. **Scleroscope hardness**, dureté *f* au scléroscope.

sclerosed [skliːə'roust], *a.* *Med:* Scléreux, sclérosé.

sclerosis, *pl.* **-oses** [skliːə'rousis, -ousiːz], *s.* *Med:* Sclérose *f*. **Disseminated sclerosis, insular sclerosis**, sclérose en plaques.

sclerotic [skliːə'rɔtik]. *Anat:* **1.** *a.* (Membrane *f*, etc.) sclérotique. **2.** *s.* = SCLERA.

sclerotitis [skliːəro'taitis], *s.* *Med:* Sclérotite *f*.

sclerotomy [skliːə'rɔtəmi], *s.* *Surg:* Scléro(tico)tomie *f*.

sclerous ['skliːərəs], *a.* *Med:* *etc:* (Tissu) scléreux.

scobs [skɔbz], *s.pl.* **1.** Sciure *f*; copeaux *mpl*; limaille *f*. **2.** Scorie *f*, scories.

scoff¹ [skɔf], *s.* **1.** Sarcasme *m*, brocard *m*, raillerie *f*. **2.** (*Pers.*) Objet *m* de risée. **To be the scoff of s.o.**, être en butte aux sarcasmes de qn; servir de plastron à qn. *To be the s. of the town*, être la risée de la ville.

scoff², *v.i.* Se moquer. **To scoff at s.o.**, railler, bafouer, brocarder, qn; se moquer, se gausser, de qn. **To scoff at dangers**, mépriser les dangers. *To be scoffed at*, recueillir des railleries.

scoffing¹, *a.* Moqueur, -euse; gausseur, -euse; railleur, -euse. **-ly**, *adv.* En dérision, en raillant, par moquerie.

scoffing², *s.* Moquerie *f*, raillerie *f*.

scoff³, *s.* *P:* Nourriture *f*; *P:* boustifaille *f*.

scoff⁴, *v.tr.* *P:* Avaler, *P:* bouffer (de la nourriture).

scoffer ['skɔfər], *s.* Moqueur, -euse; gausseur, -euse; railleur, -euse.

scold¹ [skould]. **1.** *s.f.* (Femme) criarde, (femme) querelleuse; mégère; grondeuse, réprimandeuse, *F:* bougonne, ronchon, ronchonneuse, rabroueuse. **2.** *Occ. s.m.* Grondeur, réprimandeur, ronchon.

scold². **1.** *v.i.* Gronder, grogner, crier, criailler, ronchonner (*at s.o.*, contre qn). **To be always scolding**, être toujours à gronder, à crier. **2.** *v.tr.* Gronder, réprimander, *F:* tancer, morigéner, attraper (qn).

scolding¹, *a.* (*Of woman, tone, etc.*) Grondeur, -euse; bougon, -onne; criard; ronchonneur, -euse.

scolding², *s.* **1.** Gronderie *f*, réprimande *f*, semonce *f*. **To give s.o. a good scolding**, tancer, morigéner, qn; *F:* laver la tête à qn. **2.** *Constant s.*, des criailleries *f* sans fin.

scolex, *pl.* **-eces** ['skouleks, sko'liːsiːz], *s.* *Med:* *Ann:* Scolex *m* (du ténia).

scolia ['skouljə], *s.* *Ent:* Scolie *f*.

scoliidae [skɔ'laiidiː], *s.pl.* *Ent:* Scoliidés *m*.

scolion ['skɔliɔn], *s.* *Gr.Ant:* Scolie *m*; chanson *f* de table.

scoliosis [skɔli'ousis], *s.* *Med:* Scoliose *f*; déviation latérale de la colonne vertébrale.

scoliotic [skɔli'ɔtik], *a.* *Med:* Scoliotique.

scollop¹, ² ['skɔləp], *s.* & *v.* = SCALLOP¹, ².

scolopaceous [skɔlo'peiʃəs], *a.* *Orn:* Qui appartient aux scolopacinés.

scolopacine ['skɔlopəsin, -ain]. *Orn:* **1.** *a.* = SCOLOPACEOUS. **2.** *s.* Scolopaciné *m*.

scolopendra [skɔlo'pendrə], *s.* *Myr:* Scolopendre *f*.

scolopendrine [skɔlo'pendrin], *a.* Qui appartient, qui ressemble, aux scolopendres.

scolopendrium [skɔlo'pendriəm], *s.* *Bot:* Scolopendre *f*, *F:* langue-de-cerf *f*.

scomber ['skɔmbər], *s.* *Ich:* Scombre *m*, maquereau *m*.

scombroid ['skɔmbrɔid], *a.* & *s.* *Ich:* Scomb(é)ridé (*m*).

sconce¹ [skɔns], *s.* **1.** Bougeoir *m*. **2.** Applique *f*, bras *m*; candélabre fixé au mur. **Piano sconce**, flambeau *m* de piano. **3.** Bobèche *f* (d'un chandelier, d'un bougeoir).

sconce², *s.* **1.** *Fort:* Fort détaché; blockhaus *m*, fortin *m*. **2.** Coin *m* du feu (d'une grande cheminée). **3.** **Sconce(-piece)**, iceberg *m* au ras de l'eau.

sconce³, *s.* (*At Oxford*) Amende *f* (d'une tournée de bière) (infligée par des condisciples).

sconce⁴, *v.tr.* Mettre (un étudiant) à l'amende; lui faire payer une tournée (à titre d'amende).

sconce⁵, *s.* *P:* *A:* **1.** Tête *f*; *P:* caboche *f*. **2.** Jugeotte *f*; bon sens, entregent *m*.

scone [skɔn, skoun], *s.* *Scot:* Pain *m* au lait cuit en galette (sur une plaque de fer).

scoop¹ [skuːp], *s.* **1.** (*a*) *Nau:* Épuisette *f*, écope *f*, sasse *f*, guéridon *m*, puchet *m*. (*b*) Pelle *f* à main. **Weighing scoop**, nacelle *f*. **Grocer's scoop**, main *f*. *Husb:* **Manure scoop**, louche *f*. *See also* CHEESE-SCOOP, CRUMB-SCOOP, MARROW-SCOOP, WIND SCOOP. (*c*) *Surg:* Curette *f*. (*d*) **Aural scoop**, cure-oreilles *m inv.* **2.** (*a*) *Civ.E:* Cuiller *f*, godet *m* (de drague). *Hyd.E:* **Noria scoop**, godet. (*b*) *I.C.E:* Cuiller de graissage; plongeur *m*, cuiller d'huile (de tête de bielle); mentonnet lubrificateur. *Rail:* Cuiller (de locomotive pour ramasser l'eau). **3.** (**Coal**) **scoop**, seau *m* à charbon (coupé en biseau).

'scoop-net, *s.* *Fish:* Drague *f*.

'scoop-wheel, *s.* *Hyd.E:* Tympan *m*.

scoop², *s.* **1.** Creux *m*, concavité *f*, excavation *f*. **2.** (*a*) Coup *m* de pelle. **At one scoop**, d'un seul coup (de pelle). *Com:* *F:* **A fine scoop!** un joli banco! une belle rafle! un joli coup de filet! (*b*) *Journ:* *F:* Reportage sensationnel que l'on est le premier à publier; primeur *f* d'une grosse nouvelle. **3.** *Mus:* *F:* Port *m* de voix.

scoop³, *v.tr.* **1.** **To scoop (out)**, écoper (l'eau); excaver (la terre); évider (un navet, etc.); gouger (le bois). *Engr:* *Typ:* *etc:* **To scoop out a line**, échopper un trait. **To scoop up**, (i) ramasser (du charbon, de la farine, etc.) avec la pelle; (ii) épuiser, écoper (l'eau, etc.). **2.** (*a*) *Com:* *F:* **To scoop a large profit**, faire une belle rafle. **To scoop in** *£100 a day*, ramasser cent livres par jour. (*b*) *Journ:* *F:* **To scoop the other papers**, publier (une nouvelle, etc.) avant les autres journaux.

scooped, *a.* (*Of marrow-bone, dice, etc.*) **Scooped (out)**, creux, évidé.

scooping, *s.* **Scooping (out)**, excavation *f* (de la terre, etc.); évidage *m*, évidement *m* (d'un navet, etc.). **Scooping up** (*of sth.*), ramassage *m* (de qch.) avec la pelle.

scooper ['skuːpər], *s.* **1.** Celui qui puise, qui évide, qui ramasse (à la pelle); celui qui rafle de l'argent, une nouvelle. **2.** (*a*) Outil *m* à évider; gouge *f*. (*b*) *Engr:* Échoppe *f* (à évider). **3.** *Orn:* Avocette *f*.

scoot¹ [skuːt], *s.* *P:* Fuite précipitée. **To do a scoot**, filer; prendre ses jambes à son cou. *To make a s. for shelter*, s'enfuir vers un abri; prendre la fuite pour s'abriter quelque part.

scoot², *v.i.* *P:* **To scoot (off, away)**, détaler; filer; jouer des flûtes; jouer des jambes; prendre ses jambes à son cou; *P:* se débobiner.

scooter ['skuːtər], *s.* **1.** *Nau:* (*a*) *U.S:* Bateau *m* à voiles et à patins (pour navigation en mer et sur la glace). (*b*) (1914–18) = *coastal motor boat, q.v. under* MOTOR BOAT. **2.** Trottinette *f*, patinette *f*, scooter *m*. *See also* MOTOR SCOOTER.

scopa ['skoupə], *s.* *Ent:* Brosse *f* (de patte d'abeille).

scopate ['skoupeit], *a.* *Ent:* (Patte) à brosse.

scope¹ [skoup], *s.* **1.** (*a*) Portée *f*, rayon *m*, étendue *f* (d'une action, du savoir de qn, etc.). *According to the s. of his intellect*, selon la capacité de son esprit. *The real s. of geography*, le domaine propre de la géographie. *Work within the s. of an amateur*, travail *m* à la portée d'un amateur. **That is beyond, outside, my scope**, cela n'est pas de ma compétence, ne rentre pas dans ma compétence. *Piece that is not within my s.*, morceau *m* (de musique) qui n'est pas dans mes moyens. **Undertaking of wide scope**, entreprise *f* de grande envergure. *To extend the s. of one's activities*, élargir le champ de son activité. *To prevent any extension of s. of the incident . . .*, pour ne pas élargir l'incident. . . . *To lie within the s. of possible events*, être dans les prévisions. *Excluded from the s. of . . .*, non régi par les dispositions de . . ., exclu des dispositions de. . . . **To fall within the scope of a work**, rentrer dans le plan d'un ouvrage. *Artil:* **Scope of gunfire**, champ *m* d'action de l'artillerie. (*b*) Espace *m*, place *f* (pour les mouvements de qn, etc.). *To offer better s. for sth., for doing sth.*, laisser une plus grande place pour qch., plus de place pour faire qch. **To give s.o. scope for his abilities**, donner à qn une liberté d'action en rapport avec ses capacités. *Subject that gives s. for eloquence*, sujet *m* qui donne carrière à l'éloquence. **He lacks scope**, il manque de champ d'action. (**Free**) **scope**, liberté *f*, (libre) carrière *f*. **To give full, free, scope to** (*s.o., one's imagination, etc.*), donner (libre) carrière à (qn, son imagination, etc.); laisser le champ libre, laisser libre champ, à (qn, etc.). **To have free, full, scope to act**, avoir toute latitude, toute liberté, pour agir; avoir ses coudées franches. **2.** *Nau:* (**Riding**) **scope**, touée *f* (de l'amarre de mouillage).

scope², *s.* *Med:* *F:* (*Abbr. of cystoscope*) Cystoscope *m*.

-scope [skoup], *s.* *comb. fm.* -scope *m*. *Autoscope*, autoscope. *Chronoscope*, chronoscope. *Gyroscope*, gyroscope. *Laryngoscope*, laryngoscope. *Ophthalmoscope*, ophtalmoscope.

-scopic ['skɔpik], *a.* *comb.fm.* -scopique. *Microscopic*, microscopique. *Laryngoscopic*, laryngoscopique. *Stethoscopic*, stéthoscopique.

scopiform ['skoupifɔːrm], *a.* Fasciculaire, fasciculé.

scops [skɔps], *s.* *Orn:* Scops(-owl), petit duc.

scopula, *pl.* **-ae** ['skɔpjulə, -iː], *s.* *Ent:* = SCOPA.

-scopy [skɔpi], *s.* *comb.fm.* -scopie *f*. *Dynamoscopy*, dynamoscopie. *Helioscopy*, hélioscopie. *Laryngoscopy*, laryngoscopie.

scorbutic [skɔːr'bjuːtik], *a.* & *s.* *Med:* Scorbutique (*mf*).

scorbutus [skɔːr'bjuːtəs], *s.* *Med:* Scorbut *m*.

scorch[1] [skɔːrtʃ], *s.* **1.** Roussissement *m*, brûlure superficielle. **2.** *Aut: Cy: F:* Course *f* à toute vitesse, à une allure dangereuse.

scorch[2]. **1.** *v.tr.* (*Of sun, fire, etc.*) Roussir, brûler légèrement (le linge, etc.); (*of sun*) rôtir, flétrir, dessécher (l'herbe, les bourgeons, etc.); (*of frost*) griller (les bourgeons, etc.). **2.** *v.i.* (*Of stuff, etc.*) Roussir; brûler légèrement, à la surface. **3.** *v.i. Aut: Cy: F:* **To scorch (along),** brûler le pavé; filer à toute vitesse, filer raide; conduire ou pédaler comme un fou; aller un train d'enfer.

scorched, *a.* (*Of linen, etc.*) Roussi, légèrement brûlé; (*of grass, etc.*) desséché; (visage *m*) aduste. *Road s. by the sun,* route que le soleil embrase.

scorching[1]. **1.** *a.* (*Of sun, wind, F: glance, etc.*) Brûlant, ardent. *S. heat,* chaleur torride; *F:* chaleur torréfiante. *F: S. criticism,* critique *f* caustique. **2.** *adv.* **Scorching hot,** tout brûlant. *F: It is s. hot here,* on rôtit ici.

scorching[2], *s.* **1.** Roussissement *m* (du linge, etc.); dessèchement *m* (de l'herbe, etc.). **2.** *Aut: Cy:* Allure excessive; allure de chauffard. **To be had up for scorching,** se faire dresser une contravention pour excès de vitesse.

scorcher ['skɔːrtʃər], *s.* **1.** *F:* (*a*) Journée *f* torride. (*b*) Discours écrasant; riposte cinglante. **2.** *F:* (*a*) *Aut:* Chauffard *m*; écraseur *m*; *Cy:* cycliste *m* casse-cou; *P: A:* pédard *m*. (*b*) **A real scorcher,** un homme qui va vite en affaires. **3.** *P:* Chose ou personne épatante. **It's a scorcher,** c'est épatant! c'est tapé! *She's a s.,* elle est épatante.

score[1] ['skɔːər], *s.* **1.** (*On skin, etc.*) Éraflure *f*, couture *f*, entaille *f*; (*on rock, etc.*) strie *f*; (*on leather, etc.*) incision *f*; (*on cylinder, etc.*) rayure *f*. *The scores in a bearing,* les grippures *f* d'un palier. **2.** (*a*) Trait *m* de repère; trait; repère *m*. (*b*) Gorge *f*, engoujure *f*, goujure *f* (de poulie). **3.** (*a*) Encoche *f*; coche *f* (sur une taille de boulanger). (*b*) *F:* **To run a score at a public house,** *F:* avoir une ardoise à une taverne. **To pay one's score,** régler son compte. *F:* **To wipe out, pay off, old scores,** régler de vieilles dettes, de vieux comptes; vider d'anciens griefs. *P:* **To quit scores with s.o.,** régler son compte à, avec, qn. *I've quit scores with him,* nous sommes quittes. **4.** (*a*) *Games:* (Nombre *m* de) points *m* (dans une partie, un match). *Golf:* Compte *m* des points. *Fb:* Marque *f*, score *m*. (*At bridge*) **Score below line,** marque. **To make a good score,** faire un bon nombre de points; (*at shooting-range*) faire un bon carton. *Fb:* **What's the score?** quel est le score? combien chaque équipe a-t-elle de points enregistrés? où en est le jeu? quelle est la marque? **There was no score,** aucun but n'a été enregistré. *Half-time came and there was still no s.,* la mi-temps est survenue sur un score vierge. **To keep the score,** marquer, compter, les points; *Cards:* tenir la marque. (*b*) *F:* (i) Réponse bien envoyée; (ii) coup *m* de fortune; aubaine *f*. **To make a score,** toucher son adversaire (au vif); river son clou à qn. **5.** *Mus:* Partition *f*. **Full score,** partition d'orchestre. **Vocal score,** partition de chant. **Compressed score, short score,** partition réduite. **Piano score,** réduction *f* pour piano. *Pianoforte and vocal s.,* partition piano et chant. **In score,** contenant toutes les parties. **6.** (*a*) *Inv. in pl.* Vingt, vingtaine *f*. **A score of people,** une vingtaine de gens. *Some* **two score** *words,* une quarantaine de mots. **Three score,** une soixantaine. **Four score years and ten,** quatre-vingt-dix ans. **Five score,** une centaine de. . . . **Half a score,** une dizaine. *F: They are to be found* **by the score,** on les trouve à la douzaine, par douzaines. (*b*) *pl. F:* **Scores,** un grand nombre. **Scores of times,** *P:* des tas *m* de fois. **Scores of people,** une masse de gens. *They are deserting* **by scores,** ils désertent en masse. **7.** Point *m*, compte *m*, question *f*, sujet *m*. *Have no fear* **on that score,** n'ayez aucune crainte à cet égard, sur ce chapitre, sur ce point; soyez tranquille là-dessus. **On the score of . . .,** à titre de. . . . **On more scores than one,** à plus d'un titre. *On the s. of ill-health,* pour cause, pour raison, de santé. *On what s. . . .?* à quel titre . . .? pour quelle raison . . .? sous quel rapport . . .?

'score-board, *s.* **1.** *A:* (*At public house*) Ardoise *f*. **2.** *Cr:* Tableau *m* (où l'on peut lire où en est le match).

'score-card, *s.* **1.** (*At shooting-range or shooting-gallery*) Carton *m*. **2.** *Golf:* Carte *f* du parcours.

'score-game, *s. Golf:* Concours *m*, match *m*, par coups.

'score-play, *s. Golf:* Jeu *m* par coups.

score[2], *v.tr.* **1.** (*a*) Érafler, couturer (qch.); inciser (le cuir); strier (un rocher, etc.); rayer (un cylindre, la terre, le papier, etc.). *Face scored with scars, with lines,* visage couturé, labouré, de cicatrices, creusé, haché, de rides (profondes). *Mountain side scored by the torrents,* flanc de montagne sillonné par les torrents. **To score a metal plate for surfacing,** gratteler une plaque de métal *Engr:* **To score the plate with the graver,** buriner la planche. (*b*) Faire un trait de plume au-dessous de (qch). **To score a passage in a book,** souligner un passage dans un livre. (*c*) *U.S: F:* Tancer (qn) d'importance; laver la tête à (qn). **2.** (*a*) Entailler, (en)cocher (une latte de bois, etc.). **To score a tally,** faire des coches à une taille. (*b*) *F:* **To score up the drinks,** inscrire les consommations à l'ardoise. **To score (up) a debt,** porter une dette en compte. *To s. (up) a debt against, to, s.o.,* enregistrer, inscrire, une dette au passif de qn. *F:* **He will score up that remark against you,** il vous fera payer cette observation. **3.** *v.tr. & abs. Games:* (*a*) Compter, marquer (les points). (*b*) Gagner (une partie, etc.); faire, marquer (trente points, etc.). *To fail to s.,* ne marquer aucun point. *Cr:* **To score a century,** faire une centaine. *Fb:* **To score a try,** marquer un essai. **To score a goal,** loger le ballon dans le but; marquer un but; enregistrer un but. *Neither side scored,* aucun but n'a été enregistré. *Cards:* **To score no tricks,** être capot. *F:* **To score (a success),** remporter, enregistrer, un succès. *We shall s. by it,* nous y gagnerons. **That's where he scores,** c'est par là qu'il l'emporte; voilà où il est avantagé. **To score at s.o.'s expense,** se faire mousser au détriment de qn. *See also* HIT[1] 1. **4.** *Mus:* (*a*) Noter (un air). (*b*) Orchestrer (une composition). *Scored for piano, violin, and flute,* arrangé pour piano, violon et flûte.

score off, *v.tr.* (*Prep. use*) **To score off s.o.,** (i) *Games:* marquer un point aux dépens de qn; (ii) *F:* river son clou à qn; enfoncer qn, faire pièce à qn; *P:* asseoir qn, avoir qn; mettre qn en boîte.

score out, *v.tr.* **To score out a word,** rayer, biffer, un mot.

scored, *a.* **1.** (*a*) (*Of skin, etc.*) Éraflé, couturé; (*of rock, etc.*) strié; (*of cylinder, etc.*) rayé; (*of gun barrel*) affouillé. (*b*) **Scored pulley,** poulie *f* à gorge. **2.** (*a*) (*Of words*) Biffé, rayé. (*b*) Souligné.

scoring, *s.* **1.** Éraflement *m* (de la peau, etc.); incision *f* (du cuir, etc.); striation *f* (d'un rocher); rayage *m*, grippage *m* (d'un cylindre, etc.). **2.** (*a*) Entaillage *m*, encochage *m* (d'un bâton, etc.). (*b*) **Scoring up of the drinks,** inscription *f* à l'ardoise des consommations. **Scoring (up) of a debt,** inscription, enregistrement *m*, d'une dette. **3.** *Games:* Marque *f* (des points). *Cards:* **Scoring-block,** carnet-bloc *m*, *pl.* carnets-blocs. *Bill:* **Scoring board,** tableau *m*, boulier *m*. *Mil:* **Scoring-book,** carnet *m* de tir. **To open the scoring,** ouvrir la marque. *Half-time came and the s. hadn't started,* la mi-temps est survenue sur un score encore vierge. **4.** *Mus:* (*a*) Notation *f* (d'un air). (*b*) Orchestration *f* (d'une composition); arrangement *m* (pour divers instruments). (*c*) *Cin:* (i) Application *f* à un film-image d'une piste sonore enregistrée séparément; (ii) sonorisation *f* (d'un film).

scorer ['skɔːrər], *s.* *Games:* **1.** Marqueur, -euse. *See also* GAME-SCORER. **2.** *Fb:* *The s. of the goal,* le marqueur du but.

scoria, *pl.* **-iae** ['skɔːria, -iiː], *s.* **1.** *Metall: etc:* Scorie *f*, mâchefer *m*, crasse *f*. **2.** *Volcanic scoriae,* scories volcaniques.

scoriaceous [skɔri'eiʃəs], *a.* *Metall: etc:* Scoriacé.

scorification [skɔrifi'keiʃ(ə)n], *s.* *Metall: etc:* Scorification *f*.

scorify ['skɔrifai]. **1.** *v.tr.* Scorifier. **2.** *v.i.* Se scorifier.

scorn[1] [skɔːrn], *s.* (*a*) Dédain *m*, mépris *m*. *To dismiss a proposal with s.,* rejeter bien loin une proposition. **To think scorn of s.o., sth.,** dédaigner, mépriser, qn, qch. *See also* FINGER[1] 1, LAUGH[2] 2. (*b*) **He is the scorn of his friends,** ses amis le méprisent; il est devenu un objet de mépris pour ses amis.

scorn[2], *v.tr.* **1.** Dédaigner, mépriser; ne faire aucun cas de (qn, qch.). **To scorn a piece of advice,** faire fi d'un conseil. *To s. a proposal,* rejeter bien loin une proposition. **2. To scorn doing sth., to scorn to do sth.,** trouver indigne de soi de faire qch.

scorning, *s.* **Scorning (of s.o., sth.),** dédain *m* (pour qn, pour qch.); mépris *m* (de, pour, qn, qch.).

scorner ['skɔːrnər], *s.* Contempteur, -trice (*of,* de); railleur, -euse. **To sit in the seat of the scorner, of the scornful,** se moquer de la religion, des choses sacrées.

scornful ['skɔːrnful], *a.* (*Of pers., smile, etc.*) Dédaigneux, méprisant. **To be scornful of sth.,** dédaigner, mépriser, qch. *She is so s. of worldly things . . .,* elle est si méprisante des choses de ce monde. . . . *See also* SCORNER. **-fully,** *adv.* Dédaigneusement; avec mépris.

scornfulness ['skɔːrnfulnəs], *s.* Dédain *m*, mépris *m*; caractère dédaigneux (d'une réponse, etc.).

scorper ['skɔːrpər], *s.* **1.** *Engr: etc:* Échoppe *f*, onglette *f*. **2.** (*For wood*) Gouge *f*.

Scorpio ['skɔːrpio]. *Pr.n. Astr:* Le Scorpion.

scorpioid ['skɔːrpiɔid], *a. & s. Bot:* Scorpioïde (*m*).

scorpion ['skɔːrpjən], *s.* **1.** *Arach:* Scorpion *m*. **False scorpion,** chélifère *m*. *See also* BOOK-SCORPION, WHIP-SCORPION. **2.** *Astr:* **The Scorpion** = SCORPIO. **The Scorpion's heart,** le Cœur du Scorpion; Antarès *m*.

'scorpion-broom, *s. Bot:* Épine fleurie.

'scorpion-fish, *s. Ich:* Scorpène *f*; scorpion *m* de mer; diable *m* de mer.

'scorpion-fly, *s. Ent:* Panorpe *f*; mouche *f* scorpion.

'scorpion-grass, *s. Bot:* Myosotis *m*; *F:* oreille *f* de souris.

'scorpion-shell, *s. Moll:* Ptérocère *m*.

'scorpion-spider, *s. Arach:* Pédipalpe *m*.

'scorpion-thorn, *s. Bot:* Épine fleurie.

scorpiurus [skɔːrpi'juərəs], *s. Bot:* Chenillette *f*.

scorzonera [skɔːrzo'niːərə], *s. Bot: Cu:* Scorsonère *f*, scorzonère *f*; salsifis noir.

Scot[1] [skɔt], *s.* **1.** Écossais, -aise. **2.** *pl. Hist:* **The Scots,** les Scots *m*.

scot[2], *s.* **1.** Écot *m*. *To pay one's s.,* payer son écot. **2.** *Hist:* **Scot and lot,** taxes communales. *F:* **To pay s.o. off scot and lot,** régler son compte à qn.

'scot-'free, *a.* **1.** Indemne. **To get off scot-free,** s'en tirer indemne, sain et sauf; demeurer indemne; *P:* s'en tirer sans trinquer. *He did not get off s.-f., F:* il y a laissé des plumes. **2.** Sans frais. **To get sth. scot-free,** recevoir qch. gratis.

scotch[1] [skɔtʃ], *s.* Cale *f*; taquet *m* d'arrêt, sabot *m* d'arrêt (placé sous une roue).

scotch[2], *v.tr.* Caler, accoter (une roue, etc.).

scotching, *s.* Calage *m*.

scotch[3], *s.* **1.** Entaille *f*; trait *m* (au couteau, etc.). **2.** *Games:* Ligne *f* de limite (au jeu de marelle).

scotch[4], *v.tr.* Mettre (qn, une bête) hors d'état de nuire, hors de combat.

Scotch[5]. (*Contraction of Scottish*) **1.** (*a*) *a.* Écossais; d'Écosse. **Scotch terrier,** terrier *m* griffon. *See also* BROAD 1, EGG[1] 1, FIR 1, HAND[1] 9, MIST[1] 1, PEBBLE[1] 1, THISTLE, WOODCOCK 2. (*b*) *s.pl.* **The Scotch,** les Écossais. **2.** *s.* (*a*) *Ling:* L'écossais *m*. (*b*) *F:* Whisky écossais. **A glass of Scotch,** un whisky.

Scotchman, *pl.* **-men** ['skɔtʃmən, -men], *s.* **1.** Écossais *m*. **2.** *Nau:* Défense *f* de gréement.

Scotchwoman, *pl.* **-women** ['skɔtʃwumən, -wimen], *s.f.* Écossaise.

scoter ['skoutər], *s.* *Orn:* Macreuse *f*, bisette *f*.

scotia ['skouʃia], *s.* *Arch:* Scotie *f*, nacelle *f*.

Scotist ['skoutist], *s.* *Rel.H:* Scotiste *m*; disciple *m* de Duns Scot.

Scotland ['skɔtlənd]. *Pr.n.* **1.** *Geog:* L'Écosse *f*. **2.** **Scotland Yard,** les bureaux centraux de la police métropolitaine de Londres, et en particulier de la police de sûreté.

Scoto-Irish ['skɔto'aiəriʃ], *a.* Moitié écossais moitié irlandais.
scotoma, *pl.* **-ata** [skɔ'touma, -ata], *s. Med:* Scotome *m.* **Scintillating scotoma,** scotome scintillant.
Scots [skɔts], *a. & s.* = SCOTTISH (*esp. in Scotland, in reference to nationality*). **To talk Scots,** parler (en) écossais. *To write in S.,* écrire en écossais. (*Always in*) **Scots law,** droit écossais; **pound Scots,** livre écossaise; **the Scots Guards,** la Garde écossaise; "les Écossais."
Scotsman, *pl.* **-men** ['skɔtsmən, -men], *s.m.* Écossais. *Rail:* **The Flying Scotsman,** le rapide de Londres à Édimbourg (par Newcastle).
Scotswoman, *pl.* **-women** ['skɔtswumən, -wimen], *s.f.* Écossaise.
Scott [skɔt], *int.* **Great Scott!** (*euphemism for great(est) God!*) Grand Dieu!
Scot(t)icè ['skɔtisi], *adv.* Dans le dialecte écossais; en écossais.
Scot(t)icism ['skɔtisizm], *s.* Mot écossais; idiotisme écossais; tournure (de phrase) écossaise.
Scottie ['skɔti], *s. F:* Écossais *m.*
Scottish ['skɔtiʃ], *a. & s. Lit:* = SCOTCH[5]. **Scottish history, Scottish literature,** l'histoire, la littérature, écossaise. (*Always in*) **The Scottish Border,** les marches *f* d'Écosse; **the Scottish chiefs,** les chefs écossais. *Mil:* **The London Scottish,** régiment territorial recruté parmi les Écossais résidant à Londres.
scoundrel ['skaundrəl], *s.* Chenapan *m,* coquin *m,* scélérat *m,* canaille *f,* misérable *mf,* vaurien *m,* gredin *m*; *P:* fripouille *f.* *That s. of a lawyer!* ce gredin d'homme de loi! **Regular scoundrel,** franche canaille.
scoundrelism ['skaundrəlizm], *s.* **(Piece of) scoundrelism,** coquinerie *f,* scélératesse *f,* canaillerie *f,* gredinerie *f.*
scoundrelly ['skaundrəli], *a.* Scélérat, vil, canaille. *A s. money-lender,* un failli chien d'usurier; une canaille d'usurier.
scour[1] ['skauər], *s.* **1.** (*a*) *F:* Nettoyage *m,* (r)écurage *m* (de qch.). *To give a saucepan a good s.,* récurer à fond une casserole. (*b*) *Hyd.E:* (i) Chasse *f* (d'un réservoir de chasse, etc.); (ii) force érosive, force d'affouillement (d'un cours d'eau). **2.** *Tex:* Dégraissant *m.* **3.** *Vet:* (*Also U.S:* **scours**) Diarrhée *f.*
scour[2], *v.tr.* **1.** (*a*) Nettoyer, lessiver, frotter (le plancher, etc.). **To scour out a saucepan,** nettoyer, récurer, une casserole. *To s. clothes,* lessiver le linge (de corps). **To scour corn,** nettoyer le grain. *U.S:* **To scour up metal work,** fourbir, astiquer, la serrurerie, les cuivres. (*b*) *Tex:* Dessuinter, dégraisser, échauder, dégorger (la laine). **Scoured wool,** laine lavée à chaud. (*c*) *Leath:* Balayer (le cuir). (*d*) *Metalw:* Décaper, dérocher (une surface métallique). **2.** (*a*) Curer (un port, etc.); donner une chasse d'eau à (un égout, etc.). *To s. a ditch,* nettoyer un fossé à grande eau. (*b*) (*Of river*) Affouiller, dégrader (les rives). (*c*) Purger (un malade, les intestins, etc.). *Food liable to s. sheep,* aliments *m* susceptibles de donner la diarrhée aux moutons. *Fish:* **To scour the worms,** débourber les vers de terre; faire dégorger les vers.
scour away, off, *v.tr.* Enlever (une tache, etc.) en frottant.
scouring[1], *s.* **1.** (*a*) Nettoyage *m,* récurage *m,* frottage *m*; nettoiement *m* (du grain). *See also* SAND[1] 1. (*b*) *Tex:* Dessuintage *m,* dégraissage *m,* dégorgement *m,* échaudage *m* (de la laine). (*c*) *Leath:* balayage *m* (du cuir). (*d*) *Metalw:* Décapage *m,* dérochage *m.* **2.** (*a*) Curage *m* (d'un port, etc.); nettoyage à grande eau (d'un fossé). (*b*) Affouillement *m,* dégradation *f* (des rives d'un fleuve par les eaux). (*c*) Purgation *f* (des intestins). **3.** *pl.* **Scourings,** impuretés enlevées du grain par le nettoyage. *F: The scourings of the populace,* la lie du peuple.
'scouring-brick, *s.* Brique anglaise.
'scouring machine, *s.* **1.** Machine *f* à nettoyer. **2.** *Leath:* Balayeuse *f* mécanique. **3.** *Metalw:* Machine à décaper.
'scouring-rush, *s. Bot:* Prêle *f.*
'scouring-stone, *s. See* SCOURING-BRICK.
scour[3]. **1.** *v.i.* **To scour (about),** battre la campagne; courir partout. **To scour after s.o.,** courir à la poursuite de qn. **To scour off,** *P:* détaler, filer. **2.** *v.tr.* Parcourir, battre (la campagne); (*of pirates*) balayer, écumer (la mer). **To scour a wood,** fouiller un bois. **To scour the country for s.o.,** battre la campagne à la recherche de qn. *We scoured the roadstead without finding anything,* nous avons sillonné la rade sans rien trouver.
scouring[2], *s.* **Scouring (of a country, *etc.*),** envahissement *m* (d'un pays, etc.); incursions *fpl* (dans un pays).
scourer[1] ['skauərər], *s.* **1.** (*Pers.*) (*a*) Nettoyeur, -euse; (r)écureur, -euse. (*b*) Dégraisseur, -euse (de laine, etc.); balayeur *m* (de cuir). (*c*) Décapeur *m* (de métal). (*d*) Cureur *m* (de fossés, de puits, etc.). **2.** (*Device*) **Pot-scourer,** cure-casseroles *m inv.*
scourer[2], *s. A. & Lit:* **Scourer of the seas,** écumeur *m* de mer.
scourge[1] [skəːrdʒ], *s.* **1.** *A. & Lit:* Fouet *m*; *Ecc:* (*for self-flagellation*) discipline *f.* *Russian s.,* knout *m.* **2.** Fléau *m.* (*a*) **Attila, the Scourge of God,** Attila, le Fléau de Dieu. (*b*) *War is the greatest s.,* la guerre est le pire des fléaux. *Med: F:* **The white scourge,** la tuberculose.
scourge[2], *v.tr.* **1.** *A. & Lit:* Fouetter, flageller (qn). *Ecc:* **To scourge oneself,** se donner la discipline. *B:* **When they had scourged Jesus,** après avoir fait fouetter Jésus. **2.** Affliger, opprimer, châtier (un peuple, etc.); être un fléau pour (la population). **3.** *Scot:* (*Of crop*) Épuiser (la terre).
scourger ['skəːrdʒər], *s.* **1.** *A. & Lit:* Flagellateur *m,* fouetteur *m.* **2.** Oppresseur *m,* châtieur *m* (*of,* de).
scouse [skaus], *s. F:* = LOBSCOUSE.
scout[1] [skaut], *s.* **1.** (*a*) *Mil:* Éclaireur *m,* avant-coureur *m.* **Ground scout,** éclaireur de position. (*b*) **Boy scout,** *F:* **scout,** boy-scout *m, pl.* boys-scouts; éclaireur *m.* **Chief scout,** chef-scout, *pl.* chefs-scouts; chef éclaireur. **Girl scouts,** éclaireuses *f*; (*in Fr.*) éclaireuses de France. (*c*) *Aut:* Scout employé par les associations automobiles (dans le but de rendre aux automobilistes tous les services possibles). (*d*) *Cr:* = FIELDER 2. (*e*) *U.S: F:* **Good scout,** bonne pâte d'homme, de femme. **2.** (*a*) *Navy:* **Scout (ship),** vedette *f*; (croiseur-)éclaireur *m, pl.* (croiseurs-)éclaireurs. **Submarine scout,** (i) patrouilleur *m* contre sous-marins; (ii) *Aer:* dirigeable *m* de reconnaissance. (*b*) *Av:* Appareil *m* de reconnaissance; patrouilleur. **3.** *Mil:* Reconnaissance *f.* **To be, go, on the scout,** être, aller, en reconnaissance.
scout[2], *v.i. Mil:* Aller en reconnaissance; éclairer le terrain, la marche; aller à la découverte. *To s. in front of the advance,* éclairer l'avance.
scouting, *s.* **1.** (*a*) *Mil: Navy:* Reconnaissance *f,* éclairage *m.* **Scouting party,** reconnaissance. (*b*) *Navy:* **Scouting vessel,** éclaireur *m.* *S. cruise,* expédition *f,* battue *f,* en mer. *Av:* **Scouting plane,** avion éclaireur; appareil *m* de reconnaissance. *See also* SCREEN[1] 1. **To go off scouting,** partir en éclaireur, en reconnaissance. **2. Scouting for boys,** scoutisme *m,* éclairage *m.*
scout[3], *s. Orn:* (*a*) Pingouin commun. (*b*) Guillemot *m.* (*c*) Macareux *m.*
scout[4], *s.* Garçon *m* de service (à Oxford, Yale, et Harvard); domestique attaché au service des étudiants.
scout[5], *v.tr.* Repousser (une proposition, etc.) avec mépris, avec dédain.
scoutmaster ['skautmɑːstər], *s.* Chef éclaireur; chef-scout, *pl.* chefs-scouts; chef de troupe (de boys-scouts).
scow [skau], *s. Nau: Esp. U.S:* (*a*) Chaland *m.* **Mud-scow,** chaland à vase; accon *m.* (*b*) **(Ferry) scow,** toue *f.*
scowl[1] [skaul], *s.* Air maussade, menaçant, re(n)frogné; froncement *m* de(s) sourcils. *To look at s.o. with a s.,* menacer qn du regard; regarder qn de travers, d'un air menaçant, renfrogné.
scowl[2], *v.i.* **1.** (*Of pers.*) Se re(n)frogner; prendre un air maussade; froncer les sourcils, faire une laide mine; *F:* regarder noir. **To scowl at, on, s.o.,** menacer qn du regard; lancer à qn un mauvais regard; regarder qn de travers, en fronçant les sourcils, d'un air menaçant. **2.** *Poet:* (*Of sky, etc.*) S'assombrir, s'obscurcir; (*of cliff, etc.*) menacer.
scowl down, *v.tr.* Faire taire (qn) (en fronçant les sourcils); faire rentrer (qn) sous terre.
scowling, *a.* Maussade, re(n)frogné, menaçant. **Scowling eyes,** *Lit:* yeux *m* torves. **-ly,** *adv.* D'un air maussade, re(n)frogné, menaçant; en fronçant les sourcils.
scrabble [skrabl], *v.tr.* **1.** *Tex:* = SCRIBBLE[3]. **2. To scrabble (out)** (*verse, etc.*) = SCRIBBLE[2]. **3.** *v.i.* (*a*) **To scrabble about,** gratter (çà et là); jouer des pieds et des mains. *To s. for sth.,* jouer des pieds et des mains pour attraper qch. (*b*) Chercher à quatre pattes (pour retrouver qch.).
scrag[1] [skrag], *s.* **1.** (*a*) Personne décharnée, maigre; bête efflanquée, au long cou décharné. (*b*) *P:* Cou (décharné). **The scrag of the neck,** la nuque. **2.** *Cu:* **Scrag(-end) of mutton,** bout saigneux, collet *m,* de mouton.
scrag[2], *v.tr.* **(scragged; scragging)** *P:* **1.** Pendre, garrotter (qn); tordre le cou à (qn). **2.** *Fb:* Saisir (un adversaire) autour du cou. **3.** *Sch:* Cravater (qn) et le bourrer de coups.
scrag[3], *s.* **1.** Tronçon *m,* souche *f* (d'un arbre); chicot *m.* **2.** Excroissance *f*; chicot (de branche); éperon *m* (de roche). **3.** Terrain rocailleux.
scragginess[1] ['skraginəs], *s.* (*Of pers., neck, etc.*) Décharnement *m,* maigreur *f.*
scragginess[2], *s.* Rugosité *f,* anfractuosité *f* (d'un rocher, etc.); état noueux (d'une branche, etc.); rabougrissement *m* (d'un arbre).
scraggy[1] ['skragi], *a.* (*Of pers., limbs, etc.*) Décharné, maigre; qui n'a que la peau et les os. **Long scraggy neck,** *F:* cou *m* de grue.
scraggy[2], *a.* (*Of rock, etc.*) Rugueux, anfractueux, raboteux; (*of branch, etc.*) noueux; (*of tree*) rabougri.
scram [skram], *v.i.* **(scrammed; scramming)** *U.S: P:* Partir, filer, décamper; *P:* se débiner. **Scram!** fiche-moi le camp!
scramble[1] [skrambl], *s.* **1.** Marche *f* ou ascension *f* difficile, à quatre pattes; escalade *f* à quatre pattes. **2.** Mêlée *f,* lutte *f,* bousculade *f.* *A s. for halfpence,* une mêlée pour avoir des sous. **To throw pennies for a scramble,** jeter des sous à la gribouillette. **The scramble for a living,** la lutte pour l'existence. **The scramble for office,** la curée des places. *To fling oneself into the s.,* se ruer à la curée. *There will be a s. for it,* on se le disputera; on se l'arrachera. *P:* **A tea-scramble,** un thé bousculade.
scramble[2]. **1.** *v.i.* (*a*) Monter, descendre, entrer, sortir, etc., à quatre pattes; jouer des pieds et des mains. **To scramble up a hill,** grimper une colline à quatre pattes. **To scramble through sth.,** jouer des pieds et des mains pour traverser qch. *To s. through one's toilet,* faire sa toilette à la six-quatre-deux. (*b*) **To scramble for sth.,** se battre, se bousculer, pour avoir qch.; se battre à qui aura qch.; se disputer qch. **To make children scramble for pennies; to scramble pennies,** jeter des sous à la gribouillette. *To s. for one's living,* jouer des pieds et des mains pour gagner sa vie. *To s. into one's clothes,* enfiler ses vêtements n'importe comment. **2.** *v.tr.* (*a*) Brouiller (des œufs). **Scrambled eggs,** œufs brouillés. (*b*) *W.Tg:* Brouiller (un message).
scrambling[1], *a.* **To do sth. in a scrambling fashion,** faire qch. "à la gribouillette," sans ordre, sans méthode.
scrambling[2], *s.* **1.** = SCRAMBLE[1] 1. **2.** Mêlée *f,* lutte *f* (*for sth.,* pour avoir qch.).
scran [skran], *s. Dial. & F:* Bouts *mpl* de pain; restes *mpl.* **Bad scran to you!** que le diable vous emporte!
'scran-bag, *s.* **1.** *Nau:* Caisson *m* des objets trouvés. **2.** *Mil:* Musette *f.*
scrannel ['skran(ə)l], *a. A:* (*Of sound*) Faible, ténu, aigre, nasillard.
scranny ['skrani], *a. U.S:* = SCRAWNY.
scrap[1] [skrap], *s.* **1.** (*a*) Petit morceau; bout *m,* brin *m,* chiffon *m* (de papier); fragment *m* (de porcelaine, etc.); parcelle *f* (de terrain, etc.); bout (de ruban); bribe *f* (de pain, etc.). *Tea without a s. of sugar,* thé sans une parcelle de sucre. **Not a s. of**

evidence, pas une parcelle de preuve. **A little scrap of a man**, un bout d'homme. **To catch scraps of conversation**, saisir des bouts, des bribes, de conversation. *To pick up scraps of knowledge*, ramasser des bribes de connaissances. **Scrap of comfort**, fiche *f* de consolation. *Hist:* **The scrap of paper**, le chiffon de papier. *F:* **That won't benefit you a scrap**, vous n'en tirerez pas le moindre avantage. *See also* CARE² 1. (*b*) Découpure *f* (pour album) ; coupure *f* (de journal). **2.** (*a*) *pl.* **Scraps** (*left over*), restes *m*, reliefs *m* (d'un repas) ; débris *mpl* (d'une volaille, etc.) ; déchets *m* (de papeterie, d'usine, etc.). **A few scraps of food**, quelques rogatons *m*. *To dine off scraps*, dîner des restes de la veille. **Scraps of cloth**, chippes *f*, bouts, bribes, d'étoffe. (*b*) *pl. or coll.* (i) Résidus *mpl* ; fritons *mpl* (de graisse) ; (ii) (*of metal*) déchets, débris, bocage(s) *m(pl)*, mitraille *f* ; (*from foundry*) résidus métalliques ; riblons *mpl* ; caffûts *mpl* ; vieilles fontes ; (*from buildings*) démolitions *fpl*. **Mill scrap**, déchets de fabrication.

'scrap-book, *s.* Album *m* (de découpures, etc.).

'scrap-cake, *s.* *Agr:* Tourteau *m* de résidus de poissons.

'scrap-ground, *s.* *U.S:* Local *m* où les autos usées sont démontées ; dépotoir *m* pour autos.

'scrap-heap, *s.* Tas *m* de ferraille. **To throw sth. on the scrap-heap**, mettre qch. à la ferraille, au rebut.

'scrap-iron, -steel, *s.* Ferraille *f* ; mitraille *f* de fer ; fer *m* de masse ; débris *mpl* de fer ; déchet *m*.

'scrap-man, *s.m.* *U.S:* Démonteur d'automobiles usées.

scrap², *v.tr.* (scrapped ; scrapping) **1.** Mettre (qch.) au rebut ; mettre hors service (un vaisseau, une machine) ; envoyer, mettre, (un navire, etc.) à la ferraille ; *Ind:* réformer (le matériel). **Scrapped material**, matériel hors de service. **2.** *F:* Mettre au rancart (une théorie, un projet).

scrapping¹, *s.* **1.** Mise *f* au rebut ; destruction *f* ; mise hors service (d'un navire, etc.) ; réforme *f* (du matériel). *Vessel to be disposed of by s.*, bâtiment *m* à détruire. **2.** Mise au rancart (d'une théorie, etc.).

scrap³, *s.* (*a*) *P:* Querelle *f*, rixe *f* ; batterie *f* ; bagarre *f*. (*b*) *Box:* Match *m*. **To have a scrap**, (i) se battre ; (ii) se quereller. (*c*) *Mil:* Engagement *m*, échauffourée *f*.

scrap⁴, *v.i.* (scrapped ; scrapping) *P:* Se battre ; se donner des peignées ; se prendre aux cheveux ; se colleter.

scrapping², *s.* (*a*) Lutte *f*, combat *m* ; jeu *m* de mains. (*b*) Pugilat *m*.

scrape¹ [skreip], *s.* **1.** (*a*) Coup *m* de grattoir, de racloir. *F:* **A scrape of the pen**, (i) un trait de plume ; (ii) quelques mots griffonnés ; (iii) *F:* une signature, un parafe. **To give a carrot a scrape**, gratter une carotte. *To give one's shoes a s.*, racler la semelle de ses chaussures. *To give one's hand a s.*, s'érafler la main. (*b*) *F:* Révérence *f* gauche, courbette *f* (avec glissade). (*c*) *F:* Mince couche *f* (de beurre, de confitures, etc.). *See also* BREAD. (*d*) Coup d'archet raclé (sur le violon). *To give the strings a s.*, racler les cordes ; faire grincer les cordes. (*e*) Grincement *m* (d'un violon, etc.). **2.** *F:* Mauvaise affaire, embarras *m*, mauvais pas. **To get into a scrape**, se mettre dans un mauvais pas, dans le pétrin, dans l'embarras ; s'attirer des ennuis, une affaire. **To get out of a scrape**, se tirer d'affaire, d'embarras. **To get s.o. into a scrape**, attirer des ennuis, des désagréments, du désagrément, à qn. **To get s.o. out of a scrape**, dépêtrer qn. **We are in a nice scrape!** nous voilà propres ! nous voilà bien ! nous sommes dans de beaux draps ! **Keep out of scrapes!** évitez les affaires, les histoires !

scrape². I. *v.tr.* **1.** Érafler, écorcher (la peau, une surface polie, etc.). **To scrape one's shins, one's elbow**, s'érafler les tibias, le coude. *Nau:* *Hawser that scrapes the gunwale*, aussière qui rifle sur le plat-bord. (*Of ship*) **To scrape the bottom**, sillonner le fond ; talonner. *F:* **Wine that scrapes the throat**, vin qui racle le gosier. *Golf:* *To s. the ball*, racler la balle. **2.** (*a*) (*Clean*) Racler, gratter (qch.) ; regratter, ravaler (un mur) ; décaper (un métal) ; *Cu:* gratter, ratisser (des navets, etc.) ; *Tan:* racler, dépiler, drayer, écharner (une peau) ; *Surg:* ruginer (un os). **To scrape one's boots**, racler la semelle de ses chaussures ; s'essuyer les pieds. **To scrape one's plate**, gratter le fond de son assiette ; *F:* nettoyer son assiette. *F:* **To scrape one's chin**, se raser ; *P:* se gratter la couenne. *Nau:* **To scrape a ship's bottom**, nettoyer la carène d'un navire. (*b*) (*Smooth*) Riper (une sculpture, etc.) ; racler, raturer (le parchemin) ; *Engr:* boësser (une plaque). *Civ.E:* **To scrape a bank**, décaper un accotement. **3.** (*a*) Faire grincer (qch.). **To scrape the bow across the fiddle**, faire grincer l'archet sur le violon. *F:* **To scrape the fiddle**, *v.i.* **to scrape on the fiddle**, racler, gratter, du violon. **To scrape one's feet along the floor**, frotter, traîner, les pieds sur le plancher. (*b*) *Abs.* **To scrape**, faire une révérence (en glissant le pied). *See also* BOW⁴ 1. **4.** (*Laboriously*) (*a*) **To scrape acquaintance with s.o.**, trouver moyen de lier connaissance avec qn, d'entrer en relations avec qn. (*b*) **To scrape (together, up) a sum of money**, amasser petit à petit, peu à peu, sou par sou, une somme d'argent. *A:* **Scrape-penny**, avare *mf* ; liardeur, -euse ; grippe-sou *m*, *pl.* grippe-sous. *See also* PINCH² 2.

II. **scrape**, *v.i.* **1.** (*a*) Gratter. *Branches that s. against the shutters*, branches *f* qui frottent les volets. *My hand scraped along the wall*, ma main s'est éraflée contre le mur. (*b*) (*Of wheel, pen, violin, etc.*) Grincer. **2.** (*a*) **To scrape against, along, the wall**, raser le mur ; passer tout près du mur. *The aeroplane scraped over the housetops*, l'avion effleura les toits. (*b*) *F:* **To scrape clear of prison**, échapper tout juste à la prison ; friser la prison. **To scrape into a team**, arriver tout juste à se faire accepter dans une équipe. **To scrape home**, atteindre son but, parvenir à ses fins, avec difficulté ; gagner tout juste la partie.

scrape along, *v.i.* *F:* **1.** Vivoter péniblement ; joindre péniblement les deux bouts. *He can just s. along*, il s'en tire, voilà tout. **2.** **To scrape along together**, s'entendre bien ensemble.

scrape away, *v.tr.* **1.** Enlever (qch.) en frottant, en raclant ; décaper (un métal). **To scrape away the dirt from sth.**, décrotter qch. **2.** Continuer à frotter, à racler ; racler de bon cœur.

scrape down, *v.tr.* **1.** (*a*) Enlever (des rugosités) au grattoir. (*b*) Racler, gratter, regratter (qch.). **2.** Faire taire (un orateur) en frottant les pieds sur le plancher.

scrape in, *v.tr.* *Mec.E:* Ajuster (un coussinet) au grattoir.

scrape off, *v.tr.* Enlever (qch.) au racloir. *To s. off the paint*, racler, enlever, la peinture.

scrape out, *v.tr.* **1.** Élargir (un trou). **2.** **To scrape out the jam pot**, "nettoyer" le pot de confitures (avec sa petite cuiller) ; ne rien laisser dans le pot. **3.** *Med:* **To scrape out a vesicle** (*of lymph*), prélever une vésicule.

scrape through, *v.i.* Passer tout juste par (une ouverture, etc.). *F:* **To scrape through an examination**, réussir tout juste, de justesse (dans un examen) ; passer tout juste. *In algebra he only just scraped through*, en algèbre il a passé à fleur de corde.

scraping¹, *a.* **1.** (*a*) Qui gratte, qui racle. *F:* **Scraping fiddler**, violoneux *m* ; racleur *m* ; *A:* racleur de boyau. (*b*) **Scraping bow**, salut obséquieux. **2.** (*Of pers., ways, etc.*) Avare, ladre.

scraping², *s.* **1.** Éraflement *m* (d'un doigt, etc.) ; ripage *m* (d'une aussière). **2.** (*a*) Raclage *m*, grattage *m* (de qch.) ; regrattement *m*, ravalement *m* (d'un mur) ; décapage *m*, décapement *m* (d'un métal) ; décrottage *m* (des souliers, etc.) ; *Cu:* grattage, ratissage *m* (des navets, etc.) ; *Tan:* dépilage *m*, drayage *m* (d'une peau). **Scraping tool**, racloir *m*. **Scraping iron**, drayoire *f*. **Scraping knife** (*for leather*), dague *f*. (*b*) Ripage (d'une sculpture) ; raturage *m* (du parchemin) ; *Civ.E:* décapage (d'un accotement). **3.** Grincement *m* (d'une plume, d'une scie, d'un violon, etc.). **Scraping noise**, grincement. **4.** **(Bowing and) scraping**, salamalecs *mpl* ; force révérences *fpl* ; courbettes *fpl*. **5.** *pl.* **Scrapings**. (*a*) Raclures *f* (de bois) ; grattures *f* (de métal) ; raclures, grattures, ratissures *f* (de pommes de terre, etc.) ; bribes *f*, restes *m*, fragments *m* (de nourriture). **Road scrapings**, (i) ordures *f* de la rue ; (ii) raclures du revêtement. **Pan scrapings**, raclons *m*. **Leather scrapings**, bourrier *m* ; écharnures *f* de cuir. (*b*) Sous amassés un à un ; petites économies (amassées avec peine).

scraper ['skreipər], *s.* **1.** (*Pers.*) (*a*) Gratteur *m*, racleur *m*. (*b*) *F:* Racleur (de violon) ; violoneux *m*. **2.** (*Thg*) (*a*) (*For scratching up or away*) Racloir *m*, gratte *f*, grattoir *m*, rognoir *m*, racle *f*, raclette *f*. *Hort:* Ratissoire *f*. *Nau:* Gratte, (*blunt*) râteau *m*. **Mason's scraper, painter's scraper**, gratte. *Civ.E:* **Road-surface scraper**, écorcheuse *f*, piocheuse *f* (de routes). (*b*) (*For smoothing*) *Leath:* *Bookb:* Paroir *m* ; *Leath:* *Carp:* alumelle *f* ; *Sculp:* ripe *f*. **Zinc-worker's scraper**, ébarboir *m*, grattoir. **Triangular scraper**, ébardoir *m*. *Surg:* **Bone-scraper**, rugine *f*. (*c*) (*Cleaner*) Curette *f* ; grappin *m*, raclette *f* (de ramoneur) ; *Min:* curette (pour trou de mine). **Street scraper**, rabot *m* (d'ébouage). **Pipe(-bowl) scraper**, nettoie-pipes *m inv.* *Mch:* **Tube-scraper**, nettoie-tubes *m inv.* **Door-, boot-, shoe-scraper**, décrottoir *m* ; gratte-pieds *m inv.* *Med:* **Tongue scraper**, racloire *f* ; gratte-langue *m inv.*

'scraper-board, *s.* *Phot.Engr:* Papier procédé.

'scraper-mat, *s.* Grille *f* décrottoir (pour porte).

'scraper-ring, *s.* *I.C.E:* (Segment) racleur *m* d'huile ; bague *f* gratte-huile (de piston).

scrapper ['skrapər], *s.* *F:* Pugiliste *m*.

scrappiness ['skrapinəs], *s.* Caractère décousu (d'un discours).

scrappy¹ ['skrapi], *a.* **1.** (*Of collection, etc.*) Hétérogène, hétéroclite ; (*of speech, style, etc.*) décousu. **2.** *S. education*, éducation *f* qui présente beaucoup de lacunes. *S. knowledge*, bribes *fpl* de connaissances, de science. **3.** *S. dinner*, dîner composé de rogatons, de restes. **-ily**, *adv.* (Écrire, causer, etc.) de façon décousue. *To be s. educated*, avoir des bribes d'instruction.

scrappy², *a.* *U.S:* *F:* Batailleur.

scrapy ['skreipi], *a.* (*Of voice, violin, etc.*) Discordant, rauque.

scratch¹ [skratʃ], *s.* **1.** (*a*) Coup *m* d'ongle, de griffe, de patte. (*b*) Égratignure *f*, éraflure *f*, éraillure *f* (sur la peau). *F:* **I escaped without a scratch**, je n'ai pas eu une égratignure. *To go through the war without a s.*, sortir de la guerre indemne, sans une égratignure. *To get off with a s. or two*, échapper avec des blessures insignifiantes, avec quelques égratignures. (*c*) Rayure *f*, frottis *m* (sur une surface polie) ; striation *f* (sur un rocher, etc.) ; égratignure (sur un film, etc.). (*d*) *pl.* *Vet:* **Scratches**, crevasses *f* du paturon. **2.** (*a*) Grattement *m* (de la peau). **To give one's head a scratch**, se gratter la tête. (*b*) Grincement *m* (d'une plume, d'un phonographe, etc.) ; frottement *m* (d'une allumette). **3.** *Sp:* (*a*) Scratch *m*, ligne *f* de départ (d'une course). **To start (at) scratch**, partir scratch. **To come up to (the) scratch**, *U.S:* **to come to the scratch**, (i) se mettre en ligne ; (ii) *F:* se montrer à la hauteur (de l'occasion) ; s'exécuter. *F:* **To bring s.o. up to the scratch**, (i) amener qn à se décider, à s'exécuter ; (ii) chauffer un candidat (pour un examen). **To keep s.o. up to scratch**, (i) serrer les côtes à qn ; (ii) maintenir un candidat au niveau de l'examen. **When it comes to the scratch**, quand on en vient au fait et au prendre. *Brave till it comes to the s.*, courageux jusqu'au dégainer. (*b*) *F:* = SCRATCH-MAN. **4.** *Cin:* *U.S:* Titre *m* provisoire (d'un film).

'scratch-awl, *s.* *Tls:* Aiguille *f* à tracer ; traçoir *m*.

'scratch-board, *s.* *Engr:* *etc:* Papier *m* procédé.

'scratch-brush¹, *s.* *Tls:* *Metalw:* Gratte-boësse *f*, gratte-bosse *f*, *pl.* gratte-boësses, -bosses.

'scratch-brush², *v.tr.* *Metalw:* Gratte-boësser, gratte-bosser (un article en argent, etc.) ; gratter (le métal) à la brosse.

'scratch-brushing, *s.* Grattage *m* à la brosse.

'scratch-cat, *s.f.* *F:* (*a*) Mégère, rosse. (*b*) Femme ou enfant malveillante, désagréable.

'scratch-man, -player, *s.* *Sp:* Scratch *m* ; champion, -ionne. *Ten:* Joueur, -euse classé(e) à zéro (dans un tournoi).

'scratch-race, *s.* *Sp:* Course *f* scratch.

'scratch-weed, *s.* *Bot:* *F:* Grateron *m*.

'scratch-work, *s. Art:* Sgraffite *m*; graffite *m*; graffiti *mpl*; fresque *f* à la manière égratignée.

scratch[2]. I. *v.tr.* **1.** (*a*) (*Of cat, etc.*) Égratigner, griffer (qn); donner un coup, des coups, de griffe à (qn). *Abs.* **Cat that scratches,** chat égratigneur, qui griffe. (*b*) (*Of thorn, etc.*) Écorcher, érafler, érailler (la peau). **To scratch oneself,** s'égratigner. *To s. one's hands,* s'égratigner les mains. *F: You have but to s. a man to find the beast,* sous le vernis de l'humanité on retrouve bien vite la bête. (*c*) Rayer (le verre, un diamant, etc.); strier (la roche, etc.). **To scratch a figure on ivory,** graver (au trait) une figure sur l'ivoire. **Stone scratched with letters,** pierre gravée de lettres. *Cin: Scratched film,* film rayé, égratigné. **2.** (*a*) Gratter (le métal, la peau qui démange); frotter (une allumette). **To scratch one's head,** se gratter la tête. *To be always scratching (oneself),* être toujours à se gratter. *F:* **To scratch s.o.'s back,** gratter qn où ça le démange; chatouiller l'épiderme à qn. **You scratch my back and I'll scratch yours,** passez-moi la casse (ou la rhubarbe), et je vous passerai le séné. (*b*) **To scratch the surface,** (i) gratter la surface; (ii) *F:* manquer de profondeur; ne pas aller au fond (de la question, etc.). *The enquiry has only scratched the surface of the problem,* l'enquête n'a fait qu'effleurer le problème. **3.** (*Of bird, animal*) Gratter (le sol). *To s. a hole,* creuser un trou avec les griffes. **To scratch up a bone,** déterrer un os (en grattant). *F:* **To scratch about, around, for evidence,** dénicher des preuves. **To scratch together, to scratch up,** *a few pounds,* ramasser quelques livres. *v.i.* **To scratch at the door,** gratter à la porte. *Abs. P:* **To scratch for oneself,** se débrouiller; voler de ses propres ailes. **4.** **To scratch s.o. off, from, a list,** rayer, biffer, qn d'une liste. *Turf: Sp:* (*Of entrant*) **To scratch the race, the match,** *abs.* **to scratch,** déclarer forfait. *Sp:* (*Of organizers*) **To scratch a match,** décommander un match. **To scratch a horse,** déclarer forfait pour un cheval; scratcher un cheval. *F: To s. an engagement,* contremander un rendez-vous. **5.** Griffonner, écrire (quelques mots, sa signature).

II. **scratch,** *v.i.* (*Of pen, etc.*) Grincer, gratter.

scratch along, *v.i. F:* Se tirer d'affaire tant bien que mal.

scratch off, *v.tr.* **1.** Rayer (un nom d'une liste, etc.). **2.** *F:* **To scratch off a few lines,** griffonner quelques lignes, une courte lettre.

scratch out, *v.tr.* **1.** Rayer, biffer, raturer (un mot, un nom); (*with penknife*) gratter, effacer. **2.** *F:* **To scratch s.o.'s eyes out,** arracher les yeux à qn.

scratching out, *s.* Raturage *m*, rayage *m*, biffage *m*; (*with penknife*) grattage *m* (d'un mot, etc.).

scratch through, *v.tr.* = SCRATCH OUT 1.

scratching, *s.* **1.** (*a*) Coups *mpl* d'ongle, de griffe, de patte. (*b*) Écorchement *m*, éraflement *m* (de la peau). (*c*) Rayage *m*, striation *f* (d'une surface). **2.** Grattement *m* (de la tête, etc.). **3.** Rayage, radiation *f* (d'un nom sur une liste, d'un cheval de course, etc.). **4.** Grincement *m* (d'une plume); frottement *m* (d'une allumette); bruit *m* de surface, bruit de fond (d'un disque de gramophone).

'scratching-ground, *s.* Partie *f* d'une basse-cour où la volaille s'ébroue dans la poussière.

'scratching-post, *s.* Poteau contre lequel le bétail peut venir se gratter.

scratch[3], *a.* (Repas, etc.) improvisé, sommaire. *A s. collection,* une collection hétérogène; un ramas (de bibelots, etc). *Parl: etc:* **Scratch vote, scratch division,** vote *m* par surprise. *The government made sure of a* **scratch majority,** le gouvernement s'est assuré une majorité de rechange. *Sp:* **Scratch team,** équipe improvisée; équipe mixte; équipe d'arrière-ban.

Scratch[4]. *Pr.n.* Old Scratch, le Diable.

scratcher ['skratʃər], *s.* **1.** (*Pers.*) Gratteur, -euse. **2.** *Tls:* Grattoir *m*, gratteau *m*.

scratchy ['skratʃi], *a.* **1.** (*a*) (*Of drawing*) Au trait maigre, peu assuré. (*b*) **Scratchy writing,** pattes *f* d'araignée; pattes de mouche. (*c*) *Mus: etc: S. performance,* exécution inégale, qui manque d'ensemble. **2.** (*a*) (*Of pen, etc.*) (i) Qui gratte; (ii) qui grince (sur le papier); grinçant. (*b*) (*Of stuff*) Rugueux, grossier; qui gratte la peau. **3.** *F:* (*Of woman*) Méchante; de mauvaise humeur; acariâtre; *F:* bâton épineux; *P:* bâton merdeux.

scrawl[1] [skrɔːl], *s.* Griffonnage *m*, gribouillage *m*, barbouillage *m*; *F:* grimoire *m*; pattes *fpl* de mouche; écriture *f* de chat. *His writing is a s.,* il écrit comme un chat. *To send s.o. a s.,* griffonner un mot, un billet, à qn.

scrawl[2], *v.tr.* Griffonner, gribouiller (une lettre, etc.). *Abs.* **To scrawl (all) over a piece of paper,** barbouiller une feuille de papier.

scrawling, *a.* **Scrawling handwriting,** gribouillage *m*, griffonnage *m*.

scrawler ['skrɔːlər], *s.* Griffonneur, -euse; gribouilleur, -euse; barbouilleur, -euse (de papier).

scrawly ['skrɔːli], *a. F:* **Scrawly writing,** pattes *fpl* d'araignée, pattes de mouche.

scrawny ['skrɔːni], *a. U.S:* = SCRAGGY[1].

scray [skrei], *s. Orn:* Sterne *m*; hirondelle *f* de mer.

scream[1] [skriːm], *s.* **1.** (*a*) Cri perçant. *S. of anguish,* cri d'angoisse. **To give a scream,** pousser un cri aigu, un cri de terreur. *To utter screams of pain,* pousser des cris, des hurlements *m*, de douleur. (*b*) **Screams of laughter,** de grands éclats de rire. **2.** *P:* Chose amusante, grotesque. **It was a perfect scream,** c'était tout ce qu'il y a de plus cocasse; c'était à se tordre; c'était à mourir de rire; c'était désopilant; c'était d'un rigolo! *In that part he is a (perfect, regular) s.,* dans ce rôle il est tordant, roulant, pouffant, impayable. **That scream of a fellow Smith,** l'impayable Smith. *U.S:* **A scream of a bunch,** (i) une bande de gais lurons; (ii) un tas de propres à rien.

scream[2]. **1.** *v.i.* (*a*) (*Of pers.*) Pousser un cri perçant, un cri aigu; pousser des cris; crier. **To scream (out) with pain, for help, crier,** hurler, de douleur; crier au secours. (*b*) *F:* **To scream (with laughter),** rire à gorge déployée; rire aux éclats. *He made us s.,* il nous a bien fait rire; il nous a fait tordre. (*c*) (*Of animal, bird*) Crier; pousser des cris aigus; (*of eagle*) trompeter; (*of peacock*) brailler; (*of locomotive, etc.*) siffler. (*d*) *P:* Vendre ses complices; *P:* vendre la mèche. **2.** *v.tr.* (*a*) **To scream oneself hoarse,** s'enrouer à (force de) crier. *Baby has screamed himself black in the face,* le petit a crié jusqu'à en avoir le visage tout congestionné. (*b*) **To scream out a song,** crier, brailler, une chanson.

screaming[1], *a.* **1.** (*a*) (*Of pers.*) Criard, brailleur; (*of locomotive*) sifflant; (*of sound*) perçant. (*b*) **Screaming colours,** (i) couleurs voyantes, criardes; (ii) couleurs qui jurent (ensemble). **2.** *F:* (*Of farce, etc.*) Tordant; *P:* poilant, marrant. *This play is a s. farce,* cette pièce est un fou rire, est à mourir de rire. **-ly,** *adv. F:* **Screamingly funny,** tordant, *P:* poilant, marrant, bossant, crevant. *It was s. funny,* c'était à se tordre (de rire). *The play is s. funny,* la pièce fait tordre le public.

screaming[2], *s.* **1.** Cris *mpl* (de terreur, etc.); hurlements *mpl.* **2.** Sifflement *m* (de locomotive).

screamer ['skriːmər], *s.* **1.** Crieur, -euse; brailleur, -euse. **2.** *Orn:* Oiseau *m* au cri perçant. (*a*) Kamichi *m*. (*b*) Martinet *m*. **3.** *P:* (*a*) (i) Conte terrifiant, (ii) conte tordant. (*b*) = STUNNER.

scree [skriː], *s. Geol:* Éboulis *m* (sur une pente de montagne); (*in the Alps*) clapier *m*.

screech[1] [skriːtʃ], *s.* Cri perçant; cri aigu; cri rauque.

screech[2], *v.i.* (*Of pers., parrot, etc.*) Pousser des cris perçants, des cris rauques, des cris aigus; *F:* (*of singer*) chanter d'une voix aiguë; chanter comme une chouette, comme un perroquet, comme un goëland.

screeching, *s.* Cris perçants; cris aigus.

'screech-owl, *s. Orn:* Effraie *f*; chouette *f* des clochers.

screechy ['skriːtʃi], *a.* (*Of voice, etc.*) Criard.

screed [skriːd], *s.* **1.** *Const:* (**Floating**) **screed,** cueillie *f*; guide *m* (pour plâtrage). **2.** (*a*) Harangue *f*, jérémiade *f*; longue tartine. (*b*) Longue liste (de réclamations, etc.). (*c*) Longue lettre; longue missive.

screen[1] [skriːn], *s.* **1.** (*a*) *Furn:* Écran *m*. **Draught screen, folding screen,** paravent *m*. **Hand screen,** écran à main. **Screen door,** contre-porte *f*. *See also* FIRE-SCREEN, WINDOW-SCREEN. (*b*) **Side-screens,** (i) *Nau:* écrans des feux de côté; (ii) *Aut:* rideaux *m* de côté (d'une torpédo). (*c*) *Nau:* **Canvas screen,** cloison *f* en toile; rideau *m* en toile. **Coal(ing) screen,** masque *m*. **Bridge screen, ladder screen,** toile *f* de passerelle, d'échelle; toile abri. (*d*) Rideau (protecteur). *S. of trees,* rideau d'arbres. *Const: Corrugated s.,* rideau ondulé. *See also* WINDSCREEN. *F:* **Under screen of night,** à l'abri de la nuit. *To put on a s. of indifference,* prendre les dehors *m* de l'insensibilité. **To act as a screen for a criminal,** couvrir un criminel. *See also* FLASH-SCREEN. (*e*) *Wrought-iron s.,* grille *f*. *Ecc.Arch:* **Choir-screen,** jubé *m*. *See also* ALTAR-SCREEN, ORGAN-SCREEN. (*f*) *Mec.E:* **Safety screen, protective screen,** écran de sécurité, de protection. *Mil: Navy:* **To form a screen,** former un écran (*against,* contre). *Mil:* **Cavalry screen,** écran de sûreté. *Navy:* **Scouting screen,** rideau d'éclairage (de croiseurs, etc.). *See also* SMOKE-SCREEN. *Meteor:* **Thermometer screen,** abri *m* (pour thermomètres). *Phot:* **Black screen,** écran noir; pare-soleil *m inv.* **2.** *Cin:* Écran (de projection). *To show a film on the screen,* projeter un film. **To put a play on the screen,** mettre, présenter, une pièce à l'écran. **Screen star,** vedette *f* de l'écran. **Screen rights,** droits *m* de reproduction cinématographique. **Screen-struck,** entiché du cinéma. **Screen fan,** enthousiaste *mf* du cinéma. **3.** (*a*) *El.E:* **Electric screen, magnetic screen,** écran électrique, magnétique. *W.Tel:* **Anode screen,** écran de plaque. **Screen-grid,** grille-écran *f*, *pl.* grilles-écrans; grille blindée. **Aerial screen,** antenne *f* de compensation. (*b*) *Phot:* **Colour screen,** écran coloré; écran de sélection. **Compensating screen,** filtre compensateur. (*In colour phot.*) **Screen plate,** plaque *f* à réseau mosaïque polychrome. *Phot.Engr:* **Ruled screen, half-tone screen,** trame *f*, réseau *m*. *To take a negative through a ruled s.,* tramer un cliché. (*c*) *Opt:* **Bunsen screen,** écran photométrique. **4.** (*a*) *Civ.E: Min: etc:* Crible *m*; sas *m*. **Gravel screen,** crible à gravier. **Sand screen,** crible, claie *f*, à (passer le) sable. **Revolving screen,** trommel *m*. **The screens,** le hangar de criblage. *Paperm:* **Chip screen,** classeur *m*, trieur *m*, de copeaux. *See also* SIZING[1] 1. (*b*) *I.C.E: etc:* **Air-intake screen,** tamis *m* d'admission d'air.

'screen-fire, *s. Mil:* Tir *m* de barrage.

screen[2], *v.tr.* **1.** (*a*) Munir (qch.) d'un écran. **To screen off a corner of the room,** cacher un coin de la chambre au moyen de paravents. *Phot: To s. the lens,* munir l'objectif d'un écran (de sélection). (*b*) **To screen sth. from view,** cacher, masquer, dérober, qch. aux regards. *The sun was screened by clouds,* le soleil était voilé par des nuages. **To screen oneself behind sth.,** se cacher derrière qch. *To s. s.o.'s faults,* dissimuler les fautes de qn. (*c*) Abriter, protéger (qn, qch.); mettre (qn, qch.) à couvert, à l'abri; blinder (une machine) (*against,* contre); couvrir (qn) de sa protection. **To screen sth. from the wind,** garantir qch. du vent; préserver, protéger, défendre, qch. contre le vent. *Mil: To s. a battery from fire,* dérober une batterie aux coups. *F:* **To screen s.o. from suspicion, from blame,** mettre qn à l'abri des soupçons; soustraire qn à la censure; couvrir qn. *W.Tel:* **To screen a valve,** blinder une lampe. **2.** *Civ.E: Min: etc:* Tamiser, cribler (le gravier, etc.); égaliser (le charbon); passer (du sable, etc.) au tamis, au crible, à la claie; sasser, cribler, nettoyer (le grain). **3.** *Cin:* (*a*) Mettre (un roman, etc.) à l'écran. (*b*) (*With passive force*) (*Of pers.*) **To screen well,** (i) remporter de grands succès à l'écran; (ii) être photogénique.

screened, *a.* **1.** (*a*) *S. window,* fenêtre jalousée. *W. Tel: S. valve,* lampe blindée. **Screened-grid valve,** valve *f* à grille blindée, à grille-écran. **Screened condenser,** condensateur blindé. **Screened**

aerial, antenne compensée. *Meteor:* **Screened temperature,** température *f* sous écran. (*b*) Caché, dérobé, dissimulé; voilé. (*c*) A l'abri (*from,* de). **2.** (Charbon, etc.) criblé; (sable, etc.) passé à la claie.

screening, *s.* **1.** (*a*) Mise *f* (de qch.) à l'abri, derrière un écran. *W.Tel:* (i) Blindage *m* (d'une lampe, etc.); (ii) compensation *f* (de l'antenne). **Screening effect,** effet *m* d'écran (produit par les maisons trop près de l'antenne, etc.). (*b*) Dissimulation *f* (d'un défaut, etc.). (*c*) Protection *f* (*from,* contre). **2.** (*a*) Criblage *m* (de charbon, etc.); passage *m* (du sable, etc.) à la claie; sassement *m* (du grain). **Screening machine** (*for coal, etc.*), crible *m* mécanique; trieur *m.* **Screening shed,** hangar *m* de criblage. (*b*) *pl.* **Screenings,** criblure *f,* poussier *m.*

screener ['skri:nər], *s.* *Ind:* Cribleur, -euse; tamiseur, -euse.

screw[1] [skru:], *s.* **1.** Vis *f.* (*a*) **Right-handed screw, left-handed screw,** vis à droite, à gauche. **Male screw, external screw,** vis mâle, vis pleine. **Female screw,** (i) vis femelle; vis creuse; (ii) écrou *m.* **Endless screw, worm screw, perpetual screw,** vis sans fin. **Differential screw, check screw,** vis différentielle; contre-vis *f.* **Square screw,** vis à filet carré. **Thumb screw, wing screw,** vis à oreilles, à ailettes; vis ailée; papillon *m.* **Milled-edge screw, thumb screw,** vis à tête moletée. **Capstan screw,** vis à tête percée. **Cheese-headed screw, flat-headed screw,** vis à tête plate. **Headless screw,** vis sans tête; cheville taraudée. **Interrupted screw,** (i) vis à secteurs interrompus; (ii) secteur interrompu (de culasse de canon). **Lathe screw, feed-screw,** vis d'entraînement. **Bench screw,** étau *m* d'établi. **Screw joint,** joint vissé, joint à vis. **Screw piano-stool,** tabouret *m* de piano à vis. **Screw-thread,** filet *m* de vis; pas *m* de vis. *See also* ARCHIMEDEAN, CONVEYOR 2, GUIDE-SCREW, LEAD-SCREW, MICROMETER, PILE[1] 1, STOPPER[1] 1. (*b*) **Wood screw,** vis à bois. **Metal screw,** vis à métaux. **Concrete screw,** vis à, de, scellement. **Hold-down screw,** vis de retenue, de fixation. **Set screw,** vis d'arrêt; vis de serrage, de pression; vis de réglage, de rappel; goujon *m* de fixation. *Loose s.,* (i) écrou desserré; (ii) (*loosely fitting*) écrou gai. *F:* **To have a screw loose,** avoir le timbre fêlé, avoir un coup de timbre; avoir un grain de moins; avoir une araignée au plafond, dans le plafond; être détraqué, timbré, toqué; *P:* être toc-toc, maboul. **There's a screw loose somewhere,** il y a quelque fer qui loche; il y a quelque chose qui cloche. *See also* ADJUSTING, BINDING[2] 1, CLAMP-SCREW, COACH-SCREW, GRUB-SCREW, LAG-SCREW, LEVELLING-SCREW, LOCKING-SCREW, STOP-SCREW, STRAINING-SCREW. (*c*) *A:* **The screws,** les poucettes *f.* *F:* **To put the screws on s.o.; to tighten, put on, the screw,** serrer les pouces, la vis, à qn; mettre les poucettes à qn; forcer qn à mettre les pouces; forcer la main à qn. *The tightening of the Departmental s.,* la rigueur croissante de l'Administration. (*d*) *F:* Carouble *f,* rossignol *m* (de cambrioleur). **2.** (*a*) *Nau:* **Screw(-propeller),** hélice *f.* **Screw aperture,** cage *f* d'hélice. *See also* FEATHERING[1] 2, STEAMSHIP. (*b*) *Av:* **Air-screw,** hélice (propulsive). **Helicopter screw,** hélice sustentatrice. **3.** (*a*) Coup *m* de tournevis; tour *m* de vis. *Give it another s.,* serrez-le encore un peu. *F:* *To give s.o.'s nose a s.,* tordre le nez à qn. (*b*) *Bill:* *Ten:* *etc:* Effet *m.* **To put (a) screw on the ball,** (i) *Bill:* faire de l'effet (de côté); (ii) *Ten:* *etc:* donner de l'effet à la balle; couper la balle. **4.** Cornet *m,* papillote *f* (de bonbons, de tabac, etc.). **Screw of paper,** cornet de papier. **5.** *P:* Avare *m;* *F:* grigou *m;* pingre *m;* liardeur, -euse. **An old screw,** un vieux ladre. *He's a dreadful s.,* il est pingre comme tout; il tondrait (sur) un œuf; il liarde sur tout. **6.** *F:* Mauvais cheval; *F:* rosse *f,* bourrin *m;* carcan *m,* carne *f.* **7.** *P:* (*a*) Gages *mpl;* paye *f,* salaire *m.* (*b*) Appointements *mpl* (minimes). *We get our s. on Fridays,* on touche (sa paye) le vendredi.

'screw-auger, *s.* *Tls:* Tarière rubanée; (tarière) torse *f;* tarière à vis, à double spire, en hélice; perçoir *m* en spirale.

'screw-bar, *s.* Taranche *f* (d'un pressoir).

'screw-bolt, *s.* *Mec.E:* Boulon *m* à vis, à écrou.

'screw-'cap, *s.* Couvercle *m* à vis (d'une bouteille); gobelet *m* à vis (d'une bouteille isolante).

'screw-chuck, *s.* *Mec.E:* Mandrin *m* (de tour) à vis, à queue de cochon.

'screw-coupling, *s.* *Mec.E:* Manchon *m* à vis; union *f* à vis.

'screw-cut, *v.tr.* = SCREW[2] I. 3.

'screw-cutter, *s.* *Mec.E:* **1.** (*Pers.*) Fileteur *m;* tourneur *m* de vis. **2.** Tour *m* à fileter; taraudeuse *f.*

'screw-cutting, *s.* *Mec.E:* Filetage *m,* taraudage *m,* décolletage *m.* **Screw-cutting machine,** machine *f* à fileter, à décolleter; décolleteuse *f.* **Screw-cutting lathe,** tour *m* à fileter, à décolleter; taraudeuse *f.* **Screw-cutting tap,** taraud *m;* *F:* quille *f.* **Screw-cutting industry,** visserie *f.* *See also* DIE[1] II. 3, GEAR[1] 2.

'screw-driven, *a.* (Paquebot *m*) à hélice.

'screw-eye, *s.* Piton *m* (à vis); anse *f* à vis; vis *f* à œil; laceret *m.*

'screw-frame, *s.* *Tls:* Sergent *m.*

'screw-gear, *s.* *Mec.E:* **1.** Engrenage hélicoïdal. **2.** Appareil(lage) *m* de vissage; outillage *m* de vissage.

'screw-hook, *s.* Crochet *m* à vis.

'screw-jack, *s.* Cric *m* à vis; vérin *m* à vis; vérin de calage. *Carp:* Viole *f.*

'screw-nail, *s.* Vis *f* à bois.

'screw-pine, *s.* *Bot:* Pandanus *m;* *F:* baquois *m,* vaquois *m.*

'screw-plate, *s.* *Mec.E:* Filière *f* simple; filière à truelle.

'screw-plug, *s.* Tampon *m* à vis; bouchon fileté.

'screw-press, *s.* **1.** Presse *f* à vis. **2.** Balancier *m* (à frapper les monnaies, etc.).

'screw-ring, *s.* = SCREW-EYE.

'screw-spanner, *s.* = SCREW-WRENCH.

'screw-spike, *s.* Tire-fond *m inv.*

'screw-stair, *s.* = *spiral staircase, q.v. under* STAIRCASE.

'screw-steamer, *s.* Navire *m* à hélice.

'screw-tap, *s.* *Tls:* Taraud *m;* filière *f;* *F:* quille *f.*

'screw-wheel, *s.* *Mec.E:* Roue *f* à dents hélicoïdales (engrenant avec une vis sans fin).

'screw-wrench, *s.* *Tls:* Clef anglaise; clef à vis, à molette.

screw[2]. I. *v.tr.* **1.** (*a*) Visser (qch.). **To screw sth. (on) to sth.,** visser qch. à, sur, qch. *To s. sth. into sth.,* visser qch. dans qch. (*With passive force*) **The knobs screw into the drawer,** les boutons *m* se vissent sur le tiroir. (*b*) Fixer, assujettir, (qch.) avec des vis. *To s. two pieces of wood together,* visser deux morceaux de bois ensemble. *Screwed together,* assemblé(s) à vis. **2.** (*a*) **To screw (up),** visser; (res)serrer (un tourniquet, les chevilles d'un violon, etc.). *To s. (up) a nut,* serrer un écrou. **To screw sth. tight,** visser qch. à bloc. **Screwed home,** vissé à fond. (*b*) **To screw s.o.'s neck,** tordre le cou à qn. **To screw one's head (round) to see sth.,** tordre le cou pour voir qch. **To screw one's face into a smile,** grimacer un sourire. (*c*) **To screw (down) the peasantry,** pressurer, opprimer, les paysans. (*d*) *Bill:* Donner de l'effet à (une bille). *Ten:* *etc:* Couper (une balle). *v.i.* (*Of ball*) **To screw,** rebondir de travers; dévier. **3.** *Tchn:* Fileter (une vis, un boulon); tarauder (un tuyau, etc.).

II. **screw,** *v.i.* **1.** (*Of tap, etc.*) Tourner (à droite, à gauche, etc.). **2.** *F:* Faire des économies; être parcimonieux; liarder.

screw back, *v.i.* *Bill:* **1.** Faire de l'effet rétrograde, de l'effet à revenir; *F:* faire un rétro. **2.** (*Of ball*) Revenir en arrière.

screw-'back, *s.* *Bill:* Effet *m* à revenir; effet rétrograde; *F:* rétro *m.* **To bring off a screw-back,** combiner un effet de recul; réussir un rétro.

screw down, *v.tr.* **1.** Visser (un couvercle, un cercueil); fermer (une boîte) à vis. *Table screwed down to the floor,* table vissée au plancher. **2.** Bloquer à vis.

screwing down, *s.* Vissage *m.*

screw off, *v.tr.* (*a*) Dévisser (un écrou, un couvercle). (*b*) (*With passive force*) *The end screws off for cleaning purposes,* le bout se dévisse pour faciliter le nettoyage.

screwing off, *s.* Dévissage *m.*

screw on, *v.tr.* (*a*) Visser, fixer (un couvercle, etc.). *F:* **His head is screwed on the right way,** il a la tête solide; il a de la tête, du bon sens; c'est une forte tête, un homme de tête. (*b*) (*With passive force*) *The nozzle screws on to the head of the hose,* la lance se visse au bout du tuyau.

screw-'on, *attrib.a.* **Screw-on ear-rings,** boucles d'oreilles vissées, à vis. **Screw-on lens,** objectif *m* détachable, mobile.

screwing on, *s.* Vissage *m.*

screw out, *v.tr.* **1.** Dévisser (un robinet, etc.). **2.** *F:* **To screw the truth out of s.o.,** contraindre qn à dire la vérité; tirer la vérité de qn. **To screw money out of s.o.,** arracher, extorquer, de l'argent à qn. *It is hard to s. money out of him,* il se fait tirer l'oreille (pour payer); il est dur à la détente. *I screwed five pounds out of him,* je lui ai fait cracher cinq livres.

screwing out, *s.* Dévissage *m* (d'un robinet, etc.).

screw up, *v.tr.* **1.** Visser (une boîte, etc.); condamner (une porte). **2.** Tortiller (du papier, ses cheveux); tire-bouchonner (son mouchoir). **To screw sth. up in a piece of paper,** entortiller qch. dans un morceau de papier. **To screw up one's eyes,** faire les petits yeux; cligner les yeux (pour mieux voir); plisser les yeux. *With one's eyes screwed up,* les yeux en papillote. **To screw up one's lips,** pincer les lèvres. *He screwed up his face,* son visage se crispa; il fit la grimace. *Face screwed up with pain,* visage crispé par la souffrance. **3.** *F:* (*a*) **To screw up one's courage,** prendre son courage à deux mains. **To screw oneself up to do sth.,** se forcer à faire qch. **The staff needs screwing up,** il y aurait lieu de tenir la main au personnel. (*b*) **To screw up the rents,** majorer les loyers (d'une façon déraisonnable).

screwing up, *s.* **1.** Vissage *m* (d'une boîte, etc.). **2.** Tordage *m* (des cheveux); entortillage *m* (de qch. dans un papier); crispation *f* (du visage). **3.** Majoration *f* (des loyers, etc.).

screwed, *a.* **1.** (Boulon) fileté, à vis; (manchon) taraudé. **2.** *Pred. F:* Ivre; *F:* gris, éméché, pompette; *P:* bamboche, brindezingue, paf, schlass.

screwing, *s.* **1.** Vissage *m;* serrage *m* (d'un écrou). **2.** *Bill:* *etc:* Effet *m.* **3.** = SCREW-CUTTING.

screwdriver ['skru:draivər], *s.* *Tls:* Tournevis *m.* **Ratchet screwdriver,** tournevis à rochet.

scribble[1] [skribl], *s.* **1.** Griffonnage *m,* gribouillage *m.* **2.** *F:* Petit billet. *Send me a s.,* envoyez-moi un petit mot, deux mots. **3.** Écriture *f* illisible; pattes *fpl* de mouche.

scribble[2], *v.tr.* Griffonner, gribouiller (quelques mots à qn, une note dans son carnet, etc.). *Abs.* **To scribble,** (i) barbouiller du papier; noircir du papier; mettre du noir sur du blanc; (ii) faire du journalisme; écrivailler.

scribbling[1], *s.* Griffonnage *m,* gribouillage *m;* barbouillage *m* de papier. **Scribbling paper,** papier *m* à brouillon. **Scribbling block,** bloc *m* mémento.

scribble[3], *v.tr.* *Tex:* Écharper, drousser, scribler (la laine).

scribbling[2], *s.* Écharpage *m,* droussage *m,* scriblage *m;* cardage *m* en gros. **Scribbling machine,** briseuse *f;* grosse carde.

scribbler[1] ['skriblər], *s.* **1.** Griffonneur, -euse; *F:* gribouilleur, -euse; barbouilleur, -euse (de papier). **2.** *F:* Écrivassier, -ière; écrivailleur, -euse; gratte-papier *m inv,* gâte-papier *m inv;* gâteur, -euse, de papier; noircisseur *m* de papier.

scribbler[2], *s.* *Tex:* **1.** Drousseur, -euse (de laine); cardeur, -euse, en gros. **2.** Machine *f* à carder.

scribe[1] [skraib], *s.* *Hist. & Hum:* (*Pers.*) Scribe *m.*

scribe[2], *s.* *Tls:* **Scribe(-awl),** pointe *f* à tracer, de traçage; aiguille *f* à tracer; style *m* de repérage; tracelet *m;* tire-ligne *m,* *pl.* tire-lignes.

'scribe-scratch, *s.* Trait marqué; repère *m.*

scribe[3], *v.tr.* **1.** *Carp:* *Const:* Tracer, trusquiner (une ligne). **2.** *Mec.E:* *etc:* Repérer, pointer (le centre, etc.).

scribing, *s.* Traçage *m* (d'une ligne).
'scribing-block, *s.* Trusquin *m* à équerre.
'scribing-compass, *s.* *Tls:* Rouanne *f.*
scriber ['skraibər], *s.* = SCRIBE[2].
scrim [skrim], *s.* *Tex:* *Furn:* Canevas léger.
scrimmage[1] ['skrimedʒ], *s.* **1.** Mêlée *f*; escarmouche *f*, bagarre *f*, bousculade *f*. **2.** *Fb:* Mêlée. *Loose s.*, *tight s.*, mêlée ouverte, fermée.
scrimmage[2]. **1.** *v.i.* (*a*) Lutter; se quereller; se bousculer. (*b*) S'empresser, s'activer. **2.** *v.tr.* *Fb:* Mettre (le ballon) en mêlée.
scrimp[1] [skrimp], *a.* *Scot:* = SKIMPY.
scrimp[2], *v.tr.* *Scot:* = SKIMP.
scrimpy ['skrimpi], *a.* *Scot:* = SKIMPY.
scrimshank ['skrimʃaŋk], *v.i.* *Mil:* *P:* Tirer au flanc; fricoter, cagner, cagnarder.
scrimshanking, *s.* Cagnardise *f*; tirage *m* au flanc.
scrimshanker ['skrimʃaŋkər], *s.* *Mil:* *P:* Tireur *m* au flanc; tire-au-flanc *m inv*; fricoteur *m*, cagnard *m*.
scrimshaw ['skrimʃɔ:], *s.* *Coll.* Petits objets de fantaisie fabriqués par les matelots au cours des voyages.
scrip[1] [skrip], *s.* *A:* Besace *f*; panetière *f* (de pèlerin, etc.).
scrip[2], *s.* *Coll.* *U.S:* Coupures *fpl* (d'une unité monétaire).
scrip[3], *s.* (*No pl.*) *Fin:* **1.** **Scrip (certificate)**, certificat *m* (d'actions); actions *f* provisoires; "scrip" *m*. **2.** *Coll.* *F:* Valeurs *fpl*, titres *mpl* actions. **Registered scrip**, titres nominatifs.
scripholder ['skriphouldər], *s.* *Fin:* Détenteur, -trice, de titres.
script [skript], *s.* **1.** (*a*) Manuscrit *m*. *See also* TYPE-SCRIPT. (*b*) *Sch:* Copie *f* (d'examen). (*c*) *Jur:* (Document) original *m*, -aux. (*d*) *Cin:* Scénario *m*. *Shooting s.*, scénario découpé. **2.** (*a*) (*As opposed to print*) Écriture *f*. **Gothic script**, écriture gothique. (*b*) *Typ:* **Script (type)**, cursive *f*. (*c*) *Sch:* **Script writing, print script**, écriture typographique.
scriptorium, *pl.* **-ia, -iums** [skrip'tɔ:riəm, -iə, -iəmz], *s.* Écritoire *f* (de monastère); salle *f* de travail, de rédaction (d'un dictionnaire, etc.).
scriptural ['skriptjurəl], *a.* Scriptural, -aux; biblique; des saintes Écritures.
scripture ['skriptjər], *s.* **Holy Scripture, the Scriptures,** l'Écriture sainte, les (saintes) Écritures. **Scripture history**, l'histoire sainte. **Scripture text**, citation tirée de la Bible, de l'Écriture. **Scripture reader**, évangéliste *mf* (qui fait la lecture de la Bible chez les indigents).
scrivello [skri'velo], *s.* *Ivory trade:* Escarbeille *f*.
scrivener ['skrivnər], *s.* *A:* **1.** (*a*) Scribe *m*, copiste *m*; écrivain public. **Scrivener's cramp** = *writer's cramp*, *q.v.* under WRITER 1. (*b*) Notaire *m*, *A:* tabellion *m*. (*c*) Changeur *m*, prêteur *m* (d'argent); courtier *m* de change. **2.** Plumitif *m*; secrétaire *m*; *F:* gratte-papier *m inv*.
scrivenery ['skrivnəri], *s.* *A:* Métier *m* de scribe, de copiste.
scrivening ['skrivniŋ], *s.* *F:* Métier *m* de plumitif, de gratte-papier.
scrobicular [skro'bikjulər], **scrobiculate** [skro'bikjulet], *a.* *Nat.Hist:* Scrobiculé.
scrofula ['skrɔfjulə], *s.* *Med:* Scrofule *f*; strume *f*; écrouelles *fpl*; humeurs froides.
scrofulism ['skrɔfjulizm], *s.* *Med:* Scrofulisme *m*.
scrofulous ['skrɔfjuləs], *a.* *Med:* Scrofuleux; strumeux.
scroll[1] [skroul], *s.* **1.** Rouleau *m* (de parchemin, de papier). **2.** (*a*) *Mediaeval Art:* *etc:* Banderole *f* à inscription; phylactère *m*. (*b*) *Her:* Listel *m*, liston *m*, listeau *m*. **3.** (*a*) *Arch:* *etc:* Spirale *f*, enroulement *m*; volute *f* (de chapiteau ionique); aileron *m* (de portail, etc.). **Vitruvian scroll**, postes *fpl*. (*b*) (*In writing*) Enjolivement *m*, enjolivure *f*, arabesque *f*. (*c*) *Engr:* *etc:* Cartouche *m* (encadrant un titre). (*d*) Crosse *f*, volute (de violon).
'scroll-bone, *s.* *Anat:* Os turbiné; cornet *m*.
'scroll-gear, *s.* *Mec.E:* Engrenage *m* à spirale.
'scroll-saw, *s.* *Tls:* Scie *f* à chantourner; scie alternative à découper; sauteuse *f*.
'scroll-work, *s.* *Arch:* Ornementation *f* en volute; enroulements *mpl*.
scroll[2]. **1.** *v.tr.* (*a*) Mettre (du papier) en rouleau. (*b*) Enjoliver (son écriture); orner (un titre, etc.) d'arabesques, de volutes. **2.** *v.i.* (*Of paper*) Se mettre en rouleau.
scrolled, *a.* *Arch:* *etc:* Voluté.
scroop[1] [skru:p], *s.* *F:* Grincement *m* (de porte, de verrou); frou-frou *m* aigre (de la soie).
scroop[2], *v.i.* *F:* (*Of door, bolt, etc.*) Grincer; (*of silk*) froufrouter.
scrotal ['skrout(ə)l], *a.* *Anat:* Scrotal, -aux.
scrotiform ['skroutifɔ:rm], *a.* *Bot:* Scrotiforme.
scrotocele ['skroutosi:l], *s.* *Med:* Scrotocèle *f*.
scrotum, *pl.* **-ta** ['skroutəm, -tə], *s.* *Anat:* Scrotum *m*; bourses *f* (testiculaires).
scrounge[1] [skraundʒ], *s.* *P:* **1.** **To be on the scrounge**, être à la recherche de choses à chiper; grappiller. **2.** = SCROUNGER.
scrounge[2]. *P:* **1.** *v.tr.* (*a*) (*Steal*) Chiper, agrafer, chaparder, barboter (qch.). *They've scrounged my tobacco*, on m'a chipé, chauffé, mon tabac. (*b*) (*Sponge*) Écornifler (un dîner, du tabac). **2.** *v.i.* (*a*) **To scrounge around for sth.**, aller à la recherche de qch. (*b*) *U.S:* **To scrounge on s.o.**, vivre aux crochets de qn.
scrounging, *s.* (*a*) Chipage *m*, chapardage *m*, barbotage *m*, grappillage *m*. (*b*) Écorniflerie *f*, écorniflage *m*.
scrounger ['skraundʒər], *s.* *P:* (*a*) Chipeur, -euse; chapardeur, -euse; barboteur, -euse; grappilleur, -euse; rabiauteur *m*. (*b*) Écornifleur, -euse.
scrub[1] [skrʌb]. I. *s.* **1.** (*a*) Arbuste rabougri. (*b*) Broussailles *fpl*; brousse *f*; (*in S. of Fr.*) garrigue *f*; (*in Corsica*) maquis *m*. *To wander through the s.*, broussailler. *See also* PINE[1] 1. **2.** (*a*) Brosse *f* à soies courtes; brosse usée. (*b*) Barbe *f* de trois jours. (*c*) Petite moustache hérissée. **3.** (*a*) *Husb:* **Scrubs**, race bovine de petite taille. (*b*) *F:* Personne rabougrie, d'apparence insignifiante; pauvre diable *m*.
II. **scrub**, *a.* *U.S:* **1.** (*Of vegetation*) Rabougri. **2.** (*Of pers., animal*) Misérable, malingre, chétif, rabougri.
scrub[2], *s.* **1.** Friction *f* (à la brosse); nettoyage *m*. **To give the table a good scrub**, bien laver la table avec une brosse de chiendent; frotter la table à la brosse de chiendent. *The saucepan wants a s.*, la casserole a besoin d'un récurage, d'être récurée. *I was giving the floor a s.*, j'étais en train de savonner le plancher. **2.** *F:* Femme *f* de corvée, souffre-douleur *m inv*. **3.** *U.S:* *F:* (*a*) Joueur *m* qui n'est pas membre de l'équipe régulière. (*b*) Partie *f* de baseball entre équipes réduites.
'scrub-broom, *s.* *Nau:* Goret *m*.
'scrub-brush, *s.* *U.S:* = SCRUBBING-BRUSH.
'scrub-team, *s.* *U.S:* Équipe *f* de deuxième ordre.
scrub[3], *v.tr.* (**scrubbed; scrubbing**) **1.** (*a*) Récurer (une casserole); laver, frotter, nettoyer, (le plancher) avec une brosse de chiendent, à la brosse de chiendent. *v.i.* *To s. away at the floor*, nettoyer vigoureusement le plancher. (*b*) *Nau:* (i) Goreter, (ii) briquer (le pont, etc.). **2.** *Ch:* Laver, épurer (un gaz).
scrubbing, *s.* **1.** (*a*) Récurage *m*; nettoyage *m*, lavage *m*, avec une brosse dure. (*b*) *Nau:* (i) Goretage *m*; (ii) briquetage *m*. **2.** *Ch:* Lavage, épuration *f* (d'un gaz). **3.** = SCRUB[2] 1.
'scrubbing-board, *s.* Planche *f* à laver (le linge).
'scrubbing-brush, *s.* Brosse *f* de chiendent; brosse dure; brosse de cuisine.
scrubbable ['skrʌbəbl], *a.* Lavable, nettoyable.
scrubber ['skrʌbər], *s.* **1.** Laveur, -euse (à la brosse de chiendent). **2.** (*a*) **Paint scrubber**, brosse *f* à peinture. **Pan scrubber**, lavette *f* métallique. (*b*) *Ch:* Épurateur *m*; flacon laveur. *Gasm:* Épurateur, scrubber *m*. **Air scrubber**, épurateur d'air; filtre *m* à air.
scrubby[1] ['skrʌbi], *a.* **1.** (*Of plant, animal, etc.*) Rabougri. **2.** (*Of land*) Couvert de broussailles. **3.** *F:* (*Of pers.*) Insignifiant; de piètre apparence.
scrubby[2], *a.* *F:* (*Of chin*) Mal rasé; (*of moustache, etc.*) hérissé. *S. beard*, barbe *f* de trois jours. *The orchestra was rather s.*, (i) l'orchestre *m* était piètre; (ii) l'orchestre manquait d'ensemble.
scrubwoman, *pl.* **-women** ['skrʌbwumən, -wimen], *s.f.* *F:* Femme de journée; femme de ménage.
scruff [skrʌf], *s.* Nuque *f*; peau *f* de la nuque. *Used only in the phr.* **To seize an animal by the scruff of the neck**, saisir un animal par la peau du cou. *To hold s.o. by the s. of the neck*, tenir qn par la peau du cou; tenir qn au collet.
scruffy ['skrʌfi], *a.* *P:* Mal soigné; *P:* mal fichu.
scrum(mage)[1, 2] ['skrʌm(edʒ)], *s.* & *v.* *Esp.* *Fb:* = SCRIMMAGE[1, 2].
'scrum-cap, *s.* *Fb:* Protège-oreilles *m inv*.
'scrum-half, *s.* *Fb:* Demi *m* à la mêlée; demi de mêlée.
'scrum-pox, *s.* *Med:* Impétigo *m*.
scrummy ['skrʌmi], *a.* *P:* = SCRUMPTIOUS.
scrumptious ['skrʌm(p)ʃəs], *a.* *F:* (*Of food, etc.*) Excellent, délicieux, épatant. *She's a s. girl!* elle est jolie à croquer!
scrunch [skrʌnʃ], *v.tr.* & *i.* = CRUNCH[2].
scrunchy ['skrʌnʃi], *a.* (Biscuit, etc.) croquant.
scruple[1] [skru:pl], *s.* **1.** *Pharm.* *Meas:* Scrupule *m* (de 20 grains). **2.** *A.* & *F:* Grain *m*, très petite quantité (de qch.); quantité minime.
scruple[2], *s.* Scrupule *m* (de conscience). *A man of no scruples*, un homme peu scrupuleux, sans scrupules. **To have scruples about sth., about doing sth.; to make scruple to do sth.**, avoir, éprouver, des scrupules au sujet de qch.; se faire (un cas de) conscience, se faire (un) scrupule, de faire qch. **To have no scruples, to make no scruple, about doing sth.**, n'avoir aucun scrupule à faire qch.; ne pas se gêner pour, ne pas hésiter à, faire qch. *He is not troubled by any scruples*, il ne s'embarrasse d'aucun scrupule. *To put an end to s.o.'s scruples, to remove s.o.'s scruples*, lever les scrupules de qn.
scruple[3], *v.i.* **To scruple to do sth.**, avoir des scrupules à faire qch.; se faire (un) scrupule, se faire (un cas de) conscience, de faire qch. *He does not s. to . . .*, il ne se gêne pas pour . . .; il n'hésite pas à. . . . *He did not s. to declare . . .*, il n'a pas craint de déclarer. . . .
scrupulosity [skru:pju'lɔsiti], *s.* = SCRUPULOUSNESS.
scrupulous ['skru:pjuləs], *a.* **1.** (*Of pers., conscience, etc.*) Scrupuleux (*about, over, as to*, sur). *To be s. in doing sth.*, être scrupuleux à faire qch. *He is not too s.*, il est peu scrupuleux; il a la conscience large. *I am a s. person*, je suis un délicat. **Not over-scrupulous** *in one's dealings*, peu délicat en affaires. *To get rich by means not over-s.*, *F:* s'enrichir par des moyens peu chrétiens. *See also* FAULT[1] 1. **2.** (*Of care, work, etc.*) Scrupuleux, exact, méticuleux, minutieux. *With s. care*, *F:* avec un soin religieux. **-ly**, *adv.* **1.** Scrupuleusement, consciencieusement. **2.** Méticuleusement, minutieusement. *S. careful*, méticuleux. *S. exact*, exact jusqu'au scrupule. *To attend s. to a duty*, *F:* s'acquitter religieusement d'un devoir.
scrupulousness ['skru:pjuləsnəs], *s.* **1.** Scrupulosité *f*, religiosité *f* (*in attending to sth.*, à faire qch.). **2.** Esprit scrupuleux.
scrutator [skru'teitər], *s.* (*a*) Scrutateur, -trice; investigateur, -trice. (*b*) *Pol:* = SCRUTINEER.
scrutineer [skru:ti'ni:ər], *s.* Scrutateur *m* (des votes, du scrutin).
scrutinize ['skru:tinaiz], *v.tr.* (*a*) Scruter, sonder (qch.); examiner (qch.) minutieusement. *To s. s.o.'s face*, scruter le visage de qn (d'un regard pénétrant); dévisager qn. *To s. a proposal*, examiner à fond une proposition. (*b*) **To scrutinize votes**, vérifier, pointer, des suffrages (en cas de contestation d'une élection). **To scrutinize an electoral list**, pointer une liste électorale.
scrutinizing[1], *a.* Scrutateur, -trice; investigateur, -trice; inquisiteur *m*. *S. look*, regard pénétrant, scrutateur.
scrutinizing[2], *s.* (*a*) Examen minutieux (de qch.). (*b*) *Pol:* Vérification *f*, pointage *m* (des suffrages) (en cas d'élection contestée).

scrutinizer ['skru:tinaizər], *s.* = SCRUTATOR.
scrutiny ['skru:tini], *s.* (*a*) Examen minutieux; investigation ou recherche minutieuse. *His record does not bear s.*, son passé ne supporte pas un examen rigoureux. *After a careful s. of the horizon*, après un examen attentif de l'horizon. (*b*) *Pol:* Vérification *f* (des bulletins de vote) (en cas de contestation). **Scrutiny of an electoral list,** pointage *m* d'une liste électorale. **To demand a scrutiny,** contester la validité d'une élection.
scry [skrai], *v.i.* Interroger l'avenir dans la boule de cristal.
scryer ['skraiər], *s.* = CRYSTAL-GAZER.
scud[1] [skʌd], *s.* **1.** Course précipitée, rapide; fuite *f*. **2.** (*a*) (*Of clouds*) Diablotins *mpl*. (*b*) Rafale *f*. (*c*) Embrun (chassé par le vent). **3.** *Sch: F:* Bon coureur.
scud[2], *v.i.* (**scudded; scudding**) **1.** (*Of pers., animal, etc.*) Courir droit et vite; filer comme le vent. **To scud away, off,** s'enfuir, filer, détaler. *The clouds scudded across the sky*, les nuages galopaient à travers le ciel. **2.** *Nau:* Fuir devant le temps. **To scud before the wind, to scud along,** fuir vent arrière; avoir (le) vent sous vergue; être vent sous vergue; cingler. *See also* BARE[1] 1.
scuff [skʌf]. **1.** *v.tr.* (*a*) Effleurer. (*b*) Frotter, racler, user (avec les pieds). (*c*) **To scuff away the tread of the tyre,** user la bande de roulement (par abus du frein). (*d*) Érafler (le cuir, etc.); (*with passive force*) (*of leather*) s'érafler. (*e*) **To scuff up the snow, the dust,** soulever la neige, la poussière, faire voler la neige, la poussière (en traînant le pas). **2.** *v.i.* Traîner les pieds.
scuffed, *a.* (*Of shoe, etc.*) Éraflé.
'scuff-plate, *s.* *Aut:* Seuil *m* de portière.
scuffle[1] [skʌfl], *s.* Mêlée *f*, rixe *f*, échauffourée *f*, bousculade *f*, colletage *m*; (*between crowd and the police*) bagarre *f*.
scuffle[2], *v.i.* **1.** Se battre, se bousculer, *F:* se crosser. *To s. with s.o.*, se colleter avec qn. **2. To scuffle through a task,** accomplir une tâche tant bien que mal, à la hâte. **3.** (*a*) Traîner les pieds. (*b*) Manifester en raclant le plancher.
scuffling, *s.* **1.** Mêlée *f*, bousculade *f*. **2.** Bruit *m* de semelles frottées sur le plancher.
scuffle[3], *s.* *Tls:* Ratissoire *f* (pour enlever l'herbe en poussant).
scuffle[4], *v.tr.* **1.** Ratisser (une allée, etc., en poussant). **2.** Érafler (ses souliers, etc.).
sculduddery [skʌl'dʌdəri], *s.* *Scot. & U.S:* **1.** Adultère *m*; fornication *f*. **2.** Conduite *f* ou propos *m* obscènes, orduriers.
scull[1] [skʌl], *s.* **1.** *Row:* (*a*) Aviron *m* de couple. (*b*) *F:* Aviron, rame *f*. **2.** Godille *f*.
scull[2]. **1.** *v.i.* (*a*) Ramer, nager, en couple, à couple. (*b*) Godiller. (*c*) *F:* Ramer. **2.** *v.tr.* **To scull a boat,** faire avancer un bateau (i) à couple, (ii) à la godille, (iii) *F:* à la rame.
sculling, *s.* **1.** Nage *f* à couple. **2.** Nage à la godille.
'sculling oar, *s.* = SCULL[1] 2.
sculler ['skʌlər], *s.* **1.** (*a*) Rameur *m* de couple. (*b*) Godilleur *m*. **2.** (*Boat*) **Double-sculler,** outrigger *m* à deux rameurs de couple; double-scull *m*, *pl.* doubles-sculls. *See also* SINGLE-SCULLER.
scullery ['skʌləri], *s.* Arrière-cuisine *f*; lavoir *m* de cuisine.
'scullery maid, *s.f.* Laveuse de vaisselle.
'scullery wench, *s.f.* *A:* Souillon.
scullion ['skʌljən], *s.* *A:* Marmiton *m*; laveur *m* de vaisselle.
sculp [skʌlp], *v.tr.* *F:* = SCULPTURE[2].
sculpin ['skʌlpin], *s.* **1.** *Ich:* Callionyme *m*. **2.** *A:* Homme *m* de rien; bête *f* sans valeur.
sculptor ['skʌlptər], *s.* Sculpteur *m*. *S. of animals*, animalier *m*.
sculptress ['skʌlptres], *s.f.* Femme sculpteur; *occ.* sculptresse.
sculptural ['skʌlptjurəl], *a.* Sculptural, -aux. **1.** *The s. arts*, les arts sculpturaux. **2.** *S. beauty*, beauté sculpturale, plastique. **-ally,** *adv.* **1.** Conformément aux règles de la sculpture. **2.** *S. beautiful*, plastiquement très belle.
sculpture[1] ['skʌlptjər], *s.* Sculpture *f* (l'art ou l'œuvre). *Ancient sculptures*, des marbres *m* antiques.
sculpture[2], *v.tr.* **1.** Sculpter (une statue, la pierre, etc.). *Abs.* Faire de la sculpture. *To s. a statue out of stone, in stone*, sculpter une statue dans la pierre. **2.** Orner (un fronton, etc.) de sculptures, de bas-reliefs.
sculpturing, *s.* Sculptage *m*, sculpture *f*.
sculpturesque [skʌlptju'resk], *a.* Sculptural, -aux; (beauté *f*) plastique.
scum[1] [skʌm], *s.* **1.** (*a*) Écume *f*, mousse *f*; (*on wine*) chapeau *m*. *To take the s. off the pot*, écumer le pot. (*b*) *Metall:* Scories *fpl*, crasse(s) *f*(*pl*), chiasse *f*. **2.** *F:* **The scum of society,** le rebut de la société. *The s. of the people*, la lie du peuple; la racaille; *P:* la voyoucratie. *The literary s.*, la canaille littéraire. *S. of the earth!* excrément de la terre!
'scum-cock, *s.* *Mch:* Robinet *m* d'extraction à la surface; robinet de purge.
scum[2], *v.* (**scummed; scumming**) **1.** *v.tr.* = SKIM[2] 1. **2.** *v.i.* Écumer; se couvrir d'écume.
scumming, *s.* **1.** Écumage *m*. *Metall:* **Scumming hole,** chio *m* de décrassage. **2.** *Usu.pl.* Scories *f*, crasses *f*.
scumble[1] [skʌmbl], *s.* *Art:* Glacis *m*; frottis *m*, frotté *m*.
scumble[2], *v.tr.* *Art:* **1.** Glacer, frotter (le ciel, le fond). *Background scumbled with blue*, fond frotté de bleu. **2.** Fondre, blaireauter (un ciel, etc.). *Draw:* Estomper (une ligne, etc.).
scummy ['skʌmi], *a.* **1.** Écumeux; couvert d'écume. *Metall:* Recouvert de crasse, de scories. **2.** (*a*) Qui ressemble à de l'écume; qui tient de l'écume. (*b*) *F:* Populacier.
scuncheon ['skʌnʃ(ə)n], *s.* *Arch:* *Join:* Écoinçon *m* (de chambranle de fenêtre, etc.).
scunner[1] ['skʌnər], *s.* *Scot. & Dial:* Dégoût *m*. **To take a scunner at, against, sth.,** prendre qch. en dégoût.
scunner[2]. **1.** *v.i.* **To scunner at sth.,** prendre qch. en dégoût; se révolter à l'idée de faire qch. *To make s.o. s.*, dégoûter qn. **2.** *v.tr.* Dégoûter, révolter (qn).
scupper[1] ['skʌpər], *s.* *Nau:* Dalot *m* (de pont).
'scupper-hose, *s.* Manche *f* de dalot.
'scupper-leather, *s.* Maugère *f*; placard *m* de dalot.
'scupper-nail, *s.* Clou *m* à maugère; clou à pompe.
'scupper-pipes, *s.pl.* Tuyaux *m* de dalot; *F:* tuyaux d'orgue (des dalots).
scupper[2], *v.tr.* (*a*) *Mil:* *Nau:* *P:* Surprendre et massacrer (des troupes, l'équipage, etc.). *He was scuppered in* 1915, il a reçu son compte en 1915. (*b*) *F:* Couler à fond (un navire, un projet, etc.); saborder (un navire).
scurf [skə:rf], *s.* Pellicules *fpl* (du cuir chevelu); farine *f* (d'une dartre); (*on old trees*) *F:* teigne *f*; (*in boiler*) incrustation *f*, tartre *m*.
scurfer ['skə:rfər], *s.m.* Nettoyeur, piqueur, de chaudières.
scurfiness ['skə:rfinəs], *s.* État pelliculeux (de la tête, etc.); état farineux (de la peau).
scurfy ['skə:rfi], *a.* (*a*) (*Of head, etc.*) Pelliculeux. (*b*) *S. affection of the skin*, dartre *f*.
scurrility [skʌ'riliti], *s.* **1.** Goujaterie *f*; grossièreté *f*, obscénité *f* (de langage, etc.); bassesse *f* (d'une personne, d'une action). **2.** *To indulge in scurrilities*, prononcer, publier, des goujateries, des grossièretés, sur le compte de qn.
scurrilous ['skʌriləs], *a.* (*Of language, etc.*) Grossier, injurieux, ordurier; (*of pers.*) ignoble, vil. *S. story, song, F:* rosserie *f*. *S. accusation*, accusation outrageante. *To make a s. attack on s.o.*, s'attaquer bassement à qn; se répandre en injures contre qn; *F:* casser du sucre sur le dos de qn. *S. little rag*, petite feuille de chou ordurière. **-ly,** *adv.* Grossièrement, injurieusement, ignoblement.
scurrilousness ['skʌriləsnəs], *s.* = SCURRILITY.
scurry[1] ['skʌri], *s.* **1.** Galopade *f*; débandade *f*. *A regular s.*, un sauve-qui-peut général. *A general s. towards the door*, une bousculade vers la porte. *The s. and scramble of London life*, la vie fiévreuse de Londres. **2.** Course *f* de vitesse pour poneys. **3.** Tourbillon *m* (de neige, de poussière, d'oiseaux en vol).
scurry[2], *v.i.* Aller, courir, à pas précipités; se hâter. **To scurry off, away,** détaler, décamper. **To scurry through one's work,** expédier son travail.
scurvied ['skə:rvid], *a.* *Med:* Scorbutique.
scurvy[1] ['skə:rvi], *s.* *Med:* Scorbut *m*.
'scurvy-grass, *s.* *Bot:* Cochléaria *m*; *F:* herbe *f* aux cuillers.
scurvy[2], *a.* *A. & Lit:* (*Of conduct, pers.*) Bas, vil, vilain, indigne. *S. action*, turpitude *f*. *S. fellow*, goujat *m*, plat personnage. *S. trick*, rosserie *f*, vilain tour, goujaterie *f*. *To play s.o. a s. trick*, faire une crasse, une chinoiserie, à qn. *That was a s. trick on your part*, ce n'est pas beau à vous. **-ily,** *adv.* Bassement, avec bassesse, indignement.
scut [skʌt], *s.* **1.** Couette *f* (de lièvre, de lapin, etc.). **2.** *P:* Mufle *m*, rosse *f*; sale type *m*.
scutage ['skju:tedʒ], *s.* *Hist:* Écuage *m*.
scutal ['skju:t(ə)l], *a.* **1.** *Z:* En forme d'écusson ou d'écaille. **2.** *Her:* De l'écu. *Extra-scutal device*, devise *f* en dehors de l'écu.
scutate ['skju:teit], *a.* **1.** *Z:* Écailleux. **2.** *Bot:* Scutiforme.
scutch[1] [skʌtʃ], *s.* *Tex:* **1.** = SCUTCHER 1. **2.** Déchets *mpl* de teillage.
scutch[2], *v.tr.* *Tex:* Écanguer, teiller, écoucher (le chanvre, le lin).
scutching, *s.* Écangage *m*, teillage *m*.
'scutching-blade, -sword, *s.* = SCUTCHER 1.
'scutching-machine, *s.* *Tex:* Teilleuse *f*, briseuse *f*.
scutch[3], *s.* *Bot:* *Dial:* Chiendent *m*.
scutcheon ['skʌtʃ(ə)n], *s.* = ESCUTCHEON.
'scutcheon-graft, *s.* *Hort:* Greffe *f* en écusson.
scutcher ['skʌtʃər], *s.* *Tex:* **1.** *Tls:* Écang *m*, écangue *f*, écouche *f*, brisoir *m*, teilleuse *f*. **2.** (*Pers.*) Écangueur, -euse; teilleur, -euse.
scute [skju:t], *s.* *Z:* Écaille *f* (de tortue, d'échinoderme, etc.).
scutellar [skju'telər], *a.* *Ent:* *etc:* Scutellaire.
scutellaria [skju:te'leəria], *s.* *Bot:* Scutellaire *f*.
scutellate ['skju:teleit], *a.* **1.** *Bot:* Scutelliforme. **2.** *Z:* Pourvu d'une scutelle ou couvert de scutelles.
scutellum, *pl.* **-la** [skju'teləm, -la], *s.* *Nat.Hist:* Scutelle *f*.
scutifoliate [skju:ti'fouliet], *a.* *Bot:* Scutifolié.
scutiform ['skju:tifɔ:rm], *a.* Scutiforme.
scutter[1, 2] ['skʌtər], *s.* & *v.i.* *Dial:* = SCAMPER[1, 2].
scuttle[1] [skʌtl], *s.* **1.** Seau *m* à charbon. **2.** *Husb:* *etc:* Corbeille *f*.
scuttle[2], *s.* **1.** *Nau:* (*a*) Écoutillon *m*; descente *f*. (*b*) Hublot *m*; lentille *f* (de cabine). **Air scuttle,** hublot d'aération; ventouse *f*. **2.** *Aut:* Bouclier *m* avant; auvent *m*. **3.** *U.S:* Trappe *f* (de toit, de plancher).
'scuttle-butt, *s.* *Nau:* Charnier *m* (d'eau douce).
scuttle[3], *v.tr.* *Nau:* Saborder (un navire).
scuttling[1], *s.* Sabordement *m*.
scuttle[4], *s.* Fuite *f*; course précipitée; débandade *f*. *Pol:* *F:* **Policy of scuttle,** lâchage *m*.
scuttle[5], *v.i.* (*a*) Courir d'une façon affairée. **To scuttle off, away,** déguerpir, filer, détaler; (*of rabbit, etc.*) débouler. (*b*) *Pol:* *F:* Abandonner une conquête; renoncer à un mandat; se retirer; *F:* lâcher.
scuttling[2], *a.* (*Of pers., animal*) En fuite.
scuttling[3], *s.* = SCUTTLE[4].
scuttler[1] ['skʌtlər], *s.* *Pol:* *F:* Lâcheur *m*.
scuttler[2], *s.* Assureur frauduleux qui saborde son navire.
scutum, *pl.* **-a** ['skju:təm, -a], *s.* **1.** *Rom.Ant:* *Z:* Scutum *m*, bouclier *m*. **2.** *Ent:* Écusson *m*. **3.** *Anat:* Rotule *f*.
Scylla ['sila]. *Pr.n.* *Myth:* Scylla *f.* or *m.* *See also* CHARYBDIS.
scyphus, *pl.* **-i** ['saifəs, -ai], *s.* **1.** *Gr.Ant:* Coupe *f*. **2.** *Bot:* Couronne *f* en entonnoir; scyphule *m* (de lichen).
scytale ['sitəli], *s.* **1.** *Gr.Ant:* Scytale *f*. **2.** *Rept:* Scytale *m*; *F:* rouleau *m* à rubans.
scythe[1] [saið], *s.* *Tls:* Faux *f*.
'scythe-stone, *s.* Pierre *f* à aiguiser (les faux); dalle *f*.

scythe², *v.tr.* Faucher (le blé, etc.).
scythed [saːiðd], *a.* *Mil.Archeol:* (Chariot) armé de faux, à faux.
Scythia [ˈsiθia]. *Pr.n.* *A.Geog:* La Scythie.
Scythian [ˈsiθiən]. *A.Geog:* 1. *a.* Scythique, scythe. 2. *s.* Scythe *mf.*
Scythic [ˈsiθik], *a.* Scythique.
'sdeath [zdeθ], *int.* (*Euphemism for God's death!*) Mordieu! morbleu!
sea [siː], *s.* 1. Mer *f.* (*a*) *At the bottom of the sea*, au fond de la mer. *An arm of the sea*, un bras de mer. **On land and sea, by land and sea**, sur terre et sur mer. **By the sea**, au bord de la mer. *Town on the sea*, ville *f* maritime. **By sea**, par (voie de) mer. **Beyond, over, the sea(s)**, outre-mer; au delà des mers; par delà les mers. *From beyond the sea*, d'outre-mer. **To be mistress of the sea(s)**, régner sur les flots. *To smell of the sea*, sentir la mer, la marine. (*Of pers.*) **To put to sea**, s'embarquer. **To go to sea, to take to the sea, to follow the sea**, se faire marin. **To serve at sea**, servir sur mer. *Employment at sea*, travail *m* maritime. **Sea trip**, excursion *f* en mer. *A long sea journey*, une longue traversée. **Sea battle**, bataille *f* sur mer; bataille navale. **Sea war**, guerre navale. **Sea transport of goods**, messageries *f* maritimes. *See also* BLUE¹ II. 1, DEVIL¹ 1, FENNEL 3, LAVENDER 1, LOSE 1, MILE, PINE¹ 1, PINK¹ 1, SALT¹ I. 1, THRIFT 2, UNICORN 2. (*b*) **The open sea, the high seas**, le large, la haute mer, la grande mer, la pleine mer, la mer libre. *On the high seas, out at sea*, en haute mer, en pleine mer. (*Of ship*) **To put (out) to sea**, prendre la mer, le large. *To put out to sea again*, reprendre la mer. *To send a ship to sea*, envoyer un navire en mer. *To remain at sea, to hold the seas, to keep the sea* (*in heavy weather*), tenir la mer. **To stand out to sea**, se tenir au large. **To stand out, go out, to sea**, porter au large; gagner le large, prendre le large; mettre le cap sur le large. **Head on to sea**, le cap au large. **Ship at sea**, navire en mer. *The ship had been at sea for three weeks*, le navire tenait la mer depuis trois semaines. *F:* **To be all at sea**, être tout dérouté, désorienté; perdre le nord; être aux champs; n'y être pas du tout; n'y voir que du bleu; ne savoir sur quel pied danser. *To be all at sea in a discussion*, se trouver désemparé dans une discussion. *To be all at sea among adjectives and adverbs*, patauger parmi les adjectifs et les adverbes. *I am quite at sea*, je ne m'y reconnais plus. *To have an opponent all at sea*, mystifier un adversaire. *See also* NAVIGATION. (*c*) *Ph.Geog:* **Inland sea, enclosed sea**, mer intérieure, mer fermée. **The four seas**, les mers qui entourent la Grande-Bretagne. *F:* **Within the four seas**, dans la Grande-Bretagne. **The seven seas**, toutes les mers du monde. *See also* BLACK¹ I. 1 (*a*), CASPIAN, DEAD I. 4, HALF-SEAS-OVER, NARROW¹ 1, NORTH SEA, *etc.* (*d*) **To be in British seas**, être dans les eaux anglaises. *See also* DEEP-SEA. 2. (*a*) (*State of the sea*) **Heavy sea, strong sea**, grosse mer; mer grosse, houleuse. *There is a sea, a heavy sea*, il y a de la mer. *Long sea*, mer longue. *Short sea*, mer courte; mer hachée. *There is a great sea*, il y a beaucoup de mer. *In anything of a sea . . .*, pour peu qu'il y ait de la mer. . . . *See also* GROWN 1, MODERATE¹ 1. (*b*) Lame *f*, houle *f*. **To run before the sea**, gouverner l'arrière à la lame; avoir la mer de l'arrière; fuir devant la lame. **To keep end to sea**, se tenir debout à la lame. **Head sea**, mer debout. **Beam sea**, mer de travers. *To have a head sea*, avoir la mer debout. *See also* GROUND-SEA. (*c*) Coup *m* de mer; paquet *m* de mer; (grosse) vague. **Green sea**, eau verte. **To ship a (green) sea**, embarquer une lame, un coup de mer, un paquet de mer, *F:* une baleine; *F:* embarquer. *To take a green sea*, capeler une lame. *To be struck by a (heavy) sea*, recevoir une lame; essuyer un coup de mer. *To ship heavy seas*, embarquer d'énormes paquets de mer. 3. *F:* Océan *m*, infinité *f*, multitude *f*. *A sea of faces, of corn*, un océan de visages, de blés. *A sea of blood*, une mer de sang. *A sea of cares*, une infinité, une multitude, de soucis. 4. *B:* **Brazen sea, molten sea**, mer d'airain.

'sea-acorn, *s.* *Crust:* = ACORN-SHELL.
'sea air, *s.* Air marin; air de la mer. *Med:* **Sea-air cure**, thalassothérapie *f*.
'sea-anchor, *s.* *Nau:* Ancre flottante; ancre de cape, du large.
'sea-a'nemone, *s.* *Coel:* Actinie *f*; *F:* anémone *f* de mer; ortie *f* de mer.
'sea-angel, *s.* = ANGEL-FISH.
'sea-ape, *s.* *Ich:* Renard *m*.
'sea-arm, *s.* Bras *m* de mer.
'sea-arrow, *s.* *Moll:* Calmar *m* flèche.
'sea-barrow, *s.* *Ich:* = SEA-PURSE.
'sea-bat, *s.* *Ich:* Rouget volant.
'sea-bathing, *s.* Bains *mpl* de mer.
'sea-beaten, *a.* (Navire) battu des vagues, des flots.
'sea-beggar, *s.* *Hist:* Gueux *m* de mer.
'sea-bells, *s.pl.* *Bot:* Chou *m* de mer, *pl.* choux de mer.
'sea-belt, *s.* *Algae:* Baudrier *m* de Neptune.
'sea-bent, *s.* *Bot:* Roseau *m* des sables.
'sea-bird, *s.* Oiseau *m* de mer.
'sea-biscuit, *s.* *Nau:* Biscuit *m*; *F:* cassant *m*.
'sea-boat, *s.* **Good sea-boat**, bon bateau de mer; bateau marin. *Bad sea-b.*, mauvais bateau de mer. *His tramp was a good sea-b.*, son cargo tenait bien la mer.
'sea-boots, *s.pl.* Bottes *f* de marin, de mer.
'sea-born, *a.* *Myth:* *etc:* Né de la mer.
'sea-borne, *a.* (*Of trade*) Maritime; (*of goods*) transporté par mer.
'sea-'bottom, *s.* Fond *m* de la mer.
'sea-bound, *a.* (*Of land*) Borné par la mer.
'sea-breach, -break, *s.* Irruption *f* de la mer.
'sea-bread, *s.* = SEA-BISCUIT.
'sea-bream, *s.* *Ich:* 1. Pagel *m*. 2. Dorade bilunée; castagnole *f*. 3. **Black sea-bream**, brème *f* de mer; canthère *m*.
'sea-breeze, *s.* Brise *f* de mer, du large; (*on banks of river*) vent *m* d'aval.
'sea-calf, *s.* *Z:* Phoque commun; veau marin.
'sea-canary, *s.* *Z:* Bélouga *m*.
'sea-captain, *s.m.* 1. Capitaine de la marine (marchande ou de guerre). 2. Capitaine au long cours.
'sea-carrier, *s.* *Jur:* Transporteur *m* par mer.
'sea-chart, *s.* *Nau:* Carte marine.
'sea-chest, *s.* Coffre *m* (de marin); coffre de bord.
'sea-chestnut, *s.* *Echin:* = SEA-EGG.
'sea-coal, *s.* *A:* Houille *f*; charbon *m* de terre.
'sea-coast, *s.* Littoral *m*, -aux; côte *f* (de la mer).
'sea-cock, *s.* 1. *Ich:* Coq *m* de mer. 2. *Nau:* *See* COCK¹ 2.
'sea-cow, *s.* *Z:* Vache marine (lamantin, dugong, morse, ou hippopotame).
'sea-craft, *s.* 1. Art *m* du navigateur. 2. *Coll.* Petits bâtiments de mer.
'sea cucumber, *s.* *Echin:* (*a*) = HOLOTHURIAN. (*b*) = TREPANG.
'sea-dace, *s.* *Ich:* Bar(s) *m*; loup *m* de mer.
'sea-daffodil, *s.* *Bot:* Pancratier *m* maritime; scille blanche.
'sea damage, *s.* *Jur:* Fortune *f* de mer.
'sea-devil, *s.* *Ich:* Diable *m* de mer; raie pêcheresse; lophie pêcheuse; baudroie *f*; poisson-grenouille *m*, *pl.* poissons-grenouilles; crapaud pêcheur, crapaud de mer.
'sea-dog, *s.* 1. *Z:* = SEA-CALF. 2. *F:* **An old sea-dog**, un vieux marin; un vieux loup de mer. 3. *Nau:* Lueur *f* à l'horizon (pronostic de mauvais temps).
'sea-eagle, *s.* *Orn:* 1. Pygargue *m*, orfraie *f*; *F:* grand aigle des mers. **White-tailed sea-eagle**, pygargue commun; cul-blanc *m*, *pl.* culs-blancs; queue-blanche *f*, *pl.* queues-blanches. **Bald sea-eagle, white-headed sea-eagle**, pygargue leucocéphale. 2. Balbuzard *m*; aigle pêcheur.
'sea-ear, *s.* *Moll:* = ORMER.
'sea-eel, *s.* *Ich:* Congre *m*.
'sea-egg, *s.* *Echin:* Échinoïde *m*, oursin *m*; châtaigne *f* de mer; hérisson *m* de mer.
'sea-elephant, *s.* *Z:* Macrorhine *m*; *F:* éléphant *m* de mer; phoque *m* à trompe.
'sea-fan, *s.* *Algae:* Gorgone *f* éventail.
'sea-fennel, *s.* *Bot:* = SAMPHIRE 1.
'sea-fight, *s.* Bataille *f* sur mer; combat naval.
'sea-fish, *s.* Poisson *m* de mer.
'sea-fishery, *s.* Pêche *f* maritime.
'sea-floor, *s.* *Oc:* Fond sous-marin; fond de la mer.
'sea-flower, *s.* = SEA-ANEMONE.
'sea-foam, *s.* Écume *f* de la mer.
'sea-food, *s.* *Coll.* *U.S:* Poissons, crustacés, et mollusques comestibles.
'sea-fowl, *s.* *inv.* *in pl.* Oiseau *m* de mer.
'sea-fox, *s.* *Ich:* Renard (marin).
'sea-'front, *s.* 1. Partie *f* d'une ville qui fait face à la mer. **House on the sea-front**, maison *f* qui donne sur la mer; villa *f* sur la mer, sur la côte. 2. Digue *f*, esplanade *f*. *To walk on the sea-f.*, se promener sur la digue.
'sea-gate, *s.* 1. Accès *m* à la mer. 2. Porte *f* de bassin.
'sea-girt, *a.* *Lit:* Entouré, ceint, par la mer. *Our sea-g. island*, notre île ceinturée par les flots.
'sea-god, *s.m.* *Myth:* Dieu de la mer; dieu marin; triton.
'sea-goddess, *s.f.* Déesse de la mer; déesse marine.
'sea-going, *a.* 1. De haute mer; affecté à la navigation maritime. **Sea-going ship, vessel**, navire *m* de long cours; long-courrier *m*, *pl.* long-courriers; navire allant en mer; vaisseau *m*, bâtiment *m*, de mer. *Sea-g. trade*, commerce *m* maritime. *See also* SPEED¹ 1. 2. (*Of pers.*) = SEAFARING¹.
'sea-grapes, *s.pl.* *Moll:* Œufs *m* de seiche; *F:* raisins *m* de mer.
'sea-grass, *s.* *Bot:* 1. Salicorne herbacée. 2. (*a*) Ruppie *f* (maritime). (*b*) Zostère *f* maritime; *F:* baugue *f*, bauque *f*.
'sea-green, *s.* & *a.* Vert (*m*) de mer *inv*; vert d'eau *inv.* *Sea-g. eyes, leaves*, yeux *m* glauques; feuilles *f* glauques.
'sea-gull, *s.* *Orn:* = GULL¹.
'sea-hawk, *s.* *Orn:* = SEA-EAGLE 1.
'sea-heath, *s.* *Bot:* Frankénie *f*.
'sea-hedgehog, *s.* *Echin:* Oursin *m*.
'sea-hog, *s.* *Z:* *F:* Marsouin *m*; cochon *m* de mer.
'sea-holly, *s.* *Bot:* Panicaut *m* maritime. **Alpine sea-holly**, chardon bleu; panicaut des Alpes.
'sea-horse, *s.* 1. *Z:* = WALRUS. 2. *Myth:* *Z:* Hippocampe *m*; cheval marin.
'sea-island, *attrib.a.* **Sea-island cotton**, coton *m* à longue soie.
'sea-kale, *s.* *Bot:* Crambe *m*, crambé *m* (maritime); chou marin.
'sea-king, *s.* *Hist:* Chef *m* de pirates scandinaves.
'sea-lark, *s.* *Orn:* 1. Alouette *f* de mer; petite maubèche. 2. Pluvier *m* à collier. 3. Tourne-pierre *m*, *pl.* tourne-pierres.
'sea-lawyer, *s.* *Nau:* *F:* 1. Requin *m* (féroce). 2. Rouspéteur *m*, chicaneur *m*.
'sea legs, *s.pl.* *F:* Pied marin. **To find, to get, one's sea-legs**, s'amariner. **He has not yet found his sea-legs**, il n'a pas encore le pied marin.
'sea-lemon, *s.* *Moll:* Doris *f*.
'sea-letter, *s.* *Nau:* Permis *m* de navigation; passeport *m*.
'sea-level, *s.* Niveau (moyen) de la mer. *Meteor:* **Pressure corrected to sea-level**, pression (barométrique) ramenée au niveau de la mer.
'sea-light, *s.* *Nau:* Feu *m* (de port); balise *f*, phare *m*.
'sea-lily, *s.* *Echin:* Crinoïde *m*; lis *m* à bras; lis de mer.
'sea-line, *s.* (*At sea*) Horizon *m*; ligne *f* d'horizon.

'sea-lion, *s. Z:* Otarie *f*; lion marin.
'sea-loch, *s. Scot:* Bras *m* de mer.
'sea-lord, *s. Adm:* Lord *m* de l'Amirauté. **First Sea-lord,** Premier Lord Naval.
'sea-louse, *s. Crust:* **1.** Cymothoé *m*, calige *m*; *F:* cloporte *m* de mer; pou *m* de mer, *pl.* poux de mer. **2.** Limule *m* polyphème; crabe *m* des Moluques.
'sea-mark, *s. Nau:* (*a*) Amer *m.* (*b*) Balise *f.*
'sea-mat, *s. Moll:* Flustre *f.*
'sea-monster, *s.* Monstre marin.
'sea-moss, *s.* **1.** *Algae:* Coralline *f.* **2.** Bryozoaire *m.*
'sea-needle, *s. Ich:* Aiguille *f* de mer; orphie *f.*
'sea-nettle, *s. Coel:* Méduse *f.*
'sea-nymph, *s.f. Myth:* Néréide, océanide; nymphe de la mer, nymphe marine.
'sea-oak, *s. Algae:* = SEA-WRACK.
'sea-onion, *s. Bot:* Scille *f* maritime.
'sea-orb, *s. Ich:* = GLOBE-FISH.
'sea-otter, *s. Z:* Loutre *f* de mer; loutre marine.
'sea-owl, *s. Ich:* Lompe *m*, lump *m*; *F:* porte-écuelles *m inv.*
'sea-ox, *s. Z:* Morse *m.*
'sea-pad, *s. Echin:* Étoile *f* de mer.
'sea-parrot, *s. Orn:* Macareux *m*, mormon *m.*
'sea-pass, *s.* (*For neutral ships in time of war*) Permis *m* de navigation; passeport *m*; laissez-passer *m inv.*
'sea-pay, *s. Nau:* Solde *f* à la mer.
'sea-pear, *s. Echin:* Bolténie *f.*
'sea-pen, *s. Coel:* Penne *f* de mer, plume *f* de mer.
'sea-perch, *s. Ich:* Loup *m* de mer.
'sea-pie[1], *s. Orn:* Huîtrier *m* pie; pie *f* de mer.
'sea-pie[2], *s. Cu: Nau:* Pâté *m* (viande salée et légumes).
'sea-piece, *s. Art:* = SEASCAPE.
'sea-pig, *s. Z:* **1.** Marsouin *m*; pourceau *m* de mer; cochon *m* de mer. **2.** Dauphin *m.* **3.** Dugong *m*; vache marine.
'sea-pike, *s. Ich:* Brochet *m* de mer; orphie *f.*
'sea-pincushion, *s.* = SEA-PURSE **1.**
'sea-plane, *s.* = SEAPLANE.
'sea-plant, *s.* Plante marine.
sea-'porcupine, *s. Ich:* = PORCUPINE **2.**
'sea-power, *s.* Puissance *f* maritime.
'sea-purse, *s.* **1.** *Ich:* Oreiller *m* de mer (œuf de la raie). **2.** *Coel:* Alcyon *m.* **3.** *U.S:* Remous, tourbillon (dangereux pour les baigneurs).
'sea-raven, *s. Ich:* Hémitriptère *m.*
'sea-reed, *s. Bot:* = SEA-BENT.
'sea-risk, *s. M.Ins:* Risque *m* de mer; fortune *f* de mer.
'sea-road, *s. U.S:* Route *f* de navigation.
'sea-rocket, *s. Bot:* Roquette *f* maritime; caquillier *m.*
'sea-room, *s. Nau:* (*a*) Évitage *m*; évitée *f.* (*b*) Eau *f* à courir. **To have plenty of sea-room,** (i) avoir de l'évitée; (ii) avoir une belle dérive; avoir de la chasse, de l'eau à courir. *To have no sea-r.*, manquer d'évitée ou d'eau à courir.
'sea-'rover, *s.* Corsaire *m*, pirate *m*, flibustier *m*, forban *m*; écumeur *m* de mer.
'sea-'roving, *s.* Piraterie *f.*
'sea-sand, *s.* Sable *m* de mer.
'sea-scout, *s.* Boy-scout *m* de mer.
'sea-serpent, *s.* **1.** Serpent *m* de mer. **2.** = SEA-MONSTER.
'sea-service, *s.* La marine; le service (des marins).
'sea-shell, *s.* Coquille *f* de mer; coquillage *m.*
'sea-ship, *s.* = SEA-BOAT.
sea-'shore, *s.* (*a*) Rivage *m*; bord *m* de la mer; côte *f*, littoral *m.* (*b*) Plage *f.*
'sea-sick, *a.* Qui a le mal de mer. *To be s.-s.*, avoir le mal de mer.
'sea-sickness, *s.* Mal *m* de mer; *Med:* naupathie *f.*
'sea-silk, *s.* Byssus *m* des pinnes.
'sea-silkworm, *s. Moll:* Pinne *f*, *F:* jambonneau *m.*
'sea-sleeve, *s. Moll:* **1.** Seiche *f.* **2.** Calmar *m.*
'sea-slug, *s.* = SEA-CUCUMBER.
'sea-snail, *s. Ich:* Liparis *m.*
'sea-song, *s.* Chanson *f* de marin; chanson de mer.
'sea-speed, *s. Nau:* Vitesse *f* de route.
'sea spider, *s. Crust:* Araignée *f* de mer.
'sea-squirt, *s. Moll:* Ascidie *f*; outre *f* de mer.
'sea-'starwort, *s. Bot:* Aster *m.*
'sea-'sunflower, *s.* = SEA-ANEMONE.
'sea-swallow, *s. Orn:* Hirondelle *f* de mer; sterne *m*, goélette *f.*
'sea-tangle, *s. Algae:* Laminaire digitée. *Surg:* **Sea-tangle tent,** tente *f* de laminaire.
'sea-tench, *s. Ich:* Brème *f* de mer; (*of the Mediterranean*) molle *f.*
'sea-term, *s.* Expression *f* nautique; terme *m* de marine.
'sea-toad, *s. Ich:* **1.** Raie pêcheuse; diable *m* de mer. **2.** *U.S:* Callionyme *m.*
'sea-tortoise, *s.* Tortue *f* de mer.
'sea-trip, *s.* (*a*) Excursion *f*, promenade *f*, en mer. (*b*) Croisière *f* d'agrément.
'sea-trout, *s. Ich:* Truite saumonée.
'sea-urchin, *s. Echin:* Oursin *m*; hérisson *m* de mer.
'sea-valve, *s. Nau:* = *sea-cock, q.v. under* COCK[1] **2.**
sea-'view, *s.* Vue *f* sur la mer.
'sea-voyage, *s.* Voyage *m* par mer, en mer; traversée *f.*
'sea-'wall, *s.* Digue *f*; endiguement *m*, chaussée *f.*
'sea-'walled, *a.* **1.** *Occ.* Entouré, protégé, par la mer. **2.** Endigué (contre les empiètements de la mer).
'sea-washed, *a.* Baigné par la mer.
'sea-water, *s.* Eau *f* de mer.
'sea-way, *s. Nau:* **1.** Route *f*, sillage *m* (d'un navire). **2.** Mer dure; levée *f* (de la mer). *Boat stiff in a sea-way*, bateau dur à la mer. *Ship that behaves well in a sea-way*, vaisseau *m* qui tient bien la mer.
'sea-whipcord, *s. Algae:* Lacet *m* de mer; *F:* boyau *m.*
'sea-wife, *s. Ich:* Vieille *f.*
'sea-wind, *s.* Vent *m* de mer.
'sea-wolf, *s.* **1.** *Ich:* Bar(s) *m.* **2.** *A. & Lit:* (*a*) = SEA-ROVER. (*b*) Viking *m.*
'sea-wrack, *s.* **1.** Fucus *m*, varech *m*; balayures *fpl* de la mer. **2.** = SEA-GRASS **2** (*b*).
seaboard ['si:bɔ:rd], *s.* Littoral *m*; rivage *m* (de la mer). **Seaboard town,** ville *f* maritime. *S. provinces*, provinces *f* avoisinant la mer.
seadrome ['si:droum], *s. Av:* Plate-forme *f* d'atterrissage en haute mer (à l'état de projet 1939).
seafarer ['si:fɛərər], *s.* (*a*) Homme *m* de mer; marin *m.* (*b*) *She had been a great s.*, elle avait fait de nombreux voyages sur mer.
seafaring[1] ['si:fɛəriŋ], *a.* (Gens *mpl*, etc.) de mer, qui naviguent. **Seafaring man** (*officer or seaman*), marin *m.*
seafaring[2], *s.* Voyages *mpl* par mer. *To be in the s. line*, être dans la marine.
seal[1] [si:l], *s.* **1.** *Z:* Phoque *m*; *F:* veau marin. **Furred seal, eared seal,** otarie *f*; *F:* lion marin. **Hooded seal,** phoque à capuchon; capucin *m.* **Elephant seal** = SEA-ELEPHANT. *See also* FUR-SEAL. **Seal-oil,** huile *f* de phoque. **Seal-fisher,** chasseur *m*, pêcheur *m*, de phoques. **Seal-fishery,** (i) pêche *f* des phoques; (ii) pêcherie *f* de phoques. **2.** *Com:* **Coney seal,** fourrure *f* genre loutre; colombia *f.* **Electric seal,** colombia électrique. **3.** *Leath:* Phoque (pour gainerie, etc.). *Cf.* SEALSKIN.
seal[2], *v.i.* Chasser, pêcher, le phoque.
sealing[1], *s.* Chasse *f* au phoque; pêche *f* des phoques.
seal[3], *s.* **1.** (*a*) (*On deed, etc.*) Sceau *m*; (*on letter*) cachet *m.* *To break the s. of a letter*, rompre le cachet d'une lettre. **Given under my hand and seal,** signé et scellé par moi. **Contract under seal,** convention scellée. **Under the seal of silence, of secrecy,** sous le sceau du silence, du secret. **To put one's seal to a document,** marquer un document de son sceau. *F:* **To set one's seal to sth.,** autoriser, confirmer, qch.; donner son approbation à qch. *In 1750 the final s. was set to the town's prosperity*, en 1750 la prospérité de la ville fut définitivement consacrée. **Death had already set its seal on his face,** la mort avait déjà mis son empreinte *f* sur son visage. *F:* **Seal of distinction,** cachet de distinction. **Book that bears the seal of genius,** livre *m* qui porte le sceau, le cachet, du génie. *Poet. & Hum:* **Seal of love,** (i) baiser *m*; (ii) enfant *m.* *See also* CONFESSION 3. (*b*) Cachet (de bouteille de vin, etc.). *Jur:* **Official seal** (*affixed to property, etc.*), scellé *m.* **To affix, remove, the seals,** apposer, lever, les scellés. *Com: etc:* **Leaden seal,** (i) plomb *m* (pour sceller une caisse, etc.); (ii) capsule *f* (de bouteille, etc.). **Custom-house seal,** plomb de la douane. *To remove the seals from a package*, déplomber un colis. **2.** (*Instrument*) Sceau, cachet. *Adm:* **The Great Seal,** le grand sceau (employé pour les actes publics). (*Of Lord Chancellor or Secretary of State*) **To return the seals,** se démettre; démissionner. *See also* FOB[1], KEEPER **1**, LADY'S SEAL, POPE[1] **1**, PRIVY **I. 2**, SOLOMON'S SEAL. **3.** *Tchn:* (*a*) Dispositif *m* d'étanchéité; joint *m* étanche; rondelle *f* étanche; tampon *m*, fermeture *f*, clôture *f.* (*b*) (Liquide) obturateur *m* (d'un siphon, etc.). *See also* WATER-SEAL.
'seal-ring, *s.* Chevalière *f.*
seal[4], *v.tr.* **1.** (*a*) Sceller (un acte, etc.); cacheter (une lettre). *Lit: To s. a pact with a marriage*, sceller un pacte par un mariage. *B: For him hath God the Father sealed*, car le Père, qui est Dieu, l'a marqué de son sceau. *To be sealed for salvation*, être choisi, désigné, pour le salut; porter le sceau du salut. *F:* **His fate is sealed,** son sort est décidé, réglé; c'en est fait de lui. *See also* DOOM[1] **2.** (*b*) Cacheter (une bouteille de porto, etc.); plomber (un colis, etc.). *Jur:* Apposer les scellés sur (une porte, un meuble, etc.). (*c*) *Mil: Navy:* **To seal a design,** adopter définitivement un modèle. **2.** (*a*) **To seal (up),** fermer. *To s. up a letter*, fermer une lettre. (*b*) **To seal up the windows,** fermer hermétiquement les fenêtres. *To s. up a tin of food*, souder une boîte de conserves. *To s. a mine-shaft, a pipe*, obturer, boucher, un puits de mine, un tuyau. (*c*) *F:* **To seal s.o.'s lips,** mettre un cachet, un cadenas, sur la bouche de qn. *My lips are sealed*, il m'est défendu de parler. (*d*) Assurer l'étanchéité (d'un joint, etc.). *To s. a puncture*, boucher un trou (dans un pneu). (*e*) *Cu:* Saisir (un bifteck, etc.). **3.** Sceller, fixer (un crampon dans un mur, etc.). *F:* **His eyes were sealed on the door,** ses yeux étaient fixés sur la porte.
sealed, *a.* **1. Sealed tender,** soumission cachetée. *Jur:* **Sealed will,** testament *m* mystique. **Sealed letter,** lettre close. *See also* BOOK[1] **1**, ORDER[1] **11.** **2.** *Mil: Navy:* **Sealed-pattern equipment,** équipement *m* réglementaire; équipement d'ordonnance.
sealing[2], *s.* **1.** (*a*) Scellage *m* (d'un acte, etc.); cachetage *m* (d'une lettre, etc.). (*b*) Plombage *m* (d'un colis, etc.). **2. Sealing (up),** fermeture *f* (de qch.); obturation *f* (d'un puits de mine, d'un tuyau). **3.** Scellement *m*, fixage *m* (d'un crampon dans un mur, etc.).
'sealing-compound, *s.* **1.** Lut *m*, mastic *m*, compound *m* de fermeture (pour joints). *El: Battery s.-c.*, brai *m* pour pile, pour accu. *Aut: Radiator s.-c.*, anti-fuite *m inv* de radiateur. **2.** *Aut: etc:* Vernis *m* hermétique.
'sealing-wax, *s.* Cire *f* à cacheter; cire d'Espagne. *Stick of s.-w.*, bâton *m* de cire à cacheter.
sealer[1] ['si:lər], *s.* **1.** Navire armé pour la chasse des phoques. **2.** Chasseur *m*, pêcheur *m*, de phoques.
sealer[2], *s.* **1.** (*a*) Scelleur *m* (d'un document). (*b*) *Adm:* Vérificateur *m* des poids et mesures. **2.** *Tls:* Pince *f* à plomber, à sceller.
sealery ['si:ləri], *s.* Pêcherie *f* de phoques.

sealskin ['siːlskin], *s.* **1.** Peau *f* de phoque. *Black s. leather goods*, maroquinerie *f* en phoque noir. **2.** *Com:* (Fourrure *f* en) loutre *f*.

seam[1] [siːm], *s.* **1.** (*a*) *Needlew:* Couture *f*. **Flat seam,** couture rabattue. **Round(ed) seam,** couture rabattue ronde. **French seam,** couture double; couture française. **Overcast seam, dressmaking seam,** surjet *m*. *Outside-stitched s.*, couture piquée. **Welted seam,** couture en baguette. **Open-work seam,** couture de raccord ajourée. (*In stockings*) **Mock seam,** couture simulée. (*b*) (*In metal pipe, between boards, etc.*) Couture, joint *m*. **Brazed seam,** brasure *f*. **Welded seam, soldered seam,** joint soudé; soudure *f*. (*c*) *Metalw:* *Plumb:* **Welted seam,** agrafage *m*, agrafe *f*. (*d*) *N.Arch:* **Ship's seams,** coutures d'un navire. **Lapped seam,** couture à clin. **2.** (*a*) (*On face, etc.*) (i) Cicatrice *f*, couture, balafre *f*; (ii) ride *f*. (*b*) (*In wood, rock, etc.*) Fissure *f*, gerçure *f*. (*c*) *Metall:* Couture (d'une pièce venue de fonte). (*d*) *Metall:* Veine *f*, paille *f* (dans le métal). **3.** (*a*) *Geol:* Ligne *f* de séparation (des couches). (*b*) *Min:* Couche *f*, gisement *m*, gîte *m*, veine. **Flat seam,** plateure *f*. *See also* COAL-SEAM, EDGE-SEAM.

'seam-lace, *s.* *Furn:* Galon *m* (pour masquer les coutures).

'seam-presser, *s.* *Tail:* Carreau *m*.

'seam-stitch, *s.* (*In knitting*) Maille *f* à l'envers.

seam[2], *v.tr.* **1.** (*a*) *Needlew:* Faire une couture à (un vêtement, etc.). **To seam up** *a garment*, assembler un vêtement. (*b*) *Metalw:* *Plumb:* Agrafer (des tôles, etc.). **2.** Couturer; marquer (un visage, etc.) de cicatrices, (un rocher, etc.) de fissures. *Face seamed with scars*, visage couturé de cicatrices.

seamed, *a.* *Aut:* **Seamed inner tube,** chambre *f* à air avec jointure latérale.

seaming, *s.* **1.** (*a*) Couture *f*. *Nau:* **Seaming needle,** aiguille *f* à voiles. (*b*) *Metalw:* Agrafage *m* (de tôles). **2.** *Coll.* Coutures. *Furn:* **Seaming lace** = SEAM-LACE.

seaman, *pl.* **-men** ['siːmən, -men], *s.m.* **1.** Marin, matelot. *Navy:* Matelot de l'État. *The seamen of a ship*, l'équipage *m* d'un navire. **Ordinary seaman,** matelot de troisième classe, de pont; novice (au commerce). **Able(-bodied) seaman,** *F:* **A.B.,** gabier breveté; matelot de deuxième classe; bon matelot. **Leading seaman,** matelot (breveté) de première classe; quartier-maître, *pl.* quartier(s)-maîtres. *See also* MERCHANT-SEAMAN. **2.** (*a*) Manœuvrier. (*b*) Navigateur. *A good seaman*, un bon manœuvrier ou un bon navigateur. *The Romans at that time were no seamen*, à cette époque les Romains n'étaient peu marins, n'entendaient rien aux choses de mer.

seamanlike ['siːmənlaik]. **1.** *a.* De marin, d'un bon marin. **2.** *adv.* En bon marin.

seamanship ['siːmənʃip], *s.* Manœuvre *f* et matelotage *m*; la manœuvre.

seamew ['siːmjuː], *s.* *Orn:* = GULL[1].

seamless ['siːmləs], *a.* **1.** (Bas *m*, tapis *m*, etc.) sans couture. *S. leather purse*, porte-monnaie *m* en cuir sans couture. **2.** (*Of tube, etc.*) Sans soudure.

seamstress ['siːmstres], *s.f.* Ouvrière couturière.

seamy ['siːmi], *a.* Qui montre les coutures. *F:* **The seamy side of life,** l'envers *m*, les dessous *m*, de la vie; le revers de la médaille. *To know the s. side of life*, connaître la vie sous toutes ses coutures. *The s. side of a profession*, le vilain côté, les dessous, d'une profession.

séance ['seɑ̃ːs], *s.* Séance *f* de spiritisme.

seaplane ['siːplein], *s.* *Av:* Hydravion *m*, aéromarin *m*; hydroaéroplane *m*, avion marin. **Boat seaplane,** avion monocoque. **Seaplane base,** hydroaéroport *m*.

seaport ['siːpɔːrt], *s.* Port *m* de mer.

sear[1] [siːər], *s.* *Sm.a:* Gâchette *f* (d'un fusil).

'sear-spring, *s.* Ressort *m* de gâchette; petit ressort.

sear[2], *v.tr.* **1.** (*Of heat, frost*) Flétrir, dessécher (les feuilles, le grain, etc.); faner (les feuilles). **2.** (*a*) Cautériser (une blessure, etc.). *Vet:* Appliquer les feux à (une bête). *F:* Endurcir (la conscience, etc.); dessécher (le cœur). (*b*) Marquer au fer rouge. *F:* *His memory is seared by the event*, sa mémoire garde de cet événement des traces indélébiles.

sear up, *v.tr.* *Med:* Cautériser (une plaie, une veine).

seared, *a.* **1.** (*Of leaves, etc.*) Flétri, fané. **2.** (*Of wound, etc.*) Cautérisé. *F:* (*Of conscience*) Endurci, insensible.

'searing-iron, *s.* *Med:* Fer *m* à cautériser; cautère (actuel).

sear[3], *a.* = SERE[1].

search[1] [səːrtʃ], *s.* **1.** Recherche(s) *f(pl)*. **To make a search,** faire des recherches. *To make a s. for s.o.*, (re)chercher qn. *The s. for, after, sth.*, la recherche de qch. *In my s. I found . . .*, au cours de mes recherches je trouvai. . . . **In search of . . .,** à la recherche de. . . . **To be in search of sth.,** être en quête de qch.; chercher qch.; être à la recherche de qch. *To set out in s. of sth.*, se mettre à la recherche de qch. *Nau.Surv:* **Search for rocks,** recherche de roches. **2.** (*a*) *Cust:* Visite *f*. **Right of search,** droit *m* de visite; (*at sea*) droit de recherche. (*b*) *Jur:* Perquisition *f*. *S. of a house*, **house-search,** visite domiciliaire; perquisition à domicile. **Search warrant,** mandat *m*, ordre *m*, de perquisition. (*c*) Fouille *f* (dans un tiroir, etc.).

'search-coil, *s.* *Magn:* Bobine *f* d'essai, d'exploration.

'search-party, *s.* Expédition *f* de secours.

'search-room, *s.* (*At Record Office*) Salle *f* du public; salle de travail.

search[2]. **1.** *v.tr.* Inspecter (un endroit); chercher dans (un endroit, une boîte, un livre); fouiller dans (un tiroir, une bibliothèque); fouiller (un suspect, les poches de qn); scruter, sonder (un visage). *We searched the town over for him*, nous avons parcouru toute la ville à sa recherche. *Cust:* **To search a ship, s.o.'s trunks,** visiter un vaisseau, les malles de qn. *To s. goods*, inquisitionner des marchandises. *Jur:* **To search a house,** faire une perquisition, une visite domiciliaire; perquisitionner dans une maison. *Surg:* **To search a wound,** sonder une plaie. **To search men's hearts,** scruter, sonder, les cœurs. *To s. one's own heart*, rentrer en soi-même. *To s. one's memory*, scruter sa mémoire. **2.** *v.i.* Faire des recherches. **To search into** *the cause of sth.*, rechercher la cause de qch. **To search after** *new remedies*, chercher des remèdes nouveaux. *To s. after truth*, rechercher la vérité. **To search for s.o., sth.,** (re)chercher qn, qch. **To search through** *the dictionary for a word*, scruter tout le dictionnaire pour trouver un mot.

searching[1], *a.* **1.** (Examen) minutieux, attentif, rigoureux; (regard) pénétrant, scrutateur; (vent) pénétrant. *S. remedy*, remède *m* qui s'attaque à la racine du mal. *S. smell*, odeur pénétrante. *S. study*, étude pénétrante. **To give s.o. a searching look,** scruter qn du regard. *S. inquiry*, enquête approfondie. *S. questions*, questions *f* qui vont au fond des choses. *To ply s.o. with s. questions*, serrer qn de questions. *To put s.o. through a s. examination*, interroger minutieusement qn. *See also* HEART-SEARCHING 1. **2.** (*Of pers.*) Chercheur, -euse; fureteur, -euse; quêteur, -euse. **-ly,** *adv.* (Examiner, etc.) minutieusement; (regarder qn, etc.) d'un œil scrutateur, pénétrant.

searching[2], *s.* **1.** Inspection *f* (d'un endroit, etc.); fouille *f* (d'un suspect, etc.). *Cust:* Visite *f*. *Jur:* Perquisition *f*. *See also* HEART-SEARCHING 2. **2.** Recherche *f* (*for*, de). *Thorough s.*, enquête approfondie.

searcher ['səːrtʃər], *s.* **1.** (*a*) Chercheur, -euse, rechercheur, -euse (*after*, de). *F:* **Searcher of men's hearts,** scrutateur, -trice, des cœurs. (*b*) *Cust:* Douanier *m*; visiteur *m*. *Woman s.*, fouilleuse *f*, visiteuse *f*. (*c*) *Jur:* Perquisiteur *m*, perquisitionneur *m*. **2.** *Surg:* Sonde *f*.

searchlight ['səːrtʃlait], *s.* *Av:* *Nau:* *etc:* (*a*) Projecteur *m*. *Armoured s.*, phare cuirassé. (*b*) (*Beam*) Projection *f* électrique. *To flash a s. on sth.*, donner un coup de projecteur sur qch. *F:* *To turn the searchlights of history on . . .*, diriger les réflecteurs *m* de l'histoire sur. . . .

seascape ['siːskeip], *s.* **1.** Panorama marin; vue *f* sur la mer. **2.** *Art:* Marine *f*.

seaside [siː'said], *s.* **1.** Bord *m* de la mer. *House at the s.*, maison *f* au bord de la mer. **2.** *Attrib.* ['siːsaid]. **Seaside resort, place,** station *f* balnéaire; plage *f*; bains *mpl* de mer.

season[1] ['siːz(ə)n], *s.* **1.** Saison *f*. (*a*) *The four seasons*, les quatre saisons. *The dry s.*, la saison sèche; la belle saison. *The rainy s.*, la saison des pluies. *The s. of Lent, the Lenten s.*, le carême. **Late season,** arrière-saison *f*. *See also* COMPLIMENT[1] 2. (*b*) Époque *f*. *S. for felling timber*, époque de l'abattage. *The honey s.*, la miélaison. **Holiday season, hunting season,** saison des vacances, de la chasse. *Sp:* *The running s.*, la saison de piste. *Ven:* **Close season, open season,** chasse (ou pêche) fermée, ouverte. *The close s. for partridges, for salmon, extends from . . . to . . .*, la chasse aux perdrix, la pêche au saumon, est fermée de . . . à. . . . **The dull season, the dead season, the off season** (*in hotels, etc.*), la morte-saison, l'inter-saison *f*. **The busy season,** la saison de grand travail; le fort de la saison. **Between season,** demi-saison *f*. **In-between-season garment,** vêtement *m* de demi-saison. (*Of oysters, etc.*) **To be in season,** être de saison. *Strawberries are in s.*, c'est la saison des fraises; les fraises *f* sont maintenant de saison. *Husb:* **Mare in season,** jument *f* en rut, en chaleur, *F:* en amour. **Out of season,** (*of oysters, etc.*) hors de saison; *Hort:* à contre-saison. *Com:* **To have a good season,** faire une bonne campagne. *Next season's supply*, la campagne prochaine. *The season's stocks are being quoted lower*, il y a baisse sur la campagne en cours. (*c*) **The (London) season,** la saison (où la haute société se trouve à Londres). *The s. is at its height*, la saison bat son plein. **2.** Période *f*, temps *m*. *A s. of peace*, une période de tranquillité. **To last for a season,** durer pendant quelque temps. *At that s.*, en ce temps-là. *It shall be done* **in due season,** cela se fera en temps voulu, en temps et saison. *I shall take action at the proper s.*, j'agirai au moment voulu. **Word in season,** mot dit à propos. **Remark out of season,** remarque déplacée. **In season and out of season, in and out of season,** à tout propos et hors de propos; à tout propos et sans propos; à tout bout de champ. **3.** *F:* = SEASON-TICKET. **'(Show) all seasons, please!'** "les abonnements, s'il vous plaît!"

'season-'ticket, *s.* Carte *f* d'abonnement. *To take out a s.-t.*, s'abonner; prendre un abonnement. **Season-ticket holder,** abonné, -ée.

season[2]. **1.** *v.tr.* (*a*) Assaisonner, apprêter, accommoder, relever (un mets). *Leg of mutton copiously seasoned with garlic*, gigot nourri d'ail. *F:* *Speech seasoned with irony*, discours assaisonné d'ironie. (*b*) Dessécher, (faire) sécher, étuver, conditionner (le bois); abreuver, aviner (un tonneau); mûrir, laisser se faire (le vin). (*c*) Acclimater, endurcir (qn); aguerrir (un soldat); amariner (un matelot). (*d*) *F:* Tempérer, modérer (la justice, etc.). *Justice seasoned with goodwill*, justice tempérée de bienveillance. **2.** *v.i.* (*Of wood, etc.*) Se sécher; (*of wine, etc.*) mûrir, se faire.

seasoned, *a.* **1.** (*Of dish*) Assaisonné. *Highly s. dish*, plat *m* de haut goût. *Too highly s.*, trop épicé. **Highly seasoned anecdote,** anecdote relevée, épicée. *To tell highly s. stories*, en raconter de salées. **2.** (*a*) (*Of wood, cigar, etc.*) Sec, *f.* sèche; (*of wine*) mûr, fait. *Well-s. timber*, bois bien sec. (*b*) (*Of pers.*) Acclimaté, endurci; (*of soldier*) aguerri; (*of sailor*) amariné. **To grow, become, seasoned,** (*of soldier*) s'aguerrir, (*of sailor*) s'amariner.

seasoning, *s.* **1.** (*a*) *Cu:* Assaisonnement *m*, apprêt *m* (d'un mets). (*b*) Dessiccation *f*, dessèchement *m*, séchage *m* (du bois, etc.); abreuvage *m*, avinage *m* (d'un tonneau); maturation *f* (du vin, etc.). **Kiln-seasoning,** étuvage *m* (du bois). (*c*) Acclimatement *m*, endurcissement *m* (de qn); aguerrissement *m* (des troupes, etc.); amarinage *m* (d'un matelot). (*d*) *F:* Modération *f* (de la justice, etc.). **2.** *Cu:* (*a*) Assaisonnement, condiment *m*. (*b*) *pl.* **Seasonings,** appétits *m* (ciboule, etc.).

seasonable ['siːz(ə)nəbl], *a.* **1.** (*Of weather, etc.*) De (la) saison. *We are having s. weather*, nous avons un temps de saison. **2.** (*Of aid, advice, etc.*) Opportun, à propos. **-ably,** *adv.* Opportunément, à propos; en temps voulu, opportun; en temps utile.

seasonableness ['si:z(ə)nəblnəs], *s.* (*Of remark, aid, etc.*) Opportunité *f.*

seasonal ['si:z(ə)nəl], *a.* (Changements *mpl*, etc.) des saisons; (commerce) saisonnier, qui dépend de la saison; (ouvrier) embauché pour les travaux de saison. **Seasonal disease,** maladie saisonnière.

seat[1] [si:t], *s.* **1.** (*a*) Siège *m*; banc *m* ou chaise *f*; banquette *f* (d'autobus, de train, etc.); siège, assise *f* (de voiture, d'auto); gradin *m* (d'amphithéâtre); selle *f* (de bicyclette); lunette *f* (de water-closet). *Adjustable s.*, siège réglable. **Driver's seat,** siège de cocher, de conducteur, de chauffeur. *Av:* **Pilot's seat,** baquet *m*. **Folding seat,** pliant *m*. *Aut: Th: etc:* **Flap-seat, bracket-seat, folding seat, emergency seat,** strapontin *m*. **Rower's seat,** banc de nage. **Caulker's seat,** selle, sellette *f*. *Uncomfortable s.*, siège peu confortable. *See also* BOATSWAIN, BOX-SEAT, BUCKET-SEAT, FLAP-SEAT, SLIDING[1], WELL-SEAT, WINDOW-SEAT. (*b*) **To take a seat,** s'asseoir. **To keep one's seat,** rester assis; rester à sa place. *Pray take a s.*, donnez-vous la peine de vous asseoir. *Tell me what s. to take*, dites-moi où me placer, où me mettre. *To beg s.o. to resume his s.*, prier qn de se rasseoir; faire rasseoir qn. (*c*) *Rail: Th: etc:* Place *f*. *Car with four seats*, voiture *f* à quatre places. *Th: Cheap seats*, petites places. *S. in the stalls*, fauteuil *m* d'orchestre. *To give s.o. a s. beside the driver*, placer, asseoir, qn à côté du cocher ou du chauffeur. *To have seats*, occuper, avoir, des places assises. **To book a seat,** retenir une place. *I want two seats*, il me faut deux places assises. *Th: etc:* **To take one's seat,** prendre place; se placer. *Rail:* **'Take your seats!'** "en voiture!" *Th:* **Seat attendant,** placeuse *f*, ouvreuse *f*. *See also* BACK-SEAT, SHOW[2] I. 2. (*d*) (*In parliament, etc.*) Siège. *He has a s. in the House*, il siège au Parlement. *To take one's s. at the council table, in the Academy*, prendre séance à une délibération, à l'Académie. *To vacate one's s.*, se démettre; donner sa démission. *To be entitled to a s. on a committee or a board*, avoir séance à un conseil. *See also* JUDG(E)-MENT-SEAT. **2.** (*a*) Siège, fond *m* (d'une chaise). *Cane s.*, siège canné. *Rush s.*, siège en paille. *Upholstered s.*, coussin *m*. (*b*) *F:* Postérieur *m*, derrière *m*; les fesses *f*. *He came down on his s.*, il est tombé sur le derrière; il s'est assis par terre. (*c*) Fond (de culotte). *He has worn out the s. of his trousers*, il n'a plus de fond à sa culotte. **3.** (*a*) Théâtre *m* (de la guerre, etc.); siège, centre *m* (du gouvernement, d'une industrie); chef-lieu *m* (judiciaire), *pl.* chefs-lieux; centre (intellectuel); foyer *m* (de science, d'une maladie, d'un phénomène, etc.). *Med: This is the s. of the trouble*, c'est là que siège le mal, c'est là le siège du mal. (*b*) **Country-seat,** château *m*; maison *f* de campagne. *See also* HUNTING-SEAT. **4.** (*On horseback, etc.*) Assiette *f*, assise *f*. **To keep one's seat,** conserver l'assiette. **To lose one's seat,** être désarçonné. (*Of rider*) **To have a good seat,** bien se tenir en selle, à cheval; avoir de l'assiette, de la tenue. *To have a sure s.*, avoir une bonne assiette; être ferme sur ses étriers. **To have no seat, a poor seat,** se tenir mal à cheval; n'avoir pas de tenue. *Saddle that affords a perfect s.*, selle qui permet une assise parfaite. **5.** *Tchn:* Siège (d'une soupape); chaise *f* (d'un coussinet); embase *f*, assiette, surface *f* d'appui, surface de contact (d'une machine, etc.); alvéole *m or f* (d'un diamant). **Seat of a slide-valve,** glace *f* d'un tiroir. *I.C.E:* **Cylinder seat,** selle, assiette (de cylindre). **Needle-valve seat,** siège du pointeau (du carburateur).

'seat-board, *s.* Banquette *f* (de camion, etc.).

'seat-box, *s.* *Veh:* Caisson *m*.

'seat-framing, *s.* *Veh: etc:* Parclose *f*.

'seat-holder, *s.* (*In church, theatre, etc.*) Abonné, -ée.

'seat-stick, *s.* Canne-siège *f*, *pl.* cannes-sièges.

seat[2], *v.tr.* **1.** (Faire) asseoir (un enfant, etc.); asseoir (une poupée); asseoir, établir (un roi sur le trône, etc.). *S. him on the grass*, asseyez-le sur le gazon. **To seat oneself,** s'asseoir. **To ask, beg, s.o. to be seated,** faire asseoir qn. **Pray be seated,** asseyez-vous; donnez-vous la peine de vous asseoir. **2.** (*a*) Placer (qn); trouver place pour (qn). *To s. the guests according to age*, disposer, placer, les invités selon leur âge. (*b*) (*Of railway compartment, etc.*) **To seat six persons,** à six places (assises). *Hall that can s. a hundred*, salle *f* à cent sièges, qui contient cent places, où peuvent s'asseoir cent personnes. *This table seats twelve*, on tient douze à cette table. **3.** (*a*) (Re)mettre le siège à (une chaise); recanner, rempailler, rembourrer à nouveau (une chaise). (*b*) *F:* Remettre un fond à (une culotte). **4.** Fournir (une salle, etc.) de chaises. *Hall seated to hold a thousand*, salle avec places assises pour mille personnes. *Part of the cathedral is seated with pews*, une partie de la cathédrale est garnie de bancs. **5.** (*a*) Asseoir, poser (une machine, etc.). *Mec.E: etc:* Faire reposer, faire porter, caler, (une pièce) sur son siège. *El.E:* **To seat the brushes,** ajuster, caler, les balais. *I.C.E:* **To seat a valve,** assurer, ajuster, l'assise d'une soupape. (*b*) (*With passive force*) (*Of part*) **To seat on . . .,** porter, reposer, sur. . . . *This valve seats badly*, cette soupape ne porte pas, ne repose pas, ne bute pas, exactement sur son siège. **6.** *The trouble, the pain, is seated in . . .*, le mal, la douleur, a son siège dans. . . .

seated, *a.* **1.** Assis. *To remain s.*, rester assis. **2.** (*With adv. prefixed*) *See* DEEP-SEATED, DOUBLE-SEATED.

seating, *s.* **1.** (*a*) Allocation *f* des sièges, des places. *The s. of the guests was a delicate matter*, la disposition des invités était une affaire délicate. (*b*) Places assises (*for a hundred people*, pour cent personnes); bancs *mpl* et sièges *mpl* (dans une église, une salle, etc.); assise *f* (d'une voiture, etc.). *Additional s.*, chaises *f*, sièges, supplémentaires. **Seating accommodation, capacity,** nombre *m* de places (assises) (d'une église, d'une auto, etc.). **2.** Matériaux *mpl* pour sièges de chaises. **Horsehair seating,** étoffe *f* de crin pour meubles. **3.** *Tchn:* Portage *m*; ber *m*, berceau *m* (de chaudière); siège (de soupape); embase *f*, lit *m* de pose (d'une machine); assiette *f*, logement *m*, point *m* d'attache (d'un organe de machine); alvéole *m or f* (d'un diamant, *Artil:* d'une ailette d'obus). *I.C.E:* **Needle-valve seating,** siège du pointeau (du carburateur). **4.** Montage *m*, ajustage *m* (d'une pièce, d'une soupape, etc.).

-seater ['si:tər], *s.* (*With num. a. prefixed, e.g.*) *Aut:* **Two-seater, four-seater,** voiture *f* à deux, à quatre, places. *Av:* **Single-seater, two-seater,** appareil *m* monoplace, biplace. **Three-seater,** triplace *m*.

seatless ['si:tləs], *a.* **1.** (*Of chair*) Dépaillé. **2.** Sans siège. *See also* PRIVY II. 2.

seaward ['si:wərd]. **1.** *adv.* = SEAWARDS. **2.** *a.* (*a*) (*Of tide, etc.*) Qui se dirige vers le large; qui porte au large. (*b*) **Seaward breeze,** brise *f* du large. **3.** *s.* **To seaward,** du côté du large; vers le large.

seawards ['si:wərdz], *adv.* Vers la mer; vers le large; du côté du large.

seaweed ['si:wi:d], *s.* **1.** *Bot:* Algue *f*, goémon *m*; plante marine; herbe marine. **2.** *Agr: Husb:* Varech *m*.

seaworthiness ['si:wə:rðinəs], *s.* *Nau:* Bon état de navigabilité, valeur *f* nautique, aptitude *f* à tenir la mer (d'un navire).

seaworthy ['si:wə:rði], *a.* (*Of ship*) Navigable; en (bon) état de navigabilité; en état de prendre la mer, de naviguer; capable de tenir la mer; qui tient la mer.

sebaceous [si'beiʃəs], *a.* *Physiol:* (*Of gland, etc.*) Sébacé.

sebacic [si'basik], *a.* *Ch:* Sébacique.

Sebastian [si'bastjən]. *Pr.n.m.* Sébastien.

sebesten [si'bestən], *s.* **1.** *Bot: Pharm:* **Sebesten (plum),** sébeste *m*. **2. Sebesten(-tree),** sébestier *m*.

sebiferous [se'bifərəs], *a.* *Anat: Bot:* Sébifère.

seborrhea [sebo'ri:a], *s.* *Med:* Séborrhée *f*.

sec [sek], *s.* *P:* (= SECOND[1]) **Half a sec!** attendez un instant!

secant ['sekənt, 'si:k-]. *Mth:* **1.** *a.* (*Of line, surface*) Sécant. **2.** *s.* Sécante *f* (d'un arc, d'un angle).

sécateurs [seka'tə:rz], *s.pl.* *Tls: Hort:* Sécateur *m*.

seccotine[1] ['sekoti:n], *s.* (Colle forte de la marque) seccotine *f*.

seccotine[2], *v.tr.* Coller (qch.) avec de la seccotine, à la seccotine. *Seccotined together again*, recollé à la seccotine.

secede [si'si:d], *v.i.* Faire scission, faire sécession (*from*, de); se séparer (*from a party*, d'un parti).

seceding, *a.* Sécessionniste, scissionnaire.

seceder [si'si:dər], *s.* *Pol: etc:* Séparatiste *mf*; sécessionniste *mf*; scissionnaire *mf*. *Rel:* Dissident, -ente.

secession [si'seʃ(ə)n], *s.* Sécession *f*; scission *f*. *Rel:* Dissidence *f*. *The s. of the Church of England*, la scission de l'Église d'Angleterre. *U.S.Hist:* **The War of Secession,** la Guerre de Sécession.

secessionist [si'seʃənist], *s.* *U.S.Hist:* Sécessionniste *mf*.

seckel ['sek(ə)l], *s.* *Hort: U.S:* (Variété de) petite poire juteuse.

seclude [si'klu:d], *v.tr.* **1.** Tenir (qn, qch.) retiré, éloigné, écarté (*from*, de). *To s. oneself from society*, se retirer du monde; vivre dans la solitude, dans l'isolement. *To s. sth. from the public gaze*, dérober qch. à la curiosité du public. **2.** Interner (des pigeons voyageurs).

secluded, *a.* (Endroit) écarté, retiré. *S. life*, vie retirée, cloîtrée, solitaire.

seclusion [si'klu:ʒ(ə)n], *s.* **1.** Solitude *f*, retraite *f*, isolement *m*. **In seclusion,** retiré du monde. *To live in s.*, vivre retiré; vivre dans la retraite, dans l'isolement. **2.** Internement *m* (de pigeons voyageurs).

second[1] ['sekənd], *s.* **1.** (*a*) Seconde *f* (de temps). **Seconds hand** = SECOND-HAND[1]. **Split-seconds hand,** trotteuse *f* double (de chronomètre compteur). (*b*) *F: Wait a s.*, attendez une seconde. *I'll be back in a s.*, je reviens dans un moment, dans un instant. *We shall be there in thirty minutes* **to the second,** nous y serons dans trente minutes montre en main. *Punctuality to a s.*, ponctualité *f* à la seconde. **Timed to a split second,** chronométré à une fraction de seconde près. *F:* **In a split second,** en moins d'une seconde; en un rien de temps. *See also* HALF 2. **2.** *Geom: Astr:* Seconde (de degré).

'second(s)-hand[1], *s.* Aiguille *f* des secondes; (aiguille) trotteuse (d'une montre, d'une pendule); *F:* galopeuse *f*. **Centre-seconds hand,** grande aiguille trotteuse.

'second-mark, *s.* *Typ:* Symbole *m* des secondes (″).

second[2]. I. *a.* **1.** Second, deuxième. (*a*) (*In time, order*) *Twenty-s., thirty-s.*, vingt-deuxième, trente-deuxième. *The s. (day) of the month*, le deuxième (jour) du mois. *The s. of January*, le deux janvier. **To live on the second floor,** (i) habiter au deuxième (étage), au second (étage); (ii) *U.S:* habiter au premier. **Charles the Second,** Charles Deux. **In the second place,** en second lieu; deuxièmement; *F:* secundo. **Every second day,** tous les deux jours. *S. marriage*, secondes noces. *To marry for the s. time*, se marier en secondes noces. *Sch:* **Second form,** (i) *approx.* = classe *f* de cinquième; (ii) (*in junior schools*) = classe de huitième. *Aut:* **Second speed,** deuxième vitesse *f*. *s. F:* **Silent second,** prise silencieuse en deuxième; deuxième (vitesse) silencieuse. *Gram:* **Second person,** seconde personne, deuxième personne. **Second conjugation,** seconde conjugaison, deuxième conjugaison. *Art:* **Second distance,** second plan. *See also* COUSIN 1, FINGER[1] 1, GATE[1] 2, OFFENCE 3, TOOTH[1] 1, WIND[1] 4. (*b*) (*In importance, rank*) *The s. city in Europe*, la deuxième ville de l'Europe. **The second largest** *city in the world*, la plus grande ville du monde sauf une; la deuxième ville du monde en importance. *Rail: etc:* **To travel second class,** voyager en deuxième classe, en seconde. *Article of s. quality*, article *m* de deuxième qualité, de qualité inférieure, moyenne. **To be second to s.o. in precedence, in seniority,** venir après qn. *In intelligence he is* **second to none,** pour l'intelligence il ne le cède à personne. *We are in a position s. to none to . . .*, nul n'est mieux placé que nous pour. . . . **To be second in command,** commander en second. *s.* **Second in command,** *Mil:* commandant *m* en second; *Nau:* officier *m* en second. *Sp:* **The second team,** l'équipe seconde. *Mus:* **The second violins,** les seconds violons. *Cin:* **Second-run theatre,** salle *f* de deuxième vision. *See also* FIDDLE[1] 1, LIEUTENANT 2. **2.** Second; autre;

nouveau. *A s. Attila*, un nouvel Attila; un second Attila. **Second nature,** seconde nature. *Sch: To stay in a form for a s. year*, redoubler une classe. *See also* CHILDHOOD, SELF[1] I, THOUGHT[2] 3. **-ly,** *adv.* Secondement, deuxièmement; en second lieu, en deuxième lieu; *F:* secundo.

II. **second,** *s.* **1.** (Le) second, (la) seconde; (le, la) deuxième. *You are the s. to ask me that*, vous êtes la deuxième personne qui me demandez cela. *He arrived s. or third*, il est arrivé deux ou troisième. *Sp: etc:* **To come in a good second** (*to so-and-so*), arriver bon second (derrière un tel). *Sch:* **To obtain a second,** passer avec la mention "assez bien." *See also* EXCHANGE[1] 2. **2.** *Mus:* (*a*) **Major second, minor second,** seconde majeure, mineure. (*b*) (*In concerted music*) Deuxième partie *f*. **3.** *pl. Com:* **Seconds,** articles *m* de deuxième qualité, de qualité moyenne; *Mill:* griot *m*. **4.** (*a*) (*In duel*) Témoin *m*. (*b*) *Box:* Second *m*; soigneur *m*.

'second-best. 1. *a. My s.-b. suit*, mon complet numéro deux. *My s.-b. umbrella*, mon deuxième parapluie; mon parapluie de tous les jours. *s.* **It's a second-best,** c'est un pis-aller. **2.** *adv. F:* **To come off 'second-'best,** être battu (dans un combat, etc.); *P:* écoper.

'second-class, *a.* (Voyageur, wagon) de seconde classe, de seconde; (marchandises) de deuxième qualité; (hôtel, etc.) de seconde classe, de second ordre, *F:* de seconde zone.

second-hand[1]. 1. *Adv.phr.* **At second 'hand,** *adv.* **second-'hand,** de seconde main. **To buy sth. second-hand,** acheter qch. de seconde main. *To hear news s.-h.*, recevoir des nouvelles de seconde main, d'un tiers. **2.** *a.* **'Second-hand,** (nouvelle, etc.) de seconde main; (marchandises) d'occasion, de revente, de rencontre. *S.-h. car*, voiture usagée. *S.-h. copy*, exemplaire *m* d'occasion. **Second-hand dealer,** revendeur, -euse; brocanteur, -euse; (*in books*) bouquiniste *m*. **Second-hand shop,** magasin *m* de brocanteur. *S.-h. bookshop*, librairie *f* d'occasion. **Second-hand market,** marché *m* de revente.

'second-rate, *a.* **1.** (*Of goods, etc.*) Médiocre, inférieur; de qualité inférieure; de seconde qualité. *A s.-r. artist*, un artiste de second ordre, *F:* de seconde zone. **2.** *Nau:* **Second-rate ship,** *s.* **second-rate,** vaisseau *m* de second rang.

'second-'rateness, *s.* Infériorité *f*.

'second-'rater, *s. F:* Médiocrité *f*. *Ministry of second-raters*, ministère composé de médiocrités.

'second 'sight, *s. Psy:* Seconde vue; (clair)voyance *f*.

'second-'sighted, *a.* Qui a la faculté de seconde vue; (clair)voyant.

second[3], *v.tr.* **1.** (*a*) Seconder (qn); appuyer, soutenir (des troupes, etc.). *To be seconded by s.o.*, être secondé de, par, qn. (*b*) (*In debate, etc.*) **To second a motion,** appuyer une proposition. **2.** *Mil:* [se'kɔnd, se'guːnd, 'sekənd] Mettre (un officier) en disponibilité, hors cadre (pour fonctions spéciales, civiles, etc.). (*Esp. in Passive*) **To be seconded,** être mis hors cadre. **Seconded personnel,** personnel détaché. *To be seconded for service with . . .*, être mis à la disposition de . . .; être détaché auprès de. . . . *Seconded from the regular army*, prélevé sur, détaché de, l'armée régulière.

secondary ['sekəndəri]. I. *a.* **1.** Secondaire; (*of evidence, etc.*) indirect. *S. meaning of a word*, sens dérivé d'un mot. *Gr.Gram:* **Secondary tenses,** temps seconds. *Sch:* **Secondary education,** enseignement *m* secondaire. *See also* SCHOOL[1] I. *Astr:* **Secondary planet,** *s.* **secondary,** planète *f* secondaire; satellite *m*. *Opt:* **Secondary image,** image *f* secondaire. *El:* **Secondary battery,** pile *f* secondaire; batterie *f* d'accumulateurs. *S. current*, courant induit; courant secondaire. **Secondary cell,** élément *m* d'accumulateur. **Secondary winding,** *s.* **secondary,** (enroulement *m*) secondaire *m* (d'un transformateur). *Geol:* **Secondary epoch,** ère *f* secondaire, mésozoïque. *Phil: Theol:* **Secondary causes,** causes secondes. *See also* COLOUR[1] I, SHAFT[1] 5. **2.** (Rôle, etc.) peu important. *A very s. matter*, une question de très peu d'importance. *Measures of s. importance*, mesures *f* de seconde main, d'importance secondaire. **Secondary road** = route départementale. *Cin: Th: etc:* **Secondary microphone,** microphone *m* supplémentaire, auxiliaire. *Ling:* **Secondary stress,** accent *m* secondaire. **-arily,** *adv.* Secondairement; en second.

II. **secondary,** *s.* **1.** *Ecc:* Membre *m* secondaire du chapitre. **2.** *Orn:* Rémige *f* secondaire. **3.** *Ent:* Aile antérieure. **4.** *Geol:* Formation *f* secondaire. **5.** *pl. Med:* **Secondaries,** accidents *m* secondaires (de la syphilis).

seconde [sə'gɔnd], *s. Fenc:* Seconde *f*.

seconder ['sekəndər], *s.* (*a*) *To be the s. of a proposal*, appuyer une proposition. (*b*) **Proposer and seconder** *of a candidate*, parrain *m* et deuxième parrain d'un candidat.

secrecy ['siːkrəsi], *s.* **1.** Discrétion *f*. *To rely on s.o.'s s.*, compter sur la discrétion de qn. *To tell s.o. sth.* **under pledge of secrecy,** dire qch. à qn sous le secret. **To bind s.o. to secrecy,** faire jurer le silence à qn. **2. In secrecy,** en secret. *To prepare in s.*, se préparer en secret, dans le silence. *There is no s. about it*, on n'en fait pas mystère *m*. *In the s. of his heart*, dans le secret de son cœur. *Jur:* **Secrecy of correspondence,** secret des lettres. **Patent application with one year's secrecy provision,** dépôt *m* de brevet au secret d'un an. *See also* BREACH[1] I.

secret ['siːkret]. **1.** *a.* (*a*) Secret, -ète; caché. **To keep sth. secret,** tenir qch. secret; garder le secret au sujet de qch.; cacher, celer, taire, qch. *The news must be kept s.*, cette nouvelle doit rester secrète. **There was secret talk of . . .,** on parlait sourdement de. . . . *To keep up a s. correspondence with s.o.*, entretenir des intelligences avec qn. *S. meeting, s. assembly*, conciliabule *m*. **Secret agent,** (i) agent secret; (ii) affidé *m*. **The Secret Service,** les agents secrets du gouvernement; espionnage *m* et contre-espionnage *m*. **The Secret Service funds,** les fonds secrets. **Secret partner,** (associé *m*) commanditaire *m*; bailleur *m* de fonds. **Secret door,** porte cachée, dérobée. *S. spring*, ressort secret, caché. *To press the s. spring of a writing-desk*, faire jouer le secret d'un bureau. **The secret parts,** les parties sexuelles; *F:* les parties. **The secret places of the heart,** les replis *m* du cœur. (*b*) (*Of pers.*) Discret; peu communicatif. **Secret as the grave,** muet comme la tombe. (*c*) (*Of place*) Secret, caché, retiré. **2.** *s.* (*a*) Secret *m*. *Lover's secrets*, confidences *f* d'amoureux. *To keep, betray, tell, a s.*, garder, trahir, révéler, un secret. *He can't keep a s.*, il ne peut pas garder le secret. *To tell each other secrets*, se faire des confidences. *We have no secrets from one another*, nous n'avons aucun secret l'un pour l'autre. **He has no secrets,** il ne cache rien; il ne fait mystère de rien. **I make no secret of it,** je n'en fais pas mystère; je ne m'en cache pas. *He makes no s. of the fact that . . .*, il ne cache pas que. . . . *To entrust s.o. with a s.*, confier un secret à qn; faire une confidence à qn. **To let s.o. into the secret,** mettre qn dans le secret, dans le complot. **To be in the secret,** être dans le secret; être du secret; *F:* avoir le mot de l'affaire. *To find out the s.*, découvrir le secret; *F:* découvrir le pot aux roses. **An open secret,** le secret de tout le monde; *F:* le secret de Polichinelle. *To tell sth.* **as a secret,** dire qch. en confidence. *As a great s.*, en grand secret. *The s. of his success*, le secret de son succès. *The secrets of nature*, les mystères *m* de la nature. (*b*) = SECRECY 2. **In secret,** en secret; *F:* en sourdine. (*c*) *R.C.Ch:* Secrète (prononcée tout bas avant la Préface). **-ly,** *adv.* Secrètement, clandestinement; en secret; en cachette; à la dérobée; à porte close; sous cape, sous (le manteau de) la cheminée; (agir) sourdement, avec mystère.

secretaire [sekri'teər], *s. Furn:* Secrétaire *m*.

secretarial [sekri'teəriəl], *a.* (Travail, devoirs, etc.) de secrétaire.

secretariat [sekri'teəriət], *s.* **1.** Secrétariat *m*. **2.** *Adm:* Secrétairerie *f*.

secretary ['sekritəri], *s.* **1.** (*a*) Secrétaire *m*, *occ. f*. **To act as secretary (to s.o.),** tenir la plume (pour qn). **Private secretary,** secrétaire intime, particulier. *His s. is Miss X*, sa secrétaire, sa dactylo, est Mlle X. *Sp: etc:* **Honorary secretary,** secrétaire bénévole, honoraire. **Minister's principal private secretary** = chef *m* de cabinet. (*b*) **Secretary of State,** (i) ministre *m* (à portefeuille); (ii) *U.S:* ministre des Affaires étrangères. **Secretary of State for War,** ministre de la Guerre. (*c*) *Dipl:* **Legation secretary,** chancelier *m* de légation. *See also* FOREIGN 2, HOME[1] III. 2, TREASURY, UNDER-SECRETARY. **2.** *Typ:* Cursive *f*. **3.** *Orn:* = SECRETARY-BIRD.

'secretary-bird, *s. Orn:* Secrétaire *m*; serpentaire *m*.

secretaryship ['sekritəriʃip], *s.* (*a*) Secrétariat *m*; fonction *f* de secrétaire. (*b*) **To be called to a Secretaryship of State,** être appelé à un ministère; être nommé ministre. *See also* LEGATION, UNDER-SECRETARYSHIP.

secrete[1] [si'kriːt], *v.tr. Physiol:* (*Of gland, etc.*) Sécréter (la bile, etc.).

secrete[2], *v.tr.* Soustraire (qch.) à la vue; cacher (qn, qch.). *Jur:* Recéler (des objets volés). *He had secreted himself in a cupboard*, il s'était enfermé, caché, dans un placard.

secretin [si'kriːtin], *s. Physiol:* Sécrétine *f*.

secretion[1] [si'kriːʃ(ə)n], *s. Physiol:* Sécrétion *f*.

secretion[2], *s. Jur:* Recel *m*, recèlement *m* (d'objets volés).

secretive[1] [si'kriːtiv, 'siːkrətiv], *a.* (*Of pers.*) Réservé, dissimulé; *F:* cachottier.

secretive[2] [si'kriːtiv], *a. Physiol:* = SECRETORY.

secretiveness [si'kriːtivnəs], *s.* Secrétivité *f*; caractère cachottier.

secretory [si'kriːtəri]. **1.** *a. Physiol:* (*Of duct, etc.*) Sécréteur, -euse, -trice; (phénomène *m*) sécrétoire. **2.** *s.* Organe sécréteur.

sect [sekt], *s.* Secte *f*.

sectarian [sek'teəriən]. **1.** *a.* (Esprit, culte) sectaire. *S. bias*, parti pris confessionnel. **2.** *s.* Sectaire *m*.

sectarianism [sek'teəriənizm], *s.* Sectarisme *m*; esprit *m* sectaire.

sectary ['sektəri], *s.* (*a*) = SECTARIAN 2. (*b*) Schismatique *m*.

sectile ['sektail, -til], *a.* Sécable.

section[1] ['sekʃ(ə)n], *s.* **1.** Sectionnement *m*, section *f*, coupage *m*, division *f* (de qch.). **2.** (*a*) Tranche *f*. **Microscopic section,** plaque *f* mince, lame *f* mince; lamelle *f*. *Thin s.* (*of mineral, etc.*), lame mince; lamelle. (*In lottery, etc.*) *First s.*, première tranche. (*b*) *Geom:* Section *f*. **Conic sections,** sections coniques. **Plane section,** section plane. (*c*) *Arch: Const: etc:* Coupe *f*, profil *m*, section. **Longitudinal section,** profil en long. **Vertical section,** coupe verticale, tranche verticale; *Arch:* sciographie *f*. *Drawing in vertical s.*, dessin *m* sciographique. **Half-section,** demi-coupe *f*, *pl.* demi-coupes. **Machine shown in section,** machine figurée en coupe. *N.Arch:* **Inner section,** section sur membre. **Outer section,** section hors bordé. *See also* CROSS-SECTION[1]. (*d*) *Metalw: Civ.E: etc:* Profilé *m* (en métal). **Iron section,** (fer) profilé; profilé en fer. **T section,** profilé à T, en T. *Heavy sections* (*of iron, steel*), gros profilés. *Aut:* **Rolled-section chassis,** châssis *m* en fer profilé. **3.** (*a*) Section, portion *f* (de qch.); partie *f*, division *f* (d'une structure, etc.); tronçon *m* (de tube, de voie ferrée, etc.); secteur *m* (de voie ferrée); compartiment *m* (d'un tiroir, etc.); élément *m* (d'une chaudière sectionnelle). *Bookb:* Cahier *m*. *Building made in sections*, construction *f* démontable. *Rail: U.S: Sections of a sleeper*, compartiments *m* d'un wagon-lit. *Sections of an orange*, loges *f*, tranches, d'une orange. *S. of a store*, rayon *m* d'un magasin. *U.S:* **Section of a town,** quartier (aisé, pauvre, commerçant) d'une ville. **Section of (undeveloped) land,** (i) (*in the Colonies*) lot *m*, lotissement *m*, de terrain; (ii) *U.S:* lotissement d'un mille carré. *The members are divided into sections according to their proficiency*, les membres sont divisés en groupes, en classes, selon leur compétence. *All sections of the population*, toutes les sections de la population. *Journ: He is in charge of a s. styled 'Poetry,'* il est chargé d'une rubrique qui porte le titre de "Poésie." (*b*) *Typ:* Section; paragraphe *m*, alinéa *m*. **Section mark** (§), paragraphe. (*c*) *Nat.Hist:* Section (d'un genre). (*d*) *Mil:* Groupe *m* de combat; escouade *f* (de fantassins). *Artil:* Section.

section[2], *v.tr.* Couper; diviser (qch.) en sections; diviser (une région) par sections; sectionner (un pays, etc.). *See also* CROSS-SECTION[2].

sectional ['sekʃənəl], *a.* **1.** Appartenant à une classe, à un parti. *S. jealousies*, jalousies *f* de classe ou de parti. **2.** (Dessin, etc.) en coupe, en profil. **Sectional area, sectional surface**, surface *f* de section. *Ind:* **Sectional iron**, fers profilés; profilés *mpl* en fer. **3.** (*a*) Sectionnel; en sections. **Sectional bookcase**, bibliothèque *f* démontable. **Sectional boiler**, chaudière sectionnelle, à petits éléments. (*b*) (Papier) quadrillé. **-ally**, *adv.* Par sections.

sectionalism ['sekʃənəlizm], *s.* *U.S:* Régionalisme *m.*

sectionalize ['sekʃənəlaːiz], *v.tr.* Sectionner (une région, etc.).

sectionalizing, *s.* Sectionnement *m.*

sector ['sektər], *s.* **1.** (*a*) *Geom: Astr:* Secteur *m.* (*b*) *Mil:* Secteur. *Adm:* **Postal sector**, secteur postal, *pl.* secteurs postaux. **2.** (*a*) *Mec.E:* Secteur, couronne *f.* **Notched sector, toothed sector**, secteur denté; couronne dentée. **Sector and gate**, secteur à grille. (*b*) *Cin:* Secteur (de l'obturateur). **3.** *Mth:* Compas *m* de proportion.

secular ['sekjulər], *a.* **1.** (*a*) *Ecc:* **Secular priest**, *s.* **secular**, (prêtre) séculier *m.* (*b*) (*Of history, art, etc.*) Séculier, laïque, civil; (enseignement *m*) laïque. *S. life*, vie séculière, mondaine. *S. music*, musique *f* profane. **The secular arm**, le bras séculier; la justice temporelle. **2.** (*a*) (Fête *f*, etc.) séculaire. *Rom.Ant:* **Secular games**, jeux *m* séculaires. **Secular hymn**, chant *m* séculaire. *Myth:* **The secular bird**, le phénix. (*b*) (*Of tree, etc.*) Séculaire; très ancien; (*of custom, etc.*) de longue date, séculaire. (*c*) *Astr:* **Secular variation**, variation *f* séculaire. *Pol.Ec:* **Secular trend of prices**, mouvement *m* séculaire des prix. (*d*) *F:* *S. fame*, renommée *f* durable. **-ly**, *adv.* **1.** Séculièrement. **2.** Séculairement.

secularism ['sekjulərizm], *s.* Sécularisme *m.* **1.** Matérialisme *m* (en matière de morale). **2.** Politique *f* en faveur de la laïcité des écoles.

secularist ['sekjulərist], *s.* Partisan *m* (i) du sécularisme, du matérialisme, (ii) de la laïcité des écoles.

secularity [sekju'lariti], *s.* **1.** (*a*) Sécularité *f* (du clergé); laïcité *f* (de l'enseignement). (*b*) Mondanité *f* (des mœurs). **2.** *Astr: Geol: etc:* Caractère *m* séculaire (d'une variation, etc.).

secularization [sekjuləraiˈzeiʃ(ə)n], *s.* Sécularisation *f* (de biens ecclésiastiques, etc.); désaffectation *f* (d'une église); laïcisation *f* (d'une école, etc.).

secularize ['sekjuləraːiz], *v.tr.* Séculariser (un domaine, etc.); laïciser (une école, etc.). *Secularized church*, église désaffectée.

secund [si'kʌnd], *a.* *Bot:* Unilatéral, -aux.

secundine ['sekəndiːn, -ain], *s.* **1.** *pl.* *Obst:* **Secundines**, secondines *f*; arrière-faix *m inv.* **2.** *Bot:* Secondine.

secundus [se'kʌndəs], *a.* *Sch:* *F:* **Jones secundus**, Jones cadet.

secure[1] [si'kjuər], *a.* **1.** (*a*) (*Free from anxiety*) Sûr. *A s. future*, un avenir assuré. *S. investments*, placements sûrs, de tout repos; *F:* placements de père de famille. (*b*) *To feel* **secure of victory**, être assuré, certain, de la victoire. (*c*) **Secure hope of salvation**, ferme espoir *m* du salut. **2.** (*a*) (*Safe*) En sûreté; à l'abri; sauf. *Now we can feel s.*, nous voilà à l'abri, hors de danger. *To make a country s.*, assurer un pays. *A s. retreat*, un asile assuré, sûr. **Secure from, against, attack**, à l'abri de toute attaque; protégé contre les attaques. *S. from intrusion*, à l'abri des importuns. (*b*) *The prisoner is s.*, le prisonnier est en lieu sûr. **3.** (*Of door, plank, etc.*) Fixé, assujetti; (*of foundations*) solide; (*of foothold, grasp*) ferme, sûr. **To make a plank secure**, assujettir une planche. *To make sure that the carriage-door is s.*, s'assurer que la portière est bien fermée. *To make the boat s.*, bien amarrer le canot. **-ly**, *adv.* **1.** (*a*) Sûrement; avec sécurité; sans danger. (*b*) Avec confiance. **2.** Fermement, solidement. *To establish oneself s. in a position*, s'établir solidement dans une position; *F:* s'ancrer dans une position.

secure[2], *v.tr.* **1.** (*a*) Mettre (qn, qch.) en sûreté, à l'abri (du danger). *To s. a crop*, rentrer une récolte. **To secure s.o. from sth.**, garantir qn de qch.; prémunir qn contre qch. *To s. troops from surprise*, mettre des troupes à l'abri de toute surprise. *To s. oneself against interruption*, se garantir des dérangements. **To secure a town (with a wall)**, fortifier une ville (au moyen d'une muraille). *To s. a pass*, garder un défilé. (*b*) Mettre (un prisonnier) en lieu sûr, en lieu de sûreté. (*c*) *Mil:* **To secure arms**, mettre l'arme sous le bras gauche. **2.** (*a*) Immobiliser; assurer, assujettir (qch. qui a du jeu); fixer (un volet qui bat, etc.); retenir (qch. à sa place); accorer (un tonneau, etc.); amarrer (un canon); arrimer (une cargaison). **To secure a stop-screw**, bloquer une vis d'arrêt. **To secure the door**, verrouiller la porte. *Nau:* **To secure the boats, the anchor, all movable articles**, saisir les canots, l'ancre, tous les objets mobiles. (*b*) *Surg:* **To secure an artery**, ligaturer une artère. **3.** *Jur:* *Com:* Nantir (un prêteur) (par une hypothèque, d'un titre, etc.). *Secured by pledges*, nanti de gages. **To secure a debt by mortgage**, garantir une créance par une hypothèque; hypothéquer une créance. **Mortgage secured on property**, hypothèque assise sur des biens, qui frappe des biens. **4.** (*a*) Assurer. **To secure a retreat**, s'assurer, se ménager, une retraite. *To s. the liberty of s.o.*, obtenir, assurer, la liberté de qn. *To s. a deal*, *F:* accrocher une affaire. (*b*) Obtenir, acquérir; se procurer (qch.). *He has secured a good seat*, il s'est assuré une bonne place. *To s. the best seats*, accaparer les meilleures places. *To s. a room (in an hotel)*, retenir une chambre. *To s. the appointment of president*, obtenir d'être nommé président; se faire nommer président. *To s. the best value*, obtenir la meilleure marchandise pour le prix. *To s. special prices*, se faire accorder des prix spéciaux. *To s. collaborators*, s'assurer, s'adjoindre, des collaborateurs. *To s. acceptance of sth.*, faire accepter qch. *To s. one's object*, atteindre son but. *His work secured him a decent competency*, son travail (i) lui assurait, (ii) lui acquit, une honnête aisance. **To secure s.o.'s services**, s'assurer de l'aide de qn, des services de qn. *To s. an actor for a part*, engager, retenir, un acteur pour un rôle. (*c*) **To secure sth. for s.o.**, procurer qch. à qn. **5.** *Hort:* **To secure a bud**, épincer les bourgeons situés à côté du bourgeon qu'on veut laisser fleurir.

secured, *a.* **1.** (Avenir, etc.) sûr, assuré. **2.** *Jur:* (Emprunt) garanti, gagé; (créancier) garanti, nanti.

securing, *s.* **1.** Mise *f* à l'abri; mise en lieu sûr; protection *f* (*from, against*, contre). **2.** Obtention *f* (de qch.). **3.** Assujettissement *m*, fixation *f* (d'un organe mobile, etc.). *Nau:* **Securing ship**, amarrage *m.*

securiform [si'kjuərifɔːrm], *a.* *Nat.Hist:* Sécuriforme; en forme de hache.

security [si'kjuəriti], *s.* **1.** (*a*) Sécurité *f*, sûreté *f*. **To do sth. in security**, faire qch. en toute sécurité. *To live in s.*, vivre en sûreté, en sécurité. **Collective security**, sécurité collective. **Security device**, dispositif *m* de sûreté. (*b*) Confiance *f*. *You may count on me* **with security**, vous pouvez compter sur moi en toute confiance. (*c*) **Security of judgment**, certitude *f* de jugement. (*d*) Stabilité *f*; solidité *f* (d'une fermeture, etc.). **2.** (Moyen *m* de) sécurité; sauvegarde *f*. *Good morals are the s. of society*, les bonnes mœurs sont la sauvegarde de la société. **3.** *Com:* *Jur:* (*a*) Caution *f*, cautionnement *m*; gage *m*, garantie *f*; (*collateral*) nantissement *m*. *S. for a debt*, garantie d'une créance. **Sufficient security**, caution bonne et solvable. *Additional s.*, nantissement, contre-caution *f*. *He wants a s.*, il veut qu'on le nantisse. **To give a security**, verser une caution. **To give sth. as (a) security**, donner qch. en gage, en cautionnement. *To pay in a sum as a s.*, verser une provision, des provisions; verser une somme par provision. **To lodge a security**, effectuer un cautionnement. *To lodge stock as additional s.*, déposer des titres en nantissement. *As s. for the sum . . .*, en couverture de la somme. . . . **To lend money on security**, prêter de l'argent sur nantissement, sur gage, avec de bonnes sûretés. *To lend money* **without security**, prêter de l'argent à découvert. *Account opened without s.*, compte ouvert sans garantie. *See also* LOAN[1] 1. *Jur:* **Security for costs** (*given by plaintiff in lawsuit*), caution judiciaire; caution judicatum solvi; (*before appeal*) (frais) préjudiciaux *m*. **Personal security**, garantie mobilière. *Offer of s. for an individual*, acte *m* de soumission. (*b*) (*Pers.*) Donneur, -euse, de caution; caution; garant, -ante; accréditeur *m*. *Jur:* Répondant *m*. **To stand, become, security for s.o.**, se porter caution, se porter garant, se porter fort, pour qn; donner une garantie pour qn. **To stand security for a signature, for a debt**, avaliser une signature; assurer une créance. (*c*) *pl.* *Fin:* **Securities**, (i) titres *m*, valeurs *f*, fonds *mpl*; (ii) portefeuille *m* titres; *F:* portefeuille. *Government securities*, **public securities**, fonds d'État; fonds publics, effets publics. *Outstanding securities*, titres en circulation, non amortis. **Gilt-edged securities**, valeurs de tout repos; *F:* valeurs de père de famille. **Registered securities**, titres nominatifs. **Transferable securities**, valeurs mobilières. *Tax on income from securities*, impôt *m* sur le revenu des valeurs mobilières. *Inflation of French securities*, inflation *f* de la devise française. *See also* PAPER[1] 3. **Securities department**, service *m* des titres (d'une banque). **The security market**, le marché des valeurs; la Bourse.

sedan[1] [si'dan], *s.* **1.** = SEDAN-CHAIR. **2.** *Aut:* *U.S:* Voiture *f* à conduite intérieure.

se'dan-'chair, *s.* (*a*) *A:* Chaise *f* à porteurs. (*b*) *F:* **To carry s.o. in a sedan-chair**, porter qn à mains croisées, *F:* au petit pot de beurre.

Sedan[2]. *Pr.n.* *Geog:* Sedan. *Tex:* **Sedan cloth**, sedan *m.*

sedate [si'deit], *a.* **1.** (*Of pers.*) Posé, reposé; (maintien) composé, calme; (esprit) rassis. **2.** *A:* (*Of furniture, etc.*) Sobre; discret, -ète. **-ly**, *adv.* Posément, calmement; d'une manière composée. *To step s. forward*, s'avancer à pas posés.

sedateness [si'deitnəs], *s.* Manière posée; maintien *m* calme.

sedative ['sedətiv], *a.* & *s.* *Med:* Sédatif (*m*); calmant (*m*). *S. draught*, potion calmante. *The s. effect of tobacco*, l'effet apaisant du tabac.

se defendendo [siːdiːfen'dendo]. *Lt.adv.phr.* *Jur:* En cas de légitime défense.

sedentariness ['sedəntərinəs], *s.* Sédentarité *f*; vie *f* sédentaire; habitudes *f* sédentaires.

sedentary ['sedəntəri], *a.* **1.** (*a*) (*Of statue, posture, etc.*) Assis. (*b*) (Emploi *m*, etc.) sédentaire. *S. life*, vie *f* sédentaire; sédentarité *f*. **2.** (*a*) (*Of troops, etc.*) Sédentaire. (*b*) (*Of bird, spider*) Sédentaire; (*of mollusc*) privé de locomotion.

sederunt [se'diːrʌnt], *s.* *Jur:* (*Scot.*) Séance *f*; audience *f* (du tribunal).

sedge [sedʒ], *s.* *Bot:* (*a*) Carex *m*; laîche *f*. **Sweet sedge**, souchet long; souchet odorant. (*b*) *F:* Joncs *mpl*, roseaux *mpl*.

'sedge-fly, *s.* *Ent:* Phrygane *f*.

'sedge-warbler, *s.* *Orn:* (Bec-fin *m*) phragmite *m*; fauvette des roseaux; rousserolle *f*.

sedgy ['sedʒi], *a.* **1.** Plein de laîches, de roseaux. **2.** De la nature des laîches.

sedilia [se'dilia], *s.pl.* *Ecc:* Stalles *f* du clergé (auprès de l'autel).

sediment ['sedimənt], *s.* Sédiment *m*, dépôt *m*; boue *f* (d'un accu, d'un encrier, etc.); lie *f* (du vin). *Ch:* Résidu *m*. *S. in a boiler*, vidange(s) *f(pl)* d'une chaudière. *Wine that forms a s.*, vin *m* qui dépose. *Med:* **Urinary sediment**, sédiment urinaire; boue urinaire. *Geol:* *Deposition of s.*, atterrissement *m*, alluvionnement *m*.

sedimental [sedi'ment(ə)l], *a.* (Dépôt *m*) sédimentaire.

sedimentary [sedi'mentəri]. **1.** *a.* *Geol:* *etc:* (Couche *f*, etc.) sédimentaire. **2.** *s.* *Geol:* Terrain *m* de sédiment.

sedimentation [sedimen'teiʃ(ə)n], *s.* Sédimentation *f*.

sedition [si'diʃ(ə)n], *s.* Sédition *f*. **To incite the people to sedition**, séditionner le peuple.

seditionary [si'diʃənəri], *a.* = SEDITIOUS.

seditionist [si'diʃənist], *s.* Séditieux, -euse.

seditious [si'diʃəs], *a.* Séditieux. **-ly**, *adv.* Séditieusement.

seduce [si'djuːs], *v.tr.* **1.** Séduire, corrompre (qn). **To seduce s.o. from his duty**, détourner qn de son devoir. **2.** **To seduce a woman**, séduire une femme; mettre à mal une femme; abuser d'une femme.

seducer [si'dju:sər], *s.* **1.** Séducteur, -trice; corrupteur, -trice. *Esp.* **2.** (*a*) Séducteur (d'une femme). (*b*) *F:* Tombeur *m*, croqueur *m*, de filles.

seducible [si'dju:sibl], *a.* Séductible.

seduction [si'dʌkʃ(ə)n], *s.* **1.** (*a*) Séduction *f*, corruption *f* (de qn). *She tried to exert her powers of s. upon her jailers*, elle tenta de séduire ses geôliers. (*b*) Séduction (d'une femme). **2.** Attrait *m*, charme *m*, séduction (de qch.); allèchement *m* (de la volupté, etc.). *The seductions of the country*, les attraits de la campagne.

seductive [si'dʌktiv], *a.* **1.** Séduisant, attrayant. *S. offer*, offre séduisante, alléchante. *S. smile*, sourire aguichant. **2.** (Discours, etc.) suborneur. **-ly**, *adv.* D'une manière séduisante, attrayante.

seductiveness [si'dʌktivnəs], *s.* Caractère séduisant, attrayant (d'une offre, etc.); attraits *mpl*, charmes *mpl* (d'une femme); séduction *f* (du style, du regard).

sedulity [se'dju:liti], *s.* Assiduité *f*, application *f*; diligence *f*, empressement *m* (*in doing sth.*, à faire qch.).

sedulous ['sedjuləs], *a.* (Travailleur, etc.) assidu, appliqué; (soin) assidu. *To pay s.o. s. attention*, faire l'empressé auprès de qn. *To be s. in doing sth.*, être diligent, empressé, à faire qch.; s'empresser à faire qch. *See also* APE[1] 1. **-ly**, *adv.* Assidûment; diligemment; avec empressement.

sedulousness ['sedjuləsnəs], *s.* = SEDULITY.

sedum ['si:dəm], *s.* *Bot:* Orpin *m.* **Sedum telephium**, orpin reprise; grand orpin.

see[1] [si:], *v.tr.* (*p.t.* **saw** [sɔ:]; *p.p.* **seen** [si:n]) **1.** Voir. (*a*) *I saw it with my own eyes*, je l'ai vu de mes (propres) yeux; *F:* mes yeux en sont témoins. *To see sth. again*, revoir qch. *Monument that can be seen from afar*, monument qui se voit de loin. **To see the sights of the town**, visiter les monuments de la ville. *Once seen it can never be forgotten*, quiconque l'a vu ne saurait l'oublier. **There is nothing to see, nothing to be seen**, il n'y a rien à voir. *There was not a house to be seen*, il n'y avait pas une maison de visible. **Nothing could be seen of him**, il restait invisible; on ne le voyait nulle part. *To see s.o. in the distance*, apercevoir qn dans le lointain. *The moment I saw him . . .*, dès que je l'aperçus. . . . *I could hardly see the outline*, c'est à peine si j'en distinguais les contours. **See what a mess!** regardez-moi ce fouillis, ce gâchis! **'See page 8,'** "voir, voyez, page 8"; "se reporter à la page 8." **'See back,'** (i) "voir au verso"; (ii) "se reporter plus haut." *He is much seen in society*, il se répand beaucoup. *He likes to be seen*, il aime à se faire voir. **He is not fit to be seen**, il n'est pas présentable; *F:* il n'est pas voyable. *What sort of a man is he to see?* comment se présente-t-il? de quoi a-t-il l'air? quel air a-t-il? **She sees a lot**, elle n'a pas les yeux dans sa poche. *F:* **To see things**, avoir des hallucinations, des visions. *See also* BACK[1] I. 1, DAYLIGHT 2, LAST[4] II. 2, LIGHT[1] 1, RED 1, STAR[1] 1, VISION[1] 2, WAY[1] 2. (*b*) *Abs.* **Those who can see**, ceux qui voient. **As far as the eye can see**, aussi loin qu'on peut voir; à perte de vue. *All this took place in the very street, where all could see*, tout cela se passait à même la rue, en pleine rue, sous les regards de tout le monde. **It was too dark to see clearly**, il faisait trop noir pour bien distinguer. **You can't see here**, il ne fait pas clair ici; on n'y voit pas ici; on n'y voit goutte. **We can't see to read**, on n'y voit pas assez clair pour lire. **Cats see in the dark**, les chats y voient clair la nuit. (*c*) **To see** + *inf., part., or gerund.* **To see s.o. do sth.**, voir faire qch. à qn; voir qn faire qch. *I was grieved to see them leave their home*, j'étais désolé de les voir quitter, de leur voir quitter, la maison paternelle. *I saw him take the apples*, je l'ai vu prendre les pommes. *I saw him fall*, je l'ai vu tomber. *He was seen to fall*, on le vit tomber. **To see s.o. coming**, voir venir qn. *I saw him taking the apples*, je l'ai vu qui prenait les pommes. *We can see the landscape stretching out*, on aperçoit s'allonger le paysage. *F:* **I can't see myself doing such a thing**, je ne me vois pas dans ce rôle. **I saw it done**, je l'ai vu faire. *The house that I should like to see rebuilt*, la maison que je désirerais voir rebâtir. *I would sacrifice everything rather than see you disgraced*, je sacrifierais tout plutôt que de vous voir déshonoré. *F:* **I'll see him damned first; I'll see him further first**, qu'il aille au diable! qu'il aille se faire pendre! pour qui me prend-il! (*d*) **To see s.o. home**, reconduire qn jusque chez lui; accompagner qn jusque chez lui; reconduire qn. *I'll see you home*, je vais vous mettre à votre porte; je vais vous rendre chez vous. *I'll see you to the door, to the station*, je vais vous accompagner jusqu'à la porte; je vais vous reconduire jusqu'à la gare. *To see s.o. so far on the road*, faire un bout de reconduite à qn. (*e*) **He has seen a good deal of the world**, il a une vaste expérience du monde; il connaît bien la vie; il a beaucoup vécu. *He first saw fire at . . .*, il a reçu le baptême du feu à. . . . *House that has seen many changes*, maison qui a connu bien des vicissitudes. *F:* **He will never see forty again**, il a quarante ans sonnés. *See also* BETTER[1] 1, LIFE 3, SERVICE[1] 1. **2.** (*a*) Comprendre, saisir (une pensée, etc.); reconnaître (ses erreurs, etc.). *There are people who cannot see the truth*, il en est auxquels la vérité échappe. *That is easy to see*, c'est (bien) facile à voir, à comprendre. **I don't see the point**, je ne saisis pas la nuance. **He cannot see a joke**, il n'entend pas la plaisanterie. **From what I can see . . ., as far as I can see . . .**, à ce que je vois . . .; autant que j'en puis juger. . . . *I see what you are driving at*, je vois où vous voulez en venir. **I don't see the advantage of . . .**, je ne vois pas l'avantage de. . . . *I don't see throwing away £100 for nothing*, je ne vois pas pourquoi je gaspillerais une centaine de livres. *I never could see that he was to blame*, je n'ai jamais pu admettre que c'eût été de sa faute. *Abs.* **I see!** je comprends! *F:* vous m'en direz tant! **You see . . .**, vous comprenez . . .; voyez-vous . . .; c'est que. . . . *P:* **See?** comprenez-vous? vous y êtes? (*b*) Observer, remarquer (qch.); s'apercevoir de (qch.). *I see that it is time to go*, je m'aperçois qu'il est temps de partir. *I see that you have changed your mind*, je vois que vous avez changé d'avis. *We saw that he was blind*, nous nous aperçumes qu'il était aveugle. **See for yourself**, voyez par vous-même. *You can see for yourself!* vous pouvez constater! **See what courage can do!** ce que c'est que le courage! *The real meaning is seen when . . .*, le sens véritable apparaît lorsque. . . . **I can see no fault in him**, je ne lui connais pas de défaut. **To refuse to see any good in s.o.**, refuser toute qualité à qn. **To see oneself in one's children**, se reconnaître dans ses enfants. *If he had the courage I should like to see in him*, s'il avait le courage que je lui voudrais. **I don't know what you can see in her**, je ne sais pas ce que vous pouvez trouver en elle. *We have seen how . . .*, nous avons remarqué comme. . . . **It remains to be seen whether . . .**, reste à savoir si. . . . **That remains to be seen; we shall see**, c'est ce que nous verrons; nous verrons bien; qui vivra verra. *See also* WAIT[2] 1. (*c*) Voir, juger, apprécier (qch. d'une manière quelconque). *To see everything black*, voir tout en noir. *I see things differently now*, aujourd'hui je vois les choses autrement. **This is how I see it . . .**, voici comment j'envisage la chose. *To see things wrong*, juger de travers; *F:* avoir la berlue. **If you see fit to . . .**, si vous jugez convenable, à propos, de . . .; si vous trouvez bon de. . . . **3.** Examiner (qch.); regarder (qch.) avec attention. *Let me see that letter again*, repassez-moi cette lettre (que je la relise). *Let us see how far we have gone*, constatons nos progrès; voyons où nous en sommes. **I must see what I can do**, il faudra que je voie ce que je pourrai faire. **See if this hat suits you**, voyez si ce chapeau vous va. *Abs.* **I'll go and see**, je vais y aller voir; je vais m'en assurer. **Let us see**, *F:* voyons voir! **Let me see**, (i) attendez un peu; (ii) faites voir! *U.S:* **See here!** écoutez-donc! dites-donc! tenez! voyons! **4. To see (to it) that** *everything is in order*, s'assurer que tout est en ordre. *You will see that he has all he needs*, vous veillerez à ce qu'il ait, faites en sorte qu'il ait, ayez soin qu'il ait, ayez l'œil à ce qu'il ait, tout ce qu'il lui faut; vous verrez à ce qu'il ne manque de rien. *We must see that . . .*, c'est à nous de nous assurer que. . . . *See that we are housed*, voyez à nous loger. *See that he comes in time*, faites (en sorte) qu'il arrive à temps. *I had seen that nothing should be lacking*, j'avais pourvu à ce que rien ne manquât. **I will see you righted**, je veillerai à ce qu'on vous fasse justice. *F:* **See and don't lose the train**, voyez à ne pas manquer le train. **5.** (*a*) Fréquenter, avoir des rapports avec (qn); voir (qn). **He sees a great deal of the Smiths**, il fréquente beaucoup les Smith. *I have seen a great deal of Mr X*, j'ai eu de nombreuses occasions de voir M. X. *We see less of him in winter*, nous le voyons moins l'hiver. *We don't see anything of each other*, nous ne voisinons pas; nous ne nous voyons pas. *When shall I see you again?* quand vous reverrai-je? quand vous retrouverai-je? **I shall see you again soon**, *U.S:* **I'll be seeing you**, à bientôt. *F:* **See you on Thursday!** à jeudi! (*b*) **To go and see s.o.**, aller trouver qn. **To call and see s.o.; to call to see s.o.**, faire une visite à qn; passer chez qn. *I called but couldn't see him*, je suis passé chez lui mais je n'ai pas pu le voir. *She can't be seen now*, elle n'est pas visible en ce moment. *To manage to see an official*, arriver jusqu'à un fonctionnaire. *I wanted to see you on business*, je voulais vous parler d'affaires. **To see the doctor**, consulter le médecin. (*c*) *U.S:* *F:* S'aboucher avec (qn) pour lui graisser la patte. (*d*) Recevoir (un visiteur). *I cannot see him to-day*, je ne peux pas le recevoir aujourd'hui; je ne suis pas visible aujourd'hui. *He sees nobody*, il ne voit personne; il se claquemure.

see about, *v.ind.tr.* S'occuper de (qch.); se charger de (qch.). **I'll see about it**, (i) je m'en occuperai, je m'en charge; (ii) j'y réfléchirai; je verrai. **To see about doing sth.**, aviser à faire qch. *You'd better see about it*, vous ferez bien d'y aviser.

see after, *v.ind.tr.* = SEE TO 1.

see in, *v.tr.* Voir arriver (une nouvelle époque, etc.). *See also* NEW YEAR.

see into, *v.ind.tr.* **1.** (*a*) **To see into the future**, voir dans l'avenir. *To try to see into the future*, essayer de pénétrer l'avenir. (*b*) *To see into s.o.'s motives*, pénétrer les motifs de qn. **2.** Examiner (une affaire, etc.). **We must see into this**, il faudra examiner cette affaire à fond.

see off, *v.tr.* **1. To see s.o. off (at the station)**, conduire qn à la gare; accompagner qn jusqu'à la gare (pour lui dire adieu); accompagner qn au départ. **2. To see s.o. off the premises**, (i) reconduire qn; (ii) s'assurer du départ de qn.

see out, *v.tr.* **1.** (*a*) Accompagner (qn) jusqu'à la porte; reconduire (qn). (*b*) S'assurer de la sortie de (qn). **2.** (*a*) Assister à (un match, un opéra, etc.) jusqu'au bout; voir la fin de (qch.). *See also* YEAR. (*b*) Mener (une entreprise, etc.) à bonne fin. **3.** Survivre à (qn). *He will see us all out!* *F:* il nous enterrera tous!

see over, *v.ind.tr.* Visiter, voir (une maison, etc.).

see through. **1.** *v.i.* (*Prep. use*) (*a*) Voir à travers (qch.). *B:* *Now we see through a glass darkly*, car maintenant nous voyons par un miroir obscurément. *See also* WALL[1] 1. (*b*) *F:* Pénétrer les intentions de (qn); voir clair dans l'esprit de (qn); pénétrer, percer à jour (un mystère, etc.); *F:* sentir (qn) de loin. *To see through s.o.'s disguise*, pénétrer le déguisement de qn. **I am beginning to see through it**, je commence à y voir clair. *Tricks easily seen through*, finesses cousues de fil blanc; finesses qui montrent la corde. *See also* GAME[1] 1. **2.** *v.tr.* (*Adv. use*) (*a*) Prêter assistance à (qn) jusqu'à la fin (d'une entreprise, etc.). **To see s.o. safely through**, soutenir qn jusqu'au bout. (*b*) Assister à (un événement) jusqu'au bout. *He saw the operation through without wincing*, il assista à l'opération sans broncher. *To see the war through*, participer à la guerre jusqu'au bout. *To see a business through*, (i) mener une affaire jusqu'au bout; (ii) mener une affaire à bonne fin, à bien. *F:* **To see it through**, tenir jusqu'au bout. (*c*) *Mr Britling sees it through*, M. Britling voit se dérouler les événements.

see to, *v.ind.tr.* **1.** S'occuper de (qn, qch.); veiller à, être attentif à (qch.). *To see to the children*, s'occuper des enfants; veiller sur les enfants; prendre soin des enfants. *To see to the house*, vaquer aux soins du ménage. *I'll see to the tickets*, (i) moi je m'occuperai des billets; (ii) c'est moi qui subviendrai aux frais du voyage. **To see to everything,** avoir l'œil à tout. *I shall see to it*, je vais m'en occuper; je m'en charge. *It must be seen to*, il faut y aviser. **2. To see to it that . . .** = *to see that . . ., q.v. under* SEE[1] 4.

seeing[1]. **1.** *a.* Voyant; qui voit. *See also* FAR-SEEING. **2.** *Conj.phr.* **Seeing (that) . . .,** *P:* **seeing as . . .,** puisque . . ., comme . . ., attendu que . . ., vu que . . ., étant donné que. . . . *You come too, s. that you are there*, venez donc aussi, puisque vous êtes là. *S. that he refuses there is nothing more to be done*, dès lors qu'il refuse, du moment qu'il refuse, il n'y a plus rien à faire.

seeing[2], *s.* Vue *f*; vision *f*. **Seeing is believing,** voir c'est croire. **It is a sight worth seeing,** cela vaut la peine d'être vu. **Seeing distance,** portée *f* de la vue. *See also* SIGHT-SEEING.

'see-bright, *s. Bot:* = CLARY.

see[2], *s. Ecc:* Siège épiscopal; (*of bishop*) évêché *m*; (*of archbishop*) archevêché *m*, métropole *f*. **The Holy See, the Papal See, the Apostolic See,** le Saint-Siège; **le siège apostolique;** la chaire de saint Pierre.

seeable ['si:əbl], *a.* Visible.

seed[1] [si:d], *s.* **1.** (*a*) Graine *f*, grain *m*. *A pomegranate s., a mustard s.*, un grain de grenade, de moutarde. *Tomato seeds*, graines de tomates. *Seeds of an apple, of a grape*, pépins *m* d'une pomme, d'un grain de raisin. *To take out the seeds of a cucumber*, épépiner un concombre. *Bot:* **Collection of seeds,** grainier *m*. (*b*) *Anat:* **Seed bodies** (*in joints*), grains d'orge. (*c*) *F:* **The seeds of discord,** les semences *f*, les germes *m*, de discorde. *See also* SOW[1]. (*d*) *Coll.* Semence; graine(s). **Lawn seed,** graine pour gazon. *To keep onions for s.*, réserver des oignons pour la graine. *Flowers raised from s.*, fleurs qui proviennent de semis *m*. **To go, run, to seed,** (i) (*of plant*) monter en graine; (ii) (*of land*) s'affricher. *F:* (*Of pers.*) *She's beginning to run to s.*, elle commence à se décatir. *He has run to s.*, c'est un homme avachi. (*Of plant*) **To drop its seed,** s'égrener. *See also* BIRD-SEED, CANARY-SEED, GRASS-SEED, HAY-SEED, MUSTARD SEED, POPPY-SEED. (*e*) Frai *m* (d'huître). **2.** (*a*) *A:* = SEMEN. (*b*) *B. & Lit:* Descendance *f*, lignée *f*. **The seed of Abraham,** la semence d'Abraham. *And all those of his s.*, et tous ceux de sa lignée. *I will raise up thy s. after thee*, je ferai lever ta postérité après toi.

'seed-bag, *s. Agr:* Sachet *m* à graines.

'seed-bearer, *s. For:* (Arbre *m*) porte-graine *m inv*; semencier *m*.

'seed-bed, *s. Hort:* Couche *f* de semis; germoir *m*. *For:* Semis *m*, pépinière *f*.

'seed-cake, *s. Cu:* Gâteau parfumé au carvi ou à l'anis.

'seed-coat, *s. Bot:* Arille *m*.

'seed-corn, *s. Agr:* Grain *m* de semence.

'seed-cotton, *s.* Coton brut (avant l'égrenage).

'seed-crop, *s.* Récolte fourragère de graines mélangées.

'seed-diamonds, *s.pl. Lap: Ind:* Semence *f* de diamants.

'seed-drill, *s. Agr:* Semoir *m*.

'seed-eaters, *s.pl. Orn:* Granivores *m*.

'seed-hole, *s. Agr: Hort:* Poquet *m*.

'seed-kiln, *s. For: Hort:* Four *m* à sécher; sécherie *f*.

'seed-lac, *s.* Laque *f* en grains.

'seed-leaf, -lobe, *s. Bot:* Cotylédon *m*; feuille germinale.

'seed-lip, *s. Agr:* Semoir *m*.

'seed-lymph, *s. Med:* Lymphe *f* d'ensemencement.

'seed-oysters, *s.pl. Ost:* Naissain *m*.

'seed-pan, *s. Hort:* Boîte *f* à semis. *Sowing in seed-pans*, semis *m* en terrines.

'seed-pearls, *s.pl.* Semence *f* de perles.

'seed-plot, *s.* = SEED-BED.

'seed-po'tatoes, *s.pl. Hort:* Pommes *f* de terre à semence.

'seed-shop, *s.* Graineterie *f*, grèneterie *f*.

'seed-time, *s.* (Époque *f* des) semailles *f*; la semaison.

'seed-trade, *s.* Graineterie *f*, grèneterie *f*.

'seed-tree, *s.* = SEED-BEARER.

'seed-vessel, *s. Bot:* Péricarpe *m*.

seed[2]. **1.** *v.i.* (*Of plant*) (*a*) Monter en graine; porter semence. (*b*) (*Of cereals*) Grener; venir à graine. (*c*) S'égrener. **2.** *v.tr.* (*a*) Ensemencer, semer (un champ, etc.). (*b*) Enlever la graine (d'un fruit); épépiner (un concombre), égruger (des raisins, etc.). *Tex:* Égrener (le lin). (*c*) *Ten:* **To seed the players,** trier les joueurs (avant le tirage au sort) de façon que les plus forts ne se rencontrent pas dès le commencement du tournoi.

seeding, *s.* **1.** Grenaison *f* (des céréales). **2.** Ensemencement *m* (d'un champ, etc.); les semailles *f*. **3.** Épépinage *m* (des melons, etc.); égrugeage *m* (des raisins). *Tex:* Égrenage *m* (du lin).

'seeding machine, *s. Agr:* Semoir *m* mécanique.

'seeding plough, *s. Agr:* Charrue-semoir *f*, *pl.* charrues-semoirs.

seeder ['si:dər], *s.* **1.** *Agr:* Semoir *m*. **2.** Poisson *m* qui fraye.

seediness ['si:dinəs], *s. F:* **1.** (*Of clothes, etc.*) État râpé; (*of pers.*) état misérable; tenue *f* minable. **2.** (*Of pers.*) État de malaise; manque *m* d'énergie; atonie *f*.

seedless ['si:dləs], *a.* **1.** *Bot:* Asperme. **2.** (*a*) (Fruit *m*) sans pépins. (*b*) *Cu:* **Seedless raisins,** raisins (secs) épépinés, égrugés.

seedling ['si:dliŋ], *s. Hort:* (Jeune) plant *m*; élève *f*. *Arb:* Jeune brin *m*; sauvageon *m*. **Self-sown seedlings,** semis naturel. **Seedling plants,** plants non repiqués.

'seedling-crop, *s.* Semis *m*.

'seedling-forest, *s.* Futaie *f*.

'seedling-tree, *s.* **1.** Sauvageon *m*. **2.** Brin *m* de semence.

seedsman, *pl.* **-men** ['si:dzmən, -men], *s.m.* Grainier(-fleuriste); grainetier grènetier.

seedswoman, *pl.* **-women** ['si:dzwumən, -wimen], *s.f.* Grainière(-fleuriste); grainetière, grènetière.

seedy ['si:di], *a.* **1.** (*Of plant*) (*a*) Plein de graines; (épi) grenu. (*b*) Qui monte en graine; monté en graine. **2.** *F:* (*a*) (Vêtement) râpé, usé, fatigué, *F:* flapi, miteux, minable. (*b*) *Seedy-looking individuals*, des individus râpés, d'aspect minable. **3.** *F:* (*Of pers.*) Souffrant, indisposé; mal en train; *F:* patraque; *P:* vaseux. **I feel seedy,** je ne suis pas dans mon assiette.

seek [si:k], *v.tr.* (*p.t.* **sought** [sɔ:t]; *p.p.* **sought**) **1.** (*a*) Chercher (un objet perdu); rechercher, quêter, tâcher d'obtenir (l'amitié de qn, de l'avancement, etc.). *To go and s. s.o.*, aller à la recherche de qn; aller chercher qn. **To seek employment,** chercher un emploi; être en quête d'un emploi. **To seek shelter,** (i) chercher un abri; (ii) se réfugier (sous un arbre, etc.). *To s. the shore*, (i) tâcher de gagner la terre; (ii) gagner la terre. *F:* **To seek one's bed,** aller se coucher. *They sought each other's company*, ils se recherchaient. **To seek death,** se faire tuer. **To seek s.o.'s life,** en vouloir à la vie de qn. *Amusement-seeking throngs*, des foules en quête de divertissements. **To seek s.o.'s approval,** quêter l'approbation de qn. *To s. the good offices of s.o.*, briguer les bonnes grâces de qn. *When the crash came he sought my help*, lorsqu'il a été ruiné il a tendu les bras vers moi. *See also* MARRIAGE **1.** *Abs.* **Seek and ye shall find,** cherchez et vous trouverez. *You will not have far to s.*, vous n'aurez pas loin à chercher. (*With passive force*) **The reason is not far to seek,** la raison est assez claire. *In this circular the King's English* **is rather to seek,** dans cette circulaire le bon anglais n'est pas en évidence. (*b*) (*Of dog*) **To seek game,** quêter. **2.** (*a*) **To seek sth. from, of, s.o.,** demander qch. à qn. **To seek advice,** demander conseil. **To seek satisfaction from s.o.,** demander satisfaction à qn. *A: They sought of him a sign*, on lui demanda un signe. (*b*) **To seek to do sth.,** essayer de, chercher à, s'efforcer de, faire qch. *To s. to kill s.o.*, en vouloir à la vie de qn.

seek after, *v.ind.tr.* (Re)chercher, poursuivre (la gloire, etc.). (*Of pers., thg*) **Much sought after,** très recherché, très couru.

seek for, *v.ind.tr.* (Re)chercher (qch.). *The cause must be sought for in . . .*, il faut en rechercher la cause dans. . . . *Sought for in marriage by many young men*, recherchée en mariage par beaucoup de jeunes gens.

seek out, *v.tr.* (*a*) Chercher et trouver (qn); *F:* dénicher (qn). (*b*) *To s. out the author of a crime*, rechercher l'auteur d'un crime.

seeking, *s.* Recherche *f*, quête *f* (d'un objet perdu, etc.); poursuite *f* (*after fame*, de la gloire); recherche (*for, after, favours*, des faveurs). **The quarrel was not,** *F:* **was none, of my seeking,** ce n'est pas moi qui ai cherché querelle.

seeker ['si:kər], *s.* **1.** Chercheur, -euse. **Gold-seeker,** chercheur d'or. **Pleasure-seekers,** gens *m* en quête de plaisir(s). **2.** *Rel: U.S:* Chercheur.

seel [si:l], *v.tr.* (*a*) (*In falconry*) Ciller (les paupières du faucon). (*b*) *A:* Aveugler, tromper, duper (qn).

seem [si:m], *v.i.* Sembler, paraître. **1.** (*a*) *To s. tired*, paraître fatigué; avoir l'air fatigué. *He seems old to 'me*, il me paraît vieux à moi. *He seems to be an honest man*, il semble être un honnête homme. **How does it seem to you?** que vous en semble? qu'en pensez-vous? *It seems like a dream*, on dirait un rêve; on croirait rêver. **There seems to be some difficulty,** il semble (i) qu'il y a quelque difficulté, (ii) qu'il y ait quelque difficulté. (*b*) **I seem to remember that . . .,** il me semble me souvenir que. . . . *I s. to have heard his name*, il me semble avoir entendu son nom. *I seemed to be floating on a cloud*, j'eus l'impression que je flottais sur un nuage. *I s. to love you more and more*, il me semble que je t'aime de plus en plus. *F: I s. to have been putting my foot in it*, (i) j'ai l'impression que je viens de commettre une gaffe; (ii) il paraît que j'ai commis une gaffe. *P:* **I don't seem to fancy it,** je ne sais pas pourquoi, mais ça ne me dit rien. **2.** *Impers.* **It seems (that) . . ., it would seem that . . .,** il paraît, il semble, que. . . . *It seems that he does not understand*, il paraît qu'il ne comprend pas. *It seems she writes poetry, she writes poetry it seems*, il paraît qu'elle fait des vers. *It seems funny to go away without saying good-bye*, il me semble étrange de partir sans dire adieu. **It seems to me that** *you are right*, il me semble que vous avez raison; à mon avis, selon moi, vous avez raison. *It seemed to me (that) I was dreaming*, il me semblait, on aurait dit, que je rêvais. **It seemed as though, as if . . .,** il semblait que + *sub.*; on aurait dit que + *ind.* *It seemed as if he didn't understand*, on aurait dit qu'il ne comprenait pas; il avait l'air de ne pas comprendre. **Do as it seems good to you,** faites comme bon vous semblera. **It seems so, it would seem so, so it seems,** à ce qu'il paraît; il y a apparence. **It seems not,** il paraît que non.

seeming[1], *a.* Apparent; soi-disant. *With s. kindness*, avec une apparence de bonté. *A s. friend*, un soi-disant ami. *The s. sleeper was thinking of her children*, elle semblait dormir, mais elle songeait à ses enfants. *See also* FAIR-SEEMING. **-ly,** *adv.* Apparemment; en apparence. *He was s. content*, il paraissait être satisfait, être content de son sort.

seeming[2], *s.* **1.** Apparence *f*, aspect *m*. **The outer seeming,** l'apparence externe; le dehors. **2.** Semblant *m*; fausse apparence. **The seeming and the real,** le faux et le vrai; les apparences et la réalité.

seemliness ['si:mlinəs], *s.* **1.** Décorum *m*; bienséance *f*, convenance(s) *f*(*pl*); décence *f*, honnêteté *f*. **2.** Aspect *m* agréable; beauté *f*.

seemly ['si:mli], *a.* **1.** Convenable, bienséant, décent. *It is not s. that I should go alone, for me to go alone*, il n'est pas convenable que j'aille toute seule. *It is not s. to praise oneself*, il n'est pas honnête de se louer soi-même. **2.** (*a*) Agréable à voir; de belle stature. (*b*) *A. & Dial: A s. maiden*, une gracieuse jeune fille; une jolie fille.

seen [si:n]. *See* SEE[1].

seep [si:p], *v.i.* Suinter; s'infiltrer. *The water seeps through the earth, through the tunnel*, l'eau filtre à travers la terre, à travers le tunnel.

seeping, *s.* Suintement *m*; (in)filtration *f*.
seepage [ˈsiːpedʒ], *s.* **1.** Suintement *m*; infiltration *f*. **2.** Fuite *f*, déperdition *f* (par infiltration).
seer [ˈsiːər], *s.* **1.** *Occ.* Personne *f* qui voit; voyant, -ante. *See also* SIGHT-SEER. **2.** Prophète *m*; *A:* voyant.
see-saw[1] [ˈsiːsɔː]. **1.** *s.* Bascule *f*, balançoire *f*, branloire *f*; tape-cul *m*, *pl.* tape-culs. **To play at see-saw**, jouer à la bascule. **2.** *a.* **See-saw motion**, (i) mouvement *m* basculaire; mouvement de bascule; (ii) mouvement de va-et-vient; va-et-vient *m inv.*
see-saw[2], *v.i.* **1.** Jouer à la bascule. **2.** (*Of machine-part, etc.*) Basculer; osciller; se balancer. *F:* (*Of pers.*) **To see-saw between two opinions**, balancer entre deux opinions; être tantôt d'une opinion tantôt de l'autre.
seethe[1] [siːð], *s.* = SEETHING[2].
seethe[2]. **1.** *A:* (*a*) *v.tr.* Faire bouillir (de l'eau, etc.). *B:* *To s. a kid in its mother's milk*, cuire le chevreau dans le lait de sa mère. (*b*) *v.i.* (*Of liquid*) Bouillir. **2.** *v.i.* (*a*) (*Of liquid*) Bouillonner; s'agiter. (*b*) *F:* (*Of crowd, etc.*) S'agiter, grouiller, foisonner. **The street is seething with people**, la foule grouille dans la rue; la rue grouille de monde. *Country seething with discontent, with excitement, etc.*, pays *m* en fermentation, en effervescence. *The people were seething with excitement*, tous les esprits étaient surexcités. **To be seething with anger**, être en proie à une vive irritation; bouillir de colère. *His soul is seething with anger*, la colère bouillonne dans son âme.
seething[1], *a.* Bouillonnant, agité; grouillant, foisonnant. *The s. waters*, les eaux tourmentées. *A s. mass of worms*, une masse grouillante, foisonnante, de vers; *F:* un grouillis(-grouillot) de vers.
seething[2], *s.* Bouillonnement *m*; agitation *f*; grouillement *m*, foisonnement *m*.
segar [siˈgɑːr], *s.* *Com:* *A:* = CIGAR.
Segesta [seˈdʒestə]. *Pr.n. A.Geog:* Ségeste.
Segestan [seˈdʒestən], *a.* & *s.* *A.Geog:* Ségestain, -aine.
seggar [ˈsegər], *s.* = BAGGAR.
segment[1] [ˈsegmənt], *s.* **1.** (*a*) *Geom:* *etc:* Segment *m* (d'une sphère, etc.). *S. of a circle*, segment de cercle. *Spherical s.*, segment sphérique. *See also* VALVE[1] 1. (*b*) *Geom:* *S. of a line*, segment linéaire. (*c*) *S. of an orange*, loge *f*, tranche *f*, d'une orange. (*d*) *El:* **Commutator segment**, segment, lame *f*, touche *f*, du commutateur. **2.** *Ann:* Segment, anneau *m*, métamère *m*, somite *m* (d'un ver, etc.).
'segment-arch, *s.* *Arch:* = *segmental arch*, *q.v. under* SEGMENTAL.
'segment-gear, *s.* *Mec.E:* Secteur denté; secteur crénelé.
'segment-rack, *s.* *Mec.E:* Crémaillère *f* du secteur denté.
'segment-shell, *s.* *Exp:* Obus *m* à segments.
'segment-wheel, *s.* *Mec.E:* Roue *f* à segments dentés.
segment[2]. **1.** *v.tr.* Couper, partager, (qch.) en segments; segmenter. **2.** *v.i.* *Biol:* Se partager en segments; se segmenter.
segmented, *a.* **1.** Segmentaire; formé de segments. **Segmented mirror**, miroir *m* à facettes. **2.** *Biol:* Divisé par segmentation.
segmental [segˈment(ə)l], *a.* Segmentaire. *Arch:* **Segmental arch**, (i) arc surbaissé, voûte surbaissée; arche surbaissée (d'un pont); (ii) (*pointed*) ogive surbaissée. *See also* RACK[3] 2.
segmentary [ˈsegməntəri], *a.* *Geom:* *Nat.Hist:* Segmentaire.
segmentation [segmənˈteiʃ(ə)n], *s.* *Biol:* Segmentation *f*. **Segmentation cavity**, nucléole *m* (d'une cellule).
Segovia [seˈgouviə]. *Pr.n. Geog:* La Ségovie.
segregate[1] [ˈsegrigeit]. **1.** *v.tr.* Isoler, mettre à part (qch.); mettre de côté (qch.); séparer (deux espèces, etc.) l'un(e) de l'autre. *To s. the sexes*, séparer les deux sexes. **2.** *v.i.* (*a*) Se diviser; se désunir (*from*, de). (*b*) Se grouper à part (*from*, de).
segregate[2] [ˈsegriget]. **1.** *a.* *Nat.Hist:* (*Of species, etc.*) Solitaire, séparé. **2.** *s.* *Bot:* Espèce séparée.
segregation [segriˈgeiʃ(ə)n], *s.* Ségrégation *f*; séparation *f*, isolement *m*.
segregative [ˈsegrigeitiv], *a.* Ségrégatif.
seguidilla [segiˈdiːljə], *s.* *Danc:* *Mus:* Séguedille *f*.
seiche [seiʃ], *s.* *Geog:* Seiche *f*; variation *f* de niveau (d'un lac).
Seidlitz [ˈsedlits]. *Pr.n. Geog:* Sedlitz *m*. *Pharm:* **Seidlitz powder**, sel *m* de Sedlitz.
seigneury [ˈseinjəri], *s.* *Fr.Hist:* Seigneurie *f*.
seignior [ˈseinjər], *s.* *A:* Seigneur *m*.
seigniorage [ˈseinjəredʒ], *s.* *Hist:* Seigneuriage *m*.
seigniory [ˈseinjəri], *s.* *Hist:* Seigneurie *f*.
seignorial [seiˈnjɔːriəl], *a.* *Hist:* Seigneurial, -aux.
seine[1] [sein], *s.* *Fish:* Seine *f*, senne *f*. *See also* SHAD-SEINE.
seine[2], *v.tr.* Pêcher (des maquereaux, etc.) à la seine; seiner (des maquereaux, etc.).
seiner [ˈseinər], *s.* Pêcheur *m* à la seine.
seise [siːz], *v.tr.* *Jur:* **To seise s.o. of, with, an estate**, mettre qn en possession d'un bien, d'un héritage. **To be, stand, seised of a property**, posséder une propriété de droit. *A:* *Parliament will be seised of these facts in due course*, ces faits seront portés à la connaissance du Parlement en temps utile.
seisin [ˈsiːzin], *s.* *Jur:* Saisine *f*. *See also* LIVERY[1] 3.
seism [saizm], *s.* *Meteor:* Séisme *m*; tremblement *m* de terre.
seismic [ˈsaizmik], *a.* *Meteor:* (Secousse *f*, etc.) séismique, sismique.
seismograph [ˈsaizmogrɑːf, -graf], *s.* *Meteor:* Sismographe *m*.
seismography [saizˈmɔgrəfi], *s.* *Meteor:* Sismographie *f*.
seismological [saizmoˈlɔdʒik(ə)l], *a.* *Meteor:* Sismologique.
seismologist [saizˈmɔlodʒist], *s.* *Meteor:* Investigateur *m* des séismes, des tremblements de terre.
seismology [saizˈmɔlodʒi], *s.* *Meteor:* Sismologie *f*.
seismometer [saizˈmɔmetər], *s.* *Meteor:* Sismomètre *m*.
seizable [ˈsiːzəbl], *a.* (*Of goods, etc.*) Saisissable.
seize[1] [siːz], *s.* *Mec.E:* *Aut:* Grippure *f*.
seize[2]. I. *v.tr.* **1.** *Jur:* = SEISE. **2.** (*a*) *Jur:* Confisquer, arrêter, saisir (qch.); opérer la saisie de (qch.). *To s. goods (in transit)*, faire arrêt sur des marchandises. *The goods were seized*, les marchandises ont été confisquées. (*b*) **To seize s.o.**, arrêter qn; appréhender qn (au corps). **3.** Saisir. (*a*) Se saisir, s'emparer, de (qch.). *To s. a fortress*, prendre une forteresse. *To s. an enemy ship*, capturer un vaisseau ennemi. *They seized all they could*, ils se sont saisis de, ils ont fait main basse sur, tout ce qu'ils ont pu. (*b*) **To seize (hold of) s.o., sth.**, saisir, empoigner, s'emparer de, mettre la main sur, gripper, agripper, qn, qch.; attraper (une balle); saisir (une idée). *To s. s.o. by the throat*, prendre qn à la gorge. *To s. s.o. by the collar*, empoigner qn par le collet; saisir, prendre, qn au collet; colleter qn. *She seized him by the arm*, elle lui empoigna le bras. (*Of birds, etc.*) *To s. insects*, happer des insectes. *Ven:* (*Of hound*) *To s. the boar by the ears*, coiffer le sanglier. (*c*) *F:* *Amazement seizes me*, je suis saisi d'étonnement. **To be seized with fear**, être saisi, frappé, d'effroi. **To be seized with apoplexy**, être frappé d'apoplexie; avoir une attaque d'apoplexie. *He was seized with a fit of rage*, il fut pris d'un accès de colère; il lui prit un accès de colère. *She was seized with profound discouragement*, un profond découragement s'empara d'elle. **To be seized with a desire to do sth.**, être pris du désir de faire qch. **To seize the opportunity**, saisir, empoigner, l'occasion; *F:* saisir, prendre, l'occasion aux cheveux, par les cheveux; prendre la balle au bond; empaumer la balle. *Prov:* **Opportunities are hard to seize**, l'occasion est chauve. **To seize the meaning of sth.**, comprendre, saisir, le sens de qch.; se rendre compte du sens de qch. (*d*) *v.ind.tr.* *They seized upon the newcomer*, ils ont happé, accaparé, le nouvel arrivant. *To s. (up)on a pretext for departing*, saisir un prétexte, se saisir d'un prétexte, pour partir. *To s. upon a minor incident*, *F:* monter en épingle un événement insignifiant *See also* LAUGHTER. **4.** *Nau:* Amarrer, faire un amarrage à, aiguilleter (deux cordages, etc.); velter (un espar); faire une velture à (un espar).
II. **seize**, *v.i.* *Mec.E:* *etc:* (*Of part*) Gripper, coincer; se coller. **To seize up**, (se) caler. *The bearings have seized*, les coussinets ont grippé, se sont bloqués. *The brake is seizing*, le frein prend, mord, brutalement; le frein se coince.
seizing, *s.* **1.** (*a*) Saisie *f* (d'une propriété, de marchandises, etc.); prise *f* (d'une forteresse, etc.); capture *f* (d'un vaisseau ennemi, etc.). (*b*) Empoignement *m* (de qn, de qch.). **2.** *Nau:* (*a*) Amarrage *m*, aiguilletage *m*. (*b*) Amarrage, aiguillette *f*, bridure *f*, velture *f*. **Temporary seizing**, genope *f*. **Throat seizing**, amarrage en étrive. **Flat seizing**, amarrage à plat. **Racking seizing**, amarrage en portugaise. **Round seizing**, amarrage plat avec bridure. **Cross seizing**, amarrage croisé. *See also* FOX[1] 3. **3.** *Mec.E:* *etc:* Grippage *m*, grippement *m*, coincement *m*, calage *m* (d'un piston, etc.); grippage (d'une soupape); blocage *m* (d'un organe). **Seizing up**, grippure *f*.
seizin [ˈsiːzin], *s.* *Jur:* = SEISIN.
seizure [ˈsiːʒjər], *s.* **1.** (*a*) *Jur:* Appréhension *f* au corps (*of s.o.*, de qn); mainmise *f* (*of s.o.*, sur qn). (*b*) *Jur:* Saisie *f* (*of goods*, de marchandises). *S. of real estate*, saisie immobilière. *S. of crops*, saisie-brandon *f*, *pl.* saisies-brandons. *S. under a prior claim*, saisie-revendication *f*, *pl.* saisies-revendications. (*c*) Prise *f* (d'une ville, etc.); capture *f* (d'un vaisseau ennemi, etc.); mainmise (sur une province, etc.). **2.** *Med:* **(Apoplectic) seizure**, attaque *f* d'apoplexie. *Fatal s.*, apoplexie foudroyante. **To have a seizure**, tomber en apoplexie; être frappé d'apoplexie; *F:* avoir une attaque. **3.** *Mec.E:* Grippure *f*, calage *m*; arrêt *m* de fonctionnement.
sejant [ˈsiːdʒənt], *a.* *Her:* Assis, séant.
Sejanus [seˈdʒeinəs]. *Pr.n.m. Rom.Hist:* Séjan.
selachian [siˈleikiən], *a.* & *s.* *Ich:* Sélacien (*m*). **The selachians**, les sélaciens.
selachii [siˈleikiai], *s.pl.* *Ich:* Sélaciens *m*.
seldom [ˈseldəm], *adv.* Rarement; peu souvent. *We hear it* **not seldom** *said that . . .*, nous entendons dire assez souvent que. . . . *I s. see him now*, je ne le vois plus que rarement; je ne le vois plus guère. **He seldom if ever, seldom or never, goes out**, il sort rarement, pour ne pas dire jamais. *He is s. seen*, on le voit rarement; il est rare qu'on le voie. *Such things are s. seen now*, de telles choses se font rares. *Prov:* **Seldom seen, soon forgotten**, loin des yeux, loin du cœur.
seldomness [ˈseldəmnəs], *s.* Rareté *f*, infréquence *f*.
select[1] [siˈlekt], *a.* **1.** Choisi. (*a*) **Select passages from . . .**, morceaux choisis de. . . . (*b*) *Parl:* **Select committee**, commission *f* d'enquête. **2.** De (premier) choix; choisi; d'élite; *F:* select *inv. in f.* *S. dress*, robe recherchée. *S. club*, club très fermé; *F:* club select. *S. audience*, public choisi. *S. society*, le monde select. **The select**, l'élite *f*; *F:* le dessus du panier; *P:* le gratin. **To be a select party**, *F:* être en petit comité. (*Of company, etc.*) *Very s.*, *F:* trié sur le volet.
select[2], *v.tr.* Choisir (des objets); trier (des minerais, etc.); sélectionner (des joueurs, une équipe). *To s. from . . .*, choisir parmi. . . . *To s. with great care*, *F:* trier sur le volet. *Ind:* *etc:* **To select a specimen at random**, prélever un spécimen au hasard.
selected, *a.* (*a*) Choisi. *S. passages from . . .*, morceaux choisis de. . . . *S. poetry from . . .*, choix *m* de poésies de. . . . *Fin:* **Selected investments**, placements sélectionnés. (*b*) *Com:* De choix. *S. dates*, dattes *f* surchoix.
selecting[1], *a.* Sélecteur, -trice.
selecting[2], *s.* Choix *m*, tri *m*; prélèvement *m*. *Aut:* **Selecting lever**, doigt *m* de commande du levier de vitesse. *Tp:* **Selecting switch**, sélecteur *m*.
selection [siˈlekʃ(ə)n], *s.* **1.** Choix *m*, sélection *f*. *S. of a car*, choix d'une voiture. *The price depends on the care of s.*, le prix dépend du triage. *Biol:* **Natural selection**, sélection naturelle. *Tp:* *Step by step s.*, sélection pas à pas. *For:* **Selection felling**,

jardinage *m*. *Sp:* **Selection match, race,** critérium *m*, critère *m*; match *m* de sélection. *See also* COMMITTEE 1, PROMOTION 1. **2.** *A good s. of wines*, un bon choix de vins fins. **To make a selection,** faire un choix. **To make a selection of an author's works,** composer un recueil de morceaux choisis d'un auteur. **Selections from Byron,** (recueil de) morceaux choisis de Byron. *Mus:* **Selections from Chopin,** sélection empruntée à Chopin. *S. from 'Faust,'* fantaisie *f* sur "Faust." *Journ: Turf:* **Selections for the Derby,** pronostics *m* pour le Derby.

selective [si'lektiv], *a.* *W.Tel: etc:* Sélectif; sélecteur, -trice. *Phot:* **Selective filters,** écrans sélecteurs, de sélection. **-ly,** *adv.* Sélectivement.

selectivity [silek'tiviti], *s.* *W.Tel:* Sélectivité *f*.

selectman, *pl.* **-men** [si'lektmən, -men], *s.m.* *U.S:* Membre du conseil de ville, du conseil municipal.

selectness [si'lektnəs], *s.* Excellence *f*, supériorité *f*, qualité choisie (de marchandises, etc.). *S. of a club*, caractère choisi, fermé, *F:* select, d'un club.

selector [si'lektər], *s.* **1.** Personne *f* qui choisit, qui sélectionne. *To be one of the selectors of the team*, être un de ceux qui sélectionnent l'équipe. **2.** (*a*) *Aut:* **(Gear-change) selector (fork),** fourchette *f* de commande (de changement de vitesse); fourchette de baladage. **Selector-rod,** baladeur *m*. (*b*) *W.Tel:* **Selector of audible frequencies,** sélecteur *m* de fréquences audibles. (*c*) *Tp:* Sélecteur. **Plug selector,** sélecteur à fiche.

selenate ['selenet], *s.* *Ch:* Séléniate *m*.

Selene [se'li:ni]. *Pr.n.f. Gr.Myth:* Sélène.

selenian [se'li:niən], **selenic**[1] [se'lenik], *a.* *Astr:* Sélénien, sélénique.

seleniate [se'li:niet], *s.* *Ch:* Séléniate *m*.

selenic[2], *a.* *Ch:* (Acide *m*) sélénique.

seleniferous [sele'nifərəs], *a.* *Miner:* Sélénifère.

selenious [se'li:niəs], *a.* *Ch:* (Acide) sélénieux.

selenite[1] ['selenait], *s.* *Miner:* Sélénite *f*.

Selenite[2] [se'li:nait], *s.* Sélénien, -ienne; sélénite *mf*; habitant, -e, de la lune.

selenitic [sele'nitik], *a.* *Ch:* Séléniteux.

selenium [se'li:niəm], *s.* *Ch:* Sélénium *m*. **Selenium cell,** cellule *f* au sélénium; cellule photo-résistante.

selenographer [sele'nɔgrəfər], *s.* *Astr:* Sélénographe *m*.

selenographic(al) [seli:no'grafik(əl)], *a.* Sélénographique.

selenography [sele'nɔgrəfi], *s.* Sélénographie *f*.

Seleucia [se'lju:ʃia]. *Pr.n. A.Geog:* Séleucie *f*.

Seleucidae [se'lju:sidi:], *s.pl. A.Hist:* Séleucides *m*.

self[1], *pl.* **selves** [self, selvz]. **1.** *s.* (*a*) Le moi; la personnalité; *F:* la personne, l'individu *m*. *S. is the only person we know*, le moi est la seule personne que nous connaissons. *S. is his god*, il se fait un dieu de lui-même. (*Preceded by adj.*) **The higher self, the lower self,** la partie supérieure, la partie inférieure, de notre être. **One's better self,** le meilleur côté de notre nature. **A second self,** un autre lui-même. **He is my second, my other, self,** c'est un autre moi-même; c'est mon alter ego. **He is quite his old self again,** (i) il est complètement rétabli; (ii) il est tout à fait comme auparavant. *Smith became his silent s. again*, Smith rentra dans la taciturnité qui lui était propre. *F: Let us drink to* **our noble selves,** buvons à nos nobles personnes. *In love with her own pretty s.*, amoureuse de sa jolie personne. *Your own dear s.*, votre chère personne. **All by one's very self,** absolument tout seul. *Com:* **Your good selves,** vous-mêmes; vous. (*b*) *Hort:* Fleur *f* de couleur uniforme. **2.** *pron.* *Com:* (*On cheques, in accounts, etc.* = *myself, ourselves*) **Pay self, selves . . .,** payez à moi-même, à nous-mêmes. . . . *V: I am, dear Sirs,* **for self and partners,** *yours faithfully*, agréez, messieurs, mes salutations et celles de mes associés. *Accommodation* **for wife and self,** un logement, une chambre, pour ma femme et pour moi-même. **3.** *a.* **Wooden tool with self handle,** outil *m* en bois avec manche de même. *Velvet hat with s. trimming*, chapeau de velours garni de même. **Self silver Persian cat,** chat argenté uni. **Self carnation,** œillet *m* de couleur uniforme. **Self whisky,** whisky pur, non mélangé. **4.** (*In compound pronouns*) (*a*) (*Emphatic*) **Myself,** moi(-même); **thyself,** toi(-même); **himself, herself, itself, oneself,** lui(-même), elle(-même), soi(-même); **yourself,** vous(-même); **ourselves,** nous(-mêmes); **yourselves,** vous(-mêmes); **themselves,** eux(-mêmes) *m*, elles(-mêmes) *f*. *I drive the car myself*, je tiens le volant moi-même. *I saw it myself*, je l'ai vu moi-même, moi qui vous parle. *I heard it from a lady who herself was present*, je le tiens d'une dame qui était présente en sa personne. *We did it ourselves*, nous l'avons fait nous-mêmes. *If you wish a thing well done you must do it yourself*, si l'on veut qu'une chose soit bien faite, il faut la faire soi-même. *I, myself, do not believe it*, (quant à) moi, pour ma part, je ne le crois pas. *Only he himself was silent*, lui seul se taisait. *You yourself know that . . .*, vous savez vous-même que. . . . *They themselves continued to enjoy independence*, eux-mêmes continuèrent à jouir de l'indépendance. *Myself and my two brothers once owned a boat*, mes deux frères et moi, nous avons été autrefois possesseurs d'un bateau. *We should like everyone to be as happy as ourselves*, on voudrait que chacun soit heureux comme soi. *We saw John himself*, nous avons vu Jean en personne, lui-même. *That poor boy was myself*, ce pauvre enfant, c'était moi-même. **I am not (quite) myself to-day,** je ne suis pas dans mon assiette aujourd'hui. **I am quite myself again,** je suis tout à fait rétabli. *He looks quite himself again*, il paraît complètement remis. *I will wait till you are yourself again*, j'attendrai que vous vous remettiez. *In these days, when England was itself . . .*, à cette époque, quand l'Angleterre gardait encore tout son caractère. . . . **She is kindness itself,** elle est la bonté même, en personne. *It would be simplicity itself*, ce serait tout ce qu'il y a de plus simple. (*b*) (*Reflexive*) **Myself,** me; **thyself,** te; **himself, herself, itself, oneself,** se; **ourselves,** nous; **yourself, -selves,** vous; **themselves,** se. *I have hurt myself*, je me suis fait mal. *Are you enjoying yourself?* vous amusez-vous? *Everyone seemed to be enjoying themselves very much*, tout le monde semblait beaucoup s'amuser. (*Emphatic*) *Door that opens and shuts itself*, porte qui s'ouvre et se ferme elle-même, d'elle-même, toute seule. (*c*) (*After prepositions*) *To say sth. to oneself*, (se) dire qch. à part soi; *A:* dire qch. à sa personne. *He said to himself . . .*, il se dit (à lui-même). . . . *I said to myself that . . .*, je me disais intérieurement que. . . . *He winked slyly to himself*, il se cligna malicieusement de l'œil à soi-même. *To speak of oneself*, parler de soi. *We should seldom speak of ourselves*, on doit rarement parler de soi. *She has to attend to herself*, elle doit pourvoir à ses propres besoins; elle doit pourvoir elle-même à ses besoins. *Every person has a right to take care of himself, of themselves*, chacun a le droit de penser d'abord à soi. *To look after oneself*, soigner son individu; avoir soin de son individu. **To keep oneself to oneself,** faire son pot à part; ne pas voisiner; vivre retiré; se cantonner; fuir la société; être peu accueillant; se tenir sur son quant-à-soi. *I know better than most how to keep myself to myself*, *F:* n'y a pas comme moi pour savoir garder son quant-à-soi. *What will you do with yourself this evening?* que pensez-vous faire ce soir? *I am keeping it for myself*, je le garde pour moi(-même). *I am not speaking for myself*, je ne parle pas en mon nom. *See also* SPEAK I. 1. *He thinks for himself*, il pense de son chef. *See for yourselves*, voyez vous-mêmes. *The miser who has a prodigal son collects neither for himself nor for that son*, l'avare *m* qui a un fils prodigue n'amasse ni pour soi ni pour lui. **To be master, mistress, of oneself,** avoir de l'empire sur soi-même. *He is no longer master of himself*, il n'est plus maître de lui(-même). *They look upon him as a being superior to themselves*, ils le considèrent comme un être supérieur à eux-mêmes. **Everyone for himself,** chacun pour soi. **To come to oneself,** revenir à soi. **To take it upon oneself to . . .,** prendre sur soi de. . . . *Confidence in oneself*, la confiance en soi(-même). **The thing in itself,** la chose en elle-même. *Virtue is lovable in itself*, la vertu est aimable en soi, de soi. *An incident trifling in itself*, un incident futile en soi. *The basin cracked* **of itself,** la cuvette s'est fendue toute seule. *These questions crop up of themselves*, ces questions se posent d'elles-mêmes. *They came and apologized of themselves*, ils sont venus de leur propre initiative nous faire des excuses. **By itself,** isolément, à part. **She lived by herself,** elle vivait seule. **To do sth. (all) by oneself,** faire qch. tout seul. (*d*) (*Reciprocal*) *They whispered among themselves*, ils chuchotaient entre eux. *Instead of fighting between themselves . . .*, au lieu de se battre entre eux. . . .

self[2], *s.* (*pl.* **selfs**) *El.E:* *F:* = *self-induction coil, q.v. under* SELF-INDUCTION.

self-, *comb.fm.* **1.** Automatique; auto-. *Self-feeding*, à alimentation automatique. *Self-balancing*, autoéquilibrant. *Self-centring*, autocentreur. *Self-adjusting*, à autoréglage. **2.** *Self-accuser*, auto-accusateur. *Self-amputation*, auto-amputation. *Self-admiring*, qui s'admire soi-même. **3.** *Self-existence*, existence indépendante. **4.** *Self-colour*, couleur naturelle.

self-a'basement, *s.* Humiliation *f* de soi-même; *Theol:* anéantissement *m*.

self-abne'gation, *s.* = ABNEGATION 1.

self-a'buse, *s.* Onanisme *m*.

self-a'ccusing, *a.* Qui s'avoue coupable.

self-'acting, *a.* *Mec.E: etc:* (Appareil *m*, etc.) automatique, automoteur, -trice, à mise en marche automatique. *S.-a. regulator*, autorégulateur *m*. *Rail:* **Self-acting points,** aiguille *f* à contrepoids. *Tex:* **Self-acting mule,** self-acting *m*.

self-admi'ration, *s.* Admiration *f* de soi-même.

self-ad'mirer, *s.* Admirateur, -trice, de soi-même.

self-ad'miring, *a.* Qui s'admire soi-même.

self-ad'vertisement, *s.* Mise *f* en avant de sa personne; réclame intéressée; *F:* battage *m*.

self-a'pparent, *a.* Évident; de toute évidence.

self-a'pproving, *a.* (Sourire, etc.) suffisant.

self-a'ssertion, *s.* Autorité *f*; caractère impérieux; affirmation *f* de soi-même, de sa volonté; sentiment *m*, affirmation, de sa propre importance; outrecuidance *f*.

self-a'ssertive, *a.* Autoritaire; impérieux; dominateur, -trice; assuré, tranchant, cassant, affirmatif; outrecuidant.

self-a'ssurance, *s.* Confiance *f* en soi; assurance *f*; aplomb *m*; sûreté *f* de soi(-même).

self-'binder, *s.* *Agr:* Moissonneuse-lieuse *f*, *pl.* moissonneuses-lieuses.

self-'centred, *a.* Égocentrique.

self-'centredness, *s.* Égocentrisme *m*.

self-'centring, *a.* *Mec.E:* (Mandrin *m*, etc.) à serrage concentrique, à centrage automatique; autocentreur.

self-'checking, *a.* Contrôlé automatiquement; à contrôle automatique.

self-'closing, *a.* **Self-closing door,** porte battante.

self-'cocking, *a.* (Fusil *m*) à armement automatique.

self-co'llected, *a.* (*Of pers.*) Calme; serein; plein de sang-froid.

'self-'colour, *s.* **1.** Couleur *f* uniforme (des fleurs, etc.). *Tex:* **Self-colour material,** tissu uni. **With self-colour design,** armuré. **2.** Couleur naturelle.

self-co'mmand, *s.* Maîtrise *f* de soi; sang-froid *m*; empire *m* sur soi-même.

self-co'mmunion, *s.* Recueillement *m*.

self-com'placence, -com'placency, *s.* Satisfaction *f* (de soi-même); (*of a man*) fatuité *f*.

self-com'placent, *a.* Satisfait, content, de soi; fat *m*.

self-con'ceit, *s.* Suffisance *f*, vanité *f*; infatuation *f* (de soi); (*of a man*) fatuité *f*; présomption *f*, amour-propre *m*. **He is full of, is eaten up with, self-conceit,** c'est un vaniteux; il est infatué de lui-même; il est pétri d'amour-propre; *F:* il est pourri d'orgueil.

self-con'ceited, *a.* Suffisant, vaniteux, présomptueux, avantageux; infatué de soi-même. *To be s.-c., F:* se gober.

self-'confidence, *s.* (*a*) Confiance *f* en soi; assurance *f*; sûreté *f* de soi; aplomb *m*. **Lack of self-confidence,** manque *m* de confiance en soi. *He is full of s.-c.*, il ne doute de rien. *To have no s.-c.*, se défier de soi-même. (*b*) Présomption *f*.

self-'confident, *a.* (*a*) Sûr de soi; plein d'assurance. (*b*) Présomptueux. **-ly,** *adv.* (*a*) Avec assurance. (*b*) Présomptueusement.

self-'conscious, *a.* **1.** *Phil:* Conscient. **2.** (*Of pers.*) (*a*) Embarrassé, gêné; (*of manner, etc.*) emprunté, contraint. (*b*) Poseur.

self-'consciousness, *s.* **1.** *Phil:* Conscience *f*. **2.** (*a*) Contrainte *f*, embarras *m*, gêne *f*. (*b*) Pose *f*.

self-'constituted, *a.* (*Of committee, etc.*) Qui s'est formé, constitué, de sa propre initiative. *S.-c. authority*, autorité usurpée.

self-con'tained, *a.* **1.** (*Of pers.*) Réservé, circonspect, concentré; peu communicatif. **2.** (Appareil, etc.) indépendant, complet par lui-même; autonome. **Self-contained industries,** industries qui se suffisent à elles-mêmes. **Self-contained flat,** appartement indépendant, avec entrée particulière; (*workman's*) logement *m*. *Mil:* **Self-contained unit,** fraction constituée.

self-contra'diction, *s.* Contradiction *f* (avec ce qu'on a déjà dit).

self-contra'dictory, *a.* En contradiction avec soi-même; qui se contredit.

self-con'trol, *s.* Sang-froid *m*; empire *m* sur soi-même; maîtrise personnelle; maîtrise de soi. **To exercise self-control,** faire un effort sur soi-même. *To have no s.-c.*, ne savoir pas se maîtriser. **To lose one's self-control,** perdre tout empire sur soi-même; ne plus se maîtriser. *His s.-c. deserted him*, il cessa d'être maître de lui. *To regain one's s.-c.*, se ressaisir.

self-con'victed, *a.* Convaincu par ses propres actes, par ses propres paroles.

self-'cooker, *s.* *Dom.Ec:* Autocuiseur *m*.

self-cre'ated, *a.* Créé par ses propres moyens.

self-'culture, *s.* Autodidaxie *f*; instruction *f* par soi-même

self-'cultured, *a.* Autodidacte.

self-de'ceit, -de'ception, *s.* Illusion *f*; déception *f* de soi-même.

self-de'fence, *s.* Défense personnelle. *Jur:* Légitime défense. **The (noble) art of self-defence,** (i) la boxe; (ii) *A:* l'escrime *f*. *To be able to plead s.-d.*, être en état de légitime défense. **To kill s.o. in self-defence,** tuer qn en légitime défense. *He was not allowed to say a word in s.-d.*, on lui a interdit tout plaidoyer. *Weapon carried for s.-d.*, porte-respect *m inv*.

self-de'luded, *a.* Qui se fait illusion.

self-de'lusion, *s.* = SELF-DECEIT.

self-de'nial, *s.* (*a*) Abnégation *f* de soi; renoncement(s) *m(pl)*; privations *fpl*. (*b*) Frugalité *f*.

self-de'nying, *a.* (*a*) Qui fait abnégation de soi; qui renonce à soi; qui s'impose des privations. (*b*) Frugal, -aux.

self-de'pendence, *s.* Indépendance *f*.

self-de'pendent, *a.* Indépendant.

self-depreci'ation, *s.* Modestie outrée.

self-des'troyer, *s.* Suicidé, -ée.

self-des'truction, *s.* Suicide *m*.

self-determi'nation, *s.* *Pol:* Libre disposition *f* de soi-même. *Right of peoples to s.-d.*, droit *m* des peuples de disposer d'eux-mêmes.

self-de'votion, *s.* Dévouement *m*.

self-'discipline, *s.* Subjugation *f* de soi-même.

self-'educated, *a.* Autodidacte.

self-e'ffacing, *a.* Qui aime à s'effacer.

self-e'lected, *a.* Élu, nommé, par soi-même.

self-'energized, -'energizing, *a.* *Aut:* (Frein *m*, etc.) auto-serreur, servo-moteur.

self-es'teem, *s.* Estime *f*, respect *m*, de soi; amour-propre *m*.

self-'evident, *a.* Évident en soi; *F:* qui tombe sous les sens; qui saute aux yeux, qui est clair comme le jour. *S.-e. truth, F:* vérité *f* de (monsieur de) La Palice.

self-exami'nation, *s.* Examen *m* de conscience. *Self-knowledge requires deep s.-e.*, il faut s'approfondir pour se connaître.

self-exci'tation, -ex'citement, *s.* *El:* Autoexcitation *f*.

self-ex'citing, *a.* *El:* Autoexcitateur, -trice. *S.-e. dynamo*, dynamo *f* à autoexcitation.

self-e'xistence, *s.* Existence indépendante.

self-e'xistent, *a.* Qui a une existence indépendante.

self-ex'perience, *s.* Expérience personnelle.

self-ex'planatory, *a.* Qui s'explique de soi-même.

self-'faced, *a.* (Moellon) brut, non taillé.

self-'feeding, *a.* **1.** *Mec.E: etc:* A alimentation automatique, continue. **2.** **Self-feeding reamer,** alésoir *m* à bout fileté pour l'amorçage.

self-fertili'zation, *s.* *Biol:* Autofécondation *f*; *Bot:* pollinisation directe.

self-'fertilizing, *a.* *Bot:* (Plante) à pollinisation directe.

self-'filling, *a.* (*Of fountain-pen, etc.*) A remplissage automatique.

self-'fluxing, *a.* *Metalw:* (Soudure) autofondante, décapante.

self-for'getfulness, *s.* Abnégation *f* de soi.

self-'governed, *a.* (*Of state*) Autonome.

self-'governing, *a.* (Colonie *f*, etc.) autonome.

self-'government, *s.* *Pol:* Autonomie *f* (d'un État).

self-'hardening, *a.* *Metall:* (Acier) auto-trempant.

self-'heal, *s.* *Bot:* Brunelle *f*; prunelle commune.

self-'help, *s.* Efforts personnels. **Self-help manuals,** manuels *m* aide-toi toi-même.

self-humili'ation, *s.* Abaissement *m* de soi. *Theol:* Anéantissement *m*.

self-ig'nition, *s.* *I.C.E:* Allumage spontané; inflammation spontanée; auto-allumage *m*.

self-im'portance, *s.* Suffisance *f*, présomption *f*. *F: Eaten up with s.-i.*, pourri d'orgueil; infatué de soi-même.

self-im'portant, *a.* Suffisant, présomptueux, vaniteux, avantageux, important.

self-im'posed, *a.* (Tâche, etc.) dont on a pris de soi-même la responsabilité.

self-im'provement, *s.* Éducation personnelle.

self-in'ductance, *s.* *El:* **1.** = SELF-INDUCTION. **2.** Coefficient *m* de self-induction.

self-in'duction, *s.* *El:* Induction *f* propre; self-induction *f*; auto-induction *f*; auto-inductance *f*. *S.-i. on opening, on closure*, self-induction d'ouverture, de fermeture. **Coefficient of self-induction,** inductance *f*. **Self-induction circuit,** circuit *m* à self(-induction). **Self-induction coil,** bobine *f* de self; bobine d'auto-inductance; *F:* self *f*. **Self-induction current,** extra-courant *m*.

self-in'dulgence, *s.* Sybaritisme *m*; satisfaction *f* égoïste de ses appétits; habitude *f* de s'écouter, de ne rien se refuser.

self-in'dulgent, *a.* Sybarite, efféminé; qui se dorlote; qui ne se refuse rien.

self-in'flicted, *a.* (*Of penance, etc.*) Que l'on s'inflige à soi-même. *Mil:* **Self-inflicted wound,** mutilation *f* volontaire.

self-in'structed, *a.* Autodidacte.

self-in'struction, *s.* Étude personnelle; étude sans maître.

self-in'structor, *s.* Manuel *m* d'instruction sans maître.

self-'interest, *s.* Intérêt personnel.

self-'interested, *a.* (*Of pers., motive*) Intéressé.

self-justifi'cation, *s.* Justification *f* de sa propre conduite; apologie *f*.

self-'knowledge, *s.* Connaissance *f* de soi.

self-'locking[1], *a.* **1.** *Mec.E:* A blocage automatique; auto-bloqueur. **Self-locking nut,** écrou *m* indesserrable. **2.** A verrouillage automatique.

self-'locking[2], *s.* **1.** Blocage *m* automatique. **2.** Verrouillage *m* automatique.

self-'love, *s.* **1.** Égoïsme *m*; amour *m* de soi. **2.** *Psy:* Narcissisme *m*.

self-'loving, *a.* Égoïste.

self-'lubricating, *a.* *Mec.E:* (Palier) (auto)graisseur.

self-lubri'cation, *s.* Autograissage *m*.

self-'luminous, *a.* Luminescent, lumineux.

'self-'made, *a.* (Homme) qui est (le) fils de ses œuvres, qui est l'architecte, l'artisan, l'ouvrier, de sa fortune, qui est parti de rien, qui est arrivé par lui-même.

self-'mastery, *s.* Maîtrise personnelle; empire *m* sur soi-même.

self-'murder, *s.* Suicide *m*.

self-'murderer, *s.* Suicidé, -ée.

self-muti'lation, *s.* *Mil: etc:* Mutilation *f* volontaire.

self-o'pinionated, -o'pinioned, *a.* Opiniâtre, entêté; qui ne démord pas de ses opinions; suffisant.

self-po'llution, *s.* *Med:* Onanisme *m*.

'self-portrait, *s.* Portrait *m* de l'artiste par lui-même; auto-portrait *m* de l'artiste.

self-po'ssessed, *a.* Calme; maître de soi; qui a beaucoup d'aplomb, de sang-froid; qui a un grand flegme, qui est d'un grand flegme; qui a de l'empire sur soi-même. *To remain entirely s.-p.*, rester entièrement maître de soi; garder tout son sang-froid.

self-po'ssession, *s.* Aplomb *m*, sang-froid *m*, flegme *m*, empire *m* sur soi-même. **To lose one's self-possession,** perdre son aplomb. **To regain one's self-possession,** se remettre; se ressaisir; reprendre son sang-froid.

self-'praise, *s.* Éloge *m* de soi-même. *Prov:* **Self-praise is no recommendation,** qui se loue s'emboue.

self-preser'vation, *s.* Conservation *f* (de soi-même). **The instinct of self-preservation,** l'instinct *m* de (la) conservation, de sa propre conservation.

self-pro'pelled, -pro'pelling, *a.* (*Of vehicle, etc.*) Automoteur, -trice; automobile; à auto-propulsion.

self-re'cording, self-'registering, *a.* (*Of apparatus, etc.*) Enregistreur, -euse. *See also* THERMOMETER.

self-re'gard, *s.* = SELF-RESPECT.

self-'regulating, *a.* *Mec.E:* Autorégulateur, -trice; à autoréglage.

self-re'liance, *s.* Indépendance *f*; confiance *f* en soi.

self-re'liant, *a.* Indépendant; qui a confiance en soi.

self-re'proach, *s.* Reproches *mpl* que l'on se fait à soi-même; remords *m*.

self-re'spect, *s.* Respect *m* de soi; amour-propre *m*, fierté *f*. **To lose all self-respect,** tomber dans la dégradation; perdre toute dignité.

self-re'specting, *a.* Qui se respecte, qui a de l'amour-propre. *Any s.-r. man can only decline*, un homme qui se respecte ne saurait que refuser.

self-re'strained, *a.* Retenu; qui a de l'empire sur soi-même; qui sait se contenir.

self-re'straint, *s.* Retenue *f*; modération *f*; empire *m* sur soi. *To exercise s.-r.*, se contenir; se retenir.

self-'righteous, *a.* Pharisaïque.

self-'righteousness, *s.* Pharisaïsme *m*.

self-'righting, *a.* (*Of life-boat, etc.*) A redressement automatique; inchavirable.

self-'sacrifice, *s.* Abnégation *f* (de soi); immolation *f* du moi.

'self-same, *attrib. a.* Identique; absolument le même.

self-satis'faction, *s.* Contentement *m* de soi; fatuité *f*, suffisance *f*.

self-'satisfied, *a.* Content de soi; suffisant. *S.-s. air*, air avantageux, fat.

self-'seeding, *s.* Semaison *f* (des plantes); dispersion naturelle des graines.
self-'seeking[1], *a.* = SELFISH.
self-'seeking[2], *s.* = SELFISHNESS.
self-'sown, *a.* (*Of plant*) Spontané.
self-'starter, *s.* **1.** *Aut:* (Auto)démarreur *m*; moteur *m* de lancement. **2.** *Typewr:* Ajuste-tabulateur *m inv.*
self-'starting, *a.* À mise en marche automatique; autodémarreur.
self-'styled, *a.* Soi-disant *inv*, prétendu.
self-su'fficiency, *s.* **1.** Indépendance *f. Pol.Ec:* **National self-sufficiency,** autarcie *f.* **2.** Vanité *f*, suffisance *f.*
self-su'fficient, *a.* **1.** (*Of thg*) Indépendant. **2.** (*Of pers.*) Suffisant, fat.
self-su'fficing, *a.* Indépendant; qui se suffit à soi-même. *Pol.Ec: S.-s. economic unit,* unité économique repliée sur elle-même.
self-su'ggestion, *s.* Autosuggestion *f.*
self-su'pporting, *a.* (*Of pers.*) Qui vit de son travail, qui suffit à ses besoins; (*of business*) qui fait, couvre, ses frais.
self-su'rrender, *s.* Abandon *m* (de soi-même) (*to*, à); abdication *f* de sa volonté.
self-'taught, *a.* **1.** (*Of pers.*) Autodidacte. **2.** (*Of knowledge*) Que l'on a appris tout seul.
self-'timing, *a. Phot:* (Obturateur) comportant réglage automatique de temps de pose de l'ordre de la seconde.
self-'toning[1], *a. Phot:* (Papier) auto-vireur, isovireur.
self-'toning[2], *s. Phot:* Auto-virage *m.*
self-'violence, *s.* Suicide *m.*
self-'will, *s.* Obstination *f*, entêtement *m*, opiniâtreté *f.*
self-'willed, *a.* Opiniâtre, obstiné, volontaire. *S.-w. man, F:* homme entier.
self-'winding, *a.* (Pendule *f*) à remontage automatique.

selfish ['selfiʃ], *a.* Égoïste, intéressé. *To act from a s. motive,* agir par calcul, dans un but intéressé. *See also* CORE[1] 1. **-ly,** *adv.* Égoïstement, d'une manière intéressée. *To act s.,* agir en égoïste.
selfishness ['selfiʃnəs], *s.* Égoïsme *m.*
selfless ['selfləs], *a.* Désintéressé; altruiste.
Selinti [se'linti]. *Pr.n. A.Geog:* Sélinonte *f* (en Asie Mineure).
Selinus [se'lainəs]. *Pr.n. A.Geog:* Sélinonte *f* ((i) en Sicile, (ii) en Asie Mineure).
Seljukians [sel'dʒu:kiənz], **Seljuks** [sel'dʒu:ks]. *Pr.n.pl. Turk.Hist:* (Les) Seldjoukides *m*, (les) Seldjoucides *m.*
sell[1] [sel], *s. F:* Déception *f*; *F:* attrape *f*; *P:* carotte *f*, blague *f.* **What a sell!** quelle fumisterie! c'est une vraie fumisterie! quelle tape! ça, c'est une sale blague!
sell[2], *v.tr.* (*p.t.* **sold** [sould]; *p.p.* **sold**) **1.** (*a*) Vendre (qch.) (*to*, à); vendre, placer (des marchandises). **To sell back,** revendre (*to*, à). *To s. goods easily,* écouler facilement des marchandises. *Difficult to s.,* de vente difficile; d'écoulement difficile. *To s. sth. by auction,* vendre qch. à la criée, aux enchères. *To s. sth. on credit,* vendre qch. à terme, à crédit. *To s. sth. for cash,* vendre qch. au comptant. *To s. sth. dear, cheap,* vendre qch. cher, (à) bon marché. *What are you selling plums at to-day?* combien faites-vous les prunes aujourd'hui? *To s. sth. at a loss,* mévendre qch.; vendre qch. perte. *He sold it me for ten shillings,* il me l'a vendu dix shillings. *I am commissioned to s. it,* j'en ai le placement. **To sell s.o. for a slave,** vendre qn comme esclave. *St.Exch:* **To sell short, to sell a bear,** vendre à découvert. *Mil: A:* **To sell one's commission,** vendre son brevet. (*b*) (*With passive force*) **Goods that sell well, easily,** marchandises *f* qui se vendent bien, qui se placent facilement, d'écoulement facile. *Article certain to s.,* article *m* d'un débit assuré. *This book sells well,* ce livre est de bonne vente. *Our stock is selling fast,* notre stock *m* s'écoule rapidement. **Goods made to sell,** camelote *f* bon marché. **Barley is selling at so much,** l'orge *f* se traite à tant. *What are plums selling at?* combien valent les prunes? à combien se vendent les prunes? **Land to sell,** to be sold, terrain *m* à vendre. *See also* BUY 1, CAKE[1] 1, LIFE 1, PUP[1] 1. **2.** (*a*) Vendre, trahir (un secret, son pays, etc.). *To s. one's conscience,* trafiquer de sa conscience. (*b*) *F:* Duper, tromper, *F:* refaire (qn). **You have been sold,** on vous a refait; on vous a acheté. **Sold again!** attrapé!
sell off, *v.tr.* Solder, écouler à bas prix (des marchandises); se défaire de (ses marchandises); liquider (son écurie, etc.); *P:* bazarder (ses effets). *Abs.* Liquider; faire une liquidation commerciale. *To s. off one's possessions, F:* laver ses biens; faire un lavage de ses biens; bazarder ses effets.
selling off, *s.* Liquidation *f. Fin:* (Re)vente *f*, réalisation *f* (de titres, etc.). *S. off of stock,* vente totale des stocks.
sell out. 1. *v.tr.* (*a*) *Fin:* Réaliser (tout un portefeuille d'actions). *Abs. St.Exch:* **To sell out against a client,** exécuter un client. (*b*) *Com:* Vendre tout son stock de (qch.). *Abs.* Se défaire de toutes ses marchandises. *The edition is sold out,* l'édition est épuisée. *F:* **I am sold out,** j'ai tout vendu. **We are sold out of this article,** nous sommes démunis de cet article. *We are sold out of eggs,* nous n'avons plus d'œufs. **2.** *v.i. Mil: A:* Vendre son brevet.
selling out, *s.* **1.** = SELLING OFF. **2.** *Mil: A:* Vente *f* de son brevet.
sell up, *v.tr.* Vendre, faire saisir (un failli); *Jur:* discuter (un débiteur) en ses biens. *He went bankrupt and was sold up,* il a fait faillite, et tout ce qu'il possédait a été vendu.
sold, *a. U.S: F:* **To be sold on sth.,** être entiché de qch.
selling[1], *a.* (*a*) Qui se vend. *See also* BEST-SELLING. (*b*) Qui vend.
selling[2], *s.* Vente *f* (de qch.); écoulement *m*, placement *m* (de marchandises). *Entrusted with the s. of sth.,* chargé de vendre qch., de la vente de qch. **Selling price,** prix marchand, fort; prix de vente. (*Conventional*) **selling weight,** poids vénal. *Turf:* **Selling race, plate,** course *f*, prix *m*, à réclamer.

seller ['selər], *s.* **1.** (*a*) Vendeur, -euse. *S. of shares,* réalisateur *m* de titres. *St.Exch:* **Seller's option,** prime *f* vendeur; prime pour livrer. (*b*) Marchand, -ande; débitant, -ante (*of*, de). *See also* PRINT-SELLER. **2.** *F:* (*Of book*) **Good seller, bad seller,** livre *m* de bonne, de mauvaise, vente. **Quick-sellers,** livres d'écoulement facile. *See also* BEST-SELLER. **3.** *Turf:* Course *f* à réclamer.
seltzer ['seltsər], *s.* **Seltzer(-water),** eau *f* de seltz. **A bottle of seltzer,** un siphon.
seltzogene ['seltsodʒi:n], *s.* = GASOGENE.
selvage, selvedge ['selvedʒ], *s.* **1.** *Tex:* Lisière *f*; cordeau *m* (de lainages épais). *Cloth with a good s.,* drap bien coiffé. **End-selvedge,** entre-bande *f* (d'une pièce d'étoffe). **2.** *Geol:* Salbande *f.* **3.** *Locksm:* Rebord *m*, têtière *f* (de serrure).
selvagee [selvə'dʒi:], *s. Nau:* Erse *f* en bitord.
selves [selvz]. *See* SELF[1].
semantic [se'mantik], *a. Ling:* = SEMASIOLOGICAL.
semantics [se'mantiks], *s.pl.* = SEMASIOLOGY.
semaphore[1] ['seməfɔ:ər], *s.* Sémaphore *m. Rail: etc:* **Semaphore-signal,** signal *m*, -aux, à bras.
semaphore[2], *v.tr.* Transmettre (une communication) par sémaphore ou par signaux à bras.
semaphoric [semə'fɔrik], *a.* (Signal *m*) sémaphorique.
semasiological [semeisio'lɔdʒik(ə)l], *a. Ling:* Sémantique.
semasiology [semeisi'ɔlodʒi], *s. Ling:* Sémasiologie *f*, sémantique *f.*
semblance ['sembləns], *s.* Apparence *f*, semblant *m*, simulacre *m. A* (*mere*) *s. of friendship,* une pure, une fausse, apparence d'amitié; un semblant d'amitié. **To bear the semblance of sth.,** ressembler à qch. **To put on a semblance of gaiety,** faire semblant d'être gai. **In semblance,** en apparence.
semée ['semi], *a. Her:* **Shield semée of, with, fleurs-de-lis,** écu semé de fleurs de lis.
semeiologist [si:mai'ɔlodʒist], *s. Med:* Sém(é)iologue *mf.*
semeiology [si:mai'ɔlodʒi], *s. Med:* Sém(é)iologie *f.*
Semele ['semeli]. *Pr.n.f. Gr.Myth:* Sémélé.
semen ['si:men], *s. Physiol:* Sperme *m*, semence *f.*
semester [si'mestər], *s. U.S:* Semestre *m* (scolaire, académique).
semi- ['semi], *pref.* **1.** Semi-. *Semi-amplexicaul,* semi-amplexicaule. *Semi-cubical,* semi-cubique. *Semi-historic,* semi-historique. *Semi-automatic gun,* canon semi-automatique. **2.** Demi-. *Semi-axis,* demi-axe. *Semicircle,* demi-cercle. *Semi-opaque,* demi-opaque. **3.** *Semi-civilized,* à moitié civilisé. *Semi-barbarous,* à demi barbare. *Semi-portable,* mi-fixe. **4.** *Semispherical,* hémisphérique.
semi-ac'quaintance, *s.* Personne *f* qu'on connaît à peine.
semi-ad'herent, *a.* Semi-adhérent.
semi-'annual, *a.* Semi-annuel; semestriel. **-ally,** *adv.* Semestriellement; deux fois par an.
semi-'Arian, *a. & s. Rel.H:* Semi-arien (*m*).
semi-as'phyxiating, *a.* (Gaz) suffocant.
semi-a'ttached, *a.* Semi-adhérent.
semi-auto'matic, *a.* (Mécanisme *m*) semi-automatique.
semi-'axis, *s. Geom:* Demi-axe *m* (d'une ellipse, etc.).
semi-bar'barian, *s. & a.* (Personne *f*, race *f*) à moitié barbare, à demi barbare.
semi-cen'tenary, *s.* Cinquantenaire *m.*
semi-cen'tennial, *a.* (*Of celebration, etc.*) Qui revient tous les cinquante ans.
semi-'chorus, *s. Mus:* Moitié *f* du chœur.
semi-cir'cumference, *s. Geom:* Demi-circonférence *f.*
semi-'column, *s. Arch:* Demi-colonne *f.*
semi-'conscious, *a.* A demi conscient; qui est en train de perdre ou de reprendre connaissance.
semi-'consonant, *s.* = SEMIVOWEL.
semi-con'vergent, *a. Mth:* (Série) semi-convergente.
semi-'cylinder, *s.* Demi-cylindre.
semi-cy'lindrical, *a.* Demi-cylindrique; hémicylindrique.
semi-'darkness, *s.* Pénombre *f*; demi-obscurité *f*; demi-jour *m.*
semi-de'ponent, *a. & s. Lt.Gram:* (Verbe) semi-déponent.
semi-de'tached, *a.* **Semi-detached house,** maison jumelle; maison faisant corps avec une autre dont elle n'est séparée que par un mur mitoyen; maison faisant partie d'un groupe de deux maisons jumelles accolées.
semi-di'ameter, *s. Geom:* Demi-diamètre *m.*
semi-'difference, *s.* Moitié *f* de la différence (entre deux quantités).
semi-'double, *a. Bot: etc:* Semi-double.
semi-e'lliptic, *a.* Semi-elliptique. *Aut: etc:* **Semi-elliptic spring,** ressort *m* semi-elliptique, à demi-pincette.
semi-en'closed, *a.* (Voiture *f*) demi-conduite intérieure.
semi-'final. *Sp:* **1.** *a.* Demi-final, -als. **2.** *s.* Demi-finale *f.*
semi-'finalist, *s. Sp:* Joueur, -euse, de la demi-finale.
semi-'fitting, *a. Cost:* (Robe) mi-cintrée.
semi-'floret, *s. Bot:* Demi-fleuron *m.*
semi-'globe, *s.* Hémisphère *m.*
semi-'grand, *s.* Piano *m* à demi-queue.
semi-'invalid, *s.* Demi-valétudinaire *mf.*
semi-'invalidism, *s.* Santé chancelante.
semi-'jubilee, *s.* Vingt-cinquième anniversaire *m.*
semi-'literate, *a.* Semi-illettré.
'semi-lune, *s.* Demi-lune *f*; croissant *m.*
'semi-manu'factured, *a. Ind:* Mi-ouvré.
semi-'military, *a.* **Semi-military body,** association *f* paramilitaire.
semi-'monthly, *a.* (*Of publication, etc.*) Semi-mensuel; bimensuel.
semi-'nude, *a.* A moitié nu; à demi nu.
'semi-nymph, *s. Ent:* Semi-nymphe *f.*

semi-oc'casionally, *adv. U.S:* De temps en temps; à de rares intervalles; assez rarement.
semi-o'fficial, *a.* Semi-officiel; officieux. **-ally,** *adv.* D'une manière semi-officielle; officieusement.
semi-o'paque, *a.* Demi-opaque.
semi-'palmate, *a. Orn:* Semi-palmé.
semi-'portable, *a.* (Chaudière *f*, etc.) mi-fixe.
semi-'precious, *a. Lap:* (*Of stones*) Fin.
semi-'profile, *attrib.a. S.-p. portrait*, portrait *m* de trois quarts.
semi-'rigid, *a.* (*Of airship, etc.*) Semi-rigide.
semi-'rounded, *a.* Demi-rond.
semi-'shingled, *a.* (Cheveux) taillés à la boule.
semi-'smile, *s.* Léger sourire; demi-sourire *m*.
semi-'solid, *a. Ch: etc:* Semi-solide.
semi-'sparkling, *a.* (Vin) pétillant.
semi-'steel, *s.* Acier puddlé.
semi-'sum, *s.* Moitié *f* du total de deux ou plusieurs quantités.
semi-tran'sparency, *s.* Demi-transparence *f*, semi-transparence *f*.
semi-tran'sparent, *a.* Demi-transparent, semi-transparent; à demi transparent; translucide.
semi-'tropical, *a.* Subtropical, -aux.
semi-'weekly, *a.* Semi-hebdomadaire; bi-hebdomadaire.
semibreve ['semibriːv], *s. Mus:* Ronde *f*; *A:* semi-brève *f*. *See also* REST[1] 2.
semicircle ['semisəːrkl], *s.* 1. *Geom:* Demi-cercle *m*. 2. *Surv:* Graphomètre *m*.
semicircular [semi'səːrkjulər], *a.* Demi-circulaire, semi-circulaire; en demi-cercle. **Semicircular protractor,** rapporteur *m* demi-cercle. *See also* ARCH[1] 1.
semicolon ['semikoulən], *s.* Point *m* et virgule.
semidemisemiquaver ['semidemi'semi'kweivər], *s. Mus:* Quadruple croche *f*.
semifluid [semi'fluid]. 1. *a.* Semi-fluide, semi-liquide, à demi fluide. 2. *s.* Semi-fluide *m*.
semilunar [semi'luːnər], *a. Anat: etc:* (Os *m*, cartilage *m*, *etc.*) semi-lunaire.
seminal ['seminəl], *a. Physiol: Bot:* Séminal, -aux. **Seminal fluid,** sperme *m*; liquide séminal. *In the s. state*, à l'état latent; embryonnaire.
seminar ['seminɑːr], *s. Sch:* Groupe *m* d'étudiants avancés qui se livrent à des travaux pratiques sous la direction du professeur. *S. lectures*, conférences *f* hors programme sur des sujets spéciaux.
seminarist ['seminərist], *s. R.C.Ch:* Séminariste *m*.
seminary ['seminəri], *s.* 1. *R.C.Ch:* Séminaire *m*. 2. *A:* **Young ladies' seminary,** pensionnat *m* de jeunes filles.
semination [semi'neiʃ(ə)n], *s. Bot:* Sémination *f*.
seminiferous [semi'nifərəs], *a. Bot: Anat:* Séminifère.
Seminoles ['seminoulz], *s.pl. Ethn:* Séminoles *m*.
semiquaver ['semikweivər], *s. Mus:* Double croche *f*. *See also* REST[1] 2.
semispheric(al) [semi'sferik(əl)], *a.* Hémisphérique.
Semite ['semait, 'siː-], *a.* & *s. Ethn:* Sémite (*mf*).
Semitic [se'mitik], *a.* Sémitique.
Semitism ['semitizm, 'siː-], *s.* Sémitisme *m*.
semitone ['semitoun], *s. Mus:* Demi-ton *m*, semi-ton *m*.
semitonic [semi'tɔnik], *a.* (Intervalle *m*) d'un demi-ton. *S. scale*, gamme *f* chromatique.
semivowel ['semivauəl], *s. Ling:* Semi-voyelle *f*.
semolina [semo'liːna], *s. Cu:* Semoule *f*. *S. pudding*, semoule au lait.
sempiternal [sempi'təːrnəl], *a.* Sempiternel, éternel. **-ally,** *adv.* Sempiternellement, éternellement.
Sempronia [sem'prounja]. *Pr.n.f. Rom.Hist:* Sempronie.
sempstress ['sem(p)stres], *s.f.* = SEAMSTRESS.
senary ['senəri], *a. Mth:* (*Of scale, division*) Senaire. 1. A base six. 2. Six à six.
senate ['senet], *s. Rom.Ant: Pol:* Sénat *m*. *Sch:* (*At Cambridge University, etc.*) Conseil *m* de l'université.
'senate-house, *s.* Sénat *m*.
senator ['senətər], *s.* 1. Sénateur *m*. 2. *Jur:* (*Scot.*) **Senator of the College of Justice,** juge *m*.
senatorial [senə'tɔːriəl], *a.* Sénatorial, -aux; sénatorien. *S. dignity, ornaments*, dignité sénatoriale; ornements sénatoriaux. *S. house, family*, maison, famille, sénatorienne.
senatorian [senə'tɔːriən], *a. Rom.Ant:* Sénatorien.
senatorship ['senətərʃip], *s.* Office *m*, dignité *f*, de sénateur.
senatus consult(um, *pl.* **-a)** [se'neitəskɔn'sʌlt(əm, -*a*)], *s. Hist:* Sénatus-consulte *m*, *pl.* sénatus-consultes.
send[1] [send], *v.tr.* (*p.t.* **sent** [sent]; *p.p.* **sent**) 1. (*a*) Envoyer (qn, un courrier, etc.). *To s. a child to school*, envoyer, mettre, un enfant à l'école. *To s. s.o. as ambassador to London*, envoyer qn en ambassade à Londres. *To s. s.o. with a message to s.o.*, envoyer qn avec un mot pour qn. **To send s.o. on an errand,** envoyer qn faire une commission. **To send s.o. for, after, sth.,** envoyer qn chercher qch.; envoyer qn à la recherche de qch. *I shall s. him for her*, je l'enverrai la chercher. **To send a member to Parliament,** envoyer, déléguer, un député à la Chambre. *Mil: To s. a case to a hospital*, diriger un blessé sur un hôpital. *F:* **To be sent into the world,** être mis au monde. *See also* COVENTRY 2. (*b*) Envoyer, faire parvenir (qch.); expédier (une lettre, un colis, etc.); remettre, faire tenir (de l'argent). *I am sending you by post the sum of ten pounds*, je vous fais tenir par la poste la somme de dix livres. **To send word to s.o.,** envoyer un mot à qn; faire savoir qch. à qn. **To send one's love to s.o.,** envoyer, faire (faire), ses amitiés à qn. *The news was sent to him*, on lui manda la nouvelle. *The sum sent to him*, la somme à lui envoyée. *To s. clothes to the wash*, donner du linge à blanchir. *To s. goods every month*, faire un envoi tous les mois. *To s. goods elsewhere*, déplacer des marchandises. *All the fish gets sent up to London*, tout le poisson est acheminé sur Londres. 2. (*Drive, compel*) *Power that sends sth. in a certain direction*, force *f* qui fait marcher, qui pousse, qch. dans une certaine direction. *It sent a shiver down my spine*, cela m'a fait passer un frisson dans le dos. *Your question has sent me to the dictionary*, votre question m'a fait chercher dans le dictionnaire. *The blow sent him sprawling*, le coup le renversa les quatre fers en l'air; le coup l'envoya rouler. *The blow sent the child crying to its mother*, ainsi frappé, l'enfant s'en fut pleurer près de sa mère. *See also* BUSINESS 1, CRAZY 1, FIT[1] 1, FLY[3] I. 3, PACK[1] I. 8, RIGHT-ABOUT 1, SLEEP[1] 1, WIT[1] 1. 3. (*Of God, chance, etc.*) Accorder, envoyer (qch.). **God send that** *I may arrive in time*, Dieu veuille que j'arrive à temps; puissé-je arriver à temps. **(God) send him victorious,** que Dieu lui donne, lui accorde, la victoire. *What fortune sends us*, ce que la fortune nous envoie. 4. *Abs.* Envoyer un message, un messager. *S. to me in the morning*, envoyez-moi un mot le matin. *If you don't s. I shall not come*, si vous ne me le faites pas dire je ne viendrai pas. *Mrs X has sent to ask if . . .*, Madame X a envoyé demander si . . . . *To s. and see if . . .*, envoyer voir si . . . .
To send for s.o., sth., envoyer chercher, envoyer quérir, qn, qch. *You must s. for a barrel of beer*, vous ferez venir un tonneau de bière. **I shall send for it,** je vais l'envoyer prendre. *S. to my house for it*, envoyez-le prendre chez moi. *S. for him*, envoyez-le chercher. *We sent for the doctor*, (i) nous avons appelé, envoyé chercher, le médecin; (ii) nous avons fait venir le médecin. *The doctor was sent for*, on fit venir le médecin.
send along, *v.tr. F:* Envoyer (qn, qch.). **Send him along!** envoyez-le me voir; dites-lui de venir me trouver.
send away, *v.tr.* 1. (*a*) Renvoyer, congédier (qn) (*with words of comfort*, avec des paroles de consolation). (*b*) Expédier (qch.). 2. Renvoyer, congédier, chasser (un employé, etc.).
sending away, *s.* (*a*) Renvoi *m* (de qn). (*b*) Expédition *f* (de marchandises, etc.).
send back, *v.tr.* 1. (*a*) Renvoyer (qn, qch.). *I sent him back to buy a paper*, je l'ai renvoyé (pour) acheter un journal. *I have sent back the umbrella*, j'ai renvoyé, rendu, le parapluie. (*b*) Réexpédier (des marchandises, etc.). 2. Refléter (la lumière, etc.).
sending back, *s.* (*a*) Renvoi *m* (de qn, de qch.). (*b*) Ré-expédition *f* (d'un colis, etc.).
send down, *v.tr.* 1. (*a*) Envoyer (qn, qch.) en bas; faire descendre (qn, qch.). (*b*) Envoyer (qn, des marchandises) de Londres en province. (*c*) *Sch:* Renvoyer (un étudiant) dans sa famille; (i) expulser (un étudiant de l'université); (ii) renvoyer temporairement (un étudiant). (*d*) *F:* Faire coffrer (qn). (*e*) *Cr:* (*Of bowler*) **To send down the ball,** lancer la balle. 2. (*Of wind, etc.*) Rabattre (la fumée, etc.). 3. *Nau:* Dépasser (un mât); dégréer (une vergue).
send forth, *v.tr.* (*a*) Répandre, exhaler (une odeur, etc.); lancer, jeter (des étincelles, etc.); émettre (des rayons, etc.). (*b*) (*Of plant*) Pousser (des feuilles).
sending forth, *s.* Exhalation *f* (d'une odeur, etc.); lancement *m*, jet *m* (d'étincelles, etc.); émission *f* (de rayons).
send in, *v.tr.* 1. (*a*) Faire (r)entrer (qn). (*b*) **To send in one's card,** faire passer sa carte. *To s. in one's name*, se faire annoncer. (*c*) **To send in the dinner,** servir le dîner. 2. (*a*) Livrer, rendre (un compte). *He has sent in his bill*, il nous a envoyé sa note. *Applications should be sent in before September the tenth*, les demandes devront être remises avant le dix septembre. (*b*) **To send in one's resignation,** envoyer, donner, sa démission. 3. *Cr:* **To send in a player,** envoyer un batteur au guichet.
send off, *v.tr.* (*a*) Envoyer (qn) (en mission, etc.). (*b*) Expédier (une lettre, etc.).
send-'off, *s. F:* Fête *f* d'adieu; démonstration *f* d'amitié (au départ de qn). **To give s.o. a good send-off,** assister en nombre au départ de qn (pour lui souhaiter bon voyage). *The press has given the play a good send-off*, la presse a été unanime à saluer de ses éloges la nouvelle pièce.
sending off, *s.* (*a*) Envoi *m* (de qn). (*b*) Expédition *f* (d'une lettre).
send on, *v.tr.* (*a*) Faire suivre (une lettre). (*b*) Transmettre (un ordre).
sending on, *s.* Transmission *f* (d'un ordre, etc.).
send out, *v.tr.* (*a*) Envoyer (qn) dehors; faire sortir (qn); *F:* mettre (qn) à la porte. (*b*) Lancer (des circulaires). (*c*) Jeter, vomir (des nuages de fumée, etc.). (*d*) Émettre (des signaux, de la chaleur, etc.). (*e*) (*Of plant*) **To send out leaves,** pousser des feuilles.
sending out, *s.* Lancement *m* (d'une circulaire); émission *f* (de signaux). **Wireless sending-out station,** poste émetteur; poste d'émission; poste de départ.
send round, *v.tr.* 1. Faire circuler, faire passer (la bouteille, une nouvelle, etc.). 2. *Abs. F:* Envoyer (qn). **I will send round to-morrow,** j'enverrai quelqu'un demain (pour reprendre qch., pour prendre des ordres, etc.).
sending round, *s.* Circulation *f* (de la bouteille, d'une nouvelle).
send through, *v.tr.* Transmettre (une communication, un télégramme, etc.).
send up, *v.tr.* 1. (*a*) Faire monter (qn, qch.). *To s. up a balloon*, mettre un ballon en ascension; enlever un ballon. *To s. up a ball*, lancer une balle en l'air. *Parl:* **To send up a bill to the Upper House,** présenter un projet de loi à la Chambre supérieure. **To send up one's plate for a second helping,** faire passer son assiette pour en redemander. (*b*) Servir (le dîner, etc.). (*c*) Envoyer (qn, des marchandises) de la province à Londres. 2. *Nau:* Passer, guinder (un mât). 3. Faire monter, faire hausser (les prix, **la température** de qn, etc.).

sending up, *s.* Lancement *m* (d'un ballon, etc.); service *m* (du dîner).

sending, *s.* **1.** (*a*) Envoi *m* (de qn). (*b*) Envoi (de qch.); expédition *f* (d'un colis, etc.). **2.** *W.Tel:* **Sending station,** poste émetteur, d'émission.

send², *s. Nau:* Fort tangage.

send³, *v.i.* (**sended**) *Nau:* (*Of ship*) Plonger dans le creux de la lame; tanguer fortement.

sender ['sendər], *s.* **1.** (*Pers.*) Envoyeur, -euse; signaleur *m* (de signaux); expéditeur, -trice (d'un télégramme, d'une lettre). *Com:* (i) Expéditeur, expéditionnaire *mf*; (ii) remetteur, -euse, remettant, -ante (d'argent). **2.** *Tg: Tp:* (*Device*) Manipulateur *m*, transmetteur *m*. **Morse sender,** clef *f* Morse. *Automatic s.*, manipulateur automatique.

senebiera [senə'bi:ərə], *s. Bot:* Sénebière *f*, sénebiérie *f*.

Seneca ['senekə]. *Pr.n.m. Lt.Lit:* Sénèque.

senega ['senegə], *s.* **1.** *Bot:* Polygala *m* de Virginie. **2.** *Pharm:* **Senega(-root),** (racine *f* du) polygala de Virginie.

Senegal [sene'gɔ:l]. *Pr.n. Geog:* Le Sénégal.

Senegalese [senegə'li:z], *a. & s. Geog:* Sénégalais, -aise.

Senegambia [sene'gambiə]. *Pr.n. Geog:* La Sénégambie.

Senegambian [sene'gambiən], *a. & s. Geog:* Sénégambien, -ienne.

senescence [se'nes(ə)ns], *s. Biol:* Sénescence *f*.

senescent [se'nes(ə)nt], *a.* (*a*) *Biol:* Sénescent. (*b*) En train de vieillir; *F:* sur le retour.

seneschal ['seneʃəl], *s. Hist:* Sénéchal, -aux *m*.

seneschalsy ['seneʃəlsi], *s. Hist:* Sénéchaussée *f*.

senile ['si:nail], *a.* Sénile. **Senile decay,** dégénérescence *f* sénile.

senility [se'niliti], *s.* Sénilité *f*, caducité *f*; vieillesse avancée.

senior ['si:njər]. **1.** *a.* (*a*) Aîné, doyen. **Jones senior,** Jones aîné. **William Jones senior,** William Jones père. *He is two years s. to me*, il est mon aîné de deux ans. (*b*) (Le plus) ancien, (la plus) ancienne; le plus élevé, la plus élevée (en grade); supérieur, -eure. **Senior in rank,** de grade supérieur. *To be s. to s.o.*, être l'ancien, le doyen, de qn. *He is four years s. to me*, il est mon ancien de quatre ans. **The senior Service,** la marine. *The s. boys, girls, of a school*, les grands, grandes (élèves); les (élèves) anciens, les (élèves) anciennes. **Senior clerk,** (i) *Adm:* premier commis, commis principal; chef de bureau; (ii) (*in lawyer's office*) premier clerc. *See also* PARTNER¹ 1. **The senior officer,** le doyen des officiers. *My s. officer*, mon officier supérieur. *Sch:* **Senior master,** maître en premier. *The s. French master*, le titulaire de la première chaire de français. *Fin:* **Senior shares,** actions *f* de capital, de priorité. **2.** *s.* (*a*) Aîné, -ée; doyen, -enne (d'âge). *She is his s. by three years*, elle est son aînée de trois ans. (*b*) (Le plus) ancien, (la plus) ancienne; le plus élevé, la plus élevée (en grade); supérieur, -eure; doyen, -enne. *To be s.o.'s s.*, être l'ancien, le doyen, de qn. *He is my s. by two years*, il est mon ancien de deux ans. (*Of pupils*) **The seniors,** les anciens, les grands. (*c*) *Sch: U.S:* Étudiant(e) de quatrième (et dernière) année.

seniority [si:ni'ɔriti], *s.* **1.** Priorité *f* d'âge; supériorité *f* d'âge; doyenneté *f*. **He is chairman by seniority,** il est président d'âge. **2.** Ancienneté *f* (de grade). *To be promoted* **by seniority,** avancer (de grade), être promu, à l'ancienneté. **Right of seniority,** droit *m* d'ancienneté. **Seniority list,** liste *f* à l'ancienneté.

senna ['senə], *s. Bot: Pharm:* Séné *m*. **Senna tea,** infusion *f* de séné; tisane *f* de séné. **Senna pods,** follicules *m* de séné.

sennet ['senet], *s. Th: A:* Fanfare *f* (pour annoncer une entrée solennelle des acteurs).

sennight ['senait], *s. A:* Semaine *f*; huit jours *m*. *Tuesday last was s.*, il y a eu mardi huit jours.

sennit ['senit], *s. Nau:* Tresse *f* (de chanvre, de paille).

Senonian [se'nounjən], *a. Geol:* (Étage, etc.) sénonien.

sensation [sen'seiʃ(ə)n], *s.* **1.** Sensation *f*; sentiment *m*, impression *f* (de malaise, de bien-être, etc.). *To have a s. of discomfort*, éprouver une sensation de malaise. *I had a s. of falling*, j'avais l'impression que je tombais. *A new s.*, une sensation nouvelle. *Psy:* **Articular sensation,** sens *m* articulaire. **After-sensation,** image consécutrice. **2.** Sensation; effet sensationnel. (*Of event, etc.*) **To create, make, cause, a sensation,** faire sensation. *To create a profound s.*, faire une sensation profonde. *Book that made a s.*, livre qui a fait du fracas, du bruit. **Sensation novel,** roman *m* à sensation. *F:* **Sensation!** tableau!

sen'sation-monger, *s.* = SENSATIONALIST 1.

sensational [sen'seiʃən(ə)l], *a.* **1.** *Phil:* Qui dépend des sens. **2.** Sensationnel, à sensation, à effet. **Sensational happening,** événement *m* qui a fait sensation; coup *m* de théâtre. *Journ: Yesterday Versailles was the scene of a s. affair*, un drame s'est déroulé hier à Versailles. **Sensational piece of news,** nouvelle sensationnelle, à sensation; *F:* pétard *m*. *S. writer*, auteur *m* à gros effets, à effets corsés. **-ally,** *adv.* D'une manière sensationnelle.

sensationalism [sen'seiʃənəlizm], *s.* Recherche *f* du sensationnel, *F:* de l'épate.

sensationalist [sen'seiʃənəlist], *s.* **1.** Colporteur *m* de nouvelles à sensation. **2.** Auteur *m* à effets corsés.

sensationalize [sen'seiʃənəlaiz], *v.tr.* **1.** Exagérer, corser (un incident). **2.** Épater, travailler (le public).

sensationism [sen'seiʃənizm], *s.* = SENSATIONALISM.

sensationist [sen'seiʃənist], *s.* **1.** = SENSATIONALIST. **2.** *Phil:* Sensationniste *m*.

sense¹ [sens], *s.* **1.** (*a*) Sens *m*. **The five senses,** les cinq sens. *F:* **The sixth sense,** le sixième sens; l'instinct *m*; l'intuition *f*. *The operations of the senses and those of the mind*, les opérations sensitives et les opérations intellectuelles. **To have a keen sense of smell, of hearing,** avoir l'odorat fin, l'ouïe fine. *To be in the enjoyment of all one's senses*, jouir de toutes ses facultés. **Pleasures of the senses,** plaisirs *m* des sens; sensualité *f*. *F:* **To kindle the senses of s.o.,** émoustiller qn. *Displays that kindle the senses*, spectacles *m* qui allument le sang. *With senses all alert*, bien éveillé. (*b*) Les sens. *Errors of s.*, erreurs des sens. *Forms of life without s.*, formes de vie dépourvues des sens. **Sense organs,** organes *m* des sens. **2.** *pl.* (*a*) Santé *f* d'esprit. **To be in one's senses,** être sain d'esprit. **Are you in your right senses?** avez-vous votre raison? *You are not in your right senses; you are out of your senses*, vous n'êtes pas dans votre bon sens. **Any man in his senses,** tout homme jouissant de son bon sens. **He has taken leave of, is out of, his senses,** sa tête déménage; *F:* il n'y est plus. *Have you taken leave of your senses?* est-ce que vous perdez la tête? vous perdez la raison? **To bring s.o. to his senses,** ramener, mettre, qn à la raison; dégriser qn. **To frighten s.o. out of his senses,** effrayer qn jusqu'à lui faire perdre la raison. **To come to one's senses,** revenir à la raison; se mettre à la raison; *F:* se dégriser. *See also* DRIVE² I. 3. (*b*) Connaissance *f*. **To lose one's senses,** perdre connaissance. **To come to one's senses,** (i) revenir à soi; reprendre ses sens; (ii) sortir d'un rêve; reprendre le sentiment de la réalité des faits. **3.** (*a*) Sensation *f*, sens. **A sense of pleasure, of warmth,** une sensation de plaisir, de chaleur. **Inward sense,** sens interne. *To have a s. of having done wrong*, avoir le sentiment d'avoir mal agi. *To labour under a s. of injustice*, nourrir un sentiment d'injustice. (*b*) Sentiment, conscience *f*. *S. of colour, s. of beauty*, sentiment des couleurs, de la beauté. **To have a sense of time,** avoir le sentiment de l'heure. *He has no stage s.*, il n'a pas le sentiment de la scène; il manque d'instinct dramatique. **To have a high sense of duty,** avoir un haut sentiment de ses devoirs. *See also* DUTY 2. *Keen, delicate,* **sense of humour,** sentiment très vif, très fin, de l'humour. *To have no s. of the proprieties*, n'avoir aucun sentiment des convenances. *To lose the s. of justice*, perdre le sens de la justice. **To have a high sense of one's own importance,** avoir une haute opinion de soi-même, un vif sentiment de sa propre importance. *See also* DIRECTION 3, MORAL I. 1, ROAD-SENSE. (*c*) **To take the sense of the meeting,** prendre l'opinion, le sentiment, de l'assemblée; consulter l'assemblée (sur une question). **4.** Bon sens, intelligence *f*, jugement *m*. **Common sense, good sense,** sens commun; bon sens; jugement sain. **Sound common sense,** le gros bon sens. *To be gifted with sound common s.*, avoir une intelligence ronde. **To show good sense,** faire preuve de jugement. **To take a common-sense view of things,** envisager les choses avec bon sens. *To act* **against all sense,** agir en dépit du sens commun, contre le sens commun. **To talk sense,** parler raison. **There is no sense in that,** tout cela n'a pas le sens commun; cela ne rime à rien. *What is the s. of talking like that?* à quoi bon, à quoi cela rime-t-il, de parler comme cela? **Person of sense,** personne *f* de sens; personne intelligente. **To have the (good) sense to** + *inf.*, avoir l'intelligence de + *inf.* *To have more s. than to* + *inf.*, avoir trop de bon sens pour + *inf.* **He ought to have had, to have shown, more sense,** il aurait dû faire preuve de plus de jugement. **5.** Sens, signification *f* (d'un mot, etc.). **These words do not make sense,** ces mots n'ont pas de sens, sont incompréhensibles. **To make sense out of nonsense,** attacher un sens à l'inintelligible. *I can't make s. of this passage*, je n'arrive pas à comprendre ce passage. **In the literal sense,** au sens propre. **In the full sense of the word,** dans toute la force, l'acception, du terme. *In the ordinary s. of the word*, au sens ordinaire du mot. **To use a word in a good, a bad, sense,** employer un mot en bonne, en mauvaise, part. **To take a word in the wrong sense,** prendre un mot à contre-sens. **In a sense,** d'une certaine façon; dans un (certain) sens; d'un certain point de vue. *See also* FIGURATIVE 2, IMPROPER 1, NARROW¹ 1.

sense², *v.tr.* **1.** (*a*) Sentir (qch.) intuitivement; pressentir (qch.); avoir le sens de (qch.). (*b*) *To s. the audience*, *F:* prendre la température de l'auditoire. **2.** *U.S:* Comprendre, saisir (qch.). *I had sensed as much*, c'est bien ce que j'avais compris; je m'en étais bien rendu compte. **3.** *Phil:* Percevoir (qch.) par les sens.

senseless ['sensləs], *a.* **1.** (*Of pers.*) Sans connaissance, inanimé. **To fall senseless,** tomber sans connaissance. **To knock s.o. senseless,** assommer qn. *Knocked s.*, assommé, privé de connaissance (par un choc). **2.** (*Of pers., thg, conduct, etc.*) Qui n'a pas le sens commun; insensé, stupide, déraisonnable; dénué de sens, de raison. **A senseless remark,** une bêtise. *At the end of this s. journey*, à la fin de ce stupide voyage, *F:* de ce bête de voyage. **3.** Dépourvu des facultés des sens; insensible. **-ly,** *adv.* Insensément, déraisonnablement, stupidement, sottement.

senselessness ['sensləsnəs], *s.* **1.** Manque *m* de bon sens; stupidité *f*. **2.** Insensibilité *f*.

sensibility [sensi'biliti], *s.* **1.** Sensibilité *f* (d'un organe, etc.). *S. to an influence*, sensibilité à une influence. **2.** (*Emotional*) Sensibilité, émotivité *f*. *Mawkish s.*, sensiblerie *f*. **'Sense and Sensibility,'** "Le bon sens et la sensibilité" (de Jane Austen). To outrage **s.o.'s sensibilities,** faire outrage aux susceptibilités *f* de qn. **3.** *My s. of his many kindnesses*, la conscience que j'ai de tous ses bienfaits.

sensible ['sensibl], *a.* **1.** (*a*) Sensible, perceptible; qui peut être saisi par les sens. *S. horizon*, horizon apparent, visible. *S. heat*, chaleur *f* sensible. (*b*) *A:* = SENSITIVE. *S. balance*, balance *f* sensible. **2.** (*Of quantity, difference, etc.*) Sensible, appréciable; assez considérable. *S. rise in temperature*, hausse *f* appréciable de la température. **3.** (*Aware*) (*Of pers.*) Conscient (*of*, de). **To be sensible of one's danger,** se rendre compte du danger. *He became s. of a confused noise*, il eut conscience d'un bruit confus. *I am very s. of my defects*, je me rends parfaitement compte de mes défauts. **To be sensible of the fact that . . .,** apprécier le fait que. . . . *S. of an honour*, sensible à un honneur. *S. of the enormity of his crime . . .*, se rendant compte de l'énormité du crime qu'il avait commis. . . . *To be s. of s.o.'s kindness*, être sensible à l'amabilité, aux amabilités, de qn. **4.** Sensé, raisonnable, judicieux. **Sensible person,** personne sensée, pleine de bon sens. *S. people*, les gens sensés; les esprits sages. *S. choice*, choix judicieux. **Be sensible,** soyez raisonnable. *The s. donkey stood perfectly still,* l'âne garda sagement l'immobilité. **Sensible clothing,** vêtements commodes, pratiques. *S. shoes*, chaussures rationnelles. **-ibly,** *adv.* **1.** Sensiblement, perceptiblement, d'une manière appréciable. **2.** Sensément, raisonnablement, judicieusement; avec bon sens. **To be sensibly dressed,** porter des vêtements pratiques.

sensibleness ['sensiblnəs], *s.* Bon sens; jugement (sain); intelligence *f*; raison *f*. *The s. of his choice*, son choix judicieux.

sensitive ['sensitiv], *a.* **1.** *Occ.* Sensible, sensitif; (qui a la faculté) des sens. *Bot:* **Sensitive plant,** sensitive *f*, mimeuse *f*, mimosa *m or f*, herbe vivante. **2.** (*a*) (*Of skin, tooth*) Sensible, sensitif. *Horse with a s. mouth*, cheval à la bouche chatouilleuse, sensible. **Sensitive to sth.,** sensible à qch. *S. to moisture*, sensible à l'humidité. (*Of pers.*) *To be s. to cold*, être frileux, -euse. *Plant s. to frost*, plante délicate. (*b*) (*Of pers.*) Susceptible; impressionnable. **Don't be so sensitive,** ne soyez pas si susceptible. *S. on questions of honour*, sensible, chatouilleux, sur l'honneur. *Public opinion is very s. with regard to . . .*, l'opinion publique est ombrageuse à l'endroit de. . . . (*c*) **Sensitive scales,** balance *f* sensible. *Com: Fin:* **Sensitive market,** marché instable, prompt à réagir. *Phot:* **Sensitive plate,** plaque impressionnable, sensible à la lumière. **Sensitive paper,** papier sensible, sensibilisé. *See also* COLOUR-SENSITIVE. **3.** *s.* Personne *f* sensible aux influences psychiques; sujet *m* sensible. **-ly,** *adv.* Sensiblement; d'une manière sensible, sensitive.

sensitiveness ['sensitivnəs], **sensitivity** [sensi'tiviti], *s.* **1.** Sensibilité *f*, sensitivité *f*; faculté *f* de sentir (d'une plante, etc.); promptitude *f* à réagir. **2.** (*a*) Sensibilité (de caractère); susceptibilité *f*. (*b*) Sensibilité (d'une machine, d'une cellule photo-électrique). **Lack of sensitiveness,** insensibilité *f*. *Phot: S. of an emulsion*, impressionnabilité *f*, rapidité *f*, d'une émulsion.

sensitizable ['sensitaizəbl], *a.* *Phot:* (*Of paper*) Sensibilisable.

sensitize ['sensitaːiz], *v.tr.* Sensibiliser, rendre sensible (l'esprit de qn, *Phot:* les plaques, le papier).

sensitized, *a.* *Phot:* (Papier *m*, plaque *f*) sensible, impressionnable.

sensitizing[1], *a.* Sensibilisateur, -trice. *Phot:* **Sensitizing bath,** bain *m* à sensibiliser; sensibilisateur *m*.

sensitizing[2], *s.* *Phot:* Sensibilisation *f*.

sensitizer ['sensitaizər], *s.* *Phot:* (Agent) sensibilisateur *m*.

sensitometer [sensi'tɔmetər], *s.* *Phot:* Sensitomètre *m*.

sensorial [sen'sɔːriəl], **sensory** ['sensəri], *a.* *Physiol:* Sensoriel; sensorial, -aux. **Sensorial power,** énergie sensorielle, vitale. *S. errors*, erreurs sensorielles.

sensori-motor [sensəri'moutər], *a.* *Anat:* (Nerf) sensitivo-moteur.

sensorium, *pl.* **-ia, -iums** [sen'sɔːriəm, -*ia*, -iəmz], *s.* *Physiol: Biol:* Sensorium *m*.

sensual ['sensjuəl, -ʃuəl], *a.* **1.** Sensuel; (instinct) animal. *The average s. man* l'homme moyen sensuel. **2.** Sensuel; voluptueux; libidineux; (homme) jouisseur. *S. enjoyment*, jouissances *fpl* des sens; volupté *f*. **-ally,** *adv.* Avec sensualité; sensuellement.

sensualism ['senʃuəlizm], *s.* **1.** *Phil:* Sensualisme *m*. **2.** = SENSUALITY.

sensualist ['senʃuəlist], *s.* **1.** *Phil:* Sensualiste *mf*. **2.** Sensualiste; jouisseur, -euse, voluptueux, -euse.

sensuality [senʃu'aliti], *s.* Sensualité *f*.

sensualize ['senʃuəlaːiz], *v.tr.* Sensualiser, animaliser.

sensuous ['senʃuəs], *a.* **1.** (*Of pleasure, life, etc.*) Sybaritique, voluptueux; (*of charm, etc.*) capiteux. **2.** Qui provient des sens; matérialiste. **-ly,** *adv.* D'une manière sybaritique; avec volupté.

sensuousness ['senʃuəsnəs], *s.* Sybaritisme *m*; volupté *f*.

sent [sent]. *See* SEND[1].

sentence[1] ['sentəns], *s.* **1.** *Jur:* (*a*) Jugement *m* (en matière pénale ou ecclésiastique, et en matières de l'Amirauté); sentence *f*, condamnation *f*. *Police-court s.*, condamnation de simple police. **Life sentence,** condamnation à vie. **Sentence of death, death-sentence,** arrêt *m*, sentence, de mort; condamnation à mort. *Under s. of death*, condamné à mort. **To pass (a) sentence,** prononcer une condamnation, une sentence. *To pass s. of three months' imprisonment on s.o.*, condamner qn à trois mois de prison. *To give rise to a s. under criminal law*, entraîner une condamnation au pénal. *See also* JUST[2] I. 1. (*b*) Peine *f*. *Commutation of s.*, commutation *f* de peine. *While he was undergoing his s.*, pendant la durée de sa peine; pendant qu'il purgeait sa peine. *See also* SERVE[2] I. 1. **2.** *Gram:* Phrase *f*. *Well constructed s.*, phrase bien coupée, bien arrondie, bien construite. **3.** *A:* (*a*) Opinion *f*. (*b*) Sentence, adage *m*, maxime *f*.

'sentence-word, *s.* *Gram: Ling:* Mot-phrase *m*, *pl.* mots-phrases.

sentence[2], *v.tr.* *Jur:* Condamner (qn); prononcer une condamnation, une sentence, contre (qn). *To s. s.o. to a month's imprisonment, to death*, condamner qn à un mois de prison, à mort. *Shall be sentenced to a term of . . .*, sera puni de (cinq ans de réclusion, etc.).

sententious [sen'tenʃəs], *a.* (*Of pers., speech, etc.*) Sentencieux, prudhommesque. *S. individual*, personne qui ne parle que par sentences. *To have a gift for s. phrases*, avoir le don de la formule. **-ly,** *adv.* Sentencieusement. *To talk s.*, ne parler que par sentences; *F:* parler d'un ton d'oracle.

sententiousness [sen'tenʃəsnəs], *s.* (*a*) Caractère sentencieux; *F:* prudhommerie *f*. (*b*) Ton sentencieux.

sentient ['senʃjənt], *a.* (*Of being, etc.*) Sentant, sensible. **Sentient experience,** ce que l'on apprend par les sens.

sentiment ['sentimənt], *s.* **1.** Sentiment *m*. (*a*) Mouvement *m* de l'âme. *Noble, base, sentiments*, sentiments nobles, bas. **To indulge in high-flown sentiment,** se permettre de grands sentiments. *Have you ever shown any s. towards her?* lui avez-vous jamais témoigné les moindres sentiments? *My sentiments towards your sister*, mes sentiments pour (mademoiselle) votre sœur. (*b*) Opinion *f*, avis *m*. **Those are my sentiments,** *P:* **them's my sentiments,** voilà mon sentiment, mon opinion; *F:* voilà comme je pense. *To change one's sentiments*, changer de sentiment. **2.** (Sentiment, souhait, exprimé dans un) toast. **3.** *Art:* Sentiment, connaissance *f* sympathique (du sujet, etc.). **4.** Sentimentalité *f*. **(Mawkish) sentiment,** sensiblerie *f*. *You don't indulge in s. in business*, on ne fait pas de sentiment en affaires.

sentimental [senti'ment(ə)l], *a.* (*a*) Sentimental, -aux. (*b*) D'une sensiblerie romanesque. *Lit.Hist:* **Sentimental comedy,** la comédie larmoyante (du 18e siècle). **-ally,** *adv.* Sentimentalement.

sentimentalism [senti'mentəlizm], *s.* Sentimentalisme *m*, sensiblerie *f*.

sentimentalist [senti'mentəlist], *s.* Personne sentimentale; sentimentaliste *mf*.

sentimentality [sentimen'taliti], *s.* Sentimentalité *f*, sensiblerie *f*.

sentimentalize [senti'mentəlaːiz]. **1.** *v.i.* Faire du sentiment, de la sensiblerie; sentimentaliser. **2.** *v.tr.* Apporter du sentiment, de la sensiblerie, dans (une œuvre, etc.).

sentinel[1] ['sentin(ə)l], *s.* (i) (*Guard*) Factionnaire *m*; (ii) (*outpost*) sentinelle *f*. **To stand sentinel,** monter la garde; être de garde, de faction; être posté en sentinelle. *See also* PYROMETER, VALVE[1] **1.**

'sentinel-crab, *s.* *Crust:* Podophthalme *m* vigil.

sentinel[2], *v.tr.* (**sentinelled; sentinelling**) **1.** *Poet:* Veiller sur (qn, qch.). **2.** *Occ.* (*a*) Poser des sentinelles, une sentinelle, à (un endroit, etc.). (*b*) Poster (qn) en sentinelle, en faction.

sentry ['sentri], *s.* *Mil: Navy:* **1.** (*a*) (*Guard*) Factionnaire *m*. **To relieve a sentry,** relever qn de faction; relever un factionnaire. (*b*) (*Outpost*) Sentinelle *f*. **Advanced sentry, outlying sentry,** sentinelle avancée; sentinelle perdue. **2.** Faction *f*. **To relieve sentry,** relever le factionnaire. **To stand sentry; to be on sentry; to keep sentry,** faire sa faction; être en, de, faction; monter la faction; monter la garde; faire sentinelle. **To go on sentry,** aller, entrer, en faction. **To come off sentry,** sortir de faction. **To force a sentry** forcer la consigne.

'sentry-box, *s.* *Mil:* Guérite *f*.

'sentry-go, *s.* *Mil:* Faction *f*. **To be on sentry-go,** faire faction; être en faction, *P:* faire la gaffe. *F: To do s.-go before s.o.'s door*, faire les cent pas devant la porte de qn.

Senussi (the) [ðəse'nusi], *s. sg. or pl.* (*In N. Africa*) Le Senous(s)i.

sepal ['sep(ə)l], *s.* *Bot:* Sépale *m*.

sepaloid ['sepəlɔid], *a.* *Bot:* Sépaloïde.

separability [sepərə'biliti], *s.* Séparabilité *f*.

separable ['sepərəbl], *a.* Séparable.

separate[1] ['sepəret]. **1.** *a.* (*a*) (*Of parts, etc.*) Séparé, détaché (*from*, de); *Mec.E:* (pièce) rapportée. *S. volumes are not sold*, les volumes ne se vendent pas séparément. (*b*) (*Of existence, interests, etc.*) Distinct, indépendant; (*of room, entrance, etc.*) particulier. *Entered in a s. column*, inscrit dans une colonne particulière, dans une colonne à part. *To sleep in s. beds*, faire lit à part. *S. cup for each soldier*, tasse individuelle pour chaque soldat. *Egypt is a s. member of the League*, l'Égypte est un membre distinct de la S.D.N. *Jur:* (*Married woman's*) **separate estate,** biens réservés (de la femme mariée). **2.** *s.* *Typ: U.S:* = OFF-PRINT. **-ly,** *adv.* Séparément; à part.

separate[2] ['sepəreit]. **1.** *v.tr.* Séparer. (*a*) Désunir, détacher, décoller (*from*, de); déprendre (deux objets collés ensemble); départir (les métaux); dédoubler (un brin de fil, etc.). **To separate sth. into parts,** diviser qch. **To separate two boxers,** séparer, déprendre, deux boxeurs. *To s. truth from error*, dégager la vérité de l'erreur. *These words cannot be separated from the country to which they apply*, on ne peut considérer ces mots sans tenir compte du pays auquel ils s'appliquent. *Hort:* **To separate a layer,** sevrer une marcotte. *Husb:* **To separate the milk,** écrémer, centrifuger, le lait. (*b*) Désunir (les membres d'une famille, etc.); détacher (un jeune homme de sa famille, etc.). **He is separated from his wife,** il est séparé de sa femme. *Husb:* **To separate a pair of pigeons,** déparier un couple de pigeons. (*c*) Être placé entre (deux choses). *The Channel separates France from England*, la Manche sépare la France de l'Angleterre. *This river separates the two countries*, ce fleuve sépare les deux pays. *The gulf that separates him from his colleagues*, l'abîme (qui s'ouvre) entre lui et ses collègues. **2.** *v.i.* (*a*) (*Of thg*) Se séparer, se détacher, se décoller, se désunir (*from*, de). (*b*) (*Of pers.*) *When we separated for the night*, quand nous nous sommes quittés pour la nuit. **To separate from (s.o., a sect, etc.),** se séparer de, rompre avec (qn, une secte, etc.). (*c*) (*Of man and wife*) Se séparer de corps et de biens. **My wife and I have decided to separate,** ma femme et moi, nous sommes décidés à nous séparer.

separate out, *v.i.* *Ch:* Se séparer (par précipitation).

separation [sepə'reiʃ(ə)n], *s.* **1.** (*a*) Séparation *f* (des bons d'avec les mauvais). *Min:* Classement *m* du minerai. *Husb:* **Separation of the milk, of the cream,** écrémage *m* du lait. *Min: Wet s. of the ore*, triage *m* du minerai par voie humide. (*b*) **Separation of the bark from the tree,** séparation de l'écorce de l'arbre. *Aut: S. of the tyre tread*, décollage *m*, décollement *m*, de la bande de roulement. (*c*) **Separation from s.o.,** séparation d'avec qn. *Mil:* **Separation allowances,** allocations faites aux femmes (des soldats). (*d*) *Jur:* **Judicial separation, separation from bed and board,** séparation de corps (et de biens); séparation judiciaire. **Separation order,** jugement *m* de séparation. *S. of estates*, séparation de biens. (*d*) *S. from a Church, from a party*, scission *f*. **2.** Écart *m*, distance *f*. *Opt:* **Separation of the lenses, of the nodal points,** écart, écartement *m*, des lentilles, des points nodaux.

separat(ion)ism [sepə'reiʃənizm, 'sepərətizm], *s.* *Pol: Rel.H:* Séparatisme *m*.

separationist [sepə'reiʃənist], *s.* *Pol: Rel.H:* Séparatiste *mf*.

separatist ['sepərətist], *s.* *Rel.H:* Séparatiste *mf*.

separative ['sepərətiv], *a.* Séparatif; séparateur, -trice.

separator ['sepəreitər], *s.* (*Device*) Séparateur *m*. *Gasm:* Colonne *f* d'épuration. **Cream-separator,** (i) écrémeuse *f*; (ii) centrifugeur *m*; centrifugeuse *f*. *Min:* **Ore separator,** classeur *m*, trieur *m*; appareil *m* de classement. *Magnetic s., electro-magnetic s.*, séparateur magnétique; électrotrieuse *f*. *See also* OIL-SEPARATOR, STEAM-SEPARATOR.

separatrix [ˈsepəreitriks], *s.* *Typ:* Ligne *f*, trait *m*, de séparation entre les corrections (en marge d'une épreuve).

sepia [ˈsiːpjə], *s.* **1.** *Moll:* Sépia *f*, seiche *f*. **2.** *Art:* Sépia. **Sepia (drawing),** (dessin *m* à la) sépia. *Phot:* *Ind:* **Sepia paper,** papier *m* bistre. *Phot:* **Sepia toning,** virage *m* sépia.

sepoy [ˈsiːpɔi], *s.* Cipaye *m*, cipahi *m*.

seps [seps], *s.* *Rept:* Seps *m*.

sepsis [ˈsepsis], *s.* *Med:* (*a*) Putréfaction *f*, putrescence *f*. (*b*) Septicémie *f*; infection *f* septicémique; infection putride.

sept[1] [sept], *s.* **1.** Enclos *m*. **2.** *Arch:* Clôture *f*.

sept[2], *s.* **1.** (*In Ireland*) Clan *m*. **2.** *F:* Tribu *f*.

sept- [sept], **septem-** [ˈseptəm], **septi-** [ˈsepti], *comb.fms.* Sept-, septem-, septi-. *Septangular*, septangulé. *Septemfoliate*, septemfolié. *Septicoloured*, septicolore.

septal [ˈseptəl], *a.* *Anat:* Du septum, des septums.

septangular [sepˈtaŋgjulər], *a.* *Geom:* Heptagonal, -aux.

septarium, *pl.* **-aria** [sepˈtɛəriəm, -ɛəriə], *s.* *Geol:* Nodule *m* de calcaire argileux.

septate [ˈsepteit], *a.* *Anat:* (Organe *m*) à septum. *Bot:* (Spore) cloisonnée. *Coel:* (Polypier *m*) à septes.

September [sepˈtembər], *s.* Septembre *m*. *In S.*, au mois de septembre, en septembre. (*On*) *the first, the seventh, of S.*, le premier, le sept, septembre.

septembrist [sepˈtembrist], **septembrizer** [ˈseptembraizər], *s.* *Fr.Hist:* Septembriseur *m*.

septemvir, *pl.* **-viri** [sepˈtemvər, -virai], *s.* *Rom.Hist:* Septemvir *m*.

septemvirate [sepˈtemviret], *s.* Septemvirat *m*.

septenary [sepˈtiːnəri], *a.* & *s.* Septénaire (*m*).

septennate [sepˈtenet], *s.* Septennat *m*.

septennial [sepˈtenjəl], *a.* Septennal, -aux. **-ally,** *adv.* Tous les sept ans.

septentrional [sepˈtentriən(ə)l], *a.* Septentrional, -aux; du nord.

septet(te) [sepˈtet], *s.* *Mus:* Septuor *m*.

septic [ˈseptik], *a.* *Med:* Septique. **Septic poisoning,** septicémie *f*. *F:* *The wound has gone s.*, la plaie est infectée. *Hyg:* **Septic tank,** fosse *f* septique.

septicaemia [septiˈsiːmiə], *s.* *Med:* Septicémie *f*, saprémie *f*; infection *f* putride.

septicaemic [septiˈsiːmik], *a.* *Med:* Septicémique.

septicidal [ˈseptisaid(ə)l], *a.* *Bot:* (Déhiscence *f*) septicide.

septicity [sepˈtisiti], *s.* *Med:* Septicité *f*.

septiferous [sepˈtifərəs], *a.* *Nat.Hist:* Septifère.

septiform [ˈseptifɔːrm], *a.* *Nat.Hist:* Septiforme.

septillion [sepˈtiljən], *s.* **1.** (*In Great Britain*) Dix à la quarante-deuxième puissance (10^{42}). **2.** (*In U.S. & France*) Septillion *m* (10^{24}).

septime [ˈseptim], *s.* *Fenc:* Septime *f*.

Septimus [ˈseptiməs]. *Pr.n.m.* Septime.

septivalent [septiˈveilənt], *a.* *Ch:* Heptavalent, septivalent.

septuagenarian [septjuədʒeˈnɛəriən], *s.* & *a.* Septuagénaire (*mf*).

Septuagesima [septjuəˈdʒesimə], *s.* *Ecc:* **Septuagesima (Sunday),** (dimanche *m* de) la Septuagésime.

septuagint [ˈseptjuədʒint], *s.* Version *f* (de la Bible) des Septante; la Septante.

septum, *pl.* **-a** [ˈseptəm, -ə], *s.* (*a*) *Anat:* Septum *m* (du nez, etc.). (*b*) *Bot:* Cloison *f* (d'une spore). (*c*) *Coel:* Septe *m* (d'un polypier).

septuor [ˈseptjuɔːr], *s.* *Mus:* Septuor *m*.

septuple [ˈseptjupl], *a.* & *s.* Septuple (*m*).

sepulchral [seˈpʌlkrəl], *a.* Sépulcral, -aux. **Sepulchral vault,** caveau *m*. **Sepulchral stone,** pierre *f* tumulaire. *F:* **Sepulchral voice,** voix sépulcrale, caverneuse.

sepulchre[1] [ˈsepəlkər], *s.* Sépulcre *m*, tombeau *m*. **The Holy Sepulchre,** le Saint Sépulcre. *See also* WHITE[2].

sepulchre[2], *v.tr.* **1.** Mettre (qn) au tombeau; ensevelir. **2.** Servir de sépulcre, de tombeau, de tombe, à (qn).

sepulture [ˈsepəltjər], *s.* Sépulture *f*. **1.** Mise *f* au tombeau; ensevelissement *m*, inhumation *f*. **2.** *A:* (*a*) Lieu *m* de sépulture (des rois, etc.). (*b*) Tombeau *m*.

sequacious [seˈkweiʃəs], *a.* **1.** Qui manque d'originalité; (imitateur *m*) servile. **2.** (*a*) Qui a l'esprit de suite. (*b*) (*Of argument, etc.*) Cohérent.

sequel [ˈsiːkwəl], *s.* *Lit:* *etc:* Suite *f* (d'un roman, etc.). *In the s. of this history* . . ., dans la suite de cette histoire. . . . *As a s. to these events* . . ., comme suite à ces événements. . . . *Action that had an unfortunate s.*, acte qui entraîna des suites malheureuses, qui eut des conséquences malheureuses. **In the sequel,** par la suite.

sequelae [seˈkwiːliː], *s.pl.* *Med:* Séquelles *f* (d'une maladie, d'un accident, etc.); *Obst:* suite *f* de couche.

sequence [ˈsiːkwəns], *s.* **1.** (*a*) Succession *f*, ordre naturel. **In sequence,** en série; en succession. *To vote in uninterrupted s.*, voter à la file. *In historical s.*, par ordre historique. **(Logical) sequence,** enchaînement *m* logique; *Cin:* séquence *f* (de liaison). (*b*) Suite *f*, série *f* (d'événements, etc.). (*c*) *Mus:* **Sequence of chords,** (i) marche *f* des accords; (ii) séquence. (*d*) *Gram:* **Sequence of tenses,** concordance *f* des temps. **2.** *Cards:* Séquence. **3.** *Cin:* *F:* Scène *f* (de film). **4.** *Ecc:* Séquence, prose (chantée avant l'Évangile)

sequent [ˈsiːkwənt], *a.* **1.** (*a*) (*Of effect, etc.*) Conséquent, qui s'ensuit, résultant. (*b*) Qui suit. *Dinner, and the s. glass of port*, le dîner, et le verre de porto qui le suit, qui vient après. **2.** (*Of event, thought, etc.*) Consécutif (*to, on, upon*, à). **3.** *S. events*, événements successifs, consécutifs.

sequential [seˈkwenʃ(ə)l], *a.* **1.** = SEQUENT 1. **2.** (*Of teaching, history, etc.*) Continu.

sequester [seˈkwestər]. **1.** *v.pr.* **To sequester oneself** (*from the world, etc.*), se retirer (du monde, etc.). **2.** *v.tr.* (*a*) Confisquer, s'approprier (qch.). (*b*) *Jur:* Séquestrer (les biens d'un débiteur, un bien en litige); mettre (un bien) en, sous, séquestre.

sequestered, *a.* **1.** (*Of life, etc.*) Retiré, isolé; (*of spot, etc.*) peu fréquenté; retiré, perdu. *To lead a s. life*, vivre loin du monde. **2.** *Jur:* (*Of property*) En, sous, séquestre.

sequestrate [seˈkwestreit, ˈsiːkwestreit], *v.tr.* *Jur:* = SEQUESTER 2 (*b*).

sequestration [siːkwesˈtreiʃ(ə)n], *s.* **1.** Retraite *f*; éloignement *m* du monde; séquestration *f*. **2.** (*a*) Confiscation *f*, appropriation *f*. (*b*) *Jur:* Séquestration; mise *f* en, sous, séquestre. **Writ of sequestration,** séquestre *m* (judiciaire).

sequestrator [ˈsiːkwestreitər], *s.* *Jur:* (*Pers.*) Séquestre *m*.

sequestrum, *pl.* **-a** [seˈkwestrəm, -ə], *s.* *Med:* Séquestre *m* (d'os nécrosé).

sequin [ˈsiːkwin], *s.* Sequin *m*.

sequoia [seˈkwɔiə], *s.* *Bot:* Sequoia *m*, wellingtonia *m*.

serac [seˈrak], *s.* Sérac *m* (de glacier).

seraglio [seˈrɑːljo], *s.* Sérail, -ails *m*; harem *m*. (*In Constantinople*) **The Seraglio,** le Sérail.

serai [seˈrai], *s.* = CARAVANSERAI.

serang [seˈraŋ], *s.m.* *Nau:* Capitaine, maître (indigène) d'un équipage de lascars.

serape [seˈrɑːpe], *s.* *Cost:* Châle rayé (des Hispano-américains).

Serapeum [serəˈpiːəm], *s.* *Archeol:* Sérapéum *m*.

seraph, *pl.* **seraphs, seraphim,** [ˈserəf, ˈserəfs, ˈserəfim], *s.* Séraphin *m*.

seraphic [seˈrafik], *a.* Séraphique. *Ecc.Hist:* **The Seraphic Doctor,** le docteur séraphique (saint Bonaventure). **-ally,** *adv.* D'une manière, d'un air, séraphique.

seraskier [serasˈkiːər], *s.* (*In Turkey*) Séraskier *m*, sérasquier *m*.

Serb [səːrb], *a.* & *s.* = SERBIAN.

Serbia [ˈsəːrbiə]. *Pr.n.* *Geog:* La Serbie.

Serbian [ˈsəːrbiən]. **1.** *a.* & *s.* *Geog:* *Ethn:* Serbe (*mf*). **2.** *s.* *Ling:* Le serbe.

Serbo-Croat(ian) [səːrboˈkrouət, -krouˈeiʃjən]. **1.** *a.* & *s.* *Geog:* *Ethn:* Serbo-croate (*mf*). **2.** *s.* *Ling:* Le serbo-croate.

Serbonian [səːrˈbounjən], *a.* *Geog:* **The Serbonian Lake,** *Lit:* **the Serbonian Bog,** le lac de Sirbon.

sere[1] [ˈsiːər], *a.* *Poet:* (*Of leaf, etc.*) Flétri, desséché, fané. *Cf.* SEARED 1.

sere[2], *s.* *Sm.a:* = SEAR[1].

serenade[1] [sereˈneid], *s.* Sérénade *f*. **Mock serenade,** charivari *m*.

serenade[2], *v.tr.* Donner une sérénade à (qn).

serenader [sereˈneidər], *s.* **1.** (*a*) Donneur *m*, joueur *m*, de sérénades. (*b*) Le donneur de la sérénade; le soupirant sous le balcon. **2. Mock serenader,** charivarieur, -euse; charivariste *mf*.

serenata [sereˈnɑːtə], *s.* *Mus:* Sérénade *f*.

serene [seˈriːn], *a.* **1.** (*Of sky, sea, pers., etc.*) Serein, calme, tranquille, paisible; (*of sky*) clair. *Her face wore a s. look*, son visage exprimait le calme. *F:* **All serene!** (i) ça y est! c'est bien! (ii) pas de pet! pas de paix! **2.** (*Title*) Sérénissime. **His Serene Highness,** son Altesse sérénissime. **-ly,** *adv.* Tranquillement; avec calme; avec sérénité; d'un visage serein.

sereneness [seˈriːnnəs], *s.* = SERENITY 1.

serenity [seˈreniti], *s.* **1.** (*Of sky, sea, pers., etc.*) Sérénité *f*, calme *m*, tranquillité *f*. **2.** (*Title*) Sérénité.

Seres [ˈseres]. *Pr.n.* *Geog:* Sérès.

serf [səːrf], *s.* Serf, *f.* serve.

serfage [ˈsəːrfedʒ], **serfdom** [ˈsəːrfdəm], *s.* Servage *m*.

serge [səːrdʒ], *s.* *Tex:* Serge *f*. *Cotton s.*, sergé *m*. *Silk s.*, **serge de soie. Serge coat,** manteau *m* en serge. **Serge manufacture,** sergerie *f*.

ˈserge-maker, *s.* Serger *m*, sergier *m*.

sergeant, serjeant [ˈsɑːrdʒənt], *s.m.* **1.** *A:* **Sergeant, serjeant, of the watch,** sergent de nuit. **2.** (*a*) *A:* **Serjeant at law,** avocat (d'un ordre supérieur du barreau, parmi les membres duquel se recrutaient les juges). (*b*) **Common Serjeant (at law),** magistrat de la corporation de Londres (adjoint au *Recorder*). (*c*) **Serjeant at Arms, Sergeant at Arms,** (i) *A:* huissier d'armes; (ii) commandant militaire du Parlement. **3.** (*Always* **sergeant**) (*a*) *Mil:* (*Infantry*) Sergent; (*cavalry, artillery*) = maréchal des logis. *See also* COLOUR-SERGEANT, DRILL-SERGEANT, MESS-SERGEANT, QUARTERMASTER 2, RECRUITING. (*b*) **Sergeant of police,** brigadier.

sergeant-ˈmajor, *s.m.* *Mil:* **1.** (*Infantry*) **(Company) sergeant-major** = sergent major ou adjudant. (*Mounted arms*) **(Squadron, battery) sergeant-major** = maréchal des logis chef. **2. Regimental sergeant-major, battalion sergeant-major** = adjudant chef, adjudant de bataillon.

sergette [səːrˈdʒet], *s.* *Tex:* Sergette *f*.

Sergius [ˈsəːrdʒjəs]. *Pr.n.m.* Serge.

serial [ˈsiːəriəl], *a.* **1.** Qui appartient à la série. **Serial number,** numéro *m* de série; numéro d'ordre; *Ind:* *etc:* numéro matricule (d'un moteur, etc.). **2.** En série; formant série. **Serial story,** *s.* **serial,** roman-feuilleton *m*, *pl.* romans-feuilletons. **Serial writer,** feuilletoniste *m*. **Serial rights,** droit *m* de reproduction dans les journaux et périodiques; droit de reproduction en feuilleton. *See also* FILM[1] 3. **-ally,** *adv.* **1.** En, par, série. **2.** *Journ:* En feuilleton.

serialize [ˈsiːəriəlaiz], *v.tr.* **1.** (*a*) Arranger (des résultats, etc.) en série. (*b*) Fabriquer (un article) en série. **2.** *Journ:* Publier (un roman, etc.) en feuilleton.

seriate[1] [ˈsiːərieit], *v.tr.* Sérier (des questions, des résultats, etc.).

seriated, *a.* Sérié, disposé par séries, en série.

seriate[2] [ˈsiːəriet], *a.* = SERIATED.

seriatim [siːəriˈeitim], *adv.* Successivement; au fur et à mesure;

par rang d'ordre. *To examine the questions s.*, examiner successivement les questions.

seriation [siːəri'eiʃ(ə)n], *s.* Sériation *f.*

Seric ['siːərik], *a. Lit:* **1.** Chinois. **2.** De soie, en soie.

sericeous [si'riʃjəs], *a. Nat.Hist:* Soyeux.

seri(ci)cultural [seri(si)'kʌltjurəl], *a.* Séri(ci)cole.

seri(ci)culture [seri(si)'kʌltjər], *s.* Séri(ci)culture *f.*

seri(ci)culturist [seri(si)'kʌltjurist], *s.* Séri(ci)culteur *m.*

series ['siːər(i)iːz, 'siːəriz], *s.inv. in pl.* **1.** Série *f*, suite *f* (de rois, de malheurs); série (de couleurs, de questions, d'articles, etc.); échelle *f*, gamme *f* (de couleurs, etc.). **Series of years,** période *f* d'années, suite d'années. *Ch:* **Series of reactions,** réactions *f* caténaires. *A s. of fortunate events*, une suite d'événements heureux. *Her laugh was a s. of shrill cries*, son rire était une cascade de cris aigus. *Geol:* **The Eocene series,** la série éocène. *Ch:* **Homologous series,** série homologue. *Mth:* **Series of numbers, of terms,** suite, série, de nombres, de termes. **Infinite series,** série infinie. *See also* INCREASING[1]. **2.** *Adv.phr.* **In series,** en série, en succession. *Reservoirs arranged in s.*, réservoirs *m* en chapelet. *El:* **Connection in series, series connection,** montage *m* en série; embrochage *m.* *To connect cells in s.*, grouper des éléments en série, en tension, en cascade. **Series-parallel connection,** montage *m* en série-parallèle, en série mixte. **Series-wound dynamo,** dynamo excitée en série, en tension.

serif ['serif], *s.* = CERIPH.

serin ['serin], *s. Orn:* Serin *m.*

seringa [se'riŋgɑ], *s. Bot:* **1.** Seringa(t) *m.* **2.** Hévée *f*, siphonie *f.*

serio-comic ['siːərio'kɔmik], *a.* (*Of actor, song, etc.*) Moitié sérieux moitié comique; (*of poem*) héroï-comique.

serious ['siːəriəs], *a.* Sérieux. **1.** Grave. **Serious illness,** maladie sérieuse. *S. wound*, blessure *f* grave, grave blessure. *S. mistake*, grosse faute. *S. damage*, dommages *m* sensibles. **Things are becoming serious,** l'affaire se corse. *See also* CASE[1] 2. **2.** (*a*) *S. artist*, artiste sérieux. **Serious promise,** promesse sérieuse, sincère. (*b*) Réfléchi. *I have never given the subject s. thought*, je n'y ai jamais pensé sérieusement. *S. mood*, humeur sérieuse. *He is never s. about anything*, *F:* il traite tout à la blague. **I am serious,** je ne plaisante pas. **-ly,** *adv.* Sérieusement. **1. Seriously ill,** gravement malade. *S. wounded*, grièvement blessé. *Mil:* *The s. wounded*, les grands blessés. **2. To take sth. (too) seriously,** prendre qch. (trop) au sérieux. *Don't take the matter so s.*, ne prenez pas cela au tragique. *He takes such matters s.*, il ne plaisante pas là-dessus. **Listen to me seriously,** écoutez-moi posément. **But seriously, talking seriously,** *what will you do?* plaisanterie à part, *P:* blague à part, qu'allez-vous faire?

'serious-'minded, *a.* (*Of pers.*) Réfléchi, sérieux. *S.-m. people*, les esprits sérieux.

seriousness ['siːəriəsnəs], *s.* **1.** Gravité *f* (d'une situation, d'une maladie, etc.). **2.** Sérieux *m* (de maintien, etc.). **3. In all seriousness,** sérieusement. **4.** *The s. of a subject*, la dignité d'un sujet.

seriph ['serif], *s.* = CERIPH.

serjeant ['sɑːrdʒənt], *s. See* SERGEANT 1, 2.

sermon ['səːrmən], *s.* **1.** *Ecc:* Sermon *m*; *R.C.Ch:* prône *m*; (*Protestant Ch:*) prêche *m.* **Collection of sermons,** sermonnaire *m.* **Writer of sermons, sermon-writer,** sermonnaire *m.* *Fit subject for a s.*, sujet digne d'un sermon. *B:* **The Sermon on the Mount,** le Sermon sur la montagne. **To preach a Passion sermon,** prêcher une passion. *It was announced* **at sermon, after sermon,** cela a été annoncé en chaire; *R.C.Ch:* cela a été annoncé au prône, après le prône. **2.** *F:* Sermon, sermonnade *f*, semonce *f.*

sermonette [səːrmo'net], *s. F:* Petit sermon.

sermonize ['səːrmənaiz]. **1.** *v.i. Pej:* Sermonner, prêcher. **2.** *v.tr. F:* Sermonner, semoncer, chapitrer (qn); faire la leçon, la morale, à (qn).

sermonizing, *s.* **1.** Prêcherie *f.* **No sermonizing!** pas de sermons! **2.** Moralisation *f*, remontrances *fpl.*

sermonizer ['səːrmənaizər], *s. F:* Sermonneur, -euse.

serology [siə'rɔlədʒi], *s. Med:* Sérologie *f.*

seron ['siːərən], *s.* Balle *f*, ballot *m*, *A:* serron *m* (de produits exotiques).

serosa [si'rousɑ], *s. Anat:* (Membrane) séreuse *f.*

serosity [si'rɔsiti], *s.* Sérosité *f.*

serotherapeutic [siːəroθera'pjuːtik], *a. Med:* Sérothérapique.

serotherapy [siːəro'θerəpi], *s. Med:* Sérothérapie *f.*

serotine ['serotain], *s. Z:* Sérotine *f.*

serotinous [se'rɔtinəs], *a. Bot:* A floraison tardive.

serous ['siːərəs], *a. Anat: Med: etc:* (Fluide, etc.) séreux. **Serous membrane,** membrane séreuse; séreuse *f.*

Serpens ['səːrpenz]. *Pr.n. Astr:* Le Serpent.

serpent ['səːrpənt], *s.* **1.** (*a*) *Rept:* Serpent *m.* *Young s.*, serpenteau *m.* *F:* **The (old) Serpent,** le Serpent; le démon. *See also* SEA-SERPENT. (*b*) *Pyr:* Serpenteau. *See also* PHARAOH 2. **2.** *Mus:* *A:* Serpent. **3.** *Astr:* **The Serpent,** le Serpent.

'serpent-charmer, *s.* Charmeur, -euse, de serpents.

'serpent-eater, *s. Orn:* Serpentaire *m*; secrétaire *m.*

'serpent-grass, *s. Bot:* Renouée *f* vivipare.

'serpent-like, *a.* **1.** = SERPENTIFORM. **2.** Sinueux; de serpent.

'serpent-lizard, *s. Rept:* Seps *m.*

'serpent's-tongue, *s. Paleont:* Glossopètre *m*; dent *f* fossile de requin.

serpentaria [səːrpən'teəriɑ], **serpentary** ['səːrpəntəri], *s. Bot: Pharm:* (Aristoloche) serpentaire *f.*

Serpentarius [səːrpən'teəriəs]. *Pr.n. Astr:* Le Serpentaire.

serpentiform [səːr'pentifɔːrm], *a.* Serpentiforme; serpentueux.

serpentine[1] ['səːrpəntain], *s. Miner:* Serpentine *f*; marbre serpentin; ophite *m*, ophiolite *f.*

serpentine[2]. **1.** *a.* Serpentin; (ruisseau, sentier) sinueux, tortueux, serpentant. *S. windings*, sinuosités *f.* **Serpentine wisdom,** la prudence du serpent. **2.** *Pr.n.* **The Serpentine,** le lac (sinueux) de Hyde Park (à Londres).

serpiginous [səːr'pidʒinəs], *a. Med:* Serpigineux.

serpigo [səːr'paigou], *s. Med:* Serpigo *m*; croûte serpigineuse.

serpula, *pl.* **-ae** ['səːrpjula, -iː], *s. Ann:* Serpule *f.*

serra, *pl.* **-ae** ['sera, -iː], *s. Anat:* Engrenure *f* (du crâne). *Bot:* *Serrae of a leaf*, dents *fpl*, dentelure *f*, d'une feuille.

serradilla [sera'dila], *s. Bot:* Serradelle *f*; pied-d'oiseau *m*, *pl.* pieds-d'oiseau.

serrate ['sereit], **serrated** [se'reitid], *a. Nat.Hist:* Denté en scie; en dents de scie; dentelé. **Serrated edge,** denture *f.* *Deeply s. leaf*, feuille *f* à bords fortement dentés. *See also* SUTURE[1].

serration [se'reiʃ(ə)n], **serrature** ['seratjər], *s. Nat.Hist:* Dentelure *f*; denture *f.* *Anat:* Engrenure *f* (du crâne).

serrefile ['serəfail]. *Mil:* **1.** *s.* (*a*) Serre-file *m.* (*b*) *Coll.* Les serre-files. **Serrefile officers,** officiers *m* en serre-file. **2.** *adv.* **To march serrefile,** marcher en serre-file.

serricorn ['serikɔːrn], *a. & s. Ent:* Serricorne (*m*).

serried ['serid], *a. Lit:* Serré. **In serried ranks,** en rangs serrés, en rangs pressés.

serriform ['serifɔːrm], *a. Nat.Hist:* Serriforme; denté en scie.

serrulate(d) ['serjuleit(id)], *a. Nat.Hist:* Serrulé, denticulé.

serrulation [serju'leiʃ(ə)n], *s.* Dentelure fine.

serum ['siːərəm], *s. Physiol:* Sérum *m.* *Blood s.*, sérum sanguin. *Chylous s.*, sérum chyleux. *Med: Vet:* **Protective serum,** immunisant *m.* **Serum rash,** exanthème *m* sérique. **Serum-sickness,** maladie *f* du sérum; réaction *f* sérique.

serval ['səːrv(ə)l], *s. Z:* Serval *m*, -als; *F:* pard *m.*

servant ['səːrvənt], *s.* **1.** (*a*) **(Domestic) servant,** domestique *mf*; servante *f*, bonne *f*; *A. & Lit:* serviteur *m.* *The servants want a trade-union*, les gens *m* de maison veulent se syndiquer. **General servant,** bonne à tout faire. *Hired s.*, serviteur à gages. *I am on the look-out for a s., male or female*, je cherche un ou une domestique. **To keep a servant,** avoir une domestique. *A large staff of servants*, une nombreuse domesticité. *To dismiss one's servants*, congédier tout son monde, tous ses gens. *The hotel servants*, le personnel de l'hôtel. **The domestic-servant question,** la crise domestique. *Mil:* **Officer's servant,** valet *m* d'officier; ordonnance *f*; brosseur *m.* *See also* HALL 1, MAN-SERVANT. (*b*) Serviteur, servante (de Dieu, etc.). (*c*) *Corr:* **Your (most) obedient servant,** votre (très) obéissant serviteur; (*more usual equivalent*) je vous prie d'agréer mes salutations empressées. **Your humble servant,** votre (très) humble serviteur. *F:* *No one knows it better than your humble s.*, personne ne le sait mieux que votre serviteur. **2.** (*a*) Employé, -ée. **Public servants,** employés d'un service public. **Civil servant,** fonctionnaire *m* (de l'État). *To become a civil s.*, entrer dans l'administration. *Railway company's servants*, employés du chemin de fer. *To be the s. of one's country*, être au service de son pays. **I am my own servant,** je me sers moi-même. *Jur:* **Servants and agents,** préposés *m.* (*b*) *Mec.E:* **Servant apparatus,** appareil commandé.

'servant-girl, *s.f.* Fille de service; servante, domestique; bonne, *F:* bonniche.

serve[1] [səːrv], *s. Ten:* Service *m.* *The two serves*, les deux balles *f* de service. **Serve!** balle! *It's your s.!* à vous de servir!

serve[2]. I. *v.tr.* **1.** (*a*) (*Of pers.*) Servir (un maître, une cause, etc.). *To s. God, one's country*, servir Dieu, sa patrie. **How can I serve you?** comment, en quoi, puis-je vous être utile? *To be served by . . .*, disposer des services de . . .; être servi par. . . . *If I can do anything to s. you . . .*, si je peux faire quelque chose pour vous être utile. . . . *To s. one's own interests*, servir ses propres intérêts. *Artil:* **To serve a gun,** servir, exécuter, une bouche à feu. *Ecc:* **To serve (a priest at) mass,** servir la messe. *Abs. To s. as a waiter in a restaurant*, travailler comme garçon dans un restaurant. **To serve at table,** servir à table. **To serve in the army,** servir dans l'armée; être au service militaire. *He had served under Roberts*, il avait fait la guerre, il avait servi, il avait marché, sous Roberts. *To s. with s.o.*, faire la guerre avec qn. *To have served ten years*, avoir dix ans de service. *To s. anew*, reprendre du service. *To s. on a vessel*, servir sur un navire. *Jur:* **To serve on the jury,** être du jury. (*b*) **To serve an office,** remplir une charge. **To serve one's apprenticeship,** faire son apprentissage. **To have served one's time,** (i) avoir fait son temps de service; (ii) sortir d'apprentissage. **To serve one's sentence,** *F:* **to serve one's time,** subir, purger, sa peine. *He served a sentence of five years' imprisonment*, il a fait cinq ans de prison. **2.** (*a*) (*Of thg*) Être utile à (qn); suffire à (qn). *This amount serves him for one year*, cette quantité lui suffit pour un an. **It will serve the purpose,** *abs.* **it will serve,** cela fera l'affaire. *See also* PURPOSE[1] 2. *A:* **It will serve you nothing to . . .,** cela ne vous servira à rien de. . . . *See also* TURN[1] 5. (*b*) **If my memory serves me right,** si j'ai bonne mémoire. *Abs. As far as my memory serves*, autant qu'il m'en souvient, qu'il m'en souvienne. **3.** Desservir. *Priest who serves two villages*, prêtre qui dessert deux villages. *Localities served by a railway line, by a gas company*, localités desservies par un chemin de fer, par une compagnie de gaz. **4.** (*a*) (*In shop*) **To serve s.o. with a pound of butter,** servir une livre de beurre à qn. **Are you being served?** est-ce qu'on vous sert? (*b*) *Tradesman who has served us for ten years*, marchand qui nous sert, qui fournit chez nous, depuis dix ans. (*c*) (*At table*) **To serve s.o. with soup, with vegetables,** servir du potage, des légumes, à qn. *See also* FIRST III. 4. **5.** (*a*) **To serve a dish,** (i) servir un mets; mettre un mets sur la table; (ii) servir (aux convives) d'un mets. **Dinner, lunch, is served,** madam, madame est servie. *Cu:* **'Serve hot,'** "servez chaud." *Fish served with tomato sauce*, poisson accommodé à la sauce tomate. (*b*) *Ten:* **To serve the ball,** *abs.* **to serve,** servir (la balle). *To s. an easy ball to s.o.*, servir la balle belle à qn. **6.** *Jur:* **To serve a writ, a summons, on s.o., to serve s.o. with a writ, with a summons,** délivrer, signifier, notifier, une assignation, une citation, à qn. *See also* NOTICE[1] I. 7. Traiter (qn) (bien, mal). *He served me very badly*, il a très mal agi envers moi. *See how I am served!* voilà comme on me traite! **To serve s.o. a dirty trick**, jouer un vilain tour à qn. **It serves you right!** vous n'avez que ce que vous méritez! vous l'avez bien gagné! ça vous apprendra! c'est bien fait! vous ne l'avez pas volé! **It serves him right for being . . .**, ça lui apprendra à être. . . . 8. *Breed:* (*Of stallion*) Servir, saillir, couvrir, monter, étalonner (la jument). 9. *Nau:* Fourrer, surlier, garnir (un cordage).

II. **serve**, *v.i.* I. **To serve for sth.**, servir à qch. *Tool that serves for several purposes*, outil *m* qui sert à plusieurs usages; outil à plusieurs fins. **To serve as sth.**, servir de qch.; faire fonction de qch. *The desks s. as tables*, les pupitres *m* servent de tables, tiennent lieu de tables. *The fuse also serves as a switch*, le fusible sert aussi, fait aussi l'office, de commutateur. *To s. as a pretext, as an example*, servir de prétexte, d'exemple. *That serves to show that he is honest*, cela sert à montrer qu'il est honnête. 2. (*Of weather, time*) Être favorable. **When occasion serves**, lorsque l'occasion est favorable.

serve out, *v.tr.* I. Distribuer (des provisions, des cartouches, etc.); servir (la soupe, etc.) à la ronde. *No rifles have been served out yet*, on n'a pas encore touché de fusils. 2. *F:* **To serve s.o. out for sth.**, revaloir qch. à qn. **I'll serve him out!** je le lui ferai payer! il me le payera! je le lui revaudrai!

serving out, *s.* Distribution *f* (de provisions, etc.).

serve up, *v.tr.* Servir, mettre sur la table (un plat). *Should be served up very hot*, à servir tout chaud. *F: To s. up an old tale*, resservir une vieille rengaine.

serving up, *s.* Service *m* (des plats).

serving[1], *a.* (*Of pers.*) Servant; qui sert; (soldat) au service.

'serving-man, *pl.* **-men**, *s.m.* *A:* Domestique.

'serving-woman, *pl.* **-women**, *s.f.* *A:* Domestique.

serving[2], *s.* I. Service *m* (d'un maître). 2. *During the s. of his sentence*, pendant qu'il subissait sa peine. 3. (*a*) Service (du dîner, etc.). *Ten:* Service (d'une balle). (*b*) Portion *f* (de nourriture). 4. *Jur:* Signification *f*, notification *f* (d'une citation). 5. *Breed:* (*Of stallion*) Service, saillie *f*. 6. *Nau:* (*a*) Fourrage *m*, garniture *f* (d'un cordage). **Serving-mallet**, maillet *m* à fourrer; mailloche *f*. **Serving-board**, minahouet *m*. (*b*) Revêtement *m*, enveloppe *f* (d'un câble, etc.); surliure *f*.

server ['sə:rvər], *s.* I. (*a*) (*At table, etc.*) Serveur, -euse. (*b*) *Ten:* Serveur, -euse; servant *m*. (*c*) *Ecc:* (*At mass*) Acolyte *m*, répondant *m*. *See also* PROCESS-SERVER, TIME-SERVER, WRIT-SERVER. 2. (*a*) Plateau *m* (de service). (*b*) *pl.* **Salad-servers, fish-servers**, service *m* à salade, à poisson.

Servetus [sə:r'vi:təs]. *Pr.n.m. Rel.H:* Michel Servet.

Servia ['sə:rvia]. *Pr.n.*, **Servian** ['sə:rviən], *a. & s. A:*=SERBIA, SERBIAN.

service[1] ['sə:rvis], *s.* I. (*a*) Service *m*. *To have ten years' s.*, avoir dix ans de service. *Length of s.*, ancienneté *f*. *To die in the King's s.*, mourir au service du roi. **To do one's military service**, faire son service militaire; faire son (temps de) service. **Fit for service**, bon pour le service. **Period of service**, congé *m*. *Navy:* **Service afloat, sea service**, service à bord, à la mer. **Service ashore**, service à terre. *Harbour s.*, service au port. **Active service, service with the colours**, service actif; service dans l'armée active. **To be on active service**, être en activité (de service). *To be called up for active s.*, être appelé sous les drapeaux. *To see active s.*, servir dans l'armée active. **To have seen service**, avoir du service. **To have seen long service**, avoir vieilli dans le service. *F: Car that has seen long s.*, voiture fortement usagée. *My overcoat had seen long s.*, mon pardessus avait bien des années de service. **To be on detached service**, être en mission. *See also* CERTIFICATE[1] 3, FIELD[1] I, LONG[1] I. 2, MAJESTY. (*b*) *Artil:* Exécution *f*, service (d'une bouche à feu). 2. (*a*) **Public services**, services publics. **Postal service, telegraph service**, administration publique des postes, des télégraphes. *Tp:* **Service call**, conversation *f* de service. *Railway s. to a port*, desserte *f* d'un port par voies ferrées. *S. of trains between Paris and Lille*, relation *f* entre Paris et Lille. **Train service, omnibus service**, (i) service, (ii) parcours *m*, ligne *f*, des trains, des omnibus. **To put a bus into service**, mettre un omnibus en service. *To put a ship into s.*, (i) inaugurer, (ii) armer, un vaisseau. **Royal Army Service Corps** = service de l'Intendance, du ravitaillement; train *m* des équipages; *F:* le Train. **Army Medical Service**, service de santé de l'armée. *See also* GOOD II. 2, HEALTH I. (*b*) Distribution *f*, installation *f* (de gaz, d'électricité, d'eau). *Electric supply s.*, service de courant. *El.E:* **Service tension**, tension *f* de distribution. *W.Tel:* **Service area**, région desservie (par un poste). (*c*) Entretien *m* et dépannage *m* (de voitures automobiles, etc.). *To buy a wireless set with (free) s. for twelve months*, acheter un poste de T.S.F. avec entretien gratuit pendant un an. (*d*) *Fin:* Service de l'intérêt (sur un emprunt). 3. (*a*) Emploi *m* (d'un fonctionnaire, etc.). **The military and civil services**, les emplois militaires et civils de l'État. **To be in the civil service**, être fonctionnaire (de l'État); être dans l'Administration (civile). **The Indian Civil Service**, le Service d'administration de l'Inde anglaise. **To be in the customs service**, être dans la douane. **To enter the diplomatic service**, entrer dans la carrière diplomatique. *See also* MERCHANT-SERVICE, SECRET I. (*b*) **The three services**, l'armée *f*, la marine et l'armée de l'air. *Av:* **Service pilot**, pilote *m* militaire. **The senior service**, la marine. **To enter the service**, entrer au service. *To quit the s.*, *F:* quitter l'uniforme. *To be dismissed from the s.*, être chassé, renvoyé, du service. *To be discharged from the s.*, être congédié du service. *Mil: Which* **branch of the service** *do you expect to enter?* dans quelle arme comptez-vous servir? 4. (**Domestic**) **service**, service (domestique). **To be in service**, être en service, *F:* en condition. *She has been eight years in s.*, elle a huit ans de domesticité, huit ans de place, huit ans de maison. **To go out to service, to go into service**, entrer en service, en place; entrer en maison; *F:* entrer en condition; se placer comme domestique. **To take service with s.o., to enter s.o.'s service**, devenir le, la, domestique de qn; entrer au service de qn. *To take s.o. into one's s.*, prendre qn comme domestique; prendre qn à son service. 5. (*a*) **To render, do, s.o. a service**, rendre (un) service à qn; rendre un bon office à qn. *What a s. you have rendered me!* quel grand service vous m'avez rendu! *F:* vous m'avez tiré une fameuse épine du pied! **Services rendered**, (i) services rendus; (ii) *Pol.Ec:* produits immatériels. *Exchange of friendly services*, échange *m* de bons procédés. *To make use of s.o.'s services*, user du ministère, de l'intermédiaire, de qn. *His services to education*, les services qu'il a rendus à l'enseignement. **In consideration of your services**, en rémunération de vos démarches. *To devote one's s. to a cause*, consacrer son activité *f* à une cause. *To devote one's life to the s. of the Church*, consacrer sa vie au service de l'Église. *See also* LIP-SERVICE. (*b*) **I am at your service**, je suis à votre disposition; disposez de moi, de mes services. *I am entirely at your s.*, je suis à votre entière disposition; je suis tout vôtre, tout à vous. **Always at your service**, toujours à votre disposition, à votre service; *Com:* toujours entièrement dévoué à vos ordres. **'At your service, sir,'** "pour vous servir, monsieur." (*c*) Utilité *f*. **To be of some service**, être de quelque utilité; servir à quelque chose. *This tool is of no s.*, cet outil n'est d'aucune utilité, ne sert à rien. **To be of service to s.o.**, être utile à qn. *How can I be of s. to you? can I be of any s. to you?* puis-je vous être bon pour quelque chose? en quoi puis-je vous être utile, vous servir? qu'y a-t-il pour votre service? (*Of thg*) **To do service**, servir. **To do good service**, faire un bon usage; faire de l'usage. *What good s. this pen has done me!* comme cette plume m'a bien servi! 6. *Ecc:* Office *m*; (*in Protestant churches*) service, culte *m*. *The morning, evening, s.*, l'office du matin, du soir. *R.C.Ch: The afternoon s.*, les vêpres *f*. **To attend divine service**, assister à l'office divin. **The Communion Service**, la Sainte Communion; *R.C.Ch:* la messe. **Thanksgiving service**, service d'actions de grâces. *See also* BURIAL-SERVICE. 7. (*a*) Service (dans un hôtel, etc.). *Ten per cent for s.*, dix pour cent pour le service. *See also* FLAT[2] 2, HATCH[1] 3. (*b*) *Ten:* Service. **American service**, service coupé américain. *See also* COURT[1] 4, OVERARM I, UNDERHAND 2. (*c*) *Jur:* Délivrance *f*, signification *f* (d'un acte, d'une assignation). **Request for service**, demande *f* en vue de la signification des actes. **Personal service**, signification à personne. **Substituted service**, signification à un représentant de la personne assignée. *See also* ADDRESS[1] 2. (*d*) *Breed:* Service (par l'étalon). 8. Service (d'argenterie, etc.). **Tea service**, service à thé. **Toilet service**, garniture *f* de toilette. *See also* DINNER-SERVICE. 9. *Nau:* Fourrure *f* (d'un cordage).

'service-ammunition, *s.* *Mil:* Munitions *fpl* de guerre.

'service-boat, *s.* *Navy:* Canot *m* réglementaire.

'service-book, *s.* *Ecc:* I. *A:* Livre *m* d'office; paroissien *m*. 2. Missel *m*.

'service-cap, *s.* *Mil:* Casquette *f* réglementaire.

'service-depot, *s.* = SERVICE-STATION.

'service-hoist, -lift, *s.* Monte-plats *m inv.*

'service-lead [li:d], *s.* *El.E:* Branchement *m* d'abonné (sur le secteur).

'service-line, *s.* *Ten:* Ligne *f* de service, de fond.

'service-path, *s.* I. *Civ.E:* Banquette *f* (d'un pont, d'un tunnel, etc.). 2. *Ven:* Layon *m*, ligne *f* (à travers une chasse gardée).

'service-pipe, *s.* Branchement *m* (pour l'eau, le gaz, etc.) (entre la conduite principale et une machine, une maison particulière, etc.).

'service-pistol, *s.* *Mil:* Pistolet *m* d'ordonnance.

'service-rifle, *s.* *Mil:* Fusil *m* d'ordonnance.

'service-station, *s.* *Aut:* Station-service *f*, *pl.* stations-service; station *f* de service; agence *f* stockiste.

'service-tank, *s.* *Ind:* Nourrice *f*.

'service-uniform, *s.* *Mil: etc:* Uniforme *m* réglementaire.

service[2], *v.tr.* Entretenir et réparer (les automobiles, etc.); soigner l'entretien (d'une voiture).

servicing, *s.* Entretien *m* et réparations *fpl* (d'une auto, d'un poste de T.S.F., par le fournisseur); soin *m* (d'une voiture).

service[3], *s.* *Bot:* **Service(-tree)**, sorbier *m*, cormier *m*. **Wild service-tree**, alisier *m* des bois; (alisier) aigrelier *m*. **Service-apple, -berry**, corme *f*, sorbe *f*. **Service-apple cider**, cormé *m*.

serviceable ['sə:rvisəbl], *a.* I. *A:* (*Of pers.*) Serviable. 2. (*Of thg*) (*a*) En état de fonctionner; utilisable; (navire, etc.) bon pour le service. (*b*) Utile; de bon usage; avantageux. *S. clothes*, vêtements *m* de bon service. (*c*) Pratique, commode. **-ably**, *adv.* Utilement, avantageusement.

serviceableness ['sə:rvisəblnəs], *s.* I. *A:* (*Of pers.*) Serviabilité *f*. 2. (*Of thg*) (*a*) État satisfaisant (pour le bon fonctionnement); solidité *f*. (*b*) Utilité *f*.

servient ['sə:rviənt], *a.* *Jur:* **Servient tenement, servient land**, fonds servant.

serviette [sə:rvi'et], *s.* *F: V:* Serviette *f* de table.

servile ['sə:rvail], *a.* I. (*Of race, condition, etc.*) Servile; d'esclave; (métier *m*) servile, de domestique, d'esclave. **Servile yoke**, joug asservissant. *Ecc:* **Servile work**, œuvres *f* serviles. *Rom.Hist:* **The servile wars**, les guerres *f* serviles. *Ling: Gram:* **Servile words**, mots *m* outils. **Servile letters**, lettres *f* serviles (de l'hébreu). 2. *S. imitation*, imitation *f* servile. 3. (*Of pers.*) Servile; trop complaisant; bas, *f.* basse; abject, vil. **-ly**, *adv.* I. Servilement; avec servilité; bassement. 2. (Traduire, etc.) servilement, trop exactement.

servilism ['sə:rvilizm], *s.* *Pol: etc:* Servilisme *m*.

servility [sə:r'viliti], *s.* I. *A:* = SERVITUDE I. 2. Servilité *f*, exactitude trop étroite (d'une copie, etc.). 3. (*Of pers.*) Servilité; abjection *f*, bassesse *f*.

servitor ['sə:rvitər], *s.* I. *A. & Poet:* Serviteur *m*. 2. *Hist:*

(*Oxford University*) Boursier *m* (qui à l'origine remplissait les fonctions de domestique).

servitude ['səːrvitjuːd], *s.* **1.** Servitude *f*, esclavage *m*, asservissement *m*, domesticisme *m* (d'un peuple, etc.). **2.** *Jur:* **Penal servitude,** travaux forcés; prison *f* cellulaire. *Penal s. for life,* travaux forcés à perpétuité. *A term of penal s.,* travaux forcés à temps, à terme. **3.** *Jur:* Servitude (réelle ou personnelle). *Esp. Scot:* **Praedial servitude,** servitude prédiale.

servo-brake ['səːrvobreik], *s.* *Aut:* Servo-frein *m*, *pl.* servo-freins; frein *m* à servo.

servo-control ['səːrvokon'troul], *attrib.a.* (Appareil) servo-régulateur.

Servo-Croat, -Croatian [səːrvo'krouat, -krou'eiʃjən], *a.* & *s.* *A:* = SERBO-CROAT, -CROATIAN.

servo-motor ['səːrvomoutər], *s.* *Mec.E:* *Nau:* *etc:* Servo-moteur *m*, *pl.* servo-moteurs; moteur asservi.

sesame ['sesəmi], *s.* *Bot:* Sésame *m*; till *m*, teel *m*. *See also* OPEN SESAME.

sesameae [se'seimiiː], *s.pl.* *Bot:* Sésamées *f*.

sesamoid ['sesəmɔid], *a.* & *s.* *Anat:* **Sesamoid (bone),** (os) sésamoïde *m*.

seseli ['seseli], *s.* *Bot:* Séséli *m*.

sesqui- ['seskwi], *pref.* *Ch:* *etc:* Sesqui-. *Sesquisalt,* sesquisel. *Sesquiquadrate,* sesquiquadrat.

sesquialter [seskwi'altər], *a.* *Mth:* Sesquialtère.

sesquialtera [seskwi'altərə], *s.* *Mus:* (Jeu *m* de) fourniture *f* (d'un orgue); sesquialtère *m or f*.

sesquibasic [seskwi'beisik], *a.* *Ch:* Sesquibasique.

sesquifluoride [seskwi'fluoraid], *s.* *Ch:* Sesquifluorure *m*.

sesquiiodide [seskwi'aiodaid], *s.* *Ch:* Sesquiiodure *m*.

sesquioxide [seskwi'ɔksaid], *s.* *Ch:* Sesquioxyde *m*.

sesquipedalian [seskwipe'deiliən]. **1.** *a.* & *s.* (Mot *m*) sesquipédale; *F:* (vocable) long d'une aune, long d'une toise. **2.** *a.* (Style) ampoulé; (*of pers.*) pédant, prétentieux.

sesquitertia [seskwi'təːrʃja], *s.* *Mus:* Quarte *f* juste.

sessile ['sesail], *a.* (*Of leaf, horn, tumour, etc.*) Sessile. *Bot:* **Sessile-leaved,** à feuilles sessiles; sessilifolié.

session ['seʃ(ə)n], *s.* **1.** *A:* Tenue *f* (d'une assemblée, des assises, etc.). **2.** (*a*) *Pol:* *etc:* Session *f*; séance *f*. *Sessions of a commission,* réunions *f* d'une commission. **To have a long session,** faire une longue séance. *At the opening of the s.,* à audience ouvrante. *Parl:* **To go into secret session,** se former en comité secret. (*b*) *St.Exch:* Séance; bourse *f*. **3.** (*a*) Temps pendant lequel un corps délibérant est assemblé; session. *Parl:* *The autumn s.,* la session d'automne. **The House is now in session,** la Chambre siège actuellement. (*b*) *Sch:* *U.S:* Trimestre *m* scolaire ou universitaire. (*c*) *U.S.* & *Scot:* Année *f* universitaire. **4.** *Jur:* (*a*) *pl.* **Petty sessions,** session des juges de paix. *See also* QUARTER-SESSIONS. (*b*) *Scot:* **The Court of session,** la haute cour; la cour suprême. **5.** *Scot:* = KIRK-SESSION.

sesterce ['sestəːrs], **sestertius,** *pl.* **-ii** [ses'təːrʃjəs, -jai], *s.* *Rom.Ant:* Sesterce *m*.

sestertium, *pl.* **-ia** [ses'təːrʃjəm, -ja], *s.* *Rom.Ant:* Grand sesterce.

sestet(te) [ses'tet], *s.* **1.** *Mus:* Sextuor *m*. **2.** *Pros:* **Les six** dernières lignes d'un sonnet; les deux tercets.

sestina [ses'tiːna], *s.* *Pros:* Sextine *f*.

set[1] [set], *s.* **1.** Ensemble *m*. (*a*) Jeu *m* (d'outils, de pièces de rechange, de brosses, de boîtes, de cendriers, de dominos, d'aiguilles à tricoter, etc.); équipage *m*, assortiment *m*, attirail *m* (d'outils); série *f* (de poids, de casseroles, de conférences, *Nau:* de pavillons); groupe (moteur); batterie *f*, groupe (de turbines); train *m* (d'engrenages, de roues); batterie (d'ustensiles de cuisine); suite *f* (de médailles); collection complète (des œuvres de qn); corps *m*, ensemble (de doctrines); convoi *m*, rame *f* (de wagons); service *m* (de porcelaine); parure *f* (de lingerie, de boutons de chemise, de pierres précieuses). *Set of golf-clubs,* jeu de crosses. *Nainsook set of underwear,* parure nansouk. *Set of bells,* sonnerie *f* (d'église, etc.). *Set of spanners, of anastigmats,* série, jeu, de clefs; trousse *f* anastigmatique. *Set of pulleys,* garniture *f* de poulies. *Set of tyres,* train *m* de pneus. *Aut:* *Set of springs,* paquet *m*, faisceau *m*, de ressorts. *Rail:* *Set of points,* groupe de changements de voie. *Artisan's set of tools, of implements,* boutique *f* d'artisan. *Set of (carpenter's, armourer's) boring and piercing tools,* vrillerie *f*. (*Child's*) *set of tools,* panoplie *f*; carte *f* d'outils. *Set of furniture,* ameublement *m*. *Set of apartments,* appartement meublé. *Set of fire-irons,* garniture de foyer. *Mantel(piece) set,* garniture de cheminée. **Writing set, desk set,** garniture de bureau. **Toilet set, dressing-table set,** garniture de toilette. **Smoker's set,** nécessaire *m* de fumeur; service (à) fumeur. *Mus:* *A:* *Set of instruments,* pupitre *m* (de violes, etc.). *Aut:* *etc:* **Washing set,** batterie d'arrosage. *El.E:* **Generating set,** groupe électrogène. **Converter set,** groupe convertisseur. *Complete set of cigarette cards,* série complète, collection complète, d'images de paquets de cigarettes. *Nau:* *Complete set of bills of lading,* jeu complet de connaissements. *Com:* **Bill drawn in a set of three,** lettre de change tirée à trois exemplaires. **In sets,** (outils, etc.) en jeux complets. **Chairs, the set of six,** £10, chaises, £10 les six. *To dance a* **set of lancers,** danser les lanciers. *See also* ENGINE-SET, MANICURE-SET, THREE-CARD, TOOTH[1] 1. (*b*) **Wireless set,** appareil *m*, installation *f*, poste *m*, de radio. **Receiving-set,** poste récepteur; radiorécepteur *m*; appareil de réception. *A:* **Crystal set,** poste à galène. **Valve set,** poste à lampes. **Battery set,** poste fonctionnant sur accus, alimenté par batteries; poste à accus; poste batteries. **All mains set, all electric set,** poste (sur le) secteur. *Cin:* **Sound set,** bloc *m* sonore. (*c*) *Ten:* Manche *f*, set *m*. *To win the first set,* gagner le premier set. **Set point,** point qui, s'il est gagné, décidera du set. (*d*) Groupe, catégorie *f*, *F:* clan *m* (de personnes). *A magnificent set of men, of officers,* un magnifique groupe d'hommes, d'officiers. *Set of thieves,* bande *f* de voleurs. *Literary set, political set,* coterie *f* littéraire, politique. *The Cathedral set,* la coterie de l'Évêché. **The smart set,** le monde élégant; *F:* la (haute) gomme. *The fast set, the racing set,* le monde du plaisir, des courses. *I am not in their set, I don't belong to their set,* je ne suis pas (i) de leur bande, (ii) de leur monde; je n'appartiens pas à leur milieu. *We don't move in the same set,* nous ne fréquentons pas les mêmes milieux. *Some one in his set told me so,* c'est une personne de son entourage qui me l'a dit. **2.** (*a*) *Poet:* Coucher *m* (du soleil). **At set of sun,** au coucher du soleil. **At set of day,** au déclin du jour. *Cf.* SUNSET. (*b*) Couvée *f* (d'œufs). (*c*) *Ven:* (*Of dog*) Arrêt *m*. **To make a dead set,** tomber en arrêt; faire un bel arrêt (*at*, devant). *F:* **To make a set at s.o.,** (i) attaquer furieusement qn (à la tribune, etc.); (ii) (*of woman*) entreprendre la conquête d'un homme; se jeter à la tête d'un homme. **To be at a dead set,** être en arrêt. (*d*) *Hairdressing:* **(Wave-)set,** mise *f* en plis. **3.** (*a*) Conformation *f*, direction générale (d'une chaîne de montagnes, etc.); attitude *f*, posture *f* (du corps); assiette *f* (d'une poutre); tournure *f*, coupe *f* (d'un vêtement); disposition *f* des plis (d'une draperie). *Set of the features,* modelé *m* des traits; physionomie *f*. *Set of s.o.'s mind,* orientation *f* d'esprit, tournure d'esprit, de qn. *I knew him by the set of his head, of his hat,* je l'ai reconnu à son port de tête, à sa manière de porter son chapeau. *Set of the legs of a horse,* aplomb *m* des membres d'un cheval. *Tls:* **Set of a (machine-)tool,** angle *m* d'attaque d'un outil. **Set of the saw-teeth, of a saw,** voie *f*, chasse *f*, d'une scie. *Nau:* **Set of the sails,** (i) orientation des voiles; (ii) façon *f* dont les voiles sont établies. (*b*) Direction *f* (du courant, de la marée); *Nau:* lit *m* (du vent); courant *m*, tendances *fpl* (de l'opinion publique). *See also* BACK-SET. (*c*) *Mec.E:* Déviation *f*; déformation *f* (d'une pièce); flèche *f*, bande *f*, bandé *m* (d'un ressort). *Permanent set,* déformation permanente. **To give a set to a plate,** déformer une plaque. **To take a set,** se déformer, se fausser. (*d*) *Veh:* *Aut:* *Set of the axles,* **axle set,** carrossage *m*, chasse *f*, devers *m*, des essieux. *Set of the axle-pin,* carrossage de la fusée. (*e*) *Typ:* Espacement *m* (des lettres). **4.** (*a*) *Hort:* Plant *m* à repiquer; plançon *m*; bouture *f*. *See also* POTATO-SET. (*b*) *Hort:* Fruit noué. (*c*) *Civ.E:* **(Paving-)set, square set, stone set,** pavé *m* d'échantillon. (*d*) *Min:* Châssis *m*, cadre *m* (de galerie). (*e*) *Th:* Décor *m*; mise *f* en scène. **Rehearsal on the set,** répétition *f* sur le plateau. *See also* BOX-SET. **5.** *Tls:* (*a*) **Saw-set,** tourne-à-gauche *m inv.* (*b*) **Nail-set,** chasse-clou(s) *m inv*; chasse-pointe(s) *m inv.* (*c*) *Metalw:* **Rivet-set,** chasse-rivet(s) *m inv.* **Cup-set,** bouterolle *f*. (*d*) *Metalw:* Ciseau *m* à arête plate; tranche *f*. **Cold set, hot set,** tranche à froid, à chaud. **6.** *Const:* Enduit *m*, dernière couche (appliquée à une paroi, etc.).

set[2], *v.* (*p.t.* **set;** *p.p.* **set;** *pr.p.* **setting**) **I.** *v.tr.* **1.** (*a*) Asseoir, placer (qn sur le trône, à la première table). *To set s.o. by the fire,* installer qn auprès du feu. *To set s.o. amongst the great writers,* ranger qn parmi les grands écrivains. **To set sth. above rubies,** priser qch. plus que des rubis. (*b*) **To set a hen, eggs,** mettre une poule, des œufs, à couver; mettre une poule au nid. **2.** (*a*) Mettre, poser (qch. sur, contre, qch., devant qch., qn). *To set one's glass on the table,* poser son verre sur la table. *To set a dish on the table,* servir un plat. *To set sth. back (again), to set sth. in its place again,* remettre, replacer, reposer, qch. à sa place. *To set a glass to one's lips,* porter un verre à ses lèvres. *To set one's lips to a glass,* tremper ses lèvres dans un verre. **To set a trumpet to one's lips,** appliquer une trompette à, contre, ses lèvres. *To set a kiss upon s.o.'s hand,* imprimer un baiser sur la main de qn. **To set one's name, hand, seal, to a document,** apposer sa signature, son sceau, à un acte, en bas d'un document. *See also* EYE[1] 1, FIRE[1] 1, HAND[1] 1, PRICE[1], SPUR[1] 1. (*b*) **To set s.o. on his feet,** (i) remettre qn debout; (ii) *F:* mettre le pied à l'étrier à qn. *To set a man at the corner of the wood,* poster, aposter, un homme au coin du bois. *Boundary-stone set between two fields,* borne plantée entre deux champs. *See also* GUARD[1] 2. (*c*) **To set one's affections on s.o.,** fixer ses affections sur qn. *See also* HEART[1] 2 (*d*). (*d*) **To be set,** être situé. *Country seat set in Kent,* château situé dans le Kent. *Town set in the woodlands,* ville nichée dans les bois. **3.** (*a*) *To set chairs* (*for the company*), disposer, placer, avancer, des chaises. (*b*) **To set the table,** mettre, dresser, le couvert; dresser la table. **To set (the table) for two,** mettre deux couverts. *She stood by the set tea-table,* elle se tenait à côté de la table de thé toute garnie. (*c*) **To set one's life, one's future, on a throw of the dice,** jouer, risquer, sa vie, son avenir, sur un coup de dés. **4.** (*a*) **To set a piano too high,** accorder un piano trop haut. *To set a melody half a tone higher, lower,* hausser, baisser, un air d'un demi-ton. **Soul, mood, set to melancholy,** âme, humeur, disposée à la mélancolie. (*b*) **To set words to music, to set a song,** mettre des paroles en musique. *To set a song for the violin,* arranger une chanson pour le violon. *To set new words to an old tune,* ajuster un air ancien sur des paroles nouvelles. **To set 'Othello' to music,** écrire une partition sur *Othello*. **5.** (*a*) *To set a stake in the ground,* enfoncer, planter, un pieu dans la terre. (*b*) **To set seeds, a plant,** planter des graines; mettre une plante en terre. *See also* CLOSE-SET, THICK-SET. (*c*) **To set a bed with tulips,** planter un parterre de tulipes. **6.** (*a*) **To set the clock, a watch,** régler la pendule, une montre; mettre la pendule, une montre, à l'heure. *To set one's watch by the town clock,* prendre l'heure à l'horloge de la ville. *To set one's watch by the time-signal,* régler sa montre sur le signal horaire. *To set the alarm(-clock) for, at, five o'clock,* mettre le réveille-matin sur cinq heures. *Aut:* **To set the speedometer to zero, to 0,** ramener le compteur à zéro, à 0. *Navy:* **To set a torpedo,** régler une torpille. *Av:* **To set the controls,** régler, repérer, les commandes. **To set a head-light, a searchlight,** mettre au foyer la lampe d'un phare, d'un projecteur. *Phot:* **To set the camera to infinity,** accrocher à l'infini. *W.Tel:* **To set a frame aerial,** orienter un cadre de réception. (*b*) *Mch:* **To set the steam-distributor,** régler, caler, le tiroir. *I.C.E:* *To set the camshaft,* régler l'arbre à cames. *To set the* *spark-gap*, calibrer l'écartement des pointes (de la bougie). *El.E: To set the brushes*, ajuster, caler, les balais. *Cin: To set the shutter*, caler l'obturateur. (*c*) **To set the iron of a plane,** régler, ajuster, le fer d'un rabot. **To set (the teeth of) a saw,** donner de la voie à une scie. **To set a file,** redresser une lime. (*d*) *To set one's cap, one's head-dress*, ajuster son bonnet; arranger sa coiffure. *See also* CAP[1] I. **To set the hair,** mettre les cheveux en plis. **7.** (*a*) **To set a butterfly** (*as a specimen*), monter un papillon (en spécimen). (*b*) *Th:* **To set a scene,** monter un décor. *The second act is set in a street*, le second acte se passe dans une rue. (*c*) **To set a gem, diamonds,** monter, sertir, enchâsser, une pierre; mettre des diamants en œuvre. *Ring set with rubies*, bague ornée de rubis. *Sword-handle set with diamonds*, poignée d'épée ornée, incrustée, de diamants. **Plain-set gem,** pierre à monture simple. *A ruby is set in the buckle*, dans la boucle s'enchâsse un rubis. *Panes set in lead*, vitres serties de plomb. *Field set with daisies*, champ parsemé, émaillé, de pâquerettes. *Coast set with modern resorts*, côte piquée de villes d'eau. *To set the top of a wall with broken glass*, garnir d'éclats de verre la crête d'un mur. *Statuette set in the stem of a tree*, statuette nichée dans un tronc d'arbre. *Balcony set round the house*, balcon établi autour de la maison. *Mec.E:* **To set the shaft in its bearings,** loger l'arbre dans les paliers. *Metall:* **To set a core,** mettre en place un noyau (de moule). *Metalw:* **To set a rivet,** poser un rivet. *See also* DEEP-SET. (*d*) *Nau:* **To set a sail,** déployer, établir, une voile; mettre une voile au vent; mettre dehors une voile. (*Of ship*) *To have her topsails set*, avoir ses huniers haut. *To set the sails*, déferler les voiles. **(With) all sails set,** toutes voiles dehors; portant tout dessus. *The sails are well set*, les voiles sont bien tendues. *See also* SAIL[1] I (*b*). **8.** (*a*) **To set a snare, a net,** dresser, tendre, un piège, un filet. *To set snares*, colleter. *F:* **To set a trap for s.o.,** tendre un piège à qn. (*b*) **To set a wolf-trap, a camera shutter,** armer un piège à loups, un obturateur. **9. To set (the edge of) a razor,** affiler, repasser, un rasoir. *To set a chisel*, aiguiser, affûter, un ciseau. *To set a tool on the oilstone*, doucir un outil. To set a saw, affûter une scie. *Cp.* 6 (*c*). *See also* SHARP-SET. **10.** *Typ:* **To set type,** composer. *To set a page*, composer une page. **11. To set a date, a day,** fixer, désigner, arrêter, une date, un jour. *To set the pitch of an organ, of an orchestra*, fixer le diapason d'un orgue, d'un orchestre. **To set limits to sth.,** assigner des limites à qch. *See also* WATCH[1] 4. **12. To set the fashion,** fixer, régir, mener, la mode; donner le ton, la note. **To set a fashion,** lancer une mode; faire école. *Row:* **To set the stroke,** régler l'allure; donner la cadence; conduire l'équipe. *Nau:* **To set the course** (*on the chart*), tracer la route. *The course was set to the west*, la route fut fixée à l'ouest. *To set a ship by the compass*, relever un navire au compas. *See also* PACE[1] 2. **13.** *Surg:* **To set a bone, a limb,** remettre un os, un membre. *To set a fracture*, réduire, *F:* rebouter, une fracture. *To set a dislocation*, réduire, remboîter, une luxation. **14. To set one's teeth,** serrer les dents. *With jaws set in an effort to control oneself*, les mâchoires contractées dans un effort de volonté. *Lips firmly set*, lèvres fortement serrées. *See also* TOOTH[1] I. **15.** (*a*) **Heat sets albumen, milk,** la chaleur coagule l'albumine, fait cailler le lait. *Cold sets jellies*, le froid fait prendre les gelées. (*b*) *Const:* **To set a wall,** appliquer un enduit, la dernière couche, sur une muraille. (*c*) *Tan:* Étirer (les peaux). **16.** (*a*) **To set s.o. on his way,** (i) mettre qn dans le bon chemin; (ii) *F:* faire un bout de conduite à qn. **To set s.o. on the wrong track,** aiguiller qn sur une fausse piste. (*b*) Conduire (un bachot) à la gaffe; pousser du fond. *Ven:* **To set to the fowl,** s'approcher du gibier (dans un bachot). **17.** (*a*) **To set s.o. doing sth.,** mettre qn à faire qch.; donner qch. à faire à qn. *That set me thinking*, cela me fit réfléchir, me donna à réfléchir; cela mit mon cerveau en branle; *F:* ça m'a mis la puce à l'oreille. *To set the dog barking*, faire aboyer le chien; provoquer les aboiements du chien. *The smoke set her coughing*, la fumée l'a fait tousser. *To set s.o. laughing*, faire rire qn; faire partir qn d'un éclat de rire. *To set the company laughing*, provoquer, déchaîner, les rires, l'hilarité générale. *To set the company talking*, (i) déclancher la conversation; (ii) provoquer des commentaires. *This incident set everybody's tongue wagging*, cet incident a mis toutes les langues en branle. *I set him talking about marriage*, je l'ai mis sur la question du mariage. (*b*) **To set sth. going,** mettre qch. en train. *To set machinery going*, mettre un mécanisme en marche. *See also* GO[2] 2. *To set a bell ringing*, mettre une cloche, une sonnerie, en branle. *To set a machine to work*, mettre une machine en œuvre. **18. To set a man to work,** mettre un homme au travail. **To set s.o. to a task,** donner, imposer, une tâche à qn; atteler qn à une tâche. *To set the class to sums*, mettre la classe à faire du calcul. **I set them to sing,** je les ai fait chanter. *I set them to shell peas*, je leur ai fait écosser des petits pois. **To set oneself to do sth.,** se mettre à faire qch.; s'imposer de faire qch.; s'atteler, s'appliquer, à une besogne. *Martial set himself to amuse Rome*, Martial se donna pour tâche d'amuser Rome. *See also* THIEF I. **19. To set s.o. a pattern to follow, to set a pattern to be followed,** donner à qn un modèle à suivre. **To set a good example,** donner un bon exemple. **To set oneself a task,** s'imposer, entreprendre, une tâche. **To set a question,** poser une question (*to s.o.*, à qn). **To set a problem, a sum,** donner un problème à résoudre; poser un problème. *To set the lesson for to-morrow*, donner, indiquer, la leçon pour demain. **To set a book,** mettre un livre au programme (d'études). **To set a paper,** établir les questions d'une composition, d'une épreuve écrite; poser les questions. *The authorities will have to set fresh papers*, les autorités devront faire recommencer l'examen.

II. **set,** *v.i.* **1.** (*a*) (*Of sun, moon, etc.*) Se coucher. *To be setting*, être à son déclin. *We saw the sun set*, nous avons vu coucher le soleil. (*b*) (*Of fame, etc.*) S'éteindre, pâlir. *His star is setting*, son étoile pâlit, est à son déclin. *His star has set, is set*, son étoile a pâli. *The glory of Troy had set*, la gloire de Troie avait sombré. **2.** (*a*) (*Of the body*) Atteindre son plein développement; (*of character*) se former, s'affermir; (*of foundations*) se tasser, prendre son assiette. (*b*) (*Of dress*) **To set well, badly,** bien, mal, tomber; bien prendre, mal prendre, la taille. *To set badly*, faire des faux plis. *The sleeve sets well*, la manche tombe bien. *Nau:* (*Of a sail*) *To set well, badly*, bien, mal, établir. **3.** (*a*) (*Of the face, eyes*) S'immobiliser; devenir fixe(s); (*of the features*) se figer. (*b*) (*Of broken bone, limb*) Se ressouder, se nouer; *F:* se recoller. (*c*) (*Of blossom, fruit*) Se former, (se) nouer. (*d*) (*Of tree*) Reprendre racine. (*e*) (*Of spawn, etc.*) *To set upon sth.*, se fixer sur qch. **4.** (*a*) (*Of white of egg, blood*) Se coaguler; (*of blood*) se figer, se concréter; (*of milk*) (se) cailler; (*of jelly, custard*) prendre, s'affermir. (*b*) (*Of cement*) Faire prise; prendre, durcir. **5.** *Ven:* (*Of dog*) (i) Arrêter; (ii) tomber en arrêt. **6.** *Danc:* **To set (to partners),** balancer; faire chassé-croisé. *To set to the right*, balancer à droite. **7.** (*Of current, etc.*) **To set southwards,** porter au sud. *The current that sets through the straits*, le courant qui balaie le détroit. *If the wind sets from the south*, si le vent souffle, se met à souffler, du sud. *The tide sets to the west*, la marée porte à l'ouest. *F:* **The tide has set in his favour,** ses actions *f* remontent. *Public opinion is setting with him, against him*, l'opinion publique commence à lui être favorable, défavorable. *Opinion is setting that way*, le courant de l'opinion prend cette direction. **8. To set to work,** se mettre au travail, à l'œuvre. *A. & Dial:* **To set to doing sth.,** se mettre à faire qch.

set about. **1.** *v.i.* (*Prep. use*) (*a*) **To set about a piece of work,** se mettre à, entreprendre, un travail; s'emmancher un travail. **To set about doing sth.,** se mettre à faire qch.; se mettre en devoir de faire qch. *It is time to set about it*, il est temps de s'y mettre. *I don't know how to set about it*, je ne sais pas comment m'y prendre, par où commencer. (*b*) *F:* **To set about s.o.,** attaquer qn, tomber sur qn. **2.** *v.tr.* (*Adv. use*) **To set a rumour about,** faire courir un bruit; donner cours à un bruit.

set after, *v.tr.* (*Prep. use*) **To set the police after a criminal,** mettre la police aux trousses d'un malfaiteur.

set against, *v.tr.* (*Prep. use*) **1.** (*a*) **To set s.o. against s.o.,** prévenir, indisposer, animer, irriter, exciter, acharner, qn contre qn; monter la tête à qn contre qn. *He has set everyone against him*, il s'est mis tout le monde à dos. *He is trying to set you against me*, il cherche à me nuire auprès de vous. (*b*) **To set oneself, one's face, against sth.,** s'opposer résolument à qch. **2. To set sth. against sth.,** mettre qch. en contraste avec qch.; opposer qch. à qch.; contre-balancer qch. par qch.

set apart, *v.tr.* **1. To set the women apart** (*from the men*), isoler les femmes; confiner les femmes loin des hommes. **2.** Mettre (qch.) à part, de côté; réserver (une somme dans un but, du temps pour . . .). *To set apart funds for a purpose*, affecter des fonds à une intention. *To set apart so much out of one's savings*, distraire, prélever, tant sur ses économies.

setting apart, *s.* Mise *f* à part.

set aside, *v.tr.* **1.** = SET APART 2. *To set the best apples aside*, faire le tri des meilleures pommes. **2.** (*a*) Rejeter; laisser (qch.) de côté; mettre (qch.) au rebut. (*b*) Écarter (une proposition, des préjugés, une objection); ne tenir aucun compte (d'un ordre). **To set aside one's own feelings,** faire abnégation de tout sentiment personnel. *To set aside any personal feeling*, mettre à l'écart, mettre de côté, tout sentiment personnel. *Setting aside my expenses . . .*, sans compter mes frais. . . . (*c*) *Jur:* Casser, infirmer (un jugement, etc.). **To set a claim aside,** rejeter une réclamation. **To set a will aside,** annuler un testament.

setting aside, *s.* (*a*) Rejet *m* (d'une demande). (*b*) Annulation *f*, cassation *f*.

set at, *v.tr.* (*Prep. use*) **To set the dog at s.o.,** exciter, lâcher, le chien contre qn. *I set the dog at his heels*, j'ai lancé le chien à ses trousses. **To set a dog at a hare, at a bull,** lancer un chien après un lièvre, contre un taureau.

set back, *v.tr.* **1.** (*a*) Reculer (les chaises, etc.). (*b*) *Const: etc:* Renfoncer (une façade, etc.). **To set back a house from the road,** bâtir une maison en retrait de la route. *House set back* (*from the alignment*), maison en retrait. **To set back s.o.'s interests,** mettre au second plan les intérêts de qn. (*c*) **To set back one's shoulders,** effacer les épaules. (*Of horse*) **To set back its ears,** coucher les oreilles. *Ears set back*, oreilles (d'un chien, d'un cheval) collées contre la tête. **2.** (*a*) *To set back the trip-recorder to* 0, remettre le compteur de trajet à 0. (*b*) Retarder (la pendule, le travail, le progrès). (*c*) *U.S: F: My car set me back five thousand dollars*, mon auto m'a coûté cinq mille dollars.

set-'back, *s.* (*pl.* **set-backs** *or* **sets-back**) **1.** (*a*) Recul *m* (dans les affaires, dans les ventes, etc.). *Fin: St.Exch:* Tassement *m*. *His business has had a set-back*, ses affaires ont reculé. (*b*) Rechute *f* (dans une maladie). *To have a set-back*, rechuter. (*c*) Déconvenue *f*, déception *f*; échec *m*; revers *m* de fortune. *To meet with many set-backs*, essuyer bien des traverses. **2.** Effacement *m* (des épaules). **3.** *Golf:* Biseau *m*, angle *m* d'attaque (de la crosse). **4. Set-back device,** dispositif *m* de remise à zéro (du compteur, etc.).

set before, *v.tr.* (*Prep. use*) **1.** (*a*) **To set a dish before s.o.,** servir un plat à qn. (*b*) **To set a plan before s.o.,** exposer, soumettre, proposer, un projet à qn. **2. To set Vergil before Homer,** mettre, priser, Virgile au-dessus d'Homère; préférer Virgile à Homère.

set by. **1.** *v.tr.* (*Adv. use*) Mettre (de l'argent, etc.) de côté, en réserve (pour l'avenir). **2.** *v.i.* *A:* (*Prep. use*) **To set by s.o.,** estimer qn; faire cas de qn.

set down, *v.tr.* **1.** (*a*) Poser, déposer (qn, qch.) (à terre, etc.). *Do set down your hat!* posez donc votre chapeau! (*From a conveyance*) **I shall set you down at your door,** je vous déposerai, vous descendrai, à votre porte. (*Of train*) **To set down passengers at . . .,** laisser, débarquer, déposer, des voyageurs à. . . . (*b*) *A:* **To set s.o. down,** remettre qn à sa place; rembarrer qn; *F:* moucher qn. **2.** (*a*) **To set sth. down (in writing),** consigner, coucher, qch. par écrit; prendre acte de qch.; recueillir (les paroles de qn). *To set down a name*, inscrire un nom. **Set me down for five pounds**, inscrivez-moi pour cinq livres. **To set down s.o. for a job**, désigner qn pour un travail; attribuer un travail à qn. *The meeting is set down for Monday the 15th*, la réunion est fixée au lundi quinze. (*b*) **To set sth. down to a cause**, attribuer qch. à une cause. (*c*) **To set s.o. down for an actor**, juger que qn est acteur; prendre qn pour un acteur. (*d*) **To set oneself down as a journalist**, (i) se dire journaliste; (ii) (*on hotel register, etc.*) s'inscrire comme journaliste.

set-'down, *s.* **1.** (Longueur *f* de la) course (en taxi). **2.** (*a*) Humiliation *f*, rebuffade *f*. (*b*) Verte semonce. **To give s.o. a set-down**, laver la tête à qn.

set forth. **1.** *v.tr.* (*a*) Énoncer, *Jur:* articuler (les faits); entrer dans le détail (des faits); développer (un argument); exposer, faire valoir (ses raisons); avancer (une théorie); invoquer (une raison). *To set forth clearly one's grievances*, formuler ses griefs. *Condition set forth in the contract*, condition énoncée dans le contrat. (*b*) *A:* Déployer. *The army was set forth in a plain*, l'armée était rangée en bataille dans une plaine. **2.** *v.i.* Se mettre en route, en voyage; partir (*for*, pour).

setting forth, *s.* Départ *m*.

set forward. **1.** *v.tr.* (*a*) Avancer (une chaise, etc.). (*b*) *A:* Favoriser le progrès de (qch.); avancer (un travail). (*c*) Avancer (la pendule, sa montre). **2.** *v.i. A:* = SET FORTH 2.

set in. **1.** *v.i.* Commencer. *Winter is setting in*, l'hiver *m* commence. *Before winter sets in*, avant le début, la venue, de l'hiver. *Night was setting in*, la nuit se faisait. **A reaction is setting in**, une réaction se dessine, s'annonce. *If no complications set in*, s'il ne survient pas de complications. *The cold* (*weather*) *has set in again*, le froid redonne, a repris. **Rain is setting in; it is setting in for a wet day**, le temps se met à la pluie. *The weather is setting in fine*, le temps se met au beau. *It set in to rain, for rain, it set in wet*, il se mit à pleuvoir; la pluie est survenue. **The tide is setting in**, la marée commence à monter. **This fashion is setting in**, cette mode commence; cela entre en vogue; cela devient à la mode. **2.** *v.tr.* (*a*) Encastrer, entabler (une pierre, une poutre); emboîter (une mortaise, etc.); poser (une vitre). (*b*) *Dressm: Tail:* Monter (les manches, des fronces). **Set-in sleeve**, manche rapportée.

set-'in, *s.* Commencement *m*, venue *f* (de l'hiver, des pluies, etc.).

setting in, *s.* **1.** Commencement *m*, début *m*. **2.** Encastrement *m*.

set off. I. *v.tr.* **1.** (*a*) **To set off a debt**, compenser une dette. **To set off a gain against a loss**, opposer un gain à une perte; compenser une perte par un gain. (*b*) Faire ressortir, faire valoir, rehausser, relever (les charmes de qn, une couleur); donner du relief à (la beauté, etc.); mettre (qch.) en relief; servir de lustre (au talent de qn, etc.). *Paint:* **To set off one colour with another**, réchampir une couleur avec une autre. *Jewelry sets off a handsome face*, la parure relève la bonne mine. *This ribbon would set off your complexion*, ce ruban rehausserait votre teint. *The frame sets off the picture*, le cadre met le tableau en valeur. *Her dress sets off her figure*, sa robe fait valoir, dégage, sa taille. *Their plainness set off her beauty*, leur laideur servait de repoussoir à sa beauté. *Description set off with a touch of satire*, description qui se rehausse d'une pointe de satire. (*c*) **To set off one's goods**, parer sa marchandise. *Dress set off with gold braid*, robe ornée de galon d'or. *Box set off with fillets of silver*, boîte rehaussée, ornée, de filets d'argent. **2.** *Surv:* Rapporter (un angle). **3.** Faire partir (une fusée, etc.). **To set off fireworks**, tirer un feu d'artifice. **This answer set them off laughing**, cette réponse a déclenché les rires. *This answer set him off on a long disquisition*, cette réponse l'a lancé dans une longue disquisition.

II. **set off,** *v.i.* **1.** Se mettre en route, en chemin; partir. **To set off on a journey**, se mettre en voyage. *To set off again*, repartir; se remettre en route. **To set off running**, partir en courant; prendre sa course. **2.** *Typ:* (*Of wet ink*) Maculer, décharger.

'set-off, *s.* (*pl.* **set-offs**) **1.** Contraste *m*. **Set-off to beauty**, (i) ornement *m* de la beauté; (ii) repoussoir *m* à la beauté. *As a set-off . . .*, par contraste. . . . *As a set-off to . . .*, comme contraste à. . . . **2.** (*a*) Compensation *f* (d'une dette). *Book-k:* Écriture *f* inverse. **As a set-off against . . .**, en compensation de . . .; comme dédommagement de . . .; en contre-partie de, à. . . . *To claim guarantees as a set-off against effective aid*, réclamer des garanties en contre-partie d'une aide efficace. *To pay a premium as a set-off to a small rental*, verser une prime en considération de la modicité du loyer. (*b*) *Jur:* (*Counter-claim*) Reconvention *f*; demande reconventionnelle. **3.** Départ *m* (en voyage). **4.** (*a*) *Arch:* Saillie *f*, ressaut *m*. (*b*) *Civ.E:* Berme *f*. **5.** *Typ:* Maculage *m*.

setting off, *s.* **1.** (*a*) Compensation *f*. (*b*) Rehaussement *m* (d'une couleur, etc.). **2.** Tirage *m* (d'un feu d'artifice). **3.** Départ *m*. **4.** *Typ:* Maculage *m*.

set on. I. *v.tr.* **1.** Servir (le fromage, etc.). **2.** (*a*) Inciter (qn) à attaquer, aux injures. (*Prep. use*) **To set s.o. on s.o.**, acharner qn contre qn. **To set a dog on s.o.**, lancer un chien contre qn. *I was set on by a dog*, j'ai été attaqué par un chien. (*b*) **To set s.o. on to do sth.**, mettre qn à faire qch.

II. **set on,** *v.i.* Continuer son chemin; pousser en avant.

setting on, *s.* Incitation *f* (aux injures, etc.).

set out. I. *v.tr.* **1.** (*a*) *To set out the empty milk-can*, déposer à la porte, mettre dehors, la boîte à lait vide. (*b*) Mettre en terre (des plants). **2.** Équiper (qn). **3.** (*a*) Arranger, disposer. *To set out one's ideas clearly*, exposer clairement ses idées. *His work is well set out*, son travail est bien présenté. *To set out goods on a stall*, étaler, disposer, des marchandises sur un comptoir. (*b*) *To set out a table with one's wares*, arranger, disposer, étaler, ses marchandises sur une table. *To set out a table with food*, garnir une table de provisions. **To set out the table**, (i) tout disposer sur la table; (ii) mettre le couvert. (*c*) Embellir, orner (qn). *This dress sets you out*, cette robe vous habille bien. **4.** *Mth: Surv: etc:* **To set out a curve**, faire le tracé d'une courbe; tracer une courbe (d'abaque, par des points donnés). **5.** *Typ:* Espacer (les caractères, les mots). **6.** *Const:* **To set a stone out**, poser une pierre en délit.

II. **set out,** *v.i.* **1.** (i) Se mettre en route, en chemin; (ii) s'embarquer; faire voile. *Just as he was setting out*, au moment de son départ. *To set out for France*, prendre le chemin de la France; partir pour la France. *To set out for school*, partir pour l'école. *To set out again*, repartir. *To set out for home again*, reprendre le chemin de la maison. *To set out in a small boat*, quitter la terre dans une embarcation. *To set out on a journey*, se mettre, partir, en voyage. *See also* JOURNEY[1] 1. **To set out against an enemy**, se mettre en campagne contre un ennemi. **To set out in pursuit, in search, of s.o.**, se mettre à la poursuite, à la recherche, de qn. **2.** (*Of the tide*) Commencer à descendre, à se retirer.

set-'out, *s.* (*pl.* **set-outs**) **1.** (*a*) Début *m*, commencement *m*. **At the first set-out**, au début, au premier abord. (*b*) Départ *m*. **2.** Étalage *m* (de marchandises, de nourriture). **3.** (*a*) Équipage *m* (de chevaux et voiture, etc.). (*b*) *F:* Accoutrement *m* (ridicule). (*c*) Équipement *m*, trousseau *m*. *To have a full set-out of tools*, être bien outillé. *To have a full set-out of books*, *F:* être bien outillé en livres. (*d*) *P: A great set-out*, un grand tralala.

setting out, *s.* **1.** Départ *m*; embarquement *m*; entrée *f* en campagne. **2.** Tracement *m*, tracé *m* (d'une courbe). **3.** *Const:* Pose *f* en délit.

set over, *v.tr.* **1.** (*Prep. use*) **To set s.o. (up) over others**, donner à qn de l'autorité sur d'autres; élever qn à la position de chef. *To set s.o. over a people*, donner à un peuple qn pour maître, pour roi. **2.** (*Adv. use*) *Mec.E:* Désaxer, excentrer.

setting over, *s.* *Mec.E:* Désaxage *m*, excentration *f*.

set to, *v.i.* **1.** Se mettre (résolument) au travail, à l'œuvre. *It is time to set to*, il est temps de s'y mettre. *We must set to!* allons-y! **2.** *F:* (*Of two pers.*) Avoir une prise de bec; en venir aux coups.

set-'to, *s.* (*pl.* **set-tos, -to's**) **1.** Assaut *m* (de boxe). **2.** (*a*) Lutte *f*, combat *m*; *F:* pugilat *m*, attrapade *f*, empoignade *f*; (*between women*) crêpage *m* de chignons. *Regular set-to*, bataille *f* en règle. **To have a set-to**, s'empoigner; en venir aux mains; se colleter; *P:* se flanquer un coup de torchon; (*of women*) se peigner. *They had a set-to*, ils se sont attrapés; ils se sont pris par les oreilles; ils se sont accrochés; elles se sont crêpé le chignon; elles se sont prises aux cheveux. (*b*) Prise *f* de bec.

set together, *v.tr.* (*a*) Mettre ensemble. (*b*) Joindre, rapprocher (deux extrémités); affronter les extrémités (d'un os fracturé). (*c*) Comparer.

setting together, *s.* Rapprochement *m*; affrontement *m*; comparaison *f*.

set up[1]. I. *v.tr.* **1.** (*a*) Placer, fixer (un objet, une pancarte) (à la hauteur des yeux, bien en évidence). (*b*) Dresser (un mât, une statue, *Artil:* une batterie, *Typ:* une lettre tombée); élever, ériger (une statue) (*to s.o.*, à qn); élever (une barrière, une potence); planter (un drapeau); monter (un échafaud); installer (une batterie); monter, ajuster (une machine, une pile); armer (un appareil). *Surv: To set up a theodolite*, mettre un théodolite en station; effectuer la mise en station d'un théodolite. **To set up a stuffed specimen**, naturaliser un spécimen empaillé. *To set up the standard of revolt*, arborer le pavillon de la révolte. *To set up milestones along a road*, borner une route. *To set sth. up again*, relever qch. *To set the ninepins up again*, remettre les quilles debout. (*c*) Hausser, relever. *See also* BACK[1] I. 1. (*d*) *Typ:* **To set up a MS.**, composer un MS. (*e*) *Nau:* Rider (les haubans). **2.** Exalter, élever (qn); *F:* rendre (qn) tout fier, tout glorieux. **3.** (*a*) Instaurer (un culte, une église). *Little by little there was set up a mode of holding . . .*, peu à peu s'établit un mode de possession. . . . (*b*) Établir (une agence, une école, un record); créer, organiser, instituer, constituer (un comité, un tribunal); organiser (une ambulance); créer, fonder (une maison de commerce); monter (un magasin). **To set up one's abode somewhere**, établir son domicile, s'établir, quelque part. *F:* **They have set up a car**, ils ont instauré une auto. *See also* HOUSE[1] 1, HOUSEKEEPING 1. (*c*) Occasionner, causer. **Food that sets up irritation**, aliment qui occasionne de l'irritation. (*d*) **To set up a king**, instaurer une monarchie. *God set up deliverers*, Dieu suscita des libérateurs. (*e*) **To set s.o. up in business, as a grocer**, établir qn dans un commerce, dans l'épicerie; mettre qn dans les affaires. **To set s.o. up in life**, lancer qn (dans la vie). (*f*) **To set s.o. up (again) in, with, books, clothing**, (re)monter qn en livres, en vêtements. *To set s.o. up in funds*, *F:* remettre qn à flot, en fonds. (*g*) **To set up a theory**, mettre en avant, formuler, une théorie. **To set up s.o., sth., as a model**, proposer qn, qch., comme modèle. **To set up ridiculous pretensions**, afficher des prétentions ridicules. **To set up a claimant to the throne, a candidate**, mettre en avant un prétendant au trône, un candidat. *Jur: To set up a child to displace the real heir*, supposer un enfant. **To set up a counter-claim**, intenter une demande reconventionnelle. **4.** **To set up a shout**, pousser une clameur. *To set up a howl*, se mettre à hurler. *See also* CRY[1] 1. **5.** Donner, rendre, de la vigueur à (qn); rétablir, développer, le physique de (qn). *This medicine, a fortnight in the country, will set you up*, ce remède, une quinzaine à la campagne, va vous remettre d'aplomb, vous ragaillardir, vous fortifier, vous retaper. *To set oneself up again*, *F:* se remplumer. *He is quite set up again*, il s'est bien refait. *The country air has set him up again*, l'air de la campagne l'a remis. *To go south to get set up again* (*after an illness*), aller dans le Midi pour se rétablir, *F:* pour se radouber.

II. **set up,** *v.i.* **1.** (*a*) **To set up in business, as a chemist**, s'établir dans le commerce; s'établir pharmacien. **To set up for oneself**, s'établir à son compte. (*b*) *P:* **To set up with s.o.**, se coller avec qn. **2.** *v.i. & pr.* **To set up for, set oneself up as, a scholar, a moralist, a critic,** se poser en savant; trancher du savant; faire le savant; s'ériger en moraliste, en critique. *To set up for an atheist,* faire profession d'athéisme. *I don't set up for an angel,* je ne pose pas pour un ange. *To set up for being learned,* s'afficher pour savant, se donner des airs de savant; se targuer de science. *I don't set (myself) up to be better than you,* je n'ai pas la prétention, je ne présume pas, de vous être supérieur. **3.** (*Of bullet*) Faire champignon.

set-'up, *s.* **1.** *Surv: etc:* Mise *f* en station (d'un instrument). **2.** Port droit, dégagé (du corps). **3.** *U.S: F:* Structure *f*, édifice *m*. **4.** *U.S: P:* Match *m* de boxe pour la frime, dont le résultat a été arrangé d'avance. **5.** *U.S: P:* Coupe-gorge *m inv.*

set up[2], *a.* **1. Well set up fellow,** gaillard bien campé, bien pris, bien taillé, bien bâti, bien découplé, bien balancé, *F:* bien troussé. **Well set up girl,** jeune fille bien tournée, à la taille libre, dégagée; *F:* beau brin de fille. **2.** (*a*) **To be quite set up** *by s.o.'s praise,* être tout fier des éloges de qn; se sentir tout remonté. *P: He's set up no end,* le roi n'est pas son cousin. (*b*) *U.S:* Poseur; qui se gobe; hautain; dédaigneux. **3.** *F:* **You are quite set up,** voilà votre trousseau, votre établissement, au grand complet.

setting up, *s.* **1.** (*a*) Mise *f* en place. (*b*) Montage *m*, dressage *m*, ajustage *m*; érection *f*, installation *f*, mise en station; appareillage *m* (d'un poste de T.S.F.). *S. up again,* relèvement *m* (d'un objet tombé). (*c*) *Typ:* Composition *f*. **2.** Instauration *f*; établissement *m*, création *f*, fondation *f*. **Setting up of a new order,** établissement, instauration, d'un nouveau régime. **Setting up housekeeping,** entrée *f* en ménage. **3.** Mise en avant (d'une théorie, etc.). **4.** *Gym:* **Setting up exercises,** exercices *m* d'assouplissement, pour développement physique.

set upon, *v.i.* (*a*) **To set upon the enemy,** attaquer l'ennemi. (*b*) *A:* **To set upon a task,** entreprendre, se mettre à, un travail.

set[3], *a.* **1.** (*a*) **Set face,** visage immobile, composé, compassé, aux traits rigides. *Face set like a flint,* visage accusant une détermination inflexible. *Set eyes,* yeux *m* fixes; regard *m* fixe. **Set smile,** sourire figé. *See also* FAIR[2] I. 6. (*b*) *Mec.E: etc:* **Set pin,** goupille *f* de calage. **Set nut,** contre-écrou *m*. **Set bolt,** (i) prisonnier *m*; (ii) goujon *m* (de fixation). *P:* **To have s.o. set,** tenir qn à la gorge. *See also* COLLAR[1] 3, KEY[1] 6, SCREW[1] 1. (*c*) (Ressort) bandé, tendu. *Sp:* (*To sprinters, runners*) (**Get**) **set!** en position! attention! *U.S: F:* **To be all set,** être prêt(s) à commencer. (*d*) **Set grease,** graisse consistante. **Hard set,** ferme, figé; (ciment) bien pris. (*e*) **The fruit is set,** le fruit est formé, noué. (*f*) **Well set person,** personne à la taille cambrée. (*g*) *Sp:* **To be set,** (*of runner*) avoir repris son souffle, être bien en train; (*of batsman*) être bien dans son assiette, bien à son jeu. **2.** (*a*) **Set price,** prix *m* fixe. **Set time,** heure fixée, prescrite. *To dine at a set hour,* dîner à heure fixe. *At set hours,* à des heures réglées. **Set purpose,** ferme intention *f*. *See also* PURPOSE[1] 1. *Ind:* **Set work,** répétition *f* en série. (*b*) **Set phrase,** cliché *m*; expression consacrée; locution figée. *Set phrases,* expressions toutes faites. *The set forms,* les formes prescrites. **Set form of prayer,** prière *f* liturgique. **Set dinner,** (i) dîner *m* dans les formes; dîner de cérémonie; dîner prié; (ii) (dîner de) table *f* d'hôte; dîner à prix fixe. *F:* **Set affair,** réunion ou soirée très gourmée, où on avalait sa langue. **Set speech,** discours composé à l'avance, étudié, préparé, apprêté; discours en forme, d'apparat. (*c*) **Set piece,** (i) *Cu:* pièce montée; (ii) *Pyr:* pièce montée, pièce d'artifice; (iii) *Th:* ferme *f*. *Th:* **Set scene,** décor (monté). (*d*) **Set task,** tâche assignée. *Everyone has his own set task,* à chacun est assignée une tâche. *Sch:* **Set subject,** sujet imposé aux candidats. **The set books,** les auteurs *m* du programme. **3. To be set on sth.,** être résolu, déterminé, à qch.; s'obstiner à qch.; tenir beaucoup à ce que qch. se fasse. **To be (dead) set (up)on doing sth.,** être résolu, déterminé, opiniâtre, buté, à faire qch.; avoir à cœur de faire qch. *He was set on your being appointed,* il avait à cœur qu'on vous nommât, de vous voir nommer. *Since you are set upon it . . .,* puisque vous y tenez. . . . *Don't be so set about it,* ne soyez pas si obstiné. *To be set on an idea,* être féru d'une idée. *His mind is set,* son parti est pris. *He is set on criticizing everything,* c'est un parti pris chez lui de tout critiquer. *Mind set on pleasure,* esprit tourné vers les plaisirs. *He is set against persecution,* il est ennemi des persécutions. **To be dead set against s.o.,** s'acharner après, contre, sur, qn.

set-'hammer, *s.* *Tls: Metalw:* Chasse carrée; chasse à parer; paroir *m*.

set 'square, *s.* *Draw:* Équerre *f* (à dessin).

setting[1], *a.* **1.** (Astre) baissant, couchant; (astre, gloire *f*) sur son déclin. **2.** (Fruit *m*) en formation, en train de (se) nouer. **3. Slow-setting cement, quick-setting cement,** ciment *m* à prise lente, à prise rapide.

setting[2], *s.* **1.** (*a*) Mise *f*, pose *f* (de qch.); apposition *f* (d'un sceau). *S. in place again,* replacement *m* (de qch.); remise *f* en place. (*b*) Disposition *f*, arrangement *m*. **Setting to music,** mise en musique. (*c*) Enfoncement *m* (d'un pieu); plantation *f* (de graines, etc.). (*d*) Réglage *m*; mise à l'heure (d'une horloge); ajustage *m*. *Mec.E: etc:* Calage *m* (d'un tiroir, d'une soupape, *Cin:* de l'obturateur). **Setting to zero,** remise *f* à zéro (d'un compteur). (*e*) Montage *m* (d'un spécimen, d'un décor, etc.); montage, sertissage *m*, mettage *m* (d'une pierre); mise en place, installation *f* (d'une chaudière, etc.); établissement *m* (d'une voile); dressage *m* (d'un piège); armement *m* (d'un piège, d'un obturateur); mise en voie (des dents d'une scie); mise en plis (des cheveux). *Hairdressing:* **Setting lotion,** lotion *f* pour mise en plis. (*f*) Aiguisage *m*, affûtage *m*, affilage *m*, doucissage *m* (d'un outil). (*g*) Pose *f* (d'un rivet). (*h*) *Typ:* Composition *f*. **Page-setting,** mise en page. (*i*) Fixation *f*, désignation *f* (d'une date, etc.). (*j*) Réduction *f* (d'une fracture, etc.); remboîtement *m* (d'une luxation); clissage *m* (d'un membre fracturé); coaptation *f* (des os). (*k*) Imposition *f* (d'une tâche). **2.** (*a*) Coucher *m* (d'un astre). (*b*) Tassement *m* (de fondations, etc.). (*c*) Recollement *m* (d'un os brisé). (*d*) Nouure *f*, formation *f* (du fruit). (*e*) Affermissement *m*; prise *f* (du ciment); coagulation *f* (de l'albumine). **3.** (*a*) Cadre *m*, encadrement *m* (d'un récit, d'une fête, etc.). *Th:* Mise en scène. *Anecdote in a wrong s.,* anecdote mal encadrée. (*b*) Monture *f*, serte *f* (d'un diamant, etc.); logement *m* (d'une chaudière, d'une cornue). *To tighten up the s. of a diamond,* serrer le feuilletis d'un diamant. (*c*) *Mus:* (i) Ton *m* (d'un morceau). (ii) **Setting for piano, for violin,** arrangement pour piano, pour violon.

'setting-board, *s.* *Ent:* Planche *f* à épingler.

'setting-machine, *s.* *Tan:* Machine *f* à étirer.

'setting-pole, *s.* Perche *f*, gaffe *f* (de bachot).

'setting-rule, *s.* *Typ:* Filet *m* à composer.

'setting-stick, *s.* *Typ:* Composteur *m*.

seta, *pl.* **-ae** ['si:ta, -i:], *s.* *Nat.Hist:* Poil *m* raide; *Z:* soie *f*.

setaceous [si:'teiʃəs], *a.* *Nat.Hist:* Sétacé.

setaria [si:'teəria], *s.* *Bot:* Sétaire *f*.

setiferous [si:'tifərəs], **setigerous** [si:'tidʒərəs], *a.* Sétifère, sétigère.

setiform ['si:tifɔ:rm], *a.* Sétiforme; en forme de soie.

setness ['setnəs], *s.* **1.** Formalité *f* (de style); compassement *m* (de conduite). **2.** Fixité *f* (du regard); rigidité *f* (des traits); fermeté *f* (d'intention). **Setness of purpose,** détermination *f*. **3.** Opiniâtreté *f*.

seton ['si:tən], *s.* *Vet: Surg:* Séton *m* à mèche.

setose ['si:tous], *a.* *Nat.Hist:* Séteux; poilu.

sett [set], *s.* *Civ.E:* = SET[1] 4 (*c*).

settee [se'ti:], *s.* *Furn:* Canapé *m*, causeuse *f*. **Back-to-back settee,** boudeuse *f*.

settee-'bed, *s.* Lit-canapé *m*, *pl.* lits-canapés.

setter[1] ['setər], *s.* **1.** (*Pers.*) (*a*) Poseur, -euse; metteur *m* en œuvre (d'un instrument scientifique, etc.). *Const:* **Stone-setter, brick-setter,** poseur de pierres de taille, de briques. **Boiler-tube setter,** ajusteur *m* de tubes de chaudière. *See also* MACHINE-SETTER, STAGE-SETTER. (*b*) Monteur *m*, sertisseur *m*, metteur en œuvre (de diamants, etc.). (*c*) Affûteur *m* (de scies). (*d*) Tendeur *m* (de pièges). (*e*) Poseur, -euse (de questions, de devinettes, etc.). (*f*) *Artil:* **Sight-setter,** servant *m* de hausse. (*g*) **Setter-on,** *pl.* **setters-on,** incitateur, -trice. (*h*) *Const:* **Setter-out,** *pl.* **setters-out,** appareilleur *m*. (*i*) **Setter-up,** *pl.* **setters-up,** dresseur *m* (d'idoles, etc.). **2.** (*a*) Chien *m* d'arrêt; setter *m*; *A:* chien couchant. (*b*) *P: A:* (*Pers.*) Mouchard *m*. **3.** *Tls:* **Nut-setter,** serre-écrou *m inv.*

setter[2], *s.* *Ten: F:* **Three-setter,** match *m* en trois sets.

setterwort ['setərwə:rt], *s.* *Bot:* Ellébore *m* fétide.

settle[1] [setl], *s.* Banc *m* à dossier (pour vestibule, restaurant, etc.).

settle[2], *v.* I. *v.tr.* **1.** (*a*) Établir, installer (qn, un peuple, etc.) (dans un pays). (*b*) Coloniser (un pays). (*c*) Rendre stable. *A good thunder-storm would* **settle the weather,** un bon orage établirait le temps d'une façon durable. (*d*) Mettre bien en place. *To s. one's feet in the stirrups,* assurer ses pieds dans les étriers. *To s. one's hat firmly on one's head,* assurer son chapeau. *Artil:* **To settle a gun,** asseoir une pièce. **To settle oneself in an armchair,** s'installer dans un fauteuil. **2.** (*a*) **To settle an invalid for the night,** arranger un malade pour la nuit. (*b*) **To settle one's children,** établir ses enfants. **To settle one's daughter,** caser sa fille. *Daughter difficult to s.,* fille difficile à caser. (*c*) **To settle one's affairs,** mettre ordre à ses affaires (avant de mourir, de partir en voyage, etc.). **3.** (*a*) Clarifier, laisser rasseoir (un liquide). (*b*) *F: To take a liqueur to s. one's dinner,* prendre une goutte de quelque chose pour faire descendre son dîner; prendre un pousse-café. (*c*) *To s. s.o.'s doubts, s.o.'s scruples,* dissiper les doutes, les scrupules, de qn. **4.** *Nau:* (*a*) **To settle a sail,** abaisser une voile. (*b*) **To settle the land,** noyer la terre. **5.** Concerter (son visage, etc.); rasseoir (son esprit); apaiser, calmer (qn, les nerfs, etc.). *Give me something to s. my stomach,* donnez-moi quelque chose pour me remettre l'estomac. **6.** Fixer, déterminer (un jour, un endroit, etc.). *The terms were settled,* on convint des conditions. *Your appointment is* **as good as settled,** votre nomination est quasiment une affaire faite. *It's as good as settled, F:* l'affaire est dans le sac; *P:* c'est couru. *Everything is settled,* **it's all settled,** *the matter is settled,* c'est une affaire faite, bouclée; tout est d'accord. *That is settled then,* alors c'est dit; tenez donc cela pour dit; c'est convenu. **To settle to do sth.,** décider de faire qch. **7.** (*a*) Résoudre, décider, statuer sur (une question); trancher, aplanir, arranger (un différend); vider, (r)ajuster (une querelle); arranger, liquider (une affaire). *To s. a question once and for all,* trancher une question, décider d'une question, une fois pour toutes; *F:* couler une question à fond. *To s. the succession,* décider la succession à la Couronne. *Questions not yet settled,* questions en suspens. **That settles it!** (i) voilà qui tranche la question! voilà qui décide tout! voilà qui est net! (ii) cela me décide! **Settle it among yourselves; settle it any way you like,** arrangez cela entre vous; arrangez cela comme vous voudrez; arrangez-vous. *To s. a matter amicably,* régler une question à l'amiable. *Jur:* **To settle a lawsuit amicably,** arranger un procès. **To settle an affair out of court,** transiger avant jugement. *Settled between the parties,* arrangé à l'amiable. (*Of arbitrator*) *To s. a case,* arbitrer une affaire. (*b*) Conclure, terminer (une affaire); régler, solder, balancer (un compte); payer (une dette, une amende, un compte). *F:* **I'll settle accounts with him!** je vais lui régler son compte! *Abs.* **To settle (up) with s.o.,** (i) régler avec qn; (ii) s'acquitter envers qn. *I shall s. (up) with you next month,* je vous réglerai mon compte le mois prochain. *We will s. (up) at the end of the month,* nous compterons à la fin du mois. *Shall I s. for everybody?* voulez-vous que je règle toute l'addition? *F:* **Now to settle with you!** maintenant à nous deux! (*c*) **To settle s.o.,** *P:* **to settle s.o.'s hash,** *F:* donner son reste à qn. *That settled him,* (i) ça lui a clos le bec; (ii) ça lui a réglé son compte. *Another stroke will s. him, P: will s. his hash,* une nouvelle congestion l'achèvera. *See also* HASH[1] 2. **8. To settle an annuity on s.o.,** constituer, assigner, une annuité à qn; asseoir une annuité sur qn. *To s. all one's property on one's wife,* mettre tous ses biens sur la tête de sa femme.

II. **settle,** *v.i.* **1.** *v.i. & pr.* (*a*) **To settle (down) in a locality,** élire domicile, s'établir, se fixer, dans un lieu. *To s. elsewhere,* se transplanter; se fixer ailleurs. (*b*) **To settle (oneself) in an armchair,** s'installer commodément dans un fauteuil. *She had settled herself in a corner,* elle s'était installée, casée, dans un coin. **To settle oneself to sleep,** se disposer à dormir. (*c*) (*Of bird, insect, etc.*) Se percher, se poser (sur un arbre, etc.). (*d*) **The snow is settling,** la neige prend, ne fond pas. (*e*) **The wind is settling in the north,** le vent s'établit dans le nord; le vent souffle ferme du nord. *The inflammation settled on his lungs,* l'inflammation s'établit aux poumons. (*f*) **To settle (down) to work, to do sth.,** se mettre sérieusement au travail, à faire qch. *He can't s. (down) to anything,* il ne se décide pas à choisir une occupation. **2.** (*Of liquid*) Se clarifier, déposer, prendre son rassis, se rasseoir, se reposer; (*of sediment*) se déposer, se précipiter. **To let (sth.) settle,** laisser déposer (un précipité); laisser rasseoir (le vin); laisser reposer (une solution). **3.** (*a*) (i) (*Of ground, pillar, gun, etc.*) Prendre son assiette, s'asseoir, se tasser; (*of ground*) se seller; (ii) (*of pillar, foundation, etc.*) se déniveler, s'affaisser, farder; prendre coup, faire coup. *F:* **Things are settling into shape,** (i) les choses commencent à prendre tournure; (ii) l'ordre se rétablit. (*b*) (*Of ship*) **To settle (down),** couler, (s')enfoncer, s'immerger. *The ship was settling,* le navire s'enfonçait peu à peu. **4.** (*Of passion, excitement*) S'apaiser, se calmer. *The weather is settling,* le temps se calme.

settle down, *v.i.* **1.** (*a*) *See* SETTLE[2] II. 1 (*a*), (*f*), 3 (*b*). (*b*) **To settle down to dinner,** (i) se mettre à table; (ii) se mettre à dîner pour de bon. *To s. down at the table for the evening,* s'attabler pour toute la soirée. (*c*) **To settle down to a task,** s'atteler à une tâche. **2.** (*a*) (*Of pers.*) Se ranger, devenir sérieux, s'assagir; *F:* faire une fin; (*in a quiet job, etc.*) se castoriser; (*after leading a fast life*) *F:* (s')acheter une conduite. *At last he settled down to peace and comfort,* il put enfin se disposer à jouir d'une vie paisible et aisée. *To s. down for life,* se marier; se mettre en ménage; se caser. *At your age you ought to have settled down,* à ton âge on devrait être casé. *She had no desire to s. down,* elle n'avait point envie de se fixer. *Marriage has made him s. down,* le mariage l'a rangé, l'a assagi. (*b*) (*Of thg*) (Re)prendre le train de la vie ordinaire. *As soon as the market settles down,* aussitôt que le marché reprend son train (ordinaire). *Since the war things have settled down,* depuis la guerre tout s'est tassé. *Mil:* **The line has settled down,** la ligne s'est stabilisée. **3. He is beginning to settle down at school,** il commence à s'habituer à l'école. *I am settling down again,* je commence à me rhabituer ici.

settling down, *s.* (*a*) Installation *f* (dans une maison, etc.). (*b*) Assagissement *m* (d'un jeune homme déréglé); mariage *m*.

settle in, *v.i.* S'installer, s'établir (dans une nouvelle maison, etc.). *Are you settled in yet?* êtes-vous installés?

settling in, *s.* Installation *f* (dans une nouvelle maison).

settle upon, *v.i.* (*Prep. use*) **1. To settle upon s.o., sth.,** choisir qn, qch.; se décider pour qn, qch.; déterminer, fixer (un rendez-vous, etc.). **2.** (*Of affections, etc.*) Se poser sur (qn).

settled, *a.* **1.** (*a*) (*Of state*) Invariable, sûr; (*of idea, habit*) fixe, enraciné. **Settled intention,** intention bien arrêtée. **Settled policy,** politique continue. **Settled weather,** temps fait, fixe, sûr; beau *m* fixe; *Nau:* temps établi. *S. rain,* pluie persistante. *Nau: S. wind,* brise établie. *S. peace,* paix *f* durable. *Man of s. convictions,* homme *m* aux convictions arrêtées. *I am a man of s. habits,* je suis un homme d'habitude. (*b*) (*Of pers., character*) Rassis, réfléchi; (*of bearing, etc.*) tranquille, calme. (*c*) (*Of pers.*) Rangé; *esp.* marié. **2.** (*a*) (*Of affair, question, etc.*) Arrangé, décidé. (*b*) (*Of bill, etc.*) Réglé, soldé. **'Settled,'** "pour acquit." **3.** (*Of pers.*) Domicilié, établi; (*of thg*) bien assis; (*of government, etc.*) établi. **4.** (*Of ground, etc.*) Tassé, sellé, compact. **5.** (*Of estate, etc.*) Constitué (*on s.o.,* à qn). **6.** (*Of country*) Colonisé.

settling, *s.* **1.** = SETTLEMENT 1. **2.** (*a*) Apaisement *m* (d'une agitation, des nerfs, etc.). (*b*) Clarification *f* (d'un liquide). *Winem:* **Settling vat,** cuve *f* de débourbage (du champagne, etc.). (*c*) Précipitation *f*, dépôt *m* (du sédiment). *Dy: etc:* **Settling vat, tub,** reposoir *m*. *Ind:* **Settling tank,** bassin *m* de colmatage. (*d*) Tassement *m*; affaissement *m* (du terrain); dénivellement *m* (d'un pilier, des fondements, etc.). *Civ.E:* **Amount of settling,** flèche *f* d'abaissement. (*e*) *Artil:* Assise *f* (d'une pièce). (*f*) *pl.* **Settlings,** dépôt, sédiment *m*. **3.** = SETTLEMENT 3 (*a*). **4.** (*a*) Conclusion *f*, terminaison *f* (d'une affaire). **Settling (up),** règlement *m*, apurement *m* (d'un compte). (*b*) *St.Exch:* Liquidation *f*. **Settling day,** jour *m* de (la) liquidation, du règlement. **5. Settling of an annuity on s.o.,** constitution *f*, assignation *f*, d'une annuité à qn.

settlement ['setlmənt], *s.* **1.** (*a*) Établissement *m* (d'un peuple dans un pays, etc.); installation *f* (de qn dans une maison, etc.). (*b*) Colonisation *f*, peuplement *m* (d'un pays). *Land awaiting s.,* terres non encore concédées. (*c*) *The s. of Europe after the War,* la restauration de l'Europe après la Guerre. (*d*) *Esp. U.S:* Installation (d'un pasteur). **2.** (*a*) Tassement *m*, affaissement *m* (des terres). (*b*) *Artil:* Assise *f* (d'une pièce). (*c*) Clarification *f* (d'un liquide). **3.** (*a*) Règlement *m* (d'une affaire, d'un litige); arrangement *m*, solution *f* (d'un différend, etc.); résolution *f*, décision *f* (d'une question); détermination *f* (d'une date, etc.); conclusion *f* (d'un traité, etc.). (*b*) *Com:* Règlement, payement *m*, apurement *m* (d'un compte). *S. of account,* arrêté *m* de compte. **In (full) settlement . . .,** pour solde (à l'acquit) . . ., pour règlement de tout compte. . . . *Cheque in s. of your account,* chèque *m* pour balancer votre compte. *See also* CONTRA[1] 2. (*c*) *St.Exch:* Liquidation *f*. **The settlement,** le terme. *Dealings for s.,* négociations *f* à terme. **Settlement day,** jour *m* de (la) liquidation, du règlement. **Yearly settlement,** liquidation de fin d'année. (*d*) Accord *m* (entre deux puissances, etc.). *To make, arrange, a s. with s.o.,* faire un accord, entrer en accommodement, en venir à un accommodement, avec qn. *They have reached a s.,* ils sont arrivés à un accord amical. *Com:* **Legal settlement** (*between merchant and creditors*), concordat *m* (après faillite). *Jur:* **Settlement arrived at by the parties inter se, settlement before judgment,** transaction *f* (avant jugement). (*e*) *Jur:* **Settlement of an annuity,** constitution *f* de rente (*on,* en faveur de). **(Deed of) settlement,** acte *m* de disposition; contrat *m* de constitution. **Family settlement,** pacte *m* de famille. **Marriage settlement,** (i) contrat de mariage; (ii) (*in favour of daughter*) dot *f*; (*in favour of wife*) douaire *m*. **(Marriage) settlement in trust,** régime dotal. (*f*) *Hist:* **Act of Settlement,** Acte de Succession (au trône). **4.** *Jur:* Domicile légal; (*of pauper*) domicile de secours. **5.** (*a*) Colonie *f* (de peuplement). *Colonial s.,* établissement colonial. **Penal settlement,** colonie pénitentiaire, de déportation. **T.B. settlement,** village *m* sanitaire pour tuberculeux, pour maladies des poumons. *See also* STRAIT 2. (*b*) Œuvre sociale (dans les quartiers pauvres d'une grande ville). **6.** *U.S:* (*a*) Petit village. (*b*) *A:* Baraquements *mpl* des esclaves.

settler ['setlər], *s.* **1.** Colon *m*, immigrant *m* (dans un pays nouvellement découvert); settler *m*. **2.** (*a*) Décideur, -euse (d'une question, etc.). (*b*) *F:* Coup décisif; argument décisif. *That was a s. for him,* ça lui a clos, fermé, le bec; ça lui a réglé son compte. **3.** *Metall:* Settler; cuve *f* de lavage.

settlor ['setlər], *s.* *Jur:* Disposant, -ante, constituteur, -trice (d'une annuité, etc.).

setwall ['setwɔːl], *s.* *Bot:* Nard *m* de montagne.

seven ['sev(ə)n]. **1.** *num.a. & s.* Sept (*m*). *Fourteen is* **seven times as much** *as two,* quatorze est le septuple de deux. **Seven-day case of razors,** semainier *m*. **Seven-strand(ed) rope,** septain *m*. **The Seven-hilled City,** la Ville aux sept collines. *Hist:* **The Seven Years' War,** la Guerre de sept ans. *See also* POINT[1] I. 6, SIX, SLEEPER 1. (*For other phrases see* EIGHT 1.) **2.** *s. Aut: F:* Voiture *f* de sept chevaux (anglais); une sept chevaux.

Seven 'Dials. *Pr.n.* Carrefour et quartier de Londres entre Shaftesbury Avenue et Long Acre, autrefois mal réputé. Au centre se trouvait une colonne avec sept cadrans, faisant face à sept rues.

'seven-foot, *attrib.a.* *Rail: U.S:* **The seven-foot way,** l'entre-voie *f*.

seven-'gills, *s.* *Ich:* Heptanche *m*, perlon *m*.

'seven-league(d), *attrib.a.* **Seven-league(d) boots,** bottes *f* de sept lieues (du Petit Poucet).

sevenfold ['sev(ə)nfould]. **1.** *a.* Septuple. **2.** *adv.* (*a*) Sept fois autant. *To increase s.,* septupler. (*b*) *To return a kindness s.,* rendre un bienfait au septuple.

seventeen [sev(ə)n'tiːn], *num.a. & s.* Dix-sept (*m*). *She is s.,* elle a dix-sept ans. *F:* **Sweet seventeen,** (âge *m* de) la belle jeunesse (d'une jeune fille). *To be sweet s.,* être dans la fleur de ses dix-sept printemps. *Seventeen* ['sev(ə)ntiːn] *houses,* dix-sept maisons. (*For other phrases see* EIGHT 1.)

seventeenth [sev(ə)n'tiːnθ]. **1.** *num.a. & s.* Dix-septième. **Louis the Seventeenth,** Louis dix-sept. *The seventeenth* ['sev(ə)ntiːnθ] *house,* la dix-septième maison. **(On) the seventeenth (of May),** le dix-sept (mai). **2.** *s.* (*Fractional*) Dix-septième *m*.

seventh ['sev(ə)nθ]. **1.** *num.a. & s.* Septième. **In the seventh place,** septièmement; en septième lieu; *F:* septimo. *F:* **To be in the seventh heaven (of delight),** être au septième ciel, dans l'enchantement; être aux anges; ne pas toucher à terre. (*For other phrases see* EIGHTH 1.) **2.** *s.* (*a*) (*Fractional*) Septième *m*. (*b*) *Mus:* Septième *f*. *See also* DOMINANT 2. **-ly,** *adv.* Septièmement; en septième lieu; *F:* septimo.

'seventh-'day, *s.* Samedi *m*; (*with certain religious bodies*) sabbat *m*. **Seventh-day Baptists,** sabbataires *m*. *See also* ADVENTIST.

seventieth ['sev(ə)ntiəθ], *num.a. & s.* Soixante-dixième.

seventy ['sev(ə)nti], *num.a. & s.* Soixante-dix (*m*); *A. & Dial:* septante (*m*). **Seventy-one, -nine,** soixante et onze, soixante-dix-neuf. **Seventy-five,** (i) soixante-quinze; (ii) *Fr.Artil:* (pièce *f* de) soixante-quinze *m*. **To be in the seventies,** être septuagénaire. *The old man was still in the seventies,* le vieux n'avait encore que la septantaine. **In the seventies of last century,** dans les années soixante-dix du siècle dernier; entre 1870 et 1880. *B:* **To forgive . . . until seventy times seven,** pardonner . . . jusqu'à septante fois sept fois. (*For other phrases see* EIGHT 1.)

sever ['sevər]. **1.** *v.tr.* (*a*) Désunir, disjoindre (les parties d'un tout); rompre (l'amitié, une liaison, etc.). *To s. a beam,* sectionner une poutre. *Good relations were severed,* la bonne intelligence fut rompue. *To s. one's connections with s.o.,* se désassocier de qn, d'avec qn; cesser toutes relations avec qn. (*b*) **To sever sth. from sth.,** séparer qch. de qch. *To s. s.o.'s leg* (*from his body*), couper la jambe à qn. **2.** *v.i.* (*a*) (*Of persons*) Se séparer (*from,* de). (*b*) (*Of rope, etc.*) (Se) rompre; casser en deux. (*c*) *Jur:* (*Of co-defendants*) Adopter des défenses différentes.

severing, *s.* Séparation *f* (*from,* de); désunion *f*, disjonction *f*; rupture *f*; sectionnement *m*.

severable ['sevərəbl], *a.* Séparable (*from,* de).

several ['sevərəl], *a.* **1.** (*a*) Séparé; différent. *The s. characters* (*of the story*) *are well treated,* chacun des personnages est bien traité. *The noise was heard on three s. nights,* ce bruit a été entendu la nuit à trois occasions. *The s. members of the committee,* les divers membres du comité. (*b*) *Jur:* (Bien) individuel, divis; (responsabilité) individuelle. *The members of this community have no s. estates,* les membres de cette communauté ne possèdent pas de biens en particulier. **Joint and several bond,** obligation solidaire. *See also* LIABILITY 1. (*c*) Respectif. *Our s. rights,* nos droits respectifs. **Each went his several way, they went their several ways,** ils s'en allèrent, chacun de son côté, chacun de leur côté; ils prirent le chemin de leurs demeures respectives. *All have their s. reasons for* *wishing him dead*, chacun a sa raison particulière pour souhaiter qu'il meure. **2.** (*a*) Plusieurs, divers; quelques. *I have been there s. times*, j'y suis allé plusieurs fois. *The works of s. artists*, les œuvres *f* de divers peintres. **He and several others,** lui et quelques autres. (*b*) (*With noun function*) **I have several,** j'en ai plusieurs. **Several of them,** plusieurs d'entre eux. *S. of the team are absent*, plusieurs de l'équipe manquent. *S. of us, of them*, plusieurs d'entre nous, d'entre eux. *S. of us saw it*, nous sommes plusieurs à l'avoir vu, qui l'avons vu. *S. of those who saw it*, plusieurs de ceux qui l'ont vu. *S. of our party thought they heard a shot*, plusieurs membres de notre bande pensèrent avoir entendu un coup de feu. **-ally,** *adv.* Séparément, individuellement, isolément. *Jur:* **Severally liable,** responsables isolément, individuellement. **Jointly and severally,** conjointement et solidairement.

severalty ['sevərəlti], *s. Jur:* Propriété individuelle, non solidaire. **Land held in severalty,** bien tenu individuellement, sans solidarité.

severance ['sevərəns], *s.* **1.** Séparation *f*, désunion *f*, disjonction *f* (*from*, de); rupture *f* (des relations, etc.). *S. of communications*, interruption complète de communication. **2.** *Jur:* Disjonction (de deux ou plusieurs causes).

severe [si'viːər], *a.* **1.** (*Of pers.*) (*a*) Sévère, strict, rigoureux (*with*, envers). *S. look*, regard *m* sévère. *To take s. measures*, prendre des mesures de rigueur. *S. sentence*, sentence rigoureuse. *Unduly s. regulations*, *F:* règlements draconiens. *A s. reprimand*, une verte réprimande. **To be very severe with one's children,** être très sévère envers ses enfants. (*b*) **To be severe on s.o.'s failings,** être sévère pour les défauts de qn. **2.** (*a*) (Temps) rigoureux; (hiver, climat) rigoureux, rude, dur. *The cold was s.*, le froid sévissait. (*b*) *S. blow*, coup *m* rude. *S. trial*, rude épreuve *f*. *S. loss*, grosse perte, forte perte. *S. pain*, douleur violente, cruelle; vive douleur. *S. cold*, gros rhume. *S. illness, wound*, maladie *f* grave; grave blessure *f*. *S. fight*, combat chaud. *S. bombardment*, bombardement *m* intense. *There had been s. fighting in the northern sector*, la lutte avait été particulièrement violente dans le secteur nord. *The pace was too s. to be kept up by the troops*, l'allure *f* était trop pénible pour que les troupes pussent la soutenir. *To be in s. distress*, être dans une grande misère, dans une grande gêne. **3.** (Style *m*, etc.) sévère, austère, sans agréments. *S. beauty*, beauté *f* sévère. **-ly,** *adv.* **1.** Sévèrement, strictement; avec sévérité. *To deal s. with an abuse*, sévir contre un abus. *To look at s.o. s.*, faire les gros yeux à qn; lancer à qn un regard sévère. *F:* **To leave sth. severely alone,** ne pas toucher à qch.; laisser qch. entièrement de côté; se bien garder de toucher à qch. *I was left s. alone*, personne ne m'a accordé la moindre attention. **2.** Grièvement, gravement (malade, blessé, etc.). *He has suffered s.*, il a beaucoup souffert. *S. tried*, durement éprouvé, rudement éprouvé. **3.** Sévèrement, austèrement (bâti, écrit, etc.). **Severely plain,** d'une simplicité sévère.

Severinus [sevə'rainəs]. *Pr.n.m. Ecc.Hist:* Séverin.

severity [si'veriti], *s.* **1.** Sévérité *f*, dureté *f*, rigueur *f* (de qn, d'une punition, etc.). *Any acts of s. would be ill-advised*, les sévérités seraient mal venues. **To use severity,** sévir. **2.** (*a*) Rigueur, inclémence *f* (du temps, du climat, etc.); rudesse *f* (du temps). *Before winter sets in in its full s.*, avant les rigueurs de l'hiver. (*b*) Gravité *f* (d'une maladie, d'une perte, etc.); violence *f* (d'une douleur). (*c*) Rigueur, caractère rigoureux (d'un examen, etc.); difficulté *f* (d'une épreuve). **3.** Sévérité, austérité *f*, simplicité *f* (de style, etc.).

Severus [se'viːərəs]. *Pr.n.m. Rom.Hist:* Sévère. **Septimius Severus,** Septime Sévère.

severy ['sevəri], *s. Arch:* Pan *m* de voûte.

Seville ['sevil]. *Pr.n. Geog:* Séville *f*. *See also* ORANGE[1] 1.

Sevill(i)an [se'vil(j)ən], *a. & s. Geog:* Sévillan, -ane.

Sèvres [seːivr]. *Pr.n.* (*a*) *Geog:* Sèvres. (*b*) *Cer:* **Sèvres china,** porcelaine *f* de Sèvres. **A set of old Sèvres,** un service de vieux sèvres.

sew[1] [sou], *v.tr.* (*p.t.* **sewed** [soud]; *p.p.* **sewn** [soun], *occ.* **sewed**) Coudre (un vêtement, etc.); (*with awl*) piquer. *Bookb:* Brocher, coudre (les feuilles d'un livre). *To sew a cord (on) to a garment*, attacher une ganse à un vêtement. *Abs.* **To sew,** coudre; faire de l'ouvrage à l'aiguille.

sew in, *v.tr.* Poser, monter (un empiècement, etc.).

sewing in, *s.* Posage *m* (d'une pièce, etc.).

sew on, *v.tr.* Coudre, attacher (un bouton, etc.). *To sew on a button that has come off*, recoudre un bouton.

sewing on, *s.* Pose *f*, posage *m*, attache *f* (de boutons, d'une ganse, etc.).

sew over, *v.tr.* Remplir (un trou dans une voile, dans un bas, etc.).

sew up, *v.tr.* **1.** Coudre (un ourlet, etc.); faire (une couture). *Surg:* Coudre, suturer (les lèvres d'une plaie). *To sew up a tear in a garment*, faire un point à un vêtement. *Money sewn up in a bag*, de l'argent cousu dans un sac. **2.** *P:* (*a*) Éreinter, épuiser (qn). *To be sewed up*, être éreinté, vanné, fourbu. (*b*) Soûler, enivrer (qn). **Sewed up,** soûl comme une grive, comme un Polonais.

sewing up, *s.* Couture *f* (d'un ourlet, etc.). *Surg:* Suture *f* (d'une plaie).

sewn, *a.* Cousu. **Hand-sewn,** cousu à la main. **Machine-sewn,** cousu à la machine.

sewing, *s.* **1.** Couture *f*. *Bookb:* Brochage *m*. **Plain sewing,** couture simple. **Sewing circle,** cercle *m* de couture (pour œuvres de charité). **Sewing needle,** aiguille *f* à coudre. **Sewing cotton,** fil *m* à coudre. **Sewing outfit,** nécessaire *m* de couture. *Bootm:* **Sewing awl,** carrelet *m* de cordonnier. **2.** Ouvrage *m* (à l'aiguille).

'sewing-bee, *s. U.S:* Réunion *f* pour couture en commun (œuvres de charité, etc.).

'sewing-machine, *s.* Machine *f* à coudre. *Treadle s.-m.*, machine à coudre à pédale.

'sewing-maid, *s.f.* Couturière; lingère.

'sewing-press, *s. Bookb:* Cousoir *m*.

'sewing-woman, *pl.* **-women,** *s.f.* Ouvrière à domicile; (*in factory*) piqueuse à la machine; mécanicienne.

sew[2] [sjuː], *v.* (**sewed; sewed**) *Nau:* = SUE[2].

sewage ['sjuːedʒ], *s.* Eau(x) *f(pl)* d'égout(s). **Sewage system,** système *m* du tout à l'égout. **Sewage farm,** champs *mpl* d'épandage. *Agr:* **Sewage(-water),** eaux-vannes *fpl*.

sewer[1] ['souər], *s.* Couseur, -euse. *Bookb:* Brocheur, -euse.

sewer[2] ['sjuːər], *s. Civ.E:* Égout *m*. **Public sewer,** égout municipal. **Main sewer,** égout collecteur. **Sewer grating,** grille *f* de regard d'égout. **Sewer gases,** miasme égoutier. *See also* DRAINAGE 2, RAT[1] 1. *F:* (Moral) sewer (*of vice, etc.*), cloaque *m* (de vice, etc.).

sewerage ['sjuːəredʒ], *s.* **1.** Système *m* d'égouts. **2.** *F:* = SEWAGE.

sewerman, *pl.* **-men** ['sjuːərmən, -men], *s.m.* Égoutier. *See also* OPHTHALMIA.

sewin ['sjuːin], *s. Ich:* Grosse truite du pays de Galles.

sex [seks], *s.* Sexe *m*. (*a*) *Biol:* **Sex determination,** la détermination du sexe. *Psy:* **The sex urge,** le désir sexuel. *F:* **Sex appeal,** attrait *m*; sex-appeal *m*. *Woman full of sex appeal*, femme très désirable, excitante, appétissante. (*b*) **The fair sex,** le (beau) sexe. **The sterner sex,** les hommes; le sexe fort.

sex-ob'sessed, *a.* Souffrant d'obsession sexuelle; *Med:* atteint d'aphrodisie; aphrodisiaque.

sexagenarian [seksadʒe'nɛəriən], *a. & s.* Sexagénaire (*mf*).

sexagenary [sek'sadʒinəri, seksa'dʒiːnəri], *a.* **1.** *Mth:* = SEXAGESIMAL. **2.** = SEXAGENARIAN.

Sexagesima [seksa'dʒesima], *s. Ecc:* **Sexagesima (Sunday),** (le dimanche de) la Sexagésime.

sexagesimal [seksa'dʒesim(ə)l]. *Mth:* **1.** *a.* Sexagésimal, -aux; astronomique. **2.** *s.* Fraction sexagésimale, astronomique.

sexangular [seks'aŋgjulər], *a.* Hexagonal, -aux; hexagone.

sexdigital [seks'didʒit(ə)l], **sexdigitate** [seks'didʒitet], *a.* (*Of hand, foot*) Sexdigital, -aux; (*of pers.*) sixdigitaire.

sexdigitism [seks'didʒitizm], *s.* Sexdigitisme *m*.

sexdigitist [seks'didʒitist], *s.* Sexdigitaire *mf*.

sexed [sekst], *a.* **1.** (*Of animal, plant*) Sexué. **2.** (*With adv. prefixed*) *Psy:* **Highly-sexed,** à tendances sexuelles très prononcées. **Under-sexed,** froid.

sexennial [seks'enjəl], *a.* Sexennal, -aux.

sex(i)- [seks(i)], *comb.fm.* Sex-. *Sex(i)fid*, sexfide. *Sexlocular*, sexloculaire.

sexiferous [seks'ifərəs], *a. Bot:* Sexifère.

sexless ['sekslǝs], *a.* Asexué. *Bot: S. flower*, fleur *f* neutre.

sext [sekst], *s. Ecc:* Sexte *f*.

sextain ['sekstein], *s. Pros:* Sizain *m*, sixain *m*.

Sextans ['sekstanz]. *Pr.n. Astr:* Le Sextant.

sextant ['sekstənt], *s. Mth: Nau:* Sextant *m*.

sextet [seks'tet], *s. Mus:* Sextuor *m*.

sextile ['sekstail], *a. Astrol:* (Aspect, etc.) sextil.

sextillion [seks'tiljən], *s.* **1.** (*In Great Britain*) Dix à la trente-sixième puissance; 10^{36}. **2.** (*U.S. & Fr.*) Sextillion *m*; 10^{21}.

sexto, *pl.* **-os** ['seksto, -ouz], *adv. & s. Typ:* In-six (*m*).

sextolet ['sekstolet], *s. Mus:* Sixain *m*, sextolet *m*.

sexton ['sekstən], *s.* **1.** *Ecc:* (*a*) Sacristain *m*. (*b*) *F:* Sonneur *m*. (*c*) *F:* Fossoyeur *m*. **2.** *F:* = SEXTON-BEETLE.

'sexton-beetle, *s. Ent:* Nécrophore *m*; *F:* fossoyeur *m*, enfouisseur *m*, ensevelisseur *m*.

sextuple[1] ['sekstjupl], *a. & s.* Sextuple (*m*).

sextuple[2], *v.tr.* Sextupler.

sextuplet ['sekstjuplet], *s. Mus:* = SEXTOLET.

sexual ['seksjuəl], *a.* Sexuel. **Sexual intercourse,** rapports sexuels. **The sexual organs,** les organes sexuels. *Bot:* **The sexual system or method,** la classification linnéenne. *See also* PERVERT[1] 2. **-ally,** *adv.* **1.** D'une manière sexuelle. **2.** Quant au sexe.

sexuality [seksju'aliti], *s.* **1.** Sexualité *f*. **2.** Tendances sexuelles prononcées.

sexualize ['seksjuəlaːiz], *v.tr.* Attribuer un sexe à (des objets inanimés, etc.).

sexvalent [seks'veilənt], *a. Ch:* Hexavalent.

Seym [seim], *s. Pol:* Diète polonaise; sejm *m*.

sez you [sez'juː], *int. P:* (= *says you*) Je t'écoute!

sgraffito, *pl.* **-ti** [sgraf'fiːto, -tiː], *s. Art:* Sgraffite *m*.

sh[1] [ʃ], *int.* Chut!

sh[2], *v.i.* Faire chut à qn.

shabbiness ['ʃabinəs], *s.* **1.** État râpé, usé, élimé (d'un habit, etc.); état défraîchi, piètre état (d'un chapeau, d'un meuble, etc.); apparence pauvre, *F:* miteuse (de qn). **2.** (*a*) Mesquinerie *f*, petitesse *f* (de conduite, etc.). (*b*) Mesquinerie (d'un cadeau). (*c*) Parcimonie *f*.

shabby ['ʃabi], *a.* **1.** (Habit, etc.) râpé, usé, élimé, fripé, fatigué; (mobilier *m*, etc.) pauvre, minable. *S. hat*, chapeau délabré. *S. clothes*, vêtements *m* minables, qui crient misère; habits gueux. *S. room*, chambre tristement meublée, qui crie misère. *S. house*, maison mesquine, pauvre; maison de pauvre apparence, de piètre apparence. (*Of pers.*) *To look s.*, avoir l'air râpé. (*Of material*) *To become s.*, se délustrer; s'élimer. *His s. existence as a clerk*, sa vie mesquine d'employé. *See also* GENTILITY 1. **2.** (*a*) (*Of pers., conduct*) Mesquin, vilain, petit; peu honorable. *It is very s. of him*, c'est très mesquin de sa part. **To do s.o. a shabby turn,** faire une mesquinerie, une petitesse, à qn; desservir qn. *S. excuse*, prétexte mesquin, peu convaincant. *S. apology*, excuses faites à contre-cœur, peu satisfaisantes. (*b*) Chiche; parcimonieux. **-ily,** *adv.* **1.** Pauvrement, piètrement (meublé, vêtu, etc.). *S. dressed*, miteux, râpé. **2.** (*a*) (Se conduire) mesquinement, petitement, vilainement. (*b*) Chichement; d'une manière avare.

'shabby-gen'teel, *a.* Miséreux; râpé; qui trahit la misère sous des apparences de dignité; qui s'efforce de sauver les apparences. *S.-g. aristocracy*, aristocratie dédorée.

'shabby-looking, *a.* De pauvre apparence; minable.
shabrack ['ʃabræk], *s.* *Mil.Harn:* Chabraque *f*, schabraque *f*; tapis *m* de selle; peau *f* de chèvre ou de mouton.
shack[1] [ʃak], *s.* (i) Graine tombée (qui se trouve dans les champs après la moisson); (ii) (*in woods*) glands tombés. (*Of pigs, etc.*) **To be, run, go, at shack,** être en pâture dans le chaume.
shack[2], *s.* *U.S:* Cabane *f*, hutte *f*.
shack[3], *s.* *Fish:* *U.S:* **1.** Appât ramassé au cours du voyage. **2.** Poisson commun.
shack[4], *v.tr.* *Games:* *U.S:* Pourchasser, retrouver (la balle).
shack[5], *s.* *U.S:* *P:* **1.** Vagabond *m*; chemineau *m*. **Shack-fever,** la flemme. **2.** Mauvais cheval; carcan *m*.
shack[6], *v.i.* *U.S:* *P:* **1.** Battre le trimard; trimarder. **2.** **To shack along,** déambuler.
shackle[1] [ʃakl], *s.* **1.** *pl.* **Shackles,** fers *m* (d'un prisonnier, etc.). *F:* *The shackles of convention,* les entraves *f* des conventions sociales. *The shackles of rhyme,* la contrainte de la rime. **2.** (*a*) Maillon *m* de liaison, manille *f* d'assemblage (d'une chaîne); menotte *f* (de palonnier); anse *f*, branche *f* (d'un cadenas); bélière *f* (d'un couteau); cigale *f* (d'une ancre). *Rail:* Étrier *m* d'attelage. **Closed shackle,** manille fermée, en forme de D. *Veh:* **Spring-shackles,** jumelles *f*; huit *m* de ressort; brides *f* de ressort. (*b*) *Nau.Meas:* **Shackle of cable,** maillon de chaîne (= 30 mètres). **3.** *Tg:* **Shackle(-insulator),** isolateur *m* d'angle; isolateur d'arrêt.
'shackle-bar, *s.* *Rail:* *U.S:* Bielle *f* d'attelage.
'shackle-bolt, *s.* Cheville *f* d'assemblage.
shackle[2], *v.tr.* **1.** Mettre les fers à, entraver (un prisonnier, etc.). *F:* *Shackled by convention,* entravé par les conventions. **2.** (*a*) Maniller, mailler (une chaîne, etc.); étalinguer (une ancre). *Rail:* *To s. a coach on to a train,* accoupler une voiture à un train. (*b*) Monter (un ressort) à jumelles. **3.** *Tg:* Passer (un fil) sur un isolateur d'angle.
shad [ʃad], *s.* *Ich:* Alose *f*.
'shad-berry, *s.* *Bot:* **1.** Amélanche *f*. **2.** Amélanchier *m*.
'shad-bush, *s.* *Bot:* Amélanchier *m*.
'shad-net, -seine, *s.* *Fish:* Alosier *m*.
shaddock ['ʃadək], *s.* *Bot:* Pamplemousse *f*.
shade[1] [ʃeid], *s.* **1.** (*a*) Ombre *f*. *In the s. of a tree,* à l'ombre d'un arbre. **Temperature in the shade,** température *f* à l'ombre. **To keep in the shade,** (i) rester à l'ombre; (ii) *F:* se tenir à l'écart; rester dans l'obscurité. *F:* **To put s.o. in, throw s.o. into, the shade,** éclipser qn; faire ombre à qn. *Her beauty threw into the s. all other women,* sa beauté effaçait toutes les autres femmes. *To throw s.o.'s merits into the s.,* faire pâlir les mérites de qn; faire ombre aux mérites de qn. *A s. of annoyance on his face,* une ombre de contrariété sur son visage. **The shades of night,** les ombres, les voiles *m*, de la nuit; les ténèbres *f*. **The Shades,** (i) les enfers *m*; (ii) *F:* le bar (d'un hôtel); (iii) *F:* débit *m* de boissons (surtout pour la vente du vin). (*b*) *Art:* Ombre (dans un tableau). *See also* LIGHT[1] 5. **2.** (*a*) Nuance *f* (de couleur, de signification, d'opinion, etc.); teinte *f*. *Different shades of blue,* différentes nuances de bleu. *Obtainable in any s.,* procurable dans n'importe quel ton, dans n'importe quelle nuance. **Newspapers of every shade, of all shades, of opinion,** journaux *m* de toutes nuances. **There is a shade of meaning,** il y a une nuance. (*b*) *F:* Nuance; petit peu; tantinet *m*. *Ribbon a s. too blue,* ruban un rien trop bleu. *A s. longer,* un tant soit peu, un tantinet, plus long. *He is a s. better,* il va un tout petit peu mieux; il y a un léger mieux. *A s. of regret,* une nuance de regret. *A s. of disapproval in his voice,* un rien, un soupçon, de désapprobation dans sa voix. **3.** (*a*) Pâle reflet *m*, ombre (de qch.). *F:* **Not the shadow of a shade of doubt,** pas le moindre doute. (*b*) Ombre, fantôme *m* (d'un mort). *F:* **Shades of Demosthenes! shades of Julius Cæsar!** par Démosthène! par Jules César! **4.** (*a*) **Lamp-shade, candle-shade,** abat-jour *m inv*; (*tulip- or bell-shaped*) tulipe *f*. *Opt:* **Lens-shade, sky shade,** parasoleil *m*, pare-soleil *m inv*, cache-soleil *m inv* (de lunette, etc.). **Coloured shade** (*of sextant, etc.*), verre coloré. *Opt:* **Eye-glass shade** (*of telescope, etc.*), bonnette *f*. *See also* EYE-SHADE. (*b*) *U.S:* Store *m* (de fenêtre). **Greenhouse shade,** store de serre. (*c*) *Nau:* Tente *f*. **Shade deck,** pont *m* tente. (*d*) (*For clocks, etc.*) Globe *m*.
'shade-bearer, *s.* *Arb:* *For:* Essence *f* d'ombre.
'shade-card, *s.* *Com:* Carte *f* de coloris.
'shade-glass, *s.* *Opt:* = *lens shade, q.v. under* SHADE[1] 4.
'shade-line, *s.* (*a*) *Draw:* Trait *m* de force. (*b*) *pl.* *Mapm:* *etc:* **Shade-lines,** hachures *f*.
'shade-tree, *s.* *U.S:* = SHADE-BEARER.
shade[2]. I. *v.tr.* **1.** (*a*) Ombrager (qch.); couvrir (qch.) d'ombre. *Trees that s. the house,* arbres *m* qui ombragent la maison, qui donnent de l'ombre à la maison. **To shade (sth.) from the sun,** abriter (qch.) du soleil; *Hort:* ombrer (une serre). *To s. sth. by, with, an awning,* abriter, ombrager, qch. avec une banne. **To shade one's eyes with one's hand,** se faire un abat-jour de sa main; mettre la main en abat-jour (sur les yeux). *To s. a light,* (i) voiler, atténuer, une lumière; (ii) masquer une lumière. *To s. a lamp,* mettre un abat-jour à une lampe. (*b*) Obscurcir, assombrir (le visage, etc.). *A gloomy look shaded his face,* son visage s'assombrit. **2.** (*a*) *Art:* Ombrer, mettre des ombres à (un dessin). (*b*) *Draw:* *Mapm:* Hachurer. **3.** (*a*) Nuancer (une étoffe, etc.). **To shade away, shade off, colours,** dégrader des couleurs. *To s. off a charcoal drawing* (*with a stump*), estomper un fusain. (*b*) *Com:* **To shade prices,** établir des prix dégressifs. **Prices shaded for quantities,** tarif dégressif pour le gros.
II. **shade,** *v.i.* *Blue that shades* (*off*) *into green,* bleu qui se fond en vert. *These categories shade into one another,* ces catégories se confondent.
shaded, *a.* **1.** (*a*) (Chemin, etc.) ombragé, à l'ombre. (*b*) (Lampe *f*, etc.) à abat-jour. **2.** (*a*) *Art:* (Dessin) ombré. (*b*) *Mapm:* *etc:* Hachuré. **3.** (*Of embroidery, feathers, etc.*) Nuancé. **Shaded-silver cat,** chat argenté nuancé.
shading, *s.* **1.** Projection *f* d'une ombre (sur qch.); protection *f* (de qch.) contre la lumière. *Hort:* **Shading mat,** claie *f*, paillasson *m*, à ombrer. **2.** (*a*) *Art:* Dessin *m* des ombres. *Mapm:* **Hill-shading,** modelé *m*. (*b*) Ombres (d'un dessin). **3.** Nuancement *m* (de couleurs). **Shading (away, off),** dégradation *f* (d'une couleur); estompage *m*; dégradé *m*. **Shading-off tints,** teintes dégradées.
shadeless ['ʃeidləs], *a.* **1.** Sans ombre. **2.** Qui ne donne pas d'ombre.
shadiness ['ʃeidinəs], *s.* **1.** Ombre *f*, ombrage *m* (d'un sentier, etc.). **2.** *F:* Aspect *m* louche (d'une affaire, etc.); manque *m* d'honnêteté, réputation suspecte (de qn).
shadow[1] ['ʃadou], *s.* Ombre *f*. **1.** (*a*) Obscurité *f*. *To stand in the s. of a doorway,* se tenir à, dans, l'ombre d'une porte. *The shadows of evening,* la nuit qui vient; l'ombre qui se fait. **The shadow of death,** les ombres de la mort. **Under the shadow of** *a terrible accusation,* sous le coup d'une accusation terrible. *To be under the s. of misfortune,* être sous l'emprise du malheur. (*b*) Noir *m* (d'un tableau, d'une photographie). *The deep shadows,* (i) les accents *m* (d'un tableau); (ii) les grands noirs (d'un cliché). *F:* **To have (dark) shadows round, under, one's eyes,** avoir les yeux cernés; avoir des cernes *m* aux yeux. **2.** **To cast a shadow,** projeter une ombre; faire ombre. *The pillars cast long shadows,* les piliers allongent de grandes ombres. *F:* *This cast a s. over the festivities,* cela a jeté un voile de tristesse, une ombre, sur la fête; la fête s'en est trouvée assombrie. **Coming events cast their shadows before,** les événements à venir se font pressentir. *See also* CAST[3] 1, SUBSTANCE 1. **To catch at shadows, to run after a shadow,** courir après une ombre. *Under the s. of Thy wings,* sous l'ombre de tes ailes. *Town nestling* **in the shadow of** *a mountain,* ville nichée à l'ombre d'une montagne. **To be afraid of one's own shadow,** avoir peur de son ombre. **To quarrel with one's own shadow,** se faire du mauvais sang à propos de rien; se faire du tort. **May your shadow never grow less!** tous mes vœux pour votre prospérité! **Not the shadow of a doubt,** pas l'ombre d'un doute. *See also* SHADE[1] 3. **3.** (*a*) *Rom.Ant:* Ombre (amenée par un convive). (*b*) Compagnon, *f.* compagne, inséparable (de qn). (*c*) Ombre (d'un mort). **To wear oneself to a shadow,** (i) se manger les sangs; (ii) s'épuiser (de travail); *P:* se décarcasser. *He is worn to a s.,* il n'est plus qu'une ombre, que l'ombre de lui-même. **He's a mere shadow of his former self,** c'est un pâle reflet de l'homme qu'il était autrefois; il n'est plus que l'ombre de lui-même. (*d*) Agent *m* de la police secrète; filateur, -trice.
'shadow-boxing, *s.* *Box:* Assaut *m* d'entraînement contre un adversaire fictif.
'shadow cabinet, *s.* *Parl:* Les chefs *m* de l'opposition (anciens ministres et ministrables).
'shadow-cretonne, *s.* *Tex:* Chiné *m*.
'shadow-land, *s.* Le royaume des ombres.
'shadow-photograph, *s.* Radiographie *f*, radiogramme *m*.
'shadow-proof, *a.* *Dressm:* (*Of material*) Opaque.
'shadow-show, *s.* Ombres chinoises.
shadow[2], *v.tr.* **1.** (*a*) *Poet:* Ombrager (qch.); couvrir (qch.) de son ombre. (*b*) *Tex:* Chiner (un tissu). **2.** Filer, *F:* pister (qn). *To s. a suspicious character,* éclairer un suspect. **To be shadowed by the police,** être filé, pisté, par la police. **3.** *Lit:* **To shadow sth. forth, out,** faire pressentir, indiquer faiblement, symboliser, qch.
shadowing, *s.* Filature *f*, pistage *m* (d'une personne suspecte). **Divorce shadowings,** filature en vue d'un divorce.
shadower ['ʃadouər], *s.* Filateur, -trice (d'un suspect, etc.).
shadowgraph ['ʃadogrɑːf, -graf], *s.* **1.** Silhouette *f*; ombre faite avec les mains; ombre chinoise. **2.** *Med:* Radiographie *f*, radiogramme *m*.
shadowless ['ʃadoləs], *a.* Sans ombre.
shadowy ['ʃadoui], *a.* **1.** (Chemin, etc.) ombragé, ombreux; (corridor, etc.) peu éclairé, sombre, ténébreux. **2.** (Songe *m*, etc.) chimérique; (projet) indécis, vague; (contour) vague, indistinct; (sourire *m*) vague. *The s. form seen by X,* l'ombre aperçue par X.
Shadrach ['ʃeidrak]. **1.** *Pr.n.m.* *B.Hist:* Shadrac. **2.** *s.* *Metall:* Loup *m*, cochon *m*; carcas *m*.
shady ['ʃeidi], *a.* **1.** (*a*) Qui donne de l'ombre; ombreux. (*b*) Ombragé; couvert d'ombre; ombreux. *S. walk,* allée couverte. *F:* **To be on the shady side of forty,** avoir dépassé la quarantaine. **2.** (*Of transaction, conduct, etc.*) Louche. *S. public house,* cabaret *m* borgne. **Shady-looking customer,** individu *m* aux allures louches, de mauvaise mine, de méchante mine; marque-mal *m inv*. *S. character,* personne *f* d'une probité douteuse. *S. financier,* financier véreux; faiseur *m*, brasseur *m*, d'affaires peu honorables. *S. business,* (i) commerce *m* interlope, qui se fait en fraude; (ii) affaire véreuse. *There's something s. in the business,* il y a du louche dans cette affaire. **The shady side of politics,** les dessous *m* de la politique.
shaft[1] [ʃɑːft], *s.* **1.** (*a*) Hampe *f*, bois *m* (d'une lance, etc.). (*b*) Manche *m* (de club de golf, d'un outil à long manche). **2.** (*a*) Flèche *f*, trait *m*. (*b*) *A:* Javelot *m*, javeline *f*. *F:* *The shafts of satire, of ridicule,* les flèches, les traits, les dards *m*, de la satire, du ridicule. *The shafts of Cupid,* les traits de l'Amour. **3.** Rayon *m* (de lumière); éclair *m* (de foudre); sillon *m* (d'un éclair). **4.** (*a*) Tige *f* (de plume d'oiseau, de candélabre, etc.). *Anat:* Corps (du tibia, etc.). *Row:* Collet *m* (d'aviron). (*b*) *Arch:* Tige, fût *m*, escape *f*, vif *m* (d'une colonne). *Const:* *Ind:* Souche *f* (de cheminée d'usine). *Metall:* Cuve *f* (de haut fourneau). **5.** *Mec.E:* Arbre *m*; (*stationary*) axe *m*. *Heavy s.,* gros arbre. *Loose s.,* arbre fou. *Flexible s.,* transmission *f* flexible, arbre flexible. **Secondary shaft,** arbre intermédiaire. **Thrust shaft,** arbre de butée. **Cranked shaft,** arbre coudé; vilebrequin *m*. **Driving shaft, power shaft, engine shaft, main shaft,** arbre de transmission, de commande, d'attaque; arbre de couche; arbre moteur. **Overhead shaft,** arbre

suspendu. **Driven shaft,** arbre commandé, mené; arbre récepteur; *Aut:* arbre secondaire. **Coupling shaft,** arbre d'accouplement. *Aut:* **Clutch-shaft,** arbre primaire. *N.Arch:* **Screw shaft, tail-end shaft,** arbre porte-hélice. *See also* CAM-SHAFT, CRANK-SHAFT, JACK-SHAFT, LAY-SHAFT, PROPELLER-SHAFT, ROCKER-SHAFT, TUMBLING SHAFT, WEIGH-SHAFT. **6.** *Veh:* Brancard *m*, limon *m*. **Pair of shafts,** limonière *f*. **Shaft tip,** mouflette *f*. *F:* **To die in the shafts,** mourir entre les brancards. *See also* HOOK[1] 1. **7.** *Tex:* (*Set of heddles*) Lame *f*.

'shaft-bar, *s.* *Veh:* Empannon *m*; épar(t) *m*.
'shaft-case, -casing, *s.* *Aut:* *etc:* Carter *m* d'arbre.
'shaft-hole, *s.* *N.Arch:* Lunette *f* (d'étambot).
'shaft-horse, *s.* Cheval *m* de brancard; limonier *m*.
'shaft-key, *s.* *Mec.E:* Clavette *f*, cale *f*, d'arbre.
'shaft-pin, *s.* *Veh:* Attelloire *f*, atteloire *f*.

shaft[2], *s.* **1.** *Min:* Puits *m*. **Ventilating shaft, air shaft,** puits d'aérage; cheminée *f* d'appel; conduit *m* à air. **Hoisting shaft, winding shaft,** puits d'extraction. **Pumping shaft, water shaft,** puits d'épuisement. **Blind shaft,** puits intérieur; bure *f*. *See also* DESCENDING 2, DOWNCAST[2] 2, LADDER-SHAFT, SUCTION-SHAFT, UPCAST[1] 2. **2.** Cage *f* (d'un ascenseur).

'shaft-sinker, *s.* *Min:* Puisatier *m*.

shafted ['ʃɑːftid], *a.* **1.** (Outil, etc.) à long manche; (lance, etc.) à hampe. **Steel-shafted golf-club,** club *m* de golf à manche d'acier. **2.** *Arch:* (*Of archway, etc.*) A fûts; posé sur des fûts.

shafting ['ʃɑːftiŋ], *s.* **1.** *Mec.E:* **(Line of) shafting,** ligne *f* d'arbres; (arbres *mpl* de) transmission *f*; "les arbres." *The shop s.*, la transmission de l'atelier. **Main shafting,** transmission principale. **Counter-shafting,** transmission secondaire. *Flexible s.*, transmission flexible. **2.** *Arch:* Fûts *mpl*; escapes *fpl*.

shag[1] [ʃag], *s.* **1.** (*a*) *A:* Poil rude, touffu, emmêlé. (*b*) Broussaille *f*. **2.** *Tex:* *A:* Peluche *f*. **Long-pile shag,** peluche long-poil. **3.** Tabac fort (coupé fin).

shag[2], *s.* *Orn:* Cormoran huppé.

shagbark ['ʃagbɑːrk], *s.* *Bot:* Noyer blanc d'Amérique.

shagginess ['ʃaginəs], *s.* Rudesse *f* ou longueur *f* de poil (d'un poney, etc.); état mal peigné, état ébouriffé (des cheveux). *The s. of his beard*, sa barbe hirsute.

shaggy ['ʃagi], *a.* **1.** Poilu; (poney, etc.) à longs poils, à poils rudes; (cheveux) ébouriffés; (barbe) hirsute, touffue; (sourcils *mpl*) en broussailles; (terrain) couvert de broussailles; (arbre) touffu. *Tex:* (Drap) peluché, pelucheux, poilu, à long poil. **2.** *Bot:* (*Of leaf, stem, etc.*) Poilu, velu.

shagreen[1] [ʃa'griːn], *s.* **1.** *Leath:* (Peau *f* de) chagrin *m*; cuir chagriné; galuchat *m*. **2.** Peau de requin (servant de lissoir).

shagreen[2], *v.tr.* *Leath:* Chagriner (le cuir). **Shagreened leather,** cuir galuchatisé.

shah [ʃɑː], *s.* Schah *m* (de Perse).

shake[1] [ʃeik], *s.* **1.** (*a*) Secousse *f*. **To give sth. a good shake,** bien secouer, bien agiter, qch. *To give oneself a s.*, se secouer. *To give s.o.'s elbow a s.*, pousser le coude à qn. *To give a carpet a good* **shake out,** bien secouer un tapis. *To give a pillow a good* **shake up,** bien secouer, bien brasser, un oreiller. **A shake of the head,** un hochement de tête. *To answer with a s. of the head*, répondre d'un mouvement de tête. **Shake of the hand,** poignée *f* de main; serrement *m* de main. *F:* **He has had a shake,** sa santé a reçu une secousse. *P:* **In a shake, in a brace of shakes, in two shakes of a lamb's tail, of a duck's tail,** en un rien de temps; en moins de rien. *U.S:* *P:* **To give s.o. a fair shake,** agir loyalement envers qn. (*b*) Tremblement *m* (de la main, etc.). *U.S:* Tremblement de terre. *F:* **To be all of a shake,** trembler de tous ses membres. **To have the shakes,** avoir la tremblade, la tremblote. (*c*) *Mus:* Trille *m*. (*d*) **With a shake in his voice,** d'une voix mal assurée; d'une voix chevrotante. **2.** *U.S:* *F:* **Egg-shake, milk-shake,** lait *m* de poule. **3.** (*In wood*) Gerçure *f*, crevasse *f*. *See also* CUP-SHAKE, STAR-SHAKE. **4.** (*a*) *Coop:* = SHOOK[1]. (*b*) *Const:* *U.S:* Bardeau *m*. **5.** *P:* **To be no great shakes,** n'être pas grand'chose; ne pas valoir grand'chose; ne pas valoir cher. *His new play is no great shakes*, sa nouvelle pièce est médiocre. *He is no great shakes*, (i) il n'est pas fameux; c'est un homme tel quel, un homme plutôt médiocre; (ii) *Sp:* il n'est pas de première force.

'shake-proof, *a.* **1.** (Écrou *m*, etc.) indesserrable. **2.** *S.-p. car*, voiture *f* sans secousses.

shake[2], *v.* (*p.t.* **shook** [ʃuk]; *p.p.* **shaken** [ʃeikn]) I. *v.tr.* **1.** Secouer (un arbre, un tapis, un enfant, etc.); agiter (un liquide, un dé, etc.). **'Shake the bottle,'** "agiter le flacon." *Goods shaken in transit*, marchandises ballottées pendant le transport. **To shake one's head,** (i) secouer, hocher, la tête; (ii) (*in dissent*) faire non de la tête; faire signe que non. **To shake one's fist, one's finger, at s.o.,** menacer qn du poing, du doigt. *To s. one's fist in s.o.'s face*, mettre le poing sous le nez à qn. **To shake s.o. by the hand, to shake hands with s.o.,** serrer la main à qn; donner une poignée de main à qn. *He left me after shaking hands*, il m'a quitté sur une poignée de mains. **They shook hands on it, over the bargain,** ils se sont touché dans la main; ils ont topé. *U.S:* *P:* **Shake!** (i) félicitations! (ii) (*to seal bargain*) touchez là! tope (là)! **To shake oneself free (from sth.),** se dégager (de qch.) d'une secousse. **To shake s.o. out of his sleep,** réveiller qn en le secouant. *Nau:* **To shake a sail,** faire ralinguer une voile. *See also* LEG[1] 1. **2.** Ébranler, secouer, faire chanceler (un bâtiment, etc.); ébranler (une opinion, etc.). *To s. the table*, ébranler, faire vaciller, la table. *F:* *Doubts that s. one's faith*, doutes *m* qui ébranlent la foi. *Theory shaken by a new fact*, théorie frappée de doute par un fait nouveau. *Threats cannot s. my purpose*, les menaces ne sauraient m'ébranler. *Events that have shaken the country*, événements *m* qui ont profondément troublé le pays, qui ont bouleversé le pays. *It has shaken his health*, sa santé a reçu une secousse. *He was much shaken by what he had heard*, il était fort ébranlé, tout bouleversé, par ce qu'il avait entendu. *His credit has been badly shaken*, son crédit a reçu une rude secousse. **Voice shaking with, shaken by, emotion,** voix émue. **3.** *Mus:* Triller (un passage). **4.** *Coop:* Mettre (une barrique) en botte.

II. **shake,** *v.i.* **1.** Trembler; (*of building, etc.*) chanceler, branler; (*of door, window*) branler; (*of voice*) trembloter, chevroter. *To make the bridge s.*, faire trembler le pont. *His hand was shaking*, la main lui tremblait. **To shake to and fro,** branler; être agité (par le vent, etc.). **To shake with fright, with rage,** trembler, frémir, de crainte, de colère. *See also* LAUGHTER. **To shake all over,** trembler de tout son corps, de tous ses membres. *F:* **To shake in one's shoes,** trembler dans sa peau; grelotter de peur; être dans des transes. *His voice shook*, (i) sa voix s'altéra, se troubla, sous le coup de l'émotion; (ii) sa voix tremblait. **2.** *Mus:* Faire des trilles. **3.** *Nau:* (*Of sail*) Ralinguer; être en ralingue; faséyer, faséier; (*of mast*) fouetter. *To keep the sails shaking*, tenir les voiles en ralingue. **Don't let her shake!** défiez du vent! **4.** (*Of wood*) Se gercer.

shake down. **1.** *v.tr.* (*a*) Secouer, hocher (des fruits); faire tomber (des fruits) en secouant l'arbre. *U.S:* *P:* **To shake s.o. down for ten dollars,** faire cracher dix dollars à qn; faire casquer qn de dix dollars. (*b*) Tasser (du thé dans une boîte) en le secouant. **2.** *v.i.* (*a*) (i) Trouver un logement improvisé; (ii) s'installer. *As soon as we have shaken down*, dès que nous serons installés. (*b*) **To shake down (to a routine, into a job),** s'habituer (à une routine, à un travail); s'y habituer. *The team is shaking down*, l'équipe *f* se forme.

'shake-down, *s.* *F:* **1.** Lit improvisé; lit sommaire; lit de fortune (installé par terre). **2.** *U.S:* Demande *f* d'argent; exaction *f*, extorsion *f*.

shaking down, *s.* **1.** Hochement *m* (des fruits). **2.** *F:* Installation *f*.

shake off, *v.tr.* **1.** *To s. the dust off sth.*, secouer la poussière de qch. *F:* **To shake off the dust from one's feet,** secouer la poussière de ses pieds, de ses souliers (en quittant un endroit dont on n'a pas eu lieu de se louer). **To shake s.o. off,** se dégager des mains de qn. *He shook off his assailant*, d'une secousse violente il se dégagea de son assaillant. **To shake off the yoke,** secouer le joug; s'affranchir du joug. *To s. off one's prejudices*, revenir de ses préjugés; se défaire de ses préjugés. *He could never s. off a certain stiffness of manner*, il ne se départit jamais d'une certaine raideur. **To shake off a cold,** venir à bout d'un rhume. **2.** *F:* Se débarrasser, se défaire, *F:* se décramponner, se dépêtrer, de (qn); *P:* semer (un importun, *Sp:* un concurrent). **I can't shake him off,** il ne me lâche pas d'un cran; il est poissant; c'est une chenille.

shake out, *v.tr.* **1.** (*a*) Secouer; faire sortir (la poussière, etc.). (*b*) Vider (un sac) en le secouant. **2.** Déferler (une voile, un drapeau). *Nau:* **To shake out a reef,** larguer un ris.

'shake-out, *s.* *St.Exch:* *F:* Déconfiture *f* des boursicoteurs.

shake together, *v.tr.* Rassembler, tasser, (des objets) en les secouant. *F:* **Come, shake yourself together!** voyons, (i) secouez-vous! (ii) remettez-vous!

shake up, *v.tr.* **1.** Secouer, brasser (un oreiller, etc.). **2.** (*a*) Agiter (le contenu d'une bouteille, etc.). *The ingredients are shaken up together in a bottle*, on mélange les ingrédients en les agitant dans une bouteille. (*b*) *F:* Éveiller, secouer, stimuler (qn); secouer l'indifférence, l'inertie, de (qn); *F:* *A:* hocher le mors à (qn).

'shake-up, *s.* *U.S:* **1.** Chose improvisée. **Shake-up chair,** chaise *f* de fortune. **2.** **Big shake-up in the police force,** grand remaniement du personnel policier.

shaking up, *s.* Secouement *m* (d'un oreiller, etc.); agitation *f* (d'un liquide). *F:* **We got a good shaking up,** nous avons été pas mal secoués, pas mal cahotés, (*at sea*) pas mal ballottés.

shaken, *a.* **1.** (*Of pers., foundation, etc.*) Secoué, ébranlé. **To feel shaken after a fall,** se ressentir d'une chute. *He is much s. since his illness*, il a été bien secoué par sa maladie. *He stood there, s. at heart*, il resta là, le cœur secoué. *See also* WIND-SHAKEN. **2.** *Coop:* (*Of cask*) Mis en botte. **3.** (*Of timber*) Gercé, roulé, cadrané.

shaking[1], *a.* Tremblant, branlant. *S. voice*, voix tremblotante, chevrotante. *See also* PALSY.

shaking[2], *s.* **1.** (*a*) Secouage *m*, secouement *m* (de qch.); ballottage *m*, ballottement *m* (de marchandises pendant le transport, etc.); remuage *m* (d'un tamis, etc.). *S. of the head*, (i) hochement *m* de tête; (ii) (*in dissent*) signe *m* de dénégation ou de refus. *S. of hands*, serrement *m* de mains; poignées *fpl* de mains. **To give s.o., sth., a good shaking,** (i) bien secouer (un tapis, un enfant, etc.); (ii) donner une secouée (aux voyageurs, etc.). **To get a shaking,** être secoué, cahoté, ballotté. *Ind:* **Shaking shoot,** couloir *m* à secousses. (*b*) Ébranlement *m* (d'une maison, etc.); tremblement *m* (du sol, des vitres, etc.); branlement *m*, trépidation *f* (d'une machine, etc.); tremblotement *m* (de la voix). (*c*) *Coop:* Mise *f* en botte (d'une barrique). **2.** *pl.* *Nau:* **Shakings,** (i) rognures *f* de vieux filin; (ii) balayures *f* de pont.

shaker ['ʃeikər], *s.* **1.** Secoueur, -euse. **2.** *Rel.H:* Trembleur, -euse; Shaker *m*. **3.** (*a*) (Appareil *m*) secoueur. *See also* CONVEYOR 2. (*b*) **Cocktail shaker,** frappe-cocktail *m*, *pl.* frappe-cocktails; shaker.

Shak(e)spearian [ʃeiks'piːəriən], *a.* *Lit.Hist:* Shak(e)spearien, -enne; de Shak(e)speare.

shakiness ['ʃeikinəs], *s.* Manque *m* de stabilité, de fermeté, de solidité (d'un bâtiment, d'une chaise, etc.); faiblesse *f* (de qn, de la santé, des connaissances); tremblement *m* (de la main); chevrotement *m* (de la voix); instabilité *f* (du crédit, d'une position, etc.). *S. of writing*, écriture tremblée.

shako ['ʃakou], *s.* *Mil.Cost:* Shako *m*.

shaky ['ʃeiki], *a.* **1.** (Bâtiment, meuble, etc.) branlant, peu solide; (toit) hasardeux; (pont) tremblant; (santé) faible, chancelante;

(position) mal affermie. *S. hand*, main tremblante, vacillante. *S. writing*, écriture tremblée. *S. voice*, (i) voix mal assurée, tremblotante, chevrotante; (ii) voix altérée par l'émotion. **To be shaky on one's legs,** *F:* **on one's pins,** avoir les jambes branlantes; *F:* ne pas tenir sur ses quilles; être mal assuré sur ses quilles. *He felt very s.*, les jambes lui flageolaient; il ne se sentait pas bien solide. **I feel shaky to-day,** je ne suis pas d'aplomb, je ne suis pas vaillant, aujourd'hui. *She felt all s.*, elle était toute tremblante; elle était démontée. *He is very s. in the saddle*, il n'a pas d'assiette (à cheval). *S. business, s. undertaking*, affaires périclitantes; entreprise périclitante. *His position, his credit, is s.*, il branle dans le manche. *His case is very s.*, son cas est véreux. *His English is s.*, il est faible en anglais; il n'est pas sûr de lui en anglais. **2.** (*Of tree, timber*) Crevassé, gerçuré, gercé. *To become s.*, se gercer. **-ily,** *adv.* Peu solidement; faiblement; d'une manière branlante; (marcher) à pas chancelants; (écrire) d'une main tremblante; (parler) d'une voix chevrotante.

shale [ʃeil], *s.* Schiste (argileux, ardoisier); argile schisteuse. **Alum shales,** schistes alunifères. **Oil shale,** schiste bitumineux.

'shale-oil, *s.* Huile *f* de schiste.

shall [ʃal, ʃ(ə)l], *modal aux. v.* (*pr.* **shall, shalt** [ʃalt], **shall;** *p.t. & condit.* **should** [ʃud], **shouldst** [ʃudst]. *No other parts. 'Shall not' and 'should not' are often contracted into* **shan't** [ʃɑːnt], **shouldn't** [ʃudnt]) I. **1.** *With full meaning, denotes duty or a command.* (*a*) (*In general precepts*) (*second and third pers.*) **Thou shalt not kill,** tu ne tueras point. *Ships shall carry three lights*, les navires sont tenus de porter trois feux. *These rules shall be followed by . . .*, le présent règlement devra être suivi par. . . . *Everybody should go to the poll*, il convient que tout le monde prenne part au vote. **All is as it should be,** tout est très bien. *It was all as it should be*, tout s'est très bien passé. **Which is as it should be,** ce qui n'est que justice. *s.* **The 'shalts' and 'shalt nots' of society; the 'shalls' and 'shall nots' of society,** les obligations *f* et les défenses *f* du monde. (*b*) (*In particular cases*) (*second and third pers.*) *He shall do it if I order it*, il devra le faire si je l'ordonne. *He shall not die!* il ne faut pas qu'il meure! *He shall not do it*, je défends qu'il le fasse. *He says he won't do it.*—**He shall!** il dit qu'il ne le fera pas. —Je l'ordonne! *He says he will do it.*—**He shall not!** *F:* **He shan't!** il dit qu'il le fera.—Je le défends! *They say they won't pay, but they shall*, ils disent qu'ils ne payeront pas, mais on les y forcera. *You 'shall do it!* vous le ferez, je le veux! je veux que vous le fassiez! (*c*) (*Advice, remonstrance, etc.*) (*all three persons*) *You, we, should go*, il convient que vous y alliez, que nous y allions. *You should do it at once*, vous devriez le faire tout de suite. *You should have come earlier*, vous auriez dû arriver plus tôt. *It was an accident that should have been foreseen*, c'était un accident à prévoir. *F:* **You should have seen him!** il fallait le voir! si vous l'aviez vu! *You should feel the heat in there!* il fait un chaud là-dedans! *This inquiry should be taken up anew*, c'est une question à reprendre. *You should not speak so loud*, vous ne devriez pas parler si haut. *You shouldn't laugh at him*, vous avez tort de vous moquer de lui. (*d*) (*Pure expression of opinion*) *He, we, should have arrived by this time*, il devrait être arrivé, nous devrions être arrivés, à l'heure qu'il est. *That should suit you!* voilà qui fera sans doute votre affaire! *This weather should be ideal for London skaters*, ce temps doit être ce que les patineurs londoniens peuvent désirer de mieux. **I should think so!** je crois bien! **2.** (*In deference to another*) *Shall I open the window?* voulez-vous que j'ouvre la fenêtre? *I'll call the children*, **shall I?** je vais appeler les enfants, hein? *Let us go in, shall we?* rentrons, voulez-vous? *He asked me if he should open the window*, il me demanda si je voulais qu'il ouvre la fenêtre, s'il fallait ouvrir la fenêtre. *Shall he come?* voulez-vous qu'il vienne? **Shall we play a game of whist?** (i) (*as we usually do*) faisons-nous une partie de whist? (ii) (*sudden inspiration*) si nous faisions une partie de whist! **3.** (*With weakened force, exclamative, in rhetorical questions*) (*a*) *Why should you suspect me?* pourquoi me soupçonner (, moi)? *How should I not be happy?* comment ne serais-je pas heureux? **Whom should I meet but Jones!** voilà que je rencontre Jones! ne voilà-t-il pas que je rencontre Jones! *When I approached the table, who should be sitting there but Louise!* lorsque je m'avançai vers la table, devinez qui j'y ai trouvé installée: Louise! *Who shall describe their surprise?* comment décrire leur surprise! (*b*) (*In subordinate clauses*) *Whatever sum shall be received from him shall be shared amongst us*, quelle que soit la somme à recevoir de lui, nous la partagerons; toute somme à recevoir de lui sera partagée entre nous. *It was agreed that whatever sum should be received from him should be shared amongst us*, il fut entendu que la somme à recevoir de lui, quelle qu'elle fût, serait partagée entre nous. *He ordered that they should be released*, il ordonna qu'on les relâchât. *Mistresses expect that their maids shall wear caps*, les maîtresses de maison s'attendent à ce que, demandent que, les bonnes portent la coiffe. *They expected that their maids should wear caps*, elles demandaient que les bonnes portent la coiffe. *It seems odd that we should meet again in the same place*, c'est curieux que nous nous rencontrions de nouveau dans le même endroit. *He well deserves that his fellow-citizens should feast him*, il mérite bien que ses concitoyens lui offrent un banquet. *I was watching for the moment when his work should be finished*, je guettais le moment où il aurait achevé son travail. *They recommend that classes in secondary schools should be smaller*, ils proposent de réduire le nombre des élèves dans les classes des écoles secondaires. *The important thing is to secure that those who teach should be qualified*, l'important, c'est d'obtenir que tous ceux qui enseignent aient les titres nécessaires. (*c*) (*In 'if' clauses*) *If he should come, should he come, (you will) let me know*, si par hasard il vient, s'il vient, faites-le-moi savoir, vous me le ferez savoir. *If he should come they would let you know*, s'il venait on vous le ferait savoir. *Should I be free I shall come*, si je suis libre je viendrai. *Should it prove correct that . . .*, au cas où il serait exact que. . . . **Should the occasion arise, should it so happen,** le cas échéant. *Japan will adhere to her pledge of neutrality unless Russia shall violate hers*, le Japon adhérera à son engagement de neutralité à moins de manquement de la part de la Russie. **In case he should not be there . . .,** au cas, en cas, qu'il n'y soit pas . . .; dans le cas où il n'y serait pas. . . .

II. **shall** *used as an auxiliary verb forming the future tenses.* **1.** (*Still expressing something of the speaker's will, assurance, promise, menace, etc. So used in the 2nd and 3rd persons. For the 1st pers. see* WILL[3].) *And the Lord shall guide thee continually . . ., and thou shalt be called the repairer of the breach*, et l'Éternel te conduira continuellement . . ., et on t'appellera le réparateur des brèches. *B:* **He that soweth iniquity shall reap vanity,** celui qui sème la perversité moissonnera le tourment. *You shan't have any!* tu n'en auras pas! *You shall pay for this!* vous me le payerez! *He said you should pay for this*, il a dit que vous le lui payeriez. *They shall know what stuff I am made of*, on verra de quel bois je me chauffe. "*You shall hear from me before long*," *he shouted*, "je vous promets que vous aurez de mes nouvelles sous peu!" cria-t-il. *Go to bed at once; the maid shall bring you up some hot whisky*, couchez-vous tout de suite; je vais dire à la bonne de vous apporter un grog. **2.** *Expressing simple futurity.* (*a*) (*Used in the 1st pers. For the 2nd and 3rd pers. see* WILL[3].) (i) *To-morrow I shall go and he will arrive*, demain, moi je partirai et lui arrivera. *We shall hope to see you again*, nous espérons avoir l'occasion de vous revoir. *My holiday was at an end; on the morrow I should be far away*, mon congé était fini; le lendemain je serais bien loin. *Will you be there?—I shall*, y serez-vous?—Oui (, j'y serai). *No, I shall not; F: no, I shan't*, non (, je n'y serai pas). *He had promised that I should be there*, il avait promis que je serais là. (ii) (*Immediate future*) *I shall explain the situation to you and you will listen*, je vais vous expliquer la situation et vous allez m'écouter. (*b*) (*Used in the second pers. in interrogation*) **Shall you come to-morrow?** vous viendrez demain? (*Cp. Will you come to-morrow?* voulez-vous venir demain?) **3.** (*In the 'result' clause of conditional sentences*) *If he comes I shall speak to him*, s'il vient je lui parlerai. *We should come if we were invited*, nous viendrions si on nous invitait. *We should have consented if you had asked*, nous aurions consenti si vous nous l'aviez demandé. *Had you written to me I should have answered you*, si vous m'aviez écrit je vous aurais répondu. *I shouldn't do it if I were you*, à votre place je n'en ferais rien. **4.** (*In softened affirmation*) *I should like a drink*, je prendrais bien quelque chose. *I should think you were right*, j'ai idée que vous avez raison. **I should have thought that you would have known better,** j'aurais pensé que vous auriez été plus avisé. *I shouldn't be surprised (if . . .)*, cela ne me surprendrait pas (que . . .). *We shall probably be right in saying that . . .*, il est probable que nous ne nous tromperons pas de beaucoup si nous affirmons que . . . .

shalloon [ʃa'luːn], *s. Tex:* Chalon *m.* **Milled shalloon,** cadis ras, foulé.

shallop ['ʃaləp], *s. Nau: A:* Chaloupe *f*, péniche *f*, pinasse *f*.

shallot [ʃa'lɔt], *s. Bot: Hort:* Échalote *f*.

shallow[1] ['ʃalo, -ou]. **1.** *a.* (*a*) (*Of water, stream, etc.*) Peu profond, bas de fond; (*of dish, etc.*) plat. *Nau:* **Shallow water,** hauts fonds; eau *f* maigre; maigre eau. *To be in s. water*, se trouver dans les petits fonds. **Shallow draft,** faible tirant *m* (d'un navire). (*b*) (*Of soil*) Peu profond; superficiel. (*c*) *F:* (*Of mind, pers.*) Superficiel, frivole, qui manque de fond. *S. friendship*, amitié *f* de surface. **Shallow intellect,** homme qui a peu de fond; esprit superficiel. *S. knowledge*, savoir *m*, science *f*, sans profondeur. **Shallow talk,** phrases creuses, discours *m* futiles. **Shallow-headed individual,** personne *f* à la tête creuse. **2.** *s.* (*In sea, river, etc.*) (*often in pl.*) Bas-fond *m*, *pl.* bas-fonds; haut-fond *m*, *pl.* hauts-fonds; plateau *m*; maigres *mpl*.

'shallow-rooted, *a.* (Arbre *m*) à enracinement superficiel.

shallow[2]. **1.** *v.tr.* Rendre (un lac, etc.) moins profond. **2.** *v.i.* (*Of river, etc.*) Devenir moins profond.

shallowness ['ʃalonəs], *s.* (*a*) (Le) peu de profondeur (de l'eau, d'un plat, etc.). (*b*) *F:* Caractère superficiel; superficialité *f*, frivolité *f*, manque *m* de fond (de qn, de l'esprit); futilité *f* (de la conversation, etc.).

Shalmaneser [ʃalma'niːzər]. *Pr.n.m. A.Hist:* **Salmanasar.**

shalt [ʃalt]. *See* SHALL.

shaly ['ʃeili], *a.* Schisteux.

sham[1] [ʃam]. I. *a.* (*Of illness, etc.*) Simulé, feint; (*of jewel, etc.*) faux, postiche, truqué, factice; *F:* de camelote, en toc. *S. piety*, piété apparente. **Sham title,** titre vain; titre d'emprunt. **Sham learning,** science *f* d'emprunt. **Sham peace,** paix fourrée. *The s. poor*, les faux besogneux. *A s. colonel*, un faux colonel. **Sham king,** roi *m* pour rire. **Sham republic,** simulacre *m* de république. *Mil:* **Sham fight,** *U.S:* **sham battle,** combat simulé, d'exercice; combat fictif, simulacre de combat; petite guerre. *Fin:* **Sham dividend,** dividende fictif. *Jur:* **Sham plea,** moyens *mpl* dilatoires.

II. **sham,** *s.* **1.** (*a*) Feinte *f*, *F:* trompe-l'œil *m inv*, *P:* chiqué *m*. **That's all sham,** tout ça c'est de la frime. *His life was one long s.*, sa vie n'a été qu'une longue comédie. *Bill which is only a s.*, projet *m* de loi qui n'est qu'un trompe-l'œil. *His love was a mere s.*, son amour était une imposture; son amour n'était qu'une comédie, était une pure comédie; *P:* c'était du chiqué. **He is all sham,** tout en lui est artificiel. (*b*) **Sheet sham,** faux retour de drap (de lit). **2.** (*Of pers.*) **He's a sham,** c'est un imposteur.

sham[2], *v.tr.* (**shammed; shamming**) Feindre, simuler. **To sham sickness,** feindre, simuler, contrefaire, une maladie; faire semblant d'être malade; faire le malade; être malade sur commande; *Mil: P:* maquiller; se faire porter pâle. *To s. sleep*, faire semblant de dormir; feindre de dormir. **To sham modesty,** (i) faire le, la, modeste; (ii) (*of woman*) faire la vertueuse; *P:* la faire à la vertu; faire des chichis; faire du chiqué. *To s. enthusiasm*, faire de l'enthousiasme à froid. *To s. the honest man*, faire le bon apôtre.

Abs. **He is only shamming,** c'est une comédie qu'il nous joue; tout ça c'est de la frime; il fait semblant. *Pred.* **He shammed dead,** il simulait, contrefaisait, la mort; il fit le mort. *See also* ABRAHAM.

sham[3], *s. U.S: P:* Policier *m*; agent *m* de police.

Shaman [ˈʃɑːmən], *s. Anthr:* Chaman *m.*

Shamanism [ˈʃɑːmənizm], *s. Anthr:* Chamanisme *m.*

Shamanist [ˈʃɑːmənist], *s. Anthr:* Chamaniste *mf.*

shamateur [ˈʃamətəːr], *s. Sp: F:* Amateur marron.

shamateurism [ˈʃamətəːrizm], *s. Sp: F:* Amateurisme marron.

shamble[1] [ʃambl], *s.* Démarche traînante.

shamble[2], *v.i.* **To shamble (along),** aller à pas traînants; s'avancer en traînant le pas. **To shamble in, out,** entrer, sortir, à pas traînants, en traînant les pieds. **To shamble up to s.o.,** approcher qn d'un pas traînant.

shambling, *a.* (*Of gait, etc.*) Traînant; (*of pers.*) à pas traînant(s).

shambles [ʃamblz], *s.pl.* (*Usu. with sg. const.*) (*a*) Abattoir *m*, égorgeoir *m.* (*b*) Scène *f* de carnage, de boucherie. *The room was a regular s.,* la chambre ressemblait à un abattoir; on nageait dans le sang.

shame[1] [ʃeim], *s.* **1.** (*a*) Honte *f. Overwhelmed with s.,* écrasé de honte; couvert d'opprobre. **To put s.o. to shame,** (i) confondre qn; (ii) faire honte à qn, faire rougir qn; (iii) l'emporter sur qn. *To cover s.o. with s.,* couvrir qn de honte. **To my shame I must confess that . . .,** à ma honte je dois avouer que. . . . **To cry shame,** crier au scandale. *To cry s. on s.o.,* crier tollé, haro, sur qn; se récrier contre qn. **Shame upon you!** honte à vous! **All the more shame to you!** c'est d'autant plus honteux à vous! **For shame!** fi! quelle honte! vous n'avez pas honte! vous êtes un(e) vilain(e)! oh, le vilain! oh, la vilaine! voulez-vous bien vous taire? **To blush for shame,** (i) rougir de honte; (ii) rougir de pudeur. **Without shame,** immodeste, éhonté. **To be past shame, lost to all (sense of) shame,** avoir perdu toute honte, toute pudeur, tout sentiment de honte; *Lit:* avoir toute honte bue. **I would think shame to . . .,** j'aurais honte de. . . . *You ought to think s. of yourself!* vous devriez avoir honte! (*b*) *It would be a s. to act thus,* il serait honteux, abominable, d'agir ainsi. *F: It was a s. of you to . . .,* c'était honteux de votre part de. . . . **It is a shame to laugh at him,** ce n'est pas bien de se moquer de lui. *It is a s. to destroy works of art,* c'est un crime de détruire les œuvres d'art. **It's a (great) shame!** c'est honteux! **It's a sin and a shame!** c'est une indignité! **What a shame!** (i) quelle honte! quelle indignité! (ii) quel dommage! quelle pitié! **2. He was the shame of his family,** il a été, a fait, la honte de sa famille.

'shame-stricken, *a.* Accablé de honte.

shame[2], *v.tr.* Faire honte à, mortifier, humilier (qn); couvrir (qn) de honte, d'opprobre. **To shame s.o. into doing sth.,** agir sur l'amour-propre de qn pour lui faire faire qch. **To be shamed into doing sth.,** faire qch. par amour-propre.

shaming, *s.* Mortification *f*, humiliation *f* (de qn).

shamefaced [ˈʃeimfeist], *a.* **1.** (A l'air) honteux; embarrassé, penaud, confus, décontenancé. *In a s. manner,* d'un air honteux. **2.** *Lit:* Timide; pudique. *The s. violet,* la modeste violette.

shamefacedly [ʃeimˈfeisidli], *adv.* **1.** D'une manière embarrassée; honteusement; d'un air penaud. **2.** Timidement; pudiquement, modestement.

shamefacedness [ʃeimˈfeisidnəs], *s.* **1.** Fausse honte; mauvaise honte; embarras *m.* **2.** Timidité *f* pudique; modestie *f.*

shameful [ˈʃeimful], *a.* **1.** Honteux, abominable, scandaleux, infâme, indigne. **2.** *A:* = SHAMEFACED. **-fully,** *adv.* **1.** Honteusement, abominablement, scandaleusement; d'une manière indigne. **2.** *A:* = SHAMEFACEDLY.

shamefulness [ˈʃeimfulnəs], *s.* **1.** Honte *f*, infamie *f*, indignité *f.* **2.** *A:* = SHAMEFACEDNESS.

shameless [ˈʃeimləs], *a.* **1.** (*a*) (*Of pers., conduct*) Éhonté, effronté, impudent, cynique; sans honte. (*b*) (*Of pers.*) Sans pudeur; sans vergogne; dévergondé; (*of woman*) impudique. (*c*) (Conduite *f*, posture *f*) immodeste. **2.** (*Of action*) Honteux, scandaleux, abominable, indigne. **-ly,** *adv.* Immodestement, effrontément; d'une manière éhontée; sans pudeur, sans vergogne. *To lie s.,* mentir impudemment, cyniquement.

shamelessness [ˈʃeimləsnəs], *s.* **1.** (*a*) Immodestie *f*, impudeur *f.* (*b*) Impudicité *f.* **2.** Effronterie *f*, impudence *f*; absence *f* de tout sentiment de honte.

shammer [ˈʃamər], *s.* Simulateur, -trice; imposteur *m*; *P:* chiqueur, -euse.

shammy(-leather) [ˈʃami(ˈleðər)], *s.* = CHAMOIS-LEATHER.

shampoo[1] [ʃamˈpuː], *s.* Schampooing *m. To give s.o. a s.,* donner, faire, un schampooing à qn. **Dry shampoo,** friction *f. To give s.o. a dry s.,* frictionner la tête à qn. **Shampoo and set,** schampooing et mise en plis. **Shampoo powder,** schampooing en poudre.

shampoo[2], *v.tr.* **To shampoo one's hair,** se dégraisser les cheveux. *To s. s.o., s.o.'s head, hair,* donner, faire, un schampooing à qn; dégraisser les cheveux à qn.

shampooing, *s.* Schampooing *m.*

shamrock [ˈʃamrɔk], *s. Bot:* Trèfle *m* d'Irlande; petit trèfle jaune. (*Of Irishman*) *To wear the s. on St Patrick's day,* porter le trèfle à la St-Patrice.

Shan [ʃan], *a. & s. Ethn:* Chan *m.*

shandrydan [ˈʃandridan], *s.* **1.** Carriole irlandaise. **2.** *F:* Patache *f*, berlingot *m*, bagnole *f*, guimbarde *f.*

shandygaff [ˈʃandigaf], *s.* Mélange *m* de bière et de *ginger-beer* (*q.v.*); bière panachée.

Shanghai[1] [ʃaŋˈhai]. **1.** *Pr.n. Geog:* Shangaï *m*, Changhaï *m.* **2.** *s.* (*In Austral.*) Fronde *f*; lance-pierre *m*, *pl.* lance-pierres.

shanghai[2], *v.tr. Nau: F:* **1. To shanghai a man,** enivrer ou "endormir" un homme pour l'embarquer sur un navire à court d'équipage. **2.** (*In Austral.*) Descendre (une bête, un homme) avec un lance-pierre.

shank[1] [ʃaŋk], *s.* **1.** (*a*) *Esp. pl.* **Shanks,** jambes *f*, *P:* quilles *f. F:* **To go, come, ride, on Shanks' mare, on Shanks' pony,** prendre le train onze; prendre la voiture des cordeliers, des capucins; *A:* aller sur la mule d'un cordelier. *We came on Shanks' mare,* nous sommes venus *pedibus. See also* LONGSHANKS, SPINDLE-SHANKS. (*b*) (i) Tibia *m*; (ii) *Farr:* canon *m* (du membre antérieur); (iii) métatarse *m* (d'oiseau). *See also* RED-SHANK(S), SHEEPSHANK. (*c*) *Cu:* Jarret *m* (de bœuf); manche *m* (de gigot de mouton). (*d*) Jambe (d'un bas). **2.** (*a*) Branche *f*, bras *m* (de ciseaux). (*b*) Tige *f* (de plante, de clef, de rivet, etc.); fût *m* (d'une colonne); manche *m* (d'un aviron); branche (de clef, de rivet, etc.); hampe *f* (d'hameçon); tuyau *m* (de pipe à tabac); soie *f* (de ciseau, d'alêne, de couteau de table, etc.); *Typ:* corps *m*, tige (de lettre). **Anchor shank,** (i) *Nau:* verge *f* (d'ancre); (ii) *Her:* stangue *f* (d'ancre). (*c*) Queue *f* (d'un bouton). *See also* BUTTON[1] **1.** (*d*) *Bootm:* Cambrillon *m.*

'shank-bone, *s.* Tibia *m.*

'shank-painter, *s. Nau:* Serre-bosse *m*, *pl.* serre-bosses *m.*

shank[2], *v.tr.* **1.** Munir (un ciseau, etc.) d'une soie, (un bouton) d'une queue. **2.** *Golf:* Talonner (la balle). **3.** *P:* **To shank it,** faire le trajet à pied; prendre le train onze.

shank off, *v.i. Hort:* (*Of plant*) Pourrir par la tige; (*of fruit, etc.*) tomber.

shanked, *a.* **1.** A tige, à branche; (*of knife, tool*) à soie; (*of button*) à queue. **2.** (*With adj. prefixed, e.g.*) **Short shanked,** (homme) aux jambes courtes; (clef) à courte tige. *See also* LONG-SHANKED, SPINDLE-SHANKED.

shankless [ˈʃaŋkləs], *a.* Sans tige. *See also* BUTTON[1] **1.**

shanny [ˈʃani], *s. Ich:* Blennie *f.*

Shansi [ʃanˈsiː]. *Pr.n. Geog:* Le Chan-Si.

shan't [ʃɑːnt]. *See* SHALL.

Shantung [ʃanˈtʌŋ]. **1.** *Pr.n. Geog:* Le Chan-Toung. **2.** *Tex:* Shant(o)ung *m.*

shanty[1] [ˈʃanti], *s.* Hutte *f*, cahute *f*, cabane *f*, baraquement *m*, baraque *f*, bicoque *f*, masure *f.*

shanty[2], *s.* = CHANTY.

shape[1] [ʃeip], *s.* **1.** (*a*) Forme *f*, configuration *f* (de la terre, etc.); façon *f*, coupe *f* (d'un habit, etc.). **What shape is his hat?** de quelle forme est son chapeau? *Liquids take the s. of their containers,* les liquides se conforment aux récipients, épousent la forme des récipients, qui les contiennent. **The devil in human shape,** le diable sous la forme d'un être humain. *He appeared before me in the s. of a dog,* il m'apparut sous la forme d'un chien. *Garden in the s. of a triangle,* jardin *m* en forme de triangle. *In s. he resembled a barrel,* par la forme il ressemblait à une barrique. **Trees of all shapes,** des arbres de toutes les formes. *My hat was* **knocked out of shape,** mon chapeau a été déformé. **To get out of shape, to lose shape,** se déformer; (*of boots, etc.*) s'avachir. **Timber cut exactly to shape,** pièce *f* allant à la demande. *Hat out of s.,* chapeau déformé. *Journ: etc:* **To put,** *F:* **get, an article into shape,** mettre un article au point. **To keep in shape,** garder sa forme. *U.S: The matter is* **in quite good shape,** l'affaire est en bonne voie. (*Of boxer, etc.*) **To be in good, first-class, shape,** être en bonne forme. *See also* LICK[2] **1.** (*b*) Taille *f*, tournure *f. Of elegant s.,* de taille élégante; aux contours gracieux. (*c*) Forme indistincte; apparition *f. Two shapes loomed up in the darkness,* deux formes se dessinèrent, surgirent, dans l'obscurité. **2.** *To give s. to a plan,* faire prendre corps à un projet. **To take shape,** prendre forme; prendre tournure. *Our plans are taking s.,* nos projets se dessinent. *My convictions are taking s.,* mes convictions *f* commencent à prendre corps. *A plan is taking s. to . . .,* un projet se dessine ayant pour but de. . . . *The rumours assumed a more definite s.,* les bruits prirent plus de consistance *f.* **3.** Forme, sorte *f*, espèce *f. No communication* **in any shape or form,** aucune communication de n'importe quelle sorte. **Something in the shape of . . .,** une espèce, une sorte, de. . . . *Invitation in the s. of a command,* invitation *f* en forme d'ordre. *F: Have you nothing in the s. of . . .?* n'avez-vous rien en fait de. . . ? **4.** (*a*) *Cu:* (i) (*For jellies, etc.*) Moule *m.* (ii) **Rice shape,** gâteau *m* de riz. *Cream s.,* crème moulée. *Chocolate s.,* crème au chocolat. *See also* CUSTARD. (*b*) (i) Forme (pour chapeau); (ii) carcasse *f* (de chapeau). (*c*) *Phot:* **Cutting shape,** calibre *m* à découper. **5.** (*Of iron, etc.*) Profil *m*, profilé *m.*

shape[2], *v.* (*p.t.* **shaped;** *p.p.* **shaped,** *A:* **shapen**) **1.** *v.tr.* (*a*) Façonner, modeler (de l'argile, etc.); tailler (un bloc de pierre, etc.); toupiller (le bois); profiler (une moulure, etc.); gabarier (une plaque de blindage); emboutir (une chaudière, etc.). *Cer:* Contourner (un vase, etc.); (*on potter's lathe*) tournasser; (*with a jig*) calibrer. **To shape sth. out of sth.,** façonner qch. avec qch.; tailler qch. dans qch. **To shape sth. like sth.,** donner à qch. la forme de qch. *To s. the clay into an urn,* donner à l'argile la forme d'une urne. *The smoke shaped itself into a demon,* la fumée prit la forme d'un démon. **To shape a coat to the figure,** ajuster un habit à la taille. *F:* **To shape s.o.'s character,** pétrir le caractère de qn. *To s. the destiny of man,* diriger, régler, modeler, la destinée de l'homme. **To shape one's life** *according to an end in view, to certain principles,* régler sa vie d'après un but à atteindre; conformer sa vie à certains principes. (*b*) Former, inventer (un plan). **To shape forth a plan,** esquisser un projet. **Before I had time to shape my answer,** avant que j'eusse le temps de méditer ma réponse. (*c*) **To shape one's course,** diriger ses pas, se diriger (*towards*, vers); faire route (*for*, sur). *Nau:* **To shape a course,** faire, donner, une route; tracer une route (sur la carte). *To s. a northern course,* faire route au nord. **To shape the course of public opinion,** imprimer une direction à l'opinion. *To s. a pupil's course with a view to sending him to the university,* acheminer un élève sur l'université. **2.** *v.i.* Se développer. **To shape well,** promettre. *The affair is shaping well,* l'affaire prend bonne tournure, prend couleur. *The affair is shaping* *badly*, l'affaire prend une mauvaise tournure, un fâcheux aspect; l'affaire tourne mal. *As things are shaping . . .*, d'après la tournure que prennent les événements. . . . **He is shaping well at Latin,** il mord au latin. ***The crops are shaping well,*** la récolte s'annonce bien; la montre des blés est belle.

shape up, *v.i.* **To shape up to s.o.,** avancer sur qn en posture de combat.

shaped, *a.* **1.** Façonné, taillé. **Shaped furniture,** meubles façonnés. *Metalw:* **Shaped piece,** pièce profilée ou emboutie. **2. Well-shaped, ill-shaped,** bien, mal, formé; bien, mal, venu. **Queer-shaped,** d'une forme bizarre. **Disk-shaped,** en forme de disque. **Heart-shaped, wedge-shaped,** en forme de cœur, de coin. *Her face was delicately s.*, elle avait le tour du visage délicat; elle avait le visage finement ciselé. *Badly s. saddle*, selle (de cheval) mal façonnée, qui n'a pas de tenue. *See also* IRREGULARLY, MOUTH-SHAPED, NEEDLE-SHAPED, SHELL-SHAPED, SHIELD-SHAPED.

shaping, *s.* **1.** Façonnement *m*, façonnage *m* (d'un bloc de pierre); gabariage *m* (d'une plaque de blindage); emboutissage *m* (d'une chaudière); contournement *m* (d'un vase, etc.). **Shaping (of a coat) to the figure,** ajustage *m* à la taille. **Shaping of character,** développement *m*, formation *f*, façonnement, du caractère. **2.** Invention *f*, formation, conception *f* (d'un projet); mise *f* au point.

'shaping-machine, -vice, *s.* = SHAPER 2.

shapeless ['ʃeipləs], *a.* Informe ou difforme; qui manque de galbe. *S. legs*, jambes toutes d'une venue.

shapelessness ['ʃeipləsnəs], *s.* **1.** Manque *m* de forme; manque de galbe, d'élégance. **2.** Difformité *f*.

shapeliness ['ʃeiplinəs], *s.* Beauté *f* de forme; belles proportions; galbe *m*.

shapely ['ʃeipli], *a.* (*Of pers., foot, etc.*) Bien fait. **A shapely leg,** une belle jambe; *F:* une jambe faite au tour. (*Of pers.*) **To be shapely,** être bien fait de sa personne; *F:* avoir du galbe; être bien tourné.

shaper ['ʃeipər], *s.* **1.** (*Pers.*) Façonneur, -euse. *Metalw:* Emboutisseur *m*; estampeur, -euse (de plumes métalliques, etc.). *Woodw:* Toupilleur *m*; moulurier *m* à la machine. *Mec.E:* Limeur *m*. *Cer:* Calibreur *m*. *F: The s. of our destinies*, celui qui dirige notre destin. *The s. of the plan*, l'auteur *m* du projet. **2.** Dispositif *m* de façonnage. (*a*) Étau-limeur *m*, *pl.* étaux-limeurs; limeuse *f*. (*b*) Machine *f* à profiler, à façonner; fraise *f*; toupie *f*. (*c*) *Metalw:* Emboutissoir *m*. **3.** *Dom.Ec:* **Butter shaper,** frise-beurre *m inv*.

shard[1] [ʃɑːrd], *s.* Têt *m*, tesson *m* (de poterie). *To break into shards*, se briser (en fragments).

shard[2], *s.* *Ent:* Élytre *m* (de coléoptère).

share[1] [ʃɛər], *s.* *Husb:* Soc *m* (de charrue). *See also* PLOUGHSHARE.

'share-beam, *s.* *Husb:* Age *m*, flèche *f* (de charrue).

share[2], *s.* **1.** (*a*) Part *f*, portion *f*. *In equal shares*, par portions égales. **To fall to s.o.'s share, to the share of s.o.,** tomber, échoir, en partage à qn. **To have a share in . . .,** avoir part à. . . . **The lion's share,** la part du lion. *I want to give you a s. in my happiness*, je veux vous associer à mon bonheur. **Share in profits,** participation *f* aux bénéfices; tantième *m* (des bénéfices). *To give s.o. a s. in the profits*, mettre qn de part. *To claim a s. in sth.*, prétendre part à qch. *Jur:* **To claim one's proportionate share,** réclamer son contingent. **To go shares,** partager (*with*, avec); faire part à plusieurs. *They had always gone shares in their possessions*, ils avaient toujours partagé leurs possessions. **To go half shares with s.o.,** mettre qn de part à demi. **Shares!** partageons! **Share and share alike,** en partageant également. *To take s. and s. alike (with s.o.)*, être de moitié (avec qn). **To come in for a share of sth.,** avoir sa part de qch. (*b*) **(Fair) share,** portion juste; lot *m*. *Jur:* **Legal share,** réserve légale (d'une succession). **To have one's fair share,** être bien loti. **To come in for one's full share of sth.,** avoir sa bonne part de qch. *F: I have had my s. of worries*, j'ai eu mon lot de tourments. *To want more than one's s.*, *F:* tirer à soi la couverture. **To have more than one's share of wit,** avoir de l'esprit plus que sa dose. **To each one his due share,** à chacun ce qui lui revient. **2.** Contribution *f*, écot *m*, cotisation *f*, quote-part *f*, *pl.* quotes-parts. *I gave ten francs as my s.*, j'ai donné dix francs pour ma contribution. **To pay one's share,** payer sa (quote-)part. *Everyone will pay his own s.*, chacun paiera son écot. **To pay share and share alike,** payer chacun son écot. **To go shares with s.o.** *in the expense of a taxi*, se cotiser pour prendre un taxi; partager avec qn les frais d'un taxi. **To take a share in** *the conversation*, contribuer (pour sa part) à la conversation. *To take a personal s. in the work*, payer de sa personne. **To take, bear, one's share of the burden,** prendre, avoir, sa part du fardeau. **He doesn't do his share,** il n'y met pas du sien. **You had a share in (doing) this,** (i) vous y êtes pour quelque chose; (ii) vous y avez mis du vôtre. **To have a share in an undertaking,** avoir un intérêt, être intéressé, dans une entreprise. **Initial share** (*in an undertaking*), apport *m*. *S. of capital introduced by a partner*, apport, mise *f*, d'un associé. **3.** *Fin:* (*In a company, etc.*) Action *f*, titre *m*, valeur *f*. **Registered share, personal share,** action nominative. **Fully paid(-up) share,** action (entièrement) libérée. *Partly paid(-up) s.*, action non libérée; titre mixte. *S. on which one third has been paid*, action libérée du tiers. **Ordinary share,** action ordinaire. **Deferred share,** action différée. **Transferable share,** action au porteur. **Qualification share,** action statutaire; action de garantie. **Partnership share,** part d'association. **Founder's share,** part bénéficiaire; part de fondateur. **Dividend share,** action de jouissance; action de bénéficiaire. **To hold shares,** posséder, détenir, des actions; être actionnaire. *See also* STOCK[1] 7.

'share-certificate, *s.* *Fin:* Titre *m* d'action(s); certificat *m* d'action(s), de titre(s); certificat provisoire.

'share-list, *s.* Cours *m* de la bourse.

'share-pusher, *s.* *St.Exch:* Placeur *m*, placier *m*, de valeurs douteuses; courtier marron.

'share-pushing, *s.* *St.Exch:* Marronnage *m*.

'share-warrant, *s.* *Fin:* Action *f*, titre *m*, au porteur.

share[3]. **1.** *v.tr.* Partager. (*a*) Donner une partie de (ce que l'on a). **He would share his last penny,** il partagerait son dernier sou. *To s. sth. with s.o.*, partager qch. avec qn. (*b*) Avoir part à (qch.). **To share an office with s.o.,** partager un bureau avec qn. **To share s.o.'s opinion,** partager l'avis de qn. **I share all his secrets,** il me met dans tous ses secrets. **To share and share alike,** partager entre tous également; *F:* partager en frères. **2.** *v.tr. & ind.tr.* **To share (in) sth.,** prendre part à, avoir part à, participer à, s'associer à, qch. *To s. in the profits*, participer, avoir part, aux bénéfices. **To share in a work,** assumer une part d'un travail, d'une œuvre; collaborer à une œuvre. **To share (in) s.o.'s grief,** partager la douleur de qn. *He shares (in) my troubles as well as my pleasures*, il participe à mes peines comme à mes plaisirs. *I want to make you s. in my happiness*, je veux vous associer à mon bonheur.

share out, *v.tr.* Partager, distribuer, répartir (le butin, le travail, une somme entre des créanciers, etc.).

sharing out, *s.* Partage *m*, distribution *f*, répartition *f* (du travail, etc.).

sharing, *s.* **1.** Partage *m* (du butin, de ses biens, etc.). *S. of sth. with s.o.*, partage de qch. avec qn. **2.** Participation *f*, partage. *See also* PROFIT-SHARING[2].

'share-crop, *attrib.a.* *U.S:* **Share-crop system** (*of farm-holding*), métayage *m*.

'share-cropper, *s.* *U.S:* Métayer, -ère.

shareholder ['ʃɛərhouldər], *s.* *Fin:* Actionnaire *mf*, sociétaire *mf* (d'une société anonyme). **Registered shareholder,** porteur *m* d'actions nominatives.

shareholding[1] ['ʃɛərhouldiŋ], *a.* Détenteur, -trice, de titres, d'actions.

shareholding[2], *s.* **1.** Possession *f* d'actions, de titres. **Shareholding interests in . . .,** participation *f* par actions à. . . . **2.** *pl.* **Shareholdings,** actions *f*.

sharer ['ʃɛərər], *s.* Partageant, -ante; participant, -ante. *The sharers in a distribution*, les participants à une répartition. *Jur:* **Sharer in an estate,** portionnaire *mf*.

shark [ʃɑːrk], *s.* **1.** *Ich:* Requin *m*. **Blue shark,** requin bleu; *F:* cagnot *m*. **Basking shark,** pèlerin *m*. **Hammer-head(ed) shark,** marteau *m*, maillet *m*, demoiselle *f*. **Spine-shark,** aiguillat *m*; chien *m* de mer. *See also* FOX-SHARK, MACKEREL-SHARK. **2.** *F:* (*a*) Escroc *m*; requin; grippe-argent *m inv*; usurier *m*; accapareur, -euse; (*esp. of lawyer*) brigandeau *m*. **Financial sharks,** les aigrefins *m* de la finance; les requins (de la finance); les écumeurs *m* de l'épargne. *See also* LAND-SHARK. (*b*) *U.S:* Racoleur *m* de main-d'œuvre. **3.** *Sch:* *U.S:* *F:* As *m*; type calé. *To be a s. at maths*, être ferré en mathématiques.

'shark-moth, *s.* *Ent:* Cucullie *f*.

'shark-oil, *s.* Huile *f* de foie de requin.

'shark-ray, *s.* = ANGEL-FISH.

'shark-skin, *s.* Peau *f* de requin; peau de chagrin; galuchat *m*.

'shark's-mouth, *s.* *Nau:* Fente *f* (dans une tente pour laisser passer un mât, etc.).

Sharon ['ʃɛərən]. *Pr.n.* *B.Geog:* Saron *m*. *See also* ROSE[1] 1.

sharp[1] [ʃɑːrp]. I. *a.* **1.** (*a*) (*Of knife, edge*) Tranchant, aiguisé, affilé; (*of spear, tooth, point*) aigu, pointu. **Sharp edge** *of a sword*, tranchant *m* d'un sabre. *To fight with s. swords*, se battre à armes émoulues. *See also* SAND[1] 1. (*b*) (*Of features, etc.*) Anguleux, tiré, accentué; (*of chin, peak, etc.*) pointu; (*of angle*) saillant, aigu; (*of curve*) prononcé, à petit rayon; (*of ascent*) raide, escarpé. **Sharp edge,** vive arête. **Sharp roof,** toit *m* en pointe; toit pointu. **Sharp descent,** descente *f* rapide. **Sharp turn,** tournant *m* brusque. *N.Arch:* **Sharp bottom,** carène fine. *See also* -CORNERED. (*c*) (*Of outline, Phot: of image*) Net, *f.* nette. *W.Tel:* **Sharp tuning,** accord serré. (*Of building, etc.*) **To stand sharp against the sky,** se découper nettement sur le ciel. (*d*) **Sharp contrast,** contraste marqué. **2.** (*a*) (*Of pers.*) Fin, éveillé, dégourdi, déluré; (*of sense of hearing, etc.*) fin, subtil; (*of sight*) perçant; (*of glance, wits*) pénétrant. **Sharp mind,** esprit délié. **A sharp child,** un enfant vif, intelligent, futé, affûté. **He is as sharp as a needle,** il est fin comme l'ambre; plus fin que lui n'est pas bête. *To be s. enough to . . .*, avoir l'adresse de. . . . *See also* EYE[1] 1, LOOK-OUT 1. (*b*) (*Of pers., etc.*) Rusé, malin, retors; peu scrupuleux. **Sharp practice(s),** procédés indélicats, peu honnêtes; filouterie *f*. **To be too sharp for s.o.,** être trop malin pour qn; *F:* faire le poil à qn. *He was too s. for you*, il vous a roulé. **3.** (*a*) (Combat) vif, acharné. *It was a s. engagement*, l'affaire a été chaude. (*b*) (Orage) violent. *S. shower*, forte averse. *S. frost*, forte gelée. *S. attack of fever*, fort accès de fièvre. *S. appetite*, vif appétit; appétit aiguisé. (*c*) (Hiver) rigoureux; (air, vent) vif, perçant, âpre, aigre; (froid) pénétrant, piquant. *S. pain*, douleur cuisante; vive douleur. *S. remorse*, remords cuisants. *It's a bit s. this morning*, il fait frisquet ce matin. (*d*) Rapide; (trot) vif. *To take a s. walk*, faire une promenade à vive allure. **That was sharp work!** ça n'a pas pris longtemps! (*e*) (Tempérament *m*, esprit *m*) irascible, acerbe; (châtiment *m*) sévère. *S. rebuke*, verte réprimande. *To be very s. with s.o.*, rembarrer vertement qn. **Sharp tongue,** langue acérée, caustique. *To make a s. retort*, (i) répondre d'une voix cassante; (ii) faire une réplique cinglante. **In a sharp tone,** d'un ton âpre, acerbe, cassant. **4.** (*Of taste, sauce*) Piquant; (*of apple, etc.*) aigre, acide; (*of wine*) vert. **5.** (*a*) (*Of sound, cry, voice*) Pénétrant, perçant, aigu, aigre. **A sharp whistle,** un coup de sifflet perçant. (*b*) *Mus:* (Fa, etc.) dièse. *Instrument easy to play in s. keys*, instrument facile à jouer avec des dièses à la clef. (*c*) *Ling:* **Sharp consonant,** consonne forte. **-ly,** *adv.* **1.** (*a*) **Sharply edged,** (*of knife, etc.*) tranchant, affilé. **Sharply pointed,** (*of pencil, etc.*) à pointe acérée, fine. (*b*) (Dessiné, qui se détache) nettement. *S. divided into two classes*, partagé nettement en deux classes. *To bring s. home*, mettre en relief d'une façon saisissante. **2.** Raidement, brusquement. *He turned s.*, il tourna brusquement; il tourna court. *The road dips s.*, la route plonge brusquement. **3.** (*a*) (Marcher) vivement, à vive allure, allègrement; (geler) fort; (frapper qn) raide. (*b*) (Regarder, écouter) attentivement. *He looked s. at her*, il dirigea sur elle un regard pénétrant. (*c*) (Réprimander) sévèrement. *To speak s. to s.o., to treat s.o. s.*, rudoyer qn. **To answer sharply,** répondre avec brusquerie, d'un ton acerbe, brusque, d'une voix cassante. **4.** (Sonner) avec un bruit sec; (sonner) sec.

II. **sharp**, *s.* **1.** *Mus:* Dièse *m.* **Double-sharp,** double dièse. *See also* FLAT[2] III. 8. **2.** *Ling:* Consonne forte. **3.** *pl.* **Sharps.** (*a*) *Mill:* Issues *fpl* de blé; recoupe *f.* (*b*) Aiguilles longues et fines. **4.** (*a*) = SHARPER. (*b*) *U.S:* Expert *m*, connaisseur *m.*

III. **sharp**, *adv.* **1.** **Sharp-cut outline,** profil nettement découpé. *N.Arch:* **Sharp-built boat,** navire *m* à formes fines. **2.** (*a*) (S'arrêter) brusquement, subitement, court. (*b*) (Tourner) brusquement. **Turn sharp right,** prenez à droite à angle droit. **3.** Ponctuellement, exactement. **At four o'clock sharp,** à quatre heures sonnantes, précises; *F:* à quatre heures tapant. **4.** *F:* **Look sharp!** faites vite! remuez-vous un peu! dépêchez-vous! hâtez-vous! un peu vite! *Now then, look s. about it!* allons, et plus vite que ça! *We must look s.*, *P:* il faut se grouiller. *See also* WORD[1] 5. **5.** *Nau:* **To brace the yards sharp (up),** orienter à bloc; brasser en pointe. **6.** *Mus:* **To sing sharp,** chanter faux (en haussant le ton); diéser en chantant.

'sharp-'edged, *a.* **1.** (*Of knife, etc.*) Tranchant, affilé. **2.** (*Of roof, piece of carpentry, etc.*) A arête vive; aux arêtes vives; à vives arêtes. *Hyd:* **Sharp-edged orifice,** orifice percé en mince paroi.

'sharp-'eyed, *a.* Aux yeux perçants, à la vue perçante. *F:* **He is sharp-eyed,** il a l'œil.

'sharp-'faced, *a.* **1.** (Personne *f*) à visage en lame de couteau. **2.** (Outil *m*, etc.) à vive arête. *See also* HAMMER[1] 1.

'sharp-'featured, *a.* **1.** Aux traits tirés, amaigris. **2.** = SHARP-FACED 1.

'sharp-'set, *a.* **1.** **To be sharp-set,** être en grand appétit; avoir l'estomac creux; **se sentir un creux dans l'estomac;** *F:* avoir la fringale. *To be s.-set on sth.*, avoir un vif désir de qch. **2.** (*Of tool*) Bien aiguisé; affilé.

'sharp-'shod, *a.* (Cheval) ferré à glace.

'sharp-'sighted, *a.* **1.** A la vue perçante. **2.** *F:* Perspicace.

'sharp-'tongued, *a.* Qui a la langue acérée.

'sharp-'toothed, *a.* Aux dents aiguës.

'sharp-'witted, *a.* Intelligent, éveillé, dégourdi; à l'esprit fin, délié.

sharp², *v.tr.* **1.** (*a*) *F:* Duper (qn); filouter (qch.) (*from s.o.*, à qn). (*b*) *Abs.* Tricher (au jeu, etc.). **2.** *Mus:* Diéser (une note).

sharping, *s.* Escroquerie *f*, filouterie *f*, tricherie *f.*

sharpen ['ʃɑːrp(ə)n]. I. *v.tr.* **1.** (*a*) Affiler, affûter, aiguiser, repasser (un couteau, un outil, etc.); passer (un couteau, un sabre) à la meule. *To s. with a file*, affûter à la lime. *Razor that wants sharpening*, rasoir *m* qui a perdu son fil. (*b*) Tailler en pointe, appointer, aiguiser (un bâton, etc.). **To sharpen a pencil,** tailler un crayon. *See also* CLAW[1] 1. (*c*) Rendre (un angle) plus saillant; aviver (une arête). (*d*) Accentuer (un trait, un contraste). **2.** *F:* Dégourdir (qn); éveiller (l'esprit); affiner (l'intelligence). **To sharpen (the wits of) s.o.,** dégourdir, *P:* dessaler, qn. *The wine had sharpened his wits*, le vin lui avait éveillé l'esprit. **3.** (*a*) Aviver, aggraver (la douleur, l'animosité); aviver, exciter (une passion, un désir). *A cocktail sharpens the appetite*, un cocktail aiguise, ouvre, l'appétit. (*b*) Rendre plus sévère (une loi, le caractère de qn, etc.). *To s. one's voice*, donner de l'acerbité à sa voix; prendre un ton plus acerbe, plus cassant, plus âpre. **4.** *Cu:* Relever (une sauce) (au vinaigre). **5.** *Nau:* Orienter à bloc, brasser en pointe (les vergues). **6.** *Mus:* Diéser (une note).

II. **sharpen**, *v.i.* **1.** (*Of faculties, etc.*) S'aiguiser. **2.** (*Of the voice*) Devenir plus acerbe, plus âpre. **3.** (*Of sound*) Devenir plus pénétrant, plus perçant, plus aigu.

sharpening, *s.* **1.** (*a*) Affilage *m*, affûtage *m*, aiguisage *m*, repassage *m* (d'un outil, etc.). **Sharpening machine,** affûteuse *f.* (*b*) Accentuation *f* (d'un contraste). **2.** Affinage *m* (de l'intelligence). **3.** Aggravation *f* (d'une douleur, etc.). **4.** Relèvement *m* (d'une sauce). **5.** *Nau:* Orientation *f* à bloc; brassage *m* en pointe. **6.** *Mus:* Haussement *m* (d'une note) d'un demi-ton.

sharpener ['ʃɑːrpnər], *s.* **1.** (*Pers.*) Affûteur *m*, aiguiseur *m*, affileur *m*, repasseur *m* (à la meule). **2.** Dispositif *m* d'affûtage; affûteuse *f* (pour mèches, etc.); aiguisoir *m.* *See also* KNIFE-SHARPENER, PENCIL-SHARPENER.

sharper ['ʃɑːrpər], *s.* **1.** Aigrefin *m*; chevalier *m* d'industrie; escroc *m*; aventurier, -ière. **2.** (*At cards*) Tricheur, -euse; *P:* entôleur, -euse; *A:* grec *m.*

sharpness ['ʃɑːrpnəs], *s.* **1.** (*a*) Acuité *f*, finesse *f* (du tranchant d'un couteau, etc.); acuité, acutesse *f* (d'une pointe, etc.). (*b*) Aiguité *f* (d'un angle); *Nau:* finesse (des formes d'un navire). (*c*) *Aut: etc:* *S. of the turn*, raccourci *m* du virage. (*d*) Netteté *f* (des contours, d'une image photographique); *W.Tel:* finesse (de l'accord). (*e*) Caractère marqué (d'un contraste). **2.** (*a*) Finesse (de l'esprit, de l'ouïe). *S. of sight*, acuité de la vue; acuité visuelle. (*b*) Intelligence *f* (d'un enfant). **3.** (*a*) Acuité (de la douleur, etc.). (*b*) **There is a sharpness in the air,** il y a de l'aigre dans l'air; *F:* il fait frisquet. *The s. of September was in the air*, Septembre avait mis dans l'air sa pointe de fraîcheur. (*c*) Sévérité *f*, acerbité *f*, âpreté *f* (du ton, d'une réprimande); brusquerie *f* (du ton); acerbité, aigreur *f* (d'humeur); aspérité *f* (du caractère, de la voix). **4.** (Goût) piquant *m* (d'une sauce); acidité *f*, aigreur (d'une pomme, etc.). **5.** Acuité, qualité pénétrante, qualité perçante (d'un son).

sharpshooter ['ʃɑːrpʃuːtər], *s.* *Mil:* Tirailleur *m*; tireur *m* d'élite.

shatter ['ʃatər]. **1.** *v.tr.* (*a*) Fracasser; briser en éclats; mettre en pièces. *The glass was shattered*, le verre a volé en éclats. *His right arm was shattered*, il a eu le bras droit fracassé. *The explosion shattered the house*, l'explosion *f* a fait crouler la maison. *This objection shatters your theory*, cette objection fait crouler votre système. (*b*) Briser, renverser (des espérances). (*c*) Détraquer, délabrer (la santé); ébranler, détraquer (les nerfs). **2.** *v.i.* Se briser (en éclats); se fracasser.

shattered, *a.* **1.** (*Of glass, etc.*) Brisé, fracassé, en éclats; (*of building*) écroulé. *S. hopes*, espérances brisées. **2.** *S. health*, santé détraquée, délabrée. *S. nerves*, nerfs fortement ébranlés. **Shattered in mind and body,** détraqué au physique et au moral.

shattering¹, *a.* **1.** (Coup) écrasant. **2.** *Exp:* **Shattering properties,** brisance *f.* **Shattering charge,** charge brisante.

shattering², *s.* **1.** Brisement *m*, éclatement *m* (d'une glace, etc.). **2.** Ruine *f*, délabrement *m* (de la santé, etc.); ébranlement *m* (des nerfs); renversement *m* (des espérances).

shatterable ['ʃatərəbl], *a.* Qui se brise avec éclats; cassable, éclatable. **Non-shatterable glass,** verre *m* (i) incassable, (ii) qui se brise sans éclats.

shatterer ['ʃatərər], *s.* Briseur *m.* *The s. of my hopes*, le destructeur, la destructrice, de mes espérances.

shave¹ [ʃeːiv], *s.* *Tls:* Plane *f*, racloir *m.*

'shave-hook, *s.* *Tls:* Ébardoir *m*, grattoir *m* (triangulaire); racloir *m* en forme de cœur.

shave², *s.* **1.** **To have a shave,** (i) se faire raser; (ii) se raser. *To get a s.*, se faire raser. *To give s.o. a s.*, raser qn. *To have a close s.*, se faire raser de près. *How much do you charge for a s.?* combien prenez-vous pour la barbe? *Hair-cut or s., sir?* les cheveux ou la barbe? **2.** Coup affleurant, à fleur de peau. *F:* **To have a close, narrow, shave,** l'échapper belle. *You had a close s.*, vous l'avez échappé belle; cela n'a tenu qu'à un fil. **It was a narrow shave!** *F:* il était moins cinq!

'shave-tail, *s.* *Mil:* *U.S:* *P:* Sous-lieutenant *m.*

shave³, *v.tr.* (*p.p. in comp. tenses*, **shaved**; *as adj.* **shaven** ['ʃeiv(ə)n]) **1.** (*a*) Raser; faire la barbe à (qn). **To shave s.o.'s head,** raser la tête à qn. **To shave off one's moustache,** se raser la moustache. (*b*) *v. pron. & abs.* **To shave (oneself),** se raser, se faire la barbe. **2.** (*a*) Doler, planer (le bois, les peaux). **To shave off a slice of sth.,** couper une mince tranche de qch. (*b*) *F:* **To shave the budget estimates,** rogner les prévisions budgétaires. **3.** Friser, raser, effleurer (qch.). *Aut:* *To s. another car*, frôler une autre voiture; *F:* passer une autre voiture au poil. *The car just shaved him by an inch*, l'auto l'a manqué d'un doigt. **4.** *P:* Tondre, plumer (qn).

shaven, *a.* **1.** (*Of monk*) Tonsuré; (*of head, chin*) rasé. *See also* CLEAN-SHAVEN, CLOSE-SHAVEN, SMOOTH-SHAVEN. **2.** (*Of turf, meadow*) Tondu. **3.** (*Of wood, surface*) Plané.

shaving, *s.* **1.** (*a*) Action *f* de raser ou de se raser. *S. is compulsory in the army*, les soldats sont tenus de se raser. (*b*) Dolage *m*, planage *m* (du bois, des peaux). **2.** Copeau *m*, planure *f* (de bois, de métal); rognure *f* (de métal); léchette *f* (de pain). *pl.* **Shavings,** copeaux, raboture(s) *f*; (*of metal*) rognures. **Iron shavings** (*for scrubbing floors*), paille *f* de fer.

'shaving-basin, *s.* Plat *m* à barbe.

'shaving-block, *s.* *Toil:* Pierre *f* d'alun.

'shaving-brush, *s.* Blaireau *m*; pinceau *m* à barbe; savonnette *f.* *Mil:* **Shaving-brush plume,** aigrette *f*, *F:* balai *m.*

'shaving-glass, *s.* Miroir *m* à barbe.

'shaving-horse, *s.* *Carp:* Banc *m* d'âne.

'shaving-soap, -stick, *s.* Savon *m* à barbe; bâton *m* de savon pour la barbe.

shavegrass ['ʃeivgrɑːs], *s.* *Bot:* Prêle *f*; *F:* queue-de-cheval *f.*

shaveling ['ʃeivliŋ], *s.* *A:* *F:* Tonsuré *m*, clerc *m.* *Pej:* **The shavelings,** la prêtraille, la calotte.

shaven ['ʃeiv(ə)n]. *See* SHAVE³.

shaver ['ʃeivər], *s.* **1.** Raseur *m*, barbier *m.* **2.** *F:* **Young shaver,** gosse *m*, gamin *m*, moutard *m.*

Shavian ['ʃeiviən]. **1.** *a.* Inspiré des doctrines de G. B. Shaw. *S. humour*, humour *m* à la G. B. Shaw. **2.** *s.* Disciple *mf* de G. B. Shaw.

shaw¹ [ʃɔː], *s.* *Scot:* Fane *f* (de pommes de terre, de navets).

shaw², *s.* *A. & Poet:* Taillis *m*, fourré *m.*

shawl [ʃɔːl], *s.* Châle *m* ou fichu *m.* **Head shawl,** frileuse *f.*

shawm [ʃɔːm], *s.* *Mus:* *A:* Chalumeau *m.*

shay [ʃei], *s.* *Veh:* *A:* = CHAISE.

she [ʃi, ʃiː], *pers. pron. nom. f.* **1.** (*Unstressed*) Elle. (*a*) (*Of pers.*) *She sings*, elle chante. *She didn't see*, elle n'a pas vu. *What is she doing?* que fait-elle? *Here she comes*, la voici qui vient. (*b*) *F:* (i) (*Of female animals, motor cars, locomotives, Lit: of countries, of things personified that are fem. in Latin, e.g. Liberty, Nature, Astr: Venus*) Elle. *The tigress sprang; she had heard*, la tigresse s'élança; elle avait entendu. (ii) (*Of ships, F: of trains, aeroplanes*) *She sails to-morrow*, il appareille demain. *She is a man-of-war*, c'est un bâtiment de guerre. **2.** (*Stressed*) (*a*) Elle. *She and I*, elle et moi. *I am not as tall as she*, je ne suis pas aussi grand qu'elle. *It is she*, c'est elle. *I guessed that 'she was the mother*, j'ai deviné que c'était elle la mère. *If I were she*, (si j'étais) à sa place. (*Emphatic*) *'She knows nothing about it*, elle n'en sait rien, elle. (*b*) (*Antecedent to a rel. pron.*) (i) Celle. **She that, she who, believes,** celle qui croit. *She whom you saw*, celle que vous avez vue. *She of whom you speak*, celle dont vous parlez. (ii) **It is she who did it,** c'est elle qui l'a fait. (*c*) *She of the black hair*, la femme aux cheveux noirs. *And if only one remains, I shall be she*, et s'il n'en reste qu'une, je serai celle-là. **3.** (*As substantive*) (*a*) *F:* Femelle. **It's a she,** c'est une femme; (*of new-born child*) c'est une (petite) fille; (*of animal*) c'est une femelle. *That's a fine dog.—It's a she*, voilà un beau chien.—C'est une chienne. *The not impossible she*, la femme qu'on pourrait aimer. *See also* HE 3 (*a*). (*b*) *Attrib.* (*Of* *animals*) **She-ass,** ânesse *f*. **She-bear,** ours *m* femelle; ourse *f*. **She-cat,** chatte *f*. **She-devil,** diablesse *f*. **She-elephant,** éléphant *m* femelle; éléphante *f*. **She-fox,** renarde *f*. **She-goat,** chèvre *f*; *F:* bique *f*. **She-lynx,** loup-cerve *f*, *pl.* loups-cerves. **She-monkey,** singe *m* femelle; guenon *f*.

'**she-oak,** *s. Bot:* (*Austr.*) Casuarine *f*, filao *m*.

shea(-tree) ['ʃiːə(triː)], *s. Bot:* Bassie (butyracée). **Shea-butter,** beurre *m* de Galam.

sheading ['ʃiːdiŋ], *s.* Subdivision administrative (de l'île de Man). (Elles sont au nombre de six.)

sheaf[1], *pl.* **-ves** [ʃiːf, -vz], *s.* **1.** (*a*) *Agr:* Gerbe *f* (de blé, etc.). **Loose sheaf,** javelle *f*. (*b*) (*At funeral*) **Sheaf of flowers,** gerbe de fleurs. **2.** Faisceau *m*, botte *f* (de verges, de piquets, etc.); liasse *f* (de papiers). *F:* **I received a whole sheaf of letters this morning,** j'ai reçu toute une botte de lettres ce matin. **3.** *Ball:* Gerbe (de trajectoires).

'**sheaf-binder,** *s. Agr:* **1.** (*Pers.*) Lieur, -euse. **2.** (*Machine*) Lieuse *f*.

sheaf[2], *v.tr.* = SHEAVE[2].

shear[1] [ʃiːər], *s.* **1.** (**Pair of**) **shears,** cisaille(s) *f*(*pl*); (grands) ciseaux. **Spring shears,** forces *f*. *Hort:* **Garden shears,** cisailles à haie. *Arb:* **Ringing shears,** bagueur *m*; coupe-sève *m inv.* *Metalw:* **Block shears, tinman's shears,** hachard *m*. *Lit: The shears of Atropos,* les ciseaux de la Parque. *See also* EDGING-SHEARS, GUILLOTINE-SHEARS, HEDGE-SHEARS, PLATE-SHEARS, PRUNING-SHEARS, RIDDLE[2], SHEEP-SHEARS. **2.** *Mec.E: Const: etc:* **Shears, shear-legs,** bigue *f*; chèvre *f* à haubans; grue *f* de chargement. *Nau:* **Masting shears,** machine *f* à mâter; mâture *f*; cabre *f*. **Tripod shears,** chèvre à trois pieds. *Leg of a shears,* hanche *f*, anche *f*, bras *m*, d'une bigue.

'**shear-hulk,** *s. Nau:* Ponton *m* à mâture; ponton-mâture *m*, *pl.* pontons-mâture; mâture flottante; machine *f* à mâter.

'**shear-steel,** *s. Metall:* Acier (r)affiné, corroyé.

shear[2], *s.* **1.** Tonte *f* (de laine). **2.** (*a*) Cisaillement *m* (de métaux, etc.). (*b*) *Mec:* (Effort *m* de) cisaillement.

'**shear-hog,** *s. Dial:* Agneau *m* entre la première et la seconde tonte.

'**shear-sheep,** *s.* = SHEARLING.

'**shear-structure,** *s. Geol:* Structure cisaillée.

shear[3], *v.* (*p.t.* **sheared,** *A:* **shore** [ʃɔːər]; *p.p.* **shorn** [ʃɔːrn], **sheared**) I. *v.tr.* **1.** (*a*) **To shear (off),** couper (une branche, la tête de qn, etc.). **To shear through sth.,** trancher qch. (*b*) *Metalw:* Cisailler (une tôle, etc.). (*c*) *Tex:* Ciseler (le velours). **2.** (*a*) Tondre (un mouton, le poil d'une étoffe, etc.). *Tex:* **To fine-shear cloth,** affiner le drap. *F:* **To be shorn of sth.,** être dépouillé, privé, de qch. (*b*) (*With passive force*) (*Of sheep*) **To shear a good fleece,** produire une belle toison. **3.** *Mec:* Cisailler (qch.); faire subir un effort de cisaillement à (une poutre, etc.).

II. **shear,** *v.i. Mec:* (*Of materials*) Céder sous le cisaillement; se cisailler.

shorn, *a.* **1.** *A. & Poet:* (*Of head*) Rasé; (moine) tonsuré; (champ) tondu. **2.** (Mouton) tondu. *F: S. of all his belongings,* dépouillé de tout ce qu'il possédait. *See also* TEMPER[2] 2, WOOL 1.

shearing, *s.* **1.** (*a*) Coupage *m* (d'une haie, etc.); cisaillement *m*, cisaillage *m* (d'une tôle, etc.); tonte *f*, tondaison *f* (des moutons); tondage *m*, tonture *f* (du drap). *Tex:* (**Fine-**)**shearing of cloth,** affinage *m* du drap. (*b*) *Mec:* Cisaillement. **Shearing stress,** (effort *m* de) cisaillement; travail *m* au cisaillement; effort tranchant. **2.** *pl.* **Shearings,** tontes (de laine); tontisse *f*, tonture (du drap).

'**shearing-machine,** *s.* **1.** *Husb:* Tondeuse *f* (mécanique). **2.** *Metalw:* Machine *f* à cisailler; cisaille *f* (mécanique); cisailleuse *f*.

shear[4], *s. Usu. pl. Mec.E:* **Shears of a lathe,** glissières *f*, coulisses *f*, flasques *m*, d'un tour.

shearbill ['ʃiːərbil], *s. Orn:* = SCISSOR-BILL.

shearer ['ʃiːərər], *s.* **1.** (*Pers.*) (*a*) Tondeur, -euse (de moutons). (*b*) *Metalw:* Cisailleur *m*. **2.** = SHEARING-MACHINE 2.

shearling ['ʃiːərliŋ], *s. Husb:* Agneau, mouton, qui a été tondu une fois; mouton d'un an.

shearwater ['ʃiːərwɔːtər], *s. Orn:* Puffin *m*.

sheat-fish ['ʃiːtfiʃ], *s. Ich:* Silure *m*.

sheath[1] [ʃiːθ], *s.* (*pl.* [ʃiːðz] *or* [ʃiːθs]) **1.** (*a*) Manchon protecteur; douille protectrice, fourreau *m* (d'épée, de parapluie, etc.); couverture *f* (de parapluie); étui *m* (de ciseaux, etc.); gaine *f* (de couteau). *Husb:* Coffin *m* (d'un aiguisoir). *Cost:* **Sheath gown,** fourreau. **Sheath corset,** gaine. (*b*) *Anat:* Enveloppe *f* (d'un organe); fourreau (du cheval, du taureau, etc.); gaine (de muscle, d'artère, etc.). *Bot:* Gaine; enveloppement *m* (d'une graine). *Ent:* **Wing-sheath,** élytre *m*, étui *m*. *See also* MEDULLARY. (*c*) *Hyg:* **Contraceptive sheath,** condom *m*. (*d*) *El.E:* **Induction sheath,** écran inductif. **2.** *Phot:* (**Plate-**)**sheath,** châssis (négatif). **3.** *Civ.E:* Remblai *m* de pierres sèches (pour empêcher le débordage d'une rivière).

'**sheath-knife,** *s.* Couteau *m* à gaine.

'**sheath-like,** *a.* Vaginiforme; en gaine.

'**sheath-maker,** *s.* Gainier *m*.

'**sheath-winged,** *a. Ent:* Coléoptère.

sheath[2], *v.tr.* = SHEATHE 3.

sheathe [ʃiːð], *v.tr.* **1.** (Re)mettre au fourreau, rengainer (une épée, etc.); engainer (un couteau, etc.). *Lit:* **To sheathe the sword,** cesser les hostilités; faire la paix. **2.** *Nat.Hist:* Envelopper (qch.) dans une gaine. *The leaves s. the stem,* les feuilles engainent la tige. **3.** (*a*) Revêtir, recouvrir, doubler (un toit, un navire, etc.) (*with*, de, en). *Min:* Cuveler (un puits de mine). *N.Arch: To s. a ship's bottom,* souffler la carène d'un navire. (*b*) *El.E:* Armer (un câble). **4.** *Phot:* Mettre (une plaque) dans le châssis.

sheathed, *a.* **1.** (Poignard, etc.) engainé; (sabre) au fourreau. **2.** Revêtu d'une enveloppe. *Bot:* (*Of stalk, etc.*) Entouré d'une gaine. *Anat: etc:* Vaginé. **3.** (*a*) Revêtu, doublé (de métal, en métal, etc.). *A:* **To be sheathed in armour,** être revêtu d'une armure. *N.Arch:* **Sheathed ship,** vaisseau doublé; (*with wood*) vaisseau soufflé. (*b*) **Sheathed cable,** câble *m* sous gaine; câble armé.

sheathing[1], *a. Bot:* **Sheathing leaves,** feuilles entourantes, engainantes.

sheathing[2], *s.* **1.** (*a*) Mise *f* au fourreau (d'une épée); mise dans sa gaine (d'un couteau, etc.). (*b*) Armement *m* (d'un câble). **2.** (*a*) Revêtement *m* (de, en, métal). *N.Arch:* Doublage *m*. *Wooden s.,* soufflage *m*. **Sheathing felt,** ploc *m*. (*b*) *Mec.E: etc:* Enveloppe *f*, garniture *f*; chemise *f* (d'un cylindre, etc.). (*c*) Armure *f*, armature *f*, cuirasse *f*, gaine *f* (d'un câble). (*d*) *Min:* Cuvelage *m* (d'un puits). **3.** *Civ.E:* = SHEATH[1] 3.

sheave[1] [ʃiːv], *s.* **1.** Réa *m*, rouet *m* (de poulie). *Nau:* **Dead sheave, dumb sheave,** engoujure *f* (d'un mât). *See also* CHAIN-SHEAVE, HALF-SHEAVE. **2.** *Mec.E: Mch:* (**Eccentric-**)**sheave,** plateau *m*, disque *m*, corps *m*, d'excentrique. **3.** Cache-entrée *m inv* (de trou de serrure).

'**sheave-hole,** *s.* (*a*) Mortaise *f*. (*b*) *Nau:* Clan *m*, chaumard *m* (de poulie).

sheave[2], *v.tr.* Gerber, engerber, enjaveler (le blé, etc.); mettre en bottes (des osiers, etc.).

sheave[3], *v.i. Row:* **1.** Scier, culer. **2.** Ramer face en avant.

sheaves [ʃiːvz]. *See* SHEAF[1].

Sheba ['ʃiːbə]. **1.** *Pr.n. A.Geog:* Saba *f*. **The Queen of Sheba,** la reine de Saba. **2.** *s.f. U.S: P:* Charmeuse, sirène, ensorceleuse.

shebang [ʃi'baŋ], *s. U.S: P:* **1.** (*a*) Hutte *f*, cabane *f*. (*b*) Tripot *m*. (*c*) Cabaret *m*, bar *m*; débit *m* de boissons. **2.** Carriole *f*, *P:* bagnole *f*, guimbarde *f*. **3.** Affaire *f*. **I'm sick of the whole shebang,** j'en ai plein le dos.

shebeen[1] [ʃi'biːn], *s. Irish:* Débit de boissons clandestin.

shebeen[2], *v.i.* Vendre de la boisson clandestinement, à cache-pot.

she'd [ʃiːd] = *she had, she would.*

shed[1] [ʃed], *s.* **1.** *Ph.Geog:* Ligne *f* de faîte; ligne de partage. **2.** *Tex:* Foule *f*, encroix *m*, pas *m*, envergeure *f* (de la chaîne).

shed[2], *s.* **1.** (*a*) Hangar *m*. **Lean-to shed,** appentis *m*. **Open shed,** auvent *m*. **Building shed,** *Const:* atelier *m* de construction; *N.Arch:* cale couverte. *Rail:* **Engine shed,** remise *f* de locomotives; garage *m*, dépôt *m*, des machines. *See also* CATTLE-SHED, TOOL-SHED, WOOD-SHED. (*b*) *Nau: etc:* Tente *f* à marchandises. *The storing sheds,* les magasins *m*. (*c*) Baraque *f*; baraquement *m*. (*d*) *U.S: P:* (Auto *f* à) conduite intérieure. **2.** *Tg:* Cloche *f* (d'isolateur).

'**shed-roof,** *s.* **1.** Toit *m* en appentis. **2.** *Arch:* (Toit en) shed *m*; comble *m* en dents de scie.

shed[3], *v.tr.* (*p.t.* **shed;** *p.p.* **shed;** *pr.p.* **shedding**) **1.** (*a*) Perdre (ses dents, ses feuilles, etc.); (*of animal*) jeter (sa peau, ses cornes, etc.); (*of crab, etc.*) dépouiller (sa carapace). (*Of plant, flower*) *To s. its leaves, its petals,* s'effeuiller. *See also* HORN[1] 1. (*b*) *F:* Se défaire de (qn); semer (un importun). (*c*) *F: To s. luggage* (*off the back of a car, etc.*), semer des bagages. (*d*) *To s. one's clothes,* se dévêtir; se dépouiller de ses vêtements. **2.** Répandre, verser (des larmes, le sang); (r)épandre (de la lumière); déverser (de l'eau). *To s. one's blood for one's country,* verser son sang pour sa patrie. *See also* BLOOD[1] 1. *The lamp shed a soft light,* la lampe versait une douce lumière. *F:* **To shed (a) light on a matter,** éclairer une affaire; jeter le jour dans une affaire. *To s. happiness around one,* répandre le bonheur autour de soi. **3.** *Tex:* **To shed the warp,** former la foule, l'encroix, le pas.

shedding, *s.* **1.** Perte *f*, chute *f* (des feuilles, des dents, etc.). (*Of animals*) *S. of skin, shell, etc.,* mue *f*. **2.** Effusion *f* (de sang, etc.). *S. of tears,* pleurs *mpl*. **3.** *Tex:* Formation *f* de la foule, de l'encroix, du pas.

shedder ['ʃedər], *s.* **1.** *S. of tears,* pleureur, -euse. *To be a s. of blood,* répandre le sang. **2.** (*a*) *Ich:* Saumon *m* femelle après la fraieson. (*b*) *Crust:* Crabe *m* qui vient de jeter sa carapace.

sheen [ʃiːn], *s.* Luisant *m*, luminosité *f*; lustre *m*, reflet *m* (de la soie, etc.); brillant *m*, chatoiement *m* (d'une étoffe, d'un bijou, etc.); miroitement *m* (d'une pièce d'eau, etc.). *The s. of the finger-nails,* le perlé, le nacré, des ongles. *S. on the hair,* luisance *f* des cheveux. *Hair with a s. like gold,* cheveux *mpl* à reflets d'or. *Plumage that has a blue s.,* plumage glacé d'azur. *The sun threw a s. over the sea,* le soleil faisait reluire la mer. **To take the sheen off sth.,** délustrer qch.

sheeny[1] ['ʃiːni], *a.* Luisant, brillant.

sheeny[2], *s. P:* Youpin, -ine; youtre *mf*, ioutre *mf*. **The sheeny world,** la youtrerie.

sheenyism ['ʃiːniizm], *s. P:* Youtrerie *f*.

sheep [ʃiːp], *s. inv. in pl.* **1.** Mouton *m*. *Black s.,* brebis noire. *F:* **The black sheep** (*of the family, etc.*), la brebis galeuse. **Lost sheep, stray sheep,** brebis perdue, égarée. *F:* **To feel like a lost sheep,** se sentir dépaysé. **They follow one another like sheep,** ce sont les moutons de Panurge. *B:* **To separate the sheep from the goats,** séparer les brebis d'avec les boucs. *F: The parish priest and his s.,* le prêtre et son troupeau, et ses ouailles *f*. *See also* EYE[1] 1, HANG[2] I. 6, KNEE[1] 1, LAUREL, POX 2, TROTTER 2. **2.** *Bookb:* = SHEEPSKIN 2.

'**sheep-back,** *s. Geol:* Roche moutonnée.

'**sheep-bot,** *s. Ent: Vet:* Œstre *m* du mouton.

'**sheep-dip,** *s. Husb:* Bain *m* parasiticide (pour moutons).

'**sheep-dog,** *s.* Chien *m* de berger; chien à moutons.

'**sheep-farmer,** *s.* Éleveur *m* de moutons.

'**sheep-farming,** *s.* Élevage *m* de moutons.

'**sheep-owner,** *s.* Éleveur *m* de moutons.

'**sheep-pen,** *s.* = SHEEPFOLD.

'**sheep-pox,** *s.* Variole ovine; clavelée *f* des moutons.

'**sheep-run,** *s.* = SHEEP-WALK.

'**sheep's bit,** *s. Bot:* Fausse scabieuse.

'sheep's 'fescue, *s. Bot:* Fétuque ovine; *F:* coquioule *f.*
'sheep-shearer, *s.* **1.** (*Pers.*) Tondeur, -euse (de moutons). **2.** Tondeuse *f* mécanique.
'sheep-shearing, *s.* Tonte *f,* tondaison *f.* **Sheep-shearing machine** = SHEEP-SHEARER 2.
'sheep-shears, *s.pl.* Tondeuse *f*; forces *fpl.*
'sheep-tick, *s. Vet:* Mélophage *m*; pou *m* de mouton.
'sheep-walk, *s.* Pâturage *m* (pour moutons).
'sheep-wash, *s.* = SHEEP-DIP.
sheepcote ['ʃiːpkout], *s. A:* Bergerie *f.*
sheepfold ['ʃiːpfould], *s.* Parc *m* à moutons; bercail *m.*
sheepish ['ʃiːpiʃ], *a.* **1.** Penaud; interdit, décontenancé. *To look s.*, rester penaud; rester tout sot. **2.** Timide; embarrassé, gauche. **-ly,** *adv.* **1.** D'un air penaud; d'un air interdit, décontenancé. **2.** D'un air embarrassé, timide.
sheepishness ['ʃiːpiʃnəs], *s.* **1.** Timidité *f*; fausse honte; gaucherie *f* (dans le monde). **2.** Air penaud.
sheepman, *pl.* **-men** ['ʃiːpmən, -men], *s.m. U.S:* Éleveur de moutons.
sheepshank ['ʃiːpʃaŋk], *s. Nau:* (Nœud *m* de, en) jambe *f* de chien.
sheepskin ['ʃiːpskin], *s.* **1.** Peau *f* de mouton. **Sheepskin rug,** tapis *m* en peau de mouton. **2.** *Leath: Book-b:* Basane *f.* **3.** Parchemin *m*; *esp. U.S: F:* diplôme *m* (sur parchemin).
sheer[1] [ʃiːər], *s. Nau:* Embardée *f. To give her a slight s. to starboard,* faire embarder légèrement sur tribord.
sheer[2], *v.i. Nau:* **1.** Embarder; faire une embardée. **2. To sheer up alongside,** accoster, laisser porter, en dépendant.
sheer off, *v.i.* **1.** *Nau:* Larguer les amarres (pour laisser passer un autre navire à quai); alarguer; prendre le large. **To sheer off from a ship,** passer à bonne distance d'un navire; déborder d'un navire. **To sheer off a point,** décoller d'un quart. **2.** *F:* S'écarter; *F:* prendre le large.
sheering, *s. Nau:* Embardées *fpl.*
sheer[3], *s. N.Arch:* Tonture *f,* relèvement *m* (du navire). **To build a ship with a sheer,** tonturer un navire.
'sheer-draught, -drawing, -plan, *s. N.Arch:* Élévation *f*; projection longitudinale; plan diamétral.
'sheer-line, *s. N.Arch:* Tonture *f* (du pont).
'sheer-pole, *s. Nau:* Quenouillette *f* de cap-de-mouton.
'sheer-rail, *s. N.Arch:* Liston *m,* listeau *m,* listel *m.*
'sheer-strake, *s. N.Arch:* Carreau *m*; vibor(d) *m.*
sheer[4]. **1.** *a.* (*a*) Pur, véritable, vrai, franc. *It is s. robbery,* c'est un véritable vol. *A s. impossibility,* une impossibilité absolue. *It is s. madness,* c'est de la folie pure (et simple); c'est de la pure folie. *A s. waste of time,* une simple perte de temps. *Out of s. malice, kindness,* par pure méchanceté, par pure bonté. *It was s. stupidity,* c'était franchement stupide. *By s. accident,* par pur accident. *To do sth. by s. strength of arm,* faire qch. à la seule force du poignet. *To grow rich by s. hard work,* faire une fortune entièrement par son travail. **In sheer desperation** *she wrote to him,* en désespoir de cause elle lui écrivit. (*b*) Perpendiculaire; (rocher, chemin, etc.) à pic, abrupt, escarpé. *S. coast,* côte *f* accore. (*c*) *Tex:* (*Of linen, etc.*) Léger, fin, transparent, diaphane. *S. silk stockings,* bas de soie extra-fins. **2.** *adv.* (*a*) Tout à fait; complètement. *The tree was torn s. out by the roots,* l'arbre fut bel et bien déraciné. *To go s. forward,* aller droit en avant. (*b*) (Tomber, etc.) perpendiculairement, à pic, à plomb. *Hill that descends s. to the town,* colline qui descend abruptement à la ville.
sheer[5], *v.i.* (*Of rock, etc.*) Se dresser ou descendre perpendiculairement, à pic, à plomb.
sheer-hulk ['ʃiːərhʌlk], *s.* = SHEAR-HULK.
sheer-legs ['ʃiːərlegz], *s.pl.* = SHEAR[1] 2.
sheet[1] [ʃiːt], *s.* **1.** (*a*) Drap *m* (de lit). *F:* **To get between the sheets,** se mettre dans les bâches; se bâcher; se pieuter. (*b*) **Lantern sheet,** écran *m* à projections. *Hist:* **White sheet,** linge blanc dont se couvraient les pénitents. *See also* DRAW-SHEET, DUST-SHEET, GROUND-SHEET, JUMPING-SHEET, PACKING-SHEET, SHAM[1] II. 1, WHITE[1] I. 2, WINDING-SHEET. (*c*) *A. & Poet:* Voile *f.* **2.** (*a*) Feuille *f,* feuillet *m* (de papier). **Loose sheet, fly sheet,** feuille volante. **Books in sheets,** livres *m* en feuilles, en blanc. *Com:* **Order sheet,** bulletin *m* de commande; bordereau *m* de commission. **Sale sheet,** bordereau de vente. *See also* BALANCE-SHEET, CLEAN[1] I. 1, PAY-SHEET, PROOF-SHEET. (*b*) *F:* Journal *m,* -aux; feuille. *See also* NEWS-SHEET. **3.** Feuille (de verre, de plomb, de caoutchouc, etc.); feuille, tôle *f,* lame *f,* plaque *f* (de métal). **Heavy-gauge sheet,** tôle forte. *Copper sheets,* tôle de cuivre. *Cu:* **Baking-sheet,** plafond *m* (de four). *See also* HIP[1] 2. **4.** (*a*) Nappe *f* (d'eau, d'écume, de feu, etc.); couche *f,* nappe (de neige). *S. of ice,* (i) couche de glace (sur un objet); (ii) nappe de glace (sur l'eau, sur la terre). *See also* RAIN[2] 1. (*b*) Lame d'eau (embarquée à bord).
'sheet-copper, *s. Metalw:* Cuivre *m* en tôles, en feuilles, en lames, en planches.
'sheet-glass, *s.* Verre *m* à vitres.
'sheet-iron, *s. Metalw:* (Fer *m* en) tôle *f*; fer en feuilles. *S.-i. in rolls,* affinerie *f.* **Formed sheet-iron,** tôle emboutie. **Sheet-iron pipe,** tuyau *m* en tôle. **Sheet-iron works,** tôlerie *f.* **Sheet-iron worker,** (ouvrier) tôlier *m.* **Sheet-iron manufacturer,** tôlier. **To cover a surface with sheet-iron,** tôler une surface.
'sheet-lead [led], *s. Metalw:* Plomb laminé; plomb en feuilles.
'sheet-lightning, *s.* Éclairs *mpl* diffus; éclairs en nappe(s).
'sheet-mill, *s. Metalw:* Laminoir *m* à tôles.
'sheet-piling, *s. Civ.E:* Palée *f. Hyd.E:* Encrèchement *m.*
'sheet-rubber, *s. Ind:* Feuille anglaise.
'sheet-steel, *s. Metalw:* Tôle *f* d'acier.
sheet[2], *v.tr.* **1.** Couvrir, garnir, (qch.) d'un drap, d'une bâche. **To sheet over a waggon,** bâcher un wagon. **2.** *The town was sheeted over with snow,* la ville était enveloppée, recouverte, de neige. *River sheeted with ice,* rivière couverte de glace. **3.** *Min:* **To sheet a gallery,** blinder, limander, une galerie.
sheeted, *a.* **1.** Enveloppé d'un drap. **Sheeted corpse,** cadavre enveloppé d'un linceul, enseveli. **2.** *Poet:* (Pluie *f,* neige *f,* etc.) en nappes.
sheeting, *s.* **1.** *Tex:* Toile *f* pour draps. **Waterproof sheeting,** drap *m* d'hôpital. **2.** *Civ.E: Min:* Blindage *m. Min:* Limande *f* (d'une galerie). **Sheeting pile,** palplanche *f.* **3.** *Coll.* Tôlerie *f*; tôles *fpl.* **4.** *Nau:* Braie *f* (du gouvernail, de la pompe).
'sheeting-plank, *s. Const:* Tavaillon *m* (de comble).
sheet[3], *s. Nau:* **1.** Écoute *f.* **Single sheet bend,** nœud *m* d'écoute simple; nœud de filet. **Double sheet bend,** nœud d'écoute double. *F:* **To be three sheets in the wind,** être aux trois quarts ivre; être dans les brindezingues; être entre la vergue et le raban. *See also* FLOWING[1] 3, FORE-SHEET 1, LEE-SHEET, WEATHER-SHEET. **2. Stern-sheets,** arrière *m,* chambre *f* (d'un canot). *See also* FORE-SHEET 2.
sheet[4], *v.tr. Nau:* Border (une voile). **To sheet home,** border à bloc, à joindre.
sheet-anchor ['ʃiːtaŋkər], *s. Nau:* Ancre *f* de veille. *F:* **It is our sheet-anchor,** c'est notre ancre de salut, notre (dernière) planche de salut.
sheet-cable ['ʃiːtkeibl], *s. Nau:* Chaîne *f* de veille.
sheik [ʃeik, ʃiːk], *s.m.* **1.** = SHEIKH. **2.** (*Usu.* [ʃiːk]) *P:* Beau garçon; charmeur, tombeur (de femmes).
sheikh [ʃeik, ʃiːk], *s.m.* Cheik, scheik.
shekel ['ʃek(ə)l], *s.* **1.** *A. Jew. Meas. & Num:* Sicle *m.* **The shekel of the sanctuary,** le sicle royal, du sanctuaire (poids légal). **2.** *pl. F:* Shekels, argent *m*; *F:* quibus *m,* galette *f.*
sheldrake ['ʃeldreik], *s.* (*f.* **shell-duck, sheld-duck**) *Orn:* **1.** Tadorne *m.* **2.** *U.S:* Harle *m.*
shelf[1], *pl.* **shelves** [ʃelf, ʃelvz], *s.* **1.** Tablette *f* (de rayonnage); planche *f* (d'armoire); rayon *m* (d'armoire, de bibliothèque); plateau *m* (de four, etc.). **Sliding shelf,** tirette *f* (de classeur). **Wall shelf,** rayon le long du mur. **Set of shelves,** étagère *f. Sideboard with shelves,* buffet *m* à étagères. *F:* **To put s.o., sth., on the shelf,** remiser qn, qch. **To be on the shelf,** être au rancart; être laissé pour compte. *She is on the s.*, elle a coiffé sainte Catherine; elle est en passe de devenir vieille fille. **2.** *N.Arch:* **Shelf(-piece),** bauquière *f*; gouttière renversée. **3.** (*a*) Rebord *m,* corniche *f,* saillie *f* (d'un rocher, d'un précipice, etc.). (*b*) *Civ.E:* Ressaut *m* (d'une voie). (*c*) *Ph.Geog:* **Continental shelf,** plateau, banc, continental; plate-forme continentale; seuil continental. **Insular shelf,** socle *m.* **Shelf sea, mer bordière.** (*d*) *Geol: Min:* Roche *f* de fond.
'shelf-back, *s. Book-b: U.S:* Dos *m* (du livre).
shelf[2], *s.* Haut-fond *m, pl.* hauts-fonds; bas-fond *m, pl.* bas-fonds; écueil *m* de sable; banc *m* de sable. **Dry shelf** (*left exposed at low tide*), sèche *f.*
shelfy ['ʃelfi], *a.* (*Of sea, river*) Plein de hauts-fonds, d'écueils.
shell[1] [ʃel], *s.* **1.** (*a*) Coquille *f* (de mollusque, d'escargot); carapace *f* (de homard, de tortue); écaille *f* (d'huître, de moule, de tortue). (*Empty*) *shells,* coquillages *m. Lit:* **Triton's shell,** la conque de Triton. *F:* **To come out of one's shell,** sortir de sa chrysalide, de sa coquille; révéler ses qualités; surprendre tout le monde par ses qualités de causeur. **To retire into one's shell,** rentrer, se renfermer, dans sa coquille, dans sa coque, dans son cocon. *She retires into her s. at once,* c'est une sensitive. *See also* COCKLE-SHELL, FOUNTAIN-SHELL, HARD-SHELL, LIMESTONE, RAZOR-SHELL, SADDLE-SHELL, TORTOISE-SHELL, VENUS-SHELL, WING-SHELL. (*b*) Coquille (d'œuf, de noix); coque (d'œuf plein); écale *f* (de noix); gousse *f,* cosse *f* (de pois, etc.). *Ent:* Enveloppe *f* (de nymphe). *See also* EGG-SHELL. (*c*) *Shells of cocoa-beans,* coques, pelures *f,* de cacao. (*d*) *F:* Forme *f* vide; simple apparence *f. A mere s. of religion,* une religion toute en surface. **2.** (*a*) **Shell of butter,** coquille de beurre. (*b*) *Sm.a:* Coquille (d'une épée). (*c*) *Archeol:* Timbre *m* (de casque). (*d*) *Tls:* Cuiller *f* (de tarière, etc.). **3.** (*a*) *Mch:* Paroi *f,* corps *m,* coque (de chaudière). **Double-shell boiler,** chaudière *f* à double paroi. **Subsidiary shell,** (tube *m*) bouilleur *m.* (*b*) Caisse *f,* chape *f* (de poulie); boisseau *m* (de robinet); caisse (de tambour). (*c*) Enveloppe extérieure. *Metall:* Manteau *m* (de moule). *Aut:* Calandre *f,* coquille (de radiateur). (*d*) **Shell of a penknife,** platines *fpl* d'un canif. **4.** Carcasse *f,* squelette *m,* coque (de navire, etc.); carcasse, cage *f* (d'un édifice). *After the fire only the s. was left,* après l'incendie il ne restait de la maison que la carcasse. **5.** Grandes lignes (d'un projet). *I've only the s. of a scheme,* je n'ai que l'ébauche *f* d'un plan. **6.** (*a*) Écorce *f* (de la terre). (*b*) *Typ:* **(Copper) shell** (*of electrotype*), coquille. **7.** (*a*) Cercueil *m* provisoire. (*b*) **Lead(en) shell,** doublure *f* en plomb (pour cercueil); caisse *f* de plomb. **8.** *Row:* Canot *m* de course. **9.** (*a*) *Artil:* Obus *m*; projectile creux; projectile d'éclatement. *Common s.*, obus ordinaire. **Heavy shell,** obus de gros calibre; *P:* marmite *f*; gros noir. **Live shell,** obus actif; obus armé; obus chargé; obus de combat. **Practice shell,** obus d'exercice. **High-explosive shell,** obus à haut explosif; obus brisant. **Light shell,** obus éclairant. **Armour-piercing shell,** obus perforant; obus de rupture. *To clear the ground of shells,* désobuser le terrain. *See also* GAS-SHELL, SEGMENT-SHELL, SMOKE-SHELL, STAR-SHELL, TEAR-SHELL, TIME-SHELL. (*b*) *Pyr:* Bombe (flamboyante, etc.). **10.** *Sch:* Classe *f* intermédiaire; classe des moyens.
'shell-back, *s.* **1.** *Rept:* Tortue *f* aquatique. **2.** *Nau: P:* Gourganier *m*; vieux marsouin; vieux loup de mer.
'shell-bark, *s. Bot:* Hickory *m*; noyer (blanc) d'Amérique.
'shell-bit, *s. Tls:* Mèche-cuiller *f, pl.* mèches-cuillers.
'shell-fire, *s.* Tir *m* à obus. **To be under shell-fire,** subir un bombardement.
'shell-fish, *s.* **1.** (*a*) Testacé *m* (moule, etc.); *F:* coquillage *m.*

(*b*) Crustacé *m* (homard, crevette, etc.). **2.** *Coll.* Mollusques *m* et crustacés. *To feed on shell-fish*, se nourrir de coquillages.

'shell-gimlet, *s. Tls:* Vrille *f* en cuiller, à gouge.

'shell-gold, *s.* Or *m* de coquille.

'shell-heap, *s. Archeol:* Kjœkken-mœdding *m*; débris accumulés par des mangeurs d'animaux à coquillages.

'shell-hole, *s.* Trou *m* d'obus; cratère *m*; entonnoir *m*.

'shell-jacket, *s. Mil:* Veste *f* de petite tenue.

'shell-'marble, *s.* Marbre coquillier.

'shell-marl, *s. Agr:* Falun *m*. **Shell-marl pit,** falunière *f*.

'shell-money, *s. Anthr:* Wampoum *m*; chapelet *m* de coquillages.

'shell-mound, *s.* = SHELL-HEAP.

'shell pink, *a. & s.* Rose pâle (*m*) *inv*.

'shell-plate, *s. N.Arch:* Tôle *f* de bordé.

'shell-proof, *a.* Blindé; à l'épreuve des obus.

'shell-room, *s. Nau:* Soute *f* à obus.

'shell-shaped, *a.* Conchiforme.

'shell-shock, *s. Med:* Psychose *f* traumatique; commotion cérébrale (à la suite d'éclatement d'obus); obusite *f*. *Suffering from s.-s.*, commotionné.

'shell-shocked, *a. Med:* (Invalide) commotionné.

'shell-snail, *s.* Mollusque *m* terrestre; *F:* escargot *m*.

'shell-struck, *a.* (Bâtiment) bombardé.

'shell-transformer, *s. El.E:* Transformateur cuirassé; transformateur à enveloppe.

'shell-work, *s.* (Décoration *f* en) coquillages *mpl*.

shell[2], *v.tr.* **1.** (*a*) Écaler, décortiquer (des noix, etc.); écosser, égrener (des pois, etc.); écailler (des huîtres, des moules); éplucher (des crevettes). *To s. green walnuts*, cerner des noix. *See also* EASY[1] I. 3. (*b*) (*With passive force*) **Nuts, peas, that shell easily,** noix *f* qui se laissent écaler, pois *m* qui se laissent écosser. **2.** *A. & Lit:* Couvrir (qch.) d'une carapace. **3.** *Mil:* Bombarder, canonner, obuser, *P:* marmiter (une forteresse, etc.).

shell off, *v.i.* (*Of paint, etc.*) S'écailler.

shell out, *v.tr. F:* **To shell out one's money,** *abs.* **to shell out,** payer la note; débourser; *P:* casquer, éclairer. *To be constantly shelling out*, avoir sans cesse l'argent à la main.

shelling out, *s.* Déboursement *m*.

shelled, *a.* **1.** (*a*) (*Of animal*) A coquille, à écaille, à carapace; testacé; (*of fruit*) à coquille, à écale, à gousse, à cosse. *See also* HARD-SHELLED, SOFT-SHELLED. (*b*) (*Of beach, etc.*) Couvert de coquilles. (*c*) (Explosif *m*) en obus. **2.** (*Of nuts, etc.*) Écalé; (*of peas, etc.*) écossé, égrené. *U.S:* **Shelled corn,** maïs égrené.

shelling, *s.* **1.** Égrenage *m* (de pois, etc.); décorticage *m* (d'amandes, etc.); épluchage *m* (de crevettes); écaillage *m* (d'huîtres). **2.** *Mil:* Bombardement *m*. *Systematic s. of the trenches*, *F:* arrosage *m*, arrosement *m*, des tranchées.

she'll [ʃiːl] = *she will*.

shellac[1] [ʃe'lak], *s.* (*a*) Laque *f* en écailles, en feuilles, en plaques; laque plate; gomme *f* laque. *Bleached s.*, gomme laque blanche. (*b*) *Aut: etc:* **Gasket shellac,** ciment *m* pour joints.

shellac[2], *v.tr.* (**shellacked; shellacking**) Gommelaquer. *U.S: P:* **To be shellacked,** être verni, soûl; avoir sa cuite.

sheller ['ʃelər], *s.* **1.** (*a*) (*Pers.*) Écosseur, -euse (de pois, etc.); écailleur, -euse (d'huîtres). (*b*) (*Machine*) Écosseuse *f* (pour pois, haricots, etc.); égreneuse *f* (pour maïs, etc.). **2.** *F:* **Sheller-out,** casqueur, -euse.

shelly ['ʃeli], *a.* **1.** (Terrain) coquilleux. **2.** *Geol:* (Calcaire, etc.) coquillier. **Shelly bed,** coquillart *m*. *See also* LIMESTONE.

Shelta ['ʃeltɑ], *s. Ling:* Patois *m* des Romanichels d'Irlande.

shelter[1] ['ʃeltər], *s.* **1.** Lieu *m* de refuge; abri *m* (contre la pluie, pour cochers, etc.); asile *m*, refuge *m* (pour indigents, etc.); abrivent *m* (pour sentinelles, etc.). **Cabmen's, taxi-drivers', shelter** (*with telephone box*), kiosque-vigie *m*, *pl.* kiosques-vigies. *See also* GAS-SHELTER, NIGHT-SHELTER. **2. Under shelter,** à l'abri, à couvert. (*Of tree, etc.*) **To afford shelter,** offrir un abri. **To take shelter,** s'abriter, se mettre à l'abri (*under*, sous; *from*, de, contre). *F: He took s. in silence*, il se retrancha dans le silence. **To seek shelter under a tree,** chercher l'abri d'un arbre. **To find shelter,** se gîter; trouver asile. *To give s. to s.o.*, abriter qn; offrir un asile, un refuge, à qn; retirer qn chez soi. *F:* **To take s.o. under one's shelter,** prendre qn sous sa protection, sous son égide.

'shelter-association, *s. Biol:* Faux parasitisme.

'shelter belt, *s. For:* Rideau protecteur.

'shelter-deck, *s. Nau:* Pont-abri *m*, *pl.* ponts-abris.

'shelter-parasite, *s. Biol:* Faux parasite.

'shelter-pit, -trench, *s. Mil:* Tranchée-abri *f*, *pl.* tranchées-abris; trou *m* de tirailleur.

'shelter-tent, *s. Mil:* Tente-abri *f*, *pl.* tentes-abris.

shelter[2]. **1.** *v.tr.* (*a*) Abriter. **To shelter s.o., sth., from the rain,** abriter qn, qch., de, contre, la pluie; préserver qn, qch., contre la pluie; garantir qn, qch., de la pluie. *Trees that s. a house from the wind*, arbres qui défendent une maison du vent, qui protègent la maison contre le vent. (*b*) Donner asile à, recueillir (un malheureux, etc.); gîter (un voyageur). **To shelter s.o. from blame,** tenir qn à l'abri de la censure; protéger qn contre, soustraire qn à, la censure. **2.** *v.i. & pr.* S'abriter, se mettre à l'abri, à couvert (*from*, contre). **To shelter (oneself) under a tree, from the wind,** s'abriter sous un arbre; s'abriter du vent, contre le vent. *To s. from the rain*, se mettre à couvert (de la pluie).

sheltered, *a.* Abrité (*against, from*, contre). *Pol.Ec:* **Sheltered industry,** industrie garantie contre la concurrence étrangère.

sheltering, *a.* Protecteur, -trice.

shelterer ['ʃeltərər], *s.* **1.** Celui qui s'abrite, qui s'est mis à l'abri, à couvert. **2.** *S. of s.o.*, celui qui donne asile à qn, qui recueille qn; protecteur, -trice, de qn.

shelterless ['ʃeltərləs], *a.* Sans abri, sans refuge, sans asile.

sheltie, shelty[1] ['ʃelti], *s. Scot:* Poney *m* de Shetland.

shelty[2], *s. Scot:* Abri *m*, abrivent *m*, cabane *f*.

shelve[1] [ʃelv], *s.* = SHELF[1] 3 (*a*).

shelve[2], *v.tr.* **1.** Munir, garnir, (une bibliothèque, etc.) de rayons. **2.** Mettre (des livres, etc.) sur un rayon, sur les rayons. **3.** *F:* (i) Classer (une question, etc.); (ii) accrocher, ajourner, laisser dormir, enterrer (une question, etc.); mettre (qn) au rancart, remiser (qn). *My request has been shelved*, ma demande est restée, dort, dans les cartons.

shelving[1], *s.* **1.** (*a*) Aménagement *m* des rayons (d'une bibliothèque, etc.); arrangement *m* (des livres, etc.) sur les rayons. (*b*) *F:* (i) Classement *m*, (ii) enterrement *m*, ajournement *m* (d'une question, etc.); mise *f* au rancart (de qn). **2.** (Ensemble *m* de) rayons *mpl*; tablettes *fpl*; rayonnage *m*. *Adjustable s.*, rayons mobiles. *Steel s.*, rayonnage en acier.

shelve[3], *v.i.* (*Of surface*) Aller en pente, en talus. *The shore shelves down to the sea*, le rivage s'incline vers la mer.

shelving[2], *a.* (*Of shore, surface*) En pente; incliné.

shelves [ʃelvz]. *See* SHELF[1].

Shem [ʃem]. *Pr.n.m. B.Hist:* Sem.

shemozzle[1] [ʃi'mɔzl], *s. P:* Rixe *f*, chamaillis *m*.

shemozzle[2], *v.i. P:* Décamper, filer.

shenanigan [ʃi'nanigən], *s. U.S: P:* Mystification *f*, fumisterie *f*.

Sheol ['ʃiːoul, -ɔl], *s.* (*Hebrew*) Les enfers *m*.

shepherd[1] ['ʃepərd], *s.m.* **1.** (*a*) Berger, pâtre. **Shepherd boy,** petit pâtre. **Shepherd girl,** bergère *f*. (*b*) **The Good Shepherd,** le bon Pasteur. **The Lord is my shepherd,** l'Éternel *m* est mon berger. **The Shepherd Kings,** les rois bergers. *Astr: Dial:* **The Shepherd's Lamp,** l'Étoile *f* du Berger. *See also* NEEDLE[1] 1, PIE[2]. **2.** *Fr.Hist:* **The Shepherds,** les Pastoureaux (revoltés des XIIIe et XIVe siècles).

'shepherd dog, *s.* Chien *m* de berger.

shepherd's 'check, *s.* = SHEPHERD'S PLAID.

shepherd's 'club, *s. Bot:* Molène *f*, *F:* bouillon-blanc *m*.

shepherd's 'knot, *s. Bot:* Tormentille *f*.

shepherd's 'plaid, *s.* Plaid *m* en damier.

shepherd's 'purse, *s. Bot:* Capselle *f*; *F:* bourse-à-berger *f*; bourse-à-pasteur *f*; tabouret *m*, mallette *f*; corbeille *f* d'argent.

shepherd's 'rod, *s. Bot:* Cardère poilue; *F:* verge *f* du pasteur.

shepherd[2], *v.tr.* **1.** Surveiller, garder, soigner (les moutons). **2.** *F:* (*a*) **To shepherd school-children through the town,** conduire, piloter, des écoliers à travers la ville. (*b*) *Barnardo's have shepherded 120,000 children*, l'Institution Barnardo a élevé et placé 120,000 enfants.

shepherdess ['ʃepərdes], *s.f.* Bergère.

sherardize ['ʃerɑrdaiz], *v.tr. Metall:* Shérardiser (le fer, l'acier).

sherardizing, *s.* Shérardisation *f*; galvanisation *f* au gris de zinc.

sherbet ['ʃəːrbet], *s.* **1.** Sorbet *m* (du Levant, etc.). **2.** (**English**) **sherbet,** limonade sèche (pour préparer une boisson gazeuse). **3.** *U.S:* Sorbet (sorte de glace).

sherd [ʃəːrd], *s.* = SHARD.

shereef, sherif [ʃe'riːf], *s.* Chérif *m* (titre arabe).

sheriff ['ʃerif], *s.m.* **1.** *Eng.Adm:* Shériff. (Fonctions correspondant à celles du préfet). *See also* OFFICER[1] 1, UNDER-SHERIFF. **2.** *Jur:* (*Scot.*) Premier président (d'un comté). **3.** *U.S:* Chef de la police (d'un comté). **Deputy sheriff** = *special constable, q.v. under* CONSTABLE 2.

sheriff 'substitute, *s.m. Jur:* (*Scot.*) Juge de première instance (d'un comté).

sheriffdom ['ʃerifdəm], **sheriffship** ['ʃerifʃip], *s.* Fonction *f* du shériff.

sherry ['ʃeri], *s.* Vin *m* de Xérès; xérès *m*, sherry *m*.

sherry-'cobbler, *s.* Boisson composée de xérès, de citron et de sucre.

'sherry-glass, *s.* Verre *m* à madère.

she's [ʃiːz] = *she is, she has*.

Shetland ['ʃetlənd]. *Pr.n. Geog:* **The Shetland Islands,** les îles *f* (de) Shetland.

'Shetland pony, *s.* Poney shetlandais.

Shetlander ['ʃetləndər], *s. Geog:* Shetlandais, -aise.

shew[1], [2] [ʃou], *s. & v.* = SHOW[1], [2].

shewbread ['ʃoubred], *s. Jew.Rel:* Pain *m* de proposition.

Shiah ['ʃiːɑ], *s. Rel.H:* Schiite *m*, chiyte *m*.

shibboleth ['ʃiboleθ], *s.* (*a*) *B.Hist:* S(c)hibboleth *m*. (*b*) *F:* Mot *m* d'ordre (d'un parti, etc.). *Outworn shibboleths*, doctrines désuètes; doctrines vieux-jeu.

shick [ʃik], *a. P:* (*In Austral.*) Ivre, soûl.

shield[1] [ʃiːld], *s.* **1.** (*a*) *Arm:* Bouclier *m*. *Archeol:* **Body-shield,** pavois *m*. *B: The Lord, our s. and buckler*, l'Éternel, notre sauvegarde *f*, notre bouclier. (*b*) *Her:* = ESCUTCHEON. *F:* **The other side of the shield,** le revers de la médaille; les dessous *m* de l'affaire. (*c*) Écusson *m* (d'un canif, etc.). **2.** *Tchn:* Tôle protectrice; bouclier; écran protecteur; contre-porte *f* (de foyer). *Mil:* Pare-balles *m inv*, pare-éclats *m inv*. *Artil:* Bouclier, masque *m* (d'une pièce d'artillerie). *Aut:* **Mud-shield,** cuvette *f* de protection (du moteur). **Sun-glare shield,** pare-soleil *m inv*. *Cin: etc:* **Heat shield,** contre-platine *f* de refroidissement. *Ind:* **Hand-shield,** garde-main *m*, *pl.* garde-main(s), protège-main *m inv*. *Fb:* **Ear-shields,** pare-oreilles *m inv*. *Baseball:* **Body-shield,** plastron *m*. *See also* DRESS-SHIELD, LEG-SHIELDS, SMOKE-SHIELD, SNOW-SHIELD, UNDER-SHIELD, WIND-SHIELD. **3.** (*In spray-painting*) Masque, cache *m*. **4.** (*a*) *Z:* Carapace *f*. *Ent:* Écu *m*, écusson. (*b*) *Bot:* Apothécie *f*, apothèce *f* (de lichen). *Hort:* Écusson (de greffe). **5.** *U.S:* Plaque *f*, médaille *f*, de policier.

'shield-bearer, *s.* Écuyer *m*.

'shield-bud, *s. Hort:* Écusson *m*. *To graft a shield-bud on a fruit-tree*, écussonner un arbre fruitier.

ˈ**shield-budding**, *s. Hort:* Écussonnage *m*; greffe *f* en écusson.
ˈ**shield-fern**, *s. Bot:* Aspidie *f*.
ˈ**shield-grafting**, *s. Hort:* = SHIELD-BUDDING.
ˈ**shield-hand**, *s. A:* Main *f* gauche.
ˈ**shield-shaped**, *a. Nat.Hist:* Clypéiforme, scutiforme, pelté.
ˈ**shield-urchin**, *s. Echin:* Clypéastre *m*.

shield², *v.tr.* **1.** Protéger (*from, against*, contre); couvrir (qn) de sa protection. **To shield s.o. from censure**, soustraire qn à la censure; mettre qn à l'abri de la censure. *To s. s.o. with one's own body*, faire un bouclier de son corps à qn. **2.** (*a*) **To shield a machine from dust**, protéger une machine contre, mettre une machine à l'abri de, la poussière. *To s. one's eyes*, se protéger les yeux. (*b*) (*In spray-painting*) Masquer (des surfaces). (*c*) *El.E: W.Tel:* Blinder (un transformateur, une valve, etc.).

shielding, *s.* **1.** Protection *f* (*against, from*, contre). **2.** (*a*) (*In spray-painting*) Masquage *m*. (*b*) Blindage *m*.

shieldless [ˈʃiːldləs], *a.* (*a*) Sans bouclier. (*b*) Sans défense (*against*, contre).

shieling [ˈʃiːliŋ], *s. Scot:* **1.** Pâturage *m*. **2.** Abri *m* (pour moutons, chasseurs, etc.).

shier [ˈʃaiər], **shiest** [ˈʃaiəst]. *See* SHY³.

shift¹ [ʃift], *s.* **1.** (*a*) Changement *m* (de position, etc.); renverse *f* (de la marée, du courant); décalage *m* (des joints d'un mur, etc.). *Geol: Min:* Faille *f*. **To make a shift**, changer de place; se déplacer. **Shift of crops**, assolement *m*. **Shift of the wind**, saute *f*, renversement *m*, du vent; changement de vent. *Mus: S. of the hammers (of a piano)*, déplacement *m* des marteaux. *Nau:* **Shift of stowage**, désarrimage *m*. *Fin:* **Shift of prices**, déplacement de cours. *Ling:* **Consonant shift**, mutation *f* consonantique. (*b*) *Mus:* (*In violin-playing*) (i) Démanchement *m*, démanché *m*, mutation; (ii) position *f*. *See also* HALF-SHIFT. **2.** *Ind: Min: etc:* (*a*) Équipe *f*, poste *m*, brigade *f*, relais *m* (d'ouvriers); *Min:* coupe *f*. **Night-shift**, équipe de nuit. *See also* NIGHT-SHIFT. **Work in shifts**, travail *m* par équipes, à brigades relevées. **To work in shifts**, se relayer. (*b*) Journée *f* de travail. **An eight-hour shift**, une période de relève de huit heures. *They work an eight-hour s.*, ils se relaient toutes les huit heures. *The gangs take alternate shifts*, les équipes roulent entre elles. **3.** *A:* Chemise *f* (de femme). **4.** (*a*) Expédient *m*, ressource *f*. **To live on shifts**, vivre d'expédients. *To resort to dubious shifts*, avoir recours à des expédients. *As a desperate s.*, en désespoir de cause. **To be at one's last shift**, être aux abois, à sa dernière ressource. **To make shift to do sth.**, trouver moyen de faire qch.; s'arranger pour faire qch. **To make shift with sth.**, s'arranger, s'accommoder, de qch. *Have you anything you can make s. with?* disposez-vous de moyens de fortune? *I shall make s. with half the amount*, je m'arrangerai, je me contenterai, de la moitié. *You must make s. with that*, il faut vous tirer d'affaire avec ça. **I can make shift without it**, je peux m'en passer. (*b*) Échappatoire *f*, faux-fuyant *m*, *pl.* faux-fuyants; biaisement *m*. *Nothing but shifts and excuses*, rien que des échappatoires et des excuses.

ˈ**shift-key**, *s. Typewr:* Touche *f* de manœuvre.
ˈ**shift-lock**, *s. Typewr:* Dispositif *m* de blocage. **Shift-lock key**, touche *f* de blocage.

shift². I. *v.tr.* (*a*) Changer (qch.) de place; remuer, bouger, déplacer. *He shifted his chair*, il changea sa chaise de place. **To shift furniture**, remuer, déplacer, les meubles. *I can't s. it*, je ne peux pas le bouger. *To s. the cargo*, déplacer la cargaison. **To shift a stranded ship**, déhaler un vaisseau échoué. *To s. a load from one hand to the other*, faire passer un fardeau d'une main à l'autre. *F:* **To shift the responsibility of sth. upon s.o.**, rejeter, reverser, la responsabilité de qch. sur qn, sur le dos de qn. *See also* BLAME¹ 2. (*b*) Changer. *The river shifts its course*, la rivière change de cours. **To shift one's opinion**, changer d'opinion. *Th:* **To shift the scenery**, changer le décor. *F:* **To shift one's quarters**, changer de résidence. *El.E:* **To shift the brush**, décaler le balai. *Artil: To s. the aim to a new target*, déplacer le tir. *Rail:* **To shift all the trains one hour forward (or one hour back)**, décaler les trains d'une heure. *See also* GROUND² 5, POINT¹ II. 4. (*c*) *Nau:* **To shift a sail**, changer une voile. *See also* HELM². (*d*) *Aut: U.S:* **To shift the gears**, *abs.* **to shift**, changer de vitesse. **To shift up**, passer à une vitesse supérieure. (*e*) *Abs.* (*In violin playing*) Démancher.

II. **shift**, *v.i.* **1.** (*a*) Changer de place; remuer, bouger, se déplacer. *Nau:* (*Of cargo*) Se désarrimer; riper. *Part of the load has shifted*, une partie du chargement s'est déplacée. (*b*) Changer. **The scene shifts**, la scène change. **The wind has shifted**, le vent a tourné, sauté. *The wind shifts to the west*, le vent hale l'ouest. **2.** (*a*) *F:* **To shift (for oneself)**, se débrouiller; trouver des expédients, se tirer d'affaire; se suffire; *P:* se débarbouiller. **He can shift for himself**, il est débrouillard. *Let everyone s. for himself*, que chacun se débrouille comme il l'entendra. (*b*) *F:* Équivoquer, finasser, biaiser.

shift about, *v.tr. & i.* Changer continuellement de place. *Constant shifting about*, déplacements continuels.

shift round, *v.i.* **1.** *F:* Changer de place. **2.** (*Of wind*) Virer.

shifting¹, *a.* **1.** Qui se déplace. *Mus:* **Shifting keyboard**, clavier *m* mobile (d'un piano). *Nau:* **Shifting sand**, banc changeant; sables mouvants. *See also* BALLAST¹ 1, GAUGE¹ 2, SPANNER. **2.** (*a*) (*Of relationship, scene, etc.*) Changeant; (*of wind, etc.*) inégal, -aux. (*b*) *F:* (*Of pers., etc.*) = SHIFTY.

shifting², *s.* **1.** (*a*) Déplacement *m* (de qch. par qn). *Th:* **Shifting of scenery**, changement *m* des décors. *Nau: S. of the cargo*, changement de l'arrimage. *Mec.E: S. of the belt*, changement, débrayage *m*, passe *f*, de la courroie. *Rail:* **Shifting track**, dérailleur *m*. (*b*) *Mus:* (*In violin-playing*) Mutation *f*, démanchement *m*. (*c*) *Aut: U.S:* **Shifting-up**, montée *f* de vitesse. **2.** Changement (de place, de direction, etc.); mouvement *m*, déplacement (de qch.); (*of cargo*) désarrimage *m*, ripage *m*, ripement *m*. *Nau:* **Shifting boards**, bardis *m*. *El.E:* **Shifting of the brushes**, décalage *m* des balais. *Aut:* **Shifting of the sliding-gears**, coulissement *m* des baladeurs. *Ling:* **Consonant shifting**, mutation *f* consonantique. *Pol.Ec: S. of income*, transfert *m* de revenus.

shifter [ˈʃiftər], *s.* **1.** Celui qui déplace (qch.), qui change (qch.) de place. *See also* SCENE-SHIFTER. **2.** (*Device*) Levier *m* de déplacement. *See also* BELT-SHIFTER.

shiftiness [ˈʃiftinəs], *s.* Sournoiserie *f*; astuce *f*; manque *m* de franchise; fausseté *f*.

shiftless [ˈʃiftləs], *a.* (*Of pers.*) **1.** Paresseux, mou, *f.* molle; sans énergie. **2.** Peu débrouillard; godiche; qui manque d'initiative, de ressource; (*of action*) inefficace, futile. **3.** *A. & Hum:* Sans chemise. **-ly**, *adv.* D'une manière inefficace, futile.

shiftlessness [ˈʃiftləsnəs], *s.* **1.** Paresse *f*; manque *m* d'énergie. **2.** Manque de ressource, d'initiative; inefficacité *f*; futilité *f* (d'une action).

shifty [ˈʃifti], *a.* (Individu) roublard, retors, chafouin; (regard) faux, chafouin, sournois, peu franc. *S. behaviour*, conduite ambiguë. *S. eyes*, yeux fuyants. *See also* CUSTOMER 2. **-ily**, *adv.* Peu franchement; en tergiversant.

Shiite [ˈʃiːait], *s.* = SHIAH.

shikar¹ [ʃiˈkɑːr], *s.* (*Anglo-Indian*) (La) chasse. **Shikar party**, partie *f* de chasse.

shikar², *v.tr.* Chasser.

shikaree [ʃiˈkɑːriː], *s.* (*Anglo-Indian*) **1.** Guide *m* indigène qui accompagne les chasseurs. **2.** Chasseur *m* (indigène).

shillelagh [ʃiˈleilə], *s.* Gourdin irlandais.

shilling [ˈʃiliŋ], *s.* Shilling *m* (vingtième de la livre sterling). *F:* **To cut s.o. off with a shilling**, déshériter qn. **To take the King's shilling**, s'engager. **A shilling book**, un livre d'un shilling. *See also* HOP³ 2.

ˈ**shilling-mark**, *s. Typ:* Barre transversale (6/8 = six shillings et huit pence).

shilly-shally¹ [ˈʃiliʃæli]. *F:* **1.** *a.* Barguigneur, -euse; (*of policy, etc.*) vacillant, irrésolu, hésitant. **2.** *s.* Barguignage *m*, lanternerie *f*, tergiversation *f*, vacillation *f*, chipotage *m*, irrésolution *f*, atermoiements *mpl*. *No more s.-s.!* plus d'hésitations!

shilly-shally², *v.i.* *F:* Barguigner, lanterner, tergiverser; tourner autour du pot; chipoter; vaciller; hésiter (à faire qch.). *How he shilly-shallies!* quel barguigneur! *It's no use shilly-shallying*, il n'y a pas à tortiller.

shilly-shallying, *s.* = SHILLY-SHALLY¹ 2.

shilly-shallyer [ˈʃiliʃæliər], *s.* Barguigneur, -euse; lanternier *m*; chipotier, -ière.

Shiloh [ˈʃailo]. *Pr.n. B.Geog:* Silo.

shim¹ [ʃim], *s. Mec.E: etc:* Cale *f* de support (de rail, de moteur, etc.); pièce *f* d'épaisseur. **Adjusting shim**, cale de réglage.

shim², *v.tr.* (**shimmed; shimming**) Caler (un rail de chemin de fer, etc.).

shimming, *s.* Calage *m*.

shimmer¹ [ˈʃimər], *s.* Lueur *f*; faible miroitement *m*, chatoiement *m*. *S. of jewellery*, ruissellement *m* de pierreries. *The s. of the moon on the lake*, les reflets *m* de la lune sur le lac. *The sun cast a s. over the sea*, le soleil faisait miroiter, reluire, la mer.

shimmer², *v.i.* Miroiter, luire, chatoyer, brilloter.

shimmering, *a.* Miroitant, luisant, trémulent; qui brillote. *S. tints*, teintes changeantes, chatoyantes.

shimmy [ˈʃimi], *s.* **1.** *Dial. & U.S:* (= *chemise*) Chemise *f* (de femme). **2.** *Danc:* The shimmy(-shake), le shimmy. **3.** *Aut:* Dandinement *m* des roues avant (à certaines vitesses); shimmy.

shin¹ [ʃin], *s.* **1.** (*a*) *Anat:* (i) Le devant du tibia, de la jambe; (ii) canon *m* (du cheval). *See also* BARK². (*b*) *Cu:* Jarret *m* (de veau, de bœuf). **2.** *Rail:* Éclisse *f*.

ˈ**shin-bone**, *s. Anat:* Tibia *m*.
ˈ**shin-guard**, *s. Fb:* Jambière *f*; protège-tibias *m inv*.

shin², *v.* (**shinned; shinning**) **1.** *v.i.* (*a*) *F:* **To shin up a tree**, grimper à un arbre (à la force des bras et des jambes). **To shin down**, dégringoler; descendre rapidement. (*b*) *U.S:* **To shin it, to shin off**, filer, déguerpir. **To shin around**, courir çà et là. **2.** *v.tr.* *F:* Donner un coup de pied, des coups de pied, à (qn) sur le tibia.

Shinar [ˈʃainər]. *Pr.n. A.Geog:* La Babylonie, la Chaldée.

shindy [ˈʃindi], *s.* *F:* Tapage *m*, chahut *m*, boucan *m*, vacarme *m*. **To kick up a shindy**, chahuter; faire du chahut, du tapage, du boucan; faire du train; faire un train, un bruit, de tous les diables; faire le diable à quatre; casser les vitres; faire les cent (dix-neuf) coups. *He will kick up an awful s.!* il va en faire des histoires!

shine¹ [ʃain], *s.* **1.** Éclat *m*, lumière *f*. *F:* **Rain or shine**, par tous les temps, par n'importe quel temps; qu'il pleuve ou qu'il fasse beau. *It's rain and s. together*, *F:* le diable bat sa femme et marie sa fille. *See also* EARTH-SHINE. **2.** *F:* (*On boots, etc.*) Brillant *m*; (*on material, etc.*) luisant *m*. *To give a s. to the brass-work*, faire reluire les cuivres. **To take the shine off sth.**, défraîchir, délustrer, qch. *P:* **To take the shine out of s.o.**, éclipser, surpasser, qn.

shine², *s.* *P:* **1.** = SHINDY. **2.** *pl.* **Shines**, tours *m*, ruses *f*, farces *f*. **3.** *U.S: P:* **To take a shine to s.o.**, s'enticher de qn.

shine³, *v.i.* (*p.t.* shone [ʃɔn]; *p.p.* shone) **1.** (*Of sun, armour, etc.*) Briller, luire; (*of polished article*) reluire. *A cat's eyes s. in the dark*, les yeux du chat éclairent, brillent, dans l'obscurité. **The moon is shining**, il fait clair de lune. **The sun is shining**, il fait du soleil; le soleil donne. *Joy shines in his face*, la joie rayonne sur son visage. **His face shone with happiness, with health**, sa figure rayonnait, resplendissait, de bonheur, de santé. *F:* **He does not shine in conversation**, il ne brille pas dans la conversation. **The sun shone out**, *Lit:* **shone forth**, le soleil se montra tout à coup. *See also* SUN¹. **2. To shine on, upon**, éclairer, illuminer. *The sun* *shines on the door*, le soleil donne sur la porte. *The sun shone hot on our heads*, le soleil nous tapait sur la tête. *The full moon shone upon the road*, la lune en son plein illuminait la route. *The moonlight shone into the room*, la lumière de la lune éclairait la chambre. *Aut: The rear light must shine upon the number plate*, le feu arrière doit éclairer la plaque de police. **3.** *v.tr.* **(shined; shined)** *U.S:* Polir, cirer (les chaussures, etc.).

shine up, *v.tr.* **(shined; shined) 1.** *F:* Polir, faire reluire (les cuivres, etc.); cirer (les chaussures); (re)lustrer (un chapeau, une voiture usagée, etc.). **2.** *U.S: P:* **To shine up to s.o.,** chercher à se faire bienvenir de qn; faire de la lèche auprès de qn.

shining, *a.* Brillant, (re)luisant. *A long s. row of mugs*, une longue rangée de timbales luisantes. **Shining example,** exemple brillant, insigne (*of*, de). *See also* IMPROVE 1.

shiner ['ʃainər], *s. P:* **1.** (*a*) Jaunet *m*, pièce *f* d'or. (*b*) *pl.* **Shiners,** argent *m*, pognon *m*, braise *f*. **2.** (*Pers.*) Cireur *m*, décrotteur *m* (de chaussures). **3.** *pl. Paperm:* **Shiners,** points clairs, brillants (dans le papier).

shingle[1] [ʃiŋgl], *s.* **1.** *Const:* Bardeau *m*, aissante *f*, aisseau *m*, essente *f*, échandole *f*, tavaillon *m*. *Steel s.*, bardeau en acier. *P:* **To be a shingle short,** être un peu toqué; avoir une case vide. **2.** *U.S:* Petite enseigne. **3.** *Hairdr:* Coupe *f* à la garçonne.

shingle[2], *v.tr.* **1.** *Const:* Couvrir (un toit) de bardeaux; essenter (un toit). **2.** **To shingle s.o.'s hair,** couper les cheveux de qn à la garçonne. *To s. one's hair*, se faire couper les cheveux à la garçonne. **3.** *U.S: P:* Battre, rosser (qn).

shingled, *a.* **1.** (*Of roof*) Essenté, couvert de bardeaux. **2.** (Cheveux) coupés à la garçonne. *See also* SEMI-SHINGLED.

shingle[3], *s.* Galets *mpl*; (gros) cailloux *mpl*. **Shingle beach,** plage *f* de galets.

shingle[4], *v.tr. Metall:* Cingler (le fer); faire ressuer (la loupe).

shingling, *s.* Cinglage *m*, ressuage *m* (de la loupe). **Shingling machine,** machine *f* à cingler.

'shingling-rollers, *s.pl.* Cingleur (rotatif); laminoir cingleur.

shingler[1] ['ʃiŋglər], *s.* **1.** *Const:* Couvreur *m* en bardeaux. **2.** Coiffeur *m* spécialiste de la coupe à la garçonne.

shingler[2], *s.* *Metall:* **1.** (*Pers.*) Cingleur *m*. **2.** Machine *f* à cingler; cingleur, cingleuse *f*.

shingles [ʃiŋglz], *s.pl. Med:* Zona *m*; *F:* ceinture *f*.

shingly ['ʃiŋgli], *a.* Couvert de galets; caillouteux. *S. beach*, plage *f* de galets.

shininess ['ʃaininəs], *s.* Luisance *f*; (*due to wear*) lustrage *m*.

Shintoism ['ʃintouizm], *s. Jap.Civ:* S(h)intoïsme *m*, shinto *m*.

Shintoist ['ʃintouist], *s. Jap.Civ:* S(h)intoïste *mf*.

shinty ['ʃinti], *s. U.S: Scot:* = HOCKEY.

shiny ['ʃaini], *a.* (*a*) Brillant, luisant. *A s. top-hat*, *F:* un huit-reflets. *My nose is s.*, j'ai le nez trop luisant. *S. cheeks*, *F:* joues vernissées. *See also* SOAP[1]. (*b*) *Clothes made s. by long wear*, vêtements lustrés par l'usage; vêtements râpés, élimés. *Chairs s. with use*, chaises polies par l'usage. *U.S: P:* **Shiny back,** musicien *m* de l'orchestre.

ship[1] [ʃip], *s.* (*Usu. referred to as* **she, her**) **1.** Navire (marchand); vaisseau *m* (de guerre); bâtiment *m*; *F:* bateau *m*. *Navy:* **Capital ship,** bâtiment de ligne cuirassé. **His Majesty's ships,** les vaisseaux de la marine royale. **H.M.S. Hood,** le Hood. *Old ship*, vieux bâtiment; unité vieillie. **Merchant ship, trading ship,** navire de commerce, navire marchand; cargo *m*. **Sailing ship,** bâtiment à voiles. **Fully-rigged ship, trois-mâts carré. Four-mast(ed) ship,** quatre-mâts carré. **Convict ship,** bagne flottant. *See also* FIRE-SHIP, HOSPITAL 1, LINE[2] 4, MOTHER SHIP, RECEIVING-SHIP, SISTER 3, STORE-SHIP, TAR[1] 1, TRAINING-SHIP, TROOP-SHIP, WARSHIP. **The ship's company,** l'équipage *m*. **On board ship,** à bord. **To take ship,** (s')embarquer. (*Of pers.*) *To be in a s.*, être sur un navire. *F:* **When my ship comes home,** dès que j'aurai fait fortune; quand mes galions seront arrivés. *F:* **The ship of the desert,** le chameau. *See also* BISCUIT 1, BOOK[1] 2, HUSBAND[1] 2, PAPER[1] 3, REGISTER[1] 1. **2.** *F:* (i) Dirigeable *m*; (ii) avion *m*.

ship('s) boy, *s.m. Nau:* Mousse.

ship('s) bread, *s. Nau: A:* = *ship's-biscuit*, *q.v. under* BISCUIT 1.

'ship-breaker, *s.* Démolisseur *m*, dépeceur *m*, de navires.

'ship-broker, *s.* Courtier *m* maritime.

'ship-brokerage, *s.* Courtage *m* maritime.

'ship-canal, *s.* Canal *m* maritime, de navigation, *pl.* canaux. *See also* LOCK[2] 7.

'ship-chandler, *s.* Fournisseur *m*, approvisionneur *m*, de navires; entrepreneur *m* de marine.

'ship-fever, *s. Med: A:* Typhus *m*.

'ship-keeper, *s.* Gardien *m* de navire.

'ship-load, *s.* Chargement *m*; cargaison *f*; fret *m*.

'ship-mate, *s.* Compagnon *m* de bord; camarade *m* de bord. *We were ship-mates in* 1915, nous avons fait campagne ensemble en 1915.

'ship-money, *s. Hist:* Impôt *m* pour la construction des vaisseaux de guerre.

'ship-owner, *s.* Propriétaire *m* de navire; armateur *m*; *Jur:* l'armateur ou son représentant (y compris le capitaine).

'ship-plane, *s. Navy:* Hydravion *m* de bord.

'ship-rigged, *a. Nau:* Gréé en trois-mâts carré. *S.-r. vessel*, trois-mâts carré.

ship's 'carpenter, *s.* Charpentier *m* du bord.

'ship-shape. *Nau. & F:* **1.** *a.* Bien tenu, bien arrangé; qui a l'air marin; en bon ordre. *All is s.-s.*, tout est à sa place. *Things are beginning to get s.-s.*, on commence à se débrouiller; l'installation avance. *It would be more s.-s. to* . . ., il serait plus méthodique, plus orthodoxe, de. . . . **2.** *adv.* En marin, comme à bord, comme il faut.

ship's time, *s. Nau:* L'heure locale du navire.

'ship-worm, *s. Moll:* Taret *m*; ver *m* de mer.

ship[2], *v.* **(shipped; shipping)** I. *v.tr.* **1.** Embarquer (une cargaison, etc.); enrôler, embarquer (l'équipage). **2.** (*a*) *Com:* (i) Mettre (des marchandises) à bord. (ii) Envoyer, expédier (des marchandises, etc., par voie de mer, *F:* par chemin de fer, etc.). *To s. coal to France*, expédier du charbon en France. *See also* SHORT-SHIPPED. (*b*) (*With passive force*) **Fruit that ships badly,** fruits qui supportent mal le transport, qui ne se prêtent pas au transport. **3.** (*Of ship*) **To ship water,** embarquer de l'eau. **To ship a sea,** embarquer une lame, un coup de mer, un paquet de mer; *abs.* embarquer. *We are shipping water all the time*, la mer embarque à chaque instant. **4.** *Nau:* (*a*) Monter, mettre en place (l'hélice, le gouvernail, etc.). **To ship a new yard,** se regréer d'une vergue. *P:* **To ship a stripe,** monter en grade; arborer un nouveau galon. (*b*) **To ship oars,** (i) armer les avirons; (ii) rentrer, border, les avirons.

II. **ship,** *v.i.* (*a*) (*Of pers.*) S'embarquer. (*b*) (*Of sailor*) **To ship on (board) a vessel,** armer sur un vaisseau.

shipping, *s.* **1.** (*a*) Embarquement *m*, mise *f* à bord (d'une cargaison, etc.); enrôlement *m*, embarquement (d'un équipage). **Shipping port,** port *m* d'embarquement. **Shipping charges,** frais *mpl* de mise à bord. **Shipping-bill,** connaissement *m*. **Shipping-master,** enrôleur *m* (d'équipages); agent *m* maritime. (*b*) *Com:* Expédition *f*, envoi *m* (de marchandises par voie de mer, par chemin de fer, etc.). **Shipping advice,** avis *m* d'expédition. **Shipping expenses,** frais d'expédition, de manutention, de chargement. (*c*) Montage *m*, mise en place (de l'hélice, du gouvernail, etc.). **2.** *Coll.* Navires *mpl*, vaisseaux *mpl* (d'un pays, d'un port). **Idle shipping,** tonnage désarmé. **3.** Navigation *f*. **Dangerous for, to, shipping,** dangereux pour la navigation. **Shipping routes,** routes *f* de navigation. **Shipping company,** compagnie *f* de navigation. *Fin:* **Shipping shares,** actions *f* de compagnies de navigation; valeurs *f* de navigation. *See also* LINE[2] 5. **4.** Marine marchande. **Shipping intelligence, shipping news,** nouvelles *f* maritimes. **Movement of shipping,** mouvement *m* maritime; mouvements des navires. **Shipping business,** affaires *f* maritimes. **The shipping trade,** (i) les affaires maritimes; le commerce maritime; (ii) les exportations *f*.

'shipping-agent, *s. Com:* Agent *m* maritime; (*for goods*) expéditeur *m*; commissionnaire chargeur.

'shipping-clerk, *s.* Expéditionnaire *m*.

'shipping-leaf, *s.* Tabac fort de Virginie.

'shipping-office, *s.* **1.** *Nau:* (*For sailors*) L'Inscription *f* maritime. **2.** *Nau:* Bureau *m* de réception des marchandises. **3.** Agence *f* maritime.

-ship, *s.suff.* **1.** (*a*) État ou qualité. *Authorship*, qualité d'auteur. *Good fellowship*, camaraderie. *Ownership*, propriété. (*b*) Art, talent. *Horsemanship*, l'équitation. **2.** (*a*) Emploi ou dignité; ou période d'exercice de l'emploi; -at *m*. *Cardinalship*, cardinalat. *Professorship*, professorat. *Headship*, directorat. *Ambassadorship*, fonctions d'ambassadeur; ambassade. *Clerkship*, place de commis. *Laureateship*, titre de lauréat. (*b*) *His Lordship*, Sa Seigneurie. *Hence often Hum: His . . .-ship. His Deanship was present*, Sa Seigneurie le Doyen était présent. *His Mayorship*, Mossieu le Maire.

shipboard ['ʃipbɔ:rd], *s. Nau:* Bord *m* (de navire). **On shipboard,** à bord.

shipbuilder ['ʃipbildər], *s.* Constructeur *m* de navires; ingénieur constructeur.

shipbuilding ['ʃipbildiŋ], *s.* Architecture navale; construction navale.

shipmaster ['ʃipmɑ:stər], *s.* **1.** Capitaine marchand. **2.** Capitaine qui est le patron de son vaisseau; patron.

shipment ['ʃipmənt], *s.* **1.** (*a*) Embarquement *m*, mise *f* à bord (de marchandises, etc.). *Overseas s.*, envoi *m* outre-mer. *Packing for s.*, emballage *m* pour transport outre-mer. (*b*) Expédition *f* (de marchandises); envoi par mer. **2.** (*Goods shipped*) Chargement *m*.

shippen ['ʃip(ə)n], *s. Dial:* Étable *f*.

shipper ['ʃipər], *s.* *Com:* **1.** Chargeur *m*, expéditeur *m*. **2.** Affréteur *m*.

shipway ['ʃipwei], *s.* **1.** *N.Arch:* Couettes *fpl* de lancement; couettes dormantes. **2.** = SHIP-CANAL.

shipwreck[1] ['ʃiprek], *s.* Naufrage *m*. (*Of ship*) **To suffer shipwreck,** faire naufrage. *Ship that has suffered s.*, vaisseau sinistré. *F:* **The shipwreck of one's fortune, of one's hopes,** le naufrage, la ruine, de sa fortune, de ses espérances. **To make shipwreck of one's life,** manquer sa vie.

shipwreck[2], *v.tr.* Faire naufrager (un vaisseau); *F:* faire échouer, ruiner (une entreprise, etc.). *Usu. in passive.* **To be shipwrecked,** faire naufrage.

shipwrecked, *a.* Naufragé.

shipwright ['ʃiprait], *s.* Charpentier *m* de navires, de bateaux, de vaisseaux.

shipwrighting ['ʃipraitiŋ], **shipwrightry** ['ʃipraitri], *s.* Charpenterie *f* de navires.

shipyard ['ʃipjɑ:rd], *s. N.Arch:* Chantier *m* de construction.

Shiraz ['ʃi:əraz]. *Pr.n. Geog:* Chiraz *m*.

shire [ʃaiər; *in comp.* ʃər], *s.* Comté *m*. **Ayrshire** ['ɛərʃər], le comté d'Ayr. *F:* **The shires,** les comtés centraux (de l'Angleterre).

'shire horse, *s.* Type *m* de cheval anglais de gros trait.

'shire-town, *s.* Chef-lieu *m* (d'un comté), *pl.* chefs-lieux.

shirk[1] [ʃə:rk], *s.* = SHIRKER.

shirk[2], *v.tr.* **1.** Manquer à, se soustraire à, se dérober à (une obligation, etc.); renâcler à, devant (une besogne); esquiver (un devoir). *Mil:* Carotter (le service); filocher devant (une corvée). *Abs.* Négliger son devoir; *F:* se défiler; *Mil:* (i) tirer au flanc; fricoter; (ii) s'embusquer. *To s. school*, sécher l'école. **To shirk the question,** esquiver, éluder, la question. *To s. a* *decision*, se sauver à travers les buissons. **He is shirking**, il joue la carotte. **2.** *U.S:* **To shirk for oneself** = SHIFT[2] II. 2.

shirking, *s.* Manquement *m* à son devoir; *F:* carottage *m*.

shirker [ˈʃəːrkər], *s.* Carotteur, -euse; carottier, -ière; caleur, -euse; renâcleur *m*; flanchard, -arde; genou creux; cul *m* de plomb; *Mil:* (i) tireur *m* au flanc, (ii) embusqué *m*. **To be no shirker**, être franc du collier.

shirr[1] [ʃəːr], *s.* *U.S:* **1.** *Tex:* (*a*) Tissu *m* en caoutchouc; ruban caoutchouté. (*b*) Fil *m* en caoutchouc (tissé dans l'étoffe). **2.** *Dressm:* = GAUGING 3.

shirr[2], *v.tr.* *Dressm:* = GAUGE[2] 4.

shirred, *a.* **1.** *Tex:* (Ruban, etc.) caoutchouté. **2.** = GAUGED 4.

shirt [ʃəːrt], *s.* **1.** (*a*) Chemise *f* (d'homme). **Soft shirt**, chemise molle, souple. **Stiff shirt, dress shirt, starched shirt**, *F:* **boiled shirt**, chemise amidonnée, empesée, de soirée; chemise à plastron. *Stiffly starched s.*, chemise cassante. *Flannel s.*, chemise de flanelle. *A clean s.*, une chemise blanche, fraîche, propre. *To put on a clean s.*, changer de chemise. **To be stripped to the shirt**, être en chemise. *To have nothing on but one's s.*, **to be in one's shirt-tails**, *F:* être en bannière. *F:* **Not to have a shirt to one's back**, n'avoir rien à se mettre sur le dos. **He would give the very shirt off his back**, il donnerait jusqu'à sa chemise. *U.S:* *P:* **To lose one's shirt**, s'emporter, *F:* prendre la chèvre. **Keep your shirt on!** ne vous emballez pas! calmez-vous! ne vous fâchez pas! **To get s.o.'s shirt out, off**, mettre qn en colère. *Turf:* **To put one's shirt on a horse**, parier tout ce qu'on possède sur un cheval; jouer le tout pour le tout. **To bet one's shirt that . . .**, parier tout son argent, son va-tout, que. . . . *Archeol:* **Shirt of mail**, chemise de mailles. **Shirt of fire**, chemise ardente. *Pol:* **Black Shirts**, Chemises Noires. *Hist:* **The Dirty Shirts**, le 101ième régiment d'infanterie. *See also* CLOSE[1] II. 2, HAIR-SHIRT, NIGHT-SHIRT. (*b*) = SHIRT-BLOUSE. **2.** *Tchn:* Chemise (d'un fourneau).

ˈshirt-ˈblouse, *s.* *Cost:* Chemisier *m* (de femme).

ˈshirt-ˈbutton, *s.* Bouton *m* de chemise.

ˈshirt-ˈcollar, *s.* Col *m* de chemise.

ˈshirt ˈfront, *s.* Plastron *m*, devant *m*, de chemise.

ˈshirt-maker, *s.* Chemisier, -ière. **Shirt-maker's business**, chemiserie *f*.

ˈshirt-ˈsleeve, *s.* Manche *f* de chemise. **To be in one's shirt-sleeves**, être en bras, en manches, de chemise.

ˈshirt-ˈsleeved, *a.* En bras de chemise.

ˈshirt-ˈwaist, *s.* *U.S:* = SHIRT-BLOUSE.

shirted [ˈʃəːrtid], *a.* Portant une chemise. **Black-shirted**, à chemise noire.

shirting [ˈʃəːrtiŋ], *s.* *Tex:* Toile *f* pour chemises; shirting *m*. **Negro shirting**, gros shirting. *Cin:* **Shirting screen**, écran *m* de toile.

shirtless [ˈʃəːrtləs], *a.* Sans chemise; sans même une chemise à se mettre sur le dos.

shirty [ˈʃəːrti], *a.* *P:* Irritable; *P:* en rogne. **To get shirty**, se fâcher, s'emporter.

shit[1] [ʃit], **shite**[1] [ʃait], *s.* (*Not in decent use*) **1.** Merde *f*. **The shit-house**, les chiottes *f*. **2.** (*Pers.*) (*a*) Salaud *m*, merdeux *m*. (*b*) Avorton *m*.

shit[2], **shite**[2], *v.i.* (*Not in decent use*) Chier.

shittim (wood) [ˈʃitim(wud)], *s.* *B:* Bois *m* d'acacia; bois de setim.

Shiva [ˈʃiːvə]. *Pr.n.*, **Shivaism** [ˈʃiːvaizm], *s.* = SIVA, SIVAISM.

shivaree [ʃivəˈriː], *s.* *P:* Charivari *m*.

shive[1] [ʃaiv], *s.* Bouchon *m* (de bocal); bonde *f* (de tonneau).

shive[2], *s.* *U.S:* *P:* Rasoir *m*.

shiver[1] [ˈʃivər], *s.* **1.** Éclat *m*, fragment *m*. *Esp. in the phr.* **To break, burst, into shivers**, se briser, voler, en éclats. **To break sth. to shivers**, briser qch. en éclats. **2.** Pierre schisteuse.

shiver[2]. **1.** *v.tr.* Fracasser (qch.); briser (qch.) en éclats, en morceaux; étonner (le silex, etc.). *See also* TIMBER[1] 2. **2.** *v.i.* Se fracasser; voler en éclats; se briser en morceaux; *Nau:* (*of mast*) se briser.

shivering[1], *s.* Éclatement *m* (du verre).

shiver[3], *s.* Frisson *m*. **A shiver went down his back**, un frisson lui passa dans le dos. *It sent cold shivers down my back*, cela m'a donné froid dans le dos. *F:* **To have the shivers**, avoir la tremblote. **It gives me the shivers to think of it**, ça me fait trembler, frémir, ça me donne le frisson, quand j'y pense.

shiver[4]. **1.** *v.i.* **To shiver (with cold, with fear)**, frissonner, grelotter, trembler, se morfondre, *F:* ralinguer (de froid); trembler, trembloter, frissonner (de peur). **To shiver like a leaf**, trembler comme une feuille. *Shivering all over with fear*, tout tremblant de peur. **2.** *Nau:* (*a*) *v.i.* (*Of sail*) Faseyer, faséier, barbeyer, ralinguer. **To keep the sails shivering**, tenir les voiles en ralingue. (*b*) *v.tr.* Faire faseyer, faire ralinguer (les voiles); déventer (les voiles).

shivering[2], *a.* Tremblant, tremblotant, grelottant, frissonnant. **-ly**, *adv.* En frissonnant.

shivering[3], *s.* Tremblement *m*, frissonnement *m*. **To have a shivering fit**, être pris de frissons.

shivery [ˈʃivəri], *a.* **1.** = SHIVERING[2]. **2.** (*Inclined to shiver*) **To feel shivery**, avoir des frissons; (i) avoir froid; (ii) se sentir fiévreux.

shoal[1] [ʃoul]. **1.** *a.* **Shoal water**, eau peu profonde. *Nau:* *To be in s. water*, raguer le fond. **2.** *s.* (*a*) Haut-fond *m*, *pl.* hauts-fonds; bas-fond *m*, *pl.* bas-fonds; banc *m*; (*in fairway*) sommail *m*. (*b*) *F:* Danger caché; traquenard *m*. *See also* CORAL 1, SAND-SHOAL.

shoal[2], *v.i.* *Nau:* (*Of water, coast*) Diminuer de profondeur, de fond. *The water shoals*, le fond diminue.

shoaling, *s.* Diminution *f* de fond; atterrage *m*. **Good shoaling**, fond *m* diminuant régulièrement.

shoal[3], *s.* Banc voyageur (de poissons); bande *f* (de marsouins); *F:* foule *f*, multitude *f* (de personnes); grande quantité, tas *m* (de lettres, etc.). *He gets letters* **in shoals**, il reçoit des lettres en masse; il reçoit une multitude de lettres. *Letters came in shoals*, ce fut une avalanche de lettres.

shoal[4], *v.i.* (*Of fish*) Se réunir en bancs; aller, voyager, par bancs; (*of porpoises*) se réunir en bande.

shoaly [ˈʃouli], *a.* (Cours d'eau, etc.) plein de hauts-fonds, de bas-fonds, de bancs de sable.

shock[1] [ʃɔk], *s.* *Agr:* Moyette *f*, meulette *f*, meulon *m*.

shock[2], *v.tr.* *Agr:* **To shock (up)**, moyetter (les gerbes de blé, etc.); mettre (les gerbes) en meulettes, en moyettes, en meulons.

shock[3], *s.* **Shock of hair**, tignasse *f*; *F:* toison *f*.

ˈshock-head, *s.* Tête ébouriffée; cheveux *mpl* en broussaille.

ˈshock-headed, *a.* À la tête ébouriffée. **Shock-headed Peter**, Pierre l'Ébouriffé.

shock[4], *s.* **1.** (*a*) Choc *m*, heurt *m*; impact *m* (d'une collision, etc.); secousse *f*; à-coup *m*, *pl.* à-coups. *Aut:* **Road shocks**, cahots *m*. *Mec.E:* *etc:* **Rebound shock**, choc de compression. **Shock absorption**, amortissement *m* (des chocs). (*b*) *Geol:* Séisme *m*. **Distant shock**, téléséisme *m*. *Slight earthquake shocks were felt*, on a senti de petites secousses sismiques. (*c*) *Mil:* *Fenc:* Rencontre *f*, choc, assaut *m*. **2.** (*a*) Coup *m*, choc (porté par une mauvaise nouvelle, etc.). *His marriage was a great s. to her*, son mariage fut pour elle un rude coup, un coup de massue; son mariage lui porta une atteinte mortelle. *It gave me a dreadful s.*, cela m'a porté un coup terrible; cela m'a tourné le sang. *It gave me such a s.*, cela m'a donné un coup; mon sang n'a fait qu'un tour. *The s. killed him; he died of the s.*, il mourut de saisissement. *It gave me a s. to see such a change in him*, je fus frappé de le voir tellement changé. *When I had recovered from the s.*, après mon premier étourdissement. *The market has not yet recovered from the s. of the budget*, le marché n'est pas encore rétabli du coup du budget. (*b*) *Med:* Choc, shock *m*; traumatisme *m* ou commotion *f*. *S. following a surgical operation*, choc opératoire. *See also* SHELL-SHOCK. (*c*) **Electric shock**, secousse électrique, commotion électrique. *To get an electric s.*, (i) être électrisé; (ii) être électrocuté.

ˈshock-absorber, *s.* *Aut:* *Av:* *etc:* Amortisseur *m* (de chocs); contre-ressort *m*; (*of rubber*) sandow *m*, extenseur *m*. *Pneumatic s.-a.*, amortisseur à air comprimé. *Oil and air s.-a.*, amortisseur oléopneumatique.

ˈshock-action, *s.* *Mil:* Action *f* de choc.

ˈshock-brigader, *s.* *Ind:* (*Russia*) Ouvrier *m* d'une brigade de choc, d'une brigade d'élite.

ˈshock-joint, *s.* *U.S:* *P:* Débit *m* de boissons fortes; assommoir *m*.

ˈshock-proof, *a.* **1.** (*Of scientific instrument, etc.*) À l'épreuve des secousses. **2.** (*Of pers.*) Inébranlable.

ˈshock-tactics, *s.pl.* *Mil:* Tactique *f* de choc.

ˈshock troops, *s.pl.* *Mil:* Troupes *f* d'assaut, de choc; force *f* de choc.

shock[5], *v.tr.* **1.** (*a*) Choquer, scandaliser, effaroucher (qn). *Book that is shocking the public*, livre *m* qui fait scandale. **Easily shocked**, pudibond. **Not easily shocked**, peu choquable. *He is easily shocked*, il s'offusque, se scandalise, d'un rien. **To be shocked at, by, sth.**, être choqué de, scandalisé par, qch. (*b*) Bouleverser (qn); frapper (qn) d'indignation ou d'horreur. *I was shocked at the sight*, ce spectacle m'a révolté. **I was shocked to hear that . . .**, j'ai été atterré, choqué, d'apprendre que. . .; cela m'a porté un coup d'apprendre que. . . . (*c*) **To shock the ear**, blesser l'oreille. **2.** (*a*) Donner une secousse électrique à (qn). (*b*) *Med:* *Surg:* **To be shocked**, être commotionné; souffrir de choc, de shock.

shocked, *a.* (*a*) (*Of pers., voice, face, etc.*) Choqué, scandalisé. (*b*) Bouleversé; sous le coup d'une secousse pénible; atterré.

shocking[1], *a.* **1.** (*Of spectacle, behaviour, etc.*) (i) Choquant; (ii) révoltant, affreux. **Shocking news**, nouvelle atterrante. *S. omissions*, omissions choquantes. *S. conduct*, conduite *f* indigne. *It is s. to see . . .*, c'est abominable, révoltant, de voir. . . . *How s.!* quelle horreur! **2.** *F:* (*Of weather, etc.*) Abominable, exécrable, très mauvais. *He writes a s. hand*, il a une écriture abominable; il écrit affreusement mal. *S. pain*, douleur *f* atroce. *P:* **He carried on something shocking!** il nous a fait une scène abominable! **3.** *adv.* *P:* = SHOCKINGLY. **-ly**, *adv.* **1.** Abominablement, affreusement. **He writes shockingly**, il écrit affreusement mal. *Cards:* *He plays s.*, il joue en dépit du bon sens; il joue comme une mazette. **2.** Excessivement, extrêmement. **Shockingly dear, difficult**, excessivement cher, difficile. *S. late*, terriblement en retard. *S. bad taste*, du dernier mauvais goût.

shocking[2], *s.* Électrisation *f* (de qn).

ˈshocking-coil, *s.* *Med.El:* Bobine *f* d'induction.

shocker [ˈʃɔkər], *s.* *P:* **1.** Chose affreuse. *Her hat was a s.*, elle était coiffée d'un chapeau affreux. **2.** *Publ:* (Shilling) **shocker**, roman *m* à gros effets; roman pour concierges. **3.** *That was a s.*, ç'a été une surprise pénible, un rude coup.

shod [ʃɔd]. *See* SHOE[2].

shoddiness [ˈʃɔdinəs], *s.* Mauvaise qualité (d'une étoffe, etc.).

shoddy[1] [ˈʃɔdi], *s.* **1.** *Tex:* Drap *m* de laine d'effilochage; laine *f* renaissance; tissu *m* de renaissance. **2.** (Marchandises *fpl* de) camelote *f*; pacotille *f*.

shoddy[2], *a.* **1.** *Tex:* (*Of cloth*) D'effilochage, de renaissance. **2.** (Marchandises *fpl*, etc.) de camelote, de pacotille. *To make, sell, s. goods*, cameloter.

shoe[1] [ʃuː], *s.* (*In Scot. pl. occ.* **shoon** [ʃuːn]) **1.** Soulier *m*. *Court shoes*, souliers décolletés; escarpins *m*. *Strap shoes*, souliers à bride, à barrette. *Ankle-strap shoes*, babys *m*. *Walking shoes*, souliers de marche, de fatigue. *Shoes studded with nails, spiked shoes*, souliers ferrés. (*Ladies'*) *evening shoes*, souliers de bal. *Canvas shoes*, souliers de toile. *Wooden shoes*, sabots *m*. *Boxing shoes*, chaussons *m*. *Fencing shoes, gymnasium shoes*, sandales *f*, chaussons. *Archeol:* **Steel shoe** (*of armour*), soleret *m*. *See also* BATHING-SHOES, DANCING-SHOES, GUM-SHOES, LACE[2] I, PATENT[1] I. 2, SNOW-SHOES. *I buy my shoes at Smith's*, je me chausse chez Smith; je me fais chausser par

Smith. **To put on one's shoes,** se chausser. **To take off one's shoes,** se déchausser; ôter ses souliers. *To have no shoes on one's feet,* n'avoir pas de souliers aux pieds. *She wears well-fitting shoes,* elle est toujours bien chaussée. *F:* **To put the shoe on the right foot,** s'en prendre à celui qui le mérite. **To step into s.o.'s shoes,** prendre la place de qn; succéder à qn. *He is not fit to step into your shoes,* il n'est pas de calibre à vous remplacer. **I should not like to be in his shoes,** je ne voudrais pas être à sa place, *F:* dans sa peau; je ne me voudrais pas à sa place. *Prov:* **He who waits for dead men's shoes is in danger of going barefoot,** il ne faut pas compter sur les souliers d'un mort pour se mettre en route. **To be waiting for dead men's shoes,** attendre la mort de qn (pour le remplacer). **That's another, a very different, pair of shoes,** ça c'est une autre paire de manches. *See also* BIG I, BOOT[1] I, DIE[2] I, LATCHET, PINCH[2] I, SHAKE[2] II. I. **2.** Fer *m* (de cheval). **To cast, throw, a shoe,** perdre un fer; se déferrer. *My horse has a s. loose,* mon cheval a un fer qui lâche. *See also* FROST-SHOE[1], WANT[1] I. **3.** *Tchn:* Sabot, lardoire *f* (d'un pieu, etc.); sabot, dé *m*, soc *m* (de lance); sabot, mâchoire *f*, patin *m* (de frein); patin (de traîneau); bourrelet *m* de renforcement (d'un fourreau pour fusil, etc.); patin, savate *f*, semelle *f* (de crosse de piston); sabot, balai *m*, patin, frotteur *m* (de prise de courant de tramway). *Artil:* Semelle (d'un affût). *Nau:* Savate, semelle (d'ancre, de bigue); sole *f* (de gouvernail). *Aut:* **Blow-out shoe,** guêtre *f* d'éclatement (pour pneu). *See also* DRAG-SHOE.

'shoe-bill, *s. Orn:* Balæniceps *m*; bec-en-sabot *m*, *pl.* becs-en-sabot.

'shoe-boil, *s. Vet:* Capelet *m*, campane *f*.

'shoe-box, *s.* Boîte *f* à souliers.

'shoe-brake, *s. Veh:* Frein *m* à sabots.

'shoe-brush, *s.* Brosse *f* à souliers.

'shoe-buckle, *s.* Boucle *f* de soulier.

'shoe-butt, *s. Leath:* Cuir fort; croupon *m*.

'shoe-cream, *s.* Crème-cirage *f*, *pl.* crèmes-cirages; crème *f* pour chaussures.

'shoe-flower, *s. Bot:* (*In India*) Ketmie *f* rose de Chine.

'shoe-horn, -lift, *s.* Chausse-pied *m*, *pl.* chausse-pieds; tire-pied *m*, *pl.* tire-pieds; corne *f* (à souliers).

'shoe-lace, *s.* Lacet *m* (de soulier); cordon *m* de soulier. *F:* **He is not fit to tie your shoe-laces,** il n'est pas digne de vous déchausser.

'shoe-leather, *s.* Cuir *m* pour souliers; cuir de molleterie. *F:* **He is as good a man as ever trod shoe-leather,** il n'y a pas de meilleur homme au monde. **You might as well save your shoe-leather,** c'est inutile que vous y alliez; autant vous épargner le trajet.

'shoe-parlour, *s. U.S:* Salon *m* de cirage de chaussures.

'shoes and stockings, *s. Bot:* Lotier *m*; corne *f* du diable.

'shoe-strap, *s.* Barrette *f* de soulier.

'shoe-string, *s.* **1.** = SHOE-LACE. *U.S:* **To set up in business on a shoe-string,** s'établir avec de minces capitaux. **Shoe-string speculator,** boursicoteur *m*. **2.** *pl. Cu: U.S:* **Shoe-strings,** pommes *f* paille; croustilles *f*.

shoe[2], *v.tr.* (*p.t.* **shod** [ʃɔd]; *p.p.* **shod**; *pr.p.* **shoeing**) **1.** Chausser (qn). *To be well shod,* être bien chaussé. *See also* COBBLER I, DRY-SHOD, RUBBER-SHOD. **2.** Ferrer; mettre un fer à (un cheval). **To cold-shoe,** ferrer à froid. *See also* ROUGHSHOD. **3.** Garnir d'une ferrure, d'une semelle, d'un patin, etc.; saboter, armer (un pieu, un poteau, etc.); bander, embattre (une roue). *Stick shod with iron, iron-shod stick,* bâton ferré. **4.** *Nau:* Brider (l'ancre).

shoeing, *s.* **1.** Ferrage *m*, ferrure *f* (d'un cheval). *See also* HAMMER[1] I. **2.** Pose *f* d'une ferrure, d'un patin, etc.; mise *f* d'un sabot (à un pieu, etc.); embattage *m*, ferrage (d'une roue).

'shoeing-forge, *s.* Forge *f* de maréchalerie.

'shoeing smith, *s.* Maréchal ferrant.

shoeblack ['ʃuːblak], *s.* Décrotteur *m*, cireur *m* (de chaussures).

shoemaker ['ʃuːmeikər], *s.* Cordonnier *m*. *Prov:* **The shoemaker's wife is always the worst shod,** les cordonniers sont les plus mal chaussés. *See also* LAST[1].

shoemaking ['ʃuːmeikiŋ], *s.* Cordonnerie *f*.

shogun ['ʃouguːn], *s. Jap.Hist:* Shogoun *m*, taïcoun *m*.

shogunal ['ʃougun(ə)l], *a. Jap.Hist:* Shogounal, -aux.

shogunate ['ʃougunet], *s. Jap.Hist:* Shogounat *m*.

shone [ʃɔn]. *See* SHINE[2].

shoo[1] [ʃuː], *int.* (*a*) (*To chickens*) Ch-ch! (*b*) (*To children, etc.*) Allez! filez!

shoo[2], *v.tr.* **To shoo (away, off) the chickens,** chasser, faire enfuir, les poules. *F: The police shooed everybody away,* la police a chassé tout le monde.

shook[1] [ʃuk], *s. Coop:* Futaille *f* en botte; botte *f* (de douves profilées et chanfreinées).

shook[2], *v.tr. Coop:* Mettre (une futaille) en botte.

shook[3]. *See* SHAKE[2].

shoon [ʃuːn]. *See* SHOE[1].

shoot[1] [ʃuːt], *s.* **1.** *Bot:* Pousse *f* (d'une plante); rejet *m*, rejeton *m*, scion *m*. *Vit:* Sarment *m*, pampre *m*. *To cut the shoots off a vine,* assarmenter une vigne. *Young tender shoot,* tendrille *f*, tendron *m*. **2.** (*In river*) Rapide *m*; étranglement *m*. **3.** (*a*) *Ind: etc:* Couloir *m*; plan incliné; conduit (incliné); glissière *f*, gouttière *f*. *Wooden s.* (*for bricks, rubbish, etc.*), coulisse *f*. **Parcels shoot,** coulisseau *m*. **Canvas shoot** (*for escaping from fire*), sac *m* de sauvetage. *Min:* **Ore-shoot,** cheminée *f*, couloir, à minerai. **Coal-shoot,** couloir à charbon; manche *f* à charbon; trémie *f* de chargement (de chaudière). **Shaking shoot,** couloir à secousses. *See also* ASH-SHOOT, TOBOGGAN-SHOOT, WATERSHOOT. (*b*) Dépôt *m* (d'immondices). *See also* RUBBISH-SHOOT. (*c*) *Hyd.E:* **Overflow shoot,** déversoir *m* (de bassin, etc.). **4.** *Geol:* **Shoot of ore,** colonne *f* de richesse; coulée *f* de minerai. **5.** (*a*) Élancement *m* (de douleur). (*b*) Course *f* rapide (de qch. qui est lancé ou qui s'élance); jaillissement *m*; bond *m* en avant (d'une balle, etc.). **6.** *Tex:* Duite *f*. **7.** (*a*) Partie *f* de chasse. (*b*) *Mil: Navy:* **To carry out a shoot,** effectuer un tir. (*c*) Concours *m* de tir. **8.** Chasse gardée. *To rent a s.,* louer une chasse. **9.** *P:* **The whole shoot,** tout le bataclan; tout le tremblement; tout le bazar.

shoot[2], *v.* (*p.t.* **shot** [ʃɔt]; *p.p.* **shot**) **I.** *v.i.* **1.** Se précipiter; se lancer; s'élancer; (*of star*) filer; (*of ball*) raser le sol (au rebond). *The dog shot past us,* le chien passa près de nous comme un éclair, comme une flèche. *The children s. across the street without looking,* les enfants se précipitent pour traverser la rue sans faire attention. *To s. down a slope,* glisser à toute vitesse sur une pente. *To s. up a hill,* monter une colline à grande vitesse. *To s. through sth.,* traverser qch. rapidement. *A beam of light shot through the darkness,* soudain un rayon de lumière fut projeté dans les ténèbres. **To shoot ahead, to shoot forward,** aller rapidement en avant; (*of ship*) courir de l'avant; (*of runner in a race*) emballer. *To s. ahead of s.o.,* devancer qn rapidement; passer qn comme un trait. **2.** (*Of pain*) Lanciner, élancer. *A pain shoots through my shoulder,* l'épaule m'élance; j'ai des élancements dans l'épaule. **My corns are shooting,** mes cors m'élancent, me donnent des élancements. **3.** (*Of tree, bud, etc.*) Pousser, bourgeonner; (*of plant*) germer.

II. shoot, *v.tr.* **1.** Franchir (un rapide); passer rapidement sous (un pont). *F:* **To shoot the moon,** déménager à la cloche de bois; mettre la clef sous la porte; faire un trou à la lune. *See also* NIAGARA. **2.** (*a*) Précipiter, lancer (qch.); pousser vivement (un verrou). *We were shot out of the carriage,* nous fûmes précipités hors de la voiture. *We shot the dirty cups into the cupboard,* nous avons fourré bien vite les tasses sales dans l'armoire. *F:* **To shoot one's linen, one's cuffs,** tirer, faire sortir, ses manchettes. (*b*) Verser, décharger, déposer, culbuter, chavirer (des décombres, le minerai, etc.). **To shoot coal into the cellar,** déverser, décharger, du charbon dans la cave. *P:* **To shoot the cat,** vomir; dégobiller; mettre cœur sur carreau; piquer, écorcher, un renard; renarder. **To shoot one's job,** lâcher son emploi. (*c*) *Fish:* Jeter (un filet). **To shoot the lines,** élonger les lignes. **3.** Darder, faire jaillir (des rayons, etc.). **4.** (*a*) Décocher (une flèche); lancer, tirer (un projectile, une balle, etc.); lancer (une pierre). **To shoot a glance at s.o.,** lancer, décocher, un regard à qn; darder un regard sur qn. *He shot a look of hatred at me,* il darda sur moi un regard chargé de haine. *See also* BOLT[1] I. (*b*) Décharger (un fusil, etc.). *Abs.* **Don't shoot!** ne tirez pas! *To s. low* (*in a duel, etc.*), tirer dans les jambes (de qn). *He shoots well with a revolver,* il tire bien le, au, revolver. **To shoot straight,** bien viser. **To shoot wide of the mark,** (i) mal viser; (ii) *F:* être loin de la vérité; se tromper du tout au tout. **To shoot at s.o., at sth.,** tirer, faire feu, sur qn, sur qch. *To s. at s.o. with a revolver,* tirer un coup de revolver à qn. *I nearly shot at him,* j'ai failli lui tirer dessus. **To be shot at,** essuyer un coup de feu. (*With passive force*) **Gun that shoots well,** fusil qui tire bien. *See also* SUN[1]. (*c*) Atteindre (qn) d'un coup de fusil, etc. **To shoot s.o. with a revolver,** atteindre, blesser, qn d'un coup de revolver. *To s. s.o. in the leg,* blesser qn d'un coup de fusil à la jambe. **To be shot in the arm,** être atteint (d'un coup de fusil) au bras. *He was shot through the leg,* il eut la jambe traversée, transpercée, d'une balle, par une balle. *F:* **I'll be shot if . . .,** le diable m'emporte si. . . . (*d*) Tuer (qn) d'un coup de fusil, etc.; fusiller (un espion). **To shoot s.o. dead,** *U.S:* **to death,** tuer qn net, raide. *To s. s.o. through the head,* tuer qn d'une balle à la tête. *To s. oneself through the head,* se brûler la cervelle. *Mil:* **To be (court-martialled and) shot,** passer par les armes. *To s. a deserter,* passer un déserteur par les armes. (*e*) Chasser (le gibier). *To s. sparrows,* tirer aux moineaux. *To s. a partridge,* abattre une perdrix. *Abs.* **To shoot over an estate,** chasser dans un domaine. **I don't shoot,** je ne suis pas chasseur. (*f*) **To shoot a match,** concourir à une épreuve de tir; participer à un concours de tir. **5.** *Phot:* Prendre un instantané de (qn, qch.). *Cin:* **To shoot a film,** tourner un film; prendre les vues. *U.S: P:* **Shoot!** (i) allez-y! commencez! (ii) allons, accouche! **6.** (*a*) *Games:* **To shoot a marble,** caler une bille. *Fb:* **To shoot the ball,** *abs.* **to shoot,** shooter. (*b*) *Fb:* **To shoot a goal,** marquer un but. **7.** *Carp:* Dresser, dégauchir, recaler (le champ d'une planche, etc.); équarrir (une planche) à la varlope.

shoot away, *v.tr.* **1.** Emporter (qch.) par une balle, par un obus. *He had an arm shot away,* il eut un bras emporté. **2. To shoot away all one's ammunition,** épuiser ses munitions. **3.** *Abs.* (*a*) Tirer sans désemparer. (*b*) *F:* **Shoot away!** allez-y!

shoot down, *v.tr.* (*a*) Abattre (qn) à coups de fusil ou d'un coup de fusil. (*b*) Abattre, descendre (le gibier, un avion); dégringoler (le gibier).

shooting down, *s.* Abattage *m*.

shoot forth, *v.tr.* (*Of tree*) Pousser (des bourgeons).

shoot in, *v.i.* Entrer (dans une maison, etc.) en éclair, en trombe, comme un boulet de canon.

shoot off. 1. *v.i.* Partir comme un trait, comme une flèche. **2.** *v.tr.* Emporter (qch.) par une balle, par un obus. *He had a foot shot off,* il eut un pied emporté, fauché, par un obus. **3.** *Abs. Sp:* **To shoot off (for places),** passer par une épreuve (de tir) éliminatoire. **To shoot off for a prize,** prendre part à l'épreuve finale.

shooting off, *s.* **1.** Départ précipité. **2.** *Sp:* (*For places*) Épreuve *f* (de tir) éliminatoire; (*for a prize*) épreuve finale.

shoot out. 1. *v.i.* Sortir comme un trait; (*of light, water*) jaillir; (*of cliff, etc.*) se projeter. *The sun shot out,* le soleil s'est montré tout à coup. *To s. out of a side-street,* déboucher brusquement d'une rue transversale. *The flames were shooting out of the window,* les flammes jaillissaient de la fenêtre. **2.** *v.tr.* (*a*) Lancer (des étincelles, etc.). **To shoot out one's tongue,** tirer la langue. *The snake shoots out its tongue,* le serpent darde sa langue. **To shoot out one's lips,** faire la moue. *The snails s. out their horns,* les escargots sortent leurs cornes. (*b*) (*Of tree, etc.*) Pousser (des branches, etc.). **3.** *v.tr.* (*Of preserve, etc.*) **To be shot out,** n'avoir plus de gibier.

shooting out, *s.* **1.** Sortie *f* rapide; jaillissement *m* (de lumière, d'eau); projection *f* (d'une falaise). **2.** Pousse *f*, bourgeonnement *m* (d'un arbre).

shoot up. **1.** *v.i.* (*a*) (*Of flame, etc.*) Jaillir. (*Of ball, aeroplane, etc.*) **To shoot up like a rocket,** monter en chandelle. (*b*) (*Of prices*) Augmenter rapidement. (*c*) (*Of plant*) Pousser; (*of child*) grandir, s'élancer, *F:* pousser. *He shot up last year,* il a grandi l'année dernière. **To shoot up into a young man, into a young woman,** devenir jeune homme, jeune femme. **2.** *v.tr. U.S:* Terroriser (une région, une ville) en lâchant des coups de feu.

shooting up, *s.* **1.** Jaillissement *m* (de flammes, etc.). **2.** Augmentation subite (de prix). **3.** Croissance *f* rapide (d'une plante); grandissement *m* (d'un enfant).

shot[1], *a.* **1.** (Poisson) qui a déposé ses œufs. **2.** (Lièvre, etc.) atteint, tué, d'un coup de feu. *F:* **To fall like a shot rabbit,** tomber raide. **3.** *Tex: etc:* (*a*) Changeant, à reflets changeants; chatoyant, chatoyé; (velours) glacé. **Shot silk,** taffetas changeant; soie chatoyante; soie gorge-de-pigeon; caméléon *m* de soie. *S. material, s.* **shot,** étoffe chatoyante; étoffe caméléon *inv*, à reflets changeants. *With s. effects,* aux reflets chatoyants. (*b*) **Beard shot with grey,** barbe parsemée de gris. *See also* BLOODSHOT.

shooting[1], *a.* **1.** Qui s'élance; (*of water, flame*) jaillissant. **Shooting star,** étoile filante. **Shooting pains,** douleurs lancinantes, fulgurantes; élancements *m*, lancées *f*. **2.** (*Of plant, leaf*) Qui pousse, qui bourgeonne. **3.** *Cr:* (Balle) rasant le sol.

shooting[2], *s.* **1.** (*a*) = SHOOT[1] 5 (*b*). (*b*) Élancement *m* (d'une blessure, etc.). (*c*) Pousse *f* (des branches, des dents); bourgeonnement *m* (d'une plante). **2.** Franchissement *m* (d'un rapide); course *f* rapide (sous un pont, etc.). **3.** (*a*) Déchargement *m* (de décombres, etc.). *Fish:* Jet *m* (d'un filet). (*b*) Jaillissement *m* (de rayons, etc.). **4.** (*a*) Décochement *m* (d'une flèche); action *f* de tirer (un coup de revolver). **Shooting affray,** bagarre *f* avec coups de revolver, avec coups de feu. (*b*) Tir *m* (au pistolet, etc.). **To practise (pistol) shooting,** s'exercer au tir (au pistolet). **Shooting competition,** (concours *m* de) tir. *Medal for s.,* médaille *f* de tir. (*c*) Atteinte *f* (de qn) d'un coup de fusil. (*d*) Fusillade *f* (d'un espion, etc.). (*e*) (**Game-**)**shooting,** chasse *f* à tir. **Rabbit shooting,** chasse aux lapins. **Pigeon shooting,** tir aux pigeons. **To go shooting,** aller à la chasse; giboyer. **The shooting season,** la saison de la chasse. *Opening, closing, of the s. season,* ouverture *f*, fermeture *f*, de la chasse. *The s. season has begun, ended,* la chasse est ouverte, fermée. **Shooting rights,** droits *m* de chasse. *To sell the s. on an estate,* vendre les droits de chasse sur une terre. *See also* LICENCE 1. (*f*) Chasse gardée. **5.** *Cin:* **The shooting of the film,** la prise de vues. **6.** *Carp:* Dressement *m* (du champ d'une planche).

'shooting-block, -board, *s. Carp:* Planche *f* à dresser.

'shooting-box, *s.* Pavillon *m* de chasse; pied-à-terre *m inv*; (*in Fr.*) muette *f*.

'shooting-gallery, *s.* Tir *m*; stand *m*.

'shooting-ground, *s.* Champ *m* de tir.

'shooting-iron, *s. F:* Fusil *m*; arme *f* à feu.

'shooting-jacket, *s.* Veston *m* de chasse.

'shooting-match, *s.* Concours *m* de tir.

'shooting-party, *s.* Partie *f* de chasse.

'shooting-plane, *s. Tls: Carp:* Varlope *f* à équarrir.

'shooting-range, *s.* **1.** (*a*) Champ *m* de tir; *F:* tir *m*; stand *m* d'infanterie. (*b*) Polygone *m* d'artillerie. **2.** *Cin:* Distance *f* de prise de vues.

'shooting-stick, *s.* **1.** *Ven:* Canne-siège *f*, *pl.* cannes-sièges. **2.** *Typ:* Décognoir *m*.

'shooting-tenant, *s.* Locataire *m* d'une chasse gardée.

shooter ['ʃuːtər], *s.* **1.** (*a*) Chasseur, -euse; tireur, -euse. (*b*) *Fb: etc:* Marqueur *m* de but. **2.** *U.S:* Arme *f* à feu; *esp.* revolver *m*. *See also* PEA-SHOOTER, SIX-SHOOTER. **3.** *Cr: F:* Balle *f* rapide qui rase le sol (au rebond). **4.** *Cost: F:* Jaquette (noire).

shop[1] [ʃɔp], *s.* **1.** Magasin *m*; (*small*) boutique *f*; (*for wine, tobacco*) débit *m*. **Grocer's shop,** épicerie *f*. **Baker's shop,** boulangerie *f*. **Boot shop,** magasin de chaussures. *To go from s. to s.,* courir les magasins. **To set up shop,** se mettre en boutique. **To keep a shop,** tenir (un) magasin. **To keep shop,** garder le magasin. **To play at (keeping) shop,** jouer à la marchande. **Shop!** il y a du monde! quelqu'un! *F:* **You have come to the right shop,** vous tombez bien. **You have come to the wrong shop,** vous vous adressez mal; vous tombez mal; vous êtes mal tombé. **His patients soon went to another shop,** ses malades n'ont pas tardé à consulter ailleurs, à s'adresser ailleurs. **Everything was all over the shop,** tout était en confusion, dans la confusion; tout était en désordre; rien n'était à sa place. *He leaves his things all over the s.,* il laisse promener ses affaires de tous les côtés. *See also* BACK-SHOP, SHUT UP 1. **2.** *Ind:* Atelier *m*. **Machine-shop,** atelier de construction mécanique. **Pattern-shop,** atelier de modelage. **Fitting shop,** atelier d'ajustage. **Erecting shop,** halle *f* de montage. **Shop erecting,** montage *m* à blanc (d'un pont, d'une machine). **To go through the shops,** suivre un cours d'apprentissage. *See also* CLOSED 2, FINISHING-SHOP, OPEN[1] 1, STEWARD 4. **3.** *P:* (*a*) Bureau *m*, maison *f*, où l'on travaille; "la boîte." (*b*) *Mil:* **The Shop,** l'école *f* d'artillerie et de génie de Woolwich. (*c*) *Th: P:* (i) Théâtre *m*; (ii) engagement *m*. **To be out of a shop,** se trouver sans engagement. (*d*) Les affaires *f*. **To talk shop,** parler affaires, parler boutique, parler métier. *See also* SINK[2] II. 4. **4.** *St.Exch:* Introducteurs *mpl.* **Shop shares,** actions *f* à l'introduction.

'shop-assistant, *s.* Commis *m*, garçon *m*, demoiselle *f*, de magasin; employé, -ée, de magasin; vendeur, -euse.

'shop-board, *s.* Comptoir *m*. **Tailor's shop-board,** établi *m* de tailleur.

'shop-boy, *s.m.* Garçon de boutique; petit commis (de boutique); *F:* (*in draper's*) calicot.

'shop-case, *s.* Vitrine *f*.

'shop-fitter, *s.* Agenceur *m* de magasins.

'shop-foreman, *s. Ind:* Chef *m* d'atelier.

'shop-'front, *s.* Devanture *f* de magasin. *P:* **He has a good shop-front,** il représente (bien); il a de la prestance.

'shop-girl, *s.f.* Demoiselle, employée, de magasin; vendeuse.

'shop-lifter, *s. F:* Voleur, -euse, à l'étalage, à la détourne; voleur des grands magasins.

'shop-lifting, *s.* Vol *m* à l'étalage, à la détourne.

'shop-soiled, *a.* (Article) défraîchi, qui a fait l'étalage.

'shop-walker, *s.* **1.** Chef *m* de rayon. **2.** Inspecteur, -trice (du magasin); surveillant, -ante.

shop-'window, *s.* Vitrine *f*; devanture *f* (de magasin); étalage *m*. *In the s.-w.,* dans la vitrine, en vitrine, à l'étalage. *Goods exposed in the s.-w.,* la montre.

'shop-woman, *pl.* **-women,** *s.f.* Vendeuse.

'shop-worn, *a.* = SHOP-SOILED.

shop[2], *v.* (**shopped; shopping**) **1.** *v.i.* Faire des achats, des emplettes; courir les magasins. *To spend one's afternoon shopping,* passer son après-midi à faire des emplettes. **2.** *v.tr. P:* Coffrer ou faire coffrer (qn).

shopping, *s.* Achats *mpl*, emplettes *fpl*. **To go shopping,** faire des achats; faire des, ses, emplettes; courir les magasins. **To do one's (household) shopping,** faire ses achats de ménage; faire son marché; aller aux provisions. *I have some s. to do,* j'ai une course, des courses, à faire. **Shopping centre,** (i) place marchande; (ii) quartier commerçant. **A shopping street,** une rue commerçante. **Shopping bag,** sac *m* à provisions. **Shopping basket,** panier *m* à provisions; cabas *m*.

shopkeeper ['ʃɔpkiːpər], *s.* Boutiquier, -ière; marchand, -ande; petit commerçant. *A nation of shopkeepers,* une nation boutiquière; une nation de boutiquiers. *Shopkeepers (as a class),* la classe boutiquière; *F:* la boutique.

shopkeeping ['ʃɔpkiːpiŋ], *s.* La tenue d'une boutique; le (petit) commerce.

shopman, *pl.* **-men** ['ʃɔpmən, -men], *s.m.* **1.** (*a*) Commis de magasin; vendeur. *Butcher's s.,* étalier. (*b*) *A:* = SHOPKEEPER. **2.** *Ind:* Homme d'atelier.

shopper ['ʃɔpər], *s.* Acheteur, -euse.

shoppy ['ʃɔpi], *a. F:* **1.** Qui sent la "boutique." **2.** A l'esprit boutiquier.

shore[1] [ʃɔːər], *s.* (*a*) Rivage *m*, littoral *m*, côte *f*; bord *m* (de la mer); bord, rive *f* (d'un lac, d'un grand fleuve); (= *beach*) plage *f*. *On the s.,* sur le rivage. *House right on the s.,* maison *f* tout près du rivage. (*b*) *Nau:* **The shore,** la terre. **On shore,** à terre. **To set foot on shore,** mettre pied à terre; débarquer. **To go on shore,** se rendre à terre. **Off shore,** au large. **In shore,** près de la côte. **To run a boat in shore,** pousser un bateau au rivage. **Clear shore,** côte saine. (*Of ship*) *To keep close to the s.,* côtoyer. **Shore end of a cable,** tronçon *m*, bout *m*, d'atterrissage d'un câble. **Shore fauna,** faune littorale. *Nau:* **Shore clothes,** habits portés à terre; frusques *f* d'escale. *See also* LEAVE[1] 2, LONG-SHORE. (*c*) *pl. Poet: etc:* **Distant shores,** de lointains rivages; des plages lointaines. *Within these shores,* dans ce pays. *To return to one's native shores,* **rentrer dans** son pays natal.

'shore-anchor, *s. Nau:* Ancre *f* de terre.

'shore-boat, *s. Navy: etc:* Bateau *m* de passage.

'shore-crab, *s. Crust:* Crabe commun; carcin enragé.

'shore-fast, *s. Nau:* Amarre *f* du quai; amarre de terre.

shore[2]. **1.** *v.tr.* (*a*) Débarquer (des marchandises, etc.). (*b*) Échouer (un navire) au rivage. **2.** *v.tr. Lit:* (*Of land*) Borner (une mer, une rivière). (*Esp. in passive*) *Shored by three seas,* borné par trois mers. **3.** *v.i. Nau:* Caboter.

shore[3]. *See* SHEAR[3].

shore[4], *s. Const: etc:* Étai *m*, étançon *m*, appui *m*; contre-boutant *m*. *Min:* Butte *f*, chandelle *f*. *N.Arch:* Accore *m*; clef *f* d'accorage; béquille *f*, épontille *f*. **Racking shore** (*of wall*), contre-fiche *f*. *See also* DOG-SHORE.

shore[5], *v.tr.* **To shore (up),** étayer, étançonner, enchevaler (une maison, etc.); reprendre (un édifice) en sous-œuvre; buter, contre-bouter, arc-bouter, chevaler, appuyer, mettre un appui à (un mur); étrésillonner (une tranchée, etc.). *Min:* Chandeller (le toit d'une galerie). *N.Arch:* Accorer, accoter, béquiller, épontiller (un navire).

shoring, *s.* **1.** **Shoring (up),** étayement *m*, étayage *m*, étançonnement *m*, enchevalement *m* (d'un mur, etc.); *N.Arch:* accorage *m*, épontillage *m* (d'un vaisseau). **2.** *Coll.* Chevalement *m*.

shoreless ['ʃɔːrləs], *a. Poet:* (Mer, océan) sans bornes.

shoreward(s) ['ʃɔːrwərd(z)], *adv.* Vers la terre.

shorn [ʃɔːrn]. *See* SHEAR[3].

short[1] [ʃɔːrt]. I. *a.* **1.** (*In space*) Court. (*a*) *To go by the shortest road; to go the shortest way,* prendre par le plus court, au plus court; prendre la route la plus directe. **A short way off,** à peu de distance. *A s. distance from the station,* à une petite distance de la gare. *S. steps,* petits pas. *To walk with s. quick steps,* trotter dru et menu. *To take shorter steps,* raccourcir le pas. *To tie up a dog on a s. leash,* attacher un chien de court. *A s. man,* un homme de petite taille; un petit homme. **Of short stature,** de courte taille, de petite taille. **To be short in the arm, in the leg,** avoir les bras courts, les jambes courtes. *Your coat is s. in the arms,* votre habit est trop court des manches. **Hair cut short,** cheveux coupés court. *S. beard,* barbiche court taillée. *Rail:* **Short length of rail,** coupon *m*. *Nau:* **Short sea,** mer courte. *See also* CUT[1] 10, HEAD[1] 1, PIN[1] 2, RIB[1] 1, SIGHT[1] 1, WAVE[1] 2, WOOL 1. (*b*) *Turf:* **Short price,** faible cote *f*. *See also* ODDS 2. **2.** Court, bref. (*a*) De peu de durée. *At s. intervals,* à de courts intervalles. *Of s. duration,* de peu de durée. *Days are getting shorter,* les jours (se) raccourcissent, (se) rapetissent. **For a short time,** pour peu de temps; passagèrement. **In a short time,** sous peu; bientôt. **A short time ago,** il y a peu de temps. *A s. sleep*, un petit somme. *S. life*, courte vie. *F:* **He believes in a short life and a merry one,** il la fait courte et bonne; il a pour principe: "courte et bonne." *Their joy had but a s. life*, leur joie fut courte. **Short and sweet,** court et bon. **To have a short memory,** avoir la mémoire courte, fugitive; être court de mémoire. *Ling:* **Short vowel,** voyelle brève. *Pros:* **Short syllable,** syllabe brève. *Fin:* **Short bills, bills at short date,** billets *m*, traites *f*, à courte échéance; papier court. *Deposit, loan,* **at short notice,** dépôt *m*, prêt *m*, à court terme. *Jur:* **Short cause,** (i) affaire *f* à plaider sommairement; affaire dont les débats ne prennent pas plus de dix minutes; (ii) (en Cour de Chancellerie) affaire à plaider par observation. **Short witness list,** liste spéciale d'affaires à plaider sommairement. *F:* **To make short work of (sth.),** expédier (qch.); faire justice de (qch.); avoir bon marché de (qch.); *F:* ne faire qu'une bouchée de (qch.); trancher (un problème, une difficulté). **To make short work of it,** ne pas y aller par quatre chemins; mener rondement les choses. *He made s. work of his mass*, il eut bientôt expédié sa messe. *See also* LEAVE[1] 2, LOAN[1] 1, NOTICE[1] 1, RECKONING 1. (*b*) **Short story,** nouvelle *f*, conte *m*. *S. history of France*, précis *m* d'histoire de France. **The shorter catechism,** le petit catéchisme. **Short list,** liste choisie (d'aspirants à un poste, etc.). **In short . . .,** bref . . ., en un mot . . ., enfin . . ., en résumé . . ., au résumé . . ., en somme . . ., en définitive. . . . *In s., she loves you*, elle vous aime, quoi! *He is called Bob* **for short,** on l'appelle Bob pour abréger, par abréviation. *Bill is s. for William*, Bill est un diminutif de William. *Frisco is s. for San Francisco*, Frisco est une abréviation de San Francisco. *P:* **Something short,** un petit verre; une goutte (d'eau de vie, etc.). *See also* DRINK[1] 1, SHRIFT. (*c*) (Pouls *m*) rapide; (haleine) courte. (*d*) (Style) concis, serré. (*e*) (*Of reply, tone, etc.*) Brusque; sec, *f*. sèche; tranchant, abrupt. **To be short of speech,** parler abruptement; parler sec. **To be short with s.o.,** être sec, cassant, avec qn; trancher net avec qn; rebuter qn. *He was very s. with me*, il s'est montré très brusque. **Short temper,** caractère brusque, vif. **3.** (*a*) (*Of weight, measure, etc.*) Insuffisant. **To give short weight,** ne pas donner le poids; vendre à faux poids; tricher sur le poids. *He never gives s. weight*, il fait toujours bon poids. *There is s. weight*, il y a manque de poids; il n'y a pas le poids; le poids n'y est pas. *The weight is fifty grammes s.*, il manque cinquante grammes au poids. *There are three collars s.*, trois faux-cols font défaut; il me manque trois faux-cols. *It is two francs s.*, il s'en faut de deux francs. *Ten pounds s.*, dix livres de manque, de moins. **I am twenty francs short,** il me manque vingt francs. *The cashier is two pounds s.*, le caissier a une erreur de deux livres en moins. *S. supply of water*, approvisionnement d'eau réduit. *S. crops*, récoltes *f* déficitaires. *Com:* (i) **Short delivery,** livraison partielle. (ii) *To prevent s. delivery*, éviter des manquants dans la marchandise. *Ind:* **To be on short time,** être en chômage partiel. *See also* COMMONS 2, RATION[1]. **Little, not far, short of it,** peu s'en faut. *He is not far s. of thirty*, il n'a guère moins de trente ans. *It is little s. of folly*, c'est presque de la folie; cela tient de la folie; cela confine à la folie. *Little, not far, s. of a masterpiece*, un chef-d'œuvre à fort peu de chose près; un chef-d'œuvre ou peu s'en faut. *They found things far s. of what they expected*, *F:* ils ont trouvé à décompter. *The receipts* **fall short of expectations** *by five millions*, les recettes sont inférieures de cinq millions à la somme prévue. **Nothing short of** *violence would compel him*, la violence seule le contraindrait. *They committed everything s. of murder*, ils furent coupables de tout si ce n'est le meurtre. (*b*) (*Of pers.*) **To be short of sth.,** être à court de qch.; être dépourvu de qch. *S. of petrol*, à bout d'essence. *To be s. of work*, chômer de besogne. *To be s. of hands*, manquer de, être à court de, main-d'œuvre. *I am s. of hands*, la main-d'œuvre me fait défaut, me fait faute. *I am s. of money*, je suis à court d'argent; je manque d'argent; je suis dégarni d'argent. **I am rather short to-day,** je suis un peu à court aujourd'hui. *Com:* *We are s. of that article*, cet article nous manque. *Cards:* **To be short of, in, spades,** avoir une renonce à pique. *See also* SUIT[1] 5. **To go short of sth.,** se priver de qch. *I went s. to lend you the sum*, je me suis gêné pour vous prêter cette somme. **To run short of sth.,** venir à bout de (ses provisions, etc.). *We are running s. of provisions, our provisions are running s.*, les vivres *m* commencent à manquer, à s'épuiser. *We ran s. of butter*, le beurre vint à manquer. (*c*) *St.Exch:* (Contrat, vente, vendeur) à découvert. **4.** (*a*) *Cu:* **Short pastry,** pâte croquante, croustillante, qui fond dans la bouche. *See also* SHORTBREAD. (*b*) (*Of metal, clay*) Aigre, cassant. **Short iron,** fer revêche. *Cer:* **Short paste,** pâte courte. *See also* COLD-SHORT, HOT-SHORT, RED-SHORT. **-ly,** *adv.* **1.** (Raconter qch., etc.) brièvement, en termes brefs, en peu de mots. **2.** (Répondre, etc.) brusquement, sèchement. **3.** Bientôt, prochainement; sous peu, avant peu. **Shortly after(wards),** peu (de temps) après; bientôt après; à peu de temps de là. *S. before four o'clock*, peu de temps avant quatre heures. *He is s. to leave for Africa*, il va partir prochainement pour l'Afrique.

II. **short,** *s.* **1.** (*a*) **The long and the short.** *See* LONG[1] II. 1. (*b*) *pl. Cost: Sp:* **Shorts,** culotte *f* de sport, de course, etc.; (*for women*) short *m*. **Football shorts,** culotte de football. **2.** (*a*) *Pros:* (Syllabe) brève *f*. (*b*) *Ling:* Voyelle brève. (*c*) *Artil:* Coup court. **3.** *Com:* **Short in the cash,** déficit *m* dans l'encaisse. *See also* OVER III. 2. **4.** *St.Exch:* (*a*) Vente *f* à découvert. **To raid the shorts,** (pour)chasser le découvert. *See also* COVER[2] 8. (*b*) (*Pers.*) Baissier *m*. **5.** *pl. Mill:* **Shorts,** remoulage *m*. **6.** *El:* = SHORT-CIRCUIT[1]. **7.** *Cin:* Court métrage.

III. **short,** *adv.* **1. Dressed short,** court-vêtue. **2.** Brusquement; court. **To stop short, to pull up short,** s'arrêter (tout) court. *To stop s. in the middle of a speech*, rester court dans un discours. **To turn short (round),** tourner court; faire volte-face. *See also* HEAVE[2] II. 2. **To take s.o. up short, to cut s.o. short,** couper la parole à qn. *See also* CUT[2] 2. **To be taken short,** (i) être pris de court; être pris au dépourvu; *esp.* (ii) *F:* être pris d'un besoin pressant, de colique. **3.** En deçà. *The arrow fell s.*, la flèche tomba en deçà, tomba court. **To fall short of the mark,** ne pas atteindre le but. *F:* **To fall, come, short of sth.,** être, rester, au-dessous de qch.; (*of pers.*) ne pas arriver, n'être pas, à la hauteur de qch. *To fall s. of one's duty*, manquer à son devoir. *To fall s. of what is required*, pécher par défaut. *His success fell s. of my expectations*, son succès a été au-dessous de mon attente, n'a pas répondu à mon attente. *It falls far s. of it*, il s'en faut de beaucoup. *The work comes s. of genius*, ce travail n'atteint pas au génie. *To come s. of perfection*, ne pas réaliser entièrement la perfection. **Short of murder** *he would do anything*, il est capable de tout sauf de tuer. *S. of a miracle we are ruined*, à moins d'un miracle nous sommes perdus. *S. of burning it . . .*, à moins de le brûler. . . . **To stop short of crime,** s'arrêter au seuil du crime. **His friendship stops short of his purse,** son amitié ne va pas jusqu'à sa bourse. **4.** *St.Exch:* (*a*) (Vendre) à découvert. (*b*) (Emprunter) à courte échéance.

'short-'billed, *a. Orn:* Brévirostre, curtirostre.

'short-cake, *s.* = SHORTBREAD.

short-'circuit[1], *s. El:* Court-circuit *m*, *pl.* courts-circuits. *Dead s.-c.*, court-circuit parfait. *S.-c. in the condenser*, *F:* grillage *m* du condensateur. *See also* FINDER 2.

short-'circuit[2]. **1.** *v.tr.* (*a*) *El:* Court-circuiter; mettre (une ligne) en court-circuit. *To s.-c. the motors across the resistances*, court-circuiter les moteurs sur les résistances. **To short-circuit a resistance,** mettre une résistance hors circuit. (*b*) *Surg:* **To short-circuit the duodenum,** pratiquer la gastro-jéjunostomie. **2.** *v.i. El.E:* (*Of current*) Se mettre en court-circuit.

short-circuiting, *s.* **1.** Court-circuitage *m*; mise *f* à la masse. **Short-circuiting device,** court-circuiteur *m*. **2.** *To protect a part against short-circuiting*, protéger un organe contre les courts-circuits.

'short-cloak, *s. Hist:* Petit manteau.

'short-date(d), *a.* **1.** *Fin:* (Billet *m*) à courte échéance; (papier) court. **2.** *Rail:* (Billet) de courte durée de validité.

'short-eared, *a.* Aux oreilles courtes. *See also* OWL.

'short-fall, *s.* Déficit *m*, manque *m*.

'short-focus, *attrib.a. Opt:* (Objectif *m*) de courte distance focale.

'short-footed, *a. Nat.Hist:* Brévipède; à pieds courts; à pattes courtes.

'short-gown, *s. A. & Dial:* Jupon *m*.

'short-hair, *s.* Chat *m* à poils courts.

short-'handed, *a.* A court de main-d'œuvre, d'ouvriers, de personnel. *To be s.-h.*, ne pas avoir tout son personnel; avoir peu de monde disponible; manquer de bras, de personnel.

short-'headed, *a. Anthr:* Brachycéphale.

'short-'horned, *a. Z:* Brévicorne; à cornes courtes.

'short-'jointed, *a.* (Cheval) court-jointé.

short-'leg, *s. Cr:* Position *f* à gauche et un peu en avant du joueur qui est au guichet.

'short-'legged, *a.* A jambes courtes. *Nat.Hist:* Brévipède.

'short-'lived, *a.* (*Of pers., etc.*) Qui ne vit que peu de temps; qui meurt jeune; (*of joy, triumph, etc.*) bref, éphémère, de courte durée. *Butterflies are s.-l.*, les papillons ont la vie courte, ne vivent pas longtemps. *S.-l. successes*, des succès sans lendemain.

'short-'notice, *attrib.a. Fin:* (Dépôt, prêt, etc.) à court terme.

'short-'range, *attrib.a.* **1.** (Tir, etc.) à courte portée; (tir) réduit. **2.** (Esprit, etc.) de peu d'étendue.

'short-shank, *s. & attrib.a. Hort:* **Short-shank (apple),** capendu *m*.

short-'shipped, *a. Com:* (Marchandises) qui accusent un manque.

short-'sighted, *a.* **1.** Myope; à la vue courte; à la vue basse. *I am getting s.-s.*, ma vue baisse. **2.** *F:* Imprévoyant; peu clairvoyant; peu perspicace. *To take s.-s. views*, ne songer qu'au présent. *S.-s. politics*, politique *f* de myope.

short-'sightedness, *s.* **1.** Myopie *f*. **2.** *F:* Imprévoyance *f*; manque *m* de perspicacité, de prescience, de clairvoyance.

short-'skirted, *a.f.* Court-vêtue, *pl.* court-vêtues.

short-'spoken, *a.* Qui a la parole brusque, sèche, tranchante.

short-'statured, *a.* (*Of pers.*) De courte taille.

short-'stemmed, *a. Bot:* Brévicaule.

'short-sword, *s. Archeol:* Sabre-briquet *m*, *pl.* sabres-briquets.

'short-tail, *s. Orn:* Brève *f*.

'short-tailed, *a. Nat.Hist:* Brévicaude.

short-'tempered, *a.* Vif; d'un caractère emporté; à l'humeur vive.

'short-term, *attrib.a.* **1.** (Détenu) qui subit un emprisonnement de courte durée. **2.** *Fin:* (Placement, etc.) à court terme.

'short-time, *attrib.a.* (Contrat, etc.) à court terme.

short-'waisted, *a.* (*Of pers.*) Court de poitrine; qui a le buste court; (*of dress, etc.*) à taille haute.

short-'winded, *a.* Anhéleux, poussif; à l'haleine courte; *F:* asthmatique; (cheval) qui a du vent. *To be s.-w.*, respirer court; manquer de souffle.

short[2], *v.tr. & i. El.E:* = SHORT-CIRCUIT[2]. **To short out a resistance,** mettre une résistance hors circuit.

shortage ['ʃɔːrtedʒ], *s.* **1.** (*a*) Insuffisance *f*, manque *m* (de poids, etc.). *S. of staff*, pénurie *f* de personnel. *S. in the cash*, tare *f* de caisse. **To make up, make good, the shortage,** combler le déficit. (*b*) *Com:* **Shortages,** manquants *m*. **2.** Crise *f*, disette *f*. **Food shortage,** disette. *S. of teachers*, crise du recrutement des professeurs. *The paper s.*, la crise du papier.

shortbread ['ʃɔːrtbred], *s. Cu:* (Sorte de) sablé *m*.

shortcoming [ʃɔːrt'kʌmiŋ], *s.* **1.** *Usu. pl.* (*Of pers.*) **Shortcomings,** défauts *m*, imperfections *f*; points *m* faibles (chez qn).

2. Manque *m*, déficit *m*, insuffisance *f*. *A s. in money*, un manque d'argent.

shorten ['ʃɔːrtn]. **1.** *v.tr.* (*a*) Raccourcir, rapetisser, faire une diminution à (une jupe, etc.); abréger (un texte, une tâche, *Pros:* une syllabe, etc.). *Mil:* **To shorten step,** raccourcir le pas. *Artil:* **To shorten the range,** raccourcir le tir. *Row:* **To shorten the stroke,** mollir. (*b*) *Nau:* **To shorten sail,** *F:* **to shorten her down,** diminuer la voilure; diminuer de voile, de toile. (*c*) *Abs. Nau:* **To shorten in,** embraquer de la chaîne, de la touée; embraquer le mou (d'une amarre). (*d*) **Baby not yet shortened,** petit enfant encore en vêtements longs. **2.** *v.i.* (*Of days, etc.*) (Se) raccourcir, (se) rapetisser; décroître, diminuer.

shortening[1], *a.* **1.** (*Of days*) Décroissant. **2.** *S. life*, vie *f* qui tire à sa fin.

shortening[2], *s.* Raccourcissement *m*, rapetissement *m*, abrégement *m*; décroissance *f* (des jours). *Fin:* **Shortening of credit,** amoindrissement *m* de crédit.

shorthand ['ʃɔːrthand], *s.* Sténographie *f*. **Shorthand writing,** écriture *f* sténographique. **Typed shorthand,** sténotypie *f*; sténo *f* mécanique. **To take a speech down in shorthand,** sténographier un discours. *Take this down in s.*, *F:* prenez ceci en sténo. **Shorthand symbols,** caractères *m* sténographiques. (*Pers.*) **Shorthand typist,** sténodactylographe *mf*; *F:* sténodactylo *mf*. (*Machine*) **Shorthand typewriter,** sténotype *f*. **Shorthand clerk,** commis *m* sténographe. **Shorthand writer, shorthand reporter,** sténographe *mf*. *Jur:* **Shorthand writer's notes,** notes *f* sténographiques d'audience.

shorthorn ['ʃɔːrthɔːrn], *s.* *Breed:* Bœuf anglais à cornes courtes; shorthorn *m*.

shortish ['ʃɔːrtiʃ], *a.* Assez court; plutôt court; (*of pers.*) courtaud.

shortness ['ʃɔːrtnəs], *s.* **1.** (*a*) Peu *m* de longueur (du bras, d'une jupe, etc.). **Shortness of sight,** myopie *f*. (*b*) Brièveté *f*, courte durée, peu de durée (de la vie, etc.). **Shortness of memory,** manque *m* de mémoire, peu de mémoire. *Pros: S. of a vowel*, brévité *f* d'une voyelle. (*c*) Brusquerie *f* (d'humeur). **2.** Manque, insuffisance *f* (de vivres, d'argent, etc.). *See also* BREATH. **3.** Friabilité *f*; aigreur *f* (du métal).

shot[1]. *See* SHOOT[2].

shot[2] [ʃɔt], *s.* **1.** *Artil:* (*a*) *A:* Boulet *m*. *Solid s.*, boulet plein. *F:* **As long as I have a shot in the locker,** tant que je ne serai pas à bout de ressources. *I've still got a s. in the locker*, il me reste encore une ressource. *Without a s. in the locker*, sans un sou vaillant; sans ressources; à bout de ressources. (*b*) *Coll.* Projectiles *mpl*. **Racking shot, concussion shot,** projectiles à concussion. **Chilled shot,** obus fondus en coquilles. *A:* **Round shot,** (i) boulet rond; (ii) boulets ronds. *See also* GRAPE-SHOT. **2.** *Sm.a:* (*Coll. sg. preferred to pl.*) (*a*) *A:* Balle *f*. **Wasted shot,** balle perdue. *See also* POWDER[1]. (*b*) *Ven:* Plomb *m*. **Small shot,** menu plomb, petit plomb. **Sporting shot,** plomb de chasse; dragée *f*, grenaille *f*. **Bird shot, dust shot,** cendrée *f*, menuisaille *f*. **Chilled shot,** grenaille d'acier trempé. *See also* BUCK-SHOT, DUCK-SHOT, SWAN-SHOT. **To take a (flying) shot at a bird,** tirer un oiseau (au vol). *F:* **To be off like a shot,** partir comme un trait, comme une flèche. *He was off like a s.*, il est parti raide comme balle; crac! le voilà parti! *He accepted like a s.*, il accepta avec empressement. (*c*) *Bot:* **Indian shot,** balisier *m* des Indes; safran *m* marron. **3.** (*a*) Coup *m* de feu. **Pistol shot,** coup de pistolet. **Within pistol-shot,** à portée de pistolet. *See also* BOWSHOT, EAR-SHOT, GUNSHOT, MUSKET-SHOT, RIFLE-SHOT. **To fire a shot,** tirer un coup de feu. *Without firing a s.*, sans brûler une amorce. *A: The Spanish frigate fired two shot*, la frégate espagnole tira deux coups. **That remark is a shot at you,** c'est vous qui êtes visé; c'est une pierre dans votre jardin. (*b*) (*Pers.*) Tireur, -euse. **He's a good shot,** il est bon chasseur. **He is no shot,** il est mauvais tireur. *He is one of our best shots*, *F:* c'est un de nos meilleurs fusils. *See also* CRACK[1] II, DEAD I. 5. **4.** Coup. (*a*) *Games:* **It's your shot,** c'est à vous de jouer. **Good shot, sir!** bien joué! *To practise a new s.*, s'exercer à, répéter, un nouveau coup. *F:* **I'll have a shot (at it),** je vais essayer; je vais tenter le coup. *It's worth having a s. at it*, ça vaut le coup. *To have two shots at it*, s'y reprendre à deux fois. *To be successful* **at the first shot,** réussir d'emblée, du premier coup. **To make a shot at an answer,** répondre au petit bonheur. *He made a very good s. at it*, (i) il est arrivé fort près du but; (ii) il s'est acquitté de façon très méritoire. **To make a bad shot,** (i) rater son coup; (ii) *F:* deviner faux. (*b*) *Fb:* **Shot (at the goal),** shot *m*, shoot *m*. **To have a shot at the goal,** shooter. (*c*) *Fish:* Coup de filet. (*d*) *Cin:* (i) Prise *f* de vue; coup d'objectif; (ii) section *f* de film; (iii) plan *m*. **Close shot,** premier plan. *Medium s.*, premier plan de figure. **Long shot,** plan général. **Distance shot,** lointain *m*. *To make the exterior shots of a film*, tourner les extérieurs. (*e*) *P:* Piqûre *f* (à la morphine). (*f*) *P:* Goutte *f* (d'eau de vie, etc.). **5.** *Min:* (*a*) Pétard *m*, mine *f*. (*b*) Coup de mine. **To fire a shot,** tirer un coup de mine; allumer une mine. **6.** *Tex:* (*a*) Chasse *f*. (*b*) Duite *f*. **7.** *U.S: P:* **A big shot,** un personnage important; un chef de file.

'shot-cartridge, *s.* Cartouche *f* à plomb.

'shot-firer, *s.* *Min:* Boutefeu *m*.

'shot-gun, *s.* Fusil *m* de chasse.

'shot-hole, *s.* **1.** Trou *m* de balle. **2.** *Min:* Trou, chambre *f*, de mine.

'shot-hole borer, *s.* *Ent:* Scolyte *m*.

'shot-proof, *a.* A l'épreuve des balles.

'shot-tower, *s.* Tour *f* à fondre la dragée (de chasse).

shot[3], *v.tr.* (**shotted; shotting**) **1.** Charger (une arme à feu). **2.** Plomber (une ligne de pêche, etc.). **3.** (*a*) Grenailler (le métal). (*b*) *v.i.* (*Of metal*) Se grenailler.

shotted, *a.* (*Of fishing-line, etc.*) Plombé.

shotting, *s.* Grenaillement *m* (du métal).

shot[4], *s.* = SCOT[2] 1.

shotten [ʃɔtn], *a.* (*Old p.p. of* SHOOT[2]) *Fish:* **Shotten herring,** hareng guais, hareng gai. *See also* LEAN[1] 1, SHOULDER-SHOTTEN.

should [ʃud]. *See* SHALL.

shoulder[1] ['ʃouldər], *s.* **1.** (*a*) Épaule *f*. *To have one s. slightly higher than the other*, avoir une épaule un peu plus haute que l'autre; avoir la taille un peu déviée, un peu déjetée. *To have round shoulders*, avoir le dos rond; être voûté. **Breadth of shoulders,** carrure *f*. *F:* **His shoulders are broad enough,** il a bon dos. *Coat that is too narrow across the shoulders*, habit qui est trop étroit de carrure; habit étriqué, qui ne dégage pas assez les épaules. **To wear a decoration over the shoulder,** porter une décoration en écharpe. **Slung across the shoulder,** en bandoulière. **To bring the gun to the shoulder,** épauler le fusil. **To hit out straight from the shoulder,** frapper directement, en plein. *F:* **To tell s.o. sth. straight from the shoulder,** dire qch. carrément, brutalement, à qn. **I let him have it straight from the shoulder,** je ne le lui ai pas envoyé dire. *F:* **To have a head on one's shoulders,** avoir de la tête, du bon sens. *See also* HEAD[1] 2. *Prov:* **You can't put an old head on young shoulders,** il ne faut pas chercher la sagesse d'un vieillard chez un jeune homme. **To stand head and shoulders above the rest,** dépasser les autres de la tête. **Head and shoulders portrait,** portrait *m* en buste. **Shoulder to shoulder,** côte à côte. *To stand s. to s.*, se soutenir les uns les autres. **To take a responsibility on one's shoulders,** endosser une responsabilité. **To lay the blame on s.o.'s shoulders,** en rejeter la faute sur qn. *F:* **To put, set, one's shoulder to the wheel,** (i) pousser à la roue; (ii) se mettre à l'œuvre. *See also* COLD[1] (*a*), OPEN[2] I. 2, RUB[2] 1. (*b*) *Cu:* Épaule (de mouton, etc.). *Nau:* **Shoulder of mutton sail,** (voile *f* à) houari *m*. (*c*) Épaulement *m* (de colline, etc.); contrefort *m* (de montagne); ressaut *m* (de terrain). **2.** (*a*) (i) *Ten:* Épaule (de raquette). (ii) *Sm.a:* Busc *m* (de la crosse). (iii) *Typ:* Talus *m* (d'une lettre). (*b*) *Tchn:* Épaulement, arasement *m*, arrêtoir *m* (de tenon, etc.); embase *f* (de boulon, de ciseau, etc.); bourrelet *m*, collet *m* (de tuyau, etc.); talon *m* (de lame d'épée, d'essieu). *Nau:* Épaulette *f* (de mât). *Rail:* Contrefort (de coussinet). *Artil:* Ressaut (d'un projectile). *Projecting s. round a hole*, collerette *f* d'un trou. *Sm.a:* **Recoil shoulder,** tenon *m* de recul. *See also* STOP-SHOULDER. **3.** Cintre *m*; porte-vêtements *m inv.*

'shoulder-belt, *s.* Baudrier *m*; *A:* bandoulière *f*.

'shoulder-blade, *s.* (i) *Anat:* Omoplate *f*; (ii) paleron *m* (de cheval, de bœuf, etc.).

'shoulder-braid, *s.* *Mil.Cost:* Fourragère *f*.

'shoulder-cut, *s.* *Carp:* Arasement *m* (de tenon).

'shoulder-high, *a. & adv.* A la hauteur des épaules. **To carry s.o. shoulder-high,** porter qn en triomphe.

'shoulder-joint, *s.* *Anat:* Articulation *f* de l'épaule.

'shoulder-knot, *s.* *Mil: etc:* Nœud *m* d'épaule; aiguillette *f*, contre-épaulette *f*.

'shoulder note, *s.* *Typ:* Manchette *f*.

'shoulder-pegged, *a.* (Cheval) aux épaules chevillées.

'shoulder-piece, *s.* **1.** (*a*) *Archeol:* Épaulière *f* (d'une armure). (*b*) Pièce *f* (d'un vêtement) qui couvre les épaules. **2.** *Artil:* Crosse *f* (de canon à tir rapide). **3.** = SHOULDER[1] 2 (*a*).

'shoulder-shot(ten), *a.* *Vet:* *A:* (*Of animal*) Épaulé.

'shoulder-strain, *s.* *Vet:* Écart *m* (d'épaule).

'shoulder-strap, *s.* **1.** (*a*) Bretelle *f*; épaulière *f* de maintien; bandoulière *f*. *Shoulder-straps* (*of knapsack, etc.*), brassière *f*. (*b*) (*On women's underclothing*) Épaulette *f*, bretelle; patte *f* d'épaule. **2.** *Mil: etc:* Patte d'épaule; attente *f* (d'un uniforme).

shoulder[2], *v.tr.* **1.** Pousser (qn, qch.) avec l'épaule, de l'épaule. **To shoulder one's way through the crowd,** se frayer un chemin, un passage, se frayer route, à travers la foule en poussant avec les épaules, à coups d'épaules. **To be shouldered out of the way,** être repoussé, écarté, d'un coup d'épaule. *The donkeys* **shoulder aside** *the crowd*, les ânes *m* écartent la foule. **2.** Mettre, charger, (qch.) sur l'épaule. **To shoulder one's gun,** mettre son fusil sur l'épaule. *To s. a burden, a task*, se charger d'un fardeau, d'une tâche. **To shoulder the responsibility,** endosser la responsabilité. *F: To s. other people's sins*, battre sur sa poitrine la coulpe d'autrui. *To let s.o. else s. a piece of business*, rejeter sur un autre l'endosse d'une affaire. **3.** *Mil:* **To shoulder arms,** porter l'arme; se mettre au port d'armes. **Shoulder arms!** portez armes! **4.** *Carp:* Épauler (une poutre, un tenon).

shouldering, *s.* **1.** Bousculement *m*, coudoiement *m*. **2.** Épaulement *m* (d'un essieu, d'un tenon, etc.).

shouldered ['ʃouldərd], *a.* **1.** (*With adj. prefixed, e.g.*) **Narrow-shouldered,** aux épaules étroites. *Fine-s. horse*, cheval effilé. *See also* BROAD-SHOULDERED, HIGH-SHOULDERED, ROUND-SHOULDERED. **2.** *Tchn:* (Tenon, etc.) épaulé; (ciseau, etc.) à embase.

shout[1] [ʃaut], *s.* **1.** (*a*) Cri *m* (de joie, de douleur, etc.). *Shouts of laughter*, éclats *m* de rire. (*b*) Clameur *f*. *Shouts of applause*, acclamations *f*. *They greeted him with shouts of 'Long live the Emperor,'* ils l'accueillirent au cri de "Vive l'Empereur." **2.** *P:* Tournée *f* (de boisson). **It's my shout,** c'est ma tournée; c'est moi qui paie.

shout[2]. **1.** *v.i.* Crier; pousser des cris ou une clameur. **To shout at the top of one's voice,** crier à tue-tête. *To s. with pain*, hurler de douleur. **To shout for s.o.,** appeler qn de toutes ses forces, à grands cris. **To shout at s.o.,** s'adresser à qn en criant. *Don't s. at me*, ne criez pas. **To shout like mad,** s'égosiller. *U.S: P:* **Now you're shouting!** ça c'est parler! voilà qui s'appelle parler! *v.pr.* **To shout oneself hoarse,** s'enrouer à force de crier. *See also* LAUGHTER. **2.** *v.tr.* Crier (qch.); vociférer (des injures, etc.). *To s. approbation*, exprimer son approbation par des cris, par des clameurs. *F:* **To shout a piece of news from the house-tops,** crier une nouvelle sur les toits. **To shout an order,** crier un ordre. *He shouted (an order) for a rope to be brought*, il cria que l'on apportât une corde. **To shout**

to s.o. to do sth., crier à qn de faire qch. **3.** *v.i. P:* Payer une tournée (de consommations).

shout down, *v.tr.* Huer (un orateur, etc.).

shout out. 1. *v.i.* Crier, s'écrier; pousser un cri, des cris. **2.** *v.tr.* Crier (un nom, etc.).

shouting, *s.* Cris *mpl*, acclamations *fpl*. *F:* **It's all over bar the shouting,** (i) tout est fini sauf les commentaires; (ii) le résultat n'est plus en doute, est hors de doute.

shouter ['ʃautər], *s.* Crieur, -euse; acclamateur, -trice.

shove[1] [ʃʌv], *s.* *F:* Coup *m* (d'épaule, etc.); poussée *f*; impulsion *f*. **To give sth. a shove,** pousser qch.; donner une poussée à qch. **To give s.o. a shove off,** aider qn au départ, au démarrage.

'shove-net, *s.* *Fish:* Truble *f*; crevettière *f*.

shove[2], *v.tr.* *F:* Pousser (qn, un objet). *You pull and I'll s.*, vous, tirez, et moi je vais pousser. **Don't shove (me),** ne (me) poussez pas. **To shove (one's way) through the crowd,** se frayer un chemin à travers la foule. **To shove one's way to the front,** se pousser. **To shove by s.o., past s.o.,** passer près de qn en le bousculant. **To shove oneself forward,** se pousser dans le monde. *To s. s.o. into power*, pousser qn au pouvoir; bombarder qn ministre. **He shoved the whole affair on to me,** il m'a mis toute l'affaire sur les bras. **To shove sth. into a drawer,** fourrer qch. dans un tiroir.

shove about, *v.tr.* Pousser çà et là. *They were laughing and shoving each other about*, ils se bousculaient en riant.

shove along. 1. *v.tr.* Pousser (qch.) en avant. **2.** *v.i.* Avancer (laborieusement); se frayer un chemin; pousser de l'avant.

shove aside, *v.tr.* Écarter (qn, qch.) d'une poussée; pousser (qch.) de côté.

shove away, *v.tr.* **1.** Repousser, éloigner (qch.). **2.** *Abs.* Continuer à pousser. **Shove away!** poussez donc! allez-y!

shove back, *v.tr.* Repousser, faire reculer (qn, qch.).

shoving back, *s.* Repoussement *m*.

shove down, *v.tr.* Faire descendre (qn, qch.) en le poussant.

shove forward. 1. *v.tr.* Pousser (qn, qch.) en avant; faire avancer (qn, qch.). **2.** *v.i.* (*a*) Se frayer un chemin en poussant des coudes. (*b*) Se pousser; faire son chemin.

shoving forward, *s.* Poussée *f* en avant.

shove off. 1. *v.tr.* (*a*) *Nau:* Pousser (une embarcation) au large; déborder (une embarcation d'un vaisseau). *Abs.* **Shove off!** laissez aller! poussez! (*b*) *P:* *To s. off one's coat*, mettre bas sa jaquette, etc. **2.** *v.i.* *F:* S'éloigner; partir; se mettre en route.

shoving off, *s.* Poussée *f* au large.

shove on. 1. *v.tr.* Mettre; enfoncer (son chapeau). **2.** *v.i.* Continuer son chemin.

shove out, *v.tr.* Pousser (qn, qch.) dehors. *To s. out one's hand*, étendre le bras. *P:* *To s. out one's tongue*, tirer la langue.

shoving out, *s.* Poussée *f* au dehors.

shove up, *v.tr.* Afficher (une annonce, etc.).

shoving, *s.* Poussée *f*.

'shove-halfpenny, *s.* = SHOVEL-BOARD.

shove[3], *s.* *Tex:* Chènevotte *f* (du chanvre).

shovel[1] ['ʃʌv(ə)l], *s.* Pelle *f*. **Fire-shovel, coal-shovel,** pelle à feu, à charbon. **Smith's shovel,** palette *f*. **Manure shovel,** louche *f*. *Civ.E:* **Steam shovel, power shovel,** pelle à vapeur; drague *f* à cuiller. *To turn the grain over with a s.*, retourner le grain à la pelle; pelleter le grain. *See also* MUD-SHOVEL.

'shovel-'dredge(r), *s.* *Civ.E:* Pelle *f* automatique.

'shovel-fish, *s.* *Ich:* Scaphirhynque *m*.

shovel 'hat, *s.* Chapeau *m* ecclésiastique; chapeau romain.

'shovel-nosed, *a.* (Poisson *m*) au museau en spatule.

shovel[2], *v.tr.* (shovelled; shovelling) Pell(et)er (le charbon, etc.); prendre ou jeter (le charbon, etc.) à la pelle. *F:* **To shovel food into one's mouth,** manger gloutonnement.

shovel away, *v.tr.* **1.** Enlever (qch.) à la pelle; déblayer (la neige, etc.). **2.** *Abs.* Continuer à manier sa pelle.

shovelling away, *s.* Déblayement *m*, déblaiement *m* (de la neige, etc.).

shovel out, *v.tr.* (Re)jeter (qch.) avec une pelle.

shovel up, *v.tr.* Ramasser ou entasser (le grain, etc.) avec une pelle, à la pelle.

shovelling up, *s.* Ramassage *m* à la pelle.

shovelling, *s.* Pell(et)age *m*; *Nau:* paléage *m* (du grain, etc.).

shovel-board ['ʃʌv(ə)lbɔːrd], *s.* Jeu *m* de galets.

shovelful ['ʃʌv(ə)lful], *s.* Pellée *f*, pellerée *f*, pelletée *f* (de sable, etc.).

shoveller ['ʃʌv(ə)lər], *s.* **1.** Pelleteur *m*. **2.** *Orn:* **Shoveller (duck),** souchet (commun).

shover ['ʃʌvər], *s.* **1.** Pousseur, -euse. **2.** *Hum:* Chauffeur *m* (d'automobile).

show[1] [ʃou], *s.* **1.** Mise *f* en vue; étalage *m*, exposition *f* (de qch.). **Show of hands,** vote *m* à main(s) levée(s). **To vote by show of hands,** voter à mains levées. *Com:* **On show on our premises,** exposé dans nos magasins. **Show article,** article *m* de parade. *F:* **The show pupil of the class,** l'élève *mf* qu'on met en avant, dont on fait étalage. *Surgeon's* **show case,** opéré *m* dont un chirurgien fait parade. *Mus:* **Show piece,** morceau *m* de facture. *Organ:* **The show pipes,** la montre. **2.** (*a*) Exposition (de marchandises, d'horticulture, etc.); exhibition *f* (de tableaux, etc.); concours *m*, comice *m* (agricole, etc.). **Motor show,** salon *m* de l'automobile. **Show animal,** bête *f* à concours. **Show-breeder,** éleveur *m* de bêtes, d'oiseaux, etc., à concours. *See also* CATTLE-SHOW, DOG-SHOW, HORSE-SHOW. (*b*) (i) Spectacle *m*; (*at a fair, etc.*) spectacle forain. **The Lord Mayor's Show,** la procession solennelle du Lord-Maire de Londres (à travers les rues de la Cité). **Wild-beast show,** ménagerie *f*. **Outside show** (*given by mountebanks*), parade *f* de saltimbanques. *F:* **To make a show of oneself,** se donner en spectacle; se rendre ridicule. *See also* DUMB[1] 1, PEEP-SHOW, RAREE-SHOW, SHADOW-SHOW, SIDE-SHOW. (ii) *P:* Spectacle, concert *m*. **To go to a show,** aller au spectacle. *See also* PICTURE-SHOW. (iii) *P:* Réunion mondaine ou officielle. (*c*) Étalage *m*. **Wonderful show of flowers,** étalage merveilleux de fleurs. *Our furniture makes a poor s. in this magnificent flat*, notre mobilier fait triste figure dans cet appartement princier. *England made a very poor s. in the men's singles*, l'Angleterre n'a pas brillé dans les simples messieurs. (*d*) *U.S:* **To give s.o. a (fair) show,** laisser franc jeu à qn. **To have, stand, a show,** avoir des chances de succès. *He was knocked out before he had a s.*, il a été mis knock-out avant d'avoir une chance de donner sa mesure. **3.** (*a*) (i) Apparence *f*; (ii) semblant *m*, simulacre *m*. **With some show of reason,** avec quelque apparence de raison. **Show of generosity,** affectation *f* de générosité. *Hollow s. of honesty*, vaine montre de probité. **Show of resistance,** simulacre de résistance. **To make a show of resistance, of repentance,** faire un semblant de résistance; avoir un semblant de repentir. *To make a s. of boldness*, prendre des allures de hardiesse. **To make a show of being angry, of going to bed,** faire semblant, faire mine, d'être fâché; faire semblant de monter se coucher. *To deceive s.o.* **under a show of friendship,** tromper qn sous couleur d'amitié. *To make a great s. of friendship*, faire de grandes démonstrations d'amitié. (*b*) Parade *f*, ostentation *f*, étalage, apparat *m*, affichage *m*. *With all the s. of a state ceremony*, avec tout l'apparat, avec tout l'attirail, d'une cérémonie d'État. **To be fond of show,** aimer l'éclat, la parade. **To make a show of learning,** faire parade d'érudition. *To make a s. of one's wealth, of one's knowledge*, faire étalage de son luxe, de ses connaissances; déployer son luxe; afficher ses connaissances. **To do sth. for show, in order to make a show,** faire qch. pour les apparences, pour la montre, pour faire de l'effet, pour faire parade, *F:* pour faire du fla-fla. *To do things with less s.*, faire les choses avec moins d'apparat. **4.** *F:* Affaire *f*. *It was the first time that our battalion was in a big show*, c'était la première fois que notre bataillon prenait part à une grosse affaire. *The whole beastly s.*, toute la sale boutique. *F:* **To run the show,** être à la tête de l'affaire; diriger l'affaire; *F:* tenir la queue de la poêle. *I run the s.*, c'est moi qui fais marcher l'affaire. *See also* BOSS[3], GIVE AWAY 3. **5.** (*a*) *Obst:* Eaux *fpl* de l'amnios. (*b*) *Physiol:* Écoulement menstruel; début *m* de règles.

'show-bill, *s.* Affiche *f* (de spectacle).

'show-board, *s.* Planche *f* à affiche; écriteau *m* d'annonces.

'show-boat, *s.* *U.S:* Bateau-théâtre *m* (sur le Mississipi).

'show-bottle, *s.* Bocal *m*, -aux (de pharmacien).

'show-card, *s.* *Com:* **1.** Pancarte *f*. **2.** Étiquette *f* (de vitrine, etc.). **3.** Carte *f* d'échantillons.

'show-case, *s.* *Com:* Montre *f*, vitrine *f*; (*for watches*) porte-montres *m inv.*

'show-end, *s.* *Tex:* Chef *m* (d'une pièce de drap).

'show-girl, *s.f.* *Th:* Figurante.

'show-glass, *s.* = SHOW-CASE.

'show-ground, *s.* Champ *m* de comice agricole.

'show-place, *s.* Endroit *m*, monument *m*, d'intérêt touristique.

'show-ring, *s.* Arène *f* de vente (de chevaux, de cheptel).

'show-window, *s.* *U.S:* = SHOP-WINDOW.

show[2], *v.* (*p.t.* showed [ʃoud]; *p.p.* showed, shown [ʃoun]) I. *v.tr.* **1.** Montrer. (*a*) Faire voir, laisser voir, exposer, exhiber (qch.). **To show sth. to s.o., to show s.o. sth.,** montrer, faire voir, qch. à qn. *Just s. me your work*, faites voir un peu votre ouvrage. *Tree that is beginning to s. its fruit*, arbre *m* qui commence à faire voir ses fruits. **To show the colours,** déployer le pavillon; montrer son pavillon. *Com:* **We are showing a cheap line of goods,** nous présentons, exposons, offrons, une série d'articles bon marché. **What can I show you, madam?** madame désire? *To s. one's wares*, déployer, étaler, ses marchandises. **To show goods in the window,** exposer des marchandises à la devanture. **He got a prize for the dog he showed,** il a reçu un prix pour le chien qu'il a exposé. **Picture shown at the Academy,** tableau exposé au Salon de Londres. **To show a picture, a film, on the screen,** projeter une image, un film (sur l'écran). *House now showing 'Catherine of Russia,'* salle *f* qui passe, qui présente, "Catherine de Russie." **To show one's ticket, one's passport,** montrer, exhiber, son billet; (re)présenter son passeport. **To show one's cards, one's hand,** (i) jouer cartes sur table; (ii) *F:* découvrir ses batteries. *Nau:* **To show a light,** (i) porter un feu; (ii) démasquer un feu. *F:* **Come and show us a light!** venez nous éclairer! **To have sth. to show for one's money,** en avoir pour son argent. **To show one's breast, one's legs,** exposer sa gorge, ses jambes. **To show one's face somewhere,** se montrer, *F:* montrer son nez, le bout de son nez, quelque part. *He never shows his face at the window*, il ne met jamais le nez à la fenêtre. *He dare not s. his face at the club*, il n'ose pas se montrer au club. *He won't s. his face here again*, il ne se montrera plus ici. *His cheeks s. two red patches*, deux points *m* rouges lui tachent les joues. **Colour that does not show the dirt,** couleur qui n'est pas salissante, qui ne se salit pas. *F:* (*Of garment*) **To show daylight,** être plein de trous. **To show oneself,** se montrer, se faire voir; (*for inspection, etc.*) se présenter, s'exhiber; (*at a reception, etc.*) faire acte de présence. (*Of thg*) **To show itself,** devenir visible, se montrer, se manifester, se révéler. *Their impatience showed itself in noisy interruptions*, leur impatience se manifestait par de bruyantes interruptions. *See also* FEATHER[1] 1, HEEL[1] 1, LEG[1] 1, RECORD[1] 2, TOOTH[1] 1. (*b*) Représenter, figurer (qch. par la peinture, par le discours, etc.). *The picture shows three figures*, le tableau représente trois personnes. *We are shown him as a devoted son*, on nous le montre comme fils dévoué. *Machine shown in section*, machine figurée en coupe. (*c*) Indiquer. *Place shown on a map*, lieu indiqué sur une carte. **As shown in the illustration,** comme l'indique l'illustration. (*Of watch, thermometer, etc.*) **To show the time, the temperature,** indiquer, marquer, l'heure, la température. *The thermometer shows a rise in temperature*, le thermomètre accuse une élévation de température. *The indicator shows a speed of . . .*, l'indicateur *m* accuse une vitesse de. . . . *To show amounts in red ink*, indiquer, faire ressortir, des sommes à l'encre rouge. **To show a profit,** faire ressortir un bénéfice. *The balance-sheet shows a loss,* le bilan fait ressortir, se traduit par, une perte. *The accounts s. a net profit of . . .,* les comptes se soldent par un bénéfice net de. . . . **To show great improvement,** montrer, accuser, une grande amélioration. **2.** (*a*) **To show s.o. the way,** indiquer, tracer, le chemin à qn. **To show the way,** jeter des jalons (dans une science, etc.). *They have shown the way to their successors,* ils ont jalonné la route à ceux qui suivront. *To s. s.o. where he is to stand,* montrer à qn où il devra se tenir. **To show s.o. how to read,** montrer, apprendre, à lire à qn. *See also* DOOR 1. (*b*) Conduire (qn) (pour lui montrer le chemin, etc.). **To show s.o. to his room,** conduire qn à sa chambre. **To show strangers round the town,** faire visiter, faire voir, la ville aux étrangers; promener des étrangers par la ville. *The strangers were shown over the house,* on fit visiter la maison aux étrangers. *Let me s. you round,* laissez-moi vous piloter. **To show s.o. up(stairs), down(stairs),** faire monter, faire descendre, qn. **To show s.o. to his seat,** placer qn. **To show s.o. into a room,** introduire, faire entrer, qn dans une pièce. **3.** (*a*) Montrer (des qualités); manifester (ses sentiments, etc.); témoigner (sa reconnaissance, de la surprise, etc.); marquer, laisser voir, laisser paraître (ses sentiments). *To s. intelligence, courage,* faire preuve d'intelligence, de courage. *To s. unexpected daring,* déployer une audace inattendue. **To show an interest in s.o.,** témoigner de l'intérêt à qn. *To s. contempt for s.o.,* (i) témoigner du dédain à qn; (ii) laisser paraître son dédain pour qn. *To s. zeal in doing sth.,* apporter du zèle à faire qch.; faire preuve de zèle. **To show a taste for . . .,** témoigner d'un goût pour. . . . *To s. one's pride,* mettre à jour son orgueil. *His face showed his delight,* son visage annonçait sa joie. *He has more learning than he cares to s.,* il a plus de connaissances qu'il n'en laisse paraître. *I was more gratified than I cared to s.,* j'étais plus flatté que je ne voulais le laisser paraître. *To s. perfect unanimity,* manifester une parfaite unanimité. *Selection that shows s.o.'s tastes,* choix qui déclare, qui accuse, les goûts de qn. *He showed no sign of having heard anything,* il ne manifesta en aucune façon avoir rien entendu. **He shows his age,** il marque son âge. *To s. one's true character,* se démasquer. *U.S: F:* **To show drink,** être pris de boisson. **To show oneself (to be) a coward,** se montrer lâche. *He showed himself a first-rate leader,* il s'est révélé excellent chef. *He has shown himself to be a practical man,* il s'est montré homme pratique. *He showed himself very friendly,* il s'est montré très gentil. *He shows himself as accommodating as possible,* il se prête tant qu'il peut. *Abs.* **Time will show,** qui vivra verra. *See also* FIGHT[1] 2, HOSPITALITY, METTLE 2. (*b*) Révéler, montrer, accuser, faire ressortir (qch.). *His round shoulders s. his age,* son dos voûté accuse, révèle, son âge. *Garment that shows the figure,* vêtement qui dessine la taille. (*c*) Prouver, démontrer (que le triangle ABC est égal au triangle DEF, etc.). **To show s.o. to be a rascal,** prouver la coquinerie de qn. *A mere glance will s. that . . .,* il suffit d'un coup d'œil pour se rendre compte que. . . . *Nothing seems to s. that he is guilty,* rien ne semble dénoter qu'il soit coupable. *Abs.* **I'll show you!** je vous apprendrai! **To show cause, reason,** exposer ses raisons; offrir des raisons valables. *Jur:* **To show one's right,** faire apparoir son bon droit.

II. **show,** *v.i.* Se montrer, (ap)paraître, transparaître, se voir; se laisser voir. **The buds are beginning to show,** les bourgeons commencent à se montrer, à paraître. **Her petticoat is showing,** son jupon dépasse, se voit. *His veins s. under the skin,* ses veines apparaissent, transparaissent, sous la peau. *The delicate skin showed through the tissue,* la peau délicate transparaissait au travers de la fine étoffe. **That stain will never show,** cette tache ne se verra aucunement. *It shows in your face,* cela se voit, se lit, sur votre visage. *He never shows at her at-homes,* il ne se montre jamais quand elle reçoit. **To show to advantage,** faire bonne figure. *P:* **To show willing,** faire preuve de bonne volonté.

show down. 1. *v.tr. See* SHOW[2] I. 2 (*b*). **2.** *Abs. Cards:* Mettre cartes sur table; étaler son jeu.

'show-down, *s. U.S:* **1.** *Cards:* Étalement *m* de son jeu (sur la table). **2.** *F:* Révélation *f*, mise *f* au jour, de ses projets, de ses capacités, de ses exploits, etc. **To call for a show-down,** demander à qn de faire valoir ses prétentions. *If it comes to a show-down,* s'il faut en venir au fait et au prendre.

show forth, *v.tr.* Proclamer, annoncer, raconter (les louanges de qn).

show in, *v.tr.* **Show him, them, in,** faites entrer.

show off. 1. *v.tr.* (*a*) Faire valoir, mettre en valeur (qch.). *Setting that shows off a stone,* monture *f* qui fait valoir, qui rehausse, un bijou. *Coat that shows off the figure well,* habit *m* qui marque, dessine, bien la taille. (*b*) Faire parade, montre, étalage, spectacle, de (qch.); mettre (des marchandises) en évidence. *He likes to s. off his strength,* il aime à faire parade de sa force. **To show off one's daughter,** faire briller sa fille; mettre sa fille en avant. **2.** *v.i.* Parader, plastronner, poser; se pavaner; aimer, chercher, à paraître; se donner des airs; s'étaler, s'afficher; *F:* faire la belle jambe; paonner; *P:* faire de l'épate, du frou-frou. **To show off before s.o.,** chercher à épater qn. *To be always showing off, F:* être toujours en représentation; être poseur. *Man who likes to s. off, P:* un m'as-tu-vu.

'show-off, *s.* **1.** Exposition *f*, manifestation *f* (de qch.). **2.** *F:* (*Pers.*) Plastronneur *m*; poseur *m*.

showing off, *s.* **1.** Mise *f* en valeur (d'un article). **2.** Étalage *m*, parade *f*, ostentation *f*, pose *f*.

show out, *v.tr.* Reconduire (qn); escorter (qn) jusqu'à la porte.

show through, *v.i.* Transparaître.

show up. I. *v.tr.* **1.** (*a*) *See* SHOW[2] I. 2 (*b*). (*b*) *Sch:* Donner (sa copie, etc.). **2.** Faire connaître (qn); démasquer, dénoncer (un imposteur, etc.); dévoiler (une imposture); révéler (un défaut, etc.). *To s. up s.o.'s faults,* mettre en évidence les défauts de qn. *He has been shown up, P:* il est grillé.

II. **show up,** *v.i.* **1.** (*a*) Se dessiner, se détacher, ressortir (sur un fond); se silhouetter (à, sur, l'horizon). (*b*) (*Of underhand work, etc.*) Montrer la ficelle. (*c*) *Sp: etc:* **To show up well, badly,** fournir une bonne, une mauvaise, performance. **2.** *F:* Se présenter, être présent; faire acte de présence. *They will s. up at twelve,* ils s'amèneront, *P:* ils s'abouleront, à midi.

show-'up, showing up, *s.* Mise *f* en lumière (d'un fait, etc.); dénonciation *f* (d'un malfaiteur).

showing, *s.* **1.** Exposition *f*, mise *f* en vue, représentation *f* (de qch.). **On this showing,** si l'on envisage ainsi les faits. **On your own showing,** à ce que vous dites vous-même. **2.** Manifestation *f*, témoignage *m* (de ses sentiments, etc.). **3.** Démonstration *f*, preuve *f* (d'un fait).

showbread ['ʃoubred], *s.* = SHEWBREAD.

shower[1] ['ʃouər], *s.* Exposant *m* (à une exposition, etc.); exhibiteur, -trice; exposeur, -euse; montreur, -euse.

shower[2] ['ʃauər], *s.* **1.** (*a*) Averse *f*. **Heavy shower,** ondée *f*; grosse averse. **Sudden shower,** averse; (*with hail or snow*) giboulée *f*. *The rain comes down* **in showers,** il pleut par ondées. (*b*) *F:* **Shower of blows, of stones,** volée *f*, grêle *f*, de coups; volée de pierres. **Shower of letters,** averse, pluie *f*, de lettres. *S. of sparks,* gerbe *f* d'étincelles. *S. of insults,* avalanche *f* d'injures. *See also* APRIL, COOLING[2]. **2.** *U.S: F:* Pluie de cadeaux (de noces, etc.). **Shower party,** réception *f* où chacun apporte un cadeau. *See also* LINEN-SHOWER.

'shower-bath, *s.* Bain-douche *m*, *pl.* bains-douches; douche *f* (en pluie).

shower[3] ['ʃauər]. **1.** *v.tr.* (*a*) Verser; faire tomber (de l'eau, etc.) par ondées. (*b*) *F:* **To shower blows,** frapper dru (*on s.o.,* sur qn); faire pleuvoir des coups (sur qn). **To shower invitations on s.o.,** *U.S:* **to shower s.o. with invitations,** accabler qn d'invitations. *To s. caresses on s.o.,* faire mille caresses à qn. *To s. attentions on s.o.,* combler qn de prévenances. *To s. epigrams on s.o.,* larder qn d'épigrammes. *Questions were showered on him,* on l'assaillit de questions. **2.** *v.i.* Pleuvoir; (*of rain*) tomber par ondées. *F:* **Congratulations showered (down) on her,** les félicitations pleuvaient (sur elle); on l'accablait de félicitations.

showery ['ʃauəri], *a.* (Temps, jour) de giboulées, à ondées; (temps) pluvieux.

showiness ['ʃouinəs], *s.* Prétention *f*, clinquant *m*, faste *m*; (*of colours*) caractère voyant. *The s. of their apartments,* le luxe criard de leur appartement. *She is always very well dressed, though without s.,* elle est toujours très bien mise, bien que sans ostentation.

showman, *pl.* **-men** ['ʃoumən, -men], *s.m.* (*a*) Directeur (d'un spectacle de la foire); forain. *F:* **He's a great showman,** il est passé maître pour la mise en scène. (*b*) Montreur de curiosités (à la foire, etc.).

showmanship ['ʃoumənʃip], *s.* Art *m* de la mise en scène.

showroom ['ʃourum], *s.* Salle *f*, salon *m*, ou magasin *m* d'exposition (d'une maison de commerce); salle de démonstration (d'automobiles, etc.).

showy ['ʃoui], *a.* (*Of appearance, dress, monument, etc.*) Prétentieux, voyant; tapageur, -euse; tape-à-l'œil *inv*; qui a de l'éclat; affichant. *S. hat,* chapeau *m* à effet; chapeau criard. *S. patriotism,* patriotisme *m* de parade. **-ily,** *adv.* (Habillé, etc.) d'une façon prétentieuse, voyante, criarde; avec ostentation; (meublé) avec un luxe criard.

shrank [ʃraŋk]. *See* SHRINK[2].

shrapnel ['ʃrapnəl], *s.* *Artil:* Shrapnel(l) *m*; obus *m* à balles, à mitraille. **Shrapnel firing,** tir *m* à balles.

shred[1] [ʃred], *s.* Filament *m*, fil *m*, brin *m*; lambeau *m*, fragment *m* (d'étoffe, etc.); petit morceau (de viande, etc.). *Shreds of cloth,* chippes *f*. **Torn shred** (*of cloth hanging from garment*), pendeloque *f*. **To cut sth. into shreds,** couper qch. en petites languettes. **To tear sth. (in)to shreds,** (dé)chiqueter qch.; mettre qch. en lambeaux. *F:* **To tear s.o.'s reputation to shreds,** déchirer qn à belles dents. *Her dress was all* **in shreds,** sa robe était tout en lambeaux. *Meat cooked to shreds,* viande *f* en charpie, en marmelade. **Made of shreds and patches,** fait de pièces et de morceaux. *F:* **There isn't a shred of evidence,** il n'y a pas une parcelle d'évidence. *Not a s. of truth,* pas un grain, pas une ombre, de vérité.

shred[2], *v.tr.* (shredded; shredding) Couper (qch.) par bandes, par petits morceaux en long, par languettes; déchirer (qch.) en lambeaux; chiqueter (qch.); déchiqueter (de la viande, etc.); défibrer (la canne à sucre, etc.). *Paperm:* Délisser, effilocher, défilocher (les chiffons).

shredded, *a.* Déchiqueté; coupé en languettes, en filaments; effiloché.

shredding, *s.* Déchiquetage *m* (de la viande, etc.). *Paperm:* Délissage *m*, effilochage *m*, défilochage *m* (des chiffons).

shredder ['ʃredər], *s.* **1.** (*Pers.*) Défibreur *m*, déchireur *m*. *Paperm:* Délisseur, -euse. **2.** *Tls: Cu:* **Vegetable-shredder,** coupe-julienne *m inv.* *Sug.-R:* **Cane-shredder,** défibreur *m*.

shreddy ['ʃredi], *a.* (*Of meat, etc.*) Filamenteux; (*of coat, etc.*) en lambeaux.

shrew[1] **(-mouse,** *pl.* **-mice)** ['ʃruː(maus, -mais)], *s.* *Z:* Musaraigne *f*; souris *f* d'eau. **The shrew-mice,** les soricidés *m*.

shrew[2], *s.f.* Femme criarde, querelleuse, acariâtre; rabroueuse; mégère; *F:* pie-grièche, *pl.* pies-grièches; *P:* teigne, carcan *m*. *See also* TAMING 1.

shrewd [ʃruːd], *a.* **1.** (*Of pers., etc.*) Sagace, perspicace, fin, clairvoyant; qui a du flair; *F:* qui a le nez fin; *P:* qui a le nez creux. *S. business man,* homme d'affaires très entendu. *S. reasoning,* raisonnement judicieux. *S. wit,* esprit fin, subtil. *S. fellow,* fine mouche, fin Normand. *S. answer,* réponse adroite. **2.** *A. & Lit:* (*a*) (*Of cold, weather, etc.*) Sévère, âpre. (*b*) **Shrewd blow,** coup dur, douloureux. **Shrewd thrust,** critique *f* qui porte juste; trait acéré. **3.** (*Intensive*) **I have a shrewd idea that . . .,** je suis porté à croire, il est fort présumable, que. . . . **I can make a shrewd guess**

as to who is the author, j'ai de fortes raisons pour deviner qui en est l'auteur. **-ly**, *adv.* Sagacement, finement; avec finesse; avec perspicacité.

shrewdness ['ʃru:dnəs], *s.* Sagacité *f*, perspicacité *f*; pénétration *f* d'esprit; clairvoyance *f*, finesse *f*.

shrewish ['ʃruiʃ], *a.* (Femme) acariâtre, querelleuse, grondeuse, criarde. **-ly**, *adv.* D'une façon acariâtre, querelleuse, grondeuse; en mégère.

shrewishness ['ʃruiʃnəs], *s.* Humeur acariâtre, querelleuse.

shriek[1] [ʃri:k], *s.* Cri déchirant; cri perçant (d'une personne, d'un animal). *S. of anguish*, cri d'angoisse. **Shrieks of laughter**, grands éclats de rire. **The shriek of a locomotive**, le cri strident, le sifflement, d'une locomotive. **To give a shriek**, pousser un cri (perçant).

shriek[2]. **1.** *v.i.* Pousser un cri aigu ou des cris aigus; (*of locomotive*) siffler, déchirer l'air. **To shriek at the top of one's voice**, crier à tue-tête; *F:* pousser des cris d'orfraie. **To shriek (out) with pain**, crier de douleur. *To s. with horror*, pousser un cri d'horreur. **To shriek with laughter**, rire aux éclats; *F:* s'esclaffer (de rire). **Colours that shriek at one another**, couleurs *f* qui hurlent ensemble. **2.** (*a*) *With cogn. acc.* **To shriek out a warning**, avertir qn d'un cri; pousser un cri d'avertissement. (*b*) *v.pr.* **To shriek oneself hoarse**, s'enrouer à force de crier.

shrieking[1], *a.* Qui pousse des cris aigus, éperdus; (locomotive) qui déchire l'air. **Shrieking colours**, couleurs criardes, qui jurent ensemble.

shrieking[2], *s.* Cris stridents; sifflement *m* (d'une locomotive). *The s. of the wind, of the storm*, les clameurs aiguës du vent, de la tempête.

shrievalty ['ʃri:vəlti], *s.* *Adm:* **1.** Fonctions *fpl* de shériff. **2.** (*a*) Juridiction *f* du shériff. (*b*) Période *f* d'exercice des fonctions de shériff.

shrift [ʃrift], *s.* *A:* Confession *f* et absolution *f*. **Short shrift**, délai accordé à un condamné avant son exécution pour se confesser. *F:* **To give s.o. short shrift**, expédier vite son homme. *He received short s.*, le châtiment ne se fit pas attendre.

shrike [ʃraik], *s.* *Orn:* Pie-grièche *f*, *pl.* pies-grièches. **Great grey shrike**, boisselière *f*. *See also* SWALLOW-SHRIKE.

shrill[1] [ʃril], *a.* (*Of voice, sound, etc.*) A note aiguë; aigu, strident, criard, aigre, glapissant, perçant. *To utter s. cries*, pousser des cris aigus. **In a shrill voice**, d'une voix perçante, élevée, pointue. *The s. blast of a bugle*, la note aiguë d'un clairon. *S. whistle*, coup *m* de sifflet strident. **-lly** ['ʃrilli], *adv.* D'un ton aigu, criard; avec un son aigu, strident.

'shrill-toned, *a.* A note aiguë.

'shrill-tongued, -voiced, *a.* (*Of pers.*) A la voix aiguë, stridente, criarde.

shrill[2]. **1.** *v.i.* *Lit:* Pousser, avoir, un son aigu, strident; *Lit:* strider. *A whistle shrilled*, un coup de sifflet déchira l'air. **2.** *v.tr.* (*a*) **To shrill (out) a song**, chanter une chanson d'une voix aiguë. (*b*) *A:* **To shrill forth one's grief**, donner cours à sa douleur en cris aigus. *To s. out abuse*, lancer des injures d'une voix criarde.

shrillness ['ʃrilnəs], *s.* Stridence *f*, acuité *f* (de la voix, d'un son).

shrimp[1] [ʃrimp], *s.* (*a*) *Crust:* Crevette (grise); crangon *m*; *F:* cardon *m*, chevrette *f*. *Cu:* **Shrimp paste**, beurre *m* de crevettes. *See also* MANTIS-SHRIMP, NET[1] 1. (*b*) *F:* **Shrimp (of a man)**, petit bout d'homme; avorton *m*, aztèque *m*, gringalet *m*.

shrimp[2], *v.i.* Pêcher la crevette.

shrimping, *s.* Pêche *f* à la crevette. *See also* NET[1] 1.

shrimper ['ʃrimpər], *s.* **1.** Pêcheur, -euse, de crevettes. **2.** (*Boat*) Crevettier *m*.

shrine[1] [ʃrain], *s.* **1.** Châsse *f*, reliquaire *m*. **2.** Tombeau *m*, mausolée *m*, de saint ou de sainte. **3.** Chapelle *f* ou autel *m* consacrés à un(e) saint(e). *F:* **To worship at the shrine of Mammon**, adorer le veau d'or; adorer Mammon.

shrine[2], *v.tr.* = ENSHRINE.

shrink[1] [ʃriŋk], *s.* **1.** Mouvement *m* de recul, d'aversion. **2.** Rétrécissement *m*, retrait *m*.

shrink[2], *v.* (*p.t.* shrank [ʃraŋk]; *p.p.* shrunk [ʃrʌŋk], *as adj.* shrunken ['ʃrʌŋk(ə)n]) **1.** *v.i.* (*a*) Se contracter; se resserrer; (se) rétrécir; rapetisser; (*of wood*) prendre du retrait; travailler; (*of stuffs, etc.*) (se) rétrécir, s'accourcir, (se) raccourcir; *Tex:* rentrer. **His gums are shrinking**, ses dents *f* se déchaussent. **To shrink in the wash, in washing**, (se) rétrécir au lavage. *Metals that s. when cooling*, métaux *m* qui se contractent en refroidissant. *Woodwork that has shrunk*, boiserie *f* qui a joué. *My income has shrunk*, mon revenu s'est amoindri, a diminué. **Her whole body seemed to shrink (away, up)**, son corps entier parut se rapetisser. *To s. to next to nothing*, devenir à rien. (*b*) Reculer; faire un mouvement de recul; se dérober. **To shrink away**, s'éloigner timidement. *He shrank back*, il eut un mouvement de recul. **To shrink (back) from (sth.)**, reculer devant (un danger, etc.); se dérober à (un devoir). **To shrink (away) with horror**, reculer d'horreur. *Animal that shrinks from water*, animal *m* qui craint l'eau. **To shrink from no task, from no work**, ne refuser à aucune besogne. **To shrink from doing sth.**, reculer, répugner, à faire qch. *You did not s. from judging me*, vous n'avez pas craint de me juger; vous n'avez pas hésité à me juger. *His mind shrank from painful memories*, son esprit se dérobait aux souvenirs pénibles. (*c*) *F:* **To shrink into oneself**, devenir réservé, renfermé; rentrer dans sa coquille. (*d*) Se faire tout petit (par timidité, etc.). **2.** *v.tr.* Contracter (le métal); étrécir, rétrécir, faire rétrécir (un tissu). **Fully-shrunk cloth**, drap *m* irrétrécissable.

shrink on, *v.tr.* **To shrink on a (cart-wheel) tyre**, embattre (à chaud) un bandage; fretter une roue. *To s. on a crank*, emmancher une manivelle à chaud. *To s. on a collar*, caler une frette à chaud, à retrait. **Shrunk-on fit**, calage *m* à retrait.

shrinking on, *s.* Emmanchement *m* à chaud; calage *m* ou serrage *m* à chaud, à retrait; embattage *m* (d'un bandage de roue).

shrinking[1], *a.* **1.** Qui se contracte; qui se rétrécit; en train de disparaître. *S. capital*, capital *m* qui diminue. **2.** Timide, craintif. *See also* VIOLET 1. **-ly**, *adv.* Timidement; avec répugnance; avec crainte.

shrinking[2], *s.* **1.** = SHRINKAGE. **Shrinking (away, up)**, rétrécissement *m*, rapetissement *m*. **2.** **Shrinking (away, back) from sth.**, reculement *m* devant qch.; répugnance *f* à une action.

shrinkage ['ʃriŋkedʒ], *s.* Contraction *f*, retrait *m* (du métal); retrait (du bois); rétrécissement *m*, étrécissement *m*, étrécissure *f*, accourcissement *m*, rentrée *f* (d'une étoffe). *Cin:* Retrait, contraction (du film). *Metall:* **Shrinkage hole**, retassure *f* (dans un lingot d'acier).

'shrinkage-crack, *s.* (*a*) *Geol:* Gerçure (due au soleil); fente *f* ou cassure *f* de retrait. (*b*) *Metall:* Tapure *f* (dans le métal coulé).

shrive [ʃra:iv], *v.* (*p.t.* shrove [ʃro:uv]; *p.p.* shriven ['ʃriv(ə)n]) *A:* **1.** *v.tr.* Confesser, absoudre (un pénitent); donner l'absolution à (un pénitent). **2.** *v.pr.* **To shrive oneself**, se confesser. *To die shriven, A:* mourir confès, confesse.

shriving, *s.* Confession *f* et absolution *f* (de qn).

shrivel ['ʃriv(ə)l], *v.* (shrivelled; shrivelling) **1.** *v.tr.* **To shrivel (up)**, rider, ratatiner, recroqueviller, dessécher (la peau, une pomme, etc.); (*of sun*) brûler, hâler (les plantes). *The fire has shrivelled up the leather*, le feu a racorni, recroquevillé, le cuir. **2.** *v.i.* **To shrivel (up)**, se rider, se ratatiner, se dessécher; se parcheminer, se recroqueviller; se racornir. *F:* *Talents that s. for want of use*, talents *m* qui se dessèchent, qui s'étiolent, faute d'usage.

shrivelled, *a.* **Shrivelled (up)**, (*of face, apple, etc.*) ridé, parcheminé, ratatiné, desséché; (*of plant*) brûlé (par le soleil).

shrivelling, *s.* Dessèchement *m*; racornissement *m*, ratatinement *m*.

shroff [ʃrɔf], *s.* Sarraf *m*, changeur égyptien.

shroud[1] [ʃraud], *s.* **1.** Linceul *m*, suaire *m*; sindon *m* (de Jésus-Christ). *To wrap a corpse in a s.*, ensevelir un cadavre. *F:* **In a shroud of mystery**, enveloppé de mystère. *Lit:* *Under a s. of darkness*, sous les voiles *m* de la nuit; à l'abri de la nuit. **2.** *Mec.E:* *etc:* (*a*) Bouclier *m*, blindage *m*. (*b*) Joue *f* (de pignon). *Mch:* Bandage *m* (de roue à aubes).

shroud[2], *s.* *Nau:* *Civ.E:* Hauban *m*. **Suspension-bridge with shrouds**, pont suspendu à haubans. *See also* FUTTOCK-SHROUD, PREVENTER 2, TRUCK[3] 4.

'shroud-laid, *a.* *Nau:* (*Of rope*) Commis en quatre.

shroud[3], *v.tr.* **1.** (*a*) Ensevelir (un cadavre); envelopper (un cadavre) d'un linceul. (*b*) *F:* Envelopper, voiler (qch.). **To shroud sth. from the vulgar gaze**, cacher, dérober, qch. aux regards vulgaires. **2.** *Tchn:* Emboîter (un engrenage). *W.Tel:* Blinder (un transformateur).

shrouded, *a.* **1.** (*a*) Enseveli; enveloppé d'un suaire. (*b*) Enveloppé, voilé (*in*, de). **Landscape shrouded in mist**, paysage enveloppé de brume. *Fields s. in snow*, champs *m* sous leur linceul de neige. **Shrouded in gloom**, enténébré. **Crime shrouded in mystery**, crime enveloppé de mystère. **2.** *Tchn:* (Engrenage *m*) à emboîtement. *W.Tel:* (Transformateur) blindé.

shrouding, *s.* **1.** (*a*) Ensevelissement *m* (d'un cadavre) dans le suaire. (*b*) Enveloppement *m* (de qch.). **2.** *Tchn:* Emboîtement *m*. *W.Tel:* Blindage *m* (d'un transformateur). *Hyd.E:* Bandage *m* (d'une roue à aubes).

shrove [ʃro:uv]. **1.** *See* SHRIVE. **2.** *s.* **Shrove Tuesday**, (le) mardi gras. **Shrove Monday**, le lundi gras. **Shrove Sunday**, (le dimanche de) la Quinquagésime.

Shrovetide ['ʃrouvtaid], *s.* Les jours gras; *A:* carême-prenant *m*.

shrub[1] [ʃrʌb], *s.* *Bot:* Arbrisseau *m*, arbuste *m*. *For:* **Undesirable shrub**, mort-bois *m*, *pl.* morts-bois.

shrub[2], *s.* **1.** Boisson composée d'oranges, etc., de sucre, et d'alcool; grog *m* à l'orange ou au citron. **2.** **Raspberry shrub**, boisson composée de jus de framboise, de vinaigre, et de sucre.

shrubbery ['ʃrʌbəri], *s.* Bosquet *m*; plantation *f* d'arbustes, d'arbrisseaux; massif *m* d'arbustes.

shrubby ['ʃrʌbi], *a.* **1.** Qui ressemble à un arbuste, à un arbrisseau; frutescent. **Shrubby tree**, arbrisseau. **2.** (*a*) (*Of plantation, undergrowth, etc.*) Arbustif. (*b*) Couvert d'arbustes.

shrug[1] [ʃrʌg], *s.* **Shrug (of the shoulders)**, haussement *m* d'épaules. **Shrug of resignation**, geste *m* de résignation.

shrug[2], *v.tr.* (shrugged; shrugging) **To shrug (one's shoulders, the shoulders)**, hausser les épaules; avoir un haussement d'épaules.

shrugging, *s.* = SHRUG[1].

shrunk [ʃrʌŋk]. *See* SHRINK[2].

shrunken ['ʃrʌŋk(ə)n], *a.* Contracté; (*of material*) rétréci, rentré; (*of hands, features, etc.*) ratatiné. *S. breasts*, seins flétris, fanés.

shuck[1] [ʃʌk]. *U.S:* **1.** *s.* Cosse *f*, gousse *f*, écale *f* (de pois, etc.); brou *m*, écale (de noix); bogue *f* (de châtaigne); spathe *f* (de maïs). **2.** *int.* **Shucks!** allons donc! chansons!

shuck[2], *v.tr.* *U.S:* Écosser, écaler (des pois, etc.); décortiquer (une amande, etc.); écailler (des huîtres). *To s. Indian corn*, ôter les épis de la tige du maïs; éplucher le maïs.

shucking, *s.* Écossage *m* (des pois, etc.). **Corn shucking** = HUSKING 2.

shudder[1] ['ʃʌdər], *s.* Frisson *m*, frissonnement *m*, frémissement *m*. **A shudder passed over him**, il fut pris d'un frisson. *F:* **It gives me the shudders**, j'en ai le frisson.

shudder[2], *v.i.* **To shudder with cold, with horror**, frissonner de froid, d'horreur; frémir d'horreur. **I shudder to think of it, at the thought of it**, j'ai le frisson rien que d'y penser.

shuddering[1], *a.* Frissonnant, frémissant. **-ly**, *adv.* En frissonnant; en frémissant; avec un frisson.

shuddering[2], *s.* Frissonnement *m*, frémissement *m*.

shuffle[1] [ʃʌfl], *s.* **1.** (*a*) Mouvement traînant des pieds; marche traînante, pas traînants. **To walk with a shuffle**, traîner les pieds (en marchant). (*b*) *Danc:* Frottement *m* de pieds. **Double shuffle**, matelote *f*. **2.** Battement *m*, mélange *m* (des cartes). **To give the cards a shuffle,** battre, mêler, les cartes. **It's your shuffle,** c'est à vous de battre les cartes. *F: Life becomes a s. of expedients,* la vie devient un mélange d'expédients. **3.** (*a*) Équivocation *f*, tergiversation *f*, barguignage *m*, tortillage *m*. (*b*) Faux-fuyant *m*.

shuffle². **1.** *v.tr. & i.* **To shuffle (one's feet),** traîner les pieds. **To shuffle (along),** traîner les savates; avancer lentement avec un frottement de pieds, en traînant les pieds, en traînant le pas; frotter les pieds en marchant; traîner la jambe, les jambes. **2.** *v.tr.* (*a*) (Entre)mêler, (em)brouiller, confondre, jeter pêle-mêle (des papiers, etc.). (*b*) *Games:* **To shuffle the dominoes,** brasser les dominos; *F:* faire le ménage, la cuisine. (*c*) *Cards:* Battre, mêler, brouiller (les cartes). (*d*) **To shuffle sth. out of sight,** faire disparaître adroitement qch.; escamoter qch. **3.** *v.i.* Équivoquer, tergiverser, barguigner, biaiser; se dérober; *F:* tortiller.

shuffle in, *v.i.* **To shuffle in(to the room),** entrer (dans la salle) en traînant les pieds, à pas traînants.

shuffle off. **1.** *v.tr.* (*a*) Se débarrasser de (la responsabilité, etc.); rejeter (la responsabilité) (*upon s.o.*, sur qn). (*b*) Ôter (ses vêtements) à la hâte, n'importe comment. **To shuffle off this mortal coil,** (i) s'échapper de l'humaine bagarre, du tumulte de ce monde; (ii) (*often understood as*) dépouiller ce corps mortel. **2.** *v.i.* To shuffle off, (i) s'en aller en traînant le pas; (ii) *F:* mourir; *P:* boucler sa malle.

shuffle on, *v.tr.* Passer, enfiler, (ses vêtements) à la hâte, tant bien que mal.

shuffle out, *v.i.* **To shuffle out (of the room),** sortir (de la salle) en traînant les pieds, à pas traînants.

shuffle through, *v.i.* **To shuffle through a task,** faire un travail d'une manière quelconque, tant bien que mal; bâcler un travail.

shuffling¹, *a.* **1.** (*Of pers.*) Qui traîne les pieds; (*of gait*) traînant. **2.** (*Of pers.*) Tergiversateur, -trice; barguigneur, -euse; (*of conduct, speech*) équivoque, évasif. **-ly,** *adv.* **1.** En traînant le pas. **2.** D'une manière équivoque, évasive.

shuffling², *s.* **1.** = SHUFFLE¹ 1, 2, 3. **Shuffling (along),** marche traînante. **2.** Entremêlement *m*, (em)brouillement *m*, confusion *f*.

shuffle-board ['ʃʌflbɔːrd], *s.* = SHOVEL-BOARD.

shuffler ['ʃʌflər], *s.* Tergiversateur, -trice; barguigneur, -euse; biaiseur, -euse.

Shulamite ['ʃuːlamait]. *Pr.n.f. B.Lit:* **The Shulamite,** la Sulamite.

shun¹ [ʃʌn], *v.tr.* (**shunned; shunning**) Fuir, éviter (qn, qch.). **To shun sth. like the plague,** fuir qch. comme la peste. *He shuns bores,* il se dérobe aux raseurs. *To s. society,* se cacher au monde; fuir le monde. *To s. everybody,* s'éloigner de tout le monde.

shunning, *s.* Évitement *m* (de qn, de qch.).

'shun², *int. Mil: F:* (= *attention!*) Garde à vous!

Shunammite ['ʃuːnamait], *s. B.Hist:* Sunamite *mf*.

shunt¹ [ʃʌnt], *s.* **1.** *Rail:* Garage *m*, évitement *m*, manœuvre *f*, changement *m* de voie (d'un train). **2.** *El:* Shunt *m*, dérivation *f*. **To put in shunt,** mettre en dérivation, en shunt; shunter. *Voltmeter fitted on a s.*, voltmètre placé en dérivation; voltmètre shunté. **3.** *Fin: F:* Arbitrage *m* de place à place (entre deux bourses du même pays).

'shunt-box, *s. El.E:* Boîte *f* de résistance shunt.

'shunt-brush, *s. El.E:* Balai *m* de régulation (de dynamo à trois balais).

'shunt circuit, *s. El:* Circuit dérivé, en dérivation; circuit shunt; voie dérivée.

'shunt-connected, *a. El.E:* Monté en dérivation.

'shunt dynamo, *s. El.E:* Dynamo *f* en dérivation; dynamo shunt.

'shunt line, *s. Rail:* Voie *f* de garage.

'shunt winding, *s. El.E:* Enroulement *m*, excitation *f*, en shunt, en dérivation.

'shunt-wound, *a. El.E:* Excité en dérivation, en shunt.

shunt², *v.* **1.** *Rail:* (*a*) *v.tr.* Garer, manœuvrer (un train, des wagons). *To s. a train on to a branch-line, on to a siding,* aiguiller, dériver, un train sur un embranchement, sur une voie de garage. **'Shunt with care,'** "défense de tamponner." *F:* **To shunt s.o., sth.,** mettre qn, qch., au rancart. **To shunt a scheme,** ajourner un projet. **To shunt the conversation on to more pleasant subjects,** détourner la conversation sur des sujets plus agréables. (*b*) *v.i.* (*Of train*) Se garer. *F:* (*Of pers.*) S'esquiver. **2.** *v.tr. El:* Shunter, dériver (un circuit, un ampèremètre); monter (un condensateur) en dérivation; bifurquer (un courant). **3.** *Abs. St.Exch:* Faire l'arbitrage de place à place (entre deux bourses du même pays).

shunting, *s.* **1.** (*a*) *Rail:* Garage *m*, évitement *m*, manœuvre *f*; changement *m* de voie; aiguillage *m*. **Shunting operations,** manœuvres de triage *m*. **Shunting engine,** locomotive *f*, machine *f*, de manœuvre; *F:* coucou *m*, chameau *m*. **Shunting track,** voie *f* de manœuvre. **Shunting loop,** voie de dédoublement. **Shunting yard,** chantier *m* de voies de garage et de triage. (*b*) *F:* Ajournement *m* (d'un projet); mise *f* au rancart (de qn). **2.** *El:* Dérivation *f*, shuntage *m*. **3.** = SHUNT¹ 3.

shunter ['ʃʌntər], *s.* **1.** *Rail:* (*Pers.*) Gareur *m*; classeur *m* de trains. **2.** *El.E:* (*For arc-lamp*) Dérivateur *m*. **3.** *Fin:* Arbitragiste *m* (entre bourses du même pays).

shush [ʃʌʃ], *v.tr.* Faire taire (un enfant, etc.).

Shushan ['ʃuʃan]. *Pr.n. B.Geog:* Suse *f*.

shut¹ [ʃʌt], *v.* (*p.t.* **shut;** *p.p.* **shut;** *pr.p.* **shutting**) **1.** *v.tr.* (*a*) Fermer, *Lit:* clore (une porte, un magasin, une boîte, un livre, etc.). **To shut the door against s.o., on s.o., in s.o.'s face,** refuser de recevoir qn; fermer la porte au nez de qn. **To find the door shut,** trouver porte close; *F:* trouver visage de bois. *I was faced with a shut door,* je me trouvais en face d'une porte fermée. (*On transfer-books of banks, etc.*) **Shut for dividend,** clôture *f* pour dividende. **To shut one's eyes,** fermer les yeux. *See also* EYE¹ 1. **To shut one's ears to entreaty,** rester sourd aux supplications. *Lit:* **To shut one's purse against s.o.,** fermer sa bourse à qn. **To shut one's mouth,** (i) fermer la bouche; (ii) *F:* se taire, *P:* fermer sa boîte. *To keep one's mouth shut tight, F:* avoir la bouche cousue. **To shut s.o.'s mouth (for him),** faire taire qn; clore le bec à qn. *If he tries blackmail, I'll soon s. his mouth,* s'il essaie du chantage, je saurai bien le faire taire. *P: Shut your mouth!* ferme ton bec! la ferme! *See also* STABLE¹ 1. (*b*) **To shut one's finger, one's dress, in the door,** se pincer le doigt, laisser prendre sa robe, dans la porte. *I found myself shut into the cellar,* je me trouvai enfermé dans la cave. **2.** *v.i.* (*Of door, lid, etc.*) (Se) fermer. *The door won't s.*, la porte ne ferme pas. **The park shuts at four o'clock,** le parc ferme à quatre heures. *Flowers that s. at night,* fleurs qui se ferment la nuit.

shut down. **1.** *v.tr.* (*a*) Rabattre (un couvercle, etc.); baisser (une fenêtre à guillotine, etc.). (*b*) *Ind:* Fermer (une usine, etc.). *Tchn:* Couper (la vapeur). **2.** *v.i.* (*a*) (*Of lid*) Se rabattre; (*of window*) se baisser. **The night, fog, shut down upon us,** la nuit, le brouillard, descendit et nous entoura. (*b*) (*Of factory, etc.*) Chômer.

shut-'down, *s. Ind:* Fermeture *f*, chômage *m* (d'une usine).

shutting down, *s.* **1.** Rabattement *m* (d'un couvercle, etc.); baissement *m* (d'une fenêtre à guillotine, etc.). **2.** *Ind:* Fermeture *f*, chômage *m* (d'une usine).

shut in, *v.tr.* (*a*) Enfermer (qn, qch.). (*b*) (*Of hills, barrier, etc.*) Entourer, encercler (un endroit).

shut-'in, *s. U.S:* Malade, vieillard, etc., confiné au logis.

shut off, *v.tr.* **1.** Couper, interrompre, intercepter (la vapeur); fermer (l'eau). (*On locomotive*) **To shut off steam,** mettre le registre au point mort. *Aut:* **To shut off the engine,** couper le moteur. *Mus:* (*Organ*) **To shut off the pedal coupler,** ôter la tirasse. **2.** Séparer, isoler (*from*, de). *To be shut off from society,* être exclu de la société.

shut-'off, *s.* (*a*) *Hyd.E:* Bonde *f* (d'un étang); pale *f*, vanne *f* (d'un réservoir). (*b*) Robinet *m*; soupape *f*.

shutting off, *s.* **1.** Interruption *f*, interception *f* (de la vapeur); fermeture *f* (de l'eau). **2.** Séparation *f* (de qn, de qch.) (*from*, de); isolement *m* (des contagieux).

shut out, *v.tr.* (*a*) Exclure (qn, l'air, la lumière, une éventualité, etc.); intercepter (la lumière). **To shut s.o. out, to shut out the light,** empêcher qn, la lumière, d'entrer. **The trees shut out the view,** les arbres bouchent la vue. **To shut s.o. out from sth.,** exclure qn de qch. **He is shut out from society,** la société lui a fermé ses portes. (*b*) **To shut s.o. out (of doors),** fermer la porte à qn, sur qn; ne pas admettre qn.

shut-'out, *s.* **1.** *F:* = LOCK-OUT. **2.** *Attrib. Cards:* **Shut-out bid,** ouverture préventive.

shutting out, *s.* Exclusion *f* (de qn, de l'air).

shut to. **1.** *v.tr.* Fermer, clore (une porte, etc.). **2.** *v.i.* (*Of door, etc.*) Se fermer.

shutting to, *s.* Fermeture *f* (d'une porte).

shut up. **1.** *v.tr.* (*a*) Enfermer (qn, qch.). **To shut oneself up,** se renfermer, *F:* se calfeutrer; (*in order to study*) se claquemurer. (*b*) **To shut s.o. up (in prison),** emprisonner qn. **To shut s.o. up (in a madhouse),** enfermer qn dans une maison de santé. *F:* **He ought to be shut up,** il faut l'envoyer à Charenton. **To shut up a girl in a convent,** cloîtrer une jeune fille. (*c*) Fermer, clore (une porte, une maison). **To shut up shop,** fermer boutique. (*d*) Condamner (une porte, une pièce); obstruer (un orifice, etc.). (*e*) *P:* Réduire (qn) au silence, rembarrer (qn); *P:* couper le sifflet à (qn); clouer le bec à (qn). (*f*) *Metalw:* Encoller (les amorces d'une soudure, etc.). **2.** *v.i. P:* Se taire, ne plus dire mot; ne plus souffler mot. **Shut up!** taisez-vous! la ferme! bouche-la! fiche(z)-moi la paix! avale ta langue! la barbe! zut! *They shouted to him to s. up,* on lui criait de se taire, *P:* de la fermer.

shutting up, *s.* **1.** (*a*) Renfermement *m* (de qn, de qch.). (*b*) Emprisonnement *m* (de qn). **2.** (*a*) Fermeture *f* (d'un magasin). (*b*) Condamnation *f* (d'une porte, d'une pièce).

shut², *a. P:* **To be shut of s.o.,** être débarrassé de qn.

shutting, *s.* Fermeture *f* (d'une porte, d'une boîte, etc.).

'shut-eye, *s. P:* Somme *m*; *P:* roupillon *m*.

shute [ʃuːt], *s. Tex:* (*Silk*) Trame *f*.

shutter¹ ['ʃʌtər], *s.* **1.** Volet *m*. **Outside shutter,** contrevent *m*. **Venetian shutters, slatted shutters,** persiennes *f*. **Folding shutters,** volets brisés. **Padded shutter,** sourdière *f*. **Revolving shutters, rolling shutters** (*for shop-front, etc.*), fermeture *f* à rouleau; volets roulants. **Sectional steel shutter,** tablier *m* de tôle (d'un magasin). **To open, close, the shutters,** ouvrir, fermer, les volets. **To take down the shutters,** enlever les volets (d'une boutique). **To put up the shutters (of a shop),** mettre les volets; fermer les devantures; fermer le magasin, la boutique. *F:* **We can put up our shutters,** il n'y a plus qu'à fermer boutique. **Shutter of a confessional,** guichet *m* d'un confessional. *Cin:* **Fire shutter** (*of the projection booth*), volet à guillotine. *Aut:* **Radiator shutters,** volets thermiques; volets thermo-régulateurs; volets de radiateur. *I.C.E:* **Air-shutter,** obturateur *m* d'air; étrangleur *m*; volet d'air. *Aut: Air-s. lever,* commande *f* d'étrangleur. *See also* BOX-SHUTTER, ROLL-SHUTTER. **2.** *Phot:* (*a*) Obturateur. **Diaphragm shutter,** obturateur au diaphragme. **Focal-plane shutter,** obturateur focal, de plaque. **Roller blind shutter,** obturateur à rideau. **Delayed-action shutter,** obturateur à action différée. *Cin:* **Bladed shutter,** obturateur à pales. *Two-bladed s., three-bladed s.*, obturateur à deux, à trois, pales. **Revolving shutter,** obturateur rotatif. *See also* DROP-SHUTTER, FLAP¹ 2, ROTARY, TIME-SHUTTER. (*b*) **Shutter of a dark-slide, of a plate-holder,** volet, rideau *m*, de châssis. **3.** (*a*) *Metall:* Écluse *f*. (*b*) *Hyd.E:* Haussette *f*, hausse *f* (de vanne). **Shutter-weir,** vanne *f* à hausses. (*c*) **Ventilator shutter,** vanne de ventilateur. **4.** *Mus:* (*Organ*) **(Venetian) shutters,** jalousies *f* (de la caisse d'expression).

'shutter-'blind, *s.* Jalousie *f* à lames mobiles.

'shutter-release, *s.* *Phot:* Déclancheur *m* d'obturateur.
'shutter-setting, *s.* **1.** *Phot:* Armement *m* de l'obturateur. **2.** *Cin:* Calage *m* de l'obturateur.
shutter², *v.tr.* Mettre les volets à (la fenêtre, la maison); fermer les volets de (la maison, etc.); fermer la devanture de (la boutique).
shuttered, *a.* **1.** (*Of house, window*) Aux volets fermés, clos. **2.** **Shuttered radiator,** radiateur *m* à volets.
shuttering, *s.* **1.** Mise *f* des volets. **2.** *Coll.* (*a*) (Les) volets *m.* (*b*) *Const:* Coffrage *m* (pour le béton armé).
shuttle¹ [ʃʌtl], *s.* **1.** *Tex:* *Needlew:* *etc:* Navette *f.* *See also* FLY-SHUTTLE. **2.** *Mec.E:* **Shuttle movement,** mouvement alternatif. *Rail:* *etc:* **Shuttle service between X and Y,** navettes entre X et Y. *Line over which a s. service is run,* ligne de chemin de fer exploitée en navette. **Shuttle-train,** train *m* qui fait la navette.
'shuttle-winder, *s.* Dévidoir *m* (de machine à coudre).
'shuttle-wound, *a.* *El.E:* **Shuttle-wound armature,** induit *m* en double T; induit Siemens.
shuttle², *s.* *Hyd.E:* Vanne *f.*
shuttlecock ['ʃʌtlkɔk], *s.* *Games:* Volant *m.* *See also* BATTLEDORE **2.**
shy¹ [ʃai], *s.* Écart *m*, faux bond (d'un cheval).
shy², *v.i.* (**shied; shying**) (*Of horse*) Avoir, faire, un écart; faire faux bond; faire, marquer, un haut-le-corps; se dérober, se rejeter; broncher. **To shy at sth.,** (*of horse, F: of pers.*) prendre ombrage de qch.; *F:* (*of pers.*) tiquer sur qch.
shying, *s.* Écart *m*, bronchement *m.* *Horse addicted to s.,* cheval ombrageux.
shy³, *a.* (**shyer, shyest; occ. shier, shiest**) **1.** (*Of bird, child, etc.*) Sauvage, inapprivoisé, farouche, timide; (*of animal*) fuyard; (*of horse, etc.*) peureux, ombrageux; (*of pers.*) timide, modeste, réservé. *To make s.o. shy,* intimider qn. *Shy-looking fellow,* garçon *m* d'aspect timide. *She's not at all shy, F:* elle n'a pas froid aux yeux. **To be shy of people,** être gêné, mal à l'aise, parmi les gens. *He is not shy with women,* il est assez hardi avec les femmes. **To fight shy of, about, sth.,** se défier, se méfier, de qch. **To fight shy of a job,** éviter une besogne; renâcler à une besogne. *He fights shy of me,* il cherche à m'éviter. **To be shy of doing sth.,** hésiter à, ne guère tenir à, faire qch. *They are shy of speaking,* ils ne s'enhardissent pas à parler. *We fight shy of criticizing him,* nous ne nous frottons pas à le critiquer. *Don't be shy of telling me,* ne vous gênez pas pour me le dire. *Don't pretend to be shy,* ne faites pas la réservée. *Day when the fish are shy,* jour où les poissons ne mordent pas. *See also* BITE² 1, GUN-SHY, TRAP-SHY, WORK-SHY. **2.** *U.S:* *F:* **To be shy of, on, money,** être à court d'argent, manquer d'argent. *I am a fiver shy,* (i) je suis en perte de cinq livres; (ii) il me manque cinq livres. **3.** *Nau:* (Vent) pointu. **-ly,** *adv.* Timidement, modestement; avec embarras.
shy⁴, *s.* *F:* **1.** Jet *m*, lancement *m* (d'une pierre, etc.). (*At fairs, etc.*) **Three shies a penny,** trois coups *m* pour un penny. **To take a shy at a bird,** lancer une pierre à un oiseau; viser un oiseau avec une pierre. *See also* COCOA¹ 1, COCK-SHY. **2.** Essai *m*, tentative *f* (pour atteindre qch.). **To have a shy at doing sth.,** essayer de faire qch.; s'essayer à faire qch.
shy⁵, *v.* (**shied; shying**) *F:* **1.** *v.i.* Lancer une pierre, une balle, etc. (*at,* à). **2.** *v.tr.* *To shy a stone at s.o.,* lancer une pierre à qn.
shyer ['ʃaiər], *s.* Cheval ombrageux; cheval dérobeur; cheval peureux.
Shylock ['ʃailɔk], *s.* *F:* Créancier *m* impitoyable; usurier *m*; Shylock *m.* (Personnage du "Marchand de Venise" de Shakespeare.) *He's a S. in money matters,* il est âpre à réclamer son argent; en affaires il est impitoyable.
shyness ['ʃainəs], *s.* Timidité *f*, réserve *f*, modestie *f* (de qn); sauvagerie *f* (d'un animal, *F:* de qn). **To throw off one's shyness,** se dépouiller de, secouer, sa timidité; s'enhardir; se délurer.
shyster ['ʃaistər], *s.* *U.S:* *P:* (*a*) Avocassier *m*; homme de loi de bas étage. (*b*) Homme d'affaires véreux; brasseur *m* d'affaires véreuses.
si [si:], *s.* *Mus:* **1.** (*Fixed si*) Si *m.* **2.** (*Movable si, in tonic solfa also* **se**) La sensible.
sialagogic [saiala'gɔdʒik], **sialagogue** ['saialagoug], *a.* & *s.* (Médicament) sialagogue *m.*
sialorrhoea [saialo'ri:a], *s.* *Med:* Sialorrhée *f*, sialisme *m.*
Siam [sai'am]. *Pr.n.* *Geog:* Le Siam.
siamang ['saiamaŋ], *s.* *Z:* (Gibbon) siamang *m.*
Siamese [saia'mi:z]. **1.** *a.* & *s.* *Geog:* Siamois, -oise. **Siamese twins,** (i) *Ter:* frères siamois, sœurs siamoises; (ii) *F:* ami(e)s inséparables. **2.** *Ling:* Le siamois.
siamesed [saia'mi:zd], *a.* *Mch:* *etc:* **Siamesed ports,** orifices jumelés.
sib [sib]. *A.* & *Scot:* **1.** *a.* Apparenté (*to,* à); parent (*to,* de). **2.** *s.* Parent, -ente.
Siberia [sai'bi:əria]. **1.** *Pr.n.* *Geog:* La Sibérie. **2.** *s.* *U.S:* *P:* Prison *f* à discipline très dure; vrai bagne.
Siberian [sai'bi:əriən], *a.* & *s.* *Geog:* Sibérien, -ienne. **Siberian dog,** chien *m* de Sibérie. *See also* JAY 1, PINE¹ 1, SQUIRREL, WALLFLOWER 1.
sibilant ['sibilənt]. **1.** *a.* Sifflant. *Med:* Sibilant. **Sibilant râle,** râle sibilant; sibilance *f.* **2.** *s.* *Ling:* (Lettre, consonne) sifflante *f.*
sibilate ['sibileit], *v.tr.* Prononcer (une lettre, etc.) en sifflant ou en chuintant.
sibilation [sibi'leiʃ(ə)n], *s.* Sifflement *m*; sibilation *f* ou chuintement *m.*
siblings ['sibliŋz], *s.pl.* *Esp. U.S:* **1.** Enfants *m* de mêmes parents. **2.** Enfants du même père ou de la même mère.
sibyl ['sibil]. **1.** *s.* *Rom.Ant:* Sibylle *f.* **2.** *Pr.n.f.* Sibylle.
Sibylline ['sibilain], *a.* *Rom.Ant:* Sibyllin. **The Sibylline books,** les livres sibyllins. **Sibylline leaves,** feuilles *f* de la sibylle.
sic [sik], *Lat. adv.* Sic, ainsi.
Sicambri [si'kambrai], *s.m.pl.* *A.Hist:* Sicambres.
siccative ['sikətiv], *a.* & *s.* Siccatif (*m*).
sice¹ [sais], *s.* *Dicing:* Six *m.* *To throw sice cinque,* amener six et cinq.
sice², *s.* = SYCE.
Sicilian [si'siljən], *a.* & *s.* *Geog:* Sicilien, -ienne. *Hist:* **The Sicilian Vespers,** les Vêpres Siciliennes. *See also* SUMAC.
siciliana [sisili'ɑ:na], *s.* *Mus:* *Danc:* Sicilienne *f.*
Sicily ['sisili]. *Pr.n.* *Geog:* La Sicile.
sick¹ [sik], *a.* **1.** Malade. **A sick man, a sick woman,** un, une, malade. *Hist:* **The Sick Man,** la Turquie. **Sick horse,** cheval *m* malade, sur la litière; (*kept in stall*) bête *f* de séjour. *s.pl.* **The sick,** les malades. *Mil:* *etc:* **To report sick,** se faire porter malade. *F:* **He has gone sick,** il est malade; *Navy:* il est sur les cadres. *A:* **To be sick of a fever,** être malade d'une fièvre; avoir la fièvre. *See also* FLAG⁶ 1, VOUCHER 2. **2.** **To be sick,** vomir, rendre. **To feel sick, turn sick,** avoir mal au cœur; avoir des nausées, avoir le cœur barbouillé, avoir des haut-le-cœur. *To be dreadfully s.,* être affreusement malade; *P:* rendre tripes et boyaux. **He was as sick as a cat, as a dog,** il a été malade comme un chien. *F:* **It makes me sick just to think of it,** cela me donne mal au cœur, cela me donne des nausées, cela me soulève le cœur, cela m'écœure, rien que d'y penser. *P:* **You make me sick!** tu me fais suer! *It's enough to make one s.,* c'est à faire vomir. *See also* SEA-SICK. **3.** **To be sick at heart,** être abattu; avoir le cœur navré; être écœuré, dégoûté; avoir la mort dans l'âme. *F:* *He was very s. at failing in his exam,* son échec l'a rudement embêté. **He did look sick!** il en faisait une tête! *A:* **To be sick for love,** languir d'amour. *To be s. for home,* avoir le mal du pays, la nostalgie du pays. **To grow sick of sth.,** se dégoûter de qch.; prendre qch. en dégoût. **To be sick of sth.,** être las, dégoûté, de qch. *I am s. of hearing that it is my fault,* j'en ai assez d'entendre dire que c'est de ma faute. **I am sick and tired of the whole business, I'm sick of it,** j'en ai assez, j'en ai plein le dos; j'en ai par-dessus la tête; j'en suis dégoûté. *I am s.* (*and tired*) *of hearing* (*about*) *it,* j'en ai les oreilles rebattues. *To be s. and tired of s.o.'s goings-on,* en avoir assez des manèges de qn. *I'm s. and tired of telling you,* je me tue à vous le dire. *See also* DEATH 1, HEART-SICK, HOME-SICK. **4.** *Nau:* Qui a besoin d'une réfection, de réparations. **Paint-sick ship,** navire *m* qui a besoin d'une nouvelle couche de peinture.
'sick-allowance, *s.* Allocation *f* pour maladie.
'sick-'bay, *s.* *Navy:* Infirmerie *f*; hôpital *m* du bord; poste *m* des malades.
'sick-'bed, *s.* Lit *m* de malade; lit de douleur, de souffrances.
'sick-benefit, *s.* Prestations-maladie (pourvues par une assurance sociale, etc.). **Sick-benefit fund,** caisse *f* de maladie, de secours mutuels.
'sick-'berth, *s.* = SICK-BAY. **Sick-berth attendant,** infirmier *m.*
'sick-call, *s.* **1.** Appel *m* à un prêtre de se rendre au chevet d'un malade. **2.** *Mil:* Aux malades!
'sick-'headache, *s.* Migraine *f.* *F:* *He gives me a s.-h.,* il me fait suer.
'sick-'leave, *s.* Congé *m* de maladie, de réforme, de convalescence; *P:* convalo *f.* *To be on s.-l.,* être en congé de maladie.
'sick-list, *s.* *Mil:* *etc:* Rôle *m* des malades; état *m* des malades. **To be on the sick-list,** (i) *Mil:* être porté malade; *Nau:* être sur les cadres; (ii) *F:* être malade, souffrant.
'sick-nurse, *s.* Garde-malade *mf*, *pl.* gardes-malades.
'sick-parade, *s.* *Mil:* Visite *f* des malades.
'sick-room, *s.* Chambre *f* de malade.
'sick-ward, *s.* Salle *f* des malades (d'un asile, etc.).
sick², *v.tr.* *F:* **To sick sth. up,** vomir qch.
sick³, *v.tr.* *F:* **1.** (*Of dog*) S'élancer sur (qn); attaquer (qn). *Esp. in imp.* **Sick! sick!** pille! pille! **2.** *To s. the dog on s.o.,* lancer, lâcher, le chien contre qn.
sicken ['sik(ə)n]. **1.** *v.i.* (*a*) Tomber malade (*of, with,* de); (*of plants*) languir, s'étioler, dépérir. **To be sickening for an illness,** couver une maladie. (*b*) **To sicken at the sight of sth.,** être écœuré de voir qch., à la vue de qch. **To sicken of sth.,** se lasser, se dégoûter, de qch. **2.** *v.tr.* (*a*) Rendre (qn) malade; donner mal au cœur à (qn); soulever le cœur de, à (qn). *His breath sickened me,* son haleine me donna mal au cœur, me donna la nausée. *His business methods s. me,* ses procédés me révoltent, me soulèvent le cœur. (*b*) **To sicken s.o. of sth.,** dégoûter, écœurer, qn de qch. *That sickened me of trying again,* cela me découragea d'aucune nouvelle tentative.
sickening, *a.* A vous soulever le cœur; écœurant, navrant. **Sickening fear,** crainte *f* qui serre le cœur. *S. spectacle,* spectacle écœurant, révoltant. **-ly,** *adv.* De façon à vous soulever le cœur.
sickener ['siknər], *s.* *F:* **1.** Déception *f*; aventure écœurante. **2.** Spectacle écœurant.
sickish ['sikiʃ], *a.* **1.** **Sickish feeling,** (sentiment *m* de) malaise *m*, léger mal de cœur. **2.** (Goût, odeur) qui affadit le cœur.
sickle [sikl], *s.* **1.** *Agr:* Faucille *f*; (*for stubble*) étrape *f.* **2.** *Astr:* **The Sickle,** le Lion.
'sickle-bill, *s.* *Orn:* **1.** Épimaque *m.* **2.** Oiseau-mouche huppé, *pl.* oiseaux-mouches. **3.** Dentirostre *m.* **4.** *U.S:* Courlis *m*, courlieu *m.*
'sickle-feather, *s.* Faucille *f*, plume arquée (de la queue du coq).
'sickle-shaped, *a.* *Nat.Hist:* Falciforme, falculaire.
sickliness ['siklinəs], *s.* **1.** État maladif, mauvaise santé; étiolement *m* (des plantes). **2.** Pâleur *f* (du teint); teinte blafarde (du ciel, etc.). **3.** Caractère écœurant (d'une odeur, etc.); fadeur *f* (d'un goût, d'un sentiment); sentimentalité outrée (d'une romance).
sickly ['sikli], *a.* **1.** (*a*) (*Of child, etc.*) Maladif, souffreteux, malingre; (*of plant*) débile, malade, étiolé, veule. (*b*) (*Of colour, light*) Faible, pâle; (*of complexion*) pâle, terreux. *A s. winter sun,* un soleil blafard d'hiver. **A sickly white,** un blanc terreux. (*c*) **Sickly smile,** sourire pâle, ni figue ni raisin. *To give a s. smile,* avoir un sourire pâle, veule, forcé, contraint. **2.** (*Of climate*) Malsain, insalubre. **3.** (*a*) (*Of taste, etc.*) Fade; (*of scent*) écœurant. **Sickly-sweet,**

douceâtre. (*b*) (*Of sentiment*) Qui écœure, qui dégoûte; (*of tone of voice, tune, etc.*) sentimental, -aux; gnan-gnan *inv.*

sickness ['siknəs], *s.* **1.** Maladie *f.* *On account of s.*, par suite de maladie. **Bed of sickness**, lit *m* de malade, de misère, de douleur. *Is there any s. on board?* avez-vous des malades à bord? **Sickness-insurance**, assurance-maladie *f.* **2.** Mal *m*, maladie. **Mountain sickness**, mal des montagnes. **Air sickness, flying sickness**, mal des aviateurs. *See also* FALLING-SICKNESS, GREEN-SICKNESS, HOME-SICKNESS, SEA-SICKNESS, SLEEPING-SICKNESS, SLEEPY 2, SWEATING-SICKNESS, TRAIN-SICKNESS. **3.** Mal de cœur; nausées *fpl.* *Patient exhausted by a bout of s.*, malade épuisé par un accès de vomissements.

Sicyon ['siʃiən]. *Pr.n. A.Geog:* Sicyone *f.*

Sicyonian [siʃi'ounjən], *a. & s. A.Geog:* Sicyonien, -ienne.

sida(-weed) ['saidə(wi:d)], *s. Bot:* Sida *m.*

side[1] [said], *s.* Côté *m.* **1.** (*a*) Côté, flanc *m.* **Right side, left side**, côté droit, gauche. **Near side, off side**, (*of horse*) côté montoir, côté hors montoir; côté gauche, droit. *The arrow pierced his s.*, la flèche lui perça le flanc. (*Of animal*) **To lash its sides**, se battre les flancs. **Stitch in the side**, point *m* de côté. *See also* THORN 1. **By the side of s.o.**, à côté de qn. *By my s., at my s.*, à côté de moi; à mes côtés. **Side by side** (*with s.o.*), l'un à côté de l'autre; côte à côte (avec qn); à côté de (qn); (*of ships*) bord à bord. *We were s. by s.*, nous étions à côté l'un de l'autre. *To dispose troops s. by s.*, accoter des troupes. *Aut:* **Side-by-side wheels**, roues jumelées. *F:* **To split, burst, shake, one's sides** (*with laughter*), se tenir les côtes de rire; se pâmer, se tordre, de rire; crever de rire. *See also* LIE[4] 1. (*b*) **Side of bacon**, flèche *f* de lard. **2.** Côté (d'une maison, d'une boîte, d'un triangle); pan *m* (d'un objet taillé, d'un comble); aisselle *f*, rein *m* (d'une voûte); flanc *m*, versant *m*, penchant *m* (d'une montagne); paroi *f* (d'un fossé, d'un vase); bord *m* (d'une tranchée); pied-droit *m* (d'une galerie de mine); flasque *m* (d'un tour, d'un treuil); lisière *f* (d'une forêt). **Side of a ship**, bande *f*, bord, bordé *m*, côté, flanc, muraille *f*, d'un navire. **In the ship's side, close to the ship's side**, en abord. *We were both running with the wind on the same s.*, nous courions avec le vent du même bord. **Long side** (*of roof*), long-pan *m*, *pl.* longs-pans. **Side of an equation**, membre *m* d'une équation. **Sides of spectacles**, branches *f* de lunettes. *A square foot is a square whose s. is one foot*, un pied carré est un carré d'un pied de côté. *Geol:* **Side of a fault**, lèvre *f* d'une faille. *See also* DOWNTHROW, DROP-SIDE, HILL-SIDE, UP[1] I. 1, UPTHROW. **3.** (*Surface*) (*a*) **The right side, wrong side (of sth.)**, le bon, le mauvais, côté (de qch.); l'endroit *m*, l'envers *m* (d'une étoffe). **The under side, upper side, of sth.**, le dessous, le dessus, de qch. **Back side foremost**, sens devant derrière; à l'envers. (*Of garment*) **Right side out**, à l'endroit. **Wrong side out**, à l'envers. *Printed on one s. only*, imprimé d'un seul côté. **View side of a post-card**, recto *m* d'une carte postale. *The address is on the other s.*, l'adresse est ci-contre. *Leatherw:* **Hair side of the skin**, fleur *f* de la peau. *Bookb:* **Cloth sides, paper sides, of a book**, plats *m* toile, plats papier, d'un livre. **Front side**, plat supérieur. **Off side**, plat inférieur. *See also* BREAD. (*b*) *F:* **The bright side of things**, le bon côté, l'aspect favorable, des choses. **The other side of the picture, of the shield**, le revers de la médaille. *To look on the bright s. of things*, voir les choses du bon côté. **To look on the bright side, the dark side, of everything**, voir tout en beau, en noir. *To consider sth. from all sides*, considérer qch. sous toutes ses faces. *To enjoy the comical s. of the situation*, savourer l'élément comique de la situation. **To get on the soft, blind, side of s.o.**, prendre qn par son endroit faible, par son (côté) faible, par le côté faible. **To hear, look at, both sides** (*of a question*), entendre, envisager, le pour et le contre. *Much might be said on both sides*, les deux points de vue sont soutenables. **There are two sides to every question**, qui n'entend qu'une partie n'entend rien; qui n'entend qu'une cloche n'entend qu'un son. *He can only see one s. of the question*, il est simpliste. *There are many sides to his character*, son caractère est très complexe. **The educational side of the cinema**, le cinéma éducateur. **Speech on the long side**, discours plutôt longuet. *His trousers are on the short s.*, son pantalon est plutôt court. *The weather's on the cool s.*, il fait plutôt froid. *See also* FENCE[1] 2, SEAMY. **4.** (*a*) **On this side, on that side**, de ce côté-ci, de ce côté-là; par deçà, par delà; en deçà, au delà. *U.S: F:* **This side**, de ce côté de l'Atlantique; en Amérique. **The other side**, en Europe. **On the left-hand side, on the right-hand side**, à (main) gauche, à (main) droite. **On both sides**, des deux côtés, de part et d'autre. *With a dog* **on either side**, flanqué de deux chiens. *They were sitting on either s. of the fire*, ils étaient assis au coin du feu, chacun de leur côté. **On all sides**, de tous côtés; de côté et d'autre; partout. *On the south s.*, du côté sud. *On this s. (of) the river*, de ce côté de la rivière. *Th:* **Right side, left side** (*of the stage*), côté cour, côté jardin (de la scène). *The tower leans* **on one side**, la tour penche d'un côté. **From all sides**, de tous les côtés, de toutes parts. **From side to side**, d'un côté à l'autre, de-ci de-là. *He zigzagged from s. to s. of the street*, il zigzaguait d'un côté à l'autre de la rue. **On this side of Christmas**, avant Noël. **To be on the right side of forty**, avoir moins de quarante ans. **To be on the wrong side, on the shady side, of forty**, avoir (dé)passé la quarantaine; avoir quarante ans passés. **I loved her this side (of) idolatry**, je l'ai aimée jusqu'à l'idolâtrie ou peu s'en faut. **To move to one side**, se ranger. **To stand, put sth., on one side**, rester, mettre qch., à l'écart. *See also* GRAVE[1], JORDAN, OFF[1] III. 1, ON-SIDE, SAFE[2] 2, WRONG[1] I. 3. (*b*) *Bill:* **Running side**, effet *m* en tête, en avant. **Check side**, effet contraire, rétrograde. **To put on side**, prendre, faire, de l'effet (de côté). (*c*) *F:* **To put on side**, se donner des airs; prendre des airs, de grands airs; poser; se faire valoir; faire de l'esbroufe; plastronner; crâner; se pousser du col; faire le faraud; la faire à la pose; *P:* faire sa poire. *He puts on s.*, il est poseur. **He has no side**, il est modeste, il ne s'en fait pas accroire; *P:* c'est un type sans planche. (*d*) *Adv.phr. U.S:* **On the side**, par-dessus le marché. *I have to look after the garden on the s.*, en outre j'ai à soigner le jardin. **Profits on the side**, gratte *f.* **5.** (*a*) Parti *m.* **To be on the right side**, être du bon parti. *To vote for a s.*, voter pour un parti. *Not to know what s. to take*, ne pas savoir de quel bord se ranger. **To take sides**, se ranger d'un côté. *To take sides with s.o., to take the s. of s.o.*, se ranger avec qn, du côté de qn. **He is on our side**, il est avec nous, de notre parti. **To change sides**, changer de camp, *F:* virer de bord; *Pol: etc:* faire volte-face. **You have the law on your side**, vous avez la loi pour vous. *Mistakes made* **on both sides**, erreurs commises de part et d'autre. *Jur:* **The other side**, la partie adverse. *To hear counsel on both sides*, entendre les avocats des deux parties. (*b*) Section *f*, division *f.* **The modern side** (*of a school*), la section d'enseignement moderne, les classes modernes. **Female side** (*of a prison, etc.*), côté des femmes. (*c*) *Games:* Camp *m*, équipe *f.* **To be on the same side**, être du même camp. **To pick sides**, tirer les camps. *Rugby Fb:* **No side**, fin *f* de partie. *F:* **To play for the side**, agir loyalement envers ses compagnons; faire preuve de solidarité. (*d*) (*Lineage*) Côté. **Well connected on his mother's side**, de haute parenté par sa mère, du côté maternel, du côté de sa mère; bien apparenté du côté de sa mère. *It was the father's s. that inherited*, c'est la ligne paternelle qui a hérité. **6.** *Attrib.* Latéral, de côté. **Side entry, side entrance**, entrée *f* de côté; entrée latérale. **Side door**, porte latérale; (i) porte de dégagement; (ii) porte de service, petite porte. *To enter a profession through the s.-door*, entrer dans une profession par la petite porte. **Side lane**, contre-allée *f.* **Side street**, rue latérale ou transversale. **Side line**, (i) ligne latérale; *Fb:* ligne de touche; (ii) *Rail:* voie *f* secondaire; (*leading to factory, etc.*) voie de raccordement; (iii) un des à-côtés (d'une question); (iv) *Com:* article *m* à côté. *To keep poultry as a side line*, élever de la volaille comme occupation secondaire. **Side issue**, question *f* d'intérêt secondaire. *The s.-issues of a question*, les à-côtés d'une question. **Side result**, résultat *m* secondaire. *Th: Cin:* **Side lighting**, éclairage latéral, de côté. **Side floodlight**, lumière *f* de côté. **Side path**, (i) sentier *m* de côté; chemin peu fréquenté; (ii) *Civ.E:* accotement *m.* *Rail:* **Side-space** (*between rail and edge of ballast*), accotement *m.* *Nau:* **Side bunkers**, soutes latérales. *See also* ARM[2] 1, BAND[1] 1, CURL[1], GIRDER, LADDER[1] 1, POURING[2], VALVE.

'side-aisle, *s. Ecc.Arch:* Nef latérale; nef basse; petite nef; bas-côté *m.*

'side-altar, *s. Ecc:* Autel latéral, subordonné.

'side-bar, *s. Harn:* Aube *f* (de selle).

'side-box, *s. Th:* Loge *f* de côté.

'side-burns, *s.pl. U.S: P:* = SIDE-WHISKERS.

'side-car, *s.* **1.** = *Jaunting-car, q.v. under* CAR 2. **2.** *Aut:* Voiturette *f* à remorque latérale; sidecar *m*, side-car *m* (de motocyclette). **Side-car passenger**, sidecariste *mf.*

'side-chain, *s. Ch:* Chaîne latérale (d'atomes).

'side-chapel, *s. Ecc.Arch:* Chapelle latérale.

'side-comb, *s.* Petit peigne (porté de côté).

'side-conflict, *s.* Conflit *m* secondaire.

'side-dish, *s.* Entremets *m*; hors-d'œuvre *m inv.*

'side-drum, *s.* Tambour *m.* *Long s.-d.*, caisse roulante. *Shallow s.-d.*, caisse plate. *High-pitched s.-d.*, caisse claire.

'side-face. 1. *s.* Profil *m.* **2.** (*a*) *adv.* *Photographed, taken, s.-f.*, photographié de profil. (*b*) *a.* *S.-f. portrait*, portrait *m* de profil.

'side-glance, *s.* Regard *m* de côté; coup *m* d'œil oblique. *With a s.-g. at the girl*, en regardant la jeune fille de côté, du coin de l'œil; en glissant un coup d'œil à la jeune fille.

'side-horse, *s.* Bricolier *m.*

'side-kick, *s. U.S: P:* Associé *m*, camarade *m*; copain *m.*

'side-lamps, *s.pl. Veh:* Lanternes *fpl*; feux *m* de côté.

'side-leather, *s. Harn:* Garde-flanc(s) *m inv.*

'side-member, *s. Veh:* Longeron *m* (de caisse).

'side-note, *s.* Note *f* en marge; note marginale; marginale *f*; (*on legal document, etc.*) apostille *f.*

side 'on, *adv. & a.* **To collide side on with sth., to have a 'side-on collision with sth.**, se heurter de côté contre qch.

'side-pad, *s. Harn:* = SIDE-LEATHER.

'side-piece, *s.* **1.** Brancard *m* (d'une voiture); montant *m* (d'une échelle, d'une galerie de mine, etc.). **2.** *Cap with side-pieces*, bonnet *m* à oreillons.

'side-pocket, *s.* Poche *f* de côté.

'side-rail, *s.* **1.** *Rail:* Contre-rail *m* (de voie ferrée). **2.** Rambarde *f* (de navire); garde-fou *m* (de pont), *pl.* garde-fous; main courante (de chaudière de locomotive).

'side-road, *s.* Chemin *m* de traverse.

'side-rope, *s. Nau:* Tire-v(i)eille *f inv.*

'side-saddle, *s.* Selle *f* de dame; selle d'amazone; selle de côté. **To ride side-saddle**, monter en amazone. *Horse broken to s.-s.*, cheval *m* qui se monte en dame.

'side-seat, *s. Veh: etc:* Siège *m*, banquette *f*, de côté.

'side-show, *s.* **1.** Spectacle payant, spectacle forain (à une foire, etc.). **The side-shows at the Exhibition**, les à-côtés *m* de l'Exposition. **2.** *F:* Affaire *f*, bataille *f*, etc., d'importance secondaire.

'side-sill, *s. Veh:* = SIDE-MEMBER.

'side-slip[1], *s.* **1.** *Aut: Cy:* Dérapage *m*, dérapement *m.* **2.** *Av:* Glissade *f* sur l'aile. **Side-slip indicator**, indicateur *m* de glissement latéral. **3.** *P:* Enfant illégitime.

'side-slip[2], *v.i.* **1.** *Aut: Cy:* Déraper. **2.** *Av:* Glisser sur l'aile.

'side-splitter, *s. F:* Histoire ou farce désopilante.

'side-splitting, *a.* *F:* Désopilant, *P:* boyautant, fêlant. *S.-s. laughter*, rire *m* homérique, rires immodérés.

'side-step[1], *s.* **1.** *Box: Mil: Danc:* Pas *m* de côté. **2.** *Veh:* Marchepied *m* de côté.

'**side-step²**. **1.** *v.i.* Faire un pas de côté; *Box: etc:* esquiver. **2.** *v.tr. F:* Éviter (une question).

'**side-stick**, *s. Typ:* Biseau *m* (pour serrer la forme).

'**side-stroke**, *s.* **1.** *Swim:* Nage *f* sur le côté, à la marinière. **2.** Coup *m* de côté.

'**side-table**, *s.* Petite table.

'**side-tool**, *s.* Outil *m*, ciseau *m*, de côté. *Lathe s.-t.*, outil à dresser.

'**side-track¹**, *s. Rail:* Voie *f* de garage, de service; voie secondaire, accessoire; (*to works*) voie de débord. *F: To get on to a s.-t.*, s'écarter du sujet.

'**side-track²**, *v.* **1.** *v.tr.* (*a*) Garer (un train); aiguiller (un train) sur une voie de garage. (*b*) *F:* (i) Remettre à plus tard, reléguer au second plan (un projet, etc.); (ii) donner le change à (qn); "semer" (qn). **2.** *v.i.* (*Of train*) Se garer. *F: Then he side-tracked into politics*, puis il délaissa sa profession pour entrer dans la politique; puis il lâcha pour la politique.

side-tracking, *s.* Garage *m*; aiguillage *m* (d'un train) sur une voie de garage.

'**side-view**, *s.* Vue *f* de profil, de côté. *S.-v. of the hotel*, l'hôtel vu de côté.

'**side-walk**, *s.* **1.** Contre-allée *f.* **2.** *U.S:* Trottoir *m.*

'**side-wall**, *s.* **1.** *Min:* Pied-droit *m*, paroi latérale (de galerie). **2.** *Hyd.E:* Bajoyer *m* (d'écluse). **3.** *Aut: Cy:* Flanc *m*, joue *f*, bande *f* de côté (d'un pneu).

'**side-wheel**, *attrib.a.* (Vapeur *m*) à roues.

'**side-wheeler**, *s.* Vapeur *m* à roues.

'**side-whiskers**, *s.pl.* Favoris *m*; *F:* pattes *f* de lapin.

'**side-wind**, *s.* Vent *m* de côté; vent du travers. *F: To hear of sth. by a s.-w.*, apprendre qch. par ricochet, indirectement, de source indirecte.

side². **1.** *v.i.* **To side with s.o.**, se ranger du côté de qn; se ranger sous les drapeaux, sous la bannière, de qn; prendre parti pour qn; prendre fait et cause pour qn; faire cause commune avec qn; embrasser le parti de qn. *To s. with the strongest party*, se ranger du côté du plus fort; *F:* **se tenir au gros de l'arbre.** **2.** *v.tr.* **To side rough timber**, débiter le bois brut. **Sided timber**, bois dégrossi.

siding, *s.* **1.** *N.Arch:* Échantillon *m* sur le droit. **2.** *Rail:* (*a*) Voie *f* de garage, de service, d'évitement; courbe *f* d'évitement. **Shunting siding**, voie de manœuvre, de triage. (*b*) Embranchement *m*; voie privée. **Goods siding**, voie de chargement.

'**siding-depot**, *s.* Gare *f* de manœuvre.

sideboard ['saidbɔːrd], *s.* **1.** *Furn:* Buffet *m*; *A:* panetière *f.* **2.** *N.Arch:* Planche *f* à roulis. **3.** *pl. U.S: P:* = SIDE-WHISKERS.

-sided ['saidid], *a.* (*With adj., num. or adv. prefixed, e.g.*) **Five-sided**, à cinq faces, à cinq pans. *Twelve-s. polyhedron*, polyèdre *m* à douze faces. **Double-sided**, à doubles côtés. *Double-s. record* (*for gramophone*), disque *m* à double face. *See also* LOCK² 1, LOPSIDED, MANY-SIDED, ONE-SIDED.

sidelight ['saidlait], *s.* **1.** *Phot: etc:* Lumière *f* oblique, qui vient de côté. *F:* **To throw a sidelight on a subject**, (i) éclairer fortuitement un sujet; (ii) donner un aperçu indirect sur un sujet. **Sidelights on history**, la petite histoire. *Work that throws sidelights on history*, ouvrage *m* qui intéresse la petite histoire. **2.** *Const:* Fenêtre latérale; lentille *f.* **3.** (*a*) Lanterne latérale (d'une voiture, etc.); lanterne à feu blanc. *Aut:* Lampe-satellite *f* (six bougies ou moins). (*b*) *Nau:* **Sidelights**, feux *m* de côté.

sideling ['saidliŋ]. **1.** *a.* (Mouvement *m*, marche *f*) oblique, de côté. **2.** *adv.* Obliquement; de côté.

sidelong ['saidlɔŋ]. **1.** *adv.* (Se mouvoir) obliquement, de côté. **2.** *a.* (Regard *m*) oblique, de côté, en coulisse. *To cast a s. glance on s.o.*, regarder qn de côté, du coin de l'œil; faire les yeux en coulisse à qn; lorgner qn.

sideral ['saidərəl], *a.* **1.** = SIDEREAL. **2.** *Astrol:* (Influence *f*, etc.) funeste (provenant des astres).

sidereal [sai'diːəriəl], *a.* *Astr:* (*Of day, year*) Sidéral, -aux. **Sidereal time**, heure *f* astronomique, temps vrai.

siderite ['sidərait, sai'diːərait], *s.* *Miner: Meteor:* Sidérite *f.*

siderography [sidə'rɔgrəfi], *s.* *Engr:* Sidérographie *f.*

siderolite ['sidərolait], *s.* *Miner:* Sidérolithe *f.*

siderolithic [sidəro'liθik], *a.* *Miner:* Sidérolithique.

sideroscope ['sidəroskoup], *s.* *El:* Sidéroscope *m.*

siderosis [sidə'rousis], *s.* *Med:* Sidérose *f.*

siderostat ['sidərostat], *s.* *Astr:* Sidérostat *m.*

sideroxylon [sidərɔk'sailən], *s.* *Bot:* Sidéroxyle *m.*

siderurgical [sidər'əːrdʒik(ə)l], *a.* Sidérurgique.

siderurgy [sidə'rəːrdʒi], *s.* Sidérurgie *f.*

sidesman, *pl.* **-men** ['saidzmən, -men], *s.m.* *Ecc:* Marguillier adjoint.

sideward ['saidwərd]. **1.** *a.* (Mouvement *m*) de côté; latéral, -aux. **2.** *adv.* = SIDEWARDS.

sidewards ['saidwərdz], *adv.* (Regarder, etc.) de côté.

sideways ['saidweːiz], **sidewise** ['saidwaːiz]. **1.** *adv.* De côté; latéralement. **To jump sideways**, faire un saut de côté. **To walk sideways**, marcher en crabe. *The tower leans s.*, la tour penche d'un côté. **To stand sideways**, s'effacer. **2.** *a.* Latéral, -aux; de côté. *S. motion*, mouvement latéral. *S. position of the body*, effacement *m* du corps.

sidi ['siːdi], *s.* Sidi *m.* *Esp.* **Sidi-boy**, nègre *m.*

sidle [saidl], *v.i.* **To sidle along, in, out**, s'avancer, entrer, sortir, de côté, de guingois. *Sidling along the wall*, longeant le mur (pour ne pas être vu). **To sidle up to s.o.**, se couler auprès de qn, vers qn.

Sidon ['saidən]. *Pr.n. A.Geog:* Sidon.

Sidonian [sai'dounjən], *a. & s. A.Geog:* Sidonien, -ienne.

Sidonius Apollinaris [sai'dounjəs apɔli'nɛəris]. *Pr.n.m. Hist:* Sidoine Apollinaire.

Sidra ['saidra]. *Pr.n. Geog:* **The Gulf of Sidra**, le golfe de la Sidre.

sidy ['saidi], *a. F:* Esbroufeur, crâneur, poseur, suffisant. *She's too s., P:* elle fait trop sa Sophie.

siege¹ [siːdʒ], *s.* **1.** *Mil:* Siège *m.* *Regular s.*, siège en règle, en forme. **To lay siege to a town**, assiéger une ville; mettre le siège devant, s'asseoir devant, une ville; faire le siège d'une ville. **To raise the siege**, lever le siège. **2.** *Glassm:* Banc *m* (d'un fourneau de fusion).

'**siege-ar'tillery**, *s.* Artillerie *f* de siège.

'**siege-basket**, *s.* *Mil:* Gabion *m.*

'**siege-piece**, *s.* *Artil:* Pièce *f* de siège.

'**siege-train**, *s.* *Artil:* Équipage *m* de siège.

'**siege-works**, *s.pl.* Travaux *m* de siège.

siege², *v.tr. A:* = BESIEGE.

Siena [si'ena]. *Pr.n. Geog:* Sienne *f.*

Sienese [sie'niːz], *a. & s. Geog:* Siennois, -oise.

sienna [si'ena], *s.* **1.** Terre *f* de Sienne. **Raw sienna**, terre de Sienne naturelle. **Burnt sienna**, terre de Sienne brûlée. **2.** *a.* (*Colour*) Terre de Sienne *inv.*

sierra [si'era], *s.* *Ph.Geog:* Sierra *f.*

Sierra Leone [si'erali'oune]. *Pr.n. Geog:* Le Sierra-Leone.

Sierra-Leonean, -Leonian [si'erali'ouniən], *a. & s. Geog:* (Originaire *m*, natif *m*) du Sierra-Leone.

siesta [si'esta], *s.* Sieste *f*, méridienne *f.* **To take a short siesta**, faire une courte sieste, faire la méridienne.

Sieva bean ['siːvabiːn], *s. U.S:* Haricot *m* de Lima, de Java, de Madagascar.

sieve¹ [siv], *s.* **1.** (*With coarse mesh*) Crible *m*; (*with fine mesh*) tamis *m*; (*for starch*) bachot *m*; (*for grain*) van *m.* *Ind:* Sas *m*, crible *m.* **Wire-gauze sieve**, tamis de gaze métallique. **To pass sth. through a sieve**, tamiser qch.; passer qch. au tamis ou au crible. **Sieve frame**, cerce *f* de tamis. *F:* **To be as full of holes as a sieve**, être percé comme un crible. *F:* **To draw water with a sieve**, remplir le tonneau des Danaïdes. *See also* CHEESE-SIEVE, MEMORY 1, RIDDLE⁴. **2.** *F:* Personne qui ne sait pas garder le secret; jaseur, -euse.

sieve², *v.tr.* = SIFT 1.

sift [sift]. **1.** *v.tr.* (*a*) Passer (qch.) au tamis ou au crible; passer par l'étamine; tamiser; escarbiller (des cendres); vanner (le blé); sasser, passer (la farine); cribler (du sable). **Sifted plaster**, plâtre *m* au sas. **To sift sugar over a cake**, saupoudrer un gâteau de sucre. **To sift out** *pebbles from sand*, séparer au tamis les cailloux du sable. (*b*) *F:* Examiner minutieusement, passer par l'étamine (des preuves); approfondir (une question). **To sift a matter to the bottom**, éplucher une affaire. **To sift (out) the true from the false**, séparer, démêler, dégager, le vrai du faux. *To s. out the facts*, passer les faits au crible de la raison. **2.** *v.i.* (*Of dust, etc.*) Filtrer (*through*, à travers); (*of light*) filtrer, se tamiser, être tamisé (à travers, par).

sifting, *s.* **1.** (*a*) Tamisage *m*, criblage *m*, sassement *m.* (*b*) Examen minutieux (des preuves, etc.); démêlement *m* (du vrai et du faux). **2.** *pl.* **Siftings**, criblure(s) *f(pl).*

sifter ['siftər], *s.* **1.** (*Pers.*) Tamiseur, -euse; cribleur, -euse; *Ind:* sasseur, -euse. **2.** (*a*) (*Sieve*) Tamis *m*, crible *m.* *See also* CINDER-SIFTER, SUGAR-SIFTER. (*b*) Appareil *m* à cribler; cribleuse *f.* *Mill:* Sasseur *m.*

sigh¹ [sai], *s.* Soupir *m.* **Heavy sigh, deep sigh**, gros soupir, profond soupir. **To breathe a sigh**, laisser échapper un soupir. *He breathed a s. of relief*, il poussa un soupir de soulagement. **To heave, fetch, draw, a sigh**, pousser un soupir; soupirer. *To do sth. with a s.*, faire qch. en soupirant. **The Bridge of Sighs**, le Pont des Soupirs.

sigh². **1.** *v.i.* (*a*) Soupirer; pousser un soupir. *F:* **To sigh from one's boots**, tirer des soupirs de ses talons. *With cogn. acc.* **To sigh a sigh of regret**, pousser un soupir de regret. *He sighed a long sigh*, il soupira longuement, il poussa un long soupir. **The wind sighs in the trees**, le vent soupire, frémit, dans les arbres. (*b*) **To sigh for, after, sth.**, soupirer pour, après, qch.; désirer ardemment qch. *To s. for home*, avoir la nostalgie du foyer. *To s. for lost friends*, regretter des amis perdus. **To sigh over a mistake**, déplorer une erreur. **2.** *v.tr.* **To sigh out, sigh forth, a prayer**, prononcer une prière en soupirant, parmi des soupirs. *He sighed forth his soul*, il exhala son âme dans un soupir.

sighing¹, *a.* Qui soupire; soupirant. **-ly**, *adv.* En soupirant, dans un soupir.

sighing², *s.* Soupirs *mpl.* **Sighing of the wind**, soupir du vent; plainte *f* du vent.

sight¹ [sait], *s.* **1.** (*Faculty of vision*) Vue *f.* (*a*) *To have good s., bad s.*, avoir la vue bonne, mauvaise. **To have long sight**, avoir la vue longue; être presbyte. **Short sight**, myopie *f.* *To have short s., near s.*, avoir la vue basse, courte; être myope. **To lose one's sight**, perdre la vue; devenir aveugle. *He lost his s. in the war*, il est aveugle de guerre. *See also* SECOND-SIGHT. (*b*) **To catch sight, get a sight, of s.o., sth.**, apercevoir, aviser, entrevoir, qn, qch. **To lose sight of s.o.**, perdre qn de vue. *I did not lose s. of him*, je ne l'ai pas perdu de vue; (i) je l'ai suivi des yeux; (ii) je suis resté en relations avec lui. *We have lost s. of him lately*, voilà assez longtemps que nous ne l'avons vu, que nous sommes sans nouvelles de lui. *Nau:* **To lose sight of land**, perdre terre. **To lose sight of the fact that . . .**, perdre de vue que. . . . *This question has been lost s. of*, on a perdu de vue cette question. **I can't bear the sight of him, I hate the very sight of him**, je ne peux pas le sentir; je ne peux pas le voir. **To laugh at the sight of sth.**, rire à l'aspect de qch. *He stopped at the s. of this picture*, il s'arrêta à la vue de ce tableau. **At sight of us** *he ran away*, à notre vue il s'enfuit. **At sight**, à vue. *To translate at s.*, traduire à livre ouvert. *To shoot s.o. at s.*, faire feu sur qn à première vue. *Mus:* **To play at sight**, déchiffrer; jouer à vue. *Com:* **Bill payable at sight**, effet *m* payable à vue, à présentation, sur demande. **Sight bill**, effet à vue. **At first sight**, à première vue; du, au, premier coup d'œil; à, dès, l'abord; au premier abord; *F:* à vue de nez. *To fall in love at first s.*, tomber amoureux à première vue (*with*, de); *F:* avoir le coup de foudre. *It was a case of love at first s.*, ce fut le coup de foudre.

I loved her at first s., je l'ai aimée du premier coup. **To know s.o. by sight,** connaître qn de vue. *Com: U.S: On sale* **sight unseen,** à vendre tel quel, sur description, sans inspection. (*c*) (*Way of looking*) **In my sight** *the one is no better than the other*, l'un ne vaut guère mieux que l'autre à mes yeux. **To find favour in s.o.'s sight,** trouver grâce devant qn. *Guilty in the s. of the law*, coupable aux yeux de la loi. **2.** (*Range of vision*) **To come into sight,** (ap)paraître. **To be within sight,** être à portée de la vue; être en vue. *To be* (*with*)*in s. of land, of Dieppe*, être en vue de (la) terre, de Dieppe. **Land in sight!** terre! **Ship reported in sight,** navire signalé en vue. *There is nothing in s.*, il n'y a rien en vue. **My goal is in sight,** j'approche de mon but; je touche au but. **Keep him in sight,** ne le perdez pas de vue. *To do sth. in s. of everybody*, faire qch. à la vue de tous. *It was done in my s.*, cela s'est fait sous mes yeux, en ma présence. **Out of sight,** caché aux regards. *To vanish, pass, out of s.*, disparaître. *The land faded out of s.*, **was lost to sight,** la terre se perdit de vue. *We were soon out of his s.*, nous nous dérobâmes bientôt à sa vue. **We were soon out of sight of him,** nous le perdîmes bientôt de vue. **To put sth. out of sight,** mettre qch. hors de vue; faire disparaître qch.; éloigner, cacher, qch. **To keep out of sight,** se tenir hors de vue; se cacher, se dérober. **He didn't let her out of his sight,** il ne la perdait pas de vue; il ne la quittait pas d'une semelle. **Out of my sight!** hors de ma vue! hors d'ici! ôtez-vous de ma vue! *Prov:* **Out of sight, out of mind,** loin des yeux, loin du cœur. *See also* LINE² 3. **3.** *Surv:* Coup *m* de lunette. *Artil: Sm.a:* Visée *f*. *Nau: etc:* **To take a sight at the sun,** observer le soleil. *P:* **To take a sight at s.o.,** faire un pied de nez à qn. **Angle of sight,** angle *m* de visée, de site. *See also* BACK-SIGHT 2. **To take a sight on sth.,** viser, mirer, qch.; faire un coup de lunette. **Line of sight,** ligne *f* de tir; ligne de mire. **4.** (*a*) Appareil *m* de visée; œilleton *m* (de viseur); lumière *f* (de sextant); voyant *m* (de mire, de nivellement). **Sight(-vane),** pinnule *f* (d'une alidade, etc.). **Cross-hair sight,** pinnule à fils. (*b*) *Sm.a: Artil:* **(Back)sight,** hausse *f*, visière *f*. **(Fore)sight,** (i) *Sm.a:* guidon *m*; bouton *m* de mire; (ii) *Artil:* fronteau *m* de mire. **Folding sight,** visière à charnière, à clapet. **To set the sight at 1,000 yards,** mettre la hausse à 1.000 yards. **Fine sight, full sight,** guidon fin, guidon plein. *See also* APERTURE-SIGHT, BATTLE-SIGHT, BOMB-SIGHT, COMBINED, DIAL-SIGHT, FLAP-SIGHT, FRONT-SIGHT, GLOAMING, LEAF-SIGHT, NOTCH 1, PEEP-SIGHT. **5.** = SIGHT-HOLE. *I.C.E:* (*Glass*) *s. of the drip-feed*, viseur *m* de compte-gouttes. **6.** (*a*) Spectacle *m*. *Sad s.*, spectacle navrant. *It is a s. to see*, cela vaut la peine d'être vu. *It is a magnificent s.*, c'est un coup d'œil superbe. *F:* **It was a sight for sore eyes,** (i) c'était réjouissant à voir; c'était un spectacle qui réjouissait les yeux; (ii) ç'a été une agréable surprise. (*b*) *F: His face was a s.*, si vous aviez vu son visage! **To make a sight of oneself,** se rendre ridicule; *esp.* se fagoter, s'affubler. **What a sight you are! you do look a sight!** comme vous voilà fait! comme vous voilà affublé, arrangé, accoutré, ajusté! de quoi avez-vous l'air! (*c*) Chose digne d'être vue. **The sights,** les monuments *m*, les curiosités *f* (de la ville, etc.). *One of the sights of the West Country*, une des beautés naturelles des comtés de l'ouest. *See also* SEE¹ 1. **7.** *P:* **A sight of . . .,** énormément de. . . . *There was a s. of people*, il y avait énormément de monde. *It cost me a s. of trouble, of money*, ça m'a coûté énormément de peine, un prix fou. *He's* **a sight too clever** *for you*, il est de beaucoup plus fort que vous; *P:* il vous dégotte.

'sight-bar, *s.* (*a*) Alidade *f*. (*b*) *Phot: etc:* Aiguille *f* de mire (du viseur).

'sight-compass, *s.* Boussole *f* à pinnule.

'sight-feed, *s. Mch: etc:* Débit *m* visible. **Sight-feed lubricator,** graisseur *m* à débit visible.

'sight-hole, *s.* **1.** *Opt:* Lumière *f* (de pinnule, etc.). **2.** Regard *m*, fenêtrelle *f* (de visite, d'inspection d'égout, etc.).

'sight-line, *s. Surv: etc:* (Ligne *f* de) visée *f*.

'sight-reading, *s.* Déchiffrement *m* (de la musique); lecture *f* à vue.

'sight-rule, *s. Surv:* Alidade *f* à pinnules.

'sight-seeing, *s.* **1. To go sight-seeing,** visiter les curiosités (d'une ville). *Round of s.-s.*, tournée *f* de visite des monuments. **2.** Tourisme *m* (en commun).

'sight-seer, *s.* (i) Curieux, -euse; (ii) excursionniste *mf*.

'sight-setter, *s. Artil:* Servant *m* de hausse.

'sight-testing, *s.* Examen *m* de la vue.

'sight-worthy, *a.* Qui vaut la peine d'être vu; (chose) à voir.

sight², *v.tr.* **1.** (*a*) Apercevoir, aviser (qn, qch.). *Nau:* **To sight land,** reconnaître la terre; relever la terre; avoir connaissance de terre; atterrir. *We sighted land on the starboard bow*, nous relevâmes la terre par tribord devant. **To sight a ship,** apercevoir un bâtiment; venir en vue d'un bâtiment. (*b*) *Com:* **To sight a bill,** voir un effet. **2.** Viser, observer (un astre, etc.). **3.** Pointer (un fusil). **To sight the mark,** mirer le but. *Abs. To s. at 1,000 yards*, mettre la hausse à 1.000 yards. **4.** Munir (une arme à feu) d'une hausse; ajuster un appareil de visée à (un instrument).

sighting, *s.* **1.** Vue *f*. **2.** Visée *f*, pointage *m*. **Sighting apparatus,** appareil *m* de visée, de pointage. **Sighting slit, sighting aperture,** voyant *m* (d'un instrument scientifique). **Sighting tube, sighting piece,** viseur *m* (d'alidade, etc.). *Surv:* **Sighting board,** voyant *m*. *Mil: etc:* **Sighting shot,** coup *m* de réglage; (*in rifle competition*) coup préliminaire pour vérifier la visée. *See also* NOTCH¹ 1, RULE¹ 4. **3.** *Com:* Visa *m* (d'une lettre de change).

sighted ['saitid], *a.* **1.** Qui voit. **The sighted,** les voyants. **2.** (*With adj. prefixed, e.g.*) **Weak-sighted,** à la vue faible. **Long-sighted, far-sighted,** (i) presbyte, à la vue longue, à longue vue; (ii) prescient, prudent; sagace, prévoyant. *To be long-s.*, avoir la vue longue. *See also* CLEAR-SIGHTED, DIM-SIGHTED, DULL-SIGHTED, KEEN-SIGHTED, NEAR-SIGHTED, SECOND-SIGHTED, SHORT-SIGHTED, SURE-SIGHTED.

-sightedly ['saitidli], *adv.* (*With adj. prefixed, e.g.*) **Far-sightedly,** d'une manière prudente, presciente, prévoyante, avisée. **Short-sightedly,** d'une manière imprévoyante, peu clairvoyante.

-sightedness ['saitidnəs], *s.* (*With adj. prefixed, e.g.*) **Near-sightedness,** vue basse, myopie *f*. **Far-sightedness, long-sightedness,** (i) vue longue, presbytie *f*; *Med:* hypermétropie *f*; (ii) prescience *f*, prudence *f*, prévoyance *f*. *See also* CLEAR-SIGHTEDNESS, SHORT-SIGHTEDNESS.

sighter ['saitər], *s.* **1.** *Phot: etc:* Aiguille *f* de mire (de viseur). **2.** = *sighting-shot, q.v. under* SIGHTING 2.

sightless ['saitləs], *a.* **1.** Aveugle; privé de la vue. *S. eyes*, yeux éteints. **2.** *Poet:* Invisible.

sightlessness ['saitləsnəs], *s.* Cécité *f*.

sightliness ['saitlinəs], *s.* Grâce *f*, beauté *f*, charme *m*.

sightly ['saitli], *a.* Agréable à voir; séduisant; de physique agréable; avenant.

sigil ['sidʒil], *s.* Sceau *m*, cachet *m*.

sigillaria [sidʒi'lɛəriɑ], *s. Paleont:* Sigillaire *f*.

sigillary ['sidʒiləri], *a.* Sigillaire.

sigillate ['sidʒilet], *a. Bot: Cer:* Sigillé.

sigillation [sidʒi'leiʃən], *s.* Sigillation *f*; apposition *f* d'un sceau.

sigillographer [sidʒi'lɔgrəfər], *s.* Sigillographe *m*.

sigillography [sidʒi'lɔgrəfi], *s.* Sigillographie *f*.

Sigismund ['sigismənd]. *Pr.n.m.* Sigismond.

sigla ['siglɑ], *s. Pal:* Sigle *m*.

sigma ['sigmɑ], *s. Gr.Alph:* Sigma *m*. *Med: F:* **Sigma (Phi),** syphilis *f*.

sigmatic [sig'matik], *a. Gr.Gram:* (Aoriste *m*, futur *m*) sigmatique.

sigmatism ['sigmətizm], *s. Ling:* Sigmatisme *m*.

sigmoid ['sigmɔid], *a. Anat:* Sigmoïde. **Sigmoid flexure,** anse *f* sigmoïde.

sign¹ [sain], *s.* **1.** Signe *m*. (*a*) **To make a sign, signs, to s.o.,** faire (un) signe, des signes, à qn. *He made me a s. to come nearer*, il me fit signe d'approcher. *To talk by signs*, parler par signes. *To make an affirmative s., a negative s.*, faire signe que oui, que non. (*b*) *S. of recognition*, signe de reconnaissance. *Mil:* **The sign and the countersign,** le mot d'ordre et le mot de ralliement. (*c*) *Tg:* **Call sign,** indicatif *m* d'appel. **2.** (*a*) Indice *m*, indication *f*. **Sure sign,** indice certain. *S. of rain*, signe de pluie. *A sudden fall of the barometer is a s. of storm*, une chute barométrique est une indication, une annonce, de tempête. **Sign of the times,** marque *f*, signe, des temps. **Sign of bad breeding,** preuve *f*, marque, de mauvaise éducation. **As a sign of . . .,** en signe de. . . . *He gave no s. of having heard anything*, il ne manifesta en aucune façon avoir rien entendu. *There is no s. of his coming*, rien n'annonce sa venue. *B: Except ye see signs and wonders, ye will not believe*, si vous ne voyez des prodiges et des miracles, vous ne croyez point. (*b*) Trace *f*. **No sign of . . .,** nulle, aucune, trace de. . . . *There is little s. of progress*, les progrès se font attendre. *There are signs that the flower-beds have been trampled upon*, il apparaît, on voit, que quelqu'un a marché dans les parterres. *The room gave signs, showed signs, of having been recently occupied*, la pièce révélait une occupation récente. **To show no sign of life, of fear,** ne donner aucun signe de vie, de peur. *There are no signs of it left*, (i) il n'en reste aucune trace; (ii) il n'y paraît plus. *There was no s. of him*, (i) on ne l'a pas aperçu; (ii) il restait invisible. *Theol:* **Outward and visible sign,** signe extérieur et visible (de la grâce, etc.). **3.** (*a*) Enseigne *f* (de cabaret, d'auberge). *To put up* **at the sign of the Golden Lion,** descendre, loger, à l'enseigne du Lion d'Or. (*b*) **(Shop-)sign,** enseigne, écriteau *m*. **Neon sign,** enseigne ou réclame *f* au néon. **Illuminated sign,** réclame lumineuse. **Flashing sign,** réclame à éclipse. **Traffic sign,** poteau *m* de signalisation. *International system of road signs*, signalisation routière internationale. *See also* DESTINATION, SKY-SIGN. (*c*) **Sign of the Zodiac,** signe du zodiaque. **4.** (*Written sign*) *Bot: Mth: Mus: etc:* Symbole *m*. **Positive sign, plus sign,** signe positif; signe plus. **Negative sign, minus sign,** signe négatif; signe moins. **Algebraical sign,** signe algébrique. *Astronomical signs*, signes astronomiques. **5. Sign of the cross,** signe de la croix. *To make the s. of the cross*, se signer; faire le signe de la croix.

'sign-board, *s.* **1.** Enseigne *f* (de cabaret, de boutique). **2.** (*Notice-board*) Écriteau indicateur.

'sign-language, *s.* Langage *m* mimique. *Sign-languages*, les langages par signes.

sign-'manual, *s.* **1.** Seing *m*, signature *f*. **2.** Signature *f* du souverain. *Under the King's s.-m.*, signé de la main du roi; revêtu de la signature du roi.

'sign-painter, *s.* Peintre *m* d'enseignes.

'sign-post¹, *s.* Poteau indicateur; guide routier; signe *m*, signal *m*, de route; colonne *f* itinéraire.

'sign-post², *v.tr.* Marquer (une route) de poteaux indicateurs. *Road inadequately sign-posted*, route dont la signalisation est défectueuse.

'sign-writer, *s.* Peintre *m* en lettres; peintre d'enseignes.

sign², *v.tr.* **1.** (*a*) Signer (qn, qch.); marquer (qn, qch.) d'un signe. *Ecc: To s. s.o. with the sign of the cross*, faire le signe de la croix sur qn. **To sign oneself,** se signer. (*b*) Signer (son nom, un document, etc.); viser (un compte); souscrire (une lettre de change). *To s. a paper with one's own blood*, signer un document de son sang. *The letter was signed by his chief*, la lettre portait la signature de son chef. *The decree is signed by the minister*, l'arrêté est souscrit par le ministre. **To sign a bill,** accepter une traite. *To s. a contract*, signer, passer, un contrat. *Abs.* **To sign for s.o.,** (i) signer pour qn; (ii) avoir le contreseing de qn. (*In shops*) **Sign please!** visa, s'il vous plaît! *See also* PLEDGE¹ 4. (*c*) *A correspondent who signs himself "Victor,"* un correspondant qui signe "Victor." **2. To sign assent,** faire signe que oui. **To sign to s.o. to do sth.,** faire signe à qn de faire qch. *He signed to me* (*by a play of features*) *to follow him*, il me fit mine de le suivre. *v.ind.tr.* **He signed for silence**, il fit signe de se taire.

sign away, *v.tr.* Céder par écrit (une propriété, etc.). *To s. away one's birthright*, renoncer (par écrit) à son droit d'aînesse.

sign off, *v.i.* (*Of workmen in factories, etc.*) Signer le registre (en quittant le travail); pointer au départ.

sign on. 1. *v.tr.* Embaucher (un ouvrier); engager (un matelot). 2. *v.i.* (*a*) (*Of workmen*) S'embaucher; (*of seamen, etc.*) s'engager, signer son engagement. (*b*) (*Of workmen in factories, etc.*) Signer le registre (en arrrivant au travail); pointer à l'arrivée.

sign up, *v.i.* **To sign up for evening classes**, s'inscrire à un cours du soir.

signing, *s.* Signature *f* (d'un document); souscription *f*, passation *f* (d'un acte); acceptation *f* (d'une traite). **Signing fee**, jeton *m* de signature (d'un directeur de société).

signal[1] ['signəl], *s.* 1. (*Sign*) Signal, -aux *m.* **To give the signal** (*for departure, etc.*), donner le signal (du départ, etc.). *The pilot gave the s. to remove the chocks*, le pilote fit signe d'enlever les cales (de l'avion). **Sound signal**, signal phonique, sonore. *Tp:* **Calling signal**, signal d'appel. **Line-engaged signal**, signal de ligne occupée. *W.Tel:* **Station signal**, indicatif *m* du poste. **Time-signal**, signal horaire. **Signal strength**, puissance reçue. *Aut:* **Horn signal**, appel *m* de trompe, de klaxon. *Mil:* *Navy:* **Counter-signal, repeated signal**, contre-signal *m*, -aux. *Conventional s.*, indication *f* de service. *See also* CONTROL[1] 1, DISTRESS[1] 3, NEGATIVE 2, READY[1] I. 1, ROCKET[1]. 2. (*Apparatus*) (*a*) **Visual signal**, signal optique; voyant *m.* **Semaphore signal**, signal à bras; sémaphore *m.* **Intermittent signal**, signal clignotant. **Fire signal**, avertisseur *m* d'incendie. **Signal bell**, avertisseur *m.* *Mil:* **Light signals**, artifices *m.* *See also* BALL[1] 1, FLASHING[1], FOG-SIGNAL. (*b*) *Rail:* **Distant, distance, signal**, signal avancé; disque *m* à distance. **Home signal**, signal d'arrivée; signal d'arrêt absolu. **Block signal**, disque *m* de fermeture. **To pull a signal 'on,'** fermer un signal. **To throw a signal 'off,'** ouvrir un signal. *See also* DANGER-SIGNAL, JUNCTION-SIGNAL. 3. *Mil:* **The Royal Corps of Signals**, *F:* **Signals**, le Corps des signaleurs, = les sapeurs-télégraphistes *m.* *Navy:* **Signal officer**, officier *m* de transmissions. **Yeoman of the signals**, maître-timonier *m*, *pl.* maîtres-timoniers; maître de timonerie. *Chief yeoman of signals*, chef *m* de timonerie. **Signal boy**, mousse *m* de timonerie. **The signal log**, le journal des signaux.

'signal-arm, *s.* Bras *m* de signal (d'un sémaphore).

'signal-ball, *s.* *Nau:* Ballon *m* pour signaux.

'signal-beacon, *s.* Fanal *m*, -aux.

'signal-book, *s.* *Nau:* Code *m* à, de, signaux; tome *m* des signaux.

'signal-box, -cabin, *s.* *Rail:* Cabine *f*, guérite *f*, poste *m*, à signaux, pour aiguilles; cabine d'aiguillage.

'signal-chest, *s.* *Nau:* Coffre *m* des signaux.

'signal-cone, *s.* *Nau:* Cône *m* des signaux.

'signal-cord, *s.* *Rail:* Corde-signal *m*, *pl.* cordes-signaux.

'signal-flag, *s.* *Navy:* Pavillon *m* pour signaux.

'signal-gun, *s.* Coup *m* de canon de signal.

'signal-lamp, *s.* 1. Lampe *f* de signal; fanal *m* de signal, *pl.* fanaux. 2. *Ind:* Lampe indicatrice, lampe témoin.

'signal-light, *s.* *Nau:* *etc:* Fanal *m*, -aux. *pl.* **Signal-lights**, feux *m* de route.

'signal-mast, -post, *s.* Mât *m*, pylône *m*, de signaux; mât sémaphorique; poteau *m*, mât, de signal.

'signal-rocket, *s.* Fusée *f* de signaux, fusée volante.

'signal-shot, *s.* = SIGNAL-GUN.

'signal-station, *s.* *Nau:* (*On board*) Poste *m* de timonerie; (*on land*) sémaphore *m*, poste sémaphorique.

signal[2], *v.* (**signalled; signalling**) 1. *v.i.* Donner un signal, faire des signaux (*to*, à); signaler. *Aut:* **To signal before stopping**, mettre le bras avant de stopper. *To s. by extending the arm*, avertir en étendant le bras. 2. *v.tr.* (*a*) Signaler (un train, un navire). (*b*) *To s. an order*, signaler un ordre. *Aut:* *To s. a turn*, signaler un changement de direction. (*c*) **To signal to s.o. to stop**, faire signe à qn de s'arrêter.

signalling, *s.* Signalisation *f*; avertissement *m*; transmission *f* de signaux. **Visual signalling**, signalisation optique; télégraphie aérienne, optique; *Nau:* timonerie *f*. **Arm signalling**, signalisation à bras. *Rail:* **Hand-signalling**, pilotage *m.* *Mil:* **School of signalling, signalling school**, école *f* des signaleurs. **Signalling apparatus**, appareil *m* pour signaux. **Signalling-flag**, fanion-signal *m*, *pl.* fanions-signaux. **Signalling-lantern, -lamp**, lanterne-signal *f*, *pl.* lanternes-signaux; fanal *m*, -aux, de signaux. **Diver's signalling-line**, corde *f* de communication du scaphandrier. *Aut:* **Signalling device**, signalisateur *m.*

signal[3], *a.* (Service) signalé, insigne; (succès) éclatant, remarquable; (récompense *f*, faveur *f*) insigne; (échec *m*) notoire. **-ally**, *adv.* Remarquablement; d'une façon éclatante, signalée; avec éclat; d'une façon notoire.

signalize ['signəla:iz], *v.tr.* Signaler, marquer (une victoire, un succès). **To signalize oneself by one's wit**, se signaler par son esprit.

signaller ['signələr], *s.* Signaleur *m.*

signalman, *pl.* **-men** ['signəlmən, -men], *s.* 1. *Rail:* Signaleur *m.* 2. *Navy:* Timonier *m.* 3. **Coast signalman**, guetteur *m* sémaphorique.

signatory ['signətəri], *a.* & *s.* Signataire (*mf*). **Signatory to an agreement**, signataire d'un contrat. *The signatories to a treaty*, les (co)signataires d'un traité. *Governments signatories to a convention*, gouvernements *m* signataires d'une convention.

signature ['signətjər], *s.* 1. Signature *f*; *Adm:* visa *m.* **Stamped signature**, griffe *f*. *To put one's s. to a letter*, apposer sa signature à une lettre. *The letter bore the s. of his chief*, la lettre portait la signature de son chef. *To submit a decree to the President for s.*, présenter un décret à la signature du Président. *Com:* *etc:* **Joint signature**, signature collective. **The signature of the firm**, la signature sociale. *Bank:* *etc:* **Signature book**, livre *m* de signatures. 2. *Pharm:* Mode *f* d'administration. 3. *Typ:* (*a*) Signature *f* (d'un cahier). (*b*) *We are sending you the first four signatures*, nous vous envoyons les quatre premiers cahiers, les cahiers A à D. 4. *Mus:* **Key-signature**, armature *f*, armure *f* (de la clef). *See also* KEY-SIGNATURE, TIME-SIGNATURE.

'signature tune, *s.* *W.Tel:* Indicatif musical (d'un jazz-band, etc.).

signer ['sainər], *s.* Signataire *mf.* *Hist:* *U.S:* **The Signers**, les signataires de la Déclaration d'Indépendance (1776).

signet ['signet], *s.* 1. Sceau *m*, cachet *m.* 2. *Scot:* **Writer to the signet** = avoué *m.*

'signet-ring, *s.* 1. *A:* (*Used for sealing*) Anneau *m* sigillaire, à cachet. 2. (Bague *f*) chevalière *f*.

significance [sig'nifikəns], *s.* 1. Signification *f* (d'un geste, d'une cérémonie). **Look of deep significance**, regard très significatif. 2. Importance *f*, conséquence *f*, portée *f*. *Incident of no real s.*, incident *m* sans importance, sans portée. *Event of great s.*, événement *m* de la plus haute importance.

significant [sig'nifikənt], *a.* 1. (Mot, geste, sourire) significatif. **Features significant of weakness**, traits qui accusent la faiblesse. *Nothing is more s. of a man's character than what he finds laughable*, il n'y a pas de meilleur indice du tempérament d'un homme que ce qu'il trouve risible. 2. *Ar:* **Significant figure**, chiffre significatif. 3. (Événement, etc.) important, d'importance, de grande portée. 4. *Theol:* **Significant signs of grace**, signes signifiants de la grâce. **-ly**, *adv.* (Regarder, etc.) d'une manière significative. *He smiled s.*, il sourit d'un air entendu; il eut un sourire significatif.

signification [signifi'keiʃ(ə)n], *s.* Signification *f*, sens *m* (d'un mot, d'une phrase, etc.).

significative [sig'nifikətiv], *a.* Significatif (*of*, de).

signify ['signifai]. 1. *v.tr.* Signifier. (*a*) Être (le) signe de (qch.). *A broad forehead signifies intelligence*, un front large est (un) signe d'intelligence, indique l'intelligence. (*b*) Vouloir dire. *What does this word s.?* que signifie, que veut dire, ce mot? (*c*) Déclarer, faire connaître (ses intentions, sa volonté, etc.). **To signify one's consent**, signifier son consentement. 2. *v.i.* Importer. **It does not signify**, cela ne fait rien; cela n'a aucune importance; cela n'importe guère. *What does it s.?* qu'importe? *What signifies his coming or not?* qu'importe qu'il vienne ou ne vienne pas?

signor ['si:njɔ:r], *s.* *A.* & *Lit:* Seigneur *m.* *See also* POTENT 1.

sikh [sik, si:k], *a.* & *s.* *Indian Rel:* *Ethn:* Sikh, -e; seikh, -e.

silage ['sailedʒ], *s.* = ENSILAGE.

silence[1] ['sailəns], *s.* Silence *m.* (*a*) **Dead silence, blank silence, unbroken silence**, silence absolu. **A breathless silence**, un silence ému, anxieux. **Deathlike silence**, silence de mort. **To keep silence**, garder le silence; se taire. **To break silence**, rompre le silence. **To call for silence**, réclamer le silence. *Calls for s.*, des chut réitérés. *To enjoin s. on s.o.*, imposer le silence à qn. *To maintain a stubborn s.*, se renfermer dans un mutisme absolu; garder obstinément le silence. **To put, reduce, s.o. to silence**, réduire qn au silence; faire taire qn; imposer silence à qn. **To subside into silence**, ne plus souffler mot. **To suffer in silence**, souffrir en silence. *They heard me out* **in frigid silence**, ils m'ont écouté jusqu'au bout dans un silence glacial. **Silence!** (faites) silence! du silence! (*notice in reading-room, etc.*) défense *f* de parler; les conversations sont interdites. *Prov:* **Silence is golden**, le silence est d'or. **Silence gives consent**, qui ne dit mot consent; qui se tait consent. (*b*) **The silence of the press**, le silence de la presse. *The s. of the law on this point allows us to conclude . . .*, le silence de la loi à ce sujet nous permet de conclure que. . . . *After five years' s.*, après un silence de cinq années. **To pass over sth. in silence**, passer qch. sous silence. (*c*) **The silence of the night, of the desert, of the grave**, le silence de la nuit, du désert, du tombeau. **To go down into silence**, descendre dans le lieu du silence. *Tp:* *etc:* **Silence cabinet**, cabine *f* insonore.

silence[2], *v.tr.* (*a*) Réduire (qn) au silence; imposer silence à (qn); *F:* clouer le bec, river son clou, à (qn); faire taire (un adversaire, sa conscience); confondre (la calomnie); étouffer (les plaintes); faire cesser, éteindre, faire taire (le feu de l'ennemi). **To silence criticism**, fermer, clouer, la bouche à la critique. (*b*) **To silence a noise**, amortir, étouffer, un bruit. *Carpet that silences all footsteps*, tapis qui étouffe tout bruit de pas. *Cin:* **To silence the camera**, insonoriser la camera. *Silenced arc-lamp*, lampe *f* à arc silencieux. *I.C.E:* **To silence the exhaust**, assourdir, étouffer, l'échappement.

silencing, *s.* (*a*) Amortissement *m* du son. (*b*) Réduction *f* du bruit (d'un moteur). *Tg:* *Tp:* **Silencing device** (*for cable supports*), sourdine *f*. *To fit s. devices to a line*, sourdiner une canalisation.

silencer ['sailənsər], *s.* 1. *F:* Argument décisif, qui vous clôt le bec; réplique mordante. *My retort was a s. for him*, ma réplique lui a rivé son clou. 2. Amortisseur *m* de son ou de bruit; dispositif silencieux; étouffeur *m* de bruit. *I.C.E:* Silencieux *m*; pot *m*, boîte *f*, d'échappement.

silene [sai'li:ni], *s.* *Bot:* Silène *m.*

silent ['sailənt], *a.* 1. Silencieux. (*a*) **To keep silent**, (i) observer le silence; (ii) garder le silence, se taire (*about*, sur); demeurer silencieux; se tenir coi, coite. *He knows when to keep s.*, il sait se taire. *To become s.*, se taire. **Be silent!** taisez-vous! **Silent as the tomb**, discret, muet, comme la tombe. *Ecc:* **Silent orders**, ordres (religieux) qui gardent le silence. *Member of a s. order*, silentiaire *m*, silenciaire *m.* *S. propaganda*, propagande faite sans bruit. **Silent grief is none the less sincere**, la douleur qui se tait n'en est pas moins sincère. **Silent system** (*in prisons*), régime *m* cellulaire. *See also* FILM[1] 2, PARTNER[1] 1, WILLIAM. (*b*) **A silent man**, un homme silencieux, taciturne, peu loquace, peu communicatif. 2. (*a*) Silencieux, insonore. *S. footsteps*, pas silencieux. *S. running of an engine*, allure silencieuse d'un moteur. **Silent-mesh gear-box**, boîte de vitesses à engrènements silencieux. *Cin:* *To make the* *camera s.*, insonoriser la camera. *See also* SECOND² I. 1. (*b*) *Ling:* **Silent letter,** lettre muette. *In 'knee' the k is silent*, dans *knee* le k ne se prononce pas, le k est muet. **-ly,** *adv.* Silencieusement, en silence, sans bruit, à petit bruit.

silentiary [sai'lenʃiəri], *s. Hist: Ecc:* Silenciaire *m*, silentiaire *m*.

Silenus [sai'liːnəs]. 1. *Pr.n.m. Gr.Myth:* Silène. 2. *Attrib.a. Z:* **Silenus ape,** silène *m*.

Silesia [sai'liːʃjə]. 1. *Pr.n. Geog:* La Silésie. 2. *s. Tex:* Silésienne *f*, percaline croisée.

Silesian [sai'liːʃjən], *a. & s. Geog:* Silésien, -ienne.

silex ['saileks], *s. Miner:* Silex *m*.

silhouette¹ [silu'et], *s.* Silhouette *f*. *Cin:* **Silhouette picture,** film *m* à silhouettes. *To see s.o.* **in silhouette,** voir qn en silhouette.
'**silhouette-'target,** *s. Mil:* Silhouette *f*.

silhouette², *v.tr.* Silhouetter, projeter en silhouette. *To be silhouetted against a light background*, se silhouetter, apparaître en silhouette, sur un fond clair.

silhouettist [silu'etist], *s.* Faiseur, -euse, de silhouettes; silhouetteur *m*.

silica ['silikə], *s. Ch:* Silice *f*.

silicate¹ ['siliket], *s. Ch:* Silicate *m*. *To treat (a road, etc.) with s.*, silicat(is)er (une route, etc.).

silicate² ['silikeit], *v.tr.* Silicat(is)er.
silicating, *s.* Silicatisation *f*, silicatage *m*.

siliceous [si'liʃəs], *a. Ch:* Siliceux. *Geol:* **Siliceous springs,** sources boueuses.

silicic [si'lisik], *a. Ch:* (Acide *m*) silicique.

silicide ['silisaid], *s. Ch:* Siliciure *m*.

siliciferous [sili'sifərəs], *a.* Silicifère.

silicification [si'lisifi'keiʃ(ə)n], *s.* 1. *Miner:* Silicification *f* (des roches). 2. *Ind:* Silicatisation *f*, silicatage *m* (du bois).

silici-fluoric [si'lisiflu'ɔrik], *a. Ch:* (Acide *m*) fluosilicique.

silicify [si'lisifai]. 1. *v.tr.* (*a*) (*Of natural agency*) Silicifier (le bois, la pierre). (*b*) *Ind:* Silicatiser (le bois, etc.); imprégner (le bois) d'un silicate. 2. *v.i.* Se silicifier.

silicious [si'liʃəs], *a.* = SILICEOUS.

siliciuret [si'lisjuret], *s. Ch:* = SILICIDE.

silicle ['silikl], *s. Bot:* Silicule *f*.

silicon ['silikən], *s. Ch:* Silicium *m*. *Combined with s.*, silicié. **Silicon hydride,** hydrogène silicié. *S. dioxide*, bioxyde *m* de silicium; silice *f*. *S. carbide*, carbure *m* de silicium; carborundum *m*. *Metall:* **Silicon bronze,** bronze siliceux; bronze au silicium.

silicosis [sili'kousis], *s. Med:* Chalicose *f*, cailloute *f*; phtisie *f* des tailleurs de pierre.

silicula [si'likjulə], *s. Bot:* Silicule *f*.

siliculose [silikju'lous], *a. Bot:* Siliculeux.

siliqua, *pl.* **-quae** ['silikwə, -kwiː], **silique** [si'liːk], *s. Bot:* Silique *f*.

siliquiform [si'likwifɔːrm], *a. Bot:* Siliquiforme.

siliquose [sili'kwous], *a. Bot:* Siliqueux.

Silistria [si'listriə]. *Pr.n. Geog:* Silistrie *f*.

silk [silk], *s.* 1. Soie *f*. (*a*) **Raw silk,** soie grège. **Thrown silk,** soie moulinée; soie ouvrée; organsin *m*. *Spooled s.*, soie bobinée. **Silk waste, waste silk,** bourre *f* de soie; soie de bourre; capiton *m*; strasse *f*. *See also* FLOSS¹. **Silk yarn,** fil *m* de soie. **Sewing silk,** soie à coudre. **Knitting silk,** soie à tricoter. **Silk stockings,** bas *m* de soie. **Silk culture,** sériciculture *f*. **The silk industries,** les industries soyères. **Silk factory,** soierie *f*. **The silk trade,** la soierie. (*b*) *Tex:* **Japanese silk,** pongée *m*. **Oiled silk,** taffetas *m* imperméable. **Artificial silk, rayon silk,** soie artificielle, soie végétale; rayonne *f*. **Figured silk,** lampas *m*. *See also* CORN² 1, SHOT¹ 3, SOFT I. 1, SPUN-SILK. **Silk fabrics, silk goods, silks,** soierie. **Silk finish,** similisage *m*. *See also* HAT¹, PURSE¹ 1. 2. (*a*) **To wear a black silk,** porter une robe de soie noire. *Jur: F:* **To take silk,** être nommé conseiller du roi. (*b*) *Jur: F:* **'Silk',** (i) un conseiller du roi; (ii) *Coll.* les conseillers du roi. 3. *U.S:* Panache pendant (de la fleur femelle du maïs).
'**silk-breeder,** *s.* Éducateur, -trice, de vers à soie.
'**silk-'cotton,** *s. Tex:* Bombycine *f*. *Bot:* **Silk-cotton tree** = BOMBAX.
'**silk-covered,** *a. El:* (Fil) isolé à la soie.
'**silk-'finish,** *v.tr. Tex:* Similiser.
'**silk-gland,** *s. Ent:* Glande *f* séricigène.
'**silk grass,** *s. Bot:* 1. Karatas *m*, karata *m*. 2. Pite *f*.
'**silk-grower,** *s.* = SILK-BREEDER.
'**silk-growing,** *a.* (Pays, etc.) séricicole.
'**silk-'hatted,** *a.* Coiffé d'un chapeau haut de forme.
'**silk-'hosed,** *a.* Portant des bas de soie.
'**silk-mercer,** *s.* Marchand, -ande, de soieries.
'**silk-mill,** *s.* Filature *f* de soie.
'**silk-moth,** *s. Ent:* 1. Bombyx *m* du ver à soie; bombyx du mûrier. 2. **Wild silk-moth,** paon *m* de nuit.
'**silk paper,** *s.* Papier *m* de soie.
'**silk-reel,** *s.* Tour *m*, dévidoir *m*, de cocons.
'**silk-thrower,** *s. Tex:* Organsineur, -euse, moulineur, -euse, moulinier, -ière.
'**silk-throwing,** *s. Tex:* Organsinage *m*, moulinage *m*.
'**silk-throwster,** *s.* = SILK-THROWER.
'**silk-weaver,** *s.* Tisseur *m* de soie; **tisserand** *m* **en soie**; (*in Lyons*) canut, *f*. canuse.
'**silk-winder,** *s.* = SILK-REEL.

silken ['silk(ə)n], *a.* 1. *A:* De soie, en soie; fait de soie. 2. Soyeux. *S. tresses*, boucles *f* de soie. 3. *F:* (*Of voice, words*) Doucereux, mielleux.

silkiness ['silkinəs], *s.* 1. Nature soyeuse (d'une étoffe). 2. *F:* Moelleux *m* (de la voix, des paroles).

silkweed ['silkwiːd], *s. Bot:* = MILKWEED (*d*).

silkworm ['silkwəːrm], *s.* Ver *m* à soie. **Silkworm moth,** bombyx *m* (mori, du mûrier). **Silkworm breeder,** sériciculteur *m*; éducateur, -trice, de vers à soie; magnanier, -ière. **Silkworm breeding,** éducation *f* des vers à soie; magnanerie *f*. **Silkworm nursery,** nourricerie *f*, coconnière *f*, magnanerie. **Silkworm rot,** muscardine *f*.

silky ['silki]. 1. *a.* (*a*) Soyeux. *S. lustre*, éclat soyeux. (*b*) *S. voice*, voix moelleuse. (*c*) *Pej:* Doucereux, mielleux. 2. *s.* (*Breed of fowl*) Soyeuse *f*.

sill [sil], *s.* 1. (*a*) *Const:* = GROUNDSEL². **Staircase sill,** patin *m* d'escalier. (*b*) *Rail: Veh:* Longrine *f*, longeron *m* (de wagon, de caisse); brancard *m* (de caisse). 2. (*a*) **Window-sill,** tablette *f*, appui *m*, rebord *m*, de fenêtre. (*b*) *N.Arch:* **Port-sill,** seuil *m*, seuillet *m* (de sabord). **Upper sill,** sommier *m*. 3. (*a*) = DOOR-SILL. (*b*) *Min:* Sole *f*, semelle *f* (d'une galerie). (*c*) *Hyd.E:* Heurtoir *m*, buse *m*, seuil, radier *m* (de bassin, d'écluse). **Main sill,** racinal *m*. *See also* CAP-SILL. 4. *Geol:* Filon-couche *m*, *pl.* filons-couches.

sillabub ['siləbʌb], *s. Cu:* Gelée *f* de lait caillé battu avec du vin (servie comme entremets sucré).

sillery ['siləri], *s.* Vin *m* de Sillery; sillery *m*.

silliness ['silinəs], *s.* Sottise *f*, niaiserie *f*; *A:* janoterie *f*.

silly ['sili], *a.* 1. Sot, *f.* sotte; niais, nigaud. *S. answer*, réponse saugrenue, stupide. *S. woman*, grande sotte. *S. girl*, (petite) bécasse. **You silly boy!** petit nigaud! *s.* **You little silly!** petite niaise! **Don't be (a) silly!** ne faites pas le sot, la sotte; ne faites pas l'oie! **Silly ass!** imbécile! gros bêta! **He's a silly Billy,** c'est un imbécile, *A:* un janot. *He's as s. as can be*, il est d'une bêtise extrême, d'une nigauderie incroyable. *To say something s.*, dire une bêtise ou une naïveté. *To do a s. thing*, faire une bêtise, une balourdise. *There was a s. lump in his throat*, son cœur se serrait bêtement. **To go silly over a woman,** se toquer d'une femme. *Journ: F:* **The silly season,** l'époque *f* où la politique chôme; l'époque des vacances (où les journaux en sont réduits à publier des niaiseries). *Cin:* **Silly symphonies,** symphonies *f* folâtres. 2. **To knock s.o. silly,** (i) étourdir, assommer, qn; (ii) démonter qn; casser bras et jambes à qn. *The blow knocked me s.*, (i) le coup m'a fait voir trente-six chandelles; (ii) le coup m'a fait perdre connaissance. **-ily,** *adv.* Sottement, niaisement, bêtement.

silo¹ ['sailou], *s. Agr:* Silo *m*.

silo², *v.tr.* Ensiloter, ensiler, mettre en silo (du fourrage).

Siloam [sai'louəm]. *Pr.n. B.Geog:* Siloé *m*. **The pool of Siloam,** la fontaine de Siloé.

silpha ['silfə], *s. Ent:* Silphe *m*, bouclier *m*.

silt¹ [silt], *s.* Dépôt (vaseux), vase *f*, limon *m* (dans un chenal, etc.); (apports *mpl* de) boue *f*. *Geol:* Apports de ruissellement; lais *m*, relais *m*. *Deposition of s.*, colmatage *m*; envasement *m*.

silt², *v.* **To silt (up).** 1. *v.tr.* Envaser, ensabler (un port, un canal). 2. *v.i.* (*Of harbour, etc.*) S'envaser, s'ensabler; se combler.
silting (up), *s.* Envasement *m*, ensablement *m*, colmatage *m*.

silure [sai'ljuər], *s. Ich:* Silure *m*.

Silures [sai'ljuəriːz]. *Pr.n.pl. A.Geog:* Silures *m*.

Silurian [sai'ljuəriən], *a. & s. Geol:* (Système) silurien *m*.

silurus, *pl.* **-i** [si'ljuərəs, -ai], *s. Ich:* Silure *m*.

silva ['silvə], *s.*, **silvan** ['silvən], *a.* = SYLVA, SYLVAN.

Silvanus [sil'veinəs]. *Pr.n.m. Rom.Myth:* Sylvain, Silvain.

silver¹ ['silvər], *s.* 1. Argent *m*. **Bar silver,** argent en barre(s). **Standard silver,** argent au titre. **Oxidized silver,** argent oxydé. **Fulminating silver,** argent fulminant. **Telluric silver,** hessite *f*. **Imitation silver,** similargent *m*. **German silver, nickel silver,** maillechort *m*; argent blanc, argent d'Allemagne; argentan *m*; métal (blanc) d'Alger. *Med:* **Silver poisoning,** argyrie *f*; argyrisme *m*. *Tex:* **Worked with silver,** lamé d'argent. *See also* HORN-SILVER. 2. *Attrib.* (*a*) D'argent, en argent. *S. inkstand*, encrier *m* en argent. *S. spoon*, cuiller *f* d'argent. *F:* **He was born with a silver spoon in his mouth,** il est né coiffé. **Silver bullets,** le nerf de la guerre. *Ch:* **Silver solution,** solution *f* argentique. *Phot:* **Silver image,** image *f* argentique. **Silver bath,** bain *m* d'argent. *Hist: Lit:* **The silver age,** l'âge *m* d'argent. (*b*) Argenté. *S. hair*, cheveux argentés. *Poet: The s. dawn*, l'aube argentine. *The moon cast a s. shimmer on the waves*, la lune argentait les flots. *F:* **The silver streak,** la Manche. *Cin:* **Silver screen,** écran argenté. *See also* CLOUD¹ 1, FIR 1, PINE¹ 1. 3. Argent monnayé. **Silver coin,** (i) pièce *f* d'argent; (ii) *Coll.* pièces d'argent; argent. *A pound in s.*, une livre en argent, en pièces d'argent, en monnaie d'argent. **(Small) silver change,** monnaie blanche. 4. = SILVER-PLATE¹. *U.S:* **Silver basket,** ramasse-couverts *m inv.*
'**silver-'barked,** *a. Arb:* A écorce luisante.
'**silver-bearing,** *a. Miner:* Argentifère.
'**silver-fish,** *s.* 1. *Ich:* Argentine *f*. 2. *Ent:* Lépisme *m*; poisson *m* d'argent.
'**silver-'foil,** *s.* Argent battu; feuille *f* d'argent.
'**silver 'fox,** *s. Z:* Renard argenté.
'**silver-gilt.** 1. *s.* Vermeil *m*; argent doré. 2. *a.* En vermeil.
'**silver-'glance,** *s. Miner:* Argyrose *f*, argyrite *f*, argentite *f*.
'**silver-'grey,** *a.* Gris argenté *inv.*
'**silver-'haired,** *a.* Aux cheveux argentés.
'**silver-'headed,** *a.* 1. = SILVER-HAIRED. 2. (Épingle) à tête d'argent; (canne) à pomme d'argent.
'**silver 'lady,** *s.* = SILVER-FISH 2.
'**silver-'leaf,** *s.* = SILVER-FOIL.
'**silver-mounted,** *a.* Monté en argent.
'**silver 'paper,** *s.* 1. *A:* Papier de soie blanc; (papier) serpente *f*. 2. *F:* "Papier d'argent" (en étain). 3. *Phot:* Papier aux sels d'argent.
silver-'plate¹, *s. Coll.* Argenterie *f*; argent orfévré; vaisselle *f* d'argent.
silver-'plate², *v.tr.* Argenter.
silver-plated, *a.* Argenté. *S.-p. watch*, montre *f* **en plaqué**; montre argent. *S.-p. wares*, doublé *m* d'argent.
'**silver-plating,** *s.* Argenture *f*, argentage *m*.
'**silver-plater,** *s.* Argenteur *m*.

'**silver-point**, *s.* *Art:* **(Sketch in) silver-point,** gravure *f* à la pointe d'argent.

'**silver-print**, *s.* *Phot:* Épreuve (positive) sur papier aux sels d'argent.

'**silver-printing**, *s.* *Phot:* Tirage *m* sur papier aux sels d'argent.

'**silver-side**, *s.* *Cu:* Gîte *m* à la noix.

'**silver-stick**, *s.* Officier supérieur des *Life Guards* de service au palais du roi.

silver 'thaw, *s.* Verglas *m.*

'**silver-toned**, *a.* (*Of voice, etc.*) Argentin.

'**silver-'tongued**, *a.* *F:* Éloquent; à la langue dorée.

'**silver 'wedding**, *s.* Noces *fpl* d'argent.

'**silver(-)wire**, *s.* Trait *m* d'argent.

'**silver-work**, *s.* Orfèvrerie *f.*

silver[2]. **1.** *v.tr.* (*a*) Argenter (des couverts, etc.). (*b*) Étamer (un miroir). (*c*) *F:* *Grief had silvered his hair*, le chagrin lui avait argenté, blanchi, les cheveux. **2.** *v.i.* (*Of the hair, etc.*) S'argenter.

silvered, *a.* (Verre, métal) argenté.

silvering[1], *a.* (Sel) argenteur.

silvering[2], *s.* **1.** (*a*) Argentage *m.* (*b*) Étamage *m* (de miroirs). **2.** (*a*) Argenture *f.* (*b*) Tain *m* (de miroir).

silverer ['silvərər], *s.* (*a*) Argenteur *m.* (*b*) Étameur *m* (de miroirs).

silverite ['silvərait], *s.* *Pol.Ec:* *U.S:* Argentiste *m.*

silvern ['silvərn], *a.* *A:* = SILVERY. *Now only in:* **Speech is silvern, silence is golden,** il est bon de parler et meilleur de se taire; la parole est d'argent mais le silence est d'or.

silversmith ['silvərsmiθ], *s.* Orfèvre *m.* **Silversmith's trade,** orfèvrerie *f.*

silverware ['silvərweər], *s.* Argenterie *f* (de table).

silverweed ['silvərwi:d], *s.* *Bot:* Potentille ansérine; argentine *f.*

silvery ['silvəri], *a.* (*a*) (Nuage, flot) argenté; (écailles, etc.) d'argent. (*b*) (Rire, timbre) argentin.

Silvester [sil'vestər]. *Pr.n.m.* = SYLVESTER.

silviculture ['silvikʌltjər], *s.* = SYLVICULTURE.

simar(o)uba [sima'ru:ba], *s.* *Bot:* Simar(o)uba *m.* *Pharm:* **Simar(o)uba bark,** écorce de simar(o)uba.

simarubaceae [simaru'beisii:], *s.pl.* *Bot:* Simarubacées *f.*

Simeon ['simiən]. *Pr.n.m.* Siméon. **Saint Simeon Stylites,** saint Siméon Stylite.

simian ['simiən]. **1.** *a.* Simiesque, simien. **2.** *s.* *Z:* Simien *m,* singe *m.*

similar ['similər]. **1.** *a.* (*a*) Semblable, pareil, ressemblant, analogue, assimilable (*to*, à); du même ordre; du même genre. *Cases s. to . . .*, cas *m* analogues à. . . . *Your case is s. to mine,* votre cas est semblable au mien. *To hold s. views to s.o.*, partager les idées de qn. *Geom:* **Similar triangles,** triangles *m* semblables. (*b*) *Mth:* *Geom:* **Similar products,** produits *m* similaires. *S. rectangles,* rectangles *m* similaires. **2.** *s.* Semblable *m* (chose semblable); pareil *m* (*of*, de). **-ly,** *adv.* Pareillement, semblablement; de façon semblable.

similarity [simi'læriti], *s.* Ressemblance *f,* similitude *f,* similarité *f.* *Geom:* Similitude (de triangles). *To establish unlooked-for points of s. in Cicero and Demosthenes,* établir un rapprochement inattendu, une affinité inattendue, entre Cicéron et Démosthène.

simile ['simili], *s.* Comparaison *f,* image *f,* similitude *f.*

similitude [si'militju:d], *s.* Similitude *f.* **1.** Ressemblance *f.* *God made man in his own s.*, Dieu créa l'homme à son image. *The devil in the s. of a serpent,* le diable sous la forme d'un serpent. **2.** (*a*) *A:* = SIMILE. (*b*) Allégorie *f,* parabole *f.*

similor ['similɔ:r], *s.* *Metall:* Similor *m.*

simmer[1] ['simər], *s.* *Cu:* **To keep sth. at a simmer, on the simmer,** (faire) mijoter qch.

simmer[2]. **1.** *v.i.* (*a*) (*Of liquid*) Frémir; (*of bread in soup*) mitonner; (*of food in pot*) mijoter, bouillotter; cuire à petits bouillons; cuire à petit feu. *To let the soup s.*, mitonner la soupe. (*b*) *F:* (*Of revolt, etc.*) Fermenter; être près d'éclater. *Ideas that s. in the mind,* idées qui mijotent dans l'esprit. **He was simmering with annoyance,** la colère montait en lui; il était prêt à éclater de colère. (*Of pers.*) **To simmer down,** s'apaiser peu à peu; reprendre son sang-froid. **2.** *v.tr.* (Faire) mijoter (un ragoût, etc.).

simmering[1], *a.* (Liquide) qui frémit; (ragoût, etc.) qui mijote, qui bouillotte. *F:* **Long-simmering ambitions,** ambitions longtemps contenues.

simmering[2], *s.* **1.** Frémissement *m* (d'un liquide); bouillottement *m*; cuisson *f* à petits bouillons. **2.** *F:* Ferment *m* (de révolte).

simnel ['simnəl], *s.* *Used attrib. in:* **Simnel cake,** gâteau *m* de Pâques ou de la mi-carême. **Simnel Sunday,** dimanche *m* de la mi-carême.

Simois ['simois]. *Pr.n.* *A.Geog:* Le (fleuve) Simoïs.

Simon ['saimən]. *Pr.n.m.* Simon. **Simon Magus,** Simon le Magicien. *F:* **Simple Simon,** niais *m,* nicodème *m.* **The (real) Simon Pure,** la véritable personne; l'objet *m* authentique. (Personnage de '*A Bold Stroke for a Wife*' de Centlivre.)

simoniac [sai'mouniak], *a.* & *s.* *Ecc:* Simoniaque (*m*).

simoniacal [saimo'naiak(ə)l], *a.* = SIMONIAC. **-ally,** *adv.* En simoniaque.

Simonides [sai'mɔnidi:z]. *Pr.n.m.* *Gr.Lit:* Simonide.

simonist ['saimonist], *s.* = SIMONIAC.

simony ['saimoni, 'si-], *s.* *Ecc:* Simonie *f.*

simoon [si'mu:n], *s.* Simoun *m.*

simp [simp], *s.* *U.S:* *F:* = SIMPLETON.

simper[1] ['simpər], *s.* Sourire affecté, minaudier.

simper[2], *v.i.* Minauder, mignarder; grimacer; sourire avec affectation; faire des mines, des grimaces; faire la bouche en cœur. *v.tr.* *She simpered her thanks,* elle me remercia d'un ton minaudier, avec affectation.

simpering[1], *a.* Minaudier. *S. ways,* minauderies *f,* affectation *f.* **-ly,** *adv.* En minaudant.

simpering[2], *s.* Minauderie(s) *f(pl)*; grimaces *fpl.* *The simperings of a flirt,* les mines *f* d'une coquette.

simperer ['simpərər], *s.* Minaudier, -ière.

simple [simpl]. **1.** *a.* (*a*) (*Of pers.*) Simple, naturel (de caractère); sans affectation. *S. folk,* les humbles, les petits. *A s. soul,* une bonne âme. *A s. heart,* un cœur simple. *To have s. tastes,* avoir des goûts simples. *S. faith,* *F:* la foi du charbonnier. **The simple life,** la vie simple. *s.* **The poor and the simple,** les pauvres et les simples. *See also* GENTLE[1] I. 1. (*b*) *Pej:* Naïf, *f.* naïve; crédule, niais, jobard, innocent. **I am not so simple as to believe that,** je ne suis pas assez simple, assez innocent, pour croire cela; je n'ai pas la naïveté de croire cela. *What a s. soul he is!* ce qu'il est candide, naïf! *See also* SIMON. (*c*) *S. method,* méthode *f* simple, élémentaire. *S. problem,* problème *m* simple, peu difficile. *To become simple, simpler,* se simplifier. *F:* **As simple as ABC, as shelling peas,** simple comme bonjour; bête comme chou. (*d*) *Bot:* *Plant with s. leaves,* plante simplicifoliée, à feuilles simples. *Med:* **Simple fracture,** fracture *f* simple. *Opt:* *Phot:* **Simple lens,** lentille *f* ou objectif *m* simple. *Com:* **Simple interest,** intérêts *m* simples. *Gram:* **Simple sentence,** proposition indépendante. (*e*) *Jur:* **Simple contract,** convention verbale, tacite; obligation *f* chirographaire. **Simple-contract creditor,** créditeur *m* chirographaire. *His s. word is enough,* sa simple parole suffit. (*f*) *F:* **It's simple robbery,** c'est le vol pur et simple. *See also* PURE[1] 1. **2.** *s.* (*a*) *Med.Bot:* **Simples,** simples *m.* (*b*) *Tex:* Semple *m* (de métier à tisser). **-ply,** *adv.* **1.** (Parler, agir) simplement. *S. dressed,* vêtu sans recherche, avec simplicité; vêtu simplement. **2.** (*a*) Absolument. *You look s. lovely!* vous êtes absolument parfaite! **I simply won't,** je ne veux absolument pas. **You simply must,** il le faut absolument. *I was s. flabbergasted by it,* j'en étais tout à fait abasourdi. (*b*) Uniquement; tout simplement. **Purely and simply, simply and solely,** purement et simplement. *He did it s. to test you,* il l'a fait uniquement pour vous éprouver. *It is s. a matter of time,* c'est une simple question de temps. *I was s. telling him . . .*, je lui disais tout bonnement. . . . *I s. observed that . . .*, je me suis borné à faire remarquer que. . . . *To believe s.o. s. on his word,* croire qn sur sa simple parole.

simple-'hearted, *a.* Simple, ingénu; candide; au cœur simple.

simple-'minded, *a.* Simple d'esprit, de caractère; naïf, *f.* naïve; candide. *S.-m. population,* population *f* fruste. **-ly,** *adv.* Avec candeur.

simple-'mindedness, *s.* Simplicité *f* d'esprit, de caractère; naïveté *f*; candeur *f.*

simpleness ['simplnəs], *s.* = SIMPLICITY 1.

simpleton ['simpltən], *s.* Nigaud, -aude; niais, -aise; naïf, -ïve; *F:* bêta, -asse; jobard *m*; gobeur *m*; *A:* janot *m,* claude *m,* baptiste *m*; *P:* nouille *f.*

simpliciter [sim'plisitər], *adv.* *Jur:* (*Scot.*) Universellement, absolument. **To resign simpliciter,** résigner sa charge purement et simplement, sans demander de pension de retraite, sans faire valoir aucun droit.

simplicity [sim'plisiti], *s.* **1.** (*a*) Candeur *f,* simplicité *f* (d'un enfant, etc.). *Look of s.*, air *m* bonhomme. *To speak with s.*, parler simplement, sans apprêt. (*b*) Bêtise *f,* niaiserie *f,* naïveté *f.* **2.** (*a*) Simplicité (d'un problème). *F:* **It is simplicity itself,** c'est bête comme chou. (*b*) Absence *f* de recherche, simplicité (dans la mise).

simplification [simplifi'keiʃ(ə)n], *s.* Simplification *f.* *Capable of s.*, simplifiable.

simplifier ['simplifaiər], *s.* Simplificateur, -trice.

simplify ['simplifai], *v.tr.* Simplifier (un raisonnement, un calcul); apporter des simplifications à (un procédé, etc.). *To become simplified,* se simplifier.

simplifying[1], *a.* (*Of method, etc.*) Simplificateur, -trice.

simplifying[2], *s.* Simplification *f.*

simplism ['simplizm], *s.* Simplisme *m.*

simplistic [sim'plistik], *a.* Simpliste.

simply ['simpli], *adv.* *See* SIMPLE.

simulacrum, *pl.* **-a** [simju'leikrəm, -ə], *s.* Simulacre *m,* semblant *m.*

simulate ['simjuleit], *v.tr.* Simuler, feindre (une maladie, la folie); affecter (de l'enthousiasme, etc.); imiter l'apparence de (qn, qch.); prendre l'aspect de (qn, qch.); se faire passer pour (qn). *Simulated debt,* dette simulée. *Ling:* *Word simulating another word,* mot mal formé par fausse analogie avec un autre mot.

simulation [simju'leiʃ(ə)n], *s.* Simulation *f,* feinte *f.*

simulator ['simjuleitər], *s.* Simulateur, -trice.

simultaneity [siməltə'ni:iti], **simultaneousness** [siməl'teinjəsnəs], *s.* Simultanéité *f.*

simultaneous [siməl'teinjəs], *a.* (*a*) Simultané. *Alg:* **Simultaneous equations,** équations simultanées). (*b* **Simultaneous with . . .,** qui a lieu en même temps que. . . . **-ly,** *adv.* (*a*) Simultanément. (*b*) En même temps (*with*, que).

sin[1] [sin], *s.* (*a*) Péché *m.* **Original sin,** péché originel. **Deadly sin, capital sin,** péché mortel, capital. *The seven deadly sins,* les sept péchés capitaux. **The forgiveness of sins,** le pardon des offenses *f.* **To fall into sin,** tomber dans le péché. **To live in sin,** (i) vivre dans le péché; *esp.* (ii) vivre maritalement en dehors du mariage; vivre unis dans le péché. *To live in open sin,* afficher ouvertement sa liaison. *The child of sin,* l'enfant du péché. **To die in sin,** mourir dans le péché. *I have committed no sin,* je n'ai point commis de péché. *F:* **For my sins,** *I was appointed to . . .*, pour mes péchés je fus nommé à. . . . *Prov:* **It is no sin for a man to labour in his vocation,** il n'y a pas de sot métier. *P:* **Like sin,** furieusement, violemment. *It was raining like sin,* il pleuvait à seaux. *See also* BESETTING, OMISSION 2, POVERTY 1, UGLY. (*b*) *F:* Offense (contre les convenances, l'art, le bon goût). *It's a sin to put Shakespeare on the films*, c'est un meurtre de mettre Shakespeare à l'écran. *Sin against good taste*, infraction *f* au bon goût.

'sin-born, -bred, *a.* Né du péché.

'sin-offering, *s. B.Hist:* Sacrifice *m* expiatoire.

sin[2], *v.i.* (sinned; sinning) (*a*) Pécher. *Wherein have I sinned?* en quoi ai-je péché? quel péché ai-je commis? *To sin against heaven*, pécher contre le ciel. **Liable to sin,** peccable. (*b*) *To sin against propriety*, blesser les convenances; manquer aux convenances; commettre une infraction au savoir-vivre. (*c*) **Woman more sinned against than sinning,** femme plus à plaindre qu'à blâmer.

sinning[1], *a.* Fautif; qui pèche; qui a péché. *The s. couple*, le couple uni dans le péché.

sinning[2], *s.* Le péché. **She never went the length of sinning,** elle n'est jamais allée jusqu'à la faute.

Sinai ['sainiai]. *Pr.n.* **1.** *B.Geog:* **Mount Sinai,** le mont Sinaï. **2.** *Geog:* **The Sinai Peninsula,** la Péninsule du Sinaï.

Sinaitic [sainei'itik], *a. B.Geog:* Sinaïtique.

Sinanthropus ['sinan'θroupəs], *s. Anthr:* Sinanthrope *m*.

sinapic [si'napik], *a. Ch:* (Acide *m*) sinapique.

sinapine ['sinapin], *s. Ch:* Sinapine *f*.

sinapism ['sinapizm], *s. Med:* Sinapisme *m*.

since [sins]. **1.** *adv.* Depuis. (*a*) *I have not seen him s.*, je ne l'ai pas revu depuis. *He has been in perfect health* **ever since,** depuis (lors), sa santé a été parfaite. (*b*) (*Ago*) **Many years since,** il y a bien des années. **Long since,** (i) depuis longtemps; (ii) il y a longtemps. *That was long s.*, il y a longtemps de cela. *This was not long s. a flourishing town*, c'était naguère, il n'y a pas très longtemps, une ville florissante. **How long is it since?** il y a combien de cela? **2.** *prep.* Depuis. *I have not seen him s. Christmas*, je ne l'ai pas vu depuis Noël. *He has been up s. dawn*, il était levé dès l'aurore. *S. the day I first saw her I have been in love with her*, je l'aime depuis le jour où je l'ai vue pour la première fois. **Since when** *have you been here?* depuis quand êtes-vous ici? *S. that moment*, à compter de ce moment; à partir de ce moment. **Since that time, since then,** depuis lors. **Since seeing you,** depuis que je vous ai vu. **3.** *conj.* (*a*) Depuis que; que. *I have learnt much s. I have been here*, j'ai beaucoup appris depuis que je suis ici. *We have not seen him s. he married*, nous ne l'avons pas vu depuis qu'il s'est marié, depuis son mariage. *It is just a week s. he came*, il y a juste huit jours qu'il est arrivé. *S. I have known him*, depuis le temps que je le connais. *It is long s. I met her*, il y a longtemps que je ne l'ai rencontrée; je ne l'ai pas rencontrée depuis longtemps. *It is long s. I first met her*, notre première rencontre date de longtemps. (*b*) Puisque. *S. he is not of age*, puisqu'il est mineur. *S. you wish it, I will comply*, dès lors que, du moment que, vous le voulez je m'exécuterai. *You didn't hear then, s. you said nothing?* vous n'aviez donc pas entendu, que vous ne disiez rien? *Cheaper clothes* **since better wearing,** vêtements meilleur marché du fait qu'ils durent plus longtemps.

sincere [sin'siːər], *a.* (*a*) Sincère; franc, *f* franche. (*b*) (Sentiment *m*) sincère. **-ly,** *adv.* Sincèrement. *Corr:* **Yours sincerely,** cordialement à vous.

sincerity [sin'seriti], *s.* Sincérité *f*; bonne foi. **In all sincerity,** de la meilleure foi du monde; la main sur la conscience. *Speaking in all s. . . .*, en toute sincérité. . . . *To speak with a show of s.*, parler avec un air de vérité.

sincipital [sin'sipit(ə)l], *a. Anat:* Sincipital, -aux.

sinciput ['sinsipʌt], *s. Anat:* Sinciput *m*.

Sind [sind]. *Pr.n. Geog:* (*River and province*) Le Sind.

sindon ['sindən], *s.* **The sindon (of Christ),** le sindon, le saint Suaire.

sine [sain], *s. Mth:* Sinus *m* (d'un angle). *See also* VERSED 2. **Sine compass,** compas *m*, boussole *f*, des sinus. **Sine wave,** onde sinusoïdale; sinusoïde *f*.

sinecure ['sainekjuər], *s.* Sinécure *f*. *His post is a s.*, *F:* son poste est un vrai canonicat, une bague au doigt; *P:* il a un emploi pépère.

sinecurism ['sainekjuərizm], *s.* Sinécurisme *m*.

sinecurist ['sainekjuərist], *s.* Sinécuriste *mf*.

sine die ['saini'daiiː]. *Lt.phr.* Sine die; indéfiniment.

sine qua non ['sainikwei'nɔn]. *Lt.phr.* Sine qua non; **condition** *f* indispensable; (condition) indispensable.

sinew ['sinju], *s.* **1.** (*a*) *Anat:* Tendon *m*. *Cu:* (*In meat*) Croquant *m*, tirant *m*. (*b*) *F:* **A man of sinew,** un homme musclé; un homme fort. **2.** *pl. F:* **Sinews,** nerf *m*, force *f*, vigueur *f*. *The sinews of war*, le nerf de la guerre. *The sinews of an undertaking*, l'armature financière d'une entreprise. *See also* THEWS.

sinewless ['sinjuləs], *a.* **1.** *Anat:* Sans tendon(s). **2.** *F:* Sans force; sans vigueur; mou, *f.* molle.

sinewy ['sinjui], *a.* **1.** (*Of meat*) Tendineux. **2.** *F:* (Bras, etc.) musclé, nerveux, vigoureux.

sinful ['sinful], *a.* *S. person*, pécheur, *f.* pécheresse. *S. pleasure*, plaisir *m* coupable. *The s. couple*, le couple uni dans le péché. *It is s. to . . .*, c'est un péché de . . .; il est criminel de. . . . *S. world*, monde *m* de pécheurs. *F:* *The wastage was s.*, les gaspillages étaient scandaleux. **-fully,** *adv.* D'une façon coupable; en pécheur. *To live s.*, vivre dans le péché.

sinfulness ['sinfulnəs], *s.* **1.** Caractère criminel (d'un acte); culpabilité *f*. **2.** Le péché.

sing[1] [siŋ], *s.* **1.** *U.S:* *F:* Grande réunion de chant. **2.** **The kettle was on the sing,** la bouilloire chantait.

sing[2], *v.* (*p.t.* sang [saŋ]; *p.p.* sung [sʌŋ]) **1.** *v.tr.* (*a*) Chanter (un air, une chanson). *To s. sth. to the tune of . . .*, chanter qch. sur l'air de. . . . *Abs.* **To sing to the guitar,** accompagner son chant, s'accompagner, sur la guitare; chanter avec un accompagnement de guitare. *To s. in tune*, chanter juste. *To s. out of tune*, chanter faux; détonner. *See also* TUNE[1] 1. *F:* **To sing small,** (i) déchanter; mettre une sourdine à ses prétentions; (ii) filer doux; *P:* caler doux; se dégonfler. *To make s.o. s. small*, rabattre la présomption de qn; rabattre, rabaisser, le caquet à qn; faire baisser le diapason à qn. **To sing s.o. to sleep,** endormir qn en chantant; chanter pour endormir qn. *F:* **To be always singing the same song,** chanter toujours la même chanson, le même refrain. **To sing loud hosannahs to an event,** entonner des hosannas à un événement. *Ecc:* **To sing mass,** chanter la messe. (*b*) **To sing (of) s.o.'s exploits,** chanter, célébrer, les exploits de qn. *I s.* (*of*) *arms and the man . . .*, je chante l'homme et les armes. . . . *See also* PRAISE[1]. **2.** *v.i.* (*Of missiles, of the wind, etc.*) Siffler; (*of the ears*) tinter, bourdonner. **The kettle sings,** la bouilloire chante. *The water sings in the kettle*, l'eau frémit dans la bouilloire.

sing in, *v.tr.* **To sing in the New Year,** accueillir la nouvelle année en chantant, par des chants.

sing out, *v.tr.* **1.** **To sing out the Old Year,** célébrer par des chants le départ de l'année qui va finir. **2.** *Nau: etc:* Crier (un ordre, le fond, etc.).

sing up, *v.i.* *F:* Chanter plus fort, de meilleur cœur, de bon cœur. **Sing up, boys!** allons, les gars, qu'on vous entende!

singing[1], *a.* Chanteur; qui chante. *W.Tel:* **Singing arc,** arc chantant. *See also* BASS[3] 1.

'singing-bird, *s.* Oiseau chanteur.

'singing-buoy, *s. Nau:* Bouée *f* sonore, à sifflet.

singing[2], *s.* **1.** Chant *m* (de qn, d'un oiseau, etc.). **Church singing,** chants *mpl* d'église. *See also* COMMUNITY 4. **To learn singing,** apprendre le chant. **Singing lesson,** leçon *f* de chant. **Singing master, singing mistress,** maître *m*, maîtresse *f*, de chant. **2.** Sifflement *m* (d'une flèche, du vent, etc.). **Singing in the ears,** bourdonnement *m*, tintement *m*, d'oreilles.

'singing-gallery, -loft, *s. Ecc.Arch:* Tribune *f*.

'sing-song, *s.* **1.** Chant *m* monotone; ton chantant; psalmodie *f*; mélopée *f*. **Sing-song accent,** accent chantant. *To recite sth. in a s.-s.* (*manner*), psalmodier qch. **In a sing-song voice,** d'un ton traînant. **2.** *F:* Concert improvisé (entre amis).

singable ['siŋəbl], *a.* Chantable.

Singapore [siŋgə'pɔːər]. *Pr.n. Geog:* Singapour *m*.

singe[1] [sindʒ], *s.* **1.** Légère brûlure. **2.** *Hairdr:* Brûlage *m*, flambage *m* (de la pointe des cheveux).

singe[2], *v.tr.* **1.** Brûler (qch.) légèrement; roussir (du linge, etc.). *F:* **To singe one's wings,** se brûler à la chandelle. **2.** Passer (qch.) à la flamme; flamber (une volaille, un cochon). *Hairdr:* Brûler, flamber (la pointe des cheveux); passer (les cheveux) à la flamme. *Hort:* Couliner (les arbres fruitiers). **To have one's hair singed,** se faire brûler les cheveux. *To s. s.o.'s hair*, faire un brûlage à qn. *Tex:* **To singe (off) cloth,** griller l'étoffe.

singeing, *s.* Passage *m* à la flamme; brûlage *m*, flambage *m*. *Tex:* Grillage *m*. *Hort:* Coulinage *m*.

singer ['siŋər], *s.* **1.** Chanteur; *f.* chanteuse, (*professional*) cantatrice. *Ecc:* Chantre *m*. *See also* CHORAL 1, CHORUS-SINGER. **2.** *Lit:* (*Poet*) Chantre. *The singers of the past*, les chantres du passé.

Singhalese [siŋgə'liːz], *a.* & *s.* = SINHALESE.

single[1] [siŋgl], *s.* **1.** *Ten:* *Golf:* Partie *f* simple; simple *m*. **To play a single,** *Ten:* jouer un simple; *Golf:* jouer (une) partie simple. *Ten:* **Men's singles,** simple messieurs. **Women's singles,** simple dames. **2.** **In singles** *or in pairs*, un à un ou deux à deux.

single[2], *a.* **1.** (*a*) Seul, unique. *A s. example will not suffice, no s. example will suffice*, il ne suffit pas d'un seul exemple. *Mind occupied with a s. idea*, esprit occupé d'une seule idée. *Not a s. man moved*, pas un seul ne bougea. **Not a single one,** pas un seul; pas un. *I hadn't a s. cartridge*, je n'avais pas une cartouche. *I haven't seen a s. soul*, je n'ai pas vu âme qui vive. *Not to say a s. word*, *F:* ne pas dire un traître mot. *He hasn't a s. penny*, il n'a pas le premier sou. *Pol:* **Ballot for a single member,** scrutin uninominal. *Fin:* **Single premium,** prime *f* unique. **A single loan,** un seul et même emprunt (d'État). **Single sum,** somme payée en une fois. *Cr:* **Single wicket,** guichet *m* unique. *Rail:* **Single line,** ligne *f* à voie unique. (*b*) Individuel, particulier. **Single parts,** pièces détachées (d'une machine). **Every single day,** *F:* tous les jours que Dieu fait. **2.** (*a*) **Single bed,** lit *m* à une place, pour une personne. **Single bedroom,** chambre *f* à un lit; chambre pour une personne. **Single eyeglass,** monocle *m*. *Shoe with s. sole*, soulier *m* à semelle simple. **In single rank,** sur un rang. *Nau:* *Order in s. line*, ordre *m* simple. *See also* FILE[5] 1. *Bot:* **Single flower,** fleur *f* simple. *See also* COMBAT[1], ENTRY 4, LEAF[1] 2, TICKET[1] 1, TURN[2] 3, WIDTH 3. (*b*) (*Of pers.*) Célibataire; non marié(e). *A s. man, woman*, un, une, célibataire. *He, she, is s.*, il est garçon, elle est demoiselle; il, elle, ne s'est pas marié(e). *He, she, remained s.*, il resta célibataire, elle resta (vieille) fille. **To lead a single life,** vivre dans le célibat. *F:* **To live in single blessedness,** vivre dans le bonheur du célibat. **3.** (*a*) Sincère, honnête, simple. *B:* **The single eye,** l'œil simple. *If thine eye be s.*, si ton œil est sain, net. **A single heart,** un cœur sincère. (*b*) **With a single eye,** en ne visant qu'un but; avec une intention bien arrêtée. **-gly,** *adv.* **1.** Séparément; un à un. *Articles sold s.*, articles *m* qui se vendent séparément, à la pièce. *To question the witnesses s.*, interroger les témoins individuellement, un à un. *Mth:* **If x and y are varied singly . . .,** si l'on fait varier x et y séparément. . . . *Adm:* *Mil:* *Men travelling s.*, hommes voyageant isolément. **2.** Seul; sans aide. *I cannot cope with it s.*, je ne puis pas le faire (à moi) seul. **3.** *A:* *He was devoted s. to his art*, il se vouait uniquement à son art.

single-'acting, *a.*, **single-'action,** *attrib.a.* (Machine, moteur) à simple effet.

'single-banked, *a. Row:* (Canot) armé en pointe; (avirons) en pointe.

'single-barrelled, *a.* (Fusil *m*) à un canon, à un coup.

'single-breasted, *a. Cost:* (Veston, etc.) droit.

'single-cast, *a.* (Moteur *m*, etc.) monobloc *inv*.

'single-cut, *attrib.a.* (Lime *f*) à simple taille.

'single-cylinder, *attrib.a.* **1.** (Moteur) monocylindrique. **2.** *Typ:* (Machine) en blanc.
'single-eyed, *a.* (*Of pers.*) **1.** Sincère, honnête, probe. **2.** Qui ne vise qu'un but; qui s'attache à une pensée unique.
'single-foot, *s.* *Equit: U.S:* Amble *m.*
single-'handed, *a.* **1.** (Arme, instrument) qui se manie d'une main. **2.** (Accomplir une tâche) seul, sans aide, *F:* tout seul. *I did it s.-h.*, je l'ai fait à moi seul. *To attack a tiger s.-h.*, attaquer seul un tigre. *To fight a dozen s.-h.*, se battre tout seul contre douze. *To sail s.-h.*, naviguer seul.
'single-hearted, *a.* (*Of pers.*) Sincère, honnête, droit, loyal, -aux. **-ly,** *adv.* Sincèrement, honnêtement, loyalement.
single-'heartedness, *s.* Sincérité *f*; loyauté *f*; nature droite.
single-'loader, *s.* Fusil *m* à un coup, sans magasin.
'single-minded, *a.* **1.** = SINGLE-HEARTED. **2.** Qui n'a, qui ne vise, qu'un but.
single-'mindedness, *s.* **1.** = SINGLE-HEARTEDNESS. **2.** Unité *f* d'intention.
'single-phase, *attrib. a.* *El.E:* (Alternateur, courant, transformateur) uniphasé, monophasé. **Single-phase traction current,** monophasé *m* de traction.
'single-pole, *attrib.a.* *El.E:* Monopolaire, unipolaire.
'single-screw, *attrib.a.* *Nau:* (Vapeur) à une hélice.
'single-'scull, *v.* *Row:* **1.** *v.i.* (*a*) Aller à la godille; godiller. (*b*) Ramer seul. **2.** *v.tr.* (*a*) Faire aller (un canot) à la godille. (*b*) Manier seul les deux avirons (du canot).
'single-'sculler, *s.* *Row:* Canot *m* pour un seul rameur; *F:* as *m.*
single-'seater, *s.* *Aut: Av:* Monoplace *m.*
'single-string, *attrib.a.* *Mus:* (Instrument) monocorde.
'single-track, *attrib.a.* *Rail:* **Single-track road,** ligne *f* à voie unique, à une voie. *F:* **To have a single-track mind,** être incapable d'envisager deux idées à la fois.
'single-valve, *attrib.a.* *Mch: etc:* Monovalve.
'single-wire, *attrib.a.* *El.E:* Unifilaire.
single³, *v.tr.* **1.** (*a*) *Agr:* **To single turnips,** *etc.*, éclaircir les navets, etc. (*b*) *Hort:* **To single (out) seedlings,** séparer des plants. **2. To single out s.o., sth.,** (i) choisir qn, qch., (ii) remarquer, distinguer, qn, qch. (*for*, pour; *as*, comme). *To s. out a minor incident*, choisir, s'attacher à, un incident sans importance; *F:* monter en épingle un incident insignifiant. **3.** *Nau:* **To single (up) the ropes,** dédoubler les amarres.
singleness ['siŋglnəs], *s.* **1.** Sincérité *f*, honnêteté *f*, probité *f* (d'un motif, du cœur, de l'esprit). **2.** (*a*) Unicité *f*. *This unity of idea is shown by the s. of the article*, cette unification de l'idée est indiquée par l'unicité de l'article. (*b*) **With singleness of purpose,** avec un seul but en vue. **3.** Célibat *m.*
singlestick ['siŋglstik], *s.* *Sp:* Canne *f*. **To play at singlestick,** faire de (l'escrime à) la canne. **Singlestick play,** canne.
singlet ['siŋglet], *s.* *Cost:* **1.** Gilet *m* de corps; (*in Fr.*) gilet de flanelle. **2.** *Sp:* Maillot fin.
singleton ['siŋgltən], *s.* *Cards:* Singleton *m.*
sing-sing ['siŋsiŋ], *s.* *Z:* Antilope *f* singsing.
singular ['siŋgjulər], *a.* **1.** (*a*) = SINGLE² 1 (*a*). (*b*) *Gram:* (Nombre) singulier. *s.* **In the singular,** au singulier. *S. connotation*, singularité *f* (d'une terminaison, etc.). (*c*) *Mth:* **Singular points** *in a curve*, points singuliers d'une courbe. (*d*) **All and singular,** tous et chacun. **2.** (*a*) Rare, remarquable, surprenant. *S. courage*, courage *m* rare, insigne. (*b*) Singulier, bizarre. *These s. opinions*, ces opinions singulières, bizarres. *To render s.o. s.*, singulariser qn. *To make oneself s. in one's dress*, se singulariser par son costume. **-ly,** *adv.* Singulièrement. **1.** (*a*) Remarquablement. *There was something s. honest about him*, il avait un air particulièrement honnête; il y avait en lui quelque chose de très honnête. *To be s. zealous for sth.*, avoir un zèle tout particulier pour qch. (*b*) Bizarrement. **2.** *Gram:* (Employé) au singulier.
singularity [siŋgju'lariti], *s.* Singularité *f*. **1.** Particularité *f*. **2.** Bizarrerie *f*. **3.** Exemple *m* unique.
singularize ['siŋgjuləraiz], *v.tr.* Singulariser. *To s. oneself by one's dress*, se singulariser par sa mise.
Sinhalese [sinha'li:z]. **1.** *a.* & *s. inv. in pl.* *Geog: Ethn:* Cingalais, -aise. **2.** *s.* *Ling:* Le cingalais.
sinister ['sinistər], *a.* **1.** (*a*) (Influence, présage, événement) sinistre. *Articles written with a s. purpose*, articles écrits dans un mauvais dessein. (*b*) *S. air*, air menaçant, qui n'annonce rien de bon. *A man of s. countenance*, un homme de mauvaise mine. **2.** Sénestre, gauche. *Her:* *The s. half of the shield*, le côté sénestre de l'écu. *See also* BAR¹ 1, BEND² 1.
sinistral ['sinistrəl], **sinistrorsal** [sinis'trɔ:rsəl], *a.* *Conch: etc:* (Enroulement) sénestre, sinistrorsum. **-ally,** *adv.* Sinistrorsum.
sinistro-gyrate ['sinistro'dʒairet], **sinistrogyric** ['sinistro'dʒairik], *a.* (Écriture *f*) sinistrogyre.
sinistrorse ['sinistrɔ:rs], *a.* *Bot:* (Tige *f*, etc.) sinistrorse.
sink¹ [siŋk], *s.* **1.** (*a*) Évier *m* (de cuisine). *Housemaid's s.*, plombs *mpl*. **Sink trap,** siphon *m* d'évier. **Sink basket,** passoire *f* de coin d'évier. (*b*) (i) *A:* Égout *m*, cloaque *m*, puisard *m*. (ii) *F:* **Sink of iniquity,** cloaque, bourbier *m*, sentine *f*, de tous les vices. **2.** *Geol:* = SINK-HOLE 2. **3.** *Th:* Trappe *f* (de plateau). **4.** = SINKER 2 (*b*).
'sink-hole, *s.* **1.** Souillard *m* (de dallage, etc.). **2.** *Geol: etc:* Effondrement *m*; emposieu *m*, entonnoir *m*; bétoire *f*, doline *f*.
'sink-stone, *s.* *Dial:* Souillard *m.*
sink², *v.* (*p.t.* **sank** [saŋk]; *p.p.* **sunk** [sʌŋk], *A.* & *a.* **sunken** ['sʌŋkən]) I. *v.i.* **1.** Tomber au fond (des eaux); aller au fond; s'enfoncer dans les flots; (*of ship*) couler au fond; couler bas; sombrer; *Lit:* s'abîmer dans les flots. (*Of ship*) **To sink by the bow,** couler de l'avant. (*Of pers.*) **To sink like a stone, to sink and drown,** couler à pic; s'engloutir (dans les flots). *F:* **He was left to sink or swim,** il fut abandonné à la grâce de Dieu. **Here goes! sink or swim!** (i) allons-y! il faut nous mettre à la nage! il faut nous sauver à la nage! (ii) *F:* allons-y! il faut risquer notre va-tout! ou j'enfonce ou je surnage! allons-y! advienne que pourra! **2. To sink into sth.** (*a*) S'enfoncer, pénétrer (dans la boue, la neige, etc.); s'enliser (dans les sables mouvants, dans la boue, etc.). *Cart that has sunk into the mud*, charrette qui s'est enlisée dans la boue. *The plane sank into the ground on landing*, l'avion *m* s'enlisa à l'atterrissage. *The dye must be allowed to s. in*, il faut donner à la teinture le temps de pénétrer. *F:* (*Of words*) **To sink into the memory, into the mind,** entrer dans la mémoire, dans l'esprit; se graver dans la mémoire. **His words begin to sink in,** ses paroles *f* commencent à faire impression. (*b*) Tomber (dans le vice, dans l'oubli, dans une rêverie). *To s. deep(er) into crime*, s'enfoncer dans le crime. *To s. into decay*, tomber en décadence; décliner. *To s. into insignificance*, devenir insignifiant. *To s. into a deep sleep*, s'endormir profondément. (*c*) **To sink in oneself,** rentrer en soi-même; se recueillir. **3.** (*Subside*) (*a*) **To sink (down),** s'affaisser; (*of wall, building, etc.*) se tasser, farder, (s')aréner; (*of supports, piers, etc.*) se déniveler; (*of foundations*) prendre coup. (*b*) *The fire is sinking*, le feu baisse. (*c*) (*Of pers.*) **To sink (down) into a chair,** se laisser tomber, se laisser aller, s'affaisser, s'affaler, s'effondrer, dans un fauteuil. **To sink back in one's chair,** se renverser dans son fauteuil. **To sink on one's knees,** (se laisser) tomber à genoux. *To s. under a burden, under a misfortune*, s'abattre, succomber, sous un fardeau, sous un malheur. **His legs sank under him,** ses jambes se plièrent sous lui, défaillirent. *His head sank on his chest*, sa tête s'inclina, retomba, sur sa poitrine. **His heart sank,** son cœur se serra; le cœur lui manqua; il eut une oppression de cœur. *My heart sank at the news*, à cette nouvelle mon cœur défaillit, *A:* j'eus un alanguissement de cœur. **His spirits sank,** son courage s'abattit. **4.** Descendre; aller en descendant; s'abaisser. *The ground sinks abruptly*, le terrain descend brusquement. *The curve sinks downwards*, la courbe tend à s'abaisser. **To sink out of sight,** disparaître. *The sun is sinking*, le soleil baisse. *The sun sank in a sea of cloud*, *Lit:* le soleil sombra dans une mer de nuages. *Her eyes sank*, elle baissa les yeux. **5.** Baisser (en valeur, en puissance); diminuer; s'affaiblir, décliner. *Prices are sinking*, les cours baissent, sont en baisse. **The patient is sinking rapidly,** le malade baisse, décline, s'affaisse, rapidement. *His voice sank*, sa voix se fit plus basse. *His voice sank to a whisper*, sa voix se réduisit à un murmure. *The river is sinking*, la rivière baisse. **He has sunk in my estimation,** il a baissé, diminué, dans mon estime. *Lit:* *The art of biography has sunken low*, l'art de la biographie est tombé bien bas.
II. **sink,** *v.tr.* **1.** (*a*) Couler, faire sombrer (un navire); envoyer (un navire) au fond. (*b*) Mouiller (une mine). **2.** (Faire) baisser (qch. à un niveau inférieur); baisser (la voix); enfoncer (un pieu, etc.). *Block of stone sunk in the ground*, bloc de pierre enfoncé dans le sol. *To s. one's head on one's chest*, pencher, laisser tomber, la tête sur sa poitrine. *U.S: F:* **To sink tooth into sth.,** enfoncer ses dents dans qch. **3.** (*a*) Creuser, foncer, percer, forer, avaler (un puits). (*b*) *Engr:* **To sink a die,** graver un coin en creux. **4.** Supprimer (une objection, etc.); laisser de côté (son opinion). *To s. one's name, one's title*, renoncer provisoirement à son nom, à son titre. **They sank their differences,** ils ont fait table rase de leurs différends. *F:* **Let's sink shop,** ne parlons plus boutique. (*In the meat trade*) **Sinking the offal,** abats non compris. **5.** *Fin:* Éteindre, amortir (une dette). **6.** Placer (de l'argent) à fonds perdu. (*a*) **To sink money in an annuity,** placer de l'argent en viager. *Money sunk in an annuity*, argent constitué en viager. (*b*) *To s. money in an unfortunate undertaking*, enterrer, engloutir, de l'argent dans une entreprise malheureuse.
sunk, *a.* **1.** (Navire) sombré, coulé; (terrain) submergé. *F:* **Sunk in thought,** plongé, abîmé, enseveli, dans ses pensées. *S. in melancholy*, *A.* & *Hum:* morfondu en mélancolie. *S. in sleep*, endormi dans un profond sommeil. *S. in the mud*, enlisé dans la boue; embourbé. *S. in vice*, tombé dans le vice; croupissant dans le vice. *To be s. in sloth*, croupir dans l'oisiveté. **Sunk in debt,** perdu, noyé, de dettes. *U.S: F:* **He's sunk,** c'est un homme coulé, grillé. **2. Sunk road,** route creuse, encaissée; route en déblai; cavée *f*. **Sunk garden,** jardin encaissé. *S. carving*, sculpture *f* en creux. **Sunk key,** clavette *f* à rainure; clavette encastrée. *Pin with s. head*, cheville *f* à tête perdue. **Sunk screw,** vis noyée. *S. into a wooden base*, encastré dans un socle en bois. *Phot:* **Sunk mount** (*of lens*), monture noyée. *El.E:* **Sunk studs,** plots noyés. *Const:* **Sunk stone,** pierre perdue. **Sunk story,** sous-sol *m*, *pl.* sous-sols. *See also* FENCE¹ 2, PANEL¹ 1. *Cf.* SUNKEN.
sinking¹, *a.* Qui s'enfonce, qui s'affaisse; (mur, etc.) qui se tasse. *S. ship*, navire *m* qui coule; navire en perdition. **With sinking heart,** le cœur défaillant; avec un serrement de cœur.
sinking², *s.* **1.** (*a*) Enfoncement *m* (des pieds dans la boue, etc.); enlisement *m* (de qn dans une fondrière, d'un avion à l'atterrissage); engloutissement *m* (d'un navire). (*b*) Action *f* de couler (un navire). *The s. of the 'Lusitania,'* le torpillage du "Lusitania." *Marine Ins:* **Permanent sinking,** submersion *f* sans possibilité de renflouement. **2.** Affaissement *m*, abaissement *m*, (du sol, etc.); tassement *m* (d'un édifice, etc.); oppression *f* (du cœur); abattement *m* (des esprits). *F:* **That sinking feeling,** ce sentiment de défaillance. *See also* HEART-SINKING. **3.** Affaiblissement *m*, déclin *m* (des forces, etc.); abaissement (de la voix, etc.). **4.** Creusage *m*, creusement *m*, fonçage *m*, foncement *m*, percement *m*, forage *m* (d'un puits). **5.** (*a*) Amortissement *m*, extinction *f* (d'une dette). (*b*) Placement *m* (d'une somme) à fonds perdu.
'sinking-fund, *s.* Fonds *m*, caisse *f*, d'amortissement.
sinkable ['siŋkəbl], *a.* (Bateau) submersible. *See also* NON-SINKABLE.
sinkage ['siŋkedʒ], *s.* Enfoncement *m*, enlisement *m* (des roues d'une voiture, etc.).
sinker ['siŋkər], *s.* **1.** (*Pers.*) (*a*) **Well-sinker,** *Min:* **shaft-sinker,**

fonceur *m* de puits; puisatier *m*. (*b*) *See* DIB-SINKER. **2.** (*a*) *Navy:* Crapaud *m* d'amarrage, de mouillage (d'une mine). (*b*) *Fish:* Plomb *m* (d'une ligne de pêche). *Sinkers of a net*, cliquettes *fpl*, lest *m*, d'un filet. (*c*) *Cu: U.S: F:* (i) Gâteau lourd, mal cuit; (ii) pet *m* de nonne. (*d*) *Tex:* Platine *f*.

sinless ['sinləs], *a.* Exempt de péché; sans péché; innocent, pur. **-ly**, *adv.* Sans péché; purement.

sinlessness ['sinləsnəs], *s.* Innocence *f*; état pur; pureté *f*.

sinner ['sinər], *s.* (*a*) Pécheur, *f.* pécheresse. *B: The woman who was a s.*, la femme pécheresse. *F:* **As I am a sinner!** sur ma part du paradis! *See also* HABITUAL 2. (*b*) *F:* Mauvais sujet. *Hoary-headed old s.*, vieux paillard.

sinnet ['sinit], *s.* *Nau:* = SENNIT.

Sinn Fein [ʃin'fein], *s.* *Pol:* (*Ireland*) Sinn fein *m*; mouvement *m* nationaliste.

Sinn Feiner [ʃin'feinər], *s.* Partisan, -ane, du sinn fein.

sinological [sinə'lɔdʒik(ə)l], *a.* Sinologique.

sinologist [si'nɔlodʒist], **sinologue** ['sinolɔg], *s.* Sinologue *mf*.

sinology [si'nɔlodʒi], *s.* *Ling: etc:* Sinologie *f*.

Sinope [si'noupiː]. *Pr.n. Geog:* Sinope.

sinople ['sinɔpl], *s.* **1.** *Miner:* Sinople *m*. **2.** *Her:* Sinople, vert *m*.

sinter[1] ['sintər], *s.* *Geol:* Travertin *m*. **Calcareous sinter**, travertin calcaire; silex *m* molaire. **Siliceous sinter**, travertin siliceux; geysérite *f*. *Metall:* **Sinter slag**, sorne *f*.

sinter[2]. **1.** *v.tr.* (*a*) Agglomérer. (*b*) *El:* Concrétionner (un filament). **2.** *v.i.* S'agglomérer; se concrétionner.

sinuate ['sinjuet], *a.* *Bot:* Sinué.

sinuosity [sinju'ɔsiti], *s.* Sinuosité *f*, anfractuosité *f*; lacet *m* (de la route).

sinuous ['sinjuəs], *a.* **1.** Sinueux, tortueux, anfractueux, onduleux. *Mil: S. line of trenches*, tranchées *f* au tracé vermiculaire. **2.** (*Of pers.*) Souple, agile.

sinus ['sainəs], *s.* *Anat:* Sinus *m*, antre *m*, golfe *m*. **The frontal sinuses**, les sinus frontaux. *Med: Inflammation of a (facial) s.*, sinusite *f*.

sinusoid ['sainəsɔid], *s.* *Mth:* Sinusoïde *f*; onde sinusoïdale.

sinusoidal [sainə'sɔid(ə)l], *a.* *Mth:* (*Of function, etc.*) Sinusoïdal, -aux.

Sion ['saiən]. *Pr.n. B.Geog:* Sion.

sip[1] [sip], *s.* Petit coup; petite gorgée; *F:* goutte *f*. *She drank her wine in little birdlike sips*, elle buvotait son vin comme un oiseau.

sip[2], *v.tr.* (**sipped**; **sipping**) Boire à petits coups, à petites gorgées. **To sip (up) one's coffee**, siroter, humer, son café.

siphon[1] ['saifən], *s.* Siphon *m*. (*a*) **Plunging siphon**, (pipette *f*) tâte-vin *m inv*; sonde *f* à vin. **Siphon barometer**, baromètre *m* à siphon. **Siphon gauge**, calibre *m* à siphon. *Hyd.E:* **Regulation siphon** (*of canal*), épanchoir *m* à siphon. *Tg:* **Siphon recorder**, siphon recorder. (*b*) **(Soda-water) siphon(-bottle)**, siphon à eau de seltz. (*c*) *Z:* = SIPHUNCLE.

siphon[2]. **1.** *v.tr.* Siphonner (un liquide). **2.** *v.i.* (*Of water, etc.*) Se transvaser; s'écouler (par un siphon).

siphoning, *s.* Siphonnement *m*.

siphonage ['saifənedʒ], *s.* *Med: etc:* Siphonnement *m*, siphonage *m*.

siphonal ['saifən(ə)l], *a.* *Z:* (Tube, etc.) siphonal, -aux; siphoïde.

siphonet ['saifənet], *s.* *Ent:* Cornicule *f* (du puceron).

siphoniform ['saifənifɔːrm], *a.* Siphoïde.

siphonophore ['saifənofɔər], *s.* *Coel:* Siphonophore *m*.

siphonostome ['saifənostoum], *s.* *Ich:* Siphonostome *m*.

siphuncle ['saifʌŋkl], *s.* *Z:* Siphon *m*.

sipper ['sipər], *s.* Siroteur, -euse.

sippet ['sipet], *s.* *Cu:* (*For soup*) Croûton *m*; (*for egg, etc.*) mouillette *f*.

sir [səːr, sər], *s.* **1.** (*a*) (*As form of address to a superior or, occ., to an equal*) Monsieur *m*. **Yes, sir**, (i) oui, monsieur; (ii) *Mil:* (*to superior officer*) oui, mon capitaine; oui, mon colonel, etc.; (*to equal or inferior*) oui, capitaine; oui, monsieur; (iii) *Navy:* oui, commandant; oui, amiral. *Dinner is served, sir*, monsieur est servi. *A:* **Fair sir**, beau sire. (*b*) *Corr:* **Sir, (my) dear Sir**, Monsieur; (*informal*) cher Monsieur. **Sirs** (*more usu. 'Gentlemen'*), Messieurs. **2.** Sir (titre d'un *baronet* et d'un *knight* en Angleterre, et qui ne s'emploie jamais sans le prénom ou l'initiale; ainsi: *Sir Walter Scott*, ou *Sir W. Scott*, jamais *Sir Scott*). *A:* **Sir Knight**, sire chevalier. *See also* ORACLE.

Sirdar ['səːrdɑːr], *s.* Sirdar *m* (officier anglais, commandant en chef de l'armée égyptienne).

sire[1] [saiər], *s.* **1.** (*a*) *A. & Poet:* Père *m*, aïeul *m*. *Prov:* **Like sire like son**, bon chien chasse de race. (*b*) *Breed:* Père *m* (en parlant des quadrupèdes); *esp.* étalon *m*. **Pedigree sires**, reproducteurs *m* d'élite. **2.** (*In addressing sovereigns*) Sire *m*.

sire[2], *v.tr.* (*Of stallion*) Engendrer, procréer (un poulain); être le père (d'un poulain).

siren ['saiərən], *s.* **1.** (*a*) *Myth:* Sirène *f*. **Siren song**, chant *m* de sirène. (*b*) *F:* Femme fatale; tentatrice *f*; sirène. **2.** (*a*) (*Acoustics*) Sirène *f*. (*b*) *Nau: etc:* Sirène; trompe *f* d'alarme. **To sound, blow, the siren**, faire marcher, faire retentir, la sirène; siréner. **3.** *Rept:* Sirène.

sirenia [sai'riːnia], *s.pl.* *Z:* Sirènes *f*, siréniens *m*.

sirenian [sai'riːniən], *s.* *Z:* Sirénien *m*.

siriasis [si'raiəsis], *s.* *Med:* Insolation *f*; coup *m* de soleil.

Sirius ['siriəs]. *Pr.n. Astr:* Sirius *m*.

sirloin ['səːrlɔin], *s.* *Cu:* Aloyau *m* (de bœuf); faux-filet *m*, *pl.* faux-filets.

sirocco [si'rɔko], *s.* *Meteor:* Siroc(o) *m*. *Min:* **Sirocco fan**, ventilateur *m* de mine.

sirrah ['sira], *s.* *A:* **1.** = SIR. *Come, s. host, some ale!* allons, l'hôtelier, de la bière! **2.** *Pej:* Maraud! coquin! **Why, sirrah! is it for you to . . .?** eh quoi, maraud, est-ce à vous de . . .?

sirvente [sir'vant], *s.* *Lit.Hist:* Sirvente *m*.

sisal ['sisəl], *s.* *Bot:* **Sisal (plant)**, agave *f* d'Amérique; sisal *m*. **Sisal hemp, sisal grass, sisal fibre**, fibre *f* d'agave; chanvre *m* du Yucatan; (fibre de) sisal.

Sisera ['sisəra]. *Pr.n.m. B.Hist:* Sisara.

siskin ['siskin], *s.* *Orn:* Tarin *m*.

sis(s) [sis], *s.* *F:* (*Sister*) Sœurette *f*; petite sœur.

sissy ['sisi], *s.* *U.S: F:* **1.** = SISS. **2.** *Pej:* (*a*) Mollasson *m*; poule mouillée. (*b*) Gigolo *m*.

sister ['sistər], *s.f.* **1.** Sœur. *Own s., full s.*, **sister german**, sœur de père et de mère; sœur germaine. *The sisters Brontë, the Brontë sisters*, les sœurs Brontë. *My dear little s.*, ma chère petite sœur; ma sœurette chérie. *Lit:* **The Sisters three, the Fatal Sisters, the Dire Sisters**, les Parques *f*. *See also* FOSTER-SISTER, HALF-SISTER. **2.** (*a*) *Ecc:* Religieuse; sœur. **Sister of Mercy**, sœur de Charité; (sœur) hospitalière *f*. **Grey sister**, cordelière. *The little Sisters of the Poor*, les petites Sœurs des pauvres. **Sister Ursula**, la sœur Ursule. *Come in, s.*, entrez, ma sœur. (*b*) (*In hospital*) **(Ward-)sister**, surveillante; infirmière en chef. *F:* **Sister Theatre, sister X-ray**, infirmière en chef qui fait le service de la salle d'opération, qui fait le service de radiographie. **3.** *Attrib.* (*a*) **Our sister members** (*of a society*), nos consœurs *f*. **Sister nations**, nations sœurs. *S. company*, compagnie *f* sœur; société *f* sœur. **Sister ships**, (i) bâtiments *m* identiques, similaires; bâtiments de même série; navires jumeaux; frères *m*; (ii) navires appartenant au même armateur, à la même compagnie. *Ins:* **Sister-ship clause**, clause prévoyant la collision avec un navire appartenant au même propriétaire. (*b*) *Nau:* **Sister block**, baraquette *f*, navette *f*; poulie *f* vierge. (*c*) **Sister hook**, croc *m* à ciseaux.

'sister-in-law, *s.f.* Belle-sœur, *pl.* belles-sœurs.

'sister-'keelson, *s.* *N.Arch:* Contre-carlingue *f*.

sisterhood ['sistərhud], *s.* (*a*) Communauté religieuse. (*b*) *F: Usu. Pej: The whole s. of . . .*, toute la communauté des (vieilles commères, etc.).

sisterlike ['sistərlaik], *a. & adv.* De sœur; en sœur.

sisterliness ['sistərlinəs], *s.* Affection *f* de sœur; sympathie *f* de sœur.

sisterly ['sistərli], *a.* De sœur. *In a s. fashion*, en sœur; comme une sœur. *A s. kiss*, un baiser de sœur.

Sistine ['sistin], *a.* **The Sistine chapel**, la chapelle Sixtine.

sistrum ['sistrəm], *s.* *A.Mus:* Sistre *m*.

sisymbrium [si'simbriəm], *s.* *Bot:* Sisymbre *m*.

Sisyphean [sisi'fiːən], *a.* *Myth:* (Pierre, tâche) de Sisyphe.

Sisyphus ['sisifəs]. *Pr.n.m. Myth:* Sisyphe.

sit[1] [sit], *s.* **1.** *F:* Séance *f*. *I have had a long sit with X*, je me suis entretenu longtemps avec X. **2.** Ajustement *m* (d'un vêtement). *In her portrait the hat has an awkward sit*, dans son portrait le chapeau est mal posé. *He admired the perfect sit of her dress*, il admirait comme sa robe tombait bien, comme sa robe lui moulait le corps.

sit[2], *v.* (*p.t.* **sat** [sat]; *p.p.* **sat**; *pr.p.* **sitting**) I. *v.i.* **1.** (*a*) (*Of pers.*) S'asseoir; être assis, rester assis (dans un fauteuil, par terre, etc.); se tenir (dans une pièce, etc.). *These chairs are not to be sat on*, ces chaises-là ne sont pas faites pour s'y asseoir. *We usually sit in the morning-room*, nous nous tenons d'ordinaire dans le petit salon. *To sit round the fire*, faire cercle autour du feu. *Would you rather sit here?* préférez-vous vous mettre ici? *Sit by the fire*, mettez-vous auprès du feu. *F:* **She is a sit-by-the-fire**, elle ne quitte pas le coin du feu; *F:* elle est pot-au-feu; elle est casanière. *Sit closer (together)*, serrez-vous! *To sit still*, rester sans bouger; rester tranquille. *To sit with one's back to s.o.*, tourner le dos à qn. **He was sitting reading**, il était assis à lire. *We sat looking at each other*, nous restions (assis) à nous regarder. **To sit with s.o.**, tenir compagnie à qn. **To sit at home**, se tenir chez soi; rester inactif. **To sit at table, at meat**, être à table. *We were sitting at breakfast, at dinner, at tea*, nous étions en train de déjeuner, de dîner, de prendre le thé. **To sit over the port, over one's work**, rester attablé à savourer le porto, à son travail. *To sit a long time over one's meal*, faire une longue séance à table. *To sit over a pipe*, rester (assis) à savourer une pipe. *To sit over a book*, s'absorber dans la lecture d'un livre. *He sits over his books*, il passe des heures penché sur ses livres. **We sit under the Rev. Wm Smith**, nous faisons partie des ouailles du révérend Wm Smith; c'est le révérend Wm Smith qui est notre pasteur. *Sch: He had sat under Professor X*, il avait suivi les cours du professeur X. **To sit in state**, trôner. *To sit squarely in one's armchair*, se carrer dans son fauteuil. *To sit tight on one's chair*, *F:* se visser sur sa chaise. *F:* **To sit tight**, (i) ne pas bouger de sa place; ne pas se laisser ébranler; ne pas céder; (ii) *P:* avoir les pieds nickelés; (iii) *P:* serrer les fesses. *U.S: F:* **To sit loose to sth.**, faire peu de cas de, être indifférent à (un plaisir, une théorie, etc.). *Equit:* **To sit close**, rester assis (en trottant). *F:* **To sit on s.o.**, rabrouer qn; remettre qn à sa place; rabaisser le caquet à qn; aplatir qn; moucher qn; asseoir qn; s'asseoir sur qn. *He is always sitting on me*, c'est toujours à moi qu'il en a. *See also* EXAMINATION 2, FENCE[1] 2. (*b*) **To sit for one's portrait**, poser pour son portrait. **To sit for an artist**, poser chez un artiste; faire, donner, des heures de pose chez un artiste; servir de modèle à un artiste. *Who sat for this statue?* qui a posé pour cette statue? (*c*) **To sit on the committee, on the jury**, être du comité, du jury. **To sit in Parliament**, siéger au parlement. **To sit for a constituency**, représenter une circonscription électorale. **2.** (*Of assemblies*) Siéger; être en séance. **Parliament was sitting**, la Chambre siégeait, était en séance. *The assembly sitting at Versailles*, l'assemblée séante, réunie, à Versailles. *The assembly declared that it would sit until the conclusion of the business*, l'assemblée se déclara en permanence. *The courts sit on Thursdays, all the year round*, les tribunaux tiennent tous les jeudis, toute l'année. *The court is sitting*, le tribunal est en jugement. *The courts do not sit in August*, les tribunaux vaquent au mois d'août. **A committee is sitting on the question**, une commission siège pour discuter la question. *The court has sat on the case*, la cour a jugé l'affaire. *See also* JUDG(E)MENT 1. **3.** (*a*) (*Of bird*) (Se) percher (sur un arbre, etc.); être perché, posé. (*b*) (*Of hen*) To sit (on eggs), couver (des œufs); accouver. (*c*) *Ven:* **To find a hare sitting,** trouver un lièvre au gîte. **To shoot a pheasant sitting,** tirer sur un faisan à terre, un faisan posé, qui se rase; tirer un faisan au perché. *F: He shoots his birds sitting*, il manque d'esprit sportif. **4.** (*a*) (*Of thg*) *Joy sat on every countenance*, la joie régnait sur tous les visages. **How sits the wind?** (i) d'où vient le vent? (ii) *F:* où en est l'affaire? *Her hair sits close to her head*, elle porte les cheveux collés à la tête. **This food sits heavy on the stomach,** cette nourriture pèse sur l'estomac. *His responsibilities sit heavy upon him*, ses responsabilités pèsent sur lui, lui sont à charge. *Sorrow sits lightly on him*, la douleur ne l'accable pas, ne lui pèse pas. *His principles sit loosely on him*, ses principes ne le gênent pas. (*b*) (*Of garments*) Tomber (bien, mal); (bien ou mal) aller. **Skirt that sits well,** jupe *f* qui tombe bien; jupe bien ajustée. *To sit badly*, gongonner; être mal ajusté. **5.** *A:* (*Of clothes, etc.*) Seoir (*on*, à). *Lit: Forwardness that sits ill on a young lady*, effronterie *f* qui sied mal, qui messied, à une jeune fille.

II. **sit,** *v.tr.* **1. To sit a horse well, badly,** se tenir bien, mal, à cheval; avoir une bonne, mauvaise, assiette. *He was taught to sit a horse*, il apprit à monter à cheval. *He was sitting an old horse*, il montait un vieux cheval; il était monté sur un vieux cheval. **2.** *To sit a child on the table*, asseoir un enfant sur la table. **To sit oneself (down),** s'asseoir. **3.** *A. & Poet: With an impudent air that sat him ill*, d'un air effronté qui lui seyait mal.

sit back, *v.i. To sit back in one's chair*, se renverser dans sa chaise; s'appuyer sur le dossier de sa chaise.

sit down, *v.i.* (*a*) S'asseoir; prendre un siège. **Please sit down,** donnez-vous la peine de vous asseoir. *To sit down again*, se rasseoir; (*at, to, table*) se remettre à table. **To sit down to table, to a meal,** s'attabler, se mettre à table, prendre place à table, pour un repas. *To sit down to a game of bridge*, s'installer pour faire une partie de bridge. *F:* **To sit down under an insult,** empocher, avaler, endurer, une insulte. *U.S: F:* **To sit down hard on a plan,** s'opposer résolument à un projet; s'élever contre un projet. *Equit:* **To sit down to a trot,** faire du trot assis. (*b*) *Mil:* **To sit down before a town,** mettre le siège à une ville. *v.tr. To sit one's army down before a town*, asseoir le camp devant une ville. (*c*) *Av: F:* Atterrir.

sit-down, *attrib.a. U.S:* **Sit-down strike,** grève *f* avec occupation d'usine; *F:* grève sur le tas.

sit on, *v.i.* Continuer à rester assis; *F:* **s'éterniser;** ne pas décoller.

sit out. 1. *v.i.* S'asseoir dehors; être assis dehors; prendre l'air. **2.** *v.tr.* (*a*) Ne pas prendre part à (un jeu, etc.). **To sit out a dance (with s.o.),** sortir à l'écart, lâcher la compagnie (avec sa danseuse, son cavalier); causer une danse; flirter une danse; sauter une danse pour flirter. *I did not sit out a dance*, je n'ai pas manqué une seule danse. *Dances that one sits out, F:* danses assises. (*b*) **To sit a lecture out,** rester (patiemment) jusqu'à la fin d'une conférence; endurer un conférencier jusqu'au bout de sa conférence. *He sat it out*, il resta jusqu'à la fin. (*c*) **To sit s.o. out,** ne pas se lever avant le départ de qn (au cours d'une visite); rester jusqu'après le départ de qn.

sit over, *v.i.* (*Prep. use*) *Cards:* Jouer après (qn); être assis à gauche de qn.

sit through, *v.tr.* = SIT OUT 2 (*b*).

sit up, *v.i.* **1.** (*a*) Se tenir droit; se redresser (sur sa chaise, sur son banc). *Come now, sit up, boys!* allons, mes enfants, tenez-vous bien! un peu de tenue! *F:* **To make s.o. sit up,** étonner, *F:* épater, qn. *I sent him a letter that would make him sit up*, je lui ai écrit très vertement. *To tell stories that make everybody sit up*, en raconter de vertes. *I'll make you sit up!* vous aurez de mes nouvelles! *See also* NOTICE[1] 3. (*b*) **To sit up (in bed),** se dresser, se mettre, se lever, sur son séant. *F:* **To be sitting up and taking nourishment,** être en train de se remettre. (*c*) (*Of dog*) Faire le beau. **2. To sit up (late),** veiller tard; se coucher tard. **To sit up for s.o.,** (rester levé à) attendre qn; veiller en attendant le retour de qn. *My wife is sitting up for me*, ma femme veillera jusqu'à mon retour. *To sit up with a sick person*, garder, veiller (sur), un malade pendant la nuit. *To sit up with a dead body*, veiller un mort. **3. To sit up to the table,** approcher sa chaise de la table.

sitting up, *s.* **Sitting up (late),** veille *f.*

sitting[1], *a.* **1.** (*a*) Assis. *Art: S. figure*, figure assise. *He assumed a s. posture*, il se mit sur son séant. (*b*) *U.S: P:* **To be sitting pretty,** avoir une bonne place, un bon emploi; tenir le filon. **2.** (*Of tribunal, etc.*) Séant; en séance; siégeant; qui siège. *S. magistrate*, juge *m* en conseil; juge siégeant. **Sitting tenant,** locataire *mf* en possession des lieux. *Parl:* **Our sitting member,** le membre (du Parlement) qui nous représente actuellement, qui siège actuellement. **3.** (*a*) (Gibier) posé, au repos. (*b*) **Sitting hen,** poule *f* en train de couver.

sitting[2], *s.* **1.** (*a*) Posture assise. *S. still*, immobilité *f.* **Sitting and standing room,** (i) assez de place pour s'asseoir et se tenir debout; (ii) places assises et places debout. (*b*) Pose *f* (pour son portrait, etc.). **To paint a portrait in three sittings,** faire un portrait en trois séances *f.* **2.** (*a*) *Room where 500 people can be served* **at one sitting,** salle *f* où l'on peut servir 500 personnes à la fois. *Whole ox consumed at one s.*, bœuf entier mangé en une séance, en une fois. *F: To write two chapters at one s.*, écrire deux chapitres d'un trait, d'un seul jet, en une fois, d'arrache-pied. (*b*) Séance, réunion *f* (d'une commission, etc.); tenue *f* (d'une assemblée). *S. of a court*, audience *f. S. of a congress*, assises *fpl. Jur:* **Private sitting** (*of judges*), délibéré *m.* **The sittings,** les (quatre) sessions *f* de l'année judiciaire. **3.** Siège réservé, place réservée (dans une église). **4.** *Husb:* (*a*) (*Of hens*) Couvaison *f*, incubation *f.* (*b*) Couvée *f* (d'œufs).

'sitting-room, *s.* **1.** Salle *f* où l'on se tient habituellement; petit salon. **Bed-sitting-room,** pièce *f* unique (d'étudiant, etc.) avec lit ou divan. **2.** (*Space*) Place *f* pour s'asseoir.

site[1] [sait], *s.* **1.** (*a*) Emplacement *m* (d'un édifice, d'une ville, etc.); assiette *f* (d'un camp). (*b*) *Picturesque s., rustic s.*, site *m* pittoresque, agreste. **2. Building site,** terrain *m* à bâtir. *To dress the stones on the building s.*, tailler les pierres sur le tas. **On site,** à pied d'œuvre. *Cost of materials* **delivered (on) site, site delivered,** coût des matériaux (rendus) à pied d'œuvre.

site[2], *v.tr.* Placer, situer (des tranchées, etc.). **Ill-sited school,** école mal située.

sitfast ['sitfɑːst], *s. Vet:* Cor *m*, induration *f* (sur le dos d'un cheval).

sith [siθ]. *A. & Poet:* **1.** *conj.* (*a*) Puisque. (*b*) Depuis que. **2.** *adv. & prep.* Depuis.

sitiology [siti'ɔlədʒi], *s.* Sitiologie *f*, diététique *f.*

sitta ['sitə], *s. Orn:* Sittelle *f.*

sitter[1] ['sitər], *s.* **1.** (*a*) Personne assise. (*b*) Voyageur assis. **2.** Personne qui pose (chez un peintre); (i) modèle *mf*; (ii) client, -ente. **3.** (*a*) (Poule) couveuse *f.* (*b*) *Sp: F:* **To fire at a sitter,** tirer sur le gibier posé; tirer le gibier au gîte; manquer à l'esprit sportif. *Fb: F:* **To miss a sitter,** rater un but tout fait. *F:* **It was a sitter for me,** c'était chose facile; c'était un coup tout fait. *Cards: Any call less than little slam was a sitter*, tout appel au-dessous de petit schlem était imperdable.

sitter[2], *s. F:* = SITTING-ROOM. *Esp.* **Bed-sitter** = *bed-sitting-room.*

situate[1] ['sitjueit], *v.tr.* Situer (une maison, etc.).

situated, *a.* **1.** Situé. *Pleasantly s. house*, maison bien située, *F:* bien plantée. *House s. in the Rue Saint-Honoré*, maison située dans la rue Saint-Honoré; *Jur:* maison sise rue Saint-Honoré. **2.** (*Of pers.*) *This is how I am s.*, voici ma position; voici la situation dans laquelle je me trouve. *S. as he is*, dans la position où il se trouve. *Awkwardly s.*, dans une situation, une position, embarrassante. **How is he situated financially?** quelle est sa situation de fortune?

situate[2] ['sitjuet], *a.* (*Always follows noun*) (*Of house, etc.*) Situé, *Jur:* sis (dans un lieu).

situation [sitju'eiʃ(ə)n], *s.* **1.** Situation *f*, emplacement *m* (d'un édifice); situation (d'une ville). **2.** Situation (politique, financière). *To explain the s.*, exposer la situation. *Embarrassing s.*, situation embarrassante. *To find oneself in an unfortunate s.*, se trouver dans une déplorable conjoncture. **3.** *Th:* Situation (dramatique). **4.** Emploi *m*, place *f*, position *f.* **To get a situation,** se placer; obtenir un emploi. *To take a new s.*, se replacer. (*Of servant*) *She has had several situations*, elle a fait plusieurs places. (*Of servant*) **To be in a situation,** être en place, en condition; avoir une place. **To be out of a situation,** être sans place; se trouver sans emploi. (*In advertisements*) **Situations vacant, situations wanted,** offres *fpl* d'emplois, demandes *fpl* d'emplois.

sitz-bath ['sitsbɑːθ], *s.* Bain *m* de siège.

Siva ['siːvə]. *Pr.n.m. Hindu Rel:* Çiva, Siva.

Sivaism ['siːvaizm], *s.* Çivaïsme *m.*

Sivaite ['siːvaait], *s.* Çivaïte *mf.*

six [siks], *num. a. & s.* Six (*m*). *I have six*, j'en ai six. *Twelve is six times as much as two*, douze est le sextuple de deux. *F: Two and six*, deux shillings et six pence. **Coach and six,** carrosse *m* à six chevaux. **Six-passenger car,** voiture *f* à six places. **Six-cylinder car,** *F:* **a six,** une six-cylindres; une six. *Packet of six packs* (*of cards, etc.*), sizain *m*, sixain *m.* (*At dice*) **To throw sixes,** amener double six. (*At dominoes*) **The double six,** le double six. *Mil: To be on six months' leave*, être en semestre. *F:* **It is six of one and half a dozen of the other,** l'un vaut l'autre; c'est bonnet blanc et blanc bonnet; c'est jus vert et verjus; *P:* c'est kif-kif. **We are all, everything is, at sixes and sevens,** tout est désorganisé, en désordre; tout est sens dessus dessous; c'est la pagaïe. *To leave everything at sixes and sevens*, tout laisser en désordre; laisser tout sens dessus dessous. *Everything is going to sixes and sevens*, tout va de travers. (*Of rowing crew, etc.*) *To be at sixes and sevens*, faire de la pagaïe; manquer d'ensemble; *P:* cafouiller. (*For other phrases see* EIGHT.)

'six-eight, *s. Mus:* (Mesure *f* à) six-huit *m.*

six-'fingered, *a.* (*Of hand*) Sexdigital, -aux; (*of pers.*) sexdigitaire.

'six-foot, *attrib.a. Rail:* **The six-foot way,** l'entre-voie *f.*

six-'footer, *s. F:* Homme (haut) de six pieds.

six-'shooter, *s.* Revolver *m* ou pistolet *m* à six coups.

six-'sided, *a.* Qui a six côtés; hexagone.

six-'toed, *a.* (*Of foot*) Sexdigital, -aux; (*of pers.*) sexdigitaire.

sixain ['siːzein], *s. Lit: Pros:* Sizain *m*, sixain *m.*

sixfold ['siksfould]. **1.** *a.* Sextuple. **2.** *adv.* Six fois autant; au sextuple. *To increase s.*, sextupler. *To repay s.o. s.*, rendre à qn au sextuple ce qu'on lui doit.

sixpence ['sikspəns], *s.* **1.** Six pence. **2.** Pièce *f* de six pence. *He gave me the change in sixpences*, il me rendit la monnaie en pièces de six pence. *F:* **I haven't a sixpence,** je n'ai pas le sou.

sixpenn'orth [siks'penərθ], *s. F:* = SIXPENNYWORTH.

sixpenny ['sikspəni], *attrib.a.* (Journal, etc.) qui coûte, qui vaut, six pence; à, de, six pence. **Sixpenny piece, sixpenny bit,** pièce *f* de six pence. **Sixpenny stamp,** timbre *m* de sixpence. **Sixpenny bazaar** *or* **stores,** magasin *m* à prix fixe, = *A:* boutique *f* à treize sous. *s. F:* **A sixpenny,** une publication à six pence, à bon marché.

sixpennyworth [siks'peniwəːrθ], *s. To buy s. of chocolate*, acheter pour six pence de chocolat. *F:* **He is a mere sixpennyworth of halfpence,** il est haut comme ma botte.

sixscore ['sikssкɔːər], *s. A:* Cent vingt.

sixte [sikst], *s. Fenc:* Sixte *f.* **To parry in sixte,** parer en sixte.

sixteen [siks'tiːn], *num. a. & s.* Seize (*m*). *She is s.*, elle a seize ans. *Sixteen* ['sikstiːn] *houses*, seize maisons. (*For other phrases see* EIGHT.)

sixteenmo [siks'ti:nmou], *a. & s. Typ:* (Format, volume) in-seize (*m*), in-16 (*m*).
sixteenth [siks'ti:nθ], *num. a. & s.* Seizième. *Louis the S.*, Louis Seize. *The sixteenth* ['sikstiːnθ] *house*, la seizième maison. (On) **the sixteenth (of August)**, le seize (août). *For other phrases see* EIGHTH. **-ly,** *adv.* Seizièmement; en seizième lieu.
sixth [siksθ]. **1.** *num. a. & s.* Sixième (*m*). *Sch:* **The sixth (form),** *approx.* = la (classe de) première; *A:* la (classe de) rhétorique. (*For other phrases see* EIGHTH.) *See also* SENSE[1] 1. **2.** *s.* (*a*) (*Fractional*) Sixième *m.* (*b*) *Mus:* Sixte (majeure, mineure). **Chord of the sixth,** accord *m* de sixte. **-ly,** *adv.* Sixièmement; en sixième lieu.
sixtieth ['sikstiəθ], *num. a. & s.* Soixantième (*m*). (*See* EIGHTH.)
sixtine ['sikstin], *a.* (*a*) *Ecc.Hist:* De Sixte-Quint. (*b*) = SISTINE.
Sixtus ['sikstəs]. *Pr.n.m. Ecc.Hist:* Sixte. **Sixtus the Fifth,** Sixte-Quint.
sixty ['siksti], *num. a. & s.* Soixante (*m*). **Sixty-one,** soixante et un. **Sixty-third,** soixante-troisième. *About s. books, some s. books, s. books or so*, une soixantaine de livres. *He is not far off s., he is getting on for s., he is about s.*, il approche de la soixantaine. **He is in the sixties,** il a passé la soixantaine. **The sixties,** les années entre 1860 et 1870. *It was in the sixties of the eighteenth century*, cela se passait dans les années 60 du dix-huitième siècle. (*For other phrases see* EIGHT.)
sizable ['saizəbl], *a.* = SIZEABLE.
sizar ['saizər], *s. Sch:* Étudiant boursier (à l'université de Cambridge et à Trinity College, Dublin).
sizarship ['saizərʃip], *s. Sch:* Bourse *f* d'études.
size[1] [saːiz], *s.* **1.** (*a*) Grandeur *f*, dimension *f*, mesure *f*; étendue *f*; grosseur *f*, volume *m. Hall of great s.*, salle *f* de vastes proportions. **To take the size of sth.,** mesurer qch. *Of no great s.*, d'assez peu d'étendue; assez petit; plutôt petit. **All of a size,** tous de la même grosseur; tous de même taille. *Books arranged* **according to size,** livres disposés par rang de taille. **To be the size of . . .,** être aussi grand, aussi gros, que. . . . *Piece of butter the s. of a walnut*, morceau *m* de beurre gros comme une noix. **Statue the size of life,** statue *f* de grandeur humaine. **Drawn full size,** dessiné à grandeur naturelle, à grandeur. *See also* FULL-SIZE, LIFE-SIZE. *The rate of toll varies according to the s. of the car*, le droit de péage varie selon l'importance *f* de la voiture. *F:* **Of all sorts of sizes,** de toutes les grandeurs, de toutes les grosseurs. *P:* **That's about the size of it,** c'est à peu près cela; vous y êtes presque. (*b*) *Ind:* Cote *f*, dimension. **Standard size,** cote type; profil normal. **Standardized size,** dimension uniformisée, standardisée. **To cut a piece to size,** tailler une pièce à la dimension, à la cote. *Cut to (the required) s.*, taillé aux cotes requises. *Pieces that are not to s.*, pièces qui ne sont pas de mesure. **2.** (*a*) (*Of pers., horse, etc.*) Taille *f*. *A fellow of his s.*, un garçon de sa taille. *A fellow half his s., twice his s.*, un garçon moitié aussi grand que lui, deux fois aussi grand que lui. (*b*) *Com:* Numéro *m* (d'un article); taille *f* (de vêtements); encolure *f* (de chemises); pointure *f* (de chaussures, de gants). *Three sizes too big*, trop grand de trois numéros. *A s. larger, smaller*, une pointure au-dessus, au-dessous. **Small size,** petit modèle. **Large size,** grand modèle; (*in shirts, etc.*) grand patron. **Head size, size in hats,** tour *m* de tête; entrée *f* de tête. **What size do you take? what is your size?** (*in dresses, etc.*) quelle est votre taille? (*in shoes*) quelle pointure chaussez-vous? (*in gloves*) quelle est votre pointure pour les gants? (*in hats*) du combien coiffez-vous? *This dress is just your s.*, cette robe est juste votre mannequin *m. See also* OUT SIZE, STOCK[1] 12. (*c*) Format *m* (d'un livre, de papier, de plaques photographiques). *See also* POCKET[1] 1. (*d*) Calibre *m* (d'un fusil, d'une cartouche, d'un obus); grosseur (du plomb de chasse).
'size-stick, *s.* Pied *m* à coulisse (de cordonnier).
size[2], *v.tr.* **1.** Classer (des objets) par grosseur, par dimension, par ordre de dimensions. *Mil:* **To size a company,** aligner une compagnie par rang de taille. **2.** *Ind: etc:* (*a*) (*To gauge*) Calibrer (une pièce). (*b*) (*To finish to size*) Mettre (un trou, une pièce) à la cote, à dimension; ajuster (une pièce). (*c*) Égaliser (le plomb de chasse, les grains de poudre, etc.).
size up. 1. *v.tr.* Jauger; prendre les dimensions de (qch.). **Sizing it up roughly . . .,** *F:* à vue de nez. . . . *F:* **To size s.o. up,** classer, jauger, qn. *I have sized him up*, j'ai pris sa mesure; je connais son numéro. **2.** *v.i.* (*Of pers.*) **To size up well,** représenter.
sized, *a.* **1.** Classé par ordre de grandeur, de taille, de dimensions. *Const:* **Sized slate,** ardoise *f* d'échantillon. **2.** (*With adj. or adv. prefixed, e.g.*) **Fair-sized, good-sized,** assez grand; d'une belle dimension. **Large-sized,** grand; de grande taille; de grandes dimensions; (livre, papier, etc.) de grand format; (cigarettes) gros module. **Middle-sized, medium-sized,** de grandeur moyenne; de grosseur moyenne; de taille moyenne. *See also* FULL-SIZED, UNDER-SIZED.
sizing[1], *s.* **1.** Classement *m* par ordre de grandeur ou de grosseur. *Mil:* Alignement *m* par rang de taille. *Min:* **Sizing screen,** crible *m* classeur. **2.** *Ind: etc:* (*a*) Calibrage *m. Tls:* **Sizing gauge,** calibreur *m.* (*b*) Mise *f* à la cote. (*c*) Vérification *f* de la cote, des dimensions.
size[3], *s.* **1.** *Tchn:* Apprêt *m.* (*a*) Colle *f*. **Animal size,** colle animale. **Vegetable size,** colle végétale. **Glue size,** colle de peau, colle de Flandre. **Builder's size,** colle au baquet. *Paint:* **Size colour(ing), size paint,** peinture *f* à la colle, en détrempe; détrempe *f*. *Paperm:* **White size,** lait *m* de colle. (*b*) *Tex:* Empois *m.* **2.** *Med:* Couenne *f* inflammatoire.
size[4], *v.tr.* Apprêter, coller, encoller (le papier, etc.); maroufler (la toile). *Tex:* Parer. **To size the warp,** basser la chaîne.
sizing[2], *s.* **1.** Collage *m*, encollage *m* (du papier, etc.); apprêtage *m*, parage *m* (de la soie, du fil); apprêtage (d'une surface à peindre). *See also* TUB-SIZING. **2.** Colle *f*. *Paint:* Apprêt *m.*
'sizing-machine, *s. Tex:* Pareuse *f*.
sizeable ['saizəbl], *a. F:* D'une belle taille; assez grand.
sizer ['saizər], *s.* **1.** *Min: etc:* Classeur(-trieur) *m.* **2.** *Tls:* Calibreur *m.*
sizzle[1] [sizl], *s.* Grésillement *m* (d'une poêle, du gaz, etc.). *W.Tel:* Friture *f*; son crépitant.
sizzle[2], *v.i.* (*Of frying-pan, gas, etc.*) Grésiller; (*of gas*) chuinter. *Steak sizzling over the fire*, bifteck qui brasille au feu. **Sizzling hot,** tout chaud; qui sort de la friture; qu'on vient d'enlever du gril.
sizzling, *s.* = SIZZLE[1].
sjambok ['ʃambɔk], *s.* (*In S. Africa*) Gros fouet en cuir d'hippopotame ou de rhinocéros.
skald [skɔːld], *s. Lit.Hist:* Scalde *m*; poète *m* (scandinave).
skaldic ['skɔːldik], *a.* (Poésie *f*) scaldique.
skate[1] [skeit], *s. Ich:* Raie *f*; *F:* coliart *m.* **Sharp-nosed skate,** alêne *f*.
skate[2], *s.* **1.** Patin *m.* **Ice-skate,** patin à glace. **Skate-sailing,** patinage *m* à la voile. *See also* ROLLER-SKATES. **2.** *Th: U.S:* Décor *m* mobile, sur patins ou roulettes.
skate[3], *v.i.* Patiner. *See also* ICE[1] 1, ROLLER-SKATE.
skating, *s.* Patinage *m. These are my* **skating boots,** ces bottines *f* me servent pour patiner. **Skating club,** cercle *m* de patineurs. *See also* FIGURE-SKATING, ROLLER-SKATING.
'skating-rink, *s.* Patinoire *f*; skating *m*; piste *f* ou salle *f* de patinage; rond *m* à patiner.
skate[4], *s. U.S: P:* Sale type *m*; mufle *m.*
skater ['skeitər], *s.* Patineur, -euse. *See also* FIGURE-SKATER, ROLLER-SKATER.
skedaddle[1] [ski'dadl], *s. F:* (i) Fuite précipitée; (ii) fuite en débandade; débandade *f*. *There was a general s.*, ce fut un sauve-qui-peut général.
skedaddle[2], *v.i. F:* (*a*) Se sauver à toutes jambes; *F:* décamper, déguerpir; filer (en vitesse); tirer au large; *P:* se barrer; jouer des quilles. (*b*) Se sauver, s'enfuir, à la débandade.
skeet [skiːt], *s. Nau:* Écope *f* (à long manche).
skeg [skeg], *s. N.Arch:* Talon *m* (de la quille).
skegger ['skegər], *s. Ich:* Saumoneau *m.*
skein [skein], *s.* **1.** (*a*) Écheveau *m* (de fil de soie, de laine). (*b*) *F:* **Tangled skein,** confusion *f*, *F:* brouillamini *m* (des affaires, de la politique); le dédale (de la politique). **2.** Vol *m* (d'oies sauvages, etc.).
skeletal ['skeletəl], *a.* Squelettique.
skeletology [skele'tɔlodʒi], *s.* Squelettologie *f*.
skeleton[1] ['skeletən], *s.* **1.** (*a*) Squelette *m*, ossature *f* (d'homme, d'animal). *F:* **The skeleton in the cupboard,** le secret honteux, *A:* la turpitude, de la famille. *They have a s. in the cupboard*, **a family skeleton, ils ont leur petit cadavre. The skeleton at the feast,** le rabat-joie *m inv.* **He is a living skeleton,** c'est un vrai squelette. *He was a mere s.*, il n'avait plus que la peau et les os; on lui aurait compté les côtes. (*b*) *Typ:* **Skeleton type,** capillaires *fpl.* **2.** (*a*) Charpente *f*, carcasse *f*, squelette, ossature (d'un bâtiment, d'un navire, etc.); châssis *m* de montage. **Skeleton girder,** poutre *f* à jour; poutre évidée. **Skeleton pier,** digue *f* à claire-voie. **Skeleton case,** caisse *f* à claire-voie, en voliges. *S. shelf*, rayon *m* à claire-voie. **Skeleton key,** crochet *m* (de serrurier); fausse clef; *F:* rossignol *m* (de cambrioleur). (*b*) Monture *f*, carcasse (d'un parapluie). (*c*) Canevas *m*, esquisse *f* (d'un roman, d'un sermon, etc.). **Skeleton essay,** plan détaillé, canevas, de composition. **Skeleton map,** carte muette. **Skeleton tracing,** croquis-calque *m* (d'une frontière, etc.), *pl.* croquis-calques. *See also* SURVEY[1] 2. (*d*) *Staff reduced to a s.*, **skeleton staff,** personnel réduit. *S. organization*, organisation *f* schématique. **Skeleton crew,** équipage réduit. **Skeleton army, skeleton battalion,** armée-cadre *f*, *pl.* armées-cadres; bataillon-cadre *m*, *pl.* bataillons-cadres. **Skeleton drill,** exercice *m* au cordeau; exercices de cadres.
skeleton[2], *v.tr. Lit: etc:* Faire le canevas (d'un roman, d'une pièce de théâtre).
skeletonize ['skeletənaːiz], *v.tr.* **1.** Squelettiser (une feuille, un oiseau). **2.** = SKELETON[2]. **3.** Réduire (son personnel) au strict nécessaire; réduire (un bataillon) à ses cadres.
skeletonizing, *s.* Squelettisation *f* (d'une feuille, etc.).
skelp[1] [skelp], *s. Scot: F:* Taloche *f*.
skelp[2], *v.tr. Scot: F:* Administrer une taloche, une fessée, une fouettée, à (un enfant); talocher, fesser, fouetter.
skelping, *s.* Taloches *fpl*; fessée *f*, fouettée *f*.
skelp[3], *s. Gun-m:* Acier *m* en bandes; maquette *f*.
skene [skiːn], *s. Hist:* (*Scot.*) Couteau-poignard *m*, *pl.* couteaux-poignards. (Fait encore partie de la grande tenue avec le kilt, et se porte enfoncé dans un des bas.)
skep [skep], *s.* **1.** (*a*) Panier *m*; (*for packing glass, etc.*) harasse *f*. (*b*) = SKIP[3] 1. **2.** *Ap:* Ruche *f* en paille; cloche *f* de paille.
skeptic ['skeptik], *s.* = SCEPTIC.
skerry ['skeri], *s. Scot:* Récif *m*; rocher isolé. *Geog:* **The Skerries,** les Skerries *m* (groupe d'îlots des îles Shetland).
sketch[1] [sketʃ], *s.* **1.** (*a*) *Art: Lit:* Croquis *m*, esquisse *f*. **Character sketch,** portrait *m* littéraire. **First sketch,** premier jet. **Free-hand sketch,** dessin *m* à main levée. *To take, make, a s. of a scene*, faire le croquis d'une scène; croquer une scène. *See also* MAP[1], PEN-AND-INK, PLAN[1] 1, PORTRAIT, ROUGH[1] I. 4. (*b*) *Mil:* Levé *m* topographique. (*c*) *Ind:* **Dimensioned sketch,** croquis coté. **2.** (*a*) **Sketch of a plan, of procedure to be adopted,** exposé *m* d'un projet, de la procédure à adopter. (*b*) *Th:* Saynète *f*; esquisse dramatique; sketch *m.* **3.** *F:* = SIGHT[1] 6 (*b*). *You do look a s.!* de quoi avez-vous l'air!
'sketch-block, *s.* Bloc *m* à croquis; bloc de papier à dessin.
'sketch-book, *s.* Cahier *m*, carnet *m*, album *m*, de croquis.
sketch[2], *v.tr.* **1.** Esquisser, dessiner à grands traits, croquer (un paysage, etc.); faire un, le, croquis de (qch.). *Abs.* Faire, prendre, des croquis. **2.** Esquisser (un projet, une idée).

sketch in, *v.tr.* Dessiner sommairement (les détails, etc.).
sketch out, *v.tr.* Faire le canevas (d'un roman, etc.); tracer (un projet), donner un exposé (d'un projet).
sketching, *s.* Prise *f* de croquis; dessin *m* rapide, à main levée. **Sketching-board,** carton *m* à dessin. **Sketching-block** = SKETCH-BLOCK. *See also* EYE-SKETCHING.

sketcher ['sketʃər], *s.* Dessinateur, -trice.

sketchiness ['sketʃinəs], *s.* *F:* Manque *m* de fini, de précision, de perfection, de détails. *F: The s. of his knowledge,* les lacunes *f* qu'offrent ses connaissances; ses connaissances *f* sommaires, rudimentaires.

sketchy ['sketʃi], *a.* *F:* (Ouvrage *m*) qui manque de précision, de perfection; (dessin *m*) qui manque de détails, (dessin) à grands traits. *S. features,* traits imprécis. **Sketchy knowledge,** savoir rudimentaire, peu sûr. **Sketchy notions,** idées *f* plutôt vagues. **-ily,** *adv.* D'une manière imprécise, incomplète, vague; sans détails.

skew¹ [skjuː], *s.* **1.** Biais *m*, obliquité *f* (d'un pont, d'une arche). **On the skew,** en biais; obliquement. **2.** *Mec.E:* **Skews** (*of engagement dogs, etc.*), rampe hélicoïdale.
'skew-back, *s.* *Arch:* Cul *m* de sommier.

skew². **1.** *a.* *Arch:* *Mec:* *etc:* (Pont, mur) biais; (fer *m* de rabot, section *f*) oblique. **Skew arch,** arche biaise; voûte *f* oblique. **Skew (bevel) wheel, gear,** roue *f*, engrenage *m*, hyperboloïde. **Skew teeth,** denture inclinée. **Skew chisel,** biseau *m*; fermoir *m* (de tour) néron, à nez rond. *Aut:* **Skew dog,** dent-de-loup *f*, *pl.* dents-de-loup. *Geom:* **Skew surface,** *s.* **skew,** surface *f* gauche, indéveloppable. *See also* SCARF² 1. **2.** *adv.* En biais; de travers.
'skew-eyed, *a.* *F:* Aux yeux louches; qui louche.
'skew-nail, *v.tr.* **To skew-nail sth. to sth.,** clouer qch. en biais sur qch.
skew-'whif, *adv.* *F:* = ASKEW.
'skew-wise, *adv.* En biais, de travers; obliquement.

skew³. I. *v.i.* **1.** Biaiser, obliquer. **2.** **To skew at s.o., at sth.,** regarder qn, qch., de côté, de travers.
II. **skew,** *v.tr.* Couper en sifflet.

skew⁴, *s.* *Sch:* *F:* (*At Harrow School*) Colle *f*.

skewbald ['skjuːbɔːld], *a.* (Cheval) blanc à taches alezanes; (cheval) blanc et roux.

skewer¹ ['skjuər], *s.* **1.** *Cu:* Brochette *f*, hâtelet *m*. *Meat s.,* broche *f* de boucher. **2.** *F:* Baïonnette *f*, épée *f*.

skewer², *v.tr.* (*a*) *Cu:* Brocheter (une volaille, etc.); embrocher (un gigot). **Skewered kidneys,** rognons *m* à la brochette. (*b*) *Mec.E:* *etc:* **Skewered cut,** coupure *f* en séton.

ski¹, *pl.* **ski, skis** [ʃiː(z), skiː(z)], *s.* Ski *m*. *To bind on the skis,* fixer les skis. *Equipped, shod, with skis,* chaussé de skis. **Ski-jump,** saut *m* à ski. **Ski-running,** courses *fpl* en ski. **Ski-runner,** skieur, -euse. **Ski-boots,** chaussures *f* de ski. **Ski-stick,** bâton *m* de ski.

ski², *v.i.* (*p.t.* **ski'd;** *p.p.* **ski'd;** *pr.p.* **ski-ing, skiing**) Pratiquer le ski; faire du ski; aller, avancer, à skis; skier.
ski-ing, skiing, *s.* Le ski. **To go in for skiing,** faire du ski. **Good skiing snow,** neige *f* skiable.

skiagram ['skaiagram], *s.*, **skiagraph** ['skaiagraf, -grɑːf], *s.*, **skiascopy** ['skaiaskopi], *s.* = SCIAGRAM, SCIAGRAPH, SCIASCOPY.

skid¹ [skid], *s.* **1.** *Const:* Poutrelle *f* de rampe. *Artil:* Poutrelle de manœuvres. **2.** (*a*) *Veh:* **Skid(-pan),** sabot *m* (d'enrayement); enrayure *f*, lugeon *m*; patin *m* d'enrayement. (*b*) (*For barrels, etc.*) Chantier *m* ou cale *f*. *Nau:* (*For guns, etc.*) Cabrion *m*. (*c*) (*For delivering barrels from dray*) Poulain *m*. (*d*) *Av:* Patin. *See also* TAIL-SKID, WING-SKID. (*e*) *Nau:* Défense *f* (de muraille); défense fixe en bois. (*f*) *Nau:* Chantier *m* à rouleaux; semelle *f* de lancement. **3.** *Aut:* *etc:* (*a*) (*Driving-wheel slip*) Dérapage *m*. **Dry skid,** dérapage à sec. (*b*) (*Sideways*) Embardée *f*. **Half-turn skid,** tête-à-queue *m* *inv*. **Full-turn skid,** tête-à-queue complet. **Quarter-turn skid,** mise *f* en travers.
'skid-road, -track, -way, *s.* *U.S:* Voie *f* de glissement (pour le transport du bois).

skid², *v.* (**skidded; skidding**) **1.** *v.tr.* (*a*) Ensaboter, enrayer (une roue); caler (une pièce d'artillerie, un fût, etc.). (*b*) Mettre sur traîneau. (*c*) Faire faire une embardée à (une auto). **2.** *v.i.* (*a*) *Aut:* *etc:* (i) (*Of tyre, wheel*) Déraper, glisser, patiner, riper. (ii) (*Of car*) **To skid across the road,** faire une embardée; embarder, chasser. **To skid during braking,** fringaler. *To skid right round,* faire tête-à-queue. (*b*) *Av:* Glisser sur l'aile.
skidding, *s.* **1.** Ensabotage *m*, enrayage *m*. **2.** (*a*) Dérapage *m* (d'un pneu); patinage *m* (d'une roue). (*b*) Embardée *f* (d'une auto, etc.).

skiddy ['skidi], *a.* *Aut:* (Route, surface) glissante.

skier ['ʃiːər, 'skiːər], *s.* Skieur, -euse.

skiff [skif], *s.* **1.** *Nau:* (*a*) Esquif *m*, embarcation *f*, yole *f*. (*b*) Youyou *m* (de bateau de commerce). **2.** *Row:* Skiff *m*.

skilful ['skilful], *a.* Adroit, habile. **To be skilful with one's hands,** être adroit des mains, de ses mains. *S. cook,* cuisinier achevé. *A most s. practitioner,* un maître de l'art. **To be skilful in doing sth.,** être habile à faire qch. **-fully,** *adv.* Habilement, adroitement, artistement; avec adresse; d'une main habile.

skilfulness ['skilfulnəs], *s.* Habileté *f*, adresse *f*.

skill [skil], *s.* **1.** Habileté *f*, adresse *f*, dextérité *f*. *Technical s.,* habileté technique; compétence *f* technique. **Skill in doing sth.,** (i) talent *m* pour faire qch.; (ii) art *m* de faire qch. *S. in the use of fire-arms,* dextérité à se servir des armes à feu. **Want, lack, of skill,** maladresse *f*. **2.** *U.S:* Métier *m* ou art *m* pratique.

skilled [skild], *a.* Habile. **Skilled workman,** ouvrier spécialisé, spécialiste, expérimenté, qualifié. **Skilled labour,** main-d'œuvre spécialisée, professionnelle, expérimentée. *The most highly s. labour,* la main-d'œuvre la plus experte. *Jur:* **Skilled witness,** expert *m*. **To be skilled in an art, in business,** être fort en, versé dans, un art; se connaître en affaires; s'entendre aux affaires. **To be skilled in doing sth.,** être habile, adroit, à faire qch.

skilless, skill-less ['skilləs], *a.* **1.** Malhabile; inexpérimenté. **2.** Ignorant (*of*, de); sans expérience (de).

skillessness ['skilləsnəs], *s.* Malhabileté *f*.

skillet ['skilet], *s.* *Cu:* Poêlon *m*, casserole *f* (à long manche et à trois pieds).

skilletful ['skiletful], *s.* Poêlonnée *f*.

skilly ['skili], *s.* *Cu:* Bouillie claire à la farine d'avoine (du régime des prisons, des hospices).

skim¹ [skim], *s.* **1.** (*a*) Mouvement léger et rapide (d'un oiseau). (*b*) **To take, have, a skim through a book,** feuilleter un livre; parcourir rapidement un livre. **2.** = SKIM-MILK.
'skim-milk, *s.* Lait écrémé, essévé. **Skim-milk cheese,** fromage *m* maigre.

skim², *v.tr.* & *i.* (**skimmed; skimming**) **1.** Écumer (le bouillon, etc.); écrémer (le lait, le verre en fusion, etc.). **To skim the fat off the soup,** dégraisser la soupe. *When the cream has been skimmed off . . .,* une fois la crème prélevée. . . . *F:* **To skim the cream off sth.,** prendre la meilleure partie de qch. **2.** Effleurer, raser (une surface). **To skim along,** passer légèrement, glisser. **To skim over (sth.),** glisser sur (la glace, la mer, une difficulté, etc.). (*Of birds*) **To skim (along, over) the ground,** voler au ras du sol; raser le sol; *Av:* *F:* faire du rase-mottes. **To skim (over) the water,** raser l'eau; voler à fleur d'eau; (*of aeroplane*) hydroplaner. **To skim (over, through) a novel, a catalogue,** parcourir rapidement, feuilleter, un roman, un catalogue; *F:* lire un roman du pouce. *The plane skimmed the grass,* l'avion *m* fila au ras de l'herbe. *Ten:* *Ball that just skimmed the net,* balle *f* à fleur de corde, qui a frôlé la corde, qui a rasé le filet. *F:* **To skim a question,** effleurer une question.
skimming, *s.* **1.** Écumage *m*; écrémage *m*. *Metall:* Décrassage *m*. **Skimming-ladle,** écumoire *f*. **2.** *Usu. pl.* Écume *f*; *Ind:* produits *mpl* d'écumage.
'skimming-dish, *s.* Écope *f* (pour écrémer le lait).

skimmer ['skimər], *s.* **1.** (*a*) (*For soup, metals*) Écumoire *f*; (*for milk*) écrémoir *m*, écrémoire *f*; écope *f*; (*for glass*) casse *f*, écrémeuse *f*. (*b*) (*Pers.*) (i) Écrémeur, -euse (du lait, etc.). (ii) *F:* Lecteur, -trice, qui se contente de parcourir un livre. **2.** *Orn:* Bec-en-ciseaux *m*, *pl.* becs-en-ciseaux; coupeur *m* d'eau. **3.** *Cr:* Balle *f* qui rase le sol.

skimp [skimp], *v.tr.* **1.** (*a*) **To skimp s.o. in food,** mesurer la nourriture à qn; compter les morceaux à qn. (*b*) **To skimp the food,** lésiner sur la nourriture. *To s. the material in making a dress,* être parcimonieux d'étoffe, ménager outre mesure l'étoffe, en faisant une robe; affamer une robe. *Skimped coat,* habit étriqué. (*c*) *Abs.* **To skimp,** (i) vivre avec parcimonie; économiser outre mesure; (ii) lésiner sur tout. **2.** *F:* **To skimp one's work,** saboter, bâcler, son ouvrage.
skimping¹, *a.* Lésineur; parcimonieux, chiche. **-ly,** *adv.* Parcimonieusement, avec parcimonie; chichement.
skimping², *s.* **1.** Lésinerie *f*; économies *f* outre mesure; parcimonie *f*. **Skimping is no saving,** autant dépense chiche que large. **2.** Bâclage *m* (d'un travail).

skimpiness ['skimpinəs], *s.* Insuffisance *f*, manque *m*. *S. of a skirt,* aspect étriqué d'une jupe.

skimpy ['skimpi], *a.* **1.** (*Of pers.*) Lésineur; parcimonieux, chiche. **2.** Insuffisant. **Skimpy skirt,** jupe étriquée, (bien) juste, qui manque d'étoffe. **Skimpy meal,** maigre repas *m*. **-ily,** *adv.* Insuffisamment, parcimonieusement (meublé, etc.). *S. made frock,* robe étriquée.

skin¹ [skin], *s.* **1.** Peau *f*. (i) **Outer skin,** épiderme *m*. (ii) **True skin,** derme *m*. **Thin skin,** épiderme sensible. *F:* **To have a thin skin,** être susceptible. *See also* THICK I. 1. **To have a fair, a silky, skin,** avoir la peau blanche, une peau de satin. (*Of snake, etc.*) **To cast, throw, its skin,** faire peau neuve; se dépouiller; changer de peau; muer. *The boiling oil had taken the s. off his foot,* l'huile bouillante lui avait dépouillé le pied. *F:* **He cannot change his skin,** il mourra dans sa peau. **I shouldn't like to be in his skin,** je ne voudrais pas être dans sa peau. **Next (to) one's skin,** près de la peau; à même, sur, la peau. *I always wear woollens next my s.,* je porte toujours de la laine sur la peau. *He wore this belt next his s.,* il portait cette ceinture à même la peau. **To strip to the skin,** se mettre tout nu, nu comme la main; *F:* se mettre à poil. *F:* **He is nothing but skin and bone,** il n'a que la peau et les os; on lui compterait les côtes; ce n'est qu'un paquet d'os; les os lui percent la peau. *Horse all s. and bone,* cheval étique, décharné. **To come off with a whole skin,** s'en tirer sain et sauf, indemne; s'en tirer la vie sauve. **To fear for one's skin,** craindre pour sa peau. **To jump out of one's skin (for joy),** ne pas tenir dans sa peau; ne pas se sentir de joie. *See also* ESCAPE² 1, GOLD-BEATER, GOOSE-SKIN, SOAKED, WET¹ 1. **2.** (*a*) Dépouille *f*, peau (d'un animal). **Skins,** peausserie *f*. **Fur skins,** pelleterie *f*. **Rabbit skin,** peau de lapin. **Raw skins,** peaux vertes. **Unhaired skin,** peau en tripe. (*b*) (*For wine, etc.*) Outre *f*. (*c*) Feuille *f* (de parchemin). **3.** (*a*) *Bot:* Tunique *f* (d'une graine); pellicule *f* (d'un grain de café, de la graine de cacao). (*b*) **Orange skin,** peau d'orange. **Banana skin,** pelure *f* de banane. **Grape skin,** pellicule. *Hard s.,* écalure *f*. *Cu:* **Potatoes boiled in their skins,** pommes de terre en robe de chambre. **4.** (*a*) Robe *f* (de saucisson). *See also* SAUSAGE-SKIN. (*b*) *Nau:* Chemise *f* (de voile). (*c*) *Nau:* Bordé extérieur (d'un navire, d'un canot); enveloppe *f*, coque *f* (d'un navire). *Av:* Revêtement *m* (du fuselage, de la coque). *N.Arch:* *Av:* **Skin friction, skin resistance,** frottement superficiel (d'un navire, d'un avion); frottement de l'eau, de l'air, sur la surface. *El:* **Skin effect,** effet *m* pelliculaire; localisation superficielle; effet Kelvin. **5.** (*a*) Pellicule (sur le lait, sur une gelée, etc.). (*b*) *Metall:* Croûte *f* (de la fonte).
'skin-bound, *a.* (Personne, bête) à la peau tendue, *F:* à l'étroit dans sa peau.
'skin-coat, *s.* *Const:* Dernière couche (de plâtre).

'skin-dealer, *s.* (*a*) Marchand *m* de fourrures; pelletier *m*, fourreur *m*. (*b*) Peaussier *m*.

'skin-'deep, *a.* (*Of wound, emotions*) A fleur de peau; superficiel; peu profond. **Beauty is but skin-deep,** la beauté n'est qu'à fleur de peau.

'skin-disease, *s. Med:* Dermatose *f*; maladie *f* de la peau; maladie cutanée. *See also* FISH-SKIN.

'skin-dresser, *s.* Peaussier *m*, pelletier *m*; apprêteur *m* de fourrures.

'skin-dressing, *s.* Peausserie *f*. *S.-d. shop*, peausserie.

'skin-game, *s.* Escroquerie *f*; jeu *m* où d'avance l'un des joueurs doit perdre; exploitation *f* (des voyageurs).

'skin-grafting, *s. Med:* Greffe *f* épidermique.

'skin-hospital, *s.* Hôpital *m*, -aux, pour maladies de la peau.

'skin-like, *a.* Cuticuleux.

'skin-lotion, *s. Toil:* Eau *f* philodermique.

'skin-moth, *s. Ent:* Teigne *f* des pelleteries.

'skin-test, *s. Med:* Cuti-réaction *f*; réaction cutanée. *Tuberculin s.-t.*, cuti-réaction à la tuberculine. *See also* PROGNOSIS I.

'skin-tight, *a.* (Vêtement) collant.

'skin-wool, *s.* Laine morte; pelade *f*.

skin², *v.* (skinned; skinning) I. *v.tr.* **1.** (*a*) Écorcher, dépouiller, *P:* dépiauter (un lapin, etc.). **To skin alive,** écorcher vif. **To skin one's shins,** s'écorcher les tibias. *My foot was skinned in several places*, j'avais le pied dépouillé en plusieurs endroits. *Gym: F:* **To skin the cat,** faire l'estrapade. *F:* **To skin s.o.,** dépouiller, écorcher, tondre, plumer, qn (au jeu). *Cards:* **To skin a lamb,** rafler toutes les mises. *See also* FLINT 2. (*b*) Peler, éplucher (un fruit, etc.); dérober (des fèves). *F:* **To skin the turf off a meadow, to skin a meadow,** peler un pré. (*c*) *Metall:* **To skin a casting,** décroûter une pièce coulée. **2.** (*a*) *N.Arch:* **To skin a ship,** revêtir un navire. (*b*) *Nau:* **To skin up a sail,** faire la chemise d'une voile.

II. **skin,** *v.i.* **1.** (*a*) Se dépouiller de sa peau. (*b*) Perdre de l'épiderme; (*of skin*) se desquamer. **2.** *Med:* (*Of wound*) To **skin over,** se recouvrir de peau; se cicatriser. **3.** *U.S: P:* **To skin through a gap in the fence,** passer tout juste, se glisser, par un trou dans la clôture.

skinned, *a.* **1.** (*With adj. prefixed, e.g.*) **Dark-skinned,** à peau brune; qui a la peau brune. **Clean-skinned,** qui a la peau saine. *See also* THICK-SKINNED, THIN-SKINNED. **2.** Avec la peau enlevée; (lapin) dépouillé; (fruit) épluché; (bois) écorcé. *F:* **To have one's opponent skinned,** avoir qn à sa merci. *See also* EYE¹ I.

skinning, *s.* **1.** (*a*) Écorchement *m* (d'un lapin). (*b*) Épluchage *m* (d'un fruit). (*c*) *Metall:* Décroûtage *m* (d'une pièce coulée). **2. Skinning over** (*of a wound*), cicatrisation *f* (d'une blessure). **3.** Desquamation *f*.

skinflint ['skinflint], *s. F:* Ladre *m*; grigou *m*, *pl.* grigous; rapiat *m*; pingre *m*; grippe-sou *m*, *pl.* grippe-sous; *A:* fesse-mathieu *m*, *pl.* fesse-mathieux.

skinful ['skinful], *s.* **1.** (Pleine) outre (de vin, etc.). **2.** *P:* **He's got a good skinful,** il a son plein (de boisson); il a son compte; il est plein.

skink [skiŋk], *s. Rept:* Scinque *m*.

skinless ['skinləs], *a.* Sans peau; à peau mince.

skinner ['skinər], *s.* **1.** Écorcheur *m*. **2.** = SKIN-DRESSER. **3.** = SKIN-DEALER.

skinniness ['skininəs], *s.* Maigreur *f*.

skinny ['skini], *a.* **1.** (*Of pers.*) Décharné; maigre; (poulet *m*) qui n'a que la peau et les os; (cheval) efflanqué, étique. *F:* (*Of child*) Maigrichon, -onne; maigriot, -ote. *S. little chap, little girl*, criquet, criquette. **2.** Membraneux. **3.** Avare, ladre, chiche, rapiat.

skip¹ [skip], *s.* **1.** (Petit) saut; gambade *f*. *See also* HOP³ I. **2.** *Mus:* Saut. **3.** *W.Tel:* Zone *f* de silence. **Skip-distance,** grandeur *f* de la zone de silence. **4.** (*At Trinity College, Dublin*) Domestique *m*.

skip², *v.* (skipped [skipt]; skipping) **1.** *v.i.* (*a*) (*Of lambs, children*) Sauter, sautiller, gambader. **To skip along, in, off, out,** avancer, entrer, s'en aller, sortir, en gambadant, en dansant, en sautant. **To skip for joy,** sauter de joie. (*b*) Sauter à la corde. (*c*) **To skip from one subject to another, from subject to subject,** bondir d'un sujet à un autre; voleter de sujet en sujet; *F:* aller de la cave au grenier, du grenier à la cave. (*d*) *U.S: F:* **To skip (off),** filer; se sauver; décamper. *He skipped off to America with the money*, il a filé sur l'Amérique avec l'argent. *v.tr. U.S: F:* **To skip bail,** se dérober à la justice (alors que l'on jouit de la liberté provisoire); faire défaut en justice. **2.** *v.tr. & i.* **To skip (over) a passage in a book,** omettre, sauter, passer, un passage d'un livre. *I skipped a whole chapter*, j'ai passé tout un chapitre. *To read without skipping*, lire sans rien sauter. *Sch:* **To skip a form,** enjamber, sauter, une classe.

skipping, *s.* **1.** Gambades *fpl*, sauts *mpl*. **2.** Saut à la corde. **3.** Omission *f* (de qch.). *Typewr:* Sautage *m* (d'une espace). *No s., mind!* vous me promettez de lire le livre sans rien sauter!

'skipping-rope, *s.* Corde *f* à sauter.

skip³, *s.* **1.** Wagonnet *m*. *Const:* (*For bricks, etc.*) Bourrique *f*. *Min:* (*For coal*) Benne *f*, herche *f*, tonne *f*; cuf(f)at *m*, godet *m*, caisse guidée. **2.** Marmotte *f* (de commis voyageur).

skip⁴, *s. Games:* (*Scot.*) Chef *m* d'équipe (aux jeux de boules et de *curling*).

skipjack ['skipdʒak], *s.* **1.** *A:* Jouet d'enfant en forme d'animal sauteur (fabriqué avec la lunette d'une volaille). **2.** *Ent:* Élatère *m*, taupin *m*; tape-marteau *m*, *pl.* tape-marteaux; scarabée *m* à ressort.

skipper¹ ['skipər], *s.* **1.** Sauteur, -euse (à la corde, ou qui saute en lisant). **2.** *Ent:* (*a*) Hespérie *f*. (*b*) = SKIPJACK 2. **3.** *Ich:* Scombrésoce *m*; brochet saurien.

skipper², *s.* **1.** *Nau:* (*a*) Patron *m* (de bateau). (*b*) *F:* **The skipper,** le capiston. **2.** *F:* **Skipper's daughters,** vagues *f* à crêtes d'écume; *F:* moutons *m*. **3.** *Sp: F:* Chef *m* d'équipe.

skips [skips], *s.pl. Paperm:* Papiers *m* pour patrons, pour doublage de caisses.

skirl¹ [skəːrl], *s. Scot:* (*a*) Cri aigu. (*b*) Son aigu (de la cornemuse). **To set up a skirl,** se mettre à jouer de la cornemuse.

skirl², *v.i. Scot:* **1.** Crier. **2.** *The bagpipes s.*, les cornemuses jouent.

skirmish¹ ['skəːrmiʃ], *s. Mil:* Escarmouche *f*, échauffourée *f*, rencontre *f*. *F:* **Skirmish of wit,** assaut *m* d'esprit.

skirmish², *v.i.* (*a*) Se battre par escarmouches; escarmoucher. (*b*) Combattre en tirailleurs; tirailler (*with*, contre). (*c*) *F:* (*Of pers.*) **To skirmish round,** être toujours en campagne; aller et venir.

skirmishing, *s.* Escarmouches *fpl*; combats *mpl* de tirailleurs. **In skirmishing order,** en tirailleurs.

skirmisher ['skəːrmiʃər], *s. Mil:* Tirailleur *m*.

skirret ['skiret], *s. Bot:* Chervi(s) *m*; berle *f* des potagers; girol(l)e *f*.

skirt¹ [skəːrt], *s.* **1.** *Cost:* (*a*) Jupe *f* (de femme). **Divided skirt,** jupe-culotte *f*, *pl.* jupes-culottes. **Walking skirt,** (jupe) trotteuse *f*. *F:* **To be always hanging on to s.o.'s skirts,** être toujours pendu à la ceinture de qn. *See also* HOBBLE-SKIRT. (*b*) Pans *mpl*, basque *f* (de pardessus, etc.); jupe (de redingote). (*c*) *U.S: P:* Femme *f*; *P:* typesse *f*. **2.** *Harn:* **Saddle skirt,** petit quartier, bas *m*, de la selle. **3.** *I.C.E:* Jupe (du piston). **4.** *pl.* **Skirts,** bord *m*, extrémité *f* (d'un village, etc.); lisière *f*, bordure *f*, orée *f* (d'un bois).

'skirt-dancer, *s.* Danseuse *f* de *skirt-dancing*.

'skirt-dancing, *s.* Danses de ballet dans lesquelles les longues et amples jupes plissées des danseuses sont maniées avec effet.

'skirt-guard, *s. Cy:* Garde-jupe *m inv.*

'skirt-hand, -maker, *s.* Jupière *f*.

skirt², *v.tr. & i.* Contourner (un village, une colline); (*of pers.*) longer, serrer (le mur, etc.); (*of ship*) côtoyer (le rivage). **To skirt the coast,** élonger la côte. **The path skirts (along, round) the wood,** le sentier côtoie, contourne, le bois, décrit une longue courbe, une ligne courbe, autour du bois.

skirting, *s.* **1.** (*a*) Bord *m*, bordure *f*. (*b*) *Const:* **Skirting(-board),** plinthe *f*; bas *m*, socle *m*, de lambris. **2.** Tissus *mpl* pour jupes.

skirted ['skəːrtid], *a.* Qui porte une jupe. *S. rider*, cavalière *f* en costume d'amazone. **Long-skirted,** à jupe longue. *See also* SHORT-SKIRTED.

skit¹ [skit], *s. Lit: Mus: Th:* Pièce *f* satirique, charge *f* (visant une œuvre ou un mouvement littéraire du jour); satire *f* (*on*, de). *To produce a s. on Hamlet*, mettre sur la scène une fantaisie burlesque sur Hamlet.

skit², *v.* (skitted; skitting) **1.** *v.tr.* Parodier (un acteur); travestir (un ouvrage, une chanson). **2.** *v.i. To skit at s.o.*, faire des allusions satiriques à qn; brocarder qn.

skits [skits], *s.pl. F:* **There were skits of them,** il y en avait des tas.

skitter ['skitər], *v.i. F:* **1.** Courir vite. **2.** (*Of waterfowl*) *To s. along the water*, effleurer l'eau (en l'éclaboussant); raser l'eau.

skittish ['skitiʃ], *a.* **1.** (*a*) (Cheval) ombrageux, peureux, ou remuant. (*b*) (Femme) capricieuse, fantasque, d'humeur inégale. **2.** (Femme) évaporée, folâtre, coquette. *S. little thing*, petite follette; petite évaporée. **-ly,** *adv.* D'un air ou d'un ton espiègle; en faisant la coquette.

skittishness ['skitiʃnəs], *s.* **1.** Inégalité *f* d'humeur (d'un cheval, d'une femme). **2.** Pétulance *f*, légèreté *f*.

skittle¹ [skitl], *s.* **1. Skittle(-pin),** quille *f*. **2.** *pl.* (*a*) **(Game of) skittles,** jeu *m* de quilles. **To play at skittles,** jouer aux quilles. **Skittle-alley,** (terrain *m* de) jeu de quilles; quillier *m*. *See also* BEER I. (*b*) *P:* Balivernes *f*, blague *f*.

skittle², *v.tr.* **1. To skittle the pins,** abattre les quilles. **2.** *Cr:* **To skittle out a team,** *F:* faire un massacre des batteurs, des guichets.

skive¹ [skaːiv], *v.tr.* (*a*) *Leath: etc:* Doler, drayer (les peaux); fendre (le caoutchouc) en feuilles minces. (*b*) **To skive (down),** biseauter (un emplâtre de pneu, etc.).

skive², *v.tr. Lap:* Polir (un diamant, etc.).

skiver ['skaivər], *s.* **1.** *Leath:* (*a*) (*Pers.*) Doleur *m*, drayeur *m* (de peaux). (*b*) *Tls:* Doloir *m*. **2.** *Bookb: etc:* Parchemin *m* mince; peau fendue; mouton scié.

skivvy ['skivi], *s.f. P:* Boniche; petite bonne à tout faire.

skrimshank ['skrimʃaŋk], *v.i.*, **skrimshanker** ['skrimʃaŋkər], *s.* = SCRIMSHANK, SCRIMSHANKER.

skua ['skjuə], *s. Orn:* Stercoraire *m*; mouette pillarde, ravisseuse; labbe *m* (catarrhacte); *F:* cordonnier *m*.

skulk¹ [skʌlk], *s.* Fainéant *m*; carotteur, -euse; carottier, -ière; *P:* feignant *m*. *Mil:* Tireur *m* au flanc; cagnard *m*, embusqué *m*.

skulk², *v.i.* **1.** Se cacher; se tenir caché. **2.** Rôder furtivement. **To skulk in, out,** entrer, sortir, furtivement, à la dérobée. **3.** *P:* Se défiler; avoir les pieds nickelés; fainéanter; se dérober (au devoir). *Mil:* Tirer au flanc; cagnarder; carotter le service.

skulking¹, *a.* (Individu) fainéant, cagnard; (air, etc.) furtif. *Ven:* **Skulking hound,** chien couard.

skulking², *s.* Fainéantise *f*, cagnardise *f*.

skulker ['skʌlkər], *s.* = SKULK¹.

skull [skʌl], *s.* Crâne *m*; boîte cranienne. **Skull and cross-bones,** tête *f* de mort et tibias (du pavillon des pirates).

'skull-cap, *s.* **1.** Calotte *f* (de prêtre, etc.). **2.** *Bot:* Scutelaire *f*.

skulled [skʌld], *a.* (*a*) Muni d'un crâne. (*b*) (*With adj. prefixed, e.g.*) **Thick-skulled,** à l'esprit épais, obtus; à la tête dure.

skunk [skʌŋk], *s.* **1.** *Z:* Mouffette *f*; putois *m* d'Amérique. **2.** (*Fur*) Skunks *m*, scons(e) *m*, skungs *m*. **3.** *F:* (*a*) Mufle *m*, rosse *f*. (*b*) **Mean skunk,** ladre *m*, grigou *m*.

Skupshtina (the) [ðə'skupʃtiːnə], *s. Parl:* La Skoupchtina; le Parlement yougo-slave; *A:* le Parlement des Serbes.

Skutari ['skjuːtɑri]. *Pr.n. Geog:* Scutari *m*.

sky¹ [skai], *s.* **1.** Ciel *m*, *pl.* cieux, ciels *The skies were blue,* les cieux étaient bleus. **Under the open sky,** au grand air; (dormir) à la belle étoile. *F:* **To laud, praise, s.o. to the skies,** élever, porter, qn aux nues, au pinacle; mettre qn sur le pinacle; louer qn jusqu'aux astres; chanter les louanges de qn; louer qn à profusion; couvrir qn d'applaudissements. *The skies of Italy,* les ciels d'Italie. *Art: Turner's skies,* les ciels de Turner. *Th:* **Sky pieces,** frises *f*. **Sky advertising,** publicité aérienne. *See also* SHADE[1] 4. **2.** *(Climate)* Ciel, *pl.* ciels; climat *m*. *We live under kinder skies,* nous vivons sous des ciels plus cléments.

'sky-blue. **1.** *s.* Bleu *m* céleste; bleu (de) ciel; (bleu d')azur *m*; couleur *f* du temps. **2.** *a.* Bleu (de) ciel *inv*; azuré. *Sky-blue dresses,* robes *f* bleu (de) ciel.

'sky-born, *a. Poet:* Divin; né dans le ciel.

'sky-colour, *s.* = SKY-BLUE I.

'sky-coloured, *a.* = SKY-BLUE 2.

'sky-filter, *s. Phot:* Écran *m* de ciel. *See also* GRADUAL I.

'sky-'high. **1.** *adv.* (Faire sauter qn, qch.) jusqu'aux cieux, aux nues. **The bridge was blown sky-high,** le pont sauta jusqu'aux cieux. **2.** *a. Sky-high mountains,* montagnes *f* qui s'élèvent jusqu'aux nues.

'sky-line, *s.* (*a*) (Ligne *f* d')horizon *m*; profil *m* de l'horizon. (*b*) *The sky-line of New York,* la ligne, le profil, que New York découpe sur le ciel.

'sky-'pilot, *s. F:* **1.** Prêtre *m*, pasteur *m*. *Nau:* Aumônier *m*. **2.** Pilote *m* d'avion.

'sky-rocket, *s. Pyr:* Fusée volante; comète *f*.

'sky-sail, *s. Nau:* Contre-cacatois *m*; aile *f* de pigeon; papillon *m*.

'sky-scape, *s.* (*a*) Vue *f* du ciel. (*b*) *Art:* Tableau *m* représentant des nuages, une partie du ciel.

'sky-scraper, *s.* **1.** *Nau:* Aile *f* de pigeon; (aile de) papillon *m*. **2.** *U.S: F:* Gratte-ciel *m inv.*

'sky-sign, *s.* **1.** Enseigne lumineuse. **2.** *Poet:* Météore *m*.

'sky wave, *s. W.Tel:* Onde *f* à champ électrique horizontal.

'sky-writing, *s. Av:* Publicité aérienne.

sky[2], *v.tr.* (skied; skying) (*a*) *Cr: Ten: etc:* Lancer (la balle) en chandelle. (*b*) *Row:* Lever trop haut (la palette de l'aviron). (*c*) *Art: F:* Jucher (un tableau); exposer (un tableau) au plafond.

skied, *a. Art: F:* **Skied picture,** tableau exposé au plafond; tableau haut juché.

Skye [skai]. *Pr.n. Geog:* (L'île *f* de) Skye. **Skye terrier,** skye-terrier *m*, terrier *m* de l'île de Skye (le plus petit des bassets).

skyer ['skaiər], *s. Cr: Ten: F:* Balle lancée en chandelle; chandelle *f*.

skylark[1] ['skailɑːrk], *s. Orn:* Alouette *f* des champs; alouette commune.

skylark[2], *v.i. F:* Rigoler, batifoler; faire des farces; faire du chahut.

skylarking, *s. F:* Rigolade *f*; farces *fpl*.

skylarker ['skailɑːrkər], *s. F:* Batifoleur, -euse; chahuteur, -euse.

skylight ['skailait], *s.* Jour *m* d'en haut. (*a*) Châssis vitré; (*in attic*) lucarne faîtière; (*hinged*) abattant *m*; châssis, fenêtre *f*, à tabatière; (*in cellar*) soupirail, -aux *m*. **Stair skylight,** lanterneau *m*. (*b*) *Nau:* Claire-voie *f*, *pl.* claires-voies. **Skylight grating,** caillebotis *m* de claire-voie.

skyward(s) ['skaiwəːrd(z)], *adv.* Vers le ciel.

skyway ['skaiwei], *s. Av:* Route aérienne.

slab[1] [slab], *s.* **1.** (*a*) *Tchn:* Plaque *f*, tranche *f* (de marbre, de liège); table *f* (d'ardoise); dalle *f* (de pierre, de verre laminé); pan *m* (de rocher); carreau *m* (de fulmicoton, etc.). *Metall:* Brame *f*, lopin *m* (de fer). *Exp:* Galette *f* (d'obus explosif). (*b*) (*Outside piece of a log*) Dosseau *m*, dosse *f*. (*c*) **Slab of gingerbread,** pavé *m* de pain d'épice. *S. of cake,* grosse tranche, quignon *m*, de gâteau. **Slab-cake,** gâteau *m* en pavés (se détaillant à la livre). *S. of fish, of salmon,* dalle de poisson; darne *f* de saumon. **Slab of chocolate,** tablette *f* de chocolat. **Slab-chocolate,** chocolat *m* en tablettes. *Com:* **Slab rubber,** caoutchouc *m* en plaques épaisses, en slabs *m*. *W.Tel:* **Slab coil, slab inductance,** self *m* en galette. **2.** *Typ:* Marbre *m* (pour broyer les couleurs).

'slab-sided, *a. F:* Grand et maigre. *Big s.-s. fellow,* grand efflanqué, grand dégingandé.

slab[2], *v.tr.* (slabbed; slabbing) **1.** (*a*) **To slab marble,** trancher le marbre. (*b*) **To slab timber,** ôter, couper, les dosses du bois. **2.** Daller, paver de dalles (le sol).

slabbing, *s.* **1.** Tranchage *m* (du marbre). **2.** Dallage *m*.

slab[3], *s. Nau:* Mou *m*, battant *m* (d'une voile).

slabline ['slablain], *s. Nau:* Dégorgeoir *m* de voile; fausse cargue.

slabstone ['slabstoun], *s.* Pierre *f* en (forme de) dalle; plaque *f*, tranche *f*.

slack[1] [slak], *s.* (i) Menus *mpl* (de houille); charbonnaille *f*; (ii) poussier *m*. **Compressed slack,** briquettes *fpl*.

slack[2], *s.* **1.** (*a*) Mou *m*, flèche *f*, ballant *m*, battant *m*, étale *m* (d'un câble, d'une courroie). **To take up the slack in a cable,** mettre un câble au raide. *See also* TAKE IN 2. *P:* **To seize s.o. by the slack of his trousers,** prendre qn par le fond de son pantalon. (*b*) *Mec.E:* Jeu *m*. **To take up the slack,** rattraper le jeu. **2.** = *slack water, q.v. under* SLACK[3] 3. **3.** Ralentissement *m* d'activité (dans les affaires, etc.); morte-saison *f*. **4.** *pl.* **Slacks,** pantalon *m* (de marin); *A:* pantalon d'uniforme.

slack[3], *a.* **1.** (*a*) (Cordage) mou, lâche, flasque, ballant, détendu, mal tendu; (pneumatique) dégonflé, détendu; (écrou) desserré, qui a du jeu. **Slack side** *of a belt, of a transmission rope,* brin conduit, brin mené, d'une courroie, d'un câble de transmission. *Av:* **Slack wing,** aile détendue. (*Of rope*) **To hang slack,** avoir du mou. *F: She has got to look very s.,* elle s'est avachie. (*b*) (Main *f*, prise *f*) faible, sans force, qui étreint mal. **To keep a slack hand** *on the parish,* gouverner sans fermeté, mollement, la paroisse. **2.** (*a*) (*Of pers.*) Négligent, nonchalant, inexact, peu zélé; mou, *f.* molle; afflachi; *P:* flémard. **To be slack at one's work,** être mou au travail; *F:* en prendre à son aise. *To grow, become, s.,* se relâcher, se laisser aller; *P:* s'amocher. *To feel s.,* se sentir sans ressort; *P:* avoir la cosse. **To be slack in, about, doing sth.,** être lent, paresseux, à faire qch. **Slack weather,** temps *m* qui rend paresseux, qui fait fainéanter; temps mou. (*b*) *Nau:* **Ship slack in stays,** navire lent (à virer de bord). **3.** (*a*) Peu vif; faible. **Slack oven,** four modéré. **Trade is slack,** le commerce languit. *Business is s.,* les affaires vont mal, ne marchent pas; le marché est faible. **Slack business,** affaires languissantes; manque *m* d'affaires; marasme *m*. *S. times in business,* périodes *f* de ralentissement dans les affaires. *S. demand,* faible demande *f*. **Slack time,** accalmie *f*. **The slack season,** la morte-saison. **Slack sea,** mer *f* étale. *Nau:* **Slack water,** mer étale; étale *m* de la marée, du flot. *Ind: Rail: etc:* **Slack hours,** heures creuses, de faible trafic. (*b*) **To spend a slack morning,** passer une matinée désœuvrée. *I am s. this afternoon,* je suis désœuvré cet après-midi. **4.** *adv.* (*a*) Mollement. **To row slack,** ramer doucement. (*b*) Imparfaitement. **Slack-baked bread,** pain gras-cuit. **-ly,** *adv.* **1.** (Agir) négligemment, nonchalamment, mollement; sans énergie, sans vigueur. **2.** (Lier qch.) mollement, lâchement, sans fermeté.

'slack-rope, *s.* Corde *f* lâche; voltige *f*. *Performer on the s.-r.,* voltigeur, -euse. *To perform on the s.-r.,* voltiger. **Slack-rope gymnastics,** voltige.

slack[4]. **1.** *v.tr.* (*a*) Ralentir (l'allure, l'activité). *F:* **To slack it,** se relâcher. (*b*) Détendre, relâcher (un cordage); donner du mou à (une courroie, une voile); desserrer (un écrou). *Nau:* **To slack the mooring ropes,** choquer les amarres. (*c*) **To slack lime,** éteindre, amortir, détremper, gâcher, la chaux. **Air-slacked lime,** chaux fusée. **2.** *v.i.* (*a*) (*Of belt, cable, sail*) Prendre du lâche, du mou. *The cable has slacked,* le câble a du mou. (*b*) (*Of lime*) S'éteindre, s'amortir. (*c*) (*Of pers.*) Se relâcher; *F:* clampiner; avoir un poil (dans la main). **To slack (about),** flémer, flémarder, flemmarder, fainéanter; battre, cultiver, sa flème; fricoter.

slack off. **1.** *v.tr.* Relâcher (la pression, etc.). **2.** *v.i.* Se relâcher; diminuer d'efforts; mollir. **To slack off in one's affection,** se refroidir.

slack up, *v.i.* (*Of train*) Ralentir.

slacking, *s.* **1.** Ralentissement *m*. **2.** Relâchement *m*, desserrage *m*. **3.** Extinction *f* (de la chaux). **4.** *F:* Manque *m* d'application au travail; paresse *f*. *Sch: There is far too much s. in the summer term,* les élèves *mf* en prennent trop à leur aise pendant le trimestre d'été.

slacken ['slak(ə)n]. **1.** *v.tr.* (*a*) Ralentir (le pas, ses efforts, son ardeur). **To slacken speed,** diminuer de vitesse; ralentir. **To slacken the combustion,** ralentir la combustion; modérer le feu. *Mus:* **To slacken the time,** allonger, élargir, le tempo, la mesure. *Artil:* **To slacken the rate of fire,** ralentir la cadence. *Nau:* **To slacken a ship's way,** casser l'erre d'un navire. (*b*) Détendre, relâcher, mollir (un cordage); détendre (les muscles); desserrer (un écrou); donner du mou à (un cordage, une voile); *Mec.E:* donner du jeu à (un organe). **To slacken the reins,** lâcher la bride, les rênes. *Av:* **To slacken off the coupling-sleeves of a wing,** désemparer les manchons d'attache d'une aile. *See also* GIRTH[1] I. (*c*) Affaiblir (l'opposition); adoucir (la sévérité). **2.** *v.i.* (*a*) (*Of pers.*) **To slacken (off, up),** se relâcher; devenir négligent, nonchalant; diminuer d'efforts. (*b*) (*Of rope*) Prendre du mou. (*c*) (*Of speed*) Ralentir; (*of energy, mind, etc.*) diminuer (de force, d'ardeur); (*of business*) s'alanguir. *Business is slackening,* les affaires deviennent stagnantes. *The battle, the storm, slackened,* il y eut une accalmie dans la bataille, dans la tempête. (*d*) (*Of the tide*) Mollir. (*e*) (*Of lime*) S'éteindre, s'amortir.

slackening, *s.* Ralentissement *m* (de zèle); diminution *f* (de force, de zèle, de vitesse); amortissement *m* (de l'erre d'un vaisseau); relâchement *m*, relâche *f* (d'un cordage, d'ardeur, d'efforts); desserrage *m* (d'un écrou); détente *f* (des muscles, etc.). **Slackening of speed,** ralentissement.

slacker ['slakər], *s.* Paresseux, -euse; *F:* flémard, -arde; flemmard, -arde; fricoteur, -euse; bras cassé; clampin, -ine; *Mil:* tireur *m* au flanc. *To become a s.,* s'acagnarder.

slackness ['slaknəs], *s.* **1.** (*a*) Manque *m* d'énergie; négligence *f*, nonchalance *f*, incurie *f*, mollesse *f*; inexactitude *f* (à remplir ses devoirs); fainéantise *f*. (*b*) Désœuvrement *m*. (*c*) Relâchement *m* (de la discipline). **2.** Détente *f* (des muscles, etc.); mou *m* (d'un cordage). *S. of figure,* avachissement *m*. **3.** *Com:* Stagnation *f*, peu *m* d'activité, marasme *m* (des affaires); manque d'affaires. **The slackness of the market,** le peu d'activité des affaires.

slade[1] [sleid], *s.* Sep *m*, cep *m* (de charrue).

slade[2], *s.* **1.** Vallon *m*. **2.** Clairière *f*.

slag[1] [slag], *s. Metall:* Scorie(s) *f(pl)*, carcas *m* (de métal); crasse(s) *f(pl)*, laitier(s) *m(pl)*, mâchefer *m* (de haut fourneau). *To rake out the s. from a furnace,* décrasser un fourneau. **Slag hole,** sortie *f* du laitier; trou *m* à laitier. **Slag-heap,** crassier *m*. **Slag-brick, slag-cement,** brique *f*, ciment *m*, de laitier. **Slag wool,** coton minéral, ouate minérale, laine *f* de laitier. *See also* BASIC 2, DUMP[2] 2, LADLE[1] 2, SINTER[1].

slag[2], *v.* (slagged; slagging) *Metall:* **1.** *v.tr.* Scorifier. **2.** *v.i.* Se scorifier; former des scories.

slagging, *s.* Scorification *f*.

slaggy ['slagi], *a. Metall:* Scoriacé. **Slaggy cobalt,** cobalt oxydé noir.

slain [slein]. *See* SLAY[2].

slake [sleik]. **1.** *v.tr.* (*a*) **To slake one's thirst,** étancher, apaiser, éteindre, sa soif; se désaltérer. *Lit: To s. one's thirst for blood,* s'abreuver de sang; se désaltérer de sang; s'assouvir de carnage. (*b*) = SLACK[4] I (*c*). **2.** *v.i.* = SLACK[4] 2 (*b*).

slaking, *s.* **1.** Étanchement *m*, assouvissement *m* (de la soif). **2.** = SLACKING 3.

slakeless ['sleikləs], *a.* (Soif *f*) inextinguible; (vengeance *f*) insatiable.

slalom [ˈslɑːlɔm], *s. Skiing:* Slalom *m.*

slam¹ [slam], *s.* Claquement *m* (d'une porte, etc.). **The door closed with a slam,** la porte claqua. *P:* **Slam jam in the middle of . . .,** en plein dans. . . .

slam², *v.* (slammed; slamming) **1.** *v.tr.* **To slam a door (to), to slam a window (to),** claquer, faire claquer, une porte, une fenêtre; frapper une porte. **To slam the door in s.o.'s face,** claquer, fermer, la porte au nez de qn. **To slam down the lid of a box,** fermer violemment une boîte. **She slammed the book (down) on the table,** elle flanqua le livre sur la table. **2.** *v.i.* (*Of door, etc.*) Se fermer avec bruit; claquer.

slamming, *s.* Claquement *m* (de portes).

slam³, *s. Cards:* (*At bridge*) Chelem *m*, schlem *m*, vole *f.* **Grand slam,** grand chelem. **Little slam, small slam,** petit chelem. **To make a slam,** faire (le) chelem, la vole.

slam⁴, *v.i. Cards:* Faire chelem.

slander¹ [ˈslɑːndər], *s.* Calomnie *f. Jur:* Diffamation verbale. **Slander and libel,** diffamation. **Slander action,** procès *m* en diffamation. *See also* MONGER 2, -MONGERING¹, ².

slander², *v.tr.* Calomnier (qn); *F:* dire des noirceurs de (qn). *Jur:* Diffamer (qn).

slandering¹, *a.* **Slandering tongue,** mauvaise langue; *F:* langue de vipère.

slandering², *s.* = SLANDER¹.

slanderer [ˈslɑːndərər], *s.* Calomniateur, -trice. *Jur:* Diffamateur, -trice.

slanderous [ˈslɑːndərəs], *a.* (Propos) calomnieux, calomniateur. *Jur:* Diffamatoire. **-ly,** *adv.* Calomnieusement.

slang¹ [slaŋ], *s.* Argot *m*; *F:* la langue verte. *Newgate s.*, argot des voleurs. *Society s.*, argot des salons. *University s., students' s.*, argot des écoles. *S. of the day*, jargon *m* du jour. **Slang expression, piece of slang,** expression *f* argotique, d'argot. *Talker of s.*, argoteur, -euse; argotier, -ière. *See also* SCHOOLBOY.

slang², *v.tr. F:* (*a*) Dire des sottises, des injures, à (qn); injurier, *F:* adjectiver (qn). (*b*) Réprimander vivement (qn); laver la tête à (qn); passer un savon à (qn); *P:* engueuler (qn).

slanging, *s. F:* (*a*) Pluie *f* d'injures. (*b*) Verte réprimande; *P:* engueulade *f.*

slanginess [ˈslaŋinəs], *s.* Caractère *m* argotique (d'une conversation, du style).

slangster [ˈslaŋstər], *s.* Argotier, -ière; argoteur, -euse.

slangy [ˈslaŋi], *a.* **1.** (*Of pers.*) Qui aime à s'exprimer en argot; argoteur, -euse; argotier, -ière. **2.** (Style *m*, langage *m*) argotique; (terme *m*) d'argot. **-ily,** *adv.* (S'exprimer, etc.) en termes d'argot.

slant¹ [slɑːnt], *s.* **1.** Pente *f*, inclinaison *f*; dénivellement *m*, dénivellation *f. Rail:* **Vertical slant,** dévers *m* (du rail extérieur). *Nau:* **Hull at a slant,** coque dénivelée. **2.** (*a*) Biais *m*, biseau *m.* **On the slant,** en écharpe. *To be run into (by a locomotive, etc.) on the s.*, être pris en écharpe. **Stuff cut on the slant,** étoffe coupée en biais. (*b*) *Min:* Diagonale *f*, thierne *f.* **3.** *U.S: F:* Point *m* de vue. **To get s.o.'s slant on a question,** saisir la manière dont qn envisage une affaire.

slant², *a.* Oblique; d'écharpe; en écharpe. *Artil:* **Slant fire,** feu *m* oblique, feu d'écharpe.

slant³. **1.** *v.i.* (*a*) Être en pente; (s')incliner. (*b*) Être oblique. *The morning sun slanted over the village*, le soleil du matin dardait ses rayons obliques sur le village. **2.** *v.tr.* Incliner (qch.); mettre (qch.) en pente; déverser (un mur). *The rain was slanted by the wind*, la pluie tombait obliquement sous la poussée du vent.

slanting, *a.* (*a*) (Toit) en pente, incliné. (*b*) (Direction *f*, coup *m* de sonde) oblique. **Slanting rain,** pluie *f* qui tombe en oblique. **Slanting stitch,** point biaisé. **Slanting hand(writing),** écriture couchée, inclinée; (écriture) bâtarde *f. Typ:* **Slanting letters,** lettres couchées. **-ly,** *adv.* Obliquement; en biais.

slant⁴, *s. Nau:* **Slant (of wind),** légère brise.

slantways [ˈslɑːntweːiz], **slantwise** [ˈslɑːntwaːiz], *adv.* Obliquement; en biais; de biais; en écharpe; en sifflet. *To cut sth. s.*, couper qch. de biais, en sifflet.

slap¹ [slap]. I. *s.* **1.** Coup *m*, claque *f*, tape *f*; *P:* baffe *f. S. on the shoulder*, claque, tape, sur l'épaule. **Slap in the face,** (i) soufflet *m*, gifle *f*; (ii) *F:* affront *m*, camouflet *m. F:* **To receive a slap in the face,** essuyer un affront. *F:* **To have a slap at s.o.,** donner un coup de patte, de bec, à qn. **2.** *I.C.E:* **Piston slap, side-slap,** claquement *m* du piston. **3.** *Paperm:* Ruptures *fpl* sur les bords du papier.

II. **slap,** *adv.* **To run slap into s.o., sth.,** se heurter en plein contre qn, qch.; heurter qn, qch., de front; tomber nez à nez avec qn. *He went slap into the wall*, il est entré pan! dans le mur. **To hit s.o. slap in the eye, on the forehead,** atteindre qn en plein dans l'œil, en plein front. *We told them* **slap out** *that . . .*, nous leur avons dit sans ambages, sans phrases, sans tortiller, que. . . .

'slap-bang, *adv.* Brusquement; de but en blanc. *They came on to us s.-b.*, ils ont foncé sur nous sans crier gare.

'slap-dash¹, *a. & adv.* Sans soin. **Slap-dash work,** travail *m* à la six-quatre-deux; travail bâclé. **Slap-dash worker,** *F:* sabreur *m.* **To do sth. slap-dash, in a slap-dash manner,** faire qch. à la six-quatre-deux, au petit bonheur. *To paint in a s.-d. manner*, strapasser, strapassonner (un tableau).

'slap-dash², *v.i.* Écrire, travailler, à la hâte, sans soin, à la six-quatre-deux.

'slap-stick, *s. U.S:* **1.** Batte *f* (d'Arlequin). **2.** **Music-hall slap-stick, slap-stick comedy,** arlequinades *fpl.*

'slap-up, *a. F:* Fameux, soigné, chic. **Slap-up dinner,** chic dîner; dîner numéro un, de premier ordre; *P:* dîner pommé, à la hauteur. *To give s.o. a slap-up lunch*, faire bien déjeuner qn. *We were given a slap-up feed*, on nous a régalés que rien n'y manquait. **Slap-up turn-out,** équipage très chic.

slap², *v.* (slapped [slapt]; slapping) **1.** *v.tr.* (*a*) Frapper (qn) avec la main (ouverte); (i) donner, allonger, une claque, une tape, à (qn); *P:* paumer (qn); (ii) donner une fessée à (un enfant, etc.). **To slap s.o.'s face,** gifler, souffleter, qn; appliquer, allonger, une gifle à qn. **To slap s.o. on the back,** donner à qn une claque, une tape, sur l'épaule. *He slapped his forehead*, il se frappa le front. (*b*) *Cer:* **To slap the clay,** jeter fortement les balles de pâte sur la table. **2.** *v.i. I.C.E:* (*Of piston*) Claquer.

slapping¹, *a. F:* (Gaillard) bien bâti, bien découplé.

slapping², *s.* **1.** (*a*) Claques *fpl*; jeu *m* de mains. (*b*) Fouettée *f*, fessée *f.* **2.** *I.C.E:* Claquement *m* (du piston).

slapjack [ˈslapdʒak], *s. Cu: U.S:* Crêpe *f.*

slash¹ [slaʃ], *s.* **1.** Estafilade *f*, entaille *f*; (*on the face*) balafre *f.* **2.** *Cost:* Crevé *m*, taillade *f.* **3.** *Bot:* Lacinie *f* (dans la feuille). **4.** *For: U.S:* (*a*) Déchets *mpl* (d'abattage et de façonnage); débris (laissés par un orage, etc.). (*b*) Éclaircie *f.*

'slash-hook, *s. Tls: Hort:* Fauchard *m.*

slash², *v.tr.* **1.** (*a*) Taillader (la chair); balafrer, écharper (le visage). *See also* SAIL¹ 1. (*b*) Cingler (un cheval, etc.) (d'un coup de fouet); fouailler (un cheval). (*c*) *Abs.* Frapper à droite et à gauche, à tort et à travers; ferrailler, sabrer. **To cut and slash,** frapper d'estoc et de taille. (*d*) *F:* (*Criticize*) Éreinter, esquinter (un ouvrage littéraire); tomber (une pièce de théâtre). (*e*) *F:* Réduire (les salaires, etc.). **To slash a speech,** faire des amputations dans, taillader, un discours. **2.** *Cost:* (*a*) Faire des crevés, des taillades, dans (un vêtement). (*b*) **Material slashed with red,** étoffe bigarrée de rouge. **3.** Faire claquer (un fouet). **4.** (*a*) *For: U.S:* Abattre les arbres (d'une forêt vierge, etc.). (*b*) *Mil:* *To s. the trees*, abattre les arbres (pour former un abattis).

slashed, *a.* **1.** (Visage) balafré. **2.** *Cost:* (Pourpoint *m*, etc.) à crevés, à taillades. **Slashed sleeve,** manche crevée. **Slashed skirt,** jupe fendue. **3.** *Bot:* (*Of leaf*) Lacinié.

slashing¹, *a.* **1.** (*a*) (*Of criticism, etc.*) Mordant, cinglant. **Slashing critic,** éreinteur *m.* **Slashing review,** revue cinglante. (*b*) **Slashing rain,** pluie cinglante. **2.** *F:* De premier ordre, brillant, épatant.

slashing², *s.* **1.** Taillades *fpl*; coups *mpl* de sabre, de fouet. **2.** *Cost:* Crevé *m.* **3.** *Lit: etc:* Critique incisive, cinglante. **4.** *For: U.S:* (*a*) = SLASH¹ 4 (*b*). (*b*) *pl.* **Slashings,** déchets *m* (d'abattage).

slasher [ˈslaʃər], *s.* **1.** *P:* Boxeur, etc., plein d'élan. **2.** *Lit: Art:* Critique *m* acerbe. **3.** *Tls: Hort:* Fauchard *m.*

slat [slat], *s.* Lame *f*, lamelle *f*, planchette *f* (de jalousie, etc.); traverse *f* (de lit); (*thin*) gaulette *f. P:* **The slats,** les côtes *f.*

'slat-iron, *s.* Fer *m* en lattes; lattes *fpl* de fer.

slate¹ [sleit], *s.* **1.** (*a*) *Geol:* Ardoise *f*; schiste ardoisier. (*b*) *Const:* (Feuille *f* d')ardoise. **The slate trade,** l'ardoiserie *f. F:* **To have a slate loose, off,** être un peu toqué; avoir la tête fêlée. *See also* HIP¹ 2, LATH¹ 1. **2.** Ardoise (pour, à, écrire). *F:* **To clean the slate,** faire table rase (du passé); passer l'éponge sur le passé. **To start with a clean slate,** commencer une nouvelle vie. *The policy of the clean s.*, la politique du coup d'éponge. **You can wipe that off the slate,** rayez cela de vos tablettes. **3.** *Pol: etc: U.S:* Liste *f* provisoire des candidats.

'slate-blue, *a.* Bleu ardoise *inv*; (marbre *m*) bleu turquin *inv.*

'slate-'clay, *s. Geol:* Schiste argileux, ardoisier; argile schisteuse.

'slate club, *s.* Petite société mutuelle de capitalisation, dans laquelle chaque membre verse une cotisation hebdomadaire et reçoit au bout de l'an ou à la Noël sa quote-part dans la répartition des bénéfices.

'slate-coloured, -grey, *a.* Ardoisé; gris ardoise *inv.* *s.* Slate-grey, gris *m* ardoise.

'slate-nail, *s. Const:* Clou *m* à ardoises.

'slate-pencil, *s.* Crayon *m* d'ardoise.

'slate-quarrier, 'slate-quarryman, *pl.* **-men,** *s.* Ardoisier *m.*

'slate-quarry, *s.* Ardoisière *f*; carrière *f* d'ardoise, de schiste.

'slate-spar, *s. Miner:* Argentine *f*; spath schisteux.

'slate-splitter, *s.* Répartonneur *m.*

'slate-worker, *s.* Ardoisier *m.*

slate², *v.tr.* **1.** *Const:* Couvrir (un toit) d'ardoises, en ardoise; ardoiser (un toit). **Slated roof,** toit en ardoise, d'ardoises. **2.** *U.S:* Inscrire (un candidat) sur la liste; adopter (un candidat).

slating¹, *s.* **1.** Action *f* d'ardoiser (un toit). **2.** *Const:* Couverture *f* en ardoise; ardoises *fpl.*

slate³, *v.tr. F:* **1.** Tancer, réprimander vertement (qn); laver la tête à (qn). **2.** Taper sur (qn); éreinter (un auteur, un livre). *To s. s.o. in the papers*, abîmer qn dans la presse.

slating², *s.* **1.** Verte réprimande, verte semonce; *F:* savon *m*, écopage *m.* **2.** *Lit: etc:* Dure critique; éreintement *m*; déshabillage *m.*

slater [ˈsleitər], *s.* **1.** (*Pers.*) Couvreur *m* (en ardoises). **2.** *Crust:* Cloporte *m.*

slathers [ˈslaðərz], *s.pl. U.S: F:* Grande quantité; *P:* floppée *f* (de thé etc.).

slatted [ˈslatid], *a.* A lames, à planchettes. *See also* SHUTTER¹ 1.

slattern [ˈslatərn], *s.* Femme mal soignée; une traîne-savates *inv*; une mal peignée; une sans soin *inv*; une souillon; *P:* une guenillon.

slatternliness [ˈslatərnlinəs], *s.* Manque *m* d'ordre, de propreté.

slatternly [ˈslatərnli], *a.* (*Of woman*) Mal soignée, mal peignée, qui traîne la savate; qui manque d'ordre, de propreté.

slaty [ˈsleiti], *a.* **1.** *Geol:* Ardoiseux, schisteux. *S. coal*, charbon schisteux; houille schisteuse. **2.** (*Of colour*) Ardoisé.

slaughter¹ [ˈslɔːtər], *s.* **1.** (*a*) Abattage *m* (de bêtes de boucherie). (*b*) Abattis *m* (d'animaux, de gibier). (*c*) *Adm:* Occision *f* (de chiens en fourrière, etc.). **2.** Tuerie *f*, carnage *m*, massacre *m*, boucherie *f* (de gens). **3.** *Com:* Vente *f* à sacrifice.

'slaughter-house, *s.* Abattoir *m.*

slaughter², *v.tr.* **1.** Abattre (des bêtes de boucherie). *Abs. The* *butcher slaughters once a week*, le boucher tue tous les huit jours. **2.** (*a*) Tuer, égorger, massacrer (des gens). (*b*) *Sch: F:* **To slaughter candidates wholesale**, faire une hécatombe de candidats. *U.S: P:* **To slaughter an opponent**, battre un adversaire à plates coutures. (*c*) *Com:* Sacrifier (des marchandises).

slaughtering, *s.* **1.** Abattage *m.* **2.** (*a*) Tuerie *f*, massacre *m.* (*b*) Vente *f* à sacrifice.

slaughterer [ˈslɔːtərər], *s.* **1.** Tueur *m*, massacreur *m*, égorgeur *m.* **2.** = SLAUGHTERMAN.

slaughterman, *pl.* **-men** [ˈslɔːtərmən, -men], *s.m.* Abatteur, assommeur (de bœufs, etc.); saigneur (de porcs).

slaughterous [ˈslɔːtərəs], *a. Lit:* Meurtrier.

Slav [slɑːv]. **1.** *a.* & *s. Ethn:* Slave (*mf*). **2.** *s. Ling:* Le slave.

slave[1] [sleːiv], *s.* Esclave *mf. F:* **To be s.o.'s slave**, être l'esclave de qn; faire les trente-six volontés de qn. *She makes a s. of her servant*, elle traite sa domestique en esclave. **To be the slave of, a slave to, a passion**, être l'esclave d'une passion. **Slave of fashion**, esclave de la mode. *Slaves of love*, captifs *m* de l'amour. *To be a s. to etiquette*, être asservi à l'étiquette. *To be a s. to a formula, to one's master's wishes*, être esclave d'une formule; être asservi aux volontés de son maître. **To be a slave to duty**, ne connaître que son devoir. *We soon become slaves to a habit*, une habitude devient vite une sujétion. **White slave**, jeune fille ou femme attirée loin de son pays par les racoleurs de la prostitution; victime *f* de la traite des blanches. **White-slave trade, traffic**, traite des blanches; proxénétisme *m. See also* BANGLE 1, GALLEY-SLAVE, WORK[2] I. 1. *Geog:* **The Great Slave Lake**, le Grand Lac des Esclaves.

ˈslave-born, *a.* Né dans l'esclavage; né d'esclaves.

ˈSlave Coast (the). *Pr.n. Geog:* La Côte des Esclaves.

ˈslave-dealer, *s.* Marchand *m* d'esclaves. (*Black-*)*s.-d.*, négrier *m*, *F:* marchand de bois d'ébène.

ˈslave-driver, *s.* **1.** *A:* Surveillant *m* des esclaves. **2.** *F:* (i) Maître ou maîtresse qui traite durement ses domestiques; (ii) patron ou patronne sans merci; vrai garde-chiourme, *pl.* gardes-chiourme.

ˈslave-raider, *s.* Racoleur *m* d'esclaves.

ˈslave state, *s. Hist:* État *m* esclavagiste (de l'Amérique du Nord).

ˈslave-trade, -traffic, *s.* Traite *f* des noirs, des nègres; le commerce des esclaves. *See also* SLAVE[1].

ˈslave-trader, *s.* = SLAVE-DEALER.

slave[2], *v.i.* Travailler comme un nègre; peiner, bûcher. *To be always slaving*, être toujours à l'attache. *I slaved there for ten years, P:* je me suis crevé là-dedans pendant dix ans. **To slave away at (sth.)**, s'échiner, s'éreinter, à (un travail). *To s. at mathematics*, bûcher les mathématiques. *See also* DRUDGE[2].

slaver[1] [ˈslavər], *s.* **1.** Bave *f*, salive *f.* **2.** *F:* Flatterie grossière; flagornerie *f.*

slaver[2], *v.i.* Baver (*over*, sur).

slavering[1], *a.* Baveur.

slavering[2], *s.* Émission *f* de bave; sialorrhée *f.*

slaver[3] [ˈsleivər], *s.* **1.** *Nau:* (Bâtiment) négrier *m.* **2.** = SLAVE-DEALER. **White slaver**, proxénète *mf.*

slaverer [ˈslavərər], *s.* **1.** Personne portée à baver; baveur, -euse. **2.** *F:* Flatteur grossier; flagorneur, -euse.

slavery[1] [ˈsleivəri], *s.* **1.** Esclavage *m.* **To sell s.o. into slavery**, vendre qn comme esclave. **To reduce a nation to slavery**, asservir une nation. **White slavery**, traite *f* des blanches. **2.** *F:* Asservissement *m* (*to a passion*, à une passion). **3.** *F:* Travail tuant.

slavery[2] [ˈslavəri], *a.* **1.** Baveux; souillé de bave. **2.** *S. compliments*, basse flatterie; flagornerie *f.*

slavey [ˈsleivi], *s. F:* Boniche *f*; petite bonne à tout faire; cendrillon *f.*

slavish [ˈsleiviʃ], *a.* (Soumission *f*) d'esclave; (imitation *f*) servile. **-ly**, *adv.* (Obéir) en esclave; (imiter) servilement.

slavishness [ˈsleiviʃnəs], *s.* Servilité *f.*

Slavism [ˈslɑːvizm], *s.* Slavisme *m.*

Slavist [ˈslɑːvist], *s.* Slaviste *m*, slavisant *m.*

Slavonian [sləˈvounjən]. **1.** *a.* & *s.* Slavon, -onne. **2.** *s. Ling:* Le slavon.

Slavonic [sləˈvɔnik]. **1.** *a.* & *s.* Slave *mf*; slavon, -onne. *Student of S. languages*, slavisant *m. Student of S. history, customs, etc.*, slaviste *m.* **2.** *s. Ling:* Le slave. **Church Slavonic**, le vieux-slave (d'Église); le slavon.

Slavophile [ˈslɑːvofil], *a.* & *s.* Slavophile (*mf*).

Slavophobe [ˈslɑːvofoub], *a.* & *s.* Slavophobe (*mf*).

slaw [slɔː], *s. Cu: U.S:* Salade *f* de choux coupés par tranches.

slay[1] [slei], *s. Tex:* Ros *m*, rot *m.*

slay[2], *v.tr.* (*p.t.* slew [sluː]; *p.p.* slain [slein]) (*a*) *Lit:* Tuer; mettre à mort. **The slain**, les morts *m*; les massacrés *m.* (*b*) *U.S:* Tuer, assassiner.

slaying, *s.* (*a*) Tuerie *f*, boucherie *f*; massacre *m.* (*b*) *U.S:* Meurtre *m.*

slayer [ˈsleiər], *s.* (*a*) Tueur *m*; meurtrier *m* (*of*, de). (*b*) *U.S:* Meurtrier, assassin *m.*

sleazy [ˈsliːzi], *a. Tex:* (*Of material*) Mince, léger, sans consistance.

sled[1, 2] [sled], *s.* & *v. U.S:* = SLEDGE[1, 2]. *F:* **Smooth sledding**, travail *m* facile, qui va comme sur des roulettes. **Hard sledding**, travail pénible, ardu. *See also* BOB-SLED.

sledge[1] [sledʒ], *s.* **1.** Traîneau *m.* **2.** *Hist:* Claie *f* (pour traîner les condamnés et les cadavres des suppliciés).

sledge[2]. **1.** *v.i.* Aller en traîneau. **To go sledging**, se promener en traîneau; faire une promenade en traîneau. **2.** *v.tr.* Transporter (qch.) en traîneau.

sledge[3] **(-hammer)** [ˈsledʒ(hamər)], *s. Tls:* (*a*) Marteau *m* de forgeron; marteau à deux mains; marteau à frapper devant; frappe-devant *m inv*; mail *m.* (*b*) (*For stones*) Masse *f*, massette *f*, têtu *m*, batterand *m.* (*c*) *F:* **Sledge-hammer argument**, argument *m* coup de massue.

sleek[1] [sliːk], *a.* **1.** (*a*) Lisse, luisant, poli. **Sleek hair**, cheveux *m* lisses. **Sleek horse**, cheval *m* d'un beau poil. *S. coat* (*of horse, etc.*), robe polie. **Sleek-wet otter**, loutre vernissée d'eau. (*b*) (*Of pers.*) Luisant de santé. **2.** *F:* (*Of manner*) Mielleux; doucereux; onctueux. **Sleek as a cat**, papelard. **-ly**, *adv.* **1.** Avec une apparence lisse, luisante. **2.** Mielleusement; doucereusement; onctueusement.

sleek[2], *v.tr.* **1.** Lisser (les cheveux, le poil d'un animal, *Leath:* une peau). **2.** *Metall:* Planer (un moule).

sleekness [ˈsliːknəs], *s.* **1.** Luisant *m* (d'une peau, du satin, etc.). **2.** Onctuosité *f* (de ton, de manières).

sleep[1] [sliːp], *s.* **1.** Sommeil *m.* **Short sleep**, somme *m.* **Sound sleep**, sommeil profond. **Dead sleep, heavy sleep**, sommeil de plomb, de mort. **Winter sleep**, sommeil hibernal (de certains animaux). *Lit:* **The last sleep, the sleep that knows no waking, the sleep of death, of the tomb**, le sommeil de la mort, du trépas, de la tombe; le sommeil éternel; le repos éternel; le dernier sommeil. *See also* BEAUTY-SLEEP, HYPNOTIC, LETHARGIC 1, TWILIGHT 2. To go, drop off, to sleep, s'endormir, s'assoupir. *To go, drop off, to s. again*, se rendormir. *He has gone to s.*, il dort. **To fall into a deep sleep, into a sound sleep**, s'endormir d'un profond sommeil; s'endormir profondément. **To send s.o. to sleep**, endormir, assoupir, qn. **To put a child to sleep**, endormir un enfant. *P:* **To put s.o. to sleep**, tuer, assassiner, *P:* endormir, qn. **To put s.o.'s suspicions to sleep**, endormir les soupçons de qn. **To read oneself to sleep**, lire pour s'endormir. **To be overcome with sleep**, céder au sommeil. *He was overcome with s.*, le sommeil s'empara de lui. **He is ready to drop with sleep**, il tombe de sommeil. **I lose sleep over it**, j'en perds le sommeil. **To try to get a sleep**, essayer d'avoir un peu de sommeil, de dormir un peu. **To come out of one's sleep**, s'éveiller. **To rouse s.o. from his sleep**, réveiller qn; *Lit:* arracher qn au sommeil. **To have one's sleep out**, *Lit:* **to sleep one's sleep out**, dormir son saoul; finir de dormir; finir son somme. **To have a good sleep**, faire un bon somme. **I didn't have a wink of sleep all night**, je n'ai pas dormi, je n'ai pas fermé l'œil, de (toute) la nuit; j'ai passé une nuit blanche. **To walk in one's sleep**, être noctambule, somnambule. **To talk in one's sleep**, rêver tout haut. *See also* CRY[2] 3, SING[2] 1, SLEEP[2] 1, START[2] I. 1. **2.** **My foot has gone to sleep**, j'ai des fourmis dans le pied; j'ai le pied engourdi.

ˈsleep-begetting, -causing, -inducing, *a.* Narcotique; somnifère; assoupissant; soporatif, soporifère, soporifique.

ˈsleep-talker, *s.* Personne *f* qui parle pendant son sommeil, qui rêve tout haut.

ˈsleep-talking, *s.* Habitude *f* de parler dans le sommeil.

ˈsleep-walker, *s.* Somnambule *mf*, noctambule *mf.*

ˈsleep-walking, *s.* Somnambulisme *m*, noctambulisme *m.*

sleep[2], *v.i.* & *tr.* (*p.t.* slept [slept]; *p.p.* slept) **1.** Dormir. (*a*) *F:* **To sleep like a log, like a top**, dormir à poings fermés; dormir comme un sabot, comme une souche, comme une toupie; dormir comme un petit poteau, comme une marmotte, comme un loir; dormir d'un sommeil de plomb. **To sleep soundly**, dormir profondément; (*without fear*) dormir sur les deux oreilles. *To s. lightly*, avoir le sommeil léger. **To sleep with one eye open**, dormir en lièvre, en gendarme; ne dormir que d'un œil, que sur une oreille; dormir les yeux ouverts. *To s. without waking, without a break*, ne faire qu'un somme; dormir d'un somme. *To s. the night through*, dormir toute la nuit. *To s. all the morning*, faire la grasse matinée. **I have not slept a wink all night**, je n'ai pas dormi, je n'ai pas fermé l'œil, de (toute) la nuit. *To try to s.*, chercher le sommeil. *I could not s.*, le sommeil m'a tenu rigueur. *He can't s. for thinking of it*, il n'en dort pas. *Prov:* **He who sleeps forgets his hunger**, qui dort dîne. **To sleep over, upon, a question; to sleep over it**, prendre conseil de son oreiller; consulter son chevet. **Sleep on it**, attendez à demain; la nuit porte conseil. (*b*) *With cogn. acc.* **To sleep the sleep of the just**, dormir du sommeil du juste. (*c*) *Pred.* **To sleep oneself sober**, *see* SOBER[1] 2. **2.** Coucher. (*a*) **To sleep at an hotel, at a neighbour's**, coucher à un hôtel, chez un voisin. *To s. away from home*, découcher. **To sleep rough**, coucher à la belle étoile, sur la dure. *I slept under a hedge*, j'ai passé la nuit sous une haie. *Where do you s.? F:* où gîtez-vous? (*b*) **To sleep with a woman**, coucher avec une femme. **3.** **To sleep in the churchyard, with one's fathers, in the Lord**, reposer dans le cimetière, avec ses pères, en Dieu. **4.** (*Of top*) Dormir. **5.** *v.tr. F:* **House that can sleep ten people**, maison *f* où dix personnes peuvent coucher.

sleep away, *v.tr.* **To sleep the hours away**, passer les heures à dormir, en dormant.

sleep in, *v.i.* **1.** (*Adverbial use*) (*a*) Être pensionnaire (dans une maison de commerce, etc.); être logé dans la maison. (*b*) *Esp. Scot:* Ne pas se réveiller à l'heure; dormir tard. **2.** (*Prepositional use*) *The bed had not been slept in for months*, on n'avait pas dormi, couché, dans le lit depuis des mois. *The room was empty, the bed had not been slept in*, la chambre était vide, le lit n'avait pas été défait.

sleep off, *v.tr.* Faire passer (une migraine, etc.) en dormant. **To sleep off the effects of wine**, *F:* **to sleep it off**, cuver son vin. *See also* LIQUOR[1] 1.

sleep on, *v.i.* Continuer de dormir.

sleep out, *v.i.* **1.** Découcher. **2.** (*Of servant*) Ne pas coucher à la maison; avoir une chambre ailleurs.

sleeping[1], *a.* **1.** Dormant, endormi. **Sleeping doll**, poupée dormeuse. *Prov:* **Let sleeping dogs lie**, ne réveillez pas le chat qui dort. *See also* BEAUTY 2. **2.** (*Of limb*) Engourdi. **3.** *Com:* **Sleeping partner**, (associé *m*) commanditaire *m*; bailleur *m* de fonds.

sleeping[2], *s.* Sommeil *m. See also* CABIN[1] 2.

ˈsleeping accommodation, *s.* Logement *m.* **House that**

has sleeping accommodation for ten, maison *f* où peuvent loger dix personnes.

'sleeping apartments, *s.pl.* Chambres *f* à coucher. *Com: etc:* Dortoirs *m.*

'sleeping-bag, *s.* Sac *m* de couchage; lit-sac *m, pl.* lits-sacs.

'sleeping-car, *s. Rail:* Wagon-lit *m, pl.* wagons-lits; lits-salon *m, pl.* lits-salons; *F:* sleeping *m.*

'sleeping draught, *s.* Potion endormante, assoupissante, soporifique; narcotique *m*; dormitif *m*, somnifère *m.*

'sleeping-quarters, *s.pl. Com: Ind: etc:* Dortoir *m*, dortoirs.

'sleeping 'sickness, *s. Med:* Narcotisme *m* des nègres; maladie *f* du sommeil; somnose *f*; trypan(osom)ose humaine; trypanosomiase humaine.

'sleeping-suit, *s.* Pyjama *m*; combinaison *f* de nuit.

sleeper ['sli:pər], *s.* **1.** *(a)* Dormeur, -euse. **To be a light, a heavy, sleeper,** avoir le sommeil léger, profond. **The Seven Sleepers** *(of Ephesus)*, les Sept Dormants *m.* *(b)* = *sleeping partner, q.v. under* SLEEPING[1] 3. **2.** *Const: etc:* *(a)* Poutre horizontale; sole *f*; lambourde *f* (de parquet, etc.); gîte *m* (de plancher, *Artil:* de plate-forme). *S. of staircase*, patin *m* d'escalier. *(b) Rail:* **(Cross-)sleeper,** traverse *f*, porteur *m.* *Longitudinal s.*, long(ue)rine *f.* **Sleeper clip,** crapaud *m.* **Sleeper screw,** tire-fond *m inv.* *(c) Nau:* **Sleepers of the tops,** massif *m* de hune. **3.** *Rail: F:* Wagon-lit *m, pl.* wagons-lits; *F:* sleeping *m.* *First-class s.*, lits-salon *m, pl.* lits-salons. *S. accommodating four in upper and lower berths*, wagon *m* (à) couchettes.

sleepiness ['sli:pinəs], *s.* **1.** Envie *f* de dormir; assoupissement *m*, somnolence *f*, sommeil *m.* **2.** Apathie *f*, indolence *f*, léthargie *f*, mollesse *f.* **3.** *(Of fruit)* Blettissure *f.*

sleepless ['sli:pləs], *a.* **1.** Sans sommeil. **Sleepless night,** nuit *f* sans sommeil, d'insomnie; nuit blanche. *To have a s. night*, passer une nuit blanche. *To cause s.o. many a s. night*, causer à qn bien des veilles. **2.** *(Of mind)* Sans cesse en éveil; *Poet: (of sea, etc.)* agité. *S. energy*, énergie *f* inlassable.

sleeplessness ['sli:pləsnəs], *s.* Insomnie *f.*

sleepy ['sli:pi], *a.* **1.** *(a)* Somnolent. **To be, feel, sleepy,** avoir envie de dormir; avoir sommeil; *F:* avoir du sable dans les yeux. **To grow sleepy,** commencer à avoir sommeil. *I was getting, growing, s.*, le sommeil me gagnait. *To make s.o. s.*, assoupir qn; donner sommeil à qn. *(b)* **Sleepy look,** air endormi. *F:* **Sleepy little town,** petite ville inactive, endormie. **2.** *(a)* Apathique, engourdi, indolent, léthargique; mou, *f.* molle. *(b) Med:* **Sleepy sickness,** (i) encéphalite *f* léthargique; (ii) *occ.* = SLEEPING SICKNESS. **3.** *(Of fruit)* Blet, cotonné, cotonneux. **-ily,** *adv.* (Répondre, etc.) d'un air endormi, somnolent.

'sleepy-head, *s. F:* Endormi, -ie.

sleet[1] [sli:t], *s.* Neige à moitié fondue (qui tombe).

sleet[2], *v.impers.* **It sleets,** il tombe de la neige fondue; la pluie tourne à la neige.

sleety ['sli:ti], *a.* **1.** (Vent) chargé de pluie mêlée de neige. **2.** (Temps *m*, jour *m*) de pluie et de neige, où il tombe de la neige fondue.

sleeve [sli:v], *s.* **1.** Manche *f.* *False sleeves*, poignets *m* de manches. *Dressm:* **Short sleeve,** mancheron *m.* *See also* ELBOW-SLEEVE, LEG[1] 2, SHIRT-SLEEVE. *To remove the sleeve from a garment*, démancher un vêtement. **To pluck s.o.'s sleeve,** tirer qn par la manche. **To put sth. up one's sleeve,** mettre qch. dans sa manche. *F:* **To have a plan up one's sleeve,** avoir un expédient en réserve; *F:* avoir un expédient dans son sac à malice(s). **To have more than one trick up one's sleeve,** avoir plus d'un tour dans son (bis)sac. *He has plenty more tricks up his s.*, il en connaît bien d'autres. *See also* CARD[1] 1, HEART[1] 2, LAUGH[2] 1, SEA-SLEEVE. **2.** *(a) Mec.E:* Manchon *m*, douille *f*; bague *f* d'assemblage; virole *f.* *Metallic s.*, gaine *f* métallique. **Sleeve of flexible shaft,** fourreau *m* d'arbre flexible. *I.C.E:* **Sleeve of the cylinder** *(of sleeve-valve engine)*, fourreau, chemise (intérieure), du cylindre. *Aut:* **Axle sleeve,** boîte *f* d'essieu. *Veh:* **Axle-tree sleeve,** couvre-essieu *m, pl.* couvre-essieux. *See also* COUPLING 2. *(b) (For punctured tyre)* Guêtre *f.* *(c) Sm.a:* **Cleaning-rod sleeve,** porte-baguette *m inv.* *(d) Mil:* **Grenade sleeve,** tromblon *m.*

'sleeve-board, *s.* **1.** *Laund:* Pied *m* à manches, à repasser; *F:* jeannette *f.* **2.** *Tail:* Passe-carreau *m, pl.* passe-carreaux.

'sleeve-button, *s.* Bouton *m* de manchette.

'sleeve-'coupling, *s. Mec.E:* Accouplement *m* à douille, à manchon.

'sleeve-dog, *s.* Chien *m* de manchon.

'sleeve-fish, *s. Moll:* Calmar *m*, encornet *m.*

'sleeve-hole, *s.* Emmanchure *f* (d'habit, de robe).

'sleeve-joint, *s. Mec.E:* Emmanchement *m.*

'sleeve-link, *s.* Bouton de manchette jumelé, à chaînette.

'sleeve-nut, *s.* Manchon taraudé.

'sleeve-valve, *s. I.C.E:* Soupape *f* à fourreau; fourreau *m* de distribution; chemise-tiroir *f, pl.* chemises-tiroirs. **Sleeve-valve engine,** moteur *m* (à quatre temps) sans soupapes.

'sleeve-'waistcoat, *s.* Gilet *m* à manches.

sleeved [sli:vd], *a.* (Vêtement *m*) à manches. **Long-sleeved dress,** robe *f* à manches longues.

sleeveless ['sli:vləs], *a.* (Robe *f*, etc.) sans manches.

sleigh[1] [slei], *s.* Traîneau *m.* *See also* BOB-SLEIGH.

'sleigh-bell, *s.* Grelot *m* ou clochette *f.*

'sleigh-dog, *s.* Chien *m* de traîneau.

'sleigh-ride, *s.* Promenade *f* en traîneau.

sleigh[2]. **1.** *v.i.* Aller, voyager, se promener, en traîneau. **2.** *v.tr.* Transporter (des marchandises, etc.) en traîneau.

sleighing, *s.* **1.** Promenades *fpl* en traîneau. **2.** Transport *m* en traîneau.

sleigher ['sleiər], *s.* Voyageur, -euse, promeneur, -euse, en traîneau.

sleight [slait], *s.* Habileté *f*, adresse *f*, dextérité *f.* **Sleight of hand,** prestidigitation *f*; escamotage *m*; tours *mpl* de passe-passe. **A sleight-of-hand trick, a sleight-of-hand,** un tour de passe-passe.

slender ['slendər], *a.* **1.** Mince, ténu; fusiforme; *(of figure)* svelte, fluet, effilé, élancé, délié; *(of finger)* fuselé. **Slender waist,** taille fine, fluette. *S. hands*, mains déliées. *S. thread*, fil délié. *Costume that makes one look s.*, costume *m* qui amincit. *To get, grow, become, more s.*, s'amincir. **2.** *(Of intelligence, etc.)* Maigre; *(of hope, etc.)* faible; *(of income, etc.)* exigu, mince, modique, modeste. **Slender voice,** filet *m* de voix. **Our slender means,** nos ressources exiguës; l'exiguïté de nos ressources; l'étroitesse *f* de notre budget. *Widow of s. means*, veuve peu fortunée. **-ly,** *adv.* **1. Slenderly-made, slenderly-built, person,** personne *f* d'une taille svelte; personne fluette. **2.** Maigrement, faiblement, modestement, modiquement.

'slender-'bodied, *a.* Au corps svelte, fluet.

slenderize ['slendəraiz], *v. U.S:* = SLIM[2].

slenderizing, *a. Cost:* Amincissant; qui amincit.

slenderness ['slendərnəs], *s.* **1.** Minceur *f*, ténuité *f*; sveltesse *f* (de qn, de la taille). **2.** Maigreur *f*, exiguïté *f*, étroitesse *f*, modicité *f* (d'une fortune, etc.); faiblesse *f* (des ressources).

slept [slept]. *See* SLEEP[2].

Sleswick ['slezwik]. *Pr.n. Geog:* = SCHLESWIG.

sleuth[1](-hound) ['slu:θ(haund)], *s.* **1.** Limier *m.* **2.** *U.S: F:* **The sleuths,** la police de sûreté; les limiers de la police.

sleuth[2], *v.i. F:* Faire le détective.

slew[1] [slu:]. **1.** *v.tr.* **To slew (over) a mast,** dévirer, trévirer, un mât. **2.** *v.i.* Pivoter, virer. *Nau:* **To slew to starboard,** venir brusquement sur tribord.

slew round. **1.** *v.tr.* Faire pivoter (qch.). **2.** *v.i.* *(a) (Of crane, etc.)* Pivoter, tourner. *(b) Aut:* Faire (un) tête-à-queue. *To slew completely round*, faire un tête-à-queue complet. *Av:* **To slew round in taxying,** faire cheval de bois.

'slew-round, *s.* Virage *m.* *Aut:* Tête-à-queue *m inv.*

slewing[1], *a.* *(Of crane, etc.)* Tournant.

slewing[2], *s.* Pivotement *m*, virage *m* (de la flèche d'une grue, etc.).

slew[2]. *See* SLAY[2].

sley [slei], *s. Tex:* = SLAY[1].

slice[1] [slais], *s.* **1.** *(a)* Tranche *f* (de pain); côte *f*, tranche (de melon); darne *f* (de gros poisson). *Long narrow s. (of chicken, etc.)*, aiguillette *f.* *Small, thin, s. (of meat, etc.)*, lèche *f*, léchette *f.* *Round s. (of sausage, lemon, etc.)*, rond *m*, rouelle *f*, rondelle *f.* **Thick slice,** *(of fish, etc.)* dalle *f*, *(of bread)* chanteau *m.* **Slice of bread and butter, of bread and jam,** tartine *f* de beurre, de confiture. *To cut the bread in slices*, couper le pain en tranches. *(b) F:* **To take a large slice of the credit for sth.,** s'attribuer une large part du mérite de qch. **Slice of (good) luck,** coup *m* de veine. **2.** *(a) Cu:* **Fish-slice,** truelle *f* (à poisson). *(b)* = SLICE-BAR. *(c) Paperm:* Règle *f* d'épaisseur; régulateur *m* (dans la manufacture du papier couché). *(d) Typ:* (i) **(Ink-)slice,** palette *f*, racloir *m.* (ii) Planchette *f* (de galée à coulisse). **3.** Coup *m* en biseau ou en sifflet. *Golf:* Coup qui fait dévier la balle à droite. *Ten:* Chop *m.*

'slice-bar, *s. Tls: Ind: etc:* Lance *f* à feu, ringard *m* (de chaufferie).

'slice-galley, *s. Typ:* Galée *f* à coulisse.

'slice-pointed, *a.* (Clou *m*, etc.) à pointe biseautée.

slice[2], *v.tr.* **1.** Découper (qch.) en tranches. **2.** *Lit:* Fendre (l'air, les vagues, etc.). **3.** *(a) Ten:* Couper, choper (la balle). *(b) Golf:* Faire dévier la balle à droite. *(c) Row:* Attaquer en sifflet.

slice off, *v.tr.* Trancher, couper, détacher (un morceau).

slice up, *v.tr.* Couper (un gâteau, etc.) en tranches.

slicing, *s.* Coupe *f* en tranches. *See also* LATHE[1] 1.

slicer ['slaisər], *s.* Machine *f* à trancher le pain, le jambon, etc. *See also* EGG-SLICER, VEGETABLE 2.

slick[1] [slik]. **1.** *a. F:* *(a)* Habile, adroit. *(b)* Bien rangé; en bon ordre; *F:* (jardin, etc.) propret. *Slick of attire*, élégant; tiré à quatre épingles. *(c) U.S:* **You'd better look slick about it,** vous ferez bien de vous dépêcher, *P:* de vous grouiller. **2.** *adv.* *(a)* Habilement, adroitement. *(b)* Complètement. **To cut slick through sth.,** couper qch. net. **To hit s.o. slick on the nose,** flanquer un coup à qn en plein sur le nez. **Slick in the middle,** en plein milieu. *(c)* Prestement; vite. **To run slick away,** se sauver sur-le-champ. *He did it as s. as you please*, il l'a fait vlan.

slick[2], *s.* **1.** *Tls:* *(a)* **Slick(-chisel),** lissoir *m.* *(b) Metall:* **(Moulding-)slick,** polissoir *m* de mouleur. **2.** *Min:* Plan *m* lisse de clivage. **3.** *Nau:* Nappe *f* d'huile (en mer).

slick[3], *v.tr.* **1.** *Metall:* Lisser (un moule). **2.** *Tan:* Étirer (une peau). **3.** *U.S:* Mettre (une chambre) en ordre. **To slick (oneself) up,** faire un bout de toilette; s'attifer; se faire beau.

slick[4], *s. Metall:* Schlich *m*; minerai broyé.

slickenside(s) ['slikənsaid(z)], *s.(pl.)* *Geol:* Miroir *m* de faille, de glissement; surface *f* de friction, de glissement; strie *f* de froissement; cuirasse filonienne.

slicker ['slikər], *s.* **1.** *Tls:* *(a) Leath:* Étire *f.* *(b) Metall:* Équerre *f* à lisser les moules. **2.** *U.S:* Imperméable *m*; manteau *m* en toile huilée. **3.** *U.S: P:* Escroc adroit.

slickness ['sliknəs], *s. F:* Habileté *f*, dextérité *f*, adresse *f.* *S. of a musical performance*, netteté *f* d'interprétation d'un morceau de musique.

slid [slid]. *See* SLIDE[2].

slide[1] [slaid], *s.* **1.** *(a)* Glissade *f*, glissement *m.* **To have a slide,** faire une glissade. *(b)* Éboulement *m.* *(c) Mus:* (i) *(Ornament)* Coulé *m.* (ii) *(In violin-playing)* Glissade *f.* **2.** *(a)* Glissière *f*, coulisse *f*, coulant *m*, guide *m* (de cage de mine, etc.). *To provide a moving part with slides*, coulisser une partie mobile. *(b) Artil:* Flasque *f*, châssis *m* (d'affût). **Trough-slide,** gouttière *f.* **Recoil-slide,** glissière. **Slide-carriage,** affût *m* à châssis. **3.** *(a)* *(On* *snow or ice*) Glissoire *f*, glissade. *See also* TOBOGGAN-SLIDE. (*b*) Plan *m* de glissement; piste *f* en pente. *For:* **Timber-slide,** glissoir *m.* **4.** (*a*) Pièce *f* (d'une machine, etc.) qui glisse; glissoire; coulant *m* (d'une bourse, etc.); curseur *m* (d'une règle, d'un compas, etc.). *Row:* Glissière. *Aut:* **Seat-slide,** glissière de siège. **Window-slide,** coulant de glace. **Pull-out slide** (*of desk, table, etc.*), tablette *f* à coulisse. **Writing slide** (*of desk*), tirette *f*. **Slide of a slide-rule,** réglette *f*, tiroir *m*, d'une règle à calcul. *Opt:* **Focusing slide, draw-slide,** tube *m* de réglage, tube à tirage, coulant (d'un microscope, etc.). *See also* BOOK-SLIDE, CROSS-SLIDE, GAUGE[1] 2, TANGENT-SLIDE. (*b*) *Mec.E:* = SLIDE-REST. (*c*) *Mus:* Coulisse (de trombone, etc.). *See also* TUNING-SLIDE. **5.** (*a*) *Microscopy:* **Object-slide,** (plaque *f*, lame *f*) porte-objet *m inv*; fiche *f*; lamelle *f* (portant une préparation microscopique). (*b*) **(Lantern-)slide,** diapositive *f* de projection; positif *m* pour projection, vue *f* (de projection); projection (lumineuse); verre *m* de lanterne magique, verre pour projection. **(Lantern-)slide projections,** projections diascopiques. *Lecture with (lantern-)slides,* conférence *f* avec projections. **6.** *Phot:* **Dark slide,** châssis *m* porte-plaques. **Roller-blind slide,** châssis à brisures. **Book-form slide,** châssis à charnière. **7.** *Toil:* **(Hair-)slide,** barrette *f*.

'slide-bar, *s.* Coulisseau *m.* **1.** *Mch:* (*a*) Glissière *f* de crosse. **Slide-bar bracket,** porte-glissière *m inv.* (*b*) Guide *m* de la tête de piston. **2.** *Mec.E:* Coulisse *f*, jumelle *f* (de tour).

'slide-block, *s. Mch:* Coulisseau *m*, glissoir *m*, glisseur *m*; tasseau *m* (de crosse de piston).

'slide-bridge, *s. El:* Pont *m* de Wheatstone.

'slide-calipers, *s.* Pied *m* à coulisse.

'slide-carrier, *s.* Châssis *m* passe-vues (de lanterne à projections).

'slide-contact, *s. El:* Curseur *m*, frotteur *m*.

'slide-face, *s.* (*a*) *Mec.E:* Voie *f* à glissière. (*b*) *Mch:* Glace *f* du tiroir.

'slide-head, *s. Mus:* Pompe *f* d'accord (d'une flûte, etc.).

'slide-lathe, *s. Mec.E:* Tour *m* à charioter; tour parallèle.

'slide-rail, *s.* **1.** *Mec.E:* Glissière *f*. **2.** *Rail:* (Lame *f* d')aiguille *f*. **3.** *Rail:* Chariot transbordeur.

'slide-rest, *s. Mec.E:* Support *m* à chariot; (*of lathe*) chariot *m* porte-outil(s), support porte-outils, chariot de tour.

'slide-rod, *s. Mch:* Tige *f* de tiroir. *Mec.E:* Tige directrice.

'slide-rule, *s. Mth:* Règle *f* à calcul (logarithmique); règle à calculer. *Circular s.-r.*, cercle *m* à calculer.

'slide-shoe, *s. Mec.E:* Glissière *f*.

'slide-trombone, *s.* Trombone *m* à coulisse.

'slide-trumpet, *s.* Trompette *f* à coulisse.

'slide-valve, *s. Mch:* (Contrepoids *m* du) **tiroir; valve** *f* **tiroir**; soupape *f* à tiroir; tiroir de distribution.

'slide-way, *s.* **1.** *Mch:* Coulisse *f* (de tiroir). **2.** *For:* (*In Canada*) = SLIDE[1] 3 (*b*).

slide[2], *v.* (*p.t.* **slid** [slid]; *p.p.* **slid**) **1.** *v.i.* (*a*) Glisser, coulisser. *Mechanism that slides between runners,* mécanisme *m* qui glisse, coulisse, entre des guides. (*Of part*) *To s. into mesh,* engrener par coulissement. (*b*) (*Of pers.*) **To slide** (*on ice, in play*), faire des glissades. (*c*) *He slid on the floor and fell heavily,* il glissa sur le parquet et tomba lourdement. *The dish slid off the table,* le plat a glissé de sur la table. (*d*) **To slide over a delicate subject,** glisser sur un sujet délicat. **To slide into bad habits, into sin,** se laisser aller imperceptiblement à de mauvaises habitudes; glisser dans le péché. *Abs.* **To slide,** tomber dans l'erreur, dans le vice. (*e*) *F:* **To let a thing slide,** se désintéresser de qch. **To let everything slide, to let things slide,** laisser tout aller à vau-l'eau, à la dérive. (*f*) *U.S:* *F:* (*Of pers.*) = SLIDE OFF. **2.** *v.tr.* (Faire) glisser. (*a*) **To slide sth. into s.o.'s hand,** glisser qch. dans la main à qn. *He slid a glance towards me,* il coula un regard dans ma direction. (*b*) *For:* **To slide the timber,** faire glisser, lancer, le bois sur le glissoir.

slide away, by, *v.i.* (*Of time*) S'écouler, couler, passer.

slide down, *v.i.* **1.** (*Adverbial use*) Descendre en glissant; glisser jusqu'en bas. **2.** (*Prepositional use*) **To slide down the banisters,** glisser le long de la rampe. *To s. down a rope,* se laisser couler, se laisser glisser, le long d'une corde; *Nau:* s'affaler par une corde. *To s. down the wall,* se laisser couler en bas du mur. *To s. down a slope,* glisser sur une pente.

slide off, *v.i.* *F:* Décamper; filer.

slide out, *v.i.* *F:* Se glisser dehors; **s'éclipser discrètement;** *P:* se défiler.

sliding[1], *a.* Glissant; (*of spindle, bench*) coulissant. **Sliding door,** porte glissante, roulante, coulissante; porte à glissières, à coulisse. **Sliding panel,** panneau *m* mobile. **Sliding sash,** châssis *m* à coulisse. **Sliding seat,** (i) *Row:* banc *m* à glissières, à coulisses; (ii) *Aut:* siège *m* amovible. **Sliding ring, sliding runner,** coulant *m* (de bourse, etc.). *Opt:* **Sliding tube,** tube *m* à tirage; coulant. *Phot:* **Sliding-front camera,** appareil *m* à décentrement. *El:* **Sliding contact,** curseur *m*; contact coulissant; frotteur *m*. *Mec.E:* **Sliding parts,** organes *m* mobiles. **Sliding joint,** joint glissant. **Sliding headstock,** poupée *f* mobile (de tour); poupée courante. **Sliding rod,** allonge *f*. *Surv:* **Sliding staff,** mire *f* à coulisse. **Wages on a sliding scale,** salaires calculés suivant une échelle mobile. *See also* CLUTCH[1] 2, COLLAR[1] 3, GATE[1] 2, GAUGE[1] 2, GEAR[1] 3, PINION[2], ROOF[1] 3.

sliding[2], *s.* Glissement *m.* (*a*) **To go sliding,** aller faire des glissades. (*b*) (*Of machine part, etc.*) Coulissement *m.* (*c*) Lancement *m* (du bois sur le glissoir).

'sliding-way, *s. Nau:* Sablière *f* de lancement.

slider ['slaidər], *s.* **1.** (*a*) (*Pers.*) Glisseur, -euse. (*b*) *Rept:* *U.S:* (Variété de) tortue *f* aquatique. **2.** (*a*) Curseur *m* (d'une bobine électrique, etc.). (*b*) Archet *m* (de tramway à trolley). (*c*) *Mec.E:* **Slider bar,** coulisseau *m*. **3.** Dessous *m* de bouteille. **4.** (*a*) *Veh:* Sassoire *f* (de l'avant-train). (*b*) *Nau:* Chariot *m* de gouvernail. **5.** *Microscopy:* = SLIDE[1] 5 (*a*). **6.** *F:* Glace *f* en sandwich entre gaufrettes.

slight[1] [slait], *a.* **1.** (*Thin*) Mince, ténu; (*of figure*) frêle; peu musclé; menu, svelte; maigrelet. **2.** (*Small*) (*Of pain, mistake, etc.*) Léger, petit; (*of intelligence, etc.*) maigre, faible; (*of occasion, etc.*) de peu d'importance; (*of damage*) peu considérable. *S. repast,* léger repas. *S. knowledge,* savoir *m* mince. *Very s. qualifications for a job,* minces titres *m* à un emploi. *Mil:* **Slight work,** ouvrage *m* à faible profil. **To make a slight gesture,** faire un léger geste; esquisser un geste. *Owing to a s. accident,* par suite d'un petit accident. *To give but s. attention to sth.*, ne faire, n'apporter, que peu d'attention à qch. *There are very s. grounds for complaint,* il y a bien peu de raisons de se plaindre. *There is a s. improvement,* il y a un léger mieux. **To some slight extent,** quelque peu. **Not the slightest danger,** pas le moindre danger. *Not the slightest fever left,* plus un atome de fièvre. *To take offence at the slightest thing,* se fâcher pour un rien; se piquer d'un rien. **Not in the slightest (degree),** pas le moins du monde; aucunement. *I didn't reproach him in the slightest,* je ne lui ai pas fait le moindre reproche. *These questions did not embarrass me in the slightest,* ces questions *f* n'étaient pas pour m'embarrasser. **-ly,** *adv.* **1. Slightly built,** (i) au corps frêle; (ii) à la taille mince, svelte. **2.** Légèrement, faiblement, peu. **Slightly better,** un petit peu mieux. *To be s. out of sorts,* être un tantinet indisposé. **I know him slightly,** je le connais un peu. *We are s. disappointed,* nous sommes quelque peu déçus. *He has a s. foreign appearance,* il a un peu l'air étranger.

slight[2], *s.* **1.** *A:* Mésestime *f* (*for,* de). **2.** Manque *m* de considération, d'égards; ravalement *m*; affront *m*. **To put, pass, a slight on s.o.,** négliger qn; infliger un affront à qn; traiter qn sans considération; manquer d'égards pour qn; faire peu de cas de qn. *To suffer slights,* éprouver des froissements; subir des affronts.

slight[3], *v.tr.* (*a*) Faire peu de cas de (qn); traiter (qn) sans considération; manquer d'égards pour, envers (qn); négliger (qn); faire un affront ou une impolitesse à (qn); ravaler (qn). *To feel slighted,* éprouver un froissement. (*b*) Méconnaître (ses devoirs).

slighting, *a.* (Air *m*) de mépris. **-ly,** *adv.* Avec peu de considération, d'égards; dédaigneusement.

slightness ['slaitnəs], *s.* **1.** Minceur *f*, ténuité *f* (d'une pièce de bois, etc.); sveltesse *f*, minceur (de la taille). **2.** Légèreté *f*, petitesse *f* (d'une faute, etc.); maigreur *f* (de l'intelligence de qn, etc.); peu *m* d'importance, insignifiance *f* (des dégâts, etc.); faiblesse *f* (d'une différence).

slily ['slaili], *adv.* = SLYLY.

slim[1] [slim], *a.* (**slimmer; slimmest**) **1.** (*a*) Svelte, élancé, délié, mince, aminci; (*of fingers, etc.*) fuselé. *Her s. frailness,* sa frêle sveltesse. **Slim-waisted,** à la taille svelte. (*b*) *U.S:* (*Of chance, hope, etc.*) Mince, léger. **Upon the slimmest of evidence,** sur les preuves les moins concluantes. **2.** *F:* Rusé; malin, -igne; astucieux. **-ly,** *adv.* **1. Slimly built,** à la taille mince, svelte. **2.** (Agir) avec ruse, avec astuce, astucieusement.

'slim-making, *a.* *F:* Amincissant.

slim[2], *v.* (**slimmed; slimming**) **1.** *v.tr.* Amincir. **Slimming costume,** costume amincissant, qui amincit. **Slimming remedy,** médicament *m* obésifuge. **2.** *v.i.* S'amincir; suivre un régime amincissant.

slime[1] [slaim], *s.* **1.** Limon *m*, vase *f*; (*used as a fertilizer*) wagage *m*. *Gold-min:* Boue *f*, poussier *m*, de minerai. *The slimes,* les schlamms *m*. *El.-Metall:* **Anode slime,** boue de l'anode. *Stone covered with a green s.*, pierre couverte d'une boue verte et gluante. **2.** Humeur visqueuse (qui couvre les poissons, etc.); bave *f* (de limace, etc.). **3.** Bitume *m* (liquide).

'slime-pit, *s.* **1.** Puits *m* de bitume. **2.** *Gold-min:* Bassin *m* de dépôt des boues, des schlamms.

slime[2]. **1.** *v.tr.* Couvrir de limon, de vase, de bave. *Hull slimed all over with mud,* coque engluée de boue. **2.** *v.i.* **To slime through, out of, a difficulty,** se tirer d'une difficulté par des moyens ignobles.

sliminess ['slaiminəs], *s.* **1.** État vaseux, boueux, gluant; viscosité *f*. **2.** *F:* Servilité *f*, obséquiosité *f*.

slimness ['slimnəs], *s.* **1.** Taille *f* mince; **sveltesse** *f*, **gracilité** *f*. *She is losing her s.*, sa taille commence à s'empâter. **2.** *F:* Ruse *f*, astuce *f*.

slimy ['slaimi], *a.* **1.** (*a*) Limoneux, vaseux. *S. mud,* boue grasse. (*b*) (*Of paste, etc.*) Visqueux, gluant. **2.** (*a*) Couvert de vase, de limon; (pavé, etc.) glissant. (*b*) *Nat.Hist:* (Poisson) couvert d'une sécrétion visqueuse, gluante; (limace) couverte de bave. **3.** *F:* (*Of pers.*) Servile, obséquieux. **Slimy-tongued,** doucereux, mielleux.

sling[1] [sliŋ], *s.* **1.** Fronde *f*. *F:* **The slings and arrows of outrageous fortune,** les traits *m* dont nous meurtrit l'outrageuse fortune. *See also* THERMOMETER. **2.** (*a*) *Med:* Écharpe *f*. **To have, carry, one's arm in a sling,** porter le bras en écharpe. *See also* ARM-SLING. (*b*) Bandoulière *f* (de harpe, etc.); courroie *f* (de bidon, etc.). *Mil:* **(Rifle-)sling,** bretelle *f*, banderole *f*. **(Sword-)sling,** bélière *f*. **(Lance-)sling,** courroie. **Sword-belt sling,** pendant *m* de ceinturon. *Slings of a knapsack,* brassière *f* d'un havresac. (*c*) (*For hoisting*) Élingue *f* (pour barriques, etc.); cravate *f* (pour mât). *Const:* Braye *f*. *Artil:* Jarretière *f*. **Rope sling** (*for carrying s.o.*), agui *m*, chaise *f*; nœud *m* de chaise. **Rescue sling,** bridage *m* de sauvetage. *Nau:* **Boat slings,** pattes *f* d'embarcation; saisines *f*. (*d*) Suspenseur *m* (de câble, etc.). *Nau:* **Yard sling,** suspente *f*, pendeur *m*, de vergue. *See also* LIFE-BUOY. (*e*) *Vet:* Travail *m* (pour chevaux), *pl.* travails; ventrière *f*.

'sling-cart, *s. Artil: etc:* Trique-balle *m or f*, *pl.* trique-balles.

'sling-case, *s.* Étui-bandoulière *m* (pour jumelles, etc.), *pl.* étuis-bandoulières.

'sling-dog, *s.* Patte *f*, griffe *f*, d'élingue.

'sling-shot, *s. U.S:* = CATAPULT[1] 1 (*b*).

'sling-trot, *s.* Trot doux.

sling[2], *v.tr.* (*p.t.* **slung** [slʌŋ]; *p.p.* **slung**) **1.** (*a*) Lancer, jeter (avec une fronde). (*b*) *F:* Lancer, jeter (avec la main). (*c*) *P:* **To sling ink,** écrivasser; écrire dans les journaux. **To sling words,** parler, pérorer. **To sling the bat,** parler la langue du pays. **To sling off**

at s.o., lancer des quolibets à qn. *See also* HOOK[1] 7. **2.** Suspendre. **To sling a hammock,** suspendre, crocher, *Nau:* gréer, un hamac. **To sling (sth.) over one's shoulder,** jeter (son pardessus) sur l'épaule; passer la bandoulière (d'une harpe, etc.) sur son épaule; mettre (une harpe, etc.) en bandoulière. *Slung rifle,* fusil *m* à la grenadière. **Slung crosswise,** en bandoulière. **To carry sth. slung round one's neck,** porter qch. autour du cou. *Mil:* **To sling arms,** mettre l'arme (i) à la bretelle, (ii) en bandoulière. **Sling arms!** l'arme à la bretelle! **3.** Élinguer, brayer (un fardeau). **To sling up a load with a crane,** hisser, guinder, un fardeau avec une grue.

'slung 'shot, *s.* Assommoir *m* (boulet attaché à une courroie).

sling[2], *s.* Boisson composée de rhum, d'eau-de-vie, ou de gin, sucrée et parfumée; grog *m.*

slinger ['sliŋər], *s.* **1.** Frondeur *m.* **2.** Lanceur, -euse; jeteur, -euse (d'une pierre, etc.).

slink[1] [sliŋk], *s.* **1.** (*a*) Allure furtive. (*b*) Individu *m* à l'allure furtive; rôdeur *m.* **2.** *Husb:* Avorton *m.* **Slink calf,** veau mort-né. *Tan:* **Slink skin,** peau *f* d'animal mort-né.

slink[2], *v.* (*p.t.* **slunk** [slʌŋk], *occ.* **slank** [slaŋk]; *p.p.* **slunk**) **1.** *v.i.* **To slink off, away,** partir furtivement, en catimini; s'éclipser. **To slink in,** entrer furtivement. **2.** *v.tr. Husb:* (*Of animal*) **To slink its young,** mettre bas avant terme; avorter.

slunk, *a. Husb:* (Veau) mis bas avant terme. *Tan:* **Slunk skin,** peau *f* d'animal mort-né.

slinking[1], *a.* Furtif.

slinking[2], *s.* **1. Slinking off, away,** départ furtif. **Slinking in,** entrée furtive. **2.** *Husb:* Mise *f* bas avant terme.

slinky ['sliŋki], *a. F:* (Robe *f*, etc.) qui épouse les formes; (vêtement) collant.

slip[1] [slip], *s.* **1.** (*a*) Glissade *f*, glissement *m*, faux pas. **It was only a slip of the hand,** sa main a glissé. *Engr: Slip of the graver,* échappement *m* du burin. *See also* CUP[1] 3, SIDE-SLIP[1]. (*b*) **To give s.o. the slip,** se dérober à qn; fausser compagnie à qn; faire faux bond à qn. (*c*) Faute *f* ou erreur *f* d'inattention; inadvertance *f*; faute d'étourderie. **To make a slip,** commettre une étourderie. **Slip of the tongue, of the pen,** lapsus *m* linguæ, lapsus calami. *It was a s. of the tongue,* sa langue a fourché; la langue lui a fourché. (*d*) Écart *m* (de conduite); peccadille *f*. **To make a slip,** faire un écart; faire un faux pas; (*of girl*) faillir. (*e*) Glissement, patinage *m.* *Mec.E:* **Belt slip,** patinage de la courroie. *Aut:* **Clutch slip,** patinage de l'embrayage. *Mec.E:* **Slip connection,** embrayage *m* par glissement. **Slip of a micrometer screw,** jeu *m*, retour *m*, de vis mécanique. **Propeller slip,** (i) *N.Arch: Av:* recul *m* de l'hélice; (ii) *Av:* vent *m* de l'hélice. *El.E:* **Slip of the rotor,** glissement du rotor. (*f*) *Geol:* **(Land)slip,** éboulement *m*, glissement, affaissement *m*, de terrain; glissade *f* de terre, chute *f* de montagne, arrachement *m.* *S. in volcanic ash,* avalanche *f* de cendres; avalanche sèche. **2.** Laisse *f*, botte *f* (de chien de chasse). **3.** *Rail:* **Slip(-portion),** rame *f* remorque. **4.** Taie *f* d'oreiller. **5.** *Cost:* (*a*) **Princess slip,** combinaison *f* jupon. **Foundation slip,** dessous *m* de robe; fond *m* de robe; sous-jupe *f*, *pl.* sous-jupes. *Gown over pink slip,* robe *f* sur fond rose. (*b*) *Sp:* Slip *m.* *Th:* Cache-sexe *m inv.* *pl.* **(Bathing-)slips,** caleçon *m* forme slip. (*c*) **Gym-slip,** tunique *f* (de femme athlète). **6.** (*a*) Cale *f* de chargement (pour bacs, etc.). (*b*) *N.Arch:* **Building slip,** cale, chantier *m* (de construction). **Graving slip,** cale de radoub. **Ship on the slips,** navire *m* sur cale(s), en chantier. (*c*) *N.Arch:* **Launching slip(s)** = SLIP-WAY 2. **7.** *pl. Th:* **The slips,** les coulisses *f*. **8.** *Cr:* Slip *m*; chasseur posté à droite du garde-guichet. *To cut the ball through the slips,* détourner la balle à droite du guichet.

'slip-bands, *s.pl. Cryst:* Lignes *f* de glissement.

'slip-bolt, *s.* Verrou *m* à platine.

'slip-buoy, *s.* Bouée *f* d'ancre.

'slip-carriage, -coach, *s. Rail:* Voiture *f* remorque.

'slip-cover, *s. Furn:* Housse *f*.

'slip-dock, *s. N.Arch:* Cale *f* (de lancement).

'slip-hook, *s. Nau: etc:* Croc *m* à échappement.

'slip-joint, *s. Mec.E:* Joint glissant.

'slip-knot, *s.* **1.** Nœud coulant. **2.** Nœud de bec d'oiseau.

'slip-mount, *s. Phot: etc:* Carton *m* passe-partout.

'slip-noose, *s.* Nœud coulant.

'slip-ring, *s. El.E:* Bague collectrice (de dynamo, etc.); anneau collecteur de prise de courant; collecteur *m.*

'slip-rope, *s. Nau:* Amarre passée en double.

'slip-stitch[1], *s.* (*a*) *Knitting:* Maille glissée. (*b*) *Needlew:* Point perdu.

'slip-stitch[2], *v.tr.* Coudre (un parement, etc.) à points perdus.

'slip-stream, *s. Aut: Av:* Sillage *m*, remous *m* (d'air).

'slip-tank, *s. Av:* Réservoir *m* décrochable.

'slip-tongue, *s. Carp:* Languette rapportée.

'slip-way, *s.* **1.** Cale *f* (d'un bac). **2.** *N.Arch:* Cale (de lancement); slipway *m*, slip *m*; coittes *fpl*, couettes *fpl*, anguilles *fpl*, longrines *fpl*, de lancement; coittes, couettes, dormantes; chantier *m* de construction.

slip[2], *v.* (**slipped** [slipt]; **slipping**) I. *v.i.* **1.** (*a*) Glisser; (*of knot*) couler, courir; *Nau:* (*of rope*) choquer; (*of earth, etc.*) s'ébouler. *Aut: Mec.E: etc:* (*Of belt, etc.*) Patiner, glisser. *El.E: etc:* (*Of frequency, etc.*) Se décaler. *His foot slipped,* son pied glissa; le pied lui manqua. *I slipped on a patch of oil,* j'ai glissé sur une flaque d'huile. *He slipped off his chair to the ground,* il glissa de sa chaise jusqu'à terre. *To slip off the kerb,* glisser au défaut du trottoir. **To slip from s.o.'s hands, through s.o.'s fingers,** échapper des mains de qn; glisser entre les doigts de qn. *The knife slipped from his hands,* le couteau lui a glissé des mains. *It slipped through my fingers,* cela m'est échappé des doigts. (*b*) Se glisser, se couler. **To slip into the room,** se glisser, se couler, dans la salle; entrer furtivement, à pas de loup, dans la salle. *When I came in he slipped off the table,* à mon entrée il se laissa glisser de sur la table. **To slip through the crowd,** se faufiler, se couler, dans la foule. *I managed to s. through the crowd,* en me faisant tout petit je me fis jour à travers la foule. **To slip into bed,** se couler, se glisser, entre les draps, dans son lit. **To slip into one's dressing-gown,** passer, enfiler, sa robe de chambre. **To slip into bad habits,** prendre imperceptiblement de mauvaises habitudes. *Gloss that has slipped into the text,* glose qui s'est glissée, qui a passé, dans le texte. *The hours were slipping past,* les heures s'écoulaient. (*c*) *F:* Aller (vivement). **Just slip round to the post,** allez donc, faites un saut, jusqu'au bureau de poste. *To s. across the fields,* passer, filer, à travers les champs. *Aut: We're slipping along,* ça gaze! (*d*) (*Of bolt*) **To slip home,** fermer à fond. **2.** (*a*) Faire une faute d'étourderie, une bévue; commettre une inadvertance; se fourvoyer, se tromper. (*b*) *To slip* (*from the path of virtue*), faire un écart de conduite; (*of unmarried girl*) faillir, *P:* fauter. **3. To let slip,** lâcher (un lévrier, etc.); laisser échapper (une belle occasion, une observation, un secret). *To let one's pen s. from one's fingers,* laisser échapper sa plume. *He let slip one or two words,* il lui est échappé un ou deux mots. *See also* LET[4] I. 1.

II. **slip,** *v.tr.* **1.** (*a*) Se dégager de (qch.). (*Of animal*) **To slip its chain,** se détacher. (*Of horse*) **To slip the halter,** se délicoter. *Dog that slips its collar,* chien *m* qui se dégage de son collier. (*b*) *F:* **Your name has slipped my memory,** votre nom m'échappe, ne me revient pas; votre nom m'est sorti de la mémoire, m'a passé de l'esprit. **To slip s.o.'s notice,** échapper à l'attention de qn. **2.** (*a*) *Ven:* Lâcher, découpler (les chiens); avaler la botte à (des limiers, etc.). **To slip the hounds,** laisser courre. (*b*) *Nau:* **To slip a cable,** larguer, filer, une amarre par le bout. **To slip one's moorings,** filer le corps-mort. **'Slip!'** (i) "filez la chaîne par le bout!" (ii) "filez le corps-mort!" *See also* ANCHOR[1]. (*c*) *Rail:* Décrocher (un wagon en marche). (*d*) *Husb:* (*Of animal*) **To slip its young,** mettre bas avant terme; avorter. (*e*) *Cards:* **To slip the cut,** faire sauter la coupe. **3.** (*a*) *F:* Pousser (un verrou); couler, glisser (qch. dans la main de qn, une lettre à la poste). **To slip the bolt home,** pousser le verrou à fond. *He slipped the letter into his pocket,* il a glissé la lettre dans sa poche. *I slipped my arm round her waist,* je lui passai mon bras autour de la taille. (*b*) *P:* **To slip it over s.o.,** donner le change à qn; mystifier qn. **4.** *Aut:* **To slip the clutch,** laisser patiner l'embrayage; débrayer à demi.

slip aside, *v.i. Fenc: etc:* Esquiver.

slip-a'side, *s.* Esquive *f*.

slip away, *v.i.* **1.** (*Of pers.*) Filer à l'anglaise; s'esquiver, s'éclipser; partir en tapinois; *P:* se défiler (en douceur); enfiler la venelle. **2.** (*Of time*) S'écouler, couler, (se) passer, fuir. *Youth is slipping away,* la jeunesse s'enfuit.

slip-a'way, *s. Fenc: etc:* Esquive *f*.

slipping away, *s.* Fuite *f* (des années).

slip by, *v.i.* = SLIP AWAY 2.

slip down, *v.i.* **1.** (*Of pers.*) Tomber (du fait d'avoir glissé); (*of garment*) glisser. **2.** Descendre en glissant; se couler en bas (de l'arbre, etc.). *F:* **It slips down like whey,** ça se boit comme du petit-lait.

slip in. **1.** *v.i.* (*a*) **He slipped in among the guests,** il s'est faufilé parmi les invités. (*b*) *F:* Entrer. **2.** *v.tr.* **To slip in a new film,** introduire un nouveau film dans l'appareil.

'slip-in, *attrib.a.* (Album *m*, etc.) passe-partout *inv.*

slip into, *v.i. P:* **1.** Tomber sur (qn); rentrer dans le chou à (qn). **2.** S'attaquer à (un pâté, etc.). *See also* SLIP[2] I. 1, II. 3.

slip off. **1.** *v.tr.* Enlever, ôter, retirer (un vêtement). **2.** *v.i.* (*a*) = SLIP AWAY 1. (*b*) Se détacher; tomber.

slip on, *v.tr.* Enfiler, passer, mettre (une chemise, un pardessus, etc.).

'slip-on, *attrib.a.* **Slip-on blouse,** blouse *f* à enfiler.

slip out, *v.i.* (*a*) S'échapper. **To let an oath slip out,** *v.tr.* **to slip out an oath,** laisser échapper un juron. *The secret slipped out,* le secret se fit jour. *His name has slipped out of my memory,* j'ai oublié son nom; son nom m'échappe. (*b*) *F:* Sortir (à la dérobée).

slip over. **1.** *v.tr.* **To slip a dress over one's head,** enfiler une robe par-dessus la tête. *To s. rings over a rod,* enfiler des anneaux sur une tige. **2.** *v.i.* (*Of dress, etc.*) S'enfiler, passer (par-dessus la tête).

'slip-over, *attrib.a.* (Robe *f*) à enfiler.

slip up, *v.i. U.S:* **1.** Se tromper; faire une bourde. **2.** (*Of plan*) Échouer; faire fiasco; ne pas aboutir.

slip-'up, *s.* **1.** Gaffe *f*, bévue *f*. **2.** (*a*) Échec *m.* *Should any s.-up occur,* s'il arrive quelque difficulté, quelque contretemps. (*b*) Fiasco *m.*

slipping[1], *a.* Glissant, qui glisse; (roue *f*) qui patine.

slipping[2], *s.* **1.** Glissement *m*; glissade *f* (sur une peau d'orange, etc.); éboulement *m*, glissement (de terre, etc.); patinage *m* (d'une roue, etc.). **2.** (*a*) Découple *m* (des chiens). (*b*) *Rail:* Décrochement *m* (de wagon en marche). (*c*) *Husb:* Mise *f* bas avant terme; avortement *m.*

slip[3], *s.* **1.** (*a*) (i) *Hort:* Bouture *f*, plançon *m*, plant *m*; (*for grafting*) scion *m.* (ii) (*Pers.*) Rejeton *m.* (*b*) *F:* **Slip of a boy, of a girl,** jeune homme fluet, jeune fille fluette. *Tall slip of a woman,* jeune femme élancée. *Fine slip of a girl,* beau brin de fille. *Tiny slip of a woman,* tout petit bout de femme; *F:* morceau *m* de femme; petite mauviette. (*c*) *Ich: Com:* Petite sole. **2.** (*a*) Bande étroite (de toile, de terre, etc.). **Slip of paper,** bande, fiche *f*, bordereau *m*, de papier; carré *m* de papier; bout *m* de papier. *Detachable slip,* feuille volante, volant *m* (d'un carnet, etc.). *Rail: Temporary slip* (*for luggage*), fiche provisoire. *F:* **Slip of a room, of a garden,** petite chambre étroite, petit jardin étroit. *Tail:* **Vest slips,** transparents *m*, dépassants blancs (de gilet). (*b*) *F:* Billet *m*, bordereau *m.* *Ins:* Projet de police signé par les contractants. *See also* CREDIT[1] 4. (*c*) *Typ:* **(Proof-)slip,** placard *m.* **To pull matter in slips,** placarder des épreuves. *See also* PROOF[1] 3.

(*d*) **Table slip,** napperon *m.* (*e*) *Bookb:* Nerf *m.* **3.** *pl. Th:* **Slips,** couloir *m* du balcon.

slip[4], *v.tr.* (**slipped; slipping**) *Hort:* Bouturer (une plante).

slip[5], *s. Cer:* Barbotine *f*, engobe *m.* **To paint, coat, with slip,** engober. **Slip painting,** engobage *m.*

slipe [slaip], *s.* Laine morte.

sliped [slaipt], *a.* **Sliped wool,** laine morte.

slippage [ˈslipedʒ], *s.* (*a*) *Mec.E: etc:* Glissement *m*, patinage *m*; ripage *m*, ripement *m* (du câble sur le treuil, etc.). (*b*) Décalage *m* (*Cin:* de l'image par rapport au son, etc.). *El.E:* **Frequency slippage,** décalage de fréquence.

slipper [ˈslipər], *s.* **1.** Pantoufle *f.* **Bedroom slipper,** pantoufle en feutre. (*Ladies' backless*) *bedroom slippers*, mules *f.* **Turkish slippers,** babouches *f.* **List slippers,** chaussons *m* (de lisière). *To come downstairs in one's slippers*, descendre en pantoufles. **To take one's slipper to a child,** fesser un enfant (avec une pantoufle). **Slipper-making, slipper manufactory,** pantouflerie *f.* *See also* CARPET-SLIPPERS, CHIN[1], HUNT-THE-SLIPPER, LADY'S SLIPPER, VENUS'S SLIPPER. **2.** (*a*) *Mec.E:* Patin *m*, savate *f* (de frein). (*b*) *Mch:* **Piston-rod slipper,** glissière *f* de bielle. **3.** *Med:* Bassin *m* de lit. **4.** *Prot:* **Slipper animalcules,** paramécies *f.*

ˈslipper-bath, *s.* Sabotière *f*; baignoire *f* en sabot.

ˈslipper-block, *s. Mch:* Coulisseau *m*, glissoir *m* (de la crosse).

slippered [ˈslipərd], *a.* (Personne *f*) en pantoufles. **Slippered ease,** le confort en pantoufles.

slipperiness [ˈsliparinəs], *s.* **1.** Nature glissante (du sol, etc.). **2.** Caractère rusé; matoiserie *f.*

slippering [ˈslipəriŋ], *s. F:* Fessée *f.*

slipperwort [ˈslipərwərt], *s. Bot:* **1.** Calcéolaire *f.* **2.** Campanule *f.*

slippery [ˈslipəri], *a.* **1.** (*Of pavement, handrail, eel, etc.*) Glissant. *It is s. walking, s. under foot*, il fait gras à marcher; il fait du verglas; le sol est glissant; on glisse en marchant. **2.** (*a*) Instable, incertain; sur lequel on ne peut compter. **To be on slippery ground,** être sur un terrain glissant. **The slippery path,** la pente fatale. *S. memory*, mémoire peu fidèle, peu sûre. (*b*) (Sujet) délicat, scabreux. **3.** Fin, rusé, matois. **He's as slippery as an eel,** il s'échappe, il est souple, comme une anguille; il vous coule entre les doigts. **A slippery customer,** un fin matois. **He's a slippery customer,** on ne sait par où le prendre.

slippy [ˈslipi], *a. P:* **To be, look, slippy,** se dépêcher, *P:* se (dé)grouiller.

slipshod [ˈslipʃɔd], *a.* **1.** En savates. *To wander s. about the house*, traîner ses savates d'une pièce à l'autre. **2.** (Travail) négligé, bâclé, fait avec peu de soin, fait sans soin; (style, écrivain) négligé, débraillé. **Slipshod English,** anglais peu correct. *I don't like s. definitions*, je n'aime pas les à peu près. *Book written in a s. manner*, livre écrit sans soin, en pantoufles.

slipshodness [ˈslipʃɔdnəs], *s.* Négligence *f.*

slip-slop [ˈslipslɔp], *s.* **1.** (*a*) Aliments *m* liquides; bouillons *mpl.* (*b*) Lavasse *f*, ripopée *f*, rinçure *f.* **2.** Écriture *f*, discours *m*, conversation *f*, d'une sentimentalité fade; sensiblerie *f.*

slit[1] [slit], *s.* (*a*) Fente *f*; fissure *f*, rainure *f*; (*between curtains*) entrebâillement *m*; (*in wall for drawbridge, etc.*) taillade *f*; (*made by surgeon*) incision *f*; (*in open-work, etc.*) ajour *m.* *The slit of the letter-box*, le guichet de la boîte aux lettres. *A little slit of a window*, une petite fenêtre en brèche. **To have slits of eyes,** avoir les yeux bridés. **Slit-eyed,** (i) aux yeux bridés; (ii) aux yeux en amande. *Carp: etc:* **Slit-and-tongue junction,** assemblage *m* à fourchette. (*b*) *Tail:* **Slit-pocket,** fente sur le côté donnant accès aux vêtements de dessous; fausse poche.

slit[2], *v.* (*p.t.* **slit;** *p.p.* **slit;** *pr.p.* **slitting**) **1.** *v.tr.* (*a*) Fendre. **To slit s.o.'s throat,** couper la gorge à qn; égorger qn. **To slit open a sack,** éventrer un sac. (*b*) Faire une incision dans (les chairs, etc.). *The blow slit his cheek*, le coup lui a déchiré la joue. (*c*) Refendre (le cuir, les peaux, le bois, etc.). **To slit metal,** découper des bandes de tôle. **2.** *v.i.* Se fendre, se déchirer (en long). *Dress that has s. down the back*, robe qui a craqué dans le dos.

slit[3], *a.* Fendu. **Slit skirt,** jupe fendue. *See also* IRON[1] **1.**

ˈslit-eared, *a.* A l'oreille fendue.

ˈslit-footed, *a.* Aux pieds fourchus.

slitting, *s.* Fendage *m.*

ˈslitting-file, *s. Tls:* Lime *f* à couteau.

ˈslitting-machine, *s. Metalw:* Machine *f* à découper les bandes de tôle.

ˈslitting-mill, *s. Metalw:* Fenderie *f.*

slither[1] [ˈsliðər], *s.* Glissement *m*, glissade *f*; dégringolade *f.*

slither[2]. **1.** *v.i.* (*a*) Glisser; manquer de tomber. *To s. into the room*, glisser en entrant dans la chambre. **To slither down a hill on one's heels,** *F:* descendre une pente sur le derrière. *He slithered down the hatchway ladder*, il a dégringolé toute la descente. (*b*) (*Of snake, worm*) Ramper. **2.** *v.tr.* (*a*) Traîner (les pieds, etc.). (*b*) *He slithered the hassock across to my chair*, d'un coup de pied il fit glisser le coussin jusqu'à ma chaise.

slithery [ˈsliðəri], *a. Dial:* Glissant.

slitter [ˈslitər], *s. Ind:* **1.** (*Pers.*) Fendeur *m.* **2.** (*a*) *Tls:* Fendoir *m.* (*b*) = SLITTING-MACHINE.

sliver[1] [ˈslivər, ˈslaivər], *s.* **1.** (*a*) Tranche *f.* *Esp. Fish:* Tranche de poisson montée en appât. (*b*) Éclat *m* (de bois). *Carp:* Garni *m.* **2.** *Tex:* Ruban *m* (de lin cardé); mèche *f* ou bobine *f* de préparation.

sliver[2]. **1.** *v.tr.* (*a*) Couper (qch.) en tranches. (*b*) *Tex:* Établir les rubans (de lin cardé). **2.** *v.i.* (*Of wood*) Éclater; se détacher en éclats.

slob [slɔb], *s.* **1.** (*a*) Vase *f*, limon *m.* (*b*) Plage *f* de boue (dans un estuaire). **2.** *F:* Bousilleur, -euse; gâcheur *m* de besogne.

ˈslob-land, *s.* Terre *f* d'alluvion.

slobber[1] [ˈslɔbər], *s.* **1.** (*a*) Bave *f*, salive *f.* (*b*) *F:* Sentimentalité larmoyante. **2.** Boue *f*; limon *m*; neige à moitié fondue; bourbe *f.* **3.** *F:* (*Jelly-fish*) Méduse *f.*

slobber[2]. **1.** *v.i.* (*a*) Baver. (*b*) *F:* Larmoyer. **To slobber over s.o.,** (i) manger qn de caresses; (ii) témoigner une tendresse exagérée envers qn, s'attendrir sur qn. **2.** *v.tr.* (*a*) Couvrir (qch.) de bave. (*b*) Gâcher, bousiller (une besogne).

slobbering, *a.* Qui bave; baveur, -euse.

slobberer [ˈslɔbərər], *s.* Baveur, -euse.

slobbery [ˈslɔbəri], *a.* **1.** (*a*) Baveux. (*b*) *S. kisses*, baisers mouillés. **2.** (Travail) négligé, fait sans soin.

Slocum-in-the-Hole [ˈsloukəminðəˈhoul]. *Pr.n. F:* = Fouilly-les-Oies, Landerneau.

sloe [slou], *s. Bot:* **1.** Prunelle *f.* **Sloe wine,** vin *m* de prunelles. **Sloe gin,** (liqueur *f* de) prunelle. **2. Sloe(-bush, -tree),** prunellier *m*; épine noire.

slog[1] [slɔg], *s. F:* **1.** Coup violent. **2.** Corvée *f*; *P:* turbin *m*, boulot *m.*

slog[2], *v.* (**slogged; slogging**) *F:* **1.** *v.tr.* Cogner (qch., qn) violemment; rouer (qn) de coups. *Abs. Box:* Cogner dur (mais sans science). **2.** *v.i.* (*a*) *Cr:* **To slog at the ball,** donner de grands coups de batte. (*b*) Turbiner, boulonner; *P:* membrer. **To slog away at sth.,** travailler avec acharnement à qch. *To s. away at one's Latin*, bûcher son latin. (*c*) **To slog along,** marcher d'un pas lourd, péniblement.

slogging, *s.* **1.** Rossée *f*; volée *f* de coups. **2.** Travail dur et monotone.

slogan [ˈslougən], *s.* **1.** *Hist:* Cri *m* de guerre, de bataille (de clan écossais). **2.** *F:* (*a*) Cri de guerre, de bataille, *F:* mot *m* d'ordre (d'un parti politique). (*b*) *Com:* Devise *f*; slogan *m.*

slogger [ˈslɔgər], *s. F:* **1.** *Box: Cr:* Cogneur *m* (qui frappe au hasard). **2.** Travailleur acharné; bûcheur *m*; *P:* turbineur *m.* *See also* FOOT-SLOGGER.

sloop [sluːp], *s.* **1.** *Nau:* Sloop *m.* **2.** *Navy:* Aviso *m.*

ˈsloop-rigged, *a.* (Navire) gréé en sloop.

slop[1] [slɔp], *s.* **1.** (*a*) *A:* Fondrière *f.* (*b*) Fange *f*, boue *f*, bourbe *f.* **2.** *pl.* **Slops.** (*a*) Boissons renversées (sur la table, etc.). (*b*) (*Tasteless drink*) Rinçure *f*, lavasse *f*, ripopée *f*; *P:* bibine *f.* (*c*) Aliments *m* liquides; bouillons *m.* (*Of invalid*) **To be on slops,** être réduit au bouillon. (*d*) Eaux ménagères; eaux sales. (*e*) Fonds *m* de tasse. **3.** *F:* Débordement *m* de sentimentalité; sensiblerie *f.* **4.** *Cer:* = SLIP[5].

ˈslop-basin, *s.* Bol *m* pour recevoir les fonds de tasses de thé; vide-tasses *m inv.*

ˈslop-pail, *s.* (*a*) Seau *m* à eaux sales; seau de ménage. (*b*) Seau de toilette; seau hygiénique.

slop[2], *v.* (**slopped; slopping**) **1.** *v.tr.* Renverser, répandre (un liquide). *To s. beer over the table*, répandre de la bière sur la table. *Coffee slopped in the saucer*, *F:* bain *m* de pieds. *To s. paint on a door*, barbouiller une porte de peinture. **2.** *v.i.* (*a*) **To slop (over),** (i) (*of liquids*) déborder; (ii) *esp. U.S:* se répandre en effusions de tendresse; faire de la sensiblerie. (*b*) **To slop about in the mud,** patauger, barboter, patouiller, dans la boue.

slop[3], *s.* **1.** Blouse *f*; sarrau *m.* **2.** *pl.* **Slops.** (*a*) *A. & Dial:* Large pantalon *m*; pantalon de marin. (*b*) Hardes *f*; effets *m* (d'habillement), frusques *f* (d'un matelot); sac *m* de matelot. (*c*) Vêtements *m* de confection; confections *f.*

ˈslop-merchant, -seller, *s.* Marchand, -ande, de confections; confectionneur, -euse.

ˈslop-room, *s. Nau:* Magasin *m* d'habillement.

ˈslop-shop, *s.* **1.** Magasin *m* de confections. **2.** Friperie *f.*

ˈslop-work, *s.* **1.** *Tail:* Confection *f.* **2.** Travail bousillé; bousillage *m.*

slop[4], *s. P:* Agent *m* de police; *P:* flic *m.*

slope[1] [sloup], *s.* **1.** (*a*) Pente *f*, inclinaison *f.* *Steep s.*, pente rapide. *Gentle s.*, pente douce. **Slope down,** pente descendante; descente *f*; déclivité *f.* **Slope up,** pente ascendante; montée *f.* **Hill with a slope of one in three,** colline *f* à inclinaison de trois de base pour un de hauteur. **Angle of slope,** angle *m* de déclivité. *To give more s. to a ladder*, donner plus de pied à une échelle. *S. of a wall*, dévers *m* d'un mur. *Street* **on the slope,** rue *f* en pente. *Mil:* **Rifle at the slope,** l'arme *f* sur l'épaule. *Civ.E:* **Natural slope,** pente naturelle de talus. *Geol:* **Change of slope,** rupture *f* de pente. *Mth:* **Slope of a curve,** pente, inclinaison, d'une courbe. *W.Tel:* **Slope of a valve,** pente d'une lampe. (*b*) Dégagement *m* (d'un outil). (*c*) **Cut on the slope,** coupé en biais. **2.** Pente; talus *m*; (*in road, railway*) rampe *f*; (*in road*) côte *f.* **Half-way down, up, the slope,** à mi-pente. *Mountain slopes*, versants *m*, pentières *f*, de montagne. *S. of ground*, plongée *f* de terrain; dénivellation *f.* *Aut: To start off up a s. of one in* 83, démarrer en rampe de 12 millimètres par mètre. *Geol:* **Reverse slope,** contre-pente *f.* **Continental slope,** talus continental.

ˈslope-eared, *a. Z:* Aux oreilles pendantes.

ˈslope-roofed, *a.* A toit incliné.

slope[2]. **1.** *v.i.* (*a*) Être en pente; incliner, pencher. **To slope down,** descendre; décliner. **To slope up,** monter. (*Of writing*) **To slope forward, backward,** pencher à droite, à gauche. (*b*) Aller en pente; aller en descendant; s'abaisser. *The garden slopes down to the river*, le jardin dévale, se prolonge en déclive, vers le fleuve. *The sun was sloping in the west*, le soleil descendait à l'ouest. **2.** *v.tr.* (*a*) Couper (qch.) en pente; taluter (un remblai, etc.); déverser (un mur). (*b*) **To slope (out) the neck of a dress,** échancrer, évider, le col d'une robe. (*c*) *Nau:* **To slope the ports,** mettre les sabords *m* en ardoise. *Mil:* **To slope arms,** mettre l'arme sur l'épaule. **Slope arms!** l'arme sur l'épaule droite! **To slope swords,** reposer le sabre. (*d*) *Carp:* Couper en biais, biseauter (une planche).

sloped, *a.* (*a*) En pente; incliné. *Mil:* (Arme) sur l'épaule. (*b*) En biais.

sloping[1], *a.* (*a*) En pente; incliné; (jardin *m*, etc.) en talus;

(terrain *m*) déclive. **Sloping approach** *of a bridge*, rampe *f* d'accès d'un pont. **Sloping shoulders**, épaules tombantes. *Nau:* **Sloping funnel**, cheminée dévoyée. *Typ:* **Sloping letters**, lettres couchées. *Hort:* **Sloping bed**, côtière *f*. (*b*) En biais. **-ly**, *adv.* (*a*) En pente. (*b*) De biais; en biais.

sloping², *s.* **1.** (*a*) Inclinaison *f*; pente *f*. (*b*) Déversement *m* (d'un mur). **2.** (*a*) Talutage *m* (d'un remblai, etc.). (*b*) **Sloping (out)**, évidage *m* (d'un col de robe, d'un cadre en bois, etc.). (*c*) Biseautage *m* (d'une planche, etc.).

slope³, *v.i.* *F:* **1. To slope about, round**, flâner. **2. To slope (off)**, *s.* **to do a slope**, décamper, filer, se défiler.

sloppiness ['slɔpinəs], *s.* **1.** (*a*) État détrempé (d'une pâte, etc.); état bourbeux, gâcheux (d'une rue, etc.). (*b*) *The s. of the tables*, les flaques de bière, etc., qui inondaient les tables. **2.** (*a*) Mollesse *f* (d'une personne); avachissement *m* (de la taille). *S. of mind*, manque *m* de netteté dans les idées, dans le raisonnement. (*b*) Manque de soin (dans un travail); négligence *f* (de style). (*c*) Ampleur *f*, largeur excessive (d'une robe mal coupée, etc.). (*d*) Fadeur *f* (des sentiments); sentimentalité larmoyante.

sloppy ['slɔpi], *a.* **1.** (*a*) (Chemin, etc.) détrempé, bourbeux, gâcheux, fangeux, plein de flaques. *S. snow*, neige à demi fondue. *Cu: S. omelet*, omelette baveuse. (*b*) (Plancher) encore mouillé; (table) qui n'a pas été essuyée, où l'on aperçoit encore de la boisson épandue. **2.** (*a*) (*Of pers.*) Mou, *f.* molle; flasque. *She has got to look very s.*, elle s'est avachie. (*b*) (Travail) fait sans soin, bousillé; (style) négligé, débraillé. (*c*) (Vêtement) mal ajusté, trop large. (*d*) (Sentiment, roman, etc.) fadasse; (drame) larmoyant. *S. sentimentality*, sensiblerie *f*.

slosh¹ [slɔʃ], *s.* = SLUSH¹.

slosh², *v.tr.* *P:* **1.** Flanquer un coup à (qn). **2.** Flanquer une (bonne) pile à (qn).

sloshing, *s.* *P:* Rossée *f*, pile *f*.

sloshy ['slɔʃi], *a.* = SLUSHY.

slot¹ [slɔt], *s.* **1.** *Mec.E: etc:* Entaille *f*, encoche *f*, rainure *f*, mortaise *f*; cannelure *f*; fente *f* (de la tête d'une vis, de l'aile d'un avion, d'une tirelire); bouche *f* (de tirelire). **Bayonet slot**, encoche à baïonnette. **Bevelled slot**, mortaise inclinée. **Cotter slot**, logement *m* de clavette. *I.C.E: S. in the piston-wall, in the sleeve*, lumière *f*. *El.E: Slots between the commutator bars*, fentes des segments du commutateur. **To cut slots**, mortaiser, buriner, des rainures. **Slot-drilling machine**, fraiseuse *f* à rainer. **To put a penny in the slot**, introduire un penny dans la fente (d'un distributeur). **2.** *Th:* Trappillon *m* (dans le plateau).

'slot-file, *s.* = SLOTTING-FILE.

'slot-hole, *s.* Trou *m*; entaille *f*, encoche *f*.

'slot-machine, *s.* (*a*) (*For chocolate, cigarettes, etc.*) Distributeur *m* automatique. (*b*) (*Game of chance*) Appareil *m* à jetons. *See also* WEIGHING-MACHINE.

'slot-meter, *s.* Compteur *m* (à gaz) à paiement préalable; *F:* taxigaz *m*.

'slot-winding, *s.* *El.E:* Enroulement *m* (d'induit) à rainures.

slot², *v.tr.* (**slotted**; **slotting**) *Mec.E: etc:* Tailler un trou, une fente, une rainure, dans (qch.); entailler, encocher, rainer, mortaiser.

slotted, *a.* A fente(s); à encoche(s); à rainure(s); à mortaise(s); rainé. **Slotted screw**, vis *f* à filets interrompus. *El.E:* **Slotted armature**, induit *m* à rainures; armature *f* à encoches. *Av:* **Slotted wing**, aile *f* à fente.

slotting, *s.* Entaillage *m*, encochement *m*, mortaisage *m*.

'slotting-file, *s.* *Tls:* Fendante *f*.

'slotting-machine, *s.* *Mec.E:* Mortaiseuse *f*; étau mortaiseur. **Die-slotting machine**, machine *f* à dégorger.

slot³, *s.* *Ven:* Foulées *fpl*, voies *fpl*, erres *fpl*, passées *fpl* (d'une bête).

'slot-hound, *s.* = SLEUTH-HOUND.

slot⁴, *v.tr.* *Ven:* Suivre les foulées, suivre l'erre (d'un animal).

slot⁵, *s.* *Dial:* (*a*) Verrou *m*. (*b*) Barre *f* (de bois, de métal).

sloth [slouθ], *s.* **1.** Paresse *f*, fainéantise *f*, oisiveté *f*; indolence *f*, indiligence *f*; assoupissement *m*. **Immersed in sloth**, enseveli dans la paresse. **To become sunk in sloth**, s'avachir, s'aveulir. **2.** *Z:* (*a*) Paresseux *m*. **Three-toed sloth**, paresseux à trois doigts; aï *m*, bradype *m*. **Two-toed sloth**, paresseux à deux doigts; cholèpe *m*. (*b*) **Sloth(-monkey)**, (i) nycticèbe *m* du Bengale; loris paresseux; (ii) pérodictique *m*, potto *m*. (*c*) **Sloth(-bear)**, ours jongleur.

slothful ['slouθful], *a.* Paresseux, fainéant; indolent, indiligent. **-fully**, *adv.* Paresseusement; avec indolence.

slothfulness ['slouθfulnəs], *s.* = SLOTH **1**.

slotter ['slɔtər], *s.* *Ind:* **1.** (*Pers.*) Mortaiseur *m*. **2.** = SLOTTING-MACHINE.

slouch¹ [slautʃ], *s.* **1.** (*a*) Lourdaud *m*. (*b*) Fainéant *m*. *U.S: F:* **He's no slouch**, il n'est pas empoté. **It's no slouch of a place**, c'est un endroit à la hauteur. **2.** Démarche *f* mollasse; mollesse *f* ou lourdeur *f* d'allure. **To walk with a slouch**, traîner le pas. *S. of the shoulders*, épaules arrondies. **3.** *The s. of his hat*, sa manière de porter le chapeau avec les bords rabattus.

'slouch-'hat, *s.* Grand chapeau mou; chapeau rabattu; sombrero *m*.

slouch². **1.** *v.i.* Se laisser aller en marchant; se tenir d'une façon négligée; manquer de tenue; avoir une allure lourde, vulgaire. *Don't s.!* tenez-vous droit! **To slouch about**, rôder. *To s. about the house*, traîner ses savates à travers la maison. **To slouch away**, (i) s'en aller d'un pas traînant, en traînant le pas; (ii) s'en aller le dos courbé. **2.** *v.tr.* Rabattre le bord de (son chapeau). **Slouched hat** = SLOUCH-HAT.

slouching, *a.* **1.** (*a*) (*Of pers.*) (i) Qui a une allure molle, qui traîne le pas; (ii) aux épaules arrondies. (*b*) (Allure *f*) mollasse. **2. Slouching hat** = SLOUCH-HAT.

sloucher ['slautʃər], *s.* **1.** Lourdaud *m*. **2.** Fainéant *m*.

slough¹ [slau], *s.* (*a*) Bourbier *m*, fondrière *f*. *F:* **The sloughs of vice**, le bourbier, la fange, le limon, du vice. *See also* DESPOND¹. (*b*) Terrain marécageux.

slough² [slʌf], *s.* **1.** (*Of reptile, insect*) Dépouille *f*, mue *f*. (*Of serpent*) **To cast its slough**, quitter sa peau, changer de peau; se dépouiller; dépouiller sa première enveloppe; jeter sa dépouille; muer. **2.** *Med:* Eschare *f*, escarre *f*; croûte *f* (sur une plaie).

slough³ [slʌf]. **1.** *v.i.* (*a*) (*Of reptile, etc.*) Se dépouiller; muer. (*b*) (*Of scab, of diseased part*) **To slough off, away**, tomber; se détacher. (*c*) (*Of wound*) Se couvrir d'une eschare. **2.** *v.tr.* (*Of reptile, insect*) **To slough its skin**, jeter sa dépouille; muer. *F:* **To slough (off) a bad habit**, se dépouiller d'une mauvaise habitude.

sloughing, *s.* **1.** Mue *f* (d'un serpent, etc.). *Vet:* **Sloughing of the hoof**, avalure *f* du sabot. **2.** *Med:* Formation *f* d'une eschare.

sloughy¹ ['slaui], *a.* (*a*) Bourbeux, marécageux. (*b*) Coupé de fondrières.

sloughy² ['slʌfi], *a.* *Med:* Qui ressemble à une eschare; couvert d'une eschare.

Slovak [slo'vak]. **1.** *a.* & *s.* *Ethn:* Slovaque (*mf*). **2.** *s.* *Ling:* Le slovaque.

sloven ['slʌv(ə)n], *s.* **1.** Mal peigné, -ée; mal soigné, -ée; débraillé, -ée; maritorne *f*; sans soin *mf*; souillon *f*; *P:* salaud, -aude. **2.** Bousilleur, -euse; gâcheur, -euse, de besogne.

Slovene [slo'viːn], *a.* & *s.* *Ethn:* Slovène (*mf*).

Slovenian [slo'viːnjən]. **1.** *a.* & *s.* = SLOVENE. **2.** *s.* *Ling:* Le slovène.

slovenliness ['slʌvənlinəs], *s.* **1.** Négligence *f* (de mise); mise négligée; débraillé *m*. **2.** Négligence; manque *m* de soin. *S. of style*, style débraillé, qui manque de tenue.

slovenly ['slʌvənli], *a.* **1.** (*Of pers.*) Mal peigné, mal soigné; *P:* mal fichu. *S. appearance*, tenue débraillée. *S. gait*, allure déhanchée; (*of soldier*) allure peu martiale. *S. in his attire*, peu soigné dans sa mise. **2.** (*a*) (*Of pers.*) Négligent; qui manque de soin; sans soin. (*b*) (Travail) négligé, bousillé; (style) débraillé. *Done in a s. way*, fait sans soin.

slow¹ [slou]. I. *a.* **1.** (*a*) Lent. *S. steps*, pas lents. *At a s. trot*, au trot ralenti. *S. speed*, petite vitesse; ralenti *m*. *Cin: etc:* **Slow motion**, ralenti. *Mch: Mec.E:* **Slow running**, ralenti. *Trees of s. growth*, arbres longs à pousser. *He was a s. speaker*, il parlait toujours lentement; il avait la parole lente. *See also* SPEECH **1**. **To be slow over doing sth.**, mettre longtemps à faire qch. *F:* **It is slow work**, ça ne va pas vite. *Prov:* **Slow and steady wins the race**, qui trop se hâte reste en chemin; qui veut aller (ou voyager) loin ménage sa monture; qui va doucement va loin. **Slow and sure!** hâtez-vous lentement! *Com:* **Goods of slow sale**, marchandises *f* qui s'écoulent mal. *Cu:* **Cook in a slow oven**, faites cuire au petit feu, à feu doux. *Med:* **Slow digestion**, digestion lente, paresseuse. **Slow pulse**, pouls lent, rare. **Slow heart**, bradycardie *f*; ralentissement *m* des battements du cœur. *Rail:* **Slow train**, train *m* omnibus. **Slow line**, voie *f* des trains omnibus. *See also* COMBUSTION, MATCH² **2**. (*b*) (*Of pers.*) **To be slow to start sth., in starting sth.**, être lent, être peu empressé, tarder, à commencer qch.; apporter du retard à commencer qch. *He was s. to answer, in answering*, il fut long à répondre. *To be s. to act, s. to take action, s. in action*, être lent à agir; agir tardivement. **He was not slow to . . .**, il ne tarda pas à (agir, répondre, etc.). **Slow of belief**, lent à croire. **Slow to anger, to wrath**, lent à la colère, lent à s'emporter. (*c*) **Slow (of wit)**, à l'esprit lourd. *He's frightfully s.*, il a l'intelligence très lourde. **Slow child**, enfant tardif, arriéré. (*d*) (Spectacle, etc.) ennuyeux, qui manque d'entrain. *The conversation was rather s.*, la conversation manquait d'entrain. *S. little village*, petit trou endormi. **Business is slow**, les affaires ne vont pas; les affaires traînent. (*e*) *Games:* (Terrain, billard, etc.) qui ne rend pas. **2.** (*Of clock, watch*) En retard. **Your watch is five minutes slow**, votre montre retarde de cinq minutes, a cinq minutes de retard; vous retardez de cinq minutes. *Your watch is* **slow by the town clock**, votre montre a du retard sur l'horloge de la ville. **-ly**, *adv.* Lentement; (écrire) à main posée; (manger) longuement. *Engine running s.*, moteur *m* au ralenti. **Drive slowly!** au pas! ralentir! *See also* SURELY **1**.

II. **slow**, *adv.* (*Now usu. replaced by 'slowly' except in comp. and sup. degrees and in certain set phrases.*) (*a*) Lentement. **To go slower**, ralentir sa marche. *His heart beat more feebly and slower*, son cœur battait plus faiblement et plus lentement. **To go slow**, (i) aller lentement; (*of factory*) marcher au ralenti; (ii) *F:* ne pas agir à la hâte. *F: At your age* **it is time to go slow**, à votre âge il est temps d'enrayer. **To go slow with one's provisions**, ménager ses vivres. *Nau:* **Slow ahead!** en avant doucement! avant lentement! **Slow astern!** arrière lentement! *See also* DEAD III. (*b*) **The clock goes slow**, la pendule retarde, perd.

'slow-'acting, *a.* A action lente; (ressort, etc.) paresseux.

'slow-'burning, *a.* **1.** Qui brûle lentement; à combustion lente; *Exp:* (poudre) lente. **2.** Peu combustible. *Cin: S.-b. film*, film *m* ininflammable.

'slow-coach, *s.* *F:* (*a*) Lambin, -ine; clampin, -ine; endormi, -ie. (*b*) *Sch:* Élève lent d'esprit.

'slow-'going, *a.* = SLOW-MOVING.

'slow-'motion, *attrib.a.* **1.** *Cin:* **Slow-motion film**, film tourné au ralenti. **Slow-motion projection**, ralentissement *m* de la projection. **2.** *W.Tel:* **Slow-motion knob**, bouton démultiplicateur. *See also* DRIVE¹ **3**.

'slow-'moving, -'pacing, *a.* (*a*) Qui se meut lentement; lent; à marche lente. (*b*) *Z:* Tardigrade.

'slow-'paced, *a.* (*a*) Aux pas lents. (*b*) *Z:* Tardigrade.

'slow-'running, *a.* (Machine) à faible vitesse.

'slow-'spoken, *a.* A la parole lente.

'slow-'tempered, *a.* Lent à s'emporter; lent à la colère; d'humeur lente.

'**slow-'winged**, *a.* **Slow-winged flight** (*of large birds*), vol ramé.
'**slow-'witted**, *a.* A l'esprit lourd.
slow[2]. I. *v.i.* (*a*) **To slow down, to slow up,** ralentir (son allure, sa marche); diminuer de vitesse; *Aut:* (*of engine*) prendre le ralenti. *The train was slowing down,* le train ralentissait (sa marche, son allure). *P.N:* **'Slow down,'** "ralentir." **Slow-down signal,** signal de ralentissement. *The gun-fire was slowing down,* le feu commençait à mollir. *F: I have slowed down somewhat,* j'ai un peu ralenti de mes efforts. (*b*) **To slow up (to a stop),** s'arrêter. 2. *v.tr.* **To slow sth. down, up,** ralentir qch. *This scene slows down the action,* cette scène ralentit l'action. *Artil: To s. down the fire,* ralentir le feu. *Ind: To s. down production,* marcher au ralenti.
slowing down, *s.* Ralentissement *m.*
slowness ['slounəs], *s.* I. (*a*) Lenteur *f. S. to answer,* lenteur à répondre. *Nau: S. of the compass,* stagnation *f* du compas. (*b*) Lourdeur *f,* lenteur (d'esprit). (*c*) Manque *m* d'entrain (d'un spectacle, etc.). 2. Retard *m* (d'une pendule).
slow-worm ['slouwə:rm], *s. Rept:* Orvet *m*; *F:* serpent *m* de verre.
sloyd [slɔid], *s. Sch:* Système suédois de travail manuel.
slub[1] [slʌb], *s. Tex:* Mèche *f,* boudin *m* (de laine cardée).
slub[2], *v.tr. Tex:* Boudiner (le fil).
slubbing, *s.* Boudinage *m.*
'**slubbing-machine**, *s.* Boudineuse *f.*
slubber[1] ['slʌbər]. I. *v.tr.* Salir, barbouiller (qch.). 2. *v.i.* (*a*) Baver. (*b*) **To slubber over a job,** bâcler, saveter, saboter, une besogne.
slubber[2], *s. Tex:* I. (*Pers.*) Boudineur, -euse. 2. = SLUBBING-MACHINE.
sludge [slʌdʒ], *s.* I. (*a*) Vase *f,* fange *f,* bourbe *f.* (*b*) *Metalw: etc:* Boue *f* d'émoulage. *Min:* Schlamms *mpl. El.-Metall:* **Anode sludge,** boue de l'anode. (*c*) *Mch:* Boue; tartres boueux; vidanges *fpl.* **Sludge-hole,** trou *m* de sel. **Sludge-cock,** robinet *m* à boue. (*d*) *Mec.E:* Cambouis *m*; résidu cambouisé. 2. Glaçons à moitié pris (sur la surface de la mer).
sludgy ['slʌdʒi], *a.* I. (*a*) Vaseux, fangeux, bourbeux. (*b*) *Ind:* Boueux. 2. (Mer) pleine de glaçons, à moitié gelée.
slue [slu:], *v.tr. & i.* = SLEW[1].
slug[1] [slʌg], *s.* I. *Moll:* Limace *f.* **Small grey slug,** petite limace grise; loche *f.* 2. *F:* (*Pers.*) Paresseux, -euse; *F:* flémard, -arde; *P:* balochard *m.* **He's a regular slug,** c'est une moule.
slug[2], *v.i.* (**slugged; slugging**) Tuer les limaces (dans son jardin); faire la chasse aux limaces.
slug[3], *s.* I. *Sm.a:* Lingot *m*; plomb *m* cylindro-conique. 2. *Typ:* (*a*) Lingot. (*b*) Ligne-bloc *f* (de linotype), *pl.* lignes-blocs. (*c*) *U.S:* Piécette *f* (que l'on peut insérer dans un distributeur automatique). 3. *U.S: P:* Goutte *f* (d'eau-de-vie, etc.).
slug[4]. I. *v.tr.* Charger (un fusil) de lingots. 2. *v.i.* (*Of bullet*) Épouser les rayures du canon.
slug[5], *v.tr. & i. U.S:* = SLOG[2].
slug-a-bed ['slʌgabed], *s. F: A:* Paresseux, -euse (qui fait la grasse matinée).
sluggard ['slʌgərd], *a. & s.* Paresseux, -euse; fainéant, -ante; *F:* flémard, -arde. *Fr.Hist:* **The sluggard kings,** les rois fainéants.
sluggish ['slʌgiʃ], *a.* I. Paresseux, fainéant; léthargique; *F:* flémard; (esprit) lourd, inerte, pesant, engourdi. 2. *S. river,* rivière lente, paresseuse. *S. pulse,* pouls lent, paresseux. **Sluggish liver,** foie paresseux, engorgé. *To have a s. liver,* souffrir d'une atonie du foie. **Sluggish digestion,** digestion paresseuse, laborieuse; difficulté à digérer. **Sluggish compass,** compas *m* peu sensible; compas qui dort. *Aut: S. engine,* moteur mou, qui ne tire pas. *See also* PICK-UP 3. -**ly**, *adv.* I. Paresseusement. 2. (*Of river, etc.*) *To flow s.,* couler lentement.
sluggishness ['slʌgiʃnəs], *s.* I. (*a*) Paresse *f,* fainéantise *f*; *F:* flème *f,* flemme *f.* (*b*) Lourdeur *f,* pesanteur *f* (de l'esprit). 2. Lenteur *f* (d'une rivière, etc.); paresse (du foie, de l'intestin); engorgement *m,* atonie *f* (du foie). *S. of the compass,* défaut *m* de sensibilité du compas. *Aut: S. of the engine,* mollesse *f* du moteur.
slughi ['slu:gi:], *s.* (Chien) sloughi *m.*
sluice[1] [slu:s], *s.* I. *Hyd.E:* (*a*) Écluse *f*; bonde *f* (d'étang); pale *f* (de réservoir). **Open sluice,** gueule bée. *To open the sluices of a reservoir,* lâcher les écluses d'un réservoir; débonder un réservoir. (*b*) Canal *m,* -aux, de décharge (du trop-plein d'un réservoir). (*c*) *Gold-Min:* Sluice *m.* 2. = SLUICE-VALVE. 3. *F:* **To give (sth.) a sluice down,** laver (le plancher, etc.) à grande eau.
'**sluice-box**, *s. Gold-Min:* Auge *f,* augette *f.*
'**sluice-gate**, *s.* Porte *f* d'écluse; vanne *f. System of sluice-gates,* vannage *m. F:* **The sluice-gates of heaven have opened,** les cataractes du ciel sont ouvertes.
'**sluice-valve**, *s.* Vanne *f* (de communication); vannelle *f.*
'**sluice-way**, *s.* Canal *m,* -aux, à vannes.
sluice[2]. I. *v.tr.* (*a*) *Hyd.E:* Vanner (un cours d'eau). (*b*) **To sluice out the water in a reservoir,** laisser échapper l'eau d'un réservoir (par les vannes). *To s. a pond,* lâcher les vannes d'un étang; débonder un étang. (*c*) Lâcher les bassins de chasse dans (une rivière, un canal). (*d*) Laver à grande eau; débourber (un égout). *F:* **To sluice oneself down with cold water,** s'inonder d'eau fraîche. *Gold-Min:* **To sluice the ore,** laver le minerai. 2. *v.i.* (*Of water, etc.*) **To sluice out,** couler à flots.
sluicing, *s.* I. *Hyd.E:* Vannage *m* (d'un cours d'eau). 2. Vidange *f* (de l'eau d'un réservoir, etc.) par les écluses. **Sluicing water,** éclusée *f.* 3. Lavage *m* à grande eau; débourbage *m* (d'un égout). 4. Écoulement *m* à flots.
slum[1] [slʌm], *s.* (*a*) Bas quartier. (*b*) Rue *f* ou impasse *f* sordide. (*c*) Taudis *m. The slums of Paris,* les bas quartiers, les taudis, de Paris. *They live in foul slums,* ils habitent dans des bouges *m* sordides. **Slum-clearance,** abolissement *m* des taudis. *Slum-clearance campaign,* lutte *f* contre les taudis.
slum[2], *v.i.* (**slummed**) **To slum, to go slumming,** faire des visites de charité dans les bas quartiers, dans les taudis.
slum[3], *s. Mil: U.S: P:* Ratatouille *f.*
slumber[1] ['slʌmbər], *s.* (*a*) *Lit:* Sommeil *m* (paisible); assoupissement *m*; somme *m.* **To fall into a slumber,** s'endormir, s'assoupir. *To disturb, break in upon, s.o.'s slumber(s),* troubler, interrompre, le sommeil de qn. (*b*) *Com:* **Slumber wear,** vêtements *mpl* de nuit. **Slumber suit,** pyjama *m* (de femme ou d'enfant). **Slumber cap,** bonnet *m,* ou filet *m,* de nuit.
slumber[2], *v. Lit. & Poet:* I. *v.i.* Sommeiller; être assoupi; dormir (paisiblement). *F: Talents that until this time had slumbered,* talents *m* qui avaient sommeillé jusqu'à ce moment. 2. *v.tr.* **To slumber away the golden hours,** passer à dormir des heures précieuses.
slumbering, *a.* Qui dort; assoupi, endormi.
slumberer ['slʌmbərər], *s.* Dormeur, -euse.
slumberous ['slʌmbərəs], *a. Poet:* Somnolent, assoupi. *The s. waves,* la mer qui dort. *S. eyelids,* paupières lourdes de sommeil. *S. village,* village endormi, engourdi.
slumgullion [slʌm'gʌliən], *s. U.S:* I. (*Whale-fishing*) Mélange *m* d'huile, de sang et d'eau qui inonde le pont pendant le dépècement des baleines. 2. *Mil: P:* Ratatouille *f.* 3. *P:* Sale type *m*; mufle *m.*
slummer ['slʌmər], *s.* Dame *f* de charité qui visite les bas quartiers.
slummock ['slʌmək]. I. *v.tr.* Avaler, bâfrer (sa nourriture). 2. *v.i.* = SLOUCH[2] I.
slummy ['slʌmi], *a. S. district,* bas quartier; quartier de taudis. *S. street,* rue *f* sordide.
slump[1] [slʌmp], *s. Com:* Baisse soudaine, forte baisse, effondrement *m* (des cours); *F:* crise *f. S. in trade,* marasme *m* des affaires. *S. in the wine trade,* mévente *f* des vins. *S. in agricultural produce,* effondrement des cours des produits agricoles. *Theatre s.,* marasme dont souffrent les théâtres. *The s. in the book trade,* la crise du livre. *S. in the franc,* dégringolade *f* du franc. *F:* **The slump,** la crise économique.
slump[2], *v.i.* I. *Dial:* (*a*) S'enfoncer (dans un bourbier, etc.). (*b*) Tomber lourdement, comme une masse. 2. *Com: Fin:* (*Of prices, etc.*) Baisser tout à coup; s'effondrer, glisser, dégringoler.
slumping, *s.* Baisse *f,* effondrement *m,* glissement *m* (des prix).
slump[3], *v.tr. Scot:* = LUMP[2] I.
slung [slʌŋ]. *See* SLING[2].
slunk [slʌŋk]. *See* SLINK[2].
slur[1] [slə:r], *s.* I. (*a*) Insulte *f,* affront *m.* **To put, cast, a slur on s.o.,** infliger un affront à qn, traiter qn sans considération. (*b*) Tache *f,* flétrissure *f.* **To cast a slur on s.o.'s reputation,** entamer, ternir, flétrir, porter atteinte à, la réputation de qn; diffamer qn. *To keep one's reputation free from all slurs,* conserver sa réputation nette, pure de toute souillure. 2. *Typ:* Frison *m,* macule *f.* 3. *Mus:* (*a*) (*Sign*) Liaison *f.* (*b*) (*Slurred passage*) Liaison; coulé *m.* 4. (*In speech*) Mauvaise articulation.
slur[2], *v.* (**slurred; slurring**) I. *v.tr.* (*a*) *A:* Calomnier, dénigrer (qn); porter atteinte à (la réputation de qn). (*b*) *To s. one's words* (*in speaking*), mal articuler ses mots; bredouiller. *To s. a word, v.i.* **to slur over a word,** bredouiller un mot; escamoter un mot. **To slur (over) a fact,** passer légèrement sur un fait; glisser sur un fait. *To s. over details,* apporter peu de soin aux détails. (*c*) *Mus:* Lier (deux notes); couler (un passage). *To s. two notes* (*on manuscript*), marquer deux notes d'une liaison. (*d*) *Typ:* Maculer, mâchurer, friser (une page). *Abs.* (*Of press*) Friser, papilloter. 2. *v.i.* (*Of outline, etc.*) Se brouiller; s'estomper; devenir indistinct.
slurred, *a.* (*a*) Brouillé, indistinct. (*b*) *Mus:* (Passage) coulé, louré. *S. notes,* notes liées coulant. *See also* OVER-SLURRED.
slurring, *s.* I. *A:* Calomnie *f*; dénigrement *m.* 2. (*a*) *S. of one's words,* mauvaise articulation; bredouillage *m.* **Slurring over,** manque *m* de précision; manque de soin. *S. over details,* peu de soin apporté aux détails. *S. over of awkward facts,* escamotage *m* de faits embarrassants. (*b*) *Mus:* Liaison *f.* 3. *Typ:* Maculage *m,* papillotage *m.*
slurry ['slʌri], *s.* I. Boue *f* (de rivière). *Metalw:* Boue d'émoulage. 2. *Const:* Coulis *m,* lait *m* (de ciment). *Metall:* Coulis de terre réfractaire.
slush[1] [slʌʃ], *s.* I. (*a*) Neige à demi fondue. *To tramp through the s.,* patauger dans la neige. (*b*) Fange *f,* bourbe *f*; gâchis *m.* 2. (*a*) *Mec.E:* Graisse lubrifiante. (*b*) *Nau:* Graisse de coq. 3. *F:* (*a*) (*Drink*) Lavasse *f.* (*b*) Débordement sentimental; sensiblerie *f.* **Slush melodrama,** mélodrame pleureur, larmoyant.
slush[2]. I. *v.tr.* I. Éclabousser, crotter (qn, sa voiture). 2. (*a*) *Nau:* **To slush down a mast,** graisser un mât. (*b*) *Const:* Crépir (un mur). 3. Laver (qch.) à grande eau.
II. **slush**, *v.i.* **To slush about,** patauger, barboter, patouiller (dans la neige, etc.).
slushy ['slʌʃi], *a.* (*a*) (i) Détrempé par la neige; (ii) boueux, bourbeux, fangeux; *F:* patouilleux. (*b*) *F: S. sentimentality,* sentimentalité *f* fadasse. (*c*) *S. voice,* voix grasse.
slut [slʌt], *s.f.* I. Souillon; *F:* salope; guenipe, gaupe; *P:* sagouine; sal(ig)aude; guenillon. 2. (*a*) Coureuse; *F:* catau; *P:* catin. (*b*) *Hum: You little s.!* petite coquine!
sluttish ['slʌtiʃ], *a.* (*Of woman*) Malpropre, sale; mauvaise ménagère. -**ly**, *adv.* Malproprement, salement; en salope. *She does everything s.,* elle salope tout ce qu'elle fait.
sluttishness ['slʌtiʃnəs], *s.* Malpropreté *f,* saleté *f*; saloperie *f.*
Sluys [slɔis]. *Pr.n. Geog:* L'Écluse *f.*
sly [slai], *a.* (**slyer, slyest**) I. (*a*) Matois, rusé, madré. (*b*) Cauteleux, sournois; en dessous. *F:* **Sly dog,** (i) fin matois; madré *m*; (ii) retors *m. See also* CUSTOMER 2. (*c*) *s. F:* **To do sth. on the sly,** faire qch. furtivement, à la dérobée, en sourdine, en cachette, en tapinois, en catimini, sous cape. 2. Malin, -igne, malicieux, espiègle, futé. *See also* HIT[1] I. -**ly**, *adv.* I. (*a*) Avec finesse; adroitement. (*b*) Sournoisement, cauteleusement; *P:* en (père) peinard. 2. Malicieusement; d'une manière espiègle.
'**sly-boots**, *s. F:* I. (*a*) Cachottier, -ière; sournois(e).

(*b*) Petit(e) rusé(e); petit finot; petite finette, petite finaude, petite futée. **2.** Espiègle *mf*; petit malin, petite maligne; petit(e) coquin(e).

'sly-looking, *a.* A la mine chafouine.

slyness ['slainəs], *s.* **1.** (*a*) Finesse *f.* (*b*) Sournoiserie *f.* **2.** Malice *f,* espièglerie *f.*

slype [slaip], *s.* *Ecc.Arch:* Corridor *m.*

smack[1] [smak], *s.* Léger goût; saveur *f,* soupçon *m* (de vanille, d'ail, etc.). *F: There is a s. of obstinacy in his character,* il y a dans sa nature un grain d'opiniâtreté. *There is a s. of the gambler in him,* il est un tantinet joueur. *There is a s. of the priest in his delivery,* il y a dans son débit quelque chose du prêtre. *A s. of Bolshevism in his opinions,* un soupçon, une teinte, de bolchevisme dans ses opinions.

smack[2], *v.i.* **To smack of sth.,** avoir un léger goût de qch., un arrière-goût de qch. *F: To s. of the soil,* sentir le cru. *Opinions that s. of heresy,* opinions *f* qui sentent l'hérésie, *F:* qui sentent le brûlé.

smack[3]. I. *s.* **1.** Claquement *m,* clic-clac *m* (d'un fouet, etc.). *With a s. of his tongue,* avec un claquement de langue. *I heard the s. of a whip, of a kiss,* j'ai entendu claquer un fouet, un baiser. **2.** Claque *f.* **Smack in the face,** (i) gifle *f,* calotte *f;* (ii) *F:* affront *m,* rebuffade *f.* *To give s.o. a s. on the shoulder,* donner une tape sur l'épaule de, à, qn. *I hit him a s. on the eye,* je lui ai collé mon poing sur l'œil. *He gave the ball a hard s.,* il frappa vigoureusement la balle. *F:* **To have a smack at s.o.,** donner un coup de patte à qn. *To get another s. at s.o.,* rechoper qn. **To have a smack at sth.,** essayer de faire qch. *Have a s. at it,* essayez un coup. **3.** *F:* Gros baiser retentissant; baiser qui claque. *To give s.o. a good s.,* donner un gros bécot à qn.

II. **smack,** *adv.* **1.** **To go smack,** faire clic-clac; claquer. *S. went the whip,* le fouet claqua. **2.** *F:* **He fell smack on the floor,** il est tombé paf! *To bump s. into a tree,* donner en plein contre un arbre. *To hit s.o. s. on the nose,* flanquer un coup à qn en plein sur le nez. **Smack in the middle,** en plein milieu; vlan!

smack[4]. **1.** *v.tr.* (*a*) Faire claquer (un fouet, sa langue). *To s. one's tongue,* clap(p)er de la langue. *To s. one's lips,* faire claquer ses lèvres; *F:* se lécher les babines. (*b*) Frapper, taper (avec le plat de la main); donner une claque à (qn); claquer (qn). **To smack s.o.'s face,** donner une gifle à qn; gifler qn; plaquer un soufflet à qn. *To s. s.o.'s bottom,* (i) claquer les fesses, le derrière, à qn; (ii) administrer une fessée à (un enfant). *He smacked the ball,* il a relancé dur la balle. **2.** *v.i.* (*Of whip*) Claquer. *A kiss smacked in the dark,* on entendit claquer un baiser dans l'obscurité.

smacking[1], *a.* **1.** Qui fait clic-clac. *S. kiss,* baiser retentissant. **2.** *Nau: S. breeze,* vent frais; bonne brise.

smacking[2], *s.* **1.** Claquement *m* (d'un fouet, etc.); clap(p)ement *m* (de la langue). **2.** Fouettée *f,* fessée *f.*

smack[5], *s.* *Nau:* **(Fishing-)smack,** bateau pêcheur; bateau de pêche.

smacker ['smakər], *s.* **1.** *F:* (*a*) Gifle retentissante. (*b*) Gros baiser. **2.** *F:* Quelque chose de mirobolant, de colossal; merveille *f.*

Smalcaldic, Smalkaldic [smal'kaldik], *a.* *Hist:* **The Smalcaldic League,** la ligue de Smalkalde.

small [smɔːl]. I. *a.* Petit. **1.** (*a*) Menu. *S. pebbles,* menus cailloux. *S. man,* petit homme; homme de petite taille. *S. child,* (i) enfant petit; (ii) enfant en bas âge; petit enfant. *To make sth. smaller,* rapetisser qch. *Of s. dimensions,* de petites, faibles, dimensions; de dimensions exiguës. **Small waist,** taille *f* mince. **Small stature,** petite taille. **Small built,** de petite taille. *Dress that makes one look s.,* robe *f* qui vous rapetisse. **To make oneself small,** se faire tout petit. *S. territory,* territoire exigu. **Small shot,** menu plomb. **A 'small coffee,'** une "demi-tasse" (de café). **A small whisky,** une demi-mesure (de whisky). *Seated by a s. fire,* assis auprès d'un pauvre feu. **He is a small eater,** il n'est pas gros mangeur. *Husb:* **Small stock,** (i) menu bétail; (ii) cheptel restreint. *Ven:* **Small game,** menu gibier. *Nau: Ship of s. tonnage,* navire *m* de faible tonnage. *Typ:* **Small letters,** minuscules *f.* **Small capitals, "small caps,"** petites majuscules. *See also* ARM[2] I, COAL[1] I, CRAFT 4, END[1] I, FACE[1] 5, HOLDER I, HOLDING 2, HOUR 2. (*b*) **In small numbers,** en petit nombre. *The classes should be smaller,* les classes devraient être moins nombreuses. *The population is smaller than ours by a million,* la population est d'un million inférieure à la nôtre. *S. party,* réunion peu nombreuse. *S. committee,* comité restreint; commission restreinte. *s. F:* **A small and early,** une petite réunion d'amis, d'intimes. **2.** (*a*) **Small wine,** vin léger; petit vin. **Small beer,** petite bière. *See also* BEER I. (*b*) **Small voice,** (i) voix fluette; (ii) petite voix (que l'on entend à peine). *See also* STILL[1] I. **3.** *S. progress,* progrès *m* peu sensibles; légers progrès; peu de progrès. *Of s. duration,* de courte durée. *S. resources,* faibles ressources *f.* *S. income,* revenu *m* modique; mince revenu. *S. harvest, s. crop,* maigre récolte *f.* *Man of s. abilities,* homme *m* qui a peu de capacités. *To leave school with a s. stock of knowledge,* quitter l'école avec un mince bagage. **He had small Latin and less Greek,** il savait peu de latin et encore moins de grec. *Not the smallest difference,* pas la moindre différence. *He failed, and s. blame to him,* il échoua, et ce n'était nullement sa faute. *He had s. love for hunting,* il n'aimait guère la chasse. **It is small wonder that . . .,** ce n'est guère étonnant que + *sub.* *To pay but s. attention to sth.,* n'accorder que peu d'attention à qch. **To my no small surprise,** à ma grande surprise. *Matter of no s. consequence,* affaire *f* de très grande importance. *No s. commotion,* pas mal de tapage. **4.** Peu important; peu considérable. **Small matter,** bagatelle *f.* **Small cards,** basses cartes. **Small change,** petite monnaie; menue monnaie; monnaie divisionnaire. *S. details,* menus détails. *The smallest details,* les moindres détails. *S. happenings of life,* petits incidents de la vie. *S. sale,* vente peu importante. **The smaller industries,** la petite industrie. **Small shopkeeper,** petit commerçant. *The s. landowners,* les petits propriétaires. **In a small way,** en petit; modestement. *See also* WAY[1] II. *s.* **Great and small,** les grands et les petits. *See also* SCALE[5] I, TALK[1] I. **5.** Mesquin, chétif. *S. mind,* petit esprit. *Only a s. man could act like that,* il n'y a qu'un petit esprit pour agir de la sorte. **That's very small of you,** ce n'est pas généreux de votre part; c'est bien mesquin de votre part. **I felt very small,** je n'étais pas fier; je ne savais où me mettre. **To look small,** avoir l'air penaud. **To make s.o. look small,** humilier qn; ravaler qn; rabattre le caquet à qn.

II. **small,** *s.* **1.** **Small of the back,** creux *m,* chute *f,* des reins. *Pains in the s. of the back,* douleurs *f* aux reins. **Small of the leg,** bas *m* de la jambe. *Sm.a:* **Small of the butt,** poignée *f* de la crosse. **2.** Menu *m* du charbon; menus; charbonnaille *f.* **3.** *pl.* **Smalls.** (*a*) *A:* = SMALL-CLOTHES. (*b*) *Sch:* Examen *m* préliminaire d'admissibilité (à l'Université d'Oxford).

III. **small,** *adv.* **1.** (Hacher, etc.) menu, en petits morceaux. **2.** (Écrire) menu, en petits caractères. **3.** *A:* **To talk small,** parler bas. *See also* SING[2] I.

'small-arms, *s.pl.* Armes portatives.

'small-clothes, *s.pl.* *A:* Culotte (collante); pantalon collant.

small-'minded, *a.* A l'esprit mesquin, petit.

'small-sword, *s.* Épée *f* d'escrime.

'small-toothed, *a.* A petites dents. **Small-toothed comb,** peigne fin.

'small-ware(s), *s.(pl.)* **1.** Mercerie *f.* **Small-ware dealer, merchant,** mercier, -ière. **Small-ware shop,** mercerie. **2.** Quincaillerie *f.*

smallage ['smɔːledʒ], *s.* *Bot:* Ache *f.*

smallish ['smɔːliʃ], *a.* Assez petit; plutôt petit; *F:* (*of pers.*) petiot, -ote; grêlet, -ette.

smallness ['smɔːlnəs], *s.* **1.** Petitesse *f;* modicité *f* (de revenus); exiguïté *f,* faiblesse *f* (d'une somme). *The s. of the work achieved,* le peu de travail accompli. **2.** *The s. of his mind,* sa petitesse d'esprit; sa mesquinerie.

smallpox ['smɔːlpɔks], *s.* *Med:* Petite vérole; variole *f.* *Discrete s.,* variole discrète. *Confluent s.,* variole confluente. **Smallpox lymph,** lymphe *f* variolique. *S. pustules,* pustules *f* varioliques.

smalt [smɔːlt], *s.* *Glassm:* Smalt *m;* émail *m* de cobalt.

smaltine ['smɔːltain], *s.* *Miner:* Smaltine *f.*

smaragd ['smaragd], *s.* *A:* Émeraude *f.*

smaragdine [sma'ragdin, -dain], *a.* Smaragdin.

smaragdite [sma'ragdait], *s.* *Miner:* Smaragdite *f.*

smarm [smɑːrm], *v.* *P:* **1.** *v.tr.* **To smarm one's hair down,** s'aplatir les cheveux à la pommade. **2.** *v.i.* **To smarm over s.o.,** flagorner qn.

smarmy ['smɑːrmi], *a.* *P:* Patelin, mielleux, doucereux, flagorneur.

smart[1] [smɑːrt], *s.* Douleur cuisante; cuisson *f* (d'une blessure); cinglure *f* (d'une lanière, d'une insulte).

'smart-money, *s.* **1.** *Mil: Navy:* Pension *f* pour blessure. **2.** Amende *f* pour résiliation de contrat, etc.; forfait *m.*

'smart-ticket, *s.* *Navy:* Certificat *m* de blessure.

'smart-weed, *s.* *Bot:* Persicaire *f* âcre.

smart[2], *v.i.* (*a*) (*Of wound, etc.*) Cuire, brûler; picoter. *The smoke makes the eyes s.,* la fumée pique, picote, les yeux. *My eyes are smarting,* les yeux me cuisent, me brûlent, me picotent. (*b*) (*Of pers.*) Souffrir. **To smart under an injustice,** souffrir sous le coup d'une injustice. *To s. from, under, an insult,* être cinglé par une insulte; souffrir sous le coup d'une insulte; ressentir vivement une insulte. **He will make you smart for it,** il vous le fera payer cher. *I had to s. for it,* il m'en a cuit; ça m'a coûté chaud. *You shall s. for this,* il vous en cuira; vous me le paierez. *See also* MEDDLE.

smarting[1], *a.* (*Of pain, eyes*) Cuisant, brûlant.

smarting[2], *s.* Douleur cuisante.

smart[3]. I. *a.* **1.** (Coup de fouet) cuisant, cinglant; (coup de marteau) sec. *S. box on the ear,* bonne gifle. *S. reprimand,* verte réprimande. *S. shower,* bonne averse. **2.** Vif; prompt; alerte. *S. pace,* allure vive, leste. *S. walk,* promenade *f* à une allure vive. *S. attack,* vive attaque. *Mil: S. encounter,* affaire chaude. *S. piece of work,* travail fait vite et bien. *F:* **That's smart work!** vous allez vite en besogne! **To be smart in starting,** commencer promptement. *S. in answering,* prompt, vif, à répondre. **To be smart at repartee,** être preste à la réplique. *adv.* **Look smart (about it)!** dépêchez-vous! remuez-vous! **3.** (*a*) Habile, adroit; à l'esprit éveillé; fin, affûté; dégourdi, débrouillard. **'Smart lad wanted,'** "on demande un jeune homme intelligent." *S. business man,* homme *m* d'affaires habile. *F:* **He's a smart one,** c'est une fine mouche; *P:* il la connaît dans les coins. *S. answer,* réponse adroite. *S. saying,* bon mot. **To say smart things,** faire des mots. *S. trick,* (i) truc ingénieux; (ii) bon tour. *S. piece of mechanism,* mécanisme ingénieux. (*b*) *Pej:* Malin, madré. **To be too smart for s.o.,** être trop malin pour qn. *Trying to be s., eh?* tu essayes de faire le malin, hein? *See also* ALEC(K). **Smart practice,** conduite peu scrupuleuse; escroquerie *f.* **4.** (*Of dress, pers., etc.*) Élégant, distingué, chic; coquet, pimpant. *S. dress,* (i) robe habillée; (ii) robe dernier cri. *S. hat,* chapeau *m* qui a du chic; chapeau coquet. *To make oneself s.,* se faire beau, belle. *You do look s.!* comme vous voilà beau! *F:* comme vous voilà brave! *She is like her mother but smarter looking,* elle ressemble à sa mère, mais en mieux. *S. servants,* domestiques stylés. *S. soldier,* soldat bien brossé, bien astiqué. *S. garden,* jardin soigné, bien entretenu. *S. carriage,* voiture *f* irréprochable. **Smart society, the smart set,** le monde élégant; les gens chics; la haute gomme. **He thinks it smart to . . .,** il croit chic de. . . . *He wants to be s.,* il veut être dans le train. **-ly,** *adv.* **1.** Promptement, vivement; sans mollesse. *To answer s.,* riposter du tac au tac. *To pull sth. s.,* tirer vivement qch. *To pull s.o. up s.,* réprimander qn vertement. *To move s.,* se mouvoir d'une allure vive, lestement. *He turned s. round,* il se retourna brusquement. *S. executed,* fait vite et bien,

To start s., commencer promptement. *He drove s. away*, (i) il partit au grand trot de son cheval; (ii) il démarra vivement, bon train. **2.** Habilement, adroitement. **3.** (S'habiller, etc.) élégamment, avec une coquetterie de bon goût, avec chic.

II. **smart,** *adv.* = SMARTLY. **Smart-built ship,** navire *m* aux belles formes, aux formes élancées.

smarten ['smɑːrt(ə)n]. **I.** *v.tr.* (*a*) **To smarten sth. (up),** accélérer (la production, etc.); mettre de l'entrain, du nerf, dans (une société, etc.); animer (le dialogue d'une pièce, etc.). **To smarten s.o. up,** dégourdir, délurer, qn. *To s. up one's servants*, styler ses domestiques. (*b*) **To smarten oneself up,** se faire beau; *P:* se bichonner, se requinquer. *To s. up a hat, a room*, donner du chic à un chapeau, à une pièce. **2.** *v.i.* **To smarten up.** (*a*) S'animer. (*b*) (*Of pers.*) Se dégourdir; se déniaiser; prendre du chic; (*of the mind*) s'affûter.

smartish ['smɑːrtiʃ], *a.* Assez élégant; assez chic.

smartness ['smɑːrtnəs], *s.* **1.** (*a*) Vivacité *f* (d'esprit); intelligence *f*; esprit débrouillard. *The police showed great s.*, la police a fait preuve de beaucoup d'intelligence, de beaucoup d'habileté *f*. (*b*) A-propos *m* (d'une réponse). **2.** Habileté peu scrupuleuse; finesse *f*, matoiserie *f*. **3.** Élégance *f*, coquetterie *f* (de toilette, etc.); chic *m*. *To have s.*, avoir du chic, du cachet. *Soldierly s.*, tenue *f* et prestance *f* de bon soldat.

smash[1] [smaʃ]. I. *s.* **1.** (*a*) *F:* Coup dur, écrasant. *He hit her an awful s.*, il lui a flanqué un pain terrible. *He fell with an awful s.*, il est tombé comme une masse. (*b*) *Ten:* Coup écrasé; volée haute; smash *m*. **2.** (*a*) Mise *f* en morceaux, en miettes; fracassement *m*. **To knock sth. to smash,** briser qch. en morceaux, en pièces. **To go to smash,** (i) se briser; être réduit en morceaux; (ii) *F:* (*of scheme, etc.*) faire fiasco; échouer; (iii) *F:* (*of pers.*) faire faillite. (*b*) Désastre *m*, sinistre *m* (de chemin de fer); collision *f*, tamponnement *m* (de trains, d'automobiles). *There's been a s. on the line*, il s'est produit un grave accident de chemin de fer. **3.** (*a*) Débâcle *f*; faillite (commerciale); crach *m*, krach *m* (d'une banque); déconfiture *f* (à la Bourse). *To be faced with a s.*, être acculé à la banqueroute. (*b*) Déroute *f*; défaite complète. **4.** *U.S:* **(Brandy-)smash,** cognac *m* à la glace et à la menthe.

II. **smash,** *adv.* **1. To go smash,** (*of firm*) faire faillite, tomber en faillite; (*of bank*) sauter. *He lost his all when his bank went s.*, il a perdu tout ce qu'il possédait dans le krach, le krack, de sa banque. **2. To run smash into sth.,** se heurter de front contre qch.; (*of car*) s'emboutir contre (un mur, etc.).

'smash-and-'grab, *attrib.a.* **Smash-and-grab raid,** rafle *f* (de bijoux, etc.) après bris de devanture.

smash[2]. I. *v.tr.* **1.** (*a*) **To smash sth. on, against, sth.,** heurter, choquer, cogner, lancer, qch. contre qch. avec violence. *To s. one's head against the wall*, se casser la tête contre le mur. (*b*) *Ten:* Écraser, tuer, massacrer, smasher (la balle). **2.** (*a*) **To smash sth. to pieces,** briser qch. en morceaux; fracasser qch.; mettre qch. en miettes. **To smash open a box,** éventrer une boîte (à coups de marteau, etc.). *To s. the door open*, enfoncer la porte. (*b*) Détruire (qn, qch.); écraser, démolir, anéantir, annihiler (une armée, etc.). *Sp:* **To smash a record,** pulvériser un record. (*c*) Ruiner (qn); faire faire faillite à (qn); faire échouer (un projet). *To s. a firm's credit*, démolir le crédit d'une maison.

II. **smash,** *v.i.* **1.** Se heurter violemment (contre qch.). *The car smashed into the wall*, l'auto s'est écrasée contre le mur, est allée s'emboutir contre le mur. **2.** Éclater en morceaux, en pièces; se briser. **3.** (*Of plan, etc.*) Échouer; s'effondrer; (*of pers.*) faire faillite; (*of bank*) sauter.

smash in, *v.tr.* Enfoncer, défoncer (une boîte, etc.); enfoncer (une porte). *F:* **To smash s.o.'s face in,** casser la figure, *P:* la gueule, à qn.

smashing in, *s.* Enfoncement *m*; défonçage *m*, défoncement *m*.

smash up, *v.tr.* Briser (qch.) en morceaux; fracasser (qch.); *F:* éreinter, assassiner (une auto, etc.).

'smash-up, *s.* **1.** Destruction complète. *Aut: Rail: etc:* Collision *f*. *There's been a s.-up*, il y a eu de la casse. **2.** (*a*) Débâcle *f*; faillite *f* (d'une maison commerciale). (*b*) Défaite *f*, déroute *f* (d'une armée).

smashing[1], *a.* (Coup) écrasant, assommant.

smashing[2], *s.* **1.** Brisement *m*, écrasement *m*. **2.** Destruction *f*; écrasement (d'une armée, etc.); défaite *f*. **3.** Débâcle *f*; faillite *f* (d'une société commerciale, etc.); crach *m*, krach *m* (d'une banque).

smash[3], *s. P:* (*Counterfeit coin*) Pièce fausse.

smasher[1] ['smaʃər], *s.* **1.** Briseur, -euse; écraseur, -euse. **2.** *F:* (*a*) Coup écrasant, assommant. (*b*) Critique mordante; réponse écrasante; *F:* réponse qui vous clôt le bec; argument-massue *m*. (*c*) **To come a smasher,** faire une violente culbute.

smasher[2], *s. P:* (*a*) Faux monnayeur. (*b*) Celui qui met en circulation de la fausse monnaie.

smatter ['smatər], *v.i.* **To smatter in a language, in a science,** avoir de légères connaissances d'une langue, d'une science; se mêler, s'occuper légèrement, d'une langue, d'une science.

smattering, *s.* Légère connaissance (d'une langue, etc.). **To have a smattering of sth.,** savoir un peu, quelques bribes (d'anglais, etc.); avoir des notions de (chimie, etc.); *F:* être teint, être frotté, de (latin, etc.); avoir une légère teinture de (latin, etc.). *To acquire a s. of Greek*, acquérir quelques connaissances en grec.

smatterer ['smatərər], *s.* Homme superficiel, qui n'apprend rien à fond; demi-savant *m*. *He was a s. in French and German*, il savait quelques bribes de français et d'allemand; il faisait un peu de français et d'allemand.

smear[1] ['smiːər], *s.* **1.** (*a*) Tache *f*, macule *f*, souillure *f*. (*b*) *A s. of paint will put it right*, une légère couche de peinture va réparer cela. **2.** *Med:* (*For microscopic slide*) Frottis *m* (de sang, etc.).

smear[2], *v.tr.* **1.** (*a*) Barbouiller, salir (*with*, de). (*b*) Enduire (*with*, de). *To s. the skin with vaseline, to s. vaseline over the skin*, enduire la peau de vaseline. *Cheeks smeared with rouge*, joues barbouillées de rouge. *To s. bread over with dripping*, étendre de la graisse sur du pain. (*c*) Torcher, bousiller (un plancher en terre battue). **2.** Maculer, barbouiller (une page écrite, etc.). *To s. a blot*, étaler une tache d'encre. (*Of outline*) **To get smeared,** s'estomper.

smearing, *s.* Barbouillage *m*.

smeary ['smiːəri], *a.* **1.** Taché, barbouillé; aux contours brouillés. **2.** Graisseux.

smectite ['smektait], *s.* Argile *f* smectique; terre *f* à foulon; *F:* pierre *f* à détacher.

smell[1] [smel], *s.* **1. (Sense of) smell,** odorat *m*; flair *m* (d'un chien); *Ven:* sentiment *m* (d'un chien de chasse). *To have a keen sense of s.*, avoir l'odorat fin; avoir un odorat exquis. **2.** (*a*) Odeur *f*; senteur *f*, parfum *m* (des fleurs, etc.). *Sweet s.*, odeur douce. *Nasty s.*, mauvaise odeur. *There is a bad s. in my room*, cela sent mauvais dans ma chambre. *Musty s.*, *unpleasant s.*, relent *m*. *Stale s. of beer, of spirits*, relent de bière, d'alcool. (*Nice*) *s. of cooking*, fumet *m* de cuisine. (*b*) Mauvaise odeur. **3. To take a smell at sth.,** flairer qch.; respirer (un flacon de sels, etc.).

smell[2], *v.* (*p.t. & p.p.* **smelt,** *occ.* **smelled**) **I.** *v.tr. & ind.tr.* (*a*) Flairer (qch.); sentir (une fleur); respirer l'odeur (d'un bouquet); *F:* renifler (une odeur). *To s. a bottle of salts*, respirer un flacon de sels. *The dog smelt my shoes*, **smelt at my shoes,** le chien flaira mes souliers, renifla mes souliers. (*b*) *Abs.* Avoir de l'odorat; odorer. *Not all animals can s.*, tous les animaux n'odorent pas. *He can't s.*, il n'a pas d'odorat; il ne sent rien. (*c*) Sentir l'odeur de (qch.); sentir, percevoir (une odeur). *I can s. sth. burning*, je sens quelque chose qui brûle; ça sent le brûlé. *The horses s. the stable*, les chevaux sentent l'écurie. (*d*) *F:* Sentir, flairer, pressentir (le danger, etc.). *See also* RAT[1] **1.** (*e*) *The dog smelt his way to the kitchen, to his master's retreat*, le chien, guidé par son flair, découvrit la cuisine, la retraite de son maître. **2.** *v.i.* (*a*) (*Of flower, etc.*) Sentir. **To smell nice, nasty, strong,** sentir bon, mauvais, fort. *They s. sweet*, elles sentent bon. **To smell of violets,** sentir, fleurer, la violette. *These flowers don't s.*, ces fleurs n'ont pas d'odeur. *To s. of vanilla*, odorer la vanille. *Room that smells damp*, pièce qui sent l'humidité. *Opinions that s. of heresy*, opinions qui sentent le fagot. *F:* **To smell of the lamp,** sentir l'huile. *See also* OIL[1] **1.** (*b*) Sentir (mauvais); avoir une forte odeur; *P:* fouetter. *How it smells!* comme ça sent! **His breath smells,** il sent de la bouche; il a une mauvaise haleine; il a l'haleine mauvaise.

smell out, *v.tr.* (*Of dog*) Flairer, dépister (le gibier); *F:* (*of pers.*) flairer, découvrir (un secret, etc.).

smelling[1], *a.* Odoriférant, odorant. **Sweet-smelling,** qui sent bon; aux douces odeurs. *See also* EVIL-SMELLING, ILL-SMELLING.

smelling[2], *s.* Action *f* de flairer. **Smelling out,** découverte *f* (d'un complot, etc.).

'smelling-bottle, *s.* Flacon *m* de sels.

'smelling-salts, *s.pl.* Sels (volatils) anglais; sel de vinaigre; *F:* sels.

'smell-feast, *s.* *F:* *A:* Flaireur, -euse, de cuisine; pique-assiette *mf inv*; *A:* croque-lardon *m*, *pl.* croque-lardon(s).

smeller ['smelər], *s.* **1.** Flaireur, -euse. **2.** *P:* (*a*) Nez *m*; *P:* pif *m*. (*b*) Coup *m* sur le nez. (*c*) Chute *f*. **To come a smeller,** ramasser une pelle, une bûche. **3.** *F:* Homme, femme, chose, qui sent (mauvais).

smelliness ['smelinəs], *s.* *F:* Mauvaise odeur; puanteur *f*, fétidité *f* (d'un taudis, etc.).

smelly ['smeli], *a.* *F:* Malodorant, puant.

smelt[1] [smelt], *v.tr.* *Metall:* **1.** Fondre (le minerai). **2.** Extraire (le métal) par fusion.

smelting, *s.* **1.** (*a*) Fonte *f*, fonderie *f*, fusion *f*; smeltage *m* (du minerai). *S. of iron ores*, affinage *m* des minerais de fer. (*b*) Extraction *f* (du métal). **Smelting works,** fonderie *f*. **Copper-smelting works,** fonderie de cuivre. **2.** (*Science, profession*) La métallurgie.

'smelt(ing)-furnace, *s.* *Metall:* Fourneau *m* de fusion, de fonte.

smelt[2], *s.* *Ich:* Éperlan *m*.

smelt[3]. *See* SMELL[2].

smelter[1] ['smeltər], *s.* **1.** (*a*) Fondeur *m* (de minerai). (*b*) Métallurgiste *m*. **2.** *F:* Fonderie *f*.

smelter[2], *s.* Pêcheur *m* d'éperlans.

smeltery ['smeltəri], *s.* *Metall:* Fonderie *f*.

smew [smjuː], *s.* *Orn:* Harle *m* piette. **Red-headed smew,** femelle *f* du harle piette.

smilax ['smailaks], *s.* **1.** *Bot:* Smilax *m*. **2.** *Hort:* Myrsiphyllum *m* (asparagoïdes).

smile[1] [smail], *s.* Sourire *m*; *Poet:* souris *m*. *Scornful s.*, sourire de mépris. *Pitying s.*, sourire de pitié. *Wintry s.*, sourire de découragement. *This question raised, provoked, a general s.*, cette question fit sourire tout le monde. *He greeted us* **with a smile,** il nous accueillit en souriant, avec un sourire. *With a s. on his lips*, le sourire aux lèvres. **To give a faint smile,** sourire du bout des lèvres; esquisser un sourire. **To force a smile,** grimacer un sourire; avoir un sourire forcé, contraint. **To give s.o. a smile,** adresser un sourire à qn. **To be all smiles,** être tout souriant. *She was all smiles*, son visage s'épanouissait en un large sourire. *Face wreathed in smiles*, visage rayonnant.

smile[2]. I. *v.i.* Sourire. *He smiled disdainfully*, il eut un sourire dédaigneux; il sourit dédaigneusement. **She smiled up at me,** elle leva vers moi un regard souriant. **To smile (up)on, at, s.o.,** sourire à qn; adresser un sourire à qn. *Fortune smiles on him*, la fortune lui sourit, lui rit, lui fait bon visage. **To smile at s.o.'s vain endeavours,** sourire des vains efforts de qn. (*Of child*) *To s. in his sleep*, *F:* rire aux anges. *To s. in the face of adversity*, *F:* **to keep smiling,** garder le sourire; faire bonne mine à mauvais jeu; faire bonne contenance.

II. **smile,** *v.tr.* **1.** *With cogn. acc.* **To smile a bitter smile** sourire amèrement; avoir un sourire amer. *She smiled her most gracious smile*, elle souriait de son plus gracieux sourire. **2.** (*a*) To **smile s.o.'s fears away**, écarter d'un sourire les craintes de qn. **To smile s.o. into doing sth.**, décider qn par ses sourires, par ses cajoleries, à faire qch. (*b*) **To smile a welcome to s.o.**, accueillir qn avec, par, un sourire. *To s. one's gratitude, one's consent*, exprimer sa gratitude, son consentement, par un sourire.

smiling, *a.* Souriant. *Spring and s. nature*, le printemps et la nature souriante. *To look s.*, être tout souriant. *F:* **To come up smiling**, (i) (*of boxer*) reprendre la lutte (après l'intervalle) avec le sourire aux lèvres; (ii) sortir de tous ses embarras sans perdre sa bonne humeur; se montrer supérieur aux revers, aux déceptions. *He always comes up s.*, il garde toujours le sourire. **-ly**, *adv.* En souriant; avec un sourire.

smirch[1] [smə:rtʃ], *s.* Tache *f*; salissure *f*, souillure *f*. *S. of grease*, tache de cambouis; noircissure *f*. *He came out of it without a s. on his character*, il en est sorti sans une tache à sa réputation.

smirch[2], *v.tr.* Tacher; salir, souiller. *Smirched reputation*, réputation souillée, salie.

smirk[1] [smə:rk], *s.* Sourire affecté, minaudier; minauderie *f*. **Smirks and smiles**, simagrées *f* de politesse.

smirk[2], *v.i.* Sourire d'un air affecté; minauder, mignarder, *F:* faire la bouche en cœur; faire le poupin. **To smirk and smile**, faire des simagrées.

smirking[1], *a.* Affecté; minaudier.

smirking[2], *s.* Minauderie(s) *f(pl)*; mignardise(s) *f(pl)*, simagrées *fpl*.

smite[1] [smait], *s.* (*a*) *A. & Lit:* Coup *m*; bruit *m* de coup. (*b*) *F:* **Have a smite at it**, essayez toujours.

smite[2], *v.tr.* (*p.t.* **smote** [smout]; *p.p.* **smitten** [smitn]) Frapper. **1.** *Lit:* *To s. one's thigh*, se frapper, se taper, la cuisse avec la main. *To s. one's hands together*, frapper les mains ensemble. *The report of a gun smote my ear*, une détonation me frappa l'oreille. **To smite the enemy**, frapper, battre, l'ennemi. *See also* HIP[1] 1. *B:* *When I shall s. the land of Egypt*, quand je frapperai le pays d'Égypte. *F:* **My conscience smote me**, je fus frappé de remords. *My heart smote me*, j'eus un serrement de cœur. *The idea smote him*, l'idée *f* lui vint, le frappa. **To smite the lyre**, pincer de la lyre. **2.** **To be smitten with blindness**, être frappé de cécité. *Smitten with fear, with remorse*, sous le coup de l'effroi; pris de remords. *To be smitten with a desire to do sth.*, être pris du désir de faire qch. *Smitten with a mad ambition*, pris, *A:* épris, d'une folle ambition. *I was smitten with the beauty of the scene*, la beauté du paysage me fit une profonde impression. *F:* **To be smitten with a girl**, être épris, amouraché, d'une jeune fille. *He's rather smitten with you*, il en tient pour vous; *P:* il en pince pour vous. *They are smitten with each other*, ça a été le coup de foudre de part et d'autre. **Love-smitten**, féru d'amour. **3.** *v.i. Lit:* (*a*) *His knees smote together*, ses genoux s'entrechoquaient. (*b*) *He smote upon the door with the pommel of his sword*, il frappa sur la porte avec le pommeau de son épée. *A sound smote upon his ear*, un son lui frappa l'oreille.

smite down, *v.tr. Lit:* **1.** Abattre (qn). *To be smitten down with the plague*, tomber malade de la peste. **2.** Frapper (qn) à mort.

smite off, *v.tr. Lit:* Couper, abattre (la tête à qn, etc.); faire tomber (la tête de qn).

smiting, *s.* **1.** Action *f* de frapper. **2.** *pl.* Coups *mpl*. **Smitings of conscience**, remords *m*.

smiter ['smaitər], *s. Lit:* Frappeur, -euse.

smith[1] [smiθ], *s.* Forgeron *m*. **Shoeing smith**, maréchal ferrant. *Smith's tools*, outils *m* de forge, de forgeron. *U.S:* **Smith('s) shop**, forge *f*; maréchalerie *f*.

smith[2], *v.tr.* **1.** Forger (le fer, une épée). **2.** *Abs.* Travailler comme forgeron, comme maréchal ferrant.

smithing, *s.* Travaux *mpl* de forge ou de maréchalerie. **Heavy smithing**, grosse serrurerie.

smithereens [smiðə'ri:nz], *s.pl.* *F:* Morceaux *m*; miettes *f*. **The ship was blown to smithereens**, l'explosion a réduit le navire en fragments. **To smash, knock, sth. (in)to smithereens**, briser, réduire, qch. en éclats, en mille morceaux, en miettes; mettre qch. en capilotade.

smithery ['smiθəri], *s.* **1.** = SMITHING. **2.** = SMITHY[1].

Smithfield ['smiθfi:ld]. *Pr.n.* (i) *A:* Emplacement *m* (dans la Cité de Londres) du bûcher des hérétiques et du marché aux bestiaux. (ii) (Aujourd'hui) Halles centrales pour la viande de boucherie.

smithy[1] ['smiði], *s.* Forge *f*. **Shoeing smithy**, (atelier *m* de) maréchalerie *f*.

smithy[2], *v.tr.* = SMITH[2].

smitten [smitn]. *See* SMITE[2].

smock[1] [smɔk], *s.* **1.** *A. & Dial:* Chemise *f* (de femme). *See also* LADY('S)-SMOCK. **2.** **Smock(-frock)**, blouse *f*, sarrau *m*; *A:* souquenille *f*. *Chauffeur's waterproof s.*, parapluie *m* de chauffeur.

'smock-mill, *s.* Moulin *m* à toit tournant.

smock[2], *v.tr.* *Needlew:* Orner (une robe, etc.) de fronces smock.

smocking, *s.* *Needlew:* (*a*) Fronces *fpl* smock. (*b*) Nids *mpl* d'abeilles.

smokable ['smoukəbl]. **1.** *a.* Que l'on peut fumer; fumable. *Quite a s. cigar*, cigare *m* qui se laisse fumer. **2.** *s.pl.* *F:* **Smokables**, tabac *m*.

smoke[1] [smouk], *s.* I. Fumée *f*. (*Of furnace, etc.*) **To emit smoke**, dégager de la fumée; fumer. *Chimney, furnace, that consumes its own s.*, cheminée *f*, foyer *m*, fumivore. **Efficiency in smoke consumption**, fumivorité *f* (d'un foyer, etc.). *F:* (*Of project, etc.*) **To end in smoke**, s'en aller en fumée; n'aboutir à rien. **That's all smoke**, tout ça c'est de la blague. **To go like smoke**, aller comme sur des roulettes. *We're getting on like s.!* ça gaze! **The Big Smoke**, Londres. *Prov:* **There is no smoke without fire**, il n'y a pas de fumée sans feu. **There is no fire without smoke**, il y a une ombre à tout; il n'y a pas de parfait bonheur.

II. **smoke**, *s.* (*a*) Action de fumer (du tabac). **Will you have a smoke?** voulez-vous fumer? *Let's have a s.*, si on fumait une pipe, un cigare, etc. *After dinner we had a quiet s.*, après le dîner nous avons fumé tranquillement. *After liqueurs and a s.*, après les liqueurs et les cigares. (*b*) Quelque chose à fumer; cigare *m* ou cigarette *f*. *Pass round the smokes*, faites circuler les cigares.

'smoke-bell, *s.* (*Over gas-jet, etc.*) Fumivore *m*.

'smoke-black, *s.* Noir *m* de fumée.

'smoke-bomb, *s.* *Mil:* Bombe *f* fumigène.

'smoke-box, *s.* *Mch:* Boîte *f* à fumée.

'smoke-brown, *a.* Brun fumée *inv.*

'smoke-bush, *s.* *Bot:* Arbre *m* à perruque; coquecigrue *f*.

'smoke-colour, *s.* = SMOKE-GREY.

'smoke-consumer, *s.* *Ind:* (Appareil *m*) fumivore *m*.

'smoke-consuming, *a.* *Ind:* Fumivore.

'smoke-curing, *s.* Fumage *m* (des jambons, etc.).

'smoke-deflector, *s.* Plateau *m* fumivore (d'une lampe).

'smoke-dried, *a.* (Jambon, etc.) fumé.

'smoke-exhauster, *s.* *Ind:* Aspirateur *m* de (la) fumée.

'smoke-grey, *a.* Gris fumée *inv.*

'smoke-helmet, *s.* Casque *m* à fumée; casque pare-fumée; casque respiratoire.

'smoke-hole, *s.* **1.** Trou *m* (dans une cabane, etc.) pour laisser échapper la fumée. **2.** Bouche *f* (de cheminée). **3.** *Geol:* Fumerolle *f* (de volcan).

'smoke-house, *s.* Fumoir *m* (pour harengs, de tannerie, etc.).

'smoke-plant, *s.* = SMOKE-BUSH.

'smoke-preventer, *s.* *Ind:* Fumifuge *m*.

'smoke-preventing, *a.* (Appareil *m*) fumifuge, capnofuge.

'smoke-producer, *s.* *Ind:* Fumigène *m*.

'smoke-producing, *a.* (Appareil *m*) fumigène.

'smoke-proof[1], *a.* A l'épreuve de la fumée.

'smoke-proof[2], *s.* *Engr:* Fumé *m*.

'smoke-room, *s.* = SMOKING-ROOM.

'smoke-sail, *s.* *Nau:* Masque *m* (à fumée).

'smoke-screen, *s.* *Mil:* *Navy:* Rideau *m* de fumée; nuage artificiel; brume artificielle.

'smoke-shell, *s.* Obus *m* fumigène.

'smoke-shield, *s.* *Rail:* (*In roof of station*) Pare-fumée *m inv.*

'smoke-stack, *s.* **1.** Cheminée *f* (de locomotive, *U.S:* de bateau à vapeur). **2.** Cheminée d'usine, etc.

'smoke-stone, *s.* *Geol:* Quartz enfumé.

'smoke-test, *s.* *Civ.E:* *Const:* Essai *m* (des conduits, etc.) par la fumée.

'smoke-wood, *s.* *Bot:* Fustet *m*.

smoke[2]. **1.** *v.i.* (*a*) (*Emit smoke or vapour*) Fumer. *The lamp is smoking*, la lampe fume, charbonne, file. *The horses' flanks were smoking*, les flancs des chevaux fumaient; les chevaux étaient tout fumants. (*b*) *F:* Rougir; *P:* piquer un fard. (*c*) (*In Australia*) *F:* Filer, déguerpir. **2.** *v.tr.* (*a*) (i) Fumer (du jambon, des harengs, etc.); boucaner (la viande, le poisson). (ii) Enfumer (une plante, les pucerons, etc.). (*b*) Noircir de fumée, enfumer (le plafond, etc.). (*c*) Fumer (du tabac); *F:* griller (une cigarette). *Abs.* **Do you smoke?** fumez-vous? êtes-vous fumeur? *Do you mind if I s.?* la fumée vous gêne-t-elle? (*With passive force*) **These pipes smoke well**, ces pipes se fument bien, sont bonnes. **To smoke oneself sick**, se rendre malade à force de fumer. *See also* PIPE[1] 4. (*d*) *F:* *A:* Se moquer de (qn); blaguer (qn). (*e*) *F:* *A:* Découvrir (le pot aux roses); se rendre compte (qu'il se passe qch.).

smoke out, *v.tr.* **1.** Enfumer (un renard, un guêpier, etc.); faire déguerpir (un renard, etc.). **2.** Fumer (un cigare, etc.) jusqu'au bout.

smoking out, *s.* Enfumage *m* (des abeilles, etc.).

smoked, *a.* **1.** (*a*) (Jambon, etc.) fumé. (*b*) (Plafond, etc.) enfumé. (*c*) **Smoked glass**, (i) verre (en)fumé, noirci à la fumée; (ii) verre à teinte fumée. **2.** *Cu:* Qui a un goût de fumée.

smoking[1], *a.* Fumant. *S. horses*, chevaux fumants (de sueur). *Lit:* *Hands s. with blood*, mains fumantes de sang.

'smoking-'hot, *a.* (Rôti) fumant, tout fumant.

smoking[2], *s.* **1.** Émission *f* de fumée. **2.** Fumage *m* (du jambon, etc.). **3.** Action *f* ou habitude *f* de fumer (le tabac). **No smoking (allowed)**, défense *f* de fumer; on ne fume pas ici. **Do you mind my smoking?** la fumée ne vous gêne pas? vous me permettez de fumer?

'smoking-cap, *s.* Calotte grecque; bonnet grec.

'smoking-carriage, -compartment, *s.* *Rail:* Compartiment *m* pour fumeurs; *F:* un fumeur.

'smoking-concert, *s.* Concert *m* où il est permis de fumer.

'smoking-jacket, *s.* Veston *m* d'intérieur; *F:* coin *m* de feu.

'smoking-mixture, *s.* Mélange *m* de tabacs pour la pipe.

'smoking-room, -saloon, *s.* Fumoir *m*. *F:* **Smoking-room stories**, histoires égrillardes; histoires de fumoir.

smokeless ['smoukləs], *a.* (Houille, poudre) sans fumée. *S. furnace*, foyer *m* fumivore. **Smokeless combustion**, combustion exempte de fumée.

smoker ['smoukər], *s.* **1.** (*Pers.*) (*a*) *Ind:* Fumeur, -euse (de jambon, etc.). (*b*) Fumeur, -euse (de tabac). **Smoker's set**, nécessaire *m* de fumeur; service *m* fumeur. **Smoker's combination** nettoie-pipes *m inv.* **Heavy smoker**, grand fumeur. *Med:* **Smoker's heart, smoker's throat**, maladie de cœur, de gorge, occasionnée par le tabagisme. **2.** *F:* (*a*) = SMOKING-COMPARTMENT. (*b*) = SMOKING-CONCERT. **3.** *Ap:* Enfumoir *m*.

smokiness ['smoukinəs], *s.* **1.** Condition fumeuse (de l'atmosphère, etc.). *The s. of London*, l'atmosphère enfumée de Londres. **2.** Goût *m* de fumée.

smoky ['smouki], *a.* **1.** (*a*) (*Of atmosphere*) Fumeux; fuligineux;

(*of room*) plein de fumée; enfumé. *The s. towns of Lancashire*, les villes enfumées du Lancashire. (*b*) *U.S:* (Horizon, etc.) brumeux. **2.** (*a*) (Plafond, etc.) noirci par la fumée. (*b*) *Geol:* **Smoky quartz**, quartz enfumé. **3. Smoky lamp**, lampe fumeuse, qui fume, qui file. *S. fire*, feu *m* qui fume. **4.** (Goût *m*) de fumée.

smolt [smoult], *s. Ich:* Saumon *m* d'un à deux ans; saumon qui descend à la mer; smolt *m*, tacon *m*.

smooth[1] [smu:ð], *a.* **1.** (*a*) (Surface *f*, pâte *f*) lisse; (chemin, etc.) uni, égal, sans aspérités. **To make sth. smooth**, lisser (ses cheveux), aplanir (une route, etc.). (*Of road*) *To grow smoother*, s'aplanir. **Smooth as glass, as ice**, poli, uni, comme la glace, comme une glace. *S. paper*, papier *m* lisse; papier glacé. *S. forehead*, front *m* sans rides. *S. skin*, peau douce, satinée. *S. sea, s. water*, mer calme, unie, plate; eau *f* calme. *S. crossing*, traversée *f* par mer calme. **Sea as smooth as a millpond**, mer calme, plate, comme un lac; mer d'huile. *See also* ROUGH[1] I. 1; III. 3. (*b*) (Tige *f*, menton *m*) glabre; (drap *m*) à poil ras. **2.** (*a*) Doux, *f.* douce; sans heurts. **Smooth running**, marche douce, fonctionnement doux, régulier (d'une machine); roulement silencieux. *Horse with a s. gallop*, cheval *m* qui galope uniment. (*b*) *S. wine, whisky*, vin, whisky, moelleux. *S. voice*, voix moelleuse. *S. style*, style uni, coulant, moelleux. *See also* BREATHING[2] 2. (*c*) *S. temper*, humeur égale, facile. (*d*) Doucereux, mielleux. **He has a smooth tongue**, il a la langue dorée, doucereuse; c'est un beau parleur. *He answered in a s. tone*, il répondit d'un ton paterne. **Smooth words and fair promises**, patelinage *m*. (*e*) *U.S: F:* Excellent, chic. **-ly**, *adv.* **1.** Uniment; sans inégalités. **2.** (Marcher, travailler) doucement. (*Of machine*) **To work, go, smoothly**, marcher sans à-coups, sans secousses. *Everything is going on s., F:* tout va comme sur des roulettes; tout va de plain-pied. *Things are not going s.*, il y a du tirage; ça ne va pas tout seul. *Pen that writes s.*, plume douce. *See also* RUN[2] I. 7, 8, 10. **3.** (Parler) doucereusement, mielleusement, d'un ton caressant, flatteur.

'smooth-bore, *a. & s.* (Canon *m*) à âme lisse. **Smooth-bore gun**, fusil *m* à canon lisse.

'smooth-bored, *a.* A âme ou à canon lisse.

'smooth-chinned, *a.* **1.** Au menton rasé de près. **2.** Imberbe.

'smooth-'cut. 1. *s.* Taille douce (d'une lime). **2.** *a.* (Lime) à taille douce.

'smooth-faced, *a.* **1.** = SMOOTH-CHINNED. **2.** A l'air doucereux, mielleux, patelin.

'smooth-grind, *v.tr.* (**-ground; -ground**) Écacher (un outil).

'smooth-running, *a.* A marche douce, régulière. *S.-r. car*, voiture bien roulante.

'smooth-shaven, *a.* Rasé de près.

'smooth-spoken, -tongued, *a.* Aux paroles doucereuses, mielleuses; patelin; enjôleur.

'smooth-tempered, *a.* Au caractère égal, facile.

smooth[2], *s.* **1. To give one's hair a smooth**, lisser ses cheveux; se lisser les cheveux. **2.** *Nau:* Accalmie *f*, embellie *f*. **3.** (*a*) Partie *f* lisse (de qch.). (*b*) Terrain uni. *Nau:* Embellie (dans la mer faite). (*c*) *See* ROUGH[1] III. 3.

smooth[3], **smoothe**, *v.tr.* **1.** Lisser (ses plumes, ses cheveux, du bois, etc.); aplanir, unir, recaler, planer, blanchir (une planche); égaliser (le terrain). *To s. wood with a spokeshave*, aplaner le bois. *To s. one's brow*, dérider son front; se dérider. *To s. s.o.'s ruffled spirits*, apaiser l'irritation de qn. *F:* **To smooth the way for s.o.**, aplanir la voie pour qn; faire la planche à qn. **2.** Adoucir (un angle, une courbe de graphique, etc.).

smooth away, *v.tr.* Aplanir (un obstacle, une difficulté); effacer (des rides). *The surge smooths away the rocks*, la houle rabote les rochers.

smooth down. 1. *v.tr.* (*a*) Lisser (ses plumes, etc.); rabattre (le poil d'un chapeau). (*b*) Enlever (une rugosité, etc.). *F:* **To smooth things down for s.o.**, aplanir les difficultés pour qn. (*c*) Défâcher, calmer, radoucir (qn). **2.** *v.i.* (*Of sea, anger*) Se calmer, s'apaiser.

smooth off, *v.tr.* Adoucir (un angle, etc.).

smoothing off, *s.* Adoucissement *m* (d'un angle).

smooth out, *v.tr.* Faire disparaître (un faux pli); déchiffonner, défriper (une robe froissée); effacer (des imperfections). *Tex:* Éclancher, écrancher (le drap). *To s. out one's style, F:* peigner son style. *Aut:* *To s. out the engine*, assouplir le moteur.

smooth over, *v.tr.* **1.** Aplanir (une difficulté, etc.). **2.** (*a*) Pallier (une faute). (*b*) **To smooth things over**, arranger les choses.

smoothed, *a.* Lisse, uni. *Geol:* **Ice-smoothed rock**, roche moutonnée.

smoothing, *s.* Lissage *m*; aplanissement *m*, aplanissage *m*, adoucissage *m* (du bois, etc.); égalisation *f* (du terrain).

'smoothing-iron, *s. Laund:* Fer *m* à repasser.

'smoothing-plane, *s. Carp:* Rabot *m* à repasser.

'smoothing-stick, *s. Leath:* Formoir *m*.

smoothen ['smu:ðən], *v.tr.* = SMOOTH[3].

smoother ['smu:ðər], *s.* **1.** (*Pers.*) (*a*) Aplanisseur, -euse. (*b*) Pacificateur, -trice; conciliateur, -trice. **2.** *Tls:* Lissoir *m*.

smoothness ['smu:ðnəs], *s.* **1.** (*a*) Égalité *f* (d'une surface); douceur *f*, satiné *m* (de la peau). (*b*) Calme *m* (de la mer, de tempérament). **2.** Douceur (de la marche d'une machine, du trot d'un cheval); bon fonctionnement (d'une machine). *Aut:* *S. of engagement of the clutch*, douceur d'embrayage. *The s. of the administration*, le bon fonctionnement de l'administration. *Lit:* *S. of style*, coulant *m* du style. *Mus:* *S. of execution*, égalité de jeu. **3.** (*Of pers.*) Douceur feinte; air doucereux.

smote [smout]. *See* SMITE[2].

smother[1] ['smʌðər], *s.* **1.** (*a*) Fumée épaisse, étouffante. (*b*) Brouillard épais. (*c*) Nuage épais de poussière. *S. of foam*, tourbillon *m* d'eau écumante. **2.** Feu *m* qui couve.

smother[2]. **1.** *v.tr.* (*a*) Étouffer (qn, le feu, ses sentiments); suffoquer (qn); éteindre, étouffer (un son). *F:* **To smother s.o. with caresses**, étouffer, accabler, manger, qn de caresses. **To smother a curse**, réprimer un juron. *To s. a cry*, retenir un cri. *To s. one's laughter*, pouffer dans son mouchoir. *To s. one's pride*, faire taire son orgueil. **To smother up a scandal**, cacher, couvrir, un scandale. *Fb:* **To smother an opponent**, plaquer un adversaire (en le saisissant) au corps. (*b*) Recouvrir. **Strawberries smothered in, with, cream**, fraises enrobées de crème. *To s. sth. with ink*, barbouiller qch. d'encre. *To be smothered in furs*, être emmitouflé de fourrures. *House smothered with roses*, maison enfouie dans les roses. *Pedestrian smothered in dust*, piéton enfariné de poussière. *The road is smothered in dust*, la route poudroie. **2.** *v.i.* Suffoquer.

smothered, *a.* (Cri) sourd.

smothering[1], *a.* (*Of atmosphere, etc.*) Étouffant, suffocant.

smothering[2], *s.* Étouffement *m*, suffocation *f*. *S. of an enquiry*, étouffement d'une enquête. *S. of liberty*, suppression *f*, étouffement, de la liberté.

smothery ['smʌðəri], *a.* Étouffant; suffocant.

smoulder[1] ['smouldər], *s.* **1.** Fumée épaisse. **2.** Feu *m* qui couve.

smoulder[2], *v.i.* (*a*) (*Of combustible*) Brûler lentement, sans flamme. (*b*) (*Of fire, rebellion, etc.*) Couver (sous la cendre).

smouldering[1], *a.* (*a*) (Charbon, etc.) qui brûle sans fumée. (*b*) (Feu, etc.) qui couve (sous la cendre).

smouldering[2], *s.* Combustion lente.

smudge[1] [smʌdʒ], *s.* Tache *f*; noircissure *f*; salissure *f*; bavure *f* de plume. *You've got a s. on your nose*, vous avez une tache de suie sur le nez.

smudge[2], *v.tr.* Salir, souiller, tacher (ses mains, etc.); barbouiller, maculer (son écriture); étaler (une tache). *Typ:* Mâchurer (une épreuve). *Abs. Pen that smudges*, plume *f* qui bave. *F:* **To smudge s.o.'s honour**, souiller, salir, ternir, l'honneur de qn.

smudged, *a.* = SMUDGY[1].

smudge[3], *s. U.S:* **1.** Fumée épaisse, étouffante. **2.** Feu *m* fumigène (de déchets humides, etc.) allumé en plein air pour écarter les moustiques.

smudgy[1] ['smʌdʒi], *a.* **1.** Taché, souillé, sali; (*of writing*) barbouillé, maculé, boueux. *S. date, s. signature*, date *f*, signature *f*, illisible. **2.** (Contour, etc.) estompé, noyé.

smudgy[2], *a.* **1.** *U.S:* Fumeux. **2.** *Dial:* Étouffant, suffocant.

smug [smʌg]. **1.** *a.* (*a*) (Ton, air) suffisant, avantageux; satisfait de soi-même. *There's something s. about him*, il a l'air content de lui. *A s. young man, F:* un joseph. *S. optimism*, optimisme béat. *A s. contempt for modern art*, un dédain bourgeois, épicier, de l'art contemporain. (*b*) (Visage *m*) glabre. (*c*) *A:* Tiré à quatre épingles. **2.** *s. Sch: P:* Garçon *m* qui se tient sur son quant-à-soi, qui ne prend pas part aux sports; *F:* ours *m*. **-ly**, *adv.* D'un air suffisant.

'smug-faced, -looking, *a.* A l'air suffisant.

smuggle [smʌgl], *v.tr.* (Faire) passer (des marchandises, etc.) en contrebande, en fraude. *Abs.* Faire la contrebande. **To smuggle sth. into, out of, a country**, entrer, sortir, qch. en contrebande. *F:* *To s. sth. into the room*, apporter qch. dans la salle furtivement, subrepticement, à la dérobée. *He smuggled the letter under the book*, sans faire semblant de rien il glissa la lettre sous le livre. **To smuggle sth. away**, faire disparaître qch.; *F:* escamoter (une lettre, etc.).

smuggling, *s.* Contrebande *f*; fraude *f* (aux droits de douane).

smuggler ['smʌglər], *s.* Contrebandier *m*; fraudeur *m* (à la douane).

smugness ['smʌgnəs], *s.* Suffisance *f*; béatitude *f*.

smut[1] [smʌt], *s.* **1.** (*a*) Parcelle *f* de suie; flocon *m* de suie. (*b*) Tache *f* de suie, noiré *m* (*on the face*, au visage). (*c*) Insecte *m* minuscule; petite bête. **2.** *Coll.* Saletés *fpl*, grivoiseries *fpl*, indécences *fpl*, ordures *fpl*. **To talk smut**, dire des saloperies, des malpropretés, des cochonneries; débiter des turpitudes. **3.** *Agr:* Charbon *m*, suie *f*, brûlure *f*, nielle *f* (des céréales). **Stinking smut**, carie *f*.

'smut-ball, *s. Agr:* Grain de blé moucheté.

smut[2], *v.* (**smutted; smutting**) **1.** *v.tr.* Noircir, salir (qch.); tacher (de suie). **2.** *v.i.* *Agr:* (*Of corn*) Être atteint du charbon, de la nielle, de carie.

smutted, *a.* **1.** Noirci, sali; taché (de suie). **2.** *Agr:* (Blé) charbonné, carié; atteint du charbon, de carie; maculé, moucheté, niellé.

smutch [smʌtʃ], *v.tr.* = SMUDGE[2].

smuttiness ['smʌtinəs], *s.* **1.** Noirceur *f*, saleté *f*. **2.** Obscénité *f*, grivoiserie *f*, saleté (d'un conte, etc.). **3.** *Agr:* État maculé, niellé, charbonné (du blé).

smutty ['smʌti], *a.* **1.** (*a*) Noirci, noir; sali (de suie); sale. *S. yellow*, jaune sale. *Typ:* **Smutty proof**, épreuve boueuse. (*b*) (*Of conversation, etc.*) Malpropre, ordurier, graveleux, grivois, gras, polisson. *A s. story*, une histoire cochonne. *A s. joke*, une turpitude, une gravelure, une malpropreté. **2.** (*a*) *Agr:* = SMUTTED 2. (*b*) (Arbre) piqué, entamé (par la pourriture). **-ily**, *adv.* (Parler, etc.) indécemment, salement, d'une manière grivoise.

Smyrna ['smə:rnə]. *Pr.n. Geog:* Smyrne *f*.

Smyrnean [smə:r'ni:ən], **Smyrniote** ['smə:rniət], *a. & s.* *Geog:* Smyrniote (*mf*); smyrnéen, -éenne.

snack [snak], *s.* **1.** *A:* Part *f*, lot *m*, portion *f*. *Still so used in F:* **To go snacks with s.o. in sth.**, partager qch. avec qn. **"Snacks,"** "partageons." **2.** Léger repas, petit repas; casse-croûte *m inv*, collation *f*. **To take, have, a snack**, casser la croûte, prendre un casse-croûte; manger un morceau sur le pouce; (*between meals*) goûter.

'snack-bar, *s.* Bar *m* où l'on peut prendre un casse-croûte au comptoir; "casse-croûte."

'snack-basket, *s.* Panier garni pour pique-niques.

snaffle[1] [snafl], *s. Harn:* (*Also* **snaffle-bit**) Filet *m*; mors *m* de bridon. *F:* To ride s.o. on the snaffle, laisser à qn la bride sur le cou.

'snaffle-'bridle, *s.* Filet *m*, bridon *m*.

'snaffle-'rein, *s.* Rêne *f* de filet.

snaffle[2], *v.tr. P:* **1.** S'emparer de (qch.); chiper (qch.). **2.** Arrêter, pincer (un malfaiteur).

snag[1] [snag], *s.* **1.** (*a*) Chicot *m* ((i) d'arbre, (ii) de dent). (*b*) Chicot, souche *f*, au ras d'eau ou formant écueil; entrave *f* à la navigation fluviale. (*c*) *F:* Écueil *m*, obstacle caché; pierre *f* d'achoppement; accroc *m*. **To look for the snag in sth.,** chercher finesse à qch. **To strike a snag, to come on a snag,** se heurter à un obstacle, à une anicroche; *P:* tomber sur un bec de gaz. *There are all sorts of little snags*, il y a toutes sortes de chichis. **There's a snag,** il y a un cheveu. **There's the snag,** voilà le cheveu. **2.** (*a*) Saillie *f*, dent *f*, protubérance *f*. (*b*) Andouiller *m* (de bois de cerf).

snag[2], *v.tr.* **(snagged; snagging) 1.** (*a*) (*Of river boat*) **To be snagged,** se heurter contre un chicot submergé; toucher un écueil. (*b*) *Dial:* Faire un accroc à (sa robe, etc.). **2.** (*a*) Mettre (une rivière, un chenal) en bon état de navigation; enlever les chicots et autres écueils. (*b*) *Agr: etc:* Essoucher, défricher (un terrain). **3.** *U.S: To s. a casting*, ébarber une pièce de fonte.

snaggle-tooth ['snagltu:θ], *s.* Dent saillante.

snaggy ['snagi], *a.* **1.** (*a*) Noueux, épineux. (*b*) (*Of land*) Hérissé de souches. **2.** (*Of river, etc.*) Semé d'obstacles submergés.

snail[1] [sneil], *s.* **1.** Limaçon *m*, escargot *m*, colimaçon *m*. **Edible snail,** escargot comestible. *Breeder of edible snails*, héliciculteur *m*. *F:* **To go at a snail's pace,** aller à pas de tortue. *See also* SEA-SNAIL, SHELL-SNAIL, WATER-SNAIL. **2.** *Clockm:* **Snail(-wheel),** limaçon.

'snail-breeding, *s.* Héliciculture *f*.

'snail-fish, *s. Ich:* Limace *f* de mer.

snail[2]. **1.** *v.i.* Aller, avancer, à pas de tortue. **2.** *v.tr. Clockm:* Tailler (un arbre) en limaçon.

snailery ['sneiləri], *s.* Escargotière *f*; parc *m* à escargots.

snake[1] [sneik], *s.* **1.** Serpent *m*. (*a*) **Common snake, grass-snake, ring-snake, water-snake,** couleuvre *f* à collier, serpent d'eau; hydrophis *m*. (*b*) **Hooded snake,** cobra(-capello) *m*, naja *m*. *See also* LANCE-SNAKE. *F:* **To cherish, nourish, a snake in one's bosom,** réchauffer un serpent dans son sein. *U.S: P:* **To see snakes,** avoir le delirium tremens. *F:* **There's a snake in the grass,** il y a anguille sous roche. *P:* **Snakes!** grand Dieu! **2.** *Games:* **Snakes and ladders,** jeu enfantin du genre du jeu de l'oie.

'snake-bite, *s.* Morsure *f* de serpent.

'snake-charmer, *s.* Charmeur, -euse, de serpents.

'snake-fence, *s. U.S:* Clôture *f* en treillis, en lattes disposées en zig-zag.

'snake-fish, *s. Ich:* **1. Red snake-fish,** cépole *m*, ruban *m*, fouet *m*. **2.** Régalec *m*. **3.** Synodonte *m*.

'snake-like, *a.* Anguiforme, ophidien.

'snake-ring, *s. Fish: etc:* Anneau spiral, serpentiforme; anneau formé spirale.

'snake-root, *s. Bot: Pharm:* Serpentaire *f*. **Virginia(n) snake-root,** (i) serpentaire de Virginie, aristoloche *f* serpentaire; (ii) polygale *m* de Virginie.

'snake's-head, *s. Bot:* **Snake's-head (fritillary, lily),** fritillaire *f* méléagride, (fritillaire) damier *m*.

'snake-stone, *s.* **1.** Pierre *f* à aiguiser (des carrières d'Écosse). **2.** *Paleont: F:* Ammonite *f*.

'snake-weed, *s. Bot:* **1.** Bistorte *f*; liane *f* à serpents. **2.** = SNAKE-ROOT.

'snake-wood, *s.* **1.** *Bot:* (*a*) Strychnos *m*; *F:* bois *m* de couleuvre. (*b*) Ophioxylon *m*; bois de serpent; serpentine *f*. (*c*) Piratinère *m* de Guyane. **2.** *Com:* Bois satiné; bois de lettres.

snake[2]. **1.** *v.i.* (*a*) (*Of road, smoke, etc.*) Serpenter. (*b*) **To snake along,** ramper. **2.** *v.tr.* (*a*) *Nau:* Serpenter (deux amarres). (*b*) Faire serpenter (un câble, etc.). (*c*) *U.S:* (*In lumbering*) Traîner (les troncs d'arbre).

snaky ['sneiki], *a.* **1.** (*a*) Couleuvrin; de serpent. **The Gorgon's snaky hair,** la chevelure de la Gorgone, hérissée de serpents. (*b*) (Langue *f*, etc.) perfide, de vipère. *S. disposition*, humeur *f* fourbe, perfide. **2.** (*Of road, etc.*) Serpentant, sinueux, tortueux. **3.** Infesté de serpents.

snap[1] [snap]. I. *s.* **1.** (*a*) Coup *m* de dents. **To make a snap at sth., at s.o.,** tâcher de happer qch.; (*of dog*) essayer de mordre qn; faire mine de mordre qn. (*b*) Coup de ciseaux. (*c*) Coup sec, claquement *m* (des dents, d'un fouet, etc.); bruit *m* d'un bouton pression qui se ferme. **To shut one's mouth with a snap,** fermer la bouche en faisant claquer ses dents. *The box shut with a s.*, la boîte se ferma en claquant, avec un coup sec. *With a s. of the fingers he left us*, il nous quitta en faisant claquer ses doigts (en signe de défi). *F:* **I don't care a snap,** je m'en soucie comme d'une guigne. **2. To speak with a snap,** parler d'un ton sec, mordant, cassant. **3.** Cassure *f*, rupture soudaine. *There was a s.*, quelque chose a cassé. **4.** (*a*) *Th:* Engagement *m* de courte durée. (*b*) **Cold snap,** courte période de temps froid; froid soudain; coup de froid. **5.** *F:* Énergie *f*, vivacité *f*, entrain *m*. **Style full of snap,** style vif, vigoureux, plein de sève. **Put some snap into it!** un peu d'énergie! **6.** *Cu:* Biscuit croquant; croquet *m* au gingembre. **7.** (*a*) **Snap(-fastener),** (i) fermoir *m* (de livre, de valise, etc.); (ii) agrafe *f*, fermoir (de collier), cadenas *m* (de bracelet); (iii) bouton *m* (fermoir) à pression, fermoir pression, bouton pression, *F:* pression *f*. *El:* **Snap contact,** contact *m* à languette. (*b*) (Porte-)mousqueton *m* (de chaîne de montre, etc.). (*c*) **Snap of a look,** bouterolle *f* d'une serrure. **8.** *Tls: Metalw:* **(Rivet-)snap, snap-tool,** bouterolle, chasse-rivet(s) *m inv*, mandrin *m* d'abattage. **9.** *Phot:* = SNAPSHOT[1]. **10.** *Cards:* Jeu enfantin qui exige de la rapidité de coup d'œil. **11.** *U.S: F:* **Soft snap,** chose *f* facile; coup tout fait.

II. **snap,** *attrib.a.* Instantané, imprévu. **Snap strike,** grève *f* au pied levé; grève par surprise. *Parl:* **Snap division,** vote *m* de surprise. *S. debate*, débat inopiné.

III. **snap,** *adv.* To go snap, faire crac; se casser net. **Snap went my stick,** crac! voilà ma canne cassée, qui se casse!

'snap-beetle, *s. Ent:* = CLICK-BEETLE.

'snap-block, *s.* = SNATCH-BLOCK.

'snap-bolt, *s.* Verrou *m* à fermeture automatique; verrou à ressort.

'snap-head, *s. Metalw:* **1.** Rivure bouterollée, tête bouterollée (de rivet). **Snap-head rivet,** rivet *m* à tête ronde. **2.** *Tls:* Bouterolle *f*; chasse-rivet(s) *m inv*, contre-rivoir *m*.

'snap-hook, *s.* Mousqueton *m*, porte-mousqueton *m inv*.

'snap-lock, *s.* Serrure *f* à ressort; housset *m*, houssette *f* (de malle, etc.).

'snap-switch, *s. El.E:* Commutateur *m* à ressort.

snap[2], *v.* **(snapped** [snapt]; **snapping)** I. *v.i.* **1.** (*a*) (*Of dog, etc.*) **To snap at s.o., sth.,** chercher à mordre, à happer, à saisir, qn, qch.; donner un coup de dents à qn, à qch. (*Of dog*) *To s. at a hare*, bourrer un lièvre. *F:* **To snap at an opportunity,** saisir vivement une occasion; sauter sur une belle occasion. (*b*) *F:* **To snap (out) at s.o.,** s'adresser à qn d'un ton sec, cassant; rembarrer qn. **2.** (*Of teeth, whip, etc.*) Claquer; faire un bruit sec; (*of fastener*) se fermer avec un bruit sec; (*of pistol*) (i) partir, *P:* péter; (ii) rater. **3.** (*Of stick, rope, etc.*) **To snap (asunder),** se casser net; se rompre avec un bruit sec.

II. **snap,** *v.tr.* **1.** (*Of dog, etc.*) Saisir (qch.) d'un coup de dents; happer (qch.). *The dog snapped a chop from the table*, le chien a happé une côtelette sur la table. **2.** (*a*) Faire claquer (un fouet, etc.). **To snap one's teeth (together),** (faire) claquer ses dents. **To snap one's fingers,** faire claquer ses doigts. *F:* **To snap one's fingers at a threat,** se moquer d'une menace. **To snap one's fingers at s.o., in s.o.'s face,** narguer qn; faire la nique à qn; faire la figue à qn. *To s. one's fingers at Mrs Grundy*, braver les convenances; se jouer de toutes les convenances. (*b*) *To s. a spring*, déclencher un ressort. **To snap a pistol at s.o.,** tirer un coup de pistolet à qn. (*c*) *Phot:* **To snap s.o., sth.,** prendre un instantané de qn, de qch.; *F:* prendre qn, qch. **3.** Casser, rompre (une canne, etc.). **Snapped tendon,** tendon claqué. **To snap sth. in two,** casser qch. net. **4. To snap (out) words,** jeter des mots d'un ton cassant, bref. *To s. out an order*, donner un ordre d'un ton sec. "*No,*" *he snapped*, "non," dit-il d'un ton sec, d'un ton brusque. "*Mind your own business!*" *was the snapped rejoinder*, "occupez-vous de vos affaires," lui répondit-on d'un ton sec. **5.** Faire (qch.) brusquement. *Aut:* **To snap in a gear,** changer vivement de vitesse. *Parl:* **To snap a division on a question,** mettre une question aux voix sans donner le temps de la discuter. **6.** *Mec.E:* Bouteroller (un rivet).

snap back, *v.i.* (*Of trigger, etc.*) Revenir brusquement.

snap off. 1. *v.tr.* (*a*) Enlever (qch.) d'un coup de dents. *F:* **To snap s.o.'s head off, s.o.'s nose off,** faire une algarade à qn; rembarrer vivement qn. *Don't s. my head off!* vous n'allez pas me manger le nez! ne m'avalez pas! (*b*) Casser (le bout d'une canne, etc.). **2.** *v.i.* Se détacher brusquement, avec un bruit sec; se casser.

snap on, *v.tr.* Engager brusquement (un cliquet, etc.). *To s. on the brakes*, freiner brusquement, vivement.

snap to. 1. *v.tr.* Refermer (une boîte, un carnet) d'un coup sec. **2.** *v.i.* **The lid snapped to,** le couvercle se referma avec un bruit sec (et en faisant jouer la serrure).

snap up, *v.tr.* **1.** Saisir, happer (qch.). *The bird snapped up the fly*, l'oiseau happa, goba, la mouche. **To snap up a bargain,** saisir une occasion; sauter sur une occasion. **To snap up an issue of shares,** enlever une émission d'actions. *Goods that are eagerly snapped up*, marchandises *f* qui s'enlèvent vite, qu'on s'arrache. *All the tables are snapped up*, toutes les tables sont prises d'assaut. *F:* **The tickets are being snapped up like hot cakes,** les billets s'enlèvent comme des petits pains. *F:* **She snapped up the new-comer,** elle a happé le nouvel arrivant. **2.** *F:* Reprendre (qn) vertement; rembarrer qn.

snapping[1], *a.* **1.** Hargneux, revêche. **2.** (Chien) hargneux, qui cherche à mordre.

'snapping beetle, -jack, *s. U.S:* = CLICK-BEETLE.

'snapping-turtle, *s. Rept:* Chélydre serpentine.

snapping[2], *s.* **1.** Claquement *m* (de dents). **2.** Brusque rupture *f* (d'un bâton, d'une branche morte). **3.** Déclenchement *m* (d'un ressort). **4.** *Phot:* Prise *f* d'instantanés.

snapdragon ['snapdragən], *s.* **1.** *Bot:* = ANTIRRHINUM. **2.** Jeu *m* (de Noël) qui consiste à happer des raisins secs dans du cognac flambant et à les manger tout chauds.

snapper ['snapər], *s.* **1.** Personne hargneuse. **2. Snapper-up,** ramasseur, -euse, de tout ce qui se trouve sous la main. *Esp. F:* **Snapper-up of unconsidered trifles,** chipeur, -euse; escamoteur, -euse; chapardeur, -euse. **3.** *U.S:* Mèche *f* (d'un fouet). **4.** Photographe *m* qui fait de l'instantané.

snappish ['snapiʃ], *a.* (*a*) Irritable; (ton) hargneux. (*b*) (Chien) hargneux. **-ly,** *adv.* D'un ton hargneux; avec mauvaise humeur.

snappishness ['snapiʃnəs], *s.* Mauvaise humeur; humeur hargneuse, ton hargneux; irritabilité *f*.

snappy ['snapi], *a.* **1.** = SNAPPISH. **2.** (Style, etc.) vif, plein d'allant, plein de sève. *S. phrase, story*, locution pleine de sel; histoire bien bouclée. **3.** *Aut: etc:* (Moteur) nerveux. *P:* **Make it snappy!** dépêchez-vous! *P:* grouillez-vous! **et plus vite que ça!** **4.** *P:* (Équipage) élégant, chic.

snapshot[1] ['snapʃɔt], *s.* **1.** Coup (de fusil) lâché sans viser. **2.** *Phot: F:* Instantané *m*. **To take a snapshot,** prendre un instantané. **Snapshot album,** album *m* pour photographies d'amateurs. *See also* CAMERA 1.

snapshot[2], *v.tr.* **(snapshotted; snapshotting)** Prendre un instantané de (qn). *Abs.* Faire de l'instantané.

snapshotter ['snapʃɔtər], *s.* Photographe *m* qui fait de l'instantané; preneur, -euse, d'instantanés.

snare[1] [snɛər], *s.* **1.** (*a*) *Ven:* Lacet *m*, lacs *m*, filet *m*, collet *m*, panneau *m*, attrape *f*, attrapoire *f*; (*for moles, etc.*) arbalète *f*. **Bird-snare**, tenderie *f* aux oiseaux. **To lay, set, a snare**, dresser, tendre, un filet, un lacet. *To lay snares*, colleter. (*Of rabbit, etc.*) **To be caught in a snare**, être pris au lacet. (*b*) *F:* Piège *m*. (*Of pers.*) **To be caught in the snare**, tomber dans le piège; être pris au piège. *I had laid a s. for him*, je lui avais tendu un piège. **These promises are a snare and a delusion**, ces promesses sont trompeuses et décevantes. **2.** *Surg:* (**Nasal polypus**) **snare**, serre-nœud *m*, *pl.* serre-nœud(s). **3.** *pl.* **Snares of a drum**, timbre *m* d'un tambour.

'snare-drum, *s.* Tambour *m* à timbre; caisse claire.

'snare-hoop, *s.* Grand cercle (de tambour).

snare[2], *v.tr.* (*a*) Prendre (un oiseau) au filet; chasser, prendre, (un lapin) au collet, au lacet; attraper (un animal). (*b*) *F:* Prendre (qn) au piège; attraper (qn).

snarer ['snɛərər], *s.* Tendeur *m* de lacets; chasseur *m* au collet; piégeur *m*.

snarky ['snɑːrki], *a.* *U.S:* *F:* Désagréable, maussade.

snarl[1] [snɑːrl], *s.* (*Of dog or pers.*) Grondement *m*, grognement *m*. *He sprang up with a s.*, il se redressa avec un grognement. *He answered with a s.*, il répondit d'un ton hargneux.

snarl[2], *v.i.* **1.** (*Of animal*) Montrer les dents; grogner, gronder. **2.** (*Of pers.*) **To snarl at s.o.**, grogner, gronder, contre qn. *With cogn. acc.* **To snarl out an answer (to s.o.)**, répondre (à qn) d'un ton hargneux.

snarling[1], *a.* Grondant, grognant; (*of pers., dog, etc.*) hargneux.

snarling[2], *s.* Grondement *m*, grognement *m*.

snarl[3], *s.* **1.** *Tex:* Vrillage *m*, vrille *f*, boucle *f*. **2.** (*a*) Enchevêtrement *m*, emmêlement *m*, entortillement *m*. (*b*) **Traffic snarl**, embarras *m* de voitures; embouteillage *m*.

snarl[4]. **1.** *v.i.* (*a*) *Tex:* (*Of yarn*) Vriller. (*b*) *U.S:* S'emmêler, s'enchevêtrer, se nouer. **2.** *v.tr.* *U.S:* Emmêler, enchevêtrer.

snarl[5], *v.tr.* *Metalw:* Travailler (une aiguière d'argent, etc.) au repoussé, au repoussoir.

snarling[3], *s.* *Metalw:* Repoussé *m*, repoussage *m*. *Tls:* **Snarling-iron**, repoussoir *m*.

snarler[1] ['snɑːrlər], *s.* Grondeur, -euse; grogneur, -euse; *F:* grognon *mf*.

snarler[2], *s.* *Metalw:* **1.** Travailleur *m* au repoussé. **2.** *Tls:* Repoussoir *m*.

snarly ['snɑːrli], *a.* *F:* Hargneux.

snatch[1] [snatʃ], *s.* **1.** Mouvement vif pour saisir qch. **To make a snatch at sth.**, chercher à saisir, à attraper, qch.; étendre vivement la main pour saisir qch. **2.** (*a*) Courte période. **Snatch of sleep**, petit somme. **To sleep in, by, short snatches**, dormir par courts intervalles. **To work by snatches**, travailler à bâtons rompus, par échappées, par boutades, par accès, d'une façon décousue. *Mec.E:* **Snatch horse-power**, puissance maxima. (*b*) Fragment *m*. **Snatches of song**, fragments de chanson. **To overhear snatches of conversation**, surprendre des bouts *m*, des bribes *f*, de conversation. *Snatches of loud conversation*, éclats *m* de voix. *Snatches of the waltz reached their ears*, la musique de la valse leur arrivait par bouffées. (*c*) *Snatches of the sea between the trees*, échappées *f* sur la mer entre les arbres. **3.** Casse-croûte *m inv*; morceau mangé sur le pouce.

'snatch-block, *s.* Poulie coupée; galoche *f*.

'snatch-crop, *s.* *Agr:* Récolte dérobée, culture dérobée.

'snatch-hook, *s.* Mousqueton *m*.

snatch[2], *v.tr.* & *i.* **1.** Saisir, empoigner (qch.); s'emparer brusquement, se saisir, de (qch.); agripper (qch.). (*Of birds, etc.*) *To s. insects*, happer des insectes. **To snatch at sth.**, tâcher de saisir qch.; faire un mouvement pour saisir qch. **To snatch sth. up**, ramasser vivement qch. *He snatched (up) his revolver off the table*, il saisit son revolver sur la table. **Snatch-and-grab robbery**, vol *m* à l'esbrouffe. **To snatch (at) an opportunity**, saisir une occasion. **To snatch a meal**, manger un morceau sur le pouce. **To snatch a few hours' sleep**, dérober quelques heures de sommeil à son travail. *See also* KISS[1] 1. **2.** **To snatch sth. (away) from s.o.**, arracher, enlever, qch. à qn. **To snatch sth. out of s.o.'s hands**, arracher qch. des mains de qn. *She had her hand-bag snatched*, on lui a volé son sac à main en pleine rue.

snatch off, *v.tr.* Arracher (une couverture, etc.).

snatcher ['snatʃər], *s.* **1.** Voleur *m* à l'esbrouffe; esbrouffeur *m*. **2.** *See* BODY-SNATCHER.

snatchy ['snatʃi], *a.* Irrégulier. **Snatchy reading**, lecture *f* à bâtons rompus. *Row:* **Snatchy stroke**, coup d'aviron saccadé.

sneak[1] [sniːk], *s.* **1.** Pleutre *m*; pied plat, cuistre *m*; *A:* plat valet, patte-pelu(e) *mf*, *pl.* pattes-pelu(e)s. **2.** *Sch:* *F:* Cafard, -arde; mouchard *m*; rapporteur, -euse. **3.** *P:* Chipeur, -euse; chapardeur, -euse. **4.** *Cr:* Balle lancée à ras de sol; balle traîtresse. **5.** *pl.* *F:* **Sneaks**, chaussures silencieuses; espadrilles *f*.

'sneak-thief, *s.* Chapardeur, -euse; chipeur, -euse.

sneak[2]. **1.** *v.i.* (*a*) **To sneak off, away**, partir furtivement, en catimini; s'éclipser; *P:* se défiler. **To sneak in, out**, se glisser furtivement, se faufiler, dans un endroit, hors d'un endroit; entrer, sortir, à pas de loup. (*b*) *Sch:* *P:* Moucharder, cafarder, caponner, rapporter. **To sneak on s.o.**, moucharder, cafarder, qn. **2.** *v.tr.* *P:* Chiper, choper, chaparder, barboter, subtiliser (qch.). *To s. a meal in a restaurant*, griveler un repas.

sneaking, *a.* **1.** (*a*) Furtif. **To have a sneaking liking for sth.**, avoir un penchant caché, inavoué, pour qch. (*b*) Sournois, dissimulé. **2.** Rampant, servile. **-ly**, *adv.* **1.** (*a*) Furtivement, en cachette; secrètement, à la dérobée. (*b*) Sournoisement; en dessous. **2.** Servilement.

sneaker ['sniːkər], *s.* **1.** *Cr:* = SNEAK[1] 4. **2.** *pl.* *U.S:* **Sneakers**, chaussures silencieuses; espadrilles *f*.

sneaky ['sniːki], *a.* = SNEAKING 2.

sneck[1] [snek], *s.* *Scot:* (*a*) Loquet *m*, loqueteau *m*, clenche *f*, clenchette *f* (d'une porte). (*b*) Arrêt *m* de sûreté, birloir *m* (d'une fenêtre à guillotine).

sneck[2], *v.tr.* *Scot:* Fermer (la porte) au loquet; fermer (la porte); assujettir (la fenêtre à guillotine).

sneer[1] [sniːər], *s.* **1.** Sourire *m* de mépris; rire moqueur; ricanement *m*. **2.** Sarcasme *m*, brocard *m*, *A:* lardon *m*. *Sneers at s.o.*, sarcasmes à l'adresse de qn.

sneer[2], *v.i.* & *tr.* Sourire, rire, d'un air moqueur; ricaner. **To sneer at s.o.**, (i) se moquer, se gausser, de qn; parler de qn d'un ton méprisant; (ii) lancer des sarcasmes à qn. *To s. at riches*, dénigrer les richesses; se moquer des richesses. **To sneer s.o. down**, faire taire qn à force de sarcasmes. **To sneer away s.o.'s reputation**, déchirer la réputation de qn par des railleries, par des allusions désobligeantes.

sneering[1], *a.* Ricaneur, -euse; moqueur, -euse; sarcastique. **-ly**, *adv.* D'un air méprisant, sarcastique; en ricanant.

sneering[2], *s.* **1.** Ricanerie *f*. **2.** Sarcasme *m*.

sneerer ['sniːərər], *s.* Ricaneur, -euse; moqueur, -euse.

sneeze[1] [sniːz], *s.* Éternuement *m*. **To stifle, strangle, a sneeze**, réprimer une envie d'éternuer.

sneeze[2], *v.i.* Éternuer. *F:* **To sneeze one's head off**, éternuer à tout casser. **That's not to be sneezed at**, cela n'est pas à dédaigner; je n'en fais pas fi; il ne faut pas cracher dessus. *See also* POP[2] 1.

sneezing, *s.* Éternuement *m*; *Med:* sternutation *f*. **Sneezing powder**, poudre sternutative, sternutatoire. *I.C.E:* *F:* *S. in the carburettor*, éternuements dans le carburateur.

sneezer ['sniːzər], *s.* Éternueur, -euse.

sneezewort ['sniːzwərt], *s.* *Bot:* Achillée *f* sternutatoire; herbe *f* à éternuer; bouton *m* d'argent; ptarmique *f*.

snell [snel], *s.* *Fish:* *U.S:* Empile *f*, pile *f*, crin *m*.

snib[1] [snib], *s.* *Scot:* = SNECK[1].

snib[2], *v.tr.* (snibbed; snibbing) *Scot:* = SNECK[2].

snick[1] [snik], *s.* **1.** Entaille *f*, encoche *f*. **2.** Coup *m* de ciseaux; entaille (dans l'étoffe). **3.** *Cr:* Coup (de batte) léger qui fait dévier la balle.

snick[2], *v.tr.* **1.** Entailler, encocher; faire une entaille dans (le drap, etc.). **2.** *Cr:* **To snick the ball**, couper légèrement la balle (à droite ou à gauche). **3.** *v.i.* *F:* **To snick along, across, to . . .**, courir vivement jusqu'à . . ., jusque chez. . . .

snick[3], *s.* *F:* Petit bruit sec.

snick[4], *v.tr.* Faire (qch.) avec un petit bruit sec. **To snick on the lights**, tourner le commutateur.

snicker[1] ['snikər], *s.* **1.** = SNIGGER[1]. **2.** (*Of horse*) Hennissement *m*.

snicker[2], *v.i.* **1.** = SNIGGER[2]. **2.** (*Of horse*) Hennir.

snickersnee [snikər'sniː], *s.* *A:* Gros couteau; *F:* eustache *m*.

snide [snaid]. *P:* **1.** *a.* Faux, *f.* fausse; factice. **2.** *s.* (*a*) Fausse monnaie. (*b*) Bijouterie *f* factice; toc *m*.

Snider ['snaidər], *s.* Fusil *m* Snider.

sniff[1] [snif], *s.* Reniflement *m*. **To take a sniff at a rose**, respirer, sentir, renifler, une rose. **With a sniff of disgust**, en reniflant d'un air dégoûté. **To get a sniff of fresh air**, prendre un peu, une bouffée, d'air frais. *F:* *To go to Brighton for a s. of the briny*, aller à Brighton prendre un air de mer. *One s. of it is sufficient to kill*, une seule bouffée (de ce gaz) suffit pour tuer un homme.

sniff[2], *v.i.* & *tr.* **1.** (*a*) Renifler; être enchifrené. (*b*) **To sniff at an idea**, renifler sur une idée; marquer du dédain, de la répugnance, pour une idée. **To sniff at a dish**, renifler sur un plat. **The offer is not to be sniffed at**, l'offre n'est pas à dédaigner. **2.** (*a*) Flairer (un bon dîner, un danger, etc.). (*b*) **To sniff (at) a rose**, sentir, flairer, renifler, une rose; humer le parfum d'une rose. *To s. (at) a bottle of salts*, respirer un flacon de sels. *The dog sniffed (at) my hand*, le chien me flaira la main. **3.** Humer, renifler (une prise de tabac, etc.). **To sniff in the fresh air**, se remplir les poumons d'air frais. *Med:* **To sniff up a solution**, aspirer une solution par le nez. '**To be sniffed up the nostrils**,' "pour être aspiré par les narines."

sniffing[1], *a.* Qui renifle; morveux, enchifrené.

sniffing[2], *s.* **1.** Reniflement *m*, *F:* reniflerie *f*. **2.** Aspiration *f*. **3.** Humage *m*.

sniffer ['snifər], *s.* Renifleur, -euse.

sniffle [snifl], *v.i.* *F:* Être enchifrené; renifler.

sniffling[1], *a.* Enchifrené; enrhumé du cerveau.

sniffling[2], *s.* Enchifrènement *m*; reniflement *m*.

sniffy ['snifi], *a.* *F:* **1.** (*a*) Dédaigneux. (*b*) De mauvaise humeur. **2.** D'odeur suspecte; malodorant.

snift [snift], *v.i.* **1.** *Dial:* (*Of pers.*) Renifler. **2.** (*Of steam-engine*) Tousser, cracher.

'snifting hole, *s.* Narine *f* (de pompe, etc.).

'snifting valve, *s.* *Mch:* Reniflard *m*.

snifter ['sniftər], *s.* *P:* **1.** Vent carabiné. **2.** *U.S:* Goutte *f*, petit verre.

snigger[1] ['snigər], *s.* (*a*) Rire intérieur, en dessous; petit rire sournois, contenu; léger ricanement. (*b*) Petit rire grivois, rosse.

snigger[2], *v.i.* Rire sous cape; rire en dedans; ricaner tout bas.

sniggering, *s.* Rires *mpl* en dessous; petits rires de dénigrement; petits rires cyniques; ricanements contenus, grivois; hilarité contenue.

sniggerer ['snigərər], *s.* Ricaneur, -euse.

sniggle[1, 2] [snigl], *s.* & *v.i.* = SNIGGER[1, 2].

sniggle[3]. **1.** *v.i.* Se glisser, se faufiler (dans une chambre, le long du mur, etc.). **2.** *v.tr.* Introduire (qch.) furtivement (*into*, dans).

sniggler ['sniglər], *s.* = SNIGGERER.

snip[1] [snip], *s.* **1.** Morceau coupé; bout *m*, petit morceau (de papier, de toile). **2.** (*a*) Petite entaille, petite encoche. (*b*) Coup *m* de ciseaux. *I heard a s.*, j'entendis jouer les ciseaux. **3.** *pl.* *Tls:* **Snips**, pince *f* à couper; cisaille *f* pour tôles. **4.** *P:* Tailleur *m*. **5.** *P:* (*a*) Certitude *f*; affaire certaine. *Turf:* Gagnant sûr. (*b*) Affaire avantageuse; occasion *f*.

'snip-snap[1], *s. F:* Reparties *fpl*; ripostes *fpl*; assaut *m* d'esprit; échange *m* de propos aigres-doux. **Snip-snap conversation**, conversation *f* où brillent les reparties, les ripostes.

'snip-snap[2], *v.i.* (**snip-snapped**; **snip-snapping**) *F:* Faire assaut d'esprit; échanger des reparties.

snip[2], *v.tr.* (**snipped** [snipt]; **snipping**) Couper (du papier, une étoffe) avec des ciseaux, d'un coup de ciseaux.

snip off, *v.tr.* Enlever, détacher, (qch.) d'un coup de ciseaux.

snipped, *a.* (Bord, etc.) découpé.

snipping, *s.* **1.** Action *f* de couper (avec les ciseaux). **2.** *pl.* **Snippings**, morceaux coupés; petits coupons (d'étoffe).

snipe[1] [snaip], *s.* (*Coll. sg. preferred to pl.*) **1.** *Orn:* Bécassine *f*. **Summer snipe**, charlot *m* de plage; alouette *f* de mer; petite maubèche. **Robin snipe**, grande maubèche. *He gave us* **four snipe**, il nous a donné quatre bécassines. *The moor was full of snipe(s)*, la lande abondait en bécassines. *See also* HALF-SNIPE, JACK[1] II. 5, PLOVER-SNIPE. **2.** *F:* Gamin, -ine; *P:* merdaillon *m*. *Cheeky little s.*, petit moutard dessalé. **3.** *U.S: P:* Mégot *m* (de cigare ou de cigarette).

'snipe-eel, *s. Ich:* Orphie *f*; bécassine *f* de mer.

snipe[2]. **1.** *v.i.* Chasser la bécassine. **2.** *v.i. & tr.* **To snipe (at) the enemy**, canarder, tirailler contre, l'ennemi. *To be sniped at*, essuyer les coups de feu de tireurs isolés. **To be sniped**, être tué, blessé, "descendu," par un tireur embusqué.

sniping, *s.* **1.** Chasse *f* à la bécassine. **2.** Tir *m* en canardeur.

sniper ['snaipər], *s. Mil:* Canardeur *m*; tireur d'élite embusqué; tireur isolé; *P:* perroquet *m*.

snipper ['snipər], *s. F:* **1.** Tailleur *m*. **2.** *pl.* **Snippers**, ciseaux *m*.

'snipper-snapper, *s.* = WHIPPER-SNAPPER.

snippet ['snipet], *s.* **1.** Bout *m*, morceau (coupé). **2.** Court extrait (de journal, etc.). *Shakespeare was doled out to them in snippets*, de Shakespeare on ne leur permettait de lire que des fragments, que des extraits, on ne leur servait que des miettes.

snippety ['snipeti], *a.* (Style) décousu; (connaissances) décousues, acquises par bribes.

snipy ['snaipi], *a.* **1.** (*a*) Au museau effilé. (*b*) Qui ressemble à une bécassine. **2.** (Lande, etc.) où foisonnent les bécassines, fréquentée par les bécassines.

snitch[1] [snitʃ], *s. P:* **1.** Nez *m*, *P:* pif *m*. **2.** **To turn snitch**, vendre ses complices; moucharder.

snitch[2], *v.i. P:* Vendre la mèche. **To snitch on s.o.**, dénoncer qn; *P:* moucharder qn.

snivel[1] ['sniv(ə)l], *s.* **1.** Morve *f*, roupie *f*. **To have the snivels**, avoir le nez qui coule. **2.** (*a*) Reniflement larmoyant. (*b*) Pleurnicherie *f*.

snivel[2], *v.i.* (**snivelled**; **snivelling**) **1.** Avoir le nez qui coule; être morveux, enchifrené; renifler. **2.** (*a*) Pleurnicher, larmoyer; *P:* chialer. (*b*) Y aller de sa larme; larmoyer hypocritement.

snivelling[1], *a.* **1.** (Nez *m*) qui coule; (*of pers.*) morveux, enchifrené. **2.** Pleurnicheur, -euse; larmoyant; *P:* chialeur, -euse. *S. hypocrites*, faux bonshommes, fausses bonnes femmes, qui la font au sentiment.

snivelling[2], *s.* **1.** Reniflement *m*. **2.** Pleurnicherie *f*, pleurnichement *m*; hypocrisie larmoyante.

sniveller ['snivələr], *s.* **1.** Pleurnicheur, -euse; *P:* chialeur, -euse. **2.** Faux bonhomme avec la larme à l'œil.

snob [snɔb], *s.* **1.** *P: A:* Cordonnier *m*, *P:* bouif *m*. **2.** *Sch: A:* Bourgeois *m*, philistin *m*; non-universitaire *m*. **3.** "Snob" *m*, (au sens restreint de) poseur *m*, fat *m* (dédaigneux des humbles, admirateur des grands); *f.* poseuse.

snobbery ['snɔbəri], *s.* Morgue *f*, pose *f*; affectation *f*.

snobbish ['snɔbiʃ], *a.* Poseur, -euse; fat, affecté; admirateur, -trice, des grands, de la haute société. **-ly**, *adv.* En "snob."

snobbishness ['snɔbiʃnəs], **snobbism** ['snɔbizm], *s.* = SNOBBERY.

snood [snuːd], *s.* **1.** *Fish:* (*a*) Cordée *f*, pile *f*. (*b*) Avançon *m*. **2.** *Scot: A:* Bandeau *m*, serre-tête *m inv* (pour les cheveux) (porté par les jeunes filles). *She wore the virgin s.*, elle portait le bandeau distinctif des jeunes filles.

snook[1] [snuːk], *s. Ich:* Brochet *m* de mer.

snook[2], *s. P:* Pied *m* de nez. **To cock, cut, a snook at s.o.**, faire un pied de nez à qn; faire la nique à qn; jouer de la flûte, de la clarinette, sur le bout de son nez.

snooker[1] ['snuːkər], *s. Bill:* (Jeu *m* de) "snooker" *m*. (Se joue avec 15 billes rouges et 6 billes d'autres couleurs, qu'il s'agit de blouser en les visant avec la bille blanche.)

snooker[2], *v.tr.* **To be snookered**, (i) au jeu de "snooker" se trouver dans l'impossibilité de frapper directement la bille; (ii) *F:* se trouver en mauvaise posture; être réduit à l'impuissance. *F:* **To snooker s.o.**, mettre qn dans une impasse.

snoop [snuːp], *v. U.S: F:* **1.** *v.tr.* Voler, subtiliser, chiper, chaparder (qch.). **2.** *v.i.* **To snoop (around)**, fourrer le nez partout; fureter, fouiner.

snooze[1] [snuːz], *s. F:* Petit somme. **To have a snooze**, faire un petit somme; faire la sieste.

snooze[2]. **1.** *v.i. F:* Sommeiller; être assoupi; dormichonner; faire un petit somme (au cours de la journée). **2.** *v.tr. F:* **To snooze one's life away**, passer sa vie à somnoler, à ne rien faire; vivre dans l'engourdissement.

snoozing, *a.* Endormi, assoupi.

snore[1] ['snɔːər], *s.* Ronflement *m* (d'un dormeur, *F:* d'une machine, etc.).

'snore-piece, *s. Mch:* Reniflard *m*.

snore[2]. **1.** *v.i.* Ronfler. *F:* **To snore like a pig**, ronfler comme un orgue, comme une toupie. **2.** *v.tr.* (*a*) **To snore out, away, the morning**, dormir toute la matinée (en ronflant); passer toute la matinée à ronfler. (*b*) **To snore oneself awake**, se réveiller par ses propres ronflements.

snoring[1], *a.* **1.** (Dormeur, etc.) qui ronfle. **2.** *Nau:* (Vent) carabiné.

snoring[2], *s.* Ronflement *m*. **Snoring noise**, son *m* de ronflement; son ronflant.

snorer ['snɔːrər], *s.* **1.** Ronfleur, -euse. **2.** *Nau:* Vent carabiné.

snort[1] [snɔːrt], *s.* **1.** Reniflement *m*; ébrouement *m* (d'un cheval, etc.); ronflement *m* (d'une machine à vapeur). **2.** Haut-le-corps *m inv* de dédain, de colère, d'impatience; reniflement de dégoût. **To give a snort of rage**, bouffer de rage.

snort[2]. **1.** *v.i.* (*a*) Faire entendre un ronflement; renifler fortement; (*of horse*) s'ébrouer ou renâcler. **To snort with rage**, bouffer de rage. *P: To s. at cigarettes*, dédaigner les cigarettes. (*b*) (*Of engine*) Ronfler ou tousser. **2.** *v.tr.* **To snort defiance at s.o.**, lancer un défi à qn avec un reniflement de mépris. **To snort out an answer**, répondre brusquement; grogner une réponse.

snorting[1], *a.* **1.** (Cheval *m*) qui s'ébroue. **2.** *Nau:* (Vent) carabiné.

snorting[2], *s.* Ronflement *m*; reniflement *m*; ébrouement *m* (d'un cheval).

snorter ['snɔːrtər], *s.* **1.** (*a*) *A:* Ronfleur *m*. (*b*) Renâcleur *m*. **2.** *P:* (*a*) Chose épatante. (*b*) **Snorter of an answer, of a letter**, réponse *f*, lettre *f*, qui vous clôt le bec; lettre carabinée. **Problem that is a regular snorter**, problème *m* qui va nous donner du fil à retordre. (*c*) *Nau:* Vent carabiné. **3.** Coup *m* de poing sur le nez.

snot [snɔt], *s. V:* **1.** Morve *f*. **2.** *Pej:* (*Pers.*) Morveux, -euse.

'snot-rag, *s. P:* Mouchoir *m*; *P:* tire-jus *m inv*.

snotty ['snɔti]. **1.** *a. V:* (*a*) Morveux. *S. children*, enfants *m* avec la morve au nez, *F:* avec la chandelle au nez. (*b*) De mauvaise humeur; maussade. **2.** *s. P:* = MIDSHIPMAN.

snout [snaut], *s.* **1.** Museau *m*; mufle *m* (de taureau, etc.); groin *m* (de porc, de hérisson); boutoir *m* (de sanglier); museau (de brochet). **2.** (*a*) *A:* Bec *m* (de navire, d'un rocher, etc.). (*b*) Bec, buse *f*, ajutage *m* (de tuyère, etc.); tuyère *f* (de haut fourneau).

snouted ['snautid], *a.* **1.** A long museau. **2.** Pourvu d'un bec, d'un ajutage.

snouty ['snauti], *a.* Qui ressemble à un museau, à un groin. *Anthr:* **Snouty skull**, crâne *m* prognathe.

snow[1] [snou], *s.* **1.** (*a*) Neige *f*. **There has been a fall of snow**, il est tombé de la neige. *The snow was getting deeper*, la neige augmentait. **Eternal snow**, neiges éternelles, perpétuelles. **Driven snow**, neige vierge. **Where are the snows of yester-year?** où sont les neiges d'antan? *U.S: Many snows ago*, il y a bien des années. *Geol:* **Snow region**, région névéenne. (*b*) *Ind:* **Carbonic acid 'snow,'** neige carbonique. *Med:* **Carbonic-acid snow pencil**, cryocautère *m*. *See also* GLACIER, WHITE[1] I. 1. **2.** *Cu:* Œufs *mpl* à la neige. **Apple snow**, pommes meringuées. **3.** *P:* (*Drug*) (*a*) Cocaïne *f*, *P:* coco *f*, bigornette *f*. (*b*) *U.S:* Héroïne *f*.

'snow-beam, *s.* = SNOW-SHIELD.

'snow-blind, *a.* Atteint de la cécité des neiges.

'snow-blindness, *s.* Cécité *f* des neiges.

'snow-blink, *s.* Reflet *m*, clarté *f*, des glaces (sur l'horizon).

'snow-boots, *s.pl.* Couvre-chaussures *m*, snow-boots *m*.

'snow-bound, *a.* (*Of pers.*) Retenu, pris, par la neige; (*of road, etc.*) bloqué par la neige; (*of garden, etc.*) enseveli sous la neige.

'snow-bunting, *s. Orn:* Bruant *m* des neiges.

'snow-capped, -clad, -covered, *a.* Couronné, encapuchonné, de neige; enneigé; (mont) chenu. *Snow-covered roof*, toit neigeux. *Nau: Snow-covered coast*, côtes hivernées.

'snow-drift, *s.* **1.** Amoncellement *m* de neige; congère *f*. **2.** Rafale *f* de neige.

'snow-fall, *s.* Chute *f* de neige.

'snow-field, *s.* Champ *m* de neige.

'snow-flake, *s.* **1.** Flocon *m* de neige. **2.** *Bot:* Nivéole *f*. **3.** *Orn:* = SNOW-BUNTING.

'snow-flurry, *s. U.S:* Rafale *f*, bourrasque *f*, de neige.

'snow-goggles, *s.pl.* Lunettes *f* d'alpiniste.

'snow-goose, *s. Orn:* Oie *f* des neiges.

'snow-grouse, *s. Orn:* = PTARMIGAN.

'snow-leopard, *s. Z:* Léopard *m* des neiges; once *f*.

'snow-like, *a.* Neigeux, nivéen.

'snow-line, *s.* Limite *f* des neiges perpétuelles, des neiges éternelles.

'snow-man, *pl.* **-men**, *s.m.* Bonhomme de neige.

'snow-plough[1], *s.* **1.** Charrue *f* à neige; chasse-neige *m inv*. **2.** *Rail:* Chasse-neige; taille-neige *m inv*.

'snow-plough[2], *v.i. Skiing:* Freiner, virer, en chasse-neige.

'snow-ploughing, *s.* (Virage *m*) chasse-neige *m*.

'snow-powdered, *a.* Poudrée à frimas.

'snow-scape, *s. Art:* Paysage *m* de neige.

'snow-shield, *s. Civ.E: Rail:* Paraneige *m*.

'snow-shoes, *s.pl.* Raquettes *f*.

'snow-slide, -slip, *s.* Avalanche *f*.

'snow-storm, *s.* Tempête *f*, rafale *f*, tourbillon *m*, de neige.

'snow-white, *a.* D'un blanc de neige, d'une blancheur de neige; blanc comme (la) neige. *S.-w. complexion*, teint *m* de neige; teint neigeux. ***S.-w.* neck**, cou *m* d'albâtre, de neige. *See also* LAMB[1] 1.

'snow-wreath, *s.* Amas *m* de neige.

snow[2]. **1.** *v.i. imp.* Neiger. *It is snowing*, il neige; il tombe de la neige. **2.** *v.tr.* (*a*) Saupoudrer (*with*, de). (*b*) *Lit: The years had snowed his hair*, les ans lui avaient blanchi les cheveux, la tête.

snowed, *a.* **To be snowed in, up**, être retenu, bloqué, pris, par la neige, par les neiges. *F:* **Snowed under with work**, submergé, débordé, écrasé, de besogne. **Snowed under with invitations**, inondé d'invitations.

snowing, *s.* (Chute *f* de) neige *f*.

snow[3], *s. Nau:* Senau *m*.

snowball[1] ['snoubɔːl], *s.* **1.** (*a*) Boule *f*, pelote *f*, de neige. **The tale gathered like a snowball**, l'histoire fit boule de neige.

(*b*) *Cu:* (Entremets sucré en forme de) boule de neige. **2.** *Bot:* (*a*) Fleur *f* de la boule-de-neige, de l'obier; rose *f* de Gueldre. (*b*) **Snowball(-tree)**, boule-de-neige *f*, *pl.* boules-de-neige; caillebot *m*, obier *m*; rose de Gueldre. **3.** *P:* Nègre *m*, bamboula *m*, boule-de-neige.

snowball[2]. **I.** *v.tr.* **To snowball s.o.**, lancer des boules de neige à qn. *To s. one another*, *abs.* to snowball, se battre à coups de boules de neige. **2.** *v.i.* (*Of throng, debts, etc.*) Faire boule de neige.

snowberry ['snoubəri], *s.* *Bot:* (*a*) **(West-Indian) snowberry**, chiocoque *m*. (*b*) Symphorine *f* boule-de-neige.

snowdrop ['snoudrɔp], *s.* *Bot:* Perce-neige *m or f inv*; *F:* clochette *f* d'hiver, grelot blanc.

snowy ['snoui], *a.* Neigeux; de neige. **The snowy season**, la saison des neiges; *Lit:* la saison des frimas. *S. spring*, printemps neigeux. *F:* **Snowy hair**, cheveux *mpl* de neige. **Snowy white**, blanc comme neige. *See also* OWL.

snub[1] [snʌb], *s.* **I.** Mortification *f*, avanie *f*, rebuffade *f*, affront *m*, ravalement *m*; *F:* soufflet *m*. *To suffer a s.*, essuyer une rebuffade, un affront. *He got a good s.*, il a été mouché de belle façon. **2.** *Nau:* Arrêt soudain (d'un câble avec lequel on prend un tour mort).

snub[2], *v.tr.* **(snubbed; snubbing) I.** (*a*) Faire sentir à (qn) qu'il a pris une liberté; remettre (discrètement) (qn) à sa place. (*b*) Infliger un affront à (qn); rebuffer, (re)moucher, rembarrer, ravaler, *P:* asseoir (qn); faire une avanie à (qn); rabattre le caquet à (qn); *P:* **s'asseoir sur** (qn). **To get snubbed**, être remis à sa place; essuyer une mortification. **2.** *Nau:* *Esp. U.S:* (*a*) Arrêter (un cordage) en prenant un tour mort; transfiler (un cordage); filer, choquer, à la demande. (*b*) **To snub a ship**, casser l'erre d'un navire.

snubbing, *s.* **I.** = SNUB[1] **I.** **2.** *Nau:* Arrêt soudain (d'une aussière, etc.). **Snubbing post**, bitte *f* de tournage.

snub[3], *a.* (Nez) camard, camus, retroussé.

'snub-nosed, *a.* (Au nez) camus; camard; au nez retroussé.

snubber ['snʌbər], *s.* *Aut:* *U.S:* Amortisseur *m* à courroie.

snubby ['snʌbi], *a.* (*Of nose*) (Légèrement) camus; un peu retroussé.

snuff[1] [snʌf], *s.* **I.** = SNIFF[1]. **2.** (*a*) *Med:* Poudre *f* à priser. (*b*) Tabac *m* à priser. **To take snuff**, priser; prendre du tabac. **A pinch of snuff**, une prise. **3.** Prise (de tabac). **4.** *P:* **To be up to snuff**, ne pas se moucher du pied; être dessalé, dégourdi, déniaisé, avisé; être à la hauteur, à la coule. **To give s.o. snuff**, laver la tête à qn. **5.** *a.* = SNUFF-COLOURED.

'snuff-and-'butter, *a.* (Eurasien) basané.

'snuff-box, *s.* Tabatière *f*. *He held out his s.-b.*, il m'offrit une prise.

'snuff-coloured, *a.* (Couleur) tabac *inv*; cachou *inv*. *S.-c. material*, tissu *m* tabac.

'snuff-gourd, *s.* *Bot:* Calebasse *f*, gourde *f*.

'snuff-mill, *s.* Moulin *m* à tabac.

'snuff-taker, *s.* Priseur, -euse.

snuff[2]. **I.** *v.i.* & *tr.* = SNIFF[2]. **2.** *v.i.* Priser.

snuffing[1], *s.* **I.** = SNIFFING[2]. **2.** Habitude *f* de priser.

snuff[3], *s.* Mouchure *f*, lumignon *m* (de chandelle).

snuff[4], *v.tr.* **I.** Moucher (une chandelle). **2.** *P:* **To snuff it** = SNUFF OUT **2.**

snuff out. I. *v.tr.* (*a*) Éteindre (une chandelle) avec les doigts. (*b*) *F:* Éteindre (un espoir); étouffer (un projet). **2.** *v.i.* *P:* Mourir; *P:* éteindre son gaz; lâcher la rampe.

snuffing[2], *s.* **I.** Enlèvement *m* de la mouchure (d'une chandelle). **2.** *pl.* **Snuffings**, mouchures.

snuffer[1] ['snʌfər], *s.* Priseur, -euse (de tabac).

snuffer[2], *s.* **I.** *Th:* *etc:* *A:* Moucheur, -euse (de chandelles). **2.** *pl.* **(Pair of) snuffers**, mouchettes *f*. **Snuffer(s)-stand, -tray**, porte-mouchettes *m inv*.

snuffle[1] [snʌfl], *s.* **I.** (*a*) Reniflement *m*. (*b*) *pl.* **Snuffles**, enchifrènement *m*. **To have the snuffles**, être enchifrené; être enrhumé du cerveau; avoir le nez bouché. **2.** Ton nasillard. *Esp.* **Hypocritical snuffle, sanctimonious snuffle**, débit *m* hypocrite, de cagot.

snuffle[2], *v.i.* **I.** (*a*) Renifler. **To snuffle at sth.**, flairer, sentir, qch. (*b*) Être enchifrené; avoir le nez bouché. **2.** Nasiller. *v.tr.* **To snuffle (out) a prayer**, nasiller une prière.

snuffling[1], *a.* **I.** Qui renifle; morveux, enchifrené. **2.** (*a*) Nasillard. (*b*) *F:* Cagot, -ote; papelard.

snuffling[2], *s.* **I.** Reniflement *m*. **2.** (*a*) Nasillement *m*. (*b*) *F:* Cagoterie *f*.

snuffler ['snʌflər], *s.* (*a*) Nasilleur, -euse. (*b*) *F:* Cagot, -ote; tartufe *m*.

snuffy ['snʌfi], *a.* **I.** Qui ressemble au tabac à priser. **2.** (*Of pers.*) Au nez barbouillé de tabac; au linge sali par le tabac; peu soigné dans sa tenue.

snug[1] [snʌg], *a.* **I.** *Nau:* (Navire) paré (à tout événement). **2.** (*Of house, etc.*) Confortable, où l'on est bien; (*of pers.*) bien abrité; bien au chaud. *S. little bed*, petit lit douillet. *It is very s. in here*, on est bien ici. *S. little fire*, bon petit feu. *S. woollen vest*, gilet de laine bien chaud. *S. little job*, gentil petit emploi; *P:* emploi pépère. *S. little fortune*, fortune rondelette. *S. little income*, gentil revenu. **Snug and cosy at home**, clos et coi. **To make oneself snug**, se mettre à son aise; se calfeutrer (dans sa chambre, etc.). **To make s.o. snug by the fire**, installer qn douillettement auprès du feu. *To make a horse s. for the night*, installer un cheval pour la nuit. **To lie snug in bed**, être bien au chaud dans son lit; être couché douillettement. *P:* **As snug as a bug in a rug**, tranquille comme Baptiste. **Costume that fits snug to the figure, snug-fitting costume**, costume prenant bien les formes; costume bien ajusté. **3.** **To lie snug**, rester coi; se tenir caché. *To lie s. in a hole*, être tapi dans un trou. **-ly**, *adv.* Confortablement, douillettement, commodément, à l'aise. *S. wrapped up in her furs*, frileusement enveloppée dans ses fourrures. *Articles packed s. in a box*, articles bien arrangés, bien tassés, dans une boîte.

snug[2], *v.tr.* **(snugged; snugging)** (*a*) **To snug oneself**, se mettre bien au chaud; s'installer douillettement. (*b*) **To snug everything up, down**, mettre tout en ordre. *Nau:* **To snug a ship down**, parer un navire (à tout événement). **To snug a sail**, ferler une voile.

snug[3], *s.* *Mec.E:* Dent *f*, ergot *m*.

snuggery ['snʌgəri], *s.* (i) Petite pièce où une personne est "chez elle"; petit fumoir (du maître de maison); *P:* "turne" *f*; (ii) rendez-vous *m* des intimes (derrière un bar).

snuggle [snʌgl]. **I.** *v.i.* **To snuggle up to s.o., into s.o.**, se pelotonner contre qn; se serrer (frileusement) contre qn. *To s. into s.o.'s arms*, se pelotonner entre les bras de qn. **To snuggle down in bed**, se blottir dans son lit. *Village snuggling down in the valley*, village niché dans la vallée. **2.** *v.tr.* **To snuggle a child close to one**, serrer un enfant dans ses bras; attirer un enfant tout contre soi.

snugness ['snʌgnəs], *s.* Confortable *m*. *Room that gives an impression of s.*, chambre *f* qui donne une impression de bien-être.

sny [snai], *s.* *N.Arch:* Épaule *f* (d'un bordage).

so [sou]. **I.** *adv.* **I.** (*a*) Si, tellement. *He is so (very) kind*, il est si aimable. *She isn't so very old*, elle n'est pas tellement vieille. **So kind of you to . . .**, c'est bien aimable de votre part de. . . . **I am not so sure of that**, je n'en suis pas bien sûr. *It is so easy*, c'est si facile, tellement facile. **So good a dinner**, un si bon dîner. *So serious a wound*, une blessure aussi grave. **So true it is that . . .**, tant il est vrai que. . . . **He is not so feeble as he appears, as she**, il n'est pas aussi faible qu'il n'en a l'air, qu'elle. *He is not so well to-day*, il va moins bien aujourd'hui. *So bad as to be worthless*, si mauvais que cela ne vaut rien. *Not so stupid as to do that*, pas si bête que de faire cela; pas assez bête pour faire cela. *If you are so fortunate as to find him in*, si vous avez la chance de le trouver chez lui. **Would you be so kind as to . . .?** voudriez-vous avoir la bonté de . . .? seriez-vous assez aimable pour . . .? **In so distant a place as China**, dans un pays aussi lointain que la Chine. *He showed himself so severe as to deserve the reproach of cruelty*, il se montra sévère jusqu'à mériter le reproche d'être cruel. *He is not so severe as to become cruel*, il n'est pas si sévère qu'il en devienne cruel. *It is so natural as hardly to be noticeable*, c'est si naturel qu'on s'en aperçoit à peine. *If you would do us so much honour as to have dinner with us . . .*, si vous vouliez nous faire tant d'honneur que de dîner avec nous. . . . *What man would be so mean as not to admire him?* quel est l'homme assez mesquin pour ne pas l'admirer? *The children were subjected to so severe a discipline that they rebelled*, les enfants étaient soumis à une telle discipline qu'ils se révoltèrent. *He is so rich that he doesn't know what he is worth*, il est riche au point d'ignorer sa fortune. *He is so ill that he cannot speak*, il est si gravement malade qu'il ne peut pas parler. *He drank so that he was dismissed*, il buvait tellement qu'on lui a donné son congé. *We shall not go so fast that you cannot admire the scenery*, nous n'irons pas à une vitesse telle que vous ne puissiez (pas) admirer le paysage. **He is not so clever that he doesn't sometimes make mistakes, but that he sometimes makes mistakes**, il n'est pas si habile qu'il ne se trompe quelquefois. *So many mistakes have been made . . .*, on a tant commis de fautes. . . . *Give me* **ever so little**, donnez-moi si peu que vous voudrez, si peu que rien. *See also* NEVER. **So greatly, so much**, tellement, tant. **I loved him so (much)**, je l'aimais tant. *We enjoyed ourselves* **ever so much**, on s'est joliment bien amusés. *Loving her so, he could not blame her*, l'aimant à ce point, il ne pouvait la blâmer. **God so loved the world**, Dieu a tant aimé le monde. *He so loved us that he even died for us*, il nous a aimés jusqu'à mourir pour nous. *The answer so provoked him that . . .*, la réponse l'irrita tellement que. . . . *See also* EVER 3, FAR[1] I. **I**, LONG[1] III. **I**, MUCH 4. (*b*) *If it takes* **so many men so long** *to do* **so much work . . .**, s'il faut à tant d'hommes tant de temps pour faire tant de travail. . . . *They have to turn out so many shirts a day*, elles doivent livrer tant de chemises par jour. **2.** (*a*) Ainsi; de cette façon; de cette manière; comme cela. **Stand so**, tenez-vous ainsi, comme ça. *Gently! so, like that*, doucement! bien, comme ça. *So, and so only, can it be done*, c'est ainsi, et ainsi seulement, c'est de cette façon et de cette façon seulement, qu'on peut le faire. **So it was that he became a soldier**, c'est ainsi qu'il devint soldat. **While so occupied**, pendant qu'il était ainsi occupé. **Why do you cry so?** pourquoi pleurez-vous ainsi? *As we treat others so shall we be treated*, comme nous traitons les autres ainsi serons-nous traités. **As X is to Y, so is Y to Z**, comme X est à Y, Y est à Z. *As fire warms the body so does kindness warm the heart*, de même que le feu réchauffe le corps, de même la bonté réchauffe le cœur. *As the father is so is the son*, tel père, tel fils. **So many men so many minds**, autant de têtes autant d'avis. **They are so many rogues**, ce sont tous des filous. *They came in sheepishly like so many schoolboys*, ils entrèrent timidement comme autant d'écoliers. *Men are so constituted that . . .*, les hommes sont ainsi faits que. . . . *The committee was not so constituted as he had expected*, le comité n'était pas constitué comme il s'y était attendu; la constitution du comité n'était pas telle qu'il l'avait envisagée. *She so arranged things that . . .*, elle fit en sorte que + *ind or sub.* *Always so regulate your life that you need not be ashamed of it*, réglez toujours votre vie de telle façon que vous n'ayez pas à en rougir. *Light so constructed as to show a beam*, feu établi de manière à projeter un rayon. *I have been so informed*, c'est ce que l'on m'a dit; voilà ce qu'on m'a dit. **It so happened that I was there**, le hasard a voulu que je fusse là. **And so forth, and so on**, et ainsi du reste; et ainsi de suite; et le reste; *F:* (*of voluble speech*) et patati et patata. **So to say, so to speak**, pour ainsi dire; comme qui dirait. **So saying he departed**, ce disant il partit. **So** Æneas, ainsi parla, parlait, Énée. (*Prefixed to p.p.*) **So-formed, so-obtained**, formé, obtenu, ainsi, de cette façon. *See also* HELP[2] **I.** (*b*) *Has the train* *gone?*—**I think so, I believe so,** est-ce que le train est parti?—Je le crois; je crois que oui; je pense que oui. **I suppose so, I expect so,** je le suppose; sans doute; il faut le croire. **I fancy so,** il me semble que oui; c'est ce qu'il me semble. **I hope so,** je l'espère bien. **I fear so,** j'en ai bien peur. **I do not say so,** moi je ne dis pas cela. *See also* SAY² 1 (*d*). *Is she then really ill?*—**So it seems,** elle est donc vraiment malade?—A ce qu'il paraît. **So I heard,** c'est bien ce qu'on m'a dit. *So I tell him,* c'est ce que je lui dis. *He goes to the club.*—**So he says!** *P:* il va au cercle.—Qu'il dit! **I told you so!** je vous l'avais bien dit! quand je vous le disais! **He was ill and had been so for a long time,** il était malade et l'était depuis longtemps. *He isn't handsome but he thinks himself so,* il n'est pas beau mais il se prend pour tel. *He is clever.*—*I am glad you think so,* il est intelligent.—Cela me fait plaisir que vous le jugiez tel. *Goethe had a religion though he did not call it so,* Gœthe avait une religion, bien qu'il ne l'appelât pas de ce nom. *A moment before she spoke she had no intention of doing so,* un instant avant de parler elle n'en avait eu aucune intention. *If you can do so,* si vous le pouvez. *Suppose I were to do so,* supposez que je le fasse. **Had he been less so,** s'il l'avait été moins. **So much so that . . .,** à tel point que . . .; tellement que. . . . **Much more so,** bien plus encore. **It is so; so it is; that's so,** il en est ainsi; c'est (ma foi) vrai; c'est juste; c'est positif; parfaitement; effectivement. **Is that so?** vraiment? **It is not so,** il n'en est rien; il n'en est pas ainsi; cela n'est pas. **That being so,** *I have nothing more to say,* puisqu'il en est ainsi, dans ces conditions, je n'ai plus rien à dire. **So be it!** qu'il en soit ainsi! soit! *B: And God said: 'Let there be light,' and it was so,* Dieu dit: "Que la lumière soit," et la lumière fut. *Many people would have run away.* **Not so he,** beaucoup de gens se seraient sauvés, mais pas lui. *The others fled.* **Not so with our hero,** les autres s'enfuirent. Il n'en fut pas de même de notre héros. (*c*) **How so?** comment cela? **Why so?** pourquoi cela? **If so,** s'il en est ainsi. **Perhaps so,** cela se peut. **Not so,** pas du tout. **Quite so! just so!** très juste! c'est juste! parfaitement! vous l'avez dit! *Yarmouth, Ipswich, Chelmsford, and so to London,* Yarmouth, Ipswich, Chelmsford et on arrive ainsi à Londres. *A:* **And so to bed,** sur quoi j'allai me coucher. **A shilling or so,** un shilling ou à peu près. **A hundred pounds or so, a hundred or so pounds,** une centaine de livres. *Sixty francs or so,* une soixantaine de francs. *The thousand pounds or so that he lent me,* les quelque mille livres qu'il m'a prêtées. *A week or so,* une semaine environ. *In a month or so,* dans un mois ou deux. **In a minute or so's time,** au bout d'une minute à peu près. (*d*) **A little girl 'so high** (*with indication of the height given by the hand*), une petite gamine haute comme ça, pas plus haute que ça. (*e*) **He's right and so are you,** il a raison et vous aussi. **And so am (do, shall) I,** et moi pareillement; moi aussi. *And so can he,* et lui aussi. *I returned to my work; so did Albert to his; so also did Albert,* je repris mon travail, et Albert reprit le sien; et Albert fit de même. *We are going home.*—*So am I,* nous rentrons.—(Et) moi aussi; et moi de même. *They have their pleasures and so have we,* ils ont leurs plaisirs et nous aussi. *He quickened his pace and so did I,* il hâta le pas et j'en fis autant, et je fis de même. *I thought you were French.*—**So I am,** je pensais que vous étiez Français.—(Je le suis) en effet; mais parfaitement! *I thought you loved him.*—*So I did and so I do,* je croyais que vous l'aimiez.—Je l'ai aimé en effet, et je l'aime toujours. *He says he can do it.*—*So he can,* il affirme qu'il peut le faire.—Il le peut en effet. *You ought to go to bed early.*—*So I do,* vous devriez vous coucher de bonne heure.—C'est ce que je fais. (*f*) *You're late.*—**So I am!** vous êtes en retard.—C'est vrai! *You could come here first.*—*So I could!* vous pourriez venir ici d'abord.—En effet! tiens, c'est vrai! **3.** *Conj.phr.* **So that,** *U.S:* **so.** (*a*) (*Purpose*) *He stepped aside* **so that I might enter,** *U.S:* **so I might enter,** il s'effaça pour que je pusse entrer, pour me laisser entrer. *Speak so that you are understood,* parlez de (telle) sorte qu'on vous comprenne. (*b*) (*Consequence*) *He tied me up so that I could not move,* il m'a ligoté de (telle) sorte, de (telle) façon, que je ne pouvais pas bouger. *He did not reappear, so that he was thought dead,* il ne reparut plus, si bien qu'on le crut mort. *He went out without his overcoat so that he caught cold,* il est sorti sans pardessus, de sorte qu'il a attrapé un rhume. (*c*) *Lit:* **No matter** *whence the word comes* **so that** *it renders faithfully my idea,* peu importe d'où vient le mot pourvu qu'il rende fidèlement mon idée. **4.** *Conj.phr.* **So as to.** (*a*) Afin de. *He stood up so as to see better,* il se leva afin de mieux voir. *He will stay the night so as to be at hand,* il restera la nuit afin qu'on l'ait sous la main. *Speak so as to be understood,* parlez de (telle) sorte qu'on vous comprenne. *I'll go and dress so as not to keep you waiting,* je vais m'habiller pour ne pas vous faire attendre. *Put it so as not to offend him,* présentez-lui la chose de manière à ce qu'il ne se froisse pas. *We hurried so as not to be late,* nous nous sommes dépêchés pour ne pas être en retard, de façon à ne pas être en retard. (*b*) *To behave so as to annoy one's neighbours,* se conduire de façon à, de manière à, incommoder ses voisins.

II. **so,** *conj.* **1.** Donc, c'est pourquoi. *He has a bad temper so you must be careful,* il a mauvais caractère, par conséquent faites attention. *Living is dear so we must economize,* la vie est chère, donc nous devons, aussi devons-nous, économiser. *He did not reappear and so he was thought dead,* il ne reparut plus, si bien qu'on le crut mort. *He wasn't there, so I came back again,* il n'était pas là, donc je suis revenu. **2. So there you are!** vous voilà donc! eh bien, vous voilà! *So you are not coming?* ainsi vous ne venez pas? *And so you've come from Paris? F:* comme ça, vous venez de Paris? *So now he is dead!* le voilà donc mort! *So, my dear, I am reduced to . . .,* enfin, ma fille, me voilà réduit à . . . *A:* **So please your Majesty,** n'en déplaise à votre Majesté.

'so-and-so, *s. F:* (*a*) (*Pers.*) Machin *m,* mistenflûte *m.* **Mr So-and-so, Mrs So-and-so,** Monsieur un tel, Un Tel, Untel; Madame une telle; Monsieur, Madame, Chose. *To dine at so-and-so's,* dîner chez (les) un tel. *U.S: Pej:* **The so-and-so** *played me a shabby trick,* cet individu m'a joué un vilain tour. (*b*) *I was asked to do so-and-so,* on me priait de faire ceci et cela. *She must have her coffee so-and-so,* il faut lui préparer son café de telle et telle manière.

'so-called, *a.* **1.** Appelé ainsi; ainsi nommé. **He was properly so-called,** on l'appelait ainsi à juste titre. *There is no malice properly so-c. in him,* il n'y a pas en lui de méchanceté à proprement parler. **Peter so-called the Cruel,** Pierre dit le Cruel. *The so-c. temperate zone,* la zone dite tempérée. *The so-c. sea-songs,* les chansons *f* qu'on appelle chansons de marin. **2. A so-called doctor,** un soi-disant docteur, un prétendu docteur. **So-called improvements,** prétendus progrès.

'so so, 'so-so, *a. & adv.* Médiocre(ment), passable(ment), comme ci comme ça; *F:* couci-couça, couci-couci. **To be so so** (*in health*), se porter couci-couça, comme ci comme ça; n'aller ni bien ni mal. *I'm only so so,* ça ne va qu'à moitié. *He is working so so,* il travaille passablement. **She is only so so as a servant,** c'est une domestique plutôt quelconque. **Business is so so,** les affaires *f* vont doucement.

'so-styled, -termed, *a.* = SO-CALLED.

soak¹ [souk], *s.* **1.** Trempe *f*; imbibition *f.* **To put (sth.) in soak,** (i) tremper, mettre en trempe (le linge sale); (ii) faire macérer (des cornichons, etc.); dessaler (la viande, le poisson). **To be, lie, in soak,** (i) (*of soiled linen, etc.*) tremper; (ii) (être en train de) macérer. **2.** *Tan: etc:* Bain *m.* **3.** *P:* Ribote *f,* cuite *f.* **4.** *P:* Ivrogne *m,* biberon, -onne.

soak². **1.** *v.tr.* (*a*) (*Of liquid*) Tremper, imbiber, détremper, imprégner. *F:* **The rain soaked me to the skin,** la pluie m'a trempé jusqu'aux os. (*b*) **To soak sth. in sth.,** tremper qch. dans qch.; imbiber qch. de qch. *To s. leather in hot tallow,* imbiber, imprégner, le cuir de suif chaud. *To s. a sponge,* imbiber une éponge. **To soak gherkins in vinegar,** (faire) macérer des cornichons dans du vinaigre. *F:* **To soak oneself in the classics,** s'imprégner des classiques. **To soak a cask,** combuger une futaille. *Tan:* **To soak skins,** confire, détremper, reverdir, les peaux. (*c*) *U.S: F:* (i) Rouer (qn) de coups. (ii) Éreinter (un auteur, etc.). **To soak it to s.o.,** laver la tête à qn. (iii) Écorcher (un client). *To s. the rich,* faire payer les riches. **2.** *v.i.* (*a*) (*Of thg in soak*) Baigner, tremper (*in sth.,* dans qch.). (*b*) (*Of liquid*) S'infiltrer, s'imbiber (*into sth.,* dans qch.). (*c*) *P:* Boire comme une éponge; se saturer d'alcool; pomper, boissonner, s'ivrogner, s'alcooliser; soiffer.

soak away, *v.i.* (*Of water, etc.*) Disparaître par infiltration.

soak in. **1.** *v.i.* (*Of paint*) S'emboire; (*of liquid*) pénétrer. *The dye must be allowed to s. in,* il faut donner à la teinture le temps de pénétrer. **2.** *v.tr.* **To soak in water,** s'imprégner d'eau, absorber de l'eau.

soaking in, *s.* Infiltration *f,* imbibition *f.*

soak off, *v.tr. To s. off the mud,* enlever la boue par trempage.

soak out, *v.tr.* (*a*) Extraire (un sel, etc.) par macération. (*b*) Faire disparaître (une tache) en laissant tremper l'étoffe.

soak through, *v.i.* **1.** (*Prep. use*) S'infiltrer à travers (qch.). *The rain has soaked through my overcoat,* la pluie a percé mon pardessus. **2.** (*Adv. use*) Pénétrer, s'infiltrer.

soaked through, *a.* Trempé jusqu'aux os; mouillé comme un canard. *I am s. through,* la pluie m'a transpercé.

soak up, *v.tr.* Absorber, boire, imbiber (un liquide). *To s. up water,* s'imprégner d'eau; absorber de l'eau.

soaking up, *s.* Imbibition *f.*

soaked, *a.* Trempé. **Soaked to the skin,** trempé jusqu'aux os; mouillé comme un canard. *S. ground,* sol détrempé. *S. in paraffin wax,* imprégné, imbibé, de paraffine. **Oil-soaked rag,** linge imbibé d'huile.

soaking¹, *a.* **1.** Trempé, mouillé. *See also* WET¹ 1. **2. Soaking downpour,** pluie battante.

soaking², *s.* **1.** (*a*) Trempage *m,* trempe *f,* baignage *m.* *F:* **To get a soaking,** se faire tremper; *F:* recevoir une saucée. (*b*) *Ind.Phot: S. of the blue prints,* dépouillement *m* des bleus. **2.** *pl.* **Soakings,** eau *f* d'infiltration.

soakage ['soukedʒ], *s.* **1.** Eau *f* d'infiltration, d'imbibition. **2.** Infiltration *f.*

soakaway ['soukawei], *s. Civ.E:* Puisard *m.*

soaker ['soukər], *s. F:* **1.** Biberon, -onne; buveur, -euse, poivrot *m,* ivrogne *m*; *P:* soiffard *m.* **2.** (*a*) Pluie battante; déluge *m* de pluie. (*b*) *Yesterday was a* (*regular*) *s.,* hier il a plu du matin au soir.

soap¹ [soup], *s.* Savon *m.* **Cake of soap,** (pain *m,* morceau *m,* de) savon; (*of toilet soap*) savonnette *f.* **Castile soap, household soap,** savon blanc. **Pumice soap,** savon ponce. **To wash sth. with soap,** savonner qch. **Face shiny with soap and water,** visage *m* reluisant de propreté. *He is always shining with s. and water,* il est toujours propre comme un sou neuf. **The soap industry,** l'industrie savonnière. *See also* MOUNTAIN-SOAP, SHAVING-SOAP, SOFT-SOAP¹.

'soap-bark, *s.* **1.** Bois *m* de Panama. **Soap-bark tree,** quillaja savonneux. **2.** *Ch:* Saponine *f.*

'soap-boiler, *s.* **1.** Savonnier, -ière; fabricant *m* de savon. **2.** Chaudière *f* à savon.

'soap-boiling, *s.* Savonnerie *f.*

'soap-box, *s.* Caisse *f* à savon. *F:* **Soap-box orator,** orateur *m* de carrefour, de borne; harangueur *m.*

'soap-bubble, *s.* Bulle *f* de savon. **To blow soap-bubbles,** faire des bulles de savon.

'soap-dish, -holder, *s.* Plateau *m* à savon; porte-savon *m inv.*

'soap flakes, *s.pl.* Savon *m* en paillettes.

'soap-liniment, *s. Pharm:* (Baume *m*) opodeldoch *m.*

'soap-maker, *s.* Fabricant *m* de savon.

'soap-making, *s.* Savonnerie *f.*

'soap-nut, 'soap-pod, *s. Bot:* = SOAPBERRY 1.

'soap powder, *s.* Poudre *f* de savon; savon *m* en poudre.

'soap-root, *s. Bot:* Saponaire *f* d'Orient.

'soap-stone, *s.* *Miner:* (*a*) Stéatite *f*, talc *m*; pierre savonneuse, pierre de savon; pierre ollaire; craie *f* de Briançon; *F:* pierre de lard. *To sprinkle with s.-s.*, talquer; saupoudrer de talc. (*b*) Saponite *f*; pierre de savon.

'soap-suds, *s.pl.* Eau *f* de savon; lessive *f*.

'soap-trade, *s.* Savonnerie *f*.

'soap-water, *s.* Eau *f* de savon.

'soap-works, *s.pl.* (*Usu. with sg. const.*) Savonnerie *f*.

soap², *v.tr.* **1.** (*a*) Savonner (le linge, etc.). (*b*) Frotter (un palier, etc.) avec du savon. **2.** *P:* Coucher le poil à (qn); louanger (qn); passer la main dans le dos à (qn); flagorner (qn).

soaping, *s.* Savonnage *m*.

soapberry ['soupberi], *s.* *Bot:* **1.** Pomme *f* de savon; cerise gommeuse. **2.** **Soapberry(-tree),** savonnier *m*.

soapwort ['soupwəːrt], *s.* *Bot:* Saponaire *f*; *F:* herbe *f* à foulon.

soapy ['soupi], *a.* **1.** (*a*) (*Of water, etc.*) Savonneux; (*of tissue, etc.*) couvert ou imprégné de savon, de mousse de savon. (*b*) Qui sent le savon. *S. taste*, goût *m* de savon. (*c*) *S. potatoes*, pommes de terre cireuses. (*d*) *Nat.Hist:* Saponacé. **2.** *F:* (*Of pers., voice*) Doucereux, onctueux, mielleux, patelin, insinuant.

soar ['sɔːər], *v.i.* (*a*) Prendre son essor; monter, s'élever (dans les airs). *F:* **To soar to the heights of literary fame,** s'élever jusqu'au faîte de la renommée littéraire. **Rents have soared,** les loyers ont fait un bond. *The nave soars up to the vaulting*, le vaisseau de la nef s'élance vers la voûte. (*b*) Planer (dans les airs); (*of the mind*) voler. **His ambitions soar high,** il plane dans les airs. **To soar above the common herd,** planer sur la foule. *Lyrics that s. high*, **high-soaring lyrics,** lyrisme *m* de haute envolée. (*c*) *Av:* Voler dans un appareil sans moteur; faire du vol à voiles.

soaring¹, *a.* **1.** (*a*) (Oiseau *m*, flèche *f*) qui monte, s'élève, dans les airs. *S. steeple*, clocher élancé. (*b*) **Soaring flight,** vol plané (d'un oiseau). **2.** (*a*) (*Of needs, prices, etc.*) Sans cesse croissant; qui va en croissant. *Owing to s. prices . . .*, en raison de la hausse des prix. . . . (*b*) Ambitieux.

soaring², *s.* **1.** (*a*) Essor *m*. (*b*) Hausse *f*, élévation *f* (des prix). **2.** Planement *m* (d'un oiseau, d'un avion). *Av:* Vol *m* à voiles; vol plané.

soarant ['sɔːrənt], *a.* *Her:* Essorant.

sob¹ [sɔb], *s.* Sanglot *m*. *F:* **Sob-stuff,** (i) littérature *f* d'une sentimentalité larmoyante; (ii) *Th:* drame larmoyant. *To write, spout, sob-stuff*, faire du sentimentalisme, de la sensiblerie.

sob², *v.* (**sobbed; sobbing**) **1.** *v.i.* Sangloter; pousser des sanglots. *To sob into one's handkerchief*, sangloter dans son mouchoir. **2.** *v.tr.* (*a*) **To sob (out) sth.,** dire qch. en sanglotant; sangloter (un aveu, des excuses). *She sobbed her acceptance*, elle accepta d'un sanglot. (*b*) **She was sobbing her heart out,** elle pleurait à chaudes larmes, à gros sanglots. (*c*) **She sobbed herself to sleep,** elle s'endormit dans les larmes.

sobbing, *a.* *In a sobbing voice*, d'une voix sanglotante, pleine de sanglots. **-ly,** *adv.* En sanglotant; d'une voix brisée de sanglots.

sobeit [sou'biːit], *conj.* *A:* Pourvu que (+ *sub.*).

sober¹ ['soubər], *a.* **1.** (*a*) Sobre, modéré, tempéré, raisonnable. (*b*) Calme, rassis, posé, tranquille, sérieux. *S. mind*, esprit rassis. **As sober as a judge,** sérieux comme un juge. **Sober-paced,** à pas mesurés. *S. face*, visage *m* grave. **In sober earnest,** bien sérieusement. *S. opinion*, opinion réfléchie. (*c*) *No one* **in his sober senses** *would do such a thing*, personne jouissant de son bon sens, ayant toute sa tête à soi, ne ferait chose pareille. (*d*) **Sober fact,** fait réel. **In sober fact,** en réalité. *S. truth*, la simple vérité. **Sober estimate,** évaluation prudente. (*e*) **Sober colours,** couleurs sobres, peu voyantes. *S. dress*, vêtement discret; robe discrète. *S. drawing*, dessin *m* très sobre. **2.** (*a*) Qui n'est pas ivre; qui n'a pas bu. **He was anything but sober,** on ne peut pas dire qu'il n'était pas pris de boisson. *He never goes to bed s.*, il ne se couche jamais sans être pris de boisson. **To sleep oneself sober,** cuver sa boisson, (*in Fr.*) son vin. *When he is s. again*, quand il sera dessoulé, dégrisé. *Shake yourself s.!* dessoulez-vous! *F:* **I appeal to Philip sober,** j'en appelle à Philippe à jeun. (*b*) Qui ne s'enivre jamais; tempérant. *A s. workman*, un ouvrier sérieux. **-ly,** *adv.* (*a*) Sobrement, modérément; avec tempérance; sagement. *S. disposed*, d'un caractère sobre. (*b*) Avec calme; tranquillement, sérieusement. *A s. conducted family*, une famille dont la conduite est tranquille. (*c*) (Vêtu) discrètement.

sober-'minded, *a.* Sérieux; sain d'esprit; de caractère sobre; pondéré, sage.

sober-'sided, *a.* *F:* Grave, pondéré. *Cf.* SOBERSIDES.

sober². **1.** *v.tr.* (*a*) **To sober (down),** assagir, dégriser (un déréglé, etc.); désenivrer, dégriser, dessouler, *P:* décuiter (un homme gris). *This news sobered him*, cette nouvelle l'a dégrisé. (*b*) **To sober down a colour,** adoucir une couleur. *Pinewoods have a sobering effect on the scenery*, les pins tempèrent le caractère du paysage. **2.** *v.i.* (*a*) (*Of reckless pers., enthusiast*) **To sober down,** s'assagir, se dégriser; faire une fin. (*b*) Reprendre son sang-froid. (*c*) (*Of intoxicated pers.*) Se désenivrer; se dégriser; se dessouler.

soberness ['soubərnəs], *s.* **1.** (*a*) Sobriété *f*, modération *f*, tempérance *f*. *S. of thought*, pondération *f* d'esprit. *S. of speech*, sobriété de parole. (*b*) Calme *m*, tranquillité *f*, sérieux *m*. **2.** État *m* d'une personne qui n'est pas ivre. *To return to a state of s.*, se désenivrer, se dessouler.

sobersides ['soubərsaidz], *s.* *F:* Personne grave, rassise, pondérée.

Sobranje [so'brɑnje], *s.* Sobranié *m*, Sobranjé *m*.

sobriety [so'braiəti], *s.* = SOBERNESS.

soc(c)age ['sɔkedʒ], *s.* *Hist:* Socage *m*.

soccer ['sɔkər], *s.* *F:* Football-association *m*.

sociability [souʃə'biliti], *s.* Sociabilité *f*.

sociable ['souʃəbl]. **1.** *a.* (*a*) Sociable. (*Of pers.*) *To become more s.*, s'apprivoiser. *Merely to be s.*, simplement pour ne pas être impoli. (*b*) *Z:* **Sociable animals,** (animaux) sociétaires *m*. (*c*) *U.S:* **Sociable evening,** soirée amicale, passée dans l'intimité; réunion *f* des membres de l'église, du patronage. **2.** *s.* (*a*) *Furn:* Causeuse *f*. (*b*) *Veh:* Sociable *m*. (*c*) *A:* Tricycle *m* à deux places côte à côte. (*d*) *U.S:* = *sociable evening*. **-ably,** *adv.* Sociablement, amicalement. *They live s.*, la bonne entente règne entre eux.

sociableness ['souʃəblnəs], *s.* Sociabilité *f*.

social ['souʃ(ə)l], *a.* **1.** Social, -aux. (*a*) **Social problems,** problèmes sociaux, d'ordre social. **Social science,** science sociale. *S. students*, étudiants *m* des problèmes sociaux. **Social reformer,** réformateur, -trice, de la société. **Social system,** société *f*. **The social order,** l'ordre social. **The Social State,** *P:* la Sociale. **Social insurances,** assurances sociales. **Social service,** œuvres *fpl* d'amélioration sociale. *See also* EVIL 2. (*b*) **Social events,** mondanités *f*. **To reach the top of the social ladder,** atteindre le sommet de l'échelle sociale. *S. rank*, rang *m* dans la société. **To be s.o.'s social superior,** être socialement supérieur à qn. **Social duties,** devoirs sociaux; (*of functionary*) devoirs de société, de représentation; (*of hostess*) devoirs de maîtresse de maison, devoirs mondains. **Social gathering,** (i) soirée *f*; (ii) réception *f*. *See also* ENGAGEMENT 1. (*c*) **Social evening,** petite soirée intime; réunion *f*, concert *m*, veillée *f*. *s.* **Church social,** soirée intime (entre membres d'une église). *See also* CLUB¹ 3. **2.** *Nat.Hist:* (*Of ants, plants, etc.*) Social; qui vit par groupes, en société. *Man is an essentially s. animal*, l'homme *m* est essentiellement sociable. **3.** *Gr. & Rom.Hist:* **The Social Wars,** les Guerres entre Alliés; les Guerres Sociales. **-ally,** *adv.* Socialement.

'social de'mocracy, *s.* *Pol:* Social-democratie *f*.

'social 'democrat, *s.* *Pol:* Social-démocrate *m*, *pl.* social-démocrates.

socialism ['souʃəlizm], *s.* Socialisme *m*. **State socialism,** étatisme *m*; socialisme d'État, de la chaire. **Christian socialism,** socialisme chrétien.

socialist ['souʃəlist], *a.* & *s.* Socialiste (*mf*).

socialistic [souʃə'listik], *a.* Socialiste.

sociality [souʃi'aliti], *s.* **1.** *Nat.Hist:* Socialité *f*. **2.** (*a*) Fréquentation *f* du monde. *A man of good humour and s.*, un homme jovial et sociable. (*b*) *pl.* **Socialities,** devoirs sociaux; devoirs mondains.

socialization [souʃəlai'zeiʃ(ə)n], *s.* *Pol.Ec:* Socialisation *f* (de capitaux, d'industries).

socialize ['souʃəlaːiz]. **1.** *v.tr.* (*a*) Rendre social; réunir (des tribus, etc.) en société. (*b*) *Pol.Ec:* (Ré)organiser (les chemins de fer, etc.) selon les principes socialistes; socialiser (la propriété, etc.). **2.** *v.i.* *U.S:* **To socialize with s.o.,** frayer avec qn.

society [so'saiəti], *s.* **1.** Société *f*. (*a*) Compagnie *f* (de qn). **To avoid the society of one's companions,** éviter la société de ses compagnons. *He is fond of s.*, il aime la compagnie. *A:* **To have no society with s.o.,** ne pas entretenir de rapports avec qn. (*b*) **Duties towards society,** devoirs *m* envers la société. (*c*) **(High) society,** la haute société, la bonne société, le (grand) monde. **Fashionable society,** le beau monde. **To go into, move in, society,** aller dans le monde. *S. people*, gens *m* du monde. **Society woman,** mondaine *f*. *To think too much of s.*, être trop mondain. **Society verse,** vers *mpl* de société. *Journ:* **Society news, gossip,** mondanités *f*; échos mondains. *See also* FRINGE¹ 2. **2.** Société (de Jésus, de la Croix rouge, etc.); association *f*. **Charitable society,** œuvre *f* de bienfaisance, de charité. **First-aid society,** société, œuvre, de secours aux blessés. *See also* CO-OPERATIVE, FRIENDLY 3, GUARANTEE-SOCIETY, MUTUAL 1. **3.** *Geog:* **The Society Islands,** les îles *f*, l'archipel *m*, de la Société; les îles Taïti.

Socinian [so'sinjən], *a.* & *s.* *Theol:* Socinien, -ienne.

Socinianism [so'sinjənizm], *s.* *Theol:* Socinianisme *m*.

Socinus [so'sainəs]. *Pr.n.m.* *Rel.H:* Socin.

sociological [souʃio'lɔdʒik(ə)l], *a.* Sociologique.

sociologist [souʃi'ɔlodʒist], *s.* Sociologiste *m*, sociologue *m*.

sociology [souʃi'ɔlodʒi], *s.* Sociologie *f*.

sock¹ [sɔk], *s.* **1.** Chaussette *f*. **(Ladies') golf socks, ankle socks,** socquettes *f*. **Put a sock in it!** (i) mets-y une chaussette (*i.e.* dans le cornet du phonographe); (ii) *P:* pas tant de bruit! mets-y un bouchon! (iii) *P:* assez de sottises! *See also* PULL UP 1. **2.** Semelle intérieure (en liège, etc.). **3.** *A.Th:* Brodequin *m*, socque *m*. **Sock and buskin,** le socque et le cothurne. **To put on the sock,** chausser le brodequin, jouer la comédie.

sock², *s.* *P:* Coup *m*, gnon *m*, baffe *f*, beigne *f*; (*in the eye*) pochon *m*. *To give s.o. a s. in the face*, flanquer une beigne à qn. **To give s.o. socks,** flanquer à qn une bonne raclée; battre qn à plate couture.

sock³, *v.tr.* & *i.* *P:* **1.** **To sock a brick at s.o.,** lancer un briqueton à qn. **2.** **To sock (into) s.o.,** donner un gnon, flanquer une beigne ou une bonne raclée, à qn.

sock⁴, *s.* *Sch:* *P:* Bonbons *mpl*, gâteaux *mpl*, friandises *fpl*; provisions *fpl*.

sockdolager [sɔk'dɔlədʒər], *s.* *U.S:* *P:* **1.** Coup violent, gnon *m*. **2.** Argument décisif. **3.** Poisson *m* ou objet *m* énorme, épatant.

socker ['sɔkər], *s.* *F:* = SOCCER.

socket ['sɔket], *s.* **1.** (*a*) Emboîture *f*, douille *f*; manchon *m*; soc *m* (de lance, d'une hampe de bannière). *Mec.E:* *etc:* Godet *m* (de pied de machine). *Nau:* Saucier *m* (de pivot de cabestan). *Furn:* **Caster-socket,** sabot *m*. *Carp:* **Brace socket,** baril *m* de vilebrequin. *Mch:* **Fire-bar socket,** support *m* de grille. *El:* **Lamp socket,** socle *m*, douille, de lampe. *Bayonet s.*, douille à baïonnette. *Key s.*, douille à interrupteur. *Plumb:* *etc:* **Socket-pipe, pipe-socket,** (tuyau *m* à) emboîtement *m*, manchon de tuyau. (*b*) Crapaudine *f* (de gouvernail, de gond de porte, etc.). (*c*) Bobèche *f* (de chandelle). *See also* WHIP-SOCKET. (*d*) Emplanture *f* (de mât, d'aile d'avion); socle *m* (de mât). *See also* DAVIT. (*e*) Cuissard *m* (de jambe artificielle). **2.** *Anat:* *etc:* (*a*) Alvéole *m* or *f* (de dent, de diamant); *Geol:* alvéole, fossette *f*. (*b*) **Eye-socket,** orbite *f* de l'œil; (*of horse*) salière *f*. *F:* *His eyes were starting from their sockets*, les yeux lui sortaient des orbites, de la tête. (*c*) Cavité *f* articulaire, glène *f* (d'un os). *To wrench s.o.'s arm out of its s.*, désarticuler, déboîter, luxer, le bras de, à, qn. *See also* BALL[1] 1.

'socket-joint, *s.* Joint *m* à rotule.

'socket-sleeve, *s.* Manchon *m* de douille.

'socket-wrench, *s. Tls: U.S:* Clef *f* tubulaire, en bout; clef à douille.

socle [sɔkl], *s. Arch:* Socle *m.*

Socotra [so'koutra]. *Pr.n. Geog:* Socotora.

Socrates ['sɔkrati:z]. *Pr.n.m.* Socrate.

Socratic [so'kratik], *a.* Socratique. *S. irony*, ironie *f* socratique. *The S. method*, la méthode socratique.

sod[1] [sɔd], *s.* 1. Gazon *m. F:* **Under the sod,** enterré; sous (la) terre. *To put s.o. under the sod*, faire son affaire à qn, assassiner qn. 2. **Sod (of grass, of turf),** motte gazonnée; motte de gazon. **To cut, turn, the first sod,** donner le premier coup de bêche. *Attrib. U.S:* **Sod house,** hutte *f* de terre.

'sod-burning, *s. Agr:* Brûlage *m* (du terrain).

'sod-cutter, *s. Tls:* Tranche-gazon *m inv.*

sod[2], *v.tr.* (sodded; sodding) **To sod over, up,** gazonner (un terrain).

soda ['souda], *s.* 1. (*a*) *Ch: Ind:* Soude *f.* **Caustic soda,** soude caustique; hydrate *m* de soude. *Miner:* **Native soda,** natron *m. Phot:* **Soda developer,** révélateur *m* à base de sels de soude. **Soda-pyro,** révélateur à l'acide pyrogallique et au carbonate de soude. *See also* GLASS[1] 1. (*b*) *Com:* **Washing soda, common soda,** soude du commerce; carbonate *m* de soude; *F:* cristaux *mpl* (de soude); *P:* de la carbonade. (*c*) **Cooking soda, baking soda,** bicarbonate *m* de soude. **Soda cake,** gâteau qu'on a fait lever au bicarbonate de soude. 2. = SODA-WATER. *See also* WHISKY[1].

'soda-ash, *s.* Cendre *f* de soude; alcali minéral; sel *m* de soude calciné.

'soda-fountain, *s.* Bar *m* pour glaces et rafraîchissements non alcooliques.

'soda-maker, *s. Ind:* Soudier *m.*

'soda-trade, *s.* Industrie soudière.

'soda-water, *s.* Eau *f* de Seltz; eau gazeuse bicarbonatée; soda *m.*

'soda-works, *s. Ind:* Soudière *f.*

sodality [so'daliti], *s. Ecc:* Sodalité *f*, congrégation *f*, confrérie *f.*

sodden[1] [sɔdn], *a.* 1. (*a*) (*Of field*) (Dé)trempé. (*b*) (*Of bread, etc.*) Mal cuit; pâteux; (*of vegetables, etc.*) qui a bouilli trop longtemps; imprégné d'eau. **Sodden with grease,** dégouttant de graisse. 2. **Sodden face,** visage bouffi (par la boisson). **Sodden with drink,** abruti par l'alcool, par la boisson.

sodden[2]. 1. *v.tr.* (*a*) Détremper (la terre, etc.). (*b*) Abrutir (les facultés) par la boisson. 2. *v.i.* S'imprégner d'humidité.

soddenness ['sɔd(ə)nnəs], *s.* État détrempé; état pâteux (du pain).

soddy ['sɔdi]. 1. *a.* Gazonné, gazonneux. 2. *s. U.S: F:* Cabane *f* en mottes de gazon.

sodic ['soudik], *a. Ch:* Sodique.

sodium ['soudiəm], *s. Ch:* Sodium *m.* **Sodium nitrate,** azotate *m* de soude. **Sodium carbonate,** carbonate *m* de soude. **Sodium chloride,** chlorure *m* de sodium. *Pharm:* **Sodium cacodylate,** cacodylate *m* de soude. **Sodium sulphate,** sulfate *m* de soude, de sodium; sel *m* de Glauber; *A:* sel admirable. *See also* BISULPHITE.

Sodom ['sɔdəm]. *Pr.n. B.Geog:* Sodome *f.*

sodomite ['sɔdəmait], *s.* Sodomite *m*, pédéraste *m.*

sodomy ['sɔdəmi], *s.* Sodomie *f*, pédérastie *f.*

soever [so'evər], *adv. Lit:* **In any way soever,** n'importe comment. **How great soever** *it may be*, quelque grand que ce soit.

sofa ['soufa], *s. Furn:* Sofa *m*, canapé *m*, ottomane *f. See also* WALL-SOFA.

sofa-'bed(stead), *s.* Lit-canapé *m, pl.* lits-canapés; canapé-lit *m, pl.* canapés-lits.

soffit ['sɔfit], *s. Arch:* Soffite *m*, douelle *f*, intrados *m*; cintre *m*, coquille *f. Th: A:* **The soffits,** les frises *f.*

soft [sɔft]. I. *a.* 1. Mou, *f.* molle. (*a*) **As soft as butter, as wax,** mou comme le beurre, comme la cire. *S. mud*, boue inconsistante, liquide, grasse. *S. soil, ground*, terrain mou. **Soft iron,** fer doux, fer tendre. **Dead-soft,** extra-doux. **Soft stone,** pierre tendre, grasse. **Soft rock,** roche *f* tendre. **Soft coal,** houille grasse. **Soft pencil,** crayon *m* tendre. **Soft cheese,** fromage mou. *Cer:* **Soft paste,** pâte *f* tendre. **Soft porcelain,** porcelaine *f* tendre. *See also* CORN[2] 1, FOOD 1, PALATE 1, ROE[2], SOLDER[1], SUGAR[1] 1, WOOD 2. (*b*) **Soft to the touch,** mou, doux, au toucher; moelleux. **Soft pillow,** oreiller mou, doux, douillet. *To make the skin s.*, donner du velouté à la peau. *S. hair*, cheveux flous. **As soft as silk,** doux comme du satin. **Soft hat,** chapeau mou. *S. leather*, cuir *m* souple. *Com:* **Soft goods,** matières *f* textiles; tissus *m.* **Soft furnishings,** étoffes meublantes. *See also* COLLAR[1] 1. (*c*) **Soft tire,** bandage mou. **Soft muscles,** muscles mous, flasques. **Soft character,** (i) nature molle; (ii) caractère doux, malléable. **Soft nation,** nation molle, douillette, qui manque de vigueur. *Troops that have become s.*, troupes désaguerries. (*d*) *Rad.-A:* (i) **Soft rays,** rayons mous. (ii) **Soft tube,** ampoule *f* à gaz; valve *f* à gaz. (*e*) *St.Exch:* **Rails were soft,** les chemins de fer étaient faibles. 2. Doux, *f.* douce. (*a*) **Soft rain,** pluie douce. **Soft water,** eau qui n'est pas dure, crue; eau douce. *S. wind*, vent doux. *S. weather*, temps mou. **Soft day,** (i) journée tiède; (ii) *Scot:* journée humide, journée de pluie. **Soft colours,** couleurs douces, suaves. *Art:* **Soft flesh tints,** chairs morbides. *S. light*, lumière douce, atténuée. *The light grows softer*, la lumière s'atténue. *S. brown eyes*, yeux d'un brun doux. **Soft outline,** contour mou, flou. *Phot:* **Soft focus,** flou *m.* **Soft paper,** papier donnant doux, pour effets doux. *S. light*, source lumineuse produisant des ombres à contours flous. *Cin: Th:* **Soft lighting,** éclairage donnant des ombres à contours flous. **Soft voice, soft music,** voix douce, musique douce. *See also* PEDAL[2] 2. **Soft step,** pas feutré, ouaté. *To give a s. tap on the door*, frapper doucement à la porte. *B:* **A soft answer turneth away wrath,** la réponse douce apaise la fureur. **To have a soft tongue,** parler d'un ton mielleux. *Ling:* **Soft consonant,** consonne douce. **Soft life,** vie douce. *F:* **Soft job,** emploi *m* facile et agréable; *P:* emploi pépère; fromage *m*; bague *f* au doigt; beurre *m. To get a s. job*, **to have a soft thing on,** tenir le filon. *He has a s. job*, il n'a pas à se fouler. **To have a soft time of it,** *P:* se la couler douce. *U.S:* **Soft drinks,** boissons *f* non alcooliques; boissons sucrées. (*b*) **Soft words,** mots doux, tendres. **To speak soft nothings,** dire des douceurs, des fadeurs. **Soft heart,** cœur *m* tendre. **To have a soft place in one's heart for s.o., to have a soft spot for s.o.,** avoir un faible pour qn. *F:* **To be soft on s.o.,** être épris, entiché, de qn. *See also* SIDE[1] 3. (*c*) **The softer sex,** le sexe aimable. 3. *a. & s.* **Soft (person),** (i) niais, -aise; nigaud, -aude; (ii) ramolli (du cerveau). *He isn't as s. as he looks*, il n'est pas si niais qu'il en a l'air. **He's gone soft!** il a perdu la boule! *Leave me alone, you big soft!* laisse-moi tranquille, gros benêt! **-ly,** *adv.* 1. (*a*) Doucement. *To tread s.*, marcher sans bruit; ouater ses pas. (*b*) Tendrement. 2. Mollement.

II. **soft.** 1. *adv.* Doucement. 2. *int.* (*a*) *A:* Chut! (*b*) Doucement!

'soft-'boiled, *a.* (Œuf) mollet, à la mouillette, à la coque.

'soft-'eyed, *a.* Aux yeux doux.

'soft-'focus, *attrib.a. Phot:* (Objectif *m*) anachromatique, pour le flou. **Soft-focus effect,** flou artistique.

'soft-'footed, *a.* Aux pas ouatés, feutrés. *F: S.-f. individual*, patte-pelu(e) *m, pl.* pattes-pelu(e)s.

'soft-grass, *s. Bot:* (Meadow) **soft-grass,** houlque laineuse.

'soft-head, *s.* Niais, -aise; sot, sotte; nigaud, -aude; *F:* ramolli *m.*

'soft-'headed, *a.* Faible de cerveau, d'esprit; niais, nigaud; *F:* ramolli. *He is getting s.-h.*, il se ramollit.

'soft-'hearted, *a.* Au cœur tendre, compatissant, sensible. *To be s.-h.*, être compatissant, avoir de la sensibilité. *He is too s.-h.*, il a trop de cœur.

'soft-'heartedness, *s.* Bonté *f* de cœur; indulgence *f.*

'soft-'mouthed, *a. Equit:* (*Of horse*) A la bouche tendre, sensible; qui n'a point d'appui.

'soft-'nosed, *a.* **Soft-nosed bullet,** balle *f* déformable.

'soft-'sawder[1], *s. F:* Flatterie *f*, patelinage *m*, bénissage *m*; *P:* pommade *f.*

soft-'sawder[2], *v.tr. F:* Flatter, louanger (qn); faire du plat à (qn); passer la main dans le dos, dans les cheveux, à (qn); coucher le poil à (qn).

'soft-shell, *s. Rept: U.S:* Tortue *f* à carapace molle.

'soft-'shelled, *a.* 1. A coquille molle. **Soft-shelled egg,** œuf hardé. 2. (Tortue) à carapace molle.

'soft-'soap[1], *s.* 1. Savon vert, savon noir, savon mou. 2. Flatteries *fpl*, bénissage *m*, flagornerie *f.*

soft-'soap[2], *v.tr. P:* = SOFT-SAWDER[2].

soft-'solder, *v.tr.* Souder à la soudure tendre, à l'étain. *See also* SOLDER[1].

soft-soldering, *s.* Soudure *f* à l'étain.

'soft-'spoken, *a.* 1. (*Of pers.*) Mielleux, doucereux; aux paroles mielleuses; au doux parler. 2. (*Of words*) Mielleux, doucereux.

'soft-'tack, *s. Nau:* Pain *m.*

'soft-'witted, *a.* = SOFT-HEADED.

'soft-wood, *s.* 1. *Carp: etc:* Bois *m* tendre. 2. *For:* Essences *f* conifères.

soften [sɔfn]. 1. *v.tr.* (*a*) Amollir, ramollir (la cire, le cœur, etc.). (*b*) Assouplir (le cuir); attendrir (les choux, etc.); détremper, adoucir (l'acier). *Tan:* **To soften skins,** détremper, reverdir, les peaux. (*c*) Affaiblir, énerver. **Troops softened by idleness,** troupes amollies par l'oisiveté. (*d*) Adoucir (une couleur, sa voix, l'eau); assourdir, atténuer (une couleur, une lumière); radoucir (le ton, la colère de qn); *Phot:* atténuer (des contours). **To soften off a drawing with a stump,** estomper un dessin. **To soften a painting,** donner du moelleux à un tableau. *Curtains that s. the light*, rideaux qui tamisent la lumière. *Corners softened by the shade*, recoins veloutés d'ombre. **To soften one's tone and manners,** *F:* mettre un bémol à la clef. *To s. s.o.'s pain*, atténuer la douleur de qn. *To s. a contrast*, amoindrir, adoucir, atténuer, un contraste. *Veh: To s. the suspension*, adoucir la suspension. (*e*) Attendrir, émouvoir (qn). *To be softened at the sight of sth.*, s'attendrir à la vue de qch. (*f*) Soulager (la douleur). 2. *v.i.* (*a*) S'amollir, se ramollir. (*b*) S'adoucir, se radoucir. *The weather is softening*, le temps s'adoucit. (*c*) S'attendrir. *To s. at the sight of sth.*, se laisser attendrir à la vue de qch.

softened, *a.* Amolli, adouci. **Softened outlines,** contours gras.

softening[1], *a.* 1. *Pharm: etc:* Amollissant, adoucissant; (onguent) fondant. *S. application*, application émolliente. 2. **Softening tone,** ton *m* qui s'adoucit.

softening[2], *s.* (*a*) Amollissement *m*, ramollissement *m.* **Softening of the brain,** ramollissement du cerveau; cérébro-malacie *f.* (*b*) Assouplissement *m* (du cuir). (*c*) *Metalw:* Détrempe *f*, adoucissage *m* (de l'acier). (*d*) Adoucissement *m* du caractère. (*e*) Assourdissement *m* (de la lumière). *Phot: etc:* **Softening of contrasts, of outlines,** atténuation *f* des contrastes, des contours. *See also* WATER-SOFTENING. (*f*) Attendrissement *m.*

softener ['sɔfnər], *s.* 1. (*Pers.*) *Tan:* Reverdisseur *m* (de peaux). 2. (*a*) Substance amollissante; ramollissant *m*; ramollitif *m. F:* **Sympathy, the softener of all our cares,** la sympathie qui calme, qui adoucit, tous nos soucis. (*b*) Appareil *m* pour amollir ou adoucir. *See* WATER-SOFTENER. (*c*) *Paint:* Blaireau *m.*

softish ['sɔftiʃ], *a.* 1. Un peu mou, *f.* molle; *F:* mollet, -ette; tendret, -ette. 2. Pas trop difficile. *S. job, P:* emploi *m* pépère; le filon. 3. Nigaud; un peu niais ou naïf.

softness ['sɔftnəs], *s.* 1. Douceur *f* (de la peau, d'un tissu, du climat, etc.); tiédeur *f* (de l'air). **Softness of manner,** affabilité *f*. **2.** (*a*) Mollesse *f* (de caractère); manque *m* d'énergie, de caractère. (*b*) Flou *m* (des contours). *Phot:* **Chromatic softness,** flou chromatique. **3.** Niaiserie *f*, simplicité *f*.

softy ['sɔfti], *s. F:* = SOFT I. 3.

Sogdian ['sɔgdiən], *a. & s. A.Geog:* Sogdien, -ienne.

Sogdiana [sɔgdi'ɑːna]. *Pr.n. A.Geog:* La Sogdiane.

soggy ['sɔgi], *a.* **1.** Détrempé; saturé d'eau. **2.** (*Of bread*) Pâteux; mal cuit; lourd. **3.** (*Of heat, atmosphere*) Lourd; saturé d'humidité.

soh [sou], *s. Mus:* **1.** (*Fixed soh*) Sol *m inv.* **2.** (*Movable soh*) La dominante.

Soho ['souhou]. *Pr.n.* Quartier *m* du centre de Londres où se trouvent les petits restaurants étrangers; quartier de la bohème.

soil[1] [sɔil], *s.* (*a*) Sol *m*, terrain *m*, terroir *m*, terreau *m*, terre *f*. *Rich s.*, terroir fertile, gras; terre grasse. **Artificial soil,** terres de rapport. **Sandy soil,** sol sablonneux. **Light soil, loose soil,** terre meuble. **Alluvial soil,** terrain d'alluvion(s). **Vegetable soil,** terre végétale; terreau. **Grown soil,** terre naturelle, vierge. *See also* SUBSOIL[1]. (*b*) *Lit:* **One's native soil,** le pays natal, le sol natal. **Son of the soil,** fils *m* de la terre. **To smack, be redolent, of the soil,** sentir le terroir, le cru. *The peasant bending over the s.*, le laboureur penché sur la glèbe. **Bound to the soil,** attaché à la glèbe. *The old virtues bound up in the s.*, les vieilles vertus terriennes.

soil[2], *s.* **1.** Souillure *f*, salissure *f*. **2.** (*a*) *A:* Saleté *f*. (*b*) *Hyg:* = NIGHT-SOIL. **3.** *Ven:* (*a*) *A:* Souille *f* (de sanglier). (*b*) (*Of deer*) **To take soil,** battre l'eau; prendre l'eau.

'soil-pipe, *s. Const:* Tuyau *m* de descente, descente *f* (de w.-c.); chausse *f* d'aisances. *Nau:* Corneau *m*.

'soil-tank, *s.* Fosse *f* d'aisances.

soil[3]. **1.** *v.tr.* (*a*) Souiller, salir; encrasser (ses habits); maculer (son linge). *I felt as if I had soiled my hand*, j'avais l'impression d'une souillure à la main. (*b*) (*With passive force*) **Stuff that soils easily, stuff liable to soil,** étoffe *f* qui se salit, se tache, facilement; étoffe salissante. **2.** *v.i. Ven: A:* (i) (*Of boar, etc.*) Prendre souille, se vautrer dans la boue; (ii) (*of deer*) battre l'eau.

soiled, *a.* Souillé, sali, défraîchi. **Soiled linen, soiled clothes, soiled clothing,** linge *m* sale. *S. dress*, robe défraîchie. *See also* SHOP-SOILED.

soiling[1], *a.* Salissant, souillant.

soil[4], *v.tr.* Mettre (un cheval) au régime vert, au vert.

soiling[2], *s.* Mise *f* au vert; régime vert.

-soiled [sɔild], *a.* (*With adj. prefixed, e.g.*) **Sandy-soiled,** au sol sablonneux.

soirée ['sware], *s.* Soirée *f*; réception (donnée le soir). (Terme employé par la petite bourgeoisie.)

sojourn[1] ['sɔdʒərn, 'sʌdʒərn], *s. A. & Lit:* **1.** Séjour *m*. **2.** Lieu *m* de séjour.

sojourn[2], *v.i. Lit:* Séjourner. *After sojourning in Paris . . .*, après avoir fait un séjour à Paris . . .; après un séjour à Paris. . . .

sojourning, *s.* Séjour *m*.

sojourner ['sɔdʒərnər, 'sʌdʒərnər], *s. Lit:* Personne *f*, étranger, -ère, de passage. *The sojourners in our midst*, nos hôtes *m*.

soke [souk], *s. A. & Jur:* **1.** Droit *m* de juridiction. **2.** Juridiction *f*, ressort *m*.

Sokoto [sɔ'kouto]. *Pr.n. Geog:* Sokoto, Sokotou, Sakatou.

Sokotra [sɔ'koutra]. *Pr.n.* = SOCOTRA.

sol[1] [sɔl], *s. Mus:* Sol *m*.

'sol-'fa[1], *s. Mus:* **1.** (*a*) Solmisation *f*. (*b*) Solfège *m*. **2.** **Tonic sol-fa,** système de solmisation dans lequel le do est mobile et représente toujours la tonique, et dans lequel les notes sont représentées par leurs initiales et non sur une portée.

'sol-'fa[2], *v.tr. Mus:* Solfier.

sol[2], *s. Ph: Ch:* Solution colloïdale.

sola[1] ['soula], *s. Bot:* Æschynomène *f*. *Attrib. Cost:* **Sola topee,** casque colonial en moelle d'æschynomène.

sola[2], *s.* **1.** *See* SOLUS. **2.** *Com:* **Sola of exchange,** seule *f* de change.

solace[1] ['sɔles], *s. Lit:* Consolation *f*, soulagement *m*. **To find solace in sth.,** trouver sa, une, consolation dans qch. *She is my only s.*, elle est ma seule consolation, ma seule joie.

solace[2], *v.tr. Lit:* Consoler (qn); soulager, adoucir (la douleur de qn). *To s. oneself with drink*, se consoler dans la boisson; se consoler en buvant.

solacement ['sɔlesmənt], *s. Lit:* Consolation *f*, soulagement *m*.

solan(-goose) ['soulən('guːs)], *s. Orn:* Fou *m*.

solanaceae [sɔla'neisiiː], *s.pl. Bot:* Solanacées *f*; solanées *f*.

solanaceous [sɔla'neiʃəs], *a. Bot:* Solanacé; solané.

solar ['soulər], *a.* (Système *m*, mythe *m*, plexus *m*, etc.) solaire. *Opt:* **Solar eye-piece,** bonnette *f* à verre jaune (pour longue-vue). *See also* PRISM 1, PROMINENCE 1.

solarium, *pl.* **-ia** [so'lɛəriəm, -ia], *s.* **1.** *Med:* (*For sun-baths*) Solarium *m*. **2.** *Moll:* Cadran *m*.

solarization [soulərai'zeiʃ(ə)n], *s. Phot:* Solarisation *f* (d'un cliché).

solarize ['souləraiz]. **1.** *v.tr. Phot:* Solariser. **Solarized image,** image *f* de solarisation. **2.** *v.i.* Se solariser.

solatium [so'leiʃiəm], *s.* **1.** (Somme donnée à titre de) compensation *f*. **2.** *Jur:* Dommages-intérêts payés à titre de réparation morale (en sus des dommages-intérêts matériels).

sold [sould]. *See* SELL[2].

soldanella [sɔlda'nela], *s. Bot:* Soldanelle *f*.

solder[1] ['soudər, 'sɔdər], *s.* Soudure *f*. **Hard solder,** soudure forte; brasure *f*. **Soft solder,** (i) soudure tendre, fondante; claire-étoffe *f*, claire-soudure *f*; (ii) *F:* = SOFT-SAWDER[1]. *Fine, coarse, s.*, soudure grasse, maigre. *Brass s.*, soudure de cuivre. *Tin s.*, soudure d'étain. *See also* SPELTER.

solder[2], *v.tr. Metalw:* Souder; ressouder. *See also* HARD-SOLDER, SOFT-SOLDER.

solder up, *v.tr.* (*a*) Boucher (une fente, etc.) avec de la soudure. (*b*) Réparer (une bouilloire); *F:* rafistoler (une machine). *F:* **To solder up an alliance again,** retaper, rabibocher, une alliance.

soldering, *s.* Soudure *f*, soudage *m*. *Blow-pipe s.*, soudage au chalumeau. *Autogenous s.*, soudure autogène. **Soldering fluid,** eau *f* à souder.

'soldering-bit, -copper, -iron, *s. Tls: Metalw:* Fer *m* à souder; soudoir *m*.

'soldering-hammer, *s. Tls:* Soudoir *m* à, en, marteau.

'soldering-lamp, *s.* Lampe *f* à souder, à braser; éolipile *m*.

'soldering-rod, -wire, *s.* Baguette *f* d'apport pour soudure; fil *m* à souder.

solderer ['sɔdərər], *s.* Soudeur *m*.

solderless ['sɔdərləs], *a. Metalw:* Sans soudure.

soldier[1] ['souldʒər], *s.* **1.** (*a*) Soldat *m*. *Three soldiers and two civilians*, trois militaires *m* et deux civils. **Private soldier,** *A:* **common soldier,** simple soldat. *Mounted s.*, soldat à cheval. *F:* **To go for a soldier,** se faire soldat; *F:* endosser l'uniforme. *When you are a s.*, quand tu seras à la caserne. **Old soldier,** ancien soldat; vétéran *m*; *Pej:* soudard *m*, brisquard *m*. *See also* COME 9. **Tin soldier,** soldat de plomb. *To fall like tin soldiers in a row*, tomber comme des capucins de cartes. **In soldier fashion,** à la soldate. *Nau:* **Soldier's wind,** vent *m* de demoiselle. **Soldier of fortune,** soldat, officier *m*, de fortune; *A:* aventurier *m*. *See also* FOOT-SOLDIER. (*b*) Tacticien *m*, stratégiste *m*. *Great s. but poor politician*, grand capitaine mais piètre politicien. (*c*) *Nau: F:* (i) Fainéant *m*; genou creux; tire-au-flanc *m inv*; (ii) marin *m* d'eau douce. **2.** (*a*) *Ent:* **Soldier(-ant),** soldat des bois. **Soldier(-beetle),** téléphore *m*. (*b*) *Crust:* **Soldier(-crab),** soldat marin, bernard-l'ermite *m*. (*c*) *Bot:* **Soldier orchis,** orchis *m* militaire. **3.** *P:* Hareng saur. **4.** *Vet:* **Red soldier,** (i) rouget *m*; mal *m* rouge; (ii) porc atteint du rouget, du mal rouge.

'soldier-like, *a.* = SOLDIERLY.

'soldier-man, *pl.* **-men,** *s. F:* Soldat *m*; militaire *m*.

soldier[2], *v.i.* **1.** Faire le métier de soldat. **To soldier on,** rester au service. **2.** *U.S. & Nau: F:* Flémarder; tirer au flanc.

soldiering, *s.* Le métier de soldat, des armes. **The love of soldiering,** l'amour du métier des armes. *I had my day of s.*, j'ai tiré le coup de fusil dans le temps.

soldierly ['souldʒərli], *a.* (i) De soldat; (ii) *Pej:* soldatesque. **Soldierly bearing,** allure *f* martiale, militaire. *S. behaviour*, conduite *f* digne d'un soldat.

soldiery ['souldʒəri], *s.* **1.** *Coll.* (i) Soldats *mpl*, militaires *mpl*; (ii) *Pej:* soldatesque *f*. **To call out the soldiery,** faire appel à la force armée, à la troupe. **2.** Science *f* militaire.

sole[1] [soul], *s.* **1.** Plante *f* (du pied); (*of horse, etc.*) sole *f*. **2.** Semelle *f* (de chaussure). **Inner sole,** première *f*. **Middle sole,** béquet *m*, becquet *m*. **Sole leather,** cuir *m* pour semelles. *Light s. leather*, molleterie *f*. *Shoe with a single s., a double s.*, soulier à semelle simple, à double semelle. **3.** (*a*) Semelle (de rabot, de crosse de golf, etc.); plan *m* (d'un rabot). *N.Arch:* Talon *m*, talonnière *f* (de gouvernail). (*b*) *Min:* Plancher *m*, semelle, sole (d'une galerie de mine). *Metall: Mch:* Aire *f*, sole (d'un fourneau). (*c*) *Const: etc:* Plate-forme *f*, *pl.* plates-formes; semelle, patin *m* (d'une fondation); racinal *m*, -aux (d'une grue). **4.** *Agr:* Cep *m*, sep *m* (d'une charrue).

'sole-bar, *s. Veh:* Longeron *m*.

'sole-piece, 'sole-plate, *s. Const:* Semelle *f*, patin *m*, couchis *m* (d'une fondation). *Nau:* Savate *f* (d'un étançon). *Mec.E:* Plaque *f* de fondation, sole *f* (d'une machine).

sole[2], *v.tr.* (*a*) Mettre une semelle à (un soulier). (*b*) Ressemeler (un soulier, etc.).

-soled, *a.* (*With sb. or adj. prefixed, e.g.*) **Thick-soled, thin-soled, rubber-soled,** à forte semelle, à semelle mince, à semelle en caoutchouc.

soling, *s.* (*a*) Mise *f* d'une semelle. (*b*) Ressemelage *m*.

sole[3], *s. Ich:* Sole *f*. *See also* LEMON-SOLE.

sole[4], *a.* **1.** Seul, unique. *His s. reason*, son unique raison *f*. *His father's s. support*, le seul soutien de son père. *For s. furniture, two small beds*, pour tout mobilier deux petits lits. **The sole management,** l'entière direction. **Sole right,** droit exclusif. **Sole agent,** agent exclusif. **Sole legatee,** légataire universel. *See also* CORPORATION 3. **2.** *A:* Solitaire, isolé. *See also* FEME. **-ly,** *adv.* Seulement, uniquement. **Solely responsible,** entièrement responsable. *To be s. entitled to do sth.*, avoir le droit exclusif de faire qch. **I went there solely to see it,** j'y allai dans le seul but de le voir, uniquement pour le voir.

solecism ['sɔlisizm], *s.* **1.** *Gram:* Solécisme *m*; faute *f* de grammaire. **2.** *S. in conduct*, solécisme de conduite; faute contre le savoir-vivre. **3.** *A: He would have been a s. in this company*, il aurait été déplacé dans cette société.

solemn ['sɔləm], *a.* **1.** (*Of feast, oath*) Solennel. **Solemn silence,** silence solennel. **Solemn question,** question grave, qui donne à réfléchir. **Solemn fact,** réalité sérieuse. **Solemn duty,** devoir sacré. **Solemn warning,** avertissement donné avec la gravité que comportent les circonstances. **Solemn ceremony,** solennité *f*. **It is the solemn truth,** je vous jure que c'est vrai. *Jur:* **Solemn agreement,** contrat solennel. *See also* LEAGUE[2]. **2.** (*Of pers.*) Grave, sérieux. **To put a solemn face on it,** prendre un air solennel. *To keep a s. face*, composer son visage; maîtriser son envie de rire. *F:* **As solemn as a judge,** sérieux comme un évêque, comme un âne qu'on étrille. *To speak in a s. tone*, parler d'un ton solennel. *Is this s. or is it funny?* ce discours est-il grave ou plaisant? **-ly,** *adv.* **1.** Solennellement. **I solemnly and sincerely believe that . . .,** en mon âme et conscience je suis convaincu que. . . **2.** Gravement, sérieusement. *To speak s.*, parler avec solennité.

solemness ['sɔləmnəs], *s.* = SOLEMNITY 1.

solemnity [so'lemniti], *s.* **1.** (*a*) Solennité *f*. **With all solemnity,** en toute solennité. (*b*) Gravité *f*, sérieux *m* (de maintien). **2.** Fête solennelle; solennité.

solemnization [sɔləmnai'zeiʃ(ə)n], *s.* Solennisation *f*; célébration *f* (d'un mariage).

solemnize ['sɔləmnaːiz], *v.tr.* **1.** Solenniser (une fête); célébrer, bénir (un mariage). **2.** Prêter de la solennité à (un lieu); rendre (une occasion) solennelle, grave.

solemnizing, *s.* = SOLEMNIZATION.

solen ['soulən], *s.* *Moll:* Solen *m*; (manche *m* de) couteau *m*.

solenoid [sɔ'liːnɔid, 'soule-], *s.* *El:* Solénoïde *m*; *El.E:* *F:* soléno *m*.

solenoidal [sɔli'nɔid(ə)l], *a.* *El:* Solénoïdal, -aux.

soleus [so'liːəs, 'souliəs], *s.* *Anat:* Muscle *m* soléaire.

solfatara [sɔlfa'tɑːra], *s.* *Geol:* Solfatare *f*, soufrière *f*.

solfataric [sɔlfa'tɑːrik], *a.* *Geol:* Solfatarien.

solfeggio, *pl.* **-ios, -gi** [sɔl'fedʒjo, -ouz, -dʒiː], *s.* *Mus:* Solfège *m*.

solicit [so'lisit], *v.tr.* (*a*) Solliciter. **To solicit a favour of s.o.,** demander une faveur à qn; solliciter, requérir, une faveur, une grâce, de qn. **To solicit s.o. for sth., sth. from s.o.,** solliciter qch. de qn; *F:* quémander qch. à qn. *We s. you for your custom, we s. your custom,* nous vous prions de nous accorder, de nous honorer de, votre clientèle. **To solicit s.o. to do sth.,** solliciter qn de faire qch. **To solicit s.o.'s attention,** solliciter, demander avec instance, l'attention de qn. **To solicit votes,** solliciter, briguer, des voix, des suffrages. *To s. a government post,* postuler un emploi (de fonctionnaire). *See also* ORDER[1] 10. (*b*) (*Of prostitute*) Raccrocher, racoler. *Abs.* Faire le raccroc.

soliciting, *s.* = SOLICITATION.

solicitant [so'lisitənt]. **1.** *a.* **To be solicitant of sth.,** solliciter qch. **2.** *s.* Solliciteur, -euse.

solicitation [solisi'teiʃ(ə)n], *s.* **1.** Sollicitation *f*, invite *f*. **Solicitation of votes,** brigue *f* des votes. **To do sth. at s.o.'s solicitation,** faire qch. sur les instances de qn. **2.** (*Of prostitute*) Raccrochage *m*, racolage *m* (sur la voie publique).

solicitor [so'lisitər], *s.* **1.** *Jur:* (Cumule les fonctions de notaire et d'avoué) (*a*) Avoué *m*, solicitor *m*. **The Solicitor General,** le conseiller juridique de la Couronne. (*b*) (*In business house*) Chef *m* du contentieux. *The solicitor's department,* le bureau du contentieux. **2.** *Com:* *U.S:* Placier *m*.

solicitous [so'lisitəs], *a.* Soucieux, désireux (*of*, de). **Solicitous to please,** soucieux de plaire; empressé à plaire. *S. attention to detail,* soin méticuleux des détails. **Solicitous about sth.,** préoccupé de qch. *To be s. about sth.,* s'inquiéter de qch. **To be solicitous for s.o.'s comfort,** avoir à cœur le confort de qn; se préoccuper du confort de qn. **To be solicitous of sth.,** désirer qch. *To be s. of the truth, of accuracy,* avoir le souci de la vérité, de l'exactitude. **-ly,** *adv.* Avec sollicitude; soucieusement.

solicitousness [so'lisitəsnəs], **solicitude** [so'lisitjuːd], *s.* Sollicitude *f*, souci *m*, préoccupation *f*. *S. to do sth.,* empressement *m* à, souci de, faire qch.

solicitudinous [solisi'tjuːdinəs], *a.* (Soin) soucieux, empressé.

solid ['sɔlid]. **1.** *a.* Solide. (*a*) **Solid food,** (i) aliment *m* solide; (ii) *Med:* régime *m* solide. **Solid flesh,** chair consistante. (*Of fluid*) **To become solid,** se solidifier. (*b*) **To build on solid foundations,** bâtir sur le solide. *To dig down to s. ground,* creuser jusqu'au solide. *S. granite,* granit résistant. **Steps cut in the solid rock,** escalier taillé dans la pierre vive, à même la pierre. (*c*) **Man of a solid build,** homme bien charpenté, bien découplé. **Solid common sense,** solide bon sens. *He is talking s. sense,* ce qu'il dit est plein de bon sens. **Solid thinker,** penseur solide. **Solid character,** caractère *m* d'une bonne trempe. *Good s. English tenacity,* bonne ténacité bien anglaise. *To have s. reasons for believing sth.,* avoir des raisons solides pour croire qch. (*Of literary work*) **There is nothing solid about it,** cela manque de fond; *F:* ce n'est que de la crème fouettée. *Jur:* **Solid consideration,** motif sérieux. **Solid defence,** défense *f* valable. (*d*) Plein, massif. **Solid contents,** volume plein, réel. **Solid tyre,** pneu plein. *S. rubber cable,* câble *m* en caoutchouc plein. **Solid wall,** mur plein, sans ouvertures. **Solid mahogany table,** table *f* en acajou massif, plein. **Solid silver spoon,** cuiller *f* d'argent massif. *Metall:* **To cast solid,** couler plein. **Pond frozen solid,** étang gelé jusqu'au fond. *S. bank of clouds,* masse *f* uniforme de nuages; nuages épais. *Phot:* **Solid printing,** tirage *m* en plein format, sans dégradateur ni cache. *Typ:* **Solid page, solid composition,** page *f*, composition *f*, solide. **Matter set solid,** texte non interligné. *Geom:* **Solid angle,** angle *m* solide; angle polyédrique. **Solid measures,** mesures *f* de volume. *See also* GEOMETRY. *F:* **To sleep for nine solid hours, to sleep nine hours solid,** dormir neuf heures d'affilée, neuf bonnes heures. *Three days' s. rain,* trois jours d'une pluie continue, ininterrompue. **Solid vote,** vote *m* unanime. *adv.* **To go, vote, solid for sth.,** voter qch. à l'unanimité, comme un seul homme; présenter un front uni en faveur de qch. (*e*) En une seule pièce. **Wheel solid with another,** roue *f* solidaire d'une autre. *Parts cast solid,* parties coulées monobloc, venues de fonte l'une avec l'autre. **2.** *s.* Solide *m*. *Geom:* **Solid of revolution,** corps *m*, solide, de révolution. **-ly,** *adv.* **1.** Solidement. **Solidly held,** tenu fermement, solidement. **To build solidly,** bâtir à chaux et à sable, à chaux et à ciment. **Solidly built man,** homme bien charpenté, bien découplé. **To read solidly at one's Latin,** travailler sérieusement son latin. **2.** **To vote solidly for sth.,** voter qch. à l'unanimité, comme un seul homme.

'solid-'drawn, *a.* (Tube) étiré sans fente.

'solid-'forged, *a.* *Metall:* Monobloc *inv.*

'solid-'hoofed, *a.* *Z:* = SOLIDUNGULATE.

solidago [sɔli'deigo], *s.* *Bot:* Solidage *f*.

solidarism ['sɔlidarizm], *s.* *Pol.Ec:* Solidarisme *m*.

solidarity [sɔli'dariti], *s.* Solidarité *f*.

solidifiable [so'lidifaiəbl], *a.* (i) Qui peut se solidifier; (ii) congelable.

solidification [solidifi'keiʃ(ə)n], *s.* (i) Solidification *f*; (ii) congélation *f* (de l'huile).

solidify [so'lidifai]. **1.** *v.tr.* Solidifier; concréter (l'huile, le sang). **2.** *v.i.* (i) Se solidifier; (ii) se prendre en masse; se figer; se congeler; se concréter.

solidifying, *s.* = SOLIDIFICATION.

solidity [so'liditi], *s.* **1.** Solidité *f* (d'un bâtiment, d'un raisonnement). **2.** *Jur:* Solidarité *f*.

solidness ['sɔlidnəs], *s.* **1.** Solidité *f*. **2.** Unanimité *f* (d'un vote).

solidungulate [sɔlid'ʌŋgjulet], *a.* *Z:* Solipède.

solidus, *pl.* **-i** ['sɔlidəs, -ai], *s.* **1.** *Rom.Num:* Solidus *m*. **2.** *Typ:* Barre transversale séparant les *pence* des *shillings* (2/6, 13/4).

soliloquist [so'lilokwist], **soliloquizer** [so'lilokwaizər], *s.* Monologueur *m* (qui se parle à lui-même).

soliloquize [so'lilokwaːiz], *v.i.* Faire un soliloque; monologuer; se parler à soi-même.

soliloquy [so'lilokwi], *s.* Soliloque *m*; monologue (intérieur).

soliped ['sɔliped], **solipede** ['sɔlipiːd], *a.* & *s.* *Z:* Solipède (*m*).

solitaire [sɔli'tɛər], *s.* **1.** *A:* Solitaire *m*, anachorète *m*. **2.** (*Diamond*) Solitaire (diamant de bague, de bouton de chemise, de bouton de manchette). **3.** *Games:* (*a*) Solitaire. (*b*) *Cards:* (Jeu *m* de) patience *f*. **4.** *Attrib.* **Solitaire tea-set,** service *m* à thé pour une personne.

solitariness ['sɔlitərinəs], *s.* Solitude *f*; sentiment *m* d'être seul.

solitary ['sɔlitəri]. **1.** *a.* (*a*) Solitaire; qui est ou qui se sent seul, isolé. *Bot:* **Solitary flower,** fleur *f* solitaire. *F:* **Not a solitary one,** pas un seul. *See also* CONFINEMENT 1. (*b*) (Lieu) solitaire, retiré, isolé. **2.** *s.* Solitaire *m*, anachorète *m*. **-arily,** *adv.* Solitairement; tout seul.

solitude ['sɔlitjuːd], *s.* **1.** Solitude *f*, isolement *m*. *To be fond of s.,* avoir l'humeur solitaire. *To live in s.,* vivre dans la solitude. **2.** (*a*) Lieu *m* solitaire. (*b*) Lieu inhabité ou dépeuplé; solitude; désert *m*.

sollar ['sɔlər], *s.* *Min:* Palier *m*. *See also* LADDER-SOLLAR.

solleret [sɔlə'ret], *s.* *Archeol:* Soleret *m*.

solmizate ['sɔlmizeit], *v.tr.* & *i.* *Mus:* Solfier, solmiser (un air).

solmization [sɔlmi'zeiʃ(ə)n], *s.* *Mus:* Solmisation *f*.

solo, *pl.* **-os, -i** ['soulo, -ouz, -iː], *s.* **1.** *Mus:* Solo *m*. **Violin solo,** solo de violon. **To play solo,** jouer en solo. **Solo violin,** violon *m* solo; soliste *mf*. **Solo organ,** clavier *m* de récit. *See also* DANCE[1] 1. **2.** *Cards:* **Solo whist,** whist *m* de Gand. **To go solo,** jouer solo. **3.** **Solo motor cycle,** motocyclette *f* solo *inv.* *Av:* **Solo flight,** vol *m* solo *inv.* *To make a s. flight,* voler seul.

soloist ['souloist], *s.* *Mus:* Soliste *mf*.

Solomon ['sɔləmən]. *Pr.n.m.* Salomon. *F:* **The British Solomon,** Jacques Premier (roi d'Angleterre).

'Solomon-'Islander, *s.* *Geog:* Salomonien, -ienne.

'Solomon 'Islands (the), *s.pl.* *Geog:* Les îles *f* Salomon.

'Solomon's 'seal, *s.* *Bot:* Sceau *m* de Salomon; *F:* grenouillet *m*.

Solothurn ['sɔloθəːrn]. *Pr.n.* *Geog:* Soleure.

solstice ['sɔlstis], *s.* *Astr:* Solstice *m*. *Summer s., winter s.,* solstice d'été, d'hiver.

solstitial [sɔl'stiʃ(ə)l], *a.* *Astr:* Solsticial, -aux.

solubility [sɔlju'biliti], *s.* **1.** Solubilité *f* (d'un sel, etc.). **2.** *To question the s. of a problem,* mettre en doute s'il est possible de résoudre un problème.

soluble ['sɔljubl], *a.* **1.** Soluble; *occ.* dissoluble. **Soluble in alcohol,** soluble dans l'alcool. *S. when heated,* soluble à chaud. **Slightly soluble, highly soluble,** peu, légèrement, soluble; très, abondamment, soluble. **To make soluble,** solubiliser, rendre soluble (un produit). **2.** (Problème *m*) soluble, résoluble, qui peut être résolu. **3.** *Body s. into its elements,* corps *m* que l'on peut décomposer en ses éléments.

solus ['souləs], *pred.a.* (*f.* **sola**) (*Esp. in stage directions*) Seul, seule.

solute [so'ljuːt]. **1.** *a.* Dissous, en solution. **2.** *s.* Corps dissous, en solution.

solution[1] [so'ljuːʃ(ə)n], *s.* Solution *f*. **1.** (*a*) Dissolution *f*. *Salt in s. in water,* sel *m* en solution dans l'eau. (*b*) **Brine solution,** solution de sel ordinaire. **Solution of copper sulphate,** solution de sulfate de cuivre. *Ch:* **Standard solution,** liqueur titrée; solution normale. *Aut:* *Cy:* *etc:* **(Rubber) solution,** (dis)solution (de caoutchouc). *El:* **Battery solution,** électrolyte *m*. *See also* FOWLER[2]. **2.** (*a*) (*Solving*) (Ré)solution *f* (d'une équation, d'une difficulté); mise *f* au point, dénouement *m* (d'une difficulté). *The only s. is recourse to arms,* la seule issue possible est le recours aux armes. (*b*) (*Answer*) Solution. *Alg:* **Inapplicable solution, non-valid solution,** solution étrangère (d'un problème). **3.** *Surg:* *etc:* **Solution of continuity,** solution de continuité. **4.** Dissolution (du pouvoir de qn). **5.** *Med:* **Solution of a disease,** solution d'une maladie.

solution[2], *v.tr.* *Cy:* *Aut:* Enduire (une pastille) de dissolution.

solutive [so'ljuːtiv], *a.* *Med:* *A:* Solutif, laxatif.

Solutrian [so'ljuːtriən], *a.* *Paleont:* Solutréen; (civilisation) de Solutré.

solvability [sɔlvə'biliti], *s.* **1.** Solvabilité *f* (d'un commerçant). **2.** Solubilité *f* (d'un sel, etc.). **3.** Résolubilité *f* (d'un problème).

solvable ['sɔlvəbl], *a.* **1.** (Sel *m*) soluble. **2.** (Problème *m*) résoluble.

solvate ['sɔlveit], *s.* *Ch:* Solvate *m*.

solvated [sɔl'veitid], *a.* *Ch:* (Colloïde, etc.) solvatisé.

solvation [sɔl'veiʃ(ə)n], *s.* *Ch:* Solvatisation *f* (d'un colloïde).

solve [sɔlv], *v.tr.* **1.** Résoudre (un problème); *Journ:* *F:* solutionner (une difficulté). **To solve a riddle,** trouver le mot d'une énigme. *Problem not yet solved,* problème encore en suspens. *This question is not easily solved,* cette question ne comporte pas une solution facile. *Measures taken with a view to solving the economic crisis from within,* mesures prises en vue de résorber la crise économique. *Mth:* **To solve an equation for x,** résoudre une équation par rapport à x. **2.** *A:* Solder, liquider (une dette). **3.** *A:* Dissoudre (un sel).

solving, *s.* (Ré)solution *f* (d'un problème).

solvency ['sɔlvənsi], *s.* Solvabilité *f.*

solvent ['sɔlvənt]. **1.** *a. Com: Jur:* Solvable. *Security given by a s. man,* caution bourgeoise. **2.** *(a) a.* Dissolvant. *(b) s.* Dissolvant *m,* solvant *m. Rubber s.,* dissolvant du caoutchouc. *F:* **Solvent of power,** dissolvant du pouvoir.

solver ['sɔlvər], *s.* Celui qui trouve, qui a trouvé, la solution du problème, de l'énigme, etc.

Solyman ['sɔlimən]. *Pr.n.m. Hist:* Soliman.

Somali, *pl.* **-alis, -ali** [so'mɑːli, -ɑːliːz, -ɑːli], *s. Ethn:* Somali *m.* **The Somali Coast,** la Côte des Somalis.

Somaliland [so'mɑːliland]. *Pr.n. Geog:* La Somalie.

somatic(al) [so'matik(əl)], *a.* Somatique.

somato- ['soumato], *comb.fm. Biol:* Somato-. *Somatopleure,* somatopleure. *Somatoscopy,* somatoscopie.

somatologic(al) [soumato'lɔdʒik(əl)], *a.* Somatologique.

somatology [souma'tɔlodʒi], *s.* Somatologie *f.*

sombre ['sɔmbər], *a.* Sombre. *(a)* **Sombre wood,** bois sombre, ténébreux. **Sombre colours,** couleurs sombres. *(b) (Of pers., mood, etc.)* Sombre, morne. **-ly,** *adv.* Sombrement; (vêtu) de teintes sombres; (répondre) d'un air sombre, morne.

sombrero [sɔm'breəro], *s. Span.Cost:* Sombrero *m.*

some [sʌm]. I. *a.* **1.** Quelque, quelconque. *(a) Admiralship or* **some other** *similar rank,* amiralat *m* ou quelque autre rang analogue. *S. other solution will have to be found,* il faudra trouver quelque autre solution. **Some person (or other)** *has stolen my watch,* on m'a volé ma montre. *S. person or other has told him . . .,* je ne sais qui lui a dit. . . . *He made s. excuse or other,* il fit une excuse quelconque. **Some General Smith or other,** un quelconque général Smith, un certain général Smith. *He entrusted his business to s. lawyer or other,* il confiait ses affaires à je ne sais quel notaire. **Some writer or other,** quelque vague écrivain. *They had discovered in s. or other act of Parliament that . . .,* on avait découvert, aux termes de je ne sais plus quelle loi, que. . . . *We must come to s. decision or other,* il faut prendre un parti quelconque. **In some form or (an)other,** sous une forme ou sous une autre. **He will arrive some day,** il arrivera un de ces jours. *I shall see you* **some day this week,** je vous verrai dans le courant de la semaine. *Come and see me* **some Monday,** venez me voir un lundi. **Some way or another,** d'une manière ou d'une autre; *F:* de bric ou de broc. **To make some sort of reply,** répondre d'une façon quelconque. *See also* TIME[1] 5. *(b) (Any) Give it to s. lawyer or other,* remettez-le aux mains de n'importe quel notaire. *To ask s. experienced person,* se rapporter à l'avis de quelqu'un qui a, qui ait, de l'expérience. **Choose some one place,** choisissez un endroit et tenez-vous-y. *You should advertise in s. one of the special periodicals that deal with these subjects,* il faut mettre une annonce dans l'un ou l'autre des périodiques qui s'occupent de cela. **2.** *(Partitive)* De. **To drink some water,** boire de l'eau. *To eat s. fruit,* manger des fruits. *Can you give me s. lunch?* pouvez-vous me donner à déjeuner? *S. poor people were there,* de pauvres gens se trouvaient là. **3.** *(a)* Quelque. *I felt s. slight uneasiness,* je ressentais quelque inquiétude. *It needs s. (little) pluck to do that,* il y a quelque courage à faire cela. **Some distance away,** à quelque distance de là. **In some measure,** jusqu'à un certain point. **To some degree,** quelque peu; à un certain degré. **For some time** *he stood silent,* pendant quelque temps il resta muet. *He has been waiting (for) s. time,* il attend depuis quelque temps. **After some time,** après un certain temps. *After a stay of s. time in England,* après avoir séjourné quelque temps en Angleterre. **It takes some time,** cela prend pas mal de temps. **Town of some importance,** ville *f* d'une certaine importance. **At some length,** assez longuement. **Have some pity!** ayez quelque peu de pitié! **Some part of it is mine,** une certaine partie est à moi. *(b) (In the pl.)* **There are some others,** il y en a d'autres; il y en a quelques autres. *Rule subject to s. exceptions,* règle sujette à quelques exceptions, à certaines exceptions. **Some days ago,** il y a quelques jours. *He has been here s. years,* voilà quelques années qu'il est ici. **Some days he is better, some days he is worse,** certains jours il va mieux, certains jours il va plus mal. *I earn s. days more, s. days less,* je gagne tantôt plus, tantôt moins. *S. books are objectionable,* il y a des livres qui sont désagréables; certains livres sont désagréables. *S. people paid ten shillings for their seats,* il y en a qui ont payé leurs places dix shillings. **4.** *U.S: P: (Intensive)* **Some heat!** ce qu'il fait chaud! **He's some doctor,** c'est un médecin à la hauteur. *He's s. fool,* tu parles d'un imbécile. *He's s. conjurer!* en fait de tours de cartes il est un peu là! *Your friend Smith is s. lad!* quel gaillard que votre ami Smith! **It was some dinner,** c'était un chouette dîner. **That's some rain!** mince de pluie! *Three hundred miles an hour!* **some speed!** trois cents milles à l'heure! mâtin! rien que ça!

II. **some,** *pron.* **1.** *Pers.* Certains. **Some or all,** tous ou certains d'entre eux. *S. think that . . .,* il y a des gens qui, il y en a qui, certains, d'aucuns, croient que. . . . **Some agree with us, and some disagree,** les uns sont de notre avis, d'autres ne le sont pas; certains sont de notre avis, certains ne le sont pas. *We scattered,* **some one way, some another,** on se dispersa, qui d'un côté, qui de l'autre. *S. of her friends told her that . . .,* certaines de ses amies lui apprirent que. . . . *S. of these girls will not marry,* de ces jeunes filles, certaines ne se marieront pas. **2.** *Neut.* **I have some,** j'en ai. *Give me s.,* donnez-m'en. **Take some!** *(jam, etc.)* prenez-en! *(sweets, etc.)* prenez-en quelques-uns! **I have some more,** (i) j'en ai encore; (ii) j'en ai encore d'autres. *B:* **Some fell on stony places,** une (autre) partie tomba dans des lieux pierreux. *Give me s. of that wine,* donnez-moi de ce vin. **Some of the afternoon,** une partie de l'après-midi. *I shall be in Paris all August and* **some of September,** je serai à Paris pour tout le mois d'août et une partie de septembre. *S. of the paper is damaged,* une partie du papier est avariée. **Some of them,** quelques-uns d'entre eux. *I have s. of them,* j'en ai quelques-uns. *I agree with s. of what you say,* je suis d'accord avec une partie de ce que vous dites. **Some of the most beautiful scenery in the world,** un des plus beaux paysages du monde; un des paysages les plus beaux du monde; un des paysages qui comptent parmi les plus beaux du monde. *F: He wants the lot* **and then some,** il lui faut tout et le reste. *He's up to all the tricks and then s.,* il les sait toutes et une par-dessus. *See also* HAVE[2] 4.

III. **some,** *adv.* **1.** *(a)* Environ, quelque *inv.* **Some twenty, thirty, pounds,** une vingtaine, une trentaine, de livres. *S. five hundred people,* environ cinq cents personnes; quelque cinq cents personnes. *(b)* **I waited some few minutes,** j'ai attendu quelques minutes. **2.** *U.S: P: (Intensive)* **He was annoyed some,** il était pas mal fâché. **We were beaten some,** nous avons été battus, et comment! *It amused me s.,* ça m'a pas mal amusé.

-some[1] [səm], *a.suff. Usu. F. or Dimin. or Poet: Blithesome,* gai. *Gladsome,* joyeux. *Gruesome,* lugubre, terrifiant. *Quarrelsome,* querelleur. *Tiresome, wearisome,* fatigant, ennuyeux. *Humoursome,* fantasque.

-some[2], *s.suff. Added to certain numerals. Golf:* **Threesome,** partie à deux contre un. *Danc:* **Foursome reel, eightsome reel,** reel à quatre, à huit.

somebody ['sʌmbodi], **someone** ['sʌmwʌn], *pron.* Quelqu'un. **1.** *S. told me so,* quelqu'un, on, me l'a dit. *S. has left the gas on,* il y a quelqu'un qui a oublié de fermer le gaz. **Somebody is knocking,** on frappe. **Somebody is missing,** il manque quelqu'un. **Somebody appeared,** *F: A:* survint un quidam. **Somebody passing at the time,** un passant. *I want s. strong enough to . . .,* il me faut quelqu'un d'assez fort pour. . . . *She recalled to him s. he had seen before,* elle lui rappelait quelqu'un de déjà vu. **Somebody or other has told him . . .,** je ne sais qui lui a dit. . . . *S. or other was telling me the other day . . .,* je ne sais qui me disait l'autre jour. . . . **Mr Somebody (or other),** Monsieur Chose. **Somebody else,** quelqu'un d'autre; un autre. *He is engaged to s. else,* il est fiancé ailleurs. *S. extra, in excess,* quelqu'un de plus, de trop. **2.** *(pl.* **somebodies** ['sʌmbodiz]) *(a)* **He's (a) somebody,** c'est un personnage; ce n'est pas le premier venu. **He thinks he's somebody,** il se croit quelqu'un; il se croit sorti de la côte d'Adam. *They are somebodies in their own village,* ils sont quelqu'un dans leur village; ce sont des personnages dans leur village. *I might have become s.,* j'aurais pu devenir quelqu'un. *(b) I've got to attend a charity ball for indigent somebodies,* il faut que j'assiste à un bal de charité organisé pour secourir des je ne sais plus quoi dans l'indigence.

somehow ['sʌmhau], *adv.* **1.** De façon ou d'autre, d'une manière ou d'une autre. **We shall manage it somehow or other,** bien ou mal, tant bien que mal, de bond ou de volée, nous y parviendrons; nous y arriverons sûrement d'une manière ou d'une autre. **2. I never liked him somehow,** je ne sais pourquoi mais il ne m'a jamais été sympathique. *S. (or other) it is different,* il y a pourtant une différence.

someone ['sʌmwʌn], *pron.* = SOMEBODY.

somersault[1] ['sʌmərsɔlt], **somerset**[1] ['sʌmərset], *s. (a) (Accidental)* Culbute *f,* galipette *f. Cy:* Panache *m. Aut: Av:* Capotage *m,* panache. **To turn a complete somersault,** (i) *(of pers.)* faire la culbute; (ii) *Av: Aut:* faire la culbute; faire panache; capoter. *(b) Gym:* Saut périlleux. **To turn, throw, a somersault,** faire le saut périlleux.

somersault[2], **somerset**[2], *v.i. (a) (Of pers.)* Faire la culbute; *Av: Aut:* faire panache, capoter. *(b) Gym:* Faire le saut périlleux, des sauts périlleux.

Somerset House ['sʌmərset'haus]. *Pr.n.* Dépôt *m* (à Londres) des registres de l'état civil, du commerce, etc.

something ['sʌmθiŋ]. I. *s. or pron.* Quelque chose *m.* **1.** *(a) Say s.,* dites quelque chose. **Something or other,** une chose ou une autre. *S. or other always happens just as I am leaving,* il y a toujours quelque anicroche quand je suis sur mon départ. *S. or other had happened just before she left,* il était arrivé je ne sais plus quoi, juste avant son départ. *He took a small piece of s. or other,* il prit un brin de je ne sais quoi. *S. or other went wrong,* je ne sais quoi a cloché. **Jack something or other,** Jacques je ne sais plus quoi. *There's s. the matter with him,* il a quelque chose. *There is s. in him I don't like,* il y a en lui je ne sais quoi qui me déplaît. **Something tells me he will come,** quelque chose me dit qu'il viendra. **Something to drink,** de quoi boire; quelque chose à boire. *To ask for s. to drink,* demander à boire. *F:* **Will you take something?** (i) voulez-vous boire quelque chose? (ii) voulez-vous manger quelque chose? *Let's have s. to eat,* mangeons un morceau. *Let's have* **a little something,** allons prendre quelque chose. **To give s.o. something for himself,** donner un pourboire à qn. **And something besides,** *F:* et le pouce. *Give me s. to sit on,* donnez-moi de quoi m'asseoir. **To give s.o. something to live for,** donner à qn une raison de vivre. *To have s. to be annoyed about,* avoir de quoi se fâcher. **Something inexplicable,** quelque chose d'inexplicable. *S. new,* quelque chose de nouveau, de neuf. *He has given us not s. new, but s. closely resembling his previous work,* il nous a donné non pas du neuf, mais quelque chose de très approchant de ses ouvrages précédents. **I have something else to do,** j'ai autre chose à faire. *See also* ELSE 2. *There was s. low about him,* il avait un je ne sais quoi de canaille. **He's something at the Exchequer,** il a (i) un emploi, (ii) je ne sais quel emploi, aux Finances. *F:* **A bishop or something,** un évêque ou quelque chose de ce genre. *If I don't pass I'll have* **to go into a shop or something,** si j'échoue à l'examen il faudra que je devienne commis de magasin ou quelque chose dans ce genre. *He broke his arm or s.,* il s'est cassé le bras ou abîmé d'une façon quelconque. **The four something train,** le train de quatre heures et quelque chose. *In the year of grace eleven hundred and s.,* en l'an de grâce onze cent et tant. *F:* **He told me I was a something fool,** il m'a traité d'imbécile, avec un gros mot que je ne veux pas répéter. *(b)* **An indefinable something,** un je ne sais quoi d'indéfinissable. *He could appreciate* **that some-**

thing *which goes with education*, il savait apprécier ce je ne sais quoi qui est la marque d'une bonne éducation. **2.** (*a*) **To speak with something of a foreign accent**, parler avec un accent plus ou moins étranger. **There is something of an improvement**, il y a une certaine amélioration. **He's something of a miser**, il est un peu, quelque peu, tant soit peu, avare. *She is s. of a musician*, elle est quelque peu musicienne. *Her drawing-room was s. of a sanctuary*, son salon était plus ou moins un sanctuaire. *When he returned he found himself s. of a hero*, à son retour il se vit acclamer comme un héros. *There was s. of sarcasm in his voice*, il y avait dans sa voix une pointe de sarcasme. *Now you see s. of what I have to put up with*, cela vous laisse entrevoir ce que j'ai à supporter. *To instil s. of a sense of honesty into s.o.*, inculquer les rudiments de l'honnêteté à qn. **To have seen something of the world**, n'être pas sans avoir vu le monde. *Perhaps we shall see s. of you now*, peut-être que maintenant on vous verra un peu. *See also* KIND[1] 2. (*b*) **His plan has something in it, there is something in his plan**, son projet mérite considération, n'est pas si sot. *People began to think there must be s. in it*, on commença à croire que le bruit n'était pas sans fondement. **There's something in what you say; there's something in that**, il y a un fond de vérité dans ce que vous dites. **There's something in him**, il a du fond; il a de l'étoffe. **He has something to do with it**, il y est pour quelque chose. *It's s. that they are at hand*, c'est toujours quelque chose qu'ils soient là. **Well, that's something!** bon, c'est toujours quelque chose! c'est déjà quelque chose! *Now I am going to show you s.! you are going to see s.!* vous allez voir ce que vous allez voir! **He thinks himself something**, il se croit quelqu'un, quelque chose. **To make something of s.o.**, faire quelque chose de qn. *Turf:* **To know something**, avoir un tuyau.

II. **something**, *adv.* (*a*) Quelque peu, tant soit peu. *He is s. less than fair to me*, il ne me rend pas pleine justice. **Something after the French style**, un peu dans le style français. *A small case s. like a cigar*, un étui en forme de cigare. (*Intensive*) **That's something 'like a cigar!** voilà un vrai cigare! *See also* LIKE[1] I. 2. *All told we were* **something over a hundred**, en tout nous étions un peu plus de cent. *He is s. under, over, forty*, il a un peu moins, un peu plus, de quarante ans. (*b*) *P:* (*Intensive*) **He treated me something shocking**, il m'a traité d'une façon abominable. *See also* AWFUL 3.

sometime ['sʌmtaim], *adv.* **1.** *Occ.* = SOMETIMES. **2.** (*a*) Autrefois, jadis. **Sometime priest of this parish**, ci-devant prêtre de cette paroisse; autrefois prêtre de cette paroisse. (*b*) *adj. Mr X, my* **sometime tutor**, M. X, autrefois mon précepteur. **3. Sometime (or other)**, tôt ou tard; un jour ou l'autre. **Sometime before dawn**, avant l'aube. **Sometime last year**, au cours de l'année dernière. *S. in August*, dans le courant d'août. **Sometime soon**, bientôt; un de ces quatre matins; un de ces jours.

sometimes ['sʌmtaimz], *adv.* Quelquefois, parfois. *He is s. late*, il rentre parfois en retard. **Sometimes the one, sometimes the other**, tantôt l'un, tantôt l'autre. *S. I am in Paris, s. in London*, tantôt je suis à Paris, tantôt à Londres.

someway ['sʌmwei], *adv.* *F:* **1.** De façon ou d'autre. *We'll manage s.*, on se débrouillera. **2. Someway or other** *I'm always wrong*, je ne sais pas comment ça se fait, mais j'ai toujours tort.

someways ['sʌmweiz], *adv.* D'une façon ou d'une autre, de façon ou d'autre.

somewhat ['sʌmhwɔt]. **1.** *adv.* Quelque peu; un peu; tant soit peu. **It is somewhat difficult**, c'est assez difficile. *With his s. common appearance*, avec sa mine tant soit peu vulgaire, un peu vulgaire. **To be somewhat surprised**, être passablement étonné. *S. disappointed*, quelque peu déçu; légèrement déçu. *A s. detailed narrative*, un récit assez détaillé. **To arrive somewhat late**, arriver assez tard. *We treat him s. as he treated us*, nous le traitons à peu près de la même façon qu'il nous a traités. **2.** *s.* **He was somewhat of a coward**, il était quelque peu poltron. *This was s. of a relief*, c'était en quelque sorte un soulagement; c'était un léger soulagement. *It is s. of a difficulty*, c'est assez difficile. *Adventure that loses s. in the telling*, aventure qui perd de son sel quand on la raconte.

somewhen ['sʌmhwen], *adv.* *A. & Lit:* Un jour ou l'autre.

somewhere ['sʌmhwɛər], *adv.* **1.** Quelque part. *It is s. in the Bible*, cela se trouve quelque part dans la Bible. *S. near us*, pas bien loin de chez nous. **Somewhere in the world**, de par le monde. **Somewhere in France**, quelque part en France; (*in Great War*) par là-bas en France. **Somewhere else**, ailleurs; autre part. **Somewhere or other**, je ne sais où. *F:* **I will see him somewhere first!** qu'il aille au diable! **Lost somewhere between London and the coast**, perdu entre Londres et la côte. *He lives s. about Oxford*, il habite dans les environs d'Oxford. **2. He is somewhere about fifty**, il a environ, à peu près, cinquante ans. **Somewhere before twelve**, un peu avant midi. *S. before two o'clock*, vers les deux heures. **Somewhere between sunrise and sunset**, entre le lever et le coucher du soleil.

somewhile ['sʌmhwail], *adv.* *Lit:* **1.** Autrefois, jadis, ci-devant. **2.** Pendant quelque temps.

somewhither ['sʌmhwiðər], *adv.* *Lit:* Quelque part; dans une certaine direction. *The fairies had taken the babe s.*, les fées avaient emporté l'enfant dans le bleu, on ne sait où.

somite ['soumait], *s.* *Z:* Somite *m*, segment *m*, métamère *m*; *F:* anneau *m*.

somnambulant [sɔm'nambjulənt], *a.* & *s.* Somnambule (*mf*).

somnambulism [sɔm'nambjulizm], *s.* Somnambulisme *m*, noctambulisme *m*. *Artificial s.*, somnambulisme provoqué; hypnotisme *m*.

somnambulist [sɔm'nambjulist], *s.* Somnambule *mf*, noctambule *mf*.

somnambulistic [sɔmnambju'listik], *a.* Somnambule, somnambulique.

somniferous [sɔm'nifərəs], **somnific** [sɔm'nifik], *a.* Somnifère, soporifique, endormant.

somniloquent [sɔm'nilokwənt], **somniloquous** [sɔm'nilokwəs], *a.* Somniloque.

somniloquist [sɔm'nilokwist], *s.* Somniloque *mf*.

somniloquize [sɔm'nilokwaːiz], *v.i.* Parler en dormant.

somniloquy [sɔm'nilokwi], *s.* Somniloquie *f*.

somnolence ['sɔmnoləns], *s.* Somnolence *f*, assoupissement *m*.

somnolent ['sɔmnolənt], *a.* Somnolent, assoupi.

son [sʌn], *s.m.* Fils. *How is your son?* comment va votre fils? *F:* comment va votre garçon? (*in formal speech*) comment va monsieur votre fils? **The Son of God, of Man**, le fils de Dieu, de l'homme. **The sons of men**, les hommes. *Son of Belial*, fils de Bélial. *See also* BACCHUS, FATHER[1] 1, MOTHER[1] 1, PRODIGAL.

'son-in-law, *s.m.* **1.** Gendre. **2.** *A:* = STEPSON.

sonant ['sounənt]. *Ling:* **1.** *a.* Sonore. **2.** *s.* Consonne *f* sonore.

sonata [so'nɑːta], *s.* *Mus:* Sonate *f*.

sonatina [sɔna'tiːna], *s.* *Mus:* Sonatine *f*.

song [sɔŋ], *s.* **1.** Chant *m*. **Famous in song**, dont la gloire a été chantée en vers. **To burst into song**, se mettre tout à coup à chanter; entonner un chant. **The song of the birds**, le chant, le ramage, des oiseaux. **Bird in song**, oiseau *m* qui chante. **2.** (*a*) Chanson *f*. **Love-song, drawing-room song**, romance *f*. **Give us a song**, chantez-nous quelque chose. *Mus:* **Song without words**, romance sans paroles. **Action song**, chanson mimée. *Mil:* **Marching song**, chanson de route. *Nau:* **Capstan song**, chanson à virer. *Hauling s.*, chanson à hisser. *F:* **To buy sth. for an old song, for a mere song**, acheter qch. à vil prix, pour rien, pour une bagatelle, *F:* pour une bouchée de pain. *It went for a (mere) s.*, cela s'est vendu pour rien. *F:* **To make a song about sth.**, (i) faire des embarras, *P:* des chichis, à propos de qch.; *P:* en faire tout un plat (à qn); récriminer contre qch.; (ii) se vanter de qch. *Don't make such a s. about it!* ne faites pas tant d'arias! *His people made a terrible s. about it*, ses parents ont jeté les hauts cris. *It's nothing to make a s. about*, (i) il n'y a pas de quoi se récrier, de quoi s'exclamer; (ii) cela ne vaut pas grand'chose. **To sing another song** = *to change one's tune*, *q.v. under* CHANGE[2] 1. *See also* DANCE[1] 1, DRINKING-SONG, HIT[1] 2, HUNTING-SONG, SEA-SONG. (*b*) *Lit:* Chant. **Song of victory**, chant de victoire. **The songs of Anacreon**, les chants d'Anacréon. **The song of Roland**, la chanson de Roland. *Gr.Ant:* **Song of triumph, of thanksgiving**, péan *m*. *See also* SWAN-SONG, WAR-SONG. (*c*) *Ecc:* Cantique *m*. **The Song of Songs, the Song of Solomon**, le Cantique des Cantiques. *See also* DEGREE 1.

'song-bird, *s.* Oiseau chanteur.

'song-book, *s.* Recueil *m* de chansons; chansonnier *m*.

'song-thrush, *s.* *Orn:* Grive chanteuse; calandrette *f*.

'song-writer, *s.* Chansonnier, -ière.

Songhay [sɔŋ'gai], *s.m.pl.* *Ethn:* Songhaï, Sonrhaï, Sourhaï.

songless ['sɔŋləs], *a.* **1.** (Oiseau) qui ne chante pas. **2.** (Bois, etc.) muet.

songster ['sɔŋstər], *s.m.* **1.** Chanteur. **2.** Poète. **3.** Oiseau chanteur. *The songsters of the woods*, les musiciens des bois.

songstress ['sɔŋstres], *s.f.* **1.** Chanteuse; cantatrice. **2.** Poétesse.

sonic ['sɔnik], *a.* *Oc:* *Nau:* **Sonic depth-finder**, sondeur *m* sonore.

soniferous [so'nifərəs], *a.* **1.** Qui propage le son. **2.** Sonore, résonnant.

sonnet ['sɔnet], *s.* *Pros:* Sonnet *m*. **Sonnet-writer**, sonnettiste *mf*; auteur *m*, faiseur *m*, de sonnets. **Sonnet sequence**, suite *f* de sonnets.

sonnet(t)eer [sɔne'tiːər], *s.* Sonnettiste *mf*; auteur *m*, faiseur *m*, de sonnets.

sonny ['sʌni], *s.m.* *F:* Mon petit, mon fiston, mon petiot.

sonometer [so'nɔmetər], *s.* *Ph:* Sonomètre *m*, monocorde *m*.

sonorific [sɔno'rifik], *a.* (Corps) sonore, résonnant.

sonority [so'nɔriti], *s.* Sonorité *f*.

sonorous [so'nɔːrəs], *a.* Sonore. **Sonorous voice**, voix sonore, timbrée. *F:* **Sonorous titles**, titres ronflants. **-ly**, *adv.* D'un ton sonore.

sonorousness [so'nɔːrəsnəs], *s.* Sonorité *f*.

sonsy ['sɔnsi], *a.* *Scot:* (Femme) jolie et rondelette; *P:* gironde.

Sonthal ['sɔnθɑːl], *a.* & *s.* *Ethn:* Santal (*m*), -als.

Sonthali [sɔn'θɑːli], *s.* *Ling:* Le santal.

Soochow [suː'tʃau]. *Pr.n.* *Geog:* Sou-Tchéou.

soon [suːn], *adv.* **1.** (*a*) Bientôt, tôt. **Soon after**, bientôt après; peu après. *S. after four o'clock*, un peu après quatre heures. *S. after school*, sitôt après l'école. **See you again soon!** à bientôt! *You will be better s.*, vous serez vite guéri, bientôt guéri. *It will s. be three years since . . .*, voici tantôt trois ans que. . . . *He s. came home*, il ne tarda pas à rentrer. *He will be here very s.*, il sera ici sous peu. How soon *may I expect you?* quand devrai-je vous attendre? *How s. can you be ready?* en combien de temps serez-vous prêt? *Must you leave* so soon? vous faut-il partir si tôt? **Too soon**, trop tôt; avant le temps; avant l'heure. *An hour too s.*, trop tôt d'une heure; (arriver, etc.) avec une heure d'avance. *Lit:* *It ended* all too soon, cela a fini bien trop vite. *I got out of the house* none too soon, je m'échappai de la maison juste à temps. *See also* MEND[2] I. 3. (*b*) As soon as, so soon as, aussitôt que, dès que. *I will see him as, so, s. as he comes*, je le verrai aussitôt, dès, qu'il arrivera; je le verrai aussitôt, dès, son arrivée. *As s. as I arrived in London . . .*, dès mon arrivée à Londres. . . . *As s. as he was married he . . .*, aussitôt marié il. . . . *As s. as he sees them*, du plus loin qu'il les voit. **As soon as possible**, le plus tôt possible; aussitôt que possible; dans le plus bref délai. *Com:* *We shall write to you as s. as possible*, nous vous écrirons incessamment. (*c*) I would as soon *die as live in poverty*, j'aimerais autant mourir que de vivre dans la misère. *I would as s. stay*, j'aime autant rester. *I would as s. stay here, I would stay here* (just) **as soon as not**, j'aimerais (tout) autant rester ici. **2.** Sooner. (*a*) Plus tôt. **The sooner** *you begin* **the sooner** *you will be finished*, plus tôt vous commencerez, plus vite vous aurez fini. **The sooner the better,** le plus tôt sera le mieux. **Sooner or later,** tôt ou tard. **No sooner said than done,** aussitôt dit, aussitôt fait; sitôt dit, sitôt fait. *No sooner had he finished than, when, he was seized,* à peine eut-il fini qu'il fut arrêté. *No sooner had John grasped the sceptre than he changed his policy,* à peine Jean eut-il le sceptre en main (qu')il changea de politique. *He had no sooner reached the door than he began to shout,* dès la porte il commença à crier. *No sooner are we born than we begin to weep,* dès en naissant nous pleurons. (*b*) Plutôt. *Death sooner than slavery,* plutôt la mort que l'esclavage. *Sooner than give in I would die,* je mourrais plutôt que de céder. **I would sooner die;** *A:* **I had sooner die,** j'aimerais mieux mourir.

soot[1] [su:t], *s.* **1.** Suie *f.* *Soft black soot,* noir *m* de fumée. **2.** *I.C.E: etc:* Encrassement *m,* calamine *f.*

'soot-cancer, -wart, *s.* *Med:* Cancer *m* des ramoneurs; *F:* poireau *m* de la suie.

'soot-door, *s.* Registre *m* de ramonage.

soot[2], *v.tr.* **1.** Tacher, enduire, couvrir, (qch.) de suie. **2.** Fertiliser (la terre) avec la suie. **3.** *I.C.E:* **To soot up the plugs,** calaminer, encrasser, suiffer, les bougies. (*With passive force*) (*Of plugs*) **To soot up,** s'encrasser.

sooting, *s.* *I.C.E:* Encrassement *m* (des bougies, du moteur).

sooth [su:θ], *s.* *A:* Vérité *f.* *A:* **To speak sooth, to say sooth,** dire la vérité. **Sooth to say . . .,** à vrai dire. . . . **In (good) sooth,** en vérité; vraiment.

soothe [su:ð], *v.tr.* Calmer, apaiser (la douleur); calmer (les nerfs); tranquilliser (l'esprit); apaiser (un bébé qui crie, etc.); flatter (qn, sa vanité). *To s. s.o.'s anger,* apaiser la colère de qn.

soothing, *a.* Calmant, apaisant. *Med:* Lénitif. **Soothing draught,** potion calmante, anodine; apaisant *m.* *Toil:* **Soothing paste,** pâte adoucissante. **-ly,** *adv.* Avec douceur; d'un ton ou d'un air doux. *The medicine acts s.,* ce médicament est lénitif.

soothsayer ['su:θseiər], *s.* **1.** *Lit:* Devin *m, f.* devineresse; prophète *m,f.* prophétesse. **2.** *Ent:* *F:* Mante *f.* *The soothsayers,* les mantidés *m.*

soothsaying ['su:θseiiŋ], *s.* *Lit:* Prédiction *f;* divination *f;* pronostication *f.*

sootiness ['sutinəs], *s.* (*a*) État fuligineux; noirceur *f.* (*b*) Encrassement *m* (d'un moteur, etc.).

sooty ['suti], *a.* **1.** Couvert de suie; noir de suie. *S. walls,* murs noirs de suie. **2.** Qui contient de la suie; fuligineux. *The s. atmosphere of London,* l'atmosphère fuligineuse de Londres. *S. deposit,* (i) dépôt *m* de suie; dépôt charbonneux; (ii) dépôt de calamine. *Orn:* **Sooty albatross,** albatros fuligineux, brun.

sop[1] [sɔp], *s.* **1.** Morceau de pain, etc., trempé; *A:* soupe *f.* **Sop in the pan,** tranche de pain frite. *pl.* **Sops,** soupe au lait. **2.** (*a*) Pot-de-vin *m, pl.* pots-de-vin. (*b*) Don *m* propitiatoire; os *m* à ronger. *F:* **Sop to Cerberus,** don propitiatoire. **To throw a sop to Cerberus,** jeter le gâteau à Cerbère.

sop[2], *v.tr.* (**sopped; sopping**) **1.** Tremper, faire tremper (le pain). *To sop one's bread in the gravy,* tremper son pain dans la sauce; saucer son pain. **2.** **To sop up a liquid,** éponger un liquide.

sopping, *a.* Trempé. **Sopping wet,** tout trempé; trempé comme une soupe; mouillé à tordre; (*of pers.*) trempé jusqu'aux os.

Sophia [so'faia]. *Pr.n.f.* Sophie.

sophism ['sɔfizm], *s.* Sophisme *m;* argument captieux.

sophist ['sɔfist], *s.* **1.** *A.Gr:* Sophiste *m.* **2.** *F:* Sophiste; argumentateur captieux.

sophister ['sɔfistər], *s.* *Sch:* Étudiant *m* (i) de troisième ou quatrième année à Dublin, (ii) *A:* de deuxième ou troisième année à Cambridge.

sophistic(al) [so'fistik(əl)], *a.* Sophistique, sophiste; (argument) captieux. **-ally,** *adv.* Sophistiquement.

sophisticate [so'fistikeit], *v.tr.* (*a*) Sophistiquer, falsifier, frelater (un vin, etc.). (*b*) Sophistiquer (un sujet); falsifier (un document); pervertir, altérer (un texte).

sophisticated, *a.* **1.** Sophistiqué, falsifié; (*of text*) perverti, altéré; (*of wine*) frelaté. **2.** (*Of pers.*) Au goût perverti; aux goûts compliqués; blasé. *S. taste,* goût trop raffiné. *S. girl,* jeune fille aux goûts compliqués, qui a perdu sa candeur, qui en sait trop long.

sophistication [sofisti'keiʃ(ə)n], *s.* **1.** Sophistication *f,* falsification *f.* **2.** Raisonnements sophistiques, captieux, fallacieux. **3.** Goûts compliqués.

sophisticator [so'fistikeitər], *s.* Sophistiqueur, -euse; falsificateur, -trice.

sophistry ['sɔfistri], *s.* **1.** Sophistique *f.* *Use of s.,* sophistication *f.* *To indulge in s.,* sophistiquer. **2.** Sophisme *m.* *To involve a subject in sophistries,* envelopper un sujet d'arguments fallacieux.

Sophoclean [sɔfo'kli:ən], *a.* Sophocléen.

Sophocles ['sɔfokli:z]. *Pr.n.m.* *Gr.Lit:* Sophocle.

sophomore ['sɔfomɔ:ər], *s.* *Sch:* *U.S:* Étudiant, -ante, de seconde année.

sophomoric [sɔfo'mɔrik], *a.* *U.S:* Qui manque de profondeur; prétentieux, emphatique.

Sophonisba [sɔfo'nizba]. *Pr.n.f.* *Rom.Hist:* Sophonisbe.

sophora [so'fɔ:ra], *s.* *Bot:* Sophore *m,* sophora *m.*

Sophy ['soufi]. *Pr.n.f.* Sophie.

sopor ['soupor], *s.* *Med:* Sopor *m.*

soporiferous [sɔpo'rifərəs], *a.* = SOPORIFIC.

soporiferousness [sɔpo'rifərəsnəs], *s.* **1.** Qualités *f* soporifiques (d'un médicament). **2.** Assoupissement *m.*

soporific [sɔpo'rifik], *a.* & *s.* Somnifère (*m*), soporifère (*m*), soporifique (*m*), soporatif (*m*). *S. draught,* potion assoupissante. *S. reading,* lecture endormante.

soporous ['souporəs], *a.* *Med:* (Sommeil, etc.) soporeux.

soppy ['sɔpi], *a.* **1.** (Terrain, etc.) détrempé. **2.** (*a*) (*Of pers.*) Mou, *f.* molle; flasque. (*b*) (*Of sentiment, etc.*) Fadasse; larmoyant. *P:* **To be soppy on s.o.,** avoir un béguin pour qn. (*c*) *F:* (Visage, etc.) mouillé (de larmes).

sopranist [so'prɑ:nist], *s.* *Mus:* **1.** Sopraniste *mf;* soprano *mf.* **2.** Sopraniste *m,* castrat *m.*

soprano, *pl.* **-os, -i** [so'prɑ:nou, -ouz, -i:], *s.* *Mus:* Soprano *mf, pl.* soprani, sopranos. **Soprano voice,** voix *f* de soprano. *To sing the s. part,* chanter le dessus.

sorb [sɔ:rb], *s.* *Bot:* **1.** **Sorb(-apple),** (i) sorbe *f;* (ii) alise *f.* **2.** **Sorb(-apple) (tree),** (i) sorbier *m,* cormier *m;* (ii) alisier *m.*

sorbet ['sɔ:rbet], *s.* Sorbet *m.*

sorbic ['sɔ:rbik], *a.* *Ch:* (Acide *m*) sorbique.

sorbite ['sɔ:rbait], **sorbitol** ['sɔ:rbitɔl], *s.* *Ch:* Sorbite *f.*

sorcerer ['sɔ:rsərər], *s.m.* Sorcier; magicien.

sorceress ['sɔ:rsəres], *s.f.* Sorcière; magicienne.

sorcery ['sɔ:rsəri], *s.* Sorcellerie *f.* *A piece of s.,* une sorcellerie.

sordes ['sɔ:rdi:z], *s.* (*With sg. or pl. const.*) **1.** Crasse *f* (du corps). **2.** *Med:* (*In typhoid fever, etc.*) Fuliginosités *fpl.*

sordid ['sɔ:rdid], *a.* **1.** Sordide. (*a*) Sale, crasseux. *Nat.Hist:* **Sordid yellow,** jaune sale *inv.* (*b*) Bas, vil; (rue *f,* etc.) sordide. **2.** *Med:* (*Of suppuration, etc.*) Infect, fétide. **-ly,** *adv.* Sordidement. (*a*) Salement. (*b*) Bassement.

sordidness ['sɔ:rdidnəs], *s.* Sordidité *f.* (*a*) Saleté *f.* (*b*) Bassesse *f.* (*c*) Avarice *f* sordide; ladrerie *f.*

sordine ['sɔ:rdi:n], **sordino** [sɔ:r'di:no], *s.* *Mus:* Sourdine *f.*

sore[1] [sɔ:ər]. I. *a.* **1.** (*a*) Douloureux, endolori. **Sore to the touch,** douloureux au toucher. *His foot is still s.,* son pied lui fait toujours mal. **To be sore all over,** être tout brisé, tout courbaturé; avoir mal partout. *My back is s. all over,* j'ai le dos en capilotade. *See also* BEAR[1] 1, SADDLE-SORE. (*b*) Enflammé, irrité. **Sore eyes,** yeux *m* malades. *See also* SIGHT[1] 6. **Sore throat,** mal *m* de gorge. *I have a s. throat,* j'ai mal à la gorge; la gorge me fait mal. **Clergyman's sore throat,** pharyngite *f* chronique. (*c*) Ulcéré. *To have a s. finger,* avoir un ulcère, *F:* un bobo, au doigt; *F:* avoir un mal blanc. *F:* **To put one's finger on the sore place,** mettre le doigt sur la plaie. **One always knocks oneself on the sore place,** on se cogne toujours où l'on a mal. (*d*) *F:* **That's his sore spot,** c'est son endroit sensible. **That's a sore subject, a sore point, with him,** c'est un sujet sur lequel il n'aime pas à revenir; c'est une corde qu'il ne faut pas toucher; il est très chatouilleux là-dessus; c'est son point chatouilleux. **2.** (*Of pers.*) (*a*) Chagriné. **To be sore at heart,** être désolé. *See also* HEART-SORE. **To be, feel, sore about sth.,** être chagriné, dépité, au sujet de qch. (*b*) *U.S:* *F:* Fâché. **To get sore,** commencer à se fâcher. **To be sore on s.o.,** en vouloir à qn. **3.** (*Intensive*) **In sore distress,** dans une grande détresse. **To be in sore need of sth.,** avoir grandement besoin de qch. *S. trial,* cruelle épreuve. *S. temptation,* tentation *f* difficile à vaincre. *A:* *The hand of the Lord is s. upon us,* l'Éternel appesantit sa main sur nous. **-ly,** *adv.* Gravement; grandement. *S. wounded,* gravement, grièvement, blessé. **Sorely tried,** fort éprouvé; cruellement, durement, éprouvé. *S. distressed,* dans une grande détresse; très affligé. *S. perplexed,* cruellement embarrassé. *S. needed,* dont on a grandement besoin. *S. pressed,* aux abois.

II. **sore,** *adv.* *A. & Lit:* = SORELY. *Esp.* **Sore distressed,** dans une grande détresse.

sore[2], *s.* **1.** (*a*) Plaie *f;* (*chafe*) blessure *f,* écorchure *f.* *F:* **To (re)open an old sore,** évoquer un souvenir pénible; raviver une ancienne plaie; rouvrir d'anciennes plaies. *See also* BED-SORE. (*b*) Ulcère *m;* *F:* mal blanc; bobo *m.* **Delhi sore,** bouton *m* d'Alep; ulcère d'Orient. **2.** *A:* Chagrin *m;* douleur *f.*

soreness ['sɔ:ərnəs], *s.* **1.** Endolorissement *m.* *The s. of his feet,* ses pieds endoloris. **2.** (*a*) Chagrin *m,* peine *f.* *See also* HEART-SORENESS. (*b*) Sentiment *m* de rancune; irritabilité *f.*

sorghum ['sɔ:rgəm], *s.* *Bot:* Sorg(h)o *m;* grand millet. **Sweet sorghum,** sorg(h)o sucré, à sucre.

soricidae [sɔ'risidi:], *s.pl.* *Z:* Soricidés *m;* (les) musaraignes *f.*

sorites [so'raiti:z], *s.* *Log:* Sorite *m.*

sorner ['sɔ:rnər], *s.* *Scot:* Parasite *m;* pique-assiette *mf inv.*

sorning ['sɔ:rniŋ], *s.* *Scot:* Parasitisme *m.*

sorority [so'rɔriti], *s.* **1.** *A:* Communauté religieuse. **2.** *U.S:* Cercle *m* d'étudiantes.

sorosis [sɔ'rousis], *s.* *Bot:* Sorose *f.*

sorrel[1] ['sɔrəl], *s.* *Bot:* Oseille *f.* **Salts of sorrel, sel** *m* **d'oseille.** *See also* WOOD-SORREL.

sorrel[2]. **1.** *a.* (Cheval) saure, alezan. **Chestnut sorrel,** alezan châtain. **2.** *s.* Alezan *m.*

Sorrento [sɔ'rento]. *Pr.n.* *Geog:* Sorrente.

sorrily ['sɔrili], *adv.* *See* SORRY.

sorrow[1] ['sɔrou, 'sɔrə], *s.* Douleur *f,* chagrin *m,* tristesse *f.* **To be in sorrow,** avoir du chagrin, de la peine; être dans l'affliction. **To be sorrow-stricken,** être accablé de douleur, plongé dans la douleur. *To look at s.o.* **more in sorrow than in anger,** regarder qn avec moins de colère que de compassion. **To my sorrow,** à mon regret. *I parted with it with s.,* je m'en suis séparé avec beaucoup de peine. *Heart sorrows,* peines de cœur. *The sorrows of the corpulent,* le martyre de l'obèse. *German Lit:* **The Sorrows of Werther,** les Souffrances du jeune Werther. *B:* **The Man of Sorrows,** l'homme de douleur(s).

sorrow[2]. **1.** *v.i.* S'affliger, être affligé, s'attrister, se chagriner (*over, at, about, sth.,* de qch.). *To s. over s.o.'s death,* pleurer la mort de qn. **To sorrow for, after, s.o., sth.,** pleurer qn, qch. **2.** *v.tr.* *Lit:* Affliger (qn).

sorrowing, *a.* Qui s'attriste, qui s'afflige; affligé; plongé dans la douleur.

sorrower ['sɔroər], *s.* Affligé, -ée.

sorrowful ['sɔroful], *a.* (*Of pers.*) Affligé, chagriné; triste; (*of news, etc.*) attristant, pénible. *S. look,* regard attristé, douloureux, mélancolique, désolé. **-fully,** *adv.* Tristement; avec chagrin; d'un ton ou d'un air affligé, désolé.

sorry ['sɔri], *a.* **1.** (*a*) Fâché, chagriné, désolé. **To be sorry about sth.,** être fâché, désolé, de qch. *He is s. he did it, s. for having done it,* il est fâché, il se repent, de l'avoir fait. *To be s. not to have done sth.,* avoir du regret de ne pas avoir fait qch. *I am s. he was punished,* je suis fâché qu'il ait été puni. **I was not sorry to go to bed,** ce n'est pas à regret que je suis monté me coucher. *If you refuse you will be s. later on,* si vous refusez vous le regretterez plus tard. *F:* **You will be sorry for it,** il vous en cuira. **I am (very) sorry to hear that . . .,** je regrette d'apprendre que . . .; j'apprends avec peine, avec chagrin, que. . . . **I am sorry to say that . . .,** je regrette d'avoir à vous dire que. . . . *I am extremely s.,* je regrette infiniment. *I am indeed s., truly s., heartily s., F: dreadfully s., awfully s., to . . .,* je suis désolé, navré, affligé, désespéré, de. . . . **I'm sorry for that,** cela me fait de la peine; j'en suis bien fâché. **I am so sorry** *it has turned out wet,* je regrette que le temps soit à la pluie. **Sorry to have kept you,** pardon de vous avoir retenu. **Sorry!** pardon! je regrette! **Awfully sorry!** je vous demande mille fois pardon! *He wrote to say he was s.,* il écrivit une lettre d'excuses. (*b*) **I am sorry for him,** (i) je le plains; il me fait pitié; (ii) *Iron:* le voilà dans de beaux draps! il va lui en cuire! *F:* **To look sorry for oneself,** avoir l'air piteux; faire piteuse mine. **2.** Mauvais; pauvre, misérable, piteux. *S. dwelling,* maison misérable, de pauvre apparence. *S. steed,* méchant cheval; *A:* pauvre haridelle *f*. *S. jest,* mauvaise plaisanterie. *S. verses,* de pauvres vers *m*; des vers pitoyables. **To make sorry cheer, a sorry meal,** faire piteuse chère. *S. excuse,* piètre excuse. **To be in a sorry plight,** (i) être en mauvaise passe, dans une passe difficile; (ii) être mal en point; être dans un état piteux. **To cut a sorry figure,** faire piteuse figure. **Sorry-looking person,** individu *m* minable. **A sorry crew!** triste engeance! du joli monde! **-ily,** *adv.* Misérablement, pauvrement, piteusement, tristement.

sort[1] [sɔːrt], *s.* **1.** (*a*) Sorte *f*, genre *m*, espèce *f*. **What sort of tree is it?** quelle sorte d'arbre est-ce? *What s. of car have you got?* quelle marque d'auto avez-vous? *Wines of different sorts,* vins *m* de différents crus. **Of all sorts,** de toutes sortes. **All sorts of men,** des hommes de toutes sortes. *You find* **all sorts of things** *in his shop,* on trouve de tout dans sa boutique. *Since then I have plied all sorts of trades,* depuis lors j'ai fait de tout. *I've heard all sorts of dreadful things about you,* j'en ai entendu de toutes les couleurs sur votre compte. *What's the use of asking* **that sort of question,** *F:* **these sort of questions?** à quoi bon poser des questions de ce genre? **These sort of people** *never give anything,* les gens de cette espèce, ces gens-là, ne donnent jamais rien. *People of your s.,* des gens de votre espèce, *F:* de votre acabit. *Shopkeepers and small farmers, and other people of the same s.,* boutiquiers *m* et petits fermiers, et autres gens semblables. *A strange s. of fellow,* un drôle de type; un type bizarre. *What s. of a man is he?* comment est-il? **That's the sort of man he is,** voilà comme il est; il est comme ça. *I know the s. of man he is, F:* je connais son numéro. **A man of that sort,** un homme de ce genre, de la sorte. *You'll go and listen to a bore of that s.?* vous allez écouter un raseur de ce calibre? **His father was just that sort,** son père était un homme absolument dans, de, ce genre-là. *F:* **A decent sort (of person),** une bonne personne; une bonne pâte d'homme, de femme; un bon cœur. *P:* **She's a (real) good sort, she's one of the right sort,** elle est (tout à fait) bonne fille; c'est une brave fille. *He looks a good s.,* il a l'air bon garçon; il a l'air d'un brave type. **He, she, is not a bad sort,** c'est plutôt un brave homme, une brave femme. *F:* **That's the sort of thing I mean,** c'est à peu près ce que je veux dire. **All this sort of thing** *is a reflexion on me,* tout ceci rejaillit sur moi. *I can't stand that s. of thing,* je ne peux pas souffrir tout ça. *She is a good housewife* **and all that sort of thing, but . . .,** elle est bonne ménagère et tout ce qui s'ensuit, mais. . . . **Something of that sort, something of the sort,** quelque chose de pareil, de semblable; quelque chose dans ce goût-là, dans ce genre-là. **Nothing of the sort,** (i) rien de semblable; rien de la sorte; (ii) pas du tout! *I shall do nothing of the s.,* je n'en ferai rien. *It is nothing of the s.,* il n'en est rien. **A writer of some sort,** quelque vague écrivain. **What sort of day is it?** quel temps fait-il? *To make* **some sort of excuse, of reply,** faire des excuses quelconques; répondre d'une façon quelconque. **There is no sort of reason for this,** il n'y a aucune raison pour cela. *He is no s. of diplomat,* il n'est aucunement diplomate. **I have a sort of idea that . . .,** j'ai comme une idée, j'ai une sorte d'idée, que. . . . *The trees formed a s. of arch,* les arbres formaient comme une arche. *A s. of sour taste,* un goût plutôt aigre, plutôt acide. *There is a s. of family likeness between them,* il y a un faux air de famille entre eux. *A s. of friendship,* une quasi-amitié. *P:* **I sort of feel, think, that . . .,** j'ai une sorte d'impression que . . .; j'ai comme une idée que. . . . *I s. of expected it,* je m'en doutais presque. *I s. of regretted having been so curt,* il me venait comme un regret d'avoir été si brusque. *The good news s. of cheered him up,* cette bonne nouvelle l'a comme qui dirait ragaillardi. (*b*) *Com:* **Nails of sorts,** clous assortis. (*c*) *Pej:* **We had some coffee of sorts, we had coffee of a sort,** on nous a donné du soi-disant café. *A peace of sorts,* une paix telle quelle. *He was an American of sorts,* il était vaguement Américain. *A poet of sorts,* une façon de poète; un poète à la manque. (*d*) *Typ:* Sorte. **Sorts,** assortiment *m*. **Missing sort, short sort,** sorte manquante. **Superfluous sort,** sorte surabondante. (*e*) **To be out of sorts,** (i) être indisposé; ne pas être, ne pas se sentir, dans son assiette; n'être pas d'aplomb; être mal en train; *F:* être patraque; *P:* être débiffé; (ii) être de mauvaise humeur; *P:* être mal fichu. **2.** Classe *f*, condition *f*, état *m*. **All sorts and conditions of men,** toutes les conditions humaines. **3.** Manière *f*, façon *f*. **In some sort,** à un certain degré; jusqu'à un certain point. *He gave us a translation* **after a sort,** il nous a donné ce qui pouvait passer pour une traduction; il nous a donné une traduction à sa manière.

sort[2]. **1.** *v.tr.* (*a*) Trier, assortir; débrouiller (des papiers, etc.). **To sort into classes,** classer. *They sorted themselves into groups,* ils se sont arrangés en groupes. **To sort rags,** séparer des chiffons. *To s. timber,* triquer le bois. **To sort (over) ore,** trier le minerai; scheider le minerai. **To sort (out) articles,** classifier, lotir, allotir, des articles. *Cards: To s. one's cards,* arranger ses couleurs. *Post:* **To sort the letters,** (i) trier les lettres; (ii) (*according to town of destination*) router les lettres. *Tan: To s. skins,* lotir les peaux. *Typ:* **To sort out pie,** dépâtisser les caractères. *See also* HAND-SORT. (*b*) **To sort out sth. from sth.,** faire le départ entre qch. et qch. *To s. out the good from the bad,* séparer les bons des mauvais, d'avec les mauvais. *To s. out the bad ones,* trier les mauvais; faire le tri des mauvais. (*c*) *Scot:* Ranger, mettre en ordre (la salle, les tiroirs, etc.). (*d*) *Scot: Bring him to me,* **I'll sort him!** amenez-le-moi, je vais l'arranger, je vais lui régler son compte. **2.** *v.i. A. & Dial:* (*a*) **To sort with s.o.,** fréquenter qn; frayer avec qn. (*b*) **To sort with sth.,** s'accorder avec qch.

sorting, *s.* Triage *m*, tri *m*; classement *m*, classification *f*. **Coal-sorting apparatus,** appareil *m* de séparation pour charbons. *Hort:* **Sorting board** (*for seeds, etc.*), volet *m*. *Post:* **Sorting-office,** bureau *m* de tri. *Rail:* **Sorting-siding, sorting-depot,** gare *f* de manœuvre, de triage. *See also* CYLINDER 2, HAND-SORTING.

sorter [ˈsɔːrtər], *s.* (*a*) (*Pers.*) Trieur, -euse; classeur, -euse; assortisseur, -euse. *Ind: Com:* **Sorter's number,** numéro *m* de classement (d'une rame de papier, etc.). *Ind:* **Waste sorter,** repasseur, -euse, de déchets. *Post:* **Letter sorter,** trieur de lettres. (*b*) (*Device*) Trieur (de minerai, etc.); trieuse (de laine, etc.).

sortie [ˈsɔːrtiː], *s.* *Mil:* Sortie *f*.

sortilege [ˈsɔːrtiledʒ], *s.* **1.** *A:* (*a*) Divination *f* par le tirage au sort. (*b*) Tirage au sort. **2.** Maléfice *m*, sortilège *m*.

sortition [sɔːrˈtiʃ(ə)n], *s.* Tirage *m* au sort.

sorus [ˈsɔːrəs], *s.* *Bot:* Sore *m* (de fougère).

S O S [esouˈes], *s.* **1.** *W.Tg: Nau: Av:* S.O.S. (*Of ship*) *To send out an S O S,* lancer un S.O.S. **2.** *W.Tp:* **S O S** message, appel *m* d'urgence (au cours d'une radio-diffusion) pour faire savoir à un membre du public qu'un de ses parents est dangereusement malade.

Sosia [ˈsouzia]. *Pr.n.m. Lt.Lit:* Sosie.

sot[1] [sɔt], *s.* Personne abrutie par l'alcool; ivrogne *m, f.* ivrognesse; *P:* soûlard, -arde; soûlaud *m*; poivrot *m*. *He looks a sot,* il a une trogne d'ivrogne.

sot[2], *v.i.* (**sotted; sotting**) S'abrutir (dans l'ivresse); s'ivrogner.

soteriology [sɔtiːəriˈɔlɔdʒi], *s.* *Theol:* Sotériologie *f*.

Sothiac [ˈsouθiak], **Sothic** [ˈsouθik], *a.* *Chr:* (Cycle *m*, année *f*) sothiaque.

sotnia [ˈsɔtnia], *s.* Sotnia *f* (compagnie de cent cosaques).

sottish [ˈsɔtiʃ], *a.* Abruti par l'alcool; (air, etc.) d'ivrogne. **-ly,** *adv.* En ivrogne.

sottishness [ˈsɔtiʃnəs], *s.* Abrutissement (occasionné par l'alcoolisme).

sotto voce [ˈsɔttoˈvoutʃe], *adv.* (*a*) (Causer, etc.) tout bas, à demi-voix. (*b*) *Mus:* Sotto-voce; (chanter) à demi-voix; (jouer) à demi-jeu.

Souchong [ˈsuːʃɔŋ], *s.* *Com:* **Souchong (tea),** souchong *m*; thé noir.

Soudan (the) [ðəsuˈdan]. *Pr.n. Geog:* Le Soudan; la Nigritie.

Soudanese [sudaˈniːz], *a. & s.* *Geog:* Soudanais, -aise; soudanien, -ienne.

souffle [suːfl], *s.* *Med:* Souffle *m*. **Uterine souffle,** souffle utérin, placentaire.

soufflé [ˈsuːflei]. *Cu:* **1.** *a.* (*Of omelet, potatoes*) Soufflé. **2.** *s.* Soufflé *m*. **Cheese soufflé,** soufflé, fondue *f*, au fromage. **Soufflé pan,** soufflé; moule *m* à soufflés.

sough[1] [sʌf], *s.* **1.** (*a*) Marais *m*, marécage *m*. (*b*) Mare *f*, flaque *f*. **2.** Tranchée *f* ou drain *m* d'écoulement.

sough[2] [sau, sʌf], *s.* Murmure *m*, susurration *f*, frémissement *m* (du vent, etc.).

sough[3] [sau, sʌf], *v.i.* (*Of wind, etc.*) Murmurer, susurrer. *The wind soughs in the trees,* le vent frémit dans les arbres.

soughing, *s.* = SOUGH[2].

sought [sɔːt]. *See* SEEK.

soul [soul], *s.* Âme *f*. **1.** (*a*) **To throw oneself body and soul, heart and soul, into sth., to throw one's whole soul into sth.,** se donner corps et âme à qch.; se jeter de tout son cœur dans (une entreprise, etc.); mettre toute son énergie à faire qch. *See also* BODY[1] 1, HEART[1] 2 (*e*), LIFE 1. **With all my soul,** de tout mon cœur; de toute mon âme. *His whole s. revolted at the idea,* tout son être se révoltait à cette idée. **I cannot for the soul of me, I couldn't to save my soul,** je ne le ferais pour rien au monde. **Upon my soul!** sur mon âme! **He dared not call his soul his own,** il était entièrement dominé. *I can't call my s. my own at present,* en ce moment je n'ai pas un instant à moi. **To have cure of souls,** avoir charge d'âmes. **To 'make one's soul'** (*before confession*), se recueillir (avant la confession). *F:* **To have a soul for music,** avoir la fibre de la musique. **He has a soul above money,** il est au-dessus des préoccupations d'argent. **To have no soul,** être terre à terre. (*b*) *F:* **To be the soul of punctuality,** être la ponctualité même. *See also* HONOUR[1] 3. (*c*) *Discipline is the s. of the army,* la discipline est l'âme, la principale force, de l'armée. *He is the s. of the enterprise,* c'est lui qui est le premier mobile de l'entreprise. *See also* BREVITY 1. **2. Departed souls,** les âmes des trépassés. *The souls in purgatory,* les âmes du purgatoire; les âmes en peine. *To pray for s.o.'s s.,* prier pour l'âme de qn. **God rest his soul!** que Dieu ait son âme! *See also* ALL SOULS' DAY, LOST. **3.** (*a*) **Population of a thousand souls,** population *f* de mille âmes. **Ship lost with all souls,** navire perdu corps et biens. **Without meeting a living soul,** sans rencontrer âme qui vive; *F:* sans rencontrer un chat. *There wasn't a s. in the street,* il n'y avait pas un chat dans la rue. *Who will believe it?*—**Not a soul,** qui le croira?—Pas un. (*b*) **He's a good soul,** c'est une bonne âme; *F:* c'est une bonne pâte (d'homme). **Be a good soul** *and say nothing about it,* soyez assez gentil pour n'en pas dire mot. *He's a cheery s.,* il a toujours le mot pour rire; il est toujours de bonne humeur. **Poor soul!**

pauvre créature *f*! **Poor little soul!** pauvre petit(e)! *See also* SIMPLE I.

'soul-bell, *s.* Glas *m.*

'soul-destroying, -killing, *a.* (Emploi, etc.) abrutissant, d'une monotonie mortelle.

'soul-felt, *a.* Senti au fond de l'âme. *S.-f. thanks,* remercîments chaleureux, sincères.

'soul-stirring, *a.* Qui remue l'âme; émouvant.

-souled [sould], *a.* (*With adj. prefixed, e.g.*) **Noble-souled,** à l'âme noble. **Low-souled,** à l'âme basse. *See also* HIGH-SOULED, WHOLE-SOULED.

soulful ['soulful], *a.* (*a*) Plein d'âme. *He replied in a s. tone,* il répondit d'un ton qui trahissait toute son âme. *S. eyes,* yeux expressifs. *S. music,* musique *f* qui émeut l'âme. (*b*) Sentimental, -aux. **-fully,** *adv.* (*a*) (Chanter) avec âme, avec expression. (*b*) Sentimentalement.

soulless ['soulləs], *a.* **1.** Sans âme; inexpressif; terre à terre. **2.** (Emploi) abrutissant.

soullessness ['soulləsnəs], *s.* Manque *m* d'âme, d'élévation.

sound¹ [saund], *s.* (*a*) Son *m,* bruit *m.* **Not a sound was heard,** *you could not hear a s.,* on n'entendait pas le moindre bruit. *Musical s.,* son musical. *The box gave a hollow s.,* la boîte rendit un son creux. *F:* **Much sound but little sense,** beaucoup de mots mais peu d'idées. (*b*) **Proclaimed with sound of bell,** proclamé à son de cloche. **Within (the) sound of . . .,** à portée du son de. . . . *See also* Bow BELLS. **To catch the sound of sth.,** entendre qch. à demi; entr'ouïr qch. *F:* **I don't like the sound of it,** cela ne me dit rien qui vaille; cela me paraît louche. *See also* FILM¹ 3, PICTURE¹ 3, SIGNAL¹ I. (*c*) **(The science of) sound,** l'acoustique *f.* (*d*) *Mechanical reproduction of s.,* reproduction *f* sonore. **Sound absorption, sound damping, sound deadening,** absorption *f* acoustique, amortissement *m* acoustique.

'sound-absorbing, *a.* Amortisseur (de son).

'sound-and-'picture record, *s.* *Cin:* Photo-phonogramme *m.*

'sound-bar, *s.* *Mus:* Barre *f* (de violon).

'sound-beam, *s.* *Ph:* Pinceau *m* sonore.

'sound-board, *s.* **1.** *Mus:* (*a*) Table *f* d'harmonie (de piano). (*b*) Tamis *m* (d'orgue). **2.** = SOUNDING-BOARD I.

'sound-bow, *s.* Panse *f,* frappe *f* (d'une cloche).

'sound-box, *s.* **1.** *Mus:* Caisse *f* de résonance (d'un instrument à cordes). **2.** (*a*) Diaphragme *m* (de gramophone). (*b*) *Aut:* Pavillon court (de cornet avertisseur).

'sound-camera, *s.* *Cin:* Camera-son *f, pl.* cameras-son.

'sound-cartoon, *s.* *Cin:* Dessin animé sonore.

'sound-chest, *s.* = SOUND-BOX I.

'sound-damping, -deadening, *a.* (*Of material*) Insonore; anti-acoustique.

'sound-deflector, *s.* Abat-son(s) *m inv.*

'sound-detector, *s.* Géophone *m.*

'sound-effects, *s.pl.* *Cin:* *Film with s.-e.,* film *m* sonore. *To add the s.-e. to a film,* sonoriser un film.

'sound-fading, *s.* *Cin:* Fondu *m* sonore.

'sound-hole, *s.* *Mus:* Ouïe *f* (de violon, de guitare); esse *f* (de violon); rose *f* (de guitare).

'sound-porous, *a.* *Cin:* (Écran *m*) perméable au son.

'sound-post, *s.* L'âme *f* (d'un violon, d'un violoncelle, etc.).

'sound-projector, *s.* *Cin: etc:* Projecteur *m* sonore.

'sound-proof, *a.* Impénétrable au son; à l'abri du son; (*of telephone box*) isolant; (*of film studio*) insonore; complètement sourd à l'intérieur.

'sound-proofed, *a.* *Av: Cin: etc:* Insonorisé.

'sound-proofing, *s.* *Const: etc:* Amortissement *m* du son; isolement *m* acoustique.

'sound-ranging, *s.* *Mil: Navy:* Repérage *m* par le son. *S.-r. signals,* signaux *m* phono-télémétriques.

'sound-record, *s.* *Cin: etc:* Phonogramme *m.*

'sound-track, *s.* *Cin:* Trace *f* acoustique; piste *f* sonore (d'un film).

'sound-truck, *s.* *Cin:* Camion *m* de son.

'sound-unit, *s.* *Cin:* Bloc *m* sonore; traducteur *m* phonique; lecteur *m* des sons.

'sound-wave, *s.* Onde *f* sonore.

sound². I. *v.i.* **1.** Sonner, résonner; retentir. *The trumpet sounds,* la trompette sonne. *The garden bell, the electric bell, sounded,* la cloche du jardin tinta; le timbre électrique résonna, retentit. *The hooter sounded,* le klaxon retentit. *Piano-note that is not sounding,* note du piano qui ne parle pas. **2.** (*a*) *To s. like a drum,* avoir le son du tambour. *To s. harsh,* rendre un son dur; être dur à l'oreille. **To sound hollow,** sonner creux; rendre un son creux. **To sound false,** sonner faux. *Line that sounds well,* vers qui sonne bien à l'oreille. (*b*) Paraître, sembler. *Name that sounds French,* nom qui a une apparence française, qui sonne comme un nom français. *How odd that sounds!* voilà qui paraît étrange! *How does that s. to your ear?* quelle impression cela vous fait-il? *What he says sounds very strange to me,* ses paroles me paraissent bien étranges. *Her voice sounded shrill,* sa voix semblait aiguë. *It sounded a long way off,* on aurait dit que cela venait de loin. *It sounded as if the roof was falling in,* on aurait dit que le toit s'écroulait. *That does not s. very well in your mouth,* ces paroles sont déplacées dans votre bouche. **That sounds well in a speech,** cela fait bon effet dans un discours; cela est bon pour le discours. *That sounds like heresy,* cela a l'air d'une hérésie. *His words sounded like a promise,* si j'ai bien entendu c'était une promesse.

II. **sound,** *v.tr.* **1.** (*a*) Sonner (la cloche, le tocsin, etc.). *To s. the trumpet, the horn,* sonner de la trompette; sonner, donner, du cor. *Aut:* **To sound the horn, a signal,** faire retentir l'avertisseur; corner; avertir. *Mil:* **To sound the reveille,** sonner le réveil; sonner, battre, la diane. **To sound to horse,** sonner le boute-selle. *To s. the retreat,* sonner la retraite. (*b*) Proclamer (une vérité, etc.). *See also* PRAISE¹. **2.** Prononcer (une lettre). *The s is not sounded,* l's ne se prononce pas. *To sound one's r's,* faire sonner les r. **3.** (*a*) *Med:* Ausculter (qn, la poitrine); (*by percussion*) percuter (la poitrine, etc.). *He sounded my chest,* il m'a ausculté. (*b*) *Mec.E: Rail:* Vérifier (une roue, etc.) en la faisant sonner; vérifier (une roue) au marteau. (*c*) Faire tinter (un verre, etc.) (pour s'assurer qu'il n'est pas fêlé).

sounding¹, *a.* **1.** (*a*) Sonnant, sonore. (*b*) (*Of literary style, etc.*) Sonore, creux; pompeux; retentissant, ronflant. **2.** (*With adj. prefixed, e.g.*) **Sharp-sounding,** au son aigu. *See also* HIGH-SOUNDING, QUEER¹ I.

sounding², *s.* **1.** Résonnement *m*; retentissement *m* (du tambour, etc.). **2.** (*a*) *Aut:* *S. of the horn,* usage *m* de l'avertisseur; avertissement *m.* (*b*) *The s. of the retreat,* le signal de la retraite. **3.** *Med:* Auscultation *f*; percussion *f.*

'sounding-board, *s.* **1.** Abat-voix *m inv* (de chaire, etc.). **2.** = SOUND-BOARD I.

sound³, *s.* *Surg:* Sonde *f.*

sound⁴. **1.** *v.tr.* (*a*) *Nau:* Sonder (un chenal, la cale, etc.). *Abs.* Sonder; prendre le fond; trouver le fond. (*b*) *Surg:* Sonder (une plaie). (*c*) *F:* **To sound s.o. (about sth.),** pressentir la pensée de qn, sonder qn (relativement à qch.); *F:* tâter le pouls à qn. *I sounded him upon the matter,* je l'ai sondé là-dessus. *To s. one's conscience,* interroger sa conscience. **2.** *v.i.* (*Of whale*) Faire la sonde; sonder, foncer; plonger au fond.

sounding³, *s.* *Nau:* **1.** Sondage *m,* brassiage *m.* **2.** *pl.* **Soundings,** les sondes *f*; le fond, les fonds. (*a*) **To be in soundings, to have struck soundings,** être sur les sondes. *To keep in safe soundings,* se maintenir par des fonds suffisants. **To be out of soundings,** être hors des sondes. (*b*) **To take soundings,** sonder; faire des sondages; prendre le fond. *To take soundings along the coast,* sonder la côte. *What are the soundings?* quel est le fond? **To strike soundings,** trouver le fond. *To navigate by soundings,* naviguer à la sonde. *Soundings marked on a chart,* sondes d'une carte. *See also* CALL² I. I.

'sounding-balloon, *s.* *Meteor:* Ballon *m* sonde; sonde aérienne.

'sounding-lead [led], *s.* *Nau:* (Plomb *m* de) sonde. *Hand s.-l.,* petite sonde. *Deep-sea s.-l.,* grande sonde.

'sounding-line, *s.* *Nau:* (Ligne *f* de) sonde *f.*

'sounding-machine, *s.* *Nau:* Sondeur *m.*

'sounding-pipe, *s.* Tuyau *m* de sonde.

'sounding-rod, *s.* (*For pump, well, ship's hold*) Sonde *f.*

sound⁵, *s.* **1.** (i) Détroit *m*; goulet *m*; (ii) bras *m* de mer. *Geog:* **The Sound,** le Sund. **2.** *Ich:* Vessie *f* natatoire; vésicule aérienne.

sound⁶. I. *a.* **1.** (*a*) (*Of pers., animal*) Sain. *S. body,* corps sain. *S. constitution,* constitution *f* robuste; santé *f* solide, robuste. *Man of s. constitution,* homme *m* solide. **Sound in body and mind,** sain de corps et d'esprit. **Of sound mind, sound of mind,** sain d'esprit. *Jur:* **Of sound disposing mind,** sain d'esprit (pour rédiger un testament). *Vet:* *S. horse,* cheval sans tare. **Sound in wind and limb, sound and free from vice,** (cheval) sain et net, au corps sain. *F:* (*Of pers.*) **To be sound in wind and limb,** avoir bon pied bon œil; se porter comme le Pont-Neuf; *F:* avoir le coffre bon. **I'm as sound as a bell,** je suis en parfaite santé. *See also* SAFE² I. (*b*) (*Of thg*) En bon état; non endommagé; solide. *S. timber,* bois *m* sans tare. *S. fruit,* fruits sains. *Com:* *Goods in s. condition and fit for acceptance,* marchandises bonnes et recevables. *Const:* *S. stone,* pierre franche. (*c*) *Agr:* **Sound ground,** terrain *m* à bon sous-sol. *F:* *Now we are on s. ground,* nous voilà sur une base solide. **2.** Sain, solide. (*a*) *S. financial position,* situation financière solide. *S. business house,* maison *f* solide. **To be a sound man,** avoir du crédit sur la place; être solide. *S. statesman,* homme d'état solide, au jugement sain. (*b*) (Argument) valide, irréfutable; (raisonnement) juste. *His arguments are s.,* ses arguments se tiennent. *S. deduction,* déduction saine, juste, légitime. *S. doctrines,* (i) doctrines saines; (ii) doctrines orthodoxes. *S. piece of advice,* bon conseil. *It is a s. rule to . . .,* la bonne règle est de. . . *He is s. on the elements of the matter,* il possède le fond de cette matière. *It isn't s. finance,* ce n'est pas de la finance sérieuse, de la bonne finance. *Jur:* **Sound title,** titre *m* valable, valide, légal. *See also* JUDG(E)MENT 3. **3. Sound sleep,** sommeil profond; sommeil de plomb. *I am a s. sleeper,* je dors bien. **Sound thrashing,** raclée soignée; bonne volée. *To give s.o. a s. thrashing,* rosser qn d'importance. **-ly,** *adv.* **1.** Sainement, avec un jugement sain; judicieusement. *To argue s.,* raisonner solidement, avec justesse. **2. To sleep soundly,** dormir profondément; dormir à poings fermés; bien dormir. *You may sleep s.,* vous pouvez dormir sur les deux oreilles. **To thrash s.o. soundly,** rosser qn d'importance, de la belle manière; administrer une bonne correction à qn.

II. **sound,** *adv.* **To sleep sound,** dormir à poings fermés. *He sleeps sounder than you,* il dort mieux que vous. **Sound asleep,** profondément endormi. *See also* ASLEEP I.

sounder¹ ['saundər], *s.* *Tg:* (*Device*) Parleur *m,* sonneur *m*; récepteur *m* au son.

sounder², *s.* *Nau:* (*Man or apparatus*) Sondeur *m.* **Echo sounder,** sondeur par le son.

soundless¹ ['saundləs], *a.* Muet; silencieux.

soundless², *a.* (Mer, etc.) insondable; sans fond.

soundness ['saundnəs], *s.* **1.** (*a*) État sain (de l'esprit, etc.); bon état (des poumons, etc.). (*b*) Bon état, bonne condition (des marchandises, etc.). **2.** Solidité *f* (d'une maison de commerce); solvabilité *f.* **3.** (*a*) Solidité (d'un argument, etc.); sûreté *f,* rectitude *f,* justesse *f* (d'un jugement, etc.). *I have confidence in the s. of his judgment,* j'ai confiance en la sûreté de son jugement. (*b*) Orthodoxie *f* (d'une doctrine).

soup [suːp], *s.* **1.** Soupe *f,* potage *m.* **Thick soup,** crème *f,* purée *f.*

Clear soup, consommé *m.* **Meat soup, gravy soup,** soupe grasse, potage gras. **Vegetable soup,** soupe maigre; soupe aux légumes, aux herbes. *Onion s.,* soupe à l'oignon. *See also* BREAD-SOUP, KITCHEN 1, PEA-SOUP. *F:* **To be in the soup,** être dans le pétrin, dans la mélasse, dans la marmelade, dans la panade, dans la purée, dans la sauce, dans les choux, dans le lac. *The affair is in the s.,* c'est une affaire grillée. **2.** *P:* (*As a burglar's term*) Nitroglycérine *f.*

'soup-ladle, *s.* Louche *f*; cuiller *f* à potage.

'soup-plate, *s.* Assiette creuse; assiette à soupe.

'soup-ticket, *s.* *Adm:* Bon *m* de soupe.

'soup-tureen, *s.* Soupière *f.*

sour[1] ['sauər]. I. *a.* **1.** (*a*) (Fruit, etc.) aigre, acide, sur, vert. *See also* GRAPE 1. (*b*) (Lait, pain, etc.) aigre, suri; (vin) suret, verjuté. **To turn sour,** tourner à l'aigre; surir; s'acidifier. *To begin to turn s.,* tourner à l'acescence; (*of wine in barrel*) s'acétifier; tourner au besaigre. *Beginning to turn s.,* acescent. **To turn sth. sour,** (faire) aigrir qch. *To smell s.,* sentir l'aigre. (*c*) *Agr:* (Sol) trop humide; froid et détrempé. **2.** (*Of pers.*) Revêche; aigre (comme verjus); acerbe, acariâtre. *To look s.,* avoir l'air revêche. *S. face,* mine sèche; visage *m* revêche. **She's a sour-face,** c'est une chipie. *To exchange s. remarks,* échanger des aigreurs, *F:* des propos verjutés. **-ly,** *adv.* (Répondre, etc.) aigrement, avec aigreur, d'une manière acerbe, d'un ton revêche.

II. **sour,** *s.* *Ind:* *Paperm:* Eau acidulée.

'sour-faced, *a.* Au visage morose.

'sour-sop, *s.* *Bot:* **1.** Cachiman *m*, cachiment *m*; *F:* corossol hérissé. **2.** Sour-sop(-tree), cachimentier *m*; *F:* corossolier *m.*

'sour-sweet, *a.* Aigre-doux.

'sour-water, *s.* *Leath:* Confit *m.*

sour[2]. **1.** *v.i.* (*a*) Surir; (s')aigrir. (*b*) *Her temper has soured,* son caractère a aigri, s'est aigri. **2.** *v.tr.* (*a*) Aigrir (le lait, etc., *F:* le caractère). *Soured by poverty, by misfortune,* aigri par la misère, par le malheur. (*b*) *To s. s.o.'s life,* enfieller la vie de qn. (*c*) *Ind:* Laver à l'eau acidulée. *Tex:* Vitrioler (un tissu). (*d*) *Leath:* Mettre en confit (les peaux).

soured, *a.* **1.** (*Of food, etc.*) Aigri, suri. **2.** (*Of pers.*) Aigri, revêche.

souring, *s.* **1.** Aigrissement *m.* **2.** (*a*) *Tex:* Vitriolage *m.* (*b*) *Leath:* Mise *f* en confit.

source [sɔːrs], *s.* (*a*) Source *f* (d'un fleuve, etc.). *The Rhone* **takes** *its* **source** *in the Alps,* le Rhône prend sa source dans les Alpes. (*b*) *To trace a tradition back to its s.,* remonter aux sources, à l'origine, d'une tradition. *Contract vitiated at the s.,* contrat originellement vicié. **Source of infection,** foyer *m* d'infection. *S. of heat,* foyer de chaleur. *See also* LIGHT-SOURCE. *F:* **The source of all our troubles,** la source de tous nos malheurs, de tous nos maux. *A s. of great grief to his family,* une source, une cause, de grands chagrins pour sa famille. *Prov:* **Idleness is the source of all evil,** l'oisiveté est la mère de tous les vices. **I know it from a good source,** je le sais de bonne source, de bon lieu, de bonne part. *I have learnt from another s. that . . .,* j'ai appris par ailleurs que. . . . *Information from an American s.,* informations *fpl* de source américaine.

'source-book, *s.* *Hist:* Recueil *m* de textes originaux.

sourdough ['sauərdou], *s.* *U.S:* *P:* Vétéran *m* (des placers d'Alaska).

sourish ['sauəriʃ], *a.* Aigrelet, suret.

sourness ['sauərnəs], *s.* **1.** Aigreur *f*, acidité *f* (d'un fruit). **2.** Aigreur, acariâtreté *f* (de qn); humeur *f* revêche.

Sousa ['suːza]. *Pr.n.* *Geog:* Sousse.

souse[1] [saus], *s.* **1.** *Cu:* (*a*) Marinade *f* de pieds de porc, d'oreilles, de museau, etc. (*b*) Saumure *f*, marinade. **2.** (*Of pers.*) (*a*) Immersion *f* (dans l'eau); plongeon *m*, bain *m.* (*b*) Trempée *f*, saucée *f.* **To get a souse,** (i) tomber à l'eau; (ii) recevoir une forte averse; être trempé jusqu'aux os; (iii) être coiffé d'un seau d'eau. **3.** *P:* (*a*) Soûlerie *f.* (*b*) *U.S:* Ivrogne *m.*

souse[2]. **1.** *v.tr.* (*a*) *Cu:* Faire mariner (le poisson, etc.). (*b*) Plonger, immerger (*in*, dans). *They soused him in the horse-pond,* on lui fit prendre un bain dans l'abreuvoir. (*c*) Tremper, noyer, asperger (*with water*, d'eau). *The firemen were sousing the fire,* les pompiers arrosaient l'incendie. *To s. s.o. with a bucket of water,* coiffer qn d'un seau d'eau. (*d*) **To souse water over sth.,** répandre de l'eau sur qch., arroser qch. **2.** *v.i.* (*a*) Mariner. (*b*) (*Of pers.*) *To s. into the water,* faire un plongeon; *Hum:* prendre un bain (involontaire).

soused, *a.* **1.** *Cu:* Mariné. **Soused venison,** marinade *f* de chevreuil. **Soused herrings,** harengs marinés. **2.** Trempé, noyé. **3.** *P:* Ivre. **To be soused,** avoir une cuite.

sousing, *s.* **1.** *Cu:* Marinage *m.* **2.** Trempée *f*, saucée *f.*

souse[3], *v.i.* (*Of hawk, etc.*) Fondre, s'abattre (sur la proie).

sou' sou' west [sausau'west]. *See* SOUTH-SOUTH-WEST.

south[1] [sauθ]. **1.** *s.* (*a*) Sud *m*, midi *m.* **True south,** sud géographique; sud vrai du monde. **Magnetic south,** sud magnétique. *House facing (the) s.,* maison (exposée) au sud, au midi. *To look to the s.,* regarder vers le midi. **On the south, to the south (of . . .),** au sud (de . . .); du côté du sud. *Bounded on the s. by . . .,* borné au sud par. . . . (*b*) Le sud, le midi (d'un pays). *To live in the s. of England,* demeurer dans le sud de l'Angleterre. **The South of France,** le Midi (de la France). (*c*) *U.S:* *Hist:* **The South,** les États *m* du sud (des États-Unis). **2.** *adv.* (*a*) Au sud. **To travel south,** voyager vers le sud. **To lie south of a place,** se trouver, être situé, au sud d'un endroit. **The wind blows south,** le vent vient, souffle, du sud. *Nau:* **To sail due south,** aller droit vers le sud; avoir le cap au sud; faire du sud. **South by east,** sud-quart-sud-est. **South by west,** sud-quart-sud-ouest. (*b*) **To go South,** aller dans le sud, dans le midi. *U.S:* **Down South,** au sud des limites de la Pensylvanie. **3.** *a.* Sud *inv*; (vent) du sud; (pays) du sud, méridional, -aux; austral, -als, -aux; (mur, fenêtre) qui fait face au sud. **South latitude,** latitude australe. *The s. rooms,* les chambres exposées au midi. **South aspect,** exposition *f* au sud. *The s. coast,* la côte sud. **South transept,** transept méridional (d'une église). *See also* AMERICA, POLE[3] 1.

South 'Africa. *Pr.n.* *Geog:* L'Afrique australe. **The Union of South Africa,** l'Union sud-africaine. **British South Africa,** l'Afrique australe britannique.

South-'African, *a.* & *s.* *Geog:* Sud-africain, -aine.

South-A'merican. **1.** *a.* Sud-américain; de l'Amérique du Sud. **2.** *s.* Sud-américain, -aine; Américain, -aine, du Sud.

South Aus'tralia. *Pr.n.* *Geog:* L'Australie méridionale.

'south-bound, *a.* (Train, etc.) allant vers le sud; (autobus, etc.) en direction de la banlieue sud.

South Caro'lina. *Pr.n.* *Geog:* La Caroline du Sud.

south-'countryman, *pl.* **-men,** *s.m.* Habitant du sud; (*in Fr.*) méridional, -aux.

'South 'Downs (the), *s.pl.* *Geog:* Les Collines *f* du sud (de l'Angleterre) (de Beachy Head au Hampshire).

south-'east. **1.** *s.* Sud-est *m.* **2.** *adv.* Vers le sud-est. **South-east by east,** sud-est-quart-est. **South-east by south,** sud-est-quart-sud. **3.** *a.* Du sud-est.

south-'easter, *s.* Vent *m* du sud-est.

south-'easterly. **1.** *a.* (Vent, etc.) du sud-est; (quartier, etc.) (du, au) sud-est; (direction) vers le sud-est. **2.** *adv.* Vers le sud-est.

south-'eastern, *a.* (Région, etc.) du sud-est.

south-'eastward. **1.** *s.* Sud-est *m.* **2.** *a.* Au, du, sud-est. **3.** *adv.* = SOUTH-EASTWARDS.

south-'eastwards, *adv.* Vers le sud-est.

'South 'Sea (the). *Pr.n.* *Geog:* Le Pacifique sud; la Mer du Sud. **The South Sea Islands,** les îles *f* du Pacifique; l'Archipel océanien; l'Océanie *f.* **South Sea Islander,** indigène *mf* des îles du Pacifique; Océanien, -ienne. *See also* BUBBLE[1] 2.

'south-'side, *s.* Côté *m* sud; (*in church*) côté de l'épître. *On the s.-s. of . . .,* au sud de. . . .

south-south-'east. **1.** *a.* & *s.* Sud-sud-est (*m*). **2.** *adv.* (Vers le) sud-sud-est.

south-south-'west, *Nau:* **sou' sou' 'west.** **1.** *a.* & *s.* Sud-sud-ouest (*m*). **2.** *adv.* (Vers le) sud-sud-ouest.

south-'west, *Nau:* **sou' 'west.** **1.** *s.* Sud-ouest *m.* **2.** *adv.* Vers le sud-ouest. **South-west by west,** sud-ouest-quart-ouest. **South-west by south,** sud-ouest-quart-sud. **3.** *a.* Du sud-ouest. *S.-w. wind,* (vent *m* du) sud-ouest. *Geog:* **South-West Africa,** le Sud-Ouest africain.

south-'wester, *Nau:* **sou' 'wester,** *s.* **1.** (Vent *m* du) sud-ouest *m*; le suroît. **2.** Chapeau *m* imperméable; suroît.

south-'westerly, *Nau:* **sou' 'westerly.** **1.** *a.* (Vent, etc.) du sud-ouest; (quartier, etc.) sud-ouest; du, au, sud-ouest; (direction) vers le sud-ouest. **2.** *adv.* Vers le sud-ouest.

south-'western, *a.* Du sud-ouest.

south-'westward. **1.** *s.* Sud-ouest *m.* **2.** *a.* Au, du, sud-ouest. **3.** *adv.* = SOUTH-WESTWARDS.

south-'westwards, *adv.* Vers le sud-ouest.

south[2], *v.i.* **1.** *Astr:* (*Of star*) Passer le méridien. **2.** *Nau:* (*Of ship*) Courir vers le sud; faire route au sud.

southing, *s.* **1.** *Astr:* Passage *m* au méridien; médiation *f.* **2.** *Nau:* Chemin *m* sud.

Southdown ['sauθdaun], *a.* & *s.* **Southdown (sheep),** (un) southdown (élevé sur les SOUTH DOWNS, *q.v.*); *approx.* = pré-salé *m.*

southerly ['sʌðərli]. **1.** *a.* (*a*) (i) (Vent) du sud, qui vient du sud; (ii) (courant) qui se dirige vers le sud. (*b*) *S. point,* point situé au sud, vers le sud. *S. latitude,* latitude australe. *S. aspect, s. exposure (of house),* exposition *f* au midi. *Nau:* *To steer a s. course,* faire route au sud; mettre le cap au sud. **2.** *adv.* (*a*) Vers le sud. (*b*) *The wind blows s.,* le vent souffle du sud.

southern ['sʌðərn], *a.* **1.** (Du) sud; du midi; méridional, -aux, austral, -aux. *S. aspect,* aspect méridional. *The s. countries of Europe,* les contrées méridionales de l'Europe. *The s. counties,* les comtés *m* du sud. *The s. hemisphere,* l'hémisphère sud, austral. **Southern lights,** aurore australe. *Astr:* **The Southern Cross,** la Croix du Sud. **2.** *U.S.* *Hist:* (Armée *f*, etc.) sudiste.

southerner ['sʌðərnər], *s.* **1.** Habitant, -ante, du sud; (*in Fr.*) méridional, -ale. **2.** *U.S.* *Hist:* Sudiste *mf.*

southernmost ['sʌðərnmoust], *a.* (Point, etc.) le plus au sud.

southernwood ['sʌðərnwud], *s.* *Bot:* Aurore *f*; *F:* citronnelle *f*, garde-robe *f.*

southmost ['sauθmoust], *a.* = SOUTHERNMOST.

southron ['sʌðrən], *a.* & *s.* *Scot:* Anglais, -aise.

southward ['sauθwərd]. **1.** *s.* Sud *m.* **To the southward,** vers le sud. **2.** *a.* Au, du, sud; du côté du sud. **3.** *adv.* = SOUTHWARDS.

southwards ['sauθwərdz], *adv.* Vers le sud.

souvenir [suːvə'niːər], *s.* Souvenir *m*, mémento *m.*

sou' west. *See* SOUTH-WEST.

sov [sɔv], *s.* *P:* = SOVEREIGN 2 (*b*).

sovereign ['sɔvrən]. **1.** *a.* Souverain, suprême. **Sovereign rights,** droits *m* de souveraineté. *The mind is s. master,* l'esprit est souverainement maître. *S. beauty,* beauté souveraine. **The sovereign good,** le souverain bien. *F:* **Sovereign remedy,** remède souverain, infaillible. **To hold s.o. in sovereign contempt,** avoir un souverain mépris pour qn. **2.** *s.* (*a*) Souverain, -aine; monarque *m*; "le prince." (*b*) *Num:* Souverain *m* (pièce d'or de la valeur de 20 shillings). *See also* HALF-SOVEREIGN. **-ly,** *adv.* Souverainement.

sovereignty ['sɔvrənti], *s.* Souveraineté *f.* *The s. of the end,* la souveraineté de la fin (qui justifie les moyens).

Soviet ['souviet], *s.* Soviet *m.* **Soviet union,** union *f* soviétique, soviétiste. **The Soviet Republics,** la République des Soviets. **The Union of Socialist Soviet Republics,** l'Union *f* des Républiques socialistes soviétiques.

Sovietism ['souviətizm], *s.* Soviétisme *m.*

sovran ['sɔvrən], *a.* & *s.* *Poet:* = SOVEREIGN 1, 2 (*a*).

sovranty ['sɔvrənti], *s. Poet:* = SOVEREIGNTY.

sow[1] [sou], *v.tr.* (*p.t.* **sowed** [soud]; *p.p.* **sowed, sown** [soun]) (*a*) Semer (des graines, un champ); ensemencer (un champ). **To sow land with wheat,** ensemencer une terre en blé. *To sow a field with corn,* emblaver un champ. *Land sown with corn,* emblave *f. Area sown,* emblavure *f. Abs.* **To sow broadcast,** semer à la volée, à tout vent. *To sow in holes,* semer par poquets. *To sow in furrows,* semer en sillons. *To sow in rows, in drills,* semer en lignes. *F:* **To sow on stony ground,** semer en terre ingrate. *Field sown with daisies,* champ semé, parsemé, de pâquerettes. **To sow discord, terror,** semer, répandre, la discorde, la terreur. *To sow discord between families, F:* semer la zizanie entre des familles. *To sow seeds of discord among the citizens,* jeter des brandons de discorde parmi les citoyens. **To sow the seed of discontent,** semer le mécontentement. (*With passive force*) **The seeds of revolution were sowing,** la révolution se préparait. *See also* OAT 1, REAP. (*b*) *Navy:* **To sow mines,** semer des mines.

sowing, *s.* Semailles *fpl,* semis *m. S. of a field,* ensemencement *m* d'un champ. *S. in seed-pans,* semis en terrines. *S. in drills,* semis en lignes.

'sowing-machine, *s.* Semoir *m.* **Broadcast sowing-machine,** semoir à la volée.

'sowing-peas, *s.pl.* Pois *m* à semence.

'sowing-seed, *s.* Semence *f.*

'sowing-time, *s.* La semaison; le temps des semailles; les semailles *f.*

sow[2] [sau], *s.* **1.** (*a*) Truie *f,* coche *f. F:* **To get the wrong sow by the ear,** être loin de compte; se fourvoyer. *You've got the wrong sow by the ear,* vous n'y êtes pas du tout. *See also* PURSE[1] 1. (*b*) *Ven:* Laie *f* (sanglier femelle). **2.** *Metall:* (*a*) Gueuse *f* intermédiaire (de fer fondu); gueuse des mères. (*b*) **Sow(-channel),** mère-gueuse *f, pl.* mères-gueuses; rigole *f;* chenal, -aux *m.* (*c*) Cochon *m,* loup *m.*

'sow-belly, *s. Mil: Nau: P:* Porc salé.

'sow-bread, *s. Bot:* Cyclamen *m;* pain *m* de pourceau.

'sow(-bug), *s. Crust:* Cloporte *m; F:* cochon *m* de St-Antoine.

sowar [sə'wɑːr], *s.* Cavalier indigène indien.

sowarry [sə'wɑːri], *s.* Cavalcade *f* (qui accompagne un prince indien).

sower ['souər], *s.* Semeur, -euse.

sown [soun]. *See* SOW[1].

sow-thistle ['sauθisl], *s. Bot:* Laiteron *m;* lait *m* d'âne. **Corn sow-thistle,** laiteron des champs.

soy [sɔi], *s.* **1.** *Cu:* Sauce piquante (de soya); souï *m.* **2.** = SOYA-BEAN.

soya-bean [sɔiə'biːn], *s. Bot:* Soya *m,* soja *m;* pois chinois.

sozzled [sɔzld], *a. P:* Ivre, *P:* cuit.

spa [spɑː, *A:* spɔː], *s.* **1.** Source minérale. *A little town with a spa,* une petite station thermale. **2.** Ville *f* d'eau; station thermale. **To go to a spa,** aller aux eaux.

'spa-water, *s.* Eau minérale (naturelle).

space[1] [speis], *s.* **1.** Espace *m,* intervalle *m* (de temps). **In the space of a year,** dans l'espace d'un an. **After a short space . . .,** après un court intervalle. . . . **For a space,** pendant quelque temps. **2.** (*a*) L'espace. *Dead worlds lost in s.,* mondes morts perdus dans l'espace. **Staring into space,** le regard perdu dans l'espace. *Mth:* **Space-time co-ordinates,** coordonnées *f* espace-temps. (*b*) Espace; place *f.* **In a confined space,** dans un espace resserré, restreint. *In the limited s. at our disposal,* dans l'espace borné dont nous disposons. *S. required for a piece of furniture,* encombrement *m* d'un meuble. **To take up a lot of space,** occuper beaucoup de place, être encombrant. *To give oneself ample s.* (*to jump, etc.*), prendre du champ (pour sauter, etc.). **To leave space for . . .,** laisser de la place à . . .; laisser de l'espace pour. . . . *See also* AIR-SPACE, WATER-SPACE. (*c*) Étendue *f;* surface *f. The aerodrome occupies a large s.,* l'aérodrome occupe un vaste terrain. **To clear a space in the middle of the room,** débarrasser le milieu de la chambre. (*In war*) **Dangerous space,** zone dangereuse. *See also* ADVERTISING, FLOOR-SPACE, GROUND-SPACE, WINDOW-SPACE. **3.** (*a*) Espace libre; espacement *m,* intervalle *m;* (*in a quarry*) rue *f.* **Space between two things,** espace entre deux choses; écartement *m* de deux choses; (*between windows, etc.*) entre-deux *m inv;* (*between rails*) entre-rail *m, pl.* entre-rails; (*between teeth of cog-wheel*) évidement *m,* creux *m,* vide *m,* entredent *f;* (*between joists*) solin *m;* (*between lines of writing, etc.*) entre-ligne *m,* interligne *m.* **Blank space,** endroit *m* en blanc; blanc *m. To write one's name in the s. indicated,* écrire son nom dans la case indiquée. *Typewr: S. between letters,* intervalle. (*b*) *Mus:* Espace *m* (entre deux lignes de la portée). (*c*) *Typ:* Espace *f* (en métal); blanc *m. Thick s., middle s.,* espace forte, moyenne. *See also* HAIR-SPACE, LINE-SPACE.

'space-bar, *s. Typewr:* Barre *f* d'espacement.

'space-lines, *s.pl. Typ:* Interlignes *m.*

'space-plate, *s. Mec.E:* = SHIM[1].

'space-rule, *s. Typ:* Filet *m* maigre.

'space-writer, *s.* Journaliste payé à la ligne.

space[2], *v.tr.* **1.** (*a*) **To space (out),** espacer; disposer (des objets, etc.) de distance en distance; échelonner, diluer (des troupes, etc.). *The posts are spaced ten feet apart,* les poteaux sont plantés à dix pieds d'intervalle, se succèdent à des intervalles de dix pieds. **To space out payments over ten years,** échelonner des versements sur dix ans. *Typ:* **To space (out) the lines, the type,** espacer les lignes, les lettres. **To space out the matter,** blanchir la composition; donner de l'air à la composition. (*b*) **To space off,** diviser, subdiviser (une ligne); répartir (des trous). **2.** (*With passive force*) *Typ:* **Letters that space too much,** lettres qui chassent trop.

spaced, *a.* **1.** Écarté; espacé. **2.** *Typ:* **Close-spaced, thick-spaced,** aux espaces fines, fortes.

spacing, *s.* **1.** (*a*) Espacement *m,* écartement *m* (des arbres, des colonnes, etc.); échelonnement *m* (des troupes, des paiements, etc.). *Typ:* Espacement (des lignes, des lettres). *Typewr:* **Typed in single, double, spacing,** écrit à interligne simple, double, à interlignes serrés, écartés. (*b*) Pas *m;* répartition *f* (de rivets, de poteaux télégraphiques, etc.). **2.** *Med:* Intervalle *m* d'apyrexie.

'spacing-wedge, *s.* Cale *f* d'écartement.

spaceless ['speisləs], *a.* Sans bornes; illimité.

spacer ['speisər], *s.* **1.** *Typ:* Espace *f.* **2.** *Typewr:* Barre *f* d'espacement. *See also* BACK-SPACER, LINE-SPACER. **3.** *Mec.E:* Pièce *f* d'épaisseur; rondelle *f* de réglage; entretoise *f* (de roulement à billes).

spacious ['speiʃəs], *a.* **1.** (*a*) Spacieux, vaste. (*b*) Ample (vêtement). **2.** *The s. times of Queen Elizabeth,* l'époque *f* aux larges visées de la reine Elisabeth. **-ly,** *adv.* Spacieusement; vastement.

spaciousness ['speiʃəsnəs], *s.* **1.** (*a*) Vaste étendue *f;* spaciosité *f.* (*b*) Logeabilité *f* (d'un appartement, d'une voiture). **2.** Grandeur *f,* ampleur *f* (d'une époque).

spade[1] [speid], *s.* **1.** *Tls:* (*a*) Bêche *f. Child's seaside s.,* pelle *f. F:* **To call a spade a spade,** appeler les choses par leur nom; appeler un chat un chat; dire le mot et la chose. (*b*) Couteau *m* à dépecer (les baleines). **2.** *Artil:* **Trail spade,** bêche de (la) crosse. **3.** = SPADE-GRAFT.

'spade-graft, *s. Hort: etc:* Profondeur *f* de fer de bêche.

'spade-work, *s.* **1.** Travaux *mpl* à la bêche; le gros travail. **2.** (*a*) Travaux de défrichement. (*b*) Travaux d'approche, de sape. **3.** *F:* Travaux préliminaires, déblaiement *m* du terrain (en vue d'une enquête, d'une recherche scientifique, etc.).

spade[2], *v.tr.* **1.** Bêcher (la terre, etc.). **2.** Dépecer (une baleine).

spade[3], *s. Cards:* Pique *m.* **Ace of spades,** as *m* de pique. *To play a s.,* **to play spades,** jouer pique.

'spade guinea, *s. Num:* Guinée frappée à l'époque de Georges IV (qui portait à l'envers un écusson en forme de pique).

spadeful ['speidful], *s.* Pleine bêche; pelletée *f.*

spadger ['spadʒər], **spadgick** ['spadʒik], *s. F:* Moineau *m.*

spadiceous [spei'diʃəs], *a. Bot:* **1.** Spadicé. **2.** Brunâtre.

spadicifloral [speidaisi'flɔːrəl], *a. Bot:* Spadiciflore.

spadille [spə'dil], *s. Cards:* Spadille *m;* as *m* de pique.

spadix, *pl.* **-ices** ['speidiks, spei'daisiːz], *s. Bot:* Spadice *m.*

spado ['speido], *s.m. Jur:* Impuissant, eunuque.

spaewife ['speiwaif], *s.f. Scot:* Diseuse de bonne aventure.

spaghetti [spə'geti], *s. Cu:* Spaghetti *mpl.*

spahi ['spɑːhiː], *s. Mil:* Spahi *m.*

Spain [spein]. *Pr.n. Geog:* L'Espagne *f.*

spake [speik]. *See* SPEAK.

spale [speil], *s. Scot:* Éclat *m* de bois.

spall[1] [spɔːl], *s.* Éclat *m* (de pierre); épaufrure *f.*

spall[2]. **1.** *v.tr.* (*a*) *Min:* Broyer (le minerai). (*b*) *Stonew: Const:* Smiller, dégrossir (la pierre). (*c*) Épaufrer (la pierre); diviser (la pierre) en éclats. **2.** *v.i.* S'écailler; éclater; (*of stone*) s'épaufrer, s'effriter.

spalled, *a. Const:* (Moellon) smillé. **Spalled rubble,** appareil *m* en moellons smillés.

spalling, *s.* **1.** *Min:* Broyage *m.* **2.** *Stonew:* Smillage *m.* **Spalling hammer,** smille *f.* **3.** Effritement *m* (de la pierre, d'une arête).

spalpeen [spal'piːn], *s. Irish:* **1.** Valet *m* de ferme. **2.** (*a*) Coquin *m,* fripon *m.* (*b*) Voyou *m, pl.* voyous. **3.** Gamin *m.*

spalt [spɔːlt], *s. Metall:* Spalt *m.*

span[1] [span], *s.* **1.** (*a*) (i) Empan *m* (de la main); (ii) *Meas:* neuf *inches* (229 mm). (*b*) **Wing-span** (*of bird, aeroplane*), envergure *f.* **Full arm-span,** envergure (des bras). **2.** (*a*) Portée *f* (entre deux appuis); ouverture *f,* largeur *f* (d'une arche); écartement *m* (de deux piliers, etc.); volant *m* (d'une poutre). *S. between supports,* distance *f* entre supports. **Sixty foot span,** soixante pieds de portée. *Arch with a s. of 80 metres,* arc *m* de 80 mètres de portée. (*b*) Travée *f* (d'un pont, d'un comble). **Single-span bridge,** pont *m* à travée unique, à une seule arche. (*c*) Hangar *m* ou serre *f* avec toit à deux versants. **3.** (*a*) Petite étendue (de terre, etc.). (*b*) Court espace de temps. *For a long s. of time,* longtemps. **Our mortal span,** notre séjour *m* terrestre. *The common s. of human existence,* la durée ordinaire de la vie humaine.

'span-roof, *s. Const:* Comble *m* à deux égouts, à deux versants, à double pente.

'span-wire, *s.* **1.** Fil tendeur, hauban tendeur (entre deux poteaux, etc.). **2.** Fil aérien; ligne suspendue.

'span-worm, *s. Ent:* (Chenille) arpenteuse *f.*

span[2], *v.tr.* (**spanned; spanning**) **1.** (*a*) Mesurer à l'empan, par empan. (*b*) Encercler (le poignet) avec la main. **2.** (*a*) (*Of bridge, etc.*) Franchir, traverser, enjamber (une rivière, etc.). *Three bridges s. the river,* trois ponts enjambent le fleuve. *Rail: Gantry spanning four sets of rails,* portique *m* chevauchant quatre voies. (*b*) *F: His life spans nearly the whole century,* sa vie couvre, embrasse, presque tout le siècle.

span[3], *s.* **1.** (*a*) *U.S:* Paire *f,* couple *m* (de chevaux, de bœufs). (*b*) *S. Africa:* Attelage *m* (de bœufs). **2.** *Nau:* Patte *f* d'oie; *Navy: A:* brague *f* (de canon).

span[4], *v.tr.* **1.** (*Esp. S. Africa*) (*a*) **To span (in),** atteler (des chevaux, des bœufs). (*b*) **To span out,** dételer. **2.** *Nau:* Brider, saisir (une vergue, etc.).

span[5]. *See* SPIN[2].

spancel[1] ['spans(ə)l], *s. Husb:* Entrave *f* (pour vache, etc.).

spancel[2], *v.tr.* (**spancelled; spancelling**) Entraver (une vache, etc.).

spandrel ['spandrəl], *s. Arch:* Tympan *m* (d'un arc, etc.). **Spandrel wall,** mur *m* qui remplit le tympan.

spangle[1] [spaŋgl], *s.* **1.** *Tex: etc:* Paillette *f;* (*large*) paillon *m.* **Gold spangles,** lamé *m* d'or. **2.** *Bot:* **Oak spangle,** galle *f* en grain de groseille (des feuilles du chêne).

spangle[2], *v.tr.* Pailleter (*with,* de); parsemer de paillettes.

Spangled with silver, lamé d'argent. *F: Meadows spangled with flowers*, prés parsemés, émaillés, de fleurs. *See also* STAR-SPANGLED.

Spaniard [ˈspanjərd], *s.* Espagnol, -ole.

spaniel [ˈspanjəl], *s.* **1.** Épagneul *m. Ven:* Chien couchant. **Toy spaniel**, épagneul d'agrément. **King Charles spaniel**, king-charles *m inv.* **2.** *F: A:* Plat valet; chien couchant.

Spanish [ˈspaniʃ]. **1.** *a.* Espagnol. *Com:* **Spanish black, Spanish red**, noir *m*, rouge *m*, d'Espagne. *Bot:* **Spanish onion**, oignon *m* d'Espagne. **Spanish broom**, genêt *m* d'Espagne. *Tan:* **Spanish leather**, cuir *m* de Cordoue; *A:* cordouan *m. Hist:* **The Spanish Main**, (i) la Terre-ferme; (ii) la mer des Antilles. **The War of the Spanish Succession**, la Guerre de la Succession d'Espagne. *See also* CHESTNUT 1, FLY[1] 1, FOX[1] 3, GARLIC 2, GRASS[1] 1, WINDLASS[1]. **2.** *s. Ling:* L'espagnol *m.*

Spanish-Aˈmerican, *a.* & *s.* Hispano-américain, -aine; ibéro-américain, -aine.

spank[1] [spaŋk], *s.* Claque *f* sur le derrière.

spank[2]. **1.** *v.tr.* Fesser (un enfant); administrer une fessée, une fouettée, à (un enfant). **2.** *v.i.* **To spank down**, tomber ou retomber lourdement, en faisant floc.

spanking[1], *s.* **To give a child a spanking**, donner la fessée, une fessée, à un enfant.

spank[3], *v.i.* **To spank along**, aller bon train; filer à bonne allure.

spanking[2], *a.* **1.** *F:* De premier ordre; de premier rang; *P:* chic, épatant, bath. **2.** **To go at a spanking pace**, aller bon train; filer raide; brûler le terrain. *Nau:* **Spanking breeze**, belle brise; bonne brise.

spanker [ˈspaŋkər], *s.* **1.** *Nau:* Brigantine *f. See also* STORM-SPANKER. **2.** *P:* (*a*) Cheval *m* qui va bon train. (*b*) Chose *f* de premier ordre, de premier rang.

ˈspanker-boom, *s. Nau:* Gui *m* de la brigantine; bôme *m.*

spanless [ˈspanləs], *a. Lit:* Démesuré; sans bornes.

spanner [ˈspanər], *s.* **1.** *Tls:* Clef *f* à écrous. **Bolt-spanner**, serre-écrou *m inv. Adjustable s.*, clef à mâchoires mobiles. **Screw spanner, shifting spanner**, clef anglaise; clef à molette. **Hook spanner**, crochet *m*; clef à crochet, à griffe. *To screw up a nut* **spanner-tight**, bloquer un écrou à refus. *See also* BOX-SPANNER, CROCODILE 2, RING-SPANNER. **2.** *Civ.E:* Entretoise *f.*

spar[1] [spɑːr], *s.* **1.** (*a*) Perche *f*, poteau *m.* (*b*) Chevron *m* (d'un comble). **2.** *Nau:* (*a*) Espar(t) *m*, épar(t) *m*; bout *m* de mât; mâtereau *m. Spars lashed together*, drome *f.* **Awning spar**, espar de tente. *See also* MONKEY-SPAR. (*b*) *pl.* **The spars**, la mâture. **3.** *Av:* **Wing spar**, poutrelle *f*; bras *m* d'aile. *See also* NOSE-SPAR.

ˈspar-buoy, *s. Nau:* Bouée *f* à fuseau.

ˈspar-deck, *s. Nau:* Pont volant; spardeck *m.*

ˈspar-torpedo, *s. Navy: A:* Torpille portée.

spar[2], *v.tr.* (sparred; sparring) **To spar in an enclosure**, clôturer un enclos avec des perches.

sparred, *a.* **1.** (Clôture *f*, etc.) en treillis. **2.** (Navire) mâté.

spar[3], *s. Miner:* Spath *m.* **Brown spar**, spath brunissant. **Diamond spar, adamantine spar**, spath adamantin; corindon *m.* **Pearl spar**, spath perlé. **Greenland spar**, cryolit(h)e *f. See also* BLUE-SPAR, CALC-SPAR, DERBYSHIRE, FLUOR-SPAR, HEAVY SPAR, ICELAND, SLATE-SPAR, TABULAR 2.

spar[4], *s.* **1.** Combat *m* de coqs. **2.** (*a*) Assaut de boxe amical; combat d'entraînement. (*b*) Assaut de paroles; escarmouche *f*; *F:* prise *f* de bec.

spar[5], *v.i.* (sparred; sparring) **1.** (*Of cocks*) Se battre. **2.** (*Of pers.*) **To spar with s.o.**, (i) faire un assaut de boxe amical avec qn; (ii) argumenter avec qn; s'escrimer contre qn. **To spar at s.o., to spar up to s.o.**, se mettre en posture de combat; faire mine de vouloir boxer qn.

sparring, *s.* Boxe amicale; boxe de démonstration. **Sparring match**, (i) assaut de boxe amical, de démonstration; (ii) match *m* de boxe; (iii) *F:* prise *f* de bec. **Sparring partner**, partenaire *m* (d'un boxeur).

spar[6], *s. Ich:* Spare *m.*

sparable [ˈsparəbl], *s. Bootm:* Clou carré (sans tête); pointe *f.*

spare[1] [ˈspɛər], *a.* **1.** (*a*) Frugal, -aux. *S. diet*, régime frugal. (*b*) (*Of pers.*) Sec, *f.* sèche; maigre, fluet. *S. figure*, corps sec. **To be spare of build**, avoir une charnure sèche. *He was a tall s. fellow*, c'était un grand mince. **2.** Plus qu'il n'en faut; de trop, de reste; disponible. **Spare time**, (i) temps *m* disponible; (ii) moments perdus; loisir(s) *m(pl). In my s. time*, dans mes heures de loisir, de liberté; pendant mes loisirs. **Spare-time jobs**, occupations *f* en dehors du bureau, en dehors du travail journalier. *S. capital*, capital *m* disponible; fonds *m* disponibles. **Spare bedroom**, chambre *f* d'ami. **Spare room**, (i) chambre d'ami; (ii) *U.S:* salon *m. I have s. copies of these books*, j'ai ces livres en surnombre. *We have a yard of s. rope*, nous avons trois pieds de corde de reste, en surplus. *s.* **To take up the spare in a rope**, raidir un cordage; *Nau:* embraquer le mou. **3.** (*a*) (Pièces, accessoires, vêtements) de rechange, de remplacement. **Spare parts**, parties *f* de rechange; pièces *f* de réserve; remplacements *m*; réserves *f*; rechanges *m. I have no s. clothes*, je n'ai pas de quoi changer. *S. machine*, machine *f* de réserve, de remplacement. *S. hands*, ouvriers *m* supplémentaires. *Aut:* **Spare wheel**, roue *f* de secours. *S. tin of petrol*, bidon *m* d'essence de secours. *S. tyre*, pneu *m* de rechange. *Mil: etc:* **Spare horse, spare team**, cheval *m*, attelage *m*, haut-le-pied. *Artil: etc:* **Spare number**, suppléant *m* (de servant de pièce, etc.). *Nau: S. anchor, s. bunker*, ancre *f*, soute *f*, de réserve. *See also* GEAR[1] 2. (*b*) *s.* (i) Pièce de rechange. *Esp. pl.* **Spares** = *spare parts.* (ii) *Sp: F:* Suppléant. **-ly**, *adv.* **1.** (*a*) (Manger) frugalement. (*b*) (*Of pers.*) **Sparely built**, sec, *f.* sèche; mince. **2.** = SPARSELY.

spare[2], *v.tr.* **1.** (*a*) Épargner, ménager. *To s. one's strength*, ménager ses forces. **To spare no expense, not to spare expense**, ne pas regarder à la dépense; *F:* mettre les petits plats dans les grands. **To spare no pains**, ne pas ménager sa peine; ne pas marchander sa peine. *He spared no pains to please me*, il n'a rien épargné pour me contenter; il n'est pas de soins qu'il n'ait pris pour me contenter. *He will s. no pains to do it*, rien ne lui coûtera pour le faire. *See also* ROD 2. (*b*) *Abs.* **To spare**, faire des économies; épargner. **2.** (*a*) Se passer de (qch.); se priver de (qch.). **Can you spare it?** pouvez-vous vous en passer? je ne vous en prive pas? *If you can s. this book, do lend it me*, si vous n'avez que faire de ce livre, prêtez-le-moi. *We can't s. him*, il nous est indispensable. *To-day we cannot s. him*, aujourd'hui nous avons besoin de lui, nous ne pouvons nous passer de lui. **To have nothing to spare**, n'avoir que le strict nécessaire; *F:* être réduit à la portion congrue. *We have three yards to s.*, nous en avons neuf pieds de trop, de reste. **To have enough and to spare of sth.**, avoir plus qu'il n'en faut de qch.; avoir ce qu'il faut de qch. et au delà; en avoir de reste. *You have enough and to s.*, vous êtes plus qu'à l'aise. *Of coffee we had enough and to s.*, du café, nous en avions à revendre. **He has money and to spare**, il a tant et plus d'argent; il a de l'argent de reste. **There is room and to spare**, la place ne manque pas; il y a de la place à revendre. (*b*) **I cannot spare the time to finish it**, je n'ai pas le temps de le finir; le temps me fait défaut pour le finir. *Every hour I can s.*, toutes les heures dont je peux disposer. **To have no time to spare**, (i) ne pas avoir de temps de libre; (ii) ne pas avoir de temps à perdre; n'avoir que juste le temps (pour attraper le train, etc.). *When I have time to s.*, quand j'ai du temps de trop, de reste; quand j'ai des loisirs. *To have five minutes to s.*, avoir cinq minutes à soi. *I have a minute to s.*, je peux disposer d'un instant. **You haven't a moment to spare**, vous n'avez pas un moment de trop. (*c*) **To spare s.o. sth.**, donner, céder, qch. à qn. *Can you s. me a hundred francs?* pouvez-vous me prêter cent francs? *How much time can you s. me?* combien de temps pouvez-vous me consacrer? *Can you s. me a few moments?* voulez-vous m'accorder quelques minutes? (*d*) *Out of his income he spares one tenth for charity*, sur son revenu il prélève un dixième pour ses aumônes. **3.** (*a*) Faire grâce à (qn). **Spare me!** grâce! épargnez-moi! **To spare s.o.'s life**, épargner la vie de qn. *They obtained an assurance that their lives would be spared*, ils obtinrent la vie sauve. **To spare s.o. his life**, faire grâce de la vie à qn; accorder la vie à qn. *Her boy was spared to her*, la perte de son fils lui fut épargnée. **If he is spared** *a few weeks longer*, s'il lui est donné de vivre encore quelques semaines. *Death spares no one*, la mort n'épargne, ne respecte, personne; la mort ne pardonne, ne fait grâce, à personne. *To s. an ancient monument*, respecter un monument. *The fire spared nothing*, le feu ne respecta rien. *F:* **He spares nobody**, il ne fait de quartier à personne. **Don't spare him!** ne le ménagez pas! **To spare s.o.'s feelings**, épargner qn; ménager qn. *Without sparing his, her, feelings*, sans aucun ménagement. **Spare her blushes!** ne la faites pas rougir par plaisir! (*b*) Ménager (qn, son cheval, etc.). **He doesn't spare himself**, il ne se ménage pas. (*c*) **To spare s.o. sth.**, épargner qch. à qn; faire grâce de qch. à qn. *S. me this journey*, dispensez-moi de ce voyage. *S. me your complaints*, épargnez-moi vos plaintes. **To spare s.o. the trouble of doing sth.**, épargner, éviter, à qn la peine de faire qch.

sparing[1], *a.* **1.** Frugal, -aux; ménager, -ère; économe, épargnant, parcimonieux. **To be sparing with the butter**, épargner, ménager, le beurre. *To deal out provisions with a s. hand*, distribuer des vivres d'une main chiche, avare. **He is sparing of praise, sparing in his praise**, il est chiche, ménager, parcimonieux, avare, de louanges; il ne prodigue pas les éloges. *Despatch s. of information*, dépêche *f* sobre de renseignements. **Sparing of words**, sobre de paroles. **2.** **Sparing use of sth.**, emploi limité, modéré, restreint, de qch. **-ly**, *adv.* **1.** Frugalement; maigrement. *To eat s.*, manger sobrement, avec retenue; demeurer sur son appétit. *To use sth. s.*, ménager qch.; être ménager, -ère, de qch. **2.** D'une manière restreinte; modérément.

sparing[2], *s.* **1.** (*a*) Économie *f*, épargne *f.* (*b*) *pl.* **Sparings**, économies. **2.** (*a*) Pardon *m*, grâce *f.* (*b*) Ménagement *m.*

sparer [ˈspɛərər], *s.* Bon ménager; bonne ménagère.

spare-rib [ˈspɛərrib], *s. Cu:* Côte (découverte) de porc.

sparingness [ˈspɛəriŋnəs], *s.* Épargne *f*, économie *f*; frugalité *f.*

spark[1] [spɑːrk], *s.* **1.** (*a*) Étincelle *f*; (*of burning wood, etc.*) flammèche *f. A short-lived s.* (*in the fire*), une bluette; une lueur fugitive. **The spark of life, the vital spark**, l'étincelle de la vie. **Spark of wit**, étincelle, paillette *f*, bluette, d'esprit. *F:* **He hasn't a spark of generosity in him**, il n'a pas pour deux sous de générosité. *See also* FLY[3] I. 3, STRIKE[2] I. 2. (*b*) *El:* Étincelle. *Fat s.*, étincelle (bien) nourrie. *Lean, stringy, s.*, étincelle médiocre. **Spark resistance**, résistance *f* de la distance explosive. **Spark at break**, étincelle de rupture (de courant). *See also* JUMP-SPARK. **Spark discharge**, étincelle disruptive. **Spark frequency**, fréquence *f* d'éclatement. **Spark cinematography**, cinématographie *f* ultra-rapide par étincelle électrique. **Spark telegraphy**, *F:* **spark**, télégraphie *f* à étincelles. *I.C.E:* **Spark ignition**, allumage *m* par étincelle. **Spark intensity**, chaleur *f* de l'étincelle, *F:* de la bougie. **To advance the spark**, mettre de l'avance à l'allumage. **To retard the spark**, réduire l'avance (à l'allumage); retarder l'allumage. **Spark failure**, raté(s) *m(pl)* d'allumage. (*c*) *F:* **Sparks**, (i) *Nau: Av:* le radiotélégraphiste; l'opérateur *m* de T.S.F.; *F:* le radio; (ii) *Med:* le service radioscopique; la salle de radioscopie. **2.** **Diamond sparks**, semence *f* de diamants.

ˈspark-arrester, *s.* **1.** *El.E:* Déchargeur *m*, éclateur *m* (pare-étincelles); parafoudre *m.* **2.** = SPARK-CATCHER.

ˈspark-box, *s. El.E:* Isolateur *m* d'étincelles.

ˈspark-catcher, *s. Rail: etc:* Pare-étincelles *m inv* (de locomotive, etc.).

ˈspark-coil, *s.* = SPARKING-COIL.

ˈspark-control, *s. I.C.E:* Commande *f* d'allumage; commande d'avance.

ˈspark-fuse, *s. El:* Amorce *f* à étincelle.

'spark-gap, *s.* *El:* **1.** Distance explosive, d'éclatement. **2.** Pont *m* d'allumage, d'éclatement. *W.Tg:* Éclateur *m*, déflagrateur *m*, déchargeur *m*. **Quenched spark-gap,** éclateur pour étincelle étouffée.

'spark-meter, *s.* *El:* Spinthéromètre *m*, spinthermètre *m*.

'spark-mi'crometer, *s.* *W.Tel:* Coupure *f* d'antenne.

'spark-plug, *s.* *U.S:* = SPARKING-PLUG.

'spark-tester, *s.* *Aut:* Contrôleur *m* d'allumage.

'spark-transmitter, *s.* *W.Tel:* Transmetteur *m* à étincelle.

spark[2]. **1.** *v.i.* (*a*) Émettre des étincelles; (*of dynamo, etc.*) cracher. *El:* **Sparking discharge,** décharge *f* par étincelle. *I.C.E:* *The car sparks well,* l'allumage fonctionne bien. (*b*) *A:* Étinceler. (*c*) (*Of current*) **To spark across the terminals,** jaillir entre les bornes. **2.** *v.tr.* (*a*) Faire éclater, allumer, (qch.) avec une étincelle électrique. (*b*) **The current sparks the gap,** le courant produit une étincelle qui jaillit à travers l'intervalle.

sparking, *s.* *El:* **1.** (*a*) Émission *f* d'étincelles; (*accidental*) débordement *m*, jaillissement *m*, d'étincelles; crachement *m*. (*b*) Production *f* d'un arc (intempestif). **2.** Allumage *m* par étincelle électrique.

'sparking-coil, *s.* *El:* Bobine *f* d'induction.

'sparking-distance, *s.* *El.E:* *W.Tel:* Distance explosive; distance de décharge.

'sparking-plug, *s.* *I.C.E:* Bougie *f* (d'allumage). *S.-p. body or shell,* culot *m*, douille *f*, de bougie. *S.-p. core,* axe *m* de la bougie. *The s.-p. is dead,* la bougie ne donne pas.

spark[3], *s.* **1.** Élégant *m*, gandin *m*; beau cavalier; *A:* petit-maître *m*, *pl.* petits-maîtres. **2. Gay spark,** gaillard *m*, joyeux compagnon, gai luron; noceur *m*.

spark[4], *v.i.* **1. To spark (it),** faire des embarras; poser. **2.** *U.S:* Faire le galant.

sparkle[1] [spɑːrkl], *s.* **1.** Étincelle *f*; brève lueur; bluette *f*. *F:* **Not a sparkle of . . .,** pas pour deux sous de (bonté, etc.). **2.** (*a*) Étincellement *m*; éclat *m*, pétillement *m* (des yeux); feux *mpl* (d'un diamant). *There comes into his eyes a s. of admiration,* l'admiration *f* éclate dans ses yeux. (*b*) *Wine that has lost its s.,* vin *m* qui ne pétille plus. **3.** Vivacité *f* d'esprit.

sparkle[2], *v.i.* **1.** (*a*) Étinceler, scintiller; (*of jewel*) chatoyer, éclater, miroiter; (*of sea*) brasiller. *Her eyes sparkled (with joy),* ses yeux étincelaient, pétillaient, brillaient (de joie). *The lights s. in the water,* les lumières *f* miroitent dans l'eau. *Book sparkling with wit,* livre *m* qui pétille d'esprit. (*b*) (*Of wine*) Pétiller, mousser. **2.** (*Of fire*) Émettre des étincelles; pétiller.

sparkling[1], *a.* **1.** (*a*) Étincelant, brillant; (*of jewel*) miroitant; (*of sea*) brasillant. *S. effect,* effet étincelant, endiamanté. *F:* **Sparkling wit,** vivacité *f* d'esprit. *S. conversation,* conversation brillante, pétillante d'esprit. (*b*) (Vin) mousseux; (limonade) gazeuse. **Semi-sparkling wine,** vin pétillant. *Poet:* **The sparkling cup,** la coupe de vin pétillant. **2.** (Feu) qui émet des étincelles; pétillant. *Metalw:* **Sparkling heat,** chaude suante. **-ly,** *adv.* **1.** D'une manière étincelante. **2.** Vivement; avec vivacité.

sparkling[2], *s.* **1.** Étincellement *m*; scintillement *m*, scintillation *f*. **2.** Pétillement *m*.

sparkler ['spɑːrklər], *s.* *U.S:* *P:* Diamant *m*.

sparkless ['spɑːrkləs], *a.* *El.E:* **Sparkless breaking,** interruption *f* sans étincelles. *S. running,* fonctionnement *m* sans crachements.

sparklet ['spɑːrklet], *s.* **1.** Petite étincelle; bluette *f*. **2.** Sparklet *m* (à eau de seltz).

sparling ['spɑːrliŋ], *s.* *Ich:* Éperlan *m*.

sparoid ['sparɔid], *a.* *Ich:* Sparoïde.

sparrer ['spɑːrər], *s.* *Box:* (*a*) Boxeur *m* qui fait des assauts de démonstration. (*b*) Boxeur.

sparrow ['sparo], *s.* *Orn:* **1.** Moineau *m*, passereau *m*; *F:* pierrot *m*, pierrette *f*. **Tree-sparrow,** friquet *m*; moineau des campagnes. *F:* *She gave a start* **like a frightened sparrow,** elle eut un petit sursaut d'oiselle effarée. **She doesn't eat enough to keep a sparrow alive,** elle mange comme une mauviette. *See also* HOUSE-SPARROW. **2. Hedge-sparrow,** fauvette *f* des haies; fauvette d'hiver; *F:* mouchet chanteur; traîne-buisson *m inv*. **Java sparrow,** calfat *m*; oiseau *m* de riz; moineau de Java. *See also* REED-SPARROW.

'sparrow-hawk, *s.* *Orn:* Épervier *m*, émouchet *m*.

'sparrow-wort, *s.* *Bot:* Passerine *f*.

sparrow-grass ['sparogrɑːs], *s.* *P:* = ASPARAGUS.

sparry ['spɑːri], *a.* *Miner:* Spathique.

sparse [spɑːrs], *a.* (*Of trees, population, etc.*) Clairsemé, épars, éparpillé; peu dense. *S. hair,* cheveux rares, clairsemés. *The s. use of ornament,* l'usage restreint de l'ornement. **-ly,** *adv.* Peu abondamment. *S. populated,* qui a une population clairsemée. *S. covered with trees,* aux arbres clairsemés. *S. scattered,* semé çà et là.

sparseness ['spɑːrsnəs], *s.* *S. of the population,* population clairsemée.

sparsiflorous [spɑːrsi'flɔːrəs], *a.* *Bot:* Sparsiflore.

sparsifolious [spɑːrsi'fouliəs], *a.* *Bot:* Sparsifolié.

sparsile ['spɑːrsail], *a.* *Astr:* (Étoile *f*) sparsile.

Sparta ['spɑːrta]. *Pr.n.* *A.Geog:* Sparte *f*.

Spartan ['spɑːrtən], *a.* & *s.* **1.** *A.Geog:* Spartiate (*mf*). **2.** *F:* Spartiate *m*; homme *m* rigide. *To live a S. life,* vivre en Spartiate.

Spartanwise ['spɑːrtənwaːiz], *adv.* *F:* A la spartiate.

sparterie ['spɑːrtəri], *s.* Sparterie *f*.

spasm [spazm], *s.* **1.** *Med:* Spasme *m*, angoisse *f*. *Clonic spasms,* spasmes cloniques; convulsions *f* (cloniques). *Tonic spasms,* spasmes toniques. *Functional spasms,* spasmes fonctionnels. **Spasm of the chest,** angine *f* de poitrine. *See also* SALTATORY 2. **2.** Accès *m* (de toux, de jalousie). *Spasms of grief,* affres *f* de chagrin. *She had a little s. of nervousness,* elle a eu un petit accès de trac. **In a spasm of temper,** dans un accès de colère; dans un mouvement de colère. *F:* **To work in spasms,** travailler par accès, par à-coups, par boutades, à bâtons rompus.

spasmodic [spaz'mɔdik], *a.* **1.** (*a*) *Med:* (Dyspnée *f*) spasmodique. (*b*) (Saut, etc.) involontaire, convulsif. **2.** Qui se produit par saccades; fait à bâtons rompus, par à-coups. **-ally,** *adv.* **1.** (*a*) *Med:* Spasmodiquement. (*b*) Involontairement, convulsivement. **2.** (Travailler, etc.) par à-coups, par accès, par boutades, par sauts et par bonds.

spastic ['spastik], *a.* *Med:* (Paraplégie *f*, etc.) spasmodique.

spat[1] [spat], *s.* Frai *m*, naissain *m* (d'huîtres, de moules).

spat[2], *v.i.* (**spatted; spatting**) (*Of oysters*) Frayer.

spat[3], *s.* *Cost:* Demi-guêtre *f*, *pl.* demi-guêtres; guêtre *f* de ville.

spat[4]. *See* SPIT[4].

spat[5], *s.* *U.S:* *F:* **1.** Prise *f* de bec. **2.** Bruit sec, claquement *m* (d'une balle, etc.).

spat[6], *v.i.* (**spatted**) *U.S:* *F:* **1.** Claquer; faire clac. *I heard the bullet go 'spat,'* j'ai entendu le choc, le claquement, de la balle. **2. To spat up,** avoir une prise de bec (avec qn); monter sur ses grands chevaux.

spatchcock[1] ['spatʃkɔk], *s.* *Cu:* Poulet *m* ou poussin *m* à la crapaudine.

spatchcock[2], *v.tr.* **1.** *Cu:* Faire cuire (un poulet, un poussin) à la minute, en vitesse, à la crapaudine. **Spatchcocked chicken,** poulet à la crapaudine. **2.** *F:* (*a*) **To spatchcock a paragraph, a sentence, into a report,** fourrer, faire entrer à la dernière minute, un paragraphe, une phrase, dans un rapport. (*b*) Faire une interpolation dans, altérer (une dépêche, etc.).

spate [speit], *s.* Crue *f*. **River in spate,** rivière *f* en crue. *F:* **A spate of new books,** un véritable mascaret de livres nouveaux. *To have a s. of work,* être débordé de travail.

spathaceous [spa'θeiʃəs], *a.* *Bot:* Spathé, spathacé.

spathe [speːið], *s.* *Bot:* Spathe *f*.

spathella [spa'θela], *s.* *Bot:* Spathelle *f*.

spathic ['spaθik], *a.* *Miner:* (Fer, etc.) spathique.

spathiform ['spaθifɔːrm], *a.* *Miner:* Spathiforme.

spathose [spa'θous], *a.* **1.** *Miner:* Spathique. **2.** *Bot:* Spathé, spathiforme.

spatial ['speiʃ(ə)l], *a.* **1.** (*Of co-ordinates, etc.*) Spatial, -aux. **2.** *Temporal and s. existence,* existence *f* dans le temps et dans l'espace. **-ally,** *adv.* En ce qui concerne l'espace; dans l'espace.

spatiate ['speiʃieit], *v.i.* *F:* Se promener; errer; déambuler.

spatio-temporal ['speiʃo'temporəl], *a.* *Mth:* **Spatio-temporal co-ordinates,** coordonnées *f* espace-temps.

spatter[1] ['spatər], *s.* Éclaboussure *f*.

'spatter-dock, *s.* *Bot:* Nénuphar *m*; nuphar *m* des étangs; lis *m* jaune.

'spatter-work, *s.* Peinture *f* à la bruine.

spatter[2]. **1.** *v.tr.* **To spatter s.o. with mud, to spatter mud over s.o.,** éclabousser qn de boue. **2.** *v.i.* (*Of liquid*) Jaillir, gicler. *The rain spattering down on the pavement,* la pluie qui tombe en éclaboussant, qui gicle, sur le trottoir. **3.** *v.i.* = SPLUTTER[2] 2 (*a*).

spatterdash ['spatərdaʃ], *s.* *A:* Jambière *f*, houseau *m*, guêtre *f*.

spatula ['spatjula], *s.* *Pharm:* *Surg:* *etc:* Spatule *f*. *Cu:* **Cook's spatula,** gâche *f*.

spatulate ['spatjulet], *a.* *Nat.Hist:* Spatulé. *S. fingers,* doigts *m* en spatule.

spatule ['spatjuːl], *s.* *Orn:* Œil *m* (de plume).

spavin ['spavin], *s.* *Vet:* Éparvin *m*. *See also* BOG-SPAVIN, BONE-SPAVIN.

spavined ['spavind], *a.* *Vet:* Atteint d'éparvin; boiteux.

spawn[1] [spɔːn], *s.* **1.** Frai *m*; œufs *mpl* (de poisson, etc.). **Frog's spawn,** frai de grenouille. **2.** *F:* (*a*) Progéniture *f*; rejeton *m*. (*b*) *A:* Produit *m*, résultat *m*. **3. Mushroom spawn,** blanc *m* de champignon.

spawn[2]. **1.** *v.i.* (*a*) (*Of fish, etc.*) Frayer. (*b*) *F:* (*Of pers.*) Se multiplier. (*c*) *F:* **To spawn from sth.,** naître de qch. (*d*) *Waters spawning with fish,* eaux *f* qui regorgent de poisson, où le poisson abonde. **2.** *v.tr.* (*a*) (*Of fish, frog, etc.*) Déposer (son frai, ses œufs). (*b*) *F:* Engendrer, produire, donner naissance à (qch.).

spawning, *s.* Le moment du frai; le frai.

'spawning-ground, *s.* Frayère *f*.

'spawning-season, -time, *s.* Époque *f* du frai; fraie *f*, fraieson *f*.

spawner ['spɔːnər], *s.* Poisson *m* qui fraye.

spay [spei], *v.tr.* *Husb:* Châtrer, affranchir (une femelle). **Spayed ewe,** moutonne *f*.

spaying, *s.* Castration *f*, affranchissement *m*.

speak [spiːk], *v.* (*p.t.* **spoke** [spouk], *A:* **spake** [speik]; *p.p.* **spoken** [spoukn]) I. *v.i.* **1.** (*a*) Parler. *Man is an animal that speaks,* l'homme est un animal qui parle, qui a le don de la parole. *Without speaking,* sans parler; sans rien dire. (*b*) **To speak to s.o.,** (i) parler à qn; adresser la parole à qn; s'adresser à qn; (ii) réprimander qn. *To s. to s.o. about sth.,* parler à qn de qch. **I will speak to him about it,** je lui en toucherai un mot. *To s. to s.o. again,* reparler à qn. **To speak to oneself,** se parler à soi-même. *To s. amiably, rudely, to s.o.,* tenir un langage aimable, grossier, à qn. *Is that the way she speaks to you!* elle le prend sur ce ton! **I know him to speak to,** (i) je le connais pour lui avoir été présenté; (ii) nous nous disons bonjour. *They s. when they meet,* ils se parlent quand ils se rencontrent. **To speak with s.o.,** parler, causer, s'entretenir, avec qn. **Speaking for myself . . .,** pour ma part . . .; quant à moi . . .; parlant pour ce qui me concerne. . . . **Honestly speaking,** (pour parler) franchement. **Roughly speaking,** approximativement. *F:* **Speak for yourself,** cela vous plaît à dire. **So to speak,** pour ainsi dire. *You are so to s. one of the family,* vous êtes comme qui dirait de la famille; vous êtes quasiment de la famille. *Tp:* **Smith speaking,** ici Smith; Smith au bout du fil. *See also* BOOK[1] 1, GENERALLY 2, NOSE[1] 1, STRICTLY 1. **Portrait that**

speaks, portrait *m* qui parle; portrait vivant. *There is a picture that speaks to the heart!* voilà un tableau qui dit quelque chose! (*c*) **The facts speak for themselves,** ces faits n'ont pas besoin de commentaires, se passent de commentaires. *This discovery speaks for itself,* cette découverte se recommande par elle-même; inutile d'insister sur, de souligner, l'importance de cette découverte. (*d*) (*Of gun, organ, etc.*) Parler. *Suddenly the guns spoke,* tout à coup le canon parla, se fit entendre. *Mus: The cor anglais speaks a fifth lower than the oboe,* le cor anglais sonne une quinte plus bas que le hautbois. (*e*) *Ven:* (*Of dog*) Aboyer; donner de la voix. (*f*) (*Of deaf-mute, etc.*) **To speak by signs,** parler par gestes. **2.** Faire un discours; prendre la parole. *Your friend spoke* (*at the meeting*), votre ami s'est fait entendre. *He spoke on the subject of . . .,* il a parlé de . . .; il a traité de. . . . **Mr X rose to speak,** M. X a demandé la parole. **To have the right to speak,** avoir le droit de se faire entendre; avoir droit à la parole. *See also* ENTITLED.

II. **speak,** *v.tr.* **1.** (*a*) Dire (un mot, ses pensées). **To speak the truth,** dire la vérité. *When he spoke these words,* lorsqu'il prononça ces paroles. **Not to speak a word,** ne pas dire, ne pas prononcer, un mot. *He has never spoken a word to me,* il ne m'a jamais adressé la parole. *He has never spoken a word to me about it,* il ne m'en a jamais touché un mot. *There had been hardly a word spoken between him and Lily,* Lily et lui avaient à peine échangé deux paroles. *U.S:* **To speak a piece,** prononcer un discours. *See also* VOLUME 1. (*b*) **To speak one's mind,** dire sa pensée; dire sa façon de penser; dire ce qu'on pense; parler sans contrainte; parler à sentiments ouverts; avoir son franc parler; *F:* défiler son chapelet. *Let me s. my mind,* laissez-moi vous dire franchement ce que je pense. *To s. one's mind to s.o.,* parler franchement à qn. **To his shame be it spoken,** soit dit à sa honte. **To speak s.o.'s praises,** faire l'éloge de qn. **2.** Indiquer, accuser (qch.); témoigner de (qch.). *Eyes that s. affection,* yeux *m* qui témoignent de l'amitié. *The whole estate spoke neglect and disrepair,* toute la propriété accusait l'abandon et le délabrement. **3.** Parler (une langue). **Do you speak French?** parlez-vous français? *He speaks French fairly well,* il parle passablement le français. *English is spoken everywhere,* l'anglais se parle partout. **'English spoken,'** "on parle anglais." **4.** (*a*) *A:* S'adresser à (qn). *See also* FAIR[2] II. 1. (*b*) *Nau:* Parler à, héler, arraisonner (un navire). *Date when a ship was last spoken,* date à laquelle un navire a été signalé la dernière fois.

speak at, *v.ind.tr.* Faire allusion à (qn) en sa présence; faire de l'ironie voilée aux dépens de (qn) en sa présence. *Are you speaking at me?* c'est à mon intention que vous dites ça? c'est moi que vous visez en disant ça?

speak for, *v.i.* **1.** (*a*) **To speak for s.o.,** parler, plaider, pour qn. (*b*) **That speaks much, well, for your courage,** cela en dit long sur votre courage; cela fait honneur à votre courage; cela témoigne en faveur de votre courage. *It speaks well for him that he did not accept,* son refus est tout à son honneur. **2.** (*To dog*) **Speak for it!** demande-le! **3.** Retenir, réserver (des places, etc.). **That is already spoken for,** cela est déjà réservé, retenu, pris.

speak of, *v.i.* **1.** Parler de (qch.). *To s. of sth. again,* reparler de qch. **Speaking of . . .,** à propos de. . . . **She has hardly any voice to speak of,** elle n'a pour ainsi dire pas de voix; elle a si peu de voix que cela ne vaut pas la peine d'en parler. **It is nothing to speak of,** ce n'est rien; cela ne vaut pas la peine d'en parler. **To speak well, highly, of s.o., sth.,** dire du bien, beaucoup de bien, de qn; parler en bons termes, en termes très flatteurs, élogieux, de qn; vanter qch. **He is well spoken of,** il a une bonne réputation; on en dit beaucoup de bien. **To speak ill of s.o.,** dire du mal de qn; parler en mauvais termes, mal parler, de qn; médire de qn. *To s. disparagingly of s.o.,* tenir des propos désobligeants pour qn. *To s. of s.o. as a rogue,* qualifier qn de fripon. **2.** Être significatif de (qch.). *His pinched features spoke of privation and want,* ses traits hâves trahissaient les privations et la misère. *Everything in the house speaks of a refined taste,* tout dans la maison indique un goût raffiné.

speak out. **1.** *v.i.* (*a*) Parler à haute voix; parler tout haut; élever la voix. **Speak out!** plus fort! on n'entend pas! (*b*) S'expliquer; parler franchement, sans détours; trancher le mot. **2.** *v.tr.* **To speak out one's thoughts,** dire le fond de sa pensée. *S. out your mind,* dites carrément ce que vous pensez.

speak to, *v.i.* **1.** Témoigner de (qch.). **To speak to the truth of a statement,** garantir la vérité d'une affirmation. *I can s. to his having been there,* je puis affirmer, témoigner, qu'il était présent. **2. To speak to a point, to a subject,** parler sur un point, sur un sujet. *To s. to an objection,* répondre à une objection.

speak up, *v.i.* **1.** Parler plus fort; parler plus haut. **2. To speak up for s.o.,** parler hautement pour qn; parler en faveur de qn.

spoken, *a.* **1. The spoken word,** la parole. *S. language,* langue parlée. *S. feelings,* sentiments exprimés en paroles. **2. The speaker and the spoken to,** celui qui parle et ceux à qui il parle, à qui il s'adresse. **The spoken-of journey,** le voyage dont on parle. **3.** (*With adj. or adv. prefixed, e.g.*) **A well-spoken man,** (i) un homme à la parole courtoise; (ii) un homme qui parle bien. **Fair-spoken,** aux belles paroles. **To be loud-spoken,** avoir le verbe haut. *See also* FREE-SPOKEN, PLAIN-SPOKEN, ROUGH-SPOKEN, SMOOTH-SPOKEN, SOFT-SPOKEN.

speaking[1], *a.* **1.** (*a*) (*Of doll, etc.*) Parlant. (*b*) (*Of eyes, etc.*) Expressif, éloquent. *F:* **A speaking likeness,** un portrait parlant, vivant. **2.** (*With adj. or adv. prefixed, e.g.*) **Evil-speaking,** médisant. **Slow-speaking,** qui a la parole lente. **English-speaking races,** races *f* de langue anglaise. *See also* LOUD-SPEAKING. **-ly,** *adv.* Avec expression; d'un ton éloquent.

speaking[2], *s.* **1.** Parler *m,* discours *m,* parole *f.* **Evil speaking,** médisance *f.* **To be on speaking terms,** se connaître assez pour se parler. *I was already on s. terms with my neighbours,* j'en étais déjà à échanger quelques paroles avec mes voisins. *We are no longer on s. terms,* nous ne nous parlons plus; nous sommes brouillés. *They are once more on s. terms,* ils se reparlent. **Speaking acquaintance,** personne *f* à qui l'on dit bonjour en passant. *See also* DISTANCE[1] 1, MANNER 1, PLAIN-SPEAKING. **2. Public speaking,** l'éloquence *f*; l'art *m* oratoire. *Hum: Unaccustomed as I am to public s.,* n'ayant pas l'habitude de parler en public. **After-dinner speaking,** discours *mpl* après dîner; "éloquence de la table."

speaking-'front, *s. Mus:* Montre parlante (d'un orgue).

'speaking-trumpet, *s.* Porte-voix *inv* (portatif).

'speaking-tube, *s.* Tube *m* acoustique; (tuyau *m*) acoustique *m. Nau: etc:* Porte-voix *m inv* (communiquant avec la chambre des machines).

'speak-easy, *s. U.S: P:* Débit clandestin; bar clandestin.

speakable ['spiːkəbl], *a.* **1.** Exprimable. **2.** Prononçable.

speaker ['spiːkər], *s.* **1.** Parleur, -euse; (*in dialogue*) interlocuteur, -trice. *The s. was his own son,* celui qui lui parlait, qui avait parlé, était son propre fils. *The first, last, s.,* celui qui a parlé le premier, le dernier. **2.** (*a*) (*In public*) Orateur *m. To be a fluent, an easy, s.,* avoir la parole facile. *To be the s.* (*of a deputation, etc.*), porter la parole. (*b*) *Cin:* Speaker *m* (dans le film sonore). **3.** *Parl:* **The Speaker,** le Président (des Communes). **Mr Speaker,** monsieur le Président. **4.** *W.Tel:* = LOUD-SPEAKER. **Speaker unit,** haut-parleur *m, pl.* haut-parleurs.

Speakership ['spiːkərʃip], *s. Parl:* Office *m* de *Speaker*; présidence *f.*

speakie ['spiːki], *s. Cin: U.S: F:* Film parlant.

spear[1] ['spiːər], *s.* **1.** (*a*) Lance *f. Ven:* Épieu *m.* (*b*) (*For throwing*) Javelot *m,* javeline *f.* **The spear side** (*of the family*), l'ascendance *f* et la descendance mâle; le côté paternel. *See also* BOAR-SPEAR. **2.** *Fish:* Foène *f,* fouine *f,* trident *m.* **3.** *A:* Pointe *f* de chevaux de frise. **4.** *A:* = SPEARMAN.

'spear-grass, *s. Bot:* **1.** Chiendent *m.* **2.** *U.S:* Pâturin *m.*

'spear-hand, *s.* Main *f* de la lance; main droite.

'spear-head, *s. Archeol: etc:* Fer *m* de lance; pointe *f* de lance.

'spear-headed, *a.* En fer de lance.

'spear-shaft, *s.* Bois *m,* hampe *f,* de lance.

'spear-shaped, *a. Bot:* Lancéolé.

'spear-thrust, *s.* Coup *m* de lance.

spear[2]. **1.** *v.tr.* (*a*) Frapper, (trans)percer, tuer, (qn) d'un coup de lance, (une bête) d'un coup d'épieu. (*b*) Prendre (un poisson) à la foène, à la fouine; foéner, harponner (un poisson). **2.** *v.i.* (*a*) (*Of mast, etc.*) **To spear up,** se dresser comme une lance; s'élancer. (*b*) (*Of bulb*) Pousser; monter en tige.

spearing, *s.* **1.** Transpercement *m* d'un coup de lance, d'un coup d'épieu. **2.** Prise *f* (des anguilles, etc.) à la foène.

spear[3], *s.* Brin *m* (d'herbe); jet *m,* tige *f* (d'osier).

spear[4], *s.* **1.** Jeune arbre *m*; plant *m.* **Spear oak-tree,** chêne *m* d'un seul brin; brin de chêne. **2.** Tige *f,* gaule *f,* verge *f* (de pompe).

spearman, *pl.* **-men** ['spiːərmən, -men], *s.m. Hist:* Homme armé d'une lance; lance *f.*

spearmint ['spiːərmint], *s. Bot:* Menthe verte; baume vert.

spearwort ['spiːərwəːrt], *s. Bot:* Renoncule *f,* douve *f.* **Great spearwort,** renoncule langue; grande douve. **Lesser spearwort,** petite douve; renoncule flammule; flammette *f.*

spec [spek], *s. F:* = SPECULATION 2.

special ['speʃ(ə)l]. **1.** *a.* (*a*) Spécial, -aux, particulier (*to,* à). *Word used in a very s. sense,* mot employé dans un sens tout particulier, tout spécial. *Journ: Our s. correspondent,* notre envoyé spécial. *To make a s. study of French,* se spécialiser en français. *S. mission,* mission particulière. *S. command,* ordre exprès, spécial. *S. feature,* particularité *f* (d'une croyance, d'un caractère, etc.). **Special peculiarities** (*on passport*), signes particuliers. *S. tool,* outil façonné exprès. **Special hospital,** hôpital spécial. *Com:* **Special price,** prix *m* de faveur. *U.S:* **Special bill** = *private bill, q.v. under* BILL[4] 5. *Post: U.S:* **Special delivery,** envoi *m* par exprès. **'By special delivery,'** "par exprès." *Jur:* **Special case,** affaire *f* où les parties reconnaissent les faits et ne viennent devant le tribunal que pour faire statuer sur un point de droit. *See also* CONSTABLE 2, PLEADER 1, PLEADING[2] 2. (*b*) (*Especial*) Particulier. **To take special care over sth.,** apporter des soins particuliers à qch., un soin extrême à qch. *He holds you in s. honour,* il vous honore particulièrement. **Special friend,** ami intime. **I have nothing special to tell you,** je n'ai rien de particulier à vous dire. *F:* **Dress for special occasions,** robe *f* pour les jours de fête. (*c*) *Com: Ind:* (Article *m*) hors série. **Special-order work,** travail *m* à façon. **2.** *s.* (*a*) = *special constable, q.v. under* CONSTABLE 2. (*b*) Train spécial. (*c*) Édition spéciale (d'un journal). **-ally,** *adv.* (*a*) Spécialement, particulièrement; surtout. *I went there s. to see them,* j'y ai été spécialement pour les voir, dans le seul but de les voir. *Be s. careful to . . .,* ayez surtout soin de. . . . *F:* **It is not specially good,** ce n'est pas particulièrement bon. (*b*) *Com: S. manufactured article,* article *m* hors série.

specialism ['speʃəlizm], *s.* Spécialisme *m,* spécialisation *f.*

specialist ['speʃəlist], *s.* Spécialiste *mf. To become a s. in sth.,* se spécialiser dans (les mathématiques, etc.). *To consult specialists,* s'adresser à des gens de métier, à des spécialistes. *Med:* **Heart specialist,** spécialiste des maladies de cœur.

specialistic [speʃə'listik], *a.* (Esprit *m,* etc.) spécialiste. *S. studies,* études spéciales, spécialisées.

speciality [speʃi'aliti], *s.* **1.** Spécialité *f* (d'un magasin, etc.); objet spécial d'étude ou de recherches (d'une fabrique, etc.). **To make a speciality of sth.,** se faire une spécialité de qch. *F:* **That's my speciality,** ça c'est mon fort, c'est ma spécialité. **2.** Qualité particulière; particularité *f,* caractéristique *f.* **3.** *Jur:* = SPECIALTY 1.

specialization [speʃəlai'zeiʃ(ə)n], *s.* (*a*) Spécialisation *f.* (*b*) *Biol:*

Adaptation spéciale (de l'individu ou de l'organe à son ambiance, etc.).

specialize ['speʃəlaːiz]. **1.** *v.tr.* (*a*) (*Specify*) Particulariser, spécialiser. (*b*) Désigner ou adapter à un but spécial. *Hospital with specialized wards*, hôpital *m* où chaque salle a sa spécialité. *To s. one's studies*, se spécialiser dans un groupe d'études. **2.** *v.i.* (*a*) Se spécialiser. **To specialize in a subject, in an article,** se spécialiser dans un sujet, dans un article; faire sa spécialité d'un sujet, d'un article. (*b*) *Biol:* Se différencier.

specializing, *s.* Spécialisation *f.*

specialty ['speʃəlti], *s.* **1.** *Jur:* Contrat formel sous seing privé. **2.** = SPECIALITY 1.

specie ['spiːʃiː, -ʃi], *s.* (*No pl.*) Espèces monnayées; numéraire *m.* **To pay in specie,** payer en espèces. *Pol.Ec:* **Specie point,** point *m* de l'or.

'specie jar, *s. Pharm:* Bocal, -aux *m.*

species ['spiːʃiːz, -ʃiz], *s. inv. in pl.* **1.** (*a*) *Nat.Hist:* Espèce *f.* **The human species,** l'espèce humaine. *The horse s.*, la race chevaline. **The origin of species,** l'origine *f* des espèces. (*b*) *Arb:* *For:* Essence *f.* **2.** Espèce, sorte *f*, genre *m* **Weapons of various species, various species of weapons,** armes *f* de différentes espèces. *They have a s. of government*, ils ont une sorte de gouvernement. **3.** *Theol:* **(Eucharistic) species,** espèces.

specifiable ['spesifaiəbl], *a.* Déterminable, distinguable.

specific [spe'sifik]. **1.** *a.* (*a*) Spécifique. **Specific cause, specific distinction,** cause *f*, distinction *f*, spécifique. *Ph:* **Specific weight, specific gravity,** poids *m* spécifique. *S. gravity of petrol*, *F:* densité *f* de l'essence. *El:* **Specific resistance,** résistance *f* spécifique. **Bacillus specific of tuberculosis,** bacille *m* spécifique de la tuberculose. **Beliefs specific to a sect,** croyances particulières à une secte. *Jur:* **In each specific case,** dans chaque cas d'espèce. **Specific legatee,** légataire *mf* à titre particulier. **Specific performance,** exécution intégrale d'un contrat (sans alternative de payement de dommages-intérêts). (*b*) (*Of statement, etc.*) Précis; (*of order, etc.*) explicite. **Specific aim,** but déterminé. **2.** *s. Med:* Spécifique *m* (*for*, contre). **-ally,** *adv.* **1.** Spécifiquement. **2.** Précisément; avec précision.

specification [spesifi'keiʃ(ə)n], *s.* **1.** Spécification *f* (des détails, etc.). **2.** (*a*) Description précise; devis descriptif. **Patent specification, specifications of a patent,** mémoire descriptif d'une invention; description de brevet. *Specifications of a car*, caractéristiques *f* d'une voiture. **Specifications of work to be done,** prescriptions *f* des travaux à exécuter. **Specifications of a contract,** stipulations *f* d'un contrat. *Ind:* **Acceptance specification,** prescription *f* pour la réception. (*b*) *Const:* *Ind:* *etc:* **Specifications,** cahier *m* des charges. (*c*) *Jur:* **Specification of charge,** chef *m* d'accusation.

specificity [spesi'fisiti], *s.* *Med:* Spécificité *f* (d'un médicament, etc.).

specify ['spesifai], *v.tr.* Spécifier, désigner, déterminer; préciser (des conditions, etc.). *It is specified in the agreement*, cela est spécifié dans le contrat. **Specified load,** charge prévue, prescrite. **Unless otherwise specified,** sauf indication contraire. *Fittings not specified in the plans*, agencements *m* dont le devis ne porte pas mention.

specifying, *a.* Spécificatif.

specimen ['spesimən], *s.* (*a*) Spécimen *m* (botanique, géologique, etc.). *S. of Gothic architecture*, spécimen d'architecture gothique. *The finest specimens in his collection*, les plus belles pièces de sa collection. *Fish:* **Specimen fish,** poisson *m* digne de figurer dans un musée. **Specimen-case** (*for insects*), insectier *m.* (*b*) Spécimen, exemple *m*, échantillon *m*, exemplaire *m* (de qch.). *This is a s. of what I can do*, c'est un exemple, un échantillon, de ce que je suis capable de faire. *S. number of a publication*, numéro *m* spécimen d'une publication. **Specimen page,** page *f* spécimen; page type. **Specimen copy** (*of a book*), livre *m* à l'examen. *Med:* **To take a specimen of s.o.'s blood,** prélever une goutte de sang à qn. (*c*) *F:* (*Of pers.*) **Queer specimen (of humanity),** drôle *m* de type. **Poor specimen,** triste sire *m.* *What a s.!* quel type!

speciosity [spiːʃi'ɔsiti], *s. A:* = SPECIOUSNESS.

specious ['spiːʃəs], *a.* (*Of appearance*) Spécieux, trompeur; (*of argument, etc.*) captieux, jésuitique, spécieux. *Under a s. assumption of urbanity*, sous des dehors spécieux de courtoisie. **-ly,** *adv.* Spécieusement, trompeusement.

speciousness ['spiːʃəsnəs], *s.* Spéciosité *f*; apparence trompeuse.

speck[1] [spek], *s.* **1.** Petite tache; point *m*, goutte *f* (de couleur, d'encre); mouche *f*, moucheture *f*, tacheture *f*. *Med:* **Floating specks** (*in front of the eyes*), mouches volantes. *See also* FLY-SPECK. **2.** (*a*) Grain *m*, atome *m* (de poussière); grumeau *m* (de sel). *The ship was but a s. on the horizon*, le navire n'était qu'un point noir à l'horizon. *Paperm:* **Specks,** poivres *m* (dans la feuille); points noirs. (*b*) Brin *m* (de consolation, etc.). **Not a speck of generosity,** pas un brin, pas pour deux sous, de générosité. **3.** (*a*) Défaut *m*; souillure *f*, tache (sur le caractère de qn). (*b*) Tavelure *f* (sur un fruit).

speck[2], *v.tr.* Tacheter, moucheter.

specked, *a.* Tacheté, moucheté; (fruit) tavelé.

speck[3], *s. U.S. & S. Africa:* **1.** Viande grasse; lard *m.* **2.** Graisse *f*, lard (de baleine, d'hippopotame).

speckle[1] [spekl], *s.* Petite tache; point *m* (de couleur); moucheture *f*, tacheture *f*. *Speckles on bird's feathers*, madrures *f*, mailles *f*; tiqueture *f*.

speckle[2], *v.tr.* Tacheter, moucheter; diaprer; (*of flowers, etc.*) émailler (les prés).

speckled, *a.* Tacheté, moucheté, tiqueté, truité; (*of plumage*) grivelé; (*of hen*) bariolé. *Bird s. with white*, oiseau tacheté de gouttes blanches.

speckling, *s.* Tacheture *f*, moucheture *f*.

specksioneer [spekʃə'niːər], *s.m.* Chef baleinier.

specs [speks], *s.pl.* *F:* = *spectacles, q.v. under* SPECTACLE 2.

spectacle ['spektəkl], *s.* **1.** Spectacle *m.* *Sorry s.*, spectacle navrant. *It was a magnificent s.*, c'était un coup d'œil superbe. *F:* **To make a spectacle of oneself,** se donner en spectacle. **2.** *pl.* **Spectacles.** (*a*) Lunettes *f*; *A:* besicles *f*. **To put on one's spectacles,** mettre, chausser, ses lunettes. **Coloured spectacles,** conserves *f*. **We all see through our own spectacles,** chacun voit avec ses lunettes. *See also* ROSE-COLOURED. (*b*) *Cr:* (*Of batsman*) **To make a pair of spectacles,** marquer un zéro dans chacune des deux tournées du match. (*c*) *Rail:* Lunettes (d'une cabine de locomotive).

'spectacle-case, *s.* Étui *m* à lunettes.

'spectacle-frame, *s.* Monture *f* (des lunettes).

'spectacle-glass, *s.* Verre *m* de lunettes.

'spectacle-maker, *s.* Lunetier *m*, lunettier *m.*

spectacled ['spektəkld], *a.* **1.** Qui porte des lunettes; portant lunettes; à lunettes. **2.** *Nat.Hist:* Lunetté. **Spectacled snake,** serpent *m* à lunettes.

spectacular [spek'takjulər], *a.* Spectaculaire. *S. play*, pièce *f* à grand spectacle; pièce à décors. *S. rocks*, rochers impressionnants. *S. demonstration*, manifestation théâtrale; manifestation dans le but d'impressionner ou d'épater le public.

spectator [spek'teitər], *s.* Spectateur, -trice; assistant, -ante. *The spectators*, l'assistance *f*. *I had been a s. of the whole affair*, j'avais assisté à toute l'affaire. *There were no spectators of the accident*, il n'y a pas de témoins *m* de l'accident.

spectatress [spek'teitres], *s.f.* Spectatrice.

spectra ['spektrə]. *See* SPECTRUM.

spectral ['spektrəl], *a.* (*a*) *Opt:* Spectral, -aux. *The s. colours*, les couleurs du spectre. *Ch:* **Spectral analysis,** analyse spectrale. *See also* EXTRA-SPECTRAL. (*b*) Spectral; fantomal, -aux, -als; fantomatique. *Seas haunted by a s. ship*, mers hantées par un vaisseau fantôme.

spectre ['spektər], *s.* Spectre *m*, fantôme *m*, apparition *f*. *Meteor:* **The Spectre of the Brocken,** le spectre du Brocken.

'spectre-bat, *s.* *Z:* Vampire *m* spectre.

'spectre-insect, *s.* *Ent:* Phasmidé *m.*

'spectre-lemur, *s.* *Z:* Tarsier *m* aux mains rousses.

'spectre-shrimp, *s.* *Crust:* Caprelle *f.*

spectro- ['spektro, spek'trɔ], *comb.fm.* Spectro-. *Spec'trometer*, spectromètre. *Spectropho'tometer*, spectrophotomètre.

spectrograph ['spektrograːf, -graf], *s.* *Phot.Opt:* Spectrographe *m.*

spectroheliograph [spektro'hiːliograːf, -graf], *s.* *Astr:* Spectrohéliographe *m.*

spectrometer [spek'trɔmetər], *s.* *Opt:* Spectromètre *m.* **Grating spectrometer,** spectromètre à réseau.

spectrometric [spektro'metrik], *a.* Spectrométrique.

spectrometry [spek'trɔmetri], *s.* Spectrométrie *f.*

spectrophotography [spektrofo'tɔgrəfi], *s.* Spectrophotographie *f.*

spectrophotometer [spektrofo'tɔmetər], *s.* Spectrophotomètre *m.*

spectrophotometry [spektrofo'tɔmetri], *s.* Photométrie spectrale; spectrophotométrie *f.*

spectroscope ['spektroskoup], *s.* *Opt:* Spectroscope *m.* **Grating spectroscope,** spectroscope à réseau. **Prism spectroscope,** spectroscope à prismes. **Direct-vision spectroscope,** spectroscope à vision directe.

spectroscopic(al) [spektro'skɔpik(əl)], *a.* Spectroscopique.

spectroscopist [spek'trɔskopist, spektro'skoupist], *s.* Spectroscopiste *m.*

spectroscopy [spek'trɔskopi, spektro'skoupi], *s.* Spectroscopie *f.*

spectrum, *pl.* **-tra** ['spektrəm, -trə], *s.* *Ph:* Spectre *m.* **1.** *Solar s.*, spectre solaire. *Diffraction s.*, spectre de diffraction. *Absorption s.*, spectre d'absorption. *Chemical s.*, *actinic s.*, spectre chimique, actinique. *X-ray s.*, spectre radiologique. *The colours of the s.*, les couleurs spectrales, du spectre. *See also* HEAT-SPECTRUM. **2. Magnetic spectrum,** spectre magnétique.

'spectrum-a'nalysis, *s.* *Ch:* Analyse spectrale.

'spectrum-band, *s.* *Ph:* Bande *f* du spectre.

'spectrum-line, *s.* *Ph:* Raie noire du spectre.

specular ['spekjulər], *a.* **1.** (Minéral *m*) spéculaire. *S. iron ore*, fer *m* spéculaire. *S. pig-iron*, fonte miroitante. **2.** *Opt:* *Phot:* **Specular density,** densité *f* par réflexion.

specularia [spekju'lɛəriə], *s.* *Bot:* Spéculaire *f.*

speculate ['spekjuleit], *v.i.* **1. To speculate on, upon, about, sth.,** (i) spéculer, méditer, sur qch.; (ii) faire des conjectures sur qch. **2.** *Fin:* Spéculer. **To speculate on the Stock Exchange,** spéculer, jouer, à la Bourse; agioter. *To s. in railways, in rubber*, spéculer sur les chemins de fer, sur le caoutchouc. **To speculate for a fall,** jouer, miser, à la baisse.

speculating, *s.* Spéculation *f.* *St.Exch:* **Speculating in contangoes,** jeu *m* sur les reports.

speculation [spekju'leiʃ(ə)n], *s.* **1.** (*a*) Spéculation *f*, méditation *f* (*on*, sur); contemplation *f* (*on*, de). *We must have done with visionary s.*, il faut en finir avec l'idéologie, avec de vaines idéologies. *To break in upon s.o.'s speculations*, interrompre les rêveries *f* de qn. (*b*) Conjecture *f*. **To be the subject of much speculation,** donner lieu à bien des conjectures. *It was pure s. on his part*, c'était (une) pure conjecture de sa part. **2.** (*a*) *Fin:* Spéculation. *St.Exch:* *F:* Agio *m.* **To buy sth. on speculation,** acheter qch. par spéculation, à titre de spéculation, pour faire une spéculation. *F:* **To do, buy, sth. on speculation,** *F:* **on spec,** faire, acheter, qch. à tout hasard. *I just came on spec*, je suis venu à tout hasard. (*b*) Entreprise spéculative; *St.Exch:* coup *m* de Bourse. *Good s.*, bonne affaire. *To have made a bad s.*, être (le) mauvais marchand de qch. **To buy sth. as a speculation,** acheter qch. en vue de l'avenir, à titre spéculatif, à titre de spéculation.

speculative ['spekjulətiv], *a.* **1.** (*a*) Spéculatif, contemplatif, méditatif. *S. philosophy*, philosophie inquisitive, spéculative. (*b*) Conjectural, -aux; théorique. *These are merely s. assumptions*, ce sont là de pures hypothèses, de pures conjectures. **2.** *Fin:* Spéculatif; fait par spéculation. *S. tendencies*, penchant *m* à la spéculation. **Speculative purchases**, achats spéculatifs. **-ly**, *adv.* **1.** (*a*) Spéculativement. (*b*) D'un air méditatif. **2.** *Fin:* Par spéculation. *S. inclined*, enclin à la spéculation.

speculator ['spekjuleitər], *s.* **1.** Spéculatif *m*, penseur *m*. **2.** Spéculateur *m*. (*a*) *Land bought by speculators*, terrains achetés par des spéculateurs. (*b*) *St.Exch:* Joueur *m* à la Bourse; agioteur *m*. *Small s.*, boursicotier *m*.

speculum, *pl.* **-ums, -a** ['spekjuləm, -əmz, -a], *s.* **1.** *Surg:* Spéculum *m*, speculum *m*. **Ear-speculum**, otoscope *m*. **2.** Miroir *m* (d'un télescope, etc.). **3.** (*a*) Miroir (sur l'aile d'un oiseau). (*b*) *Ent:* Ocelle *m*. **4.** **Speculum(-metal)**, métal *m* pour miroirs.

sped [sped]. *See* SPEED².

speech [spiːtʃ], *s.* **1.** (*a*) **(Faculty of) speech**, la parole. **To lose the power, the faculty, of speech**, perdre la parole. *To find one's s. again*, reprendre la parole. *If animals had the power of s.*, si les animaux avaient l'usage de la parole. *Thoughts expressed by s.*, pensées exprimées par la parole. *Fear deprived him of s.*, la peur le rendit muet. *See also* SILVERN. (*b*) **(Manner of) speech**, articulation *f* ou élocution *f*. **To be slow of speech**, parler lentement; avoir l'articulation lente; avoir un débit très lent, n'avoir pas la parole facile. **Ready flow of speech**, faconde *f*. *Abruptness of s.*, brusquerie *f* de langage. *See also* IMPEDIMENT 1. (*c*) **Figure of speech**, figure *f* de rhétorique. *Gram:* **Parts of speech**, parties *f* du discours. **2.** Paroles, propos *mpl*. **Fair speeches**, belles paroles; *F:* eau bénite de cour. **To have speech with s.o.**, parler à qn; s'entretenir avec qn. *Without further s. he left the room*, sans plus rien dire il s'est sorti, il s'est retiré. **3.** Langue *f* (d'un peuple); parler *m* (d'une région, d'une classe sociale). *Their s. is different from ours*, (i) nous ne parlons pas la même langue; (ii) nous n'avons pas le même parler. **4.** (*a*) Discours *m*, harangue *f*; (*to subordinates, pupils, etc.*) allocution *f*. **To make, deliver, a speech**, faire, prononcer, un discours. *I made a little s. to them*, je leur ai fait une courte allocution; *P:* je leur ai poussé un petit laïus. **After-dinner speech**, (i) discours au dessert; discours d'après-dîner; (ii) toast *m*. *Parl:* **The King's Speech, the Speech from the Throne**, le Discours du Trône, de la Couronne. *See also* MAIDEN 2, SET³ 2, STUMP¹ 3. (*b*) *pl. Sch:* *F:* **Speeches** = SPEECH-DAY. **5.** *Gram:* **Direct speech**, discours direct. **Indirect speech, reported speech**, discours oblique, indirect. **6.** *Mus:* Sonorité *f*, rapidité *f* d'attaque (d'un tuyau d'orgue). *These stops are slow of s.*, ces jeux sont lents à parler.

'speech-day, *s.* *Sch:* Distribution *f* de prix.

'speech-maker, *s.* Faiseur, -euse, de discours.

'speech-making, *s.* Discours *mpl*.

'speech-reading, *s.* = LIP-READING.

speechifier ['spiːtʃifaiər], *s.* Discoureur, -euse; faiseur, -euse, de beaux discours; phraseur, -euse; péroreur, -euse.

speechify ['spiːtʃifai], *v.i.* Discourir, pérorer; *P:* laïusser. *To s. at the unveiling of a statue*, *P:* palabrer, laïusser, à l'inauguration d'une statue.

speechifying, *s.* Beaux discours. *After all the s.*, *F:* après tous les laïus.

speechless ['spiːtʃləs], *a.* **1.** Incapable de parler; sans voix; aphone. **2.** Interdit, interloqué, muet. **He was speechless with surprise, with fright**, il était muet de surprise, d'épouvante; la surprise, la peur, le rendait muet. *He was left s.*, il demeura sans voix; *P:* il en est resté vissé. *Emotion left him s.*, l'émotion *f* lui coupa la parole. **-ly**, *adv.* Sans prononcer une parole; d'un air interdit.

speechlessness ['spiːtʃləsnəs], *s.* **1.** Mutisme *m*. **2.** Aphonie *f*.

speed¹ [spiːd], *s.* **1.** (*a*) Vitesse *f*; marche *f* (rapide); rapidité *f*, célérité *f*, vélocité *f*. *To move with s.*, se déplacer vite, *F:* voler. **To do sth. with all speed**, *F:* **at speed**, faire qch. au plus vite, *F:* en vitesse, à la vapeur. *To corner at s.*, prendre un virage à grande vitesse. **With all possible speed**, au plus vite. **To make all speed**, faire diligence; se hâter. *To make all s. to a place*, se rendre en toute hâte à un endroit. *At a marvellous s.*, avec une célérité merveilleuse. **Top speed**, vitesse maximum, vitesse maxima. **At the top of one's speed**, de toute sa vitesse. **At full speed, at top speed**, au maximum de vitesse; en toute hâte; au plus vite; *F:* en quatrième vitesse; (*of car, carriage, etc.*) à toute vitesse, à toute allure, à fond de train; (*of car*) en plein régime, à pleins gaz; (*of train, ship*) à toute vapeur; (*of runner*) à toutes jambes; (*of horseman*) à bride abattue, à bride avalée, à toute bride, au grand galop, ventre à terre, à franc étrier; (*of dog*) à toutes pattes; (*of bird*) à tire d'aile; (*of boat*) à toute(s) rame(s). *To go at full s.*, courir le grand galop. *To start a horse at full s.*, lancer un cheval. *To drive at full s.*, rouler à toute allure. *Nau:* **Full speed ahead!** avant toute! en avant à toute vitesse! en avant à vitesse maximum! **Full speed astern!** arrière toute! **Half speed ahead!** avant demi-vitesse! **Speed in miles per hour**, vitesse en milles par heure. *Uniform speed*, mouvement *m* uniforme. *Average s. including stops*, vitesse commerciale (d'un train, etc.). **Maximum speed**, vitesse limite; pleine allure. *Car with a maximum s. of . . .*, auto *f* avec un plafond de. . . . *Timed s.*, vitesse chronométrée. *Nau:* *etc:* **Speed at trials**, vitesse aux essais. **Full-speed trial**, essai *m* à toute vitesse. *Nau:* **Sea speed, sea-going speed, normal speed**, vitesse de route (d'un navire). **Designed speed**, vitesse prévue; vitesse contractuelle. **Cruising speed**, allure, vitesse, économique; allure, vitesse, de croisière (d'un navire, d'un dirigeable). *Radius of action at cruising s.*, rayon *m* d'action en marche croisière. *Av:* **Ground speed**, vitesse par rapport au sol. **Air speed**, vitesse aérodynamique. **Loss of flying speed**, perte de vitesse. *See also* FLYING² 1. *Aut:* **Speed on various gears**, rendement *m* des différentes vitesses. **Three-speed car**, voiture *f* à trois vitesses. **To pick up speed**, (*of train, etc.*) gagner en vitesse; donner, prendre, de la vitesse; *I.C.E:* (*of engine*) reprendre. *Nau:* *etc:* **To increase speed**, augmenter de vitesse; augmenter la vitesse, l'allure; forcer de vitesse; forcer l'allure. *Nau:* *To increase s. to twenty knots*, porter la vitesse, pousser l'allure, à vingt nœuds. *To proceed at a high s.*, filer à grande vitesse. **To keep the speed of the fleet**, soutenir la vitesse de la flotte. *Aut:* *P:* **Speed-hog**, *U.S:* **speed-bug**, chauffard *m*. *Aut:* *P:* **Speed-cop**, agent chargé de dresser procès-verbal dans les cas d'excès de vitesse. *See also* CHANGE(-SPEED) GEAR, CHANGE(-SPEED) LEVER, HASTE¹, HIGH-SPEED, LIGHTNING, STALLING 2. (*b*) *Mec.E:* **Range of speed**, gamme *f*, échelle *f*, de vitesse. **Normal running speed**, vitesse de régime. *The motor is running at the normal s.*, la machine fonctionne à l'allure (normale). *To attain s.*, atteindre sa vitesse de régime; se mettre en vitesse. *The s. drops*, la vitesse baisse, diminue. *Keep to this s.*, gardez ce régime. **Speed control**, réglage *m* de la vitesse. (*c*) *Phot:* Rapidité *f* (d'une émulsion). *S. of a lens*, luminosité *f*, rapidité, d'un objectif. **2.** *A:* Succès *m*, prospérité *f*. **To wish s.o. good speed**, souhaiter bonne chance à qn. **Good speed!** bonne chance!

'speed-boat, *s.* *Sp:* Motoglisseur *m*; hydroglisseur *m*; canot glisseur; bateau-glisseur *m*, *pl.* bateaux-glisseurs.

'speed-box, *s.* *Aut:* Boîte *f* de vitesses, de changement de vitesse.

'speed-cone, *s.* *Mec.E:* Cône *m* de vitesse, de transmission; cône-poulie *m*, *pl.* cônes-poulies; poulie étagée; poire *f*.

'speed-indicator, *s.* (*a*) Compteur *m* (de tours); indicateur *m* de vitesse; tachymètre *m*. *Clock type s.-i.*, indicateur de vitesse à aiguille. *Drum-type s.-i.*, indicateur de vitesse à tambour. (*b*) Régleur *m* de vitesse (de phonographe). (*c*) *Nau:* Sillomètre *m*.

'speed-limit, *s.* Vitesse *f* maxima, *pl.* vitesses maxima.

'speed-recorder, *s.* *Mec.E:* Enregistreur *m* de vitesse; *Aut:* *etc:* chronotachymètre *m*.

'speed-road, *s.* = SPEED-WAY 2.

'speed-trap, *s.* *Aut:* Zone *f* du contrôle de vitesse.

'speed-trial, *s.* *Nau:* *etc:* Essai *m* de vitesse.

'speed-way, *s.* **1.** *Rac:* Piste *f* (d'autodrome); circuit *m* de vitesse. **2.** Route *f* permettant de la vitesse; autostrade *f*.

speed², *v.* (*p.t.* sped [sped]; *p.p.* sped) **1.** *v.i.* (*a*) Se hâter, se presser; aller vite. **He sped down the street**, il descendit vite la rue. *He sped back to his friends*, *F:* il vola revoir ses amis. **To speed off**, partir à toute vitesse. *F:* **To speed from the mark**, prendre un bon départ; bien partir. *Time was speeding*, le temps filait. (*b*) *A. & Lit:* Prospérer, réussir. **How have you sped?** comment la fortune vous a-t-elle favorisé? **2.** *v.tr.* *A:* (*a*) Expédier (qn); faire partir (qn) à la hâte. **To speed the parting guest**, souhaiter bon voyage à l'hôte qui part. **To speed an arrow from the bow**, décocher une flèche. (*b*) **God speed you!** que Dieu vous aide! que Dieu vous fasse prospérer! *See also* GOD-SPEED.

speed³, *v.* (*p.t. & p.p.* **speeded**) **1.** *v.tr.* (*a*) **To speed an engine**, régler la vitesse d'une machine. (*b*) **To speed (up) the work**, activer, accélérer, avancer, presser, les travaux. **To speed up the traffic**, accélérer la circulation. *To s. up the car*, (i) mettre la voiture en vitesse, *F:* mettre de la vitesse; (ii) rajeunir la (vieille) voiture. **2.** *v.i.* *Aut:* *etc:* *F:* Faire de la vitesse.

speeding, *s.* **1.** (*a*) Grande vitesse. (*b*) *Aut:* Excès *m* de vitesse. *To be charged with s.*, être prévenu d'excès de vitesse, avoir une contravention de vitesse. **2.** Réglage *m* de la vitesse (d'une machine). **3.** **Speeding (up), speed-up**, accélération *f* (d'un travail, d'un service, de la circulation).

speeder ['spiːdər], *s.* **1.** *Tchn:* (*Device*) Contrôleur *m* de vitesse. **2.** *Aut:* *F:* (*Pers.*) Chauffard *m*.

speediness ['spiːdinəs], *s.* Rapidité *f*, célérité *f*, promptitude *f*.

speedometer [spiː'dɔmetər], *s.* **1.** *Aut:* *etc:* (Compteur-)indicateur *m* de vitesse; compteur *m* (de vitesse). **2.** *Mec.E:* Cinémomètre *m*, tachymètre *m*.

speedster ['spiːdstər], *s.* *F:* Chauffard *m*.

speedwell ['spiːdwel], *s.* *Bot:* Véronique *f*. *Common s.*, véronique mâle; thé *m* d'Europe. *Germander s.*, véronique petit-chêne. *Daisy-leaved s.*, véronique fausse-pâquerette. *Ivy-leaved s.*, véronique à feuilles de lierre.

speedy ['spiːdi], *a.* (*a*) Rapide, prompt. *S. justice, s. revenge*, prompte justice, vengeance. *S. messenger*, courrier diligent. *S. conclusion of the negotiations*, rapide conclusion *f* des négociations. (*b*) *Sp:* (Coureur *m*, équipe *f*) vite. *Very s. forwards*, avants *m* très vites. **-ily**, *adv.* Vite; rapidement; promptement; en toute hâte. *To do sth. s.*, dépêcher un travail.

Speier ['spaiər]. *Pr.n. Geog:* Spire.

speiss [spais], *s.* *Metall:* Speiss *m*. *Miner:* **Speiss cobalt**, speiskobalt *m*; cobalt arsenical.

spelaean [spi'liːən], *a.* **1.** Des cavernes; qui habite ou habita les cavernes. **2.** En forme de caverne.

spelaeology [spiːli'ɔlodʒi], *s.* Spéléologie *f*.

spelican ['spelikən], *s.* = SPILLIKIN.

spell¹ [spel], *s.* **1.** Charme *m*, incantation *f*; formule *f* magique. **2.** Charme, sort *m*, maléfice *m*. **To cast a spell over s.o., to put a spell on s.o., to lay s.o. under a spell**, jeter un sort à, sur, qn; ensorceler, envoûter, qn. **To break the spell**, rompre le charme. *F:* **The spell of the abyss**, l'attirance *f* du gouffre. *This music wields a mysterious s.*, cette musique exerce un charme mystérieux. *His s. over the public*, son emprise *f* sur le public. **Under a spell**, sous un charme; ensorcelé, maléficié. *Under the s. of s.o.'s beauty*, *F:* envoûté par la beauté de qn. *To be under the s. of s.o.'s personality*, subir l'ascendant de qn. **Caster of a spell**, envoûteur *m*.

'spell-binder, *s.* *U.S:* *F:* Beau diseur; orateur entraînant, qui tient ses auditeurs sous le coup de son éloquence.

'spell-bound, *a.* Retenu par un charme; sous l'influence d'un charme; charmé, fasciné, magnétisé; *F:* figé sur place. *As if s.-b.*, comme envoûté. **To hold one's audience spell-bound**, tenir ses auditeurs sous le charme.

spell², *v.tr.* (*p.t. & p.p.* spelt *or* spelled) **1.** Épeler; (*in writing*) orthographier (un mot). **He can't spell**, il ne sait pas l'orthographe. *If only you would learn to s.* (*correctly*)! si seulement vous appreniez l'orthographe! *S. it correctly!* mettez l'orthographe! **To spell badly, incorrectly,** faire des fautes d'orthographe. **To spell out, spell over, sth.,** déchiffrer, lire, qch. péniblement. *To s. a word backwards,* épeler ou écrire un mot à rebours. **Spelt in full,** écrit en toutes lettres. **How is it spelt?** comment cela s'écrit-il? **2. What do these letters spell?** quel mot forment ces lettres? **3.** Signifier. **An imprudence would spell disaster, would spell death, for you,** une imprudence vous précipiterait au désastre, à la mort. *That would s. disaster!* ce serait le désastre! *That spelt disaster for the acting profession,* c'était le désastre, c'était une cause certaine de désastre, pour le théâtre. *Gaming spells ruination,* le jeu c'est la ruine.

spelling, *s.* **1.** Épellation *f*; (*in writing*) orthographe *f*. *His s. is weak,* il est faible en orthographe. **2.** Orthographe; manière *f* d'orthographier. *Another s. of the same word,* une autre orthographe du même mot. **Reformed spelling,** néographie *f*.

'spelling-bee, *s.* Concours (oral) d'orthographe (pour amuser les jeunes gens invités à la soirée, etc.).

'spelling-book, *s.* Syllabaire *m*, alphabet *m*.

'spelling-reform, *s.* Réforme *f* orthographique; néographisme *m*.

'spelling-reformer, *s.* Réformateur, -trice, de l'orthographe; néographe *mf*.

spell³, *s.* **1.** Relais *m*, relève *f*. **2.** (*a*) Tour *m* (de travail, etc.). **To do a spell of duty,** faire un tour de service. *To work by spells,* travailler à tour de rôle; se relayer. **To take spells at the pumps,** se relayer aux pompes. **Three hours at a spell,** trois heures de suite, d'arrache-pied; trois heures tout d'un trait. (*b*) *To have another s. of prison, F:* retâter de la prison. **3.** (Courte) période; temps *m*. (*a*) **To rest for a (short) spell,** se reposer pendant quelque temps. *Mil:* **Spell of rest in billets,** période de repos. (*b*) **A long spell of cold weather,** une longue période, une longue passe, de froid; une série de jours froids. *During the cold s.,* pendant le coup de froid. *We are in for a s. of wet weather, of fine weather,* ça va se mettre à la pluie; le temps est au beau; nous allons avoir une série de beaux jours. *A s. of mild weather,* une détente de temps. *A new s. of cold,* une reprise, une recrudescence, du froid.

spell⁴, *v.tr.* **1.** *U.S:* Relayer, relever (qn) (dans son travail). **2.** (*Australia*) Laisser reposer (un cheval).

spellable ['speləbl], *a.* Que l'on peut épeler; qui peut s'écrire.

speller ['spelər], *s.* **1. To be a good, a bad, speller,** savoir, ne pas savoir, l'orthographe. **2.** = SPELLING-BOOK.

spelt¹ [spelt], *s. Agr:* Épeautre *m or f*.

spelt². *See* SPELL².

spelter ['speltər], *s. Com:* Zinc *m*. *Metalw:* **Spelter solder,** zinc à souder.

spence [spens], *s.* **1.** *A:* Dépense *f*, office *f*, garde-manger *m inv*. **2.** *Scot:* Salon *m* (d'auberge, de ferme).

spencer¹ ['spensər], *s. Cost:* Spencer *m*, camisole *f*.

spencer², *s. Nau:* Voile *f* goélette.

Spencerian [spen'siːəriən], *a.* (Philosophie, etc.) de Herbert Spencer.

spend [spend], *v.tr.* (*p.t.* **spent** [spent]; *p.p.* **spent**) **1.** Dépenser (de l'argent); consumer (une fortune). *To s. too much money,* faire trop de dépenses; trop dépenser d'argent. **To spend one's money on cigarettes,** dépenser son argent en cigarettes. *To s. five pounds on a knick-knack,* mettre cinq livres à un bibelot. *Her father has spent a great deal on her education,* son père a dépensé beaucoup pour son éducation. **To spend money on s.o.,** faire des dépenses pour qn. *He has spent all his fortune on her,* il a dissipé, a gaspillé, toute sa fortune pour elle. *Abs.* **I am always spending,** j'ai toujours l'argent à la main. *He spends money like water,* l'argent lui fond entre les mains. **Without spending a penny,** sans bourse délier, sans rien débourser. **2. To spend care, time, on sth., in doing sth.,** consacrer, employer, du soin, du temps, à qch., à faire qch. *To s. a whole chapter on unimportant details,* consacrer tout un chapitre à des détails sans importance. *It is useless to s. any more pains over it,* c'est peine perdue. **3.** Passer, employer (son temps). *To s. Sunday in the country,* passer le dimanche à la campagne. *How do you s. your time?* comment employez-vous votre temps? **To spend one's time (in) gardening,** passer son temps à jardiner. **4.** Épuiser (ses forces); consumer (son énergie). **To spend oneself in a vain endeavour,** s'épuiser dans un vain effort. *His anger will soon s. itself,* sa colère s'épuisera vite, passera vite. *The bullet had spent its force,* la balle avait perdu (de) sa force. *Our ammunition was all spent,* nos munitions étaient épuisées.

spent, *a.* **1. The day was far spent,** le jour était écoulé; c'était tard dans la journée. **2.** (*a*) Épuisé (de fatigue). *The horses are s.,* les chevaux n'en peuvent plus. (*b*) **Spent storm,** orage apaisé. *The storm is s.,* l'orage est calmé. **Spent volcano,** volcan éteint. **Spent bullet,** balle morte. **Spent cartridge,** cartouche vide, brûlée. *Ch:* **Spent acid,** acide épuisé. *Tex:* **Spent bobbin,** bobine dévidée. *Mec.E:* **Spent oil,** huile décomposée. *Paperm: etc:* **Spent liquor,** lessive usée. (*c*) (Poisson *m*) qui a lâché ses œufs. **Spent herring,** hareng gai, vide.

spending, *s.* Dépense *f*. *Pol.Ec:* **Spending capacity, spending power,** pouvoir *m* d'achat. *S. power of ten shillings a day,* dix shillings de pouvoir d'achat quotidien.

spendthrift ['spendθrift], *s.* Dépensier, -ière; dilapidateur, -trice; gaspilleur, -euse; prodigue *mf*; *F:* mange-tout *m inv*; panier percé; bourreau *m* d'argent. *Attrib.* **Spendthrift habits,** habitudes dépensières.

Spenserian [spen'siːəriən], *a. Pros:* **Spenserian stanza,** strophe spensérienne.

spent [spent]. *See* SPEND.

spergula ['spəːrgjula], *s. Bot:* Spergule *f*.

sperm¹ [spəːrm], *s. Physiol:* Sperme *m*; semence *f* (des mâles).

sperm², *s.* **1.** = SPERM WHALE. **2.** = SPERMACETI.

'sperm oil, *s.* Huile *f* de baleine; huile de spermaceti.

'sperm whale, *s. Z:* Cachalot *m*.

'sperm-'whaler, *s.* **1.** (*Pers.*) Chasseur *m* de cachalots. **2.** (Navire) cachalotier *m*.

spermaceti [spəːrma'seti], *s.* Spermaceti *m*; blanc *m*, sperme *m*, de baleine. **Spermaceti candle,** bougie *f* diaphane; bougie de blanc de baleine. **Spermaceti oil,** huile *f* de spermaceti.

spermagone ['spəːrmagoun], *s. Bot:* = SPERMOGONE.

spermary ['spəːrməri], *s. Anat:* Glande séminale.

spermatheca, *pl.* **-cae** [spəːrma'θiːka, -siː], *s. Ent:* Spermathèque *f*, spermatothèque *f*.

spermatic [spər'matik], *a.* Spermatique.

spermatid ['spəːrmatid], *s. Biol:* Spermatide *f*.

spermato- ['spəːrmato, spərma'tɔ], *comb.fm. Biol:* Spermato-. *Spermatogenesis,* spermatogénèse. *Spermatophoric,* spermatophore.

spermatoblast ['spəːrmatoblɑːst], *s. Biol:* Spermatoblaste *m*.

spermatocele ['spəːrmatosiːl], *s. Med:* Spermatocèle *f*.

spermatocyte ['spəːrmatosait], *s. Biol: Bot:* Spermatocyte *f*.

spermatogonium, *pl.* **-ia** [spəːrmato'gouniəm, -ia], *s. Anat:* Spermatogonie *f*.

spermatoon, *pl.* **-oa** [spəːrma'touɔn, -oua], *s. Biol:* Spermatide *f*.

spermatophore ['spəːrmatofɔːər], *s. Biol:* Spermatophore *m*.

spermatophyte ['spəːrmatofait], *s.* = SPERMOPHYTE.

spermatorrhaea [spəːrmato'riːa], *s. Med:* Spermatorrhée *f*; pertes séminales.

spermatozoon, *pl.* **-oa** [spəːrmato'zouɔn, -oua], *s. Biol:* Spermatozoïde *m*; spermatozoaire *m*; zoosperme *m*.

spermogone ['spəːrmogoun], **spermogonium,** *pl.* **-ia** [spəːrmo'gouniəm, -ia], *s. Bot:* Spermogonie *f*.

spermophile ['spəːrmofil], *s. Z:* Spermophile *m*.

spermophore ['spəːrmofɔːər], **spermophyte** ['spəːrmofait], *s. Bot:* Spermophore *m*.

spermophytic [spəːrmo'fitik], *a.* Spermophore.

spew¹ [spjuː], *s.* Vomissement *m*; *P:* dégobillage *m*, dégobillis *m*, dégueulade *f*.

spew². **1.** *v.tr. & i.* (*a*) Vomir; *P:* dégobiller, dégueuler. *Lit: A:* **To spew out, forth,** rejeter (avec dégoût). (*b*) *Nau:* (*Of ship*) **To spew oakum,** cracher ses étoupes. **2.** *v.i. Artil:* (*Of gun*) Saigner du nez; s'égueuler.

spewing, *s.* **1.** Vomissement *m*; *P:* dégobillage *m*. **2.** *Artil:* Égueulement *m*.

spewy ['spjui], *a. Agr:* (*Of soil*) Humide, éveux.

sphacelate ['sfasileit]. *Med:* **1.** *v.tr.* Sphacéler, gangrener. **2.** *v.i.* Se sphacéler, se gangrener.

sphacelation [sfasi'leiʃ(ə)n], *s. Med:* Sphacélisme *m*; mortification *f*.

sphacelia [sfa'siːlia], *s. Fung:* Sphacélie *f*.

sphacelus ['sfasiləs], *s. Med:* Sphacèle *m*; gangrène sèche; nécrose *f*.

Sphacteria [sfak'tiːəria]. *Pr.n. A.Geog:* Sphactérie *f*.

sphaerometer [sfiː'rɔmetər], *s.* = SPHEROMETER.

sphaerosiderite [sfiːəro'sidərait], *s. Miner:* Sphérosidérite *f*.

sphagnaceae [sfag'neisiiː], *s.pl. Bot:* Sphagnacées *f*.

sphagnum, *pl.* **-a** ['sfagnəm, -a], *s. Bot:* Sphaigne *f*.

sphedra ['sfiːdra], *s. Bot:* Uvette *f*.

sphen(o)- ['sfiːn(o)], *comb.fm. Anat: etc:* Sphéno-. *Sphenobasilar,* sphéno-basilaire. *Sphenoclase,* sphénoclase. *Sphenodon,* sphénodon. *Spheno-occipital,* sphéno-occipital. *Spheno-palatine,* sphéno-palatin.

sphenoid ['sfiːnɔid], *a. & s. Anat:* Sphénoïde (*m*).

sphenoidal [sfi'nɔid(ə)l], *a. Anat:* Sphénoïdal, -aux, sphénoïdien. *S. fissure,* fente sphénoïdale. **The sphenoidal bone,** l'os *m* sphénoïde.

sphere [sfiːər], *s.* **1.** (*a*) *Astr: Geom: etc:* Sphère *f*. **The celestial sphere,** (i) la sphère céleste; (ii) *Lit:* les cieux, le ciel. *Astr:* **Oblique sphere, right sphere, parallel sphere,** sphère oblique, droite, parallèle. **Colour sphere** (*round the sun*), chromosphère *f*. *See also* MUSIC¹. (*b*) Objet *m* de forme sphérique. *Nau:* **Sphere of a lightship,** voyant *m* d'un bateau-feu. **2.** (*a*) Milieu *m*, sphère. *She belonged to another s.,* elle appartenait à un autre milieu. **To be out of one's sphere,** être hors de sa sphère; se sentir dépaysé. *In search of a s.,* qui cherche son milieu. **In the mental sphere,** dans le domaine de l'esprit. (*b*) **Sphere of action,** domaine *m*, cadre *m*, où s'exerce une action; sphère d'action, d'activité. *Limited s.,* cadre restreint. *To extend one's s. of activity,* étendre sa sphère d'activité, le champ de son activité. *Com: Your proposal lies outside the s. of our activities,* votre offre *f* ne rentre pas dans le genre d'affaires de notre maison. **That does not come within my sphere,** cela ne rentre pas dans ma compétence; cela n'est pas de mon domaine, de mon ressort; cela est en dehors de mes pouvoirs. *Dipl:* **Sphere of influence,** sphère d'influence. *The French s. of influence in Africa,* la zone d'influence française en Afrique.

spherical ['sferik(ə)l], *a.* Sphérique. **1.** En forme de sphère. *Mec.E:* **Spherical joint,** joint *m* à rotule; joint sphérique. **Spherical housing,** rotule *f*. *See also* LUNE. **2. Spherical geometry,** géométrie *f* sphérique. *Opt:* **Spherical aberration,** aberration *f* sphérique, de sphéricité. *Geom:* **Spherical angle, polygon,** angle *m*, polygone *m*, sphérique. **-ally,** *adv.* Sphériquement.

sphericity [sfe'risiti], *s.* Sphéricité *f*.

spheroid ['sfiːərɔid]. **1.** *s.* Sphéroïde *m*. *Prolate s.,* sphéroïde allongé. *Oblate s.,* sphéroïde aplati. **2.** *a.* = SPHEROIDAL.

spheroidal [sfe'rɔid(ə)l], *a.* Sphéroïdal, -aux.

spheromaniac [sfiːəro'meiniak], *s. Hum:* Passionné *m* des jeux de balle ou de boule; *esp.* passionné du jeu de boules.

spherometer [sfe'rɔmetər], *s. Ph:* Sphéromètre *m*.

spherular ['sferjulər], *a.* Sphérulaire.

spherule ['sferjuːl], *s.* Sphérule *f*; petite sphère.

spherulite ['sferjulait], *s. Geol: Miner:* Sphérolithe *m*.

spherulitic [sferju'litik], *a. Geol:* (Roche *f*) sphérolithique.

sphincter ['sfiŋktər], *s. Anat:* Sphincter *m*, orbiculaire *m*.

sphincteral ['sfiŋktərəl], **sphincteric** [sfiŋk'terik], *a. Anat:* Sphinctérien.

sphingidae ['sfindʒidiː], *s.pl. Ent:* Sphingidés *m.*
sphinx, *pl.* **sphinges, sphinxes** [sfiŋks, 'sfindʒiːz, 'sfinksiz], *s.* **1.** *Myth:* Sphinx *m. Female s.*, sphinge *f.* **2.** *Z:* Sphinx(-baboon), papion *m.* **3.** *Ent:* Sphinx. The sphinxes, les sphingidés *m*, les crépusculaires *m.*
'sphinx-like, *a.* (Sourire, etc.) de sphinx.
sphragistics [sfrə'dʒistiks], *s.pl.* (*Usu. with sg. const.*) Sphragistique *f*, sigillographie *f.*
sphygmo- ['sfigmo], *comb.fm. Med:* Sphygmo-. *Sphygmographic*, sphygmographique. *Sphygmophone*, sphygmophone.
sphygmogram ['sfigmogram], *s. Med:* Sphygmogramme *m.*
sphygmograph ['sfigmogrɑːf, -graf], *s. Med:* Sphygmographe *m.*
sphygmomanometer ['sfigmomə'nɔmetər], *s. Med:* Sphygmomanomètre *m.*
sphygmometer [sfig'mɔmetər], *s. Med:* Sphygmomètre *m*, pulsimètre *m.*
sphygmoscope ['sfigmoskoup], *s. Med:* Sphygmoscope *m.*
sphygmus ['sfigməs], *s. Physiol:* Pouls *m*, pulsation *f*, battement *m.*
spica ['spaikə], *s.* **1.** *Bot:* Épi *m. Astr:* Spica (of Virgo), l'Épi de la Vierge. **2.** *Surg:* Spica(-bandage), spica *m*, épi.
spicate ['spaiket], **spicated** ['spaikeitid], *a.* **1.** *Bot:* Épié; en épi, à épi. **2.** Spiciforme, apiciforme.
spice¹ [spais], *s.* (*Coll. sg. preferred to pl.*) **1.** Épice *f*, aromate *m.* Mixed spice(s), épices mélangées. *Husb:* Cattle spice(s), poultry spice(s), produits stimulants pour bétail, pour volaille. **2.** Teinte *f*, teinture *f* (de fourberie); nuance *f* (d'hypocrisie); brin *m*, soupçon *m* (de jalousie); grain *m* (de malice). **3.** To give spice to a story, pimenter un récit. *Prudence not without a s. of boldness*, prudence relevée d'une certaine audace. *Book that lacks s.*, livre *m* qui manque de poivre.
'spice-box, *s.* Boîte *f* aux épices.
'spice-bush, *s. Bot: U.S:* Benjoin odoriférant.
'spice-cake, *s.* Gâteau *m* aux quatre épices.
spice², *v.tr.* **1.** Épicer (un mets). **2.** *F:* Épicer, pimenter (un récit, etc.).
spiced, *a.* **1.** Épicé; d'épices. **2.** Aromatique, parfumé.
spicery ['spaisəri], *s.* **1.** Épices *fpl.* **2.** *A:* Office *f* (où étaient gardées les épices).
spiciferous [spai'sifərəs], *a. Orn:* Spicifère; à aigrette en épi.
spiciflorous [spaisi'flɔːrəs], *a. Bot:* Spiciflore.
spiciform ['spaisifɔːrm], *a. Bot:* Spiciforme.
spiciness ['spaisinəs], *s.* **1.** Goût épicé. **2.** *F:* Piquant *m*, sel *m* (d'un récit).
spick and span ['spikən(d)'span]. **1.** *Adj.phr.* Reluisant de propreté; propre comme un sou neuf; (*of pers.*) tiré à quatre épingles; bien astiqué. **2.** *Adv.phr.* Spick-and-span new, tout flambant neuf, *pl.* tout flambant neufs.
spick-and-spanness ['spikən(d)'spannəs], *s.* Apparence reluisante; propreté *f*; fraîcheur *f.*
spicula, *pl.* **-ae** ['spikjulə, -iː], *s.* **1.** Cristal *m* spiculaire, apiciforme, *pl.* cristaux. **2.** Spicule *m* (d'éponge); épillet *m*, spicule (de fleur); aiguillon *m.*
spicular ['spikjulər], *a. Miner:* Spiculaire, apiciforme.
spiculate ['spikjulet], **spiculated** ['spikjuleitid], *a. Bot:* Spiculé.
spicule ['spikjuːl], *s.* **1.** = SPICULA 2. **2.** Esquille *f* (d'os).
spicy ['spaisi], *a.* **1.** Épicé; assaisonné d'épices; (goût) relevé. **2.** Aromatique, parfumé. **3.** *Lit: A:* (Littoral *m*, etc.) abondant en épices. **4.** *F:* (*Of story, conversation, etc.*) (i) Piquant, croustillant, croustilleux, assaisonné, relevé; (ii) salé, épicé, poivré. *S. tale*, histoire verte, épicée, poivrée, faisandée, salée, de haut goût, drolatique, gaillarde, leste. *S. expressions*, termes pimentés, égrillards. *To tell s. stories*, dire des gaudrioles. **5.** *F: A:* Pimpant, chic. **-ily**, *adv.* D'une manière piquante; avec du piquant; lestement. *The conversation opened a trifle s.*, la conversation s'engagea sur un ton légèrement polisson.
spider ['spaidər], *s.* **1.** *Z:* Araignée *f.* Web-making spider, araignée fileuse. Bird-eating spider, mygale *f* aviculaire. Garden spider, épeire *f* diadème. Geometric spider, orbitèle *m.* House spider, araignée domestique. Red spider, tétranyque *m*; *F:* tisserand *m. See also* MONEY-SPIDER, SEA SPIDER, TRAP-DOOR, WATER-SPIDER, WOLF-SPIDER. **2.** *Mec.E: etc:* Croisillon *m*, brassure *f* (de roue). *El.E:* Spider armature, induit *m* à croisillon(s). *See also* PINION³. **3.** *Metall:* (*Of mould*) Armature *f* (de châssis, de noyau). **4.** *Nau:* (*Outrigger*) Potence *f.* **5.** *U.S:* (*a*) Trépied *m.* (*b*) (i) Poêle *f* à frire à trois pieds; (ii) poêle à frire. **6.** *Veh:* Spider(-cart), spider *m*, araignée.
'spider-ant, *s. Ent:* Mutille *f.*
'spider-catcher, *s. Orn:* Tichodrome *m*, échelette *f*; grimpereau *m* de muraille.
'spider-crab, *s. Crust:* Araignée *f* de mer; maïa *m.*
'spider-legged, *a.* (*Of animals*) Aux pattes longues et minces (comme une araignée).
'spider-like, *a.* Aranéen, aranéeux.
'spider-lines, *s.pl. Opt: etc:* Fils *m* d'araignée; fils réticulaires; réticule *m.*
'spider-monkey, *s. Z:* Atèle *m*; singe-araignée *m*, *pl.* singes-araignées.
'spider orchis, *s. Bot:* Ophrys *f* araignée.
'spider-support, *s. Aer:* Araignée *f* (du moteur).
'spider-thread, *s.* Fil *m* d'araignée.
'spider-wasp, *s. Ent:* Pompile *m.*
'spider-web, *s.* Toile *f* d'araignée.
'spider-wheel, *s.* Poulie *f* à chicanes.
'spider-wires, *s.pl.* = SPIDER-LINES.
spiderwort ['spaidərwəːrt], *s. Bot:* **1.** Tradescantie *f* de Virginie; éphémère *f.* **2.** Commélyne *f.*
spidery ['spaidəri], *a.* **1.** D'araignée; qui ressemble à une araignée. Spidery handwriting, pattes *fpl* d'araignée. **2.** (Grenier, etc.) infesté d'araignées.

spied [spaid]. *See* SPY².
spiegel(eisen) ['spiːg(ə)l(aiz(ə)n)], *s. Metall:* Spiegeleisen *m*; fonte *f* spiegel; fonte spéculaire.
spiel¹ [spiːl], *s. U.S:* Discours *m*, allocution *f.*
spiel², *v. U.S:* **1.** *v.i.* Discourir; pérorer; *F:* en dégoiser. **2.** *v.tr.* To spiel off an address, réciter un discours.
spieler ['spiːlər], *s. U.S:* Beau parleur; homme *m* à bagout.
spier ['spaiər], *s.* Épieur, -euse (*on*, de).
spies¹, ² [spaiz], *s. & v. See* SPY¹, ².
spiffing ['spifiŋ], *a. P:* Épatant.
spif(f)licate ['spiflikeit], *v.tr. F:* Écraser, rosser, démolir (un adversaire); anéantir (l'ennemi).
spif(f)licating, *a. F:* Écrasant.
spigelia [spai'dʒiːliə], *s. Bot:* Spigélie *f.*
spignel ['spignel], *s. Bot:* Fenouil *m* des Alpes.
spigot¹ ['spigət], *s.* **1.** Fausset *m*, broche *f*, cannelle *f* (de tonneau). **2.** (*a*) Clef *f*, carotte *f* (de robinet). (*b*) Robinet *m.* **3.** (*a*) Saillie *f*, ergot *m* (d'un tenon, d'un arbre de transmission, etc.). (*b*) Pipe spigot, bout *m* mâle (d'un tuyau).
'spigot-joint, *s.* Assemblage *m* à emboîtement; joint *m* à emboîture.
spigot², *v.i.* S'encastrer (*into*, dans).
spike¹ [spaik], *s.* **1.** Pointe *f* (de fer); piquant *m* (de fil barbelé, etc.); (*on railing, etc.*) lance *f.* Tent-pole spike, goujon *m* de mât. Cluster of spikes (*on gate-post, etc.*), artichaut *m*, chardons *mpl.* **2.** (*a*) Spike(-nail), clou *m* à large tête, à tête de diamant; broche *f*; clou barbelé. (*b*) *Civ.E:* Clameau *m*, clampe *f.* (*c*) *Rail: etc:* Crampon *m* (d'attache); chevillette *f.* Screw spike, tire-fond *m inv.* (*d*) *Artil:* Clou (à enclouer). **3.** *Bot:* (*a*) Épi *m.* (*b*) Spike(-lavender), lavande commune, mâle; grande lavande; spic *m*, aspic *m.* Spike oil, essence *f* de spic; *F:* huile *f* d'aspic. **4.** *Ven:* Spike(-horn), dague *f* (de cerf de deux ans). **5.** *Ecc: F:* Anglican, -ane, d'un ritualisme exagéré. **6.** *P:* (*a*) Asile *m* de nuit (de l'hospice). (*b*) *U.S:* Hospice *m.*
'spike-drawer, -extractor, *s.* (Pince *f* à) pied-de-biche *m*, pied-de-chèvre *m*, *pl.* pieds-de-biche, -de-chèvre.
'spike-flower, *s.* Fleur *f* à épis.
'spike-leaved, *a. Bot:* A feuilles aciculaires.
spike². **1.** *v.tr.* (*a*) Clouer, cheviller. (*b*) Armer (qch.) de pointes. To spike a gate, hérisser, barbeler, une grille de pointes. (*c*) *Artil:* Enclouer (un canon). *F:* To spike s.o.'s guns, priver qn de ses moyens d'action; mettre qn dans l'impossibilité de nuire. *F:* I spiked his guns for him, je lui ai damé le pion. (*d*) *Sp:* Percer le pied (d'un concurrent) (dans une course où l'on est chaussé de souliers à pointes). **2.** *v.i.* (*Of plants*) Former des épis.
spiked, *a.* **1.** (*a*) A pointes; garni de pointes; barbelé. Spiked shoes, chaussures *f* à pointes. (*b*) *Cryst: etc:* Apiciforme. **2.** *Bot:* A épis; épié.
spikelet ['spaiklet], *s. Bot:* Spicule *m*, épillet *m.*
spikenard ['spaiknɑːrd], *s.* **1.** Nard (indien), spicanard *m*, spiquenard *m.* **2.** *Bot:* Ploughman's spikenard, conyse *f.*
spiky ['spaiki], *a.* **1.** A pointe(s) aiguë(s). *F: S. hair*, cheveux hérissés. **2.** Armé de pointes. **3.** *Ecc: F:* (Anglican) qui affecte un ritualisme intransigeant.
spile¹ [spail], *s.* **1.** (*a*) Cheville *f*, fausset *m*, broche *f* (d'un tonneau). (*b*) *Nau:* Épite *f*, cheville. **2.** Pilot *m*, pilotis *m*, pieu *m.*
spile², *v.tr.* (*a*) Boucher (un trou) avec un fausset. (*b*) *U.S:* Pratiquer un trou de fausset dans (un fût).
spile³, *v.tr.* Piloter (les fondements d'un édifice, etc.).
spiling¹, *s.* **1.** Pilotage *m.* **2.** *Coll.* Pilots *mpl*, pilotis *m*, pieux *mpl.*
spiling² ['spailiŋ], *s. N.Arch:* **1.** Flèche *f* (d'une concavité). **2.** Épaule *f* (d'un bordage).
spill¹ [spil], *s.* Culbute *f*, chute *f* (de cheval, de voiture). To have a spill, culbuter; (*in motor car*) faire panache; (*from bicycle, horse*) *F:* ramasser une pelle, une bûche.
spill², *v.* (*p.t. & p.p.* spilt [spilt] *or* spilled) I. *v.tr.* **1.** (*a*) Répandre, renverser (un liquide, le sel). *Without spilling a drop*, sans laisser tomber une goutte. Much ink has been spilt about this question, on a fait couler beaucoup d'encre autour de cette question. *P:* To spill money, perdre de l'argent. *See also* BLOOD¹ 1, MILK¹ 1. (*b*) *U.S: P:* Dire, débiter (des paroles). *Come on, spill it!* mais accouche(z) donc! *See also* BEAN 1. **2.** (*a*) Désarçonner, *F:* vider (un cavalier); verser (les occupants d'une voiture). *We were all spilled into the ditch*, nous avons tous été jetés dans le fossé. *Don't spill us!* ne nous faites pas verser! (*b*) *Nau:* Étouffer (une voile).
II. **spill**, *v.i.* (*Of liquid*) Se répandre; s'épancher, s'écouler.
spilling, *s.* Épanchement *m* (de l'électrolyte, etc.); effusion *f* (de sang).
'spilling-line, *s. Nau:* Étrangloir *m*, égorgeoir *m* (d'une voile).
'spill-back, -channel, -way, *s. Hyd.E:* Passe-déversoir *f*, *pl.* passes-déversoirs.
spill³, *s.* Allume-feu *m inv* en papier roulé; allumette *f* de papier, de copeau; papillote *f* en papier; *F:* fidibus *m.*
spiller ['spilər], *s.* Spiller of blood, celui qui répand, qui a répandu, le sang.
spillikin ['spilikin], *s.* Jonchet *m.* To play (at) spillikins, jouer aux jonchets.
spilt [spilt]. *See* SPILL².
spilth [spilθ], *s. A:* **1.** Spilth of blood, effusion *f* de sang. **2.** Liquide, etc., répandu.
spin¹ [spin], *s.* **1.** (*a*) Tournoiement *m*; (mouvement *m* de) rotation *f* (d'une balle, etc.). *To risk a fortune on a spin of a coin*, risquer une fortune à pile ou face. *Games: Cr: Ten:* To put spin on a ball, donner de l'effet à une balle. Spin-bowler, bôleur *m*

qui donne de l'effet à la balle. (*b*) *Av:* **(Tail) spin,** vrille *f.* **Horizontal spin, flat spin,** tonneau *m.* *To get into a spin,* faire la vrille; se mettre en vrille; descendre ou tomber en vrille. (*c*) *Aut:* **Clutch spin,** collage *m* de l'embrayage. **2.** Tour *m* de promenade (en auto, en vélo, etc.). **To go for a spin,** aller faire une promenade (en auto, etc.); faire une randonnée; se balader en auto.

spin², *v.* (*p.t.* **span** [span] *or* **spun** [spʌn]; *p.p.* **spun**; *pr.p.* **spinning**) **I.** *v.tr.* (*a*) Filer (la laine, le coton, du collodion, etc.). (*Of spider*) **To spin its web,** filer sa toile. *See also* SPOIL² I, YARN¹ 2. (*b*) **To spin a top,** faire aller, faire tourner, une toupie; jouer à la toupie. **To spin a coin,** faire tourner en l'air une pièce de monnaie; jouer à pile ou face. *To s. a wheel by hand,* tourner une roue à la main. **To spin s.o. round,** faire tourner qn; faire tournoyer qn. *I caught him by the shoulders and spun him round,* je le fis pivoter. (*c*) *Fish:* (i) Pêcher dans (un étang) à la cuiller, à l'hélice. (ii) **To spin the bait,** faire tourner la cuiller. *Abs.* **To spin for fish,** pêcher au lancer. (*d*) *Metalw:* Emboutir, repousser, (une feuille de métal) au tour. (*e*) *Metall:* Couler (le métal) par force centrifuge; centrifuger (le métal). (*f*) *Sch: F:* Recaler, retaper, retoquer (un candidat). **2.** *v.i.* (*a*) (*Of top, etc.*) Tourner; (*of suspended object*) tournoyer; (*of aeroplane*) descendre en vrille, faire la vrille; (*of compass*) être affolé, s'affoler. **To spin round and round,** tournoyer, tourbillonner; *F:* toupiller. *F:* **To spin like a top, like a teetotum,** tourner comme une toupie. **My head is spinning,** la tête me tourne. (*Of car*) *To s. completely round,* exécuter un tête-à-queue complet. (*Of pers.*) **To spin round,** (i) pivoter, virevolter; (ii) se retourner vivement; faire un demi-tour. **Blow that sent him spinning,** coup *m* qui l'a fait chanceler, qui l'a envoyé rouler. **To send s.o. spinning against the wall,** *P:* envoyer dinguer qn contre le mur. (*b*) *Veh:* (*Of wheel*) Patiner (sur place); glisser.

spin along, *v.i.* (*Of carriage, etc.*) Filer (à toute vitesse).

spin out, *v.tr.* Délayer, alambiquer, traîner, traînasser (un discours); faire durer (une discussion); faire traîner (une affaire, un récit) en longueur; tirer de long, en longueur (une affaire). *Just to s. out the time,* seulement pour faire passer le temps. *To s. out one's farewells,* prolonger ses adieux. **To spin out one's money,** *v.i.* **to make one's money spin out,** ménager son argent.

spun, *a.* (*a*) *Tex:* Câblé. (*b*) *Metalw:* **Spun copper,** cuivre repoussé. *See also* GLASS¹ I, HOMESPUN, LONG-SPUN, YARN¹ I.

'spun-'silk, *s.* *Tex:* Chape *f*; soie filée.

spinning¹, *a.* **I.** *Arach:* **Spinning spider,** araignée fileuse. **2.** (*Of suspended object*) Tournoyant. *Fish:* **Spinning bait,** cuiller *f,* hélice *f.* *Av:* **Horizontal spinning flight,** tonneau *m.* *See also* DIVE¹ I.

spinning², *s.* **I.** (*a*) Filage *m* (au rouet). (*b*) *Ind:* Filature *f.* *See also* JENNY 5. **2.** (*a*) Tournoiement *m*; (mouvement *m* de) rotation *f*; affolement *m* (de l'aiguille magnétique). *Av:* Vrille *f.* **Spinning top,** toupie *f.* (*b*) Patinage *m,* glissement *m* (des roues). **3.** Pêche *f* à l'hélice, à la cuiller, au lancer. **4.** (*a*) *Metalw:* Repoussage *m* (au tour). (*b*) *Metall:* Centrifugation *f.*

'spinning-can, *s.* *Tex:* Pot *m* de filature.

'spinning-factory, *s.* Filature *f.*

'spinning-frame, *s.* Métier *m* à filer.

'spinning gland, *s.* Filière *f* (de l'araignée, du ver à soie).

'spinning-machine, *s.* Machine *f* à filer.

'spinning-mill, *s.* Filature *f.*

'spinning-rod, *s.* *Fish:* Canne *f* à lancer.

'spinning-song, *s.* Chanson *f* de toile.

'spinning-wheel, *s.* Rouet *m.*

spinaceous [spai'neiʃəs], *a.* *Bot:* Spinacié.

spinach, spinage ['spinedʒ], *s.* *Bot:* Épinard *m*; *Cu:* épinards *mpl.* **Mountain spinach,** arroche *f* des jardins; arroche-épinard blanche; bonne-dame *f.* **New Zealand spinach,** tétragone étalée. *See also* GAMMON¹, STRAWBERRY SPINACH.

spinal ['spain(ə)l], *a.* *Anat:* Spinal, -aux; vertébral, -aux. **Spinal column,** colonne vertébrale. **Spinal complaint,** maladie *f* de la moelle épinière. **Spinal curvature,** déviation *f* de la colonne vertébrale. *See also* ANAESTHESIA, CORD¹ I.

spindle¹ [spindl], *s.* **I.** *Tex:* Fuseau *m.* **2.** (*a*) *Mec.E: etc:* Arbre *m,* axe *m,* mandrin *m,* broche *f*; verge *f* (de girouette, etc.). **Pump spindle,** axe de pompe. **Lathe spindle,** arbre, broche, de tour. **Tail-stock spindle,** arbre de contre-pointe. *Tls:* **Drill-spindle,** porte-foret *m inv.* *Mch:* **Injector spindle,** aiguille *f* d'injecteur. *I.C.E: Mch:* **Valve spindle,** tige *f* de soupape. *Throttle-valve s.,* axe de papillon. *Mch:* **Steam spindle,** aiguille de réglage. *El.E:* **Insulator spindle,** tige d'isolateur. *Magneto s.,* arbre de magnéto. *Nau:* **Spindle of the capstan,** mèche *f* du cabestan. *S. of the compass,* pivot *m* du compas. *Typ:* **Spindle of a printing-press,** vis *f* de presse. *Veh:* **Axle spindle,** fusée *f* d'essieu. *See also* CUTTER 2, DRILLING-SPINDLE, FLOAT-SPINDLE, MILLING-SPINDLE. (*b*) *U.S:* Pique-notes *m inv.* **3.** *Biol:* **Nucleus spindle,** fuseau achromatique (de cellule). **4.** *Woodworking:* **Spindle (moulding machine),** toupie *f,* toupilleuse *f.*

'spindle-berry, *s.* *Bot:* Baie *f* du fusain.

'spindle-shanked, *a.* *F:* (*Of pers.*) A jambes de fuseau; aux jambes longues et grêles; aux mollets de coq.

'spindle-shanks, *s.pl.* *F:* **I.** Jambes *f* de fuseau, de cotret; mollets *m* de coq; manches *m* à balai; baguettes *f* de tambour. **2.** (*With sg. const.*) Type grand et maigre; échassier *m.*

'spindle-shaped, *a.* Fusiforme, fuselé.

'spindle-side, *s.* Le côté maternel (d'une famille); la quenouille, le fuseau.

'spindle-tree, *s.* *Arb:* Fusain *m.*

'spindle-valve, *s.* Soupape *f* à guide.

spindle², **I.** *v.i.* S'élever en fuseau; (*of plants*) pousser en hauteur. **2.** *v.tr.* *Woodworking:* Façonner (qch.) à la toupie; toupiller (un longeron d'avion, etc.). **Spindling machine,** toupie, toupilleuse *f.*

spindleful ['spindlful], *s.* Fusée *f* (de laine, de fil).

spindrift ['spindrift], *s.* **I.** Embrun courant; poussière *f* d'eau; poudrin *m.* **2.** *Meteor:* (Nuage *m* en) queue-de-chat *f.*

spine [spain], *s.* **I.** *Nat.Hist:* Épine *f* (de plantes, de poissons, etc.); piquant *m* (de hérisson). **2.** *Anat:* Épine dorsale; colonne vertébrale. **3.** *Bookb:* Dos *m* (d'un livre). **4.** *Ph.Geog:* Arête *f* (entre versants).

spined [spaind], *a.* **I.** A épines; épineux; à piquants. **2.** *Z:* Vertébré.

spinel [spi'nel, 'spin(ə)l], *s.* *Miner:* Spinelle *m,* candite *f.* **Chromic spinel,** picotite *f.* *See also* RUBY I.

spineless ['spainləs], *a.* **I.** Sans épines, sans piquants. **2.** *F:* (*Of pers.*) Faible; mou, *f.* molle; qui manque de caractère.

spinelessness ['spainləsnəs], *s.* *F:* Mollesse *f*; manque *m* de caractère.

spinescence [spai'nes(ə)ns], *s.* *Bot:* Spinescence *f.*

spinescent [spai'nes(ə)nt], *a.* *Bot:* Spinescent.

spinet ['spinet, spi'net], *s.* *Mus:* Épinette *f.*

spiniferous [spai'nifərəs], *a.* *Bot:* Spinifère, spinigère, épineux.

spiniform ['spainifɔ:rm], *a.* *Nat.Hist:* Spiniforme.

spinnaker ['spinəkər], *s.* *Nau:* Spinnaker *m.* *See also* BOOM¹ 2.

spinner ['spinər], *s.* **I.** *Arach:* Araignée fileuse. *See also* MONEY-SPINNER. **2.** (*a*) *Tex:* (Ouvrier) fileur; (ouvrière) fileuse. **Master spinner,** filateur *m.* (*b*) *Metalw:* Repousseur *m* (au tour). (*c*) *F:* **Spinner of yarns,** débiteur *m* d'histoires, conteur, -euse, d'histoires. *S. of theories,* faiseur *m* de systèmes. *S. of fine sentences,* alambiqueur, -euse, de phrases. **3.** Machine *f* à filer; métier *m* à filer. **4.** = SPINNERET. **5.** *Fish:* (*a*) Hélice *f,* cuiller *f.* (*b*) Reproduction *f* d'éphémère à l'état imago. **Red spinner,** imago rousse.

spinneret ['spinəret], *s.* **I.** *Nat.Hist:* Filière *f* (de ver à soie, etc.). **2.** *Ind:* Filière (de métier à filer la soie artificielle).

spinnery ['spinəri], *s.* Filature *f.*

spinney ['spini], *s.* Petit bois; bosquet *m,* breuil *m.*

spinocarpous [spaino'kɑ:rpəs], *a.* *Bot:* Spinocarpe.

spinode ['spainoud], *s.* *Geom:* Point *m* de rebroussement (d'une courbe).

spinose ['spainous], **spinous** ['spainəs], *a.* Épineux.

Spinozism [spi'nouzizm], *s.* *Phil:* Spinosisme *m.*

Spinozist [spi'nouzist], *s.* Spinosiste *mf.*

Spinozistic [spino'zistik], *a.* Spinosiste.

spinster ['spinstər], *s.f.* (*a*) Fille; fille non mariée; *Adm:* célibataire *f.* *Young s.,* jeune fille; jeune demoiselle. (*b*) *F:* Vieille fille.

spinsterhood ['spinstərhud], *s.* **I.** État *m* de fille; célibat *m.* **2.** *Coll. F:* Les vieilles filles.

spinthariscope [spin'θariskoup], *s.* *Rad.-A:* Spinthariscope *m.*

spinule ['spainju:l], *s.* *Nat.Hist:* Spinule *f.*

spinulose ['spainjulous], **spinulous** ['spainjuləs], *a.* **I.** *Bot:* Spinellé. **2.** *Z: Miner:* Spinuleux.

spiny ['spaini], *a.* Épineux; couvert d'épines ou de piquants; *Bot:* acanthoïde, spinifère, spinigère. *See also* LOBSTER I.

spiracle ['spairəkl], *s.* **I.** (*a*) *A:* Soupirail, -aux *m.* (*b*) Évent *m* (de volcan). **2.** (*a*) Évent (d'un cétacé). (*b*) *Ent:* Stigmate *m.*

spiraea [spai'ri:a], *s.* *Bot:* Spirée *f.*

spiral¹ ['spairəl]. **I.** *s.* (*a*) Spirale *f,* hélice *f,* hélicoïde *m.* *Left-hand s.,* spirale à gauche. *In a s.,* en spirale. (*Of rocket, etc.*) *To ascend in a s.,* vriller. (*b*) Spire *f*; tour *m* (de spirale). (*c*) *Av:* Montée *f* ou descente *f* en spirale. **2.** *a.* Spiral, -aux; spiralé; hélicoïdal, -aux, hélicoïde; en spirale; vrillé; en hélice; (ressort *m*) en boudin; (mouvement, etc.) spiroïde, spiroïdal, -aux; *Nat.Hist:* cochléaire; *F:* en colimaçon. **Spiral pump,** pompe spirale. *S. gear,* engrenage hélicoïdal. *S. wheel,* roue hélicoïdale. *S. balance,* peson *m* à hélice, à ressort. *S. curl of smoke,* volute *f* de fumée. *Mec.E:* **Spiral cutting,** taillage hélicoïdal. *Surg:* **Spiral bandage,** bandage rampant. *See also* CONVEYOR 2, SPRING¹ 5, STAIRCASE. **-ally,** *adv.* En spirale, en hélice.

'spiral-grained, *a.* (Bois) tors, à fibres torses.

'spiral-wound, *a.* Enroulé en spirale. *El:* *S.-w. filament,* filament boudiné.

spiral², *v.i.* (**spiralled; spiralling**) Former une spirale; tourner en spirale; monter en spirale; (*of steam, smoke*) tire-bouchonner. *Av:* (*Of plane*) **To spiral up, down,** monter, descendre, en spirale.

spirant ['spairənt]. *Ling:* **I.** *a.* Spirant. **Spirant consonant,** consonne soufflante. **2.** *s.* Spirante *f.*

spirated ['spaireitid], *a.* Spiralé; en spirale; en vrille.

spire¹ ['spaiər], *s.* **I.** *Arch:* Aiguille *f,* flèche *f* (d'église). **2.** Flèche (d'arbre); tige *f* (de graminée).

spire², *v.i.* S'élever en flèche, en pointe.

spiring, *a.* Qui s'élève en flèche.

spire³, *s.* Spire *f,* tour *m* (d'une hélice, etc.).

spired ['spaiərd], *a.* A flèche.

spireme ['spairi:m], *s.* *Biol:* Spirème *m.*

Spires ['spaiərz]. *Pr.n. Geog:* Spire.

spiriform ['spairifɔ:rm], *a.* Spiriforme.

spirillar [spai'rilər], *a.* **I.** *Bac:* Qui tient du spirille; en forme de spirille. **2.** (Maladie) déterminée par un spirille.

spirillosis [spairi'lousis], *s.* *Med:* Spirillose *f.*

spirillum [spai'riləm], *s.* *Bac:* Spirille *m.*

spirit¹ ['spirit], *s.* **I.** Esprit *m,* âme *f.* *Body, soul, and s.,* corps, âme, et esprit. *He was vexed* **in spirit,** il avait l'esprit tourmenté. **Poor in spirit,** pauvre en esprit. *The poor in s.,* les pauvres d'esprit. **I shall be with you in (the) spirit,** mon esprit vous accompagnera; je serai avec vous de cœur; mes pensées *f* voleront vers vous. **Peace to his spirit,** la paix soit de son âme. *See also* FLESH¹ 2. **2.** (*Incorporeal being*) Esprit. (*a*) **God is a spirit,** Dieu est un pur esprit. **The Holy Spirit,** l'Esprit Saint; le Saint-Esprit. **Evil spirit,** esprit malin, mauvais génie. **Socrates' familiar spirit,** le démon, le génie, de Socrate. *To invoke the s. of Liberty,* invoquer le génie de la Liberté. *See also* MOVE² I. 3. (*b*) **To raise a spirit,**

évoquer un esprit. *To believe in spirits,* croire aux esprits, aux revenants. **3.** (*Pers.*) Esprit. *One of the most ardent spirits of his time,* un des esprits les plus ardents de son époque. *The discontented spirits of the regiment,* les esprits factieux du régiment. **The leading spirit,** (i) l'âme, le chef (d'une entreprise); (ii) le meneur (d'une révolte). **A master spirit,** un esprit puissant. **4.** Esprit, disposition *f. The s. of wisdom,* l'esprit de la sagesse. **The spirit of the age,** l'esprit de l'âge. *The real s. of Spain,* le véritable génie de l'Espagne. **Party spirit,** esprit de parti. *See also* PUBLIC I. **According to the spirit of the law,** selon l'esprit de la loi. **To follow out the spirit of s.o.'s instructions,** se conformer à l'intention des ordres de qn; exécuter les ordres de qn en se conformant à son intention. **It depends on the spirit in which it is done,** cela dépend des dispositions d'esprit que l'on y apporte. **To take sth. in a, the, wrong spirit,** prendre qch. en mauvaise part, de travers. *To do a piece of work in a, the, wrong s.,* apporter à un travail de mauvaises dispositions d'esprit. **To do sth. in a spirit of mischief,** faire qch. par espièglerie. **To enter into the spirit of sth.,** s'adapter à qch.; entrer de bon cœur dans (la partie); se mettre en harmonie avec (le travail, etc.). **5.** (*a*) Caractère *m*, cœur *m*, courage *m*; *F:* cran *m. Man of unbending s.,* homme *m* d'un caractère inflexible. **Man of spirit,** homme de caractère; homme courageux. **To show spirit,** montrer du caractère, du courage. *Show a little s.,* montrez un peu de courage. **To catch s.o.'s spirit,** être enflammé par le courage de qn. *They have no s.,* ils manquent de cran. *The great s. of the troops,* le grand cœur, la grande volonté, des troupes. *He possessed the s. of a lion,* il avait le courage d'un lion. *You haven't the s. of a mouse,* vous n'avez pas le courage d'une souris. (*b*) Ardeur *f*, feu *m*, entrain *m*, fougue *f. To have s.,* avoir de l'allant. *He went on playing with s.,* il continua de jouer avec entrain, avec brio. *To work with s.,* travailler avec courage. (*c*) **He is full of spirits,** il est très remuant, très diable. **To be full of animal spirits,** être plein de vie, d'entrain, de verve. **Good spirits,** gaieté *f*; bonne humeur. *To be in good spirits,* être gai, dispos; être de bonne humeur. **High spirits,** gaieté, entrain. *To be in high spirits,* être en train, en verve; être d'une gaieté folle. **Poor spirits, low spirits,** abattement *m*, découragement *m. To be in low spirits,* être abattu, accablé; se sentir tout triste. *His spirits are low,* son moral est bas. **To keep up one's spirits,** ne pas perdre courage; ne pas se décourager; ne pas se laisser abattre. **To recover one's spirits,** se rasséréner; reprendre courage; se remonter. **To put s.o. in spirits,** mettre qn en train, de bonne humeur; égayer qn. **To raise, revive, s.o.'s spirits,** relever, remonter, le courage, le moral, de qn; faire reprendre courage à qn. *Their spirits rose as they approached the city,* ils reprenaient courage, leur moral se relevait, à mesure qu'ils approchaient de la ville. *See also* DROOPING[1], OUT[1] I. 10. **6.** *Usu. pl.* (*a*) Spiritueux *mpl*; liqueurs spiritueuses, alcooliques; liqueurs fortes; alcool *m*. **Ardent spirits,** spiritueux; liqueurs fortes. **Raw spirits,** spiritueux sans eau; alcool pur, naturel; *P:* casse-gueule *m. To drink raw spirits, P:* boire du raide. *Glass of spirits and water,* verre *m* d'eau-de-vie à l'eau. *A little drop of spirits, P:* un petit verre de riquiqui. *See also* METHYLATED, POTATO-SPIRIT, PROOF[1] 2, VARNISH[1] I, WOOD-SPIRIT. (*b*) *A.Ch:* Esprit. **Spirit(s) of salts,** esprit de sel. **Spirit(s) of wine,** esprit de vin; alcool vinique. **Spirit of turpentine,** essence *f* de térébenthine. *See also* KILL[2] 3. (*c*) *Pharm:* Alcoolat *m*.

'spirit 'blue, *s. Dy:* Bleu *m* à sel d'étain.

'spirit-flask, *s.* Flacon *m* à eau-de-vie.

'spirit-lamp, *s.* Lampe *f* ou réchaud *m* à alcool, à esprit de vin.

'spirit-level, *s.* Niveau *m* à bulle d'air, à alcool. *Surveyor's s.-l.,* fiole *f* d'arpentage.

'spirit-merchant, *s.* Négociant *m* en spiritueux.

'spirit-rapper, *s.* Médium *m* (spirite) (qui évoque des esprits frappeurs).

'spirit-rapping, *s.* Communication *f* avec des esprits frappeurs.

'spirit-room, *s. Nau:* Cale *f* à vin.

'spirit-stove, *s.* Réchaud *m* à alcool.

'spirit thermometer, *s.* Thermomètre *m* à alcool.

'spirit-trade, *s.* **I.** Commerce *m* des spiritueux. **2.** *Coll.* **The spirit-trade,** les commerçants *m* en spiritueux.

'spirit-vault, *s.* **I.** Caves *fpl.* **2.** Débit *m* de spiritueux.

'spirit-writing, *s. Psychics:* Psychogramme *m*.

spirit[2], *v.tr.* (**spirited; spiriting**) **I. To spirit s.o. away,** faire disparaître qn, enlever qn, comme par enchantement. *If I were spirited to some far-away planet,* si je me trouvais transporté dans une planète aux confins de l'univers. **To spirit sth. away,** *F:* subtiliser, escamoter, qch. **2.** (*a*) **To spirit s.o. on,** encourager qn à continuer. (*b*) **To spirit s.o. (up),** animer, encourager, exciter, qn.

spirited ['spiritid], *a.* **I.** (*Of pers.*) (**High-**)**spirited,** vif, animé; plein de feu, de verve, d'ardeur, de courage, de cœur; verveux; intrépide; (*of horse*) fougueux, ardent, vif. *See also* LOW-SPIRITED, POOR-SPIRITED. **2.** (*Of style, reply, etc.*) Chaleureux, entraînant, plein de verve. *S. conversation,* conversation pleine d'entrain. *S. undertaking,* entreprise courageuse. *S. music,* musique allante. *To give a s. performance,* jouer avec verve. **-ly,** *adv.* Ardemment, chaleureusement, courageusement, verveusement; avec feu, avec verve, avec entrain, avec fougue.

spiritedness ['spiritidnəs], *s.* Ardeur *f*, feu *m*, courage *m*, cœur *m*, entrain *m*, verve *f*; fougue *f*, ardeur (d'un cheval).

spiritism ['spiritizm], *s.* = SPIRITUALISM I.

spiritist ['spiritist], *s.* & *a.* = SPIRITUALIST I.

spiritistic [spiri'tistik], *a.* (Séance *f*, etc.) spirite, spiritiste.

spiritless ['spiritləs], *a.* **I.** *S. body,* corps sans vie, inanimé. **2.** (Style *m*) sans vie, terne, monotone; qui manque de verve; (réunion *f*) sans entrain, qui manque d'entrain. **3.** Sans courage, sans énergie, sans caractère; lâche. **4.** Abattu, triste, déprimé. **5.** Sans force, sans vigueur, sans ardeur; mou, *f.* molle; faible. **-ly,** *adv.* Sans vie; sans vigueur; sans courage; sans énergie; sans entrain; faiblement, mollement.

spiritlessness ['spiritləsnəs], *s.* Manque *m* de caractère, de courage, d'entrain, de verve; léthargie *f*.

spiritual ['spiritjuəl]. **I.** *a.* (*a*) Spirituel; de l'esprit. *S. power,* pouvoir spirituel. *S. relationship,* parenté spirituelle. **Spiritual peers, lords spiritual,** pairs spirituels (siègent à la Chambre des Lords). **Spiritual court,** tribunal *m* ecclésiastique. (*b*) **Spiritual features,** traits purs, raffinés, intellectuels. (*c*) Spirituel, immatériel. **2.** *s. U.S:* **Negro spirituals,** chants religieux des nègres. **-ally,** *adv.* Spirituellement, immatériellement.

spiritualism ['spiritjuəlizm], *s.* **I.** *Psychics:* Spiritisme *m.* **2.** *Phil:* Spiritualisme *m.*

spiritualist ['spiritjuəlist], *s.* & *a.* **I.** *Psychics:* Spirite (*mf*). **2.** *Phil:* Spiritualiste (*mf*).

spiritualistic [spiritjuə'listik], *a.* **I.** *Psychics:* Spiritiste, spirite. **2.** *Phil:* Spiritualiste.

spirituality [spiritju'aliti], *s.* **I.** Spiritualité *f* (de l'âme, etc.). **2.** *pl.* **Spiritualities,** biens *m* et bénéfices *m* ecclésiastiques.

spiritualization [spiritjuəlai'zeiʃ(ə)n], *s.* Spiritualisation *f*.

spiritualize ['spiritjuəlaiz], *v.tr.* Spiritualiser.

spirituous ['spiritjuəs], *a.* Spiritueux, alcoolique. *See also* LIQUOR[1] I.

spirivalve ['spairivalv], *a. Moll:* Spirivalve; en spirale; en hélice.

spirketting ['spəːrkitiŋ], *s. N.Arch:* Virure bretonne.

spirobacteria [spairobak'tiːəriə], *s.pl.* Spirobactéries *f*.

spirochaeta [spairo'kiːtə], **spirochaete** [spairo'kiːtiː], *s. Bac:* Spirochète *m*.

spirometer [spai'rɔmetər], *s.* Spiromètre *m*, pnéomètre *m*.

spirometry [spai'rɔmetri], *s. Physiol:* Spirométrie *f*.

spiroscope ['spairoskoup], *s. Med:* Spiroscope *m*.

spirt[1] [spəːrt], *s.* **I.** Jaillissement *m*; rejaillissement *m*; jet *m. S. of petrol,* giclée *f* d'essence. *S. of fire,* jaillissement de flamme. **2.** = SPURT[3].

spirt[2]. **I.** *v.i.* **To spirt up,** jaillir; gicler. **To spirt out,** saillir, gicler. **To spirt back,** rejaillir. **2.** *v.tr.* **To spirt (out) a liquid,** faire jaillir, faire gicler, un liquide. **Pen that spirts ink,** *abs.* **that spirts,** plume *f* qui coule, qui crache. **3.** *v.i.* = SPURT[4].

spirting, *s.* Giclement *m* (de sang, etc.); jaillissement *m* (d'eau).

spirter ['spəːrtər], *s. Surg: F:* Artère *f* qui gicle (au cours d'une opération).

spirula ['spairjulə], *s. Moll:* Spirule *f*.

spiry ['spaiəri], *a.* **I.** Élancé, en flèche. **2.** (*Of city, etc.*) Aux nombreux clochers.

spit[1] [spit], *s.* **I.** (*a*) *Cu:* Broche *f*. (*b*) Sonde *f* (de douanier). **2.** *Ph.Geog:* Langue *f* de sable; flèche (littorale); digue *f*; pointe *f*, ras *m*, de terre; (*at confluence of two rivers*) bec *m*. **Straight spit,** digue en épi. **Curved spit,** digue en crochet. **Sand-spit,** cordon *m*. **Shingle-spit,** cordon; levée *f* de galets; (*at mouth of river*) delta renversé.

'spit-rack, *s. Cu:* Hâtier *m*.

spit[2], *v.tr.* (**spitted; spitting**) **I.** (*a*) Embrocher, mettre à la broche (un rôti, etc.). (*b*) *F:* Embrocher (qn). **2.** *Cust:* Sonder (une botte de foin, etc.).

spit[3], *s.* **I.** (*a*) Crachat *m*, salive *f*. *F:* **He's the very spit, the dead spit, of his father,** c'est son père tout craché. *Mil: Navy: P:* **Spit and polish,** fourbissage *m*; astiquage *m* à outrance. *See also* CUCKOO-SPIT. (*b*) Crachement *m*. **2.** Crachin *m* (de pluie).

'spit-ball, *s. U.S:* Boulette *f* de papier mâché.

'spit-curl, *s. U.S: P:* = KISS-CURL.

spit[4], *v.* (*p.t.* **spat** [spat]; *p.p.* **spat**; *pr.p.* **spitting**) **I.** *v.i.* (*a*) Cracher. **To spit in s.o.'s face, to spit at s.o.,** cracher au visage à qn. **To spit upon s.o.,** cracher sur qn. *F: To s. at, upon, s.o.'s advice,* cracher sur les conseils de qn; faire fi des conseils de qn. (*b*) (*Of cat*) Cracher, félir; (*of pen*) cracher, crachoter. (*c*) *I.C.E:* (*Of engine*) **To spit back,** avoir des retours de flamme (au carburateur). **The engine spits,** le moteur a des retours. (*d*) Crachiner. **It is spitting (with rain),** il crachine, il crassine; il tombe quelques gouttes. (*e*) *The bullets went spitting against the wall,* les balles allaient s'aplatir sur le mur. (*f*) *Metall:* (*Of silver*) Rocher. **2.** *v.tr.* Cracher (de la salive, du sang). **To spit sth. out,** cracher qch.; recracher qch. (de mauvais). *P:* **Spit it out!** dis-le! accouche!

spitting, *s.* (*a*) Crachement *m*. (i) Expectoration *f*. (ii) *S. of blood,* crachement de sang. (*b*) *I.C.E:* **Spitting back,** retour *m* de flamme au carburateur. (*c*) *Metall:* Rochage *m*.

spit[5], *s.* **I.** Profondeur *f* de fer de bêche. **To dig the ground two-spit(s) deep,** labourer la terre à deux fers de bêche. **2.** Bêche pleine (de terre).

spital ['spit(ə)l], *s. A:* Hôpital, -aux *m*; hospice *m*; asile *m* (des indigents).

spite[1] [spait], *s.* **I.** (*a*) Rancune *f*. (*b*) Malveillance *f*. (*c*) Pique *f*, dépit *m*. **From spite, out of spite,** (i) par rancune; (ii) par dépit; par pique; (iii) par malveillance, par méchanceté; par animosité. **To have a spite against s.o.,** en vouloir à qn; garder rancune à qn; avoir de la rancune, *F:* avoir une dent, contre qn. *To gratify a private s.,* satisfaire une rancune personnelle. *Jur: U.S:* **Spite fence,** clôture élevée à seule fin d'ennuyer un voisin. **2.** *Prep.phr.* **In spite of . . .,** en dépit de . . .; malgré. . . . *In s. of his assertions . . .,* en dépit de son dire . . .; il eut beau dire. . . . *In s. of all,* malgré tout. *In s. of so many qualities he is not liked,* malgré tant de qualités on ne l'aime pas. *In s. of that, he is faithful to you, F:* quoique ça il vous est fidèle. *I shall do it in s. of him,* je le ferai malgré lui.

spite[2], *v.tr.* Vexer, contrarier (qn). *He does it to s. me,* il le fait pour me contrarier, pour m'ennuyer. *See also* NOSE[1] I.

spiteful ['spaitful], *a.* Rancunier, vindicatif; méchant, malveillant. *S. tongue,* langue venimeuse. *S. remark,* observation

méchante; *F:* rosserie *f*. **-fully,** *adv.* **1.** Par dépit, par rancune; par méchanceté. **2.** Méchamment; d'un air ou d'un ton vindicatif.
spitefulness ['spaitfulnəs], *s.* Méchanceté *f*; rancœur *f*; malveillance *f*.
spitfire ['spitfaiər], *s.* *F:* Rageur, -euse. **You little spitfire!** petite rageuse!
spitful ['spitful], *s.* *Cu:* Brochée *f* (de viande, de gibier).
spitter ['spitər], *s.* Cracheur, -euse.
spittle [spitl], *s.* Salive *f*, crachat *m*; bave *f* (du crapaud). *See also* LICK-SPITTLE.
spittoon [spi'tu:n], *s.* Crachoir *m*.
spitz [spits], *s.* Chien poméranien; loulou *m*.
Spitzbergen [spits'bə:rgən]. *Pr.n. Geog:* Le Spitzberg, le Spitsberg.
splanchnic ['splaŋknik], *a.* *Anat:* Splanchnique.
splanchnology [splaŋk'nɔlodʒi], *s.* Splanchnologie *f*.
splash¹ [splaʃ], *s.* **1.** (*a*) Éclaboussement *m*, projection *f* (de l'eau); clapotement *m*, clapotage *m*, clapotis *m* (des vagues). **To fall into the water with a splash,** tomber dans l'eau en faisant flac, floc. *F:* **To make a splash,** faire sensation; faire de l'épate. (*b*) *I.C.E:* *etc:* **Oil splash,** projection d'huile; barbotage *m*. (*c*) *F:* **Whisky and splash,** whisky *m* à l'eau de Seltz. **2.** (*a*) Éclaboussure *f* (de boue, d'encre, etc.). *Splashes of rain on the ground,* grosses gouttes de pluie sur le sol. *N.Artil:* **Ship straddled with splashes,** vaisseau encadré de gerbes *f* (d'eau). (*b*) Tache *f* (de couleur, de lumière). *Splashes of colour,* (i) bariolage *m*; (ii) tachetures *f* (sur la robe d'une bête). *Art:* *A violent s. of colour,* une éclaboussure brutale. (*c*) Flaque *f* (d'eau). (*d*) *F:* Poudre *f* de riz. **To put on the splash,** se plâtrer (le visage).
'splash-apron, -board, *s.* **1.** *Veh:* Tablier *m* pare-boue *inv*; garde-boue *m inv*; (planche *f*) garde-crotte *m inv*; garde-roue *m*, *pl.* garde-roues; bavolet *m*. **2.** *Metall:* Parapluie *m*.
'splash-chamber, *s.* *I.C.E:* Compartiment *m* de barbotage.
'splash-dash, *a.* & *adv.* = SLAP-DASH¹.
'splash-guard, *s.* **1.** (*Of wash-stand, etc.*) Écran *m* de toilette. **2.** *Veh:* = SPLASH-BOARD 1. **3.** *Ind:* Pare-gouttes *m inv*; garde-gouttes *m inv*; rabat-l'eau *m inv* (d'une meule à repasser).
'splash-lubrication, *s.* *Mec.E:* Graissage *m* par barbotage, par éclaboussement.
splash². **1.** *v.tr.* (*a*) Éclabousser (*s.o. with water,* qn d'eau). (*b*) **To splash water about,** faire jaillir, faire gicler, de l'eau; faire rejaillir des éclaboussures. *To s. water at one another,* se jeter de l'eau. *To s. gravy over the table,* répandre la sauce sur la table. *To s. ink on sth.,* tacher qch. d'encre. *F:* **To splash one's money about,** prodiguer son argent. *Journ:* **To splash a piece of news,** mettre une nouvelle en manchette. (*c*) **To splash one's way across a field,** traverser un champ en pataugeant. **2.** *v.i.* (*a*) (*Of liquid*) Jaillir en éclaboussures; (*of waves*) clapoter; (*of tap*) cracher. **To splash up,** gicler. (*b*) (*Of pers., animal*) Barboter; patauger, patouiller. **To splash into the water,** entrer ou tomber dans l'eau en faisant rejaillir des éclaboussures. *The herd splashed through the river,* le troupeau traversa la rivière avec un bruit d'eau éclaboussée, avec un grand bruit d'éclaboussures. **To splash about in the water,** s'agiter dans l'eau. *The fish splashed at the end of the line,* le poisson se débattait au bout de la ligne.
splashing¹, *a.* (Eau *f*, etc.) qui jaillit en éclaboussures; (vague *f*) qui clapote.
splashing², *s.* **1.** = SPLASH¹ 1. **2.** *Med:* Bruit *m* de fluctuation.
splasher ['splaʃər], *s.* **1.** = SPLASH-BOARD 1. **2.** *I.C.E:* Plongeur *m*, cuiller *f* d'huile (de tête de bielle); mentonnet lubrificateur.
splashy ['splaʃi], *a.* **1.** = PLASHY. **2.** *Art:* *S. sketch,* esquisse barbouillée.
splay¹ [splei], *s.* **1.** (*a*) *Arch:* Ébrasement *m*; embrasure *f*. (*b*) (*Bevelled edge*) Chanfrein *m*, coupe *f* oblique. **2.** (*Of bowl, cup, etc.*) Évasement *m*, évasure *f*.
splay². **1.** *v.tr.* (*a*) *Arch:* *etc:* *To s. the sides of a window,* ébraser, évaser, une fenêtre. *To s. an opening,* délarder une ouverture. **To splay out an embrasure,** épanouir une embrasure. (*b*) *Carp:* Couper (qch.) en biseau, en sifflet; chanfreiner. (*c*) *Vet:* **To splay a horse's shoulder,** épauler un cheval; démettre l'épaule d'un cheval. **2.** *v.i.* **To splay out,** s'évaser.
splayed, *a.* **1.** (*Of opening*) Ébrasé; évasé. **Splayed wheel,** roue désaxée. *See also* ARCH¹ 1. **2.** *Carp:* En sifflet; à sifflet; chanfreiné.
splay³, *a.* **Bricks cut splay,** briques biaises, chanfreinées.
'splay-foot, *s.* Pied plat (tourné en dehors).
'splay-footed, *a.* (*Of pers.*) Aux pieds plats tournés en dehors. *S.-f. table,* table *f* au pied épaté, aux pieds épatés.
spleen [spli:n], *s.* **1.** *Anat:* Rate *f*. **2.** (*a*) Spleen *m*; humeur noire. **To have the spleen,** avoir le spleen; avoir un accès d'humeur noire. **In a fit of spleen,** dans un moment d'humeur noire. (*b*) Mauvaise humeur; bile *f*; dépit *m*. **To vent one's spleen (up)on s.o.,** décharger sa rate, sa bile, sur qn; tourner son dépit contre qn; épancher son fiel, son humeur, sur qn. *To vent all one's s.,* jeter tout son venin.
spleenful ['spli:nful], *a.* *Lit:* **1.** Splénétique; atrabilaire; hypocondriaque. **2.** De mauvaise humeur.
spleenwort ['spli:nwə:rt], *s.* *Bot:* Asplénie *f*; *F:* doradille *f*.
spleeny ['spli:ni], *a.* *F:* = SPLEENFUL.
splenalgia [spli:'naldʒia], *s.* *Med:* Splénalgie *f*.
splendacious [splen'deiʃəs], *a.* *F:* = SPLENDIFEROUS.
splendent ['splendənt], *a.* (*Of mineral, insect, etc.*) Luisant; (*of mineral*) brillant.
splendid ['splendid], *a.* Splendide; superbe; magnifique; *F:* épatant. *S. sight,* spectacle brillant, magnifique. *S. weather,* temps *m* superbe. *His s. services,* ses services éclatants. *A s. friend,* un excellent ami; *F:* un ami épatant. **She's simply, just, splendid! elle est vraiment merveilleuse!** *S. dinner,* dîner magnifique, épatant. **That's splendid!** à la bonne heure! félicitations! *P:* chouette! *See also* ISOLATION 2. **-ly,** *adv.* Splendidement; magnifiquement; *F:* épatamment. *The patient is doing s.,* le malade fait des progrès magnifiques. *I am getting on s.,* ça marche comme sur des roulettes. *They get on s.,* ils s'accordent le mieux du monde.
splendiferous [splen'difərəs], *a.* *F:* Très beau, *f.* belle; splendide; magnifique; *F:* mirobolant, catapultueux.
splendour ['splendər], *s.* Splendeur *f*; magnificence *f*, éclat *m*.
splenectomy [spli:'nektomi], *s.* *Surg:* Splénectomie *f*.
splenetic [sple'netik], *a.* **1.** *Med:* (Malade) splénétique. **2.** Splénétique, atrabilaire, hypocondriaque.
splenic ['splenik], *a.* *Anat:* (Artère *f*, maladie *f*) splénique. *Vet:* **Splenic fever,** charbon *m*.
splenitis [sple'naitis], *s.* *Med:* Splénite *f*.
splenius, *pl.* **-ii** ['spli:niəs, -iai], *s.* *Anat:* Splénius *m*.
splenization [spleni'zeiʃ(ə)n], *s.* *Med:* Splénification *f*, splénisation *f* (du foie, des poumons).
splenocele ['spli:nosi:l], *s.* *Med:* Splénocèle *f*; hernie *f* de la rate.
splenotomy [spli:'nɔtomi], *s.* *Surg:* Splénotomie *f*.
splice¹ [splais], *s.* **1.** *Nau:* *etc:* (*In rope*) Épissure *f*. *El.E:* *etc:* (*In wire, cable*) Ligature *f*; joint épissé. *Nau:* **Cut splice,** greffe *f*. *Making of cut s.,* greffage *m*. *See also* EYE-SPLICE. **2.** (*a*) *Carp:* Enture *f*. *Cr:* Enture du manche (de la batte). *F:* **To sit on the splice,** jouer un jeu serré; ne pas prendre de risques. (*b*) Collure *f*, point *m* de collage (d'un film, etc.). *Cin:* **Splice bumps,** bruit *m* des collures. (*c*) Soudure *f* (d'un pneu, etc.). *Cured s.,* soudure vulcanisée.
'splice-box, *s.* *El.E:* Boîte *f* de jonction de câbles.
'splice-joint, *s.* *Carp:* Enture *f*.
'splice-rail, *s.* *Rail:* Branche *f* de pointe.
splice², *v.tr.* **1.** *Nau:* Épisser (un cordage, un câble). *See also* MAIN-BRACE. **2.** (*a*) *Carp:* Enter (deux pièces de bois). (*b*) (*With fish-plate*) Éclisser. (*c*) *Aut:* *etc:* Manchonner (une chambre à air). **3.** *Cin:* Réparer (un film cassé). **4.** *F:* **To get spliced,** se marier.
splicing, *s.* **1.** Épissage *m* (de câbles). *See also* FID 2. **2.** (*a*) Éclissage *m*. (*b*) Jointage *m* (de chambres à air, etc.). **3.** *Cin:* **Splicing table,** table *f* de montage (des films). **Splicing machine,** machine *f* à assembler, à coller. **Splicing girl,** monteuse *f*.
'splicing-piece, *s.* *Rail:* Éclisse *f*.
splicer ['splaisər], *s.* **1.** *Tls:* Pince *f* à épisser. **2.** *Cin:* (*a*) (*Pers.*) Colleur, -euse. (*b*) Presse *f* à coller; colleuse *f*.
spline¹ [splain], *s.* *Mec.E:* *etc:* **1.** (*a*) Languette *f* (pour fixation de la roue sur l'arbre); clavette *f* linguiforme. (*b*) Saillie *f* (d'un arbre); ergot *m*. **2.** Cannelure *f*, rainure *f*, nervure *f*. *Dovetail s.,* cannelure en queue d'aronde. **Two-spline hole,** trou *m* à deux rainures.
spline², *v.tr.* *Mec.E:* **1.** Claveter. **2.** Canneler, rainurer.
splined, *a.* **1.** Claveté; à clavettes. **2.** (Arbre) cannelé, à rainure(s).
splint¹ [splint], *s.* **1.** *Surg:* Éclisse *f*, clisse *f*, attelle *f*; (*flat*) palette *f* à pansement; (*cradle-shaped*) gouttière *f*. **To put a limb in splints,** (é)clisser un membre. **2.** = SPLINT-BONE 2. **3.** *Vet:* Suros *m*. **4.** *Dial:* (*In S. Africa*) Éclat *m* de diamant.
'splint-bone, *s.* **1.** *Farr:* Os métacarpien (du cheval). **2.** *Anat:* Péroné *m*.
'splint-coal, *s.* Houille sèche à longue flamme; houille flambante.
splint², *v.tr.* *Surg:* Éclisser, clisser, mettre une attelle à (un membre fracturé).
splinting, *s.* Éclissage *m*, clissage *m*.
splinter¹ ['splintər], *s.* **1.** Éclat *m* (de bois, d'obus, etc.); picot *m* (de bois); éclaboussure *f* (de métal). *Nau:* Écli *m* (de bois). *S. that has lodged under the skin,* écharde *f*. **2.** *Surg:* Esquille *f* (d'os fracturé).
'splinter-bar, *s.* *Veh:* Volée (à laquelle sont attachés les traits).
'splinter-bone, *s.* = SPLINT-BONE.
'splinter-deck, *s.* *N.Arch:* Pont *m* pare-éclats.
'splinter-plates, *s.pl.* *N.Arch:* Tôles *f* pare-éclats.
'splinter-proof, *a.* **1.** A l'épreuve des éclats (d'obus, de bombe). **Splinter-proof shield,** pare-éclats *m inv.* **2.** (Verre) se brisant sans éclats.
splinter². **1.** *v.tr.* (*a*) Briser (qch.) en éclats; faire voler (qch.) en éclats; faire éclater (qch.). (*b*) Craquer (un aviron, un mât, etc.). **2.** *v.i.* (*a*) Voler en éclats; éclater. (*b*) Craquer, éclater.
splintered, *a.* (*a*) (Bois, etc.) en éclats; (os) en esquilles. (*b*) Éclaté, craqué. **Splintered fragment,** éclat *m* (de bois); esquille *f* (d'os).
splintering, *s.* Éclatement *m*.
splinterless ['splintərləs], *a.* (Verre *m*) se brisant sans éclats.
splintery ['splintəri], *a.* (Bois) éclatable; (os) esquilleux. *Geol:* *S. fracture,* cassure esquilleuse.
split¹ [split], *s.* **1.** Fente *f* (dans un mur, etc.); fissure *f*, cassure *f*, crevasse *f* (dans une roche, etc.); déchirure *f* (dans du drap, dans une voile, etc.); gerçure *f* (de la peau, de la peinture). **2.** Division *f*, séparation *f*; rupture *f*, scission *f* (dans un parti politique, etc.). **3.** (*a*) *Leath:* Couche *f* de peau fendue. *See also* FLESH-SPLIT, GRAIN-SPLIT. (*b*) *Basketm:* *etc:* Lame *f* de gaulis. (*c*) *Tex:* Dent *f* (de ros). (*d*) Quart *m* de bouteille, demi-bouteille *f* (d'eau de Vichy, etc.). **4.** **Devonshire split,** brioche fourrée à la crème. **Banana split,** banane *f* à la crème. **5.** *pl.* *Danc:* **To do the splits,** faire le grand écart.
split², *v.* (*p.t.* **split**; *p.p.* **split**; *pr.p.* **splitting**) **1.** *v.tr.* (*a*) Fendre (du bois, etc.); refendre (l'ardoise); faire éclater (du bois, etc.); cliver (la roche, etc.); déliter (la pierre). *To s. an apple,* couper une pomme en deux. **To split (down) slate into layers,** déliter l'ardoise. *Leath:* **To split a hide,** dédoubler une peau. *Ph:* **To split the**

atom, désintégrer l'atome. *See also* HAIR[1] 1, SIDE[1] 1. (*b*) Déchirer. *I have s. my skirt*, j'ai déchiré, fendu, ma jupe. *The wind has s. the sails*, le vent a déchiré les voiles. (*c*) Diviser, partager (une somme, etc.) (*into equal shares*, en parts égales). **To split (down) an act into scenes**, diviser un acte en scènes. (*d*) *Pol: To s. a party* (*on a question*), diviser un parti (sur une question); provoquer une rupture dans le parti; désunir le parti. **To split the vote**, partager les voix (dans un parti, par une candidature intempestive). **To split one's vote**, *U.S:* **to split one's ticket**, partager ses votes entre plusieurs candidats. *Fin:* **To split shares**, partager, fractionner, scinder, des actions. **Split stocks**, stocks scindés. *F:* **Can you split a two shilling piece?** pouvez-vous me donner deux pièces d'un shilling pour une de deux shillings? *See also* DIFFERENCE[1] 2. **2.** *v.i.* (*a*) (*Of wood, etc.*) Se fendre, se crevasser, éclater; (*of stone*) se déliter; (*of rock*) se cliver; *Geol:* se dédoubler; (*of paint, of the skin*) se gercer. **The ship split in two**, le navire s'est cassé en deux. *The ship split on a reef*, le navire se brisa sur un écueil. *F:* **That's the rock you'll split on**, voilà l'écueil contre lequel vous vous briserez. **To split open**, se fendre largement; s'ouvrir. (*b*) (*Of cloth, sail, etc.*) Se déchirer. (*c*) *F:* **My head is splitting**, j'ai un mal de tête fou. *You are making my head s.*, vous me fendez, me cassez, me rompez, la tête. *See also* LAUGHTER. (*d*) *The Government split on the Irish question*, la question d'Irlande a provoqué la scission du Ministère. (*e*) *F:* **To split on s.o.**, dénoncer qn; vendre (un complice, un camarade); rapporter sur le compte de qn; *F:* cafarder.

split off. **1.** *v.tr.* Détacher, séparer, enlever (qch.) (par clivage). *To s. off a splinter from a piece of wood*, enlever un éclat. **2.** *v.i.* Se séparer, se détacher (par clivage).

split up. **1.** *v.tr.* Fractionner. *Ch: To s. up a compound into its elements*, dédoubler un composé en ses éléments. *Mth: To s. up a fraction*, décomposer une fraction. *Artil: To s. up the fire*, disperser le tir. **2.** *v.i.* Se fractionner. *Ph:* (*Of ions*) Se dédoubler. *The party split up into three groups*, le parti se sépara, se divisa, se scinda, en trois groupes.

splitting up, *s.* Fractionnement *m*; dédoublement *m* (des ions); scindement *m* (d'une question, d'un parti). *Mth: S. up into partial fractions*, décomposition *f* en fractions partielles.

split[2], *a.* **1.** Fendu. **Split-cane fishing rod**, canne *f* à pêche en bambou refendu. *El:* **Split winding**, enroulement interrompu. *Mec.E:* **Split pulley wheel**, poulie *f* en plusieurs pièces. *Tls:* **Split key**, clef anglaise. *See also* INFINITIVE, PEA[1] 1, PIN[1] 2, RING[1] 2, SECOND[1] 1. **2.** (*a*) *F:* **A split Vichy**, un quart ou une demi-bouteille de Vichy. (*b*) *Cin:* **Split-reel**, rouleau *m* comportant plusieurs sujets. (*c*) *Psy:* **Split personality**, dédoublement *m* de personnalité. (*d*) *Games:* **Split shot**, coup *m* qui disperse les boules ou les billes; (*at croquet*) coup roqué.

splitting[1], *a.* **1.** Qui se fend. **2.** Qui fend. *See also* EAR-SPLITTING, HAIR-SPLITTING 2, HEADACHE, SIDE-SPLITTING.

splitting[2], *s.* **1.** Fendage *m*, éclatement *m*; refente *f*, refendage *m* (des ardoises); délitation *f*, délitement *m* (de la pierre). *Ph:* **Splitting of the atom**, désintégration *f* de l'atome. **2.** Division *f*, séparation *f*; partage *m*. *See also* FEE-SPLITTING, HAIR-SPLITTING 1, WORD-SPLITTING.

'splitting-machine, *s.* Machine *f* à refendre (les peaux, etc.).

'splitting-mill, *s.* *Ind:* Fenderie *f*.

splitter ['splitər], *s.* **1.** Fendeur, -euse (de bois, d'ardoise, etc.). *See also* HAIR-SPLITTER, SIDE-SPLITTER. **2.** *Opt:* (*Device*) **Beam splitter**, diviseur *m* des rayons. **3.** *Hyd.E:* Arête médiane (de roue de Pelton).

splodge[1] [splɔdʒ], *s.* *F:* = SPLOTCH[1].

splodge[2]. **1.** *v.tr.* *F:* = SPLOTCH[2]. **2.** *v.i.* **To splodge through the mud**, patauger dans la boue.

splodgy ['splɔdʒi], *a.* *F:* (Tableau) barbouillé, *F:* peinturluré.

splotch[1] [splɔtʃ], *s.* *F:* Tache *f* (de couleur, d'encre, de lumière, etc.).

splotch[2], *v.tr.* Barbouiller (*with*, de); tacher.

splotchy ['splɔtʃi], *a.* Barbouillé; taché.

splurge[1] [splə:rdʒ], *s.* *U.S:* *F:* **1.** Esbrouffe *f*; épate *f*; démonstration bruyante. **2.** Éclaboussement *m*; grosse averse; déluge *m* (d'eau).

splurge[2], *v.i.* *U.S:* *F:* **1.** Faire de l'esbrouffe; faire de l'épate. **2.** Lancer des éclaboussures; battre l'eau.

splutter[1] ['splʌtər], *s.* **1.** Bredouillement *m*. **2.** Crachement *m* (d'une plume, d'un commutateur-collecteur, etc.); bafouillage *m* (d'un moteur).

splutter[2]. **1.** *v.tr.* (*a*) Éclabousser, répandre (du liquide). (*b*) **To splutter (out) a threat**, proférer une menace en bredouillant; bredouiller une menace. **2.** *v.i.* (*a*) (*Of pers.*) Lancer de la salive (en parlant); *P:* envoyer des postillons; postillonner. *Pen that splutters*, plume *f* qui crache. (*b*) (*Of pers.*) Bredouiller, bafouiller. (*c*) *I.C.E:* (*Of engine*) Bafouiller. *El.E:* (*Of collector, etc.*) Cracher.

spluttering, *s.* (*a*) Action *f* de lancer des "postillons." (*b*) Bredouillement *m*, bafouillage *m*. (*c*) *I.C.E:* Bafouillage (du moteur). *El:* Crachement *m*, crépitement *m* (d'un arc).

splutterer ['splʌtərər], *s.* **1.** Lanceur *m* de salive, de "postillons." **2.** Bredouilleur, -euse.

Spode [spoud], *s.* *Cer:* Porcelaine *f* de la fabrique de J. Spode (fin du 18e siècle et commencement du 19e).

spoffish ['spɔfiʃ], *a.* *P:* Officieux; empressé; tatillon.

spoil[1] [spɔil], *s.* **1.** (*Usu. pl.*) Dépouilles *fpl*; butin *m*. *Laden with the spoils of the chase*, chargé du produit de la chasse. **To claim one's share of the spoil(s)**, *F:* demander sa part du gâteau. *U.S:* **Spoils system**, octroi *m* des places aux adhérents du parti arrivé au pouvoir (après une élection). **To make spoil of** *s.o.'s flowers, etc.*, piller les fleurs de qn, etc. **2.** *Min:* *etc:* **Spoil(-earth)**, déblai(s) *m(pl)*; décombres *mpl*; rejet *m*.

'spoil-bank, -dump, -heap, *s.* *Min:* *etc:* Halde *f* de déblais; terris *m*; banquette *f*. *Civ.E:* Cavalier *m* (sur les côtés d'une route); chambord *m* (sur les bords d'un fossé, etc.).

spoil[2], *v.* (*p.t.* & *p.p.* **spoiled** *or* (*except in sense* 2) **spoilt**) **1.** *v.tr.* (*a*) Gâter, endommager, abîmer (qch.); avarier (des marchandises); altérer, gâter (la viande, le vin). *Book spoilt by the rain*, livre abîmé par la pluie. **To get spoiled, to get spoilt**, s'abîmer. *To s. one's eyes by reading*, s'abîmer la vue, user ses yeux, à force de lire. *To s. a piece of work*, gâcher un travail. *To s. a sheet of paper*, gâcher une feuille. **To spoil the set, the collection**, dépareiller le service, la collection. *To s. s.o.'s pleasure*, gâter le plaisir de qn. **Don't spoil the fun**, il ne faut pas les empêcher de s'amuser; ne faites pas le rabat-joie; laissez faire. *To s. a lock*, fausser, brouiller, mêler, une serrure. **To spoil the beauty of sth., s.o.**, déparer qch.; détruire la beauté de qn. *P:* **I'll spoil his beauty for him**, je vais l'amocher. *To s. a sauce*, manquer une sauce. *To s. a joke*, enlever tout le sel d'une plaisanterie. *The news spoilt his appetite*, la nouvelle lui a gâté, lui a coupé, l'appétit. *To s. a piece of news*, déflorer une nouvelle. *Prov:* **You must spoil before you spin**, apprenti n'est pas maître. *See also* GAME[1] 1, MOUTH[1] 2, SPORT[1] 1, TAR[1] 1. (*b*) Gâter (un enfant). *See also* ROD 2. **2.** *v.tr.* *A.* & *Lit:* (*a*) Dépouiller, spolier (*s.o. of sth.*, qn de qch.); frustrer (qn). *To s. the widow and the orphan*, dépouiller la veuve et l'orphelin. **To spoil the Egyptians**, (i) *B:* dépouiller les Égyptiens; (ii) *F:* piller, dépouiller, l'ennemi (héréditaire). (*b*) Piller, saccager (un pays, une ville). **3.** *v.i.* (*Of fruit, fish, etc.*) Se gâter, s'abîmer; s'avarier, s'altérer; se détériorer; se tarer; se corrompre. *Prov:* **Vengeance does not spoil with keeping**, la vengeance est un plat qui se mange froid. *F:* **To be spoiling for a fight**, brûler du désir de se battre.

spoilt, *a.* **1.** (*a*) Gâté, gâché, abîmé, manqué. **Spoilt voting-paper**, bulletin de vote nul. *S. sauce*, sauce manquée. (*b*) Avarié, gâté, corrompu. *S. goods*, marchandises détériorées, avariées. *S. fruit*, fruits gâtés. **2.** **Spoilt child**, enfant gâté.

spoiling, *s.* **1.** Détérioration *f*; avarie *f*. **2.** *A:* Spoliation *f*; pillage *m*.

'spoil-sport, *s.* *F:* Trouble-fête *m inv*, rabat-joie *mf inv*; gêneur, -euse; empêcheur, -euse, de danser en rond.

'spoil-trade, *s.* *F:* Concurrent déloyal; gâte-métier *m inv*. *To be a s.-t.*, gâcher le métier.

spoilable ['spɔiləbl], *a.* Périssable; susceptible de se gâter; (fruits, etc.) de mauvaise garde.

spoilage ['spɔiledʒ], *s.* Déchets *mpl*. *Esp. Typ:* Déchets de tirage.

spoiler ['spɔilər], *s.* **1.** (*a*) Destructeur, -trice. (*b*) Gâcheur, -euse. **2.** Spoliateur, -trice; pillard, -arde.

spoilsman, *pl.* **-men** ['spɔilzmən, -men], *s.m.* *Pol:* *U.S:* Homme attaché à un parti par des intérêts personnels; chacal (qui après une élection exige sa part du butin), *pl.* chacals.

spoilt. *See* SPOIL[2].

spoke[1] [spouk], *s.* **1.** (*a*) Rayon *m*, rais *m* (de roue). *F:* **To be at the lowest spoke of the wheel of fortune**, être au plus bas de la roue (de la Fortune). *Aut:* *The spokes of the steering-wheel*, les rayons, le rayonnage, les bras *m*, du volant. (*b*) *Nau:* Poignée *f*, manette *f* (de roue de gouvernail). **2.** (*a*) Échelon *m* (d'échelle). (*b*) Bâton *m* (à enrayer). *F:* **To put a spoke in s.o.'s wheel**, mettre des bâtons dans les roues de, à, qn; contrarier les desseins de qn.

'spoke-bone, *s.* *Anat:* Radius *m*.

'spoke-setter, *s.* *Tls:* Serre-rayons *m inv* (de bicyclette).

spoke[2], *v.tr.* Enrayer (une roue). **1.** Mettre les rais, les rayons. **2.** Retenir (la roue) en barrant les rais.

spoking, *s.* Enrayage *m*.

spoke[3], **spoken.** *See* SPEAK.

spokeshave ['spoukʃe:iv], *s.* *Tls:* *Carp:* Vastringue *f*, racloire *f*.

spokesman, *pl.* **-men** ['spouksmən, -men], *s.* **1.** Porte-parole *m inv*, orateur *m* (d'un parti, etc.). **To act as spokesman** *for one's fellow-citizens*, porter la parole pour ses concitoyens. **2.** *A.Th:* Annonceur *m*.

spokeswoman, *pl.* **-women** ['spoukswumən, -wimen], *s.f.* *The s. of the party*, l'orateur *m*, *occ.* l'oratrice *f*, de la compagnie.

spokewise ['spoukwa:iz], *adv.* Radialement.

Spoleto [spo'li:to]. *Pr.n.* *Geog:* Spolète.

spolia opima ['spouliao'paima], *s.pl.* *Rom.Ant:* Dépouilles *f* opimes.

spoliate ['spoulieit], *v.tr.* Spolier, dépouiller; piller.

spoliation [spouli'eiʃ(ə)n], *s.* **1.** (*a*) Spoliation *f*, dépouillement *m*. (*b*) Pillage *m*. **2.** *Jur:* Destruction *f* ou altération *f* (de documents probants).

spoliative ['spouliətiv], *a.* *Med:* (Traitement, etc.) spoliatif.

spoliator ['spoulieitər], *s.* **1.** Spoliateur, -trice. **2.** Pilleur *m*.

spoliatory ['spouliətəri], *a.* Spoliateur, -trice.

spondaic [spɔn'deiik], *a.* *Pros:* Spondaïque.

spondee ['spɔndi:], *s.* *Pros:* Spondée *m*.

spondias ['spɔndiəs], *s.* *Bot:* Spondias *m*; monbin *m*.

spondulicks [spɔn'dju:liks], *s.* *P:* Argent *m*; *P:* braise *f*, pognon *m*.

spondylitis [spɔndi'laitis], *s.* *Med:* Spondylite *f*.

spondylus, *pl.* **-i** ['spɔndiləs, -ai], *s.* **1.** *Anat:* *A:* Vertèbre *f*. **2.** *Moll:* Spondyle *m*.

sponge[1] [spʌndʒ], *s.* **1.** (*a*) Éponge *f*. **To throw up, to throw in**, *P:* **to chuck up, the sponge**, (i) (*of boxer*) jeter l'éponge (dans le ring); abandonner; (ii) *F:* s'avouer vaincu, se tenir pour battu; renoncer à la lutte; abandonner, quitter, la partie. *F:* **To pass the sponge over an incident**, passer l'éponge sur un incident. *See also* GLOVE-SPONGE. (*b*) *Artil:* Écouvillon *m*. (*c*) **Vegetable sponge**, éponge végétale, torchon végétal. **2.** (*a*) *Cu:* Pâte molle. (*b*) *Metall:* Éponge métallique; (*produced in Catalan forge*) massé *m*. *See also* PLATINUM. **3.** = SPONGER 3.

'sponge-bag, *s.* Sac *m* à éponge.

'sponge-basket, *s.* Porte-éponge(s) *m inv*.

'sponge-bath, *s.* Tub *m*.

'sponge-biscuit, *s.* *Cu:* Madeleine *f*.

'sponge-cake, *s.* *Cu:* **1.** Gâteau *m* de Savoie; gâteau mousseline; (soaked in rum, kirsch, etc.) gorenflot m, baba m. 2. Biscuit m de Savoie; madeleine f.

'sponge-cloth, s. Tex: Tissu-éponge m, pl. tissus-éponges.
'sponge-cucumber, s. Bot: Luffa m, amordique m.
'sponge-'finger, s. Biscuit m à la cuiller.
'sponge-gold, s. Metall: Éponge f d'or; mousse f d'or; tourteau m d'or.
'sponge-gourd, s. = SPONGE-CUCUMBER.
'sponge-tree, s. Bot: Acacia m de Farnèse.

sponge², s. Coup m d'éponge. To give sth. a sponge, passer l'éponge sur qch.

sponge³. 1. v.tr. (a) Éponger (qch.); nettoyer (qch.) avec une éponge; laver (une auto) avec l'éponge. To s. a child's face, passer l'éponge sur le visage d'un enfant. (b) Med: Lotionner (une plaie). (c) Tex: Décatir, délustrer (le drap). (d) F: Écornifler, quêter, attraper (un dîner, etc.). 2. v.i. (a) Pêcher les éponges. (b) F: Écornifler; faire le parasite; F: écumer la marmite. To sponge on s.o., vivre aux crochets de qn; piquer dans l'assiette de qn; gruger qn. To s. on s.o. for tobacco, écornifler du tabac à qn. To s. on s.o. for drinks, se faire payer des tournées par qn.
sponge down, v.tr. Passer l'éponge sur le corps de (qn); doucher (qn) avec une éponge.
'sponge-'down, s. Douche f à l'éponge. To give s.o. a sponge-down, passer l'éponge sur le corps de qn.
sponge off, v.tr. Enlever (une tache, etc.) avec une éponge, à l'éponge; passer l'éponge sur (une tache).
sponge out, v.tr. 1. Effacer (une tache, etc.) avec une éponge, à l'éponge. 2. Artil: Écouvillonner (une pièce) à l'eau.
sponging out, s. Artil: Écouvillonnage m (à l'eau).
sponge up, v.tr. Éponger, étancher (l'eau, etc.).
sponging¹, a. F: (Of pers.) Parasite, écornifleur.
sponging², s. 1. (a) Nettoyage m à l'éponge. (b) Med: Lotionnement m (d'une plaie). (c) Tex: Décatissage m (du drap). 2. Pêche f des éponges. 3. F: Écorniflage m, écornifierie f; grivèlerie f.
'sponging-house, s. Hist: Prison f provisoire pour dettes.

spongelet ['spʌndʒlet], s. = SPONGIOLE.
sponger ['spʌndʒər], s. 1. Tex: (Cloth-)sponger, décatisseur m. 2. Pêcheur m d'éponges. 3. F: Parasite m; écornifleur, -euse; attrapeur, -euse; griveleur m; pique-assiette mf inv; tire-sou m, pl. tire-sous.
spongiae ['spʌndʒiiː], s.pl. Coel: Spongiaires m, éponges f.
spongiform ['spʌndʒifɔːrm], a. Spongiforme.
spongilla [spʌn'dʒila], s. Coel: Spongille f.
sponginess ['spʌndʒinəs], s. Nature spongieuse (of, de); spongiosité f.
spongiole ['spʌndʒioul, 'spɔn-], s. Bot: Spongiole f (de racine).
spongoid ['spɔŋgɔid], a. Anat: Med: (Tissu, os, etc.) spongoïde.
spongy ['spʌndʒi], a. Spongieux. Anat: (Tissu) caverneux. Metall: Spongy iron, fonte cendreuse. See also HORN¹ 2.
sponsion ['spɔnʃ(ə)n], s. Jur: Garantie (personnelle) (on behalf of, en faveur de).
sponson ['spɔnsən], s. 1. N.Arch: (a) Paddle-box sponson, jardin m des tambours. (b) Encorbellement m. 2. Av: Stabilizing sponson, nageoire f.
sponsor¹ ['spɔnsər], s. 1. Jur: Garant m, caution f, répondant m (for s.o., de qn). 2. (a) (At baptism) Parrain m, marraine f. Fellow sponsor, compère m, commère f. To stand sponsor to a child, tenir un enfant sur les fonts (baptismaux). (b) (Introducing new member to club, etc.) Parrain; (to ladies' club) marraine. (c) W.Tel: To be sponsor to a programme, offrir un programme.
sponsor², v.tr. 1. Être le garant de, répondre pour (qn). 2. Roads sponsored by the local authorities, routes prises en charge par les conseils régionaux. W.Tel: Sponsored programmes, programmes offerts par une initiative privée.
sponsorship ['spɔnsərʃip], s. Parrainage m. Joint sponsorship, copaternité f.
spontaneity [spɔnta'niːiti], s. Spontanéité f.
spontaneous [spɔn'teinjəs], a. Spontané; (i) (mouvement m) automatique; (ii) (acte m, aveu m) volontaire. Th: His acting is s., il a un jeu rond, aisé, naturel. See also COMBUSTION, GENERATION 1. **-ly,** adv. Spontanément; (i) automatiquement; (ii) volontairement; de son propre mouvement, de sa propre volonté; de bonne volonté. Th: To act s., jouer avec rondeur, avec naturel.
spontaneousness [spɔn'teinjəsnəs], s. Spontanéité f.
spontoon [spɔn'tuːn], s. Archeol: Esponton m, demi-pique f.
spoof¹ [spuːf], s. P: Attrape f; mystification f; bluff m; partie f pour rire. Spoof auction (at bazaar, etc.), enchères fpl pour rire.
spoof², v.tr. P: Mystifier, attraper, duper (qn); faire marcher (qn). You've been spoofed, on vous a eu.
spoofer ['spuːfər], s. P: Mystificateur m; pince-sans-rire m inv; P: charrieur m.
spook¹ [spuːk], s. F: Spectre m, revenant m, apparition f.
spook², v.tr. F: (Of ghost) Hanter (qn, un endroit).
spooky ['spuːki], a. F: (Histoire, etc.) de spectres, de revenants; (maison) hantée, où il revient.
spool¹ [spuːl], s. 1. (a) Tex: Bobine f, canette f, espolin m; dévidoir m. Silk spool, roquetin m, roquet m. (b) S. of a sewing-machine, canette. (c) U.S: S. of thread, bobine de coton (à coudre). 2. Fish: Tambour m (de moulinet). 3. (a) El: (Corps m de) bobine. (b) Film-spool, Phot: bobine de film; Cin: bobine, rouleau m. Cin: Upper spool, feed spool, delivery spool, pay-out spool, bobine dérouleuse; bobine débitrice. Lower spool, take-up spool, bobine enrouleuse, réceptrice; récepteur m. Typewr: The ribbon spools, les bobines du ruban.
'spool-box, s. Cin: Carter m (pour bobines).
'spool-holder, s. Phot: Châssis m à rouleaux.
spool², v.tr. Tex: etc: Bobiner; dévider ou envider (du fil, etc.). To spool off, débobiner, dévider, dérouler.
spooling, s. Bobinage m; dévidage m ou envidage m. Spooling off, débobinage m, déroulement m.
'spooling-machine, s. Bobinoir m.
spoon¹ [spuːn], s. 1. Cuiller f, cuillère f. Tea-spoon, cuiller à thé. Dessert-spoon, cuiller à dessert. Spoon and fork, couvert m. Cu: Basting spoon, louche f. He has to be fed with a s., il faut lui faire avaler les aliments à la cuiller. See also EGG-AND-SPOON RACE, MARROW-SPOON, SALT-SPOON, SILVER¹ 2, TABLE-SPOON, WOODEN SPOON. 2. (a) Fish: Spoon(-bait), cuiller, cuillère. (b) Metall: etc: Assay spoon, éprouvette f. (c) Golf: Spoon m (crosse en bois ressemblant au brassie). (d) Aviron m à lame incurvée. 3. F: To be spoons on s.o., avoir un béguin pour qn; être entiché de qn.
'spoon-auger, s. Tls: Tarière f à cuiller.
'spoon-bit, s. Tls: Foret m à cuiller; mèche f à cuiller, à louche.
'spoon-drill, s. Tls: Cuiller f, cuillère f.
'spoon-feed, v.tr. Nourrir (un enfant) à la cuiller. F: To spoon-feed a pupil, mâcher la besogne, mâcher les morceaux, à un élève. Spoon-fed industries, industries subventionnées.
'spoon-gouge, s. Tls: Gouge f à nez rond.
'spoon-guide, s. Cuiller f (de tube lance-torpilles).
'spoon-meat, s. F: Aliment m liquide.
'spoon-net, s. Fish: Épuisette f.
'spoon-shaped, a. Nat.Hist: (Feuille, etc.) cochléaire, en cuilleron.
'spoon-tool, s. Metall: Spatule f (à manche courbe).
spoon², 1. v.tr. (a) To spoon (up) one's soup, manger sa soupe (avec la cuiller). To s. up ink, ramasser de l'encre avec une cuiller. To spoon out the gravy, the peas, servir le jus, les petits pois (avec la cuiller). To spoon off the cream, enlever la crème (avec la cuiller). (b) Fish: Pêcher (le poisson) à la cuiller. (c) Cr: Golf: Prendre (la balle) en cuiller. 2. F: (a) v.tr. Faire la cour à (qn) (d'une façon sentimentale); faire le galant auprès de (qn). (b) v.i. (Of couple) Se faire des mamours; filer le parfait amour.
spoonbill ['spuːnbil], s. Orn: 1. Bec m en spatule. 2. (Bird) Spatule f, palette f; bec-à-cuiller m, pl. becs-à-cuiller. Spoonbill duck, souchet m.
spoondrift ['spuːndrift], s. = SPINDRIFT.
Spoonerism ['spuːnərizm], s. F: Contre-pèterie f, contre-petterie f, lapsus m linguæ (comme est censé en avoir commis le révérend Dr Spooner, d'Oxford).
spoonful ['spuːnful], s. Cuillerée f. Two dessert-spoonfuls, deux cuillerées à dessert.
spoony ['spuːni]. 1. a. F: (a) A: Nigaud, niais, sot. (b) Amoureux; langoureux. To be spoony on s.o., être coiffé de qn; avoir un béguin pour qn; en pincer pour qn. 2. s. F: A: Nigaud m, niais m.
spoor¹ ['spuər], s. Ven: Foulées fpl, piste f, erre f, empreintes fpl (d'un cerf, etc.).
spoor², v.tr. Ven: Suivre (un animal) à la piste. Abs. Suivre la piste, les foulées.
sporadic [spo'radik], a. 1. Nat.Hist: Med: Sporadique. 2. (Of action, etc.) Isolé; rare. **-ally,** adv. 1. Nat.Hist: Med: Sporadiquement. 2. Dans des cas isolés; par-ci par-là.
sporadicalness [spo'radik(ə)lnəs], s. Sporadicité f.
sporangium, pl. **-ia** [spo'randʒiəm, -ia], s. Bot: Sporange m.
sporation [spo'reiʃ(ə)n], s. Bot: Sporulation f.
spore ['spɔːər], s. Biol: Bot: Spore f. See also SWARM-SPORE.
'spore-case, s. Bot: Sporange m.
spored ['spɔːərd], a. Sporé. Eight-spored ascus, asque m à huit spores.
sporiferous [spo'rifərəs], a. Sporifère.
sporocarp ['spɔrokɑːrp], s. Bot: Sporocarpe m.
sporogone ['spɔrogoun], s. Bot: Sporogone m.
sporophore ['spɔrofɔːər], s. Bot: Sporophore m.
sporophyte ['spɔrofait], s. Bot: Sporophyte m.
sporozoon, pl. **-oa** [spɔro'zouən, -oua], s. Biol: Sporozoaire m.
sporran ['spɔrən], s. Scot: Bourse en peau brute (portée par les Highlanders sur le devant du kilt); sporran m.
sport¹ [spɔːrt], s. 1. (a) Jeu m, divertissement m, amusement m. In sport, pour jouer, pour s'amuser, pour rire; par plaisanterie, par badinage; en badinant. To make sport of . . ., s'amuser de . . ., se moquer de . . ., se jouer de. . . . To make s. of another's suffering, se faire un jeu de la douleur d'autrui. They made a s. of baiting him, ils se faisaient un jeu de le tourmenter. To spoil the sport, troubler la fête. See also SPOIL-SPORT. (b) To have good sport, (in hunting) faire bonne chasse; (in fishing) faire bonne pêche, bonne prise. 2. Sport m. Athletic sports, sports athlétiques. Aquatic sports, sports nautiques. To go in for sports, s'adonner aux sports. Devoted to s., sportif. I went in for sports in my day, je suis un vieux sportif. To go in for athletic sports, faire de l'athlétisme m. Journ: Sports edition, édition sportive. Aut: Sports model, machine f grand sport. See also FIELD-SPORTS. 3. To be the sport of fortune, of circumstances, of every wind, être le jouet, le jeu, de la fortune, des circonstances, des vents. 4. Biol: Lusus m naturæ; variété anormale, type anormal; variation sportive. 5. F: (= SPORTSMAN 3) He's a (real) sport, (i) c'est un beau joueur; (ii) c'est un chic type. Come, be a sport! voyons, sois chic! allons, un bon mouvement! Hullo, old sport! te voilà, mon vieux!
'sports-coat, s. 1. Tail: (a) = SPORTS-JACKET 1. (b) Manteau m (de) sport. 2. Woman's woollen s.-c., paletot m laine, paletot tricot.
'sports-editor, s. Journ: Rédacteur sportif.
'sports-ground, s. Terrain m de jeux; stade m.
'sports-jacket, s. 1. Veston m tous sports. 2. (Jumper type) Blouse f (de) sport.
'sports-suit, s. Tail: Costume m (de) sport.

sport². I. *v.i.* (*a*) Jouer; se divertir, s'amuser; folâtrer. **To sport with s.o.,** (i) se divertir avec qn; (ii) se moquer, se jouer, de qn. (*b*) *Biol:* (*Of plants, animals*) Produire une variété anormale. 2. *v.tr. F:* Porter (qch. de très voyant); arborer (son huit-reflets, une cravate rouge, etc.); étaler, exhiber (un manteau de fourrure, etc.). *He was sporting all his medals*, il avait mis toutes ses médailles. *See also* OAK I.

sporting¹, *a.* I. Amateur de la chasse ou de la pêche. 2. De sport; sportif. **Sporting man,** (i) amateur *m* de sport; (ii) turfiste *m*; (iii) *Pej:* parasite *m* du turf. *Sch: He was not a s. man*, il ne brillait pas comme athlète. **Sporting parson,** pasteur amateur de la chasse au renard, etc. **In a sporting spirit,** sportivement. *He hasn't got the s. spirit*, il n'a pas l'esprit sportif. *S. conduct*, conduite *f* digne d'un sportsman. *F:* **It is very sporting of him** (to . . .), c'est très chic de sa part (de . . .). **You have a sporting chance,** ça vaut la peine d'essayer le coup; vous pourriez réussir, par coup de veine. *I'll make you a* **sporting offer,** je vais vous faire une offre qui vous mettra sur le velours, une offre à laquelle vous ne perdrez rien.

sporting², *s.* I. (*a*) La chasse; la pêche. **Sporting gun,** fusil *m* de chasse. *See also* DOG¹ I. (*b*) Le sport. **Sporting newspaper,** journal sportif, de sports. *The s. dailies*, les quotidiens sportifs. **The sporting results,** les résultats *m* des courses. *U.S:* **Sporting editor,** rédacteur sportif. 2. *Biol:* Production *f* de variétés anormales.

sporter ['spɔːrtər], *s. F:* Porteur *m* (d'une cravate flamboyante, etc.).

sportful ['spɔːrtful], *a.* I. Plaisant; de nature à amuser. 2. Folâtre, enjoué; gai.

sportive ['spɔːrtiv], *a.* Badin; folâtre. **-ly,** *adv.* En badinant; en plaisantant; en folâtrant.

sportsman, *pl.* **-men** ['spɔːrtsmən, -men], *s.m.* I. Chasseur ou pêcheur. 2. Amateur de sport; sportsman, sportif. *A keen s.*, un ardent sportif. 3. **He's a real sportsman,** il est animé de l'esprit sportif; c'est un beau joueur. *They are no sportsmen*, ils n'ont pas l'esprit sportif.

sportsmanlike ['spɔːrtsmənlaik], **sportsmanly** ['spɔːrtsmənli], *a.* I. De chasseur; de sportsman. 2. (Conduite *f*, etc.) digne d'un sportsman.

sportsmanship ['spɔːrtsmənʃip], *s.* I. Habileté *f*, qualités *fpl*, de sportsman; pratique *f* des sports, de la chasse, du turf, etc. 2. Conduite *f* digne d'un sportsman.

sportster ['spɔːrtstər], *s. Aut:* Coureur *m.*

sportswoman, *pl.* **-women** ['spɔːrtswumən, -wimen], *s.f.* I. Femme amateur de la chasse, de la pêche, etc. 2. Femme sportive; femme amateur du sport.

sportula ['spɔːrtjula], *s. Rom.Ant:* Sportule *f.*

sporty ['spɔːrti], *a. F:* **It's awfully sporty of you to . . .,** c'est très chic de votre part de. . .

sporulated ['spɔrjuleitid], *a. Bot:* Sporulé.

sporulation [spɔrju'leiʃ(ə)n], *s. Bot:* Sporulation *f.*

sporule ['spɔrjuːl], *s. Biol: Bot:* Sporule *f.*

spot¹ [spɔt], *s.* I. (*a*) Endroit *m*, lieu *m*. *A rustic s.*, **un petit coin** rustique. *Remote s.*, endroit écarté. *A pretty s.*, un joli site. *In spots*, par endroits. *To drop sth. on a precise s.*, laisser tomber qch. à un endroit précis. *I was standing on the very s.*, je me trouvais sur les lieux mêmes. **The police were on the spot within ten minutes,** la police est arrivée sur les lieux en moins de dix minutes. **To deal with a supplier on the spot,** se pourvoir chez un fournisseur de la place. *The manager should always be on the s.*, le gérant doit toujours être là. *See also* ROOT² I. (*b*) *U.S: F:* **Young man very much on the spot,** jeune homme très éveillé. *To be on the s. in an emergency*, se montrer à la hauteur d'une situation imprévue. *P:* (*Of gangster*) **To put s.o. on the spot,** exécuter qn, dépêcher qn. *You will be on the s. before you know where you are*, vous serez assassiné en moins de rien. (*c*) *Adv.phr.* **On the spot,** sur-le-champ; immédiatement. **To be killed on the spot,** être tué sur le coup; être tué net, raide; *F:* demeurer sur place; y demeurer. *A bullet killed him on the s.*, une balle l'étendit mort. *To fall dead on the s.*, tomber raide mort. **To do sth. on the spot,** faire qch. sur place, sur-le-champ. (*d*) *Com:* **Spot cash,** argent comptant; argent sec. *St.Exch:* **Spot deal,** opération (réglée) au comptant. **Spot market,** marché du disponible; marché du comptant. **Spot parcels** (*of shares*), lots *m* disponibles. **Spot cotton,** coton payé comptant. (*e*) **To put one's finger on a weak spot,** mettre le doigt sur un point faible. **To find s.o.'s weak spot,** trouver le défaut dans la cuirasse de qn. **The (sore) spot,** l'endroit sensible. **To touch the spot,** aller jusqu'à la racine du mal. (*f*) **Corroded spot** (*on metal*), endroit corrodé; point corrodé. **Wet spot** (*in painting*), point tendre. *See also* HOT-SPOT, SOFT I. 2. 2. (*a*) Tache *f*, macule *f*; souillure *f*. *Spots on fruit*, tavelures *f*. *Reputation without a s.*, réputation *f* sans tache. **Spot removal,** détachage *m* (des vêtements, etc.). *See also* FLY-SPOT, GREASE-SPOT, SUN-SPOT. (*b*) (*On face*) Bouton *m*. (*c*) *Th: Cin: F:* **Hot spot,** tache de lumière (due au réflecteur). 3. (*a*) Pois *m* (de couleur). *Blue tie with red spots*, cravate bleue à pois rouges. *Embroidered s.*, pois de broderie. *Nat.Hist: A panther's spots*, la tacheture, la moucheture, d'une panthère, d'un léopard. *Ven: F:* **Spots,** le léopard. *See also* LEOPARD I. *F:* **To knock spots off s.o.,** battre qn à plate(s) couture(s); rouler qn; *P:* dégotter qn. *See also* BEAUTY-SPOT. (*b*) *Anat:* **The blind spot** (*of the eye*), la papille optique; le punctum cæcum. (*c*) *Bill:* (i) Mouche *f* (sur la bille ou la table). (ii) Bille marquée d'une mouche. (*d*) *Cin: El:* Pinceau lumineux d'enregistrement de son; spot *m*. 4. (*a*) Goutte *f* (de pluie, de vin). (*b*) *F:* **Just a spot of whisky,** deux doigts de whisky. *We had a s.*, on a pris un petit verre. **What about a spot of lunch?** si nous allions manger un morceau (pour déjeuner)? To do a spot of work, travailler un brin. *He has not a s. of common sense in him*, il n'a pas un grain de bon sens. **A spot of trouble, of bother,** un petit ennui; (i) une anicroche; une petite panne; (ii) une complication; un malentendu.

'spot-glaze, *s. Paint:* Glacis *m* pour taches.

'spot-height, *s. Surv:* Point coté.

'spot-level, *s. Mil: Surv:* Cote *f* (de nivellement, de niveau).

spot², *v.tr.* (spotted; spotting) I. (*a*) Tacher, souiller (qch.). (*With passive force*) **Material that spots easily,** étoffe *f* qui se tache facilement. (*b*) Tacheter, moucheter (qch.). *Phot:* **To spot a print,** repiquer une épreuve. (*With passive force*) **These prints are beginning to spot,** ces estampes commencent à se moucheter. *v.impers.* **It is spotting with rain,** il commence à pleuvoir. 2. *F:* (*a*) Repérer; apercevoir, aviser (qn, qch.). *I spotted him right away among the crowd*, je l'ai tout de suite repéré dans la foule. *He spotted me from his box*, il m'a repéré de sa loge. (*b*) Reconnaître. *I spotted him as a German*, je l'ai reconnu pour, comme, allemand. *Turf:* **To spot the winner,** prédire, *F:* piger, le gagnant. *He knows how to s. the winners*, il a le flair pour désigner les gagnants. **'How to spot the winners,'** "comment gagner aux courses." 3. *Metalw: Mec.E:* Marquer, centrer (un trou).

spotted, *a.* I. (*a*) Tacheté, moucheté. *Nat.Hist:* Taché, tacheté, maculé; (léopard) madré; (panthère) tavelée; (chien, etc.) truité. *See also* LEOPARD-SPOTTED. (*b*) *Tex:* A pois; pointillé. 2. *Med:* **Spotted fever,** méningite cérébro-spinale. 3. *F:* **Spotted Dick, spotted dog,** (i) petit danois, chien de Dalmatie; (ii) *Cu:* pouding *m* aux raisins de Corinthe.

spotting, *s.* I. Taches *fpl*; tachetures *fpl*. 2. *Phot:* Repiquage *m*, repique *f* (des épreuves). 3. (*a*) Repérage *m*. (*b*) *Artil:* Réglage *m* du tir. **Aircraft spotting,** réglage par avions. **Spotting officer,** observateur *m* du but. 4. *Mec.E:* Centrage *m* (d'un trou). **Spotting-tool,** outil *m* à centrer, à marquer.

spotless ['spɔtləs], *a.* Sans tache, sans macule; immaculé; pur. *S. snow*, neige *f* vierge. *S. kitchen*, cuisine *f* d'une propreté irréprochable. *S. conscience*, conscience *f* pure, nette. *S. innocence*, candeur *f*. **-ly,** *adv.* *S. white*, d'une blancheur immaculée. **Spotlessly clean,** d'une propreté irréprochable.

spotlessness ['spɔtləsnəs], *s.* Propreté *f*; netteté *f*; pureté *f*.

spotlight¹ ['spɔtlait], *s.* (*a*) *Th: Cin:* Feu *m* de projecteur. (*b*) *Th: Cin:* Projecteur *m*; réflecteur *m* (lenticulaire); spot *m*. **To hold the spotlight,** (i) *Th:* occuper le centre de la scène (sous le feu du projecteur); (ii) *F:* être en vedette; river l'attention. (*c*) *Aut:* Projecteur auxiliaire orientable.

spotlight², *v.tr. Th:* Diriger les projecteurs sur (une vedette).

spotlighting, *s.* Éclairage *m* à effet.

spotter [spɔtər], *s.* I. *Av:* Avion *m* de réglage de tir. 2. *U.S: F:* (*Pers.*) Détective privé.

spotty ['spɔti], *a.* I. Moucheté, tacheté; couvert de taches; (visage) couvert de boutons; (verre) galeux. 2. *F:* (Travail *m*, exécution *f*) qui manque d'ensemble, d'uniformité; inégal, -aux.

spousals ['spauz(ə)lz], *s.pl. A:* Mariage *m*; *Dial:* épousailles *fpl.*

spouse [spauz], *s.* (*a*) *Lit:* often *Hum:* Époux, *f.* épouse. (*b*) *Jur:* Conjoint, -ointe.

spout¹ [spaut], *s.* I. (*a*) *Const:* **Rain-water spout,** (i) tuyau *m* de décharge; tuyau de descente; canon *m*; (ii) gargouille *f*, chantepleure *f* (de gouttière). (*b*) Bec *m* (de théière, de vase, etc.); goulot *m* (d'arrosoir); jet *m*, dégorgeoir *m* (de pompe); goulotte *f*, anche *f* (de trémie). (*c*) *Mill: etc:* Trémie *f*. **Boiler-coal spout,** trémie de chargement de chaudière. 2. (*a*) *A:* Monte-charge *m* (de maison de prêt sur gages). (*b*) *P:* **To put one's watch up the spout,** mettre sa montre au clou, chez ma tante; accrocher sa montre. 3. *Meteor:* Trombe *f*. *See also* SAND-SPOUT, WATER-SPOUT 3, WIND-SPOUT.

'spout-hole, *s.* I. Lumière *f* (de pompe). 2. *Z:* Évent *m* (de baleine).

'spout-well, *s.* Puits-fontaine *m*, *pl.* puits-fontaines.

spout². I. *v.i.* (*a*) (*Of liquid*) Jaillir, rejaillir; gicler. (*b*) (*Of whale*) Lancer un jet d'eau, d'air; souffler. 2. *v.tr.* (*a*) Faire jaillir, lancer (de l'eau, etc.). (*b*) *P:* Dégoiser, déblatérer, débiter à jet continu (des discours, des injures, des sottises). *To s. Latin*, dégoiser du latin. *Abs.* **To spout,** parler à jet continu; débiter un flux de paroles; en dégoiser; pérorer; déclamer; *F:* laïusser. (*c*) *P: A:* Mettre au clou (de l'argenterie, etc.).

spouting, *s.* I. Jaillissement *m*. 2. *F:* Déclamation *f*.

spouter ['spautər], *s. F:* Déclamateur *m*, péroreur *m*; laïusseur *m*.

sprag¹ [sprag], *s.* I. *Min:* Cale *f*, tasseau *m*. 2. *Veh:* (*a*) Cale. (*b*) Bâton *m* (pour enrayer les roues). (*c*) *Aut: U.S:* Béquille *f* à décrochage; béquille de recul. *To drop the s.*, décrocher la béquille. *The car leapt the s.*, la voiture a grimpé sur la béquille.

sprag², *v.tr.* (spragged) I. *Min:* Soutenir (la masse de houille) au moyen de cales. 2. *Veh:* (i) Caler, (ii) enrayer (une roue).

sprain¹ [sprein], *s.* Entorse *f*, foulure *f*. *Vet:* Nerf-foulure *f*, *pl.* nerfs-foulures.

sprain², *v.tr.* **To sprain one's wrist,** se fouler le poignet. **To sprain one's ankle,** se donner une entorse; *F:* attraper une entorse. **Sprained ankle,** foulure *f* au pied, entorse; *Vet:* nerf-foulure, *pl.* nerfs-foulures.

spraints [spreints], *s.pl. Ven:* Épreintes *f* (de la loutre).

sprang [spraŋ]. *See* SPRING².

sprat [sprat], *s.* I. *Ich:* Esprot *m*, sprat *m*, melet *m*, melette *f*, harenguet *m*, anchois *m* de Norvège. *F:* **To throw (out) a sprat to catch a mackerel, a whale,** donner un œuf pour avoir un bœuf; donner un pois pour avoir une fève; donner un petit poisson pour en avoir un gros. *See also* JACK¹ I. I. 2. *F:* Gringalet *m*.

sprawl¹ [sprɔːl], *s.* Attitude *f* de qn qui est étalé par terre, sur un meuble. *Lying in a s. on the grass*, vautré sur l'herbe.

sprawl², *v.i.* I. (*a*) S'étendre, s'étaler; *F:* faire le veau; s'étendre comme un veau. *To s. on the sofa*, s'étaler, se vautrer, sur le divan. (*b*) **To send s.o. sprawling,** envoyer rouler qn tout de son long par terre; *P:* envoyer bouler qn. **To go sprawling,** s'étaler par terre; tomber les quatre fers en l'air; *P:* ramasser une pelle.

Sprawling on his back, étendu les quatre fers en l'air. **2.** (*a*) Se traîner, ramper, à plat ventre. (*b*) *The name sprawled over the whole page*, le nom couvrait toute la page d'une écriture informe. *Plants sprawling all over the place*, plantes *f* qui rampent, qui s'étendent, de tous côtés.

sprawling, *a.* **1.** (*a*) Vautré. (*b*) Étendu les quatre fers en l'air. **2.** *S. handwriting*, grosse écriture informe; gribouillage *m.*

spray[1] [sprei], *s.* Brin *m*, brindille *f*, ramille *f*. **Spray of flowers**, (i) branche *f* de fleurs; rameau fleuri; (ii) *Needlew: etc:* chute *f* de fleurs. **Spray of diamonds**, aigrette *f* de diamants.

spray[2], *s.* **1.** Poudroiement *m* d'écume; embrun *m*, poudrin *m*. **Feather spray**, volute *f* d'avant (d'un bateau en marche). *The water turns to s. under our oars*, l'eau blanchit sous nos rames. **2.** (*a*) Poussière *f* d'eau, pulvérin *m*, eau vaporisée, eau pulvérisée. (*b*) Jet pulvérisé (de parfum, d'essence, etc.). *See also* CARBURETTOR, GUN[1] 4, NOZZLE. **3.** (*a*) Liquide *m* pour vaporisation. (*b*) Coup *m* de vaporisateur; giclée *f*, jet (de peinture, de parfum, etc.). (*c*) (*Atomizer*) Gicleur *m*; atomiseur *m*; vaporisateur *m*; pulvérisateur *m*. *Toil:* **Scent-spray**, vaporisateur (de parfums).

'spray-cone, *s.* *I.C.E:* Diffuseur *m*.

'spray-cooling, *s.* *Mch: Ind:* Rafraîchissement *m* (de la vapeur, etc.) par pulvérisation.

'spray-diffuser, *s.* Arroseuse *f* à poussière d'eau.

'spray-painting, *s.* Peinture *f* au vaporisateur, au pulvérisateur; peinture pneumatique; peinture au pistolet. *S.-p. apparatus*, projecteur-pulvérisateur *m* (à peindre), *pl.* projecteurs-pulvérisateurs.

'spray-producer, *s.* = SPRAY-DIFFUSER.

spray[3], *v.tr.* **1.** Pulvériser, vaporiser, atomiser (un liquide). *To s. a solution up one's nostrils*, se vaporiser un liquide dans le nez. *To s. the paint on a surface*, peindre une surface à l'air comprimé, au pistolet. **2.** Asperger, arroser, irrorer; bassiner (des plants, des semis). *To s. oneself with perfume*, se parfumer au vaporisateur. *Hort:* **To spray a tree**, passer un arbre au vaporisateur.

spraying, *s.* **1.** Pulvérisation *f*, vaporisation *f* (d'un liquide). **Spraying machine**, pulvérisateur *m*, vaporisateur *m*. *Vit:* **Spraying mixture** (*against mildew, etc.*), bouillie *f*. *See also* PAINT[1]. **2.** Arrosage *m*, arrosement *m*, irroration *f*; bassinement *m*, bassinage *m* (de semis, etc.).

sprayer ['spreiər], *s.* **1.** (*a*) *Hort: etc:* Vaporisateur *m* (d'insecticide, etc.); pulvérisateur *m*, atomiseur *m*, chantepleure *f*. (*b*) *Nau: etc:* **Sprayer** (*for fuel oil*), brûleur *m* (de mazout). (*c*) Pistolet *m* pour peinture pneumatique. **2.** Machine *f* à arroser; arroseuse *f* à poussière d'eau.

spread[1] [spred], *s.* **1.** (*a*) Étendue *f* (de pays, etc.). **Boats with a spread of white sails**, barques tendues de voiles blanches. *Plane with a big s. of wings*, avion *m* à grande voilure. (*b*) **Spread of a tree**, développement *m* du branchage. *S. of compass-legs*, ouverture *f* d'un compas. **Wing-spread** (*of bird, of aeroplane*), envergure *f*. *Nau:* **Spread of the sails**, envergure *f*. *S. of the shrouds*, épatement *m*. *F:* **To develop a middle-age spread**, prendre de l'embonpoint avec l'âge. (*c*) *St.Exch:* Opération *f* à cheval. (*d*) *Com: U.S:* Différence *f* (entre le prix de fabrique et le prix de vente, entre deux tarifs, etc.). **2.** (*a*) Diffusion *f* (de l'éducation); propagation *f*, extension *f*, diffusion (d'une doctrine, d'une maladie); expansion *f* (des idées). (*b*) Dispersion latérale (d'un phare). *Ball:* Dispersion *f* (du tir). **3.** = BEDSPREAD. **4. Butcher's spread**, tinet *m*. **5.** *F:* Régal *m*, festin *m*, *P:* crevaille *f*. **Cold spread**, repas froid. **To make a great spread**, mettre les petits plats dans les grands; bien faire les choses. **We had no end of a spread**, on a fait un vrai balthazar. **6.** *Journ: etc:* **Double-page spread**, annonce *f* sur deux pages.

spread[2], *v.* (*p.t.* **spread**; *p.p.* **spread**) I. *v.tr.* **1.** Étendre. *To s. a cloth over the table*, étendre une nappe sur la table. **To spread a net**, tendre, appareiller, un filet. **To spread the sails**, déployer, établir, mettre dehors, les voiles. *Ship that spreads much cloth*, bâtiment *m* qui a beaucoup d'envergure. **The trees spread (out) their branches**, les arbres étendent leurs branches. **The bird spreads (out) its wings**, l'oiseau étend ses ailes. **To spread out one's handkerchief**, déployer, étaler, son mouchoir. **To spread out goods for sale**, étaler des marchandises. *F:* **To spread oneself**, (i) tendre son ventre; (ii) se surpasser (dans l'exécution d'un travail); (iii) se donner des airs; plastronner, se pavaner; (iv) s'imposer. *To s. oneself on a subject*, se répandre sur un sujet. *Navy:* **To spread a light cruiser screen**, déployer un rideau de croiseurs légers. *Fleet s. out on a line*, flotte déployée en ligne. *Mus:* **To spread a chord**, arpéger un accord. **2.** (*a*) Répandre (du sable, de la paille); épandre (du fumier); répandre, semer (des nouvelles, la terreur); colporter (des nouvelles); propager (une maladie). **To spread (abroad) s.o.'s fame**, faire connaître, répandre, la réputation de qn. **Spread it abroad!** qu'on se le dise! (*b*) **Instalments spread over several months**, versements échelonnés, répartis, sur plusieurs mois. *My friends are s. all over the country*, mes amis sont dispersés par tout le pays. **3.** (*a*) **To spread butter on a slice of bread**, étendre, étaler, du beurre sur une tranche de pain; tartiner une tranche de pain. *The river spread its waters over the countryside*, le fleuve répandit ses eaux dans la campagne. *To s. oil on a burn*, badigeonner une brûlure avec de l'huile. *Nau: To s. oil on a rough sea*, filer de l'huile sur une mer démontée. (*b*) *U.S:* **To spread sth. on the records**, consigner, minuter, qch. sur le procès-verbal, sur les archives. **4. To spread a surface with sth.**, couvrir une surface de qch. **To spread the table**, mettre la table; mettre le couvert. *Table spread with dishes*, table couverte de plats. *Meadow spread with daisies*, prairie (par)semée, émaillée, de pâquerettes.

II. **spread**, *v.i.* **1.** S'étendre, s'étaler. *On every side spreads a vast desert*, de chaque côté s'étale, s'étend, un vaste désert. *Here the plain spreads out a mile wide*, la plaine s'étend ici sur un mille. *Here the river spreads out*, ici la rivière s'élargit, s'étale. **2.** (*Of news, odour, fame*) Se disséminer; se répandre; (*of pain, cancer*) irradier; (*of disease, weeds, etc.*) se propager; (*of ideas, etc.*) se propager, se disséminer, se généraliser; (*of fashion, etc.*) prendre de l'extension; (*of type, etc.*) bavocher. *The smell of it spreads everywhere*, l'odeur s'en répand partout. **The fire is spreading**, le feu gagne. *The fire spread to the next house*, l'incendie se communiqua à la maison voisine. *To stop a fire from spreading*, couper chemin à un incendie. **A sudden flush spreads over her face**, une rougeur subite se répand sur son visage. **Bad example that spreads**, mauvais exemple qui fait tache d'huile. *The mutiny s. to the other regiments*, la révolte gagna les autres régiments. **The rumour was spreading**, la rumeur grandissait. *Story that grows as it spreads*, histoire *f* qui fait boule de neige. *His fame had spread*, sa renommée s'était répandue. *Terror s. among the nations*, la terreur se répandait parmi les peuples. *Terror spread everywhere*, l'épouvante se mit partout. *See also* WILDFIRE 1. **3.** (*Of shot*) S'écarter, se disperser. **The birds rise and spread**, les oiseaux s'envolent en gerbe, en s'égaillant. *The roads that s. through the country round Paris*, les routes qui sillonnent, qui irradient, la campagne autour de Paris.

spread[3], *a.* **1. Spread wings**, ailes étendues. **Spread fingers**, doigts écartés. **Spread fan**, éventail ouvert. **Spread-out map**, carte déployée, étalée. *Mus:* **Spread chord**, accord arpégé. *See also* WIDE-SPREAD. **2. Spread table**, table servie.

spread-'eagle[1], *s.* **1.** (*a*) *Her:* Aigle éployée. (*b*) *U.S: F:* **Spread-eagle oratory**, éloquence *f* chauviniste ou grandiloquente. **2.** (*a*) *Hist:* Homme assujetti pieds et bras écartés (pour la peine du fouet). (*b*) *Skating:* Grand aigle. (*c*) *Cu:* = SPATCHCOCK[1]. **3.** *St.Exch: U.S:* Opération *f* à cheval.

spread-'eagle[2]. **1.** *v.tr.* (*a*) Faire subir la punition du *spread-eagle* à (un homme). (*b*) Étaler (qch.); tirer (qch.) à quatre épingles. *F: Bathers lying spread-eagled on the sand*, baigneurs étalés, vautrés, sur la plage. **2.** *v.i.* *U.S:* Faire du chauvinisme.

spread-'eagleism, *s.* *U.S: F:* Chauvinisme américain.

spread-'eaglet, *s.* *Her:* Alérion *m*.

spreading[1], *a.* Étendu; qui s'étend, qui se répand. **Spreading oak**, chêne touffu. *Under a s. chestnut-tree*, sous un châtaignier rameux.

spreading[2], *s.* **1.** (*a*) Déploiement *m*, développement *m*. *Mus:* Arpégement *m* (d'accords). (*b*) Colportage *m* (d'une nouvelle); propagation *f* (d'une maladie, d'une doctrine); dissémination *f* (d'idées); diffusion *f* (de l'éducation). (*c*) Étendage *m* (de la peinture, du vernis); répandage *m* (du goudron sur la chaussée, etc.). (*d*) *S. of the table*, mise *f* du couvert. **2.** (*a*) Extension *f* (de territoire, d'une industrie). (*b*) Dispersion *f*. *Ven: S. of the shot*, écart *m* du plomb.

'spreading-board, *s.* *Ent:* = SETTING-BOARD.

'spreading-machine, *s.* *Tex:* Élargisseuse *f*.

spread-'over, *s.* *Ind:* Répartition *f* sur la semaine entière, selon les exigences du service, d'un nombre fixe d'heures de travail.

spreader ['spredər], *s.* **1.** *Tchn:* (*a*) Étendeur, -euse (d'étoffes). (*b*) *Tex:* Étaleur, -euse (des mèches). **2.** Propagateur, -trice (d'une idée, d'une nouvelle); colporteur, -euse, semeur, -euse (d'une nouvelle). **3.** Arrosoir *m* (d'une machine à arroser); éventail *m* (d'une lance d'arrosage). *See also* JET[2] 2. **4.** *Tls: Carp:* Couteau fendeur. **5.** (*a*) Extenseur *m*, tendeur *m*; barre *f* d'écartement (d'un hamac, etc.). (*b*) *Min:* Étrésillon *m*. (*c*) *Veh:* **Spring-leaf spreader**, écarte-lames *m inv*, ouvre-lames *m inv*. **6.** *Tex:* Table *f* à étaler; étaleuse *f*.

spree [spri:], *s.* *F:* Partie *f* de plaisir; rigolade *f*, bombe *f*, bamboche *f*; *A:* cascade *f*. *Little s.*, bambochade *f*. **To have a spree, to go on the spree**, faire une petite débauche, une petite noce; faire la fête; faire la bringue, la vadrouille; aller en vadrouille; *Nau:* tirer une bordée; bambocher, rigoler, se donner une bosse, se bosser, *A:* cascader. **We had a rare old spree!** on a fait une de ces bombes! *To leave one's work and go off on the s.*, *P:* prendre sa bisque. **To be on the spree**, être en bombe, en gogaille; faire la nouba. **Sailors out on the spree**, matelots en bombe, en bordée. *Students out on the s.*, étudiants en rupture de ban.

sprig[1] [sprig], *s.* **1.** (*a*) Brin *m*, brindille *f*, broutille *f*; petite branche. (*b*) *Needlew:* Ramage *m*. (*c*) Aigrette *f* (de diamants). **2. Sprig nails, sprigs**, pointes *f* (de Paris); chevilles *f*; semence(s) *f* (de tapissier). **Glazing sprig**, clou *m* de vitrier. **3.** *F: Usu. Pej:* (*a*) Rejeton *m* (d'une race illustre). (*b*) *A:* Jeune homme.

sprig[2], *v.tr.* (sprigged; sprigging) **1.** Broder des ramages sur (qch.). **2.** Cheviller (qch.).

sprigged, *a.* (Tissu *m*) à branches, à ramages, à fleurs.

sprightliness ['spraitlinəs], *s.* Vivacité *f*, enjouement *m*, sémillance *f* (de l'esprit).

sprightly ['spraitli], *a.* Éveillé, enjoué, vif, actif, sémillant. **Sprightly wit**, esprit pétillant. *S. servant-girls*, servantes accortes. *To give a s. tone to the conversation*, enjouer la conversation. *F:* **To be as sprightly as a two-year-old**, avoir des jambes de vingt ans.

sprigtail ['sprigteil], *s.* *U.S:* = PINTAIL 1.

spring[1] [spriŋ], *s.* **1.** (*a*) Source *f* (d'eau). **Hot spring**, source d'eau chaude. **Thermal spring(s)**, source thermale; eaux thermales; thermes *mpl*; station thermale. **Gushing spring**, source vive. **Living spring**, source d'eau vive. *To intercept, divert, a s.*, couper une source. *See also* GAS-SPRING, MUD-SPRING, OIL-SPRING, SULPHUR-SPRING. (*b*) Source, origine *f*. *The custom had its s. in another country*, cet usage a eu son origine dans un autre pays, est originaire d'un autre pays. (*c*) *Arch:* Naissance *f*, retombée *f* (de voûte); escape *f*, apophyge *f* (de colonne). **2.** Printemps *m*. *The glory of an English s.*, la splendeur du printemps en Angleterre. **In (the) spring**, au printemps. **Spring day**, jour *m* de printemps. *A lovely s. evening*, une belle soirée de printemps. *Spring is in the air*, on respire le printemps dans l'air. **Spring flowers**, fleurs printanières. **Spring vegetables**, primeurs *m*. **Spring rye**, seigle *m* de mars. **Spring overcoat**, pardessus *m* de demi-saison. *See also* ONION 1. **3.** Saut *m*, bond *m*. **To take a spring**, prendre son élan; faire un bond. *To rise with a s.*, se lever d'un bond. **To make a spring at s.o.**, s'élancer sur qn. **4.** Élasticité *f*. **The spring of a bow**, la force d'un arc. *His muscles have no s. in them*, ses muscles manquent d'élasticité. *Through age his step had lost its s.*, l'âge avait appesanti ses pas. **5.** (*a*) Ressort *m*. **Spiral spring**, ressort spiral, en spirale; ressort à, en, boudin. **Flat spring**, ressort plat; lame-ressort *f*, *pl.* lames-ressorts. **Elliptic(al) spring**, ressort elliptique. *Aut:* **Full elliptic spring**, ressort à ellipse totale; ressort à main anglaise. **Laminated spring, leaf-spring, plate-spring**, ressort à feuilles, à lames (étagées). *Aut:* **Spring clip**, bride *f*. **Leaf-spring opener**, écarte-lames *m inv.* *Cin:* **Spring-drive camera**, appareil *m* avec moteur à ressort. **Spring motor**, moteur *m* à ressort. *To act as a s.*, faire ressort. **The springs of human action**, les mobiles qui font agir les hommes. *See also* BATTEN[3], BINDING[2] 2, CLIP[1] 1, COIL-SPRING, COILED, DOOR-SPRING, DRAWBACK 4, DRAW-SPRING, EQUALIZING[2] 2, HAIR-SPRING, MAINSPRING, WASHER[3], WATCH-SPRING. (*b*) *pl.* **Springs**, suspension *f* (d'une auto, d'une voiture, etc.). *Vehicle on springs*, véhicule suspendu. *Cart without springs*, charrette non suspendue. **6.** *Bootm:* Courbure *f* (du dessous de la forme). **7.** Craqûre *f* (d'un mât, d'une vergue). **8.** *Nau:* Embossure *f*, croupiat *m*, traversier *m*. *To make fast with a s.*, amarrer avec un croupiat. (*Of ship*) *To anchor with a s.*, s'embosser. **Check-spring ahead, astern**, garde montante, descendante.

'spring-balance, *s.* Balance *f* à ressort; peson *m* à ressort; peson à hélice.

'spring-band, *s.* Ressort *m* (de casque téléphonique).

'spring-barrel, *s. Clockm:* Barillet *m*; boîte *f* à ressort.

'spring-beam, *s.* **1.** *N.Arch:* Élongis *m* de tambour; traversin *m* des roues. **2.** *Metalw:* **Spring-beam of the drop-hammer**, rabat *m*.

spring-'bed, *s.* Lit *m* à sommier élastique.

'spring-beetle, *s. Ent:* Scarabée *m* à ressort; taupin *m*; tape-marteau *m*, *pl.* tape-marteaux.

'spring-board, *s. Gym:* Tremplin *m*.

'spring-bolt, *s.* **1.** Verrou *m* à ressort. **2.** (*Of lock*) Pêne coulant; pêne à ressort; (pêne à) demi-tour *m*.

'spring-bows, *s.pl.* (*Compasses*) Balustre *m* à ressort.

'spring-box, *s. Clockm:* = SPRING-BARREL.

'spring-carrier, *s. Veh:* Porte-ressort *m*, *pl.* porte-ressorts. **Spring-carrier arm**, main *f* de ressort. *Front, rear, spring-carriers*, mains avant, arrière.

'spring-'cart, *s.* Voiture suspendue; maringote *f*, jardinière *f*.

spring-'clean, *v.tr.* Nettoyer à fond (une chambre) (au printemps).

spring-'cleaning, *s.* Grand nettoyage (fait au printemps).

'spring-driven, *a.* Mû par un ressort; à ressort.

'spring-drum, *s.* = SPRING-BARREL.

'spring-eye, *s.* Œil *m*, œillet *m*, rouleau *m*, de ressort.

spring-'fork, *s. Cy:* Fourche *f* élastique.

'spring-grass, *s. Bot:* Flouve odorante.

'spring-grip, *s. Gym:* Crispateur *m*.

'spring-gun, *s.* Piège *m* à fusil.

spring-'head, *s.* Source *f*.

spring-'lock, *s.* Serrure *f* à ressort; serrure à pêne à demi-tour; serrure à fouillot; housset *m*, houssette *f*; bec-de-cane *m*, *pl.* becs-de-cane.

spring-'mattress, *s.* Sommier *m* élastique.

'spring-tail, *s. Ent:* Podure *m*.

spring-tide, *s.* **1.** ['spriŋtaid] = SPRINGTIME. **2.** ['spriŋ'taid] Grande marée; marée de vives eaux; marée de syzygie; vives eaux; vive-eau *f*, *pl.* vives-eaux; vif *m* de l'eau; hautes eaux; maline *f*.

spring-'van, *s.* Tapissière *f*.

'spring-water, *s.* Eau *f* de source; eau de fontaine; eau vive.

'spring-well, *s.* Fontaine montante.

spring-'wheat, *s. Agr:* Blé *m* de mars; *F:* les mars *m*; avrillet *m*.

spring[2], *v.* (*p.t.* **sprang** [spraŋ]; *p.p.* **sprung** [sprʌŋ]) **I.** *v.i.* **1.** (*a*) Bondir, sauter. **To spring to one's feet**, se dresser vivement sur ses pieds; se lever vivement, d'une secousse. **To spring over a ditch**, sauter un fossé. **To spring forward**, s'élancer en avant; se précipiter en avant. *To s. to s.o.'s help*, se précipiter au secours de qn. **To spring to the attack**, bondir à l'assaut. **To spring to arms**, *Lit:* voler aux armes. **To spring into the saddle**, sauter en selle. **To spring out of bed**, sauter du lit. **To spring at s.o.**, s'élancer sur qn; se jeter sur qn. *F:* **Where did you spring from?** d'où sortez-vous? (*b*) *P:* **If you could spring to a thousand pounds**, si vous pouviez aller jusqu'à mille livres; si vous pouviez porter la somme à mille livres. **You'll have to spring a bit**, il faut m'en offrir un meilleur prix. (*c*) Se mouvoir sous l'action subite d'un ressort. **The lid sprang open**, le couvercle se releva instantanément. **2.** (*a*) (*Of water, etc.*) Jaillir, sourdre. *Water that springs from the earth*, eau *f* qui sourd de (la) terre. (*b*) *The blood sprang to her cheeks*, une rougeur subite lui monta aux joues. **Hope springs eternal**, l'espérance *f* reste toujours vivace. **To spring into existence**, naître; (ap)paraître (soudainement). (*c*) **To be sprung from a noble race**, descendre d'une race noble. *A man sprung from one of the oldest families of the land*, un descendant d'une des plus anciennes familles du pays. *Sprung from royal blood*, issu de sang royal. **Sprung from the people**, sorti du peuple. (*d*) *What will s. from these events?* que verra-t-on sourdre de ces événements? *His genius springs from strong passions*, son génie a sa source dans de fortes passions. (*e*) (*Of plant, leaves*) (i) **To begin to spring**, commencer à pousser. (ii) = SPRING UP 2 (*a*). *The buds were beginning to s. on the trees*, les bourgeons des arbres commençaient à poindre. **3.** (*a*) (*Of wood*) Se déjeter; gauchir. (*b*) (*Of mast, pole*) Craquer; se fendre.

II. spring, *v.tr.* **1.** (*a*) Fendre (une raquette); faire craquer (un mât, un aviron); donner du gauche à (une tige, etc.). (*b*) *Nau:* **To spring a butt**, faire sauter un about. *See also* LEAK[1] 1, LUFF[1] 4. **2.** Faire lever, lever (une perdrix, etc.). **3.** (*a*) Faire jouer (un piège); faire sauter (une mine). (*b*) *F:* **To spring a new proposition on s.o.**, proposer, présenter, à l'improviste un nouveau projet à qn. *To s. a question, a request, on s.o.*, poser à qn une question inattendue; demander qch. à brûle-pourpoint. **To spring a surprise on s.o.**, prendre qn à l'imprévu; faire une surprise à qn. **4.** Suspendre (une voiture); munir (une voiture) de ressorts. **5.** *To s. a ditch*, franchir un fossé d'un bond; sauter un fossé.

spring aside, *v.i.* S'écarter brusquement; faire un bond de côté.

spring away, *v.i.* S'éloigner d'un bond.

spring back, *v.i.* **1.** Faire un bond en arrière. **2.** Faire ressort. *The branch sprang back (into its place)*, la branche se redressa.

spring down, *v.i.* Sauter en bas.

spring out, *v.i.* (*a*) Sortir d'un bond. (*b*) Sortir sous l'action d'un ressort.

spring up, *v.i.* **1.** (*a*) Sauter en l'air. (*b*) Se lever ou se redresser précipitamment. (*c*) Se mettre vivement sur son séant. **2.** (*a*) (*Of plant, etc.*) Pousser, croître. *The wheat is beginning to s. up*, le blé commence à pousser; le blé sort de terre. *As soon as the corn sprang up . . .*, dès qu'on vit poindre le blé. . . . (*b*) *A breeze sprang up*, une brise se leva. *A belief has sprung up that . . .*, la croyance s'est formée, a pris naissance, que. . . . *An intimacy sprang up between them*, l'intimité s'établit entre eux. *A doubt sprang up in his mind*, un doute germa dans son esprit.

sprung, *a.* **1.** **Sprung carriage**, voiture suspendue; voiture à ressorts. *Aut:* **Sprung weight**, poids suspendu. **2.** (*a*) *Nau:* **Sprung mast**, mât craqué. (*b*) **Sprung spindle**, fusée faussée, fléchie. **3.** *U.S:* *P:* Ivre, gris, *P:* cuit.

springing[1], *a.* **1.** *S. corn*, blé *m* qui lève. **2.** *S. step*, pas dansant, élastique.

springing[2], *s.* **1.** Bonds *mpl*, sauts *mpl*. **2.** (*a*) Jaillissement *m* (d'une source). (*b*) Germination *f* (de plantes). **3.** (*a*) Craquement *m* (d'un mât, etc.). (*b*) Gauchissement *m* (d'une tige, etc.). **4.** Suspension *f* (d'une voiture). **5.** *Arch:* **Springing of a vault**, naissance *f* d'une voûte. **Springing stones** (*on pier*), tas *m* de charge.

'springing-course, *s. Arch:* Assise *f* de retombée (de voûte).

'springing-line, *s. Arch:* Ligne *f* de(s) naissance(s).

springbok ['spriŋbɔk], *s.* **1.** *Z:* Springbok *m*. **2.** *pl.* **The Springboks**, (i) *Hist:* (1914-18) les Sud-Africains; (ii) *Sp:* *esp. Fb:* l'équipe sud-africaine.

springe[1] [sprindʒ], *s.* **1.** (*For birds*) Lacet *m*, lacs *m*, sauterelle *f*. **2.** (*For rabbits*) Collet *m*; (*for moles, etc.*) arbalète *f*.

springe[2], *v.tr.* Prendre (un oiseau) au lacet; prendre (un lapin) au collet.

springed [spriŋd], *a.* Pourvu de ressorts, monté sur des ressorts.

springer ['spriŋər], *s.* **1.** (*Pers.*) (*a*) Sauteur, -euse. *Navy:* *P:* Maître *m* de gymnastique. (*b*) *The s. of the mine*, celui qui a fait jouer la mine. *The s. of this proposal*, celui qui a fait cette proposition inopinée. **2.** (*a*) Variété *f* d'épagneul (dressé à faire lever le gibier). (*b*) *Z:* Springbok *m*. (*c*) *Z:* (*Grampus*) Épaulard *m*. **3.** *Arch:* Coussinet *m*, sommier *m*, imposte *f* (d'une arcade); claveau *m* de naissance (de voûte).

springhalt ['spriŋhɔlt], *s. Vet:* Éparvin sec.

springiness ['spriŋinəs], *s.* Élasticité *f* (d'un coussin, du pas); effet *m* de ressort; ressort *m*, liant *m*.

springlet ['spriŋlet], *s.* Petite source.

springlike ['spriŋlaik], *a.* Printanier; de printemps.

springtime ['spriŋtaim], *s.* Printemps *m*; *A. & Lit:* renouveau *m*. *She died in the s. of life*, elle mourut dans le printemps de sa vie.

springy ['spriŋi], *a.* **1.** Élastique, qui fait ressort; liant, flexible; (corps *m*) à ressort. *S. carpet*, tapis moelleux. **2.** *To climb the stairs* **with a springy step**, gravir d'un pas alerte les degrés de l'escalier.

sprinkle[1] [spriŋkl], *s.* **1.** **A sprinkle of rain**, quelques gouttes *f* de pluie. **2.** *A s. of salt*, quelques grains *m* de sel; une pincée de sel.

sprinkle[2]. **1.** *v.tr.* (*a*) Répandre, jeter (de l'eau, du sel, du gravier). *They sprinkled sand over the blood*, on répandit du sable sur le sang. (*b*) Asperger, arroser, bassiner (*with water*, d'eau); saupoudrer (*with salt*, de sel). *To s. the floor with sand*, répandre du sable sur le plancher. **Lawn sprinkled with dew, with daisies**, gazon parsemé de rosée, de pâquerettes. *Writings sprinkled with quotations*, écrits semés, lardés, de citations. *Pages sprinkled with witty sayings*, pages émaillées de bons mots. (*c*) *Bookb:* Jasper (les tranches). **2.** *v.i.* (*Of liquid*) Tomber en pluie fine, en gouttes.

sprinkling, *s.* **1.** Aspersion *f*, arrosage *m*, arrosement *m*; (*with sugar, etc.*) saupoudrage *m*. *R.C.Ch:* **Sprinkling of holy water**, aspergès *m*, aspersion. **2.** (*a*) **Sprinkling of gravel**, légère couche de gravier. (*b*) **A sprinkling of knowledge**, quelques connaissances *f*. **To have a sprinkling of a science**, posséder quelques bribes d'une science. *A fair s. of foreign words, of young people*, un assez grand nombre, un nombre respectable, de mots étrangers, de jeunes gens. **3.** *Bookb:* Jaspure *f*.

'sprinkling-can, *s. U.S:* = WATERING-CAN.

'sprinkling-cart, *s. U.S:* = WATERING-CART.

sprinkler ['spriŋklər], *s.* **1.** Appareil *m* d'arrosage; arrosoir *m*; arroseuse *f* à poussière d'eau. **Automatic fire-sprinkler**, extincteur *m* automatique d'incendie. **2.** *Ecc:* Aspergès *m*, goupillon *m*, aspersoir *m*.

sprint[1] [sprint], *s.* Course *f* de vitesse; pointe *f* de vitesse; rush *m* (de fin de course); "sprint" *m*.

'sprint-race, *s.* Course *f* de vitesse.

sprint[2]. **1.** *v.i.* Faire une course de vitesse; *Sp:* "sprinter." *Sp:* **To sprint past one's opponent,** prendre son adversaire de vitesse; *F:* gratter son adversaire. **2.** *v.tr. The 100 yards is always sprinted,* le 100 yards est toujours couru en vitesse.

sprinting, *s.* Course *f* de vitesse.

sprint[3], *s. Cy:* Jante *f* en bois.

sprinter ['sprintər], *s.* Coureur, -euse, de vitesse; "sprinter" *m.*

sprit [sprit], *s.* **1.** *Nau:* Livarde *f*, baleston *m.* **2.** *W.Tel:* Bâton *m* d'écartement (d'antenne).

sprit-'topsail, *s. Nau:* Contre-civadière *f.*

sprite [sprait], *s.* Lutin *m*; esprit follet; farfadet *m*; elfe *m*; (*of Puck, Ariel*) esprit *m.*

spritsail ['spritseil, spritsl], *s. Nau:* (i) Voile *f* à livarde; voile à baleston; (ii) *A:* civadière *f* (sous le mât de beaupré).

sprocket ['sprɔket], *s. Mec.E:* **1.** Dent *f* (de pignon). **2. Sprocket(-wheel),** pignon *m* de chaîne; pignon de Galle; pignon-Galle *m, pl.* pignons-Galle; couronne *f*; poulie *f* à chicanes; roue *f* à cames; roue barbotin; hérisson *m. Cy:* **Chain-tightening sprocket,** (pignon) tendeur *m* de chaîne; pignon de renvoi; pignon fou. **Sprocket-chain,** chaîne *f* à barbotin; chaîne-Galle *f, pl.* chaînes-Galle. *Cin:* **Top sprocket-wheel (of projector),** débiteur *m.* **Intermediate sprocket** (*of Maltese cross*), tambour *m* d'escamotage. **Sprocket-drum,** rouleau denté, tambour denté.

sprosser ['sprɔsər], *s. Orn:* Grand rossignol; progné *m.*

sprout[1] [spraut], *s. Bot:* **1.** (*a*) Jet *m*, rejeton *m*, pousse *f.* (*b*) Germe *m*, bourgeon *m.* **2. Brussels sprouts,** choux *m* de Bruxelles.

sprout[2]. **1.** *v.i.* (*a*) (*Of plant*) Pousser, pointer. (*b*) (*Of branch, shrub*) Bourgeonner. (*c*) (*Of seed*) Pousser des germes; germer. **Sprouted barley,** orge germé, levé. (*d*) *Metall:* (*Of silver*) Rocher. **2.** *v.tr.* (*Of animal*) **To sprout horns,** pousser des cornes. *F:* (*Of pers.*) **To sprout a moustache,** laisser pousser sa moustache.

sprouting, *s.* **1.** Germination *f*, pointement *m*, bourgeonnement *m.* **2.** *Metall:* Rochage *m.*

spruce[1] [spru:s], *a.* Paré, pimpant; soigné; tiré à quatre épingles. *You do look s.!* comme vous voilà beau, belle!

spruce[2], *v.tr.* **To spruce oneself up,** se parer; se faire beau, belle. **All spruced up,** sur son trente et un.

spruce[3], *s.* (*a*) *Bot:* **Spruce(-fir),** sapin *m*, spruce *m*, épinette *f.* **White spruce, Canadian spruce,** sapinette *f.* **Black spruce,** épinette noire. **Norway spruce,** épicéa *m*, pesse *f.* **Douglas spruce,** pseudotsuga *m* de Douglas. (*b*) **Spruce beer,** sapinette *f*; bière *f* de spruce. *See also* HEMLOCK 2.

spruce[4], *v.tr. Mil: P:* **To spruce s.o., to spruce up a yarn to s.o.,** en conter à qn; en faire accroire à qn; carotter qn.

spruceness ['spru:snəs], *s.* Air pimpant; mise pimpante, soignée.

sprucer ['spru:sər], *s. Mil: P:* Carottier *m.*

sprue[1] [spru:], *s. Med:* Sprue *m*, psilosis *m.*

sprue[2], *s. Metall:* **1. Sprue(-gate),** trou *m* de coulée. **2.** (*Riser*) Baguette *f* de coulée. **3.** Masselotte *f*; jet *m* de coulée.

sprues [spru:z], *s.pl. Hort:* Pointes *f* d'asperges.

sprung [sprʌŋ]. *See* SPRING[2].

spry [sprai], *a.* (**spryer, spryest**) **1.** Vif, actif; plein d'allant; plein d'entrain. **2.** *Dial:* = SPRUCE[1].

spud[1] [spʌd], *s.* **1.** (*a*) *Agr: Hort:* Petite bêche; sarcloir *m*; béquille *f*, béquillon *m*, houlette *f*, arrache-racine(s) *m inv.* (*b*) *F:* Personne *f* de taille ramassée; objet court et renflé; outil *m* à extrémité large et émoussée. (*c*) Menotte potelée (d'un enfant). **2.** *Dredging:* Piquet *m.* **3.** *F:* Pomme *f* de terre.

spud[2], *v.tr.* (**spudded; spudding**) Sarcler, béquiller (une plate-bande).

spuddy ['spʌdi], *a.* (*Of pers.*) Trapu, ramassé; (*of hand*) potelé.

spue[1, 2] [spju:], *s. & v.* = SPEW[1, 2].

spume[1] [spju:m], *s.* (*a*) *A. & Lit:* Écume *f* (de la mer). (*b*) *Med:* Spume *f.*

spume[2], *v.i.* Écumer.

spumescence [spju:'mes(ə)ns], *s.* Spumosité *f.*

spumescent [spju:'mes(ə)nt], *a.* Spumescent.

spumous ['spju:məs], **spumy** ['spju:mi], *a. Lit:* Écumeux; spumeux.

spun [spʌn]. *See* SPIN[2].

spungoid ['spʌŋgɔid], *a.* = SPONGOID.

spunk [spʌŋk], *s.* **1.** (*a*) Amadou *m.* (*b*) *Scot: F:* Allumette *f.* **2.** *F:* (*a*) Courage *m*, cran *m.* **To have plenty of spunk,** avoir du cran; avoir du cœur au ventre. *They have no s.,* ils manquent de cran. **To put fresh spunk into s.o.,** remettre du cœur au ventre à qn. (*b*) *U.S:* Irritation *f*; mauvaise humeur.

spunky ['spʌŋki], *a. F:* **1.** Courageux; qui a du cran. **2.** *U.S:* Irascible, quinteux.

spur[1] [spə:r], *s.* **1.** Éperon *m.* **To win one's spurs,** (i) *Hist:* gagner ses éperons; (ii) *F:* faire ses preuves. **To set, put, clap, spurs to one's horse, to dig one's spurs into one's horse,** donner de l'éperon à son cheval; donner du talon, appuyer l'éperon, serrer l'éperon, à son cheval; éperonner son cheval; piquer des deux. *Hist:* **The Battle of the Spurs,** la Journée des Éperons (à Guinegatte, 1513). **2.** Coup *m* d'éperon; stimulant *m.* **The spur of necessity,** l'aiguillon *m* de la nécessité. **To do sth. on the spur of the moment,** faire qch. sous l'impulsion, sous l'inspiration, du moment; faire qch. par coup de tête, de but en blanc, à l'impromptu. **To give a spur to s.o.'s efforts,** stimuler les efforts de qn. **3.** (*a*) Ergot *m* (de coq). (*b*) Éperon d'ergot (d'un coq de combat). **4.** (*a*) Éperon, contrefort *m*, rameau *m*, embranchement *m* (d'une chaîne de montagnes). (*b*) Embranchement (de chemin de fer). (*c*) *Geol:* Rameau *m*, ramification *f* (d'une veine). **5. Climbing spurs,** grappins *m*, griffes *f*, crampons *m.* **6.** *Bot:* (*a*) Éperon. *Hort:* **Fruit spur,** dard *m.* (*b*) Ergot (de seigle). **7.** *Carp:* Contre-fiche *f*; arc-boutant *m, pl.* arcs-boutants; entretoise *f. N.Arch:* Arc-boutant de soutien. **8.** *Fort:* Éperon. **9.** *A.Navy:* Éperon (de proue) (d'un vaisseau de guerre).

'spur-chuck, *s. Mec.E:* Mandrin *m* à trois pointes; mandrin à tulipe; griffe *f.*

'spur-gear, -gearing, *s.* Engrenage droit; roue droite; denture *f* à flancs droits.

'spur-leather, *s.* Monture *f* d'éperon.

'spur-like, *a. Nat.Hist:* Calcariforme.

'spur-maker, *s.* Éperonnier *m.*

'spur-pinion, *s. Mec.E:* Pignon droit.

'spur-rowel, *s.* Molette *f.*

'spur-stone, *s.* Bouteroue *f*; chasse-roue(s) *m inv.*

'spur-wheel, *s.* Roue *f* (d'engrenage) à denture droite; roue droite.

'spur-wise, *a.* (Cheval *m*) sensible à l'éperon, qui connaît les talons.

spur[2], *v.tr.* (**spurred; spurring**) **1.** Éperonner, talonner (un cheval); donner de l'éperon à (un cheval). *Abs.* **To spur on, forward,** jouer des éperons; piquer des deux. *He spurred away to Paris,* il piqua (des deux) dans la direction de Paris. *See also* WILLING[2] 1. **2. To spur s.o. on,** aiguillonner, stimuler, qn. *To s. s.o. on to do sth.,* stimuler, exciter, inciter, pousser, qn à faire qch. **Spurred on by desire,** fouetté par le désir. **3.** Éperonner (un cavalier, un coq de combat); chausser les éperons à (un cavalier).

spurred, *a.* **1.** Éperonné. *See also* BOOTED. **2.** *Orn:* Ergoté. **3.** (*a*) *Bot:* (Fleur *f*) calcarifère. *Hort:* **Long-spurred columbine,** aquilégie *f* à éperon. (*b*) (*Of rye, etc.*) Ergoté, cornu.

spurring, *s.* **1.** Coups *mpl* d'éperon. **2.** Stimulation *f*, excitation *f.*

spurge [spə:rdʒ], *s. Bot:* Euphorbe *f*, épurge *f*; *F:* catherinette *f*, cierge *m.* **Cypress spurge,** lait *m* de couleuvre.

'spurge-flax, *s. Bot:* Sainbois *m*, garou *m.*

'spurge-laurel, *s. Bot:* Daphné *m* lauréole; lauréole *f*; laurier *m* des bois.

'spurge-olive, *s. Bot:* Bois gentil; garou *m* des bois.

spurious ['spjuəriəs], *a.* **1.** Faux, *f.* fausse; contrefait; falsifié. **Spurious coin,** pièce de monnaie fausse. *S. love,* amour *m* d'emprunt; amour simulé. *S. drug,* drogue falsifiée. *Meteor:* **Spurious rainbow,** arc *m* surnuméraire. **2.** (*Of writings*) Apocryphe; (*of edition*) de contrefaçon; contrefait. **3.** *Nat.Hist:* (*Of organ, limb, etc.*) Faux. *Med:* **Spurious croup,** faux croup. **4.** *A:* (*Of pers.*) Illégitime, bâtard. **-ly,** *adv.* Faussement, par contrefaçon.

spuriousness ['spjuəriəsnəs], *s.* **1.** Fausseté *f*; nature falsifiée (*of*, de). **2.** Caractère *m* apocryphe (d'un texte). **3.** *A:* Illégitimité *f*, bâtardise *f.*

spurn[1] [spə:rn], *s.* **1.** Mouvement *m* du pied pour écarter ou repousser qch. **2.** Refus méprisant d'une offre, d'une offrande; rebuffade *f.*

spurn[2], *v.tr.* **1.** Repousser, écarter, (qch.) du pied. *To s. the proffered gifts,* repousser du pied les dons offerts. **2.** Rejeter (une offre) avec mépris; repousser (qn, les avances de qn) avec mépris; mépriser (qn); traiter (qn) avec mépris.

spurner ['spə:rnər], *s.* Contempteur, -trice (*of*, de).

spurrey, spurry ['spʌri], *s. Bot:* Spergule *f*, spargoute *f*, sporée *f.* **Corn spurry,** spargoute des champs.

spurrier ['spʌriər], *s.* Éperonnier *m.*

spurt[1, 2] [spə:rt], *s. & v.* = SPIRT[1, 2].

spurt[3], *s.* (*a*) Effort soudain; coup *m* de collier; poussée *f* d'énergie. (*b*) *Sp:* Effort de vitesse; pointe *f* de vitesse, emballage *m*, démarrage *m*, échappée *f*, rush *m* (de fin de course); *Row:* enlevage *m.* **To put on a spurt,** démarrer, emballer. *Man able to put on a s.,* démarreur *m.* **Final spurt,** pointe finale.

spurt[4], *v.i. Sp:* S'emballer, démarrer; faire un effort de vitesse; faire un emballage.

sputter[1] ['spʌtər], *s.* = SPUTTERING.

sputter[2]. **1.** *v.tr.* Débiter (qch.) en bredouillant, en lançant des "postillons." **2.** *v.i.* (*a*) Lancer des "postillons" en parlant; bredouiller. (*b*) (*Of pen*) Cracher. (*c*) (*Of electric arc*) Crépiter; (*of kindling wood*) pétiller; (*of meat on the grill, in the pan*) brasiller; (*of candle flame*) grésiller, crépiter. **The candle sputtered out,** la bougie s'éteignit en grésillant.

sputtering, *s.* **1.** Bredouillement *m.* **2.** Crachement *m* (d'une plume). **3.** Crépitement *m* (de l'arc électrique); pétillement *m* (du bois); grésillement *m* (de la friture, d'une chandelle).

sputum, *pl.* **-a** ['spju:təm, -ə], *s. Med:* Crachat *m*; expectorations (purulentes, sanguines, etc.).

spy[1], *pl.* **spies** [spai, -aiz], *s.* Espion, -onne; *F:* mouchard *m*, pisteur *m.* **The police spies,** les agents, les affidés, les argus, de la police; *P:* les casseroles *f.* **To play the spy on s.o.,** espionner qn. **The spy system,** l'espionnage *m.*

'spy-glass, *s.* Lunette *f* d'approche; longue-vue *f, pl.* longues-vues.

'spy-hole, *s.* (*a*) Trou *m* (dans un rideau, etc.); fente *f* (dans une clôture, etc.). (*b*) Judas *m* (de porte). (*c*) Regard *m* (de machine, de fourneau, etc.).

spy[2], *v.* (**spied; spying**) **1.** *v.tr.* Apercevoir, voir, reconnaître, remarquer. **He spied him approaching,** il l'a vu s'approcher. *To be quick at spying the faults of others,* être prompt à remarquer les fautes d'autrui. **To spy out the ground,** explorer le terrain. **2.** *v.i.* Espionner. **To spy upon s.o., upon s.o.'s movements,** épier, espionner, guetter, qn, les mouvements de qn. **To spy into a secret,** chercher à pénétrer un secret; *P:* cafarder.

spying, *s.* Espionnage *m.*

squab[1] [skwɔb], *s.* **1.** Petit homme grassouillet; boulot, -otte; courtaud, -aude. **2.** Pigeonneau *m* sans plumes. **3.** (*a*) Coussin capitonné. (*b*) *Aut:* Coussin (de siège). **4.** (*a*) Canapé rembourré; ottomane *f.* (*b*) Pouf *m.*

'squab-chick, *s.* Poussin *m* sans plumes.

'squab-'pie, *s. Cu:* **1.** Pâté *m* de pigeon. **2.** *Dial:* Pâté sous croûte épaisse, composé de mouton, de porc, de pommes, et d'oignons.

squab[2]. **1.** *a.* Boulot, -otte; courtaud; grassouillet, -ette; ragot, -ote. **2.** *adv. Dial:* **To come down squab on the floor,** tomber vlan sur le plancher; tomber en faisant pouf.

squabble[1] [skwɔbl], *s.* Querelle *f*, dispute *f*, altercation *f*, chamaillis *m*, chamaillerie *f*; prise *f* de bec; accrochage *m*. **Family squabbles,** querelles de famille.

squabble[2]. **1.** *v.i.* Se chamailler, se quereller, se chicaner (*with*, avec). **2.** *v.tr. Typ:* Faire chevaucher (les caractères). **Squabbled type,** caractères *m* qui chevauchent.

squabbling, *s.* Chamaillerie *f*; querelles *fpl*.

squabbler [ˈskwɔblər], *s.* Chamaillard *m*; querelleur, -euse.

squabby [ˈskwɔbi], *a.* Courtaud; ragot, -ote; trapu.

squad[1] [skwɔd], *s.* **1.** *Mil: etc:* (i) Escouade *f*; (ii) peloton *m*. **Squad drill,** école *f* de peloton. **Punishment squad, defaulters' squad,** peloton de punition, *F:* la pelote, le bal. *See also* AWKWARD 1. **2.** (*a*) Brigade *f* (de cheminots, etc.). (*b*) **The Flying Squad** (**of Scotland Yard**), la brigade mobile (de la police); l'équipe volante. *See also* VICE-SQUAD. (*c*) *Sp: U.S:* Équipe *f*. **3.** *F: So-and-so and his s.*, un tel et sa bande.

squad[2], *v.tr.* (**squadded; squadding**) Former (ses hommes) en escouades, en pelotons, en brigades, en équipes.

squadron [ˈskwɔdrən], *s.* **1.** (*a*) *Mil:* Escadron *m*. (*b*) *Mil.Av:* Escadrille *f*. **Bombing squadron,** escadrille de bombardement. **Squadron leader,** commandant *m*. **2.** *Nau:* Escadre *f*. **First battle squadron,** première escadre de ligne. **The van squadron,** l'avant-garde *f*. **The centre squadron,** le centre. **The rear squadron,** l'arrière-garde *f*. **Blockading squadron,** escadre de blocus. **Flying squadron,** escadre volante.

squadroned [ˈskwɔdrənd], *a.* Divisé en escadrons, en escadrilles, ou en escadres.

squailer [ˈskweilər], *s.* = THROW-STICK.

squali [ˈskweilai], *s.pl. Ich:* Squales *m*.

squalid [ˈskwɔlid], *a.* Sale, malpropre, crasseux; misérable, sordide. **Squalid clothing,** vêtements crasseux; loques *fpl*. *S. dwellings*, demeures *f* misérables, sordides.

squalidity [skwɔˈliditi], **squalidness** [ˈskwɔlidnəs], *s.* = SQUALOR.

squall[1] [skwɔːl], *s.* Cri *m* (rauque, discordant, qui écorche les oreilles).

squall[2]. **1.** *v.i.* Crier, brailler, piailler. *He is for ever squalling about nothing*, il crie au meurtre à tout propos. **2.** *v.tr.* **To squall (out) sth.,** brailler, crier, qch.

squalling[1], *a.* Criard, braillard.

squalling[2], *s.* Criaillerie *f*, braillement *m*.

squall[3], *s. Nau:* Grain *m*; coup *m* de vent; bourrasque *f*; rafale *f*. **Light squall,** risée *f*. **Thick squall,** grain épais. **Black squall, white squall,** grain noir, grain blanc. *S. of rain*, grain de pluie. **Sudden squall,** coup de temps. *The wind blows in squalls*, le vent souffle par rafales. **To meet with, encounter, a squall,** essuyer, recevoir, un grain. *To prepare to meet a s., to reduce sail for a s., to steer clear of a s.*, parer à un grain. *F:* **Look out for squalls!** veille au grain! gare la bombe! gare la tempête! il va y avoir du grabuge! *There are squalls in the home, F:* le torchon brûle chez eux.

'squall-kink, *s. Meteor:* Crochet *m* de grain.

squaller [ˈskwɔːlər], *s.* Criard, -arde; braillard, -arde; brailleur, -euse.

squally [ˈskwɔːli], *a.* (Temps) à grains, à rafales. *The weather is becoming s.*, il fait un temps à grains.

squaloid [ˈskweilɔid]. *Ich:* **1.** *s.* Squalide *m*, squale *m*. **2.** *a.* Squalide, squalidien.

squalor [ˈskwɔlər], *s.* Saleté *f*; malpropreté *f*; misère *f*. **Born in squalor,** né dans la crasse. **To die in squalor,** mourir sur le fumier. *The s. of these streets*, l'aspect *m* sordide de ces rues.

squama, *pl.* **-ae** [ˈskweima, -iː], *s.* **1.** *Z:* Squame *f*. **2.** *Bot:* Pellicule *f*. **3.** *Med:* Squame.

squamate [ˈskweimet], *a. Nat.Hist:* Squamé.

squamation [skwaˈmeiʃ(ə)n], *s. Nat.Hist:* **1.** Squamosité *f*. **2.** Disposition *f*, arrangement *m*, des squames, des pellicules.

squamella [skwaˈmela], *s. Bot:* Squamelle *f*.

squamiferous [skwaˈmifərəs], *a.* Squamifère.

squamose [ˈskweimous], **squamous** [ˈskweiməs], *a. Nat.Hist:* Squameux.

squamula, *pl.* **-ae** [ˈskweimjula, -iː], **squamule** [ˈskweimjuːl], *s. Nat.Hist:* Squamelle *f*, squamule *f*.

squamulose [ˈskweimjulous], *a. Nat.Hist:* Squamellifère.

squander [ˈskwɔndər], *v.tr.* Gaspiller, prodiguer (l'argent); dissiper, gaspiller, dilapider, manger, avaler, dévorer, *P:* claquer (sa fortune); gaspiller (son temps). **To squander one's small fortune,** *F:* manger ses quatre sous. **To squander one's money,** jeter son argent par la fenêtre. *It's so much money squandered*, c'est de l'argent flambé.

squandering[1], *a.* Dissipateur, -trice; gaspilleur, -euse; prodigue.

squandering[2], *s.* Gaspillage *m*.

squanderer [ˈskwɔndərər], *s.* Gaspilleur, -euse; prodigue *mf*.

squandermania [skwɔndərˈmeinia], *s. F:* Rage *f* de dépenser.

square[1] [skwɛər]. I. *s.* **1.** (*a*) *Geom:* Carré *m*. (*b*) *A:* **Oblong square,** rectangle *m*. *See also* THREE-SQUARE. (*c*) Carré. **Magic square,** carré magique. *Mil:* **Hollow square, solid square,** carré creux, plein. **To form into a square,** former le carré. **2.** (*a*) Carreau *m* (de figure quadrillée, etc.); case *f*, compartiment *m* (d'échiquier, etc.). *To divide a map into squares*, quadriller, graticuler, une carte. **Framework of squares** (*for enlargement, etc., of maps and plans*), graticule *m*. **Reducing squares,** carreaux de réduction. *Surv:* **(Reference) square** (*on map*), carreau-module *m*, *pl.* carreaux-modules. (*b*) *A:* Carreau (de verre). (*c*) **Silk square,** foulard *m*. (*d*) *Bookb:* **Squares,** chasses *f* (des plats). **3.** (*a*) (*Of town, village*) Place *f*; (*with garden*) square *m*; (*in front of church*) parvis *m*. *See also* BARRACK SQUARE, MARKET[1] 1. (*b*) *U.S:* Bloc *m*, pâté *m*, de maisons (entre quatre rues). **4.** Équerre *f*. **Set square,** équerre à dessin. **T square, tee-square,** équerre en T, à T; té *m* (à, de, dessin). *Surv:* **Optical square,** équerre d'arpenteur. *See also* BEVEL[1] 2, MITRE SQUARE, TRY-SQUARE. **To cut sth. on the square,** couper qch. à angles droits. **Out of square,** hors d'équerre; hors d'aplomb. *To cut sth. out of s.*, couper qch. à fausse équerre. *F:* **To act on the square,** agir carrément, honnêtement; jouer franc jeu. *Our business is all on the s.*, nous jouons franc jeu. *F:* **To be on the square,** être franc-maçon. **5.** *Mth:* Carré (d'une expression). **Perfect square,** carré parfait.

II. **square,** *a.* **1.** Carré. (*a*) **Square table,** table carrée. *S. ruler*, carrelet *m*, réglette *f*. *Nau:* **Square sail,** voile carrée. **Square game,** partie *f* à quatre. **Square dance,** danse *f* à quatre. **Square foot, square inch,** pied, pouce, carré. **Square measure,** mesure *f* de surface, de superficie. **Nine square feet,** neuf pieds carrés. **Nine foot square,** qui forme un carré de neuf pieds de côté; de neuf pieds en carré. *See also* NET[1] 1, PEG[1] 1. (*b*) **Square shoulders,** épaules carrées. **Square chin,** menton carré. **Square toe,** carre *f* (de chaussure). *Bodice with a s. neck*, corsage décolleté en carré. *See also* VAULT[1] 1. (*c*) Plat. *Carp:* **Square joint,** assemblage *m* à plat. *Nau:* **Square knot,** nœud plat. **2. Line square with another,** ligne à angle droit, d'équerre, avec une autre. *Nau:* **Square rigging,** gréement carré. **Square yards,** vergues brassées carré. *The yards are s. by the braces*, les vergues sont droites en bras. *Yard which is very s.*, vergue qui a beaucoup de croisure. **3.** *Mth:* **Square root,** racine carrée. **Square number,** nombre carré. **4.** (*a*) **To get things square,** (i) arranger les choses; (ii) mettre tout en ordre. (*b*) **Square refusal,** refus net, catégorique. *See also* MEAL[2] 1. (*c*) **Square dealings,** procédés *m* honnêtes. *He always gives you a s. deal*, il est toujours loyal en affaires. **To play a square game,** jouer franc jeu. (*d*) **To be square with s.o.,** être quitte envers qn. *We are s.*, nous sommes quittes; nous sommes quitte à quitte. *Golf:* **To be all square,** être à égalité. *F:* **To call it square,** faire une cote mal taillée. *We'll call it s.*, je vous tiens quitte. **-ly,** *adv.* **1.** Carrément. *To stand s. on one's legs*, se tenir carrément sur ses jambes. **2.** Carrement, honnêtement. **To act squarely,** agir carrément, loyalement.

III. **square,** *adv.* **1.** A angles droits (*to, with*, avec); d'équerre (*to, with*, avec). *Set s. upon its base*, d'aplomb sur sa base. *To run s. into a ship*, aborder un navire de bout en plein. *The bullet struck him s. in the chest*, la balle l'atteignit en pleine poitrine. **2.** *F:* (Agir) honnêtement, correctement.

'square-'built, *a.* **1.** Bâti en carré. **2.** (*Of pers.*) (i) Aux épaules carrées, de belle carrure; (ii) trapu.

'square-'cut, *a.* Coupé carrément. *S.-c. bodice*, corsage *m* à encolure carrée.

'square-head, *s.* **1.** *U.S:* Colon allemand, hollandais, ou scandinave. **2.** (1914-18) Boche *m*; tête carrée.

'square-headed, *a.* A tête carrée.

'square-'jawed, *a.* Au menton carré.

'square-'leg, *s. Cr:* Chasseur *m* à gauche (du batteur) dans le prolongement du guichet.

'square-'necked, *a. Dressm:* A décolletage carré.

'square-'rigged, *a. Nau:* Gréé en carré. *S.-r. three-master*, trois-mâts carré.

'square-'shouldered, *a.* Aux épaules carrées.

'square-'threaded, *a.* (Vis) à filet carré, à filet rectangulaire, à pas carré.

'square-'toed, *a.* (Souliers) à bouts carrés.

'square-toes, *s. F:* **An old square-toes,** un vieux pédant, un rigoriste de l'ancienne mode; un bourgeois d'un formalisme démodé.

square[2]. I. *v.tr.* **1.** (*a*) Carrer, équarrir, dresser (un bloc de marbre); équarrir, équerrer (le bois); araser (une planche). *N.Arch:* Triquer (les bois). **To square off the end of a rod,** affranchir d'équerre l'extrémité d'une tige. (*b*) *Nau:* **To square the yards,** brasser carré; mettre (les vergues) en croix; aligner les caps de mouton; reprendre les enfléchures. **2.** (*a*) **To square one's practice with one's principles,** accorder, faire cadrer, ses actions avec ses principes. **How do you square it with your conscience?** comment arrangez-vous cela avec votre conscience? (*b*) Balancer, égaliser, régler (un compte). *We must s. accounts*, il faut régler nos comptes. *F: To s. accounts with s.o.*, régler son compte à qn. **To square matters,** arranger les choses; mettre tout le monde d'accord. (*c*) *F:* Graisser la patte à (qn); suborner (qn). *He has been squared to hold his tongue*, on a acheté, payé, son silence. *All the people concerned have to be squared*, il faut faire une distribution générale de pots-de-vin; *F:* à chaque saint son offrande. **3. To square the circle,** résoudre le problème de la quadrature du cercle. *To try to s. the circle*, chercher la quadrature du cercle. **4.** *Mth:* Élever (une expression) au carré; carrer (un nombre). **5.** Quadriller (une carte, etc.). **To square (up) a sketch for enlargement,** mettre un croquis au carreau.

II. **square,** *v.i.* **1.** *The end and the side should s. with each other, should s. together*, le bout et le côté doivent se carrer, se raccorder. **2. His practice does not square with his principles,** ses actions ne s'accordent pas, ne cadrent pas, ne sont pas d'accord, avec ses principes. *The theory does not s. with the facts*, la théorie ne correspond pas aux faits. **3.** *Golf:* **To square with one's opponent,** égaliser la marque.

square up. **1.** *v.tr.* (*a*) Affranchir d'équerre, équarrir (le bout d'une planche, etc.). (*b*) *Abs.* **To square up with s.o.,** régler ses comptes avec qn. **2.** *v.i.* **To square up to s.o.,** s'avancer vers qn en posture de combat; se mettre en posture de combat.

squared, *a.* **1.** (Bois, etc.) équarri. *Const:* **Squared stone,** pierre carrée. **2.** *Mth:* (Élevé) au carré. *Let* $a = x^2$ (*let* a *equal* x *squared*), soit $a = x^2$ (soit *a* égal *x* au carré). **3.** (Papier) quadrillé, à carreaux.

squaring, *s.* **1.** Équarrissage *m*, équarrissement *m*, dressage *m* (d'un bloc de pierre, etc.); mise *f* en équerre. **2.** *Nau:* Croisure *f* (des vergues). **3.** Quadrature *f* (du cercle). **4.** Carroyage *m*, quadrillage *m* (d'une carte, etc.). **Squaring up of a sketch** (*for enlargement on canvas*), mise *f* au carreau d'un croquis. *Tex:* **Squaring of a design,** carreautage *m* d'un dessin.

squareness ['skwɛərnəs], *s.* **1.** Forme carrée. **2.** Honnêteté *f*, loyauté *f* (dans les affaires).

squarish ['skwɛəriʃ], *a. F:* (*a*) Plutôt carré. (*b*) (*Of pers.*) Boulot, -otte.

squarrose ['skwarous, 'skwɔ-], *a. Nat.Hist:* Squarreux.

squarson ['skwɑːrs(ə)n], *s. F. & Hum:* (= *squire and parson*) Clergyman *m* qui est en même temps le *squire* de sa paroisse.

squash[1] [skwɔʃ], *s.* **1.** Écrasement *m*, aplatissement *m*. **To fall with a squash,** tomber en faisant flac; tomber avec un bruit mou. **To fall squash on sth.,** (i) s'aplatir sur qch.; (ii) aplatir qch. en tombant dessus, en s'asseyant dessus. **2.** (*a*) Cohue *f*, presse *f*. *There was a dreadful s. at the doors,* on s'écrasait aux portes. (*b*) *F:* Réception mondaine (où l'on s'écrase). **3.** Pulpe *f*. *His hand was just a s.,* sa main était en capilotade. *See also* LEMON-SQUASH.

'squash-'hat, *s. F:* **1.** Chapeau mou. **2.** Chapeau mécanique; claque *m*, gibus *m*.

'squash-'rackets, *s.* Jeu de balle au mur joué avec des raquettes.

squash[2]. **1.** *v.tr.* (*a*) Écraser, aplatir, faire gicler (un fruit, etc.). (*b*) *F:* Aplatir, écraser (qn); couper le sifflet à (qn); clore le bec à (qn); *P:* écrabouiller (son adversaire). (*c*) *F:* Remettre (qn) à sa place; rebuffer, rembarrer (qn); *P:* s'asseoir sur (qn). **2.** *v.i.* (*a*) (*Of fruit, etc.*) S'écraser. (*b*) Se serrer, se presser. *To s. into the lift,* entrer de force dans la cage de l'ascenseur. *To s. through the gate,* se bousculer à la barrière; entrer en cohue.

squash[3], *s. Hort:* Courge *f*, gourde *f*, pâtisson *m*. *U.S:* **Winter squash,** courge potiron.

'squash-melon, *s. Hort: F:* Bonnet *m* de prêtre; artichaut *m* d'Espagne; pâtisson *m*.

squashy ['skwɔʃi], *a.* Mou et humide, qui s'écrase facilement. *S. plums,* prunes *f* à pulpe molle. *S. ground,* terrain bourbeux, qui gicle sous les pas.

squat[1] [skwɔt], *s.* **1.** Accroupissement *m*; posture accroupie. **2.** (*Pers.*) Courtaud, -aude.

squat[2], *v.i.* (**squatted; squatting**) **1.** (*a*) **To squat (down),** *v.pr.* **to squat oneself (down),** s'accroupir; *A. & F:* s'accroupetonner. *Old woman squatting by the fire,* vieille accroupetonnée, accouvée, au coin du feu. *P:* **Squat!** assieds-toi! (*b*) *Ven:* (*Of game*) Se raser; se tapir; (*of rabbit, partridge*) se terrer; (*of hare, wolf*) se flâtrer. (*c*) *Nau:* (*Of ship*) Tanguer en arrière. **2.** (*a*) *U.S: A:* **To squat upon a piece of land,** s'établir sur un terrain (vierge, qui n'a pas été concédé); s'approprier un terrain. (*b*) *F:* (*Of doctor, etc.*) S'établir dans un quartier sans avoir acheté de clientèle. (*c*) (*In Austr.*) S'établir comme squatter sur une terre que l'on achète ou que l'on loue.

squatting[1], *a.* **1.** Accroupi; *A:* à croupetons. **2.** Qui occupe un terrain comme squatter.

squatting[2], *s.* **1.** Accroupissement *m*. **2.** (*a*) Occupation *f* d'un terrain en qualité de squatter. (*b*) *F:* (*Of medical man, etc.*) Intrusion *f* (dans un quartier).

squat[3], *a.* **1.** (*a*) Accroupi; assis sur ses talons; *A:* à croupetons. (*b*) *Dial:* Tapi, blotti; coi, coite. **2.** (*a*) (*Of pers.*) Ramassé, trapu; ragot, -ote; courtaud. *S. stature,* taille raccourcie. (*b*) (*Of object, building, etc.*) Écrasé. *S. letters,* lettres écrasées. *S. arch,* arc surbaissé.

squatter ['skwɔtər], *s.* **1.** Squatter *m* (en Amérique, en Australie). **2.** (*a*) Personne accroupie. (*b*) *Ven:* Bête tapie, qui se rase.

squaw [skwɔː], *s.f.* Squaw; femme peau-rouge; épouse d'un Peau-Rouge.

squawk[1] [skwɔːk], *s.* Cri *m* rauque (de certains oiseaux, *F:* de qn); couac *m* (sur la clarinette, etc.).

squawk[2], *v.i.* (*Of bird, F: of pers.*) Pousser des cris rauques; faire couac, couac; (*on reed instrument*) faire des couacs.

squeak[1] [skwiːk], *s.* **1.** Petit cri aigu; couic *m* (de souris); vagissement *m* (de lièvre); crissement *m*, grincement *m* (de choses mal huilées); canard *m* (sur la clarinette, etc.). **2.** *F:* **To have a narrow squeak,** l'échapper belle. **That was a near squeak,** (i) nous l'avons échappé belle; (ii) il était moins cinq!

squeak[2]. **1.** *v.i.* (*a*) (*Of pers.*) Pousser des cris aigus; (*of mouse*) faire couic; guiorer; (*of hare*) vagir; (*of machine part, etc.*) crier, grincer, crisser; (*of shoes*) crier, craquer; (*of musical instrument*) faire des couacs. *Pen that squeaks in writing,* plume *f* qui grince, qui crisse, sur le papier. (*b*) *P:* = SQUEAL[2] 1 (*c*). **2.** *v.tr.* **To squeak (out) sth.,** crier qch. d'une petite voix aiguë.

squeaking, *s.* Couics *mpl.* *Aut: etc:* *S. of the body,* bruit *m* de carrosserie.

squeaker ['skwiːkər], *s.* **1.** (*a*) Celui qui pousse des petits cris. (*b*) *P:* = SQUEALER 2. **2.** (*a*) Jeune oiseau *m*; pigeonneau *m*. (*b*) *F:* Cochonnet *m*; cochon *m* de lait. **3.** (*Device*) Pratique *f* (de montreur de guignol).

squeaky ['skwiːki], *a.* Criard, qui crie. **Squeaky boots,** bottines qui crient, qui craquent. *Veh:* *S. springs,* ressorts qui grincent. *S. voice,* petite voix aiguë, haut-timbrée.

squeal[1] [skwiːl], *s.* Cri aigu; cri perçant (d'un animal).

squeal[2]. **1.** *v.i.* (*a*) Pousser des cris aigus; (*of small animals*) piailler. *F:* **To squeal like a pig,** crier comme un porc qu'on égorge, comme un sourd. (*b*) *F:* Protester; réclamer; pousser les hauts cris. (*c*) *P:* Vendre, trahir, ses complices; *P:* manger le morceau. **To squeal on s.o.,** rapporter sur qn; dénoncer qn. (*d*) *P:* **To make s.o. squeal,** faire chanter qn; faire du chantage. **2.** *v.tr.* **To squeal out sth.,** crier qch. d'une voix aiguë, perçante.

squealing[1], *a.* Criard; qui crie, qui piaille.

squealing[2], *s.* Cris aigus; hauts cris.

squealer ['skwiːlər], *s.* **1.** (*a*) Criard, -arde. (*b*) *F:* Protestataire *mf*; protestateur, -trice. **2.** *P:* Dénonciateur, -trice; cafard *m*. **3.** = SQUEAKER 2.

squeamish ['skwiːmiʃ], *a.* **1.** Sujet aux nausées. *S. stomach,* estomac délicat. *S. feeling,* envie *f* de vomir. **To feel squeamish,** avoir, se sentir, envie de vomir; avoir des nausées; avoir mal au cœur; se sentir mal; avoir le cœur barbouillé. *It makes me feel s.,* cela m'affadit le cœur. **2.** (*a*) Difficile, délicat, dégoûté. (*b*) Scrupuleux à l'excès. (*c*) Pudique à l'excès. *Don't be so s.!* pas tant de délicatesses! ne faites pas le dégoûté! ne faites pas tant de façons! *Don't be s. about telling me,* ne vous embarrassez pas pour me le dire. *Why should we be so s.?* pourquoi ferions-nous les renchéries, les prudes? *The songs were coarse, but the audience was not s.,* les chansons étaient plutôt lestes, mais l'auditoire ne s'en effarouchait pas, mais l'auditoire s'accommodait de tout.

squeamishness ['skwiːmiʃnəs], *s.* **1.** Disposition *f* aux nausées. **2.** Délicatesse exagérée; goût *m* difficile. *S. of conscience,* délicatesse de conscience.

squeegee[1] [skwiː'dʒiː], *s.* **1.** Balai *m*, rabot *m*, en caoutchouc; racloir *m*. *Nau:* Râteau *m* de pont. **2.** *Phot: etc:* (*a*) Raclette *f*. (*b*) **Roller squeegee,** rouleau *m* (pour collage d'épreuves, etc.).

squeegee[2], *v.tr.* **1.** Balayer ou goudronner (une rue) avec un balai en caoutchouc. **2.** *Phot:* Passer la raclette ou le rouleau sur (une épreuve).

Squeers [skwiərz]. *Pr.n.m.* Directeur d'école ignorant, brutal, et avare. (Personnage du *Nicholas Nickleby*, de Dickens.)

squeezable ['skwiːzəbl], *a.* **1.** Comprimable, compressible. **2.** *F:* (*Of pers.*) A qui l'on peut arracher, extorquer, de l'argent; (*of tax-payers, of industry*) pressurable. **3.** *F:* (*Of pers.*) Qui manque de volonté, de caractère.

squeeze[1] [skwiːz], *s.* **1.** (*a*) Compression *f*. *S. exerted by a pair of grips,* serrage obtenu à l'aide d'une pince. *To give s.o. a s. of the hand,* serrer la main à qn. *He gave her cheek a little s.,* il lui pinça la joue. (*b*) Étreinte *f*. **To give s.o. a squeeze,** serrer qn dans ses bras. (*c*) *St.Exch: F:* Étranglement *m* des vendeurs à découvert. (*d*) *Cards:* (*At bridge*) Squeeze *m*. **2.** Presse *f*, cohue *f*. **It was a tight squeeze,** on tenait tout juste; ç'a été juste; nous étions serrés comme des harengs saurs. **3.** (*a*) **A squeeze of lemon,** quelques gouttes *f* de citron. (*b*) *F:* Exaction *f*; tantième *m* ou pot-de-vin *m* exigé par les fonctionnaires et les domestiques en Orient. **4.** *Archeol: etc:* Empreinte *f* au carton mouillé (d'une médaille, d'une inscription, etc.).

'squeeze-track, *s. Cin:* Piste *f* sonore à largeur variable.

'squeeze-tube, *s.* Tube *m* compressible (pour couleurs d'artiste, etc.).

squeeze[2], *v.tr.* **1.** (*a*) Presser (une éponge, un citron); épreindre (un citron, etc.). **To squeeze s.o.'s hand,** serrer la main à qn. *To s. one's finger,* se pincer le doigt (dans la porte, etc.). *To s. one's figure,* **to squeeze in one's waist,** se serrer dans son corset; se comprimer la taille. **He was squeezed to death in the crowd,** il fut étouffé dans la foule. *See also* ORANGE[1] 1. (*b*) *F:* Embrasser, étreindre (qn); serrer (qn) sur son cœur. **2.** **To squeeze sth. into a box,** faire entrer qch. de force dans une boîte. **To squeeze the juice out of a lemon, to squeeze out the juice of a lemon,** exprimer, épreindre, le jus d'un citron. *To s. matter out of a wound,* faire sortir du pus d'une plaie. *To s. the water out of a sponge,* exprimer l'eau d'une éponge; exprimer une éponge. *F:* **To squeeze out a tear,** y aller de sa larme; *Hum:* verser un pleur. **To squeeze sth. through a sieve,** faire passer qch. à travers une passoire. **To squeeze (oneself) through a hole in the fence,** se faufiler par un trou dans la clôture. *To s. through the crowd,* fendre la foule; se frayer un passage de force à travers la foule. **To squeeze (oneself) into a carriage, out of the room,** entrer de force dans une voiture bondée; sortir de la salle en se forçant un passage. **To squeeze up (together),** se serrer, se tasser (les uns contre les autres). *By squeezing a little you will all be able to sit down,* en vous tassant, en vous gênant un peu, vous pourrez tous vous asseoir. **3.** (*a*) Exercer une pression sur (qn, le gouvernement, etc.); *F:* serrer les pouces à (qn). (*b*) Pressurer (le peuple, etc.). **To squeeze money out of s.o.,** extorquer, arracher, de l'argent à qn. *St.Exch: F:* **To squeeze the bears,** étrangler les vendeurs à découvert. **4.** *Archeol:* **To squeeze a coin, an inscription,** prendre l'empreinte d'une pièce de monnaie, d'une inscription. **5.** *Metall:* Macquer (le fer puddlé).

squeezing, *s.* **1.** (*a*) Compression *f*. (*b*) Étreinte *f*; serrement *m* (de la main). **2.** Expression *f* (du jus d'un citron, etc.). **3.** Extorsion *f*, exaction *f*. **4.** *Metall:* Macquage *m*.

squeezer ['skwiːzər], *s.* **1.** Extorqueur *m*; oppresseur *m* (du peuple). **2.** (*a*) Machine *f*, appareil *m*, à compression. **Cork-squeezer,** mâche-bouchon(s) *m inv.* *See also* LEMON-SQUEEZER. (*b*) *Metall:* Macque *f*; machine *f* à macquer; cingleur rotatif. **Crocodile squeezer,** presse *f* à cingler.

'squeezer-man, *pl.* **-men,** *s.m. Metall:* Cingleur.

squelch[1] [skwelʃ], *s.* **1.** Giclement *m* (de boue). **2.** Lourde chute (sur qch. de mou).

squelch[2]. **1.** *v.tr.* (*a*) Écraser (qch.) (en le faisant gicler). (*b*) *F:* Aplatir (qn); couper le sifflet à (qn); réprimer, étouffer (une rébellion, un mouvement populaire). **2.** *v.i.* (*a*) **To squelch in the mud,** écraser la boue liquide avec un bruit de succion. **To squelch through the mud,** patauger dans la boue. (*b*) *The water squelched in his shoes,* l'eau giclait dans ses chaussures.

squib[1] [skwib], *s.* **1.** *Pyr:* Pétard *m*, serpenteau *m*, crapaud *m*. *F:* **Damp squib,** affaire ratée. **To let off a squib,** faire partir un pétard. **2.** *Min:* Canette *f*, raquette *f*, fétu *m* (pour faire exploser une mine). **3.** Satire *f*, pasquinade *f*, brocard *m*. *To fire squibs at s.o.,* brocarder qn.

squib[2], *v.tr.* (**squibbed; squibbing**) Lancer, écrire, publier, des satires, des brocards, contre (qn); brocarder, satiriser (qn).

squid[1] [skwid], *s.* **1.** *Moll:* Calmar *m*, encornet *m*. **2.** *Fish:* Calmar (employé comme appât).

squid², *v.i.* (squidded; squidding) *U.S:* Pêcher en employant le calmar comme appât.
squiffer ['skwifər], *s.* *P:* = CONCERTINA¹ I.
squiffed ['skwift], **squiffy** ['skwifi], *a.* *F:* Gris, ivre, éméché, pompette. *To be s.*, être dans les brindes, dans les brindezingues; être (en) brindezingue; avoir un coup de sirop.
squiggle¹ [skwigl], *s.* *F:* **1.** Tortillement. **2.** Fioriture *f*, enjolivure *f*; (*after signature*) parafe *m*.
squiggle², *v.i.* *F:* Se tortiller.
squiggly ['skwigli], *a.* *F:* **1.** Qui se tortille. **2.** Sinueux.
squill [skwil], *s.* **1.** (*a*) *Bot:* Scille *f*, squille *f*. (*b*) *Usu. pl. Pharm:* **Squills**, scille. **2.** *Crust:* **Squill(-fish)**, squille; cigale *f* de mer; sauterelle *f* de mer; mante *f* de mer.
squinancy-wort ['skwinənsiwə:rt], *s.* *Bot:* *A:* Herbe *f* à l'esquinancie; rubéole *f*; petite garance; garance de chien.
squinch [skwinʃ], *s.* *Arch:* Trompe *f*.
squint¹ [skwint], *s.* **1.** Strabisme *m*, louchement *m*; yeux *mpl* qui louchent. *He has a slight s.*, il louche légèrement. *He has a s. in his left eye*, il louche de l'œil gauche. **Angle of squint**, angle *m* strabique. **2.** Regard *m* louche, de côté; coup *m* d'œil furtif. *I had a s. at his paper*, je jetai un coup d'œil oblique sur son journal. **3.** *F:* Regard; coup d'œil. **To get a squint of sth.**, entr'apercevoir qch. *Let's have a s. at it!* faites voir! *Take a s. at that!* *P:* pigez-moi ça! zyeutez-moi ça! **4.** Inclination *f*, penchant *m* (*to, towards*, vers). **5.** *Ecc.Arch:* **Lepers' squint**, guichet *m* des lépreux.
squint², *v.i.* **1.** Loucher; *P:* avoir un œil qui dit zut à l'autre. **2.** **To squint at sth.**, (i) regarder qch. en louchant; (ii) regarder qch. de côté, furtivement. *To s. at s.o.*, reluquer qn. **3.** *F:* (*Of opinions, etc.*) *To s. towards anarchy, towards heresy*, sentir l'anarchie; sentir le fagot.
squinting¹, *a.* Strabique, louche.
squinting², *s.* Strabisme *m*, louchement *m*.
squint³, *a.* **1.** **Squint eyes**, yeux *m* louches. **2.** Oblique, incliné; de biais. *See also* QUOIN¹ I.
'squint-eyed, *a.* **1.** Au regard louche; strabique; *A:* bigle. **2.** *F:* Au regard malveillant.
'squint-eyes, *s.* *F:* = SQUINTER.
squinter ['skwintər], *s.* Loucheur, -euse; *F:* louchard, -arde; louchon *mf*; *Med:* strabique *mf*.
squirage ['skwaiəredʒ], *s.* **1.** *Coll.* **The squirage**, les propriétaires terriens; la petite noblesse. **2.** Annuaire *m* des propriétaires terriens.
squire¹ [skwaiər], *s.* **1.** (*a*) *Hist:* Écuyer (attaché à un chevalier). (*b*) *A. & Hum:* **Squire of dames, of ladies**, cavalier servant. **2.** *A. & F:* (*a*) Propriétaire terrien. (*b*) **The squire**, le châtelain (de l'endroit); le seigneur du village; le squire. **3.** *U.S:* Juge *m* de paix; magistrat *m*.
squire², *v.tr.* *F:* Servir de cavalier à, escorter (une dame).
squirearchy ['skwaiərɑ:rki], *s.* **1.** Corps *m* des gros propriétaires fonciers, des squires (en tant que puissance politique et sociale). **2.** Coterie *f* de squires. **3.** Gouvernement *m* par les squires; tyrannie terrienne.
squireen [skwaiə'ri:n], *s.* *F:* Hobereau *m*, gentillâtre *m*.
squirm¹ [skwə:rm], *s.* Tortillement *m* (de douleur, de honte, etc.).
squirm², *v.i.* (*a*) (*Of worm, etc.*) Se tordre, se tortiller. (*b*) *F:* Ne savoir comment se tenir; être au supplice. **To make s.o. squirm**, mettre qn au supplice. *To s. under a reproach, under a sarcasm*, se crisper sous un reproche, sous un sarcasme.
squirming, *s.* Tortillage *m*, tortillement *m*.
squirrel ['skwirel], *s.* **1.** *Z:* Écureuil *m*. **Siberian squirrel**, écureuil de Sibérie; petit-gris *m*, *pl.* petits-gris. **Grey squirrel**, écureuil de la Caroline. *See also* FLYING-SQUIRREL, FOX-SQUIRREL, GROUND-SQUIRREL, PALM-SQUIRREL. **2.** *Com:* **Squirrel (fur)**, petit-gris; vair *m*.
'squirrel('s)-cage, *s.* **1.** Tournette *f*; cage *f* d'écureuil. **2.** *El.E:* **Squirrel-cage winding, rotor**, enroulement *m*, induit *m*, à cage d'écureuil.
'squirrel-monkey, *s.* *Z:* Sagouin *m*.
'squirrel-tail, *s.* *Bot:* Orge *f*.
squirt¹ [skwə:rt], *s.* **1.** Seringue *f*; (*toy*) clifoire *f*. *See also* SEA-SQUIRT. **2.** Jet *m*, giclée *f* (de liquide). **3.** *U.S:* *F:* Gringalet *m*; petit fat.
'squirt-gun, *s.* **1.** Jouet *m* en forme de seringue; clifoire *f*. **2.** = GREASE-GUN.
squirt². **1.** *v.tr.* Faire jaillir, faire gicler, lancer en jet, seringuer (un liquide, etc.); injecter (un liquide, etc.) avec une seringue. *To s. soda water into a glass*, faire gicler l'eau de seltz dans un verre. **To squirt in oil, petrol**, injecter de l'huile, de l'essence. **2.** *v.i.* (*Of liquid, etc.*) Jaillir, gicler; (*of radiator, etc.*) avoir des jaillissements. *See also* CUCUMBER I.
squirting, *s.* **1.** Seringage *m*, seringuement *m*; injection *f* avec une seringue. **2.** Jaillissement *m*, giclement *m*.
squirter ['skwə:rtər], *s.* Tuyau *m* d'arrosage.
squish¹ [skwiʃ], *s.* **1.** Giclement *m* (de liquide). **2.** (*a*) *Sch:* *F:* Marmelade *f* d'orange. (*b*) *P:* Littérature sentimentale; ripopée *f*; littérature de camelote. *It's awful squish!* ça ne vaut pas tripette!
squish², *v.i.* (*Of liquid*) Gicler.
squishy ['skwiʃi], *a.* *F:* Détrempé; pulpeux; mou; qui gicle sous la pression. *S. ground*, terre molle et humide.
squit [skwit], *s.* *P:* **Little squit of a man**, avorton *m*, merdaillon *m*, foutriquet *m*.
squiz [skwiz], *s.* *P:* (*Austr.*) Regard furtif.
st [st], *int.* Chut! paix!
stab¹ [stab], *s.* **1.** (*a*) Coup *m* de poignard, de couteau. **Stab in the back**, (i) coup porté dans le dos; (ii) *F:* coup de Jarnac; attaque déloyale. *Med:* **Stab of pain**, élancement *m*, clou *m*. (*b*) Coup d'estoc, de pointe; estocade *f*. *U.S:* *F:* **To have a stab at sth.**, essayer de faire qch; essayer le coup. **2.** *Golf:* **Stab shot**, coup sec.
'stab-wound, *s.* Coup *m* d'estoc; estocade *f*.
stab², *v.* (stabbed; stabbing) **1.** *v.tr.* (*a*) Poignarder; donner un coup de couteau à (qn); percer (qn) d'un coup de couteau, etc. *F:* **To stab s.o. to the heart**, percer le cœur à qn; frapper qn au cœur. *This reproach stabbed him to the heart*, ce reproche lui traversa le cœur. *Remorse stabbed his heart*, le remords lui perçait le cœur. **To stab s.o. to death**, porter un coup mortel à qn; frapper qn mortellement; tuer qn d'un coup de poignard, à coups de poignard. **To stab s.o. in the back**, (i) poignarder qn dans le dos; (ii) *F:* calomnier qn. (*b*) *Bookb:* Piquer (un cahier). **Stabbed pamphlet**, piqûre *f*. (*c*) *Const:* Piquer, repiquer (une surface destinée à recevoir un enduit). **2.** *v.i.* **To stab at s.o.**, porter un coup de couteau, de poignard, à qn. **To stab at s.o.'s reputation**, porter un coup à la réputation de qn.
stabbing¹, *a.* **1.** Qui perce, qui frappe. **2.** **Stabbing pain**, élancement *m*; douleur lancinante, pongitive. *I have a tooth that gives me s. pains*, j'ai une dent qui me darde, qui m'élance; j'ai des élancements dans une dent.
stabbing², *s.* **1.** Coups *mpl* de poignard, de couteau; assassinat *m* à coups de poignard. **2.** *Bookb:* Piqûre *f* métallique.
'stabbing-awl, *s.* *Tls:* Tire-point *m*, *pl.* tire-points.
Stabat Mater ['stɑ:bat'mɑ:tər], *s.* *Ecc.Mus:* Stabat *m*.
stabber ['stabər], *s.* **1.** Assassin *m*, meurtrier *m*, poignardeur, -euse. **2.** *Tls:* (*a*) Poinçon *m* (de voilier). (*b*) Tire-point *m*, *pl.* tire-points.
stab-hand ['stabhand], *s.* *Typ:* Compositeur *m* en conscience.
Stabiae ['stabii:]. *Pr.n. A. Geog:* Stabies.
stability [sta'biliti], *s.* Stabilité *f*, solidité *f* (d'une construction, d'une constitution, etc.); fermeté *f*, constance *f* (de qn). *Av:* *etc:* **Inherent stability**, stabilité propre, automatique. *Av:* **Directional stability, stability about the axis of yaw**, stabilité de route. *S. of a friendship*, solidité d'une amitié. *There is no s. in the things of the world*, il n'y a nulle certitude dans les choses du monde. **Man of no stability**, homme *m* de peu de fermeté; homme inconstant; homme sans consistance.
stabilization [steibilai'zeiʃ(ə)n], *s.* **1.** Stabilisation *f* (d'un avion, etc.). **2.** *Fin:* Stabilisation, valorisation *f* (des cours, etc.).
stabilizator ['steibilaizeitər], *s.* *Aer:* = STABILIZER I (*a*).
stabilize ['steibila:iz], *v.tr.* Stabiliser (un navire, un avion, le cours du change, etc.).
stabilizing¹, *a.* *Aer:* *etc:* Stabilisateur, -trice. *Ch:* Stabilisant. *Aut:* **Stabilizing fin**, plan *m* de dérive (d'une voiture de course). *Fin:* **Stabilizing factors of the market**, éléments pondérateurs du marché. *S. policy*, politique *f* de stabilité.
stabilizing², *s.* = STABILIZATION.
stabilizer ['steibilaizər], *s.* **1.** Stabilisateur *m*, équilibreur *m*. (*a*) *Aer:* Stabilisateur fixe; empennage *m*. (*b*) *Av:* Plan *m* fixe de queue. (*c*) *Motor Cy:* Amortisseur *m* de frein de direction. **2.** *Ch:* *Pyr:* Stabilisant *m* (d'un explosif, etc.).
stable¹ [steibl], *s.* **1.** (*a*) (*For horses*) Écurie *f*. *Prov:* **To shut, lock, the stable door after the horse is stolen**, fermer la cage quand les oiseaux se sont envolés. *That's shutting the s. door when the horse has been stolen*, après la mort le médecin. (*Of cabman*) *To go back to the stables for the night*, aller remiser. *See also* LIVERY-STABLE. (*b*) *Occ.* (*For cattle*) Étable *f*. *See also* AUGEAN. **2.** Chevaux *mpl* d'une certaine écurie. (*a*) *Ind:* (*Firm's horses*) Cavalerie *f*. (*b*) *Turf:* *See* RACING² I. **3.** *pl.* *Mil:* **Stables**, pansage *m* (corvée ou sonnerie). *Evening stables*, souper *m*.
'stable-boy, *s.m.* Valet, garçon, d'écurie; palefrenier; (*in racing stable*) lad.
'stable-call, *s.* *Mil:* (Sonnerie *f* du) pansage.
'stable companion, *s.* **1.** Cheval, -aux *m*, de la même écurie. **2.** *F:* Membre *m* de la même entreprise, du même cercle, de la même école, etc.
'stable-dung, *s.* Fumier *m* de cheval.
'stable-keeper, *s.* (*a*) Logeur *m* de chevaux. (*b*) Loueur *m* de chevaux.
'stable-kit, *s.* *Mil:* Effets *mpl* de pansage.
'stable-lad, *s.m.* = STABLE-BOY.
'stable-lantern, *s.* Lanterne *f* d'écurie.
'stable loft, *s.* Grenier *m* d'écurie.
'stable-rubber, *s.* Époussette *f*.
stable². **1.** *v.tr.* Loger (un cheval) dans une écurie; mettre (un cheval) à, dans, l'écurie. *We can s. three horses*, nous avons de la place pour trois chevaux. **2.** *v.i.* (*Of horse*) Loger (dans telle ou telle écurie).
stabling, *s.* **1.** Logement *m*, installation *f*, (de chevaux) dans une écurie; stabulation *f* (des chevaux). **2.** *Coll:* Écuries *fpl*; (*for cattle*) étables *fpl*. *We have plenty of s.*, nous ne manquons pas de place aux écuries.
stable³, *a.* **1.** Stable; solide, fixe; permanent. *To become s.*, se stabiliser. *The government is becoming s.*, le gouvernement se consolide. *I want a s. job*, je voudrais un emploi fixe, permanent. *Ch:* **Stable body**, corps *m* stable. *Mec:* **Stable equilibrium**, équilibre *m* stable. **2.** (*Of pers.*) Constant, ferme. **-bly**, *adv.* Stablement, d'une manière stable.
stableman, *pl.* **-men** ['steiblmən, -men], *s.m.* Palefrenier.
stablish ['stabliʃ], *v.tr.* *A:* = ESTABLISH.
staccato [sta'kɑ:to], *a., adv., & s.* (*a*) *Mus:* Staccato (*m*). **Staccato note**, note piquée. **Staccato bowing**, détaché *m*. *Light s.* (*with the point of the bow*), petit détaché. **To play the notes staccato**, détacher les notes. (*b*) *F:* **Staccato style**, style haché. **In a staccato voice**, d'une voix saccadée.
stack¹ [stak], *s.* **1.** (*a*) Meule *f*, moie *f* (de foin, etc.); (*of corn*) gerbier *m*. (*b*) Pile *f*, tas *m* (de bois, de charbon, d'assiettes). *F:* **I have stacks of work, a whole stack of work, to get through**, j'ai de quoi faire. **To make stacks of money**, gagner des mille e

des cents; ramasser l'argent à la pelle. *I have stacks of it,* j'en ai des tas. (*c*) Faisceau *m* (d'armes). (*d*) Mesure *f* de 108 pieds cubes (de bois de chauffage, de charbon); *A.* & *F:* corde *f* (de bois). **2.** (*a*) Souche *f*, corps *m* (de cheminée). (*b*) Cheminée *f* (d'une locomotive, etc.). *See also* SMOKE-STACK. **3.** *Geog:* Haut rocher (au large des côtes d'Écosse et des Orcades).

'stack-base, *s. Rail:* Embase *f* de la cheminée (d'une locomotive).

'stack-pipe, *s.* Tuyau *m* de descente, descente *f* d'eau (d'une gouttière).

'stack-stand, *s.* Dessous *m* de meule.

'stack-yard, *s.* = RICK-YARD.

stack², *v.tr.* **1.** Emmeuler, ameulonner (le foin); mettre (le foin) en meule. **2.** To stack (up), empiler, entasser, mettre en tas (du bois, du charbon, des assiettes, etc.). *Nau: etc:* **Stacked contents,** volume apparent. **3.** **To stack arms,** mettre les armes en faisceaux; former les faisceaux.

stacking, *s.* **1.** Emmeulage *m*, mise *f* en meule (du foin). **2.** Stacking (up), empilage *m*, empilement *m*, entassement *m*, mise *f* en tas (du bois, du charbon, etc.). **3.** Mise *f* en faisceaux (des armes).

stacker ['stakər], *s.* Empileur, -euse (de bois, etc.).

stacte ['stakti:], *s. A.Civ:* Stacté *m*.

stactometer [stak'tɔmetər], *s. Ph:* Stalagmomètre *m*; compte-gouttes *m inv*.

staddle¹ [stadl], *s.* **1.** *For:* Baliveau *m*, lais *m*. **2.** (*a*) *Husb:* Support *m* de meule. (*b*) Support, appui *m*.

staddle², *v.tr. For:* Baliver (un taillis).

staddling, *s.* Balivage *m*.

stad(t)holder ['stathouldər], *s.* Stathouder *m*.

stad(t)holdership ['stathouldərʃip], *s.* Stathoudérat *m*.

stadia¹ ['steidia], *s. Surv:* Stadia *m*.

stadiometer [steidi'ɔmetər], *s. Surv:* Stadiomètre *m*.

stadium, *pl.* **-ia²** ['steidiəm, -ia], *s.* **1.** *Gr.Ant: Med: Sp:* Stade *m*. **2.** *Surv:* = STADIA.

staff¹ [stɑ:f], *s.* **1.** (*a*) Bâton *m*. **Pilgrim's staff,** bourdon *m* de pèlerin. *F:* **Bread is the staff of life,** le pain est le soutien de la vie. **You are the staff of his old age,** vous êtes son bâton de vieillesse. (*b*) *Ecc:* **Pastoral staff,** bâton pastoral. (*c*) **White staff,** (i) bâton, (ii) office *m*, du grand trésorier. (*d*) Hampe *f* (de bannière, de lance). *Nau:* Mât *m* (de pavillon); mâtereau *m*. *See also* JACK-STAFF. (*e*) *Tls: Metall:* Crochet *m*, ringard *m*. (*f*) *Rail:* **(Train-)staff,** bâton pilote. (*g*) *Surv:* Jalon *m*, mire *f*. *See also* CROSS-STAFF, JACOB, LEVELLING-STAFF, OBJECT-STAFF, STATION-STAFF. (*h*) *Surg:* Sonde cannelée. **2.** (*a*) *Mil: Navy:* État-major *m*, *pl.* états-majors. **Chief of staff,** chef *m* d'état-major; (*of group of armies*) major général. **To be on the staff,** être attaché à l'état-major. **Staff College** = École supérieure de Guerre. *To be selected for the s. course,* être admis à l'École supérieure de Guerre. *Officer who has* **'passed Staff College,'** officier breveté d'état-major; *F:* officier breveté. (*b*) Personnel *m*. *Ind:* **The shop staff, the workroom staff,** l'atelier *m*. *The domestic s.,* les domestiques *m*. *Teaching s.,* personnel enseignant. *Adm: Medical s.,* service *m* de santé, d'hygiène. *Nursing s.,* personnel des infirmières. *Hotel s.,* personnel de l'hôtel. *Journ: Editorial s.,* la rédaction; les rédacteurs *m*; les collaborateurs *m*. *Cin: etc:* **Staff writer,** auteur *m* à gages fixes. *To dismiss one's s.,* congédier son personnel; *F:* congédier tout son monde. **To be on the staff of . . .,** faire partie du personnel de. . . . **3.** *Mus:* (*pl.* **staves** [ste:ivz]) Portée *f*. **Staff notation,** notation figurée sur la portée; notation ordinaire (par opposition à la notation chiffrée, etc.).

'staff-and-'ball, *s. Nau:* Balise *f*.

'staff-holder, *s. Surv:* (*Pers.*) Porte-mire *m*, *pl.* porte-mires.

'staff officer, *s.* Officier *m* d'état-major; *P:* topo *m*.

'staff-tree, *s. Bot:* Célastre *m*.

staff², *v.tr.* **1.** **To staff an office with women,** fournir, pourvoir, un bureau d'un personnel féminin. **Well-staffed country-house,** château très bien monté en personnel. **To be over-staffed,** avoir un personnel trop nombreux; être surchargé de personnel. **To be under-staffed,** manquer de personnel. *The school is not yet staffed,* on n'a pas encore nommé le personnel enseignant, les professeurs. **2.** **Army staffed with incompetent generals,** armée dont l'état-major se compose de généraux incompétents.

staff³, *s. Const:* Staff *m*.

staffman, *pl.* **-men** ['stɑ:fmən, -men], *s.m. Surv:* Jalonneur.

stag [stag], *s.* **1.** *Z:* Cerf *m*. *Stag with ten antlers,* dix-cors *m*. **Stag(-hunting) season,** cervaison *f*. **2.** *A.* & *Dial:* Mâle *m* (de certains animaux). (*a*) *Husb:* Bœuf (châtré après pleine croissance). (*b*) Jeune coq *m* de combat. (*c*) *Scot:* Poulain non dressé. **3.** (*a*) *St.Exch:* *F:* (*Premium-hunter*) **A stag,** un "loup." (*b*) *P:* Dénonciateur *m*, mouchard *m*. **4.** *U.S:* *F:* Homme qui va en soirée sans être accompagné d'une dame.

'stag-beetle, *s. Ent:* Lucane *m*; cerf-volant *m*, *pl.* cerfs-volants; *F:* cornard *m*.

'stag-evil, *s. Vet:* Mal *m* de cerf; tétanos *m*.

'stag-headed, *a.* **1.** (Animal, dieu) à tête de cerf. **2.** (Arbre) couronné, mort en cime.

'stag-horn, *s.* **1.** (*a*) Corne *f* de cerf. (*b*) *pl.* **Stag-horns,** bois *mpl* de cerf. **2.** *Bot:* **Stag-horn (moss),** lycopode *m* en massue; soufre végétal; mousse *f* terrestre.

'stag-hunt(ing), *s.* Chasse *f* au cerf; chasse à courre.

'stag-party, *s. U.S:* *F:* Réunion *f* entre hommes.

stage¹ [ste:idʒ], *s.* **1.** (*a*) Estrade *f*, échafaud *m*, échafaudage *m*. *Const: etc:* **Hanging stage,** échafaud volant; plate-forme suspendue, *pl.* plates-formes; pont volant. **Tipping stage,** pont à chariots culbuteurs; pont de décharge; plate-forme de déversement. *Nau:* **Floating stage,** plate-forme flottante; ras *m* (de carène); plate *f*. *See also* CABLE-STAGE, LANDING-STAGE. (*b*) Platine *f* (d'un microscope). *Mechanical s.,* platine à chariot. **2.** (*a*) *Th:* Scène *f*; *F:* les planches *f*; tréteaux *mpl* (de saltimbanque). **(Floor of the) stage,** plateau *m*. **Revolving stage,** plateau tournant. **Front of the stage,** avant-scène *f*. **Up-stage,** (i) au second plan, à l'arrière-plan; (ii) le lointain. **Further up-stage,** en remontant. **To go up-stage,** (i) remonter; (ii) *F:* prendre un air froissé ou dédaigneux. *See also* BELOW 2, DOWN-STAGE. **To keep the stage,** tenir la scène. **To come on the stage,** entrer en scène. *Career on the s.,* carrière *f* dramatique. **To go on the stage, to take to the stage,** devenir, se faire, acteur ou actrice; *F:* monter sur les planches; se mettre à faire du théâtre. **To quit, retire from, the stage,** se retirer du théâtre; quitter la scène. **To put a play on the stage,** monter une pièce. **To write for the stage,** écrire pour le théâtre. **The French stage,** le théâtre français. *The inferior s.,* le bas théâtre. **Stage lights,** herses *f*. **Stage lighting,** éclairage *m* de la scène, éclairage scénique. **Stage directions,** indications *f* scéniques. **Stage slang,** argot *m* des coulisses, de la coulisse. *See also* HOLD² I. 3. (*b*) Théâtre *m*, champ *m*. *A larger s. opened for him,* un champ d'action plus vaste s'ouvrit devant lui. **3.** Phase *f*, période *f*, stade *m*, étape *f*, degré *m*, palier *m*, étage *m*. *The early stages of existence,* la première période de l'existence. *The stages of an evolution,* les étapes, les stades, d'une évolution. *Surg: The successive stages in an operation,* les temps successifs d'une opération. *W.Tel:* **Stage of amplification,** étage d'amplification. *Input s.,* étage d'entrée. *Bridging s.,* étage intermédiaire. *Terminal s.,* étage de sortie. *To reach a critical s.,* arriver à une phase, à une période, critique. **At this stage an interruption occurred,** à ce point une interruption se produisit. *At this s. of the disease,* au point où en est la maladie. **To be in the last stage of consumption,** être phtisique au dernier degré; *F:* s'en aller de la poitrine. *To pass through all the stages,* passer par tous les degrés. **To be in the larval stage,** être à l'état de larve. **Taxation by stages,** taxes imposées par paliers. *Ph: Ind: Compression by stages,* compression *f* par étages; compression étagée. *To do sth. in successive stages,* faire qch. par reprises. **To rise by successive stages,** monter par échelons. *The first s. in my fortune,* le premier échelon de ma fortune. *Dressing of ore effected in one s.,* préparation mécanique du minerai effectuée en une seule passe. **Four-stage pump,** pompe *f* à quatre étages. *See also* AMPLIFIER 2, AMPLIFYING. **4.** (*a*) Étape *f*. **To travel by easy stages,** voyager à petites étapes, à petites journées; *F:* faire son chemin en douceur. *F:* **To dress by easy stages,** s'habiller sans se presser, en prenant son temps. (*b*) *A:* Relais *m*. *Horses were changed at every s.,* on changeait de chevaux à chaque relais. (*c*) **Fare stage,** section *f* (de l'itinéraire d'un autobus, d'un tramway). **5.** (*a*) *Geol:* Étage. (*b*) *Min:* (i) Étage, niveau *m*. (ii) (*Of ladderway*) Palier *m*, plancher *m*, de repos. **6.** *U.S:* = STAGE-COACH.

'stage-box, *s. Th:* Loge *f* d'avant-scène.

stage 'business, *s. Th:* Jeu *m* de scène.

stage-'carpenter, *s. Th:* Machiniste *m*.

'stage-carriage, *s.* Voiture publique.

'stage-coach, *s.* Diligence *f*.

'stage-craft, *s. Th:* Technique *f*, intelligence *f*, de la scène; art *m* de la mise en scène.

stage-'door, *s. Th:* Entrée *f* des artistes.

'stage-effect, *s. Th:* Effet *m* scénique.

stage-'fever, *s. F:* Entichement *m* de la scène; entêtement *m* à faire du théâtre.

'stage-folk, *s.* (*With* **pl.** *const.*) Gens *mpl* de théâtre; artistes *mpl*.

stage 'forceps, *s.* Porte-objet *m inv* (pour microscopie).

'stage-fright, *s. Th:* Trac *m* (des acteurs).

'stage-hand, *s. Th:* Machiniste *m*.

'stage-land, *s.* Le monde imaginaire du théâtre.

stage-'mad, *a.* = STAGE-STRUCK.

stage-'manager, *s. Th:* Régisseur *m*.

'stage-name, *s. Th:* Nom *m* de théâtre; nom de guerre (d'un acteur, d'une actrice).

stage-'property, *s. Th:* Accessoire *m* de théâtre.

'stage-rights, *s.pl.* Droits *m* de production (d'une pièce).

'stage-road, *s. A:* Route *f* de diligence; grande route.

'stage-setter, *s. Th:* Chef *m* machiniste.

stage-'setting, *s. Th:* Mise *f* en scène (*for a play,* d'une pièce).

'stage-struck, *a.* Entiché, enamouré, du théâtre; qui a la folie de la scène. *She had become s.-s.,* elle s'était férue du théâtre.

'stage vehicle, *s.* = STAGE-CARRIAGE.

stage-'whisper, *s. Th:* Aparté *m*. **In a stage-whisper,** en aparté.

stage², **1.** *v.tr.* (*a*) Donner en spectacle, mettre sur la scène, mettre au théâtre, monter (une pièce); mettre (un roman) à la scène. (*With passive force*) **Play that does not stage well,** pièce *f* qui ne rend pas sur la scène. (*b*) Organiser (une démonstration, etc.); monter (un coup). *This indignation was staged,* c'était de l'indignation de parade. **2.** *v.i.* *A:* Voyager en diligence; voyager par étapes.

staging, *s.* **1.** Mise à la scène (d'une pièce, d'un roman, etc.). **2.** (*a*) Échafaud *m*, échafaudage *m*. (*b*) *Nau:* Appontement *m* (d'un quai).

staged [ste:idʒd], *a. Const:* Bâti en étages.

stager ['steidʒər], *s. F:* **Old stager,** vieux routier; vieux madré.

staggard ['stagərd], *s.* Cerf *m* de quatre ans.

stagger¹ ['stagər], *s.* **1.** (*a*) Chancellement *m*, titubation *f*. (*b*) Allure chancelante. **2.** *pl. Vet:* **(Blind) staggers,** (*of sheep*) lourd vertige; avertin *m*, tournis *m*, ver-coquin *m*; (*of horses*) vertigo *m*. **3.** *pl. F:* **Staggers,** vertige. **4.** = STAGGERING² 2.

'stagger bush, *s. Bot:* Andromède *f*.

'stagger-worm, *s. Vet:* Ver-coquin *m*, *pl.* vers-coquins.

stagger², I. *v.i.* (*a*) Chanceler, tituber. **To stagger along,** marcher, avancer, en chancelant, en titubant, à pas chancelants; vaciller en marchant; (*when tipsy*) faire des zigzags; faire des festons en marchant. **To stagger forward, back, in, out,** s'avancer, reculer, entrer, sortir, en chancelant, d'une allure mal assurée. *To s. from side to side of the road,* battre les murs. **To stagger to one's feet,** se lever ou se relever en chancelant, en titubant. *He staggered across the room,* il traversa la pièce en chancelant. (*b*) *Occ.* Fléchir, hésiter, vaciller.

II. **stagger,** *v.tr.* **1.** (*a*) Faire chanceler, faire tituber (qn). *He was staggered by the blow,* le coup le fit chanceler. (*b*) Confondre, consterner, renverser (qn); frapper (qn) de stupeur. *His impudence staggered me,* son impudence *f* m'a renversé. **To be staggered,** être saisi (d'étonnement). *I was staggered on realizing this,* cette constatation m'a désarçonné. *He was staggered by what he heard,* il était fort ébranlé par ce qu'il apprenait. *He seems staggered, F:* il paraît estomaqué. **2.** (*a*) *Av:* Décaler (les ailes). (*b*) *Mec.E:* Disposer (des rivets, des joints, etc.) en quinconce, en chicane, en zigzag; placer (des rivets) alternativement; alterner, étager (des rivets). *I.C.E: To s. the ring gaps,* tiercer les fentes des segments de pistons. (*c*) *El:* Échelonner (les balais); disposer (les balais) en gradins. (*d*) *Mec.E: To s. the cutters* (*of a machine tool*), étager les lames. (*e*) *U.S: To s. one's employees' starting times,* échelonner les arrivées de son personnel.

staggered, *a.* Décalé; (*of rivets*) en quinconce, en chicane, en zigzag; (*of cutters*) étagé; *El.E:* (*of poles*) alterné, en quinconce.

staggering[1], *a.* **1.** (Homme, pas) chancelant, titubant. **2.** *F:* (*a*) **Staggering blow,** coup *m* d'assommoir, de massue, de boutoir. (*b*) (*Of news, idea, etc.*) Renversant, désarçonnant, atterrant.

staggering[2], *s.* **1.** Chancellement *m*, titubation *f*. **2.** (*a*) *Av:* Décalage *m* (des ailes). **Staggering forward, staggering backward,** décalage vers l'avant, vers l'arrière. (*b*) *Mec.E: etc:* Disposition *f* en quinconce. *I.C.E:* Tierçage *m* (des segments de piston). (*c*) *El:* Échelonnage *m* (des balais).

staggerer ['stagərər], *s.* *F:* **1.** Chose renversante, nouvelle renversante. **2.** Coup *m* d'assommoir. **3.** Argument *m* qui vous rive votre clou.

staghound ['staghaund], *s.* Chien courant (pour la chasse au cerf); stag hound *m*.

staginess ['steidʒinəs], *s.* Caractère théâtral (d'une manifestation, etc.).

Stagira [sta'dʒairə], **Stagirus** [sta'dʒairəs]. *Pr.n. A.Geog:* Stagire.

Stagirite ['stadʒirait], *s.* Stagirite *mf*. **The Stagirite,** Aristote *m*; le Stagirite.

stagnancy ['stagnənsi], *s.* Stagnation *f*.

stagnant ['stagnənt], *a.* Stagnant; (*of trade, business*) en stagnation. *S. water,* eau stagnante, morte, dormante, croupie. *The water lies s. in the ditches,* les eaux séjournent dans les fossés. *S. state of business,* état stagnant des affaires. *S. wealth,* richesses croupissantes.

stagnate ['stagneit], *v.i.* (*Of water, trade*) Être ou devenir stagnant; être dans un état de stagnation; (*of water*) croupir.

stagnating, *a.* Stagnant; dans un état de stagnation. *S. business,* commerce *m* dans le marasme.

stagnation [stag'neiʃ(ə)n], *s.* Stagnation *f*; marasme *m* (des affaires).

stagnicolous [stag'nikələs], *a.* *Nat.Hist:* Stagnicole.

stagy ['steidʒi], *a.* Théâtral, -aux; histrionique. (*a*) De cabotin. (*b*) Peu sincère. **-ily,** *adv.* (Habillé(e), etc.) en cabotin, en cabotine.

staid [steid], *a.* Posé, sérieux, sage; peu démonstratif; (esprit) rassis, grave. **-ly,** *adv.* Posément, sérieusement, sagement.

staidness ['steidnəs], *s.* Caractère posé, sérieux, sage; air posé, sérieux.

stain[1] [stein], *s.* **1.** (*a*) Tache *f*, souillure *f*. *To take out, remove, a stain,* enlever une tache (*from,* de). *See also* WATER-STAIN. (*b*) **The stain of sin,** la souillure, la tache, du péché. *He came out of the business* **without a stain on his character,** il est sorti de l'affaire sans atteinte à sa réputation, blanc comme neige. *His character had never yet borne a s.,* sa réputation était sans tache. **To cast a stain on s.o.'s honour,** ternir l'honneur de qn. **2.** (*a*) Couleur *f*, colorant *m*. **Wood-stain,** couleur pour bois. (*b*) *Bac:* Gram *m*.

'stain-remover, *s.* Enlève-taches *m inv*; produit *m* à détacher; détachant *m*, détacheur *m*.

stain[2], *v.tr.* **1.** (*a*) Tacher; souiller, salir (*with,* de). **Hands stained with blood,** mains tachées, souillées, de sang; mains ensanglantées. *His hands and face were stained with dust,* ses mains et son visage étaient souillés de poussière. *Not liable to be stained by rain,* ne se tachant pas à la pluie. (*With passive force*) **Stuff that stains easily,** étoffe *f* qui se tache, se salit, facilement; étoffe salissante. (*b*) Tacher, entacher, souiller, ternir (la réputation de qn). **Character stained with infamy,** réputation entachée d'infamie. **2.** (*a*) Teindre, teinter, mettre en couleur (le bois); teindre, imprimer (des étoffes); peindre (le verre). (*With passive force*) (*Of wood, etc.*) **To stain brown,** se teindre, se colorer, en brun. (*b*) *Bac:* Teinter, colorer (des microbes, etc.). (*With passive force*) (*Of microbes, etc.*) Prendre le gram.

stained, *a.* **1.** Taché, souillé. *See also* BLOOD-STAINED, MUD-STAINED, TEAR-STAINED. **2.** (*a*) Teinté, mis en couleur. **Stained floor,** parquet teinté. **Stained paper,** papier peint, teinté; papier de couleur. *See also* GLASS[1] 1. (*b*) *Bac:* Teinté, coloré.

staining, *s.* **1.** Souillure *f*. **2.** (*a*) Teinture *f*; coloration *f*; mettage *m* en couleur. (*b*) *Bac:* Coloration.

stainable ['steinəbl], *a.* *Bac:* (Microbe *m*, etc.) qui peut se teinter, se colorer; qui prend le gram.

stainer ['steinər], *s.* Teinturier *m*, peintre *m*, metteur *m* en couleur. *See also* PAPER-STAINER.

stainless ['steinləs], *a.* **1.** Sans tache; immaculé, pur. **2. Stainless steel,** acier *m* inoxydable, immaculable, inrouillable.

stair [stɛər], *s.* **1.** Marche *f*, degré *m* (d'un escalier). *The bottom s.,* la marche du bas. **Corner stair,** marche d'angle. **2.** (*Usu. pl.*) Escalier. **Winding stairs, spiral stairs, corkscrew stairs,** escalier tournant, en vis. *See also* BOX-STAIR, DOG-LEGGED 2. **To run up, down, the stairs,** monter, descendre, l'escalier en courant. **To meet s.o. on the stairs,** rencontrer qn dans l'escalier. **Below stairs,** au sous-sol, (c.-à-d.) chez les domestiques; à l'office. **High life below stairs,** les domestiques donnent une soirée, font la fête.

'stair-baluster, *s.* Rampe *f* de l'escalier.

'stair-carpet, *s.* Tapis *m* d'escalier.

stair-'head, *s.* Haut *m* de l'escalier; palier *m*.

'stair-rail, *s.* = STAIR-BALUSTER.

'stair-rod, *s.* Tringle *f* d'escalier.

staircase ['stɛərkeis], **stairway** ['stɛərwei], *s.* (i) Cage *f* d'escalier; passage *m* d'escalier; (ii) escalier *m*. **External staircase, turret staircase,** escalier hors d'œuvre. **Winding staircase, spiral staircase, corkscrew staircase,** escalier tournant, hélicoïdal; escalier en vis, à vis; escalier en spirale, en escargot, en limace, en (co)limaçon, en caracole, en coquille; escalier à noyau plein; escargot *m*, colimaçon *m*. *See also* CUPBOARD 1, MOVING[1] 1.

staithe [steiːð], *s.* **1.** Quai *m* à charbon. **2.** Entrepôt *m* à charbon (le long du quai).

stake[1] [steik], *s.* **1.** (*a*) (*Post*) Pieu *m*, poteau *m*; (*rod*) jalon *m*, fiche *f*; piquet *m* (de tente); *Hort:* tuteur *m*; échalas *m* (de vigne). *See also* PANEL-STAKE. (*b*) *Surv:* Jalon, jalonnette *f*, piquet. *Artil:* **Ranging stake,** piquet *m* de mire. *See also* ANCHOR-STAKE. **2.** (Poteau du) bûcher (d'un martyr, etc.). **To be condemned to the stake,** être condamné à monter sur le bûcher, à être brûlé vif. **To perish at the stake,** mourir sur le bûcher. **3.** (*a*) Stake(-anvil), tas *m*, tasseau *m*, enclumette *f* (de ferblantier, de zingueur); (*dome-head*) boule *f*. (*b*) *Leath:* Palisson *m*. **4.** (*a*) *Gaming:* Mise *f*, enjeu *m*. **To lay the stakes,** faire le jeu. *Put down your stakes!* faites votre jeu! faites vos jeux! *F:* le tapis brûle! **To play one's last stake,** jouer (de) son reste. **To hold the stakes,** tenir les enjeux. *The stakes are five shillings,* il y va de cinq shillings. *F:* **The interests at stake,** les intérêts *m* en jeu. **Our honour is at stake,** il y va, il s'agit, de notre honneur; notre honneur est en jeu. *His life is at s.* (*in this struggle*), c'est sa vie qui est l'enjeu (de cette lutte); il y va de sa tête. *To have large sums at s. in an enterprise,* avoir de fortes sommes engagées dans une entreprise. **To have a stake in sth.,** avoir des intérêts dans une affaire. *See also* HIGH I. 2 (*d*). (*b*) *pl. Turf:* **Stakes,** prix *m*. **Maiden Stakes,** prix de l'avenir; poule *f* d'essai. *Consolation stakes,* prix de consolation.

'stake-boat, *s.* *Sp:* Bateau *m* de ligne de départ, ou bateau jalon (dans une course à l'aviron).

'stake-holder, *s.* Celui qui tient les enjeux; dépositaire *mf* d'enjeux.

'stake-money, *s.* Mise *f*, enjeu *m*.

'stake-net, *s.* *Fish:* Étente *f*, gord *m*.

stake[2], *v.tr.* **1. To stake (off, out),** (i) jalonner, piqueter, borner (une concession, etc.); enclore (une concession, etc.) de pieux; (ii) *Surv:* jalonner, bornoyer (une ligne, une route, etc.). **2.** (*a*) Garnir (qch.) de pieux; soutenir (qch.) avec des pieux; échalasser (une vigne, etc.); ramer (des haricots, etc.). (*b*) Attacher (une chèvre, etc.) à un pieu. **3.** (*a*) *Hist:* (*Of pers.*) **To be staked through the body,** être empalé. (*b*) (*Of horse*) **To be staked on a jump,** s'éventrer sur une haie. **4.** *Leath:* Palissonner (les peaux). **5.** Mettre (une somme) en jeu, au jeu; jouer, risquer, hasarder (une somme). *To s. twenty francs,* miser vingt francs; *F:* y aller de vingt francs. *To s. heavily,* coucher gros. **To stake one's all,** jouer son va-tout; mettre tout en jeu; mettre, risquer, le tout pour le tout; y aller de son reste. *S. your money!* faites vos jeux! *I'd s. my life on it,* j'y mettrais, j'en gagerais, ma tête à couper. *See also* FARTHING. **6.** *U.S:* Fournir (qn) d'argent; fournir aux besoins de (qn).

staking, *s.* **1. Staking (off, out),** jalonnement *m*, bornage *m*, piquetage *m* (d'une concession, etc.). **2.** Échalassage *m* (d'une vigne). **3.** Mise *f* (en jeu) (d'une somme).

staker ['steikər], *s.* *Leath:* Palissonneur *m*.

stalactite ['staləktait, *U.S:* sta'laktait], *s.* *Geol:* Stalactite *f*.

stalactited ['staləktaitid], *a.* (*Of grotto, etc.*) Stalactifère. *Arch:* **Stalactited ornament,** congélation *f*.

stalactitic [staləkˈtitik], *a.* Stalactitique, stalactifère.

stalagmite ['staləgmait, *U.S:* sta'lagmait], *s.* *Geol:* Stalagmite *f*.

stalagmitic [staləg'mitik], *a.* Stalagmitique.

stalagmometer [staləg'mɔmetər], *s.* *Pharm:* Stalagmomètre *m*.

stale[1] [steil], *a.* **1.** (*a*) (Pain, gâteau) rassis. (*b*) (Œuf, etc.) qui n'est pas frais; (vin) éventé, plat. (*c*) (Air) vicié, croupi. **Stale smell,** odeur *f* de renfermé (d'une chambre). *S. smell of . . .,* relent *m* de. . . . **To smell stale,** (*of beer, etc.*) sentir l'évent; (*of room, etc.*) sentir le renfermé. **2.** (*a*) Vieux, *f.* vieille; vieilli, passé, usé. *S. goods,* articles défraîchis. **Stale joke,** vieille plaisanterie; plaisanterie surannée, rebattue. **A never-stale topic,** un sujet toujours nouveau. **Stale news,** nouvelle déflorée, défraîchie. *That's s. news!* c'est du réchauffé! (*b*) *Fin:* **Stale market,** marché lourd, plat. (*c*) *Jur:* Périmé. (*Of power of attorney*) **To become stale** (*by lapse of time*), périmer. **Stale cheque,** chèque prescrit. **3.** (*Of athlete, pianist, etc.*) **To go stale,** se surentraîner; se surmener. *His talent has gone s.,* son talent a baissé; il est usé.

stale[2]. **1.** *v.tr.* Enlever son intérêt, son sel, à (une nouvelle, une plaisanterie); rendre (qch.) banal. **2.** *v.i.* (*a*) (*Of beer, etc.*) S'éventer. (*b*) (*Of news, etc.*) Perdre son intérêt. **Pleasure that never stales,** plaisir toujours nouveau.

stale[3], *s.* Urine *f* (des bestiaux, des chevaux).

stale[4], *v.i.* (*Of cattle, horses*) Uriner.

stalemate[1] ['steilmeit], *s.* *Chess:* Pat *m*. *To give s. to one's opponent,* faire pat son adversaire.

stalemate[2], *v.tr.* Faire pat (son adversaire).

staleness ['steilnəs], *s.* **1.** (*a*) État rassis (du pain). (*b*) Évent *m* (de la bière, etc.). (*c*) Relent *m* (d'un aliment, d'une salle); odeur *f* de renfermé. **2.** Manque *m* de fraîcheur (d'une nouvelle); banalité *f* (d'une plaisanterie).

stalk[1] [stɔːk], *s.* **1.** (*a*) Pas mesuré; démarche fière, majestueuse. (*b*) Marche *f* à grandes enjambées. **2.** *Ven:* Chasse *f* où l'on suit la bête d'affût en affût, sans se laisser voir.

stalk[2]. **1.** *v.i.* **To stalk (along),** (i) marcher, s'avancer majestueusement, d'un pas majestueux, à pas comptés; (ii) marcher à grands pas, à grandes enjambées. *The plague was stalking up and down the land,* la peste parcourait le pays. **To stalk away,** s'éloigner à grands pas. **To stalk out of the room,** sortir de la pièce d'un air digne, ou à grands pas. **2.** *v.tr.* (*a*) *Ven:* Traquer (la bête) d'affût en affût; suivre (la bête) en se dissimulant. *Abs.* Chasser au tir sans chien. (*b*) *F:* **To stalk s.o.,** suivre furtivement qn; filer qn.

stalking, *s. Ven:* = STALK[1] 2. *See also* DEER-STALKING.

'stalking-horse, *s.* **1.** *Ven:* (*a*) Cheval, -aux *m*, d'abri. (*b*) Abri *m* en forme de cheval. **2.** *F:* Prétexte *m*, masque *m*, paravent *m*.

stalk[3], *s.* **1.** Tige *f* (de plante, de fleur); queue *f* (de fruit, de fleur); chaume *m*, tige (de blé); tuyau *m* (de blé, d'herbe); pied *m* (de rejeton); rafle *f*, râpe *f* (de grappe de raisins); trognon *m* (de chou); chènevotte *f* (du chanvre). *Nat.Hist:* Pédoncule *m*. *See also* EYE-STALK, LEAF-STALK. **2.** Pied (de verre à vin); tube *m* (de thermomètre). **3.** = CHIMNEY-STALK.

'stalk-eyed, *a. Z:* Podophthalme, podophthalmaire; aux yeux pédonculés.

stalk[4], *v.tr.* Égrapper (des raisins).

stalked [stɔːkt], *a.* **1.** A tige. **2.** (*a*) *Bot:* (Feuille) pétiolée; (champignon) stipité. (*b*) *Nat.Hist:* (*Of flower, fruit, eye*) Pédonculé.

stalker ['stɔːkər], *s. Ven:* Chasseur *m* à l'affût; affûteur *m*. *See also* DEER-STALKER.

stalklet ['stɔːklet], *s. Bot:* Pédicelle *m*.

stalky ['stɔːki], *a.* (*Of plant*) **1.** A longue(s) tige(s). **2.** A tiges nombreuses.

stall[1] [stɔːl], *s.* **1.** (*a*) Stalle *f* (d'écurie), case *f* (d'étable); loge *f*, box *m* (de porcherie). **Garage stall,** box. (*b*) Étable *f*. **2.** Étalage *m* (en plein vent); échoppe *f*, éventaire *m*; étal, -aux *m* (de boucher); (*at bazaar*) étalage, comptoir *m*; (*at exhibition, etc.*) stand *m*. *Market stalls,* boutiques *f* en plein vent. **Newspaper stall,** kiosque *m*. **To have a stall** (*at a bazaar*), présider à un étalage. **Stall-rent,** droits *mpl* de place (au marché, etc.). *See also* BOOKSTALL, COFFEE-STALL. **3.** (*a*) *Ecc:* Stalle; chaise *f* de chœur. *F: To be promoted to a s.,* être nommé chanoine. (*b*) *pl. Th:* **(Orchestra) stalls,** fauteuils *m* d'orchestre. **Seat in the stalls,** fauteuil. *See also* PIT-STALL. **4.** *Min:* Taille *f*. *See also* PILLAR[1] 1. **5.** *See* FINGER-STALL, THUMB-STALL.

'stall-feed, *v.tr.* (*p.t. & p.p.* **-fed** [fed]) Nourrir, engraisser, (des bestiaux) à l'étable.

stall-fed, *a.* Engraissé à l'étable.

stall-feeding, *s.* Nourrissage *m* à l'étable.

'stall-holder, *s.* **1.** Étalagiste *mf*; hallier *m*; marchand, -ande, en plein vent. **2.** (*At charity bazaar*) Vendeuse *f*.

'stall keeper, *s.* = STALL-HOLDER 1.

'stall road, *s. Min:* Allée *f* de desserte; galerie *f* desservant la taille.

stall[2], *s. Aut: Av:* = STALLING 2.

stall[3], *v.* **I.** *v.tr.* **1.** (*a*) Établer, mettre à l'étable (des bestiaux); mettre (des chevaux) dans l'écurie, à l'écurie. (*b*) Fournir (une écurie) de stalles; aménager (une écurie) en stalles. **2.** (*a*) *Aut: etc:* Caler, bloquer (le moteur). (*b*) *Av:* Ralentir (l'appareil) au-dessous de la vitesse critique (de contrôle); mettre (l'appareil) en perte de vitesse.

II. **stall,** *v.i.* **1.** (*Of horse, cart*) S'embourber, s'enliser; s'enfoncer dans la boue. **2.** (*a*) *Aut:* (*Of engine*) Caler, se caler, se bloquer. (*b*) *Av:* Se mettre en perte de vitesse; perdre de la vitesse; (*of plane*) s'engager.

stalled, *a.* **1.** A stalles. **2.** (*Of ox, etc.*) Établé; mis à l'étable. **3.** (*a*) (*Of vehicle*) Embourbé; enfoncé dans la boue. (*b*) *U.S:* (*Of pers.*) **To be stalled,** être retenu, pris, par les neiges. **4.** (*a*) *I.C.E: etc:* (Moteur) calé, bloqué. (*b*) *Av:* (Avion *m*) en perte de vitesse.

stalling, *s.* **1.** Stabulation *f* (des bêtes). **2.** (*a*) *Aut: etc:* Calage *m*, blocage *m* (du moteur); arrêt *m* (du moteur). (*b*) *Av:* Perte *f* de vitesse. **Stalling speed, stalling point,** vitesse *f* minimum de sustentation. *See also* ANGLE[1] 1. **3.** *Coll.* (*For horses*) Écuries *fpl*; (*for cattle*) étables *fpl*.

stall[4], *s. F:* Complice *mf* (d'un pickpocket); compère *m*.

stall[5], *v.tr. F:* **1. To stall off sth.,** repousser, écarter, qch. **To stall s.o. off,** donner le change à qn; berner qn. **2.** (*Of accomplice*) Masquer (un pickpocket qui opère).

stallage ['stɔːledʒ], *s.* Droits *mpl* d'étalage, de place, d'emplacement (au marché, etc.).

stallion ['staljən], *s.* Étalon *m*; cheval entier.

stalwart ['stɔːlwərt], *a.* **1.** Robuste, vigoureux. **2.** Vaillant, résolu, ferme. *s.* **One of the old stalwarts,** un vieux de la vieille. *Cy: The stalwarts of racing, F:* les costauds *m* de la course. **-ly,** *adv.* Vigoureusement, vaillamment, résolument.

stalwartness ['stɔːlwərtnəs], *s.* **1.** Robustesse *f*, vigueur *f*. **2.** Vaillance *f*, fermeté *f*.

Stambul [stam'bul]. *Pr.n. Geog:* Stamboul.

stamen ['steimen], *s. Bot:* Étamine *f*.

stamened ['steimend], *a. Bot:* Staminé.

stamina ['stamina], *s.* Force vitale; vigueur *f*, résistance *f*. *Man of great s.,* homme bien trempé, d'une bonne trempe; homme qui a du fond. *Man who lacks s.,* homme qui manque de résistance, de fond, de nerf; homme avachi. *To lose one's s.,* s'énerver, s'avachir (dans l'oisiveté, etc.).

staminal ['stamin(ə)l], *a.* **1.** *Bot:* Staminaire; staminal, -aux. **2.** *Med:* Fortifiant.

staminate ['staminet], *a. Bot:* Staminé; (fleur *f*) mâle.

stamineal [sta'miniəl], *a. Bot:* Stamineux.

stamineous [sta'miniəs], *a. Bot:* Staminaire; staminal, -aux; stamineux.

staminiferous [stami'nifərəs], *a. Bot:* Staminifère.

staminode ['staminoud], **staminodium,** *pl.* **-ia** [stami'noudiəm, -ia], *s. Bot:* Staminode *m*.

stammer[1] ['stamər], *s.* (*a*) Bégaiement *m*. (*b*) Balbutiement *m*; ânonnement *m*. *Man with a s.,* homme *m* qui bégaie; homme bègue.

stammer[2]. **1.** *v.i.* (*a*) Bégayer. (*b*) Balbutier. **2.** *v.tr.* **To stammer (out, through) sth.,** bégayer, balbutier, *P:* bafouiller, qch.

stammering[1], *a.* (Personne *f*) bègue, qui bégaie; (langue *f*) qui bégaie. *S. articulation, speech,* bégaiement *m*, begayement *m*. **-ly,** *adv.* En bégayant; en balbutiant.

stammering[2], *s.* = STAMMER[1].

stammerer ['stamərər], *s.* Bègue *mf*.

stamp[1] [stamp], *s.* **1.** (*a*) Battement *m* de pied (d'impatience, de colère); trépignement *m*. **With a stamp (of the foot),** en frappant du pied. (*b*) *Ceaseless s. of feet,* piétinement perpétuel; bruit continuel de pas. **2.** (*a*) Timbre *m*, empreinte *f*. **Signature stamp,** griffe *f*. **Date-stamp,** timbre à date; (timbre) dateur *m*. **Date and signature stamp,** griffe à date. **Pad stamp,** timbre humide. **Self-inking stamp,** timbre à encrage automatique. **Rubber stamp,** (i) timbre (de, en) caoutchouc; tampon *m*; (ii) légende *f* ou vignette *f* du tampon de caoutchouc; (iii) *Com:* griffe, cachet *m*, timbre, de la maison. (*b*) Découpoir *m* (à emporte-pièce). (*c*) Estampe *f*, étampe *f*, poinçon *m*. **Figure-stamp,** poinçon à chiffrer. *See also* BUTTER-STAMP, INSPECTION 1. (*d*) *Minting:* Coin *m*. **3.** (*a*) Timbre; marque (apposée); estampille *f*; (*on gold, silver*) contrôle *m*. *Official s.,* estampille officielle. (*b*) *F:* **To bear the stamp of nobility,** porter la marque d'une haute noblesse. *To bear the s. of genius,* porter l'empreinte, le sceau, le cachet, du génie; être marqué au coin du génie. **Of the right stamp,** marqué au bon coin; de la bonne trempe. **Of the same stamp,** de la même trempe; *Pej:* du même acabit. *Man of that s.,* hommes de cette trempe; homme comme cela. *Men of his s.,* les hommes de sa trempe, de sa sorte, *Pej:* de son acabit. *He's not a man of that s.,* il n'est pas de ce calibre-là. **4. Revenue stamp,** timbre du fisc. **Adhesive stamp,** timbre mobile, adhésif. **Embossed stamp,** impressed stamp, timbre à empreinte; timbre fixe, sec. **Ad valorem stamp,** timbre proportionnel. **Finance stamp,** timbre d'effets. **Postage stamp,** timbre(-poste) *m*; timbre d'affranchissement. **Postage-due stamp,** chiffre-taxe *m*, *pl.* chiffres-taxes. (*In hotel, etc.*) **The stamp counter,** le débit de timbres-poste. **5.** *Metalw:* Étampeuse *f*, estampeuse *f*, emboutisseuse *f*, emboutissoir *m*. **6.** *Min: etc:* Bocard *m* (pour écraser les minerais). **Stamp-block,** pilon *m*; broyeuse *f*. *See also* DROP-STAMP.

'Stamp Act, *s.* Loi *f* sur le timbre; la Loi du timbre.

'stamp-album, *s.* Album *m* de timbres-poste (de collectionneur).

'stamp-battery, *s. Min:* Batterie *f* de bocards, de pilons.

'stamp-collector, *s.* Collectionneur, -euse, de timbres-poste; philatéliste *mf*; *F:* timbrophile *mf*, timbromane *mf*.

'stamp-dealer, *s.* Marchand, -ande, de timbres-poste pour philatélistes.

'stamp-duty, *s.* Impôt *m* du timbre; droit *m* de timbre; *F:* le timbre.

'stamp-machine, *s.* **1.** Distributeur *m* automatique de timbres-poste. **2.** *Paperm:* Pile défileuse.

'stamp-man, *s.m. Ind:* Pileur de minerai.

'stamp-mill, *s.* = STAMPING-MILL.

'stamp-milling, *s.* Broyage *m* au bocard; bocardage *m*.

'stamp office, *s.* Bureau *m* du, de, timbre; *F:* le Timbre.

'stamp paper, *s.* **1.** *Adm:* Papier timbré. **2.** Bordure gommée d'une planche de timbres-poste; papier gommé.

stamp[2], *v.tr.* **1.** (*a*) **To stamp one's foot,** frapper du pied, du talon. **To stamp one's feet,** (i) trépigner; (ii) (*for warmth*) battre la semelle. *To s. one's big boots on the stairs,* faire sonner ses bottes sur l'escalier. **To stamp the snow from one's feet,** secouer la neige en frappant du pied. (*b*) *Abs.* **To stamp (about),** piétiner. **To stamp with rage,** trépigner de colère. **To stamp on sth.,** piétiner qch.; fouler qch. aux pieds. **To stamp upstairs,** monter l'escalier à pas bruyants. *To s. along the passage,* faire retentir le corridor sous ses pas. **2.** Frapper, imprimer, une marque sur (qch.); marquer (du beurre, du papier, etc.); contrôler, poinçonner (l'or, l'argent); frapper, estamper (la monnaie, une médaille, le cuir, du papier-tenture); gaufrer (le cuir); frapper (le velours); signer (de la bijouterie). **To have one's initials stamped on sth.,** faire frapper ses initiales sur qch. *Notepaper stamped with one's address,* papier à lettres marqué à son adresse. **3.** Timbrer (un document, un effet, un reçu); apposer un visa à, viser (un passeport); timbrer, affranchir (une lettre); estampiller (un document, des marchandises); *Rail:* viser (un billet circulaire, etc.). *To s. 'paid for' on a bill,* apposer le tampon "acquitté" sur une facture. *The letter is insufficiently stamped,* l'affranchissement est insuffisant. **4.** *Min:* Broyer, briser, concasser, bocarder (le minerai). **5.** *Metalw:* Travailler (le métal) à la presse; étamper, estamper, emboutir, matricer (des objets en métal). **6. To stamp s.o., sth., (as) . . .,** donner à qn, à qch. le caractère de . . .; déclarer, indiquer, que qn, qch., est. . . . *His manners s. him a gentleman,* ses manières indiquent un homme comme il faut, montrent que c'est un homme comme il faut. **To stamp s.o.'s reputation,** mettre le sceau à la réputation, à la gloire, de qn. *That alone stamps the story as an invention,* rien que cela suffit à donner à l'histoire un caractère imaginaire. *That stamps him,* cela montre ce qu'il est; cela le classe. **7. To stamp sth. on the mind,** imprimer, empreindre, qch. sur l'esprit. *Memories that s. themselves on the mind,* souvenirs qui s'impriment, s'empreignent, sur l'esprit. **Face stamped with melancholy,** figure empreinte de mélancolie. **Cruelty was stamped on his face,** son visage portait l'empreinte de la cruauté.

stamp in, *v.tr. Typ:* **To stamp in letters by hand,** repousser des caractères.

stamp out, *v.tr.* 1. *Metalw:* Découper (qch.) à la presse, à l'emporte-pièce. 2. **To stamp out the fire,** piétiner sur le feu pour l'éteindre; éteindre le feu en piétinant dessus, en le piétinant. **To stamp out a rebellion,** écraser une rébellion. **To stamp out an epidemic,** étouffer, écraser, une épidémie; venir à bout d'une épidémie.

stamping out, *s.* Découpage *m* à la presse, à l'emporte-pièce.

stamped, *a.* 1. (*a*) Broyé, concassé. (*b*) **Stamped earth,** terre piétinée, battue. 2. Timbré, estampillé, marqué, contrôlé. **Stamped paper,** papier timbré. *See also* SIGNATURE 1. 3. (Acier) estampé, embouti; (cuir) gaufré; (velours) frappé.

stamping, *s.* 1. Piétinement *m*; trépignement *m*. 2. (*a*) Timbrage *m* (des documents, etc.); estampillage *m* (des marchandises, etc.). (*b*) Poinçonnage *m* (de l'or, etc.). (*c*) *Metalw: etc:* Estampage *m*, étampage *m*, emboutissage *m*, matriçage *m*. **Hand-stamping, repoussage** *m*. (*d*) *Min:* Bocardage *m*, broiement *m* (du minerai). 3. *Metalw:* Pièce estampée, matricée, emboutie.

'stamping-die, *s.* *Metalw:* Matrice *f* pour emboutissage.

'stamping-machine, *s.* = STAMPER 2.

'stamping-mill, *s.* *Min:* Moulin *m* à bocards; bocard *m*.

'stamping-press, *s.* Estampeuse *f*, étampeuse *f*, emboutisseuse *f*, emboutissoir *m*; machine *f* à étamper; presse *f* à percussion; balancier *m*.

stampede[1] [stam'piːd], *s.* 1. (*a*) Fuite précipitée (causée par une terreur panique); panique *f*. (*b*) Débandade *f* (de troupes, de chevaux, etc.). **There was a general stampede,** ce fut un sauve-qui-peut général; il y eut une débandade générale. 2. Ruée *f*. *There was a s. for the door,* on se précipita vers la porte.

stampede[2]. 1. *v.i.* (*a*) Fuir en désordre, à la débandade; être pris de panique; s'affoler. (*b*) Se ruer, se précipiter (*for, towards,* vers, sur). 2. *v.tr.* Jeter la panique parmi (des bêtes, des personnes); mettre en fuite (des bêtes, des personnes). *They are not easily stampeded,* ils ne perdent pas la tête.

stamper ['stampər], *s.* 1. (*Pers.*) (*a*) Timbreur, -euse; estampilleur, -euse. (*b*) Estampeur, -euse; étampeur, -euse; emboutisseur, -euse. (*c*) Frappeur, -euse (de monnaie, de médailles, etc.). 2. (*Machine*) (*a*) Estampeuse *f*; poinçonneuse *f*. (*b*) (*For gramophone records,* = *negative record*) Poinçon *m*. (*c*) Pilon *m*, bocard *m*.

stance [stans], *s.* *Golf: Cr:* Position *f* des pieds, posture *f* (du joueur au moment de frapper la balle). **To take up one's stance,** se mettre en posture (pour jouer).

stanch[1] [stɑːnʃ], *v.tr.* 1. Étancher (le sang). 2. **To stanch a wound,** étancher le sang d'une blessure.

stanching, *s.* Étanchement *m* (du sang).

stanch[2], *a.* = STAUNCH[1].

Stanchio ['stankjo]. *Pr.n. Geog:* (L'île *f* de) Stanco.

stanchion[1] ['stɑːnʃ(ə)n], *s.* Colonnette *f* de soutien. 1. (*a*) Étançon *m*, étance *f*; étai *m*, appui *m*, béquille *f*, jambette *f*. (*b*) Accore *m* (de bateau en construction). 2. *Nau:* (*a*) Épontille *f* (de cale, d'entrepont). (*b*) Montant *m* (de tente); chandelier *m*. 3. *Rail:* Ranchet *m* (de truck, etc.).

stanchion[2], *v.tr.* 1. Étayer, accorer, épontiller. 2. Garnir de montants. 3. Attacher (une bête) à un montant.

stanchness ['stɑːnʃnəs], *s.* = STAUNCHNESS.

stand[1] [stand], *s.* 1. (*a*) Manière *f* de se tenir (debout). *Horse with a good s.,* cheval qui a un aplomb régulier. **To take a firm stand,** se camper solidement, se planter, sur ses jambes; s'assurer sur ses pieds, sur ses jambes; s'assurer un solide aplomb. (*b*) Arrêt *m*, halte *f*, pause *f*. **To come, be brought, to a stand,** s'arrêter, être forcé de s'arrêter; demeurer court. **To put, bring, s.o. to a stand,** acculer qn. *A:* **To be at a stand,** être acculé. *Mil:* **To be compelled to make a stand,** se laisser accrocher. (*c*) *Th:* Arrêt (dans une ville); séjour *m* (d'une troupe en tournée). 2. Résistance *f*. **To make a stand against the enemy,** s'accrocher au sol; résister à l'ennemi; tenir bon. **To make a stand against s.o.,** résister à qn; *F:* tenir barres à qn. *To make a s. against an abuse,* s'opposer résolument à un abus; s'élever contre un abus; se dresser en face d'un abus. 3. Situation *f*, place *f*, position *f*. (*a*) **To take one's stand near the door,** se placer, se poster, se planter, prendre position, près de la porte. *To take one's s. for a duel,* s'aligner sur le terrain. (*b*) **To take one's stand on a principle,** s'en tenir à, se fonder sur, un principe. *To take one's s. on an authority,* s'appuyer d'une autorité. *He took his s. on well-established precedents,* il prenait position sur des précédents bien établis. 4. Station *f*, stationnement *m* (de voitures). *See also* CAB-STAND. 5. Support *m*, colonne *f*, pied *m*, socle *m* (de lampe, etc.); affût *m* (de télescope); statif *m* (de microscope); râtelier *m* (pour bouteilles, etc.); valet *m* (de laboratoire); étagère *f* (pour objets divers); dessous *m* (de plat, de carafe). **Milliner's stand,** champignon *m*. *Dressm:* **Stand of the collar,** pied du col. **Revolving stand** (*for picture postcards, etc.*), tourniquet *m*. **Trestle stand,** tréteau *m*, chevalet *m*. **Three-legged stand,** trépied *m*. **Bee-hive stand,** tablier *m* de ruche. **Liqueur-stand,** cabaret *m*. **Coat-and-hat stand,** portemanteau *m*. *Motor-Cy:* **Back-wheel stand,** béquille *f* de démarrage, support-béquille *m*, *pl.* supports-béquilles. *Mec.E:* **Testing stand,** banc *m* d'épreuve, d'essai. **Bench-drill stand,** support d'établi pour perceuse. *See also* BARREL-STAND, BICYCLE[1], BOTTLE-STAND, FLOWER-STAND, HAT-STAND, JEWEL-STAND, MUSIC-STAND, PASTRY-STAND, READING-STAND, UMBRELLA-STAND. 6. (*a*) Étalage *m*, étal *m*, boutique *f* (en plein air); (*at an exhibition, etc.*), stand *m*. (*b*) *Com:* **Broker's stand** (*at Covent Garden*), emplacement *m*, poste *m* (de vente à la criée). 7. (*a*) *Sp: Rac: etc:* Tribune *f*; stand. **The stands,** les tribunes. *See also* GRAND 2. (*b*) Estrade *f*. *See also* BANDSTAND. 8. (*a*) *Agr:* Récolte *f* sur pied. (*b*) *For:* Peuplement *m*. *Mixed s.,* peuplement mélangé. 9. *Mil: A:* **Stand of arms,** armement *m* (d'un soldat). **Stand of colours,** drapeau *m*. 10. *Jur: U.S:* Barre *f* des témoins. *F:* **I would take the stand on it,** je vous en donne mon billet.

'stand-base, *s.* Pied *m* de support (d'un projecteur, etc.).

'stand-camera, *s.* *Phot:* Appareil *m* à pied.

'stand de'velopment, *s.* *Phot:* Développement lent.

'stand-pipe, *s.* 1. Tube ou tuyau montant, ascendant. *I.C.E:* **Carburettor stand-pipe,** cheminée verticale du carburateur. 2. Tuyau alimentaire à colonne d'eau; colonne *f* d'alimentation (d'eau, d'essence, etc.).

'stand-rest, *s.* Appui *m* pour personne debout.

stand[2], *v.* (*p.t.* **stood** [stud]; *p.p.* **stood**) I. *v.i.* 1. (*a*) (*Have, maintain, upright position*) Être debout; se tenir debout; rester debout. *Horse that stands well,* cheval qui a de beaux aplombs; cheval bien placé. **Table that stands firm,** table qui pose bien sur ses pieds. **To be, to keep, standing,** être, rester, debout. *They s. bowing as he passes,* debout, ils s'inclinent sur son passage. *I stood there till I was tired,* je suis resté là debout que j'en étais fatigué. *I was too weak to s.,* j'étais trop faible pour me tenir debout. **I could hardly stand,** je pouvais à peine me tenir; je me soutenais à peine. *To s. (up)on one's feet,* se soutenir sur ses pieds; être debout. *The chair will not s. on three legs,* la chaise ne tient pas sur trois pieds. *F:* **To stand on one's own legs,** ne dépendre que de soi; voler de ses propres ailes. **I didn't leave him a leg to stand on,** j'ai détruit, démoli, ses arguments de fond en comble; *F:* je lui ai rivé son clou; je l'ai démâté; je l'ai vidé; je l'ai forcé dans ses (derniers) retranchements. **He hasn't a leg to stand on,** il est absolument sans excuse; il est entièrement dans son tort; son argument est détruit de fond en comble; *F:* il s'est enferré jusqu'à la garde. *The scheme hasn't a leg to stand on,* le projet ne tient pas debout. *For:* **To leave a tree standing,** réserver un arbre. *See also* BASE[1] 1, EASY[1] I. 1, GUARD[1] 1, HAIR[1] 1, HEAD[1] 1, PAD[1] 1, SENTRY 2. (*b*) **To stand six feet high,** avoir six pieds de haut; mesurer six pieds. (*c*) (*Assume upright position*) Se lever. *Sch:* **Stand!** levez-vous! 2. (*a*) (*Be situated; be*) Se trouver; être; se dresser, s'élever. *The dishes s. on the top shelf,* les assiettes se trouvent sur la planche d'en haut. *In one corner stands a bookcase,* il y a une bibliothèque dans un coin. *The chapel stands upon a height,* la chapelle se dresse sur une hauteur. *The house stands on the hill,* la maison est assise sur la colline. *The village stands against the hill,* le village s'adosse à la colline. *In front of the house stands a large fig-tree,* devant la maison s'élève un grand figuier. *See also* SHARP[1] I. 1. *The car is standing at the door,* la voiture est à la porte. *I found the door standing open,* je trouvai la porte ouverte. *The tears stood in his eyes,* il avait les larmes aux yeux. *The sweat stood on his forehead,* la sueur perlait sur son front. **To let sth. stand in the sun,** laisser qch. exposé au soleil. *After standing in the sun,* après avoir été exposé au soleil. *To buy the house* **as it stands,** acheter la maison telle quelle. *The exception stands beside the rule,* à côté de la règle se place l'exception. **Nothing stands between you and success,** rien ne s'oppose à votre succès. *See also* BETWEEN 1, WAY[1] 2 (*d*). (*b*) *A man stood in the doorway,* un homme se tenait à la porte. **I stood and looked at him, I stood looking at him,** je restai à le regarder. *She stood at the window watching me,* elle se tenait à la fenêtre et m'observait. *She stood looking over my shoulder,* elle regardait par-dessus mon épaule. **To stand talking,** rester à causer. *Don't s. there arguing!* ne restez pas là à discuter! *But I'm standing here talking! F:* mais je suis là que je bavarde! *Don't s. in the rain,* ne restez pas à la pluie. *Don't s. about, in, the gangway!* n'encombrez pas la passerelle! *I left him standing at the door,* je l'ai laissé à la porte. *He left her standing in the middle of the room,* il la laissa plantée au milieu de la salle. *I kissed her* **where she stood,** je l'embrassai tout de go. *U.S:* **Stand from under!** gare dessous! *F:* **To stand from under (a crash),** se mettre à l'abri (d'un crach). *See also* BACK[1] I. 1 (*a*), GAPE[2] 2, LIGHT[1] 1, LOG[1] 1. 3. (*Assume a stationary position*) S'arrêter; faire halte. *He was commanded to s.,* on lui ordonna de s'arrêter. **Stand!** halte! halte là! **Stand and deliver!** la bourse ou la vie! *He emerged from the crowd and stood before me,* il sortit de la foule et s'arrêta devant moi. *See also* STILL[1] 1. 4. (*Maintain position*) Rester, durer. *The house will s. another century,* la maison durera encore un siècle. **To stand fast, firm,** tenir pied; tenir ferme; tenir bon; tenir. **To stand or fall,** se maintenir ou succomber; tenir (bon) ou succomber. *We s. or fall together,* nous sommes solidaires (les uns des autres). *These doctrines s. or fall together,* ces doctrines sont étroitement liées. *I shall s. or fall by the issue,* je suis prêt à engager ma fortune sur le résultat. *See also* PAT[3] 1, UNITED 1. 5. (*Remain valid*) Tenir, se maintenir. **The passage must stand,** le passage doit rester comme il est, tel quel, sans modification; il faut maintenir le passage. *The contract stands,* le contrat tient, est valide. *The bargain, the bet, stands,* le marché, le pari, tient. *The objection stands,* cette objection subsiste. **The same remark stands good,** la même observation est applicable. *How much of his philosophy will s.?* que conservera-t-on de sa philosophie? que survivra-t-il de sa philosophie? **These colours do not stand,** ces couleurs ne résistent pas, ne durent pas. *Will these colours s.?* est-ce que ces couleurs tiendront? *See also* REASON[1] 3. 6. (*a*) (*Be in certain position*) Être, se trouver. **To stand convicted of . . .,** être déclaré coupable de . . .; être convaincu de. . . . *See also* CONVICT[2]. **To stand in need of . . .,** avoir besoin de . . .; manquer de. . . . *You s. in danger of getting killed,* vous vous exposez au danger de vous faire tuer; vous risquez de vous faire tuer. *I s. dishonoured,* je suis déshonoré. *See also* CORRECT[1] 3, FEAR[1] 1, STEAD[1] 1. **To stand to lose** £10, risquer de perdre £10. **To stand to lose nothing,** n'avoir rien à perdre. **I stand to win, to lose, if . . .,** je gagne, je perds, si. . . . *We s. to lose, whereas you s. to gain,* nous courons le risque d'y perdre, tandis que vous avez des chances d'y gagner. (*b*) **To stand as security for a debt,** assurer une créance. *See also* SURETY 2. **To stand as candidate,** se porter candidat, se présenter comme candidat, poser sa candidature (*for,* à). **To stand (as candidate) for Parliament,** se présenter, se porter candidat, à la députation. (*c*) *He stands first on the list,* il est le premier, il vient en tête, de la liste. *The thermometer stood at* 90°, le thermomètre marquait 90°. *Corn stands higher than ever,* le prix du blé est plus haut que jamais. (*d*) *Securities standing in the company's books at so much,* titres portés pour tant dans les livres de la société. *The house does not s. in his name,* la maison n'est pas portée à son nom. (*e*) *The balance stands at £*50, le reliquat de compte est de cinquante livres. **The amount standing to your credit,** votre solde créditeur. **How do we stand?** où en sont nos comptes? *How do we s. for ready money?* combien d'argent liquide avons-nous? *The matter stands thus,* voici, voilà, où en est l'affaire. **As matters stand, as it stands,** au point où en sont les choses; dans l'état actuel des choses. *To know how things s.,* être au fait de la question; *F:* savoir de quoi il retourne. **As the case stands . . .,** étant donné(s) les faits de la cause. . . . **I don't know where I stand,** j'ignore quelle est ma position; je ne sais plus où j'en suis. *This is how I s.,* voici ma position. *We are going to take stock in order to see how we s.,* nous allons faire l'inventaire pour nous rendre compte de notre position, pour voir où nous en sommes. *I explained to them how I stood,* je leur ai exposé ma situation. **How do you stand with him?** quelle est votre position vis-à-vis de lui? sur quel pied êtes-vous avec lui? comment êtes-vous avec lui? **To stand well with s.o.,** être estimé de qn; *F:* être dans les petits papiers de qn. *He stands high in the opinion of his chief, he stands well with his chief,* il est fort prisé de, par, son chef; son chef fait grand cas de lui. *Person who stands high in the public estimation,* personne très cotée. *See also* CEREMONY 1. 7. (*Move to and remain in certain position*) Se tenir, se mettre. *I'll s. here,* je me tiendrai ici. *I'll s. at, by, near, the window,* je me mettrai à la fenêtre. *I didn't know where to s.,* je ne savais où me mettre. *To s. against a wall,* se mettre contre un mur. *Nau:* **To stand upon the course,** porter à route. **To stand to the south,** avoir ou mettre le cap au sud. *See also* BREACH[1] 3, CLEAR[1] III. 8. (*Remain motionless*) **The water appears to stand here,** il semble qu'ici il n'y ait pas de courant; ici l'eau paraît être stagnante. **To allow a liquid to stand,** laisser reposer, laisser déposer, un liquide. **To let the tea stand,** laisser infuser le thé. *The works stood for the whole week,* l'usine a chômé pendant toute la semaine. *Cabs may s. here,* les voitures peuvent stationner ici. *Trucks standing in a siding,* wagons en station sur une voie de garage.

II. **stand,** *v.tr.* 1. (*Place upright*) Mettre, poser, placer. *To s. sth. on the table,* mettre, poser, qch. sur la table. *To s. sth. against the wall,* dresser qch. contre le mur. **To stand sth. on end, upright,** faire tenir qch. debout; mettre qch. debout. **To stand sth. in a corner,** mettre, placer, qch. dans un coin. *If Tom does it again he will be stood in the corner,* si Tom recommence, il sera mis au coin, il sera mis en pénitence dans le coin. 2. **To stand one's ground,** tenir bon, ferme; tenir pied; ne pas reculer; ne pas lâcher pied. *Stand your ground!* ne reculez pas d'une semelle! accrochez-vous au sol! *See also* GROUND[2] 5. 3. (*Endure*) Supporter, soutenir, subir. **To stand cold, fatigue,** supporter le froid, la fatigue; résister au froid, à la fatigue. *Plant that cannot s. a damp soil,* plante *f* qui redoute un sol humide. *He can't s. drink,* il ne soutient pas la boisson. *It would be* **more than nature could stand** *to . . .,* il serait outre nature de. . . . *To s. a shock,* soutenir un choc. *To s. the battle,* soutenir le combat. (*Of car, etc.*) *To s. rough handling,* résister à des manipulations brutales; être solide. *He will s. any insult, F:* il n'a pas de sang dans les veines. *We had to* **stand the loss,** la perte a porté sur nous. *Mil:* **To stand fire,** soutenir le feu. *Utensils that will s. the fire,* ustensiles *m* qui vont au feu. *Argument that does not s. investigation,* argument qui ne supporte pas l'examen. **He can't stand her,** il ne peut pas la souffrir, la sentir. *F:* **I can't stand him at any price!** je ne peux pas le sentir; *P:* je l'ai dans le nez. *I can't s. his professorial attitude, F:* je n'encaisse pas son air professoral. **I won't stand such conduct,** je ne supporterai pas une pareille conduite. *I can't s. it any longer,* je n'y tiens plus; j'en ai assez; j'en ai par-dessus la tête. *To be unable to s. s.o.'s doing sth.,* ne pouvoir supporter que qn fasse qch. *See also* NONSENSE 2, RACKET[2] 1. 4. *F:* Payer, offrir. **To stand s.o. a drink,** payer à boire à qn. **To stand a round** (*of drinks*), payer une tournée. *I am standing this one,* c'est ma tournée; c'est moi qui arrose. *To s. s.o. a dinner,* payer un dîner à qn. *To s. oneself a good dinner, P:* s'allonger, s'appuyer, un bon dîner. *See also* SAM, TREAT[1] 1.

stand about, *v.i.* (*Of one pers.*) Rester sur pied; rester debout; *F:* faire le pied de grue; (*of several pers.*) (i) se trouver là; (ii) rester à regarder; faire cercle. *Several people were standing about,* il y avait là plusieurs flâneurs.

stand against, *v.i.* Résister à, tenir tête à, combattre (qn, qch.).

stand aside, *v.i.* (*a*) Se tenir à l'écart. *To s. aside when something is to be done,* s'abstenir lorsqu'il s'agit de faire quelque chose. (*b*) S'écarter, se ranger. *To s. aside to let s.o. pass,* s'effacer pour laisser passer qn. (*c*) *To s. aside in favour of s.o.,* se désister en faveur de qn.

stand away, *v.i.* (*a*) S'éloigner, s'écarter (*from,* de). **Stand away from the gates,** écartez-vous de la grille. *Nau:* **To stand away from shore,** s'éloigner de la côte; prendre le large. (*b*) *Nau:* (*From the enemy*) Prendre chasse; soutenir la chasse.

stand back, *v.i.* (i) Se tenir en arrière; (ii) (se) reculer; (iii) être situé en retrait. **House standing back from the road,** maison écartée du chemin; maison en retrait (de la route).

stand by, *v.i.* 1. (*Adv. use*) (*a*) Se tenir prêt. *Mil:* **The troops are standing by,** les troupes sont consignées. (*b*) *Nau:* Se tenir paré; veiller. **Stand by!** paré! attention! **Stand by below!** paré à manœuvrer! **Stand by starboard!** paré à mouiller tribord! **Stand by to let go!** paré à larguer les amarres! **Stand by to fire!** attention! **Stand by to take the pilot on board!** paré pour embarquer le pilote! (*c*) *W.Tel:* **Stand by!** ne quittez pas l'écoute! (*d*) *Ind:* (*Of furnace, etc.*) Être au repos. (*e*) Se tenir là (sans intervenir). *Would you have stood by and let her drown?* est-ce que vous seriez resté à la regarder se noyer? *All I could do was to s. by,* tout ce que je pouvais faire c'était de rester à veiller. 2. (*Prep. use*) (*a*) Se tenir près de, à côté de (qn). (*b*) Soutenir, défendre (qn); se ranger du côté de (qn); faire cause commune avec (qn). (*c*) Rester fidèle à (sa promesse). **I stand by what I said,** j'en tiens, j'en suis, pour ce que j'ai dit. (*d*) *Nau:* **Stand by the sheets!** veillez aux écoutes! **Stand by the cable!** veillez la chaîne! **Stand by the anchors!** paré à mouiller!

'stand-by, *s.* 1. Personne sur qui l'on peut compter; appui *m,* soutien *m,* partisan *m* (*of s.o.,* de qn). 2. Ressource *f.* *To have a sum in reserve* **as a stand-by,** avoir une somme en réserve comme en-cas. 3. *Attrib.* **Stand-by machine, dynamo,** machine *f,* dynamo *f,* de secours, de réserve, de pointe. **Stand-by engine,** locomotive *f* de réserve.

stand down, *v.i.* 1. (*Of witness*) Quitter la barre. *You may s. down,* vous pouvez vous retirer. 2. (*a*) *Sp:* Se retirer (du jeu, d'une équipe). (*b*) (*Of candidate*) Retirer sa candidature, se retirer, se désister (*in favour of,* en faveur de). 3. *Mil:* Quitter son service; descendre de garde.

standing down, *s.* Désistement *m* (d'un candidat).

stand for, *v.ind.tr.* 1. Défendre, soutenir (qn, une cause). 2. (*a*) Remplacer, tenir lieu de (qn, qch.). (*b*) *Com: Jur: Pol:* Représenter (qn). 3. Signifier, vouloir dire (qch.). **To stand for nothing,** ne compter pour rien. *Union Street stands for modern ideas,* Union Street est un exemple parfait d'une rue d'après les idées modernes. 4. *Nau:* Faire route pour, se diriger vers, gouverner sur (un endroit). 5. *U.S:* Supporter, tolérer (qch.).

stand forward, *Lit:* **stand forth,** *v.i.* 1. Se tenir en avant. 2. Se mettre en avant; s'avancer; *Mil: etc:* sortir du rang.

stand in, *v.i.* 1. **To stand in with others,** se joindre, s'associer, à d'autres (pour une cotisation, une protestation). 2. *Nau:* **To stand in for a port,** mettre le cap sur un port; courir vers un port. **To stand in to land, for (the) land,** courir à terre; porter à terre; rallier la terre. 3. *Cin:* Remplacer un des acteurs (pendant les premières répétitions); figurer. **Stand-in man,** remplaçant. 4. Coûter. *These horses stood me in* (*at*) *three hundred,* ces chevaux m'ont coûté trois cents livres.

stand-'in, *s.* 1. *U.S:* Entente *f.* **To have a stand-in with s.o.,** être bien avec qn. 2. = *Stand-in man.*

stand off. 1. *v.i.* (*a*) Se tenir éloigné, à l'écart. (*b*) S'éloigner. *Nau:* Courir au large; avoir le cap au large. **To stand off and on,** (i) courir des bordées près de terre; louvoyer; (ii) *F:* tergiverser, louvoyer. (*c*) *Ind:* (*Of employee*) Chômer. 2. *v.tr.* (*Of employer*) Faire chômer (un ouvrier).

'stand-off, *attrib.a.* 1. = STAND-OFFISH. 2. *Fb:* (*Rugby*) **Stand-off half,** demi *m* d'ouverture.

stand on, *v.i.* *Nau:* Faire route; continuer sa route.

stand out, *v.i.* 1. Se retirer, se tenir à l'écart (d'une partie, etc.). 2. Résister (*against,* à); tenir bon, ferme (*against,* contre); s'opposer (*against,* à). 3. **To stand out for sth.,** s'obstiner à demander qch. *To s. out for one's claims,* insister sur ses demandes. 4. (*a*) Faire saillie; être en saillie; avancer. *His house stands out from the others,* sa maison avance dans la rue, se détache des autres. (*b*) **To stand out in relief,** ressortir, se détacher, se découper, s'accuser; faire vedette. **To stand out against sth.,** faire contraste avec qch. *The statue stands out against a dark background,* la statue se détache, tranche, sur un fond sombre; la statue se distingue contre un fond sombre. *Shade that stands out against the red,* nuance *f* qui tranche sur le rouge. *Mountains that s. out on the horizon,* montagnes *f* qui se dessinent, se profilent, se silhouettent, à l'horizon, sur l'horizon; montagnes qui se projettent sur l'horizon. *To make a figure s. out in a picture,* détacher une figure dans un tableau. *To make a title s. out,* écrire ou imprimer un titre en vedette. *The qualities that s. out in his work,* les qualités marquantes de son œuvre; les qualités qui s'affirment, qui ressortent, dans son œuvre. *No event stood out in his life,* aucun événement ne marqua dans sa vie. *Among so many canvases a small masterpiece stands out,* parmi tant de toiles se distingue un petit chef-d'œuvre. *Characteristics that make him s. out in the crowd,* traits *m* qui le détachent de la foule. *Th:* *The son's part does not s. out as it should,* le rôle du fils ne sort, ne ressort, pas assez. 5. *Nau:* **To stand out to sea,** (i) gagner le large; porter, courir, tirer, au large; mettre le cap au large; (ii) se tenir au large.

stand over, *v.i.* 1. (*Adv. use*) Rester en suspens. *To let a question s. over, to allow a question to s. over,* remettre une question à plus tard; laisser une question en suspens. *We will let it s. over till next week,* nous laisserons cela jusqu'à la semaine prochaine. **To let an account stand over,** laisser traîner un compte. *Accounts standing over,* comptes restés à découvert. 2. (*Prep. use*) **To stand over s.o. while he does sth.,** (i) se pencher sur qn, (ii) surveiller qn de près, pendant qu'il fait qch. *If I don't s. over him he does nothing,* si je ne suis pas toujours sur son dos il ne fait rien.

stand to, *v.i.* 1. (*Prep. use*) (*a*) *Nau:* **To stand to the south,** avoir le cap au sud. (*b*) *Mil:* **To stand to one's arms,** se tenir sous les armes. **To stand to one's guns** = *to stick to one's guns, q.v. under* STICK[2] II. 2. (*c*) **To stand to one's promise,** ne pas renier sa promesse. 2. (*Adv. use*) *Mil:* **Stand to!** aux armes!

'stand-to, *s.* *Mil:* Alerte *f.*

stand up, *v.i.* 1. (*a*) Se lever; se mettre debout. *To s. up again,* se relever; se remettre debout; se redresser (debout). *A:* **To stand up with a lady,** danser avec une dame. (*b*) Se dresser, se tenir droit. *The steeple stands up against the sky,* le clocher pointe sur le ciel. 2. (*a*) **To stand up against . . .,** résister à . . ., tenir contre . . .; tenir tête à. . . . (*b*) **To stand up for s.o.,** défendre, soutenir, qn; prendre le parti de qn; prendre fait et cause pour qn. (*c*) **To stand up to s.o.,** affronter bravement qn; regarder qn en face; ne pas se laisser démonter par qn; tenir pied à qn. *He stood up to it,* il a tenu le coup. **To stand up to one's work,** être courageux au travail. *Steel that stands up well to high temperatures*, acier *m* dont la tenue est bonne aux hautes températures, qui résiste aux hautes températures.

'stand-up, *attrib.a.* **1.** *Cost: Dressm:* **Stand-up collar**, col droit, montant, relevé. **2.** (Déjeuner, souper) pris debout. **Stand-up buffet**, buffet où l'on mange au comptoir. **3. Stand-up fight**, (i) combat *m* en règle; (ii) bataille rangée.

standing[1], *a.* **1.** (*a*) (Qui **se** tient) debout. *To be in a s. posture*, être debout. *S. spectator*, spectateur *m* debout. **Standing statue**, statue *f* en pied. *Mil:* **To fire standing**, tirer à bras francs. *Rac: F:* **To leave a competitor standing**, brûler, griller, un concurrent. *Turf:* **To leave the field standing**, faire cavalier seul. **To be left standing**, être laissé sur place. *See also* JUMP[1] 1, START[1] 2. (*b*) **Standing crops**, récoltes *f* sur pied; *Jur:* fruits pendants par (les) racines. *To sell a crop s.*, vendre une récolte sur pied. **A hundred standing trees**, cent pieds *m* d'arbres. *See also* TIMBER[1] 1. (*c*) *Typ:* **Standing press**, presse verticale. **2.** (*a*) **Standing water**, eau stagnante, dormante. (*b*) **Standing engine**, machine *f* en chômage; machine inactive. (*c*) **Standing cabs, taxis** *m* en stationnement. (*d*) *Typ:* **Standing type**, conservation *f*. **To keep the type standing**, conserver la composition; mettre la composition en conserve. **3.** (*a*) *Mil:* **Standing camp**, camp permanent, de séjour. (*b*) *Tchn:* **Standing block**, poulie *f* fixe. **Standing bolt**, boulon prisonnier. *Nau:* **Standing rope**, manœuvre *f* fixe, à demeure. *S. part of a rope*, dormant *m* d'une manœuvre. *See also* BOWSPRIT, RIGGING[1] 2, VICE[2]. **4.** *adv.phr. Nau:* **All standing**, (i) tout étant en bon état; (ii) sans désarmer. **To be brought up all standing**, (i) faire chapelle, faire panne, toutes voiles dehors; (ii) *F:* se heurter rudement à un obstacle; se trouver immobilisé, désemparé; rester en panne. **To pay off the crew all standing**, congédier l'équipage sans désarmer. *F: I was so tired that* **I turned into bed all standing**, j'étais si fatigué que je me suis couché sans prendre le temps de me déshabiller. **5.** (*a*) **Standing price**, prix *m* fixe. *Ind: Com:* **Standing expenses**, frais généraux; dépenses *f* de maison. (*b*) **Standing rule**, règle *f* fixe, invariable, immuable. **Standing joke**, plaisanterie habituelle, courante, traditionnelle, classique. *S. custom*, coutume établie, traditionnelle, classique. **I have a standing invitation**, j'ai mes entrées libres (dans cette famille). *See also* ARMY 1, COMMITTEE 1, INSTRUCTION 2, LONG-STANDING, OLD-STANDING, ORDER[1] 10.

'standing 'stone, *s. Archeol:* Pierre levée; menhir *m*.

standing[2], *s.* **1.** (*a*) Fait *m* de se tenir debout; station *f* debout. *Mil:* **Standing easy**, déhanchement *m* de pied ferme. (*b*) = STANDING ROOM. (*c*) Stationnement *m* (d'une voiture); arrêt *m* de service (d'un autobus, etc.). **Standing time**, temps *m* d'arrêt. **2.** Situation *f*, place *f*, position *f*. **To keep one's standing**, tenir pied. **3.** Durée *f*. **Friend of long standing**, ami(e) de longue main, de longue date. *We are friends of long s.*, nous sommes amis d'ancienne date, de vieille date. *Connection of long s.*, relations *fpl* de longues années. **Servant of old standing**, vieux serviteur. *Debt of old s.*, dette *f* d'ancienne date. *Friend of twenty years' s.*, ami de vingt ans. **Officer of six months' standing**, officier *m* qui a six mois de service. **4.** Rang *m*, position, importance *f*, considération *f*. **Social standing**, position sociale. **Man of high standing**, homme haut placé, qui occupe une belle position. *Man of good s.*, homme bien posé; homme estimé. *He belongs to a family of good s.*, il est de bonne maison. *Man of no s.*, homme sans consistance. *Man of the highest moral s.*, homme jouissant de la plus haute considération morale. *He is a man of some s.*, c'est un homme considéré; il jouit d'une certaine considération. **Person of standing**, notable *m*. *Poet of s.*, poète estimé. *Paper of good s.*, journal accrédité. *Paper of no s.*, *F:* feuille *f* de chou. **Standing of a firm**, importance *f* d'une maison. *House of good s.*, maison sûre. *Financial s. of a firm*, situation financière d'une maison. *The high s. of the firm*, l'honorabilité *f* de la maison. *Firm of recognized s.*, maison d'une honorabilité reconnue, d'une solidité reconnue. *His financial s. is satisfactory*, il présente une surface financière suffisante.

'standing-ground, *s.* Point *m* d'appui; point où prendre pied.

'standing room, *s. Rail: Th: etc:* Place(s) *f(pl)* debout. *There is s. r. for twenty people*, vingt personnes *f* peuvent (s')y tenir debout. **'Standing room only,'** "debout seulement"; "il n'y a plus de places assises."

stand-'easy, *s. Mil:* Repos *m*.

stand-'pat. *Pol: U.S:* **1.** *s.* Immobiliste *m*; misonéiste endurci. **2.** *a.* Immobiliste.

stand-'patter, *s. U.S:* = STAND-PAT 1.

standage ['standedʒ], *s.* **1.** (*a*) Place *f*, stationnement *m* (pour véhicules, etc.). (*b*) Droits *mpl* de garage, de stationnement. **2.** *Min:* Puisard *m*.

standard ['standərd], *s.* **1.** (*a*) Bannière *f*. *Mil:* Étendard *m*. *Nau:* Pavillon *m*. *The royal s.*, la bannière royale. (*b*) *Bot:* Pavillon, étendard (d'une papilionacée). **2.** *Meas: etc:* Étalon *m*, type *m* (de poids, de mesures, etc.). *The metre is the s. of length*, le mètre est le module des longueurs. *The legal s.*, l'étalon légal. *Fin:* **The gold standard**, l'étalon or, d'or. **Silver-standard country**, pays *m* à étalon d'argent. **3.** Modèle *m*, type, niveau *m*, norme *f*, mesure *f*. **Standard of taste**, modèle, type, du goût. **Standard of living**, niveau de vie, de bien-être. *High s. of living*, niveau de vie élevé. **Judged by that standard . . .**, à cette mesure. . . . *Do not measure all men by the same s.*, *F:* ne mesurez pas tous les hommes à la même toise. *The standards of vulgarity of the different classes*, la manière dont les différentes classes sociales jugent la vulgarité. *There is no absolute s. of morality*, il n'y a pas d'étalon des mœurs. *To force others to conform to one's own standards*, *F:* asservir les autres à son compas. **4.** (*a*) Degré *m* (d'excellence); qualité *f*; aloi *m*. *S. of knowledge*, degré de connaissances. *The s. of wages*, le taux des salaires. *High s. of intelligence*, niveau élevé de capacité intellectuelle. *The high s. maintained by this periodical*, la haute tenue de ce périodique. *To aim at a high s.*, viser à un haut degré d'excellence. *To reach a high s. of efficiency*, atteindre un niveau élevé de capacité. **To set high standards of business morality**, exiger un haut niveau de moralité dans les affaires. **Not to come up to the standard**, ne pas atteindre le degré d'excellence exigé; ne pas répondre au degré d'excellence exigé; ne pas avoir toutes les qualités requises. *Com:* **Up to standard**, conforme à l'échantillon. *The goods are up to s. in every way*, la marchandise répond à toutes les exigences. *Sch: Your papers are up to s.*, vos compositions *f* sont à la hauteur, atteignent la moyenne. *Boy up to the s. of his form*, élève *m* au niveau de sa classe. *Work of low s.*, travail *m* au-dessous de la moyenne. (*b*) **Standard (of purity) of gold, of silver**, titre *m* de l'or, de l'argent. *Ch:* **Standard of a solution**, titre, teneur *f*, d'une solution. **5.** *Sch:* (*In elementary schools*) Classe *f*. *He has gone through the standards*, il a fait toutes les classes de l'école primaire; il a fait ses études primaires. **6.** (*a*) *Tchn:* Bâti *m*; pied *m*, support *m* (d'un instrument scientifique, etc.); montant *m* (d'une machine, d'une palissade, etc.); chandelle *f*, jambe *f* (d'un bâti); jambage *m* (d'un marteau-pilon). *Windlass standards*, poteaux *m* de treuil. *Mec.E: Standards of a rolling-mill*, colonnes *f* d'un laminoir. *S. of a jack*, fût *m* d'un cric, d'un vérin. **Shafting standard**, chaise *f* sur le sol pour transmission. (*b*) *Const:* Écoperche *f*; échasse *f* d'échafaud; baliveau *m*. (*c*) Pylône *m* d'éclairage; réverbère *m* électrique. (*d*) *Furn:* **Electric table-standard**, flambeau *m* électrique. **Floor standard**, torchère *f*. *See also* LAMP[1] 2, LAMP-STANDARD. (*e*) *Mus:* Pique *f* (de violoncelle). **7.** (*a*) *Hort:* **Standard (tree)**, arbre *m* de plein vent. *Tall standards*, (arbres à) hautes tiges. *See also* ROSE-TREE. (*b*) *For:* Baliveau *m*. **8.** *Attrib.* (*a*) **Standard barometer, compass**, baromètre *m* étalon; compas *m* étalon. **Standard measure**, mesure-étalon *f*, *pl.* mesures-étalons. **Standard metre**, étalon *m* du mètre. **Standard shape**, forme *f* type (d'un outil, etc.). *S. price*, prix régulateur. **Standard weight**, (i) poids *m* étalon; (ii) poids normal. *S. weights*, poids unifiés. **Standard coin**, pièce droite. **Standard copper**, cuivre *m* type. **Standard gold, standard silver**, or *m*, argent *m*, au titre. *Ch:* **Standard paper**, papier *m* à réactif. *See also* SOLUTION[1] 1. *S. thickness*, épaisseur *f* type, épaisseur courante (du fer, etc.). *S. wood*, bois *m* d'échantillon. *S. electrometer*, électromètre normal. *Bak:* **Standard bread**, pain mi-bis. *Rail:* **Standard gauge**, voie normale; écartement normal. *Tchn:* **Standard nut**, écrou *m* ordinaire. *Cin:* **Standard film**, film normal; film standard. **Of standard size, make**, de taille, de marque, courante. *Ind:* **Of standard dimensions**, de dimensions normales; aux cotes normales. **Car of standard model, of standard design**, voiture *f* de série; voiture type. *See also* RATE[1] 2, SCALE[3] 1. (*b*) **Standard book**, livre *m* classique. *S. novels*, romans classiques, classés. **The standard authors**, les auteurs *m* classiques. *The s. French dictionary for schools is . . .*, le dictionnaire français classique pour les écoles est. . . . **A Standard French Dictionary**, un dictionnaire général de la langue française. **Standard edition**, édition populaire, courante (d'un auteur). **Standard English**, l'anglais courant. **One of his standard jokes**, une de ses plaisanteries classiques, familières, coutumières.

'standard-bearer, *s. Mil:* (i) (*In cavalry*) Porte-étendard *m inv*; (ii) *A:* porte-drapeau *m inv*.

standardization [standərdai'zeiʃ(ə)n], *s.* Étalonnage *m*, étalonnement *m* (des poids, d'un galvanomètre, etc.); unification *f*, uniformisation *f* (des méthodes d'essai, des objets de commerce, etc.). *Ind:* Standardisation *f*; mise *f* en série (d'une machine, etc.). *Cin:* Standardisation (des films, de la perforation). *Ch:* Titrage *m*. *Rail: S. of freight charges, of tariffs*, péréquation *f* des prix, des tarifs.

standardize ['standərda:iz], *v.tr.* Étalonner, unifier, uniformiser (des méthodes d'essai, des objets de commerce, etc.); normaliser (une condition). *Ind:* Standardiser; mettre en série (des voitures, etc.). *Ch:* Titrer (une solution). **Standardized production**, fabrication *f* en (grande) série. **Standardized products**, produits typifiés.

standardizing, *s.* = STANDARDIZATION.

stander ['standər], *s.* **1.** Voyageur debout. **2. Stander-by**, spectateur (désintéressé, qui s'abstient d'intervenir); assistant *m*, témoin *m*.

stand-offish [stand'ɔfiʃ], *a.* *F:* (*Of pers.*) Peu accessible, peu communicatif, peu abordable; distant, raide, réservé; peu liant; (*of conduct*) raide. *To be s.-o.*, se mettre, se tenir, sur son quant-à-soi; prendre, tenir, garder, son quant-à-soi. *Don't be so s.-o.*, ne faites pas la réservée.

stand-offishness [stand'ɔfiʃnəs], *s.* *F:* Raideur *f*, réserve *f*, morgue *f*. *There was a certain s.-o. about her*, elle avait un certain quant-à-soi.

standpoint ['standpɔint], *s.* Point *m* de vue; position *f*.

standstill ['standstil], *s.* **1.** (*a*) Arrêt *m*, immobilisation *f*. **To come to a standstill**, s'arrêter, s'immobiliser; (*of motor car, etc.*) rester en panne. *To come to a s. before an obstacle*, s'aheurter à un obstacle. **Matters have come to a (dead) standstill**, les choses *f* n'avancent plus; il y a arrêt complet. *The conference has come to a s.*, la conférence est arrivée à un point mort. **To bring a train to a standstill**, arrêter un train. *Aut:* **Starting up from the standstill**, démarrage *m* en partant du repos. *Trade is at a s.*, le commerce ne va plus; les affaires *f* ne marchent pas, sont au calme plat; les affaires sont enrayées, dans un état de stagnation. *Business is at an absolute s.*, il y a arrêt complet dans les affaires. *Many mills are at a s.*, beaucoup d'usines chôment. *Meanwhile all our plans are at a s.*, en attendant, tous nos projets restent en souffrance. (*b*) *Mil:* (Période *f* de) stabilisation *f* (dans la guerre de tranchées). **2.** *Attrib.* **Standstill order**, immobilisation du cheptel, interdiction *f* de transport des bêtes (dans une région où sévit une épizootie).

stang [staŋ], *s.* Perche *f*, bâton *m*.

stanhope ['stanəp], *s.* 1. *Veh:* Stanhope *m*; cabriolet léger et découvert. 2. *Typ:* **Stanhope press,** stanhope *f.*
staniel ['staniəl], *s. Orn:* Crécerelle *f*, émouchet *m.*
Stanislaus ['stanislɔːs]. *Pr.n.m.* Stanislas.
stank[1] [staŋk], *s. Dial:* Étang *m.*
stank[2]. *See* STINK[2].
stannary ['stanəri], *s.* (*a*) *A:* Mine *f* d'étain. (*b*) *pl.* **The Stannaries,** la région stannifère des Cornouailles et du Devon.
stannate ['staneit], *s. Ch:* Stannate *m.*
stannic ['stanik], *a. Ch:* (Acide *m*) stannique.
stanniferous [sta'nifərəs], *a.* Stannifère.
stannite ['stanait], *s. Miner:* Stannine *f*; étain pyriteux.
stannous ['stanəs], *a. Ch:* (Oxyde) stanneux.
stanza[1], *pl.* **-as** ['stanza, -az], *s. Pros:* Stance *f*, strophe *f.* **Sapphic stanza,** strophe saphique.
stanza[2], *pl.* **-e** ['stantsa, -e], *s. Ital.Arch:* Portique *m* en avant-corps; loge *f. Raphael's stanze in the Vatican,* les loges du Vatican par Raphaël.
stanzaed ['stanzəd], *a.* **Three-stanzaed,** à trois stances, à trois strophes.
stapedial [sta'piːdiəl], *a. Anat:* Stapédien.
stapedius [sta'piːdiəs], *s. Anat:* **Stapedius (muscle),** stapédien *m.*
stapelia [sta'piːlia], *s. Bot:* Stapélie *f.*
stapes ['steipiːz], *s. Anat:* Étrier *m* (de l'oreille).
staphyline ['stafilain], *a. Anat:* Staphylin.
staphylinus [stafi'lainəs], *s. Ent:* Staphylin *m*, diable *m.*
staphylococcus, *pl.* **-cocci** [stafilo'kɔkəs, -'kɔksai], *s. Bac:* Staphylocoque *m.*
staphyloma [stafi'louma], *s. Med:* Staphylome *m.*
staphylomatous [stafi'loumatəs], *a. Med:* Staphylomateux.
staple[1] [steipl], *s.* 1. (*a*) Crampon *m* (à deux pointes); crampe *f*, crampillon *m*; agrafe *f* métallique de jonction. **Wall-staple,** harpon *m*, agrafe. **Wire staple,** (i) (clou) cavalier *m* en fil de fer, clou à deux pointes; (ii) *Bookb: etc:* broche *f* (en fil métallique). *El.E: Insulated s.,* cavalier isolant. (*b*) *Carp: etc: S. of a bench,* valet *m* d'établi. 2. **(Bolt-)staple,** gâche *f*, gâchette *f*, verterelle *f*, vertevelle *f*; auberon *m* (de la serrure d'une malle, etc.). *See also* BOX-STAPLE.
'**staple-plate,** *s.* Auberonnière *f.*
'**staple-post,** *s. Hyd.E:* Potille *f*; poteau *m* de vanne.
'**staple-press,** *s. Bookb: etc:* Brocheuse *f.*
'**staple-vice,** *s.* Étau *m* à pied.
staple[2], *v.tr.* 1. *Const: etc:* Fixer, attacher, (qch.) avec un crampon ou une agrafe, à l'aide de crampons ou d'agrafes. 2. *Bookb:* Brocher (des feuilles) au fil de fer.
stapling, *s.* 1. Fixage *m* à l'aide de crampons ou d'agrafes. 2. *Bookb:* Brochage *m* au fil de fer. **Stapling machine,** machine *f* à brocher (au fil de fer); brocheuse *f* mécanique.
staple[3], *s.* 1. *Hist:* Étape *f*; entrepôt *m*, comptoir *m.* **The Staple,** l'Étape de Calais. *See also* WOOL-STAPLE. 2. (*a*) Produit principal (d'un pays). *Attrib.* **Staple commodities,** denrées principales. **Staple trade,** commerce régulier. **Staple industry,** industrie principale. *F:* **To form the staple of s.o.'s conversation,** être le sujet principal, former le fond, de la conversation de qn. (*b*) Matière première, matière brute.
staple[4], *s. Tex:* Brin *m*, fibre *f* (de laine, de lin, de chanvre); soie *f* (de coton). **Long-staple cotton, short-staple cotton,** coton *m* (de) longue soie, (de) courte soie; coton à fibres longues, courtes.
staple[5], *s. Min:* Bure *f*; puits intérieur.
-stapled [steipld], *a. Tex:* (*With adj. prefixed, e.g.*) **Long-stapled cotton,** coton *m* (de) longue soie, à fibres longues.
stapler ['steiplər], *s.* 1. = WOOL-STAPLER. 2. *Hist:* Membre *m* du corps des marchands de l'Étape.
star[1] [staːr], *s.* 1. (*a*) *Astr:* Étoile *f*; astre *m.* **Fixed star,** étoile fixe. **Shooting star, falling star,** étoile filante, tombante. **Temporary star,** nova *f*, *pl.* novæ. **The morning star,** l'étoile du matin; l'étoile matinière; Lucifer *m.* **The evening star,** l'étoile du soir; l'étoile du berger; Vesper *f.* **The pole star, the North star,** l'étoile polaire; la polaire; l'étoile du nord. *To sleep under the stars,* dormir à la belle étoile. *F:* **To be born under a lucky star,** naître sous une bonne étoile, sous une étoile propice, sous une heureuse planète; naître coiffé. **You may thank your stars** *you were not there,* vous pouvez vous estimer heureux de ne pas avoir été là. *I thank my stars that* . . ., je bénis mon étoile de ce que + *ind.* **To see stars,** voir les étoiles en plein midi; voir trente-six chandelles. **To make s.o. see stars,** faire voir des chandelles à qn; étourdir qn. **O my stars!** grands dieux! (*b*) *Bot:* **Star of Bethlehem,** ornithogale *m* (à ombelle); *F:* dame *f*, belle *f*, d'onze heures. *See also* PINE[1] 1. 2. (*a*) **Star of an order,** plaque *f* d'un ordre; décoration *f*; *F:* crachat *m.* (*b*) *Mil:* Étoile (portée sur l'épaule ou sur la manchette et servant à indiquer les grades de sous-lieutenant, de lieutenant et de capitaine dans l'armée britannique). 3. (*a*) *Her:* Étoile. **Blazing star,** comète *f.* **The stars and stripes** (*of the U.S.A.*), la bannière étoilée. (*b*) (*On horse's forehead*) Étoile, pelote *f.* (*c*) (*Star-shaped crack*) Étoile, étoilement *m.* (*d*) *Typ:* Étoile; astérisque *m.* (*e*) *Mec.E:* Étoile, croix *f.* **Star-and-cam movement,** croix de Malte. 4. *Cin: Th: etc:* (*Pers.*) Étoile, vedette *f*, star *f* (de la scène, etc.). **Literary star,** célébrité *f* littéraire. *Th:* **Star part,** tout premier rôle; rôle de vedette. *F:* **Star turn,** (i) numéro *m* de premier ordre; (ii) *F:* clou *m* (d'une fête, etc.). **Star performance,** représentation *f* de premier ordre. *See also* FILM[1] 3.
'**star-bit,** *s. Min: etc:* Trépan *m* à tranchant en croix.
'**Star-chamber (the),** *s. Hist:* La Chambre étoilée.
'**star-cluster,** *s. Astr:* Étoiles groupées.
'**star-connection,** *s. El.E:* Montage *m* en étoile; groupement *m*, couplage *m*, en étoile. *See also* DELTA 3.
'**star-drift,** *s. Astr:* Mouvements *m* propres des étoiles.
'**star-dust,** *s. Astr:* Amas *m* stellaire.
'**star-fish,** *s. Echin:* Astérie *f*; étoile *f* de mer.
'**star-flower,** *s. Bot:* 1. Ornithogale *m*; dame *f* d'onze heures. 2. Stellaire *f.*
'**star-fort,** *s. Fort:* Fort étoilé.
'**star-gaze,** *v.i. F:* 1. Faire de l'astronomie. 2. (*a*) Bayer aux étoiles, aux corneilles; rêvasser. (*b*) (*Of horse*) Porter le nez au vent.
star-gazing[1], *a. F:* **Star-gazing sightseers,** curieux *m* qui regardent en l'air.
star-gazing[2], *s.* 1. *Hum:* Astronomie *f.* 2. Rêvasserie(s) *f*(*pl*).
'**star-gazer,** *s.* 1. *F:* (*a*) Astronome *m*; astrologue *m.* (*b*) Rêveur, -euse; rêvasseur, -euse. 2. *Ich:* (*a*) Uranoscope *m.* (*b*) Anableps *m*; gros-œil *m*, *pl.* gros-œils. 3. *Nau:* (*Sail*) Papillon *m*; aile *f* de pigeon.
'**star-grass,** *s. Bot:* Alétris *m*, hypoxis *m.*
'**star-handle,** *s. Mec.E: etc:* Croisillon *m.*
'**star-jelly,** *s. Algae:* Nostoc *m*; nodulaire *f*; crachat *m* de lune.
'**star-lit,** *a.* (Ciel) étoilé, (par)semé d'étoiles. *Star-lit night,* nuit étoilée.
'**star-map,** *s.* Carte *f* céleste.
'**star-quartz,** *s.* Quartz *m* à astéries.
'**star-ribbed,** *a. Bot:* (*Of leaf*) Stellinervé.
'**star-shake,** *s.* (*In timber*) Fente rayonnante; cadran(n)ure *f*, maille *f.*
'**star-shell,** *s. Mil:* Obus éclairant; obus à étoiles. *Seen by the light of a s.-s.,* vu à la lueur d'un obus éclairant.
'**star-shower,** *s. Astr:* Pluie *f*, essaim *m*, d'étoiles filantes.
'**star-sight,** *s. Astr: Nau:* Observation *f* d'un astre.
'**star-spangled,** *a.* Étoilé; (par)semé d'étoiles; piqué d'étoiles; (ciel) constellé d'étoiles. **The star-spangled banner,** la bannière étoilée (des États-Unis).
'**star-stone,** *s. Miner:* Astérie *f.*
'**star-thistle,** *s. Bot:* Chardon étoilé; chausse-trape *f*, *pl.* chausse-trapes.
'**star-voltage,** *s. El.E:* Tension étoilée.
'**star-wheel,** *s.* 1. *Mec.E: etc:* Croisillon *m* à poignées. 2. Roue *f* came; étoile *f* à arrêtoir; *Cin: etc:* croix *f* de Malte.
'**star-worshipper,** *s.* Astrolâtre *mf.*
star[2], *v.* (**starred; starring**) 1. *v.tr.* (*a*) Étoiler (qch.); (par)semer (qch.) d'étoiles. *Grass starred with daisies,* herbe semée de pâquerettes. *Mantle starred with jewels,* manteau constellé de pierreries. (*b*) Étoiler, fêler (une glace, une vitre). (*c*) *Typ: etc:* Marquer (un mot) d'une étoile, d'un astérisque. 2. *v.i.* (*a*) (*Of glass*) Se fêler, s'étoiler. (*b*) *Th: etc:* Être en vedette; avoir un rôle d'étoile; jouer les rôles de vedette; tenir le premier rôle. *Cin:* **To star in a film,** tourner dans un film; tourner un film.
starred, *a.* 1. Étoilé; parsemé d'étoiles. 2. (*a*) Étoilé; en forme d'étoile. (*b*) (*Of bottle, window-pane*) Étoilé, fêlé. 3. **Ill-starred,** né sous une mauvaise étoile. *See also* ILL-STARRED. 4. *Typ: etc:* Marqué d'une étoile, d'un astérisque. *Hist:* (1914-18) **Starred profession,** profession exemptée du service militaire.
starring, *s. Th: etc:* Rôles *mpl* d'étoile; rôles de vedette. **To make a starring tour,** faire une tournée en qualité d'étoile.
starblind ['staːrblaind], *a.* A moitié aveugle; presque aveugle.
starboard[1] ['staːrbɔːrd, -bərd], *s. Nau:* Tribord *m.* **The starboard side,** le côté de tribord. *On the s. side,* **to starboard,** à tribord. *To alter course to s.,* changer de route sur la droite. **Starboard tack,** tribord amures. **On the starboard bow,** par tribord devant. **The starboard watch,** la bordée de tribord; les tribordais *m.* **Hard a-starboard!** à droite toute! la barre toute à tribord! tribord la barre toute! *A:* bâbord toute!
starboard[2]. *Nau:* 1. *v.tr.* **To starboard the helm,** mettre la barre à bâbord. **Starboard (the helm)!** à droite! *A:* à gauche! *A:* bâbord (la barre)! 2. *v.i.* (*Of ship*) Venir sur tribord.
starch[1] [staːrtʃ], *s.* 1. (*a*) Amidon *m.* **Rice starch,** amidon de riz. **Potato starch,** fécule *f* de pommes de terre. (*b*) **Starch(-paste),** empois *m*; colle *f* d'amidon; *Tex:* chas *m*, apprêt *m. Med:* **Starch bandage, starch splint,** appareil amidonné. 2. *F:* (*a*) Manières empesées, guindées; raideur *f.* (*b*) **To take the starch out of s.o.,** démonter qn.
starch[2], *v.tr. Laund:* Empeser, amidonner (le linge).
starched, *a.* 1. Empesé, amidonné. *See also* SHIRT 1. 2. *F:* (*Of pers., manner*) Empesé; gourmé, guindé; raide. *S. manners,* manières empesées, contraintes, compassées. *To affect a s. manner,* se gourmer.
starching, *s. Laund:* Empesage *m*; amidonnage *m.*
'**starching-machine,** *s. Tex: etc:* Machine *f* à apprêter; empeseuse *f.*
starchedness ['staːrtʃtnəs], *s.* = STARCHINESS.
starcher ['staːrtʃər], *s.* 1. Empeseur, -euse. 2. = STARCHING-MACHINE.
starchiness ['staːrtʃinəs], *s. F:* Manières empesées, compassées, guindées; raideur *f.*
starchy ['staːrtʃi], *a.* 1. *Ch:* Amylacé, amyloïde; féculent. **Starchy foods,** féculents *m.* 2. = STARCHED 2.
stardom ['staːrdəm], *s. Cin: etc:* Divisme *m.* **To rise to stardom,** devenir une vedette de l'écran.
stare[1] ['stɛər], *s.* Regard fixe; regard appuyé, qui appuie. *Glassy s.,* regard terne, vitreux. *Set s.,* regard fixe. *Stony s.,* regard dur, torve. *Vacant s.,* regard vague, qui ne voit pas; regard ahuri. **To give s.o. a stare,** dévisager qn; appuyer sur qn un regard inquisiteur. *Fixed s. instead of a casual glance,* regard qui appuie au lieu d'effleurer. *With a s. of astonishment,* les yeux écarquillés; les yeux ébahis. *With a s. of horror,* les yeux grands ouverts d'horreur.
stare[2]. 1. *v.i.* (*a*) Regarder fixement. *To s. into the distance,* regarder au loin. (*b*) *He stared into the room,* il plongea dans la salle un regard inquisiteur. **To stare in s.o.'s face,** dévisager qn. (*c*) Écarquiller les yeux; ouvrir de grands yeux. *Everybody stared* (*with astonishment, etc.*), tout le monde écarquillait les yeux, regar-

dait d'un air ébahi. 2. *v.ind.tr.* To stare at s.o., sth., (i) regarder qn, qch., fixement; fixer ses yeux, braquer les yeux, sur qn, qch.; appuyer son regard sur qn; fixer qn; (ii) regarder qn effrontément; dévisager qn; (iii) regarder qn d'un air hébété. *They were staring rudely at each other,* elles se regardaient en chiens de faïence. *She is not accustomed to be stared at,* elle n'est pas accoutumée (i) à ce qu'on la dévisage, (ii) à ce que tous les yeux soient braqués sur elle. 3. *v.tr.* To stare s.o. in the face, dévisager qn. *Ruin stares him in the face,* il voit s'approcher le spectre de la ruine; sa ruine est imminente. *F:* It's staring you in the face, ça vous saute aux yeux; ça vous crève les yeux. To stare s.o. up and down, toiser qn du regard. To stare s.o. into silence, imposer du regard le silence à qn. To stare s.o. out (of countenance), regarder qn de manière à le déconcerter; faire baisser les yeux à qn; faire perdre contenance à qn.

staring[1], *a.* 1. *S. eyes,* (i) yeux *m* fixes; (ii) yeux grands ouverts; yeux effarés; regard ébahi. *S. crowd,* foule *f* d'observateurs (i) attentifs, (ii) gênants. 2. (*a*) Voyant, tranchant; criard. *S. waistcoat,* gilet *m* aux couleurs criardes. (*b*) Stark staring mad, fou, folle, à lier; complètement fou.

staring[2], *s.* Regards *m* fixes; regards effrontés.

'stare-cat, *s.f. P:* Effrontée; curieuse *f.*

starer ['stεərər], *s.* 1. Curieux, -euse; badaud, -aude. 2. *pl. F:* Starers, lorgnon *m*; face-à-main *m, pl.* faces-à-main.

stark [stɑːrk]. 1. *a. Lit:* (*a*) Raide, rigide. *He lay s. in death,* il gisait dans la rigidité de la mort. (*b*) *Poet:* Fort, vigoureux. (*c*) *Poet:* Résolu, inflexible. (*d*) Stark madness, folie pure. *S. nonsense,* pure bêtise. *The s. desolation of the whole region,* l'absolue désolation de toute cette région. (*e*) *Pred.* = *stark naked. They stripped him stark,* on le dépouilla de tous ses vêtements. 2. *adv.* Stark naked, tout nu; complètement, entièrement, nu; nu comme un ver, comme la main. *See also* MAD 1. **-ly,** *adv.* 1. Raidement, rigidement. 2. Nûment; pauvrement (meublé, etc.).

starkness ['stɑːrknəs], *s.* 1. Raideur *f*; rigidité *f.* 2. *In the s. of their ignorance,* dans la profondeur de leur ignorance. 3. Nudité *f.*

starless ['stɑːrləs], *a.* Sans étoiles.

starlight ['stɑːrlait], *s.* 1. Lumière *f* des étoiles; lumière stellaire. In the starlight, by starlight, à la lumière, à la lueur, à la clarté, des étoiles. 2. *Attrib.* A starlight night, une nuit étoilée.

starling[1] ['stɑːrliŋ], *s. Orn:* Étourneau *m*; sansonnet *m.* Rose starling, crested starling, martin *m* roselin; martin rose.

starling[2], *s. Hyd.E:* Bec *m*, éperon *m* (de môle, de pile de pont); brise-glace *m, pl.* brise-glace(s) (en pilotis). Back starling, bec d'aval; arrière-bec *m.* Fore starling, bec d'amont; avant-bec *m.*

starosta, *pl.* **-ti** ['starɔsta, -ti], *s.* (*In Russia, Poland*) Staroste *m.*

starosty ['starɔsti], *s.* Starostie *f.*

starry ['stɑːri], *a.* 1. (Ciel) étoilé, (par)semé d'étoiles. *S. night,* nuit étoilée. 2. *Lit:* Étincelant, brillant; beau comme les étoiles. 3. *Bot:* Étoilé; en forme d'étoile.

start[1] [stɑːrt], *s.* 1. (*a*) Tressaillement *m*, sursaut *m*, soubresaut *m.* To wake with a start, se réveiller en sursaut. He gave a start, il tressaillit, sursauta; il eut, marqua, un haut-le-corps. *To give a s. of joy,* tressaillir de joie. *He gave a s. of surprise,* il eut un mouvement de surprise. To give s.o. a start, faire tressaillir qn. *The news gave me a s.,* la nouvelle m'a donné un soubresaut. *Equit:* Sudden start (*of horse*), contre-coup *m, pl.* contre-coups. (*b*) Saut *m*; mouvement brusque. *See also* FIT[1] 2. 2. (*a*) Commencement *m*, début *m.* To make an early start, commencer de bonne heure. *You will work here* for a start, vous travaillerez ici pour débuter. *For a s. his data are wrong,* pour commencer, d'abord, ses données sont fausses. At the start, au début; *A:* au débuché. *This work is difficult at the s.,* dans ce travail c'est le commencement qui est difficile. *Business muddled at the s.,* affaire mal emmanchée. At the very start, de prime abord. From start to finish, du commencement à la fin. *F:* He got a good start in life, il a bien débuté dans la vie. To give s.o. a start, lancer qn (dans les affaires, etc.). *To give an artist, a play, a good s.,* lancer un artiste, une pièce. To make a good start, bien commencer; *F:* partir du pied gauche. *Everything is making a good s.,* tout s'annonce bien. *His new book has made a good s.,* son nouveau livre est bien parti. *Sales have made a good s.,* le départ (de ce roman, etc.) est excellent. *The affair has had a bad s.,* l'affaire est mal en train. To make a fresh start (in life), recommencer (sa carrière, sa vie). (*b*) Départ *m. Av:* Envol *m. Sp:* Envolée *f* (d'une course de bicyclettes); start *m.* To make an early start, partir de bonne heure. *The s. is fixed for* 3 *p.m.,* le départ est fixé à trois heures. *Rac:* Flying start, départ lancé. Standing start, départ arrêté; *Aut:* démarrage *m* en partant du repos. False start, faux départ. (*c*) *Sp:* To give s.o. a start, laisser qn partir le premier; donner un peu d'avance à qn. *To give s.o. a* 60 *yards s.,* donner à qn 60 yards d'avance. *Player who has been given a s.,* joueur avantagé. To get the start of s.o., prendre de l'avance sur qn; prendre les devants; devancer qn. To have the start of s.o., (i) avoir de l'avance sur qn; (ii) *F:* avoir un avantage sur qn. (*d*) Point *m* de départ (d'un disque de phonographe); start *m.* 3. *P:* Rum start, chose *f* bizarre; drôle d'événement *m.*

start[2]. I. *v.i.* 1. (*a*) Tressaillir, tressauter, sursauter, sauter; avoir, faire, un sursaut; avoir un haut-le-corps; (*of horse, etc.*) soubresauter. *The report made him s.,* la détonation le fit (sur)sauter. *He started at the sound of my voice,* il tressaillit au son de ma voix. *He started with surprise,* il eut un mouvement de surprise. To start up from, start out of, one's sleep, se réveiller en sursaut. (*b*) Se déplacer brusquement. To start aside, se jeter de côté; s'écarter brusquement; (*of horse*) faire un écart brusque. To start back, se jeter en arrière; reculer vivement; avoir un mouvement de recul; (*of horse*) se rejeter (en arrière). To start to one's feet, se lever tout à coup. To start from one's chair, se lever vivement de sa chaise. *Tears started from his eyes,* les larmes jaillirent de ses yeux. *Tears started to his eyes,* les larmes lui vinrent aux yeux. His eyes were starting out of his head, les yeux lui sortaient de la tête; il avait les yeux hors de la tête. 2. (*Of timber*) Se déjeter; (*of planks*) se disjoindre, se détacher; (*of rivets*) se détacher; sauter. *Nau:* (*Of ship's seams*) Se délier, s'ouvrir. (*Of ship*) To start at the seams, cracher ses étoupes. 3. (*a*) Commencer; débuter. *To s. with soup, with grape-fruit,* commencer par un potage, par un grape-fruit. *The play* starts (off) *with a prologue,* la pièce débute par un prologue. *Negotiations have started well,* les négociations sont en bon train. *Com: Sales have started well,* le départ (de ce roman, etc.) est excellent. To start at the beginning, commencer par le commencement. *See also* END[1] 1. To start afresh, to start again, (i) recommencer; (ii) s'amender; *F:* acheter une conduite. *To s. again* (*after a failure, etc.*), recommencer sur nouveaux frais. To start in life, débuter dans la vie. *He had started as a doctor,* il avait commencé par être médecin; il avait débuté dans la médecine. *To s. at two pounds a week,* débuter à deux livres par semaine. To start in business, se mettre, se lancer, dans les affaires. *There were only six members* to start with, il n'y avait que six membres au début. To start with, *you ought not to be here,* et (tout) d'abord, vous n'avez que faire ici. *To s. with we must . . .,* en premier lieu il va falloir. . . . To start (up)on a task, commencer, entamer, un travail. *I can't s. on it just now,* je ne peux pas m'y mettre à présent. To start by doing sth., commencer par faire qch. (*b*) To start (away, off, out, on one's way), partir; se mettre en route. To start (off, out) on a journey, commencer un voyage. *We s. to-morrow,* nous partons demain. *Just as he was starting,* au moment de son départ. *To be on the point of starting,* être sur son départ. *To s. again,* repartir; se remettre en route. He started back the next day, il reprit le chemin de la maison le lendemain. *The train starts at ten,* le train part à dix heures. *Av:* To start on a flight, prendre son vol (pour un raid aérien); décoller. *F:* He started out to write a novel, il se mit en devoir d'écrire un roman. *Rac:* Only six horses started, six chevaux seulement sont partis. *They have started!* les voilà partis! (*c*) To start (off), (*of car*) démarrer; *F:* décoller; se mettre en route; (*of train*) s'ébranler. *To s. off smoothly,* démarrer doucement. *To s. again* (*after a break-down*), dépanner. (*d*) To start (up), (*of engine*) démarrer; commencer de tourner; se mettre en marche, en train; (*of injector, dynamo*) s'amorcer. *The engine won't s.,* le moteur se refuse à partir; le moteur refuse de partir, de démarrer, de tourner. *The engine started at the first touch* (*of the switch*), le moteur a parti, est parti, au premier appel.

II. **start,** *v.tr.* 1. Commencer (un travail, une chanson, etc.); amorcer (un bâtiment, une route, un sujet, etc.); entamer (une conversation, etc.). *To s. a hole,* amorcer un trou. *To s. negotiations,* entamer, engager, des négociations. *To s. a conversation with s.o.,* lier conversation avec qn. *To s. a topic,* entamer un sujet; *F:* ouvrir le bal; mettre le bal en train. *You started it,* c'est vous qui avez commencé; *F:* c'est vous qui avez levé le lièvre. *To s. life afresh,* recommencer sa vie. *Fb: etc:* *To s. an attack,* amorcer une attaque. To start doing sth.; *F:* to start to do sth., commencer à, de, faire qch.; se mettre à faire qch. *Aut: As soon as the engine starts firing,* dès que le moteur commence à marcher. *He started to write a novel,* il se mit à écrire un roman. *To s. crying again,* se remettre à pleurer. *It's just started raining,* voilà la pluie qui commence; voilà qu'il commence à pleuvoir. *The flowers are starting to open,* les fleurs commencent d'éclore. *A patch always starts coming off at the corners,* le décollage d'une pièce commence toujours par les coins; les coins d'une pièce sont des amorces de décollage. 2. (*a*) To start (off) a horse at a gallop, at a trot, faire partir un cheval au galop, au trot; lui faire prendre le galop, le trot. (*b*) *Rac:* Donner le signal du départ à (des coureurs, etc.). (*c*) *Ven:* Lancer (un cerf, un sanglier); lever, mettre debout, déloger (un lièvre); faire partir (une perdrix, etc.). *To s. the quarry again,* relancer la proie. *See also* HARE[1] 1. (*d*) Soulever (une difficulté, une question); élever (un doute). 3. (*a*) Lancer, donner le branle à (une entreprise); fonder (un commerce); fonder, lancer (un journal); ouvrir (une école); mettre en train, *F:* emmancher (une affaire). *To s. a fund,* lancer une souscription. (*b*) To start a fire, (i) arriver à faire flamber le bois (dans l'âtre, etc.); (ii) provoquer un incendie. 4. (*a*) Mettre en marche, faire marcher (une horloge). (*b*) To start (up) a machine, mettre une machine en marche, en train, en mouvement; lancer une machine. *To s.* (*up*) *an injector, a pump,* amorcer un injecteur; amorcer, *F:* allumer, une pompe. *El.E: To s. up a dynamo,* amorcer une dynamo. *Aut: Av:* To start up the engine, lancer, démarrer, le moteur. *The engine is hard to s.,* le moteur est dur à lancer. *Av:* Start up! mettez en route! 5. (*a*) To start s.o. on a career, lancer qn dans une carrière. *It was I who started him, F:* c'est moi qui lui ai mis le pied à l'étrier. *If you s. him on this subject he will never stop,* si vous le lancez sur ce sujet il ne tarira pas. Once you start him talking . . ., quand on le met à causer. . . . To start s.o. in business, lancer qn dans les affaires. (*b*) *Cu:* To start a chicken with a quick oven, saisir un poulet. 6. Disjoindre (des planches, des tôles); faire craquer (les coutures d'un vêtement); délier (les coutures d'un navire). *Med:* Déboîter (un os).

start in, *v.i.* 1. Commencer les coupes (dans les forêts du Canada). 2. *F:* (*a*) Commencer; débuter. (*b*) To start in on sth., to start in to do sth., se mettre à faire qch.

start up, *v.i.* 1. (*Of pers.*) Se lever brusquement; se lever en sursaut. 2. (*Of plant*) (*a*) Lever. (*b*) Pousser rapidement; *F:* pousser comme un champignon. *F: Mushroom villages starting up everywhere,* partout des villages qui surgissent du jour au lendemain. (*c*) Se produire; naître. *Many difficulties have started up,* beaucoup de difficultés se sont élevées, ont surgi.

starting, *s.* 1. Tressaillement *m*; sursaut *m*, soubresaut *m.* 2. (*a*) Commencement *m*, début *m.* (*b*) Départ *m.* 3. (*a*) Mise *f* en train (d'une entreprise, etc.). (*b*) Starting (up), mise en mouvement, mise en marche, mise en train, lancement *m*, démarrage *m* (d'une machine); amorçage *m* (d'une dynamo). *Easy s.*, facilité *f* de lancement, de mise en train. *Aut: etc:* **Starting trouble,** panne *f* de démarrage. *El.E:* **Starting resistance,** résistance *f* au démarrage. *See also* RHEOSTAT.

'starting-bath, *s. Electroplating:* Amorce *f*.

'starting-bolt, *s. Tls:* Repoussoir *m*.

'starting-engine, *s.* Moteur *m* de lancement.

'starting-gate, *s. Rac:* Barrière *f*.

'starting-gear, *s.* Appareil *m* de démarrage, de mise en marche; mise *f* en train.

'starting-handle, *s.* (Levier *m*, manette *f*, manivelle *f* de) mise *f* en marche.

'starting-lever, *s.* Levier *m* de mise en marche (d'une machine). *Navy:* Levier de prise d'air (d'une torpille).

'starting-line, *s. Sp:* Ligne *f* de départ. *To cross the s.-l.*, passer la ligne de départ.

'starting-motor, *s. Av:* Démarreur *m* du moteur.

'starting-place, -point, *s.* Point *m* de départ. *Rail: etc:* Tête *f* de ligne.

'starting-post, *s. Rac:* Poteau *m* de départ; barrière *f*.

'starting-price, *s.* **1.** *Com: St.Exch:* Prix initial. **2.** *Rac:* Dernière cote avant le départ.

starter ['stɑːrtər], *s.* **1.** (*a*) *You are an* **early starter,** vous partez de bonne heure. (*b*) *Sp:* Partant *m*. *Turf:* **Probable starters and jockeys,** partants et montes probables. **2.** (*a*) *Rac:* Starter *m* (qui donne le signal du départ). (*b*) Auteur *m* (d'un projet, etc.); inventeur, -trice (d'une calomnie, etc.); lanceur, -euse (d'une affaire, d'un journal, etc.). **3.** (*Device*) (*a*) *Aut: El.E:* Appareil *m* de mise en marche, de démarrage; démarreur *m*. *El.E: S. of an electric motor*, rhéostat démarreur, de démarrage. **Starter-button,** bouton(-pressoir) *m* de lancement, de mise en marche. *Aut:* **Self-starter, automatic starter,** mise *f* en marche automatique; démarreur automatique; moteur *m* de lancement. *See also* SELF-STARTER. **Foot-starter,** pédale *f* de mise en marche. **Foot-starter stud,** plot *m* de démarrage. **Starter pedal,** contacteur *m* au pied. (*b*) = STARTING-BOLT. **4.** Chose *f*, mélange *m*, etc., pour amorcer un procédé. *Ap:* **Foundation starter,** amorce *f*. **5.** *F:* **To lend s.o. £100 as, for, a starter,** prêter à qn £100 pour le lancer. *I gave him a punch on the nose for a s.*, j'ai commencé par lui coller mon poing dans la figure.

startle [stɑːrtl], *v.tr.* Effrayer, alarmer (qn); faire tressaillir, faire sursauter (qn). **To startle s.o. out of his sleep,** éveiller qn en sursaut. *She was startled to see him so pale*, elle a été saisie, cela lui a donné un tour, de le voir si pâle. *F: He wants to s. the old fogeys*, il veut épater le bourgeois.

startled, *a.* Effrayé, alarmé. *A s. cry*, un cri d'alarme, d'effroi. *She was quite s.*, elle est restée toute saisie.

startling, *a.* (*Of news, discovery, etc.*) Effrayant, saisissant; *F:* renversant, foudroyant, atterrant. *S. events*, événements sensationnels, à sensation. *S. get-up*, toilette ébouriffante. *S. resemblance*, ressemblance saisissante.

startler ['stɑːrtlər], *s. F:* Chose sensationnelle; nouvelle sensationnelle.

starvation [stɑːr'veiʃ(ə)n], *s.* Privation *f* ou manque *m* de nourriture; famine *f*, affamement *m*. *Med:* Inanition *f*. **To die of starvation,** mourir de faim, d'inanition. **Starvation wages,** salaire *m* de famine; salaire de meurt-de-faim. *See also* DIET[1] 2.

starve [stɑːrv]. **1.** *v.i.* (*a*) **To starve (to death),** mourir de faim, d'inanition. (*b*) Manquer de nourriture; endurer la faim. *Wolves can s. for a long time*, les loups supportent longtemps la diète. *F:* **I am starving,** je meurs, je crève, de faim; j'ai la fringale; je tombe d'inanition; je n'ai rien dans le ventre. *I would rather s.!* je ne mange pas de ce pain-là! **To be starving for social life,** être affamé de rapports mondains. (*c*) *Dial:* Mourir de froid. *F:* **To be starving with cold,** être tout transi (de froid); être gelé. (*d*) (*Of tree, plant*) Dépérir; s'étioler. **2.** *v.tr.* (*a*) Faire mourir (qn) de faim. **To starve s.o. out,** couper les vivres à qn. *To s. out a town, a garrison*, affamer une ville, une garnison; prendre, réduire, une ville par la famine. **To starve a garrison into surrender,** réduire une garnison par la faim. *Trade would have been starved out of existence*, le commerce serait mort d'inanition. (*b*) Priver (qn) de nourriture. *Med:* Soumettre (un malade) à un régime affamant. *F:* **To starve a cold,** traiter un rhume par la diète. (*c*) *Dial:* Faire mourir (qn) de froid.

starved, *a.* **1.** (*a*) Affamé; famélique. **Starved-looking,** à l'aspect famélique. *See also* HALF-STARVED. (*b*) **Starved of affection,** privé d'affection. **2.** *Dial:* Gelé; transi. **You look starved to death,** tu as l'air tout transi. **3.** (*Of plant*) Languissant; étiolé.

starving[1], *a.* Mourant de faim; affamé; famélique.

starving[2], *s.* **1.** Inanition *f*. **2.** Privation *f* de nourriture. *Med:* Régime affamant; médication *f* par une diète absolue.

starveling ['stɑːrvliŋ]. **1.** *s.* Affamé, -ée; famélique *mf*; *F:* meurt-de-faim *m inv*; *P:* crève-la-faim *m inv*, claquedent *m*, claquefaim *m*. **2.** *a.* (*a*) Affamé, famélique. *Little s. kitten*, petit chaton famélique. (*b*) (Salaire, conditions, etc.) de famine, *F:* de meurt-de-faim.

starver ['stɑːrvər], *s.* **1.** Affamé, -ée; famélique *mf*. **2.** Affameur, -euse.

starwort ['stɑːrwəːrt], *s. Bot:* Stellaire *f*. **Sea-starwort,** aster *m*. **Water-starwort,** callitriche *m*.

stasis ['steisis], *s. Med:* Stase *f*.

statable ['steitəbl], *a.* Qui peut être déclaré, énoncé, affirmé.

statant ['steitənt], *a. Her:* Posé. *Esp.* **Lion statant,** lion posé.

state[1] [steit], *s.* **1.** (*a*) État *m*, condition *f*; situation *f*. *In a good s.*, en bon état; en bonne condition. *Bad s. of the packing*, mauvais conditionnement des emballages. **Whatever the state of the case may be,** en tout état de cause. *I want to know the real s. of things*, je voudrais savoir ce qu'il en est. **Here's a nice, a pretty, state of things,** nous voilà bien! c'est du joli, du propre! *See also* AFFAIR. *F:* **What a state you are in!** dans quel état vous êtes! (*b*) État. *Body in a s. of rest*, corps *m* à l'état de repos; corps au repos. *S. of health*, état de santé. *I am not in a fit s. to travel*, je ne suis pas en état de voyager. *In a s. of intoxication*, en état d'ivresse. *In a s. of siege*, en état de siège. *People in a savage s.*, peuple *m* à l'état sauvage. *See also* NATURE 3. **The married state,** le mariage. **The single state,** le célibat. **State of mind,** disposition *f* d'esprit. *F:* **To be in a great state,** être dans tous ses états. *He was in quite a s. about it*, ça l'avait bouleversé. *He will work himself into such a s. that . . .*, il va se mettre dans un tel état que. . . . **2.** (*a*) Rang *m*, dignité *f*. *He lived in a style befitting his s.*, il vivait sur un pied digne de son rang. (*b*) Pompe *f*, parade *f*, apparat *m*. *Adm:* Représentation *f* (d'un ambassadeur, etc.). **To keep great state, to live in state,** mener grand train. **To travel in state,** voyager en grand apparat, en grand appareil, en grand équipage. **To dine in state,** dîner en grand gala. (*Of body*) **To lie in state,** être exposé (sur un lit de parade). **Lying in state,** exposition *f* (d'un corps). *F:* **To sit in state** *in one's carriage*, se pavaner, se prélasser, dans sa voiture. *The proprietress sat in s. at the counter*, madame trônait au comptoir. *To escort s.o. in s.*, escorter qn en grande cérémonie. *To receive an ambassador in s.*, recevoir solennellement un ambassadeur. *He was in his* **robes of state,** il était en costume d'apparat. **Chair of state,** fauteuil *m* d'apparat; trône *m*. **Bed of state,** lit *m* de parade. (*c*) *Attrib.* **State carriage, state coach,** voiture *f* d'apparat; voiture de cérémonie officielle; voiture de gala. **State reception** *of a prince*, réception solennelle d'un prince. **State ball,** grand bal officiel; grand bal de cour. **State apartments,** grands appartements; salons *m* d'apparat. *Rail:* **State car,** pendulaire *m*. **3.** = ESTATE 3. *Fr.Hist:* **The States General,** les États généraux. **4.** (*a*) *Pol:* **The State,** l'État. **Church and State,** l'Église et l'État. **Secretary of State,** (i) secrétaire *m* d'État; (ii) *U.S:* Ministre *m* des Affaires étrangères. *U.S:* **State Department,** Ministère *m* des Affaires étrangères. **Affairs of State, State affairs,** affaires *f* d'État. *S. documents*, documents officiels; papiers *m* d'État. **State trial,** procès *m* politique. **State church,** église *f* d'État. **State socialism,** (i) socialisme *m* d'État; (ii) étatisme *m*. **State control,** étatisme. *To bring an industry under S. control*, étatifier une industrie. *Bringing of an industry under S. control*, mise *f* sous régie d'une industrie. **State forest,** forêt domaniale; forêt de l'État. *For:* **State timber,** bois *mpl* d'État; bois domaniaux. *The French S. mines*, les mines domaniales françaises. *See also* PRISON[1], PRISONER 1. (*b*) État, nation *f*. *Every s. was represented*, tous les états étaient représentés. **The United States of America,** *F:* **the States,** les États-Unis d'Amérique. *See also* PAPAL.

'State-aided, *a.* (*Of industry, etc.*) Subventionné par l'État; encouragé.

'state-'cabin, *s.* = STATE-ROOM 2.

'state-house, *s. U.S:* Chambre législative (d'un état); palais *m* du gouvernement.

'State-managed, *a.* (Théâtre, etc.) en régie.

'state-room, *s.* **1.** Chambre *f* d'apparat; grand appartement; salle *f* de réception (d'un palais, à la cour, etc.). **2.** *Nau:* (*a*) (*On steamship*) Cabine *f* (de luxe). (*b*) (*On cargo-boat*) Chambre pour passagers.

state[2], *v.tr.* **1.** (*a*) Énoncer, déclarer, affirmer, faire connaître (qch.). *To s. sth. definitely*, spécifier qch. *To s. sth. precisely*, préciser qch. *Com:* **To state an account,** spécifier un compte. *This condition was expressly stated*, cette condition était énoncée, déclarée, expressément. *The receipt must s. the source of payment*, la quittance doit énoncer l'origine des deniers. *You must s. full particulars*, vous devez faire connaître toutes les circonstances. **Please state below . . .,** veuillez noter en bas. . . . *To s. the weight plainly*, indiquer le poids d'une façon précise. **As stated above,** ainsi qu'il est dit plus haut. *It should also be stated that . . .*, nous devons ajouter que. . . . *He did not s. why . . .*, il n'a pas dit pourquoi. . . . *He stated that the arrangements were complete*, il a déclaré que les préparatifs étaient terminés. *I have stated my opinion*, j'ai donné mon opinion. *He stated all the facts*, il présenta, *Jur:* relata, articula, tous les faits. *He states positively that he heard it*, il affirme l'avoir entendu. *He is stated to have been found . . .*, on affirme l'avoir trouvé. . . . *I have seen it stated that . . .*, j'ai lu quelque part que. . . . *Tradition states him to have been a monk*, la tradition affirme qu'il fut moine. *Mil:* **It is stated in orders that . . .,** la décision porte que. . . . (*b*) Exposer (une réclamation, etc.). *Jur:* **To state the case,** faire l'exposé des faits. **To state a case,** soumettre les faits au tribunal. *The plaintiff stated his case*, le plaignant a exposé sa réclamation. (*c*) *Mth:* Poser, énoncer (un problème). **2.** Régler, arrêter, fixer (une heure, une date).

stated, *a.* **1.** Réglé, fixé; fixe. *At s. intervals*, à des époques fixées; à intervalles réglés. *On s. days*, à jours fixes. **2.** *Jur:* **Stated case,** énoncé *m* des faits (soumis à la cour ou à un arbitre). **-ly,** *adv.* A intervalles réglés; à des époques fixées.

stating, *s.* Déclaration *f*, énoncé *m* (des faits, etc.); exposition *f*.

statecraft ['steitkrɑːft], *s.* (*a*) Habileté *f* politique; diplomatie *f*. (*b*) *Pej:* Finasserie *f* politique.

stateless ['steitləs], *a. Adm:* **Stateless person,** (e.g. *British wife of an American citizen*), sans-patrie *mf inv*.

stateliness ['steitlinəs], *s.* Majesté *f*; aspect imposant; grandeur *f*, dignité *f*.

stately ['steitli], *a.* **1.** Majestueux; imposant. *The s. homes of England*, les châteaux imposants de l'Angleterre. **2.** Plein de dignité; noble, élevé; (style) soutenu. *S. bearing*, allure pleine de majesté. *S. grace*, beauté fière.

statement ['steitmənt], *s.* **1.** (*a*) Exposition *f*, exposé *m*, énoncé *m* (des faits, de la situation, etc.); rapport *m*, compte rendu, relation *f*. **Official statement** (*to the press*), communiqué *m*. **Certified statement,** constatation *f*. **To make, publish, a statement,** émettre une déclaration. *To draw up a s.*, rédiger un exposé; dresser un mémoire. *S. of conclusions arrived at*, exposé des décisions prises.

Full s. of the position, exposé complet de la situation. *Bare s. of the facts*, simple énoncé des faits. *According to the s. of . . .*, d'après la déclaration de . . ., d'après le rapport de . . ., d'après le témoignage de . . .; à ce que dit . . .; au dire de . . .; aux dires de . . .; d'après les dires de. . . . *According to his own s.*, suivant sa propre déclaration. *Jur:* **The statements made by the witnesses**, les dépositions *f* des témoins. **Written statement of a case**, instruction écrite; mémoire *m*. **Official statement of facts**, constat *m*. **Statement of grounds** *of an appeal*, grief *m*. **Statement of defence**, exposé des moyens de fait et de droit du défendeur. *See also* CLAIM[1] 4. (*b*) Assertion *f*, affirmation *f*. *To contradict a s.*, nier une affirmation. *A s. appeared in the press to the effect that . . .*, il fut affirmé dans la presse que. . . . **2.** *Com:* **Statement of account**, état *m* de compte; relevé *m*, relèvement *m*, de compte; bordereau *m* de compte. **Monthly statement**, fin *f* de mois. *To send s.o. a s. of the amount owing to him*, fournir à qn un état des sommes qui lui sont dues. *S. of expenses*, état, montant *m*, des frais. *Jur:* **Statement of costs**, état de frais; mémoire. *Const:* **Statement of measurement**, note *f* de cubage. *Fin:* **Bank statement**, situation *f* de la Banque (d'Angleterre). **The Bank weekly statement**, le bilan hebdomadaire de la Banque. **Statement of affairs** (*in bankruptcy*), bilan de liquidation. *See also* STATISTICAL.

stater[1] ['steitər], *s.* *M.Ins:* **Average stater**, répartiteur *m* d'avaries; dispacheur *m*.

stater[2], *s.* *Gr.Num:* Statère *m*.

statesman, *pl.* **-men** ['steitsmən, -men], *s.m.* **1.** Homme d'État. *Attrib. In this family statesmen sons followed statesmen fathers*, dans cette famille ils étaient hommes d'État de père en fils. *See also* ELDER[1] 1. **2.** *U.S:* = POLITICIAN 1.

statesmanlike ['steitsmənlaik], **statesmanly** ['steitsmənli], *a.* D'homme d'État. *Sound and s. principles*, principes de gouvernement sûrs et éprouvés.

statesmanship ['steitsmənʃip], *s.* Science *f* du gouvernement; la politique.

static(al) ['statik(əl)], *a.* Statique. *Static electricity*, électricité *f* statique. *Mec:* **Statical friction**, frottement *m* au départ. **Static moment**, moment *m* d'une force. **Static transformer**, transformateur *m* statique. **-ally**, *adv.* Au point de vue de la statique; suivant les lois de la statique. *S. balanced*, équilibré statiquement. *Civ.E:* **Statically determinate system**, système *m* isostatique.

statice ['statisi], *s.* *Bot:* Statice *m*.

statics ['statiks], *s.pl.* **1.** *Mec:* (*Usu. with sg. const.*) La statique. **2.** (*a*) *W.Tel:* Perturbations *f* atmosphériques; parasites *m* atmosphériques. (*b*) *Cin:* Effluves *m* (striant le film).

station[1] ['steiʃ(ə)n], *s.* **1.** (*a*) Position *f*, place *f*, poste *m*. **To take up a station**, (i) prendre une place; se placer; (ii) se rendre à un poste. *Nau: etc: Take your stations!* à vos postes! *Navy:* **Action stations**, postes de combat. (*Of ship*) **To be in station, out of station**, être, ne pas être, à son poste. *To be ahead of s.*, être sur l'avant de son poste. *Ind: Rail: etc:* **Control station** *of a machine or engine*, poste d'une machine. (*b*) Station *f*, poste. *Surv: S. for taking observations*, station. **Naval station**, station navale; port *m* militaire, port de guerre. **Outlying station**, point *m* d'appui. *The West Indies s.*, la station des Antilles. **Ship on station**, navire *m* en station. *On s. in the West Indies*, stationné aux Antilles. **Coaling station**, dépôt *m* de charbon. **Military station**, poste militaire; garnison *f*. *Changes of military stations*, changements *m* de garnison. *The battalion is about to change s.*, le bataillon va changer de garnison. **Red Cross station**, poste de la Croix-Rouge. **Listening station**, poste d'écoute. **Aeroplane station**, poste d'avions. *See also* AIR-STATION 1. (*c*) (*In Australia*) **(Sheep-)station**, élevage *m* de moutons. (*d*) **Lifeboat station**, station de sauvetage. **Coastguard station**, station de garde-côte. **Frontier station**, poste de frontière. *Aut:* **Petrol station**, poste d'essence. *W.Tel:* **Broadcasting station**, poste émetteur; poste d'émission, de radio-diffusion. **Repeater station**, poste amplificateur. **Beam station**, poste, station, à réflecteurs. *Listening-in s.*, poste, station, d'écoute. *El.E:* **Transformer station**, poste abaisseur de tension. *Hyd.E:* **Pumping station**, usine *f* élévatoire; centrale *f* de pompage. *See also* DRESSING-STATION, FILLING-STATION, FIRE-STATION, GENERATING, POLICE[1], POWER STATION, RECEIVING-STATION, SIGNAL-STATION, TRANSMITTING[1]. (*e*) *Nat.Hist:* Station, habitat *m* (d'une plante, d'un animal). **2.** Position, condition *f*; rang *m*. **Station in life**, situation sociale. *What is her s. in life?* de quel monde est-elle? **To marry below one's station**, se mésallier. *He preferred to keep his own s. in life*, il préféra ne pas sortir de son rang. *He occupied a humble s.*, il était de petite condition. *Men of exalted s.*, hommes *m* de haute position. *The duties of his s.*, les devoirs exigés par sa position. **3.** (*a*) *Rail:* Gare *f*. **Passenger station**, gare de voyageurs. **Goods station**, gare de marchandises. **Through station**, gare de passage; station. **Reversing station**, gare de tête. *Mil: Regulating s.*, gare régulatrice. *Entraining s.*, gare d'embarquement. *Detraining s.*, gare de débarquement. *To reach the s.*, arriver à la gare; (*of train*) entrer en gare. **Euston Station**, la gare de Euston. *Com:* **At-station price**, prix *m* en gare départ. **Station hotel**, hôtel *m* de la gare. **Station bus**, voiture *f* de service d'hôtel. *See also* HARBOUR-STATION. (*b*) **Omnibus station**, terminus *m* d'autobus. (*c*) *Min:* = LANDING[2] 2 (*b*). **4.** *Ecc:* **The stations of the Cross**, le chemin de la Croix.

'station-bill, *s.* *Nau:* Rôle *m* de manœuvre.

'station-house, *s.* **1.** Prison *f*, *P:* violon *m* (d'un poste de police). **2.** Poste *m* de police.

'station-point, *s.* *Surv:* Point *m* de station.

'station-rod, -staff, *s.* *Surv:* Mire *f*.

station[2], *v.tr.* (*a*) Placer, mettre (qn dans un endroit). *To s. a murderer behind the door*, aposter un assassin derrière la porte. *To s. oneself behind a tree*, se poster derrière un arbre. (*b*) *To s. troops*, poster des troupes. *Mil: Navy: To s. the officers and men*, désigner leurs postes aux officiers et aux hommes. (*c*) **To be stationed at . . .**, (i) *Mil:* être en garnison à . . .; tenir garnison à . . .; (ii) *Navy:* être en station à. . . . *Fleet stationed abroad*, flotte stationnée à l'étranger.

stational ['steiʃən(ə)l], *a.* *Ecc:* (Église, messe, indulgence) stationnale.

stationary ['steiʃənəri], *a.* **1.** Stationnaire; immobile. *To remain s.*, rester stationnaire. *S. car*, auto *f* en stationnement. *Cin:* **Stationary period**, phase *f* d'arrêt du film. **2.** (*a*) Fixe. *S. engine*, machine *f* fixe; moteur *m* fixe. *S. boiler*, chaudière *f* fixe; chaudière placée à demeure. *El.E: S. winding*, enroulement *m* (de champ) fixe. (*b*) *Mil: S. troops*, troupes *f* sédentaires. (*c*) *Med: S. disease* (*prevalent in a district*), maladie *f* stationnaire.

stationer ['steiʃənər], *s.* (*a*) *A:* Libraire *m*; libraire-éditeur *m*. (*b*) Papetier *m*. *Stationer's shop*, papeterie *f*. **Stationers' Hall**, Hôtel *m* de la Corporation des libraires, relieurs, et papetiers (à Londres). *Adm:* **Entered at Stationers' Hall**, (livre) déposé.

stationery ['steiʃənəri], *s.* Papeterie *f*. **Office stationery, school stationery**, fournitures *fpl* de bureau, d'école. *Adm:* **The Stationery Office**, le Service des fournitures et des publications de l'Administration.

stationmaster ['steiʃənmɑːstər], *s.* Chef *m* de gare. **Deputy stationmaster**, sous-chef *m*, *pl.* sous-chefs, de gare.

statist ['steitist], *s.* = STATISTICIAN.

statistical [stə'tistik(ə)l], *a.* Statistique. *S. statement*, état *m* statistique. **Statistical tables**, statistiques *f*. *S. commission*, commission *f* de statistique. *S. experts*, spécialistes *m* en matière de statistique(s). *See also* GEOGRAPHY 1. **-ally**, *adv.* **1.** Au moyen de la statistique. **2.** Du point de vue de la statistique.

statistician [statis'tiʃ(ə)n], *s.* Statisticien, -ienne.

statistics [stə'tistiks], *s.pl.* La statistique.

Statius ['steiʃəs]. *Pr.n.m. Lt.Lit:* Stace.

stator ['steitər], *s.* *Mch: El.E:* Stator *m* (d'une turbine, d'un moteur électrique); *El:* induit *m* fixe.

statoscope ['statoskoup], *s.* *Meteor: Av:* Statoscope *m*.

statuary ['statjuəri]. **1.** *a.* (Art, etc.) statuaire. **Statuary marble**, marbre *m* statuaire. **2.** *s.* (*Pers.*) Statuaire *mf*. **3.** *s.* (*a*) La statuaire; l'art *m* statuaire. (*b*) *Coll.* Statues *fpl*.

statue ['statju], *s.* Statue *f*. *F:* **He stands like a statue**, il ne bouge pas plus qu'un terme; il reste là comme une souche.

statued ['statjud], *a.* **1.** Orné de statues. **2.** Représenté en statue; *F:* (*of celebrity, etc.*) statufié.

statuesque [statju'esk], *a.* Sculptural, -aux; plastique. *A s. beauty*, une beauté plastique.

statuette [statju'et], *s.* Statuette *f*.

stature ['statjər], *s.* Stature *f*; taille *f*. **To be short of stature**, avoir la taille courte.

-statured ['statjərd], *a.* (*With adj. prefixed, e.g.*) **Low-statured**, de petite taille.

status ['steitəs], *s.* **1.** (*a*) Statut légal (de qn). **Personal status**, statut personnel. *The s. of women*, le statut des femmes. (*b*) *Adm:* **Civil status**, état civil. *Jur: Action of legitimate child to claim his s.*, action *f* en réclamation d'état. *See also* LEGAL 2. (*c*) Condition *f*, position *f*, rang *m*. **Social status**, rang social. *Without any official s.*, sans titre officiel. **2.** (*a*) *Med:* État. (*b*) État, situation *f*. *F. The present s. of telephony*, la téléphonie actuelle. *What is the present s. of broadcasting?* où en est la radio-diffusion?

status quo ['steitəs'kwou], *s.* Statu quo *m inv*.

statutable ['statjutəbl], *a.* **1.** Autorisé (par la loi); réglementaire. **2.** (Délit) prévu par la loi.

statute ['statjuːt], *s.* **1.** (*a*) *Jur:* Acte *m* du Parlement; loi *f*, ordonnance *f*. **The Statute of Limitations**, la loi de prescription (acte établissant la prescription de six ans des dettes légales). *To bar a debt by the S. of Limitations*, prescrire une dette. *Debt barred by the S. of Limitations*, dette prescrite; dette caduque. **Statute fair**, foire légale. **Statute measures**, mesures légales. *See also* MILE. (*b*) **The statutes of God**, les ordonnances de Dieu. **2.** *pl.* Statuts *m*, règlements *m* (d'une société, d'une compagnie). **3.** *Internat. Jur:* **Personal statute, real statute**, statut personnel, réel.

'statute-'barred, *a.* *Jur:* (*Of interest, debt*) Prescrit, caduc.

'statute-book, *s.* Code *m* (des lois).

'statute-labour, *s.* *A:* Corvée *f*; prestation *f* en nature.

'statute-law, *s.* Droit écrit; jurisprudence *f*.

statutory ['statjutəri], *a.* **1.** Établi, fixé, imposé, par la loi; réglementaire; (*of offence*) prévu par la loi. **Statutory holiday**, fête légale. **Statutory declaration**, (i) attestation *f* (en lieu de serment); (ii) attestation (par un homme de loi) que certaines formalités ont été accomplies; (iii) acte *m* de notoriété. **Statutory company**, compagnie créée par législation spéciale pour assurer une entreprise de service public. **2.** Statutaire; conforme aux statuts.

staunch[1] [stɔːnʃ], *a.* **1.** (*Of pers.*) Sûr, dévoué; ferme. *S. friend*, ami *m* à toute épreuve; ami solide. *S. Socialist*, *F:* socialiste *m* bon teint. *S. courage*, courage *m* inébranlable. **2.** (*a*) (*Of ship, etc.*) Étanche. (*b*) *A:* (*Of wall, etc.*) Solide, ferme. **-ly**, *adv.* Avec fermeté; avec résolution; avec dévouement.

staunch[2], *v.tr.* = STANCH[1].

staunchness ['stɔːnʃnəs], *s.* **1.** Fermeté *f*; dévouement *m*. **2.** (*a*) Étanchéité *f*. (*b*) *A:* Solidité *f*.

staurolite ['stɔːrolait], *s.* *Miner:* Staurolite *f*, staurotide *f*; pierre *f* de croix.

stauroscope ['stɔːroskoup], *s.* *Miner:* Stauroscope *m*.

stave[1] [steːiv], *s.* **1.** (*a*) *Coop:* **Barrel staves**, douves *f*, longailles *f*, pour tonneaux; merrain *m*. (*b*) Bâton *m*. (*c*) Échelon *m* (d'une échelle); hampe *f* (d'une hallebarde). *Dial:* Bâton de chaise. *Mec.E: S. of a trundle*, fuseau *m* de lanterne. **2.** *Pros:* Stance *f*, strophe *f*, couplet *m* (d'un poème). **3.** *Mus:* (*a*) Portée *f*. (*b*) (Barre *f* de) mesure *f*. *The first staves of the piece*, les premières mesures du morceau.

'stave-rhyme, *s. Lit.Hist:* Allitération *f.*

'stave-wood, *s. Coop:* Merrain *m.*

stave². I. *v.tr.* (*p.t.* staved; *p.p.* staved, *Nau:* stove [stouv]) *Coop:* Garnir (un tonneau) de douves; assembler les douves (d'un tonneau). 2. (*a*) *v.tr.* = STAVE IN. (*b*) *v.i.* (*Of boat, ship*) Se défoncer, se disjoindre, s'effondrer.

stave in, *v.tr.* Défoncer, enfoncer, crever, effondrer (une barrique, un bateau, etc.). *Aut: The radiator was staved in, was stove in,* le radiateur a été embouti, faussé.

staving in, *s.* Défonçage *m*, défoncement *m*, enfoncement *m*.

stave off, *v.tr.* I. *A:* Écarter, chasser, (un chien, etc.) avec un bâton. 2. Détourner, écarter (un ennui, etc.); prévenir (un danger, une maladie); conjurer (un désastre); parer à (un danger). **To stave off hunger,** tromper la faim. *To s. off bankruptcy, F:* doubler le cap de l'imminente faillite.

staving off, *s.* **Staving off of a disease,** *etc.*, mesures préventives contre une maladie, etc.

stave up, *v.tr. Metalw:* **To stave up the head of a bolt,** refouler la tête d'un boulon.

staving up, *s.* Refoulement *m*.

staved, *a. Arch:* (*Of column*) Rudenté.

staving, *s. Coop:* Merrain *m*.

stavesacre ['steivzeikər], *s. Bot:* Staphisaigre *f*; *F:* herbe *f* aux poux.

stay¹ [stei], *s.* I. Séjour *m* (dans une ville, etc.); visite *f* (chez un ami). *Fortnight's s.,* séjour de quinze jours. *To be making only a short s. in a town,* être de passage dans une ville. 2. (*a*) *Lit:* Retard *m*; entrave *f*. *He will endure no s.,* il ne supportera aucun retard. *A s. upon his activity,* une entrave à son activité. (*b*) *Jur:* Suspension *f*. **Stay of proceedings,** suspension d'instances. **Stay of execution,** sursis *m*; ordonnance *f* de surseoir (à un jugement). *Judgment liable to s. of execution,* jugement susceptible d'opposition. *An appeal is not a s.,* un appel n'est pas suspensif.

stay², *v.* I. *v.i.* I. (*a*) *A:* S'arrêter. (*b*) (*In imper.*) **Stay!** *you have forgotten something,* attendez! vous avez oublié quelque chose. 2. (*a*) Rester; demeurer sur les lieux. *S. here till I return,* restez ici jusqu'à ce que je revienne. **Stay there!** tenez-vous là! *It will not s. where it is put,* cela ne veut pas rester où on le met. *P:* **To stay put,** (i) rester à la même place; rester en place; (ii) ne plus changer. **To stay at home,** se tenir chez soi. *On wet days we s. at home,* les jours de pluie nous restons à la maison, nous gardons la maison. **To stay in bed,** rester au lit; garder le lit. **To stay to dinner, for dinner,** rester à dîner; rester dîner. *Won't you s. to lunch?* restez donc à déjeuner. *To make s.o. s. to lunch,* retenir qn à déjeuner. *Shall I s. with you?* voulez-vous de ma compagnie? **He has come to stay,** il est venu (i) passer quelques jours chez nous, (ii) habiter chez nous. *F:* **Jazz has come to stay,** le jazz a pris racine, est entré définitivement dans nos mœurs. *Foreign words that come to s.,* mots étrangers qui entrent dans la langue. (*b*) Séjourner, demeurer quelque temps (*in a place,* dans un endroit). *I stayed in London last summer,* j'ai passé, je suis resté, quelque temps à Londres l'été dernier. **To stay at a hotel,** (i) descendre à un hôtel; (ii) être installé à un hôtel. **To stay with s.o.,** faire une visite à qn; passer quelque temps chez qn. *We are staying with relations,* nous sommes chez des parents. 3. *Rac:* **He was not able to stay,** il n'a pas pu soutenir l'allure. *He can s. three miles,* il peut fournir une course de trois milles.

II. **stay,** *v.tr.* I. Arrêter (le progrès de qn, etc.). *To s. the inroads, the progress, of an epidemic,* barrer la route à une épidémie; enrayer une épidémie. *To s. the course of events,* endiguer la marche des événements. *If one could s. the operation of old age,* si l'on pouvait résister à l'action de la vieillesse. **To stay s.o.'s arm, s.o.'s hand,** retenir le bras de qn. **To stay one's hand,** se retenir. *F:* **To stay one's stomach,** tromper la faim. *It stays the stomach,* cela vous soutient l'estomac. 2. *Jur: etc:* Remettre, ajourner (une décision, etc.); *F:* suspendre (son jugement, etc.). **To stay a judgment,** surseoir à un jugement.

stay away, *v.i.* Ne pas venir; s'absenter.

staying away, *s.* Absence *f*.

stay in, *v.i.* I. (*a*) Ne pas sortir; rester à la maison; garder le logis. (*b*) *Sch:* Être consigné; être en retenue. 2. *My (hair) wave did not s. in two days,* mon ondulation n'a pas tenu deux jours.

'stay-in, *attrib.a.* **Stay-in strike,** grève *f* avec occupation (d'usine); *F:* grève sur le tas.

stay on, *v.i.* Demeurer, rester, encore quelque temps. *I'm staying on here for a week,* je reste encore huit jours ici (après le départ des autres, ou en plus du temps que j'avais fixé).

stay out, *v.i.* Rester dehors; ne pas rentrer. *I shall s. out till ten,* je ne rentrerai qu'à dix heures. *To s. out all night,* découcher.

stay up, *v.i.* I. Ne pas se coucher; veiller. **To stay up late,** veiller tard. *To s. up doing sth.,* s'attarder à faire qch. 2. Rester debout.

staying¹, *s.* I. Séjour *m*; visite *f*. 2. Résistance *f*. **Staying power,** résistance; endurance *f*; fond *m*. (*Of horse*) *To have good s. power,* avoir du fond, de la tenue. *Work requiring s. power,* travail *m* de longue haleine. 3. (*a*) Arrêt *m* (du progrès de qch., etc.); enrayage *m*, enrayement *m* (d'une épidémie, etc.). (*b*) *Jur: etc:* Remise *f*, ajournement *m* (d'une décision, etc.).

'stay-at-home. I. *s.* Casanier, -ière; homme *m* d'intérieur; cendrillon *f*. 2. *a.* Casanier.

stay³, *s.* I. (*a*) Support *m*, soutien *m*; montant *m*. *Arb:* **Sapling stay,** tuteur *m*, écuyer *m*, d'un plant. *F:* **The stay of his old age,** le soutien de sa vieillesse; son bâton de vieillesse. (*b*) *Const: Mec.E: etc:* Support, appui *m*, étai *m*, étançon *m*; contre-fiche *f*; jambe *f* de force; arc-boutant *m*, *pl.* arcs-boutants; pointal *m*, -aux. *N.Arch:* Accore *m* (de vaisseau en construction). 2. (*Brace, tie*) Tirant *m* (de chaudière, de machine); entretoise *f*. *Mch:* Ancre *f* (d'une chaudière). **Bridge stays,** armature *f* de la boîte à feu. 3. *pl. Cost:* **Stays,** corset *m*.

'stay-bar, *s.* = STAY-ROD.

'stay-bolt, *s. Mec.E: etc:* Boulon *m* d'entretoisement, d'ancrage; entretoise *f*, tirant *m*.

'stay-lace, *s. Cost:* Lacet *m* (de corset).

'stay-maker, *s.* Corsetier, -ière.

'stay-plate, *s. Mec.E:* Gousset *m*.

'stay-rod, *s.* I. Jambe *f* de force; contre-fiche *f*. 2. Tige *f* de rappel; tirant *m* de fixation; entretoise *f*.

'stay-tube, *s.* Tube-tirant *m*, *pl.* tubes-tirants (d'une chaudière).

stay⁴, *v.tr. Const: etc:* I. **To stay (up) sth.,** étayer, étançonner, accorer, arc-bouter (un mur, une maison); accorer, accoter (un navire, etc.). 2. Entretoiser (un mur, etc.); ancrer (une cheminée, etc.); affermir (une chaudière, etc.) par des ancres.

staying², *s.* I. (*a*) Étayage *m*, étaiement *m*, arc-boutement *m*; renforcement *m*. *Min:* **Staying of the roof,** consolidation *f* du ciel. (*b*) Ancrage *m*. 2. Entretoisage *m*, entretoisement *m*.

stay⁵, *s.* I. (*a*) *Nau:* Étai *m* (de mât). **Jib-stay,** draille *f* de foc. *See also* FORE-STAY, FUNNEL 2, TRIATIC. (*b*) Hauban *m*. *Stays of an aerial mast,* retenues *f*, haubans, de mât d'antenne. **Chain stay,** hauban-chaîne *m*. *See also* ANCHOR-STAY. 2. *Nau:* (*a*) (*Of ship*) **To be in stays, to hang in stays,** être pris vent devant; dépasser le lit du vent. **To be slack in stays,** être lent à virer (de bord). **To go about in stays,** virer vent avant, vent devant. *See also* MISS² I. (*b*) (*Of anchor*) **To be at short stays, at long stays,** être à pic, à long pic.

'stay-anchor, *s. Civ.E: etc:* Ancre *f*.

'stay-block, *s. Civ.E: etc:* Semelle *f* d'ancrage.

'stay-rope, *s. Const: Civ.E:* Hauban *m*.

'stay-wire, *s.* Hauban *m* en fil métallique; hauban-fil *m*, *pl.* haubans-fils.

stay⁶. I. *v.tr.* Tenir (un mât) en étai; hauban(n)er (un mât, un poteau, etc.); rappeler (un mât) avec un câble. 2. *Nau:* (*a*) *v.tr.* Faire virer de bord (un navire) vent devant. (*b*) *v.i.* (*Of ship*) Virer de bord vent devant.

staying³, *s.* Hauban(n)age *m*; étayage *m*, étaiement *m* (d'un mât).

stayer ['steiər], *s.* I. **Stayer at home,** casanier, -ière. 2. *Sp.* (*a*) Coureur *m* de fond; stayer *m*. (*b*) Cheval *m* de longue haleine; cheval capable de fournir une longue course. *Horse that is a good s.,* cheval qui a du fond, de la tenue. 3. *S. of an evil, of a disease,* celui qui arrête, qui enraye, un mal, une maladie.

staysail ['steiseil, steisl], *s. Nau:* Voile *f* d'étai. **Main staysail,** grand'voile d'étai; pouillousse *f*. **Fore staysail,** petit foc. **Fore-topmast staysail,** trinquette *f*. **Mizzen-topmast staysail,** foc d'artimon; diablotin *m*; marquise *f*.

stead¹ [sted], *s. Lit:* I. **To stand s.o. in good stead,** être d'une grande utilité, être fort utile, à qn; être d'un grand secours à qn; beaucoup aider qn. 2. **In s.o.'s stead,** à la place de qn; au lieu de qn. *To act in s.o.'s s.,* remplacer qn.

stead², *v.tr. A:* Servir, aider (qn).

steadfast ['stedfəst], *a.* Ferme, stable; inébranlable, qui ne bronche pas. *S. in danger,* ferme en face du danger. *S. in love, in adversity,* constant en amour, dans l'adversité. *S. policy,* politique suivie. **-ly,** *adv.* Fermement; avec constance. *We s. refuse,* nous refusons obstinément, absolument. *To look s. at s.o.,* regarder fixement qn.

steadfastness ['stedfəstnəs], *s.* Fermeté *f* (d'esprit); stabilité *f*; constance *f*. **Steadfastness of purpose,** ténacité *f* de caractère. *Man who lacks s. of purpose,* homme *m* qui manque de fond.

steadiness ['stedinəs], *s.* I. Fermeté *f*, sûreté *f*. *S. of hand,* sûreté de main. *Here perfect s. of foot is necessary,* ici il faut avoir le pied parfaitement sûr. 2. Fermeté (d'esprit); assiduité *f*, persévérance *f*, application *f*. *S. in doing sth.,* assiduité à faire qch. *S. of gaze,* fermeté *f*, fixité *f*, du regard. 3. (*a*) Régularité *f* (de mouvement, d'action). (*b*) Stabilité *f*. *St.Exch:* *S. of prices,* tenue *f* des prix. (*c*) Fixité *f*, rigidité *f*. 4. (*Of pers.*) Conduite rangée, posée; sagesse *f*.

steading ['stediŋ], *s. Scot:* (*a*) Ferme *f* et ses dépendances. (*b*) Dépendances *f* (d'une ferme).

steady¹ ['stedi]. I. *a.* (*a*) Ferme, solide; fixe, rigide. *S. rest,* support *m* fixe. *To make a table s.,* mettre une table en bon équilibre; caler une table. *To make a beam steadier,* donner plus de fixité à une poutre; assurer une poutre. **To keep steady,** ne pas bouger; rester en place. **To have a steady hand,** avoir la main sûre. *With a s. hand, step,* d'une main assurée, ferme; d'un pas assuré, ferme. **To be steady on one's legs,** *F:* **on one's pins,** être d'aplomb sur ses jambes; *F:* être ferme sur ses piliers. *Equit:* **To have a steady seat,** être ferme à cheval, sur ses étriers; avoir une bonne assiette. *S. horse,* cheval *m* calme. *Horse s. under fire,* cheval docile au feu. *Ship s. in a sea, in a breeze,* navire *m* qui tient bien la mer, le vent. (*b*) Continu, soutenu; persistant; régulier. *Sp: etc:* *To play a s. game,* avoir un jeu régulier. *S. increase,* augmentation soutenue. *S. progress,* progrès ininterrompus, soutenus. *The s. bites of two animals grazing,* les coups de dents réguliers de deux bêtes en train de paître. *S. pace,* allure modérée, réglée. *S. trot,* trot soutenu. *S. movements,* mouvements mesurés. **Steady pulse,** pouls égal. *S. light,* lumière *f* stable. *S. fire,* feu nourri. **Steady weather,** temps établi. **Steady breeze,** brise faite (et forte); brise étale, franche. *S. downpour,* pluie persistante. **Steady barometer,** baromètre *m* stationnaire. *Nau:* *S. compass,* compas *m* tranquille. *Mch:* *S. governor,* régulateur stabilisé. *Mec.E:* **Steady load,** charge constante. *Com:* **Steady demand for . . .,** demande suivie pour. . . . **Steady market,** marché soutenu. (*Of market, etc.*) **To grow steady,** se stabiliser. *S. prices,* prix *m* fixes. *See also* SLOW¹ I. I. (*c*) (*Of pers.*) Ferme, constant; assidu. **Steady worker,** travailleur appliqué, assidu, régulier. *S. workman, s. pupil,* ouvrier, élève, assidu. *To be s. in one's principles,* être, rester, fidèle à ses principes. (*d*) (*Of pers.*) Rangé, posé; sérieux, sage. *S. young man,* jeune homme qui a de la conduite. *To become s.*, se ranger; s'assagir. **2.** *adv. & int.* (*a*) **Steady!** (i) ne bougez pas! (ii) *Ven:* (*to dog*) tout beau! (iii) *Mil:* fixe! *F:* **Steady (on)!** doucement! du calme! ne vous pressez pas! (*b*) *Nau:* **Steady (the helm)!** droite la barre! gouvernez droit! **Steady as you go!** droite comme ça! **3.** *s.* (*a*) Support *m* (pour la main, etc.). (*b*) Lunette *f* (d'un tour). (*c*) *U.S:* *F:* **My steady,** mon ami attitré; mon amie attitrée (avec qui je sors régulièrement). **-ily,** *adv.* **1.** Solidement, fermement. *Jars that do not stand s.*, vases *m* qui ne sont pas en équilibre stable. *To walk s.*, marcher d'un pas ferme; marcher d'aplomb. **2.** (*a*) Régulièrement; sans arrêt, sans cesse; toujours. *S. increasing output*, rendement *m* augmentant régulièrement, de façon soutenue. *His health grows s. worse*, sa santé va (en) empirant. (*b*) Uniment; sans à-coups. *Horse that gallops s.*, cheval *m* qui galope uniment; cheval au galop uni. **3.** Fermement; avec fermeté; assidûment. *To work s. at sth.*, travailler fermement, assidûment, d'arrache-pied, à qch. *To refuse s. to do sth.*, refuser fermement de faire qch. **4.** (Se conduire) d'une manière rangée, posée; avec sagesse.

'steady-going, *a.* **1.** (Machine, etc.) à marche régulière; (cheval) sûr. **2.** (*Of pers.*) Pondéré; méthodique.

'steady-pin, *s.* *Aut:* Étoquiau *m* (de ressort à lames).

steady². **1.** *v.tr.* (*a*) Raffermir, affermir; assurer. *To s. a table-leg*, caler le pied d'une table. *To s. one's hand*, assurer sa main. **To steady oneself against sth.**, s'étayer contre qch. *To s. the running of a machine*, régulariser, stabiliser, la marche d'une machine. *To s. the nerves*, raffermir, calmer, détendre, les nerfs. *Nau:* *To s. a ship*, appuyer un navire. **To steady the ship against a sea,** tenir barre à la vague. (*b*) Assagir (un jeune homme, etc.). **2.** *v.i.* Se raffermir; reprendre son aplomb. *The boat steadied*, le bateau retrouva son équilibre. *Prices are steadying*, les prix *m* se raffermissent.

steady down, **1.** *v.tr.* Assagir (qn). *Marriage has steadied him down*, le mariage l'a rangé. **2.** *v.i.* *The market has steadied down*, le marché a repris son aplomb. *Young man who has steadied down*, jeune homme qui s'est rangé, qui s'est assagi.

steadying, *s.* Affermissement *m*; raffermissement *m*. **Steadying rope,** retenue *f*. *Com:* *Ind:* **Steadying force, steadying factor** (*in production*), volant *m*.

steak [steik], *s.* *Cu:* (*a*) Tranche *f* (de viande, de poisson); darne *f* (de saumon); côtelette *f* (de porc). (*b*) Bifteck *m*; (*cut from the ribs*) entrecôte *f*. **Fillet steak,** tournedos *m*. **Veal steak, bear steak,** bifteck de veau, d'ours. *See also* RUMP-STEAK.

steal [stiːl]. **I.** *v.* (*p.t.* **stole** [stoul]; *p.p.* **stolen** ['stoul(ə)n]) **1.** *v.tr.* (*a*) Voler, dérober, soustraire (*sth. from s.o.*, qch. à qn). *To s. money from the till*, voler de l'argent dans la caisse. *I have had my purse stolen*, on m'a volé, *F:* on m'a refait, mon porte-monnaie. *B:* **Thou shalt not steal,** tu ne déroberas point. (*b*) *F:* **To steal (away) s.o.'s heart,** séduire le cœur de qn. *To s. a few hours from one's studies*, dérober quelques heures à ses études. *See also* KISS¹ 1, PICK³ 7. (*c*) **To steal a glance at s.o.,** jeter furtivement un regard à qn; jeter un coup d'œil furtif à qn; jeter vers, sur, qn un regard à la dérobée; regarder qn à la dérobée, d'un œil furtif; regarder furtivement qn; *F:* reluquer qn. *To s. a glance at s.o. in the mirror*, guigner qn dans la glace. (*d*) **To steal a march on the enemy,** *F:* **on s.o.,** gagner une marche sur l'ennemi; prendre les devants sur qn; devancer qn; circonvenir qn; gagner, prendre, qn de vitesse. *The writer steals a march on reality*, l'auteur prend le pas sur la réalité. **2.** *v.i.* **To steal away, down, in, out,** s'en aller, descendre, entrer, sortir, à la dérobée, furtivement, à pas furtifs, à pas de loup, en tapinois, en catimini. *He stole away*, (i) il s'éloigna à pas feutrés; (ii) il s'esquiva; *F:* il délogea sans tambour ni trompette. *He stole into the room*, il se faufila, se glissa, dans la chambre. **To steal along,** marcher à pas de loup. *Time was stealing on*, le temps avançait insensiblement. *He felt sleep stealing upon him*, il se sentit gagner par le sommeil. *He felt a vague apprehension stealing over him*, il se sentait sous le coup d'une vague appréhension. *Their emotion had stolen over me*, leur émotion s'était emparée de moi. *A tear stole down her cheek*, une larme coula doucement le long de sa joue; une larme s'échappa de ses yeux. *A smile stole across her lips*, elle eut un sourire furtif. *Their scent steals forth into the air*, leur parfum s'insinue dans l'air. *The mist stole over the valley*, le brouillard gagna insensiblement la vallée. *The light steals through the chinks*, la lumière filtre par les fissures.

stealing, *s.* Vol *m*. **Stealing by finding,** vol commis par l'appropriation d'un objet trouvé. *See also* PICKING¹ 1.

II. **steal,** *s.* *F:* **1.** *Golf:* Coup roulé long qui met la balle dans le trou par raccroc; coup volé; coup de veine. **2.** *U.S:* Transaction *f* malhonnête; vol *m*; filouterie *f*; plagiat *m* (*from*, fait à).

stealer ['stiːlər], *s.* Voleur, -euse (*of*, de). **Sheep-stealer,** voleur de moutons. *S. of ideas*, voleur d'idées.

stealth [stelθ], *s.* (*Only in the phr.*) **By stealth,** à la dérobée; furtivement; en tapinois. *To do sth. by s.*, faire qch. sous main, en cachette.

stealthiness ['stelθinəs], *s.* Caractère furtif (d'une action, d'une allure).

stealthy ['stelθi], *a.* Furtif. *S. glance*, regard dérobé; regard à la dérobée. *With s. step*, d'un pas furtif; à pas de loup, à pas feutrés. **-ily,** *adv.* A la dérobée; furtivement, subrepticement; en tapinois, en catimini. *To creep in s.*, entrer à pas de loup. *To look at s.o. s.*, regarder qn en dessous; *F:* reluquer qn; guigner qn.

steam¹ [stiːm], *s.* (*a*) Vapeur *f* (d'eau); buée *f*. *Room full of s.*, salle remplie de buée. *Window-pane covered with s.*, vitre couverte de buée. (*b*) *Ph:* *Mch:* **Wet steam,** vapeur mouillée, humide, aqueuse. **Dry steam,** vapeur sèche. *Escape of s.*, fuite *f* de vapeur. *Heated by s.*, chauffé à la vapeur. **To work by steam,** fonctionner à la vapeur. **To get up steam, to raise steam,** (i) faire monter la pression; mettre (la chaudière) sous pression; chauffer une chaudière, une locomotive; développer la vapeur; pousser les feux; (ii) *F:* faire appel à, rassembler, toutes ses forces. *Engine getting up s.*, locomotive qui chauffe. **Steam is up,** on est en pleine vapeur; nous sommes sous pression; il y a de la pression; les machines sont parées à fonctionner. *S. is not up*, nous n'avons pas de pression. **To keep up steam,** (i) tenir (de) la pression; se tenir en pression; rester sous pression; rester sous les feux; conserver les feux allumés; (ii) *F:* ne pas se relâcher; travailler ferme. **To let off, blow off, steam,** (i) lâcher, larguer, purger, laisser échapper, la vapeur; (ii) *F:* dépenser son superflu d'énergie; (iii) donner libre cours à ses sentiments; épancher sa bile. *To let the s. get low*, laisser tomber la pression. **To put steam on,** mettre la vapeur. *The s. is on*, on est en vapeur. *With the s. on*, en vapeur. **Engine under steam,** machine sous pression, en pression. *To put on full s.*, mettre à toute vitesse. **To make all steam,** pousser les feux. **At full steam, with all steam on,** à toute vapeur; en pleine vapeur. *Nau:* **Full steam ahead!** en avant à toute vapeur! en avant toute! **To get under steam,** appareiller (à la vapeur). **Vessel under steam,** (i) navire sous vapeur; (ii) navire marchant à la vapeur. (*Of damaged ship*) **To proceed under its own steam,** marcher par ses seuls moyens. (*Of sailor*) **To go into steam,** passer (des navires à voiles) à la navigation à la vapeur. **Steam navigation,** navigation à la vapeur. *Dom.Ec:* **Steam cooking,** cuisine *f* à la vapeur. *Paperm:* **Steam finish,** humectage *m* à la vapeur. *Rail:* **Steam brake,** frein *m* à vapeur. *Mch:* **Steam consumption,** consommation *f* de vapeur. *See also* EXHAUST¹ 1, GENERATING, LIVE¹ 2, SPINDLE¹ 2, TURBINE 1, WASTE¹ 2.

'steam-accumulator, *s.* *Ind:* Accumulateur *m* de vapeur.

'steam-bent, *a.* (*Of lath, timber*) Cintré à la vapeur.

'steam-'boiler, *s.* Chaudière *f* à vapeur; chaudière génératrice; générateur *m*.

'steam-box, -chamber, -chest, *s.* **1.** *Mch:* Boîte *f* à vapeur; boîte à tiroir(s); chapelle *f* du tiroir; boîte de distribution de vapeur. **2.** Réservoir *m* de vapeur.

'steam-coal, *s.* Charbon *m* pour production de vapeur; charbon à vapeur; charbon choisi; houille *f* de chaudière. **Smokeless steam-coal,** houille à vapeur sans fumée.

'steam-cock, *s.* Prise *f* de vapeur; robinet *m* à, de, vapeur.

'steam-coil, *s.* Serpentin *m* à vapeur.

'steam-colour, *s.* *Tex:* Teinture fixée à la vapeur.

'steam-'crane, *s.* Grue *f* à vapeur.

'steam-dome, *s.* *Mch:* Dôme *m* de prise de vapeur; réceptacle *m* de la vapeur.

'steam-driven, *a.* Actionné par la vapeur; à vapeur.

'steam-engine, *s.* Machine *f* à vapeur.

'steam-gauge, *s.* Jauge *f* de vapeur; manomètre *m* de pression de vapeur; manomètre à vapeur.

'steam-'hammer, *s.* Marteau-pilon *m*, *pl.* marteaux-pilons, à vapeur; pilon *m* à vapeur, pilon mécanique.

'steam-heating, *s.* Chauffage *m* à la vapeur. **Steam-heating plant,** calorifère *m* à vapeur.

'steam-inlet, *s.* *Mch:* *etc:* Conduit *m* d'admission (d'un cylindre).

'steam-'jacket, *s.* *Mch:* Chemise *f* de vapeur; enveloppe *f* de vapeur; chapelle *f*; cylindre-enveloppe *m*, *pl.* cylindres-enveloppes.

'steam-'kettle, *s.* Bouilloire *f* pour humidifier l'atmosphère (dans les cas de bronchite, etc.).

'steam-'launch, *s.* Canot *m*, embarcation *f*, à vapeur.

'steam-'lorry, *s.* Camion *m* à vapeur.

'steam-'navvy, *s.* Pelle *f* à vapeur; excavateur *m* à vapeur; terrassier *m* à vapeur.

'steam-'nozzle, *s.* Tuyère *f* à vapeur, ajutage *m* à vapeur (d'un injecteur).

'steam-'pipe, *s.* **1.** Tuyau *m* de vapeur; conduite *f* de vapeur. **2.** (i) Tuyau de prise de vapeur; (ii) tuyau de dégagement de la vapeur.

'steam-port, *s.* Orifice *m* de vapeur. *Mch:* Lumière *f* d'admission, d'entrée; orifice d'admission; orifice à l'introduction.

'steam-'pressure, *s.* Pression *f* de vapeur; tension *f* de vapeur.

'steam-'roller¹, *s.* *Civ.E:* Cylindre compresseur à vapeur; rouleau *m* compresseur. *P.N:* **'Steam-roller at work,'** "cylindrage."

'steam-'roller², *v.tr.* **1.** *Civ.E:* Cylindrer (une route). **2.** *F:* *To s.-r. all opposition*, écraser toute opposition.

'steam-'separator, *s.* **1.** Séparateur *m* d'eau et de vapeur, purgeur *m* de vapeur. **2.** Dégraisseur *m*, déshuileur *m*, de vapeur.

'steam-'shovel, *s.* *Civ.E:* Pelle *f* à vapeur; excavateur *m*.

'steam-space, *s.* = STEAM-CHAMBER.

'steam-tent, *s.* *Med:* Tente *f* de vapeur.

'steam-'thresher, *s.* *Husb:* Locobatteuse *f*.

'steam-tight, *a.* Étanche (à la vapeur).

'steam-tightness, *s.* Étanchéité *f* (à la vapeur).

'steam-trap, *s.* *Mch:* Purgeur *m* de vapeur; bouteille *f* de purge; séparateur *m* d'eau de condensation.

'steam-'trawler, *s.* (Bateau) chalutier *m* à vapeur.

'steam-vessel, *s.* = STEAMSHIP.

'steam-way, *s.* Tubulure *f* de prise de vapeur; conduit *m* de vapeur.

'steam-'whistle, *s.* Sifflet *m* à vapeur; trompe *f*.

'steam-'winch, *s.* *Nau:* Treuil *m* à vapeur; cabestan *m*, guindeau *m*, à vapeur; haleur *m*.

'steam-yacht, *s.* Yacht *m* à vapeur.

steam². **1.** *v.tr.* (*a*) *Cu:* Cuire (des légumes, etc.) à la vapeur, à l'étuvée. (*b*) Passer (qch.) à la vapeur, à l'étuve; étuver (qch.); vaporiser (un vêtement, du drap). *Tex:* Délustrer (le drap). **To steam open an envelope,** décacheter une lettre à la vapeur. (*c*) *Tex:* Fixer (un colorant) à la vapeur. **2.** *v.i.* (*a*) Jeter, exhaler, de la vapeur; fumer; (*of hot pastry, etc.*) buer. *Aut:* *The engine* *is steaming (at the radiator)*, le moteur vaporise. *The soup steams on the table*, la soupe fume sur la table. *Horses steaming with sweat*, chevaux *m* fumants (de sueur). **To steam away,** s'évaporer. (*b*) Marcher (à la vapeur). **To steam ahead,** (i) avancer (à la vapeur); (ii) *F:* faire des progrès rapides. **The train steamed away, steamed off,** le train partit. *The ship steamed away*, le vapeur partit. *The train steamed into the station*, le train entra en gare. *The ship steamed out of port*, le vapeur sortit du port. **To steam at ten knots,** filer dix nœuds. *How fast are we steaming?—Twelve knots*, combien filons-nous?—Douze nœuds. *We can only s. with one boiler*, nous ne pouvons plus marcher qu'avec une chaudière.

steam up, *v.i.* (*a*) Mettre la vapeur; pousser les feux. (*b*) *F:* S'y mettre avec énergie.

steaming[1], *a.* Fumant; qui s'évapore. **Steaming hot,** tout chaud.

steaming[2], *s.* **1.** (*a*) *Cu:* Cuisson *f* à la vapeur, à l'étuvée. (*b*) Passage *m* (de qch.) à la vapeur, à l'étuve; étuvage *m.* (*c*) *Tex:* Fixation *f* à la vapeur (du colorant). **2.** Marche *f* à la vapeur.

steamboat ['stiːmbout], *s.* Bateau *m*, navire *m*, à vapeur; vapeur *m*; steamboat *m.*

steamer ['stiːmər], *s.* **1.** *F:* = STEAMSHIP. **2.** *Dom.Ec:* Marmite *f* à vapeur.

steamerful ['stiːmərful], *s.* Plein bateau; plein navire.

steamship ['stiːmʃip], *s.* Navire *m* à vapeur; vapeur *m*; steamer *m.* **Paddle-steamship,** vapeur à roue(s), à aubes. **Screw-steamship,** vapeur à hélice(s). *Coasting s.*, vapeur de cabotage. *Line of steamships*, **steamship line,** compagnie *f* de paquebots. **Steamship company,** compagnie de navigation (à vapeur).

steamy ['stiːmi], *a.* Plein de vapeur, de buée; (*of atmosphere*) humide. *S. windows*, fenêtres couvertes de buée.

stearate ['stiːəreit], *s.* *Ch:* Stéarate *m.*

stearic [sti'arik], *a.* *Ch:* (Acide *m*) stéarique.

stearin(e) ['stiːərin], *s.* *Ch:* Stéarine *f.* **Stearin candle,** bougie *f* stéarique.

steatite ['stiːətait], *s.* *Miner:* Stéatite *f*; craie *f* de Briançon; pierre *f* ollaire; *F:* pierre de lard.

steatitic [stiːə'titik], *a.* *Geol:* Stéatiteux.

steatocele [stiː'atosiːl], *s.* *Med:* Stéatocèle *f.*

steatoma [stiːə'touma], *s.* *Med:* Stéatome *m.*

steatopyga [stiːəto'paiga], *s.* *Anthr:* Fesses envahies de graisse.

steatopygia [stiːəto'pidʒiə], **steatopygy** [stiːə'tɔpidʒi], *s.* *Anthr:* Stéatopygie *f.*

steatopygous [stiːə'tɔpigəs], *a.* *Anthr:* Stéatopyge.

steatosis [stiːə'tousis], *s.* *Med:* Stéatose *f.*

steed [stiːd], *s.* *Lit. & Hum:* Coursier *m*, destrier *m.*

steel[1] [stiːl], *s.* **1.** *Metall:* Acier *m.* *Bessemer s.*, acier Bessemer. *Open-hearth s.*, acier Martin. *Basic s.*, acier Thomas. *Hard s.*, acier dur, durci. *Annealed s.*, acier recuit. *Mild s.*, acier doux, à grains fins. *India s.*, wootz *m.* *Heat-resisting s.*, acier indétrempable. *Rolled s.*, acier laminé. **Bar steel,** acier en barres. *Cast s.*, acier fondu, moulé, coulé; fonte *f* d'acier. *Forged s.*, acier forgé. *Cemented s.*, acier cémenté. *Cold-drawn s.*, acier étiré à froid. *Cold-rolled s.*, acier laminé à froid. *Hot-rolled s.*, acier laminé à chaud. **Tungsten steel, carbon steel,** acier au tungstène, au carbone. **Nickel steel,** acier au nickel. *Silver s.*, acier argenté. *Blued s.*, acier bronzé. **Tool steel,** acier à outils. *High-speed s.*, acier rapide. **Machinery steel,** acier pour machines. **Steel casting,** moulage *m* d'acier. *S. rail*, rail *m* en acier. **Steel pen,** plume *f* d'acier; plume métallique. **Steel edge** (*of a tool*), acérure *f.* **Steel maker,** aciériste *m.* **Steel company,** compagnie *f* ou société *f* d'aciéries. *Electro-Ch:* **Steel bath,** bain *m* d'aciérage. *F:* **Grip of steel,** poigne *f* d'acier. *See also* BLISTER-STEEL, CRUCIBLE-STEEL, HEART[1] 2, HELMET 1, SHEET-STEEL, STAINLESS 2, WELDING. **2.** *Lit. & F:* Fer *m*, épée *f*; lame *f.* **To fight with cold steel,** se battre à l'arme blanche. **3.** (*a*) (*For sharpening knives*) Fusil *m*; affiloir *m.* (*b*) (*For striking light*) Briquet *m.* **Flint and steel,** briquet à silex. **4.** *Cost:* Baleine *f* (de corset, de jupon); busc *m* (de corset). **5.** *Pharm:* Fer. **Tincture of steel,** teinture *f* de perchlorure de fer. **Steel pills,** pilules ferrugineuses. **Steel wine,** vin chalybé, ferrugineux.

'steel-clad, *a.* Couvert, revêtu, d'acier, de fer; (*of ancient knight*) bardé de fer.

steel-en'graved, *a.* Gravé sur acier.

'steel-engraver, *s.* Graveur *m* sur acier.

steel-en'graving, *s.* **1.** Gravure *f* sur acier. **2.** Estampe *f* sur acier.

'steel-faced, *a.* A surface aciérée.

'steel-foundry, *s.* Fonderie *f* d'acier.

'steel-'grey, *a. & s.* Gris d'acier (*m inv*).

'steel-hearted, *a.* Au cœur de fer; inflexible.

steel 'plate, *s.* **1.** Tôle *f* d'acier. **2.** *Engr:* Planche *f* d'acier.

steel-'plated, *a.* Cuirassé.

'steel-'rimmed, *a.* (Lunettes *fpl*) à monture d'acier.

'steel-road, *s.* *U.S:* Chemin *m* de fer.

'steel-works, *s.pl.* (*Usu. with sg. const.*) Aciérie *f.*

steel[2], *v.tr.* **1.** (*a*) *Metalw:* Aciérer, acérer, armer (un outil). (*b*) *Electro-Ch:* **To steel(-face) a copper plate,** aciérer une plaque de cuivre. **2.** *Metall:* Aciérer (le fer). **3.** *F:* **To steel oneself, to steel one's heart, to sth., to do sth.,** (i) s'endurcir à qch., à faire qch.; (ii) s'armer de courage pour faire qch. **To steel oneself against sth.,** se raidir, se cuirasser, contre qch. *To s. one's heart against pity*, se cuirasser contre la pitié. *Selfishness had steeled his heart*, l'égoïsme lui avait bronzé le cœur.

steeled, *a.* **1.** (*a*) *Metall:* (Outil) aciéré, acéré, armé. (*b*) *Metall:* **Steeled iron,** fer aciéré; fer étoffé. (*c*) *F:* (Cœur) dur, de fer. **2.** *Pharm:* Chalybé, ferrugineux.

steeling, *s.* **1.** (*a*) Aciérage *m*, acérage *m* (d'un outil). (*b*) *Electro-Ch:* Aciérage, aciération *f.* **2.** *Metall:* Aciérage, aciération, étoffage *m* (du fer).

steeliness ['stiːlinəs], *s.* Dureté *f*; inflexibilité *f* (de caractère, etc.).

steelwork ['stiːlwəːrk], *s.* (*a*) **Constructional steelwork,** profilés *mpl* pour constructions. (*b*) *Aut: etc:* Tôleries *fpl.*

steely ['stiːli], *a.* **1.** D'acier. *Metall:* **Steely iron,** fer aciéreux, fer acérain. **2.** *F:* D'acier; dur, inflexible. *To direct a s. glance at s.o.*, lancer un regard d'acier à qn.

steelyard ['stiːljɑːrd], *s.* (Balance) romaine *f*; peson *m* à contre-poids; crochet-bascule *m*, *pl.* crochets-bascules.

steenbok ['stiːnbɔk], *s.* *Z:* Steinbock *m.*

steening ['stiːniŋ], *s.* *Hyd.E:* Muraillement *m* (de puits).

Steenkirk ['stiːnkəːrk], *s.* *Cost:* *A:* (Cravate *f* à la) Steinkerque *f.*

steep[1] [stiːp]. **1.** *a.* (*a*) Escarpé; à pic; raide. *S. hill*, colline escarpée; colline rapide. *S. gradient*, forte pente; pente raide, rapide. *S. descent*, forte descente. **The slopes grow steeper,** les pentes s'escarpent. *Slopes less s.*, des pentes moins déclives. *S. path*, chemin à forte pente; chemin en forte descente; chemin ardu. *S. climb*, rude montée *f*; montée rude, raide. *Nau:* *S. shore*, côte *f* accore. *Av:* **Steep start,** départ *m* en chandelle. *Too s. a dive*, descente trop piquée. (*b*) *F:* Fort, raide. **That's a bit steep!** c'est un peu fort (de café, de chicorée)! c'est un peu raide! *It is a bit s. that . . .*, c'est un peu fort, un peu raide, que + *sub.* **Steep price,** prix exorbitant; prix salé. **Steep story,** histoire *f* incroyable, invraisemblable, formidable, *F:* raide. **2.** *s.* *Lit:* Pente rapide; escarpement *m*; à-pic *m.* **-ly,** *adv.* En pente rapide; à pic. *Cliff that falls s. into the sea*, rocher *m* qui tombe à pic dans la mer. *S. inclined road*, chemin *m* à forte pente.

'steep 'to, *a.* *Nau:* *Shore which is s. to*, **steep-to shore,** côte *f* accore, à pic.

steep[2], *s.* *Ind:* **1.** = STEEPING. **To put sth. in steep,** mettre qch. en trempe. **2.** (*a*) Bain *m* (de macération). *Tan:* **Alum steep,** mégis *m.* (*b*) *Paperm:* **The steeps,** les caisses *f* de macération.

'steep-tub, *s.* *Nau:* Charnier *m* au lard.

steep[3]. **1.** *v.tr.* (*a*) *Ind: etc:* Baigner, tremper; mettre (qch.) en trempe, à macérer; mouiller (le linge); infuser (des herbes) à froid. *To s. gherkins in vinegar, roots in alcohol*, macérer des cornichons dans du vinaigre, des racines dans l'alcool. *To s. flax*, rouir le lin. *Tan:* *To s. skins*, tremper, confire, les peaux. (*b*) Saturer, imbiber (*sth. in sth.*, qch. de qch.). *F:* **To steep oneself in drink,** se noyer dans l'alcool. *The nave is steeped in a half-light*, la nef se noie dans une demi-lumière. *Terrace steeped in the sunset glow*, terrasse inondée, baignée, des feux du couchant. *Scholar steeped in the classics*, érudit nourri des auteurs classiques, saturé des disciplines antiques. **Steeped in ignorance, in prejudice,** pétri d'ignorance; croupi dans l'ignorance; imbibé de préjugés; *P:* pourri de préjugés. *To be steeped in selfishness*, suer l'égoïsme par tous les pores. **To be steeped (to the lips) in vice,** être plongé dans le vice; baigner dans le vice. *Souls steeped in vice*, âmes pétries de fange. *Steeped in piety*, confit en dévotion. **2.** *v.i.* (*Of skins, soiled linen, etc.*) Tremper; (*of flax, etc.*) rouir; (*of herbs*) infuser (à froid).

steeping, *s.* *Ind: etc:* Trempage *m*, macération *f*, trempe *f*; mouillage *m* (du linge); rouissage *m*, roui *m* (du chanvre); infusion *f* à froid. **Steeping vat, steeping trough,** trempoire *f*, cuve *f.*

steepen [stiːpn]. **1.** *v.i.* (*a*) (*Of road, etc.*) S'escarper; devenir plus raide. (*b*) (*Of prices*) Augmenter. **2.** *v.tr.* *F:* Augmenter, hausser (un prix, un impôt).

steeper[1] ['stiːpər], *s.* *Ind:* Trempoire *f*, cuve *f.*

steeper[2], *a.* *Comp. of* STEEP[1].

steepish ['stiːpiʃ], *a.* (*Of gradient, etc.*) Assez raide; assez rapide; assez rude; (*of price*) plutôt raide.

steeple [stiːpl], *s.* (*a*) Clocher *m.* (*b*) Flèche *f* (de clocher).

'steeple-head, *attrib.a.* (Rivet *m*) à tête conique, à tête en pointe de diamant.

'steeple-jack, *s.* Réparateur *m* de clochers, de cheminées d'usines.

'steeple-'top, *s.* **1.** Haut *m*, sommet *m*, de clocher. **2.** *Z:* Baleine franche à évents coniques.

steeplechase[1] ['stiːplʧeis], *s.* Steeple-chase *m*, *pl.* steeple-chases; *F:* steeple *m*; course *f* d'obstacles (à cheval).

steeplechase[2], *v.i.* Monter en steeple-chase.

steeplechasing, *s.* Steeple-chases *mpl*; courses *fpl* d'obstacles.

steeplechaser ['stiːplʧeisər], *s.* **1.** Cavalier *m* qui monte en steeple-chase; jockey *m* d'obstacles. **2.** (*Horse*) Steeple-chaser *m.*

steepled [stiːpld], *a.* (*Of church*) A clocher; surmonté d'un clocher.

steepness ['stiːpnəs], *s.* **1.** Raideur *f*, rapidité *f*, escarpement *m* (d'une pente). *Mth:* **Steepness of a curve,** degré *m* d'inclinaison d'une courbe. **2.** Pente raide; pente rapide; raidillon *m.*

steer[1] ['stiːər], *v.tr.* Gouverner (un navire); conduire, diriger, mener (un bateau, une auto); barrer (un yacht); diriger (un ballon). **Yacht that steers itself,** yacht qui se barre lui-même. *Abs.* **To steer,** *Nau:* gouverner; tenir la barre, le gouvernail; *Row:* barrer. *To s. by the sea*, gouverner à la lame. *To s. by the wind*, gouverner d'après le vent. **To steer the course,** faire route; gouverner en route. *To s. a northerly course*, **to steer north,** faire route au nord; gouverner sur le nord. *To s. once more to the south*, revenir en route au sud. *To s. along the land*, naviguer près de terre. *To s. astern of . . .*, faire route dans les eaux de. . . . **To steer (one's course) for . . .,** gouverner, faire route, mettre le cap, se porter, sur . . .; cingler vers. . . . *F:* *He steered* (*his course*) *for the town hall*, il se dirigea vers l'hôtel de ville. **To steer clear of sth., s.o.,** éviter, s'écarter de, qch., qn. *See also* SQUALL[2]. (*With passive force*) **Ship that steers well, badly,** navire qui gouverne, qui manœuvre, bien, mal. **The ship refused to steer,** le navire ne gouvernait plus. *Aut:* *The car steers hard*, la direction est dure.

steering, *s.* **1.** (*a*) Direction *f*, conduite *f* (d'un bateau, d'une auto). **Tiller steering,** direction (d'un bateau) par levier à main. *Aut:* **Ease of steering,** facilité *f* de braquage. (*b*) = STEERING-GEAR **2.** *Nau:* Manœuvre *f* de la barre; *A:* timonerie *f.* *Good s., bad s.*, bon, mauvais, coup de barre. (*Of ship*) **To have lost steering control,** n'être plus maître de sa manœuvre.

'steering-arm, *s. Aut:* Levier *m* d'attaque de (la) direction.

'steering-box, *s. Aut:* Boîte *f* de la direction; carter *m* de direction.

'steering-column, *s. Aut:* Colonne *f*, pilier *m*, tube *m*, de direction.

'steering-compass, *s. Nau:* Compas *m* de route.

'steering-engine, *s. Nau:* Servo-moteur *m*, *pl.* servo-moteurs, du gouvernail; appareil *m* à gouverner.

'steering-gear, *s.* Appareil *m* à gouverner; machine *f*, mécanisme *m*, à gouverner. *Aut:* (i) Timonerie *f*; (ii) boîte *f* de direction. *Av:* Direction *f*. *Nau:* Servo-moteur *m* de gouvernail, *pl.* servo-moteurs. **Hand steering-gear,** barre *f* à main. *Aut: Differential s.-g.*, direction par vis différentielle.

'steering-head, *s.* **1.** *Aut:* Tête *f* d'essieu avant; chape *f* d'essieu, de direction. **2.** *Motor-Cy:* Tête de fourche.

'steering-indicator, *s. Nau:* Axiomètre *m*.

'steering-knuckle, *s. Aut:* Rotule *f* de direction.

'steering-oar, *s.* Aviron *m* de queue.

'steering-wheel, *s.* **1.** (*a*) *Nau:* Roue *f* du gouvernail. (*b*) *Aut:* Volant *m* (de direction). **Steering-wheel horn-control ring,** couronne *f* de commande de l'avertisseur. **2.** *Cy: Aut:* Roue directrice.

steer[2], *s.* **1.** Jeune bœuf *m*; bouveau *m*, bouvelet *m*, bouvillon *m*. **2.** *U.S:* Bœuf; taureau *m*.

steerable ['stiːrəbl], *a.* Dirigeable.

steerage ['stiːredʒ], *s. Nau:* **1.** *A:* Manœuvre *f* de la barre. **2.** (*a*) Emménagements *mpl* pour passagers de troisième classe, pour émigrants; entrepont *m*. **To go steerage, to travel steerage,** voyager dans l'entrepont; faire la traversée en troisième classe, en dernière classe. *See also* PASSENGER 1. (*b*) *Navy:* Avant-carré *m*.

'steerage-way, *s.* Vitesse *f* nécessaire pour gouverner; erre *f* pour gouverner. (*Of ship*) **To have good steerage-way,** sentir la barre. **To have no steerage-way,** ne pas gouverner.

steersman, *pl.* **-men** ['stiːərzmən, -men], *s.m. Nau:* Homme de barre; timonier. *To be a bad s.*, ne pas savoir gouverner.

steersmanship ['stiːərzmənʃip], *s. Nau:* Art *m* de gouverner; *A:* timonerie *f*.

steeve[1] [stiːv], *s. Nau:* Apiquage *m* (du beaupré, etc.).

steeve[2]. *Nau:* **1.** *v.tr.* Apiquer (le beaupré). **2.** *v.i.* (*Of bowsprit*) Être apiqué.

steeving[1], *s.* = STEEVE[1].

steeve[3], *v.tr. Nau:* Estiver, comprimer, tasser (la cargaison dans la cale).

steeving[2], *s.* Estivage *m*.

Steinkirk ['ʃtainkəːrk]. *Pr.n. Geog:* Steinkerque.

stele, *pl.* **-ae** ['stiːli, -iː], *s.* **1.** Stèle *f*. **2.** *Bot:* Stèle; cylindre central.

Stella ['stela]. *Pr.n.f.* Estelle.

stellar ['stelər], *a.* Stellaire.

stellaria [ste'lɛəria], *s. Bot:* Stellaire *f*.

stellate ['stelet], **stellated** ['steleitid], *a. Nat.Hist:* Étoilé; en étoile; radié.

stellenbosch ['stelənbɔʃ], *v.tr. Mil: F:* Renvoyer à la base (un général incompétent); *F:* limoger (un général). (De Stellenbosch, base militaire pendant la guerre sud-africaine de 1899-1902.)

stelliform ['stelifɔːrm], *a.* Stelliforme.

stellion ['steliən], *s. Rept:* Stellion *m*.

stellionate ['steliənet], *s. Jur:* Stellionat *m*.

stellular ['steljulər], **stellulate** ['steljuleit], *a. Nat.Hist:* Stellulé.

stem[1] [stem], *s.* **1.** (*a*) *Bot:* Tige *f* (de plante, de fleur); queue *f* (de fruit, de feuille); pétiole *m*, pédoncule *m*, hampe *f* (de fleur); tronc *m*, souche *f*, caudex *m* (d'arbre); stipe *m* (de palmier). **Underground stem,** rhizome *m*. (*b*) Régime *m* (de bananes). (*c*) Dague *f* (de cerf de deux ans). **2.** (*a*) Pied *m*, patte *f*, jambe *f* (de verre à boire); tige, queue (de soupape); tige (de vis); tige, branche *f* (de clef); broche *f* (de serrure); tuyau *m* (de pipe de fumeur); arbre *m* (de grue). *Cy:* Potence *f* (du guidon). (*b*) Haste *f* (des lettres t, f, etc.). (*c*) *Mus:* Queue (d'une note). **3.** (*a*) Souche, tronc (de famille). *Descended from an ancient s.*, rejeton *m* d'une souche ancienne. (*b*) *Ling:* Thème *m* (étymologique), radical *m* (d'un mot). **4.** *N.Arch:* Étrave *f*, avant *m*; *A. & Lit:* proue *f*. **Cutwater stem,** étrave à guibre. **False stem,** fausse étrave. **From stem to stern,** de l'avant à l'arrière; de l'étrave à l'étambot; de bout en bout.

'stem-pruned, *a. For:* **Stem-pruned tree,** tronche *f*.

'stem-winder, *s. Clockm:* Montre *f* à remontoir.

stem[2], *v.* (**stemmed; stemming**) **1.** *v.tr.* Égrapper (des raisins); écôter (des feuilles de tabac). **2.** *v.i. U.S:* **To stem from . . .,** être issu de . . .; descendre de. . . .

stem[3], *v.tr.* **1.** Contenir, arrêter, endiguer (un cours d'eau, etc.). *To s. an epidemic*, enrayer une épidémie. *To s. the course of events*, endiguer la marche des événements. **2.** Aller contre, lutter contre (la marée); refouler, remonter, rencontrer (le courant); (*of ship*) étaler (le courant); refouler, résister à (une attaque). *F:* **To stem the tide of popular indignation,** endiguer, arrêter, le flot de l'indignation publique. **3.** *Min:* Bourrer (un trou de mine).

stemming, *s.* **1.** Refoulement *m* (de la marée, etc.). **2.** *Min:* Bourrage *m* (d'un trou de mine).

stemless[1] ['stemləs], *a. Bot:* Sans tige(s); acaule.

stemless[2], *a. Poet:* (Flot, etc.) qu'on ne peut pas arrêter.

stemma, *pl.* **-ata** ['stema, -ata], *s.* **1.** *Z:* Stemmate *m*, ocelle *m*. **2.** Arbre *m* généalogique.

stemmed [stemd], *a.* **1.** (Fleur, etc.) à tige, à queue; (verre) à pied, à patte. **2.** *Bot:* (*With adj. prefixed, e.g.*) **Long-stemmed,** longicaule. **Thick-stemmed,** crassicaule. **Many-stemmed,** multicaule. *See also* SHORT-STEMMED.

stemmer ['stemər], *s. Tls: Min:* Bourroir *m*.

stemson ['stemsən], *s. N.Arch:* Marsouin *m* (de l')avant (d'un navire en bois).

stem-turn ['stemtəːrn], *s. Skiing:* Stemm-boggen *m*.

stench [stenʃ], *s.* Odeur empoisonnante; odeur infecte; puanteur *f*. **What a stench!** c'est une infection ici! ce que ça empeste ici!

'stench-pipe, *s.* Ventilateur *m*.

'stench-trap, *s.* Siphon *m* (d'évier, etc.).

stencil[1] ['stensil], *s.* **1.** (*a*) Patron (ajouré); poncif *m* ou pochoir *m*. **Stencil-plate,** pochoir. *Coloured by s.*, colorié au patron. (*b*) **Cipher-stencil,** grille *f*. **2.** Peinture *f*, décoration *f*, travail *m*, au poncif ou au pochoir; tracé *m*. **3.** *Typewr: etc:* Cliché *m*; stencil *m*. *Cutting of wax stencils*, préparation *f* de clichés au stencil.

'stencil-brush, *s.* Pochon *m*.

'stencil-letter, *s.* Lettre *f* à jour.

'stencil-painting, *s.* Coloriage *m* au patron.

'stencil-paper, *s.* Papier *m* stencil.

'stencil-switch, *s. Typewr:* Clef *f* pour la préparation des clichés au stencil.

stencil[2], *v.tr.* (**stencilled; stencilling**) (*a*) Peindre, marquer, imprimer, (qch.) au poncif, au patron, ou au pochoir; poncer, pocher, patronner (qch.); passer (un dessin) au pochoir. *Ind: Com:* Marquer (une caisse, un ballot). (*b*) Polycopier (une circulaire, etc.); tirer (une circulaire) au stencil.

stencilling, *s.* Peinture *f*, travail *m*, au pochoir; patronage *m*.

stenciller ['stensilər], *s.* Peintre *m* au pochoir; marqueur *m* (de caisses, de ballots).

stengah ['steŋga], *s.* Whisky *m* à l'eau de seltz.

stenocardia [steno'kɑːrdia], *s. Med:* Sténocardie *f*.

stenoderm ['stenodəːrm], *s. Z:* Sténoderme *m*.

stenographer [ste'nɔgrəfər], *s.* Sténographe *mf*; *F:* sténo *mf*.

stenographic(al) [steno'grafik(əl)], *a.* Sténographique. **-ally,** *adv.* Sténographiquement.

stenography [ste'nɔgrəfi], *s.* Sténographie *f*.

stenopaeic [steno'piːik], *a. Opt:* (Fente *f*, etc.) sténopéique.

stenosis [ste'nousis], *s. Med:* Sténose *f*.

stenotype ['stenotaip], *s.* Sténotype *m*.

stenotyping ['stenotaipiŋ], *s.* Sténotypie *f*.

stenotypy ['stenotaipi], *s.* Sténotypie *f*.

stenter[1, 2] ['stentər], *s. & v.tr.* = TENTER[1, 2].

Stentor ['stentɔr]. **1.** *Pr.n.m. Gr.Lit:* Stentor. **2.** *s.* (*a*) *Prot:* Stentor *m*. (*b*) *Z:* **Stentor** (**monkey**), stentor.

stentorian [sten'tɔːriən], *a.* (Voix *f*) de Stentor.

stentorphone ['stentərfoun], *s.* Haut-parleur *m* (de gare, de réunion publique), *pl.* haut-parleurs.

step[1] [step], *s.* **1.** Pas *m*. **To take a step,** faire un pas. *To take a s. back, forward*, faire un pas en arrière, en avant. *I forbid you to stir a s.*, je vous défends de bouger d'un pas. **To turn, bend, one's steps towards . . .,** se diriger vers . . .; diriger ses pas vers. . . . **At every step,** à chaque pas. **Step by step,** pas à pas; par échelons; petit à petit; graduellement; de proche en proche. *To fall back s. by s.*, reculer pied à pied. *El:* **Step-by-step relay,** relais graduel. **Within a step of the house,** à deux pas de la maison. **It is only a step to my house,** je n'ai que deux pas à faire d'ici chez moi; je suis, vous êtes, à deux pas de chez moi. **It is a long step, a good step,** c'est un bon bout de chemin; il y a une bonne trotte jusque-là, d'ici là. **That is a great step, a long step, forward,** c'est déjà un grand pas de fait. *A s. towards the desired end*, un acheminement vers le but désiré. **Do you hear a step?** entendez-vous un pas? *She walks with a rapid s.*, elle marche d'un pas rapide. **To find steps in the ground,** trouver des empreintes *f* de pas, des traces *f* de pas, sur le sol. *F:* **To tread in the steps of s.o.,** marcher sur les traces de qn. *See also* WATCH[2] 2. **2.** (*a*) Pas, cadence *f*. *Mil: Mus:* **Quick step,** pas redoublé; pas accéléré, cadencé. **To keep step, to be in step,** marcher au pas; être au pas; cadencer le pas. **To fall into step,** se mettre au pas; trouver la cadence, prendre le pas cadencé. *To fall into s. behind s.o.*, emboîter le pas derrière qn. *To recognize s.o.'s s.*, reconnaître le pas de qn. *I knew him by his s.*, (i) je l'ai reconnu à son allure; (ii) j'ai reconnu son pas. **To change step,** changer le pas. **To break step,** rompre le pas. **To fall out of step,** (i) perdre le pas; (ii) *Danc:* sortir de cadence. **To be out of step,** n'être pas au pas; marcher à contre-pas de qn. *See also* GOOSE-STEP. (*b*) *El.E: Alternators* **in step,** alternateurs accrochés, en phase, synchronisés. *Alternators* **out of step,** alternateurs hors de synchronisme, déphasés, décrochés. *To put alternators into s.*, accrocher des alternateurs. **To come, fall, into step,** accrocher les oscillations; s'accrocher; se mettre en phase; atteindre le synchronisme; *W.Tel:* accrocher la longueur d'onde. *Falling into s.*, accrochage *m*. **To fall out of step,** tomber hors de phase; se décrocher. *Falling out of s.*, décrochage *m*. **To run in step,** marcher en synchronisme. (*c*) **Waltz step,** pas de valse. **3.** (*a*) Démarche *f*, mesure *f*. **False step,** fausse démarche. *Untimely s.*, démarche inopportune. *To take a decisive, decided, s.*, sauter le pas. *To take a rash s.*, prendre une décision téméraire, commettre une imprudence. *If you take such a s. . . .*, si vous agissez de la sorte. . . . *The step that we are about to take*, la mesure, la décision, que nous allons prendre. **To take the necessary steps, all useful steps,** faire, entreprendre, les démarches nécessaires; prendre toutes les dispositions utiles (*with a view to . . .*, dans le but de . . .). *What steps have been taken?* quelles mesures a-t-on adoptées? **To take steps to do sth.,** prendre des mesures pour faire qch.; aviser, se préparer, à faire qch. *To take steps to meet a contingency*, pourvoir à une éventualité. *To take steps for the defence of a town*, aviser à la défense d'une ville. *I have taken steps to ensure that everything shall be done in an orderly fashion*, j'ai pris des mesures pour que tout se passe en ordre. *I shall take no steps until . . .*, je m'abstiendrai de toute démarche jusqu'à ce que. . . . **The first step** *will be to . . .*, la première chose à faire, ce sera de. . . . (*b*) **The first step in my fortune,** *F:* le premier échelon de ma fortune. *His first steps in this career*, ses débuts *m* dans cette carrière. *Surg:* **The successive steps in an operation**, les temps successifs d'une opération. (*c*) *F:* Avancement *m*. *When did you get your s.?* quand avez-vous obtenu votre avancement? **4.** (*a*) Marche *f*, degré *m*, montée *f*, pas (d'un escalier); échelon *m*, marche, barreau *m* (d'une échelle); marchepied *m* (d'un véhicule, d'une bicyclette). *Veh:* **Drop step**, marchepied pliant; abattant *m*. *Cellar steps*, descente *f*. **Top step** (*of a stair*), marche palière; palière *f*. *The steps of the altar*, le marchepied de l'autel. *The steps of the throne*, les marches du trône. *Stone steps*, escalier de pierre. **Flight of steps**, (i) escalier; (ii) perron *m*. *Landing steps* (*of a jetty*), échelle de débarquement. *Wall built by steps and quoins*, mur par épaulées. *See also* AREA 2, DOOR-STEP, FIRE-STEP. (*b*) Gradin *m*, étage *m* (de cône-poulie). (*c*) Banquette *f* (de cale sèche). **5.** (**Pair, set, of**) **steps**, escabeau *m*, échelle double, marchepied (volant). **Folding steps**, échelle brisée. **6.** (*Indentation*) (*a*) Cran *m*. **Steps of a key**, dents *f* d'une clef. *Cost:* *Steps of a coat-collar*, angles *m*, crans, d'un col. *Mec.E:* **Collar step**, grain *m* annulaire (de crapaudine); bague *f* de fond. *Nau:* **Step of a mast**, collet *m* de pied de mât. (*b*) *N.Arch:* Redan *m* (d'hydroglisseur); *Av:* retrait *m* (de flotteur d'hydravion). **7.** (*a*) *N.Arch:* Emplanture *f* (qui reçoit le mât). (*b*) = STEP-BEARING.

'step-'bearing, -box, *s.* *Mec.E:* Palier *m* de pied (d'un arbre vertical); crapaudine *f*, bourdonnière *f*.

'step-cone, *s.* Cône *m*; cône-poulie *m*, *pl.* cônes-poulies; cône de transmission; poulie *f* à gradins; poulie étagée; poire *f*.

'step-dance, *s.* Danse *f* de caractère.

'step-dancer, *s.* Danseur, -euse, de danses de caractère.

'step-gable, *s.* *Arch:* Pignon *m* à redans.

'step-grate, *s.* *Metall:* Grille *f* à gradins; grille à étages.

'step-joint, *s.* *Carp:* **1.** Assemblage *m* à recouvrement; joint *m* à recouvrement. **2.** Assemblage à mi-bois, entaille *f* à mi-bois.

'step-ladder, *s.* Escabeau *m*; échelle *f* double; marchepied *m*.

'step-like, *a.* & *adv.* En gradins.

'step-wise. 1. *a.* Disposé en gradins, échelonné. **2.** *adv.* En gradins.

step² [step], *v.* (**stepped** [stept]; **stepping**) I. *v.i.* Faire un pas ou des pas; marcher pas à pas; marcher, aller. **To step short**, (i) faire un pas trop court; (ii) raccourcir le pas. (*Of horse*) **To step high, well**, stepper. **Step this way**, venez par ici. *U.S:* *F:* **Step lively!** (dé)grouillez-vous! *See also* HIGH-STEPPING.

II. **step**, *v.tr.* **1.** (*a*) **To step** (**off, out**) **a distance**, mesurer une distance au pas; compter les pas pour mesurer une distance. (*b*) **To step a minuet**, danser un menuet. *F:* **To step it with s.o.**, danser avec qn. **2.** Disposer en échelons; échelonner; recouper (un mur, un parapet). **3.** *Nau:* Dresser, arborer (un mât); mettre (un mât) dans son emplanture.

step across, *v.i.* Traverser (la rue, etc.); *F:* faire un saut (*to the neighbour's*, jusque chez le voisin d'en face).

step aside, *v.i.* **1.** S'écarter, se ranger. **2.** Se détourner de son chemin, de son sujet.

step back, *v.i.* Faire un pas en arrière; reculer.

'step-back, *attrib.a.* *El.E:* **Step-back relay**, relais *m* de rappel.

stepping back, *s.* Reculement *m*.

step down. 1. *v.i.* Descendre. *To step down a ladder*, descendre d'une échelle. **2.** *v.tr.* (*a*) *El.E:* **To step down the current, the voltage**, réduire la tension; dévolter le courant; réduire le voltage du courant. (*b*) *Mec.E:* **To step down the gear**, démultiplier la transmission.

'step-down, *attrib.a.* **1.** *El.E:* **Step-down transformer**, transformateur réducteur, transformateur abaisseur (de tension). **2.** *See* GEAR¹ 3.

stepping down, *s.* **1.** *El.E:* Dévoltage *m*, réduction *f* de tension. **2.** *Mec.E:* Démultiplication *f* (de la transmission).

step forward, *v.i.* S'avancer, faire un pas en avant. *To s. forward from the ranks*, se détacher des rangs.

stepping forward, *s.* Mouvement *m* en avant.

step in, *v.i.* **1.** Entrer; (*to carriage*) monter. **2.** *F:* Intervenir; s'interposer.

step-'in. 1. *s.* *Cost:* Combinaison-pantalon *f*, combinaison-culotte *f*, *pl.* combinaisons-pantalons, -culottes. **2.** *Attrib.* (Vêtement *m*) à enfiler.

stepping in, *s.* Entrée *f*.

step into, *v.i.* Entrer dans (une chambre); monter dans (une voiture). *F:* **To step into a position**, entrer de plain-pied dans une situation; obtenir une situation sans peine. *To s. into a fortune*, hériter d'une fortune. *See also* SHOE¹ 1.

step off. 1. *v.i.* (*a*) **To step off with the left foot**, porter le pied gauche en avant; partir du pied gauche. (*b*) Descendre (de voiture, d'autobus, etc.). *U.S:* *P:* **I'll soon tell him where he steps off**, je n'hésiterai pas à lui dire son fait, à le remettre à sa place. **2.** *v.tr.* *See* STEP² II. 1.

step on, *v.i.* **1.** Mettre le pied sur, marcher sur (qch.). *Someone stepped on my foot*, on m'a marché sur le pied. *Don't s. on the paint*, ne posez pas le pied sur la peinture. *U.S:* *P:* **To step on the gas, to step on it**, (i) *Aut:* appuyer sur, écraser, l'accélérateur; mettre tous les gaz; *Av:* mettre toute la sauce; (ii) se dépêcher, se grouiller. *To step on the brakes*, donner un coup de frein (au pied). **2.** *Nau:* **To step on board**, monter à bord.

step out, *v.i.* **1.** Sortir (de sa maison, de la pièce); descendre (de voiture). *As we stepped out into the sunshine . . .*, tandis que nous débouchions au soleil. . . . *To s. out of s.o.'s way*, s'écarter, se ranger. *I stepped out of my way to oblige you*, je me suis dérangé pour vous obliger. **2.** (*a*) Allonger le pas, forcer le pas; *Sp:* allonger sa foulée; *F:* allonger le compas. (*b*) Marcher avec entrain. **3.** *F:* Faire un brin de fête; s'émanciper; se lancer; se fendre.

stepping out, *s.* **1.** Sortie *f*. **2.** Allongement *m* du pas.

step over, *v.i.* **1.** Franchir (le seuil, un fossé). *To s. over an obstacle*, enjamber un obstacle. **2.** **To step over to s.o.'s house**, faire un saut jusque chez qn (qui habite en face).

step up. 1. *v.i.* (*a*) Monter. (*b*) S'approcher (*to*, de). **2.** *v.tr.* (*a*) *El.E:* **To step up the current**, survolter le courant; augmenter la tension du courant. (*b*) *U.S:* *To s. up the standard of education*, rehausser le niveau des études par paliers successifs.

'step-up. 1. *Attrib.a.* (*a*) *El.E:* **Step-up transformer**, transformateur élévateur (de tension); survolteur *m*. (*b*) *See* GEAR¹ 3. **2.** *s.* Multiplication *f* (d'un engrenage).

stepping up, *s.* **1.** *El.E:* Survoltage *m*. **2.** Multiplication *f* (d'un engrenage).

step upon, *v.i.* = STEP ON.

stepped, *a.* A gradins, en gradins, à étages; échelonné, en échelons. **Stepped gear(ing)**, engrenage échelonné, en échelon. **Stepped grate**, grille *f* à gradins, à étages. **Stepped hills**, collines disposées en gradins. *I.C.E:* **Stepped piston-ring**, segment *m* à extrémités à recouvrement. *See also* GABLE 1.

stepping, *s.* **1.** Marche *f*; pas *mpl*. **Stepping short**, raccourcissement *m* du pas. *The neat s. of the ballet*, les pas délicatement exécutés du ballet. **2.** Échelonnement *m*, étagement *m*.

'stepping-stone, *s.* **1.** Marchepied *m*. **To take a post as a stepping-stone** (*to a better position*), prendre un poste comme tremplin. *His position is merely a s.-s.*, sa position n'est qu'un marchepied. **'Stepping-stones to fortune,'** "le moyen de parvenir." **2.** *pl.* **Stepping-stones**, pierres posées dans une rivière ou dans un marais pour faciliter le passage; pierres de gué.

stepbrother ['stepbrʌðər], *s.m.* Frère consanguin ou utérin; demi-frère, *pl.* demi-frères.

stepchild, *pl.* **-children** ['steptʃaild, -tʃildren], *s.* Enfant *mf* d'un autre lit, né(e) d'un mariage antérieur; beau-fils, *pl.* beaux-fils; belle-fille, *pl.* belles-filles.

stepdame ['stepdeim], *s.f.* *A:* = STEPMOTHER.

stepdaughter ['stepdɔːtər], *s.f.* Belle-fille (née d'un lit antérieur), *pl.* belles-filles.

stepfather ['stepfɑːðər], *s.m.* Beau-père, *pl.* beaux-pères.

stephanion [ste'feiniən], *s.* *Anthr:* Stéphanion *m*.

Stephen ['stiːv(ə)n]. *Pr.n.m.* Étienne.

stepmother ['stepmʌðər], *s.f.* Belle-mère, *pl.* belles-mères; *Pej:* marâtre.

stepney ['stepni], *s.* *Aut:* Jante *f* amovible (avec pneu tout monté).

steppe [step], *s.* *Ph.Geog:* Steppe *m or f*.

stepper ['stepər], *s.* (*Of horse*) Stepper *m*, steppeur *m*. **Clean stepper**, cheval *m* au trot bien articulé. (*Of horse*) **To be a good stepper**, avoir de l'action, de l'allure. *See also* HIGH-STEPPER.

stepsister ['stepsistər], *s.f.* Sœur consanguine ou utérine; demi-sœur, *pl.* demi-sœurs.

stepson ['stepsʌn], *s.m.* Beau-fils (né d'un lit antérieur), *pl.* beaux-fils.

-ster [stər], *s.suff.* **1.** (*Forming agent-nouns*) -eur. *Brewster*, brasseur. *Spinster*, fille non mariée (*A:* fileuse). *Often Pej:* *Gamester*, joueur. *Punster*, faiseur de calembours. *Rhymester*, rimailleur. *Tipster*, tuyauteur. *Trickster*, trompeur, tricheur. **2.** *Hum:* (*As suggested by* YOUNGSTER, *q.v.*) *Youngsters and oldsters*, jeunes et vieux.

stercology [stəːr'kɔlodʒi], *s.* Stercologie *f*.

stercoraceous [stəːrko'reiʃəs], *a.* **1.** *Nat.Hist:* Stercoraire. **2.** *Med:* Stercoraire; stercoral, -aux. *S. fistula*, fistule stercorale, stercoraire.

stercoral ['stəːrkorəl], *a.* = STERCORACEOUS 2.

stercorary ['stəːrkorəri], **stercoricolous** [stəːrko'rikoləs], *a.* *Ent:* Stercoraire, merdicole.

stere ['stiːər], *s.* *Meas:* Stère *m*.

stereo-¹ ['stiːərio, 'sterio], *comb.fm.* Stéréo-. *Stereoplasm*, stéréoplasme. *Stereotropism*, stéréotropisme.

stereo², *pl.* **-os** ['sterio, -ouz], *s.* *F:* **1.** = STEREOTYPE¹ 1. **2.** Papier *m* buvard pour stéréotypie; carton *m* pour stéréotypie.

stereoautograph [sterio'ɔːtogrɑːf, -graf], *s.* *Surv:* Stéréoautographe *m*.

stereochemistry [sterio'kemistri], *s.* Stéréochimie *f*.

stereochromy [sterio'kroumi], *s.* Stéréochromie *f*.

stereocomparator [sterio'kɔmpareitər], *s.* *Astr:* *Phot:* Stéréocomparateur *m*.

stereogram ['steriogram], *s.* *Opt:* *Phot:* Stéréogramme *m*.

stereograph ['steriogrɑːf, -graf], *s.* **1.** Stéréographe *m*. **2.** Vue *f* stéréoscopique; stéréogramme *m*.

stereographic [sterio'grafik], *a.* Stéréographique. **-ally**, *adv.* Stéréographiquement.

stereography [steri'ɔgrəfi], *s.* *Geom:* Stéréographie *f*.

stereometer [steri'ɔmetər], *s.* *Ph:* Stéréomètre *m*.

stereometric [sterio'metrik], *a.* *Geom:* Stéréométrique.

stereometry [steri'ɔmetri], *s.* *Geom:* Stéréométrie *f*.

stereophotogrammetry ['steriofouto'grametri], *s.* *Surv:* Stéréophotogrammétrie *f*.

stereophotography [steriofo'tɔgrəfi], *s.* Stéréophotographie *f*.

stereopticon [steri'ɔptikɔn], *s.* Appareil *m* (à projection) double (pour effet stéréoscopique).

stereoscope ['sterioskoup], *s.* *Opt:* Stéréoscope *m*.

stereoscopic [sterio'skɔpik], *a.* Stéréoscopique. **Stereoscopic camera**, photo-jumelle *f*, *pl.* photos-jumelles. **-ally**, *adv.* Stéréoscopiquement.

stereotomic [sterio'tɔmik], *a.* *Geom:* Stéréotomique.

stereotomy [steri'ɔtomi], *s.* *Geom:* Stéréotomie *f*.

stereotype¹ ['steriotaip]. *Typ:* **1.** *s.* Cliché *m*. **2.** *a.* Stéréotypé, cliché. *S. printing*, stéréotypie *f*. *S. room*, clicherie *f*. *S. plate*, cliché, stéréotype *m*.

stereotype², *v.tr.* *Typ:* Stéréotyper, clicher.

stereotyped, *a.* *Typ:* Stéréotypé. *F:* **Stereotyped phrase**, expression stéréotypée, classique; cliché *m*. *Lit:* *Art:* *Stereotyped form of plot, of scheme, of effect, of colouring*, poncif *m*.

stereotyping, *s.* **1.** *Typ:* Stéréotypage *m*, clichage *m*. **2.** Stéréotypie *f*, clicherie *f*. *S. and electrotyping shop, foundry*, clicherie.

stereotyper ['steriotaipər], **stereotypist** [sterio'taipist], *s.* *Typ:* Clicheur *m*, stéréotypeur *m*.

stereotypy [sterio'taipi], *s.* *Typ:* Stéréotypie *f*.

sterile ['sterail], *a.* **1.** (Terre *f*, femelle *f*, discussion *f*) stérile; *Bot:* (plante *f*) acarpe. *Breed: S. mare*, jument *f* stérile; jument bréhaigne. **2.** *Bac:* Stérile, aseptique.

sterility [ste'riliti], *s.* Stérilité *f*.

sterilization [sterilai'zeiʃ(ə)n], *s.* **1.** *Surg:* Stérilisation *f* (des idiots, etc.). **2.** Stérilisation (d'un pansement). **Sterilization of milk,** pasteurisation *f*, stérilisation, du lait. **Sterilization of water** (*with potassium chloride*), javellisation *f* de l'eau. *S. outfit*, trousse *f* de javellisation.

sterilize ['sterilaiz], *v.tr.* **1.** *Surg:* Stériliser (un idiot, etc.). **2.** *Bac:* Stériliser (un pansement, etc.). **Sterilized milk,** lait pasteurisé, stérilisé. **To sterilize water** (*with potassium chloride*), javelliser l'eau. **Sterilized gauze,** gaze oxygénée. **To sterilize a needle** (*in a flame*), flamber une aiguille.

sterilizing, *s.* Stérilisation *f*.

sterilizer ['sterilaizər], *s.* Stérilisateur *m*; **étuve *f* à stérilisation;** autoclave *m*. *Pasteurian s.*, pasteurisateur *m*.

sterlet ['stəːrlet], *s.* *Ich:* Sterlet *m*.

sterling ['stəːrliŋ], *s.* **1.** (Monnaie, or) de bon aloi, d'aloi. **2. Pound sterling, pound stg,** livre *f* sterling. **3.** *F:* De bon aloi, vrai, véritable, solide. **He's a sterling fellow,** c'est une excellente nature; il a une nature d'or. **Sterling qualities,** qualités *f* solides. *Man of s. worth*, homme de valeur. *Book of s. merit*, livre *m* du meilleur aloi.

stern[1] [stəːrn], *a.* Sévère, rigide, dur. *S. look*, regard *m* sévère. *S. tutor*, précepteur rigoureux, sévère. **A stern solemnity,** une solennité sévère. **Stern countenance,** visage *m* austère. **The sterner sex,** le sexe fort. **-ly,** *adv.* Sévèrement, rigoureusement, durement. *To look s. at s.o., F:* faire les gros yeux à qn.

stern[2], *s.* **1.** *Nau:* (*a*) Arrière *m*; *A. & Lit:* poupe *f*. (*Of ship*) **To sink stern foremost,** couler par l'arrière, par le cul. **To go out stern first,** appareiller en culant. **To steam stern to the sea,** prendre la mer par l'arrière, en marche arrière. **Ship heavy by the stern,** navire *m* à queue lourde. **To anchor by the stern,** mouiller en croupière. **To be (down) by the stern,** être enfoncé par l'arrière; être sur cul. *Ship s. down*, navire acculé. **Stern ladder,** échelle *f* de poupe. *See also* TIMBER[1] 2, WALK[1] 4. (*b*) Arrière-bec *m* (d'un ponton). **2.** (*a*) *F. & Hum:* Postérieur *m*, derrière *m*. (*b*) *Ven:* Queue *f* (d'un chien courant, d'un loup).

'stern-board, *s.* *Nau:* Manœuvre *f* en culant. *To make a s.-b.*, (i) appareiller en culant; (ii) virer de bord en culant.

'stern-bush, *s.* *N.Arch:* Tube *m* d'étambot.

'stern-chase, *s.* *Navy:* Chasse *f* dans les eaux du navire chassé.

'stern-chaser, *s.* *Navy:* Canon *m*, pièce *f*, de retraite.

'stern-fast, *s.* *Nau:* (*a*) Amarre *f* (de l')arrière; croupière *f*. (*b*) (*Of small boat*) Bosse *f* d'arrière.

'stern-frame, *s.* *N.Arch:* Arcasse *f*.

'stern-gland, *s.* *Nau:* Presse-étoupes *m inv* arrière.

'stern-light, *s.* *Nau:* Feu *m* d'arrière; feu *m* de poupe; ratière *f*.

'stern-oar, *s.* Aviron *m* de queue; godille *f*.

'stern-port, *s.* *Nau:* Sabord *m* d'arcasse, sabord de retraite.

'stern-post, *s.* *Nau:* Étambot *m*. **Outer stern-post,** étambot arrière. **Inner stern-post, false stern-post,** faux étambot, contre-étambot *m*, étambot avant.

'stern-rail, *s.* *Nau:* Garde-corps *m inv* arrière. **Upper stern-rails,** fronton *m*.

'stern-rope, *s.* = STERN-FAST.

'stern-sheet(s), *s.* *Nau:* Arrière *m*, chambre *f* (d'une embarcation).

'stern-tube, *s.* *Nau:* Tube *m* d'étambot.

'stern-way, *s.* *Nau:* Marche *f* arrière; culée *f*, acculée *f*. *To make, gather, fetch, s.-w.*, culer; aller de l'arrière; tomber en arrière.

'stern-wheel, *s.* *Nau:* Roue *f* arrière. *S.-w. steamer*, vapeur *m* à roue arrière.

'stern-wheeler, *s.* *Nau:* Vapeur *m* à roue arrière.

sternal ['stəːrn(ə)l], *a.* *Anat:* Sternal, -aux.

-sterned [stəːrnd], *a.* (*With adj. or adv. prefixed, e.g.*) *High-sterned*, haut de l'arrière.

sternmost ['stəːrnmoust], *a.* Le plus à l'arrière ((i) à bord, (ii) de l'escadre).

sternness ['stəːrnnəs], *s.* Sévérité *f*; austérité *f*; dureté *f*.

stern(o)- ['stəːrn(o)], *comb.fm.* *Anat: etc:* Sterno-. *Sternalgia*, sternalgie. *Sterno-clavicular*, sterno-claviculaire. *Sterno-hyoid*, sterno-hyoïdien.

sternson ['stəːrns(ə)n], *s.* *N.Arch:* Marsouin *m* arrière.

sternum, *pl.* **-a, -ums** ['stəːrnəm, -ə, -əmz], *s.* *Anat:* Sternum *m*.

sternutation [stəːrnju'teiʃ(ə)n], *s.* Sternutation *f*, éternûment *m*.

sternutative [stəːr'njuːtətiv], **sternutatory** [stəːr'njuːtətəri], *a. & s.* Sternutatoire (*m*).

stertor ['stəːrtɔːr], *s.* *Med:* Stertor *m*; respiration stertoreuse.

stertorous ['stəːrtərəs], *a.* *Med:* Stertoreux, ronflant.

Stesichorus [stiː'sikorəs]. *Pr.n.m.* *Gr.Lit:* Stésichore.

stet[1] [stet], *Lt.imper.* *Typ:* Bon; à maintenir.

stet[2], *v.tr.* (**stetted**) Maintenir (un mot sur l'épreuve, sur le MS.).

stethograph ['steθograːf, -graf], *s.* *Med:* Pneumographe *m*.

stethometer [ste'θɔmetər], *s.* *Med:* Stéthomètre *m*.

stethoscope ['steθoskoup], *s.* *Med:* Stéthoscope *m*. *Binaural s.*, stéthoscope binauriculaire.

stethoscopic [steθo'skɔpik], *a.* *Med:* Stéthoscopique.

stethoscopy [ste'θɔskopi], *s.* *Med:* Stéthoscopie *f*.

stetson ['stets(ə)n], *s.* *F:* Chapeau mou (porté par les soldats australiens). (Du nom du fabricant.)

stevedore[1] ['stiːvidɔːr], *s.* *Nau:* **1.** (*Labourer*) Arrimeur *m*, calier *m*, ou déchargeur *m*. **2.** Entrepreneur *m* d'arrimage; entrepreneur de chargement et de déchargement; acconier *m*.

stevedore[2], *v.tr.* *Nau:* Arrimer (la cargaison). *To s. a ship*, arrimer la cargaison d'un navire.

stevedoring, *s.* Arrimage *m*.

Stevensonian [stiːvən'souniən], *a.* *Lit.Hist:* A la manière de R. L. Stevenson.

stew[1] [stjuː], *s.* **1.** *A:* (*a*) Maison *f* de bains; thermes *mpl*. (*b*) *pl.* **Stews,** lieu *m* de débauche; lupanar *m*. (*c*) *P:* Putain *f*. **2.** (*a*) *Cu:* Ragoût *m*; civet *m* (de chevreuil, etc.); *F:* miroton *m*; *Mil: P:* ratatouille *f*, rata *m*. **Mutton stew,** ragoût de mouton; navarin *m*. **Irish stew,** ragoût de mouton, de pommes de terre, et d'oignons. *To make a s. of . . .*, mettre en ragoût. . . . (*b*) *F:* Trouble *m* (de qn); émoi *m*, bouleversement *m*. *Esp.* **To be in a stew,** être sur des charbons ardents; être sur le gril; être dans tous ses états. (*c*) *F:* **What a stew!** quelle chaleur ici! on étouffe ici! quelle étuve! (*d*) *W.Tel:* Friture *f*, crachements *mpl*. **3.** *F:* (*Of pers.*) Piocheur *m*, bûcheur *m*. **4.** *U.S:* *P:* **Stew bum,** pochard *m*, ivrogne *m*.

stew[2]. **1.** *v.tr.* *Cu:* Faire cuire (la viande) en ragoût, à l'étouffée, à la casserole. **To stew some mutton,** faire un ragoût de mouton. *To s. pigeons*, mettre des pigeons en compote. *To s. a rabbit*, fricasser un lapin. **To stew fruit,** faire une compote de fruits; faire cuire des fruits en compote. *Should be stewed for an hour*, laisser mijoter pendant une heure. **2.** *v.i.* (*a*) *Cu:* (*Of meat, etc.*) Cuire à la casserole; mijoter. *F:* **To let s.o. stew in his own juice,** laisser qn cuire, mijoter, dans son jus; laisser mariner qn. (*b*) *F:* (*Of pers.*) Étouffer; manquer d'air. (*c*) *F:* (*Of pers.*) Piocher, bûcher.

stewed, *a.* **1.** *Cu:* (*a*) En ragoût, en compote. **Stewed mutton,** ragoût *m* de mouton. *S. beef*, ragoût de bœuf; bœuf *m* (à la) mode; bœuf en daube, à la daube. **Stewed rabbit,** fricassée *f* de lapin. **Stewed goose,** oie daubée. **Stewed fruit,** compote *f* de fruits, fruits *mpl* en compote. *S. prunes*, pruneaux *m* au jus. *S. apples*, marmelade *f* de pommes. (*b*) **Stewed tea,** thé trop infusé. **2.** *U.S:* *P:* Ivre; qui a sa cuite.

stewing, *s.* Cuisson *f* à la casserole. **Stewing beef,** bœuf *m* pour ragoût. **Stewing pears,** poires *f* à cuire.

'stewing-pan, *s.* = STEWPAN.

stew[3], *s.* **1.** Vivier *m*. **2.** Huîtrière *f*; parc *m* à huîtres.

steward ['stjuərd], *s.* **1.** Économe *m*, régisseur *m*, intendant *m*, administrateur *m* (d'une propriété); homme *m* d'affaires. *B:* **The unjust steward,** l'économe infidèle. **2.** (*a*) Économe (d'un collège); maître *m* d'hôtel (d'une maison, d'un cercle). (*b*) *Nau:* Distributeur *m*; commis *m* aux vivres; agent *m* aux vivres. **Steward's mate,** cambusier *m*. **Steward's room,** cambuse *f*. (*c*) *Nau:* Garçon *m* (de bord, de cabine); steward *m*. **Chief steward,** maître d'hôtel. *Navy:* **Officers' steward,** maître d'hôtel. **3.** Commissaire *m* (d'une réunion sportive, d'un bal). **Megaphone steward,** speaker *m*. **4.** *Ind:* **Shop steward,** délégué *m* d'atelier, d'usine; délégué syndical (pour les relations entre patrons et ouvriers).

stewardess ['stjuərdes], *s.f.* *Nau:* Femme de chambre (de bord); la stewardess.

stewardship ['stjuərdʃip], *s.* Économat *m*, intendance *f*; charge *f* de régisseur, d'intendant. *F:* **To give an account of one's stewardship,** rendre compte de son administration, de sa gestion.

stewpan ['stjuːpan], *s.* (Grande) casserole (à couvercle).

stewpot ['stjuːpɔt], *s.* Braisière *f*, daubière *f*, cocotte *f*, fait-tout *m inv*.

sthenic ['sθenik], *a.* *Med:* Sthénique.

stibine ['stibain], *s.* **1.** *Miner:* Stibine *f*, stibnite *f*; antimoine sulfuré; antimoniure *m*. **2.** *Ch:* Stibine.

stibium ['stibiəm], *s.* Antimoine *m*.

stibnite ['stibnait], *s.* *Miner:* = STIBINE 1.

stick[1] [stik], *s.* **1.** (*a*) Bâton *m*. *To cut a s. from the hedge*, se couper un bâton, une canne, dans la haie. *F:* **To cut one's stick,** décamper, filer, déguerpir, se sauver; se tirer des flûtes; prendre (de) la poudre d'escampette; *A:* plier bagage. **To be in a cleft stick,** être dans un grand embarras; se trouver entre Charybde et Scylla. **You are giving him a stick to beat you with,** vous lui donnez des verges pour vous fouetter. **To get the stick,** avoir du bâton; recevoir des coups de bâton. **The big stick,** le recours à la force; la politique de la force; *F:* la trique. *To use big s. methods*, avoir recours à la trique. *Rac:* *Horse that is good* **over the sticks,** cheval bon dans les courses d'obstacles. *Hort:* **Pea sticks,** rames *f*. **Hop sticks, vine sticks,** échalas *m*. *See also* CROSS[3] 2, END[1] 1, THROW-STICK. (*b*) **Walking stick,** canne *f*. **Loaded stick,** canne plombée; casse-tête *m inv*. *See also* DEVIL[1] 1, GOLD-STICK, GUN-STICK, HANDLED[2] 2, SHOOTING-STICK, SWORD-STICK. (*c*) Manche *m* (à balai); canne, manche (de parapluie); verge *f*, baguette *f* (de fusée volante). **Stick of a violin bow,** fût *m*, baguette, tige *f*, d'archet. *Av:* **Direction stick,** manche à balai. *See also* DRUMSTICK, GAUGING-STICK, GOB-STICK, PICKING-STICK, PIGGY-STICK, RACK-STICK, RUNNER-STICK, SIZE-STICK, WIND-STICK, YARD-STICK. (*d*) *Sp:* Crosse *f* (de hockey, de crosse canadienne). (*At hockey*) **To give sticks,** couper; donner des crosses. *See also* GOLF-STICK, HOCKEY. (*e*) Morceau *m* de bois. *To gather sticks*, ramasser du bois sec, du petit bois, des cotrets; (aller) faire du bois. *The outside sticks of the faggot*, les parements *m* du fagot. **Cherry stick,** bâtonnet *m* (pour cerise de cocktail). *See also* ORANGE-STICK. *F:* **Not a stick was saved,** on n'a pas sauvé une allumette. *Not a s. was left standing*, tout était rasé. **Without a stick of furniture,** sans un meuble. *My few sticks of furniture*, mes quelques meubles. **To have one's own sticks,** être dans ses meubles. **To beat s.o. all to sticks,** battre qn à plate couture. *Nau:* *P:* **The sticks,** la mâture. *Cr:* *P:* **The sticks,** le guichet. (*f*) *Min:* **Stick of timber** = PIT-PROP. (*g*) *Typ:* **(Setting-, composing-)stick,** compostenr *m.* *See also* DRESSING-STICK, SIDE-STICK. **2.** *F:* (*Of pers.*) (*a*) **Poor stick,** pauvre diable *m.* **Rum, queer, stick,** drôle de type, drôle de paroissien, drôle d'oiseau, drôle de moineau. *What a queer s.!* quel drôle de particulier, de coco. **Old stick,** vieille perruque. (*b*) Personne *f* sans entrain, sans talent; acteur *m* au jeu raide; *P:* godiche *mf*; bûche *f*, mazette *f*. **3.** Bâton (de sucre d'orge, de cire à cacheter, etc.); barre *f* (de chocolat); bâton, canon *m* (de soufre); crayon *m* (de potasse); *El:* baguette *f* (de charbon). **Stick sulphur,** soufre *m* en canons, en bâtons. **Stick potash,** potasse *f* en crayons. *See also* LIPSTICK, SHAVING-STICK. **4.** *Cu:* **Stick of celery,** branche *f* de céleri. **Stick of rhubarb,** tige *f* de rhubarbe. **Stick of asparagus,** asperge *f*.

'stick-back, *attrib.* **Stick-back chair** = *Windsor chair, q.v. under* WINDSOR.

'stick-insect, *s.* *Ent:* Phasme *m*.

stick², *v.* (*p.t.* stuck [stʌk]; *p.p.* stuck) I. *v.tr.* **1.** (*a*) Piquer, enfoncer (*sth. into sth.*, qch. dans qch.). **To stick a dagger into s.o.,** percer qn d'un poignard. *To s. a pin into sth.*, ficher une épingle dans qch. **To stick a stake in the ground,** ficher un pieu en terre. *He stuck the spade into the ground,* il planta la bêche dans le sol. **To stick a pin through sth.,** passer une épingle à travers qch. *He stuck a needle through my ear,* il m'a percé l'oreille avec une aiguille. **Cushion stuck full of pins,** pelote pleine d'épingles. **Cake stuck (over) with almonds,** gâteau garni d'amandes. (*b*) *P:* **To stick s.o.,** poignarder qn; *P:* suriner qn; donner un coup de surin à qn. **To stick s.o. with a bayonet,** enfoncer, planter, une baïonnette dans le corps de qn. **To stick pigs,** (i) (*of butcher*) égorger, saigner, les porcs; (ii) *Ven:* chasser le sanglier à l'épieu. *See also* PIG¹ 1. (*c*) Planter, fixer (*sth. on a spike*, qch. sur une pointe). *Traitors' heads were stuck on the city gates,* on plantait, on fichait, les têtes des traîtres aux portes de la ville. **2.** *F:* (*Meaning little more than 'put,' 'place'*) **To stick a rose in one's buttonhole,** mettre une rose à sa boutonnière. *She stuck a flower in her belt,* elle piqua, passa, une fleur dans sa ceinture. **To stick a pen behind one's ear,** mettre, ficher, une plume derrière son oreille. **To stick one's hat on one's head,** mettre, planter, *F:* camper, son chapeau sur sa tête. **To stick a candle in a bottle,** fixer, ficher, une bougie dans une bouteille. **Stick it in your pocket,** fourrez-le dans votre poche. *Don't s. your hands in your pockets!* ne mettez pas les mains dans vos poches! *S. it in the corner,* fourrez-le dans le coin. **Stick in a few commas,** insérez quelques virgules. **3.** Coller. **To stick photographs in an album,** fixer, coller, des photographies dans un album. *To s. two sheets of paper together,* attacher deux feuilles ensemble (avec de la colle). *Med:* **To stick together the edges of a wound,** conglutiner les bords d'une plaie. **Trunk stuck all over with labels,** malle bardée d'étiquettes. *See also* BILL⁴ 3. **4.** *F:* Supporter, endurer, souffrir (qn, qch.). **To stick it,** tenir le coup; tenir. *How long can you s. it?* combien de temps pouvez-vous durer? *I can't s. it any longer,* je n'y tiens plus. **I can't stick him,** je ne peux pas le sentir; je ne peux pas le voir en peinture. *I can't s. him at any price* = *I can't stand him at any price, q.v. under* STAND² II. 3. **5.** *U.S:* *P:* Refaire, voler, rouler (qn). **6.** *Hort:* Ramer (des pois, etc.); mettre des tuteurs à (des plantes).

II. **stick,** *v.i.* **1.** Se piquer, s'enfoncer, se ficher, se planter. *The arrows s. in the target,* les flèches se piquent, se plantent, se fixent, dans la cible. *Work left with a needle sticking in it,* ouvrage laissé avec une aiguille piquée dedans. **2.** (*a*) (Se) coller, s'attacher, tenir, adhérer, s'attraper (*to*, à); happer (aux lèvres, à la langue). **The envelope will not stick,** l'enveloppe ne veut pas (se) coller. *The stamp won't s.*, le timbre ne tient pas. *Dry clay sticks to the tongue,* l'argile sèche happe à la langue. **His shirt stuck to his back,** il avait la chemise collée au dos. *Cu:* **The vegetables have stuck to the pan,** les légumes ont attaché, ont gratiné. **The name stuck to him,** ce nom lui (en) est resté. *The slur has stuck to his name,* sa réputation en est restée souillée. *See also* MUD. **Money sticks to his fingers,** c'est un accrocheur d'argent, il a les doigts crochus, il a de la poix, de la glu, aux mains. *Whatever he touches, some of it sticks to his fingers,* il tond sur tout. **It sticks like pitch,** cela colle comme poix. **To stick by, to, a friend,** s'attacher à un ami; ne pas abandonner un ami. *He has stuck to me,* il m'est resté fidèle. *Friends should s. together,* les amis doivent faire preuve de solidarité, doivent rester unis. *B:* **Friend that sticketh closer than a brother,** ami qui est plus attaché qu'un frère. **To stick like a limpet, like a leech, like glue, like a burr (to s.o.),** se cramponner (à qn); cramponner (qn); s'accrocher (à qn); être crampon. **Stick tight!** n'abandonnez pas les étriers! cramponnez-vous! **To stick to one's post,** rester à son poste. *To s. to one's duty,* s'attacher à remplir son devoir. **Stick to it!** persévérez! ne lâchez pas! **To stick to one's purpose,** rester fidèle à son dessein. *To s. to a resolve,* persévérer dans une résolution. *F:* **To stick to one's guns, to one's opinions,** ne pas en démordre; défendre mordicus son opinion. **To stick to an opinion,** adhérer à une opinion, ne pas démordre d'une opinion, en tenir pour son idée. **To stick to (the) facts,** s'en tenir, s'attacher, aux faits. *To s. to old friendships,* s'en tenir à des amitiés de longue date. **To stick to the text,** serrer le texte de près. *He did not s. to the programme,* il s'est écarté du programme. **I stick to what I said,** j'en suis pour ce que j'ai dit. **He sticks to his point,** il ne sort pas de là. **He sticks to it,** il y persiste, il s'y tient; il ne veut pas en démordre. *See also* LAST¹. (*b*) **To stick to sth.,** garder qch. pour soi. *S. to what you've got!* gardez vos biens! ne lâchez pas ce que vous avez. (*c*) *F:* Rester. **Here I am and here I stick,** j'y suis, j'y reste. **Are you going to stick in all day?** est-ce que vous allez rester enfermé toute la journée? *He sticks to his room,* il ne sort pas de sa chambre. *See also* MEMORY 1. **3.** (*a*) **To stick, to be stuck, to become stuck,** être pris, être engagé; (*in mud, etc.*) s'embourber, être embourbé, s'ensabler, s'enliser. **Carriage stuck in the mud,** voiture enlisée dans la boue. *To get stuck in a bog,* s'embourber dans un marécage. *F:* *He's* **an old stick-in-the-mud,** il n'est pas dégourdi pour deux sous; c'est un vieux melon, un vieux plumeau; il retarde sur son siècle; c'est un vieux routinier. **Old Stick-in-the-Mud,** Machin *m*, Chose *m*. (*Of boat*) **To stick fast,** s'enliser (sur un banc de sable, dans la vase). *Here I am stuck in hospital for six weeks,* me voilà cloué à l'hôpital pour six semaines. **To stick, to be stuck** (*in a speech*), *F:* rester en carafe, en panne. *v.tr.* *P:* **The problem sticks me,** ce problème-là me déroute. *Sch:* **I got stuck in history,** j'ai été collé en histoire. (*b*) (*To be caught, jammed*) Être pris, être engagé, rester pris, rester engagé, s'enfoncer, s'empêtrer; (*of machine parts*) (se) coincer, gommer; *Aut:* (*of valve, cut-out*) rester collé. *The ball got stuck on the roof,* la balle s'est logée sur le toit. **The words stuck in his throat,** les mots lui restèrent dans la gorge. **It sticks in my throat,** je ne peux pas avaler ça, digérer ça. **The lift has stuck,** l'ascenseur est en détresse, en panne. *Piston that sticks,* piston *m* qui se cale, qui ne coule pas. *The pointer sticks,* l'aiguille (du manomètre, etc.) reste collée. *Aut:* **The cut-out was stuck,** le conjoncteur était collé.

stick at, *v.tr.* **1.** **To stick at a difficulty,** s'arrêter devant, achopper contre, une difficulté; *F:* rester en panne devant une difficulté. **To stick at doing sth.,** se faire scrupule de faire qch.; *F:* rechigner à faire qch. **To stick at nothing,** n'être retenu par rien, ne pas connaître de scrupules, ne reculer devant rien. *He sticks at nothing,* il n'hésite devant rien, rien ne l'arrête, il ne s'embarrasse d'aucun scrupule, il n'a pas froid aux yeux. *He would s. at nothing to . . .*, il est capable de tout, rien ne lui coûtera, pour. . . . **2.** **To stick at a task for six hours,** s'acharner à une tâche pendant six heures; travailler à qch. pendant six heures d'arrache-pied.

stick down, *v.tr.* *F:* **1.** (*a*) **Stick it down anywhere,** mettez-le, collez-le, fichez-le, n'importe où. *He stuck it (down) on the table,* il le mit, le posa, sur la table. (*b*) **To stick sth. down in a notebook,** inscrire qch. sur un carnet. *S. my name down for a fiver,* inscrivez-moi pour £5. **2.** **To stick down an envelope,** fermer, coller, une enveloppe.

stick on. **1.** *v.tr.* (*a*) Coller, fixer (un timbre, etc.). (*b*) *F:* **To stick it on,** (i) surfaire, saler, poivrer, l'addition, la note; (ii) se donner de grands airs; plastronner; faire l'important. **2.** *v.i.* (*Prep. use*) **Can you stick on a horse?** pouvez-vous tenir à cheval? **3.** *v.i.* (*Adv. use*) Rester collé; adhérer; s'agripper. *F:* *Whenever he is invited he sticks on,* quand on l'invite il s'incruste, il se cramponne.

stick-'on, *attrib.a.* **Stick-on label,** étiquette adhésive.

stick out. **1.** *v.tr.* (*a*) Faire dépasser (qch.); sortir (qch.). **To stick out one's tongue,** tirer la langue. **To stick out one's chest, one's figure,** bomber la poitrine; cambrer la taille. *He stuck his head out of the window,* il mit, passa, sa tête à la fenêtre. *Aut:* **To stick out one's arm before stopping,** mettre le bras avant de stopper. (*b*) *F:* **To stick it out,** tenir jusqu'au bout. **2.** *v.i.* (*a*) Faire saillie, ressortir. **To stick out beyond sth.,** dépasser qch. *P:* **It sticks out a mile,** ça saute aux yeux; ça crève les yeux. (*b*) *F:* Ne pas céder; se montrer intraitable; persister; tenir bon. **To stick out for sth.,** s'obstiner à demander qch. *I offered him eight pounds but he stuck out for ten,* je lui ai offert huit livres, mais il a continué à en exiger dix.

sticking out, *a.* Qui ressort; proéminent, saillant, en saillie. **Sticking out ears,** oreilles décollées.

stick up. **1.** *v.tr.* (*a*) *F:* Dresser (une cible, etc.). *U.S:* *P:* **Stick 'em up!** haut les mains! (*b*) *U.S:* *P:* **To stick up a bank,** attaquer une banque à main armée. (*c*) **To stick up a bill, a notice,** afficher un avis. (*d*) *P:* **To stick s.o. up,** démonter qn; réduire qn à quia. **2.** *v.i.* (*a*) Se dresser; se tenir droit; se tenir debout. *An ugly statue is stuck up in the corner,* une vilaine statue se dresse dans le coin. *His hair sticks straight up,* il a les cheveux en brosse. *The end keeps sticking up,* le bout persiste à se relever. (*b*) *F:* **To stick up for s.o.,** prendre la défense de qn; prendre fait et cause pour qn. (*c*) **To stick up to s.o.,** braver qn; résister à qn; tenir tête à qn.

stick-'up. **1.** *Attrib.a.* **Stick-up collar,** col droit, montant. **2.** *s.* *U.S:* (*a*) Bandit *m* (qui vous fait lever les mains). (*b*) = HOLD-UP 2.

stuck-'up, *a.* *F:* Prétentieux, gourmé, guindé, poseur. **He's too stuck-up,** *P:* il fait trop sa poire. *There's nothing s.-u. about him,* il n'est pas prétentieux pour deux sous; il ne fait pas sa poire. **Stuck-up woman,** mijaurée *f*.

sticking up, *a.* Saillant, en saillie.

sticking¹, *a.* Collant, adhésif.

sticking², *s.* **1.** Adhérence *f*, adhésion *f* (*to*, à); collage *m*; collement *m* (de deux choses). **2.** Arrêt *m*, coincement *m*. *Mch:* Blocage *m* (d'une soupape). *I.C.E:* Gommage *m*, calage *m* (du piston); grippage *m* (du moteur).

'sticking-plaster, *s.* *Pharm:* Taffetas gommé; taffetas d'Angleterre; sparadrap *m*; emplâtre résineux, adhésif.

'sticking-point, -place, *s.* Point *m* d'arrêt; point de refus (d'une vis). *F:* **To screw one's courage to the sticking-point,** rassembler tout son courage; s'armer de résolution.

'stick-jaw, *s.* *P:* Bonbons collants; caramels *mpl*.

'stick-pin, *s.* *U.S:* (*a*) Épingle droite, simple. (*b*) Épingle de cravate.

sticker ['stikər], *s.* **1.** Tueur *m* (de porcs). **2.** (*a*) Couteau *m* de boucher. (*b*) Couteau de chasse. (*c*) *P:* Couteau, *P:* surin *m*. (*d*) *Fish:* Gaffe *f*; harpon *m*. **3.** Colleur, -euse (d'affiches, etc.). *See also* BILL-STICKER. **4.** *F:* Adhérent *m* (*to*, à); partisan (*to*, de). **5.** (*a*) *F:* **Sticker (in),** rude travailleur. (*b*) *Cr:* Batteur prudent, qui ne risque rien, qu'on ne peut pas déloger du guichet. **6.** *P:* (*Of pers.*) Crampon *m*; personne collante. **7.** *Sch:* *etc:* *F:* Colle *f*. **8.** *U.S:* *F:* Affiche *f*; placard électoral.

stickiness ['stikinəs], *s.* Viscosité *f*; nature gluante (d'un produit); adhésivité *f*; ténacité *f* (de la poix, etc.).
stickleback ['stiklbak], *s. Ich:* Épinoche *f*, *F:* cordonnier *m.*
stickler ['stiklər], *s.* Rigoriste *mf* (*for sth.*, au sujet de qch., à l'égard de qch.). **To be a stickler for etiquette,** être à cheval sur l'étiquette; être très cérémonieux. *To be a s. over trifles,* être tatillon.
sticky[1] ['stiki], *a. Bot:* (*Of plant*) Ligneux.
sticky[2], *a.* **1.** Collant, gluant, visqueux, adhérent, adhésif, prenant. **Sticky road,** chemin pâteux. *To make one's hands s.*, s'empâter, s'engluer, les mains. *It makes one's fingers s.*, *F:* cela vous glue les mains. *F:* **To have sticky fingers** (*in money matters*), avoir de la poix aux mains. *Cr:* **Sticky wicket,** terrain *m* (de guichet) qui ne rend pas. **2.** *P:* (*a*) Peu accommodant; difficile, désagréable. *The bank was very s. about an overdraft,* la banque s'est montrée très raide, *F:* a fait des histoires, pour consentir un découvert. (*b*) *I had a s. ten minutes,* j'ai passé un mauvais quart d'heure. **He will come to a sticky end,** il finira mal.
stiff [stif]. I. *a.* **1.** (*a*) Raide, rigide, dur, inflexible. **Stiff cardboard,** carton *m* raide. **Stiff shirt-front,** plastron empesé. *Book bound in s. cover,* livre relié en carton. *Phot:* **Stiff film,** film *m* rigide. **Stiff brush,** brosse dure, rude. *Nau:* **Stiff rope,** filin engourdi. *Vestment s. with gold,* vêtement sacerdotal raidi par le broché d'or. (*Of rubber, etc.*) **To get stiff,** devenir raide; se raidir. *P:* **Race-course stiff with people,** champ de course bondé de monde. *See also* COLLAR[1] 1, LIP[1] 1, SHIRT 1. (*b*) **Stiff joint,** articulation ankylosée. (*Of joint*) **To grow stiff,** s'ankyloser. **To have a stiff leg,** avoir la jambe raide, percluse. *My old legs are s. in the joints, F:* mes vieilles jambes sont rouillées. **To be quite stiff,** (i) (*with sitting still*) être engourdi, avoir les jambes engourdies; (ii) (*after exercise*) être tout courbaturé. *Farr:* **Stiff shoulders** (*of horse*), épaules froides. *F:* (*Of pers.*) **Stiff as a poker,** raide, droit, comme un piquet, comme un manche à balai. *The body was already s.*, le cadavre était déjà raide. *P:* **A stiff 'un,** un cadavre; *P:* un machabée. *See also* BORE[4], NECK[1] 1, SCARED. (*c*) (*Of pers., bearing, manners*) Raide, contraint, guindé, empesé, compassé. **Stiff manners,** manières contraintes, apprêtées. **Stiff bow,** salut contraint, froid. **He is very stiff,** il est d'un abord difficile. *Lit:* **Stiff style,** style guindé, tendu, empesé. **Stiff handwriting,** écriture *f* raide. (*d*) (*Of pers.*) Raide, inflexible, obstiné. **To offer a stiff resistance,** (*of pers.*) résister opiniâtrement; (*of thg*) tenir ferme. *Nau:* **Stiff ship,** navire très stable, navire fort de côté. *Boat s. in a sea-way,* bateau dur à la mer. (*e*) *Com: Fin:* (*Of market, commodity*) Ferme, raffermi, tendu. **2.** (*a*) (*Of door-handle, hinge, etc.*) Qui fonctionne mal. **The handle is stiff,** le bouton est dur. (*b*) (*Of paste, batter*) Épais, *f.* épaisse; ferme; (*of lubricant*) consistant; (*of soil*) tenace. **Stiff clay, stiff soil,** argile *f*, sol *m*, tenace; sol glaiseux. (*c*) *Nau:* **Stiff wind,** forte brise, brise carabinée. **3.** (*a*) Raide, pénible. **Stiff climb,** montée *f* rude, pénible, raide. **Stiff examination,** examen *m* difficile. **Stiff battle,** dure bataille; rude combat *m.* **Stiff piece of work,** rude besogne; grosse besogne; besogne ardue. *The book is very s. reading,* ce livre fait appel à toutes les facultés du lecteur, est dur à lire. *I had a s. job to get it,* j'ai eu fort à faire pour l'obtenir. (*b*) *F:* **Stiff price,** prix exagéré; prix salé, poivré. *That's a s. price,* c'est bien payé. **Stiff bill,** note salée. **Stiff sentence,** peine salée. **He tells some stiff yarns,** il en raconte de raides. *F:* **Pour me out a stiff one, something stiff,** versez-moi quelque chose de fort, de raide. **-ly,** *adv.* **1.** Raidement, avec raideur. *Equit:* (*Of horse*) **To trot stiffly,** trotter des épaules. **2.** D'un air guindé. **3.** (Résister, etc.) obstinément.
II. **stiff,** *s.* **1.** *P:* Lettre *f* de change, billet *m* à ordre. **2.** *Med: P:* Cadavre *m* (pour dissection); machabée *m.* **To carve a stiff,** faire une dissection. **3.** *P:* **Big stiff,** grand nigaud; grand bêta.
stiff-'necked, *a.* Obstiné, entêté, intraitable; *B:* au cou raide. *S.-n. opposition,* opposition *f* intraitable.
stiffen ['stif(ə)n]. I. *v.tr.* **1.** (*a*) Raidir, renforcer (une plaque, un mur, une poutre, etc.); donner plus de rigidité, de raideur, à (qch.). *Laund:* **To stiffen a shirt front,** empeser un plastron. *Tex:* **To stiffen a cloth,** bougraner (la toile, etc.); donner de l'empois à un tissu. *Stiffened with dressing,* apprêté. *Dressm:* **To stiffen a bodice,** baleiner un corsage. *I.C.E:* **Stiffened crank-case,** carter *m* à nervures; carter renforcé. *Aut: To s. the springs,* donner plus de raideur à la suspension; durcir la suspension. (*b*) **Age has stiffened his joints,** l'âge lui a noué les membres. (*c*) Raidir, rendre obstiné (qn). (*d*) *Nau:* **To stiffen a ship,** lester un navire. (*e*) *Mil:* **To stiffen a battalion,** renforcer un bataillon avec des éléments aguerris. **2.** (*a*) Rendre ferme, donner de la consistance à (une pâte); lier (une sauce). (*b*) *To s. a drink,* corser une boisson. **3.** Rendre (un examen) plus difficile, plus dur.
II. **stiffen,** *v.i.* **1.** (*a*) (Se) raidir, devenir raide. *Their arms s. to the oars,* leurs bras se raidissent sur les rames. *The body had stiffened,* le cadavre avait raidi, était déjà raide. (*b*) (*Of pers.*) Se raidir; se guinder. *Opposition* (*to the scheme*) *is stiffening,* l'opposition se montre de plus en plus intransigeante. (*c*) *Fin:* (*Of rates*) Se tendre. **2.** (*a*) (*Of paste, etc.*) Devenir ferme; prendre de la consistance. (*b*) *Nau:* (*Of wind*) Se carabiner. **3.** (*Of examination*) Devenir plus difficile, plus dur, de plus en plus difficile.
stiffening, *s.* **1.** Raidissement *m*, renforcement *m*, consolidation *f* (de qch.). *Aut: S. of the springs,* durcissement *m* de la suspension. *Tex:* **Stiffening of fabrics,** apprêt *m* des étoffes. *Mec.E: etc:* **Stiffening piece, stiffening plate,** plaque *f*, tôle *f*, de renfort. *S. girder,* poutre *f* de renfort. **Stiffening rib,** nervure *f* de renforcement, de consolidation. *Bootm:* **Stiffening tip,** pièce *f* de renfort. **2.** (*a*) Empois *m*; (*for cloth*) cati *m.* (*b*) *Tail:* Entoilage *m* (du col d'un habit). *Bootm:* Contrefort *m* (de soulier). (*c*) *Carp:* Liernes *fpl*, étrésillons *mpl*, entretoises *fpl.* (*d*) *Nau:* Lest *m* de stabilité (des navires à voiles).

stiffener ['stifnər], *s.* **1.** (Pièce *f* de) renfort *m*; entretoise *f.* **2.** *F:* Verre *m* d'eau de vie; *F:* verre qui ravigote.
stiffish ['stifiʃ], *a.* **1.** Assez raide; plutôt raide. **2.** *S. examination paper,* composition *f* assez difficile.
stiffness ['stifnəs], *s.* **1.** (*a*) Raideur *f*, rigidité *f* (d'une poutre, des membres, etc.); dureté *f* (d'un ressort, etc.). **Stiffness of the legs** (*after exercise*), courbatures *f* dans les jambes. (*b*) **Stiffness of manner,** raideur, contrainte *f*, compassement *m*; air guindé, apprêté. *He spoke without formal s.*, il a parlé sans apprêt. (*c*) Obstination *f*, opiniâtreté *f.* (*d*) Fermeté *f*, tension *f* (du marché). **2.** Fermeté, consistance *f* (d'une pâte); ténacité *f* (du sol). **3.** (*a*) Raideur (d'une pente). (*b*) Difficulté *f* (d'un examen).
stifle[1] [staifl]. **1.** *v.tr.* (*a*) Étouffer, suffoquer (qn). *To be stifled by the smoke,* être asphyxié par la fumée. **To feel as though one is being stifled, to feel stifled,** éprouver une sensation d'étouffement. *To s. a revolt at birth,* étouffer une révolte dans son germe. (*b*) Étouffer (un son, les cris de qn, etc.). **To stifle a scandal,** étouffer, cacher, étrangler, un scandale. (*c*) Réprimer (une émotion, un éternûment, un juron, etc.). **To stifle a cry,** retenir un cri. *To s. one's laughter,* pouffer dans son mouchoir. **To stifle a yawn,** étouffer un bâillement. **2.** *v.i.* Suffoquer, étouffer; se sentir près d'étouffer.
stifled[1], *a.* (Cri, etc.) étouffé. **With a stifled voice,** d'une voix éteinte.
stifling, *a.* **1.** Étouffant, suffocant. **It is stifling here!** on étouffe ici! *adv.* **It was stifling hot,** on étouffait de chaleur. **2.** (Sensation *f*) d'étouffement.
stifle[2], *s.* **1.** **Stifle(-joint),** grasset *m.* **2.** *Vet:* Affection *f* du grasset; vessigon *m* du grasset.
'stifle-bone, *s.* Os *m* du grasset.
stifled[2] [staifld], *a. Vet:* Qui a une affection du grasset.
stifler ['staiflər], *s.* **1.** *F:* Événement déprimant; *F:* douche froide. **2.** *Mil.Min:* *F:* Camouflet *m.*
Stiggins ['stiginz], *s.m.* Bondieusard, Tartufe. (Personnage des *Pickwick Papers* de Dickens.)
stigma, *pl.* **-as, -ata** ['stigma, -az, -ata], *s.* **1.** (*pl. usu.* **stigmas**) (*a*) *A:* Stigmate *m* (marque d'un esclave, etc.); flétrissure *f* (au fer rouge). (*b*) Stigmate, tache *f*; flétrissure (morale). *Branded with the s. of illegitimacy,* entaché de bâtardise. **2.** (*pl.* **stigmata**) (*a*) *Nat.Hist:* Stigmate (d'un insecte, etc.). (*b*) *Med:* Stigmate (de l'hystérie). (*c*) *pl. Rel.H:* Stigmates (d'un saint). **3.** *Bot:* (*pl.* stigmas) Stigmate (du pistil).
stigmatic [stig'matik]. **1.** *a.* (*a*) *Opt:* (Objectif *m*) stigmatique, anastigmate, anastigmatique. (*b*) *Bot:* Stigmatique. **2.** *s. Rel.Hist:* Stigmatisé, -ée.
stigmatist ['stigmətist], *s. Rel.Hist:* = STIGMATIC 2.
stigmatization [stigmətai'zeiʃ(ə)n], *s.* **1.** *Med: etc:* Stigmatisation *f.* **2.** Stigmatisation, flétrissure *f.*
stigmatize ['stigmətaiz], *v.tr.* **1.** Marquer de stigmates. **2.** Stigmatiser, flétrir (qn). *Stigmatized as a coward, as a bastard,* marqué d'infamie comme lâche; entaché de bâtardise.
stigmatose ['stigmətous], *a.* **1.** *Bot:* Stigmatophore. **2.** (*Of pers.*) Stigmatisé; affligé de stigmates.
stile[1] [stail], *s.* Échalier *m*, échalis *m.* *See also* DOG[1] 1.
stile[2], *s.* Montant *m* (de porte, etc.).
stiletto, *pl.* **-os, -oes** [sti'leto, -ouz], *s.* **1.** (*Dagger*) Stylet *m.* **2.** *Needlew:* Poinçon *m.*
Stilicho ['stiliko]. *Pr.n.m. Rom.Hist:* Stilicon.
still[1] [stil]. **1.** *a.* Tranquille. (*a*) Immobile. **To keep still,** ne pas bouger; se tenir, rester, tranquille; se tenir en repos. *She couldn't keep s.*, elle ne pouvait tenir en place. **Sit still,** restez tranquille; restez tranquillement assis. **To stand still,** (i) ne pas bouger; se tenir tranquille; rester inactif; (ii) s'arrêter, s'immobiliser; (*of science, etc.*) rester stationnaire. *Prov:* **There is no standing still,** qui n'avance pas recule. *His heart stood s.*, son cœur cessa de battre. **As still as death, as still as the grave,** silencieux comme la mort. *F: She lay* **as still as still,** elle reposait dans une immobilité absolue. *See also* STOCK STILL. (*b*) Silencieux. *B:* **Peace, be still,** tais-toi, sois tranquille. **To keep a still tongue in one's head,** se taire. **In the still watches of the night,** pendant les veilles silencieuses de la nuit. *Lit: The voices that are s.*, les voix qui se sont tues (à jamais). (*c*) Calme, silencieux. **Still water,** eau tranquille, calme, paisible; eau dormante, eau morte. *See also* DEEP II. 1. *S. evening, s. woods,* soir, bois, silencieux. *B:* **And after the fire a still small voice,** après le feu venait un son doux et subtil. *F:* **The still small voice,** la voix de la conscience. (*d*) **Still wines,** vins non mousseux. *S. champagne,* champagne non champagnisé. *See also* LEMONADE. (*e*) *Art:* **Still life,** nature morte. **2.** *s.* (*a*) **In the still of the night,** dans le calme de la nuit. (*b*) *Cin:* Photo (de publicité) empruntée au film.
still-'birth, *s.* **1.** Mise *f* au monde d'un enfant mort-né. **2.** Mort apparente d'un nouveau-né.
'still-'born, *a.* **1.** Mort-né, -ée, *pl.* mort-nés, -ées. **2.** Apparemment mort-né.
'still-hunt[1], *s. U.S:* = STALK[1] 2.
'still-hunt[2], *v.tr. U.S:* = STALK[2] 2.
'still-hunter, *s. U.S:* = STALKER.
still[2]. **1.** *v.tr.* (*a*) Tranquilliser, calmer, apaiser. *To s. s.o.'s fears,* calmer les craintes de qn. *To s. the winds,* faire taire les vents. *She stilled her limbs,* elle ne bougea plus. (*b*) *To s. one's songs,* taire, cesser, ses chants. **2.** *v.i. Lit:* (*a*) Se calmer. *The storm had stilled,* la tempête s'était apaisée. (*b*) *That mighty pen is stilled for ever,* cet écrivain génial s'est tu à jamais.
still[3]. **1.** *adv.* (*a*) Encore. *He is s. here,* il est encore ici. '*Manon Lescaut' is s. an admirable work,* "Manon Lescaut" est encore aujourd'hui une œuvre admirable. *I am s. looking for an explanation,* j'en suis encore à chercher une explication. *I have s. five francs,* il me reste cinq francs. *I have s. to thank you,* il me reste à vous remercier. *In spite of his faults, I love him s.*, malgré ses fautes

je l'aime toujours. (b) **Still more, still less,** encore plus, encore moins. *That would be s. worse,* ce serait encore pis. *If you can reduce the price s. further . . .,* si vous pouvez réduire encore le prix. . . . **2.** *conj.* Cependant, pourtant, néanmoins, encore, toutefois, malgré cela. *S. the fact remains that . . .,* toujours est-il que. . . . *F:* **But still,** *if he did accept!* mais enfin, s'il acceptait!

still[4], *s.* Alambic *m*, cornue *f*. *Secondary s.,* appareil *m* de redistillation. **Tar still,** cornue à goudron. **Oil still,** purificateur *m* d'huile.

'still-room, *s.* **1.** *A:* Laboratoire *m* de distillerie. **2.** Office *f*.

stillage ['stiledʒ], *s.* **1.** Banc *m* de peu de hauteur. **2.** = STILLING.

stilling ['stiliŋ], **stillion** ['stiljən], *s.* Chantier *m* (pour fûts); porte-fût(s) *m inv.*

stillness ['stilnəs], *s.* Tranquillité *f*, calme *m*, repos *m*, silence *m*, paix *f*.

stilly[1] ['stili], *a. Poet:* Silencieux, calme, tranquille, paisible.

stilly[2] ['stilli], *adv.* Silencieusement, tranquillement; avec calme.

stilt[1] [stilt], *s.* **1.** Échasse *f*. **To be on stilts,** (i) être monté sur des échasses; (ii) *F:* être guindé, ampoulé. **2.** *Civ.E:* Pilotis *m*, pieu *m*. **3.** Manche *m*, mancheron *m* (de charrue). **4.** *Arch:* Surhaussement *m*, exhaussement *m* (d'une voûte). **5.** *Orn:* (a) **Stilt (bird), stilt plover,** échasse. (b) **The stilt birds,** les échassiers *m*.

'stilt-walker, *s. Orn:* Échassier *m*.

stilt[2], *v.tr.* **1.** *A:* Monter (qn) sur des échasses. **2.** *Arch:* Surhausser, surélever (une voûte).

stilted, *a.* **1.** *A:* Monté sur des échasses. **2.** *Arch:* (Arc) surhaussé, surélevé. **3.** (*Of style, etc.*) Monté sur des échasses; guindé, tendu.

stilting, *s.* **1.** *A:* Marche *f* avec des échasses. **2.** *Arch:* Surhaussement *m* (d'une voûte).

stiltedness ['stiltidnəs], *s.* Manière guindée; air, ton, style, guindé, emphatique, ampoulé; emphase *f*.

Stilton ['stilt(ə)n], *s.* Fromage *m* de Stilton; stilton *m*.

stimulant ['stimjulənt]. **1.** *a. & s. Med:* Stimulant (*m*); remontant (*m*). **2.** *s.* Surexcitant *m*. *F:* **He never takes stimulants,** il ne boit jamais d'alcool.

stimulate ['stimjuleit]. **1.** *v.tr.* (a) Stimuler (qn, le zèle de qn); aiguillonner, activer, exciter (*to*, à); aiguiser (l'esprit, l'appétit, etc.). *To be stimulated by opposition,* se piquer au jeu. **To stimulate s.o. to do sth.,** encourager qn à faire qch.; *F:* aiguillonner qn. *Ind: To s. production,* encourager, activer, la production. (b) *Med:* Stimuler (le foie, etc.). **2.** *U.S: F:* (a) *v.i.* Prendre qch. pour se remonter; prendre un verre; boire un coup. (b) *To be slightly stimulated,* être éméché.

stimulating, *a.* **1.** Stimulant, encourageant; (désir) aiguillonnant; (musique) entraînante. **2.** *Med:* (Régime, etc.) stimulant, excitant, remontant.

stimulation [stimju'leiʃ(ə)n], *s.* Stimulation *f*.

stimulative ['stimjulətiv], *a.* Stimulateur, -trice.

stimulose ['stimjulous], *a. Bot:* Stimuleux; à poils piquants; à stimules.

stimulus, *pl.* **-i** ['stimjuləs, -ai], *s.* **1.** (a) Stimulant *m*; *F:* aiguillon *m*. **To give a stimulus to trade,** donner de l'impulsion *f* au commerce. *F:* **To give a stimulus to the circulation,** donner un coup de fouet à la circulation. *Ambition is his only s.,* l'ambition est le seul ressort de son activité. *Poverty acted as a s. to his inertia,* la misère fut l'aiguillon de son inertie. (b) *Physiol:* Stimulus *m*; incitation motrice. **To apply a stimulus to a muscle,** exciter un muscle. (*Of nerve, etc.*) *To respond to a s.,* s'exciter. **2.** *Bot:* Stimule *m*.

stimy[1] ['staimi], *s. Golf:* Trou barré.

stimy[2], *v.tr. Golf:* Barrer le trou à (son adversaire).

sting[1] [stiŋ], *s.* **1.** (a) Dard *m*, aiguillon *m* (d'abeille). (b) Dard, stimule *m*; poil piquant (d'ortie); poil urticant. (c) Crochet venimeux (d'un serpent). **2.** (a) Piqûre *f* (de guêpe, etc.). *Face covered with stings,* visage couvert de piqûres. (b) *F:* Pointe *f* (d'une épigramme); mordant *m*. **To give a sting to an epigram,** acérer une épigramme. *Jest with a s. in it,* plaisanterie mordante, piquante. **The stings of calumny,** les morsures *f* de la calomnie. **The sting of remorse,** l'aiguillon du remords. *See also* TAIL[1] 1. (c) Douleur cuisante (d'une blessure); cinglure *f* (d'une lanière, d'une insulte). (d) Vigueur *f*, mordant (d'une attaque). *Ten: Service with no s. in it,* service mou.

'sting-bull, *s. Ich:* Vive commune; dragon *m* de mer.

'sting-fish, *s. Ich:* **1.** Vive *f* vipère; petite vive. **2.** Diable *m* de mer.

'sting-nettle, *s. Bot:* Ortie brûlante; ortie grièche.

'sting-ray, *s. Ich:* **Whip-tailed sting-ray,** pastenague *f*.

'sting-winkle, *s. Moll:* Murex *m* (erinaceus).

sting[2], *v.* (*p.t.* **stung** [stʌŋ]; *p.p.* **stung**) **1.** *v.tr.* (a) (*Of bees, nettles, etc.*) Piquer. **A bee stung his finger, stung him on the finger,** une abeille lui piqua le doigt. *Bees which do not s.,* abeilles qui ne piquent pas. **His conscience stings him,** sa conscience le tourmente. *The blow stung him,* le coup le cingla. **That reply stung him (to the quick),** cette réponse l'a piqué (au vif). *Prov:* **Nothing stings like the truth,** il n'y a que la vérité qui offense. *Smoke that stings the eyes,* fumée *f* qui picote les yeux. (b) *P:* **To sting s.o. for sth.,** faire payer qch. à qn un prix exorbitant. **To be stung,** essuyer le coup de fusil. *We were stung,* on nous a salés. **2.** *v.i.* (*Of parts of the body*) Cuire; sentir des élancements. **My eyes were stinging,** les yeux me cuisaient.

stinging, *a.* Piquant, cuisant, mordant. **Stinging plant,** plante piquante; plante brûlante, urticante. *See also* NETTLE[1]. **Stinging blow,** coup cinglant, coup raide comme une balle. **Stinging answer,** réponse cinglante; réponse raide. *S. remark,* remarque blessante, offensante. *S. tongue,* langue acérée, mordante.

stingaree ['stiŋgəri:], *s. Ich:* Pastenague *f* (de l'océan Pacifique).

stinger ['stiŋər], *s. F:* Coup bien appliqué; coup douloureux; coup raide, qui cingle. *To get a regular s.,* recevoir une fameuse gifle, *Cr:* une balle lancée raide.

stinginess ['stindʒinəs], *s.* Mesquinerie *f*, ladrerie *f*, avarice *f*; pingrerie *f*.

stingo ['stiŋgo], *s. P:* **1.** Bière forte. **2.** (a) Verve *f*, entrain *m*, brio *m*. (b) **To give s.o. stingo,** laver la tête à qn; tancer qn d'importance.

stingy ['stindʒi], *a.* Mesquin, avaricieux, chiche, ladre, regardant; *A:* vilain; *P:* chien. **Stingy person,** personne dure à la détente, à la desserre. *S. fellow,* pingre *m*. **A bit stingy,** *P:* un peu radin. *Don't be so s. with the sugar!* ne soyez pas si chiche de sucre, si regardant avec le sucre! ne ménagez pas tant le sucre! **-ily,** *adv.* Chichement, mesquinement; en ladre.

stink[1] [stiŋk], *s.* **1.** (a) Puanteur *f*; odeur *f* fétide; mauvaise odeur; *F:* une infection. (b) *P:* **To raise a stink,** faire de l'esclandre. **2.** *pl. Sch: F:* **Stinks,** sciences naturelles; la chimie.

'stink-alive, *s. Ich:* Tacaud *m*.

'stink-ball, *s. Pyr:* Pot *m* à feu.

'stink-bomb, *s. Mil: P:* Obus *m* à gaz.

'stink-horn, *s. Fung:* Phallus *m* impudicus; satyre *m* fétide.

'stink-pot, *s.* **1.** = STINK-BALL. **2.** Individu *m* méprisable; goujat *m*.

'stink-trap, *s.* Siphon *m* (d'évier, etc.).

stink[2], *v.* (*p.t.* **stank** [staŋk], **stunk** [stʌŋk]; *p.p.* **stunk**) **1.** *v.i.* Puer, sentir mauvais; *F:* empester; *P:* cocotter, blairer. *Corpse that stinks,* cadavre *m* qui sent, qui infecte. **To stink of wine, of garlic,** puer le vin, l'ail. *P:* **To stink of money,** avoir un argent fou. *See also* NOSTRIL. **2.** *v.tr.* (a) **To stink s.o. out,** chasser qn par la mauvaise odeur. *To s. out a fox,* déloger, enfumer, un renard. (b) *F:* Sentir, flairer (qch.); *P:* blairer (qch.).

stinking, *a.* **1.** *F:* Puant, nauséabond, fétide, empesté, infect. *See also* CRY[2] 1. **2.** *Bot: Z:* Puant. **Stinking nettle,** galéopsis *m*. **Stinking badger,** mydaüs *m*, télagon *m*.

stinkador [stiŋ'kɑːdər], *s. P:* Cigare infect; crapulos *m*, crapulados *m*.

stinkard ['stiŋkərd], *s. Z: F:* Mydaüs *m*, télagon *m*.

stinker ['stiŋkər], *s. P:* **1.** (a) Individu *m* méprisable; goujat *m*. (b) Individu qui pue. **2.** (a) **To write s.o. a stinker,** écrire une lettre de sottises à qn. (b) *The algebra paper was a s.,* on a eu une sale composition d'algèbre; la composition d'algèbre était rosse. **3.** = STINKADOR. **4.** *Orn:* Fulmar *m*.

stinkstone ['stiŋkstoun], *s. Geol:* Roche puante; stinkal *m*.

stinkweed ['stiŋkwi:d], *s. Bot:* **1.** Diplotaxis *m*. **2.** *U.S:* Datura *m* stramonium.

stinkwood ['stiŋkwud], *s. Bot:* Oréodaphné *m*.

stint[1] [stint], *s.* **1.** Restriction *f*. **Without stint,** sans restriction; sans limite, sans bornes, sans ménagement, à volonté, à discrétion. *To spend money without s.,* dépenser sans compter. **To set no stint upon sth.,** ne pas mettre de bornes à qch. **2.** *A:* Ration *f*, portion *f*, part *f*, quantité *f* (*of*, de). **3.** Besogne assignée. **To do one's daily stint,** accomplir sa tâche quotidienne.

stint[2], *v.tr.* **1.** Imposer des restrictions à (qn); réduire (qn) à la portion congrue. **To stint oneself,** se restreindre; se refuser le nécessaire. *To s. oneself for one's children,* se priver pour ses enfants. **To stint s.o. of sth.,** priver qn de qch., refuser qch. à qn. *To s. s.o. of, in, food,* reprocher les morceaux à qn. *They s. me of fire and light,* on me mesure le feu et la lumière. *To s. one's horses of oats,* rationner l'avoine à ses chevaux. **2.** Réduire (la nourriture); épargner (l'argent, la peine); être chiche de (qch.); lésiner sur (qch.). **To give without stinting,** donner sans compter.

stinting, *s.* Restriction *f*, épargne *f*; lésinerie *f*, lésine *f*. *There was no s.,* on ne regardait pas à la dépense.

stint[3], *s. Orn:* Bécasseau *m* (*esp.* bécasseau cincle).

stintless ['stintləs], *a.* Prodigué; donné sans compter. *There was a s. supply of wine,* on fournissait le vin sans restriction, sans lésiner. *S. charity,* aumônes *f* larges.

stipel ['staip(ə)l], **stipella** [sti'pela], *s. Bot:* Stipelle *f*.

stipellate [sti'pelet], *a. Bot:* Stipellé.

stipend ['staipend], *s.* Traitement *m*, appointements *mpl* (d'un ecclésiastique, d'un magistrat).

stipendiary [stai'pendiəri], *a.* Appointé; qui reçoit des appointements fixes, un traitement. *Esp. S. magistrate, s.* **stipendiary,** juge *m* d'un tribunal de simple police (à Londres et dans les grandes villes).

stipes, *pl.* **-ites** ['staipi:z, 'stipiti:z], *s. Bot:* Stipe *m*.

stipiform ['staipifɔːrm], *a. Bot: Z:* Stipiforme.

stipitate ['stipiteit], *a. Bot:* Stipité.

stipple[1] [stipl], *s. Art:* Pointillé *m*; *Engr:* grenure *f*.

stipple[2], *v.tr.* (a) Figurer (un dessin) en pointillé; pointiller (un dessin). (b) *Engr:* Graver (un dessin) au pointillé; granuler, grener (une planche).

stippled, *a.* Pointillé; gravé au pointillé. *S. design,* dessin *m* au pointillé.

stippling, *s.* **1.** Pointillage *m*; grenure *f*. **2.** Pointillé *m*; grenure.

stippler ['stiplər], *s.* Graveur *m* au pointillé.

stipula, *pl.* **-ae, -as** ['stipjula, -iː, -az], *s. Bot:* Stipule *f*.

stipulaceous [stipju'leiʃəs], *a. Bot:* Stipulacé.

stipular ['stipjulər], *a. Bot:* Stipulaire.

stipulate[1] ['stipjulet], *a. Bot:* Stipulé.

stipulate[2] ['stipjuleit]. **1.** *v.i.* **To stipulate for sth.,** stipuler, énoncer expressément (une condition obligatoire); convenir de (certaines conditions). *To s. for a reward of a hundred pounds,* stipuler une récompense de cent livres. **2.** *v.tr.* **To stipulate (in writing) that . . .,** stipuler (par écrit) que. . . . *To s. that the tenant is responsible for all repairs,* stipuler que toutes les réparations seront, soient, à la charge du locataire. *It is stipulated that delivery shall be effected this year,* la livraison est stipulée devoir être faite cette année.

stipulated, *a.* Stipulé, convenu. *The s. quality,* la qualité prescrite. *Jur:* **Stipulated jointure,** douaire préfix.

stipulation [stipju'leiʃ(ə)n], *s. Jur:* Stipulation *f* (d'une condition). *F: The only s. I make is that you shall be in by ten o'clock,* la seule condition que je pose c'est que vous soyez rentré à dix heures. **On the stipulation that . . .,** à condition que. . . .

stipulator ['stipjuleitər], *s. Jur:* Stipulant *m.*

stipule ['stipjul], *s. Bot:* Stipule *f.*

stipuled ['stipjuld], *a. Bot:* Stipulé.

stipulose ['stipjulous], *a. Bot:* Stipuleux.

stir[1] [stəːr], *s.* **1.** Remuement *m.* **To give one's coffee, the fire, a stir,** remuer son café; tisonner le feu. **2.** Mouvement *m.* **Stir of warm wind,** souffle *m* d'air chaud. *No s. in the air, no s. in the sea,* pas une haleine de vent, sur la mer pas un frisson. **3.** (*a*) Mouvement, remue-ménage *m inv. Place full of s. and movement,* endroit plein de vie et de mouvement. (*b*) Agitation *f*, émoi *m.* **To make a stir,** faire du bruit, de l'éclat; faire événement; faire sensation. *The news caused a s. in the town,* la nouvelle mit la ville en émoi, en rumeur. *Affair that was bound to make a s.,* affaire appelée à un certain retentissement. *To create little s.,* avoir peu de retentissement.

stir[2], *v.* (**stirred; stirring**) **1.** *v.tr.* (*a*) Remuer, mouvoir. (*Usu. neg.*) *Not a breath stirs the leaves, the lake,* pas un souffle ne remue, ne fait trembler, les feuilles; pas un souffle ne ride le lac. *He could not stir a foot,* (i) il était incapable de faire un pas; (ii) on ne lui laissait aucune liberté. **I will not stir a foot,** je ne bougerai pas d'ici. *See also* FINGER[1] 1, PEG[1] 2. (*b*) Activer, attiser, tisonner, remuer, fourgonner (le feu); agiter (un mélange, etc.); *Cu:* tourner (une crème). **To stir one's tea,** remuer son thé. *Tchn:* **To stir puddled iron,** brasser le fer puddlé. *Glassm:* **To stir glass,** macler le verre. *Brew:* **To stir the mash with the oar,** vaguer le fardeau. *F:* **To stir heaven and earth,** remuer ciel et terre. *See also* STUMP[1] 2. (*c*) Émouvoir, remuer, troubler (qn). **To stir s.o.'s wrath,** exciter, animer, la colère de qn. **To stir s.o. to pity,** émouvoir la compassion de qn. **To stir s.o.'s passions,** agiter, émouvoir, les passions de qn. *The country was stirred by a deep emotion,* une émotion intense souleva le pays. *Book that stirs the soul,* livre *m* qui remue l'âme; livre qui passionne; livre passionnant. *Scents that stir the senses,* parfums *m* qui troublent les sens. **2.** *v.i.* Bouger, remuer; se mettre en mouvement. (*Usu. neg.*) *To sit without stirring,* rester assis sans bouger, dans une complète immobilité, sans faire le moindre mouvement. *He never stirs, F:* il ne bouge pas plus qu'un terme. *Don't stir!* ne bougez pas! *Don't stir from here,* ne bougez pas d'ici; *F:* ne démarrez pas d'ici. *He did not stir out of the house,* il n'est pas sorti de la maison. *He settled in Brighton and never stirred from it,* il se fixa à Brighton et n'en bougea plus. **He is not stirring yet,** il n'est pas encore levé, debout. **There is not a breath of air stirring,** on ne sent pas un souffle d'air. *F: There is no news stirring,* il n'y a point de nouvelles.

stir about, *v.i.* Se remuer.

stir up, *v.tr.* **1.** Remuer, agiter, tourner, *F:* touiller (un liquide); ranimer, activer (le feu). **2.** Fomenter (une sédition, les dissensions); remuer, ameuter (le peuple); exciter, animer (la curiosité, l'émotion); susciter (l'admiration); allumer (la guerre); *F:* travailler (des ouvriers); *Lit:* souffler (la discorde). *To stir up hatred,* attiser les haines. *To stir up s.o.'s courage, s.o.'s zeal,* réchauffer, exciter, le courage, le zèle, de qn. **To stir up s.o. to do sth.,** exciter, pousser, qn à faire qch. **To stir up s.o. to mutiny,** exciter, pousser, qn à la sédition. *He wants stirring up,* il a besoin d'être secoué; il a besoin qu'on l'aiguillonne.

stir-'up, *s. F:* Agitation *f*, commotion *f.*

stirred up, *a.* Agité, troublé; en émoi.

stirring up, *s.* Excitation *f*; mise *f* en émoi; attisage *m*, attisement *m.*

stirred, *a.* Agité, troublé.

stirring[1], *a.* **1.** Actif, remuant; (enfant) turbulent. *To lead a s. life,* mener une vie très active. **Stirring times,** époque mouvementée. **2.** Émouvant, empoignant. *S. events,* événements sensationnels, à sensation. *S. speech,* discours vibrant, entraînant. *See also* SOUL-STIRRING. **-ly,** *adv.* D'une façon émouvante, entraînante.

stirring[2], *s.* Remuement *m*; agitation *f. Brew:* Vaguage *m* (du fardeau). *Glassm:* Maclage *m* (du verre). *S. device,* remueur *m.*

'stirring-rod, *s. Ch: Phot:* Agitateur *m.*

'stirring-stick, *s. Paperm: etc:* Spatule *f*, brasseur *m.*

stirabout ['stəːrəbaut], *s.* **1.** *Cu:* Bouillie *f* (de farine d'avoine). **2.** Remue-ménage *m inv.* **3.** Personne remuante.

stirk [stəːrk], *s. Dial:* Bœuf *m*, vache *f*, d'un an; bouvillon *m.*

stirless ['stəːrləs], *a.* Immobile; sans mouvement.

stirps, *pl.* **stirpes** [stəːrps, 'stəːrpiːz], *s.* **1.** *Jur:* Souche *f.* **Succession per stirpes,** descente *f* par souche. **2.** *Z:* Groupe *m* ou famille *f.*

stirrer ['stəːrər], *s.* **1.** (*Pers.*) **Stirrer(-up),** incitateur, -trice; instigateur, -trice (*of*, de). *S. of sedition,* fauteur *m* de sédition. **Stirrer-up of strife, of trouble,** fomentateur, -trice, de dissensions; remueur, -euse, de discorde. **2.** (*Device*) *Ch: Phot:* Agitateur *m*, remueur *m*; *Ind:* barboteur *m. Dy: Glassm:* Râble *m. Cu:* Mouvette *f.* **3.** (*Pers.*) **To be an early stirrer,** être matinal; être toujours debout de grand matin.

stirrup ['stirəp], *s.* **1.** *Harn:* Étrier *m. To put one's feet in the stirrups,* chausser les étriers. **To lose one's stirrups,** vider les étriers. *To ride with long stirrups,* chevaucher long. *To ride with short stirrups,* chevaucher court; monter à la genette. *See also* HANDLE[1]. **2.** *Nau:* Étrier (de marchepied de vergue). **3.** Tire-pied *m*, *pl.* tire-pieds (de cordonnier). **4.** *Surg:* Étrier (de la table d'opération). **5.** (*a*) *Const:* Étrier (de fixation); lien *m* en fer à U; bride *f*; armature *f* en étrier. *See also* CRADLE[1] 3. (*b*) (*Of rowlock*) Lyre *f.* (*c*) (*Of (leaf-)spring*) Bride de ressort. **6.** *Phot:* **Stirrup lens-panel,** porte-objectif *m inv* en U. **7.** = STIRRUP-BONE.

'stirrup-bone, *s. Anat:* Étrier *m* (de l'oreille).

'stirrup-cup, *s.* Coup *m* de l'étrier; vin *m* de l'étrier.

'stirrup-iron, *s.* Étrier *m.*

'stirrup-leather, *s.* Étrivière *f. To lower the stirrup-leathers,* rallonger les étrivières.

'stirrup-oil, *s. F. & Hum:* Fouettée *f*; huile *f* de cotret. **To give s.o. a little stirrup-oil,** donner les étrivières à qn.

'stirrup-piece, *s. Const:* = STIRRUP 5 (*a*).

'stirrup-strap, *s.* **1.** *Harn:* = STIRRUP-LEATHER. **2.** *Const:* = STIRRUP 5 (*a*).

stitch[1] [stitʃ], *s.* **1.** (*a*) *Needlew:* Point *m*, piqûre *f.* **Darning stitch,** point de reprise. **Knot stitch,** point noué. **Pin stitch,** point turc. **Whipping stitch,** point roulé. (*In tapestry*) **Holbein stitch, Italian stitch,** point de Holbein; point droit. *See also* BACK-STITCH, BASKET-STITCH, BLANKET[1] 1, BUTTON-HOLE[1] 1, CHAIN-STITCH, FEATHER-STITCH, HERRING-BONE[1], LADDER-STITCH, LOCK-STITCH, LOOP-STITCH, OVERSTITCH, RUNNING[1] 6, SATIN-STITCH, SLIP-STITCH, TASSEL[1] 1. *What long stitches you are making!* quels grands points vous faites! *To put a few stitches in a garment,* faire un point à un vêtement. *Prov:* **A stitch in time saves nine,** un point à temps en épargne cent; un point fait à temps en vaut mille. *Nau:* **With every stitch of canvas set,** couvert de toile; avec tout dessus; toutes voiles dehors. *F:* **He has not a dry stitch on him,** il est complètement trempé. (*b*) (*In knitting, crochet*) Maille *f.* **To drop a stitch,** sauter, laisser échapper, une maille. **To take up a stitch,** reprendre une maille. **To make a stitch,** faire une augmentation. *See also* MOSS STITCH, SEAM-STITCH, STOCKING-STITCH. (*c*) *Surg:* (Point de) suture *f.* **To put stitches in a wound,** suturer, faire une suture à, une plaie. **2.** *Med:* **Stitch (in the side),** point de côté.

'stitch-wheel, *s. Leath:* Roulette *f* marque-points; molette *f* à piquer le cuir.

'stitch-work, *s.* Broderie *f*, tapisserie *f.*

stitch[2], *v.tr.* **1.** (*a*) Coudre (un vêtement, etc.); piquer (deux étoffes). (*b*) **To stitch leather,** piquer le cuir. **2.** *Surg:* Suturer (une plaie). **3.** *Bookb:* Brocher (un livre).

stitch down, *v.tr. Needlew:* Rabattre (une couture, etc.).

stitched down, *a.* **1.** Rabattu. **2.** Fixé par une piqûre.

stitch on, *v.tr.* Coudre (qch.) sur qch.; appliquer (une poche, etc.); coudre (qch.) en place. *Av: To s. on the wing coverings,* larder les toiles.

stitching on, *s. Av:* Lardage *m* (des toiles).

stitch through, *v.tr.* **To stitch through and through** *a skirt,* contre-pointer une jupe.

stitch up, *v.tr.* **1.** Recoudre (une déchirure, etc.); faire un point à (qch.). **2.** *Surg:* Suturer (une plaie).

stitched, *a.* **1.** Piqué. *See also* HAND-STITCHED. **2.** *Bookb:* Broché.

stitching, *s.* **1.** (*a*) *Needlew:* Couture *f. Leath:* Piqûre *f. Dressm:* **Line of stitching,** piqûre. (*b*) *Surg:* Suture *f.* (*c*) *Bookb:* Brochage *m*, brochure *f.* **2.** Points *mpl*, piqûres. **Ornamental stitching,** broderie *f*; (*on back of glove*) baguettes *fpl.*

stitcher ['stitʃər], *s.* Couseur, -euse. *Leath:* Piqueur, -euse. *Bookb:* Brocheur, -euse.

stitchwort ['stitʃwəːrt], *s. Bot:* Stellaire *f* holostée; collerette *f* de la Vierge.

stithy ['stiði], *s. A. & Poet:* Forge *f.*

stiver ['staivər], *s. F:* Sou *m.* **He hasn't a stiver,** il n'a pas le sou; *P:* il n'a pas un radis. *I wouldn't give a s. for it,* je n'en donnerais pas quatre sous. *See also* CARE[2] 1.

stoa, *pl.* **-ae, -as** ['stouə, -iː, -əz], *s. Gr.Ant:* Portique *m.*

stoat[1] [stout], *s. Z:* Hermine *f* d'été.

stoat[2], *v.tr. Tail:* Faire une reprise perdue à (une déchirure).

stob [stɔb], *s. Min:* Aiguille *f.* **Stob and feathers,** aiguille infernale; aiguille-coin *f*, *pl.* aiguilles-coins.

stock[1] [stɔk], *s.* **1.** (*a*) *Bot:* Tronc *m*, caudex *m* (d'arbre). *See also* VINE-STOCK. (*b*) Souche *f*, estoc *m* (d'arbre); souche (d'iris, etc.); bûche *f*, bloc *m*; souche, fût *m* (d'enclume). *F:* **To stand like a stock,** demeurer comme une souche. *See also* LAUGHING-STOCK, ROOT-STOCK. (*c*) *Hort:* Sujet *m*, ente *f*; porte-greffe *m inv.* **Paradise stock,** paradis *m* (porte-greffe de pommier). (*d*) Race *f*, famille *f*, lignée *f*, tige *f.* **True to stock,** fortement racé. *Of good Puritan s.,* de bonne lignée puritaine. *To be of good s., A. & Lit:* être de bon estoc. *He comes of good s., of sound s.,* il descend d'une bonne famille; il vient de bonne souche; il a de qui tenir. *Man of the good old s., F:* homme *m* de la vieille roche. **2.** (*a*) Fût, bois *m*, monture *f* (de fusil); manche *m* (de fouet); sommier *m*, mouton *m* (de cloche). **Anchor-stock,** *Nau:* jas *m* d'ancre; *Her:* trabe *f. The chain is round the s.,* l'ancre est surjalée. *To take the stock off an anchor,* déjaler une ancre. *See also* LOCK[2] 3, PLANE-STOCK, PLOUGH-STOCK. (*b*) **Bit-stock,** vilebrequin *m.* **Die-stock,** tourne-à-gauche *m inv*; porte-filière *m inv*; filière *f* (à coussinets). **Screw stock and dies,** filière double. **3.** *pl. A:* **Stocks,** ceps *mpl*, pilori *m*, tabouret *m* (en place publique). **To put s.o. in the stocks,** mettre qn aux ceps. **4.** *pl. N.Arch:* **Stocks,** (i) chantier *m*; cale *f* de construction; cale de lancement; (ii) (*on slip*) tins *m.* **Ship on the stocks,** navire *m* en construction, sur cales. **To lay a ship on the stocks,** mettre un bâtiment sur la cale, en chantier. *F:* **To have a piece of work on the stocks,** avoir un ouvrage sur le métier, sur le chantier, en chantier. **5.** (*a*) Provision *f*, approvisionnement *m. S. of wood,* provision de bois. *F:* **Good stock of impudence,** bon fonds d'insolence, de toupet. **Stock of plays,** répertoire *m. He has a great s. of information on this subject,* il possède beaucoup de renseignements à ce sujet. **To lay in a stock of . . .,** faire (une) provision de . . .; s'approvisionner de. . . . *To lay in one's autumn s.,* faire ses approvisionnements pour l'automne. *To lay in a good s. of household and body linen,* se monter en linge. *To lay in a good s. of books for the holidays,* s'assortir de livres pour les vacances. **I am at the end of my stock of wine,** je n'ai plus de vin en cave, en chantier. (*b*) *Com:* Marchandises *fpl*; assortiment *m*, stock *m.* *New s., fresh s.*, rassortiment *m.* **Old stock, dead stock,** fonds *mpl* de boutique; vieux rossignols. **Surplus stock,** soldes *mpl.* **Stock in hand, stock-in-trade,** marchandises en magasin; stock, existences *fpl* (en magasin); fonds *m* de commerce. **To buy the whole stock of a business,** acheter un fonds en bloc. *To carry heavy s.*, faire de grosses immobilisations (de capitaux). **In stock,** en magasin, en stock, en dépôt, en rayon. *Spare parts always in s.*, pièces *f* de rechange toujours en stock, toujours disponibles. **To put goods into stock,** mettre des marchandises en stock. (*Of goods*) **To be out of stock,** manquer en magasin. *See also* OUT[1] I. 10 (*i*). **Overhauling of stock,** inventaire *m* extra-comptable. **To take stock,** faire, dresser, l'inventaire. *F:* **To take stock of s.o., of a place,** scruter, toiser, qn; examiner attentivement un endroit. *He kept s. of everything around him*, il observait tout autour de lui. (*c*) (*At cards, dominoes*) Talon *m.* (*At dominoes*) **To draw from the stock,** piocher. (*d*) *Husb:* **Live-stock, grazing stock,** bétail *m*; bestiaux *mpl*; animaux *mpl* sur pied; *Jur:* cheptel *m.* **Fat stock,** bétail de boucherie. **Dead stock,** matériel *m*; mobilier mort. *Breed:* **Stock mare,** jument *f* de haras. (*e*) *For:* Peuplement *m.* (*f*) *Ind:* Dotation *f.* *Rail:* **Locomotive stock,** effectif *m*, dotation, en locomotives. *See also* ROLLING-STOCK. (*g*) *Cin:* **(Film-)stock,** film *m* vierge; films vierges, bandes *f* vierges. *F:* **Non-flam stock,** bandes ininflammables. (*h*) Charge *f* (de haut fourneau). **6.** (*a*) *Ind:* Matières premières (de pâte à papier, etc.). (*b*) *Cu:* **Soup-stock,** consommé *m.* **Meat-stock,** bouillon concentré; blond *m.* **Vegetable stock,** bouillon de légumes. **7.** *Fin:* Fonds *mpl*, valeurs *fpl*, actions *fpl.* **Government stock,** fonds d'État; fonds publics, effets publics; rentes *fpl* (sur l'État). **Bank stock,** valeurs de banque. **Railway stock,** valeurs, actions et obligations de chemin de fer; *F:* chemins *mpl* (de fer). *See also* CORPORATION 4. **Fully paid stock,** titres libérés. **Stocks and shares,** valeurs mobilières; valeurs de bourse; titres (c.-à-d. rentes, actions et obligations). *He has all his fortune in stocks and shares*, *F:* il a toute sa fortune en portefeuille. **To take delivery of stock,** prendre livraison des titres. *St.Exch:* **To take in stock, to borrow, carry, stock,** (faire) reporter des titres; prendre des actions en report. *S. taken in, carried over*, titres en report. *To take in s. for a borrower*, (faire) reporter un emprunteur. *F:* **His stock is going up, going down,** ses actions haussent, baissent. **His stock stands high in the theatre world,** il est très prisé dans le monde du théâtre. *U.S:* **To take stock, no stock, in s.o., sth.,** faire grand cas, peu de cas, de qn, qch. *See also* JOBBER 4, JOBBING[2] 4. **8.** *Bot:* **Stock(-gilly-flower),** matthiole *f*; giroflée *f* des jardins; grande giroflée; violier *m.* **Ten-week stock,** giroflée quarantaine. **9.** *Cost:* (*a*) *A:* Cravate *f* ample, en écharpe. (*b*) *Mil:* *A:* Col droit (d'uniforme); *F:* carcan *m.* (*c*) Col-cravate *m* (d'équitation), *pl.* cols-cravates. (*d*) Plastron *m* en soie noire (des ecclésiastiques anglais). **10.** *Attrib.* (*a*) *Com:* **Stock size,** taille courante. **Stock car,** voiture *f* de série. **Stock bricks,** briques *f* de campagne. (*b*) *Th:* **Stock play, piece,** pièce *f* de, du, répertoire. **Stock company,** troupe *f* à demeure (dans une ville). *F:* **He has three stock speeches,** il a un répertoire de trois discours. **Stock joke,** plaisanterie courante, classique. *S. argument*, argument habituel, bien connu. **Stock phrase,** phrase toute faite; expression consacrée; locution figée; cliché *m.* *It's the s. dodge*, le coup est régulier, classique.

'stock-account, *s.* *Book-k:* Compte *m* de capital.

'stock-book, *s.* Livre *m* de magasin, de stock; **magasinier** *m.*

'stock-breeder, *s.* Éleveur *m* (de bestiaux).

'stock-breeding, *s.* Élevage *m* (des bestiaux).

'stock-broker, *s.* *Fin:* Agent *m* de change; courtier *m* de bourse. **Outside stock-broker,** coulissier *m.* *The outside stock-brokers*, la coulisse.

'stock-broking, *s.* Profession *f* d'agent de change. *He has taken up s.-b.*, il s'est fait agent de change.

'stock-car, *s.* *Rail:* *U.S:* Wagon *m* à bestiaux.

'stock-dove, *s.* *Orn:* Petit ramier; colombin *m*; pigeon bleu.

'stock exchange, *s.* Bourse *f* (des valeurs). **The Stock Exchange,** la Bourse (de Londres); le Stock-exchange. *S.-E. regulations*, règlements *m* de bourse; règlements boursiers. *S.-E. committee*, comité *m* de la Bourse (à Londres); chambre syndicale des agents de change (à Paris). *See also* DABBLE 2.

'stock-farm, *s.* *Husb:* Élevage *m* (de bestiaux); nourricerie *f.*

'stock-farmer, *s.* Éleveur *m* (de bestiaux).

'stock-farming, *s.* Élevage *m* (des bestiaux).

'stock-fish, *s.* Stockfisch *m*; morue séchée; merluche *f*; *Nau:* bacaliau *m.*

'stock-gang, *s.* *Tls:* = STOCK-SAW.

'stock-in-'trade, *s.* **1.** *Com:* *See* STOCK[1] 5 (*b*). **2.** (*a*) Outils essentiels, jeu *m* d'outils (d'un artisan); son gagne-pain. (*b*) *F:* Fonds *m*, répertoire *m* (de phrases à effet, etc.).

'stock-keeper, *s.* *Com:* *Ind:* Magasinier *m.*

'stock-list, *s.* **1.** *Com:* Inventaire *m.* **2.** *St.Exch:* Bulletin *m* de la cote.

'stock-lock, *s.* Serrure *f* à pêne dormant.

'stock-market, *s.* **1.** Marché *m* des titres, des valeurs; marché financier. **2.** (*a*) Marché aux bestiaux. (*b*) Commerce *m* des bestiaux.

'stock owl, *s.* *Orn:* Grand-duc *m*, *pl.* grands-ducs.

'stock-plate, *s.* *Sm.a:* Plaquette *f* (de revolver).

'stock-pot, *s.* *Cu:* Pot *m* à bouillon; pot-au-feu *m inv.*

'stock-rail, *s.* *Rail:* Rail *m* contre-aiguille.

'stock-raiser, *s.* Éleveur *m* (de bestiaux).

'stock-raising, *s.* Élevage *m* (des bestiaux).

'stock-register, *s.* *Fin:* Grand-livre des titres.

'stock-room, *s.* **1.** *Ind:* Magasin *m.* **2.** *Com:* (*In hotel*) Salle *f* de montre (des marchandises d'un commis voyageur).

'stock-saw, *s.* *Tls:* Scie alternative à plusieurs lames; scie multiple.

'stock-solution, *s.* *Ch:* *Phot:* *etc:* Solution concentrée (et de bonne garde).

'stock 'still, *a.* **To stand stock still,** rester complètement immobile, sans bouger, cloué sur place; demeurer immobile; rester planté comme une borne.

'stock-stone, *s.* *Leath:* Pierre *f* à poncer.

'stock-taking, *s.* *Com:* *Ind:* (Établissement *m*, levée *f*, d')inventaire *m.* **Stock-taking sale,** solde *m* avant inventaire ou après inventaire. **Stock-taking inventory,** inventaire intra-comptable.

'stock-whip, *s.* (*In Austr.*) Fouet *m* de bouvier (à manche court).

'stock-yard, *s.* **1.** Parc *m* à bétail, à bestiaux. **2.** Parc à matériau.

stock[2], *v.tr.* **1.** (*a*) Monter (un fusil). (*b*) *Nau:* Jaler, enjaler (une ancre). **2.** Monter, garnir, assortir, stocker (un magasin) (*with*, de); meubler (une ferme) (*with*, de); meubler (une ferme) de bétail; approvisionner (une maison) (*with*, de); empoissonner (un étang); enherber (un pré, un terrain); boiser (un terrain); peupler (une forêt) (*with*, de); peupler (un parc à cerfs). *To s. a pond with fry*, aleviner un étang. *To s. one's garden*, ensemencer son jardin. *To s. a warehouse with goods*, garnir, pourvoir, un magasin de marchandises. *The books that s. my library*, les livres *m* qui garnissent ma bibliothèque. *I want to s. my cellar a bit*, je voudrais remplir un peu, remonter, ma cave. **Shop well stocked with . . .,** magasin bien monté en . . ., bien approvisionné de, en. . . . *River well stocked with fish*, rivière *f* qui abonde en poisson. *To have a well-stocked cellar*, avoir une cave bien montée. *Memory well stocked with facts*, mémoire bien meublée de faits. **3.** Avoir, tenir, garder, (des marchandises) en magasin, en dépôt; stocker (des marchandises); mettre en grenier (une récolte). *To s. varied goods*, s'assortir. *I do not s. this article*, je ne tiens pas cet article; je n'ai pas cet article en magasin. **'Stocked by all first-class chemists,'** "dans toutes les bonnes pharmacies."

stocking[1], *s.* **1.** Montage *m* (d'un fusil). **2.** Montage, stockage *m* (d'un magasin); approvisionnement *m* (d'une maison); empoissonnement *m*, alevinage *m* (d'un étang); peuplement *m* (d'un parc à cerfs); mise *f* en grenier (d'une récolte).

stockade[1] [stɔ'keid], *s.* **1.** Palissade *f*, palanque *f.* **2.** *Hyd.E:* Estacade *f.* **3.** *U.S:* Bagne *m*, prison *f.*

stockade[2], *v.tr.* **1.** Palissader, palanquer. **2.** *Hyd.E:* Garnir (une berge, etc.) d'une estacade.

stocker ['stɔkər], *s.* **1.** Monteur *m* (de fusils). **2.** Stockiste *m* (de pièces détachées d'automobiles, etc.). **3.** *U.S:* Bête *f* de boucherie.

stockholder ['stɔkhouldər], *s.* Actionnaire *mf*; porteur *m*, détenteur *m*, de titres; sociétaire *mf*; rentier, -ière.

stockinet(te) [stɔki'net], *s.* *Tex:* **Wool stockinette, silk stockinette,** jersey *m*, tricot *m*, de laine, de soie (pour sous-vêtements).

stocking[2] ['stɔkiŋ], *s.* **1.** *Cost:* Bas *m.* *Open-work stockings*, bas à jours. *Ribbed stockings*, bas à côtes. *Knitted stockings*, bas tricotés. *Woven stockings*, bas faits au métier. *Surg:* **Elastic stockings,** bas pour varices; jambières *f.* *F:* **He stands six feet in his stockings,** sans talons il mesure six pieds. *F:* **A well-lined stocking,** un bas de laine bien garni. *See also* BLUE-STOCKING. **2.** *Farr:* **White stocking** (*of a horse*), balzane *f.* **Horse with white stockings,** cheval balzan.

'stocking-'foot, *pl.* **-feet,** *s.* Pied *m* d'un bas. **In one's stocking-feet,** sans chaussures; (homme) en chaussettes; (femme) chaussée de ses bas.

'stocking-frame, -loom, *s.* Métier *m* à bas.

'stocking-stitch, *s.* *Knitting:* Point *m* (de) jersey.

stockist ['stɔkist], *s.* *Com:* Stockiste *m.*

stockless ['stɔkləs], *a.* *Nau:* (Ancre *f*) sans jas.

stockman, *pl.* **-men** ['stɔkmən, -men], *s.m.* **1.** (*In Austr.*) Gardeur de bestiaux; bouvier. **2.** = STOCK-BREEDER.

stocky ['stɔki], *a.* Trapu; ragot, -ote; étoffé; courtaud; (*of horse*) goussaut, bouleux, ragot.

stodge[1] [stɔdʒ], *s.* *Sch:* *F:* **1.** (*a*) Aliment bourrant. (*b*) Littérature *f* indigeste. **2.** (*a*) Empiffrerie *f*, bâfrerie *f.* (*b*) Bâfrée *f.* *To have a good s.*, s'en fourrer jusque-là.

stodge[2], *v.i.* & *pr.* *F:* Se caler les joues; s'empiffrer; se gorger; se bourrer de nourriture; bâfrer. *To s. oneself with cakes*, se bourrer de gâteaux.

stodgy ['stɔdʒi], *a.* (Repas) lourd; (pain) pâteux; (aliment *m*) qui bourre; (livre *m*) indigeste; (style) lourd.

stoep [stuːp], *s.* (*In S. Africa*) Véranda *f.*

stogy ['stougi], *s.* *U.S:* **1.** Gros soulier; godillot *m.* **2.** Cigare long et fort à bouts coupés.

stoic ['stouik], *a.* & *s.* Stoïcien, -ienne; stoïque *mf.* *Gr.Phil:* **The Stoic body,** le Portique.

stoical ['stouik(ə)l], *a.* Stoïque. **-ally,** *adv.* Stoïquement.

stoicism ['stouisizm], *s.* Stoïcisme *m.*

stoke [stouk], *v.tr.* **1.** Charger (un foyer); chauffer (un four); entretenir, alimenter, le feu (d'un four); chauffer le foyer (d'une machine à vapeur). **2.** *Abs.* **To stoke (up).** (*a*) Conduire la chauffe; pousser les feux. (*b*) *Hum:* Manger, bouffer, bâfrer.

stoking, *s.* Chauffage *m*, chauffe *f*; alimentation *f* (d'un foyer). *Mechanical s.*, chauffage mécanique. *S. of the boilers*, conduite *f* du feu, des feux.

'stoke-hole, *s.* **1.** (*a*) Ouverture *f* de foyer; tisard *m*, tisart *m*; trou *m* de chargement. (*b*) *Nau:* Enfer *m* (devant le tisard). **2.** = STOKEHOLD.

stokehold ['stoukhould], *s.* *Nau:* Chaufferie *f*; chambre *f* de chauffe.

stoker ['stoukər], *s.* *Nau:* *Rail:* *etc:* **1.** (*Pers.*) Chauffeur *m*; chargeur *m* (d'un foyer). **Head stoker, chief stoker,** chef *m* de chauffe. **Assistant-stoker,** aide-chauffeur *m*, *pl.* aides-chauffeurs. *Navy:* **Leading stoker,** chauffeur breveté; chef de chauffe. **2. Mechanical stoker,** chauffeur automatique; foyer *m* ou chargeur mécanique; grille *f* mécanique. *See also* UNDERFEED[1].

Stokes-Adams ['stouks'adəmz]. *Pr.n. Med:* **Stokes-Adams disease** = HEART-BLOCK.
stole¹ [stoul], *s.* **1.** *Rom.Ant:* Stole *f.* **2.** *Ecc:* Étole *f.* **3.** *Cost:* Écharpe *f* (de fourrure, etc.).
stole², *s.* = STOLON.
stole³. *See* STEAL.
stole⁴, *s. A:* Chaise percée; garde-robe *f. Hist:* **Groom of the stole**, premier gentilhomme de la Chambre (du roi).
stoled [stould], *a.* Revêtu d'une étole.
stolen ['stoul(ə)n]. *See* STEAL.
stolid ['stɔlid], *a.* Lourd, lent, flegmatique, impassible. **-ly**, *adv.* Avec flegme; avec une lenteur impassible.
stolidity [stɔ'liditi], **stolidness** ['stɔlidnəs], *s.* Flegme *m.*
stolon ['stoulən], *s. Bot: Biol:* Stolon *m*, stolone *f*; *Bot: F:* coulant *m*, traînant *m.*
stolonate ['stoulonet], **stoloniferous** [stoulo'nifərəs], *a. Nat.Hist:* Stolonifère.
stoma, *pl.* **-ata** ['stouma, 'stɔmata], *s. Anat: Bot:* Stomate *m.*
stomach¹ ['stʌmək], *s.* **1.** Estomac *m. Pain in the s.*, douleur *f*, mal *m*, d'estomac. *Disordered s.*, troubles *mpl* de digestion. *To satisfy one's s.*, apaiser sa faim. **On a full stomach**, aussitôt après un repas; au moment de la digestion. *See also* EMPTY¹ 1. **To turn s.o.'s stomach**, soulever, retourner, le cœur, porter sur le cœur, à qn; écœurer qn. *My s. turns at the sight*, le cœur me soulève, mon cœur se soulève, se retourne, à cette vue. **It makes my stomach rise**, cela me donne des nausées. *Z:* (*Of ruminants*) **First stomach**, panse *f.* **Second stomach**, bonnet *m.* **Third stomach**, feuillet *m*, mellier *m.* **Fourth stomach**, caillette *f. See also* LIE⁴ 2 (*c*), PIT² 4. **2.** *F:* (Euphémisme pour désigner le) ventre. *To crawl on one's s.*, ramper à plat ventre. **3.** (*a*) Envie *f*, goût *m* (*for*, de); inclination *f* (*for*, pour); cœur *m*, courage *m* (pour faire qch.). **It will put some stomach into them**, cela leur mettra du cœur au ventre. **He had no stomach for a fight**, il ne se sentait pas d'humeur à se battre; il n'avait aucune envie de se battre. *A:* **Men of stomach**, hommes de cœur; hommes qui n'ont peur de rien. (*b*) *A:* **To be of a proud, of a high, stomach**, être plein de morgue.
'stomach-ache, *s.* (*a*) Douleurs *fpl* d'estomac. (*b*) *F:* Mal *m* de ventre. **To have the stomach-ache**, avoir mal au ventre; avoir la colique.
'stomach-complaint, *s.* Maux *mpl* d'estomac.
'stomach-cough, *s.* Toux *f* gastrique.
'stomach-pump, *s. Med:* Pompe stomacale.
'stomach-tube, *s. Med:* Sonde stomacale, œsophagienne.
'stomach-worm, *s. Med:* Ascaride *m* lombricoïde.
stomach², *v.tr. F:* Endurer, supporter, tolérer (qch.); *F:* digérer (une insulte, etc.). *He could never s. mathematics*, il n'a jamais pu se mettre aux mathématiques. *I can't s. it any longer*, j'en ai plein le dos. *He won't s. that affront*, il n'avalera pas, ne digérera pas, cet affront. *I can hardly s. that*, ça c'est dur à avaler.
stomachal ['stɔmək(ə)l], *a.* Stomacal, -aux.
-stomached ['stʌməkt], *a.* (*With adj. prefixed, e.g.*) **Weak-stomached**, à l'estomac faible; à la digestion faible. *See also* EMPTY-STOMACHED.
stomacher ['stʌməkər], *s. A.Cost:* Pièce *f* d'estomac (d'un corsage de femme).
stomachful ['stʌməkful], *s.* Plein estomac (de nourriture, etc.). *P:* **I've had a stomachful**, j'en ai soupé.
stomachic [stɔ'makik]. **1.** *a. & s. Med: Pharm:* Stomachique (*m*); stomacal (*m*), -aux. **2.** *s. F:* Apéritif *m.*
stomata ['stɔmata]. *See* STOMA.
stomatal ['stɔmat(ə)l], *a. Nat.Hist:* **1.** Qui a rapport aux stomates. **2.** A stomates.
stomate ['stoumet], *s. Bot:* = STOMA.
stomatitis [stɔma'taitis], *s. Med:* Stomatite *f. Vet:* **Aphthous stomatitis**, fièvre aphteuse.
stomato- ['stɔmato], *comb.fm. Z: etc:* Stomato-. *Stomatogastric*, stomato-gastrique. *Stomatoscope*, stomatoscope.
stomatology [stɔma'tɔlədʒi], *s.* Stomatologie *f.*
stomatoplasty ['stɔmatoplasti], *s. Surg:* Stomatoplastie *f.*
stomatopod ['stɔmatopɔd], *s. Crust:* Stomatopode *m.*
stone¹ [stoun], *s.* **1.** Pierre *f.* (*a*) **Pebble stone**, caillou, -oux *m.* **Meteoric stone**, aérolithe *m. Shower, fall, of stones*, avalanche *f* de pierres; éboulement *m. Civ.E: Waste stones*, brocage *m*, brocaille *f. Paving with stones*, empierrement *m*, cailloutage *m.* **To leave no stone unturned (to . . .)**, ne rien négliger, ne rien oublier (pour . . .); mettre tout en œuvre, en jeu (pour . . .); remuer ciel et terre, faire l'impossible, remuer toutes choses (pour . . .); faire jouer tous les ressorts; faire flèche de tout bois; entasser Pélion sur Ossa; employer le vert et le sec. **To throw, cast, stones at s.o.**, (i) lancer des pierres sur, à, qn; (ii) *F:* jeter des pierres dans le jardin de qn. *To throw stones at a dog*, jeter des pierres à un chien; lapider un chien. *See also* BLOOD¹ 1, DRIPPING² 1, FINGER-STONE, GLASS¹ 14, KIDNEY-STONE, KILL² 1, ROLLING¹ 1, SWIM² I. 1. (*b*) *Const: etc:* Moellon *m*, pierre de taille. **Not to leave a stone standing**, ne pas laisser pierre sur pierre. *See also* BOUNDARY 1, CORNER-STONE, FOOT-STONE, FOUNDATION-STONE, GUARD-STONE, GUTTER-STONE, KERB-STONE, QUOIN-STONE, STANDING STONE, STEPPING-STONE. (*c*) *Typ:* **(Imposing-)stone**, marbre *m. See also* PRESS-STONE. (*d*) Meule *f* (à repasser, de moulin). **Honing stone, oil-stone**, pierre à huile. *See also* BED-STONE, POLISHING-STONE, SCOURING-STONE. **2. Precious stones**, pierres précieuses; pierreries *f.* **Semi-precious stone**, pierre fine. **Bristol stone**, cristal *m* de roche. **3.** (*Material*) Pierre (à bâtir, etc.); grès *m.* **Broken stone**, pierraille *f*, cailloutis *m.* **Cornish stone**, kaolin *m*; terre *f* à porcelaine. *See also* ARTIFICIAL 1, HEART¹ 2, PIPE-STONE, PLASTER-STONE, PORTLAND 1, SOAP-STONE, TURKEY STONE. **4.** *Med:* (*a*) Calcul *m*, pierre (de la vessie, du rein). *See also* GALL-STONE. (*b*) Lithiase *f. He frequently suffered from s.*, il était sujet à la lithiase. **5.** (*a*) Noyau *m* (de fruit); pépin *m* (de raisin). (*b*) *pl. P:* Testicules *m.* (*c*) **Hail-stone**, grêlon *m.* (*d*) *F:* (= *domino*) Dé *m.* **6.** *inv. Meas:* Stone *m* (= 6·348 kgm). **He weighs 12 stone**, il pèse 76 kilos. *Rac: Colt that could give a s. to any other in the field*, poulain qui pourrait donner un avantage de 6 kilos à n'importe quel autre. *F:* **You could give a stone and a beating to any of them**, il n'y en a pas un qui vous va à la cheville. **7.** *Attrib.* De pierre, en pierre; de grès, en grès. **Stone jug**, pot *m*, cruche *f*, de grès. *See also* AGE¹ 2, PINE¹ 1, SET¹ 4.
'stone-axe, *s.* **1.** Hache *f* de pierre. **2.** *Const:* Marteau *m* à dresser.
'stone-barrow, *s.* Bard *m*, bayard *m*, bayart *m.*
'stone-bass, *s. Ich:* Cernier *m.*
'stone-'blind, *a.* Complètement aveugle.
'stone-blue, *s.* Bleu *m* pour laver.
'stone-boat, *s. Agr: etc: U.S:* Traîneau *m.*
'stone-borer, *s. Moll:* Lithophage *m*, pholade *f*, saxicave *f.*
'stone-bow, *s. Archeol:* Arbalète *f* à jalet.
'stone-break, *s. Bot:* Saxifrage *f*; *F:* casse-pierre(s) *m inv.*
'stone-breaker, *s.* **1.** (*Pers.*) Casseur *m* de pierres. **2.** (*Machine*) Casse-pierre(s) *m inv*; concasseur *m.*
'stone-'broke, *a. F:* = STONY-BROKE.
'stone-butter, *s. Miner:* Beurre *m* de pierre, de roche, de montagne; (variété d')alun *m* de fer.
'stone-coal, *s.* Anthracite *m.*
'stone-'cold, *a.* Froid comme (le) marbre. *The tea is s.-c.*, le thé est complètement froid. *P:* **To have s.o. stone-cold**, avoir qn à sa merci.
'stone-colour, *s.* Couleur *f* pierre.
'stone-coloured, *a.* (De) couleur pierre *inv.*
'stone-crusher, *s. Civ.E:* Casse-pierre(s) *m inv*, concasseur *m.*
'stone curlew, *s. Orn:* Grand pluvier; courlis *m* de terre; arpenteur *m.*
'stone-cutter, *s.* Tailleur *m*, équarrisseur *m*, de pierres. *Stone-cutter's tools*, outils *m* de taille.
'stone-cutting, *s.* Taille *f* des pierres.
'stone-'dead, *a.* Raide mort.
'stone-'deaf, *a.* Complètement sourd; *F:* sourd comme un pot.
'stone-dresser, *s.* Dresseur *m* de pierres.
'stone-dressing, *s.* Dressage *m* des pierres. **Stone-dressing pick**, pic *m* de tailleur de pierres.
'stone falcon, *s. Orn:* Émerillon *m.*
'stone-fall, *s.* Éboulement *m.*
'stone-fern, *s. Bot:* Cétérach officinal.
'stone-fly, *s. Ent:* Perle *f.*
'stone-fruit, *s.* Fruit *m* à noyau; drupe *m or f.*
'stone-guard, *s. Aut:* Pare-radiateur *m*, *pl.* pare-radiateurs; pare-pierres *m inv*; protège-radiateur *m inv.*
'stone-hammer, *s. Tls:* Casse-pierre(s) *m inv*; marteau *m* à concasser la pierre.
'stone-hawk, *s. Orn:* = STONE FALCON.
'stone-heap, *s.* Tas *m* de pierres.
'stone-mill, *s.* Casse-pierre(s) *m inv*; concasseur *m.*
'stone-parsley, *s. Bot:* Sison *m* (amomum); faux amome.
'stone-pit, *s.* Carrière *f* de pierre.
'stone-plover, *s. Orn:* = STONE CURLEW.
'stone-pock, *s. Med:* Goutte *f* rose.
'stone-quarry, *s.* Carrière *f* de pierre.
'stone-saw, *s. Tls:* Scie *f* à pierre; scie de carrier; scie passe-partout.
'stone-sawyer, *s.* Scieur *m* de pierres.
'stone-seed, *s. Bot:* Grémil *m*; herbe *f* aux perles.
'stone-slide, *s.* **1.** Traînée *f* d'éboulis, de cailloux roulés. **2.** Éboulement *m*; avalanche *f* de pierres.
'stone's throw, *s.* Jet *m* de pierre. *F:* **Within a stone's throw**, à un jet de pierre; à quelques pas, à deux pas. **It is only a stone's throw away**, il n'y a qu'un saut d'ici là.
stone wall. **1.** *s.* (*a*) Mur *m* de, en, pierre; mur en moellon; moellon *m.* (*b*) Mur (d'enclos) en pierre sèche. **2.** *Attrib.a.* **'Stone-wall countenance**, visage *m* impassible.
stone², *v.tr.* **1.** Lapider (qn); assaillir (qn) à coups de pierres. **To stone s.o. to death**, tuer qn à coups de pierres; lapider qn. *To s. s.o. out of a place*, chasser qn d'un endroit à coups de pierres. **2. To stone fruit**, ôter, enlever, les noyaux des fruits; énoyauter, énucléer, épépiner, les fruits. **3.** *Const:* Revêtir de pierres (un édifice, etc.); paver de pierres (une allée, une cave). **4.** Empierrer, caillouter (une route). **5.** (*a*) *Leath:* **To stone (out) a skin**, poncer une peau. (*b*) **To stone (down)** *a tool*, passer un outil à la pierre.
stoned, *a.* **1.** Revêtu, pavé, de pierres. **2.** (Fruit) énoyauté, épépiné; dont on a ôté le noyau, les pépins.
stoning, *s.* **1.** Lapidation *f.* **2.** Empierrement *m* (des routes). **3.** Énucléation *f* (des abricots, etc.); épépinage *m* (des raisins, etc.).
stonechat ['stountʃat], *s. Orn:* **1.** Traquet *m* rubicole; traquet pâtre; tarier *m* pâtre; tarier saxicole. **2.** *F:* = WHEATEAR.
stonecrop ['stounkrɔp], *s. Bot:* Orpin *m*; joubarbe *f* des vignes; reprise *f. White s.*, orpin blanc; petite joubarbe; trique-madame *f. Biting yellow s.*, orpin âcre; vermiculaire *f* âcre; poivre *m* de muraille.
stoneman, *pl.* **-men** ['stounmən, -men], *s.m.* **1.** *Min:* Mineur au rocher. **2.** Maçon.
stonemason ['stounmeis(ə)n], *s.* Maçon *m.* **Stonemason's disease**, phtisie *f* des tailleurs de pierre; chalicose *f*, cailloute *f.*
stoner ['stounər], *s.* Lapidateur, -trice.
-stoner ['stounər], *s. F:* (*With num. adj. prefixed*) Qui pèse tant de *stones*. (*a*) (*Pers.*) *Twelve-stoner*, homme *m* qui pèse 76 kilos. (*b*) *Turf: Ten-stoner*, cheval handicapé à 63 kilos.
stonewall [stoun'wɔ:l], *v.i.* **1.** (*a*) *Cr:* Jouer un jeu prudent pour tenir jusqu'à la fin. (*b*) *Fenc:* Parer au mur. **2.** *Parl: F:* Faire de l'obstruction.

stonewaller [stoun'wɔːlər], *s.* **1.** *Cr:* Joueur prudent, qui ne risque rien. **2.** *Parl: F:* Obstructionniste *mf.*
stoneware ['stounwεər], *s.* *Cer:* Grès *m* (cérame); poterie *f* de grès. *Fine s.*, faïence cailloutée; cailloutage *m.*
stonework ['stounwəːrk], *s.* **1.** (*a*) Maçonnage *m*; maçonnerie *f.* (*b*) Ouvrage *m* en pierre. **2.** *Min:* Travail *m* au rocher. **3.** *Typ:* (*a*) Correction *f* sur le marbre. (*b*) Imposition *f.*
stonewort ['stounwəːrt], *s.* *Bot:* **1.** = STONE-PARSLEY. **2.** Chara *m*, charagne *f.* **The stoneworts,** les characées *f.*
stoniness ['stouninəs], *s.* **1.** Nature pierreuse (du sol, d'un terrain, d'une poire). **2.** Dureté *f* (de cœur); insensibilité *f.*
stony ['stouni], *a.* **1.** (*a*) Pierreux; couvert ou rempli de pierres; rocailleux. (*b*) *S. pear*, poire pierreuse. **2.** (*a*) *A:* De, en, pierre. (*b*) Dur comme la pierre. *A s. concretion*, une concrétion pierreuse, très dure. **3.** Froid, dur, insensible; glacial, -als. *S. heart*, cœur *m* de roche, de marbre. *S. look*, regard glacial, glacé, froid. *S. politeness*, politesse glacée. **4.** *P:* = STONY-BROKE. **-ily,** *adv.* (Regarder) d'un air glacial, d'un air froid. *To look s. at s.o.*, jeter un regard glacé à qn.
'stony-'broke, *a.* *P:* Dans la dèche, la purée, la débine, la poisse; panné, fauché, décavé; à sec. *I'm s.-b.*, je n'ai pas le sou; *P:* je n'ai pas un radis.
'stony-'hearted, *a.* (*Of pers.*) Au cœur de roche, de marbre; dur, insensible, dénaturé.
stood. *See* STAND[2].
stook[1] [stuːk], *s.* **1.** *Dial:* Tas *m* de blé, de gerbes; meulette *f*, moyette *f.* **2.** *Min:* = STOOP[3]. **3.** *Min:* (*Wedge*) **Stook and feathers,** aiguille infernale; aiguille-coin *f*, *pl.* aiguilles-coins.
stook[2], *v.tr.* *Dial:* Mettre (les gerbes) en meulettes, en meulons, en moyettes.
stool[1] [stuːl], *s.* **1.** (*a*) Tabouret *m.* **Folding stool,** pliant *m.* **Piano stool, music stool,** tabouret de piano. **Stool of repentance,** sellette *f.* *F:* **To fall between two stools,** demeurer entre deux selles (le cul à terre). *To be in danger of falling between two stools*, se trouver entre deux selles. *See also* CAMP-STOOL, FOOTSTOOL. (*b*) (*Of wood, usu. three-legged*) Escabeau *m.* **2.** (*a*) *A:* Garde-robe *f.* *Still used in* **Night-stool, close stool,** chaise percée. **To go to stool,** aller à la selle; *F:* aller où le roi va en personne. (*b*) *pl. Med:* **Stools,** selles, garde-robes, fèces *f.* **3.** (*a*) *For: etc:* Souche *f* (d'un arbre abattu). (*b*) *For: Hort:* Talle *f*; tallage *m.* (*c*) *Hort: Agr:* Pied *m* mère; plante *f* mère. **4.** = STOOL PIGEON. **5.** *Const: U.S:* Tablette *f*, appui *m*, rebord *m* (de fenêtre).
'stool-ball, *s.* *Games:* Balle *f* au camp.
'stool pigeon, *s.* **1.** *Ven:* Pigeon appelant; appeau *m*, appelant *m*, chanterelle *f.* **2.** *F:* (*a*) Canard privé (de la police, etc.). (*b*) Compère *m* (d'un escroc, etc.). (*c*) *U.S:* Mouchard *m* (de police).
'stool-shoot, *s.* *Arb:* Rejet *m* de souche; talle *f.*
stool[2], *v.i.* **1.** *Agr: Hort:* (*Of plant*) Pousser des rejetons; rejetonner; (*of tree*) taller. *Corn that is stooling well*, blé *m* qui gerbe bien. **2.** *Med:* Aller à la selle.
stooling, *s.* **1.** *Agr: Hort:* Tallage *m*; multiplication *f* par rejetons. **2.** Évacuation *f* (des selles).
stoop[1] [stuːp], *s.* **1.** Inclination *f* en avant (du corps); penchement *m* en avant; attitude voûtée. **2.** Dos rond; épaules voûtées. **To walk with a stoop,** marcher le dos voûté; marcher penché. *He has a slight s.*, il a le dos légèrement voûté. *Age begets a s.*, l'âge voûte la taille.
'stoop-'shouldered, *a.* Au dos rond; aux épaules voûtées.
stoop[2]. **1.** *v.i.* (*a*) Se pencher, se baisser. *He had to s. in order to get into the car*, il lui fallait se baisser pour monter dans la voiture. *He stooped to pick up the pin*, il se baissa, se courba, pour ramasser l'épingle. (*b*) S'abaisser, s'avilir, descendre (*to do sth.*, à, jusqu'à, faire qch.). *He stooped to a lie*, il descendit jusqu'au mensonge. *Man who would s. to anything*, homme prêt à toutes les bassesses. *You would not s. to that*, vous ne vous ravaleriez pas jusque-là. *I refuse to s. to such a thing*, je ne veux pas déroger jusqu'à faire une chose pareille. (*c*) *Occ.* S'incliner, se plier (*to s.o.*, devant qn). (*d*) Se tenir courbé; avoir le dos rond; être voûté; pencher les épaules. *To s. in walking*, marcher courbé. *To begin to s.*, se voûter. (*e*) *A: Poet: Ven:* (*Of hawks, etc.*) S'abattre, fondre (*at, on*, sur). *The falcon stoops on its prey*, le faucon s'abat sur sa proie. **2.** *v.tr.* (*a*) Pencher, incliner, courber (la tête); courber, arrondir (le dos). (*b*) *A:* Obliger (qn) à se courber. *Med: A:* **Stoop-gallant,** trousse-galant *m*, suette *f.*
stooping[1], *a.* Penché, courbé; voûté.
stooping[2], *s.* = STOOP[1] 1.
stoop[3], *s.* *Min:* Pilier *m*, massif *m.* **Stoop-and-room system,** méthode *f* des piliers et galeries.
stoop[4], *s.* *U.S: Canada:* (*a*) Terrasse surélevée (devant une maison). (*b*) Véranda *f.*
stoop[5], *s.* = STOUP.
stop[1] [stɔp], *s.* **1.** (*a*) Arrêt *m*, interruption *f*, empêchement *m.* **To put a stop to sth.,** arrêter, faire cesser, suspendre, qch.; mettre un terme à, mettre fin à, mettre ordre à, qch. *It ought to be put a stop to*, il faudrait y mettre fin. *I shall put a stop to it*, j'y mettrai bon ordre. *To put a stop to expenses, F:* mettre le holà à la dépense. *That put a stop to everything*, cela a tout arrêté. **To be at a stop,** se trouver arrêté; être aheurté à un obstacle. (*b*) Arrêt, halte *f*, pause *f.* **Short stop,** moment *m* d'arrêt. **Ten minutes' stop,** dix minutes d'arrêt. *Her tongue ran on* **without a stop,** sa langue marchait sans arrêt. **To make a stop, to come to a stop,** s'arrêter; faire halte; faire une pause; (*of car, etc.*) stopper. *To make a sudden stop*, s'arrêter, stopper, brusquement. **Traffic stop,** arrêt de circulation. **Business is at a stop,** les affaires ne marchent plus. **To bring sth. to a stop,** arrêter qch. *See also* DEAD I. 5. (*c*) **Bus stop,** (point *m* d')arrêt d'autobus; halte. *Route with frequent stops*, parcours *m* à arrêts fréquents. **Regular stop,** arrêt fixe. (*d*) *Av:* (*On long-distance flight*) Terrain *m* d'escale. **2.** Signe *m* de ponctuation; point *m.* *To put in the stops rightly*, bien mettre les points et virgules. *See also* FULL STOP. **3.** *Mus:* (*a*) Jeu *m*, registre *m* (d'orgue). *To pull out a stop*, tirer un registre. *F:* *To put on the sentimental stop*, se lancer dans la sensiblerie; faire de la sensiblerie. *See also* DRAW-STOP, FLUE-STOP, FOUNDATION-STOP, FURNITURE-STOP, MIXTURE 5, MUTATION 2, PIPE-STOP 2, REED-STOP. (*b*) Trou *m* (de flûte, etc.). (*c*) Clé *f* (de clarinette, etc.). (*d*) Touche *f*, touchette *f* (de la guitare). (*e*) Barré *m* (sur la guitare, le violon, le violoncelle). **4.** *Carp: Mec.E: etc:* Dispositif *m* de blocage; arrêt, taquet *m*, butée *f*, toc *m*; heurtoir *m* (d'une porte, etc.); arrêtoir *m* (de vis, de boulon); (*on moving part of machine*) mentonnet *m*; (*in lock, etc.*) repos *m*; *Mec.E:* butoir *m* (de bout de course). *Aut: etc:* **Shackle stop,** butée de jumelle. *Carp:* **Bench stop,** crochet *m*, mentonnet, griffe *f*, d'établi. *Rail:* **Automatic stop,** crocodile *m.* *Typewr:* **Marginal stop, margin stop,** curseur *m*, régulateur *m*, de marge; margeur *m.* *See also* CHAIN-STOP, CLUTCH-STOP, FIRE-STOP, RATCHET-STOP, RUDDER-STOPS. **5.** (*a*) *Cards:* Carte *f* d'arrêt. (*b*) *Box:* Coup bloqué. **6.** *Opt: Phot:* Diaphragme *m* (de l'objectif). **Stop-scale,** échelle *f* des diaphragmes. **7.** *Ling:* Plosive *f*; explosive *f.* *See also* GLOTTAL. **8.** *Nau:* (*a*) (*Frapping*) Genope *f.* **To break the stops** (*of a flag*), casser les genopes. (*b*) Raban *m* de ferlage.
'stop-bath, *s.* *Phot: etc:* Bain *m* d'arrêt, bain acide pour arrêt (du développement).
'stop-block, *s.* **1.** *Rail:* Taquet *m* d'arrêt; tampon *m.* **2.** Blochet *m* d'arrêt (d'un frein).
'stop-bolt, *s.* *Mec.E:* Arrêt *m*, arrêtoir *m*; cheville *f*, goupille *f*, d'arrêt (d'un essieu, etc.).
'stop-buffer, *s.* = STOP-BLOCK 1.
'stop-butt, *s.* Butte *f* (de champ de tir).
'stop-collar, *s.* *Mec.E:* Collier *m*, bague *f*, d'arrêt; bague de butée.
'stop-drill, *s.* *Tls:* Foret *m* à repos.
'stop-gap, *s.* Bouche-trou *m*, *pl.* bouche-trous. *It will serve as a s.-g.*, cela servira à boucher un trou.
'stop-gear, *s.* Appareil *m* d'arrêt; organes *mpl* d'arrêt. *Automatic s.-g.*, arrêt *m* de secours (d'une presse d'imprimerie, etc.).
'stop-hit, *s.* *Fenc:* Coup *m* d'arrêt.
'stop-key, -knob, *s.* Bouton *m* d'appel (d'un jeu d'orgue).
'stop-light, *s.* *Aut:* **The stop-light,** le feu "stop"; le signal d'arrêt; le stop.
'stop-motion, *s.* = STOP-GEAR.
'stop-order, *s.* *St.Exch:* Ordre *m* stop (spécifiant la vente ou le rachat de titres si le cours varie au delà d'une certaine cote).
'stop-piece, -pin, *s.* Broche *f*, cheville *f*, goupille *f*, de butée; ergot *m* d'arrêt; butoir *m*; *Aut:* étoquiau, -aux *m* (de ressort à lames).
'stop-plank, *s.* *Hyd.E:* Hausse *f* (de vanne, de barrage de retenue).
'stop-point, *s.* = STOPPING-PLACE.
'stop-press, *attrib.a.* *Journ:* **Stop-press news,** informations de dernière heure (insérées après interruption du tirage).
'stop-ring, *s.* *Phot:* Anneau *m* de réglage du diaphragme.
'stop-screw, *s.* Vis-butoir *f*, *pl.* vis-butoirs; vis *f* de butée, vis d'arrêt (de pédale d'embrayage).
'stop-shoulder, *s.* *Mec.E: etc:* Saillie *f* d'arrêt.
'stop-signal, *s.* *Rail:* Signal, -aux *m*, d'arrêt.
'stop-thrust, *s.* *Fenc:* Coup *m* d'arrêt.
'stop-valve, *s.* (*a*) Soupape *f* ou robinet *m* d'arrêt; obturateur *m.* *Sliding s.-v.*, diaphragme *m.* (*b*) Clapet *m* de retenue.
'stop-volley, *s.* *Ten:* Volée amortie.
'stop-watch, *s.* Montre *f* à arrêt; compte-secondes *m inv*; chronomètre *m* à déclic; chronographe *m* à pointage.
stop[2], *v.* (**stopped** [stɔpt]; **stopping**) I. *v.tr.* **1.** Boucher, aveugler, étancher, tamponner (une voie d'eau); plomber, obturer (une dent); (*with gold*) aurifier (une dent); *A:* étancher (une blessure). **To stop (up),** boucher, fermer (un trou); obstruer, obturer (un tuyau). (*Of pipe, etc.*) *To get stopped* (*up*), super, s'obstruer. **To stop one's ears,** se boucher les oreilles. *F:* **To stop one's ears against entreaties,** rester sourd aux requêtes. *See also* MOUTH[1] 1. **To stop a gap,** (i) boucher, combler, un trou; (ii) combler une lacune. **To stop the way,** fermer, barrer, le passage. **'Road stopped,'** "rue barrée." **To stop a crack,** reboucher une fente; (*with putty*) mastiquer une fente; (*with plaster or cement*) gobeter une fente. *To stop the chink round a door*, calfeutrer une porte. **2.** (*a*) Arrêter (un cheval qui court, une balle qui roule, etc.). **To stop s.o. short,** arrêter qn (tout) court. **Stop thief!** au voleur! *To stop the traffic*, interrompre la circulation. **To stop s.o.'s breath,** couper la respiration à qn. *Fb:* **To stop an opponent,** arrêter un adversaire. *To stop a rush*, endiguer une attaque. **To stop a blow,** parer un coup; *Box:* bloquer. *Fb:* **To stop the ball,** bloquer. *Mil: P:* **To stop a bullet,** être atteint d'une balle. *Adm:* **Goods stopped at the custom-house,** marchandises *f* en consigne à la douane. *Goods stopped by the custom-house*, marchandises consignées par la douane. *Walls that stop sounds*, murs *m* qui étouffent, qui amortissent, le son. *Curtains that stop the light*, rideaux *m* qui interceptent la lumière. (*b*) Empêcher. **To stop s.o.'s doing sth., to stop s.o. from doing sth.,** empêcher qn de faire qch. *To stop sth. being done*, empêcher que qch. (ne) se fasse. *There is no one to stop him*, il n'y a personne pour l'en empêcher. *Nothing will stop him*, rien ne l'arrêtera. *What is stopping you?* quel obstacle vous arrête? qu'est-ce qui vous retient? *Com:* **To stop (payment of) a cheque,** arrêter, suspendre, le payement d'un chèque; bloquer, stopper, un chèque; mettre arrêt à un chèque; frapper un chèque d'opposition. (*c*) Arrêter (une pendule); arrêter, stopper (une machine). *Mch:* **To stop an injector,** désamorcer un injecteur. *Nau:* (*To engine-room*) **Stop both engines,** stoppez partout. (*d*) Mettre fin à (qch.); enrayer (un abus, une grève, de mauvaises habitudes). *It ought to be stopped*, il faudrait y

mettre fin. *Rain stopped the game*, la pluie a arrêté la partie. *Jur:* **To stop a case,** mettre arrêt à, arrêter, un procès. *To stop bankruptcy proceedings*, suspendre la procédure de faillite. **3.** (*a*) Cesser (ses efforts, ses visites, son travail). *Com:* **To stop payment,** cesser ses paiements. *See also* PAYMENT 2. **To stop doing sth.,** s'arrêter de faire qch. *To stop playing*, cesser de jouer. *We stopped talking*, nous avons cessé de causer; nous avons fait silence. **She never stops talking,** elle n'arrête jamais de parler; elle ne cesse pas de parler; elle parle sans cesse. *Stop that noise!* assez de vacarme! assez de bruit! **Stop it!** assez! finissez! *Stop joking!* assez de blagues! (*b*) *Impers.* **It has stopped raining,** il a cessé de pleuvoir; la pluie a cessé. **4.** **To stop s.o.'s supply of electricity,** couper l'électricité à qn. **To stop s.o.'s wages,** retenir les gages de qn. **To stop so much out of s.o.'s wages,** retenir tant, faire une retenue de tant, sur les gages de qn. *To stop s.o.'s pension*, rayer, supprimer, la pension de qn. **To stop s.o.'s allowance,** couper les vivres de qn. *Mil:* **All leave is stopped,** toutes les troupes sont consignées; toutes les permissions sont suspendues, sont supprimées. **5.** (*a*) *Mus:* **To stop (down) a string,** presser une corde. *See also* DOUBLE-STOP. (*b*) **To stop a flute,** boucher les trous d'une flûte (avec les doigts, les clés). (*c*) *Opt: Phot:* Diaphragmer (l'objectif, etc.). **6.** *Nau:* Genoper (un amarrage). **7.** *Gram:* Ponctuer (une lettre, une copie, etc.).

II. **stop,** *v.i.* **1.** (*a*) S'arrêter. *Nau:* (*Of ship*) Stopper. (*Of pers.*) **To stop short, dead,** s'arrêter (tout) court; s'arrêter net. *To stop in the middle of one's course*, se retenir, s'arrêter, au milieu de sa course, de sa carrière. *They stopped to look at the view*, ils s'arrêtèrent pour regarder, à contempler, le paysage. (*Of car*) **To stop at the kerb,** s'arrêter, *F:* stopper, le long du trottoir. *Tramways: etc:* **'Cars stop by request',** "arrêt facultatif." **'All cars stop here,'** "arrêt fixe, obligatoire." *Rail:* **How long do we stop at . . .?** combien d'arrêt à . . .? **To pass a station without stopping,** brûler une gare. *The train didn't stop at Rugby*, le train a brûlé Rugby. *To do 150 miles without stopping*, faire 150 milles sans s'arrêter, tout d'une traite, sans arrêt. *Nau:* **To stop at a port,** faire escale à un port. *Nau: Equit: Mch:* **Stop!** stop! (*to machine-room*) stoppez! stop! (*b*) Cesser (de parler, de fonctionner, etc.). **My watch has stopped,** ma montre (s')est arrêtée, ne marche plus. *To work fifteen hours* **without stopping,** travailler pendant quinze heures d'arrache-pied, sans désemparer. **To stop short** *in one's speech*, rester court dans son discours. *He stopped in the middle of a sentence*, il s'arrêta au milieu d'une phrase. *Once on this subject* **he never stops,** une fois sur ce sujet il ne tarit pas. *He never stops to think*, il ne prend jamais le temps de réfléchir. *I can't stop to argue the matter*, je ne peux pas m'arrêter à discuter la question. *He will not stop till he has succeeded*, il n'aura pas de cesse qu'il n'ait réussi. **He did not stop at that,** il ne s'en tint pas là. **To stop for s.o.,** (rester à) attendre qn. **Stop!** tout beau! (*to speaker*) assez! *Stop a moment*, arrêtez un instant. *Stop there!* (i) restez-en là! (ii) demeurez là! restez là! **The matter will not stop there,** l'affaire n'en demeurera pas là. (*c*) (*Of noise, etc.*) Cesser. *The rain has stopped*, la pluie a cessé. **2.** *F:* = STAY[2] I. 2.

stop away, *v.i.* **1.** Ne pas venir; ne pas y aller. **2.** S'absenter.

stop by, *v.i. U.S: F:* = DROP IN 2.

stop down, *v.tr. Phot:* **To stop down a lens,** diaphragmer un objectif.

stopping down, *s.* Diaphragmation *f*.

stop out, *v.tr.* **1.** Reboucher (une fente, etc.). **2.** *Engr:* (*a*) Recouvrir de vernis (un faux trait). (*b*) Réserver (certaines parties de la planche).

stopping out, *s.* **Stopping-out wax,** mastic *m* à reboucher.

stop over, *v.i. U.S:* Rester de l'autre côté de l'Atlantique.

'stop-over, *s. Rail: U.S:* (*a*) Faculté *f* d'arrêt. **Stop-over ticket,** billet *m* avec faculté d'arrêt. (*b*) Étape *f*.

stopped, *a.* **1.** (*a*) **Stopped (up),** bouché, obstrué, obturé, engorgé. (*b*) *I.C.E: Mch:* **Ring with stopped ends,** segment *m* à joint à baïonnette. **2.** Arrêté. **3.** *Ling:* **Stopped consonant,** plosive *f*.

stopping[1], *a.* Qui s'arrête. *Rail:* **Stopping train,** train *m* omnibus.

stopping[2], *s.* **1.** (*a*) Arrêt *m*. **Stopping device,** dispositif *m* d'arrêt (de mouvement). (*b*) Suspension *f*; cessation *f*. *S. of a train, of a service*, suppression *f* d'un train, d'un service. (*c*) **Stopping of a cheque,** arrêt de payement d'un chèque. (*d*) **Stopping (up),** obturation *f*, bouchage *m*, obstruction *f*, occlusion *f*; capture *f* (d'une voie d'eau, etc.). **Stopping of a tooth,** plombage *m*, obturation, d'une dent; (*with gold*) aurification *f*. *S. of a crack*, rebouchage *m* d'une fente; (*with putty*) mastiquage *m* d'une fente; (*with plaster or cement*) gobetage *m* d'une fente. *S. of the chink round a door*, calfeutrage *m* d'une porte. **Stopping of a road,** barrage *m* d'une route. (*e*) *Gram:* Ponctuation *f*. **2.** (*a*) Bouchon *m*, tampon *m*. (*b*) *Dent:* Plombage *m*, mastic *m*. *To remove the s. from a tooth*, déplomber une dent. (*c*) *Aut: Cy:* **Tyre-stopping,** mastic pour enveloppes.

'stopping-knife, *s.* Couteau *m* à mastiquer.

'stopping-place, *s.* (Point *m* d')arrêt *m*; halte *f*. *Av:* (*On long-distance flight*) Terrain *m* d'escale.

stopcock ['stɔpkɔk], *s.* Robinet *m* d'arrêt, de fermeture; obturateur *m*.

stope[1] [stoup], *s. Min:* **1.** Gradin *m*. **Underhand stopes, overhand stopes,** gradins droits, renversés. **2.** Chantier *m* en gradins; chantier d'abatage.

stope[2], *v.tr. Min:* **1.** Exploiter (une mine) en gradins. **2.** Abattre (le minerai).

stoping, *s.* **1.** Abatage *m*, exploitation *f*, en gradins. **2.** Abatage (du minerai).

stoppage ['stɔpedʒ], *s.* **1.** Arrêt *m*; mise *f* au repos; suspension *f* (du travail, etc.). *Med:* Suppression *f* (de la sudation, etc.). *S. of the traffic*, suspension de la circulation. *S. of business*, arrêt des affaires commerciales. *S. of payments*, suspension, cessation *f*, de payements. **Stoppage of pay,** retenue *f* sur les appointements; *Mil: Navy:* suppression de solde. *Mil:* **Stoppage of leave,** consigne *f*; suppression des permissions. **2.** Obstruction *f*, engorgement *m* (d'un tuyau, etc.). *Med:* **Intestinal stoppage,** obstruction, occlusion, intestinale; (*by torsion*) volvulus *m*. **3.** Arrêt, pause *f*, halte *f*; interruption *f* (du travail). **Sudden stoppage** (*of a machine, etc.*), à-coup *m*, *pl.* à-coups.

stopper[1] ['stɔpər], *s.* **1.** (*a*) Bouchon *m* (en verre). **Screw stopper,** fermeture *f* à vis. *See also* GROUND[1] 2. (*b*) Obturateur *m* (de tuyau, etc.); pointeau *m* d'arrêt (de réservoir, de citerne). (*c*) Tampon *m* (de cornue, etc.). *See also* PIPE-STOPPER. **2.** (*a*) *Mec.E:* Taquet *m* (d'arrêt de mouvement). *F:* **To put a stopper on s.o.'s activities,** enrayer les activités, les menées, de qn. (*b*) *Nau:* Bosse *f*. **Cat-head stopper,** bosse de bout. **(Chain-)stopper,** stoppeur *m*; bosse à chaîne. *To take the s. off a cable*, débosser un câble. *See also* DOG-STOPPER. **3.** *Cards:* Carte *f* d'arrêt.

'stopper-knot, *s. Nau:* Nœud *m* de ride.

'stopper-rod, *s. Metall:* Quenouille *f* (de poche à couler).

stopper[2], *v.tr.* **1.** Boucher (un flacon, etc.). **2.** *Nau:* Bosser.

stoppered, *a.* (*Of bottle, etc.*) Bouché à l'émeri.

stopple[1] [stɔpl], *s. A:* Bouchon *m*.

stopple[2], *v.tr. A:* Boucher.

storage ['stɔːredʒ], *s.* **1.** Emmagasinage *m*, emmagasinement *m*, magasinage *m*, entreposage *m*. **To take a car out of storage,** remettre une voiture en service. *To take goods out of s.*, sortir des marchandises. *Wall-safe for the s. of valuables*, armoire *f* de fer pour la resserre des objets précieux. **Storage tank,** réservoir *m* d'emmagasinage. **Storage capacity,** capacité *f* d'emmagasinage. *Hyd.E:* **Storage basin,** réservoir de barrage. *El: S. of electricity*, emmagasinage *m* de l'électricité. *See also* BATTERY 3, COLD[1] I. **2.** Caves *fpl*, greniers *mpl* (d'une maison particulière); entrepôts *mpl*, magasins *mpl* (d'une maison de commerce); espace *m* disponible. **3.** Frais *m* d'entrepôt; magasinage.

'storage bin, *s.* Coffre *m*, récipient *m*.

'storage cell, *s. El:* Élément *m* d'accumulateur.

storax ['stɔːraks], *s.* **1.** *Bot:* Styrax *m*; *F:* aliboufier *m*. **2.** *Com: Pharm:* Baume *m* styrax; storax *m*.

store[1] ['stɔːər], *s.* **1.** (*a*) Provision *f*, approvisionnement *m*. (*b*) Abondance *f*. **To have (a) good store, to have stores, of wine,** avoir une bonne provision de vin. *Ind:* **Store of energy,** énergie *f* disponible. *S. of money*, pécule *m*. *To have a s. of courage*, avoir un bon fonds de courage. **To lay in a store of sth.,** faire une provision de qch.; s'approvisionner de qch. *To lay in stores*, s'approvisionner. **To hold, keep, sth. in store,** tenir, garder, qch. en réserve; réserver qch. *What the future holds in s. for us*, ce que l'avenir nous réserve; *F:* ce qui nous pend au nez. **The disappointments lying in store, that are in store, for you,** les déceptions qui vous sont réservées, qui vous attendent. *To have a hearty welcome in s. for s.o.*, réserver à qn un accueil cordial. *I have a surprise in s. for him*, je lui ménage une surprise. **That is a treat in store,** c'est un plaisir à venir. *Success was in s. for him*, il lui était réservé de réussir. **To set great store by sth.,** faire grand cas de qch.; attacher (un) grand prix, beaucoup de prix, à qch.; tenir beaucoup à qch. **To set little store by sth.,** faire peu de cas de qch. *Prov:* **Store is no sore,** abondance de biens ne nuit pas. *Husb:* **Store cattle,** bétail *m* à l'engraissage. **2.** *pl.* (*a*) **Stores,** provisions, approvisionnements, vivres *m*; *Nau:* approvisionnements, armement *m*. **War stores,** munitions *f*, matériel *m*, de guerre. **Small stores,** assortiments *m*. (*b*) **Marine stores,** (i) approvisionnements, matériel; (ii) *F:* friperie *f*, ferraille *f*, vieux chiffons; (iii) magasin *m*, maison *f*, d'approvisionnements de navires. **Marine-store dealer,** approvisionneur, -euse; *F:* marchand, -ande, de ferraille; fripier, -ière. *See also* NAVAL. **3.** *Com: Ind:* (*a*) Entrepôt *m*, magasin; (*for furniture*) garde-meuble *m*, *pl.* garde-meubles. *Mil: Navy:* (*In barracks, etc.*) Magasin; (*for whole district, etc.*) manutention *f*. *Ind:* **Contractor's store,** gare *f* dépôt de matériaux. *See also* COLD[1] I. (*b*) *Esp. U.S:* Boutique *f*, magasin. **The village store,** l'épicerie *f* du village. **Toy-store,** magasin de jouets; bazar *m*. *See also* CHAIN-STORES. (*c*) **The (departmental) stores,** les grands magasins. *U.S:* **Store furniture,** meubles *m* provenant des grands magasins. **Store clothes,** confections *f*. *See also* CO-OPERATIVE I.

'store-room, *s.* (*a*) (*In private house*) Office *f*, resserre *f*, dépense *f*. (*b*) *Ind:* Halle *f* de dépôt. (*c*) *Nau:* (i) Soute *f* aux vivres; soute à provisions; magasin *m*, coqueron *m*; (ii) cambuse *f*. *Av:* Soute.

'store-ship, *s. Nau:* Gabare *f*; *Navy:* transport *m* de matériel; (transport) ravitailleur *m*; navire-transport *m*, *pl.* navires-transports.

store[2], *v.tr.* **1.** Pourvoir, munir, approvisionner (*with*, de). *To s. one's mind with knowledge*, enrichir son esprit de connaissances. **To have a well-stored mind,** avoir la tête bien meublée; avoir l'esprit bien meublé. **2.** **To store sth. (up),** amasser, accumuler, qch.; mettre qch. en réserve. **To store up electricity, heat,** emmagasiner l'électricité, la chaleur. **3.** (*a*) Emmagasiner, magasiner, mettre en dépôt (des meubles, etc.); mettre en grange (le foin, le blé, etc.). *The crop was not yet stored*, la récolte n'était pas encore rentrée. *F: Dates stored away in the memory*, dates emmagasinées dans la mémoire. (*b*) Prendre en dépôt (des meubles, etc.). **Stored car,** voiture *f* en dépôt. **Stored furniture,** mobilier *m* au garde-meuble.

storing, *s.* **1.** Approvisionnement *m* (*with*, en). **2.** **Storing (up),** accumulation *f*, amassage *m* (*of*, de). **3.** Emmagasinage *m*, emmagasinement *m* (*of*, de).

storehouse ['stɔːərhaus], *s.* Magasin *m*, entrepôt *m*, dépôt *m*. *Mil:* Manutention *f*. *F:* **He is a storehouse of information,** c'est une mine de renseignements. *The book is a s. of erudition*, le livre renferme des trésors d'érudition.

storekeeper ['stɔːərkiːpər], *s.* **1.** (*a*) Garde-magasin *m*, *pl.* gardes-magasin; magasinier *m*; *Ind:* chef *m* du matériel. *Mil:* (i) Magasinier; (ii) (*of large regimental stores*) manutentionnaire *m*. (*b*) (*In hospital, convent, etc.*) Dépensier, -ière. *Nau:* Cambusier *m*; magasinier. 2. *U.S:* Marchand, -ande; boutiquier, -ière.

storer ['stɔːrər], *s. Ind:* **Storer-up of energy,** accumulateur *m* de travail, d'énergie.

storey ['stɔːri], *s.* = STORY[2].

storeyed ['stɔːrid], *a.* = STORIED[2].

storiated ['stɔːrieitid], *a. Typ:* (Titre) enjolivé d'ornements; historié.

storied[1] ['stɔːrid], *a.* 1. Historié. **Storied urn,** urne historiée. *Arch:* **Storied window,** vitrail historié. 2. *A. & Lit:* Célébré dans l'histoire ou dans la légende.

storied[2], *a.* 1. A étage(s). **Two-storied house,** maison *f* à un étage; *U.S:* maison à deux étages. *See also* ONE-STORIED. 2. **Storied forest,** forêt *f* à arbres d'âges différents. **Two-storied forest,** futaie *f* à double étage.

storiette [stɔːri'et], *s.* Historiette *f*.

stork [stɔːrk], *s. Orn:* Cigogne *f*. *F:* **A visit from the stork,** une naissance; l'arrivée *f* d'un bébé. *See also* WOOD-STORK.

'**stork's bill,** *s. Bot:* Érodium *m*, pélargonium *m*; *F:* bec-de-grue *m*.

storm[1] [stɔːrm], *s.* 1. Orage *m*. *Meteor:* Tempête *f*, dépression *f*. **Rain storm,** tempête de pluie; pluie *f* d'orage; *Nau:* fort grain de pluie. **Magnetic storm,** orage magnétique. *Is there a s. coming?* le temps est-il à l'orage? *A s. was raging,* il faisait une tempête; la tempête faisait rage. **Storm damage,** dommage causé par l'orage ou par la tempête. *F:* **A storm in a tea-cup, in a puddle,** une tempête dans un verre d'eau. *F:* **Political storm,** ouragan *m* politique; tourmente *f* politique. **To stir up a storm,** soulever une tempête. *Prov:* **After a storm comes a calm,** après la pluie le beau temps. *See also* BRAIN-STORM, DUST[1] 1, PETREL, SAND-STORM, STRESS[1] 2, THUNDER-STORM, WEATHER[1] 1, WIND-STORM. 2. Pluie (de projectiles); bordée *f* (de sifflets). **Storm of abuse, of applause, of protests,** tempête d'injures, d'applaudissements, de protestations. **To raise a storm of laughter,** déchaîner l'hilarité générale. **To bring a storm about one's ears,** s'attirer une véritable tempête d'ennuis ou d'indignation; soulever un tollé général. 3. *Mil:* Assaut *m*. *Esp.* **To take a stronghold by storm,** emporter, prendre d'assaut, une place forte. *F:* **To take the audience by storm,** emporter, soulever, l'auditoire.

'**storm-area,** *s. Meteor:* Étendue *f* d'une tempête, d'une dépression.

'**storm-beaten,** *a.* Battu par la tempête, par les tempêtes.

'**storm-bell,** *s.* Tocsin *m*.

'**storm-belt,** *s.* Zone *f* des tempêtes.

'**storm-bird,** *s.* Oiseau *m* des tempêtes; *esp.* pétrel *m* des tempêtes.

'**storm-bound,** *a.* Retenu par la tempête; en relâche forcée.

'**storm centre,** *s.* (*a*) *Meteor:* Centre *m* de la tempête, du cyclone. (*b*) *F:* Foyer *m* d'agitation, de troubles, de sédition, d'intrigues, etc.

'**storm-cloud,** *s.* (*a*) Nuée *f* (d'orage). (*b*) *F:* Nuage *m* à l'horizon; nuage menaçant. *The s.-c. has burst,* la nuée a crevé (sur le pays, etc.).

'**storm-cock,** *s. Orn:* Draine *f*.

'**storm-cone,** *s. Nau:* Cône *m* de tempête.

'**storm door,** *s. U.S:* Contre-porte *f*.

'**storm-drum,** *s. Nau:* Cylindre *m* de tempête.

'**storm-jib,** *s. Nau:* Trinquette *f*, tourmentin *m*.

'**storm-lantern,** *s.* Lanterne-tempête *f*, *pl.* lanternes-tempête.

'**storm mizzen,** *s. Nau:* Artimon *m* de cape.

'**storm-proof,** *a.* 1. A l'épreuve de la tempête; résistant au vent. 2. *Mil:* Inexpugnable.

'**storm-sail,** *s. Nau:* Voile *f* de cape; voile de mauvais temps.

'**storm-signal,** *s.* Signal, -aux *m*, de tempête.

'**storm-spanker,** *s. Nau:* Dériveur *m*.

'**storm-tossed,** *a.* Ballotté par la tempête. *S.-t. ship,* navire battu par la tempête.

'**storm-trooper,** *s.m. Pol:* Membre des sections d'assaut.

'**storm-troops,** *s.pl. Mil:* Troupes *f* d'assaut.

'**storm-trysail,** *s. Nau:* Goélette *f* de cape.

'**storm-wind,** *s.* Vent *m* d'orage, de tempête.

'**storm-window,** *s.* Contre-fenêtre *f*.

'**storm-zone,** *s.* Zone *f* des tempêtes.

storm[2]. 1. *v.i.* (*a*) (*Of wind, rain*) Se déchaîner; faire rage. (*b*) **It is storming,** il fait de l'orage. (*c*) *F:* (*Of pers.*) Tempêter, pester. **To storm at s.o.,** s'emporter contre qn, faire essuyer une algarade à qn. 2. *v.tr. Mil:* (i) Donner, livrer, l'assaut à (une place forte); (ii) prendre d'assaut, emporter d'assaut, enlever (une place forte).

storming, *s.* 1. (*a*) Violence *f*, emportements *mpl*. (*b*) *See* BARN-STORMING. 2. *Mil:* (i) Assaut *m*; (ii) prise *f* d'assaut, enlèvement *m*.

'**storming party,** *s. Mil:* Troupes *fpl* d'assaut; colonne *f* d'assaut.

stormer ['stɔːrmər], *s.* 1. (*a*) Commandant *m* qui livre l'assaut à une place forte. (*b*) Membre *m* de la colonne d'assaut. 2. *See* BARN-STORMER.

stormy ['stɔːrmi], *a.* (*a*) (Temps, vent) tempétueux. (*b*) (Temps, ciel) orageux, d'orage. **The weather is stormy, it is stormy,** le temps est à l'orage. *S. wind,* fort vent. *S. sea,* mer démontée. *F:* **Stormy discussion,** discussion orageuse. *S. meeting,* réunion houleuse. *S. life,* vie tumultueuse, orageuse. *See also* PETREL. **-ily,** *adv.* Orageusement, tempétueusement.

story[1] ['stɔːri], *s.* 1. (*a*) Histoire *f*, récit *m*, conte *m*. **Idle story,** conte oiseux; conte en l'air; *F:* baliverne *f*. **To tell a story,** raconter, conter, une histoire; faire un conte. *They all tell the same s.,* ils racontent tous la même histoire. *According to his own s.,* à croire ce qu'il dit, ce qu'il raconte; d'après lui. **There is a story that . . .,** on raconte que. . . . **As the story goes,** à ce que dit l'histoire; à ce que l'on raconte; d'après ce que l'on dit. *F:* **That is quite another story,** ça c'est une autre histoire; ça c'est une autre paire de manches. **It is quite another story now,** c'est maintenant une autre chanson, une tout autre histoire. **It's the (same) old story,** c'est toujours la même histoire, la même rengaine, la vieille rengaine, la même turelure, la même chanson, la même guitare; c'est le refrain de la ballade. *It's the old s. of . . .,* c'est l'histoire bien connue de. . . . **It's a long story,** c'est toute une histoire. *See also* CUT[2] 2. *The best of the s. is that . . .,* le plus beau de l'histoire, c'est que. . . . **These bruises tell their own story,** ces meurtrissures en disent long. *See also* GHOST-STORY. (*b*) Anecdote *f*. *Funny s., good s.,* bonne histoire. *He can tell a good s.,* il en sait de bonnes. (*c*) Histoire (de qn, de qch.). *Have you read the s. of his life?* avez-vous lu l'histoire de sa vie? *His s. is an eventful one,* son passé a été plein d'aventures. *The s. of printing,* l'histoire de l'imprimerie. 2. *Lit:* **Short story,** nouvelle *f*, conte. **Short-story writer,** nouvelliste *mf*. **Film story,** ciné-roman *m*, *pl.* ciné-romans. 3. Intrigue *f* (d'un roman, d'une pièce de théâtre). 4. *Journ:* *F:* (*Article*) Papier *m*. *To make a s. out of a trivial event,* faire un article, *F:* un papier, d'un événement sans importance. 5. *F:* (*a*) Conte; mensonge *m*, menterie *f*. **To tell stories,** dire des mensonges; raconter des blagues *f*, des bobards *m*. *What a s.!* quel mensonge! (*b*) (*To child, etc.*) **Oh, you story!** oh, le petit menteur! la petite menteuse! 6. *A:* (*History*) L'histoire; la légende. **Famous in story,** célèbre dans l'histoire ou dans la fable.

'**story-book,** *s.* Livre *m* de contes; livre d'histoires.

'**story-teller,** *s.* 1. Conteur, -euse. 2. *F:* Menteur, -euse.

'**story-telling**[1], *a.* 1. Conteur; des conteurs. *Cin:* *S.-t. picture,* ciné-roman *m*, *pl.* ciné-romans. 2. *F:* Menteur, -euse.

'**story-telling**[2], *s.* 1. L'art *m* de conter. *To be good at s.-t.,* avoir le talent de raconter des histoires. 2. *F:* Mensonges *mpl*.

story[2], *s.* 1. Étage *m* (d'une maison). *To add a s. to a house,* exhausser une maison d'un étage. **On the third story,** *U.S:* **on the fourth story,** au troisième étage. *See also* UPPER I. 1. 2. *For:* Étage (d'essences). **Lower story,** sous-étage *m*.

stoup [stuːp], *s.* 1. *A:* Cruche *f*. 2. *Ecc:* **(Holy-water) stoup,** bénitier *m*.

stoupful ['stuːpful], *s. A:* Pleine cruche (*of,* de).

stout[1] [staut], *a.* 1. (i) Fort, vigoureux; (ii) brave, vaillant; (iii) ferme, résolu. **Stout fellow,** (i) homme vaillant, courageux; (ii) gaillard *m* solide; solide gaillard. *He is a s. fellow,* il a les reins solides. *To call for a few s. fellows,* faire appel à des hommes de bonne volonté. **To make, put up, a stout resistance,** faire une résistance opiniâtre; se défendre vaillamment. **Stout heart,** cœur vaillant. *To work with a s. heart,* être courageux au travail. 2. (*Of thg*) Fort, solide; (*of cloth, etc.*) renforcé; (*of material*) résistant. *S. sole,* semelle forte. *S. ship,* navire *m* solide. *S. glass,* verre épais. 3. (*a*) Gros, *f.* grosse; corpulent, fort, puissant. *To grow s.,* devenir adipeux. *To be getting, growing, s.,* engraisser; prendre de l'embonpoint, du corps, du ventre; *F:* faire du lard. *She is growing s. again,* elle rengraisse. (*b*) *S. horse,* cheval étoffé. **-ly,** *adv.* 1. Fortement, vigoureusement, vaillamment, résolument; (travailler) ferme. **To deny sth. stoutly,** nier qch. (fort et) ferme; *F:* nier qch. mordicus. *He s. maintained that . . .,* il affirmait énergiquement que. . . . 2. Fortement, solidement. **Stoutly built,** solidement bâti.

stout-'hearted, *a.* Intrépide, vaillant. **-ly,** *adv.* Intrépidement, vaillamment.

stout-'heartedness, *s.* Intrépidité *f*, courage *m*.

stout[2], *s.* Stout *m*; bière noire forte.

stoutish ['stautiʃ], *a.* 1. Assez gros, assez corpulent; replet, -ète. 2. (*Of door, box, etc.*) Assez solide.

stoutness ['stautnəs], *s.* Embonpoint *m*, corpulence *f*. *Her growing s.,* sa tendance à engraisser.

stovaine ['stouvein], *s. Pharm:* Stovaïne *f*. *Med:* *To anaesthetize with s.,* stovaïner, stovaïniser.

stove[1] [stoːuv], *s.* 1. (*a*) Poêle *m*, fourneau *m*; cheminée prussienne (d'appartement). **Slow-combustion stove,** poêle à feu continu; calorifère *m*, salamandre *f*. *See also* GAS-STOVE, OIL-STOVE. (*b*) **(Cooking) stove,** fourneau de cuisine; cuisinière *f*. 2. (*a*) *Ch:* *Ind:* Étuve *f*, four *m*. (*b*) *Metall:* **Cowper stove,** récupérateur *m* cylindrique. 3. *Hort:* Serre chaude; forcerie *f*. **Stove plants,** plantes *f* de serre chaude. 4. Chaufferette *f* (à charbon de bois).

'**stove-enamelled,** *a.* Émaillé au four.

'**stove-maker,** *s.* Poêlier *m*; fabricant *m* de poêles; (poêlier) fumiste *m*.

'**stove-pipe,** *s.* 1. Tuyau *m* de poêle. 2. *F:* Chapeau haut de forme; *P:* cylindre *m*, tuyau de poêle.

'**stove-polish,** *s.* Vernis *m*, enduit *m*, pour poêles.

'**stove-setter,** *s.* Poseur *m* de poêles; poêlier-fumiste *m*, *pl.* poêliers-fumistes.

stove[2], *v.tr.* 1. (*a*) Étuver (des émaux, *Metall:* des moules, etc.). (*b*) Étuver, désinfecter (des vêtements, etc.); les passer à l'étuve. 2. *Hort:* Élever (des plantes) en serre chaude.

stoving, *s.* 1. Étuvage *m*, étuvement *m*. 2. *Hort:* Élevage *m* en serre chaude.

stove[3]. 1. *See* STAVE[2]. 2. *v.tr. Occ.* = STAVE[2] 2.

stover ['stouvər], *s. Dial. & U.S:* Fourrage *m* (de paille).

stow [stou], *v.tr.* 1. **To stow (away),** mettre en place, ranger, serrer (des objets). *F:* *We were stowed in an attic,* on nous avait fourrés dans une mansarde. *P:* **Stow it!** ferme ça! la barbe! 2. *Nau:* Arrimer, installer (des marchandises, le charbon, etc.). **To stow the cargo,** faire l'arrimage. **To stow the anchor, the boats,** mettre à poste, saisir, l'ancre; saisir les canots. *To s. the sails,* ferler, amarrer, les voiles. *To s. a jib,* serrer un foc. 3. (*a*) **To stow sth.**

full of sth., remplir qch. de qch. *To s. a waggon*, charger une charrette. (*b*) *Min:* Remblayer (de vieux chantiers).

stowing, *s.* **1.** **Stowing (away)**, rangement *m*; mise *f* en place. **2.** *Nau:* Arrimage *m*, installation *f*. **3.** *Min:* Remblayage *m*.

stowage [ˈstouedʒ], *s.* **1.** *Nau:* (*a*) Arrimage *m*. *To avoid* **broken stowage**, pour éviter les pertes *f*, les vides *m*, d'arrimage. (*b*) Capacité *f* utilisable pour marchandises; espace *m* utile. (*c*) Frais *mpl* d'arrimage. **2.** Magasinage *m*.

stowaway[1] [ˈstouawei], *s.* **1.** *Nau:* Voyageur, -euse, de fond de cale; passager clandestin; stowaway *m*. **2.** Cache *f*.

stowaway[2], *v.i.* *To s. on board a ship*, s'embarquer clandestinement à bord d'un navire.

stower [ˈstouər], *s.* **1.** *Nau:* Arrimeur *m*. **2.** *Min:* Remblayeur *m*, restapleur *m*.

strabism [ˈstreibizm], **strabismus** [straˈbizməs], *s.* *Med:* Strabisme *m*. **Convergent, internal, cross-eye, strabismus**, strabisme convergent. **Divergent, external, strabismus**, strabisme divergent.

strabismic [straˈbizmik], *a.* *Med:* Strabique.

Strabo [ˈstreibo]. *Pr.n.m. Gr.Lit:* Strabon.

strabotomy [straˈbɔtomi], *s.* *Surg:* Strabotomie *f*.

straddle[1] [stradl], *s.* **1.** (*a*) Écartement *m*, écarquillement *m*, des jambes. (*b*) Position *f* à califourchon. **2.** *Artil:* Encadrement *m* (du but). **3.** (*a*) *St.Exch:* Opération *f* à cheval. (*b*) *Pol: U.S:* Refus *m* de se compromettre (entre deux partis).

'straddle-legged, *a.* Qui a les jambes écartées. *To sit s.-l. on a donkey*, être à califourchon sur un âne; chevaucher un âne.

'straddle-legs, *adv.* A califourchon.

straddle[2]. **1.** *v.i.* (*a*) Écarter, écarquiller, les jambes; se tenir, marcher, les jambes écartées. (*b*) *Pol: U.S:* Éviter de se compromettre, de se prononcer. (*c*) *Artil:* Tirer à la fourchette. **2.** *v.tr.* (*a*) Enfourcher (un cheval); se mettre, être, à califourchon sur (une chaise, etc.); s'affourcher sur (un cheval); chevaucher (un mur, une chaise). *Mil:* **To straddle a river, a railway**, achevaler, être à cheval sur, un fleuve, une ligne de chemin de fer. (*b*) *Artil:* **To straddle a target**, encadrer un objectif. (*c*) *Cards:* (*At poker*) Doubler (la mise). (*d*) **To straddle (out) one's legs**, écarter, écarquiller, les jambes.

straddling, *s.* **1.** Écartement *m*, écarquillement *m*, des jambes. **2.** *Artil:* Tir *m* à la fourchette.

strafe[1] [strɑːf], *s.* *P:* **1.** *Mil:* Bombardement *m*; *P:* marmitage *m*. **2.** Verte semonce; bonne correction.

strafe[2], *v.tr.* **1.** *Mil:* *P:* Faire subir (à l'ennemi) un bombardement en règle; *P:* marmiter (l'ennemi). **2.** *P:* (*a*) Rosser (qn). (*b*) Semoncer (qn).

straggle [stragl], *v.i.* **1.** **To straggle (along)**, marcher sans ordre, à la débandade; *Mil:* rester en arrière; traîner. **2.** *Houses that s. round the lake*, maisons *f* qui s'éparpillent autour du lac. *The guests* **straggle off**, les invités *m* s'en vont par petits groupes, se dispersent lentement. *Try to keep your mind from straggling*, tâchez de ne pas laisser vagabonder votre pensée.

straggling[1], *a.* **1.** Disséminé. *A few s. houses*, quelques maisons éparpillées, isolées. *S. village*, village *m* aux maisons éparses. **Straggling hairs**, cheveux épars, mal plantés. *S. beard*, barbe *f* maigre; quelques poils *m* de barbe incultes. **2.** **Straggling plants**, plantes *f* qui traînent. **-ly**, *adv.* A la débandade; en désordre; confusément; çà et là.

straggling[2], *s.* Marche *f* à la débandade; vagabondage *m* (de la pensée, etc.).

straggler [ˈstraglər], *s.* **1.** *A:* Rôdeur *m*; vagabond *m*. **2.** Celui qui reste en arrière, qui se détache du groupe. *Mil:* Traînard *m*, *F:* clampin *m*. *Nau:* (*Ship, sailor*) Retardataire *m*. **3.** *Hort:* Branche gourmande; gourmand *m*.

straggly [ˈstragli], *a.* (*Of branches, hair, etc.*) Épars.

straight [streit]. I. *a.* **1.** (*a*) Droit, rectiligne. **Straight as a ram-rod, as a die**, droit comme un i, comme un jonc, comme un cierge. *To hold oneself as s. as a ram-rod*, se tenir droit comme une quille. **Straight as a post**, droit comme un piquet. **Straight line**, ligne droite; droite *f*. **Line as straight as a bowstring**, ligne tirée au cordeau. *S. garden path*, allée tirée au cordeau. *The straightest way to . . .*, le chemin le plus direct pour aller à. . . . **To have a straight eye**, avoir l'œil juste; *F:* avoir le compas dans l'œil. **Straight up and down**, tout d'une venue. *S. back, legs*, dos droit; jambes droites. **With a straight knee**, la jambe tendue; le jarret tendu. **Straight hair**, cheveux (i) plats, (ii) raides. *S. flight* (*of stairs*), volée droite. **Straight-side tyre**, pneu *m* à flancs droits, à bords droits; pneu à tringle. *Carp:* **Straight joint**, assemblage *m* à plat. *Arch:* **Straight arch**, arc droit, en plate-bande. *S. lever*, levier droit. *S. shank* (*of drill*), queue *f* cylindrique. *Box:* **Straight right, straight left**, direct *m* du droit, du gauche. *Geom:* **Straight angle**, angle *m* de 180°. *P:* **Straight drinking**, consommation *f* debout devant le bar; verre *m* sur le zinc. *See also* RAZOR. (*b*) (Mouvement *m*) en ligne droite; rectiligne. *To fly* **straight as a dart, as an arrow**, voler droit comme une flèche. **2.** Juste, honnête; loyal, -aux; franc, *f.* franche. **Straight as a die**, d'une droiture absolue. **Straight dealings**, procédés *m* honnêtes; rondeur *f* en affaires. *Man perfectly s. in his dealings, who does a s. deal*, homme sérieux et rond en affaires; homme qui est toujours loyal en affaires. **She will keep him straight**, elle le fera marcher droit, elle l'aidera à marcher droit. **Straight answer**, réponse franche; réponse sans équivoque. *To be s. with s.o.*, agir loyalement avec qn, envers qn. **To play a straight game**, jouer bon jeu bon argent. *F:* **Straight girl**, fille *f* honnête. **3.** Net, *f.* nette; tout simple. *S. definition*, définition claire et précise. *Pol:* **Straight fight**, campagne électorale à deux candidats. *Th:* **Straight play**, pièce *f* de théâtre proprement dite. **Straight part**, vrai rôle. *Pol: U.S: S. democrat*, démocrate *m* bon teint; bon démocrate. **Straight ticket**, programme (du parti) sans modification aucune. *U.S: F:* **Straight whiskey**, whisky sec. *To drink one's whiskey s.*, boire son whisky sec. *Swim:* **Straight dive**, plongeon *m* classique. *See also* FLUSH[6]. **4.** (*a*) Droit; d'aplomb. *Are the pictures s.?* les tableaux sont-ils droits? sont-ils d'aplomb? **To put sth. straight**, redresser, ajuster, qch. *Your tie isn't s.*, votre cravate *f* est (tout) de travers. **To set one's tie straight**, rajuster, arranger, sa cravate. (*b*) En ordre. **To put the room straight**, remettre de l'ordre dans la chambre. *To put one's hair s.*, rajuster sa coiffure; s'arranger les cheveux; *F:* se retaper les cheveux. **To put things, matters, straight**, arranger les choses; débrouiller l'affaire. *I'll try to make things s.*, je vais essayer d'arranger les choses. **The accounts are straight**, les comptes *m* sont en ordre. *I want five hundred pounds to get s.*, il me faut cinq cents livres pour me remettre d'aplomb. *See also* FACE[1] 2.

II. **straight**, *s.* **1.** (*a*) Aplomb *m*. **To be out of the straight**, n'être pas d'aplomb; être de travers. *That building is out of the s.*, il y a du biais dans ce bâtiment. **Door hung off the straight**, porte gondée à faux. *Shoulders off the s.*, épaules déjetées. **To cut a material on the straight**, couper une étoffe de droit fil. (*b*) *F:* **To be on the straight**, vivre honnêtement. **To act on the straight**, agir loyalement. **2.** (*a*) *Rac:* **The straight**, la ligne droite. *As the horses reached the s.*, comme les chevaux arrivaient à la droite. (*b*) *Rail:* Alignement droit. **Straights and curves**, les alignements droits et les courbes. **3.** *Cards:* (*At poker*) Séquence *f* (de cinq); quinte *f*.

III. **straight**, *adv.* **1.** Droit. **To shoot straight**, tirer juste. **To go straight**, (i) aller droit; (ii) vivre honnêtement. **Keep straight on**, continuez tout droit. **To go straight on**, aller, continuer, sans s'arrêter. *It froze s. on for two months*, il a gelé pendant deux mois de suite. *The bullet went s. through his leg*, la balle lui a traversé la jambe de part en part. **To read a book straight through**, lire un livre d'un bout à l'autre. *See also* AHEAD 2. **2.** Directement. *It comes s. from Paris*, ça vient directement, *F:* tout droit, de Paris. *Turf:* **Tip straight from the course, a. straight tip**, tuyau sûr, de bonne source. **I shall come straight back**, je ne ferai qu'aller et (re)venir. *Ven:* **To ride straight**, suivre exactement la piste des chiens. *On leaving school he went s. into business*, sitôt après l'école, il entra dans les affaires. *He was sent s. home to his people*, on le renvoya tout droit chez ses parents. **To come, go, straight to the point**, aller, venir, droit au fait; parler sans tourner autour du pot, sans circonlocutions. *He goes s. to the point*, il n'y va pas par quatre chemins, par trente-six chemins. **To drink straight from the bottle**, boire à même la bouteille. **To walk straight in**, entrer sans frapper. **Straight away**, immédiatement, aussitôt; tout de suite; d'emblée. *To guess s. away*, deviner du premier coup. *To take a piece of news s. away to s.o.*, porter une nouvelle toute chaude, tout chaud, à qn. *I am going s. away*, je m'en vais de ce pas. *To get a high post s. away*, arriver de plein saut à une position élevée. **Straight off**, sur-le-champ; tout de suite; au pied levé; d'emblée. *I cannot tell you s. off*, je ne peux pas vous le dire tout de suite. *To answer s. off*, répondre tout de go. *Cards:* **Five tricks straight off**, cinq levées franches. **3.** Tout droit; directement. **To go straight across the road**, traverser la rue tout droit. **It is straight across the road**, c'est juste en face. **Straight above sth.**, juste au-dessus de qch. **To look s.o. straight in the face**, regarder qn dans le blanc des yeux, entre les deux yeux; regarder qn bien en face. *F:* **To let s.o. have it straight**, dire son fait à qn. *See also* SHOULDER[1] 1. **I tell you straight**, je vous le dis tout net. *I told him s. what I thought*, je lui ai dit carrément, sans tortiller, ce que je pensais. *P:* **Straight!** vrai de vrai! sans blague! **Straight out**, franchement; sans détours. *He called me a fool s. out*, il m'a traité carrément d'imbécile. *I told him s. out what I thought of it*, je lui ai dit sans ambages ce que j'en pensais.

'straight-'boled, *a.* (Arbre *m*) à fût droit.

'straight cut, *a. & s.* (Tabac *m*) en tranches coupées dans le sens de la longueur des feuilles.

'straight-'edge, *s.* Règle *f* (à araser); limande *f*.

'straight-'edged, *a.* A tranchant droit.

'straight-'eight. *Aut: F:* **1.** *a.* A huit cylindres en ligne. **2.** *s.* Une huit-cylindres en ligne.

'straight-'haired, *a.* Aux cheveux plats ou raides.

'straight-'lined, *a.* Rectiligne.

straighten [ˈstreit(ə)n]. **1.** *v.tr.* (*a*) Rendre (qch.) droit, (re)dresser (qch.). **To straighten one's back**, se redresser; cambrer la taille, les reins. *To s. the alignment of a road*, rectifier le tracé d'une route. **To straighten (out) an iron bar**, défausser, dégauchir, une barre de fer. *To s. an axle shaft*, redresser un essieu. *F:* *To s. out the traffic*, canaliser les véhicules. (*b*) **To straighten (up)**, ranger, mettre en ordre. *To s. one's tie*, arranger sa cravate. *To s. (up) a room*, ranger une chambre. **To straighten (out) one's affairs**, arranger ses affaires; mettre ses affaires en ordre. *To s. out a business*, régulariser une affaire. *I will try to s. things out*, je vais essayer d'arranger les choses. **2.** *v.i.* (*a*) Se redresser; devenir droit. (*Of pers.*) **To straighten up**, se redresser; cambrer la taille, les reins. *His figure has straightened* (*out*), sa taille s'est redressée. *I expect things will s. out*, *F:* je pense que ça se tassera. (*b*) *Av:* **To straighten up, out**, se redresser; reprendre le vol horizontal.

straightening, *s.* Redressement *m*, redressage *m*, dégauchissement *m*, dégauchissage *m*, équerrage *m*. *Metalw:* **Straightening press**, presse *f* à dresser.

straightener [ˈstreitnər], *s.* **1.** Redresseur, -euse. **2.** Machine à équerrer, à redresser; banc *m* de redressage; équerreur *m*.

straightforward [streitˈfɔːrwərd], *a.* **1.** (*Of movement, vision, etc.*) Droit, direct. **2.** (*Of pers., conduct, etc.*) Loyal, -aux; franc, *f.* franche; sans détours. *S. man*, homme tout rond. **To give a straightforward answer to a question**, répondre sans détours à une question. *S. language*, langage franc, sincère. *To be quite s. about it*, y aller de franc jeu. *He tells a s. tale*, *F:* son récit coule de source. **-ly**, *adv.* (Agir) avec droiture, franchement, loyalement; (parler) carrément, franchement, nettement, sincèrement, sans détours. *To act s.*, jouer cartes sur table.

straightforwardness [streit'fɔːrwərdnəs], *s.* Droiture *f*, honnêteté *f*, franchise *f*; *F:* rondeur *f*.

straightness ['streitnəs], *s.* **1.** Rectitude *f* (d'une ligne); rectilignité *f*. **2.** Droiture *f*, rectitude (de conduite); honnêteté *f*, loyauté *f*.

straightway ['streitwei], *adv. Lit:* Immédiatement, tout de suite, aussitôt; *A:* (tout) d'abord.

strain[1] [strein], *s.* **1.** Tension *f*, surtension *f*; effort *m*, fatigue *f*. *The s. on the rope*, la tension de la corde. *To bring a s. on a cable*, faire force sur un câble. *To relieve the s. on, to take the s. off, a beam*, soulager une poutre. *Mec.E:* **Breaking strain**, force à la rupture; effort *m* de rupture. **Bending strain**, effort à la flexion. **Spreading strain**, effort tendant à ouvrir (un ressort). **Parts under strain**, pièces *f* de fatigue. *Beam that bears a heavy s.*, poutre qui fatigue. *It would be too great a s. on my purse*, ce serait trop demander à ma bourse; ce serait au-dessus de mes moyens. *It was a great s. on my attention, my credulity*, c'était demander beaucoup à mon attention, à ma crédulité. *The s. of a long-drawn-out match*, l'effort soutenu d'un match prolongé. **The strain of modern life**, la tension de la vie moderne. *The s. of business*, la fatigue des affaires. **Mental strain**, surmenage *m* d'esprit; surmenage intellectuel. **He is suffering from (over)strain**, il souffre de surmenage. *All his faculties were* **on the strain**, toutes ses facultés étaient tendues. *To write without s.*, écrire sans effort, sans recherche. *He speaks without s.*, il parle avec naturel; il a une grande facilité de parole. *See also* EYE-STRAIN. **2.** (*a*) *Med:* Entorse *f*, foulure *f*. *S. in the back*, tour *m* de reins; effort *m* de reins. *See also* SHOULDER-STRAIN. (*b*) *Mec.E:* Déformation *f* (d'une pièce). *Torsional s.*, déformation due à la torsion; gauchissement *m*. **3.** *Poet: Rh:* (*Usu. pl.*) Accents *mpl*. **Sweet strains**, doux accords. **4.** Ton *m*, sens *m* (d'un discours, etc.). *He went on in quite another s.*, il continua sur un tout autre ton. *He said much more in the same s.*, il s'est étendu longuement dans ce sens.

'**strain-band**, *s. Nau:* Barate *f*; bande *f* de renfort.

'**strain-meter**, *s. Mec.E:* Indicateur *m* d'effort.

'**strain-tester**, *s. Mec.E:* Tensiscope *m*.

strain[2], *v.* I. *v.tr.* **1.** (*a*) Tendre, surtendre (un câble, etc.). *Beam that is strained*, poutre *f* qui fatigue. *The deck, the yard, is strained*, le pont, la vergue, fatigue. **To strain one's ears**, tendre l'oreille. **To strain one's eyes**, se fatiguer, s'abîmer, se gâter, les yeux, la vue (*doing sth.*, à faire qch.). *These glasses s. my eyes, F:* ces lunettes *f* me tirent les yeux. **To strain one's voice**, se fatiguer la voix; forcer sa voix. **To strain one's powers**, pousser trop loin l'exercice de ses pouvoirs. **To strain the law**, faire violence, donner une entorse, à la loi; forcer la loi. **To strain relations**, tendre les rapports (*between*, entre). **To strain s.o.'s friendship**, exiger trop de l'amitié de qn. **To strain the meaning of a word**, presser, forcer, le sens d'un mot. **To strain a point**, forcer les choses; faire une exception, une concession; faire violence à ses principes. *The island's accommodation has been strained to the limit*, tout a été fait pour assurer le logement aux visiteurs de l'île. *See also* NERVE[1] 3. (*b*) Tendre (un hauban); rappeler (un poteau télégraphique, etc.). **2.** (*a*) Fouler, forcer (un membre). *To s. one's back*, se donner un tour de reins, un effort de reins. *To s. one's heart, one's shoulder*, se forcer le cœur; se forcer, se fouler, l'épaule. *He has strained his foot*, il s'est foulé le pied. *To s. a muscle*, se froisser un muscle; faire un faux mouvement. *Vet:* (*Of horse, etc.*) *To s. its shoulder*, se donner un écart. (*b*) Forcer (un mât, une poutre). *Mec.E:* Déformer (une pièce). (*c*) **To strain oneself**, (i) se surmener, *F:* s'éreinter (*doing sth.*, à faire qch.); (ii) faire un faux mouvement; se donner un effort. **3.** *Lit:* **To strain s.o. to one's bosom**, serrer qn dans ses bras; serrer qn sur, contre, son cœur. **4.** (*a*) Filtrer, passer, couler (un liquide) (à travers un linge, etc.); passer (un liquide) au tamis; tamiser. *To s. the soup*, passer le bouillon. (*b*) **To strain sth. out (of a liquid)**, enlever, ôter, extraire, qch. d'un liquide (en se servant d'une passoire). **To strain (off) the vegetables**, faire égoutter les légumes. (*c*) *A:* Extorquer (de l'argent, etc.). *The quality of mercy is not strained*, on n'arrache pas la clémence à qn; la clémence doit être spontanée.

II. **strain**, *v.i.* **1.** Faire un (grand) effort; peiner. **To strain at a rope, at the oars**, tirer sur une corde; tirer, forcer, sur les rames. *To s. under a load*, se raidir sous une charge. **To strain after sth.**, faire tous ses efforts pour atteindre qch. (*In his work*) *there is no straining after effect*, il ne s'évertue pas à produire de l'effet; il ne vise pas à l'effet. **To strain to do sth.**, faire de grands efforts pour accomplir qch. (*Of dog*) **To strain at the leash**, tirer sur la laisse; *Ven:* bander sur le trait. **2.** (*Of beam, etc.*) Fatiguer, travailler; (*of rope*) être trop tendu. *Nau:* (*Of ship*) **To strain in a seaway**, fatiguer, bourlinguer, par une mer dure. **3.** *Mec.E:* (*Of machine part*) Se déformer; gauchir; se fausser. **4.** **To strain at sth., at doing sth.**, se faire scrupule de qch., de faire qch. *See also* GNAT. **5.** (*Of liquid*) Filtrer (*through*, à travers).

strained, *a.* **1.** (*a*) (*Of rope, etc.*) Tendu; trop tendu. **Strained nerves**, nerfs tendus. **Strained relations**, rapports tendus. (*b*) **Strained ankle**, cheville foulée. **Strained heart**, cœur forcé. *Horse with a s. tendon*, cheval claqué. **2.** (*a*) (*Of conduct, demeanour*) Forcé, contraint, guindé. **Strained laugh**, rire forcé, contraint. (*b*) (*Of language, interpretation*) Forcé, exagéré; poussé trop loin; *F:* tiré par les cheveux. **3.** Filtré; tamisé.

straining, *s.* **1.** (*a*) Tension *f*, surtension *f*, effort *m*, fatigue *f*. **Straining of a beam**, fatigue d'une poutre. (*b*) **Straining wire**, fil *m* de rappel. **2.** Fatigue (des yeux, de la voix). **3.** Grands efforts (*to do sth.*, pour faire qch.). **4.** Interprétation forcée, tirée par les cheveux (d'un texte, etc.); violence faite (à la loi, à un texte). **5.** Filtrage *m*, colature *f*; égouttage *m*.

'**straining-bag**, *s.* Chausse *f* (à vin, etc.).

'**straining-beam, -piece**, *s. Const:* Entrait retroussé; faux entrait; poutre traversière (d'un comble, etc.).

'**straining-chest**, *s. Paperm: etc:* Cuve *f* d'égouttage.

'**straining-press**, *s. Mch:* Presse *f* à passoire.

'**straining-screw**, *s.* Tendeur *m* à vis; vis *f* de tension.

'**straining-stay, -tie**, *s.* Hauban raidisseur; hauban de rappel.

strain[3], *s.* **1.** (*a*) Qualité héritée, inhérente; disposition naturelle; tendance (morale). *A s. of weakness, of ferocity*, un héritage, un fond, de faiblesse, de férocité. *There is a s. of mysticism in his nature*, il y a une tendance au mysticisme, il y a du mysticisme, dans sa nature. (*b*) *Stories with a s. of satire*, récits *m* d'une teinte satirique. *Partial identity, with a s. of diversity, F:* identité partielle, mâtinée de diversité. **2.** Race *f*, lignée *f*; (*of poultry, etc.*) engeance *f*. *There is in him a s. of Irish blood*, il y a en lui une trace de sang irlandais. *He was of noble s.*, il était de race noble. *Spaniel of good s.*, épagneul *m* de bonne lignée, de bonne race.

strainer ['streinər], *s.* **1.** (*Pers.*) Tamiseur, -euse. **2.** (*Device*) (*a*) Filtre *m* ou tamis *m*. *Cu:* Passoire *f*. *Ind:* Épurateur *m*. **Soup-strainer**, passe-bouillon *m inv*. **Tea-strainer**, passe-thé *m inv*. **Milk-strainer**, passe-lait *m inv*; *Husb:* couloir *m* à lait. *Gauze s. for funnel*, tamis métallique pour entonnoir. (*b*) *Ind:* **Centrifugal strainer**, classeur *m* centrifuge, épurateur *m* centrifuge. (*c*) Crépine *f*, aspirant *m*, lanterne *f*, grenouillère *f* (d'une pompe). *Mch:* Reniflard *m*. (*Over drain-pipe, etc.*) Pommelle *f*. *See also* AIR-STRAINER. **3.** (*Stretcher*) Tendeur *m*, tenseur *m*, raidisseur *m*. *See also* WIRE-STRAINER.

strainless ['streinləs], *a.* Fait sans effort.

strait [streit]. **1.** *a.* (*a*) *A:* Étroit. *B:* **The strait gate**, la porte étroite. (*b*) **Strait jacket, strait waistcoat**, camisole *f* de force. *To put s.o. into a s. waistcoat, to put a s. waistcoat on s.o.*, passer une camisole de force à qn. (*c*) **The straitest sect of our religion**, la secte la plus rigoriste de notre religion. **2.** *s.* (*a*) *Geog:* (*Usu. pl. with proper name*) Détroit *m*. **The Straits of Gibraltar**, le détroit de Gibraltar. **The Straits of Dover**, le Pas de Calais. **The Straits Settlements**, les Établissements *m* du Détroit; les Straits Settlements *m*. (*b*) *Usu. pl.* **To be in (great, dire) straits**, être dans l'embarras, dans une situation critique, dans la (plus grande) gêne, dans la plus grande détresse; être aux abois. **-ly**, *adv.* *A:* **1.** Étroitement. **2.** Rigoureusement, strictement.

'**strait-'laced**, *a.* Prude, bégueule; collet monté *inv*.

straiten ['streit(ə)n], *v.tr.* **1.** Mettre (qn) dans la gêne; réduire (qn) à la portion congrue. *Straitened by debt*, gêné, embarrassé, par ses dettes. *They were straitened for provisions*, les provisions leur faisaient défaut. **2.** *A:* (*a*) Rétrécir. (*b*) Resserrer (un nœud, les liens de qn).

straitened, *a.* **Straitened circumstances**, gêne *f* pécuniaire. **To be in straitened circumstances**, être dans la gêne, dans le besoin, dans la nécessité, dans l'adversité, dans l'embarras; être gêné d'argent. *S. household*, ménage *m* pauvre.

straitness ['streitnəs], *s. A:* **1.** (*a*) Étroitesse *f*. (*b*) Manque *m* de place. **2.** Rigueur *f*. **3.** Gêne *f*, embarras *m*.

strake [streik], *s. Nau:* Virure *f* (de bateau); lisse *f* (de bateau, de coque d'hydravion). **Binding strake** (*of deck*), hiloire *f*. **Strake boat**, canot *m* à clin. *See also* GARBOARD, RUBBING-STRAKE, SHEER-STRAKE, WASH-STRAKES.

stramonium [strə'mouniəm], **stramony** ['stramənі], *s.* **1.** *Bot:* Stramoine *f*; (datura) stramonium *m*. **2.** *Pharm:* **Stramonium**, stramonine *f*.

strand[1] [strand], *s.* **1.** (*a*) *Poet:* Rive *f*, plage *f*, grève *f*. (*b*) *Nau:* Estran(d) *m*. **2.** **The Strand**, le Strand (rue de Londres autrefois en bordure de la Tamise, entre la Cité de Londres et la Cité de Westminster).

strand[2]. **1.** *v.tr.* Échouer (un navire); jeter (un navire) à la côte. **2.** *v.i.* (*Of ship*) Échouer, s'échouer.

stranded[1], *a.* **1.** (*Of ship*) Échoué, gisant; (*neaped*) au plein. **2.** *F:* (*a*) (*Of pers.*) A bout de ressources; *F:* à quia. (*b*) Laissé en arrière; abandonné. **To leave s.o. stranded**, laisser qn en plan; laisser qn le bec dans l'eau. **To be stranded**, (i) être (mis) sur le sable; être dans la gêne, dans l'embarras; (ii) rester en arrière, sur le carreau; rester le bec dans l'eau.

stranding, *s.* Échouement *m*, échouage *m*.

strand[3], *s.* **1.** (*a*) Brin *m*, toron *m* (de cordage); cordon *m* (d'aussière). *Needlew:* Brin (de fil à coudre). **Wire strand**, toron métallique. **Central strand**, âme *f* (d'un câble). (*b*) Brin, corde *f*. **Four-strand pulley-block**, palan *m* à quatre brins. *See also* SEVEN I. (*c*) Fil *m* (d'un tissu). (*d*) Fibre (animale ou végétale). **2.** Fil (de perles); tresse *f* (de cheveux).

strand[4], *v.tr.* **1.** (*a*) Toronner (un cordage). (*b*) *To s. a coloured thread into a piece of cloth*, introduire un fil de couleur dans la trame d'une étoffe. *Lit:* *Time had stranded her locks with white*, la vieillesse avait parsemé ses cheveux de fils blancs. **2.** Décorder (un câble). **3.** *To s. a rope*, rompre un des torons d'un cordage.

stranded[2], *a.* **1.** A torons, à brins. **Three-stranded rope**, filin commis en trois; corde *f* à trois cordons, à trois torons. *See also* SEVEN I, WIRE[1] I. **2.** *Nau:* **Rope that is stranded**, manœuvre *f* qui a des torons rompus, coupés.

strange [streindʒ], *a.* **1.** (*a*) *A:* Étranger. **In a strange land**, dans un pays étranger. **A strange man**, un étranger. (*b*) *To play on a s. ground*, jouer sur un terrain qui n'est pas le sien. *I cannot write with a s. fountain-pen*, je ne peux pas écrire avec un autre stylo que le mien. *This handwriting* **is strange to me**, je ne connais pas cette écriture. *New and s. words*, mots nouveaux et insolites. *We go back to the old school to find many s. faces*, quand on retourne à son ancienne école on y trouve beaucoup de visages nouveaux, inconnus. *It feels s. to have a holiday while others are working*, il me paraît bien étrange, cela me fait un drôle d'effet, d'être en congé, de ne rien faire, pendant que les autres travaillent. **2.** Singulier, bizarre, extraordinaire, remarquable. *S. beasts*, bêtes curieuses. *S. behaviour*, conduite *f* inexplicable. *She wears the strangest hats*, elle porte les chapeaux les plus étranges, les plus singuliers, les plus bizarres. **It is a strange thing,** c'est une chose étrange, une chose curieuse. **Strange to say . . .,** chose étrange (à dire). . . . **Strangest of all . . .,** le plus étrange, c'est que. . . . **It is strange that he has not, should not have, arrived yet,** il est singulier qu'il ne soit pas encore arrivé. *It is s. that you should not have heard of it,* il est étonnant que vous ne l'ayez pas appris. *It would be s. if he submitted to this demand,* il ferait beau voir qu'il se soumette à cette exigence. *See also* TRUTH I. **3. I am strange to the work,** je suis nouveau dans le métier. *I am quite s. here,* je suis tout à fait étranger ici. **To feel strange,** se sentir étranger; se sentir dépaysé. **-ly,** *adv.* Étrangement, singulièrement.

strangeness ['streindʒnəs], *s.* **1.** Étrangeté *f*, singularité *f*, bizarrerie *f*. **2.** Étrangeté, nouveauté *f*. *The s. of the work,* la nouveauté du travail.

stranger[1] ['streindʒər], *s.* **1.** (*a*) Étranger, -ère; inconnu, -ue. **I am a stranger here,** je suis étranger ici; je ne suis pas d'ici. *He is quite a s. to me,* il m'est tout à fait étranger, inconnu. *To take the umbrella of* **a perfect stranger,** prendre le parapluie d'un tiers (qui vous est inconnu). *What, give my daughter's hand to a perfect s.!* quoi, donner la main de ma fille à un je ne sais qui! **You are quite a stranger!** vous devenez rare comme les beaux jours! c'est une rareté, une nouveauté, que de vous voir! on ne vous voit plus! vous vous faites rare! **To become a stranger to s.o., to sth.,** s'aliéner de qn, de qch. **To make a stranger of s.o.,** traiter qn en étranger, comme un étranger. **He is a stranger, no stranger, to fear,** il ne connaît pas, il connaît bien, la peur. (*Of member of House of Commons*) **To spy, see, strangers,** demander le huis clos. *F:* **The little stranger,** le nouveau-né. *U.S:* (*In vocative*) **Say, stranger!** pardon, monsieur! *See also* GALLERY I. (*b*) *Jur:* Celui qui n'est pas partie (*to an act,* à un fait); **tiers** *m*. **2.** (*In candle*) Champignon *m*.

stranger[2], *a. Comp. of* STRANGE.

strangle [straŋgl], *v.tr.* Étrangler (qn); serrer le cou à (qn). *F:* **To strangle the press,** étrangler la presse. **To strangle a laugh,** étouffer un rire. *To s. a sneeze,* réprimer un éternûment. *To s. evil at its birth,* étouffer le mal au berceau. **Strangled voice,** voix étranglée, strangulée.

strangling, *s.* Étranglement *m*; *Jur:* strangulation *f*.

stranglehold ['straŋglhould], *s.* **To have a stranglehold on s.o.,** tenir qn à la gorge.

strangler ['straŋglər], *s.* Étrangleur, -euse.

strangles [straŋglz], *s.pl. Vet:* Gourme *f*; étranguillon *m*.

strangulate ['straŋgjuleit], *v.tr. Med:* Étrangler (l'intestin, etc.).

strangulated, *a.* Étranglé. **Strangulated hernia,** hernie étranglée; étranglement *m* herniaire.

strangulation [straŋgju'leiʃ(ə)n], *s.* Strangulation *f*. *Med:* Étranglement *m*. **Strangulation of a hernia,** étranglement herniaire.

strangury ['straŋgjuri], *s. Med:* Strangurie *f*.

strap[1] [strap], *s.* **1.** (*a*) Courroie *f*. **Strap and buckle,** courroie à boucle. **Luggage-strap,** courroie porte-paquets *inv*. **Watch strap,** bracelet *m* en cuir pour montre. *Harn:* **Stirrup-strap,** étrivière *f*. **Lip-strap,** fausse gourmette. **Breeching strap,** courroie d'arrêt. **Strengthening strap,** blanchet *m*. *See also* KICKING-STRAP, RUG I. (*b*) *F:* = TAWSE. **2.** (*a*) Bande *f*, sangle *f* (de cuir, de toile, etc.). **Hoisting strap,** braye *f*. *Mec.E:* **Driving strap,** courroie d'entraînement. *Veh:* **Carriage window-strap,** bricole *f* de voiture. **Door-strap,** courroie à main d'une portière. **Standing passengers' strap,** courroie, poignée *f* d'appui (dans un autobus, etc.). **Block strap,** estrope *f* d'une moufle. (*b*) *Cost:* Bande, patte *f* (d'étoffe). *Bootm:* Barrette *f* (de soulier). *Tail:* **Trouser strap,** sous-pied *m*, *pl.* sous-pieds, soupied *m*, de pantalon. *Equit:* **Instep strap** (*of a spur*), suspied *m*. *See also* BOOT-STRAP, CHECK-STRAP, SHOULDER-STRAP. **3.** *Bot:* Ligule *f*. **4.** *Tchn:* (*a*) Lien *m*, attache *f*, armature *f*, plate-bande *f*, *pl.* plates-bandes (en métal); (*for pipes, etc.*) collier *m*, ceinture *f*. **Holding-down strap,** collier d'attache. **Tension strap,** bride *f* de fixation. *Veh:* **Rain-strap** (*over carriage door*), gouttière *f*. *See also* BUTT-STRAP, STIRRUP-STRAP 2. (*b*) *Mch:* Chape *f*, bride (de bielle); collier, bague *f* (d'excentrique). *Mec.E:* Ruban *m*, bande (de frein).

'strap-bolt, *s.* Lien *m* (en fer en U); **armature** *f* **de charpente;** étrier *m*.

'strap-braided, *a. El.E:* (Conducteur) méplat.

'strap brake, *s.* Frein *m* à sangle, à bande, à ruban, à enroulement.

'strap clutch, *s.* Embrayage *m* à ruban.

'strap con'necting-rod, *s.* Bielle *f* à chape.

'strap-fork, *s. Mec.E:* Fourche *f* de débrayage.

'strap-hang, *v.i. F:* Voyager debout (en **se tenant aux** courroies, à la courroie).

'strap hinge, *s.* Couplet *m*, penture *f*.

'strap iron, *s.* (Fer *m*) feuillard *m*.

'strap-oil, *s. F:* Huile *f* de cotret. **To give s.o. a little strap-oil,** administrer une raclée à qn; *A:* donner les étrivières à qn.

'strap-rail, *s. U.S:* Rail méplat.

'strap-worm, *s. Ann:* Bothriocéphale *m*; *esp.* ligule *f* (des poissons, des oiseaux).

strap[2], *v.tr.* (**strapped** [strapt]; **strapping**) **1. To strap sth. (up),** mettre une courroie à qch.; attacher, lier, qch. avec une courroie; ceinturer, cercler (une caisse, etc.). *To s. a parcel,* sangler un paquet. *To s. up a trunk,* fixer la courroie d'une malle; boucler une malle. **2.** *Scot:* Administrer une correction à (un enfant, etc.) avec le bout d'une courroie. *Cf.* TAWSE. **3.** *Med:* (*a*) Mettre des bandelettes, de l'emplâtre adhésif, à (une blessure). (*b*) Maintenir (un membre cassé, etc.) au moyen de bandages. **4.** *Nau:* Estroper (une moufle). **5.** *Metalw:* Polir (une pièce) à la bande de toile émeri.

strapped, *a.* **1.** Attaché, lié, avec une courroie. **2.** *Dressm:* Garni de bandes. *Tail:* **Strapped trousers,** pantalon *m* à sous-pieds. **3.** *P:* **To be strapped,** (i) avoir sa cuite; (ii) *U.S:* **être sans le sou; être à sec.**

strapping[1], *a. F:* Solide. **Strapping fellow,** grand gaillard; gaillard solide, bien bâti, râblé; jeune homme bien découplé. *Tall s. lass,* grande jeune fille bien découplée; beau brin de fille. *Great s. peasant woman,* grande gaillarde de paysanne.

strapping[2], *s.* **1.** Action *f* de boucler, de sangler (un colis, etc.). **2.** *Scot:* Correction (administrée sur la paume de la main avec une courroie). **3.** *Coll.* (*a*) Courroies *fpl*, liens *mpl*, armatures *fpl*. (*b*) *Med:* Emplâtre adhésif. (*c*) *Dressm:* Bandes *fpl*. **4.** *Metalw:* Polissage *m* à la bande de toile émeri.

straphanger ['straphaŋər], *s. F:* Voyageur, -euse, debout (dans un autobus, etc.).

strappado [stra'peido], *s. A:* Estrapade *f*.

strapper ['strapər], *s. F:* Grand gaillard, grande gaillarde.

strapwork ['strapwəːrk], *s. Arch:* Tresse *f*, entrelacs *m*.

strapwort ['strapwəːrt], *s. Bot:* Corrigiole *f*.

Strasburg ['strazbəːrg]. *Pr.n. Geog:* Strasbourg *m*.

Strasburger ['strazbəːrgər], *s.* Strasbourgeois, -oise.

strass [stras], *s.* Stras(s) *m*.

strata ['streita]. *See* STRATUM.

stratagem ['stratadʒem], *s.* (*a*) *Mil:* Ruse *f* de guerre; **stratagème** *m*. (*b*) Stratagème, ruse.

strategic(al) [stra'tiːdʒik(əl), -'te-], *a.* Stratégique. *Mil:* **Strategic** point, point *m* stratégique. **-ally,** *adv.* Stratégiquement.

strategics [stra'tiːdʒiks, -'te-], *s.pl.* (*Usu. with sg. constr.*) Stratégie *f*.

strategist ['stratedʒist], *s.* Stratégiste *m*.

strategus, *pl.* **-gi** [stra'tiːgəs, -dʒai], *s. Gr.Hist:* Stratège *m*.

strategy ['stratedʒi], *s.* Stratégie *f*.

strath [straθ], *s. Scot:* Vallée *f*.

strathspey [straθ'spei], *s. Danc: Mus:* Branle écossais (dansé par deux personnes). (À l'origine "danse de la vallée de la rivière Spey.")

stratification [stratifi'keiʃ(ə)n], *s. Geol:* Stratification *f*. *Diagonal s.,* stratification entrecroisée.

stratiform ['stratifɔːrm], *a. Geol: Anat:* Stratiforme.

stratify ['stratifai]. **1.** *v.tr.* Stratifier. **2.** *v.i.* Se stratifier.

stratigraphic [strati'grafik], *a.* Stratigraphique.

stratigraphy [stra'tigrəfi], *s.* Stratigraphie *f*.

stratiotes [streiʃi'outiːz], *s. Bot:* Stratiote *f*.

Strato ['streito]. *Pr.n.m. Gr.Phil:* Straton.

strato-cirrus [streito'sirəs], *s. Meteor:* Cirro-stratus *m*.

stratocracy [stra'tɔkrəsi], *s.* Stratocratie *f*; gouvernement *m* militaire.

strato-cumulus [streito'kjumjuləs], *s. Meteor:* Cumulo-stratus *m*.

stratosphere ['streitosfiːər], *s.* Stratosphère *f*. **Stratosphere balloonist,** stratonaute *m*.

stratum, *pl.* **-a** ['streitəm, -a], *s.* (*a*) *Geol:* Strate *f*, couche *f*, gisement *m*; assise *f*; gîte *m* (de minerai, etc.). (*b*) Couche (d'air, etc.). *F:* **The various strata of society,** les différents étages de la société; les différentes couches sociales. *He has lived in every s. of society,* il a vécu dans tous les mondes. *The deepest strata of the soul,* le tréfonds de l'âme.

stratus ['streitəs], *s. Meteor:* Stratus *m*; nuage *m* en bandes.

stravaig [stra'veig], *v.i. Dial: esp. Scot:* Errer; vagabonder.

straw[1] [strɔː], *s.* **1.** Paille *f*. *Loose s.,* paille de litière. **Rice-straw,** paille de riz; paille d'Italie. *F:* **Man of straw,** homme *m* de paille, de carton. *See also* JACK-STRAW. **Bundle of straw,** botte *f* de paille. **Straw-stack,** meule *f* de paille. **Straw roof,** toiture *f* en paille. **Straw case** (*for bottle*), paillon *m* de bouteille. *Paperm:* **Straw pulp,** pâte *f* de paille. **2.** Paille; chalumeau *m*; fétu *m*. **To drink lemonade through a straw,** boire de la limonade avec une paille. *F:* **It is not worth a straw,** cela ne vaut pas un fétu, *A:* un zeste; ça ne vaut pas quatre sous; *P:* ça ne vaut pas tripette. *F:* **To cling to a straw,** se raccrocher à un brin d'herbe. **To cling to every straw,** se raccrocher à tout. **Straw in the wind,** indication *f* d'où vient le vent; indication de l'opinion publique. *Prov:* **It's the last straw that breaks the camel's back,** la sur somme abat l'âne; une goutte d'eau suffit pour faire déborder le vase. **It's the last straw!** c'est le comble! cela comble la mesure! il ne manquait plus que cela! *As a last s.,* pour comble de malheur. *That would be the last s.!* ça serait complet! *This bad news was the last s.,* cette mauvaise nouvelle m'acheva. *See also* BRICK[1] I, CARE[2] I, CHEESE-STRAWS, CLUTCH[2], LONG-STRAWS. **3.** = STRAW HAT. **Dunstable straws,** chapeaux de paille fabriqués à Dunstable.

'straw-bearing, *a. Bot:* Culmifère.

'straw-'bed, *s.* Lit *m* de paille.

'straw-board, *s.* Carton *m* paille.

'straw boss, *s. U.S: P:* Aide *m* du contremaître (dans un atelier).

'straw-'bottomed, *a.* A fond de paille. *S.-b. chair,* chaise *f* de paille; chaise paillée.

'straw colour, *s.* Couleur *f* paille *inv*.

'straw-coloured, *a* (Jaune) paille *inv*. *S.-c. mane,* crinière paillée.

'straw-cutter, *s.* Hache-paille *m inv*.

'straw 'hat, *s.* Chapeau *m* de paille. *Boating s. hat,* canotier *m*, régate *f*.

'straw loft, *s.* Pailler *m* (d'écurie, etc.).

'straw 'mat, *s.* Paillasson *m*.

'straw 'mattress, *s.* Paillasse *f*.

'straw 'rope, *s.* Torche *f* de paille; **corde** *f* **en paille.** **Straw-rope shoes,** espadrilles *f*.

'straw-splitter, *s. F:* = HAIR-SPLITTER.

'straw-splitting, *s. F:* = HAIR-SPLITTING I.

'straw-stuffed, *a.* Bourré de paille; empaillé.

'straw 'vote, *s. Pol: etc:* Vote *m* d'essai à un meeting, etc., pour se rendre compte des tendances de l'opinion.

'straw 'wine, *s. Winem:* Vin *m* de paille.

'straw-worm, *s. Fish:* (Ver) caset *m*.

'straw yard, *s.* Pailler *m*.

'straw-'yellow, *a.* Jaune paille *inv.*

straw[2], *v.tr.* **1.** (*a*) Pailler, couvrir de paille (le plancher, la cour, etc.). (*b*) Pailler, rempailler (une chaise). **2.** *A:* = STREW.

strawberry ['strɔːbəri], *s.* **1.** *Bot: Hort:* (i) (*Fruit*) Fraise *f*; (ii) (*plant*) fraisier *m*. **Wild strawberry, wood strawberry,** *U.S:* **field strawberry,** (petite) fraise des bois. *See also* HAUTBOY 2, PINE-STRAWBERRY. **2.** **Strawberry jam,** confiture *f* de fraises. **Strawberry ice,** glace *f* aux fraises, à la fraise. *F:* **The strawberry leaves,** la couronne ducale. **Crushed strawberry,** (couleur) fraise écrasée *inv.* *Crushed s. ribbons*, rubans *m* fraise écrasée. *See also* TOMATO 2.

'strawberry bed, *s.* Planche *f*, plant *m*, de fraisiers.

'strawberry blite, *s.* Épinard *m* fraise; blette *f* à tête.

'strawberry bush, *s.* *Bot: U.S:* Calycanthe *m*.

'strawberry field, *s.* Plantation *f* de fraisiers; fraiseraie *f*.

'strawberry mark, *s.* Fraise *f* (sur la peau); tache *f* de vin (congénitale).

'strawberry 'pear, *s.* *Bot:* Cierge *m*.

'strawberry 'spinach, *s.* = STRAWBERRY BLITE.

'strawberry-tree, *s.* *Bot:* Arbousier commun; *F:* arbre *m* à fraises.

strawy ['strɔːi], *a.* **1.** De paille; qui contient de la paille. *Agr:* **Strawy manure,** fumier pailleux. **2.** Qui a la couleur de la paille; jaunâtre.

stray[1] [strei]. I. *s.* **1.** (*a*) Animal égaré; bête perdue; animal errant. *Jur:* Bête *f* épave. (*b*) **Waifs and strays,** enfants moralement abandonnés. (*c*) *Jur:* Succession tombée en déshérence. **2.** *El:* (*a*) Dispersion *f*. **Magnetic stray field,** champ *m* de dispersion magnétique. **Stray lines,** lignes *f* de dispersion. **Stray induction,** induction *f* par dispersion. (*b*) *pl.* *W.Tel:* **Strays,** bruissements *m* parasites; (bruits *m* de) friture *f*; crissements *m*, crachements *m*. **3.** *Cin:* **Stray angle** *of the screen*, angle *m* de diffusion de l'écran. **4.** *Nau:* **Stray(-line),** houache *f* (de loch). **Stray mark,** (marque *f* de la) houache (de loch).

II. **stray,** *a.* **1.** (*Of animal*) Égaré, errant. *Jur:* Épave. *See also* SHEEP 1. **2.** (*a*) Égaré, isolé. *S. bullets*, balles égarées, perdues. *S. thoughts*, pensées détachées. *A few s. houses*, quelques maisons isolées, espacées, éparses. *We had no friends, only a few s. acquaintances*, nous n'avions pas d'amis, seulement quelques connaissances de hasard, de passage. *A s. beam of sunshine*, une coulée de soleil. (*b*) *Opt: Cin: etc:* **Stray light,** lumière diffuse.

stray[2], *v.i.* (*a*) S'égarer, errer, vaguer; (*of sheep, etc.*) s'écarter du troupeau. *To s. from the right path*, s'écarter du bon chemin; se dévoyer. **To let one's thoughts stray,** laisser vaguer, laisser errer, laisser vagabonder, ses pensées. **To stray from the point,** sortir du sujet. (*b*) *El:* (*Of current*) Se disperser.

strayed, *a.* Égaré, isolé, détaché; perdu.

straying[1], *a.* Égaré, errant, dévoyé.

straying[2], *s.* Égarement *m*; sortie *f* du bon chemin ou du droit chemin.

strayer ['streiər], *s.* Égaré, -ée.

strayless ['streiləs], *a.* *El:* Sans dispersion.

streak[1] [striːk], *s.* **1.** Raie *f*, rayure *f*, bande *f*, strie *f*; (*on flowers, leaves*) panache *m*, panachure *f*; sillon *m* (de feu). **Streak of light,** trait *m*, bande, sillon, filet *m*, filtrée *f*, de lumière. *S. of sunlight*, coulée *f* de soleil. *The sun cast streaks of light on the floor*, le soleil zébrait le plancher. **The first streak of dawn,** la première lueur du jour; le point du jour. *Streaks of smoke drift across the sky*, des fumées *f* se traînent dans le ciel. *Geog: F:* **The silver streak,** la Manche. *Phot:* **Black streaks** *on a negative*, vermicelles noirs sur un cliché. *See also* RED-STREAK. **Like a streak of lightning,** comme un éclair. *See also* LIGHTNING. *U.S:* **To run like a streak,** partir comme l'éclair. **We made a streak for the house,** nous nous sommes élancés vers la maison. **2.** **Streak of ore,** bande, filon *m*, de minerai. *F:* **I've had a streak of luck,** je tiens le filon; j'ai eu un coup de veine. **Soft streak** (*in oil-stone*), moulière *f*. **There is in him a streak of Irish blood,** il y a en lui une trace de sang irlandais. *There was a* **yellow streak** *in him*, il y avait de la lâcheté dans sa nature. **A streak of irony,** une pointe, un filet, d'ironie. *There is a s. of eccentricity in his character*, il y a dans sa nature une légère dose d'excentricité.

'streak plate, *s.* *Ch: Miner:* Plaque *f* de biscuit (de porcelaine) pour essais à la touche.

streak[2]. **1.** *v.tr.* (*a*) Rayer, strier, barioler, panacher, vergeter, zébrer. *The sky is streaked with smoke*, des fumées *f* se traînent dans le ciel. *Coat streaked with black*, pelage rayé de bandes sombres. *Face streaked with scars*, visage lardé de cicatrices. *Sky streaked with shooting stars*, ciel sillonné d'étoiles filantes. *Wall streaked with damp*, mur couturé d'humidité. *Panes streaked with water*, vitres hachurées d'eau. *White marble streaked with red*, marbre blanc veiné de rouge. (*b*) (*With passive force*) Se rayer, se panacher. **2.** *v.i.* *F:* Aller, passer, comme un éclair. *He streaked off as fast as his legs would carry him*, il se sauva à toutes jambes.

streaked, *a.* Rayé, strié, bariolé, panaché; (bois) filandreux.

streaking, *s.* Raies *fpl*, rayures *fpl*, bandes *fpl*, stries *fpl*.

streak[3], *s.* = STRAKE. *See also* LAP-STREAK.

streakiness ['striːkinəs], *s.* État rayé, strié; vergeure *f* (d'un tissu). *Paint:* Embus *mpl*; *F:* cauchemar *m* des peintres.

streaky ['striːki], *a.* **1.** En raies, en bandes. **2.** Rayé, strié, bariolé, zébré, panaché. *Tex:* Vergé. *Geol:* Rubané, zoné. *S. complexion*, teint vergeté. **3.** (*Of bacon, meat*) Entrelardé.

stream[1] [striːm], *s.* **1.** (*a*) Cours *m* d'eau; fleuve *m*, rivière *f*. *See also* DOWN-STREAM, UP-STREAM. (*b*) Ruisseau *m*; (*small*) ru *m*. **Mountain stream,** torrent *m*. *Prov:* **Little streams make great rivers,** les petits ruisseaux font les grandes rivières. (*c*) Flot *m* (d'eau); ruissellement *m* (d'eau, etc.). *Heavy s. of water*, fort jet d'eau. *In a thin s.*, en mince filet. **2.** Coulée *f* (de lave); flot(s) *m(pl)*, torrent, jet (de lumière, de sang); flux *m*, torrent (de larmes, de paroles); flots (de gens); averse *f* (de félicitations). *People* **entered in streams,** les gens entraient à flots. *Unceasing s. of immigrants*, flux continu d'immigrants. *S. of cars*, défilé ininterrompu de voitures. *Streams of fire*, des rivières de feu. *To hold up the s. of traffic*, arrêter le flot de voitures. **In one continuous stream,** à jet continu. *See also* BLOOD[1] 1. **3.** Courant *m*; *Nau:* lit *m* du courant. **With the stream,** dans le sens du courant; au fil de l'eau. **Against the stream,** contre le courant; à contre-courant. **To go with the stream,** suivre le courant (du fleuve, *F:* de l'opinion, etc.). *To let a boat run with the s.*, lâcher un bateau à la lancée. *F:* **In the main stream of French tradition,** en plein dans l'axe *m* de la tradition française. *See also* GULF 1, SWIM[2] 1.

'stream-anchor, *s.* *Nau:* Ancre *f* d'embossage.

'stream-cable, *s.* *Nau:* Câble *m* d'embossage.

'stream-gold, *s.* *Min:* Or *m* alluvionnaire; or alluvien; or de lavage.

'stream-line[1], *s.* **1.** *Hyd:* (*a*) Fil *m* de l'eau. (*b*) Courant naturel (d'un fluide). **2.** *Aut: Av:* Ligne fuyante, fuselée. **Body stream-line,** ligne profilée de carrosserie. **Stream-line body,** carrosserie profilée, carénée; carène *f*. **Stream-line car,** voiture carénée; voiture aérodynamique.

'stream-line[2], *v.tr.* Caréner (une auto, etc.).

stream-lined, *a.* *Aut: Av:* Caréné, fuselé, profilé, effilé. *S.-l. fuselage*, fuselage *m* aérodynamique. *S.-l. cowling*, capotage *m* à avant profilé. *Aut:* **Stream-lined coach-work,** carrosserie carénée, aérodynamique. *Rail:* *S.-l. rail-car*, autorail *m* aérodynamique.

stream-lining, *s.* Carénage *m*, profilage *m*.

'stream novel, *s.* Roman *m* fleuve.

'stream power, *s.* Énergie *f* hydraulique; *F:* houille verte.

'stream-tin, *s.* Étain *m* d'alluvion.

'stream-way, *s.* Chenal, -aux *m*, de cours d'eau.

stream[2]. **1.** *v.i.* (*a*) (*Of liquid*) Couler (à flots); ruisseler. *Blood was streaming from his mouth*, le sang lui sortait de la bouche. *Her eyes were streaming with tears*, ses yeux ruisselaient de larmes; ses larmes coulaient à flots. *The fugitives were streaming over the meadows*, les fuyards *m* traversaient les prés à flot continu. (*b*) (*Of hair, garment, banner*) Flotter (au vent). *Her hair streamed on the breeze*, ses cheveux *m* flottaient au gré du vent. **2.** *v.tr.* (*a*) Verser à flots, laisser couler (un liquide). *The river streamed blood*, la rivière coulait rouge. (*b*) *Nau:* Mouiller (une bouée). *See also* LOG[1] 2. (*c*) *Min:* Laver, débourber (le minerai).

stream forth, *v.i.* Jaillir.

stream in, *v.i.* (*Of sunlight*) Pénétrer à flots; (*of crowd*) entrer à flots.

stream out, *v.i.* **People streamed out,** les gens *m* sortaient à flots. *The light streams out of the window*, la lumière fuse par la fenêtre.

streaming, *a.* **1.** Qui coule, qui jaillit; ruisselant. **Face streaming with tears,** visage ruisselant, inondé, de larmes. **To be streaming with perspiration,** ruisseler par tous les pores; être en nage; être trempé de sueur. *F:* **To have a streaming cold,** avoir un fort rhume de cerveau. **2.** Flottant (au vent). *S. hair*, cheveux épars au vent.

streamer ['striːmər], *s.* **1.** Banderole *f*. *Nau:* Flamme *f*. **(Paper) streamers,** serpentins *m* (de carnaval, etc.). **2.** *pl.* *Meteor:* **Streamers,** (i) lumière *f* polaire; aurore boréale; (ii) flèches *f* de la couronne solaire (pendant une éclipse).

streamless ['striːmləs], *a.* **1.** (*Of water*) Sans courant. **2.** (*Of district*) Sans cours d'eau.

streamlet ['striːmlet], *s.* Petit ruisseau; ruisselet *m*; ru *m*.

streek [striːk]. **1.** *v.tr.* *Scot:* **To streek a body,** faire la toilette d'un mort. **2.** *v.i.* *F:* = STREAK[2] 2.

street [striːt], *s.* (*a*) Rue *f*. *The main streets of the town*, les grandes artères (de circulation) de la ville. *Adm:* **Adopted street,** rue entretenue par la municipalité. **The streets,** la voirie urbaine. *See also* BACK-STREET, HIGH I. 4, MAIN[2] 2, ONE-WAY 2, QUEER[1] 1, SHOPPING, SIDE[1] 6. *F:* **To turn s.o. into the streets,** mettre qn sur le pavé. **To walk the streets,** courir les rues; battre le pavé. (*Of prostitute*) **To walk the streets, to be on the streets,** faire le trottoir, le raccroc, la retape. **The man in the street,** Monsieur Tout-le-Monde; l'homme moyen, ordinaire; l'homme de la rue; le bon public, le grand public, le gros public; le premier venu. *F:* **The Street,** (i) *Journ:* (c.-à-d. *Fleet Street*) le monde des journalistes; (ii) *U.S:* (c.-à-d. *Wall Street*) le monde financier. *See also* WALL STREET. *F:* **Not to be in the same street with s.o.,** n'être pas de taille avec qn; être de beaucoup inférieur à qn. **He is cleverer than you by long streets,** il est de beaucoup plus habile que vous. *He is streets above you*, il vous dépasse du tout au tout. **Manners of the street,** mœurs *f* de gamin des rues. **Street level,** rez-de-chaussée *m inv.* **Street fountain,** borne-fontaine *f*, *pl.* bornes-fontaines. **Street dress,** costume *m* de ville. **Street accidents,** accidents *m* de la circulation. **Street cries, street calls,** cris *m* des marchands ambulants, etc.; cris de la rue. **Street musician,** musicien, -ienne, des rues, de carrefour. *St.Exch:* **Street market,** marché *m* après Bourse. *See also* ORGAN 1, PHOTOGRAPHY. (*b*) (*Opposed to footway*) La chaussée.

street-'arab, *s.* Gamin *m* des rues; (*in Fr.*) gavroche *m*, titi *m*.

'street-'door, *s.* Porte *f* sur la rue; porte d'entrée, de devant.

'street-'guide, *s.* Indicateur *m* des rues.

'street-'lamp, *s.* Réverbère *m*.

street-'lighting, *s.* Éclairage *m* des rues.

street-'orderly, *s.* Balayeur *m* de rues.

'street-plate, *s.* Plaque indicatrice de rue; plaque nominatrice de rue.

street-'porter, *s.* Commissionnaire *m*.

street-'railway, *s.* *U.S:* Tramway *m*.

'street-sweeper, *s.* **1.** Balayeur *m* de rues. **2.** (*Machine*)

Balayeuse *f* de rues. **Motor street-sweeper,** auto-balayeuse *f, pl.* autos-balayeuses.

'street-urchin, *s.* Gamin *m* ou gamine *f* des rues.

'street-walker, *s.f.* Fille de trottoir; *F:* péripatéticienne; *P:* pierreuse, raccrocheuse, racoleuse.

'street-walking, *s.* Prostitution *f* sur la voie publique; métier *m* de fille publique.

strength [streŋθ], *s.* **1.** (*a*) Force(s) *f(pl).* *S. of a man, of a horse,* force d'un homme, d'un cheval. *S. of body,* force corporelle. *S. of a current,* force d'un courant; *El:* intensité *f* d'un courant. *Art: S. of a colour,* intensité d'une couleur. *S. of a wine, of an acid,* force d'un vin, d'un acide. *S. of the tea,* degré *m* d'infusion du thé. **Alcoholic strength,** teneur *f* en alcool, degré d'alcool, degré alcoolique (d'un vin, etc.). *Ch:* **Strength of a solution,** titre *m,* teneur, d'une solution. **Strength of mind,** fermeté *f* d'esprit; force de caractère. **Strength of will,** résolution *f.* *S. of intellect,* vigueur intellectuelle. **By strength of arm,** à force de bras. **By sheer strength,** de vive force; de haute lutte; à force de bras. *That is too much for my s.,* c'est au-dessus de mes forces. **To recover, regain, strength; to recruit, revive, one's strength; to acquire new strength,** se rétablir, se remonter; reprendre des forces; recouvrer ses forces; reprendre vigueur; se retremper; *F:* se remettre d'aplomb. **You must keep up your strength,** il faut vous sustenter. **To build up one's strength again,** se reconstituer. *She had no s. left to answer,* elle n'avait plus la force de répondre. **On the strength of . . .,** sur la foi de . . ., se fiant à . . ., s'appuyant sur. . . . *I did it on the s. of your promise,* je l'ai fait sur la foi de votre promesse. *Promoted to the aristocracy on the s. of her father's millions,* promue à l'aristocratie de par les millions de son père. *It is impossible to negotiate on the s. of samples,* on ne peut pas se baser sur des échantillons pour négocier. *See also* LOSE 1, TOWER[1] 1, UNITY 2. (*b*) Solidité *f,* rigidité *f,* résistance *f* (d'une poutre, d'une corde); ténacité *f* (du papier, etc.); robustesse *f* (d'un meuble, etc.). *S. of a building, of a scaffolding,* solidité d'un bâtiment, d'un échafaudage. *S. of a friendship,* solidité d'une amitié. *Mec:* **Strength of materials,** résistance des matériaux. **Bending strength,** résistance à la flexion. **Tensile strength,** (force de) résistance à la tension; limite *f* élastique à la traction. **Breaking strength, ultimate strength,** résistance à la rupture; résistance extrême; résistance limite; ténacité extrême. **Crushing strength, compressive strength,** résistance à l'écrasement. (*c*) Force (d'un joueur d'échecs, etc.). **2. To be present in great strength,** être présents en grand nombre. **To be there in full strength,** assister (à la cérémonie, etc.) au grand complet. **3.** *Mil:* Effectif(s) *m(pl)* (d'un régiment). **Fighting strength,** effectif mobilisable. *War s., peace s.,* effectif de guerre, de paix. **To bring a battalion up to strength,** compléter, recruter, un bataillon. *Bringing up to s.,* complétement *m,* recomplétement *m.* *Navy:* **Squadron at full strength,** escadre *f* au grand complet. **To be taken on the strength,** être porté sur les contrôles *m.* *To be on the s.,* figurer sur les contrôles. **Not on the strength,** hors cadre. *To bring men on to the s.,* incorporer des soldats. **To strike s.o. off the strength,** rayer qn des cadres, des contrôles; désenrôler qn.

strengthen ['streŋθ(ə)n]. **1.** *v.tr.* Consolider, assurer (un mur, une maison); renforcer (une poutre, une garnison); fortifier (qn, le corps); assurer (la main de qn); (r)affermir (l'autorité de qn). *To s. the hand(s) of the government,* rendre le gouvernement plus fort. *To s. a law,* renforcer une loi. *Trunk with strengthened corners,* malle *f* à coins renforcés. *His answer strengthened my opinion,* sa réponse renforça, accentua, mon opinion. *To s. a solution,* augmenter la concentration d'une solution. *Typ:* **To strengthen a colour,** charger une couleur. **2.** *v.i.* (*a*) Se fortifier, se renforcer, s'affermir. (*b*) Prendre, reprendre, des forces.

strengthening[1], *a.* Fortifiant; (*of drink, etc.*) remontant; *Med:* confortant.

strengthening[2], *s.* Renforcement *m,* renforçage *m,* consolidation *f,* (r)affermissement *m;* armement *m* (d'une poutre, etc.). *El:* Renforcement (du courant). *Mec.E: etc:* **Strengthening piece,** renfort *m.* *Nau:* **Strengthening band,** bande *f* de renfort (d'une voile).

strengthener ['streŋθənər], *s.* **1.** Renfort *m,* liaison *f;* affermissement *m.* **2.** *Med:* Fortifiant *m.*

strenuous ['strenjuəs], *a.* **1.** (*Of pers.*) Actif, agissant, énergique; toujours au travail. **2.** (*Of conflict, etc.*) Acharné; (*of effort*) tendu; (*of work*) ardu, opiniâtre. *S. profession,* métier *m* où l'on peine beaucoup. *S. life,* vie toute d'effort. **The strenuous life,** la vie intense. *To offer s. opposition,* faire une opposition vigoureuse (*to,* à). *To make s. efforts to accomplish sth.,* tendre tous ses efforts vers l'accomplissement de qch. *Through much s. work,* à force de labeur; à force d'énergie. **-ly,** *adv.* Vigoureusement; avec zèle, avec acharnement. *To work s. in order to . . .,* travailler énergiquement, travailler d'arrache-pied, afin de. . . .

strenuousness ['strenjuəsnəs], *s.* Ardeur *f,* vigueur *f,* zèle *m,* acharnement *m.*

Strephon ['strefən]. *Pr.n.m. Lit:* Type du jeune berger amoureux; = Céladon. (Personnage de "l'Arcadie" de Sidney, 1590.)

strepitous ['strepitəs], *a. Lit:* Bruyant, tumultueux.

streptococcic [streptoʹkɔksik], *a. Bac:* Streptococcique.

streptococcus, *pl.* **-cocci** [streptoʹkɔkəs, -ʹkɔksai], *s.* Streptocoque *m.*

stress[1] [stres], *s.* **1.** Force *f,* contrainte *f.* **Stress of weather,** gros temps; violence *f* du temps; *Nau:* temps forcé. *Compelled by s. of weather to . . .,* forcé par le gros temps de. . . . **Under stress of poverty,** poussé par la misère. **2.** (*a*) *Mec: Mec.E:* Effort (subi); tension *f,* travail *m.* **Tractive stress,** sollicitation *f* (d'une force). **Tension stress,** travail à la tension. *Diagram of stresses,* **stress diagram,** épure *f* des efforts. **Allowable stress, working stress,** effort admissible en pratique; résistance *f* pratique. **Working unit stress,** effort unitaire admissible. **Breaking stress,** effort de rupture; résistance de rupture. **Bending stress,** effort de flexion; moment *m* de flambage. *Metall:* **Casting stress,** tension de coulée. *Internal stresses in a cooling body,* tensions au sein d'un corps qui se refroidit. (*Of beam*) **To be in stress,** travailler. *Subjected to great s.,* assujetti à des efforts considérables. *See also* SHEARING 1, TENSILE 2. (*b*) *Times of slackness and times of s.,* temps *m* de relâchement et temps d'effort. **Period of storm and stress,** période *f* de trouble et d'agitation *f.* **3.** (*a*) Insistance *f.* **To lay stress on a fact,** insister sur un fait; s'arrêter à, sur, un fait; attacher de l'importance à un fait; faire ressortir un fait. *To lay s. on a word,* insister, peser, sur un mot; *F:* souligner un mot. *To lay s. on a syllable,* appuyer sur une syllabe. (*b*) *Ling:* **Stress(-accent),** accent *m* (d'intensité); accent tonique; *Pros:* temps marqué. *S. on a syllable,* appui *m* de la voix sur une syllabe. *The s. falls upon . . .,* l'accent tonique tombe sur. . . . *The laws of s. in English,* les lois de l'accentuation *f* en anglais; la tonétique anglaise.

'stress-limit, *s. Mec:* Limite *f* de travail, de fatigue.

'stress-mark, *s.* **1.** *Ling:* Accent écrit. **2.** *pl. Phot:* **Stress-marks,** marques *f* de frottement, d'abrasion; frottements *m.*

'stress-unit, *s. Mec:* Unité *f* de charge.

stress[2], *v.tr.* **1.** *Mec:* Charger, fatiguer, faire travailler (une poutre, etc.). (*Of beam*) *To be stressed,* travailler. **2.** Appuyer, insister, sur (qch.); souligner, peser sur (un mot); appuyer sur, accentuer (une syllabe). *He stressed the point that . . .,* il a fait valoir que . . .; il a fait ressortir ce fait que. . . . *Mus:* **To s. the melody,** faire sentir la mélodie; faire ressortir le chant.

stressed, *a. Ling:* (*Of syllable*) Accentué.

stressing, *s.* **1.** (*a*) Soulignement *m* (d'un mot); insistance *f* sur (un mot). (*b*) Accentuation *f.* **2.** *Mec:* **Alternate stressing,** effort *m* de rupture.

stretch[1] [stretʃ], *s.* **1.** (*a*) Allongement *m,* extension *f.* *S. of the arm,* extension du bras. *S. of the wings,* déploiement *m* des ailes. *With a yawn and a s.,* en bâillant et en s'étirant. *Rac:* **At full stretch,** à toute allure; ventre à terre. (*b*) Allongement ou élargissement *m* par traction; tension *f,* étirage *m.* *Cable-wire s.,* allongement d'un câble métallique. *Percentage of s.,* coefficient *m* d'allongement. *F:* **By a stretch of the imagination,** par un effort d'imagination. **By a stretch of language,** par une extension du sens des mots. **With every faculty on the stretch,** avec toutes ses facultés tendues. (*c*) Étendue *f,* portée *f* (du bras, du sens d'un mot). **Stretch of wing,** envergure *f.* **Stretch of the fingers** (*on the piano*), écart *m* des doigts. (*d*) Élasticité *f.* (*Of elastic fabric*) **With two-way stretch,** extensible dans les deux sens. *Mec:* **Stretch modulus,** module *m,* coefficient *m,* d'élasticité. **2.** (*a*) Étendue (de pays, d'eau, etc.); bande *f* (de terrain). *S. of road,* section *f* de route. *Long s. of straight road,* long ruban rectiligne. **Level stretch,** palier *m.* *Rac:* **The (home-)stretch,** la ligne droite. *Nau:* **To make a long stretch,** courir une longue bordée. (*b*) **For a long stretch of time,** longtemps. *F:* **At a stretch, at one stretch,** (tout) d'un trait, (tout) d'une traite; tout d'une haleine, tout d'une trotte; d'arrache-pied, d'affilée; sans débrider. *He has been working for hours at a s.,* voilà des heures qu'il travaille sans désemparer, sans discontinuer. *To ride ten leagues at a s.,* faire dix lieues d'une chevauchée, d'une seule traite. *P:* **He is doing his stretch,** il tire, fait, de la prison. **To do a long stretch,** faire de longues années de prison. **3.** *Min:* Direction *f* (d'un filon).

stretch[2]. **1.** *v.tr.* (*a*) Tendre (de l'élastique); tendre, tirer, bander (une courroie, un câble, un ressort); retendre (une courroie); étendre, élargir (des souliers, des gants); renformer (des gants); détirer (le linge, le cuir). *To s. a bow,* tendre, bander, un arc. *To s. one's shoes by use,* faire ses souliers. *To s. trousers,* mettre un pantalon sur tendeur ou sous presse. *F:* **It made me stretch my eyes,** cela m'a fait écarquiller les yeux. (*b*) **To stretch oneself,** *abs.* **to stretch,** s'étirer; se détirer. **To stretch one's legs,** allonger les jambes; *F:* se dégourdir, se dérouiller, les jambes. (*Of bird, etc.*) *To s. its wings,* étendre, déployer, ses ailes. **He lay stretched on the ground,** il était étendu de tout son long par terre. (*c*) Forcer (le sens d'un mot, etc.). **To stretch the law,** faire violence à la loi; donner une entorse au code. *To s. a privilege,* abuser d'un privilège. **To stretch the truth, to stretch veracity too far,** outrepasser les bornes de la vérité; exagérer, hâbler. *F:* **To stretch a point,** faire une concession; faire une exception (en faveur de qn). (*d*) *To s. a rope across the room,* tendre une corde à travers la pièce. *Nau: To s. an awning over the deck,* établir une tente sur le pont. **2.** *v.i.* (*a*) S'étirer; s'élargir ou s'allonger; (*of elastic*) s'étendre, s'allonger; (*of rope*) rendre; (*of gloves, etc.*) s'étendre, s'élargir. *Material that stretches,* étoffe *f* qui prête. *Rope that has stretched,* corde *f* qui a pris de l'allongement, qui s'est détendue. *Nau: Canvas that stretches,* toile *f* qui adonne. (*b*) Être susceptible d'extension. *Phot: Stretching-leg tripod,* pied *m* à branches télescopiques. (*c*) S'étendre. *The valley stretches southward,* la vallée s'étend vers le sud. *The road stretches away into the distance,* la route se déroule au loin. *His mouth stretches from ear to ear,* il a la bouche fendue jusqu'aux oreilles. *F:* **My means will not stretch to that,** mes moyens (pécuniaires) ne vont pas jusque-là.

stretch out. **1.** *v.tr.* (*a*) Allonger, développer (le bras, la jambe). **To stretch oneself out on the ground, at full length,** s'étendre, s'allonger, par terre; s'étendre tout de son long. **To stretch s.o. out (on the ground),** (i) étendre qn par terre tout de son long; (ii) envoyer qn rouler par terre; (iii) assommer qn raide. (*b*) *To s. out one's hand,* tendre, avancer, la main. *Abs.* **To stretch out to reach sth.,** tendre la main pour atteindre qch. (*Of race-horse*) **To stretch out (its legs),** aller ventre à terre. (*c*) *Abs. Row:* **To stretch out,** souquer sur les avirons. **2.** *v.i.* (*Of column on the march, of line of runners, etc.*) S'étirer.

stretched, *a.* **1.** (*a*) (Corde *f,* etc.) raide. (*b*) *F:* (*Of language, etc.*) Forcé, exagéré; poussé trop loin. **2.** (Élastique, etc.) qui a perdu son élasticité; allongé; (ressort) fatigué, détendu.

stretching, *s.* **1.** Tension *f.* **2.** Allongement *m,* élargissement *m.*

'stretching-frame, *s.* Stirator *m* (de dessinateur).
'stretching-iron, *s. Leath:* Étire *f*.
'stretching-roll, -roller, *s. Ind:* Rouleau tendeur.
'stretching-screw, *s.* **1.** Tendeur *m*; vis *f* de tension. **2.** *pl. Nau:* Ridoir *m* à vis.

stretcher ['stretʃər], *s.* **1.** *Tex:* (*Pers.*) Étireur, -euse (de soie, etc.). **2.** (*a*) Tendeur *m*; tenseur *m* (de hauban, etc.). **Trouser-stretcher,** tendeur, extenseur *m*, de pantalons. **Boot-stretchers,** tendeurs (pour chaussures); conformateurs *m*. *See also* GLOVE-STRETCHER. (*b*) *Art:* **Canvas-stretcher,** châssis *m* (de toile d'artiste). (*c*) *Leath:* Étire *f*. **3.** (*a*) Bois *m* d'écartement (de hamac); traverse *f* (de tente); arc-boutant *m*, *pl.* arcs-boutants (d'un parapluie). (*b*) Barreau *m*, bâton *m* (de chaise); sommier *m* (de scie à châssis). *Const:* (*Tie-beam*) Tirant *m*, entrait *m* (de comble). **4.** (*a*) Brancard *m*, civière *f*. **To carry s.o. on a stretcher,** porter qn sur une civière; *F:* brancarder qn. (*b*) Lit *m* de camp; lit de sangle. **5.** *Nau:* Marchepied *m* de nage, barre *f* des pieds, traversin *m* (d'une embarcation). **6.** *Const:* (*In masonry*) Carreau *m*; panneresse *f*. **Stretcher-bond,** appareil *m* en panneresses. **7.** *F:* Histoire difficile à avaler; *P:* histoire un peu forte de café.
'stretcher-bearer, -man, *s.* Brancardier *m*, ambulancier *m*.
'stretcher-party, *s.* Détachement *m* de brancardiers.
'stretcher-pulley, *s. Mec.E:* Tendeur *m* de courroie.
'stretcher-rod, *s. Rail:* Tringle *f* d'écartement (des aiguilles).

stretto, *pl.* **-ti** ['stretto, -ti], *s. Mus:* Strette *f* (d'une fugue).

strew [struː], *v.tr.* (*p.p.* **strewed** [struːd] *or* **strewn** [struːn]) **1.** **To strew sand over the floor,** jeter, répandre, du sable sur le plancher. *They strewed flowers in his path,* on éparpillait, on répandait, des fleurs sur son passage; on faisait une jonchée de fleurs sur son passage. *Fragments of the statue lie strewn about the pavement,* des débris *m* de la statue jonchent le pavé. **2.** **To strew the floor with sand, with flowers,** couvrir le plancher de sable; joncher, parsemer, le plancher de fleurs. *They strewed his path with flowers,* on répandait des fleurs sur son passage. *The path was strewn with rose petals,* le chemin était jonché de pétales de rose. *The ground was strewn with rushes, with dead,* une jonchée de roseaux, de morts, recouvrait le sol. **To strew a table with papers,** étaler des papiers sur une table.
strewing, *s.* Jet *m*, jonchement *m* (de fleurs, etc.).

stria, *pl.* **-ae** ['straia, -iː], *s.* **1.** *Arch:* Listel *m*, listeau *m* (de colonne). **2.** (*a*) *Anat: Bot: Geol:* Strie *f*, striure *f*; cannelure *f* (sur la tige d'une plante, etc.). *Geol:* **Glacial striae,** stries glaciales. (*b*) *S. of light,* raie lumineuse.

striate¹ ['straiet], **striated** [strai'eitid], *a. Nat.Hist: Geol: etc:* Strié.

striate² ['straieit], *v.tr.* Strier.

striation [strai'eiʃ(ə)n], *s. Nat.Hist: Geol: etc:* Striation *f*.

stricken [strikn]. *See* STRIKE².

strickle¹ [strikl], *s.* **1.** *Meas:* Racloire *f*. **2.** *Metall:* Trousse *f*, trousseau *m*; gabarit *m*; râble *m*. **3.** *Husb:* Pierre *f* à aiguiser (les faux).

strickle², *v.tr. Metall:* Trousser (le moule).
strickling, *s.* Troussage *m*.

strict [strikt], *a.* **1.** Exact; strict. (*a*) Précis. **In the strict, the strictest, sense of the word,** au sens précis, rigoureux, du mot; dans le sens strict, exact, dans le sens le plus étroit, du mot. (*b*) Rigoureux. *To observe s. neutrality,* observer une neutralité rigoureuse. *He lives in s. seclusion,* il vit dans une retraite rigoureuse, absolue. *It was told me* **in strictest confidence,** on me l'a dit à titre tout à fait confidentiel, sous le sceau du secret le plus strict. *Com:* **Strict cost price,** prix de revient calculé au plus juste. *See also* TIME¹ 11. **2.** (Règlement, etc.) étroit, rigide. *He gave s. orders,* il a donné des ordres formels, rigoureux. *S. prohibition,* défense formelle. *S. obligation,* obligation stricte. **Strict discipline,** discipline *f* sévère. *S. etiquette,* étiquette *f* rigide. *S. censorship,* censure sévère, rigoureuse. *S. code of laws,* code de lois sévère, rigoureux. *S. diet,* régime exact. *S. fast,* jeûne *m* austère, sévère. **Strict morals,** morale stricte, rigide; mœurs *f* sévères. *S. Protestant,* protestant *m* rigide. *To keep s. watch over s.o.,* exercer sur qn une surveillance rigoureuse, sévère. *Jur:* **Strict time-limit,** délai *m* péremptoire. **3.** (*Of pers.*) Sévère. **To be strict with s.o.,** être sévère avec, envers, pour, qn; traiter qn avec beaucoup de rigueur. **To keep a strict hand over s.o.,** traiter qn avec sévérité; *F:* tenir à qn la bride courte. *See also* EYE¹ 1 (*d*). **-ly,** *adv.* **1.** Exactement, rigoureusement. *To define one's terms s.,* définir ses termes avec précision. *To correspond s. to . . .,* correspondre exactement à. . . . **Strictly speaking,** à proprement parler; à parler rigoureusement; rigoureusement parlant; à vrai dire; à dire vrai. **2.** Étroitement; strictement. **Smoking (is) strictly prohibited,** défense formelle, défense expresse, de fumer. *It is s. forbidden,* c'est absolument défendu. *To adhere s. to a clause,* se montrer irréductible sur un article. *Applications should be sent in before September 10; this date will be s. adhered to,* les demandes devront être remises avant le 10 septembre, terme de rigueur. *To guard s.o. s.,* surveiller étroitement qn. **3.** Sévèrement; (traité, élevé) avec rigueur.

striction ['strikʃ(ə)n], *s. Geom:* **Curve of striction, line of striction,** ligne *f* de striction *f*.

strictness ['striktnəs], *s.* **1.** Exactitude rigoureuse, précision *f* (d'une traduction, etc.). **2.** Rigueur *f* (des règles, etc.); sévérité *f* (de la discipline, etc.).

stricture ['striktjər], *s.* **1.** *Med:* Rétrécissement *m* (du canal de l'urètre, de l'œsophage); étranglement *m* (de l'intestin). **2.** (*Usu. pl.*) **To pass strictures (up)on s.o., sth.,** exercer sa critique sur qn, qch.; trouver à redire à qch.; *F:* bêcher qn.

strictured ['striktjərd], *a. Med:* (Canal, etc.) rétréci.

stridden [stridn]. *See* STRIDE².

stride¹ [straid], *s.* (Grand) pas; enjambée *f*. *To walk with big strides,* marcher à grands pas, à grandes enjambées. *Sp:* To shorten, lengthen, the stride, raccourcir, allonger, la foulée. *Horse with a good length of s.,* cheval *m* au trot allongé. **To make great strides,** (i) marcher, avancer, à grands pas; (ii) *F:* faire de grands progrès. *The mining industry has made great strides,* l'industrie minière a pris un grand essor. *Science has made great, rapid, strides,* la science a réalisé de sérieux progrès, des progrès rapides. *Rac:* *To take the hurdles in one's s.,* franchir chaque haie d'une enjambée, sans changer d'allure. *F:* **To take sth. in one's stride,** faire qch. sans le moindre effort. **To get into one's stride,** prendre son allure normale; attraper la cadence (d'un travail, etc.); aller de l'avant. *Wait till he has got into his s.,* attendez qu'il soit lancé. *See also* GIANT 1, 2.

stride², *v.* (*p.t.* **strode** [stroud]; *p.p.* **stridden** [stridn]) **1.** *v.i.* (*a*) Marcher à grands pas, à grandes enjambées. **To stride along, to stride out,** avancer à grands pas, à grandes enjambées. *To s. along the road, F:* arpenter la route. **To stride away,** s'éloigner à grands pas. *To s. out of the room,* sortir de la pièce d'un pas digne. *To s. over the fields,* parcourir les guérets à longues foulées. *To s. up and down a room,* arpenter une salle. **To stride up to s.o.,** avancer à grands pas vers qn. *F:* *Science is striding further ahead each year,* la science avance, progresse, à pas de géant d'année en année. (*b*) **To stride over sth.,** enjamber qch. **2.** *v.tr.* (*a*) Arpenter (les rues, etc.). (*b*) Enjamber (un fossé, etc.). (*c*) Enfourcher (un cheval, etc.). (*d*) Se tenir à califourchon sur (une branche, etc.); être à cheval sur (une bête).

stridency ['straidənsi], *s.* Stridence *f*.

strident ['straidənt], *a.* Strident. **-ly,** *adv.* Stridemment.

strideways ['straidweiz], *adv. U.S:* A califourchon.

stridor ['straidɔr], *s.* **1.** Strideur *f*; cri perçant. **2.** *Med:* **Strideur;** bruits striduleux.

stridulant ['stridjulənt], *a. Ent:* Stridulant.

stridulate ['stridjuleit], *v.i.* (*Of insect*) Striduler.

stridulation [stridju'leiʃ(ə)n], *s.* Stridulation *f*.

stridulous ['stridjuləs], *a. Med: etc:* Striduleux; *F:* (**bruit** *m*) rêche.

strife [straif], *s.* Lutte *f*; contestation *f*, différends *mpl*. *Policy of s.,* politique *f* de lutte. **To be at strife,** être en conflit, en lutte (*with*, avec). **To cease from strife,** mettre bas les armes.

striga, *pl.* **-gae** ['straiga, -dʒiː], *s.* **1.** *Ent:* Strie *f*; **rayure transversale.** **2.** *pl. Bot:* **Strigae,** poils *m* raides.

strigil ['stridʒil], *s. Gr. & Rom. Ant:* Strigile *m*.

strigose ['straigous], *a.* **1.** *Ent:* Strié. **2.** *Bot:* Hérissé.

strike¹ [straik], *s.* **1.** Coup *m*. *U.S:* (*Baseball*) Coup du batteur. (*Of snake*) **To make a strike at s.o.,** darder un coup de dents à qn. *To listen for the s. of the church clock,* écouter pour entendre sonner l'horloge de l'église. **2.** *Ind:* Grève *f*. **To go, to come out, on strike,** se mettre en grève. **To be on strike,** faire grève, être en grève. **Sympathetic strike,** grève de solidarité, de sympathie. *See also* CALL² I. 5, HUNGER-STRIKE¹, LIGHTNING, PICKET¹ 2, SIT-DOWN, STAY-IN. **3.** *Min:* Rencontre *f* (de minerai, de pétrole). *The importance of the new s.,* l'importance *f* du nouveau filon. *F:* **Lucky strike,** coup de veine. **4.** *Artil:* Souille *f* (d'un projectile rasant le sol). **5.** *Geol: Min:* Direction *f* (d'un filon). **6.** (*a*) *Typ:* Matrice (frappée). (*b*) (*In minting coins*) Campagne *f* de frappe; frappe *f*. **7.** = STRICKLE¹ 1, 2.
'strike-breaker, *s. Ind:* Briseur *m* de grève; *P:* **renard** *m*, jaune *m*.
'strike-clause, *s. Ins:* Clause *f* pour cas de grève.
'strike-pay, *s. Ind:* Allocation *f* de grève.

strike², *v.* (*p.t.* **struck** [strʌk]; *p.p.* **struck,** *A:* **stricken** [strikn]) I. *v.tr. & ind.tr.* **1.** (*a*) Frapper (qn, qch.). *Jur:* Porter la main sur (qn). *To s. s.o. in the face, on the mouth,* frapper qn à la figure, à la bouche. **To strike a blow at s.o., to strike at s.o., to strike s.o. a blow,** porter un coup à qn; asséner un coup à qn. **Without striking a blow,** sans coup férir. *Ready to s. a blow for liberty of speech,* prêt à se battre pour défendre la liberté de parole. *To be struck by a stone,* être frappé d'une pierre. (*Of ship*) *To be struck by a heavy sea,* essuyer un coup de mer. *Abs.* **To strike home,** frapper juste; porter coup. **To strike a weapon aside,** écarter une arme (d'un revers de main, etc.); *Fenc:* écarter l'épée d'une parade. *The hammer strikes (on) the metal,* le marteau frappe sur le métal. *To s. one's fist on the table,* frapper du poing sur la table; frapper la table du poing. *Nau:* **To strike the hour,** piquer l'heure. *Prov:* **Strike while the iron is hot,** il faut battre le fer quand il est chaud; *F:* il faut chauffer l'affaire. *See also* BELL¹ 1, FORCE¹ 3, ROOT¹ 1. (*b*) Frapper (une monnaie, une médaille). (*c*) *Mus:* Frapper (les touches du piano); toucher de (la harpe). **To strike a chord,** plaquer un accord. (*d*) *A:* **To strike hands (with s.o.),** toucher dans la main à qn; se toucher dans la main. *Strike hands on it!* touchez là! tope là! (*e*) **To strike a bargain,** faire, conclure, un marché; toper. **2.** (*a*) **To strike sparks out of, from, a flint,** faire jaillir des étincelles d'un silex; tirer du feu d'un caillou. *F:* **To strike a spark out of s.o.,** tirer de qn une lueur d'intelligence, un peu d'animation. **To strike a light,** battre le briquet; faire jaillir une étincelle. **To strike a match, a light,** allumer, enflammer, frotter, *F:* craquer, une allumette. (*With passive force*) **Matches that won't strike,** allumettes qui ne prennent pas, qui ne veulent pas prendre feu. (*b*) *El:* **To strike the arc,** amorcer l'arc, produire l'arc (entre les charbons). *To s. a vapour lamp,* amorcer une lampe à vapeur de mercure. **3.** (*a*) **To strike a knife into s.o.'s heart,** enfoncer un couteau dans le cœur de qn; donner à qn un coup de couteau en plein cœur. (*Of serpent*) *To s. its fang into sth.,* enfoncer son crochet dans qch. *Abs.* (*Of serpent*) **To strike,** foncer. **To strike terror into s.o.,** frapper qn de terreur. *The plant strikes its roots into the soil,* la plante enfonce ses racines dans le sol. **The plant strikes root,** *abs.* **strikes,** la plante prend racine, jette des racines, pousse des racines; la plante prend. *Tree striking root again,* arbre *m* qui reprend. *Slip that has struck,* greffe *f* qui a pris, qui a bien repris. **To strike a cutting,**

réussir une bouture. *To strike cuttings of a plant*, bouturer une plante. (*b*) *Fish:* Ferrer, piquer (le poisson). **4.** (*a*) **House, tree, struck by lightning,** maison frappée par la foudre; arbre foudroyé. *Lightning had struck the house, F:* la foudre était tombée sur la maison. (*b*) **To strike s.o. with wonder,** frapper qn d'étonnement. *Struck with terror*, frappé de terreur; saisi d'effroi. *Struck with panic, with dizziness*, saisi, pris, de panique, de vertige. (*Of lightning*) **To strike s.o. dead, blind,** foudroyer qn; frapper qn de cécité. *P:* **Strike me dead, blind, pink, if . . .!** du diable si . . .! je veux bien être pendu si . . .! *See also* AWE-STRUCK, DUMB[1] 1, HEAP[1], HORROR-STRUCK. **5.** Percer. *The rays s. through the mist*, les rayons *m* percent le brouillard. *The cold strikes (in)to one's very marrow*, le froid vous pénètre jusqu'à la moelle des os. **6.** (*a*) **To strike (against) sth.,** frapper, heurter, donner, contre qch.; se cogner à, contre, qch.; buter contre qch. *To s. one's head against the wall*, se cogner, se heurter, la tête, donner de la tête, contre le mur. *His head struck (against) the pavement*, sa tête a porté sur le trottoir. *Veh: The body strikes the axle*, la caisse talonne l'essieu, talonne sur l'essieu. (*Of ship*) **To strike (the) bottom,** *abs.* **to strike,** toucher (le fond); talonner. *See also* GROUND[2] 1. *To s. an obstruction*, rencontrer un obstacle. (*Of ship*) *To s. a mine*, heurter une mine. *The ship strikes (on) the rocks*, le navire donne, touche, sur les écueils. (*Of car*) *To s. a pedestrian*, tamponner un piéton. *The light strikes on an object*, la lumière frappe un objet. **A sound struck my ear,** un bruit me frappa l'oreille, frappa mon oreille. *A bright idea struck me*, il m'est venu une idée lumineuse. **The thought strikes me that . . .,** l'idée me vient que . . .; il me vient à l'idée que . . .; il me vient à l'esprit que. . . . (*b*) Faire une impression (quelconque) sur (qn). **How does, did, she strike you?** quelle impression vous a-t-elle faite? *He strikes me as (being) sincere*, il me paraît sincère; il me fait l'effet d'être sincère. *The place struck him as familiar*, l'endroit lui paraissait familier. *That is how it struck me*, voilà l'effet que cela m'a fait. **As it strikes me . . .,** à mon avis . . .; à ce qu'il me semble. . . . **It strikes me that . . .,** il me semble, il me paraît, il m'est avis, j'ai l'idée, que. . . . *It strikes me very forcibly that . . .*, il me semble plus que probable que. . . . *Did it never s. you that . . .?* ne vous est-il jamais venu à l'esprit que . . .? (*c*) Faire impression à (qn); impressionner (qn); frapper (l'œil, l'imagination); attirer (l'œil). *What struck me was . . .*, ce qui m'a frappé, c'est. . . . *F:* **To be struck on s.o.,** avoir un béguin pour qn. **To get struck on s.o.,** s'enticher de qn. *See also* AIR-STRUCK, STAGE-STRUCK. **7.** Tomber sur, découvrir (une piste, etc.); découvrir (un filon d'or). **To strike oil,** (i) atteindre une nappe pétrolifère; rencontrer, toucher, le pétrole; (ii) *F:* avoir du succès; faire une bonne affaire; trouver le filon; dénicher le bon filon. *F: He has struck oil;* **he has struck it rich,** il tient le filon. **I struck upon an idea,** j'ai eu une idée; une idée me vint à l'esprit. *See also* LUCKY[1]. **8.** (*a*) *Nau:* Amener, caler (une voile); abaisser, dépasser (un mât). **To strike one's flag, one's colours,** *abs.* **to strike,** *Nau:* amener, *Navy:* rentrer, haler bas, son pavillon; mettre pavillon bas; (*of town, etc.*) se rendre. *The admiral strikes his flag*, l'amiral rentre sa marque. (*b*) *Mil: etc:* **To strike tents,** abattre les tentes; plier, détendre, les tentes. **To strike camp,** lever le camp. (*c*) *Const:* **To strike the centre of an arch,** décintrer une voûte. **9.** *Ind:* **To strike work,** *abs.* **to strike,** se mettre en grève. *See also* HUNGER-STRIKE[2]. **10.** **To strike an attitude,** prendre une attitude dramatique; poser. **11.** (*a*) Tirer (une ligne); décrire (un cercle). (*b*) **To strike an average,** établir, prendre, une moyenne. *See also* BALANCE[1] 3. (*c*) **To strike a committee,** former, constituer, une commission, un bureau. *Jur:* **To strike a jury,** constituer un jury (après élimination des jurés récusés). (*d*) *Com:* Rader, raser (une mesure). **12.** *Tan:* Rebrousser (les peaux).

II. **strike,** *v.i.* **1.** (*Of clock*) Sonner. (*With cogn. acc.*) **The clock strikes the hour,** l'horloge *f* sonne l'heure. *The clock strikes five*, l'horloge sonne cinq heures, cinq coups. *It has just struck ten*, dix heures viennent de sonner. *It is striking two*, deux heures sonnent. *Twelve o'clock struck some minutes ago*, midi est sonné depuis quelques minutes. **His hour has struck,** son heure est sonnée, a sonné. **2.** Prendre (une certaine direction). *To s. across a field*, traverser un champ. **To strike across country,** prendre à travers champs. *To s. into the jungle*, s'enfoncer, pénétrer, dans la jungle. *We struck (off) to the left*, nous avons pris à gauche. *The road strikes (off) to the right*, la route tourne à droite. **3.** (*Of roots, etc.*) S'enfoncer (*into sth.*, dans qch.).

strike back. **1.** *v.tr. To s. s.o. back*, répondre au coup de qn. *If anyone strikes me I s. back*, si quelqu'un me frappe je rends le coup. **2.** *v.i.* (*a*) Rebrousser chemin. (*b*) (*Of gas-burner*) Avoir un retour de flamme.

strike down, *v.tr.* Abattre, renverser (qn, qch.) (d'un coup de poing, etc.); rabattre (la lame de l'adversaire, etc.) d'un coup sec. *He was struck down by apoplexy*, l'apoplexie *f* l'a foudroyé. *Stricken down by disease*, terrassé par la maladie.

striking down, *s.* Abattage *m*; renversement *m*.

strike in. **1.** *v.tr.* Enfoncer (un clou). **2.** *v.i.* (*a*) *Med:* (*Of gout*) Rentrer. (*b*) (*Of pers.*) S'interposer (dans une querelle); intervenir; interrompre. *She struck in with the remark that . . .*, elle est intervenue pour faire observer que. . . .

strike off, *v.tr.* **1.** Trancher, abattre, faire tomber, *F:* faire voler (la tête de qn); briser (les fers d'un prisonnier). *They struck off his head*, il fut décapité. *To s. off the heads of piles*, couper, araser, les têtes des pieux. **2.** (*a*) **To strike off a name from a list, to strike a name off a list,** biffer, rayer, radier, retrancher, éliminer, un nom d'une liste. *Mil:* **To strike s.o. off the strength,** rayer qn des contrôles. *Nau:* **To strike a ship off the lists,** déclasser un navire. *See also* ROLL[1] 2. (*b*) *Com:* (*Deduct*) *To s. off* 5%, déduire 5%; faire une réduction de 5%. **3.** *Typ:* Tirer (tant d'exemplaires). **4.** *To s. off an epigram, a short article*, improviser une épigramme, un petit article.

striking off, *s.* **1.** Rayure *f*, radiation *f* (d'un nom, etc.). *Jur:* Radiation (d'un avoué). **2.** *Typ:* Tirage *m* (à tant d'exemplaires).

strike out. **1.** *v.tr.* (*a*) Rayer, radier, biffer, raturer, barrer (un mot); tirer un trait sur (un mot). *To s. a passage out of a book*, retrancher un passage d'un livre. (*b*) Faire jaillir (des étincelles). (*c*) Tracer, ouvrir (une route). **To strike out a new line,** inventer une nouvelle méthode; se frayer un nouveau chemin. **2.** *v.i.* (*a*) **To strike out at s.o.,** allonger un coup à qn; porter un coup à qn. *To s. out right and left*, frapper à droite et à gauche. *Box: To s. out from the shoulder*, porter un coup droit (*at*, à). (*b*) (*Of swimmer*) *To s. out with one's arms*, lancer les bras en avant. (*c*) (*Of swimmer, skater*) S'élancer; partir rapidement. **I struck out for the shore,** je me mis à nager dans la direction du rivage. (*d*) *F:* **To strike out for oneself,** (i) voler de ses propres ailes; (ii) s'installer à son propre compte. *It is time I struck out for myself*, il est temps de songer à me faire une position.

striking out, *s.* Radiation *f*, rayure *f*, biffage *m* (d'un mot, etc.).

strike through, *v.tr.* Rayer, biffer (un mot, etc.).

strike up, *v.tr.* **1.** Entonner (une chanson); commencer de jouer (un morceau). *The band strikes up a waltz*, l'orchestre *m* attaque une valse. *Abs. On his arrival* **the band struck up,** à son arrivée la fanfare attaqua un morceau. **2.** Conclure, nouer (une alliance); contracter (une amitié). **To strike up an acquaintance, a friendship, with s.o.,** lier connaissance avec qn; se lier, se prendre, d'amitié avec qn. *To s. up a conversation with s.o.*, entrer en conversation avec qn. **3.** *Fenc: etc:* Relever (l'épée de l'adversaire) d'un coup sec. **4.** *Metall:* = STRICKLE[2].

stricken, *a. Lit:* **1.** (*a*) *Ven:* (Daim) blessé. (*b*) Frappé. *A:* **For three stricken hours,** pendant trois heures d'horloge, trois mortelles heures. **2.** (*Of pers.*) Affligé; éprouvé. **Stricken with grief,** accablé de douleur; en proie à la douleur. *S. with fever*, atteint d'une fièvre. *S. by a disease*, frappé d'une maladie. *He was s. in his soul*, il était frappé au cœur; il avait l'âme meurtrie. *See also* CONSCIENCE-STRICKEN, HEART-STRICKEN, HORROR-STRICKEN, PLAGUE-STRICKEN, POVERTY-STRICKEN, TERROR-STRICKEN. **3.** *A:* **Stricken in years,** avancé en âge; chargé d'années; écrasé sous le poids des années, *Lit:* des ans. **4.** *A. & Lit:* **Stricken field,** (i) bataille rangée; (ii) champ *m* de bataille, de carnage. **5.** *Com:* **Stricken measure** (*of corn, etc.*), mesure rase.

striking[1], *a.* **1.** **Striking clock,** pendule *f* à sonnerie; horloge sonnante. **2.** (Spectacle, etc.) remarquable, frappant, saisissant; (trait) saillant. *He made a s. picture*, il était impressionnant. *S. situation*, situation *f* dramatique. **-ly,** *adv.* D'une manière frappante, saisissante. *S. beautiful*, d'une beauté frappante.

striking[2], *s.* **1.** (*a*) Frappement *m*; coups *mpl. B.Hist:* **Striking of the rock,** frappement du rocher. *Row:* **Rate of striking,** cadence *f* de nage. *See also* ANGLE[1] 1, ENERGY 2. (*b*) Frappe *f* (de la monnaie). (*c*) *El:* Amorçage *m* (de l'arc). **2.** *Hort:* **Striking** (root), reprise *f* (d'une bouture, etc.). **3.** (*a*) *Nau:* Calage *m* (d'une voile). (*b*) *Mil:* **Striking camp,** levée *f* du camp; décampement *m*. *See also* CENTRE-STRIKING. **4.** Établissement *m* (d'une moyenne, d'un bilan). **5.** Sonnerie *f* (d'une horloge). **Second striking** (*of clock with double chime*), réplique *f*. **Striking mechanism,** sonnerie. **6.** *Ind:* Grèves *fpl.*

'striking-box, *s.* Gâche *f* (de pêne coulant).

'striking-distance, *s.* Portée *f*. **Within striking-distance,** à portée; à (la) portée de la main.

'striking-gear, *s.* = STRIKE-GEAR.

'striking-plate, *s.* Gâche *f* (de pêne coulant).

'strike-a-light, *s. A:* Briquet *m* (à silex); pierre *f* à feu.

'strike-box, *s.* = STRIKING-BOX.

'strike-gear, *s. Mec.E:* Passe-courroie *m*, *pl.* passe-courroies; embrayeur *m* ou débrayeur *m* (de courroie).

'strike-measure, *s. Com:* **1.** Mesurage *m* (du blé, etc.) à l'aide d'une règle à rader. **2.** Mesure rase.

'strike-plate, *s.* = STRIKING-PLATE.

striker ['straikər], *s.* **1.** (*Pers.*) (*a*) *Metalw: etc:* Frappeur, -euse. (*b*) Harponneur *m*. (*c*) *Tan:* Rebrousseur *m*. (*d*) *Ten:* **Striker-out,** relanceur, -euse. **2.** *Ind:* Gréviste *mf*. *See also* HUNGER-STRIKER. **3.** (*Device*) (*a*) Frappeur; (*of clock*) marteau *m*; (*of fire-arm*) percuteur *m*; (*of fuse*) rugueux *m*; (*of torpedo*) (i) antenne *f*, (ii) percuteur. (*b*) = STRIKE-GEAR.

'striker-rod, *s. Aut:* Tringle *f*, tige *f*, d'embrayage.

strikingness ['straikiŋnəs], *s.* Caractère frappant, saisissant (d'un spectacle, etc.).

string[1] [striŋ], *s.* **1.** (*a*) (i) Ficelle *f*; (ii) corde *f*, cordon *m*. *A ball of s.*, une pelote de ficelle. *Cotton s.*, ficelle de coton. *Hemp s.*, corde de chanvre. **Bonnet-strings,** cordons, brides *f*, de chapeau. *Cu:* **Trussing string,** bride. *To lead a dog by a s.*, mener un chien en laisse. *F:* **To have s.o. on a string,** (i) tenir qn en lisière; (ii) se payer la tête de qn; faire marcher qn; monter le coup à qn. **To keep s.o. on a string,** tenir qn le bec dans l'eau. *U.S:* **To have a string on s.o.,** avoir prise sur qn. **Investigation with a string tied to it,** enquête limitée. *Acceptance with a s. tied to it*, acceptation *f* sous condition. **To pull the strings,** tenir les fils; tirer les ficelles; être dans la coulisse. **To pull every string** (*in order to attain an end*), faire jouer tous les ressorts; faire jouer les grandes marionnettes. *See also* APRON-STRINGS, LEADING-STRINGS, PUPPET-STRINGS, PURSE-STRINGS. (*b*) *Surg: F:* Ligature *f*. **2.** (*a*) Fibre *f*, filament *m* (de plante, etc.). *Strings in beans, in meat*, fils *m* des haricots, filandres *f* de la viande. (*b*) *Anat:* Filet *m*, frein *m* (de la langue); fibre (de l'œil). *See also* HEART-STRINGS, NAVEL-STRING. (*c*) *Arch:* = STRING-COURSE. **3.** (*a*) *Mus:* Corde (de violon, de piano, etc.). *Catgut s.*, corde à boyau. *Covered s.*, corde filée. *Muted s.*, corde sourde. (*Of violin*) **First string, highest string, E string,** le mi; la chanterelle. *Lowest s.*, grosse corde. *The strings of a violin*, la monture d'un violon. *F:* **To add a string**

to one's lute, ajouter une corde à sa lyre. **To touch a string in s.o.'s heart,** faire vibrer une corde dans le cœur de qn. (*In orchestra*) **The strings,** les instruments *m* à cordes. *See also* HARP[2], ORCHESTRA 2, QUARTET. (*b*) Corde (d'un arc, etc.). *Strings of a tennis-racquet,* cordes, cordage *m,* d'une raquette de tennis. *See also* BOW[1] 1. (*c*) *Sp:* **First string,** meilleur athlète (sélectionné par un club pour une épreuve); *Turf:* premier champion (d'une écurie). **Second string,** second athlète sélectionné; *Turf:* second champion. **4. String of beads,** (i) collier *m*; (ii) *Ecc:* chapelet *m.* **String of onions,** chapelet, rang *m,* d'oignons. **String of tools,** chapelet, attirail *m,* jeu *m,* d'outils. **String of medals,** brochette *f* de décorations. *S. of vehicles, of waggons,* file *f* de véhicules; rame *f* de wagons. *S. of barges,* train *m* de bateaux. *An interminable s. of cars,* une file interminable de voitures. *A long s. of tourists,* une longue procession de touristes. *A whole s. of children, of names,* toute une kyrielle d'enfants, de noms. *S. of oaths,* séquelle *f* de jurons. *He fired a regular s. of abuse at me,* il me lança tout un chapelet d'invectives, toute une tirade d'injures, toute une bordée d'injures. *Turf: etc:* **Lord Astor's string** (*of horses*), l'écurie de Lord Astor. **5.** *Bill:* Le boulier; la marque. **6.** *Geol: Min:* Filet (de houille, etc.); petite veine (de minerai).

'string-bean, *s. Hort:* Haricot vert; *F:* mange-tout *m inv.*

'string-board, *s. Const:* Limon *m* (d'escalier).

'string-course, -moulding, *s. Arch:* Bandeau *m,* cordon *m.*

'string-pea, *s. Hort: U.S:* (Pois *m*) mange-tout *m inv.*

'string-piece, *s. Const: etc:* Longeron *m,* longrine *f.*

'string-pin, *s.* = HITCH-PIN.

'string-plate, *s.* Sommier *m* (de piano).

'string-wall, *s. Const:* (Parpaing *m* d')échiff(r)e *m* (d'escalier).

string[2], *v.* (*p.t.* **strung** [strʌŋ]; *p.p.* **strung**) I. *v.tr.* **1.** (*a*) Mettre une ficelle, une corde, à (qch.); ficeler (un paquet, etc.). (*b*) Garnir, munir, (qch.) de cordes; corder (une raquette de tennis, etc.). *To s. a violin,* mettre les cordes à un violon; monter un violon. *To s. a piano,* monter les cordes d'un piano. **2.** Bander (un arc). **Highly strung** = HIGH-STRUNG. **3.** Enfiler (des perles, etc.). **To string lamps across a garden,** accrocher des guirlandes de lampions dans un jardin. *F: To s. sentences together,* enfiler des phrases. **4.** *Cu:* Effiler (les haricots, etc.); ôter les fils. **5.** *U.S: F:* Faire marcher (qn); monter le coup à (qn).

II. **string,** *v.i.* **1.** (*Of glue, etc.*) Filer. **2.** *Bill:* Débuter par un coup préliminaire (pour l'honneur).

string out, *v.i.* S'espacer (à la file). *Hounds strung out on the scent,* file de chiens allongée sur la piste. *Rac: The field strung out behind,* les coureurs égrenés derrière le peloton.

string up, *v.tr.* **1.** Pendre (qn) haut et court. **2.** *F:* **To string up one's resolution, to string oneself up, to do sth.,** tendre toute sa volonté pour faire qch.

stringed, *a. Mus:* (Instrument) à cordes.

stringing, *s.* **1.** Montage *m* (d'un violon); cordage *m* (d'une raquette). **2.** Bandage *m* (d'un arc). **3.** Enfilement *m* (de perles).

stringency ['strindʒənsi], *s.* **1.** Rigueur *f,* sévérité *f* (des règles, etc.). **2.** Force *f,* puissance *f* (d'un argument). **3.** *Fin:* Resserrement *m* (de l'argent).

stringendo [strin'dʒendo], *adv. Mus:* En serrant (le mouvement).

stringent ['strindʒənt], *a.* **1.** (Règlement, etc.) rigoureux, strict. *To make a rule less s.,* élargir, assouplir, une règle. **2.** (Argument) convaincant, incontestable, serré. **3.** *Fin:* (Argent) serré; (marché) tendu. **-ly,** *adv.* Rigoureusement, strictement.

stringer ['striŋər], *s.* **1.** (*Pers.*) Monteur *m* de cordes (d'un piano). **2.** (*a*) *Const:* Tirant *m,* entrait *m* (d'une ferme de comble). (*b*) *N.Arch:* Gouttière renversée. **Bulkhead stringer,** ceinture *f* de cloison. **Stringer plates,** tôles *f* gouttières. (*c*) *Civ.E: Const: Aut:* Longeron *m,* longrine *f*; sommier *m* (d'un pont). **3.** *Geol: Min:* Filet *m,* veinule *f* (de minerai); cordon *m,* crin *m* (de quartz, etc.). **4.** *pl. F:* **Stringers,** menottes *f* (aux mains d'un prisonnier).

stringhalt ['striŋhɔlt], *s. Vet:* Éparvin sec.

stringiness ['striŋinəs], *s.* **1.** Caractère fibreux, filandreux (de la viande, etc.). **2.** Caractère visqueux (d'un liquide). **3.** *Med:* Coarctation *f* (du pouls).

stringy ['striŋi], *a.* **1.** (*Of vegetables, etc.*) Fibreux, filandreux, filamenteux. *S. meat,* viande tendineuse, filandreuse. **2.** (Liquide) visqueux, qui file. **3.** *Med:* (Pouls) coarcté.

striola, *pl.* **-ae** ['straiola, -iː], *s. Biol:* Striole *f.*

striolate ['straiolet], *a. Biol:* Striolé.

strip[1] [strip], *s.* Bande *f* (d'étoffe, de papier); lambeau *m* (d'étoffe). *Narrow s.,* bandelette *f. Metal s.,* bande métallique; ruban *m* métallique. *S. of tin,* bande, languette *f,* d'étain. **Rolled steel strip,** barreau plat d'acier laminé. **Wooden strip** (*supporting shelf, etc.*), tasseau *m. Av: etc:* **Lining strip,** bande à maroufler. *Small s. of rubber,* petite tranche de gomme. *S. of land,* bande, langue *f,* de terrain. *Hort:* **Strip of onions,** planche *f* d'oignons. *Dom.Ec:* **Sideboard strip,** dessus *m* de buffet. *Dressm:* **Protection strip,** balayeuse *f* (au bas d'une jupe). *Journ:* **Strip cartoon, comic strip,** suite de dessins humoristiques (donnée en feuilleton). *Cin:* **Picture strip** (*of film*), bande d'images. *Av:* **Ground strip signal,** panneau *m. Mil:* **Loading strip** (*of machine-gun*), bande-chargeur *f, pl.* bandes-chargeurs. *For:* **Strip felling,** coupe *f* par bandes. *See also* PACKING-STRIP, RIPPING-STRIP, ROOFING 2, WEATHER-STRIP.

'strip-fuse, *s. El.E:* Fusible *m* à lame.

'strip-iron, *s. Com:* (Fer *m*) feuillard *m*; fer en barres; fenton *m.*

'strip-printing, *s. Phot:* Tirage *m* des épreuves sur une même bande de papier.

'strip-wound [waund], *a. Artil:* (Canon) rubané.

strip[2], *v.tr.* (**stripped; stripping**) Découper (le cuir, etc.) en bandes, en lanières.

strip[3], *v.* (**stripped; stripping**) I. *v.tr.* **1.** Mettre (qn) tout nu; dépouiller (qn) de ses vêtements; déshabiller, dévêtir (qn). **To strip s.o. to the skin,** *F:* mettre qn à poil. **Stripped to the waist,** nu jusqu'à la ceinture; le torse nu. *See also* BUFF[1] 3, SHIRT 1. **2.** (*a*) **To strip s.o., sth., of sth.,** dépouiller, dégarnir, dénuder, qn, qch., de qch. *To s. s.o. of his clothes,* dépouiller qn de ses habits. *Trees stripped of their leaves, of their bark,* arbres dépouillés de leurs feuilles, dénudés de leur écorce. *Agr: To s. a plant of superfluous leaves,* effaner une plante. *F: Saint stripped of his halo,* saint découronné de son auréole; saint débronzé. *Nobility stripped of all authority,* noblesse dépossédée de toute autorité. *To s. s.o. of his money,* dévaliser qn. *Stripped of all his worldly goods,* dénudé, dépouillé, de tous ses biens. (*b*) Dégarnir (un lit, une maison); démeubler (une maison). *Nau:* Déshabiller, décapeler (un mât, une vergue); dégréer (un mât, un navire). *El.E: etc:* Dénuder, dépouiller (un câble). *Aut:* **Stripped chassis,** châssis nu. *To s. a tree,* (i) effeuiller, dénuder, un arbre; (ii) défruiter (un arbre fruitier); (iii) écorcer un arbre; (iv) ébrancher un arbre. *To s. a wall,* arracher le papier d'un mur. *Thieves have stripped the house bare, F:* les cambrioleurs ont nettoyé la maison. **To strip a dog to its under-coat,** déshabiller un chien jusqu'au sous-poil. **Stripped tobacco-leaf,** tabac écôté. *Tex:* **To strip flax,** teiller le lin. *To s. a carding-machine,* débourrer une cardeuse. *Mil: F:* **To strip an N.C.O.,** dégrader un sous-officier. *Mec.E:* **To strip a nut,** arracher le filet d'un écrou; *F:* (faire) foirer un écrou. *Aut:* **To strip the gears,** arracher les dents de l'engrenage; endommager le pignon. **To strip a brake-shoe,** dégarnir un segment de frein. *Metall:* **To strip a casting,** démouler, décocher, une pièce coulée. *Phot:* **To strip a negative,** pelliculer un cliché. **3.** (*a*) **To strip sth. off, from, sth.,** ôter, enlever, qch. de qch. *Mec.E: To s. the thread off a screw,* arracher le filet d'une vis; *F:* faire foirer une vis. (*b*) *Phot:* **To strip off a carbon tissue,** dépouiller un papier au charbon. *El: To s. off the insulation,* détacher l'isolement. *Min:* **To strip (off) the overburden,** dépouiller, décapeler, le gîte; pratiquer la découverte.

II. **strip,** *v.i.* **1.** (*Of pers.*) Se dépouiller de ses vêtements; dépouiller, ôter, ses vêtements; se dévêtir. **To strip to the skin,** se mettre tout nu; *F:* se mettre à poil. **Man who strips well, clean,** homme bien bâti, bien découplé, d'un beau physique. **2.** (*Of screw*) Perdre son filet; s'araser; *F:* foirer. **3.** (*a*) (*Of tree*) Perdre son écorce. (*b*) (*Of bark, negative film, etc.*) **To strip (off),** s'enlever, se détacher.

stripping, *s.* **1.** (*Of pers.*) Déshabillement *m.* **2.** Dégarnissement *m* (d'un lit, etc.); dépouillement *m* (d'un câble, etc.). *Mec.E: S. of a screw,* arrachement *m* des filets d'un écrou; foirage *m* des filets. *Metall: S. of a casting,* démoulage *m,* décochage *m,* d'une pièce coulée. *Phot: S. of a negative,* pelliculage *m* d'un cliché; dépouillement de la pellicule de gélatine. **Stripping off** *of carbon tissue,* dépouillement des papiers au charbon.

'stripping-film, *s. Phot:* Papier négatif pelliculaire.

'stripping-room, *s.* (*In hospital*) Salle *f* d'attente où l'on se déshabille; *P:* pouillerie *f.*

strip[4], *v.tr.* Traire (une vache) à fond, jusqu'à la dernière goutte.

stripe[1] [straip], *s.* **1.** (*a*) Raie *f,* bande *f,* filet *m,* barre *f* (d'une étoffe, etc.); raie, rayure *f,* zébrure *f* (sur le pelage d'une bête, etc.). *Hort:* Panache *m* (sur une fleur, etc.). *Paint:* **Colour stripe, gold stripe,** filet de peinture, d'or. *Black with a red s.,* noir à raie rouge; noir rayé de rouge. *Table linen with coloured stripes,* linge *m* de table à liteaux *m. To mark sth. with stripes,* rayer, zébrer, qch. *U.S: F:* **To wear the stripes,** faire de la prison. *Ven: F:* **Stripes,** (nom familier du) tigre. *See also* PIN-STRIPE. (*b*) Bande (de pantalon). (*c*) *Mil: Navy:* **Sergeant's stripes, officer's stripes,** galons *m* de sergent, d'officier. **Long-service stripe,** chevron *m. To give a soldier a s.,* grader un soldat. **To lose one's stripes,** être dégradé. **2.** *U.S: F:* (*a*) **Of the same political stripe,** de la même nuance politique. (*b*) *A man of that s.,* un homme de ce genre-là, de cet acabit.

stripe[2], *v.tr.* Rayer, barrer (une étoffe, etc.). *Paint:* Tirer des filets sur, réchampir (une surface).

striped, *a.* (*a*) (Chaussettes *f,* etc.) à raies, à rayures, à barres; (tigre, pelage, etc.) rayé. *Nat.Hist:* Zébré, rubané. *Card s. with red and blue lines,* carte striée de traits rouges et bleus. *Red and blue s. racing-jacket,* casaque rayée rouge et bleu. (*b*) *Anat:* (Muscle) strié.

striping, *s.* Rayage *m,* réchampissage *m.*

stripe[3], *s. A:* **1.** *pl.* **Stripes,** coups *m* de fouet. **2.** Marque *f,* zébrure *f* (occasionnée par un coup de cravache, etc.).

stripling ['stripliŋ], *s.* Tout jeune homme; adolescent *m*; *Lit:* jouvenceau *m.*

stripper ['stripər], *s.* **1.** (*Pers.*) (*a*) *Tex:* Teilleur, -euse (de lin). (*b*) Écôteur, -euse (de feuilles de tabac). (*c*) *Metall:* Démouleur *m.* (*d*) *Tex:* Débourreur, -euse (de carde). **2.** (*a*) *Tex:* Débourreur *m* mécanique. (*b*) *Metall:* (Machine *f*) démouleuse *f.*

stripy ['straipi], *a. F:* Rayé; zébré; à rayures.

strive [straːiv], *v.i.* (*p.t.* **strove** [stroːuv]; *p.p.* **striven** [strivn]) **1. To strive to do sth.,** tâcher, s'efforcer, de faire qch.; faire des efforts pour faire qch. *He is striving hard to succeed,* il se démène pour réussir. **To strive for sth.,** essayer d'obtenir qch. **To strive for, after, an end,** s'efforcer d'atteindre un but. *What are you striving after?* à quoi tendent vos efforts? *To s. after effect,* pousser à l'effet; rechercher (de) l'effet. *To s. after wit,* rechercher l'esprit. **2.** (*a*) **To strive with, against, s.o., sth.,** lutter, se débattre, contre qn, qch. (*b*) *To s.* (*with one another*) *for sth.,* se disputer qch.

striving, *s.* **1.** Efforts *mpl.* **2.** Lutte *f.*

strobic ['strɔbik], *a. Opt:* Strobosique.

strobila, *pl.* **-ae** [strɔ'baila, -iː], *s. Z:* Strobile *m* (du ténia).

strobilaceous [strɔbi'leiʃəs], *a. Bot:* Strobilacé.

strobilation [strɔbi'leiʃ(ə)n], *s. Biol:* Strobilation *f.*

strobile ['strɔbail, 'stroubail], *s. Bot:* Strobile *m* (du pin, etc.).

strobiliferous [strɔbi'lifərəs], *a. Bot:* Strobilifère.

strobiliform [stro'bilifɔːrm], *a. Nat.Hist:* Strobiliforme.
strobilus, *pl.* **-li** [stro'bailəs, -ai], *s.* **1.** *Bot:* = STROBILE. **2.** *Z:* = STROBILA.
stroboscope ['strɔboskoup], *s. Opt:* Stroboscope *m.*
stroboscopic [strɔbo'skɔpik], *a.* Stroboscopique.
strode [stroud]. *See* STRIDE².
stroke¹ [strouk], *s.* Coup *m.* **1.** (*a*) *To receive twenty strokes,* recevoir vingt coups (de férule, etc.). *With one s. of his sword,* d'un coup de son épée. **To fell s.o., a tree, at a stroke,** abattre qn, un arbre, d'un seul coup. **Work done at one stroke,** travail fait d'un seul jet. **Finishing stroke,** (i) dernier coup; (ii) coup de grâce. *Prov:* **Little strokes fell great oaks,** petit à petit l'oiseau fait son nid. (*b*) **Stroke of lightning,** coup de foudre. **2.** (*Normal movement*) (*a*) Coup (d'aile, d'aviron). *Mus:* **Stroke of the bow,** coup d'archet. (*At billiards, etc.*) *Whose s. is it?* à qui de jouer? *Bill:* *To make a long s.,* allonger. *Golf:* **Stroke competition,** concours *m* par coups. *Row:* **'One stroke ahead,'** "avant un coup." **To row a long stroke,** nager de long; allonger la nage. **To lengthen the stroke,** allonger la nage. **To keep stroke,** nager ensemble; ramer, aller, en mesure; garder la cadence. **'Keep stroke!'** "nagez ensemble!" "accordez!" **To be off one's stroke,** (i) ne pas suivre la nage; (ii) *F:* être déconcerté. *See also* BACK-STROKE 1, 2, FOREHAND 2, PENALTY 2, PULL² 1, SET² 12, UP-STROKE. (*b*) *Swim:* Brassée *f.* (i) **Breathe after each stroke,** respirez après chaque brassée, après chaque coup. (ii) **The swimming strokes,** les nages *f.* **Stroke's length,** nagée *f.* **Arm-stroke,** brassée. *See also* BACK-STROKE 3, BREAST-STROKE, OVERARM 1, SIDE-STROKE. (*c*) *Mec.E:* Mouvement *m,* course *f,* excursion *f* (du piston). **Piston at half-stroke,** piston à mi-course. *I.C.E:* **Two-stroke engine, four-stroke engine,** moteur *m* à deux, à quatre, temps. **Long-stroke engine,** moteur à longue course; moteur long. **Stroke-bore ratio,** rapport *m* de la course à l'alésage. *See also* EXHAUST¹ 1, EXPLOSION 1, FORWARD¹ I. 1, POWER-STROKE, RETURN¹ 1, REVERSE¹, SUCTION. (*d*) *F:* **Not to do a stroke of work,** ne rien faire; *P:* n'en pas faire une secousse; n'en pas ficher un coup. *He has not done a s. of work,* il n'a pas fait œuvre de ses dix doigts; il n'a pas fait une panse d'a. (*e*) **Stroke of good luck,** coup de bonheur, de fortune; aubaine *f.* **Stroke of wit, of genius,** trait *m* d'esprit, de génie. **Bold stroke,** coup hardi. *He has done* **a good stroke of business,** il a fait une bonne affaire. *See also* MASTER-STROKE. **3.** Coup (d'horloge, etc.). **On the stroke of nine,** sur le coup de neuf heures; à neuf heures sonnant(es), *F:* battant, tapant. *The clock is on the s. of nine,* l'horloge va sonner neuf heures. **To arrive on the stroke (of time),** arriver à l'heure juste, à la seconde sonnant, *F:* à l'heure tapante. **4.** *Med:* **Stroke of apoplexy, of paralysis; (apoplectic, paralytic) stroke,** coup de sang; attaque *f* d'apoplexie; apoplexie (foudroyante); transport *m* au cerveau; congestion cérébrale. **To have a stroke of apoplexy,** *F:* **to have a stroke,** tomber en apoplexie; être frappé d'apoplexie; *F:* avoir une attaque. *See also* HEAT-STROKE, SUNSTROKE. **5.** Trait; barre *f;* coup de crayon ou de pinceau; trait de plume. **Up-stroke,** *Typ:* **thin stroke,** délié *m* (d'une lettre). **Down-stroke,** plein *m,* jambage *m. Typ:* **Thick stroke,** plein. **With a stroke of the pen,** d'un trait de plume. *F:* **To give the finishing strokes to one's work,** faire les dernières retouches, mettre la dernière main, à son travail; mettre son travail au point. *See also* HAIR-STROKE. **6.** *Row:* (*a*) (*Pers.*) Chef *m* de nage; nageur, -euse, de l'arrière. (*b*) **To row stroke, to pull stroke,** donner la nage; être chef de nage.
'stroke en'graving, *s.* Gravure *f* au burin.
'stroke-oar, *s. Row:* Aviron *m* de l'arrière; aviron du chef de nage.
'stroke-play, *s. Golf:* Concours *m* par coups.
'stroke-side, *s. Row:* Bâbord *m.*
stroke². **1.** *v.tr. Row:* **To stroke a boat,** être chef de nage d'un canot; donner la nage. **2.** *v.i. Row:* **To stroke thirty (per minute),** nager à trente coups par minute.
stroke³, *s.* Caresse *f* de la main. *To give the cat a s.,* passer la main sur le dos du chat; caresser le chat de la main.
stroke⁴, *v.tr.* Passer la main sur, lisser avec la main, caresser de la main (une fourrure, les cheveux de qn, etc.). *To s. one's chin,* se flatter le menton de la main. **To stroke out one's beard,** se peigner la barbe avec les doigts. **To stroke the cat the wrong way,** caresser le chat à contre-poil; lui rebrousser le poil. *F:* *To s. s.o., s.o.'s hair, the wrong way,* prendre qn à contre-poil, à rebrousse-poil. *F:* **To stroke s.o. down,** (i) apaiser la colère de qn; (ii) câliner, cajoler, qn.
stroking, *s.* Caresses *fpl* de la main.
stroll¹ [stroul], *s.* Petit tour; flânerie *f;* bout *m* de promenade; *F:* balade *f.* **To take, go for, a stroll,** (aller) faire un tour.
stroll². **1.** *v.i.* Errer, aller, à l'aventure; flâner; déambuler; *F:* se balader. **2.** *v.tr.* **To stroll the streets,** se promener dans les rues.
strolling¹, *a.* Vagabond, errant. **Strolling player,** comédien ambulant, comédienne ambulante; acteur forain, actrice foraine. *S. players,* troupe ambulante.
strolling², *s.* Flânerie *f;* promenades *fpl.*
stroller ['stroulər], *s.* **1.** Flâneur, -euse; promeneur, -euse. **2.** = *Strolling-player, q.v. under* STROLLING¹.
stroma, *pl.* **-ata** ['strouma, -ata], *s. Biol:* Stroma *m.*
stromateus [strouma'tiːəs], *s. Ich:* Stromatée *m.*
stromb [strɔmb], *s. Moll:* Strombe *m.*
Strombolian [strɔm'bouliən], *a. Geog:* Strombolien, -ienne.
strong [strɔŋ], *a.* (**stronger** ['strɔŋgər], **strongest** ['strɔŋgəst]) Fort. **1.** (*a*) Solide, résistant, ferme, robuste. *S. cloth,* drap fort, solide, résistant, qui a du corps. *S. shoes,* chaussures *f* de fatigue. *S. stick,* bâton *m* solide. *S. china,* porcelaine *f* solide. *S. fortress,* forteresse bien défendue. *S. conviction,* ferme conviction *f. S. faith,* foi *f* solide, robuste. *Com:* *S. market,* marché *m* ferme. *S. character,* caractère fort, ferme. *A building cannot be stronger than its foundations,* l'édifice *m* n'est pas plus solide que ses fondations. (*Of faith, etc.*) *To get stronger,* s'affermir. (*b*) **Strong constitution,** forte constitution; tempérament *m* robuste. **Strong nerves,** nerfs bien équilibrés. **Strong in health,** de santé robuste. *He is not very s.,* il est peu robuste. *I am still far from s.,* je suis encore peu solide. *To grow stronger,* reprendre des forces; se renforcer; *P:* renforcir. *His legs are growing stronger again,* ses jambes se raffermissent. *Are you quite s. again?* avez-vous repris toutes vos forces? êtes-vous entièrement remis? *s.* **The strong,** (i) les gens bien portants; (ii) les forts, les puissants. **2.** (*a*) *S. fellow,* gaillard *m* solide; solide gaillard; *P:* costaud *m. F:* **Strong man** (*of the fair*), arpin *m;* (homme taillé en) hercule *m. S. horse,* cheval vigoureux. **He is as strong as a horse,** il est fort comme un cheval, comme un Turc. **Strong eyes,** vue forte; bons yeux. **Strong voice,** voix forte, puissante. *S. memory,* bonne mémoire. **Strong mind,** forte tête; (i) esprit solide; (ii) esprit décidé, énergique. *S. arms,* bras *m* solides. **The strong arm of the law,** l'autorité publique. **To be strong in the arm,** avoir le bras fort. **By the strong arm, hand,** de force, par force. *U.S:* *Political adventurer and his* **strong-arm men,** aventurier politique et ses hommes de main. *See also* HAND¹ 1. **To have recourse to strong action,** recourir à la manière forte. **Strong measures,** mesures *f* énergiques. *He is s. enough to overthrow you,* il est de force, de taille, à vous renverser. *He is a s. man,* c'est un homme à poigne, de poigne. *To be up against a s. man,* avoir affaire à forte partie. *S. candidate,* candidat sérieux. *Prince s. in the affections of the people,* prince fort de l'affection de son peuple. **Strong in Greek,** fort en grec. **Politeness is not his strong point,** la politesse n'est pas son fort. **Strong in numbers,** en grand nombre. **To be on the strongest side,** *F:* être du côté du manche. *Cards:* **Strong suit,** (couleur) longue *f.* **To indicate one's strong suit,** révéler, indiquer, la force de son jeu. *To give s. support to . . .,* donner un grand appui à . . .; appuyer fortement (qn, une mesure). **Strong partisan,** partisan ardent; chaud partisan. *S. Tory,* zélé Tory; Tory ardent. **He is strong against . . .,** il est tout à fait opposé à . . .; il s'oppose énergiquement à. . . . **Strong army,** armée forte. **Company two hundred strong,** compagnie forte de deux cents hommes. **Strong evidence,** preuves convaincantes; fortes preuves. *The evidence is very s.,* les témoignages *m* sont irréfutables. *S. argument,* argument puissant. **Strong reason,** raison majeure; forte raison. **Strong likeness,** grande ressemblance. *I have a s. recollection of . . .,* j'ai gardé un vif souvenir de. . . . *S. attraction,* attrait puissant. **Strong features,** traits accusés. **Strong (literary) style,** style vigoureux. *S. novel, s. play,* roman corsé; pièce corsée. *See also* MEAT 2. *The word 'veneration' is stronger than the word 'respect,'* le mot "vénération" renchérit sur le mot "respect." **To write in strong terms to s.o.,** *F:* écrire une lettre énergique à qn. *S. spring,* ressort puissant. *S. grip of a vice,* serrage *m* énergique d'un étau. **Strong ventilation,** aérage intensif. **Strong wind,** grand vent; vent violent; fort vent. *The wind is growing stronger,* le vent renforce. *Nau:* *S. gale,* gros vent; vent carabiné. *S. tide,* grande marée; forte marée. *El:* **Strong current,** courant *m* intense. *Mus:* **Strong beat,** temps fort. *See also* LANGUAGE 2, WILLED 2. (*b*) **Strong drink,** liqueurs fortes; boisson forte. *S. wine,* (i) vin fort, corsé; (ii) vin capiteux. **Strong solution,** solution forte, concentrée. **Strong light,** lumière forte; vive lumière. **Strong colour,** couleur forte. (*c*) **Strong cheese,** fromage qui pique. **Strong butter,** beurre *m* rance. (*Of food*) **To have a strong smell,** sentir fort. *Their cooking has a s. smell of oil,* leur cuisine a une forte odeur d'huile. **He has a strong breath,** il a l'haleine forte. **3.** *Gram:* (*a*) (Verbe, etc.) fort. (*b*) **Strong aorist,** second aoriste. **4.** *adv. F:* (*a*) **Things are going strong,** les choses *f* avancent; tout marche à merveille. *Aut:* *We're going s.!* ça gaze! **He's going strong,** il est toujours solide au poste. *How's your grandfather?—Still going s.,* comment va le grand-père? —Toujours solide. **Going strong?** ça marche? *P:* ça colle? (*b*) **To come, go, it strong,** (i) dépasser les bornes; (ii) en dire une forte. *See also* COME 9. **-ly,** *adv.* **1.** Fortement, solidement, fermement. *S. built bicycle,* bicyclette *f* robuste. **2.** Fortement, vigoureusement, énergiquement. **Strongly in favour of . . .,** chaud partisan de. . . . **Strongly worded letter,** lettre *f* en termes énergiques. **Strongly marked,** accentué, prononcé. *See also* MARKED 3.
strong-'armed, *a.* Aux bras forts.
strong-'backed, *a.* Aux reins solides.
'strong-box, *s.* Coffre-fort *m, pl.* coffres-forts.
strong-'headed, *a.* **1.** Entêté. **2.** A l'esprit solide.
strong-'minded, *a.* A l'esprit solide, résolu, décidé. *S.-m. person,* forte tête. **-ly,** *adv.* Avec décision.
strong-'mindedness, *s.* Force *f* de caractère.
'strong room, *s.* Chambre blindée; salle blindée; cave *f* des coffres-forts; cave forte. *Nau:* Soute *f* à, aux, valeurs.
strongheadedness [strɔŋ'hedidnəs], *s.* Entêtement *m.*
stronghold ['strɔŋhould], *s.* Forteresse *f;* place forte; redoute *f. S. of free-trade,* citadelle *f* du libre-échange.
strongish ['strɔŋiʃ], *a.* Assez fort.
strongyle ['strɔndʒil], *s. Ann:* Strongle *m,* strongyle *m.*
strontia ['strɔnʃjə], *s. Ch:* Strontiane *f.*
strontian ['strɔnʃjən], *s.* **1.** *Ch:* Strontiane *f.* **2.** *Miner:* Strontianite *f.*
strontianite ['strɔnʃjənait], *s. Miner:* Strontianite *f.*
strontium ['strɔnʃjəm], *s. Ch:* Strontium *m.*
strop¹ [strɔp], *s.* **1.** *Tls:* **(Razor-)strop,** cuir *m* (à repasser, à rasoir); affiloir *m. Belt* (*razor-*)*s.,* cuir-lanière *m, pl.* cuirs-lanières. **2.** *Nau:* Estrope *f,* erse *f.*
strop², *v.tr.* (**stropped** [strɔpt]; **stropping**) **1.** Affiler, repasser sur le cuir (un rasoir). **2.** *Nau:* Estroper (une poulie). **Stropped block,** poulie à estrope.
stropping, *s.* Affilage *m.* **Stropping-machine,** aiguiseur *m;* affûteur *m* automatique.
strophanthin [stro'fanθin], *s. Pharm:* Strophantine *f.*
strophe, *pl.* **-es, -ae** ['stroufi, -iz, -iː], *s. Gr.Lit:* Strophe *f.*

strophiola [strɔfi'oulə], **strophiole** ['strɔfioul], *s. Bot:* Strophiole *m.*

strophism ['strɔfizm], *s. Bot:* Strophisme *m.*

strophoid ['strɔfɔid], *s. Geom:* Strophoïde *f.*

strophoidal [stro'fɔid(ə)l], *a. Geom:* **Strophoidal curve,** strophoïde *f.*

strophulus ['strɔfjuləs], *s. Med:* Strophulus *m*; *esp. F:* feux *mpl* de dents.

strove [strouv]. *See* STRIVE.

struck [strʌk]. *See* STRIKE[2].

structural ['strʌktjurəl], *a.* **1.** De construction. **Structural iron, steel,** fer *m*, acier *m*, de construction; charpentes *f* métalliques. *S. iron and steel work of a building,* constructions *fpl* en fer et en acier, charpente métallique, d'un édifice. **Structural engineer,** ingénieur constructeur. **2.** Structural, -aux; de structure. *Geol:* **Structural mountains,** montagnes structurales. **-ally,** *adv.* Structuralement.

structure ['strʌktjər], *s.* **1.** Structure *f* (d'un corps, d'une plante, d'un pays, d'un poème, etc.); facture *f* (d'un drame, d'une symphonie). **2.** (*a*) Édifice *m*, structure, bâtiment; *Pej:* bâtisse *f.* (*b*) *Civ.E:* Ouvrage *m* d'art; travail, -aux *m*, d'art. (*c*) *Rail:* **Maximum structure,** gabarit *m* (du matériel roulant). *F: The whole s. of arguments tumbled down,* tout cet échafaudage d'arguments s'écroula. **The social structure,** l'édifice social.

structured ['strʌktjərd], *a.* À structure; agencé; *F:* charpenté.

structureless ['strʌktjərləs], *a. Biol: Geol: etc:* Amorphe.

struggle[1] [strʌgl], *s.* Lutte *f.* **1.** *Desperate s.,* lutte désespérée; combat acharné. **Desperate hand-to-hand struggle,** corps-à-corps acharné. *See also* LIFE 1. *There was a general s.,* il y eut une mêlée générale. *He gave in* **without a struggle,** il n'a fait aucune résistance; il s'est rendu sans se débattre. **In the death struggle,** à l'agonie; dans les affres *f* de l'agonie, de la mort. **The class struggle,** la lutte des classes. **2.** Lutte, effort *m. Biol:* **The struggle for life, for existence,** la lutte pour la vie, pour l'existence; la concurrence vitale.

struggle[2], *v.i.* Lutter (*with, against,* avec, contre); se débattre, se démener. *The child struggled and kicked,* l'enfant se débattait des pieds et des mains. *He was struggling with his umbrella,* il se débattait pour ouvrir son parapluie; il luttait avec son parapluie. **To be struggling with adversity,** lutter contre l'adversité; être aux prises avec l'adversité. *To s. against circumstances, against fate, F:* nager contre le courant. **To struggle with death,** lutter contre la mort. **To struggle hard to succeed,** faire tous ses efforts, faire des pieds et des mains, pour réussir. *They s. for the prize,* ils se disputent le prix. *The emotions that s. in his bosom,* les émotions qui s'agitent dans son cœur. **He struggled to his feet,** il réussit à se relever.

struggle along, *v.i.* Marcher, avancer, péniblement. **His business is struggling along,** ses affaires vont cahin-caha. *We are struggling along, F:* on se défend.

struggle in, out, through, *v.i.* Se frayer un passage (à grand'peine). *We struggled through,* nous avons surmonté tous les obstacles.

struggle up, *v.i.* **1.** (*Adv. use*) Se hisser avec peine jusqu'en haut, jusqu'au sommet. **2.** (*Prep. use*) Gravir, escalader, péniblement (une côte, un rocher).

struggling[1], *a.* (Artiste, etc.) qui vit péniblement, qui cherche à percer.

struggling[2], *s.* Lutte *f*; grands efforts; débattement *m.*

struggler ['strʌglər], *s.* Lutteur *m. The strugglers tossed by the waves,* ceux qui luttaient contre les vagues. *The strugglers against fate,* ceux qui se débattent contre le sort.

Struldbrug ['strʌldbrʌg], *s. Lit:* Dans les "Voyages de Gulliver" de Swift, nom de certains habitants du royaume de Luggnagg qui, condamnés à l'immortalité mais non exempts de toutes les tares de la sénilité, recevaient à partir de l'âge de quatre-vingts ans une petite pension de l'État; "immortel" tombé dans la sénilité.

strum[1] [strʌm], *s. Min: Nau:* Crépine *f* (de pompe, etc.).

strum[2], *v.tr.* (strummed; strumming) To strum, *v.i.* **to strum on, the piano, the banjo, the guitar,** taper sur le piano; tapoter du piano; s'escrimer au piano; gratter du banjo, de la guitare; s'évertuer sur le banjo, sur la guitare. *Abs.* **To strum,** pianoter; tapoter du piano; jouailler. *His fingers s. on the table-cloth,* ses doigts pianotent sur la nappe. **To strum a tune,** tapoter un air (au piano).

strumming, *s.* (*a*) Pianotage *m*, tapotage *m.* (*b*) Grincement *m* de la guitare, etc.

struma[1], *pl.* **-ae** ['stru:mə, -i:], *s.* **1.** *Med:* Strume *f*, scrofules *fpl*; *F:* écrouelles *fpl.* **2.** *Bot:* Goitre *m.*

Struma[2] **(the).** *Pr.n. Geog:* La Strouma.

Strumitza [stru'mitsə]. *Pr.n. Geog:* Stroumitza.

strummer ['strʌmər], *s.* (*a*) Pianoteur, -euse. (*b*) Mauvais joueur de guitare.

strumous ['stru:məs], *a.* **1.** *Med:* Strumeux, scrofuleux. **2.** *Bot:* Goitreux.

strumpet ['strʌmpet], *s.f.* Prostituée; *F:* catin.

strung [strʌŋ]. *See* STRING[2].

strut[1] [strʌt], *s.* Démarche fière, affectée; pas mesuré.

strut[2], *v.i.* (strutted; strutting) Se pavaner, se carrer, se prélasser; paonner; faire la roue; se rengorger; *F:* faire jabot; enfler, gonfler, le jabot. **To strut along,** se carrer en marchant. **To strut about,** faire la belle jambe; faire des effets de torse. *To s. about the stage,* se pavaner sur la scène. **To strut in, out,** entrer, sortir, d'un pas mesuré, d'un air important, fier comme Artaban.

strutting[1], *s.* = STRUT[1].

strut[3], *s.* Entretoise *f*, étrésillon *m*; pièce comprimée; montant *m*, cale *f*, support *m*, étai *m*, traverse *f*, pointal, -aux *m*; (*spur*) arc-boutant *m*, *pl.* arcs-boutants, jambe *f* de force; (*of roof-truss*) contre-fiche *f*, blochet *m*; (*of iron roof*) bielle *f*; (*placed across an angle*) aisselier *m*, esselier *m. Av:* Pilier *m*, mât *m. Civ.E:* **Strut bracing,** poutre *f* en U. *Av:* **Compression strut,** traverse *f* (de l'aile). *Phot:* **Struts,** compas *mpl*, tendeurs *m* (d'un appareil pliant).

strut[4], *v.tr.* (strutted; strutting) *Const: etc:* Entretoiser, étrésillonner; moiser (une charpente, etc.); étayer (une tranchée); contre-ficher (un mur repris en sous-œuvre).

strutting[2], *s.* **1.** Entretoisement *m*; renforcement *m* par contrefiches; étrésillonnement *m*; étalement *m.* **2.** (Les) contre-fiches *f.*

'strutting-beam, -piece, *s.* Lierne *f*, entretoise *f*, étrésillon *m.*

s'truth [stru:θ], *int. P:* Et bien vrai! mince alors!

struthious ['stru:θiəs], *a.* (Qui tient) de l'autruche.

strychnin(e)[1] ['strikni:n], *s. Ch: Pharm:* Strychnine *f. Med: To treat a patient with s.,* strychniser un malade.

strychnin(e)[2], *v.tr. Med:* Strychniser.

strychn(in)ism ['strikn(in)izm], *s. Med:* Strychnisme *m.*

strychnos ['striknɔs], *s. Bot:* Strychnos *m.*

stub[1] [stʌb], *s.* **1.** Souche *f* (d'arbre); chicot *m* (d'arbre, de dent); bout *m* (de crayon, de cigare); tronçon *m* (de mât, etc.); *F:* mégot *m* (de cigare); tronçon (de queue de chien). *An old stub of a clay pipe,* un brûle-gueule *inv. Mec.E:* **Stub teeth,** denture tronquée. **2.** *Tchn:* Mentonnet *m*, ergot *m* de détente (d'une serrure). **3.** *Com: U.S:* Souche, talon *m* (de chèque).

'stub-axle, *s. Veh: Aut:* Fusée *f.*

'stub book, *s. U.S:* Livre *m*, carnet *m*, des souches, des talons (de chèques).

'stub-end, *s. Mch:* Tête *f* de bielle.

'stub-iron, *s. Metall:* Fer *m* de riblons.

'stub-mast, *s. W.Tel:* Mât tronqué.

'stub-mortise, *s. Carp:* Mortaise *f* aveugle.

'stub-nail, *s.* Caboche *f.*

'stub-pen, *s.* Plume *f* à large bec.

'stub-tenon, *s. Carp:* Tenon *m* invisible.

stub[2], *v.tr.* (stubbed; stubbing) **1.** **To stub (up) roots,** arracher, extirper, des racines. **2.** *Agr:* **To stub (out) a field,** essoucher un champ. **3.** **To stub out one's cigarette,** éteindre sa cigarette en l'écrasant par le bout. **4.** **To stub one's foot, one's toe,** *against a root, etc.,* se cogner, se heurter, le pied contre une racine, etc.; buter, butter, contre une racine, etc.

stubbed, *a.* **1.** (Arbre) tronqué. **2.** Qui a la pointe usée; au bout émoussé. **3.** (Terrain) plein de chicots.

stubble[1] [stʌbl], *s.* **1.** Chaume *m*, éteule *f. To clear a field of s.,* chaumer un champ. **Stubble-clearer,** chaumier *m.* **2.** *F:* (*a*) Barbe *f* de trois jours. (*b*) Cheveux coupés en brosse.

'stubble-plough, *s. Agr:* Déchaumeuse *f*, déchaumeur *m.*

'stubble-ploughing, *s. Agr:* Déchaumage *m.*

stubble[2], *v.tr. Agr:* Chaumer, déchaumer (un champ).

stubbling, *s.* Chaumage *m*, déchaumage.

stubbly ['stʌbli], *a.* **1.** (Champ) couvert de chaume. **A stubbly field,** un chaume. **2.** *F:* **Stubbly beard,** (i) barbe *f* de trois jours; (ii) barbe courte et raide. *S. hair,* cheveux courts et raides; cheveux en brosse.

stubborn ['stʌbərn], *a.* **1.** Obstiné, opiniâtre, entêté, têtu, inflexible, tenace; *P:* cabochard. *S. nature,* caractère buté. *S. fellow, F:* tête carrée. *S. horse,* cheval rétif, ramingue, *F:* cabochard. *S. work, battle,* travail, combat, acharné, opiniâtre. *F:* **As stubborn as a mule, as a donkey,** têtu, entêté, comme un mulet, comme une mule (corse), comme un âne. **2.** (*Of thg*) Réfractaire, rebelle. **Stubborn ore,** minerai *m* réfractaire. **Stubborn fever,** fièvre *f* rebelle. **Stubborn soil,** sol ingrat; terre ingrate. **-ly,** *adv.* Obstinément, opiniâtrement, avec entêtement. *He s. refuses to eat,* il s'entête à ne pas vouloir manger.

stubbornness ['stʌbərnnəs], *s.* Entêtement *m*, obstination *f*, opiniâtreté *f*; ténacité *f* (de volonté).

stubby ['stʌbi], *a.* **1.** (*Of plant, etc.*) Tronqué; (*of pers.*) trapu. **2.** (Terrain) couvert de chicots. **3.** = STUBBLY 2.

stucco[1] ['stʌko], *s. Const:* Stuc *m.* **Fine stucco,** stucatine *f.*

'stucco-work, *s.* Stucage *m.*

'stucco-worker, *s.* Stucateur *m.*

stucco[2], *v.tr.* (stuccoed; stuccoing) Stuquer; enduire ou recouvrir de stuc, de stucage.

stuck [stʌk]. *See* STICK[2].

stud[1] [stʌd], *s.* **1.** (*a*) Clou *m* à grosse tête, clou doré (pour ornement, etc.). *Dressm:* (*As ornament*) Clou. (*b*) **Studs** (*on football boots*), crampons *m.* (*c*) Clou (de passage clouté). **2.** Bouton *m* (double). **Shirt stud,** bouton de plastron (de chemise de soirée). **Stud-hole,** boutonnière *f. See also* COLLAR-STUD, PRESS-STUD. **3.** *Tchn:* (*a*) (*Short pin*) Goujon *m*, tourillon *m.* **Spring stud,** verrou *m*, bonhomme *m*, à ressort; (*releasing camera front, etc.*) piston *m.* **Locking stud,** ergot *m* d'arrêt. *To remove the stud(s) from sth.,* dégoujonner qch. (*b*) = STUD-BOLT. (*c*) = STUD-CHAPLET. (*d*) *El:* Plot *m* (de contact); contact *m*; goutte-de-suif *f*, *pl.* gouttes-de-suif. (*e*) Tenon *m. Sm.a:* **Band-stud,** tenon de la capucine. *Artil:* **Shell stud,** ailette *f*, tenon, d'obus. (*f*) *Nau:* Étai *m* (d'une maille ou d'un maillon de chaîne). **Link and stud,** maille à talon. **4.** *Const:* (*a*) Poteau *m*, montant *m*, tournisse *f* (de cloison, de pan de bois). (*b*) *Coll.* = STUDDING 1.

'stud-bolt, *s.* Goujon *m*; (goujon) prisonnier *m. Cotter s.-b.,* prisonnier à clavette.

'stud-chain, *s.* Chaîne *f* à fuseaux.

'stud-chaplet, *s. Metall:* Support *m* double (d'âme).

'stud-link, *s.* Maille *f* à étai; maille étançonnée (d'un câble). *S.-l. chain,* chaîne *f* à étais.

'stud-wall, *s.* Cloison lattée et plâtrée.

'stud-wheel, *s.* Roue *f* intermédiaire; roue parasite.

'stud-work, *s.* Colombage *m* (de cloison).

stud[2], *v.tr.* (studded; studding) **1.** Garnir de clous; clouter.

N.Arch: *To s. the hull of a ship*, mailleter la coque d'un navire. **2.** Semer, parsemer (un pays de villas, etc.). **3.** Soutenir au moyen de poteaux; établir la charpente (d'une cloison).

studded, *a.* **1.** Garni de clous; clouté. *A:* **Studded tyre**, pneu ferré. **Studded leather**, cuir garni de clous dorés. **2.** Parsemé (*with*, de). *Sky s. with stars*, ciel piqué, parsemé, saupoudré, d'étoiles. *Dress s. with jewels*, robe constellée de pierreries. *Style s. with metaphors*, style émaillé de métaphores. **Lake-studded islands**, îles trouées de lacs. *The darkness is s. with red points*, la nuit se pique de points rouges. **3.** *Nau:* (Câble) à étais.

studding, *s.* **1.** *Const:* (*a*) Lattage *m*. (*b*) Lattis *m*; charpente *f*. **2.** (*a*) Cloutage *m* (d'une boîte, etc.). (*b*) Mailletage *m* (de la coque).

stud², *s.* **1.** Écurie *f* (de chasse, etc.). **Racing stud**, écurie de courses. **2.** **Breeding stud**, haras *m*. *Mule and horse studs*, élevages chevalins et mulassiers.

'stud-book, *s.* *Breed:* Livre *m* d'origines, livre généalogique, registre *m* (des chevaux, etc.); stud-book *m*. *The Kennel Club s.-b.*, le Livre d'origines (tenu par le *Kennel Club*).

'stud-farm, *s.* *Breed:* Haras *m*.

'stud-farmer, *s.* Éleveur, -euse, de chevaux.

'stud-horse, *s.* *Breed:* Étalon *m*.

'stud-mare, *s.* *Breed:* (Jument) poulinière *f*.

'stud-stable, *s.* *Breed:* = STUD-FARM.

studding sail [ˈstʌdiŋseil, *Nau:* stʌnsl], *s.* *Nau:* Bonnette *f*. *Lower s. s.*, bonnette basse. *S.-s. boom*, bout-dehors *m* de bonnette.

student [ˈstjuːdənt], *s.* **1.** *Sch:* (*a*) Étudiant, -ante. *Law s., medical s.*, étudiant en droit, en médecine. *Students of a studio*, atelier *m*. **He is a student**, (i) il est étudiant; (ii) c'est un homme d'étude. *See also* DAY-STUDENT, TEACHER. (*b*) Boursier *m* (du collège de Gonville et Caius à Cambridge). (*c*) *Adm:* **Student interpreter**, stagiaire désigné pour les services consulaires de l'Orient (et qui suit des cours de langues vivantes). **2.** **He is a great, a hard, student**, il est très studieux; il étudie beaucoup. *S. of sociology*, amateur *m* de sociologie. *S. of psychic phenomena*, investigateur, -trice, de phénomènes psychiques. *S. of mankind*, personne qui aime à étudier ses semblables.

studentship [ˈstjuːdəntʃip], *s.* *Sch:* Bourse *f* d'études.

studio [ˈstjuːdio], *s.* *Art:* Atelier *m*. *Cin:* Atelier; théâtre *m* de prise de vues; atelier-théâtre *m*, *pl.* ateliers-théâtres. *W.Tel:* **Broadcasting studio**, studio *m* d'émission; auditorium *m*. **Photographer's studio**, salon *m*, atelier, de pose. *Gramophones:* **Recording studio**, atelier *m* d'enregistrement.

studious [ˈstjuːdiəs], *a.* **1.** (*a*) (*Of pers.*) Studieux, appliqué; adonné à l'étude. (*b*) (Habitudes) studieuses. *Person of s. habits*, personne adonnée à l'étude. **2.** **Studious to do sth., of doing sth.**, attentif à, soigneux de, empressé à, faire qch. *He is s. to forestall all our wishes*, il s'applique à devancer tous nos désirs. **With studious politeness**, avec une politesse étudiée. *With s. attention*, avec une attention réfléchie. **-ly**, *adv.* **1.** Studieusement. **2.** Attentivement, soigneusement; avec attention, avec empressement. **He studiously avoided . . .**, il s'étudiait à éviter. . . . **3.** *He was s. rude*, il était d'une grossièreté voulue, étudiée.

studiousness [ˈstjuːdiəsnəs], *s.* **1.** Studiosité *f*; amour *m* de l'étude; attachement *m* à l'étude. **2.** Empressement *m*, attention *f*, zèle *m* (*in doing sth.*, à faire qch.).

stud-sail [stʌdsl], *s.* *Nau:* = STUDDING SAIL.

study¹ [ˈstʌdi], *s.* **1.** Soin(s) *m*(*pl*), attention *f*. *Your comfort was my s.*, votre confort fut l'objet de mes soins. *It shall be my whole s. to please you*, je mettrai tous mes soins à vous plaire. *My only s. has been to ensure . . .*, ma seule préoccupation a été d'assurer. . . . *He made a s. of my health*, il apportait tous ses soins à ma santé; il s'occupait soigneusement de ma santé. *He makes it his s. to please*, il s'étudie, il travaille, à plaire. **2.** **(Brown) study**, rêverie *f*. **To be (lost) in a brown study**, être plongé, absorbé, dans ses réflexions, dans de vagues rêveries, dans la méditation, dans la songerie; *F:* être, se perdre, dans les nuages; être dans la lune. *To fall into a brown s.*, s'abandonner au vague de ses pensées. **3.** (*a*) Étude *f*. *The s. of mathematics*, l'étude des mathématiques. **To make a study of a literary period**, s'appliquer à l'étude d'une période littéraire; étudier une période littéraire. (*b*) *pl.* Études. *My studies have convinced me that . . .*, mes études m'ont convaincu que. . . . **To finish one's studies**, achever ses études. (*c*) *F:* **His face was a study**, ses sentiments *m* se reflétaient sur son visage; il fallait voir son visage! *Hum:* *His nose was a s. in purples*, son nez alliait heureusement toute une gamme de tons pourprés. **4.** *Art:* *Mus:* Étude. *He played a s. by Chopin*, il a joué une étude de Chopin. **5.** *Th:* (*Of pers.*) **To be a good, a slow, study**, apprendre vite, lentement, ses rôles. *See also* UNDERSTUDY¹. **6.** (*a*) Cabinet *m* de travail; bureau *m* (du maître de la maison). (*b*) *Sch:* Salle *f* d'étude.

study², *v.tr.* (studied; studying) **1.** Étudier, travailler (un sujet, un auteur, un rôle); observer (le terrain, les astres); faire des études de (philologie, etc.). *Abs.* Étudier; faire ses études. *He had studied under Bopp*, il avait suivi les cours de Bopp. **To study for the bar**, faire son droit. **To study for an examination**, préparer, travailler, un examen; se préparer à un examen. *To s. hard*, travailler ferme; *F:* piocher. **To study up one's Latin**, (i) piocher son latin; (ii) repasser son latin. **2.** S'occuper de, se préoccuper de, être soigneux de (qn, qch.). *To s. others' convenience*, se préoccuper de la commodité des autres. **To study one's own interests**, s'occuper de, rechercher, ses propres intérêts. *To s. economy*, viser à, chercher, l'économie. *To have four children and a wife to s.*, avoir à subvenir aux besoins d'une femme et de quatre enfants. *With no husband to s., housekeeping is mere play*, quand on n'a pas à s'occuper d'un mari, le ménage n'est qu'un jeu. **3.** S'étudier, s'appliquer, chercher, viser (*to do sth.*, à faire qch.). *Even when I was studying how I should serve him . . .*, alors même que je me demandais comment je pourrais lui être utile. . . .

study out, *v.tr.* **1.** Étudier (un projet, etc.) dans tous ses détails; méditer longuement (une question). **2.** Résoudre (un problème, un mystère).

studied, *a.* **1.** Étudié, recherché; prémédité, calculé, voulu. *S. carelessness*, négligence voulue. *S. grace*, grâce étudiée. *Dress of s. elegance*, toilette (d'une élégance) recherchée. *S. insult*, insulte voulue, préméditée. *S. manners*, manières concertées. *All his gestures are s.*, tous ses gestes sont compassés. **2.** (*Of pers.*) Instruit, versé (*in*, dans).

studying, *s.* Études *fpl*.

stuff¹ [stʌf], *s.* **1.** (*a*) Matière(s) *f*(*pl*), matériaux *mpl*, substance *f*, étoffe *f*. *Paperm:* Pâte *f* (à papier). **Garden stuff**, légumes *mpl*, jardinage *m*. *Carp:* **Thick stuff**, planches *fpl* de doublage. *Nau:* **Small stuff**, lusin *m*, merlin *m*. *Nau:* **India stuff**, galgale *f*. *A:* **Household stuff**, mobilier *m*, effets *mpl*. **He is of the stuff that heroes are made of**, il est du bois, de la pâte, dont on fait les héros. *We must see what s. he is made of*, il faut voir ce qu'il a dans le corps, dans le ventre. *You will see, know, what s. I am made of*, vous verrez de quel bois je me chauffe. *His brother is made of different s.*, son frère est d'une autre étoffe. *There is good s. in him*, il a de l'étoffe. *Speech full of good s.*, discours étoffé. *Book full of good s.*, livre plein de bonnes choses. *He writes nasty s.*, il écrit des saletés *f*. *See also* FOOD 1, GREEN¹ 1, HALF-STUFF. (*b*) *F:* **Doctor's stuff**, drogues *fpl*. *This wine is good s.*, ce vin est excellent. *Funny s. this is*, drôle de chose que ce que je mange là! *I don't like that s. you gave me*, je n'aime pas ce que vous m'avez donné là. *Drink some of that s.*, buvez-moi un peu de ça. *Let's have a look at your s.*, faites voir votre camelote *f*. *U.S:* *Come on*, **do your stuff!** allons, montre-nous ce que tu sais faire, déballe tes connaissances! **That's the stuff!** c'est du bon! *That's the s. to give him!* c'est comme ça qu'il faut le traiter; *P:* ça c'est envoyé! ça c'est tapé! *P:* **A bit of stuff**, (i) une jeune fille; (ii) une jeune effrontée, une petite poule. *A nice little bit of s.*, une gentille petite; une petite fort appétissante. *See also* HOT¹ 1 (*c*). **To be short of (the necessary) stuff**, manquer d'argent, *P:* de braise, de pognon. *Surg:* *P:* **To give stuff to a patient**, anesthésier, endormir, un patient. (*c*) *F:* Fatras *m*. *Old s.*, vieilleries *fpl*. *Silly s.*, sottises *fpl*, balivernes *fpl*; *A:* sornettes *fpl*. **What stuff!** qu'est-ce que vous me contez là? **Stuff and nonsense!** c'est de la bêtise! niaiseries que tout cela! fadaises! **Stuff!** quelle bêtise! allons donc! **2.** (*a*) *Tex:* Étoffe *f*, tissu *m*. *Silk stuffs*, étoffes de soie. *Woollen s.*, tissu de laine. (*b*) *Jur:* **Stuff gown**, robe *f* d'étoffe. *Jur:* **A stuff gownsman**, *F:* **stuff**, un jeune avocat, un avocat en second (qui ne porte pas de soie). *Cf.* SILK 2.

stuff², *v.tr.* **1.** (*a*) Bourrer (*with*, de); rembourrer (un meuble, un coussin) (*with*, de). *Mch:* Garnir (une boîte à étoupe, etc.). **He has his pockets stuffed with books**, il a des livres plein ses poches; il a les poches bourrées de livres. *F:* **To stuff s.o.**, bourrer, crever, gorger, qn de nourriture; gaver qn. *To s. a child with cakes*, empiffrer un enfant de gâteaux; prodiguer des gâteaux à un enfant. *F:* *V:* *I am stuffed full*, *P:* j'en ai jusqu'au gaviot. **To stuff (oneself)**, manger avec excès; se bourrer; bâfrer; *P:* se caler les joues; se les caler; s'en donner plein la ceinture. *He is always stuffing himself*, il est toujours à boustifailler. *Head stuffed with romantic ideas*, tête bourrée, farcie, d'idées romanesques. *See also* DOLL¹. (*b*) *Cu:* **To stuff a fowl**, farcir une volaille. (*c*) *F:* **To stuff s.o. for an exam**, chauffer qn en vue d'un examen. (*d*) Empailler, naturaliser (un spécimen zoologique, etc.). *See also* OWL. **2.** *F:* **To stuff s.o. (up)**, bourrer le crâne à qn; faire marcher qn. *All the silly ideas that he has stuffed you with*, toutes les billevesées dont il vous a bourré le crâne. *Abs.* **He's only stuffing**, il vous raconte des blagues; il vous en fait accroire. **3.** **To stuff (up) one's ears with cotton-wool**, se boucher les oreilles avec de l'ouate; se fourrer de l'ouate dans les oreilles. **To stuff up a hole**, boucher un trou. *The filter is stuffed up*, le filtre est obstrué, colmaté. *My nose is stuffed up*, je suis enchifrené. **4.** **To stuff sth. into sth.**, fourrer, serrer, qch. dans qch. *F:* **To stuff one's fingers in one's ears**, se boucher les oreilles (avec les doigts).

stuffing, *s.* **1.** (*a*) Bourrage *m*, rembourrage *m*; empaillage *m* (d'animaux). *Mch:* Garniture *f*, étoupage *m*. (*b*) Gavage *m* (des oies, etc.). (*c*) *F:* Bâfrerie *f*. (*d*) *Cu:* Farcissure *f*. **2.** (*a*) Bourre *f*; (*for furniture*) fer *m* en meubles. *Horse-hair s.*, matelassure *f* de crin. *Mch:* Garniture, étoupe *f*. *F:* **To knock, beat, the stuffing out of s.o., out of a team**, flanquer une tripotée à qn, à une équipe. **To take the stuffing out of s.o.**, dégonfler qn. (*b*) *Cu:* Farce *f*.

'stuffing-box, *s.* *Mch:* Boîte *f* à étoupe; presse-étoupe *m inv*, boîte à garniture. **Stuffing-box cover**, couvre-étoupe *m inv*.

'stuff-over, *attrib.a.* *Furn:* (Fauteuil *m*) à bras et dossier rembourrés.

stuffer [ˈstʌfər], *s.* **1.** Rembourreur *m* (de coussins, etc.). **2.** Empailleur *m* (d'animaux).

stuffiness [ˈstʌfinəs], *s.* **1.** Manque *m* d'air; odeur *f* de renfermé. **2.** *F:* Préjugés vieillots. **3.** Enchifrènement *m*.

stuffy [ˈstʌfi], *a.* **1.** Privé d'air; mal ventilé; mal aéré; sans air. *Room that smells s.*, pièce *f* qui sent le renfermé. *It is a bit s. here*, cela manque d'air ici. **2.** *U.S:* *F:* Fâché; en rogne. **3.** *F:* Collet monté *inv*; aux préjugés vieillots; sans goût. **4.** **To feel stuffy**, se sentir enchifrené.

stultification [stʌltifiˈkeiʃ(ə)n], *s.* **1.** Action *f* de rendre sans effet (un décret, etc.). **2.** Action de rendre (qn) ridicule.

stultify [ˈstʌltifai], *v.tr.* **1.** Enlever toute valeur à (un argument, un témoignage); infirmer, entacher de nullité (un décret, etc.); rendre inutile (une mesure); confondre, rendre vains (les projets de qn). **2.** Rendre ridicule (qn); faire ressortir la sottise, l'absurdité (d'une action). **To stultify oneself**, (i) *Jur:* (*of witness*) se contredire, se démentir; (ii) *Jur:* exciper de sa faiblesse d'esprit; (iii) se rendre ridicule.

stum¹ [stʌm], *s.* *Winem:* Moût muet ou muté.

stum², *v.tr.* (stummed; stumming) Soufrer (le vin, un fût).

stumming, *s.* Soufrage *m*.

stumble[1] [stʌmbl], *s.* Trébuchement *m*, faux pas; bronchement *m*, bronchade *f* (d'un cheval).

stumble[2], *v.i.* **1.** (*a*) Trébucher; faire un faux pas; (*of horse*) broncher. **To stumble along,** marcher, avancer, en trébuchant. **To stumble against sth.,** se heurter, buter, contre qch. **To stumble over a difficulty,** achopper contre une difficulté. *That is where all have stumbled,* voilà où tous ont achoppé. *Prov:* **It's a good horse that never stumbles,** il n'y a bon charretier qui ne verse; il n'y a si bon cheval qui ne bronche. (*b*) **To stumble at an article of faith,** rencontrer une pierre d'achoppement dans un article de foi. **2. To stumble in one's speech,** (i) hésiter en parlant; (ii) patauger en prononçant son discours. *To s. through one's lesson,* ânonner sa leçon. **3. To stumble across, upon, s.o., sth.,** rencontrer qn, qch., par hasard; tomber sur qn, qch.

stumbling[1], *a.* Qui trébuche; (*of horse*) qui bronche; (*of speech*) hésitant. **-ly,** *adv.* **1.** D'un pas mal assuré. **2.** En hésitant.

stumbling[2], *s.* **1.** Trébuchement *m*, faux pas; bronchement *m*. **2.** Hésitation *f*; ânonnement *m*.

'stumbling-block, *s.* Pierre *f* d'achoppement. *F: The stumbling-blocks of French composition,* les traquenards *m* du thème français.

stumer ['stju:mər], *s. F:* **1.** (*a*) Chèque *m* sans valeur; chèque non couvert en banque. (*b*) Faux billet de banque. **2.** Personne ou chose qui ne vaut rien; (*of pers.*) raté *m*.

stump[1] [stʌmp], *s.* **1.** (*a*) Tronçon *m*, souche *f*, chicot *m*, chandelier *m* (d'arbre); chicot, racine *f* (de dent); moignon *m* (de bras, de jambe); bout *m* (de cigare, de crayon); *F:* mégot *m* (de cigare); tronçon (de queue, de colonne, de mât); trognon *m* (de chou); *U.S:* souche (de chèque). *To remove the stumps of branches, of trees,* échicoter des branches, des arbres. *To extract the stumps from land,* essoucher un terrain. *Extraction of stumps,* essouchement *m*. *P:* **To be on, up, a stump,** être au pied du mur, être réduit à quia. *See also* FORCEPS 1. (*b*) Jambe *f* de bois. **2.** *pl. F:* **Stumps,** jambes; *F:* gigues *f*, quilles *f*. **Stir your stumps!** remuez-vous! trémoussez-vous! *P:* (dé)grouillez-vous! *You must stir your stumps,* (i) il faut vous remuer; il faut vous (dé)grouiller; (ii) il faut jouer des guibolles. **3.** *Pol: F:* **To be on the stump,** être en tournée électorale; faire des harangues politiques. **Stump orator,** orateur *m* de carrefour, de place publique; harangueur *m*. **Stump oratory,** éloquence *f* de carrefour. **Stump speech,** harangue *f* en plein air. **4.** *Cr:* Piquet *m* (du guichet). **Stumps are pitched at eleven o'clock,** la partie commence à onze heures. **To draw stumps,** enlever les guichets; cesser la partie, le match. **5.** *Draw:* Estompe *f*.

'stump-blasting, *s. Agr: For:* Essouchement *m* à la dynamite.

'stump foot, *s.* Pied bot.

'stump-wood, *s.* Bois *m* de souche.

stump[2]. **1.** *v.i.* (*a*) **To stump along,** marcher, avancer, en clopinant; clopiner. **To stump in, out,** entrer, sortir, clopin-clopant, en clopinant. (*b*) *Pol: F:* **To stump (through) the country,** parcourir le pays en haranguant les foules; faire une tournée électorale. **2.** *v.tr.* (*a*) *F:* Coller (un candidat); poser une colle à (qn); mettre, réduire, (qn) à quia. **To stump s.o. on a subject,** faire sécher qn sur un sujet. **To be stumped,** (i) rester le bec dans l'eau; (ii) (*of candidate*) *P:* sécher, piquer une sèche. **This fairly stumped me,** sur le coup je n'ai su que répondre. (*b*) *Cr:* Mettre hors jeu (un batteur qui est sorti de son camp) en abattant le guichet avec la balle tenue à la main. (*c*) *Draw:* Estomper (un dessin).

stump up. **1.** *v.i. F:* Payer, casquer, s'exécuter; *P:* abouler son argent, cracher. *I had to s. up,* j'y ai été de ma poche. *I have had to s. up again and again for this young man's debts, P:* j'ai craché et recraché pour les dettes de monsieur. **2.** *v.tr. F:* Abouler (son argent).

stumper ['stʌmpər], *s. F:* **1.** Question embarrassante; colle *f*. **2.** *Cr:* (*Pers.*) Garde-guichet *m*, *pl.* gardes-guichet.

stumpiness ['stʌmpinəs], *s.* Aspect trapu, ragot (de qn, d'un cheval); peu de longueur (de la queue d'un chien).

stumpy ['stʌmpi], *a.* **1.** Trapu, ragot, ramassé. *S. little man,* petit homme gros et court. **Stumpy umbrella,** tom-pouce *m*, *pl.* tom-pouces. *S. pencil,* petit bout de crayon. **2.** (*Of ground*) Plein de souches, de chicots.

stun [stʌn], *v.tr.* (**stunned; stunning**) **1.** Étourdir, assommer. **2.** *F:* Renverser, abasourdir. *The news stunned us,* ce fut un coup de massue. *Stunned with surprise,* abruti de surprise; stupéfié; frappé de stupeur.

stunning, *a.* **1.** (*a*) (Coup) étourdissant, d'assommoir. (*b*) (Malheur) accablant. **2.** *F:* Renversant, abasourdissant, épatant, abracadabrant, mirifique; phénoménal, -aux. *S. get-up,* toilette étourdissante. **-ly,** *adv.* **1.** D'une façon étourdissante. **2.** *F:* Épatamment; *P:* chiquement.

stung [stʌŋ]. *See* STING[2].

stunk [stʌŋk]. *See* STINK[2].

stunner ['stʌnər], *s. F:* **1.** Type épatant. *He's a s., she's a s.,* il est épatant; elle est épatante. **2.** Chose épatante, renversante.

stunsail [stʌnsl], *s. Nau:* = STUDDING SAIL.

stunt[1] [stʌnt], *s.* **1.** Arrêt *m* dans la croissance. **2.** *Nat.Hist:* Avorton *m*.

stunt[2], *v.tr.* Empêcher (qn, qch.) de croître; arrêter (qn, qch.) dans sa croissance; rabougrir.

stunted, *a.* Arrêté dans sa croissance. *S. offspring,* sujet mal venu. *S. tree,* arbre rabougri, avorté, chétif. *S. mind,* esprit noué. **To become stunted,** (se) rabougrir.

stunting, *s.* Rabougrissement *m*.

stunt[3], *s. F:* **1.** Coup *m* d'épate; affaire *f* de publicité, de pure réclame. *Journ:* Nouvelle sensationnelle. *The Zinoviev letter s.,* le coup de la lettre Zinovieff. **Stunt article,** article tapageur; article à fracas. **That's a good stunt!** ça, c'est une bonne idée! **2.** (*a*) Tour *m* de force. *Av:* **Stunt flying,** vol *m* de virtuosité. **To perform stunts,** faire des acrobaties (en vol). (*b*) *P: That's not my s.,* ça ce n'est pas mon affaire; *P:* c'est pas mon boulot. (*c*) *Mil: P:* Journée *f* de combat; affaire *f*; poussée *f* en avant.

stunt[4], *v.i. Av:* Faire des acrobaties (en vol).

stuntedness ['stʌntidnəs], *s.* État rabougri.

stunter ['stʌntər], *s.* **1.** *Av:* As *m* de l'acrobatie aérienne. **2.** Réclamiste *mf*.

stupe[1] [stju:p], *s. Med:* **1.** Compresse *f* pour fomentation. **2.** Tampon *m* de charpie.

stupe[2], *v.tr. Med:* Fomenter (une plaie).

stupe[3], *s. F:* Imbécile *mf*.

stupefacient [stju:pi'feiʃjənt], *a.* & *s. Med:* Stupéfiant (*m*).

stupefaction [stju:pi'fakʃ(ə)n], *s.* Stupéfaction *f*; (*with astonishment*) abasourdissement *m*, stupeur *f*, ahurissement *m*.

stupefactive ['stju:pifaktiv], *a.* & *s. Med:* Stupéfiant (*m*).

stupefier ['stju:pifaiər], *s. Med:* Stupéfiant *m*.

stupefy ['stju:pifai], *v.tr.* **1.** (*a*) *Med:* Stupéfier, engourdir. (*b*) Hébéter, abrutir. *Stupefied with opium,* stupéfié, abruti, par l'opium. *Stupefied with grief,* hébété par la douleur. *To s. s.o. with fear, with astonishment, F:* méduser qn. **2.** *F:* Abasourdir, stupéfier. *I am absolutely stupefied* (*by what has happened*), je n'en reviens pas; les bras m'en tombent. *Stupefied, he could make no answer,* frappé de stupeur, il ne savait que répondre.

stupefying[1], *a.* **1.** *Med:* Stupéfiant, stupéfactif. **2.** *F:* Abasourdissant.

stupefying[2], *s.* (*a*) Stupéfaction *f*; engourdissement *m*. (*b*) Abrutissement *m*.

stupendous [stju'pendəs], *a.* Prodigieux; *F:* formidable. **-ly,** *adv.* Prodigieusement.

stupendousness [stju'pendəsnəs], *s.* Nature prodigieuse, caractère prodigieux (d'un phénomène, etc.).

stupeous ['stju:piəs], *a. Nat.Hist:* Laineux.

stupid ['stju:pid], *a.* **1.** *A.* & *Lit:* Stupide; frappé de stupeur. **2.** (*a*) Stupide; sot, *f.* sotte; *F:* bête. **My boys are very stupid,** mes élèves ont la tête dure; j'ai une classe de crétins. *A s. fellow,* un bêta. *s. Now then,* **little stupid!** allons, petit bêta! petit niais! petite niaise! **As stupid as an owl, as a donkey, as a goose,** bête comme une oie; bête à manger du foin, du chardon; sot comme un panier (percé). *I did a s. thing,* j'ai fait une bêtise, une chose stupide; j'ai commis une sottise, une balourdise, une boulette. *F: You are* **a stupid thing!** vous êtes stupide, idiot! **Don't be stupid!** ne faites pas la bête! *How s. of me!* que je suis bête! *It was very s. of me,* j'ai été bien sot. *To give a s. answer, a hopelessly s. answer,* répondre par une stupidité; répondre en dépit du bon sens. *Prov:* **A stupid question deserves no answer,** à sotte demande point de réponse. *Why did you go on that s. journey?* pourquoi avez-vous fait ce bête de voyage? *What a s. place to choose!* comment avez-vous choisi un endroit pareil! **To get, grow, stupid,** s'encroûter, s'alourdir. *To make s.o. s.,* alourdir qn. *To drink oneself s.,* s'hébéter, s'abrutir, à force de boire. (*b*) Insipide, insupportable. *A s. seaside resort,* une station balnéaire peu intéressante. **-ly,** *adv.* Stupidement, sottement; *F:* bêtement.

stupidity [stju'piditi], *s.* Stupidité *f*. (*a*) Lourdeur *f* d'esprit. (*b*) Sottise *f*, niaiserie *f*, bêtise *f*; *F:* ânerie *f*. *It's crass s.! F:* c'est idiot!

stupor ['stju:pər], *s.* Stupeur *f*. (*a*) *In a drunken s.,* abruti par la boisson. (*b*) *In a s. of dismay,* atterré.

stuporous ['stju:pərəs], *a.* **1.** (*Of pers.*) Dans un état de léthargie, de stupeur. **2.** (*Of disease*) Stuporeux; caractérisé par la stupeur, par la léthargie.

sturdiness ['stə:rdinəs], *s.* **1.** Vigueur *f*, robustesse *f*. **2.** Hardiesse *f*, résolution *f*, fermeté *f*.

sturdy ['stə:rdi]. **1.** *a.* (*a*) Vigoureux, robuste, fort. *S. fellow,* gaillard dru, robuste. (*b*) (*Of opposition, resistance, etc.*) Hardi, résolu, ferme. (*c*) *A:* **Sturdy beggar,** mendiant effronté; truand *m*. (*d*) *A.* & *Dial:* (*Of sheep*) Qui a le tournis. **2.** *s. Vet:* Tournis *m*. **-ily,** *adv.* **1.** Fortement; avec robustesse. *S. built machine,* machine *f* robuste. **2.** Hardiment, fortement, fermement, résolument, vigoureusement.

sturgeon ['stə:rdʒ(ə)n], *s. Ich:* Esturgeon *m*.

stutter[1] ['stʌtər], *s.* Bégaiement *m*. *He has a terrible s.,* il est affecté d'un bégaiement insupportable. *F: The s. of the machine-guns,* le feu répété des mitrailleuses.

stutter[2]. **1.** *v.i.* Bégayer, bredouiller. **2.** *v.tr.* **To stutter (out) sth.,** bégayer, bredouiller, qch.

stuttering[1], *a.* Bègue. **-ly,** *adv.* En bégayant.

stuttering[2], *s.* Bégaiement *m*, bredouillement *m*. *Med:* Balbutie *f*.

stutterer ['stʌtərər], *s.* Bègue *mf*.

sty[1], *pl.* **sties** [stai, sta:iz], *s.* (*a*) Étable *f* (à porcs); porcherie *f*. (*b*) *F:* Taudis *m*.

sty[2], *v.tr.* (**stied**) Mettre, enfermer, (des porcs) dans leur étable, dans la porcherie.

sty[3], **stye** [stai], *s. Med:* Orgelet *m*, hordéole *m*; *F:* compèreloriot *m*, *pl.* compères-loriots; grain-d'orge *m*, *pl.* grains-d'orge.

Stygian ['stidʒiən], *a.* (*a*) Stygien. *Lit: To visit the S. shores,* visiter les rives du Styx. *Ant: To swear the S. oath,* jurer par le Styx. (*b*) *Lit: F: A S. night,* une nuit noire comme le Styx. (*c*) *A:* Infernal, -aux.

stylar ['stailər], *a. Bot:* Stylaire.

stylate ['stailet], *a. Nat.Hist:* Stylé; pourvu d'un style.

style[1] [stail], *s.* **1.** (*a*) *Ant: etc:* Style *m* (pour écrire); poinçon *m* (en métal, en ivoire). (*b*) *Engr:* Style, burin *m*. (*c*) (*Of gramophone*) Style, aiguille *f* (d'inscription ou de reproduction). (*d*) *Surg:* Stylet *m* (à bouton olivaire). (*e*) (*Of sun-dial*) Style, gnomon *m*. (*f*) *Bot:* Style (prolongeant l'ovaire). **2.** (*a*) Style, manière *f*, façon *f*. *His s. of playing the piano,* son style; sa façon de jouer du piano. **Style of living,** manière de vivre; train *m* de maison. *The s. in which they live,* le train qu'ils mènent; leur manière, leur genre *m*, de vie.

To live in (grand, great) style, mener grand train; *F:* rouler carrosse. *They drove up in s.,* ils ont fait leur entrée en grand équipage. *I don't like his s. of talking,* je n'aime pas sa façon de parler. **In the grand style,** dans le grand style; dans le grand genre. **In good style,** dans le bon genre; de bon goût, de bon ton. *To dress in good s.,* s'habiller avec goût. *F: They bantered him* **in fine style,** on l'a raillé d'importance. **To win in fine style,** gagner haut la main. **Let us do things in style,** il faut bien faire les choses. **That's the style!** c'est cela! bravo! à la bonne heure! *See also* CRAMP[4] 2. (*b*) *Art: Arch: etc: In the s. of Rubens,* dans le style de Rubens. *Building in the classical s.,* bâtiment *m* de style classique. *Furniture in the Empire s.,* meubles *m* style Empire. *Built in the s. of the last century,* construit dans le goût du siècle dernier. *House built in a handsome s.,* maison d'une jolie architecture. (*c*) Style, genre; type *m,* modèle *m,* facture *f* (d'une auto, etc.). *Made in three styles,* fabriqué en trois genres, en trois catégories *f,* sur trois modèles. *In every s.,* dans tous les genres. (*d*) **Aristocrat of the old style,** aristocrate *m* de la vieille école. *What is his s. of business?* quel est son genre d'affaires? **That's not my style,** ce n'est pas mon genre. **Something in that style,** quelque chose de ce genre; quelque chose dans ce goût-là. (*e*) *Cost: etc:* Mode *f.* **In the latest style,** de la dernière mode; *F:* dernier cri. **3.** (*a*) Style; manière d'écrire. *Written in a delightful s., in a humorous s.,* écrit dans un style délicieux, sur un ton de plaisanterie. *The s. of Shakespeare,* le style de Shakespeare. **The lofty style,** le genre noble. *Judicial s.,* style du palais. *Business s.,* style commercial. (*b*) (*Good style*) **Writer who lacks style,** écrivain *m* qui n'a pas de style. **4.** Ton *m,* chic *m,* cachet *m.* **She has style, there's a style about her,** elle a de l'allure, du chic, du genre, de la distinction. *There is no s. about her,* elle n'a pas de ton, de chic; elle n'a aucun cachet. *There's no s. about it,* cela manque de cachet, d'allure, *F:* d'œil; cela n'a pas de caractère. **5.** *Hist:* **March 14th, New Style (N.S.), Old Style (O.S.),** le 14 mars nouveau style, vieux style. *See also* CALENDAR[1] 1. **6.** Titre *m,* nom *m; Com:* raison sociale; nom social, nom commercial; firme *f. I did not recognize him under his new s.,* je ne l'ai pas reconnu sous son nouveau titre. *He had assumed the s. of Colonel,* il s'était intitulé "colonel." **Under the style of X and Co.,** sous la raison, sous la firme, de X et Cie.

'style-shaped, *a. Bot:* Styliforme.

style[2], *v.tr.* Dénommer; appeler. **To style s.o. Baron,** qualifier qn de baron; donner à qn le titre de baron. **To style oneself Doctor,** se donner le titre de, se parer du nom de, docteur; s'intituler, se faire appeler, docteur. *Clergymen attached to a regiment are styled chaplains,* on nomme aumôniers, on désigne sous le nom d'aumôniers, les prêtres attachés à un régiment; les prêtres attachés à un régiment portent le titre d'aumôniers. *Small shop styled 'The Scotia Stores,'* petite boutique à l'enseigne de "The Scotia Stores." *See also* SELF-STYLED.

style[3], *s.* = STILE[1, 2].

stylet ['stailet], *s.* **1.** *A:* (*Dagger*) Stylet *m.* **2.** *Surg:* Stylet (à bouton olivaire). **3.** *Z:* Stylet.

styliform ['stailifɔːrm], *a. Bot:* Styliforme.

styling ['stailiŋ], *s.* (*a*) Ornementation tracée au style. (*b*) *Furn:* Bordure *f* (d'un tapis).

stylish ['stailiʃ], *a.* Élégant, chic; coquet, *f.* coquette; qui a du cachet; (chapeau, etc.) habillé, à la mode, qui a du chic. *Very s. dress,* robe *f* qui a beaucoup de cachet. *It looks, sounds, more s.,* cela fait plus riche. **-ly,** *adv.* Élégamment; avec chic; coquettement; à la mode.

stylishness ['stailiʃnəs], *s.* Élégance *f,* chic *m,* coquetterie *f;* souci *m* de la mode.

stylist ['stailist], *s. Lit:* Styliste *mf.*

stylistic [stai'listik], *a.* Du style. *S. elegance,* élégance *f* de style.

stylistics [stai'listiks], *s.pl.* (*Usu. with sg. const.*) Stylistique *f.*

stylite ['stailait], *s. & a. Rel.H:* Stylite (*m*).

Stylites [stai'laitiːz]. *Pr.n.m. Rel.H:* **Saint Simeon Stylites,** Saint Siméon (le) Stylite.

stylize ['stailaːiz], *v.tr. Art:* Styliser (son art).

stylized, *a.* Stylisé.

styl(o)- ['stail(o)], *comb.fm. Anat: Bot: etc:* Styl(o)-. *Stylostegium,* stylostège. *Stylopodium,* stylopode. *Styloglossal,* styloglosse. *Stylohyoid,* stylo-hyoïdien.

stylo ['stailo], *s. F:* = STYLOGRAPH.

stylobate ['stailobeit], *s. Arch:* Stylobate *m;* soubassement *m* (de colonnade).

stylograph ['stailograf, -grɑːf], *s.* **Stylograph (pen),** stylographe *m, F:* stylo *m.*

stylographic [stailo'grafik], *a.* Stylographique.

styloid ['stailɔid], *a. Anat:* Styloïde. **The styloid process,** *s.* **the styloid,** l'apophyse *f* styloïde.

stylomastoid [stailo'mastɔid], *a. Anat:* (Trou) stylo-mastoïdien.

stylomaxillary [stailomak'siləri], *a. Anat:* Stylo-maxillaire.

stylospore ['stailospɔːər], *s. Bot:* Stylospore *f.*

stylus, *pl.* **-i, -uses** ['stailəs, -ai, -əsiz], *s. Ant: Engr:* Style *m.*

stymie[1, 2] ['staimi], *s. & v.tr. Golf:* = STIMY[1, 2].

Stymphalian [stim'feiliən], *a. Myth:* **The Stymphalian birds,** les oiseaux *m* du lac de Stymphale.

Stymphalus [stim'feiləs]. *Pr.n. A.Geog:* Stymphale.

styptic ['stiptik], *a. & s. Med:* Styptique (*m*); restringent (*m*), astringent (*m*).

stypticity [stip'tisiti], *s. Med:* Astringence *f.*

styraceae [sti'reisiiː], *s.pl. Bot:* Styracées *f.*

styrax ['staiəraks], *s. Bot:* Styrax *m,* aliboufier *m.*

Styria ['stiria]. *Pr.n. Geog:* La Styrie.

Styrian ['stiriən], *a. & s. Geog:* Styrien, -ienne.

styrol ['staiərɔl], *s. Ch:* Styrol *m.*

Styx (the) [ðə'stiks]. *Pr.n. Gr.Myth:* Le Styx; *Poet:* l'Onde noire. **To cross the Styx,** franchir le Styx; visiter les rives du Styx.

Suabia ['sweibja]. *Pr.n. Geog:* = SWABIA.

Suabian ['sweibjən], *a. & s. Geog:* = SWABIAN.

suable ['sjuːəbl], *a. Jur:* Poursuivable en justice.

Suakin ['swɑːkin]. *Pr.n. Geog:* Souakim *m.*

suasion ['sweiʒ(ə)n], *s.* Persuasion *f, A:* suasion *f.* **To subject s.o. to moral suasion,** agir sur la conscience de qn.

suasive ['sweisiv], *a.* Persuasif. **-ly,** *adv.* Persuasivement.

suave [sweːiv], *a.* **1.** (*Of fragrance, music, etc.*) Suave; doux, *f.* douce; agréable. **2.** (*a*) (Accueil *m*) affable. (*b*) *Pej:* **Suave manners,** manières doucereuses. **-ly,** *adv.* **1.** Suavement. **2.** (*a*) Avec affabilité. (*b*) *Pej:* Doucereusement.

suaveness ['sweivnəs], **suavity** ['swaviti], *s.* **1.** Suavité *f* (d'un parfum). **2.** (*a*) Affabilité *f;* douceur *f.* (*b*) *Pej:* Politesse mielleuse.

sub[1] [sʌb], *s. F:* **1.** = SUBORDINATE[1] 2. **2.** = SUBALTERN 2. **3.** = SUBSCRIPTION 2, 3. **4.** = SUBSIST[1]. **5.** = SUBSTITUTE[1] 1.

sub[2], *v.* (subbed; subbing) **1.** (= *subscribe*) (*a*) *v.tr.* Payer un acompte sur le salaire de (qn). (*b*) *v.i.* Recevoir un acompte sur son salaire. **2.** *v.i.* (= *substitute*) **To sub for s.o.,** remplacer qn; faire l'intérim de qn; *abs.* assurer l'intérim. **3.** *v.tr.* = SUB-EDIT.

sub- [sʌb], *pref.* **1.** Sub-. *Subacute,* subaigu. *Subalpine,* subalpin. **2.** Sous-. *Sub-agent,* sous-agent. *Subdeacon,* sous-diacre. *Sub-title,* sous-titre. **3.** *Subarctic,* presque arctique. *Sub-equatorial,* presque équatorial.

sub-account [sʌbə'kaunt], *s.* Sous-compte *m.*

subacetate [sʌb'asiteit], *s. Ch:* Sous-acétate *m.*

subacid [sʌb'asid], *a.* **1.** Aigrelet, -ette; acidule; légèrement acide. **2.** (Ton) aigre-doux; (réponse) aigre-douce; *pl.* aigres-doux, -douces.

subacute [sʌbə'kjuːt], *a. Med:* Subaigu, -uë.

subaerial [sʌb'ɛəriəl], *a. Geol:* (*Of denudation, etc.*) Subaérien, -ienne.

sub-agency [sʌb'eidʒənsi], *s.* Sous-agence *f.*

sub-agent [sʌb'eidʒənt], *s.* Sous-agent *m.*

subalpine [sʌb'alpain], *a.* Subalpin.

subaltern ['sʌbəltərn]. **1.** *a.* Subalterne, subordonné. *Log: S. proposition,* proposition *f* subalterne. *See also* GENUS 1. **2.** *s. Mil:* Lieutenant *m* ou sous-lieutenant *m;* subalterne *m.*

subaquatic [sʌbə'kwatik], **subaqueous** [sʌb'eikwiəs], *a.* (*Of exploration, etc.*) Subaquatique.

subarctic [sʌb'ɑːrktik], *a. Geog:* (Région *f,* latitude *f*) presque arctique.

sub-assistant [sʌbə'sistənt], *s.* Sous-aide *mf.*

subastral [sʌb'astrəl], *a.* Terrestre, sublunaire.

subaudition [sʌbɔː'diʃ(ə)n], *s.* Sous-entente *f.*

subaxillary [sʌbak'siləri], *a.* **1.** *Z:* Sous-axillaire. *Orn:* Axillaire. **2.** *Bot:* Infra-axillaire, sous-axillaire.

sub-bituminous [sʌbbi'tjuːminəs], *a.* **Sub-bituminous coal,** lignite *m.*

sub-bursar [sʌb'bəːrsər], *s.* Sous-économe *m.*

subcarbonate [sʌb'kɑːrbonet], *s. Ch:* Sous-carbonate *m.*

subcaudal [sʌb'kɔːd(ə)l], *a. Z: Orn:* Subcaudal, -aux.

subchanter ['sʌbtʃɑːntər], *s. Ecc:* Sous-chantre *m.*

sub-charter [sʌb'tʃɑːrtər], *v.tr.* Sous-affréter (un navire).

subchloride [sʌb'klɔːraid], *s. Ch:* Sous-chlorure *m.*

subclass ['sʌbklɑːs], *s. Nat.Hist:* Sous-classe *f.*

subclavian [sʌb'kleiviən], *a. Anat:* (*Of artery, vein, muscle*) Sous-clavier, -ière.

subclavicular [sʌbklə'vikjulər], *a. Surg: Med:* (Opération *f,* luxation *f*) sous-claviculaire.

sub-commission [sʌbko'miʃ(ə)n], *s.* Sous-commission *f.*

sub-commissioner [sʌbko'miʃənər], *s. Navy: etc:* Sous-commissaire *m.*

subcommittee ['sʌbkomiti], *s.* Sous-comité *m;* sous-commission *f.*

subconscious [sʌb'kɔnʃəs]. **1.** *a. Psy:* Subconscient. **The subconscious self,** l'inconscient *m.* **2.** *s. Psy:* Subconscient *m.*

subconsciousness [sʌb'kɔnʃəsnəs], *s. Psy:* Subconscience *f.*

subcontract[1] [sʌb'kɔntrakt], *s.* Sous-traité *m.*

subcontract[2] [sʌbkon'trakt], *v.tr.* Sous-traiter (une affaire).

subcontractor [sʌbkon'traktər], *s.* Sous-entrepreneur *m,* sous-traitant *m. Const: etc:* Tâcheron *m.*

subcontrary, *pl.* **-ies** [sʌb'kɔntrəri(z)]. **1.** *a. Geom: Log:* Subcontraire, sous-contraire. **2.** *s. Log:* Proposition *f* subcontraire.

subcortical [sʌb'kɔːrtik(ə)l], *a. Bot:* Subcortical, -aux.

subcostal [sʌb'kɔst(ə)l], *a. Anat: Ent:* Sous-costal, -aux; subcostal, -aux.

sub-culture ['sʌbkʌltjər], *s. Bac:* Sous-culture *f;* culture *f* secondaire.

subcutaneous [sʌbkju'teinjəs], *a.* Sous-cutané. *S. parasite, s. larva,* parasite *m,* larve *f,* cuticole. *S. injection,* injection sous-cutanée.

subdeacon [sʌb'diːkən], *s. Ecc:* Sous-diacre *m.*

subdeaconate [sʌb'diːkənet], **subdeaconry** [sʌb'diːkənri], *s.* = SUBDIACONATE.

subdean [sʌb'diːn], *s. Ecc:* Sous-doyen *m.*

subdeanery [sʌb'diːnəri], *s.* Sous-doyenné *m,* sous-décanat *m.*

sub-delegate [sʌb'deleget], *s.* Subdélégué, -ée, sous-délégué, -ée.

subdelegate [sʌb'delegeit], *v.tr.* Subdéléguer.

subdelegation [sʌbdele'geiʃ(ə)n], *s.* Subdélégation *f,* sous-délégation *f.*

sub-derivative [sʌbdi'rivətiv], *s. Ling:* Dérivé *m* secondaire.

subdiaconate [sʌbdai'akonet], *s. Ecc:* Sous-diaconat *m.*

sub-director [sʌbdai'rektər], *s.* Sous-directeur, -trice.

sub-district ['sʌbdistrikt], *s. Adm:* Sous-division (régionale).

subdivide [sʌbdi'vaid]. **1.** *v.tr.* Subdiviser, sous-diviser. **2.** *v.i.* Se subdiviser.

subdivision [sʌbdi'viʒ(ə)n], *s.* Subdivision *f.* **1.** Morcellement *m* (du terrain); sous-répartition *f* (d'une action financière); fractionnement *m;* sectionnement *m.* **2.** (*a*) Sous-division *f;* fraction *f.* (*b*) *Z: etc:* Sous-classe *f.* (*c*) *Navy:* Section *f* (d'une flotte).

subdominant [sʌb'dɔminənt], *s. Mus:* Sous-dominante *f.*
subdual [sʌb'dju:əl], *s.* Asservissement *m*, subjugation *f* (d'un peuple rebelle).
subdue [sʌb'dju:], *v.tr.* **1.** Subjuguer, soumettre, réduire, asservir, assujettir (une tribu, etc.); maîtriser (un incendie); dompter, réprimer (un mouvement de colère); asservir (ses passions). **2.** Adoucir, réduire la force de (la lumière, la chaleur, la voix); assourdir (une couleur); tamiser, assourdir (la lumière); amortir, atténuer (la lumière, la fièvre, la douleur); baisser (la voix).
subdued, *a.* **1.** (Peuple) vaincu, subjugué, asservi. **2.** (*Of pers.*) Sous le coup d'un événement attristant; préoccupé; déprimé. **3.** (*Of heat, light, sound, etc.*) Adouci. **Subdued light,** demi-jour *m*; lumière tamisée, atténuée. **Subdued conversation,** causerie discrète; conversation *f* à voix basse. *In a s. tone, voice,* (i) d'un ton radouci; (ii) d'une voix étouffée; à voix basse; à mi-voix; à demi-voix. *As her voice had not much softness of timbre, she kept it s.*, comme sa voix manquait de douceur elle en assourdissait le timbre. *With an air of s. satisfaction,* avec un air de satisfaction contenue.
subduing, *s.* **1.** Subjugation *f*, asservissement *m*, réduction *f* (d'une tribu, etc.). **2.** Adoucissement *m*, amortissement *m*, atténuation *f*, assourdissement *m* (de la lumière, etc.).
subduer [sʌb'dju:ər], *s.* Vainqueur *m*, dompteur *m.*
subduple [sʌb'dju:pl], *a. Mth:* (*Of progression*) Sous-double.
subduplicate [sʌb'djupliket], *a. Mth:* Sous-doublé. **In subduplicate ratio,** en raison sous-doublée.
sub-edit [sʌb'edit], *v.tr. Journ:* Corriger, mettre au point (un article).
sub-editing, *s. Journ:* Mise *f* au point, *F:* cuisine *f* (d'un article).
sub-editor [sʌb'editər], *s. Journ:* Secrétaire *m* de la rédaction. *Assistant s.-e.*, secrétaire adjoint.
sub-editorship [sʌb'editərʃip], *s.* Secrétariat *m* (d'un journal).
sub-embassy [sʌb'embəsi], *s.* Sous-ambassade *f.*
sub-equatorial [sʌbekwə'tɔ:riəl], *a. Geog:* Presque équatorial, -aux; presque sous l'équateur.
suber ['sju:bər], *s. Bot:* **1.** Liège *m.* **2.** Chêne-liège *m*, *pl.* chênes-lièges; suber *m.*
suberate ['sju:bəreit], *s. Ch:* Subérate *m.*
suberic [sju'berik], *a. Ch:* Subérique.
suberification [sjuberifi'keiʃ(ə)n], *s. Ch:* Subérification *f.*
suberin ['sju:bərin], *s. Ch:* Subérine *f.*
suberose ['sju:bərous], **suberous** ['sju:bərəs], *a. Bot:* Subéreux.
subfamily ['sʌbfamili], *s. Nat.Hist:* Sous-embranchement *m.*
subfeu ['sʌbfju:], *v.tr. A.Jur:* Afféager (une terre).
sub-foundation [sʌbfaun'deiʃ(ə)n], *s. Arch:* Soubassement *m* (d'un bâtiment).
sub-frame ['sʌbfreim], *s. Aut:* Faux châssis; faux longerons *pl*; berceau *m.*
subfusc [sʌb'fʌsk], *a. Lit:* (*Of attire, etc.*) Sombre.
subgenus, *pl.* **-genera** ['sʌbdʒi:nəs, -dʒenərə], *s. Nat.Hist:* Sous-genre *m*; sous-embranchement *m.*
sub-governor ['sʌbgʌvərnər], *s.* Sous-gouverneur *m.*
sub-granular [sʌb'granjulər], *a.* Subgranulaire, subgranuleux.
sub-group ['sʌbgru:p], *s. Nat.Hist:* Sous-genre *m.*
sub-heading ['sʌbhediŋ], *s.* Sous-titre *m.*
sub-human [sʌb'hju:mən], *a.* **1.** Pas tout à fait humain. **2.** Presque humain.
sub-index ['sʌbindeks], *s. Mth:* Indice *m* dans l'interligne inférieur.
subinfeudated [sʌb'infjudeitid], *a. Jur: A:* (*Of fief*) **To be subinfeudated,** mouvoir (*to*, de).
subinfeudation [sʌbinfju'deiʃ(ə)n], *s. Jur:* Mouvance *f* (*to*, de); sous-inféodation *f*; afféagement *m.*
sub-inspector ['sʌbinspektər], *s.* Sous-inspecteur, -trice.
sub-inspectress ['sʌbinspektres], *s.f.* Sous-inspectrice.
subjacent [sʌb'dʒeis(ə)nt], *a. Anat: Bot: Geol: etc:* Sous-jacent, subjacent.
subject[1] ['sʌbdʒekt], *s.* **1.** Sujet, -ette (d'un souverain). *British s.*, sujet britannique. **2.** *Gram:* Sujet (du verbe). *The logical s.*, le sujet logique. **3.** (*a*) Sujet (de conversation, d'un livre, d'un tableau, d'un discours); motif *m* (d'un paysage); objet *m* (de méditation). **A subject picture,** un tableau, une peinture, de genre. **To come to one's subject,** entrer en matière. **To lead s.o. on to the subject of . . .,** porter qn sur le propos de. . . . **To wander from the subject,** sortir de la question. **Let us return to our subject,** revenons au sujet, à notre texte, *F:* à nos moutons. *Let us add,* **while we are on this subject,** *that . . .*, ajoutons à ce propos que. . . . **Enough on this subject,** laissons là cet article. **On the subject of . . .,** au sujet de. . . . *We will now return to the s. of Mr X,* revenons maintenant à M. X. **To change the subject,** parler d'autre chose; changer de sujet; (*abruptly*) rompre les chiens. *See also* CATALOGUE[1] 1, CONVERSATION 1, DROP[2] II. 9, SORE[1] I. 1. (*b*) *Mus:* **Subject of a fugue,** sujet d'une fugue; demande *f.* (*c*) *Sch: What subjects do you teach?* quelles matières enseignez-vous? **Compulsory subjects** (*of an examination*), sujets obligatoires. *See also* EXTRA 1. **4.** (*a*) **The subject of an experiment,** le sujet d'une expérience. *To be a s. of experiment,* servir de sujet d'expérience. **Good hypnotic subject,** sujet facile à hypnotiser. *To be a s. for ridicule, pity,* être un sujet d'hilarité, de pitié; provoquer l'hilarité, la pitié. (*b*) *Med:* Sujet, malade *mf* (que l'on traite). **A gouty subject,** un sujet prédisposé à la goutte; un goutteux.
'subject-matter, *s.* Sujet *m* (d'un livre, d'une discussion); contenu *m* (d'une lettre); objet *m* (d'un contrat réel). *Literary s.-m.*, thèmes *m* littéraires.
subject[2], *a.* **1.** (État, pays) assujetti, soumis (*to*, à); sous la dépendance (*to*, de). **Subject provinces,** provinces sujettes. **Country held subject by another,** pays tenu en sujétion par un autre. **To be subject to the laws of nature,** être soumis aux lois de la nature. *S. to military law,* justiciable des tribunaux militaires. *S. to death,* sujet à la mort. *Traders s. to the control of the excise,* commerçants assujettis au fisc. **2.** (*Liable*) (*a*) Sujet, exposé (à des accès de fièvre); porté (à l'envie, etc.). *He is s. to extraordinary whims,* il lui prend des lubies impossibles. *Votes of credit s. to delays,* crédits soumis à des retards. *The evils to which we might be s.*, les maux *m* qui pourraient nous atteindre. *Gods s. to human passions,* dieux assujettis aux passions humaines. (*b*) **Prices subject to 5% discount,** prix *m* qui comportent 5% d'escompte; prix sous réserve d'une remise de 5%; prix bénéficiant d'une remise de 5%. *Transaction s. to a commission of* 5%, opération *f* passible d'un courtage de 5%. **Subject to stamp duty,** passible du droit de timbre; soumis au timbre; sujet au droit de timbre. *The plan is s. to modifications,* ce projet pourra subir des modifications. **3.** (*Conditional*) **Subject to . . .,** sauf . . .; sous réserve de. . . . *S. to your consent,* sauf votre consentement; sauf votre agrément. *Com: S. to your order,* à votre ordre. *S. to inspection, to ratification,* sous réserve d'inspection, de ratification. *S. to the provisions of . . .*, sous la réserve des provisions de. . . . **Subject to alteration, to revision,** sauf nouvel avis; sauf à corriger; sauf correction.
subject[3] [sʌb'dʒekt], *v.tr.* **1.** Soumettre, assujettir, subjuguer (un peuple). **2.** Soumettre, exposer, assujettir (*s.o., sth., to sth.*, qn, qch., à qch.). **To subject oneself to a rule,** s'assujettir, s'asservir, à une règle. *To s. s.o. to an operation,* soumettre qn à une opération. **To subject s.o. to criticism,** critiquer qn. *To s. s.o. to heavy toil,* astreindre qn à un rude labeur. *To s. s.o. to torture,* mettre qn à la torture. **To subject s.o., sth., to an examination,** faire subir un examen à qn; soumettre qch. à un examen. **To be subjected to much criticism,** être en butte à de nombreuses critiques. *Metal subjected to great heat,* métal exposé à une grande chaleur.
subjection [sʌb'dʒekʃ(ə)n], *s.* Sujétion *f*, soumission *f*, assujettissement *m*, asservissement *m* (*to*, à). **In a state of subjection,** dans la sujétion. **To hold, keep, s.o. in subjection,** (i) tenir qn sous sa dépendance; (ii) tenir qn en captivité. *To be in s. to s.o.*, être soumis à qn. **To bring into subjection,** soumettre, assujettir (qn); soumettre (une province, ses passions).
subjective [sʌb'dʒektiv], *a.* **1.** *Phil: Gram: Art: etc:* Subjectif. *Gram:* **Subjective genitive,** génitif subjectif. **2.** *Gram:* **The subjective case,** le cas sujet; le nominatif. **-ly,** *adv.* Subjectivement.
subjectivism [sʌb'dʒektivizm], *s. Phil:* Subjectivisme *m.*
subjectivist [sʌb'dʒektivist], *s.* Partisan *m* du subjectivisme.
subjectivity [sʌbdʒek'tiviti], *s. Phil:* Subjectivité *f.*
subjoin [sʌb'dʒɔin], *v.tr.* Ajouter, adjoindre (une liste, une explication). *The subjoined details,* les détails ci-joints.
sub judice ['sʌb'dʒu:disi]. *Lt.phr. Jur:* **The case is sub judice,** l'affaire n'est pas encore jugée, est encore devant les tribunaux.
subjugate ['sʌbdʒugeit], *v.tr.* Subjuguer, soumettre, assujettir, asservir, réduire (un peuple); dompter (un animal); captiver (ses passions).
subjugation [sʌbdʒu'geiʃ(ə)n], *s.* Subjugation *f*, assujettissement *m.*
subjugator ['sʌbdʒugeitər], *s.* Asservisseur *m.*
subjunctive [sʌb'dʒʌŋktiv], *a. & s. Gram:* Subjonctif (*m*). **In the subjunctive (mood),** au subjonctif.
sub-king ['sʌbkiŋ], *s. Hist:* Sous-roi *m*; petit roi; chef *m.*
subkingdom ['sʌbkiŋdəm], *s. Nat.Hist:* Embranchement *m* (d'un règne de la nature).
sub-lease[1] ['sʌbli:s], *s.* Sous-bail *m*, *pl.* sous-baux; sous-location *f*; *Husb:* sous-ferme *f.*
sub-lease[2] [sʌb'li:s], *v.tr.* Sous-louer (un appartement); sous-affermer (une terre). (*a*) Donner en sous-location, à sous-ferme. (*b*) Prendre en sous-location, à sous-ferme.
sub-leasing, *s.* (*a*) Sous-location *f.* (*b*) Amodiation *f* (de droits d'exploitation minière).
sub-lessee [sʌble'si:], *s.* **1.** Sous-locataire *mf* (à bail); sous-fermier, -ière; sous-preneur *m.* **2.** Sous-traitant *m* (d'un travail à l'entreprise).
sub-lessor [sʌb'lesər], *s.* Sous-bailleur, -bailleresse.
sub-let[1] ['sʌblet], *s.* Sous-bail *m*, *pl.* sous-baux; sous-location *f.*
sub-let[2] [sʌb'let], *v.tr.* (*p.t. & p.p.* **-let**; *pr.p.* **-letting**) **1.** Sous-bailler; sous-louer (un appartement); sous-affermer (une terre). **2.** Sous-traiter (un travail à l'entreprise).
sub-letting, *s.* **1.** Sous-location *f.* **2.** Sous-traitement *m.*
sub-letter [sʌb'letər], *s.* Sous-bailleur, -bailleresse.
sub-librarian [sʌblai'breəriən], *s.* Sous-bibliothécaire *mf.*
sub-lieutenancy [sʌblef'tenənsi], *s.* **1.** *Navy:* Grade *m* d'enseigne de vaisseau. **2.** *Mil: A:* Grade de sous-lieutenant.
sub-lieutenant [sʌblef'tenənt], *s.* **1.** *Navy:* Enseigne *m* (de vaisseau). **2.** *Mil: A:* Sous-lieutenant *m.*
sublimate[1] ['sʌblimet], *s. Ch:* Sublimé *m.* **Corrosive sublimate,** chlorure *m* mercurique; sublimé corrosif. *Pharm: Corrosive s. gauze,* gaze *f* au sublimé.
sublimate[2] ['sʌblimeit], *v.tr.* **1.** Sublimer (le soufre). **2.** Raffiner, idéaliser (un sentiment, etc.). *Psy:* (*Of instinct*) **To be sublimated,** se sublimiser.
sublimated, *a.* **1.** *Ch:* (Oxyde) sublimé. **2.** *S. thoughts,* pensées quintessenciées, sublimées.
sublimation [sʌbli'meiʃ(ə)n], *s. Ch: Psy:* Sublimation *f.*
sublime[1] [sə'blaim]. **1.** *a.* Sublime. (*a*) (Pensée *f*, poète *m*, etc.) sublime. *See also* PORTE. (*b*) **Sublime indifference,** suprême indifférence *f. S. impudence,* impudence sans pareille, sans égale. (*c*) **Sublime muscles,** muscles *m* à fleur de peau; *A:* muscles sublimes. **2.** *s.* **The sublime,** le sublime. **To pass from the sublime to the ridiculous,** passer du sublime au terre à terre. **-ly,** *adv.* **1.** Sublimement. **2.** *F:* **To be sublimely unconscious of . . .,** être dans une ignorance absolue de. . . .
sublime[2]. **1.** *v.tr.* (*a*) *Ch:* Sublimer (un solide). (*b*) Idéaliser (une idée, etc.); rendre sublime. **2.** *v.i. Ch:* (*Of solid*) Se sublimer.

sublimed, *a.* *Ch:* = SUBLIMATED 1.
subliming, *s.* *Ch:* = SUBLIMATION.
sublimeness [sʌ'blaimnəs], *s.* = SUBLIMITY.
subliminal [sʌb'limin(ə)l], *a.* *Psy:* Subliminal, -aux.
sublimity [sʌ'blimiti], *s.* Sublimité *f.*
sublingual [sʌb'liŋgwəl], *a.* *Anat:* (*Of gland*) Sublingual, -als, -aux; sous-lingual, -aux.
sublunary [sʌb'lu:nəri], *a.* (Région *f*) sublunaire; (corps *m*) terrestre.
sub-man, *pl.* **-men** ['sʌbman, -men], *s.m.* Sous-homme.
sub-manager [sʌb'manedʒər], *s.* Sous-directeur *m*, sous-gérant *m.*
sub-manageress [sʌb'manedʒəres], *s.f.* Sous-directrice, sous-gérante.
submarine ['sʌbməri:n]. **1.** *a.* (Câble, volcan) sous-marin. *Cin: S. shooting*, prise de vues sous-marine. *Bot:* **Submarine plants,** plantes plongées. **2.** *s.* (Navire) sous-marin *m. Fleet s.*, sous-marin d'escadre. *Ocean-going s.*, sous-marin de croisière. *Coast-defence s.*, sous-marin côtier. **High-reserve submarine,** submersible *m. See also* SCOUT[1] 2.
submaxillary [sʌbmak'siləri], *a.* *Anat:* (*Of gland, etc.*) Sous-maxillaire.
submediant [sʌb'mi:diənt], *s.* *Mus:* Sus-dominante *f.*
sub-mental [sʌb'ment(ə)l] *a.* *Anat:* (*Of artery, etc.*) Submental, -aux.
submentum [sʌb'mentəm], *s.* *Ent:* Sous-menton *m.*
submerge [sʌb'mə:rdʒ]. **1.** *v.tr.* (*a*) Submerger, immerger, noyer; plonger, enfoncer, (qch.) sous l'eau. (*b*) Inonder, noyer (un champ, etc.). **2.** *v.i.* (*Of submarine*) Plonger; effectuer sa plongée.
submerged, *a.* **1.** (*a*) Submergé, noyé. *S. concrete*, béton immergé. *S. turbine*, turbine noyée. *I.C.E: The jet is s.*, le gicleur est noyé. *S. vessel*, vaisseau englouti par les flots. *Wreck s. at high tide*, épave submergée à (la) haute marée. (*b*) **Submerged submarine,** sous-marin *m* en plongée. **Submerged speed,** vitesse *f* en immersion, en plongée (d'un sous-marin). (*c*) **Submerged reef,** écueil sous-marin. *Bot:* **Submerged plant, leaf,** plante *f*, feuille *f*, qui pousse sous l'eau. **2.** *a.* & *s.* *F:* **The submerged (tenth),** les déclassés *m*, les nécessiteux *m.*
submergence [sʌb'mə:rdʒəns], *s.* Submersion *f*; plongée *f* (d'un sous-marin). *S. of a coral-reef*, affaissement *m* d'un banc de corail.
submersed [sʌb'mə:rst], *a.* *Bot:* Submergé.
submersible [sʌb'mə:rsibl], *a.* & *s.* (Bateau *m*) submersible (*m*); sous-marin (*m*).
submersion [sʌb'mə:rʃ(ə)n], *s.* Submersion *f*, plongée *f. I.C.E: S. of the jet*, noyage *m* du gicleur.
submission [sʌb'miʃ(ə)n], *s.* **1.** (*a*) Soumission *f* (à la volonté de qn, à une autorité); résignation *f* (à une défaite, etc.). **To starve s.o. into submission,** réduire qn par la famine. *The dukes made their s. to Henry IV*, les ducs firent leur soumission à Henri IV. (*b*) Docilité *f*; humilité *f.* **2.** Soumission (d'une question à un arbitre, d'une signature à un expert). *S. of proofs of identity*, présentation *f* de pièces d'identité. **3.** *Jur:* Plaidoirie *f.* **In my submission . . .,** selon la théorie que je soutiens dans ma plaidoirie . . ., selon ma thèse. . . .
submissive [sʌb'misiv], *a.* (Ton, air) soumis, humble, résigné; (personne *f*) docile. *S. to advice*, docile aux conseils donnés. **-ly,** *adv.* D'un ton, d'un air, soumis; avec soumission; humblement; avec docilité.
submissiveness [sʌb'misivnəs], *s.* Soumission *f*, docilité *f*, humilité *f. S. to the will of God*, soumission à la volonté de Dieu; résignation *f. In all s. he owned that . . .*, très humblement il reconnaissait que. . . .
submit [sʌb'mit], *v.* (**submitted; submitting**) **1.** *v.i.* & *pr.* Se soumettre (à qn, au joug, à la volonté de qn, à une force supérieure); se plier (à une nécessité); s'astreindre, s'asservir (à la discipline); se résigner (à un malheur, à supporter qch.). *I have submitted to your insolence for an hour*, j'ai supporté votre insolence pendant une heure. *It is for them to s.*, c'est à eux de se soumettre, d'accepter la loi, de plier la tête. **2.** *v.tr.* (*a*) Soumettre. **To submit sth. to s.o.,** mettre qch. sous les yeux de qn. **To submit sth. for s.o.'s approval, to s.o.'s judgment, to s.o.'s inspection,** soumettre, présenter, qch. à l'approbation de qn, au jugement, à l'inspection, de qn. *To s. proofs of identity*, présenter des pièces d'identité. *To s. a difference to an arbitrator*, soumettre un différend à, porter un différend devant, un arbitre. **To submit a question to a court,** saisir un tribunal d'une question. *To s. the case to the court*, en référer à la cour. (*Of bankrupt*) **To submit a statement of one's affairs,** déposer son bilan. (*b*) **To submit that . . .,** représenter, alléguer, que . . .; émettre l'opinion que . . .; poser en thèse que. . . . *Jur: I s. that there is no case against my client*, je plaide le non-lieu.
submultiple [sʌb'mʌltipl], *a.* & *s.* *Mth:* Sous-multiple (*m*) (*of*, de).
subnitrate [sʌb'naitret], *s.* *Ch:* Sous-nitrate *m.*
subnormal [sʌb'nɔ:rməl]. **1.** *a.* (Température *f*, etc.) au-dessous de la normale. **2.** *s.* *Geom:* Sous-normale *f*, sous-perpendiculaire *f* (d'une courbe).
suboccipital [sʌbɔk'sipit(ə)l], *a.* *Anat:* (Nerf) sous-occipital, -aux, suboccipital, -aux.
sub-office ['sʌbɔfis], *s.* *Com:* Succursale *f* (d'une banque, etc.); filiale *f*; bureau *m* auxiliaire.
suborbital [sʌb'ɔ:rbit(ə)l], *a.* *Anat:* (Artère *f*, canal *m*, nerf *m*) sous-orbitaire.
suborder ['sʌbɔ:rdər], *s.* *Nat.Hist:* Sous-ordre *m.*
subordinary [sʌb'ɔ:rdinəri], *s.* *Her:* Menue pièce.
subordinate[1] [sʌ'bɔ:rdinet]. **1.** *a.* (*a*) (Rang, etc.) inférieur, subalterne, secondaire. *He plays a s. part*, il joue un rôle accessoire. *S. interests*, intérêts *m* secondaires. *Mil: Navy:* **Subordinate commander,** commandant *m* en sous-ordre. (*b*) Subordonné (*to*, à). *Gram:* **Subordinate clause,** proposition subordonnée. *Syntax of s. clauses*, syntaxe *f* de dépendance. (*c*) *Geol:* Sous-jacent. **2.** *s.* Subordonné, -ée; sous-ordre *m inv*, subalterne *mf.* **-ly,** *adv.* D'une façon secondaire; en sous-ordre; subordonnément.
subordinate[2] [sʌ'bɔ:rdineit], *v.tr.* Subordonner (*to*, à).
subordinating, *a.* *Gram:* **Subordinating conjunction,** conjonction subordonnante, de subordination.
subordination [sʌbɔ:rdi'neiʃ(ə)n], *s.* **1.** Subordination *f* (*to*, à). **2.** (*a*) Soumission *f* (*to*, à). (*b*) *A:* Discipline *f.*
suborn [sʌ'bɔ:rn], *v.tr.* *Jur:* Suborner, corrompre, séduire (un témoin).
suborning, *s.* = SUBORNATION.
subornation [sʌbɔ:r'neiʃ(ə)n], *s.* Subornation *f*, corruption *f*, séduction *f* (de témoins).
suborner [sʌ'bɔ:rnər], *s.* Suborneur, -euse, corrupteur, -trice (de témoins).
suboxide [sʌb'ɔksaid], *s.* *Ch:* Sous-oxyde *m.*
sub-permanent [sʌb'pə:rmənənt], *a.* Quasi-permanent. *See also* MAGNETISM 2.
sub-persistent [sʌbpər'sistənt], *a.* *Bot:* (Organe) marcescent.
subpoena[1] [sʌb'pi:nə], *s.* *Jur:* Citation *f*, assignation *f* (de témoins) (sous peine d'amende).
subpoena[2], *v.tr.* (**subpoenaed**) **To subpoena s.o. to appear,** citer, assigner, qn à comparaître (sous peine d'amende). **To subpoena s.o. as witness,** assigner qn comme témoin. *To s. a witness*, signifier, faire, donner, envoyer, une assignation à un témoin.
sub-polar [sʌb'poulər], *a.* **1.** (Climat *m*, etc.) subpolaire. **2.** *Astr:* Au-dessous du pôle céleste.
sub-prefect ['sʌbpri:fekt], *s.* *Fr. Adm:* Sous-préfet *m. S.-p.'s wife, F:* sous-préfète *f.*
subprefectorial [sʌbpri:fek'tɔ:riəl], *a.* Sous-préfectoral, -aux.
subprefecture [sʌbpri:'fektjər], *s.* *Fr.Adm:* Sous-préfecture (la fonction ou l'immeuble).
subprior ['sʌbpraiər], *s.m.* *Ecc:* Sous-prieur.
subprioress ['sʌbpraiəres], *s.f.* *Ecc:* Sous-prieure.
sub-pubic [sʌb'pju:bik], *a.* *Anat:* (Ligament, trou) sous-pubien.
sub-race ['sʌbreis], *s.* *Z:* Sous-race *f.*
sub-rector ['sʌbrektər], *s.m.* *Sch:* Vice-recteur.
subrent [sʌb'rent], *v.tr.* Sous-louer; prendre (un appartement, etc.) en sous-location.
subreption [səb'repʃ(ə)n], *s.* *Jur:* Subreption *f.*
subrogate ['sʌbrogeit], *v.tr.* *Jur:* Subroger. *To s. s.o. to the rights of s.o.*, subroger qn en les droits de qn. *To s. s.o. for, in the place of, s.o.*, substituer qn à qn; subroger (un créancier).
subrogation [sʌbro'geiʃ(ə)n], *s.* *Jur:* Subrogation *f* (d'un créancier); substitution *f* (de créancier). **Subrogation act,** acte *m* subrogatoire.
sub rosa ['sʌb'rouzə], *Lt. adv. phr.* Secrètement, confidentiellement; sous le manteau; en cachette; sub rosa.
sub-sale ['sʌbseil], *s.* Sous-vente *f.*
subsalt ['sʌbsɔlt], *s.* *Ch:* Sous-sel *m.*
subscapular [sʌb'skapjulər], *a.* & *s.* *Anat:* Sous-scapulaire (*m*).
subscribe [sʌb'skraib], *v.tr.* **1.** (*a*) Souscrire (son nom); signer (un document); souscrire (une obligation). *To s. one's name to a document*, apposer sa signature à un document; signer un document. **I subscribe myself your humble servant . . .,** votre très humble serviteur. . . . (*b*) *Abs.* **To subscribe to an opinion,** souscrire à une opinion. *I cannot s. to that*, je ne peux pas consentir à cela. **2.** (*a*) **To subscribe ten pounds,** souscrire pour (la somme de) dix livres; donner dix livres. *Abs. To s. for ten pounds*, s'inscrire pour dix livres. **To subscribe for a publication, for a monument,** souscrire à une publication, à un monument. *To s. a sum to a charity*, offrir sa cotisation pour une œuvre de bienfaisance. *Fin:* **To subscribe shares,** souscrire des actions. *To s. for ten shares in a company*, souscrire à dix actions d'une société. *To s. to a loan, to an issue*, souscrire à un emprunt, à une émission. **Subscribed capital,** capital souscrit. *See also* OVER-SUBSCRIBE. (*b*) **To subscribe to a newspaper,** (i) s'abonner, prendre un abonnement, à un journal; (ii) être abonné à un journal. *To give up subscribing*, cesser son abonnement; se désabonner. **To subscribe ten pounds to a club,** payer une cotisation de dix livres à un club. (*c*) *Publ:* **To subscribe a book,** (i) (*of publisher*) offrir un livre en souscription; (ii) (*of bookseller*) acheter un livre en souscription.
subscribing, *s.* (*a*) Souscription *f.* (*b*) Abonnement *m.*
subscriber [sʌb'skraibər], *s.* **1. Subscriber to, of, a document,** signataire *mf*, souscripteur *m*, d'un document. **The subscriber,** (i) le soussigné; (ii) le contractant. **2. Subscriber to a charity, for shares, to a new publication,** souscripteur *m* à une œuvre de charité, à des actions, à une nouvelle publication; cotisant *m* d'une œuvre de charité. **3.** Abonné, -ée (à un journal, etc.). **Telephone subscriber,** titulaire *mf* d'un abonnement au téléphone; abonné au téléphone.
subscript ['sʌbskript], *a.* *Gr.Gram:* (Iota) souscrit.
subscription [sʌb'skripʃ(ə)n], *s.* **1.** (*a*) Souscription *f* (de son nom); signature *f. S. to a document*, souscription d'un document. (*b*) Adhésion *f* (*to*, à); approbation *f* (*to*, de). *S. to an article of faith*, adhésion à un article de foi. **2. Subscription to a charity,** souscription à une œuvre de bienfaisance. *To pay a s.*, verser une cotisation. **To get up a subscription,** se cotiser. **Monument erected by public subscription,** monument élevé par souscription publique. *Fin:* **Subscription to a loan,** souscription à un emprunt. *S. in cash*, souscription en espèces. *S. by conversion of securities*, souscription en titres. **Subscription list,** liste *f* de souscription; liste des souscripteurs. **Subscription form,** bulletin *m* de souscription. **Subscription dance,** bal *m* par souscription. **3.** Abonnement *m* (à un journal, etc.). **To take out a subscription to a paper,** s'abonner à un journal. *To take out a s. to a paper in favour of s.o.*, abonner qn à un journal. **Subscriptions to be paid in advance,** on doit s'abonner, payer son abonnement, d'avance. *To withdraw one's s.*, cesser son abonnement; se désabonner. *See also* RENEW 1.

RENEWAL 1. **Subscription to a club,** cotisation (annuelle) à un cercle, comme membre d'un cercle. **To pay one's subscription,** payer sa cotisation (*to*, à). **4.** *Publ:* Souscription.

subsection ['sʌbsekʃ(ə)n], *s.* Subdivision *f.*

subsellium, *pl.* **-ia** [sʌb'seliəm, -*ia*], *s.* **1.** *Rom.Ant:* Place assise (dans l'amphithéâtre). **2.** *Ecc.Arch:* Miséricorde *f* (de stalle).

subsequence ['sʌbsekwəns], *s.* **1.** Postériorité *f.* **2.** Événement subséquent; conséquence *f.*

subsequent ['sʌbsekwənt], *a.* (Chapitre, etc.) subséquent, qui suit ou qui suivra. *At a s. meeting,* dans une séance ultérieure. *The s. ratification of the treaty,* la ratification ultérieure du traité. **Subsequent to . . .,** postérieur, consécutif, à. . . . *Book-k:* **Subsequent entry,** écriture *f* complémentaire. **-ly,** *adv.* Plus tard; par la suite; dans la suite; subséquemment; postérieurement (*to*, à).

subsequential [sʌbse'kwenʃ(ə)l], *a.* = SUBSEQUENT.

subserous [sʌb'siːərəs], *a.* *Anat:* *Med:* Sous-séreux.

subserve [sʌb'səːrv], *v.tr.* Aider à, favoriser (un but, une fonction).

subservience [sʌb'səːrviəns], **subserviency** [sʌb'səːrviənsi], *s.* **1.** Utilité *f* (*to*, à). **2.** *A:* Subordination *f* (*to*, à). **3.** Soumission *f*, obséquiosité *f*, servilité *f.* **Subservience to fashion,** assujettissement *m*, asservissement *m*, à la mode.

subservient [sʌb'səːrviənt], *a.* **1.** Utile, qui contribue, qui aide (*to*, à). *To make sth. s. to sth.,* faire servir qch. à qch. **2.** Subordonné (*to*, à). **3.** Obséquieux. *The s. senate voted . . .,* un sénat servile vota. . . . **-ly,** *adv.* **1.** Utilement. **2.** En sous-ordre. **3.** Obséquieusement; servilement.

sub-shrub ['sʌbʃrʌb], *s.* *Bot:* Sous-arbrisseau *m.*

subside [sʌb'said], *v.i.* **1.** (*a*) (*Of sediment*) Tomber au fond; se précipiter. (*b*) (*Of liquid*) Déposer. **2.** (*a*) (*Of ground, building*) S'affaisser, se tasser, s'enfoncer, se déniveler. *The ground has subsided,* le terrain s'est abaissé. (*b*) S'effondrer, s'écrouler. *F:* **To subside into an armchair,** s'affaler, s'effondrer, dans un fauteuil. **3.** (*Of water, etc.*) Baisser, s'abaisser, diminuer; (*of blister*) se dégonfler. *The wave rises and subsides,* la vague s'élève et retombe. *The flood is subsiding,* la crue diminue. **4.** (*a*) (*Of storm, excitement, fever, tumult, etc.*) S'apaiser, se calmer, tomber; (*of wind*) s'abattre. *The fever is subsiding,* la fièvre commence à céder. (*b*) *F:* (*Of pers.*) Se taire; *F:* fermer le bec. **5.** (*Of pers.*) **To subside into . . .,** se changer en, se transformer en, devenir (un homme sérieux, un bon bourgeois). *He ran for ten minutes, then subsided into a walk,* il courut pendant dix minutes, puis il se mit au pas.

subsiding, *s.* = SUBSIDENCE 1.

subsidence ['sʌbsidəns, sʌb'saidəns], *s.* **1.** (*a*) Affaissement *m* (d'un édifice, d'une montagne); dénivellation *f*, dénivellement *m* (d'un pont, d'un bâti); effondrement *m*, tombée *f* (d'un toit de mine); abaissement *m* (du terrain); tassement *m* (du terrain, des fondations). (*b*) Décrue *f*, baisse *f* (d'une rivière, etc.). (*c*) *Med:* Délitescence *f* (d'une tumeur, etc.). (*d*) Apaisement *m* (d'une fièvre, d'une passion). **2.** *Geol:* Effondrement; fondis *m*, cloche *f* (dans le terrain).

subsidiary [sʌb'sidjəri], *a.* Subsidiaire, auxiliaire. **Subsidiary coinage,** monnaie *f* d'appoint. *Book-k:* **Subsidiary journal,** journal *m* auxiliaire. **Subsidiary account,** sous-compte *m.* *Fin:* **Subsidiary company, s. subsidiary,** filiale *f.* *Mil:* **Subsidiary troops, s. subsidiaries,** auxiliaires *m.* *Geog:* **Subsidiary stream,** rivière *f* tributaire. **-ily,** *adv.* Subsidiairement; en second lieu.

subsidization [sʌbsidai'zeiʃ(ə)n], *s.* Fait *m* de fournir une subvention ou des subsides (*of s.o.*, à qn).

subsidize ['sʌbsidaːiz], *v.tr.* Subventionner (un théâtre, un journal); primer (une industrie, etc.); donner, fournir, des subsides à (un prince, un État). **To be subsidized by the State,** recevoir une subvention de l'État. *Journalists subsidized out of the secret funds,* journalistes qui émargent aux fonds secrets. **Subsidized agents,** agents stipendiés. **Subsidized industry,** industrie primée. **Subsidized troops,** mercenaires *m*, auxiliaires *m.*

subsidizing, *s.* = SUBSIDIZATION.

subsidy ['sʌbsidi], *s.* **1.** Subvention *f*; *Ind:* prime *f.* **2.** *Hist:* Subside (accordé au souverain, exigé par le souverain, fourni à une puissance alliée).

sub silentio [sʌbsi'lenʃio], *Lt. adv. phr.* Sous silence.

subsist[1] [sʌb'sist], *s.* Acompte *m* sur le salaire (d'un ouvrier).

subsist[2]. **1.** *v.i.* (*a*) Subsister; continuer d'être. *Custom that still subsists,* coutume qui existe encore, qui a persisté. (*b*) S'entretenir, vivre (*on*, de). *To s. on vegetables,* se nourrir de légumes. *To s. entirely by begging,* ne vivre que de la mendicité. *To s. on other men's charity,* subsister d'aumônes. **2.** *v.tr.* Entretenir (un corps d'armée, etc.); assurer la subsistance (des troupes).

subsisting, *a.* Subsistant; qui existe encore.

subsistence [sʌb'sistəns], *s.* **1.** Existence *f.* **2.** Subsistance *f*, entretien *m*, vivres *mpl.* *Means of s.,* moyens *m* de subsistance. **A bare subsistence wage,** un salaire à peine suffisant pour vivre. *U.S:* **Subsistence farm** *or* **homestead,** petite pièce de terre qui assure la subsistance d'une famille. **3.** **Subsistence money,** acompte donné aux ouvriers, aux soldats, pour leur permettre d'attendre le jour de paye.

subsistent [sʌb'sistənt], *a.* **1.** Qui existe. **2.** Qui existe encore; qui a persisté.

subsoil[1] ['sʌbsoil], *s.* (*a*) *Geol:* *Agr:* Sous-sol *m.* *Chalky s.,* tuf *m* calcaire. **Exploration of the subsoil,** reconnaissance *f* des terrains en profondeur. **To sell soil and subsoil,** vendre le fonds et le tréfonds. *Owner of the (soil and) s.,* tréfoncier *m.* (*b*) *Civ.E:* **Subsoil attachment,** accessoire *m* pour fouiller. *See also* PLOUGH[1] 1.

subsoil[2], *v.tr.* *Agr:* *etc:* Sous-soler (la terre).

subsoiling, *s.* Sous-solage *m.*

subsoiler ['sʌbsoilər], *s.* *Civ.E:* *Agr:* Fouilleuse *f*; sous-soleuse *f.*

subspecies ['sʌbspiːʃiːz], *s.* *Nat.Hist:* Sous-espèce *f.*

substance ['sʌbstəns], *s.* **1.** (*a*) *Phil:* *Ch:* Substance *f*, matière *f.* *Ch:* *Stable s.,* corps *m* stable. *F:* **To cast, drop, throw away, the substance for the shadow,** lâcher la proie pour l'ombre. *See also* FORM[1] 2. (*b*) *Theol:* Substance (spirituelle, corporelle). *The Son is of one s. with the Father,* le Fils est consubstantiel au Père, avec le Père. **2.** Substance, fond *m*, essentiel *m* (d'un article, d'un argument, d'une lettre). **I agree in substance,** en substance, je suis de la même opinion. *See also* SUM[1] 1. **3.** Solidité *f.* *This material has some s.,* cette étoffe a du corps. *Paper with some s.,* papier *m* qui a de la main. *Book of s.,* livre *m* solide. **Argument of little substance,** argument *m* faible, qui n'a rien de solide. **4.** Avoir *m*, bien *m*, fortune *f.* **To waste one's substance,** gaspiller, dissiper, son bien. *To lose one's entire s.,* perdre tout son avoir. **Man of substance,** homme qui a de quoi, qui a du bien, des écus; *F:* homme qui a pignon sur rue; homme cossu, aisé.

substantial [sʌb'stanʃ(ə)l], *a.* **1.** Substantiel, réel. **2.** (Point) important; (progrès *m*, *Com:* réduction *f*) considérable. **Substantial reasons,** raisons sérieuses. *S. proof,* preuve concluante, valable. *These troops brought immediate and s. aid,* ces troupes ont apporté une aide immédiate et massive. *This makes a s. difference,* cela fait une différence appréciable, sensible. **3.** (*a*) *S. food,* nourriture substantielle. *S. meal,* repas substantiel, copieux, solide. *S. breakfast,* déjeuner *m* à la fourchette. (*b*) (Construction *f*, livre *m*) solide; (drap) résistant. *S. furniture,* (i) ameublement *m* solide et riche; (ii) ameublement massif. *Man of s. build,* homme bien taillé; homme solide, robuste. **4.** (Bourgeois) cossu, aisé, à son aise, qui a de quoi, qui a des écus; (maison de commerce) riche, solide, bien assise. *S. landlord,* gros propriétaire. *The s. middle class,* la grosse bourgeoisie. **5.** *s.pl.* **The substantials,** (i) les choses essentielles; (ii) *F:* (*of a meal*) les plats solides; les plats de résistance. **-ally,** *adv.* **1.** Substantiellement, réellement, effectivement. *Conditions laid down s., if not formally, in an agreement,* conditions contenues en substance, sinon formellement, dans un contrat. **2.** Solidement, substantiellement. *To dine s.,* faire un dîner solide; dîner copieusement. **3.** Fortement, considérablement. *This contributed s. to our success,* cela a contribué pour une grande part à notre succès.

substantiality [sʌbstanʃi'aliti], *s.* **1.** *Phil:* Substantialité *f*; existence réelle. **2.** Solidité *f* (d'une construction). **3.** *F:* *Ham and other substantialities,* du jambon et d'autres plats substantiels.

substantiate [sʌb'stanʃieit], *v.tr.* Établir, prouver, justifier (une affirmation, etc.). **To substantiate a charge,** apporter des faits à l'appui d'une accusation; établir une accusation. **To substantiate a claim,** prouver, établir, le bien-fondé d'une réclamation.

substantiation [sʌbstanʃi'eiʃ(ə)n], *s.* Justification *f* (d'une affirmation); énumération *f* des faits à l'appui (d'une accusation).

substantival [sʌbstən'taiv(ə)l], *a.* *Gram:* Substantival, -aux; qui fait fonction de substantif. **-ally,** *adv.* Substantivement.

substantive ['sʌbstəntiv]. **1.** *a.* (*a*) *Gram:* Substantif. **The substantive verb,** le verbe substantif. (*b*) Réel, indépendant. *To raise a colony to the status of a s. nation,* élever une colonie au rang d'une nation indépendante, autonome. *Nation that has no s. existence,* nation qui n'a pas d'existence propre. *To make an amendment into a s. resolution,* transformer un amendement en résolution formelle. *Jur:* **Substantive law,** droit positif. *See also* RANK[1] 2. **2.** *s.* *Gram:* Substantif *m*, nom *m.* **-ly,** *adv.* Substantivement.

substantivize [sʌb'stantivaːiz], *v.tr.* *Gram:* Substantiver (une expression, etc.).

sub-station ['sʌbsteiʃ(ə)n], *s.* *El.E:* *etc:* Sous-station *f*; poste *m* de réseau; *El.E:* sous-centrale *f.*

substernal [sʌb'stəːrn(ə)l], *a.* *Anat:* *etc:* Sous-sternal, -aux.

substituent [sʌb'stitjuənt], *s.* *Ch:* Substituant *m.*

substitute[1] ['sʌbstitjuːt], *s.* **1.** (*Pers.*) (*a*) Remplaçant, -ante, suppléant, -ante; intérimaire *mf*; *Sp:* remplaçant; *Mil:* *A:* remplaçant, substituant *m.* *Ecc:* Substitut *m.* **As a substitute for . . .,** en remplacement de . . ., pour remplacer. . . . *To find a s.,* se faire suppléer. *To be appointed s.o.'s s.,* obtenir la suppléance de qn; être désigné pour remplacer qn. (*At League of Nations*) **Substitute delegate,** remplaçant d'un délégué. (*b*) Mandataire *m*; représentant, -ante. **2.** (*a*) (*Of food-stuffs, drugs, etc.*) Succédané *m*, factice *m.* *As a s. for . . .,* comme succédané de. . . . *Rubber s.,* factice de caoutchouc. *We had no more coffee, and acorns provided a poor s.,* nous n'avions plus de café, et les glands le remplaçaient mal. (*b*) (*Imitation*) Contrefaçon *f.* *Beware of substitutes,* se méfier des contrefaçons, des imitations *f.*

substitute[2]. **1.** *v.tr.* (*a*) Substituer; *Jur:* subroger. **To substitute margarine for butter, in place of butter,** *F:* *V:* **to substitute butter by margarine,** substituer la margarine au beurre; remplacer le beurre par la margarine. *Natives are being substituted for Englishmen, F: V: Englishmen are being substituted by natives,* on remplace les Anglais par des indigènes; on substitue des indigènes aux Anglais. (*b*) *Jur:* Nover (une dette). **2.** *v.i.* **To substitute for s.o.,** remplacer, suppléer, qn; faire la suppléance ou l'intérim de qn.

substitution [sʌbsti'tjuːʃ(ə)n], *s.* (*a*) Substitution *f*, remplacement *m.* **Substitution of margarine for butter,** *F:* *V:* **substitution of butter by margarine,** remplacement du beurre par la margarine; substitution de la margarine au beurre. *Ch:* **Substitution of chlorine for hydrogen,** substitution du chlore à l'hydrogène. **Double substitution,** double décomposition *f.* *To react by s.,* agir par substitution. *Mth:* **Method of successive substitutions,** méthode *f* des approximations successives. *Jur:* **Substitution (of debt),** novation *f* de créance. (*b*) *Jur:* Subrogation *f.* **Act of substitution** (*of guardian, etc.*), acte subrogateur, subrogatoire.

substratum, *pl.* **-a, -ums** [sʌb'streitəm, -*a*, -əmz], *s.* **1.** Couche inférieure; sous-couche *f.* *Agr:* Sous-sol *m.* *F:* **A substratum of truth,** un fond de vérité. **2.** *Phil:* Substrat *m*, substratum *m.*

substruction [sʌb'strʌkʃ(ə)n], **substructure** ['sʌbstrʌktjər], *s.* *Const:* Substruction *f*, fondement *m*, jambage *m* (d'un édifice). *Civ.E:* Infrastructure *f* (d'un pont roulant, d'une route). **The**

social substructure, le soubassement social; les bases *f* de la société.

substyle ['sʌbstail], *s.* Soustylaire *f* (d'un cadran solaire).

subtangent ['sʌbtandʒənt], *s. Geom:* Sous-tangente *f.*

subtenancy [sʌb'tenənsi], *s.* Sous-location *f.*

subtenant ['sʌbtenənt], *s.* Sous-locataire *mf.*

subtend [sʌb'tend], *v.tr. Geom:* Sous-tendre (un arc).

subtense [sʌb'tens], *s. Geom:* Sous-tendante *f*, corde *f* (d'un arc).

subterfuge ['sʌbtərfju:dʒ], *s.* **1.** Subterfuge *m*; faux-fuyant *m*, *pl.* faux-fuyants. *To resort to s.*, user de subterfuge. **2.** *A:* Moyen *m* d'évasion (*from*, de); échappatoire *f*, défaite *f*, dérobade *f*. **3.** *A:* Lieu *m* de refuge, de retraite.

subterranean [sʌbte'reiniən], *a.* Souterrain.

subterraneously [sʌbte'reiniəsli], *adv.* Souterrainement.

subtile ['sʌ(b)til], *a. A:* = SUBTLE.

subtility [sʌb'tiliti], *s. A:* = SUBTLETY.

subtilization [sʌbtilai'zeiʃ(ə)n], *s.* **1.** *A.Ch: etc:* Subtilisation *f*, sublimation *f.* **2.** Tendance *f* à subtiliser; raffinement *m*, ergotage *m.*

subtilize ['sʌbtila:iz]. **1.** *v.tr.* Subtiliser. (*a*) *A.Ch:* Sublimer. (*b*) Donner de la subtilité à (une pensée, son style); raffiner (son style); *Pej:* alambiquer (sa pensée, son style). **2.** *v.i.* (*a*) *A.Ch:* Se subtiliser, se sublimer. (*b*) Subtiliser, raffiner; discuter sur des vétilles, sur la pointe d'une aiguille.

subtilty ['sʌbtilti], *s. A:* = SUBTLETY.

sub-title ['sʌbtaitl], *s. Typ: Cin:* Sous-titre *m.*

subtle [sʌtl], *a.* Subtil. **1.** (*a*) (Parfum, poison) pénétrant. (*b*) (Art, charme) évasif, mystérieux, qui échappe à l'analyse. **Subtle distinction,** distinction ténue, subtile. **2.** (*a*) (Esprit, raisonnement) fin, raffiné. *S. policy*, politique raffinée. *S. observer*, observateur subtil. *S. remark*, observation subtile. *S. device*, dispositif ingénieux. **Subtle irony,** fine ironie. *You are being too s.*, vous raffinez. (*b*) *A: S. fingers*, doigts expérimentés, habiles. (*c*) Rusé, astucieux, artificieux, fin. *B: Now the serpent was more s. than any beast of the field*, or le serpent était le plus fin de tous les animaux des champs. **-tly,** *adv.* Subtilement; avec finesse.

subtleness ['sʌtlnəs], **subtlety** ['sʌtlti], *s.* **1.** (*a*) Subtilité *f* (de l'esprit, d'un raisonnement); raffinement *m*, finesse *f* (d'une politique). (*b*) **Subtlety,** subtilité; distinction subtile. *His thought strays into subtleties*, sa pensée se perd dans des subtilités. **2.** Subtilité, ténuité *f* (d'une distinction). **3.** Ruse *f*, astuce *f.*

subtonic [sʌb'tɔnik], *s. Mus:* Note *f* sensible; la sensible.

subtract [sʌb'trakt], *v.tr.* (*a*) *Mth:* Soustraire, retrancher (*one quantity from another*, une quantité d'une autre). (*b*) *F:* **To subtract sth. from s.o.,** soustraire qch. à qn.

subtracting, *s.* Soustraction *f* (*from*, de); retranchement *m.*

subtraction [sʌb'trakʃ(ə)n], *s. Mth:* Soustraction *f. See also* COMPOUND[1] I.

subtractive [sʌb'traktiv], *a. Mth:* Soustractif; à soustraire; affecté du signe —.

subtrahend ['sʌbtrəhend], *s. Mth:* Nombre *m* à retrancher, à soustraire.

sub-treasurer ['sʌbtreʒərər], *s.* Sous-économe *m.*

sub-tribe ['sʌbtraib], *s. Nat.Hist:* Sous-ordre *m*, sous-famille *f.*

subtriple ['sʌbtripl], *a. Mth:* Subtriple, sous-triple.

subtriplicate [sʌb'tripliket], *a. Mth:* Sous-triplé. *In s. ratio*, en raison sous-triplée.

subtropical [sʌb'trɔpik(ə)l], *a.* Subtropical, -aux; semi-tropical, -aux.

subtype ['sʌbtaip], *s. Nat.Hist:* Sous-classe *f.*

subulate ['sju:bjulet], **subulated** ['sju:bjuleitid], *a. Nat.Hist:* Subulé. *Bot:* **Subulate leaf,** feuille alénée.

subungual [sʌb'ʌŋgwəl], *a. Anat:* Sous-ongulaire, sous-unguéal, -aux.

suburb ['sʌbə:rb], *s.* Faubourg *m.* **The suburbs,** la banlieue immédiate; les faubourgs. **In the suburbs,** dans la banlieue, en banlieue. **Garden suburb,** cité-jardin *f*, *pl.* cités-jardins.

suburban [sʌ'bə:rbən], *a.* Suburbain; (maison, train) de banlieue; (quartier *m*) excentrique, extra-muros.

suburbanite [sʌ'bə:rbənait], *s. F:* Banlieusard, -arde.

suburbanization [sʌbə:rbənai'zeiʃ(ə)n], *s. The s. of the Thames valley*, le développement de la banlieue dans la vallée de la Tamise.

suburbanize [sʌ'bə:rbəna:iz], *v.tr.* **To become suburbanized,** (*of town, etc.*) prendre un air de banlieue; (*of pers.*) prendre un air banlieusard.

Suburbia [sʌ'bə:rbiə]. *Pr.n. F:* La banlieue (de Londres).

Suburra (the) [ðəsʌ'bʌrə], *s. Rom.Ant:* La Suburre.

subvariety ['sʌbvəraiəti], *s. Hort: etc:* Sous-variété *f.*

subvassal ['sʌbvas(ə)l], *s. A:* Sous-vassal, -aux.

subvention [sʌb'venʃ(ə)n], *s.* **1.** Subvention *f*; *Ind:* prime *f.* **2.** Octroi *m* d'une subvention.

subventioned [sʌb'venʃənd], *a.* (Théâtre, etc.) subventionné; (industrie) primée.

subversion [sʌb'və:rʃ(ə)n], *s.* Subversion *f* (des lois, de l'État); renversement *m* (d'une religion, d'un État, d'un système).

subversive [sʌb'və:rsiv], *a.* Subversif (*of*, de). *Examples s. of morality*, exemples *m* qui sont propres à ébranler la moralité; exemples subversifs de toute morale.

subvert [sʌb'və:rt], *v.tr.* Renverser, subvertir (un système, un principe, un gouvernement).

subverter [sʌb'və:rtər], *s.* Destructeur, -trice, renverseur, -euse (d'un système, d'une religion, d'un gouvernement). *The subverters of social order, F:* les chambardeurs *m* de l'ordre social.

sub voce [sʌb'vousi], *Lt. prep. phr.* Voir sous le mot . . .; se reporter au mot. . . .

subway ['sʌbwei], *s.* **1.** (*a*) Passage ou couloir souterrain; passage en dessous; passage inférieur; souterrain *m.* (*b*) *El.E:* **Cable subway,** tunnel *m* de câbles. **2.** *U.S: Scot:* Chemin de fer souterrain; le métro.

succedaneous [sʌksi'deiniəs], *a. Pharm: Ind:* Succédané.

succedaneum, *pl.* **-ea** [sʌksi'deiniəm, -iə], *s. Pharm: etc:* Succédané *m.*

succeed [sʌk'si:d], *v.tr.* & *i.* **1.** (*a*) Succéder (à qn, à qch.). **To succeed to the throne, to the Crown,** succéder à, recueillir, la couronne. *A nephew has succeeded to the throne*, le trône est échu à un neveu. **To succeed to an office, to an estate,** hériter d'une fonction; hériter une propriété, d'une propriété. *To s. to a business*, prendre la suite des affaires d'une maison. *To s. a minister*, prendre la succession d'un ministre. *U.S:* **To succeed oneself,** être réélu (à la Chambre, etc.). *George III was succeeded by George IV*, George IV succéda à, fut le successeur de, George III; George III eut pour successeur George IV. *Jur:* **Right to succeed,** droits successifs. (*b*) **Day succeeds day,** un jour suit l'autre; les jours se suivent. *Winter is succeeded by spring*, le printemps suit l'hiver; après l'hiver vient le printemps. **2.** *v.i.* Réussir; atteindre son but; aboutir, arriver; venir à bien. *The plan succeeded*, le projet réussit. *Hard workers always s.*, les grands travailleurs arrivent toujours. *Prov:* **Nothing succeeds like success,** rien ne réussit comme le succès; (i) ce qui réussit est toujours approuvé; (ii) un succès en entraîne un autre. *There is no means of succeeding in this*, il n'y a pas moyen d'y aboutir. **How to succeed,** le moyen de parvenir. *Young man who will s.*, jeune homme qui ira loin. **To succeed in doing sth.,** réussir, parvenir, arriver, à faire qch.; venir à bout de faire qch.

succeeding[1], *a.* **1.** Suivant, subséquent. **2.** A venir; futur. **All succeeding ages,** tous les siècles à venir. **3.** Successif. **Each succeeding year,** chaque année successive.

succeeding[2], *s.* Succès *m*, réussite *f.*

succentor [sʌk'sentər], *s. Ecc:* Succenteur *m*; sous-chantre *m.*

success [sʌk'ses], *s.* **1.** *A:* Succès *m*, issue *f* (d'une affaire, etc.). *Good s.*, (bon) succès; issue heureuse. *See also* ILL-SUCCESS. **A second attempt met with no better success,** une seconde tentative n'eut pas plus de succès. **2.** (*a*) Succès, réussite *f*; issue heureuse. **We wish you success,** bonne chance! **To meet with success, to achieve success,** avoir, obtenir, remporter, du succès; réussir. *Man who has achieved s.*, homme *m* qui a abouti. *He is far from having achieved s.*, il est loin d'être arrivé. *His s. was due to chance*, c'est un hasard qu'il ait réussi. **Without success,** sans succès; sans y parvenir. *To return without any s., F:* revenir, rentrer, bredouille. *S. leant now this way, now that*, la victoire penchait tantôt d'un côté, tantôt de l'autre. *To advance from s. to s.*, aller de succès en succès, *F:* voguer à pleines voiles. **To score a success,** remporter, avoir, un succès. (*b*) (*Of play, venture*) **To be, turn out, a success,** réussir; (*of play*) avoir du succès. *His visit was not a s.*, sa visite laissa tout le monde froid; *F:* sa visite a été un four. *The portrait is a s.*, le portrait est très réussi. *The evening was a great s.*, la soirée a été très réussie. *F:* **It was a huge success,** cela a eu un grand succès, un succès fou. **He was a success as Hamlet,** il était excellent dans le rôle de Hamlet. *He was a failure as a barrister, but a s. as an officer*, il fit un mauvais avocat mais un excellent officier. **He was the success of the evening,** il a été le clou, la joie, de la soirée. **To make a success of sth.,** réussir qch. *See also* SUCCEED 2.

successful [sʌk'sesful], *a.* (Projet) couronné de succès; (résultat) heureux; (portrait) réussi. *S. play*, pièce *f* qui a du succès. *That trick is always s.*, ce truc-là prend toujours. *To bring an operation to a s. conclusion*, mener une opération à bonne fin, à bien. *To be entirely s.*, remporter un succès complet, un plein succès. *I believe he will be s.*, je crois à sa réussite. *To be s. in doing sth.*, réussir à faire qch. *He is s. in everything*, il est toujours heureux; tout lui réussit; *P:* il met toujours dans le mille. *To be s. at the polls*, sortir victorieux du scrutin. **Successful candidates,** (i) candidats élus; (ii) *Sch:* candidats reçus. *Mil: Navy: The action was s.*, l'engagement a été heureux. **-fully,** *adv.* Avec succès; heureusement. *To undergo a test s.*, sortir vainqueur d'une épreuve. *To deal s. with a task*, mener une tâche à bonne fin.

succession [sʌk'seʃ(ə)n], *s.* Succession *f.* **1.** (*a*) Suite *f.* **In succession,** consécutivement, successivement; à la file; tour à tour. *For two years in s.*, pendant deux années successives, consécutives; pendant deux années de suite. **In close succession,** se succédant de près; à intervalles rapprochés. **In rapid succession,** coup sur coup. *Navy:* **Alteration of course (16 points) in succession,** mouvement successif. *Agr:* **The succession of crops,** la rotation des récoltes. **Succession states,** États provenant de la dissolution d'un empire, *esp.* les États provenant du démembrement de l'empire Austro-Hongrois (1919). (*b*) Série *f*, suite ininterrompue (de victoires, etc.). *After a s. of losses*, après des pertes successives. *S. of successes and failures*, succession, suite, alternative *f*, de succès et d'échecs. *Long s. of kings*, longue suite de rois. *France has had a s. of revolutions*, les révolutions *f* se sont succédé en France; la France a eu à souffrir d'une succession de révolutions. **2.** (*a*) Succession (à la couronne, à la présidence, etc.). *At the time of his s. to the throne*, au moment de son avènement *m.* **In succession to s.o.,** en remplacement de qn. *Hist:* **The Wars of Succession,** les guerres *f* de succession. *Hist:* **The War of the Austrian Succession,** la guerre de la succession d'Autriche. (*b*) *Jur:* Succession. **Title by succession,** titre *m* par droit de succession. **Right of succession,** droits successifs. **By right of succession,** patrimonialement. **Succession duties,** droits de succession, de mutation. (*c*) Héritage *m*; *Jur:* hoirie *f.* (*d*) Lignée *f*; descendance *f*, descendants *mpl. Left to him and his s.*, légué à lui et à ses descendants; légué à sa postérité.

successional [sʌk'seʃənəl], *a.* **1.** *Jur:* Successoral, -aux. **2.** Successif; qui suit, qui vient après.

successive [sʌk'sesiv], *a.* Successif, consécutif. **-ly,** *adv.* Successivement, consécutivement; (i) à mesure; (ii) tour à tour.

successiveness [sʌk'sesivnəs], *s.* Successivité *f.*

successor [sʌk'sesər], *s.* Successeur *m* (*to*, *of*, de). *To appoint* *a s. to an ambassador, etc.*, remplacer un ambassadeur, etc. *F: My first top-hat and its successors*, mon premier chapeau haut de forme et ceux qui lui ont succédé, qui sont venus ensuite.

succin ['sʌksin], *s.* Succin *m*; ambre *m* (jaune).

succinate ['sʌksineit], *s. Ch:* Succinate *m*.

succinct [sʌk'siŋ(k)t], *a.* (Récit, etc.) succinct, concis; (écrivain, etc.) succinct. **-ly,** *adv.* Succinctement; en peu de mots.

succinctness [sʌk'siŋ(k)tnəs], *s.* Concision *f*; brièveté *f*.

succinic [sʌk'sinik], *a. Ch:* Succinique.

succinite ['sʌksinait], *s. Miner:* **1.** Succinite *f*. **2.** = SUCCIN.

succory ['sʌkəri], *s. Bot:* = CHICORY 1.

succotash ['sʌkotaʃ], *s. Cu: U.S:* Purée *f* de maïs et de fèves.

succour[1] ['sʌkər], *s.* **1.** *Lit:* Secours *m*; aide *f*. **2.** *Mil: A:* Renforts *mpl*.

succour[2], *v.tr. Lit:* Secourir, soulager (les pauvres, etc.); aider, assister (qn); venir en aide à (qn); venir à l'aide de (qn).

succuba, *pl.* **-bae** ['sʌkjuba, -biː], **succubus,** *pl.* **-bi** ['sʌkjubəs, -bai], *s.* Succube *m*.

succulence ['sʌkjuləns], **succulency** ['sʌkjulənsi], *s.* Succulence *f*.

succulent ['sʌkjulənt], *a.* (*a*) (*Of food, F: of style, etc.*) Succulent. (*b*) *Bot:* **Succulent leaf,** feuille succulente, charnue.

succumb [sʌ'kʌm], *v.i.* Succomber; céder. *To s. to temptation*, succomber à la tentation. *To s. to force*, succomber sous le nombre. *To s. to sleep*, céder au sommeil. *To s. to flattery*, se laisser prendre aux flatteries. **To succumb to one's injuries,** succomber à, mourir de, ses blessures. *To s. to the heat*, être frappé d'insolation. *F: We have all succumbed to her charm*, son charme nous a tous conquis.

succursal [sʌ'kəːrs(ə)l]. **1.** *a. Ecc:* **Succursal church** *or* **chapel,** église succursale; succursale *f*. **2.** *s. Com: Ind: etc:* Succursale.

succuss [sʌ'kʌs], *v.tr. Med:* Explorer (le thorax, etc.) par succussion.

succussion [sʌ'kʌʃ(ə)n], *s.* Secousse *f*. *Esp. Med:* Succussion *f*.

such [sʌtʃ]. I. *a.* Tel, pareil, semblable. **1.** (*a*) *Poets s. as Keats, s. poets as Keats*, des poètes tels que Keats. *A tragédienne s. as Sarah Bernhardt*, une tragédienne telle Sarah Bernhardt. *S. men as he and I*, des gens comme lui et moi. *I never saw* **such a one as him,** je n'ai jamais vu son pareil. *S. countries as Spain*, des pays tels que l'Espagne. *S. books as these are always useful*, les livres de ce genre sont toujours utiles. *S. food is very unwholesome*, les aliments de cette nature sont très malsains. *A tiredness s. as one feels on a stormy day*, une lassitude telle qu'on en éprouve par un jour orageux. **Such a plan as, a plan such as,** *he would never have thought of himself*, un projet auquel il n'aurait jamais songé par lui-même. *That night s. a frost ensued as we had never dreamed of*, cette nuit-là il gela au-delà de ce que nous aurions jamais imaginé. **Such a man,** un tel homme. *S. things*, de telles choses. *In s. cases*, en pareils cas. *On s. an occasion*, en semblable occasion. *In s. weather*, (i) par un temps pareil; (ii) par le temps qu'il fait. *Why do you ask s. a question!* pourquoi faire une question pareille! *She never sings s. songs*, elle ne chante jamais des chansons de ce genre. *How can you tell s. lies?* comment pouvez-vous mentir de cette façon, mentir de la sorte? **Did you ever see such a thing!** a-t-on jamais vu chose pareille! *All s. errors are to be avoided*, toutes les erreurs de ce genre sont à éviter. *S. transactions need capital*, pour de telles transactions il faut des capitaux. **Some such** *plan was in my mind*, j'avais dans l'esprit un projet de ce genre. **No such** *body exists*, il n'existe aucun corps de cette nature. **There is no such thing,** cela n'existe pas. *There are no s. things as fairies*, les fées n'existent pas. *If there were no s. thing as money*, si l'argent n'existait pas. **Do no such thing!** n'en faites rien! *I said no s. thing*, je n'ai rien dit de semblable; je n'ai rien dit de la sorte. **No such thing!** il n'en est rien! il n'en est pas ainsi! pas du tout! pas le moins du monde! *See also* ANOTHER 2. (*b*) (*Predicative*) *S. is not my intention*, ce n'est pas là mon intention. *If s. were the case . . .*, à ce compte-là . . .; s'il en était ainsi. . . . *S. is not the case*, il n'en est pas ainsi; il n'en est rien. *S. were his words*, tel fut son langage. *S. is our present position*, telle est la situation actuelle; voilà où nous en sommes. *S. are the whims of fashion*, ce sont les caprices de la mode. *F:* **Such is the world!** ainsi va le monde! *See also* LIFE 3. *The village boasts a bus*, **such as it is,** *F:* le village a un autobus, si l'on peut dire. *You may use my typewriter, s. as it is*, vous pouvez vous servir de ma machine à écrire, bien qu'elle ne vaille pas grand'chose. **2. On such (and such) a day in such (and such) a place,** tel jour en tel endroit. *We are told that on s. a date he lived at number so and so of s. and s. a street*, on nous dit qu'à une certaine date il demeurait au numéro tant de telle et telle rue. *S. and s. results will follow s. and s. causes*, tels ou tels résultats suivront telles ou telles causes. *S. and s. a person*, un tel, une telle. **Such a one,** un tel, une telle. *They said that neighbour such-a-one was a prisoner*, on disait que le voisin un tel était prisonnier. **3.** (*Of such kind; so great*) **In such a way that . . .,** de telle sorte que . . .; de manière, de façon, que. . . . *He speaks in s. a way that I don't understand him*, il parle de telle sorte que je ne le comprends pas. *I will arrange matters in s. a way that she may leave on Sunday*, je m'arrangerai de telle sorte qu'elle puisse partir dimanche. *Her kindness was s. as to make us feel ashamed*, sa bonté était telle que nous en étions confus. *His pain was s. that . . .*, telle était sa douleur que. . . . *He would fell you with one blow, s. is his strength*, il vous assommerait d'un coup de poing, tant il est fort. *He bore himself with s. gallantry as to deserve special mention*, il s'est conduit avec une bravoure qui lui a valu une citation. **To take such steps as shall be considered necessary,** prendre telles mesures qui paraîtront nécessaires. *S. conversation as took place during the meal came from their host*, le peu de conversation qui avait lieu pendant le repas, c'était leur hôte qui en faisait les frais. **Until such time as . . .,** jusqu'à ce que. . . . **4.** (*Intensive*) **Such large houses,** de si grandes maisons. *I had never heard s. good music*, je n'avais jamais entendu d'aussi bonne musique. **Such a clever man,** un homme si habile. *S. courage*, un tel courage; tant de courage. *S. horrid language*, de si vilains mots. *I am not s. a simpleton as to believe . . .*, je ne suis pas assez simple pour croire. . . . *S. an industrious person as yourself*, une personne aussi travailleuse que vous. *It was s. a long time ago*, il y a si longtemps de cela. *He is s. a liar*, il ment tellement; il est si menteur, tellement menteur. *S. an enjoyable day*, une journée si agréable. *I never came across s. an idiot*, *F:* je n'ai jamais vu un imbécile de son acabit. *It's s. a pity he can't come*, je regrette bien qu'il ne puisse pas venir. *Don't be in s. a hurry*, ne soyez pas si pressé; ce n'est pas la peine de tant vous presser. *There is s. a draught down my back!* si vous sentiez le courant d'air qui me donne dans le dos! **You gave me such a fright!** vous m'avez fait une peur! *I had s. a fright!* j'ai eu tellement peur! j'ai eu une peur bleue! **I've got such a twist!** j'ai une de ces faims! *I wrote him s. a letter!* je lui ai écrit une de ces lettres! *You do use s. expressions!* vous avez de ces expressions! *He has s. ideas!* il a de ces idées! *See also* EVER 3.

II. **such,** *pron.* **1.** *I haven't heard of* **any such,** je n'ai pas entendu dire qu'il y en ait. *We know of* **no such,** nous n'en connaissons pas de cette espèce. *Down with traitors and* **all such,** à bas les traîtres et tous ceux qui leur ressemblent. *He enjoys cakes, ices* **and such,** il mange avec plaisir des gâteaux, des glaces et des choses de ce genre. *Dance bands and s.*, orchestres *m* de danse et choses dans ce goût-là. **2. Such only who** *have lived in that country can appreciate . . .*, seuls, ceux qui ont vécu dans ce pays savent apprécier. . . . **Let (all) such as** *are of my opinion lift up their hands*, que (tous) ceux qui sont de mon opinion lèvent la main. **That's not for such as you,** cela n'est pas pour quelqu'un comme toi. *I have not many, but I will send you* **such as I have,** je n'en ai pas beaucoup, mais ce que j'en ai je vous les enverrai. **3.** *He was a very gallant fellow and well known* **as such,** il était très crâne et connu pour tel. *He was a foreigner and was regarded as s.*, il était étranger et était considéré comme tel. **History as such** *is too often neglected*, l'histoire en tant que telle est trop souvent négligée.

suchlike ['sʌtʃlaik]. **1.** *a. F:* Semblable, pareil; de ce genre. *Did you ever see s. goings-on!* a-t-on jamais vu la pareille! **2.** *pron. Usu. pl.* *Beggars, tramps,* **and suchlike,** mendiants, chemineaux et autres gens de la sorte, de cette espèce. *Her income left her a good margin for concerts, theatres, and s.*, ses revenus lui laissaient de la marge pour concerts, théâtres, et autres choses de ce genre.

suck[1] [sʌk], *s.* **1.** (*a*) Action *f* de sucer. **To have, take, a suck at a sweet,** sucer, suçoter, un bonbon. **To have, take, a suck at one's pipe,** sucer sa pipe; tirer sur sa pipe. (*b*) *Hyd.E:* Succion *f*, aspiration *f* (d'un déversoir, d'une pompe). **2. To give a child suck,** donner à téter, la tétée, à un enfant; allaiter un enfant; donner le sein à un enfant. **Child at suck,** enfant au sein. **3.** *F:* Petite gorgée (de boisson). **4.** *pl. Sch: P:* **Sucks,** bonbons *m*. **5.** *P:* **What a suck!** quelle attrape! **Sucks!** attrape!

suck[2]. **1.** *v.tr.* (*a*) Sucer (le lait, le sang, etc.); (*of bees*) sucer, butiner (les fleurs); (*of flowers*) absorber, boire (la rosée). *To s. the marrow out of a bone*, sucer la moelle d'un os. (*Of horse*) **To suck wind,** avaler de l'air. *Abs. Where the bee sucks . . .*, là où butine l'abeille. . . . (*b*) Sucer (la mamelle, un os, etc.); sucer, suçoter (une orange, des bonbons); mordiller (le coin de son mouchoir); sucer, tirer sur (sa pipe). *Abs. The child won't s.*, l'enfant ne prend pas le sein. *To s. one's fingers, one's teeth*, se sucer les doigts, les dents. *To s. one's thumb*, sucer son pouce. **To suck an orange dry,** sucer une orange jusqu'à la dernière goutte. *See also* ORANGE[1] 1. **To suck a raw egg,** gober, humer, un œuf. *F:* **Go and teach your grandmother, your grannie, to suck eggs,** c'est Gros-Jean qui en remontre à son curé; ce n'est pas aux vieux singes qu'on apprend à faire des grimaces; on n'apprend pas aux poissons à nager. **To suck s.o.'s brains,** exploiter les connaissances, l'intelligence, de qn. **To suck s.o. dry,** sucer qn jusqu'à la moelle, jusqu'au dernier sou; vider qn. *Med:* **To suck a wound,** sucer une plaie; pratiquer la succion d'une plaie. *See also* MONKEY[1] 1. (*c*) *Nau:* Affranchir (une pompe). **2.** *v.i.* (*a*) (*Of pers.*) **To suck at sth.,** sucer, suçoter (un bonbon, etc.); sucer, tirer sur (une pipe). (*b*) (*Of pump*) Super. *Nau:* (*Of ship's pump*) Être franche.

suck down, *v.tr.* Engloutir; entraîner au fond. *Whirlpool that sucks down boats*, tourbillon *m* qui attire les canots au fond. *To be sucked down by a sinking ship*, être aspiré par un navire en train de sombrer.

suck in, *v.tr.* **1.** (*a*) Sucer, absorber; aspirer, avaler; absorber (des connaissances); (*of air-pump*) aspirer (l'air). *F: To s. in the morning air*, aspirer, humer, l'air frais du matin. **To suck in sth. with one's mother's milk,** sucer avec le lait, recevoir dès l'enfance, une doctrine, une qualité, etc. **To suck in s.o.'s words,** boire les paroles de qn. (*b*) Engloutir (dans un tourbillon). (*c*) Faire rentrer (ses joues). **2.** *P:* Duper, rouler, refaire (qn). *You got sucked in*, on vous a refait.

'suck-in, *s. P:* Duperie *f*, attrape *f*.

suck out, *v.tr.* Sucer (du jus, etc.); tirer (qch.) en suçant. *To s. out the poison from the wound*, aspirer, sucer, le poison de la blessure.

suck up. **1.** *v.tr.* Sucer, aspirer, pomper (un liquide, de l'air); (*of sponge, etc.*) absorber, boire (l'eau, etc.); s'imbiber (d'eau). **2.** *v.i. Sch: P:* **To suck up to s.o.,** faire de la lèche à qn, auprès de qn; lécher les bottes à qn; *V:* lécher le cul à qn.

sucking up, *s.* Aspiration *f* (d'un liquide, etc.).

sucking[1], *a.* (Animal) qui tette, qui n'est pas encore sevré. **Sucking calf,** veau *m* de lait. **Sucking child,** enfant *mf* à la mamelle; nourrisson *m*. **Sucking dove,** jeune colombe *f* (qui n'a pas encore quitté sa mère). *F:* **Sucking poet,** poète *m* en herbe. *S. barrister*, avocat *m* encore sans causes.

'sucking-fish, *s. Ich:* **1.** Échénéide *m*; *F:* rémora *m.* **2.** Lépadogastre *m*; *F:* porte-écuelle *m inv.*

'sucking-pig, *s.* Cochon *m* de lait.

sucking², *s.* Succion *f*; aspiration *f. S. motion*, mouvement *m* de succion. **Sucking tube,** tuyau aspirant; tuyau d'aspiration. *Nat.Hist:* **Sucking disk,** ventouse *f* (de céphalopode, etc.). *See also* WIND-SUCKING.

sucker¹ ['sʌkər], *s.* **1.** Suceur, -euse. *See also* BLOOD-SUCKER, GOATSUCKER, HONEYSUCKER, WIND-SUCKER. **2.** Animal *m* qui tette; *esp.* (i) baleineau *m* qui tette encore, (ii) cochon *m* de lait. **3.** (*a*) *U.S:* *F:* Blanc-bec *m*, *pl.* blancs-becs; niais *m.* (*b*) *F:* Écornifleur, -euse; parasite *mf.* **4.** (*a*) *Ent:* Suçoir *m* (de pou, etc.). *Ann:* Ventouse *f* (de sangsue, de pieuvre). (*b*) Piston *m* (de pompe aspirante). (*c*) *Sug.-R:* Sucette *f* (pour faire écouler le sirop). **5.** *Ich:* = SUCKING-FISH. *Esp.* **Cornish sucker,** lépadogastre *m.* **6.** *Hort:* Rejeton *m*, rejet *m* (d'une plante); bion *m*, accru *m*; drageon *m*, surgeon *m*, talle *f* (d'arbre); œilleton *m* (d'artichaut, d'ananas); stolon *m*, stolone *f* (de fraisier). **Stem sucker,** bouture *f.* (*Of tree*) **To throw out suckers,** drageonner, surgeonner; pousser des drageons, des surgeons; taller. *Throwing-out of suckers*, tallage *m*, drageonnement *m. To plant the suckers of artichokes*, bionner des artichauts. *To remove the suckers of* = SUCKER² 1.

sucker², *v. Hort:* **1.** *v.tr.* Enlever les drageons, les surgeons (d'un arbre); ébouturer (un arbre); enlever les branches gourmandes, les gourmands (d'une plante). **2.** *v.i.* (*Of plant*) Rejetonner; (*of tree*) pousser des drageons, des surgeons; drageonner, surgeonner, taller.

suckering, *s.* Drageonnement *m*; tallage *m.*

suckle [sʌkl], *v.tr.* Allaiter, nourrir (un enfant, un petit); donner le sein, donner à téter, à (un enfant).

suckling¹, *s.* Allaitement *m.* **Suckling time,** (i) mois *mpl* de nourrice; (ii) période *f* d'allaitement (du petit d'une bête).

suckling² ['sʌkliŋ], *s.* (*a*) Nourrisson *m*; nourrissonne *f*; enfant *mf* à la mamelle. *See also* BABE 1. (*b*) Jeune animal *m* qui tette encore.

sucrate ['sjuːkreit], *s. Com:* Sucrate *m.*

sucrose ['sjuːkrous], *s. Ch:* Saccharose *m*, hexobiose *f.*

suction ['sʌkʃ(ə)n], *s.* Succion *f*; aspiration *f* (de l'eau dans une pompe, etc.); aspiration, appel *m* (d'air). *I.C.E: S. of fresh gas*, appel de gaz frais. **To adhere by suction,** faire ventouse. *Ch: To filter with s.*, filtrer à la trompe; filtrer dans le vide. **Suction apparatus,** appareil aspirateur. *I.C.E:* **Suction stroke,** temps *m* de l'aspiration. *See also* PUMP¹ 1.

'suction-box, *s.* **1.** *Hyd.E:* Chambre *f* d'aspiration. **2.** *Paperm:* Caisse aspirante; *F:* sucette *f* (sous la toile métallique).

'suction-conveyor, *s. Ind:* Aspirateur *m.*

'suction-dredge, -dredger, *s.* (Drague) suceuse *f*; drague à succion; drague aspirante; extracteur *m* de dévasement.

'suction-fan, *s.* (*a*) Ventilateur aspirant; ventilateur négatif; aspirateur *m.* (*b*) Turbine *f* (d'un aspirateur de poussière).

'suction-flask, *s. Ch:* Fiole *f* à vide.

'suction-gas, *s. Ind:* Gaz *m* de gazogène; gaz pauvre.

'suction-grip, *attrib.a. Aut: etc:* **Suction-grip ash-tray,** cendrier *m* à ventouse.

'suction-head, -lift, *s. Hyd.E:* Hauteur *f* d'aspiration (d'une pompe).

'suction-pipe, *s. Hyd.E:* Tuyau *m*, tubulure *f*, d'aspiration, de prise de vide. *I.C.E:* Exhausteur *m.*

'suction-plant, *s. Ind:* Gazogène *m.*

'suction-shaft, *s. Min:* Puits *m* d'appel d'air.

'suction-valve, *s.* Clapet *m* d'aspiration (d'une pompe, etc.).

suctorial [sʌk'tɔːriəl], *a. Nat.Hist:* Suceur. *S. organ*, organe suceur; suçoir *m.*

sudamina [sju'damina], *s.pl. Med:* Sudamina *mpl* (dans la fièvre typhoïde, etc.).

Sudan [su'dan]. *Pr.n.* = SOUDAN.

Sudanese [suːda'niːz], *a. & s.* = SOUDANESE.

sudarium [sju'deəriəm], *s. Rel.H:* Suaire *m*; véronique *f.*

sudatorium, *pl.* **-ia** [sjuːda'tɔːriəm, -ia], *s. Rom. Ant:* Sudatoire *m*, sudatorium *m*; bains *mpl* de vapeur (des thermes).

sudatory ['sjuːdatəri]. **1.** *a. A:* Sudorifique. **2.** *s.* = SUDATORIUM.

sudden [sʌdn]. **1.** *a.* (*a*) Soudain, subit. *S. death*, mort soudaine. *F:* (*In tossing up, etc.*) **The best of three or sudden death?** en deux manches ou coup sec? *S. hush*, silence subit. *S. shower*, averse inopinée, intempestive. **This is so sudden!** vous me prenez au dépourvu! je ne m'attendais pas à cette demande (en mariage). (*b*) (Mouvement *m*) brusque. *S. turning*, tournant *m* brusque. *To take a s. resolve*, prendre une brusque résolution. **2.** *s. Only in the adv. phr.* **All of a sudden,** *A. & Lit:* **on a sudden,** soudain, subitement; tout à coup; *F:* subito. **-ly,** *adv.* Soudain, soudainement; subitement; tout à coup. *He died s.*, il est mort soudainement; sa mort a été soudaine. *The door s. opened*, la porte s'ouvrit brusquement. *S. the door opened*, soudain la porte s'ouvrit. *A strong wind blew up s.*, un fort vent a surgi.

suddenness ['sʌdnnəs], *s.* (*a*) Soudaineté *f. With startling s.*, en coup de théâtre. (*b*) Brusquerie *f* (d'un départ, etc.).

sudoriferous [sjuːdo'rifərəs], *a.* (Glande *f*) sudorifère, sudoripare.

sudorific [sjuːdo'rifik], *a. & s. Med:* Sudorifique (*m*); diaphorétique (*m*).

sudoriparous [sjuːdo'ripərəs], *a.* = SUDORIFEROUS.

suds [sʌdz], *s.pl.* (Soap-)suds, eau *f* de savon; lessive *f* (qui mousse).

sudsy ['sʌdzi], *a. U.S:* Plein, couvert, d'eau de savon.

sue¹ [sjuː]. **1.** *v.tr. Jur:* (*a*) **To sue s.o. at law,** intenter un procès à qn; poursuivre qn en justice; appeler, contraindre, traduire, qn en justice; actionner qn; agir (civilement) contre qn; se porter partie civile contre qn; porter plainte, donner plainte, déposer une plainte, contre qn. **To sue s.o. for damages,** poursuivre qn en dommages-intérêts. *Liable to be sued*, assignable. *To sue s.o. for civil injury*, se porter partie civile (dans une affaire au criminel). *To sue s.o. for infringement of patent*, assigner qn en contrefaçon. *Abs.* **To sue for a separation,** plaider en séparation. *To sue for libel*, attaquer en diffamation. *To sue in a civil action*, ester en justice. **To sue in forma pauperis,** intenter une action avec assistance judiciaire. *To petition for leave to sue in forma pauperis*, demander l'assistance judiciaire. (*b*) **To sue for a writ,** obtenir une ordonnance de la cour. **To sue out a pardon for s.o.,** obtenir la grâce de qn (à la suite d'une requête). *See also* LIVERY¹ 3. **2.** *v.i.* **To sue to s.o. for sth.,** solliciter qch. de qn. **To sue for a woman's hand,** solliciter, demander, une femme en mariage. *He sued for her hand*, il demanda sa main. **To sue for peace,** demander la paix.

suing, *s.* **1.** Poursuite *f* en justice. **2.** Sollicitation *f*; prière *f.*

sue². *Nau:* **1.** *v.tr.* Laisser (un navire) au sec. **Sued up,** au sec, à sec. **2.** *v.i.* (*Of ship*) To sue (up), déjauger. *Sued two feet*, déjaugé de deux pieds.

Sue³. *Pr.n.f.* (*Dim. of Susan*) Suzette, Suzon; Zette.

suède [sweid], *s. Leath:* (i) (*For shoes*) Daim *m.* (ii) (*For gloves, etc.*) Peau *f* de suède; peau suédée; agneau suédé; suède *m.*

suet ['sjuːet], *s. Cu:* Graisse *f* de rognon; gras *m* de rognon. **Beef suet,** graisse (de rognon) de bœuf. **Suet pudding,** pouding fait avec de la farine et de la graisse de bœuf, roulé dans une serviette et cuit à l'eau. *F:* **Suet face,** visage pâle, terreux, blafard.

Suetonius [swi'tounjəs]. *Pr.n.m. Lt.Lit:* Suétone.

suety ['sjuːiti], *a.* Qui ressemble à la graisse de rognon; qui a un goût de graisse; qui contient beaucoup de graisse. *F:* **Suety face** = *suet face, q.v. under* SUET.

Suevi ['swiːvai]. *Pr.n.pl. Hist:* Suèves *m.*

Suevian ['swiːviən], *a. & s. Hist:* Suève (*mf*).

Suez ['sjuːez]. *Pr.n. Geog:* Suez. **The Suez Canal,** le canal de Suez.

suffer ['sʌfər]. I. *v.tr.* **1.** Éprouver, souffrir (une perte, etc.); endurer, ressentir (une douleur); subir (une peine, etc.). *To s. hunger*, souffrir, pâtir, la faim. **To suffer defeat,** essuyer, subir, une défaite. **To suffer death,** *abs.* **to suffer,** subir la peine de mort. *These securities have suffered a depreciation*, ces valeurs ont subi une dépréciation. **2.** Permettre, supporter, tolérer; souffrir. *He will s. no retort*, il ne souffre, ne supporte, aucune réplique. **He does not suffer fools gladly,** il ne peut pas supporter les imbéciles; il a du cassant dans le caractère. **To suffer sth. to be done, to suffer s.o. to do sth.,** tolérer, souffrir, qu'on fasse qch. *S. me to tell you the truth*, permettez, souffrez, que je vous dise la vérité. *To s. oneself to be imposed upon*, se laisser tromper. *Lit: They suffered him to go, he was suffered to go*, on le laissa partir; on lui permit de partir. *B: S. little children to come unto me*, **laissez venir à moi les petits enfants.**

II. **suffer,** *v.i.* **1.** (*Of pers.*) Souffrir. *To s. acutely*, souffrir cruellement. **To suffer (greatly) from rheumatism,** souffrir (beaucoup) de rhumatismes; être affligé de rhumatismes. **To suffer for one's misdeeds,** supporter la conséquence de ses méfaits. *If I eat lobster I am sure to s. for it*, si je mange du homard j'en pâtirai à coup sûr. *You will s. for it*, il vous en cuira. **2. To suffer from neglect,** pâtir d'un manque de soins. *Country suffering from labour troubles*, pays *m* en proie à l'agitation ouvrière. *Author who suffers from the fact that he is still alive*, auteur qui a le démérite d'être vivant. *His good name has suffered*, il a souffert dans sa réputation. **3.** Subir une perte, un dommage. *The battalion suffered severely*, le bataillon a essuyé de fortes pertes, a été fort malmené. *The engine suffered severely*, la machine a grandement souffert, a éprouvé de grands dommages. *The vines have suffered from the frost*, les vignes ont souffert de la gelée.

suffering¹, *a.* **1.** = LONG-SUFFERING 2. **2.** Souffrant; qui souffre.

suffering², *s.* **1.** = LONG-SUFFERING 1. **2.** (*a*) Souffrance *f.* (*b*) *pl.* **Sufferings,** souffrances; douleurs *f. Cheerful in spite of his sufferings*, gai malgré ses souffrances.

sufferable ['sʌfərəbl], *a.* Tolérable.

sufferance ['sʌfərəns], *s.* **1.** *A:* Souffrance *f*; douleur *f.* **2.** Tolérance *f*, souffrance *f* (*of*, de); permission *f* (tacite). *The s. of evil*, la souffrance du mal. *Esp.* **On sufferance,** par tolérance. *Jur: Window or light on s.* (*overlooking neighbour's property*), jour *m*, vue *f*, de souffrance. *Com: Nau:* **Bill of sufferance,** lettre *f* d'exemption des droits de douane d'un entrepôt à un autre (situé dans un autre port).

sufferer ['sʌfərər], *s.* (*a*) **To be a sufferer from ill-health,** souffrir d'une mauvaise santé. *Sufferers from a calamity*, victimes *f* d'une calamité; sinistrés *m*; (*from accident*) accidentés *m*; (*from fire*) incendiés, sinistrés. **Fellow-sufferer,** compagnon *m* d'infortune. (*b*) *A:* (*Person undergoing torture*) Patient *m.*

suffetes ['sʌfiːts], *s.pl. A.Hist:* Suffètes *m.*

suffice [sʌ'fais]. **1.** *v.i.* Suffire. *Your word will s.*, votre parole suffit. *That will s. for me*, cela me suffira. **To suffice for a purpose,** suffire, être suffisant, pour l'objet qu'on a en vue. *That suffices to prove it*, cela suffit pour le prouver. **Suffice it to say that . . .,** qu'il (nous) suffise de dire que . . .; *F:* suffit que. . . . **2.** *v.tr.* Suffire à (qn); être suffisant pour (qn). *One meal a day suffices him*, un repas par jour lui suffit; il lui suffit d'un repas par jour. *An apology will not s. him*, il ne se contentera pas d'un mot d'excuses.

sufficing, *a.* Suffisant (*for*, pour). **-ly,** *adv.* Suffisamment; d'une manière satisfaisante.

sufficiency [sʌ'fiʃənsi], *s.* (*a*) Suffisance *f. We have a s. of provisions*, nous avons une quantité suffisante de vivres. *Not to have a s. of bedclothes*, n'avoir pas assez de couvertures. *V: I have a s., thank you*, j'en ai eu suffisamment, merci; j'ai mangé tout mon soûl. (*b*) Fortune suffisante; aisance *f.* **To have a sufficiency,** jouir de l'aisance; être dans l'aisance.

sufficient [sʌ'fiʃənt], *a. & s.* Assez; suffisant. *This sum is s. for the journey*, cette somme est suffisante, suffit, pour les frais du voyage. *Want of s. food*, insuffisance *f* d'alimentation. *This is s. to feed them*, cela suffit pour les nourrir. *A hundred francs will be s.*, j'aurai assez de cent francs. *One lamp is s.*, il suffit d'une lampe. *For landscape work, six tubes of paint are s.*, pour le paysage c'est assez de six tubes de couleurs. *There was just s. water for drinking*, il y avait juste assez d'eau pour boire. *Is not my word s.?* n'est-ce pas assez de ma parole? est-ce que ma parole ne vous suffit pas? *F:* **Have you had sufficient?** avez-vous mangé à votre faim? êtes-vous rassasié? **I have sufficient**, cela me suffit. *Prov:* **Sufficient unto the day is the evil thereof**, à chaque jour suffit sa peine, sa tâche, son mal; à nouvelles affaires nouveaux conseils. *Phil:* **Sufficient reason**, raison suffisante. *Theol:* **Sufficient grace**, grâce suffisante. *Bank: Com:* (*On dishonoured cheque*) **'Not sufficient'**, "insuffisance de provision". *See also* SECURITY 3. **-ly**, *adv.* Suffisamment; assez. *He is not s. a friend of mine for me to . . .*, il n'est pas assez de mes amis pour que je. . . .

suffix ['sʌfiks], *s. Gram:* Suffixe *m.*

suffixed [sʌ'fikst], *a. Gram:* (Lettre *f*, particule *f*) suffixe.

suffocate ['sʌfokeit]. **1.** *v.tr.* Étouffer, suffoquer, asphyxier (qn, une bête). *This weed suffocates every kind of plant*, cette (mauvaise) herbe étouffe toutes les plantes. **In a suffocated voice**, d'une voix étranglée. **2.** *v.i.* Étouffer, suffoquer. *To s. with rage*, suffoquer de colère.

suffocating, *a.* Suffocant, étouffant, asphyxiant. *It is s. in this room*, on étouffe dans cette pièce.

suffocation [sʌfo'keiʃ(ə)n], *s.* Suffocation *f*; étouffement *m*, asphyxie *f*. *See also* HOT[1] 1.

suffocative ['sʌfokeitiv], *a.* Qui suffoque. *Esp. Med:* **Suffocative catarrh**, catarrhe suffocant; bronchite *f* capillaire.

suffragan ['sʌfragən], *a. & s.* **1.** *Ecc:* (Évêque) suffragant (*m*). *S. see*, évêché suffragant. **Diocese suffragan to . . .**, diocèse suffragant de. . . . **2.** *A:* Coadjuteur *m.*

suffrage ['sʌfredʒ], *s.* **1.** *Pol:* Suffrage *m.* (*a*) Vote *m*, voix *f*. *To give one's s. to s.o.*, donner sa voix à qn; accorder son suffrage à qn. (*b*) Droit *m* de vote. **Universal suffrage**, suffrage universel. **2.** *Ecc:* Suffrage. **3.** *F:* Approbation *f*, suffrage, préférence *f*.

suffragette [sʌfra'dʒet], *s.f. Pol.Hist:* Suffragette; militante.

suffragist ['sʌfradʒist], *s. Pol. Hist:* Partisan *m* du droit de vote des femmes.

suffrutescent [sʌfru'tes(ə)nt], *a. Bot:* Suffrutescent, sous-frutescent.

suffrutex, *pl.* **suffrutices** ['sʌfruteks, sʌ'fru:tisi:z], *s. Bot:* Sous-arbrisseau *m*, *pl.* sous-arbrisseaux.

suffuse [sʌ'fju:z], *v.tr.* (*Of light, colour, tears*) Se répandre sur (qch.). *A blush suffused her cheeks*, une rougeur se répandit sur ses joues; ses joues s'empourprèrent. *Eyes, cheeks, suffused with tears*, yeux noyés, baignés, de larmes; joues mouillées, inondées, de larmes. *Suffused with light*, inondé de lumière. *Sky delicately suffused with amber*, ciel délicatement coloré d'ambre.

suffusion [sʌ'fju:ʒ(ə)n], *s.* **1.** *Med:* Suffusion *f* (de sang, de bile). **2.** (*a*) *The s. of the eyes with tears*, le flot de larmes qui inonde les yeux. (*b*) Coloration *f*; rougeur *f* (sur la peau).

Sufi ['su:fi], *s. Rel.H:* Soufi *m*, sofi *m.*

Sufi(i)sm ['su:fi(i)zm], *s. Rel.H:* Soufisme *m*, sofisme *m.*

sugar[1] ['ʃugər], *s.* **1.** Sucre *m. Crude s.*, sucre brut. *Refined s.*, sucre raffiné; raffinade *f*. *Granulated s.*, sucre cristallisé. **Lump sugar**, sucre en morceaux, en tablettes; sucre cassé. **Soft sugar**, (i) sucre en poudre; (ii) cassonade *f*. **Castor sugar**, sucre en poudre; sucre semoule. **Icing sugar**, sucre à glacer. **Brown sugar, moist sugar**, cassonade. **Demerara sugar**, cassonade en gros cristaux. **Barbadoes sugar**, cassonade en petits cristaux. *To sweeten a dish with s.*, sucrer un plat. **Sugar and water**, eau sucrée. *Cake with too much s. in it*, gâteau trop sucré. *Cu:* **Burnt sugar**, caramel *m. To colour brandy with burnt s.*, caraméliser l'eau-de-vie. **Sugar soldier**, soldat *m* en sucre. **Sugar merchant**, marchand *m* de sucre. **The sugar industry**, l'industrie sucrière; l'industrie saccharine. *To make one's fortune in s.*, faire sa fortune dans les sucres. *F:* **I'm neither sugar nor salt**, je ne fondrai pas sous la pluie. *See also* BARLEY-SUGAR, BEET 2, CANE-SUGAR, LOAF-SUGAR, MAPLE 1. **2.** (*a*) *A.Ch:* **Sugar of lead**, acétate *m* de plomb; *A:* sucre de saturne. (*b*) **Sugar of milk, milk sugar**, sucre de lait; lactose *f*. *See also* BAMBOO, FRUIT-SUGAR, GELATINE-SUGAR, GRAPE-SUGAR. **3.** *F:* Douceur affectée; langage sucré, mielleux; flatterie *f*. **She was all sugar**, elle avait pris un air sucré.

'sugar-almond, *s.* Dragée *f*; amande lissée.

'sugar-basin, *s.* Sucrier *m.*

'sugar-bean, *s. Bot:* Haricot *m* de Lima.

'sugar-beet, *s.* Betterave *f* à sucre. **Sugar-beet factory**, fabrique *f* de sucre de betterave; *A:* betteraverie *f*.

'sugar-bird, *s. Orn:* Nectarinie *f*; souïmanga *m.*

'sugar-boiler, *s.* Fabricant *m* de sucre; sucrier *m*; raffineur *m.*

'sugar-bush, *s. U.S:* Bosquet *m* ou plantation *f* d'érables à sucre.

sugar-'candy, *s.* Sucre candi. *Stick of s.-c.*, un sucre de pomme; un sucre d'orge.

'sugar-cane, *s.* (*a*) Canne *f* à sucre; *F:* can(n)amelle *f*. (*b*) **African sugar-cane, Chinese sugar-cane**, sorg(h)o sucré.

'sugar-cutter, *s. Tls:* Casse-sucre *m inv.*

'sugar-daddy, *s. U.S: F:* Protecteur âgé. *She's got a s.-d.*, elle a un vieux.

'sugar-dredger, *s.* Saupoudroir *m* (à sucre). *Cu:* Glaçoire *f*.

'sugar-loaf, *s.* Pain *m* de sucre. *F:* **Sugar-loaf hat**, chapeau pointu; *F:* pain de sucre. **Sugar-loaf mountain**, montagne *f* en pain de sucre. *Nau:* **Sugar-loaf sea**, mer clapoteuse.

'sugar-maker, *s.* = SUGAR-BOILER.

'sugar-maple, *s. Bot:* Érable *m* à sucre.

'sugar-mill, *s.* Moulin *m* à broyer la canne à sucre; moulin à cannes.

'sugar-orchard, *s. U.S:* = SUGAR-BUSH.

'sugar-pea, *s. Hort:* Mange-tout *m inv.*

'sugar-plantation, *s.* Plantation *f* de cannes à sucre.

'sugar-planter, *s.* Planteur *m* de cannes à sucre; planteur.

'sugar-plum, *s.* Bonbon *m.*

'sugar-refiner, *s.* Raffineur *m* de sucre; sucrier *m.*

'sugar-refinery, *s.* Raffinerie *f* (de sucre).

'sugar-refining, *s.* Raffinage *m* (du sucre).

'sugar-sifter, *s.* (*a*) = SUGAR-DREDGER. (*b*) *Cu:* Passoire *f* à sucre.

'sugar-tongs, *s.pl.* **(Pair of) sugar-tongs**, pince *f* à sucre.

'sugar-wrack, *s. Algae:* Baudrier *m* de Neptune.

sugar[2]. **1.** *v.tr.* (*a*) Sucrer (son café, etc.); saupoudrer (un gâteau) de sucre; recouvrir (une pilule) de sucre; lisser (des amandes). *Wine-m:* Chaptaliser, sucrer (les moûts). *F:* **To sugar the pill**, dorer la pilule; dorer la dragée. **To sugar one's words**, sucrer ses paroles. *P:* **Convention be sugared!** zut pour les conventions! **Well, I'm sugared!** en voilà une forte! non, mais des fois! (*b*) *Hort:* Enduire (les arbres, etc.) de bière ou de gomme sucrées (pour attraper les phalènes). **2.** *v.i. F:* Tirer au flanc. *Esp. Row:* Carotter (tout en faisant semblant de souquer ferme); ne pas se la fouler.

sugared, *a.* (*a*) (Liquide, biscuit, etc.) sucré. (*b*) (Gâteau) saupoudré de sucre; (*of nut, etc.*) recouvert de sucre, enrobé de sucre. (*c*) *F:* (Discours) mielleux, doucereux, sucré.

sugaring, *s. Wine-m:* Sucrage *m* (des moûts); chaptalisation *f*.

sugarer ['ʃugərər], *s. F: Esp. Row:* Tireur *m* au flanc.

sugariness ['ʃugərinəs], *s.* (*a*) Goût sucré (d'un fruit, etc.). (*b*) Douceur mielleuse (d'un discours, d'un sourire).

sugary ['ʃugəri], *a.* **1.** (*a*) Sucré. *S. cakes*, gâteaux saupoudrés de sucre. *See also* MELON 1. (*b*) Trop sucré. (*c*) (*Of jam, etc.*) **To go sugary**, cristalliser. **2.** (Sourire, ton) mielleux, sucré; (ton) doucereux. *S. eloquence*, éloquence melliflue. **-ily**, *adv.* (Parler) mielleusement.

suggest [sʌ'dʒest], *v.tr.* **1.** (*a*) Suggérer, proposer (qch. à qn). *Can you s. a better plan?* pouvez-vous suggérer une meilleure méthode? *He suggested my following him, that I should follow him*, il a suggéré, a proposé, que je le suive. *I shall do as you s.*, je ferai comme vous le suggérez; je vais suivre votre conseil. *To s. that the meeting be fixed for September 9th*, proposer de fixer la réunion au 9 septembre; proposer que la réunion soit fixée au 9 septembre. **A solution suggested itself to me**, une solution me vint à l'esprit, se présenta à mon esprit. (*b*) *Med: Psy:* Suggérer (une idée, une action). **2.** Inspirer, faire naître (une idée, etc.). *What suggested that thought?* qu'est-ce qui a inspiré cette pensée? *That suggested to me the idea of travelling*, cela a fait naître en moi l'idée de voyager. *Prudence suggests a retreat*, la prudence conseille la retraite. *The charming scenery will probably s. a stay*, le charme du paysage les incitera probablement à y faire un séjour. **3.** Insinuer. *Do you s. that I am lying?* est-ce que vous insinuez que je mens? *Are eggs as scarce as the price would s.?* les œufs sont-ils aussi rares que le prix le laisse supposer? *Jur:* **I suggest that you were not there at that time**, n'est-il pas vrai que vous étiez absent à ce moment-là? **4.** Évoquer. *His nose and ears s. a rabbit*, son nez et ses oreilles donnent, évoquent, l'idée d'un lapin. *The look on his face suggested fear*, l'expression de son visage donnait l'idée, faisait penser, qu'il avait peur; son visage exprimait la crainte.

suggester [sʌ'dʒestər], *s.* Suggesteur, -trice; inspirateur, -trice (d'un projet, etc.).

suggestibility [sʌdʒesti'biliti], *s.* Suggestibilité *f* (d'un sujet hypnotique).

suggestible [sʌ'dʒestibl], *a.* **1.** (Projet *m*, etc.) proposable, que l'on peut suggérer. **2.** *Hypnotism:* (Sujet *m*) influençable par la suggestion; (sujet) suggestible.

suggestion [sʌ'dʒestʃ(ə)n], *s.* **1.** Suggestion *f*. (*a*) Action *f* de faire naître une pensée. (*b*) La pensée imposée au cerveau. **Practical suggestion**, conseil *m* pratique. **To make, offer, a suggestion**, faire une suggestion, une proposition. *I have no s. to offer*, je n'ai rien à suggérer. *Suggestions for improvement*, suggestions, propositions *f*, en vue d'une amélioration. **To be full of suggestions**, être fécond en idées, en conseils. *Jur:* **My suggestion is that you were not there at the time**, n'est-il pas vrai que vous étiez absent à ce moment-là? **2.** (*a*) *It conveys the s. that . . .*, cela donne l'idée que . . .; cela fait penser que. . . . (*b*) *Blue with no s. of green*, bleu qui n'a pas la moindre trace de vert. *To speak with just a s. of a foreign accent*, parler avec une pointe d'accent étranger. *S. of regret, of contempt*, nuance *f* de regret, de mépris. **3. Hypnotic suggestion**, suggestion hypnotique. *See also* AUTO-SUGGESTION.

suggestive [sʌ'dʒestiv], *a.* Suggestif; évocateur, -trice. *S. of sth.*, qui évoque qch.; qui donne, évoque, l'idée de qch. *S. joke*, plaisanterie suggestive, grivoise.

suggestiveness [sʌ'dʒestivnəs], *s.* Caractère suggestif (d'un dessin, etc.). *S. is worse than frank obscenity*, les plaisanteries suggestives sont pires que la franche obscénité.

suicidal [sjui'said(ə)l], *a.* Qui a rapport au suicide. *S. tendencies*, tendances *f* au suicide. **Suicidal mania**, suicidomanie *f*; manie *f* du suicide. **Suicidal maniac**, suicidomane *mf*. *F: It would be s. to do so*, ce serait un véritable suicide, ce serait courir à la ruine, que d'agir de la sorte.

suicide[1] ['sjuisaid], *s.* (*Pers.*) Suicidé, -ée.

suicide[2], *s.* (Crime *m* du) suicide. **To commit suicide**, se suicider; se donner la mort; (*of murderer*) se faire justice. *To attempt s.*, attenter à ses jours. **Attempted suicide**, faux suicide; tentative *f* de suicide. *F:* **To commit social suicide**, commettre un suicide social; se couler. **Race suicide**, la mort, l'extinction *f*, de la race.

suicide[3], *v.i. & pr.* **To suicide (oneself)**, se suicider, se donner la mort.

suidae ['sju:idi:], *s.pl. Z:* Suidés *m.*

suint [swint], *s.* Suin(t) *m.*

suit[1] [sjuːt], *s.* 1. *Jur:* Suit at law, procès (civil); poursuite *f* (en justice); instance *f*; cause *f*. *See also* LAWSUIT. Suit in chancery, poursuite devant la chancellerie. Criminal suit, action *f*, procès, au criminel. To bring, institute, a suit against s.o., intenter un procès à, contre, qn. (*Of lawyer*) To conduct the suit, occuper pour le demandeur; postuler. To be a party in a suit, être en cause. 2. Prière *f*, demande *f*, requête *f*. At the suit of s.o., à la requête, *Jur:* à la diligence, de qn. To press one's suit, faire valoir ses droits; appuyer sa requête. 3. Recherche *f*, demande, en mariage. *Lit:* To plead, press, one's suit with a maiden, faire une cour assidue à une jeune fille; courtiser une jeune fille avec ardeur. 4. *Cost:* (*a*) Suit of clothes, costume *m*, complet *m* (pour homme). Lounge-suit, *U.S:* business-suit, complet veston. *He was wearing a lounge-s.*, il était en veston. *His best s.*, son costume de dimanche. *Dressed in a blue s.*, vêtu d'un complet bleu. *See also* ARMOUR[1] 1, DRESS-SUIT, SPORTS-SUIT. (*b*) Ensemble *m* (pour femme). Three-piece suit, ensemble de trois pièces; trois-pièces *m*. *Travelling s.*, ensemble de voyage. *See also* TWO-PIECE. (*c*) Sailor-suit, costume marin (pour enfant). Legging suit, costume esquimau; *F:* esquimau *m* (pour enfant). (*d*) *Nau:* Suit of sails, jeu *m* de voiles. *New s. of sails*, voilure neuve. 5. *Cards:* Couleur *f*. (i) The four suits, les quatre couleurs. (ii) The three plain suits, les trois couleurs (par opposition à l'atout). (iii) Suit call, demande en couleurs (par opposition avec sans-atout). Long suit, strong suit, couleur longue. *To lead from one's long s.*, attaquer dans sa longue. *The highest card of one's longest s.*, la plus haute carte de sa longue. *F:* Politeness is not his long suit, la politesse n'est pas son fort. *To have a short s. in trumps*, avoir une main courte. To follow suit, (i) jouer dans la couleur; donner de la couleur; fournir à la couleur demandée; (ii) *F:* en faire autant, faire de même. *The others followed s.*, les autres ont suivi le mouvement. To fail to follow suit, renoncer. *Inability to follow s.*, renonce *f*. 6. In suit with sth., en accord avec qch. Of a suit with sth., tout d'une pièce avec qch.; à l'avenant de qch.

'**suit-case**, *s.* Mallette *f*, valise *f*, porte-habit(s) *m inv.* *Fitted s.-c.*, mallette garnie.

suit[2], *v.tr.* 1. Accommoder, adapter, approprier (*sth. to sth.*, qch. à qch.). *To s. one's style to one's audience*, adapter son style à son public. *To s. one's conversation to the company*, *F:* se mettre au diapason de la compagnie. To be suited to, for, sth., être adapté, apte, à qch.; être fait pour qch. *Com: The premises are suited for a fine display*, le local se prête à un bel étalage. He is not suited for, to be, a parson, il n'est pas fait pour être prêtre; la prêtrise n'est pas sa vocation. *He is ill-suited to these parts*, ces rôles ne lui conviennent pas; il n'est pas fait pour ces rôles. *His Christian name was suited to his character*, son prénom était en rapport, allait bien, avec son caractère. They are suited to each other, ils sont faits l'un pour l'autre. *We are not suited to one another*, nous ne sommes pas faits pour nous entendre. *See also* ACTION[1] 1. 2. Convenir à, aller à, accommoder (qn). *A small job in the country would s. me very well*, un petit emploi en province m'irait, me conviendrait, très bien. The house does not suit me, la maison n'est pas à ma convenance. *He found a house that suited him*, il trouva une maison à son gré. *I have not yet found a job to s. me*, je n'ai pas encore trouvé un emploi qui me convienne; *F:* je n'ai pas encore trouvé chaussure à mon pied. *Marriage suits you*, le mariage vous réussit. Acting is what suits him best, le théâtre est son affaire. *That suits me best*, c'est ce qui m'arrange le mieux, ce qui m'accommode le mieux. I have something that would suit, j'ai quelque chose qui ferait l'affaire. I am not easily suited, je suis difficile à satisfaire. *Anything suits me*, je m'accommode de tout. That just suits me, it suits me all right, ça me va à merveille; *P:* ça me botte. *I shall do it* if it suits me, je le ferai si ça me chante, si ça me dit. *I shall do it* when it suits me, je le ferai quand cela me conviendra; je le ferai à mon temps, à mon heure. *Would that s. you?* cela ferait-il votre affaire? ceci vous accommoderait-il? *It would s. me to have to-day free*, cela m'arrangerait d'avoir ma journée libre. That suits me, my purpose, exactly, c'est juste mon affaire. *See also* PURPOSE[1] 2. Suit yourself, arrangez cela à votre gré; faites comme vous voudrez. That date does not suit, cette date ne convient pas. This climate, this food, does not suit me, ce climat, cette nourriture, ne me va pas, ne me vaut rien. That colour does not suit your complexion, cette couleur ne va pas bien, ne s'accorde pas, avec votre teint. *This hat suits you*, ce chapeau vous va; ce chapeau vous coiffe bien. *This hat does not s. your age*, ce chapeau messied à votre âge. And a hat to suit, et un chapeau à l'avenant. *See also* BOOK[1] 2 (*d*), GROUND[2] 5, T 1. 3. To suit oneself with sth., se pourvoir de qch. *Are you suited with a cook?* avez-vous trouvé une cuisinière qui vous convient? To be suited with a situation, avoir une place.

suiting, *s.* 1. Adaptation *f*, appropriation *f* (de qch. à qch.). 2. *pl. Com:* Suitings, tissus *m* de confection. *Gentlemen's suitings*, étoffes *f*, tissus, pour complets.

suitability [sjuːtə'biliti], *s.* Convenance *f* (d'une date, etc.); à-propos *m* (d'une remarque, d'une expression); accord *m*, rapport *m* (de caractères). *S. of a candidate to, for, a post*, aptitude *f* d'un candidat à un poste.

suitable ['sjuːtəbl], *a.* 1. (Sujet *m*, travail *m*, moyen *m*) convenable, qui convient; (exemple *m*, etc.) apte. Suitable expression, reply, expression, réponse, pleine d'à-propos, pertinente, appropriée. Suitable marriage, union sortable, bien assortie. *He is a s. match*, c'est un parti sortable. *He is of a s. age to sign*, il est d'un âge compétent pour signer. *We have found nothing s.*, nous n'avons rien trouvé à notre convenance. *To entrust the working of an undertaking to a s. staff*, confier l'exploitation d'une entreprise à un personnel idoine. Most suitable plan, plan *m* qui offre les plus grands avantages. *The most s. date*, la date qui conviendrait le mieux. Wherever you think suitable, où bon vous semblera. *It seemed more s. to laugh*, il semblait plus à propos de rire. *I will first introduce my father*, as seems suitable, en premier lieu je vous présenterai mon père, comme il sied. 2. Suitable to, for, sth., bon à qch.; propre, approprié, applicable, adapté, à qch.; à l'avenant de qch. Suitable to the occasion, qui convient à la circonstance; en accord avec l'occasion. *Reading s. to her age*, lectures *f* de son âge, en rapport avec son âge. *Is it a book s. for a young girl?* est-ce un livre à mettre entre les mains d'une jeune fille? *I am looking for a wife of an age s. to mine*, je cherche une femme d'un âge sortable au mien. To make sth. suitable for sth., adapter qch. à qch. **-ably**, *adv.* 1. Convenablement. *To answer s.*, répondre à propos. *To act s.*, agir comme il convient. *To be s. impressed*, être impressionné comme il convient. *S. matched*, bien assortis. 2. Suitably to the occasion, d'une manière appropriée à l'occasion. *S. to your wishes*, conformément à vos désirs; en conformité avec vos désirs.

suitableness ['sjuːtəblnəs], *s.* = SUITABILITY.

suite [swiːt], *s.* 1. Suite *f*, cortège *m* (d'un prince). 2. (*a*) Suite of rooms, appartement *m*; pièces *fpl* en enfilade. (*b*) Suite of furniture, ameublement *m*. *Drawing-room s.*, mobilier *m* de salon. *Dining-room s.*, salle à manger. *Bedroom s.*, chambre *f* à coucher. 3. *Mus:* Suite. Orchestral suite, suite d'orchestre.

suitor ['sjuːtər], *s.* 1. *Jur:* Plaideur, -euse. 2. (*a*) *A:* Pétitionnaire *m*. (*b*) Prétendant *m*, soupirant *m*; *F:* épouseur *m*. *Her suitors*, les aspirants *m* à sa main. *Th:* The (rejected) suitor, l'amoureux *m*.

sulcate ['sʌlkeit], *a.* *Nat.Hist:* Sulcifère.

sulciform ['sʌlsifɔːrm], *a.* *Nat.Hist:* Sulciforme; en forme de sillon.

sulcus, *pl.* **-ci** ['sʌlkəs, -sai], *s.* *Nat.Hist:* Sulcature *f*.

Suliote ['sjuliout], *a.* & *s.* *Ethn: Hist:* Souliote (*mf*).

sulk[1] [sʌlk], *s.* *Usu. pl.* Bouderie *f*. To be in the sulks, to have (a fit of) the sulks, bouder; faire la mine.

sulk[2], *v.i.* Bouder; faire la mine; être maussade. *Why do you s. with her?* pourquoi la boudez-vous? *F:* To sulk in one's tent, se retirer dans sa tente (comme Achille).

sulking, *s.* Bouderie *f*.

sulkiness ['sʌlkinəs], *s.* Bouderie *f*, maussaderie *f*.

sulky[1] ['sʌlki], *a.* Boudeur, maussade. *To be s.*, bouder. *To look s.*, avoir un air boudeur; faire la mine. Sulky as a bear, grognon comme un ours. To be sulky with s.o., bouder (contre) qn; *F:* faire la tête à qn. **-ily**, *adv.* En boudant; d'un ton, d'un air, boudeur ou maussade.

sulky[2], *s.* *Veh:* Sulky *m*. *Agr:* Sulky plough, charrue *f* tilbury.

Sulla ['sʌla]. *Pr.n.m. Rom.Hist:* Sylla.

sullage ['sʌledʒ], *s.* 1. (*a*) Eaux *fpl* d'égout. Sullage-pipe, égout *m*. (*b*) Vase *f* d'alluvion; limon *m*. 2. *Metall:* Scories *fpl*, crasses *fpl*. Sullage-piece, masselotte *f*.

Sullan ['sʌlən], *a.* *Rom.Hist:* (Lois *f*, politique *f*, etc.) de Sylla.

sullen ['sʌl(ə)n], *a.* (*Of pers.*) Maussade, renfrogné, morose; (*of horse*) rétif; (*of thg*) sombre, triste, morne, lugubre. *S. silence*, silence obstiné, buté. To have the sullens, être d'humeur maussade. **-ly**, *adv.* D'un air, d'un ton, maussade; d'un air renfrogné, sombre. *To obey s.*, obéir de mauvaise grâce.

sullenness ['sʌlənnəs], *s.* (*a*) Maussaderie *f*; air renfrogné. (*b*) Obstination *f* à ne pas parler.

sully ['sʌli], *v.tr.* Souiller, salir, ternir; flétrir, tacher (la réputation de qn).

sullied, *a.* Souillé, sali, terni.

sulphamate ['sʌlfameit], *s.* *Ch:* Sulfamate *m*.

sulphamic [sʌl'famik], *a.* *Ch:* (Acide *m*) sulfamique.

sulphamide ['sʌlfamaid], *s.* *Ch:* Sulfamide *f*.

sulphanilic [sʌlfa'nilik], *a.* *Ch:* (Acide *m*) sulfanilique.

sulpharsenic [sʌlfaːr'senik], *a.* *Ch:* (Acide *m*) sulfarsénique.

sulpharsenide [sʌl'faːrsenaid], *s.* *Ch:* Sulfarséniure *m*.

sulphate[1] ['sʌlfet, -eit], *s.* 1. *Ch:* Sulfate *m*. Iron sulphate, ferrous sulphate, sulfate ferreux, de fer; vitriol vert; couperose verte. Zinc sulphate, sulfate de zinc; couperose blanche; vitriol blanc. Copper sulphate, sulfate de cuivre; vitriol bleu; couperose bleue. *To treat, dress, vines with (copper) s.*, sulfater des vignes. *Treating, dressing, with s.*, sulfatage *m*. *See also* POTASH 3. 2. *Com:* (= *sodium sulphate*) Sulfate de soude. *Paperm:* Sulphate process, procédé *m* au sulfate.

sulphate[2] ['sʌlfeit]. 1. *v.tr.* *Ch: Ind:* Sulfater. 2. *v.i.* *El:* (*Of battery*) Se détériorer par sulfatation; se sulfater.

sulphated, *a.* 1. (*Of lime, mineral water, etc.*) Sulfaté. 2. *El:* (*Of accumulator plates*) Sulfaté; encrassé de sulfate.

sulphating, *s.* 1. *Ch: Ind:* Sulfatage *m*. 2. *El:* Sulfatation *f* (des plaques d'accumulateur).

sulphide ['sʌlfaid], *s.* *Ch:* Sulfure *m*. Hydrogen sulphide, hydrogène sulfuré; acide *m* sulfhydrique; *F:* gaz puant. Lead sulphide, sulfure de plomb. *Miner:* Sulphide of lead, lead sulphide, galène *f*; sulfure de plomb; plomb sulfuré. Red sulphide of antimony, pentasulfure *m* d'antimoine. *See also* MERCURIC. *Phot:* Sulphide toning, virage *m* au sulfure; virage sépia. *To treat, dress, vines with s.*, sulfurer les vignes. *Treating, dressing, with s.*, sulfurage *m*.

sulphite ['sʌlfait], *s.* *Ch:* Sulfite *m*. Sodium sulphite, sulfite de sodium, de soude. *To treat wines with a s.*, sulfiter les vins. *Treating, dressing, with a s.*, sulfitage *m*. *Paperm:* Sulphite process, procédé *m* au sulfite, au bisulfite.

sulph(o)- ['sʌlf(o)], *comb.fm.* *Ch:* Sulf(o)-. *Sulphacetic*, sulfacétique. *Sulphamylic*, sulfamylique. *Sulphiodide*, sulfo-iodure. *Sulphocarbonate*, sulfocarbonate.

sulpho-acid [sʌlfo'asid], *s.* *Ch:* Sulfacide *m*.

sulphocyanate [sʌlfo'saianet], **sulphocyanide** [sʌlfo'saianaid], *s.* 1. *Ch:* Sulfocyanate *m*, sulfocyanure *m*. 2. Ammonium sulphocyanide, *Phot: F:* sulphocyanide, sulfocyanure d'ammonium.

sulphocyanic [sʌlfosai'anik], *a.* *Ch:* *A:* Sulfocyanique.

sulphonal ['sʌlfonəl], *s.* *Pharm:* Sulfonal *m*.

sulpho-salt ['sʌlfosɔlt], *s.* *Ch:* Sulfosel *m*.

sulphur[1] ['sʌlfər], *s.* **1.** Soufre *m.* **Roll sulphur, stick sulphur,** soufre en canon, en bâtons. **Plastic sulphur,** soufre mou. **Drop sulphur,** soufre granulé. **Native sulphur,** soufre de mine. **Virgin sulphur,** soufre vierge, vif. **Flowers of sulphur,** fleur(s) *f* de soufre, crème *f* de soufre; soufre en fleur(s), en poudre; soufre pulvérulent, pulvérisé, sublimé. **Milk of sulphur,** lait *m* de soufre. **To treat with sulphur,** soufrer. *To dip matches in s.,* soufrer des allumettes. **Sulphur dioxide,** anhydride sulfureux. **Sulphur trioxide,** anhydride sulfurique. **2.** *Ent:* **Sulphur (moth),** soufré *m.*

'sulphur base, *s. Ch: A:* Sulfobase *f.*

sulphur-'match, *s.* Allumette soufrée.

'sulphur mine, *s.* Soufrière *f.*

sulphur-'ore, *s. Miner:* Pyrite *f*; sulfure *m* de fer.

'sulphur-spring, *s. Geol:* Solfatare *f*; source sulfureuse.

'sulphur water, *s.* Eau sulfureuse.

sulphur[2], *v.tr.* Soufrer (la laine, les tonneaux, etc.).

sulphuring, *s.* Soufrage *m.* *Tex: etc:* **Sulphuring-chamber, -room, -stove,** soufroir *m.* *Hort:* **Sulphuring apparatus,** soufreuse *f.*

sulphurate ['sʌlfjureit], *v.tr.* Sulfurer (un métal, etc.); soufrer (la laine).

sulphuration [sʌlfju'reiʃ(ə)n], *s.* (*a*) Sulfuration *f*, sulfurisation *f*; sulfurage *m* (des vignes). (*b*) *Tex:* Blanchiment *m* au soufre; soufrage *m.*

sulphurator ['sʌlfjureitər], *s.* **1.** *Hort: Vit:* Soufreuse *f.* **2.** *Tex:* Soufroir *m* (pour la laine).

sulphureous [sʌl'fjuəriəs], *a.* **1.** (*a*) Sulfureux; qui contient du soufre. (*b*) Couleur de soufre *inv*; soufré. **2.** (*a*) Qui sent le soufre (en train de brûler). *S. exhalations,* exhalaisons sulfureuses. (*b*) Bleuâtre (comme le soufre qui brûle).

sulphuret ['sʌlfjuret], *s. Ch:* Sulfure *m.*

sulphuretted ['sʌlfjuretid], *a. Ch:* Sulfuré. **Sulphuretted hydrogen,** hydrogène sulfuré; acide *m* sulfhydrique; sulfure *m* d'hydrogène.

sulphuric [sʌl'fjuərik], *a. Ch:* Sulfurique, *F:* vitriolique. **Sulphuric acid,** acide *m* sulfurique, vitriolique; (huile *f* de) vitriol *m.*

sulphurization [sʌlfjurai'zeiʃ(ə)n], *s.* Sulfuration *f*, sulfurisation *f.*

sulphurize ['sʌlfjuraːiz], *v.tr.* = SULPHURATE.

sulphurous ['sʌlfjurəs], *a.* **1.** = SULPHUREOUS. **2.** *Ch:* [sʌl'fjuːərəs] (Acide, etc.) sulfureux.

sulphurwort ['sʌlfərwəːrt], *s. Bot:* Fenouil *m* de porc.

sulphydrate [sʌlf'(h)aidret], *s. Ch:* Sulfhydrate *m.*

sulphydric [sʌlf'(h)aidrik], *a. Ch:* Sulfhydrique.

Sulpice ['sʌlpis]. *Pr.n.m. Rel.H:* (Saint) Sulpice.

Sulpicius [sʌl'piʃjəs]. *Pr.n.m.* **1.** *Rel.H:* **Sulpicius Severus,** Sulpice-Sévère. **2.** *Rom.Hist:* Sulpicius.

sultan ['sʌltən], *s.* **1.** Sultan *m.* **2.** *Bot:* **Sweet sultan,** ambrette *f.* *Yellow sweet s.,* ambrette jaune. *Purple or white sweet s.,* ambrette musquée; centaurée musquée. **3.** *Orn:* Sultan (hen) = SULTANA 3.

sultana [sʌl'tɑːnɑ], *s.* **1.** Sultane *f.* **2.** *pl.* Sultanas, raisins secs de Smyrne; (**raisins**) sultanas *m.* **3.** *Orn:* Poule *f* sultane.

sultanate ['sʌltənet], *s.* Sultanat *m.*

sultaness ['sʌltənes], *s.f.* Sultane.

sultriness ['sʌltrinəs], *s.* Chaleur étouffante; lourdeur *f* (de l'atmosphère, etc.).

sultry ['sʌltri], *a.* **1.** (*Of heat, atmosphere, etc.*) Étouffant, suffocant, accablant, embrasé. *S. weather,* chaleur étouffante; temps lourd, orageux. *It is s.,* il fait très lourd. **2.** *F:* (*a*) (*Of passions, etc.*) Chaud. (*b*) (*Of language, story, etc.*) Salé, épicé, poivré.

Sulu ['suːluː]. *Pr.n. Geog:* **The Sulu Islands,** les Îles *f* Soulou.

sum[1] [sʌm], *s.* **1.** (*a*) Somme *f*, total *m.* *Book-k:* Montant *m.* **To mount up to the sum of . . .,** s'élever à une somme, à un montant, de. . . . *Mth:* **To find the sum of** *the terms of a series,* sommer les termes d'une série. (*b*) *The sum of all my wishes . . .,* la somme de mes désirs. . . . *F:* **The sum and substance of the matter, of his complaint,** le fond, la substance, l'essence *f*, de l'affaire; le fond de sa réclamation. **In sum . . .,** en somme . . .; somme toute. . . . (*c*) **Sum (of money),** somme (d'argent). *Large sum,* grosse somme, forte somme. *Nice little sum,* somme rondelette. **2.** Problème *m*, exercice *m* (d'arithmétique). *A multiplication sum,* une multiplication. *To set a child a sum,* poser un problème d'arithmétique à un enfant. *To do a sum in one's head,* faire un calcul de tête. **To do sums,** faire du calcul, de l'arithmétique, des problèmes. *I was very bad at sums,* j'étais très faible en calcul, en arithmétique. **The four sums,** les quatre opérations *f.*

'sum-'total, *s.* (*pl.* **sum-totals, sums-total**) Somme totale, globale; montant global. *F: The sum-t. of his speech was . . .,* son discours se résumait en ceci. . . .

sum[2], *v.tr.* (**summed; summing**) (*a*) Additionner. *Summing all the guests together . . .,* en faisant l'addition de tous les convives. . . . (*b*) *Mth: To sum a series,* sommer une série.

sum up, *v.tr.* **1.** **To sum up ten numbers,** faire la somme de dix nombres; totaliser dix nombres. **2.** (*a*) Résumer, faire un résumé de, récapituler (les faits). **To sum up the matter,** *abs.* to sum up, *I will say . . .,* en résumé, en dernière analyse, je dirai. . . . *To sum up* (*what one has said before*), se résumer; résumer les faits. (*b*) *Jur:* (*Of judge*) **To sum up the case, the evidence,** *abs.* **to sum up,** résumer l'affaire, les débats (avant la délibération du jury). **To sum up for s.o., against s.o.,** résumer les débats dans un sens favorable, défavorable, à qn. (*c*) **To sum up the situation at a glance,** se rendre compte de la situation d'un coup d'œil. *F:* **To sum s.o. up,** juger, classer, qn.

summing up, *s.* (*a*) *Jur:* Résumé de l'affaire (fait par le juge avant que les jurés se retirent pour délibérer); résumé des débats. (*b*) Évaluation *f* (de la situation, etc.).

summing, *s. Mth:* Addition *f*, sommation *f.*

sumac(h) ['sjuːmak, 'ʃuːmak], *s. Bot:* Sumac *m.* **Sicilian sumac, tanner's sumac,** sumac des corroyeurs; vinaigrier *m.* **Venetian sumac,** (sumac) fustet *m*; sumac à perruque; arbre *m* à (la) perruque. **Poison-sumac,** sumac vénéneux; toxicodendron *m.*

Sumatran [sju'mɑːtrən], *a. & s. Geog:* Sumatrien, -ienne.

Sumerian [sju'miːəriən], *a. & s. A.Geog:* Sumérien, -ienne.

summarize ['sʌməraːiz], *v.tr.* Résumer sommairement (un ouvrage, les débats, etc.).

summarized, *a.* (*Of report, etc.*) Compendieux; en résumé.

summary ['sʌməri]. **1.** *a.* Sommaire. **Summary account,** (i) récit *m* sommaire, succinct; récit en peu de mots; (ii) récit récapitulatif. *Jur:* **Summary procedure,** procédure *f* sommaire; référé *m.* **Summary proceedings,** affaire *f* sommaire. *To sit in cases of s. procedure,* statuer en procédure sommaire. *To make a ruling by s. process,* statuer sommairement. **2.** *s.* Sommaire *m*, résumé *m*, aperçu *m*; argument *m* (d'un livre); récapitulation *f*, relevé *m*, liste *f* (d'opérations commerciales, etc.); relevé (des naissances). *Jur:* **Summary of leading cases and decisions,** répertoire *m* de jurisprudence. *Mil: Jur:* **To take a summary of evidence,** prendre des informations. **-ily,** *adv.* Sommairement. (*a*) Succinctement; en peu de mots. (*b*) Avec peu de formalités.

Summa Theologica (the) [ðə'sʌməθiːo'lɔdʒika], *s.* La Somme théologique (de saint Thomas d'Aquin).

summation [sʌ'meiʃ(ə)n], *s.* Sommation *f*, addition *f.* *Ind:* **Summation diagram,** diagramme *m* d'addition.

summer[1] ['sʌmər], *s.* Été *m.* **In summer,** en été. **A summer('s) day,** un jour d'été. **Winter and summer alike,** *I live in the country,* hiver comme été j'habite la campagne. *We shall see him again next summer, in the summer, come the summer,* on le reverra l'été prochain, cet été; *F:* on le reverra aux prunes, viennent les prunes. **St Martin's summer,** *U.S:* **Indian summer,** été de la Saint-Martin. **St Luke's summer,** été de la Saint-Denis. *Poet:* **Maiden of twenty summers,** jeune fille *f* de vingt printemps. **Summer clothes,** habits *m* d'été. *To put on one's s. clothes,* se mettre en été. **Summer residence,** résidence estivale; résidence d'été. **Summer resort,** station estivale. **The summer holidays,** les grandes vacances. *See also* LIGHTNING, SCHOOL[1] 3.

'summer-house, *s.* Pavillon *m*, gloriette *f*; kiosque *m* de jardin.

'summer-time, *s.* **1.** Saison *f* d'été; l'été *m.* **2.** L'heure *f* d'été (en avance de soixante minutes sur l'heure normale).

'summer-wood, *s. Arb:* Bois *m* d'été.

summer[2]. **1.** *v.i.* (*a*) Passer l'été, estiver (au bord de la mer, etc.). *To s. and winter abroad,* passer toute l'année à l'étranger. (*b*) (*Of cattle*) Estiver. **2.** *v.tr.* Estiver (le bétail).

summer[3], *s. Const:* (*a*) **Summer(-beam, -tree),** poutre *f* de plancher. (*b*) = BREASTSUMMER.

summersault[1, 2] ['sʌmərsɔlt], *s. & v.i.* = SOMERSAULT[1, 2].

summery ['sʌməri], *a.* Estival, -aux; d'été. *We had a fine s. Easter,* nous avons eu pour Pâques un beau temps d'été.

summit ['sʌmit], *s.* Sommet *m*, cime *f*, faîte *m* (d'une montagne); point *m* de partage (d'un canal). *Nau: Oc:* **Rock summit,** tête *f* de roche. *F:* **The summit of greatness,** le faîte, le comble, le sommet, des grandeurs. *The s. of happiness,* le summum de la félicité. *To be at the s. of power, of fame,* être au pinacle. *See also* AMBITION.

'summit level, *s. Civ.E:* **1.** Point *m* de partage (d'un canal). **2.** Bief *m* de partage.

summon ['sʌmən], *v.tr.* **1.** (*a*) Appeler, faire venir (un domestique); mander (un ministre); convoquer (une assemblée, qn à une réunion). *To s. the shareholders,* convoquer les actionnaires. *Business summoned him back to Paris,* les affaires l'ont rappelé à Paris. *To s. s.o. by telephone,* mander qn par téléphone. **To be summoned to the peerage,** être appelé à la pairie. (*b*) *Jur:* Sommer (qn) de comparaître. **To summon a defendant, a witness, to attend,** citer, assigner, appeler, ajourner, un défendeur, un témoin. **To summon s.o. for debt,** assigner qn en paiement d'une dette. *To s. the parties,* citer, assigner, les parties. *Mil: To s. a man before a court-martial,* traduire un homme en conseil de guerre. **2.** Sommer, requérir. **To summon a town to surrender,** sommer une place. *To s. the rebels to disperse,* sommer les rebelles de se disperser. *To s. s.o. to perform a contract,* mettre qn en demeure d'exécuter un contrat. **3.** **To summon (up) all one's strength,** faire appel à, rassembler, toutes ses forces. **To summon up one's courage,** faire appel à, s'armer de, tout son courage; prendre son courage à deux mains. *I could not s. up courage to tell him about it,* je n'ai pas eu le courage de le lui dire.

summoning, *s.* **1.** (*a*) Appel *m*, convocation *f.* (*b*) *Jur:* Citation *f*, assignation *f.* **2.** Sommation *f.*

summoner ['sʌmənər], *s.* **1.** *Jur: A:* Huissier *m.* **2.** Convocateur *m* (d'une assemblée).

summons[1], *pl.* **-ses** ['sʌmənz, -ziz], *s.* **1.** Appel (fait d'autorité); convocation urgente. **2.** *Jur:* Citation *f* (à comparaître); assignation *f*; mandat *m* de comparution; ajournement *m*; billet *m* d'avertissement; sommation *f* (de comparaître); *F:* procès-verbal *m*, *pl.* procès-verbaux. **To issue a summons,** lancer une assignation. **To serve a summons on s.o.,** signifier une citation, une assignation, à qn; faire, envoyer, une assignation à qn; assigner qn. **To take out a summons against s.o.,** faire assigner qn. *To become liable for a s.,* s'attirer une contravention. *You'll be getting another s., F:* vous allez recevoir encore du papier timbré. *See also* WRIT[1] 2. **3.** *Mil:* **Summons to surrender,** sommation.

summons[2], *v.tr. Jur:* Citer (qn) à comparaître; assigner (qn); appeler (qn) en justice.

sump [sʌmp], *s.* **1.** (*a*) *Min: etc:* Puisard *m.* (*b*) Fosse *f* d'aisance. *F: My class is the s. for the whole school,* ma classe est le dépotoir de l'école. **2.** *Mec.E: Aut:* Fond *m* de carter (formant réservoir d'huile); cuvette *f* d'égouttage. **Dry sump,** carter sec. *See also* PLUG[1] 1.

'sump-man, *pl.* **-men,** *s.m. Min:* Puisatier.

sumpitan ['sʌmpitən], *s.* Sarbacane *f* (des Malais).

sumpter ['sʌmptər], *s.* *A:* Bête *f* de somme, de charge; sommier *m.* **Sumpter horse, mule,** cheval, -aux *m,* mulet *m,* de somme, de charge. **Sumpter cloth,** housse *f* de bête de somme.

sumptuary ['sʌmptjuəri], *a.* (*Of law, etc.*) Somptuaire.

sumptuosity [sʌmptju'ɔsiti], *s.* Somptuosité *f.*

sumptuous ['sʌmptjuəs], *a.* Somptueux, fastueux. *Born in the s. dwellings of the rich,* né sous des lambris dorés. **-ly,** *adv.* Somptueusement, fastueusement.

sumptuousness ['sʌmptjuəsnes], *s.* Somptuosité *f,* faste *m;* richesse *f* (du mobilier).

sun[1] [sʌn], *s.* (*a*) Soleil *m; Poet:* l'astre *m* du jour. *The sun is shining,* il fait du soleil; le soleil brille. *The sun was shining brightly,* il faisait grand soleil. *See also* HAY[1]. **There is nothing new under the sun,** il n'y a rien de nouveau sous le soleil. **The sun rises, sets,** le soleil se lève, se couche. **To worship the rising sun,** (i) adorer le soleil levant; (ii) *F:* cultiver une gloire naissante, flatter le soleil levant. *F:* **His sun is set,** son soleil est couché; son étoile *f* a pâli. *Nau: F:* **To take, shoot, the sun,** relever le soleil; faire, prendre, une observation; observer le soleil; faire le point. **'With the sun,'** dans le sens des aiguilles d'une montre. **To coil a rope with the sun, against the sun,** lover un cordage de gauche à droite, de droite à gauche. *B:* **The Sun of righteousness,** le soleil de justice. *See also* MIDNIGHT, MOCK-SUN, PLANET-GEAR. (*b*) **To have one's place in the sun,** avoir sa place au soleil. *Full in the sun,* au grand soleil. **To take the sun,** s'insoler; prendre le soleil; *F:* faire le lézard (au soleil). **To get a touch of the sun,** prendre un coup de soleil. *See also* BLIND[2] I. (*c*) *Pyr:* **Fixed sun,** gloire *f.*

'sun-awning, *s.* Store *m.*

'sun-baked, *a.* Brûlé par le soleil; cuit au soleil.

'sun-bath, *s.* Bain *m* de soleil. **To take a sun-bath,** = SUN-BATHE I.

'sun-bathe. I. *v.i.* Prendre le soleil, des bains de soleil; s'insoler; *F:* faire le lézard (au soleil); lézarder; prendre un bain de lézard. 2. *v.tr.* Donner un bain de soleil à (un enfant).

sun-bathing, *s.* Bains *mpl* de soleil; insolation *f.*

'sun-bather, *s.* Personne *f* qui prend des bains de soleil.

'sun-bonnet, *s.* Capeline *f.*

'sun-bow, *s.* Arc irisé (produit par le soleil dans un jet d'eau, etc.).

'sun-crack, *s. Arb:* Fente *f* d'insolation.

'sun-curtain, *s.* I. Rideau *m* contre le soleil. 2. Couvre-nuque *m, pl.* couvre-nuques; coiffe *f* (de casque colonial).

'sun-deck, *s. Nau:* Pont-promenade *m, pl.* ponts-promenades.

'sun-dial, *s.* Cadran *m* solaire; gnomon *m. The art of making sun-dials,* la gnomonique.

'sun-dog, *s. Meteor:* Parhélie *m;* faux soleil.

'sun-dried, *a.* (*a*) (Des)séché au soleil. (*b*) (Fruit) confit au soleil.

'sun-fast, *a.* = SUN-PROOF.

'sun-fish[1], *s. Ich:* Môle *f;* poisson-lune *m, pl.* poissons-lunes.

'sun-fish[2], *v.i. U.S: F:* (*Of horse*) Rouler les épaules (pour désarçonner le cavalier).

'sun-glasses, *s.pl.* Lunettes *f* contre le soleil; conserves *f.*

'sun-glow, *s. Meteor:* Couronne *f* solaire.

'sun-god, *s. Myth:* Dieu *m* soleil.

'sun-hat, *s.* Chapeau *m* à larges bords; (*for men*) panama *m.*

'sun-helmet, *s.* Casque colonial; casque à couvre-nuque.

'sun-kissed, *a.* (Paysage, etc.) ensoleillé, baigné de soleil; (fruit) doré au soleil.

'sun-lamp, *s. Cin: Th:* Grand réflecteur; soleil *m.*

'sun-myth, *s.* Mythe *m* solaire.

'sun-parlour, *s. U.S:* Solarium *m* (de maison particulière).

'sun-pillar, *s. Meteor:* Pilier *m* solaire.

'sun-porch, *s. U.S:* Solarium *m* (de maison particulière).

'sun-print, *s. Phot:* Épreuve *f* par noircissement direct.

'sun-proof, *a. Tex: etc:* (Tissu *m*) inaltérable au soleil.

'sun-ray, *attrib.a. Med:* **Sun-ray treatment,** héliothérapie *f;* traitement *m* solaire.

'sun-rose, *s. Bot:* Hélianthème *m,* tournesol *m.*

'sun-scald, *s. Hort: Arb:* Insolation *f.*

'sun-scalded, *a. Hort: Arb:* Brûlé par le soleil.

'sun-shield, *s.* = SUNSHADE 2.

'sun-sponge, *s. Bot:* Réveille-matin *m inv.*

'sun-spot, *s. Astr:* Tache *f* solaire; tache du soleil; macule *f.*

'sun-up, *s.* Levée *f* du soleil.

'sun-worship, *s.* Culte *m* du soleil.

'sun-worshipper, *s.* Adorateur *m* du soleil.

sun[2], *v.tr.* (**sunned; sunning**) Exposer au soleil; insoler, ensoleiller. **To sun oneself,** prendre le soleil; se chauffer au soleil; s'insoler; *F:* faire le lézard (au soleil); prendre un bain de lézard; lézarder.

sunning, *s.* Ensoleillement *m.*

sunbeam ['sʌnbi:m], *s.* Rayon *m* solaire; rayon de soleil. *F:* **The sunbeams of his countenance,** le rayonnement de son visage.

sunbird ['sʌnbə:rd], *s. Orn:* Souimanga *m,* sucrier *m.*

sunburn[1] ['sʌnbə:rn], *s.* I. Hâle *m. Cream for removing s.,* pommade *f* pour déhâler le teint. 2. *Med:* Coup *m* de soleil.

sunburn[2], *v.i.* (*Of pers.*) Se hâler, se basaner.

sunburned, sunburnt, *a.* Brûlé par le soleil; hâlé, basané; *Lit:* aduste. **To get sunburnt,** se hâler, se basaner.

sunburst ['sʌnbə:rst], *s.* Échappée *f* de soleil.

sundae ['sʌndei], *s.* Glace aux fruits recouverte de crème.

Sunda Isles (the) [ðə'sʌndaailz]. *Pr.n.pl. Geog:* Les îles *f* de la Sonde; l'archipel *m* de la Sonde.

Sunday ['sʌndi], *s.* Dimanche *m.* **On Sunday,** (le) dimanche. **I expect him on Sunday; I expect him this coming Sunday,** je l'attends dimanche. **He comes on Sundays,** il vient le dimanche, *occ.* les dimanches. *He comes every S.,* il vient tous les dimanches. *F:* **When two Sundays come in one week,** la semaine des quatre jeudis. **Sunday calm,** le repos dominical. **Sunday paper,** journal *m* du dimanche. **In one's Sunday clothes, in one's Sunday best,** *F:* **in one's Sunday-go-to-meeting clothes,** dans ses habits du dimanche; sur son trente et un; endimanché; dans ses plus beaux atours; en habit de gala. *See also* LAUGH[2] I, LOW[1] I. 8, MONTH, PALM[1] 2, SCHOOL[1] I.

Sundayfied ['sʌndifaid], *a. F:* (*Of pers., etc.*) Endimanché.

sunder[1] ['sʌndər], *s. Found in the adv. phr. A. & Lit:* **In sunder,** = ASUNDER.

sunder[2]. I. *v.tr.* (*a*) **To sunder sth. from sth.,** séparer, disjoindre, qch. de qch. (*b*) Couper, fendre, (qch.) en deux. 2. *v.i. Lit:* (*a*) Se séparer. (*b*) Se briser.

sundering, *s.* Séparation *f,* disjonction *f.*

sundew ['sʌndju:], *s. Bot:* Drosère *f,* rossolis *m; F:* rosée *f* de soleil; herbe *f* à la rosée; gobe-mouches *m inv.*

sundown ['sʌndaun], *s.* I. (*a*) = SUNSET. (*b*) *U.S:* Le couchant, l'occident *m.* 2. *U.S:* Chapeau *m* à larges bords.

sundowner ['sʌndaunər], *s.* I. (*In Austr.*) Chemineau *m* qui règle sa journée pour arriver à une habitation au soleil couchant. 2. (*In S. Africa*) Consommation prise au coucher du soleil.

sundry ['sʌndri]. I. *a.* Divers. **Sundry expenses,** frais divers. *On s. occasions,* à différentes occasions. *He showed us s. samples,* il nous a exhibé divers échantillons. *S. old women were standing at their cottage doors,* par-ci par-là sur le pas de leur porte se tenaient des bonnes femmes. 2. *s.* (*a*) **All and sundry,** tous sans exception. *To invite all and s.,* inviter tout le monde et son père; convoquer le ban et l'arrière-ban. *All and s. knew him,* il était connu de tous, de tout le monde. *For all and s.,* pour chacun et pour tous. *He informed all and s. that . . .,* il a annoncé à qui voulait l'entendre que. . . . *He told all and s. about it,* il le racontait à tout venant. *I have applied to all and s.,* je me suis adressé aux uns et aux autres, au tiers et au quart. (*b*) *pl.* **Sundries,** (i) articles divers; (ii) frais divers; faux frais.

'sundry-man, 'sundries-man, *s.m. Horticultural sundries-man,* fournisseur d'articles pour l'horticulture.

sunflower ['sʌnflauər], *s. Bot:* Hélianthe annuel; tournesol *m,* soleil *m; F:* herbe *f* au soleil; girasol *m. U.S:* **The Sunflower State,** le Kansas. *See also* SEA-SUNFLOWER.

sung [sʌŋ]. *See* SING[2].

Sungari (the) [ðə'sʌŋgɑri]. *Pr.n. Geog:* Le Soungari.

sunk [sʌŋk]. *See* SINK[2].

sunken ['sʌŋk(ə)n]. I. *See* SINK[2]. 2. *a.* (*a*) (Rocher, etc.) noyé, sous l'eau, submergé, immergé. **Sunken wreck,** épave sous-marine. (*b*) Affaissé, enfoncé. **Sunken cheeks,** joues hâves, creuses, rentrées. *S. eyes,* **yeux caves,** (r)enfoncés, creux, rentrés. (*c*) *S. road,* route encaissée, enterrée. *Artil: Fort:* **Sunken battery,** batterie enterrée.

sunless ['sʌnləs], *a.* Sans soleil.

sunlight ['sʌnlait], *s.* Lumière *f* du soleil; lumière solaire. **In the sunlight,** au (grand) soleil. *Med:* **Sunlight treatment,** héliothérapie *f;* traitement *m* solaire.

sunlit ['sʌnlit], *a.* Éclairé par le soleil; ensoleillé.

sunn [sʌn], *s. Bot:* Crotalaire *f.*

Sunni ['sʌni], **Sunnite** ['sʌnait], *s. Rel:* Sunnite *mf.*

sunniness ['sʌninəs], *s.* I. Situation ensoleillée (d'un endroit, etc.). 2. Gaieté *f* (de caractère); naturel heureux, toujours épanoui; rayonnement *m* (du visage, du sourire).

sunnud ['sʌnʌd], *s.* = SANAD.

sunny ['sʌni], *a.* I. (Journée, etc.) de soleil; (endroit) ensoleillé, *F:* soleilleux; (maison) remplie de soleil; (côté) exposé au soleil. **It is sunny,** il fait du soleil. **The sunny side of a valley,** l'endroit *m* d'une vallée. *F:* **The sunny side of the picture,** le bon côté de l'affaire. **To be on the sunny side of forty,** ne pas avoir encore doublé le cap de la quarantaine. 2. (Visage) radieux, rayonnant, riant; (caractère) heureux.

sunrise ['sʌnra:iz], *s.* Lever *m* du soleil. **At sunrise,** au soleil levant; au lever du soleil. *See also* SUNSET.

sunset ['sʌnset], *s.* Coucher *m* du soleil. **At sunset,** au soleil couchant; au coucher du soleil; à soleil couché. **Between sunset and sunrise,** *F:* entre deux soleils. *F:* **The sunset of life, of an empire,** le déclin de la vie, d'un empire.

sunshade ['sʌnʃeid], *s.* I. Ombrelle *f;* (*large, for tables, etc.*) parasol *m. To hold up one's s.,* s'abriter sous une ombrelle. 2. Parasoleil *m,* pare-soleil *m inv,* cache-lumière *m inv* (de télescope, d'un objectif). *Bellows s.,* pare-soleil à soufflet. 3. *Aut:* Pare-soleil.

sunshine ['sʌnʃain], *s.* I. (Clarté *f,* lumière *f,* du) soleil. **In the sunshine,** au soleil. *In the bright s., in the brilliant s.,* au grand soleil; en plein soleil; au beau soleil. *Woods pleasant in s.,* bois *m* agréables quand il fait du soleil. *The afternoon broke into sunshine,* l'après-midi *m* s'ensoleilla. *F:* **To bask in the sunshine of the court,** être en grande faveur à la cour. **Sunshine friend,** ami des beaux jours. *Meteor:* **Sunshine recorder,** héliographe enregistreur. *Med:* **Sunshine treatment,** traitement *m* solaire; héliothérapie *f.* 2. Bonheur *m,* gaieté *f,* rayonnement *m* (du visage, de la vie, etc.). *Life was all s. for him,* la vie n'avait pour lui que des sourires. *She sheds s. all round her,* elle ensoleille tout autour d'elle. **To take a sunshine view of everything,** voir tout en rose.

sunshiny ['sʌnʃaini], *a. F:* = SUNNY.

sunstone ['sʌnstoun], *s. Miner:* Aventurine (naturelle); pierre *f* de soleil.

sunstroke ['sʌnstrouk], *s. Med:* Insolation *f;* coup *m* de soleil. **To get (a touch of) sunstroke,** attraper un coup de soleil; (*in Fr. colonies*) attraper le coup de bambou.

sunstruck ['sʌnstrʌk], *a. Med:* Frappé d'insolation.

sup[1] [sʌp], *s. Scot:* Petite gorgée; petit coup, *F:* goutte *f* (de liquide). *To take a sup of soup,* prendre une goutte de bouillon. *See also* BITE[1] 3.

sup[2], *v.* (**supped** [sʌpt]; **supping**) I. *v.tr.* (*a*) *Esp. Scot:* Prendre à petites gorgées. *To sup up a bowl of broth,* avaler une assiette de soupe à petites gorgées. (b) *Scot:* = SIP². (c) Donner à souper à (qn). **2.** *v.i.* Souper (*off, on*, de). *I supped with a friend*, j'ai soupé (i) avec un ami, (ii) chez un ami.

super [ˈsjuːpər], *a.* & *s.* **I.** *s. F:* = SUPERNUMERARY. (a) Employé *m* supplémentaire. (b) *Th: Cin:* Figurant, -ante; comparse *mf*, gagiste *mf*; cachet *m*; *P:* tête *f* à l'huile. **2.** *s. F:* = SUPERINTENDENT. **3.** *s. Ap:* = SUPERHIVE. **4.** *a.* = SUPERFICIAL. *Meas:* (*Of foot, yard*) Carré. *Linoleum at six shillings per yard super*, linoléum *m* à six shillings par yard carré. **5.** *a. Com:* = SUPERFINE. **6.** *a. P:* Superbe, magnifique. **Extra super**, tout ce qu'il y a de mieux.

super- [ˈsjuːpər], *pref.* **I.** Super-. *Supercretaceous*, supercrétacé. *Supersecretion*, supersécrétion. *Super-nationalist*, supernationaliste. **2.** Sur-. *Superfusible*, surfusible. *Superoxidize*, suroxyder. *Supernatant*, surnageant. **3.** Sus-. *Superdominant*, sus-dominante. *Supertonic*, sus-tonique. **4.** *Super-comfortable*, plus que confortable. *Super-keen hearing*, ouïe au-dessus de la normale, anormalement sensible. *A super-gate-crasher*, le roi des resquilleurs.

superable [ˈsjuːpərəbl], *a.* Surmontable.

superabound [sjuːpərəˈbaund], *v.i.* Surabonder, redonder (*in, with*, de, en); foisonner (*in, with*, de).

superabundance [sjuːpərəˈbʌndəns], *s.* Surabondance *f*, foisonnement *m*, pléthore *f* (*of*, de). *Year of s.* (*of crops*), année *f* pléthorique.

superabundant [sjuːpərəˈbʌndənt], *a.* Surabondant, pléthorique. *He spent his s. animal spirits in collaborating with* . . ., il dépensait le trop-plein de sa verve en collaborant avec. . . . **-ly**, *adv.* Surabondamment.

superacute [sjuːpərəˈkjuːt], *a.* Suraigu, -uë.

superadd [sjuːpərˈad], *v.tr.* Surajouter; ajouter par surcroît (*to*, à).

superaddition [sjuːpərəˈdiʃ(ə)n], *s.* Suraddition *f*; surcroît *m*.

superaltar [ˈsjuːpərɔːltər], *s. Ecc:* **I.** Rétable *m*, retable *m*. **2.** Table *f* d'autel.

superannuate [sjuːpərˈanjueit]. **I.** *v.tr.* (a) Mettre (qn) à la retraite, en retraite; retraiter (qn); *F:* remiser (qn). (b) *Sch:* Faire retirer de l'école (un élève qui a dépassé l'âge normal de sa classe, qui est en retard). (c) *F:* Mettre au rancart (un vieux chapeau, une vieille auto, etc.). **2.** *v.i.* (a) *Jur:* (*Of power of attorney, etc.*) Périmer, *A:* suranner. (b) (*Of pers.*) Arriver à l'âge de la retraite.

superannuated, *a.* **I.** Suranné; hors d'âge; (*of motor car, etc.*) démodé. **2.** (Mis) en retraite, à la retraite; retraité.

superannuation [sjuːpəranjuˈeiʃ(ə)n], *s.* Retraite *f* par limite d'âge. **Superannuation fund**, caisse *f* des retraites.

super-audible [sjuːpərˈɔːdibl], *a. W.Tel:* (Fréquence *f*) ultra-sonore.

superb [sjuˈpəːrb], *a.* Superbe, magnifique. **-ly**, *adv.* Superbement, magnifiquement.

supercalender¹ [sjuːpərˈkaləndər], *s. Paperm:* Calandre *f* à glacer.

supercalender², *v.tr. Paperm:* Glacer, surglacer (le papier).

supercargo [sjuːpərˈkɑːrgo], *s. Nau:* Subrécargue *m*.

supercharged [sjuːpərˈtʃɑːrdʒd], *a. I.C.E:* (Moteur) suralimenté, surcomprimé, à compresseur.

supercharger [sjuːpərˈtʃɑːrdʒər], *s. I.C.E:* Compresseur *m*; surcompresseur *m*. *Blower-type s.*, surcompresseur à soufflerie.

supercharging [sjuːpərˈtʃɑːrdʒiŋ], *s. I.C.E:* Suralimentation *f*, surcompression *f*.

superciliary [sjuːpərˈsiliəri], *a. Anat:* Sourcilier. **The superciliary arches or ridges**, les arcades sourcilières.

supercilious [sjuːpərˈsiliəs], *a.* Sourcilleux, hautain; (air) pincé, dédaigneux. **-ly**, *adv.* D'un air sourcilleux; avec hauteur. *To treat s.o. s.*, traiter qn de haut en bas, avec une nuance de dédain.

superciliousness [sjuːpərˈsiliəsnəs], *s.* Hauteur *f*; air sourcilleux; air dédaigneux.

supercooled [sjuːpərˈkuːld], *a. Ph:* Surfondu.

supercooling [sjuːpərˈkuːliŋ], *s. Ph:* Surfusion *f*.

superdominant [sjuːpərˈdɔminənt], *s. Mus:* Sus-dominante *f*.

superelevation [sjuːpəreleˈveiʃ(ə)n], *s. Civ.E: Rail: etc:* Surhaussement *m*; surélévation *f*; dévers *m* (de la voie).

supereminence [sjuːpərˈeminəns], *s.* Suréminence *f*, prééminence *f*.

supereminent [sjuːpərˈeminənt], *a.* Suréminent, prééminent (*for*, par).

supererogation [sjuːpəreroˈgeiʃ(ə)n], *s.* Surérogation *f*; *F:* superfétation *f*. *Ecc:* **Works of supererogation**, œuvres *f* de surérogation.

supererogatory [sjuːpəreˈrɔgətəri], *a.* Surérogatoire. *It would be s. to sing his praises*, son éloge *m* n'est plus à faire; *F:* ce serait une superfétation que de faire son éloge.

superexcellence [sjuːpərˈeksələns], *s.* Superexcellence *f*.

superexcellent [sjuːpərˈeksələnt], *a.* Plus qu'excellent; supérieur, excellentissime; d'une excellence rare; (*of goods*) surfin.

superfatted [sjuːpərˈfatid], *a.* (Savon) surgras.

superfatting [sjuːpərˈfatiŋ], *s.* Surgraissage *m* (du savon).

superfetation [sjuːpərfiːˈteiʃ(ə)n], *s.* **I.** *Biol:* Superfétation *f*, superfécondation *f*. **2.** *F:* Superfétation, redondance *f*. *A s. of dust*, une accumulation de poussière, couche sur couche.

superficial [sjuːpərˈfiʃ(ə)l], *a.* Superficiel. **I. Superficial measures**, mesures *f* de superficie. **Superficial foot**, pied carré. **2.** (a) **Superficial wound**, blessure superficielle. *Geol:* **Superficial deposit**, placage *m*. (b) **Superficial learning**, science *f* d'emprunt; vernis *m* de science; teinture *f* de science. **To have a superficial knowledge of sth.**, avoir des connaissances superficielles, une teinture, de qch. *His knowledge is entirely s.*, son savoir est tout en superficie, tout en surface. *S. mind*, esprit superficiel. **-ally**, *adv.* Superficiellement; à la superficie; à la surface.

superficiality [sjuːpərfiʃiˈaliti], *s.* Superficialité *f*.

superficiary [sjuːpərˈfiʃəri]. *Jur:* **I.** *a.* Superficiaire. **2.** *s.* Propriétaire *m* superficiaire.

superficies [sjuːpərˈfiʃiiːz], *s. inv. in pl.* Superficie *f*.

superfine [ˈsjuːpərfain, sjuːpərˈfain], *a.* **I.** Superfin; *Com:* surfin. **2.** *Metalw:* *S. file cut*, taille très douce. **3.** *S. wit, distinctions*, esprit raffiné, distinctions raffinées.

superfluity [sjuːpərˈfluiti], *s.* **I.** Superfluité *f*. *S. of good things*, embarras *m* de richesses. *S. of words*, *F:* superfétation *f* de paroles. **2.** *To have a s. of hands*, avoir un excédent de main-d'œuvre. **To give of one's superfluity**, donner de son superflu. *To take a s. of luggage*, s'encombrer de bagages inutiles.

superfluous [sjuˈpəːrfluəs], *a.* Superflu. *It is s. to say* . . ., il est inutile, superflu, de dire. . . . *S. words do not viciate an act*, ce qui abonde ne vicie pas. *Typ:* **Superfluous sort**, sorte surabondante. *See also* PRIME¹ 7. **-ly**, *adv.* D'une manière superflue; inutilement.

superfluousness [sjuˈpəːrfluəsnəs], *s.* Superfluité *f*.

superfoetation [sjuːpərfiːˈteiʃ(ə)n], *s.* = SUPERFETATION.

superfusible [sjuːpərˈfjuːzibl], *a. Ph:* Surfusible.

superfusion [sjuːpərˈfjuːʒ(ə)n], *s. Ph:* Surfusion *f*.

superheat¹ [ˈsjuːpərhiːt], *s. Mch:* Surchauffe *f*.

superheat² [sjuːpərˈhiːt], *v.tr. Mch:* Surchauffer (la vapeur).

superheated, *a.* (*Of steam*) Surchauffé. **Superheated steam boiler**, chaudière *f* à vapeur surchauffée.

superheating, *s.* Surchauffage *m*, surchauffe *f*.

superheater [sjuːpərˈhiːtər], *s. Mch:* Surchauffeur *m* (de vapeur).

superhet [sjuːpərˈhet], *s. F:* = SUPERHETERODYNE.

superheterodyne [sjuːpərˈhetərodain], *s. W.Tel:* Superhétérodyne *m*; *F:* super *m*.

superhive [ˈsjuːpərhaːiv], *s. Ap:* Hausse *f* (de ruche).

superhuman [sjuːpərˈhjuːmən], *a.* Surhumain.

superimposable [sjuːpərimˈpouzəbl], *a.* Superposable.

superimpose [sjuːpərimˈpoːuz], *v.tr.* Superposer, surimposer. *Cin:* Faire une surimpression (à la prise de vues). **To superimpose sth. on sth.**, superposer qch. à qch.; poser qch. sur qch. *To s. colours*, superposer des couleurs. *The new image is superimposed on the former one*, la nouvelle image se superpose à l'ancienne. *Cin:* **Superimposed title**, titre surimprimé.

superimposition [sjuːpərimpoˈziʃ(ə)n], *s.* (a) Superposition *f* (de couleurs, etc.). (b) Surimpression *f*.

superincumbent [sjuːpərinˈkʌmbənt], *a.* Surincombant; superposé.

superinduce [sjuːpərinˈdjuːs], *v.tr.* **I.** Surajouter (*upon, on, sth.*, à qch.). **2.** Donner (une sensation de bien-être à qn, etc.); amener (une maladie, etc.). **3.** Superposer (une couche de qch. sur qch., etc.).

superintend [sjuːpərinˈtend], *v.tr.* Diriger, surveiller. *To s. the opening of the letters*, présider au dépouillement du courrier. *To s. the work personally*, diriger soi-même les travaux. *To s. an election*, présider au scrutin.

superintendence [sjuːpərinˈtendəns], *s.* (a) Direction *f*, surveillance *f*, contrôle *m*; direction technique (d'une usine); conduite *f* (des travaux). (b) *Mil: Hist:* Surintendance *f*.

superintendent [sjuːpərinˈtendənt], *s.* **I.** (a) Directeur, -trice; surveillant, -ante; chef *m* (des travaux, etc.). *Lady s.*, directrice. (b) *Ind:* **Shop-superintendent**, chasse-avant *m inv*; chef d'atelier. **2.** (a) **Naval superintendent**, préfet *m* maritime. (b) **Police superintendent**, officier *m* de paix. **Railway superintendent**, commissaire *m* des chemins de fer. **3.** *Mil: Hist:* Surintendant *m*.

superintendentship [sjuːpərinˈtendəntʃip], *s.* (a) Direction *f*; surveillance *f*. (b) *Mil: Hist:* Surintendance *f*.

superior [sjuˈpiːəriər]. **I.** *a.* (a) (*Of position, officer, quality, etc.*) Supérieur, -eure. *To be s. in numbers to the enemy*, être supérieur en nombre à l'ennemi; avoir la supériorité du nombre sur l'ennemi. **Overcome by superior numbers**, vaincu par le nombre. **To be superior to one's condition**, être supérieur à sa condition. *My gardener is a s. sort of man*, mon jardinier est d'une classe supérieure. *She wishes to marry a man who shall be s. to her*, elle veut épouser un homme qui lui soit supérieur. *Thanks to your s. wealth*, grâce à la supériorité de vos richesses. **To be superior to flattery**, être au-dessus de la flatterie; être insensible à la flatterie. **To rise superior to temptation**, s'élever au-dessus de la tentation. *Com:* **Superior article**, article *m* riche. (b) (*Of pers., air, etc.*) Sourcilleux, superbe. *With a s. smile*, avec un sourire suffisant, condescendant. *S. air*, air *m* de supériorité. *Isabel, very s., was perched beside the driver*, Isabelle, pénétrée de dignité, était perchée à côté du cocher. (c) *Astr:* **The superior planets**, les planètes supérieures. (d) *Bot:* (Ovaire *m*, etc.) supère. (e) *Typ:* **Superior letter**, lettre supérieure; lettrine *f*. **Superior number**, chiffre supérieur; exposant *m*. **Superior figure**, appel *m* de note. (f) *Geog:* **Lake Superior**, le lac Supérieur. **2.** *s.* (a) Supérieur, -eure. *He is your s.*, il est votre supérieur. *His superiors in rank*, (i) ses supérieurs hiérarchiques; (ii) ses supérieurs (en degré social). **To be s.o.'s superior in courage**, être supérieur en courage à qn. (b) Supérieur, -eure (d'une communauté religieuse). **The Father Superior**, le père supérieur. **The Lady Superior**, la mère abbesse. *See also* MOTHER¹ 3. **-ly**, *adv.* **I.** *Bot: etc:* **Superiorly placed**, placé plus haut, au-dessus; supère. **2.** D'une manière supérieure. *S. armed*, mieux armé. **3.** D'un air suffisant; d'un air de condescendance; avec un air de supériorité.

superioress [sjuˈpiːəriəres], *s.f. Ecc:* Supérieure; mère supérieure.

superiority [sjupiːəriˈɔriti], *s.* Supériorité *f*. *S. in talent*, supériorité de talent.

superiorship [sjuˈpiːəriərʃip], *s. Ecc:* Supériorité *f* (d'un couvent); charge *f* de supérieur, de supérieure.

superjacent [sjuːpərˈdʒeis(ə)nt], *a. Geol:* Surjacent.

superlative [sjuˈpəːrlətiv]. **I.** *a.* Suprême; d'une excellence suprême; *F:* superlatif, superlifique. **2.** *a.* & *s. Gram:* Superlatif (*m*). **Adjective in the superlative**, adjectif *m* au superlatif. **Absolute superlative, relative superlative**, superlatif absolu, relatif. *F:* **To speak in superlatives**, se répandre en éloges dithyrambiques.

-ly, *adv. F:* Superlativement; au suprême degré; au superlatif. *S. ugly,* d'une laideur sans pareille.
superlunary [sjuːpər'luːnəri], *a.* Surlunaire; supramondain.
superman, *pl.* **-men** ['sjuːpərman, -men], *s.m.* Surhomme.
supermundane [sjuːpər'mʌndein], *a.* = SUPRAMUNDANE.
supernaculum [sjuːpər'nakjuləm]. **1.** *adv.* To drink **supernaculum,** faire rubis sur l'ongle. **2.** *s.* (*a*) Vin *m* de choix. (*b*) Rasade *f.*
supernal [sju'pəːrn(ə)l], *a.* **1.** Céleste. **2.** D'une excellence suprême, divine.
supernatant [sjuːpər'neitənt], *a.* Surnageant.
supernatural [sjuːpər'natjurəl], *a.* Surnaturel. *s.* **The supernatural,** le surnaturel. **-ally,** *adv.* Surnaturellement.
supernaturalism [sjuːpər'natjurəlizm], *s.* **1.** *Rel:* Surnaturalisme *m.* **2.** *Phil:* Supernaturalisme *m.*
supernaturality [sjuːpərnatju'raliti], **supernaturalness** [sjuːpər'natjurəlnəs], *s.* Surnaturalité *f*; caractère surnaturel (d'une apparition, etc.).
supernormal [sjuːpər'nɔːrm(ə)l], *a.* Au-dessus de la normale; extraordinaire.
supernumerary [sjuːpər'njuːmərəri]. **1.** *a.* Surnuméraire; en surnombre. *Mil:* **Supernumerary officer,** officier *m* à la suite. **2.** *s.* (*a*) Surnuméraire *m.* (*b*) *Th:* Figurant, -ante. *See* SUPER 1 (*b*).
superoxidize [sjuːpər'ɔksidaːiz], *v.tr.* Suroxyder.
superoxygenate [sjuːpər'ɔksidʒeneit], *v.tr.* Suroxygéner.
superpanchromatic ['sjuːpərpankro'matik], *a.* *Phot:* Superpanchromatique.
superphosphate [sjuːpər'fɔsfeit], *s.* *Ch:* *Agr:* Superphosphate *m.*
superposable [sjuːpər'pouzəbl], *a.* Superposable.
superpose [sjuːpər'poːuz], *v.tr.* Superposer (*upon, on,* à); étager (des planchettes, etc.). *Geom:* **To superpose two triangles,** superposer deux triangles.
superposed, *a.* Superposé; posé en dessus; posés l'un sur l'autre ou l'un au-dessus de l'autre. *Aut: etc:* **Superposed springs,** ressorts étagés.
superposition [sjuːpərpo'ziʃ(ə)n], *s.* Superposition *f*; application *f* (*of sth. on sth.,* de qch. sur qch.).
super-regenerative [sjuːpərri'dʒenərətiv], *a.* *W.Tel:* **Super-regenerative receiver,** superrégénérateur *m.*
supersalt ['sjuːpərsɔlt], *s.* *Ch:* Sursel *m.*
supersaturate [sjuːpər'satjureit], *v.tr.* Sursaturer.
supersaturated, *a.* Sursaturé.
supersaturation [sjuːpərsatju'reiʃ(ə)n], *s.* Sursaturation *f.*
superscribe [sjuːpər'skraib], *v.tr.* **1.** Marquer (qch.) d'une inscription, d'une suscription; écrire sur (qch.). *A packet superscribed 'Glass, with care,'* un colis portant la mention "Fragile." **2.** (*a*) Écrire son nom en tête (d'un document). (*b*) Mettre l'adresse sur (une lettre).
superscription [sjuːpər'skripʃ(ə)n], *s.* (*On stone, coin*) Inscription *f*; (*on coin*) légende *f*; (*on letter*) adresse *f,* suscription *f*; (*on document, etc.*) en-tête *m, pl.* en-têtes.
supersede [sjuːpər'siːd], *v.tr.* (*a*) Remplacer. *To s. an old machine* (*by a new one*), remplacer une vieille machine par une nouvelle. *This catalogue supersedes previous issues,* ce catalogue annule les précédents. **To supersede an official,** remplacer un employé; relever un employé de ses fonctions. *To s. an officer, F:* démonter un officier. *To s. a system, F:* détrôner un système. *Method now superseded,* méthode périmée. (*b*) Prendre la place de (qn); supplanter (qn). *To be superseded by s.o.,* être évincé par qn.
supersedeas [sjuːpər'siːdias], *s.* *Jur:* (**Writ of**) **supersedeas,** acte suspensif d'instance; sursis *m.*
supersedure [sjuːpər'siːdjər], *s.* = SUPERSESSION.
supersensible [sjuːpər'sensibl], *a.* *Phil:* Suprasensible.
supersensitive [sjuːpər'sensitiv], *a.* Hypersensible; d'une sensitivité anormale.
supersession [sjuːpər'seʃ(ə)n], *s.* **1.** Remplacement *m* (d'un employé, d'une règle, du gaz par l'électricité, etc.); annulation *f* (d'un catalogue, etc.). **2.** Évincement *m* (d'un collègue, etc.).
supersonic [sjuːpər'sɔnik], *a.* *Ph:* *W.Tel: etc:* Ultra-sonore.
super-speed [sjuːpər'spiːd], *s.* & *attrib.a.* *Cin:* **Super-speed camera,** appareil *m* grande vitesse *inv.* *S.-s. shooting,* prise *f* de vues à haute fréquence.
super-sports car [sjuːpər'spoːrtskaːr], *s.* *Aut:* Voiture *f* grand sport.
super-stage [sjuːpər'steːidʒ], *s.* Surplatine *f* (de microscope).
superstition [sjuːpər'stiʃ(ə)n], *s.* Superstition *f.*
superstitious [sjuːpər'stiʃəs], *a.* Superstitieux. *To pretend not to be s.,* faire l'esprit fort. **-ly,** *adv.* Superstitieusement.
superstratum, *pl.* **-a** [sjuːpər'streitəm, -*a*], *s.* *Geol:* Couche supérieure.
superstructure ['sjuːpərstrʌktjər], *s.* **1.** (*a*) *Civ.E:* *Const:* Superstructure *f.* (*b*) Tablier *m* (d'un pont). **2.** *N.Arch:* (*a*) Superstructure, accastillage *m.* (*b*) (*Deck-house*) Rouf *m,* roufle *m.*
supersubtle ['sjuːpərsʌtl], *a.* D'une subtilité excessive.
super-tax ['sjuːpərtaks], *s.* *Adm:* Impôt *m* supplémentaire sur le revenu (à partir d'un certain chiffre); surtaxe *f.*
superterrestrial [sjuːpərte'restriəl], *a.* **1.** Supramondain, céleste. **2.** Situé à la surface de la terre (et non souterrain).
supertonic [sjuːpər'tɔnik], *s.* *Mus:* Sous-médiante *f*; sus-tonique *f.*
supervene [sjuːpər'viːn], *v.i.* Survenir. *Should death s. . . .,* si la mort survient. . . . *Lockjaw supervened* (*up*)*on the wound,* le tétanos se déclara à la suite de la blessure.
supervening[1], *a.* Survenant.
supervening[2], *s.* Survenance *f,* survenue *f.*
supervention [sjuːpər'venʃ(ə)n], *s.* Survenance *f,* survenue *f.*
supervise ['sjuːpərvaːiz], *v.tr.* **1.** Avoir l'œil sur, surveiller (une entreprise, etc.). **2.** Diriger, conduire (une entreprise).
supervision [sjuːpər'viʒ(ə)n], *s.* **1.** Surveillance *f.* **To be under police supervision,** être sous la surveillance de la police. **To keep s.o. under strict supervision,** exercer une surveillance sévère sur la conduite de qn; surveiller qn de très près. **2.** Direction *f* (d'une entreprise).
supervisor ['sjuːpərvaizər], *s.* **1.** Surveillant, -ante; directeur, -trice. *To act as s.* (*on playground, in factory, etc.*), exercer la surveillance. **2.** *U.S:* Membre *m* du conseil d'administration (d'une commune). **Chief supervisor,** président du conseil.
supervisorship ['sjuːpərvaizərʃip], *s.* Direction *f*; charge *f* de surveillant.
supervisory [sjuːpər'vaizəri], *a.* (Comité *m,* etc.) de surveillance. *El.E:* **Supervisory lamp,** lampe *f* de contrôle.
supinate ['sjuːpineit], *v.tr.* Tourner (la main) la paume en avant ou en dessus; tourner (la jambe) en dehors.
supination [sjuːpi'neiʃ(ə)n], *s.* *Physiol:* Supination *f.*
supinator ['sjuːpineitər], *a.* & *s.* *Anat:* Supinateur (*m*).
supine[1] ['sjuːpain], *a.* **1.** (*Of pers.*) Couché, étendu, sur le dos. *Med: Physiol:* (*Of pers., limb, etc.*) En supination. **Supine position,** décubitus dorsal. **2.** *F:* (*Of pers., life, etc.*) Mou, *f.* molle; indolent, inerte, nonchalant. **-ly,** *adv.* **1.** (Couché) sur le dos. **2.** Indolemment, avec indolence; mollement; nonchalamment, avec nonchalance.
supine[2], *s.* *Lt.Gram:* Supin *m.* **First supine,** supin actif. **Second supine,** supin passif. **In the supine,** au supin.
supineness [sju'painnəs], *s.* Mollesse *f,* indolence *f,* inertie *f.*
supper ['sʌpər], *s.* Souper *m.* **To have supper,** souper. *To make one's s. of a salad,* souper d'une salade, *F:* avec une salade. **The Last Supper,** la (Sainte) Cène. *Ecc:* **The Lord's Supper,** la communion, la cène, l'eucharistie *f.* *See also* CLUB[1] 3.
'supper-dance, *s.* **1.** Danse *f* qui précède le souper. **2.** Souper dansant.
'supper-eater, *s.* Soupeur, -euse.
'supper-party, *s.* **1.** Souper *m* par invitation; souper privé. *To have a s.-p.,* avoir du monde à souper. **2.** Les convives *m.*
'supper-time, *s.* Heure *f* du souper.
supperless ['sʌpərləs], *a.* Qui n'a pas soupé. *To go to bed s.,* se coucher sans souper.
supplant [sʌ'plɑːnt], *v.tr.* Supplanter; prendre la place de (qn); remplacer (qn, qch.); évincer (qn); *F:* dégotter, dégommer (qn).
supplanting, *s.* = SUPPLANTATION.
supplantation [sʌplɑːn'teiʃ(ə)n], *s.* Supplantation *f,* supplantement *m,* évincement *m.*
supplanter [sʌ'plɑːntər], *s.* Supplantateur, -trice; supplanteur, -euse.
supple[1] [sʌpl], *a.* Souple. **1.** Liant, pliable, flexible; (cordage *m*) maniable. *S. figure,* taille souple, déliée, libre. **To make sth. supple,** assouplir qch. *To make s.o.'s limbs more s.,* dénouer les membres à qn. **To become supple, s'assouplir.** **2.** Obséquieux, complaisant, souple. **-ply,** *adv.* Souplement; avec souplesse.
'supple-jack, *s.* **1.** (*a*) *Bot:* Paullinie *f*; liane *f* à scie. (*b*) Canne *f* souple; jonc *m.* **2.** *Toys:* *U.S:* Pantin *m.* *F: Political s.-j.,* pantin politique.
supple-'limbed, *a.* Aux membres souples.
supple-'minded, *a.* A l'esprit souple; complaisant.
supple[2], *v.tr.* **1.** Assouplir (un membre, l'esprit, un cheval, etc.); dresser (un cheval). **2.** *Leath:* Meurtrir, corroyer (le cuir).
suppling[1], *a.* Assouplissant.
suppling[2], *s.* Assouplissement *m.*
supplely ['sʌplli], *adv.* = SUPPLY[3].
supplement[1] ['sʌplimənt], *s.* Supplément *m*; appendice *m,* annexe *f* (d'un livre, etc.). *Jur:* (*Scot.*) **Oath in supplement,** serment *m* supplétoire. *Geom:* **Supplement of an angle,** supplément d'un angle. *Journ:* **Literary supplement,** supplément littéraire.
supplement[2] [sʌpli'ment], *v.tr.* Ajouter un supplément à (un livre, etc.). **To supplement one's income by journalism,** augmenter ses revenus en faisant du journalisme. *To s. a sketchy menu with cheese,* compléter avec du fromage un repas sommaire.
supplemental [sʌpli'ment(ə)l], *a.* **1.** *Geom:* (Angle *m,* corde *f*) supplémentaire (*to, of,* de). *Angle s. to another,* angle supplément d'un autre. **2.** *Physiol:* **Supplemental air,** air résiduel (des poumons).
supplementary [sʌpli'mentəri], *a.* Supplémentaire (*to,* de); additionnel (*to,* à). *Book-k:* **Supplementary entry,** écriture *f* complémentaire. *Cin:* **Supplementary film,** hors-programme *m inv.*
-ily, *adv.* (Ajouté, etc.) comme supplément, en complément.
suppleness ['sʌplnəs], *s.* **1.** Souplesse *f,* flexibilité *f.* **2.** Complaisance *f,* obséquiosité *f.*
suppletory ['sʌplitəri], *a.* (*a*) *Jur:* (Serment *m*) supplétoire (*b*) *Gram:* (Mot) supplétif.
suppliant ['sʌpliənt]. **1.** *a.* Suppliant; de supplication. **2.** *s.* Suppliant, -ante. *Gr.Lit:* **The Suppliants,** les Suppliantes (d'Eschyle). **-ly,** *adv.* D'une manière suppliante; en suppliant; en signe de supplication.
supplicant ['sʌplikənt], *s.* Suppliant, -ante.
supplicate ['sʌplikeit]. **1.** *v.i.* Supplier; prier avec instance. **2.** *v.tr.* (*a*) **To supplicate s.o. for sth.,** supplier qn pour obtenir qch. **To supplicate s.o. to do sth.,** supplier qn de faire qch. (*b*) *To s. protection,* solliciter humblement la protection de qn.
supplicating, *a.* Suppliant. **-ly,** *adv.* D'un air suppliant; d'un ton suppliant.
supplication [sʌpli'keiʃ(ə)n], *s.* **1.** Supplication *f.* **2.** Supplique *f.*
supplicatory ['sʌplikətəri], *a.* (Prière *f,* etc.) supplicatoire, de supplication.
supplier [sʌ'plaiər], *s.* Fournisseur, -euse; pourvoyeur, -euse (*of,* de); approvisionneur, -euse (*of,* en, de).
supply[1] [sʌ'plai], *s.* **1.** (*a*) Approvisionnement *m,* fourniture *f.* *S. of a town with food,* alimentation *f* d'une ville. *To make, sign, a contract for the s. of provisions,* passer un marché pour la fourni-

ture des vivres. *Mil: etc:* **Food supply,** approvisionnement. *Mil: S. of the army with food,* ravitaillement *m* de l'armée. **Ammunition supply,** ravitaillement en munitions. **Supply column,** convoi administratif; convoi de ravitaillement; *Artil:* échelon *m*. *Artil:* **Supply number,** pourvoyeur *m* (de la pièce). *Navy:* **Supply ship,** (transport) ravitailleur *m*. **Districts of supply** *of an industrial area,* greniers *m* d'un centre industriel. *Ind:* **Power supply,** cession *f* de force motrice. *El.E:* **Electric supply service,** service *m* de courant; alimentation électrique. **Supply pressure,** tension *f* de distribution, de consommation, d'utilisation. *See also* WATER[1] 1. (*b*) *Parl:* **Bill of Supply,** projet *m* de crédit supplémentaire. **Committee of Supply,** commission *f* du budget. *Monthly s. vote,* les douzièmes *m* provisoires. **To vote supplies,** voter des crédits *m*. (*c*) Occupation *f* (d'une place) par intérim; suppléance *f*. *To hold a post* **on supply,** occuper une place par intérim. **2.** (*a*) Provision *f*. **To take in, lay in, a supply of sth.,** se faire une provision, s'approvisionner, faire un approvisionnement, de qch. *A good s. of literature,* une bonne provision de littérature. *Inexhaustible s.,* provision inépuisable (de vin, etc.); fonds *m* inépuisable (d'argent, etc.). **Fresh supply,** renfort *m* (de troupes, etc.). *To get (in) a fresh s. of sth.,* se remonter de qch. *I must get a new s. of cigarettes,* il faut que je me réassortisse en cigarettes. *To fix a dress with a copious s. of pins, F:* ajuster une robe à grand renfort d'épingles. *Pol.Ec:* **Supply and demand,** l'offre *f* et la demande. *These colonies hold potential supplies of excellent soldiers,* ces colonies *f* sont des réservoirs d'excellents soldats. (*b*) *pl.* **Supplies.** (i) Fournitures (de photographie, etc.). *Typewriting supplies,* accessoires *m* de machines à écrire. *Supplies of money,* fonds *m*, ressources *f*. (ii) **Supplies of an army, of a town,** approvisionnements d'une armée, d'une ville. **Food supplies,** vivres *m*. *Military supplies,* subsistances *f* militaires. *To obtain, get, one's supplies from X,* s'approvisionner chez X; se fournir chez X. *To furnish s.o. with supplies,* approvisionner qn. **To cut off, stop, the enemy's supplies, a prodigal's supplies,** couper les vivres à l'ennemi, à un enfant prodigue. *See also* ORDNANCE 2. (*c*) Prêtre *m*, professeur *m*, etc., qui occupe une place par intérim; suppléant, -ante; *F:* intérim *m*. **To arrange for a supply, se faire suppléer.**

su'pply-circuit, *s.* *El.E:* **The local supply-circuit,** le secteur.

su'pply-main, -pipe, *s.* *Hyd.E:* Canalisation *f*; tuyau *m* d'alimentation; conduite *f* d'amenée; adducteur *m* hydraulique.

supply[2], *v.tr.* **(supplied) 1.** (*a*) **To supply s.o. with sth.,** fournir, pourvoir, munir, approvisionner, qn de qch. *To s. oneself with coal from abroad,* s'approvisionner en charbons étrangers. *To s. s.o. with food,* alimenter qn. **To supply an army, a town** (*with provisions*), approvisionner, ravitailler, amunitionner, une armée, une ville. *Well supplied town,* ville de ressource(s). *The tradesmen who s. us,* nos fournisseurs *m*. (*Of tradesmen*) *We s. him,* il se fournit chez nous. *Com:* **Families supplied daily,** livraisons *f* à domicile tous les jours; nous prenons les commandes et livrons à domicile tous les jours. *Region supplied by an electricity company,* région desservie par une compagnie d'électricité. *To s. a machine* (*with material, etc.*), alimenter une machine. *River that supplies a mill,* rivière *f* qui alimente un moulin. **The arteries that supply the arms** (*with blood*), les artères *f* qui amènent le sang aux bras. (*b*) **To supply sth.,** fournir, apporter, qch.; amener (l'eau, le gaz, etc.). *To s. proofs,* fournir des preuves. *To s. the news for the communiqués,* alimenter les communiqués. **2.** (*a*) Réparer (une omission); remplir (une vacance); combler, pourvoir à (un déficit); répondre à (un besoin). *To s. a defect in manufacture,* corriger un défaut de fabrication; remédier à une imperfection. **To supply s.o.'s needs,** fournir, pourvoir, subvenir, aux besoins de qn. *To s. the deficiency of sth.,* suppléer à qch. (*b*) **To supply s.o.'s place, a pulpit,** occuper la place de qn, une chaire, par intérim; remplacer, suppléer, qn. *Abs.* **To supply for s.o.,** faire une suppléance; assurer l'intérim.

supplying, *s.* **1.** Fourniture *f*. *S. with provisions,* approvisionnement *m*, ravitaillement *m*; *Mil:* amunitionnement *m*. *S. of a machine* (*with water, etc.*), alimentation *f* d'une machine. **2.** Réparation *f* (d'une omission); comblement *m* (d'une lacune); occupation *f* (d'une place) par intérim.

supply[3] ['sʌpli], *adv.* *See* SUPPLE[1].

support[1] [sʌ'pɔːrt], *s.* **1.** (*a*) Appui *m*, soutien *m*. **Moral support,** appui moral; soutien moral. *To solicit s.o.'s s.,* solliciter l'appui, l'aide, de qn. **To give support to the proposal,** venir à l'appui de, appuyer, la proposition. *To give s.o. effectual s.,* fournir, prêter, à qn un appui efficace. **To get, obtain, no support,** ne trouver aucun appui. *To receive the sympathy and s. of all,* rallier la sympathie active de tous. **In support,** en renfort; à l'appui. *To produce documents* **in support of** *an allegation,* produire des pièces à l'appui d'une allégation, pour soutenir, appuyer, étayer, une allégation; *Jur:* fournir les pièces au soutien. **Troops in support,** troupes *f* de soutien; troupes en renfort. *To go in s. of a battalion, of a ship,* se porter au secours d'un bataillon, d'un vaisseau; aller soutenir un bataillon, un vaisseau. *Mil:* **Support line, support trench,** ligne *f*, tranchée *f*, de soutien. (*b*) Soutènement *m* (d'une voûte, etc.). (*c*) *Insufficient air for the s. of life,* air insuffisant pour entretenir la vie. *Family dependent upon a son for s.,* famille *f* qui n'a qu'un fils pour la faire vivre. **To be without means of support,** être sans ressources. *Jur:* **Found without visible means of support,** trouvé sans moyens d'existence connus. **2.** (*a*) Soutien. **The sole support of his old age,** son seul soutien dans sa vieillesse. *To find a sure s. in religion,* trouver un réconfort certain dans la religion. (*b*) Appui, support *m*, soutien (d'une voûte, etc.); pied *m* (de sustentation); console *f*, soupente *f* (de treuil, de poulie); assiette *f* (de pied de colonne, etc.); potence *f*; *Mec.E: Mch:* chaise *f*. *Hort:* Tuteur *m*. **Bell-support,** porte-timbre *m inv.* *Aer:* **Wire car-supports,** balancines *f*. *See also* ARCH-SUPPORT, SPIDER-SUPPORT, THREE-POINT, WING-SUPPORT.

support[2], *v.tr.* **1.** (*a*) Supporter, soutenir, appuyer, maintenir, buter (une voûte, etc.). *Hort:* Tuteurer (un arbuste, etc.). *Gallery supported by pillars,* galerie appuyée sur des colonnes. *I supported him with my arm,* je lui ai prêté l'appui de mon bras. *I supported him by the arm,* je lui ai pris le bras. *I had to be supported home,* il me fallut m'appuyer sur qn pour rentrer chez moi. (*b*) *Mec.E:* Supporter, résister à (un effort, une charge, etc.). **2.** Appuyer (qn, une pétition, etc.); soutenir, corroborer (une théorie); seconder les efforts de (qn); patronner (qn, un bal de charité); faire une donation à (une œuvre de charité, etc.). *Accusation supported by proofs,* accusation *f* avec preuves à l'appui. *Proofs that s. a case,* preuves *f* à l'appui d'une cause. *Example that supports the reading,* exemple *m* qui sanctionne la leçon. *Theory supported by experience, by facts,* théorie affirmée par l'expérience, appuyée sur les faits, corroborée par les faits. *Discovery that supports my suspicions,* découverte *f* à l'appui de mes soupçons, qui corrobore mes soupçons. *Parl: etc:* **To support the motion,** soutenir la motion. *To s. a statement with the authority of . . .,* appuyer, étayer, une affirmation sur l'autorité de. . . . *He supported my statement,* il est venu à l'appui de mon dire. *To be supported by s.o.* (*in a proposal, etc.*), être secondé par qn. *To be supported by all,* avoir l'assentiment de tous. *The mayor, supported by the clergy and the officers of the garrison . . .,* le maire, entouré du clergé et des officiers de la garnison. . . . *Supported by hope,* soutenu par l'espoir. *Voice supported by the piano,* voix soutenue par le piano. *Th:* **To support the leading actor,** donner la réplique au premier rôle; avoir le second rôle. **3.** Entretenir (la vie, la combustion, etc.). **To support a family,** subvenir aux besoins d'une famille; faire vivre, faire subsister, une famille. *To have a wife and three children to s.,* avoir une femme et trois enfants à nourrir. *Hospital supported by voluntary contributions,* hôpital entretenu par souscriptions volontaires. **To support oneself,** se suffire (à soi-même); gagner sa vie. **4.** Supporter, tolérer, endurer (une injure, etc.). **5.** (*a*) Soutenir (un rôle, un caractère). (*b*) *We must s. the good name of the school,* il faut maintenir, soutenir, la réputation de l'école.

supporting[1], *a.* (Mur *m*, point *m*) d'appui, de soutènement. **Supporting pillar,** pilier *m* de soutènement. **Supporting beam** *of a winch,* soupente *f* d'un treuil. **Supporting base,** base *f* de sustentation. *Th:* **The supporting cast,** la troupe qui seconde les premiers rôles. *See also* SELF-SUPPORTING.

supporting[2], *s.* *Const: etc:* Soutènement *m*, soutien *m*, appui *m*.

supportable [sʌ'pɔːrtəbl], *a.* **1.** Supportable, tolérable. **2.** (*Of theory, etc.*) Soutenable. **-ably,** *adv.* Tolérablement.

supporter [sʌ'pɔːrtər], *s.* **1.** (*Device*) Soutien *m*, support *m*. *See also* BUST-SUPPORTER. **2.** (*Pers.*) Défenseur *m*, tenant, -ante, souteneur, -euse (d'une opinion); adhérent, -ente (d'une cause); partisan, -ane (d'un homme politique, d'une coutume). *Sp:* Supporter *m* (d'une équipe, etc.). **3.** *Her:* Support, tenant (de l'écu).

supposable [sʌ'pouzəbl], *a.* Supposable.

supposal [sʌ'pouz(ə)l], *s.* *A:* = SUPPOSITION.

suppose[1] [sʌ'pouz], *s.* *F: Iron:* Supposition *f*. *That's another s. of yours,* voilà encore une de vos suppositions, une de vos idées en l'air.

suppose[2], *v.tr.* Supposer. (*a*) Admettre par hypothèse. **Suppose yourself in my place,** mettez-vous à ma place (, que feriez-vous, etc.). *Let us s. the two things equal,* supposons les deux choses égales. **Suppose ABC an equilateral triangle,** soit ABC un triangle équilatéral. **Let us suppose that you are right, suppose you are right, supposing (that) you are right,** supposons, supposé, que vous ayez raison; mettons que vous ayez raison; en supposant, à supposer, que vous ayez raison; dans la supposition que vous ayez raison; en admettant que vous ayez raison. *Supposing that is the case,* posons que cela soit ainsi; admettons que cela soit le cas. *Supposing, suppose, he came back,* si par supposition il revenait. *Yes, but suppose I were to die,* oui, mais si je venais à mourir. *Well, supposing I did?* eh bien! et puis après? *Suppose it is so,* en admettant que cela soit, qu'il en soit ainsi. *Suppose he be guilty,* à supposer qu'il soit coupable. *F:* **Suppose we change the subject,** si nous changions de sujet. (*b*) (*Postulate*) *The creation supposes the creator,* la création suppose le créateur. *That supposes the ultimate perfectibility of man,* cela présuppose l'ultime perfectibilité humaine. (*c*) S'imaginer; croire, penser, supposer. *I s. you will do it; you will do it,* **I suppose,** je suppose que vous le ferez. *I don't s. he will do it,* je ne suppose pas qu'il le fasse; il est peu probable qu'il le fasse. **I do not for a moment suppose** *that I shall get the prize,* je n'ai pas la prétention de remporter le prix. *Will you go?*—**I suppose so,** irez-vous?—Probablement; sans doute. *Is she beautiful?—I s. so,* est-ce qu'elle est belle?—Sans doute; il faut le croire. *I should scarcely have supposed so,* je ne m'en serais guère douté. *You can't s. that he isn't annoyed,* il est impossible de se figurer qu'il ne soit pas fâché. *I declined,* **as you may suppose,** comme bien vous pensez, j'ai refusé. *You may well s. I refused,* vous pensez bien que j'ai refusé. *You are playing a game, I should s.,* vous jouez à quelque jeu, j'imagine. **I may do what I like, I suppose!** j'ai le droit de faire ce que je veux, peut-être! *F: I don't s. I have ridden in a bus for two years,* autant que je sache, voilà deux ans que je n'ai pris l'autobus. *I don't s. you know me,* vous ne me reconnaissez pas sans doute. **He is supposed to be wealthy,** on le suppose riche; on suppose qu'il est riche; il est censé être riche. *Country where fairies are supposed to dwell,* pays *m* où les fées sont supposées demeurer. *It is supposed to be authentic,* cela passe pour authentique. *The sum that is supposed to be due to him,* la somme qu'on suppose lui être due, qui est censée lui être due. (*d*) **To be supposed to do sth.,** être censé faire qch. *If only I had half of what I am supposed to be worth!* si j'avais seulement la moitié de la fortune que l'on me prête! *He is supposed to be the master,* il est censément le maître. **I am not supposed to do it,** (i) je ne suis pas censé le faire; ce n'est pas à moi de le faire; (ii) je suis censé ne pas le faire.

supposed, *a.* Supposé, prétendu ; soi-disant. *The s. culprit,* le présumé coupable.
supposedly [sʌ'pouzidli], *adv.* Censément ; par supposition. *He went away, s. to fetch help,* il est parti soi-disant pour chercher de l'aide.
supposition [sʌpo'ziʃ(ə)n], *s.* Supposition *f,* hypothèse *f.* (*a*) *Unfounded s.,* supposition gratuite. *Why should I make such a s.?* pourquoi irais-je supposer cela ? **On the supposition that . . .,** supposé que + *sub.* (*b*) **On supposition,** par supposition, par conjecture. *I am preparing on the s. that you will come,* je fais mes préparatifs dans l'hypothèse que vous viendrez.
suppositional [sʌpo'ziʃən(ə)l], *a.* Hypothétique ; supposé, imaginaire.
supposititious [sʌpɔzi'tiʃəs], *a.* **1.** Faux, *f.* fausse. *S. name,* nom supposé ; faux nom. **2.** *Jur:* (Enfant) supposé, substitué. *S. will,* testament supposé. **-ly,** *adv.* Par supposition ; faussement ; par substitution.
suppositive [sʌ'pɔzitiv], *a.* **1.** = SUPPOSITIONAL. **2.** *Gram:* Suppositif.
suppository [sʌ'pɔzitəri], *s. Pharm:* Suppositoire *m.*
suppositum, *pl.* **-a** [sʌ'pɔzitəm, -a], *s. Log: Phil:* Suppôt *m.*
suppress [sʌ'pres], *v.tr.* **1.** (*a*) Réprimer (une révolte, etc.). (*b*) Supprimer (un journal, une association, etc.) ; faire disparaître (un abus, etc.) ; supprimer, retrancher, *F:* caviarder (un article de journal, etc.). *To s. a publication,* supprimer, interdire, une publication. *To s. s.o.'s pension,* supprimer, rayer, la pension de qn. **2.** Étouffer (la toux, un scandale) ; étouffer, ravaler (un sanglot) ; réprimer, refouler (ses sentiments) ; dominer (une émotion) ; faire taire (sa conscience, un interrupteur, etc.). *To s. one's feelings,* se contenir. **3.** Cacher, dissimuler (qch.) ; passer (qch.) sous silence ; ne pas révéler (un fait) ; taire, ne pas donner (un nom). *Jur:* Supprimer (un fait, une circonstance).
suppressed, *a.* **1.** Réprimé ; supprimé. **2.** Étouffé, réprimé. *S. anger,* colère réprimée, rentrée, refoulée. *S. excitement,* agitation contenue. *S. voice,* voix étouffée. *In a s. voice,* en baissant la voix. *For:* **Suppressed undergrowth,** sous-bois étouffé. **3.** *Bot:* (Organe *m*) qui manque, qui fait défaut.
suppressing, *s.* = SUPPRESSION.
suppressible [sʌ'presibl], *a.* **1.** Supprimable. **2.** Réprimable. **3.** Que l'on peut passer sous silence.
suppression [sʌ'preʃ(ə)n], *s.* **1.** Répression *f* (d'une émeute, d'un abus, etc.) ; suppression *f* (d'un livre, etc.). **2.** (*a*) Étouffement *m* (d'un scandale) ; refoulement *m* (des émotions). (*b*) *Med:* Suppression (de transpiration, d'urine). (*c*) *For:* Étouffement (du sous-bois). **3.** Suppression (d'une circonstance, etc.) ; dissimulation *f* (de la vérité).
suppressio veri [sʌ'presio'viːərai]. *Lt.s.phr. Jur:* Dissimulation *f* de la vérité.
suppressive [sʌ'presiv], *a.* Suppressif, répressif. *S. measures,* mesures *f* de répression.
suppressor [sʌ'presər], *s.* **1.** (*a*) Étouffeur *m* (d'une émeute, etc.). *He was the s. of the revolt,* c'est lui qui a réprimé la révolte. (*b*) Dissimulateur *m* (d'un fait). **2.** *W.Tel:* **Inter-station noise suppressor,** (dispositif *m* d')accord silencieux.
suppurate ['sʌpjureit], *v.i.* (*Of wound, sore*) Suppurer.
suppurating, *a.* (Abcès, etc.) suppurant.
suppuration [sʌpju'reiʃ(ə)n], *s.* Suppuration *f.*
suppurative ['sʌpjurətiv], *a.* & *s. Med:* Suppuratif (*m*).
supra- ['sjuːprə], *pref.* **1.** Supra-. *Supralapsarian,* supralapsaire. *Suprathoracic,* suprathoracique. **2.** Sus-. *Supraclavicular,* sus-claviculaire. *Supramaxillary,* sus-maxillaire. *Supraspinal,* sus-épineux. **3.** Sur-. *Supracostal,* surcostal.
supra-axillary [sjuːpraak'siləri], *a. Bot:* Supra-axillaire.
supracostal [sjuːprə'kɔst(ə)l], *a. Anat:* Surcostal, -aux.
supracretaceous [sjuːprakre'teiʃəs], *a. Geol:* Supracrétacé.
suprahepatic [sjuːprahe'patik], *a. Anat:* (Veine *f*) sus-hépatique.
supraliminal [sjuːprə'limin(ə)l], *a. Psy:* Supraliminal, -aux.
supramundane [sjuːprə'mʌndein], *a. Phil:* Supramondain.
supranaturalism [sjuːprə'natjurəlizm], *s.* = SUPERNATURALISM.
supra-orbital [sjuːprə'ɔːrbit(ə)l], *a. Anat:* Sus-orbitaire.
supra protest [sjuːprə'proutest], *adv.phr. Com:* Sous protêt ; (acceptation) par intervention.
suprarenal [sjuːprə'riːn(ə)l], *a. Anat:* Surrénal, -aux.
suprasensible [sjuːprə'sensibl], *a. Phil:* Suprasensible.
supremacy [sju'preməsi], *s.* Suprématie *f* (*over,* sur). *Eng.Hist:* **The Act of Supremacy,** l'Acte *m* de Suprématie (qui affirma la souveraineté du roi dans toute l'étendue de la juridiction spirituelle, 1543). **The Oath of Supremacy,** le serment de suprématie ; (*after* 1672) le Test.
supreme [sju'priːm], *a.* Suprême. **To reign supreme,** régner en maître, en souverain absolu. *Theol:* **The Supreme Being,** l'Être suprême. *Jur:* **Supreme court of judicature,** cour souveraine de justice. *Ecc:* **The Supreme Pontiff,** le souverain pontife, le Pape. *Hist:* **The Supreme War Council,** le Conseil supérieur interallié. *Phil:* **The supreme good,** le souverain bien. *F: S. happiness,* bonheur suprême ; souverain bonheur. **To hold s.o. in supreme contempt,** avoir un souverain mépris pour qn. *Lit:* **The supreme hour,** l'heure *f* suprême ; l'heure de la mort. **-ly,** *adv.* Suprêmement ; au suprême degré. *We were s. happy,* notre bonheur était sans mélange.
sura(h[1]) ['sjuərə], *s.* Surate *f* (du Coran).
surah[2], *s. Tex:* Surah *m.*
sural ['sjuərəl], *a. Anat:* (*Of artery, etc.*) Sural, -aux.
Surat [sju'rat]. *Pr.n. Geog:* Surat(e), Sourât. *Tex:* **Surat cotton,** *s.* surat, coton *m* ou cotonnade *f* de Surate.
surbase[1] ['səːrbeis], *s. Arch:* **1.** Corniche *f* (de piédestal). **2.** Moulure *f* de la plinthe (d'un lambris).
surbase[2] [sər'beis], *v.tr. Arch:* Surbaisser (une arcade, une voûte). **Surbased arch,** arc surbaissé.
surbasement [sər'beismənt], *s. Arch:* Surbaissement *m* (d'un arc, etc.).
surbed [sər'bed], *v.tr.* (**surbedded ; surbedding**) *Const:* Déliter (une pierre).
surbedding, *s.* Délitation *f.*
surcharge[1] ['səːrtʃɑːrdʒ], *s.* **1.** (*Overload*) Surcharge *f* ; charge excessive. **2.** (*a*) Droit *m* supplémentaire ; surtaxe *f. S. on goods,* surtaxe sur les marchandises. *S. on a letter,* surtaxe d'une lettre ; taxe *f* supplémentaire. (*b*) *Adm:* Déboursement inadmissible porté à la charge du fonctionnaire responsable. (*c*) *Jur:* Somme omise dans les frais. **3.** Prix excessif. **4.** *Post:* Surcharge (sur un timbre-poste).
surcharge[2] [sər'tʃɑːrdʒ], *v.tr.* **1.** (*Overload*) Surcharger (*with,* de). **2.** (*a*) Faire payer (qn) trop cher ; surtaxer (les contribuables, etc.). (*b*) (Sur)taxer (une lettre, etc.). *Parcels of over ten pounds are surcharged one shilling,* surtaxe *f,* supplément *m,* d'un shilling pour les colis pesant plus de dix livres. (*c*) *Adm:* (i) Faire supporter à (un fonctionnaire) une erreur de paiement. (ii) Ne pas approuver (une dépense). **3.** *Post:* Surcharger (un timbre-poste).
surcingle[1] ['səːrsiŋgl], *s.* **1.** *Harn:* Surfaix *m* ; sous-ventrière *f, pl.* sous-ventrières. **2.** *A:* Ceinture *f* (de soutane).
surcingle[2], *v.tr.* **1.** Mettre un surfaix à (un cheval). **2.** Assujettir (la couverture du cheval).
surcoat ['səːrkout], *s. Cost:* **1.** *A:* Surcot *m.* **2.** *Ecc:* Houppelande *f.*
surd [səːrd]. **1.** *a.* (*a*) *Mth:* (*Of quantity*) Irrationnel, incommensurable. (*b*) *Ling:* (Son) sourd. **2.** *s.* (*a*) *Mth:* Quantité *f* incommensurable ; racine irrationnelle. (*b*) *Ling:* Consonne sourde.
surdity ['səːrditi], *s.* Surdité *f.*
surdomutism [səːrdo'mjuːtizm], *s.* Surdi-mutité *f.*
sure ['ʃuər]. **1.** *a.* Sûr, certain. (*a*) **To be sure of sth.,** être sûr, certain, de qch. *I am s. of what I am saying,* je suis sûr de mon fait. *I am s. of it,* j'en suis convaincu ; j'en ai la certitude. **I am not so sure of that,** je n'en suis pas bien sûr ; je n'en sais trop rien ; je ne sais trop. *I am s. (that) you are mistaken,* je suis sûr que vous vous trompez. *He is s. he will succeed,* il a la conviction qu'il réussira ; il est certain de réussir ; il se flatte de réussir. *He is s. of succeeding, of having heard it,* il est sûr de réussir, de l'avoir entendu. *Are you perfectly s. you will see him again?* avez-vous la pleine assurance de le revoir ? *I am s. you do not know the answer,* vous ne savez assurément pas la réponse. *It is the pocket-book which I was s. I had left in the drawer,* c'est le portefeuille que j'étais persuadé avoir laissé dans le tiroir. *You're s. that's mine?* c'est bien à moi, ça ? **To be sure of oneself,** être sûr de soi(-même). **To be sure of one's income,** avoir un revenu assuré. *F:* **I'm sure I don't know,** ma foi, je ne sais pas ; je ne sais vraiment pas. *I'm s. I can't tell you,* je serais bien embarrassé de vous le dire. *I am s. he may go out if he wants to, F:* bien sûr qu'il peut sortir s'il en a envie. **To make sure of a fact,** s'assurer d'un fait. *Make s. (that) the door is shut,* assurez-vous que la porte est fermée. *After making s. which was my carriage . . ., F:* après avoir repéré mon wagon. . . . *To make s. of a modest competence,* s'assurer une modeste indépendance. *To make s. of a seat,* s'assurer une place. *To make s. of meeting s.o.,* prendre toutes ses dispositions pour ne pas manquer qn. **To make s.o. sure of sth.,** assurer qch. à qn. *F:* **I made sure it would happen and it didn't,** j'étais sûr, j'étais persuadé, je comptais bien, que cela arriverait, et il n'en a rien été. *Prov:* **Don't be too sure!** il ne faut jamais dire : Fontaine, je ne boirai pas de ton eau. (*b*) Infaillible ; (jugement, tireur, etc.) sûr ; (asile) assuré ; (remède) sûr, infaillible. *S. step,* pas assuré. *S. hold,* prise sûre. *He has a s. eye,* il a le coup d'œil juste ; *F:* il a le compas dans l'œil. *Drawing executed with a s. hand,* dessin tracé avec certitude, avec hardiesse. *S. climber,* montagnard éprouvé. *See also* GROUND[2] 5. (*c*) Indubitable ; (bénéfice, succès) sûr, assuré. *To make the result s.,* assurer le résultat. *F:* **Sure thing,** chose certaine ; affaire sûre ; *Rac:* certitude *f. U.S: P:* **Sure thing!** bien sûr ! pour sûr ! *See also* CARD[1] 1. *I do not know* **for sure,** je n'en suis pas bien sûr. **To-morrow for sure,** demain sans faute. *See also* SLOW[1] I. 1. (*d*) **It is sure to be fine,** il fera sûrement beau. *There are s. to be some changes,* il va sûrement y avoir des changements. **He is sure to come,** il viendra à coup sûr ; il viendra sûrement. *He is s. to succeed,* il réussira sûrement ; son succès n'est pas en doute. **Be sure to come early,** *F:* **be sure and come early,** ne manquez pas d'arriver de bonne heure. **Be sure not to lose it,** gardez-vous, prenez garde, de le perdre. **(Yes,) to be sure!** mais oui ! assurément ! certainement ! bien sûr ! pour sûr ! oui certes ! parbleu ! *Will you come?—To be s.!* vous venez ?—Mais comment donc ! *Suppose we go!—Where?—Fishing, to be s.,* si on y allait !—Où ça ? —A la pêche donc ! **It's John, to be sure!** tiens, c'est Jean ! **Well, to be sure!** tiens, tiens ! par exemple ! *See also* ASSURANCE 1. **2.** *adv.* (*a*) *A., Dial.,* & *U.S:* Vraiment ; certainement. **It sure was a cold night,** il faisait vraiment froid cette nuit-là. (*b*) **As sure as a gun, as death, as fate ;** *F:* **as sure as eggs is eggs ;** *P:* **as sure as mud,** aussi sûr que deux et deux font quatre ; assurément ; tout ce qu'il y a de plus sûr. **As sure as my name's George,** aussi vrai que je m'appelle Georges. **As sure, so sure,** as *I make arrangements for a picnic, it rains,* toutes les fois que j'organise un pique-nique, il pleut. **Sure enough** *he was there,* il était bien là ; c'était bien lui. *I thought he would come and s. enough he did,* je pensais bien qu'il viendrait, et il est venu effectivement. *He said it would be fine and s. enough it was,* il avait dit qu'il ferait beau, et il ne s'était pas trompé. *He will come s. enough,* il viendra à coup sûr. **Sure enough!** c'est (bien) vrai ! sans doute ! bien sûr ! assurément ! *U.S:* **Sure!** mais oui ! d'accord ! bien sûr ! pour sûr ! **-ly,** *adv.* **1.** Sûrement. **To work slowly but surely,** travailler lentement mais sûrement ; avancer peu mais toujours. *To plant one's feet s. on the ground,* bien planter ses pieds par terre ; assurer ses pas. **2.** (*a*) *Lit:* Assurément ; sans doute ; vraiment, en vérité. *He will s. come,* il viendra assurément, sûrement.

(*b*) *F:* **Surely you don't believe that!** vous ne croyez pas cela, voyons! *S. you have read that,* vous l'avez certainement lu. *S. we have met before,* nous nous sommes déjà rencontrés, n'est-ce pas? *S. you're not going to leave us?* vous n'allez pourtant pas nous quitter? *I know something about it s.!* j'en sais quelque chose peut-être! **Surely to goodness!** assurément! parbleu! **3.** Sans aucun doute. *Alas! they are but too s. here,* hélas! il n'est que trop certain qu'ils sont ici. **As surely as** = *as sure as, q.v. under* SURE 2 (*b*). *A. & Lit: Will you help me?*—**Surely!** voulez-vous m'aider?—Assurément!

sure-'footed, *a.* Au pied sûr, aux pieds sûrs. *To be s.-f.,* avoir le pied sûr.

sure-'sighted, *a.* A l'œil juste. *To be s.-s.,* avoir du coup d'œil.

sureness ['ʃuərnəs], *s.* **1.** Sûreté *f* (de main, de pied). **2.** Certitude *f.*

surety ['ʃuərti], *s.* **1.** *A:* Sûreté *f,* certitude *f.* *A:* **Of a surety,** sûrement, certainement. **2.** (*a*) *A:* Garantie *f,* sûreté, cautionnement *m.* (*b*) *Jur:* (*Pers.*) Caution *f;* garant, -ante; répondant *m;* *Com:* donneur *m* d'aval; au-besoin *m inv* (d'un billet, etc.). **To stand, go, surety for s.o.,** se rendre caution de qn; se porter caution pour qn; se porter garant de qn; s'obliger pour qn; répondre de, pour, qn; cautionner qn; appuyer qn de sa garantie. *S. for a debt,* garant d'une dette. **Surety for a surety,** arrière-caution *f,* *pl.* arrière-cautions.

'surety-bond, *s.* Cautionnement *m.* *To enter into a s.-b.,* s'engager par cautionnement.

suretyship ['ʃuərtiʃip], *s.* Cautionnement *m.*

surf [səːrf], *s.* Barre *f* de plage; ressac *m;* brisants *mpl* sur la plage.

'surf-bathing, *s.* **1.** (*Esp. in Austr.*) Bains *mpl* dans les brisants de la plage. **2.** = SURF-RIDING.

'surf-beaten, *a.* Battu par les brisants.

'surf-board, *s.* *Sp:* Aquaplane *m.*

'surf-boat, *s.* Embarcation *f* en usage pour le passage des barres; pirogue *f* de barre (des Hawaïens).

'surf-duck, *s.* *Orn:* Macreuse *f* à lunettes.

'surf-rider, *s.* *Sp:* Chevaucheur *m* de ressac.

'surf-riding, *s.* Sport *m* de l'aquaplane; planking *m.*

surface¹ ['səːrfes], *s.* **1.** (*a*) Surface *f.* *The earth's s.,* la surface, la superficie, de la terre. *Smooth s.,* surface unie. *Switzerland presents a very rugged s.,* le relief de la Suisse est très accidenté. *To rise to the s. of the water,* remonter, revenir, sur l'eau. (*Of submarine*) *To proceed on the s.,* marcher en surface. **To break surface,** revenir en surface. **Surface speed,** vitesse *f* en surface (d'un sous-marin). **Surface craft,** vaisseaux *m* de surface, non-submersibles. *Min: To bring mineral up to the s.,* monter du minerai à la surface, au jour. **Work at the surface,** travail *m* au jour. **Surface hand,** ouvrier *m* du jour. **Surface mine,** minière *f.* **Surface temperature,** température *f* de la surface. *Mec.E:* **Bearing surface, working surface,** surface d'appui; portée *f.* **Surface-grinding machine,** machine *f* à dresser à la meule. *Gramophones:* **Surface scratching, surface noise,** bruit *m* de surface. *See also* CONDENSER 1, COOLER 1, COOLING², GAUGE¹ 2, LEAKAGE 1. (*b*) *F:* Extérieur *m,* dehors *m.* **On the surface** *everything was well,* tout allait bien en apparence. *Patriotism all on the s.,* patriotisme *m* de façade. *His faults are all on the s.,* malgré des défauts apparents le fond est bon. *His politeness is only on the s.,* sa politesse est toute de surface, toute en superficie; il n'a qu'un vernis de politesse. *Meaning that lies* **below the surface,** signification cachée. *He never goes below the s.,* il s'arrête à la surface des choses; il ne va jamais au fond des choses. *One never gets below the s. with him,* on n'arrive jamais à lire dans son âme, à pénétrer sous le masque. **Surface friendship,** amitié superficielle, de surface. **2.** (*a*) *Geom:* **Surface of revolution,** surface de révolution, de rotation. (*b*) Aire *f,* étendue *f,* superficie. *See also* FLYING-SURFACE. **3.** (*a*) *Civ.E:* Revêtement *m* (d'une route). (*b*) *Agr:* *For:* Couverture *f* du sol.

'surface-coated, *a.* *Paperm:* (Papier) couché.

'surface-drain, *s.* *Hyd.E:* Tranchée *f* à ciel ouvert. *Agr:* Saignée *f* d'irrigation.

'surface-fire, *s.* *For:* Incendie *m* dans la couverture du sol.

'surface-planing, *s.* Dégauchissage *m* (d'une planche).

'surface-plate, *s.* *Mec.E:* Marbre *m* à dresser; planomètre *m;* plaque *f* de dressage.

'surface-printing, *s.* Impression *f* par planches gravées en relief.

'surface-sized, *a.* *Paperm:* Collé en surface.

'surface-soil, *s.* *Agr:* Terre végétale.

'surface-tension, *s.* *Ph:* Tension superficielle, de surface.

'surface-water, *s.* Eau superficielle, eaux de surface; eau du jour; eau folle.

surface², *v.tr.* **1.** (*a*) Apprêter, polir, lisser, la surface de (qch.). (*b*) Dresser, dégauchir (une planche). (*c*) *Paperm:* Calandrer, glacer, satiner (le papier). **2.** (*a*) *Civ.E:* Revêtir (une route, etc.) (*with,* de). *To s. a road with macadam,* établir une chaussée en macadam. (*b*) *Paint:* Apprêter (une surface).

-surfaced, *a.* (*With adj. or noun prefixed*) **Matt-surfaced,** à surface mate. **Smooth-surfaced,** à surface lisse.

surfacing, *s.* **1.** (*a*) Apprêtage *m,* polissage *m,* de la surface (de qch.); surfaçage *m.* *Paperm:* Calandrage *m,* glaçage *m,* satinage *m.* (*b*) Dégauchissage *m* (d'une planche). *Carp:* **Surfacing machine,** dégauchisseuse *f.* **2.** (*a*) *Civ.E:* Revêtement *m* (d'une route). (*b*) *Paint:* **Surfacing coat,** couche *f* d'apprêt.

surfaceman, *pl.* **-men** ['səːrfesmən, -men], *s.m.* **1.** *Min:* Ouvrier du jour. **2.** *Rail:* Cheminot.

surfacer ['səːrfesər], *s.* **1.** Machine *f* à surfacer, à polir. **2.** *Carp:* Dégauchisseuse *f;* machine à dégauchir.

surfeit¹ ['səːrfit], *s.* **1.** Surabondance *f.* *There is a s. of gold in the market,* il y a sur le marché une surabondance d'or. **2.** (*a*) Réplétion *f* (d'aliments); satiété *f.* **To have a surfeit of oysters,** *F:* **of music,** être rassasié d'huîtres, de musique. *To die of a s. of sth.,* mourir d'une indigestion de qch. *F: To have a s. of advice,* être comblé, accablé, de conseils. (*b*) Dégoût *m;* nausée *f.* **To eat sth. to (a) surfeit,** manger de qch. jusqu'à s'en dégoûter, jusqu'à la nausée.

surfeit². **1.** *v.i.* Se gorger; se repaître. **2.** *v.tr.* Gorger, rassasier (*s.o. with good cheer, with pleasures,* qn de bonne chère, de plaisirs); blaser (qn). **To surfeit oneself with sth.,** se gorger, se repaître, de qch. jusqu'à s'en dégoûter, jusqu'à la nausée. *Surfeited with pleasure,* blasé de plaisirs; écœuré par les plaisirs.

surfeiter ['səːrfitər], *s.* Glouton, -onne.

surfy ['səːrfi], *a.* (Plage *f*) à brisants, à ressac; (brisants) écumants, écumeux.

surge¹ [səːrdʒ], *s.* **1.** (*a*) *Nau:* Levée *f* de la lame; houle *f.* (*b*) *Nau:* Lame de fond; grosse lame de houle. *F: A s. of anger rose within her,* un flot, une vague, de colère monta en elle. (*c*) *Ph:* Coïncidence *f* de vibrations, d'oscillations; battement *m.* *El.E:* **Surge of current,** vague, à-coup *m,* de courant; (onde *f* de) surtension *f;* surintensité *f* (de voltage). **2.** *Nau:* Saut *m* (d'un cordage); choc *m,* coup *m* de fouet (au cabestan).

surge², *v.i.* **1.** (*Of ship*) Monter sur la vague. **2.** (*a*) (*Of sea*) Être houleux; devenir houleux; (*of waters*) se soulever, rebondir. (*b*) *Lava surged out of the crater,* des vagues de lave débordaient du cratère. *The crowd surged along the street, into the building,* la foule se répandit en flots dans la rue, s'engouffra dans l'édifice. **The crowd surged back,** la foule reflua. *Anger surged* (*up*) *within her,* un flot de colère monta en elle. *The blood surged to her cheeks,* le sang lui reflua au visage. *The immense nave surges up to the vaulting,* l'immense vaisseau de la nef monte d'un élan puissant vers la voûte. **3.** (*a*) *El.E:* **The current surges,** il y a des surtensions de courant. (*b*) *I.C.E:* *etc:* **The engine surges,** le moteur tourne irrégulièrement; le moteur pompe, galope. **4.** (*a*) (*Of wheel, etc.*) Glisser. *Nau:* (*Of cable, etc.*) Choquer brusquement. (*b*) *v.tr.* *Nau:* Dériver, filer (un câble). *To s. a rope round the capstan,* choquer (brusquement) une amarre au cabestan.

surging¹, *a.* *S. sea,* mer houleuse; forte mer. *S. crowds,* foules houleuses. *A s. mass of people,* un flot (pressé) d'êtres humains.

surging², *s.* **1.** (*a*) *The s. of a torrent,* les rebonds *m* d'un torrent. *The s. of the crowd,* les remous *m* de la foule. **Surging back,** reflux *m* (de la foule, etc.). *Hyd.E: S. of water in a pipe,* contre-foulement *m* de l'eau dans une conduite. (*b*) *El.E:* Coïncidence *f* d'oscillations; battement *m.* **2.** = SURGE¹ 2.

surgeon ['səːrdʒən], *s.* **1.** Chirurgien, -ienne. *See also* DENTAL 1, HOUSE-SURGEON, PLASTIC 1. **2.** *Mil:* Médecin *m* militaire; major *m.* *Navy:* Médecin. *See also* FIELD-SURGEON. **3.** (*a*) = SURGEON-BIRD. (*b*) = SURGEON-FISH.

'surgeon-bird, *s.* *Orn:* Jacana *m;* *F:* chirurgien brun.

'surgeon-'dentist, *s.* Chirurgien *m* dentiste.

'surgeon-fish, *s.* *Ich:* Chirurgien *m.*

'surgeon-radi'ographer, *s.* Chirurgien *m* radiographe.

surgeonship ['səːrdʒənʃip], *s.* Fonction *f* de chirurgien. *Appointed to a s. in the army,* nommé médecin-major.

surgery ['səːrdʒəri], *s.* **1.** Chirurgie *f;* médecine *f* opératoire. *See also* DENTAL 1, MANIPULATIVE, MINOR 1, PLASTIC 1. **2.** (*a*) Cabinet *m* de consultation (chez un médecin); dispensaire *m* (d'un hôpital). (*b*) **Doctor's 'surgery,'** dispensaire, clinique *f* (de quartier pauvre). **Surgery hours,** heures *f* de consultation.

surgical ['səːrdʒik(ə)l], *a.* Chirurgical, -aux. *S. instruments,* instruments *m* de chirurgie. **Surgical case,** (i) cas *m* relevant du chirurgien; (ii) trousse *f* de chirurgien. *S. cases of tuberculosis, F:* tuberculeux chirurgicaux. **-ally,** *adv.* Chirurgicalement.

Surhai ['surai], *s.pl.* *Ethn:* Songhaï *m.*

suricata [sjuəri'keita], *s.pl.* *Z:* Suricates *m.*

suricate ['sjuərikeit], *s.* *Z:* Suricate *m.*

surliness ['səːrlinəs], *s.* Air bourru; maussaderie *f,* morosité *f.*

surly ['səːrli], *a.* (*a*) Bourru. (*b*) Hargneux, maussade, revêche. *S. disposition,* caractère *m* désagréable; humeur rébarbative. *He is as s. as a bear,* c'est un vrai ours. **-ily,** *adv.* (*a*) D'un air ou d'un ton bourru. (*b*) Hargneusement; d'un air ou d'un ton revêche.

surmise¹ [sər'maiz], *s.* **1.** Conjecture *f,* supposition *f.* *To be right in one's surmises,* avoir deviné juste. **2.** *A:* Allégation *f* diffamatoire.

surmise², *v.tr.* Conjecturer, deviner; soupçonner. *To s. sth. from sth.,* conjecturer qch. de qch. **I surmised as much,** je m'en doutais bien.

surmount [sər'maunt], *v.tr.* **1.** Surmonter. *Column surmounted by a cross,* colonne surmontée d'une croix. *Mountain surmounted with snow,* montagne coiffée, couronnée, de neige. **2.** Surmonter (un obstacle, une difficulté, etc.); surmonter, maîtriser (son chagrin, etc.); triompher (d'une passion, d'une difficulté).

surmountable [sər'mauntəbl], *a.* (Obstacle *m,* etc.) surmontable.

surmounter [sər'mauntər], *s.* *To be a s. of all difficulties,* être capable de surmonter toutes les difficultés.

surmullet [sər'mʌlet], *s.* *Ich:* Surmulet *m;* mulle barbu; rouget *m.*

surname¹ ['səːrneim], *s.* **1.** Nom *m* de famille; nom patronymique. **Christian names and surname,** nom et prénoms *m.* **2.** *A:* Surnom *m.*

surname², *v.tr.* **1.** Donner un nom de famille à (qn). (*Esp. in passive*) *He is surnamed Smith,* il se nomme Smith; son nom de famille est Smith. **2.** Surnommer (qn). *William surnamed Longsword,* Guillaume surnommé Longue-Épée.

surpass [sər'pɑːs], *v.tr.* **1.** Surpasser (qn); devancer (ses rivaux, etc.). *To s. s.o. in eloquence,* surpasser qn, l'emporter sur qn, en éloquence. *To s. s.o. in intelligence,* surpasser qn par l'intelligence. *To s. s.o. in kindness,* renchérir sur la bonté de qn. **To surpass oneself,** se surpasser (dans l'exécution d'un travail). *You have surpassed yourself,* vous avez été au-dessus de vous-même. **2.** Dépasser, excéder. *The result surpassed my hopes,* le résultat a excédé mes espérances, a dépassé mon attente.

surpassing. 1. *a.* Sans égal, sans pareil; prééminent. *Of s. beauty*, d'une beauté incomparable, extraordinaire. 2. *adv. A. & Poet:* = SURPASSINGLY. *She was* **surpassing fair**, elle était d'une beauté nonpareille. **-ly,** *adv.* Extrêmement, excessivement; incomparablement, extraordinairement. *He was s. ugly*, il était d'une laideur sans égale.

surpassable [sər'pɑːsəbl], *a.* Surpassable.

surplice ['səːrplis], *s. Ecc.Cost:* Surplis *m.* **'surplice-fees,** *s.pl. F:* Casuel *m.*

surpliced ['səːrplist], *a.* En surplis; vêtu d'un surplis.

surplus ['səːrpləs], *s.* 1. Surplus *m*, excédent *m. Fin:* Boni *m.* **To have a surplus of sth.**, avoir qch. en excès; avoir (des livres, etc.) en surnombre. **Budget surplus**, excédent budgétaire. 2. *Attrib.* **Surplus population, surplus products**, surplus, excédent, de la population, des produits. *Com:* **Sale of surplus stock**, vente *f* de soldes *m. Bookb:* **Surplus sheets**, défets *m. Publ:* **Surplus copies**, exemplaires *m* de passe. *Fin:* **Surplus dividend**, superdividende *m.*

surplusage ['səːrpləsedʒ], *s.* 1. Surplus *m*, superfluité *f*, surabondance *f.* 2. *Jur:* Redondance *f*; mot ou article redondant.

surprise¹ [sər'praːiz], *s.* Surprise *f.* 1. **To take s.o. by surprise**, prendre qn à l'improviste, au dépourvu; surprendre qn. *Mil: To take a town by s.*, enlever une ville par surprise, par un coup de surprise, par un coup de main. **Surprise attack**, attaque brusquée; attaque par surprise; coup de main. **Surprise party**, (i) *Mil:* détachement *m*, patrouille *f*, qui a pour mission d'accomplir un coup de main; (ii) *(at friend's house)* surprise-partie *f*, *pl.* surprises-parties. **Surprise visit**, visite *f* à l'improviste. 2. **To give s.o. a surprise**, faire une surprise à qn. *It was a great s. to me*, j'en ai été grandement surpris. *What a pleasant s.!* quelle bonne surprise! *F:* **To give s.o. the surprise of his life**, faire une surprise inouïe à qn. (*At bazaar, etc.*) **Surprise packet**, surprise. *F: That was a s. packet for him*, il ne s'attendait guère à cela; cela lui est tombé des nues. 3. Étonnement *m. Struck with s.*, saisi d'étonnement. **To my great surprise, much to my surprise . . .**, à ma grande surprise. . . . *I paused* **in surprise**, je m'arrêtai surpris. *I watched them in s.*, surpris, je les regardais. *He started up in s.*, la surprise le fit tressauter, le fit bondir.

surprise², *v.tr.* 1. (*a*) Surprendre (une armée, etc.); prendre (une place) par surprise, par coup de main. (*b*) **To surprise s.o. in the act**, surprendre qn en flagrant délit; prendre qn sur le fait. **To surprise s.o. into admitting sth.**, arracher un aveu à qn par surprise. (*c*) Surprendre, dérober (un secret). 2. (*a*) Surprendre, étonner. *What surprises me is that . . .*, ce qui me surprend, ce qui m'étonne, c'est que + *sub. Nothing surprises him, F:* il ne s'épate de rien. (*b*) **To be surprised at sth.**, être surpris de qch. **I am surprised to see you, at seeing you**, je m'étonne de vous voir; je suis surpris de vous voir. *I should not be surprised if he were in the plot*, cela ne me surprendrait pas, je ne serais pas surpris, s'il était du complot. *I am not surprised (at it)*, cela ne me surprend pas. *Well, I 'am surprised!* vous me mettez au comble de la surprise. *I was agreeably surprised*, j'ai été agréablement surpris. **I am surprised at you!** vous m'étonnez! je n'aurais pas cru cela de vous!

surprised, *a.* (Regard, etc.) étonné, surpris; (air *m*, etc.) de surprise.

surprising, *a.* Surprenant, étonnant. *His energy is s.*, il est surprenant d'énergie. **It is surprising that** *you (should) know it*, il est surprenant que vous le sachiez. *It is s. to learn that . . .*, il est surprenant d'apprendre que. . . . *That is s., coming from him*, cela surprend de sa part. **-ly,** *adv.* Étonnamment; d'une manière surprenante. *I found him looking s. young*, j'ai été surpris de lui trouver l'air si jeune.

surprisedly [sər'praizidli], *adv.* D'un air de surprise; avec surprise.

surrealist [sər'riːəlist], *a. & s. Lit: Art:* Surréaliste. *The s. movement*, le mouvement surréaliste; le surréalisme.

surrebutter [sʌri'bʌtər], *s. A.Jur:* Triplique *f.*

surrejoinder [sʌri'dʒɔindər], *s. A.Jur:* Duplique *f.*

surrenal [sʌ'riːn(ə)l], *a.* = SUPRARENAL.

surrender¹ [sʌ'rendər], *s.* 1. (*a*) *Mil:* Reddition *f* (d'une forteresse). (*b*) Action *f* de se rendre. **No surrender!** on ne se rend pas! (*c*) *Jur:* **Surrender of a defendant to his bail**, décharge *f* de ses cautions par un accusé (libéré sous caution). 2. Abandon *m*, abandonnement *m*, cession *f* (de biens, de droits); restitution *f* (d'un droit de propriété); abdication *f* (de la couronne). *Jur:* **Compulsory surrender** *(of real estate)*, expropriation *f*. *S. of a bankrupt's property*, abandon des biens d'un failli à ses créanciers. *Mil: etc: To demand the s. of firearms, of a ship*, demander la remise des armes à feu, d'un navire. *F:* **To make a surrender of principle(s)**, transiger avec ses principes; abdiquer ses principes. 3. *Ins:* Rachat *m* (d'une police). **Surrender value**, valeur *f* de rachat.

surrender². 1. *v.tr.* (*a*) *Mil: etc:* Rendre, livrer (une forteresse, etc.). (*b*) *Jur: etc:* Abandonner, céder (un droit, ses biens, etc.); abdiquer (un droit); se désister (d'un droit). *To s. one's office*, démissionner. *To s. one's goods to one's creditors*, abandonner, livrer, ses biens à ses créanciers; faire l'abandon, faire cession, de ses biens à ses créanciers. *F:* **To surrender all hope of sth.**, abandonner, renoncer à, tout espoir de qch. (*c*) *Ins:* Racheter (une police d'assurances). 2. *v.pr. & i.* **To surrender (oneself)**, se rendre; *Mil:* faire (sa) soumission; rendre les armes. **To surrender on terms**, se rendre par capitulation. **To surrender (oneself) to justice**, se livrer à la justice. *To s. to the police*, se constituer prisonnier. *F: To s. (oneself) to vice*, s'abandonner, se livrer, au vice. *To s. oneself to sleep*, s'abandonner au sommeil. *See also* BAIL¹.

surreptitious [sʌrep'tiʃəs], *a.* Subreptice, clandestin. **-ly,** *adv.* Subrepticement, clandestinement, furtivement; à la dérobée; sans faire semblant de rien.

surrey ['sʌri], *s. Veh: U.S:* Cabriolet *m* à quatre roues et à quatre places.

surrogate ['sʌroget], *s.* 1. (*Pers.*) (*a*) Suppléant, -ante; substitut *m. Ecc: Jur:* Subrogé, -ée. **Surrogate guardian**, subrogé tuteur. (*b*) *U.S:* Juge *m* qui a charge d'homologuer les testaments. 2. Succédané *m* (*for, of, a product*, d'un produit).

surround¹ [sʌ'raund], *s.* Encadrement *m*, bordure *f. S. of a carpet*, bordure entre le tapis et le mur. *Turf s. of a flower-bed*, encadrement de gazon d'un parterre. *Wire-netting s. of a tennis court*, clôture *f* en grillage d'un court de tennis.

surround², *v.tr.* Entourer. (*a*) *To s. a town with walls*, entourer, ceinturer, ceindre, une ville de murs. *The crowd surrounded the carriage, F:* la foule assiégeait la voiture. **Surrounded by, with, dangers, friends**, entouré, environné, de dangers, d'amis. (*b*) *Mil:* Entourer, cerner (l'ennemi, etc.); investir (une ville, etc.).

surrounding, *a.* (*a*) Entourant, environnant. *The s. countryside*, le pays d'alentour, à l'entour. (*b*) *The s. air*, l'air ambiant.

surroundings, *s.pl.* 1. Entourage *m*, milieu *m*, ambiance *f*; cadre *m*, environnement *m. To see an animal in its proper surroundings*, voir une bête dans son propre milieu. *See also* FAMILIAR 1. 2. Environs *mpl*, alentours *mpl*; abords *mpl*, pourtour *m* (d'une ville, etc.).

surrounder [sʌ'raundər], *s. The surrounded troops and their surrounders*, les troupes entourées et ceux qui les entouraient.

surtax¹ ['səːrtaks], *s.* Surtaxe *f.*

surtax², *v.tr.* Surtaxer.

surtout [səːr'tuː], *s. Cost: A:* Surtout *m*, pardessus *m.*

surveillance [sər'veil(j)əns], *s. Adm:* Surveillance *f*, contrôle *m.* **To be under surveillance**, être en surveillance.

survey¹ ['səːrvei], *s.* 1. (*a*) Aperçu *m*; regard *m*, vue *f. General s. of a subject*, aperçu, exposé *m* sommaire, d'un sujet. (*b*) Examen attentif; étude *f* (de la situation). **To take, make, a survey of sth.**, (i) jeter un coup d'œil sur qch.; (ii) se rendre compte de (la situation actuelle, etc.); étudier (une question). *Political s.*, tour *m* d'horizon politique. (*Of politician, etc.*) *To make a general s. of the situation, F:* faire un tour d'horizon. 2. *Surv:* (*a*) Levé *m* des plans; relevé *m. Const: etc:* Métrage *m* des travaux. (*b*) Plan *m*, levé, lever *m* (du terrain, du littoral, d'un édifice). *Civ.E:* Étude. **Trigonometrical survey**, levé trigonométrique. **Skeleton survey**, levé du canevas. **Contoured survey**, lever dénivelé. **Aerial survey**, levé aérophotogrammétrique. **To make, effect, a survey**, lever un plan. *To make a s. of an estate*, relever un domaine. *To make a harbour s.*, faire le levé d'un port. *Nau:* **The survey department**, le service hydrographique. **Survey vessel**, navire *m* hydrographe. *Av:* **The survey company**, la section topographique. *See also* CADASTRAL, FIELD-SURVEY, ORDNANCE 2. 3. Inspection *f*, visite *f*; expertise *f* (d'un vaisseau, etc.). **To carry through a survey**, faire une expertise; expertiser. **Certificate of survey**, procès-verbal *m* de visite. **Survey repairs**, révisions *f*. *See also* DAMAGE¹ 1.

survey² [sər'vei], *v.tr.* 1. (*a*) Regarder, contempler, promener ses regards sur (le paysage, etc.). *To s. bygone ages*, planer sur les siècles passés. (*b*) Examiner attentivement; mettre (une question) à l'étude. **To survey the situation**, procéder à l'étude de la situation; passer la situation en revue; se rendre compte de la situation; (*of politician, etc.*) *F:* faire un tour d'horizon. 2. *Surv:* Relever, faire le (re)levé de, lever le(s) plan(s) de (la ville, la propriété, etc.); faire l'arpentage de, arpenter (un champ, etc.). *Civ.E: To s. a railway*, faire les études d'une ligne de chemin de fer. *Nau: To s. a coast*, hydrographier une côte; faire l'hydrographie d'une côte; relever le littoral. *Adm: To s. and value a parish*, cadastrer une commune. *Civ.E: Const:* **To survey for quantities, for work done**, métrer, toiser, un immeuble, le travail accompli. 3. Inspecter; visiter; faire l'expertise de l'état (d'un navire); expertiser (un navire, etc.); surveiller (la voirie, etc.).

surveying, *s.* 1. *Surv:* Levé *m* de plans. **(Land-)surveying**, arpentage *m*, aréage *m*; géodésie *f*; topographie *f*. **Naval surveying**, hydrographie *f*. **Photographic surveying**, photogrammétrie *f*. **Surveying instruments**, instruments *m* topographiques. **Surveying compass**, boussole *f*. **Surveying wheel**, compte-pas *m inv*. **Surveying ship**, navire *m* hydrographique. 2. Inspection *f*, visite *f*, expertise *f* (d'un navire, etc.); surveillance *f* (de la voirie, etc.). *See also* QUANTITY-SURVEYING.

surveyor [sər'veiər], *s.* 1. **(Land-)surveyor**, géomètre expert; arpenteur *m* (géomètre); ingénieur *m* géographe; *Mil:* ingénieur topographe. **Naval surveyor**, (ingénieur) hydrographe *m*. **Surveyor's table**, planchette *f*. *Adm:* **Land surveyor and valuer**, cadastreur *m*. **Highways surveyor, road surveyor**, agent *m* voyer. *See also* QUANTITY-SURVEYOR. 2. *Adm: etc:* (*a*) Surveillant, -ante; inspecteur, -trice; contrôleur, -euse. **Surveyor of taxes**, contrôleur, inspecteur, des contributions directes. (*b*) *Nau:* **Ship surveyor**, visiteur *m*, inspecteur, de navires; expert *m*. **The surveyors**, la commission de surveillance. *See also* MINE SURVEYOR.

surveyorship [sər'veiərʃip], *s.* Office *m*, fonction *f*, de surveillant, de contrôleur, d'inspecteur, etc. *To be appointed to a s. of taxes*, être nommé contrôleur des contributions directes.

survival [sər'vaiv(ə)l], *s.* 1. (*a*) Survivance *f*. *Biol:* **The survival of the fittest**, la survivance des mieux adaptés, du plus apte. (*b*) *Jur: Ins:* Survie *f*. **Presumption of survival**, survie. *Ins:* **Survival tables**, tables *f* de survie. 2. Restant *m* (d'une ancienne coutume, d'une croyance, etc.). *A s. of times past*, une survivance des temps passés.

survivance [sər'vaivəns], *s. Jur:* Succession *f* (en cas de survivance).

survive [sər'vaːiv]. 1. *v.i.* (*a*) Survivre; demeurer en vie; (*of custom, etc.*) subsister, passer à la postérité. *Those who survived*, les survivants *m*. *This fact survived in my memory, F:* ce fait a surnagé dans ma mémoire. (*b*) *Jur:* (*Of estate, etc.*) **To survive**

to X, passer aux mains de X (qui est le survivant). 2. *v.tr.* (*a*) Survivre à (qn). *He was survived only three years by his son*, son fils ne lui survécut que de trois ans. *He will s. us all*, *F:* il nous enterrera tous. *See also* USEFULNESS. (*b*) *To s. an injury*, survivre à une blessure. *To s. a disease, a shipwreck*, réchapper d'une maladie, d'un naufrage; *F:* surnager à un naufrage.

surviving, *a.* Survivant.

survivor [sər'vaivər], *s.* Survivant, -ante. *He is the sole s. of his family*, il est le seul qui reste de sa famille. *The survivors of the disaster, of the wreck*, les rescapé(e)s.

survivorship [sər'vaivərʃip], *s.* *Jur:* 1. Survie *f.* (*a*) **Right of survivorship** (*as between husband and wife*), gain *m* de survie. (*b*) **Presumption of survivorship**, survie. 2. (*Survival*) Survivance *f.*

Susa ['suːzə]. *Pr.n. Geog:* 1. *A:* Suse. 2. (*In Tunis*) Sousse.

Susan ['suːz(ə)n, 'sjuː-]. *Pr.n.f.* Suzanne.

Susanna(h) [su'zanə, sju-]. *Pr.n.f. B.Hist:* Suzanne.

susceptibility [sʌsepti'biliti], *s.* 1. (*a*) Susceptibilité *f.* *El:* **Magnetic susceptibility**, susceptibilité magnétique (du nickel, etc.). (*b*) **Susceptibility to a disease**, prédisposition *f* à une maladie. *S. to impressions, to hypnotic influences*, suggestibilité *f.* *S. to pain*, sensibilité *f* à la douleur. 2. Sensibilité, susceptibilité. *These people have their susceptibilities*, ces gens-là ont leurs délicatesses *f.* *Words that wound susceptibilities*, mots *m* qui blessent les susceptibilités; mots qui choquent; mots blessants. *To avoid wounding any susceptibilities*, éviter tout froissement; éviter de blesser les susceptibilités; ménager les susceptibilités.

susceptible [sʌ'septibl], *a.* 1. Susceptible. (*a*) **Susceptible of proof**, susceptible d'être prouvé. (*b*) **Susceptible to a disease**, prédisposé à une maladie; susceptible d'attraper une maladie. *Goods s. to infection*, marchandises *f* susceptibles. 2. (*a*) Sensible, impressionnable. *To be s.*, avoir la fibre sensible. *S. to female beauty*, sensible à la beauté féminine. *S. to good influences*, ouvert, sensible, accessible, aux bonnes influences. *Very s. to pain*, très sensible à la douleur. *S. to the slightest pain*, douillet, -ette. *S. to cold*, frileux, -euse. (*b*) Qui se froisse facilement; susceptible.

susceptive [sʌ'septiv], *a.* 1. (Facultés) de susception. 2. = SUSCEPTIBLE 1 (*b*). 3. = SUSCEPTIBLE 2 (*a*).

susceptivity [sʌsep'tiviti], *s.* Susceptibilité *f*; (*to hypnotic influences, etc.*) suggestibilité *f.*

Susian ['suːziən], *a.* & *s.* *A.Geog:* Susien, -ienne.

Susiana [suːzi'ɑːnə]. *Pr.n. A.Geog:* La Susiane.

Susie ['suːzi, 'sjuː-]. *Pr.n.f.* *F:* Suzanne, Suzette, Suzon.

suspect¹ ['sʌspekt], *a.* & *s.* Suspect, -e. *A:* **To hold s.o. suspect**, tenir qn pour suspect.

suspect² [sʌ'spekt], *v.tr.* 1. (*a*) **To suspect s.o. of a crime**, soupçonner qn d'un crime; suspecter qn. **To be suspected**, être en suspicion; être incriminé. **To be suspected of treachery**, être suspect de perfidie. *To be suspected by s.o. of sth., of doing sth.*, être suspect à qn de qch., de faire qch. *I s. him of drinking*, je le soupçonne d'être ivrogne; j'ai dans l'idée qu'il boit. **To begin to suspect s.o.**, concevoir des soupçons à l'égard de qn. (*b*) **To suspect the authenticity of a work**, suspecter l'authenticité d'une œuvre. 2. Soupçonner, s'imaginer (qch.); se douter de (qch.). *I s. that he is the perpetrator of the joke*, j'ai idée que c'est lui l'auteur de cette farce; je le soupçonne d'être l'auteur de cette farce. **I suspected as much**, je m'en doutais; j'en avais le soupçon. *Book which I s. to be mine*, livre que je soupçonne être (le) mien. *To s. danger*, flairer, subodorer, le danger. *To s. a hoax*, flairer une mystification. *He suspects nothing*, il ne se doute de rien. *I never suspected it for a moment*, je n'en avais pas le moindre soupçon. *He showed qualities that no one would have suspected him to possess*, il a exhibé des qualités qu'on ne lui aurait pas soupçonnées. *I s. he is inclined to be selfish*, je lui soupçonne un peu d'égoïsme.

suspected, *a.* *A s. person*, un suspect, une suspecte. *S. traitor*, personne accusée, suspectée, de trahison, en suspicion de trahison.

suspectable [sʌ'spektəbl], *a.* Suspect, soupçonnable.

suspector [sʌ'spektər], *s.* Soupçonneur, -euse.

suspend [sʌs'pend], *v.tr.* Suspendre. 1. Pendre; appendre (un trophée, etc.). *To s. a horse for an operation*, suspendre un cheval pour une opération. 2. **To suspend the traffic**, suspendre, interrompre, la circulation. **To suspend one's judgment**, suspendre son jugement. *Jur:* **To suspend judgment**, surseoir au jugement. **To suspend proceedings**, suspendre les poursuites. *Com:* **To suspend payment**, suspendre ses payements, les payements. *To s. the work for two days*, suspendre le travail pour deux jours. 3. Suspendre (un fonctionnaire, etc.); interdire (qn) de ses fonctions; mettre (un officier) en non-activité; mettre (un jockey) à pied. *Parl:* Exclure temporairement (un député). *Sp:* *To s. a player indefinitely*, exécuter un joueur. *To s. a newspaper*, suspendre, mettre un embargo sur, un journal. *Aut:* **To suspend a licence**, suspendre un permis de conduire.

suspended, *a.* Suspendu. 1. *S. particles* (*of dust*), particules *f* en suspension. 2. (*a*) (*Of traffic, etc.*) Interrompu. *Jur:* (*Of proceedings, judgment*) En suspens. **Fined twenty pounds with suspended execution of sentence**, condamné à vingt livres d'amende avec sursis. **Suspended animation**, arrêt momentané des fonctions vitales; syncope *f.* *F:* **The scheme is in a state of suspended animation**, le projet est en suspens. *To keep a works, an undertaking, in s. animation*, mettre une usine, une entreprise, en veilleuse. (*b*) *Mus:* **Suspended cadence**, cadence suspendue.

suspending, *s.* = SUSPENSION. *Civ.E:* **Suspending-rod**, suspensoir *m* (de pont suspendu). *Aer:* **Suspending ropes**, suspente *f* (d'une nacelle de ballon).

suspender [sʌs'pendər], *s.* (*a*) Suspensoir *m.* (*b*) **Stocking suspenders**, jarretelles *f.* (**Man's**) **sock suspenders**, jarretelles; fixe-chaussettes *m*; supports-chaussettes *m.* *See also* BELT¹ 1. (*c*) *U.S:* **Suspenders**, bretelles *f.*

suspense [sʌs'pens], *s.* 1. (*a*) Suspens *m.* *After a long period of s.*, après une longue incertitude. **To keep, hold, s.o. in suspense**, tenir, garder, qn en suspens, en balance, en haleine; *F:* tenir qn le bec dans l'eau. *See also* BREATHLESS 2. (*b*) **The question remains in suspense**, la question reste pendante. *Com:* **Bills in suspense**, effets *m* en suspens, en souffrance *f.* *Book-k:* **Suspense account**, compte *m* d'ordre. 2. *Jur:* Surséance *f* (d'un jugement).

suspension [sʌs'penʃ(ə)n], *s.* Suspension *f.* 1. *Mec.E: etc:* **Points of suspension**, points *m* de suspension, de montage *m.* **Suspension chain, hook, etc.**, chaîne *f*, croc *m*, etc., de suspension. **Suspension cable**, câble porteur. *Elastic s.*, suspension élastique. *Semi-elliptic spring s.*, suspension par ressorts semi-elliptiques. *See also* CATENARY. 2. (*a*) Suspension (de la circulation, etc.). **Suspension of arms, of hostilities**, suspension d'armes; armistice *m.* **To the suspension of all other business**, toutes choses cessantes; toute affaire cessante. **Suspension of judgment**, suspension de jugement; *Jur:* surséance *f* de jugement. (*b*) *Com:* Suspension de payements. (*c*) *Gram:* **Points of suspension**, points de suspension; points suspensifs. (*d*) *Mus:* Suspension. 3. Suspension (d'un fonctionnaire, d'un journal, etc.); mise *f* en non-activité (d'un officier); mise à pied (d'un jockey). *Ecc:* *A:* Suspense *f* (d'un bénéficier). *Parl:* Exclusion *f* temporaire (d'un député). *Sp:* *Indefinite s. of a player*, exécution *f* d'un joueur. **Suspension of a licence**, retrait *m* temporaire d'une patente; *Aut:* retrait temporaire, suspension, d'un permis de conduire.

sus'pension-bridge, *s.* *Civ.E:* Pont suspendu.

suspensive [sʌs'pensiv], *a.* (*Of veto, etc.*) Suspensif.

suspensoid [sʌs'pensɔid], *s.* *Ch:* Suspensoïde *m.*

suspensor [sʌs'pensər], *s.* *Surg:* *A:* Suspensoir *m.*

suspensory [sʌs'pensəri], *a.* 1. (*a*) *Anat:* (*Of ligament, etc.*) Suspenseur *m.* (*b*) *Surg:* **Suspensory bandage**, suspensoir *m.* 2. = SUSPENSIVE.

suspicion¹ [sʌs'piʃ(ə)n], *s.* 1. Soupçon *m.* *Jur:* Suspicion *f.* **Not the shadow, not the ghost, of a suspicion**, pas l'ombre *f* d'un soupçon. *I resent such suspicions on your part*, cette suspicion de votre part me blesse. **With suspicion**, avec défiance. **My suspicion is that . . .**, je soupçonne que . . .; j'ai idée que . . .; j'ai dans l'idée que. . . . **To have suspicions about s.o., to attach suspicion to s.o.**, avoir des doutes sur qn; soupçonner qn. *I always had my suspicions about him*, je me suis toujours méfié de lui. **To hold s.o. in suspicion**, tenir qn pour suspect. *Held in s.*, mal vu; suspecté. *To form suspicions regarding s.o.*, concevoir des soupçons à l'égard de qn. **To cast suspicion on *s.o.'s good faith***, suspecter la loyauté de qn. **To lay oneself open to suspicion**, s'exposer aux soupçons. **To arouse suspicion**, éveiller, faire naître, les soupçons; devenir suspect. **To arouse, awaken, s.o.'s suspicions**, éveiller la défiance de qn; donner l'éveil à qn; *F:* mettre la puce à l'oreille de qn. *His conduct aroused no suspicions*, sa conduite n'a pas suscité de soupçons. *To incur s.o.'s s.*, devenir suspect à qn. *To give s. that . . .*, faire soupçonner que. . . . **Liable to suspicion**, soupçonnable. **To lull suspicion**, endormir les soupçons. *To clear s.o. from s.*, disculper qn d'un soupçon. **Above suspicion**, au-dessus de tout soupçon. *His case is not above s.*, son cas n'est pas net. *Caesar's wife must be above s.*, la femme de César ne doit pas même être soupçonnée. *His reputation is beyond s.*, sa réputation est hors d'atteinte. *Evidence not beyond s.*, témoignages sujets à caution. *Praise free from any s. of flattery*, louanges aucunement suspectes de flatterie. *Magistrate under s. of partiality*, magistrat suspect de partialité. *S. falls on him*, les soupçons tombent sur lui. *To be right in one's suspicions*, soupçonner juste. *Jur:* **To arrest, detain, s.o. on suspicion**, arrêter, détenir, qn préventivement, pour cause de suspicion légitime. *To arrest s.o. on a mere s.*, arrêter qn sur un soupçon. *Detention on s.*, détention préventive; prévention *f.* 2. *F:* *I had my suspicions about it*, je m'en doutais. *I had no s. of it*, je n'en avais pas le moindre soupçon. *I had no s. he was there*, je ne me doutais pas, je ne soupçonnais pas, qu'il fût là. *To have no s. of what occurred*, ne pas soupçonner ce qui est arrivé. *I had an uneasy s. that the throat to be cut might be mine*, j'avais quelques soupçons que la gorge à couper ne fût la mienne. 3. Très petite quantité, soupçon, (un) tout petit peu (*of*, de). *Just a s. of vanilla*, une idée, un soupçon, de vanille. *S. of a smile*, ébauche *f* d'un sourire. *S. of irony*, légère dose d'ironie.

suspicion², *v.tr.* *U.S:* Soupçonner (*that . . .*, que + *ind.*).

suspicious [sʌs'piʃəs], *a.* 1. Soupçonnable, suspect; (*of conduct, etc.*) louche, équivoque. **To look suspicious**, avoir l'air louche, suspect. *It looks s.*, cela me paraît louche. **Suspicious character**, (i) individu *m* louche; (ii) *Adm:* sujet noté. *His conduct is s.*, sa conduite n'est pas claire. 2. Méfiant, soupçonneux. *S. look*, regard méfiant. *S. person*, soupçonneur, -euse. *We are apt to be s. when we are not happy*, on soupçonne aisément quand on n'est pas heureux. *To be, feel, s. about s.o., sth., of s.o., sth.*, avoir des soupçons à l'endroit de qn, à l'égard de qn, sur qch.; *F:* avoir la puce à l'oreille au sujet de qch. *Public opinion is s. with regard to . . .*, l'opinion publique est ombrageuse à l'endroit de. . . .

-ly, *adv.* 1. D'une manière suspecte, équivoque, louche. *F:* **It looks to me suspiciously like measles**, cela ressemble étrangement à la rougeole. 2. D'un air méfiant; soupçonneusement. *To eye s.o. s.*, regarder qn avec méfiance, avec défiance.

suspiciousness [sʌs'piʃəsnəs], *s.* 1. Caractère suspect, louche, équivoque (*of*, de); nature suspecte (*of*, de). 2. Caractère soupçonneux; méfiance *f.* *I resent this s. on your part*, cette suspicion de votre part me blesse.

suspire [sʌs'paiər], *v.i. Poet:* Soupirer.

sustain [sʌs'tein], *v.tr.* Soutenir, supporter. 1. (*a*) *Hope sustains us*, l'espoir nous soutient. **Enough to sustain life**, de quoi entretenir la vie; de quoi vivre. **To sustain the body**, soutenir, sustenter, le corps. *To s. oneself*, se sustenter. *Enough to s. the whole village*, de quoi faire vivre tout le village. **Evidence to sustain an assertion**, témoignages *mpl* pour soutenir, appuyer, corroborer, une affirmation. *To s. the emotions at the highest point*, soutenir, maintenir, les émotions à leur plus haut point. *Th:* **To sustain a part,** soutenir, tenir, remplir, un rôle. *Mus:* **To sustain a note,** soutenir, prolonger, une note; appuyer (sur) une note. (*b*) *Jur:* (*Of court*) **To sustain an objection,** admettre une réclamation. *To s. s.o. in a claim,* faire droit à la demande de qn; admettre la validité d'une réclamation. **2.** (*a*) *Mil:* **To sustain an attack,** soutenir une attaque. *To s. the shock of the charge,* soutenir, supporter, le choc de la charge. (*b*) **To sustain a loss,** éprouver, essuyer, souffrir, subir, faire, une perte. **To sustain an injury,** recevoir une blessure; être blessé. *The driver sustained burns about the hands and arms,* le chauffeur a été brûlé aux mains et aux bras.

sustained, *a.* (*Of effort, reasoning, attention, etc.*) Soutenu. *S. applause,* applaudissements prolongés, nourris. *S. eloquence,* éloquence continue. *Mil:* **Well sustained fire,** feu bien soutenu, bien nourri. *Ph: W.Tel:* **Sustained oscillations,** oscillations entretenues. *Mus:* **Sustained note,** tenue *f.*

sustaining[1], *a.* Soutenant. **1.** **Sustaining food,** nourriture *f* qui soutient (bien); nourriture fortifiante. **2.** *Mec:* **Sustaining force,** force portante. *Arch: Const:* **Sustaining wall,** mur *m* de soutènement.

sustaining[2], *s.* **1.** *Arch: Const:* Soutènement *m.* **2.** Prolongement *m* (d'un son, etc.).

sustainable [sʌs'teinəbl], *a.* Soutenable.

sustenance ['sʌstinəns], *s.* (*a*) Sustentation *f.* *Necessary for the s. of our bodies,* nécessaire à notre subsistance *f.* *There is no s. in tea,* le thé n'a aucune valeur nutritive. *There is more s. in cocoa,* le cacao est plus nourrissant. **Means of sustenance,** moyens *m* de subsistance; moyens de vivre. (*b*) Aliments *mpl,* nourriture *f.* *To earn a scanty s.,* gagner tout juste de quoi vivre.

sustentation [sʌsten'teiʃ(ə)n], *s.* **1.** Entretien *m* (de la maison); maintien *m* (de la paix, etc.). **Sustentation Fund,** caisse *f,* fonds *m,* de réserve (de l'Église libre d'Écosse). **2.** *Physiol:* Sustentation *f* (du corps).

sustention [sʌs'tenʃ(ə)n], *s.* **1.** Maintien *m* à un haut niveau (de l'éloquence, etc.). **2.** *Mus:* Prolongement *m* (d'une note).

susurrant [sju'sʌrənt], *a.* *Lit:* Susurrant; (feuillage, etc.) murmurant.

susurrate [sju'sʌreit], *v.i.* *Lit:* (*Of wind, etc.*) Susurrer, murmurer.

susurration [sjusʌ'reiʃ(ə)n], **susurrus** [sju'sʌrəs], *s.* Susurration *f,* susurrement *m,* murmure *m.*

Sutlej (the) [ðə'sʌtledʒ]. *Pr.n. Geog:* Le Sutledje.

sutler ['sʌtlər], *s.* *Mil:* Cantinier, -ière; vivandier, -ière; *P:* mercanti *m.*

sutra ['suːtra], *s.* *Sanscrit Lit:* Soûtra *m.* **The Sutras,** le Soûtra.

suttee [sʌ'tiː], *s.* *Hindoo Rel:* **1.** (*Practice*) Sâti *m,* suttee *m.* **2.** (*Widow*) Sâti *f,* suttee *f,* suttie *f.*

sutteeism [sʌ'tiːizm], *s.* Sâti *m.*

sutural ['sjuːtjurəl], *a.* *Nat.Hist: Surg:* Sutural, -aux; de suture.

suture[1] ['sjuːtjər], *s.* *Anat: Bot: Surg:* Suture *f.* *Anat:* **Serrated suture,** engrenure *f* (du crâne). *See also* FORCEPS 2, NEEDLE[1] 1.

suture[2], *v.tr.* Suturer (une plaie, etc.).

suzerain ['sjuːzərein], *s.* Suzerain *m.* *Internat. Jur:* **Suzerain (state),** suzerain.

suzeraine ['sjuːzərein], *s.f.* Suzeraine.

suzerainty ['sjuːzəreinti], *s.* Suzeraineté *f.* **Region under the suzerainty of . . .,** région vassale de. . . .

swab[1] [swɔb], *s.* **1.** (*a*) Torchon *m.* *Metall:* Mouillette *f,* mouilleur *m.* (*b*) *Artil: Med:* Écouvillon *m.* (*c*) *Nau:* **(Deck-)swab,** fauber(t) *m,* *F:* vadrouille *f.* (*d*) *Surg:* **Swab of cotton wool,** tampon *m* d'ouate. *Med:* **To take a swab** (*of s.o.'s throat*), faire un prélèvement dans la gorge de qn. **2.** *P:* Lourdaud *m,* andouille *f;* propre *m* à rien. *Nau:* Marin *m* d'eau douce. **3.** *Navy: P:* (*a*) Épaulette *f.* (*b*) *U.S:* Officier *m.*

swab[2], *v.tr.* (**swabbed; swabbing**) **1.** Nettoyer, essuyer (avec un torchon, etc.). *Nau:* Fauberter, fauberder, essarder (le pont). **2.** **To swab (out),** écouvillonner (*Artil:* une pièce; *Med:* la matrice, etc.). **3.** **To swab (down),** laver (la cour, etc.) à grande eau. **4.** **To swab up,** éponger (une flaque d'eau, etc.).

swabbing, *s.* **1.** Nettoyage *m* (à grande eau). **2.** **Swabbing (out),** écouvillonnage *m.* **3.** **Swabbing up,** épongeage *m.*

'swabbing-mop, *s.* Balai *m* à laver; *Nau:* faubert *m.*

swabber ['swɔbər], *s.* Nettoyeur, -euse (à grande eau).

Swabia ['sweibjə]. *Pr.n. Geog:* La Souabe.

Swabian ['sweibjən], *a.* & *s.* *Geog:* Souabe (*mf*).

swaddle[1] [swɔdl], *s.* *U.S:* = SWADDLING-CLOTHES.

swaddle[2], *v.tr.* Emmailloter (*with,* de). *To s. an infant again,* remmailloter un enfant.

swaddling, *s.* Emmaillotement *m.*

'swaddling-bands, -clothes, *s.pl.* Maillot *m;* langes *m.* *F: Science still in its s.-c.,* science *f* encore dans les langes.

Swadeshi [swɑ'deiʃi], *s.* *Indian Pol:* Svadécisme *m,* swadécisme *m.*

Swadeshist [swɑ'deiʃist], *s.* *Indian Pol:* Svadéciste *m,* swadéciste *m.*

swag [swag], *s.* **1.** (*a*) Balancement *m,* ballottement *m.* (*b*) *A:* Affaissement *m.* **2.** *Furn: Arch:* Bouillon *m,* guirlande *f.* **3.** *P:* (*a*) Rafle *f,* butin *m* (d'un cambrioleur). (*b*) (*In Austr.*) Baluchon *m,* paquet *m* (de chemineau). *See also* HUMP[2] 1.

'swag-bellied, *a.* Pansu, ventru.

'swag-belly, *s.* **1.** *Med:* Enflure *f* du ventre. **2.** *F:* Grosse panse; bedaine *f,* bedon *m.*

swage[1] [sweːidʒ], *s.* *Metalw:* **1.** *Tls:* Étampe *f,* emboutissoir *m;* mandrin *m;* matrice *f;* chasse *f* à parer. **Bottom swage,** sous-chasse *f,* contre-étampe *f;* dessous *m* d'étampe. **2.** Cannelure *f,* rainure *f* circulaire (d'un chandelier en cuivre, etc.).

'swage-block, *s.* Tas-étampe *m,* *pl.* tas-étampes.

'swage-hammer, *s.* Étampe supérieure; chasse *f.*

swage[2], *v.tr.* *Metalw:* Étamper, emboutir, suager (une tôle, etc.).

swaging, *s.* Étampage *m.* emboutissage *m.*

swagger[1] ['swagər], *a.* **1.** D'une élégance tapageuse. **2.** Élégant; ultra-chic.

swagger[2], *s.* **1.** (*a*) Air important, avantageux. **To walk with a swagger,** marcher avec un air avantageux; se pavaner; faire la roue; faire de l'épate. (*b*) Air cavalier, désinvolte. **2.** Rodomontades *fpl;* crâneries *fpl;* fanfaronnades *fpl;* *A:* bravacherie *f.*

'swagger-cane, -stick, *s.* *Mil:* (*a*) Jonc *m,* stick *m* (d'officier). (*b*) Petit jonc de tenue de sortie (de simple soldat); badine *f.*

'swagger-coat, *s.* *Cost:* Manteau *m* raglan trois-quarts (pour dame).

swagger[3]. **1.** *v.i.* (*a*) Crâner, se pavaner; faire le glorieux, le beau; faire la roue; plastronner; se rengorger; faire de l'épate; poser (insolemment); *P:* piaffer; faire de la piaffe. (*b*) Fanfaronner; faire de l'esbrouffe; *A:* faire le rodomont. (*c*) **To swagger about,** se promener d'un air conquérant, en se rengorgeant. **To swagger in, out,** entrer, sortir, d'un air important, glorieux. **To swagger along,** se carrer en marchant. (*d*) **To swagger about sth.,** se faire gloire, se vanter, de qch. **2.** *v.tr.* **To swagger s.o. into obedience, into doing sth., out of doing sth.,** intimider qn au point de le faire obéir, de lui faire faire qch., de le faire renoncer à faire qch.

swaggering[1], *a.* (Air, etc.) important, crâneur, glorieux, conquérant. **-ly,** *adv.* D'un air important, crâneur, glorieux.

swaggering[2], *s.* = SWAGGER[2].

swagger[4], *s.* *F:* (*In Austr.*) Chemineau *m.*

swaggerer ['swagərər], *s.* Crâneur, -euse; fanfaron, -onne; rodomont *m;* *A:* bravache *m,* fier-à-bras *m.*

swain [swein], *s.m.* **1.** *A:* Berger; villageois. **2.** (*a*) *A.* & *Poet:* Jeune berger; amoureux (de pastorale); pastoureau. (*b*) *Poet.* & *Hum:* Soupirant. *She always has two or three swains in attendance,* elle a toujours à sa suite deux ou trois petits jeunes gens.

swale [sweil], *s.* **1.** *Dial:* Creux *m* de terre; bas-fond *m.* **2.** *U.S:* Dépression marécageuse.

swallet ['swɔlet], *s.* *Geol:* **1.** = SWALLOW-HOLE. **2.** *Min:* Nappe d'eau souterraine (susceptible d'inonder la mine).

swallow[1] ['swɔlo], *s.* **1.** Gosier *m,* gorge *f.* *F:* **There is no yarn too big for his swallow,** il n'y a pas d'histoire si invraisemblable qu'on ne puisse lui faire avaler. **2.** Gorgée *f* (d'eau, etc.). **To drink sth. at one swallow,** boire qch. d'un seul coup, d'un seul trait, d'un coup de gosier. **3.** *Geol:* = SWALLOW-HOLE. **4.** *Mec.E: etc:* Gorge de poulie; *Nau:* clan *m* de poulie.

'swallow-hole, *s.* *Geol:* Bétoire *f,* avaloire *f,* aven *m,* gouffre *m,* abîme *m,* puits naturel; perte *f* (d'un fleuve).

swallow[2], *v.tr.* **1.** **To swallow sth. (down),** (i) avaler, ingurgiter, qch.; (ii) gober (une huître). **To swallow the bait,** (i) (*of fish*) avaler l'appât; (ii) *F:* (*of pers.*) se laisser prendre à l'appât; avaler le goujon. *F:* **To swallow one's tears,** dévorer ses larmes. **To swallow one's pride,** mettre son orgueil dans sa poche. **To swallow a story,** gober, avaler, une histoire. *He'll s. anything,* il est très gobeur; il avale toutes les bourdes qu'on lui raconte. *I told her a fib and she swallowed it, P:* je lui ai raconté une craque et elle a marché. *Story hard to s.,* histoire *f* invraisemblable. *That's hard to s.!* ça c'est un peu raide! *P:* ça c'est un peu fort (de café)! **To swallow an affront,** avaler, boire, un affront. *Insult hard to s.,* insulte dure à digérer, de dure digestion. **To swallow one's words,** se rétracter, se dédire; ravaler ses paroles. *To make s.o. s. his words,* faire rentrer à qn les paroles dans la gorge. *See also* GNAT, GUDGEON[1] 1, PILL[1] 1. **2.** *Abs.* Avaler sa salive (pour faire passer une émotion); avaler.

swallow up, *v.tr.* (i) Dévorer, avaler (qch.); (ii) (*of the sea, etc.*) engloutir, engouffrer (qch.). *To be swallowed up by the sea, by the darkness,* s'abîmer dans les flots; s'enfoncer dans l'ombre. *Gaming has swallowed up all his fortune,* le jeu a englouti toute sa fortune.

swallowing up, *s.* Engloutissement *m,* engouffrement *m.*

swallowing, *s.* (*a*) Avalement *m* (de qch.). (*b*) Déglutition *f.*

swallow[3], *s.* *Orn:* (*a*) Hirondelle *f.* **Common swallow,** hirondelle domestique. **House-swallow, barn-swallow, chimney-swallow,** hirondelle rustique, de fenêtre, de cheminée. *Prov:* **One swallow does not make a summer,** une hirondelle ne fait pas le printemps; une fois n'est pas coutume. *See also* SEA-SWALLOW. (*b*) **Black swallow,** martinet noir; arbalétrier *m.*

'swallow-dive, *s.* *Swim:* Saut *m* d'ange; plongeon *m* en ange.

'swallow-fish, *s.* *Ich:* Hirondelle *f* de mer. **1.** Trigle *m* hirondelle; *F:* perlon *m.* **2.** *A:* Poisson volant; *esp.* dactyloptère *m,* rouget volant.

'swallow-hawk, *s.* *Orn:* Élane *m,* élanion *m.*

'swallow-shrike, *s.* *Orn:* Langrayen *m.*

'swallow-tail, *s.* **1.** Queue fourchue; queue d'hirondelle. **2.** *Mil: Nau:* Flamme *f* à deux pointes. **3.** *Cost: F:* (*Often pl.*) Queue-de-morue *f,* *pl.* queues-de-morue; queue-de-pie *f,* *pl.* queues-de-pie. *Everybody was in swallow-tails,* tout le monde était en habit. **4.** *Ent:* **Swallow-tail (butterfly),** (grand) porte-queue *inv,* machaon *m.*

'swallow-tailed, *a.* **1.** A queue fourchue, à queue d'hirondelle. **2.** (Guidon *m,* flamme *f*) à deux pointes. **3.** **Swallow-tailed coat** = SWALLOW-TAIL 3. **4.** **Swallow-tailed butterfly** = SWALLOW-TAIL 4.

swallowable ['swɔlouəbl], *a.* **1.** Mangeable. **2.** *F:* (Histoire *f,* etc.) croyable, qu'on pourrait avaler, qu'on pourrait gober.

swallower ['swɔlouər], *s.* (*a*) Avaleur, -euse. (*b*) *F:* Gobeur, -euse (de craques, etc.).

swallowwort ['swɔlowəːrt], *s.* *Bot:* **1.** (*a*) **(White) swallowwort,** dompte-venin *m.* (*b*) Herbe *f* à ouate; ouatier *m;* coton *m* sauvage; asclépiade *f* à ouate, de Syrie; plante *f* à soie. (*c*) Apocyn *m* à ouate soyeuse. **2.** Grande éclaire; grande chélidoine.

swam [swam]. *See* SWIM[2].

swami ['swɑːmi], *s.* **1.** Idole indoue. **2.** Maître (indou) enseignant la religion; pandit *m.*

'swami-house, *s.* Temple ou sanctuaire (indou).

swamp[1] [swɔmp], *s.* Marais *m*, marécage *m*, bas-fond *m*, *pl.* bas-fonds; terrain *m* uliginaire. *See also* SASSAFRAS.

'swamp-fever, *s.* Fièvre paludéenne; paludisme *m.*

swamp[2], *v.tr.* **1.** Inonder, submerger (un pré); *F:* inonder (une pièce, la cave). **2.** (*a*) Remplir d'eau (une embarcation). *A wave swamped the boat*, une vague remplit d'eau l'embarcation, fit sombrer, engloutit, submergea, l'embarcation; l'embarcation fut capelée par une lame. (*b*) *F: Party swamped by its opponents*, parti écrasé par le nombre de ses adversaires. *To be swamped with work*, être débordé de travail. (*c*) *Their failure would s. me*, leur faillite *f* me coulerait.

swampy ['swɔmpi], *a.* (Terrain) marécageux, uligineux, palustre. **Swampy ground,** molets *mpl*; fondrière *f.*

swan [swɔn], *s.* Cygne *m.* **Domestic swan, mute** *or* **tame swan,** cygne commun (à bec rouge). **Black swan,** cygne noir. **Whistling swan, wild swan,** cygne chanteur. *Lit:* **The Knight of the Swan,** le Chevalier au Cygne. **The Swan of Avon,** Shakespeare. **The Swan of Lichfield,** Anna Seward (1747–1809). *See also* GOOSE 1.

'swan-dive, *s.* *Swim: U.S:* = SWALLOW-DIVE.

'swan-flower, *s.* *Bot:* = SWAN-PLANT.

'Swan-knight (the), *s.* *Lit:* Le Chevalier au Cygne.

'swan-master, *s.m.* *Adm:* Gardien des cygnes royaux (de la Tamise).

'swan-neck, *s.* **1.** *Mec.E:* Cou *m*, col *m*, de cygne. **2.** *Nau:* Aiguillot *m* (de gui). **3.** *Bot:* = SWAN-PLANT.

'swan-necked, *a.* **1.** Au cou de cygne. **2.** *Tls: etc:* En col de cygne.

'swan-plant, *s.* *Bot:* Cycnoche *m.*

'swan's down, *s.* **1.** Duvet *m* de cygne (pour garnitures, etc.); cygne *m.* **2.** *Tex:* Molleton *m.*

'swan-shot, *s.* *Ven:* Plomb *m* pour le cygne; gros plomb.

'swan-song, *s.* Chant *m* du cygne. *F:* **It was his swan-song,** ce fut pour lui le chant du cygne.

'swan-upping, *s.* Recensement annuel des cygnes de la Tamise.

swanherd ['swɔnhəːrd], *s.* = SWAN-MASTER.

swank[1] [swaŋk], *s.* *F:* **1.** Prétention *f*, gloriole *f*, épate *f.* *To wear a monocle* **for swank,** porter un monocle par genre, par chic, pour faire de l'épate. **2.** = SWANKER.

'swank-pot, *s.* *P:* = SWANKER.

swank[2], *v.i.* *F:* Se donner des airs; crâner; la faire à la pose; faire le flambard; faire du volume; faire du chiqué, de la gomme, de l'épate; *P:* faire sa poire; (*of girl*) faire sa Sophie. *He used to s. with his 40 h.p. car*, il faisait le malin avec sa quarante chevaux.

swanker ['swaŋkər], *s.* *F:* Épateur, -euse; poseur, -euse; crâneur, -euse; esbrouffeur, -euse.

swanky ['swaŋki], *a.* *F:* (*a*) Prétentieux, poseur. (*b*) *S. dinner*, dîner *m* chic.

swannery ['swɔnəri], *s.* Endroit aménagé pour l'élevage des cygnes.

swanskin ['swɔnskin], *s.* **1.** Peau *f* de cygne. **2.** *Tex:* Molleton *m.*

swap[1] [swɔp], *s.* (*a*) Troc *m*, échange *m.* **To do a swap,** faire un troc. (*b*) *pl.* (*In stamp-collecting*) Swaps, doubles *m.*

swap[2], *v.tr.* (**swapped** [swɔpt]; **swapping**) *F:* **To swap sth. for sth.,** échanger, troquer, qch. contre, pour, qch.; faire un échange de qch. pour, contre, qch. **To swap places with s.o.,** changer de place avec qn. *P:* **To swap stories, to swap lies,** échanger ses impressions; causer. *To s. mounts*, troquer de monture. **To swap bad for worse,** troquer un cheval borgne contre un aveugle. *See also* HORSE[1] 1.

swapping, *s.* Échange *m*, troc *m.*

Swaraj [swɑː'rɑːdʒ], *s.* *Indian Pol:* Svarajisme *m*; swarajisme *m.*

Swarajist [swɑː'rɑːdʒist], *s.* *Indian Pol:* Svarajiste *m*, swarajiste *m.*

sward[1] [swɔːrd], *s.* *Lit:* (Tapis *m* de) gazon *m*; pelouse *f*; prairies gazonnées.

sward[2], *v.tr.* Gazonner.

swarded, *a.* Gazonné, gazonneux.

swardy ['swɔːrdi], *a.* *Lit:* Gazonneux.

sware [swɛər]. *See* SWEAR[2].

swarf [swɔːrf, swɑːrf], *s.* **1.** Boue *f* de meule, d'émoulage. **2.** Copeaux *mpl*, limaille *f* (de métal); riblons *mpl.*

swarm[1] [swɔːrm], *s.* Essaim *m*, jetée *f* (d'abeilles); *F:* pullulation *f*, pullulement *m* (d'insectes, d'enfants, etc.). *A s. of locusts*, un vol de sauterelles. (*Of bees*) **To send out a swarm,** jeter un essaim. *F:* **Swarm of children,** essaim, troupe *f*, *F:* ribambelle *f*, légion *f*, d'enfants. *S. of barbarians*, nuée *f* de barbares.

'swarm-spore, *s.* *Biol:* Zoospore *f.*

'swarm-year, *s.* *Ent:* Année *f* d'essaimage (des coléoptères).

swarm[2]. I. *v.i.* **1.** (*a*) (*Of bees*) Essaimer; faire l'essaim. (*b*) (*Of pers.*) Accourir en foule, se presser (autour de, dans, qch.). *The crowd swarmed over the football ground*, la foule inonda le terrain, fit irruption sur le terrain. (*c*) *F:* Pulluler, grouiller. *The children s. in these quarters*, dans ces quartiers les enfants pullulent. (*d*) *Cin:* (*Of the image*) Grouiller. **2.** **To swarm with . . .,** fourmiller, grouiller, de. . . . *The roads are swarming with people*, les rues grouillent, regorgent, de monde. *The river swarmed with alligators*, le fleuve était infesté d'alligators. *London swarms with foreigners*, Londres regorge d'étrangers. *Book swarming with mistakes*, livre *m* qui fourmille de fautes.

II. **swarm,** *v.tr.* **1.** *U.S: The crowd swarmed the railway station*, la foule a envahi la gare. **2.** (*In passive*) *The house is swarmed with rats*, la maison est infestée de rats.

swarming, *s.* **1.** Essaimage *m*, essaimement *m.* **2.** *Cin:* Grouillement *m* (de l'image).

'swarming time, *s.* Essaimage *m.*

swarm[3], *v.tr. & i.* (*a*) **To swarm (up) a tree, a mast,** monter, grimper, à un arbre, à un mât (en s'aidant des genoux et des pieds). (*b*) Escalader (une falaise, etc.).

swarmer ['swɔːrmər], *s.* **1.** Abeille *f* qui fait l'essaim. **2.** Ruche *f* (pour cueillir l'essaim).

swart [swɔːrt], *a.* *A. & Poet:* = SWARTHY.

swarthiness ['swɔːrθinəs, -ði-], *s.* Teint basané, brun, bistré.

swarthy ['swɔːrθi, -ði], *a.* (Teint) basané, bistré, brun, noiraud, boucané.

'swarthy-faced, *a.* Au teint basané ou noiraud.

swash[1] [swɔʃ]. **1.** *s.* Clapotage *m*, clapotement *m*, clapotis *m* (des vagues). *He landed the seal with a s.*, il amena le phoque à terre avec un grand bruit d'eau. **2.** *adv. & int.* **To fall swash,** faire pouf en tombant (par terre); faire flac en tombant (dans l'eau).

swash[2]. **1.** *v.tr.* (*a*) Faire jaillir, faire gicler (l'eau, etc.). (*b*) (*Of water*) *To s. the rocks*, clapoter contre les rochers; lécher les rochers en clapotant. **2.** *v.i.* (*Of water*) Clapoter.

swashing, *a.* **1.** (Coup) violent, assommant. **2.** (*Of liquid*) Clapotant, clapoteux.

swash[3], *a.* *Mec.E:* Incliné sur l'axe (du tour); de biais. **Swash work,** façonnage *m* (au tour) des surfaces obliques.

'swash-plate, *s.* *Mec.E:* Plateau oscillant, plateau basculant (pour la translation d'un mouvement circulaire en mouvement rectiligne alternatif).

swashbuckler ['swɔʃbʌklər], *s.* Rodomont *m*, brétailleur *m*, bretteur *m*; bravache *m*, fanfaron *m*; traîneur *m* de sabre, d'épée, de rapière; matamore *m*; ferrailleur *m*; batteur *m* de fer.

swashbuckling[1] ['swɔʃbʌkliŋ], *a.* Brétailleur, bretteur, fanfaron. *S. life*, vie *f* de bretteur.

swashbuckling[2], *s.* **1.** Rodomontades *fpl*; fanfaronnades *fpl.* **2.** Manières *fpl*, allures *fpl*, de bravache, de bretteur.

swastika ['swastika], *s.* Svastika *m*; croix gammée.

swat [swɔt], *v.tr.* *U.S: P:* Frapper, taper, cogner sur (qn, qch.). *S. that fly!* écrasez donc cette mouche!

swath [swɔːθ], *s.* *Husb:* Andain *m*, ondain *m*, fauchée *f.* **Grass lying in (the) swath,** herbe laissée en andains.

'swath-layer, *s.* *Agr:* Javeleur, -euse.

swathe[1] [sweːið], *s.* **1.** Bandage *m*, bandelette *f.* **2.** *A:* Lange *m.*

swathe[2], *v.tr.* **1.** Emmailloter, envelopper. *Finger swathed in a huge bandage*, doigt emmailloté en grosse poupée. *Woman swathed in a shawl*, femme enveloppée, entourée, d'un châle. **2.** Rouler (autour de qch.). *Strip of canvas swathed round his waist*, bande de toile roulée autour de sa taille.

swathing, *s.* **1.** Emmaillotement *m*, enveloppement *m.* **2.** *pl.* Swathings, bandages *m*; bandelettes *f* (de momie).

'swathing-bands, *s.pl.* Langes *m*, maillot *m.*

swathe[3], *s.* = SWATH.

swatter ['swɔtər], *s.* (Fly-)swatter, (balai *m*) tue-mouches *m inv.*

sway[1] [swei], *s.* **1.** Balancement *m*, oscillation *f*; mouvement *m* de va-et-vient. *Rail:* Mouvement de lacet. *Aut:* Roulis *m* (de la voiture). *We watched the s. of the scales*, nous regardions la balance pencher, osciller, à droite et à gauche. **2.** Empire *m*, domination *f.* *The sway of fashion*, le règne, l'empire, de la mode. **Under his sway,** sous son empire; sous son influence. *Peoples under the s. of Rome*, peuples soumis à Rome. **To bring a people under one's sway,** réduire un peuple sous sa puissance. *To be under the s. of a passion*, être sous l'empire d'une passion; subir le joug d'une passion. **To have, hold, bear, sway over a people,** régner sur un peuple; avoir, exercer, le pouvoir sur un peuple. *To hold s. over a country*, tenir un pays en souveraineté. *These laws hold s. in every realm of Nature*, ces lois s'exercent dans tous les domaines de la Nature. *To have lost one's s. over public opinion*, avoir perdu son empire sur l'opinion publique. *To have great s. in the House*, jouir d'une grande influence à la Chambre. *Lit:* **She holds sway over my heart,** elle règne sur mon cœur.

'sway-backed, *a.* (Cheval) ensellé.

'sway-bar, *s.* *Veh:* Sassoire *f.*

'sway-brace[1], *s.* **1.** *Civ.E:* Entretoise *f* de contreventement. **2.** Cornière *f* de renforcement.

'sway-brace[2], *v.tr.* *Civ.E:* Contreventer.

sway-bracing, *s.* Contreventement *m.*

sway[2]. **1.** *v.i.* (*a*) Se balancer; osciller; ballotter; (*of drunkard*) vaciller. (*Of trees*) *To s. in the wind*, se balancer au vent. *Trees swaying in the wind*, arbres que berce le vent. (*b*) Rester indécis, balancer, vaciller. (*c*) (*Of balance, etc.*) Pencher; incliner. *Lit: Victory swayed on our side*, la victoire inclinait de notre côté. **2.** *v.tr.* (*a*) Faire osciller; balancer, agiter (les arbres, etc.). *Heart swayed between hope and fear*, cœur suspendu entre l'espoir et la crainte. *See also* HIP[1] 1. (*b*) Porter, tenir (le sceptre); manier (un bâton, etc.); brandir (une épée). (*c*) Gouverner, diriger, influencer; influer sur (qn, qch.). *Considerations that s. our opinions*, considérations qui font pencher, qui influencent, nos opinions. *His advice sways the whole council*, son avis entraîne l'opinion de tout le conseil. (*d*) **To sway s.o. from his course,** détourner qn de ses projets. *To refuse to be swayed*, rester inflexible. (*e*) *Nau:* **To sway up,** hisser, guinder (un mât de hune, etc.). **Sway away!** hissez!

swaying[1], *a.* Qui se balance de-ci de-là; oscillant. *S. gait*, déhanchement *m* en marchant, dandinement *m.* *To walk with a s. gait*, tanguer en marchant. *S. crowd*, foule ondoyante.

swaying[2], *s.* = SWAY[1] 1.

Swazi ['swɑːzi], *a. & s.* *Geog:* Souazi.

Swaziland ['swɑːziland]. *Pr.n.* *Geog:* Le Souaziland.

swear[1] [swɛər], *s.* **1.** Jurons *mpl.* *To indulge in, have, a good s.*, lâcher une bordée de jurons. **2.** = SWEAR-WORD.

'swear-word, *s.* *F:* Gros mot; juron *m.*

swear[2], *v.* (*p.t.* **swore** [swɔːr], *A:* **sware** [swɛər]; *p.p.* **sworn** [swɔːrn]) **1.** *v.tr.* (*a*) Jurer. **To swear sth. on the Bible,** jurer qch. sur la Bible. *I s. it on my soul and conscience*, je le jure sur mon âme et conscience. **To swear to do sth., that one will**

do sth., jurer de faire qch. *We could have sworn we heard cries*, on aurait juré entendre des cris. **To swear fealty to s.o.**, faire, prêter, serment de féauté à qn; jurer la féauté à qn. *The allegiance that they had sworn to him*, le serment de fidélité à lui prêté par eux. *He broke the peace he had sworn*, il rompit la paix par lui jurée. **To swear eternal hatred**, jurer une haine éternelle (*against*, contre). **To swear revenge**, jurer, faire serment, de se venger. *See also* OATH I. (*b*) **To swear (in) a witness, a jury**, faire prêter serment à, déférer le serment à, assermenter, un témoin, un jury. (*Of juryman*) **To be sworn (in)**, prêter serment. **To swear s.o. to secrecy**, faire jurer le secret à qn. *I s. you to secrecy*, vous me jurez le secret. *See also* PEACE 2. (*c*) Déclarer (qch.) sous la foi du serment. **To swear an estate at £10,000**, évaluer un bien à £10 000 sous la foi du serment. **To swear treason against s.o.**, jurer que qn est coupable de trahison. 2. *v.i.* (*a*) Jurer, sacrer, blasphémer; lâcher, proférer, un juron ou des jurons; *F:* renier Dieu. **To swear like a trooper, like a bargee, like blazes**, jurer comme un charretier (embourbé), comme un templier, comme un démon, comme tous les diables, *A:* comme un païen. **It's enough to make a saint swear**, il y a de quoi faire jurer un saint; cela ferait damner un saint. (*b*) (*Of cat*) Gronder.

swear at, *v.ind.tr.* Maudire, injurier (qn); pester contre (qn); jurer après (qn). *F:* **Colours that swear at each other**, couleurs qui jurent l'une avec l'autre, qui jurent ensemble.

swear away, *v.tr.* **To swear away s.o.'s life, s.o.'s good name**, envoyer qn à l'échafaud, perdre qn de réputation, en portant un faux témoignage.

swear by, *v.i.* 1. **To swear by one's honour**, jurer sa foi. *To s. by all that one holds sacred*, jurer ses grands dieux. 2. (*a*) Se fier à (qn, qch.). *He swears by his manager*, il ne jure que par son gérant. (*b*) Préconiser. *He swears by castor oil*, pour lui il n'y a rien de tel que l'huile de ricin.

swear off, *v.i.* (*Prep. use*) Jurer de renoncer à (l'alcool, etc.). *F: I've sworn off bridge*, j'ai renoncé au bridge.

swear to, *v.ind.tr.* Attester, certifier, (qch.) sous serment. *She swore to having paid him*, elle déclara sous serment l'avoir payé. *I s. to it*, j'en lève la main. *I would s. to it*, j'en jurerais; *F:* j'en mettrais la main au feu. *I will s. to it on my life*, *F:* je vous le signerai de mon sang. *I would have sworn to him*, j'aurais juré que c'était lui.

sworn, *a.* 1. Juré, assermenté. **Sworn official**, agent, fonctionnaire, assermenté. *S. broker*, courtier assermenté. *Hist:* **Sworn man**, homme *m* lige. **Sworn enemies**, ennemis jurés, acharnés. **They are sworn friends**, entre eux c'est à la vie à la mort; ils sont amis à la vie à la mort. 2. **Sworn witness**, (i) témoin *m* qui a prêté serment; (ii) témoignage *m* sous serment. **Sworn statement**, déclaration *f* sous serment.

swearing, *s.* 1. (*a*) Attestation *f* sous serment. (*b*) Prestation *f* de serment. 2. **Swearing (in) of the jury**, assermentation *f* du jury. 3. Jurements *mpl*, jurons *mpl*; gros mots. 4. Grondement *m* (d'un chat).

swearer ['swɛərər], *s.* 1. Celui qui prête serment; jureur *m*. 2. Homme mal embouché; jureur.

sweat[1] [swet], *s.* 1. Sueur *f*, transpiration *f*. **A cold sweat came over him**, il fut pris d'une sueur froide. **Night sweats**, sueurs nocturnes. **Bloody sweat**, sueur de sang. *B:* **In the sweat of thy face shalt thou eat bread**, tu mangeras le pain à la sueur de ton visage. **By the sweat of one's brow**, à la sueur de son front. **To be in a sweat**, *F:* **all of a sweat**, (i) être trempé de sueur; être tout en nage; suer à grosses gouttes; (ii) être tout en émoi; ne savoir où donner de la tête. *F:* **To be in a sweat of fear**, suer de terreur. 2. (*a*) *Med: etc:* Suerie *f*, suée *f*. **To give a horse a sweat**, donner une suée à un cheval (soumis à l'entraînement). (*b*) *Bot: etc:* Transsudation *f*. (*c*) Condensation *f*; suintement *m* (des murs, etc.). (*d*) *Metalw:* Ressuage *m*. 3. *P:* Corvée *f*; travail *m* pénible; suée. 4. *Mil: P:* **An old sweat**, un vieux troupier; un vétéran. 5. *Tan: etc:* Échauffe *f*.

'sweat-band, *s.* Cuir intérieur (d'un chapeau).

'sweat-cloth, *s.* *Harn:* Tapis *m* de selle.

'sweat-duct, *s.* *Anat:* Canal excréteur (d'une glande sudoripare); conduit *m* sudorifère.

'sweat flap, *s.* *Harn:* Quartier *m* de selle.

'sweat-gland, *s.* *Anat:* Glande *f* sudoripare.

'sweat-house, *s.* (*a*) *Tan:* Échauffe *f*, étuve *f*. (*b*) (*For tobacco*) Suerie *f*.

'sweat-roll, *s.* *Paperm:* Cylindre refroidisseur.

'sweat-shop, *s.* Atelier *m* où les ouvriers sont exploités; *F:* vrai bagne.

sweat[2]. I. *v.i.* 1. (*a*) Suer, transpirer; *F:* être en nage. *To s. profusely*, suer à grosses gouttes. *F: Only to look at surgical instruments makes me s.*, rien que de voir des instruments de chirurgie, ça me donne des sueurs froides. *F: A: You'll s. for it!* il vous en cuira! vous vous en repentirez! (*b*) (*Of worker*) Peiner; travailler comme un nègre pour un maigre salaire; *P:* turbiner. (*c*) *F: To s. up a hill, along the road*, gravir péniblement une colline; cheminer péniblement. 2. (*Of walls, etc.*) Suer, ressuer, suinter.

II. **sweat**, *v.tr.* 1. (*a*) Suer. *F:* **To sweat blood and water to do sth.**, suer sang et eau pour faire qch. *P: To s. one's guts out*, s'échiner. (*b*) Faire suer (qn). *Med:* Faire transpirer (qn). *Turf:* Suer (un cheval). (*c*) Exploiter, *P:* usiner (la main-d'œuvre, un artiste). (*d*) *U.S: F:* Cuisiner (un prisonnier). (*e*) *Farr:* Enlever la sueur (d'un cheval); bouchonner (un cheval). 2. Frayer (la monnaie d'or). 3. (*a*) *Metall:* Suer, faire ressuer (le minerai). (*b*) *Metalw:* **To sweat (in, on)**, souder à l'étain, à la soudure tendre (un câble à son support, etc.); ressuer (une jointure, etc.). 4. (*a*) *Tan:* Passer à l'échauffe, étuver (les peaux). (*b*) Faire fermenter (les feuilles de tabac).

sweat out. 1. *v.tr.* (*a*) **To sweat out the moisture from a wall**, faire exsuder l'humidité d'un mur. (*b*) Chasser, guérir, (un rhume) par des sudorifiques. 2. *v.i.* (*Of moisture, etc.*) Exsuder.

sweated, *a.* (Travail) exténuant et mal rétribué; *F:* (travail) d'esclave. **Sweated goods**, articles produits à la sueur des ouvriers, des ouvrières.

sweating[1], *a.* 1. En sueur; suant; (mur, etc.) suintant. 2. (*a*) (Travail) exténuant et mal rétribué. (*b*) (Patron *m*) qui exploite ses ouvriers.

sweating[2], *s.* 1. (*a*) Transpiration *f*; *Med:* sudation *f*. (*b*) Ressuage *m*, suintement *m* (d'un mur). 2. (*a*) *Med: etc:* Suée *f*, suerie *f*. (*b*) Exploitation *f*, *P:* usinage *m* (de la main-d'œuvre, etc.). **The sweating system**, exploitation patronale. 3. Frai artificiel (des pièces d'or). 4. (*a*) *Metall:* Ressuage (du minerai). **Sweating heat**, chaude suante. (*b*) *Metalw:* Soudure *f* à l'étain; ressuage. 5. *Tan:* Étuvage *m*, échauffe *f*. 6. *U.S: F:* Cuisinage *m* (d'un prisonnier).

'sweating-iron, *s.* Couteau *m* de chaleur (pour panser les chevaux).

'sweating-pit, *s.* *Tan:* Étuve *f*, échauffe *f*.

'sweating-room, *s.* 1. Étuve *f*; salle *f* de sudation (d'un hammam); sudatoire *m*. 2. *Tan:* Étuve, échauffe *f*.

'sweating-sickness, *s.* *Med.Hist:* Suette anglaise; *A:* trousse-galant *m*.

sweater ['swetər], *s.* 1. *Cost:* Chandail *m*; tricot *m*; sweater *m*. 2. *Pej:* (*Pers.*) Exploiteur *m* (de main-d'œuvre).

sweatered ['swetərd], *a.* (Athlète, etc.) en chandail.

sweatiness ['swetinəs], *s.* Moiteur *f* (du corps); humidité (d'un vêtement) due à la transpiration.

sweaty ['sweti], *a.* 1. Couvert de sueur; en sueur. *S. hands*, mains *f* moites. 2. *S. afternoon*, après-midi *m or f* d'une chaleur humide. *S. work*, travail *m* qui fait transpirer. 3. *S. clothes*, vêtements imprégnés de sueur.

Swede [swi:d], *s.* 1. *Geog:* Suédois, -oise. 2. *Agr:* Rutabaga *m*; navet *m* de Suède; chou-navet *m*, *pl.* choux-navets.

Sweden ['swi:d(ə)n]. *Pr.n. Geog:* La Suède.

Swedenborgian [swi:d(ə)n'bɔ:rdʒiən], *a. & s.* *Rel.H:* Swedenborgien, -ienne.

Swedish ['swi:diʃ]. 1. *a.* Suédois. **Swedish gymnastics, Swedish exercises**, gymnastique suédoise. *See also* TAR[1] 1. 2. *s.* *Ling:* Le suédois.

sweeny ['swi:ni], *s.* *Vet: U.S:* Atrophie *f* musculaire (de l'épaule, chez le cheval).

sweep[1] [swi:p], *s.* 1. (*a*) Coup *m* de balai, de pinceau, de faux. **At one sweep**, d'un seul coup. (*b*) Balayage *m*. **To give a room a good sweep**, donner à une pièce un bon coup de balai; balayer une chambre à fond. *F:* **To make a clean sweep of one's old furniture, of one's staff**, faire place nette de ses vieux meubles, de son personnel; faire maison nette; *F:* balayer son personnel. *To make a clean s. of a gang of thieves*, faire une rafle complète d'une bande de voleurs; rafler une bande. *To make a clean s. of the table*, faire table rase. *To make a clean s. of one's prejudices*, faire table rase de ses préjugés. *To make a clean s. of the victuals*, faire main basse sur les vivres. *The thieves made a clean s.*, les voleurs ont tout enlevé, tout raflé. *It was a clean s.*, ç'a été la rafle totale. *Gaming:* **To make a clean sweep**, faire rafle; rafler le tout. 2. (*a*) Mouvement *m* circulaire (du bras). **Sweep of the eye**, regard *m* circulaire. *Danc:* **Sweep of the leg**, rond *m* de jambe. *With a wide s. of the arm*, d'un geste large. *With a s. of the hand he caught . . .*, dans un ramassement de main il attrapa. . . . **Within the sweep of the net**, dans le cercle du filet. (*b*) Zone *f* de jeu (d'une manivelle, etc.). **Door-sweep**, ouverture *f* de porte. *Aut: etc:* **Fan sweep**, région couverte par le ventilateur. 3. (*a*) Course *f* rapide (d'un fleuve, etc.). *She moves with a dignified s.*, il y a de la dignité dans tous ses mouvements. (*b*) *Phot: To cover the plate with the developer* **at one sweep**, répandre le révélateur sur la plaque d'un seul coup. 4. (*a*) Courbe *f*, courbure *f*; boucle *f* (d'une rivière); *Arch:* courbure (d'un arc). **To take, make, a sweep**, (*of river, etc.*) décrire une courbe; (*of ship*) prendre du tour. *The car took a big s.*, l'auto prit un virage large. *To make a wide s. to take a bend*, prendre du champ pour effectuer un virage. **Sweep of a hill**, versant incurvé d'une colline. *S. of a motor car's lines*, galbe *m* d'une auto. *N.Arch:* **Sweep (of the lines) of a ship**, courbure d'un navire; façons *fpl* d'un navire. *A wide s. leads up to the house*, une large allée en demi-cercle conduit à la maison. (*b*) **Fine sweep of grass, of country**, belle étendue de gazon, de terre, de pays. (*c*) *Artil: etc:* (i) Battage *m*, (ii) portée *f* (d'une pièce); portée (d'un phare). *The convoy was beyond the s. of the guns*, le convoi était hors de portée. *Within the s. of the guns*, à portée. *To bring one's arguments within the s. of one's audience*, mettre son raisonnement à la portée de son auditoire. (*d*) Envergure *f* (des ailes, *F:* d'un génie); portée (d'un raisonnement, d'un principe). 5. (*a*) (i) Aviron *m* (de galère); (ii) aviron de queue (d'une embarcation, etc.). (*b*) Aile *f* (de moulin). (*c*) Flèche *f* (d'un manège). (*d*) Balancier *m* (de pompe, de porte d'écluse). (*e*) Bascule *f* (pour tirer l'eau d'un puits); (*in Egypt, etc.*) chadouf *m*. (*f*) *N.Arch:* Tamisaille *f* (du gouvernail). 6. (*a*) *Metall:* Trousseau *m*; calibre *m* de moulage. (*b*) *Draw:* Compas *m* à verge. 7. *Nau:* Câble balayeur; drague *f* (pour mines). 8. (*Pers.*) (*a*) **(Chimney-)sweep**, ramoneur *m*. (*b*) *P:* Sale type *m*. 9. *F:* = SWEEPSTAKE. **Sweep-ticket**, billet *m* de sweepstake.

'sweep-board, *s.* *Metall:* Trousseau *m*; calibre *m* de moulage.

'sweep-brush, *s.* Brosse *f* à coller (de peintre en bâtiments).

'sweep-net, -seine, *s.* *Fish:* Seine *f*.

sweep[2], *v.* (*p.t.* swept [swept]; *p.p.* swept) I. *v.tr.* 1. (*a*) Balayer (une chambre, etc.); ramoner (une cheminée); ébouer (les rues). *B: He findeth it empty, swept and garnished*, il la trouve vide, balayée et parée. *Dress that sweeps the ground*, robe *f* qui balaie le sol. *A storm swept the town*, un orage ravagea la ville. *To s. the ground with shrapnel fire*, arroser le terrain. *Region swept by* *machine-gun fire*, région balayée, battue, par les mitrailleuses. **The deck was swept by a sea**, une grosse vague balaya le pont. **To sweep the strings of a harp**, effleurer les cordes d'une harpe; arpéger. **To sweep the horizon with a telescope**, parcourir, interroger, scruter, l'horizon avec une lunette. **To sweep the room with a glance**, promener un regard circulaire sur la salle. *His eye swept the sea*, son œil parcourait la mer. **To sweep the seas**, battre, parcourir, balayer, les mers. **To sweep the seas of one's enemies, of pirates**, purger la mer de ses ennemis, des pirates. **To sweep the board**, (i) *Gaming:* faire rafle; rafler le tout; faire table rase; nettoyer le tapis; (ii) *F:* remporter un succès complet. *Pol:* **To sweep the country with a programme**, recueillir l'approbation de tout le pays pour son programme. *See also* BROOM 2, WIND-SWEPT. (*b*) *Nau: To sweep a channel*, draguer un chenal. *Abs.* **To sweep for mines, for an anchor**, draguer des mines, une ancre. *To s. for a cable*, pêcher un câble. **2.** (*a*) Balayer (la poussière). *To s. the dust into a corner*, refouler la poussière dans un coin (avec le balai). (*b*) Emporter, entraîner. *A wave swept him overboard*, une lame le jeta à la mer. *We were swept into the road by the crowd*, nous fûmes entraînés dans la rue par la foule. *To be swept out of sight*, être emporté, entraîné, hors de vue. *Everything he can lay hold of is swept into his net*, il ramasse tout sur quoi il peut mettre le grappin. *To be swept off one's feet by the tide*, être entraîné par la marée; perdre pied. (*Of the crowd*) **To sweep s.o. off his feet**, soulever qn de la terre; entraîner qn. *F:* **To be swept off one's feet by s.o.**, s'emballer, être emballé, pour qn. **3.** **To sweep one's hand over sth.**, (i) passer la main sur qch.; (ii) passer la main sur qch. d'un geste circulaire. *To s. one's hand over one's hair*, se passer la main sur les cheveux. **To sweep one's eyes along the horizon**, interroger, scruter, l'horizon d'un regard circulaire. *To s. one's eyes over s.o.*, envelopper qn d'un regard. **4.** Tracer (une courbe). **5.** *Metall:* Mouler au trousseau, au calibre. *To s. the mould*, calibrer, trousser, le moule.

II. **sweep**, *v.i.* **1.** (*Extend widely*) S'étendre, s'étaler. *The plain sweeps (away) towards the north*, la plaine s'étend vers le nord. **2.** To sweep (along), avancer rapidement; avancer avec un mouvement rapide et uni. **She swept into the room**, elle entra dans la salle d'un air majestueux, avec un port de reine. (*Of car, etc.*) **To sweep round the corner**, tourner le coin de la rue en faisant un large virage. *The wind sweeps along the road*, le vent balaye la rue. *The crowd swept over the pitch*, la foule envahit le terrain de jeu. *The plague swept over Europe*, la peste parcourut toute l'Europe. *The beam swept across the sea*, le faisceau lumineux balaya la mer. *The road sweeps round the lake*, la route décrit une courbe autour du lac.

sweep along, *v.tr.* **1.** (*Of current, etc.*) Entraîner, emporter (qch.). **Speaker who sweeps his audience along with him**, orateur *m* qui entraîne son auditoire. **2.** **To sweep a barge along**, faire avancer un chaland avec les avirons, en souquant.

sweep aside, *v.tr.* Écarter (les rideaux, etc.) d'un geste large.

sweep away, *v.tr.* Balayer (la neige, les nuages, etc.); supprimer, détruire (un abus). *The storm swept everything away*, la tempête a tout balayé, *F:* a tout moissonné. *Bridge swept away by the torrent*, pont emporté, balayé, entraîné, par le torrent.

sweeping away, *s.* Balayage *m* (de la neige); suppression *f* (d'un abus).

sweep by, *v.i.* Passer (i) avec vitesse, (ii) majestueusement. *The rich men s. by (us) in their motors*, les riches passent dédaigneusement (devant nous) dans leurs autos.

'**sweep-by**, *s.* Passage *m* rapide (d'un grand oiseau, d'une auto, etc.).

sweep down. **1.** *v.tr. The current sweeps the logs down with it*, le courant emporte, entraîne, charrie, le bois. **2.** *v.i.* (*a*) *The enemy, the storm, swept down upon us*, l'ennemi, l'orage, s'abattit sur nous; l'ennemi fondit, fonça, sur nous. (*b*) *Hills sweeping down to the sea*, collines qui descendent en pente douce, qui dévalent, vers la mer.

sweep in. **1.** *v.i.* (*a*) *The wind sweeps in*, le vent s'engouffre par la porte. (*b*) *She swept in*, elle entra d'un air majestueux. **2.** *v.tr. Veh: etc: Chassis* **swept in** *at the front*, châssis rétréci vers l'avant, à l'avant.

sweep off, *v.tr.* **1.** Enlever, emporter, avec violence. *The plague swept off thousands*, la peste emporta des milliers de personnes. **2.** **To sweep off one's hat**, faire un large salut.

sweep on, *v.i.* Avancer d'un flot régulier; continuer d'avancer (irrésistiblement).

sweep out, *v.tr.* **1.** Balayer (une chambre); débarrasser (une chambre) de sa poussière. **2.** Donner une forme évasée à (qch.).

sweep past, *v.i.* = SWEEP BY.

sweep round, *v.i.* *Nau:* Virer.

sweeping round, *s.* Virage *m.*

sweep up. **1.** *v.tr.* (*a*) Balayer, ramasser (la poussière, etc.). (*b*) Rassembler (la poussière, etc.) en tas. (*c*) *Aut: etc:* **Swept-up chassis**, châssis surélevé (à l'arrière, etc.). **2.** *v.i.* (*a*) *The carriage swept up to the door*, la voiture roula jusqu'à la porte. (*b*) *The avenue sweeps up to the front door*, l'allée décrit une courbe jusqu'au perron. (*c*) (*Of bird, aeroplane, etc.*) S'élancer (en montant); s'envoler; monter.

sweeping up, *s.* Balayage *m*, ramassement *m.*

sweeping[1], *a.* **1.** (*Of stream, etc.*) Rapide, impétueux. **2.** (*a*) **Sweeping plain**, vaste plaine *f*, vaste étendue *f*. **Sweeping gesture**, geste *m* large. **Sweeping curtsy**, révérence profonde. **Sweeping glance**, regard *m* circulaire, qui embrasse toute l'assemblée. *S. motion*, mouvement *m* circulaire. (*b*) (Mouvement) balayant. **Sweeping flight**, vol plané (des grands oiseaux). (*c*) *Art: etc: S. line*, ligne allongée, élancée, fuyante. *The s. lines of the drapery*, les lignes dégagées des draperies. *Veh: Low s. lines*, lignes basses et allongées. **3.** **Sweeping statement, sweeping generalization**, déclaration par trop générale; généralisation par trop absolue. **Sweeping reform**, réforme complète, intégrale, radicale. **Sweeping changes**, changement *m* de fond en comble. *Com:* **Sweeping reductions**, (i) rabais *m* incroyables; (ii) rabais sur tous les articles. **-ly**, *adv.* **1.** Rapidement. **2.** Sans distinction. *S. denounced as rogues*, traités de fripons par une affirmation générale, d'une façon générale.

sweeping[2], *s.* **1.** Balayage *m* (d'une chambre); ramonage *m* (d'une cheminée); ébouage *m* (d'une rue). *See also* MINE-SWEEPING. **2.** *pl.* **Sweepings**, balayures *f*, ordures *f*. *Metall:* Sarrasin *m*. *Heap of street sweepings*, tas *m* d'ordures, de raclons *m*. *F:* **The sweepings of society**, le rebut de la société.

'**sweeping-machine**, *s.* Balayeuse *f* mécanique. *Road s.-m.*, éboueuse *f*. *Sweeping and watering machine*, balayeuse-arroseuse *f*, *pl.* balayeuses-arroseuses.

sweeper ['swi:pər], *s.* **1.** (*Pers.*) Balayeur, -euse. *See also* STREET-SWEEPER. **2.** (*Machine*) Balayeuse *f*, balai *m* (mécanique); éboueuse *f*. **Motor (street-)sweeper**, autobalayeuse *f*. **Sweeper and sprinkler**, balayeuse-arroseuse *f*, *pl.* balayeuses-arroseuses. *See also* CARPET-SWEEPER, MINE-SWEEPER.

sweepstake ['swi:psteik], *s.* *Turf:* Course *f* par enjeux; poule *f*; sweepstake *m.*

sweet [swi:t]. I. *a.* Doux, *f.* douce. **1.** Sucré. **As sweet as honey**, doux comme (le) miel. **To taste sweet**, avoir une saveur douce. *S. apple*, pomme douce, sucrée. *S. biscuit*, biscuit sucré. **Sweet wine**, vin sucré. **Sweet stuff**, bonbons *mpl*, douceurs *fpl*, friandises *fpl*. *My tea is too s.*, mon thé est trop sucré. **To have a sweet tooth**, aimer les douceurs, le sucre, les sucreries; être friand de sucreries. *F:* **Sweet morsel**, morceau succulent. *See also* CHESTNUT 1, OMELETTE, POTATO 2. **2.** (*Of flower, etc.*) Parfumé, odorant. **Sweet violet**, violette odorante. **To smell sweet**, sentir bon; avoir une douce odeur; (*of rose, etc.*) embaumer. *F: It doesn't smell exactly s.*, ça ne sent pas la rose. *The air was s. with the odours of spring*, l'air sentait bon le printemps. *See also* BRIAR[1], GALE[2], HERB 1, PEA[1] 2, RUSH[1] 1, SULTAN 2. **3.** (*Of food, air, etc.*) Frais, *f.* fraîche. **Sweet water**, (i) eau bonne à boire; eau potable; (ii) eau douce. *Is the ham still s.?* est-ce que le jambon est encore bon? *To keep the ham s.*, empêcher le jambon de se corrompre. **To keep a stable sweet and clean**, maintenir une écurie nette et saine, sans odeur. **Sweet breath**, haleine saine, pure, fraîche. *Agr:* **Sweet earth**, sol sain. **4.** (Son) doux, mélodieux, harmonieux, suave. **Sweet singer**, (i) chanteur *m* à la voix douce; (ii) auteur *m* de poésie religieuse. *Her voice sounds s.*, elle a la voix douce. *Flattery that sounds s.*, flatteries douces aux oreilles. **5.** (*a*) Agréable. *S. repose*, doux repos. **Sweet temper**, caractère doux, aimable. *Revenge is s.*, la vengeance est douce. *It is s. to know that one is loved*, c'est une grande douceur de se savoir aimé. *See also* WILL[1] 2. (*b*) *F:* Charmant, gentil, *f.* gentille; gentillet, -ette. *S. old lady*, vieille dame charmante, exquise. *S. girl*, gentille jeune fille. *She is perfectly s.*, elle est gentille, mignonne, à croquer. *Isn't she s.!* comme elle est mignonne! *S. manners*, manières gracieuses, aimables. *For your s. little self*, pour votre chère petite personne. **My sweet(est)! sweet one!** ma chérie! ma douce amie! **Sweet little hat**, gentil petit chapeau; petit chapeau exquis. **That's very sweet of you!** c'est bien gentil à vous! c'est trop gentil de votre part! **To say sweet nothings to s.o.**, conter fleurette à qn; dire des gentillesses, des douceurs, à qn. *See also* SEVENTEEN. **6.** *F:* **To be sweet on s.o.**, être amoureux de qn; avoir un béguin pour qn. *I am not very s. on the suggestion*, cette proposition ne me dit rien. **7.** **Sweet running** (*of a machine*), fonctionnement doux, sans à-coups. **-ly**, *adv.* **1.** (*a*) Doucement; avec douceur. (*b*) (Chanter, etc.) mélodieusement. **2.** Agréablement, *F:* gentiment. *See also* PRETTY 1. **3.** (*Of machine*) *To run s.*, fonctionner sans chocs, sans à-coups; avoir une allure douce.

II. **sweet**, *s.* **1.** (*a*) Bonbon *m*. **Sweets**, sucreries *f*, confiseries *f*, douceurs *f*, friandises *f*. (*b*) (*At dinner*) Entremets *m* sucré. **2.** *pl.* **Sweets.** (*a*) Douceurs (de la vie, des fonctions publiques, etc.). *The sweets of life*, les joies *f* et les plaisirs *m* de ce monde; les délices *f* de ce monde. (*b*) (i) Vins sucrés. (ii) *Wine-m:* Liqueur *f* d'expédition. (*c*) *Poet:* Doux parfums (des fleurs, etc.).

'**sweet and 'twenty**, *s.* Délicieuse jeune fille de vingt printemps. (Expression de Shakespeare prise à contresens dans la phrase '*Then come kiss me sweet and twenty*,' "Viens me donner vingt doux baisers.")

'**sweet-grass**, *s.* *Bot:* Glycérie *f.*

sweet 'oil, *s.* **1.** Huile douce; *esp.* huile d'olive. **2.** Huile de colza ou huile de navette.

'**sweet root**, *s.* *Pharm:* Réglisse *f.*

'**sweet-'scented**, *a.* Qui sent bon, qui a une douce odeur, qui embaume; au parfum délicieux; odorant.

'**sweet-shop**, *s.* Confiserie *f.*

'**sweet-'smelling**, *a.* = SWEET-SCENTED.

'**sweet-sop**, *s.* *Bot:* **1.** Atte *f*; anone écailleuse; corossol écailleux. **2.** Attier *m.*

'**sweet-'spoken**, *a.* **1.** Au doux parler. **2.** *Pej:* Au parler mielleux.

'**sweet-'tempered**, *a.* Doux, *f.* douce; au caractère doux; aimable de caractère.

'**sweet-'toothed**, *a.* Qui aime les douceurs, le sucre.

'**sweet-water**, *s.* *Vit:* Chasselas *m.*

sweet-'william, *s.* *Bot:* Œillet *m* de poète; jalousie *f*; fleur *f* d'Arménie.

sweet 'willow, *s.* *Bot:* = GALE[2].

sweetbread ['swi:tbred], *s.* *Cu:* (**Throat-, neck-)sweetbread**, ris *m* de veau, d'agneau. **Belly sweetbread**, pancréas *m.*

sweeten ['swi:t(ə)n]. **1.** *v.tr.* (*a*) Adoucir (une boisson amère); sucrer (un plat, une boisson, etc.); édulcorer (une potion). (*b*) Épurer (l'eau, etc.); assainir, rafraîchir (l'air); purifier (l'air, l'eau); assainir (une écurie, le sol, etc.); désodoriser (l'air, l'haleine, etc.). (*c*) Adoucir, rendre plus agréable (un son, la vie, l'humeur de qn). (*d*) *Mec.E: To s. the gears*, permettre aux engrenages de se faire. **2.** *v.i.* (*a*) S'adoucir. (*b*) (*Of soil*) S'assainir. (*c*) (*Of gears*) Se faire.

sweetening, *s.* **1.** (*a*) Adoucissement *m*; sucrage *m*; édulcoration *f*. (*b*) Assainissement *m* (du sol, d'une écurie, etc.); désodorisation *f* (de l'air, de l'haleine). (*c*) Adoucissement (du travail, de l'humeur de qn). **2.** Substance *f* pour sucrer. *What s. did you use?* avec quoi (l')avez-vous sucré?

sweetener [ˈswiːt(ə)nər], *s.* **1.** Édulcorant *m*. *Wine-m:* Liqueur *f* d'expédition. **2.** *Friendship is the s. of life*, c'est l'amitié qui rend la vie douce.

sweetheart¹ [ˈswiːthɑːrt], *s.* **1.** Amoureux, -euse; bien-aimé, -ée. **(My) sweetheart!** mon amour! mon cœur! ma chérie! *He's off to see his s.*, il va voir celle qu'il aime, *A:* sa belle. *They have been sweethearts since childhood*, ils s'adorent depuis leur enfance. **2.** Fiancé, -ée.

sweetheart². **1.** *v.tr. A:* Courtiser (qn). **2.** *v.i. A. & F:* **To go sweethearting,** aller faire sa cour; aller à ses amours.

sweetie [ˈswiːti], *s. F:* **1.** Bonbon *m*. **2.** *U.S:* = SWEETHEART¹.

sweeting [ˈswiːtiŋ], *s.* **1.** *A:* Douce amie; chérie *f*. **2.** Pomme douce.

sweetish [ˈswiːtiʃ], *a.* Assez doux, *f.* douce; douceâtre; au goût un peu sucré.

sweetmeat [ˈswiːtmiːt], *s.* Bonbon *m*. **Sweetmeats,** sucreries *f*, confiserie *f*, douceurs *f*. **Sweetmeat box,** bonbonnière *f*.

sweetness [ˈswiːtnəs], *s.* **1.** Douceur *f* (du miel, etc.). **2.** Fraîcheur *f* (d'un jambon, de l'air, etc.). *S. of the soil*, bon état du sol. **3.** *F:* (*a*) Gentillesse *f*, charme *m*. (*b*) *She's all s. when you are there*, elle fait la sucrée quand vous êtes là.

sweety [ˈswiːti], *s.* = SWEETIE.

swell¹ [swel]. I. *s.* **1.** (*a*) Bosse *f*; bombement *m*; renflement *m* (d'une colonne, d'un canon, etc.); bouge *m* (du moyeu d'une roue); gros *m* (de l'avant-bras, etc.); saillie *f* (du mollet). *Artil: S. of the muzzle*, bourrelet *m* en tulipe. **(Strengthening) swell** *of the gun-barrel*, bossage *m* du canon. *Mec.E: S. of the cam*, doigt *m*, ressaut *m*, de la came. (*b*) **Swell of ground,** élévation *f* de terrain; éminence *f*, ondulation *f*. (*c*) *A:* Crue *f* (d'un cours d'eau). (*d*) Augmentation *f* (d'un son). *Mus:* Crescendo *m* et diminuendo. *S. on sustained note*, mise *f* de voix. *Lit: The majestic s. of the organ*, les accents majestueux du grand orgue. **2.** *Nau:* Houle *f*; levée *f* (de la lame). *There is a s.*, il y a de la levée. *There is a heavy s.*, il y a beaucoup de houle, une forte houle, une grosse houle. *See also* GROUND-SWELL, LAND-SWELL. **3.** *Mus:* Soufflet *m* (d'un orgue). **Venetian swell,** jalousies *fpl*. *See also* PEDAL¹ **2.** **4.** *F:* (*a*) Élégant *m*; *F:* faraud *m*; *P:* suiffard, -arde. *She wants to be a s.*, elle veut faire l'élégante. (*b*) *P:* Gros personnage; *F:* gros légume; *P:* grosse légume; aristo *m*. **The swells,** les gens chics; *F:* les gens huppés; la (haute) gomme; *P:* les huiles *f*, les rupins *m*. *See also* HEAVY¹ 6.

II. **swell,** *a. F:* (*a*) Chic, élégant. *Their daughter's wedding was a s. affair*, le mariage de leur fille a été quelque chose de tout à fait chic. *You look very s. this morning!* comme vous voilà beau ce matin! *See also* MOB¹ 3. (*b*) (Artiste, etc.) de premier ordre. (*c*) *U.S: P:* Épatant, bath. **A swell guy,** un type chic.

ˈswell-box, *s.* (*Of organ*) Boîte expressive; boîte, caisse *f*, d'expression; le récit.

ˈswell-fish, *s. Ich:* Plectognathe *m*.

ˈswell-manual, *s.* (*Of organ*) Clavier expressif, clavier de récit.

ˈswell-organ, *s.* *Mus:* **1.** (Jeux *mpl* de) récit *m*. **2.** = SWELL-MANUAL.

ˈswell-rule, *s. Typ:* Filet anglais.

swell², *v.* (*p.t.* swelled [sweld]; *p.p.* swollen [ˈswoulən], *occ.* swelled) **1.** *v.tr.* (*a*) (R)enfler, gonfler. *River swollen by the rain*, rivière enflée, gonflée, grossie, par la pluie. *The Rhône, swollen by the Saône, turns south*, le Rhône, grossi de la Saône, se dirige vers le midi. *Eyes swollen with tears*, yeux gonflés de larmes. **To swell the crowd,** enfler, augmenter, la foule. *All this has helped to s. the ranks of the unemployed*, tout cela a augmenté le nombre de chômeurs. *See also* NUMBER¹ 1. (*b*) *Mus:* Enfler (une note). **2.** *v.i.* (*a*) **To swell (up),** (s')enfler, se gonfler; (*of part of the body*) se tuméfier; (*of plaster*) bouffer; (*of dough, etc.*) lever; (*of earth, lime*) foisonner; (*of number, debt, crowd, sound*) augmenter, grossir. *Vegetables that s. in cooking*, légumes *m* qui gonflent en cuisant. **His arm is swelling (up),** son bras enfle. **The ground swells into an eminence,** le terrain s'arrondit en colline. *The murmur swells into a roar*, le murmure s'enfle jusqu'à devenir un rugissement. *His heart swelled with pride*, son cœur s'enflait, se gonflait, d'orgueil. **To swell with importance,** *F:* **to swell like a turkey-cock,** s'enfler d'orgueil; *F:* enfler, gonfler, le jabot; faire jabot. (*b*) (*Of sea*) Se soulever. *Hate swelled up within him*, la haine montait en lui. (*c*) **To swell out,** être bombé, être renflé; bomber. **The sails swell (out),** les voiles se gonflent, se bombent. *Draperies swelling out*, draperies *f* qui ballonnent, qui bouffent.

swollen, *a.* Enflé, gonflé. **1.** (*a*) *The river is s.*, la rivière est enflée, est grosse; la rivière est en crue. (*b*) **To have a swollen face,** (i) avoir le visage bouffi; (ii) avoir une fluxion à la joue. *F:* **Swollen budget,** budget *m* pléthorique. *Vet:* **Swollen leg,** jambe gorgée (d'un cheval). *See also* GLAND¹, TEAR-SWOLLEN. **2.** (*Also* **swelled**) *P:* **To suffer from swollen head, from swelled head,** être bouffi d'orgueil; être pénétré de sa propre importance; *F:* se gober; s'en faire accroire. *He does not suffer from s. head*, les honneurs ne lui ont pas tourné la tête. **He's got (a) swollen head,** il s'en fait accroire.

ˈswollen-headed, *a. P:* Vaniteux, suffisant, prétentieux. *To be s.-h.*, s'en faire accroire; se gober.

swelling¹, *a.* Qui s'enfle, qui se gonfle; (*of sails, etc.*) enflé, gonflé; (foule, etc.) qui va en s'augmentant; (style) boursouflé. *Med:* Tumescent. *Arch:* **Swelling column,** colonne renflée. *F: S. with importance*, gonflé d'importance. *Poet:* **The swelling tide,** la marée montante.

swelling², *s.* **1.** (*a*) Enflement *m*, gonflement *m* (d'un fleuve, etc.); crue *f* (d'un fleuve); soulèvement *m* (des vagues); gonflement, bombement *m*, ballonnement *m* (des voiles, etc.). (*b*) Renflement *m* (d'une colonne, etc.). (*c*) *Aut: Cy:* Hernie *f* (du bandage). **2.** (*a*) *Med:* Tuméfaction *f*, turgescence *f*; gonflement, boursouflement *m* (du visage, etc.); engorgement *m* (des seins). (*b*) Foisonnement *m* (de la chaux, etc.). **3.** Bosse *f*, enflure *f* (au front, etc.); tumescence *f*, tumeur *f*; fluxion *f* (à la joue). *To have a s. on the neck*, avoir une grosseur au cou. **Dropsical swelling,** bourrelet *m*. **White swelling,** tumeur blanche (tuberculeuse).

swell³, *v.tr. & i.* (*p.t.* **swelled;** *p.p.* **swelled**) *P:* **To swell about, to swell it,** se pavaner; poser; faire sa poire.

swellish [ˈsweliʃ], *a. F:* Assez chic; assez élégant; huppé.

swellishness [ˈsweliʃnəs], *s. F:* Élégance *f*, chic *m*.

swelter¹ [ˈsweltər], *s.* **1.** (*a*) Chaleur étouffante, lourde et humide. (*b*) État *m* de transpiration. **To be in a swelter,** étouffer de chaleur; être en nage. **2.** *F:* Corvée *f*; travail *m* de nègre, de chien.

swelter², *v.i.* **1.** (*a*) Étouffer, être accablé, de chaleur. (*b*) Être en nage. **2.** *F: To s. in the heat*, peiner, s'échiner, dans une atmosphère étouffante.

sweltering, *a.* **1.** (*Of pers., horse, etc.*) En nage. **2.** **Sweltering heat,** chaleur étouffante, accablante. *A s. day*, une journée embrasée. *S. office*, bureau étouffant (de chaleur).

swept [swept]. *See* SWEEP².

swerve¹ [swəːrv], *s.* Écart *m*, déviation *f*; incartade *f* (d'un cheval). *Fb:* Crochet *m*. *Aut:* Embardage *m*, embardée *f*, embardement *m*. *Ten: Cr: S. of the ball*, courbe latérale décrite par la balle.

swerve². **1.** *v.i.* Faire un écart, un crochet; dévier (de sa trajectoire, de son chemin); (*of horse*) se dérober; (*of motor car*) embarder, faire une embardée; (*of footballer*) crocheter. *F:* **To swerve from the straight path,** quitter le droit chemin. *He never swerves from his duty*, il ne s'écarte, ne s'éloigne, jamais de son devoir. **2.** *v.tr.* Faire écarter (qn, qch.); faire dévier (une balle, etc.); faire faire une embardée à (une auto).

swerving, *s.* Écart *m*, déviation *f*. *Aut:* Embardage *m*.

swerveless [ˈswəːrvləs], *a.* Droit; sans déviation. *F: S. faith*, foi *f* inébranlable, immuable.

swift¹ [swift]. I. *a.* (*a*) Rapide; (coureur *m*, cheval *m*) vite. *S. flight*, vol *m* à tire-d'aile. **As swift as an arrow, as swift as thought,** vif comme l'éclair; rapide comme la pensée, comme la poudre. *Child s. in its movements*, enfant aux mouvements vifs. *He is swifter than I*, il court plus vite que moi. *Lit:* **Swift of foot,** rapide à la course; aux pieds rapides. (*b*) Prompt. **Swift of wit,** vif d'esprit; à l'esprit vif; à la repartie prompte. **Swift to anger,** toujours prêt à s'emporter; irascible. **Swift to action,** prompt à agir. *To be s. to imagine sth.*, être toujours prêt à imaginer qch. *Epidemic s. to spread*, épidémie *f* rapide à se propager. *A s. memory of it came back to me*, j'en eus le souvenir rapide. **-ly,** *adv.* Vite, rapidement. *To fly s. away*, s'envoler à tire-d'aile. *Events follow s. on one another*, les événements se suivent de près.

II. **swift,** *adv.* Vite, rapidement. *The arrows fell as s. as rain*, les flèches tombaient rapides comme la pluie.

III. **swift,** *s.* **1.** (*a*) *Orn:* (**Black**) **swift,** martinet (noir); *F:* arbalétrier *m*. (*b*) *Ent:* Hépiale *m*. (*c*) *Rept: U.S:* Scélopore *m*. **2.** *Tex:* Dévidoir *m*.

ˈswift-flowing, *attrib.a.* (Rivière) au cours rapide.

ˈswift-ˈfooted, *a.* Aux pieds rapides; au pied léger.

ˈswift-ˈhanded, *a.* Adroit avec les mains; adroit de ses mains.

ˈswift-running, *attrib.a.* **1.** (*Of pers.*) Rapide à la course. **2.** (Ruisseau, etc.) au cours rapide.

ˈswift-ˈtongued, *a.* A la repartie prompte.

ˈswift-ˈwinged, *a.* Au vol rapide.

swift², *v.tr. Nau:* **1.** Raidir, brider, trélinguer (les haubans). **2.** Ceintrer (une embarcation). **3.** *To s. the capstan-bars*, mettre les rabans aux barres du cabestan; rabaner, rabanter, le cabestan.

swifting, *s. Nau:* **1.** Raidissement *m* (des haubans, etc.). **Swifting tackle,** pantequière *f*. **2.** Ceintrage *m* (d'une embarcation).

swifter¹ [ˈswiftər], *s. Nau:* **1.** Hauban bâtard. **2.** Ceinture *f*, ceintre *m* (d'embarcation). **3.** Raban *m* (de barre de cabestan).

swifter², *v.tr.* = SWIFT².

swifter³, *comp.adj. See* SWIFT¹ I.

swiftness [ˈswiftnəs], *s.* **1.** Rapidité *f*, vitesse *f*, célérité *f*. **2.** Promptitude *f* (d'une réplique, *Fenc:* d'une riposte, etc.).

swig¹ [swig], *s. Nau:* **1.** Palan *m* (dont les garants ne sont pas parallèles). **2.** **To take a swig on a halliard,** tirer sur une drisse; raidir une drisse en abattant sur le double.

swig², *v.tr.* (**swigged; swigging**) **1.** *Husb:* Fouetter (un bélier); le châtrer par ligature. **2.** *Nau:* Raidir (un cordage) en abattant sur le double. **To swig up a yard,** hisser une vergue.

swig³, *s. P:* Grand trait, grand coup, lampée *f* (de bière, etc.). **To take a swig at the bottle,** boire un grand coup à la bouteille; boire à même la bouteille.

swig⁴, *v.tr. P:* Boire (un verre) à grands traits, à grands coups. *Abs.* Lamper, pinter, bidonner. **To swig off a glass,** boire un verre d'un seul coup, d'un trait; *F:* lamper, flûter, sabler, siffler, un verre.

swill¹ [swil], *s.* **1.** Lavage *m* à grande eau. **To give a pail a swill out,** laver, rincer, un seau à grande eau. **2.** (*a*) Pâtée *f*, soupe *f*, pour les porcs; eaux grasses. (*b*) *P:* Mauvaise boisson; rinçure *f*, vinasse *f*. **3.** *P:* Ribote *f*.

swill², *v.tr.* **1.** Laver (le plancher, etc.) à grande eau. **To swill out a basin,** rincer une cuvette. **2.** *P:* (*a*) Boire avidement (qch.); *P:* s'entonner (de la bière, etc.) dans le gosier. *To s. tea*, s'enfiler des tasses de thé. (*b*) *Abs.* Boire comme une éponge; riboter, pinter, chopiner.

swilling, *s.* **1.** (*a*) Lavage *m* à grande eau. (*b*) *P:* Ribote *f*. **2.** *pl.* **Swillings**, eaux grasses (pour les porcs).

swiller [ˈswilər], *s. P:* Ivrogne *m*; *P:* poivrot *m*.

swim[1] [swim], *s.* **1.** Action *f* de nager. **To have a swim, to take a swim, to go for a swim**, faire un peu de nage; faire une courte séance de nage; nager un peu. *The s. across the river*, la traversée du fleuve à la nage. **2.** *F:* (*a*) **To be in the swim**, être dans le mouvement, dans le train, à la page; être lancé; nager en grandes eaux. (*b*) *Pej:* **To be in the swim with . . .**, être de pair à compagnon, être de mèche, avec (des escrocs, etc.). **3.** *Fish:* Partie *f* de la rivière où le poisson abonde. *Roach and dace are often found in the same swims*, on trouve souvent le gardon et la vandoise dans les mêmes eaux. **4.** *F:* Étourdissement *m*, vertige *m*. *F:* **My head is all of a swim**, la tête me tourne.

swim[2], *v.* (*p.t.* **swam** [swam]; *p.p.* **swum** [swʌm]; *pr.p.* **swimming**) I. *v.i.* **1.** (*a*) Nager. *F:* **To swim like a fish**, nager comme un poisson. **To swim like a stone, like a millstone, like a tailor's goose**, nager comme un chien de plomb, comme une meule de moulin. **To start to swim**, se mettre, se jeter, à la nage. **To swim under water**, nager entre deux eaux. **To swim for one's life, to swim for it**, se sauver à la nage. **To swim for the shore**, nager dans la direction du rivage. **To swim over, across, a stream**, traverser une rivière à la nage. **To swim with the tide**, (i) nager dans le sens du courant; (ii) *F:* se ranger à l'opinion générale; aller dans le sens de la foule. **To swim against the tide, against the stream**, (i) nager contre le courant; (ii) *F:* entrer en lutte avec l'opinion générale; aller contre le courant des idées. *See also* SINK[2] I. 1. (*b*) *With cogn. acc.* **To swim a stroke**, faire une brasse. *To s. the breast-stroke*, nager la brasse. *F:* **He can't swim a stroke**, il nage comme un chien de plomb. **To swim a race**, faire une course de natation (*with s.o.*, contre qn). (*c*) *Meat swimming in gravy*, viande noyée, nageant, dans la sauce. *Moon swimming in a cloudy sky*, lune baignée dans un ciel de nuages. (*d*) Surnager, flotter. *Our boat was the only one that could s.*, notre canot était le seul en état de rester à flot. *The fat was swimming on the soup*, sur le potage la graisse surnageait. **2.** Être inondé (*in*, *with*, de). *Eyes swimming with tears*, yeux inondés de larmes. *Floor swimming in blood*, plancher inondé de sang. **3.** (*a*) (*Of head*) Tourner; (*of eyes, vision*) se brouiller. **To make s.o.'s head swim**, étourdir qn; donner des étourdissements à qn. *My head began to s.*, j'eus un étourdissement. *My head is swimming*, la tête me tourne; j'ai le vertige. (*b*) *Everything swam before my eyes*, tout semblait tourner autour de moi.

II. **swim**, *v.tr.* **1.** Lutter de vitesse avec (qn) à la nage. *I'll s. anyone a hundred yards*, je défie n'importe qui à la nage pour une course de cent yards. **2.** Traverser, passer, (une rivière, etc.) à la nage. **3.** Faire nager (un cheval, etc.). **To swim one's horse across the river**, faire traverser à son cheval la rivière à la nage.

swimming[1], *a.* **1.** (Animal) nageant, qui nage. **2. Swimming eyes**, yeux noyés, inondés, de larmes. **3. Swimming head**, tête *f* qui tourne. **-ly**, *adv.* *F:* Comme sur des roulettes; à merveille; au mieux; le mieux du monde. **Everything is going on swimmingly**, tout va comme sur des roulettes; tout marche à souhait.

swimming[2], *s.* **1.** Nage *f*, natation *f*. *To enjoy s.*, aimer la natation; aimer à nager. **2. Swimming of the head**, vertige *m*, étourdissement *m*.

'swimming-bath, *s.* Piscine *f*. *Public swimming-baths*, école *f* de natation.

'swimming-bell, *s.* *Coel:* Cloche *f* natatoire (de siphonophore); ombrelle *f* (de méduse).

'swimming-belt, *s.* Ceinture *f* de natation.

'swimming-bladder, *s.* **1.** *Ich:* Vessie *f* natatoire. **2.** *Swim:* Vessie pour apprendre à nager.

'swimming-match, *s.* Concours *m* de natation.

'swimming-pool, *s.* Piscine *f* (en plein air).

'swim-bladder, *s.* = SWIMMING-BLADDER 1.

swimmer [ˈswimər], *s.* **1.** (*Pers.*) Nageur, -euse. **2.** *Fish:* Bouchon *m*. **3.** *Ich:* Vessie *f* natatoire.

swimmeret [ˈswimərət], *s.* Patte *f* natatoire (de crustacé).

swindle[1] [swindl], *s.* **1.** Escroquerie *f*, filouterie *f*; *P:* flouerie *f*. **2.** *F:* Duperie *f*. **3.** *F:* Déception *f*. *There's no more petrol. Isn't it a s.!* panne d'essence! nous voilà bien!

swindle[2], *v.tr.* Escroquer, filouter (qn); duper (qn); *P:* flouer, charrier (qn). *I am not so easily swindled*, je ne me laisse pas duper. **To swindle s.o. out of sth., to swindle sth. out of s.o.**, escroquer qch. à qn; filouter, *P:* flouer, qn de qch.

swindling[1], *a.* Qui fait de l'escroquerie. *S. firm*, société *f* d'escrocs.

swindling[2], *s.* Escroquerie *f*; filoutage *m*; *P:* flouerie *f*, carottage *m*, charriage *m*. *Jur:* Manœuvres frauduleuses.

swindler [ˈswindlər], *s.* Filou *m*, escroc *m*; *F:* chevalier *m* d'industrie; aigrefin, -ine; *P:* floueur, -euse, charrieur, -euse, empileur, -euse.

swine [swain], *s. inv. in pl.* **1.** Cochon *m*, porc *m*; pourceau *m*. *pl. Z:* **The swine**, les suidés *m*. *F:* **To behave like a swine**, se conduire comme un pourceau. **To eat like a swine**, manger comme un porc; goinfrer. *See also* PEARL[1] 1. **2.** *P:* **Dirty swine!** sale cochon! charogne! salaud! *He's a s.*, c'est un salaud. *He looks a s.*, il a l'air chien. **To be a swine to s.o.**, être vache avec qn.

'swine-fever, *s.* *Vet:* Rouget *m* du porc.

'swine-herd, *s.m.* *A. & Lit:* Porcher; gardeur de cochons.

'swine-maiden, *s.f.* *A. & Lit:* Porchère.

swinery [ˈswainəri], *s.* Porcherie *f*.

swing[1] [swiŋ], *s.* **1.** (*a*) Balancement *m*. *To give a hammock a s.*, balancer, remuer, faire aller, un hamac. (*b*) Tour *m*. *Aut:* *To give the starting handle a s.*, donner un tour à la manivelle de mise en marche. *The car started up at the first s.*, le moteur est parti au premier tour de manivelle, du premier coup. (*c*) Coup balancé. *Box:* Swing *m*. *To use an axe with a s.*, faire, décrire, un cercle en frappant avec une hache. (*d*) *Golf:* **Full swing**, plein ballant. *Upward s., downward s.*, ballant ascendant, descendant. **Flat swing**, ballant horizontal. **2.** (*a*) Oscillation *f*, va-et-vient *m* (d'un pendule). *Pol:* **The swing of the pendulum**, le flux et le reflux des partis; *F:* le jeu de bascule (entre les partis). *F:* **To give full swing to . . .**, donner libre cours, libre carrière, à. . . . **To be in full swing**, (*of fête, etc.*) battre son plein; (*of organization, etc.*) être en pleine activité; (*of factory, etc.*) être en plein travail. **To take, have, one's swing**, s'en donner à cœur joie. (*b*) **Single swing** *of a pendulum*, oscillation simple, battement *m*, d'un pendule. *F:* *Sudden s. of public opinion*, revirement inattendu de l'opinion publique. **Swing-to of the door**, rabattement *m* de la porte. *Navy:* **Swing to port**, crochet exécuté sur la gauche (par la flotte). (*c*) **To give a child a swing**, pousser un enfant sur l'escarpolette; mettre l'escarpolette en branle; balancer un enfant. **3.** (*a*) Amplitude *f* (d'une oscillation). *To give a shop sign a s. of* 90°, laisser 90° de jeu à une enseigne (pour qu'elle puisse se balancer). *S. of a door*, ouverture *f* d'une porte. *Mec.E:* **Swing of a lathe**, hauteur *f* de pointe, diamètre *m*, d'un tour. (*b*) *Nau:* Évitage *m* (d'un navire à l'ancre). **4.** Mouvement rythmé. **To walk with a swing**, marcher d'un pas rythmé, d'un pas dégagé. *To walk with a s. of one's shoulders*, marcher des épaules. *To row with a steady s.*, ramer en cadence; ramer d'un mouvement rythmé. **Song that goes with a swing**, chanson très rythmée; chanson entraînante, enlevante. *F:* **Everything went with a swing**, tout a très bien marché; tout le monde s'est montré plein d'entrain. *The team played with a fine s.*, l'équipe a montré un bel élan. *S. of a passage*, rythme *m*, eurythmie *f*, d'un passage. **Swing music**, le swing. *F:* **To get into the swing of the work**, se mettre au courant du travail. *When you have got into the s. of things*, quand vous serez au courant. **5.** Escarpolette *f*, balançoire *f*. *See also* ROUNDABOUT I. 2.

'swing-back[1], *s.* *Phot:* Bascule *f* arrière (de l'appareil).

'swing-bar, *s.* **1.** *Veh:* = SWINGLE-BAR. **2.** *Av:* Palonnier *m* (du gouvernail) de direction.

'swing-boat, *s.* (*At fairs*) Bateau *m* balançoire; balançoire *f*.

'swing-bob, *s.* Contrepoids *m*. *Esp.* **Swing-bob lever**, levier *m* à contrepoids.

'swing-bridge, *s.* Pont tournant, pivotant.

'swing-cart, *s.* Charrette suspendue.

'swing-cot, *s.* Bercelonnette *f*.

'swing-door, *s.* Porte battante; porte à bascule; porte va-et-vient.

'swing-frame, *s.* *Mec.E:* Tête *f* de cheval (d'un tour à fileter).

'swing-front, *s.* *Phot:* Bascule antérieure (de l'appareil).

'swing-gate, *s.* **1.** Barrière battante, tournante, pivotante. **2.** Counterpoise swing-gate, tape-cul *m*, *pl.* tape-culs.

'swing-glass, -mirror, *s.* Miroir *m* à bascule; psyché *f*.

'swing-handle, *s.* Anse *f* mobile.

'swing-plough, *s.* *Agr:* Araire *m*, sochet *m*.

'swing-sign, *s.* Enseigne pendante.

'swing-swang, *s.* **1.** *F:* Oscillation complète (d'un pendule); mouvement *m* de va-et-vient. **2.** *A:* = SEE-SAW.

'swing-wheel, *s.* *Clockm:* **1.** Roue *f* de rencontre. **2.** Balancier *m* (d'une montre).

swing[2], *v.* (*p.t.* **swung** [swʌŋ], *occ.* **swang** [swaŋ]; *p.p.* **swung**) I. *v.i.* **1.** (*a*) **To swing to and fro**, se balancer; (*of bell, etc.*) branler, brimbaler; (*of pendulum*) osciller. **To swing free**, osciller librement. *To set the bells swinging*, mettre les cloches en branle. *Door that swings to and fro in the wind*, porte *f* qui ballotte au vent. *Lamp that swings from the ceiling*, lampe suspendue au plafond; suspension *f*. *P:* **To swing for a crime**, être pendu pour un crime. *If I should s. for it . . .*, dussé-je être pendu. . . . (*b*) **To swing on, round, an axis**, tourner, pivoter, sur un axe; (*of mirror, etc.*) basculer. *To s. through a range of* 90°, se déplacer d'un angle de 90°. *The door swung on its hinges*, la porte tourna sur ses gonds. (*Of door*) **To swing open**, s'ouvrir. **To swing to**, se refermer. (*c*) *Nau:* (*Of ship*) **To swing (at anchor)**, éviter (sur l'ancre). **To swing to the anchor**, rappeler sur son ancre. (*d*) *Games:* Se balancer; jouer à la balançoire. **2.** Faire un mouvement de conversion; changer de direction; tourner. (*a*) **To swing round**, faire volte-face. *He swung round and faced me*, il tourna vivement sur ses talons, il se retourna vivement, et me fit face. *The car swung round*, l'auto vira, fit un virage. **The car swung right round**, la voiture a fait un tête-à-queue. (*b*) *Mil:* *The whole line swung to the left*, toute la ligne fit une conversion vers la gauche. **To swing inwards**, se rabattre sur le flanc de l'ennemi. *Nau:* (*Of fleet*) **To swing to starboard**, faire un crochet sur la droite. (*c*) *U.S:* **To swing round the circle**, faire le tour de sa circonscription électorale. **3. To swing along**, avancer en scandant le pas; marcher d'un pas rythmé, d'une allure dégagée. *To s. merrily along*, scander gaiement le pas. *The column swung in through the gateway*, la colonne franchit le portail d'une allure rapide, d'un pas martial.

II. **swing**, *v.tr.* **1.** (*a*) (Faire) balancer (qch.); faire osciller (un pendule, etc.). *To s. the bells*, mettre les cloches en branle. *To s. one's arms*, balancer les bras (en marchant, etc.). *To s. the hips (in walking)*, se dandiner; *P:* tortiller des hanches. **To swing Indian clubs**, manier des mils. *Box:* **To swing a blow**, balancer un coup. **To swing one's stick about one's head**, faire le moulinet avec sa canne. *See also* CAT[1] 1, LEAD[1] 3. (*b*) *P:* **To swing it on s.o.**, duper ou essayer de duper qn; tirer une carotte à qn. **2.** (*a*) *Nau:* **To swing the cargo ashore**, décharger la cargaison. *To s. the davits*, faire tourner les bossoirs. **Boat swung out**, embarcation parée au dehors. (*b*) *Aut:* **To swing the front wheels**, braquer les roues avant. *Bill:* **To swing the cue**, faucher. (*c*) **To swing a car round**, faire faire un brusque virage à une auto. *To s. a car right round*, faire faire (un) tête-à-queue à une auto. *Nau:* **To swing ship** (*for compass adjustment*), faire un tour d'horizon (pour régler le compas); faire le tour. (*d*) Faire tourner (qch.). *Av:* **To swing the propeller,** lancer, brasser, l'hélice; tourner l'hélice à la main. *Nau:* **To swing the engines,** balancer la machine. **3.** Suspendre (qch.). *Lamp swung from the ceiling,* lampe suspendue au plafond. *To s. a hammock,* pendre, (ac)crocher, un hamac. **4.** *v. pr. & i.* **To swing (oneself) into the saddle,** monter vivement à cheval, en selle. *The guard swings into the train,* le chef de train monte à la marche. *To s. (oneself) from branch to branch,* se balancer d'une branche à une autre. *To s. oneself along a rope,* se gambiller le long d'un cordage.

swing back, *v.i.* **1.** Basculer; se rabattre. **2.** (*Of pendulum, etc.*) Revenir. *F: Public opinion swung back,* il y eut un revirement d'opinion.

'swing-back², *s.* **1.** (*a*) *Ten:* Retour *m* en arrière (de la raquette). (*b*) *Row:* Temps de nage pendant lequel le tireur revient en arrière; arrière *m.* **2.** Revirement *m* (d'opinion, etc.).

swing forward, *v.i. Row:* Revenir sur l'avant.

swing-'forward, *s. Row:* Retour *m* sur l'avant.

swing over, *v.i.* (*a*) (*Of boat's boom, etc.*) Battre d'un bord à l'autre. (*b*) (*Of public opinion*) Revirer de bord.

'swing-over, *s.* Revirement *m* d'opinion.

swing up. **1.** *v.tr.* Hisser (qch.). *To s. up a heavy load with a crane,* hisser une lourde charge avec une grue. **2.** *v.i. The ladder swings up to the ceiling,* l'échelle remonte au plafond.

swinging¹, *a.* **1.** (*a*) Balançant, oscillant; (bras) ballants. *S. motion,* mouvement *m* pendulaire; balancement *m.* (*b*) (Miroir *m,* etc.) à bascule. *S. door,* porte battante. *Mch:* **Swinging valve,** distributeur oscillant. **Swinging arm,** potence *f,* grue pivotante (de perceuse, etc.). **2.** *S. stride,* allure rythmée, cadencée, dégagée. *S. blow,* coup balancé. *S. tune,* air enlevant, entraînant. **-ly,** *adv.* Avec rythme; d'un pas cadencé; avec entrain.

swinging², *s.* **1.** (*a*) Balancement *m,* oscillation *f. Games:* Jeu *m* de la balançoire. (*b*) Mouvement *m* de bascule ou de rotation. **Swinging open,** ouverture *f* (d'une porte). **Swinging to,** rabattement *m* (d'une porte). (*c*) *Nau:* Évitage *m.* **Swinging berth,** évitage, évitée *f.* **Swinging circle,** champ *m* d'évitage. (*d*) **Swinging round,** (i) virage *m* (d'une auto); (ii) tête-à-queue *m inv.* **2.** *Av:* Lancement *m* (de l'hélice).

swinge [swindʒ], *v.tr. A:* Fouetter, rosser, cingler.

swingeing, *a.* **1.** **Swingeing blow,** coup bien envoyé. **2.** *F:* Énorme, épatant. *S. majority,* majorité *f* énorme, écrasante. *S. damages,* forts dommages-intérêts. *S. lie,* mensonge *m* de taille.

swinger ['swiŋər], *s.* **1.** Personne *f* qui balance qch. *See also* LEAD-SWINGER. **2.** Personne qui se balance. **3.** Cheval *m* du milieu (d'un attelage). **4.** *F: Horse with* **three legs and a swinger,** cheval qui a trois bonnes jambes et une qui traîne. **5.** *Gramophones:* Disque mal centré.

swingle¹ [swiŋgl], *s.* **1.** *Tex:* Écangue *f,* écang *m.* **2.** *Husb:* Battoir *m* (d'un fléau).

'swingle-bar, -tree, *s. Veh:* Palonnier *m,* volée *f;* bat-cul *m, pl.* bat-culs.

swingle², *v.tr. Tex:* Teiller, écanguer (le lin, le chanvre).

swingling, *s.* Teillage *m,* écangage *m.*

swinish ['swainiʃ], *a.* De cochon, de pourceau; sale; bestial, -aux. *S. behaviour,* conduite *f* ignoble. **-ly,** *adv.* Salement, bestialement; comme un pourceau. *To eat s.,* manger comme un pourceau; manger en goinfre; goinfrer.

swinishness ['swainiʃnəs], *s.* **1.** Saleté *f,* grossièreté *f.* **2.** Goinfrerie *f.*

swipe¹ [swaip], *s.* **1.** Bascule *f* (pour tirer l'eau d'un puits); chadouf *m.* **2.** Balancier *m* (de pompe, de porte d'écluse).

'swipe-beam, *s.* Flèche *f* (de pont-levis).

swipe², *s.* **1.** *Cr: Golf:* Coup *m* à toute volée. **2.** *F:* Taloche *f.* **3.** Rayure *f,* zébrure *f,* marque *f* (produite par un coup).

swipe³, *v.tr. & ind.tr.* **1.** *Cr: etc:* **To swipe (at) the ball,** frapper la balle à toute volée. **2.** *F:* Donner une taloche à (qn). **3.** *U.S: P:* Chiper, chaparder.

swipes [swaips], *s.pl. F:* Petite bière; *F:* bibine *f; P:* (*of wine*) vinasse *f.*

swipple [swipl], *s. Husb:* Battoir *m* (d'un fléau).

swirl¹ [swəːrl], *s.* **1.** Remous *m* (de l'eau); tournoiement *m* (des vagues, etc.); tourbillonnement *m,* brassage *m* (d'un mélange gazeux). *A s. of dust,* un tourbillon de poussière. *F: The s. of modern life,* le tourbillon de la vie moderne. **2.** *Carp:* Ronce *f* (dans le bois). **3.** Tresse de cheveux roulée autour de la tête; bande *f* de crêpe autour du chapeau.

swirl². **1.** *v.i.* Tournoyer, tourbillonner. (*Of dust, etc.*) **To swirl up,** monter en tourbillons; s'élever en tourbillonnant. *F:* **My head swirls,** la tête me tourne. **2.** *v.tr.* Faire tournoyer (qch.). **To swirl the dust away,** emporter la poussière dans un tourbillon; soulever un tourbillon de poussière.

swirling¹, *a.* Tourbillonnant.

swirling², *s.* Tourbillonnement *m.*

swish¹ [swiʃ], *s.* **1.** Bruissement *m,* susurrement *m* (de l'eau); froufrou *m* (d'une robe); sifflement *m* (d'un fouet); bruit *m* rêche, crissement *m* (d'une faux). **2.** Coup *m* de fouet; coup de badine.

swish². **1.** *v.i.* (*Of water, etc.*) Bruire; susurrer; (*of silk*) froufrouter; (*of whip, etc.*) siffler. (*Of wheels*) *To s. through the mud,* faire gicler la boue. (*Of pers.*) **To swish in, out,** entrer, sortir, dans un froufrou (de soie, etc.). **2.** *v.tr.* (*a*) Fouetter (qn, qch.); houssiner (des meubles). (*b*) Faire siffler (sa canne, une badine). (*c*) (*Of animal*) *To s. its tail,* battre l'air de sa queue. (*d*) **To swish off** *the head of a thistle,* faire sauter la tête d'un chardon (d'un coup de badine, etc.).

swishing, *s. Sch: P:* **To get a swishing,** recevoir une bonne correction.

swish³, *a. P:* Élégant, chic.

Swiss [swis]. **1.** *a.* Suisse. *Hist:* **The Swiss Guards,** les gardes *m* suisses. *P:* **Swiss Admiral,** (i) amiral *m* suisse; marin *m* d'eau douce; (ii) soi-disant officier de marine. *See also* COTTAGE 1, PINE¹ 1, ROLL¹ 1. **2.** *s.* Suisse, -esse. **The Swiss,** les Suisses.

switch¹ [switʃ], *s.* **1.** (*a*) Baguette *f,* badine *f;* houssine *f* (pour battre les meubles). *U.S:* Canne *f* (instrument de correction). **Riding switch,** petite cravache; stick léger; gaulette *f;* houssine (de cavalier). (*b*) Coup *m* de baguette. **2.** (*a*) *Rail:* Aiguille *f;* appareil *m* de voie. **Compound switch,** traversée-jonction *f, pl.* traversées-jonctions. *See also* DIAMOND-SWITCH. *Cards:* **Switch-bid,** *F:* **switch,** changement *m* de couleur (dans les annonces). (*b*) *El.E:* Interrupteur *m;* commutateur *m,* conjoncteur *m,* disjoncteur *m,* contacteur *m.* **Change-over switch, double-throw switch,** commutateur(-permutateur); inverseur *m* du courant. **Double-bladed switch,** interrupteur à deux couteaux. **Horn-type switch,** interrupteur à antennes, à cornes. **Tumbler switch,** interrupteur à culbuteur; commutateur à bascule; tumbler *m.* **Two-way switch,** commutateur à deux départs; interrupteur d'escalier; va-et-vient *m inv.* **Three-way switch,** commutateur à trois départs, à trois directions. *Aut:* **The hooter switch,** le contact du klaxon; le bouton de commande du klaxon. **The starting switch,** le contacteur du démarreur; l'interrupteur de démarrage. **Charging switch,** commutateur de charge. *See also* KNIFE-SWITCH, PANEL¹ 1, PEAR-SWITCH, PLUG-SWITCH, QUICK-BREAK, SNAP-SWITCH, TIME-SWITCH. **3.** *Toil:* Tresse *f* de cheveux postiches; crêpé *m;* postiche *m.*

'switch-bar, *s. Rail:* Tringle *f* de manœuvre.

'switch-blade, *s. El.E:* Lame *f,* couteau *m,* d'interrupteur, de commutateur.

'switch-cock, *s.* Robinet *m* à trois voies.

'switch-desk, *s. Th: etc:* Pupitre *m* de distribution ou de commutation (de la lumière).

'switch-gear, *s. El.E:* Mécanisme *m* de commutation; installation *f* de distribution.

'switch-key, *s. El.E:* Clef *f.*

'switch-lock, *s. Rail:* Verrou *m* de blocage.

'switch-panel, *s.* = SWITCHBOARD.

'switch-plant, *s. Bot:* Plante ligneuse à tige grêle.

'switch-plate, *s. Rail:* Plaque *f* de manœuvre.

'switch-rail, *s. Rail:* Rail *m* mobile.

'switch-rod, *s. Rail:* Tringle *f* de manœuvre.

'switch-tower, *s. Rail: U.S:* Cabine *f* à signaux.

'switch-valve, *s.* Soupape *f* à trois voies.

switch², *v.tr.* **1.** (*a*) Donner un coup de badine à (qn, qch.); fouetter, cingler (qn, qch.); housser, houssiner (des meubles). (*b*) (*Of animal*) **To switch its tail,** battre l'air de sa queue; agiter sa queue. **2.** Faire mouvoir brusquement. **To switch one's head round,** tourner vivement la tête. *She switched the cloth off the table,* elle retira vivement la nappe de la table. **3.** *Rail: U.S:* (*a*) Aiguiller (un train). **To switch a train on to a branch line,** aiguiller, dériver, un train sur un embranchement. *F: To s. the conversation on to a new subject,* aiguiller la conversation sur un nouveau sujet, sur une autre voie. (*b*) Manœuvrer (un train). **4.** *El:* Commuter (le courant). *Aut: To s. to 'dim,'* se mettre en code.

switch in, *v.tr. El:* Intercaler (une résistance); mettre (une résistance) en circuit.

switching in, *s.* Intercalation *f,* insertion *f* (des résistances).

switch off, *v.tr.* **1.** (*a*) *El:* Interrompre, couper (le courant); mettre (une lampe) hors circuit. *To s. off the current, abs.* **to switch off,** ouvrir le circuit; rompre, couper, enlever, le contact; déconnecter. **To switch off the light,** fermer l'électricité, la lumière; couper la lumière; éteindre. **Switch off!** (i) tournez le bouton; éteignez; (ii) *F:* taisez-vous! *P:* la ferme! *I.C.E:* **To switch off the ignition, the engine,** couper l'allumage. *Abs. To stop, halt, without switching off,* stopper sans couper l'allumage. **To switch off the wireless,** *abs.* **to switch off,** tourner le bouton; arrêter (la T.S.F.). *Don't s. off,* ne quittez pas l'écoute. (*b*) *Tp:* **To switch s.o. off,** couper, interrompre, la communication. **2.** *Rail:* Aiguiller (un train).

switching off, *s. El:* Interruption *f* (du courant); ouverture *f* du circuit; déconnexion *f;* mise *f* hors circuit (d'une lampe); extinction *f* (de l'électricité).

switch on, *v.tr.* (*a*) *El:* Mettre (une lampe, etc.) en circuit. *To s. on the current, abs.* **to switch on,** donner du courant; lancer le courant; fermer le circuit; établir, mettre, le contact. **To switch on the light,** allumer (l'électricité); ouvrir, donner, l'électricité; tourner le commutateur. *To s. on a searchlight,* allumer, mettre en marche, un projecteur. **To switch on the wireless,** *abs.* **to switch on,** tourner le bouton. *Aut:* **To switch on the ignition, the engine,** mettre l'interrupteur sur marche; mettre le contact d'allumage. (*b*) *Tp:* **To switch s.o. on,** établir la communication (avec qn).

switching on, *s. El:* Mise *f* en circuit (d'une lampe); allumage *m* (de l'électricité). *Aut:* Mise sur marche (de l'interrupteur).

switch over, *v.tr. El:* Commuter (le courant). *Abs. W.Tel: To s. over (to another station, wave-length),* changer de réglage.

switching over, switch-'over, *s.* **1.** Commutation *f* (du courant). **2.** Changement *m* (du sujet de conversation, etc.).

switching, *s.* **1.** Fouettement *m;* houssage *m* (de meubles). **2.** *Rail: U.S:* Aiguillage *m.*

'switching-engine, *s. Rail: U.S:* Locomotive *f* de manœuvre.

'switching-track, *s. Rail: U.S:* Voie *f* de manœuvre.

'switching-yard, *s. Rail: U.S:* Gare *f* de triage; centre *m* de triage.

switchback ['switʃbak], *s.* Montagnes *f* russes. *F:* **Switchback road,** route *f* qui monte et descend; route en montagnes russes.

switchboard ['switʃbɔːrd], *s.* (*a*) *El.E:* Tableau *m* de distribution et de commutation; (tableau-)commutateur *m;* disjoncteur *m.*

(*b*) *Tp:* Table *f*. **Trunk switchboard,** table interurbaine. *Com: Ind:* **House switchboard, office switchboard,** standard *m*.

switcher ['switʃər], *s*. **1.** Baguette *f*, badine *f* (pour houssiner). **2.** *U.S:* = SWITCHING-ENGINE.

switchman, *pl.* **-men** ['switʃmən, -men], *s.m. Rail: U.S:* Aiguilleur.

Swithin ['swiðin]. *Pr.n.m.* **St Swithin's day** (15*th July*) = la Saint-Médard (8*th June*).

Switzerland ['switsərlənd]. *Pr.n. Geog:* La Suisse. **German Switzerland,** la Suisse alémanique. **French-speaking Switzerland, French Switzerland,** la Suisse romande, française. **Italian-speaking Switzerland,** la Suisse italienne.

Switzers ['switsərz], *s.pl. Hist:* Mercenaires *m* suisses (au service de la France); Suisses *m*.

swivel[1] ['swiv(ə)l], *s*. **1.** (*a*) Émerillon *m*; maillon tournant (de câble-chaîne). *Nau:* **Mooring swivel,** émerillon d'affourche. *See also* CARBINE-SWIVEL. (*b*) Pivot *m*; tourillon *m*; rotule *f*. **Ball-swivel,** pivot à rotule. **2.** *Attrib.* Pivotant, tournant; à pivot ou à rotule; orientable. **Swivel hook,** croc *m* à émerillon; crochet *m* mobile. **Swivel block,** poulie *f* à émerillon. **Swivel joint,** (joint *m* à) rotule. **Swivel connection,** raccord *m* orientable. **Swivel slide-rest** (*of lathe*), support de chariot pivotant. *F:* **Swivel eye,** œil *m* louche. *See also* PIN[1] 2, ROWLOCKS.

'swivel-bridge, *s*. Pont tournant, pivotant.

'swivel-eyed, *a*. *F:* Louche, strabique.

'swivel-gun, *s*. **1.** *Artil:* Canon *m* à pivot. *Navy: A:* Pierrier *m*. **2.** *Ven:* Canardière *f*.

'swivel-seat, -chair, *s*. Siège tournant.

swivel[2], *v*. (**swivelled; swivelling**) **1.** *v.i.* Pivoter, tourner; être articulé. **Free to swivel,** à orientation libre. **2.** *v.tr.* (*a*) **To swivel sth. to sth.,** attacher qch. à qch. avec un émerillon. (*b*) Faire pivoter (une mitrailleuse, etc.).

swivelling, *a*. Pivotant, tournant; à pivot. *S. union,* raccord *m* orientable, à orientation libre. *Rail:* **Swivelling truck,** bogie pivotant. *See also* AIR-SCREW.

swizz(le) [swiz(l)], *s*. *P:* = SWINDLE[1].

swob[1, 2] [swɔb], *s*. & *v.tr.* = SWAB[1, 2].

swollen ['swoulən]. *See* SWELL[2].

swoon[1] [swu:n], *s*. Évanouissement *m*, pâmoison *f*, défaillance *f*. *Med:* Syncope *f*. **To go off in a swoon, to fall into a swoon,** s'évanouir, se pâmer; tomber évanoui; tomber en défaillance, en pâmoison, en syncope. *He was found in a state of s.*, on le trouva évanoui.

swoon[2], *v.i.* (*a*) S'évanouir, se pâmer; défaillir; se trouver mal. *Med:* Avoir une syncope. (*b*) *Poet:* (*Of nature, etc.*) Se pâmer; pâmer.

swooned, *a*. *Lit:* Évanoui; en pâmoison.

swooning[1], *a*. (*a*) Défaillant. (*b*) Évanoui; en pâmoison, en défaillance.

swooning[2], *s*. Syncope *f*; évanouissement *m*.

swoop[1] [swu:p], *s*. Abat(t)ée *f* (d'un avion, etc.) (*upon,* sur); descente *f* (du faucon qui fond sur sa proie); attaque brusquée, inattendue. *F:* **At one (fell) swoop,** d'un seul coup (fatal, catastrophique). *Influenza came down upon me with a s.*, j'ai été attaqué à l'improviste par la grippe.

swoop[2], *v.i.* (*Of hawk, etc., F: of pers.*) **To swoop down upon sth.,** s'abattre, foncer, fondre, sur qch. *Av:* *To s. down on an enemy,* piquer de haut, foncer, sur un ennemi.

swop[1, 2] [swɔp], *s*. & *v.tr.* = SWAP[1, 2].

sword [sɔ:rd], *s*. **1.** (*a*) Épée *f*; *A. & Poet:* glaive *m*. **Duelling sword,** épée de combat. **Fencing sword,** arme *f*, épée, d'escrime. **Dress sword,** épée de parade. **To wear, carry, a sword,** porter l'épée. **To fight with the sword, with swords,** se battre à l'épée. **To draw one's sword,** tirer son épée; dégainer. *F:* **To draw the sword,** commencer les hostilités; *Lit:* tirer le glaive. **To put up the sword,** remettre l'épée au fourreau; rengainer. *See also* SHEATHE 1. **To measure, cross, swords with s.o.,** (i) croiser l'épée, le fer, avec qn; (ii) *F:* mesurer ses forces avec qn; se mesurer contre, avec, qn. **To deliver one's sword to the victor,** rendre son épée au vainqueur. **To put the inhabitants to (the edge of) the sword,** passer les habitants au fil de l'épée, par les armes. **Sword in hand,** l'épée à la main. *Lit:* **The Sword of Justice,** le glaive de la Justice. *See also* FIRE[1] 1. (*b*) *Mil: Navy:* Sabre *m*. **Cavalry sword,** sabre de cavalerie. *Back of the s.*, faux tranchant du sabre. **Draw swords!** sabre main! **Return swords!** remettez sabre! **To draw one's sword,** tirer sabre au clair; dégainer. **With drawn sword,** sabre au clair. *See also* SHORT-SWORD. **2.** *Tex:* **Lathe sword,** épée de chasse.

'sword-arm, *s*. **The sword-arm,** (i) le bras droit; (ii) *Lit:* la puissance du glaive.

'sword-bayonet, *s*. (i) Épée-baïonnette *f*, *pl.* épées-baïonnettes; (ii) sabre-baïonnette *m*, *pl.* sabres-baïonnettes.

'sword-bearer, *s*. Officier municipal qui porte le glaive.

'sword-belt, *s*. Ceinturon *m*.

'sword-bill, *s*. *Orn: F:* Docimaste *m* porte-épée.

'sword-blade, *s*. Lame *f* d'épée, de sabre.

'sword-cane, *s*. Canne *f* à épée.

'sword-craft, *s*. L'escrime *f* à l'épée; l'art *m* de tirer les armes.

'sword-cut, *s*. **1.** Coup *m* de sabre. **2.** Blessure faite avec le sabre; (*on face*) balafre *f*.

'sword-cutler, *s*. Fabricant *m* d'épées; armurier *m*.

'sword-dance, *s*. Danse *f* du sabre (les pas sont exécutés autour de deux sabres croisés sur le sol).

'sword-fight, *s*. Combat *m* à l'épée.

'sword-fish, *s*. **1.** *Ich:* Espadon *m*; sabre *m*; épée *f* de mer; xiphias *m*; *F:* coutelas *m*, glaive *m*. **2.** *Astr:* **The Sword-fish,** la Dorade.

'sword-flag, -grass, *s*. *Bot:* Glaïeul *m*; iris *m* des marais.

'sword-hand, *s*. Main *f* de l'épée; la main droite.

'sword-knot, *s*. Dragonne *f*; porte-épée *m inv.*

'sword-leaved, *a*. *Bot:* Aux feuilles en forme d'épée; ensifolié.

'sword-lily, *s*. = SWORD-FLAG.

'sword-play, *s*. **1.** Maniement *m* de l'épée; escrime *f* (à l'épée). **2.** **(Back)sword play,** escrime (i) au sabre, (ii) au bâton. **3.** *F:* **(Verbal) sword-play,** joute *f* oratoire.

'sword-shaped, *a*. Ensiforme; *Anat:* xiphoïde.

'sword-side, *s*. Côté *m* des mâles (dans la descendance); la ligne mâle.

'sword-stick, *s*. Canne *f* à épée.

'sword-stroke, *s*. Coup *m* d'épée ou de sabre.

'sword-thrust, *s*. Coup *m* de pointe; coup d'épée.

sworded ['sɔ:rdid], *a*. Armé d'une épée.

swordsman, *pl.* **-men** ['sɔ:rdzmən, -men], *s.m.* Épéiste, tireur d'épée. *Fine s.*, fine lame; bonne épée.

swordsmanship ['sɔ:rdzmənʃip], *s*. Maniement *m* de l'épée; escrime *f* (à l'épée).

swore [swɔ:ər], **sworn** [swɔ:rn]. *See* SWEAR[2].

swot[1] [swɔt], *s*. *P:* **1.** (*a*) *Sch:* Travail *m* intense; *P:* turbin *m*. *To have a swot at a subject,* se mettre à bûcher un sujet; consacrer un certain temps à un sujet. (*b*) Travail de chien; turbin, corvée *f*. **2.** (*Pers.*) Bûcheur, -euse; potasseur *m*; piocheur, -euse.

swot[2], *v.tr.* & *i.* (**swotted; swotting**) *Sch: P:* Bûcher, potasser, piocher, turbiner. *To s. for an exam,* bûcher, chauffer, un examen. **To swot at mathematics, to swot up one's mathematics,** potasser, bûcher, piocher, les mathématiques.

swum [swʌm]. *See* SWIM[2].

swung [swʌŋ]. *See* SWING[2].

sybarite ['sibərait], *a*. & *s*. Sybarite (*mf*).

sybaritic [sibə'ritik], *a*. Sybaritique, sybarite.

sybaritism ['sibəritizm], *s*. Sybaritisme *m*.

Sybil ['sibil]. *Pr.n.f.* Sibylle.

sycamine ['sikəmin], *s*. *A. & B:* Mûrier noir.

sycamore ['sikəmɔ:ər], *s*. *Bot:* **1.** **Sycamore(-tree), sycamore-maple,** (érable *m*) sycomore *m*, faux platane, faux plane. **2.** **Egyptian sycamore(-tree), oriental sycamore(-tree), sycamore-fig,** figuier *m* sycomore, figuier d'Égypte.

syce [sais], *s*. (*In India*) Saïs *m*; (i) palefrenier *m*; (ii) domestique monté.

syconium [sai'kouniəm], *s*. *Bot:* Sycone *m*.

sycophancy ['sikofənsi], *s*. Sycophantisme *m*, adulation *f*, flagornerie *f*.

sycophant ['sikofənt], *s*. **1.** *Gr.Ant:* Sycophante *m*. **2.** *F:* Sycophante, délateur *m*. **3.** *F:* Adulateur, -trice; flagorneur *m*; *F:* chattemitte *f*.

sycophantic [siko'fantik], *a*. Adulateur, -trice; fourbe. **-ally,** *adv.* Bassement.

sycosis [sai'kousis], *s*. *Med:* Sycosis *m*; *esp.* mentagre *f*.

syenite ['saiənait], *s*. *Miner:* Syénite *f*.

syenitic [saiə'nitik], *a*. *Miner:* Syénitique.

syllabary ['siləbəri], *s*. Syllabaire *m*.

syllabic [si'labik], *a*. Syllabique.

syllabification [silabifi'keiʃ(ə)n], *s*. Syllabisation *f*.

syllabify [si'labifai], *v.tr.* Syllabiser (un mot).

syllabism ['siləbizm], *s*. Syllabisme *m*; division *f* en syllabes.

syllabize ['siləba:iz], *v.tr.* Syllabiser (un mot).

syllable ['siləbl], *s*. Syllabe *f*. *Pros:* *Short s.*, brève *f*. *Long s.*, longue *f*.

-syllabled ['siləbld], *a*. (*With num. prefixed, e.g.*) **Two-syllabled word, three-syllabled word,** mot *m* de deux, trois, syllabes.

syllabus, *pl.* **-i** ['siləbəs, -ai], *s*. **1.** Programme *m* (d'un cours); sommaire *m* (d'un cours). **2.** *R.C.Ch:* Syllabus *m*.

syllepsis, *pl.* **-es** [si'lepsis, -i:z], *s*. *Rh:* Syllepse *f*.

sylleptic [si'leptik], *a*. Sylleptique.

syllogism ['silodʒizm], *s*. *Log:* Syllogisme *m*.

syllogistic [silo'dʒistik], *a*. *Log:* Syllogistique. **-ally,** *adv.* (Argumenter) par syllogismes.

syllogize ['silodʒa:iz], *v.i.* Argumenter par syllogismes.

sylph [silf], *s*. **1.** Sylphe *m*, sylphide *f*. **2.** *F:* (*Applied to woman*) Sylphide.

'sylph-like, *a*. *F:* (Taille *f*, etc.) de sylphide.

sylphid ['silfid], *s*. Jeune sylphe *m*; jeune sylphide *f*.

sylva ['silva], *s*. Flore *f* sylvestre; forêts *fpl* (d'une région).

sylvan ['silvən]. **1.** *s*. *Myth:* Sylvain, -aine. **2.** *a*. (*a*) Sylvestre. (*b*) *Z:* Sylvicole. (*c*) *Bot:* (Plante *f*) sylvatique, sylvestre.

sylvanite ['silvənait], *s*. *Miner:* Sylvanite *f*; or *m* graphique.

Sylvanus [sil'veinəs]. *Pr.n.m.* = SILVANUS.

Sylvester [sil'vestər]. *Pr.n.m.* Sylvestre.

Sylvestrian [sil'vestriən], *a*. & *s*. *Ecc. Hist:* **Sylvestrian (Benedictine),** sylvestrin *m*.

Sylvia ['silviə]. **1.** *Pr.n.f.* Sylvie. **2.** *s*. *Orn:* Sylvie *f*.

sylvian ['silviən], *a*. *Anat:* Sylvien, -ienne; de Sylvius. *Esp.* **Sylvian fissure,** scissure *f* de Sylvius.

sylviculture ['silvikaltjər], *s*. Sylviculture *f*.

sylviculturist [silvi'kaltjurist], *s*. Sylviculteur *m*.

sylvine ['silvin], **sylvite** ['silvait], *s*. *Miner:* Sylvine *f*.

symbion(t) ['simbiɔn(t)], *s*. *Biol:* Symbiote *m*.

symbiosis [simbi'ousis], *s*. *Biol:* Symbiose *f*, commensalisme *m*. **Antagonistic symbiosis,** symbiose dysharmonique; antibiose *f*; parasitisme *m*.

symbiote ['simbiout], *s*. *Biol:* Association *f* de symbiotes.

symbiotic [simbi'ɔtik], *a*. *Biol:* (*Of association, etc.*) De symbiotes; (*of plant, etc.*) associé en symbiote.

symbol ['simb(ə)l], *s*. **1.** Symbole *m*, emblème *m*; signe *m*; attribut *m* (de la puissance souveraine, etc.). **Picture symbol,** idéogramme *m*. *System of symbols,* symbolique *f*. **2.** *Ch: Mth: etc:* Symbole.

symbolic(al) [sim'bɔlik(əl)], *a.* Symbolique. **-ally,** *adv.* Symboliquement.
symbolics [sim'bɔliks], *s.pl.* (*Usu. with sg. const.*) La symbolique.
symbolism ['simbolizm], *s.* Symbolisme *m.*
symbolist ['simbolist], *s.* Symboliste *mf.*
symbolistic(al) [simbo'listik(əl)], *a.* Symboliste.
symbolization [simbolai'zeiʃ(ə)n], *s.* Symbolisation *f.*
symbolize ['simbolaiz], *v.tr.* Symboliser. **1.** Être le symbole de (qch.); représenter (qch.). **2.** Représenter (qch.) sous la forme d'un symbole. **3.** *Abs.* Parler par symboles. **4.** *Theol:* Mettre en symbole (les principaux articles de foi).
symbolizing, *s.* Symbolisation *f*; mise *f* en symboles ou en symbole.
symbology [sim'bɔlodʒi], *s.* **1.** La symbolique. **2.** Symbolisme *m.*
Symmachus ['simakəs]. *Pr.n.m. Rom.Hist:* Symmaque.
symmetrical [si'metrik(ə)l], *a.* Symétrique. **-ally,** *adv.* Symétriquement. *To be arranged s. with . . .,* symétriser avec. . . .
symmetrize ['simetraiz], *v.tr.* Rendre symétrique.
symmetry ['simetri], *s.* Symétrie *f.* *Geom:* **Symmetry axis,** axe *m* de symétrie. **Symmetry plane,** plan *m* de symétrie.
sympathetic [simpa'θetik], *a.* **1.** (*a*) *Anat:* *Physiol:* *etc:* (*Of pain, nerve*) Sympathique. **The sympathetic nerve,** *s.* **the sympathetic,** le (nerf) grand sympathique. (*b*) *Ph:* **Sympathetic string,** corde *f* qui vibre par résonance. (*c*) *S. landscape,* paysage touchant, évocateur. (*d*) **Sympathetic ink,** encre *f* sympathique. **2.** (*a*) Qui marque la sympathie. *S. glance, smile,* regard *m,* sourire *m,* de sympathie. (*b*) *S. audience,* auditoire bien disposé, prompt à comprendre, sympathique. (*c*) Compatissant. *S. heart,* cœur compatissant. *S. words, letter,* paroles *f,* lettre *f,* de condoléances, de sympathie. (*d*) Dicté par la solidarité. *See also* STRIKE[1] **2.** **3.** (*As a Gallicism*) (*Of pers., face, talent*) Qui évoque la sympathie; sympathique. **-ally,** *adv.* **1.** Sympathiquement; avec ou par sympathie. *Ph:* **To vibrate sympathetically,** vibrer par résonance. **2.** D'une manière compatissante.
sympathize ['simpaθaiz], *v.i.* **1.** **To sympathize with s.o. (in his sorrow, in his loss, etc.),** (i) sympathiser avec qn; (ii) avoir de la compassion pour qn; compatir aux malheurs de qn; se montrer sensible à la douleur, aux malheurs, de qn. *I s. with you in your anxiety,* je partage votre inquiétude. *The Smiths called to s.,* les Smith sont venus exprimer leurs condoléances. *I s. with you in your recent bereavement,* je suis de cœur avec vous dans votre deuil récent. *F:* *I s., old boy,* mes condoléances, mon vieux. **2.** (*a*) **To sympathize with s.o. in his point of view, to sympathize with s.o.'s point of view,** partager le point de vue de qn (sans l'approuver). *I can s. with his being angry,* je peux bien comprendre qu'il soit en colère. *Sentiments with which I do not s.,* sentiments avec lesquels je ne suis pas d'accord. (*b*) *To s. with s.o.'s feelings,* s'associer (de cœur) aux sentiments de qn.
sympathizing, *a.* Compatissant, sympathisant.
sympathizer ['simpaθaizər], *s.* **1.** **To be a sympathizer with s.o.,** (i) sympathiser avec qn; (ii) ressentir de la compassion pour qn. *To be a s. in s.o.'s grief,* compatir au chagrin de qn. **2.** Partisan, -ane (*with a cause,* d'une cause).
sympathy ['simpaθi], *s.* **1.** Compassion *f*; condoléances *fpl.* *Accept my deep s.,* agréez mes condoléances. *To stir up s. for the oppressed,* éveiller de la sympathie, de la compassion, pour les opprimés. *He claims our s.,* (i) il a droit à notre sympathie, à notre pitié; (ii) il veut à toute force être plaint. **2.** (*a*) Sympathie *f* (*for s.o.,* à l'égard de qn). **To feel a sympathy for s.o.,** se sentir de l'attrait pour qn. **Popular sympathies are on his side,** il a l'opinion pour lui. *Man of active sympathies,* homme sensible. **To be in sympathy with s.o.'s ideas,** être en sympathie avec les idées, être sympathique aux idées, de qn. *I know you are in s. with them,* je sais que vous êtes de leur côté. **To strike in sympathy,** se mettre en grève par solidarité. *He had no s. with the Liberal party,* il était adversaire déclaré du parti libéral. *I have no s. with drunkenness,* je ne comprends pas qu'on soit ivrogne. (*b*) **Prices went up in sympathy,** les prix sont montés par contre-coup. *Unemployment figures have moved in s. with the index figure of prices,* les variations du chômage se sont produites en fonction de l'indice général des prix. *Ph:* **String that vibrates in sympathy,** corde *f* qui vibre par résonance. (*c*) *Med:* *Physiol:* (*Between organs*) Sympathie.
symphonic [sim'fɔnik], *a.* *Mus:* Symphonique. **-ally,** *adv.* Symphoniquement.
symphonist ['simfonist], *s.* Symphoniste *m*; compositeur *m* de symphonies.
symphony ['simfoni], *s.* *Mus:* Symphonie *f.* *Composer of symphonies,* symphoniste *m.* **Symphony orchestra,** orchestre *m* symphonique. **Symphony concert,** concert *m* symphonique. *See also* SILLY I, TOY[1] 3.
Symphorian [sim'fɔːriən]. *Pr.n.m. Ecc.Hist:* Symphorien.
symphoricarpos [simfori'kɑːrpəs], *s.* *Bot:* Symphorine *f.*
symphysis ['simfisis], *s.* *Anat:* *Z:* Symphyse *f.*
sympiesometer [simpie'sɔmetər], *s.* *Ph:* Sympiézomètre *m.*
sympode ['simpoud], *s.* *Bot:* = SYMPODIUM.
sympodial [sim'poudiəl], *a.* *Bot:* Sympodique.
sympodium, *pl.* **-ia** [sim'poudiəm, -ia], *s.* *Bot:* Sympode *m.*
symposiarch [sim'pouziɑːrk], *s.* *Gr.Ant:* Symposiarque *m.*
symposium, *pl.* **-ia,** *occ.* **-iums** [sim'pouziəm, -iə, -iəmz], *s.* **1.** (*a*) *Gr.Ant:* Symposium *m.* *Gr.Lit:* **Plato's Symposium,** le Banquet de Platon. (*b*) *F:* Réunion *f* de convives; festin *m.* **2.** (*a*) Conférence *f,* discussion *f* (académique). (*b*) Recueil *m* d'articles (sur un sujet du jour).
symptom ['simptəm], *s.* *Med:* *etc:* Symptôme *m*; indice *m.* *The symptoms of pleurisy,* les symptômes de la pleurésie. **To show symptoms of . . .,** présenter des indices de. . . . *Increasing symptoms of popular discontent,* indices de plus en plus nombreux du mécontentement général.
symptomatic [simpto'matik], *a.* Symptomatique. *Feverishness s. of tuberculosis,* état fiévreux qui est un des symptômes de la tuberculose. **-ally,** *adv.* *Diseases that are s. alike,* maladies *f* dont les symptômes sont analogues. *To treat a disease s.,* traiter une maladie d'après ses symptômes. *Jaundice may occur s. in pregnancy,* la jaunisse peut être un symptôme, un indice, de la grossesse.
symptomatize ['simptomataiz], *v.tr.* Être un symptôme, un indice, de. . . .
symptomatology [simptoma'tɔlodʒi], *s.* *Med:* Symptomatologie *f*; sémiologie *f.*
synaeresis [si'niərisis], *s.* *Gram:* Synérèse *f*; contraction *f* de deux syllabes en une.
synaesthesia, *pl.* **-iae** [sinis'θiːzia, -sia, -iiː], *s.* *Med:* Synesthésie *f.*
synagogal ['sinagoug(ə)l], **synagogical** [sina'gɔdʒik(ə)l], *a.* Synagogal, -aux.
synagogue ['sinagɔg], *s.* Synagogue *f.*
synallagmatic [sinalag'matik], *a.* *Jur:* (Contrat *m*) synallagmatique, bilatéral, -aux.
synaloepha [sina'liːfa], *s.* *Gram:* Synalèphe *f.*
synanthereous [sinan'θeriəs], **synantherous** [si'nanθərəs], *a.* *Bot:* Synanthéré.
synanthous [si'nanθəs], *a.* *Bot:* Synanthé.
synarchy ['sinɑːrki], *s.* Synarchie *f.*
synarthrodial [sinɑːr'θroudiəl], *a.* *Anat:* Synarthrodial, -aux.
synarthrosis, *pl.* **-oses** [sinɑːr'θrousis, -ousiːz], *s.* *Anat:* Synarthrose *f.*
syncarp ['sinkɑːrp], *s.* *Bot:* Syncarpe *m*; fruit syncarpé.
syncarpous [sin'kɑːrpəs], *a.* *Bot:* Syncarpé.
synchondrosis, *pl.* **-oses** [siŋkɔn'drousis, -ousiːz], *s.* *Anat:* Synchondrose *f.*
synchromesh ['siŋkromeʃ], *s.* *Aut:* Synchromesh *m*; (boîte *f* de vitesses) synchromesh. **Synchromesh device,** synchronis(at)eur *m.*
synchronic [siŋ'krɔnik], *a.* Synchronique.
synchronism ['siŋkronizm], *s.* Synchronisme *m.* **In synchronism,** en synchronisme; *El.E:* en phase. **Out of synchronism,** hors de synchronisme; *El.E:* hors de phase.
synchronistic [siŋkro'nistik], *a.* (Tableau *m*) synchronique.
synchronization [siŋkronai'zeiʃ(ə)n], *s.* Synchronisation *f.* *Cin:* *S. of the sound with the screen,* synchronisation du son et de l'écran.
synchronize ['siŋkronaiz]. **1.** *v.tr.* (*a*) Synchroniser (deux mouvements, deux horloges, etc.). *El.E:* *To s. two generators,* coupler deux générateurs en phase. *Cin:* *To s. the clap-stick signals (on picture film and sound-track),* repérer. (*b*) Établir le synchronisme de (différents événements). (*c*) Faire coïncider (par anachronisme) (des événements, etc., de dates différentes). **2.** *v.i.* (*a*) (*Of events*) Arriver, avoir lieu, simultanément. (*b*) *Clocks that s.,* horloges qui marchent en synchronisme, qui marquent la même heure. *El.E:* *When the generators s. . . .,* lorsque les générateurs sont en phase. . . .
synchronized, *a.* Synchronisé. *El.E:* **Synchronized generators,** générateurs synchronisés.
synchronizing, *s.* Synchronisation *f.* *El.E:* Accrochage *m* en phase. *Cin:* *S. of the picture film and the sound-track,* repérage *m* de la piste sonore sur la bande des images. **Synchronizing mark,** (point *m* de) repère *m.*
synchronizer ['siŋkronaizər], *s.* Synchroniseur *m*; dispositif *m* de synchronisation. *Av:* **Gun synchronizer,** mécanisme *m* de synchronisation de la mitrailleuse.
synchronological [siŋkrɔno'lɔdʒik(ə)l], *a.* Qui appartient à la synchronologie; (tableau *m*) synchronique.
synchronology [siŋkro'nɔlodʒi], *s.* Synchronologie *f.*
synchronous ['siŋkronəs], *a.* Synchrone, synchronique. *El.E:* En phase. **-ly,** *adv.* Synchroniquement.
synchrony ['siŋkroni], *s.* Synchronisme *m.* *Cin:* *etc:* **Synchrony mark,** marque *f,* signal *m,* de synchronisme; repère *m.*
synchysis ['siŋkisis], *s.* **1.** *Gram:* Synchyse *f.* **2.** *Med:* Synchysis *m.* **Sparkling synchysis,** synchysis étincelant (de l'œil).
synclinal [siŋ'klain(ə)l], *a.* *Geol:* Synclinal, -aux. **Synclinal fold,** charnière inférieure (d'un plissement).
syncline ['siŋklain], *s.* *Geol:* Fond *m* de bateau; auge *f.*
syncopal ['siŋkop(ə)l], *a.* *Med:* Syncopal, -aux.
syncopate ['siŋkopeit], *v.tr.* *Gram:* *Mus:* Syncoper.
syncopated, *a.* Syncopé. *Mus:* **Syncopated notes,** notes syncopées; notes liées. **Syncopated music,** musique syncopée; musique à contre-temps.
syncopation [siŋko'peiʃ(ə)n], *s.* *Mus:* Syncope *f.*
syncope ['siŋkopi], *s.* **1.** *Med:* Syncope *f*; perte *f* de connaissance; évanouissement *m.* **2.** *Gram:* Syncope; retranchement *m* d'une lettre, d'une syllabe. **3.** *Mus:* Syncope; déplacement *m* de l'accent rythmique.
syncotyledonous [siŋkɔti'liːdonəs], *a.* *Bot:* Syncotylédoné.
syncretic [siŋ'kriːtik, -'kre-], *a.* *Phil:* *Theol:* Syncrétique.
syncretism ['siŋkretizm], *s.* *Phil:* *Theol:* Syncrétisme *m.*
syncretist ['siŋkretist], *a.* & *s.* *Phil:* *Theol:* Syncrétiste (*m*).
syncretistic [siŋkre'tistik], *a.* *Phil:* *Theol:* Syncrétistique.
syndactyl(ous) [sin'daktil(əs)], *a.* *Z:* Syndactyle.
syndactylism [sin'daktilizm], **syndactyly** [sin'daktili], *s.* *Z:* Syndactylie *f.*
syndesmosis [sindes'mousis], *s.* *Anat:* Syndesmose *f,* synnévrose *f.*
syndic ['sindik], *s.* Syndic *m.*
syndical ['sindik(ə)l], *a.* Syndical, -aux.
syndicalism ['sindikəlizm], *s.* Syndicalisme *m.*
syndicalist ['sindikəlist], *s.* Syndicaliste *m.*
syndicate[1] ['sindiket], *s.* **1.** *Com:* *Fin:* Syndicat *m*; consortium *m.* *Member of a s.,* syndicataire *m.* **2.** Conseil *m* de syndics.
syndicate[2] ['sindikeit]. **1.** *v.tr.* (*a*) Syndiquer (des ouvriers, une industrie). (*b*) Publier (un article) simultanément dans plusieurs journaux. **2.** *v.i.* Se syndiquer.

syndrome ['sindromi], *s. Med:* Syndrome *m.*
syne [sain], *adv. Scot:* = SINCE I.
synecdoche [si'nekdoki], *s. Rh:* Synecdoche *f*, synecdoque *f.*
synergia [si'nəːrdʒiə], *s.* Synergie *f.*
synergic [si'nəːrdʒik], *a. Physiol:* Synergique.
synergy ['sinərdʒi], *s.* Synergie *f.*
syngenesia [sindʒe'niːziə], *s. A.Bot:* Syngénésie *f.*
syngenesis [sin'dʒenesis], *s. Biol:* Syngénésie *f.*
syngenetic [sindʒe'netik], *a. Biol:* Syngénésique.
syngnathous ['siŋgnaθəs], *a. Ich:* Syngnathe.
synod ['sinəd], *s. Ecc:* Synode *m*, concile *m.*
synodal ['sinədəl], *a. Ecc:* Synodal, -aux.
synodic(al) [si'nɔdik(əl)], *a. Ecc: Astr:* Synodique. *Astr:* **Synodic month,** mois *m* synodique; mois de consécution; lunaison *f.*
synonym ['sinonim], *s.* Synonyme *m.*
synonymic [sino'nimik], *a.* Synonymique.
synonymics [sino'nimiks], *s.pl.* (*Usu. with sg. const.*) La synonymique.
synonymist [si'nɔnimist], *s.* Synonymiste *m.*
synonymity [sino'nimiti], *s.* Synonymie *f.*
synonymize [si'nɔnimaːiz]. **1.** *v.tr. To s. a word,* donner les synonymes d'un mot. **2.** *v.i.* S'exprimer par synonymes.
synonymous [si'nɔniməs], *a.* Synonyme (*with*, de).
synonymy [si'nɔnimi], *s.* **1.** Synonymie *f.* **2.** Synonymique *f.*
synopsis, *pl.* **-pses** [si'nɔpsis, -psiːz], *s.* Résumé *m*, sommaire *m*, argument *m*; tableau *m* synoptique; synopsis *f* (d'une science). *Sch:* (*Examination*) *s. of chemistry, of history,* mémento *m* de chimie, d'histoire. **Synopsis of the Gospels,** synopse *f. Cin: Brief s. of a film,* plan *m* d'ensemble d'un film.
synoptic(al) [si'nɔptik(əl)], *a.* Synoptique. **The Synoptic Gospels,** les Évangiles *m* synoptiques. **Synoptic table of the Gospels,** synopse *f.*
synostosis, *pl.* **-es** [sinɔs'tousis, -iːz], *s. Anat:* Synostose *f.*
synovia [si'nouviə, sai-], *s. Physiol: Anat:* Synovie *f.*
synovial [si'nouviəl, sai-], *a. Anat:* (*Of gland, membrane*) Synovial, -aux.
synovitis [sino'vaitis, sai-], *s. Med:* Synovite *f.*
syntactic(al) [sin'taktik(əl)], *a. Gram:* Syntactique, syntaxique.
syntax ['sintaks], *s. Gram:* Syntaxe *f.*
synthesis, *pl.* **-es** ['sinθesis, -iːz], *s.* Synthèse *f.*
synthesist ['sinθesist], *s.* = SYNTHETIST.
synthesize ['sinθesaːiz], *v.tr.* = SYNTHETIZE.
synthetic(al) [sin'θetik(əl)], *a.* Synthétique. *S. stone,* pierre *f* de synthèse. **Synthetic rubber,** caoutchouc *m* synthétique, de synthèse. *F:* **Synthetic silk,** soie artificielle. *S. foods,* aliments artificiels. **-ally,** *adv.* Synthétiquement.
synthetist ['sinθetist], *s.* Chimiste *m* qui procède par synthèse.
synthetize ['sinθetaːiz], *v.tr.* Synthétiser (des éléments); faire la synthèse (d'un produit).
syntonic [sin'tɔnik], *a. W.Tel:* Syntonique.
syntonism ['sintonizm], *s. W.Tel:* Syntonie *f*, accord *m.*
syntonization [sintonai'zeiʃ(ə)n], *s. W.Tel:* Syntonisation *f*, accordage *m.*
syntonize ['sintonaːiz], *v.tr. W.Tel:* Syntoniser, accorder.
syntonous ['sintonəs], *a. A.Mus:* Syntonique.
syntony ['sintoni], *s.* Syntonie *f*, accord *m.*
sypher ['saifər], *v.tr. Carp:* Assembler à mi-bois.
'**sypher-joint,** *s.* Assemblage *m* à mi-bois.
syphilide ['sifilaid], *s. Med:* Syphilide *f*; éruption *f* syphilitique. **Macular syphilide,** syphilide pigmentaire.
syphilis ['sifilis], *s. Med:* Syphilis *f*; *P:* vérole *f.*
syphilitic [sifi'litik], *a. Med:* Syphilitique; *F:* taré. *S. infection, F:* avarie *f.*
syphilization [sifilai'zeiʃ(ə)n], *s. Med:* Syphilisation *f.*
syphilize ['sifilaːiz], *v.tr. Med:* Syphiliser.
syphiloid ['sifilɔid], *a. Med:* Syphiloïde.
syphiloma [sifi'loumə], *s. Med:* Syphilome *m.*
syphilophobia ['sifilo'foubiə], *s.* Syphilophobie *f.*
syphilosis [sifi'lousis], *s. Med:* Syphilisme *m.*
Syracusan ['sairəkjuːz(ə)n], *a. & s. Geog:* Syracusain, -aine.
Syracuse ['sairəkjuːs]. *Pr.n. Geog:* Syracuse *f.*
Syria ['siriə]. *Pr.n. Geog:* La Syrie.
Syriac ['siriak], *a. & s. Ling:* Le syriaque.
Syrian ['siriən], *a. & s. Geog:* Syrien, -ienne.
syringa [si'riŋgə], *s. Bot:* Seringa(t) *m*; jasmin *m* en arbre.
syringe[1] ['sirindʒ], *s.* (*a*) Seringue *f. Garden s.,* pompe *f*, seringue, de jardin. *Fine spraying s.,* seringue bruineuse. *See also* HYPODERMIC I. (*b*) *Ph:* **Fire syringe,** briquet *m* pneumatique, briquet à air.
syringe[2], *v.tr.* **1.** Seringuer (des fleurs, etc.). *Surg:* **To syringe (out) the ears,** laver les oreilles avec une seringue. **2.** *To s. (a liquid) into . . .,* injecter (un liquide) dans. . . .
syringeal [si'rindʒiəl], *a. Orn:* (Muscle *m*, etc.) de la syrinx.
syringomyelia [siriŋgomai'iːliə], *s. Med:* Syringomyélie *f*; maladie *f* de Morvan.
syringomyelic [siriŋgomai'iːlik], *a. Med:* Syringomyélique.
syringotomy [siriŋ'gɔtomi], *s. Surg:* Syringotomie *f*; incision *f* d'une fistule.
syrinx, *pl.* **-xes, -inges** ['siriŋks, -ksiz, si'rindʒiːz], *s.* **1.** Syringe *f*, syrinx *f*; flûte *f* de Pan. **2.** *Anat:* Trompe *f* d'Eustache. **3.** *Orn:* Syrinx; organe phonateur.
Syro-Chaldaic ['sairokal'deiik], *a.* Syro-chaldaïque.
syrphid ['səːrfid], *a. Ent:* Syrphide.
syrphus, *pl.* **-phi** ['səːrfəs, -fai], *s. Ent:* Syrphe *m.*
syrtis, *pl.* **-es** ['səːrtis, -iːz], *s. A.Geog:* Syrte *f.* **The Syrtes,** les Syrtes (de la côte nord de l'Afrique). **The Major Syrtis,** la Grande Syrte. **The Minor Syrtis,** la Petite Syrte.
syrup[1] ['sirəp], *s.* **1.** Sirop *m. Red-currant s.,* sirop de groseilles. *Absinthe with s.,* absinthe gommée. **2.** **Golden syrup,** mélasse raffinée; sirop de sucre.
syrup[2], *v.tr.* (**syruped**) **1.** Couvrir de sirop. **2.** Réduire en sirop.
syrupy ['sirəpi], *a.* Sirupeux.
syssarcosis [sisɑːr'kousis], *s. Anat:* Syssarcose *f.*
systaltic [sis'taltik], *a. Physiol:* (Pulsation *f*) systaltique.
system ['sistəm], *s.* **1.** (*a*) Système *m* (de philosophie, de poulies, etc.). *S. of support,* mode *m* de soutènement (d'un pont, etc.). *The Feudal s.,* le régime féodal. *Jur:* **Married under the dotal system,** marié sous le régime dotal. **To establish sth. on a system,** établir qch. d'après un système. *Astr:* **The solar system,** le système solaire. *See also* SOCIAL I. (*b*) *Anat: Nervous s., muscular s.,* système nerveux, musculaire. **The digestive system,** l'appareil digestif. **The system,** l'organisme *m. Bad for the s.,* mauvais pour l'organisme. (*c*) Réseau ferré (de chemin de fer); réseau télégraphique. *The Southern railway s.,* le réseau du Sud. *River s.,* réseau fluvial. *Road s.,* réseau routier. *Mil:* **System of mines,** dispositif *m* de mines. **2.** Méthode *f* (de travail, etc.). *To lack s.,* manquer de méthode, d'organisation. *To work without s.,* travailler sans méthode. **3.** *Mus:* (*a*) Distribution *f* de la partition (d'orchestre, etc.). (*b*) Pupitre *m* (d'instruments, dans une partition).
systematic [sistə'matik], *a.* (*a*) Systématique, méthodique. *S. orders,* ordres coordonnés. *He is s.,* il a de l'ordre, de la méthode. (*b*) *Pej: S. opposition,* opposition *f* systématique. **-ally,** *adv.* Systématiquement, méthodiquement. *She does her work s.,* elle travaille avec méthode. *Gang of thieves working s. through a district,* bande *f* de voleurs qui met un quartier en coupe réglée.
systematist ['sistəmatist], *s.* Classificateur, -trice.
systematization ['sistəmatai'zeiʃ(ə)n], *s.* Systématisation *f.*
systematize ['sistəmataːiz], *v.tr.* Réduire en système; systématiser. *He had systematized intrigue,* il avait réduit l'intrigue en système.
systematizer ['sistəmataizər], *s.* Systématiseur *m.*
systemic [sis'temik], *a. Physiol:* Du système; de l'organisme. **Systemic circulation,** circulation générale.
systole ['sistoli], *s. Physiol:* Systole *f.*
systolic [sis'tɔlik], *a. Physiol:* Systolique.
systyle ['sistail], *a. & s. Arch:* Systyle (*m*). *S. temple,* temple *m* systyle.
syzygy ['sizidʒi], *s. Astr:* Syzygie *f.*

T, t [ti:], *s.* **1.** (La lettre) T, t, té *m. Tp:* **T for Tommy,** T comme Théodore. **To cross one's t's,** (i) barrer ses t; (ii) *F:* mettre les points sur les i. (*In naval warfare*) **To cross the T,** barrer le T. *Adv.phr.* **To a T,** exactement; trait pour trait; parfaitement; à la perfection. **That's you to a T,** c'est absolument vous. **To fit to a T,** aller comme un gant. **That suits me to a T,** cela me va à merveille; *P:* ça fait mon blot; ça me botte. *It suits you to a T,* cela vous va comme un gant. *See also* DISPLAY[2] 1, HIT OFF 1. **2.** (*a*) *Mec.E: etc:* **Union T, union tee,** raccord *m* en T. *Av:* **Landing T,** T d'atterrissage. (*b*) En (forme de) T; à T; en té. *Surg:* **T bandage,** bandage *m* en té. **T section, T bar, T iron,** fer *m* à, en, T; profilé *m* à, en, T. **T branch,** tube *m* ou tuyau *m* en T. **T-shaped,** en T, en potence. *See also* SQUARE[1] I. 4.

't [t]. *F:* (*Abbr. of it*) **'Twas, 'tis,** c'était, c'est.

ta [tɑ:], *s. & int.* (*Nursery speech and*) *P:* Merci (*m*).

taal [tɑ:l], *s. Ling:* (*S. Africa*) **The taal,** le patois hollandais (parlé au Cap).

tab [tab], *s.* **1.** (*a*) Patte *f* (de vêtement, etc.). *Mil:* Patte du collet; écusson *m,* insigne *m* (d'officier d'état-major). *Mil: F:* **A red tab,** un officier breveté. (*b*) **Ear-tabs,** oreillettes *f,* oreillons *m* (de casquette). (*c*) **Shoe-lace tab,** ferret *m* de cordon de soulier. (*d*) (*For hanging up coat, pulling on boots, etc.*) Attache *f.* (*e*) Touche *f,* onglet *m* (de dictionnaire, de fichier, etc.); patte (de carton de classement). **2.** Étiquette *f* (pour bagages). *F: U.S:* **To keep tabs on s.o., sth.,** ne pas perdre qn, qch., de vue; ne pas oublier qch. *To keep tabs on the expenditure,* contrôler les dépenses.

tabard ['tabərd], *s.* Tabar(d) *m* (de héraut, *Hist:* de chevalier).

tabaret ['tabaret], *s. Tex:* Satin rayé (d'ameublement).

tabasheer [taba'ʃiːər], *s.* Tabas(c)hir *m* (des joints du bambou).

tabbed [tabd], *a. Cost:* Garni de pattes.

tabby[1] ['tabi], *s.* **1.** *Tex:* (*a*) Tabi(s) *m*; soie moirée; moire *f.* (*b*) *Attrib.* De, en, tabis. **2. Tabby** (**cat**), (i) chat moucheté, tacheté, tigré, rayé; (ii) *F:* chatte *f.* **3.** *F:* Vieille fille cancanière; vieille teigne, vieille chipie. **4.** *Ent:* Teigne *f* de la graisse.

tabby[2], *v.tr.* (**tabbied**) *Tex:* Tabiser (la soie, etc.).

tabellion [ta'beljən], *s. Jur: A:* Tabellion *m.*

tabernacle ['tabərnakl], *s.* **1.** (*a*) Tabernacle *m. Jew.Rel:* **The feast of Tabernacles,** la fête des Tabernacles. (*b*) *U.S:* Église *f,* temple *m.* **2.** *Ecc.Arch:* Stalle *f* à dais. **3.** *Nau:* Cornet *m* (d'un mât).

tabes ['teibiːz], *s. Med:* Tabes *m,* consomption *f.* **Dorsal tabes,** ataxie locomotrice progressive.

tabescence [ta'bes(ə)ns], *s. Med:* Tabescence *f*; émaciation *f*; marasme *m.*

tabescent [ta'bes(ə)nt], *a. Med:* Tabescent.

tabetic [ta'betik], *a. & s. Med:* (*a*) Tabétique (*mf*). (*b*) Ataxique.

tabinet ['tabinet], *s. Tex:* Popeline *f* d'Irlande.

Tabitha ['tabiθa]. *Pr.n.f. B:* Tabithe.

tablature ['tablatjər], *s.* **1.** *Mus: A:* Tablature *f.* **2.** *F: A:* (*a*) Image mentale. (*b*) Description *f* graphique.

table[1] [teibl], *s.* Table *f.* **1.** (*a*) *Furn:* **Extension table, draw table, telescope table,** table à rallonges. **Cross table,** table en potence. **Occasional table, table on pillar and claw, pedestal-table,** guéridon *m.* **Nest of tables,** table gigogne. **Card-table, gaming table,** table de jeu. **Collapsible table,** table-valise *f* (de camping), *pl.* tables-valises. *Lit.Hist:* **The Round Table,** la Table ronde. *Parl:* **To lay a measure on the table,** déposer un projet de loi sur le bureau. **To allow a bill to lie on the table,** ajourner un projet de loi. **To lay papers on the table,** communiquer à la Chambre les documents relatifs à l'affaire. *See also* BEDSIDE, BILLIARD-TABLE, DRESSING-TABLE, GATE-LEGGED, LAMP[1] 2, OPERATING-TABLE, POCKET-TABLE, POUCH-TABLE, REVOLVING 3, TOILET-TABLE. (*b*) Table à manger. **To lay, set, the table,** mettre, dresser, la table; dresser le couvert. *T. laid for twelve,* table de douze couverts. **To clear the table,** desservir. **To sit down to table,** se mettre à table. **To rise from table, to leave the table,** se lever, sortir, de table. **To be (seated) at table,** être à table; être attablé. **To wait at table,** servir à table. *Separate tables* (*at restaurants*), (service *m* par) petites tables. **The pleasures of the table,** les plaisirs de la table, la bonne chère. **To keep a good table,** avoir une bonne table; vivre bien; faire bonne chère. *Person who keeps a good t.,* personne chez qui l'on mange bien. **Table beer,** bière *f* de table. **Table wine,** vin *m* ordinaire. **Table knife,** couteau *m* de table. *She kept the whole t. amused,* elle faisait rire toute la table, tous les convives. *I was the only stranger at their t.,* j'étais le seul convive étranger. *Ecc:* **The Lord's Table, the Communion table,** la Sainte Table. *See also* CLOTH 2, DRINK[1] 1, HIGH I. 2, MAT[1] 1, TEA-TABLE. (*c*) *Gold-min:* **Jigging-table,** table à percussion, à secousses. *Glassm:* **Casting-table,** table à couler. **2.** *pl. A:* **Tables,** tric-trac *m.* (*Whence the phrase*) **To turn the tables on s.o.,** retourner un argument contre qn; renvoyer la balle à qn; reprendre l'avantage sur qn; renverser les rôles; retourner la situation. *The tables are turned,* les rôles sont renversés, intervertis; la chance a tourné. **3.** *Tchn:* Plaque *f,* console *f,* plateau *m* (de machine-outil); tablier *m* (de laminoir); banc *m,* table (de machine à percer). **Tracing table,** marbre *m* à tracer. *See also* TURN-TABLE. **4.** (*a*) *Lap:* (i) Table (d'un diamant); (ii) = TABLE DIAMOND. (*b*) Semelle *f* (de poutre); surface *f* (de rail); tablier (de pont à bascule). *Const:* **Rustic table,** table rustique (de pan de mur); panneau piqué. (*c*) *Anat:* **Inner table, vitreous table,** table interne, vitrée (du crâne). **Outer table,** table externe (du crâne). (*d*) *Farr:* Table (d'une incisive usée). (*e*) (*In palmistry*) Quadrilatère *m* (de la paume de la main). **5.** Plaque *f,* tablette *f* (de marbre, d'ivoire). *B.Hist:* **The Tables of the Law, the two Tables,** les Tables de la loi. *Rom. Jur:* **The Twelve Tables,** les douze Tables **6.** *Arch:* **Ground-table of a wall,** embasement *m. See also* BENCH-TABLE. **7.** *Ph.Geog:* = TABLE-LAND. **8.** (*List*) Table, tableau *m,* répertoire *m. Synoptic t. of a science,* tableau synoptique d'une science. **Table of weights and measures,** table de poids et de mesures. *Alphabetical t.,* table alphabétique. **Table of contents,** table des matières. **Table of saints, of festivals,** canon *m* des saints, des fêtes. *T. of births,* relevé *m* des naissances. *Ar:* **Multiplication table,** table de multiplication; table de Pythagore. **Table of calculations,** abaque *m. T. of sines and cosines,* table des sinus et cosinus. **Astronomical tables,** tables astronomiques; éphémérides *f. Artil:* **Range table,** table de tir. *Aut:* **Inflation table,** tableau de gonflage. *Ch:* **Table of chemical equivalents,** abaque des équivalents chimiques. *Nau:* **Tide table,** annuaire *m,* indicateur *m,* des marées. *Rail: etc:* **Table of fares, of charges,** barême *m* des prix. *See also* TIME-TABLE.

'table-centre, *s.* (*a*) Rond *m,* carré *m,* de table. (*b*) Chemin *m* de table.

'table-clamp, *s.* **1.** Dispositif *m* à vis pour fixer un objet à une table; griffe *f.* **2.** *Mec.E:* Étau *m* à agrafes; étau d'établi.

'table-companion, *s.* Compagnon, *f.* compagne, de table; commensal, -ale, -aux, -ales.

'table-cover, *s.* Tapis *m* de table.

'table-cut, *a. Lap:* (Diamant, rubis) en table, taillé en table.

'table diamond, *s. Lap:* Diamant (taillé) en table.

'table-flap, *s.* Abattant *m* de table.

'table-fork, *s.* Fourchette *f.*

'table-furniture, *s.* Articles *mpl* pour la table.

'table-land, *s. Ph.Geog:* Plateau (élevé).

'table-leaf, *s.* **1.** = TABLE-FLAP. **2.** Rallonge *f* de table.

'table-length, *s. Tex:* Tablée *f* d'étoffe.

'table-linen, *s.* Linge *m* de table.

'table-money, *s.* **1.** *Navy: Mil:* Frais *mpl* de table; (indemnité *f* pour) frais de représentation. **2.** (*a*) Taxe *f* que l'on paye pour la permission de se servir de la salle à manger, dans certains clubs. (*b*) (*In restaurant*) Couvert *m.*

'Table 'Mountain. *Pr.n. Geog:* La Montagne de la Table (derrière le Cap). **Table Mountain Bay,** la baie de la Table.

'table-rapping, *s. Psychics:* (Phénomène *m* des) tables frappantes.

'table-spoon, *s.* Cuiller *f* à soupe, à bouche.

'table-talk, *s.* (i) Propos *mpl* de table; (ii) propos familiers.

'table-tennis, *s.* Tennis *m* de salon; ping-pong *m.*

'table-tomb, *s.* Tombe couverte d'une pierre plate.

table-'top, *s.* Dessus *m* de table.

'table-turning, *s. Psychics:* (Phénomène *m* des) tables tournantes.

'table-water, *s.* (i) Eau *f* de table; (ii) eau minérale.

'table-work, *s. Typ:* Tableaux *mpl*; ouvrage *m* à filets et à chiffres. *Compositor on t.-w.,* tableautier *m.*

table[2], *v.tr.* **1.** (*a*) *Parl:* **To table a bill,** (i) saisir la Chambre d'un projet de loi; déposer un projet de loi sur le bureau; (ii) *U.S:* ajourner (indéfiniment) un projet de loi. (*b*) *Cards:* **To table a card,** jouer une carte. *F:* **To table one's cards,** jouer cartes sur table. **2.** *Carp:* Emboîter, assembler (deux poutres, etc.). **3.** *Nau:* Doubler les bords (d'une voile); renforcer, gainer (une voile).

tabling, *s.* **1.** (*a*) *Carp:* Assemblage *m,* emboîtement *m* (de deux poutres, etc.). (*b*) *Parl:* **Tabling of a bill,** (i) dépôt *m* d'un projet de loi (sur le bureau); (ii) *U.S:* ajournement *m* d'un projet de loi. **2.** *Nau:* Gaine *f,* doublage *m,* tablier *m* (d'une voile). **3.** Nombre *m* de tables dont on peut disposer. **Tabling for twenty,** places *fpl,* couverts *mpl,* pour vingt personnes.

tableau, *pl.* **-eaux** ['tablou, -ouz], *s. Th:* Tableau *m.* **Tableaux vivants,** tableaux vivants.

table d'hôte [tɑːblə'dout], *s.* Table *f* d'hôte. **Table d'hôte dinner,** (i) dîner *m* à la table d'hôte; (ii) dîner à prix fixe.

tableful ['teiblful], *s.* Tablée *f.*

tablespoonful ['teiblspuːnful], *s.* Cuillerée *f* à bouche.

tablet ['tablet], *s.* **1.** (*a*) *A:* Tablette *f* (pour écrire). (*b*) Plaque commémorative. **Votive tablet,** (i) *Rom.Ant:* tablette votive; (ii) *Ecc:* ex-voto *m inv.* **2.** (*a*) *Pharm:* Comprimé *m,* tablette. (*b*) **Tablet of soap,** pain *m* de savon. **Tablet of chocolate,** tablette de chocolat. **3.** *Arch:* (*a*) Entablement *m* (d'un mur). (*b*) Tablette.

tableware ['teiblwɛər], *s.* Articles *mpl* de table.

tabloid ['tablɔid], *s.* **1.** *Pharm: etc:* Comprimé *m* (de la marque Burroughs, Wellcome & Co.). *To administer a drug in t. form,* administrer un médicament en comprimés. 2. *F:* **Tabloid tales,** contes *m* en raccourci. *News in t. form,* nouvelles *fpl* en une ligne.

taboo[1] [tə'buː]. I. *s.* Tabou *m, pl.* -ous. 2. *Pred. a.* (*a*) (Déclaré) tabou. *To declare a witch-doctor t.,* déclarer un sorcier tabou; tabouer un sorcier. (*b*) *F:* (*Of practice, etc.*) Interdit, proscrit (comme étant tabou). *These subjects (of conversation) are t.,* ces sujets sont tabous. *It's t.,* c'est une chose qui ne se fait pas.

taboo[2], *v.tr.* I. *Anthr:* Tabouer (qn, qch.); déclarer (qn, qch.) tabou. 2. *F:* Proscrire, interdire (qch.). *Here duelling is tabooed,* ici le duel est tabou, interdit. *Tabooed by society,* (*of pers.*) mis au ban de la société; (*of thg*) interdit, non admis, dans la bonne société.

tabooing, *s.* Interdiction *f,* proscription *f* (de qch.); mise *f* d'un ban (sur qn).

tabor ['teibər], *s. Mus: A:* Tambourin *m*; tambour *m* de Basque. (*In Fr.*) **Pipe and tabor player,** tambourinaire *m.*

Taborites ['tabəraits], *s.pl. Rel.H:* Taborites *m.*

tabouret ['taboret], *s.* I. *Fr.Hist:* **Privilege of the tabouret,** droit *m* du tabouret. 2. Tambour *m* (à broder).

tabula ['tabjula], *s.* I. *Anat:* = TABLE[1] 4 (*c*). 2. **Tabula rasa,** table rase.

tabular ['tabjulər], *a.* I. (*Of statement, etc.*) Tabulaire. *See also* FORM[1] I. *Typ:* **Tabular matter** = TABLE-WORK. 2. (*a*) (*Of surface, crystal*) Tabulaire; (*of rock, hill*) aplati. (*b*) Disposé en lamelles. *Miner:* **Tabular spar,** wollastonite *f.*

tabulate ['tabjuleit], *v.tr.* Disposer (des chiffres, des faits) en forme de table(s), de tableau(x); digérer (des lois, etc.); classifier (des résultats); cataloguer (des marchandises).

tabulated, *a.* I. (*a*) En forme de plateau; en table. (*b*) En lamelles. 2. (*Of statement, of rules*) Arrangé en tableau(x).

'tabulating-key, *s. Typewr:* = TABULATOR 2.

tabulation [tabju'leiʃ(ə)n], *s.* Arrangement *m,* disposition *f* (des résultats, etc.) en tables; classification *f* (des résultats).

tabulator ['tabjuleitər], *s.* I. *Typ:* (*Pers.*) Tableautier *m.* 2. *Typewr:* (*Device*) Tabulateur *m,* ajuste-tabulateur *m* (d'une machine à écrire).

tacamahac ['takamahak], *s.* I. *Pharm:* Tacamaque *m*; baume vert; baume de Marie. 2. *Bot:* Peuplier *m* de Giléad; peuplier baumier.

tac-au-tac ['takou'tak], *s. Fenc:* **Tac-au-tac riposte,** riposte *f* du tac au tac.

tace ['teisi], *Lt. v.i. imp.* Tais-toi. *Esp. in the phr.* **Tace is Latin for a candle,** pas un mot, motus, là-dessus !

tach(e) [tatʃ], *s. A. & B:* Fermoir *m,* agrafe *f.*

tacheometer [taki'ɔmetər], *s. Surv:* Tachéomètre *m.* **Recording tacheometer,** tachéographe *m.*

tacheometry [taki'ɔmetri], *s. Surv:* Tachéométrie *f.*

tachograph ['takograf, -grɑːf], *s. Mec.E:* Tachygraphe *m.*

tachometer [ta'kɔmetər], *s. Mec.E: etc:* Tachymètre *m,* cinémomètre *m.* **Recording tachometer,** tachygraphe *m*; tachymètre enregistreur.

tachometry [ta'kɔmetri], *s. Mec.E:* Tachymétrie *f.*

tachycardia [taki'kɑːrdja], *s. Med:* Tachycardie *f.*

tachygraph ['takigraf, -grɑːf], **tachygrapher** [ta'kigrafər], **tachygraphist** [ta'kigrafist], *s. Rom. & Gr. Ant:* Tachygraphe *m.*

tachygraphy [ta'kigrafi], *s. Ant:* Tachygraphie *f.*

tachylite, -lyte ['takilait], *s. Miner:* Tachylyte *f.*

tachymeter [ta'kimetər], *s. Surv:* Tachéomètre *m.*

tachymetry [ta'kimetri], *s. Surv:* Tachéométrie *f.*

tacit ['tasit], *a.* I. (Consentement *m,* aveu *m*) tacite, implicite. 2. (Spectateur) muet. **-ly,** *adv.* Tacitement.

Tacitean [tasi'tiːən], *a. Lit:* A la manière de Tacite.

taciturn ['tasitəːrn], *a.* Taciturne; économe de paroles; qui parle peu. **-ly,** *adv.* D'une manière taciturne.

taciturnity [tasi'təːrniti], *s.* Taciturnité *f.*

Tacitus ['tasitəs]. *Pr.n.m. Lt.Lit:* Tacite.

tack[1] [tak], *s.* I. Petit clou; clou de bouche; pointe *f*; broquette *f*; *pl.* semence *f* (de tapissier). *F:* **To come, get, (down) to brass tacks,** en venir au fait; arriver à la réalité, aux faits. *Let's get down to brass tacks,* parlons peu et parlons bien. *See also* THUMB-TACK, TIN-TACK. 2. *Needlew:* Long point (d'aiguille); point de bâti. *To take out the tacks,* enlever la faufilure. *To put a t. in a garment,* faire un point à un vêtement. 3. *Nau:* (*a*) (*Clew-line*) Amure *f.* **Main tack,** grande amure; amure de grand'voile. **Lee tack, opposite tack, of a course,** amure de revers d'une basse voile. **Tacks and sheets** *of a sail,* les lofs *m. See also* FORE-TACK, PREVENTER 2. (*b*) Point d'amure (d'une voile). **To haul aboard the tack of a sail,** amurer une voile. (*c*) Bord *m,* bordée *f.* **To make a tack,** courir un bord, une bordée. **To be, sail, run, on the starboard, the port, tack,** être, courir, faire route, tribord amures, bâbord amures. *Sailing-ship on the starboard t.,* navire *m* à voiles tribord amures. *To be on the opposite t.,* naviguer à bord opposé. *To sail on opposite tacks,* courir à contre-bord. **To make tack and tack,** courir bord sur bord; courir des bordées. **To change tack,** changer d'amures. *To take short tacks,* louvoyer à petits bords. *F:* **To be on the right tack,** être sur la bonne voie. **To be on the wrong tack,** faire fausse route; suivre une fausse piste; être fourvoyé. **To try another tack,** essayer une autre tactique; changer de tactique.

'tack-claw, -drawer, *s. Tls:* Arrache-pointes *m inv.*

'tack-hammer, *s. Tls:* Marteau *m* de tapissier.

tack[2]. I. *v.tr.* (*a*) **To tack sth. (down),** clouer qch. avec de la semence, avec de la broquette. **To tack up** *hangings to the wall,* clouer une tenture au mur. *To t. the webbing straps to an armchair,* sangler un fauteuil. *F:* **To tack sth. (on) to sth.,** attacher, joindre, annexer, qch. à qch. *To t. epithets on (to) words,* coudre des épithètes à des mots. (*b*) *Needlew:* Faufiler, bâtir baguer (un vêtement); pointer (une couture). **To tack (down) folds,** empointer des plis. **To tack in a lining,** bâtir une doublure. (*c*) *Nau:* Coudre (des planches). 2. *v.i. Nau:* **To tack (about).** (*a*) Virer (de bord). **To tack to port,** amurer à bâbord; virer (de bord) sur bâbord. (*b*) Tirer des bordées; louvoyer.

tacking, *s.* I. (*a*) Clouage *m.* (*b*) *Needlew:* Bâtissage *m*; faufilure *f. See also* THREAD[1] 2. *Metalw:* **Tacking rivet,** rivet *m* provisoire. (*c*) *Jur:* Jonction *f,* rattachement *m,* d'une seconde avance d'argent à la première par un créancier hypothécaire, lorsque dans l'intervalle le débiteur a contracté un second emprunt hypothécaire sans en avertir le premier créancier. 2. *Nau:* Virement *m* de bord. **Tacking about,** louvoiement *m,* louvoyage *m.*

tack[3], *s.* Nourriture *f,* aliment *m. Esp. in* SOFT-TACK, HARD-TACK, *q.v.*

tack[4], *s. Scot:* I. Tenure *f* par bail; bail *m.* 2. Prise *f* de poisson; coup de filet heureux.

tackiness ['takinəs], *s.* Viscosité *f.*

tackle[1] [takl, *Nau:* teikl], *s.* I. (*Implements*) Attirail *m,* appareil *m,* engins *mpl,* ustensiles *mpl. Paperm:* Garniture *f* (du cylindre porte-lames). **Fishing tackle,** engins, articles *mpl,* appareil, de pêche. *Screwing t.,* appareil de vissage. 2. Appareil de levage. *Jur:* Agrès *mpl* et apparaux. (*a*) **Rope tackle,** agrès *pl,* apparaux. *Nau: etc:* **Pulley tackle,** (i) palan *m,* moufle *f or m*; *Const:* braye *f*; (ii) *Nau:* les palans. **Righting tackle,** palans de redresse. *See also* GROUND-TACKLE, MOORING I, REEF-TACKLE, RELIEVING[1] 3, SWIFTING I, TOP-TACKLE, TRUSS-TACKLE. (*b*) = TACKLE-FALL. **Boat tackles,** garants *m* de canot. 3. Action *f* de saisir (qn). *Fb:* Plaquage *m,* arrêt *m. Hockey:* Interception *f,* accrochage *m.*

'tackle-block, *s.* Moufle *m or f.*

'tackle-fall, *s.* Courant *m* de palan; garant *m.*

tackle[2], *v.tr.* I. Atteler ou harnacher (un cheval). 2. (*a*) Empoigner; saisir (qn) à bras le corps; s'attaquer à (un adversaire); *F:* attaquer, s'attaquer à (sa nourriture, une question, une corvée); aborder (un problème, une question, la lecture d'un livre). **To tackle s.o. over a matter,** entreprendre qn sur un sujet. *I don't know how to t. it,* je ne sais pas comment m'y prendre. *To t. the job oneself,* s'atteler soi-même à la besogne; mettre la main à la pâte. *He tackles the job very well,* il s'y prend très bien. (*b*) *Fb:* (*Rugby*) **To tackle an opponent** (*and bring him down*), plaquer un adversaire.

tackle 'to, *v.i.* S'atteler, se mettre, à la besogne.

tackling, *s.* (*a*) Attaque *f*; action *f* de saisir qn à bras le corps; entreprise *f* (d'une besogne). (*b*) *Fb:* Arrêt *m* sur l'homme; plaquage *m.*

tackler ['taklər], *s. Fb:* Plaqueur *m.*

tacky ['taki], *a.* Collant; (vernis) presque sec. (*In tyre repairs, etc.*) *To allow the solution to get t.,* attendre que la dissolution soit prête à coller.

tact [takt], *s.* I. *A:* Tact *m,* toucher *m.* 2. Tact, savoir-faire *m,* adresse *f.* **To show tact,** faire preuve de tact. *To have great t.,* avoir beaucoup de tact. *T. and address,* entregent *m. A matter requiring t., F:* une question de doigté. *To use words with t.,* ménager ses paroles. *If you use t. he will accept,* si vous y mettez des formes il acceptera. *To use t. in dealing with s.o.,* ménager qn. *He must be handled with great t., F:* il faut prendre des gants pour l'approcher. **To be wanting in tact,** manquer de tact, de doigté. *Without t.,* indiscret, -ète. 3. *Mus:* = BEAT[1] I (*b*).

tactful ['taktful], *a.* (Homme) de tact; délicat. *Very t. speech,* discours plein de tact. *To be t.,* avoir du tact; être plein de tact. **-fully,** *adv.* Avec tact; avec délicatesse; avec ménagement(s); délicatement. *To act t.,* agir avec tact. *To deal t. with s.o.,* ménager qn.

tactical ['taktik(ə)l], *a.* I. Tactique. *Mil: Navy:* **Tactical exercises,** évolutions *f* tactiques. *Mil:* **Tactical methods,** procédés *m* de combat. 2. (*Of pers., conduct*) Adroit; qui fait preuve de bonne tactique. **-ally,** *adv.* En (bonne) tactique. **Tactically speaking . . .,** du point de vue tactique. . . .

tactician [tak'tiʃ(ə)n], *s. Mil: Navy:* Tacticien *m*; *A:* manœuvrier *m.*

tactics ['taktiks], *s.pl.* (*Usu. with sg. const.*) *Mil: etc:* Tactique *f. To resort to new t.,* avoir recours à, appliquer, une tactique nouvelle.

tactile ['taktail], *a.* I. Tactile, tangible. 2. Tactile, tactuel. *T. perceptions,* perceptions *f* tactiles. **Tactile anaesthesia,** anesthésie *f* tactile.

tactism ['taktizm], *s. Biol:* Tactisme *m.*

tactless ['taktləs], *a.* (*a*) Dépourvu de tact; sans tact; qui manque de savoir-faire, d'entregent, de doigté. (*b*) *T. question,* question indiscrète. **-ly,** *adv.* Sans tact; indiscrètement.

tactlessness ['taktləsnəs], *s.* Manque *m* de tact; indiscrétion *f*; indélicatesse *f.*

tactual ['taktjuəl], *a.* Tactuel, tactile. **-ally,** *adv.* Par le toucher.

tadpole ['tadpoul], *s.* I. *Amph:* Têtard *m.* 2. *U.S: F:* **The Tadpoles,** les Mississipiens.

tael [teil], *s. Num:* Tael *m* (monnaie chinoise du poids de 1½ once).

Taenarus ['tiːnarəs]. *Pr.n. A.Geog:* **Cape Taenarus,** le cap Ténare.

taenia, *pl.* **-iae** ['tiːnia, -iiː], *s.* I. *Med:* Ténia *m*; tænia *m*; ver *m* solitaire. 2. *Arch:* Ténie *f.* 3. *Archeol:* Bandeau *m* (pour les cheveux). 4. *Surg:* Bandage *m* en ruban, en rouleau.

taeni(i)cide ['tiːni(i)said], *s.,* **taenifuge** ['tiːnifjuːdʒ], *a. & s. Med:* Ténifuge (*m*).

taffeta ['tafəta], *s. Tex:* (*a*) Taffetas *m.* **Grained taffeta,** poult-de-soie *m.* (*b*) *Attrib.* (Robe *f,* bordure *f*) de, en, taffetas.

taffrail ['tafreil], *s. N.Arch:* (Lisse *f* de) couronnement *m* (de la poupe).

taffy[1] ['tafi], *s.* I. *Scot. & U.S:* = TOFFEE. 2. *U.S: P:* Flagornerie *f*; eau bénite de cour.

Taffy[2]. I. *Pr.n.m.* David (d'après la prononciation en gallois). 2. *s. F:* Gallois *m.*

tag[1] [tag], *s.* I. (*a*) Morceau *m* (de ruban, d'étoffe, de draperie) qui pend. (*b*) Attache *f*; tirant *m* (de botte). (*c*) *U.S:* Fiche *f,* étiquette *f* mobile (d'un paquet). (*d*) Ferret *m*, fer *m* (de lacet, etc.). (*e*) Bout *m* de la queue (d'un animal). **2.** *Th:* Discours adressé au public après la représentation. **3.** (*a*) Citation banale; aphorisme *m*; cliché *m*. **Old tag**, vieille rengaine. **As the old tag has it**, comme dit le vieux dicton. **Moral tag**, devise morale; *A:* devise de bonbons. *One of his favourite tags*, une de ses expressions favorites. (*b*) Refrain *m* (d'une chanson, d'un poème). (*c*) Cheville (ajoutée à un vers).

'tag-day, *s. U.S:* = FLAG-DAY **1.**

'tag-end, *s.* = FAG-END **1.**

'tag-rag, *s.* = RAG-TAG.

'tag-sore, *s. Vet:* Clavelée *f* (des moutons).

'tag-tail, *s.* **1.** Ver *m* à queue jaune. **2.** *F:* (*Pers.*) Parasite *m*; écornifleur, -euse.

'tag-wool, *s. Tex:* Bourre *f* de laine.

tag², *v.* (tagged; tagging) **I.** *v.tr.* (*a*) Embouter, ferrer (un bâton, etc.). **To tag a shoe-lace**, aiguilleter, ferrer, un lacet. *F: Hair tagged with silver*, cheveux *m* aux pointes d'argent. *Beard tagged with hoar-frost*, barbe couverte de givre. (*b*) **To tag a speech with quotations**, parsemer un discours de citations. **To tag lines** (of verse), trouver des rimes à des vers; cheviller. (*c*) *U.S:* Attacher une fiche à (un paquet, etc.). (*d*) **To tag sth. on to sth.**, attacher, ajouter, qch. à qch. *To tag a high-sounding title to one's name*, attacher un titre ronflant à son nom; coller un titre après son nom. *Extras tagged on to the original estimate*, suppléments ajoutés au premier devis. (*e*) *To tag half a dozen verses together*, composer, aligner, une demi-douzaine de vers. *A few old newspaper articles, tagged together*, quelques vieux articles, cousus ensemble, cousus de gros fil. **2.** *v.i.* (*a*) **To tag at s.o.'s heels**, être toujours sur les talons de qn. (*b*) **Words that don't tag**, mots qui ne riment pas.

tag³, *s.* = TIG¹.

Tagalog [ta'gɑːlɔg], *a. & s.* **1.** *Ethn: Ling:* Tagal, -ale, *pl.* -als, -ales. **2.** *s. Ling:* Le tagala, le tagaloc.

Tagals [ta'gɑːlz], *s.pl. Ethn:* Tagals *m*.

tagetes [ta'dʒiːtiːz], *s. Bot:* Tagète *m*.

tagger¹ ['tagər], *s.* Poursuivant, -ante, chat *m* (au jeu de chat).

tagger², *s.* Tôle de fer étamée. **Black tagger**, tôle noire.

taguan ['tagwən], *s. Z:* Pétauriste *m*.

Tagus (the) [ðə'teigəs]. *Pr.n. Geog:* Le Tage.

Tahiti [tɑː'hiːti]. *Pr.n. Geog:* Taïti *m*.

Tahitian [tɑː'hiːtjən], *a. & s. Geog:* Taïtien, -ienne.

tai [tai], *s. Ich:* Taï *m*.

tail¹ [teil], *s.* **1.** (*a*) Queue *f* (d'animal, de poisson, etc.); balai *m* (de faucon); *F:* coccyx *m* (de l'homme). (*Of peacock*) **To spread its tail**, faire la roue. **Dog's tail**, queue, *Ven:* fouet *m*, du chien. *The dog wags his t.*, le chien agite sa queue. *F:* **We can't have the tail wagging the dog**, ce n'est pas aux inférieurs de diriger les supérieurs. **With his tail between his legs**, (i) (*of dog*) la queue entre les jambes; (ii) *F:* (*of pers.*) en serrant les fesses; l'oreille basse; tout penaud. *F:* **To keep one's tail up**, ne pas se laisser abattre; ne pas se décourager; garder le sourire. **To turn tail**, s'enfuir; tourner, montrer, les talons; prendre la fuite; montrer, tourner, le dos à l'ennemi. **The sting is in the tail, the tail carries the sting**, à la queue gît le venin. *See also* COVERT² **2**, LION **1**, MANE, MARE'S-TAIL, PASHA, RAT'S-TAIL, RAT-TAIL, SHAKE¹ **1.** (*b*) Queue (de cerf-volant, de lettre, de note musicale); queue d'orientation (d'un moulin à vent, etc.); natte *f* (de cheveux); mancherons *mpl* (d'une charrue); empennage *m*, appendice *m* (d'avion); queue, chevelure *f* (de comète). *See also* PLOUGH-TAIL. *Av:* (*Of aeroplane*) **To take a tail-down position**, se cabrer. **Tail-down flight**, vol cabré. *Cost:* **Tail of a skirt**, queue, traîne *f*, d'une jupe. **Tail of a shirt**, pan *m* de chemise. *pl.* **Tails of a coat, coat-tails**, queue, basques *f*, pans, d'un habit. **To wear tails**, porter l'habit à queue; *F:* mettre sa queue-de-morue. *When I first went into tails*, quand j'ai eu l'âge de porter l'habit. *See also* BOX-TAIL, SPIN¹ **1.** (*c*) Arrière *m* (d'une voiture, etc.). *To walk* **at the tail of the cart**, marcher derrière la charrette. *There was another car close on my t.*, une autre voiture me suivait de près. *Nau:* **Ship heavy by the tail**, vaisseau *m* à queue lourde. **Tail of a procession**, queue d'un défilé. **We only caught the tail of the storm**, nous n'avons essuyé que la fin de l'orage. (*d*) Pied *m* (d'une page, etc.). *Bookb:* **Tail margin**, marge inférieure. *Const:* **Tail of a slate**, chef *m* de base d'une ardoise. *F:* **The tail of one's eye**, le coin de l'œil. **To look at s.o. out of the tail of one's eye**, regarder qn de côté; *P:* reluquer qn. (*e*) Suite *f*, escorte *f* (d'un chef de clan); adhérents *mpl* (d'un chef politique). (*f*) *F:* **The tail of the class, of the team**, la queue de la classe, de l'équipe; **les faiblards** *m*. **2.** (*Of coin*) Pile *f*, revers *m*. *See also* HEAD¹ **9.**

'tail-base, *s. Anat: Z:* Croupion *m*.

'tail-bay, *s.* **1.** *Const:* Travée contiguë au mur. **2.** *Hyd.E:* Bief *m*, biez *m*, d'aval, de fuite (d'une écluse).

'tail-block, *s.* **1.** *Nau:* Poulie *f* à fouet. **2.** = TAIL-STOCK.

'tail-board, *s. Veh:* Layon *m*, planche *f* marchepied (d'une charrette).

'tail-boom, *s. Av:* Longeron *m* de fuselage.

'tail-case, *s. Harn:* Trousse *f*, trousse-queue *m inv* (de cheval).

'tail-'coat, *s. Cost:* Habit *m* à queue; *F:* queue-de-morue *f*, *pl.* queues-de-morue; queue-de-pie *f*, *pl.* queues-de-pie.

'tail-dive, *s. Av:* Glissade *f* sur la queue.

'tail-end, *s.* Extrémité *f* arrière; queue *f* (d'un défilé, d'un cortège); fin *f* (d'un orage, etc.). **Lathe tail-end**, fusée *f* de l'arbre de tour. *Turf:* **To come in at the tail-end**, *F:* arriver dans les choux. *See also* SHAFT¹ **5.**

'tail-feather, *s. Orn:* (Penne) rectrice *f*.

'tail-fin, *s.* **1.** *Ich:* Nageoire caudale. **2.** *Av:* Plan *m* de dérive.

'tail-gate, *s.* **1.** *Hyd.E:* Porte *f* d'aval (d'une écluse). **2.** Porte à rabattement arrière (d'un camion).

'tail-girder, *s. Av:* Poutre *f* de liaison.

'tail-lamp, *s.* = TAIL-LIGHT.

'tail-leather, *s. Harn:* Trousse-queue *m inv*.

'tail-light, *s. Rail: etc:* Feu *m* (d')arrière; lanterne *f* à feu rouge; lanterne arrière. *Aut: Three-way t.-l.*, lanterne arrière à trois lumières.

'tail-lock, *s. Hyd.E:* Écluse *f* de fuite.

'tail-piece, *s.* **1.** Queue *f*; contre-tige *f* (de piston); crépine *f* (de pompe); traverse *f* (d')arrière (de locomotive); empennage *m* (d'avion). **2.** Cordier *m* (de violon, etc.). **3.** *Typ:* Cul-de-lampe *m* (en fin de chapitre), *pl.* culs-de-lampe; vignette *f*.

'tail-pin, *s.* Bouton *m* (de queue de violon).

'tail-pipe, *s.* **1.** *Hyd.E:* Tubulure *f* d'aspiration (d'une pompe). **2.** *Aut:* Tuyau *m* de sortie (des gaz d'échappement).

'tail-plane, *s. Av:* Plan stabilisateur (de l'empennage). *Fixed horizontal t.-p.*, plan fixe; stabilisateur fixe.

'tail-race, *s. Hyd.E:* Bief *m*, biez *m*, d'aval; eau *f*, canal *m*, d'aval, de fuite (d'un moulin); écluse *f* de fuite.

'tail-rod, *s. Mch:* Guide *m* de piston; tige de piston prolongée.

'tail-rope, *s. Min: etc:* Câble-queue *m*, *pl.* câbles-queues; câble *m* de queue (d'un wagonnet, etc.).

'tail-shaft, *s.* **1.** *N.Arch:* Extrémité *f* de l'arbre. **Tail-shaft bracket**, porte-hélice *m inv*. **2.** Hampe *f* (de bombe aérienne).

'tail-skid, *s. Av:* Béquille *f*. **Tail-skid post**, support *m* de béquille. *See also* LEVER¹ **2.**

'tail-slide, *s. Av:* Glissade *f* sur l'empennage.

'tail-stock, *s. Mec.E:* Contre-poupée *f*, contre-pointe *f* (de tour).

'tail-water, *s. Hyd.E:* Eau *f* d'aval.

'tail-wobble, -wobbling, *s. Aut: F:* Queue *f* de poisson.

tail². **1.** *v.tr.* (*a*) Mettre une queue à (un cerf-volant, etc.). (*b*) **To tail sth. on to sth.**, attacher qch. derrière qch. *To t. one folly to another*, à une folie en faire suivre une autre. (*c*) **To tail a procession**, être à l'extrémité, former la queue, être en queue, d'une procession. *To t. the class*, être à la queue de la classe; être parmi les derniers. **2.** *v.tr.* (*a*) Couper la queue à (un agneau). (*b*) Enlever, ôter, les queues (des groseilles, etc.); égrapper (les groseilles). **3.** (*a*) *v.i.* **To tail after s.o.**, (i) suivre qn de près; (ii) (*of several pers.*) suivre qn à la queue leu leu. (*b*) *v.tr. U.S: F:* **To tail s.o.**, filer qn. **4.** *v.i. Nau:* (*Of anchored vessel*) **To tail up stream, down stream**, éviter en amont de son ancre, en aval de son ancre. **5.** *v.i.* **To tail on a rope**, se mettre à, sur, une manœuvre (derrière les autres).

tail away, *v.i.* Finir en queue de poisson; (*of competitors in a race*) s'espacer, s'égrener; (*of marching column*) s'allonger. *Beam that tails away to nothing*, poutre *f* qui se réduit en pointe. *Her voice tailed away dismally*, sa voix s'éteignit en accents mornes.

tail in. **1.** *v.tr.* Encastrer (une poutre). **2.** *v.i.* (*Of beam*) S'encastrer.

tail off, *v.i.* **1.** = TAIL AWAY. **2.** S'enfuir.

tail on, *v.i.* Se mettre à la queue; prendre la queue.

tail out, *v.i.* = TAIL AWAY.

tail up, *v.i.* **1.** (*Of aeroplane, etc.*) Piquer du nez; (*of whale*) faire la sonde; sonder. **2.** Faire la queue, se mettre en queue (pour entrer, etc.).

tailed, *a.* **1.** (*a*) *Nat.Hist:* Caudifère, caudé; à queue. *T. like a rat*, à queue de rat. (*b*) (*With adj. or num. prefixed, e.g.*) **Long-tailed**, à longue queue; longicaude. *See also* RAT-TAILED, RUBY-TAILED, SHORT-TAILED, SWALLOW-TAILED. (*c*) *Her:* Caudé. **2.** *Pros:* **Tailed rhyme**, rime couée.

tailings, *s.pl.* **1.** *Min: etc:* Résidus *m*, schlamms *m*, queue *f*; refus *m* de broyage. **2.** *Mill: Husb:* Grenailles *f*. **3.** *Dist: etc:* Produits *m* de queue.

tail³. *Jur:* **1.** *s.* Clause *f* de substitution. **Heir, estate, in tail**, héritier *m* par substitution; bien substitué. **2.** *a.* **Estate tail**, bien substitué.

tail⁴, *v.tr. Jur:* = ENTAIL² **1.**

tailless ['teilləs], *a.* (*a*) Sans queue; *Z: Rept: etc:* écaudé, acaudé, anoure. (*b*) *Her:* (Lion, etc.) diffamé.

tailor¹ ['teilər], *s.* Tailleur *m* (d'habits). *Tailor's workshop*, atelier *m* de confection. **Ladies' tailor**, tailleur pour dames. *Anat:* **Tailor's muscle**, couturier *m*. *See also* THIMBLE **1.**

'tailor-bird, *s. Orn:* Fauvette couturière; couturier *m*.

'tailor-made, *a.* **Tailor-made costume**, costume *m* tailleur; *F:* tailleur *m*.

tailor². **1.** *v.i.* Exercer le métier de tailleur. **2.** *v.tr.* (*a*) Faire, façonner (un complet, etc.). *Well-tailored overcoat*, pardessus de facture soignée. *Tailored dress*, robe *f* tailleur. (*b*) (*Of tailor*) "Habiller" (qn). *Who tailors you?* quel est votre tailleur? (*c*) (*With passive force*) *Material that tailors well*, étoffe *f* facile à travailler, qui se façonne bien. **3.** *v.tr. A:* Saboter; abîmer (le gibier en le tirant).

tailoring, *s.* **1.** Métier *m* de tailleur. *He has taken to t.*, il s'est fait tailleur. **2.** Ouvrage *m* de tailleur. *See also* DRESSMAKING **1.**

tailoress ['teilərəs], *s.f.* Tailleuse-couturière, *pl.* tailleuses-couturières.

tain [tein], *s.* Tain *m* (de miroir).

taint¹ [teint], *s.* **1.** (*a*) Corruption *f*, infection *f*. *T. infecting the morals of the people*, infection qui a corrompu, qui est en train de corrompre, les mœurs du peuple. (*b*) **The taint of sin**, la tache, la souillure, du péché. **Free from mortal taint**, pur; sans péché. **2.** Tare *f* héréditaire (d'insanité, etc.). **3.** Trace *f* (d'infection, etc.). *Meat* **free from taint**, viande fraîche. *The t. in the air of the room*, le relent de la salle. *Book with no t. of bias*, livre *m* sans trace de préjugés.

taint², *v.tr.* **1.** Infecter (l'air); infecter, vicier, corrompre (les esprits, les mœurs); souiller (l'âme); gâter, corrompre, altérer (la nourriture). **2.** (*With passive force*) Se corrompre; se gâter; s'altérer. *Fish taints quickly*, le poisson s'altère vite. *Eggs taint easily*, les œufs prennent facilement un goût.

tainted, *a.* Infecté, corrompu. **Tainted meat,** viande gâtée, corrompue, trop avancée. **Tainted heredity,** hérédité chargée. **Born of tainted stock,** né d'un sang impur. **To be tainted with insanity,** être touché, atteint, d'insanité. *Ind:* **Tainted goods,** marchandises issues de main-d'œuvre non-syndiquée (et dont la manutention est interdite par les syndicats). *Jur:* **Tainted with fraud,** entaché de dol.

taintless ['teintləs], *a.* Sans tache; pur, immaculé.

Tai-ping ['tai'piŋ]. *Pr.n.m. Hist:* Taïping. **The Tai-ping rebellion,** la révolte des Taïpings.

Tajaks ['tadʒaks], **Tajiks** ['tadʒiks], *s.pl. Ethn:* Tadjiks *m.*

take[1] [teik], *s.* **1.** Action *f* de prendre (qch.). *Esp. Cin:* Prise *f* de vues. **2.** *Typ:* (*a*) Paquet *m* (de composition). (*b*) Pige *f* (de copie à composer). **3.** Prise (de gibier ou de poisson).

take[2], *v.* (*p.t.* **took** [tuk]; *p.p.* **taken** ['teik(ə)n]) Prendre. I. *v.tr.* **1.** (*a*) *To t. sth. in one's hand,* prendre qch. dans la main. *To t. sth. on one's back,* prendre, charger, qch. sur son dos. *To t. sth. again,* reprendre qch. (*b*) **To take sth. from s.o.,** enlever, prendre, ôter, qch. à qn. *His clothes were taken from him,* il fut dépouillé de ses vêtements. *Someone has taken my umbrella,* on m'a pris mon parapluie. *Excuse me, but haven't you taken my hat?* pardon, monsieur, est-ce que vous ne vous êtes pas trompé de chapeau? **To take one number from another,** ôter, retrancher, soustraire, un nombre d'un autre. *To t. sth. from the table, from under a chair,* prendre qch. sur la table, sous une chaise. *To t. sth. from, out of, a drawer,* retirer qch. d'un tiroir; prendre qch. dans un tiroir. *To t. a saucepan off the fire,* retirer une casserole du feu. *To t. the lid off sth.,* enlever, ôter, le couvercle de qch. **To take a sum out of one's income,** prendre, prélever, une somme sur son revenu. *Here's a ten-shilling note, t. it out of that,* voici un billet de dix shillings, payez-vous. **Take your hands out of your pockets,** ôtez, sortez, les mains de vos poches. **Books must not be taken out of the reading-room,** il est défendu de sortir les livres de la salle de lecture; les livres de la salle de lecture sont exclus du prêt. (*c*) **To take (hold of) s.o., sth.,** saisir, empoigner, mettre la main sur, se saisir de, s'emparer de, qn, qch. *To t. s.o. by the throat,* saisir qn à la gorge. *He took her in his arms,* il la prit dans ses bras. **She took my arm,** elle me prit le bras. **To take one's courage in both hands,** prendre son courage à deux mains. **To take time by the forelock,** saisir l'occasion par les cheveux. **To take an opportunity,** profiter d'une occasion. **We take this opportunity of thanking you,** nous saisissons cette occasion pour vous remercier. *See also* CHANCE[1] 2, WHEEL[1] 1. (*d*) Prendre (une ville). **To take a fortress by storm,** prendre une forteresse d'assaut; emporter une forteresse. *To t. a fish, a rabbit,* prendre, attraper, un poisson, un lapin. **To take s.o. prisoner,** faire qn prisonnier. **To take s.o. in the act,** prendre qn en flagrant délit, sur le fait. **The deuce take him!** que le diable l'emporte! *Chess: etc:* **To take a piece,** prendre une pièce. *Piece in a position to be taken,* pièce en prise. **To be taken with a fit of laughter,** être pris d'un accès de rire. **To be taken ill,** tomber malade. **What takes my fancy is that . . .,** ce qui m'attire, me sourit, c'est que. . . . *See also* FANCY[1] I. 2. **He was very much taken with the idea,** l'idée lui souriait beaucoup, l'enchantait. **I was not taken with him,** il ne m'a pas plu; il ne m'a pas été sympathique; il ne m'a pas fait bonne impression. *See also* ABACK, GUARD[1] 1. (*e*) **To take a passage from a book,** emprunter un passage à un livre. **Word taken from the Latin,** mot emprunté du latin. *Play taken from the French,* pièce imitée du français, qui est une imitation du français. *To t. an idea from an author,* puiser une idée chez un auteur. **2.** (*a*) Louer (une maison) (la prendre à louage); prendre, louer (une voiture). *To t. lodgings,* prendre un appartement garni. (*b*) **To take tickets,** prendre des billets. **To take a seat** (*in a train, etc.*), retenir une place. *All the seats are taken,* toutes les places sont prises; le compartiment est au complet. (*Of seat, table*) **'Taken,'** "occupé." **To take a secretary,** prendre un, une, secrétaire. **To take (in) a paper,** acheter régulièrement un journal; (*of yearly subscriber, etc.*) être abonné à un journal. *What paper do you t.?* quel journal lisez-vous? **To take paying guests,** recevoir, prendre, des pensionnaires. **To take pupils,** (i) prendre des élèves (en pension); (ii) donner des leçons particulières; *F:* courir le cachet. *See also* WIFE 1. (*c*) Prendre (le train, le bateau). **To take a seat,** prendre un siège; s'asseoir. **Take your seats!** prenez vos places! *Rail:* en voiture! (*d*) **He took the road to London,** il prit le chemin de Londres. *The procession took the Mall,* le cortège emprunta le Mall. *T. the first street to the right,* prenez la première rue à droite. *T. the turning on the left,* prenez à gauche. **To take the wrong road,** se tromper de chemin. *Sp:* **To take an obstacle,** franchir, sauter, un obstacle. **To take a corner at full speed,** prendre un virage à toute vitesse. (*e*) **To take information,** prendre des renseignements. **To take legal advice,** consulter un avocat ou un *solicitor*; prendre conseil. (*f*) **To take holy orders,** recevoir les ordres. *See also* COURSE[1] 1, 3, FIELD[1] 1. **3.** (*a*) Gagner, remporter (le prix). *To take the first prize in Latin,* obtenir le premier prix de latin. *Cards:* **To take a trick, the odd trick,** faire une levée; faire le trick. (*b*) **To take one's degree,** prendre ses diplômes, ses grades (universitaires). **To take an examination,** se présenter à un examen; passer un examen. (*c*) *Com: etc:* **To take so much a week,** se faire tant, faire une recette de tant, par semaine. **4.** Prendre (de la nourriture, du poison). *To t. something to drink,* prendre quelque chose à boire. **To take a meal,** faire un repas. *He takes his meals in a hotel,* il prend ses repas à l'hôtel. **Do you take sugar?** prenez-vous du sucre? **I cannot take whisky,** je ne supporte pas le whisky. **To take medicine,** prendre un médicament. *See also* MEDICINE[1] 2. **'To be well shaken before taking,'** "agiter la bouteille avant de s'en servir." **'Not to be taken,'** "médicament pour l'usage externe." *P:* **I'm not taking any!** je ne marche pas! très peu pour moi! on ne me la fait pas! **5.** (*a*) **To take a walk, a journey,** faire une promenade, un voyage. **To take a nap,** faire un petit somme. **To take a bath,** prendre un bain. **To take a holiday,** prendre un congé. *To t. three days' holiday,* prendre trois jours de congé. *To t. a few steps,* faire quelques pas. *See also* STEP[1] 3. *Fb: Penalty shot taken by X,* penalty botté par X. **He takes the English class,** (i) il fait la classe d'anglais; (ii) il suit le cours d'anglais. *Mr X is taking the sixth form,* M. X est chargé de la classe de première. *To t. a cast of a medal,* tirer un plâtre d'une médaille. *To t. a print from a negative,* tirer une épreuve d'un cliché. **To take barometer readings,** faire des lectures barométriques. *Surv: etc:* **To take an angle,** observer un angle. *See also* SUN[1]. **To take breath,** reprendre haleine. **To take fire,** prendre feu; s'allumer, s'enflammer. **To take effect,** produire son effet. *See also* EFFECT[1] 1, LEAD[3] 1, LEAVE[1] 1, LIBERTY[1] 1, MEASURE[1] 4, OATH 1, PART[1] I. 2, PLACE[1] 2, PLUNGE[1], POSSESSION 1, ROOT[1] 1, STAND[1] 1, 3, STOCK[1] 5, VOTE[1] 1, *etc.* (*b*) **To take a likeness,** faire une photographie. *To have one's likeness taken,* se faire photographier. **He got taken with his wife,** il s'est fait photographier avec sa femme. (*With passive force*) **He doesn't take well,** il n'est pas photogénique. *Pink doesn't t. well,* le rose ne réussit pas en photo. *See also* FILM[1] 3, PHOTOGRAPH[1]. (*c*) **To take (sth.) apart, to pieces,** *see* APART 2, PIECE[1] 2. **6.** (*a*) Prendre, accepter, recevoir. *Ten:* **To take the service,** recevoir le service. *To t. a volley low,* reprendre une volée près du sol. *T. what I offer you,* prenez ce que je vous offre. *Every man will t. money,* tout le monde accepte de l'argent. **Take that (and that)!** attrape (ça et ça)! **If the 'Times' takes my article,** si le "Times" accepte mon article. **To take no denial,** ne pas accepter de refus. (*At the bank*) **Will you take it in gold or in silver?** voulez-vous toucher en or ou en argent? **How much less will you take?** combien voulez-vous en rabattre? *I won't t. a halfpenny less,* je n'en rabattrai pas un sou. **What will you take for it?** combien en voulez-vous? *St.Exch:* **To take for the call,** vendre à prime. **To take a bet,** tenir un pari. **To take all responsibility,** assumer, prendre sur soi, se charger de, toute la responsabilité. *To t. responsibility for an action,* avouer une action. **To take a eulogy to oneself,** s'appliquer un éloge. **Taking one thing with another,** l'un portant l'autre. **Taking all in all,** à tout prendre. **We must take things as we find them,** il faut accepter les choses telles quelles. **You must take me as I am!** voilà, il faut me prendre comme je suis! **You can take it from me that . . .,** je suis à même de vous affirmer que. . . . *T. it from me!* croyez-m'en! puisque je vous le dis! *I suppose* **we must take it at that,** il faut bien vous en croire. **To take s.o., sth., seriously,** prendre qn, qch., au sérieux. *See also* SERIOUSLY 2. **To take s.o. in the wrong way,** mal comprendre qn; comprendre qn à rebours. *One does not know how to t. him,* on ne sait jamais comment il faut prendre ce qu'il dit. *I wonder how he will t. it, F:* je me demande quelle tête il fera. *F:* **He can't take it,** il manque de cran; il n'est pas capable de tenir le coup. **Expression that may be taken in a bad sense,** expression *f* qui peut se prendre en mauvaise part. *F:* **I don't take you,** je ne saisis pas votre pensée; je ne vous saisis pas bien. *See also* EASY[1] II. 2, GIVE[2] I. 1, HEART[1] 2 (*c*), HINT[1] 1, ILL III. 1, KINDLY[1], LAMB[1] 1, LEAVE[2] 1, LIE DOWN 2, SALT[1] I. 1. (*b*) **Parchment that will not take the ink,** parchemin *m* qui ne prend pas l'encre. *Cotton does not t. dyes kindly,* le coton est réfractaire à la teinture. *Wood that takes the nails easily,* bois *m* qui accueille bien le clou. (*c*) *Breed:* (*Of mare*) **To take the stallion,** souffrir l'étalon. (*d*) **Omnibus that takes twenty passengers,** autobus *m* qui tient vingt voyageurs. *The car only takes five,* on ne tient pas plus de cinq dans la voiture. *Typewriter that takes large sizes of paper,* machine *f* à écrire qui emploie de grands formats. (*Of crane, engine, etc.*) **To take heavy loads,** supporter de fortes charges. *Recess to t. the end of a beam,* renfoncement *m* pour loger une poutre; encastrement *m* d'une poutre. *Mortises to t. tenons,* mortaises *f* pour recevoir des tenons. *Mec:* **To take a stress,** résister à une tension, à un effort. **7.** (*a*) Prendre, *F:* attraper (une maladie, un rhume); contracter (une maladie). (*b*) **To take a dislike to s.o.,** prendre qn en aversion, en grippe. *See also* CARE[1] 2, EXCEPTION 2, FRIGHT[1] 1, LIKING, NOTICE[1] 3, OFFENCE 3, PAIN[1] 2, PLEASURE[1] 1, TROUBLE[1] 3. **8.** (*a*) **Take, for example, the feudal system,** prenez par exemple le régime féodal. **We take the will for the deed,** l'intention est réputée pour le fait. *To t. news as true,* tenir une nouvelle pour vraie. *What time do you t. it to be?* quelle heure pensez-vous qu'il soit? *How old do you t. him to be?* quel âge lui donnez-vous? **I take it that . . .,** je suppose que. . . . **As I take it,** selon moi; à mon idée. **Let us take it that it is so,** prenons, mettons, qu'il en soit ainsi; supposons qu'il en soit ainsi. *The French romantic movement, which we may t. to begin about* 1820 . . ., le romantisme français, dont nous fixerons les débuts à 1820. . . . *See also* GRANTED. (*b*) **To take one person, one thing, for another,** prendre une personne, une chose, pour une autre. *I took, had taken, you for an Englishman,* je vous croyais anglais. *I am not the person you t. me for,* je ne suis pas la personne que vous croyez. *F:* **What do you take me for?** pour qui me prenez-vous? *It might be taken for a water-colour,* on dirait une aquarelle. *I took her to be . . .,* je l'ai prise pour. . . . *People took him to be mad,* on le jugeait fou. **9.** (*Require*) (*a*) *These old engines t. a great deal of coal,* ces vieilles machines usent, mangent, consument, beaucoup de charbon. **That will take some explaining,** voilà qui va demander des explications. *The work took some doing,* le travail a été difficile, dur. *It took some finding,* cela a été difficile à trouver. *He takes a lot of coaxing to . . .,* il se fait tirer l'oreille pour. . . . *Don't t. so much asking,* ne vous faites pas tant prier. **That will take a long time,** cela prendra longtemps. **Take your time** *before answering,* prenez votre temps avant de répondre. *See also* TIME[1] 2, 3. **The journey takes five days,** le voyage prend, demande, cinq jours. *It will t. a week,* il faut compter une huitaine. **It won't take long,** ce sera tôt fait; cela ne demandera pas longtemps. *It will t. him two hours,* il en a, en aura, pour deux heures. *How long does it t. to . . .?* combien de temps faut-il pour . . .? *It would t. volumes, hours, to relate . . .,* il faudrait des volumes, des heures, pour raconter. . . . *It took us two hours to reach the shore*, nous avons été deux heures à gagner le rivage. *He took three years to write it*, il fut trois ans à l'écrire. *It took me, I took, two years to do it*, j'ai mis deux ans à le faire; cela m'a pris, m'a demandé, il m'a fallu, deux ans pour le faire. *She takes, it takes her, hours to dress*, elle demeure des heures à s'habiller; il lui faut des heures, elle prend des heures, pour s'habiller. *It took four men to hold him*, il a fallu le tenir à quatre. **It takes a clever man to do that**, bien habile qui peut le faire. *It takes a poet to translate poetry*, pour traduire la poésie il faut un poète, il n'y a qu'un poète. (*b*) *Gram:* **Verb that takes a preposition**, verbe qui veut la préposition. (*c*) **To take tens in boots**, chausser du dix. *I t. sixes (in gloves, etc.)*, j'ai six de pointure. **10.** (*a*) (*Lead*) Conduire, mener, emmener; prendre (qn avec soi). **To take s.o. somewhere**, mener, conduire, qn dans un endroit. *To t. s.o. to his room*, mener qn à sa chambre. *He was taken to the police station*, il a été conduit au poste. *To t. s.o. into a place*, faire entrer qn à, dans, un endroit. *To t. s.o. abroad*, emmener qn à l'étranger. *To t. the dog for a walk*, mener promener le chien. **To take s.o. (along) with one**, prendre, emmener, qn avec soi. *Take someone with you*, faites-vous accompagner. *F:* **He'll do to take along**, (i) c'est un homme sûr; (ii) c'est un costaud qui ne reculera devant rien. **To take s.o. to see sth.**, mener qn voir qch. **To take s.o. over a house**, faire visiter une maison à qn. *To t. s.o. over, round, a museum*, faire faire la visite d'un musée à qn. **To take s.o. out of his way**, écarter qn de sa route. *F:* **What (ever) took him there?** qu'allait-il faire dans cette galère? **To take s.o. through the first two books of the Aeneid**, faire étudier à qn les deux premiers livres de l'Énéide. *See also* APART 1. (*b*) (*Carry*) **To take sth. to s.o., to some place**, porter qch. à qn, à, dans, un endroit. *I'll t. the book (along) to his house*, je vais porter le livre chez lui. *To t. provisions (with one)*, emporter des provisions, de quoi manger. *To have one's trunk taken to the station*, faire porter sa malle à la gare. (*Of ambulance*) *To t. s.o. to the hospital*, transporter qn à l'hôpital. *It was I who took the news to him*, c'est moi qui lui ai porté la nouvelle.

II. **take**, *v.i.* **1.** (*a*) Avoir du succès; réussir; prendre. *His last novel didn't t.*, son dernier roman n'a pas eu de succès, n'a pas pris. *This play won't t.*, cette pièce ne prendra pas, ne passera pas la rampe. (*b*) *Med:* **The vaccine has not taken**, le vaccin n'a pas pris. *Hort: Before the graft has taken*, avant que la greffe ait pris. (*c*) *The fire took at once*, le feu a pris tout de suite. **2.** (*Of sails*) Prendre le vent.

take about, *v.tr.* Faire visiter la ville à (des parents de province). *F:* **To take a girl about**, sortir (habituellement) avec une jeune fille; ballader une jeune fille (pour lui faire un brin de cour).

take after, *v.i.* **To take after s.o.**, ressembler à qn; tenir de qn. *Children who t. after their mother*, enfants qui ont de leur mère. *His daughter does not t. after him in any way*, sa fille n'a rien de lui.

take away, *v.tr.* **1.** Enlever, emporter (qch.); soustraire (un document, etc.); emmener (qn). *Abs.* **You may take away**, vous pouvez desservir. (*Of book in library*) **'Not to be taken away,'** "exclu du prêt." **2.** (*a*) **To take away a knife from a child**, ôter un couteau à un enfant. (*b*) **To take away sth. from sth.**, ôter, retrancher, qch. de qch. (*c*) **To take away his post from s.o.**, retirer son poste à qn. *His pension has been taken away from him*, on lui a retiré sa pension. **To take the record away from s.o.**, déposséder qn du record. (*d*) **To take a child away from school**, retirer un enfant du collège. (*e*) *What takes you away so soon?* qu'est-ce qui vous fait partir de si bonne heure? **If your father should be taken away**, si votre père venait à vous manquer, venait à mourir. *See also* BREATH.

take back, *v.tr.* **1.** (*a*) Reconduire, remmener (qn, un cheval, etc.). *He was taken back to prison*, il fut remmené en prison. *The boatman will t. us back*, le batelier nous repassera. *To t. s.o. back to the time of his childhood*, reporter qn au temps de son enfance. (*b*) *To take a book back to s.o.*, reporter un livre à qn. **2.** (*a*) Reprendre (un employé, un cadeau, *Com:* les invendus). (*b*) **To take back one's word**, retirer sa parole; revenir sur sa parole, sa promesse. **I take back what I said**, je retire ce que j'ai dit.

taking back, *s.* Reprise *f* (des invendus, d'une promesse).

take down, *v.tr.* **1.** (*a*) *To t. down a pot of jam from the shelf*, prendre un pot de confiture sur la planche. *To t. down a picture, a curtain*, descendre, décrocher, un tableau; enlever, décrocher, un rideau. *To t. down the Christmas decorations*, enlever les décorations de Noël. *The stakes were taken down*, on abattit les pieux. **To take down a wall**, démolir un mur. *Nau:* **To take the booms down**, amener les mâts de charge. *See also* HANGING[2] 2. (*b*) **To take down a machine**, démonter, désassembler, déséquiper, une machine. *To t. down a crane*, dégréer, désappareiller, une grue. (*c*) *Typ:* **To take down to succeeding line**, crocheter (une fin de vers, etc.). (*d*) *F:* **To take s.o. down (a peg or two)**, remettre qn à sa place; faire baisser le ton à qn; rabattre le caquet à qn; rabaisser la crête à qn. *I'll t. him down a peg!* je vais lui faire mettre de l'eau dans son vin! **2.** Avaler, prendre (des aliments, des médicaments). *I could hardly t. it down*, c'est à peine si j'ai pu l'avaler. **3.** **To take down s.o.'s name and address**, prendre par écrit, coucher par écrit, noter, inscrire, le nom et l'adresse de qn. *To t. down in shorthand*, sténographier. **To take down a few notes**, prendre quelques notes. *Jur: To t. down an answer*, consigner une réponse par écrit.

'take-down. **1.** *s. F:* Mortification *f*, humiliation *f*, affront *m*. **2.** *Attrib.* (Machine *f*, etc.) démontable.

taking down, *s.* **1.** Descente *f*, décrochement *m*, dépendage *m* (d'un tableau, etc.); dégréement *m* (d'une grue). **2.** Consignation *f* (d'une réponse, etc.) par écrit.

take from, *v.i.* **To take from the value of sth., from the merit of s.o.**, diminuer la valeur de qch., le mérite de qn.

take in, *v.tr.* **1.** (*a*) Faire entrer (qn). **To take a lady in to dinner**, offrir le bras à une dame pour la conduire à table, pour passer à la salle à manger. **To take in s.o.'s card**, faire passer la carte de qn. *Please t. in my name*, je vous prie de m'annoncer. (*b*) Rentrer (les chaises, le jeu de croquet, etc.). **To take in the harvest**, rentrer la moisson. **To take in coal for the winter**, faire provision de charbon pour l'hiver. *Nau:* (i) **To take in (a supply of) water**, faire de l'eau; embarquer son eau; (ii) (*of boat*) **to take in water**, faire eau; avoir une voie d'eau. *My boots t. in water*, mes souliers prennent l'eau, boivent. *Nau:* **To take in the boats**, mettre les embarcations en drome. (*c*) (*Admit, receive*) **To take in a refugee, an orphan**, recueillir, donner un asile à, un réfugié, un orphelin. *Can you t. me in for a day or two?* pouvez-vous me prendre chez vous, m'héberger, me loger, me recevoir, pour un ou deux jours? **To take in lodgers, paying guests**, recevoir, prendre, des locataires, des pensionnaires. **To take in washing**, prendre du blanchissage à faire chez soi. (*d*) **To take in a paper**, *see* TAKE[2] I. 2 (*b*). (*e*) *St.Exch:* **To take in stock**, reporter des titres. *See also* STOCK[1] 7. **2.** (*a*) **To take in a seam**, rentrer, reprendre, une couture. *To t. in a sleeve*, serrer une manche. *To t. in a dress*, rétrécir un vêtement. *To t. in a dress at the waist*, rentrer une robe à la taille. *Knitting:* **To take in a round**, diminuer un rang. (*b*) *Nau:* **To take in a sail**, carguer, ramasser, serrer, rentrer, une voile. **To take in a reef**, prendre un ris. **To take in the slack**, embraquer le mou. **To take in sail**, (i) diminuer de voile(s), carguer la voilure; (ii) *F:* mettre de l'eau dans son vin. **3.** Comprendre, inclure, englober. *Inventory that takes in all the contents of the room*, inventaire qui comprend tout ce qu'il y a dans la pièce. *Tour which takes in all the important towns of the west country*, excursion qui passe par toutes les villes importantes de l'ouest. *The empire took in all these countries*, l'empire englobait tous ces pays. **4.** (*a*) Comprendre, se rendre compte de (qch.). *He took in the full meaning of her words*, il comprit très bien ce qu'elle voulait dire. **To take in the situation**, se rendre compte de la situation; juger la situation. *Give me time to t. it all in, F:* donnez-moi le temps de me reconnaître. **To take in everything at a glance**, tout embrasser d'un coup d'œil. *The eye cannot t. in the whole landscape*, le regard ne peut (pas) embrasser tout le paysage. (*b*) *F:* (*Believe*) **He takes it all in**, il prend tout ça pour argent comptant; il avale ça doux comme (le) lait; il boit ça comme du petit-lait; il gobe tout ce qu'on lui dit. (*c*) *F:* (*Cheat*) Mettre (qn) dedans; attraper (qn); *F:* rouler (qn); monter le coup, un bateau, à (qn); faire une attrape à (qn); en conter (de belles, de fortes) à (qn); *P:* empaumer (qn). *To t. in a customer*, tromper un client. **To be taken in**, se laisser attraper; se laisser monter le coup; *A:* prendre le change. *I've been taken in*, on m'a mis dedans; on m'a roulé. *I told her a fib and she was taken in by it, P:* je lui ai raconté une blague et elle a marché. *He is not a man to be taken in*, on ne la lui fait pas. *He is easily taken in*, il est très jobard. **I am not to be taken in!** ça ne mord pas, ne prend pas! *I am not to be taken in by your lies*, je ne suis pas dupe de vos mensonges. *I am not to be taken in by your fine words*, je ne me paye pas de phrases. *To allow oneself to be taken in*, se laisser duper, tromper; commettre une jobardise; *P:* se laisser gourer. *To let oneself be taken in by the glib talk of a canvasser*, se laisser prendre au bagout d'un démarcheur. *He was absolutely, properly, taken in*, il a gobé ça comme un œuf. *To be taken in again by the same trick, F:* remordre à l'hameçon. *To be taken in by appearances*, se laisser tromper aux apparences. *See also* MOSES.

'take-in, *s.* Duperie *f*; *F:* attrape *f*; attrape-nigaud *m*, *pl.* attrape-nigauds; *P:* balançoire *f*, goure *f*. *The advertisement is only a take-in*, cette annonce n'est qu'un leurre.

take into, *v.tr.* **1.** (*a*) **To take s.o. into one's confidence**, mettre qn dans sa confidence; se confier à qn. (*b*) *He has been taken into the Air Ministry*, il est entré au Ministère de l'Air. **2.** **To take it into one's head to do sth.**, se mettre dans la tête de faire qch.; s'aviser de faire qch.

take off. I. *v.tr.* **1.** (*Prep. use*) **To take s.o.'s attention, s.o.'s mind, off sth.**, distraire l'attention de qn. *To t. s.o. off his work*, distraire qn de ses travaux. **To take one's eye off sth.**, quitter qch. des yeux, du regard. *He never took his eyes off us, off his book*, ses yeux ne nous quittaient pas; il n'a pas levé les yeux de (sur) son livre. **To take a ship off the active list**, rayer un bâtiment de l'activité. *See also* CHILL[1] 2. **2.** (*Adv. use*) (*a*) Enlever, ôter, emporter, retirer (qch.). *To t. off the lid*, enlever, ôter, retirer, le couvercle. **To take off one's clothes**, quitter ses vêtements; se déshabiller; se dévêtir. *To t. off one's gloves*, se déganter. *To t. off one's overcoat*, enlever son pardessus; se débarrasser de son pardessus. *See also* HAT[1]. (*Of surgeon*) **To take off a leg**, amputer une jambe. *A ball had taken off his leg*, un boulet lui avait emporté la jambe. **To take off one's moustache**, se raser la moustache. *Nau: Passengers are taken off by tender*, les voyageurs sont débarqués au moyen de bateaux annexes. *To t. off the survivors from a wreck*, recueillir les survivants d'un naufrage. *Tp:* **To take off the receiver**, décrocher le récepteur. (*b*) Emmener (qn). **He was taken off to gaol**, il fut emmené en prison. **To take oneself off**, s'en aller, s'éloigner; *F:* décamper, filer, détaler; prendre ses cliques et ses claques. *T. yourself off!* ôtez-vous de là! filez! fichez-moi le camp! (*c*) **To take off £10 from the total**, défalquer dix livres du total. **To take so much off (the price of sth.)**, rabattre tant (sur le prix de qch.). *I can't t. a penny off*, je ne puis rien rabattre, rien diminuer (sur ce prix). (*d*) *A cup of tea takes off the effects of sea-sickness*, une tasse de thé fait disparaître les effets du mal de mer. **To take off a train**, supprimer un train. (*e*) **To take off an egg**, gober, humer, un œuf. *To t. off a dose of medicine*, avaler une potion d'un trait. (*f*) *El:* **To take off a current from . . .**, brancher un courant sur . . .; dériver un courant de. . . . (*g*) *Tp:* **To take off a message** (*on the receiving apparatus*), recevoir un message. (*h*) Imiter, singer, mimer, parodier, contrefaire (qn); copier les gestes, les manières, de (qn).

II. **take off**, *v.i.* **1.** (*Leap, start*) (*a*) Prendre son élan, s'élancer (*from*, de). *Av:* Décoller, partir, s'envoler; prendre son vol, son essor. *We shall t. off from Croydon aerodrome,* nous partirons de l'aérodrome de Croydon. (*b*) *For this ramble we t. off from Lewes,* pour cette excursion le départ aura lieu à Lewes. **2.** *Nau:* (*Of wind, tide*) S'affaiblir.

'take-off, *s.* **1.** Caricature *f*, charge *f* (de qn). **2.** (*a*) Élan *m*. *To step back in order to have a better take-off,* reculer pour mieux sauter. *Sp:* **Jump with a double take-off,** saut *m* à pieds joints. (*b*) *Av:* Décollage *m*, envolée *f*, envol *m*. *To effect a careful take-off,* faire un décollage prudent. **Length of take-off,** longueur *f* de roulement au départ. **3.** (*a*) *Sp:* Point *m*, ligne *f*, de départ. (*b*) *Sp. & F:* Tremplin *m*.

taking off, *s.* **1.** **Taking off of s.o.,** singerie *f* de qn; imitation *f* (des gestes, des manières) de qn. **2.** *Av:* Décollage *m* (d'un avion). **Taking-off trials,** épreuves *f* de décollage.

take on. 1. *v.tr.* (*a*) Se charger de, entreprendre (un travail); assumer (une responsabilité). (*b*) Accepter le défi de (qn). *I am ready to t. on all comers,* je suis prêt à me battre, à lutter, avec n'importe qui; "à tout venant beau jeu." *To t. s.o. on at tennis,* engager une partie de tennis avec qn. *Come along, I'll t. you on at billiards!* allons, je vais vous faire une partie de billard! **To take on a bet,** accepter un pari; tenir le pari. *I'll t. it on!* j'accepte (le pari)! tope! (*c*) Engager, embaucher (un ouvrier). *Workmen waiting to be taken on,* ouvriers qui attendent l'embauchage. (*d*) Prendre, revêtir, affecter (une couleur, une qualité, l'apparence de qch.). *Thought must t. on a special form: language,* la pensée a besoin de revêtir une forme spéciale: le langage. *To t. on a Scotch accent,* prendre l'accent écossais. (*e*) (*Of train, etc.*) **To take on passengers,** prendre, laisser monter, des voyageurs. (*f*) Mener (qn) (i) plus loin, (ii) au delà de sa destination. *The train didn't stop at Rugby and I was taken on to Crewe,* le train a brûlé Rugby et m'a mené jusqu'à Crewe. **I'll take you on a bit,** je vais vous faire encore un brin de conduite. **2.** *v.i.* (*a*) *F:* Laisser éclater, laisser échapper, son chagrin. **Don't take on so!** ne vous désolez pas comme ça! *P: She took on something dreadful,* elle a eu une crise de larmes terrible. (*b*) *F:* Devenir populaire; réussir; avoir du succès, une vogue, de la vogue; prendre. *His theory did not t. on,* sa théorie n'a pas mordu. *This fashion has taken on,* cette mode a pris, est en vogue.

take out, *v.tr.* **1.** (*a*) **To take sth. out (of sth.),** sortir qch. de qch. *See also* TAKE[2] I. 1. **To take out one's pipe** (*from one's pocket*), sortir sa pipe. **To take out a tooth,** arracher une dent. **To take out a stain,** enlever, ôter, une tache. **To take the horses out,** dételer. (*b*) *F:* **To take it out of s.o.,** (i) épuiser, esquinter, éreinter, qn; (ii) se rattraper sur qn, *P:* se payer la peau de qn. **I'll take it out of him, of his hide,** je me vengerai; je me payerai sa peau. *The heat takes it out of me,* la chaleur m'épuise. *It does t. it out of you,* c'est éreintant. *This illness has taken it out of him,* cette maladie l'a mis à plat. (*c*) *Cards:* **To take one's partner out** (*of the suit he has called*), changer la couleur annoncée par le partenaire. **2.** Faire sortir (qn). *To t. out a child,* emmener un enfant en promenade. *To t. out the dog,* sortir le chien. **He is going to take me out to dinner,** il va m'emmener dîner. **3.** Prendre, obtenir (un brevet, un permis); se faire délivrer (un permis, etc.). **To take out an insurance policy,** contracter une assurance. *See also* LICENCE 1, SUMMONS[1] 2. **4.** *Const: etc:* **To take out quantities,** faire le devis; (*for earthworks*) relever le cubage (d'un terrassement). **5.** **To take it out in goods,** se payer en marchandises. *The prize was a guinea, which had to be taken out in books,* le prix était d'une guinée, somme à retirer en livres.

'take-out, *s.* *Cards:* Changement *m* de couleur après l'annonce du partenaire.

taking out, *s.* **1.** Extraction *f* (de la houille, d'une dent); enlèvement *m* (d'une tache). **2.** Prise *f*, obtention *f* (d'un brevet, etc.).

take over, *v.tr.* **1.** (*a*) **To take over a business,** prendre la suite des affaires; prendre la succession d'une maison de commerce; reprendre une maison de commerce. *He wants his son to t. over the business,* il voudrait que son fils lui succède. *To t. over a building for public purposes,* exproprier un immeuble pour cause d'utilité publique. **To rent a flat and take over the furniture,** louer un appartement avec une reprise de meubles. **To take over the liabilities,** prendre les dettes à sa charge; reprendre le passif. *To t. over the receipts and expenditures,* prendre en charge les recettes et dépenses. *To t. over the customs,* prendre possession des douanes. *Fin: To t. over an issue,* absorber une émission. *To t. over authority,* prendre possession du pouvoir. *Mil:* **To take over a trench,** relever une tranchée. *Nau:* **To take over the watch,** prendre le quart. *Abs.* **To take over from s.o.,** relever, remplacer, qn (dans ses fonctions). (*b*) **To take over a car, a machine** (*from the maker*), recevoir, accepter, une voiture, une machine. **2.** (*a*) Transporter (qn, qch.). *I'll t. you over in the car,* je vais vous transporter jusque-là dans la voiture. (*b*) Passer (qn) (dans un bateau); transborder (des marchandises, etc.).

taking over, *s.* **1.** Prise *f* de possession. **2.** **Taking over of furniture and fittings** (*when renting a house*), reprise *f* du mobilier et des agencements. **3.** **Taking over of luggage for registration,** acceptation *f* des bagages pour l'enregistrement. *T. over of a car, of a machine,* recette *f* d'une voiture, d'une machine. **4.** *Mil:* Relèvement *m* (d'une tranchée).

take round, *v.tr.* **To take round the plate,** faire la quête. *See also* ROUND[2] II. 1.

take to, *v.i.* (*Prep. use*) **1.** **To take to flight,** prendre la fuite. *The robbers took to the mountains,* les brigands se réfugièrent dans les montagnes. **To take to the open sea,** prendre le large. *To t. to the woods, to the bush,* gagner le taillis; prendre la brousse, le maquis. *To t. to the road again,* reprendre la route; *P:* reprendre le trimard. *See also* BED[1] 1, HEATHER, HEEL[1] 1. **2.** (*a*) **To take to bad habits,** s'abandonner à, prendre, de mauvaises habitudes. **To take to drink, to drinking,** se mettre à boire; s'adonner à la boisson. (*b*) *To t. to a milk diet,* se mettre au lait. (*c*) *To t. to tennis,* se mettre à faire du tennis. **To take to writing, to literature** (*as a career*), se mettre à écrire; se faire écrivain. *When did you first t. to writing?* quand avez-vous commencé à écrire? *He took to trading,* il s'adonna au commerce. *See also* STAGE[1] 2. **3.** (*a*) **To take to s.o.,** éprouver de la sympathie pour qn; se prendre de sympathie pour qn; prendre qn en amitié; concevoir de l'amitié pour qn. *They have taken to each other,* ils se sont plu réciproquement. *I took to him at once,* il me fut sympathique dès l'abord, tout de suite. *I didn't t. to him,* il ne me fut pas sympathique; *F:* il ne me revenait pas. (*b*) **To take to a game, to chemistry,** prendre goût à un jeu, à la chimie. *Does he t. to Latin?* mord-il au latin? *I do not t. to the idea,* cette idée ne me dit rien. *I shall never t. to it,* je ne m'y ferai jamais. *F:* **He has taken to flying like a duck to water,** il s'est montré aviateur dès son premier essai.

take up. I. *v.tr.* **1.** (*a*) Relever, ramasser (qch.). *To t. up a stone,* ramasser une pierre. *To t. up a book,* prendre un livre (p. ex. sur la table). *To t. up the hay with a fork,* ramasser, prendre, le foin avec une fourche. *Knitting:* **To take up a dropped stitch,** relever une maille tombée. (*b*) **To take up a carpet,** enlever, déclouer, un tapis. *To t. up paving-stones, rails,* déposer, enlever, des pavés, des rails. **To take up a street,** dépaver une rue. *To t. up a tree,* déplanter un arbre. *Nau:* **To take up a buoy,** relever une bouée. *See also* ARM[2] 1, CUDGEL[1]. (*c*) *Rail: etc:* **To stop to take up passengers,** s'arrêter pour prendre, pour embarquer, des voyageurs. (*Of taxi-driver*) *I took up a fare at Charing Cross Station,* un client m'a pris à la gare de Charing Cross. (*d*) *Dressm:* **To take up a sleeve,** raccourcir une manche; (*at the shoulder*) remonter une manche. (*e*) **To take up the slack in a cable,** retendre un câble; abraquer le mou; mettre un câble au raide. *Mec.E: To t. up the back-lash,* rattraper, reprendre, le jeu. *To t. up the bearings,* rattraper l'usure des paliers. **To take up the wear,** rappeler, rattraper, compenser, l'usure. *Device for taking up play,* (dispositif *m*) rattrape-jeu *m inv.* *Tex:* **To take up the cloth,** enrouler la toile. *Cin:* **To take up the film,** enrouler la bande. (*f*) *Typ:* **To take up to previous line,** crocheter (une fin de vers, etc.). **2.** (*a*) Absorber (de l'eau). (*b*) *Aut: etc:* **To take up the bumps, the jolts,** boire, absorber, les chocs, les cahots. (*c*) *Mec.E:* **To take up the drive,** embrayer; s'embrayer. **3.** (*a*) *Com:* **To take up a bill,** honorer un effet; retirer une traite. *St.Exch:* **To take up an option,** lever une prime; consolider un marché à prime. **To take up shares,** souscrire à des actions. **To take up stock,** prendre livraison des titres. *See also* INDENTURE[1]. (*b*) **To take up a challenge,** relever un défi. **To take up a bet,** tenir un pari; tenir le pari. (*c*) **To take up an idea, a suggestion,** adopter une idée; suivre un conseil. **4.** (*a*) **To take up a question,** prendre une question en main; aborder la discussion d'une question. *The question would at once be taken up,* la question se poserait, serait abordée, immédiatement. *I will not t. up the matter,* je ne veux pas entrer dans l'affaire. *We took the matter up strongly with them,* nous avons insisté auprès d'eux. *To t. up a matter anew,* reprendre une affaire; remettre une affaire en question. *To t. up a statement,* relever une affirmation. (*b*) Embrasser, s'adonner à (une carrière); adopter (une méthode); épouser (une querelle). *He has taken up photography,* il s'est mis à faire de la photographie. *He is taking up physical training,* il s'adonne à la culture physique; il s'est mis à faire de la gymnastique. **To take up modern languages,** se mettre aux langues vivantes. *To t. up new studies,* aborder de nouvelles études. *To t. up French again,* se remettre au français. (*Of commercial traveller*) **To take up a line of goods,** se charger d'une série d'articles. *To t. up a task anew,* reprendre, se reprendre à, une tâche. *To t. up one's duties again,* reprendre ses fonctions. (*c*) Prendre (qn) sous sa protection. **5.** (*Arrest*) Arrêter (qn); *F:* pincer (qn). *He was taken up by the police,* il a été arrêté. **6.** **To take s.o. up sharply,** reprendre qn vertement, aigrement; relever qn. **To take s.o. up short,** couper la parole à qn. *His statement was false and I took him up at once,* son affirmation était fausse et je l'ai repris aussitôt. **7.** (*Understand*) **To take s.o. up wrongly,** mal comprendre, se méprendre sur, les paroles de qn. *You have taken me up wrongly,* vous m'avez mal compris; vous avez pris mes paroles à contre-sens. **8.** Occuper. (*a*) **To take up too much room,** occuper trop de place; être encombrant. *You are taking up too much room,* vous tenez trop de place. (*b*) **To take up all s.o.'s attention, time,** absorber l'attention, le temps, de qn. *His work takes up all his time,* son travail l'absorbe. *It takes up all my evenings,* cela remplit, occupe, toutes mes soirées. *The reading of the report takes up half the sitting,* la lecture du rapport occupe la moitié de la séance. (*c*) (*In the passive*) **I am very much taken up this morning,** je suis très pris, très occupé, ce matin. *He is entirely taken up with his business,* il est tout à son commerce, entièrement absorbé dans son commerce; il ne songe qu'à son commerce. *She is entirely taken up with her own sweet self,* elle n'est occupée que de sa petite personne. *He is quite taken up with her,* il ne pense plus qu'à elle.

II. **take up,** *v.i.* **1.** (*Of weather*) S'améliorer. **2.** **To take up with s.o.,** (i) se lier d'amitié avec qn; (ii) se mettre à fréquenter (des vauriens, etc.); (iii) *F:* se mettre (en ménage) avec qn; se mettre ensemble; *P:* se coller avec qn.

'take-up, *s.* **1.** (*a*) *Mec.E:* Rattrapage *m* (du jeu); serrage *m*; compensation *f*. (*b*) *Cin:* Enroulement *m* (du film). **Take-up spool,** bobine réceptrice. **Take-up magazine,** magasin récepteur. (*c*) Embrayage *m*. *Clutch with a smooth t.-up,* embrayage doux. **2.** (*a*) *Mec.E:* Tendeur *m*. *Chain with wear t.-up,* chaîne *f* à rattrapage de jeu. (*b*) *Cin:* Enrouleuse *f*, embobineuse *f*. *Tex:* Le rouleau et le dispositif de tension. (*c*) (*Of sewing-machine*) Levier tendeur de fil.

taking up, *s.* **1.** (*a*) Déclouage *m* (d'un tapis); dépose *f* (de pavés, de rails); dépavage *m* (d'une rue); déplantation *f*, déplantage *m* (d'un arbre). (*b*) *Mec.E:* **Taking up of play,** reprise *f*, rattrapage *m*, de jeu. *T. up of the wear*, compensation *f* de l'usure. (*c*) *Tex:* **Taking up of the cloth,** enroulement *m* de la toile. *Cin: T. up of the film*, enroulement de la bande. (*d*) Absorption *f* (de l'eau). **2.** *Fin:* Levée *f* (de titres); consolidation *f* (d'un marché à prime). **3.** Adoption *f* (d'une idée).

take upon, *v.tr.* **To take upon oneself the right to do sth.,** assumer le droit de faire qch. **To take it upon oneself to do sth.,** prendre sur soi de faire qch.; *Jur:* **s'ingérer, s'immiscer,** de faire qch. *He takes a good deal upon himself*, il se permet bien des choses. *You t. upon yourself duties that do not concern you*, vous vous attribuez des devoirs qui ne vous regardent pas. *Who dares t. it upon himself to . . .?* qui ose s'aviser de . . .? *I t. it upon myself*, (i) j'en fais mon affaire; (ii) j'en prends la responsabilité.

taking[1], *a.* **1.** (Style, titre) attrayant; (visage) séduisant. *T. manners*, manières engageantes, qui charment. **2.** *F:* (*Of disease*) Qui s'attrape; contagieux. **-ly,** *adv.* D'une manière attrayante, engageante, séduisante.

taking[2], *s.* **1.** (*a*) Prise *f* (d'une ville, etc.); arrestation *f* (d'un voleur). (*b*) *Jur:* (Acte *m* de) soustraction *f*. (*c*) *Mch: T. of a diagram*, relevé *m* d'un diagramme. (*d*) *Med:* Prélèvement *m* (de sang, etc.). **2.** *pl.* **Takings,** recette *f*, produit *m*; *Th:* chambrée *f*. *The day's takings*, la recette, le produit, de la journée. *The takings are good*, la recette est bonne.

'take-'leave, *s.* Adieu *m*; les adieux. **Take-leave visit,** visite *f* d'adieu, pour prendre congé.

takeable ['teikəbl], *a.* Prenable.

taker ['teikər], *s.* **1.** (*a*) Preneur, -euse (d'un navire ennemi, d'un bail, etc.). (*b*) **Snuff-taker,** priseur, -euse. (*c*) *St.Exch:* Reporteur *m*, vendeur *m*. **Taker of an option,** optant *m*. **Taker of a bill,** preneur d'une lettre de change. (*d*) **Taker of a bet,** tenant *m*, teneur *m*, d'un pari. *Turf:* **The takers of odds,** les preneurs. **2. Taker-in,** *pl.* **takers-in.** (*a*) (*Pers.*) Trompeur, -euse; carotteur, -euse. (*b*) *Tex:* Tambour briseur. (*c*) *Typ:* Guide-feuilles *m inv.* **3.** *F:* **Taker-off,** *pl.* **takers-off,** imitateur, -trice, singeur, -euse (*of s.o.*, de qn).

takingness ['teikiŋnəs], *s.* Charme *m*, attrait *m*.

talapoin ['taləpɔin], *s.* **1.** Talapoin *m* (prêtre ou religieux bouddhiste). **2.** *Z:* Talapoin (singe de la Guyane).

talaria [tə'lɛəriə], *s.pl.* *Rom.Myth:* Talonnières *f*, talaires *f* (de Mercure).

talaric [tə'larik], *a.* *Rom. & Gr.Ant:* (Toge *f*, tunique *f*) talaire.

talbot ['tɔ:lbət], *s.* (Grand) chien courant; limier *m*.

talbotype ['tɔ:lbətaip], *s.* *A.Phot:* Calotype *m*.

talc[1] [talk], *s.* **1.** *Miner:* Talc *m*; silicate *m* de magnésie. **2.** *Com:* Mica *m*. *T. lamp-chimney*, verre *m* de lampe en mica.

'talc-powder, *s.* = *talcum powder, q.v. under* TALCUM.

'talc-schist, *s.* *Miner:* Pierre *f* ollaire.

talc[2], *v.tr.* *Phot: etc:* Couvrir de talc (une plaque photographique, etc.).

talcite ['talsait], *s.* *Miner:* Talcite *f*.

talcomicaceous [talkomai'keiʃəs], *a.* *Miner:* Talco-micacé.

talcose ['talkous], **talcous** ['talkəs], *a.* *Miner:* Talcaire, talcique, talqueux.

talcum ['talkəm], *s.* *Toil:* **Talcum powder,** (poudre *f* de) talc *m*.

tale [teil], *s.* **1.** Conte *m*. (*a*) Récit *m*, histoire *f*. *He listened to my t.*, il écouta mon récit. *There is a t. that . . .*, la légende raconte que + *ind.*, veut que + *sub.* **Idle tale,** conte en l'air; conte à dormir debout. **Old wives' tales,** contes de bonne femme. **Thereby hangs a tale,** il y a là-dessus toute une histoire que je pourrais vous raconter. **That tells its own tale,** c'est suffisant comme témoignage; cela se passe de commentaire. *His drawn face told the t. of his sufferings*, ses traits tirés en disaient long sur ses souffrances. *F:* **His tale is told,** c'en est fait de lui; il est flambé. *P:* **To tell s.o. the tale,** raconter des histoires à qn; la faire à l'oseille à qn. **I've heard that tale before,** je connais des paroles sur cet air-là. *Prov:* **A tale never loses in the telling,** on fait toujours le loup plus gros qu'il n'est. *See also* FAIRY-TALE, LONG[1] I. 2, NURSERY 1, TRAVELLER 1, WOB. (*b*) *Lit:* Nouvelle *f*, conte. *A book of tales*, un livre de contes, de nouvelles. **The Canterbury Tales,** les Contes de Cantorbéry (de Chaucer). **The Winter's Tale,** le Conte d'hiver (de Shakespeare). **A Tale of a Tub,** le Conte du tonneau (de Swift). **2.** *Pej:* (*a*) Racontar *m*, potin *m*, on-dit *m inv.* *I've heard a fine t. about you*, j'en ai appris de belles sur votre compte. **That is the tale afloat,** voilà ce qu'on raconte. (*b*) Rapport *m*, cafardage *m*. **To tell tales (out of school),** (i) rapporter; faire des rapports; cafarder; (ii) dévoiler un secret. **To carry tales to s.o. about s.o.,** desservir qn auprès de qn. *See also* DEAD I. 1. **3.** *A:* Compte *m*, nombre *m*; quantité *f*. *B: Too rich to tell the tale of his flocks*, trop riche pour pouvoir dénombrer ses troupeaux.

'tale-teller, *s.* **1.** Conteur, -euse, d'histoires. **2.** = TALEBEARER.

talebearer ['teilbɛərər], *s.* (i) Rapporteur, -euse; cafard, -arde; (ii) jaseur, -euse; mauvaise langue. *He is a t.*, il rapporte; c'est un rapporteur.

talebearing[1] ['teilbɛəriŋ], *a.* (i) Rapporteur, cafard; (ii) cancanier, jaseur.

talebearing[2], *s.* (i) Rapportage *m*, cafardage *m*; (ii) potins *mpl*, cancans *mpl*.

talent ['talənt], *s.* **1.** *Gr.Ant:* Talent *m*. **Gold talent, silver talent,** talent d'or, d'argent. *F:* **To wrap up one's talent in a napkin,** enfouir son talent. **2.** (*a*) Talent; capacité (naturelle); aptitude *f*. **To have a talent for doing the right thing,** avoir le don d'agir à propos. *He has no t. for business*, il manque de talent, de capacité, pour les affaires. *To have a t. for languages*, avoir une grande facilité pour les langues; avoir le don, le talent, des langues. (*b*) Talent. *His t. as a pianist, for the piano*, son talent de pianiste. **Man of talent,** homme *m* de talent. **3.** (*a*) Personne bien douée. *Pol: etc: To call upon all the talents*, **to form an administration of all the talents,** faire appel à tous les talents. (*b*) *Coll.* Gens *mpl* de talent. *Exhibition of local t.*, exposition *f* des œuvres d'artistes régionaux. *Turf:* **The talent,** les habitués *m*; ceux qui parient en connaissance de cause.

'talent-money, *s.* *Sp:* Prime allouée à un professionnel hors de pair.

talented ['taləntid], *a.* Qui a du talent; doué, *F:* talentueux. *A t. writer*, un écrivain de talent, de valeur. *T. child*, enfant bien doué, qui a de l'avenir.

talentless ['taləntləs], *a.* Sans talent.

tales ['teili:z], *s.* *Jur:* (Liste *f* de) jurés suppléants. **To pray a tales,** demander que le jury soit complété en faisant appel aux suppléants (lorsque certains jurés ont été récusés).

talesman, *pl.* **-men** ['teili:zmən, 'teilzmən, -men], *s.* *Jur:* Juré suppléant.

Taliacotian [taliə'kouʃiən], *a.* *Surg:* **Taliacotian operation,** reconstitution *f* du nez par la méthode autoplastique de Tagliacozzi.

talion ['taliən], *s.* *Hist:* **The law of talion, talion law,** la loi du talion.

taliped ['taliped], *a.* & *s.* *Med:* (Qui a le) pied bot talus.

talipes ['talipi:z], *s.* *Med:* Pied bot talus.

talipot ['talipɔt], *s.* *Bot:* Tal(l)ipot *m*; coryphe *m* parasol.

talisman ['talizmən], *s.* Talisman *m*.

talismanic [taliz'manik], *a.* Talismanique.

talk[1] [tɔ:k], *s.* **1.** (*a*) Paroles *fpl.* *We want actions not t.*, il nous faut des actions, non pas des paroles, non pas des mots. **He is all talk,** ce n'est qu'un bavard; il n'a que du caquet; *F:* il n'a que le bec. *U.S:* *F:* **That's the talk!** (i) très bien! à la bonne heure! (ii) ça c'est envoyé! (*b*) Bruit *m*, dires *mpl*, racontages *mpl*. **There is some talk of** *his returning*, il est question qu'il revienne; il est question de son retour; le bruit court qu'il va revenir. *There has been t. of it*, on en a parlé; il en a été question. **It's all talk,** ce ne sont que des on-dit; *F:* tout ça c'est des racontars. **To risk talk,** risquer de faire parler de soi. (*c*) Propos *mpl*; bavardage *m*. *Disjointed t.*, propos incohérents. *Weary of t.*, las de jaser. **Idle talk,** papotage *m*; paroles en l'air; balivernes *fpl*; *F:* chansons *fpl*, sornettes *fpl*. **Small talk,** menus propos; conversation banale; banalités *fpl*. **To indulge, engage, in small talk,** causailler, causotter; parler de choses indifférentes, de choses banales; causer de choses et d'autres; parler de la pluie et du beau temps. *To spend an hour in small t.*, passer une heure à dire des riens. (*Of pers.*) **To have plenty of small talk,** avoir de la conversation. *She has no small t.*, elle ne sait pas parler pour ne rien dire. *See also* TABLE-TALK, TALL 3. **2.** (*a*) Entretien *m*, conversation *f*; causerie *f*. **To have a talk with,** *F:* **to, s.o.,** causer, s'entretenir, avec qn; avoir un entretien avec qn. *Don't go before I have had a t. with you*, ne partez pas que je ne vous aie causé. *They had a long t.*, ils causèrent, s'entretinrent, longuement. *An intimate t.*, une causerie intime. *She came in on Sunday night for a t.*, elle est venue dimanche soir (pour) faire la causette. **To engage s.o. in talk,** lier conversation avec qn. *He had the t. almost to himself*, il fut presque seul à parler. *To turn the t. to a subject*, mettre la conversation sur un sujet. (*b*) *W.Tel: etc:* Causerie. **Weekly talk on . . .,** feuilleton parlé hebdomadaire sur. . . . **3. It is the talk of the town,** c'est la fable, le bruit, de la ville; on ne parle, il n'est bruit, que de cela; tout le monde en jase; cela fait l'étonnement de tout le monde. *This scandal was the t. of the town*, ce scandale a fait du tapage, a eu un grand retentissement. *See also* COMMON[1] 2.

talk[2]. I. *v.i.* **1.** (*a*) Parler. *To learn to t.*, apprendre à parler. *To t. slowly*, parler lentement. (*b*) Parler, discourir. **To talk and talk,** parler sans arrêt; pérorer; n'en pas finir. **To talk for the sake of talking,** parler pour parler. *It was only for the sake of talking*, c'était histoire de parler. **To talk by signs, by looks,** parler par gestes, du regard. **To talk in riddles,** parler par énigmes. *That is a strange way to t.*, vous tenez là un étrange langage. *F:* **That's no way to talk!** (i) en voilà un langage! (ii) il ne faut pas dire des choses pareilles! **He likes to hear himself talk,** il aime à s'entendre parler; il s'écoute parler; c'est un grand discoureur. **To talk big,** se vanter; faire le hâbleur. *P:* **To talk through one's hat, through (the back of) one's neck,** (i) parler pour ne rien dire; dire, débiter, des sottises; extravaguer; (ii) blaguer, exagérer. **It's easy to talk!** vous êtes magnifique! cela vous plaît à dire! *P:* **Now you're talking!** voilà qui s'appelle parler! à la bonne heure! **To talk of, about, sth.,** parler de qch. *To t. of one thing and another, of this and that*, parler de choses et d'autres; parler de la pluie et du beau temps. *I am not talking of you*, il ne s'agit pas de vous. *The much talked-of revival of the drama*, le renouveau du théâtre dont on parle tant. **Talking of that . . .,** à propos de cela . . .; à ce propos. . . . **What are you talking about?** (i) de quoi parlez-vous? (ii) *F:* qu'est-ce que vous racontez? vous me la baillez belle! **He knows what he is talking about,** il parle en connaissance de cause; il s'y connaît; il sait ce qu'il dit. *F:* **Talk about luck!** tu parles d'une chance! *T. about husbands being scarce!* vous nous dites que les épouseurs sont rares! *See also* ANGEL 1, DEVIL[1] 1, SLEEP[1] 1. (*c*) **To talk of doing sth.,** parler de faire qch.; dire avoir l'intention de faire qch. **2.** (*a*) **To talk to, with, s.o.,** causer, s'entretenir, avec qn. *To talk freely to s.o.*, s'ouvrir à qn; causer librement avec qn. *He never talked to me the whole evening*, il ne m'a pas dit un mot de la soirée. *She has found someone to t. to*, elle a trouvé à qui parler. *Ships talking to each other (by wireless)*, bâtiments *m* qui s'envoient des messages. **To talk to oneself,** se parler à soi-même; monologuer; *F:* parler à son bonnet, aux anges. *F:* **Who do you think you are talking to!** à qui croyez-vous donc parler? (*b*) *F:* **To talk (***severely***) to s.o.,** faire des remontrances à qn; réprimander, semoncer, gronder, qn. **I'll talk to him!** je vais lui dire son fait! je vais le remettre à sa place! *See also* UNCLE 1. **3.** (*a*) Jaser, bavarder, babiller. *She is always talking*, elle bavarde sans cesse; *F:* elle n'a pas la pépie. *Grandmother loved to t.*, notre grand'mère aimait à bavarder. *See also* DOZEN 2. (*b*) Cancaner. **People will talk** (i) cela fera scandale; (ii) le monde est cancanier.

People talked and he had to go, on jasa, on clabauda, et il dut démissionner. **To get oneself talked about**, faire parler de soi. *If you go often, you'll get talked about*, si vous y allez souvent vous ferez parler de vous, on jasera sur votre compte. *The whole town was talking about it*, toute la ville en glosait. *The case was greatly talked of at the time*, ce procès eut un grand retentissement à l'époque.

II. **talk**, *v.tr.* **1.** (*a*) *To t. French, to t. slang*, parler français, parler argot. (*b*) **To talk politics**, parler politique; causer politique. **To talk treason**, tenir des propos séditieux. **To talk (common) sense**, parler raison. *There is a great deal of nonsense talked about this matter*, on a dit beaucoup de sottises à ce sujet. *See also* NONSENSE 2, ROT[1] 3, RUBBISH 2, SCANDAL 2, SHOP[1] 3. **2.** (*a*) **To talk oneself hoarse**, s'enrouer à force de parler. *F: I've talked myself black in the face telling you!* mais je m'époumone à vous le dire! *He talked himself into prison*, ses discours imprudents finirent par le faire mettre en prison. (*b*) **To talk s.o. into doing sth.**, persuader qn de faire qch.; amener qn à faire qch. *He was talked into giving his consent*, à force de le sermonner on lui arracha son assentiment. **To talk s.o. out of doing sth.**, dissuader qn de faire qch. *See also* DONKEY 1, HEAD[1] 1.

talk at, *v.i.* **To talk at s.o.**, faire des allusions voilées à qn (qui se trouve présent); persifler qn (au su ou à l'insu de la compagnie). *Are you talking at me?* est-ce pour moi que vous dites cela? c'est à moi que vous en avez? c'est une pierre dans mon jardin?

talk away. **1.** *v.tr.* (*a*) Passer (le temps, la nuit, etc.) à causer, à bavarder; faire passer (le temps) en bavardant. (*b*) **To talk s.o.'s fears away**, prouver à qn, à grand renfort d'arguments, que ses craintes ne sont pas fondées. **2.** *v.i.* Parler avec volubilité, sans s'arrêter; bavarder, jaser.

talk back, *v.i. U.S:* Répondre d'une manière impertinente; répliquer.

talk down. **1.** *v.i.* **To talk down to one's audience**, s'adapter à l'intelligence (bornée) de son auditoire; se mettre au niveau de son auditoire. **2.** *v.tr.* Faire taire (qn), réduire (qn) au silence (en parlant plus haut et plus longtemps que lui). *I won't allow myself to be talked down*, on ne me fera pas taire.

talk on, *v.i.* Continuer à parler, à causer.

talk out, *v.tr.* **1.** I want to talk things out with you, je voudrais discuter la chose à fond, sous toutes ses faces; je voudrais débattre la question jusqu'à ce que nous tombions d'accord. **2.** *Parl:* **To talk a bill out**, prolonger les débats de façon qu'un projet de loi ne puisse être voté avant la clôture.

talk over, *v.tr.* **1.** Discuter, débattre (une question). **Let's talk it over**, discutons la chose. *We can t. it over after lunch*, nous en parlerons, nous en causerons, après déjeuner. *We talked your business over*, nous avons conféré de votre affaire. **2.** = TALK ROUND 1.

talk round. **1.** *v.tr.* Enjôler (qn); amener (qn) à changer d'avis. **To talk s.o. round to one's way of thinking**, faire partager à qn sa manière de voir. *I talked them round at last*, j'ai fini par les persuader. **2.** *v.i.* (*Prep. use*) **To talk round a question**, tourner autour du pot (sans rien décider).

talk up. **1.** *v.i. F:* **To talk up to s.o.**, donner la réplique à qn; *P:* tenir le crachoir à qn. **2.** *v.tr. F:* **To talk up a book, an entertainment**, faire du battage autour d'un livre, d'un spectacle; faire mousser un livre, etc.

talking[1], *a.* **1.** Parlant. *T. doll*, poupée parlante. *Cin:* **Talking film, picture**, film parlant, parlé; phono-film *m*, *pl.* phono-films. **2.** = TALKATIVE.

talking[2], *s.* **1.** Discours *mpl*, propos *mpl*, paroles *fpl*. **A truce to talking! have done with talking!** trêve de discours! c'est assez parlé! *See also* DOING 1. **2.** (*a*) Conversation *f*. (*b*) Bavardage *m*. **To do all the talking**, faire tous les frais de la conversation. *I don't want to do all the t.*, je ne veux pas parler tout le temps; *F:* je ne veux pas tenir le crachoir. *There was very little t. at breakfast*, on parlait très peu au déjeuner. **No talking please!** pas de bavardage! **3.** **'Talking-to**, réprimande *f*, semonce *f*. **To give s.o. a good talking-to**, semoncer qn; donner à qn une verte semonce; tancer qn vertement; arranger qn de la belle manière.

talkative ['tɔːkətiv], *a.* Causeur; jaseur, bavard, babillard; loquace. *She is very t., F:* elle a la langue bien pendue.

talkativeness ['tɔːkətivnəs], *s.* Loquacité *f*.

talkee-talkee ['tɔːki'tɔːki], *s. F:* **1.** *A:* Jargon *m* petit-nègre. **2.** Pur bavardage; papotage *m*.

talker ['tɔːkər], *s.* **1.** Causeur, -euse; parleur, -euse. *Brilliant t.*, beau parleur; personne *f* qui brille dans la conversation. **2.** Bavard, -arde. **To be a great talker**, être bavard; *F:* ne pas avoir la langue dans sa poche; avoir du bagou(t). **3.** Hâbleur *m*. **Great talkers are little doers**, les grands diseurs ne sont pas les grands faiseurs.

talkie ['tɔːki], *s. Cin: F:* Film parlant, film parlé; phono-film *m*, *pl.* phono-films. *To turn a novel into a t.*, mettre un roman à l'écran parlé.

tall [tɔːl], *a.* **1.** (*Of pers.*) (*a*) Grand; de grande stature, de haute taille; haut de taille. *A t. thin woman*, une grande (femme) maigre. *She is a fine t. lass*, c'est un beau brin de fille. (*b*) **How tall are you?** quelle est votre taille? **He is six foot tall**, il atteint six pieds. *She is taller than I*, elle est plus grande que moi. *He is not nearly so t. as you, F:* il ne vous vient pas à la ceinture. *He was taller by a head than I, he stood a (whole) head taller than I*, il me dépassait de la tête. *To make oneself look taller*, se grandir. *This dress makes you look taller*, cette robe vous allonge. **She is growing tall**, elle se fait grande; elle s'allonge. *He has grown t.*, il a, est, grandi. *Children grow taller as the years pass*, le temps grandit les enfants. **2.** (*Of thg*) Haut, élevé. *How t. is that mast?* quelle hauteur a ce mât? quelle est la hauteur de ce mât? *That house is taller than mine*, cette maison est plus haute, plus élevée, que la mienne. **Tall hat**, chapeau haut de forme. **Tall glass**, flûte *f* (à champagne, etc.). **3.** *F:* (*a*) (Conte *m*, histoire *f*) incroyable, invraisemblable, *F:* formidable, raide. **That's a tall story**, celle-là est raide, est dure à avaler; vous m'en contez de belles. *To tell t. stories*, raconter des craques. **Tall talk**, hâblerie *f*, vantardises *fpl*; *P:* charriage *m*. *See also* ORDER[1] 10. (*b*) *adv.* **To talk tall**, se vanter; hâbler.

tallage ['taledʒ], *s. Hist:* (*a*) Taille (levée par les rois normands et angevins). (*b*) Impôt *m*.

tallboy ['tɔːlbɔi], *s. Furn:* (*a*) Commode *f* de hauteur double. (*b*) (Commode à) secrétaire *m*.

talliable ['taliəbl], *a. Hist:* Taillable; sujet à la taille.

tallish ['tɔːliʃ], *a.* Assez grand; grandelet, -ette.

tallith ['taliθ], *s. Jew.Rel:* Taleth *m*, taled *m*.

tallness ['tɔːlnəs], *s.* (*a*) (*Of pers.*) Grande taille. (*b*) Hauteur *f* (d'un édifice, etc.).

tallow[1] ['talo], *s.* **1.** Suif *m*. *Nau:* Suif, suage *m*, flore *m*. **Raw tallow**, suif en branches. **Soap tallow**, suif à savon. *See also* CANDLE[1] 1. **2.** (*a*) **Vegetable tallow**, suif végétal. (*b*) *Miner:* **Mineral tallow, mountain tallow**, suif minéral.

'tallow-'chandler, *s.* Fabricant *m* ou marchand *m* de chandelles.

'tallow-'chandlery, *s.* Chandellerie *f*.

'tallow-drop, *s.* **1.** Goutte *f* de suif. **2.** *Attrib. Lap:* **Tallow-drop emerald**, émeraude *f* en cabochon.

'tallow-faced, *a.* Au visage blême; au teint terreux; *F:* à face de carême.

'tallow-tree, *s. Bot:* (*a*) **Chinese tallow-tree**, arbre *m* à suif; croton *m*. (*b*) **(Butter-and-)tallow tree**, arbre à beurre. (*c*) Vatérie *f*.

tallow[2]. **1.** *v.tr.* Suiffer; enduire de suif. *Nau:* Suiffer, suager (un navire); donner du suif à (un navire). *Leath:* Mettre (une peau) en suif. **Tallowed leather**, cuir suiffé; cuir en suif. **2.** (*a*) *v.i.* (*Of cattle*) Engraisser. (*b*) *v.tr.* (*Of pasture, etc.*) Engraisser (le bétail).

tallowing, *s.* Suiffage *m*. *Nau:* Suage *m* (d'un vaisseau).

tallowy ['taloui], *a.* **1.** Suiffeux, graisseux. **2.** *F:* (Teint) pâle, terreux.

tally[1] ['tali], *s.* **1.** (*a*) Taille *f*, marque *f* (de boulanger, etc.); baguette *f* à encoches. *Com: A: Creditor's half of the t.*, échantillon *m* de taille. (*b*) **The tally trade**, le commerce à tempérament. **2.** Entaille, coche, encoche (faite sur la taille). **3.** Pointage *m*. **To keep tally of goods, of names**, pointer des marchandises, des noms (sur une liste). **4.** Nombre (12, 20, 100, etc.) établi par l'usage du métier pour la vente ou l'achat de certaines marchandises. *To buy bundled firewood* **by the (100) tally**, acheter des fagots par cents. **5.** (*a*) Étiquette *f* (pour plantes, bagages). (*b*) Jeton *m* (de présence); marron *m* (de service, de ronde). **6.** (*a*) Pendant *m*, pareil *m*; contre-partie *f* (d'un document). (*b*) *P:* **To live (on) tally with s.o.**, vivre à la colle avec qn; être collé à (un homme, une femme).

'tally-clerk, -keeper, *s.* Pointeur *m*, contrôleur *m*, marqueur *m* (de marchandises, etc.).

'tally-sheet, *s.* **1.** Feuille *f* de pointage (à la réception des marchandises, etc.); bordereau *m*. **2.** *U.S:* Feuille sur laquelle on marque les votes.

'tally-shop, *s. A:* Boutique *f* faisant la vente à tempérament.

'tally-stick, *s.* = TALLY[1] 1 (*a*).

tally[2]. **1.** *v.tr.* (*a*) *A:* Cocher (une taille). (*b*) Pointer, contrôler (des marchandises). (*c*) Étiqueter (un paquet, etc.). (*d*) *U.S:* Calculer; compter. **2.** *v.i.* Correspondre (*with*, à); s'accorder, concorder (*with*, avec); cadrer (*with*, avec). *These accounts do not t.*, ces comptes *m* ne s'accordent pas. *The theory does not t. with the facts*, la théorie ne s'accorde pas avec les faits, ne correspond pas aux faits. *Our opinions do not t.*, nos idées *f* ne se rencontrent pas, ne concordent pas. **To make sth. tally with sth.**, mettre qch. d'accord avec qch.

tallying, *s.* Pointage *m*, contrôle *m* (de marchandises, etc.). *Nau: T. of discharging*, pointage du déchargement.

tally[3]. **1.** *v.i. Nau:* **To tally on a rope**, se mettre à, sur, une manœuvre. **Tally on!** mettez la main dessus! **2.** *v.tr.* Embraquer (une écoute).

tally-ho[1] [tali'hou]. **1.** *int. & s. Ven:* Taïaut (*m*), tayaut (*m*). **2.** *s. Veh:* (*a*) *A:* Diligence *f*. (*b*) *U.S:* Drag *m*; mail-coach *m*, *pl.* mail-coaches.

tally-ho[2]. *Ven:* **1.** *v.i.* Crier taïaut. **2.** *v.tr.* Exciter (les chiens) en criant taïaut.

tallyman, *pl.* **-men** ['talimən, -men], *s.m.* **1.** Marchand qui vend à tempérament; *esp.* drapier écossais (établi en Angleterre) faisant la vente à tempérament à l'aide de démarcheurs. **2.** = TALLY-CLERK.

talmi-gold ['talmi'gould], *s.* Alliage *m* de cuivre et de zinc légèrement plaqué d'or.

Talmud (the) [ðə'talmʌd], *s. Jew.Rel:* Le Talmud.

Talmudic(al) [tal'mʌdik(əl)], *a.* Talmudique.

Talmudist ['talmʌdist], *s.* Talmudiste *m*.

talon ['talən], *s.* **1.** (*a*) Serre *f* (d'oiseau de proie); griffe *f* (de lion, etc.). *F: Caught in the talons of the law*, pris dans les serres de la justice. (*b*) Ergot *m* (de pêne de serrure). **2.** *Arch:* Talon *m*, doucine *f*. **3.** (*a*) *Com:* Talon (d'une feuille de coupons); talon de souche. (*b*) (*At cards, dominoes*) Talon. **4.** Talon (de lame de sabre).

talpa ['talpa], *s.* **1.** *Z:* (Le genre) taupe *f*. **2.** *Med:* Talpa *f*, testudo *m*, *F:* taupe.

talpoid ['talpɔid], *a.* Talpiforme; en forme de taupe.

talus[1], *pl.* **-i** ['teiləs, -ai], *s.* **1.** *Anat:* Astragale *m* (du tarse). **2.** *Med:* Pied bot talus.

talus[2], *s.* **1.** *Fort:* Talus *m*. **2.** *Geol:* Talus; pente *f* d'éboulis.

Tam [tam]. *Pr.n.m. Scot: F:* (*Dim. of Thomas*) Thomas.

'Tam o' 'Shanter. **1.** *Pr.n.m.* Héros d'un poème de Robert Burns. **2.** *s.* **Tam o' Shanter bonnet, cap**; tam o' shanter, béret écossais. *She was wearing a tam o' shanter*, elle était en béret; elle portait un béret.

tamable ['teiməbl], *a.* = TAMEABLE.

tamarack ['tamarak], *s. Bot:* Mélèze *m* d'Amérique; épinette *f* rouge.

tamarin ['tamarin], *s. Z:* Tamarin *m*, midas *m*.

tamarind ['tamarind], *s. Bot:* **1.** (*Fruit*) Fruit *m* du tamarinier. **2.** **Tamarind(-tree)**, tamarinier *m*. **Tamarind pod**, gousse *f* de tamarinier. **Tamarind pulp**, tamarin *m*.

tamarisk ['tamarisk], **tamarix** ['tamariks], *s. Bot:* Tamaris *m*, tamarisc *m*, tamarix *m*. *Common t., French t.*, tamaris commun.

tamber ['tambər], *s. Ling:* Timbre *m* (d'un son).

tambor ['tambər], *s. Ich:* = TAMBOUR 3.

tambour[1] ['tambuər], *s.* **1.** *Mus:* Grosse caisse. **2.** (*a*) *Needlew:* **Tambour(-frame)**, métier *m*, tambour *m*, à broder, à tapisserie; métier suisse. (*b*) *Arch:* Tambour (de colonne, de noyau). (*c*) *Const:* Tambour (de vestibule). *Fort:* Tambour (à l'entrée d'un ouvrage). **3.** *Ich:* Tambour.

'tambour-lace, *s. Needlew:* Dentelle (brodée) sur tulle.

'tambour-work, *s.* Broderie *f*, tapisserie *f*, au tambour. **To do tambour-work**, broder au tambour, broder sur métier; crocheter sur métier.

tambour[2], *v.tr. Needlew:* Broder (une étoffe) au tambour, sur métier. *Abs.* Broder au tambour; crocheter sur métier.

tambourine [tambə'ri:n], *s.* **1.** *Mus:* (*With jingles*) Tambour *m* de basque; (*without jingles*) tambourin *m*. **2.** *Orn:* **Tambourine (pigeon)**, tambour.

tame[1] [teim], *a.* **1.** (*a*) (i) (Animal) apprivoisé, domestiqué; (ii) (animal) domestique. *Animal that easily grows t.*, animal qui s'apprivoise facilement, qui se domestique facilement. (*b*) (*Of plant, U.S: of land*) Cultivé. **2.** *F:* (*a*) (*Of pers.*) Soumis, dompté; pusillanime. *Her husband was a t. little man*, son mari était un petit homme doux. (*b*) (Style *m*) monotone, terne, fade; (conte) pas méchant, anodin, insipide; (plaisanterie *f*) fade. *T. ending*, dénouement *m* insipide. *T. answer*, réponse plate. *T. scenery*, pays plat, monotone. *T. poetry*, poésie anodine. **-ly**, *adv.* **1.** (Se soumettre) sans résistance, lâchement, servilement, platement. **2.** *The story ends t.*, l'histoire *f* se termine sur une note banale, finit en queue de poisson.

tame[2]. **1.** *v.tr.* (*a*) Apprivoiser (une souris, etc.). (*b*) Domestiquer (une bête). (*c*) Mater (qn, une passion); dompter (un lion, un cheval); brider (le courage, l'ardeur, de qn). **2.** *v.i.* (*a*) S'apprivoiser. (*b*) Devenir insipide. *Here the story begins to t.*, ici l'intérêt ne se soutient pas, l'histoire devient banale.

tame down. **1.** *v.tr.* Atténuer (une nouvelle, une couleur criarde). **2.** *v.i.* (*a*) S'atténuer. (*b*) (*Of pers.*) S'adoucir, décolérer. (*c*) (*Of pers.*) Jeter sa gourme; se ranger.

taming down, *s.* Atténuation *f*; adoucissement *m*.

taming, *s.* **1.** (*a*) Apprivoisement *m*. (*b*) Domestication *f*. **2.** Domptement *m*, domptage *m*. *Lit:* **The Taming of the Shrew**, la Mégère apprivoisée; la Mégère mise à la raison.

'tame-poison, *s. Bot:* Dompte-venin *m inv.*

tameable ['teiməbl], *a.* (Animal *m*, etc.) apprivoisable ou domptable.

tameness ['teimnəs], *s.* **1.** (*a*) Nature apprivoisée, nature douce (d'un animal). (*b*) Caractère soumis (de qn). **2.** *F:* (*a*) (*Of pers.*) Manque *m* de courage; manque de vie; pusillanimité *f*. (*b*) Monotonie *f*, fadeur *f* (du style, etc.); insipidité *f*, banalité *f* (d'un conte, du dénouement).

tamer ['teimər], *s.* Apprivoiseur, -euse (d'oiseaux, etc.); dompteur, -euse (d'animaux sauvages). **Lion-tamer**, dompteur de lions.

Tamerlane ['tamərlein]. *Pr.n.m. Hist:* Tamerlan.

Tamil ['tamil]. **1.** *a. & s. Ethn:* Tamoul (*m*), Tamil (*m*). **2.** *s. Ling:* Le tamil.

Tammany ['taməni], *s. U.S:* (*a*) Organisation centrale du parti démocrate de New York (siégeant à *Tammany Hall*). (*b*) *F:* Corruption *f*, vénalité *f*, dans l'administration municipale ou politique; prévarication *f*.

tammy[1] ['tami], *s. Tex:* Étamine *f*; *A:* tamise *f*.

tammy[2], *s. Cu:* Passoire *f* ou tamis *m*.

tammy[3], *v.tr. Cu:* Passer (qch.) au tamis, par la passoire.

tammy[4], *s. F:* = TAM O' SHANTER 2.

tamp [tamp], *v.tr.* **1.** *Civ.E:* Damer, pilonner, tasser, refouler, bliner (la terre, etc.); damer (du ballast). **2.** Bourrer (la charge d'un obus, un fourneau de mine, etc.).

tamping, *s.* **1.** *Civ.E:* Damage *m*, pilonnage *m*, refoulement *m*, blinage *m* (de la terre, du gravier). **2.** (*a*) Bourrage *m* (d'un fourneau de mine, d'un obus). (*b*) *Min:* Bourre *f* (d'un fourneau de mine).

'tamping-bar, *s. Tls: Min:* Refouloir *m*; bourroir *m*; batte *f* à bourrer.

tamper[1] ['tampər], *s. Min:* **1.** (*Pers.*) Bourreur *m*. **2.** = TAMPING-BAR.

tamper[2], *v.i.* (*a*) **To tamper with sth.**, toucher à, *F:* trifouiller avec (un mécanisme); altérer (un document, une clef, les monnaies); falsifier (un registre); spolier (une lettre, un colis); fausser, brouiller (une serrure); *F:* tripatouiller (des comptes, des dépêches). *To t. with the cash*, tripoter, trifouiller, dans la caisse. *Turf: To t. with a horse*, donner une boulette à un cheval; doper un cheval. (*b*) **To tamper with a witness**, essayer de corrompre un témoin; suborner un témoin. *To t. with the army*, travailler l'armée.

tampering, *s.* (*a*) **Tampering with sth.**, altération *f*, adultération *f* (de documents); falsification *f* (de registres); tripatouillage *m* (de comptes, etc.); spoliation *f* (de colis, etc.). (*b*) **Tampering with witnesses**, subornation *f* de témoins.

'tamper-proof, *a.* (Serrure *f*) inviolable.

tamperer ['tampərər], *s.* **1.** Falsificateur, -trice (*with*, de). **2.** *T. with witnesses*, suborneur, -euse, de témoins.

Tampico [tam'pi:ko]. *Pr.n. Geog:* Tampico. **Tampico fibre**, tampico *m*.

tampion ['tampiən], *s. Artil:* Tampon *m*, tape *f* (de canon). *To put a t. in a gun*, taper un canon. *To put in the tampions*, mettre les tapes en place.

tampon[1] ['tampən], *s.* (*a*) *Surg:* Tampon *m* (d'ouate, de gaze). (*b*) *Engr:* Tampon (de graveur). (*c*) *Hairdr:* Crépon *m*, crêpé *m*.

tampon[2], *v.tr. Surg:* Tamponner (une plaie profonde, le vagin, etc.).

tamponade [tampə'neid], **tamponage** ['tampənedʒ], *s. Surg:* Tamponnement *m* (des fosses nasales, du vagin, etc.).

tam-tam ['tamtam], *s.* = TOM-TOM.

tan[1] [tan]. **1.** *s.* (*a*) *Tan:* Tan *m*. **Spent tan**, tannée *f*. **Tan litter**, poussier *m* de mottes (pour arènes de cirque, etc.). (*b*) Couleur *f* du tan; (i) tanné *m*; (ii) hâle *m* (du teint, de la peau). *Leather goods in tan*, maroquinerie *f* en havane. *The tan upon his face*, son teint hâlé. (*c*) *F:* **The tan**, le cirque, l'arène *f*; (*for riding on*) la piste. **2.** *a.* Tanné; tan *inv.* *Tan leather shoes*, souliers *m* en cuir jaune; souliers marrons, jaunes. *Tan leather gloves*, gants *m* en tanné. **Black and tan dog**, chien *m* noir et feu *inv.* *See also* BLACK AND TANS.

'tan-ball, *s.* = TAN-TURF.

'tan-bark, *s.* Écorce *f* à tan.

'tan-ooze, -pickle, *s.* Jus tannant; jusée *f*.

'tan-pit, *s.* = TAN-VAT.

'tan-turf, *s.* Briquette *f* de tannée; motte *f* (à brûler).

'tan-vat, *s.* Fosse *f* à tan.

'tan-yard, *s.* Tannerie *f*.

tan[2], *v.* (tanned; tanning) **1.** *v.tr.* (*a*) Tanner (les peaux, une voile). *F:* **To tan s.o., s.o.'s hide**, tanner le cuir à qn; administrer une tannée à qn; rosser, étriller, qn. (*b*) (*Of sun, weather*) Hâler, bronzer (la peau, le teint). **2.** *v.i.* (*Of complexion*) Se hâler, se basaner, se bronzer.

tanned, *a.* **1.** (Cuir) tanné. *T. leather gloves*, gants *m* en tanné. **2.** (Teint, visage) basané, hâlé.

tanning, *s.* **1.** Tannage *m* (des peaux, des voiles). **2.** *F:* Tannée *f*, raclée *f*. **To give s.o. a tanning**, administrer une tannée à qn.

'tanning-bark, *s.* Écorce *f* à tan.

'tanning-liquor, *s. Leath:* Jus tannant; jusée *f*.

tan[3], *s. Trig:* = TANGENT 2 (*b*).

tanager ['tanadʒər], *s. Orn:* Tangara *m*. **Scarlet tanager, cardinal tanager**, tangara rouge; cardinal *m*, -aux, d'Amérique.

Tanagra ['tanagra]. *Pr.n. A.Geog:* Tanagra. *Archeol: Cer:* **Tanagra statuette**, statuette de Tanagra.

tanagrine ['tanagrin], *a. Orn:* Des tanagrinés.

Tananarivo [tanana'ri:vo]. *Pr.n. Geog:* Tananarive; Antananarivo.

Tancred ['taŋkred]. *Pr.n.m. Hist:* Tancrède.

tandem ['tandem]. **1.** *s.* (*a*) *Veh:* Tandem *m*. *See also* TEAM[1] 1. (*b*) *Cy:* **Tandem (bicycle)**, tandem (de tourisme). **Tandem riders**, cyclistes *mf* en tandem. (*c*) *Mch:* **Tandem cylinders**, cylindres *m* en tandem. **Tandem engine**, machine *f* à cylindres en tandem. *El:* **Tandem connection**, accouplement *m* en série; couplage *m* en cascade; groupement *m* en chaîne. **2.** *adv. Veh:* **To drive tandem**, conduire en flèche, en tandem, à grandes guides. *Horses driven t.*, chevaux attelés en flèche, en tandem.

tang[1] [taŋ], *s.* **1.** (*a*) Soie *f* (d'un couteau, d'un ciseau, d'une épée); queue *f* (de lime). (*b*) *Sm.a:* Talon *m* (de culasse de fusil). **2.** (*a*) Goût vif; saveur *f*; montant *m* (d'une épice, etc.). **Tang of the sea**, salure *f* de l'air marin. **Tang of the soil, native tang**, goût *m* de terroir. *F:* **Language with a tang of Shakespeare**, langage *m* qui rappelle Shakespeare. *There was a t. of irony in the praise*, on sentait l'ironie, l'ironie perçait, sous les éloges. (*b*) **The tang of the morning air**, le piquant de l'air matinal. **There is a tang in the air**, l'air est vif.

tang[2], *v.tr.* Façonner une soie, une queue, à (un outil, etc.).

tanged, *a.* (Couteau, ciseau) à soie; (lime) à queue.

tang[3], *s.* **1.** Son aigu (d'une cloche, d'une corde tendue); tintement *m* (d'une cloche). **2.** *A t. of displeasure in her voice*, un accent de mécontentement dans sa voix.

tang[4]. **1.** *v.tr.* (*a*) Faire retentir, faire résonner (une cloche, etc.). (*b*) **To tang bees**, empêcher la fuite d'un essaim en faisant du tintamarre, en frappant sur les casseroles. **2.** *v.i.* (*Of bell, etc.*) Rendre un son aigu; retentir.

tang[5], *s. Dial:* = TANGLE[1]. **Sea-tang** = SEA-TANGLE.

tangency ['tandʒənsi], *s. Geom:* Tangence *f*.

tangent ['tandʒənt]. **1.** *a.* (Plan) tangent, tangentiel (*to*, à). **Tangent key**, clavette tangentielle. **Tangent paddles**, aubes tangentes. **Tangent screw**, vis tangentielle; vis sans fin. *Cy:* **Tangent spokes**, rayons tangents. **2.** *s.* (*a*) *Geom:* Tangente *f*. **At a tangent to . . .**, tangentiellement à. . . . *F:* **To fly, go, off at a tangent**, s'échapper par la tangente; prendre la tangente; changer brusquement de sujet. (*b*) *Trig:* **Tangent of an angle**, tangente d'un angle. **Tangent A**, *usu.* **tan A**, la tangente A, tg. A.

'tangent balance, *s.* Peson *m*.

'tangent galvanometer, *s. El:* Boussole *f* des tangentes; galvanomètre *m* des tangentes.

'tangent-plate, *s. Mec.E:* Cavalier *m* (d'un tour).

'tangent-scale, *s.* **1.** *Geom: etc:* Échelle *f* des tangentes. **2.** *Artil:* Hausse *f*.

'tangent-sight, *s.* = TANGENT-SCALE 2.

'tangent-slide, *s. Artil:* Curseur *m* de hausse.

tangential [tan'dʒenʃ(ə)l], *a. Geom: etc:* Tangentiel, tangent (*to*, à). **Tangential point**, point *m* de tangence (d'une courbe). *Mec:* *T. effort, t. force*, effort tangentiel; force *f* de rotation. **-ally**, *adv.* Tangentiellement.

Tangerine [tandʒə'ri:n]. **1.** *Geog:* (*a*) *a.* De Tanger. (*b*) *s.* Tangitan, -ane. **2.** *s.* Orange *f* de Tanger; mandarine *f*.

tanghin ['taŋgin], *s.* Tanghin *m*, tanghen *m* (arbre ou poison).

tangibility [tandʒi'biliti], **tangibleness** ['tandʒiblnəs], *s.* Tangibilité *f*, palpabilité *f*, réalité *f*.

tangible ['tandʒibl], *a.* **1.** Tangible, palpable. **The tangible world,** le monde sensible. *Jur:* **Tangible assets,** valeurs matérielles. **Tangible personal property,** biens mobiliers corporels. **2.** *F:* Réel. *T. difference,* différence *f* sensible. *Without t. ground of complaint,* sans grief réel. **-ibly,** *adv.* **1.** Tangiblement, palpablement. **2.** Sensiblement, manifestement.

Tangier(s) [tan'dʒi:ər(z), 'tandʒiər(z)]. *Pr.n. Geog:* Tanger *m.*

tangle[1] [taŋgl], *s. Algae:* Laminaire *f*; ceinture *f* de Neptune. *See also* SEA-TANGLE.

tangle[2], *s.* **1.** Embrouillement *m* (de fils, d'affaires); emmêlement *m* (de fils, de cheveux); fouillis *m* (de broussailles). *T. of branches, of barbed wire,* enchevêtrement *m*, entrelacement *m*, de branches, de barbelés. *T. of briars,* entrelacs *m* de ronces. *The string is all in a t.,* la ficelle est tout embrouillée. *F:* **To be in a tangle,** se trouver désorienté; ne plus savoir où on en est. **To get into a tangle,** (i) s'embrouiller; (ii) se mettre dans le pétrin. *The t. of her hair,* ses cheveux emmêlés. **Traffic tangle,** enchevêtrement, embarras *m*, de voitures; embouteillage *m*. *The traffic got into a complete t.,* il y eut un embouteillage impossible à décrire. *All these plans form a t. in his mind,* tous ces projets s'enchevêtrent dans son esprit. *A nice t. you've made of it!* vous avez fait du beau! *It's a hopeless t., F:* c'est le pot au noir. *To have one's nerves in a t.,* avoir les nerfs en pelote. **2.** *Bot:* (*a*) = PONDWEED. (*b*) = WATER-MILFOIL.

tangle[3]. **1.** *v.tr.* **To tangle (up) sth.,** embrouiller, emmêler, mêler (des fils, des cheveux); embrouiller (une affaire). *To t. up a lock,* fausser, mêler, une serrure. **To get tangled (up),** (*of thgs*) s'emmêler; (*of thgs, pers.*) s'embrouiller, s'entortiller; (*of pers.*) se mettre dans le pétrin, *P:* s'emberlificoter. **2.** *v.i.* S'embrouiller, s'emmêler, s'enchevêtrer.

tangled, *a.* Embrouillé, emmêlé, entrelacé. *T. brushwood,* broussailles *f* inextricables. *T. hair,* cheveux *m* en désordre. *F:* **Tangled web,** trame compliquée. *T. politics,* politique compliquée.

tangling (up), *s.* Embrouillement *m*, emmêlement *m*.

tanglefoot ['taŋglfut], *s. U.S:* Whisky *m*; *P:* casse-gueule *m*, casse-poitrine *m*, casse-pattes *m*.

tangly[1] ['taŋgli], *a.* (Fond de rivière, ou en bordure de côte) où l'on s'empêtre dans les herbes, dans les algues.

tangly[2], *a.* Emmêlé; plein de ronces.

tango[1] ['taŋgo]. **1.** *s. Danc:* Tango *m*. *To dance the t.,* danser le tango. **2.** *a.* Tango *inv*; (couleur *f* d')orange *m inv*.

tango[2], *v.i.* Danser le tango.

tangram ['taŋgram], *s.* Casse-tête chinois.

tanguin ['taŋgin], *s.* = TANGHIN.

tangy ['taŋi], *a.* **1.** Qui a un petit goût désagréable. **2.** Qui a un goût piquant, caractéristique.

tank [taŋk], *s.* **1.** (*a*) Réservoir *m*. **Water tank,** (i) réservoir à eau; citerne *f*, bâche *f*, bac *m*; (ii) *Nau:* caisse *f*, cale *f*, à eau; (*on deck, etc.*) charnier *m* à eau douce; (iii) *Rail:* (*along the line*) château *m* d'eau; (*on locomotive*) caisse à eau. **Hot-water tank,** réservoir d'eau chaude. *I.C.E:* **Petrol tank,** réservoir à essence, d'essence. **Oil(-fuel) tank,** réservoir à mazout; *Nau:* soute *f* à mazout, à pétrole. *Aut: etc:* **Auxiliary tank, service-tank,** nourrice *f*. *Gravity-feed t.,* réservoir en charge. *T. with vacuum feed,* réservoir à exhausteur. (*On boat*) **Live fish tank,** boutique *f*. **(Ballast-)tank,** (i) *Nau:* soute à eau; (ii) *Navy:* ballast *m* (de sous-marin). (*Of submarine*) **To blow the tanks,** chasser aux ballasts. *Nau: The double-bottom tanks,* les compartiments *m* du double fond. *See also* DASH-TANK, FEED-TANK, FISH-TANK, OIL-TANK, ROLLING-TANK, SLIP-TANK. (*b*) **Air tank** (*of life-boat*), caisson *m* à air. *El:* **Accumulator tank,** caisse d'accumulateur. **Transformer tank,** bac de transformateur. **Cable-tank** (*of cable-ship*), cuve *f* à câbles. *Civ.E:* **Load tank** (*of roller*), caisson de chargement. *Phot:* **Washing tank,** cuve à lavage, à laver. **Tank developing,** développement *m* en cuve. *Cin: etc:* **Cooling tank,** cuvette *f* de refroidissement. *Ind:* **Settling tank,** bassin *m* de dépôts de boues; bassin de colmatage. *N.Arch:* **Experimental tank,** bassin d'essai des carènes. *Mch:* **Drain tank,** puisard *m*. *See also* FILTERING-TANK. **2.** *Mil: F:* Char *m* de combat, d'assaut; tank *m*. **Baby tank,** tankette *f*. **Tanks,** artillerie *f* d'assaut. **3.** *Cin: U.S:* Cabine *f* insonore; cabine d'enregistrement. **4.** *U.S:* Bassin; réservoir; pièce *f* d'eau.

'tank-cap, *s.* Bouchon *m*, chapeau *m*, de réservoir (d'essence, etc.).

'tank-car, *s.* = TANK-WAG(G)ON.

'tank-engine, *s. Rail:* Locomotive *f* tender; machine *f* tender.

'tank-steamer, *s.* = TANKER 1.

'tank-wag(g)on, *s.* Camion-citerne *m*, *pl.* camions-citernes. *Rail:* Wagon-citerne *m*, *pl.* wagons-citernes; wagon-réservoir *m*, *pl.* wagons-réservoirs.

tankage ['taŋkedʒ], *s.* **1.** (*a*) Emmagasinage *m* (d'huile, d'essence, etc.). (*b*) Frais *mpl* d'emmagasinage. **2.** Contenance *f*, capacité *f*, d'un réservoir. **3.** *Husb: Agr:* Résidus *mpl* de graisse (pour l'engraissement ou comme engrais).

tankard ['taŋkərd], *s.* Pot *m*, chope *f*, en étain; pot à bière. *T. of ale,* pot de bière.

'tankard-turnip, *s. Agr:* Navet long.

tanked [taŋkt], *a.* **1.** (*Of oil*) Clarifié (par repos prolongé). **2.** *P:* Ivre, soûl.

tanker ['taŋkər], *s.* **1.** *Nau:* Bateau-réservoir *m*, *pl.* bateaux-réservoirs; bateau-citerne *m*, *pl.* bateaux-citernes; navire-citerne *m*, *pl.* navires-citernes; citerne (flottante); (cargo) pétrolier *m*. **2.** (*a*) Camion-citerne *m*, *pl.* camions-citernes. (*b*) *Rail:* Wagon-citerne *m*, *pl.* wagons-citernes; wagon-réservoir *m*, *pl.* wagons-réservoirs.

tannate ['tanet], *s. Ch:* Tannate *m*.

tanner[1] ['tanər], *s.* Tanneur *m*. *See also* SUMAC.

tanner[2], *s. P:* (Pièce *f* de) six pence.

tannery ['tanəri], *s.* Tannerie *f*.

tannic ['tanik], *a. Ch:* (Acide *m*) tannique.

tannin ['tanin], *s. Ch:* Tan(n)in *m*. *To treat with t.,* tanniser. *Conversion into t.,* tanification *f*. *See also* GLYCERINE.

tanrec ['tanrek], *s. Z:* Tanrec *m*.

tansy ['tanzi], *s. Bot:* Tanaisie *f*, barbotine *f*; sent-bon *m inv*; herbe *f* aux vers.

tantalic [tan'talik], *a. Ch:* Tantalique.

tantalite ['tantəlait], *s. Miner:* Tantalite *f*.

tantalization [tantəlai'zeiʃ(ə)n], *s.* Tourment *m*, taquinerie *f*.

tantalize ['tantəla:iz], *v.tr.* Infliger le supplice de Tantale à (qn); tantaliser, tourmenter, torturer, taquiner (qn); mettre (qn) au supplice.

tantalizing, *a.* Qui tantalise; qui engendre un espoir toujours déçu. *T. smell of savoury food,* odeur de mets savoureux qui est une torture (pour les affamés). *T. smile,* sourire provocant, *P:* aguichant. **-ly,** *adv.* (*a*) Cruellement. (*b*) D'un air provocant.

tantalum ['tantələm], *s. Ch:* Tantale *m*. *El:* **Tantalum lamp,** lampe *f* au tantale, à filament de tantale.

Tantalus ['tantələs]. **1.** *Pr.n.m. Myth:* Tantale. *Ph:* **Tantalus cup,** vase *m* de Tantale. **2.** *s. F:* Cave à liqueurs anglaise. **3.** *s. Orn:* Tantale *m*.

tantamount ['tantəmaunt], *a.* Équivalent (*to*, à). **To be tantamount to sth.,** équivaloir à qch. *Excuse t. to a refusal,* excuse *f* qui équivaut à un refus. *That is t. to saying that . . .,* c'est comme si l'on disait que . . .; cela revient à dire que . . .; de fait c'est dire que. . . .

tantara ['tantara, tan'tɑ:ra], **tantarara** [tanta'rɑ:ra], *int.* & *s.* (*a*) Taratata (*m*) (d'une trompette). (*b*) *A:* Fanfare *f* (de trompettes).

tantivy [tan'tivi]. *Ven: A:* **1.** *adv.* Au galop. **2.** *s.* Galop. **3.** *int.* Taïaut.

tantrum ['tantrəm], *s.* Accès *m* de mauvaise humeur, de colère. **To get into a tantrum,** se mettre en colère; sortir de ses gonds. **To be in a tantrum,** être énervé; ne pas décolérer. *She is in her tantrums this morning,* elle a ses nerfs ce matin.

Taoism ['tɑ:oizm], *s. Rel.H:* Taôisme *m*.

Taoist ['tɑ:oist], *a.* & *s. Rel.H:* Taôiste (*mf*).

Taormina [tɑ:ɔr'mi:na]. *Pr.n. Geog:* Taormine *f*.

Taotai ['tɑ:otai], *s.m. Chinese Adm:* Taô-taï.

tap[1] [tap], *s.* **1.** (*a*) Fausset *m* (de fût). (*b*) Robinet *m*; (*of tank, cask*) cannelle *f*; (*of cask*) chantepleure *f*. *Water-tap with long bend,* chandelier *m* (de paillasse de laboratoire, etc.). *Tap with crutch head,* robinet à tête, à béquille. *Tap with square head,* robinet à carré. **To turn on, turn off, the tap,** ouvrir, fermer, le robinet. *Floating-ball tap,* robinet (de réglage) à flotteur. *See also* COMPRESSION 1, DRAIN-TAP, PETROL-TAP. (*c*) (*Of liquor*) **On tap,** (i) en perce, en vidange; (ii) au tonneau. *F: Eloquence always on tap,* éloquence toujours prête à couler. *Com: F:* **Bills on tap,** billets placés de gré à gré. **Cask in tap,** tonneau *m* en vidange. **2.** *F:* Boisson *f*, *esp.* bière *f*. *We have an excellent tap,* nous avons en perce une bière excellente. *Let me have a tankard of the same tap,* tirez-m'en un pot du même fût. **3.** = TAP-ROOM. **4.** *El:* Dérivation *f* (d'une canalisation); prise *f* intermédiaire (d'une bobine). **5.** *Tls:* **(Screw-)tap,** taraud *m*; filière *f* (simple, à truelle). *Fluted tap,* taraud à rainures. *Taper tap,* taraud conique. **Entering tap,** taraud amorceur; amorçoir *m*. *See also* MASTER[1] 5. **6.** *Metall:* Coulée *f* (de métal fondu).

'tap-auger, *s. Tls: Coop: etc:* (Tarière *f*) bondonnière *f*; foret *m*.

'tap-bolt, *s.* Boulon taraudé; vis *f* à tête.

'tap-borer, *s.* = TAP-AUGER.

'tap-cutter, *s. Tls:* Fraise *f* à tarauds.

'tap-holder, *s. Tls:* Porte-taraud *m*, *pl.* porte-tarauds.

'tap-hole, *s. Metall:* Trou *m* de coulée, de gueuse; percée *f*, pertuis *m*, chio *m*.

'tap-house, *s.* Cabaret *m*, estaminet *m*.

'tap-plate, *s. Tls:* Filière *f*.

'tap-room, *s.* Estaminet *m*, buvette *f*.

'tap-root[1], *s. Bot:* Racine pivotante; pivot *m*. (*Of plant*) *To form, have, tap-roots,* pivoter.

'tap-root[2], *v.i. Bot:* Pivoter.

'tap-rooted, *a. Bot:* A racine pivotante; pivotant.

'tap-water, *s.* Eau *f* du robinet; eau de la ville.

'tap-wrench, *s. Tls:* Tourne-à-gauche *m inv* pour filière.

tap[2], *v.tr.* (**tapped; tapping**) **1.** (*a*) Mettre une cannelle à (un fût); percer, mettre en perce (un fût, une barrique). (*b*) **To tap a tree** (**for resin**), inciser, faire une incision à, un arbre; gemmer, saigner, un arbre. *Metall:* **To tap the furnace,** percer le haut fourneau. *Surg:* **To tap a lung, a dropsical patient,** ponctionner, faire une ponction à, un poumon, un hydropique. *To tap an abscess,* percer, vider, un abcès. *See also* ADMIRAL 1. *F:* **To tap s.o. for five pounds,** taper qn de cinq livres. (*c*) **To tap wine,** tirer du vin. *Metall:* **To tap the metal from a furnace,** couler le métal d'un haut fourneau. *See also* CLARET 1. (*d*) **To tap a stream,** faire une prise à, saigner, un cours d'eau. **To tap a (gas, water) main,** brancher une conduite (de gaz, d'eau). **To tap a telegraph wire,** faire une prise sur un fil télégraphique; capter un message télégraphique. *To tap the electric supply,* soutirer du courant à la canalisation. *El:* **To tap a coil,** effectuer, faire, une dérivation à une bobine; faire des prises sur un enroulement. *F:* **To tap a new country,** ouvrir un nouveau pays au commerce. **To tap a subject,** aborder un sujet. **2.** Tarauder, fileter (un écrou).

tapped, *a.* **1.** (*a*) (*Of cask*) En perce, en vidange; (*of tree*) gemmé. (*b*) (*Of gas-main, etc.*) Branché, ramifié; (*of telegraphic message*) capté. *El.E:* **Tapped lead** [li:d], conducteur *m* à saignées. (*c*) *P:* (*Of pers.*) Timbré, loufoque. **2.** (*Of bolt, nut*) Taraudé, fileté.

tapping¹, *s.* **1.** (*a*) Mise *f* en perce, perçage *m* (d'un tonneau); incision *f*, gemmage *m* (d'un arbre). *Surg:* Ponction *f*. (*b*) Tirage *m* (du vin). (*c*) *El:* Soutirage *m* (de courant). *Metall:* Coulée *f* (du métal en fusion). **Tapping-bar**, pince *f* de débouchage; ringard *m*. (*d*) Prise *f* d'eau (faite sur une rivière); dérivation *f*. (*e*) Branchement *m* (d'une conduite de gaz). *El:* Dérivation (d'une canalisation); prise, soutirage, du courant. *Coil with twenty tappings*, bobine *f* avec vingt prises intermédiaires. *See also* WIRE-TAPPING. **2.** *Mec.E:* Taraudage *m* (d'un boulon, d'un écrou). **Tapping-machine**, machine *f* à tarauder; taraudeuse *f*.

tap³, *s.* **1.** Tape *f*; petit coup; coup léger. *A tap at the door*, un petit coup discret à la porte. *There was a tap at the door*, on frappa doucement à la porte. *To give a timid tap at a door*, frapper timidement à une porte. *The tap-tap of a blind man's stick*, le tac-tac que fait le bâton d'un aveugle. *Tap of the drum*, coup de baguette. **2.** *pl. Mil:* **Taps**, (sonnerie *f* de) (i) la soupe, (ii) *U.S:* l'extinction *f* des feux.

'tap-dance, -dancing, *s.* Danse *f* à claquettes.

tap⁴, *v.* (tapped; tapping) **1.** (*a*) *v.tr.* Frapper légèrement; taper, tapoter. *To tap the pavement with one's stick*, frapper le pavé légèrement de sa canne. *She tapped me on the shoulder*, elle me toucha (à) l'épaule. *He tapped his forehead*, il se frappa le front. *To tap a child on the cheek*, donner des petites tapes sur la joue à un enfant; tapoter la joue à un enfant. (*b*) *v.ind.tr.* **To tap at, on, the door**, frapper, cogner, doucement à la porte. *To tap on the keyboard of a typewriter*, taper (sur) le clavier d'une machine à écrire. **2.** *v.tr. Dial. & U.S:* Ajouter une couche de cuir à (la semelle d'un soulier); refaire, rectifier (le talon).

tap in, *v.tr.* Enfoncer (une goupille, etc.) à petits coups secs.

tap off, *v.tr. Tg:* Envoyer (un message) en Morse.

tap out, *v.tr.* **1.** Chasser (une goupille, etc.) à petits coups secs. **To tap out one's pipe** *on one's heel*, débourrer sa pipe sur son talon. **2.** (*Of receiving telegraph*) Émettre (un message) en Morse.

tapping², *s.* Petits coups; frappement *m*, tapotement *m*. *Tg:* **Tapping key**, manipulateur *m*, transmetteur *m*.

tap⁵, *s.* **1.** = TAPNET. **2.** *Com:* **Tap-figs**, *F:* **taps**, figues *f* de qualité inférieure.

tape¹ [teip], *s.* **1.** (*a*) **(Cotton) tape, (linen) tape**, ruban *m* de fil, de coton; tresse *f* de coton; cordon *m* de coton; ganse *f*; (*for parcels*) bolduc *m*; *Av: etc:* (*for covering the seams*) bande *f* à maroufler. **Paper tape**, bande de papier; *esp.* bande de papier gommé. *El:* **Insulating tape**, ruban isolant; chatterton *m*. *See also* RED TAPE. (*b*) *Sp:* (*At winning post*) Bande d'arrivée. **To breast the tape**, arriver le premier. *Turf:* **The tapes** (*at the starting-post*), les rubans. **2. Steel tape**, ruban d'acier. **Surveyor's tape**, roulette *f* d'arpenteur. **Pocket tape**, ruban métrique de poche. **3.** *Tg:* Bande, ruban, du récepteur. *To watch the news ticking out on the t.*, regarder les nouvelles se dérouler sur la bande.

'tape-grass, *s. Bot:* Vallisnérie spirale.

'tape-line, *s.* Mètre *m* à ruban (d'arpenteur).

'tape-measure, *s.* Mètre *m* à, en, ruban; cordeau *m* de mesure; (*in Fr.*) centimètre *m*. *Steel t.-m.*, ruban *m* d'acier. *Spring t.-m.*, roulette *f*.

'tape-needle, *s. U.S:* = BODKIN 1.

tape², *v.tr.* **1.** (*a*) (i) Attacher, ficeler (un paquet, etc.) avec du bolduc; (ii) attacher (un paquet) avec du papier gommé. (*b*) *Dressm: etc:* Garnir d'une ganse; border (un vêtement). *Av: Aer:* Maroufler (une couture). (*c*) Guiper, rubaner (un conducteur électrique). **2.** *Bookb:* Coudre sur ruban (les cahiers d'un livre). **3.** Mesurer (un terrain, etc.) au cordeau. *F:* (*Of pers.*) **I've got him taped**, j'ai pris sa mesure; je sais ce qu'il vaut. **4.** *Artil: F:* **To tape an (enemy) battery**, (i) repérer une batterie; (ii) faire taire (une batterie).

taped, *a.* **1.** (*a*) *El:* (Fil) guipé sous ruban; (câble) rubané. (*b*) *Av:* (Couture) marouflée. **2.** *Bookb:* (Cahier) cousu sur ruban.

taping, *s.* **1.** (*a*) Bordage *m* (d'une robe, etc.). (*b*) Marouflage *m*. (*c*) *El:* Guipage *m*, rubanage *m* (de câbles, etc.). **Taping machine**, rubaneuse *f*. **2.** = TAPE¹ 1.

aper¹ ['teipər], *s.* Bougie filée. *Ecc:* Cierge *m*, cire *f*. **Rolled taper**, pain *m* de bougie. *Small wax t.*, queue-de-rat *f*, *pl.* queues-de-rat. **Twisted taper**, rat *m* de cave. *See also* HEARSE 1.

'taper-stand, *s.* Bougeoir *m*.

taper², *s. Mec.E: Arch: Const: etc.* Cône *m*, conicité *f*; délardement *m* (des marches d'un escalier tournant). *Metall:* Dépouille *f* (d'un modèle). **With taper fit**, emmanché sur cône. *Rail: etc:* **Taper system of rates**, taux dégressifs.

taper³, *a.* **1.** *Poet: Lit:* (Doigt) effilé, fuselé. **2.** *Mec.E: etc:* = TAPERED. **Taper thread**, pas *m* conique (de vis).

taper⁴. **1.** *v.tr.* Effiler; amincir; tailler en pointe, en cône. *Mec.E:* Ajuster en cône, côner (une fusée, etc.). *Arch:* Fuseler, diminuer (une colonne); contracturer (le fût d'une colonne). **2.** *v.i.* **To taper (off, away)**, s'effiler, s'amincir, décroître, diminuer; aller en diminuant, se terminer en pointe. *The column tapers upwards*, la colonne diminue vers le haut.

tapered, *a. Mec.E: etc:* (Calibre, taraud) conique, côné, diminué. *T. shank*, queue *f* conique (d'un outil). *T. pin*, goupille *f* conique. *Aut:* **Tapered bonnet**, capot *m* en coupe-vent.

tapering¹, *a.* En pointe; (doigt) effilé, fuselé; (câble) conique, diminué, à section décroissante. *Arch:* **Tapering column**, colonne diminuée. *Bot:* **Tapering tree**, arbre *m* à fût décroissant. **Non-tapering tree**, arbre à fût plein. *T. stalk*, tige atténuée. *Rail:* **Tapering system of rates**, taux dégressifs. **Tapering curve**, courbe *f* de raccordement (entre deux voies). **-ly**, *adv.* En s'effilant; en diminuant.

tapering², *s.* Taille *f* en pointe; effilement *m*, diminution *f*.

tapestried ['tapestrid], *a.* Tapissé; tendu de tapisseries.

tapestry ['tapestri], *s.* Tapisserie *f*. *Fine-worked t., coarse-worked t.*, tapisserie au petit point, au gros point. *Needle-embroidered t.*, tapisserie à l'aiguille. *To hang a wall with t.*, tendre un mur avec des tapisseries; tapisser un mur. *Chair upholstered with t.*, chaise *f* en tapisserie.

'tapestry-carpet, *s.* Tapis bouclé.

'tapestry-making, *s.* = TAPESTRY-WEAVING.

'tapestry-manufactory, *s.* Tapisserie *f*.

'tapestry-weaver, *s.* **1.** Tapissier, -ière. **2.** *pl. Arachn:* **Tapestry-weavers**, (araignées) tapissières.

'tapestry-weaving, *s.* Tapisserie *f* (de haute ou de basse lice).

'tapestry-work, *s.* Tapisserie *f*.

'tapestry-worker, *s.* Tapissier, -ière.

tapeworm ['teipwəːrm], *s. Med:* Ténia *m*; ver *m* solitaire. *Unarmed t.*, ténia inerme. **The tapeworms**, les cestodes *m*, les (vers) cestoïdes *m*.

tapioca [tapi'oukə], *s.* Tapioca *m*. **Tapioca soup**, tapioca au gras. **Tapioca pudding**, tapioca au lait.

tapir ['teipər], *s. Z:* Tapir *m*.

tapis [ta'piː], *s. F:* **To be, come, on the tapis**, être sur, occuper, le tapis; être ou devenir l'objet de l'entretien.

Tapley ['tapli]. *Pr.n.* **Mark Tapley**, type *m* de l'optimiste que rien ne peut démonter. (Personnage du roman *Martin Chuzzlewit*, de Dickens.)

tapnet ['tapnet], *s.* Cabas *m* (pour figues).

tapper ['tapər], *s.* **1.** Tapoteur, -euse. **2.** *Tg:* (*Device*) Manipulateur *m*, transmetteur. **3.** *W.Tel: A:* (*Device*) Décohéreur *m*, frappeur *m*. *See also* WIRE-TAPPER.

tappet ['tapet], *s. Mch:* Came *f* (de distribution); taquet *m*, toc *m*, butoir *m*, heurtoir *m*, mentonnet *m*, lève *f*. *I.C.E:* Poussoir *m* de tige de culbuteur; tige *f* de poussoir; taquet de soupape. *See also* ROLLER 1.

'tappet-lever, *s.* Levier *m* glissant sur came; levier à frotteur; basculeur *m*.

'tappet-rod, *s.* Tige-poussoir *f*, *pl.* tiges-poussoirs.

'tappet-stop, *s.* Butée *f* de taquet.

tapster ['tapstər], *s.* **1.** Garçon *m* de cabaret. **2.** Cabaretier *m*.

tar¹ [tɑːr], *s.* **1.** (*a*) Goudron *m*. (*b*) *F:* Bitume *m*, brai *m*; poix *f* liquide. **Wood tar, Swedish tar, Stockholm tar**, goudron végétal; goudron de bois. *To extract the tar from the gas*, dégoudronner le gaz. *F:* **To lose the sheep, to spoil the ship, for a ha'p'orth of tar**, faire des économies de bouts de chandelle. **Tar oil**, huile *f* de goudron. *Civ.E:* **Tar binding material**, liant goudronneux. *See also* COAL-TAR. **2.** *Nau: F:* **(Jack) tar**, loup *m* de mer; *P:* mathurin *m*, cul goudronné.

'tar-board, *s.* Carton bitumé; carton goudronné.

'tar-brush, *s.* Brosse *f* à goudronner; *Nau:* guipon *m*. *F:* **To have a dash, a touch, of the tar-brush**, avoir un peu de sang nègre dans les veines.

'tar-bucket, *s. Nau: etc:* Auge *f* à goudron; baille *f* à brai.

'tar-lined, *a.* (Papier) goudronné.

tar ma'cadam, *s. Civ.E:* Tarmacadam *m*.

'tar-mop, *s. Nau:* Guipon *m*; vadrouille *f*; penne *f* à brai.

'tar-pail, *s.* = TAR-BUCKET.

'tar-remover, *s.* Produit *m* anti-goudron; dissolvant *m* de goudron.

'tar-sprayer, -spreader, -sprinkler, *s. Civ.E:* **1.** (*Pers.*) Goudronneur *m*. **2.** (*Machine*) Goudronneuse *f*.

'tar-spraying, -sprinkling, *s.* Goudronnage *m*. **Tar-spraying machine**, goudronneuse *f*.

'tar-water, *s. Med:* Eau *f* de goudron.

'tar-works, *s.pl.* (*Usu. with sg. const.*) Goudronnerie *f*.

tar², *v.tr.* (tarred; tarring) Goudronner (une route); goudronner, coaltarer (un cordage, le bois); bitumer (un trottoir, du carton); *Nau:* brayer, coaltar(is)er (un vaisseau). *F:* **They are all tarred with the same stick, with the same brush**, on peut les mettre dans le même panier; ils sont tous taillés dans le même drap; ce sont des gens de (la) même farine, du même acabit; ils ne valent pas mieux l'un que l'autre; ils sont du même bateau. *See also* FEATHER² 1.

tarred, *a.* Goudronné; enduit de goudron. **Tarred rope**, cordage goudronné. **Tarred felt**, carton bitumé. **Tarred paper**, *Com:* **tarred brown**, papier goudronné, bituminé. **Tarred board** = TAR-BOARD.

tarring, *s.* Goudronnage *m*, bitumage *m*. **Cold tarring**, goudronnage à froid. **Road-tarring appliances**, appareils *m* à goudronner les routes.

taradiddle¹ ['tarədidl], *s. F:* Petit mensonge; craque *f*.

taradiddle², *v.i. F:* Conter des blagues.

taradiddler [tarə'didlər], *s. F:* Menteur, -euse; blagueur *m*.

tarantella [taran'telə], *s. Danc: Mus:* Tarentelle *f*.

tarantism ['tarantizm], *s. Med.Hist:* Tarent(ul)isme *m*.

Taranto [tə'ranto]. *Pr.n. Geog:* Tarente *f*.

tarantula [tə'rantjulə], *s. Arach:* Tarentule *f*.

taraxacum [tə'raksəkəm], *s. Bot:* Taraxacum *m*, pissenlit *m*.

tarboosh [tɑr'buːʃ], *s. Cost:* Tarbouch(e) *m*; chéchia *f*, fez *m*.

tardigrada [tɑr'digrədə], *s.pl. Z: Arach:* (Les) tardigrades *m*.

tardigrade ['tɑːrdigreid], *a. & s. Z: Arach:* Tardigrade (*m*).

tardiness ['tɑːrdinəs], *s.* **1.** Lenteur *f*, nonchalance *f* (*in doing sth.*, à faire qch.). **2.** (*a*) Tardiveté (d'un fruit, etc.). (*b*) *U.S:* Retard *m*; manque *m* de ponctualité.

tardy ['tɑːrdi], *a.* **1.** (*a*) (*Slow, sluggish*) Lent, nonchalant, paresseux. *T. to do sth., in doing sth.*, lent à faire qch. *Excuse my t. progress*, excusez mes lenteurs. (*b*) Peu empressé. **2.** (*a*) Tardif. (*b*) *U.S:* (*Belated*) En retard. **-ily**, *adv.* **1.** (*a*) Lentement, paresseusement. (*b*) Sans empressement. **2.** (*a*) Tardivement. (*b*) *U.S:* En retard.

tare¹ ['tɛər], *s. Bot:* **1.** Vesce *f*. **2.** *B. & F:* Ivraie *f*.

tare², *s.* (*a*) *Com:* Tare *f*; poids *m* à vide. *Real t., actual t.*, tare réelle. *Customary t.*, tare d'usage. *Average t.*, tare commune, tare par épreuve. *Extra t.*, surtare *f*. **To ascertain, allow for, the**

tare, faire la tare. **Allowance for tare,** (i) tarage *m*; (ii) la tare. (*b*) Poids net (des voitures automobiles).

tare³, *v.tr.* *Com:* Tarer (une charrette, un emballage, etc.); prendre, faire, la tare de (qch.).

taring, *s.* Tarage *m*.

Tarentine [ta'rentain], *a.* & *s.* *Geog:* Tarentin, -ine.

Tarentum [ta'rentəm], *s.* *A.Geog:* Tarente.

targe [tɑːrdʒ], *s.* *Archeol:* Targe *f*; bouclier léger.

target ['tɑːrget], *s.* **1.** *Archeol:* Targette *f*; petit bouclier. **2.** (*a*) Cible *f*; but *m*, objectif *m*, visuel *m*. *To shoot, fire, at the t.*, tirer à la cible. **Target-firing, -practice,** tir *m* à la cible. *Mil:* *Navy:* **Moving target,** cible mobile. **Disappearing target, vanishing target,** cible, but, à éclipse. **To shift target,** changer d'objectif. *Navy:* **Target-ship, -vessel,** but flottant. *See also* FIGURE-TARGET, SILHOUETTE-TARGET. (*b*) *F:* **To be the target for popular ridicule,** servir de plastron aux railleries du peuple; être en butte aux risées de la foule. **3.** (*a*) *Surv:* Voyant *m*; (*over a bench-mark*) signal, -aux. *See also* LEVELLING-ROD. (*b*) *Rail:* *U.S:* Disque *m*. **4.** *X-rays:* Anticathode *f*. **5.** *Cu:* Épaulée *f* (d'agneau, de mouton).

'target-stand, *s.* Porte-cible *m*, *pl.* porte-cibles.

Targum ['tɑːrgəm], *s.* *Jew.Lit:* Targum *m*.

tariff¹ ['tarif], *s.* **1.** *Cust:* *Rail:* *etc:* Tarif *m*. **Customs tariff,** tarif douanier, tarif d'importation. *Reduced t.*, tarif réduit. *Full t.* (*for goods, etc.*), plein tarif. **Tariff laws,** lois *f* tarifaires. **Tariff walls, hostile tariffs,** barrières douanières. *See also* PREFERENTIAL 1. **2.** Tableau *m*, liste *f*, des prix. *Rail:* *T. of fares*, barème *m*. *Refreshment-room t.*, tarif des consommations.

'tariff-reform, *s.* *Pol:* Réforme *f* des tarifs douaniers; (i) abolition *f* du système libre-échangiste; (ii) *U.S:* abolition des tarifs douaniers.

'tariff-reformer, *s.* *Pol:* Partisan *m* du *tariff-reform*; (i) protectionniste *m*; (ii) *U.S:* anti-protectionniste *m*.

tariff², *v.tr.* Tarifer (des marchandises, etc.).

tariffing, *s.* Tarification *f*.

tarlatan ['tɑːrlatən], *s.* *Tex:* Tarlatane *f*.

tarmac ['tɑːrmak], *s.* **1.** *Civ.E:* Tarmac *m*. **2.** *Av:* **'The tarmac,'** (i) l'aire *f* d'embarquement; (ii) la piste d'envol.

tarmacadamize [tɑːrma'kadamaiz], *v.tr.* Tarmacadamiser (une route, etc.).

tarn [tɑːrn], *s.* (*N. of Engl.*) Petit lac de montagne (sans tributaires); laquet *m*.

tarnation [tɑːr'neiʃ(ə)n], *a.* *U.S:* *F:* = DEMNITION.

tarnish¹ ['tɑːrniʃ], *s.* Ternissure *f*.

tarnish². **1.** *v.tr.* Ternir (la surface d'un métal, d'un miroir); ternir, flétrir, salir, souiller, tacher, tarer (la réputation de qn); obscurcir (la gloire de qn). **2.** *v.i.* (*Of metal, etc.*) Se ternir; perdre son éclat; (*of gilt picture-frame, etc.*) se dédorer.

tarnished, *a.* (Métal) terni; (cadre) dédoré; (nom, honneur) terni, flétri, souillé.

tarnishing, *s.* Ternissure *f*, ternissage *m* (d'un métal, d'une réputation); dédorage *m* (d'un cadre).

tarnishable ['tɑːrniʃəbl], *a.* (Métal, etc.) qui peut se ternir.

taro ['tɑːro, 'taro], *s.* *Bot:* Taro *m*.

taroc ['tarɔk], **tarot** ['tɑːro], *s.* *Cards:* Tarot *m*. **Tarot cards,** tarots. **To play at tarots,** jouer au tarot.

tarpan ['tɑːrpan], *s.* *Z:* Tarpan *m*; cheval *m* sauvage de l'Asie centrale.

tarpaulin [tɑːr'pɔːlin], *s.* *Nau:* **1.** (*a*) Toile goudronnée; toile à bâches, à prélarts. (*b*) Bâche *f*; *Nau:* prélart *m*; banne *f*. *To cover a lorry with a t.*, bâcher, banner, un camion. (*c*) *Nau:* *A:* **Tarpaulin hat,** chapeau *m* en toile goudronnée. **2.** *F:* *A:* Marin *m*, mathurin *m*; loup *m* de mer.

Tarpeian [tɑːr'piːən], *a.* *Rom.Ant:* **The Tarpeian Rock,** la Roche tarpéienne.

tarpon ['tɑːrpɔn], *s.* *Ich:* Tarpon *m*; *F:* roi *m* d'argent.

Tarquin ['tɑːrkwin], **Tarquinius** [tɑːr'kwiniəs]. *Pr.n.m.* *Rom.Hist:* Tarquin. **Tarquinius Priscus,** Tarquin l'Ancien. **Tarquinius Superbus,** Tarquin le Superbe.

tarradiddle¹, ² ['tarədidl], *s.* & *v.i.* = TARADIDDLE¹, ².

tarradiddler [tarə'didlər], *s.* = TARADIDDLER.

tarragon ['taragən], *s.* *Bot:* *Cu:* Estragon *m*. *See also* VINEGAR.

Tarragona [tara'gouna]. **1.** *Pr.n.* *Geog:* Tarragone *f*. **2.** *s.* Vin *m* de Tarragone.

tarrock ['tarək], *s.* *Orn:* *Dial:* **1.** (*a*) Mouette *f*, goéland *m*. (*b*) Mouette tridactyle. **2.** (*In Shetland*) Hirondelle *f* de mer.

tarry¹ ['tɑːri], *a.* **1.** Goudronneux, bitumeux, bitumineux. *T. matter*, matière goudronneuse. **2.** Couvert, souillé, de goudron. *T. roads*, routes qui laissent suinter le goudron.

'tarry-breeks, *s.* *P:* Marin *m*; loup *m* de mer; cul goudronné.

tarry² [tari], *v.i.* *Lit:* **1.** Rester, demeurer (*at, in, a place*, dans un endroit). *B:* *He tarried behind in Jerusalem*, il demeura dans Jérusalem. **To tarry for s.o.,** attendre qn. **2.** Tarder, s'attarder, être en retard. *To t. on the way*, s'attarder en route.

tarrying, *s.* **1.** Séjour *m*. **2.** Attente *f*. **3.** Flânerie *f* en route.

tarsal ['tɑːrs(ə)l], *a.* *Anat:* Tarsien; du tarse.

Tarshish ['tɑːrʃiʃ]. *Pr.n.* *A.Geog:* Tarsis.

tarsier ['tɑːrsiər], *s.* *Z:* Tarsier *m*.

tarso-metatarsal ['tɑːrsometa'tɑːrs(ə)l], *a.* *Nat.Hist:* Tarso-métatarsien.

tarso-metatarsus ['tɑːrsometa'tɑːrsəs], *s.* *Nat. Hist:* Tarso-métatarse *m*.

tarsus¹, *pl.* **-i** ['tɑːrsəs, -ai], *s.* (*a*) *Anat:* *Ent:* Tarse *m*. (*b*) *Orn:* Tarso-métatarse *m*.

Tarsus². *Pr.n.* *A.Geog:* Tarse.

tart¹ [tɑːrt], *s.* **1.** *Cu:* (*a*) (*Open*) Tarte *f*. *Small jam t.*, tartelette *f* aux confitures. *Cherry-t.*, tarte, galette *f*, aux cerises. (*b*) (*Covered*) Tourte *f*. **2.** *P:* (*a*) **Nice little tart,** gentille petite. (*b*) Fille *f* (de joie); cocotte *f*, poule *f*, grue *f*.

'tart-dish, *s.* *Cu:* Tourtière *f*.

tart², *a.* (*a*) Au goût âpre, acerbe, acide, aigrelet; (*of wine*) vert, verdelet, piquant, *F:* de prunelles. (*b*) *F:* (*Of answer, tone*) Acéré; aigre; mordant, caustique. *Somewhat t. manner*, manière un peu aigrelette. *T. disposition*, *F:* caractère *m* aigre comme verjus. **-ly,** *adv.* (Parler) avec aigreur, avec acerbité, d'une voix acerbe, revêche.

tartan¹ ['tɑːrtən], *s.* **1.** *Tex:* *Cost:* (*Cloth or plaid*) Tartan *m*. **2.** *F:* (*Of pers.*) Écossais *m*, soldat *m*, des Highlands.

tartan² ['tɑːrtən], **tartane** [tɑːr'tan], *s.* *Nau:* Tartane *f*.

tartar¹ ['tɑːrtər], *s.* (*a*) *Ch:* Tartre *m*. *Pharm:* **Tartar emetic,** tartre stibié; tartrate *m* de potasse et d'antimoine; émétique *m* tartrique. *See also* CREAM¹ 2. (*b*) *Dent:* (*On teeth*) Tartre.

Tartar². **1.** *a.* & *s.* *Ethn:* Tatar; Tartare. **2.** *s.* *F:* Homme *m* intraitable; (*of woman*) mégère *f*. **To catch a Tartar,** trouver à qui parler; trouver son maître. **To have caught a Tartar,** tenir le loup par les oreilles; se trouver en mauvaise passe.

tartarated ['tɑːrtəreitid], *a.* *Ch:* *Pharm:* = TARTRATED.

Tartarean [tɑːr'teəriən], *a.* *Myth:* Tartaréen; du Tartare.

tartaric¹ [tɑːr'tarik], *a.* *Ch:* Tartarique, tartrique.

Tartaric², *a.* *Geog:* *Hist:* (Région *f*, horde *f*) tartare.

tartarized ['tɑːrtəraizd], *a.* *Pharm:* *etc:* Tartarisé.

Tartarus ['tɑːrtərəs]. *Pr.n.* *Myth:* Le Tartare.

Tartary ['tɑːrtəri]. *Pr.n.* *A.Geog:* La Tartarie.

tartish ['tɑːrtiʃ], *a.* Aigrelet.

tartlet ['tɑːrtlet], *s.* *Cu:* Tartelette *f*.

tartness ['tɑːrtnəs], *s.* Acerbité *f*; goût *m* âpre (d'un fruit); verdeur *f* (d'un vin); *F:* acidité *f*, aigreur *f*, causticité *f* (du ton, d'une réponse).

tartrate ['tɑːrtret], *s.* *Ch:* Tartrate *m*.

tartrated [tɑːr'treitid], *a.* *Ch:* *etc:* Tartarisé.

tartrazine ['tɑːrtraziːn], *s.* *Dy:* Tartrazine *f*.

Tartuf(f)ism [tɑːr'tufizm], *s.* *F:* Tartuferie *f*.

tasimeter [ta'simetər], *s.* *El:* Tasimètre *m*, microtasimètre *m*.

task¹ [tɑːsk], *s.* **1.** Tâche *f*. (*a*) *Sch:* (i) Devoir *m*; (ii) pensum *m*, punition *f*. **To set a boy a task,** donner un devoir à un élève. (*b*) Travail, -aux *m*, ouvrage *m*, besogne *f*. *Arduous t., irksome t.*, corvée *f*. *It is an endless t.*, c'est un travail sans fin, à n'en plus finir. **To set s.o. a task,** imposer une tâche à qn. **To set oneself to the task of doing sth., to apply oneself to a task,** s'atteler à un travail; s'appliquer à faire qch. *He found it no easy t. to . . .*, il ne trouva pas facile de. . . . **2. To take s.o. to task for sth., for doing sth.,** prendre qn à partie, réprimander, morigéner, tancer, semoncer, qn, pour avoir fait qch. *He is taken to t. for the merest trifle*, on lui reproche la moindre peccadille.

'task-work, *s.* *Ind:* Travail *m* à la tâche; travail aux pièces.

task², *v.tr.* **1.** Assigner, imposer, une tâche à (qn); *F:* tailler de la besogne à (qn). **2.** = TAX² 3, 4. **3.** *Nau:* Mettre à l'épreuve (les membrures, les bordages).

taskmaster ['tɑːskmɑːstər], *s.m.* Chef de corvée, surveillant. *F:* **Hard taskmaster,** véritable tyran.

Tasmania [taz'meinia]. *Pr.n.* *Geog:* La Tasmanie.

Tasmanian [taz'meinjən], *a.* & *s.* Tasmanien, -ienne. *Z:* **Tasmanian devil,** diable *m* de la Tasmanie, sarcophile *m* ourson. *See also* WOLF¹ 1.

tassel¹ ['tas(ə)l], *s.* **1.** (*a*) *Cost:* *Furn:* *etc:* Gland *m* (de rideau, de dragonne, etc.); gland, houppe *f*, floc *m* (de bonnet de coton). *Needlew:* **Tassel stitch,** point *m* de houppes. (*b*) *Bookb:* Signet *m*. **2.** *Bot:* Panicule terminale, épi *m* mâle, aigrette *f* (du maïs).

tassel², *v.* (**tasselled; tasselling**) **1.** *v.tr.* (*a*) Garnir (un coussin, etc.) de glands; mettre des houppes à (qch.). (*b*) *Agr:* Écimer (le maïs). **2.** *v.i.* (*Of maize, etc.*) Former des aigrettes; fleurir.

tasselled, *a.* A glands; à houppes; orné de glands. **Tasselled fringe,** frange *f* à houppes.

tassel³, *s.* *Const:* = TORSEL 2.

tassets ['tasets], **tasses** ['tasiz], *s.pl.* *Archeol:* Tassettes *f* (de l'armure).

Tasso ['taso]. *Pr.n.m.* *Lit.Hist:* Le Tasse.

tastable ['teistəbl], *a.* = TASTEABLE.

taste¹ [teist], *s.* **1.** (*a*) (**Sense of**) **taste,** goût *m*. *Keen sense of t.*, sens du goût bien développé. (*b*) Saveur *f*, goût. *Sweet t., acid t.*, goût sucré, goût aigre. *The bread had a t. of garlic*, le pain avait un goût d'ail; le pain sentait l'ail. *It has a burnt t.*, cela sent le brûlé. *This drink has no t.*, cette boisson n'a pas de goût, est insipide. *See also* AFTER-TASTE, NASTY 1. (*c*) *F:* **A taste of sth.,** un petit peu (de fromage, etc.); une petite gorgée (de vin, etc.). *Give me just a t. of cheese*, donnez-moi un rien de fromage. **Have a taste of this claret,** goûtez donc à ce bordeaux. (*d*) *F:* *He gave us a t. of his ill-nature*, il nous a donné un échantillon de sa méchanceté. *Give them* (*the horses*) *a t. of the whip*, faites-leur sentir le fouet. *You'll get a t. of it one of these days*, vous en tâterez un de ces jours. *To have one's first t. of war*, faire l'apprentissage de la guerre. *To have one's first t. of gunpowder*, recevoir le baptême du feu. **2.** Goût, penchant particulier, prédilection *f* (*for*, pour). **To have a taste for sth.,** avoir du goût pour qch.; avoir le goût de (la musique, etc.). *To have a t. for expensive things*, donner dans le luxe. **To have no taste for . . .,** n'avoir pas de goût pour . . .; n'avoir pas le goût de . . .; *F:* être fermé à (la musique, etc.). *He has no t. for sweets*, il n'aime pas les sucreries. *Career for which I have no t.*, carrière *f* qui n'a pas d'attrait pour moi, qui ne me dit rien. **To acquire, develop, a taste for sth.,** prendre goût à qch.; acquérir un goût pour qch.; acquérir le goût de qch. **To find sth. to one's taste,** trouver qch. à son goût. *A house to my t.*, une maison à mon goût. *Such a life is not to my t.*, cette vie ne me plaît pas, n'est pas de mon goût. **Add sugar to taste,** on ajoute du sucre selon son goût, à volonté. *To follow one's natural tastes*, suivre ses penchants; se laisser aller à ses penchants. **It is a matter of taste,** c'est (une) affaire de goût, d'appréciation. *Provs:* **Tastes differ; everyone to his taste,** des goûts et des couleurs on ne discute pas;

il ne faut pas disputer des goûts; tous les goûts sont dans la nature; chacun (à) son goût; à chacun son goût. *See also* ACCOUNT² 2. **3.** (*a*) **To have taste in music,** avoir du goût en matière de musique; s'y connaître en musique. *She has excellent t. in dress,* elle s'habille avec (beaucoup de) goût. **People of taste,** les gens de goût. *Critic of great t.,* critique plein de goût. (*b*) **Costume in perfect taste,** costume *m* d'un goût parfait. **Hat in bad taste,** chapeau *m* de mauvais goût, qui manque de goût. *Joke in bad t.,* plaisanterie *f* de mauvais goût. *Remark in doubtful t.,* réflexion *f* d'un goût douteux. **It is (in) bad taste to . . .,** il est de mauvais goût de. . . . *It would be bad t. to refuse,* il serait de mauvaise grâce de refuser.

taste². I. *v.tr.* **1.** Percevoir la saveur de (qch.); sentir (qch.). *I could not t. any garlic in the salad,* je n'ai pas senti de goût d'ail dans la salade. *One can t. nothing, abs.* **one cannot taste,** *when one has a cold,* on ne trouve de goût à rien, on n'a pas de goût, quand on est enrhumé. **2.** (*a*) (*Of cook*) Goûter (un mets). (*b*) Déguster (des vins, des thés, etc.); sonder (un fromage). **3.** (*a*) Goûter de, à (qch.); manger un petit morceau (d'un mets); tâter à, de (qch.); boire une petite gorgée (d'un liquide). *I haven't even tasted it,* je n'y ai pas même goûté. *There was only enough to t.,* il n'y en avait qu'à lèche-doigts. **He had not tasted food for three days,** il n'avait pas mangé depuis trois jours; *F:* il ne s'était rien mis sous la dent depuis trois jours. (*b*) *To t. happiness, ill fortune, A:* **to taste of happiness, of ill fortune,** connaître, goûter, le bonheur, la mauvaise fortune. *To t. power,* goûter, tâter, du pouvoir. *Prov:* **He who tastes (of) everything tires of everything,** qui goûte de tout se dégoûte de tout. **4.** *A:* Savourer, goûter (une plaisanterie, une bonne histoire, etc.).

II. **taste,** *v.i.* (*a*) **To taste of sth.,** avoir un goût de qch. *The meat tasted of garlic,* la viande avait un goût d'ail, sentait l'ail. *The wine tasted of the cork,* le vin avait un goût de bouchon. **To taste like honey,** avoir un goût de miel; avoir un goût qui rappelle le miel. *The wine tasted like port,* le vin avait le même goût que le porto, ressemblait au porto. *It makes the food t. bitter,* cela donne un goût amer aux aliments. (*b*) *F: Here the east wind tastes of the sea,* ici le vent d'est sent la mer.

tasting, *s.* Exercice *m* du goût. **1.** *Physiol:* Gustation *f.* **2.** *Com: etc:* Dégustation *f* (de vins, de thés). **Tasting room,** cabinet *m* de dégustation.

tasteable ['teistəbl], *a.* **1.** Qu'on peut goûter; qui peut se goûter. **2.** *A:* = TASTY 1.

tasteful ['teistful], *a.* **1.** De bon goût; (ouvrage) fait avec goût; (vêtement) élégant. **2.** (Personne) de goût. **-fully,** *adv.* (Habillé, etc.) avec goût.

tastefulness ['teistfulnəs], *s.* Bon goût.

tasteless ['teistləs], *a.* **1.** (Mets *m*, etc.) sans goût, sans saveur, fade, insipide. **2.** (Vêtement, ameublement) qui manque de goût, de mauvais goût. **-ly,** *adv.* (S'habiller, etc.) sans goût.

tastelessness ['teistləsnəs], *s.* **1.** Insipidité *f*, fadeur *f* (d'un mets, etc.). **2.** Manque *m* de goût (dans l'habillement, etc.).

taster ['teistər], *s.* **1.** (*Pers.*) (*a*) Dégustateur, -trice, tâteur, -euse (de vins, de thés, etc.). (*b*) *F:* **Publisher's taster,** lecteur, -trice, de manuscrits. **2.** (*Thg*) **Wine-taster,** (i) tasse *f* à déguster; (ii) sonde *f* à vin, tâte-vin *m inv.* **Cheese-taster, butter-taster,** sonde à fromage, à beurre; flûte *f.*

tastiness ['teistinəs], *s.* **1.** Saveur *f*, goût *m* agréable (d'un mets). **2.** (*a*) *A:* = TASTEFULNESS. (*b*) *P:* Chic *m*, élégance *f.*

tasty ['teisti], *a.* **1.** (Mets, repas) savoureux. *T. morsel,* morceau succulent. **2.** (*a*) *A:* = TASTEFUL. (*b*) *P:* Chic, élégant. **-ily,** *adv.* (*a*) *A:* = TASTEFULLY. (*b*) *P:* Avec chic.

tat¹ [tat], *s. Used only in the phr.* **Tit for tat,** *q.v. under* TIT².

tat², *v.tr. & i.* **(tatted; tatting)** *Needlew:* Faire de la frivolité. *Tatted insertion,* entre-deux *m* en frivolité.

tatting, *s.* Frivolité *f.*

tat³, *s.* (*Anglo-Indian*) Poney *m.*

ta-ta [ta'tɑː]. *Nursery & P:* **1.** *int.* Au revoir! **2.** *s.* **To go ta-tas, go for a ta-ta,** aller faire une promenade.

Tatar ['tɑːtər], *s.* = TARTAR² 1.

tater ['teitər], *s. P:* Pomme *f* de terre; *P:* patate *f.*

Tatian ['teiʃ(ə)n]. *Pr.n.m. Rel.Hist:* Tatien.

tatou ['tɑtuː], *s. Z:* = ARMADILLO 1.

tatter ['tatər], *s.* Lambeau *m*, loque *f.* **Garment in tatters,** vêtement *m* en lambeaux, en loques. *To tear sth. into tatters,* mettre qch. en lambeaux. *F: To tear s.o.'s reputation to tatters,* éreinter qn; casser du sucre sur le dos de qn. *See also* RAG¹ 2.

tatterdemalion [tatərdi'meiljən], *s.* Loqueteux, -euse; déguenillé, -ée; va-nu-pieds *mf inv. Attrib.* **His tatterdemalion retinue,** les gueux *m* qu'il traînait à sa suite.

tattered ['tatərd], *a.* (Vêtement) dépenaillé, en loques, en lambeaux, en pièces, tout déchiré; (homme) déguenillé, loqueteux. **All tattered and torn,** en loques et en guenilles. *F: Her reputation is a little t.,* elle a plus d'un accroc à sa réputation.

Tattersall's ['tatərsɔːlz], *s.* "Chez Tattersall" (salle de vente des chevaux de course à Londres). *Turf:* **Tattersall's Ring,** l'enceinte de Tattersall (très "select").

tattery ['tatəri], *a.* Tout en loques; tout déguenillé.

tattle¹ [tatl], *s.* **1.** Bavardage *m*, commérage *m*, jaserie *f.* **2.** Cancans *mpl*; commérages. *See also* TITTLE-TATTLE.

tattle², *v.i.* **1.** Bavarder; jaser; commérer. **2.** Cancaner; faire des cancans.

tattling¹, *a.* **1.** Babillard, bavard. **2.** Cancanier.

tattling², *s.* = TATTLE¹.

tattler ['tatlər], *s.* **1.** Bavard, -arde; babillard, -arde; causeur, -euse; jaseur, -euse. **2.** Cancanier, -ière. **3.** *Orn:* Chevalier *m*; *esp.* chevalier aboyeur.

tattoo¹ [ta'tuː], *s. Mil:* **1.** Retraite *f* (du soir). **To beat, sound, the tattoo,** battre, sonner, la retraite. **Tattoo roll-call,** appel *m* du soir. *F:* **To beat the devil's tattoo** (*on the table, etc.*), tambouriner, pianoter (sur la table, etc.). *Her heart was beating a wild t.,* son cœur battait la chamade. **2.** (*a*) **Torchlight tattoo,** retraite aux flambeaux. (*b*) **The Aldershot Tattoo,** le carrousel militaire d'Aldershot.

tattoo², *v.i. F:* Tambouriner, pianoter (sur la vitre, etc.).

tattoo³, *s.* Tatouage *m. To remove the t. from s.o.,* détatouer qn. **Tattoo-removing,** détatouage *m.*

tattoo⁴, *v.tr.* Tatouer (le corps, des dessins sur le corps).

tattooing, *s.* Tatouage *m.*

tattoo⁵, *s.* (*Anglo-Indian*) Poney *m.*

tattooer [ta'tuːər], **tattooist** [ta'tuːist], *s.* Tatoueur *m.*

tatty ['tati], *s. Anglo-Indian:* Tatty *m*, natte *f* (de porte ou de fenêtre).

tatu ['tɑtuː], *s. Z:* Tatou *m.*

tau [tɔː], *s. Gr.Alph:* Tau *m.*

'tau-cross, *s.* Croix *f* en tau; **croix de Saint-Antoine.**

taube ['taubə], *s. Hist. of Av:* Taube *m.*

taught [tɔːt]. *See* TEACH.

taunt¹ [tɔːnt], *s.* **1.** Reproche méprisant; injure *f* (en paroles); sarcasme *m*, brocard *m.* **2.** *A: To be, become, the t. of the public,* être, devenir, l'objet des sarcasmes du public.

taunt², *v.tr.* (*a*) Accabler (qn) de sarcasmes; se gausser de (qn). (*b*) **To taunt s.o. with sth.,** reprocher qch. à qn (avec mépris). *Don't t. him with cowardice,* ne lui jetez pas la lâcheté à la face; ne le traitez pas de lâche.

taunting¹, *a.* (Ton *m*, air *m*) de sarcasme, de reproche méprisant. *T. remark,* observation sarcastique, injurieuse. **-ly,** *adv.* D'un ton, d'un air, de mépris provocant; d'un ton sarcastique, injurieux.

taunting², *s.* Reproches méprisants; sarcasmes provocants; brocards *mpl.*

taunt³, *a. Nau:* (Mât) très haut, très élevé; (mât) élancé.

taunter ['tɔːntər], *s.* Brocardeur, -euse; gausseur, -euse.

Taurida ['tɔːridə]. *Pr.n. Russ. Geog:* La Tauride.

Taurides (the) [ðə'tɔːridiːz], *s.pl. Astr:* Les Taurides *f.*

taurine ['tɔːrain], *a.* Tauresque; de taureau; bovin.

Tauris ['tɔːris]. *Pr.n. A.Geog:* La Tauride.

tauromachian [tɔːro'meikiən], *a.* Tauromachique.

tauromachy [tɔː'rɔmaki], *s.* Tauromachie *f.*

Taurus ['tɔːrəs]. *Pr.n. Astr:* Le Taureau.

taut [tɔːt], *a. Nau: etc:* (*a*) (Cordage, câble) tendu, raide, raidi, bandé; (voile *f*) étarque. **To haul a rope taut,** raidir, embraquer, souquer, un cordage. *To haul the sheets t.,* embraquer les écoutes; border, étarquer, les voiles. *With his sinews t. he was pulling . . .,* les nerfs tendus il tirait. . . . *F:* **Taut situation,** situation tendue. (*b*) **Taut and trim,** (i) (navire) paré, en bon état; (ii) *F:* (personne) à l'air soigné, tirée à quatre épingles.

tauten ['tɔːtən], *v.tr.* Raidir, roidir, embraquer (un câble, etc.); étarquer (une voile).

tautness ['tɔːtnəs], *s.* Raideur *f*, roideur *f* (d'un câble, etc.).

tauto- ['tɔːto, tɔː'tɔ], *comb.fm.* Tauto-. *Tautometric,* tautométrique.

tautochrone ['tɔːtokroun], *s. Mth:* Courbe *f* tautochrone.

tautochronous [tɔː'tɔkronəs], *a. Mth:* (Courbe *f*) tautochrone, isochrone.

tautological [tɔːto'lɔdʒik(ə)l], *a. Rh:* Tautologique.

tautology [tɔː'tɔlodʒi], *s. Rh:* Tautologie *f*; répétition oiseuse.

tautomerism [tɔː'tɔmərizm], *s. Ch:* Tautomérie *f.*

tautophony [tɔː'tɔfoni], *s. Gram:* Tautophonie *f.*

tavern ['tavərn], *s.* Taverne *f*, cabaret *m. Low t.,* cabaret de bas étage; assommoir *m.*

'tavern-keeper, *s.* Cabaretier, -ière, buvetier, -ière.

taw¹ [tɔː], *s. Games:* **1.** Grosse bille (de verre); cal(l)ot *m.* **2.** (Jeu *m* de) rangette *f.* **To have a game of taw,** jouer à la rangette.

taw², *v.tr. Tan:* Mégir, mégisser, chamoiser (les peaux); passer (les peaux) en mégie; préparer (les peaux) en blanc.

tawed, *a.* (Cuir) mégis, passé en mégie.

tawing, *s.* Mégie *f*, mégisserie *f*; chamoisage *m*; tannage *m* à l'alun.

tawdriness ['tɔːdrinəs], *s.* Clinquant *m*; faux brillant, faux éclat (d'un faux bijou, etc.). *T. of s.o.'s existence,* misère parée, faux luxe, de l'existence de qn.

tawdry ['tɔːdri], *a.* (Vêtement *m*, ornement *m*) d'un mauvais goût criard. *T. jewellery,* clinquant *m*, toc *m. T. finery,* oripeaux *mpl. Actors in t. dresses,* cabotins affublés d'oripeaux. *F: T. style,* style affublé d'oripeaux. *To lead a t. existence,* vivre dans la misère dorée. **-ily,** *adv.* Avec un faux éclat; avec un faux luxe criard; sans goût.

tawer ['tɔːər], *s. Tan:* Mégissier *m.*

tawery ['tɔːəri], *s. Tan:* (Établissement *m* de) mégisserie *f.*

tawny ['tɔːni], *a.* (i) Tanné, basané; (ii) fauve; tirant sur le roux. *T. mane,* crinière *f* fauve. *T. wine,* vin *m* pelure d'oignon. **Old tawny port,** porto *m* qui a jauni dans le fût. *See also* OWL.

tawse [tɔːz], *s. Sch:* (*Scot.*) Martinet (formé d'une courroie de cuir, à extrémité découpée en lanières, pour corriger les enfants). *To give a child the t.,* corriger un élève (sur la paume de la main) avec une courroie.

tax¹ [taks], *s.* **1.** (*a*) *Adm:* Impôt *m*, imposition *f*, contribution *f*, taxe *f.* **Taxes and dues,** taxes et impôts. **Direct taxes, assessed taxes,** contributions directes; impôts. **Indirect taxes,** contributions indirectes. *Tax on capital,* prélèvement *m* sur le capital, sur la fortune. *Tax on turn-over, sales tax,* taxe sur le chiffre d'affaires. **Land tax,** contribution foncière des propriétés non bâties; *F:* impôt foncier. *Dog tax,* taxe sur les chiens. *Coal tax,* impôt sur le charbon. *Visitors' tax, non-resident tax,* taxe de séjour. *Luxury tax,* impôt sur le luxe; taxe de luxe. **Road Fund tax,** taxe de circulation. **Petrol tax,** droit *m* sur l'essence. *Ten shillings tax on wireless sets,* redevance *f* de dix shillings sur les récepteurs de T.S.F. *See also* ENTERTAINMENT 1, INCOME-TAX, SUPER-TAX. **To lay, levy, a tax on sth.,** mettre un impôt sur qch.; frapper qch. d'un impôt; imposer qch. *To collect a tax,* lever, percevoir, un impôt, une contribution. *To reduce a tax*, réduire un impôt. *To reduce a tax on sth.*, dégrever partiellement (un produit, etc.). *Reduction of tax*, dégrèvement *m*. *To pay £80 in taxes*, payer £80 d'impôts par an. **Free of tax, tax free,** exempt d'impôts. **Tax office,** la perception; la recette. (*b*) *Hist:* Taille *f*. *Tax on income*, taille personnelle. *Property tax*, taille réelle. *See also* POLL-TAX. **2.** Charge *f*; fardeau (imposé à qn). **To be a tax on s.o.,** être une charge pour qn; être à charge à qn. *To be a tax on s.o.'s attention*, mettre à contribution, mettre à l'épreuve, l'attention de qn.

'tax-collector, *s*. *Adm:* Percepteur *m* (des contributions directes); receveur *m* (des contributions indirectes). *Tax-collector's office*, bureau *m* de perception; la perception; la recette.

'tax-farmer, *s*. *Fr.Hist:* Fermier général, *pl*. fermiers généraux.

'tax-gatherer, *s*. *A:* = TAX-COLLECTOR.

'tax-payer, *s*. Contribuable *mf*.

tax², *v.tr.* **1.** *Adm:* (*a*) Taxer (les objets de luxe, etc.); frapper (qch.) d'un impôt; mettre un impôt sur (qch.). *To tax income*, imposer (des droits sur) le revenu. *Bill-posting is taxed in France*, en France l'affichage est frappé d'un impôt. *Everything is taxed*, tout se taxe. (*b*) Imposer (qn). *To be heavily taxed*, être fortement imposé. *Hist:* *To tax the people*, tailler le peuple. (*c*) *F:* Mettre à l'épreuve (l'adresse, la patience, de qn). *To tax s.o.'s patience to the limit*, pousser à bout la patience de qn. *To tax a horse to the limit*, pousser un cheval à la limite de ce qu'il peut fournir. **2.** *Jur:* Taxer (les dépens d'un procès). **Taxed bill of costs,** mémoire taxé (par le juge). **Taxing-master,** (juge) taxateur *m*. **3.** **To tax s.o. with sth., with doing sth.,** (i) taxer, accuser, qn de qch., d'avoir fait qch.; (ii) reprocher à qn d'avoir fait qch. *He taxed me with ingratitude*, il me taxa d'ingratitude.

taxability [taksə'biliti], *s*. Nature *f* imposable (d'un bien); ressources *f* imposables (d'un pays).

taxable ['taksəbl], *a*. **1.** (Revenu *m*, terrain *m*, etc.) imposable. *T. article or class of goods*, matière *f* imposable. *To make sth. t.*, imposer qch. **Taxable year,** année *f* d'imposition; exercice fiscal. **2.** *Jur:* **Costs taxable to s.o.,** frais *m* à la charge de qn.

taxaceous [tak'seiʃəs], *a*. *Bot:* (Arbre *m*, plante *f*) appartenant aux taxinées.

taxation [tak'seiʃ(ə)n], *s*. **1.** (*a*) Imposition *f* (de la propriété, etc.). **The taxation authorities,** l'administration fiscale. (*b*) Charges fiscales; prélèvement fiscal. *Increase of t., supplementary t.*, surimposition *f*. *Excessive t.*, fiscalité excessive. *Commensurate t.*, équivalence *f* des charges fiscales. *Highest scale of t.*, maximum *m* de perception. (*c*) Revenu réalisé par les impôts; les impôts *m*. **2.** *Jur:* **Taxation of costs,** taxation *f*, taxe *f*, des frais (d'un procès).

taxi¹ ['taksi], *s*. *F:* = TAXI-CAB.

'taxi-cab, *s*. Fiacre *m* automobile; taxi *m*.

'taxi-driver, *s*. Conducteur *m*, chauffeur *m*, de taxi.

'taxi-rank, *s*. Station *f* de taxis; stationnement *m* (pour taxis).

taxi², *v.i.* (**taxied; taxying**) **1.** Aller en taxi. **2.** *Av:* (*Of aircraft*) (*a*) Rouler sur le sol. (*b*) *To t. along the water*, hydroplaner.

taxying, *s*. *Av:* Roulement *m* sur le sol.

taxiarch ['taksiɑːrk], *s*. *Gr.Ant:* Taxiarque *m*.

taxidermal [taksi'dəːrm(ə)l], *a*. Taxidermique.

taxidermist ['taksidəːrmist], *s*. Empailleur *m*, naturaliste *m*, taxidermiste *m*.

taxidermy ['taksidəːrmi], *s*. Taxidermie *f*; naturalisation *f* des animaux.

taximan, *pl*. **-men** ['taksimən, -men], *s.m.* = TAXI-DRIVER.

taximeter ['taksimiːtər], *s*. Taximètre *m*; compteur *m* taximètre; compteur de taxi.

taxineae [tak'siniiː], *s.pl.* *Bot:* Taxinées *f*.

taxiphote ['taksifout], *s*. *Phot:* Taxiphote *m*.

taxiplane ['taksiplein], *s*. *Av:* Avion-taxi *m*, *pl*. avions-taxis.

taxis ['taksis], *s*. *Surg:* Taxis *m*; manipulation *f* (d'une hernie, etc.).

taxonomic [takso'nɔmik], *a*. Taxonomique, taxologique.

taxonomist [tak'sɔnomist], *s*. Taxonomiste *m*, taxologue *m*.

taxonomy [tak'sɔnəmi], *s*. Taxonomie *f*, taxologie *f*; l'art *m* d'établir une classification.

Taygetus [tei'idʒetəs]. *Pr.n.* *A.Geog:* Le Taygète.

Taylorism ['teilərizm], *s*. *Ind:* Taylorisme *m*.

Taylorization [teilərai'zeiʃ(ə)n], *s*. *Ind:* Taylorisation *f*; application *f* du système Taylor.

Taylorize ['teiləraiz], *v.tr.* *Ind:* Tayloriser (une industrie); appliquer le système de Taylor à (une industrie).

tazza, *pl*. **-e** ['tattsa, -e], *s*. Soucoupe *f* ou coupe *f* (pour fruits).

T.B. ['tiː'biː], *s*. *Med:* *F:* Tuberculose *f*.

tchick¹ [tʃik], *s*. Claquement *m* de la langue (pour exciter un cheval).

tchick², *v.i.* Faire claquer sa langue (pour exciter un cheval).

te [tiː], *s*. *Mus:* (*In tonic solfa*) La (note) sensible.

tea¹ [tiː], *s*. **1.** *Bot:* Thé *m*. **2.** (*a*) *Com:* Thé. *Black tea*, thé noir. *Green tea*, thé vert. **Tile tea,** thé en briques. *See also* GUNPOWDER 2. (*b*) *To drink tea*, boire, prendre, du thé. *Weak tea, strong tea*, thé léger, fort. **To have, take, a cup of tea with s.o.,** prendre une tasse de thé avec ou chez qn. (*c*) **Afternoon tea,** five-o'clock *m*. **Plain tea,** thé ordinaire; thé collation. **High tea,** repas à la fourchette (arrosé de thé, auquel, dans les hôtels, peuvent se substituer la bière, le vin, etc.). *Tea is at four*, le thé est à quatre heures. *To ask s.o. to tea*, inviter qn à venir prendre le thé. **3.** Tisane *f*, infusion *f*. *See also* BEEF-TEA, CAMOMILE-TEA.

'tea-ball, *s*. Œuf *m* à (infuser le) thé; boule *f* à thé.

'tea-basket, *s*. Mallette *f* de camping.

'tea-blending, *s*. Mélange *m* des thés.

'tea-broker, *s*. Courtier *m* en thés.

'tea-caddy, *s*. Boîte *f* à thé.

'tea-cake, *s*. *Cu:* (Espèce *f* de) brioche plate (se mange grillée et beurrée).

'tea-chest, *s*. Caisse *f* à thé. *Com:* Barse *f*.

'tea-cloth, *s*. **1.** Nappe *f* à thé; napperon *m*. **2.** Torchon *m* (pour essuyer la vaisselle).

'tea-cosy, *s*. Couvre-théière *m*, chauffe-théière *m*, *pl*. couvre-, chauffe-théières; molleton *m*.

'tea-cup, *s*. Tasse *f* à thé. *See also* STORM¹ 1.

'tea-dealer, *s*. Négociant *m* en thés.

'tea-'dinner, *s*. = *high tea, q.v. under* TEA¹ 2.

'tea-drinker, *s*. Buveur, -euse, de thé; consommateur, -trice, de thé.

'tea-factory, *s*. Théerie *f*.

'tea-fight, *s*. *F:* (*a*) Five-o'clock *m* où il y a cohue, où l'on se bouscule. *My wife's having a t.-f. to-morrow*, demain ma femme reçoit. (*b*) Soirée *f* (de village, etc.) avec thé et limonades.

'tea-garden, *s*. **1.** Établissement *m* où l'on sert le thé en plein air; jardin *m* de thé. **2.** Plantation *f* de thé.

'tea-gown, *s*. *Cost:* Robe *f* d'intérieur; déshabillé *m*.

'tea-hour, *s*. Heure *f* du thé.

'tea-house, *s*. (*Japan & China*) Salon *m* de thé.

'tea-infuser, *s*. Boule *f* à thé.

'tea-kettle, *s*. Bouilloire *f*.

'tea-leaf, *s*. Feuille *f* de thé. **Used tea-leaves,** marc *m* de thé.

'tea-merchant, *s*. = TEA-DEALER.

'tea-paper, *s*. *Paperm:* *Com:* Empaquetage *m* pour thé.

'tea-party, *s*. Thé *m* d'apparat (avec ou sans repas substantiel). **To give a tea-party,** donner un thé.

'tea-plant, *s*. *Bot:* Arbre *m* à thé.

'tea-plantation, *s*. Théerie *f*; plantation *f* de thé.

'tea-planter, *s*. Planteur *m* de thé.

'tea-poisoning, *s*. *Med:* Théisme *m*.

'tea-pot, *s*. Théière *f*.

'tea-room, *s*. Salon *m* de thé. **Tea-rooms,** pâtisserie *f* avec salons de thé.

'tea-rose, *s*. *Hort:* Rose *f* thé, *pl*. roses thé.

'tea-service, -set, *s*. Service *m* à thé.

'tea-shop, *s*. Pâtisserie *f* (où l'on sert le thé); salon *m* de thé.

'tea-spoon, *s*. Cuiller *f* à thé.

'tea-strainer, *s*. Passe-thé *m inv*.

'tea-table, *s*. Table *f* à thé. *See also* GOSSIP¹ 2.

'tea-taster, *s*. Dégustateur, -trice, de thés.

'tea-things, *s.pl.* Service *m* à thé. **To clear away the tea-things,** desservir (la table à thé).

'tea-time, *s*. L'heure *f* du thé.

'tea-tray, *s*. Plateau *m* à thé.

'tea-tree, *s*. = TEA-PLANT.

'tea-urn, *s*. Fontaine *f* à thé; samovar *m*.

tea², *v*. (**tea'd; teaing**) *F:* **1.** *v.i.* Prendre le thé; *F:* five-o'clocker. **2.** *v.tr.* Offrir le thé à (qn).

teach [tiːtʃ], *v.tr.* (*p.t.* **taught** [tɔːt]; *p.p.* **taught**) Enseigner, instruire (qn); enseigner (qch.). **To teach s.o. sth.,** enseigner, apprendre, qch. à qn. *He is being taught all sorts of things*, on lui apprend toutes sortes de choses. *She teaches the little ones*, elle fait la classe, elle fait l'école, aux petits. *She teaches the piano*, elle est professeur de piano. *He teaches French*, il enseigne, il professe, le français; il donne des leçons de français. *Abs.* **He teaches,** il donne des leçons; il est instituteur; il enseigne; il est dans l'enseignement. **To teach school,** être instituteur ou institutrice. **To teach s.o. (how) to do sth.,** apprendre à qn à faire qch.; montrer à qn comment faire qch. *He taught me to play the piano*, il m'a appris à jouer du piano. *See also* SUCK² 1. **To teach s.o. the way,** montrer le chemin à qn. **To teach oneself sth.,** apprendre qch. tout seul. *See also* SELF-TAUGHT. *Taste cannot be taught*, le (bon) goût ne s'enseigne pas. *I had been taught never to tell a lie*, on m'avait inculqué qu'il ne faut jamais mentir. *Literature that teaches impiety*, littérature éducatrice d'impiété. *F:* **To teach s.o. a lesson,** donner à qn une leçon (qu'il n'oubliera pas de si tôt). *To t. s.o. a lesson in politeness*, donner une leçon de politesse à qn. **That will teach him!** ça lui apprendra! **To teach s.o. a thing or two,** dégourdir qn. *You can't t. me anything about that*, ça me connaît. **I'll teach you to speak to me like that!** je vous apprendrai à me parler de la sorte! *See also* MANNER 5.

teaching¹, *a*. Qui enseigne. **The teaching staff,** le corps enseignant (d'une école, d'une faculté).

teaching², *s*. **1.** Enseignement *m*, instruction *f*. **To go in for teaching,** entrer dans l'enseignement. **Teaching method,** méthode *f* d'enseignement. **2.** Enseignement; leçons *fpl*. **The teachings of experience,** les leçons de l'expérience. *The teachings of the War*, les enseignements de la Guerre. **3.** (*a*) Doctrine *f*. (*b*) *pl*. **Teachings,** préceptes *m*. *The teachings of Plato*, la doctrine de Platon.

teachable ['tiːtʃəbl], *a*. **1.** (*Of pers.*) Qui apprend facilement; docile; à l'intelligence ouverte. **2.** (Sujet *m*) enseignable.

teachableness ['tiːtʃəblnəs], *s*. **1.** Aptitude *f* à apprendre; docilité *f*. **2.** Nature *f* enseignable (d'un sujet).

teacher ['tiːtʃər], *s*. (i) Instituteur, -trice; maître, *f*. maîtresse (d'école); (ii) professeur *m*; (iii) maître (au sens large). *T. of French, of history*, professeur de français, d'histoire. **Pupil teacher, student teacher,** élève-maître, *f*. élève-maîtresse, *pl*. élèves-maîtres, -maîtresses. *To become a t.*, se faire professeur. *She was an excellent t.*, elle avait une méthode excellente. *The t. and his disciples*, le maître et ses disciples. **The National Union of Teachers, the N.U.T.,** la Fédération nationale de l'enseignement primaire. **The National Union of Women Teachers,** la Fédération nationale de l'enseignement féminin.

teachership ['tiːtʃərʃip], *s*. Professorat *m*.

teacupful ['tiːkapful], *s*. Pleine tasse à thé (*of*, de).

teagle [tiːgl], *s*. *Dial:* = TACKLE¹ 2.

Teague [tiːg], *s*. *F:* *A:* Irlandais *m*.

teak [tiːk], *s*. **1.** *Bot:* Chêne *m* des Indes; teck *m*, tek *m*. **2.** **Teak (wood),** (bois *m* de) teck.

teal [ti:l], *s.* (*Usu. inv. in pl.*) *Orn:* Sarcelle *f.* **Winter teal,** sarcelle d'hiver; petite sarcelle; *F:* canette *f.* **Summer teal, cricket teal, garganey teal,** sarcelle d'été. *The moorland is full of teal,* la lande abonde en sarcelles.

team[1] [ti:m], *s.* **1.** (*Inv. after a numeral*) Attelage *m* (de chevaux, de bœufs). **Tandem team,** attelage en file. **Unicorn team,** attelage en arbalète. *A thousand team of cattle conveyed the timber to the coast,* mille attelages de bœufs transportèrent le bois jusqu'à la côte. **Team driver,** conducteur *m* d'attelage; charretier *m.* **2.** Équipe *f* (de joueurs, d'ouvriers); camp *m* (de joueurs). *The school is divided into five teams,* l'école est divisée en cinq équipes. **Football team,** équipe de football. **Member of a team, one of the team,** équipier *m.* *The players in my t.,* mes coéquipiers *m*; mes camarades *mf* d'équipe. **Team games,** jeux *m* d'équipe. **The team spirit,** l'esprit *m* d'équipe.

'team-work, *s.* **1.** Travail fait avec un attelage; camionnage *m.* **2.** *Sp: Ind: etc:* Travail d'équipe. *Sp:* Jeu *m* d'ensemble. *F: Thanks to the t.-w. of the Committee,* grâce à la collaboration de tous les membres de la Commission.

team[2], *v.tr.* **1.** Atteler (des chevaux, des bœufs). **Teamed in pairs,** attelés à deux. **2.** *U.S:* Camionner (des marchandises).

team up, *v.i.* *F:* **To team up with s.o.** *in order to do sth.,* se joindre à qn, *F:* s'atteler avec qn, pour accomplir un travail.

teamster ['ti:mstər], *s.* Conducteur *m* (d'attelage); charretier *m.*

te(a)poy ['ti:pɔi], *s.* (*Anglo-Indian*) **1.** Petite table à trois pieds; petit guéridon. **2.** Petite table à thé.

tear[1] ['ti:ər], *s.* **1.** Larme *f.* **To shed tears,** verser des larmes; *Lit:* répandre des pleurs. *To shed a perfunctory t., F:* **to squeeze out a tear,** y aller de sa larme. **To burst into tears,** fondre en larmes; être pris d'une crise de larmes. **To weep bitter tears,** verser des larmes amères. *To weep tears of joy,* pleurer de joie. **To move s.o. to tears,** attendrir qn (jusqu'aux larmes). *To be moved to tears,* être ému jusqu'aux larmes. *To be easily moved to tears,* avoir la larme facile; avoir toujours la larme à l'œil. *To wring tears from s.o.,* faire pleurer qn; arracher des larmes à qn. **She was (all) in tears,** elle était (tout) en larmes. *To be in a passion of tears,* pleurer à chaudes larmes. *To keep back, check, choke back, restrain, repress, one's tears,* retenir, renfoncer, ses larmes; se retenir de pleurer. **With tears in his eyes,** les larmes aux yeux. *With tears in his voice,* avec des pleurs, avec un attendrissement, dans la voix. *Tears came, rose, started, welled, to her eyes,* ses yeux se mouillèrent de larmes. **To bring tears to the eyes of the audience,** arracher des larmes à l'assistance. *These words brought tears to her eyes,* ces paroles lui firent monter, lui firent venir, les larmes aux yeux. *Her eyes were wet, suffused, with tears,* ses yeux étaient mouillés de larmes. *Eyes brimming with tears,* yeux pleins de larmes. *Face bathed in tears,* visage noyé de larmes; mine éplorée. **To laugh till the tears come,** rire (jusqu')aux larmes. *See also* CROCODILE 1, VALE[1]. **2.** Larme (de résine, de verre, etc.). *See also* RUPERT.

'tear-bag, *s.* *Z:* Larmier *m* (du cerf).

'tear-bottle, *s.* *Archeol:* Lacrymatoire *m.*

'tear-dimmed, *a.* **Tear-dimmed eyes,** yeux troublés, embués, de larmes.

'tear-drop, *s.* Larme *f.*

'tear-duct, *s.* *Anat:* Conduit lacrymal.

'tear-exciting, *a.* Lacrymogène.

'tear-gas, *s.* *Mil:* Gaz *m* lacrymogène.

'tear-shaped, *a.* En forme de larme.

'tear-shell, *s.* *Mil:* Obus *m* à gaz lacrymogène.

'tear-stained, *a.* (Visage) portant des traces de larmes, barbouillé de larmes, marbré par les larmes.

'tear-swollen, *a.* Gonflé de larmes.

'tear-worn, *a.* (Visage) usé par les larmes, mangé de larmes.

tear[2] ['tɛər], *s.* **1.** Déchirement *m* (d'une étoffe, etc.). **Tear-proof,** indéchirable. *See also* WEAR[1] 2. **2.** Déchirure *f,* accroc *m* (dans un vêtement, etc.). **3.** *F:* (*a*) Grand train. **To go full tear,** aller à toute vitesse, à fond de train. (*b*) Rage *f,* agitation *f.* **To be in such a tear,** (i) être dans une telle rage; (ii) être tellement agité.

tear[3] ['tɛər], *v.* (*p.t.* tore ['tɔ:ər]; *p.p.* torn [tɔ:rn]) **1.** *v.tr.* (*a*) Déchirer. *I have torn my dress,* j'ai déchiré ma robe; j'ai fait un accroc à ma robe. *Trousers torn in the seat,* pantalon percé. **To tear sth. in two, in half,** déchirer qch. en deux. **To tear (sth.) open,** ouvrir (qch.) en le déchirant; déchirer vivement (une enveloppe); éventrer (un paquet). *F:* **To tear s.o.'s character to rags, to shreds,** déchirer qn à belles dents. *See also* PIECE[1] 1. **To tear a hole in sth.,** faire un trou, faire un accroc, à (un vêtement, etc.). *Tool that tears the wood,* outil *m* qui mâche le bois. (*With passive force*) **Stuff that tears easily,** étoffe *f* qui se déchire facilement. **Stuff that won't tear,** étoffe indéchirable. *Paperm:* **To tear rags,** effilocher les chiffons. *Sp: etc:* **To tear a muscle,** claquer un muscle. **Torn tendon,** tendon déchiré; *Sp:* claquage sportif. *P:* **That's torn it,** il ne manquait plus que ça; c'est la fin de tout. *F:* **Country torn by civil war,** pays déchiré par la guerre civile. *His soul is torn between conflicting passions,* des passions contradictoires se disputent son âme. *To feel torn between two opposite emotions,* se sentir tiraillé entre deux émotions opposées. **Torn with remorse, with anguish,** déchiré par le remords, par l'angoisse. (*b*) Arracher (*out of, from,* à). **To tear (out) one's hair,** s'arracher les cheveux. *To t. each other's hair,* se prendre aux cheveux; *F:* se crêper le chignon. *Her child had been torn from her,* on lui avait arraché, ravi, son enfant. *To t. a confession from s.o.,* arracher un aveu à qn. **2.** *v.i.* (*a*) **To tear at sth.,** déchirer ou arracher qch. avec des doigts impatients; tirer de toutes ses forces sur qch. *They tore at the wreckage to release him,* ils faisaient des efforts désespérés pour soulever les débris afin de le dégager. (*b*) *F:* **To tear along,** aller, avancer, à toute vitesse, à fond de train; brûler le pavé; (*of horseman*) aller à bride abattue; (*of horse*) aller ventre à terre. *He was tearing along (the road),* il dévorait la route. *The car was tearing along at fifty miles an hour,* la voiture était lancée à 80 à l'heure. **To tear upstairs, downstairs,** monter, descendre, l'escalier quatre à quatre. **To tear about,** courir de tous côtés. **To tear away, off,** partir, s'éloigner, à toute vitesse. **To tear back,** revenir en toute hâte. **To tear down, up, the street,** descendre, monter, précipitamment la rue. **To tear in(to the room),** entrer en coup de vent, entrer en trombe (dans la salle). **To tear out (of the room),** sortir en toute hâte (de la salle); sortir en coup de vent. **To tear through France,** traverser la France à la galopade, à la galope.

tear away, *v.tr.* Arracher. *They are anxious to t. me away from her,* on veut m'arracher à elle. **I could not tear myself away from this scene,** je ne pouvais pas m'arracher de, à, cette scène. *He could not t. himself away,* il ne pouvait se décider à les quitter.

tear down, *v.tr.* Arracher (une affiche, un rideau, etc.).

tear off, *v.tr.* Arracher. *To t. off the wrapper of a newspaper,* faire sauter la bande d'un journal. *A shell tore off his arm,* un obus lui emporta le bras.

tear-'off, *attrib.a.* (*Of page, label, etc.*) Perforé. **Tear-off calendar,** calendrier *m* à effeuiller.

tear out, *v.tr.* Arracher. *To t. a page out of a book,* arracher, soustraire, une feuille d'un livre. *To t. a cheque out of the book,* détacher un chèque du carnet. **To tear s.o.'s eyes out,** arracher les yeux à qn.

tear up, *v.tr.* **1.** Déchirer, mettre en pièces (une lettre, un document, etc.). **2.** (*a*) Arracher (une plante). **To tear up a tree by the roots,** déraciner un arbre. (*b*) **To tear up the (old) macadam,** défoncer l'empierrement (d'une route).

tear-'up, *s.* Arrachement violent; déracinement *m.*

tearing up, *s.* **1.** Déchirement *m,* mise *f* en pièces (d'un morceau de papier). **2.** (*a*) Déracinement *m* (de plantes). (*b*) Défonçage *m,* défoncement *m* (d'une route).

tearing[1], *a.* **1.** (*Of anxiety, etc.*) Déchirant. *T. cough,* toux violente, déchirante. *T. wind,* vent *m* à écorner les bœufs. *F:* **Tearing rage,** rage *f* à tout casser. **2.** *F:* **At a tearing rate,** à toute allure. **To be in a tearing hurry,** être terriblement pressé.

tearing[2], *s.* **1.** Déchirement *m* (d'une étoffe, etc.). *Paperm:* Effilochage *m* (de chiffons). *Sp: etc:* **Tearing of a muscle,** rupture *f* d'un muscle; déchirure *f* musculaire; coup *m* de fouet (à la jambe). **2.** **Tearing away, off, out,** arrachement *m.* *Mec:* **Tearing stress,** travail *m* à l'arrachement. **Tearing strength,** résistance *f* à la déchirure. *Paperm: etc:* **Tearing test,** mesure *f* de la résistance à la déchirure. **3.** **Tearing along,** course *f* rapide. **Tearing down, in, off, out,** descente *f,* entrée *f,* départ *m,* sortie *f,* à toute vitesse, en toute hâte.

'tearing-wire, *s.* *Paperm:* Fil *m* de coupage (du papier à la forme).

tearable ['tɛərəbl], *a.* Qui se déchire facilement.

tearer ['tɛərər], *s.* *U.S: F:* Vent *m* à décorner les bœufs.

tearful ['ti:ərful], *a.* **1.** Éploré; tout en pleurs; *Pej:* larmoyant. *T. eyes,* yeux pleins de larmes. *T. voice,* (i) voix mouillée de larmes; (ii) *Pej:* voix geignarde. *In a t. voice,* (i) avec des larmes dans la voix; (ii) *Pej:* en pleurnichant, d'un ton pleureur, geignard. **2.** *T. news,* triste nouvelle *f.* **-fully,** *adv.* En pleurant; les larmes aux yeux; *Pej:* d'un ton pleurnicheur, geignard.

tearfulness ['ti:ərfulnəs], *s.* État larmoyant; état éploré.

tearless ['ti:ərləs], *a.* *T. eyes,* yeux secs. *T. grief,* chagrin *m* sans larmes.

tease[1] [ti:z], *s.* **1.** Taquin, -ine. **He's a tease,** il est taquin. **2.** Taquinerie *f.* *It was only meant for a t.,* c'était pour vous taquiner.

tease[2], *v.tr.* **1.** (*a*) **To tease (out),** effiler, effilocher, défiler, défilocher (un tissu, pour en faire de la charpie, etc.); démêler (de la laine). (*b*) = TEASEL[2]. (*c*) Carder (la laine, etc.). **2.** (*a*) Taquiner, tourmenter, faire enrager (qn); faire des taquineries à (qn); exciter (un chien, etc.); *F:* picoter, lutiner, *P:* asticoter (qn). *Don't t. your little sister,* ne taquine pas ta petite sœur. *Don't t. the cat,* ne tourmentez pas le chat. *To t. s.o. unmercifully,* faire des misères à qn. (*b*) *A:* **To tease s.o. for sth., to do sth.,** tracasser, importuner, qn pour obtenir qch., pour qu'il fasse qch.

teasing[1], *a.* (*Of pers.*) Taquin; (ton) railleur, persifleur. **-ly,** *adv.* D'un ton railleur; pour taquiner.

teasing[2], *s.* **1.** (*a*) **Teasing (out),** effilage *m,* effilochage *m,* défilage *m* (d'une étoffe); démêlage *m* (de la laine). (*b*) = TEASELING. (*c*) Cardage *m.* **2.** Taquinerie *f,* taquinage *m.* *He doesn't like t.,* il prend mal les taquineries; il n'aime pas qu'on le taquine.

teasel[1] ['ti:z(ə)l], *s.* **1.** *Bot:* Cardère *f.* **Wild teasel,** cardère sauvage; *F:* cabaret *m* des oiseaux; bain *m* de Vénus. **Teasel plantation,** chardonnière *f.* *See also* FULLER'S TEASEL. **2.** *Tex:* (*Teasel-head or brush*) Carde *f.*

teasel[2], *v.tr.* (**teaseled**) *Tex:* Lainer, chardonner, gratter, garnir, aplaigner (le drap).

teaseling, *s.* Lainage *m,* garnissage *m,* grattage *m,* aplaignage *m* (du drap).

teaseler ['ti:z(ə)lər], *s.* *Tex:* Laineur, -euse, gratteur, -euse, aplaigneur, -euse, garnisseur, -euse.

teaser ['ti:zər], *s.* **1.** *Tex:* (*a*) = TEASELER. (*b*) Cardeur, -euse. **2.** = TEASE[1] 1. **3.** *Breed:* Étalon *m* d'essai; (étalon, bélier) boute-en-train *m inv.* **4.** *F:* Problème *m* difficile; question embarrassante. *To ask a candidate teasers,* poser des colles *f* à un candidat. *The job was a t.,* ça m'a donné du fil à retordre. **5.** *El.E:* Contre-enroulement *m* en dérivation.

teaspoonful ['ti:spu:nful], *s.* Cuillerée *f* à thé; petite cuillerée.

teat [ti:t], *s.* **1.** (*a*) Mamelon *m*; bout *m* de sein; téton *m,* teton *m*; tétin *m,* tetin *m* (de femme); tette *f,* trayon *m* (de vache, etc.). (*b*) Tétine *f* (de biberon). *Fb:* Tubulaire *m* (de vessie de ballon). *Phot: T. of pneumatic release,* raccord *m* de déclenchement. **2.** *Tchn:* **Teat-screw,** vis *f* à teton.

teated ['ti:tid], *a.* (Animal *m*) à tettes, à trayons.

teazle[1, 2] [ti:zl], *s. & v.tr.* = TEASEL[1, 2].

tec [tek], *s.* *P:* = DETECTIVE 2.

technical ['teknik(ə)l], *a.* **1.** Technique, technologique. *T. instruction*, instruction professionnelle, technique. **Technical institute**, école *f* des arts et métiers. *T. chemistry*, chimie industrielle. *T. difficulty, reason*, difficulté *f*, raison *f*, d'ordre technique. **Technical terms**, termes *m* techniques; termes d'art, de métier. *Jur:* **Technical difficulty**, question *f* de procédure. *Judgment quashed on a t. point*, arrêt cassé pour vice de forme, de procédure. *Mil:* **Technical arms**, armes spéciales. *See also* SCHOOL¹ 3. **2.** *Jur:* **Technical offence**, quasi-délit *m*, *pl.* quasi-délits. **Technical assault**, quasi-agression *f*. **-ally**, *adv.* Techniquement; (s'exprimer) en termes techniques.

technicality [tekni'kaliti], *s.* **1.** Technicité *f* (d'une expression, etc.). **2.** Détail *m* technique; terme *m* technique. *To lose oneself in technicalities*, se perdre dans des considérations d'ordre technique.

technicalness ['teknik(ə)lnəs], *s.* = TECHNICALITY 1.

technician [tek'niʃ(ə)n], **technicist** ['teknisist], *s.* Technicien *m.*

technics ['tekniks], *s.pl.* (*Usu. with sg. const.*) Technologie *f.*

technique [tek'ni:k], *s.* Technique *f* (d'un art, d'un artiste, etc.). *Piano t., the t. of piano-playing*, la mécanique, le mécanisme, du piano. *Aut: The t. of driving*, la technique de la conduite.

technocracy [tek'nɔkrasi], *s.* *Pol.Ec:* Technocratie *f.*

technographic [tekno'grafik], *a.* Technographique.

technography [tek'nɔgrəfi], *s.* Technographie *f.*

technological [tekno'lɔdʒik(ə)l], *a.* Technologique.

technologist [tek'nɔlodʒist], *s.* Technologue *m.*

technology [tek'nɔlodʒi], *s.* Technologie *f.*

techy ['tetʃi], *a.* = TETCHY.

tectiform ['tektifɔ:rm], *a.* *Z:* En forme de toit ou de couvercle.

tectology [tek'tɔlodʒi], *s.* *Biol:* Tectologie *f.*

tectonic [tek'tɔnik]. **1.** *a.* (*a*) (Conception *f*, etc.) architectonique. (*b*) *Geol:* Tectonique; formé par accumulation. *T. mountains*, montagnes *f* d'accumulation. **2.** *s.pl.* (*With sg. const.*) **Tectonics**, l'architectonique *f.*

tectorial [tek'tɔ:riəl], *a.* *Anat:* **Tectorial membrane**, membrane recouvrante (de l'organe de Corti).

tectrices [tek'traisi:z], *s.pl.* *Orn:* Plumes tectrices; tectrices *f.*

ted¹ [ted], *v.tr.* (**tedded; tedding**) *Agr:* Faner, sauter (le foin).

tedding, *s.* Fanage *m.* **Tedding machine**, faneuse *f.*

Ted². *Pr.n.m.* = TEDDY.

tedder ['tedər], *s.* *Agr:* **1.** (*Pers.*) Faneur, -euse. **2.** (*Machine*) Faneuse *f*; tourne-foin *m inv.*

Teddy ['tedi]. *Pr.n.m.* (*Dim. of Edward, Edmund, Theodore*) Édouard, Edmond, Théodore. *Toys:* **Teddy Bear**, ours *m* en peluche; ours Martin.

Te Deum [ti:'di:əm], *s.* *Ecc:* Te Deum *m inv.*

tedious ['ti:diəs], *a.* (*Of work, etc.*) Fatigant, pénible; (*of speech, etc.*) ennuyeux, assommant, fastidieux, rebutant; *F:* (*of poem*) soporatif. *T. tale*, histoire assommante; histoire à dormir debout. *T. reading*, lecture somnolente. *T. speech, F:* discours long comme un jour sans pain. *Novel with t. passages*, roman *m* où il y a des longueurs *f.* **-ly**, *adv.* Ennuyeusement, fastidieusement.

tediousness ['ti:diəsnəs], **tedium** ['ti:diəm], *s.* Ennui *m*; manque *m* d'intérêt (d'un travail, de l'existence).

tee¹ [ti:], *s.* (La lettre) té *m.* *See also* T 2.

'tee-iron, *s.* *Const:* (Simple) té *m.*

'tee-joint, *s.* *Metalw:* Joint *m* de soudure en forme de té.

'tee-piece, *s.* (*Of pipes*) **Tee-piece union**, raccord *m* à T.

tee², *s.* *Golf:* (*a*) Dé *m* (de sable); tee *m.* (*b*) = TEEING-GROUND.

tee³, *v.tr.* *Golf:* Surélever (la balle). *Abs.* **To tee up**, placer la balle sur le dé. **To tee off**, jouer sa balle (du tertre de départ).

'teeing-ground, *s.* (Tertre *m*, point *m*, de) départ *m.*

tee⁴, *s.* *Games:* (*Curling*) But *m.*

teel [ti:l], *s.* *Bot:* = TIL.

teem [ti:m], *v.i.* Abonder (*with*, en); foisonner, regorger, fourmiller (*with*, de). *Streets that t. with people*, rues *f* qui regorgent, qui grouillent, de monde. *Work that teems with mistakes*, ouvrage *m* qui fourmille de fautes, qui regorge de fautes. *The poem teems with metaphors*, ce poème abonde en métaphores. **His brain teems, is teeming, with new ideas**, son cerveau est fertile en idées neuves. *London teems with brains*, Londres est un vivier d'intelligences.

teeming, *a.* *T. streets*, rues bondées de monde. *T. crowd*, foule grouillante. *T. treasures*, trésors *m* à foison.

-teen [ti:n]. **1.** *Suff. of numbers from thirteen to nineteen.* (*The stress is on the number in attrib. uses and on the suffix in pred. uses*). *'Thirteen houses*, treize maisons. *A hundred and thir'teen*, cent treize. **2.** *s.pl.* *F:* **Teens**, l'âge *m*, les années *f*, entre treize et vingt ans. **To be in one's teens**, être adolescent(e); n'avoir pas encore vingt ans. **To be out of one's teens**, avoir plus de vingt ans. *She is just out of her teens*, elle a juste vingt ans.

teeny(-weeny) ['ti:ni('wi:ni)], *a.* *F:* Minuscule; tout petit.

teepee ['ti:pi, ti'pi:], *s.* = TEPEE.

teeter¹ ['ti:tər], *s.* *U.S:* *F:* Bascule *f*, balançoire *f*, branloire *f*; tape-cul *m*, *pl.* tape-culs.

teeter², *v.i.* *U.S:* *F:* (*a*) Se balancer; basculer. (*b*) Chanceler.

teetering, *s.* Basculage *m*; jeu *m* de bascule.

teeth [ti:θ]. *See* TOOTH¹.

teethe [ti:ð], *v.i.* (*Used only in pr.p. and progressive tenses*) Faire ses (premières) dents. *Child who is teething*, enfant qui fait ses dents.

teething, *s.* Dentition *f.* *See also* RASH¹.

teetotal [ti:'tout(ə)l], *a.* Antialcoolique; qui ne boit que de l'eau; néphaliste.

teetotalism [ti:'toutəlizm], *s.* Néphalisme *m*; abstention *f* des liqueurs alcooliques; teetotalisme *m*, antialcoolisme *m.*

teetotal(l)er [ti:'tout(ə)lər], *s.* Néphaliste *mf*; membre *m* de la ligue antialcoolique; teetotaliste *mf*; abstinent, -ente; buveur, -euse, d'eau; *P:* grenouillard *m.*

teetotally [ti:'toutəli], *adv.* *U.S:* *F:* = TOTALLY.

teetotum [ti:'toutəm], *s.* *Games:* (*a*) Toton *m.* (*b*) *A:* Cochonnet *m.* *See also* SPIN² 2.

teg(g) [teg], *s.* *Husb:* (Agneau) antenais *m*; (agnelle) antenaise *f.*

tegmen, *pl.* **-mina** ['tegmen, -mina], *s.* **1.** *Bot:* Tegmen *m*; tégument *m*; endoplèvre *f.* **2.** *pl.* *Ent:* **Tegmina**, ailes antérieures (d'un orthoptère); tegmens.

tegula, *pl.* **-ae** ['tegjula, -i:], *s.* *Ent:* Tégule *f* (de l'aile antérieure).

tegular ['tegjulər], *a.* (Roche *f*, formation *f*, etc.) tégulaire.

tegulated ['tegjuleitid], *a.* (*Of armour, etc.*) Imbriqué.

tegument ['tegjumənt], *s.* *Nat.Hist:* Tégument *m.*

tegumental [tegju'mentəl], **tegumentary** [tegju'mentəri], *a.* *Nat.Hist:* Tégumentaire.

tehee¹ ['ti:hi:]. **1.** *int.* Hi! hi! **2.** *s.* (*a*) Ricanement *m.* (*b*) Petit rire affecté.

tehee², *v.i.* (*a*) Ricaner. (*b*) Avoir des petits rires affectés.

Teheran ['ti:əran, -rɑ:n]. *Pr.n.* *Geog:* Téhéran.

teind [ti:nd], *s.* *Usu. pl.* *Scot:* Dîme *f.*

telaesthesia [telis'θi:zia], *s.* *Psychics:* Télépathie *f.*

telaesthetic [telis'θetik], *a.* *Psychics:* Télépathique.

Telamon ['teləmən]. **1.** *Pr.n.m.* *Gr.Myth:* Télamon. **2.** *s.* (*pl.* **telamones** [tela'mouni:z]) *Arch:* Atlante *m*, télamon *m*; statue *f* persique.

telautogram [te'lɔ:togram], *s.* *Tg:* Télautogramme *m.*

telautograph [te'lɔ:togrɑ:f, -graf], *s.* *Tg:* Télautographe *m.*

tele- ['teli, ti'le], *comb.fm.* Télé-. *Teleki'nesis*, télékinèse. *Tele'meteorograph*, télémétéorographe.

telearchics [teli'ɑ:rkiks], *s.pl.* (*Usu. with sg. const.*) Commande *f* (d'avions, de sous-marins) à distance (par radio).

telecamera [teli'kamərə], *s.* *Phot:* Appareil *m* pour téléphotographie.

telecommunication [telikomju:ni'keiʃ(ə)n], *s.* *Post:* Télégraphes *m* et téléphones.

teledu ['teledu], *s.* *Z:* Télagon *m.*

teledynamic [telidai'namik], *a.* (Câble *m*, etc.) télédynamique, télodynamique.

teleferic [teli'ferik], **teleferica** [teli'ferika], *s.* Téléphérique *m*, téléférique *m.*

telega [te'leiga], *s.* *Veh:* (*Russia*) Télègue *f*, téléga *f.*

telegony [ti'legoni], *s.* *Biol:* *Breed:* Télégonie *f*, imprégnation *f*; hérédité *f* d'influence.

telegram ['teligram], *s.* Télégramme *m*; dépêche *f* (télégraphique). *Multiple-address t.*, télégramme multiple. *Repetition-paid t.*, télégramme collationné. **Telegram by telephone**, télégramme téléphoné. **Wireless telegram, radio telegram**, radiotélégramme *m.* *To send a t.*, envoyer une dépêche (*to*, à).

telegraph¹ ['teligraf, -grɑ:f], *s.* **1.** Télégraphe *m.* (*a*) *A:* Télégraphe aérien; sémaphore *m.* (*b*) Télégraphe électrique. **Recording telegraph, writing telegraph**, télégraphe enregistreur, écrivant. **Printing telegraph**, typotélégraphe *m.* *See also* FIELD-TELEGRAPH. *To send news by t.*, envoyer des nouvelles par (le) télégraphe. **Telegraph cable**, câble *m* télégraphique. **Telegraph office**, bureau *m* télégraphique. **Telegraph form**, formule *f* de télégramme; imprimé *m* à télégramme. **Telegraph money order**, mandat *m* télégraphique. **2.** *Nau:* **(Ship's) telegraph**, transmetteur *m* d'ordres. **Engine-room telegraph**, cadran *m* de transmission d'ordres. **3.** *Sp:* **Telegraph (board)**, tableau *m* d'affichage (des résultats).

'telegraph boy, *s.m.* Facteur télégraphiste; facteur des télégraphes; petit télégraphiste.

'telegraph-key, *s.* Manipulateur *m* (de l'appareil Morse, etc.).

'telegraph line, *s.* Ligne *f* télégraphique.

'telegraph messenger, *s.* = TELEGRAPH BOY.

'telegraph operator, *s.* Télégraphiste *mf.* *Mil:* Sapeur-télégraphiste *m*, *pl.* sapeurs-télégraphistes.

'telegraph-plant, *s.* *Bot:* Trèfle oscillant, sainfoin oscillant.

'telegraph-pole, -post, *s.* Poteau *m* télégraphique.

'telegraph wire, *s.* Fil *m* télégraphique.

telegraph². **1.** *v.i.* (*a*) Télégraphier; envoyer un télégramme, une dépêche. **His son was telegraphed for**, on télégraphia pour faire venir son fils. (*b*) *F:* Faire des signaux (*to s.o.*, à qn). **2.** *v.tr.* (*a*) Télégraphier (une nouvelle, etc.). *He telegraphed that he would arrive about midday*, il a télégraphié qu'il arriverait vers midi. (*b*) **To telegraph s.o. to come**, envoyer une dépêche à qn pour lui dire de venir; mander, appeler, qn par télégramme.

telegrapher ['teligrɑ:fər], *s.* **1.** Expéditeur, -trice, d'une dépêche. **2.** *U.S:* = TELEGRAPHIST.

telegraphese [teligra'fi:z], *s.* **1.** Langage *m*, style *m*, télégraphique. **2.** *Hum:* *A:* Style *m* emphatique des rédacteurs du *Daily Telegraph.*

telegraphic [teli'grafik], *a.* Télégraphique. *T. address*, adresse *f* télégraphique. *T. money order*, mandat *m* télégraphique. **-ally**, *adv.* **1.** Télégraphiquement; par télégramme. **2.** En style télégraphique.

telegraphist [ti'legrəfist], *s.* Télégraphiste *mf.*

telegraphy [ti'legrəfi], *s.* Télégraphie *f.* *See also* WIRELESS¹.

telekinesis [telikai'ni:sis], *s.* *Psychics:* Télékinèse *f.*

telelens ['telilenz], *s.* *Phot:* Téléobjectif *m.*

Telemachus [ti'lemakəs]. *Pr.n.m.* *Gr.Lit:* Télémaque.

telemark ['telimɑ:rk], *s.* *Ski-ing:* Télémark *m.*

telemechanics [telime'kaniks], *s.pl.*, **telemechanism** [teli'mekanizm], *s.* Télémécanique *f.*

telemeter [ti'lemetər], *s.* *Surv:* etc: Télémètre *m.* *Stereoscopic t.*, stéréotélémètre *m.*

telemetric(al) [teli'metrik(əl)], *a.* Télémétrique.

telemetry [ti'lemetri], *s.* Télémétrie *f.*

telemotor ['telimoutər], *s.* *Nau:* **Telemotor (gear)**, transmission *f* de barre hydraulique.

teleological [telio'lɔdʒik(ə)l], *a.* *Phil:* (Argument *m*, nécessité *f*) téléologique.

teleology [teli'ɔlodʒi], *s.* *Phil:* Téléologie *f.*

teleosaur [ˈteliosɔːr], **teleosaurus** [telioˈsɔːrəs], *s. Paleont:* Téléosaure *m.*

teleost [ˈteliɔst], **teleostean** [teliˈɔstiən], *a.* & *s. Ich:* Téléostéen (*m*).

teleostei [teliˈɔstiai], *s.pl. Ich:* Téléostéens *m.*

telepathic [teliˈpaθik], *a. Psychics:* Télépathique. **-ally,** *adv.* Télépathiquement.

telepathist [tiˈlepəθist], *s. Psychics:* Adepte *mf* de la télépathie.

telepathy [tiˈlepəθi], *s. Psychics:* Télépathie *f.*

telephone[1] [ˈtelifoun], *s.* Téléphone *m.* (*a*) **Wall telephone,** poste mural. **Desk telephone,** poste mobile. **Loud-speaking telephone,** téléphone haut-parleur. *T. with combined mouth-piece and receiver,* téléphonique combiné. *Subscriber's t.,* poste privé. *See also* DIAL-TELEPHONE. (*b*) **Are you on the telephone?** avez-vous le téléphone? *You are wanted on the t.,* on vous demande au téléphone. **By telephone,** téléphoniquement. *I spoke to you over the t.,* je vous ai parlé au téléphone, par téléphone. **Telephone book,** annuaire *m* du téléphone. **Telephone number,** numéro *m* de téléphone; numéro d'appel. *See also* CALL[1] 2 (*e*), EXCHANGE[1] 3, TELEGRAM.

ˈtelephone arm, *s.* Zigzag *m,* accordéon *m.*

ˈtelephone bell, *s.* Sonnerie *f* de téléphone; sonnerie téléphonique; appel *m* du téléphone.

ˈtelephone-box, -booth, -kiosk, *s.* Cabine *f,* cabinet *m,* téléphonique.

ˈtelephone girl, *s.f.* Demoiselle du téléphone; téléphoniste.

ˈtelephone-line, *s.* Ligne *f* téléphonique.

ˈtelephone operator, *s.* Téléphoniste *mf.*

ˈtelephone orderly, *s. Mil:* Téléphoniste *m.*

ˈtelephone receiver, *s.* Récepteur *m* téléphonique; *F:* le cornet.

ˈtelephone-wire, *s.* Fil *m* téléphonique.

telephone[2]. **1.** *v.i.* Téléphoner (*to,* à). **2.** *v.tr.* (*a*) Téléphoner (un message). *To t. a message by wireless,* radiotéléphoner un message. (*b*) Téléphoner à (qn).

telephonic [teliˈfɔnik], *a.* Téléphonique. **-ally,** *adv.* Téléphoniquement.

telephonist [tiˈlefonist], *s.* Téléphoniste *mf.*

telephony [tiˈlefoni], *s.* Téléphonie *f. See also* WIRELESS[1].

telephote [ˈtelifout], *s. Tg:* Téléphote *m.* **Belin telephote,** télestéréographe *m*; téléphote de Belin.

telephoto [teliˈfouto], *attrib.a.* = TELEPHOTOGRAPHIC.

telephotograph[1] [teliˈfoutograːf, -graf], *s. Phot:* Téléphotographie *f* (image prise à distance).

telephotograph[2], *s. Tg:* Téléphotographie *f*; image *f* téléphotographique. *T. transmitted on the Belin system,* belinogramme *m.*

telephotographic [telifoutoˈgrafik], *a.* Téléphotographique. **Telephotographic lens,** téléobjectif *m.*

telephotography [telifoˈtɔgrəfi], *s. Phot:* Téléphotographie *f*; photographie *f* au téléobjectif, à grande distance.

teleprinter [ˈteliprintər], *s. Tg:* (Appareil *m*) télétype *m.*

telergy [ˈtelərdʒi], *s. Psychics:* Force *f* télépathique.

telescope[1] [ˈteliskoup], *s.* (*a*) **Refracting telescope,** lunette *f* (d'approche); longue-vue *f, pl.* longues-vues; *Astr:* réfracteur *m.* **Sighting telescope,** *Surv:* lunette viseur; *Artil:* lunette(s) de pointage. *See also* TABLE[1] 1. (*b*) **Reflecting telescope,** télescope *m* (à réflexion, à miroir); réflecteur *m.*

ˈtelescope-joint, *s.* Joint *m* télescopique.

telescope[2]. **1.** *v.tr.* Télescoper (un train, etc.). **2.** *v.i.* (*a*) (*Of trains, etc.*) (Se) télescoper. (*b*) *Parts made to t.,* pièces assemblées en télescope; pièces qui s'emboîtent, à emboîtement.

telescoping[1], *a.* **1.** (Train) télescopeur. **2.** = TELESCOPIC 2.

telescoping[2], *s.* Télescopage *m.*

telescopic [telisˈkɔpik], *a.* **1.** (*a*) Télescopique. **Telescopic sight,** appareil *m* de visée optique. *Phot:* **Telescopic lens,** téléobjectif *m.* *T. view-finder,* viseur *m* télescopique; viseur à lunette. *Opt: T. magnifier,* téléloupe *f.* (*b*) (Étoile *f*) visible au télescope, télescopique. **2. Telescopic leg** (*of tripod*), branche coulissante, à emboîtement, à coulisse. *T. tripod,* pied *m* à trois branches coulissantes; trépied *m* télescopique. *Nau: T. funnel,* cheminée *f* à télescope. *T. ladder,* échelle *f* à coulisse.

telescopy [tiˈleskopi], *s. Astr: etc:* Télescopie *f.*

telespectroscope [teliˈspektroskoup], *s. Astr:* Télespectroscope *m.*

telestereoscope [teliˈsterioskoup], *s. Opt:* Télestéréoscope *m.*

teleutospore [tiˈljuːtospoːər], *s. Fung:* Téleutospore *f.*

televise [ˈtelivaːiz], *v.tr.* Téléviser (un artiste, etc.).

television [teliˈviʒ(ə)n], *s.* Télévision *f*; radiovision *f.*

televisor [ˈtelivaizər], *s. W.Tel:* Téléviseur *m.*

telewriter [ˈteliraitər], *s.* = TELAUTOGRAPH.

tell [tel], *v.* (*p.t.* told [tould]; *p.p.* told) I. *v.tr.* **1.** (*a*) Dire (une nouvelle, etc.). **To tell the truth, a lie,** dire la vérité; dire, faire, un mensonge. *See also* LIE[1], TRUTH 1. (*b*) **To tell s.o. sth.,** dire, apprendre, qch. à qn; informer qn de qch.; faire savoir qch. à qn. **Tell me the way,** indiquez-moi, enseignez-moi, le chemin. **To tell s.o. a piece of news,** faire part d'une nouvelle à qn. *The news was not told to Hilda till the evening,* ce ne fut que le soir que Hilda apprit la nouvelle. *Please t. him that . . .,* je vous prie de lui faire savoir que. . . . *You told me that you adored music,* vous m'avez dit adorer la musique. *He told me how he was situated,* il m'instruisit de sa situation. **I cannot tell you how pleased I am,** je ne saurais vous dire combien je suis content. **We are told that . . .,** on nous informe que. . . . *I have been told that . . .,* on m'a dit que. . . . *I have been told that you are speaking ill of me,* il me revient que vous dites du mal de moi. **I tell you no!** je vous dis que non! **It is just as I told you,** c'est tout comme je vous l'ai dit. **Don't let me have to tell you that again,** tenez-vous cela pour dit. *Such are the facts, but I am not telling you anything you don't know already,* voilà les faits; mais je ne vous apprends rien. *Only life can tell us how to live,* la vie seule nous apprend à vivre. **I told you so! did I not tell you so!** je vous l'avais bien dit! quand je vous le disais! **I'll tell you what!** écoute(z)! je vais vous dire! *I'll tell you what: let us . . .,* je vais vous dire: nous allons. . . . *U.S:* **To tell s.o. good-bye,** dire adieu à qn. *See also* BIRD 1. (*c*) Raconter, conter, dire (une histoire, etc.). *The story told to him was untrue,* l'histoire qu'on lui a racontée était fausse. *I shall t. you all about it later,* je vous raconterai cela plus tard. *He tells me all his business,* il me met dans toutes ses affaires. *I will t. you what happened,* je vais vous raconter ce qui est arrivé. *T. me something about yourself,* parlez-moi un peu de vous. *He told his adventures anew,* il nous a fait de nouveau le récit de ses aventures. *He told us how . . .,* il nous a raconté comment . . ., comme. . . . *History tells us how he was a pupil of Leucippus,* l'histoire lui donne pour maître Leucippe. *F:* **Tell me another!** à d'autres! va-t'en voir s'ils viennent! **More than words can tell,** au delà de tout ce qui peut se dire. *Dial:* **To hear tell that . . .,** entendre dire que. . . . **To hear tell of . . .,** entendre parler de. . . . *See also* HEAR 1. *U.S: F:* **Do tell!** vraiment! est-ce possible! *See also* MARINE 2, TALE 1, 2. (*d*) Annoncer, proclamer, révéler (un fait, etc.). **To tell a secret,** révéler un secret. *The sign-post tells the way to . . .,* le poteau indique le chemin pour aller à. . . . *See also* FORTUNE 1, GATH. (*e*) (*Of clock, sun-dial*) **To tell the time,** marquer l'heure. *To t. the quarters,* sonner les quarts. *The bell was telling the hour,* la cloche sonnait l'heure. **2.** (*a*) **To tell s.o. about s.o.,** parler de qn à qn. *T. me about John,* parlez-moi de Jean. *He told us of his adventures,* il nous a raconté ses aventures; il nous a fait le récit de ses aventures. *He told us of foreign lands,* il nous décrivait des pays étrangers. *He has written to t. me of his father's death,* il m'a écrit pour me faire part de la mort de son père. *T. me about it,* dites-moi ce que vous en savez. *F:* **Tell me if you can!** je vous le demande! je vous demande un peu! *P:* **You're telling me!** vous voulez m'en faire accroire! allons donc! **Don't tell me!** il ne faut pas m'en conter! à d'autres! *U.S: F:* **I'll tell the world!** je le crierai par-dessus les toits! (*b*) (*Emphatic use*) **Let me tell you . . .,** permettez-moi de vous dire. . . . *It is not so easy, let me t. you,* ce n'est pas si facile, je vous assure. *He will be furious, I (can) t. you!* il va être furieux, je vous en réponds! *It was warm, I can t. you!* il faisait chaud, je vous assure! **3. To tell s.o. to do sth.,** enjoindre, ordonner, commander, dire, à qn de faire qch. *T. him to come,* dites-lui de venir. *Do as they t. you, do as you are told,* faites comme on vous l'ordonne, comme on vous dit. *He will do as he's told, F:* il marchera. *We have been told to leave,* on nous a intimé l'ordre de partir; on nous a dit de partir. *T. them to bring in the dinner,* dites qu'on serve. *T. someone to take this letter to the post,* dites qu'on porte cette lettre à la poste. *I told him not to come again,* je lui ai dit de ne pas revenir; je lui ai défendu de revenir. **I told him not to, je le lui ai défendu.** *See also* REQUIRE 2. **4.** (*a*) Discerner, distinguer, reconnaître (qn, qch.). **To tell the good from the bad,** discerner le bon du mauvais, d'avec le mauvais. *To t. right from wrong,* discerner le bien du mal. **You can't tell her from her sister,** elle ressemble à sa sœur à s'y tromper. *You can hardly t. him from his brother,* c'est à peine si on peut le distinguer de son frère. **One can tell him by his voice,** on le reconnaît à sa voix. (*b*) **One can tell she is intelligent,** on la devine intelligente; on sent qu'elle est intelligente. *One could t. the hand of man,* on reconnaissait là la main de l'homme. *You can t. he is a detective a mile away,* il sent son policier d'une lieue. *I can t. it from your eyes,* je le lis dans vos yeux. (*c*) Savoir. **How can I tell that he will do it?** quelle certitude ai-je qu'il le fera? **How can I tell but that he will do it?** quelle certitude ai-je qu'il ne le fera pas? *No man can t. what the future has in store for him,* l'homme est ignorant de sa destinée. *Abs.* **Who can tell?** qui sait? **You never can tell,** il ne faut (jamais) jurer de rien; on ne sait jamais. **Nobody can tell,** personne n'en sait rien. **I cannot tell,** je n'en sais rien. **How can I tell?** qu'est-ce que j'en sais? comment le saurais-je? **5.** *Abs.* (*a*) **To tell of sth.,** annoncer, accuser, révéler, qch. *The mild air told of spring,* l'air doux annonçait le printemps. *The lines on his face told of long suffering,* son visage sillonné de rides accusait, révélait, portait le souvenir de, ses longues souffrances. (*b*) *P:* **To tell on, to tell of, s.o.,** dénoncer qn; rapporter sur le compte de qn; cafarder. **6. To tell (over),** compter (son or, un troupeau, etc.); compter, énumérer (les voix). **All told,** tout compris; somme toute; en les comptant tous. *There were twenty people all told,* il y avait en tout vingt personnes. *All told, I made twenty pounds out of it,* tout compte fait j'en ai retiré vingt livres. *See also* BEAD[1] 1.

II. **tell,** *v.i.* (*a*) Produire son effet; porter (coup). **Every little tells,** toutes ces petites choses produisent leur effet. **Good blood tells, breed will tell,** bon sang ne peut mentir. **Words that tell,** mots *m* à l'emporte-pièce. *The remark told,* la remarque porta. *Every shot tells,* chaque coup porte. *Every blow told,* l'effet *m* de chaque coup se faisait sentir. **His years are beginning to tell on him,** il commence à accuser son âge. *It tells upon his health,* cela influe sur sa santé; cela affecte sa santé. *These drugs tell upon one in time,* l'effet de ces drogues se fait sentir à la longue. *This epidemic told heavily upon them,* cette épidémie leur fut désastreuse. *The strain was beginning to t. on the team,* l'effort continu commençait à agir sur l'équipe. (*b*) **This tells for him, tells in his favour, with the people,** cela influence le peuple en sa faveur; cela milite en sa faveur. **It will tell against you,** cela vous nuira. *Everything told against him,* tout témoignait contre lui. *Facts that t. against the prisoner,* faits *m* qui militent contre l'accusé. *See also* BREEDING 2.

tell off, *v.tr.* **1.** Désigner, affecter (qn pour une corvée, un service, etc.). *Mil: etc:* **To tell off one's men,** désigner leurs postes à ses hommes. *To t. off four men for a fatigue,* désigner, détacher, quatre hommes pour une corvée. **2.** *P:* Rembarrer, moucher (qn); remettre (qn) à sa place; *P:* faire le poil à qn. *To t. s.o. off properly,* dire son fait à qn. *They told each other off* *proper!* ils se sont dit leurs quatre vérités! *To get told off*, se faire moucher. *I got told off properly!* qu'est-ce que j'ai pris!

telling off, *s.* **1.** Désignation *f* (de qn à un service, etc.). **2.** *P:* Attrapade *f*; verte semonce; savon *m*, suif *m*.

telling[1], *a.* **1.** Fort, efficace; qui fait de l'effet. **Telling blow**, coup *m* qui porte; coup bien asséné. **Telling style**, style énergique, expressif, qui porte. *To make a t. stage entrance*, faire une entrée impressionnante. *With t. effect*, avec un effet marqué. *T. argument*, argument *m* qui porte. *T. look*, regard *m* qui en dit long. **-ly**, *adv.* Efficacement; avec effet; d'une manière impressionnante.

telling[2], *s.* **1.** Récit *m*; relation *f*; narration *f* (d'une histoire, etc.). **2.** (*a*) Divulgation *f*, révélation *f* (d'un secret, etc.). *F:* **That's telling!** (i) cela serait montrer le truc, vendre la mèche; (ii) ça c'est mon affaire, c'est mon secret. (*b*) *P:* **Telling on s.o.**, dénonciation *f* de qn; cafardage *m*. *See also* FORTUNE-TELLING. **3.** **There is no telling**, on ne sait pas; qui sait? **4.** **Telling (over)**, dénombrement *m*; énumération *f* (des votes, etc.).

'tell-tale, *s.* **1.** (*a*) (*Pers.*) Rapporteur, -euse; *F:* (*at school*) cafard, -arde. (*b*) *Attrib.* **Tell-tale tongue**, langue indiscrète. *T.-t. signs*, signes révélateurs. *T.-t. look, blush*, regard, rougissement, dénonciateur, qui en dit long. **2.** *Mec.E: etc:* Aiguille indicatrice; indicateur *m*; contrôleur *m*. *Mus:* Indicateur de vent (d'un orgue). *Aut:* **Petrol-tank tell-tale**, indicateur jauge d'essence. **Tell-tale pipe**, contrôleur de niveau. *Ind:* **Tell-tale clock**, contrôleur de ronde. *El.E: etc:* **Tell-tale (lamp)**, lampe *f* témoin; lampe indicatrice; *Aut:* témoin *m* d'allumage; *Ind:* lampe avertisseuse, signalisatrice; lampe indicatrice de perturbation. **3.** *Nau:* (*a*) Axiomètre *m* (du gouvernail). (*b*) **Tell-tale compass**, compas renversé.

tellable ['teləbl], *a.* (*Of tale, etc.*) Racontable.

teller ['telər], *s.* **1.** Raconteur, -euse; conteur, -euse; narrateur, -trice. *See also* FORTUNE-TELLER. **2.** (*a*) Caissier *m*, guichetier *m*, payeur *m* (de banque). (*b*) *Parl:* Scrutateur *m*; recenseur *m*. (*c*) *Paperm:* Compteuse *f* (des feuilles). **3.** *Box: F:* Coup bien asséné. **4.** *pl. Ecc:* **Tellers**, glas *m* (dont le nombre de tintements annonce si le défunt est un homme, une femme, ou un enfant).

tellina [te'li:na], *s. Moll:* Telline *f*.

tellurate ['teljureit], *s. Ch:* Tellurate *m*.

tellurian [te'ljuəriən], *a.* Tellurien.

telluric[1] [te'ljuərik], *a. Ch: Miner: etc:* Tellurique.

telluric[2], *a. Med:* (Fièvre *f*, etc.) tellurique.

telluride ['teljuraid], *s. Ch:* Tellurure *m*.

tellurism ['teljurizm], *s. Anthr: Med:* Tellurisme *m*.

tellurite ['teljurait], *s. Miner:* Tellurite *f*.

tellurium [te'ljuəriəm], *s. Ch:* Tellure *m*.

tellurous ['teljurəs], *a. Ch:* Tellureux.

teloblast ['teloblast], *s. Biol:* Téloblaste *m*.

telodynamic [telodai'namik], *a.* = TELEDYNAMIC.

telotype ['telotaip], *s. Tg:* **1.** Typotélégraphe *m*. **2.** Télégramme imprimé.

telpher[1] ['telfər], *a. Ind:* De telphérage, de téléphérage. **Telpher line, railway, way**, *s.* **telpher**, ligne *f* de telphérage; (ligne) téléphérique *m*.

telpher[2], *v.tr.* Telphérer, téléphérer (des marchandises, etc.).

telpherage ['telfəredʒ], *s.* Telphérage *m*, téléphérage *m*. *See also* TROLLEY 2.

telson ['telsən], *s. Crust: Arach:* Telson *m*.

Telugu ['telugu:], *s. Ling:* Le télougou.

temerarious [temə'rɛəriəs], *a. Lit:* Téméraire, audacieux.

temerity [ti'meriti], *s.* Témérité *f*, audace *f*.

Tempe ['tempi]. *Pr.n. A.Geog:* **The vale of Tempe**, la vallée de Tempé.

Tempean [tem'pi:ən], *a.* **1.** Semblable à la vallée de Tempé. **2.** De Tempé.

temper[1] ['tempər], *s.* **1.** *Metall:* Coefficient *m* de dureté (de l'acier); trempe *f*. *T. of a tool*, dureté *f* d'un outil. *Soft t.*, trempe douce. *Medium-hard t.*, trempe demi-dure. *Too hard a t.*, une trempe trop dure. **To draw, let down, the temper of the steel**, recuire, éteindre, faire revenir, laisser revenir, l'acier. (*Of steel*) *To lose its t.*, se détremper. *Steel that loses its t.* (*through overheating*), acier *m* qui se pâme. *F: His character has lost its fine t.*, son caractère s'est détrempé. **2.** (*Of pers.*) Sang-froid *m*, calme *m*. **To keep one's temper**, rester calme; garder, conserver, son sang-froid; se contenir; se posséder; ne pas se fâcher. **To lose one's temper**, perdre son sang-froid; se mettre en colère; *F:* sortir de son caractère; s'emporter, se fâcher; perdre patience; *F:* se fâcher tout rouge, prendre la chèvre. *He lost his t.*, la moutarde lui est montée au nez. *To make s.o. lose his t.*, faire sortir qn de son caractère, *F:* de ses gonds. **To be out of temper**, être de mauvaise humeur, avoir de l'humeur. **To try s.o.'s temper**, énerver qn. *It's very trying to the t.*, c'est énervant. *You must try to control your t.*, il faut tâcher de vous contenir. **3.** Humeur *f*. (*a*) Caractère *m*, tempérament *m*. **Incompatibility of temper**, incompatibilité *f*, opposition *f*, d'humeur. (*Habitual*) **good temper**, placidité *f*. *Violent t., placid t.*, tempérament violent, placide. *Even t.*, caractère égal, calme. *To have an awkward t.*, avoir l'esprit de travers; *F:* avoir la tête près du bonnet. **To have a good temper**, avoir bon caractère. **To have a bad temper**, *F:* **to have a temper**, avoir le caractère mal fait. *See also* HOT[1] 3, QUICK 1, SHORT[1] I. 2. (*b*) État *m* d'esprit. **To show (ill) temper**, montrer de la mauvaise humeur; montrer de l'humeur. *See also* ILL-TEMPER. **In a vile, a rotten, temper**, d'une humeur massacrante. **To be in a good, a bad, temper**, être de bonne, de mauvaise, humeur. (*c*) Colère *f*, irritation *f*; mauvaise humeur. **Outburst of temper**, mouvement *m* d'humeur. **To be in a temper**, être en colère. *What a t. he is in!* comme il est furieux! *To fly into a violent t.*, entrer dans une violente colère. *See also* FLY[3] I. 3. *To reply in a t.*, répondre rageusement, d'un ton rageur. **To get s.o.'s temper up, to put s.o. in a temper**, mettre qn en colère; fâcher qn. *See also* FIT[1] 2.

temper[2], *v.tr.* **1.** *Tchn:* (*a*) Gâcher, délayer, broyer (le mortier, le ciment, etc.); broyer (l'encre, les couleurs, etc.). *To t. hard*, gâcher serré (l'argile, etc.). (*b*) *Metall:* (i) Tremper; donner la trempe à (l'acier, une lame); attremper (un creuset). (*With passive force*) (*Of steel*) Recevoir la trempe. (ii) Recuire, faire revenir, adoucir (un métal). **2.** Tempérer. (*a*) Modérer, adoucir (une action, etc.). *To t. severity with gentleness*, tempérer la sévérité par la douceur; mêler la douceur à la sévérité. *Prov:* **God tempers the wind to the shorn lamb**, à brebis tondue Dieu mesure le vent. (*b*) Réprimer, retenir, maîtriser (son chagrin, son ardeur, etc.); modérer (son ardeur, une passion). **3.** *Mus:* Accorder (une note, un piano) par tempérament.

tempered, *a.* **1.** (*a*) (*Of clay, etc.*) Gâché, délayé, broyé. (*b*) (*Of steel*) Trempé ou recuit. **Oil tempered**, revenu à l'huile. **2.** (*Of pace, etc.*) Modéré. **3.** *Mus:* Tempéré. **Equally tempered scale**, gamme tempérée. **4.** (*With adj. prefixed, e.g.*) **Mild-tempered**, d'une disposition douce. **Better-tempered**, d'une humeur plus égale. *See also* BAD-TEMPERED, GOOD-TEMPERED, HOT-TEMPERED, ILL-TEMPERED, QUICK-TEMPERED, SHORT-TEMPERED, *etc.*

tempering, *s.* **1.** *Tchn:* (*a*) Gâchage *m*, délayage *m* (du mortier, etc.); broyage *m* (des couleurs). (*b*) *Metall:* (i) Trempe *f*; (ii) recuit *m*, recuite *f*; revient *m*, revenu *m* (après trempe); adoucissage *m*. **Water tempering**, trempe à l'eau. **Oil tempering**, revenu au bain d'huile. **Tempering colour**, couleur *f* de revenu. *See also* BATH[1] 3. **2.** (*a*) Modération *f*, adoucissement *m* (d'une peine, etc.). *T. of a quality with another*, mélange *m* d'une qualité à une autre. (*b*) Maîtrise *f* (de ses passions, etc.).

'tempering-furnace, *s. Metall:* Four *m* à tremper, à recuire.

tempera ['tempəra], *s. Art:* = DISTEMPER[3] 1.

temperament ['tempərəmənt], *s.* **1.** (*Of pers.*) Tempérament *m*, constitution *f*, humeur *f*, complexion *f*. **Sanguine temperament**, tempérament sanguin. **2.** *Mus:* Tempérament. *Equal t., even t.*, tempérament égal. (*In piano tuning*) **To set the temperament**, accorder par tempérament.

temperamental [tempərə'ment(ə)l], *a.* **1.** Du tempérament; constitutionnel. **2.** (*Of pers.*) (*a*) Capricieux, fantasque. (*b*) Qui s'emballe ou se déprime facilement. (*c*) Instable. *Games: T. player*, joueur inconstant.

temperance ['tempərəns], *s.* **1.** Tempérance *f*; modération *f*, retenue *f* (dans les plaisirs, dans la conduite de la vie). **2.** (*a*) Tempérance, sobriété *f* (à table). (*b*) Abstention *f* des boissons alcooliques ou alcoolisées; antialcoolisme *m*. **Temperance society**, société *f* de tempérance; ligue *f* antialcoolique. **Temperance hotel**, (i) hôtel *m* antialcoolique; (ii) hôtel où la vente des boissons alcooliques n'est pas autorisée (ce qui n'empêche pas le client de s'en pourvoir par ailleurs).

temperate ['tempəret], *a.* **1.** (*a*) (*Of pers., etc.*) Tempérant, sobre; (*with regard to pleasures, etc.*) modéré. *T. habits*, habitudes *f* de sobriété. (*b*) (*Of language, etc.*) Modéré, mesuré. *To be t.*, garder la mesure (dans ses paroles, etc.). **2.** (*Of climate, zone, etc.*) Tempéré. **3.** *Mus:* **Temperate scale**, gamme tempérée. **-ly**, *adv.* Modérément; sobrement; avec modération; avec mesure.

temperateness ['tempəretnəs], *s.* **1.** Modération *f*, retenue *f*; sobriété *f*. **2.** Douceur *f* (du climat).

temperature ['temp(ə)rətjər], *s.* Température *f*. (*a*) *Ph:* **Absolute temperature**, température absolue. *T. at which ice melts*, température de la glace fondante. *Meteor:* **Fall in temperature**, refroidissement *m* du temps. *Normal t., high t., low t.*, température moyenne, élevée, basse. *See also* CORRECT[1] 2. (*b*) *Med:* **To take s.o.'s temperature**, prendre la température de qn. **To have a high temperature**, *F:* **to have a temperature, to run a temperature**, avoir de la température, de la fièvre; être fiévreux. **Temperature chart**, feuille *f* de température.

temperer ['tempərər], *s.* (*a*) *Metall:* Trempeur *m* (d'acier). (*b*) Gâcheur *m* (de mortier, etc.).

tempersome ['tempərsəm], *a. F:* Coléreux, emporté, irritable.

tempest ['tempest], *s.* **1.** Tempête *f*, tourmente *f*. **2.** *F:* Commotion *f* (politique, etc.); tempête (d'applaudissements, d'injures).

'tempest-beaten, *a.* Battu par la tempête, par les tempêtes.

'tempest-blown, *a.* = TEMPEST-TOSSED.

'tempest-swept, *a.* Balayé par la tempête.

'tempest-tossed, *a.* Ballotté par la tempête.

tempestuous [tem'pestjuəs], *a.* **1.** (*Of weather, climate, etc.*) Tempétueux; de tempête. **2.** *F:* (*Of meeting, etc.*) Orageux; (*of pers., mood, etc.*) turbulent, impétueux, fougueux, agité, violent. **-ly**, *adv.* Tempétueusement.

tempestuousness [tem'pestjuəsnəs], *s.* **1.** Violence *f* (du temps, etc.). **2.** *F:* Caractère orageux (d'une réunion, etc.); turbulence *f*, agitation *f*, violence *f* (de qn, etc.).

templar ['templər], *s.* **1.** *Hist:* **(Knight) Templar**, templier *m*; chevalier *m* du Temple. **2.** Jurisconsulte *m*, étudiant *m* en droit, du *Temple, q.v. under* TEMPLE[1] 3. **3.** **Good Templars, Free Templars**, sociétés de tempérance (quasi secrètes, à l'instar des francs-maçons).

template ['templet], *s.* = TEMPLET.

temple[1] [templ], *s.* **1.** Temple *m*. **2.** (*a*) *B.Hist:* **The Temple**, le Temple. (*b*) **The Knights of the Temple**, les chevaliers *m* du Temple. **3.** (*In London*) **The Temple**, anciennement la maison des Templiers; aujourd'hui nom donné à deux des '*Inns of Court*,' *q.v.*

'Temple 'Bar, *s. Hist:* La Barrière du Temple (à l'entrée de Fleet St et de la Cité de Londres; remplacée aujourd'hui par une colonne commémorative).

temple[2], *s. Anat:* (*a*) Tempe *f*. *Struck on the t.*, frappé à la tempe. (*b*) Larmier *m* (du cheval).

'temple-bone, *s.* Os temporal, *pl.* os temporaux.

temple[2], *s. Usu.pl. Tex:* Tempe *f*, tempia *m*, temple *m*, templet *m*, tendoir *m*, rame *f* (du métier).

templet ['templet], *s.* **1.** *Carp: Metalw: etc:* Gabarit *m*, calibre *m*, patron *m*, échantillon *m*, jauge *f*; *Stonew:* cherche *f*. *Mec.E:* **Cam templet**, pistolet *m* pour cames. *Civ.E:* **Road templet**, cerce *f* de chaussée. *Metall:* **Core templet**, trousse *f* de noyau. *Const: T. of an arch*, cintre *m* d'une arche. **2.** *Const:* Sablière *f*. **3.** *Tex:* = TEMPLE[2].

tempo, *pl.* **-i** ['tempo, -iː], *s. Mus:* Tempo *m*. **Tempo primo, a tempo**, à la mesure; à la même; a tempo; tempo primo. *F: Break-downs that upset the t. of production*, pannes *f* qui interrompent le rythme de la production.

temporal[1] ['tempərəl]. *Anat:* **1.** *a.* (Os, etc.) temporal, -aux. **Temporal muscle**, muscle temporal. **2.** *s.* (*a*) Temporal *m* (os ou muscle). (*b*) Artère temporale.

temporal[2], *a.* **1.** *Jur: etc:* Temporel. **The lords spiritual and temporal**, les lords spirituels et les lords temporels. *Ecc:* **Temporal power**, (i) puissance temporelle; (ii) pouvoir temporel (du pape). *T. affairs*, les affaires séculières. **2.** (*a*) *T. expression*, phrase *f* qui exprime une idée de temps. *T. and spatial existence*, existence *f* dans le temps et dans l'espace. (*b*) *Gram:* (Augment, etc.) temporel.

temporality [tempo'raliti], *s.* **1.** *Ecc:* Revenu *m* d'un bénéfice; temporel *m*. *Usu. pl.* **Temporalities**, possessions *f* ecclésiastiques; revenus *m* ecclésiastiques. **2.** = TEMPORARINESS.

temporalty ['tempərəlti], *s.* **1.** *A:* = TEMPORALITY 1. **2.** *Coll.* **The temporalty**, les laïques *m*.

temporariness ['tempərərinəs], *s.* Caractère *m* temporaire, provisoire (d'une mesure, etc.).

temporary ['tempərəri], *a.* (*a*) (*Of arrangement, building, etc.*) Temporaire, provisoire. *T. measures*, mesures *f* provisoires. *Cust: Passed for t. importation*, admis en franchise temporaire. *T. committee*, comité *m* provisoire, de circonstance. *T. officer*, officier *m* temporaire, de circonstance, intérimaire. *Hist:* '**Temporary gentleman**,' "gentleman *m* à titre temporaire." (Désignation familière des officiers recrutés dans le civil et dans les rangs, 1914-18.) *To exercise t. command*, commander par intérim. *Adm:* **Temporary appointment**, emploi *m* amovible. **Temporary lodging**, pied-à-terre *m inv*. *T. apparatus*, installation *f* de fortune. *Const: T. material*, matière *f* d'attente. *Surg:* **Temporary ligature**, ligature *f* d'attente. *Rail:* **Laying of a temporary track**, pose volante. (*b*) (*Of absence, relief, etc.*) Momentané. *The improvement is but t.*, l'amélioration n'est que passagère, momentanée. *To give t. relief to a sick person*, soulager un malade pour le moment. **-ily**, *adv.* (*a*) Temporairement, provisoirement; par intérim. (*b*) Momentanément; pour le moment.

temporization [temporai'zeiʃ(ə)n], *s.* **1.** Temporisation *f*. *He advised t.*, il nous conseilla d'essayer de gagner du temps. **2.** Transaction *f*; compromis *m*.

temporize ['tempəraiz], *v.i.* **1.** Temporiser; chercher à gagner du temps. **2.** Transiger provisoirement (*with*, avec); se plier aux circonstances.

temporizing[1], *a.* Temporisateur, -trice; de temporisation. **Temporizing policy**, politique *f* de temporisation, d'attente, de compromission.

temporizing[2], *s.* = TEMPORIZATION.

temporizer ['temporaizər], *s.* Temporisateur, -trice; temporiseur, -euse.

temporo- ['tempəro], *comb.fm. Anat:* Temporo-. **Temporo-auricular**, temporo-auriculaire. **Temporo-mastoid**, temporo-mastoïdien.

temporo-facial ['tempəro'feiʃjəl], *a. Anat:* Temporo-facial, -aux.

temporo-maxillary ['tempəromak'siləri], *a. Anat:* Temporo-maxillaire.

temporo-parietal ['tempəropa'raiət(ə)l], *a. Anat:* Temporo-pariétal, -aux.

tempt [tem(p)t], *v.tr.* Tenter. **1.** Faire des efforts pour séduire (qn). *The serpent tempted Eve*, le serpent tenta Ève. *To t. s.o. to evil*, induire qn au mal. **To tempt s.o. to do sth.**, induire qn à faire qch.; tenter qn pour lui faire faire qch. *To t. a patient to eat*, affriander, allécher, un malade. **To allow oneself to be tempted**, se laisser tenter; céder à la tentation. *I was greatly tempted*, l'occasion était bien tentante. *I was tempted to try*, je fus tenté d'essayer. *I am strongly tempted to accept*, j'ai bien envie d'accepter. *The fine weather tempts us to go out*, le beau temps nous invite à sortir, à la promenade. *Your offer tempts me*, votre offre est bien tentante; votre offre me séduit, m'attire. *F:* **To tempt the fishes**, taquiner le goujon; pêcher. **2.** (*a*) *A:* (*Test*) Éprouver (qn); mettre (qn) à l'épreuve. *B: God did t. Abraham*, Dieu tenta Abraham. (*b*) **To tempt God, providence, fate**, tenter Dieu, la providence, le sort.

tempting[1], *a.* **1.** (*Of demon, etc.*) Qui tente, qui induit au mal. **2.** Tentant, alléchant; (*of proposition, offer, etc.*) séduisant, attrayant; (*of dish, etc.*) ragoûtant, affriandant, affriolant, appétissant. *Not very t.*, (i) peu ragoûtant; (ii) peu attrayant.

tempting[2], *s.* Tentation *f* (*of*, de).

temptation [tem(p)'teiʃ(ə)n], *s.* Tentation *f*. *The temptations to sin*, les tentations au mal; les invites *f* au péché. *The t. to do sth.*, la tentation de faire qch. **To throw temptation in s.o.'s way**, exposer qn à la tentation. **To yield to temptation**, succomber à la tentation; se laisser tenter. *See also* LEAD[4] I. 1.

tempter ['tem(p)tər], *s.* Tentateur *m*. **The Tempter, le Tentateur**; l'Esprit séducteur; le Démon.

temptress ['tem(p)tres], *s.f.* Tentatrice.

ten [ten], *num.a.* & *s.* **1.** Dix (*m*). *Number ten*, le numéro dix. *Some ten years back, about ten years ago*, il y a une dizaine d'années. *To count in tens*, compter par dizaines. *Thirty is ten times as much as three*, trente est (le) décuple de trois. *F:* **Ten to one he'll find it out**, je vous parie, il y a dix à parier contre un, qu'il le découvrira. *Ven:* **Hart of ten**, cerf *m* dix cors. **Anger gave him the strength of ten**, la colère décuplait ses forces. *See also* UPPER I. 2. (*For other phrases see* EIGHT.) **2.** *Aut: F:* **A ten**, une voiture de dix chevaux; *F:* une dix chevaux.

ten-'pointer, *s. Ven:* Cerf *m* dix cors.

'ten-pole, *attrib.a. El.E:* (Stator *m*, etc.) décapolaire.

ten-'pounder, *s.* **1.** Poisson *m*, balle *f*, etc., pesant dix livres. **2.** Canon *m* de dix (livres). **3.** *Pol.Hist: A:* Électeur *m* en vertu de l'occupation d'un immeuble d'une valeur locative de dix livres au moins; = censitaire *m*.

tenable ['tenəbl], *a.* **1.** (Position *f*, forteresse *f*) tenable; (théorie *f*) soutenable. **2. Post tenable for three years**, poste auquel on est nommé pour trois ans.

tenace ['tenes], *s. Cards:* Tenace *f*; (*in dummy*) fourchette *f*, impasse *f*. **To have, hold, the tenace**, être tenace. *To play through a t. in the dummy*, jouer dans les impasses du mort, dans les fourchettes du mort.

tenacious [ti'neiʃəs], *a.* Tenace. **1.** (*a*) *T. alloy, rock*, alliage *m*, roche *f*, tenace. (*b*) *T. weeds, prickles*, herbes *f*, piquants *m*, tenaces, qui s'accrochent. *T. memory*, mémoire tenace, sûre. **2.** (*Of pers.*) (*a*) **To be tenacious of one's opinion**, adhérer à, tenir à, son opinion. *To be t. of one's rights*, être attaché à ses droits. (*b*) Opiniâtre, obstiné. **-ly**, *adv.* Obstinément; avec ténacité.

tenaciousness [ti'neiʃəsnəs], **tenacity** [ti'nasiti], *s.* Ténacité *f*. **1.** (*a*) Cohésion *f* (d'un métal, etc.). (*b*) Sûreté *f* (de la mémoire). **2.** (*a*) Attachement *m* (à ses droits, etc.). (*b*) Obstination *f*.

tenaculum, *pl.* **-a** [ti'nakjuləm, -ə], *s. Surg:* Érigne *f*, érine *f*, tenaculum *m*.

tenail(le) [ti'neil], *s. Fort:* Tenaille(s) *f*(*pl*).

tenancy ['tenənsi], *s.* **1.** Location *f*. *Expiration of t.*, expiration *f* de bail; échéance *f* de location. **2.** *During my t.*, pendant la période de ma location; pendant que j'étais locataire. **3. To hold a life tenancy of a house**, jouir viagèrement d'une maison.

tenant[1] ['tenənt], *s.* Locataire *mf*. *Quarterly t.*, locataire trimestriel. **Under-tenant**, sous-locataire *mf*. **Tenant in possession**, occupant, -ante. **Tenant for life**, usufruitier, -ière. **Tenant at will**, locataire dont la location dépend du bon vouloir du locateur, qui ne tient la propriété qu'à la volonté du locateur. **Tenant's repairs**, réparations locatives. **Tenant's risks**, risques locatifs. *See also* GAME-TENANT.

tenant-'farmer, *s.* Tenancier *m*; cultivateur *m* à bail. *T.-f. paying rent in kind*, colon *m* partiaire.

tenant-'right, *s. Jur:* Droits *mpl* du tenancier.

tenant[2], *v.tr.* Habiter (une maison, etc.) comme locataire. *Houses tenanted by workmen*, maisons occupées par les classes artisanes.

tenantable ['tenəntəbl], *a.* **1.** (*Of house, etc.*) Habitable, *F:* logeable. **2. Tenantable repairs**, réparations locatives.

tenantless ['tenəntləs], *a.* (*Of house, etc.*) Sans locataire; vide; inhabité.

tenantry ['tenəntri], *s. Coll.* **1.** Locataires *mpl*. **2.** Les tenanciers *m* et fermiers *m* (d'un domaine).

tench [tenʃ], *s. Ich:* Tanche *f*. *See also* SEA-TENCH.

tend[1] [tend]. **1.** *v.tr.* Soigner (un malade, etc.); panser (un blessé); surveiller (des enfants, une machine, etc.); garder (les moutons, etc.); entretenir (un jardin); veiller à la chauffe (d'une chaudière). **To tend the fire**, soigner le feu. *U.S:* **To tend shop**, tenir boutique. **2.** *v.i.* **To tend (up)on s.o.**, servir qn; *esp.* servir qn à table.

tending, *s.* Soins *mpl*, garde *f*, surveillance *f*, entretien *m* (*of*, de).

tend[2], *v.i.* **1.** (*a*) (*Of road, course, etc.*) Tendre, se diriger, aller, tourner (*towards*, vers). *Their steps t. in the direction of the town*, leurs pas se dirigent vers la ville. *The road tends downwards*, la route va en descendant. *The path tends this way*, le sentier tourne de ce côté. *F:* **Where do these plans tend?** à quoi tendent ces projets? **Doctrine that tends towards socialism**, doctrine qui penche vers le socialisme, qui donne dans le socialisme. *These portraits tend towards caricature*, ces portraits tournent à la caricature. **Blue tending to green**, bleu tirant sur le vert. (*b*) *Examples that t. to undermine morality*, exemples qui tendent à ébranler les mœurs. **Everything tends to exaggerate the incident**, tout conspire à grossir l'incident. *Speeches tending to prove that . . .*, discours tendant(s) à prouver que. . . . **To tend to the success of an enterprise**, contribuer au succès d'une entreprise. **2. To tend to do sth.**, être susceptible de, être sujet à, faire qch. *We do not t. to accept the truth eagerly*, nous ne sommes pas enclins à accueillir la vérité. (*Of vehicle*) *To t. to overturn*, être sujet à verser. *Woollens that t. to shrink*, lainages qui sont susceptibles de se rétrécir, qui ont tendance à rétrécir. **3.** *Nau:* (*a*) (*Of ship*) Éviter. (*b*) *v.tr.* **To tend the ship**, faire éviter un navire (au mouillage) en conservant les chaînes claires; veiller l'évitage.

tendance ['tendəns], *s. A:* **1.** Soin(s) *m*(*pl*). **2.** Suite *f*; serviteurs *mpl*.

tendencious [ten'denʃəs], *a.* = TENDENTIOUS.

tendency ['tendənsi], *s.* Tendance *f*, inclination *f*, disposition *f*, penchant *m* (*to*, à). **Tendency to drink**, penchant à la boisson. *To show a t. to improve*, montrer une tendance à se corriger. *To cure an evil t.*, redresser un mauvais penchant. *To have a t. to sth., to do sth.*, avoir une tendance à qch., à faire qch. *Stuffs that have a t. to shrink*, étoffes *f* qui sont susceptibles de, qui ont tendance à, se rétrécir. *There is a t. for the weak vowels to disappear*, les voyelles *f* faibles tendent à disparaître. **A growing tendency**, une tendance de plus en plus marquée. *To have a t. to catch cold*, avoir une disposition à s'enrhumer. *Med:* **Rheumatic tendency**, diathèse rhumatismale. *Where there is a rheumatic t. . . .*, quand le malade est sujet aux rhumatismes. . . . *Ph: T. of bodies (to move) towards a centre*, tendance des corps vers un centre. *Fin:* **Tendencies of the market**, tendances du marché. *Strong upward t.*, forte poussée vers la hausse.

tendential [ten'denʃəl], **tendentious** [ten'denʃəs], *a.* Tendanciel, tendancieux. **Tendential book**, livre *m* à tendance.

tendentiously [ten'denʃəsli], *adv.* Dans un but secret, tendancieux.

tendentiousness [ten'denʃəsnəs], *s.* *Art free from t.*, art *m* libre de tendances.

tender[1] ['tendər], *s.* **1.** *Esp. U.S:* (*Pers.*) (*a*) Machiniste *m.* (*b*) Garde *m*, gardien *m* (d'un pont à bascule, etc.). (*c*) **(Bar-)tender,** garçon *m* de comptoir. **2.** (*a*) *Nau:* Bateau *m* annexe; annexe *f*; tender *m*. *Navy:* **Aircraft tender,** ravitailleur *m* d'aviation, d'hydravions. (*b*) *Rail:* Tender.

tender[2], *a.* **1.** Tendre; peu résistant. *Cu:* **Tender meat,** viande tendre. *To make meat t.*, amortir, attendrir, la viande. (*Of meat*) *To become t.*, s'attendrir. *Dial:* **Tender porcelain,** porcelaine *f* tendre. **2.** Tendre, sensible, susceptible. (*a*) **Tender to the touch,** sensible, douloureux, au toucher. **To touch s.o. on a tender spot,** toucher qn à l'endroit sensible. **To have tender feet,** (i) avoir des pieds qui supportent mal la marche, la fatigue; (ii) avoir les pieds endoloris. **Horse with a tender mouth,** cheval qui a la bouche tendre, sensible, délicate, chatouilleuse. *Horse t. to the spur*, cheval tendre à l'éperon. (*b*) **Tender heart,** cœur *m* tendre, sensible. **Tender conscience,** conscience délicate, susceptible. (*c*) *Nau:* (Navire *m*) volage, qui manque de stabilité initiale. **3.** (*a*) (*Of plant, etc.*) Délicat, fragile. *F:* **Tender subject,** sujet délicat. (*b*) Jeune, tendre. *T. youth*, la tendre, verte, jeunesse. **Child of tender years,** enfant en bas âge. *To be of t. age*, être dans la tendresse de l'âge. **4.** (*Of colour, light, etc.*) Tendre, doux, fin. *The t. green of the first leaves*, le vert tendre des premières feuilles. **5.** (*Of pers., verses, sentiment, etc.*) Tendre, affectueux. *A t. farewell*, de tendres adieux *m*. *T. parents*, parents aimants, indulgents. *To have a t. recollection of s.o.*, conserver un souvenir ému, un doux souvenir, de qn. *See also* MERCY. **6.** Soigneux, soucieux, jaloux (*of*, de). *The law is very t. of their rights*, la loi est très soucieuse de leurs droits. **-ly,** *adv.* **1.** (Toucher, tenir, qch.) doucement, délicatement. **2.** Tendrement, affectueusement; avec tendresse.

'tender-'hearted, *a.* Compatissant; au cœur tendre, sensible. *To be too t.-h.*, avoir trop de cœur. **-ly,** *adv.* Avec compassion.

'tender-'heartedness, *s.* Sensibilité *f*.

'tender-'mouthed, *a.* (Cheval *m*) à la bouche chatouilleuse, tendre, délicate.

tender[3], *v.tr.* *Paperm:* Affaiblir (le papier, par un blanchiment trop prolongé, etc.).

tender[4], *s.* **1.** *Jur:* Offre réelle. **Tender of payment,** offre de paiement. **2.** *Com:* Soumission *f*, offre. *Tenders for loans*, soumissions d'emprunts. **To invite tenders for a piece of work,** mettre un travail en adjudication. *Allocation to lowest t.*, adjudication *f* au rabais. **To make, put in, send in, a tender for sth.,** soumissionner, faire une soumission, pour qch.; soumissionner un travail. **By tender,** par voie d'adjudication. *See also* SEALED 1. **3.** *Jur:* *Com:* **(Legal, lawful, common) tender,** cours légal; monnaie *f* libératoire; instruments de paiement légaux. (*Of money*) *To be legal t.*, avoir cours; avoir force libératoire.

tender[5]. **1.** *v.tr.* (*a*) *Jur:* *To t. money in discharge of debt*, faire une offre réelle. *To t. evidence, a plea*, présenter, avancer, des preuves, une défense. (*b*) *Jur:* **To tender an oath to s.o.,** déférer le serment à qn. **To tender back an oath, a decisive oath, to s.o.,** référer un serment (décisoire) à qn. (*c*) Offrir (ses services, une somme, ses félicitations, etc.). *To t. one's resignation*, offrir de démissionner. (*d*) *U.S:* Offrir, donner (un banquet, etc.). *To t. an ovation to s.o.*, faire une ovation à qn. **2.** *v.i.* *Com:* **To tender for sth.,** soumissionner (pour) qch.; faire une soumission pour qch. *To t. to the government for a loan*, soumissionner un emprunt. *To t. for a supply of goods*, soumissionner (pour) une fourniture de marchandises. *Party tendering for work on contract*, soumissionnaire *m*.

tenderer ['tendərər], *s.* **1.** Offreur *m* (*of*, de). **2.** *Ind:* *etc:* Soumissionnaire *m*. *Allocation to lowest t.*, adjudication *f* au rabais. *Successful t. for a contract*, adjudicataire *m*.

tenderfoot, *pl.* **-foots, -feet** ['tendərfut(s), -fiːt], *s.* *U.S:* Nouveau débarqué (qui n'est pas encore endurci à la vie du pionnier).

tenderloin ['tendərlɔin], *s.* **1.** *Cu:* Filet *m* (de bœuf, de porc). **2.** *U.S:* *P:* **The Tenderloin District,** le quartier des boîtes de nuit (à New York et ailleurs).

tenderness ['tendərnəs], *s.* **1.** *Cu:* Tendreté *f* (de la viande). **2.** Sensibilité *f* (de la peau, etc.). **3.** Délicatesse *f*, fragilité *f* (d'une plante, etc.); délicatesse (de conscience). **4.** Douceur *f*, qualité *f* tendre (de la lumière, etc.). **5.** Tendresse *f* (des sentiments); affection *f* (*for*, pour).

tendinous ['tendinəs], *a.* Tendineux.

tendon ['tendən], *s.* *Anat:* Tendon *m*. *See also* ACHILLES, TEAR[2] 1.

tendrac ['tendrak], *s.* *Z:* = TANREC.

tendril ['tendril], *s.* *Bot:* Vrille *f*, cirre *m*, anille *f*; nille *f*, griffe *f* (de vigne). *With tendrils*, vrillé, anillé.

tendrilled ['tendrild], *a.* *Bot:* Cirré, anillé, vrillé, vrillifère.

tenebrae ['tenebriː], *s.pl.* *R.C.Ch:* Les Ténèbres *f* (matines de la semaine sainte).

tenebrio [te'nebrio], *s.* *Ent:* Ténébrion *m*.

tenebrous ['tenibrəs], *a.* *A:* Ténébreux.

tenement ['tenimənt], *s.* **1.** *Jur:* (*a*) Fonds *m* de terre. (*b*) Jouissance *f*, tenure *f* (selon le plaisir du propriétaire). **2.** *A:* Habitation *f*. **3.** (*a*) Appartement *m* dans une maison de rapport. (*b*) *Scot:* Maison de rapport.

'tenement house, *s.* Maison *f* de rapport; maison locative destinée au logement des classes ouvrières; logements ouvriers.

tenesmus [ti'nezməs], *s.* *Med:* Ténesme *m*.

tenet ['tiːnet, 'te-], *s.* (*a*) Doctrine *f*, dogme *m*; principe *m*. (*b*) *F:* Opinion *f*.

tenfold ['tenfould]. **1.** *a.* Décuple. **2.** *adv.* Dix fois autant; au décuple. *T. stronger*, dix fois plus fort; dix fois aussi fort. *To repay s.o. t.*, rendre à qn le décuple de ses avances; rendre à qn dix fois autant. *To increase t.*, décupler.

tenner ['tenər], *s.* *F:* Billet *m* de dix livres, *U.S:* de dix dollars.

Tennesseean [tene'siːən], *a.* & *s.* *Geog:* (Originaire, natif) du Tennessee.

tennis ['tenis], *s.* **1.** **(Lawn-)tennis,** (lawn-)tennis *m*; tennis sur gazon. *See also* TABLE-TENNIS. **2.** (Jeu *m* de) paume *f*. **Court tennis, close tennis,** courte paume. **Open-air tennis,** longue paume.

'tennis-arm, *s.* *Med:* Crampe *f* du tennis.

'tennis-ball, *s.* Balle *f* de tennis.

'tennis-court, *s.* **1.** **(Lawn-)tennis-court.** (*a*) Court *m* (de tennis). (*b*) (Terrain *m* de) tennis *m*. **2.** ((i) Salle *f*, (ii) terrain *m*, de) jeu *m* de paume. *Fr.Hist:* **The Oath of the Tennis-Court,** le Serment du Jeu de Paume (1789).

'tennis-cramp, -elbow, *s.* = TENNIS-ARM.

'tennis-ground, *s.* Terrain *m* de tennis; tennis *m*.

'tennis-player, *s.* Joueur, -euse, de tennis; tennisman *m*, *pl.* -men.

Tennysonian [teni'sounjən]. **1.** *a.* A la manière de Tennyson; inspiré de Tennyson. **2.** *s.* Admirateur *m*, imitateur *m*, disciple *m*, de Tennyson.

tenon[1] ['tenən], *s.* **1.** *Carp:* Tenon *m*; (*on foot of post, etc.*) goujon *m*. **Through-tenon,** tenon passant. **End-tenon,** tenon en about. *See also* JOINT[1] 1, SAW[1], STUB-TENON, TUSK-TENON. **2.** *Metalw:* Ailette *f*.

tenon[2], *v.tr.* *Carp:* *etc:* Tenonner (une pièce de charpente, etc.); empatter, assembler à tenon (des pièces de bois, etc.). **To tenon and mortise,** assembler à tenon et mortaise.

tenoning, *s.* Empattement *m*; assemblage *m* à tenon (et mortaise).

'tenoning-machine, *s.* Machine *f* à (faire les) tenons; tenonneuse *f*.

tenor ['tenər], *s.* **1.** (*a*) *Jur:* Copie *f* conforme. (*b*) Teneur *f* (d'un acte, etc.); contenu *m*, sens général (d'une lettre, etc.). *The full t. of his words*, la portée de ses paroles. (*c*) Cours *m*, marche *f*, progrès *m* (des affaires, de la vie, etc.). *The even t. of his life*, le cours, la teneur, tranquille de sa vie. **2.** *Com:* (Terme *m* d')échéance *f* (d'une lettre de change). **3.** *Mus:* (*a*) (*Voice or singer*) Ténor *m*. **Comedy-tenor,** ténor léger; trial *m*, *pl.* trials. **Light tenor,** haute-taille *f*, *pl.* hautes-tailles. **Tenor voice,** voix *f* de ténor. **Tenor clef,** clé *f* d'ut quatrième ligne. (*b*) **Tenor violin,** alto *m*. **Tenor saxhorn** *or* **saxophone** (*in E flat*), alto. (*c*) **Tenor (bell),** bourdon *m* (d'une sonnerie).

tenorino, *pl.* **-ni** [teno'riːno, -niː], *s.m.* *Mus:* Tenorino.

tenotome ['tenotoum], *s.* *Surg:* Ténotome *m*.

tenotomy [te'nɔtomi], *s.* *Surg:* Ténotomie *f*. **Tenotomy knife,** ténotome *m*.

tenpence ['tenpəns], *s.* Dix pence *m*.

tenpenny ['tenpəni], *attrib.a.* (Article *m*, etc.) de, à, dix pence. **Tenpenny nail,** très fort clou.

tenpin ['tenpin], *s.* *U.S:* Quille *f*. **Tenpins,** jeu *m* de quilles.

tenrec ['tenrek], *s.* *Z:* = TANREC.

tense[1] [tens], *s.* *Gram:* Temps *m*. **In the future tense,** au (temps) futur.

tense[2], *a.* **1.** (*Of cord, etc.*) Tendu, rigide, raide. **2.** *F:* (*Of nerves, relations, mind, etc.*) Tendu. **Tense moment, moment of tense excitement,** moment de forte tension; moment angoissant. **Tense silence,** silence émotionnant, impressionnant. **Tense voice,** voix étranglée (par l'émotion). *The crowd was t. with expectancy*, tous les esprits étaient tendus. *T. situation*, situation tendue. **-ly,** *adv.* **1.** Rigidement, raidement; avec tension. **2.** *F:* (Avec) les nerfs tendus, l'esprit tendu. *To think t.*, penser avec concentration. *Nerves t. strung*, nerfs tendus au plus haut point. *Crowd t. awaiting the match*, foule tendue dans l'attente du match.

tenseness ['tensnəs], *s.* **1.** Rigidité *f*; (état *m* de) tension *f* (des muscles, etc.). **2.** Tension (de relations, etc.). *The t. of the situation has been relieved by . . .*, une détente s'est produite dans la situation par suite de. . . .

tensile ['tensail, -sil], *a.* **1.** Extensible, élastique; (*of metal*) ductile. **2.** *Mec:* De tension, de traction; extensif. **Tensile stress, force, load,** effort *m* de traction. (*Internal*) *t. stresses of a cooling body*, tensions *f* d'un corps qui se refroidit. **Tensile stretch,** allongement *m* (à l'essai). **Tensile strain,** déformation due à la traction. **High-tensile steel,** acier *m* de, à, haute tension, à haute résistance. *See also* ELASTICITY, STRENGTH 1.

tension ['tenʃ(ə)n], *s.* **1.** (*a*) Tension *f*, raideur *f*, rigidité *f* (d'une corde, des muscles, etc.). *Mec.E:* **Belt tension,** tension de courroie. **Adjustable tension chain,** chaîne *f* à tension réglable. (*b*) *F:* Tension, état tendu (des nerfs, de l'esprit, etc.). (*c*) Tension, pression *f* (d'un gaz, d'une vapeur). *Ph:* **Surface tension,** tension superficielle; tension de surface. (*d*) *El:* Tension, voltage *m*. **High-, low-tension circuit,** circuit *m* de haute, basse, tension. **High-tension magneto,** magnéto *f* à haute tension. **Cable under tension,** câble *m* sous pression. **2.** *Mec.E:* Traction *f*. **To be in tension, under stress of tension,** travailler à la traction; être en traction. **Tension member,** membrure *f* travaillant à l'extension. **3.** (*Device*) Tendeur *m* (d'une machine à coudre).

'tension-band, *s.* Collier *m* de serrage.

'tension-bar, *s.* *Aut:* *etc:* Tendeur *m* (du châssis, etc.).

'tension-block, *s.* *Mec.E:* Renvoi tendeur. *Balanced t.-b.*, contrepoids tendeur.

'tension-bridge, *s.* *Civ.E:* (Pont *m*) bow-string *m*.

'tension-frame, *s.* *Tex:* = TEMPLE[3].

'tension-member, -rod, *s.* = TENSION-BAR.

'tension-pulley, -roller, *s.* *Mec.E:* *etc:* **Galet tendeur,** de tension.

'tension-screw, *s.* Vis *f* de tension.

'tension-spring, *s.* Ressort *m* de traction.

'tension-strap, *s.* = TENSION-BAND.

tensional ['tenʃən(ə)l], *a.* (Force *f*, etc.) de tension.

tensive ['tensiv], *a.* *Med:* Tensif. *Esp.* **Tensive pain,** douleur tensive.

tensor ['tensər]. **1.** *a.* & *s. Anat:* Tenseur (*m*). **2.** *s. Mth:* Tenseur.

tent[1] [tent], *s.* (*a*) Tente *f*. **Bell-tent,** tente conique. *Touring t.*, tente de tourisme. **To pitch (the) tents,** dresser les tentes. *See also* SHELTER-TENT, STRIKE[2] I. 8, SULK[2]. (*b*) *Phot:* **Dark tent,** chambre noire portative. (*c*) *Med:* **Tent(-bed),** tente de vapeurs.

'tent-cloth, *s.* Grosse toile à tente; toile de tente.

'tent-peg, *s.* Piquet *m*, broche *f*, de tente; piquet de fixation d'une tente.

'tent-pegging, *s.* Sport pratiqué dans la cavalerie, où il s'agit d'enlever au galop, du bout de sa lance, un piquet de tente fiché en terre.

'tent-rope, *s.* Cordon *m*, cordeau *m*, de tirage (d'une tente); hanet *m*.

'tent-stitch, *s. Needlew:* (*In tapestry*) Petit point.

tent[2]. **1.** *v.i. F:* **To tent (it),** camper; vivre sous la tente, dans une tente. **2.** *v.tr.* Tenter (des soldats, un bateau, etc.). *The officers are tented in the same manner as the men*, les officiers vivent sous la tente de même que la troupe.

tented, *a.* **1.** (Terrain) couvert de tentes. **2.** (Armée) pourvue de tentes; (camp) tenté, de tentes. **3.** (Camion, etc.) bâché.

tent[3], *s. Surg:* Mèche *f*, tampon *m*; *A:* tente *f*.

tent[4], *v.tr. Surg:* Introduire une mèche dans, tamponner (une plaie).

tent[5], *s.* **Tent (wine),** tinto *m*.

tentacle ['tentəkl], *s. Nat.Hist:* (*a*) Tentacule *m*. (*b*) Cirre *m*.

tentacled ['tentəkld], **tentaculate** [ten'takjulet], *a. Nat.Hist:* Tentaculé.

tentacular [ten'takjulər], *a. Nat.Hist:* Tentaculaire.

tentage ['tentedʒ], *s.* Matériel *m* de tente.

tentative ['tentətiv]. **1.** *a.* Expérimental, -aux; d'essai. *T. conclusion*, conclusion donnée à titre de suggestion; conclusion sujette à révision. **Tentative offer,** offre *f* pour entamer les négociations. *To make a t. offer*, faire une ouverture. **2.** *s.* Tentative *f*, essai *m*. **-ly,** *adv.* D'une manière tentative; en guise d'essai; expérimentalement; à titre d'expérience, d'essai.

tenter[1] ['tentər], *s. Tex:* **1.** = TEMPLE[3]. **2.** (*Machine*) Élargisseur *m*, élargisseuse *f*.

'tenter-hook, *s. Tex:* (Clou *m* à) crochet *m*. *F:* **To be on tenter-hooks,** être au supplice, dans des transes; être sur la braise, sur le gril, sur des charbons ardents; brûler à petit feu. **To keep s.o. on tenter-hooks,** faire mourir qn à petit feu; mettre qn au supplice; tenir qn le bec dans l'eau. *Don't keep us on tenter-hooks*, ne nous faites pas languir.

tenter[2], *v.tr. Tex:* Templer, tendre, élargir, ramer (le drap).

tentering, *s.* Élargissage *m*. **Tentering-machine,** élargisseuse *f*.

tenter[3], *s. F:* Celui qui vit sous la tente; amateur *m* de camping.

tenter[4], *s. Ind:* Soigneur *m* (de machines); machiniste *m*. **Shaping-machine tenter,** toupilleur *m*. **Planing-machine tenter,** raboteur *m* à la machine. *See also* CARD-TENTER, COMBING-MACHINE, FLYER 2.

tenth [tenθ]. **1.** *num. a.* & *s.* Dixième. *In the t. place*, en dixième lieu; dixièmement. (*For other phrases see* EIGHTH.) **2.** *s.* (*Fractional*) Dixième *m*. (*a*) *T. of a millimetre*, dixième de millimètre. *Nine tenths*, neuf dixièmes. *F:* **Nine tenths of the voters,** la majeure partie des électeurs. (*b*) *Hist.* & *Ecc:* Dîme *f*. **3.** *s. Mus:* (Intervalle *m* de) dixième *f*. **-ly,** *adv.* Dixièmement; en dixième lieu; décimo.

tenuiflorous [tenjui'flɔːrəs], *a. Bot:* Ténuiflore.

tenuifolious [tenjui'fouliəs], *a. Bot:* Ténuifolié.

tenuiroster [tenjui'rɔstər], *s. Orn:* Ténuirostre *m*.

tenuirostrate [tenjui'rɔstrit], *a. Orn:* Ténuirostre.

tenuirostres [tenjui'rɔstriːz], *s.pl. Orn:* Ténuirostres *m*.

tenuis, *pl.* **-ues** ['tenjuis, -juiːz], *s. Ling:* Consonne ténue, non voisée.

tenuity [te'njuiti], **tenuousness** ['tenjuəsnəs], *s.* **1.** Ténuité *f*, finesse *f* (d'un fil). **2.** Ténuité (d'un liquide, de l'air); raréfaction *f* (de l'air, d'un gaz); faiblesse *f*, ténuité (de la lumière); qualité *f* grêle (d'une voix); mièvrerie *f* (d'une œuvre littéraire).

tenuous ['tenjuəs], *a.* **1.** Ténu; effilé, délié; mince; très fin. **2.** (*a*) (Gaz) raréfié. (*b*) *T. distinctions*, distinctions ténues, subtiles. *T. voice*, voix *f* grêle. *T. style* (*of writing*), style étriqué, mièvre.

tenure ['tenjər], *s.* **1.** *Hist.* & *Jur:* Tenure *f*. **Feudal tenure,** tenure féodale. **Military tenure,** tenure de chevalier. **System of land tenure,** régime foncier. **2.** *Jur:* (Période *f* de) jouissance *f*, (période d')occupation *f* (d'un office, d'une propriété, etc.). **Communal tenure,** jouissance en commun (d'un bien). **Fixity of tenure,** (i) bail assuré; (ii) stabilité *f* d'un emploi. *During his t. of office*, pendant sa période d'activité. *F: He holds his life on a precarious t.*, sa vie tient à un fil.

teosinte [tiːo'sinti], *s. Bot: Agr:* Téosinte *m*.

tepee ['tiːpi, ti'piː], *s.* Tente-abri *f*, *pl.* tentes-abris (des Peaux-Rouges).

tepefy ['tepifai], *v.tr.* & *i.* Tiédir; faire tiédir; (faire) dégourdir (l'eau).

tephrite ['tefrait], *s. Miner:* Téphrite *f*.

tepid ['tepid], *a.* Tiède; (*of water*) dégourdi. *To make water t.*, attiédir, tiédir, faire dégourdir, l'eau. *To become t.*, tiédir; s'attiédir. *F:* **Tepid assent,** assentiment *m* tiède, qui manque d'ardeur. **-ly,** *adv.* Tièdement; sans ardeur; sans entrain.

tepidity [te'piditi], **tepidness** ['tepidnəs], *s.* Tiédeur *f* (de l'eau, *F:* d'un sentiment).

tepoy ['tiːpɔi], *s.* = TEAPOY.

ter [təːr]. *Lt.adv. Mus:* Ter; répéter trois fois.

Terai [tə'rai]. **1.** *Pr.n. Geog:* **The Terai,** le Teraï (de l'Himalaya). **2.** *s.* Chapeau *m* de feutre à double calotte.

teraphim ['terafim], *s.pl. B:* (*Usu. considered as a collective sg.; hence pl. occ.* **teraphims**) Téraphim *mpl*.

teratological [terato'lɔdʒik(ə)l], *a.* Tératologique.

teratologist [tera'tɔlədʒist], *s.* Tératologue *m*, tératologiste *m*.

teratology [tera'tɔlədʒi], *s.* Tératologie *f*.

terbium ['təːrbiəm], *s. Ch:* Terbium *m*.

terce [təːrs], *s. Ecc:* Tierce *f*.

tercel ['təːrs(ə)l], **tercelet** ['təːrs(ə)let], *s. Orn:* Tiercelet *m*; faucon *m* mâle.

tercentenary [təːrsen'tiːnəri, -'tenəri], *a.* & *s.* Tricentenaire (*m*).

tercentennial [təːrsen'tenjəl], *a.* Tricentenaire.

tercet ['təːrset], *s.* **1.** *Pros:* Tercet *m*. **2.** *Mus:* Triolet *m*.

terebella [tere'belə], *s. Ann:* Térébelle *f*.

terebellum [tere'beləm], *s. Moll:* Terebellum *m*; *F:* tarière *f*.

terebene ['terebiːn], *s. Pharm:* Térébène *m*.

terebenthene [tere'benθiːn], *s. Ch:* Térébenthène *m*.

terebic [te'rebik], *a. Ch:* (Acide *m*) térébique.

terebinth ['terebinθ], *s. Bot:* Térébinthe *m*.

terebra, *pl.* **-ae** ['terebra, -iː], *s. Ent:* Tarière *f* (d'insecte).

terebrant ['terebrənt], *a.* (Ver, etc.) térébrant.

terebrantia [tere'branʃia], *s.pl. Ent:* Térébrants *m*.

terebrate ['terebreit], *v.tr. A:* Térébrer; percer (avec une tarière).

terebrating, *a. Med:* **Terebrating pain,** douleur térébrante.

teredo, *pl.* **-dines, -dos** [te'riːdo, -diniːz, -douz], *s. Moll:* Taret (naval); perce-bois *m inv*; ver *m* de mer.

Terence ['terəns]. *Pr.n.m. Lt.Lit:* Térence.

Teresa [te'riːza]. *Pr.n.f.* Thérèse.

tergal ['təːrg(ə)l], *a. Nat.Hist:* Tergal, -aux; dorsal, -aux.

tergeminal [təːr'dʒemin(ə)l], **tergeminate** [təːr'dʒeminet], *a. Bot:* Tergéminé, trigéminé.

tergiversate ['təːrdʒivərseit], *v.i.* Tergiverser.

tergiversation [təːrdʒivər'seiʃ(ə)n], *s.* Tergiversation *f*. **1.** Changements *mpl* de front. **2.** Recours *m* aux équivoques, aux faux-fuyants.

tergiversator ['təːrdʒivərseitər], *s.* Tergiversateur, -trice.

term[1] [təːrm], *s.* **1.** (*a*) Terme *m*, borne *f*, fin *f*, limite *f*. *The t. of life*, le terme, la fin, de la vie. **To set, put, a term to sth.,** fixer une limite à qch.; assigner une fin, un terme, à qch. (*Of pregnant woman*) **To have reached her term,** être à terme. (*b*) *Com:* (Terme d')échéance *f* (d'une lettre de change). **2.** (*a*) Terme, période *f*, durée *f*. **Term of a lease,** terme, durée, d'un bail. *Banishment* **for a term of years,** banissement *m* à temps. *The loan shall be for a t. of twenty years*, l'emprunt sera conclu pour vingt ans. *His t.* (*of imprisonment, etc.*) *is up*, son temps est fini. **During his term of office,** pendant sa période d'activité. **Term of notice** (*to employee or employer*), délai *m* de congé. **Term of copyright,** délai, durée, du droit d'auteur; délai de protection (littéraire). **To owe a term's rent,** devoir trois mois de loyer; devoir un terme. *Com:* **Term of payment,** délai de paiement. **Long-term transaction, short-term transaction,** opération *f* à long, à court, terme. *Short-t., long-t., movements* (*of capital*), mouvements *m* à courte, à longue, amplitude. *See also* FUNDED. (*b*) *Sch:* Trimestre *m*. *The beginning of t.*, la rentrée des classes. *At the beginning of the September t.*, à la rentrée de septembre. *The t. was drawing to a close*, le trimestre touchait à sa fin. **During term,** pendant la période des cours, des classes. **To keep one's terms,** (i) (*in universities*) *approx.* = prendre ses inscriptions; (ii) (*of law students*) remplir les obligations matérielles et pécuniaires incombant à un étudiant. *See also* EAT[2] I, HALF-TERM. (*c*) *Jur:* Session *f*. **Trinity term,** session de la Trinité (commence le mardi après le dimanche de la Trinité). **3.** *pl.* **Terms.** (*a*) *Com: etc:* Conditions *f*; clauses *f*, termes, teneur *f* (d'un contrat). *Terms under which a ship is chartered*, conditions de l'affrètement. *Fin:* **Terms of an issue,** conditions d'une émission. *Terms and conditions of an issue*, modalités *f* d'une émission. **Terms of trade,** taux *m* de l'échange international; prix relatifs des marchandises échangées; prix relatifs des marchandises entrant dans le commerce international. *Satisfactory terms*, conditions satisfaisantes. *On these terms I accept*, à ces conditions j'accepte. *On similar terms*, aux mêmes conditions. **I'll take it on your own terms,** je le prends à vos conditions, à telles conditions qu'il vous plaira de nommer. **Make, name, your own terms,** faites vos conditions vous-même. *What terms do you offer us?* quelles conditions nous faites-vous? **By the terms of article** 49 . . ., aux termes de, en vertu de, l'article 49. . . . **Under the terms of the clause,** sous le bénéfice de la clause. **To dictate terms,** imposer des conditions. **To come to terms, make terms,** en venir à un accommodement; entrer en accommodement, en composition; s'arranger, s'accorder, prendre un arrangement, des arrangements (*with*, avec). *To come to terms with the enemy, with one's creditors*, pactiser avec l'ennemi; transiger avec ses créanciers. *The enemy came to terms*, l'ennemi *m* capitula. **To bring the enemy to terms,** obliger l'ennemi à capituler, à céder. *See also* REFERENCE I. (*b*) **Terms of payment,** conditions de paiement. *What are your terms for lessons?* quels sont les prix de vos leçons? **'Terms inclusive,'** "tout compris." *I will let you have it on easy terms*, je vous le céderai pour un prix raisonnable. **To buy sth. on easy terms,** acheter qch. avec facilités de paiement. *On moderate terms*, à prix modéré. *Not on any terms*, à aucun prix. *See also* FAVOURABLE. **4.** *pl.* Relations *f*, termes, rapports *m*. *Friendly terms*, relations amicales; relations d'amitié. **To be, live, on friendly, on good, terms with s.o.,** être bien, vivre en bonne intelligence, en bons termes, avec qn; avoir de bons rapports, être en relations d'amitié, avec qn. *We are on good terms*, nous sommes bien ensemble. **To be on bad terms with s.o.,** être en mauvaise intelligence, être mal, avec qn. **To be on the best of terms with s.o.,** être au mieux, le mieux du monde, dans les meilleurs termes, avec qn. *We are on the best possible terms, on excellent terms*, nous sommes au mieux ensemble. *They are not on good terms*, ils ne sont pas bien ensemble; il y a du froid entre eux; ils sont en froid, en brouille. *See also* EQUAL[1] I, FAMILIAR I, MUTUAL I, SPEAKING[2] I. **5.** (*a*) *Mth: Log:* Terme (d'une équation, d'un syllogisme). **In terms of c.g.s. units,** exprimé, évalué, converti, mesuré, en unités c.g.s. *To express one quantity in terms of another*, exprimer une quantité en fonction d'une autre. *Pro-*

duction of coal and lignite expressed in terms of coal, l'équivalent *m* en houille de la houille et du lignite. *F:* **To try to reckon happiness in terms of worldly success**, essayer de mesurer le bonheur en fonction du succès. *See also* REDUCE 2. (*b*) **Terms of a problem**, énoncé *m* d'un problème. **6.** (*a*) Terme, mot *m*, expression *f*, appellation *f*. *Nautical t., chemical t.*, terme de marine, de chimie. **Legal terms**, termes de droit, de pratique, du Palais. *To use the appropriate terms*, employer les termes propres. *See also* CONTRADICTION 2, TECHNICAL 1. (*b*) *pl.* **Terms**, langage *m*, termes. *To speak of s.o. in flattering terms*, parler de qn en termes flatteurs. *How dare you use such terms to me?* c'est à moi que vous osez tenir un pareil langage? *To express oneself in moderate terms*, s'exprimer en termes mesurés. *See also* STRONG 2. **7.** *Sculp:* Terme; dieu *m* Terme.

'term-day, *s.* *Scot:* (Jour *m* de) terme *m*.

'term-time, *s.* *Sch:* Période *f* des cours.

term², *v.tr.* *Pred.* Appeler, désigner, nommer. *This process is termed loam-work*, on appelle ce procédé moulage en terre. *He termed himself a professor*, il se qualifiait de professeur.

Termagant ['tə:rməgənt]. **1.** *Pr.n.m.* *Mediev.Lit:* Tervagant. **2.** *s.f.* Mégère, virago; *P:* teigne. *She's a t.!* c'est un vrai dragon, un vrai gendarme! *Attrib.* **His termagant wife**, sa mégère de femme.

terminable ['tə:rminəbl], *a.* (*Of annuity, etc.*) Terminable; (*of contract, etc.*) résiliable, résoluble.

terminal ['tə:rmin(ə)l]. I. *a.* **1.** (*Of line, mark, etc.*) Qui borne, qui termine (une région, etc.). **Terminal figure** = TERM¹ 7. **2.** (*a*) *Nat.Hist:* Terminal, -aux; distal, -aux. (*b*) *Geol:* **Terminal moraine**, moraine frontale. (*c*) *Rail: etc:* (Gare *f*, etc.) terminus, de tête de ligne. **Terminal point** (*of coach line, etc.*), terminus *m*. (*d*) *El: Tg:* (Isolateur *m*, poteau *m*) d'arrêt. *See also* PLATE¹ 1, VOLTAGE. (*e*) (*Of word, letter, market, etc.*) Final, -als; dernier. (*f*) *W.Tel: Cin:* **Terminal amplifier**, ampli terminal, final, de sortie. *T. stage*, étage final, de sortie. **3.** *Sch: etc:* Trimestriel. **-ally**, *adv.* *Sch:* Par trimestre; tous les trimestres.

II. **terminal**, *s.* **1.** *El:* Borne *f* (de prise de courant); borne d'attache; attache *f*; serre-câble(s) *m inv.* **Screw terminal**, borne à vis. **Clamp terminal**, borne à bouton molleté. **Eye terminal, spade terminal**, cosse *f*. **Terminal cap**, capuchon *m* de borne. **2.** *Nat.Hist:* Distal, -aux *m*. **3.** *Gram:* Terminaison *f*. **4.** *Rail:* (*a*) *pl.* **Terminals**, frais *m* de manutention. (*b*) *U.S:* Gare *f* terminus.

terminate¹ ['tə:rmineit]. I. *v.tr.* Terminer. **1.** (*Of boundary, line, etc.*) Délimiter (une région, etc.). **2.** (*a*) Résoudre, résilier (un contrat, etc.); mettre fin à (un engagement, etc.). *To t. one's work*, terminer son ouvrage. (*b*) Être à la fin de (qch.). *The word that terminates the sentence*, le mot qui termine la phrase, qui vient à la fin de la phrase.

II. **terminate**, *v.i.* **1.** (*Of word, etc.*) Se terminer, finir (*in*, en, par). *Words terminating in s, with s*, les mots qui se terminent par s, en s. **2.** Se terminer; aboutir (*in, at*, à). *My thoughts all t. in God*, toutes mes pensées aboutissent à Dieu.

terminate² ['tə:rminet], *a.* *Ar:* **Terminate decimal fraction**, fraction décimale exacte.

termination [tə:rmi'neiʃ(ə)n], *s.* **1.** Terminaison *f*, fin *f* (d'un procès, etc.); cessation *f* (de relations d'affaires, etc.). *Jur:* Extinction *f*, résolution *f*, résiliation *f* (d'une obligation, etc.). **To put a termination to sth., to bring sth. to a termination**, mettre fin à qch. **2.** *Gram:* Terminaison, désinence *f*.

terminational [tə:rmi'neiʃənəl], *a.* *Gram:* (Changement, etc.) terminatif.

terminator ['tə:rmineitər], *s.* **1.** (*a*) Celui qui met ou a mis fin à qch. (*b*) Celui qui a achevé (un ouvrage posthume, etc.). **2.** *Astr:* Cercle terminateur, ligne terminatrice (de la partie lumineuse de la lune).

terminer ['tə:rminər]. *See* OYER.

terminism ['tə:rminizm], *s.* **1.** *Theol:* Terminisme *m*. **2.** *Phil:* Nominalisme *m*.

terminist ['tə:rminist], *s.* **1.** *Theol:* Terministe *m*. **2.** *Phil:* Nominaliste *m*.

terminological [tə:rmino'lɔdʒik(ə)l], *a.* Terminologique. **Terminological inexactitude**, (i) inexactitude *f* de termes; (ii) *F: Iron:* travestissement *m* de la vérité.

terminology [tə:rmi'nɔlədʒi], *s.* Terminologie *f*.

terminus, *pl.* **-i, -uses** ['tə:rminəs, -ai, -əsiz], *s.* **1.** *Rail: etc:* (Gare *f*) terminus *m*; (gare de) tête *f* de ligne. *Tramway t.*, (point *m*) terminus d'un tramway. *The London railway termini*, les gares terminus de Londres. **2.** *Rom.Myth: Sculp:* Terme *m*; dieu *m* Terme.

termitary ['tə:rmitəri], **termitarium** [tə:rmi'tɛəriəm], *s.* *Ent:* Termitière *f*.

termite ['tə:rmait], *s.* *Ent:* Termite *m*; fourmi blanche.

termless ['tə:rmləs], *a.* *Lit:* Illimité; sans limite; sans bornes; sans fin.

termor ['tə:rmər], *s.* *Jur:* Possesseur *m* à terme ou en viager.

tern¹ [tə:rn], *s.* *Orn:* Sterne *m*; hirondelle *f* de mer.

tern², *s.* Terne *m* (dans une loterie).

ternary ['tə:rnəri], *a.* *Ch: Mth: etc:* Ternaire.

ternate ['tə:rnet], *a.* *Bot:* Terné. **-ly**, *adv.* **Ternately triflorous**, terniflore.

terne-plate ['tə:rnpleit], *s.* *Metalw:* Tôle plombée.

Terpander [tər'pandər]. *Pr.n.m.* *Gr.Ant:* Terpandre.

terpene ['tə:rpi:n], *s.* *Ch:* Terpène *m*.

terpinol ['tə:rpinɔl], *s.* *Ch:* Terpinol *m*.

Terpsichore [tə:rp'sikori]. *Pr.n.f.* *Myth:* Terpsichore.

terpsichorean [tə:rpsiko'ri:ən], *a.* De Terpsichore; de la danse.

terrace¹ ['teres], *s.* **1.** (*a*) *Const:* Terrasse *f*; terre-plein *m*, *pl.* terre-pleins. **Lower terrace**, contre-terrasse *f*. (*b*) *Geol:* Terrasse, plate-forme *f*, *pl.* plates-formes. **2.** (i) Rangée *f* de maisons formant terrasse; (ii) rangée de maisons de style uniforme. **3.** *A:* Toiture *f* en plate-forme (de maison orientale); terrasse. **4.** Terrasse (dans le marbre); partie *f* tendre.

terrace², *v.tr.* (*a*) Disposer (un jardin, etc.) en terrasse(s). (*b*) Terrasser (un flanc de colline, etc.).

terraced, *a.* (Jardin) suspendu, étagé, en terrasse. *Geol:* (Dépôt *m*) en terrasse.

terracing, *s.* Construction *f* en terrasses.

terra-cotta ['terə'kɔtə], *s.* Terre cuite; argile cuite. *Art:* **A terra-cotta**, une terre cuite.

terra firma ['terə'fə:rmə], *s.* **1.** Terre *f* ferme; *F:* le plancher des vaches. **2.** (*a*) *A:* Terre ferme; continent *m*. (*b*) *Hist.Geog:* **The Terra Firma**, la Terre-ferme (de l'Amérique du Sud).

terrain [te'rein], *s.* *Mil:* Terrain *m*.

terral ['terəl], *s.* *Nau:* Terral *m*; vent *m* de terre.

terramare [terə'mɑ:r, -mɛər], *s.* *Agr:* **Terramare (fertilizer)**, terramare *f*.

terrane [te'rein], *s.* *Geol:* Terrain *m*.

terrapin ['terəpin], *s.* *Rept:* (i) Terrapène *m*; (ii) *F:* tortue *f* aquatique d'Amérique.

terraqueous [te'reikwiəs], *a.* **Terraqueous globe**, globe terraqué.

terrene [te'ri:n], *a.* **1.** (*Earthy*) Terreux. **2.** (Animal *m*, etc.) terrestre.

terreplein ['teərplein], *s.* *Fort:* Terre-plein *m*, *pl.* terre-pleins (d'un bastion).

terrestrial [te'restriəl], *a.* (*a*) (*Of globe, plant, magnetism, etc.*) Terrestre. (*b*) (*Of life, affairs, etc.*) Terrestre; de ce monde. **-ally**, *adv.* Terrestrement.

terret ['teret], *s.* Anneau *m*. *Harn:* Anneau d'attelle (de la dossière).

terrible ['teribl]. **1.** *a.* (*a*) Terrible. *Death is not so t. to Christians*, la mort n'est pas si terrible aux chrétiens. (*b*) Terrible, affreux, épouvantable; atroce. *To die in t. agonies*, mourir dans d'atroces souffrances. *Pain t. to see*, douleur *f* atroce à voir. (*c*) *F:* *Your hat is in a t. state!* ton chapeau est dans un état terrible, dans un état que c'est une horreur! *He's a t. talker*, c'est un terrible bavard. *T. prices*, prix *m* formidables. *There was a t. lot of foreigners*, il y avait terriblement d'étrangers. **2.** *adv.* *P:* *He's terrible bad with the asthma*, il a un asthme que c'est un martyre. **-bly**, *adv.* (*a*) Terriblement, affreusement, atrocement, épouvantablement. *He was t. wounded*, il a été affreusement blessé. (*b*) *F:* *T. dangerous*, excessivement dangereux. *T. rich*, diablement riche. *T. busy*, terriblement occupé. *That's t. kind of you!* vous êtes vraiment trop aimable.

terribleness ['teriblnəs], *s.* Caractère terrible, affreux (d'un spectacle, etc.).

terricolous [te'rikoləs], *a.* *Nat.Hist:* Terricole.

terrier¹ ['teriər], *s.* *Hist:* Terrier *m*; registre foncier.

terrier², *s.* **1.** (Chien *m*) terrier *m*. **Bull-terrier**, bull-terrier *m*, *pl.* bull-terriers. *See also* FOX-TERRIER, IRISH 1, SCOTCH⁵ 1, SKYE. **2.** *Mil:* *F:* = TERRITORIAL 2.

terrific [te'rifik], *a.* **1.** Terrifiant, épouvantable. **2.** *F:* Terrible; énorme; colossal, -aux. *The heat was t.*, il faisait une chaleur terrible; il faisait une de ces chaleurs! *T. applause*, applaudissements *mpl* à tout casser. *T. pace*, allure vertigineuse. *To eat in t. quantities*, *F:* manger à faire trembler. **-ally**, *adv.* **1.** D'une manière terrifiante. **2.** *F:* Terriblement. *It was t. hot*, il faisait terriblement chaud.

terrify ['terifai], *v.tr.* Terrifier, effrayer, épouvanter, affoler (qn); frapper (qn) de terreur. **To terrify s.o. into doing sth.**, faire faire qch. à qn sous le coup de la peur. **To terrify s.o. out of his wits**, rendre qn fou de terreur. *F:* **To be terrified of s.o.**, avoir une peur bleue de qn.

terrifying, *a.* Terrifiant, terrible, épouvantable.

terrigenous [te'ridʒinəs], *a.* **1.** *Lit:* *A:* Né, issu, de la terre, du sol. **2.** *Geol:* (Dépôt *m*) terrigène.

terrine [te'ri:n], *s.* Terrine *f*.

territorial [teri'tɔ:riəl]. **1.** *a.* (*a*) (*Of possessions, tax, army, etc.*) Territorial, -aux. **Territorial waters**, eaux territoriales; territoire *m* maritime. **The territorial army**, *F:* la territoriale. (*b*) Terrien, foncier. *The t. aristocracy*, l'aristocratie terrienne. **2.** *s.* *Mil:* Territorial *m*. **-ally**, *adv.* Territorialement.

territoriality [teritɔ:ri'aliti], *s.* Territorialité *f*.

territory ['teritəri], *s.* **1.** Territoire *m*. **2.** *Geog:* (*a*) *U.S:* Territoire (qui n'a pas encore le statut d'un État). (*b*) *Austr:* **The Northern Territory**, l'Australie septentrionale. **3.** *F:* **Commercial traveller's territory**, région assignée à un commis voyageur.

terror ['terər], *s.* **1.** Terreur *f*, effroi *m*, épouvante *f*. *They spread t. in their path*, ils sèment l'épouvante sur leur passage. **To be in terror**, être dans la terreur; être terrifié. *To run away in t.*, se sauver terrifié. **To be in terror of one's life**, craindre pour sa vie. *They were put in t. of their lives*, on leur faisait craindre pour leur vie. *F:* **To go in terror of s.o.**, avoir une peur bleue de qn. **To have a holy terror of sth.**, craindre qch. comme le feu. *Fr.Hist:* **The (Reign of) Terror**, la Terreur. **The White Terror**, la Terreur blanche. *Lit.Hist:* **The novel of terror**, le roman terrifiant. **2.** (*a*) **He was the terror of the countryside**, c'était la terreur du pays. *He is a t. to his enemies*, il est la terreur de ses ennemis. *To be a t. to all wrong-doers*, se faire redouter de tous les malfaiteurs. (*b*) *F:* **He's a little terror, a holy terror**, c'est un enfant terrible, un petit diable; cet enfant est terrible. *He's, she's, a t.*, il, elle, n'a pas froid aux yeux. *He was a t. for always being late*, il était d'une inexactitude désespérante.

'terror-stricken, -struck, *a.* Saisi de terreur; sous le coup de la terreur; épouvanté.

terrorism ['terərizm], *s.* Terrorisme *m*.

terrorist ['terərist], *s.* Terroriste *m*.

terrorization [terərai'zeiʃ(ə)n], *s.* Subjugation *f* (d'un pays, etc.) par le terrorisme.

terrorize ['terəraiz], *v.tr.* Terroriser.

terry ['teri]. *Tex:* **1.** *a.* (Velours, etc.) bouclé, épinglé, frisé. **2.** *s.* Velours frisé.
terse [tə:rs], *a.* (*Of style, language*) Concis, net; élégant et précis. **-ly,** *adv.* D'une façon concise; avec concision; en peu de mots.
terseness ['tə:rsnəs], *s.* Concision *f* (du style, du langage); netteté *f* (de style).
tertian ['tə:rʃiən], *a.* & *s.* *A.Med:* **Tertian (fever, ague),** fièvre tierce.
tertiary ['tə:rʃiəri]. **1.** *a.* Tertiaire. *Geol:* **The Tertiary (period),** l'étage *m* tertiaire. **2.** *s.* *R.C.Ch:* Membre *m* du Tiers Ordre; tertiaire *m.*
tertiate ['tə:rʃieit], *v.tr.* *Artil:* Calibrer (une pièce).
tertius ['tə:rʃiəs], *a.* *Sch:* **Smith tertius,** Smith (numéro) trois; le plus jeune des trois frères Smith ou des trois élèves du nom de Smith.
Tertullian [tə:r'tʌliən]. *Pr.n.m.* *Rel.H:* Tertullien.
tervalent [tə:r'veilənt, 'tə:rvələnt], *a.* *Ch:* Trivalent.
terza rima ['tə:rtsa'ri:ma], *s.* *Pros:* Rimes tiercées; tierce-rime *f.*
Tesla ['tesla]. *Pr.n.m.* *El:* **Tesla coil,** transformateur *m* à haute tension de Nikola Tesla; bobine *f* de Tesla; *F:* (une) Tesla.
tessellated ['teseleitid], *a.* **1.** *Const:* (Pavage, etc.) en mosaïque ou disposé en damier. **2.** *Nat.Hist:* Tessellé.
tessellation [tese'leiʃ(ə)n], *s.* Arrangement *m* en damier; mosaïque *f.*
tessera, *pl.* **-ae** ['tesəra, -i:], *s.* **1.** *Rom.Ant:* Tessère *f.* **2.** Tesselle *f* (de pavage en mosaïque). **3.** *Z:* Écaille *f* (du tatou).
tesseral ['tesərəl], *a.* **1.** De tesselles; en tesselles. **2.** *Cryst:* Tesséral, -aux.
tessitura [tesi'tu:ra], *s.* *Mus:* Tessiture *f.*
test[1] [test], *s.* **1.** (*a*) Épreuve *f.* **To put s.o., sth., to the test, through a test,** mettre qn, qch., à l'épreuve, à l'essai; faire l'épreuve de qch.; éprouver qn, qch.; soumettre qch. à un critérium, à un critère. *To undergo a t., to be put through a t.,* subir une épreuve. *When put to the t.,* en face de l'épreuve. *To go through the t. of adversity,* passer par le creuset de l'adversité. **To pass, stand, the test,** soutenir, supporter, l'épreuve; subir victorieusement l'épreuve. **Method that has stood the test of time,** méthode éprouvée. (*b*) *Ind:* *Com:* *Ch:* *etc:* Essai *m,* épreuve. **Boiler test,** épreuve des chaudières. *T. by water, by steam,* épreuve à l'eau, à la vapeur. **Endurance test,** épreuve d'endurance. **Resistance test,** épreuve d'outrance. **Acceptance test,** essai de recette, de réception, d'homologation. **Control test, check test,** essai contradictoire; contre-épreuve *f,* contre-essai *m.* *Ch:* **Dry test, wet test,** essai par la voie sèche, par la voie humide. *F:* **The acid test,** l'épreuve à la pierre de touche; l'épreuve concluante. *The true t. of civilization,* le signe distinctif de la civilisation. *Med:* **Animal test,** essai, épreuve, sur animal. **Blood test, water test,** examen *m* du sang, des urines. **Wassermann test,** réaction *f* de Wassermann. **Haemoglobin test,** dosage *m* de l'hémoglobine. *Aut:* **Test run,** course *f* d'essai. *Av:* **Test flight,** vol *m* d'essai. *Mec.E:* **Test load,** charge *f* d'essai, d'épreuve. **Test engine, test car,** moteur *m,* voiture *f,* d'étude. *See also* BALL[1] 1, BENCH-TEST, IMPACT[1], PIRQUET, PRESSURE 1. (*c*) *Ch:* Réactif *m* (*of, for,* de). **2.** (*a*) Examen. **Eye test,** examen visuel. *Mil:* *Navy:* *To fail to pass the eye t.,* être refusé, réformé, pour la vue. *Aut:* **Driving test,** examen pour permis de conduire. *To fail to pass the driving t.,* échouer dans les épreuves de conduite. (*b*) *Sch:* **Weekly test, terminal test,** composition *f.* **Oral test,** épreuve orale; interrogation générale; *F:* colle *f.* (*c*) *Psy:* *Ind:* Test *m.* **Intelligence test,** test de capacité intellectuelle, d'intelligence pratique; test mental. **Trade test,** test professionnel. **Job test,** test-réplique *m* (du travail professionnel), *pl.* tests-répliques. **3.** *Eng.Hist:* **The Test,** le Serment du Test. **4.** *Ch:* Têt *m,* test (de coupellation); coupelle *f.*
'**Test Act,** *s.* *Eng.Hist:* Test Act *m*; loi *f* du Test.
'**test-bar,** *s.* *Mec.E:* *Metall:* Barreau *m,* barrette *f,* d'essai; éprouvette *f*; coupon *m.*
'**test-bench,** *s.* Banc *m* d'essai; banc d'épreuve.
'**test-button,** *s.* *Metall:* Témoin *m.*
'**test case,** *s.* *Jur:* Cas *m* dont la solution fait jurisprudence.
'**test-furnace,** *s.* Fourneau *m* à essais.
'**test-glass,** *s.* *Ch:* Éprouvette *f.*
'**test-ingot,** *s.* *Metall:* Lingot-éprouvette *m,* *pl.* lingots-éprouvettes.
'**test-match,** *s.* *Cr:* Rencontre internationale, grand match (entre l'Angleterre et l'Australie, etc.).
'**test-needle,** *s.* Aiguille *f* d'essai. *Ch:* Touchau(d) *m,* toucheau *m* (pour essayer les métaux précieux).
'**test-number,** *s.* Chiffre *m* de repère (d'un télégramme).
'**test-object,** *s.* *Opt:* Test-objet *m,* *pl.* test-objets.
'**test-paper,** *s.* **1.** *Ch:* Papier réactif. **2.** *Sch:* Composition (faite dans les mêmes conditions qu'à l'examen envisagé).
'**test-piece,** *s.* **1.** *Metall:* Éprouvette *f.* **2.** *Mus:* Morceau imposé (dans un concours de fanfares, d'orphéons, etc.).
'**test-plate,** *s.* **1.** *Mch:* Timbre *m* (de chaudière). **2.** *El:* Disque *m* d'épreuve.
'**test-portion,** *s.* Prise *f* d'essai (d'un minerai, etc.).
'**test-room,** *s.* *Ind:* Salle *f* d'expérimentation.
'**test-strip,** *s.* *Metalw:* Barreau plat (pour essais).
'**test-tube,** *s.* *Ch:* Tube *m* à essai; éprouvette *f.*
test[2], *v.tr.* **1.** (*a*) Éprouver (qn, qch.); mettre (qn, qch.) à l'épreuve, à l'essai. (*b*) Essayer (un ciment, une machine, etc.); contrôler, vérifier (des poids et mesures, la tension artérielle); examiner (la vue de qn, etc.); expérimenter (un procédé); sonder (une poutre, etc.); analyser (l'eau, etc.). *To t. sth. carefully,* examiner qch. avec soin; *F:* passer qch. à l'alambic. *To t. a poison,* faire l'expérience d'un poison. **To test a coin for weight,** trébucher une pièce de monnaie. *To t. a wall for straightness,* bornoyer un mur. *To t. a boiler,* éprouver une chaudière. **Boiler tested at . . .,** chaudière timbrée à. . . . *To t. gold with the touchstone,* essayer, toucher, l'or (avec la pierre de touche). **To test out a scheme,** essayer un projet. *Abs.* **To test for leaks in a conductor,** déceler les fuites dans un conducteur. **2.** (*a*) Coupeller (l'or); passer (l'or) à la coupelle. (*b*) *Ch:* Déterminer la nature (d'un corps) au moyen d'un réactif. *Abs. To t. for alkaloids,* faire la réaction des alcaloïdes. *To t. with litmus paper,* faire la réaction au papier de tournesol; se servir de papier de tournesol comme indicateur.
testing, *s.* (*a*) Essai *m,* essayage *m,* épreuve *f* (d'une machine, d'un pont, etc.); contrôle *m* (des poids et mesures, etc.). **Testing for weight,** trébuchage *m* (d'une pièce de monnaie). **Testing plant,** laboratoire *m* d'essai. *See also* FIRE-DAMP, SIGHT-TESTING. (*b*) Coupellation *f* (de l'or).
'**testing-bench,** *s.* *Mec.E:* Banc *m* d'épreuve.
'**testing-house,** *s.* *Tex:* (Salle *f* de) conditionnement *m*; la condition.
'**testing-machine,** *s.* = TESTER[2] 2.
test[3], *s.* *Nat.Hist:* Test *m* (d'un oursin, d'une écrevisse, d'une graine); carapace *f* (du tatou, etc.).
test[4]. **1.** *v.tr.* *Jur:* (*a*) Viser (un document). (*b*) *Scot:* Authentiquer, certifier (un document). **2.** *v.i.* *Scot:* Tester; faire son testament.
testa ['testa], *s.* = TEST[3].
testacean [tes'teiʃjən], *s.* *Z:* Testacé *m.*
testaceous [tes'teiʃəs], *a.* **1.** *Z:* Testacé. **2.** *Bot:* *Z:* Couleur brique *inv.*
testament ['testəmənt], *s.* **1.** *A:* Testament *m*; dernières volontés. **To make one's testament,** tester; faire son testament. *See also* WILL[1] 4. **2.** *B:* **The Old, the New, Testament,** l'Ancien, le Nouveau, Testament.
testamentary [testə'mentəri], *a.* (*a*) Testamentaire. (*b*) **Testamentary capacity,** habilité *f* à tester.
testamur [tes'teimər], *s.* (*In universities*) Certificat (délivré par les examinateurs).
testate ['testet], *a.* & *s.* (Personne) qui a testé, qui est morte en laissant un testament valable.
testator [tes'teitər], *s.m.* *Jur:* Testateur.
testatrix, *pl.* **-trices, -trixes** [tes'teitriks, -trisi:z, -triksiz], *s.f.* *Jur:* Testatrice.
tester[1] ['testər], *s.* *A.Furn:* Baldaquin *m,* ciel *m* (de lit).
'**tester-bed,** *s.* Lit *m* à ciel, à baldaquin.
'**tester-frame,** *s.* Carrée *f.*
tester[2], *s.* **1.** *Ind:* (*Pers.*) Essayeur, -euse; vérificateur, -trice; contrôleur, -euse. **2.** Appareil contrôleur, vérificateur; machine *f* à essayer. **Oil tester,** machine à essayer l'huile. *El:* **Battery tester,** vérificateur de voltage et d'ampérage (pour accus). **Armature tester,** vibreur *m* (pour vérification des induits). **Coil tester,** vérificateur de bobines. *Tex:* **Yarn tester,** dynamomètre *m* pour fil. *See also* MILK-TESTER, PLATE-TESTER, PRESSURE-TESTER, SPARK-TESTER.
tester[3], *s.* *Num:* *A:* (*a*) Teston *m.* (*b*) Pièce *f* de six pence.
testes ['testi:z]. *See* TESTIS.
testicle ['testikl], *s.* *Anat:* Testicule *m.*
testicular [tes'tikjulər], *a.* *Anat:* Testiculaire.
testiculate [tes'tikjulet], *a.* Testiculé.
testifier ['testifaiər], *s.* Témoin *m.*
testify ['testifai]. **1.** *v.tr.* Témoigner (son regret, sa foi, etc.). *Work that testifies his deep knowledge of the subject,* œuvre *f* qui fait preuve, qui témoigne, de sa profonde connaissance du sujet. **2.** *Jur:* (*a*) *v.tr.* Déclarer, affirmer (qch.) (sous serment). *The witness testified that the accused bore a good character,* le témoin affirma, déclara, déposa, que l'accusé était un homme de bonne vie et mœurs. *Abs.* **To testify in s.o.'s favour,** rendre témoignage en faveur de qn. **To testify against s.o.,** déposer contre qn. (*b*) *v.ind.tr.* **To testify to a fact,** attester, affirmer, un fait; se porter garant d'un fait; témoigner d'un fait. *He testified to having met me,* il attesta m'avoir rencontré. *To t. to the truth,* rendre témoignage, rendre gloire, à la vérité. *A:* **To testify of sth., concerning sth.,** témoigner (de) qch.; rendre témoignage de qch.
testimonial [testi'mounjəl], *s.* **1.** Certificat (délivré par une maison, un chef, etc.); lettre testimoniale; (lettre de) recommandation *f*; attestation *f.* *To show one's testimonials,* exhiber ses certificats. *To give a t. to an employee,* donner à un employé un témoignage écrit de ses services. **2.** Témoignage d'estime, cadeau (offert à qn par cotisation en reconnaissance de ses services, etc.).
testimonialize [testi'mounjəla:iz], *v.tr.* Donner à (qn) (i) un témoignage écrit de services rendus, (ii) un cadeau comme témoignage d'estime.
testimony ['testiməni], *s.* **1.** Témoignage *m* (des sens, etc.); *Jur:* attestation *f*; déposition *f* (d'un témoin). **To bear testimony to sth.,** témoigner de qch.; rendre témoignage de qch.; attester qch. *To bear t. to the truth,* rendre témoignage à la vérité. **To be called in testimony,** être appelé en témoignage. **In testimony whereof . . .,** en foi de quoi. . . . *Jur:* **To produce testimony of, to, a statement,** apporter des preuves testimoniales à l'appui d'une affirmation. *Rel.H:* **To give testimony,** affirmer publiquement sa foi. **2.** *B:* **The tables of the Testimony,** les tables *f* du Témoignage; les tables de la Loi, de l'Alliance; le Décalogue.
testiness ['testinəs], *s.* (*a*) Irritabilité *f,* irascibilité *f.* (*b*) Susceptibilité *f.*
testis, *pl.* **testes** ['testis, 'testi:z], *s.* *Anat:* **1.** Testicule *m.* **2.** *pl.* Tubercules quadrijumeaux inférieurs; testes *m.*
teston ['testən], **testoon** [tes'tu:n], *s.* *Num:* *A:* Teston *m.*
testudinaria [testjudi'neəria], *s.* *Bot:* Testudinaire *f.*
testudinate [tes'tju:dinet], *a.* Testudiné.
testudineous [testju'diniəs], *a.* Testudinaire.
testudo [tes'tju:do], *s.* **1.** *Rept:* Tortue *f.* **2.** *Rom.Ant:* (*a*) Tortue (de siège). (*b*) Tortue (de boucliers). **3.** *Civ.E:* *Min:* Bouclier *m.* **4.** *Med:* = TALPA 2.

testy ['testi], *a.* (*a*) Irritable, irascible; peu endurant; bilieux. (*b*) Susceptible. **-ily,** *adv.* D'un air irrité; avec humeur.
tetanic [te'tanik], *a.* *Med:* Tétanique. *T. state,* tétanisme *m.* *Pharm:* *T. drug,* *s.* **tetanic,** médicament *m* tétanique.
tetanize ['tetanaiz], *v.tr.* *Med:* Tétaniser (qn).
tetanoid ['tetanɔid]. *Med:* **1.** *a.* Tétaniforme. **2.** *s.* Spasme *m* tétanique ou tétaniforme.
tetanus ['tetanəs], *s.* *Med:* Tétanos *m.*
tetany ['tetəni], *s.* *Med:* Tétanie *f*; tétanos intermittent.
tetartohedral [tetɑːrto'hiːdrəl, -'hedrəl], *a.* *Cryst:* Tétartoèdre.
tetchily ['tetʃili], *adv.*, **tetchiness** ['tetʃinəs], *s.*, **tetchy** ['tetʃi], *a.* = TESTILY, TESTINESS, TESTY.
tête-à-tête ['teitɑː'teit]. **1.** *adv.* Tête-à-tête. **2.** *s.* (*pl.* **tête-à-têtes**) Tête-à-tête *m inv.* *Attrib.* **Tête-à-tête dinner, talk,** dîner *m*, conversation *f*, en tête-à-tête. *To dine in intimate t.-à-t.*, dîner en partie fine.
tether[1] ['teðər], *s.* *Harn:* Longe *f*, attache *f* (d'un cheval, etc.). *F:* **The matrimonial tether,** les liens *m*, les chaînes *f*, du mariage. **To be at the end of one's tether,** (i) être à bout de forces; n'en plus pouvoir; (ii) être à bout de ressources; *F:* être au bout de sa corde, de son rouleau. *To be near the end of one's t.*, *P:* tirer la langue. (*Of dying man*) *He is near the end of his t.*, il n'en a plus pour longtemps. (*Of speaker, writer*) *He is soon at the end of his t.*, il a l'haleine courte; il manque de souffle.
tether[2], *v.tr.* Attacher, mettre à l'attache (un cheval, etc.); mettre, attacher, (un cheval) au piquet.
Tethys ['teθis]. *Pr.n.f.* *Myth:* Téthys.
tetr(a)- ['tetr(*a*), te'tra], *comb.fm.* Tétr(a)-. *Tetra'chordal,* tétracordal. *Te'tragynous,* tétragyne. *Te'trapody,* tétrapodie. *'Tetrastich,* tétrastique. *Te'troxide,* tétroxyde.
tetrabasic [tetra'beisik], *a.* *Ch:* Tétrabasique, quadribasique.
tetrabranch ['tetrabraŋk], *s.* *Z:* Tétrabranche *m.*
tetrabranchiate [tetra'braŋkiet], *a.* *Z:* Tétrabranche.
tetrachloride [tetra'klɔːraid], *s.* *Ch:* Tétrachlorure *m* (de carbone, etc.).
tetrachord ['tetrakɔːrd], *s.* *Mus:* Tétracorde *m.*
tetrad ['tetrad], *s.* **1.** *Biol:* *Ch:* Tétrade *f.* **2.** Série *f* de quatre.
tetradactyl(ous) [tetra'daktil(əs)], *a.* *Z:* Tétradactyle.
tetradrachm ['tetradram], *s.* *Gr.Ant:* Tétradrachme *m.*
tetra-ethyl lead ['tetraeθil'led], *s.* *Ch:* Plomb *m* tétraéthyle.
tetragon ['tetragən], *s.* **1.** *Geom:* *etc:* Tétragone *m*, quadrilatère *m.* **2.** *Astrol:* Aspect *m* tétragone.
tetragonal [te'tragonəl], *a.* *Geom:* *etc:* Tétragone, quadrilatère. *Cryst:* Quadratique.
tetragonia [tetra'gounja], *s.* *Bot:* Tétragone *f*, tétragonie *f.*
tetragram ['tetragram], *s.* Tétragramme *m.*
Tetragrammaton (the) [ðətetra'gramatən], *s.* *Rel.H:* Le Tétragramme.
tetrahedral [tetra'hiːdrəl, -'hedrəl], *a.* *Geom:* *etc:* Tétraèdre, tétraédrique.
tetrahedron [tetra'hiːdrən, -'hedrən], *s.* *Geom:* *etc:* Tétraèdre *m.*
tetralogy [te'tralodʒi], *s.* *Gr.Lit:* *Th:* Tétralogie *f.*
tetramerous [te'tramərəs], *a.* *Ent:* *Bot:* Tétramère.
tetrameter [te'trametər], *s.* *Pros:* Tétramètre *m.*
tetrandria [te'trandria], *s.* *Bot:* Tétrandrie *f.*
tetrandrous [te'trandrəs], *a.* *Bot:* Tétrandre.
tetrapetalous [tetra'petələs], *a.* *Bot:* Tétrapétale.
tetrapod ['tetrapɔd], *a.* & *s.* *Z:* Tétrapode (*m*).
tetrapterous [te'traptərəs], *a.* *Ent:* *Bot:* Tétraptère.
tetrarch ['tetrɑːrk, 'tiːtrɑːrk], *s.* *A.Hist:* Tétrarque *m.*
tetrarchate ['tetrɑːrkeit], *s.* *A.Hist:* Tétrarchat *m.*
tetrarchy ['tetrɑːrki], *s.* *A.Hist:* Tétrarchie *f.*
tetrasepalous [tetra'sepələs], *a.* *Bot:* Tétrasépale.
tetraspore ['tetraspɔːər], *s.* *Bot:* Tétraspore *m.*
tetrastyle ['tetrastail], *a.* & *s.* *Arch:* Tétrastyle (*m*).
tetrasyllabic ['tetrasi'labik], *a.* *Gram:* Tétrasyllabe, tétrasyllabique.
tetrasyllable [tetra'siləbl], *s.* *Gram:* Mot *m* tétrasyllabe.
tetratomic [tetra'tɔmik], *a.* *Ch:* Tétratomique.
tetravalence [tetra'veiləns, te'travələns], *s.* *Ch:* Tétravalence *f*, quadrivalence *f.*
tetravalent [tetra'veilənt, te'travələnt], *a.* *Ch:* Tétravalent, quadrivalent.
tetrode ['tetroud], *s.* *W.Tel:* *etc:* Lampe *f* à quatre électrodes; tétrode *f.*
tetrodon ['tetrodən], *s.* *Ich:* Tétrodon *m.*
tetter ['tetər], *s.* **1.** *Med:* Dartre(s) *f(pl)*; herpès *m*, etc. **Crusty tetter, pustular tetter,** impétigo *m.* **Scaly tetter,** psoriasis *m.* **2.** *Vet:* Bouquet *m.*
tetterwort ['tetərwəːrt], *s.* *Bot:* Chélidoine *f*, éclaire *f.*
tettix ['tetiks], *s.* *Ent:* **1.** Cigale *f.* **2.** Tettix *m.*
Tetuan [tet'wɑːn]. *Pr.n.* *Geog:* Tétouan *m.*
Teucrian ['tjuːkriən], *a.* & *s.* *Gr.Lit:* Troyen, -enne.
Teutomania [tjuːto'meinia], *s.* Teutomanie *f.*
Teutomaniac [tjuːto'meiniak], *s.* Teutomane *mf.*
Teuton ['tjuːtən]. **1.** *s.* Teuton, -onne. **2.** *a.* = TEUTONIC.
Teutonic [tjuː'tɔnik], *a.* Teuton, teutonique. *The T. languages,* les langues *f* teutoniques. *Hist:* **The Teutonic Order (of Knights),** l'ordre *m* Teutonique.
Teutonism ['tjuːtənizm], *s.* Germanisme *m.*
Teutonize ['tjuːtənaiz], *v.tr.* Germaniser (un pays, etc.).
Texan ['teks(ə)n], *a.* & *s.* *Geog:* Texien, -ienne.
Texas ['teksəs]. **1.** *Pr.n.* *Geog:* Le Texas. **2.** *s.* *U.S:* Pont supérieur (d'un vapeur fluvial).
'**Texas fever,** *s.* *Vet:* Fièvre *f* du Texas; piroplasmose *f* du bœuf.
text [tekst], *s.* **1.** Texte *m* (d'un manuscrit, d'un auteur). *To restore a t.*, restituer un texte. *T. with illustrations, with notes,* texte avec illustrations, avec notes. **2. Scripture text,** citation tirée de l'Écriture sainte. *T. of a sermon,* texte d'un sermon. *F:* *That was the t. of his speech,* cela a été le sujet de son discours. **To stick to one's text,** ne pas s'écarter de la question; s'en tenir au sujet. **3.** *Typ:* *See* CHURCH-TEXT, GERMAN[2] 3.
'**text-book,** *s.* **1.** *Sch:* Manuel *m.* *Chemistry text-books,* manuels de chimie. *A t.-b. on, of, physics, algebra,* une physique, une algèbre. **Text-book definitions,** définitions *f* de manuel. **2.** Recueil *m* de textes empruntés à la Bible.
'**text-hand,** *s.* *Sch:* *Pal:* Grosse écriture; grosse *f.*
textile ['tekstail]. **1.** *a.* Textile. *T. fibre,* fibre *f* **textile.** **2.** *s.* (*a*) Tissu *m*, étoffe *f.* **The textile industry,** l'industrie *f* textile; le textile. *Strike in the t. trades,* grève *f* du textile. **Textile oil,** huile *f* d'ensimage. (*b*) Matière *f* textile; textile *m.*
textorial [teks'tɔːriəl], *a.* (Art *m*, occupation *f*, etc.) textile.
textual ['tekstjuəl], *a.* (*a*) Textuel. *T. quotation,* citation textuelle. (*b*) **Textual error,** erreur *f* de texte. (*c*) *T. notes on a work,* remarques littérales sur un ouvrage. *See also* CRITICISM. **-ally,** *adv.* (*a*) Textuellement. (*b*) En ce qui concerne le texte.
textuary ['tekstjuəri], *a.* & *s.* Textuaire (*m*).
texture ['tekstjər], *s.* Texture *f*, tissu *m*, tissure *f* (d'une étoffe); texture, grain *m* (de la peau, du bois, etc.); contexture *f* (des os, des muscles). *Close t., loose t., of a material,* tissu serré, lâche, d'une étoffe. *F:* *T. of a speech,* (con)texture, trame *f*, d'un discours.
-textured ['tekstjərd], *a.* (*With adj. prefixed, e.g.*) **Close-textured, light-textured,** d'un tissu serré, léger.
-th[1] [θ], *s.suff.* *forming abstract nouns.* *Breadth,* largeur. *Filth,* ordure, saleté. *Growth,* croissance. *Ruth,* compassion. *Tilth,* labourage. *Truth,* vérité. *Wealth,* richesse. *F:* *Coolth,* fraîcheur.
-th[2], **-eth** [θ, əθ], *a.suff.* *forming ordinal numbers.* -ième. *Fourth,* quatrième. *Tenth,* dixième. *Thirtieth,* trentième. *Hundredth,* centième. **The nth power of a,** la $n^{ième}$ puissance de a. *F:* *The whichth,* le combien-tième. *I'm telling you for the umpteenth time,* je vous dis ça pour la je ne sais combien-tième fois.
Thaddeus [θa'diːəs]. *Pr.n.m.* *B.Hist:* Thaddée.
Thais ['θeiis]. *Pr.n.f.* *A.Hist:* Thaïs.
thalamifloral ['θalami'flɔːrəl], **thalamiflorous** ['θalami'flɔːrəs], *a.* *Bot:* Thalamiflore.
thalamus, *pl.* **-i** ['θaləməs, -ai], *s.* *Bot:* Thalame *m.*
thalassic [θa'lasik], *a.* Thalassique.
thalassocracy [θala'sɔkrəsi], *s.* Thalassocratie *f.*
thalassography [θala'sɔgrəfi], *s.* Thalassographie *f.*
thalassometry [θala'sɔmetri], *s.* Thalassométrie *f.*
thalassophobia ['θalaso'foubia], *s.* *Med:* Thalassophobie *f.*
thalassotherapy ['θalaso'θerəpi], *s.* *Med:* Thalassothérapie *f.*
thalattocracy [θala'tɔkrəsi], *s.* = THALASSOCRACY.
Thales ['θeiliːz]. *Pr.n.m.* *Gr.Phil:* **Thales of Miletus,** Thalès de Milet.
Thalia [θa'laia]. **1.** *Pr.n.f.* *Myth:* Thalie. **2.** *s.* *Bot:* Thalie *f.*
thallic ['θalik], *a.* *Ch:* Thallique.
thallium ['θaliəm], *s.* *Ch:* Thallium *m.*
thallophytes ['θalofaits], *s.pl.* *Bot:* Thallophytes *m.*
thallous ['θaləs], *a.* *Ch:* Thallieux, thalleux.
thallus ['θaləs], *s.* *Bot:* Thalle *m.*
thalweg ['tɑːlveg], *s.* *Geol:* Thalweg *m.*
Thames (the) [ðətemz]. *Pr.n.* *Geog:* La Tamise. *F:* **He will never set the Thames on fire,** il n'a pas inventé la poudre; il n'a pas inventé le fil à couper le beurre.
than [ðan, ðən]. **1.** *conj.* (*a*) (*In comparison of inequality*) Que; (*with numbers*) de. *I have more, less, t. you,* j'en ai plus, moins, que vous. *He is more t. twenty,* il a plus de vingt ans. **More than once,** plus d'une fois. *He is taller t. I (am), F:* *he is taller t. me,* il est plus grand que moi. *I know you better t. he (knows you),* je vous connais mieux que lui, mieux qu'il ne vous connaît. *I know you better t. (I know) him,* je vous connais mieux que lui, mieux que je ne le connais. *See also* KNOW[2] 9. **You had better speak to him than write (to him),** vous feriez mieux de lui parler que de lui écrire. *I had, would, rather starve t. ask him for money,* j'aimerais mieux mourir de faim que de lui demander de l'argent. *She would do anything* **rather than** *let him suffer,* **rather than that** *he should suffer,* elle ferait n'importe quoi plutôt que de le laisser souffrir. **No sooner had we entered than the music began,** nous étions à peine entrés que la musique commença. (*b*) (*After non-comparatives*) *Any person* **other than** *himself,* tout autre que lui. *It was* **no other than** *his old friend,* ce n'était nul autre que son vieil ami. *See also* OTHER 1, 2. *Which is due to* **nothing else than** *his own obstinacy,* ce qui n'a pour cause que sa propre obstination. **2.** *quasi-prep.* *A man* **than whom** *no one was more respected,* un homme qui était plus respecté que personne, que quiconque.
thanatophidia [θanato'fidia], *s.pl.* *Z:* Serpents venimeux.
thanatopsis [θana'tɔpsis], *s.* Contemplation *f* de la mort.
thane [θein], *s.* *Eng.* & *Scot. Hist:* Thane *m*, comte *m.*
thank[1] [θaŋk], *s.* *Now only in pl. except in compounds.* **Thanks,** remerciement(s) *m.* **Give him my best thanks,** présentez-lui tous mes remerciements; remerciez-le bien de ma part. *I owe you many thanks,* je vous dois beaucoup de reconnaissance. **(Very) many thanks,** *F:* **thanks very much,** bien des remerciements! merci mille fois! mille fois merci! *F:* **Thanks!** = *thank you, q.v. under* THANK[2] 1. *Smile of thanks,* sourire *m* de remerciement. *She smiled, bowed, her thanks,* elle me remercia d'un sourire, d'un salut. **No thanks are needed!** il n'y a pas de quoi! **To give thanks to s.o. for sth.,** rendre grâces à qn de qch. **To give, return, thanks,** dire les grâces (après le repas). *After thanks had been offered the cloth was removed,* après les grâces on desservit. *To offer solemn thanks to God,* rendre à Dieu de solennelles actions de grâces. **To offer, to express,** *esp. U.S:* **to extend, one's sincere, heartfelt, thanks to s.o.,** présenter, offrir, exprimer, ses remerciements sincères, ses vifs remerciements, à qn. *We wish to extend our hearty thanks to all those who . . .*, nous exprimons nos plus vifs remerciements **à tous ceux qui. . . . To pass a vote of thanks to s.o.,** voter des

remerciements à qn. Thanks be to God! rendons grâces à Dieu! grâce à Dieu! *F:* Thanks be! Dieu merci! Thanks to . . ., grâce à. . . . *I managed, but* no thanks to you, small thanks to you, je me suis débrouillé, mais ce n'est pas à vous que je le dois, ce n'est pas grâce à vous. *F:* That's all the thanks I get! voilà comme on me remercie! Small thanks, *Iron:* much thanks, I got for it! c'était vraiment bien la peine! *What thanks do you get?* quel gré vous en sait-on?

'thank-offering, *s.* Cadeau *m* de reconnaissance. *Esp. B:* Sacrifice *m* d'actions de grâces.

thank², *v.tr.* **1.** (*a*) Remercier (qn); faire, exprimer, ses remerciements, dire merci, à (qn); rendre grâce(s) à (Dieu). To thank s.o. for sth., remercier qn de qch. *To t. s.o. sincerely, heartily,* présenter, exprimer, ses remerciements sincères à qn; adresser un cordial merci à qn. *She thanked me prettily,* elle me dit un joli merci. *To t. s.o. effusively,* se confondre en remerciements. Thank God! thank heaven! thank goodness! Dieu merci! grâce au ciel! le ciel en soit loué! *See also* ANTICIPATION 1, STAR¹ 1. (*b*) (I) thank you, je vous remercie; merci. *Will you have some tea?*—No, thank you, prenez-vous du thé?—Merci! je vous remercie! Yes, thank you, (i) oui, merci; (ii) s'il vous plaît. Thank you very much, merci bien, merci beaucoup. *T. you for your letter, for coming,* merci de votre lettre; merci d'être venu. *F:* Thank you for nothing! merci de rien! I wouldn't say thank you for it! je n'en donnerais pas quatre sous! **2.** (*In future, expressing a request*) *Often Iron:* I will thank you for that book, je vous prie, je vous saurais bien gré, vous seriez bien aimable, de me passer ce livre; puis-je vous demander de me passer ce livre? *T. you for the salt, please,* passez-moi le sel, je vous prie; voudriez-vous bien me passer le sel? I will thank you to close the door, je vous serai obligé de vouloir bien fermer la porte. I'll thank you to mind your own business! occupez-vous donc de ce qui vous regarde! **3.** To have s.o. to thank for sth., devoir qch. à qn. *She has you to t. for that,* c'est à vous qu'elle doit cela. *F:* You have only yourself to thank for it, c'est à vous seul qu'il faut vous en prendre; il ne faut vous en prendre qu'à vous-même.

thankful ['θæŋkful], *a.* Reconnaissant. To be thankful to s.o. for sth., être reconnaissant à qn de qch.; savoir gré à qn de qch. *To be t. that . . .,* être heureux, être bien content, que. . . . *Let us be t. that our lives have been spared,* félicitons-nous de ce que nous avons la vie sauve. **-fully,** *adv.* Avec reconnaissance; avec gratitude.

thankfulness ['θæŋkfulnəs], *s.* Reconnaissance *f,* gratitude *f.* *T. for the kindness of God,* reconnaissance de, pour, la bonté de Dieu.

thankless ['θæŋkləs], *a.* **1.** (*Of pers.*) Ingrat. **2.** (Travail, etc.) mal récompensé, inutile, ingrat. A thankless task, une tâche ingrate, écœurante; une (vraie) corvée. **-ly,** *adv.* **1.** Avec ingratitude; sans montrer de reconnaissance. **2.** Sans récompense; sans satisfaction morale; sans profit.

thanklessness ['θæŋkləsnəs], *s.* **1.** Ingratitude *f* (de qn). **2.** Inutilité *f,* caractère ingrat ou peu profitable (d'une tâche, etc.).

thanksgiving [θæŋks'giviŋ], *s.* Action *f* de grâce(s). Thanksgiving service, service *m* d'actions de grâces. *U.S:* Thanksgiving Day, le jour d'actions de grâces (le dernier jeudi de novembre). *See also* HARVEST¹ 1, SONG 2.

thapsia ['θæpsiə], *s. Bot:* Thapsie *f,* thapsia *m. Pharm:* Thapsia plaster, thapsia.

that¹ [ðæt]. I. *Dem. pron., pl.* those [ðouz]. **1.** Cela, *F:* ça; ce. (*a*) Give me that, donnez-moi cela, ça. What is that? qu'est-ce (que c'est) que cela, que ça? Who is that? qui est-ce là? qui est cette personne(-là)? That's Mr Smith, c'est M. Smith. Is that you, John? *F:* that you, John? est-ce vous, Jean? c'est vous, Jean? Those are our neighbours, ce sont nos voisins; ces personnes, ces gens-là, sont nos voisins. *Are those your children?* sont-ce là vos enfants? *Is t. all the luggage you are taking?* vous n'emportez que ça de bagages? *Was t. the great man!* était-ce là le grand homme! *T. is my opinion,* tel est mon avis; voilà mon avis. *T. is what he told me,* voilà ce qu'il m'a dit. *T. is what I have come for,* c'est pour cela que je viens. *T. is where he lives,* c'est là qu'il demeure; voilà où il demeure. *That's how I happened to be there,* voilà comment, *F:* comme quoi, je me suis trouvé là. After that, before that, après cela, avant cela. *T. was two years ago,* il y a deux ans de cela. With that *she sobbed into her handkerchief,* là-dessus, sans en dire davantage, elle sanglota dans son mouchoir. *I read your book;* I had patience enough for that, j'ai lu votre livre; j'ai eu cette patience. But for that, *I should not have come,* sans cela, je ne serais pas venu; *Lit:* n'eût été cela, je ne serais pas venu. What do you mean by that? qu'entendez-vous par là? *I do not mean by that that I have any intention . . .,* je ne veux pas dire par là que j'aie aucune intention. . . . They all think that, c'est ce qu'ils pensent tous. *We must get him out of t.,* il faut le tirer de là. *P:* Come out of that! hors de là! Have things come to that? les choses en sont-elles arrivées là? All that *costs what it costs,* tout cela coûte ce que cela coûte. *See also* ALL I. 1, FOR¹ I. 10. That is . . ., c'est-à-dire. . . . *I'll come with you,* that is if . . ., je veux bien vous accompagner, si toutefois. . . . *See also* GO² 12, HOW¹ 1, TAKE² I. 6. (*b*) (*Stressed*) *And so 'that is settled,* alors quant à cela, c'est décidé. *If anything can please him 'that will,* si quelque chose peut le satisfaire ce sera bien cela. *We must make up our minds,* and that at once, il faut prendre un parti et cela tout de suite. *I have only two pairs of shoes and those are shabby,* je n'ai que deux paires de souliers et encore sont-ils bien usés. *He is only a fiddler,* and a poor one at that, ce n'est qu'un violoneux, et encore assez piètre. *I paid sixpence for it and it's dear at t.,* je l'ai payé six pence et c'est encore plus que cela ne vaut. *It made me feel sick, and I've been in the army at t.,* cela m'a rendu malade, et pourtant j'ai fait la guerre. *F: Will you help me?*—That I will! voulez-vous m'aider?—Volontiers! avec plaisir! *They are fine chaps.*—They are that! ce sont des gaillards.—En effet! cela oui! *F:* pour sûr! That they are not! cela non! *It was a horrid place.*—That it was! c'était un endroit horrible.—Pour sûr! *Dial. & P:* I'm real sorry, that I am, je le regrette bien, ça pour sûr! That's right! that's it! c'est cela! ça y est! à la bonne heure! *That's not right! that's not it!* ce n'est pas cela! That's all, voilà tout. That's a good boy! (i) à la bonne heure! (ii) vous êtes bien gentil! That's curious! voilà qui est curieux! Those are something like shoes! voilà ce qui s'appelle des souliers! ça c'est de la chaussure! That's what men are! c'est ça, les hommes! *F:* Good stuff, that! ça c'est du bon! voilà du bon! And that's that! so that's that! et voilà! alors voilà qui est fini! plus rien à dire! *F:* un point, c'est tout! And that was that, plus rien à dire. *See also* SO I. 2. **2.** (*Opposed to 'this,' 'these'*) Celui-là, *f.* celle-là; *pl.* ceux-là, *f.* celles-là. *This is new and t. is old,* celui-ci est neuf et celui-là est vieux. *I prefer these to those,* je préfère ceux-ci à ceux-là. *See also* THIS I. 2. **3.** (*Indefinite, as antecedent to a relative, = 'the one(s).'*) Celui, *f.* celle; *pl.* ceux, *f.* celles. *A different colour from* that which *I had before,* une couleur différente de celle que j'avais avant. What is that (that) I see? qu'est-ce que (c'est que) je vois là? *All* those that *I saw,* tous ceux que j'ai vus. Those of whom *I speak,* ceux dont je parle. Those who *wish to go may do so,* ceux qui veulent s'en aller sont libres de le faire. *I have never tried, but I have known those who have tried and failed,* je n'ai jamais essayé, mais j'ai connu des gens, j'en sais, qui ont essayé et échoué. *One of those who were present,* (l')un de ceux qui étaient présents; un des assistants. I am not one of those who . . ., je ne suis pas de ceux qui. . . . There are those who *think that . . .,* certains, *Lit:* d'aucuns, pensent que . . .; il y a des gens qui, il y en a qui, pensent que. . . . There was that in her *which commanded respect,* il y avait en elle quelque chose qui imposait le respect. (*With relative understood*) All those unfit for use, tous ceux qui sont impropres à l'usage. *Those present at the wedding,* ceux qui assistaient au mariage. *A house like that described here,* une maison comme celle qui est décrite ici.

II. **that,** *dem.a., pl.* those. (*a*) Ce, (*before vowel or h 'mute'*) cet; *f.* cette; *pl.* ces; (*for emphasis and in opposition to 'this,' 'these'*) ce . . .-là, cet . . .-là, cette . . .-là, ces . . .-là. That book, those books, ce livre(-là), ces livres(-là). Compare that edition with these two, comparez cette édition-là avec ces deux-ci. That one, celui-là, celle-là. *Will you have a red rose?—No, I prefer* that white one, voulez-vous une rose rouge?—Non, j'aime mieux cette blanche-là. *In those days,* en ce temps-là. *Everybody is agreed on t. point,* tout le monde est d'accord là-dessus. *I only saw him* that once, je ne l'ai vu que cette fois-là. *F:* That fool of a gardener, cet imbécile de jardinier. It's that dog again! c'est encore ce chien! That sort of people, *P:* those sort of people, les gens de cette espèce. *P:* This here chair and that there table, cette chaise-ci et cette table-là. *See also* THIS II. (*b*) (*Followed by 'of mine,' 'of his,' etc.*) *F: Hum: or Pej:* Well, how's that leg of yours? eh bien, et cette jambe? *I don't much care for t. house of Mr Dupont's, for t. house of his,* je n'aime guère cette maison de M. Dupont, cette maison qu'il a là. *It's t. wife of his who is to blame,* c'est de la faute à madame son épouse. *I hate t. pride of hers,* je déteste cet orgueil qu'elle affiche. (*c*) *All* those flowers that *you have there,* toutes ces fleurs que vous avez là. Those people who *take an interest in these things,* les gens, ceux, qui s'intéressent à ces choses-là. I am not one of those people who . . ., je ne suis pas de ceux qui. . . . *She is not one of those women who . . .,* elle n'est pas de celles qui. . . . (*d*) *F:* I have not that confidence in him that *I would believe all he says,* je n'ai pas assez de foi en lui pour croire tout ce qu'il dit. (*e*) (*'That' with pl. noun; 'those' with noun sg. coll.*) *During that, those, rainy six weeks,* pendant ces six semaines pluvieuses. *What about that, those, five pounds?* et ces cinq livres? *Those clergy who . . .,* ces membres du clergé qui. . . .

III. **that,** *dem.adv. F:* **1.** (*With adj. or adv. of quantity*) Aussi . . . que cela. 'That high, aussi haut que ça. *'That far,* aussi loin que ça. *See also* MUCH 3. **2.** *V. & Dial:* Tellement. He was 'that tall! il était tellement grand! *He talks 'that much!* il parle tant! *It was 'that cold!* il faisait un froid!

that² [ðət], *rel. pron. sg. & pl., standing for pers. or thg to introduce a defining clause.* **1.** (*For subject*) Qui; (*for object*) que. The house that stands at the corner, la maison qui se trouve au coin. *The letters t. came yesterday,* les lettres qui sont venues hier. The letter (that) I sent you, la lettre que je vous ai envoyée. *The man t. stands at the door,* l'homme qui se tient à la porte. *The children t. you see,* les enfants que vous voyez. *I shall take* the first that offers, je prendrai le premier qui se présentera. *It is the only novel of his t. I read with pleasure,* c'est le seul de ses romans que je lise avec plaisir. *Lit:* This is he that brought the news, voici celui qui a apporté la nouvelle. *Prov:* He that sows iniquity shall reap sorrow, qui sème l'injustice récoltera le chagrin. Wretch that I am! malheureux que je suis! *Wicked man t. he was, he would not consent,* méchant comme il était, il ne voulut pas y consentir. **2.** (*Governed by prep., which always follows 'that'*) Lequel, *f.* laquelle; *pl.* lesquels, *f.* lesquelles. *The envelope (that) I put it in,* l'enveloppe dans laquelle je l'ai mis. *The man (that) we are speaking of, about,* l'homme dont nous parlons. *The person (that) I gave it to,* la personne à laquelle je l'ai donné. *The people (that) you stole it from,* les gens auxquels vous l'avez volé. No one has come that I know of, personne n'est venu que je sache. **3.** (*After expression of time*) Où; que. *The night (that) we went to the theatre,* le soir où nous sommes allés au théâtre. *The time (that) I saw him,* la fois, le jour, où je l'ai vu. *During the years t. he had languished in prison,* pendant les années qu'il avait langui en prison.

that³ [ðæt, ðət], *conj.* **1.** (*Introducing subordinate clause*) Que. (*a*) (*Of statement, result, reason*) *It was for this t. they fought,* c'est pour cela qu'on s'est battu. *It is a shame t. they should treat you so,* c'est monstrueux qu'on vous traite ainsi. *It is rather t. he does* *not wish to do it*, c'est plutôt qu'il ne veut pas le faire. *He is so ill t. he is unfit to work*, il est si malade qu'il est incapable de travailler. **Never a year goes by that he doesn't write to us**, il ne se passe jamais une année qu'il ne nous écrive. **Not that**, *see* NOT 4. **Now that**, *see* NOW II. **But that**, *see* BUT[1] I. **In that**, *see* IN[1] I. 13. (*b*) (*Of wish + sub. or ind.*) *I would give a thousand pounds t. it had never happened*, je donnerais mille livres pour que cela ne soit pas arrivé. *I hope (that) you may, will, have good luck*, j'espère que vous aurez de la chance. (*c*) (*Of purpose + sub.*) (Afin) que, pour que, + *sub.* *They kept silent* **(in order) that he might sleep**, ils gardaient le silence pour qu'il pût dormir. *Come nearer t. I may see you*, approchez, que je vous voie. *He does it t. he may be admired*, il le fait afin qu'on l'admire. *I am telling you*, **(so) that you may, should, know**, je vous préviens pour que vous soyez au courant. **2.** (*Exclamatory*) (*a*) (*Expressing sorrow, indignation, etc.*) **That he should behave like this!** dire qu'il se conduit comme cela! *T. I should live to see such things!* quand je pense que j'aurai vécu pour voir des choses pareilles! (*b*) (*Expressing desire + sub.*) **O that it were possible!** oh, si c'était possible! plût au Ciel que ce fût possible!

thatch[1] [θatʃ], *s.* Chaume *m* (de toiture). *Const:* **Thatch plank**, tavaillon *m*. *P:* **He has lost his thatch**, il n'a plus de cresson sur la fontaine; il a le caillou déplumé.

thatch[2], *v.tr.* Couvrir (un toit) de, en, chaume.

thatched, *a.* (Toit *m*) de chaume. *T. outhouse*, annexe, dépendance, couverte de chaume. **Thatched cottage**, chaumière *f*.

thatching, *s.* **1.** Métier *m* de couvreur en chaume. **2.** Couverture *f* de chaume.

thatcher ['θatʃər], *s.* Couvreur *m* en chaume.

thaumatrope ['θɔːmatroup], *s.* *Toys: A:* Phénakisti(s)cope *m*.

thaumaturge ['θɔːmatəːrdʒ], **thaumaturgist** ['θɔːmatəːrdʒist], *s.* Thaumaturge *m*.

thaumaturgic(al) [θɔːma'təːrdʒik(əl)], *a.* Thaumaturgique.

thaumaturgy ['θɔːmatəːrdʒi], *s.* Thaumaturgie *f*.

thaw[1] [θɔː], *s.* Dégel *m*; fonte *f* des neiges. **Silver thaw**, verglas *m*. **The thaw is setting in**, le temps est, se met, au dégel.

thaw[2]. **1.** *v.tr.* (*a*) Dégeler (la neige, etc.); décongeler (la viande frigorifiée, etc.). *Aut:* **To thaw out** *the radiator*, dégeler le radiateur. (*b*) *F:* **To thaw s.o., s.o.'s reserve**, dégeler qn; tirer qn de sa réserve. **2.** *v.i.* (*a*) (*Of snow, ice*) Fondre; (*of frozen meat, etc.*) se décongeler; dégeler; prendre la température ambiante. (*b*) *Impers.* **It is thawing**, il dégèle. (*c*) *F:* **After dinner he began to thaw**, après le dîner il commença à perdre sa froideur, à se dégeler, à se défiger, à se déraidir, à s'humaniser.

thawing, *s.* **1.** Dégèlement *m* (des conduites d'eau, etc.); décongélation *f* (de la viande). **2.** Dégel *m*; fonte *f* (des neiges).

thawy ['θɔːi], *a.* *F:* (Temps) mou.

the[1] [ðə; *before vowel* ði], *def. art.* **1.** Le, *f.* la; (*before vowel or h 'mute'*) l'; *pl.* les. (*a*) (*Particularizing*) *The father and (the) mother*, le père et la mère. *On the other side*, de l'autre côté. *The Alps*, les Alpes. *I spoke to the coachman*, j'ai parlé au cocher. *Give that to the woman*, donnez cela à la femme. *At the corner*, au coin. *On the Monday he fell ill*, le lundi il tomba malade. *He has gone to the fields*, il est allé aux champs. *The voice of the people*, la voix du peuple. *The roof of the house*, le toit de la maison. *The arrival of the guests*, l'arrivée des invités. *Far from the town*, loin de la ville. *The Greeks*, les Grecs. *The Smiths*, les Smith. *The Emperor William*, l'empereur Guillaume. *The poet Keats*, le poète Keats. **Edward the Seventh**, Édouard Sept. *You must be the Mr Brant about whom he has so often talked*, alors c'est vous le M. Brant dont il a parlé si souvent. *Such was the Italy of the past*, telle fut l'Italie des temps passés. *Scot:* **The McGregor**, le chef du clan McGregor. *P:* **The wife**, ma femme; *P:* la bourgeoise. **The pater, the mater**, mon père, le paternel; ma mère. **Well, how's the throat?** eh bien, et cette gorge? (*b*) (*Emphatic*) *He is not the person to do that*, ce n'est pas une personne à faire cela. *You had the cheek, the nerve, to tell him so?* vous avez eu l'aplomb de le lui dire? *The impudence of it!* quelle audace! *You have sold the house, you had the heart to do it!* vous avez vendu la maison, vous avez eu ce courage-là! *He hasn't the patience to wait, the courage to go on*, il n'a pas assez de patience pour attendre, assez de courage pour continuer. (*c*) (*Used in forming nouns from adjs.*) *The beautiful*, le beau. *Words borrowed from the French*, mots empruntés du français. *Translated from the Russian*, traduit du russe. *Coll.* **The poor, the rich**, les pauvres, les riches. *The learned*, les savants. (*d*) (*With names of diseases*) *A. & F:* **He has the toothache, the measles**, il a mal aux dents; il a la rougeole. *To have the rheumatics*, souffrir de rhumatismes. *See also* BLUE[1] II. 4, FIDGET[1] 1, HUMP[1] 2. (*e*) (*Generalizing*) *The dog is our best friend*, le chien est notre meilleur ami. (*f*) (*Distributive*) **Sixpence the pound**, six pence la livre. *To be employed by the day*, travailler à la journée. *Eight tomatoes to the pound*, huit tomates à la livre. *Twenty-five miles to the gallon*, quarante kilomètres pour quatre litres et demi. **2.** (*Demonstrative in French*) Ce, cet, *f.* cette, *pl.* ces. *I was absent* **at the time**, j'étais absent à cette époque, à ce moment-là. *It is just what I want* **at the moment**, c'est justement ce qu'il me faut en ce moment. *I shall see him during the summer*, je le verrai cet été. *Well, did the wedding go off all right?* et cette noce, ça s'est bien passé? *The ladies are in the drawing-room*, ces dames sont au salon. *What had the gentlemen, the ladies, the girls, to say?* qu'est-ce que ces messieurs, ces dames, ces demoiselles, ont dit? *Do leave the child alone!* mais laissez-la donc, cette enfant! *The idea occurred to him that . . .*, cette idée lui vint que. . . . *He experienced the feeling that . . .*, il eut cette sensation que. . . . **3.** (*Stressed*) [ðiː] *Are you descended from 'the Cromwell?* êtes-vous un descendant du Cromwell de l'histoire? *Her father is Professor X, 'the Professor X*, son père est le professeur X, le grand, le célèbre, professeur X. *A certain Charles Dickens—not 'the Charles Dickens*, un certain Charles Dickens—mais non pas le célèbre Charles Dickens. *He is 'the surgeon here*, c'est lui le grand chirurgien ici. *To him she was 'the one, alone, peerless*, pour lui elle était seule entre toutes, unique, à nulle autre pareille. **Smith's is 'the shop for furniture**, la maison Smith est la meilleure, la seule, pour les meubles. *This is 'the boot for winter wear*, c'est la bottine entre toutes pour la saison d'hiver. *X's whisky is 'the whisky*, le whisky de X est l'idéal, est unique.

the[2], *adv.* (*Preceding an adj. or adv. in the comparative degree*) (*a*) *It will be the easier for you as you are young*, cela vous sera d'autant plus facile que vous êtes jeune. *The act was the bolder that he stood quite alone*, son action était d'autant plus hardie qu'il était seul. *This blow was all the more cruel because it was the least expected*, ce coup était d'autant plus cruel qu'on s'y attendait le moins. *With closer intimacy they talked the more easily of what the future might have in store*, à devenir plus intimes, ils parlaient avec d'autant plus d'abandon de ce que l'avenir pouvait leur réserver. (*b*) **The** *sharper the point* **the** *better the needle*, les aiguilles sont d'autant meilleures que leur pointe est plus fine. **The sooner the better**, le plus tôt sera le mieux. *The less said about it the better*, moins on en parlera mieux cela vaudra. *The more famous the novel to be filmed, the greater the difficulties of adaptation*, plus célèbre est le roman qu'il s'agit de porter à l'écran, d'autant s'accroissent les difficultés de l'adaptation. *See also* LESS 4, MORE 4, WORSE 1.

Theatine ['θiːətain], *s.* *Ecc:* Théatin *m*, Théatine *f*.

theatre ['θiːətər], *s.* **1.** (*a*) Théâtre *m*; salle *f* de spectacle. *National t.*, théâtre national. *Open-air t.*, théâtre en plein air; théâtre de verdure. *To go to the t.*, aller au théâtre, au spectacle. (*b*) **Picture theatre**, grand cinéma; cinéma palace. **News theatre**, ciné-actualités *m*. (*c*) **The theatre**, l'art *m* dramatique; le théâtre. **Play that is good theatre**, pièce *f* qui se joue bien; pièce bien faite. **The English theatre**, le théâtre anglais. **2.** (*a*) (*In universities, etc.*) Amphithéâtre *m*. (*b*) = OPERATING-THEATRE. *See also* ANATOMICAL. **3.** *F:* **The theatre of war**, le théâtre de la guerre.

'theatre-bill, *s.* Affiche *f* de théâtre.

'theatre-goer, *s.* Amateur, -trice, du théâtre; habitué, -ée, des théâtres; *F:* coureur, -euse, de théâtres.

'theatre-going, *s.* Fréquentation *f* des théâtres.

theatrical [θi'atrik(ə)l], *a.* **1.** Théâtral, -aux; (almanach *m*, etc.) spectaculaire, des spectacles. *T. performance*, représentation théâtrale. **Theatrical company**, troupe *f* d'acteurs. *F:* **A theatrical gent**, *s.* *A:* **a theatrical**, un comédien. *Cin:* *T. film*, film *m* spectaculaire. **2.** (*Of attitude, etc.*) Théâtral, histrionique, affecté. **-ally**, *adv.* **1.** Théâtralement (parlant, etc.). **2.** Avec affectation; (parler) d'un ton ronflant ou avec emphase.

theatricals [θi'atrik(ə)lz], *s.pl.* **Private theatricals**, comédie *f* de salon. **Amateur theatricals**, spectacle *m* d'amateurs.

thebaic[1] [θiː'beiik], *a.* *Ch:* *Pharm:* Thébaïque. **Thebaic extract**, extrait *m* thébaïque; extrait d'opium.

Thebaic[2], *a.* *A.Geog:* De Thèbes.

Thebaid (the) [ðəθiː'beiid]. *Pr.n.* *A.Geog:* La Thébaïde.

thebaism ['θiːbeiizm], *s.* *Med:* Thébaïsme *m*.

Theban ['θiːbən], *a.* & *s.* *A.Geog:* Thébain, -aine.

Thebes [θiːbz]. *Pr.n.* *A.Geog:* Thèbes *f*.

theca ['θiːka], *s.* (*a*) *Bot:* Loge *f*. (*b*) *Fung:* *etc:* Thèque *f*; asque *m or f*.

thee[1] [ðiː], *pers. pron., objective case. A. & Poet:* (*except as used by Quakers or in prayers*) **1.** (*Unstressed*) (*a*) Te; (*before a vowel sound*) t'. *We beseech t.*, nous te supplions. *I adore t.*, je t'adore. *I will tell t.*, je te le dirai. (*b*) (*Refl.*) *A:* **Get thee gone!** va-t'en! *See also* GET[1] I. 10. *Dial:* **Sit thee down**, assieds-toi. **2.** (*Stressed*) Toi. **Thee and me**, toi et moi. *This is for t.*, ceci est pour toi. *He thinks of t.*, il pense à toi. *I am speaking to t.*, c'est à toi que je parle. **3.** *Dial:* (*and F: in Quaker speech*) *Used as subj., usu. with vb in the third pers.* **Thee does not understand**, tu ne comprends pas.

thee[2], *v.tr.* **To thee and thou s.o.**, tutoyer qn.

theft [θeft], *s.* (*a*) Vol *m*. (*b*) Volerie *f*, maraudage *m*, vol. *Jur:* **Aggravated theft**, vol qualifié. **Petty theft**, larcin *m*. **To commit (a) theft**, commettre un vol. *To accuse s.o. of t.*, accuser qn de vol. *T. from a letter, from a parcel*, spoliation *f* d'une lettre, d'un colis. **Theft prevention**, garantie *f* contre le vol. *Aut:* *etc:* **Theft-prevention device**, dispositif *m* anti-vol.

'theft-proof, *a.* Anti-vol *inv*; (serrure *f*, etc.) de sécurité, inviolable.

theic ['θiːik], *s.* *Med:* Buveur, -euse, de thé qui en abuse, qui s'intoxique.

theine ['θiːin], *s.* *Ch:* Théine *f*.

their [ðɛər], *poss.a.* **1.** (*a*) Leur, *f.* leur; *pl.* leurs. *T. neighbour(s)*, leur(s) voisin(s). *T. idea(s)*, leur(s) idée(s). *One of t. friends*, un(e) de leurs ami(e)s; un(e) ami(e) à eux, à elles. *T. father and mother*, leur père et leur mère; leurs père et mère. *They fell on t. backs*, ils tombèrent sur le dos. *T. eyes were torn out*, on leur a arraché les yeux. *There they stood with t. hats on t. heads*, ils étaient là, le chapeau sur la tête. *They hurt t. feet*, ils se sont fait mal au(x) pied(s). *T. eyes are blue*, ils ont les yeux bleus. (*b*) **Their Majesties**, leurs Majestés. **2.** (*Ethical*) *They knew t. Homer from beginning to end*, ils savaient leur Homère d'un bout à l'autre. **3.** *F:* (*Referring to indef. pron. = 'his'*) **Nobody in their senses . . .**, personne jouissant de son bon sens. . . . *A person can't help their birth*, on ne peut pas remédier à sa naissance.

theirs [ðɛərz], *poss.pron.* (*a*) Le leur, la leur, les leurs. *Here are his books, t. are on the table*, voici ses livres, les leurs sont sur la table. *This house is t.*, cette maison est la leur, leur appartient, est à eux, à elles. **He is a friend of theirs**, c'est un ami à eux, à elles; c'est un de leurs amis. *It is no business of t.*, ce n'est pas leur affaire. *Pej:* **That pride of theirs**, leur orgueil; cet orgueil dont ils ne peuvent se défaire. (*b*) (*Their kindred*) **I am interested in them and in theirs**, je m'intéresse à eux et aux leurs.

theism[1] ['θiːizm], *s.* *Theol:* Théisme *m*.

theism², *s. Med:* Théisme *m*; intoxication *f* par le thé.
theist ['θiːist], *s. Theol:* Théiste *mf.*
theistic [θiː'istik], *a. Theol:* Théiste.
thelitis [θi'laitis], *s. Med:* Thélite *f*; inflammation *f* du mamelon.
them [ðem, ðəm], *pers. pron., pl., objective case.* **1.** (*Unstressed*) (*a*) (*Direct*) Les *mf*; (*indirect*) leur *mf*. *I like them*, je les aime. *Have you seen them?* les avez-vous vu(e)s? *I shall tell them so*, je le leur dirai. **I shall give them to them**, je les leur donnerai. *Call them*, appelez-les. *Give them some*, donnez-leur-en. *Speak to them*, parlez-leur. *I will write them a letter*, je leur écrirai une lettre. (*b*) (*Refl.*) *They took the keys away with them*, ils ont emporté les clefs avec eux. (*c*) (*Refl.*) *A. & Poet:* **They made them an idol**, ils se sont fait une idole. **Then they bethought them that . . .**, puis ils s'avisèrent que. . . . **2.** (*Stressed; mainly of pers.*) Eux, *f.* elles. *Big enough to hold* **us and them**, assez grand pour nous contenir et eux aussi, et elles aussi. *He values us more than them*, il nous estime plus qu'eux. **Them I do not admire**, je ne les admire pas, eux. (*Emphatic*) *I am speaking to 'them*, c'est à eux, à elles, que je parle. **3.** (*Other prep. combinations*) **Many of them**, plusieurs d'entre eux. **Both of them** *saw me*, ils m'ont vu tous (les) deux. *There were three of them*, ils étaient trois; il y en avait trois. *He has eaten four of them*, il en a mangé quatre. *Give me half of them*, donnez-m'en la moitié. **Every one of them** *was killed*, ils furent tous tués. **Neither of them**, ni l'un ni l'autre. **None of them**, aucun d'eux. *What shall we do with them?* qu'allons-nous en faire? *Prepare the tables and put some flowers on them*, préparez les tables et mettez-y des fleurs. *Here are the bottles but there is no wine in them*, voici les bouteilles mais il n'y a pas de vin dedans. *The Committee have devoted great care to the task before them*, les membres de la commission ont donné beaucoup d'attention à la tâche qui leur incombait. **4.** (*Disjunctive nom.*) *F:* **It's them**, ce sont eux, elles; c'est eux, elles; les voilà! *Isn't that them coming to meet us?* est-ce que ce n'est pas eux qui viennent à notre rencontre? *We are not so rich as them*, nous ne sommes pas si riches qu'eux. *They have never hit it off, she and them*, ils ne se sont jamais accordés, elle et eux. *Hum:* **Them's my sentiments**, voilà mes sentiments; voilà ce que je pense. *Dial:* **Them there sheep**, ces brebis-là. **5.** (*Referring to indef. pron.*) *F:* **When anyone comes she says to them . . .**, quand quelqu'un vient elle lui dit. . . . **Nobody has so much to worry them**, personne n'a tant d'ennuis. *Even if you dislike a person you must be fair to them*, même quand on n'aime pas les gens il faut leur rendre justice, il faut agir loyalement avec eux.
thematic [θi'matik], *a. Mus: Gram:* Thématique. *T. catalogue*, catalogue *m* thématique.
theme [θiːm], *s.* **1.** Sujet *m*, thème *m* (d'un discours, etc.); canevas *m*, trame *f* (d'un film, etc.). *T. for discussion, for an essay*, matière *f* d'une discussion, d'une dissertation. *This incident, a t. for ingenious developments*, cet incident, thème à développements ingénieux. **2.** *Sch:* (*a*) Dissertation; exercice *m* littéraire. (*b*) *U.S:* Thème (latin, français). **3.** *Gram:* Thème, radical, -aux *m* (d'un mot). **4.** *Mus:* Thème, motif *m*. **Theme with variations**, air varié.
'theme-song, *s.* Mélodie principale (d'un film).
Themis ['θemis]. *Pr.n.f. Gr.Myth:* Thémis.
Themistocles [θe'mistokliːz]. *Pr.n.m. Gr.Hist:* Thémistocle.
themselves [ðəm'selvz], *pers. pron.* See SELF¹ 4.
then [ðen]. I. *adv.* **1.** (*a*) Alors; en ce temps-là; à cette époque. *I was then living in London*, à ce moment-là, à cette époque, en ce temps-là, je demeurais à Londres. **The then existing system**, le système qui existait à cette époque, à ce moment-là. *The then Lord Mayor*, le Lord-Maire d'alors, de ce temps-là. *The then fashion*, la mode de cette époque. **There and then, then and there**, séance tenante; sur-le-champ; *F:* illico. *I kissed her there and then*, je l'embrassai tout de go. (*b*) **Now good, then bad**, tantôt bon, tantôt mauvais. *See also* NOW I. 1. **2.** Puis, ensuite, alors. *First he wanted to go, (and) then he changed his mind*, d'abord il voulait partir, (et) ensuite il a changé d'avis. *They travelled in France and then in Spain*, ils voyagèrent en France et ensuite en Espagne. **What then?** et puis? et (puis) après? et alors quoi? **3.** D'ailleurs; aussi (bien); et puis. *He has a flat in town (and) then a house in the country*, il a un appartement en ville et puis, et aussi, une maison à la campagne. *I haven't the time, and then it isn't my business*, je n'ai pas le temps, d'ailleurs, aussi bien, ce n'est pas mon affaire. *It is handsome stuff, a handsome material*, **but then** *it is expensive*, c'est une belle étoffe, mais aussi elle coûte cher.

II. **then**, *conj.* En ce cas, donc, alors. *If you want to go*, **well then**, *go!* si vous voulez partir, eh bien (alors) partez! partez donc! **Then you had better stay**, s'il en est ainsi vous feriez mieux de rester ici. **Go, then**, soit, allez. **But then . . .**, mais c'est que. . . . (*But*) *then you should have told him so*, en ce cas vous auriez dû le lui dire. *What's the matter with you then?* qu'avez-vous donc? *You knew all the while then?* vous le saviez donc d'avance? *The world, then, was ready for the Messiah*, ainsi le monde était prêt pour le Messie. *See also* NOW I. 2.

III. **then**, *quasi-s.* Ce temps-là; cette époque-là. **Before then**, avant ce moment-là; avant cette époque; avant cela. *I shall have finished it* **by then**, je l'aurai terminé avant ce moment-là, avant cela. *By then they had gone*, ils étaient déjà partis; ils étaient partis dans l'intervalle. *Will you have finished by then?* est-ce que vous aurez fini d'ici là? **Till then**, (i) jusqu'alors; (ii) jusque-là. (**Ever**) **since then, from then on**, dès lors; depuis ce temps-là. **Between now and then**, d'ici là. **Every now and then**, de temps en temps; de temps à autre.
"then'-clause, *s. Gram:* Apodose *f*.
thenar ['θiːnər], *s. Anat:* **1.** Thénar *m*. **Thenar prominence** *or* eminence, éminence *f* thénar. **2.** Paume *f* (de la main); plante *f* (du pied).
thence [ðens], *adv. A. & Lit:* **1.** De là. *We went to Paris and (from) thence to Rome*, nous sommes allés à Paris et de là à Rome. *Have you been to Paris?*—**I come from thence**, êtes-vous allé à Paris?—J'en viens. **2.** Pour cette raison; par conséquent. **It wouldn't thence follow that . . .**, il ne s'ensuivrait pas que . . .; il ne faudrait pas en conclure que. . . . *Honest*, **thence poor**, honnête, et par conséquent pauvre; honnête, donc pauvre.
thenceforth ['ðensfɔːrθ], **thenceforward** [ðens'fɔːrwərd], *adv.* Dès lors; à partir de ce jour; depuis cette époque; désormais.
theo- ['θiːo, θi'ɔ], *comb.fm.* Théo-. *Theophilan'thropic*, théophilanthropique. *Theo'pneusty*, théopneustie. *The'ophany*, théophanie.
Theobald ['θiːobɔːld, *A:* 'tibəld]. *Pr.n.m.* Thibau(l)t.
theobroma [θio'broumə], *s. Bot:* Théobrome *m*.
theobromine [θio'broumain], *s. Ch:* Théobromine *f*.
theocracy [θi'ɔkrəsi], *s.* Théocratie *f*.
theocrat ['θiːokrat], *s.* Théocrate *m*.
theocratic [θio'kratik], *a.* Théocratique.
Theocritean [θiɔkri'tiːən], *a.* De Théocrite.
Theocritus [θi'ɔkritəs]. *Pr.n.m. Gr.Lit:* Théocrite.
theodicy [θi'ɔdisi], *s. Phil:* Théodicée *f*.
theodolite [θi'ɔdolait], *s. Surv:* Théodolite *m*. **Transit theodolite**, théodolite à boussole. *See also* REPEATING¹ 2.
Theodora [θio'dɔːrə]. *Pr.n.f.* (*a*) Théodora. (*b*) **St Theodora**, sainte Théodore.
Theodore ['θiːodɔːr]. *Pr.n.m.* Théodore.
Theodoric [θi'ɔdorik]. *Pr.n.m.* **1.** *Hist:* **Theodoric the Great**, Théodoric le Grand. **2.** *Fr.Hist:* Thierry.
Theodosian [θio'dousiən], *a. Rom.Hist:* (Code, etc.) théodosien.
Theodosius [θio'dousiəs]. *Pr.n.m. Rom.Hist:* Théodose.
theogonic [θio'gɔnik], *a.* Théogonique.
theogonist [θi'ɔgonist], *s.* Théogoniste *m*.
theogony [θi'ɔgoni], *s.* Théogonie *f*.
theologal [θi'ɔlog(ə)l]. *R.C.Ch:* **1.** *a.* Théologal, -aux. **The three theologal virtues**, les trois vertus théologales. **2.** *s.* (*Pers.*) Théologal, -aux *m*.
theologian [θio'loudʒiən], *s.* Théologien *m*.
theological [θio'lɔdʒik(ə)l], *a.* Théologique. **The three theological virtues**, les trois vertus théologales. **Theological college**, séminaire *m*; scolasticat *m*. **-ally**, *adv.* Théologiquement.
theologus [θi'ɔlogəs], *s. R.C.Ch:* Théologal, -aux *m*.
theology [θi'ɔlodʒi], *s.* Théologie *f*.
theomachy [θi'ɔməki], *s. Gr.Myth:* Guerre *f* des dieux.
theomorphic [θiːo'mɔːrfik], *a.* Qui a la forme, l'apparence, de Dieu.
theophany [θi'ɔfəni], *s.* Théophanie *f*.
theophilanthropist [θiːofi'lanθropist], *s. Fr.Hist:* Théophilanthrope *m*.
Theophilus [θi'ɔfiləs]. *Pr.n.m.* Théophile.
Theophrastian [θio'frastiən], *a. Gr.Phil:* De Théophraste.
Theophrastus [θio'frastəs]. *Pr.n.m. Gr.Phil:* Théophraste.
theorbo [θi'ɔːrbo], *s. A.Mus:* Téorbe *m*, théorbe *m*.
theorem ['θiːorem], *s. Mth: Ph: etc:* Théorème *m*. *See also* BINOMIAL 1.
theoretic(al) [θio'retik(əl)], *a.* Théorique. **Theoretical chemistry**, chimie pure. **Theoretical mechanics**, mécanique rationnelle. **-ally**, *adv.* Théoriquement.
theoretician [θiore'tiʃ(ə)n], *s.* Théoricien, -ienne.
theoretics [θio'retiks], *s.pl.* (*Usu. with sg. construction*) Partie *f* théorique (d'un art, d'une science). **Theoretics and practice**, la théorie et la pratique.
theoria [θi'ɔːria], *s.* = THEORY².
theoric [θi'ɔrik], *a. Gr.Ant:* (Impôt *m*, etc.) théorique.
theorician [θiːo'riʃ(ə)n], **theorist** ['θiːorist], *s.* **1.** = THEORETICIAN **2.** = THEORIZER.
theorize ['θiːoraiz], *v.tr. & i.* Théoriser.
theorizing, *s.* Création *f* des théories; idéologie *f*. *We must have done with idle t.*, il faut en finir avec l'idéologie, avec de vaines idéologies.
theorizer ['θiːoraizər], *s.* Théoriste *mf*; spéculateur, -trice.
theory¹ ['θiːori], *s.* Théorie *f*. *The t. that . . .*, la théorie selon laquelle. . . . **In theory**, en théorie. *Plan which is all right in t.*, *F:* projet qui est beau sur le papier. *F: He has a t. that it would be better to do away with the gold standard*, selon sa thèse il faudrait abolir l'étalon or. *I have a t. that they are really working together*, mon idée, c'est qu'ils sont de connivence.
theory² [θi'ɔːri], *s.* (*a*) *Gr.Ant:* Théorie *f*. (*b*) *Lit:* Théorie; procession solennelle.
theosophical [θiːo'sɔfik(ə)l], *a.* Théosophique.
theosophist [θi'ɔsofist], *s.* Théosophe *mf*.
theosophy [θi'ɔsofi], *s.* Théosophie *f*.
Theramenes [θe'rameniːz]. *Pr.n.m. Gr.Hist:* Théramène.
Therapeutae [θerə'pjuːtiː], *s.pl. Rel.H:* Thérapeutes *m*.
therapeutic(al) [θerə'pjuːtik(əl)], *a.* **1.** *Med:* Thérapeutique. **2.** *Rel.H:* **Therapeutic monk**, thérapeute *m*.
therapeutics [θerə'pjuːtiks], *s.pl.* (*Usu. with sg. const.*) *Med:* La thérapeutique.
therapeutist [θerə'pjuːtist], *s. Med:* Thérapeutiste *m*, thérapeute *m*.
therapy ['θerəpi], *s. Med:* Thérapie *f*.
there [*stressed* ðeər, *unstressed* ðər]. I. *adv.* **1.** (*Stressed*) (*a*) Là, y. **There there are rocks** ['ðeər ðərɑːr'rɔks], là il y a des rochers. **Put it there**, (i) mettez-le là; (ii) *P:* tope là! *I left it t. where I found it*, je l'ai laissé là où je l'avais trouvé. *What are you doing t.?* qu'est-ce que vous faites là? *He is t. in the kitchen*, il est là dans la cuisine. *He is still t.*, il est encore là; il y est toujours. *Does he work t.?* c'est là qu'il travaille? *We shall soon be t. now*, nous voilà bientôt rendus, arrivés. **We are there**, nous voilà rendus. **Who is there?** (i) qui est là? (ii) *Tp:* qui est à l'appareil? *Tp:* **Are**

you there? allô! *I shall be ready at five o'clock*, **there or thereabouts,** je serai prêt aux environs de cinq heures. *F:* **I have been there,** j'ai passé par là; ça me connaît! **To be all there,** être avisé, dégourdi, dessalé. *He's all t.*, il sait son affaire; c'est un homme capable; il est intelligent; c'est un malin; il la connaît (dans les coins); il n'est pas manchot. **He is not all there,** (i) c'est un minus habens; (ii) il a un grain (de folie); il n'a pas toute sa tête; *P:* il a un coup de marteau. *See also* DOWN[3] I. 2, GO[2] 1 (*a*), HERE 6, OVER II. 4, THEN I. 1, UP[1] I. 2. (*b*) *I am going t.*, j'y vais. **Just to go there and back,** ne faire qu'aller et revenir. **A hundred miles there and back,** cent milles aller et retour. *See also* GET[2] II. 2. (*c*) *F:* (*Emphatic*) (*When appended to noun or pron.*) -là. **Give me that book there,** donnez-moi ce livre-là. *That man t. always comes*, cet homme-là vient toujours. *Your friend t.*, votre ami que voilà. **Hi! you there!** hé, vous là-bas! *Nau:* **On deck, there!** ohé du pont! **Hurry up there!** dépêchez-vous là-bas! **Pass along there, please!** circulez, s'il vous plaît! (*d*) (*Calling attention to s.o., sth.*) **There is, are . . .,** voilà. . . . **There's the bell ringing,** voilà la cloche qui sonne. **There she comes!** la voilà qui vient! *The music is about to begin.*—**There it goes,** la musique va commencer.—La voilà. **There he goes,** *grumbling again!* voilà qu'il recommence à se plaindre. **There's gratitude for you!** en voilà de la reconnaissance! **There's a good boy!** tu seras bien gentil! *Take it, there's a dear!* prends-le, tu seras bien gentil! *You have only to press the button* **and there you are!** on n'a qu'à appuyer sur le bouton et ça y est! **There you are!** *P:* voilà votre ballot! *T. you are! what did I tell you?* là! qu'est-ce que je t'avais dit? **2.** (*Unstressed*) (*a*) **There is, are . . .,** il est, il y a. . . . *T. was . . .*, il était, il y avait. . . . *T. will be . . .*, il y aura. . . . **There was once a king . . .,** il était, il y avait, une fois un roi. . . . *B: God said,* **Let there be light: and there was light,** Dieu dit: Que la lumière soit: et la lumière fut. *Here t. was found gold*, ici on a trouvé de l'or. **There was singing and dancing,** on a chanté et dansé. *T. was very little dinner eaten that evening*, ce soir-là on mangea peu au dîner. *T. was very little talking over breakfast*, on parlait très peu au déjeuner. *T. is a page missing*, il manque une page. *T. is only one*, il n'y en a qu'un. *T. is some*, il y en a. *T. isn't any*, il n'y en a pas. *T. is someone at the door*, il y a quelqu'un à la porte. *T. is a knock at the door*, on frappe à la porte; voilà qu'on frappe. *There's no stopping a woman's tongue*, on ne saurait arrêter la langue d'une femme. (*b*) **There comes a time when . . .,** il arrive un moment où. . . . **There remains for me to apologize,** il me reste à vous faire des excuses. **3.** (*Stressed*) Quant à cela; en cela; sur ce sujet. **There you are mistaken,** quant à cela vous vous trompez; c'est là que vous vous trompez. **There we differ,** sur ce sujet nous ne sommes pas d'accord. **There's the difficulty!** voilà la difficulté! *F:* **There you've got me, you get me, you have me!** ça, ça me dépasse. *See also* RUB[1] 2.

II. **there,** *int.* (*Stressed*) Voilà! **There now!** (i) voilà! (ii) là, voyez-vous! allons bon! *T. now, that's done!* là! voilà qui est fait. *T. now, I was sure it would happen!* ça y est! j'en étais sûr. *T. sir, your meal is ready!* voilà! monsieur est servi! **There, take this book,** tenez! prenez ce livre. **There! there! don't worry! là là,** ne vous inquiétez pas! **But there,** *what is the good of talking!* mais à quoi bon en parler! *I shall do as I like*, **so there!** je ferai comme il me plaira, voilà!

III. **there,** *quasi-s.* (*Stressed*) (*That place*) *We go to Paris and* **from there to Rome,** nous allons à Paris et de là à Rome. **He left there** *last night*, il est parti (de là) hier soir. *I come from t.*, j'en viens. **In there,** là-dedans; là. **On there,** là-dessus. **Under there,** là-dessous.

thereabout(s) ['ðɛərəbaut(s)], *adv.* **1.** Près de là; dans le voisinage; dans ces parages. *It's the largest house t.*, c'est la plus grande maison du voisinage. *He lives in Brighton* **or thereabouts,** il demeure à Brighton ou près de là. **Somewhere thereabout,** quelque part par là; dans les environs. **2.** A peu près; environ. **The parcel weighs six pounds or thereabouts,** le colis pèse environ six livres. *It is four o'clock or t.*, il est à peu près quatre heures. *A thousand francs or t.*, quelque mille francs. *Canal allowing for a draught of twelve feet or t.*, canal *m* avec un tirant d'eau de l'ordre de douze pieds.

thereafter [ðɛər'ɑːftər], *adv. A. & Lit:* Après (cela); par la suite.

thereat [ðɛər'at], *adv. A. & Lit:* Là-dessus; à ce sujet. **They wondered greatly thereat,** cela les surprit grandement.

thereby [ðɛər'bai *when at the end of clause*; 'ðɛərbai *when preceding verb*], *adv.* **1.** Par ce moyen; de ce fait; de cette façon; par là. *He stopped to speak to them and t. lost his train*, il s'arrêta pour leur parler et de ce fait il manqua le train. **2.** *A. & Dial:* Près de là. *He lived t.*, il demeurait tout près; il habitait dans les environs. **3.** *A:* A ce sujet. *See* TALE 1.

therefore ['ðɛərfɔːr], *adv.* Donc; par conséquent; aussi. **I think, therefore I am,** je pense, donc je suis. *Living is dear, t. we have to economize*, la vie est chère, aussi devons-nous économiser, c'est pourquoi nous devons économiser. *I should t. be glad if you would . . .*, par conséquent je vous serais reconnaissant de vouloir bien . . ., si vous vouliez bien. . . .

therefrom [ðɛər'frɔm], *adv. A. & Lit:* De là. *It follows t. that . . .*, il suit de là que. . . .

therein [ðɛər'in], *adv. A. & Lit:* **1.** En cela; à cet égard. *T. you are mistaken*, en cela vous faites erreur. **2.** (Là-)dedans. *All those that live t.*, tous ceux qui y demeurent. *Take a cloth and dip it t.*, prenez un torchon et plongez-le dedans.

thereinafter [ðɛərin'ɑːftər], *adv. Jur:* Plus loin; ci-dessous.

thereinbefore [ðɛərinbi'fɔːr], *adv. Jur:* Plus haut; ci-dessus.

thereinunder [ðɛərin'ʌndər], *adv. Jur:* Ci-dessous.

thereof [ðɛər'ɔv, ðɛər'ɔf], *adv. A. & Lit:* De cela; en. *He ate t.*, il en mangea. *In lieu t.*, au lieu de cela. *B:* **Great was the fall thereof,** grande en a été la ruine. *See also* SUFFICIENT.

thereon [ðɛər'ɔn], *adv. A. & Lit:* (Là-)dessus. *The earth and all that is t.*, la terre et tout ce qu'il y a dessus. *T. hangs your fate*, de là dépend votre destin.

Theresa [te'riːza]. *Pr.n.f.* Thérèse.

thereto [ðɛər'tuː], *adv.* (*a*) *A. & Lit:* A cela; y. *He put his signature t.*, il y apposa sa signature. *The house and the garden pertaining t.*, la maison et le jardin qui y appartient. (*b*) *A:* En outre.

theretofore [ðɛərtu'fɔːr], *adv. A. & Lit:* Jusqu'alors; avant cela.

thereunder [ðɛər'ʌndər], *adv. A. & Lit:* (Là-)dessous.

thereupon [ðɛərə'pɔn, 'ðɛərəpɔn], *adv.* **1.** Sur ce; sur quoi; cela dit; cela fait. *T. he departed*, sur quoi il s'en alla. **2.** *A:* Dessus. **3.** *Lit:* *There is much to be said t.*, il y aurait beaucoup à dire là-dessus, à ce sujet.

therewith [ðɛər'wið, -'wiθ], **therewithal** [ðɛərwi'ðɔːl], *adv. A. & Lit:* **1.** Avec cela. *See also* ENCLOSE 3. **2.** = THEREUPON 1. **3.** En outre; *F:* par-dessus le marché.

theriac ['θiːriak], *s. A.Pharm:* Thériaque *f*.

theriacal [θe'raiak(ə)l], *a. A.Pharm:* Thériacal, -aux.

therm[1] [θəːrm], *s. Ph:* **1.** (*In Eng.*) (*a*) *A:* (= *British thermal unit, B.T.U.*) = 252 grandes calories. (*b*) (*In gas industry*) = 100 000 B.T.U. **2.** (*In U.S.*) (*a*) *A:* Petite calorie. (*b*) *A:* Grande calorie. (*c*) Thermie *f*; 1000 grandes calories.

therm[2], *a. A. Furn:* **Therm leg,** pied carré.

thermae ['θəːrmiː], *s.pl. Gr. & Rom.Ant:* Thermes *m*.

thermaesthesia [θəːrmes'θiːzia], *s. Med:* Thermoesthésie *f*.

thermal ['θəːrm(ə)l], *a.* **1.** Thermal, -aux. *T. water*, eau thermale. **Thermal baths,** thermes *m*. **2.** *Ph:* Thermal, thermique, calorifique. **British thermal unit,** unité *f* de chaleur; 252 grandes calories. *T. efficiency*, rendement *m* thermique, calorifique. *T. output*, quantité *f* de chaleur transmise.

thermanaesthesia [θəːrmanes'θiːzia], *s. Med:* Thermo-anesthésie *f*.

thermantidote [θəːr'mantidout], *s.* Ventilateur réfrigérateur (pour pays chauds).

thermic ['θəːrmik], *a. Ph:* = THERMAL 2. **Thermic inertia,** inertie *f* thermique (d'une lampe à incandescence). **Thermic capacity,** capacité *f* thermique. **Thermic balance,** bolomètre *m*. *T. alarm-device*, thermo-avertisseur *m*.

Thermidorian [θəːrmi'dɔːriən], *a. & s. Fr.Hist:* Thermidorien (*m*).

thermionic [θəːrmi'ɔnik], *a. W.Tel: etc:* **Thermionic tube, valve,** lampe *f*, valve *f*, thermoïonique, ionique, électronique. *T. rectifier*, redresseur *m* thermoïonique; redresseur à vide.

thermit ['θəːrmit], **thermite** ['θəːrmait], *s.* Thermite *f*, thermit *m*. *Metalw:* **Thermite welding,** aluminothermie *f*. *See also* WELD[2].

thermo- ['θəːrmo], *comb.fm.* Thermo-. *Thermochroic*, thermochroïque. *Thermo-neutrality*, thermo-neutralité. *Thermophil(e)*, thermophile.

thermo-anaesthesia [θəːrmoanes'θiːzia], *s.* = THERMANAESTHESIA.

thermobarometer [θəːrmoba'rɔmetər], *s. Surv: Meteor:* Thermo-baromètre *m*; hypsomètre *m*.

thermo-cautery [θəːrmo'kɔːtəri], *s. Surg:* Thermo-cautère *m*.

thermochemical [θəːrmo'kemik(ə)l], *a.* Thermo-chimique.

thermochemistry [θəːrmo'kemistri], *s.* Thermo-chimie *f*.

thermochrosy ['θəːrmokrousi, θər'mɔkrosi], *s. Ph:* Thermochrose *f*.

thermo-couple ['θəːrmokʌpl], *s. El.E:* Pince *f*, couple *m*, ou élément *m* thermo-électrique; thermo-couple *m*. *Ind:* **Thermocouple thermometer,** canne *f* thermo-électrique.

thermodynamic [θəːrmodai'namik], *a.* Thermo-dynamique.

thermodynamics [θəːrmodai'namiks], *s.pl.* (*Usu. with sg. const.*) Thermo-dynamique *f*.

thermo-electric(al) [θəːrmoi'lektrik(əl)], *a.* Thermo-électrique; électrothermique. **Thermo-electric couple** = THERMO-COUPLE.

thermo-electricity [θəːrmoilek'trisiti], *s.* Thermo-électricité *f*.

thermo-electrometer [θəːrmoilek'trɔmetər], *s. El.E:* Électromètre *m* thermique.

thermo-element [θəːrmo'elimənt], *s. El:* Élément *m* thermo-électrique.

thermogene ['θəːrmodʒiːn], *s. & a. Pharm:* **Thermogene (wool),** ouate *f* thermogène.

thermogenesis [θəːrmo'dʒenesis], *s.* (*a*) *Ph: Ch:* Thermogénie *f*. (*b*) *Physiol:* Thermogénèse *f*.

thermogenetic [θəːrmodʒe'netik], **thermogenic** [θəːrmo'dʒenik], **thermogenous** [θər'mɔdʒenəs], *a. Physiol: etc:* Thermogène.

thermograph ['θəːrmograf, -grɑːf], *s. Ph:* Thermographe *m*.

thermography [θər'mɔgrəfi], *s. Ph:* Thermographie *f*.

thermolabile [θəːrmo'leibil], *a. Med:* (Sérum *m*, etc.) thermolabile.

thermologic(al) [θəːrmo'lɔdʒik(əl)], *a. Ph:* Thermologique.

thermology [θər'mɔlodʒi], *s. Ph:* Thermologie *f*.

thermolysis [θər'mɔlisis], *s. Ch:* Dissociation *f* par la chaleur; thermolyse *f*.

thermomagnetic [θəːrmomag'netik], *a. Ph:* Thermomagnétique.

thermomagnetism [θəːrmo'magnetizm], *s. Ph:* Thermomagnétisme *m*.

thermometer [θər'mɔmetər], *s.* Thermomètre *m*. **Fahrenheit thermometer,** thermomètre Fahrenheit (de + 32° à + 212°). **Centigrade thermometer,** thermomètre centigrade (de 0° à + 100°). *Alcohol t., mercury t.*, thermomètre à alcool, à mercure. *Self-recording t., self-registering t.*, thermomètre enregistreur; thermométrographe *m*. **Maximum and minimum thermometer,** thermomètre à maxima et à minima. *Meteor: Whirled t., sling t.*, thermomètre à fronde, thermomètre-fronde *m*. *Dry-bulb t.*, thermomètre à boule sèche; thermomètre sec. *Moist-bulb t.*, thermomètre à boule mouillée; thermomètre mouillé. *Ind:* **Alarm thermometer,** thermo-avertisseur *m*. *The t. stood at 100° (Fahrenheit)*, le thermomètre indiquait 38° (centigrades). *See also* CLINICAL, THERMO-COUPLE.

thermometric(al) [θəːrmo'metrik(əl)], *a.* Thermométrique.
thermometrograph [θəːrmo'metrograf, -grɑːf], *s. Ph:* Thermométrographe *m*; thermomètre enregistreur.
thermometry [θər'mɔmetri], *s. Ph:* Thermométrie *f*.
thermo-motive [θəːrmo'moutiv], *a.* (Machine, etc.) à air chaud.
thermo-motor [θəːrmo'moutər], *s.* Moteur *m* à air chaud.
thermopile ['θəːrmopail], *s. El:* Pile *f* thermo-électrique; thermopile *f*.
Thermopylae [θəːr'mɔpiliː]. *Pr.n. A.Geog:* **(The Pass of) Thermopylae,** les Thermopyles *f*.
thermoregulator [θəːrmo'regjuleitər], *s.* Thermorégulateur *m*; thermostat *m*.
Thermos ['θəːrmɔs], *s.* Marque déposée désignant les articles fabriqués par Thermos(1925) Limited. **Thermos flask,** bouteille Thermos.
thermoscope ['θəːrmoskoup], *s. Ph:* Thermoscope *m*.
thermoscopic(al) [θəːrmo'skɔpik(əl)], *a.* Thermoscopique.
thermo-siphon [θəːrmo'saifən], *s.* Thermosiphon *m. Aut:* **Thermo-siphon cooling,** refroidissement *m* par thermosiphon.
thermostable [θəːrmo'steibl], *a. Med:* Thermostabile.
thermostat ['θəːrmostat], *s.* Thermostat *m*, thermorégulateur *m*.
thermostatic [θəːrmo'statik], *a.* Thermostatique.
thermostatics [θəːrmo'statiks], *s.pl.* (*Usu. with sg. const.*) Thermostatique *f*.
thermotherapy [θəːrmo'θerəpi], *s. Med:* Thermothérapie *f*.
theroid ['θiːrɔid], *a.* (*Of idiot, etc.*) A penchants bestiaux; bestial.
therology [θiːə'rɔlodʒi], *s.* Mammalogie *f*.
Thersites [θəːr'saitiːz]. *Pr.n.m. Gr.Lit:* Thersite.
thesaurus, *pl.* **-i** [θi'sɔːrəs, -ai], *s.* Thesaurus *m*; trésor *m* (de la langue grecque, etc.); recueil *m* de connaissances.
these [ðiːz]. *See* THIS.
Theseus ['θiːsjuːs]. *Pr.n.m. Myth:* Thésée.
thesis, *pl.* **theses** ['θiːsis, 'θiːsiːz], *s.* **1.** *Pros:* (*Also* ['θesis]) Thésis *f*. **2.** (*a*) *Sch: Log: etc:* Thèse *f*. *Doctorate t.*, thèse de doctorat. *To uphold a t.*, soutenir une thèse. (*b*) *Sch:* Dissertation *f* (d'élève).
Thespiae ['θespiiː]. *Pr.n. A.Geog:* Thespies *f*.
Thespian ['θespiən]. **1.** *a. & s. A.Geog:* Thespien, -ienne. **2.** *a.* De Thespis; tragique, dramatique.
Thespis ['θespis]. *Pr.n.m. Myth: Gr.Lit:* Thespis.
Thessalian [θe'seiliən], *a. & s. Geog:* Thessalien, -ienne.
Thessalonian [θesa'lounjən], *a. & s.* Thessalonicien, -ienne.
Thessalonica [θesalo'naika]. *Pr.n. A.Geog:* La Thessalonique *f*.
Thessaly ['θesəli]. *Pr.n. Geog:* La Thessalie.
theta ['θiːta], *s. Gr.Alph:* Thêta *m*.
Thetis ['θetis]. *Pr.n.f. Myth:* Thétis.
theurgic(al) [θi'əːrdʒik(əl)], *a.* Théurgique.
theurgy [θi'əːrdʒi], *s.* Théurgie *f*.
thews [θjuːz], *s.pl.* Tendons *m*, muscles *m*; *F:* nerfs *m*. **He has thews of steel,** il a des nerfs d'acier. *To be all thews and sinews,* être tout nerfs et muscles.
they [ðei]. **1.** *Pers. pron. nom. pl.* (*a*) (*Unstressed*) Ils, *f.* elles. *T. are dancing,* ils, elles, dansent. *Here t. come,* les voici (qui viennent). *T. are rich people,* ce sont des gens riches. *What are t. doing?* que font-ils, -elles? (*b*) (*Stressed*) Eux, *f.* elles. **They alone can . . .,** eux seuls, elles seules, peuvent. . . . *We are* **as rich as they,** nous sommes aussi riches qu'eux, qu'elles. **It is they,** ce sont eux; *F:* c'est eux. *I guessed that 'they were the new-comers,* j'ai deviné que c'étaient eux les nouveaux venus. **If I were they,** (si j'étais) à leur place; si j'étais d'eux. *'They know nothing about it,* quant à eux, ils n'en savent rien. (*c*) (*With dem. force*) Ceux, *f.* celles. **They who believe,** ceux, celles, qui croient. *They do least who talk most,* ceux-là font le moins d'ouvrage qui parlent le plus. **2.** (*a*) *Indef. pron.* On. **They say that . . .,** on dit que. . . . (*b*) (*After indef. pron. = he, she*) *F: Nobody ever admits they are to blame,* on ne veut jamais reconnaître ses torts. **3.** *Dem.a.pl. Dial:* **They boys there,** ces garçons-là.
they'd [ðeid] = *they had, they would.*
they'll [ðeil] = *they will.*
they're [ðeiər] = *they are.*
thi-acid ['θaiasid], *s. Ch:* = THIO-ACID.
thiamide ['θaiamaid], *s. Ch:* Thioamide *f*.
Thibet [ti'bet]. *Pr.n. Geog:* Le T(h)ibet.
Thibetan [ti'bet(ə)n], *a. & s. Geog:* T(h)ibétain, -aine.
thick [θik]. I. *a.* **1.** (*Of walls, stuff, etc.*) Épais, *f.* épaisse; (*of book, thread, lips, etc.*) gros, *f.* grosse; (*of coal-seam, etc.*) puissant. *Wall that is* **two feet thick,** mur qui a deux pieds d'épaisseur, qui a une épaisseur de deux pieds, qui est épais de deux pieds. *T. wood,* bois fort. *The t. end of a stick,* le gros bout d'un bâton. *The t. end of a mast,* le gros d'un mât. *How t. is the ice?* quelle épaisseur a la glace? **To have a thick skin, a thick hide,** (i) avoir la peau épaisse, le cuir épais; (ii) *F:* être peu sensible, peu susceptible. **Thick writing,** écriture boueuse. *Typ: etc:* **Thick stroke,** plein *m*. **Thick type,** caractères gras. *See also* EAR[1] 1, SPACE[1] 3. **2.** (*Of corn, forest, etc.*) Épais, fourni, dru, serré, touffu; (*of hair*) abondant, dru; (*of crowd*) compact, serré. *T. eyebrows,* sourcils touffus. *T. beard,* barbe fournie. *The crowd was thickest on the square,* c'est sur la place que la foule était le plus dense. *Bodies lay t. on the ground,* le sol était encombré de cadavres. *Here specimens are t. on the ground,* ici on en rencontre de nombreux spécimens; ici les spécimens abondent. **3.** (*a*) (*Of liquid*) Épais, consistant; visqueux; (*of wine, etc.*) trouble; (*of mist, etc.*) dense, épais; (*of weather*) couvert, gras, bouché; (*of darkness*) profond. *T. mud,* boue grasse. *Cu:* **Thick sauce,** sauce courte. **Thick soup,** potage *m* crème. **Thick fog,** brouillard épais; fort brouillard; brume *f* intense. *Nau:* **Thick Train, squall,** pluie *f*, grain *m*, qui masque la vue. **Air thick with smoke,** air épaissi par la fumée. *F:* **To have a thick head,** (i) avoir la tête prise, lourde; avoir des lourdeurs de tête; (ii) (*after drinking*) *P:* avoir mal aux cheveux. *See also* HONEY 1. (*b*) (*Of voice*) Empâté. **To have a thick utterance, to be thick of speech,** avoir le parler gras. *Voice t. with drink, with wine,* voix pâteuse; voix avinée. (*c*) *Dial:* (*Of pers.*) Obtus; à la tête dure. **4.** *F:* Intime, très lié. *They are very t.* (*together*), ils sont comme les deux doigts de la main; *P:* ça biche entre eux. **To be very thick with s.o.,** être très lié, être à tu et à toi, avec qn. *The Smiths are very t. with the Robinsons,* les Smith et les Robinson se voient beaucoup, sont très liés. **They are as thick as thieves,** ils s'accordent, s'entendent, comme larrons en foire; ce sont deux têtes sous le même bonnet. **5.** *P:* (*a*) Excessif, fort. **That's a bit thick!** ça c'est raide! ça c'est un peu fort! non, mais des fois! je trouve le procédé un peu leste! (*b*) (Langage, etc.) ordurier. **-ly,** *adv.* **1.** En couche épaisse. *T. clad,* chaudement vêtu. **2.** Épais; dru. *Snow fell t.,* la neige tombait dru. *To sow t.,* semer épais. **3.** (Parler, chanter) d'une voix empâtée. *To speak t.* (*when intoxicated*), *F:* avoir la langue mêlée.

II. **thick,** *s.* **1.** (*a*) (La) partie charnue, le gras (de la jambe, etc.). *The t. of the thumb,* le gras du pouce. (*b*) **In the thick of the forest,** au beau milieu de la forêt. **In the thick of the fight,** *A:* **of the press,** au (plus) fort, au vif, de la mêlée. *I am in the t. of my work,* je suis en plein travail. *He plunged into the t. of the discussion,* il intervint dans la discussion au moment où elle était le plus vive; il intervint au vif du débat. **2. To go through thick and thin for s.o.,** courir tous les risques, aller contre vent et marée, pour qn. *A friend through t. and thin,* un ami à toute épreuve. **To follow s.o., stick to s.o., through thick and thin,** suivre qn à travers tous les dangers, tous les obstacles; rester fidèle à qn à travers toutes les épreuves. *See also* THICK-AND-THIN.

III. **thick,** *adv.* **1.** En couche épaisse. *Snow lay t. on the ground,* une neige épaisse couvrait le sol. *Table covered t. with dust,* table couverte d'une épaisse couche de poussière. *Don't spread the butter too t.,* ne mettez pas trop de beurre sur les tartines. **To cut the bread thick,** couper le pain en tranches épaisses. *See also* LAY ON 2. **2.** Épais, dru. **To sow thick,** semer épais. *Where the grass grew t.,* là où l'herbe poussait dru. **To fall as thick as hail,** tomber dru comme grêle. **His blows fell thick and fast,** il frappait à coups redoublés; les coups pleuvaient dru. **3.** (Parler, chanter) d'une voix épaisse, empâtée, pâteuse.

'thick-and-'thin, *a.* **1.** (Ami *m*, partisan *m*) à toute épreuve. *Cf.* THICK II. 2. **2.** *Nau:* **Thick-and-thin block,** (poulie *f* à) violon *m*.
'thick-head, *s. F:* Lourdaud, -aude; bêta, *f.* bêtasse; crétin, -ine; bûche *f*.
'thick-'headed, *a. F:* Lourd, lourdaud; bête, stupide; à la tête dure; à l'esprit obtus; *P:* à la caboche dure.
'thick-leaf, *s. Bot: F:* Crassule *f*; *F:* plante grasse.
'thick-'leaved, *a.* Aux feuilles épaisses. *T.-l. plant,* plante grasse.
'thick-'lipped, *a.* Lippu; à grosses lèvres; aux lèvres épaisses.
'thick register, *s. Mus:* Registre le plus bas de la voix.
'thick-'set, *a.* **1.** (*Of hedge*) Épais, *f.* épaisse; dru. *T.-set beard,* barbe drue, serrée, abondante. **2.** (*Of pers.*) **(Short and) thick-set,** trapu, ramassé; de forte encolure; *F:* goussant, goussaut. **Thick-set horse,** cheval empâté, goussant, renforcé.
'thick-'skinned, *a.* **1.** À la peau épaisse; à l'épiderme peu sensible; *Z:* pachyderme. **2.** *F:* (*Of pers.*) Peu sensible; qui est peu susceptible; *F:* pachydermique. *He is t.-s.,* il ne sent pas les affronts; il n'a pas l'épiderme sensible.
'thick-'skulled, *a.* **1.** A la boîte cranienne épaisse. **2.** *F:* = THICK-HEADED.
'thick-'sown, *a.* Semé dru; semé épais.
'thick-spaced, *a. Typ:* (Composition) espacée.
'thick-'tongued, *a.* A la voix empâtée, épaisse.
'thick-'witted, *a.* = THICK-HEADED.

thicken ['θik(ə)n]. **1.** *v.tr.* (*a*) Épaissir (un mur, etc.); recharger (un outil, un essieu, etc.). (*b*) Épaissir, lier (une sauce). **2.** *v.i.* (*a*) (*Of tree trunk, figure, weather, air, etc.*) (S')épaissir. (*b*) (*Of sauce*) Se lier, épaissir. *The crowd thickens,* la foule augmente. (*c*) (*Of plot*) Se compliquer, s'embrouiller, se corser; (*of battle*) s'échauffer.
thickening, *s.* **1.** (*a*) Epaississement *m* (d'un mur, de la taille, d'un liquide, etc.); augmentation *f* (de la foule). (*b*) Complication *f* (d'une intrigue). **2.** *Cu:* (*For sauces*) Liaison *f*.
thickener ['θik(ə)nər], *s. Dy: etc:* Épaississant *m*.
thicket ['θiket], *s.* Bosquet *m*, hallier *m*, fourré *m*, épinier *m*, gaulis *m*. **Thorn thicket,** épinaie *f*.
thickish ['θikiʃ], *a.* Assez épais, *f.* assez épaisse; (brouillard *m*) assez dense; (*at sea*) (temps) bouché.
thickness[1] ['θiknəs], *s.* **1.** (*a*) Épaisseur *f* (d'un mur, etc.); grosseur *f* (des lèvres, etc.); puissance *f* (d'une couche de houille). *Const: T. of a course,* hauteur *f* d'assise. *Excessive t. of a beam,* gras *m* d'une poutre. (*b*) Épaisseur (*f*) état dru, fourni, touffu (d'une forêt, etc.); abondance *f* (de la chevelure, etc.). (*c*) Consistance *f* (d'un liquide); état trouble (du vin); épaisseur (du brouillard); état gras, bouché (du temps). (*d*) Empâtement *m*, état empâté (de la voix). **2.** Couche *f* (de papier, etc.). *Metall:* **Thickness (piece),** épaisseur; fausse pièce (de coulée).
thickness[2], *v.tr. Carp:* Mettre (une planche) d'épaisseur.
thicknessing, *s.* Mise *f* d'épaisseur (d'une planche).
thickskin ['θikskin], *s. F:* Personne *f* peu sensible, peu susceptible; *F:* personne à l'épiderme peu sensible.
thief, *pl.* **thieves** [θiːf, θiːvz], *s.* **1.** Voleur, -euse; *A:* larron, *f.* larronnesse. *Hotel t., F:* rat *m* d'hôtel; (*female*) souris *f* d'hôtel. *Thieves* (*as a class*), *F:* la pègre. **Stop thief!** au voleur! *B.Hist:* **The impenitent thief,** le mauvais larron. **The penitent thief,** le bon larron. *Prov:* **Set a thief to catch a thief,** à voleur, voleur et demi; à vilain, vilain et demi; à trompeur, trompeur et demi; à fripon, fripon et demi; à corsaire, corsaire et demi; à Normand, Normand et demi. **Honour among thieves,** foi *f* de

bohème. **There is honour amongst thieves,** les loups ne se mangent pas, ne se dévorent pas, entre eux; les bandits ont leur code d'honneur. *See also* KITCHEN 1, LATIN 2, PROCRASTINATION, THICK I. 4. **2.** *See* LIQUOR-THIEF. **3.** *F: (In candle)* Moucheron *m*, champignon *m*, larron.

thieve [θiːv], *v.tr.* Voler (qch.). *Abs.* Être voleur, -euse.

thieving[1], *a.* Voleur, -euse.

thieving[2], *s.* Vol *m*, volerie *f*. **Petty thieving,** larcin *m*.

thievish ['θiːviʃ], *a.* Voleur, -euse; malhonnête; adonné au vol. **As thievish as a magpie,** voleur comme une pie. **-ly,** *adv.* En voleur.

thievishness ['θiːviʃnəs], *s.* Penchant *m* au vol.

thigh [θai], *s.* Cuisse *f*. *See also* HIP[1] 1.

'thigh-bone, *s.* Fémur *m*; os *m* de la cuisse.

'thigh-boots, *s.pl.* Bottes cuissardes.

'thigh-piece, *s.* *Archeol:* Cuissard *m*.

thill [θil], *s.* *Veh:* Limon *m*, brancard *m*.

'thill-horse, *s.* Limonier *m*; cheval *m* de brancard.

'thill-pin, *s.* Attel(l)oire *f*.

thiller ['θilər], *s.* Limonier *m*; cheval *m* de brancard.

thimble [θimbl], *s.* **1.** *Needlew:* Dé *m* (à coudre). **Tailor's thimble,** dé ouvert. *Hum: A:* **Knight of the thimble,** tailleur *m*. **2.** *Mch: etc: (Of boiler-tube)* Bride *f*; bague *f*; *(for joining tubes)* bague, virole *f*. **3.** *Nau:* Cosse *f* (de câble). **Union thimble,** cosse baguée.

'thimble-case, *s.* Étui *m* à dé.

'thimble-coupling, -joint, *s.* *Mec.E:* Bague *f* d'assemblage; virole *f*.

thimbleful ['θimblful], *s.* *F:* Doigt *m*, plein un dé à coudre (de cognac, etc.).

thimblerig[1] ['θimblrig], *s.* Tour *m* des gobelets.

thimblerig[2], *v.* **(thimblerigged; thimblerigging) 1.** *v.i.* *(a)* Jouer le tour des gobelets. *(b) F:* Faire de l'escroquerie; frauder. **2.** *v.tr. F:* Refaire, carotter (qn); manigancer (une affaire). *The business was thimblerigged,* c'était un coup monté.

thimblerigging, *s.* **1.** = THIMBLERIG[1]. **2.** *F:* Escroquerie *f*; *F:* gabegie *f*.

thimblerigger ['θimblrigər], *s.* **1.** Joueur *m* de gobelets; escamoteur, -euse. **2.** *F:* Escroc *m*.

thin[1] [θin], *a.* **(thinner; thinnest) 1.** *(a)* Peu épais; *(of paper, coin, etc.)* mince; *(of steel plate, etc.)* mince, fin; *(of stem, thread, etc.)* ténu, délié, menu; *(of stuff)* mince, léger, clair. *T. trickle of water,* maigre filet *m* d'eau. *T. places (in garment),* parties usées, claires *f*, d'un vêtement. *To cut the bread thin,* couper le pain en tranches minces. *To cut sth.* **as thin as a wafer,** couper qch. en tranches ténues, en fines tranches. *Typ:* **Thin stroke,** délié *m*. **Thin space,** espace fine. *Phot:* **Thin negative,** cliché *m* faible. *El:* **Thin spark,** étincelle *f* médiocre, maigre. *(b) (Of pers.)* Maigre, mince; sec, *f.* sèche. *T. pale face,* visage *m* maigre et pâle; *F:* visage de carême. *Long t. figure,* taille *f* grêle. *Long t. fingers,* doigts effilés; *F:* pattes *f* d'araignée. *To make t.,* amaigrir (qn). **To grow, to become, thinner,** maigrir; s'amaigrir; *(of figure)* s'amincir. *Corset that makes one look thinner,* corset *m* qui amincit. *F:* **As thin as a lath, as a rake,** maigre comme un clou, comme un échalas; gras comme un cent de clous; sec comme un cotret, comme un hareng saur, comme un pendu. *See also* ICE[1] 1. **2.** *(Of corn, hair, population, audience, etc.)* Clairsemé, rare. *T. beard,* barbe peu fournie; barbe clairsemée. *His hair was getting t.,* ses cheveux s'éclaircissaient. *Th: etc:* **Thin house,** auditoire peu nombreux; salle peu remplie. *To play to a t. house,* jouer devant les banquettes. **3.** *(a) (Of liquid)* Fluide, clair, délayé, peu consistant; *(of wine)* pauvre, sans corps; *F:* faiblard, ginguet; *(of blood)* appauvri; *(of air)* raréfié, subtil. *See also* AIR[1] I. 1. **Thin soup,** potage clair. *(b)* **Thin voice,** voix fluette, grêle, gracile, qui manque de corps. *T. high-pitched voice,* voix clairette, grêle. **4.** *F:* **Thin argument,** argument peu solide, peu convaincant. **Thin excuse,** pauvre excuse *f*. **Thin disguise,** déguisement transparent, facile à pénétrer. **Thin style,** style étriqué, efflanqué, *F:* ginguet. *F:* **That's a bit thin!** c'est peu convaincant! **To have a thin time of it,** (i) passer un temps peu agréable; s'ennuyer; *P:* se raser; (ii) passer un mauvais quart d'heure; (iii) manger de la vache enragée. **5.** *s. See* THICK II. 2. **6.** *adv. Occ.* = THINLY. *Art:* **To paint thin,** peindre maigre. **-ly,** *adv.* **1.** A peine. **Thinly clad,** (i) vêtu légèrement; (ii) vêtu misérablement, insuffisamment. **Thinly veiled allusion,** allusion à peine voilée. *T. disguised hostility,* hostilité à peine déguisée. **2.** Clair; d'une manière éparse. **To sow thinly,** semer clair. *T. sown corn,* blé clairsemé. *T. planted wood,* bois clair. *Country t. populated,* pays *m* de population peu dense, à population clairsemée; pays peu peuplé.

thin-'flanked, *a.* (Cheval *m*) qui a les flancs cousus; (cheval) efflanqué.

'thin-'lipped, *a.* Aux lèvres minces.

'thin-'skinned, *a.* **1.** A la peau mince; à l'épiderme sensible. **2.** *F: (Of pers.)* Susceptible, trop sensible; qui se froisse facilement. *To be t.-s.,* être tendre aux mouches; avoir l'épiderme sensible.

'thin-'sown, *a.* *(Of corn, etc.)* Clairsemé.

thin[2], *v.* **(thinned; thinning) 1.** *v.tr.* *(a)* Amincir (qch.). **To thin (down) a board,** amincir, alléger, délarder, amaigrir, démaigrir, affiner, amenuiser, étriquer, une planche. *(b)* **To thin (down) the paint, a sauce,** diluer, délayer, la peinture; allonger une sauce. *(c)* Éclaircir (les rangs d'un régiment, les arbres, les cheveux, etc.); décimer (un peuple); dépeupler (un pays, une forêt, etc.). **To thin (out) seedlings, beetroot,** éclaircir, repiquer, les jeunes plants; démarier les betteraves. **To thin (out) (the leaves of) a fruit-tree, a vine,** éplucher, effeuiller, dégarnir, un arbre fruitier; épamprer une vigne. *For:* **To thin (out) underbrush,** racler, dépresser, le taillis. **2.** *v.i.* *(a)* Maigrir. *(b)* S'amincir, s'effiler. *(c) (Of trees, crowd, place, etc.)* S'éclaircir, se clairsemer; *(of syrup, etc.)* devenir fluide, clair. *The crowd* **thinned away,** la foule se clairsema.

thinning, *s.* **1.** Thinning (down), amincissement *m*, amaigrissement *m*, démaigrissement *m*, affinage *m* (de qch.); délardement *m* (d'une planche). **2.** Délayage *m* (de la peinture); dilution *f*. **3.** Thinning (out), dépeuplement *m* (d'une forêt); éclaircissage *m*, repiquage *m* (de jeunes plants); démariage *m* (des betteraves); effeuillage *m*, épluchage *m* (d'un arbre fruitier); épamprage *m* (d'une vigne). *For:* **Thinning (out) of the underbrush,** raclage *m* du taillis. **Slight thinning,** coupe *f* sombre (dans une forêt). **Further thinning,** coupe claire. **4.** *pl. For: etc:* **Thinnings,** bois *m* de déchet.

thine [ðain]. *A. & Poet: (except as used by Quakers or in prayers)* **1.** *Poss.pron.* *(a)* Le tien, la tienne, les tiens, les tiennes. *My letter and t.,* ma lettre et la tienne. *This book is t.,* ce livre est le tien, est à toi. **A friend of thine,** un de tes amis; un ami à toi. *(b) (Thy kindred)* **For thee and thine,** pour toi et les tiens. *(c) (Thy property)* **What is mine is thine,** ce qui est à moi est à toi. **2.** *Poss.a. Used instead of* THY *before a noun or adj. beginning with a vowel or h 'mute'. When I look into thine eyes,* quand je regarde dans tes yeux.

thing [θiŋ], *s.* **1.** *(Inanimate object)* Chose *f*. *(a)* Objet *m*, article *m*. *T. of beauty,* objet de beauté. *Expensive things,* articles coûteux. *All the things on the mantelpiece,* tous les objets sur la cheminée. **To go the way of all things,** mourir; aller où va toute chose. *We always send the big things to the laundry,* nous envoyons toujours le gros linge à la blanchisseuse. *See also* OLD 5. *(b) F:* **What's that thing?** qu'est-ce que c'est que ce machin-là? *Pej: What's* **that blue veil thing** *you've got round your hat?* qu'est-ce que cette espèce de voile bleu qui entoure ton chapeau? *(c) Usu. pl. (Implements) The plumber has not brought his things,* le plombier n'a pas apporté ses outils. **Tea things, dinner things,** service *m* à thé, à dîner. **To clear away the things,** desservir. *To wash up the tea things, the dinner things,* laver la vaisselle. *(d) pl.* **Things,** vêtements *m*, effets *m*. *To take off one's outdoor, one's walking, things,* enlever ses vêtements de dehors, de promenade. **To take off all one's things,** se déshabiller (complètement). *F: Bring along your footer things,* apportez vos frusques *f* de football. *(e) pl.* Affaires *f*, effets. *I forbid you to touch my things,* je vous défends de toucher à mes affaires. *They have sold all his things,* on a vendu tous ses effets. **To pack up one's things,** faire ses malles; mettre ses affaires dans sa valise. *To put one's things away,* serrer ses affaires. *(f) Jur:* **Things personal, real,** choses mobilières, immobilières; biens mobiliers, immobiliers. **2.** *F: (Pers.) (With adj. expressing pity, contempt, etc.)* Être *m*, créature *f*. **Poor thing!** le, la, pauvre! **You silly thing!** sot, sotte, que tu es! petit sot! petite sotte! *Poor little things!* pauvres petits êtres! **She's a dear old thing,** c'est une bonne vieille tout à fait sympathique. *The old thing's deaf and blind,* la pauvre vieille est sourde et aveugle. *She's a nasty old t.,* c'est une vieille chipie. *I say,* **old thing!** dis donc, mon vieux, ma vieille! **Dumb things,** les animaux *m*. *Pej:* **A thing like him,** un type, un individu, comme lui. **3.** *(a) (Action, fact, etc.)* Chose. *You take the t. too seriously,* vous prenez la chose trop sérieusement. *That was a silly t. to do,* c'est une chose qu'on n'aurait pas dû faire; c'était faire une bêtise. *How could you do such a t.?* comment avez-vous pu faire une chose pareille? *Did you ever hear of such a t.?* on n'a pas idée d'une chose pareille! *See also* RIGHT[1] I. 2, SUCH I. 1. **Now you are going to see things!** *F:* vous allez voir ce que vous allez voir! **To expect great things** *of the new treatment,* attendre grand bien du nouveau traitement. *We expect great things of you,* nous pensons que vous allez vous acquitter brillamment. *I have heard great things about you,* on m'a beaucoup vanté vos mérites. **To be all things to all men,** être tout à tous. **To talk of one thing and another,** parler de choses et d'autres; parler de la pluie et du beau temps. *To do one t. and another,* faire ci et ça. *T. agreed upon,* point arrêté. **That's the very thing,** c'est cela même; c'est juste ce qu'il faut; cela fait juste l'affaire, mon affaire. *I have the very t. for you,* j'ai votre affaire. *That's the t. for me, the very t. I wanted,* voilà mon affaire; ça fait mon compte; *P:* ça fait mon blot, mon beurre. *That's the very t. I was going to say,* c'est (tout) juste(ment) ce que j'allais dire. **The thing is to find a substitute,** le difficile, c'est de trouver un remplaçant. *It is not the matter but the treatment that is the t.,* ce n'est pas le fond mais la façon de le traiter qui importe. *F:* **The play's the thing,** la pièce avant tout. **The thing is this,** voici ce dont il s'agit. *The only t. left is to . . .,* il ne reste plus qu'à. . . . **The extraordinary thing is that . . .,** ce qu'il y a d'extraordinaire, de plus remarquable, c'est que. . . . *The most important t. is that . . .,* le plus important c'est que. . . . **That's quite another thing,** ça c'est tout autre chose; *F:* ça c'est une autre paire de manches. **Neither one thing nor another,** ni l'un ni l'autre; *F:* entre le zist et le zest; mi-figue, mi-raisin. **One thing or the other,** *there is no middle course,* de deux choses l'une, il n'y a pas de milieu. **What with one thing and another . . .,** tant et si bien que. . . . **For one thing,** *it is too good to be true,* en premier lieu, d'abord, c'est trop beau pour être vrai. **For another thing,** *I know it to be false,* d'autre part, je sais que c'est faux. *I've just heard* **a good thing!** je viens d'en entendre une bonne! **He makes a good thing out of it,** ça lui rapporte pas mal. *See also* GOOD I. 1 *(d)*. **I don't know a thing about algebra,** je ne sais pas un mot d'algèbre; je ne comprends, n'entends, rien à l'algèbre; j'ignore le premier mot de l'algèbre. *F:* **To know a thing or two,** en savoir plus d'un(e); être malin; *P:* être à la coule. *He knows a t. or two about it,* il est bien renseigné; il sait de quoi il retourne; ça le connaît. *To put s.o. up to a t. or two,* dessaler qn; mettre qn à la page. *See also* FIRST I. 1, LAST[4] I. 1, SAME 1 *(a)*. *(b) pl. Things are going badly,* les affaires vont mal. *Things had prospered with him,* il avait prospéré, fait son chemin. *That things should have come to this!* penser que les choses en sont là! **As things are,** les choses étant comme elles sont; dans l'état actuel des choses. *Since that is how things are . . .,* puisqu'il en est ainsi. . . . *We hope for better things,* nous espérons que les choses iront mieux;

nous espérons mieux. *F:* How are things? *P:* how's things? (i) comment ça va? comment vont les affaires? ça marche, les affaires? (ii) et la santé chez vous? **4.** A little thing of my own, un petit exemple de mon ouvrage; une bagatelle de ma façon. The latest, last, thing in ties, cravate(s) *f* dernier cri. *It is the (very) latest t.*, c'est tout ce qu'il y a de plus moderne; c'est la dernière mode; c'est tout à fait dernier cri. *These hats are quite the latest t.*, ces chapeaux sont tout à fait le dernier genre. **5.** *F:* The thing (to do), l'usage *m.* *The t. to do is to . . .*, l'étiquette *f*, l'usage, c'est de . . .; il est de rigueur de. . . . It's not the thing, cela ne se fait pas. *When one is driving a car, a bowler hat isn't the t.*, au volant le melon n'est pas de mise. It's quite the thing, c'est tout à fait correct; c'est la mode. It's quite the thing at the present time, c'est de mise, la mode, à l'heure actuelle. *Your dress is quite the t.*, votre toilette est tout à fait comme il faut. *Her dress is not quite the t.*, son costume n'est pas tout à fait dans le ton. He is not feeling quite the thing this morning, il ne se sent pas dans son assiette ce matin; ça ne va qu'à moitié ce matin.

thingamy ['θiŋəmi], **thingum(a)bob** ['θiŋəm(ə)bɔb], **thingumajig** ['θiŋəmədʒig], **thingummy** ['θiŋəmi], *s.* *P:* (*a*) Chose *m*, machin *m.* Mr Thingamy, Monsieur Machin; M. Chose; M. Tartempion. *Little T.*, le petit Chose; Mistenflûte. (*b*) *Pass me the t.*, passez-moi le machin, le truc.

think[1] [θiŋk], *s.* To have a quiet think, réfléchir.

think[2], *v.* (*p.t.* thought [θɔːt]; *p.p.* thought) I. *v.tr. & i.* **1.** Penser, réfléchir. I think, therefore I am, je pense, donc je suis. To think aloud, to think out loud, penser tout haut. He thinks for himself, il pense par lui-même. *To t. hard*, réfléchir profondément; se creuser la tête. *With cogn. acc.* To think great thoughts, avoir des pensées profondes. *He thinks evil thoughts*, il roule de mauvaises pensées. *He does not say much, but he thinks a lot*, il ne dit pas grand'chose mais il n'en pense pas moins. *Though he said nothing, he thought all the more*, ne disant mot, il n'en pensait pas moins. *I know what you are thinking*, je connais vos pensées. The child thought no harm in doing it, l'enfant ne pensait pas à mal en le faisant, ne pensait pas que c'était mal. *I am glad to t. that I have been of use to you*, je suis heureux à la pensée que j'ai pu vous être utile. It was this that had set me to think, *F:* c'est cela qui m'a mis la puce à l'oreille. To act without thinking, agir sans réflexion. *I did it without thinking*, je l'ai fait sans réfléchir, à la volée, sans y penser. Think first before accepting, réfléchissez(-y) avant d'accepter. Think before you speak, pesez vos paroles. *Just t. a minute!* réfléchissez un peu! *Give me time to t. (and remember)*, *F:* laissez-moi me reprendre. *His name was—let me think—there, I've forgotten!* il s'appelait—voyons—tiens, j'ai oublié! To think again, se raviser. *F:* Think again! vous n'y êtes pas! réfléchissez! *See also* SCORN[1], SHAME[1] 1, TWICE. **2.** Songer, s'imaginer, se figurer. *I thought to myself that . . .*, je songeais en moi-même que. . . . I can't think what you mean, je ne peux pas m'imaginer ce que vous voulez dire. *You can't t. what he looks like*, vous ne pouvez pas vous figurer de quoi il a l'air. *When I heard the news, what do you t. I did?* quand j'ai appris la nouvelle, figurez-vous ce que j'ai fait! *He thinks he knows everything*, il s'imagine tout savoir. One would have thought that . . ., c'était à croire que. . . . *You might t. you were in Scotland*, on se dirait en Écosse. *Anyone would t. that he was asleep*, on dirait qu'il dort. You can't think how glad I am, vous ne sauriez croire combien je suis content. *The miser thinks he will never die*, l'avare s'imagine qu'il ne mourra jamais. Who'd have thought it! qui l'aurait dit? *Lit. & Hum:* qui l'eût dit? *F:* a-t-on idée d'une chose pareille! Only think! songez donc! *Only to t. that I should be let off so easily!* penser que je m'en suis tiré si facilement! *To t. that he is only twenty!* et dire qu'il n'a que vingt ans! **3.** (*a*) (*Conceive the notion of*) *I have been thinking that . . .*, l'idée m'est venue que. . . . *I thought I'd wait here*, j'ai pensé qu'il valait mieux attendre ici. *I only thought to help you*, ma seule pensée était de vous aider. Thinking to . . ., dans l'intention de . . ., avec l'idée de. . . . (*b*) Did you think to bring any money? avez-vous pensé, songé, à apporter de l'argent? **4.** (*a*) *Do you t. you could do it?—I t. I could*, pensez-vous que cela vous serait possible?—Je pense que oui. *Then you t. that . . .*, il vous semble donc que. . . . What think you? et vous, qu'en pensez-vous? *It is better*, don't you think, *to get it over?* il vaut mieux, n'est-ce pas, en finir? *One would not have thought it*, on ne l'aurait pas cru. *I have been very ill.—I should never have thought it*, j'ai été très malade.—Il n'y paraît pas. *I thought I ought to warn him*, j'ai cru devoir le prévenir. *What do you t. I ought to do?* que jugez-vous que je doive faire? *The doctor thought it was scarlet fever*, le médecin crut à une fièvre scarlatine. *I thought I heard him*, j'ai cru l'entendre. *I t. I see land*, il me semble voir la terre; il me semble que je vois la terre. *I thought I heard a knock*, il m'a semblé entendre frapper. *I thought all was over*, je me disais que tout était fini. *He thinks he may do anything*, il se croit tout permis. *Everyone asked him what he thought*, chacun lui demandait son avis. *I told him straight what I thought*, je lui ai dit carrément ce que j'en pensais, ce que je pensais, ma façon de penser. I think she is pretty, je la trouve jolie. *I t. he is crazy*, je le tiens pour fou. *Everyone thought he was mad*, on le jugeait fou. *I t. he is looking seedy*, je lui trouve mauvaise mine. I rather think people are leaving, *F:* m'est avis qu'on part. *I rather t. it is going to rain*, j'ai dans l'idée qu'il va pleuvoir. It is thought that . . ., on suppose que + *ind.* I think with you, je pense comme vous; je suis de votre avis. As I think . . ., à mon sens. . . . I think so, c'est ce qui me semble; je pense que oui. I think not, je pense que non. So I thought, I thought as much, je le pensais bien. I should hardly think so, c'est peu probable. I should (just) think so! je crois bien! je vous crois! je vous en réponds! parbleu! *P:* I don't think! jamais de la vie! quelle blague! par exemple! plus souvent! (*b*) *Pred.* Juger, considérer, croire, trouver, penser. I think her pretty, je la trouve jolie. To think sth. unlawful, considérer qch. comme illicite. *If you t. it necessary to . . .*, si vous jugez nécessaire de. . . . *I hardly t. it likely that . . .*, il n'est guère probable que + *sub.* *You thought her to be a fool*, vous l'avez prise pour une sotte. *I thought the man (to be) more straightforward*, je croyais à cet homme plus de droiture. *Do you t. him so very much to blame?* il est donc bien coupable à vos yeux? *To t. oneself a hero*, se regarder comme un héros. *He thinks himself a great man*, il se prend pour un grand homme. *They were thought to be rich*, on les disait, supposait, riches; ils passaient pour (être) riches. *They had been thought to be lost*, on les avait crus perdus. *See also* BEST[1] 2, FIT[2] 1, PROPER I. 5. **5.** S'attendre à (qch.). I little thought to see him again, je ne m'attendais guère à le revoir; je ne comptais guère le revoir. *I thought to have heard from you*, je m'attendais à recevoir de vos nouvelles. *I had thought to make a fortune*, je m'étais imaginé faire fortune. *He had thought to find a home with his daughter*, il avait pensé pouvoir se caser chez sa fille. I thought as much, I thought so, je m'y attendais; je m'en doutais (bien); j'en avais le soupçon.

II. **think of, about,** *v.ind.tr.* **1.** Penser à (qn, qch.); songer à (qch.). *We are thinking of you*, nous pensons à vous. *I have thought of your proposal*, j'ai réfléchi à votre proposition. *That is all very pleasant to t. of*, tout cela, c'est très agréable d'y songer. *She's always thinking about a he*, elle a toujours un homme en tête. One can't think of everything, one never thinks of everything, on ne s'avise jamais de tout; on ne saurait penser à tout; on ne songe pas à tout. *I have so much to t. about, of*, j'ai tant de choses auxquelles il me faut songer. *I never thought of it, about it*, je n'y ai pas pensé; je n'y ai pas songé. I can't think of your name, votre nom ne me revient pas. *I can't t. of the right word*, le mot propre m'échappe. The best thing I can think of, ce que je vois de mieux. *When I least t. of it*, quand j'y songe le moins. When you come to think of it, about it . . ., à la réflexion. . . . *He can't sleep for thinking about it*, il perd le sommeil à force d'y penser; *F:* il n'en dort pas. That is worth thinking about, cela mérite réflexion. *Without her thinking of it, about it*, sans qu'elle y pense. What am I thinking about? où ai-je la tête? *I never thought of warning you*, je n'ai pas pensé à vous avertir. **2.** S'imaginer, se figurer, songer. Think of a number, pensez à un chiffre. *I thought of him as being tall*, je me le figurais grand; je le voyais grand. *Think of that man being there!* représentez-vous cet homme en cet endroit! *T. of me having to beg!* (i) dire que je suis obligé de mendier! (ii) me voyez-vous réduit à mendier! *F:* Think of that! ça, c'est pas banal! Only to think of what might have happened! quand je pense à ce qui aurait pu arriver! **3.** Considérer (qn); avoir égard à (qn); songer à (qch.). *To t. of s.o.'s feelings*, avoir égard aux sentiments, aux susceptibilités, de qn. To think of the expense, regarder à la dépense. *He never thinks of his mother*, il n'a aucune considération pour sa mère; il ne montre jamais de considération pour sa mère. **4.** (*a*) To think of, about, doing sth., méditer, projeter, de faire qch.; penser à faire qch. *I t. of going to-morrow*, j'ai presque décidé de partir demain. *I am thinking of going for a row*, j'ai dans l'idée d'aller faire un peu de canotage. *He thought of giving them a banquet*, il avait imaginé de leur offrir un banquet. (*b*) I couldn't think of it! c'est impossible! il n'y a pas à y songer! *We could not t. of inviting them*, il ne saurait être question de les inviter. *I couldn't t. of allowing it*, je ne le tolérerais pas un instant. *It isn't to be thought of*, il n'y a pas à y songer. **5.** (*a*) *v.tr.* Penser (qch.) de (qch., qn). What do you think of it, about it? qu'en pensez-vous? que vous en semble? *What do you t. of this picture?* que pensez-vous, que dites-vous, de ce tableau? To think a great deal of oneself, to think too much of oneself, avoir une haute idée de sa personne; s'en faire accroire. *He thinks such a lot of himself*, il s'en fait tellement accroire; il se gobe tellement. *To t. too much of sth.*, attacher trop d'importance à qch. I told him what I thought of him, je lui ai dit son fait; *F:* je lui ai envoyé son paquet. (*b*) To think well of s.o., estimer qn; avoir une bonne opinion de qn; penser du bien de qn. To think ill, to think badly, of s.o., tenir qn en médiocre estime; avoir une mauvaise opinion de qn; penser du mal de qn. *I hope you won't t. badly of me because . . .*, j'espère que vous n'allez pas m'en vouloir de ce que. . . . He is thought well of, il est bien vu, bien considéré. *What will people t. of it?* de quoi cela a-t-il l'air? qu'en dira-t-on? *See also* BEER 1, BETTER[1] 3, END[1] 3 (*b*), HIGHLY 2, LITTLE II. 1, MUCH 3 (*c*), NOTHING I. (*h*), WORLD 5.

think out, *v.tr.* **1.** Imaginer, méditer (qch.). To think out a plan, combiner un plan. *We shall have to t. out a plan*, il faudra aviser. Well thought-out dodge, truc bien imaginé, bien combiné. *Well thought-out plan*, projet bien médité, bien étudié; projet élaboré, mûri. *Well thought-out diet*, régime bien agencé. *Well thought-out measures*, mesures bien concertées. *Carefully thought-out answer*, réponse bien pesée. *That wants thinking out*, cela demande mûre réflexion. **2.** Arriver à la solution de (qch.). *He thinks things out for himself*, il juge des choses par lui-même; il se fait lui-même une opinion des choses; ses opinions sont personnelles.

think over, *v.tr.* Réfléchir sur, aviser à (une question, etc.); délibérer (avec soi-même) de, sur (qch.). *To t. the matter over*, se consulter; méditer la question. *I will t. it over*, j'y réfléchirai, j'y aviserai, j'y repenserai. *T. it over*, réfléchissez-y bien. *T. it over carefully*, songez-y bien. *Give me time to t. it over*, laissez-moi y réfléchir à tête reposée. *I shall do nothing without thinking it over*, je ne ferai rien qu'à tête reposée. *On thinking it over . . .*, à y bien regarder . . .; après réflexion. . . . *This wants thinking over*, ceci demande qu'on y réfléchisse bien; cela mérite réflexion. *T. it over again*, réfléchissez encore.

think up, *v.tr.* *U.S:* = THINK OUT 1.

thinking[1], *a.* Pensant; qui pense. *I put this to the t. public*, je soumets cette question au public qui pense, à tous les hommes qui pensent. Right-thinking, bien pensant. Free-thinking, libre-penseur, *pl.* libres-penseurs.

thinking², *s.* **1.** Pensée(s) *f(pl)*, méditation(s) *f(pl)*, réflexion(s) *f(pl)*. Deep thinking, pensées profondes; méditations profondes. *He did some hard t.*, il réfléchit profondément. *F:* To put on one's thinking-cap, méditer une question; prendre le temps d'aviser, d'y réfléchir. *I'll put on my t.-cap*, je vais y penser sérieusement. *Th: P:* Thinking part, rôle muet; rôle de figurant. *See also* FREE-THINKING. **2.** Pensée, opinion *f*, avis *m*. To my thinking, à mon avis. That is my way of thinking, voilà ma façon de penser. *I am quite of your way of t.*, je suis tout à fait de votre opinion, de votre avis. *You are of my way of t.*, vous pensez comme moi. *I hope to bring you round to my way of t.*, j'espère vous amener à mon opinion, à mon point de vue. *Writers of all ways of t.*, *F:* écrivains *m* de tous les bords.

thinkable ['θiŋkəbl], *a.* (Projet *m*, etc.) concevable, imaginable. Is it thinkable that . . .? est-il admissible que + *sub.*; peut-on imaginer que + *sub.*

thinker ['θiŋkər], *s.* Penseur, -euse; *F:* cérébral, -ale. *He is a shallow t.*, il pense superficiellement. *See also* FREE-THINKER.

thinner¹ ['θinər], *s.* Diluant *m*, délayant *m* (pour peinture, pour émail cellulosique).

thinner², *a.* *Comp. of* THIN¹.

thinness ['θinnəs], *s.* **1.** *(a)* Peu *m* d'épaisseur (de qch.); minceur *f* (d'une couche de sol, etc.); ténuité *f*, finesse *f* (d'un fil, etc.); légèreté *f*, clarté *f* (d'un voile, etc.). *(b)* Maigreur *f* (d'une personne). *Extreme t.*, maigreur extrême; *F:* maigreur squelettique. **2.** État clairsemé (du blé, etc.); rareté *f* (des cheveux, etc.). **3.** Fluidité *f* (d'un liquide); manque *m* de corps (d'un vin); raréfaction *f*, légèreté (de l'air); gracilité *f*, caractère grêle, fluet (d'une voix). **4.** *F:* Faiblesse *f* (d'une excuse, etc.); transparence *f* (d'un déguisement).

thinnish ['θiniʃ], *a.* *F:* **1.** *(a)* Plutôt mince. *(b)* Assez maigre; *F:* (*of pers.*) maigrichon, -onne. **2.** (Cheveux *m*, etc.) assez rares. **3.** (Vin) qui est plutôt de la piquette; (voix) fluette, plutôt grêle.

thio-acid ['θaioasid], *s.* *Ch:* Thioacide *m*. Salt of a thio-acid, sulfosel *m*.

thioarsenic [θaioɑːr'senik], *a.* *Ch:* Sulfarsénique.

thiocarbonate [θaio'kɑːrbonet], *s.* *Ch:* Sulfocarbonate *m*. *Ind:* Cellulose thiocarbonate, viscose *f*.

thiocyanic [θaiosai'anik], *a.* *Ch:* Sulfocyanique.

thionate ['θaionet], *s.* *Ch:* Thionate *m*.

thionic [θai'ɔnik], *a.* *Ch:* Thionique.

thionine ['θaionain], *s.* *Ch:* Thionine *f*.

thiosulphate [θaio'sʌlfet], *s.* *Ch:* Thiosulfate *m*, hyposulfite *m*. *Esp.* Sodium thiosulphate, hyposulfite de soude.

thiosulphuric [θaiosʌl'fjuərik], *a.* *Ch:* Hyposulfureux.

third [θəːrd]. **1.** *(a)* *Num.a.* Troisième (jour *m*, étage *m*, etc.); tiers (état, etc.). Third person, (i) *Jur:* tierce personne, tiers *m*; (ii) *Gram:* troisième personne. *See also* PARTY¹ 4. Third copy, triplicata *m inv.* *El.E:* Third brush, troisième balai *m*; balai auxiliaire (d'une génératrice, etc.). *To marry for the t. time*, se marier en troisièmes noces. *Sch:* Third form, *approx.* = (i) classe *f* de quatrième, *F:* quatrième *f* (de l'enseignement secondaire), (ii) (dans les écoles préparatoires) classe de septième, *F:* septième *f*. Edward the Third, Édouard Trois. (On) the third of March, le trois mars. On the third floor, au troisième. In the third place, en troisième lieu; troisièmement. Every third day, tous les trois jours. The third largest town, la plus grande ville sauf deux. *He arrived t. or fourth*, il est arrivé trois ou quatrième. *Cr:* Third man, troisième chasseur à droite du garde-guichet. *Rail:* To travel third, voyager en troisième (classe). *See also* DEGREE 2, ESTATE 3, HOLDER 1, RAIL¹ 4. (*For other phrases see* EIGHTH.) *(b)* *s.* (*Pers.*) Tiers. To make a third *in a game*, être en tiers dans un jeu. **2.** *s.* *(a)* *Astr: Mth:* Soixantième *m* de seconde (de temps ou de mesure angulaire); tierce *f*. *(b)* *Mus:* Tierce. *(c)* *Com:* Third of exchange, troisième *f* de change. *(d)* *pl.* *Com:* Thirds, articles *m* de troisième qualité, de qualité inférieure. *(e)* *Sch:* To get a third in history, obtenir la mention "passable" en histoire; passer tout juste (dans l'examen pour le *honours degree*, *q.v.*). *(f)* *Aut: F:* Troisième vitesse *f*. Silent third, (i) troisième vitesse silencieuse; (ii) prise silencieuse en troisième. **3.** *s.* (*Fractional*) Tiers. *To lose a t., two thirds, of one's money*, perdre le tiers, les deux tiers, de son argent. **-ly**, *adv.* Troisièmement; en troisième lieu.

'third-class. **1.** *Attrib.a.* *(a)* (Voyageur *m*, wagon *m*) de troisième classe, de troisième. *(b)* (Marchandises *fpl*) de qualité inférieure, de troisième qualité; (hôtel *m*) de troisième ordre, d'ordre inférieur. *(c)* *Post: U.S:* Third-class matter, imprimés *m* non périodiques. **2.** *adv.* [θəːrd'klɑːs] To travel third class, voyager en troisième (classe).

'third-'hand. **1.** *adv.phr.* Information at third hand, renseignements *mpl* de troisième main. **2.** *a.* (Auto *f*, renseignements, etc.) de troisième main.

'third-'rate, *a.* De troisième qualité; (artiste, joueur) de troisième ordre; très inférieur; *F:* au-dessous du médiocre.

thirst¹ [θəːrst], *s.* Soif *f*. **1.** *Great t.*, altération *f*. *Dishes that cause t.*, thirst-producing *dishes*, mets *m* qui altèrent; mets altérants. *To have a perpetual t.*, avoir toujours soif; *F:* avoir la pépie. *F:* Got a thirst? avez-vous soif? on prend quelque chose? *See also* QUENCH 3. **2.** The thirst for, after, knowledge, la soif de la science. *The t. to do sth.*, le désir immodéré de faire qch. *To satisfy one's t. for adventure*, apaiser sa soif d'aventures.

thirst², *v.i.* **1.** *A. & Lit:* Avoir soif; être altéré; être consumé par la soif. **2.** *Lit:* To thirst after sth., for sth., avoir soif de qch.; être avide, *Lit:* assoiffé, de qch. *To t. for blood, for revenge*, être altéré de sang, de vengeance. To thirst to do sth., désirer ardemment faire qch.; brûler de faire qch.

thirsting¹, *a.* Altéré, assoiffé. Thirsting for blood, altéré, avide, de sang.

thirsting², *s.* Soif *f* (*after, for*, de).

thirstiness ['θəːrstinəs], *s.* Soif *f*; soif habituelle; penchant *m* à boire.

thirsty ['θəːrsti], *a.* **1.** Altéré; *Lit:* assoiffé. To be, feel, thirsty, avoir soif; avoir la gorge sèche; *F:* avoir le gosier sec. To become, get, thirsty, s'altérer. To make s.o. thirsty, donner soif à qn; altérer qn. *Fish makes one t.*, le poisson fait boire. *F:* So much talking is thirsty work, de tant parler, cela donne soif, cela vous altère, cela vous sèche le gosier. *P:* He's a thirsty customer, a thirsty fish, il a le bec salé; c'est un soiffard, un soiffeur, un meurt-de-soif; il a la dalle en pente. Thirsty for blood, for riches, assoiffé, altéré, avide, de sang, de richesses. **2.** (*Of earth, etc.*) Desséché; sec, *f.* sèche. **-ily**, *adv.* **1.** Avidement. **2.** *We travelled t. through a desert*, nous avons traversé un désert, consumés par la soif.

thirteen [θəːr'tiːn], *num. a. & s.* Treize (*m*). *She is t.*, elle a treize ans. *Number t.*, le numéro treize. The thirteen superstition, la superstition du nombre treize. *Thirteen* ['θəːrtiːn] *guests*, treize conviés. *See also* DOZEN 2. (*For other phrases see* EIGHT.)

thirteenth [θəːr'tiːnθ]. **1.** *Num. a. & s.* Treizième. Louis the Thirteenth, Louis Treize. *The thirteenth* ['θəːrtiːnθ] *milestone*, la treizième borne. (On) the thirteenth of May, le treize mai. **2.** *s.* *Mus:* Treizième *f*. **3.** *s.* (*Fractional*) Treizième *m*.

thirtieth ['θəːrtiəθ], *Num. a. & s.* Trentième (*m*). (On) the thirtieth of June, le trente juin. (*For other phrases see* EIGHTH.)

thirty ['θəːrti], *Num. a. & s.* Trente (*m*). Thirty-one, one-and-thirty, trente et un. Thirty-first, trente et unième. The thirty-first of March, le trente et un mars. Thirty-two, trente-deux. *About t. persons*, une trentaine de personnes. *She is not far off t.*, elle approche de la trentaine. She is in the thirties, elle a passé la trentaine. *She was in the early thirties*, elle n'avait guère plus de trente ans. In the thirties, dans les années de 1830 à 1840, entre 1830 et 1840. *Hist:* The Thirty Years' War, la guerre de Trente Ans. Thirty years' lease, concession *f* trentenaire. (*For other phrases see* EIGHT 1.)

'thirty-'one, *s.* *Cards:* Trente-et-un *m*.

thirtysixmo [θəːrti'siksmo], *a. & s.* *Typ:* In-trente-six (*m*); in-36 (*m*).

thirtytwomo [θəːrti'tuːmo], *a. & s.* *Typ:* In-trente-deux (*m*); in-32 (*m*).

this [ðis]. I. *Dem.pron.*, *pl.* these [ðiːz]. **1.** Ceci; ce. What is this? qu'est-ce (que c'est) que ceci? Who is this? quelle est cette personne? You will be sorry for this, vous le regretterez. Upon this . . ., sur ce . . .; ce disant . . .; là-dessus. . . . *I had heard of it* before this, je l'avais déjà appris. *It ought to have been done before t.*, cela devrait être déjà fait. After this . . ., après ceci . . .; ensuite. . . . This is a free country, ce pays est libre. This is curious, voici qui est curieux. This is what he told me, voici ce qu'il m'a dit. *T. will edify you*, voici qui vous édifiera. This is Mr Smith, je vous présente M. Smith. These are my children, voici mes enfants. Perhaps these are they, c'est peut-être eux. *T. is where he lives*, c'est ici qu'il demeure. This is my last will and testament, ceci est mon testament. *We shall never have too many books. These are things we cannot do without*, on n'aura jamais trop de livres. Ce sont des choses dont on ne peut pas se passer. *I was introduced to the father. T. was a hearty red-faced man*, on me présenta au père. Celui-ci était un homme jovial et rubicond. (*As antecedent to a relative*) What is this that I hear? qu'est-ce que j'entends? It was like this, voici comment les choses se sont passées. The thing is this, voici ce dont il s'agit. This my house . . ., ma maison que voici. . . . In this their first campaign, dans cette campagne, qui était leur première. *T. is a regular ice-house!* c'est une glacière ici! *T. is not an inn*, ce n'est pas ici une auberge. *T. is the time to speak*, voici le moment de parler. *Is t. the place to quarrel?* est-ce ici le lieu pour vous quereller? This is something like a meal! voilà qui s'appelle un repas! They are no ordinary houses, these, ce ne sont pas là des maisons ordinaires. *He promised to write to them.* This he did *the next day*, il promit de leur écrire, et il s'acquitta de cette tâche le lendemain. This I knew, ceci, je le savais. **2.** (*Opposed to 'that'*) Will you have this or that? voulez-vous ceci ou cela? *F:* To put this and that together, rapprocher les faits. Speaking of this and that, parlant de choses et d'autres. She must have this and that, this, that and the other, il lui faut ceci et cela, *F:* ci et ça. *It is always t., that and the other*, c'est toujours ci et ça. *She told me all her worries* and this, that and the other, elle m'a raconté tous ses ennuis et patati et patata. *She is always asking "Shall I do t., shall I do that?"*, elle demande toujours "Si je faisais ci, si je faisais ça?" It's always Charles this and Charles that, c'est Charles par-ci, Charles par-là. *I don't want the opinion of* Mr This or Mr That, je n'ai pas besoin de l'opinion de M. Un Tel. **3.** (*Referring to sth. already mentioned*) Celui-ci, *f.* celle-ci, *pl.* ceux-ci, *f.* celles-ci. *The two sideboards are very much alike, but* this is new and that is old, les deux buffets se ressemblent beaucoup, mais celui-ci est neuf et celui-là est ancien. *I prefer these to those*, je préfère ceux-ci à ceux-là.

II. **this**, *dem.a.*, *pl.* these. *(a)* Ce, (*before vowel or h 'mute'*) cet, *f.* cette, *pl.* ces; (*for emphasis and in opposition to 'that, those'*) ce . . .-ci, cet . . .-ci, cette . . .-ci, ces . . .-ci. *T. book, these books*, ce livre(-ci), ces livres(-ci). *T. hat is John's, that one is Albert's*, ce chapeau-ci est à Jean; celui-là est à Albert. This morning, this afternoon, ce matin, cet après-midi. *There is a nip in the air* these mornings, le matin, en cette saison, l'air est piquant. One of these days . . ., un de ces jours. . . . In these days, de nos jours; à notre époque. This day last year, l'an dernier à pareil jour. *You can't do that* in this country, cela ne se fait pas dans ce pays-ci, dans notre pays, chez nous. *There is t. good point about it*, il y a ceci de bon. *To run* this way and that, courir de-ci, de-là. **This reader or that** *may disagree with the author*, un lecteur par-ci par-là se trouvera peut-être en désaccord avec l'auteur. *He will tell you that* **in this or that case** *you should . . .*, il vous dira qu'en tel ou tel cas il faut. . . . *Jur:* **This Convention . . .**, la présente convention. . . . *F: This prime minister is an improvement on the last one*, le premier ministre actuel vaut mieux que l'ancien. *V:* **This here house**, cette maison(-ci). *See also* ONE III. (*b*) *Pej:* **He's one of these artist chaps**, c'est un de ces artistes. (*c*) (*'This' with pl. noun; 'these' with noun sg. coll.*) **I've been watching you these, this, ten minutes**, voilà dix minutes que je vous observe. *I've known him these, this, three years*, je le connais depuis trois ans. **This many a day**, depuis bien des jours; depuis bien longtemps. *These vermin*, cette vermine.

III. **this**, *dem.adv.* (*With adj. or adv. of quantity*) Aussi . . . que ceci. **This high**, aussi haut que ceci, que ça. **This far**, jusqu'ici. *See also* MUCH 3.

Thisbe ['θizbi]. *Pr.n.f.* Thisbé.

thisness ['ðisnəs], *s. Phil:* Eccéité *f*.

thistle [θisl], *s. Bot:* Chardon *m*. **Corn thistle, creeping thistle, cursed thistle**, chardon des champs. **Edible thistle**, cardon *m*. **Star-thistle**, chardon étoilé; chausse-trape *f*, *pl.* chausse-trapes. **Scotch thistle**, acanthe *f* sauvage. **Cotton-thistle**, chardon aux ânes. *See also* FULLER'S THISTLE, GLOBE-THISTLE, MILK-THISTLE, SOW-THISTLE, TORCH-THISTLE. **Thistle-seed oil**, huile *f* de chardon. **To clear the ground of thistles**, échardonner le terrain. *Clearing the ground of thistles*, échardonnage *m*. *Prov:* **Gather thistles, expect prickles**, qui sème le vent récolte la tempête. *See also* FINCH, HOOK[1] 3.

'thistle-down, *s.* Duvet *m* de chardon.

thistly ['θisli], *a.* **1.** (Terrain) rempli de chardons. **2.** Épineux, piquant.

thither ['ðiðər]. *A. & Lit:* **1.** *adv.* (*Expressing motion*) Là; y. *Go ye t.*, rendez-vous dans cet endroit; allez-y. **To run hither and thither**, courir çà et là. *The road t. passes through . . .*, la route qui y mène passe par. . . . **2.** *a.* Plus lointain; plus éloigné; de l'autre côté; *Geog:* ultérieur. *They live on the t. side of the mountains*, ils habitent de l'autre côté des montagnes. **Thither Calabria**, la Calabre Ultérieure.

thlaspi ['θlaspi], *s. Bot:* Thlaspi *m*.

tho' [ðou], *adv. & conj.* = THOUGH.

thole[1] [θoul], *v.tr. A. & Scot:* **1.** Endurer, souffrir (une douleur, un mal). **2.** Tolérer, permettre (un abus, etc.).

thole[2](-pin) ['θoul(pin)], *s.* **1.** *Nau:* (*a*) Tolet *m*, touret *m*; échaume *m*, estrouif *m*, autarelle *f*. (*b*) = ROWLOCK. **2.** *Veh:* Cheville *f* (de brancard).

Thomas ['tɔməs]. *Pr.n.m.* Thomas. **Saint Thomas Aquinas**, saint Thomas d'Aquin.

Thomism ['toumizm], *s. Theol:* Thomisme *m*.

Thomist ['toumist], *a. & s. Rel.H:* Thomiste (*m*).

thong[1] [θɔŋ], *s.* (*a*) Lanière *f* de cuir; courroie *f*. (*b*) Lanière, longe *f* (de fouet). (*c*) Brayer *m* (de battant de cloche).

thong[2], *v.tr.* **1.** Attacher une lanière à (une cravache, etc.). **2.** Assujettir (qch.) avec une courroie, avec des courroies. **3.** Punir (qn) avec une courroie; sangler (qn).

Thor [θɔːr]. *Pr.n.m. Myth:* Thor. **Thor's hammer**, (i) la massue de Thor; (ii) *Archeol:* marteau *m* en silex.

thoracentesis [θɔːrasen'tiːsis], **thoracocentesis** [θɔːreikosen'tiːsis], *s. Surg:* Thora(co)centèse *f*.

thoracic [θo'rasik], *a. Anat:* Thoracique.

thoracoscopy [θɔːra'kɔskɔpi], *s. Med:* Thoracoscopie *f*.

thorax, *pl.* **thoraces** ['θɔːraks, θɔ'reisiːz], *s.* **1.** *Anat: Ent:* Thorax *m*. **2.** *Gr.Ant:* Corselet *m*, cuirasse *f*.

thoria ['θɔːria], *s. Ch:* Thorine *f*.

thorite ['θɔːrait], *s. Miner:* Thorite *f*.

thorium ['θɔːriəm], *s. Ch:* Thorium *m*.

thorn [θɔːrn], *s.* **1.** *Bot:* (*a*) Épine *f*. *F:* **To be, sit, on thorns**, être sur des épines, sur des charbons ardents; être au supplice, à la torture. *To be on a bed of thorns*, être dans une situation épineuse. **A thorn in the flesh, in one's side**, une épine au pied. **To be a thorn in s.o.'s flesh, side**, être un sujet continuel d'anxiété ou d'irritation à qn. **To put a thorn in s.o.'s pillow**, susciter des tracas à qn. *You have taken a t. out of my pillow, out of my flesh*, vous m'avez tiré là une rude épine du pied. *See also* ROSE[1] 1. (*b*) Arbrisseau épineux; épine. **Christ's thorn, Egyptian thorn, evergreen thorn**, pyracanthe *f*; buisson ardent; arbre *m* de Moïse; épine du Christ. *See also* BLACKTHORN, HAWTHORN, SALLOW[1], WHITETHORN. **2.** *Pal:* Le caractère runique þ.

'thorn-apple, *s. Bot:* Pomme épineuse; stramoine *f*; herbe *f* aux sorciers.

'thorn-bush, *s.* = THORN 1 (*b*).

'thorn-hedge, *s.* Haie *f* d'épines; *esp.* haie d'aubépine.

'thorn-hook, *s. Fish:* Épinette *f*.

'thorn-tail, *s. Orn: F:* Gouldie *f*.

thornback ['θɔːrnbak], *s.* **1.** *Ich:* Raie bouclée. **2.** *Crust:* Grande araignée de mer.

thornless ['θɔːrnləs], *a.* Sans épines.

thorny ['θɔːrni], *a.* Épineux; *Bot:* spinifère, spinigère. *F:* Thorny question, question épineuse.

thorough ['θʌrə]. I. *prep. A:* = THROUGH I.

II. **thorough**, *adv. A:* **1.** = THROUGH II. **2.** = THOROUGHLY.

III. **thorough**, *a.* (*a*) (*Of search, inspection, etc.*) Minutieux; (*of knowledge, etc.*) profond; complet, -ète; parfait; (*of work, etc.*) consciencieux. *T. enquiry*, enquête approfondie. *T. distaste*, profond dégoût. *To give a room a t. cleaning*, nettoyer une chambre à fond. *T. command of French*, connaissance approfondie du français. *You must have a t. change*, il vous faut un changement complet. **To be thorough in one's work**, travailler consciencieusement. *See also* KNOWLEDGE 2. (*b*) **A thorough Frenchman**, un vrai Français. *A t. musician*, un musicien consommé. *A t. republican*, un républicain convaincu. *A t. scoundrel*, un fieffé coquin; un coquin achevé; un scélérat consommé, accompli. **-ly**, *adv.* (Épuiser, etc.) tout à fait; (comprendre, etc.) parfaitement; (renouveler, etc.) complètement, entièrement; (nettoyer) à fond. **To go thoroughly into a question**, examiner une question à fond, minutieusement; creuser, approfondir, une question. *To know sth. t.*, savoir qch. à fond; *F:* savoir qch. sur le bout du doigt, comme son catéchisme. *The question was t. discussed*, la question a été l'objet d'un débat approfondi. *T. honest*, d'une honnêteté à toute épreuve. *T. reliable machine*, machine *f* qui offre une sécurité à toute épreuve.

'thorough-bolt, *s.* = THROUGH-BOLT.

'thorough-foot, *s. Nau:* **Thorough-foot in a tackle**, saut *m* d'un palan.

'thorough-paced, *a.* (*a*) *A:* (*Of horse*) Complètement dressé. (*b*) (*Of horseman, flirt, etc.*) Achevé, consommé; (*of rascal, etc.*) accompli, fieffé; (*of socialist, etc.*) enragé, à tous crins. *He is a t.-p. scoundrel*, c'est un scélérat consommé, un parfait coquin.

'thorough-pin, *s. Vet:* Vessignon chevillé.

thoroughbass ['θʌrəbeis], *s. Mus:* **1.** Basse continue; basse chiffrée, figurée. **2.** *A:* Composition *f* harmonique; l'harmonie *f* (en tant que science).

thoroughbrace ['θʌrəbreis], *s. Veh: U.S:* Soupente *f* (de carrosse).

thoroughbred ['θʌrəbred]. **1.** *a.* (Cheval *m*) pur sang *inv*; (chien *m*, etc.) de (pure) race. *F:* (*Of pers.*) Pur sang; qui a de la race. **2.** *s.* (*a*) Cheval pur sang. (*b*) Animal, -aux *m*, de race. (*Of pers.*) *She is a real t.*, elle est très racée. *To have the air of a t.*, avoir de l'allure.

thoroughfare ['θʌrəfɛər], *s.* Voie *f* de communication. **Public thoroughfare**, voie publique. *One of the main thoroughfares of the town*, une des rues principales, une des artères, de la ville. *Busy t.*, rue très passante. **'No thoroughfare,'** (i) "interdiction de passage"; "rue barrée"; "passage interdit (au public)"; "entrée interdite"; "on ne passe pas"; (ii) "impasse."

thoroughgoing ['θʌrəgoiŋ], *a.* **1.** = THOROUGH-PACED (*b*). **2.** (Travailleur, etc.) consciencieux.

thoroughness ['θʌrənəs], *s.* Caractère approfondi (des recherches, d'un travail); perfection *f* (du travail). *The t. with which this work has been done*, la conscience avec laquelle ce travail a été fait.

thoroughwax ['θʌrəwaks], *s. Bot:* Buplèvre *m*.

thoroughwort ['θʌrəwəːrt], *s. Bot:* Eupatoire *f*; chanvre *m* d'eau.

thorp [θɔːrp], *s.* (*Esp. in place-names*) Village *m*, hameau *m*.

those [ðoːuz]. *See* THAT[1] I, II.

thou[1] [ðau], *pers. pron. A. & Poet:* (*except as used by Quakers or in prayers*) (*a*) (*Unstressed*) Tu. *T. seest*, tu vois. *There t. art*, te voilà! *Hearest t.?* entends-tu? **Thou rascal!** coquin que tu es! (*b*) (*Stressed*) Toi. **Thou and I**, toi et moi. *It is t.*, c'est toi. *He is taller than t.*, il est plus grand que toi.

thou[2], *v.tr.* Tutoyer.

thou[3] [θau], *s. P:* (= *thousand pounds*) **A thou**, mille livres sterling; un billet de mille.

though [ðou]. I. *conj.* **1.** (*Also* **although**) Quoique, bien que, encore que, + *sub.* *T. he is poor he is generous*, quoiqu'il soit pauvre, quoique pauvre, il est généreux. *I am sorry for him, t. he is nothing to me*, je le plains, encore qu'il ne me soit rien. *T. we are relations, I have never seen him*, quoique nous soyons parents, je ne l'ai jamais vu. *T. I had escaped from the pirates I was not yet safe*, pour être échappé aux pirates je n'étais pas encore en sûreté. *T. I am a father . . .*, tout père que je suis. . . . *I am happy t. married*, je suis heureux quoique marié. *T. small he is none the less brave*, pour être petit il n'en est pas moins brave. *T. not handsome, she was attractive*, sans être belle elle plaisait. *Bonds that are strong t. almost invisible*, liens solides encore que presque invisibles. **2.** *Esp. A. & Lit:* (*With sub.*) (*a*) **Strange though it may appear . . .**, si étrange que cela paraisse. . . . *This statement, terrible t. it be . . .*, cette déclaration, pour terrible qu'elle soit. . . . *Vice is infamous t. it be in a prince*, le vice est infâme fût-ce chez un prince. *T. your crimes be ever so great . . .*, quelque grands que soient vos crimes. . . . *T. he slay me yet will I follow him*, je le suivrai quand (même) il me tuerait, même s'il a l'intention de me tuer. *I will do it* (**even**) **though** *it cost me my fortune*, je le ferai quand (bien même) cela me coûterait toute ma fortune. *I shall refuse, even though I starve*, je refuserai, quitte à mourir de faim. *Even t. you* (*should*) *laugh at me . . .*, quand vous devriez vous moquer de moi. . . . *Even t. I could . . .*, alors même que je le pourrais. . . . (*b*) **What though** *the way be long!* qu'importe que le chemin soit long! **3. As though**, comme si. *It is not as t. they would mind*, ce n'est pas comme si cela leur faisait quelque chose. *He sank into an armchair as t. (he were) exhausted*, il s'affaissa dans un fauteuil comme s'il tombait d'épuisement. **It looks as though he had gone**, il semble qu'il soit parti. *As t. nothing had happened . . .*, comme si de rien n'était. . . . *He raised his hand* **as though to** *take off his hat*, il leva la main comme pour saluer.

II. **though**, *adv.* (*a*) Cependant, pourtant. *He had promised to go;* **he didn't though**, il avait promis d'y aller; cependant, pourtant, il n'en a rien fait. (*b*) (*Exclamatory*) **Did he though!** vraiment! il a dit, fait, cela? *Would you though!* essaie un peu voir!

thought[1] [θɔːt], *s.* (La) pensée. **1.** *T. is free*, la pensée est libre; on est libre de penser. **Capable of thought**, capable de penser. *See also* LIBERTY[1] 1, QUICK 1, SWIFT[1] I. **2.** (*a*) Idée *f*. *He hasn't a t. in his head*, il n'a pas une idée dans la tête. **Happy thought**, heureuse idée. *The t. occurred to me that . . .*, il me vint à l'idée que. . . . (*b*) *Dark thoughts, gloomy thoughts*, pensées sombres; *F:* papillons noirs. *Taken up with other thoughts*, préoccupé. *F:* **A penny for your thoughts**, à quoi pensez-vous? *Tell me your thoughts on the matter*, donnez-moi votre opinion **à ce sujet.**

Man who keeps his thoughts to himself, homme peu communicatif, qui ne se livre point. To read s.o.'s thoughts, lire dans la pensée de qn. To follow the thread of one's thoughts, se laisser aller au fil de ses pensées. Stray thoughts, pensées détachées. Pascal's 'Thoughts,' les "Pensées" de Pascal. Thoughts from Carlyle, pensées tirées des œuvres de Carlyle; pensées empruntées à Carlyle. (c) The mere thought of it . . ., rien que d'y penser. Have you ever given it one thought? y avez-vous pensé un seul instant? y avez-vous jamais pensé? *I did not give a t. to the matter*, je n'y ai pas accordé la moindre réflexion. I did not give it another thought, je n'y ai pas repensé. *Old age comes on without our having given it a t.*, la vieillesse arrive sans qu'on y pense. (d) *pl.* Esprit *m*, pensée. To collect one's thoughts, rassembler ses idées, ses esprits. Her thoughts were elsewhere, son esprit était ailleurs. *Disaster always* in my thoughts, désastre toujours présent à ma pensée. To engross s.o.'s thoughts, être, devenir, la préoccupation de qn. 3. (a) Réflexion *f*, considération *f*. To take thought how to do sth., réfléchir comment faire qch. To take no thought for the morrow, ne pas songer au lendemain; vivre au jour le jour. Want of thought, irréflexion *f*. *I was not without t. of the future*, je n'étais pas sans songer à l'avenir. *A few moments' t. made him change his mind*, de brèves réflexions le firent changer d'avis. After much thought, après mûre réflexion. *To give much t. to* . . ., réfléchir beaucoup à. . . . He has no thought for his mother, il n'a pas de considération, pas d'égards, pour sa mère; il n'a aucun souci de sa mère. *He takes no t. over what he does*, il agit sans considération. On second thoughts, (toute) réflexion faite; après plus amples réflexions; tout bien considéré. *Prov:* Second thoughts are best, on fait toujours bien de réfléchir deux fois. *See also* FOOD 1. (b) Pensées, rêverie *f*, méditation *f*, recueillement *m*. To fall into deep thought, tomber dans une rêverie, une méditation, profonde. Lost, wrapt, in thought, deep in thought, perdu, absorbé, abîmé, dans ses pensées; plongé dans ses réflexions, dans la méditation; songeur, -euse. *To spend an hour in t.*, passer une heure à méditer. 4. (a) Intention *f*, dessein *m*. To have a thought, to have thoughts, of doing sth., avoir la pensée de faire qch.; songer à faire qch. *To have some t. of doing sth.*, avoir vaguement l'intention de faire qch. I had no thought of offending you, je n'avais pas l'intention de vous offenser. *I had some t. of going as far as Paris*, j'avais la pensée de pousser jusqu'à Paris. *She is always the great lady*, without a thought to it, with never a thought, elle est toujours grande dame sans y tâcher. You must give up all thought of . . ., il faut renoncer à . . .; il ne faut plus penser à. . . . His one thought *is to get money*, il ne pense qu'à l'argent. *Her one t. is to get married*, elle ne songe qu'à se marier. With the thought of . . ., dans le dessein de. . . . *I appreciate your kindly t.*, j'apprécie votre bon mouvement. (b) (*Usu. neg.*) I had no thought of meeting you here, je ne m'attendais pas, je ne m'attendais guère, à vous rencontrer ici. 5. *Adv.phr. F:* A thought, un tout petit peu; un tantinet. *A t. too sweet*, un tout petit peu trop sucré. *A t. longer*, un tantinet, un tant soit peu, plus long. *He is a t. better*, il y a un léger mieux. *The ribbon is a t. too blue*, le ruban est d'un rien trop bleu.

'thought-reader, *s.* Liseur, -euse, d'âmes.

'thought-reading, *s.* Lecture *f* de la pensée, de l'âme.

'thought-transference, *s. Psychics:* Télépathie *f*.

'thought-wave, *s. Psychics:* Onde *f* télépathique.

thought², *v. See* THINK².

thoughtful ['θɔːtful], *a.* 1. (a) Pensif, méditatif; rêveur, -euse. (b) Réfléchi, prudent. 2. Prévenant (*of*, pour). To be thoughtful of others, être plein d'égards pour les autres. *It was t. of you to* . . ., c'était une délicate attention de votre part de . . .; vous avez fait preuve d'une aimable prévenance en. . . . Thoughtful care, soins attentifs. *He was so t. as to notify me*, il a eu la prévenance, l'attention, de m'avertir. 3. (*Of book, speech, writer, speaker*) Profond. **-fully**, *adv.* 1. Pensivement; d'un air pensif, rêveur, méditatif. 2. D'une manière réfléchie, prudente. 3. Avec prévenance.

thoughtfulness ['θɔːtfulnəs], *s.* 1. Méditation *f*, recueillement *m*. 2. Réflexion *f*, prudence *f*. 3. Prévenance *f*, attentions *fpl*, égards *mpl* (*of*, pour, envers).

thoughtless ['θɔːtləs], *a.* (*Of pers., action, etc.*) 1. Irréfléchi, mal avisé; inconséquent, étourdi; peu circonspect. Thoughtless action, étourderie *f*; acte irréfléchi, inconsidéré. 2. Thoughtless of others, qui manque d'égards, de prévenance, pour les autres. **-ly**, *adv.* Étourdiment; (agir, etc.) à l'étourdie, à la légère, sans réflexion.

thoughtlessness ['θɔːtləsnəs], *s.* 1. Irréflexion *f*; manque *m* de circonspection; étourderie *f*, inconséquence *f*. 2. Manque *m* d'égards, de prévenance (*of*, pour, envers).

thousand ['θauz(ə)nd], *num. a. & s.* Mille (*m*) *inv*; *s.* millier *m*. (*In dates A.D.* mil *is used in legal documents instead of* mille, *except in* the year one thousand, l'an mille.) *A t. men*, mille hommes. *Com: A t. needles*, un mille d'aiguilles. About a thousand men, un millier d'hommes; quelque mille hommes. *Three hundred t. men*, trois cent mille hommes. *They died in hundreds of thousands*, ils moururent par centaines de mille. *They amounted to some thousands*, ils s'élevaient à plusieurs mille; leur nombre s'élevait à plusieurs mille. *F:* I paid five thousand for it, je l'ai payé cinq mille livres. The year 4000 B.C., l'an quatre mille av. J.-C. *In the year* 1930 *A.D.*, en l'an mil neuf cent trente; en l'an dix-neuf cent trente. A thousand years, un millénaire. Thousands of people, des milliers de gens. *They come in thousands*, ils viennent par milliers. Thousands upon thousands, des milliers. Ten thousand times ten thousand twinkling stars, des milliers de milliers d'étoiles papillotantes. He is a man, he is one, in a thousand, among a thousand, c'est un homme entre mille; c'est un homme comme il y en a peu, comme on en voit peu. *F:* I have a thousand and one things to ask you, j'ai mille et une choses à vous demander. A thousand apologies! (je vous demande) mille fois pardon! mille pardons! *No, no*, a thousand times no! non, non, et cent fois non! *See also* ONE I. 1, PITY¹.

thousandfold ['θauzəndfould]. 1. *a.* Multiplié par mille. 2. *adv.* Mille fois autant.

thousandth ['θauzəndθ], *num. a. & s.* Millième. (*See also* EIGHTH.)

Thrace [θreis]. *Pr.n. A.Geog:* La Thrace.

Thracian ['θreiʃ(ə)n], *a. & s.* Thrace (*mf*).

thraldom ['θrɔːldəm], *s.* Esclavage *m*, assujettissement *m*, asservissement *m*, servitude *f*, servage *m*. To keep s.o. in thraldom, tenir qn dans l'assujettissement. *The regions in t. to Turkey*, les régions asservies par la Turquie. *F: Their t. to rule*, leur asservissement à la règle.

thrall [θrɔːl], *s.* 1. Esclave *m*, serf *m* (*of*, *to*, de). *To be a t. to one's passions*, être l'esclave de ses passions. 2. = THRALDOM. *Kept* in thrall, maintenu dans l'asservissement, en esclavage.

thrash¹ [θraʃ], *s.* 1. Battement *m* (de la pluie, des vagues, etc.). 2. *Mec.E:* Vibration (d'un vilebrequin, etc.) due à la torsion; thrash *m*.

thrash², *v.tr.* 1. (a) Battre (qn, une bête); donner des coups de trique à (qn, un âne); *F:* rosser, étriller (qn); tanner le cuir à (qn). *To t. s.o. soundly*, infliger une bonne correction à qn. (b) Battre (un adversaire) à plates coutures. 2. (a) *Husb:* = THRESH. (b) To thrash a walnut-tree, gauler un noyer. *Fish that thrashes the water with its tail*, poisson *m* qui bat l'eau avec sa queue. *Swim: To t. the water*, battre l'eau (avec les jambes). 3. *Abs.* (a) (*Of water*) Battre, clapoter (*against*, contre). (b) *Nau:* To thrash to windward, marcher vent debout. (c) *Mec.E:* Vibrer.

thrash out, *v.tr.* Débattre, creuser (une question); discuter (une question) à fond; retourner (une question) dans tous les sens. *To t. out the truth*, arriver à démêler la vérité.

thrashing, *s.* 1. (a) Rossée *f*, raclée *f*, correction *f*; *F:* brossée *f*; *P:* peignée *f*, trempe *f*, trempée *f*, roulée *f*, suiffée *f*. To give s.o. a thrashing, administrer une raclée à qn; *F: A:* accoutrer qn de toutes pièces; chatouiller les côtes à qn. *A good t.*, une bonne correction; *P:* une dégelée de coups de bâton. *You're in for a good t.*, tu vas recevoir une raclée. *To get a sound t.*, recevoir une bonne correction, une bonne volée. *F:* He's asking for a thrashing, la peau lui démange. (b) *Sp: etc:* Défaite *f*. *To give one's opponent a sound t.*, battre son adversaire à plates coutures. 2. (a) *Husb:* = THRESHING. (b) = THRASH¹.

thrasher ['θraʃər], *s.* 1. = THRESHER. 2. *Paperm:* (a) Tambour laveur de feutre. (b) Blutoir *m*, batteuse *f*, dépoussiéreur *m*.

Thraso ['θreiso], *s.* (*From the 'Eunuchus' of Terence*) Thrason *m*; (soldat) fanfaron *m*.

thrasonical [θra'sɔnik(ə)l], *a.* Fanfaron.

Thrasybulus [θrasi'bjuːləs]. *Pr.n.m. Gr.Hist:* Thrasybule.

thread¹ [θred], *s.* 1. Filament *m*, fil *m* (de soie, d'une plante, etc.). *F:* To hang by, on, a thread, ne tenir qu'à un fil, qu'à un souffle. 2. (a) *Needlew:* Fil (de coton, de soie); *esp.* fil de lin. Sewing thread, fil à coudre. Darning thread, fil à repriser. Tacking thread, basting thread, coton *m*, fil, à bâtir; faufil *m*, bâti *m*. Lisle thread, fil d'Écosse. Thread gloves, gants *m* de fil. Gold thread, fil d'or. *See also* NUN'S-THREAD, FLOURISHING² 4. (b) *Tex:* Fil (de trame ou de chaîne). *F:* He hadn't a dry thread on him, il était mouillé jusqu'aux os. *F:* The thread of life, la trame de la vie. To lose the thread of one's discourse, perdre le fil de son discours; s'embrouiller en parlant. *Let me follow the t. of my thoughts*, laissez-moi suivre le fil de mes pensées, de mes idées. To gather up the threads of a story, reprendre, rassembler, les fils d'une histoire. (c) (Length of) thread, brin *m*, bout *m* (de coton, de soie, etc.); aiguillée *f*. 3. *Tchn:* Filet *m*, filetage *m*, pas *m* (de boulon, de vis, etc.). *Interrupted t.*, filetage sectionnel (d'une vis, etc.). Right-hand thread, filet à droite. *See also* LEFT-HAND. *Bruised t.*, filet couché, foiré. *Crossed t.*, filetage mâchuré. *Worn t.*, filetage usé, mangé. 4. (a) *Geol:* Filet, veinule *f* (de minerai). (b) Filet (d'eau, de vinaigre, etc.).

'thread-cell, *s. Coel:* Nématocyste *m*, cnidoblaste *m*.

'thread-counter, *s. Tex:* Compte-fils *m inv*.

'thread-cutter, *s. Metalw:* Tour *m* à fileter; taraudeuse *f*.

'thread-drawing, *s. Needlew:* = DRAWN(-THREAD)-WORK.

'thread-like, *a.* Filiforme.

'thread-mark, *s. Paperm:* Filigrane *m* (des billets de banque).

thread², *v.tr.* 1. (a) Enfiler (une aiguille). (b) Enfiler (des perles) (*on*, sur). (c) Enfiler (une ficelle dans un œillet, etc.). *To t. an elastic through the top of a pair of knickers*, passer, enfiler, un élastique dans un pantalon. *Cin:* To thread the film, mettre le film en place (dans l'appareil). (d) To thread one's way *between the carriages, through a crowd*, se faufiler, s'insinuer, entre les voitures, à travers une foule. *The path threads its way between the hedges*, le sentier file entre les haies. (e) Black hair threaded with silver, cheveux noirs parsemés de fils d'argent. 2. *Tchn:* (a) Fileter (une vis, etc.); tarauder (un tuyau, etc.). (b) (*With passive force*) To thread into . . ., se visser dans. . . .

threaded, *a. Tchn:* (*Of screw, etc.*) Fileté. *T. hole*, trou taraudé. *T. rod*, tige filetée, à vis. Flat-threaded screw, vis *f* à filet plat. *See also* SQUARE-THREADED.

threading, *s.* 1. (a) Enfilement *m* (d'une aiguille, etc.). (b) *Cin:* Threading(-up), mise *f* en place (du film). 2. *Tchn:* Filetage *m* (d'une vis, etc.); taraudage *m* (d'un tuyau, etc.).

threadbare ['θredbɛər], *a.* (a) (*Of clothes, etc.*) Râpé, élimé, qui montre la corde; *F:* qui crie misère. (b) *F:* (*Of subject, argument*) Usé (jusqu'à la corde), rebattu; banal, -aux. *T. story*, vieille rengaine. *T. excuses*, excuses usées jusqu'à la corde, cousues de fil blanc. *Joke that has worn t.*, plaisanterie usée jusqu'à la corde.

threadbareness ['θredbɛərnəs], *s.* (a) État râpé, élimé, usé (d'un vêtement, etc.). (b) *F:* Banalité *f*, caractère rebattu (d'un discours, etc.).

threader ['θredər], *s.* 1. Enfileur, -euse (d'aiguilles, etc.). *See also*

NEEDLE-THREADER. 2. (*Bodkin*) Passe-lacet *m*, *pl.* passe-lacets. 3. *Metalw:* = THREAD-CUTTER.

Threadneedle Street ['θredni:dlstri:t]. *Pr.n.* Rue de la Cité de Londres, où se trouve la Banque d'Angleterre. *F:* **The Old Lady of Threadneedle Street**, la Banque d'Angleterre.

threadworm ['θredwə:rm], *s.* 1. *Ann:* Nématode *m*. 2. *Med:* Ascaride *m*, ascaris *m*, trichine *f*. **The threadworms**, les ascaridés *m*.

thready ['θredi], *a.* 1. (*Of substance, root, etc.*) Fibreux, filamenteux; plein de fils. 2. *Med:* (*Of pulse*) Filiforme, aranéen. 3. (*Of voice*) Ténu, flûté.

threat [θret], *s.* Menace *f*. (*a*) **To utter a threat**, proférer une menace. **To carry out a threat**, mettre une menace à exécution. *All threats are not carried out*, *F:* toutes les fois qu'il tonne la foudre ne tombe pas. **To be under the threat of expulsion**, être sous le coup d'un arrêté d'expulsion. **Idle threat**, vaine menace; menace en l'air. *See also* EMPTY[1] 1. (*b*) **There is a threat of rain**, la pluie menace.

threaten ['θret(ə)n], *v.tr.* 1. (*a*) Menacer (qn). *Jur:* Intimider (qn). *He was heard to t. them*, on l'a entendu leur adresser des menaces. **To threaten s.o. with sth.**, menacer qn de qch. *To t. s.o. with legal proceedings*, menacer qn de poursuites judiciaires. *He threatened him with dismissal*, il menaça de le renvoyer. **To be threatened with the law**, être sous le coup de plaintes au parquet. *Race threatened with extinction*, race *f* en passe de disparaître. (*b*) **To threaten to do sth.**, menacer de faire qch. **To threaten proceedings**, menacer de poursuivre. 2. (*a*) *The sky threatens rain, a storm*, le ciel annonce la pluie, l'orage. (*b*) *Abs.* **A storm is threatening**, la tempête (ou l'orage) menace, s'annonce.

threatened, *a.* (*a*) Menacé (*with*, de). *T. with apoplexy*, menacé d'apoplexie. (*b*) *The t. strike did not come off*, cette menace de grève n'aboutit pas.

threatening[1], *a.* (Ton, air) menaçant. **Threatening letter**, lettre *f* de menaces; *Jur:* lettre comminatoire. *Jur:* **Using threatening language**, menaces *f*. **The weather looks threatening**, le temps menace; le temps n'est pas sûr. *To assume a t. attitude*, prendre une attitude combative; *F:* mettre son chapeau de travers. *Let me apprise you of a t. danger*, laissez-moi vous apprendre un danger qui vous menace. *To put a t. tone into one's voice*, grossir sa voix. **-ly**, *adv.* D'une manière menaçante; sur un ton menaçant.

threatening[2], *s.* Menace(s) *f(pl)*. *Jur:* Intimidation *f*.

three [θri:], *num. a.* & *s.* Trois (*m*). *T. weeks*, trois semaines. *Number t.*, le numéro trois. *To fold a sheet of paper in(to) t.*, plier une feuille de papier en trois, en triple. *Dipl:* **Three-sided, three-party, conversations**, conversations *f* tripartites. **Three-power pact**, pacte *m* tripartite; pacte à trois puissances, à trois. **To enter three by three, in threes, by threes**, entrer par trois. *Attacked by forces* **three times as great** *as ours*, attaqués par des forces triples des nôtres, trois fois supérieures aux nôtres. *Ecc:* **The Three Hours' Service**, *F:* **the Three Hours**, l'office du vendredi saint (dans l'église anglicane). (Il dure de midi jusqu'à trois heures de l'après-midi.) *Theol:* **The Three in One**, la Trinité. *Fb:* *F:* **The threes**, les trois-quarts. *See also* BEST[1] 1, R, RULE[1] 1, SHEET[2] 1, TWO, WENT[1]. (*For other phrases see* EIGHT.)

'three-act, *attrib.a.* *Th:* (Pièce *f*) en trois actes.

'three-ball, *attrib.a.* *Golf:* **Three-ball match**, partie *f* à trois balles.

'three-bladed, *a.* (Hélice *f*) tripale.

'three-card, *attrib.a.* **Three-card trick, set**, bonneteau *m*. *To do the t.-c. trick*, faire le coup du bonneteau; *P:* faire les trois brèmes *f*.

'three-cleft, *a.* *Nat.Hist:* Trifide.

'three-colour(ed), *a.* *Phot:* Trichrome, trichromatique. **Three-colour process**, procédé *m* trichrome; la trichromie.

'three-'cornered, *a.* (*Of instrument, table, etc.*) Triangulaire; (*of hat*) à trois cornes, tricorne. **Three-cornered file**, tiers-point *m*, *pl.* tiers-points. *F:* **Three-cornered fight, discussion**, lutte *f*, débat *m*, à trois. *Pol:* *T.-c. fight*, élection *f* triangulaire.

'three-course, *attrib.a.* 1. (Dîner *m*, etc.) à trois services. 2. *Agr:* **Three-course rotation**, assolement triennal.

'three-'decker, *s.* 1. *Nau:* *A:* Trois-ponts *m*. 2. *Min:* **Three-decker (cage)**, cage *f* à trois étages. 3. *F:* *A:* Roman *m* en trois volumes.

'three-di'mensional, *a.* Tridimensionnel; à trois dimensions.

'three-'eight, *a.* *Mus:* **Three-eight time**, trois-huit *m*.

'three-element, 'three-e'lectrode, *attrib.a.* *W.Tel:* (Lampe *f*) triode.

'three-'engined, *a.* *Av:* **Three-engined aeroplane**, avion trimoteur; trimoteur *m*.

'three-'footed, *a.* A trois pieds.

'three-'four, *a.* *Mus:* **Three-four time**, trois-quatre *m*.

'three-'handed, *a.* *Cards:* *etc:* **Three-handed game**, partie *f* à trois.

'three-high, *a.* *Metall:* **Three-high mill**, trio *m*.

'three-'leader, *attrib.a.* *El.E:* (Câble) à trois conducteurs.

'three-'legged, *a.* (Tabouret, etc.) à trois pieds. **Three-legged race**, course *f* à trois pieds.

'three-lens, *attrib.a.* *Opt:* **Three-lens condenser**, condensateur *m* triple.

'three-limb, *attrib.a.* **Three-limb tube**, tube *m* en T.

'three-'masted, *a.* *Nau:* (Vaisseau) à trois mâts.

'three-'master, *s.* *Nau:* Trois-mâts *m*.

'three-'mover, *s.* *Chess:* Problème *m* en trois coups.

'three-pair, *attrib.a.* Au troisième (étage). **Three-pair back**, chambre *f* au troisième donnant sur la cour.

'three-part, *attrib.a.* En trois pièces. *See also* TIME[1] 11.

'three-phase, *attrib.a.* *El.E:* Triphasé. *T.-p. generator*, alternateur triphasé, génératrice triphasée.

'three-piece, *attrib.a.* En trois pièces. (*Ladies'*) **three-piece suit**, trois-pièces *m*. *T.-p. fishing-rod*, canne *f* à pêche à trois brins.

'three-ply, *attrib.a.* 1. **Three-ply wood**, contre-plaqué *m* à trois épaisseurs; bois plaqué triplé. *Mec.E:* **Three-ply belting**, courroies *fpl* à trois plis, à trois épaisseurs. 2. (*Of wool, etc.*) A trois fils, à trois brins; (*of rope*) à trois brins, à trois duites.

'three-point, *attrib.a.* *Mec.E:* **Three-point support**, triangle *m* de sustentation.

three-'pointed, *a.* A trois pointes. *Nat.Hist:* *etc:* Tricuspide.

'three-pole, *attrib.a.* *El.E:* (Interrupteur *m*) tripolaire.

three-'quarter. 1. *Attrib.a.* **Three-quarter-inch nail**, clou *m* de trois quarts de pouce. (**Ladies'**) **three-quarter length coat**, trois-quarts *m*. **Three-quarter face portrait**, portrait *m* de trois quarts. **Three-quarter fiddle**, trois-quarts *m*. *Fb:* **Three-quarter back**, *s.* **three-quarter**, trois-quarts. *See also* BINDING[2] 2. 2. *adv.* **The room was three-quarter full**, la salle était pleine aux trois quarts, aux trois quarts pleine.

'three-'seater, *s.* *Aut:* *etc:* Triplace *m*.

'three-speed, *attrib.a.* A trois vitesses. *A three-speed car*, *F:* une trois vitesses.

'three-square, *a.* Triangulaire. **Three-square file**, tiers-point *m*; lime *f* triangulaire.

'three-storied, *a.* **'three-story**, *attrib.a.* (Maison) à trois étages.

'three-stranded, *a.* (Cordage) à trois cordons; (cordage) en trois.

'three-way, *attrib.a.* (Soupape, robinet, aiguillage, etc.) à trois voies. *El:* (Commutateur, etc.) à trois directions. *See also* SWITCH[1] 2.

'three-wheeled, *a.* A trois roues. **Three-wheeled motor car**, tri-car *m*. **Three-wheeled luggage truck**, tricycle *m* de gare.

'three-wire, *attrib.a.* *El.E:* (*Of system of distribution, etc.*) Trifilaire; à trois fils. **Three-wire aerial**, antenne *f* à trois brins.

threefold ['θri:fould]. 1. *a.* Triple. 2. *adv.* Trois fois autant. **To increase threefold**, tripler.

threepence ['θripəns, 'θre-, 'θrʌ-], *s.* (La somme de) trois pence *m*.

threepenny ['θripəni, 'θre-, 'θrʌ-], *attrib.a.* (Article, etc.) coûtant trois pence, de trois pence. **Threepenny bit**, *s.* *F:* **threepenny**, pièce *f* de trois pence.

threescore ['θri:skɔər], *a.* *A.* & *Lit:* Soixante. **Threescore (years) and ten**, soixante-dix ans.

threesome ['θri:səm], *s.* *Scot:* Danse *f*, etc., à trois personnes. *Golf:* Partie *f* de trois; trois-balles *m*.

threnody ['θri:nodi, 'θre-], *s.* Thrénodie *f*; chant *m* funèbre.

thresh [θreʃ], *v.tr.* 1. *Husb:* Battre, défourrer (le blé). *To t. corn by hand*, battre le blé en grange, sur aire. 2. (*Of ship's screw, of whale's tail, etc.*) **To thresh the water**, battre l'eau.

threshing, *s.* Battage *m* (des blés).

'threshing-floor, *s.* Aire *f*.

'threshing-machine, *s.* Batteuse *f*; machine *f* à battre.

thresher ['θreʃər], *s.* 1. *Husb:* (*a*) Batteur, -euse, en grange. (*b*) (*Machine*) Batteuse. *See also* HARVESTER 2, MOTOR THRESHER, STEAM-THRESHER. 2. *Ich:* Renard marin.

'thresher-whale, *s.* *Z:* Épaulard *m*.

threshold ['θreʃould], *s.* 1. Seuil *m*, pas *m* (d'une porte, etc.). **To cross the threshold**, franchir le seuil. *F:* **To be on the threshold of life**, être au seuil, au début, de la vie. *On the t. of fame*, au seuil de la célébrité. *We were* **at the threshold** *of a new era*, on entrait dans une ère nouvelle. 2. *Ph:* *Physiol:* *etc:* *T. of audibility*, seuil de la perception acoustique. **Stimulus threshold**, seuil de l'excitation (d'un muscle, etc.). *Psy:* **Threshold of consciousness**, seuil de la conscience. (*Of impression, etc.*) **Above the threshold**, supraliminal, -aux. **Below the threshold**, subliminal, -aux. *W.Tel:* **Threshold of oscillation**, limite *f* d'entretien (d'un circuit).

threw [θru:]. *See* THROW[2].

thrice [θrais], *adv.* *A.* & *Lit:* 1. Trois fois. *T. as much*, trois fois autant. *T. as great*, trois fois aussi grand; trois fois plus grand. 2. (*Followed by adj. or p.p., e.g.*) **Thrice-happy isles**, îles bienheureuses. **Thrice-told tale**, histoire rebattue. **Thrice-blest**, trois fois béni.

thridace ['θridəs], *s.* *Pharm:* Thridace *f*.

thrift [θrift], *s.* 1. Économie *f*, épargne *f*. 2. *Bot:* Statice *m*. *Esp.* **Sea-thrift**, armérie *f* maritime, gazon *m* d'Olympe.

thriftiness ['θriftinəs], *s.* Économie *f*; soins ménagers.

thriftless ['θriftləs], *a.* 1. Dépensier, prodigue. 2. Sans soin; imprévoyant; mou, *f.* molle.

thriftlessness ['θriftləsnəs], *s.* 1. Prodigalité *f*; gaspillage *m*. 2. Manque *m* de soin; imprévoyance *f*; mollesse *f* de caractère; incurie *f*.

thrifty ['θrifti], *a.* 1. Économe, ménager, épargnant. 2. *U.S:* = THRIVING. **-ily**, *adv.* 1. Avec économie; avec épargne. *To live t.*, vivre frugalement. 2. *U.S:* = THRIVINGLY.

thrill[1] [θril], *s.* 1. (*a*) Frisson *m*, tressaillement *m*, frémissement *m*. **Thrill of joy**, tressaillement, frisson, de joie. **Thrill of pleasure**, frisson de plaisir. (*b*) (Vive) émotion. *People who can never feel the t. of producing*, gens fermés à l'ivresse de la production. *F:* *The crowd had the thrill of their lives*, la foule était électrisée. *We've had the t. of a lifetime*, jamais nous ne revivrons une heure pareille. **It gave me quite a thrill**, ça m'a fait quelque chose. *To give s.o. new thrills*, apporter des frissons nouveaux à qn. 2. *Med:* Murmure vibrant; frémissement (à l'auscultation). *See also* PURRING[1]. 3. *P:* = THRILLER.

thrill[2]. 1. *v.tr.* (*a*) Faire frissonner, faire frémir (qn). **To be thrilled with horror**, être pénétré d'horreur. **To be thrilled with joy**, frissonner, tressaillir, de joie. (*b*) Faire vibrer les nerfs de la sensibilité à (qn); faire vibrer le cœur de (qn); émouvoir, empoigner (qn); *Journ:* émotionner (qn); *F:* électriser (son auditoire). *Music that thrills one*, musique *f* qui vous empoigne. *Scents that t. the senses*, parfums *m* qui troublent les sens. *Her* *proximity thrilled him*, son voisinage le troublait profondément. *The news thrilled us*, la nouvelle nous fit battre le cœur. *To be thrilled by a speech*, être électrisé par un discours. *To be thrilled at the sight of sth.*, ressentir une vive émotion à la vue de qch. *We were thrilled through and through at the sight*, ce spectacle nous a profondément émus. **2.** *v.i.* (*a*) Tressaillir, frissonner, frémir. **To thrill with fear,** frémir, tressaillir, de crainte. *We thrilled at the news*, la nouvelle nous fit battre le cœur. (*b*) **Joy thrilled through his heart,** la joie vibrait dans son cœur, le pénétrait jusqu'au cœur.

thrilling, *a.* (Spectacle, discours, etc.) empoignant, qui vous empoigne, poignant, émouvant, saisissant, angoissant, *Journ:* émotionnant; (voyage, etc.) mouvementé, fertile en émotions; (roman, etc.) sensationnel, passionnant, à sensation, palpitant (d'intérêt). *Rac:* **Thrilling finish,** arrivée palpitante. **-ly,** *adv.* D'une façon émouvante.

thriller ['θrilər], *s. P:* Roman sensationnel; pièce *f* mélodramatique, à gros effets; drame corsé; histoire *f* terrible.

thrillful ['θrilful], *a. F:* = THRILLING.

thrips [θrips], *s. Ent:* Thrips *m.*

thrive [θraːiv], *v.i.* (*p.t.* **throve** [θrouv], **thrived;** *p.p.* **thriven** ['θriv(ə)n], **thrived**) (*a*) (*Of child, plant*) Se (bien) développer; profiter; (*of plant, animal*) réussir, bien venir; *F:* (*of child*) enforcir; (*of adult*) se bien porter; (*of business, etc.*) bien marcher; bien aller. **Children who thrive on milk,** enfants *mf* à qui le lait profite bien, à qui le lait réussit. *Plant that thrives in all soils*, plante *f* qui s'accommode de tous les sols, qui aime, qui se plaît à, tous les sols. *Plant that does not t. in this climate*, plante qui se déplaît, qui vient mal, sous ce climat. *He thrives on it*, il s'en trouve bien. *He thrives on fighting*, la paix ne lui vaut rien. *See also* ILL-THRIVEN. (*b*) (*Of pers.*) Prospérer; *F:* faire ses choux gras (*on sth.*, de qch.). *To t. on other people's misfortunes*, s'engraisser des misères d'autrui.

thriving[1], *a.* (*Of pers., plant, etc.*) Vigoureux; (*of tree, herd, etc.*) bien venant; (*of pers., business*) prospère, florissant. **-ly,** *adv.* D'une façon florissante.

thriving[2], *s.* Bien-être *m*, prospérité *f* (d'une personne); état vigoureux (d'une plante, etc.).

thro' [θruː], *prep.* = THROUGH.

throat [θrout], *s.* **I.** (*a*) *Anat:* Gorge *f.* **To grip, pin, s.o. by the throat,** prendre, empoigner, qn à la gorge; serrer la gorge à qn. **He had me by the throat,** il me tenait par la gorge; il me serrait la gorge. **To yield with the knife at one's throat,** céder le couteau sur la gorge. **To cut s.o.'s throat,** couper la gorge à qn; égorger qn. *F:* **He is cutting his own throat,** il se perd lui-même; il travaille à sa propre ruine. **We need not cut each other's throats,** mieux vaut ne pas nous faire une concurrence désastreuse. (*b*) (*Gullet*) Gorge, gosier *m*. *To have a fish-bone in one's t.*, avoir une arête dans le gosier. **To pronounce the r from the throat,** prononcer l'r de la gorge. **The back of the throat,** le fond de la gorge. **Sore throat,** mal *m* de gorge. *I have a sore t.*, j'ai mal à la gorge; j'ai un mal de gorge. **Clergyman's sore throat,** pharyngite *f* chronique. **To clear one's throat,** s'éclaircir le gosier, la voix; se racler la gorge; tousser un coup. **Smell that catches one's throat,** odeur *f* qui vous prend à la gorge. **To give s.o. the lie in his throat,** donner à qn un démenti en plein visage, un démenti formel. *A. & Lit:* **He lies in his throat!** il en a menti par la gorge! *F:* **To moisten one's throat,** s'humecter le gosier; *P:* se rincer la dalle. **To thrust sth. down s.o.'s throat,** imposer une opinion à qn. *See also* FROG[1] 3, JUMP[2] I. 1, LUMP[1] 1, STICK[2] II. 3. **2.** (*a*) Rétrécissement *m*, gorge (dans un cours d'eau, etc.). (*b*) *Nau:* (i) Collet *m* (d'ancre). (ii) Empointure *f* (de chute avant de voile goélette). (iii) Mâchoire *f* (de corne). (*c*) *Tls:* Portée *f* (d'une poinçonneuse). **3.** (*a*) *Geol:* Cheminée *f* (de volcan). (*b*) *Metall:* Gueulard *m* (de haut fourneau). (*c*) *Tls:* Lumière *f* (de rabot).

'throat-band, -lash, -latch, *s. Harn:* Sous-gorge *f.*

'throat-piece, *s.* **I.** *Archeol:* Gorgerin *m.* **2.** Cœur *m* (de raquette de tennis).

'throat-protector, *s. Fenc:* Bavette *f* (d'un masque d'escrime).

'throat-register, *s.* Registre le plus bas de la voix.

'throat-sprayer, *s. Med:* Insufflateur *m*, pulvérisateur *m.*

'throat-wash, *s.* Gargarisme *m.*

-throated ['θroutid], *a.* (*With adj. prefixed, e.g.*) **Red-throated, white-throated,** à la gorge rouge, blanche.

throatiness ['θroutinəs], *s.* Qualité gutturale (de la voix).

throating ['θroutiŋ], *s.* Rainure *f*, cannelure *f*, gorge *f.*

throatwort ['θroutwəːrt], *s. Bot:* (Campanule *f*) gantelée *f*; gant *m* de bergère, de Notre-Dame; ganteline *f.*

throaty ['θrouti], *a.* (*Of voice*) D'arrière-gorge; guttural, -aux. **-ily,** *adv.* Gutturalement.

throb[1] [θrɔb], *s.* Palpitation *f*, pulsation *f*, battement *m* (du pouls, du cœur, etc.); vrombissement *m* (d'une machine, etc.). **His heart gave a throb,** il eut un battement de cœur.

throb[2], *v.i.* (**throbbed; throbbing**) (*a*) (*Of pulse, heart, etc.*) Battre fort, palpiter; (*of engine, etc.*) (i) galoper, battre; (ii) vrombir. **My temples throbbed with fever,** mes tempes *f* battaient la fièvre. *His heart was throbbing violently*, son cœur battait à se rompre. **His heart throbbed with joy,** son cœur tressaillit de joie. (*b*) **My finger is throbbing,** mon doigt lancine; le doigt m'élance.

throbbing[1], *a.* (*Of heart, etc.*) Palpitant, qui bat fort; (*of pulse*) vibrant; (*of engine*) vrombissant. **Throbbing pain,** douleur lancinante, pulsative; élancement *m*. **Throbbing sound of machines,** bruit ronflant des machines. **Throbbing centre of industry,** centre frémissant d'industrie. *City t. with business activity*, cité palpitante d'activité commerciale.

throbbing[2], *s.* (*a*) Battement *m*, palpitation *f*, pulsation *f* (du cœur, etc.); battement, vibration *f*, trépignement *m*, ronflement *m* (d'une machine, etc.); vrombissement *m* (d'une machine). (*b*) Lancination *f*, élancement *m*, lancées *fpl* (d'un panaris, etc.).

throes [θrouz], *s.pl.* Douleurs *fpl*, angoisse *f*, agonie *f*. **The throes of child-birth,** les douleurs de l'enfantement. *In the throes of child-birth*, en mal d'enfant; en travail. **The throes of death,** les affres *f* de la mort; l'agonie. *To be in the throes of sea-sickness*, être en butte aux affres du mal de mer. *F: In the throes of authorship*, en train d'accoucher (d'une œuvre littéraire). *England was in the throes of a general election*, l'Angleterre était au beau milieu d'une élection. *We are in the throes of moving house*, nous sommes en plein déménagement. *The throes of nature*, les convulsions *f* de la nature.

Throgmorton Street ['θrɔgmɔːrt(ə)nstriːt]. *Pr.n.* Rue de Londres qui est le centre des affaires de Bourse.

thrombin ['θrɔmbin], *s. Physiol: Ch:* Fibrin-ferment *m.*

thrombosis [θrɔm'bousis], *s. Med:* Thrombose *f.*

thrombus ['θrɔmbəs], *s. Med:* Thrombus *m*; caillot sanguin.

throne[1] [θroun], *s.* **I.** Trône (royal ou épiscopal). **To come to the throne; to ascend, mount, the throne,** venir au trône; monter sur le trône. **To seat, instal, put, s.o. on the throne,** mettre qn sur le trône. **To cast a king from his throne,** renverser un roi de son trône. **He is the real power behind the throne,** *F:* c'est lui l'Éminence grise. *See also* SPEECH 4. **2.** *Theol:* (*Angelic order*) **The Thrones,** les Trônes.

throne[2]. **I.** *v.tr.* = ENTHRONE. **2.** *v.i. F:* **To throne (it), trôner.**

throned, *a.* (Assis) sur le trône.

throng[1] [θrɔŋ], *s.* **I.** (*a*) Foule *f*, affluence *f*, multitude *f*, presse *f*. (*b*) Cohue *f*. **2.** *A. & Dial:* **The throng of business,** la presse des affaires.

throng[2]. **I.** *v.i.* S'assembler en foule; affluer (à, dans, un endroit). **To throng round s.o.,** assiéger qn; se presser autour de qn; faire foule autour de qn. **To throng to a play,** accourir, se rendre, en foule à un spectacle. *They thronged into the square*, ils arrivèrent en foule sur la place. *People t. to her at-homes*, on se presse à ses jours de réception. **2.** *v.tr.* Encombrer, emplir, remplir (les rues, etc.). *The news had thronged the streets with people*, la nouvelle avait rempli les rues.

thronged, *a.* (*Of crowd, etc.*) Serré, compact; (*of street, etc.*) plein de gens; (*of hall, etc.*) comble, bondé; (*of entrance*) encombré par la foule. **Everywhere was thronged,** la foule se pressait partout. *The streets were t. with people*, la foule emplissait les rues; les rues étaient bondées de monde; tout le monde était descendu dans la rue.

thronging, *a.* (*Of crowd, etc.*) Serré, compact.

throng[3], *a. Scot:* (*a*) (*Of pers.*) Très occupé. (*b*) **The throng hours,** les heures *f* de presse, de pointe. *The t. season*, la pleine saison.

throstle [θrɔsl], *s.* **I.** *Orn: Lit. & Dial:* Grive chanteuse; *F:* calandrette *f*. **2.** *Tex:* **Throstle(-frame),** métier continu.

throttle[1] [θrɔtl], *s.* **I.** *F:* Gosier *m.* **2.** **Throttle(-valve),** soupape *f* de réglage; obturateur régulateur. (*a*) *Mch:* Registre *m* de vapeur; prise *f* de vapeur; robinet modérateur. (*b*) *I.C.E:* **Air throttle,** étrangleur *m*; obturateur d'air. **Mixture throttle,** papillon *m*, volet *m*, de commande des gaz; papillon-valve *m* (du carburateur). **To open out the throttle,** mettre, ouvrir, les gaz. **To drive on full throttle, to give full throttle,** marcher à pleins gaz. *With the t. full open*, à pleins gaz, à pleine admission.

'throttle-chamber, *s. I.C.E:* Boisseau *m* (d'étranglement).

'throttle-control, -lever, *s. I.C.E:* Manette *f* (de commande) des gaz; contrôleur *m* de marche; *Mch:* levier *m* de papillon.

'throttle-controlled, *a. Mch:* A obturation.

throttle[2], *v.tr.* **I.** (*a*) Étrangler, juguler (qn); serrer (qn) à la gorge; *P:* serrer le quiqui, le kiki, à (qn). (*b*) **To throttle an offensive,** juguler une offensive. **2.** *Mch: I.C.E:* Étrangler (la vapeur, le moteur). *Abs.* **To throttle down,** mettre la machine, le moteur, au ralenti; *I.C.E:* fermer le(s) gaz. *Running throttled down*, marche *f* au ralenti. *Throttled-down engine*, moteur au ralenti.

throttling, *s.* **I.** Étranglement *m*, *Jur:* strangulation *f* (de qn). **2.** *Mch: I.C.E:* Étranglement (de l'admission, etc.); *Mch:* manœuvre *f* du registre.

through [θruː]. I. *prep.* **I.** (*a*) A travers; par; d'un côté à l'autre de (qch.); d'un bout à l'autre de (qch.). *Path t. the fields*, sentier *m* à travers (les) champs. *T. a hedge*, au travers d'une haie. *A narrow path leads t. the forest*, un chemin étroit traverse la forêt. *I am on my way t. Paris*, je suis de passage à Paris. *To pass t. the town*, passer par, traverser, la ville. *I ran my sword t. his body*, je lui passai mon épée à travers le corps. *To look t. the window*, regarder par la fenêtre. *To look t. a telescope*, regarder dans un télescope. *To draw a tangent t. a point*, mener une tangente par un point. *To put one's pen t. a paragraph*, croiser, biffer, un alinéa. **To come, go, through sth.,** traverser qch. *F:* **To go through s.o.'s pockets,** fouiller qn. *To cycle, drive, ride, t. a forest*, traverser une forêt à bicyclette, en auto, à cheval. *To go t. many dangers*, traverser bien des dangers. *He went t. the battle without a scratch*, il est sorti de la bataille sans une égratignure. *F:* **He's been through it,** il en a vu de dures; il a mangé de la vache enragée. *To run* **right through** *the town*, traverser la ville d'un bout à l'autre. **To speak through one's nose,** parler du nez. *To sleep t. a thunder-storm*, dormir à poings fermés pendant toute la durée d'un orage. **He is through his examination,** il a été reçu à son examen. *F:* **To put s.o. through it,** faire subir à qn un interrogatoire très serré. *See also* PUT[2] I. 5. **I am half through this book,** j'ai lu la moitié de ce livre. **I have got through this book,** j'ai fini ce livre. *U.S: When I am t. my work*, quand j'ai fini mon travail. (*b*) (*In expressions of time*) Pendant, durant. **All through his life,** sa vie durant. *I never slept* **all through the night, the whole night through,** je n'ai pas dormi de la nuit. *To sleep all t. the winter*, **the whole winter through,** dormir pendant tout l'hiver. **To sleep the night through,** *F:* faire la nuit tout d'un somme. *She is at the beck and call of her employer* **the day through,** elle est aux ordres du patron le jour durant. **Through all ages,** à travers les âges. **2. Through s.o.,** par qn; par l'entremise, l'intermédiaire, de qn. *To receive sth. t. s.o.,* recevoir qch. par l'intermédiaire de qn. **To send sth. through the post,** envoyer qch. par la poste. *I bought it t. my agent,* je l'ai acheté par l'entremise de mon homme d'affaires. *I heard of it t. a newspaper,* je l'ai appris par l'intermédiaire d'un journal. **Through a fortunate speculation . . .,** par, grâce à, un heureux coup de bourse. . . . *He sees only t. your eyes,* il ne voit que par vos yeux. **3.** (*a*) En conséquence de, par suite de, à cause de, par (qch.). **Through ignorance,** par ignorance. **Absent through illness,** absent par suite de maladie. **To act through fear,** agir sous le coup de la peur. *I recognized him t. having seen him act,* je l'ai reconnu pour l'avoir vu sur la scène. *See also* MISUNDERSTANDING 1. (*b*) Par l'action de (qn, qch.). **It all happened through him,** il est cause de tout. **It is (all) through me** *that he lost his train,* c'est à cause de moi qu'il a manqué son train; c'est (entièrement) de ma faute s'il a manqué son train. *T. so much work you become exhausted,* à force de travailler on s'épuise.

II. **through,** *adv.* **1.** (*a*) A travers. *To drive a nail t.,* enfoncer un clou jusqu'à l'autre côté. *The water poured t.,* l'eau coulait à travers. **To let s.o. through,** laisser passer qn. *I got it t.,* je l'ai fait passer. **Is your brother through?** est-ce que votre frère a été admis, reçu (à son examen)? *Yes,* **they let him through,** oui, il a passé tout juste. **His trousers are through at the knees,** son pantalon est percé aux genoux. (*b*) **Through (and through),** de bout en bout; d'outre en outre; de part en part. **To run s.o. through** (*with one's sword, etc.*), transpercer qn (de part en part). **I know Paris through and through,** je connais Paris de bout en bout, comme (le fond de) ma poche. *To get warm t. and t.,* se pénétrer de chaleur. *See also* WET[1] 1. (*c*) D'un bout à l'autre; jusqu'au bout; jusqu'à la fin. **To read a book through,** lire un livre jusqu'au bout, d'un bout à l'autre, en entier. **To hear s.o., a concert, through,** écouter, entendre, qn, un concert, jusqu'au bout. **To see, carry, sth. through,** mener qch. à bonne fin. **The lesson is half through,** la leçon est à moitié finie. *We must go t. with it,* il faut aller jusqu'au bout. *F:* **To be through with sth.,** (i) avoir fini qch.; (ii) en avoir (eu) assez. *Are you t. with your work?* avez-vous fini votre travail? **I am through with you,** j'en ai fini avec vous; c'est fini entre nous. *He will sing another tune when I'm t. with him,* il changera de ton quand je lui aurai réglé son compte. *U.S:* **I'm through,** j'ai fini (de parler, mon travail, etc.). *See also* SEE THROUGH 2. **2.** (*a*) Directement. **The train runs through to Paris,** le train va directement à Paris. **To book through to Paris,** prendre son billet directement, prendre un billet direct, pour Paris. *To book the luggage t. to Rome,* enregistrer les bagages directement pour Rome. (*b*) *Tp:* **To get through to s.o.,** obtenir la communication avec qn. *I'm putting you t. to the secretary,* je vous passe le secrétaire. **You are through,** vous êtes en communication; vous avez la communication.

III. **through,** *attrib.a.* **1.** *Tchn:* (*a*) (*Of shaft, stay-rod, etc.*) Traversant; (*of mortise, etc.*) passant. (*b*) **Through bridge,** pont *m* à tablier inférieur. **2.** (*Of train, road, ticket, etc.*) Direct. *Rail:* **Through carriage for . . .,** voiture directe pour. . . . *T. connections,* relations directes. *T. passenger to Paris,* voyageur, -euse, direct(e) pour Paris. **Through traffic,** transit *m.* *Rail:* **Through waggon,** wagon *m* de groupage. *Nau:* **Through bill of lading,** connaissement direct. *See also* STATION[1] 3. **3.** *Min:* **Through(-and-through) coal,** tout-venant *m.* **-ly,** *adv.* *A:* = THOROUGHLY.

'through-bar, *s. Mec.E: etc:* Entretoise *f*; barre *f* d'assemblage.

'through-bolt, *s.* Boulon *m* libre, à vis; boulon traversant.

'through-communi'cation, *s. Rail:* Intercommunication *f*, intercirculation *f* (entre wagons).

'through-other, *a. Scot:* (*Of pers.*) Écervelé; brouillon, -onne; (*of thgs*) en désordre.

'through-stone, *s. Const:* Parpaing *m.*

throughout [θru'aut]. **1.** *prep.* (*a*) **Throughout the country,** d'un bout à l'autre du pays; dans tout le pays; partout dans le pays. *T. France,* partout en France. (*b*) (*Time*) **Throughout the year,** pendant toute l'année. *T. his life,* toute sa vie durant. **2.** *adv.* (*a*) Partout. *House with electric light t.,* maison *f* avec lumière électrique dans toutes les pièces. *Leather-lined t.,* doublé entièrement en peau. *To be wrong t.,* avoir tort sur tous les points, à tous egards. (*b*) (*Time*) Tout le temps. *To-day has been fine t.,* aujourd'hui il a fait beau du matin au soir.

throve [θro:uv]. *See* THRIVE.

throw[1] [θrou], *s.* **1.** (*a*) Jet *m*, lancement *m*, lancée *f*, lancer *m* (de qch.). *T. of a fishing-net,* lancer, jet, d'un filet. **Throw of dice,** coup *m* de dés. (*At dice*) **It is your throw,** à vous le dé; à vous de jouer. (*b*) Distance (à laquelle on lance un objet). *Long t.,* jet d'une longue portée. *See also* STONE'S THROW. (*c*) *Cr:* Balle lancée en pliant le bras (balle nulle). (*d*) *Wr:* Mise *f* à terre (de l'adversaire). **2.** *Geol: Min:* Rejet *m*, cran *m*, accident *m* (dans une stratification, dans une couche de houille). **3.** *Mec.E:* (*a*) **Throw of the governor,** déviation *f*, écart *m*, du régulateur. **Throw of the eccentric,** rayon *m* d'excentricité; course *f* de l'excentrique. *Mch:* **Throw of the piston,** course, volée *f*, du piston. (*b*) Bras *m* de manivelle; *I.C.E:* maneton *m* (de vilebrequin). **Single-throw crank-shaft,** arbre *m* à un seul coude, à une seule manivelle. **Two-throw crank-shaft,** arbre à deux coudes, à deux manivelles.

'throw-crank, *s. Mec.E:* Arbre ou vilebrequin coudé, à manetons.

'throw-lathe, *s. Mec.E:* Tour *m* à main.

'throw-stick, *s.* = THROWING-STICK.

'throw-wheel, *s. Mec.E:* Roue *f* de tour à main.

throw[2], *v.tr.* (*p.t.* **threw** [θru:]; *p.p.* **thrown** [θroun]) **1.** (*a*) Jeter, lancer (une balle, etc.). *Abs.* **He can throw a hundred yards,** il est capable de lancer à cent mètres. **To throw s.o. the ball, to throw the ball to s.o.,** jeter la balle à qn. *Cr:* **To throw the ball,** lancer la balle comme une pierre, en se servant du coude (balle nulle). **To throw s.o. a kiss,** envoyer un baiser à qn. **To throw the dice,** jeter les dés. *Gaming:* **To throw a five, a six,** amener cinq, six. **To throw a (fishing-)line,** jeter une ligne de pêche. *F:* **To throw a good line,** être habile à la pêche; être bon pêcheur. **To throw stones at s.o., at a dog,** lancer, jeter, des pierres sur qn, à qn, à un chien. *See also* GLASS[1] 14, STONE[1] 1. **To throw a glance at s.o.,** jeter un coup d'œil à, sur, qn. *To t. sth. out of the window,* jeter qch. par la fenêtre. *To t. oneself into the river,* se jeter dans la rivière. **To throw oneself forwards, backwards,** se jeter en avant; se rejeter en arrière. *To t. a pail of water over s.o.,* jeter un seau d'eau sur qn; *F:* coiffer qn d'un seau d'eau. **To throw difficulties in the way of sth.,** apporter des difficultés à qch.; *F:* mettre des bâtons dans les roues. **To throw temptation in s.o.'s way,** exposer qn à la tentation. **To throw the blame, the responsibility, on s.o.,** rejeter la faute, la responsabilité, sur qn. *See also* MONEY 1, MUD 1, PROPRIETY 2, WATER[1] 1. (*b*) **To throw a bridge over, across, a river,** jeter, lancer, un pont sur une rivière. **To throw a sheet over sth.,** couvrir qch. d'un drap. *To t. a wrap over one's shoulders,* jeter un manteau sur ses épaules. **To throw s.o. into prison,** jeter, mettre, qn en prison. **To throw a division against the enemy,** lancer une division contre l'ennemi. **To throw oneself into the fray,** s'élancer à l'assaut, dans la mêlée. *F:* **To throw oneself at s.o.'s head,** se jeter à la tête de qn. **To throw oneself on s.o.'s generosity,** s'en remettre à la générosité de qn. **To be thrown upon one's own resources,** n'avoir plus à compter que sur soi-même. **To be thrown upon the parish,** tomber à la charge de la paroisse. *I was thrown by accident into their company,* je suis tombé par hasard dans leur société. **To throw s.o., an army, into confusion,** jeter qn dans l'embarras; jeter le désordre dans une armée. **To throw s.o. into a fever,** donner la fièvre à qn. **To throw a tale into verse,** mettre un conte en vers; versifier un conte. **To throw two rooms into one,** de deux pièces n'en faire qu'une. **To throw open the door,** ouvrir la porte toute grande; ouvrir vivement la porte. **To throw open one's house to s.o.,** ouvrir sa maison à qn. *To t. a castle open to the public,* donner au public le droit d'entrer dans un château. *Six hundred men were thrown idle,* six cents hommes furent réduits au chômage, furent privés de travail. *See also* CHEST 2, EMPLOYMENT 2, ENERGY 1, GEAR[1] 3, SOUL 1, WORK[1] 4. **2.** (*a*) Projeter (de l'eau, de l'huile, des éclaboussures). (*b*) **To throw a picture on the screen,** projeter une image sur l'écran. *To t. one's shadow, a beam of light, on the pavement,* projeter son ombre, un rayon de lumière, sur le pavé. **To throw light on the matter,** jeter de la lumière sur la question. **To throw a lustre over sth.,** ajouter du lustre à qch. *See also* GLOOM[1] 2, LIGHT[1] 1 (*d*). **3.** *F:* **To throw a fit,** tomber en convulsions; piquer une attaque de nerfs. *U.S:* **To throw a party,** donner une petite fête intime. *See also* SOMERSAULT[1]. **4.** (*a*) *Wr:* **To throw an opponent,** terrasser, renverser, *F:* tomber, un adversaire. (*b*) (*Of horse*) **To throw its rider,** désarçonner, démonter, son cavalier. (*Of rider*) **To be thrown,** vider les arçons; être désarçonné. **5.** (*Of snake, etc.*) **To throw its skin,** se dépouiller de sa peau; muer. (*Of bird*) **To throw its feathers,** muer. **6.** (*Of animals*) Mettre bas (des petits). *Abs. Breed:* **To throw true (to type),** mettre bas des petits qui suivent un type invariable. **7.** (*a*) *Cer:* Tournasser, tourner (un pot). (*b*) *Tex:* Jeter, organsiner, mouliner, tordre (la soie). **8.** *U.S: F:* **To throw a fight, a race,** perdre un assaut de boxe, une course, avec intention, après entente.

throw about, *v.tr.* **1.** Jeter (des objets) çà et là, un peu partout; éparpiller, disséminer (des objets). **To throw one's money about,** dépenser largement, à pleines mains; gaspiller son argent. **2.** (*a*) **To throw one's arms about,** faire de grands gestes. **To throw oneself about,** se démener. *See also* WEIGHT[1] 1. (*b*) **To be thrown about,** être ballotté ou cahoté.

throwing about, *s.* Éparpillement *m*, dissémination *f*; gaspillage *m* (de son argent).

throw aside, *v.tr.* Jeter (qch.) de côté; écarter (qch.).

throwing aside, *s.* Écartement *m.*

throw away, *v.tr.* **1.** (*a*) Jeter (son cigare, etc.); rejeter (qch.); mettre (qch.) au rebut. (*b*) *Cards:* **To throw away a card,** se défausser d'une carte; écarter une carte. (*c*) *Mil:* **To throw away one's arms,** abandonner ses armes. **2.** Donner (qch.) inutilement; gaspiller. *A kind act is never thrown away,* une bonne action n'est jamais perdue. *The lesson will be thrown away on them,* ils ne sauront pas profiter de la leçon. **To throw away a chance,** laisser passer une occasion; ne pas profiter de l'occasion. *He has thrown away his chances,* il n'a pas su profiter des occasions qui se sont offertes. **To throw away one's life,** se sacrifier inutilement. *My advice was thrown away,* mes conseils n'eurent aucun effet. *Don't say any more to him,* **it's throwing words away,** ne lui en dites pas davantage, ce sont des paroles perdues. (*Of girl*) **To throw herself away,** se marier avec un homme indigne d'elle. *She's thrown away on him,* il n'est pas digne d'elle. *See also* MONEY 1.

throwing away, *s.* **1.** (*a*) Mise *f* au rebut (de qch.); abandon *m* (de ses armes, etc.). (*b*) *Cards:* Écart *m.* **2.** Perte *f* (d'une occasion); gaspillage *m* (de paroles, de temps, etc.).

throw back. **1.** *v.tr.* (*a*) Rejeter (un poisson dans l'eau, etc.); renvoyer, relancer (une balle, etc.); (*of mirror*) refléter, réfléchir, renvoyer (l'image, etc.); réverbérer (la lumière, la chaleur). (*b*) Repousser (les volets, etc.). *To t. back one's hat,* rejeter son chapeau en arrière. *To t. back one's shoulders,* effacer les épaules. (*c*) Retarder (un travail, etc.). *This would t. me back,* cela me retarderait dans mon travail. (*d*) **To be thrown back upon s.o., sth.,** être forcé de se rabattre sur qn, qch. (*e*) *Their daughter has been thrown back upon them,* leur fille leur est retombée sur les bras. **2.** *v.i. Biol:* (*Of breed, specimen*) Retourner à un type antérieur, à un type primitif.

'throw-back, *s.* **1.** Mouvement *m* en arrière (de la tête, etc.); effacement *m* (des épaules). **2.** Recul *m* (dans le progrès); échec *m*, déconvenue *f*. **3.** *Biol:* Régression *f*; retour *m* atavique.

throwing back, *s.* **1.** (*a*) Renvoi *m* (d'une balle, etc.); réflexion *f* (d'une image); réverbération *f* (de la lumière, de la chaleur). (*b*) Retardement *m* (d'un travail, etc.). **2.** *Biol:* Régression *f*; retour *m* atavique; atavisme *m*.

throw down, *v.tr.* **1.** (*a*) Jeter (qch.) de haut en bas. *They threw down stones on the besiegers,* ils laissaient tomber, faisaient tomber, jetaient, des pierres sur les assiégeants. (*b*) Jeter (qch.) à terre ou par terre; abattre (ses cartes, etc.). **To throw oneself down,** se jeter sur le sol; se jeter à plat ventre. (*c*) **To throw down one's arms,** (i) abandonner ses armes; (ii) se rendre. *Ind:* **To throw down one's tools,** se mettre en grève. (*Of barrister*) **To throw down one's brief,** abandonner la cause. (*d*) Démolir, abattre (les murs d'une ville, etc.); abattre (un arbre). **2.** *Ch: etc:* Déposer, précipiter (un sédiment). *River that throws down mud,* rivière *f* qui dépose de la vase. **3.** *U.S: F:* Rejeter, repousser (un projet, etc.); déjouer (les plans de qn); contrecarrer (qn).

throwing down, *s.* **1.** (*a*) Action *f* de faire tomber ou de laisser tomber (qch.) par terre ou à terre. (*b*) Abandon *m*, abandonnement *m* (de ses armes); renoncement *m* (à un projet). (*c*) Démolition *f*, abattage *m* (d'un mur, etc.). **2.** Dépôt *m* (de sédiment).

throw in, *v.tr.* **1.** Jeter (qn, qch.) dedans. *When the children are afraid to dive, they are thrown in,* quand les enfants hésitent à piquer une tête, on les jette à l'eau. **2.** (*a*) Ajouter (qch.); donner (qch.) par-dessus le marché. *The butcher always throws in a bone for the dog,* le boucher ajoute toujours un os pour le chien. (*b*) Intercaler, introduire (une observation, un mot); placer (un mot). **3.** **To throw in one's lot with s.o.,** *abs. U.S:* **to throw in with s.o.,** partager le sort, la fortune, de qn; unir sa destinée à celle de qn; s'attacher à la fortune de qn. **4.** (*a*) **To throw in one's hand, one's cards,** abandonner, quitter, la partie; s'avouer vaincu; y renoncer. *Box:* **To throw in the towel,** jeter l'éponge. *See also* SPONGE[1] 1. (*b*) *Abs. Fb:* **To throw in,** remettre en touche.

'throw-in, *s. Fb:* Remise *f* en jeu, en touche; rentrée *f* en touche.

throw off, *v.tr.* **1.** (*Adv. use*) (*a*) Jeter, rendre (de la vapeur, etc.). *The water thrown off by the centrifugal movement,* l'eau qui est projetée par le mouvement centrifuge. *Ap:* (*Of bees*) **To throw off a swarm,** jeter un essaim. (*b*) Enlever, ôter, quitter (ses vêtements); se débarrasser, se défaire, de (qn, qch.); abandonner (un déguisement, etc.); jeter (le masque); se dépouiller de (toute haine, etc.). *To t. off a bad habit,* se défaire d'une mauvaise habitude. *He can never t. off a certain stiffness of manner,* il ne se départit jamais d'une certaine raideur. *See also* SIGNAL[1] 2, YOKE[1] 1. (*c*) Composer (une épigramme, etc.) au pied levé. *To t. off a paradox,* émettre un paradoxe inattendu. (*d*) (i) *Ven:* Lancer (les chiens). (ii) *F:* Commencer, débuter. **2.** (*Prep. use*) (*a*) *To t. s.o. off his bicycle,* jeter qn à bas de sa bicyclette. **To throw a train off the rails,** faire dérailler un train. (*b*) **To throw the dogs off the scent,** mettre en défaut, dépister, les chiens. *See also* GUARD[1] 1.

'throw-off, *s.* **1.** (*a*) *Ven:* Lancé *m* (des chiens). (*b*) *F:* Commencement *m*; mise *f* en train. **2.** *Hort:* Rejeton *m*. **3.** *Mec.E:* Dispositif *m* de déclenchement, d'arrêt.

throw on, *v.tr.* **1.** Mettre, passer, (ses vêtements) à la hâte. **2.** *Ven:* Mettre (les chiens) sur la voie.

throw out, *v.tr.* **1.** Jeter (qn, qch.) dehors; expulser (qn). **2.** (*a*) Jeter, répandre, émettre (des rayons, de la chaleur, etc.); répandre (une odeur). (*b*) **To throw out roots in all directions,** jeter, pousser, des racines dans tous les sens. **3.** (*a*) Rejeter, repousser (un projet de loi, etc.); écarter (des articles défectueux, etc.). *Cards: To t. out a card,* se défausser d'une carte. *Jur:* **To throw out a bill,** rendre une ordonnance de non-lieu. (*b*) *Aut:* **To throw out the clutch,** désaccoupler l'embrayage; débrayer. **4.** (*a*) Construire en saillie (l'aile d'une maison, une jetée, etc.). (*b*) **To throw out one's chest,** bomber la poitrine; se cambrer; cambrer la taille. (*c*) *Mil:* **To throw out skirmishers,** envoyer des tirailleurs en avant. (*d*) Faire ressortir (qch.). *The sky throws out the peak in bold relief,* le ciel fait ressortir le pic en puissant relief. **5.** Lancer, laisser entendre (des insinuations, etc.). **To throw out a challenge,** lancer un défi. *To t. out a suggestion,* émettre une proposition sans insister; risquer un conseil. *See also* HINT[1] 1. **6.** (*a*) Troubler, déconcerter (un orateur, etc.). *You have thrown him out,* vous lui avez fait perdre le fil de ses idées. (*b*) **To throw s.o. out in his calculations,** tromper les calculs, l'attente, de qn.

'throw-out, *s.* **1.** *pl. Com:* **Throw-outs,** écarts *m*, rebuts *m*; articles défectueux; pièces *f* de rebut. **2.** (*a*) *Mec.E:* Débrayage *m* automatique. (*b*) *El.E:* Interrupteur *m* automatique, disjoncteur *m* automatique.

throwing out, *s.* **1.** Jet *m*, émission *f* (de rayons, de chaleur, etc.). **2.** Rejet *m* (d'un projet de loi, etc.); mise *f* à l'écart (d'articles défectueux, etc.). **3.** (*a*) Construction *f* en saillie (de l'aile d'une maison, d'une jetée, etc.). (*b*) Mise en relief. **4.** Lancement *m* (d'un défi).

throw over, *v.tr.* **1.** Abandonner (ses confédérés, un ami, etc.); *F:* plaquer (un amant, etc.). **2.** *Mec.E:* Renverser (un levier). *See also* POINT[1] II. 4.

'throw-over, *attrib.a. Mec.E:* **Throw-over gear,** (train) baladeur *m*. *El:* **Throw-over switch,** inverseur *m* (du courant). *See also* PLOUGH[1] 1.

throwing over, *s.* Abandon *m* (de son parti, d'un ami); *F:* plaquage *m* (d'un amant).

throw together, *v.tr.* **1.** Assembler (qch.) à la hâte. *His novels are thrown together,* ses romans sont écrits par-dessous la jambe, à la six-quatre-deux. **2.** Amener (des gens) à être ensemble, à se trouver en commun. *Chance had thrown us together,* le hasard nous avait réunis.

throw up, *v.tr.* **1.** Jeter (qch.) en l'air. *See also* SPONGE[1] 1. **2.** Vomir, rejeter, rendre. *Volcano that throws up lava,* volcan *m* qui vomit de la lave. *Wreckage thrown up by the sea,* débris de naufrage rejetés par la mer. **3.** Lever haut, mettre haut (les mains, etc.). *To t. up a window,* ouvrir (vivement) une fenêtre (à guillotine). *To t. up one's hands (in astonishment), F:* lever les bras au ciel. **4.** Construire à la hâte (une maison, etc.). *To t. up jerry-built houses,* faire de la bâtisse à bon marché. **5.** Faire ressortir (une couleur, etc.). **6.** Renoncer à, abandonner, *F:* lâcher (une affaire, etc.). **To throw up one's situation,** se démettre de son poste. *To t. up one's claims,* abandonner ses prétentions. **To throw up the cards,** donner gagné à qn.

throwing up, *s.* **1.** Action *f* de jeter (qch.) en l'air. **2.** Vomissement *m*. **3.** Construction hâtive (d'immeubles, etc.). **4.** Mise *f* en relief (d'une couleur, d'un objet); rehaussement *m* (d'une couleur). **5.** Renoncement *m* (à une affaire, etc.).

thrown, *a. Tex:* **Thrown silk,** soie moulinée, ouvrée, torse; organsin *m*; (soie en) matassé *m*.

throwing, *s.* **1.** Jet *m*, lancement *m*, lancer *m*, lancée *f* (d'une pierre, etc.). **2.** Projection *f* (d'une image, d'une ombre). **3.** *T. of somersaults,* culbutes *fpl*. **4.** Renversement *m*, terrassement *m* (d'un adversaire); désarçonnement *m* (d'un cavalier). **5.** (*Of snake, etc.*) Dépouillement *m* (de sa peau). **6.** Mise *f* bas (de petits). **7.** (*a*) *Cer:* Tournassage *m* (d'un pot). (*b*) *Tex:* Organsinage *m*, moulinage *m* (de la soie).

'throwing-stick, *s. Anthr:* **1.** Arme *f* de jet en forme de massue, de bâton recourbé; boumerang *m*. **2.** Lance-javeline *m*.

'throwing-wheel, *s.* Tour *m* de potier.

thrower ['θrouər], *s.* **1.** (*a*) Jeteur, -euse; lanceur, -euse (de javelot, etc.). (*b*) Joueur, -euse (aux dés). (*c*) *Gaming:* (*At boule*) **Thrower-in,** bouleur *m*. **2.** (*a*) *Cer:* Potier *m*, tournasseur *m*, tourneur *m*. (*b*) *Tex:* = THROWSTER. **3.** (*Device*) *Mch:* **Oil thrower,** bague *f* (de projection d'huile); bague de graissage.

thrown [θroun]. *See* THROW[2].

throwster ['θroustər], *s. Tex:* Organsineur *m*, moulineur *m*, tordeur *m* (de soie).

thrum[1] [θrʌm], *s.* **1.** *Tex:* (*Usu. pl. or coll.*) Penne(s) *f(pl)*. *Thrums left at the end of the web,* bouts laissés à la fin de la pièce. *See also* PRIMROSE. **2.** *pl. Nau:* Lardage *m*.

thrum[2], *v.tr.* (thrummed; thrumming) *Nau:* Larder (un paillet). **Thrummed mat,** paillet lardé; baderne *f*.

thrum[3], *s.* Son *m* monotone (d'une guitare, d'un piano).

thrum[4], *v.tr. & i.* **To thrum (on) a guitar,** pincer de la guitare; s'escrimer sur une guitare. *To t. on the piano,* tapoter le piano. *To t. on the window-pane,* tambouriner sur les vitres.

thrummy ['θrʌmi], *a.* (*Of substance*) Fibreux, poilu; à brins non coupés.

thrush[1] [θrʌʃ], *s. Orn:* (*a*) Grive *f*; *F:* calandrette *f*. *See also* MISSEL-THRUSH, SONG-THRUSH. (*b*) **Long-legged thrush,** cratérope *m*.

thrush[2], *s.* **1.** *Med:* Aphtes *mpl* (des nouveau-nés); muguet *m*, blanchet *m*. **2.** *Vet:* Teigne *f*; échauffement *m* de la fourchette (du cheval).

thrust[1] [θrʌst], *s.* **1.** (*a*) Poussée *f*. **With one thrust** *he broke the door in,* d'une seule poussée il enfonça la porte. *To give sth. a t. with one's foot,* donner un coup de pied à qch.; pousser qch. du pied. (*b*) Coup *m* de pointe. *Fenc:* Coup d'estoc; passe *f*; *A:* estocade *f*. *Fenc:* **Thrust and parry,** la botte et la parade. *F:* **The thrust and parry (of debate),** assaut *m* d'esprit; ripostes *fpl* du tac au tac. **Lance thrust,** coup de lance. **To make a thrust at s.o.,** porter un coup d'estoc, un coup de pointe, un coup de lance, à qn; porter, pousser, allonger, une botte à qn. **To make a time thrust,** tirer sur le temps. *F:* **A shrewd thrust,** un trait, une critique, qui frappe juste. *That was a t. at you,* c'était un coup de boutoir, une attaque, à votre adresse; c'était une pierre dans votre jardin. *See also* CUT[1] 2, HOME-THRUST. **2.** (*a*) *Mec:* Poussée, butée *f*. **Negative thrust,** réaction *f*. **Cam thrust,** poussée de la came. **Connecting-rod thrust,** réaction de la bielle. **Lateral thrust** *of an arch, of the ground,* poussée latérale d'une voûte, du terrain. *T. of a propeller,* poussée d'une hélice. *The thrusts meet,* les matériaux *m* se contrepoussent. **To take the thrust,** (i) assurer la poussée; (ii) contrebutter la poussée. **To carry the thrust,** travailler à la poussée. *See also* BEARING[2] 2, END-THRUST. (*b*) *Geol:* Chevauchement *m*, charriage *m* (des plissements). **3.** *Mec.E:* = *thrust bearing, q.v. under* BEARING[2] 2.

'thrust-block, *s. Mec.E:* (Palier *m* de) butée *f*; tête *f* de poussée.

'thrust-button, *s. Mec.E:* Grain *m* de butée.

'thrust-collar, *s. Mec.E:* Collet *m* (du palier) de butée; rondelle *f* de butée.

'thrust-plane, *s. Geol:* Plan *m* de charriage, de poussée.

'thrust-shaft, *s. Mec.E:* Arbre *m* de butée.

thrust[2], *v.* (*p.t.* thrust; *p.p.* thrust) **I.** *v.tr.* (*a*) Pousser (qn, qch.) (avec force). **To thrust sth. into sth.,** enfoncer, *F:* fourrer, qch. dans qch. **To thrust one's hands into one's pockets,** fourrer, plonger, les mains dans ses poches. **To thrust s.o. into a dungeon,** plonger, jeter, qn dans un cachot. **To thrust a dagger into s.o.'s back,** enfoncer, plonger, un poignard dans le dos de qn. **To thrust one's nose into everything,** fourrer son nez partout. *To t. an attack home,* pousser une attaque à fond. **To thrust sth. through sth.,** pousser qch. à travers qch. **To thrust one's head through, out of, the window,** passer brusquement la tête par la fenêtre. **To thrust sth. under s.o.'s nose,** fourrer qch. sous le nez de qn. (*b*) **To thrust sth. (up)on s.o.,** forcer qn à accepter qch.; imposer (son opinion) à qn; *F:* jeter qch. à la tête de qn. **To thrust oneself upon s.o.,** s'imposer à qn, chez qn; imposer sa compagnie à qn. *They are to have thrust upon them laws that they do not want,* ils vont se voir imposer une législation dont ils ne veulent pas. (*c*) **To thrust oneself, one's way, through the crowd,** *abs.* **to thrust through the crowd,** se frayer un chemin à travers la foule. **To**

thrust past s.o., écarter qn pour passer. **2.** *v.i.* (*a*) To thrust at s.o., (i) porter un coup de pointe à qn (avec sa canne, etc.); (ii) *Fenc:* porter un coup d'estoc à qn; frapper qn d'estoc; porter, pousser, allonger, une botte à qn. *Fenc: To t. in tierce, in quarte*, tirer en tierce, en quarte. *F:* To thrust and parry, faire assaut d'esprit; riposter du tac au tac. *See also* CUT[2] I. (*b*) *The mountains t. northwards*, les montagnes s'enfoncent au nord. (*c*) (*Of forces*) *To t. one against the other*, se contrepousser. *Av: The plane thrusts against the hand-control*, l'avion pousse dans la main.

thrust aside, away, *v.tr.* Repousser, écarter (qn, qch., la tentation).

thrust back, *v.tr.* Repousser violemment (la porte, etc.).

thrust down, *v.tr.* Pousser (qn, qch.) en bas. *He was thrust down on his chair*, on le força à s'asseoir.

thrust forward, *v.tr.* **1.** Pousser (qn, qch.) en avant; avancer (la main, etc.). **2.** To thrust oneself forward, (i) se faire valoir, se mettre en avant; (ii) s'ingérer dans une affaire.

thrust out, *v.tr.* **1.** Pousser (qn, qch.) dehors. *To t. out one's head*, passer la tête dehors. To thrust out one's tongue, tirer la langue. **2.** To thrust out one's hand, avancer la main; tendre vivement la main. To thrust out one's chest, bomber la poitrine; se cambrer. *To t. out one's legs*, allonger les jambes.

thrust through. **1.** *v.tr.* Transpercer (qch.). **2.** *v.i.* Percer.

thrust up, *v.tr.* Pousser (qn, qch.) en haut; lever vivement (la main); élever vivement (une échelle de sauvetage).

thrusting, *s.* **1.** Poussée *f*. *T. of sth. into sth.*, enfoncement *m* de qch. dans qch. **2.** *Fenc:* Coup *m* d'estoc, de pointe. Thrusting weapon, (i) (*sword*) arme *f* d'estoc; (ii) (*lance*) arme d'hast.

'thrusting-screw, *s.* Vis *f* à pression (d'une presse à fromage).

thruster ['θrʌstər], *s.* **1.** *Fenc:* Tireur *m*. **2.** (*a*) *Ven:* Chasseur *m* à courre qui ne sait pas garder sa place, qui pousse de l'avant. (*b*) *F:* Arriviste *mf*.

Thucydides [θju'sididi:z]. *Pr.n.m. Gr.Lit:* Thucydide.

thud[1] [θʌd], *s.* Bruit sourd; son mat; floc *m*. *To fall with a t.*, tomber avec un bruit sourd.

thud[2], *v.i.* (thudded; thudding) Tomber avec un bruit sourd; émettre un bruit mat. *His feet went thud, thud, on the flags*, ses pas résonnaient sourdement sur les dalles. *A bullet thudded into the wall*, une balle s'enfonça dans le mur avec un son mat.

thug [θʌg], *s.* **1.** *Hist:* Thug *m*, étrangleur *m*. **2.** *U.S: F:* Apache *m*, assassin *m*, bandit *m*. *Political adventurer and his thugs*, aventurier *m* politique et ses hommes de main.

thuggee [θʌ'gi:], **thuggery** ['θʌgəri], **thuggism** ['θʌgizm], *s.* (*a*) Thuggisme *m*. (*b*) *F:* Banditisme *m*.

thuja ['θju:dʒa], *s. Bot:* = THUYA.

Thule ['θju:li]. *Pr.n. A.Geog. & F:* Thulé *f*.

thulium ['θju:liəm], *s. Ch:* Thulium *m*.

thumb[1] [θʌm], *s.* **1.** Pouce *m*. *To hold sth.* between finger and thumb, tenir qch. entre le pouce et l'index. *F:* His fingers are all thumbs, il est maladroit de ses mains; il a la main maladroite; c'est un empoté; il casse tout. To be under s.o.'s thumb, être sous la domination, sous la coupe, de qn; être dépendant de qn; subir la loi de qn. To keep s.o. (well) under one's thumb, tenir qn en tutelle; tenir qn très sujet. *She's got him right under her t.*, elle le mène à la baguette; elle le fait marcher comme elle veut. To bite one's thumbs, se ronger les poings de dépit. *A:* To bite the thumb at s.o., faire la figue à qn; narguer qn. To twirl one's thumbs, tourner les pouces. *P:* Thumbs up! chic alors! rupin! *See also* LADY'S-THUMB, NUT 2, RULE[1] 1, TOM THUMB, TWIDDLE. **2.** Coquille *f* (de loquet).

'thumb-blue, *s. Ind: Laund:* Indigo *m* en petits pains.

'thumb-cleat, *s. Nau:* Poignée *f* de hublot.

'thumb-cuffs, -fetters, *s.pl. Hist:* Poucettes *f* (de torture).

'thumb-index, *s.* **1.** Touches *fpl*, onglets *mpl* (d'un registre, etc.). Bound with thumb-index, relié avec encoches. **2.** Répertoire *m* à onglets.

'thumb-indexed, *a.* (Annuaire *m*, etc.) à onglets.

'thumb-latch, *s.* Loquet *m* à poucier.

'thumb-lever, *s.* Levier *m* à poussette.

'thumb-mark, *s.* Marque *f* de pouce.

'thumb-nail, *s.* Ongle *m* du pouce. Thumb-nail sketch, (i) *Art:* croquis *m* minuscule; (ii) *F:* description concise; vignette *f*.

'thumb-piece, *s.* Poucier *m*, bouton *m*, poussoir *m* (d'un loquet, etc.). *Roughened t.-p.*, bouton quadrillé.

'thumb-register, *s.* = THUMB-INDEX 2.

'thumb-screw, *s.* **1.** Vis ailée, à ailettes, à oreilles; papillon *m*. **2.** *Hist:* Poucettes *fpl* (de torture).

'thumb-stall, *s.* **1.** Poucier *m* (de cordonnier, d'ouvrier voilier, etc.). **2.** *Med: Surg:* Doigtier *m* pour pouce; *F:* pouce *m*.

'thumb-tack, *s. U.S:* Punaise *f* (pour planche à dessin, etc.).

thumb[2], *v.tr.* **1.** Manier (qch.) maladroitement. *To t. the piano*, jouer gauchement du piano. **2.** Fatiguer (les pages d'un livre). *Well-thumbed book*, livre fatigué, *F:* culotté; livre souvent feuilleté; livre qui porte la trace de nombreuses lectures. *F: Well-thumbed phrase*, expression rebattue, ressassée; vieux cliché. **3.** *U.S:* To thumb one's nose at s.o., faire un pied de nez à qn.

thumbling ['θʌmliŋ], *s. F:* Nain *m*; petit poucet.

thump[1] [θʌmp], *s.* **1.** Coup sourd; cognement *m*, battement *m* (d'un mécanisme). To fall with a thump, tomber lourdement, avec un bruit sourd. **2.** Coup de poing; bourrade *f*. *To give s.o. a friendly t. on the back*, donner à qn une bourrade amicale dans le dos.

thump[2], *v.tr. & i.* Bourrer (qn) de coups; *F:* cogner (qn); frapper (qch.) à grands coups; marteler (qch.). *To t. (on) the table*, cogner sur la table, frapper la table du poing. *They began to t. one another*, ils ont commencé à se cogner, à se donner des coups de poing. To thump the keys of the piano, s'escrimer, cogner, sur le piano. To thump out a tune, taper un air (au piano). *Feet thumping (about) overhead*, des pas qui résonnent lourdement au-dessus de nous. His heels went thump-thump on the flags, ses talons sonnaient lourdement, sourdement, sur les dalles. To thump (on) the big drum, battre la grosse caisse. My heart was thumping, mon cœur battait fort, tumultueusement, à grands coups, à se rompre.

thumping[1], *a.* **1.** Qui cogne, qui frappe. **2.** *F:* Énorme, colossal, -aux. Thumping lie, mensonge *m* énorme. *This is a t. lie*, le mensonge est de taille.

thumping[2], *s.* **1.** Coups sourds; battement *m*, cognement *m*. **2.** (i) Coups de poing; (ii) bourrades (amicales).

thumper ['θʌmpər], *s.* **1.** Cogneur *m*, frappeur *m*. *T. on the big drum*, batteur *m* de grosse caisse. *See also* TUB-THUMPER. **2.** *P:* (*a*) Chose *f* énorme. *Isn't it a t.!* il (elle) est de taille! (*b*) To tell thumpers, en conter de fortes. *That's a t.!* en voilà une forte!

Thun [tu:n]. *Pr.n. Geog:* Thoune. The Lake of Thun, Lake Thun, le lac de Thoune.

thunder[1] ['θʌndər], *s.* **1.** (*a*) *Meteor:* Tonnerre *m*. Peal of thunder, coup *m* de tonnerre. There is thunder in the air, (i) le temps est à l'orage; (ii) *F:* l'atmosphère (de l'assemblée, etc.) est orageuse. (*b*) *F:* The thunder of the guns, le tonnerre du canon. Thunder of applause, tonnerre d'applaudissements. Voice of thunder, voix *f* de tonnerre. **2.** *A. & Lit:* (*a*) La foudre. (*b*) *Lit:* Foudre *m*. The thunders of Jupiter, of the Pope, les foudres *m* de Jupiter, les foudres *f* du Pape. *F:* To steal s.o.'s thunder, anticiper qn; couper l'herbe sous le pied à qn. **3.** *F:* Why in the name of thunder *did you permit it?* pourquoi diable l'avez-vous permis? *See also* BLACK[1] I. 1, BLOOD-AND-THUNDER.

'thunder-ball, *s. Meteor:* Éclair *m* en boule.

'Thunder-bearer (the), *s. Lit:* Jupiter tonnant.

'thunder-blast, *s. Poet:* Coup *m* de tonnerre.

'thunder-clap, *s.* **1.** Coup *m* de tonnerre. **2.** *F:* Coup inattendu; coup de foudre.

'thunder-cloud, *s.* Nuage orageux.

'thunder-fish, *s. Ich:* **1.** Loche *f* d'étang. **2.** (*Of the Nile*) Silure *m* électrique; malaptérure *m*; *F:* tonnerre *m*.

'thunder-head, *s. Meteor:* Partie supérieure d'un cumulus (qui présage l'orage).

'thunder-shower, *s.* Pluie *f* d'orage; pluie, averse, accompagnée de tonnerre.

'thunder-storm, *s.* Orage *m*. *See also* DUCK[1] 1.

thunder[2], *v.i. & tr.* **1.** Tonner. *It is thundering*, il tonne. *F:* The cannon thundered, le canon tonnait. The avalanche thundered down, l'avalanche roula dans un bruit de tonnerre. The artillery thunders past us, l'artillerie passe devant nous avec un bruit de tonnerre. *The sea thunders under our windows*, la mer gronde sous nos fenêtres. **2.** *F:* To thunder (out) threats, tonner, fulminer, des menaces. To thunder away at s.o., to thunder out against s.o., tempêter contre qn; fulminer un violent réquisitoire contre qn; tonner contre qn. *To t. against an abuse*, fulminer contre un abus. To thunder out an order, donner un ordre d'une voix tonnante.

thundering[1], *a.* **1.** Tonnant; fulminant. *Rom.Hist:* The Thundering Legion, la Foudroyante, la Fulminante. **2.** *F:* To be in a thundering rage, être dans une rage à tout casser; être transporté de fureur. *What a t. nuisance!* ce que c'est embêtant! quelle scie! *A t. lie*, un mensonge formidable. *adv.* A thundering great fish, un poisson formidable. *I'm t. glad to see you!* je suis joliment content de vous voir! *A t. good licking*, une belle raclée. **-ly,** *adv.* **1.** Avec un bruit de tonnerre. **2.** *F:* Joliment, excessivement.

thundering[2], *s.* **1.** Tonnerre *m*. **2.** *F:* Bruit retentissant; bruit de tonnerre.

thunderbolt ['θʌndərboult], *s.* **1.** (Coup *m* de) foudre *f*. *The news came upon me like a t.*, cette nouvelle fut un coup de foudre pour moi. *See also* JOVE. **2.** *F:* Nouvelle foudroyante. **3.** *A:* (*a*) Météorite *m*. (*b*) Bélemnite *f*, outil *m* en silex, etc.

Thunderer ['θʌndərər], *s.* The Thunderer, (i) *Myth:* Jupiter tonnant; (ii) *Hum: A:* (le journal) le *Times*.

thunderous ['θʌndərəs], *a.* **1.** (*Of weather*) Orageux; menaçant. **2.** (*Of voice, etc.*) Tonnant; (*of applause*) à tout rompre.

thunderstroke ['θʌndərstrouk], *s.* Coup *m* de foudre.

thunderstruck ['θʌndərstrʌk], *a.* *F:* Confondu, abasourdi, foudroyé, sidéré. To be thunderstruck, tomber des nues; être atterré.

thundery ['θʌndəri], *a.* Orageux. *T. weather*, temps *m* d'orage.

Thurgau ['tuərgau]. *Pr.n. Geog:* La Thurgovie.

Thurgovian [tuər'gouviən], *a. & s. Geog:* Thurgovien, -ienne.

thurible ['θjuəribl], *s. Ecc:* Encensoir *m*.

thurifer ['θjuərifər], *s. Ecc:* Thuriféraire *m*.

thuriferous [θju'rifərəs], *a. Bot:* Thurifère.

Thuringia [θju'rindʒia]. *Pr.n. Geog:* La Thuringe.

Thuringian [θju'rindʒiən], *a. & s. Geog:* Thuringien, -ienne.

Thursday ['θə:rzdi], *s.* Jeudi *m*. Maundy Thursday, Thursday in Holy Week, Thursday before Easter, le jeudi saint. Holy Thursday, (i) (*properly*) fête *f* de l'Ascension; (ii) le jeudi saint. On Thursday, (le) jeudi. He comes on Thursdays, il vient le jeudi, *occ.* il vient les jeudis. *He comes every T.*, il vient tous les jeudis.

'Thursday 'Island. *Pr.n. Geog:* L'île *f* de Jeudi.

thus [ðʌs], *adv. Lit:* **1.** Ainsi; de cette façon; de cette manière; comme ceci. *If you do it t.*, si vous le faites comme cela. Thus (spoke) Aeneas, ainsi parla Énée. *U.S: She must have her coffee* thus and so, il lui faut préparer son café de telle et telle manière. **2.** Ainsi, donc. Thus, when he arrived . . ., donc, lorsqu'il arriva. . . . *T. we are no further forward*, de sorte que nous ne sommes pas plus avancés. **3.** Thus far, jusqu'ici; jusque-là. *Having gone t. far . . .*, en étant arrivé là. . . . Thus much, autant que cela (et pas davantage). *T. much is certain: that . . .*, ce qui est certain, ce qu'il y a de certain, c'est que. . . .

thusly ['ðʌsli], **thuswise** ['ðʌswaiz], *adv. F. & Hum:* = THUS I.

thuya ['θjuːja], *s. Bot:* Thuya *m.*

thwack[1, 2] [θwak], *s. & v.tr.* = WHACK[1, 2].

thwart[1] [θwɔːrt], *s.* Banc *m* de nage, traversin *m* (d'une embarcation).

thwart[2]. *A:* **1.** *adv. & prep.* = ATHWART. **2.** *a.* Transversal, -aux; transverse.

'thwart-carling, *s. Nau:* Galiote *f.*

'thwart-ship. *Nau:* **1.** *adv.* Transversalement; en travers. **2.** *a.* Transversal, -aux.

thwart[3], *v.tr.* Contrarier, contrecarrer (qn); traverser, déjouer, les menées de (qn); barrer le chemin à (qn). *To t. s.o.'s plans,* se mettre, se jeter, à la traverse, en travers, des projets de qn; circonvenir, frustrer, déjouer, les projets de qn. **To be thwarted,** essuyer un échec; trouver plus fort que soi. *He thwarts me in everything I do,* il me croise dans tout ce que je fais. *Hope thwarted by death,* espérance frustrée par la mort.

thy [ðai], *poss.a.* (**thine** *before a noun or adj. beginning with a vowel sound*) *A. & Lit:* (*except as used by Quakers or in prayer*) Ton, *f.* ta, *pl.* tes; (*in the fem. before a vowel sound*) ton. *Thy service,* ton service. *Thy glory,* ta gloire. *Thy friendship,* ton amitié *f.* *Thy father and mother,* ton père et ta mère; tes père et mère. *Thine own son,* ton propre fils. *Thy hair is white,* tu as les cheveux blancs. *Hast thou hurt thy foot?* tu t'es fait mal au pied?

Thyestean [θai'estiən], *a. Gr.Lit:* (Festin) de Thyeste.

Thyestes [θai'estiːz]. *Pr.n.m. Gr.Lit:* Thyeste.

thyiad ['θaiiad], *s. Gr.Ant:* Thyade *f*, bacchante *f.*

thylacine ['θiləsin], *s. Z:* Thylacine *m.*

thylose ['θailous], *s.* = TYLOSE.

thyme [taim], *s. Bot:* Thym *m.* **Wild thyme, shepherd's thyme,** serpolet *m*; thym bâtard. **Garden thyme,** thym commun. **Thyme oil,** essence *f* de thym.

thymelaea [θimi'liːa], *s. Bot:* Thymélée *f*, passerine *f.*

thymelaeaceae [θimili'eisiiː], *s.pl. Bot:* Thyméléacées *f.*

thymele ['θimiliː], *s. A.Gr.Th:* Thymélé *m.*

thymic[1] ['θaimik], *a. Anat: Med:* Thymique. **Thymic asthma,** asthme *m* thymique.

thymic[2] ['θaimik, 'taimik], *a. Ch:* Thymique; dérivé du thym. **Thymic acid,** thymol *m.*

thymol ['θaimɔl], *s. Pharm:* Thymol *m.*

thymus ['θaiməs], *s. Anat:* **Thymus (gland),** thymus *m.*

thyroid ['θairɔid], *a. Anat:* (Cartilage *m*, glande *f*) thyroïde. *Pharm:* **Thyroid gland extract,** extrait *m* thyroïde.

thyroidectomy [θairɔi'dektomi], *s. Surg:* Thyroïdectomie *f.*

thyroidism ['θairɔidizm], *s. Med:* Thyroïdisme *m.*

thyrse [θəːrs], *s. Gr.Ant: Bot:* Thyrse *m.*

Thyrsis ['θəːrsis]. *Pr.n.m. Lt.Lit:* Tircis.

thyrsus, *pl.* **-i** ['θəːrsəs, -ai], *s. Gr.Ant: Bot:* Thyrse *m.*

thysanopter [θisa'nɔptər], *s. Ent:* Thysanoptère *m*, thrips *m.*

thysanopterous [θisa'nɔptərəs], *a. Ent:* Des thysanoptères; des thrips.

thysanura [θisa'njuəra], *s.pl. Ent:* Thysanoures *m.*

thysanuran [θisa'njuərən]. *Ent:* **1.** *a.* Appartenant aux thysanoures. **2.** *s.* Thysanoure *m.*

thyself [ðai'self], *pron. See* SELF[1] 4.

tiara [ti'ɑːra], *s.* Tiare *f.*

Tib [tib]. **1.** *Pr.n.f. A:* ? Isabelle. **2.** *s.f. A:* (*a*) Fille du peuple. (*b*) Fille publique. *F:* **On (Saint) Tib's Eve,** aux calendes grecques; jamais.

Tiber (the) [ðə'taibər]. *Pr.n. Geog:* Le Tibre.

Tiberian [tai'biːriən], *a.* **1.** Tibérien; de Tibère. **2.** De Tibériade.

Tiberias [tai'biːrias]. *Pr.n. A.Geog:* Tibériade. **The Lake of Tiberias,** le lac de Tibériade; la mer de Galilée.

Tiberius [tai'biːriəs]. *Pr.n.m. Rom.Hist:* Tibère.

Tibet [ti'bet]. *Pr.n. Geog:* Le T(h)ibet.

Tibetan [ti'bet(ə)n], *a. & s.* T(h)ibétain, -aine.

tibia, *pl.* **-ae** ['tibia, -iː], *s. Anat: Ent:* Tibia *m.*

tibial ['tibiəl], *a. Anat:* Tibial, -aux.

tibio-tarsal [tibio'tɑːrs(ə)l], *a. Anat:* Tibio-tarsien.

Tibullus [ti'bʌləs]. *Pr.n.m. Lt.Lit:* Tibulle.

tic [tik], *s. Med:* Tic *m.* **Tic douloureux** [dulu'rø], tic douloureux.

tichodroma [tiko'drouma], *s. Orn:* Tichodrome *m.*

Ticino (the) [ðəti'tʃiːno]. *Pr.n. Geog:* **1.** Le Tessin. **2. The river Ticino,** le Tessin.

tick[1] [tik], *s.* **1.** (*a*) Tic-tac *m.* *F:* **On the tick,** à l'heure sonnante, tapante. *You are here on the t.*, vous êtes à la minute. **At seven to the tick, on the tick of seven,** à sept heures tapant. (*b*) *F:* Moment *m*, instant *m.* *I should be recognized* **in a tick,** je serais reconnu en un instant. *I am coming* **in a tick, in two ticks, in half a tick,** j'arrive dans un instant, en moins d'un instant, dans deux secondes, dans un quart de seconde. **Half a tick!** un instant! *He'll do it in two ticks,* il fera ça en moins de rien. **2.** (*a*) Marque *f*, pointage *m*, trait *m* (affirmant l'exactitude d'un compte, etc.). **To mark with a tick,** pointer. **To put a tick against, to, a name,** faire une marque à un nom; pointer un nom. (*b*) Tiqueture *f* (du plumage d'un oiseau); moucheture *f* (d'une fourrure, etc.).

'tick-'tack[1], **'tick-'tock**[1], *s.* **1.** Tic-tac *m* (d'une pendule, etc.). **2.** *Turf:* **Tick-tack man,** aide de bookmaker qui est chargé d'envoyer à son chef, au moyen de signaux manuels, les cours des grands "books".

'tick-'tack[2], **'tick-'tock**[2]. **1.** *v.i.* (*Of clock, etc.*) Faire tic-tac; tictaquer. **2.** *v.tr. Turf: etc:* Envoyer (un message) au moyen de signaux manuels.

'tick-tick, *s.* (*Nursery language*) Montre *f*, pendule *f.*

tick[2]. **1.** *v.i.* (*Of clock*) Faire tic-tac; tictaquer; battre. **2.** *v.tr.* = TICK OFF I.

tick off, *v.tr.* **1.** Pointer (une liste, un article sur une liste, etc.). *To t. off items in an account,* pointer les articles d'un compte. *To t. off a name,* faire une marque à un nom. **2.** *F:* Rembarrer (qn); remettre (qn) à sa place. *To get ticked off,* se faire rembarrer; *P:* se faire emballer.

ticking off, *s.* **1.** Pointage *m.* **2.** *F:* Réprimande *f.*

tick out, *v.tr.* (*a*) (*Of telegraph*) Enregistrer (un message). (*b*) (*Of telegraphist*) Expédier, lancer (un message).

tick over, *v.i. I.C.E:* (*Of engine*) Tourner au grand ralenti.

ticking over, *s.* (Marche *f* au) grand ralenti (d'un moteur d'auto ou d'avion).

ticked, *a.* (Plumage, etc.) tiqueté; (cheval, etc.) moucheté.

ticking[1], *s.* **1.** Tic-tac *m.* **2.** = TICKING OFF I.

tick[3], *s.* **1.** *Arach:* Tique *f* (du bétail, etc.). **Dog-tick,** tique, ricin *m*, des chiens. **2.** *Ent:* **Tick-(fly),** hippobosque *m*, mouche *f* araignée. **Horse-tick,** hippobosque des chevaux. **Dog tick(-fly),** mouche des chiens. *U.S:* **As full as a tick,** plein comme un œuf. *See also* SHEEP-TICK.

tick[4], *s. P:* Crédit *m.* **To buy sth. on tick,** acheter qch. à crédit, à l'œil. *We shall have* **to go on tick,** nous allons être obligés de nous fournir à crédit. *To open a* **tick account** *for s.o., P:* ouvrir un œil à qn.

tick[5]. *P:* **1.** *v.i.* **To tick with s.o.,** (i) (*of buyer*) obtenir du crédit chez qn; (ii) (*of seller*) faire crédit à qn. *To t. with s.o. for sth.*, acheter qch. à crédit chez qn. **2.** *v.tr.* **To tick a sum,** faire inscrire une somme à son compte.

tick[6], *s.* **1.** Enveloppe *f*, toile *f* (à matelas). **2.** = TICKING[2].

ticker ['tikər], *s.* **1.** (*a*) Échappement *m* (d'une montre). (*b*) *F:* Montre *f*; *P:* tocante *f*, toquante *f*, patraque *f.* (*c*) *F:* Le cœur. *There's something wrong with my t.*, j'ai le cœur malade; c'est le cœur qui ne va pas. **2.** *Tg:* (*a*) Télégraphe imprimeur. (*b*) Tikker *m*; (contact *m* à) trembleur *m.*

ticket[1] ['tiket], *s.* **1.** Billet *m* (de chemin de fer, de théâtre, de loterie, etc.); ticket *m* (de métro, d'autobus, etc.). *Book of tickets,* carnet *m* de cachets *m*, de tickets. **Complimentary ticket,** billet de faveur; billet donné à titre gracieux. **Soup ticket,** bon *m* de soupe. *Th:* **Box ticket, stall ticket,** coupon *m* de loge, coupon de fauteuil d'orchestre. *Th: etc: Your* **cloak-room ticket,** votre numéro *m* de vestiaire. *Rail:* **Single ticket, billet simple**; billet d'aller. **Return ticket,** billet d'aller et retour. **Cheap ticket,** billet à prix réduit. **Excursion ticket, billet de train de plaisir. Privilege ticket,** billet de faveur. **Through ticket,** billet direct, pour tout le voyage. **Excess ticket,** billet de déclassement. **Luggage ticket,** bulletin *m* (d'enregistrement) de bagages. **Left-luggage ticket, cloak-room ticket,** bulletin, ticket, de consigne. **Reserved seat ticket,** ticket de place réservée. **Platform ticket,** billet de quai; laissez-passer *m inv.* *See also* COMBINED, DAY-TICKET, HALF-FARE, LANDING[2] I, MONTHLY[1] I, NIPPER I, PAWN-TICKET, SEASON-TICKET, TOURIST TICKET, TRANSFER[1] I, WEEK-END[1]. **2.** (*a*) *Com:* **(Price-)ticket,** étiquette *f*, billette *f*; (*when mounted on pin, etc.*) fiche *f.* (*b*) *St.Exch:* Fiche. **3.** *Pol: U.S:* (*a*) Liste *f* des candidats. (*b*) *F:* **The democratic ticket,** le programme du parti démocrate. **4.** (*a*) *Mil: Nau:* Ordre *m* de paiement (qui accompagne le congé définitif). **To get one's ticket,** recevoir son congé définitif; être libéré (du service). *F:* **To work one's ticket,** se faire réformer frauduleusement. (*b*) *Nau: F:* **To get one's (master's) ticket,** passer capitaine; passer son brevet de capitaine. *Av:* **To get one's (pilot's) ticket,** obtenir son brevet de pilote. (*c*) **Ticket of leave,** *see* LEAVE[1] 2. **5.** *P:* **That's the ticket!** voilà qui fera l'affaire! à la bonne heure! c'est bien ça! c'est ça même! *His conduct, her way of dressing, is* **not quite the ticket,** sa conduite, sa manière de s'habiller, détonne un peu, est un peu déplacée.

'ticket-collector, *s. Rail:* Contrôleur *m* (de billets).

'ticket-day, *s. St.Exch:* Jour *m* de la déclaration des noms; veille *f* de la liquidation.

'ticket-holder, *s.* Voyageur, -euse, spectateur, -trice, muni(e) d'un billet. **Season-ticket-holder,** abonné, -ée.

'ticket-inspector, *s.* Contrôleur *m* (d'autobus, etc.).

'ticket-office, *s. U.S:* = BOOKING-OFFICE.

'ticket-porter, *s. A:* Commissionnaire *m* (titulaire d'une plaque) de la Cité de Londres.

'ticket-punch, *s. Rail:* Poinçon *m* de contrôleur; poinçonneuse *f.*

'ticket-punching, *s. Rail:* Poinçonnage *m*, poinçonnement *m*, des billets.

ticket[2], *v.tr.* (**ticketed; ticketing**) Étiqueter, marquer (des marchandises, etc.).

ticketing, *s.* Étiquetage *m.*

ticketer ['tikitər], *s. Ind:* Étiqueteur, -euse.

ticking[2] ['tikiŋ], *s.* Toile *f*, coutil *m*, à matelas; treillis *m* pour matelas.

tickle[1] [tikl], *s.* Chatouillement *m.* *To give s.o. a t.*, chatouiller qn. *To feel* **a tickle in one's throat,** avoir un chatouillement dans le gosier.

tickle[2]. **1.** *v.tr.* (*a*) Chatouiller (qn). *F:* (*Of food, wine*) **To tickle the palate,** chatouiller le palais. **To tickle s.o.'s fancy,** amuser qn. **Music that tickles the ear,** musique *f* qui flatte l'oreille. *See also* IVORY I, PALM[2] I. (*b*) *F:* Amuser (qn). *I was tickled at the idea,* l'idée m'a beaucoup amusé. **To be tickled to death at, by, sth.,** se tordre de rire à l'idée, à la vue, de qch. *U.S: I'd be just tickled to death to see you again,* je serais enchanté, ravi, de vous revoir. *I was tickled to death at the news,* cette nouvelle m'a transporté de joie, m'a mis au comble de la joie. (*c*) *Aut:* **To tickle the carburettor,** presser à plusieurs reprises le bouton de poussoir du carburateur; agir sur le pointeau; noyer le carburateur. (*d*) *Fish:* Pêcher (la truite, etc.) à la main. **2.** *v.i. My hand tickles,* j'ai des chatouillements à la main.

tickle up, *v.tr. F:* Réveiller, exciter, stimuler (qn).

tickling[1], *a.* Chatouillant. **Tickling cough,** toux *f* d'irritation.

tickling[2], *s.* **1.** Chatouillement *m.* **2.** *Fish:* Pêche *f* à la main.

tickler [ˈtiklər], *s.* **1.** *I.C.E:* Bouton *m* de noyage; titillateur *m* (du carburateur). **2.** (*a*) Vrai problème; question embarrassante. (*b*) Sujet délicat; affaire délicate. **3.** *U.S:* Aide-mémoire *m inv.*

ticklish [ˈtikliʃ], *a.* **1.** Chatouilleux, -euse. **2.** (*a*) (*Of pers.*) Susceptible. (*b*) (*Of task, etc.*) Délicat, difficile; (*of undertaking*) scabreux; (*of question*) chatouilleux. **A ticklish subject**, un sujet délicat, brûlant. *To be in a t. situation*, se trouver dans une situation délicate, critique.

ticklishness [ˈtikliʃnəs], *s.* **1.** Sensibilité *f* au chatouillement. **2.** (*a*) Susceptibilité *f.* (*b*) Difficulté *f*, délicatesse *f* (d'une tâche, etc.).

ticky [ˈtiki], *s.* (*In S. Africa*) Pièce *f* de trois pence.

tidal [ˈtaid(ə)l], *a.* **1.** Qui relève de la marée. **Tidal energy**, énergie marémotrice. **Tidal wave**, (i) raz de marée (dû à un soulèvement des fonds); vague *f* de fond; irruption *f* de la mer; (*on river*) barre *f* de flot; (*in estuary*) mascaret *m*; (ii) flot *m* de la marée; (iii) *F:* afflux *m* (de passion violente, etc.); (iv) vague (d'enthousiasme, d'indignation populaire). **2.** (*a*) (*Of river, harbour, etc.*) A marée. **Tidal basin**, bassin *m* à flot; darse *f*. (*b*) **Tidal train**, train *m* de marée. **3.** *Physiol:* **Tidal air**, air *m* de respiration.

tid-bit [ˈtidbit], *s.* = TIT-BIT.

tiddle-fish [ˈtidlfiʃ], *s.* *Ich:* Ange *m* de mer.

tiddler [ˈtidlər], *s.* *Ich:* *F:* = STICKLEBACK.

tiddly [ˈtidli]. **1.** *a.* *P:* Ivre, *P:* pompette. **2.** *s.* *P:* Boisson *f* alcoolique.

tiddlywinks [ˈtidliwiŋks], *s.* *Games:* Jeu *m* de la puce.

tide¹ [taid], *s.* **1.** *A:* Temps *m*, époque *f*, saison *f*. *Still used in compounds.* **Ascension-tide**, temps, semaine *f*, de l'Ascension. *See also* CHRISTMAS-TIDE, EASTERTIDE, EVENTIDE, WHITSUNTIDE. **2.** Marée *f*. **Rising tide, flood tide**, marée montante; flux *m*; *Nau:* (marée de) flot *m*. **Falling tide**, marée descendante. **High tide**, marée haute; haute marée. **At high tide**, à la marée haute; au plein de la mer. **Low tide**, marée basse. **Lee tide**, marée qui porte comme le vent. **Counter tide**, marée contraire. *See also* EBB-TIDE, HALF-TIDE, INCOMING¹ 1, NEAP¹, SPRING-TIDE, WEATHER¹ 3. *The t. comes in*, la marée arrive, gagne, monte. *Rise, fall, of the t.*, montée *f*, baisse *f*, de l'eau. *Here there is a rise and fall of the t. of ten feet*, ici la mer marne de trois mètres. **Against the tide**, à contre-marée. *F:* **To ignore the rising tide of popular discontent**, ne prêter aucune attention au mécontentement populaire qui croît de jour en jour. *It is no use ignoring the rising t.*, inutile de poursuivre une politique d'autruche. (*Of ship*) **To go out with the tide**, partir à la marée. **To go with the tide**, suivre le courant. **To go against the tide**, prendre le contre-sens de la marée. *See also* SWIM² I. 1, WIND¹. **To work double tides**, (i) faire double marée, (ii) *F:* travailler double; travailler jour et nuit; travailler d'arrache-pied. **The tide of battle turned**, la fortune de la bataille tourna. *To turn the t. of the battle*, changer l'issue de la bataille. *Prov:* **Time and tide wait for no man**, la marée n'attend personne. *See also* STEM³ 2, TABLE¹ 8, TURN¹ 2, TURNING² 1.

'tide-ball, *s.* *Nau:* Ballon *m* de marée; bombe *f* de signaux.

'tide-driven, *a.* *Hyd.E:* Marémoteur, -trice.

'tide-flap, *s.* Soupape *f* d'arrêt (d'égout).

'tide-gate, *s.* Porte *f* à flot; écluse *f* (de bassin); varaigne *f* (de marais salant).

'tide-gauge, *s.* Maré(o)mètre *m*, maré(o)graphe *m*; échelle *f* de marée.

'tide-land, *s.* *U.S:* Terres inondées (i) aux grandes marées, (ii) à la haute marée.

'tide-lock, *s.* Écluse *f* de bassin à flot.

'tide-mark, *s.* **1.** (*a*) Ligne *f* de marée haute, des hautes eaux. (*b*) Laisse *f* de haute mer. **2.** Échelle *f* de marée.

'tide-pole, *s.* = TIDE-GAUGE.

'tide-power, *s.* Force *f* de la marée; énergie empruntée aux marées; *F:* houille bleue.

'tide-race, *s.* Raz *m* de marée; mascaret *m*.

'tide-rip, *s.* **1.** Revolin *m* de lame; clapotis *m* de marée. **2.** Raz *m* de marée.

'tide-rode, *a.* *Nau:* Navire évité debout à la marée.

'tide-waiter, *s.* **1.** *Adm:* *A:* Douanier *m* (de port). **2.** *F:* Celui qui attend une occasion favorable, qui attend pour voir venir le vent; opportuniste *m*.

tide². **1.** *v.tr.* (*Of the tide*) Porter, transporter. *Driftwood tided up the river*, bois flottant porté en amont par la marée. **2.** (*a*) *v.i.* *Nau:* Faire marée. (*b*) **To tide it**, faire route en profitant des marées. **To tide it into port, out of port**, entrer au port, sortir du port, grâce à la marée; faire marée.

tide in, *v.i.* *Nau:* Entrer avec le flot.

tide out, *v.i.* *Nau:* Sortir avec le jusant.

tide over, *v.tr.* Venir à bout (d'une difficulté). **To tide over a difficult period, to tide it over**, (i) attendre la fin d'une période difficile; (ii) sortir heureusement d'une période difficile. *This money will t. me over another three months*, avec cet argent je vais encore pouvoir durer trois mois. *This sum will t. us over*, cette somme nous permettra de surmonter nos difficultés.

tideless [ˈtaidləs], *a.* Sans marée.

tideway [ˈtaidwei], *s.* Lit *m* de la marée; lit du courant.

tidiness [ˈtaidinəs], *s.* Bon ordre; (*of dress*) bonne tenue. *Mania for t.*, la manie du rangement.

tidings [ˈtaidiŋz], *s.pl.* (*Occ. with sg. const.*) *Lit:* Nouvelle(s) *f(pl)*. *To hear the glad t.*, apprendre la bonne nouvelle.

tidy¹ [ˈtaidi], *a.* **1.** (*a*) (*Of desk, room, etc.*) Bien rangé, en bon ordre; (*of dress*) bien tenu. *A clean and t. room*, une chambre propre et nette. *A t. little town*, une petite ville proprette. *Make yourself t.*, faites-vous propre. (*b*) (*Of pers.*) Ordonné, qui a de l'ordre; (*of servant, etc.*) soigneux. *He is very t.*, il est d'une extrême propreté; il a beaucoup d'ordre. **2.** *F:* Assez bon; passable. **To feel pretty tidy**, se trouver assez bien, ne pas aller trop mal. **At a tidy pace**, à un bon petit train. **To cost a tidy penny**, coûter chaud. **A tidy fortune**, une fortune assez coquette; une jolie fortune. **A tidy sum**, une somme rondelette. *She had laid by a t. sum*, elle avait fait sa petite pelote; elle avait un bas de laine bien rempli. **-ily**, *adv.* Proprement; avec ordre. *Everything was t. arranged*, tout était à sa place, en bon ordre. *T. dressed*, proprement, soigneusement, mis; mis avec soin.

tidy², *s.* **1.** Vide-poche(s) *m inv.* **2.** Voile *m*, voilette *f*, de chaise, de fauteuil. **3.** **Street tidy**, corbeille *f* à ordures. **4.** **Hair-tidy**, récipient *m* pour peignures.

tidy³, *v.tr.* Ranger; mettre de l'ordre dans, arranger (une chambre, etc.). **To tidy one's hair**, s'arranger les cheveux. *To t. the garden paths*, nettoyer les allées du jardin. **To tidy oneself (up)**, faire un bout, un brin, de toilette; s'apprêter. **To tidy things up**, tout remettre à sa place. **To tidy away** *the books*, ranger les livres. *To t. up a room*, mettre une chambre en ordre, (re)mettre de l'ordre dans une chambre. *T. up the room a bit*, mettez un peu d'ordre dans la chambre. *T. up your things*, serrez vos effets. *Nau:* **To tidy up the rigging**, alester le gréement. *Abs.* **To tidy up**, tout remettre en place.

tie¹ [tai], *s.* **1.** (*a*) Lien *m*; attache *f*. **My family ties**, mes liens de famille. *F:* **Ties of friendship**, liens, nœuds *m*, de l'amitié. *Our close ties with this district*, nos attaches dans cette région. **To break one's ties** *with a party*, se désolidariser d'un parti. *To sever the marriage tie of a man and wife*, démarier deux époux. (*b*) Assujettissement *m*. *Her children are a tie on her*, ses enfants sont pour elle une entrave continuelle. *She was more of a tie than a companion*, elle était une attache plutôt qu'une dame de compagnie. **2.** (*a*) Lien (de corde, de paille, d'osier, etc.); centaine *f* (d'un écheveau). (*b*) *Nau:* Itague *f*. (*c*) Lacet *m*, cordon *m* (de soulier). (*d*) *Cost:* **(Neck-)tie**, nœud, cravate *f*. **Made-up tie**, cravate toute faite. **Four-in-hand tie**, cravate-plastron *f*, *pl.* cravates-plastrons. *Wearing a white (evening) tie*, en cravate blanche. *F:* **A white-tie affair**, un dîner d'apparat; une soirée de cérémonie. **Woman's fur tie**, cravate de fourrure. *See also* BOW-TIE. **3.** *Const:* *etc:* Chaîne *f*, crampon *m*, ancre *f*, ancrure *f*, moufle *f*, moise *f*, amoise *f*, entretoise *f*; tirant *m*. *Rail:* *U.S:* Traverse *f* (portant les rails). *Av:* Câble *m* d'haubannage. *Const:* *Hooked tie*, harpon *m*, harpe *f*; ancre à fourchette. *Series of ties*, chaînage *m*. *See also* CROSS-TIE, LAND-TIE, WALL-TIE. **4.** *Mus:* Liaison *f* (rattachant deux notes liées). **5.** (*a*) *Sp:* Match *m* ou course *f* à égalité, à points égaux, à égalité de points. **To play off a tie**, rejouer un match à égalité. *Playing off of a tie*, barrage *m*. **Tie award**, prix *m* ex æquo. (*b*) Match de championnat. *See also* CUP-TIE. (*c*) **The election ended in a tie**, les candidats obtinrent un nombre égal de suffrages.

'tie-bar, *s.* **1.** *Const:* Moufle (noyée dans la maçonnerie). **2.** (*a*) *Mec.E:* *etc:* Tirant *m*; barre *f* d'entretoisement. (*b*) *Rail:* Entretoise *f* (de rail).

'tie-beam, *s.* *Const:* Moufle *f or m*; longrine *f*, moise *f*; entrait *m*; blochet *m* (de toit); tirant *m* (de charpente de fer, etc.); *Civ.E:* raineau *m* (de pilotis).

'tie-bolt, *s.* *Mec.E:* *etc:* Tirant *m*.

'tie-clip, *s.* Pince *f* à cravate, fixe-cravate *m*, *pl.* fixe-cravates.

'tie-irons, *s.pl.* *Const:* Chaînage *m*.

'tie-pin, *s.* Épingle *f* de cravate.

'tie-plate, *s.* **1.** (*a*) *Const:* Ancre *f*. (*b*) Plaque *f* d'assise; tôle *f* de jonction. **2.** *N.Arch:* Virure *f* d'hiloire. **3.** *Rail:* Selle *f* d'appui, d'arrêt (des rails).

'tie-rod, *s.* Tirant *m*; barre *f* d'accouplement. *Const:* Entrait *m* (de toit). *Rail:* Tringle *f* de connexion (des aiguilles). **Boiler tie-rod**, barre d'écartement de chaudière.

'tie-wig, *s.* Perruque *f* à nœuds, à marteaux.

tie², *v.* (**tied**; **tying**) I. *v.tr.* **1.** (*a*) Attacher (un chien à sa niche, etc.); lier (qn à un poteau). *To tie together*, lier ensemble. *F:* **To tie s.o.'s hands**, enlever à qn toute liberté d'action; lier les mains à qn. **To be tied and bound**, (i) être ligoté; avoir pieds et poings liés; (ii) *F:* avoir les mains liées. **To be tied to one's bed**, être cloué au lit (par la maladie, etc.). **To be tied to the spot** *by urgent business*, être cloué sur place par des affaires pressantes. **To be tied to one's duties, to one's work**, être toujours à l'attache; *F:* être rivé à la chaîne. *To be tied to a thankless task*, être enchaîné, attelé, à un travail ingrat. **To be tied to one's mother's apron-strings**, être pendu aux jupons de sa mère. *See also* TONGUE-TIE². (*b*) Lier, nouer (un lacet, une ficelle, etc.); faire (un nœud, sa cravate); (*of woman*) attacher, nouer (les brides de son chapeau). *To tie one's neck-tie*, faire son nœud de cravate. *Fish:* **To tie a fly**, monter une mouche. *Surg:* **To tie an artery**, ligaturer une artère. *See also* KNOT¹ 4. **2.** *Const:* Chaîner, moufler (les murs). *Mec.E:* Renforcer (une chaudière, etc.) avec des tirants; entretoiser (un cadre, etc.). **3.** *Mus:* Lier (deux notes).

II. **tie**, *v.i.* *Sp:* *etc:* Être, arriver, à égalité (*with*, avec). (*Of candidates*) Obtenir un nombre égal de suffrages. *Sch:* **To tie for first place**, être premier ex æquo (*with*, avec).

tie down, *v.tr.* **1.** Immobiliser (qn) en l'attachant contre terre, sur son lit; assujettir (un objet qui pourrait se déplacer). **2.** (*a*) Assujettir (qn) à certaines conditions. (*b*) **Tied down to one's duties**, assujetti à ses fonctions. **To tie s.o. down to a task**, asservir, astreindre, qn à une tâche. *To tie s.o. down to facts*, obliger qn à ne pas s'écarter des faits.

tie on, *v.tr.* Attacher (une étiquette, etc.) avec une ficelle.

'tie-on, *attrib.a.* **Tie-on label**, étiquette *f* à œillets; fiche *f*.

tie up, *v.tr.* **1.** Attacher, ficeler (un paquet, etc.). **To tie up one's hair**, se nouer les cheveux. *To tie up a sack*, lier, ficeler, le haut d'un sac. *To tie up a wounded arm*, bander, panser, un bras blessé. **2.** (*a*) Attacher (un cheval); mettre (un cheval) à l'attache. (*b*) **To tie up a ship**, amarrer un bâtiment. **3.** *F:* **To tie up a succession**, rendre un legs, une succession, inaliénable. **To tie up one's capital**, immobiliser ses capitaux. **4.** *Bookb:* Fouetter (un volume). **5.** *Hort:* Accoler (un ceps, etc.). **6.** *F:* (*Of priest, etc.*) Marier (deux personnes). To get **tied up**, se marier; *F:* se mettre la corde au cou. **7.** (*a*) *U.S:* *F:* Entraver, gêner (la circulation, etc.). (*b*) *We have been tied up for want of raw materials*, nous avons été arrêtés faute de matières premières. **8.** *v.i. U.S:* **To tie up to, with, s.o., with a business house,** s'associer, s'unir, se joindre, à qn, à une maison de commerce.

'tie-up, *s.* **1.** Ruban *m*, cordon *m*. **2.** (*a*) *U.S:* Obstruction *f*, arrêt *m* (de la circulation, etc.); suspension forcée (du travail). (*b*) Impasse *f*; situation *f* sans issue. **3.** *Box: etc: F:* Coup décisif; coup de grâce. **4.** Association *f*, union *f* (de maisons de commerce, etc.).

tying up, *s.* **1.** Ficelage *m* (d'un paquet); bandage *m*, pansement *m* (d'un bras blessé). **2.** Mise *f* à l'attache (d'un cheval, etc.). **3.** Immobilisation *f* (de ses capitaux). **4.** *Hort:* Accolage *m* (d'un cep).

tied, *a.* **1.** Assujetti (à son service, etc.). **To keep s.o. close tied,** ne laisser aucune liberté à qn. **Job that keeps one close tied,** travail assujettissant. **To be tied for time,** être pressé; être à court de temps. **2. Tied (public-)house,** débit de boissons qui est astreint à ne vendre que les produits d'une certaine brasserie. **3.** *Mus:* **Tied notes,** notes liées.

tying[1], *a.* (Travail, etc.) assujettissant.

tying[2], *s.* **1.** Nouage *m* (d'un cordon). *Fish:* Montage *m* (de l'hameçon, de la mouche). **2.** *Const:* Chaînage *m* (des murs); renforcement *m* (d'une chaudière, etc.) avec des tirants.

tier[1] [tiːər], *s.* **1.** (*a*) Rangée *f* (de sièges, de barriques, etc.); étage *m*. *Nau:* Plan *m* d'arrimage. **Ground tier,** plan inférieur. *Tiers of an amphitheatre*, gradins *m* d'un amphithéâtre. *Hills rising* **tier upon tier,** collines disposées en gradins, en assises, en amphithéâtre. *Plateau rising in tiers*, plateau étagé en terrasses. **To arrange in tiers,** disposer par étages; étager (des marchandises, etc.). *To rise, stand, in tiers*, s'étager. *Th:* **First tier,** premier balcon. **First tier box,** loge *f* de premier rang, de premier balcon. **Highest tier of boxes,** loges du cintre. *See also* GROUND-TIER. (*b*) *Nau:* Rangée, ligne *f* (de navires). (*c*) *Nau:* Glène *f* (de filin). **2.** *Nau:* **Cable tier,** cale *f* à filin.

tier[2] ['taiər], *s.* Attacheur, -euse; lieur, -euse.

tierce [tiːərs], *s.* **1.** *Cards: Fenc: etc:* Tierce *f*. *See also* QUART[2] 1. **2.** *Com: A:* (*a*) Tierçon *m* (de 42 *gallons*). (*b*) Fût *m* de la contenance d'un tierçon.

'tierce point, *s.* *Geom: Arch:* Tiers-point *m*.

tierced ['tiːərst], *a.* *Her:* Tiercé.

tiercel ['tiːərs(ə)l], *s.* = TERCEL.

tierceron ['tiːərsərən], *s.* *Arch:* Tierceron *m*.

tiered ['tiːərd], *a.* (*a*) A gradins, à étages. (*b*) **Three-tiered cake,** pièce montée à trois étages. **Three-tiered stand** (*for flowers, etc.*), étagère *f* à trois tablettes.

Tierra del Fuego [ti'eradelfu'eigo]. *Pr.n. Geog:* La Terre de Feu.

tiff[1] [tif], *s.* **1.** Petite querelle (entre amoureux, entre époux); fâcherie *f*. *They have had a t.*, ils se sont chamaillés; il y a entre eux de la fâcherie, de la pique. **To have a tiff with s.o.,** avoir une légère difficulté avec qn. **2.** *A:* Gorgée *f*, lampée *f* (de boisson).

tiff[2], *v.i.* **1.** (*Anglo-Indian*) Déjeuner (à midi). **2.** Être de mauvaise humeur; bouder. **3.** *A:* Boire un coup. *v.tr.* Boire, lamper (qch.).

tiffany ['tifəni], *s.* *Tex:* Gaze *f*; canevas *m* de soie; mousseline *f*.

tiffin ['tifin], *s.* (*Anglo-Indian*) Déjeuner *m* (de midi).

tig[1] [tig], *s.* (Jeu *m* de) chat *m*. *To play tig*, jouer à, au, chat. **Cross-tig,** chat coupé. **Long tig,** chat perché.

tig[2], *v.tr.* (**tigged; tigging**) Toucher (qn) (au jeu de chat).

tige [tiːʒ], *s.* **1.** *Bot:* Tige *f*. **2.** *Arch:* Fût *m* (de colonne).

tigel(le) [ti'ʒel], **tigella** [ti'dʒelə], *s.* *Bot:* Tigelle *f*.

tigellate ['tidʒelet], *a.* *Bot:* Tigellé.

tiger ['taigər], *s.* **1.** (*a*) *Z:* Tigre *m*. **Bengal tiger,** tigre du Bengale; tigre royal. **American tiger,** tigre d'Amérique; grande panthère des fourreurs; jaguar *m*. **Red tiger,** tigre rouge; lion *m* des Péruviens; couguar *m*. (*b*) *F:* (*Of pers.*) **A tiger at the card-table,** homme *m* âpre au jeu. *At tennis he's a t.*, c'est un as au tennis. **2.** *A:* Tigre, groom *m*, petit laquais. **3.** *U.S:* Encore une acclamation, encore un hourra (en plus des trois acclamations réglementaires).

'tiger-beetle, *s.* *Ent:* Cicindèle *f* champêtre.

'tiger-cat, *s.* *Z:* Chat-tigre *m*, *pl.* chats-tigres; serval, -als *m*; ocelot *m*.

'tiger-eye, *s.* *Lap:* Œil-de-chat *m*; œil-de-tigre *m*, *pl.* œils-de-chat, -de-tigre.

'tiger-flower, *s.* *Bot:* Tigridie *f*.

'tiger-lily, *s.* *Bot:* Lis tigré.

'tiger-moth, *s.* *Ent:* Arctie *f*.

tigerish ['taigəriʃ], *a.* **1.** De tigre; (*of colour*) tigré. **2.** Cruel (comme un tigre); sanguinaire, féroce.

tight [tait]. I. *a.* **1.** (*Of partition, etc.*) Imperméable (à l'eau, à l'air, etc.); à l'épreuve (du gaz, etc.); (*of ship, container*) étanche; (*of joint*) hermétique. **To make a ship tight,** mettre un navire à l'étanche. *See also* AIR-TIGHT, LIGHT-TIGHT, WATERTIGHT, WIND-TIGHT. **2.** (*a*) (*Of cord, etc.*) Raide, tendu. **To draw a cord tight,** serrer un cordon. *Cord that is too t.*, corde qui est trop tendue, qui bride trop, qui bande trop. *Nau:* **To haul a cable tight,** palanquer une amarre. **To heave tight** *the turns of a seizing*, raidir, souquer, les tours d'un amarrage. *The moorings are too t.*, les amarres *f* sont trop raides. *Equit:* **To keep a tight hand on the reins,** tenir la bride serrée. *F:* **To keep a tight hand, a tight hold, over s.o.,** tenir qn serré; tenir qn de court; mener, tenir, qn en laisse. (*b*) (*Of clothes*) (**Skin-)tight,** collant. **Tight round the waist,** cintré. **(Too) tight,** étriqué; trop juste. *My coat is* (*too*) *t. under the arms*, mon habit me gêne, me bride, aux entournures. *T. shoes*, souliers trop petits, (trop) étroits, trop justes. *My shoes are too t.*, mes souliers me gênent. *To have t. shoes*, être étroitement chaussé. *His clothes were so t. he could hardly move*, *F:* il était ficelé comme une andouille. *F:* **To be in a tight corner,** être en mauvaise passe; être dans une position critique, dans un mauvais pas, dans le pétrin; n'en pas mener large. *See also* FIT[3], SQUEEZE[1] 2. (*c*) (*Of furniture, mortise, etc.*) Bien ajusté; (*of leg of chair*) solide; (*of knot, screw*) serré. *The nut is t.*, l'écrou est serré à bloc, à refus; l'écrou est bloqué. *The mortise is not t.*, la mortaise a du jeu. *The nut is not t.*, l'écrou n'est pas bloqué. *The cork was t. in the bottle*, le bouchon était solidement enfoncé dans la bouteille. (*d*) *Bookb:* *Binding with a* **tight back,** reliure *f* à dos fixe, plein. **3.** *A:* Propret, gentil, coquet. *A t. little wench*, une gentille petite. *A t. little house*, une petite maison bien construite et commode. **4.** (*a*) *Sp:* **Tight match,** match serré, chaudement disputé. (*b*) *Fin:* (*Of money*) Resserré, rare. (*c*) **Tight bargain,** transaction *f* qui laisse très peu de marge. **5.** *P:* **To be tight,** être ivre, gris, soûl; être en ribote. **To get tight,** se cuiter; prendre une cuite. **As tight as a fiddler,** soûl comme une grive. **-ly,** *adv.* **1.** *Door that shuts t.*, porte *f* qui ferme hermétiquement. *Eyes t. shut*, yeux bien fermés. **2.** (*a*) (Tendre, etc.) fortement. (*b*) Étroitement. *Hands t. clasped*, mains étroitement serrées. *To hold sth. t.*, tenir qch. serré; serrer qch. dans ses mains, dans ses bras. *To fit t.*, être bien ajusté. *We were t. packed*, nous étions comme des sardines en boîte, comme des harengs en caque.

II. **tight,** *adv.* **1.** Hermétiquement. *To close t.*, (se) fermer hermétiquement. **Shut tight, tight shut,** (porte) hermétiquement close; (yeux) bien fermés. *Window that does not shut t.*, fenêtre *f* qui joint mal. **2.** (*a*) Fortement, fermement. **To hold sth. tight,** tenir qch. serré; serrer qch. dans ses bras, entre les mains. **To screw a nut up tight,** visser, serrer, un écrou à bloc, à refus. *To screw up a wing-nut* **hand-tight,** serrer un écrou ailé avec les doigts. *See also* SPANNER 1. **To blow up a football tight,** gonfler un ballon jusqu'à ce qu'il soit bien tendu. **To pump the tyres tight,** mettre les pneus au rond. *P:* **Blow me tight!** par exemple! bigre! mâtin! *See also* HOLD[2] II. 1, SIT[2] I. 1. (*b*) Étroitement. *To squeeze sth. t.*, serrer qch. étroitement. **To fit tight,** être bien ajusté. *Your coat fits you too t.*, votre veston est trop juste. *See also* LACE[2] 1.

'tight-'belted, *a.* La taille serrée par une ceinture.

'tight-'drawn, *a.* Serré. *Esp.* **Tight-drawn lips,** lèvres serrées, pincées.

'tight-'fisted, *a.* *F:* Serré; ladre; dur à la détente; pingre, rapiat, rat.

'tight-fitting, *a.* **1.** (Vêtement) collant. **2.** (*Of joint, etc.*) Bien ajusté; (*of door*) qui ferme hermétiquement.

'tight-'laced, *a.* **1.** (*Of figure, etc.*) Étranglé par le corset; serré dans son corset. **2.** *F:* Collet monté *inv*; guindé; prude.

'tight-'lacing, *s.* Port *m* de corsets trop serrés.

'tight-'packed, *a.* Étroitement serré; *F:* (*of persons*) comme des harengs en caque.

'tight rope, *s.* Corde tendue; corde raide. **Tight-rope walker,** danseur, -euse, de corde; funambule *mf*.

'tight-'sleeved, *a.* A manches étroites.

'tight-wad, *s.* *U.S:* *P:* Grippe-sou *m*, *pl.* **grippe-sou(s)**; pingre *m*, rapiat *m*, rat *m*.

tighten ['tait(ə)n]. **1.** *v.tr.* (*a*) Serrer, resserrer (une vis, un nœud, etc.); bloquer (un écrou); revisser (une pièce de mécanisme); bander, tendre (un ressort); retendre (une courroie); tendre, raidir, *Nau:* embraquer (un cordage, etc.); *Nau:* rider (les haubans). *To t. a violin string*, remonter, tendre, une corde. *Aut:* **To tighten up** *the steering-gear*, rattraper le jeu de la direction. **To tighten up** (*or* **down**) **hard,** serrer à refus, à bloc (un écrou); bloquer (un écrou). *F:* **To tighten the bonds of friendship,** resserrer les liens de l'amitié. *To t. economic bonds*, resserrer les liens économiques. **To tighten one's belt,** (i) serrer sa ceinture, son ceinturon; (ii) *F:* se serrer le ventre; se boucler la ceinture; *P:* se la boucler. *See also* SCREW[1] 1. (*b*) **To tighten (up) a blockade, restrictions,** renforcer un blocus, des restrictions. **2.** *v.i.* (*a*) Se (res)serrer. *His lips tightened*, ses lèvres se serrèrent; il pinça les lèvres. (*b*) (*Of spring*) Se bander; (*of cable, etc.*) devenir tendu; se tendre; raidir.

tightening, *s.* **1.** Serrage *m*, (res)serrement *m*. *T. nut*, écrou *m* de serrage, de tension. **2.** Raidissement *m* (d'un cordage); bandage *m* (d'un ressort). **3.** (*a*) Renforcement *m* (d'un blocus, etc.). (*b*) **Tightening of money conditions,** resserrement des conditions financières.

tightener ['tait(ə)nər], *s.* **1.** *Mec.E: etc:* (*Device*) Tendeur *m*, raidisseur *m*. *Tg: etc:* **Stay tightener,** tendeur de haubans. **2.** *P:* Gueuleton *m*, bâfrée *f*.

tightness ['taitnəs], *s.* **1.** Étanchéité *f* (d'un vaisseau); imperméabilité *f* (d'une cloison, etc.); herméticité *f* (d'un masque à gaz, etc.). *See also* AIR-TIGHTNESS, WATERTIGHTNESS. **2.** (*a*) Tension *f*, raideur *f* (d'un cordage). (*b*) *Med:* **Tightness of the chest,** oppression *f* de la poitrine; difficulté *f* à respirer. *To feel a t. across the chest*, avoir la poitrine oppressée. **Tightness of the pulse,** tension du pouls. (*c*) Étroitesse *f* (d'un lien, d'un nœud, etc.); force *f* (d'une étreinte). (*d*) Étroitesse (d'un vêtement). **3.** *Fin:* Resserrement *m*, rareté *f* (de l'argent).

tights [taits], *s.pl.* **1.** *A:* Culotte collante; pantalon collant (se porte encore avec l'habit de cour). **2.** *Th: etc:* Collant *m*, maillot *m*. **Flesh-coloured tights,** maillot chair, *pl.* maillots chair.

Tigranes [ti'greiniːz]. *Pr.n.m. A.Hist:* Tigrane.

tigress ['taigres], *s.f.* *Z:* Tigresse.

tigrine ['taigrain], *a.* (*Of skin, etc.*) Tigré.

Tigris (the) [ðə'taigris]. *Pr.n. Geog:* Le Tigre.

tike [taik], *s.* = TYKE.

til [til], *s.* *Bot:* Till *m*, teel *m*; sésame *m* de l'Inde. **Til-seed oil,** huile *f* de sésame.

tilbury ['tilbəri], *s.* *Veh:* Tilbury *m*.

tilde ['tilde], *s.* *Span.Gram:* Tilde *m*. *Having a t.*, tildé.

tile[1] [tail], *s.* **1.** Tuile *f* (de toiture, etc.). **Flat tile, plain tile,** tuile plate. **Crest tile,** tuile faîtière. *F:* **He spends his nights on the tiles,** il traîne dehors toute la nuit. *P:* **To have a tile loose,** être toqué, timbré. *See also* GUTTER-TILE, HIP[1] 2, RIDGE-TILE. **2.** *P:* Chapeau *m*; *esp.* chapeau haut de forme; *F:* couvre-chef *m*.

pl. couvre-chefs; *P:* galurin *m.* **3.** Carreau *m.* **Paving tile,** brique *f* à paver; carreau de carrelage. **Dutch tile,** carreau de céramique vernissée; carreau glacé. *See also* TEA[1] 2, WALL-TILE. **4. Chimney-flue tile,** boisseau *m. See also* DRAIN-TILE.

'tile-clay, *s.* Argile téguline.

'tile-field, *s.* Tuilerie *f.*

'tile-kiln, *s.* **1.** Tuilerie *f.* **2.** Four *m* à carreaux.

'tile-maker, *s.* **1.** Tuilier *m.* **2.** Carrelier *m.*

'tile-works, *s.pl.* = TILERY.

tile[2], *v.tr.* **1.** Couvrir (un comble) de tuiles, en tuiles. **2.** Carreler (un plancher, etc.). **3.** (*a*) *Freemasonry:* Tuiler (la loge); garder l'entrée de (la loge). (*b*) *F:* Faire jurer le secret à (qn). *We are all tiled,* nous sommes tous sous le sceau du secret.

tiled, *a.* **1.** (Toit *m*) de, en, tuiles. **2.** (Pavage) carrelé, en carreaux; (paroi *f*, etc.) à carreaux vernissés.

tiling, *s.* **1.** (*a*) Pose *f* des tuiles (sur une maison, etc.). (*b*) Carrelage *m*; pose des carreaux. **2.** *Coll.* (*a*) Couverture *f*, toiture *f*, en tuiles. *See also* RIDGE-TILING. (*b*) Carrelage, carreaux *mpl.*

tiler ['tailər], *s.* **1.** (*a*) Couvreur *m* (en tuiles). (*b*) *A:* Tuilier *m.* **2.** Carreleur *m.* **3.** *Freemasonry:* (Frère) couvreur; tuileur *m.*

tilery ['tailəri], *s.* **1.** Tuilerie *f.* **2.** Fabrique *f* de carreaux.

tiliaceae [tili'eisii:], *s.pl. Bot:* Tiliacées *f.*

tiliaceous [tili'eiʃəs], *a. Bot:* Tiliacé.

till[1] [til], *v.tr.* Labourer, cultiver.

tilling, *s.* Labour *m*, labourage *m*, culture *f.*

till[2], *s. Com:* Tiroir-caisse *m*, *pl.* tiroirs-caisses; casier *m* à monnaie. *F:* **To be caught with one's hand in the till,** être surpris la main dans le sac, en flagrant délit; être pris sur le fait.

'till-money, *s. Com:* Encaisse *f* (d'un magasin).

till[3]. **1.** *prep.* (*a*) Jusqu'à. *Till to-morrow,* jusqu'à demain. *Till now, till then,* jusqu'ici, jusque-là. **From morning till night,** du matin au soir. **Good-bye till Thursday!** à jeudi! *He worked till late at night,* il travaillait tard dans la nuit. *Go and rest till dinner-time,* allez vous reposer en attendant l'heure du dîner. *Wait till after the holidays,* attendez jusqu'après les vacances. *To wait till later,* attendre à plus tard. (*b*) **Not till,** pas avant. *Not till after ten o'clock,* pas avant dix heures passées. *He will not come till after dinner,* il ne viendra qu'après le dîner. *He did not begin till* 1880, ce ne fut qu'en 1880 qu'il commença. *It was not till I met him that . . .,* ce ne fut qu'après notre rencontre que. . . . *The news was not told to Hilda till the evening,* ce ne fut que le soir que Hilda apprit la nouvelle. *I have never heard of it till now,* c'est la première fois que j'en entends parler. *I can do nothing till Monday,* je ne peux rien faire avant lundi. **2.** *conj.* (*a*) Jusqu'à ce que + *sub. Till all the doors are shut,* jusqu'à ce que toutes les portes soient fermées. *I will sleep till the car returns,* je vais dormir en attendant que la voiture revienne, en attendant le retour de la voiture. *He ran till he fell exhausted,* il courut jusqu'à tomber épuisé. **To laugh till one cries,** rire aux larmes. *To work on a picture till it is ruined,* retoucher un tableau au point de le gâter. (*b*) **Not till,** pas avant que + *sub. He will not come till you invite him, till he is invited,* il ne viendra pas avant que vous (ne) l'invitiez, avant d'être invité. *I will not go out till I have my money,* je ne sortirai d'ici que lorsque j'aurai mon argent. *He did not cease his efforts till he had brought the whole crew ashore,* il ne cessa pas ses efforts qu'il n'eût amené tout l'équipage à terre. *I will not leave him till the matter is concluded,* je ne le quitterai pas que l'affaire ne soit terminée.

till[4], *s. Geol:* Terrain *m* erratique; argile *f* à blocaux.

tillable ['tiləbl], *a.* Labourable, cultivable, arable.

tillage ['tiledʒ], *s.* **1.** Labour *m*, labourage *m*, agriculture *f*, culture *f.* **Tillage implements,** instruments *m* de culture. **Land in tillage,** terre *f* en labour. **2.** Terre en labour; labours.

tiller[1] ['tilər], *s.* **1.** *Nau:* Barre franche (de direction); béquille *f* (du gouvernail). **To put the tiller hard over,** donner un brusque coup de barre. **2.** *Aut:* **Tiller steering,** direction *f* par levier à main.

'tiller-chain, *s. Nau:* Drosse *f* du gouvernail.

'tiller-lines, *s.pl. Row:* Tire-v(i)eilles *f.*

'tiller-rope, *s. Nau:* Drosse *f* du gouvernail.

'tiller-wheel, *s. Nau:* Roue *f* du gouvernail.

'tiller-yoke, *s. Row:* Barre *f* à tire-v(i)eilles.

tiller[2], *s.* Laboureur *m*, cultivateur *m.*

tiller[3], *s.* **1.** *Agr: Hort:* Talle *f* (du blé, etc.). **2.** *For:* Baliveau *m.*

tiller[4], *v.i. Agr: Hort:* Taller. *Corn that tillers well,* blé *m* qui gerbe bien.

tillering, *s.* Tallage *m.*

Tilly ['tili]. *Pr.n.f.* (*Dim. of Matilda*) Mathilde.

tilt[1] [tilt], *s.* **1.** Inclinaison *f*, pente *f*; dévers *m*; dévoiement *m. Geol:* Relèvement *m* (d'une couche, d'une faille). *Nau:* Gîte *f*, bande *f. Veh:* Carrossage *m* de l'essieu. **To be on the tilt,** être penché, incliné, dévoyé. **To give a cask a tilt,** faire pencher un tonneau; incliner un tonneau. *Nau:* **Tilt test,** essai *m* de gîte; essai de bande. **2.** (*a*) *A:* Joute *f*, tournoi *m.* (*b*) *A:* Coup *m* de lance. *F:* **To have a tilt at s.o.,** jouter avec qn, donner un coup de patte à qn (dans un débat); allonger une botte à qn. (*c*) (**At**) **full tilt,** à toute vitesse; au grand galop. **To run full tilt into sth.,** donner en plein contre qch.; se jeter tête baissée, à corps perdu, contre qch. **To ride (at) full tilt,** aller à franc étrier, à bride abattue. *F: He was writing full t.,* il écrivait sans arrêt. **3.** *Metall:* = TILT-HAMMER.

'tilt-hammer, *s. Metall:* Martinet *m*; marteau *m* à soulèvement, à bascule.

'tilt-yard, *s. A:* Carrousel *m*; lice *f*; champ clos.

tilt[2]. I. *v.i.* **1.** (*a*) **To tilt (up),** s'incliner; pencher; *Geol:* (*of stratum*) se relever. **To tilt backwards,** incliner vers l'arrière. **To tilt forward,** incliner vers l'avant. **To tilt over,** (i) se pencher, s'incliner; (ii) (*of table, etc.*) se renverser. (*b*) (*Of ship*) Prendre de la bande, de la gîte. (*c*) (*Of bench, form*) **To tilt up,** basculer. **2.** *A:* (*a*) Jouter (*with s.o.,* avec qn). (*b*) **To tilt at s.o.,** (i) courir sur qn la lance en arrêt; courir une lance contre qn; fondre sur qn la lance en avant; (ii) *F:* donner un coup de patte, allonger une botte, à qn (dans les journaux, dans un débat). **To tilt at abuses,** attaquer les abus. *See also* QUINTAIN, WINDMILL 1.

II. **tilt,** *v.tr.* **1.** (*a*) Pencher, incliner (un tonneau, sa chaise, etc.). *To t. one's hat over one's eyes,* rabattre son chapeau sur ses yeux. *With his hat tilted over his ear,* le chapeau sur l'oreille. **To tilt one's chair back,** se balancer, se renverser, sur sa chaise. *Aut: etc: To t. back a seat,* rabattre un siège. **To tilt up the head-lamp,** relever le phare. **To tilt over a table, a bench,** renverser une table; faire basculer un banc. (*b*) Culbuter, faire basculer (une charrette). **To tilt stones out of a cart,** déverser, verser, les pierres d'une charrette. **2.** *Metall:* Martiner, marteler (le fer).

tilted[1], *a.* Incliné, penché. *T. to the vertical,* incliné sur la verticale. *Geol:* **Tilted strata,** couches redressées. *See also* TIP-TILTED.

tilting[1], *a.* (i) Incliné, penché; (ii) inclinable; (iii) (mouvement *m*, etc.) basculaire. **Tilting seat,** strapontin *m*; siège abattant, basculant, à bascule. *Aut: etc:* **Tilting reflector,** réflecteur *m* à bascule. *Phot: etc:* **Tilting head,** plate-forme *f* à bascule (du trépied).

'tilting-table, *s. Mec.E:* Table *f* à inclinaison.

tilting[2], *s.* **1.** Inclinaison *f*, pente *f*; dévoiement *m.* **Tilting device,** dispositif *m* d'inclinaison; bascule *f* (de table-support de projecteur, etc.); culbuteur *m* (de wagons, etc.). **2.** *A:* Joute *f.* **Tilting at the ring,** jeu *m* de bagues. **3.** Basculage *m*, culbutage *m* (d'un tombereau, etc.); déversement *m* (du contenu).

'tilting-lance, *s.* Lance *f* de joute; lance courtoise.

'tilting-match, *s.* Carrousel *m*, joute *f.*

'tilting-spear, *s.* = TILTING-LANCE.

tilt[3], *s.* **1.** (*a*) *Veh:* Bâche *f*, banne *f.* (*b*) *Nau:* Tendelet *m.* **2.** (*In Labrador, etc.*) Cabane *f* (de bûcheron, de pêcheur).

'tilt-roof, *s. Const:* Toit arrondi.

tilt[4], *v.tr.* **1.** Couvrir d'une bâche; bâcher, banner (une charrette, etc.). **2.** Couvrir (une embarcation) d'un tendelet.

tilted[2], *a.* Bâché, banné.

tilter ['tiltər], *s.* **1.** *A:* Jouteur *m.* **2.** (*a*) *Metall:* (*Pers.*) Martineur *m.* (*b*) = *tilting device, q.v. under* TILTING[2] 1.

tilth [tilθ], *s. Agr:* **1.** Labour *m*, labourage *m*, culture *f.* **2.** (*a*) Couche *f* arable; profondeur de sol labourée. (*b*) Cultures; *Lit:* guérets *mpl.*

Tim [tim]. *Pr.n.m. F:* Timothée. **Tired Tim,** le camarade de "*Weary Willie,*" *q.v. under* WEARY[1] 1.

Timaeus [tai'mi:əs]. *Pr.n.m. Gr.Phil:* Timée.

timbale [tɛ̃'bal], *s. Ent:* Timbale *f* (de la cigale).

timber[1] ['timbər], *s.* **1.** (*a*) Bois *m* d'œuvre; bois à ouvrer. **Building timber,** bois de construction, de service, de charpente. **Rough(-hewn) timber,** bois en grume; bois dressé à la hache. **Round timber, timber in the round,** bois rond, non équarri. **Squared timber,** bois équarri. **Dimension timber,** bois débité. **Cloven timber,** bois de fente. **To cut timber,** faire du bois. **Timber bridge,** pont *m* en bois. (*b*) **Standing timber,** bois sur pied; arbres *mpl* de haute futaie; bois en état, en étant. **To cut down timber, to fell timber,** abattre, couper, le bois. **To put a district under timber,** boiser une région. *See also* WOLF[1] 1. **2.** (*a*) **Piece of timber,** *F:* **timber,** poutre *f*, madrier *m.* (*b*) *N.Arch:* Couple *m*, allonge *f*, membre *m.* **Chief timbers,** couples de levée. **Stern timbers,** jambettes *f* de voûte; quenouillettes *f.* **Filling timber,** couple, membre, de remplissage. **Timber and space,** maille *f. See also* CANT-TIMBER, FLOOR[1] 1, KNEE-TIMBER. (*c*) *pl. P:* **Timbers,** jambes *f* de bois. *P: A:* **Shiver my timbers!** sapristi! nom d'un chien! mille tonnerres! tonnerre de Dieu! *Shiver my timbers if . . .,* le diable m'emporte si. . . . **3.** *U.S: F:* Qualité *f*, trempe *f* (de qn). **He is real ministerial timber,** il est du bois dont on fait les ministres.

'timber-cart, *s.* Trique-balle *m or f*, *pl.* trique-balles.

'timber-chute, *s.* = TIMBER-SHOOT.

'timber-claim, *s.* Concession forestière.

'timber-head, *s. N.Arch:* Jambette *f*, patin *m.*

'timber-hitch, *s.* Nœud *m* de bois, d'anguille.

'timber-merchant, *s.* Marchand *m* de bois.

'timber-pond, *s. Nau:* Fosse *f* au bois.

'timber-shoot, *s. For:* Lançoir *m.*

'timber-toe, *s. F:* **1.** Jambe *f* de bois. **2.** Timber-toes, homme *m* à la jambe de bois.

'timber-trade, *s.* Commerce *m* du bois.

'timber-tree, *s.* Arbre *m* de haute futaie.

'timber-wain, 'timber-wheels, *s. For:* = TIMBER-CART.

'timber-work, *s.* **1.** Construction *f* en bois. **2.** Charpente *f.*

'timber-yard, *s.* Chantier *m* (de bois de charpente).

timber[2]. **1.** *v.tr.* Boiser, blinder, cuveler (un puits de mine, etc.). **2.** *v.i.* (*Of lumberer*) Faire du bois.

timbered, *a.* (*a*) (Maison *f*, etc.) en bois. *T. excavation,* fouille blindée. *See also* HALF-TIMBERED, WELL-TIMBERED. (*b*) (*Of land*) Boisé.

timbering, *s.* **1.** Boisage *m*, boisement *m* (d'une région). **2.** Boisage; (i) blindage *m*, cuvelage *m* (d'un puits de mine); (ii) armature *f* (de bois). *Arch:* Forêt *f* de comble (d'une cathédrale, etc.).

timber[3], *s. Her:* = TIMBRE[2].

timberman, *pl.* **-men** ['timbərmən, -men], *s.m.* **1.** (*a*) Ouvrier en chantier. (*b*) *Nau:* Chargeur, déchargeur, de bois. **2.** *Min:* Boiseur.

timbre[1] ['timbər, tɛ̃br], *s.* Timbre *m* (de la voix, d'un instrument de musique).

timbre[2] ['timbər], *s. Her:* Timbre *m* (surmontant l'écu).

timbred ['timbərd], *a. Her:* (Écu) surmonté d'un timbre.

timbrel ['timbrəl], *s. B:* Tambourin *m.*

Timbuktu [timbʌk'tuː]. *Pr.n. Geog:* Tombouctou *m,* Timbouctou *m.*

time[1] [taim], *s.* **1.** Temps *m. The ravages of t.,* les ravages *m* du temps; *Lit:* l'outrage *m* des ans. **Work of time,** ouvrage *m* de longue haleine. **(Father) Time,** le Temps. **Time will show,** qui vivra verra. *Prov:* **Time is money,** le temps c'est de l'argent. **Time is everything,** qui gagne du temps gagne tout. *Custom the origin of which is lost* **in the mists of time,** coutume *f* dont l'origine se perd dans la nuit des temps. **In (the course of) time, in process of time, as time goes on,** dans le cours, dans la suite, du temps; avec le temps; à la longue. **It was a race against time,** il était de toute importance d'agir vite. **To do sth. against time,** essayer d'accomplir qch. sans avoir le temps matériel pour l'exécuter; faire tout son possible pour achever qch. en temps voulu. *See also* COUNT[1] 1, END[1] 3, ESSENCE 1, FLY[3] I. 3, FORELOCK[1], HANG[2] II. 4, KILL[2] 2, TIDE[1] 2. **2. In a short time,** en peu de temps; sous peu. **In three weeks' time,** en trois semaines. *In a month's t.,* dans un mois d'ici. *F:* **To do sth. in no time,** faire qch. en un clin d'œil, en un rien de temps, en un tour de main, en moins de rien. *To dispatch a job in no t., F:* faire un travail en cinq sec. **He was dressed, ready, in no time,** il eut vite fait de s'habiller; il fut prêt en moins de rien. *They wear out in no t.,* ils s'usent en un rien de temps. **I'll have it done in less than no time,** je vais vous faire ça en un rien de temps, en moins de rien. *Within a very short space of t.,* au bout de très peu de temps; dans un délai très court. **Within the required time,** dans le délai prescrit; dans les délais voulus. *In the shortest possible t.,* dans le plus bref délai. **To take a long time over sth.,** mettre un temps interminable à faire qch. **We were a long time coming over the pass,** nous avons mis longtemps à franchir le col. *We shall not see him* **for a long time to come,** on ne le verra pas d'ici à longtemps. *We haven't seen him* **for a long time past,** nous ne l'avons pas vu de longtemps; voilà longtemps que nous ne l'avons vu. *See also* LONG[1] I. 2. **For some time past,** depuis quelque temps. *He will be in bed* **for some time to come,** il restera alité pendant quelque temps. *See also* COME 7. *To stay in London* **for a time,** rester à Londres pendant quelque temps. *To stay in London* **for a short time,** faire un bref séjour à Londres. **A short time after,** peu (de temps) après. **After a short time,** (i) après un temps assez court; (ii) peu après. **After a time,** après quelque temps; au bout d'un certain temps. **After a long time,** (i) au bout d'un temps assez long; (ii) longtemps après. *It will take some t. to . . .,* il faudra assez longtemps pour. . . . **What a time he takes!** comme il lui faut longtemps! il n'en finit pas! il y met le temps! **All the time,** (i) pendant tout ce temps; (ii) *U.S:* toujours, continuellement. **He has been watching us all this time,** il n'a pas cessé de nous observer. *St.Exch:* **Dealings for time,** négociations *f* à terme. *Sp:* **To keep the time,** chronométrer. **Official time,** temps chronométré. **Time for one lap,** temps sur un tour. *See also* BEING[1], LENGTH 2. **3.** *(a)* **My time is my own,** je ne suis pas sujet à l'heure. *My t. is not my own,* je suis sujet à l'heure; je ne m'appartiens pas. *See also* OWN[2] 1. *I will answer when I have t.,* je vous répondrai à loisir. **To have time on one's hands,** avoir du temps de reste. **There is no time now,** nous n'avons pas le temps à présent. **To have no time to do sth.,** ne pas avoir le temps de faire qch. *I have no t. for a long conversation,* je n'ai pas le loisir d'un long entretien. *I have no t. for idlers,* je n'ai pas le temps de causer avec les oisifs. *P:* **I've no time for him,** il m'embête; ce n'est pas un type intéressant. *You have plenty of t. to think it over,* vous avez tout le temps d'y réfléchir. *F:* **You have heaps of time,** (i) vous avez tout le temps voulu; (ii) ce n'est pas le temps qui vous manque. *Have you the t. to . . .?* avez-vous le temps de . . .? **To lose time,** perdre du temps. **There is no time to lose, to be lost,** il n'y a pas de temps à perdre. **To make up for lost time,** réparer, rattraper, le temps perdu. **To lose no time in doing sth.,** s'empresser, se hâter, de faire qch.; faire qch. sans perdre de temps. *I lost no t. reading your book,* (i) je n'ai pas tardé à lire votre livre; (ii) *Hum:* je n'ai pas gaspillé mon temps à lire votre livre. **To make time to do sth.,** trouver le temps de faire qch. (toute affaire cessante). *Sp: etc:* **To play for time,** gagner du temps. **It takes time,** cela prend du temps. **To take one's time over sth.,** mettre le temps à faire qch. **Take your time,** prenez votre temps; ne vous pressez pas. *F:* **It will take you all your time to . . .,** vous aurez fort à faire pour. . . . *It takes us all our t. to make both ends meet,* c'est à peine si nous joignons les deux bouts. **To stay beyond one's time doing sth.,** s'attarder à faire qch. *To keep s.o. beyond his t.,* attarder qn. **Time's up!** l'heure a sonné! il est l'heure! *F:* c'est l'heure! *Box:* **Time!** allez! *(In public house)* **Time, gentlemen, please!** on ferme! *Fb:* **To play extra time,** jouer les prolongations. *See also* FREE[1] I. 2, MOST 2, PRESSED 3, SPARE[1] 2, WASTE[3] 3. *(b)* **Soldier, convict, nearing the end of his time,** soldat *m,* forçat *m,* qui a bientôt fait, fini, son temps. *P:* **To do time,** faire de la prison; *F:* tirer, tâter, de la prison; *P:* bouffer de la boîte; faire du ballon. **To serve one's time (of apprenticeship),** faire son apprentissage. **Are you out of your time?** avez-vous fini votre apprentissage? *He is not yet out of his t.,* il n'est pas encore sorti d'apprentissage. **Woman well on in her time,** femme dans un état de grossesse avancé. **The house will last our time,** la maison durera autant que nous. *F:* **This hat has done, served, its time,** ce chapeau a fait son temps; *F:* ce chapeau est fini. **4.** *Usu. pl.* Époque *f. (a)* **A sign of the times,** un signe de l'époque. **He is a man of the times,** c'est un homme de son siècle; il est de son siècle. **In the times of Napoleon,** à l'époque, du temps, de Napoléon. **In times past, in olden times,** autrefois, jadis; dans le temps (passé). *Ancient times,* l'antiquité *f.* **The good old times,** le bon vieux temps. **Those were happy times,** c'était le bon temps. *In happier times,* en un temps plus heureux. **The customs of that time,** les usages *m* d'alors. **Time out of mind,** de temps immémorial. **In times to come,** à l'avenir; dans l'avenir; dans les âges futurs. **In my time** *it was different,* de mon temps c'était différent. **In our time,** de nos jours. **The times we live in,** notre époque; notre siècle. *See also* IMMEMORIAL. *(b)* **To be ahead of one's times, of one's time,** avoir des idées avancées. **To be behind the times,** retarder, être en retard, sur son siècle; être arriéré, attardé; ne pas être de son temps; *F:* ne pas être à la page. *A slow-going, behind-the-times village,* un village calme et attardé. **As times go,** par le temps qui court. **Times are bad,** les temps sont difficiles, durs. **5.** Moment *m. (a)* **At the time of delivery,** au moment de la livraison. *At the t. of his marriage,* lors de son mariage. *I was absent* **at the time,** j'étais absent alors, à ce moment, à cette époque. *He was travelling at the t.,* il était alors en voyage. *At the t. I did not notice it,* sur le moment je n'y fis pas attention. *I didn't know it at the t.,* je n'en savais rien (i) à ce moment-là, (ii) à cette époque. *At a t. when he was unknown,* alors qu'il était inconnu. **At that time,** en ce temps-là. **At the present time,** à l'heure qu'il est; actuellement; à présent; à l'heure actuelle; à l'époque actuelle. **At a given time,** à un moment donné, déterminé. **At the time fixed,** à l'heure dite. **At one time . . ., at another time . . .,** tantôt . . . tantôt. . . . **At one time** *it used not to be so,* autrefois, dans le temps, il n'en était pas ainsi. *Book at one t. so popular,* livre *m* autrefois si populaire. **At one time priest of this parish,** ancien prêtre de cette paroisse. *At one t. I should have accepted,* à un moment donné j'aurais accepté; il y eut une heure où j'aurais accepté. *Lit:* **Time was when . . .,** il fut un temps où. . . . **At no time,** (i) jamais; (ii) à aucun moment. **At times,** parfois, quelquefois; par moments; de temps à autre. *All of us have said so at times,* nous avons tous parlé de même à certains moments. **At various times,** à diverses reprises. **At all times,** (i) en tout temps; toujours; à tous moments; (ii) à n'importe quel moment. **At all times and in all places,** en tout et partout. **Between times,** entre temps. **(At) any time (you like),** n'importe quand; quand vous voudrez, quand bon vous semblera. *Repayable at any t.,* remboursable à toute date. **He may turn up at any time,** il peut arriver d'un moment à l'autre. **If at any time . . .,** si à l'occasion. . . . *You will be welcome at any t.,* vous serez toujours le bienvenu. **Some time or other,** un jour ou l'autre; tôt ou tard. **Some time next month,** dans le courant du mois prochain. **This time last year,** il y a un an à pareille époque. **This time next year,** l'an prochain à pareille époque, à la même date. **This time to-morrow,** demain à la même heure. **By the time that I got there . . .,** (i) lorsque je suis arrivé . . .; (ii) lorsque je serais arrivé. . . . **By that time** *we shall have grown old,* d'ici là nous aurons vieilli. *See also* BY[1] 7. **From time to time,** de temps en temps; de temps à autre; de fois à autre. **From that time,** dès lors; depuis lors; à partir de ce moment-là. *See also* FORTH 2. **To do sth. when the time comes, at a suitable time,** faire qch. en son temps, en temps utile. *We shall see when the t. comes,* nous verrons (cela) quand le moment sera venu. *To do each thing* **at the proper time,** faire chaque chose en son temps. *We shall speak of it at the proper t. and place,* nous en parlerons en son lieu et place. **Time enough to attend to that to-morrow,** il sera bien temps de faire cela demain. *We must wait until such time as business is better,* il faut attendre jusqu'au moment où les affaires iront mieux; il faut attendre que les affaires reprennent. **Now is the time, our time, your time, to . . .,** voilà le moment pour . . .; c'est le bon moment pour. . . . *Now is the t. to sell,* c'est le moment de vendre. *To appoint, fix, a t. for doing sth.,* fixer le moment, la date, le jour, l'heure, de faire qch. **To choose one's time,** prendre son temps; choisir son heure. **This is no time for trifling,** ce n'est pas le moment de badiner; l'heure n'est pas à badiner. *This is no t. to reproach me,* vous êtes mal venu à me faire des reproches. **There are times for reasonableness,** la raison a ses heures. *See also* BIDE 1, ONCE 2. *(b)* **In due time and place,** en temps et lieu. **All in good time, in due time,** tout viendra en son temps; chaque chose a son temps; il y a temps pour tout. **You will hear from me in good time,** je vous écrirai en temps utile, le moment venu. *I will let you know in due t.,* je vous préviendrai en temps utile, en temps voulu, à l'heure voulue. *It will be done in due t.,* cela se fera à l'heure voulue. **In his own good time,** à son heure. **In God's good time,** à la grâce de Dieu. **6.** Heure *f. (a) (System)* **Greenwich mean time,** l'heure de Greenwich, de l'Europe occidentale. **Paris time,** heure de Paris. **Sidereal time,** l'heure astronomique, sidérale; le temps astronomique, sidéral. **True time,** heure vraie, temps vrai. **Apparent time,** heure apparente, temps apparent. **Civil time, standard time,** l'heure légale; le temps légal. **Local time,** l'heure locale. **Summer time,** l'heure d'été. *(b) (O'clock)* **What is the time?** quelle heure est-il? *F:* **What time do you make it?** quelle heure avez-vous? **To look at the time,** regarder (à) sa montre. **Watch that keeps (good) time,** montre qui est exacte, qui va bien, qui est bien réglée. *Clock that loses t.,* pendule *f* qui retarde. *Your watch is ten minutes behind the t.,* vous retardez de dix minutes. **Time of day,** heure du jour. **At any time of the day or night,** à n'importe quelle heure du jour ou de la nuit. *Tea to be had at any t.,* on sert le thé à toute heure. *He turns up at any t., F:* il n'a pas d'heure. *F: He turns up at his office* **at any old time,** il arrive au bureau à pas d'heure. *F:* **To pass the time of day with s.o.,** échanger quelques mots, quelques paroles, avec qn. *P:* **To know the time of day,** la connaître dans les coins; être roublard, dessalé. **At this time of day,** à l'heure actuelle; à l'époque actuelle. *(c)* **Dinner-time,** l'heure du dîner. *See also* FEEDING-TIME. *To forget the t. of an appointment,* oublier l'heure d'un rendez-vous. *I must be there at the right t.,* je suis sujet à l'heure. **To be before (one's) time,** être en avance; être avant l'heure. **To be behind (one's) time,** être en retard. **To arrive up to time, on time,** arriver à l'heure. *To arrive exactly on t.,* arriver à l'heure sonnante, tapante. *If the train is up to t.,* si le train arrive à l'heure. *The train is not up to t., is behind t.,* le train a du retard. *I shall be back* **in time,**

je reviendrai à temps, en temps voulu. *I hope I arrive in t.*, pourvu que j'arrive à l'heure! *To arrive in t. for dinner*, arriver à temps pour dîner. **To arrive just in time**, arriver de justesse. **I was just in time to see it**, je suis arrivé juste à temps pour le voir. **To start in good time**, (i) s'y prendre bien à temps; (ii) se mettre en route de bonne heure. *To come in good t.*, arriver (grandement) à temps. *Come in good t.!* ne soyez pas en retard! **It is time she came down**, il est temps qu'elle descende. *It is t. we gave a thought to our journey*, il est temps de songer à notre voyage. *It is getting t. to start*, il se fait temps de partir; voici l'heure de partir. *F:* **And about time too!** c'est pas trop tôt! *See also* ABOUT 3, HIGH I. 6, NICK[2] 3. (*d*) **Time of the year**, époque de l'année; saison *f*. **At my time of life**, *F:* **of day**, à mon âge; à l'âge que j'ai. **Sowing time**, la saison, le temps, des semailles. *It happened to be* **holiday time**, c'était justement l'époque des vacances. **In the day-time**, de jour. **In the night-time**, de nuit. (*e*) **Plant that flowers before its time**, plante *f* qui fleurit prématurément. **To die before one's time**, mourir avant l'âge. *His t. had not yet come*, son heure n'était pas encore venue. **Woman nearing her time**, femme *f* qui approche de son terme. **7.** *Ind:* **To be paid by time**, être payé à l'heure. *Overtime counts* **time and a half**, les heures supplémentaires sont payées à un taux de moitié plus élevé. **Idle time**, heures d'arrêt; durée *f* des arrêts. *See also* FULL-TIME, HALF-TIME, PART-TIME. **8.** *F:* **To have a good time (of it)**, (i) bien s'amuser; avoir, prendre, se donner, du bon temps; s'en donner, s'en payer; (ii) mener une vie agréable, *F:* se la couler douce. *We had a good t.*, on s'est bien amusé. *Did you have a pleasant t. at the pictures?* vous avez eu une soirée agréable au ciné? **To have a high old time, the time of one's life**, faire la noce; bien rigoler. *I have had the t. of my life, I have never had such a good t.*, jamais je ne me suis si bien amusé; je ne me suis jamais vu à pareille fête; je n'ai jamais été à pareille noce. **To have a bad time, a rough time, of it**, (i) souffrir; manger de la vache enragée; en voir de dures, de bleues, de grises; (ii) passer un mauvais quart d'heure. *To give s.o. a rough t.*, en faire voir de grises à qn. *I was having a bad t.*, je n'étais pas à la noce. *What a t. I had with him!* il m'a causé bien des ennuis! il m'en a fait voir! *See also* EASY[1] I. 3, HOT[1] 4. **9.** Fois *f*. *Five times*, cinq fois. *He has come three times already*, voilà trois fois qu'il revient; c'est la troisième fois qu'il vient. **Next time**, la prochaine fois. **This time** *I will forgive you*, cette fois(-ci) je te pardonne. **Another time**, une autre fois. **The first time I saw him**, la première fois que je l'ai vu. *See also* FIRST I. 1. *To do sth.* **several times over**, faire qch. à plusieurs reprises, plusieurs fois. **Four times running**, quatre fois de suite. **Times out of number, times without number, time and time again, time after time**, à maintes reprises; maintes et maintes fois; mille et mille fois; vingt fois; cent fois. *Time and time again he eluded the enemy*, il échappa vingt fois à l'ennemi. *I have told you so a hundred times*, je vous l'ai dit vingt fois, cent fois. *See also* MANY I. **He succeeds every time**, il réussit à chaque coup. **Every time that . . .**, chaque fois que . . ., toutes les fois que. . . . *See also* EVERY. **To do two things at a time**, faire deux choses à la fois. *You can't do three things* **at one time**, on ne peut pas faire trois choses à la fois. **To run upstairs four at a time**, monter l'escalier quatre à quatre. **For weeks at a time**, des semaines durant, d'affilée; pendant plusieurs semaines de suite. *F: It costs me* **a guinea a time** *to have my hair waved*, ça me coûte une guinée chaque fois que je me fais onduler. *F: Pick which you like at a shilling a t.*, choisissez ceux que vous voudrez à un shilling chaque. **Four times two is eight**, quatre fois deux font huit. **Three times as big as . . .**, trois fois plus grand que. . . . *Their house is three times as big as yours*, leur maison est trois fois grande comme la vôtre. **Twenty is five times as much as four**, vingt est (le) quintuple de quatre. **10.** *adv.phr.* **At the same time.** (*a*) En même temps. *Don't all speak* **at (one and) the same time**, ne parlez pas tous à la fois. *Prov:* **You cannot be in two places at the same time**, on ne peut pas se trouver dans deux endroits à la fois; *F:* on ne peut pas sonner les cloches et aller à la procession; on ne peut pas être au four et au moulin. **She was laughing and crying at the same time**, elle pleurait et riait à la fois; *F:* elle pleurait d'un œil et riait de l'autre. (*b*) **At the same time you must not forget . . .**, d'autre part il ne faut pas oublier. . . . *At the same time I must say I don't envy her*, cependant, tout de même, néanmoins, j'avoue que je ne voudrais pas être à sa place. **11.** (*a*) *Mus:* Durée *f* (d'une note). (*b*) *Mus:* Mesure *f*. **Common time**, (i) (*also* **quadruple time**) mesure à quatre temps; (ii) (*also* **two-part time, duple time**) mesure à deux temps. **Two-four time**, mesure à deux-quatre. **Triple time, three-part time**, mesure à trois temps, mesure ternaire. **To beat time**, battre la mesure. *He beat t. with his foot*, il marquait la mesure du pied. *See also* COMPOUND[1] I. (*c*) **In strict time**, en mesure. **To keep time, be in time**, chanter, jouer, danser, aller, en mesure; suivre la mesure, la cadence. **To be, fall, out of time**, sortir de la mesure. *To get out of t.*, perdre la mesure. *I.C.E:* **The ignition is in time, out of time**, l'allumage est réglé; l'allumage est déréglé, décalé. (*d*) *Mus:* Tempo *m*. *To quicken, to slow, the t.*, presser, ralentir, le tempo, le mouvement. *Gym: etc:* **To walk in quick time**, marcher au pas accéléré. *To break into quick t.*, prendre le pas accéléré, le pas cadencé rapide. *See also* DOUBLE[1] I. 4, DOUBLE-QUICK 2, MARK[2] 5.

'time-allowance, *s.* *Rac:* Rendement *m* de temps.

'time-ball, *s.* *Nau:* Boule *f* horaire; balle *f*, ballon *m*, du signal horaire.

'time-bargain, *s.* *St.Exch:* Marché *m* à terme; marché à livrer; vente *f* à découvert.

'time-belt, *s.* *Chr:* **(Standard) time-belt**, fuseau *m* horaire.

'time-bill, *s.* **1.** *Rail: etc:* Horaire *m*. **2.** *Com:* Effet *m* à courte, ou longue, échéance; échéance à terme.

'time-book, *s.* *Ind:* **1.** Livret (individuel) des heures de travail. **2.** Registre *m* de présence.

'time-charter, *s.* *Nau:* Affrètement *m* à temps.

'time-clause, *s.* *Gram:* Proposition temporelle.

'time-clerk, *s.* *Ind:* Chronométreur *m*, pointeur *m*, contrôleur *m* (de présence).

'time-clock, *s.* *Ind:* Horloge enregistreuse; horodateur *m*.

'time-expired, *a.* (Soldat *m*) qui a fait, servi, son temps.

'time-exposure, *s.* *Phot:* Pose *f*.

'time-fuse, *s.* *Min: etc:* Fusée fusante; fusée à temps. *Artil:* **Time-fuse fire**, tir fusant.

'time-honoured, *a.* (*Of custom, etc.*) Consacré (par l'usage); vénérable, séculaire.

'time-keeper, *s.* **1.** (*a*) *Ind:* = TIME-CLERK. (*b*) *Sp: etc:* Chronométreur *m*. **2.** (*a*) **Watch that is a good time-keeper**, montre *f* qui est toujours à l'heure. (*b*) **Person who is a good time-keeper**, personne *f* qui est toujours à l'heure.

'time-keeping, *s.* **1.** *Ind:* Contrôle *m*, pointage *m*, de présence; comptabilité *f* du temps (du personnel). **2.** *Sp: etc:* Chronométrage *m*.

'time-killer, *s.* Tueur *m* de temps.

'time-killing, *a.* (Occupation *f*) pour tuer le temps.

'time-lag, *s.* *El.E: etc:* Retard *m*. **Time-lag cut-out**, coupe-circuit *m inv* à action différée.

'time-limit, *s.* **1.** Limite de temps (imposée à un orateur, etc.). **2.** Délai *m* (de payement, etc.). **3.** Durée *f* (d'un privilège, etc.).

'time-money, *s.* *Fin:* Prêts *mpl* à terme.

'time-policy, *s.* *Ins:* Police *f* à terme, à forfait.

'time-race, *s.* *Sp:* Course (courue) contre la montre.

'time-recorder, *s.* Horloge enregistreuse; (*for watchman*) contrôleur *m* (de ronde).

'time-server, *s.* Complaisant, -ante (envers le pouvoir, etc.); opportuniste *mf*.

'time-serving[1], *a.* Complaisant, opportuniste.

'time-serving[2], *s.* Basse complaisance (envers le pouvoir); louvoiement *m* (entre les partis); opportunisme *m*.

'time-sheet, *s.* *Ind:* Feuille *f* de présence; semainier *m*.

'time-shell, *s.* *Artil:* Obus fusant.

'time-shot, *s.* *Cin:* Pose *f*.

'time-shutter, *s.* *Phot:* Obturateur *m* pour poses.

'time-signal, *s.* *W.Tel: etc:* Signal *m* horaire, *pl.* signaux horaires.

'time-signature, *s.* *Mus:* Fraction *f* indiquant la mesure.

'time-stamp, 'time-stamping clock, *s.* *Ind:* = TIME-CLOCK.

'time-switch, *s.* *El.E:* Minuterie *f* (d'escalier, etc.).

'time-table, *s.* **1.** Horaire *m*; *Rail:* indicateur *m* (des chemins de fer); tableau *m* de marche (des trains); (*local*) livret *m* horaire. *To alter the t.-t.*, modifier l'horaire; *Rail:* modifier la marche des trains. **2.** *Sch:* Emploi *m* du temps.

'time-thrust, *s.* *Fenc:* Coup *m* de temps.

'time-value, *s.* *Mus:* Valeur *f* (d'une note).

'time-work, *s.* Travail *m* à l'heure. *Typ:* Travail en conscience. *To be on t.-w.*, être en conscience.

'time-worker, *s.* Ouvrier, -ère, qui travaille à l'heure. *Typ:* Ouvrier en conscience.

'time-worn, *a.* **1.** Usé par le temps. **2.** Séculaire, vénérable.

'time-zone, *s.* *Chr:* = TIME-BELT.

time[2], *v.tr.* **1.** (*a*) Fixer l'heure de (qch.). *To t. one's arrival to coincide with that of the others*, s'arranger pour arriver en même temps que les autres. *The train was timed to leave at midday*, d'après l'horaire, le train devait partir à midi. *The arrival of the Mayor was timed for three o'clock*, suivant le programme, le maire devait arriver à trois heures; l'arrivée du maire était fixée pour trois heures. (*b*) **To time a blow, a remark**, choisir le moment de porter un coup, de placer un mot; mesurer un coup. *To t. the stroke to the lurch of the boat*, faire coïncider le coup d'aviron avec le roulis du canot. (*c*) Régler (une horloge). *To t. one's watch by the time-signal*, régler sa montre sur le signal horaire. (*d*) *I.C.E:* Régler, ajuster (l'allumage, etc.); caler (la magnéto, le distributeur); mettre (le moteur) au point. *Mch:* Caler (une soupape). (*e*) Régler (un obus). (*f*) *Row:* **To time the stroke**, régler la nage. **2.** Calculer la durée de (qch.). *Phot:* **To time the exposure**, calculer le temps de pose. *See also* OVER-TIME. **3.** (*a*) **To time how long it takes s.o. to do sth.**, mesurer le temps que qn met à faire qch. (*b*) *Sp: etc:* Chronométrer (qn, une course); prendre le temps (d'un coureur, etc.). *The first laps were all timed at one minute*, ils ont tous fait le premier tour dans le même temps de une minute. *To t. a mile*, chronométrer le temps employé pour parcourir un mille.

-timed, *a.* (*With adv. prefixed*) **1. Well-timed remark**, observation opportune, à propos. **Well-timed stroke**, coup bien calculé, bien jugé. **Well-timed rowing**, nage cadencée, rythmée. *See also* ILL-TIMED. **2. Accurately-timed watch**, montre soigneusement réglée. **Well-timed engine**, moteur *m* au point.

timing, *s.* **1.** (*a*) *I.C.E:* Réglage *m* (de l'allumage). *Mch:* Calage *m* (d'une soupape). (*b*) *I.C.E:* Distribution *f*. **Timing gear**, (engrenage(s) *m(pl)* de) distribution. **Timing case**, petit carter de distribution. **Timing control**, commande *f* de distribution. **Timing disc**, plateau *m* de réglage (de la magnéto). **2.** *Phot:* Calcul *m* (du temps de pose). **3.** *Sp: etc:* Chronométrage *m*. *Ind:* **Timing apparatus**, garde-temps *m inv*.

timeless ['taimləs], *a.* *Lit:* Éternel; sans fin.

timeliness ['taimlinəs], *s.* Opportunité *f*; à-propos *m* (d'une intervention, etc.).

timely ['taimli], *a.* Opportun, à propos; (mot) jeté à propos. *Your arrival was t.*, vous êtes arrivé au bon moment, à point. *Prudence is always t.*, la prudence est toujours de saison.

timepiece ['taimpiːs], *s.* Pendule *f*, chronomètre *m*, ou montre *f*.

timer ['taimər], *s.* **1.** (*Pers.*) Chronométreur *m*. **2.** (*Device*) (*a*) *I.C.E: etc:* Commutateur *m* d'allumage; rupteur *m*.

(*b*) (*Clockwork*) Minuterie *f*. (*c*) *See* EGG-TIMER, SELF-TIMER. **3.** (*Pers.*) *See* HALF-TIMER, OLD-TIMER.

timid [ˈtimid], *a*. Timide, timoré, peureux, appréhensif; (animal) fuyard. **As timid as a rabbit, as a hare,** peureux comme un lièvre. **-ly,** *adv*. Timidement, peureusement, craintivement.

timidity [tiˈmiditi], *s*. Timidité *f*.

timocracy [taiˈmɔkrəsi], *s*. Timocratie *f*.

timocratic [taimoˈkratik], *a*. Timocratique.

Timon [ˈtaimən]. **1.** *Pr.n.m. Gr.Hist:* Timon. **2.** *s.m. F:* Misanthrope.

timorous [ˈtimərəs], *a*. Timoré, timide, peureux, craintif. **-ly,** *adv*. Timidement, peureusement, craintivement; d'un air timoré.

timorousness [ˈtimərəsnəs], *s*. Timidité *f*.

Timotheus [tiˈmouθiəs]. *Pr.n.m. Gr.Hist:* Timothée.

Timothy [ˈtiməθi]. *Pr.n.m. B.Hist:* Timothée.

ˈtimothy grass, *s. Bot:* Fléole *f* des prés.

Timour [ˈtiːmuər]. *Pr.n.m. Hist:* Tamerlan.

timpani [ˈtimpani], *s.pl. Mus:* Timbales *f*.

tin[1] [tin], *s*. **1.** *Ch: Metall:* Étain *m*. **Sheet tin,** étain en feuilles. **Bar tin,** étain en verges. **Block tin,** étain en saumons, en blocs. **Lode tin,** étain de roche. *See also* DROP-TIN, GRAIN-TIN. *Miner:* **Tin deposit,** gîte *m* stannifère. *Fin:* **Tin shares,** valeurs *f* stannifères. *Tin spoon,* cuiller *f* en étain, d'étain. *See also* GLAZE[1] 2, GOD[1] 1, SOLDIER[1] 1. **2.** (*a*) = TIN-PLATE[1]. **Tin-lined,** doublé de fer-blanc. *F:* **Tin tabernacle,** temple dissident bâti en tôle ondulée. *See also* LIZZIE 2. (*b*) Boîte *f* (en fer blanc). *Preserved-meat tin,* boîte à, de, conserves. **Petrol-tin,** bidon *m* à essence. **Cake-tin,** moule *m* à gâteaux. **Baking tin,** plat *m* à rôtir; (*for tarts, pies*) tourtière *f*. **Tin loaf,** pain cuit au moule; pain anglais. **3.** *P:* (*Money*) Galette *f*, braise *f*, pognon *m*, pèze *m*.

ˈtin-bath, *s. Metalw:* (*For tinning iron*) Tain *m*.

ˈtin-bearing, *a*. Stannifère. **Tin-bearing ores,** cassitérides *m*.

ˈtin-cry, *s*. Cri *m* de l'étain.

tin-ˈhat, *s. Mil: P:* **1.** Casque *m* de tranchée; bourguignotte *f*. **That puts the tin-hat on it!** c'est le comble! il ne manquait plus que ça! **2. To be tin-hats,** être ivre, avoir son plumet.

tin-ˈkettle, *s*. Bouilloire *f* d'étain.

ˈtin-liquor, *s. Dy:* Solution de sels d'étain (employée comme mordant).

ˈtin-opener, *s*. Ouvre-boîte(s) *m inv*; couteau *m* à conserves.

tin-ˈpan, *s. Cu:* Moule *m*, tourtière *f*, plat *m*, en fer-blanc.

ˈtin-plate[1], *s*. Fer-blanc *m*; ferblanterie *f*.

ˈtin-plate[2], *v.tr. Metalw:* Étamer (le fer).

tin-ˈpot. 1. (*a*) *s. Cu:* Marmite *f* en fer-blanc. (*b*) *Attrib.a. F:* Mesquin, misérable, méprisable. *He ran a school in a 'tin-pot sort of way,* il tenait une petite école de rien du tout. **2.** *s. Metalw:* Bain *m* d'étain fondu (pour l'étamage).

ˈtin-shop, *s*. Ferblanterie *f*.

ˈtin-solder, *s*. Soudure *f* à l'étain.

ˈtin-stone, *s. Miner:* Cassitérite *f*, étain oxydé; mine *f* d'étain.

ˈtin-tack, *s*. Broquette *f*; clou *m* de tapisserie. **Tin-tacks,** semence *f*.

ˈtin-type, *s. Phot:* Photographie *f* sur ferrotype.

ˈtin-ware, *s*. Articles *mpl* en fer-blanc; ferblanterie *f*.

tin-ˈwhistle, *s. F:* Flageolet *m*.

ˈtin-work, *s*. **1.** Ferblanterie *f*. **2.** *pl.* **Tin-works,** ferblanterie.

tin[2], *v.tr.* (**tinned; tinning**) **1.** *Metalw:* (*a*) Étamer (une casserole, etc.). (*b*) *To tin a surface* (*before soldering*), aviver une surface. **2.** Mettre (des sardines, etc.) en boîtes (de fer-blanc).

tinned, *a*. **1.** *Metalw:* Étamé. **2.** Conservé (en boîtes métalliques). **Tinned foods,** conserves *f* alimentaires, vivres *m* de conserve (en boîte, en boîtes métalliques); aliments conservés. *T. peas,* petits pois de conserve. *U.S: P:* **Tinned music,** musique enregistrée. **3. Tinned loaf,** pain cuit au moule; pain anglais.

tinning, *s*. **1.** *Metalw:* (*a*) Étamage *m*. **Tinning-metal,** étamure *f*. (*b*) Avivage *m* (d'une surface à souder). **2.** Mise *f* en boîte (de conserves alimentaires).

tinamou [ˈtinəmuː], *s. Orn:* Tinamou *m*.

tincal [ˈtiŋk(ə)l], *s. Miner:* Tincal *m*.

tinctorial [tiŋkˈtɔːriəl], *a*. Tinctorial, -aux.

tincture[1] [ˈtiŋktjər], *s*. **1.** *Pharm:* Teinture *f* (d'iode, etc.). **Mother tincture,** teinture officinale. **2.** (*a*) *A:* Teinte *f*, nuance *f*; coloration *f* (de la peau, etc.). (*b*) Teinture *f* (d'une science). **To have but a tincture of Latin,** n'avoir qu'une teinture de latin; être teint de latin. **3.** *Her:* Émail *m*, -aux; teinture. **Shield of a single tincture,** écu plein.

tincture[2], *v.tr.* Teindre, colorer, teinter. *F:* **Opinions tinctured with heresy,** opinions teintées d'hérésie.

tinder [ˈtindər], *s*. Matière préparée pour prendre feu aisément; mèche *f* de briquet. **(German) tinder,** amadou *m*. *Bot:* **Tinder fungus, tinder agaric,** amadouvier *m*. *See also* BURN[2] 2.

ˈtinder-box, *s*. (*a*) Boîte *f* d'amadou. (*b*) Briquet *m* (à silex).

tine [tain], *s*. **1.** Dent *f*, fourchon *m* (de fourche); dent, pointe *f* (de herse, etc.). **2.** *Ven:* Andouiller *m*, cor *m*, branche *f* (de bois de cerf).

tinea [ˈtiniə], *s. Med: Ent:* Teigne *f*.

-tined [taind], *a*. (*With num. prefixed, e.g.*) **Three-tined, four-tined,** (i) (fourche *f*) à trois, quatre, dents; (ii) (cerf *m*) à trois, quatre, andouillers. **Ten-tined stag,** cerf dix cors.

tinfoil [ˈtinfɔil], *s*. **1.** Feuille *f* d'étain; étain battu. **2.** Papier *m* (d')étain ou papier simili-étain; *F:* papier d'argent.

ting[1] [tiŋ], *s*. Tintement *m* (d'une cloche).

ting[2], *v.i.* Tinter; *A. & Hum:* tintinnabuler.

ting-a-ling [ˈtiŋəliŋ], *s*. Drelin din din *m*.

tinge[1] [tindʒ], *s*. Teinte *f*, nuance *f*. *F:* **A tinge of sadness,** une nuance, un soupçon, de tristesse; quelque chose de triste. **A tinge of irony,** une teinte, une pointe, d'ironie. *In his smile there was just a t. of jealousy,* il y avait dans son sourire un rien de jalousie.

tinge[2], *v.tr.* Teinter, colorer, nuancer. *Sky tinged with pink,* ciel teinté de rose. *F:* **Words tinged with malice,** paroles teintées de malice. *Voice tinged with anger,* voix légèrement nuancée de colère. *Songs tinged with melancholy,* chants qui ont une teinte de mélancolie. *Memories tinged with sadness,* souvenirs nimbés de tristesse.

tingis [ˈtindʒis], *s. Ent:* Tingis *m*. **Pear tingis,** tigre *m* du poirier.

tingle[1] [tiŋgl], *s*. **1. Tingle in the ears,** tintement *m* d'oreilles. **2.** Picotement *m*, fourmillement *m* (de la peau); (*in the finger-tips*) onglée *f*. *To have a t. in one's legs,* avoir des fourmis *f* dans les jambes. **3.** = TINKLE[1].

tingle[2], *v.i.* **1.** (*Of ears*) Tinter. *My ears were tingling,* les oreilles me tintaient. **2.** Picoter. *My hand tingles,* j'ai des picotements à la main; la main me picote, me fourmille. **To tingle with impatience,** vibrer d'impatience. *Breeze that makes the blood t.,* brise qui fouette le sang. **Her cheeks tingled,** les joues lui picotaient, lui cuisaient. *Action that makes the cheeks t.* (*with shame*), action qui fait monter le sang au visage. *My eyes are tingling,* les yeux me cuisent. *My fingers are tingling with the cold,* j'ai l'onglée aux doigts. **My fingers are tingling to box his ears,** la main me démange de lui flanquer une gifle. **His conscience is beginning to tingle,** sa conscience se fait entendre. **3.** = TINKLE[2].

tingling[1], *a*. **1.** (Oreilles) qui tintent. **2.** Fourmillant, picotant. *T. sensation,* picotement *m*. **Tingling conscience,** conscience inquiète.

tingling[2], *s*. = TINGLE[1].

tingle-tangle [ˈtiŋglˈtangl], *s*. **1.** Tintement confus. **2.** Tintamarre *m*.

tininess [ˈtaininəs], *s*. Petitesse *f* (extrême).

tinker[1] [ˈtiŋkər], *s*. **1.** (*a*) Chaudronnier ambulant; chaudronnier au sifflet; rétameur *m*; étameur ambulant. (*b*) *Scot:* = GIPSY. *See also* CUSS 1. (*c*) *F:* Bousilleur *m*, savetier *m*; gâcheur *m* (d'ouvrage). **2.** *F:* **To have an hour's tinker at sth.,** passer une heure à rafistoler qch., à retaper qch., à bricoler qch.

tinker[2]. **1.** *v.tr.* **To tinker (sth.) up,** retaper, rafistoler, *P:* rabibocher, rabobiner (une machine, etc.); replâtrer (un contrat, etc.). *To t. up a car,* faire à une auto des réparations de fortune. *It has only been tinkered up,* ce n'est qu'un rhabillage. **2.** *v.i.* Bricoler. **To tinker (away) at the wireless set,** passer du temps à rafistoler le poste de radio. *To t. about the house,* bricoler dans la maison. **To tinker with a literary work,** tripatouiller une œuvre littéraire. *Don't t. with it,* ne vous mêlez pas (i) de le réparer, (ii) d'y apporter des retouches.

tinkering, *s*. **1.** (Petite) chaudronnerie; rétamage *m*. **2.** (*a*) Petites besognes d'entretien, de réparation. (*b*) Rafistolage *m*, raccommodage *m*; replâtrage *m*.

tinkle[1] [tiŋkl], *s*. Tintin *m*, tintement *m*, drelin *m*. **Tinkle of a bell,** son *m* grêle d'une cloche, d'une clochette. *The t. of a spring,* le son clair, le ruisselis, d'une source.

tinkle[2]. **1.** *v.i.* Tinter. *Tinkling bells, Lit:* **cloches argentines. 2.** *v.tr.* Faire tinter (une sonnette, des grelots).

tinkling, *s*. = TINKLE[1].

tinkler[1] [ˈtiŋklər], *s. F:* Clochette *f*.

tinkler[2], *s. Scot:* = GIPSY.

tinman, *pl.* **-men** [ˈtinmən, -men], *s.m.* = TINSMITH.

tinner [ˈtinər], *s*. **1.** (*a*) Étameur *m*. (*b*) Ferblantier *m*. **2.** Mineur *m* (de mine d'étain).

tinnery [ˈtinəri], *s*. **1.** Exploitation *f* de l'étain. **2.** *pl.* **Tinneries,** mine *f* d'étain; mine stannifère.

tinniness [ˈtininəs], *s*. Timbre *m* grêle, métallique, fêlé (d'un piano, etc.).

tinnitus [tiˈnaitəs], *s. Med:* Tintement *m* d'oreilles.

tinny [ˈtini], *a*. **1.** (*Of earth, etc.*) Stannifère. **2.** (*Of food*) *To have a t. taste,* avoir un goût d'étain. **3. To sound tinny,** sonner grêle; rendre un son métallique, fêlé. **4.** *P: A:* Riche; cossu; au pèze.

tinsel[1] [ˈtins(ə)l], *s*. **1.** (*a*) *Dressm: etc:* Lamé *m*, paillettes *f*. (*b*) Clinquant *m*, oripeau *m*. **To trim a dress with tinsel,** (i) garnir une robe de paillettes; (ii) clinquanter une robe. (*c*) *F:* **The tinsel of his style,** le faux éclat, le clinquant, de son style. **2.** *Attrib.* Faux, *f.* fausse; de clinquant.

ˈtinsel-maker, *s*. Lamier *m*.

tinsel[2], *v.tr.* (**tinselled; tinselling**) **1.** (*a*) Garnir (une robe) de lamé, de paillettes. (*b*) Orner (qch.) de clinquant, d'oripeau; clinquanter. **2.** Donner un faux éclat à (son style, etc.).

tinselled, *a*. (*a*) Lamé, pailleté. (*b*) Orné ou garni de clinquant, d'oripeau. **Tinselled finery,** oripeaux *mpl*. *F:* **Tinselled style,** style d'un éclat superficiel, d'un faux brillant; style chargé d'oripeaux, tout en clinquant.

tinsmith [ˈtinsmiθ], *s*. Étameur *m*; ferblantier *m*; potier *m* d'étain. **Tinsmith's shop, works,** étamerie *f*, ferblanterie *f*.

tinsmithing [ˈtinsmiθiŋ], *s*. Étamerie *f*, ferblanterie *f*.

tint[1] [tint], *s*. **1.** Teinte *f*, nuance *f*. *Warm tints,* tons chauds. **To paint tint upon tint,** peindre ton sur ton. *See also* FLESH-TINTS, HALF-TINT. **2.** *Engr:* (*In line engraving*) Grisé *m*. **Ruled tint,** grisé en hachures.

ˈtint-block, *s. Engr:* Cliché *m* du grisé.

ˈtint-drawing, *s*. **1.** *Art:* Camaïeu, -eux *m*. **2.** (Épure *f* au) lavis.

tint[2], *v.tr.* **1.** Teinter, colorer. **Tinted drawing** = TINT-DRAWING. **Tinted glasses,** lunettes *f* contre le soleil; conserves *f*. **2.** *Engr:* Ombrer; hachurer.

tinter [ˈtintər], *s*. Colorieur *m* (de photographies, etc.).

tintinnabulate [tintiˈnabjuleit], *v.i. F:* Tintinnabuler, tinter.

tintinnabulation [tintinabjuˈleiʃ(ə)n], *s. F:* Tintement *m*.

tintinnabulum, *pl.* **-la** [tintiˈnabjuləm, -lə], *s*. Clochette *f*.

Tintoretto [tintɔˈreto]. *Pr.n.m. Hist. of Art:* Le Tintoret.

tiny [ˈtaini], *a*. Minuscule; *F:* microscopique. *A t. little house,* une toute petite maison. **A tiny bit,** un tout petit peu; un tantinet. *T. figure,* forme menue. *See also* TOT[1] 1.

-tion [ʃ(ə)n], *s.suff.* -tion *f.* *Ambition*, ambition. *Attention*, attention. *Nutrition*, nutrition. *Protection*, protection.

tip[1] [tip], *s.* **1.** Bout *m*, extrémité *f*, pointe *f*; sommité *f* (d'une plante, d'une branche); dard *m* (de flamme). *Sm.a:* Sommet *m* (du guidon). **Tips of a bow, of a crescent,** cornes *f* d'un arc, d'un croissant. **On the tips of the toes,** sur la pointe des pieds. **Artist to the finger-tips,** artiste jusqu'au bout des ongles. *See also* FINGER[1] 1. **To have sth. on the tip of one's tongue,** avoir qch. sur le bout, le bord, de la langue. *F:* **From tip to toe,** de la tête aux pieds. **Bird that measures four feet from tip to tip** (*of its wings*), oiseau *m* qui a une envergure de quatre pieds. *See also* WING-TIP. *El:* **Platinum tip,** grain *m* de platine. *Tls:* **Drill tip,** pointe de mèche. *Cu:* **Asparagus tips,** pointes d'asperge. **2.** (*a*) Bout ferré, embout *m* (d'une canne, etc.); *Veh:* mouflette *f* (de brancard). (*b*) *Bill:* Procédé *m* (de la queue). (*c*) *Fish:* Scion *m* (de canne à pêche). **3.** Palette *f* à dorer, de doreur. **4.** *Hatm:* Calotte *f* (de chapeau melon).

'tip-tilted, *a.* À bout relevé; (nez) retroussé.

'tip-'top. *F:* **1.** *s.* Sommet *m*, faîte *m*; le plus haut point. **2.** *a.* (*a*) De premier ordre, de première force; excellent, extra; *P:* aux petits oignons; pépère. **Tip-top dinner,** chic dîner. **Tip-top hotel,** hôtel *m* de premier ordre; *F:* chic hôtel. **That's tip-top!** chouette! ça c'est tapé! c'est un (vrai) beurre! à la bonne heure! **He's a tip-top dancer,** il danse à la perfection. (*b*) *P:* *To move in tip-top society*, fréquenter la haute gomme. **3.** *adv. P:* (*a*) Chiquement. (*b*) *You've done tip-top*, vous vous êtes très bien acquitté.

tip[2], *v.tr.* (**tipped; tipping**) Mettre un bout à (un soulier); embouter, mettre un embout à (une canne, etc.). *To tip a stick with iron*, ferrer un bâton. **The sun tipped the hills with gold,** le soleil dorait les crêtes des montagnes.

tip in, *v.tr.* *Bookb:* Coller (les hors-texte, etc.).

tipped, *a.* **Gold-tipped, silver-tipped,** à bout doré, d'argent. *See also* CORK-TIPPED, METAL[1] 1.

tip[3], *s.* **1.** Pente *f*, inclinaison *f*. *To give a cask a tip*, faire pencher un tonneau. **2.** Coup léger; tape *f*. **3.** (*a*) Pourboire *m*, gratification *f*. **To give s.o. a tip,** donner la pièce à qn. (*b*) *F:* Don *m* d'argent de poche (à un neveu, etc.). **4.** (*a*) *Turf: etc:* Tuyau *m*. *See also* STRAIGHT III. 2. **He will put me up to all the tips,** il va me tuyauter. **If you take my tip . . .,** si vous m'en croyez. . . . *U.S:* **To give s.o. a tip-off,** tuyauter, renseigner, qn. (*b*) *P:* **To miss one's tip,** manquer, rater, son coup, son affaire. **5.** *Civ.E: etc:* (*a*) = TIPPER[1] 1. *See also* COAL-TIP. (*b*) Chantier *m* de versage. *Min:* Terris *m*. **Rubbish tip,** fosse *f* à ordures. (*c*) Tas *m*, monceau *m* (de déblais, d'ordures, etc.). *Metall:* Crassier *m*. (*d*) = TIP-WAGGON.

'tip-car, *s.* Wagon ou wagonnet basculant, à bascule, à renversement.

'tip-cart, *s.* Tombereau *m* (à bascule).

'tip-cat, *s.* *Games:* Bâtonnet *m*.

'tip-lorry, *s.* (Camion *m* à) benne basculante.

'tip-truck, -waggon, *s.* Wagonnet *m*, wagon *m*, à bascule, basculant.

tip[4], *v.* (**tipped** [tipt]; **tipping**) I. *v.tr.* **1.** (*a*) **To tip (over),** renverser (qch.); chavirer, verser (un canot, une auto, etc.). (*b*) **To tip (up),** soulever (un strapontin); faire basculer (une charrette); *Min:* verser (un wagon). *To tip up a barrel*, mettre un tonneau à cul. (*c*) **To tip (out),** déverser, décharger (le contenu d'une charrette, etc.). **To tip one's passengers into the ditch,** verser, renverser, ses passagers dans le fossé. (*d*) Faire pencher, faire incliner. **To tip the scale(s) at a hundred pounds,** peser tout juste cent livres. **To tip one's hat over one's eyes,** rabattre, abaisser, son chapeau sur ses yeux. **2.** (*a*) Toucher légèrement, effleurer (qch. du pied). (*b*) *P:* Donner, passer, lancer (qch. à qn). **Tip us your flipper,** donne ta pince que je la serre. **Tip us a yarn,** raconte-nous quelque chose. *Tip us a stave*, chante-nous quelque chose. *Tip me over your pouch*, passe-moi (ou lance-moi) ta blague (à tabac). *See also* WINK[1]. (*c*) Donner un pourboire, une gratification, à (qn); donner la pièce à (un domestique, etc.). **To tip the door-keeper,** *F:* graisser le marteau. **To tip s.o. a shilling,** donner un shilling de pourboire à qn. *F:* **To tip a schoolboy,** donner de l'argent de poche à un collégien. *My uncle tipped me ten bob*, mon oncle s'est fendu de dix shillings. **3.** *Turf: etc:* Tuyauter (qn); donner un tuyau, des tuyaux, à (qn).

II. **tip,** *v.i.* (*a*) **To tip (over),** se renverser, basculer; (*of boat, etc.*) chavirer, verser. (*b*) **To tip (up),** (*of plank, etc.*) se soulever, basculer; *Nau:* (*of ship*) se déjauger (à l'avant ou à l'arrière).

tip up, *v.tr. & i.* *See* TIP[4] I. 1 (*b*), II. (*b*).

'tip-up, *attrib.a.* (Charrette *f*, cuvette *f*, etc.) à bascule, à renversement, à rabattement. **Tip-up seat,** strapontin *m*.

tipping[1], *a.* Basculant, culbutant, à bascule. **Tipping seat,** siège basculant, à bascule; strapontin *m*.

tipping[2], *s.* **1.** (*a*) Inclinaison *f*. *Nau:* Déjaugeage *m* (d'un navire). (*b*) **Tipping (over),** renversement *m* (de qch.); chavirement *m* (d'un canot). (*c*) Basculage *m*. **Tipping mechanism,** appareil *m* de basculage, à bascule, à renversement. **Tipping apparatus,** culbuteur *m* (pour wagons, etc.). *See also* STAGE[1] 1. (*d*) **Tipping (out),** versage *m*, déversement *m* (du contenu d'un wagon, etc.). (*e*) *pl.* **Tippings,** déblai *m* (d'une mine, etc.). **2.** (Système *m* des) pourboires *m*; distribution *f* de pourboires. **3.** *Turf: etc:* Tuyautage *m*.

'tipping-platform, *s.* Plate-forme *f* à bascule, *pl.* plates-formes.

'tipping-waggon, *s.* = TIP-LORRY.

'tip-and-'run, *s.* *Sp:* Jeu *m* de cricket où le batteur doit essayer de faire une course s'il a touché la balle. *Mil:* *F:* **Tip-and-run raid,** raid *m* de surprise avec fuite précipitée.

tippable ['tipəbl], *a.* (Personne *f*) à qui on peut donner un pourboire.

tipper[1] ['tipər], *s.* **1.** **(Waggon-)tipper,** (i) **basculeur** *m*, **culbuteur** *m*, verseur *m*; (ii) élévateur *m* à bascule. **2.** = TIP-WAGGON. **3.** Donneur, -euse, de pourboires, d'un pourboire.

tipper[2], *s.* Ouvrier, -ière, qui met le(s) bout(s) à qch; ferreur *m* (de cannes, etc.).

tippet ['tipet], *s.* *Cost:* **1.** (*a*) Pèlerine *f*, palatine *f*. (*b*) Pèlerine de fourrure (des juges). **2.** Écharpe *f* en fourrure.

tipple[1] [tipl], *s.* Boisson *f* (alcoolique). *F:* **What's your tipple?** qu'est-ce que vous allez prendre?

tipple[2], *v.i.* Se livrer à la boisson; biberonner, boissonner, boire; *F:* hausser, lever, le coude; boire la goutte; se piquer le nez.

tippling[1], *a.* Qui boit; buveur.

tippling[2], *s.* Ivrognerie *f*.

tippler ['tiplər], *s.* Ivrogne *m*; buveur, -euse; *F:* poivrot *m*.

tipsiness ['tipsinəs], *s.* Ivresse *f*.

tipstaff, *pl.* **-staffs, -staves** ['tipstɑːf, -stɑːfs, -steːivz], *s.* *Jur:* Huissier *m*; *A:* sergent *m* à verge.

tipster ['tipstər], *s.* *Turf: etc:* Tuyauteur *m*; donneur *m* de tuyaux.

tipsy ['tipsi], *a.* **1.** Gris, ivre; *F:* rond, pompette. *He is t.*, il a bu; il a son compte, son pompon. *To get t.*, se griser, s'enivrer. *To be slightly t.*, être un peu éméché. **2.** (Titubation, rire, etc.) d'ivrogne. **3.** *Clockm:* Tipsy key, clef *f* bréguet. **-ily,** *adv.* D'une voix, avec une démarche, qui accuse l'ivresse.

'tipsy-cake, *s.* Gâteau *m* au madère; baba *m* aux amandes.

tiptoe[1] ['tiptou], *s. & adv.* **(On) tiptoe, (up)on one's tiptoes,** sur la pointe des pieds. *F:* **To be upon the tiptoe of expectation,** être dans l'angoisse de l'attente; attendre fiévreusement qch.; griller, bouillir, d'impatience.

tiptoe[2], *v.i.* Marcher ou se dresser sur la pointe des pieds. **To tiptoe into, out of, the room,** entrer, sortir, sur la pointe des pieds.

tipula, *pl.* **-ae** ['tipjula, -iː], *s.* *Ent:* Tipule *f*.

tirade[1] [ti'reid, tai-], *s.* **1.** Tirade *f*; diatribe *f* (*against*, contre). **Tirade of invective,** tirade, bordée *f*, d'injures. **To break out into a violent tirade against s.o.,** prononcer une diatribe contre qn. **2.** *Mus:* Tirade.

tirade[2], *v.i.* **To tirade against s.o.,** débiter des tirades contre qn.

tire[1] ['taiər]. **1.** *v.tr.* (*a*) Fatiguer, lasser. *To t. oneself doing sth.*, se fatiguer, se lasser, à faire qch. (*b*) **To tire s.o. out, to death,** (i) épuiser, briser, rompre, qn de fatigue; excéder, exténuer, qn; (ii) excéder, assommer, qn; rompre le cerveau à qn; épuiser, lasser, la patience de qn. **2.** *v.i.* Se fatiguer, se lasser. **To tire of s.o., of sth., of s.o.'s company,** se lasser, se fatiguer, de qn, de qch., de la compagnie de qn. *He never tires of telling me . . .*, il ne se lasse, ne se fatigue, pas de me dire. . . . *See also* TASTE[2] I. 3.

tired, *a.* Fatigué. (*a*) Las, *f.* lasse. **To get tired,** devenir las; se fatiguer. **To run, dance, talk, oneself tired,** se fatiguer à force de courir, de danser, de parler. **I am too tired to stand,** je ne peux plus me tenir sur mes jambes; *F:* les jambes me rentrent dans le corps. **To be tired with standing,** être fatigué d'être resté debout. **Tired out, tired to death,** épuisé; accablé, brisé, rompu, de fatigue; exténué, éreinté, fourbu; las à mourir. *She was t. out*, elle n'en pouvait plus de fatigue; elle n'avait plus de jambes. **Tired face,** visage fatigué, fané, fripé. *See also* TIM. (*b*) (*Sleepy*) **To be tired,** être fatigué, avoir sommeil. *F:* **You make me tired,** tu m'ennuies; tu m'embêtes; *P:* tu me fais suer. (*c*) **To be tired of sth.,** être las de qch. **Tired of standing,** fatigué, las, de rester debout. **To get, grow, tired of doing sth.,** se lasser, s'impatienter, se fatiguer, s'ennuyer, de faire qch. *F:* **I'm tired of you,** j'en ai assez; vous m'ennuyez; *P:* tu me fais suer. *Tired of arguing, he consented*, de guerre lasse il a donné son consentement.

tiring, *a.* **1.** Lassant, fatigant. **2.** Ennuyeux.

'tiring-irons, *s.pl.* Baguenaudier *m*.

tire[2], *s.* *A:* (*a*) Atours *mpl*. (*b*) Coiffure *f*.

'tire-woman, *pl.* **-women,** *s.f.* *A:* Demoiselle, dame, d'atour.

tire[3], *v.tr.* *A:* Parer, *A:* atourner.

'tiring-room, *s.* **1.** *A:* Chambre *f* d'atours. **2.** *Th:* Loge *f* d'acteur, d'actrice.

tire[4, 5], *s. & v.tr.* *U.S:* = TYRE[1, 2].

tiredness ['taiərdnəs], *s.* Lassitude *f*, fatigue *f*.

tireless[1] ['taiərləs], *a.* Inlassable, infatigable. **-ly,** *adv.* Infatigablement, inlassablement.

tireless[2], *a.* = TYRELESS.

tirelessness ['taiərləsnəs], *s.* Infatigabilité *f*.

tiresome ['taiərsəm], *a.* **1.** Fatigant, lassant; (discours) fastidieux, ennuyeux, rebutant. **2.** Exaspérant; (*of child*) fatigant, assommant. **How tiresome!** quel ennui! quel contretemps! **c'est** assommant! *How t. you are!* que vous êtes contrariant!

tiresomeness ['taiərsəmnəs], *s.* **1.** Caractère fastidieux, rebutant (d'une tâche, etc.). **2.** Caractère contrariant (d'une nouvelle, etc.).

Tiro[1] ['tairo]. *Pr.n.m.* *Rom.Hist:* Tiron.

tiro[2], *pl.* **-oes, -os** ['tairo, -ouz], *s.* Novice *mf*; commençant, -ante; néophyte *m*, apprenti, -ie, débutant, -ante; *F:* conscrit *m*. **A tiro in war,** novice à la guerre.

Tironian [tai'rounjən], *a.* *Rom.Ant:* De Tiron. **Tironian notes,** notes tironiennes.

tirra-lirra ['tira'lira], *s.* Tire-lire *m* (de l'alouette, etc.).

Tiryns ['tairinz]. *Pr.n.* *A.Geog:* Tirynthe.

'tis [tiz] = *it is.*

Tissaphernes [tisa'fəːrniːz]. *Pr.n.m.* *A.Hist:* Tissapherne.

tissue ['tisju, 'tiʃju], *s.* **1.** (*a*) Tissu *m* (de soie, de coton, etc.); étoffe *f*. (*b*) *F:* **Tissue of lies, of nonsense,** tissu de mensonges, d'absurdités. **2.** (*a*) *Biol:* Tissu (nerveux, musculaire, etc.). (*b*) *Arb:* **Formative tissue,** cambium *m*. **3.** *Phot:* Papier *m* au charbon.

'tissue-fluids, *s.pl.* *Med:* Humeurs *f*.

'tissue-paper, *s.* (*a*) Papier *m* de soie; papier mousseline; (*coloured*) serpente *f*. (*b*) *Com:* Papier pelure.

tissued ['tisjud, 'tiʃjud], *a.* Tissé, tissu.

tit[1] [tit], *s.* **1.** *A:* Cob *m*, bidet *m*; cheval *m*, -aux (de petite taille). **2.** *Orn:* = TITMOUSE. *See also* TOM-TIT.

tit[2], *s. In the phr.* **Tit for tat,** un prêté pour un rendu; à bon chat bon rat; donnant donnant. **To give s.o. tit for tat,** (i) rendre à qn la pareille; rendre fève pour pois à qn; appliquer à qn la loi du talion; (ii) (*verbally*) riposter du tac au tac; renvoyer la balle à qn.

Titan ['taitən], *s. Myth:* Titan *m*. **Titan strength,** force *f* de Titan; force titanique. *Const: etc:* **Titan crane,** grue *f* Titan.

titanate ['taitəneit], *s. Ch:* Titanate *m*.

Titanesque [taitə'nesk], *a.* Titanesque, titanique; colossal, -aux.

titanic[1] [tai'tanik], *a.* Titanique, titanesque; de Titan; géant; colossal, -aux.

titanic[2], *a. Ch:* Titanique.

titaniferous [taitə'nifərəs], *a. Miner:* Titanifère.

titanium [tai'teiniəm], *s. Ch:* Titane *m*.

tit-bit ['titbit], *s.* **1.** Morceau friand; friandise *f*; *F:* bonne bouche. **2.** Passage piquant (d'un discours, d'un journal, etc.).

tithable ['taiðəbl], *a.* Dîmable; sujet, -ette, à la dîme.

tithe[1] [taːið], *s.* **1.** Dîme *f*. *Hist:* **Predial tithe,** dîme réelle. **Personal tithe,** dîme personnelle. **To levy a tithe,** lever une dîme (*on*, sur). **The plague took its tithe of the people,** la peste décima le peuple. **2.** Dixième *m*. *F:* **I don't believe a tithe of what he says,** je ne crois pas le dixième, le quart, de ce qu'il dit. **Not a tithe!** pas un iota!

'tithe-barn, *s. A:* Grange *f* où le décimateur serrait le blé provenant des dîmes.

'tithe-collector, *s.* Percepteur *m* de la dîme; dîmeur *m*.

'tithe-free, *a.* Exempt de la dîme.

'tithe-owner, *s.* Décimateur *m*.

'tithe-proctor, *s. A:* Dîmier *m*.

tithe[2], *v.tr.* **1.** Payer la dîme de (ses récoltes, etc.). **2.** Dîmer sur (un champ, un paysan); soumettre (un champ, qn) à la dîme.

tithing, *s.* **1.** (*a*) Paiement *m* de la dîme. (*b*) Prélèvement *m* de la dîme; levée *f* de la dîme. **2.** *Adm:* Division territoriale = un dixième du *hundred*.

Tithonus [tai'θounəs]. *Pr.n.m. Myth:* Tithon.

Titian ['tiʃjən]. *Pr.n.m. Hist. of Art:* Le Titien. *See also* RED **2.**

Titianesque [tiʃjə'nesk], *a.* Titianesque.

titillate ['titileit], *v.tr.* (*a*) Titiller, chatouiller. (*b*) Chatouiller (le palais); émoustiller (les sens).

titillating, *a.* Titillant, chatouillant; émoustillant.

titillation [titi'leiʃ(ə)n], *s.* (*a*) Titillation *f*, chatouillement *m*. (*b*) Chatouillement, émoustillement *m* (du palais, des sens).

titivate ['titiveit]. **1.** *v.tr.* Faire (qn) beau; attifer, pomponner, bichonner (qn). **2.** *v.i.* Se faire beau; faire un brin, un bout, de toilette; s'apprêter, s'attifer, se fignoler, se pomponner, se bichonner.

titlark ['titlaːrk], *s. Orn:* Pipi(t) *m*. **Meadow titlark,** pipit des prés; (pipit) farlouse *f*.

title[1] [taitl], *s.* **1.** (*a*) Titre *m*. **To give s.o. a title,** donner un titre à qn; titrer qn. **To have a title,** avoir un titre, une qualification. **To deprive s.o. of his title,** déqualifier qn. *To renounce one's t.*, se déqualifier. (*b*) Titre de noblesse. **Persons of title,** les nobles *m*: la noblesse. *See also* COURTESY **1.** (*c*) *Ecc:* **Titles of the cardinals,** titres (= églises paroissiales) des cardinaux. **2.** Titre (d'un livre, d'un chapitre); intitulé *m* (d'un journal, d'un acte). *Typ:* **Bastard title,** faux titre. *See also* HALF-TITLE. *Jur:* **Full title, short title,** intitulé complet, intitulé abrégé (d'un acte). *Cin:* **To insert the titles,** titrer le film. **Insertion of the titles,** titrage *m*. **The titles,** le titrage. **3.** (*a*) Titre, droit *m*. **Title to property,** titre de propriété. **Clear title,** titre incontestable, incontesté. **To have a title to sth.,** avoir un droit, des titres, à qch. **By onerous title,** à titre onéreux. *F:* **Titles to fame,** titres de gloire. (*b*) = TITLE-DEED. **4.** Titre (de l'or). **To lower the title of the coinage,** détitrer la monnaie.

'title-deed, *s. Jur:* Titre (constitutif) de propriété; acte *m*.

'title-page, *s. Typ:* Page *f* de titre; titre *m*; (*with embellishments*) frontispice *m*.

'title-part, -rôle, *s. Th:* Rôle *m* qui donne le titre à la pièce. *We went and saw Hamlet, with Irving in the t.-p.*, nous sommes allés voir *Hamlet*, joué par Irving.

title[2], *v.tr.* (*a*) Intituler (un livre, etc.). (*b*) Titrer (un film); mettre les titres à (un film).

titled, *a.* Titré. *I noticed several t. people*, j'ai remarqué (dans l'assistance) plusieurs personnes titrées. *A t. English lady*, *F:* une milady.

titler ['taitlər], *s. Cin:* **1.** (*Pers.*) Titulateur *m*. **2.** (*Device*) Titreuse *f*; machine *f* à titrer.

titling ['titliŋ], *s.* **1.** = TITLARK. **2.** = TITMOUSE.

titmouse, *pl.* **-mice** ['titmaus, -mais], *s. Orn:* (*Usu. abbr. to* **tit**) Mésange *f*. **Great titmouse,** (mésange) charbonnière *f*; mésangère *f*. **Coal titmouse,** (mésange) petite charbonnière; mésange noire. **Crested titmouse,** mésange huppée. **Long-tailed titmouse,** mésange à longue queue; demoiselle *f*, meunière *f*, moignet *m*. **Blue titmouse,** mésange azurée, bleue. **Marsh titmouse,** nonnette (cendrée). **Bearded titmouse,** mésange à moustache.

titrate ['taitreit], *v.tr. Ch: Ind:* Titrer, doser (une liqueur, une solution).

titrated, *a.* (*Of solution*) Titré.

titrating, *s.* = TITRATION.

titration [ti'treiʃ(ə)n], *s. Ch: Ind:* (*a*) Titration *f*, titrage *m*, dosage *m*. (*b*) Analyse *f* volumétrique.

titre ['tiːtər], *s.* Titre *m* (de l'or, *Ch:* d'une solution).

titter[1] ['titər], *s.* **1.** Rire étouffé. **2.** = GIGGLE[1].

titter[2], *v.i.* **1.** Avoir un petit rire étouffé. **2.** = GIGGLE[2].

tittering, *s.* Petits rires.

tittle [titl], *s.* **1.** *A:* Point *m*; petit trait (de plume). **2.** La moindre partie. **Not one tittle,** pas un iota. **To a tittle,** exactement; trait pour trait. *See also* JOT[1].

tittlebat ['titlbat], *s. Ich:* = STICKLEBACK.

tittle-tattle[1] ['titltatl], *s.* Potins *mpl*, cancans *mpl*, racontars *mpl*, caquets *mpl*, cancanages *mpl*, commérages *mpl*; bavardage *m* (de commères). **The tittle-tattle of the day,** la chronique scandaleuse du jour. *Ill-natured t.-t.*, ragots *mpl*.

tittle-tattle[2], *v.i.* (*a*) Potiner, cancaner. (*b*) Bavarder.

tittle-tattler ['titltatlər], *s.* Potinier, -ière; commère *f*; cancanier, -ière.

tittup ['titəp], *v.i.* **1.** (*Of horse*) Aller au petit galop; **fringuer. 2.** *Nau: P:* Jouer les consommations à pile ou face.

titubation [titju'beiʃ(ə)n], *s. Med:* Titubation *f*.

titular ['titjulər]. **1.** *a.* (*a*) (Évêque *m*, etc.) titulaire. (*b*) (*Of function, etc.*) Nominal, -aux. (*c*) **Titular possessions,** terres attachées à un titre. **2.** *s.* Évêque, saint *m*, titulaire; professeur *m*, etc., titulaire. **-ly,** *adv.* **1.** (Que l'on possède) en vertu d'un titre. **2.** Nominalement.

Titus ['taitəs]. *Pr.n.m.* **1.** *Rom.Hist:* Titus. **Titus Livius,** Tite-Live. **2.** *Rel.H:* (Saint) Tite.

-tive [tiv], *a.suff.* -teur, -trice. *Creative, directive, formative, productive, energy*, énergie créatrice, directrice, formatrice, productrice.

tizzy ['tizi], *s. P:* Pièce *f* de six pence.

tmesis ['tmiːsis], *s. Gram:* Tmèse *f*.

to [tu(ː)]. I. *prep.* A, à. **1.** (*a*) *They go to church, to school*, ils vont à l'église, à l'école. **What school do you go to?** à quelle école allez-vous? *The child ran to its mother*, l'enfant courut à sa mère. *I'm off to Paris*, je pars pour Paris. *He went to France, to Japan, to India*, il est allé en France, au Japon, aux Indes, dans les Indes. *We came to a village*, nous sommes arrivés à, dans, un village. *She returned home to her family*, elle est rentrée auprès de sa famille. *I am going to the grocer's*, je vais chez l'épicier. *To our house*, chez nous. *From town to town, from flower to flower*, de ville en ville, de fleur en fleur. *Air-lines* **to and from** *the Continent*, lignes aériennes à destination ou en provenance du Continent. (*b*) *The road to London*, la route de Londres. *The road to ruin*, le chemin de la ruine. *Journey to Paris*, voyage à Paris. *The way to the station*, le chemin de la gare. *The best way to the station*, le meilleur chemin pour aller à la gare. *The shortest way to the station*, le plus court chemin pour aller à la gare. *It is twenty miles to London*, il y a vingt milles d'ici Londres. *To wear one's best clothes to church*, mettre ses plus beaux habits pour aller à l'église. *A:* **I will to bed,** je vais me coucher. **To horse!** à cheval! **2.** (*a*) Vers, à. *To the east*, vers l'est. *To hold up one's hands to heaven*, tendre les bras vers le ciel; lever les bras au ciel. (*At marine station*) '*To the boat*,' "vers le bateau." *To the right, to the left*, à droite, à gauche. (*b*) *Feet to the fire*, les pieds au feu. *The rooms to the back*, les chambres de derrière. *See also* BAD II, CONTRARY[1] 3, GOOD II. **1. 3. Elbow to elbow,** coude à coude. *To fight* **man to man,** se battre homme à homme. *To put a revolver to s.o.'s head*, appliquer un revolver à la tête de qn. *I told him so* **to his face,** je le lui ai dit en face. *To clasp s.o. to one's heart*, serrer qn sur son cœur. *To fall to the ground*, tomber à, par, terre. **4.** (*Of time*) (*a*) *From nine o'clock to twelve*, de neuf heures à midi. **From morning to night,** du matin au soir. **From day to day,** de jour en jour; d'un jour à l'autre. (*b*) **Ten minutes to six,** six heures moins dix. *F:* **It is only 'ten 'to,** il est seulement moins dix; il n'est que moins dix. **5.** (*a*) Jusqu'à. **Wet to the skin,** trempé jusqu'aux os. *Shaken to the foundations*, ébranlé jusque dans les fondements. *To see s.o. to the end of the street*, accompagner qn jusqu'au bout de la rue. **To this day,** jusqu'à ce jour. *I shall remember it to my dying day*, je m'en souviendrai jusqu'à mon dernier jour. *To count up to ten*, compter jusqu'à dix. *From red to violet*, depuis le rouge jusqu'au violet. *Moved to tears*, ému jusqu'aux larmes. **Killed to a man,** tués jusqu'au dernier. *To defend one's country to the death*, défendre son pays jusqu'à la mort. (*b*) **To a high degree,** à un haut degré. **Generous to a fault,** généreux à l'excès. *To the number of twenty*, au nombre de vingt. **Accurate to a millimeter,** exact à un millimètre près. *He could guess your weight to an ounce*, il devinerait votre poids à une once près. *A year* **to the day,** un an jour pour jour. *See also* MINUTE[1] **1.** (*c*) *To cut sth. down* **to a minimum,** réduire qch. au minimum. *Evaporated to dryness*, évaporé jusqu'à siccité. **6.** (*a*) **To this end,** à cet effet, dans ce but. *With a view to my happiness*, dans le but d'assurer mon bonheur. *To come to s.o.'s aid*, venir à l'aide de qn. *To sit down to dinner*, se mettre à table (pour dîner). **To sentence s.o. to death, to the galleys,** condamner qn à mort, aux galères. (*b*) **To my despair,** à mon grand désespoir. *To the general surprise*, à la surprise, à l'étonnement, de tous. **To the exclusion of . . .,** à l'exclusion de. . . . **7.** (*a*) En. **To run to seed,** monter en graine. **To go to ruin,** tomber en ruine. **To put to flight,** mettre en fuite. **To pull to pieces,** mettre en pièces. (*b*) **To take s.o. to wife,** prendre qn pour femme. **Called to witness,** pris à témoin. **8.** *To take wine to one's lunch*, prendre du vin à déjeuner, avec son déjeuner. *To sing to the violin*, chanter avec accompagnement de violon, accompagné sur le violon. *To walk about to the accompaniment of the birds*, se promener accompagné du chant des oiseaux. *To sing sth. to the tune of . . .*, chanter qch. sur l'air de. . . . *What tune is it sung to?* sur quel air cela se chante-t-il? **9.** *Charles brother to John*, Charles frère de Jean. *Heir to s.o., to an estate*, héritier de qn, d'une propriété. **Hatters to H.M. the King,** chapeliers de Sa Majesté le Roi. **Ambassador to the King of Sweden,** ambassadeur auprès du roi de Suède. *Interpreter to the League of Nations*, interprète (au)près de la Société des Nations. *Secretary to the manager*, secrétaire du directeur. *Apprentice to a joiner*, apprenti, en apprentissage, chez un menuisier. *There is no frame to this picture*, il n'y a pas de cadre à ce tableau. **10.** (*a*) (*Effecting a comparison*) **Superior to,** supérieur à. *To bear a similarity to . . .*, offrir une ressemblance avec. . . . **Compared to . . .,** comparé à, en comparaison de. . . . **That's nothing to what I have seen,** cela n'est rien auprès de, en comparaison de, à côté de, ce que j'ai vu. *I am a tiro* (*compared*) *to him*, je suis novice à côté de lui. *To prefer walking to cycling*, préférer la marche à la bicyclette. (*b*) (*Expressing a proportion*) *Three is to six as six is to twelve*, trois est à six ce que six est à douze. *Six votes to four*, six voix contre quatre. *Three goals to nil*, trois buts à zéro. *Three parts flour to one part butter*, trois parties de farine pour, contre, une partie de beurre. *One glass of wine to a pint, to each pint, of soup*, un verre de vin par demi-litre de bouillon. *To bet ten to one*, parier dix contre un. *See also* TEN I. **It's a thousand to one that . . .**, il y a mille à parier contre un que. . . . *One house to the square mile*, une maison par mille carré. **Thirteen to the dozen**, treize à la douzaine; treize pour douze. *See also* DOZEN 2. **11. To all appearances**, selon les apparences. **Not to my taste**, pas à mon goût. **To write to s.o.'s dictation**, écrire sous la dictée de qn. **To my knowledge**, à ma connaissance. *See also* KNOWLEDGE I. **To the best of my remembrance**, autant que je m'en souvienne, qu'il m'en souvienne. **12.** (*Introducing object of honour, etc.*) **Hail to thee!** salut à toi! *Hymn to the sun*, hymne *m* au soleil. *To build an altar to s.o.*, ériger un autel à qn. *To drink to s.o.*, boire à la santé de qn. *Reply to s.o.*, réponse à qn. **13.** (*a*) (*Concerning*) *What did he say to my suggestion?* qu'est-ce qu'il a dit de ma proposition? *To speak to a motion*, intervenir dans la discussion (d'une motion). *Is there nothing more to civilization than . . .?* est-ce que la civilisation consiste en . . .? *U.S:* **That's all there is to it**, c'est tout ce qu'il y a à dire. **Is that all there is to it?** c'est tout? **There's nothing to it**, ça ne vaut pas la peine; cela ne rapporte rien. *See also* AS I. 3. (*b*) (*On bill*) **To repairing boiler . . .**, réparations à la chaudière. . . . *To taking out jets . . .*, pour avoir démonté les gicleurs. . . . **14.** (*Used to form the dative*) (*a*) *To give sth. to s.o.*, donner qch. à qn. *Who did you give it to?* à qui l'avez-vous donné? *The man I gave it to*, l'homme à qui je l'ai donné. *To speak to s.o.*, parler à qn. **To whom?** à qui? **To whom, to which**, auquel, à laquelle, auxquels, auxquelles. *A courage (which) few men can pretend to*, un courage auquel peu d'hommes sauraient prétendre. *The sum sent to him*, la somme à lui envoyée. **What is that to you?** qu'est-ce que cela vous fait? *What is life to me?* que m'importe la vie? *To have a compartment to oneself*, avoir un compartiment à soi (tout) seul. *To keep sth. to oneself*, garder qch. pour soi. *I said to myself . . .*, je me suis dit (en moi-même). . . . *To allude to sth.*, faire allusion à qch. (*See also all the personal pronouns.*) (*b*) Envers, pour. *Favourable to s.o.*, favorable à qn. *Good to all*, bon pour tous, envers tous. *Kind to me*, aimable à mon égard; aimable pour, envers, moi. *To be unjust to s.o.*, être injuste à l'égard de qn. *His duty to his country*, son devoir envers sa patrie. *He has been a father to me*, il a été comme un père pour moi. *His attitude to his work*, son attitude envers son travail. (*c*) *Known to the ancients*, connu des anciens. *Used to doing sth.*, accoutumé à faire qch. *Those who are born to a fortune*, ceux qui naissent héritiers d'une fortune.

II. **to.** *With the infinitive.* **1.** (*Inf. with adv. function*) (*a*) (*Purpose, result*) Pour. *He came to help me*, il est venu (pour) m'aider. *I gave him a shilling to carry my bag*, je lui ai donné un shilling pour qu'il porte ma valise. *We must eat (in order) to live*, il faut manger pour vivre. *They crowded together to give me more room*, ils se serrèrent dans le but de, afin de, me faire plus de place. *The chairs are painted to look the same*, les chaises sont peintes de manière à ce qu'elles aient l'air toutes pareilles. **So to speak**, pour ainsi dire. *Born to rule*, né pour régner. *I have not done anything to rouse his anger*, je n'ai rien fait pour provoquer sa colère. *He has done much to provoke criticism*, il a fait bien des choses susceptibles de provoquer des critiques. (*b*) (*Extension of adj. or adv.*) (i) De, à, pour. *Happy to do it*, heureux de le faire. *Ready to listen*, prêt à écouter. *Old enough to go to school*, assez âgé pour aller à l'école. *Too proud to fight*, trop fier pour se battre. *You are foolish to believe that*, vous êtes bien sot de croire cela. *You will do well to pay attention*, vous feriez bien de faire attention. *What a queer chap to be a mayor!* quel drôle d'homme pour un maire! (ii) (*Inf. with pass. force*) A, pour. **Good to eat**, bon à manger. *Beautiful to look at*, beau à voir. *Too hot to drink*, trop chaud pour qu'on puisse le boire. *It was hellish to see*, c'était affreux à voir. (*c*) (*Parenthetic or absolute const.*) (i) **To look at her** *one would never imagine that . . .*, à la voir on ne s'imaginerait pas que. . . . *To hear him talk you would imagine that . . .*, à l'entendre parler on s'imaginerait que. . . . *Everybody looked at him, to hear him talk like that*, tout le monde le regarda, à l'entendre parler de la sorte. (ii) (*Expressing subsequent fact*) *He woke to find the lamp still burning*, en s'éveillant il trouva la lampe encore allumée. *He left the house never to return to it again*, il quitta la maison pour n'y plus revenir. *These times are gone never to return*, ces temps sont passés et ne reviendront plus. **2.** (*Inf. with adjectival function*) (*a*) *To have a letter to write*, avoir une lettre à écrire. *To have much to do*, avoir beaucoup à faire. *Knives to grind*, couteaux *m* à repasser. *Nothing to speak of*, rien qui vaille la peine qu'on en parle. *There is no one to see us*, il n'y a personne qui puisse nous voir. *There was not a sound to be heard*, on n'entendait pas le moindre bruit. *There was not a crumb to be had*, il n'y avait pas moyen de se procurer une miette de pain. *He is not a man to forget his friends*, il n'est pas homme à oublier ses amis. *He is not a man to be trusted*, ce n'est pas un homme à qui on peut, on puisse, se fier. *The first to complain*, le premier à se plaindre. *The third to arrive*, le troisième à venir. *House to be sold*, maison à vendre. *Rules to be observed*, règles à observer. *To be disinfected on arrival*, à désinfecter à l'arrivée. *We are getting up a concert, the proceeds to be devoted to charity*, nous organisons un concert à l'intention d'une œuvre de bienfaisance. *The coming conference to be held in Paris*, la conférence qui doit avoir lieu à Paris. *A still more remarkable fact, presently to be referred to*, un fait encore plus remarquable, que nous citerons tout à l'heure. *The English Plato is still to be*, un Platon anglais est encore à naître. (*b*) A, de. *Tendency to do sth.*, tendance *f* à faire qch. *Desire to do sth.*, désir *m* de faire qch. *This is the time to do it*, c'est le moment de le faire. **3.** (*Inf. with substantival function*) *To go up was dangerous, to go down was impossible*, monter était périlleux, descendre était impossible. *To be or not to be . . .*, être ou ne pas être. . . . *To lie is shameful, it is shameful to lie*, il est honteux de mentir. *It was best to laugh*, le mieux était de rire. *It is better to do nothing*, il vaut mieux ne rien faire. *To learn to do sth.*, apprendre à faire qch. *To refuse to do sth.*, refuser de faire qch. **4.** (*Inf. = finite clause*) (*a*) *It seemed to grow*, il semblait croître. (*b*) *I wish him to do it*, je veux qu'il le fasse. *You would like it to be true*, vous voudriez bien que cela soit vrai. **5.** (*a*) (*Interrogatively*) *A: What to do?* que faire? (*b*) (*Expressing futurity, obligation*) *Journ:* (*In headline*) *A hundred employees to go*, cent employés vont recevoir leur congé. **6.** (*With ellipsis of verb*) *I did not want to look*, **I 'had to**, je ne voulais pas regarder mais il le fallut bien, mais je ne pus m'en défendre. *Take it; it would be absurd 'not to*, prenez-le; ce serait absurde de ne pas le faire, de manquer l'occasion. *He often says things one wouldn't expect him to*, il dit souvent des choses auxquelles on ne s'attendrait pas de sa part. *We shall have to*, il le faudra bien. *You ought to*, vous le devriez. *I want to*, je le désire; je voudrais bien.

III. **to,** *adv.* (*Stressed*) **1. Ship moored head to** (= *to the wind*), navire amarré vent debout. **Keep her to!** tenez le vent! **To put the horses to** (= *to the carriage*), atteler les chevaux. **To turn to with a will**, se mettre résolument à l'ouvrage. **To come to** (= *to one's senses*), reprendre connaissance. *See also* COME TO. **To pull the shutters to**, fermer les volets. **To leave the door to**, laisser la porte tout contre. **2. To and fro.** *To go to and fro*, aller et venir. *To walk to and fro*, (i) (*in room*) aller de long en large; (ii) (*between two places*) aller et venir; *F:* faire la navette (entre deux endroits). *The busy hurrying to and fro*, le va-et-vient affairé. *I was watching the crowd passing to and fro*, je regardais la foule qui se croisait. *Two journeys to and fro*, deux voyages *m* d'aller et retour. *After several marches to and fro between Paris and Fontainebleau . . .*, après diverses marches et contremarches entre Paris et Fontainebleau. . . . *Mec.E:* **Movement to and fro, to-and-fro movement**, mouvement *m* de va-et-vient.

to-'be, *s.* The to-be, l'avenir *m.*

to-'do, *s. F:* Bruit *m*, remue-ménage *m.* **To make a to-do**, (i) faire du tam-tam; (ii) faire des histoires, des chichis. **What a to-do!** quelle affaire! *There was a great to-do about it*, l'affaire a fait grand bruit.

'to-name, *s. Scot:* Surnom *m*, sobriquet *m.*

toad [toud], *s.* **1.** (*a*) Crapaud *m.* **Running toad**, crapaud des roseaux. **Midwife toad, obstetrical toad**, crapaud accoucheur. *U.S:* **Horned toad**, phrynosome *m.* *See also* SEA-TOAD. *F:* **To treat s.o. like a toad under the harrow**, fouler qn aux pieds. *To lead a toad-under-the-harrow existence*, être rabroué par tout le monde, à tous les instants. **To eat s.o.'s toads**, flagorner qn. (*b*) *P:* Type répugnant; sale type. **He's, she's, a toad**, c'est une rosse. **2.** *Cu:* **Toad in the hole**, morceau de viande cuit dans de la pâte.

'toad-eater, *s.* Sycophante *m*, patelineur, -euse, flagorneur, -euse, complimenteur, -euse; lécheur *m* (de bottes); chattemitte *f.*

'toad-eating, *attrib.a.* Rampant, servile.

'toad-fish, *s. Ich:* Poisson-grenouille *m*, *pl.* poissons-grenouilles; baudroie *f*; lophie pêcheuse.

'toad-flax, *s. Bot:* Linaire *f*, éperonnière *f*; muflier bâtard; lin *m* sauvage; *F:* velvote *f.* **Ivy-leaved toad-flax**, cymbalaire *f.*

'toad-spit, *s.* Crachat *m* de coucou; écume printanière.

toadstone ['toudstoun], *s. Miner:* Crapaudine *f*; *F:* pierre *f* de crapaud; œil-de-serpent *m.*

toadstool ['toudstu:l], *s. Fung:* Champignon vénéneux; faux agaric.

toady[1] ['toudi], *s.* = TOAD-EATER.

toady[2], *v.tr. & i.* (**toadied**) **To toady (to) s.o.**, lécher les bottes à qn; flagorner qn; courber l'échine devant qn; faire la chattemite auprès de qn; *P:* faire du plat à qn; gratter qn où ça le démange; faire de la lèche auprès de qn; (*not in decent use*) lécher le cul à qn.

toadyism ['toudiizm], *s.* Flagornerie *f.*

toast[1] [toust], *s.* **1.** Pain grillé; toast *m.* **Piece, round, of toast**, grillade *f* de pain; rôtie *f.* *Buttered t.*, rôtie au beurre; rôtie beurrée. *Dry t.*, rôtie sans beurre. **Anchovies on toast**, anchois *m* sur canapé; croûte *f* aux anchois. *P:* **To have s.o. on toast**, (i) duper qn; mettre qn dedans; (ii) avoir qn à sa merci; mettre qn au pied du mur; tenir qn. *See also* FRENCH TOAST, WARM[1] I. **2.** (*a*) (i) Personne à qui, chose à laquelle, on porte un toast; *esp.* (ii) *Hist:* beauté *f* célèbre; beauté à la mode. (*b*) Toast. **To give, propose, a toast**, porter un toast. **To give s.o. a toast**, boire à la santé de qn. *To respond to s.o.'s t.*, répondre au toast de qn.

'toast-list, *s.* Liste *f* des toasts (à un banquet).

'toast-master, *s.* Préposé *m* aux toasts; annonceur *m* des toasts.

'toast-rack, *s.* Porte-rôties *m inv*, porte-toasts *m inv.*

'toast-water, *s.* Eau panée.

toast[2]. **1.** *v.tr.* (*a*) Rôtir, griller (du pain). *F:* **To toast one's feet (before the fire)**, se chauffer les pieds. (*b*) **To toast s.o.**, porter un toast à (la santé de) qn; toaster qn; boire à la santé de qn. **2.** *v.i.* Rôtir, griller.

toasting, *s.* Rôtissage *m*, grillage *m.*

'toasting-fork, *s.* **1.** Fourchette *f* à rôtir le pain; grille-pain *m inv.* **2.** *P. & Hum:* Sabre *m*, épée *f*, *P:* lardoire *f.*

toaster ['toustər], *s.* Grille-pain *m inv.*

tobacco, *pl.* **-os** [to'bako, -ouz], *s.* **1.** *Bot:* Tobacco(-plant), tabac *m.* **Mountain tobacco**, arnica *f* des montagnes. **2.** Tabac (à fumer); *P:* perlot *m.* **Chewing tobacco**, tabac à chiquer, à mâcher. **Cut tobacco**, tabac haché. *Fine-cut t.*, tabac haché fin. *Coarse-cut t.*, tabac de grosse coupe. *See also* LEAF-TOBACCO, MARYLAND, PLUG-TOBACCO, ROLL-TOBACCO, TWIST[1] I.

to'bacco-coloured, *a.* Tabac *inv.*
to'bacco-fiend, *s.* *F:* Tabacomane *m.*
to'bacco-hater, *s.* Tabacophobe *m.*
to'bacco-heart, *s.* Maladie de cœur due à l'abus du tabac, au tabagisme.
to'bacco-jar, *s.* Pot *m* à tabac.
to'bacco-pipe, *s.* Pipe *f* (à fumer).
to'bacco-pouch, *s.* Blague *f* à tabac. *Horsey t.-p.*, blague (en caoutchouc) forme rentrante.
to'bacco-shop, *s.* Débit *m* de tabac.
to'bacco-stopper, *s.* Bourre-pipe *m*, *pl.* bourre-pipes; bourron *m.*
to'bacco-worker, *s.* Tabatier, -ière.

tobacconist [to'bakonist], *s.* Débitant *m* de tabac; marchand *m* de tabac. **Tobacconist's (shop),** débit *m* de tabac.
Tobiah [to'baia], **Tobias** [to'baiəs]. *Pr.n.m.* Tobie.
toboggan[1] [to'bɔgən], *s.* Toboggan *m.*
to'boggan-run, -shoot, -slide, *s.* Piste *f* de toboggan.
toboggan[2], *v.i.* Faire du toboggan. *To t. down a slope*, descendre une côte en toboggan.
tobogganing, *s.* Sport *m* du toboggan; lugeage *m.*
tobogganer [to'bɔgənər], *s.* Tobogganniste *mf*; lugeur, -euse.
Toby ['toubi]. **1.** *Pr.n.m.* Tobie. **2.** Toby (jug), pot *m* à bière (en forme de gros bonhomme à tricorne). **3.** Chien (vivant) du guignol anglais. (Il porte une collerette plissée autour du cou.) *See also* FRILL[1] 1.
toc [tɔk], *s.* *Mil. Tg. & Tp:* La lettre T. **Toc H** [tɔk'eitʃ], (lettres initiales de *Talbot House*) association pour l'étude des problèmes religieux et sociaux et pour le rapprochement des différentes classes sociales.
toccata [tɔ'kɑːta], *s.* *Mus:* Toccata *f*, *pl.* toccate.
toco ['touko], *s.* *Sch:* *P:* Châtiment corporel; correction *f.* **To administer toco to a boy,** administrer une raclée à un élève.
tocology [to'kɔlədʒi], *s.* Tocologie *f.*
tocsin ['tɔksin], *s.* Tocsin *m.*
tod [tɔd], *s.* *Scot:* **1.** Renard *m.* **2.** *F:* Vieux malin; fin renard.
to-day [tu'dei], *adv.* & *s.* Aujourd'hui (*m*). *A week ago to-day*, il y a aujourd'hui huit jours. **To-day week,** d'aujourd'hui en huit. *To-day is the fifth, to-day is Sunday*, c'est aujourd'hui le cinq, dimanche. *What is to-day?* c'est quel jour aujourd'hui? *To-day's paper*, le journal d'aujourd'hui, du jour. *To-day has been fine*, il a fait beau aujourd'hui. *F:* **He is here to-day and gone to-morrow,** il est comme l'oiseau sur la branche; il ne fait que de courtes apparitions. **The young people of to-day,** les jeunes gens d'aujourd'hui. *It is not to be found to-day*, on n'en trouve plus. **To-day me, to-morrow thee,** à chacun son tour. *See also* LAUGH[2] 1.
toddle[1] [tɔdl], *s.* **1.** Allure chancelante; pas chancelants (d'un jeune enfant). **2.** *F:* Petite promenade; balade *f.* *Let's go for a t.*, si on faisait un petit tour?
toddle[2], *v.i.* **1.** Marcher à petits pas chancelants. **2.** Marcher à petits pas; trottiner. **To toddle in, out,** entrer, sortir, à petits pas. **To toddle along,** (*with cogn. acc.*) **to toddle one's way along,** aller, faire, son petit bonhomme de chemin. **To toddle round to s.o.'s house,** aller, pousser, tout doucement jusque chez qn. *After toddling round to see old friends . . .*, après ses petites trotteries chez de vieux amis. . . . **To toddle home,** rentrer. **To toddle off,** *F:* se trotter. *F:* **I must be toddling,** il faut que je file; il faut que je me trotte.
toddling, *a.* (Enfant) trottinant, qui commence à marcher.
toddler ['tɔdlər], *s.* Enfant qui commence à marcher, à trottiner. **The toddlers,** les tout petits.
toddy ['tɔdi], *s.* **1.** Toddy *m* (de palme). **2.** Grog chaud. *A glass of t.*, un grog.
toe[1] [tou], *s.* **1.** Orteil *m*; doigt *m* de pied. **Great toe, big toe,** gros orteil. **Little toe,** petit orteil. *To come down on (the points of) one's toes*, retomber sur la pointe des pieds. *To turn one's toes in, out*, tourner les pieds en dedans, en dehors. **To stand on the tips of one's toes,** se dresser sur la pointe des pieds. *F:* **Stroke that brings the spectators up on their toes,** coup *m* qui met l'assistance dans une attente fiévreuse. *Danc:* **To dance on one's toes,** faire des pointes. *Farr:* **Horse up on its toes,** cheval juché. *P:* **To turn up one's toes,** mourir; *P:* casser sa pipe. *See also* FANTASTIC, HEEL-AND-TOE, KISS[2] 1, TIMBER-TOE, TIP[1] 1, TIPTOE, TOP[1] I. 1, TREAD[2] 1. **2.** (*a*) Bout *m*, pointe (de soulier, chaussette, etc.). *To wear one's shoes out at the toes*, user ses souliers du bout. (*b*) *Farr:* (i) Pince *f* (de sabot ou de fer à cheval); (ii) griffe *f* (de fer à cheval). (*c*) *Golf:* Pointe (de la crosse). *Sm.a:* Bec *m* (de crosse de fusil). (*d*) *Mec.E:* Pivot *m*, queue *f* (d'arbre vertical). **3.** (*a*) *Mec.E:* Patin *m* (de serre-joint). (*b*) *Mch:* Touche *f* (de distribution Corliss). *Mec.E:* Ergot *m* (actionné par une came, etc.). **4.** *Const:* Empattement *m* (de mur); éperon *m*, saillie *f* (d'un arc-boutant).
'toe-board, *s.* *Veh:* *Aut:* *Av:* Plancher *m* oblique.
'toe-cap, *s.* *Bootm:* Bout rapporté; pièce *f* de renfort.
'toe-clip, *s.* **1.** *Cy:* Cale-pied(s) *m inv*; arrêt *m* de pied. **2.** *Farr:* Pinçon *m.*
'toe-crack, *s.* *Vet:* Soie *f* (dans le sabot).
'toe-dance, *s.* Danse *f* sur la pointe des pieds.
'toe-dancing, *s.* *Danc:* Pointes *fpl.* **To practise toe-dancing,** faire des pointes.
'toe-nail, *s.* Ongle *m* d'orteil.
toe[2], *v.tr.* **1.** **To toe a sock,** (i) tricoter, (ii) refaire, la pointe d'une chaussette. **To toe a shoe,** mettre ou remettre un bout à un soulier. **2.** **To toe the line, the mark,** (i) s'aligner; (*at bowls, etc.*) piéter; (ii) *F:* s'aligner avec son parti; se conformer au mot d'ordre; (iii) obéir; s'exécuter. *To make s.o. toe the line*, (i) faire aligner qn; faire rentrer qn dans les rangs; (ii) faire obéir qn. **3.** *F:* **To toe and heel it,** danser. **4.** (*a*) *Fb:* Botter (le ballon) avec la pointe du pied. (*b*) *F:* Flanquer un coup de pied à (qn); botter (qn). **5.** *Golf:* Frapper (la balle) avec la pointe de la crosse. **6.** *Carp:* Enfoncer (un clou) de biais.
toe in, out. **1.** *v.i.* Tourner les pieds en dedans, en dehors, en marchant. **2.** *v.tr.* *Aut:* **To toe in the front wheels,** faire pincer les roues avant.
toe-'in, *s.* *Aut:* Pincement *m* (des roues avant).
toe up, *v.tr.* *P:* Enlever le ballon à (qn).
toe-'up, *s.* *P:* **To give s.o. a toe-up,** enlever le ballon à qn; botter le derrière à qn.
toed, *a.* **1.** (*With adj. or num. prefixed, e.g.*) **Two-toed, three-toed,** à deux, trois, orteils. *Z:* **Three-toed sloth,** paresseux *m* à trois orteils. *See also* FOUR-TOED, WEB-TOED. **2.** (Chaussettes *f*) dont les doigts sont marqués. **3.** (Soulier *m*, etc.) à bout rapporté. *See also* SQUARE-TOED.

toff[1] [tɔf], *s.* *P:* Dandy *m*, aristo *m*; rupin, -ine. **The toffs,** la haute, la gomme; la haute gomme; *P:* les huiles *f*, les rupins, les gens huppés. **To act the toff,** faire de la gomme; faire sa poire. **He's quite the toff,** *P:* il a du jus.
toff[2], *v.tr.* **To toff oneself up, out,** se faire beau; s'attifer; se mettre sur son trente et un.
toffee ['tɔfi], *s.* Caramel *m* au beurre. **Almond toffee, walnut toffee,** caramel aux amandes, aux noix. *F:* **He can't sing for toffee,** il ne sait pas chanter du tout; il n'a aucun talent. *P:* **Not for toffee!** à aucun prix (je ne le ferais)!
'toffee-apple, *s.* Pomme enrobée de sucre et montée en sucette.
toft [tɔft], *s.* *A. & Jur:* Petite ferme; petite exploitation rurale.
toftman, *pl.* **-men** ['tɔftmən, -men], *s.m.* *A:* Exploitant d'une petite ferme; petit fermier.
tog [tɔg], *v.tr.* & *i.* (**togged; togging**) *F:* Attifer, habiller. **To tog (oneself) up, out,** se faire beau; s'attifer; se mettre sur son trente et un. *To tog up a little*, faire un brin, un bout, de toilette. **To be (all) togged up,** être en grande toilette; être parée de ses plus beaux atours; être sur son tralala, en grand tralala. **To get togged out anew,** renouveler son trousseau; *F:* se requinquer.
toga ['touga], *s.* *Rom.Ant:* Toge *f.*
togaed, toga'd ['tougad], *a.* En toge.
together [tu'geðər], *adv.* Ensemble. (*a*) *They remained alone t.*, ils restèrent en tête à tête. **To go together, belong together,** aller ensemble. **We stand or fall together,** nous sommes tous solidaires. *Nau:* (*Of ships*) **To sail together,** naviguer de conserve. **Together with,** avec; ainsi que . . .; en même temps que. . . . (*b*) **To gather together, collect together,** (i) réunir, rassembler; (ii) se réunir, se rassembler. **To add together, multiply together,** additionner, multiplier, ensemble. **To strike two things together,** frapper deux choses l'une contre l'autre. **To bring together,** rassembler, réunir. *Bill:* **To bring the balls together,** rappeler les billes. **Lands lying together,** terres tout d'un tenant. (*c*) **To act together,** agir de concert. **All together,** tout le monde ensemble; tous à la fois. (*In singing*) **The chorus all together,** et tous ensemble pour le refrain. **Now all together!** tous en chœur! *Art:* *F:* **To pose for the 'all together,'** poser pour le nu, pour l'ensemble. (*d*) **For months together,** pendant des mois entiers, d'affilée, de suite. *To gossip for hours t.*, bavarder des heures durant; bavarder pendant des heures et des heures.
toggery ['tɔgəri], *s.* *P:* = TOGS.
toggle[1] [tɔgl], *s.* **1.** *Nau:* Cabillot *m*, chevillot *m* (d'amarrage); burin *m.* **2.** (*a*) Barrette *f* (de chaîne de montre). **Small chain and toggle,** chaînette *f* à T. (*b*) *Mec.E:* Clef *f.* **Brake toggle,** clef de frein. (*c*) *Harn:* **Halter-rope toggle,** billot *m* de longe de licou.
'toggle-iron, *s.* *Fish:* Harpon *m* à tête mobile.
'toggle-joint, *s.* *Mec.E:* Rotule *f*; (joint *m* à) genou *m.*
'toggle-lever, *s.* *Mec.E:* Levier articulé; genou *m*, -oux. *I.C.E:* Levier-bascule *m* (du carburateur).
'toggle-pin, *s.* *Nau:* = TOGGLE[1] 1.
'toggle-press, *s.* *Metalw:* *etc:* Presse *f* à genouillère.
toggle[2], *v.tr.* **1.** *Nau:* Fixer avec un cabillot, cabillotter (un cordage à un autre). **2.** Munir (un drapeau, etc.) d'un cabillot.
Togoland ['tougoland]. *Pr.n. Geog:* Le Togo.
togs [tɔgz], *s.pl.* *F:* Nippes *f*, fringues *f*, frusques *f*, hardes *f.* *Nau:* **Harbour togs, long togs,** frusques d'escale.
toil[1] [tɔil], *s.* Travail dur, pénible; labeur *m*, peine *f.* **After great toil . . .,** à force de labeur. . . . **The toils of war,** les fatigues *f* de la guerre.
'toil-worn, *a.* Usé par le travail; (visage) marqué par la fatigue. *T.-w. old man*, *F:* (père) peinard *m.*
toil[2], *v.i.* Travailler, peiner; se donner du mal. **To toil and moil,** peiner, travailler dur; suer sang et eau; s'acharner; gagner son pain à la sueur de son front; *P:* s'échiner. **To toil at sth., at doing sth.,** travailler comme un nègre à qch.; s'épuiser à faire qch. *To t. hard to maintain one's family*, travailler dur pour nourrir sa famille. **To toil up a hill,** gravir péniblement une colline. *To t. along the road*, avancer péniblement sur la route. **To toil on,** (i) continuer son travail; (ii) continuer sa route.
toiling[1], *a.* Laborieux.
toiling[2], *s.* = TOIL[1].
toiler ['tɔilər], *s.* Travailleur, -euse.
toilet ['tɔilet], *s.* **1.** (*a*) Toilette *f.* *To make one's t.*, faire sa toilette. (*b*) Toilette (d'un condamné à mort). (*c*) *Surg:* Détersion *f*, mondification *f* (d'une plaie après l'opération). **2.** (*In hotels, etc.*) Les toilettes, les cabinets *m*; *F:* le water. **3.** *A:* = TOILET-TABLE.
'toilet-case, *s.* Nécessaire *m* de toilette. *Travelling t.-c.*, trousse *f* de voyage.
'toilet-cover, *s.* Dessus *m* de toilette; *A:* toilette *f.*
'toilet-glass, *s.* Glace *f*, miroir *m*, de toilette.
'toilet-paper, *s.* Papier *m* hygiénique; papier serviette. *T.-p. fixture*, porte-papier *m inv* hygiénique.
'toilet-powder, *s.* Poudre *f* de toilette; *esp.* poudre pour usage après le bain.
'toilet-roll, *s.* Rouleau *m* de papier hygiénique.

'toilet-set, -service, *s.* Garniture *f* de toilette.
'toilet-soap, *s.* Savon *m* de toilette.
'toilet-table, *s.* Table *f* de toilette; *A:* toilette *f.*

toils [tɔilz], *s.pl. Ven:* Filet *m*, lacs *m*, bricoles *fpl*, toiles *fpl.* **To be taken, get caught, in the toils,** se laisser prendre dans les lacs, les lacets, au filet; se laisser prendre au piège; se laisser engluer; s'engluer; être pris à la glu. *Caught in the t.*, pris dans le(s) lacs. *To catch s.o. in one's t., Lit:* prendre qn dans ses rets. **Caught in his own toils,** pris dans ses propres lacets.

toilsome ['tɔilsəm], *a.* Pénible, fatigant, laborieux. *The book is t. reading,* le livre est ardu, indigeste. **-ly,** *adv.* Laborieusement, péniblement.

toilsomeness ['tɔilsəmnəs], *s.* Caractère pénible, laborieux (d'un travail).

Tokay [to'kei], *s.* Vin *m* de Tokai, de Tokay; tokai *m*, tokay *m.*

toke [touk], *s. P:* Pain *m*, *F:* mangeaille *f*; *P:* bouffe *f*, boustifaille *f*, brif(f)eton *m.*

token ['touk(ə)n], *s.* **1.** Signe *m*, indication *f*, marque *f*, témoignage *m* (d'amitié, de respect, etc.). **Freemason's token,** attouchement *m* maçonnique. **In token of . . ., as a token of . . .,** en signe de . . ., en témoignage de . . ., comme marque de. . . . *To give s.o. sth. as a t. of one's esteem,* faire hommage de qch. à qn. **It gives token of intelligence,** cela annonce, indique, de l'intelligence. **By this token,** (i) la preuve en est (que); (ii) donc, d'ailleurs. **By the same token . . .,** de plus. . . . *F:* **More by token . . .,** et la preuve c'est que. . . . **Token payment,** paiement *m* symbolique (d'intérêts, etc., en reconnaissance d'une dette). *T. withdrawal (of volunteers, etc.),* retrait *m* symbolique. **2.** (*a*) Signe. *To show a glove for a t.*, montrer un gant comme signe, comme preuve. **Love token,** gage *m* d'amour. (*b*) Jeton *m*. *Ecc: A:* **Communion token,** méreau *m.* (*c*) *A:* Pièce *f* de monnaie fiduciaire; jeton. (*d*) **Book tokens,** bons *m* de livres. **3.** *Typ:* Dix mains *f* (de papier).
'token-money, *s.* Monnaie *f* fiduciaire, divisionnaire, d'appoint; circulation *f* fiduciaire.

toko ['touko], *s. Sch: P:* = TOCO.

tolbooth ['toulbu:ð], *s. Scot:* **1.** *A:* Bureau *m* de péage. **2.** *A:* (*a*) Hôtel *m* de ville. (*b*) Prison *f.*

told [tould]. *See* TELL.

tol-de-rol ['tɔldirɔl]. (*Song refrain*) = La faridondon, la faridondaine.

Toledo [tɔ'li:do]. **1.** *Pr.n. Geog:* Tolède. **2.** *s. A:* Épée *f* de Tolède; lame *f* de Tolède.

tolerable ['tɔlərəbl]. **1.** *a.* (*a*) Tolérable, supportable. (*b*) Passable; assez bon. *We were given a t. lunch,* on nous a servi un assez bon déjeuner; le déjeuner n'était pas mauvais. *They enjoy a t. amount of freedom,* ils jouissent d'une assez grande liberté. (*c*) *A: We are t.*, nous sommes en assez bonne santé. **2.** *adv. A. & U.S:* Assez; passablement. **We are tolerable well,** nous nous portons assez bien. **-ably,** *adv.* **1.** Tolérablement. **2.** *To draw* **tolerably (well),** dessiner passablement. **It is tolerably certain that . . .,** il est à peu près certain que. . . . *I'm t. well,* je me porte assez bien.

tolerance ['tɔlərəns], *s.* **1.** (*a*) *Med:* **Tolerance of a drug,** tolérance *f* d'une drogue, d'un remède. (*b*) *A: T. of heat, of cold,* tolérance de la chaleur, du froid; endurcissement *m* à la chaleur, au froid. **2.** Tolérance (religieuse, etc.). *To show great t.*, faire preuve de beaucoup de tolérance, d'une grande indulgence, de beaucoup de patience. **3.** (*a*) *Minting:* Tolérance, faiblage *m.* (*b*) *Mec.E:* Tolérance. *T. of two thousandths,* tolérance de deux millièmes (de pouce). *Limits of t.*, tolérances maxima et minima.

tolerant ['tɔlərənt], *a.* Tolérant (*of*, à l'égard de). *To be t. of contradiction,* supporter patiemment la contradiction. *Med:* **Subjects tolerant of light, of a drug,** sujets tolérants vis-à-vis des rayons lumineux, vis-à-vis d'un remède.

tolerate ['tɔləreit], *v.tr.* Tolérer, supporter (la douleur, la contradiction, etc.). *Inability to t. a remedy,* intolérance *f* d'un remède. *He cannot t. arsenic,* il ne supporte pas l'arsenic. *To be unable to t. s.o.'s doing sth.*, ne pouvoir supporter que qn fasse qch. *F: I can't t. him,* je ne peux pas le souffrir, le sentir.

toleration [tɔlə'reiʃ(ə)n], *s.* **1.** Tolérance *f.* **Toleration in religious matters,** tolérance en matière de religion. **2.** *Minting:* Tolérance *f*, faiblage *m.*

tolite ['tɔlait], *s. Exp:* Tolite *f.*

toll¹ [toul], *s.* **1.** (*a*) Droit *m* de passage; péage *m.* **Toll traverse,** droit de passage (sur une propriété privée). **Town toll,** octroi *m.* **To pay toll,** payer un droit de passage. **To pay the toll,** acquitter le péage. (*b*) Droit de place (au marché). **2.** (*a*) **Miller's toll,** droit de mouture; mouture (prélevée). (*b*) **Rent takes heavy toll of one's income,** le loyer retranche, mange, une grande partie de nos revenus. *Accident that takes a heavy t. of human life,* accident qui occasionne beaucoup de morts. **The toll of the roads,** la mortalité sur les routes.
'toll-bar, *s.* Barrière *f* (de péage).
'toll-booth, *s. Scot:* = TOLBOOTH.
'toll-bridge, *s.* Pont *m* à péage; pont payant.
'toll-call, *s. Tp:* Conversation interurbaine (entre villes peu éloignées).
'toll-collector, *s.* Péager, -ère; (*on bridge*) pontonnier, -ière.
'toll-gate, *s.* = TOLL-BAR.
'toll-house, *s.* Bureau *m* de péage; péage *m.*
'toll-keeper, *s.* Péager, -ère.

toll², *s.* Tintement *m*, son *m* (de cloche).

toll³. **1.** *v.tr.* (*a*) Tinter, sonner (une cloche). *Abs.* **To toll for the dead,** sonner pour les morts. (*b*) (*Of bell, clock*) Sonner (l'heure). **To toll s.o.'s death,** sonner le glas (pour la mort de qn). (*c*) **To toll the people in,** appeler les fidèles à l'église (au son de la cloche); sonner l'office. **2.** *v.i.* (*Of bell*) (*a*) Tinter, sonner. (*b*) Sonner le glas.
tolling, *s.* (*a*) Tintement *m* (de cloche). (*b*) Tintement funèbre; glas *m*; (*during funeral*) regret *m.*

tol-lol(-ish) [tɔ'lɔl(iʃ)], *a. P: A:* Passable, assez bon, pas si mal. *Attaché to the Embassy!* **sounds tol-lol!** attaché d'ambassade! c'est déjà pas si mal!

Toltec ['tɔltek], *s. Ethn:* Toltèque *mf.*

Toltecan ['tɔltekən], *a. Ethn:* Toltèque.

Tolu ['toulju, tɔ'lju:]. **1.** *Pr.n. Geog:* Tolu. **2.** *Pharm: etc:* **Tolu balsam,** baume *m* de Tolu; *F:* tolu *m.*

toluate ['tɔljuet], *s. Ch:* Toluate *m.*

toluene ['tɔljui:n], *s. Ch:* Toluène *m.*

toluic [tɔ'lju:ik], *a. Ch:* Toluique.

toluidine [tɔ'lju:idi:n], *s. Ch:* Toluidine *f.*

Tom [tɔm]. **1.** *Pr.n.m.* (*Dim. of Thomas*) Thomas. *F:* **Any Tom, Dick, or Harry,** tout le monde; tout chacun; le premier venu. **There was nobody there but Tom, Dick and Harry,** il n'y avait que quatre pelés et un tondu. **To be hail-fellow-well-met with Tom, Dick and Harry,** frayer avec Pierre, Paul et Jacques. *See also* PEEPING². **2.** **Tom cat,** *F:* **a tom,** matou *m.* **3.** *Navy: F: A:* **Long Tom,** grand canon, maître canon (monté au milieu du navire). **4.** *P:* **Old Tom,** gin *m.*
tom-'noddy, *s. F:* Dadais *m*, nigaud *m.*
Tom 'Thumb. **1.** *Pr.n.m.* Le petit Poucet; Tom Pouce. **He is a Tom Thumb,** c'est un courte-botte. **2.** *Attrib.* **Tom Thumb nasturtium,** capucine naine. *See also* UMBRELLA 1.
Tom 'Tiddler's ground, *s.* (*a*) *Games:* "Camp *m*" du défenseur (dans un jeu d'enfants). (*b*) **The Exhibition is a Tom Tiddler's ground for pickpockets,** l'Exposition est l'endroit rêvé pour les pickpockets. (*c*) Terrain *m* disputable.
tom-'tit, *s. Orn:* Mésange azurée; mésange bleue.

tomahawk¹ ['tɔmahɔ:k], *s.* Hache *f* de guerre (des Peaux-Rouges); tomahawk *m.* *F:* **To bury the tomahawk,** enterrer la hache de guerre; faire la paix.

tomahawk², *v.tr.* (*a*) Frapper (qn) avec un tomahawk; assommer (qn). (*b*) *F:* Éreinter, tuer (un livre, etc.).

tomalley [to'mali], *s. Cu:* Partie crémeuse du homard (qu'on enlève pour en faire la "*tomalley sauce*").

tomato, *pl.* **-oes** [to'mɑ:to, -ouz], *s.* **1.** Tomate *f.* **Currant tomato,** tomate groseille à grappes. *Cu:* **Tomato sauce,** sauce *f* tomate. **2.** *Bot:* **Strawberry tomato, husk tomato,** alkékenge *f*; coqueret officinal; coquerelle *f.*

tomb [tu:m], *s.* Tombe *f*; (*with monument*) tombeau *m.* **To rifle a tomb,** violer une sépulture. **Life beyond the tomb,** la vie au delà de la tombe. **To go down into the tomb,** descendre au tombeau, à la tombe.

tombac(k) ['tɔmbak], *s. Metall:* Tombac *m.*

tombola ['tɔmbola], *s.* Tombola *f.*

tomboy ['tɔmbɔi], *s.* Fillette *f* d'allures garçonnières. **She's a regular tomboy,** c'est un vrai garçon; c'est un garçon manqué; c'est une petite délurée; elle est très diable.

tombstone ['tu:mstoun], *s.* Pierre tombale, tumulaire, funéraire.

tome [toum], *s.* Tome *m*; gros volume. *Ponderous tomes in ancient bindings,* volumes massifs à reliure ancienne.

tomentose [tou'mentous], **tomentous** [tou'mentəs], *a. Nat.Hist:* Tomenteux, -euse; laineux, -euse.

tomentum [to'mentəm], *s. Nat.Hist:* Laine *f*, duvet *m.*

tomfool¹ [tɔm'fu:l]. **1.** *s.* Niais *m*, nigaud *m*, serin *m*; dadais *m.* **2.** *Attrib.a.* Stupide, idiot. *T. scheme,* projet insensé.

tomfool², *v.i.* Faire, dire, des sottises; *F:* faire l'idiot.

tomfoolery [tɔm'fu:ləri], *s.* Niaiserie(s) *f*(*pl*), nigauderie(s) *f*(*pl*); bouffonnerie(s) *f*(*pl*).

Tommy ['tɔmi]. **1.** *Pr.n.m.* (*Dim. of Thomas*) Thomas, Tom. **2.** *Pr.n. F:* **Tommy Atkins,** sobriquet du soldat anglais *s.* **A tommy,** un simple soldat; un troubade. **3.** *s. P:* (*a*) Pain *m*, mangeaille *f*, bouffe *f.* *Nau:* **Soft tommy,** pain frais. (*b*) *Ind:* Provisions fournies par l'économat de l'usine; paiement *m* en nature. (*c*) = TOMMY-SHOP. **4.** *s. Tls:* = TOMMY-BAR.
'tommy-bar, *s. Tls:* **1.** Broche *f* (à visser). **2.** Pince *f.*
'tommy-gun, *s.* Mitraillette *f.*
'tommy-hole, *s.* Entaille *f*, encoche *f* (pour admettre la broche).
'tommy-nut, *s.* Écrou *m* à trous (se vissant à la broche).
tommy-'rot, *s. F:* Bêtises *fpl*, inepties *fpl.* *That's all tommy-rot,* tout ça c'est idiot; ça ne tient pas debout.
'tommy-screw, *s. Mec.E:* Vis *f* à broche.
'tommy-shop, *s. Ind:* Cantine *f* (dirigée par l'économat de l'usine).

to-morrow [tu'mɔro, -ou], *adv. & s.* Demain (*m*). *To-m. morning,* demain matin. **To-morrow week,** de demain en huit. *The day after to-m.*, après-demain. *In to-m.'s paper,* dans le journal de demain. *To-m. is, will be, Sunday,* c'est demain dimanche. *Prov:* **Never put off till to-morrow what you can do to-day,** ne remettez pas au lendemain ce que vous pouvez faire le jour même. **To-morrow never comes,** demain veut dire jamais. **Who knows what to-morrow holds?** qui sait ce que demain nous réserve? **Event without a to-morrow,** événement *m* sans lendemain. *See also* NEVER, TO-DAY.

tompion ['tɔmpiən], *s.* = TAMPION.

tomtom ['tɔmtɔm], *s.* Tam-tam *m*, *pl.* tam-tams.

-tomy [tomi], *comb.fm.* -tomie *f.* *Cystotomy,* cystotomie. *Dichotomy,* dichotomie. *Lithotomy,* lithotomie. *Phlebotomy,* phlébotomie.

ton [tʌn], *s. Meas:* **1.** Tonne *f.* **Long ton, gross ton** (*of* 2240 *lb.*), tonne forte. **Short ton, net ton** (*of* 2000 *lb.*), tonne courte. **Metric ton** (*of* 1000 *kg. or* 2204.6 *lb.*), tonne métrique. *See also* FOOT-TON. *Com:* **A ton of coal,** un mille de houille. *F:* **I have asked him tons of times,** je le lui ai demandé des tas de fois. **There's tons of it,** il y en a des tas. **He has tons of money,** il a un argent fou; il a des mille et des cents. *One must have tons of money to keep up such an establishment,* il faut des mille et des cents pour supporter un train de maison pareil. **2.** *Nau:* (*a*) Tonneau *m* (de jauge); tonne (de 100 pieds cubes). **Per net register ton,** par tonne de jauge nette. (*b*) **Measurement ton, measured ton,** tonne d'arrimage, d'encombrement (de 40 pieds cubes).

'ton-mile, *s. Meas:* Tonne *f* par mille, tonne milliaire.

tonal ['toun(ə)l], *a. Ac: Mus:* Tonal, -aux.

tonality [to'naliti], *s. Ac: Art: Mus:* Tonalité *f*.

tone[1] [toun], *s.* **1.** Son *m*, accent *m*; timbre *m* (de la voix, d'une cloche, d'un instrument de musique). *The deep t. of a bell*, le son profond d'une cloche. *Mus:* **Stopped tone,** ton bouché (d'un cor, etc.). **Tone quality,** qualité *f* de la note (d'un instrument, etc.). *W. Tel:* **Tone correction,** correction *f* de la tonalité. *T. correction device*, correcteur *m* de tonalité. *See also* DIALLING 2. **2.** (*a*) Ton *m*, voix *f*. *In an impatient t.*, d'un ton d'impatience. *In a low t.*, sur un ton bas; d'une voix basse. *To speak in a gentle t.*, parler d'un ton doux. *To speak in plaintive tones*, parler d'un ton plaintif. *F:* **To alter one's tone,** changer de ton, de note; chanter sur un autre ton, sur une autre note. (*b*) **To give a serious tone to a discussion,** donner un ton sérieux à une discussion. *Town with no intellectual t.*, ville *f* sans atmosphère intellectuelle. *The workmen take their t. from the chief*, les employés prennent le ton du chef. *Fin:* **The prevailing tone,** l'ambiance, la tendance, générale. **The tone of the market,** la tenue, l'allure, l'atmosphère, du marché. *See also* LOWER[2] 1. (*c*) *Med:* Tonicité *f* (des muscles, etc.). **Want of tone,** atonie *f*. **Lacking tone,** atonique. (*Of pers.*) **To lose tone,** se déprimer. **To recover tone,** se retremper. **3.** *Mus: Ac:* Ton. **Whole tone,** ton entier. *See also* SEMITONE. **4.** Ton, nuance *f* (d'une couleur); *Phot:* ton (d'une épreuve). *Warm tones*, tons chauds. *See also* HALF-TONE. **5.** *Ling:* (*a*) Ton; accent *m* tonique. (*b*) Accent de hauteur.

'tone-arm, *s.* Bras *m* acoustique (d'un phonographe).

'tone-colour, *s.* Timbre *m* (d'un instrument, de la voix).

'tone-etcher, *s. Phot.Engr:* Similiste *m*.

'tone-poem, *s. Mus:* Poème *m* symphonique.

tone[2]. **1.** *v.tr.* (*a*) (i) Accorder (un instrument); (ii) régler la tonalité (d'un instrument). (*b*) Adoucir les tons, modifier la tonalité (d'un tableau). (*c*) *Phot:* Virer (une épreuve). (*d*) Tonifier (la peau, etc.). **2.** *v.i.* (*a*) **To tone (in) with sth.,** s'harmoniser avec qch. (*Of garment, curtains, etc.*) **Toning with . . .,** dans le ton de . . .; assorti de ton avec. . . . (*b*) *Phot:* (*Of print*) Virer.

tone down. **1.** *v.tr.* Adoucir, atténuer (une expression, un contraste, une couleur); assourdir, amortir (un son, une couleur). *Art:* Effumer (le fond d'un tableau, etc.). *To t. down crude details*, estomper les détails trop crus. **2.** *v.i.* S'adoucir; le prendre sur un ton plus doux.

toning down, *s.* Adoucissement *m*, atténuation *f*.

tone up. **1.** *v.tr.* Tonifier (le système nerveux); retremper (qn), remonter (le système à qn); *F:* remonter (qn). **2.** *v.i.* Se tonifier; *F:* se radouber (après une maladie).

toned, *a.* **1.** (*Of body, mind*) **Toned(-up),** tonifié. **2.** (Papier) (i) teinté, (ii) crémé. **3.** *Phot:* Viré. **4.** (*Of voice, colour, etc.*) **Low-toned, high-toned,** à ton bas, élevé. *Low-toned picture*, tableau *m* dans les tonalités basses. *Low-toned conversation*, conversation *f* à voix basse. **Full-toned note, voice,** note *f*, voix *f*, grave.

toning, *s.* **1.** Accordage *m*, réglage *m* (d'un instrument). **2.** *Phot:* Virage *m*. **Blue toning, iron toning,** virage bleu. **Toning-bath,** bain *m* de virage, de chlorure. **Toning and fixing bath,** (bain) viro-fixateur *m*. **3.** Teinte plate. *See also* HILL-TONING.

toneless ['tounləs], *a.* **1.** (Couleur *f*) sans éclat. **2.** (Personne *f*, voix *f*) veule; (voix) blanche, atone. **-ly,** *adv.* D'une voix veule, blanche.

tonelessness ['tounləsnəs], *s.* **1.** Absence *f* de ton, de tonalité. **2.** Veulerie *f* (de caractère).

tong [tɔŋ], *s.* (*In China*) Société secrète.

tonga[1] ['tɔŋgɑ], *s.* Charrette légère à deux roues (en usage aux Indes).

Tonga[2]. *Pr.n. Geog:* **The Tonga Islands,** l'archipel *m* de Tonga; les îles *f* des Amis.

Tongan ['tɔŋgən], *a. & s. Geog:* Tongan, -ane.

Tongrian ['tɔŋgriən], *a. & s. Geol:* Tongrien (*m*).

tongs [tɔŋz], *s.pl.* **1.** (*a*) (**Fire-)tongs,** pincettes *f*. (*b*) **Sealing-tongs,** pince *f* à plomber. **2.** *Ind:* Pince(s), tenailles *fpl*. *Glassm:* Moraillés *fpl*. **(Wide-jawed) blacksmith's tongs,** goulue *f*. **Pincer tongs, anvil tongs,** tenaille (de forge) creuse. *Metall:* **Crucible tongs,** happe *f*. *See also* CURLING-TONGS, DRAW-TONGS, ELBOW-TONGS, GOFFERING 1, HAMMER[1] 1, LAZY-TONGS, LEVER-GRIP, PIPE-TONGS, SUGAR-TONGS, TOUCH[2] I. 1.

tongue[1] [tʌŋ], *s.* **1.** Langue *f*. (*a*) **To put out one's tongue,** montrer, tirer, la langue (*at s.o.*, à qn). *Med:* **Put out your tongue,** montrez-moi votre langue. **He could have bitten his tongue out** *because he had let slip his secret*, il se mordait la langue d'avoir laissé échapper son secret. *Ling:* **Tongue-and-fore-gum consonant,** consonne prépalatale. *See also* HART'S-TONGUE, HOUND'S-TONGUE, OX-TONGUE, TIP[1] 1. (*b*) **To have a ready, a glib, tongue,** avoir la langue bien pendue. **To keep a watch on one's tongue,** surveiller sa langue. **To curb, bridle, one's tongue, to put a curb, a bridle, on one's tongue,** (i) ne (pas) dire mot; ne pas desserrer les dents; tenir sa langue; (ii) se montrer sobre de paroles; mesurer ses paroles; se retenir (de, pour ne pas, parler); mettre un frein à sa langue. **To find one's tongue again,** retrouver la parole; (*of child*) retrouver sa langue. *He was finding his t.*, sa langue se déliait, se dénouait. *F:* **To keep a civil tongue in one's head,** rester courtois. *To compliment s.o.* **with one's tongue in one's cheek,** faire des compliments ironiques à qn; faire des compliments à qn par moquerie, en blaguant, ironiquement. *He continually has his t. in his cheek*, il ne fait que blaguer; il blague tout le temps. *Prov:* **The tongue is sharper than any sword,** coup de langue est pire que coup de lance. *Ven:* (*Of hounds*) **To give tongue,** donner de la voix; bauder. *The whole pack is giving t.*, toute la meute aboie. *See also* GLIB 2, GUARD[2] 1, HOLD[2] I. 7, LOOSEN 1, OIL[2] 1, SHARP[1] I. 3, SLIP[1] 1, SMOOTH[1] 2, WAG[2] 1. **2.** Langue, idiome *m* (d'un peuple). **The German tongue,** la langue allemande. **The gift of tongues,** le don des langues. *See also* MOTHER TONGUE. **3.** Langue, languette *f* (de terre); langue, dard *m* (de feu); patte *f*, languette (de soulier); battant *m* (de cloche); ardillon *m* (de boucle); queue *f* (d'un document); langue, languette, aiguille *f* (d'une balance); soie *f* (de couteau, de lime). *Mus:* Languette, anche *f* (de hautbois). *Rail:* (i) Pointe *f* de cœur; cœur *m* (de croisement); (ii) aiguille. *Carp:* Languette de bois. *T. of a (frame-)saw*, garrot *m* d'une scie. *Carp:* **Half-round tongue,** noix *f*. *See also* GROOVE[1] 1, SLIT[1].

'tongue-bit, *s. Harn:* Mors *m* à miroir.

'tongue-bone, *s. Anat:* Os *m* hyoïde; hyoïde *m*.

'tongue-depressor, *s. Med:* Abaisse-langue *m*, *pl.* **abaisse-**langues.

'tongue-hounds, *s.pl. Veh:* Fourchette *f*.

'tongue-rail, *s. Rail:* Aiguille *f*; lame *f* d'aiguille; **rail** *m* mobile.

'tongue-shaped, *a.* Linguiforme; en forme de languette.

'tongue-tie[1], *s. Med:* Ankyloglosse *f*; soubrelangue *m*.

'tongue-tie[2], *v.tr.* Lier la langue à (qn); réduire (qn) **au** silence; interdire (qn).

tongue-tied, *a.* Qui a la langue liée. **1.** Qui a le filet. **2.** Muet, -ette (d'étonnement, etc.); interdit. **3.** Engagé au silence.

'tongue-traction, *s.* Tractions *fpl* de la langue (pour ranimer un asphyxié).

'tongue-twister, *s. F:* Mot *m* ou phrase *f* barbare, difficile **à** prononcer.

'tongue-weld, *s. Metalw:* Soudure *f* à gueule-de-loup.

'tongue-worm, *s. Arach:* Linguatule *f*.

tongue[2]. **1.** *v.tr.* (*a*) *F:* Malmener (qn) en paroles; attraper (qn); sermonner, chapitrer (qn); *P:* engueuler (qn). (*b*) Toucher (qch.) du bout de la langue; lécher (qch.). (*c*) *Carp:* Langueter (le bord d'une planche). *See also* GROOVE[2]. (*d*) *Mus:* **To tongue a passage** (*on the flute, etc.*), détacher les notes d'un passage. **2.** *v.i.* (*a*) *F:* **To tongue (it),** jaser, bavarder. (*b*) *Ven:* (*Of hounds*) Donner **de** la voix.

tongued, *a.* A langue, à languette. *See also* DOUBLE-TONGUED, EVIL-TONGUED, HONEY-TONGUED, ILL-TONGUED, LOOSE-TONGUED, SMOOTH-TONGUED, SWIFT-TONGUED, THICK-TONGUED.

tonguing, *s.* **1.** *F:* (*a*) Bordée *f* d'injures; *P:* engueulade *f*. (*b*) Semonce *f*; remontrance *f*, réprimande *f*. **2.** *Carp:* Languetage *m*. *See also* GROOVING 1.

'tonguing-iron, *s. Tls:* Fer *m* de bouvet double.

'tonguing-plane, *s. Tls:* Bouvet *m* à languette; **bouvet** mâle.

tongueless ['tʌŋləs], *a.* **1.** Sans langue. **2.** *F:* Muet, **-ette**; interdit.

tonguelet ['tʌŋlet], *s.* Languette *f*.

tonic ['tɔnik]. **1.** *a.* (*a*) *Med: etc:* Tonique, remontant, réconfortant. (*b*) *Gram:* (Accent *m*) tonique. (*c*) *Mus:* (Note *f*) tonique. **Tonic chord,** accord naturel. (*d*) *Med:* **Tonic spasm,** convulsion *f* tonique; tonisme *m*. **2.** *s.* (*a*) *Med:* Tonique *m*, remontant *m*, incitant *m*, réconfortant *m*, reconstituant *m*, fortifiant *m*. *To take sth. as a t.*, prendre qch. pour se remonter. *F:* (*Of news, etc.*) **To act as a tonic on s.o.,** réconforter qn; remonter qn. (*b*) *Mus:* Tonique *f*. *See also* SOL-FA[1] 2.

tonicity [to'nisiti], *s.* Tonicité *f* (des muscles, etc.).

to-night [tu'nait], *adv. & s.* Cette nuit; ce soir.

tonite ['tounait], *s. Exp:* Tonite *f*.

tonk [tɔŋk], *v.tr. P:* **1.** Battre, rosser (qn). **2.** Battre, dégotter (qn).

tonking[1], *s.* Raclée *f*.

Tonka ['tɔŋka], *s.* **Tonka (bean),** tonka *m*.

Tonkin [tɔŋ'kin], **Tonking**[2] [tɔŋ'kiŋ]. *Pr.n. Geog:* Le Tonkin.

Tonkinese [tɔŋki'ni:z], *s. & a. Geog:* Tonkinois, -oise.

tonlet ['tʌnlet], *s. Archeol:* **Tonlet suit,** armure *f* à tonne.

tonnage ['tʌnedʒ], *s.* **1.** *Nau:* Tonnage *m*, jauge *f*; capacité *f* de chargement (d'un navire). **Register(ed) tonnage,** tonnage enregistré, tonnage net; jauge de douane, de registre. **Gross tonnage,** tonnage brut; jauge brute. **Net tonnage,** jauge nette. **Dead-weight tonnage,** tonnage réel. **Active tonnage,** tonnage actif, en service. **2.** Tonnage (d'un port, d'un pays). **Cleared tonnage,** tonnage sorti. **3.** *Hist:* Droit *m* de tonnage.

'tonnage-deck, *s.* Pont *m* de tonnage.

tonneau ['tɔnou], *s. Aut: A:* Tonneau *m*.

-tonner ['tʌnər], *s.* (*With num. prefixed, e.g.*) *Nau:* **Five-hundred-tonner,** vaisseau *m* de cinq cent tonneaux.

tonsil ['tɔnsil], *s. Anat:* Amygdale *f*. *Med:* **Enlarged tonsils,** *F:* **tonsils,** amygdales hypertrophiées; hypertrophie *f*, tuméfaction *f*, des amygdales. *See also* GUILLOTINE[1] 3.

tonsillectomy [tɔnsi'lektəmi], *s.* = TONSILLOTOMY.

tonsillitis [tɔnsi'laitis], *s. Med:* Tonsillite *f*; angine *f* (tonsillaire); inflammation *f* des amygdales; amygdalite *f*.

tonsillotome [tɔn'silotoum], *s. Surg:* Amygdalotome *m*, tonsillotome *m*.

tonsillotomy [tɔnsi'lɔtəmi], *s. Surg:* Amygdalotomie *f*, tonsillotomie *f*.

tonsorial [tɔn'sɔ:riəl], *a. F: Hum:* De barbier. **Tonsorial artist,** artiste capillaire.

tonsure[1] ['tɔnʃər], *s.* Tonsure *f*. (*Of catholic priest*) **To receive the tonsure,** recevoir la tonsure.

tonsure[2], *v.tr.* Tonsurer.

tontine [tɔn'ti:n], *s. Fin: Ins:* Tontine *f*.

tonus ['tounəs], *s. Med:* **1.** Tonicité *f*, tonus *m*. **2.** Convulsion *f* tonique; tonisme *m*.

Tony[1] ['touni]. *Pr.n.m.* (*Dim. of Antony*) Antoine; *F:* Toine. *See also* LUMPKIN.

tony[2], *a. F:* Dans le ton; chic, élégant. *A t. little hat*, un petit chapeau coquet.

too [tu:], *adv.* 1. Trop, par trop. *Too difficult a job*, un travail (par) trop difficile. **Too much money**, trop d'argent. **Too many people**, trop de gens. *Too far*, trop loin. *See also* FAR[1] I. 1. **To work too much, too little**, travailler trop, trop peu. **Ten shillings too much**, dix shillings de trop. **I have a card too many**, j'ai une carte de trop. *I am afraid I was one too many*, je crains d'avoir été de trop. **The task is too much for me**, la tâche est au-dessus de mes forces. **He was too much**, *F:* **one too many, for me**, il était trop fort pour moi; il était plus malin que moi; je n'étais pas de force à me mesurer avec lui; je n'étais pas de taille à lutter contre lui. *She proved one too many for him*, elle ne s'est pas laissé embobiner. *See also* MUCH 4 (*g*). *The hole was too narrow for a rat to come in by*, le trou était trop étroit pour qu'un rat entrât par là. *I know him* **all too well**, je ne le connais que trop. *F:* **It is quite too charming! it is too too charming!** c'est exquis! *See also* BAD I. 2. 2. (*Also*) Aussi; également. *He bought the picture and the frame too*, il a acheté le tableau et aussi le cadre, et le cadre avec. *I too want some*, il m'en faut également; moi aussi il m'en faut; il m'en faut à moi aussi. 3. (*Moreover*) D'ailleurs; de plus; en outre. *The prisoner, too, inspired little sympathy*, le prisonnier, d'ailleurs, inspirait peu de sympathie. 87° *in the shade and in September too*, 87° à l'ombre et qui plus est en septembre.

toodle-oo [tu:dl'u:], *int. P:* Au revoir.

took [tuk]. *See* TAKE[2].

tool[1] [tu:l], *s.* 1. Outil *m* (de menuisier, etc.); instrument *m*, ustensile *m*. *Garden tools, gardening tools*, instruments, ustensiles, de jardinage. *Bookbinder's tools*, fers *m* de relieur. **Engineer's tools**, outillage *m* pour mécaniciens. **Pneumatic tools**, marteaux *m*, etc., pneumatiques. *Prov:* **A bad workman always finds fault with his tools**, à méchant ouvrier point de bon outil. *See also* DOWN[4] 2, MACHINE-TOOL, ROUND[1] I. 1. 2. *F:* Instrument, créature *f*. **To make a tool of s.o.**, se servir de qn (dans un but intéressé). *The sheriffs were the tools of the government*, les sheriffs étaient les âmes damnées du gouvernement. *He was a mere t. in their hands*, il était devenu leur créature. **He needed a tool**, il lui fallait un homme de paille. 3. *Bookb:* = TOOLING 2 (*a*).

'tool-angle, *s.* Angle *m* de taillant.

'tool-bag, *s.* Sac *m* à outils; (*of motor car, bicycle, etc.*) sacoche *f*.

'tool-basket, *s.* Cabas *m*.

'tool-box, *s.* 1. Boîte *f*, coffre *m*, à outils. 2. Sabot *m* (d'une machine à raboter).

'tool-carriage, *s.* Chariot *m* porte-outil (d'une machine-outil).

'tool-chest, *s.* Boîte *f*, armoire *f*, coffre *m*, à outils.

'tool-holder, *s.* 1. Porte-outil(s) *m inv* (de machine-outil). 2. Manche *m* porte-outils.

'tool-house, *s.* Cabane *f* aux outils; resserre *f*.

'tool-maker, *s.* Fabricant *m* d'outils; outilleur *m*; taillandier *m*.

'tool-making, *s.* Fabrication *f* d'outils; outillerie *f*; taillanderie *f*.

'tool-outfit, *s.* Outillage *m*; jeu *m* d'outils.

'tool-post, *s.* Étrier *m* (d'un tour, d'une raboteuse).

'tool-rest, *s.* Support *m* d'outil; porte-outils *m inv* (de tour).

'tool-roll, *s. Aut: etc:* Trousse *f* (à outils).

'tool-sharpener, *s.* 1. Machine *f* à affûter. 2. (*Pers.*) Affûteur *m*, aiguiseur *m*, rémouleur *m*.

'tool-shed, *s.* = TOOL-HOUSE.

tool[2], *v.tr.* 1. (*a*) *Bookb:* Ciseler, dorer (une tranche, une reliure). *Leath:* Ciseler (le cuir). (*b*) *Stonew:* Bretteler, layeter, layer (une pierre). (*c*) *Mec.E:* Usiner, travailler (une pièce venue de fonte). 2. *F:* Conduire (une voiture). *Abs.* **To tool along**, aller en voiture; rouler.

tooled, *a. Bookb:* (*Of edge, binding, etc.*) Ciselé.

tooling, *s.* 1. (*a*) *Leath:* Ciselage *m*. (*b*) *Mec.E:* Usinage *m*. (*c*) *Stonew:* Bretture *f*. 2. (*a*) *Bookb:* Ciselure *f*, dorure *f* (du dos ou des plats). **Blind tooling**, dorure à froid. **Gold tooling**, dorure à chaud; dentelles *fpl*. (*b*) *Stonew:* Bretture.

tooler ['tu:lər], *s.* 1. (*Pers.*) *Leath:* Ciseleur *m*. *Bookb:* Doreur *m*. 2. *Tls:* Grand ciseau à pierre; fer *m* (de maçon).

toon [tu:n], *s. Bot:* Cédrel *m* toon; bois *m* de toon.

toot[1] [tu:t], *s.* 1. Son *m*, appel *m*, de clairon, etc. 2. *Nau:* Coup *m* de sirène. *Aut:* Coup de trompe; appel de trompe; cornement *m*. 3. *P:* **To be on the toot**, faire la noce; être en bombe.

toot[2]. 1. *v.tr. F:* **To toot a horn, a trumpet**, sonner du cor, de la trompette. *Aut:* **To toot the horn**, faire marcher la trompe; corner; donner un coup de klaxon. 2. *v.i.* (*Of pers.*) Sonner du cor; (*of instrument*) sonner. *Aut:* Corner; avertir. **To toot on the trumpet**, sonner de la trompette.

tooting, *s.* Sonnerie *f* (de la trompette); cornement *m*.

tooth[1], *pl.* **teeth** [tu:θ, ti:θ], *s.* 1. Dent *f*. **Second teeth, permanent teeth**, dents de remplacement; dentition définitive, permanente. **Irregular tooth**, surdent *f*. **Front teeth**, dents de devant. *See also* BACK-TOOTH, BUCK-TEETH, EYE-TOOTH, FORE-TOOTH, MILK-TOOTH, WISDOM 1. **To have a fine set of teeth**, avoir de belles dents, une belle denture; *F:* avoir la bouche bien meublée. **Horse with all its teeth**, cheval *m* qui a tout mis, qui a la bouche faite. **False tooth, artificial tooth**, fausse dent; dent artificielle. **Set of (false) teeth**, dentier *m*, *F:* râtelier *m*. **To cut one's teeth**, faire, percer, ses dents. **Cutting of teeth**, pousse *f*, éruption *f*, des dents; dentition *f*. *He is cutting his teeth*, ses dents percent; les dents lui poussent, lui viennent. *He has cut a t.*, il lui est sorti une dent. *To lose a t.*, perdre une dent. *He has lost a few front teeth*, il a perdu quelques dents de devant; *F:* il est brèche-dent. **To have a tooth out**, se faire arracher une dent. **To knock a tooth out of s.o.'s mouth**, faire sauter une dent à qn; édenter qn. *F:* **To cast, throw, sth. in s.o.'s teeth**, jeter qch. à la figure, au nez, de qn; reprocher qch. à qn. **In the teeth of all opposition**, malgré, en dépit de, toute opposition. *Nau:* **To have the wind in one's teeth**, avoir le vent debout. *See also* WIND[1] 1. **To show one's teeth**, (i) montrer, découvrir, ses dents; (ii) (*to show fight*) montrer les dents. **Armed to the teeth**, armé jusqu'aux dents. **Tooth and nail**, unguibus et rostro. **To fight tooth and nail**, se battre avec acharnement; s'escrimer des pieds et des mains. **To go for s.o. tooth and nail**, attaquer qn du bec et des ongles; tomber sur qn à bras raccourcis. *To work t. and nail at sth.*, s'escrimer à faire qch. *He went at it t. and nail*, il y allait de toutes ses forces; il y allait d'attaque. **To set one's teeth**, serrer les dents, s'armer de résolution. **With set teeth**, les dents serrées. **To say sth. between one's teeth**, grommeler qch. entre ses dents. **To be long in the tooth**, n'être plus jeune. *She's a bit long in the t.*, elle n'est plus dans sa première jeunesse, dans sa première fraîcheur. **Pleasing to the tooth**, agréable au palais. **He has a dainty tooth**, c'est une fine bouche. *See also* BIT[1] 1, CORNER-TOOTH, DOG'S-TOOTH, DOG-TOOTH, EDGE[1] 3, ESCAPE[2] 1, EYE[1] 1, GRIND[2] 1, LIE[2], RUN[1] 8, SWEET I. 1, WOLF-TOOTH. 2. Dent (de scie, de peigne, de fourche); dent, plein *m*, alluchon *m* (de roue d'engrenage); plein (de vis). **Teeth** (*of notching implements*), brettures *f*. **The teeth of a wheel**, la denture. **Evolute teeth**, denture à développée. **Involute teeth**, denture à développante. **Pin teeth**, denture à fuseaux. *To break the teeth of a comb, of a wheel, of a saw*, édenter un peigne, une roue, une scie. *See also* COMB[1] 1, GULLET 3, PLANE[4] 1, SAW-TOOTH. 3. *Const:* = TOOTHING-STONE. 4. *Paperm:* (*Grain*) Grain *m* (du papier).

'tooth-billed, *a. Orn:* Au bec dentelé.

'tooth-brush, *s.* Brosse *f* à dents. *F:* **Tooth-brush moustache**, moustache taillée en brosse.

'tooth-drawer, *s. Pej:* Arracheur *m* de dents.

'tooth-glass, *s.* Verre *m* à dents.

'tooth-like, *a.* Dentiforme.

'tooth-line, *s. Mec.E:* = *addendum line, q.v. under* ADDENDUM 2.

'tooth-ornament, *s. Arch:* Dent-de-scie *f*, *pl.* dents-de-scie; denticule(s) *m(pl)*.

'tooth-paste, *s.* Pâte *f* dentifrice; dentifrice *m*, opiat *m*.

'tooth-pick, *s.* 1. Cure-dents *m inv.* 2. *Mil: P:* Baïonnette *f*; *P:* Rosalie *f*.

'tooth-powder, *s.* Poudre *f* dentifrice; dentifrice *m*.

'tooth-rash, *s. Med:* Strophulus *m*, gourme *f*.

tooth[2]. 1. *v.tr.* (*a*) Denter, endenter, créneler (une roue). (*b*) Bretteler, layeter, layer (une pierre). 2. *v.i.* (*Of cog-wheels*) S'engrener.

toothed, *a.* 1. *Mec.E: etc:* Denté, crénelé. **Toothed wheel**, roue dentée; roue à dents; roue d'engrenage. **Toothed gearing**, engrenage *m* à roues dentées. **Toothed plate** (*of safety razor, etc.*), peigne *m*. 2. *Bot:* Dentelé. 3. (*With adj. or num. prefixed, e.g.*) **White-toothed**, aux dents blanches. **Double-toothed**, bidenté. *See also* SABRE-TOOTHED, SWEET-TOOTHED.

toothing, *s.* 1. (*a*) Taille *f* des dents (d'une scie, d'une roue). (*b*) Bretture *f* (de la pierre). *See also* PLANE[4] 1. 2. *Coll.* (*a*) *Mec.E:* Dents *fpl* (d'une roue); denture *f*, endentement *m*, crénelage *m*. (*b*) *Const:* (i) Arrachement *m*, harpes *fpl*; (ii) appareil *m* en besace. (*c*) *Stonew:* Bretture; surface brettelée.

'toothing-stone, *s. Const:* Pierre *f* d'attente, d'arrachement; attente *f*, harpe *f*, amorce *f*.

toothache ['tu:θeik], *s.* Mal *m* de dents; *Med:* odontalgie *f*. **To have toothache**, avoir mal aux dents.

toothful ['tu:θful], *s. F:* Goutte *f*, chiquet *m* (de vin, etc.).

toothless ['tu:θləs], *a.* Sans dents; édenté.

toothsome ['tu:θsəm], *a.* 1. Savoureux; qui flatte le palais; agréable au goût. **Toothsome morsel**, morceau friand, succulent; fin morceau. *The fruit was t.*, les fruits étaient délicieux. 2. *A:* (*Of pers.*) Friand.

toothsomeness ['tu:θsəmnəs], *s.* Goût *m* agréable; succulence *f*.

toothwort ['tu:θwə:rt], *s. Bot:* Dentaire *f*.

tootle[1] [tu:tl], *v.i. Hum:* **To tootle on the flute**, flûter; *F:* seriner un air de flûte.

tootling, *s.* Petits airs de flûte.

tootle[2], *v.i. Aut: F:* **To tootle along**, aller son petit bonhomme de chemin.

tootsy(-wootsy) ['tu:tsi('wu:tsi)], *s. F:* (*Nursery speech*) (Petit) peton.

top[1] [tɔp]. I. *s.* 1. Haut *m*, sommet *m*, cime *f*, sommité *f* (d'une montagne); haut, cime, faîte *m* (d'un arbre); haut (de la tête). **At the top of the tree**, en haut, sur le sommet, de l'arbre. *See also* TREE[1] 1. *At the top of the house*, sous les combles. *See also* HOUSE-TOP. **From top to bottom**, du haut en bas; de haut en bas; de fond en comble; de la cave au grenier. **From top to toe**, de la tête aux pieds; de pied en cap. **To place sth. on the top of sth.**, placer qch. par-dessus, au sommet de, tout en haut de, qch. *We had to travel on top of the luggage*, nous avons dû faire le trajet juchés sur les bagages. *To put the best apples on top*, mettre les plus belles pommes sur le dessus du panier. *Nau:* **Cargo stowed on top**, cargaison arrimée dans les hauts. *Games:* **To be on top**, conduire le jeu. **To come out on top**, avoir le dessus. **We are on top**, nous avons le dessus; à nous le coq. *F:* **One thing happens on top of another**, les événements *m* se précipitent. **To go to bed on top of one's supper**, se coucher sitôt dîné. **On top of it all** *he wanted . . .*, pour comble il a voulu . . .; en sus de tout cela il a voulu. . . . **To go over the top**, (i) *Mil: P:* escalader, franchir, le parapet; monter à l'assaut; partir à l'attaque; *P:* monter sur le billard, sur le bled; (ii) *F:* sauter le pas, le fossé; (iii) *F:* se marier. *See also* CASTING[2] 1, HILL-TOP, LADDER[1] 1, POURING[2]. 2. (*a*) Surface *f* (de l'eau, de la terre); dessus *m* (d'une table, etc.); impériale *f* (d'un tramway, d'un taxi, etc.). **To climb on top**, monter à l'impériale. *A:* **To ride on top** (*of a coach*), voyager sur la banquette. *Oil always comes to the top*, l'huile surnage toujours. (*Of pers.*) **To come to the top**, arriver au sommet de l'échelle; arriver. (*b*) *Mec.E:* **Top of a cam**, palier *m* de came. 3. Dessus (d'un soulier); revers *m* ou simili-revers *m* (d'une botte à revers); revers (d'un bas); scion *m* (d'une canne à pêche); couvercle *m* (d'une boîte); capote *f* (d'une voiture); ciel *m* (de fourneau). *See also* HOSE-TOPS, ROLL-TOP. 4. Tête *f* (de page, de carte, etc.). *Bookb:* **Gilt top**, tête dorée. 5. Haut bout (de la table). **The top of the street**, le haut de la rue. *At the top of the street*, au bout de la rue. *Sch:* **To be at the top of the form**, être à la tête de la classe. *He came out (at the) top of the school*, il est sorti (le) premier de l'école. *Sch:* **'Higher tops,'** classes d'enseignement primaire supérieur. 6. **To shout at the top of one's voice**, (i) crier de toute la force de ses poumons, de sa voix; (ii) *F:* crier à tue-tête, à pleine poitrine, à pleine gorge; pousser des cris d'orfraie. *She was singing at the top of her voice*, elle chantait à gorge déployée. **I was feeling on top of my form**, je me sentais tout à fait en train, en pleine forme. *Turf:* **To bring a horse to the top of its form**, affûter un cheval. *The horse is at the top of its form*, le cheval est au mieux de sa forme, est bien en forme. **He ran at the top of his speed**, il courait à toutes jambes. **To enjoy oneself to the top of one's bent**, s'amuser tout son soûl, à souhait, tant qu'on peut, tant qu'on veut. *F:* (*Irish phr.*) **Top of the morning to you!** bien le bonjour! *Aut: F:* **To climb a hill on top**, prendre une montée en prise (directe). (*Cf.* TOP-GEAR 2.) *Nau:* **The top of the flood, of the tide**, le haut de l'eau; les hautes eaux; le vif de la marée; l'étale *m* du flot. 7. *Bot:* **Flowering top, fruiting top**, sommité fleurie, fructifère. *Hort:* **Turnip tops, carrot tops**, fanes *f* de navets, de carottes. *Pharm:* **Marjoram tops**, sommités d'origan. *See also* LOP[1]. 8. *Min:* Toit *m* (d'une couche de houille). 9. *Nau:* Hune *f*. **Main top**, grand'hune *f*. **Fore top**, hune de misaine. *Navy:* **Director top**, hune de télépointage. **Fire-control top**, hune de direction de tir. *See also* FIGHTING-TOP, MIZZEN-TOP, UP[1] I. 2.

II. **top**, *attrib.a.* 1. Supérieur; du dessus, du haut, d'en haut. *The top stones*, les pierres *f* d'en haut; les pierres de faîte (d'un mur). **The top floor**, le plus haut étage; le dernier étage; l'étage du haut. **Top stair**, dernière marche (en montant). *The top stair, the top step of the stairs*, la dernière marche de l'escalier. *The top stair but one*, l'avant-dernière marche. **A top garment**, un vêtement de dessus. **The top button of his coat**, le premier bouton de son veston. *F: They are not really (out of the) top drawer*, ils n'appartiennent pas vraiment à l'élite. *Nau:* **Top cross-trees**, croisettes *f*; barres *f* (de perroquet). *Fish: Top piece of a fishing-rod*, scion *m* d'une canne à pêche. *Cu:* **Top ribs** (*of beef*), plat *m* de côtes; côtes plates. *See also* HAT[1], LANDING[2] 2, LINING[2] 2. 2. Premier; principal, -aux. *Sch:* **The top boy**, le premier de la classe. *See also* GRADE[1] 2, PRICE[1], SPEED[1] I.

'top-block, *s. Nau:* Poulie *f* de guinderesse.

'top-boots, *s.pl.* Bottes *f* à revers, à retroussis, à genouillères.

'top-box, *s. Metall:* Contre-châssis *m* (de moulage).

'top-brass, *s. Mec.E:* Contre-coussinet *m* (d'un palier).

'top-chain, *s. Nau:* Suspente *f* de vergue.

'top-coat, *s. A:* Pardessus *m*.

'top-coated, *a. A:* Portant un pardessus.

'top-cover, *s. Mch:* Couvercle *m* de cylindre.

top 'dog, *s. F:* Chef *m*, coq *m*, vainqueur *m*. **To be top dog**, avoir le dessus. *We are top dog*, à nous le coq.

'top-drainage, *s. Agr:* Drainage *m* de la surface.

top-'dress, *v.tr. Agr: Hort:* Fumer en surface (un terrain).

top-'dressing, *s.* Engrais *m* en couverture; fumure *f* en surface.

'top-dry, *a. Arb:* (Arbre) couronné, mort en cime.

'top-end, *s.* Haut bout (de la table, etc.); petit bout (d'une tige, etc.). *Bot:* **Top-end shoot**, pousse terminale.

'top-flask, *s. Metall:* Contre-châssis *m* (de moulage).

'top-gear, *s.* 1. *Nau:* Manœuvres hautes. 2. *Aut:* Top-'gear, prise directe.

'top-'hamper, *s.* Superstructure *f* (d'un pont, etc.). *Nau:* **Top-hamper (rigging)**, fardage *m*.

'top-'hampered, *a. Nau:* Qui a trop de fardage.

'top-'hatted, *a.* Portant un chapeau haut de forme; en chapeau haut de forme.

'top-'heaviness, *s.* Excès *m* de charge en hauteur; manque *m* de stabilité.

'top-'heavy, *a.* (*a*) Trop lourd du haut; peu stable. (*b*) *Nau:* (*Of ship*) Trop chargé dans les hauts; jaloux, volage.

top-'hole, *a. P:* Épatant, chic; excellent. **A 'top-hole idea**, une idée brillante, épatante. *It's top-hole*, c'est tapé. **We had a top-hole time**, on s'est joliment amusé. **He's a top-hole fellow**, c'est un riche type.

'top-iron, *s. Tls:* Contre-fer *m* (d'un rabot).

'top-lantern, -light, *s. Nau:* Fanal *m*, lanterne *f* de hune.

'top-mark, *s. Nau:* Voyant *m* (de bouée).

'top-notch, *attrib.a. P:* **The top-notch people of Paris society**, le gratin de la société parisienne.

'top-note, *s.* Plus haute note (d'un registre). *The top-notes*, les notes hautes.

'top-purchase, *s. Nau:* Candelette *f*.

'top-rope, *s. Nau:* Guinderesse *f*.

'top-rump, *s. Cu:* Tranche grasse (de bœuf).

'top-'sawyer, *s.* 1. Scieur *m* de long de dessus. 2. *F:* Chef *m* (d'une entreprise, etc.); homme supérieur; un personnage.

'top-stone, *s.* Couronnement *m*.

top 'story, *s.* Dernier étage.

'top-tackle, *s. Nau:* Palan *m* de guinderesse; candelette *f*.

top[2], *v.tr.* (topped [tɔpt]; topping) 1. Écimer (un arbre, une plante); élaguer, étêter (un arbre, un arbuste); *Hort:* pincer (l'extrémité d'une plante). **To top and tail gooseberries**, éplucher des groseilles à maquereau. 2. (*a*) Surmonter, couronner, coiffer (*with*, de). *A statue tops the column*, une statue surmonte la colonne. *The church is topped by a steeple*, l'église est coiffée d'un clocher. (*b*) **He topped off the dinner with a cup of coffee**, il a couronné le dîner d'une tasse de café. **And to top it all . . .**, et pour comble . . ., et brochant sur le tout. . . . 3. (*a*) Excéder, dépasser, surpasser. **To top sth. in height**, dépasser qch. en hauteur. *The takings have topped a thousand pounds*, les recettes *f* dépassent mille livres. **To top s.o. by a head**, dépasser qn de la tête. *To top a given weight*, excéder un poids donné. *To top all the others in wit*, surpasser tous les autres en esprit. (*b*) *Th:* **To top one's part**, jouer son rôle à la perfection. 4. **To top a hill**, atteindre le sommet d'une colline. **The squadron topped the ridge**, l'escadron franchit l'arête. *The horse topped the fence*, le cheval franchit la barrière. *Nau:* (*Of ship*) **To top the sea**, s'élever à la hauteur de la lame. 5. **To top a list, a class**, être à la tête d'une liste, de la classe. *See also* BILL[4] 3. 6. *Golf:* Calotter, topper (la balle). 7. *Nau:* Apiquer (une vergue).

top up, *v.tr.* Remplir (complètement). *El:* Reniveler (un accumulateur); ramener (l'électrolyte) à niveau. *Aer:* Renflouer (un ballon).

topping up, *s.* Remplissage *m*. *El:* Renivellement *m* (d'un accu). *Aer:* Renflouage *m*, renflouement *m*.

-topped, *a.* (*With noun prefixed, e.g.*) **Cloud-topped peaks**, sommets couronnés de nuages. **Gold-topped spire**, flèche *f* à bout doré. **Ivory-topped walking-stick**, canne *f* à pomme d'ivoire. *See also* GILT-TOPPED.

topping[1], *a. P:* Excellent, chic, chouette. **A topping idea**, une riche idée. **That's topping!** ça c'est fameux! *He's a t. old chap*, c'est un riche type. **A topping dinner**, un dîner à la hauteur. **Topping weather**, temps *m* superbe. **We had a topping time**, on s'est richement, fameusement, amusé. **-ly**, *adv.* Chouettement.

topping[2], *s.* 1. Écimage *m*, étêtement *m* (d'un arbre); pincement *m* (d'une plante). 2. *Nau:* Apiquage *m* (d'une vergue). 3. *Hort:* Couverture *f* (de terreau, etc.).

'topping-lift, *s. Nau:* Balancine *f*, cartahu *m*. **Spanker-boom topping-lift**, balancine de gui.

top[3], *s.* (**Spinning, peg**) top, toupie *f*. *See also* HUMMING[1], WHIP-TOP. **To spin a top**, faire aller une toupie. *See also* OLD 5, SLEEP[2] I.

'top-shaped, *a.* En forme de toupie. *Nat.Hist:* Turbiné.

'top-shell, *s. Moll:* Toupie *f*, troque *m*, coquille turbinée; empereur *m*.

toparchical [tɔ'pɑːrkik(ə)l], *a. Gr.Ant:* Toparchique.

toparchy ['tɔpərki], *s. Gr.Ant:* Toparchie *f*.

topaz ['toupaz], *s. Lap:* Topaze *f*. **Oriental, Indian, topaz**, topaze orientale. **Pink topaz**, topaze brûlée. **Smoky topaz**, topaze enfumée. **Burnt topaz**, rubis *m* du Brésil. **False topaz**, prime *f* de topaze; topaze occidentale; citrine *f*. **Colourless topaz**, goutte *f* d'eau du Brésil.

topazolite [to'pazolait], *s. Miner:* Topazolithe *f*.

tope[1] [toup], *s. Ich:* Milandre *m*; chien *m* de mer; cagnot *m*.

tope[2], *s.* (*India*) Bosquet *m*; verger *m* (de manguiers, etc.).

tope[3], *v.i. F:* Boire, riboter; *P:* pomper, soiffer.

topee [to'piː], *s.* = TOPI.

toper ['toupər], *s. F:* Ivrogne *m*, buveur *m*; *P:* soiffard *m*; sac *m* à vin.

topgallant [tɔp'galənt], *a.* & *s. Nau:* (Voile *f*, mât *m*) de perroquet. **Fore-topgallant sail**, petit perroquet. **Stump topgallant mast**, mât, bâton *m*, de perroquet d'hiver. **To put on the topgallant gear**, garnir les perroquets. *See also* FORECASTLE I, MAIN-TOPGALLANT, MIZZEN-TOPGALLANT.

tophaceous [to'feiʃəs], *a.* 1. *Med:* Tophacé. 2. *Geol:* Tufacé.

tophus, *pl.* **-i** ['toufəs, -ai], *s.* 1. *Med:* Tophus *m*; concrétions tophacées. 2. *Geol:* Tuf *m* calcaire.

topi [to'piː], *s. Anglo-Indian:* Casque colonial. *See also* SOLA[1].

topiary ['toupjəri], *a.* & *s. Hort:* **Topiary (work)**, taille ornementale des arbres.

topic ['tɔpik], *s.* 1. Matière *f* (d'un écrit, d'un discours, d'une discussion); sujet *m*, thème *m* (de conversation). **Topic of the day**, thème d'actualité. **Topics of the day**, questions *f* d'actualité. *It is a favourite t. of his*, c'est un de ses sujets préférés. 2. *Log: Rh:* Lieu commun; topique *m*.

topical ['tɔpik(ə)l], *a.* 1. Qui se rapporte au lieu; topique; local, -aux. 2. **Topical allusion**, allusion *f* aux événements du jour. **Topical song**, chanson *f* d'actualités (avec allusions aux événements du jour). *W.Tel:* **Topical talk**, journal parlé. *Cin:* **Topical film**, *s.* **topical**, film *m* d'actualités; actualités *fpl*. *See also* GAZETTE[1] 3. 3. *Med:* (Mal, remède) topique, local.

topics ['tɔpiks], *s.pl.* (*Usu. with sg. const.*) La topique.

topknot ['tɔpnɔt], *s.* 1. *A.Cost:* Fontange *f*; nœud *m* de rubans (sur la coiffure). 2. (*a*) Huppe *f* (d'un oiseau). (*b*) Petit chignon (porté sur le front); toupillon *m*. 3. *P: A:* La tête.

topless ['tɔpləs], *a.* 1. (*Of tree*) Étêté, écimé. 2. *Lit:* D'une hauteur démesurée; qui se perd dans les nues.

topman, *pl.* **-men** ['tɔpmən, -men], *s.m.* 1. *Nau:* Gabier. 2. = TOP-SAWYER I.

topmast ['tɔpmɑːst], *s. Nau:* Mât *m* de hune; mât de flèche. *See also* FORE-TOPMAST, MIZZEN-TOPMAST, STAYSAIL.

topmost ['tɔpmoust], *a.* Le plus haut; le plus élevé. *Having reached the t. height . . .*, arrivé au faîte. . . .

topographer [to'pɔgrəfər], *s.* Topographe *m*.

topographic(al) [tɔpo'grafik(əl)], *a.* Topographique.

topography [to'pɔgrəfi], *s.* 1. *Surv:* Topographie *f*. 2. Anatomie *f* topographique.

topology [to'pɔlodʒi], *s.* Topologie *f*.

topometry [to'pɔmetri], *s. Surv:* Topométrie *f*.

toponymy [to'pɔnimi], *s.* Toponymie *f*.

toposcope ['tɔposkoup], *s.* Table *f* d'orientation.

topper ['tɔpər], *s. F:* 1. Type épatant, chose épatante. 2. = *top-hat*, *q.v. under* HAT[1].

topping[1, 2] ['tɔpiŋ], *a.* & *s. See* TOP[2].

topple [tɔpl]. 1. *v.i.* (*a*) **To topple (down, over)**, tomber, s'écrouler.

culbuter, dégringoler. *The whole lot toppled over*, tout a basculé; tout a chaviré. **To bring the Government toppling down**, faire tomber le Gouvernement; *P:* dégringoler le Gouvernement. (*b*) Chanceler, vaciller, branler. **2.** *v.tr.* (*a*) **To topple sth. down, over**, faire tomber, faire dégringoler, qch.; jeter qch. à bas. (*b*) Faire écrouler (un édifice, etc.).

toppling, *a.* Chancelant, vacillant, branlant; qui menace ruine.

topsail ['tɔpseil, tɔpsl], *s. Nau:* Hunier *m*; (*of cutter*) flèche *f*. **Main topsail**, grand hunier. **Patent topsail**, roulant *m*. **Topsail schooner**, goélette carrée; goélette à huniers. *See also* GAFF-TOPSAIL, JIGGER[1] 4, MIZZEN-TOPSAIL, SPRIT-TOPSAIL.

topside ['tɔpsaid], *s. Cu:* Tendre *m* de tranche (du bœuf).

topsides ['tɔpsaidz], *s.pl. Nau:* Hauts *m*, œuvres mortes, accastillage *m* (d'un navire).

topsy-turvy[1] ['tɔpsi'tɔːrvi], *adv., adj., s.* Sens (*m*) dessus dessous. **To turn sth. topsy-turvy**, mettre qch. sens dessus dessous; renverser qch.; culbuter qch. *To turn everything t.-t.*, tout bouleverser, tout renverser; *P:* tout chambouler. *The whole world has turned t.-t.*, c'est le monde renversé; c'est le monde à l'envers. *Everything is t.-t.*, tout est en désarroi. **It's a state of topsy-turvy**, c'est le monde à l'envers.

topsy-turvy[2], *v.tr.* **To topsy-turvy a room**, mettre une pièce sens dessus dessous. *To t.-t. everything*, tout renverser; tout bouleverser.

topsy-turvydom ['tɔpsi'tɔːrvidəm], *s. F:* Le monde à l'envers.

toque [touk], *s. Cost:* Toque *f*.

tor [tɔːr], *s.* Pic *m*, éminence *f* conique, massif *m* de roche (dans le sud-ouest de l'Angleterre).

-tor [tər], *s. suff.* **1.** (*Fem.* **-trix** [triks], *q.v.*, **-t(o)ress** [t(o)res]) (*Forming agent nouns*) -teur, -trice, -toresse. *Doctor, -t(o)ress*, docteur, -toresse. *Tutor, -t(o)ress*, tuteur, -trice. **2.** (*Thg*) -teur, -trice. *Sector*, secteur. *Bisector*, bissectrice.

torch [tɔːrtʃ], *s.* **1.** Torche *f*, flambeau *m*. *F:* **Torch of discord**, torche de discorde. **The marriage torch**, le flambeau de l'hymen. **To hand on the torch**, transmettre le flambeau (à la génération suivante). **2. Electric torch**, lampe *f* électrique de poche (en forme de cylindre); torche électrique.

'torch-bearer, *s.* Porte-flambeau *m inv*.

'torch-fishing, *s.* Pêche *f* à la torche, à la luminade.

'torch-light, *s.* Lumière *f* de(s) torches, de(s) flambeaux. *By t.-l.*, à la clarté, à la lueur, des flambeaux; aux flambeaux. **Torch-light procession, tattoo**, cortège *m*, retraite *f*, aux flambeaux; défilé *m* aux flambeaux.

'torch-race, *s. Gr.Ant:* Course *f* des flambeaux; lampadédromie *f*.

'torch-thistle, *s. Bot:* Cierge épineux. **Great torch-thistle**, cierge du Pérou.

torchon lace ['tɔːrʃ(ə)nleis], *s.* Dentelle *f* torchon.

torchon paper ['tɔːrʃ(ə)npeipər], *s.* Papier *m* torchon (pour peinture à l'aquarelle).

tore[1] ['tɔːər], *s.* = TORUS.

tore[2]. *See* TEAR[3].

toreador [tɔria'dɔːər], *s.* Toréador *m*.

toreutic [to'ruːtik], *a.* De la toreutique; qui appartient à la toreutique.

toreutics [to'ruːtiks], *s.pl.* (*Usu. with sg. const.*) La toreutique.

torment[1] ['tɔːrmənt], *s.* **1.** Tourment *m*, torture *f*, supplice *m*. **The torment of Tantalus**, le supplice de Tantale. *The torments of jealousy*, les tourments de la jalousie. *He suffered torments*, il souffrait horriblement; il souffrait le martyre. **To be in torment**, être au supplice. **2.** Source *f* de tourment. *F:* **That child is a positive torment**, cet enfant est assommant.

torment[2] [tɔːr'ment], *v.tr.* Tourmenter, torturer (qn); *F:* faire endiabler, faire endêver (qn); marteler le cerveau à (qn); taquiner (le chat). **To be tormented by hunger**, éprouver les tourments de la faim. *Tormented with neuralgia*, en proie aux névralgies. *Tormented with remorse*, tourmenté par les remords; rongé de remords; en proie aux remords. *Tormented with suspense*, angoissé par l'attente. *I am not tormented by ambition*, l'ambition *f* ne me travaille point. *Horse tormented by flies*, cheval harcelé par les taons.

tormenting, *a.* Tourmentant; (remords, etc.) torturant.

tormentil ['tɔːrməntil], *s. Bot:* Tormentille *f*.

tormentor [tɔːr'mentər], *s.* **1.** (*a*) *Hist:* Tourmenteur *m*, bourreau *m*. (*b*) Tourmenteur, -euse; harceleur, -euse. *The dog and its tormentors*, le chien et les gamins qui étaient après. **2.** *Nau:* Fourchette *f* de coq. **3.** *Cin:* Panneau *m* anti-sonore; panneau d'absorption; abat-son *m inv* (d'atelier, de studio).

tormentress [tɔːr'mentres], *s.f.* Harceleuse.

tormina ['tɔːrmina], *s.pl. Med:* Tranchées *f*, coliques *f*.

torn [tɔːrn]. *See* TEAR[3].

tornado, *pl.* **-oes** [tɔːr'neido, -ouz], *s.* Tornade *f*, tornado *m*, ouragan *m*, cyclone *m*. *F: Political t.*, ouragan politique. *T. of cheers*, acclamations effrénées.

tor'nado-lamp, *s.* Lanterne *f* de tempête.

torose [to'rous], **torous** ['tɔːrəs], *a. Nat.Hist:* Qui présente des protubérances; noueux.

torpedo[1], *pl.* **-oes** [tɔːr'piːdo, -ouz], *s.* **1.** *Ich:* Torpille *f*. **2.** *Navy: Mil.Av:* Torpille. **Locomotive torpedo**, torpille automobile, automotrice. **Aerial torpedo**, torpille aérienne, d'avion. *To attack with torpedoes, to make a t. attack*, attaquer à la torpille. *Within t. range*, à portée de lancement. **Torpedo officer**, officier torpilleur. **Torpedo petty officer**, quartier-maître torpilleur. *See also* SPAR-TORPEDO.

tor'pedo boat, *s. Navy: A:* Torpilleur *m*. *See also* DESTROYER 2.

tor'pedo-body, *s. Aut:* Torpédo *m or f*.

tor'pedo-flat, *s. Navy:* Chambre *f* des torpilles; compartiment *m* des tubes lance-torpilles.

tor'pedo man, *pl.* **men**, *s.m. Navy:* Torpilleur.

tor'pedo-net, *s. Navy:* Filet *m* pare-torpilles; filet de protection.

tor'pedo-plane, *s. Av:* Avion *m* porte-torpilles.

tor'pedo-room, *s. Navy:* Magasin *m* des torpilles.

tor'pedo-tube, *s. Navy:* (Tube *m*) lance-torpille(s) *m inv*; tube de lancement. *Submerged t.-t.*, tube lance-torpilles sous-marin.

torpedo[2], *v.tr.* Torpiller (un vaisseau). *F:* **To torpedo the negotiations**, faire échouer les pourparlers.

torpedoing, *s.* Torpillage *m*.

torpid ['tɔːrpid]. **1.** *a.* (*a*) Engourdi, inerte, torpide. *T. state of an animal*, état engourdi d'un animal. (*b*) *F:* Engourdi, nonchalant, lent, léthargique. (*c*) *Med:* **Torpid liver**, foie paresseux. **2.** *s.pl.* (*At Oxford University*) **Torpids**, courses *f* à l'aviron de début de saison.

torpidity [tɔːr'piditi], **torpidness** ['tɔːrpidnəs], *s.* Engourdissement *m*, inertie *f*, torpeur *f*; *F:* léthargie *f*, lenteur *f*. *Nau:* **Torpidity of the compass**, stagnation *f* du compas.

torpor ['tɔːrpər], *s.* (*a*) Torpeur *f*, accablement *m*. (*b*) *Med:* Assoupissement *m*. **Summer torpor**, estivation *f* (des serpents, etc.). *To arouse oneself from one's t.*, sortir de sa torpeur.

torps [tɔːrps], *s. Navy: F:* Officier *m* torpilleur.

torquated [tɔːr'kweitid], *a. Nat.Hist:* (*Of bird, etc.*) A collier.

torque[1] [tɔːrk], **torques** ['tɔːrkwiːz], *s. Archeol:* Torque *f* (des Gaulois).

torque[2], *s. Mec:* Moment *m* de torsion, de rotation; couple *m* de torsion; couple moteur. **Starting torque**, couple de, au, démarrage. **Torque reaction**, effort *m* de torsion. *Aut:* **Torque reaction of final drive**, couple de renversement du pont arrière. *El:* **Armature torque**, couple d'induit.

'torque-arm, -rod, *s. Aut:* Jambe *f* de force.

torrefaction [tɔri'fakʃ(ə)n], *s.* Torréfaction *f*.

torrefy ['tɔrifai], *v.tr.* Torréfier.

torrefying, *a.* Torréfiant.

torrent ['tɔrənt], *s.* Torrent *m*. *Hill t.*, torrent de montagne. (*Of rain*) **To fall in torrents**, tomber à torrents, à verse. *F:* **Torrent of abuse, of tears**, torrent, déluge *m*, d'injures, de larmes. *See also* RAIN[2] 1.

torrential [tɔ'renʃ(ə)l], *a.* **1.** Torrentiel. *We have had t. rain*, nous avons eu une pluie diluvienne, torrentielle. **2.** (*Of stream*) Qui a ou qui peut prendre l'impétuosité d'un torrent; torrentueux. **-ally**, *adv.* Torrentiellement; à torrents.

Torricellian [tɔri'tʃeliən, -'seliən], *a. Ph:* (Expérience, tube) de Torricelli. **Torricellian vacuum**, vide *m* de Torricelli; chambre *f* barométrique.

torrid ['tɔrid], *a.* (Chaleur *f*, zone *f*, terre *f*) torride.

torridity [tɔ'riditi], **torridness** ['tɔridnəs], *s.* Chaleur *f* torride (*of*, de).

torsade [tɔːr'seid], *s.* Torsade *f*.

torse [tɔːrs], *s. Her:* Torque *f* (de heaume).

torsel ['tɔːrs(ə)l], *s.* **1.** *Arch: etc:* Ornement *m* en spirale; volute *f*. **2.** *Const:* Tasseau *m*.

torsion ['tɔːrʃ(ə)n], *s.* Torsion *f*. *Mec:* **Torsion test**, essai *m* de torsion.

'torsion-balance, *s. Ph:* Balance *f* de torsion.

'torsion-elec'trometer, *s. El:* Électromètre *m* de torsion; balance *f* de Coulomb.

torsional ['tɔːrʃən(ə)l], *a. Mec:* De torsion. *T. elasticity*, élasticité *f* de torsion. **Torsional stress, strain**, effort *m* de torsion. **Torsional strength**, résistance *f* à la torsion. *T. deflection*, déformation due à la torsion. *T. test*, essai *m* de torsion.

torsk [tɔːrsk], *s. Ich:* Brosmius *m* brosme.

torso, *pl.* **-os** ['tɔːrso, -ouz], *s. Art: etc:* Torse *m*.

tort [tɔːrt], *s. Jur:* Acte *m* dommageable; dommage *m*; préjudice *m*.

torta ['tɔːrta], *s. Metall:* Tourte *f*.

torteau, *pl.* **-eaux** ['tɔːrto, -ouz], *s. Her:* Tourteau *m*.

torticollis [tɔːrti'kɔlis], *s. Med:* Torticolis *m*.

tortilly [tɔːr'tili], *a. Her:* Tortillé.

tortious ['tɔːrʃəs], *a. Jur:* **1.** Dommageable, préjudiciable. **2.** *A:* Délictueux. **-ly**, *adv. Jur:* D'une façon préjudiciable (à qn).

tortoise ['tɔːrtəs], *s.* **1.** *Z:* Tortue *f*. **Freshwater tortoise, marsh tortoise**, émyde *f*. *F:* **At his tortoise gait** *he crossed the room*, de son pas de tortue il traversa la salle. **2.** *Rom.Ant:* Tortue (de boucliers, etc.).

'tortoise-beetle, *s. Ent:* Scarabée *m* tortue.

'tortoise-shell. 1. *s.* Écaille *f* (de tortue). *Imitation t.-s.*, simili-écaille *m*. **2.** *Attrib.* (*a*) D'écaille, en écaille. **Tortoise-shell spectacles**, lunettes *f* en écaille. (*b*) **Tortoise-shell cat**, chat *m* écaille de tortue. *Ent:* **Tortoise-shell butterfly**, (vanesse *f*) tortue.

tortrix, *pl.* **-trices** ['tɔːrtriks, tɔːr'traisiːz], *s.* **1.** *Ent:* Tordeuse *f*. **2.** *Rept:* Rouleau *m*.

Tortuga [tɔːr'tuːga]. *Pr.n. Geog:* (L'île *f* de) la Tortue.

tortula ['tɔːrtjula], *s. Moss:* Tortule *f*.

tortuosity [tɔːrtju'ɔsiti], **tortuousness** ['tɔːrtjuəsnəs], *s.* Tortuosité *f*.

tortuous ['tɔːrtjuəs], *a.* **1.** (Repli, moyen) tortueux. *T. descent*, descente sinueuse. *T. style*, style contourné. *To have a t. mind*, avoir l'esprit tortu. **2.** *Mth:* **Tortuous curve**, courbe *f* gauche; courbe à double courbure. **-ly**, *adv.* Tortueusement.

torture[1] ['tɔːrtjər], *s.* **1.** *Hist:* Torture *f*, question *f*. **To put s.o. to the torture**, mettre qn à la torture; appliquer la question à qn; *A:* appliquer qn à la question. **To be put to torture**, être soumis à la question. **Instrument of torture**, instrument *m* de torture; appareil *m* tortionnaire. **2.** Torture, tourment *m*, supplice *m*. *Gout is a real t.*, la goutte est un supplice. *For us that day was one long t.*, pour nous cette journée fut un long calvaire.

torture[2], *v.tr.* **1.** (*a*) *Hist:* Appliquer la question à (qn); mettre (qn) à la question. (*b*) Torturer (qn); mettre (qn) à la torture, au supplice; *F:* brûler (qn) à petit feu. *I have a tooth that tortures me*, j'ai une dent qui me fait souffrir le martyre. *Tortured mind*, esprit *m* à la torture. **Tortured by remorse**, tenaillé par le remords. **2.** Torturer, dénaturer (un texte); forcer (le sens des mots). *To t. s.o.'s words into a confession of guilt*, dénaturer les paroles de qn pour en tirer un aveu.

torturing[1], *a.* (Remords) torturant.

torturing[2], *s.* (Mise *f* à la) torture; (mise au) supplice.

torturer ['tɔːrtjurər], *s.* **1.** *Hist:* Bourreau *m*, tortionnaire *m*. **2.** Harceleur *m*.

torula, *pl.* **-ae** ['tɔrjula, -iː], *s.* **1.** *Biol:* Torula *f*. **2.** *Fung:* Torule *m*.

torulose ['tɔrjulous], **torulous** ['tɔrjuləs], *a. Nat.Hist:* Toruleux.

torulus, *pl.* **-i** ['tɔrjuləs, -ai], *s. Ent:* Torule *m* (d'antenne).

torus, *pl.* **-i** ['tɔːrəs, -ai], *s.* **1.** *Arch:* Tore *m*. **Lower torus**, **toron** *m*, tondin *m*. **2.** *Bot:* Tore, réceptacle *m*. **3.** *Geom:* Tore.

-tory [təri], *a. & s. suff. See* -ORY[1, 2].

Tory ['tɔːri], *a. & s. Pol:* Tory (*m*).

Toryism ['tɔːriizm], *s. Pol:* Toryisme *m*, Torisme *m*.

tosh [tɔʃ], *s. F:* Bêtises *fpl*, blague(s) *f(pl)*; bourrage *m* de crâne; *P:* fichaises *fpl*. *That's all t.*, *P:* tout ça c'est de la balançoire.

toss[1] [tɔs], *s.* **1.** Action *f* de jeter (qch.) en l'air. (*a*) Lancée *f*, lancement *m*, jet *m* (d'une balle, etc.). *Cr:* **Full toss** = *full pitch*, *q.v. under* PITCH[3] 1. (*b*) Coup *m* de pile ou face. *Sp:* Tirage *m* au sort. **To win the toss**, gagner (à pile ou face); *Sp:* gagner le toss. **2. Toss of the head**, mouvement de tête impatient, dédaigneux. *She threw up her head with a scornful toss*, elle eut un mouvement de tête dédaigneux. **3.** *Equit:* Chute *f* de cheval. **To take a toss**, tomber de cheval; faire une chute de cheval; vider les arçons; *F:* ramasser une pelle, une gamelle.

toss[2], *v.* (tossed [tɔst]) **1.** *v.tr.* (*a*) Lancer, jeter, (une balle, etc.) en l'air; *Ten:* jouer (la balle) en chandelle; (*of bull*) lancer (qn) en l'air; (*of horse*) démonter (un cavalier). **To toss sth. to s.o.**, jeter qch. à qn. **To toss s.o. in a blanket**, berner qn; *F:* passer qn à la couverture. *Everything was tossed high into the air*, tout fut envoyé voltiger en l'air. **I don't want my name to be tossed about**, je ne veux pas que mon nom soit dans toutes les bouches. *Nau:* **To toss (the) oars**, mâter les avirons. *See also* PANCAKE[1] 1. (*b*) **To toss (up) a coin**, jouer à pile ou face; jouer à croix ou pile. *Abs.* **To toss for sth.**, jouer qch. à pile ou face. *To toss who will begin*, jouer à pile ou face à qui commencera. **To toss for sides**, choisir les camps (à pile ou face). **To toss up** (*as to one's course of action, etc.*), *F:* jeter la plume au vent. *See also* PITCH-AND-TOSS. (*c*) **To toss one's head**, relever la tête d'un air dédaigneux, méprisant; faire un mouvement de tête. (*Of horse*) **To toss its head**, hocher de la tête, du nez; encenser. (*d*) Agiter, secouer, ballotter. **Tossed on the waves**, ballotté, tourmenté, par les flots. *See also* TOST. (*Of thg*) *To be tossed about*, tressauter. **I have been tossed about a good deal of late years**, j'ai été pas mal ballotté, pas mal cahoté, par la fortune ces dernières années. **To toss one's money about**, dépenser sans compter; être prodigue de son argent. (*e*) *Min:* Laver à la cuve (le minerai d'étain, etc.). **2.** *v.i.* (*a*) **To toss (about) in bed**, se tourner et se retourner, être secoué de sursauts, dans son lit. **To toss in one's sleep**, s'agiter dans son sommeil. (*b*) **To toss on the waves**, être ballotté par les flots; ballotter sur les flots. (*Of ship*) **To pitch and toss**, tanguer. **Branches tossing in the wind**, branches secouées par le vent. (*c*) (*Of the waves*) S'agiter; clapoter.

toss aside, away, *v.tr.* Jeter (qch.) de côté.

toss off, *v.tr.* Avaler d'un trait, siffler, lamper, sabler (un verre de vin); expédier (une tâche); écrire (un article) au pied levé, de chic; trousser (une épigramme).

toss up, *v.tr. See* TOSS[2] 1 (*b*).

toss-'up, *s.* **1.** (*Of coin*) Coup *m* de pile ou face. **2.** Affaire *f* à issue douteuse. **It is quite a toss-up**, les chances sont égales.

tossing, *s.* **1.** (*a*) Lancement *m* en l'air (de la balle, etc.). (*b*) Bernement *m*; *F:* passage *m* à la couverture. (*c*) **Tossing (up) of a coin**, jeu *m* à pile ou face. **2. Tossing of the head**, mouvement de tête impatient, dédaigneux. **3.** Agitation *f*, secousses *fpl*, ballottement *m*. *We got a t. in the Channel*, nous avons été secoués en Manche; nous avons eu une mauvaise traversée. **4.** *Min:* Lavage *m* à la cuve.

tosser ['tɔsər], *s.* **1.** (*a*) Lanceur *m*. (*b*) Berneur *m*. **2. Tosser-up of a coin**, joueur *m* à pile ou face.

tosspot ['tɔspɔt], *s. A:* Ivrogne *m*.

tost [tɔst], *a. A. & Poet:* (= *tossed*) **Tempest-tost**, ballotté par la tempête.

tot[1] [tɔt], *s.* **1.** Tout(e) petit(e) enfant. **Tiny tot**, petit marmot; baby *m*; bambin, -ine. **Tiny tots' class**, classe *f* des tout petits. *Books for tiny tots*, livres *m* pour les tout petits. **2.** *F:* Goutte *f*, petit verre (de whisky, etc.). *Nau:* Boujaron *m* (de rhum, de tafia).

tot[2], *s.* Colonne *f* de chiffres à additionner; addition *f*.

tot[3], *v.* (totted; totting) **1.** *v.tr.* **To tot up a column of figures**, additionner une colonne de chiffres; faire le total d'une colonne de chiffres. *To tot up expenses*, faire le compte des dépenses; totaliser les dépenses. **2.** *v.i.* (*Of expenses, etc.*) To tot up, s'élever (*to*, à). *The bill tots up to a hundred pounds*, la note se monte à cent livres.

total[1] ['tout(ə)l]. **1.** *a.* Total, -aux; entier; complet, -ète; global, -aux. (*a*) *The t. number of inhabitants*, le nombre total des habitants. *The t. population*, la population totale. **Total amount**, somme totale, globale. *T. capital*, capital global. **Total tonnage**, tonnage global (d'un port, etc.). *See also* SUM-TOTAL. (*b*) *It resulted in the t. loss of his fortune*, le résultat fut la perte totale de sa fortune. **They were in total ignorance of it**, ils l'ignoraient complètement. **Total failure**, échec complet; *F:* four noir. *Astr:* **Total eclipse**, éclipse totale. *See also* ABSTAINER, ABSTINENCE. **2.** *s.* Total *m*; montant *m*; tout *m*. **Grand total**, total global. *Several totals*, plusieurs touts. *The t. amounts to a hundred pounds*, la somme s'élève à cent livres. **-ally**, *adv.* Totalement, entièrement, complètement.

total[2], *v.tr. & i.* (totalled; totalling) **1.** Totaliser, additionner (les dépenses). **2. To total up to . . ., to total . . .**, s'élever à, se monter à (une somme, un nombre).

totalitarian [totali'tɛəriən], *a. Pol:* Totalitaire.

totality [to'taliti], *s.* **1.** Totalité *f*. **2.** *Astr:* Obscuration totale (d'un astre pendant une éclipse).

totalization [toutəlai'zeiʃ(ə)n], *s.* Totalisation *f*.

totalizator ['toutəlaizeitər], *s. Turf:* Totalis(at)eur *m* (des paris).

totalize ['toutəlaːiz], *v.tr.* Totaliser, additionner (les dépenses, etc.).

totalizing, *s.* Totalisation *f*.

totalizer ['toutəlaizər], *s. Turf:* = TOTALIZATOR.

tote[1] [tout], *s. F:* = TOTALIZATOR.

tote[2], *v.tr. U.S:* **1.** Transporter (des marchandises, etc.); porter (qch.). **2.** *F:* **To tote fair**, agir loyalement.

totem ['toutəm], *s. Anthr:* Totem *m*.

'totem-pole, -post, *s.* Poteau auquel est suspendu le totem.

totemic [to'temik], *a. Anthr:* Totémique.

totemism ['toutəmizm], *s. Anthr:* Totémisme *m*.

t'other, tother ['tʌðər], *a. & pron. F:* = *the other*. *F:* **I can't tell tother from which**, je ne peux pas les distinguer l'un de l'autre.

totipalmate [touti'palmet], *a. Orn:* Totipalme.

totter[1] ['tɔtər], *s.* Chancellement *m*. *With a t.*, d'un pas chancelant; en chancelant.

totter[2], *v.i.* **1.** (*Of pers.*) (*a*) Chanceler. **To totter to one's feet**, se relever en chancelant. **To totter in, out, away**, entrer, sortir, s'éloigner, en trébuchant, d'un pas mal assuré, d'un pas chancelant. *To t. after s.o.*, suivre qn d'un pas chancelant. (*b*) Tituber (sous le coup de l'ivresse). **2.** (*Of building, government*) Menacer ruine; chanceler, branler.

tottering[1], *a.* Chancelant; (*of drunk pers.*) titubant. *T. steps*, pas chancelants, mal assurés. **Tottering wall, empire**, mur, empire, ruineux; mur, empire, qui menace ruine, qui croule. *Dynasty t. to its fall*, dynastie tombante, chancelante, qui menace ruine; *F:* dynastie vermoulue.

tottering[2], *s.* = TOTTER[1].

tottery ['tɔtəri], *a.* Chancelant, branlant; mal assuré; peu solide.

tottie, totty ['tɔti], *s.f. P: A:* Poule, grue (bien mise).

toucan [tu'kɑːn, 'tuːk(ə)n], *s. Orn:* Toucan *m*.

touch[1] [tʌtʃ], *s.* **1.** (*a*) Attouchement *m*. **To give s.o. a touch**, toucher qn. *I felt a t. on my arm*, je sentis qu'on me touchait le bras. *A:* **Royal touch** (*for scrofula*), attouchement du roi. *The engine starts at the first t. of the switch*, le moteur part au premier appel. (*b*) *Mil:* **Touch of elbows**, tact *m* des coudes. **To keep the touch**, garder, conserver, tenir, le tact des coudes. (*c*) *Med:* Toucher (vaginal, etc.). (*d*) *Games:* **Touch last; touch**, jeu *m* de chat. **2.** (Le sens du) toucher; tact *m*. **Hard, tender, to the touch**, dur, sensible, au toucher. **To know sth. by the touch**, reconnaître qch. au toucher. *To have a delicate t.*, avoir une grande finesse de tact. **3.** (*Feel*) Toucher. *The cold t. of marble*, le toucher froid du marbre. **4.** (*a*) Léger coup. *T. of, with, a wand*, léger coup de baguette. *To give one's horse a t. of the spurs*, picoter son cheval. (*b*) Touche *f* (de pinceau); coup (de crayon). **To add a few touches to a picture**, faire quelques retouches *f*, ajouter quelques touches, à un tableau. **To add a few finishing touches, to give the finishing touch(es), the last touch, to sth.**, mettre la dernière main à qch.; *F:* donner le coup de pouce à qch.; donner le coup de fion à qch. (*c*) *Magn:* **Magnetization by single, double, touch**, aimentation *f* par touche simple, double. **5.** (*a*) **Sculptor with a bold, a light, touch**, sculpteur *m* au ciseau hardi, délicat. **Delicate touch** (*with the brush*), coup de pinceau délicat. *Painter with a light t.*, peintre *m* au pinceau délicat, qui manie le pinceau avec délicatesse. **To write with a light touch**, avoir la plume légère, le style léger. **Dress with an individual touch about it**, robe avec un cachet spécial. **The Nelson touch**, les procédés *m* d'attaque de Nelson; *F:* le coup de Nelson. (*b*) *Mus:* Toucher *m*. *Typewr:* Frappe *f*. **To have a light touch** (*on the piano*), avoir un toucher délicat. **6.** (*a*) Pointe *f*, grain *m*, nuance *f*. **Touch of salt, of garlic**, pointe de sel, d'ail. **Touch of satire, of jealousy**, pointe de satire, de jalousie; grain de jalousie. *T. of malice, of irony*, teinte *f* de malice, d'ironie. *T. of rouge*, soupçon *m* de rouge. *Handkerchief with just a t. of scent*, mouchoir discrètement parfumé. *The first touches of autumn*, les premières atteintes de l'automne. *There is a t. of coquetry in her manner*, il y a un grain de coquetterie dans son abord, dans son maintien. *There was a t. of bitterness in his reply*, il répondit avec une nuance d'amertume. *He watched me with a t. of envy*, il me regardait avec un brin d'envie. **Touch of nature**, (i) trait naturel; (ii) *F:* action qui suscite la sympathie de la foule; brin d'émotion. (*b*) **Touch of fever, of 'flu, of gout**, soupçon de fièvre; un peu de grippe; légère atteinte, légère attaque, de goutte. *See also* SUN[1]. **7.** Contact *m*. **To be in touch with s.o.**, être, se tenir, en contact avec qn; avoir des relations avec qn; être en rapport, en commerce, avec qn. *To be in t. with all the best people*, avoir beaucoup de relations. **To get into (direct) touch with s.o.**, prendre, établir, contact avec qn; se mettre, entrer, en relations avec qn; *Mil:* prendre contact, se relier, avec (un bataillon, etc.). **To get in touch with the police**, se mettre en communication avec la police. **I cannot get in touch with him**, je n'arrive pas à communiquer avec lui. **To put s.o. in touch with s.o.**, mettre qn en relations avec qn. **Keep in touch with him**, ne le perdez pas de vue. **To keep in close touch with s.o.**, entretenir des relations suivies avec qn. **To lose touch with s.o.**, (i) ne plus être en sympathie avec qn; (ii) perdre qn de vue; s'éloigner de qn; perdre contact avec qn. *To have lost t. with everyone*, être dans un grand délaissement. *Mil:* **To gain, keep, lose, touch with a unit**, prendre, garder, perdre, le contact d'une unité; prendre, garder, perdre, contact avec une unité. **The personal touch**, les rapports personnels (avec les clients, etc.). **To be in**

touch with the situation, être au courant de la situation. **To keep s.o. in touch with sth.,** maintenir qn au courant de qch. **To be out of touch with foreign affairs,** ne plus être au courant des affaires étrangères. **8.** *Fb:* Touche. **Kick into touch,** envoi *m*, coup de pied, en touche. **Out of touch,** hors des touches. **9.** *F:* **It was a near touch,** cela n'a tenu qu'à un fil. **To have a near touch,** l'échapper belle. **The match was won by a touch,** la partie a été gagnée de justesse. **10.** *P:* **The dinner was a guinea touch,** pour le dîner on nous a tapés d'une guinée; le prix du dîner était d'une guinée par personne. **11.** *A:* Pierre *f* de touche. **To put s.o. to the touch,** mettre qn à l'épreuve. *See also* NEEDLE[1] **2.**

'touch-back, *s.* *Rugby Fb: U.S:* Touché *m*.

'touch-hole, *s.* *Artil:* Lumière *f* (du canon).

'touch-in-'goal, *s.* *Rugby Fb:* Touche *f* de but.

'touch-judge, *s.* *Rugby Fb:* Arbitre *m* de touche.

'touch-line, *s.* *Fb:* Ligne *f* de touche.

'touch-paper, *s.* Papier *m* d'amorce.

touch[2]. I. *v.tr.* **1.** *(a)* Toucher. *'To t. sth. with one's finger, with a stick,* toucher qch. du doigt, avec un bâton. *To t. s.o. on the shoulder, on the arm,* toucher qn à l'épaule; toucher le bras à qn. *To t. s.o. slightly,* (i) toucher légèrement qn; (ii) effleurer qn. **To touch one's hat, one's forelock,** porter, mettre, la main à son chapeau, à son front. *He touched his hat to me,* il m'a salué. *A:* **To touch for King's evil,** guérir les écrouelles par attouchement. *F:* **Touch wood!** touche du bois! *Don't t. those eggs, my papers,* ne touchez pas à ces œufs; ne tripotez pas mes papiers; ne dérangez pas mes papiers. **Don't touch!** on ne touche pas! n'y touchez pas! **I would not touch it with a pair of tongs,** je ne le prendrais pas avec des pincettes. *(Of ship)* **To touch a rock,** toucher un écueil. **To touch the bottom,** *abs.* **to touch,** toucher le fond; toucher. *See also* BOTTOM[1] **1.** **To touch land,** toucher terre; atterrir, aborder. *Nau:* **To touch the wind,** *abs.* **to touch,** tâter le vent. *See also* BARGE-POLE, GROUND[2] **1,** PITCH[1]. *(b)* *(Be in contact with)* Toucher (à) (qch.). *His garden touches mine,* son jardin touche au mien, touche le mien. *Point where the tangent touches the circle,* point où la tangente rencontre le cercle; point de contact de la tangente et du cercle. *Shot with the muzzle actually touching him,* tué à bout touchant. *(c)* Toucher, effleurer (les cordes de la harpe). **To touch the harp,** toucher (de) la harpe. **To touch a spring,** faire jouer un ressort. *He touched the bell,* il appuya sur le bouton de la sonnette. *Equit:* **To touch one's horse with the spur,** appuyer l'éperon à son cheval. *(d)* *v.ind.tr.* **To touch on a subject,** toucher, effleurer, un sujet. *I have already touched on these questions,* j'ai déjà touché ces questions. *(e)* Toucher, atteindre. *Fenc:* **To touch one's opponent,** toucher, *F:* boutonner, son adversaire. **The law can't touch him,** la loi ne peut rien contre lui; il est hors de l'atteinte de la loi. **I can just touch the ceiling,** je peux tout juste toucher le plafond. *(Of plant, etc.) To t. the ground,* descendre jusqu'à la terre; toucher à terre. *F:* *(Of receipts, etc.)* **To touch four figures,** décrocher les quatre chiffres. *F:* **No one can touch him in comedy,** il n'y a personne pour l'égaler, personne ne peut l'approcher, dans la comédie. *(f)* **Not to touch sth.,** éviter qch.; se défier de qch. **I never touch wine,** jamais je ne bois de vin. *I daren't t. meat,* je ne supporte pas la viande. *(g)* **Drawing touched with colour washes,** dessin rehaussé de lavis. **2.** *(a)* Produire de l'effet sur (qch.). *The file will not t. it,* la lime ne mord pas dessus. *(Of remedy, etc.)* **To touch the spot,** aller à la racine du mal. **To touch s.o. on a raw spot, on a tender spot,** toucher qn à l'endroit sensible; toucher qn où cela le blesse. *See also* RAW[1] II. *(b)* *I could not t. the history paper,* je n'ai pas pu répondre à la moindre question en histoire. **3.** Toucher, affecter, émouvoir, attendrir (qn). **To touch s.o.'s heart,** émouvoir, toucher, le cœur de qn. **To be touched by s.o.'s kindness,** être touché de, par, la bonté de qn. *It touched me to the heart,* cela m'a touché le cœur. *The secret of pleasing and of touching the emotions,* le secret de plaire et de toucher. **To touch s.o. to the quick,** toucher qn au vif. **4.** Toucher, concerner, intéresser, regarder (qn). **The question touches you nearly,** la question vous touche de près; c'est une question où vous êtes intéressé. **5.** *(a)* **Flowers touched by the frost,** fleurs atteintes par la gelée. *(b)* **Religion touched with superstition,** religion entachée de superstition. **6.** *F:* **To touch s.o. for a fiver,** taper, faire casquer, qn de cinq livres. **7.** *Nau:* **To touch (and reef) a sail,** (faire) arriser une voile.

II. **touch,** *v.i.* **1.** *(Of persons, thgs)* Se toucher. *(a)* Être en contact; *(of loaves in oven)* se baiser. *(b)* Venir en contact. *The two ships touched,* les deux navires se sont touchés. *(c)* *Mil: etc:* *(Of troops in line, etc.)* Serrer les rangs (jusqu'au tact des coudes). **2.** *Nau:* **To touch at a port,** toucher, aborder, à un port; faire relâche, faire escale, à un port.

touch down, *v.tr. Abs. Rugby Fb:* Toucher le ballon à terre; toucher dans les buts.

touch-'down, *s.* Touché *m*.

touch in, *v.tr. Art:* Dessiner, ajouter (un trait, etc.).

touch off, *v.tr.* **1.** Ébaucher (qch.); esquisser (qch.) rapidement. **2.** Décharger (un canon, etc.); faire jouer, faire partir, faire exploser (une mine).

touch up, *v.tr.* **1.** Faire des retouches à (un tableau); aviver, raviver, relever, rehausser (les couleurs de qch.); enjoliver (un récit); retaper, repolir, retravailler (un ouvrage); rafraîchir (le fil d'un outil, la mémoire); badigeonner (un vieux meuble, etc.). **To touch oneself up,** faire un brin de toilette; se fignoler. *To t. up a manuscript (belonging to s.o. else),* blanchir un manuscrit. **2.** Toucher (un cheval) du fouet. *To t. up a horse with one's spurs,* chatouiller un cheval de l'éperon. **To touch up s.o.'s memory,** rafraîchir la mémoire de qn. *F:* **I'll touch him up about it,** je vais encore lui en toucher un mot.

touch-'up, *s.* Retouche *f*; rehaut *m* (d'une couleur).

touching up, *s.* **1.** Retouches *fpl.* **2.** Rehaussement *m*, avivage *m* (d'une couleur).

touched, *a.* **1.** *Nau:* **Touched bill of health,** patente brute, suspecte. **2.** *F:* Toqué, timbré; qui a le cerveau un peu dérangé. *He is slightly t.,* il a un grain (de folie).

touching[1]. I. *a.* Touchant, émouvant, affectant, attendrissant, pathétique. **-ly,** *adv.* D'une manière touchante, émouvante.

II. **touching,** *prep.* Touchant, concernant. **As touching the defence of the town,** en ce qui concerne la défense de la ville.

touching[2], *s.* **1.** Touche *f*; attouchement *m*, contact *m*. **2.** **Touching upon sth.,** allusion *f* à qch.

'touch and 'go. **1.** *s.* **It was touch and go** *whether we should catch the train,* nous courions grand risque de manquer le train. **That was touch and go!** *F:* il était moins cinq! **It was touch and go with him,** *it was t. and go that he did not die,* il revient de loin; il a frôlé la mort. *It was a case of t. and go with him,* (i) il était à deux doigts de sa perte; (ii) sa vie tenait à un fil. **2.** *a.* **A touch-and-go affair,** une affaire très incertaine, très risquée; une affaire hasardeuse.

'touch-me-not, *s.* *Bot:* Balsamine *f* (des bois); impatiente *f*.

touchable ['tʌtʃəbl], *a.* Tangible; palpable.

toucher ['tʌtʃər], *s.* *(a)* *Games:* *(At bowls)* Boule *f* en contact avec le cochonnet. *(b)* *F:* **He was as near as a toucher falling into the stream,** il a été à deux doigts de tomber dans la rivière; peu s'en est fallu qu'il ne tombât dans la rivière. **That was a near toucher for you!** vous l'avez échappé belle! il était moins cinq!

touchiness ['tʌtʃinəs], *s.* Susceptibilité *f*, irascibilité *f*.

touchingness ['tʌtʃiŋnəs], *s.* Touchant *m*, pathétique *m* (*of*, de).

touchstone ['tʌtʃstoun], *s.* **1.** *Miner:* Pierre *f* de touche; basanite *f*; jaspe noir. **2.** *F:* Pierre de touche; critérium *m*. *Time is the t. of merit,* le temps est la pierre de touche du mérite.

touchwood ['tʌtʃwud], *s.* Amadou *m*.

touchy ['tʌtʃi], *a.* Susceptible, irascible, pointilleux, ombrageux. *To be t.,* se piquer facilement, pour un rien; se froisser, s'offusquer, facilement; *F:* ne pouvoir supporter la moindre égratignure; avoir l'épiderme sensible. *He is very t.,* c'est un bâton épineux, *P:* un bâton merdeux. *He is very t. on that point,* il n'entend pas raillerie là-dessus. *To be t. on a point of honour,* être délicat, chatouilleux, sur le point d'honneur. *Public opinion is very t. with regard to . . .,* l'opinion publique est ombrageuse à l'endroit de. . . . *T. vanity,* vanité ombrageuse. **-ily,** *adv.* Avec susceptibilité, avec humeur.

tough [tʌf], *a.* **1.** Dur, tenace, résistant; *Bot:* cartilagineux. **Tough meat,** viande coriace, dure. *T. wood,* bois dur, résistant. *T. ore,* minerai *m* tenace. *T. metal,* métal liant. *See also* NUT **1.** **2.** *(Of pers., etc.)* Fort, solide. **Tough constitution,** tempérament fort, solide; tempérament dur à la fatigue, endurant. *To become t. (through training),* s'endurcir. **3.** *(Of pers.)* Raide, inflexible, opiniâtre, obstiné. *F:* **He's a tough customer!** il est peu commode! *To have a t. customer to deal with,* avoir affaire à forte partie. **4.** *F:* *(a)* *(Of task, etc.)* Rude, difficile. *It was a t. job,* ç'a été une dure, une rude, besogne. *(b)* **Tough luck!** quelle déveine! quelle guigne! *That's t.!* c'est dur pour vous! **5.** *U.S:* *F:* *(a)* (Homme) brutal; (bande *f*) de voleurs; (vie) de bandit. *(b)* *s.* Apache *m*, bandit *m*, assommeur *m*; *P:* galapiat *m*. **-ly,** *adv.* **1.** Durement; avec ténacité. **2.** Vigoureusement. **3.** Obstinément; avec opiniâtreté.

toughen ['tʌf(ə)n]. **1.** *v.tr.* *(a)* Durcir. **Toughened glass,** verre durci, trempé. *(b)* Endurcir (qn). **2.** *v.i.* *(a)* Durcir. *(b)* *(Of pers.)* S'endurcir.

toughish ['tʌfiʃ], *a.* **1.** Assez résistant; plutôt dur; *(of meat)* peu tendre; plutôt coriace. **2.** (Travail) assez dur, peu facile; (homme *m*) peu commode.

toughness ['tʌfnəs], *s.* **1.** Dureté *f*; ténacité *f*, résistance *f*. *T. of meat,* coriacité *f* de la viande. *T. of a metal,* ténacité, résistance, d'un métal. **2.** *(a)* Force *f*, solidité *f*. *(b)* Résistance *f* à la fatigue. **3.** *(a)* Inflexibilité *f*, opiniâtreté *f*. *(b)* *F:* Caractère *m* peu commode (de qn). **4.** Difficulté *f* (d'un travail).

toupee ['tuːpi], *s.* *Hairdr:* *A:* Faux toupet.

toupet ['tuːpi, -pe], *s.* *Hairdr:* Faux toupet.

tour[1] ['tuər], *s.* **1.** Tour *m*; voyage *m* circulaire; excursion *f*. **Organized tour,** circuit *m* touristique. **Conducted tours,** excursions accompagnées; voyages touristiques accompagnés. *U.S:* **All-expense tour,** voyage à forfait. *To start on a t.,* partir en voyage. **To make the tour of a country,** faire le tour d'un pays. *T. round the world,* voyage autour du monde. **Wedding tour,** voyage de noces. *Hist:* **The grand tour,** voyage circulaire en Europe (accompli par les fils de famille pour parfaire leur éducation). **To make the grand tour,** faire le grand tour. **Walking tour,** excursion, voyage, à pied. **To be on tour,** être en voyage ou en randonnée. *We were on a t. through Belgium,* nous faisions une excursion en Belgique. **2.** Tournée *f*. *(a)* **Tour of inspection,** tournée de visite. *(b)* *Th:* **To take a company on tour,** emmener une troupe en tournée. *Company on t.,* troupe en tournée, en représentation.

tour[2]. **1.** *v.tr. & i.* *(a)* **To tour (through, about) a country,** faire le tour d'un pays; faire un voyage circulaire dans un pays; voyager dans un pays. *They are touring in Canada,* ils font un grand voyage au Canada. *(b)* *The play will t. the provinces in the spring,* la pièce passera en province au printemps, sera donnée en tournée au printemps. **2.** *v.tr.* *Th:* **The play has not been toured for some years,** la pièce n'a pas été au répertoire des tournées pendant ces quelques années.

touring[1], *a.* Qui fait un tour. *T. cyclist,* cycliste *m* en randonnée. *T. party,* groupe *m* de touristes. **A touring American,** un touriste américain. *Th:* **Touring company,** troupe *f* en tournée.

touring[2], *s.* Tourisme *m*. *Long-distance t.,* grand tourisme. **Touring information,** renseignements *m* touristiques. **International Touring Alliance,** Alliance internationale de tourisme.

'touring-car, *s.* Automobile *f*, voiture *f*, de tourisme. **Open touring-car,** torpédo *m* or *f*.

tourbillion [tuər'biljən], *s. Pyr:* Tourbillon *m.*

tourer ['tuərər], *s. Aut: F:* **1.** = TOURING-CAR. **2.** Touriste *mf* (en automobile).

tourism ['tuərizm], *s.* Tourisme *m.*

tourist ['tuərist], *s.* Touriste *mf.*

'tourist agency, *s.* Bureau *m* de tourisme.

'tourist ticket, *s.* Billet *m* d'excursion; billet circulaire.

touristic [tuə'ristik], *a.* Touristique; de touriste(s). *T. point of view,* point *m* de vue touristique. *F: T. hordes,* foules *f* de touristes.

tourmalin(e) ['tuərməlin, -iːn], *s. Miner:* Tourmaline *f.* **Red tourmaline** = RUBELLITE. **Blue tourmaline** = INDICOLITE.

tournament ['tuərnəmənt], *s.* **1.** *Hist:* (*a*) Tournoi *m.* (*b*) Carrousel *m.* **2.** *Games: Sp: etc:* Tournoi, concours *m.* **Tennis tournament,** tournoi de tennis. **Chess tournament,** concours d'échecs. **Fencing tournament,** poule *f* à l'épée. **Water tournament,** joute *f* sur l'eau.

tourney ['tuərni, 'təːrni], *s. Hist:* Tournoi *m.*

tourniquet ['tuərnike(t)], *s. Surg:* Tourniquet *m,* compresseur *m.*

tousle [tauzl], *v.tr.* **1.** Houspiller, tirailler (qn); chiffonner (une femme). **2.** Chiffonner (une robe); mettre en désordre, ébouriffer, embrouiller (les cheveux de qn).

tousled, *a. T. dress,* robe chiffonnée. **Tousled hair,** cheveux ébouriffés, en broussaille, embroussaillés, mal peignés. **Shock of tousled hair,** tignasse mal peignée. *A person with t. hair,* une personne dépeignée, échevelée, coiffée en coup de vent.

tout[1] [taut], *s.* **1.** (*For hotels*) Rabatteur *m,* pisteur *m,* touter *m;* (*for insurance companies*) démarcheur *m;* (*at railway stations, etc.*) bagotier *m,* aboyeur *m;* (*for shops, shows, etc.*) racoleur *m; P:* bonisseur *m.* **Business tout,** rabatteur d'affaires; placier *m,* pisteur, démarcheur. **2.** *Turf:* (**Racing**) **tout,** tout *m* (individu qui suit secrètement l'entraînement des chevaux, à l'affût des tuyaux); espion *m.*

tout[2]. **1.** *v.tr.* (*a*) *A:* Guetter (qn, qch.); espionner (qn). (*b*) *Turf:* Suivre secrètement (les chevaux de course) à l'entraînement. *Abs.* Espionner dans les écuries. **2.** (*a*) *v.i.* **To tout for customers,** courir après les pratiques, après la clientèle; pister, racoler, des clients. *U.S:* **To tout for votes,** solliciter des voix, des suffrages. **To tout at the shop-door,** faire la porte. (*b*) *v.tr.* **To tout s.o. for his custom,** solliciter les commandes de qn; importuner qn avec des offres de service.

touting, *s.* **1.** Pistage *m,* racolage *m. U.S:* Sollicitation *f* des suffrages. **2.** *Turf:* Espionnage *m.*

touter ['tautər], *s.* = TOUT[1].

touzle [tauzl], *v.tr.* = TOUSLE.

tow[1] [tou], *s.* **1.** Câble *m* de remorque; *F:* remorque *f.* **2. To take a boat, a car, in tow,** prendre un bateau, une auto, à la remorque; donner la remorque à un bateau, à une auto; touer un bateau. **To be taken in tow,** se mettre à la remorque. *F: One of the pressmen kindly took me in tow,* un des journalistes voulut bien me servir de guide. **Boat in tow,** embarcation *f* à la traîne. *F: To be in tow of s.o.,* être à la remorque de qn. *F:* **He always has his family in tow,** il trimbale toujours sa famille avec lui, à la remorque; il est toujours à trôler sa famille. **3.** (*a*) (*Vessel towed*) Remorque. (*b*) **A tow of barges,** une rame de péniches.

'tow-boat, *s.* Remorqueur *m,* toueur *m.*

'tow-line, *s.* **1.** Remorque *f;* câble *m,* corde *f,* grelin *m,* de remorque; corde de halage; hale *f;* halin *m,* touline *f;* cincenelle *f,* chableau *m,* câbleau *m,* cordelle *f;* sabaye *f.* **2.** *Fish:* Ligne traînante.

'tow-net, *s. Fish:* Filet traînant; drague *f;* seine *f,* senne *f.*

'tow-path, *s.* Chemin *m,* banquette *f,* de halage.

'tow-rope, *s.* = TOW-LINE 1.

tow[2], *v.tr.* Remorquer (un navire, une auto); touer (un chaland); donner la remorque à (un navire désemparé); (*from tow-path*) haler (une péniche, un chaland). **To tow astern,** remorquer en flèche, en arbalète. **To tow alongside,** remorquer à couple. **To be towed out of harbour,** sortir du port à la remorque.

towing[1], *a.* Remorqueur, -euse.

towing[2], *s.* Remorque *f,* remorquage *m,* touage *m;* (*from tow-path*) halage *m.*

'towing-line, -net, -rope, *s.* = TOW-LINE, -NET, -ROPE.

tow[3], *s.* Étoupe (blanche); filasse *f. To put, stuff, tow in a chink,* étouper une crevasse. *Nau:* **Hank of tow** (*for caulking*), quenouillon *m.*

'tow-'headed, *a. F:* Aux cheveux blond filasse.

towage ['toued3], *s.* (*a*) Remorquage *m,* touage *m;* (*on canal*) halage *m.* (*b*) Towage (dues), droit *m,* frais *mpl,* de remorquage; remorquage.

toward ['touərd]. I. *a. A:* **1.** Docile; qui a des moyens; intelligent. **2.** (*Pred.*) Proche; tout près. *The feast is t.,* la fête est proche; la fête approche. **-ly,** *adv.* Docilement.

II. **toward,** *prep. Lit:* = TOWARDS.

towardness ['touərdnəs], *s. A:* Docilité *f;* souplesse *f* d'esprit; facilité *f.*

towards [tu'wɔːrdz, 'touərdz, tɔːrdz], *prep.* **1.** (*Of place*) Vers; du côté de. *They walked t. the town,* ils marchèrent vers la ville, du côté de la ville. *He had his face turned t. the village,* il tournait le visage du côté du village. **2.** Envers, pour, à l'égard de (qn). *To feel benevolence, animosity, t. s.o.,* avoir de la bienveillance, de l'animosité, pour qn. *His attitude t. me,* son attitude envers moi. *His feelings t. me,* ses sentiments envers, pour, moi; ses sentiments vis-à-vis de moi, à mon égard. *The attitude of France t. foreign exchanges,* l'attitude de la France vis-à-vis des échanges internationaux; la France et les échanges internationaux. **3.** Pour. **To save towards the children's education,** économiser pour, en vue de, l'éducation des enfants. **4.** (*Of time*) Vers, sur. *T. noon,* vers midi. *T. evening,* vers le soir. *T. the end of the journey,* vers la fin du voyage. *T. the end of the century,* vers la fin du siècle. *T. the end of his life . . .,* sur la fin de sa vie. . . . **5.** *A. & B:* **To us-wards,** vers nous, de notre côté.

towel[1] ['tauel], *s.* **1.** Serviette *f* (de toilette); essuie-main(s) *m inv. A clean t.,* une serviette blanche. **Face-towel, honeycomb towel,** serviette nid d'abeilles; *F:* débarbouilloir *m.* **Bath towel,** serviette de bain. **Turkish towel,** serviette éponge. **2.** (*Woman's*) **sanitary towel,** serviette hygiénique; bande *f,* bandage *m,* linge *m,* périodique. *See also* JACK-TOWEL, ROLLER-TOWEL, THROW IN 4.

'towel-hook, *s.* Accroche-serviettes *m inv.*

'towel-horse, *s.* Chevalet *m;* porte-serviettes *m inv* (mobile).

'towel-rail, *s.* Porte-serviettes *m inv* (en applique); séchoir *m* (à serviettes).

'towel-roller, *s.* Porte-serviette *m inv,* rouleau *m,* pour torchon sans fin; rouleau porte-serviette.

towel[2], *v.tr.* (towelled; towelling) **1.** Essuyer, frotter, (qn) avec une serviette. **To towel oneself,** s'essuyer (après le bain, etc.). **2.** *F:* Donner une frottée, une raclée, à (qn).

towelling, *s.* **1.** (*a*) Friction *f* avec une serviette. (*b*) *F:* Frottée *f,* raclée *f.* **2.** Toile *f* pour serviettes; tissu-éponge *m, pl.* tissus-éponge.

tower[1] ['tauər], *s.* **1.** (*a*) Tour *f.* **The Tower of London,** la Tour de Londres. (*b*) **Church tower,** clocher *m.* **Observation tower,** belvédère *m. Hyd.E:* **Water tower,** château *m* d'eau. *Navy:* **Armoured tower,** blockhaus *m.* (*c*) *F:* **He is a tower of strength,** c'est un puissant appui, un puissant secours. *He has been a t. of strength,* il a fourni un effort immense. *See also* CONNING-TOWER, COOLING[2], WATCH-TOWER. **2.** (*a*) *Civ.E:* (**Iron framework**) **tower,** pylône *m* (d'aérodrome, de réseau électrique, etc.). **Tower-crane,** grue *f* à pylône. (*b*) *Rail: U.S:* **Signal tower,** cabine *f* de signaux. **3.** *Ven:* Montée *f* en chandelle (du gibier blessé).

'tower-man, *s.m. Rail: U.S:* Signaleur.

'tower-shell, *s. Moll:* Turritelle *f.*

tower[2], *v.i.* **1.** Dominer. *The castle towered above, over, the valley,* le château dominait la vallée. **He towered above the others,** il dominait les autres par la taille. *He towers above his contemporaries,* il domine tous ses contemporains. **2.** (*a*) Monter très haut (en l'air). (*Of wounded bird*) Monter en chandelle. (*Of hawk*) Prendre son essor; monter. (*b*) (*Of bird*) Planer.

towering, *a.* **1.** (*a*) Très haut, très élevé; *Lit. & Poet:* sublime. **A towering height,** une très grande hauteur. (*b*) *Lit:* **Towering ambition,** ambition sans bornes, démesurée. **2.** *F:* (*Of rage*) Violent, extrême. **In a towering passion, rage,** au paroxysme de la colère; dans une colère bleue; furieux; *F:* furibond.

tower[3] ['touər], *s.* Haleur *m,* toueur *m* (d'une péniche, etc.).

towered ['tauərd], *a.* **1.** Défendu par une tour, par des tours; surmonté d'une tour, de tours; flanqué de tours. **2.** (*With adj. prefixed, e.g.*) **High-towered,** aux tours élevées.

town [taun], *s.* **1.** (*a*) Ville *f;* cité *f. Com:* Place *f.* **Country town,** ville de province. **Chief town,** chef-lieu *m, pl.* chefs-lieux. **Outside the town,** en dehors de la ville; extra-muros. **Woman of the town,** fille publique. (*b*) *U.S:* (*In New England*) Commune *f. See also* BORDER[1] 1, COUNTY 2, MARKET-TOWN. **2.** (*Without article*) (*a*) Londres *m.* **To live in town,** habiter Londres. *To do one's shopping in t.,* faire ses achats à Londres. **A man about town,** un mondain; (*in Fr.*) un boulevardier; *F:* un cercleux. **Woman about town,** (i) mondaine très lancée; (ii) demi-mondaine. (*b*) **To go into town, up to town,** aller, se rendre, à la ville. **He is in town,** (i) (*of pers. living in the country*) il est à la ville; (ii) (*of pers. not at home*) il est en ville. **He is out of town,** il est à la campagne, ou en voyage. *Sch:* (*At Oxford and Cambridge*) **Town and gown,** les étudiants et les bourgeois. *T. and gown rows,* bagarres *f* entre bourgeois et étudiants. *See also* UP-TOWN. **3.** *Attrib.* De la ville; des villes; à la ville; urbain; municipal, -aux. **Town church,** église *f* de la ville. **Town water supply,** adduction *f* des eaux de ville. **Town gas,** gaz *m* de ville. *T. inhabitant,* habitant *m* des villes. **Town residence,** habitation *f* à la ville; hôtel *m.* **Town life,** vie urbaine. *T. band,* musique *f* de la ville. *Com:* **Town cheque,** chèque *m* sur place. *See also* CRIER 1, TRAVELLER 2.

town-'adjutant, *s. Mil:* Adjudant *m* de la garnison.

town-'clerk, *s.* Greffier municipal; chef *m* du secrétariat de la mairie et chef du contentieux (le plus souvent un *solicitor*).

'town-'council, *s.* Conseil municipal.

'town-'councillor, *s.* Conseiller municipal.

'town-dues, *s.pl.* Droits *m* d'entrée; octroi *m.*

'town-dweller, *s.* Habitant, -ante, de la ville.

town-'hall, *s.* Hôtel *m* de ville; mairie *f;* maison commune.

'town-house, *s.* (i) Maison *f* de, en, ville; hôtel *m* (d'une famille, etc.); (ii) maison urbaine.

town-'major, *s. Mil:* Major *m* de la garnison; commandant *m* d'armes; *A:* commandant de place.

'town-plan, *v.tr.* (-planned; -planning) Aménager (une ville) selon les principes de l'urbanisme. *It's too late to t.-p. London,* il est trop tard pour faire de l'urbanisme à Londres.

town-planning, *s.* Architecture urbaine; urbanisme *m;* aménagement *m* des villes. *T.-planning scheme,* plan *m* d'aménagement de la ville.

'town-planner, *s.* Urbaniste *m.*

townee [tau'niː], *s. F:* Bourgeois *m.* (Terme employé par les étudiants d'une ville universitaire.)

townified ['taunifaid], *a.* Qui sent la ville.

townlet ['taunlet], *s. F:* Villette *f;* petite ville; bourgade *f.*

township ['taunʃip], *s.* Commune *f.*

townsman, *pl.* **-men** ['taunzmən, -men], *s.m.* Habitant de la ville; bourgeois, citadin. *See also* FELLOW-TOWNSMAN.

townspeople ['taunzpiːpl], *s.pl.* **1.** Habitants *m* de la ville; bourgeois *m,* citadins *m.* **2.** Concitoyens *m.*

townward(s) ['taunwərd(z)], *adv.* Vers la ville; du côté de la ville

tow-row ['taurau], *s. F:* Vacarme *m,* tapage *m.*

towy ['toui], *a.* De filasse; (cheveux) blond filasse *inv.*

toxaemia [tɔk'siːmiɑ], *s. Med:* Toxémie *f.*
toxalbumins [tɔksal'bjuːminz], *s.pl. Ch: Med:* Toxalbumines *f.*
toxic ['tɔksik], *a. & s. Med:* Toxique (*m*); intoxicant (*m*).
toxicant ['tɔksikənt], *s.* Toxique *m.*
toxicity [tɔk'sisiti], *s.* Toxicité *f.*
toxicodendron ['tɔksiko'dendrən], *s. Bot:* Toxicodendron *m*; sumac vénéneux.
toxicological ['tɔksiko'lɔdʒik(ə)l], *a. Med:* Toxicologique.
toxicologist [tɔksi'kɔlodʒist], *s. Med:* Toxicologue *m.*
toxicology [tɔksi'kɔlodʒi], *s. Med:* Toxicologie *f.*
toxicomania ['tɔksiko'meiniɑ], *s. Med:* Toxicomanie *f*, narcomanie *f.*
toxicosis [tɔksi'kousis], *s. Med:* Toxicose *f.*
toxin ['tɔksin], *s. Physiol:* Toxine *f.*
toxolysis [tɔk'sɔlisis], *s. Biol.Ch:* Toxolyse *f.*
toxophilite [tɔk'sɔfilait], *s.* Amateur *m* de tir à l'arc.
toy[1] [tɔi], *s.* **1.** (*a*) Jouet *m*; *F:* joujou *m*, *pl.* joujoux. **He makes a toy of his motor bicycle,** il s'amuse avec sa moto; sa moto est son amusette *f.* (*b*) *He was a mere toy in her hands,* elle le faisait marcher comme elle voulait, comme un pantin. **2.** *A. & Lit:* Bagatelle *f*, brimborion *m*, colifichet *m.* **3.** *Attrib.* (*a*) D'enfant. **Toy trumpet,** trompette *f* d'enfant. **Toy theatre,** théâtre *m* de marionnettes. **Toy soldier,** soldat *m* de plomb, de bois, etc. *Toy omnibus with wooden horses,* omnibus *m* jouet avec chevaux en bois. *Mus:* **The Toy Symphony,** la Foire des Enfants (de Haydn). (*b*) Tout petit. **Toy dog,** (i) bichon *m*; chien *m* de manchon; chien de salon; (ii) chien en bois, en peluche, etc. (*c*) **A toy army, a toy Napoleon,** une petite armée pour rire; un Napoléon pour rire. *Spain has a toy winter,* l'Espagne a un hiver pour rire, un hiver en miniature.
'**toy-book,** *s.* Livre *m* d'images.
'**toy-box,** *s.* Boîte *f* à joujoux.
'**toy-dealer,** *s.* Marchand *m* de jouets.
'**toy-'railway,** *s.* **1.** Chemin *m* de fer mécanique (d'enfant). **2.** *F:* Chemin de fer à voie étroite.
'**toy-shop,** *s.* Magasin *m* de jouets.
'**toy-trade,** *s.* Commerce *m* des jouets; *A:* bimbeloterie *f.*
toy[2], *v.i.* **1.** To toy with sth., s'amuser, jouer, avec qch.; manier, tripoter, qch. **To toy with one's stick,** jouer avec sa canne. **To toy with one's food,** manger du bout des lèvres, des dents; *F:* grignoter, chipoter. **To toy with science,** faire des sciences en amateur, en dilettante. *To toy with the Muse, F:* taquiner la Muse. **To toy with an idea,** caresser une idée; coqueter avec une idée. *To toy with the idea of work,* avoir des velléités de travail. **2.** (*a*) **To toy with s.o.,** badiner, flirter, avec qn. (*b*) *He is merely toying with you,* il n'est pas sérieux.
trabea, *pl.* **-eae** ['treibiɑ, -iiː], *s. Rom.Ant:* Trabée *f.*
trabeate(d) ['treibieit(id)], *a. Arch:* **1.** A entablement. **2. Trabeated ceiling,** plafond *m* à poutres en saillie.
trabeation [treibi'eiʃ(ə)n], *s. Arch:* Entablement *m.*
trabecula, *pl.* **-ae** [trɑ'bekjulɑ, -iː], *s. Biol: Anat:* Trabécule *f.*
trabecular [trɑ'bekjulər], *a.* Trabéculaire.
trace[1] [treis], *s.* **1.** (*Usu. pl.*) Trace(s) *f(pl)* (de qn, d'un animal); empreinte *f* (d'un animal). **To cover one's traces** = *to cover up one's tracks, q.v. under* TRACK[1] **1. 2.** Trace, vestige *m.* **To find a trace of s.o., of sth.,** retrouver trace de qn, de qch. *No t. was ever found of the explorers,* on n'a plus retrouvé trace des explorateurs. *The police was unable to find any t. of him,* la police n'a pas pu retrouver sa trace. *We have lost all t. of him,* nous avons complètement perdu sa trace. *No t. remains of the old castle,* il ne reste plus trace, il ne reste aucun vestige, du vieux château. *To remove all t. of sth.,* faire table rase (de qch.). *There were traces of deep emotion on her face,* son visage portait encore la trace d'une profonde émotion. *She has still some traces of beauty,* elle a des restes de beauté; *F:* elle a de beaux restes. *There is no t. of truth in the story,* il n'y a pas l'ombre de vérité dans ce récit. **There is no trace of it,** (i) il n'en reste pas trace; (ii) il n'y paraît plus. *No t. of poison,* pas de traces de poison. **3.** *Fort:* Tracé *m.* **4.** *Descriptive Geom:* **Traces of a straight line,** traces d'une droite. **5.** *St.Exch:* Filière *f.*
trace[2], *v.tr.* **1.** Tracer (un plan). **To trace (out) a line of conduct** (*for oneself*), (se) tracer une ligne de conduite. **To trace out a scheme,** esquisser un projet. **2.** (*a*) **To trace a few lines,** tracer quelques lignes. **To trace (out) a plan, a diagram,** faire le tracé d'un plan, d'un diagramme, d'une épure. (*b*) Calquer, contre-tirer (un dessin). *To t. a copy from the original,* calquer une copie sur l'original. **3. To trace s.o., an animal,** suivre la trace, la piste, de qn, d'une bête; suivre qn, une bête, à la trace, à la piste. *He has been traced to Paris,* on a retrouvé, **suivi,** sa piste jusqu'à Paris. *To t. s.o.'s footsteps,* suivre les pas de qn. **To trace lost goods,** recouvrer des objets perdus. *I cannot t. it,* je n'en trouve pas trace. *Crime difficult to t.,* crime *m* dont l'auteur est difficile à déterminer; crime difficilement saisissable. **To trace a crime to s.o.,** établir que qn est l'auteur d'un crime. **To trace the evil to its source,** remonter à la source du mal. **4.** (*a*) Retrouver les vestiges, relever les traces (d'un ancien édifice, etc.). *To t. an influence in a literary school,* retracer, retrouver, une influence dans une école littéraire. *I cannot t. any reference to the event,* je ne trouve trace d'aucune mention du fait. (*b*) *He traces his descent from the Duke of X,* il fait remonter, il rapporte, ses origines (jusqu')au duc de X. **5.** Suivre (un chemin).
trace back. 1. *v.tr.* **To trace sth. back to its source,** remonter jusqu'à l'origine de qch. *To t. one's family back to the Conqueror,* faire remonter sa famille à Guillaume le Conquérant. *The rumour has been traced back to its originator,* on a découvert l'auteur de ce bruit. *To t. back the origin of a plot,* remonter à l'origine d'un complot. **2.** *v.i.* Revenir sur sa piste, sur ses traces, sur ses pas. *We traced back again across the mountain side,* nous reprîmes, sur le flanc de la montagne, le chemin par lequel nous étions venus.
trace off, *v.tr.* Décalquer (un dessin).
tracing off, *s.* Décalquage *m.*
tracing[1], *a. Bot:* **Tracing root,** racine traçante.
tracing[2], *s.* **1.** (*a*) Traçage *m*, tracement *m*, tracé *m. See also* AWL. (*b*) Calquage *m.* **2.** (*a*) Dessin calqué; calque *m.* **Skeleton tracing,** croquis-calque *m*, *pl.* croquis-calques. **To make, take, a tracing,** prendre un calque. *To take a t. of a plan,* contre-tirer un dessin. *To take a reversed t. of sth., to reverse the t. of sth.,* contre-calquer qch. (*b*) *Magn:* **Magnetic tracing** (*of field in iron filings*), spectre *m* magnétique.
'**tracing-cloth,** *s.* Toile *f* à calquer, toile d'architecte; papier *m* toile.
'**tracing-iron,** *s. Carp: etc:* Rénette *f.*
'**tracing-linen,** *s.* = TRACING-CLOTH.
'**tracing-paper,** *s.* Papier *m* à calquer; pelure *f* à calquer; papier calque; papier translucide; papier végétal.
'**tracing-wheel,** *s. Dressm: etc:* Roulette *f* (à piquer, à pointiller).
trace[3], *s.* **1.** *Harn:* Trait *m.* **In the traces,** attelé. *The horse kicked over the traces,* le cheval s'empêtra dans les traits. *F:* (*Of pers.*) **To kick over the traces,** (i) s'insurger, se rebiffer; *P:* faire de la rouspétance; (ii) s'émanciper; faire des frasques. **2.** *Fish:* Bas *m* de ligne.
'**trace-block,** *s. Veh:* Volée (de devant) (à laquelle sont attachés les traits).
'**trace-horse,** *s.* Cheval *m*, -aux, de renfort; côtier *m*; cheval en arbalète.
traceable ['treisəbl], *a.* **1.** Que l'on peut tracer ou décalquer. **2.** Que l'on peut suivre à la trace, dont on peut suivre les traces. *T. influence,* influence *f* facile à suivre.
traceless ['treisləs], *a.* Sans traces; qui n'a pas laissé de traces.
tracer[1] ['treisər], *s.* **1.** (*Pers.*) (*a*) Celui qui est à la piste ou qui est remonté jusqu'à la source (*of*, de). *The t. of the crime,* celui qui a découvert l'auteur du crime. (*b*) Traceur, -euse (d'un plan, etc.). (*c*) Calqueur, -euse. **2.** (*Device*) (*a*) Traçoir *m.* (*b*) Calquoir *m.* **3.** *Mil: etc:* **Tracer shell, tracer bullet,** obus traceur; **balle** traceuse.
tracer[2], *s.* = TRACE-HORSE.
traceried ['treisərid], *a.* (Fenêtre *f*) à réseau.
tracery ['treisəri], *s.* **1.** *Arch:* Réseau *m*, remplissage *m*, entrelacs *m* (d'une rosace, etc.); (*of Gothic window*) tympan *m*, croisillons *mpl*; découpures *fpl. See also* FAN-TRACERY. **2.** Réseau, filigrane *m*, nervures *fpl* (d'une feuille, d'une aile d'insecte, d'une dentelle, etc.).
trachea, *pl.* **-eae** ['treikiɑ, -iiː, trɑ'kiːɑ, -iːiː], *s.* (*a*) *Anat:* Trachée-artère *f*; *F:* trachée *f.* (*b*) *Nat.Hist:* Trachée (d'insecte, de plante).
tracheal ['treikiəl, trɑ'kiːəl], *a. Anat:* Trachéal, -aux.
trachean ['treikiən, trɑ'kiːən], *a. Nat.Hist:* Trachéen.
tracheitis [treiki'aitis, trak-], *s. Med:* Trachéite *f.*
tracheocele [trɑ'kiːosiːl], *s. Med:* (*a*) Trachéocèle *f.* (*b*) Goitre *m.*
tracheoscopy [traki'ɔskopi, trei-], *s. Med:* Trachéoscopie *f.*
tracheotomy [traki'ɔtomi, trei-], *s. Surg:* Trachéotomie *f.*
Trachiniae (the) [ðətrɑ'kiniiː], *s.pl. Gr.Lit:* Les Trachiniennes.
Trachinian [trɑ'kinjən], *a. Gr.Lit:* **The Trachinian Women,** les Trachiniennes *f.*
Trachis ['treikis]. *Pr.n. A.Geog:* Trachine.
trachoma [trɑ'koumɑ], *s. Med:* Trachome *m*; conjonctivite granuleuse.
trachyte ['trakait, 'trei-], *s. Miner:* Trachyte *m.*
trachytic [trɑ'kitik], *a. Miner:* Trachytique.
track[1] [trak], *s.* **1.** (*a*) *Ven:* Voie *f*, foulées *fpl*, empreintes *fpl*, erre *f*, trace(s) *f(pl)*, piste *f*, *A:* trac *m* (d'un animal). **To follow the track,** suivre la piste; (*in stag-hunting*) chasser menée. (*b*) Trace(s), piste (de qn); sillage *m*, houache *f* (d'un navire). *The t. of a wheel,* la trace, l'empreinte, le sillon, d'une roue. *Nau:* **To cross the track of a ship,** couper, franchir, le sillage d'un vaisseau. **To follow in s.o.'s track,** suivre la voie tracée par qn. **To be on s.o.'s track,** suivre la piste de qn; être sur la trace de qn. *F:* **To be always on s.o.'s tracks,** s'acharner après, contre, sur, qn. *He is always on my tracks,* il est toujours sur mon dos. **To keep track of s.o.,** ne pas perdre de vue qn. *F:* **To keep track of s.o., of a matter,** suivre les progrès de qn, d'une affaire. *To keep t. of the fuel consumption,* noter la consommation de combustible. **To throw s.o. off the track,** dépister qn. **To cover up one's tracks** (*from the police*), dépister la police. **To make tracks for a place,** se diriger précipitamment vers un endroit. *To make tracks for home, P:* rappliquer à la maison. **To make tracks,** filer, s'éclipser, décamper; *P:* se carapater, se cavaler, caleter. *U.S: P:* **To take the back track,** (i) s'en retourner; (ii) battre en retraite. **To fall dead in one's tracks,** tomber raide mort. **2.** (*a*) Piste, voie, sentier *m*, sente *f.* **Mule track, riding track,** piste muletière, cavalière. **Sheep track,** sentier battu par les moutons. **Wheel track,** voie charretière. *See also* BEATEN **1.** (*b*) *Mec.E: etc:* Chemin *m*, piste (de glissement, de roulement). *See also* OIL-TRACKS, SOUND-TRACK. **3.** (*a*) Route *f.* chemin. *T. of a comet,* route, cours *m*, d'une comète. **To put s.o. on the right track,** mettre qn sur la voie. *See also* WRONG[1] I. 3. **To be on the right track,** être dans la bonne voie, sur la voie. **To be off the track,** (i) avoir perdu la piste; (ii) être égaré; (iii) *F:* divaguer. *He left ruin in his t.,* il sema la ruine sur son passage. (*b*) *Nau:* Route régulière. **Track-chart,** carte *f* des routes régulièrement suivies; routier *m.* (*c*) *Av:* Plan *m* de rotation (de l'hélice). **4.** *Rac:* Piste. **Motor-racing track,** autodrome *m.* **Track and field events,** athlétisme *m* en plein air et sports. *See also* CINDER-TRACK, CYCLING, DIRT-TRACK, MOTOR CYCLE[1]. **5.** *Rail:* Voie (ferrée). **Main track,** voie principale. **Single track,** voie simple, unique. **Single-track road,** ligne *f* à une voie. **On the open track,** en pleine voie. **The train left the track,** le train a déraillé. *See also* DOUBLE[1] I. 1, GRIDIRON 1, SHIFTING[2] 1, SIDE-TRACK[1]. **6.** (*a*) Chenille *f*,

chemin de roulement (de tracteur à chenille). (*b*) *Ind:* **Erecting track,** chaîne *f* de montage; tapis roulant.

'track-athletics, *s.* *U.S:* La course, le saut, et le lancement du poids.

'track-clearer, *s.* **1.** *Rail:* Chasse-pierre(s) *m inv.* **2.** *Agr:* Sabot séparateur (de moissonneuse).

'track-gauge, *s.* *Rail:* Gabarit *m* (d'écartement des rails).

'track-indicator, *s.* Indicateur *m* de marche (d'un chemin de fer téléférique).

'track-layer, *s.* *Rail:* (*Pers.*) Poseur *m* de voie.

'track-link, *s.* *Veh:* **1.** Bielle *f* d'accouplement (des roues avant). **2. Track-link of caterpillar,** patin *m* de chenille.

'track-man, *pl.* **-men,** *s.m.* *Rail:* Garde-ligne, *pl.* gardes-ligne(s).

'track-racing, *s.* Courses *fpl* de, sur, piste.

'track-rail, *s.* *Rail:* Rail *m.*

'track-shoes, *s.pl.* *Sp:* Souliers *m* de course à pointes.

'track-tank, *s.* *Rail:* = FEED-TROUGH 1.

'track-watchman, *s.* = TRACK-MAN.

'track-way, *s.* *Ind:* Pont roulant.

track[2]. I. *v.tr.* **1.** Suivre (un voleur, une bête) à la trace, à la piste; traquer (un malfaiteur). **To track down, up,** dépister, rembucher (le gibier); dépister, acculer (un malfaiteur). **2.** Tracer (un sentier, une voie). *See also* SIDE-TRACK[2].

II. **track,** *v.i.* (*Of gear-wheels, etc.*) Être en alignement; tourner dans le même plan.

track out, *v.tr.* Découvrir, retrouver, les traces (d'une voie, d'une influence, etc.).

tracked, *a.* *Aut:* (Tracteur *m*, etc.) à chenilles, à chemins de roulement.

tracking[1], *s.* Poursuite *f* (de qn, d'un animal) à la piste.

track[3]. **1.** *v.tr.* Haler (un chaland) (à la cordelle). **2.** *v.i.* (*Of barge*) Se faire haler, être halé (sur un canal).

tracking[2], *s.* Halage *m.*

'track-boat, *s.* Chaland *m*, péniche *f* (de canal).

trackage[1] ['trakedʒ], *s.* **1.** Halage *m* (sur les canaux). **2.** Frais *mpl* de halage.

trackage[2], *s.* *U.S:* Ensemble *m* de voies ferrées; réseau *m.*

tracker[1] ['trakər], *s.* Traqueur *m* (de gibier, de criminels).

tracker[2], *s.* **1.** (*Pers.*) Haleur *m* (à la cordelle). **2.** Abrégé *m*, demoiselle *f* (d'un orgue).

trackless ['trakləs], *a.* **1.** Qui ne laisse aucune trace, aucune piste. **2.** Sans chemins, sans sentiers. *A t. desert,* un désert vierge de tout chemin battu. **Trackless forest,** forêt *f* vierge. **3.** *Trolley-buses are t.,* les autobus à trolley ne sont pas assujettis à une voie ferrée.

trackway ['trakwei], *s.* *U.S:* **1.** *Rail:* Voie *f.* **2.** (*Of roadway*) Pavé *m*, chaussée *f.*

tract[1] [trakt], *s.* **1.** Étendue *f* (de pays, de sable, d'eau); nappe *f* (d'eau); région (montagneuse, etc.). *Vast tracts of desert,* vastes étendues désertiques. **2.** *Anat:* **Respiratory tract,** appareil *m* respiratoire; voies *f* respiratoires. **Digestive tract,** appareil digestif; voies digestives. **Optic tracts,** bandelettes *f* optiques. **3.** *A:* Période *f*, espace *m* (de temps).

tract[2], *s.* Petit traité; brochure *f*, opuscule *m*, tract *m.* **Religious tracts,** petites brochures de piété. *Rel.H:* **Tracts for the Times,** Tracts pour le temps présent (brochures publiées par les Tractariens).

tractability [traktə'biliti], **tractableness** ['traktəblnəs], *s.* Humeur *f* traitable; docilité *f*, douceur *f.*

tractable ['traktəbl], *a.* **1.** (*Of pers., character*) Docile; traitable; doux, *f.* douce; menable. *He shows himself as t. as possible,* il se prête tant qu'il peut. *To make a child t.,* apprivoiser un enfant. **2.** (*a*) (*Of material*) Facile à ouvrer; ouvrable. (*b*) (*Of device, etc.*) Maniable; d'usage facile.

Tractarian [trak'tɛəriən]. *Rel.H:* **1.** *s.* Tractarien *m*; puseyiste *m.* **2.** *a.* Des Tractariens.

Tractarianism [trak'tɛəriənizm], *s.* *Rel.H:* Tractarianisme *m*; puseyisme *m.*

traction ['trakʃ(ə)n], *s.* Traction *f*, tirage *m.* (*a*) *Road with good t.,* route *f* de bon roulement. **Steam traction,** traction à vapeur. **Motor traction,** traction automobile. **Electric traction,** traction électrique. **Traction current,** courant *m* d'alimentation. **Traction wheels,** roues motrices, roues tractives (d'une locomotive, etc.). **Traction cable,** câble tracteur. (*b*) *Med:* **Traction of the tongue** (*in artificial respiration*), traction de la langue.

'traction-engine, *s.* Machine routière; locomotive routière; tracteur *m*; remorqueur *m*, remorqueuse *f.*

tractive ['traktiv], *a.* Tractif, tirant; (force) de traction; tractoire.

tractor ['traktər], *s.* **1.** Tracteur *m.* *Husb:* Agromotive *f.* *See also* MOTOR TRACTOR, PLOUGH[1] 1. **2.** *Av:* **Tractor(-plane),** appareil *m*, avion *m*, à hélice tractive, à hélice avant. **Tractor propeller,** hélice tractive.

tractrix, *pl.* **-ices** ['traktriks, -isiːz], *s.* *Geom:* Courbe *f* tractoire; tractoire *f*, tractrice *f.*

trade[1] [treid], *s.* **1.** État *m*, emploi *m*; métier manuel; commerce *m.* **To follow, carry on, ply, a trade,** exercer un métier, un commerce. **To put s.o. to a trade,** apprendre un métier à qn. *He is a grocer* **by trade,** il est épicier de son métier, de son état. *His t. is to repair fences,* il fait profession de remettre les clôtures en état. *Prov:* **Two of a trade seldom agree,** deux moineaux sur même épi ne sont pas longtemps amis. **Everyone to his trade,** chacun son métier. *See also* JACK[1] II. 1, TRICK[1] 1. **2.** Commerce, trafic *m*, négoce *m*, affaires *fpl.* **Trade in arms, in cotton,** commerce des armes, du coton. **The ivory trade,** la traite de l'ivoire. **Foreign trade,** commerce étranger, extérieur; *Nau:* long cours. **Domestic trade, home trade,** commerce intérieur. *Nau:* **Coasting trade,** cabotage *m.* *To carry on the t. of . . .,* faire le commerce de. . . . **To be in the tea trade,** faire le commerce du thé. **To drive a good trade, a roaring trade,** faire de bonnes affaires, faire des affaires d'or. *See also* ROARING[1] 2. **To be in trade,** être dans le commerce; *esp.* tenir boutique. **By way of trade,** commercialement. *T. is at a standstill,* le commerce est nul; les affaires ne vont pas. *Impediment to t.,* entrave *f* aux échanges. *See also* BOARD[1] 3, FREE TRADE, IMPORT[1] 3, RETAIL[1], SLAVE-TRADE, STOCK-IN-TRADE. **3.** Corps *m* de métier, commerçants *mpl.* **To be in the trade,** être du métier, *F:* du bâtiment. *The best buyers in the t.,* les meilleurs acheteurs de la partie. *F:* **The Trade,** (i) le commerce des boissons et spiritueux; (ii) *Navy:* *P:* le service sous-marin; les sous-marins *m.* **4.** *pl.* **Trades** = TRADE-WINDS. **5.** *Attrib.* De commerce; commercial, -aux; professionnel. **Trade bills,** effets *m* de commerce. **Trade bank,** banque *f* de commerce; banque commerciale. **Trade card,** carte *f* d'affaires. **Trade expenses,** frais *m* de bureau; dépenses *f* d'administration. **Trade kit,** trousseau professionnel. **Trade price,** prix marchand. **Trade name,** (*of article of commerce*) nom marchand, nom commercial; (*of firm*) raison *f* de commerce. *Cin:* **Trade show,** présentation commerciale (d'un film); présentation réservée aux loueurs. *See also* DISCOUNT[1] 1, SCHOOL[1] 3.

'trade allowance, *s.* Remise *f*, escompte *m.*

'trade disease, *s.* *Ind:* Maladie professionnelle.

'trade-mark, *s.* Marque *f* de fabrique, de fabrication, de commerce; estampille *f.* **Registered trade-mark,** marque déposée. **Maker's trade-mark,** cachet *m* du fabricant.

'trade-route, *s.* Route commerciale.

'trade-sign, *s.* *Com:* Enseigne *f.*

trade(s)-'union, *s.* Syndicat ouvrier, union ouvrière; fédération (syndicale) ouvrière; association ouvrière. **Trade-union movement,** mouvement syndical, *pl.* mouvements syndicaux.

trade(s)-'unionism, *s.* Syndicalisme (ouvrier); unionisme *m.*

trade(s)-'unionist, *s.* Membre *m* d'une association ouvrière; syndiqué, -ée; syndicaliste *mf.*

'trade-wind, *s.* Vent alizé; alizé *m*; vent réglé.

trade[2]. **1.** *v.i.* (*a*) Faire le commerce, le négoce, trafiquer (*in sth.,* de, en, qch.; *with s.o.,* avec qn); faire des affaires, entretenir des relations commerciales (*with s.o.,* avec qn). *Vessel trading between London and the Baltic ports,* vaisseau faisant le commerce entre Londres et les ports de la Baltique. (*b*) **To trade in one's political influence,** trafiquer de, faire le trafic de, son influence politique. **To trade on, upon, s.o.'s ignorance,** exploiter, tirer profit de, l'ignorance de qn. **2.** *v.tr.* (*a*) Faire le trafic de, trafiquer de (son honneur, etc.). (*b*) **To trade sth. for sth.,** échanger, troquer, qch. contre qch. *U.S:* **To trade 'in** *a used car,* (i) (*of dealer*) reprendre en compte une vieille auto; (ii) (*of owner*) donner sa vieille auto en reprise. **Traded-in cars,** reprises *f.*

trading, *s.* **1.** Commerce *m*, négoce *m*, trafic *m.* *Com:* *Book-k:* Exercice *m.* **This month's trading,** l'exercice, la campagne, de ce mois. **Trading town,** ville commerçante. **Trading concern,** entreprise commerciale. **Trading company,** société *f* de commerce. **Trading vessel,** navire marchand, de commerce. **Trading capital,** capital *m* de roulement. *Book-k:* **Trading year,** exercice. *U.S:* **Trading stamp,** coupon *m* à prime; bon-prime *m*, *pl.* bons-primes. **2.** *U.S:* **Trading in,** (i) reprise *f* en compte (d'une vieille auto, etc.); (ii) vente *f* (de qch.) en reprise.

trader ['treidər], *s.* **1.** Négociant, -ante; commerçant, -ante; marchand, -ande; trafiquant *m.* **White-slave trader,** traitant *m* des blanches. *See also* FREE-TRADER. **2.** *Nau:* Navire marchand, de commerce (d'une ligne régulière).

tradescantia [trades'kantiə], *s.* *Bot:* Tradescantie *f*; éphémère *f* de Virginie.

tradesfolk ['treidzfouk], *s.pl.* Commerçants *m*, marchands *m*, fournisseurs *m.*

tradesman, *pl.* **-men** ['treidzmən, -men], *s.m.* **1.** Marchand, boutiquier, fournisseur. **Tradesmen's entrance, 'tradesmen,'** entrée *f* des fournisseurs. *The tradesmen's stair,* l'escalier *m* de service. **2.** *Scot:* *Canada:* *etc:* Artisan *m.*

tradespeople ['treidzpiːpl], *s.pl.* = TRADESFOLK.

tradeswoman, *pl.* **-women** ['treidzwumən, -wimen], *s.f.* Marchande, boutiquière.

tradition [trə'diʃ(ə)n], *s.* **1.** Tradition *f.* *Story founded on t.,* histoire fondée sur la tradition; histoire traditionnelle. **2.** *Jur:* Tradition, transfert *m* (d'un bien).

traditional [trə'diʃən(ə)l], *a.* Traditionnel. *This stage business is t.,* ce jeu de scène est de tradition. **It is traditional to . . ., that . . .,** il est de tradition de . . ., que + *sub.* **-ally,** *adv.* Traditionnellement.

traditionalism [trə'diʃənəlizm], *s.* Traditionalisme *m.*

traditionalist [trə'diʃənəlist], *s.* Traditionaliste *mf.*

traditor, *pl.* **-ors, -ores** ['traditər, -ərz, tradi'tɔːriːz], *s.* *Rel.H:* Traditeur *m.*

traduce [trə'djuːs], *v.tr.* Calomnier, diffamer (qn); médire de (qn).

traducement [trə'djuːsmənt], *s.* Calomnie *f*, diffamation *f*; médisance *f.*

traducer [trə'djuːsər], *s.* Calomniateur, -trice; diffamateur, -trice.

traffic[1] ['trafik], *s.* **1.** Trafic *m*, négoce *m*, commerce *m* (*in,* de). (*a*) *Those parts of the world where the English have any t.,* les parties du monde où les Anglais font le commerce. (*b*) *Pej:* Trafic. *To engage, be engaged, in* **the drug traffic,** trafiquer en stupéfiants. **Traffic in arms,** trafic des armes. *T. in women and children,* traite *f* des femmes et des enfants. *See also* SLAVE-TRAFFIC. (*c*) *Nau:* **Near traffic, far traffic,** petit, grand, cabotage. **Ocean traffic,** navigation *f* au long cours. **2.** Mouvement *m*, circulation *f.* **Road traffic,** circulation routière; roulage *m.* *To block the t.,* arrêter la circulation. **Block in the traffic,** embouteillage *m.* *Congested t.,* circulation embarrassée. *Line of moving t.,* colonne *f* de véhicules en marche. *Road carrying a great deal of t.,* route d'un grand passage, à circulation intense. *T. on a road,* fréquentation *f* d'une route. *Street through which there is much t.,* rue très affairée, très passante.

On Sundays there is a great deal of t. on the roads, le dimanche les routes sont encombrées. **Traffic accident,** accident *m* de rue ou de route; accident de circulation. **'Beware of traffic!'** "attention aux voitures!" **Traffic regulations,** règlements *m* sur la circulation; police *f* de la voirie. *To open a road for t.,* livrer une route à la circulation. *To fit a road for t.,* mettre une route en état de viabilité. **Road fit for traffic,** route viable. **3. Railway traffic,** trafic de chemins de fer. **Passenger traffic,** trafic voyageurs. **Goods traffic,** trafic marchandises. **Heavy-traffic line,** ligne *f* à grand trafic. **The Traffic Department,** le Service de la traction; *F:* la Traction. *Tp:* **Trunk traffic,** trafic interurbain. *See also* LIGHT[1] 2, ONE-WAY 2, POLICEMAN, THROUGH III. 2.

'traffic-indicator, *s. Aut:* Signalisateur *m*; indicateur *m* de direction.

'traffic-'manager, -superintendent, *s. Rail:* Chef *m* du mouvement.

'traffic-signals, *s.pl.* = *traffic lights, q.v. under* LIGHT[1] 2.

traffic[2], *v.* (**trafficked** ['trafikt]; **trafficking**) **1.** *v.i.* Trafiquer, faire le commerce (*in*, de). *To t. with other countries,* trafiquer avec d'autres pays; faire du commerce, des affaires, avec d'autres pays. **2.** *v.tr. Usu. Pej:* Trafiquer de (qch.); faire le commerce de (qch.). **To traffic away** *one's honour,* vendre son honneur.

trafficator ['trafikeitər], *s. Aut:* Indicateur *m* de direction; signalisateur *m*.

trafficker ['trafikər], *s.* **1.** Trafiquant *m* (*in*, de, en). **2.** *Pej:* Trafiquant, trafiqueur, -euse (*in*, de, en). **Drug-trafficker,** trafiquant, trafiqueur, de, en, stupéfiants.

tragacanth ['tragakanθ], *s.* **1.** *Bot:* Tragacanthe *f.* **2.** = GUM TRAGACANTH.

tragedian [trə'dʒiːdjən], *s.* **1.** Poète *m*, auteur *m*, tragique; tragique *m*. **2.** *Th:* Tragédien, -ienne.

tragedienne [traʒe'djen], *s.f. Th:* Tragédienne.

tragedy ['tradʒədi], *s.* (*a*) Tragédie *f*. (*Of actor*) **To take to tragedy,** *Lit:* chausser le cothurne. (*b*) *To make a t. of a commonplace occurrence,* prendre qch. au tragique. *The final t. of his death,* le drame final de sa mort. **What a tragedy!** quel malheur! quelle tragédie!

tragelaph ['tragelaf], **tragelaphus** [trə'geləfəs], *s. Z: Myth:* Tragélaphe *m*.

tragic(al) ['tradʒik(əl)], *a.* Tragique. (*a*) *Tragic actor,* acteur *m* tragique. **The tragic Muse,** la Muse tragique; la Muse de la tragédie. (*b*) *Tragical event,* événement *m* tragique. **-ally,** *adv.* Tragiquement. **To take things tragically,** prendre les choses au tragique.

tragi-comedy [tradʒi'kɔmedi], *s.* Tragi-comédie *f*.

tragi-comic(al) [tradʒi'kɔmik(əl)], *a.* Tragi-comique.

tragopan ['tragopan], *s. Orn:* Tragopan *m*.

tragus, *pl.* **-gi** ['treigəs, 'treidʒai], *s.* (*a*) *Anat:* Tragus *m* (de l'oreille). (*b*) *Z:* Oreillon *m* (d'une chauve-souris).

trail[1] [treil], *s.* **1.** (*a*) Traînée *f* (de sang, de fumée, etc.). *Steamer's t. of smoke,* panache *m* de fumée d'un vapeur. *T. of light,* traînée lumineuse; sillon *m*, trace *f*, de lumière. *T. of fire* (*of rocket, etc.*), sillon de feu. *T. of a meteor,* queue *f* d'un météore. *F: A long t. of tourists,* une longue procession de touristes. (*b*) *Av: Ball:* Traînée réelle (d'une bombe). (*c*) *Arch:* Rinceau *m* (de feuillage, etc.). (*d*) *Artil:* Flèche *f*, crosse *f* (d'affût). **Trail box,** coffre *m* d'affût. **Trail eye,** lunette *f* de crosse (pour raccord avec l'avant-train). **Set of the trail,** angle *m* de recul. *See also* SPADE[1] 2. **2.** (*a*) Piste *f*, trace (d'une bête, de qn); trace (d'un colimaçon); sillon (d'une roue). *Ven:* Voie *f* (d'une bête). *Ven:* (*Of hounds*) **To lose the trail,** perdre la trace, la piste, la voie. **To pick up the trail,** retrouver la trace. **False trail,** fausse piste. *F:* **To be on the trail of . . .,** être sur la piste de. . . . *See also* HOT[1] 2. *Lit:* **To leave ruin in one's trail,** laisser la ruine sur son passage. (*b*) Sentier (battu); piste (dans une forêt, etc.). *U.S: P:* **To take the back trail,** s'en retourner; rebrousser chemin. *See also* BLAZE[4]. **3.** *Mil:* **To carry one's arm at the trail** = *to trail arms, q.v. under* TRAIL[2] I. 1.

'trail-board, *s. N.Arch:* Frise *f* d'éperon.

'trail-bridge, *s.* (Bac *m* à) traille *f*; va-et-vient *m inv.*

'trail-net, *s. Fish:* (*a*) Traîneau *m*, traîne *f*. (*b*) Chalut *m*.

'trail-plate, *s. Artil:* Plaque *f* de crosse; bout *m* d'affût; talon *m* de flasque.

'trail-rope, *s.* **1.** *Artil:* Prolonge *f*. **2.** *Aer:* Guide-rope *m*, *pl.* guide-ropes.

trail[2]. I. *v.tr.* **1.** (*a*) **To trail sth. (along),** traîner qch. après soi, à sa suite; (*of car, etc.*) remorquer (une voiturette, etc.). *She was trailing five children after her,* elle traînait cinq enfants après elle. *To t. one's dress in the dust,* traîner sa robe dans la poussière. **To trail one's coat,** (i) traîner son habit derrière soi en manière de défi; (ii) *F:* inviter les attaques; chercher noise à tout le monde; traîner son sabre. **To trail one's limbs after one,** traîner les jambes. (*b*) *Mil:* **To trail arms,** porter l'arme à bout de bras avec le canon parallèle au sol. **2.** Traquer, suivre à la piste (une bête, un criminel); (*of crook*) suivre, filer (une victime).

II. **trail,** *v.i.* **1.** (*a*) Traîner. *Your skirt is trailing (on the ground),* votre jupe traîne (par terre). (*b*) *With a boat trailing behind,* avec un bateau à la traîne, à la remorque. **2.** (*Of pers.*) **To trail along,** se traîner; avancer péniblement. *To t. behind,* traîner derrière (les autres). *Wounded soldiers trailing past,* soldats blessés qui défilent péniblement, qui passent à la défilade. **To trail away, off,** s'en aller en traînant le pas. *Her voice trailed away, off, in the distance,* sa voix se perdit dans le lointain. **3.** (*Of plant*) Grimper ou ramper.

trailing[1], *a.* **1.** (*Of skirt, etc.*) Traînant. *See also* AERIAL 2. **2.** (*Of plant*) Grimpant ou rampant. **Trailing vine,** vigne *f* en espalier; treille *f*. **3.** *Rail:* **Trailing axle,** essieu *m* arrière, axe *m* arrière (de locomotive) **Trailing wheel,** roue porteuse arrière (de locomotive). **Trailing points,** changement *m* de voie en talon. *Av:* **Trailing edge,** bord (d'aile) postérieur; bord de sortie, de fuite; arêtier *m* arrière. *See also* TRUCK[3] 3.

trailing[2], *s.* **1.** Traîne *f*, traînement *m*. **2.** Poursuite *f* (de qn) à la piste.

trailer ['treilər], *s.* **1.** (*Pers.*) (*a*) Traqueur *m*. (*b*) Traînard *m*, retardataire *m*. **2.** Plante grimpante, rampante. **3.** *Veh:* (*a*) Remorque *f*; baladeuse *f* (de tramway, d'auto). **Trailer car,** voiturette *f* remorque. (*b*) *Aut: U.S:* Roulotte *f* (de tourisme). **4.** *Cin:* Extrait de film présenté pour faire de la publicité.

train[1] [trein], *s.* **1.** Traîne *f*, queue *f* (d'une robe); queue (d'un paon, d'une comète); *Ven:* queue (d'un faucon). *Two little pages carried the t. of her dress,* deux petits pages portaient sa traîne. **2.** (*a*) Suite *f*, cortège *m*, équipage *m* (d'un prince, etc.). **To be in s.o.'s train,** être à la suite de qn. (*b*) *Mil:* Équipage, train *m*. **Baggage train,** train des équipages. **Emergency supply-train,** en-cas *m* mobile. **Pontoon train,** équipage de pont. *A: T. of artillery,* train d'artillerie. *See also* BRIDGE-TRAIN, SIEGE-TRAIN. (*c*) **The evils that follow in the train of war,** les maux que la guerre traîne à sa suite. *War brings famine in its t.,* la guerre amène la disette. *I do not know what this event will bring in its t.,* je ne sais (pas) quelles seront les conséquences, les suites, de cet événement. *The ruins that they left in their t.,* les ruines qu'ils ont semées sur leur passage. **3.** (*a*) Train, convoi *m*, file *f* (de bêtes de somme, de wagons, de bateaux); succession *f*, série *f*, enchaînement *m* (d'événements, de circonstances, de réflexions). *A long t. of sightseers,* une longue file, une longue procession, de touristes; *Lit:* une longue théorie de touristes. **Train of thought,** chaîne *f* d'idées. **To follow the train of one's thoughts,** poursuivre le cours de ses idées. *Min:* **Train of tubs,** rame *f* de bennes. *W.Tel:* **Train of waves,** train d'ondes; série d'ondes. (*b*) *Min:* Traînée *f* (de poudre). **To fire a train,** allumer une traînée de poudre. *See also* MATCH[2] 2. (*c*) *F:* **To be in (good) train,** être (bien) en train. **To set sth. in train,** mettre qch. en train. *Matters are now in t.,* les choses sont maintenant bien en train. **4.** *Tchn:* Système *m* d'engrenages; cadrature *f*, rouage(s) *m(pl)* (d'une montre, d'une horloge). **Wheel train,** train de roues. *Metall:* **Train of rolls,** train, jeu *m*, batterie *f*, de cylindres. **Live roller train,** transporteur *m* à rouleaux (de laminoir). *Civ.E:* **Roller train** (*of steel bridge*), équipage de galets. *See also* GEAR-TRAIN, PUDDLE-TRAIN. **5.** *Rail:* (*a*) Train. **Slow train, stopping train,** train omnibus. **Through train, non-stop train,** train direct. **Main-line train,** train de grande ligne. **Local train,** train de petite ligne, d'intérêt local. *See also* DOWN[3] III, UP[1] III. *Workmen's t.,* train ouvrier. *Cattle t.,* convoi *m* de bestiaux. *Emergency t.,* en-cas *m inv.* **To go by train,** aller par le train, par le chemin de fer, *F:* en chemin de fer. **Train journey,** voyage *m* en, par, chemin de fer. *In the t.,* en wagon. *To get into the t.,* monter en wagon. *We had dinner on the t.,* nous avons dîné dans le train. *The t. is in, is waiting,* le train est en gare, à quai. *The t. pulls in at* 11.50, le train entre en gare à 11 h. 50. *See also* BOAT-TRAIN, EXCURSION 1, EXPRESS[1] 1, FAST[2] I. 2, FERRY[1] 2, GOOD II. 2, PASSENGER TRAIN, TROOP-TRAIN. (*b*) Rame *f* (du Métro). *Collision between two Underground trains,* collision *f* entre deux rames du Métro. (*c*) (*In Canada*) Traîneau *m*. **6.** *Artil: A:* Flèche *f*, crosse *f* (d'affût).

'train-bearer, *s.* (*Pers.*) Porte-queue *m inv.* *Ecc:* Caudataire *m* (d'un cardinal, etc.).

'train-diagram, *s. Rail:* Graphique *m* des trains.

'train-dress, *s. Cost:* Robe *f* à queue, à traîne.

'train-guard, *s. Rail: U.S:* Conducteur *m* de train; chef *m* de train.

'train-jumper, *s. Rail: U.S: F:* Voyageur clandestin.

'train-sickness, *s.* Malaise *m*, nausées *fpl* (des voyageurs qui supportent mal les voyages par chemin de fer).

'train-skirt, *s. Cost:* Jupe *f* à traîne.

'train-staff, *s. Rail:* Bâton *m* pilote.

'train-work, *s. Mec:* (Système *m* d')engrenage(s) *m*; mouvement *m* d'horlogerie.

train[2]. I. *v.tr.* **1.** (*a*) Former, instruire (qn); faire l'éducation de (qn); former, styler (un domestique); former, exercer, faire faire l'exercice à, aguerrir (des conscrits); dresser (un animal); former (le caractère, l'esprit); exercer (l'oreille). **To train (up) a child,** élever un enfant. *This school trained many good officers,* cette école fut un séminaire de bons officiers. *He was trained at . . .,* il sort de (telle ou telle école). *Engineers who have been trained at . . .,* les ingénieurs sortis de. . . . **To train s.o. for sth., to do sth.,** exercer qn à qch., à faire qch. *Trained for public office,* préparé aux fonctions publiques. *To t. a youth for the navy,* préparer un jeune homme pour la marine. *To t. a dog to retrieve,* dresser un chien à rapporter. *To t. one's ear to distinguish various sounds,* exercer son oreille à distinguer des sons divers. **To train s.o. in the use of a weapon,** instruire qn à se servir d'une arme. *He was trained in music,* il avait appris la musique. **To train s.o. to business,** rompre qn aux affaires. (*b*) *Sp:* Entraîner (un coureur, un lutteur, un cheval de course). *Box: etc: He is being trained by so-and-so,* c'est le poulain d'un tel. (*c*) *Hort:* Diriger, conduire (une plante); faire grimper (une plante grimpante); palisser, mettre en espalier (un arbre fruitier, une vigne). **2.** Pointer (un canon), braquer, diriger (une lunette, un projecteur, etc.) (*on*, sur). *Navy:* Orienter (un canon). *Abs. Navy:* **To train on the beam,** pointer par le travers.

II. **train,** *v.i.* **1.** (*a*) S'exercer. *Mil:* Faire l'exercice. (*b*) *Sp:* S'entraîner. (*Of athlete, jockey*) **To train down,** réduire son poids; *F:* se faire fondre. **2.** *F:* Voyager par, en, chemin de fer; prendre le train. **I trained (it) from . . . to . . .,** j'ai pris le train, je suis venu en chemin de fer, de . . . à. . . .

trained, *a.* **1.** (*a*) (Soldat, etc.) instruit; (chien, etc.) dressé; (domestique) stylé; (œil) exercé. **Well-trained child,** enfant bien élevé, bien appris. *To have one's people well t.,* mener ses gens au doigt et à l'œil. *Badly t. servants,* domestiques mal stylés. **Trained nurse,** infirmière diplômée. *T. army,* armée dressée, aguerrie. *Hist:* **Trained band** = TRAINBAND. **Trained horse,** cheval d'école;

cheval fait. *Well-t. horse*, cheval bien dressé, qui a de l'école. **Trained parrot**, perroquet savant. (*b*) *Sp:* Entraîné. *T. in every kind of game*, entraîné à tous les sports. **2.** *Hort:* (Rosier, pêcher) palissé, mis en espalier.

training, *s.* **1.** (*a*) Éducation *f*, instruction *f*. **Character training**, formation *f* du caractère; éducation morale. **Stories for character training**, morale *f* pratique; morale en action. **Physical training**, éducation physique. **Vocational training**, éducation professionnelle. **Ear-training**, éducation de l'oreille. **To have had a business training**, être formé, rompu, aux affaires. *He had received a good political t.*, il avait fait un bon apprentissage de la politique. **To be in training**, (*of nurse, teacher, etc.*) faire son stage; (*of workman*) faire son apprentissage. (*b*) *Mil:* **Military training**, dressage *m* militaire. *Preparatory t.*, instruction prémilitaire. *T. of troops*, aguerrissement *m* des troupes. **To keep troops in training**, tenir des troupes en haleine. **Battalion training**, école *f* de bataillon. *Navy:* **Training squadron**, escadre *f* d'instruction; division *f* des écoles. (*c*) *Sp:* Entraînement *m* (d'un boxeur, d'un cheval de course, etc.). **To go into training**, s'entraîner. **To be in training**, (i) être à l'entraînement; (ii) être bien entraîné; être en forme. **To be out of training**, ne plus être en forme. *Team in good t.*, équipe entraînée à fond, en bon souffle. (*d*) Dressage (d'un animal). *T. of horses*, manège *m*. **Horse in training**, cheval au dressage. **2.** *Hort:* Dressage, palissage *m* (d'une plante, d'un arbre fruitier). **3.** *Artil:* Pointage *m* en direction, braquage *m*, orientation *f* (d'une pièce). **Arc of training**, champ *m* de tir. *See also* WHEEL[1] 1.

'training-bit, *s.* *Equit:* Mors *m* d'Allemagne.

'training-college, *s.* École professionnelle; *esp.* (*for teachers*) école normale; institut *m* pédagogique.

'training-machine, *s.* *Av:* Appareil *m* d'école; avion-école *m*, *pl.* avions-écoles.

'training-school, *s.* = TRAINING-COLLEGE.

'training-ship, -vessel, *s.* Navire *m* école, navire d'application; vaisseau-école *m*, frégate-école *f*, *pl.* vaisseaux-, frégates-écoles.

trainable ['treinəbl], *a.* (Animal) éducable, qui peut être dressé; (enfant, etc.) disciplinable.

trainband ['treinband], *s.* *Hist:* Compagnie *f* de la milice bourgeoise (de Londres et autres villes).

trainee [trei'niː], *s.* *Box: etc:* Poulain *m*.

trainer ['treinər], *s.* **1.** Dresseur *m* (d'animaux). **2.** *Sp:* Entraîneur *m* (d'athlètes, de chevaux de course). **3.** *Artil:* *U.S:* Pointeur *m*.

trainful ['treinful], *s.* Plein train (de marchandises, de troupes, etc.).

trainless ['treinləs], *a.* **1.** (Robe) sans queue. **2.** (Région, etc.) sans trains, sans voies ferrées.

trainman, *pl.* **-men** ['treinman, -men], *s.m.* *U.S:* **1.** Cheminot. **2.** = BRAKEMAN 1.

train-oil ['treinɔil], *s.* (*a*) Huile *f* de baleine; thran *m*. (*b*) *A:* Huile de poisson.

traipse [treips], *v.i.* & *tr.* = TRAPES[2].

trait [trei], *s.* (*a*) Trait *m* (de caractère, etc.). (*b*) *A:* Trait (du visage).

traitor ['treitər], *s.* Traître *m*. *A t. to his country*, un traître à sa patrie. **To turn traitor**, passer à l'ennemi; se vendre. *To be a t. to oneself*, se manquer à soi-même.

traitorous ['treitərəs], *a.* Traître, *f.* traîtresse; perfide. **-ly**, *adv.* En traître; traîtreusement, perfidement.

traitorousness ['treitərəsnəs], *s.* Traîtrise *f*, perfidie *f*.

traitress ['treitres], *s.f.* Traîtresse.

Trajan ['treidʒən]. *Pr.n.m.* *Rom.Hist:* Trajan. **Trajan's Column**, la colonne Trajane.

traject ['tradʒekt], *s.* Trajet *m*.

trajectory [tra'dʒektəri], *s.* Trajectoire *f* (d'un projectile, d'une comète). *Geom:* Ligne *f* trajectoire.

tram[1] [tram], *s.* *Tex:* Tram (silk), trame *f*.

tram[2], *s.* **1.** = TRAM-CAR. **Tram driver**, conducteur *m* de tramway; wattman *m*. **Tram conductor**, receveur *m*. **2.** Tram(-rail), rail *m* à ornière, à gorge; rail plat. **3.** = TRAMWAY 1. **4.** *Min:* Benne *f*, berline *f*, herche *f*.

'tram-car, *s.* (Voiture *f* de) tramway *m*. *I took the t.-c., I came by t.-c.*, j'ai pris le tramway; je suis venu par le tramway.

'tram-line, *s.* **1.** Ligne *f*, itinéraire *m*, de tramways. **2.** *pl.* (*a*) *The bicycle skidded on the tram-lines*, la bicyclette a dérapé sur les rails du tramway. (*b*) *Ten:* *F:* **The tram-lines**, le couloir.

'tram-road, *s.* (*a*) *A:* Chemin *m* à ornières (pour halage). (*b*) *Min:* Tramway *m* de mine.

'tram-track, *s.* Voie *f* de tramway.

tram[3], *v.* (**trammed**; **tramming**) **1.** *v.i.* *F:* **To tram (it)**, voyager en tramway; prendre le tramway. *On Sundays we t. (it) to Kew*, le dimanche on prend le tramway jusqu'à Kew. *I trammed it*, je suis venu par le tramway. **2.** *v.tr.* *Min:* Rouler, pousser, hercher (le minerai).

tramming, *s.* *Min:* Roulage *m*, herchage *m* (du charbon, etc.).

trammel[1] ['tram(ə)l], *s.* **1.** *Fish:* **Trammel(-net)**, tramail *m*, trémail *m*, *pl.* -ails. **2.** (*a*) *A:* Entrave *f* (de cheval en dressage). (*b*) *pl.* *F:* **The trammels of etiquette, of routine**, les entraves de l'étiquette, de la routine. *The trammels of superstition*, les langes *m* de la superstition. *The trammels of rhyme*, la contrainte de la rime. **3.** *Draw:* (*a*) Compas *m* d'ellipse; compas elliptique; ellipsographe *m*. (*b*) = BEAM-COMPASS. **4.** *Dial:* Crémaillère *f*.

trammel[2], *v.tr.* (**trammelled**; **trammelling**) Entraver, embarrasser, empêtrer (*with*, de).

trammer ['tramər], *s.* *Min:* (*Pers.*) Rouleur *m*, hercheur *m*, moulineur *m*.

tramontana [tramɔn'tɑːna], *s.* *Meteor:* La tramontane.

tramontane [tra'mɔntein]. **1.** *a.* (Pays, vent) ultramontain, d'outre-monts. **2.** *s.* *A:* = TRAMONTANA.

tramp[1] [tramp], *s.* **1.** Bruit *m* de pas marqués. *I heard the (heavy) t. of the guard*, j'entendis le pas lourd de la garde. *To listen to the t. of the horses*, écouter le pas, le piétinement, des chevaux. **2.** (*a*) Marche *f*; promenade *f* à pied. *To go for a long t. in the country*, faire (à pied) une grande excursion en campagne. (*b*) **To be on the tramp**, (i) courir le pays; (ii) *P:* être sur le trimard; battre le trimard; battre l'antif. **3.** (*Pers.*) Chemineau *m*, vagabond *m*; *F:* clochard *m*; *P:* trimardeur *m*; batteur *m* d'antif. **4.** *Nau:* **(Ocean) tramp, tramp steamer**, navire *m*, cargo *m*, sans ligne régulière; vapeur *m* en cueillette; *F:* chemineau. **5.** (*Of boot*) Semelle *f* de fer (pour appuyer sur la bêche, etc.).

tramp[2], *v.i.* **1.** Marcher à pas marqués; marcher lourdement. *He tramped up and down the platform*, il arpentait le quai (à pas pesants). **2.** = TRAMPLE[2] 1. **3.** (*a*) Marcher; se promener, voyager, à pied. *v.tr.* **To tramp the country**, parcourir le pays à pied. **To tramp on** *in the rain*, cheminer sous la pluie. **To tramp wearily along**, suivre péniblement son chemin; *P:* se coltiner. **They had to tramp it**, ils furent obligés de faire le trajet à pied. *I tramped five miles*, j'ai fait deux lieues à pied. (*b*) Vagabonder; courir le pays; *P:* trimarder; faire le trimard. *v.tr.* **To tramp the streets** (*in search of work*), battre le pavé. **4.** *Nau:* (*Of cargo-boat*) Faire la cueillette; naviguer à l'aventure.

tramping, *s.* **1.** = TRAMP[1] 1. **2.** Vagabondage *m*. **3.** *Nau:* Navigation *f* à la cueillette.

tramper ['trampər], *s.* **1.** = TRAMP[1] 3. **2.** *pl.* *Scot:* **Trampers**, grosses bottines; brodequins *m*.

trample[1] [trampl], *s.* Piétinement *m*; bruit *m* de pas.

trample[2]. **1.** *v.i.* **To trample on sth., s.o.**, piétiner, écraser, qch., qn. *F:* **To trample on s.o.'s feelings**, fouler aux pieds les susceptibilités de qn. **To trample on s.o.'s toes**, (i) marcher sur les pieds à qn; (ii) *F:* empiéter sur les droits de qn. **2.** *v.tr.* (*a*) **To trample s.o., sth., down, under foot**, fouler qn, qch., aux pieds. *To t. down the grass*, fouler l'herbe. **Child trampled to death**, enfant écrasé (sous les pieds des chevaux, de la foule). *F:* **To trample s.o.'s reputation under foot**, fouler aux pieds, faire litière de, la réputation de qn. (*b*) Piétiner (le sol); fouler (l'herbe, etc.).

trampling, *s.* Piétinement *m*; bruit *m* de pas.

tramway ['tramwei], *s.* **1.** (Voie *f* de) tramway *m*. **Cable tramway**, tramway à câbles. **Overhead tramway, tramway aérien**. **2.** *Nau:* Chemin *m* de fer (de gui).

'tramway-car, *s.* = TRAM-CAR.

trance [trɑːns], *s.* (*a*) *Med:* (i) Extase *f*; état *m* extatique; (ii) catalepsie *f*. **To fall into a trance**, tomber en extase; *F:* piquer une attaque d'hystérie. *See also* DEATH-TRANCE. (*b*) **(Hypnotic) trance**, transe *f*, hypnose *f*. **To send s.o. into a trance**, entrancer qn. **To fall, go, into a trance**, s'entrancer. (*c*) Extase (religieuse).

tranquil ['traŋkwil], *a.* *Lit:* Tranquille (et serein); calme, paisible. **-illy**, *adv.* Tranquillement, paisiblement; avec calme; avec sérénité.

tranquillity [traŋ'kwiliti], *s.* *Lit:* Tranquillité *f*, calme *m*, sérénité *f*.

tranquillize ['traŋkwilaiːz], *v.tr.* *Lit:* Tranquilliser, calmer, apaiser, rendre tranquille (qn, l'esprit, etc.).

tranquillizing[1], *a.* Tranquillisant, calmant.

tranquillizing[2], *s.* Apaisement *m*.

tranquillizer ['traŋkwilaizər], *s.* *Med: etc:* Calmant *m*.

trans- [trɑːns, trɑːnz, trans, tranz], *pref.* Trans-. **1.** *Transaction*, transaction. *Transcendental*, transcendantal. *Transform*, transformer. *Transmit*, transmettre. **2.** *Trans-Andean*, transandin. *Trans-Caucasian*, transcaucasien. *Trans-equatorial*, transéquatorial.

transact [trɑːn'zakt]. **1.** *v.tr.* **To transact business with s.o.**, faire des affaires avec qn; traiter une affaire, une opération, avec qn. **2.** *v.i.* *Pej:* Transiger (*with*, avec).

transacting, *s.* = TRANSACTION 1.

transaction [trɑːn'zakʃ(ə)n], *s.* **1.** (*a*) Conduite *f* (d'une affaire). (*b*) **The transaction of business**, le commerce, les affaires *f*. **2.** (*a*) Opération (commerciale); affaire (faite). *Stock Exchange transactions*, opérations de Bourse. **Cash transaction**, opération, marché *m*, au comptant. *Fin:* *All cash transactions . . .*, tous les mouvements *m* d'espèces. . . . *The bank's transactions in securities*, les mouvements des valeurs de la banque. (*b*) *Pej:* *Shameful transactions*, commerce honteux, transactions honteuses. **3.** *pl.* (*a*) **Transactions of a society**, travaux *m*, transactions, d'une société. (*b*) **Transactions**, mémoires *m*, actes *m*, procès-verbaux *m*, comptes rendus des séances (d'une société savante, etc.).

transactional [trɑːn'zakʃən(ə)l], *a.* Transactionnel.

transactor [trɑːn'zaktər], *s.* Celui qui traite ou qui a traité une affaire; négociateur, -trice (d'une affaire).

trans-African [trɑːns'afrikən], *a.* *Geog:* Transafricain.

transalpine [trɑːns'alpain], *a.* Transalpin.

trans-American [trɑːnsa'merikən], *a.* Transaméricain.

transatlantic [trɑːnsat'lantik], *a.* Transatlantique. *See also* LINER[2] 2.

Transbaikalia [trɑːnsbai'kɑːlja]. *Pr.n.* *Geog:* La Transbaïkalie.

trans-Caspian [trɑːns'kaspiən], *a.* Transcaspien.

Transcaucasia [trɑːnskɔː'keizia]. *Pr.n.* *Geog:* La Transcaucasie.

transcend [trɑːn'send], *v.tr.* **1.** Outrepasser, dépasser, les bornes de (la raison, etc.); aller au delà de (ce que l'on peut concevoir). **2.** Surpasser (qn); l'emporter sur (qn). *To t. s.o. in talent*, surpasser qn en talent. *He transcends them all in merit*, il les dépasse tous en mérite.

transcendence [trɑːn'sendəns], **transcendency** [tran'sendənsi], *s.* *Phil:* *Theol:* Transcendance *f*.

transcendent [trɑːn'sendənt], *a.* (*a*) (Mérite, génie, etc.) transcendant. (*b*) *Phil:* **Transcendent ideas**, idées transcendantes.

transcendental [trɑːnsen'dent(ə)l], *a.* **1.** *Phil:* (*a*) Transcendantal, -aux. (*b*) Qui se conçoit à priori. **2.** *Mth:* (*Of quantity,* *number, etc.*) Transcendant. **Transcendental function, geometry,** fonction, géométrie, transcendante.

transcendentalism [trɑːnsen′dentəlizm], *s. Phil:* Transcendantalisme *m.*

transcendentalist [trɑːnsen′dentəlist], *s. Phil:* Transcendantaliste *m.*

transcontinental [trɑːnskɔnti′nent(ə)l], *a.* Transcontinental, -aux.

transcribe [trɑːn′skraib], *v.tr.* **1.** Copier, transcrire (un manuscrit); traduire (des notes sténographiques). **2.** *Mus:* Transcrire (un morceau pour un autre instrument).

transcribing, *s.* = TRANSCRIPTION 1.

transcriber [trɑːn′skraibər], *s.* Transcripteur *m*; copiste *mf.*

transcript [′trɑːnskript], *s.* (*a*) Transcription *f*, copie *f*. (*b*) Traduction *f* (de notes sténographiques). *Typewritten t. of a speech,* copie dactylographiée d'un discours.

transcription [trɑːn′skripʃ(ə)n], *s.* **1.** Transcription *f* (d'un manuscrit, etc.). **2.** (*a*) = TRANSCRIPT. (*b*) *Mus:* Transcription. *To make a t. of a piece for the piano,* transcrire un morceau pour le piano.

transect [trɑːn′sekt], *v.tr.* Couper, diviser, (qch.) transversalement. *Anat:* Disséquer (qch.) transversalement.

transection [trɑːn′sekʃ(ə)n], *s.* Coupe, division, transversale. *Anat:* Dissection transversale.

transept [′trɑːnsept], *s. Ecc.Arch:* Transept *m*. *North t., south t.,* transept septentrional, méridional.

transfer¹ [′trɑːnsfəːr], *s.* **1.** (*a*) Translation *f*, transport *m* (de qch. à un autre endroit); déplacement *m* (d'un fonctionnaire). *Rail: T. of passengers from Euston to Victoria,* transport de voyageurs de Euston à Victoria. *T. of passengers from one class to another,* déclassement *m* de voyageurs. **Transfer ticket,** *F:* **transfer,** billet *m* de correspondance. **Transfer table,** transporteur *m* de wagons (à plate-forme roulante). *Jur:* **Transfer of a case to another court,** renvoi *m* d'une cause à un autre tribunal, devant une autre cour. *Mil:* **Transfer of personnel,** mutation *f* de personnel; (*for physical unfitness*) désaffectation *f* de personnel. *Fb:* **Transfer fee,** somme payée pour le transfert d'un joueur. (*b*) *Jur:* Transfert, transmission *f* (d'un droit, etc.); transmission, transport(-cession) *m* (de propriétés, de droits); translation, mutation (de biens). **Transfer by death,** mutation par décès. *Transfer duty,* droit de mutation (entre vifs). **Transfer of a debt,** cession *f*, revirement *m*, d'une créance. *St.Exch:* **Transfer of shares,** transfert, assignation *f*, d'actions. **Transfer form,** formule *f* de transfert. (*c*) *Book-k:* Contre-passement *m*, contre-passation *f* (d'une écriture); transport, ristourne *f* (d'une somme d'un compte à un autre). **Transfer entry,** article *m* de contre-passement. *Bank:* **Transfer of funds,** virement *m* de fonds. **2.** (*a*) *Jur:* (**Deed of) transfer,** acte *m* de cession, de transmission; acte translatif (de propriété). (*b*) *St.Exch:* (Feuille *f* de) transfert. **3.** (*a*) *Lith:* Report *m*; transport (sur la pierre). *Phot:* (*In carbon process, etc.*) **Temporary transfer,** transfert provisoire. (*b*) *Cer: Needlew: etc:* Décalque *m*. *Needlew:* Modèle *m* à décalquer. (*c*) **Transfer(-picture),** décalcomanie *f.*

′transfer-book, *s. Com:* Journal *m*, livre *m*, registre *m*, des transferts.

′transfer-ink, *s. Lith:* Encre *f* autographique, encre lithographique.

′transfer-paper, *s.* **1.** Papier *m* à décalquer. **2.** *Lith: Phot:* Papier à report, à transport; papier de transfert.

′transfer-register, *s.* = TRANSFER-BOOK.

transfer² [trɑːns′fəːr], *v.tr.* (**transferred; transferring**) **1.** Transférer. (*a*) *To t. s.o., sth., from one place to another,* transférer, transporter, qn, qch., d'un endroit à un autre. *To t. a civil servant,* déplacer un fonctionnaire. *To t. a soldier,* muter un soldat; (*on account of physical unfitness*) désaffecter un soldat. *To t. men to a regiment, to an arm,* verser des hommes à un régiment, dans une arme. *Rail: etc: To t. passengers from one class to another,* déclasser des voyageurs. (*With pass. force*) **The business has transferred to new premises,** la maison s'est établie dans un nouveau local, dans de nouveaux bureaux. (*b*) *Jur:* Transmettre, transporter, céder (une propriété, des droits, etc.); faire cession de, céder (un privilège, etc.). *To t. a right to s.o.,* passer un droit à qn. (*c*) *Book-k:* Contre-passer, ristourner (une écriture). *Bank: etc:* Virer (une somme). **2.** (*a*) *Lith: Phot:* Reporter (un plan, etc.). (*b*) *Needlew: etc:* Calquer, décalquer (un dessin, une image).

transferring, *s.* = TRANSFER¹ 1.

transferability [trɑːnsfərə′biliti], *s.* Transmissibilité *f.*

transferable [′trɑːnsfərəbl], *a.* Transmissible. *Jur:* (Droit *m*, bien *m*) cessible; (droit) communicable, transférable. *Fin: T. securities,* valeurs négociables, cessibles, mobilières. *See also* SHARE² 3. **'Not transferable,'** (*on railway ticket, etc.*) strictement personnel; (*on pass, etc.*) invitation personnelle.

transferee [trɑːnsfə′riː], *s. Jur: Fin:* Cessionnaire *mf* (d'un bien, d'un effet de commerce, etc.).

transference [′trɑːnsfərəns], *s.* **1.** Transfèrement *m* (d'une créance, etc.). **2.** *Psycho-analysis:* Transfert affectif. *See also* THOUGHT-TRANSFERENCE.

transferor [′trɑːnsfərər, -rɔːr], *s. Jur:* Cédant, -ante; endosseur *m* (d'un effet de commerce); endosseur cédant.

transferrer [trɑːns′fəːrər], *s.* **1.** *Lith:* (*Pers.*) Reporteur *m*, transporteur *m*. **2.** = TRANSFEROR.

transfiguration [trɑːnsfigju′reiʃ(ə)n], *s.* Transfiguration *f*. **The Transfiguration of Christ on the Mount,** la Transfiguration de Notre-Seigneur.

transfigure [trɑːns′figər], *v.tr.* Transfigurer. *To become transfigured,* se transfigurer.

transfix [trɑːns′fiks], *v.tr.* **1.** Transpercer (qn avec une lance, etc., un insecte avec une épingle). **2.** *F:* Rendre immobile; pétrifier. **He stood transfixed (with fear, horror),** il resta pétrifié, cloué au sol (par la peur, par l'horreur).

transfixion [trɑːns′fikʃ(ə)n], *s.* **1.** Transpercement *m*. **2.** *Surg:* Transfixion *f* (dans certaines amputations).

transform [trɑːns′fɔːrm], *v.tr.* **1.** (*a*) Transformer, *F:* métamorphoser. *To t. the country,* renouveler, changer, la face du pays. (*b*) *Mth:* Transformer (une équation). **2.** (*a*) *Ch: Mec: etc:* Transformer, changer, convertir (*into*, en). *To t. fibre into paper,* convertir les fibres en papier. *To t. heat into energy,* convertir la chaleur en énergie. (*b*) *El.E:* Transformer (le courant).

transforming¹, *a. El.E:* Transformateur, -trice. **Transforming station,** station transformatrice.

transforming², *s.* Transformation *f*, conversion *f* (*into*, en).

transformable [trɑːns′fɔːrməbl], *a.* **1.** Transformable. **2.** Convertissable (*into*, en).

transformation [trɑːnsfɔr′meiʃ(ə)n], *s.* **1.** (*a*) Transformation *f*; *F:* métamorphose *f*. *Mth:* Transformation (d'une équation). *Th:* **Transformation scene,** (i) changement *m* à vue; (ii) apothéose *f* (d'une féerie, etc.). (*b*) *Ch: Mec: etc:* Conversion *f* (*into*, en). *T. of heat into energy,* conversion de la chaleur en énergie. (*c*) *El.E:* Transformation (du courant). **2.** *Hairdr:* Faux toupet; transformation.

transformer [trɑːns′fɔːrmər], *s.* **1.** Celui qui transforme (*into*, en); transformateur *m*. **2.** *El.E:* Transformateur (de tension); *F:* transfo *m*. **Static transformer,** transformateur statique. **Rotary transformer,** transformateur rotatif, convertisseur rotatif; commutatrice *f*. **Rotary-field transformer,** transformateur à champ tournant. **Balancing transformer,** transformateur compensateur. **Core transformer,** transformateur à noyau. **Air-gap transformer,** transformateur à air. **Oil transformer,** transformateur à huile. *See also* PHASE¹ 2, SHELL-TRANSFORMER, STEP-DOWN, STEP-UP. **Transformer station,** station *f* de transformation; poste *m* de transformateurs; poste abaisseur de tension. **Transformer-box, -tower,** kiosque *m* de transformation. **3.** *W.Tel:* **Oscillation transformer,** jigger *m.*

transformism [trɑːns′fɔːrmizm], *s. Biol:* Transformisme *m.*

transformist [trɑːns′fɔːrmist]. *Biol:* **1.** *s.* Transformiste *m*. **2.** *a.* **Transformist theory,** théorie *f* transformiste.

transfuse [trɑːns′fjuːz], *v.tr.* **1.** Transvaser; transfuser, verser (le contenu d'un vase dans un autre). **2.** *Surg:* (*a*) Transfuser (du sang). (*b*) Faire une transfusion de sang (ou d'une solution) à (un malade).

transfusion [trɑːns′fjuːʒ(ə)n], *s.* **1.** Transvasement *m*, transfusion *f* (de liquides). **2.** *Surg:* **Blood transfusion,** transfusion de sang; transfusion sanguine.

transfusionist [trɑːns′fjuːʒənist], *s. Surg:* Transfuseur *m.*

trans-Gangetic [trɑːnsgan′dʒetik], *a. Geog:* Transgangétique.

transgress [trɑːns′gres], *v.tr.* **1.** Transgresser, violer, enfreindre (la loi). *Abs.* Pécher. *To t. a rule,* sortir d'une règle; violer une règle. **2.** **To transgress one's competence,** outrepasser ses attributions.

transgression [trɑːns′greʃ(ə)n], *s.* **1.** (*a*) Transgression *f*, violation *f* (d'une loi); infraction *f* (*of the law,* à la loi). (*b*) Péché *m*, faute *f*. **2.** *Geol:* Transgression; envahissement *m* par la mer.

transgressive [trɑːns′gresiv], *a.* **1.** Coupable. **2.** *Geol:* (Dépôt) transgressif. **Transgressive stratification,** stratification transgressive; stratification discordante.

transgressor [trɑːns′gresər], *s.* Transgresseur *m*; pécheur, *f.* pécheresse.

tranship [trɑːn′ʃip]. **1.** *v.tr.* Transborder (des voyageurs, des marchandises). **2.** *v.i.* (*Of passenger*) Changer de vaisseau.

transhipment [trɑːn′ʃipmənt], *s.* Transbordement *m.*

transhumance [trɑːns′hjuməns], *s.* Transhumance *f*; émigration *f* des animaux des plaines.

transhume [trɑːns′hjuːm], *v.i.* Transhumer; émigrer vers de nouveaux pâturages.

transience [′trɑːnsiəns], **transiency** [′trɑːnsiənsi], *s.* Nature passagère, transitoire (d'un phénomène, etc.); courte durée (de la vie, d'une émotion).

transient [′trɑːnsiənt], *a.* (*a*) Transitoire; (bonheur, etc.) passager, de passage; (beauté *f*, etc.) éphémère, de courte durée. *U.S:* (*In hotel*) **Transient visitor,** *s.* **transient,** client *m*, voyageur *m*, de passage. (*b*) (Coup d'œil, espoir) momentané; (coup d'œil) en passant. (*c*) *Mus:* **Transient note,** note *f* de passage, de transition.

-ly, *adv.* Transitoirement, passagèrement; momentanément; en passant.

transire [trɑːn′saiəri], *s. Cust:* Passavant *m*, passe-debout *m inv*, laisser-passer *m inv*; acquit-à-caution *m* (délivré au capitaine d'un cabotier). **To have a permit for transire,** passer debout.

transit¹ [′trɑːnsit], *s.* **1.** Passage *m*, voyage *m* (à travers un pays, d'un lieu à un autre). **Ships in transit,** navires transiteurs. **2.** Transport *m* (de marchandises, etc.). **Damage in transit,** avarie(s) *f*(*pl*) en cours de route. **Goods lost in transit,** marchandises perdues pendant le transport, pendant parcours. **3.** *Cust:* Transit *m*. **Goods in transit,** marchandises en transit. (*Warehoused*) *goods for t.,* marchandises de transit. *To convey goods in t.,* transiter des marchandises. **Transit permit,** document *m* de transit. **4.** *Astr:* Passage ((i) d'une planète sur le disque du soleil, (ii) d'un astre au méridien).

′transit-bill, *s. Cust:* Passavant *m.*

′transit-circle, *s. Astr:* Cercle méridien.

′transit-compass, *s. Surv:* Théodolite *m* à boussole.

′transit-duty, *s. Cust:* Droit *m* de transit.

′transit-instrument, *s. Astr:* Lunette méridienne; lunette des passages.

′transit-theodolite, *s.* = TRANSIT-COMPASS.

transit², *v.tr. Astr:* (*Of planet, etc.*) Passer sur (le méridien, le disque d'un corps céleste).

transition [trɑːn′siʒ(ə)n], *s.* **1.** Transition *f*; passage *m* (du jour à la nuit, de la crainte à l'espoir). *Chapter that effects the t. between . . . and . . .*, chapitre qui fait transition entre . . . et. . . . **Transition stage, transition period,** phase *f*, période *f*, de transition; période transitoire. *Arch: Art: etc:* **Transition style,** style *m* de transition. *Med:* **Transition tumour,** tumeur bénigne qui tend à se transformer en tumeur maligne. **2.** *Mus:* Modulation *f* (sans changement de mode).

transitional [trɑːn'siʒən(ə)l], *a.* Transitionnel; de transition. *Geol:* **Transitional stratum,** terrain transitif, de transition.

transitive ['trɑːnsitiv], *a. Gram:* (Verbe) transitif. **-ly,** *adv.* Transitivement.

transitoriness ['trɑːnsitərinəs], *s.* Nature transitoire, passagère (*of*, de); courte durée (du bonheur, etc.).

transitory ['trɑːnsitəri], *a.* Transitoire, passager; (bonheur, etc.) fugitif, éphémère; (désir, etc.) momentané; (gloire *f*, etc.) de courte durée. **-ily,** *adv.* Transitoirement, passagèrement.

Transjordania [trɑːnsdʒɔːr'deinia]. *Pr.n. Geog:* La Transjordanie.

Transjordanian [trɑːnsdʒɔːr'deinian], *a. Geog:* Transjordanien.

Transjuran [trɑːns'dʒuərən], *a. Geog:* Transjuran.

translatable [trɑːns'leitəbl], *a.* Traduisible.

translate [trɑːns'leit], *v.tr.* **1.** Traduire. (*a*) *To t. a book*, traduire un livre; faire la traduction d'un livre. *To t. a sentence from French into English*, traduire une phrase du français en anglais; rendre en anglais une phrase française. **Book translated from (the) German,** livre traduit de l'allemand. *F:* **Kindly translate,** expliquez-vous, je vous en prie. *I translated his silence as a refusal*, j'ai pris son silence pour un refus. *How do you t. his silence?* comment interprétez-vous son silence? (*b*) *Com:* Déchiffrer (un câblogramme). (*c*) *To t. one's thoughts into words*, reproduire ses pensées en paroles. *To t. one's ideas into orders*, convertir ses idées en ordres. **2.** (*a*) Transférer (un évêque) (*to*, à). (*b*) *B:* **Enoch was translated (to heaven),** Énoch fut enlevé au ciel. (*c*) *Mec: etc:* Imprimer un mouvement de translation à (un corps). **3.** *A:* Métamorphoser (qn) (*into*, en). **4.** *Tg:* Répéter, retransmettre (une dépêche télégraphique, au moyen d'un répétiteur).

translation [trɑːns'leiʃ(ə)n], *s.* **1.** (*a*) Traduction *f* (d'un livre, etc.). (*b*) Traduction; ouvrage traduit. *Sch:* Version (latine, etc.). **To do, make, a translation of sth.,** faire une traduction de qch. **2.** *Com:* Déchiffrement *m* (d'un câblogramme). **3.** (*a*) Translation *f* (d'un évêque). (*b*) *Mec: etc:* **Movement of translation,** mouvement *m* de translation. (*c*) *B:* Enlèvement *m* (au ciel). **4.** *Tg:* Translation (d'une dépêche).

translational [trɑːns'leiʃən(ə)l], *a. Mec:* (Mouvement *m*) de translation.

translative [trɑːns'leitiv], *a.* **1.** *Jur:* (Acte) translatif. **2.** *Mec:* (Mouvement *m*) de translation.

translator [trɑːns'leitər], *s.* **1.** (*a*) Traducteur *m* (d'une œuvre littéraire, etc.). (*b*) *A:* Raccommodeur, -euse (de vêtements, de parapluies, etc.); ravaudeur, -euse (de vêtements). **2.** *Tg:* Appareil *m* de translation; translateur *m*, répétiteur *m*.

translatress [trɑːns'leitres], *s.f.* Traductrice.

Transleithan [trɑːns'laiθən], *a. Geog:* Transleithan.

Transleithania [trɑːnslai'θeinja]. *Pr.n. Geog:* La Transleithanie.

transliterate [trɑːns'litəreit], *v.tr.* Transcrire (en caractères différents, en caractères phonétiques).

transliteration [trɑːnslitə'reiʃ(ə)n], *s.* Transcription *f*.

translocation [trɑːnslo'keiʃ(ə)n], *s.* (*a*) Déplacement *m* (d'une industrie, etc.). (*b*) **Police translocation,** relégation *f*.

translucence [trɑːns'luːsəns], **translucency** [trɑːns'luːsənsi], *s.* **1.** Translucidité *f*, diaphanéité *f*. **2.** *A:* Transparence *f*.

translucent [trɑːns'luːsənt], **translucid** [trɑːns'luːsid], *a.* **1.** Translucide, diaphane. **2.** *A:* Transparent.

transmarine [trɑːnsmə'riːn], *a.* Transmarin; d'outre-mer.

transmediterranean [trɑːnsmedite'reinjən], *a. Geog:* Transméditerranéen.

transmigrant ['trɑːnsmigrənt], *s.* **1.** *A:* Transmigré, -ée. **2.** Émigrant *m* de passage dans un pays qui se trouve sur son itinéraire.

transmigrate ['trɑːnsmigreit, -mai-], *v.i.* (*Of a people, etc., of souls*) Transmigrer.

transmigration [trɑːnsmi'greiʃ(ə)n, -mai-], *s.* Transmigration *f* (d'un peuple, etc.). **The transmigration of souls,** la transmigration des âmes; la métempsycose.

transmigrator ['trɑːnsmigreitər], *s.* = TRANSMIGRANT I.

transmissibility [trɑːnsmisi'biliti], *s.* Transmissibilité *f*.

transmissible [trɑːns'misibl], *a.* Transmissible.

transmission [trɑːns'miʃ(ə)n], *s.* **1.** (*a*) Transmission *f* (d'un colis, d'un ordre, etc.). (*b*) *Ph: etc:* Transmission (de la chaleur, du son, etc.). (*Acoustics*) **Transmission unit (T.U.),** décibel *m*. (*c*) *El.E: etc:* **Transmission of power,** transport *m* de force. *El.E:* **Transmission system, canalisation** *f*. *Rail:* **Power transmission** *through two live axles at* 600 *volts*, alimentation *f* sur deux ponts à 600 volts. *Mec.E:* **Belt transmission,** transmission, entraînement *m*, par courroie. **Transmission rod,** tige *f* de transmission. *See also* BRAKE[6] I, CHAIN[1] I, GEAR[1] 3. (*d*) *W.Tel:* Transmission, émission *f* (d'un message, etc.). **Beam transmission,** transmission, émission, aux ondes dirigées. *Clear t.*, audition nette. **2.** *Mec.E:* Système *m* d'arbres de transmission; la transmission.

transmissive [trɑːns'misiv], *a.* **1.** Qui transmet; transmetteur. **2.** Qui est transmis; transmissible.

transmit [trɑːns'mit], *v.tr.* (**transmitted; transmitting**) (*a*) Transmettre (un colis, un ordre, une maladie, une nouvelle, etc.). (*b*) *Ph: etc:* Transmettre (la lumière, etc.). *El.E:* Transporter (la force). *Mec.E:* **To transmit a motion to sth.,** imprimer, communiquer, un mouvement à qch. (*c*) *W.Tel:* Émettre, transmettre (un message, etc.).

transmitting[1], *a.* (*a*) Transmetteur. *Mec.E:* **Transmitting shaft,** arbre communicateur. **Transmitting wire,** fil transmetteur (*b*) *W.Tel:* Émetteur. **Transmitting aerial,** antenne *f* d'émission **Transmitting station,** (i) *W.Tel:* poste émetteur, station émettrice; (ii) *Navy:* poste central de conduite de tir.

transmitting[2], *s.* = TRANSMISSION I. *W.Tel:* **Transmitting power,** pouvoir rayonnant (d'une antenne). **Good transmitting quality of the voice,** phonogénie *f*.

transmittable [trɑːns'mitəbl], *a.* Transmissible.

transmittal [trɑːns'mit(ə)l], *s.* Transmission *f*.

transmitter [trɑːns'mitər], *s.* **1.** (*Pers.*) (*a*) *To be a t. of (sth.)*, transmettre (une maladie, etc.). (*b*) *Nau: Navy:* Transmetteur *m* d'ordres (sur la passerelle). **2.** (*Device*) (*a*) *T. of motive power*, communicateur *m* de mouvement; organe *m* de transmission de puissance motrice. *El.E:* **Motor transmitter** (*of electric drive*), réceptrice *f*. (*b*) *Tg:* (i) (*Sending apparatus or post*) Transmetteur. *See also* SPARK-TRANSMITTER. (ii) (*Signalling key*) Manipulateur *m*. (*c*) *W.Tel:* (Poste) émetteur *m*; station *f* d'émission. **Tube-transmitter, valve-transmitter,** émetteur à lampes. (*d*) Microphone *m* (d'un téléphone). **Carbon-granule transmitter,** microphone à granules de charbon.

transmogrification [trɑːnsmɔgrifi'keiʃ(ə)n], *s. F: Hum:* Métamorphose *f*.

transmogrify [trɑːns'mɔgrifai], *v.tr. F: Hum:* Changer, transformer, métamorphoser (*sth. into sth.*, qch. en qch.).

transmutability [trɑːnsmjutə'biliti], *s.* Transmutabilité *f* (*into*, en).

transmutable [trɑːns'mjuːtəbl], *a.* Transmuable, transmutable (*into*, en).

transmutation [trɑːnsmju'teiʃ(ə)n], *s.* **1.** (*a*) Transmutation *f* (des métaux, des espèces biologiques, etc.) (*into*, en). *See also* GLAZE[1] 2. (*b*) *A:* Transformation *f* (d'une figure géométrique). **2.** *Jur:* **Transmutation of possession,** mutation *f* (d'un bien).

transmute [trɑːns'mjuːt], *v.tr.* (*a*) Transformer, changer, convertir (*into*, en). (*b*) *Alch:* Transmuer (un métal).

transmuter [trɑːns'mjuːtər], *s. Alch: etc:* Transmutateur *m*.

trans-oceanic [trɑːnzouʃi'anik], *a.* Transocéanien.

transom ['transəm], *s.* **1.** *Arch: Const:* (*a*) Traverse *f*, sommier *m*, linteau *m*, imposte *f* (de fenêtre, de porte). (*b*) Meneau horizontal (de croisée). **2.** (*a*) *Const:* **Scaffolding transom,** tendière *f* d'échafaudage. (*b*) *N.Arch:* (Barre *f* d')arcasse *f*. **Deck transom,** barre de pont, de hourdis. **Lowest transom,** fourcat *m* d'ouverture. (*c*) Entretoise *f* (d'avion, d'affût de canon). (*d*) *Veh:* Épart *m*, lisoir *m*. **3.** = TRANSOM-WINDOW.

'transom-frame, *s. N.Arch:* Arcasse *f*.

'transom-knee, *s. N.Arch:* Contrefort *m* d'arcasse.

'transom-window, *s. Const:* **1.** Fenêtre *f* à meneau horizontal. **2.** *U.S:* Vasistas *m*, imposte *f* (de porte).

transomed ['transəmd], *a.* (*Of window*) A meneaux.

transpadane ['trɑːnspədein], *a. Geog:* Transpadan. *Hist:* **The Transpadane Republic,** la république Transpadane.

transparence [trɑːns'pɛərəns], *s.* Transparence *f*; clarté *f* (du verre, etc.).

transparency [trɑːns'pɛərənsi], *s.* **1.** (*a*) = TRANSPARENCE. (*b*) Limpidité *f* (de l'eau, etc.). **2.** (*a*) (*Picture*) Transparent *m*. (*b*) *Phot:* Diapositif *m*, diapositive *f* (de projection). **Colour transparency,** diachromie *f*.

transparent [trɑːns'pɛərənt], *a.* **1.** (Verre, etc.) transparent, diaphane; (eau *f*, quartz *m*, etc.) limpide. *To obtain a t. effect*, obtenir un effet de transparence. *T. window-panes*, vitres claires. *Art: T. colours*, couleurs transparentes. **2.** *F:* Évident, clair; qui saute aux yeux. *T. allusion*, allusion transparente, évidente. *T. deception*, tromperie *f* facile à pénétrer; *F:* tromperie cousue de fil blanc, qui laisse voir la ficelle. **-ly,** *adv.* **1.** D'une manière transparente. **2.** *F:* Évidemment, clairement. *He is so t. honest*, son honnêteté saute aux yeux.

transpierce [trɑːns'piːərs], *v.tr.* Transpercer.

transpiration [trɑːnspi'reiʃ(ə)n], *s.* **1.** (*a*) *Physiol:* Transpiration *f*; exhalation *f*. (*b*) *Bot: Ph:* Transpiration. (*c*) Transpiration (d'un secret). **2.** (*Matter transpired*) Transpiration.

transpire [trɑːn'spaiər]. **1.** *v.tr.* (*Of body, plants, etc.*) Transpirer (un fluide); exhaler (une odeur). **2.** *v.i.* (*a*) *Physiol: Bot:* Transpirer. (*b*) (*Of news, secret, etc.*) Transpirer, s'ébruiter, se répandre. *Nothing of it had transpired*, il n'en était rien transpiré. (*c*) *Journ:* Arriver, se passer, avoir lieu. *His account of what transpired*, sa version de ce qui s'était passé. *To note everything that has transpired*, noter tous les incidents survenus.

transplant[1] ['trɑːnsplɑːnt], *s. Hort:* Plant repiqué.

transplant[2] [trɑːns'plɑːnt], *v.tr.* (*a*) *Hort:* Transplanter, déplanter (des arbres, etc.); repiquer, dépiquer (des plants). (*b*) Transplanter, transporter (une population, etc.). (*c*) *Surg:* Transplanter (un organe); greffer (du tissu).

transplanting, *s.* = TRANSPLANTATION. *Hort:* **Transplanting equipment,** matériel transplanteur.

transplantable [trɑːns'plɑːntəbl], *a.* Transplantable.

transplantation [trɑːnsplɑːn'teiʃ(ə)n], *s.* Transplantation *f*, transplantement *m*.

transplanter [trɑːns'plɑːntər], *s. Hort:* **1.** (*Pers.*) Transplanteur *m*, transplantateur *m*. **2.** *Tls:* Transplantoir *m*.

transpontine [trɑːns'pɔntain], *a.* (*a*) Transpontin. *Esp.* (*b*) (*In London*) De la rive droite. *The Transpontine suburbs*, la rive droite. *A:* **The Transpontine drama,** le théâtre de la rive droite; le mélodrame à gros effets; *F:* le mélo.

transport[1] ['trɑːnspɔːrt], *s.* **1.** Transport *m* (de marchandises, de troupes, etc.). **Land transport,** transport par terre. **Road transport,** transport routier, par route; camionnage *m*, charriage *m*. **Transport by rail,** transport par voie ferrée. **Water-borne transport,** transport par eau, par voie d'eau. **Inland water transport,** batellerie *f*. **Air transport,** transport aérien. **Horse-drawn transport,** charroi *m* hippomobile. **Mechanical transport,** traction *f* automobile. **Hand**

transport, bardage *m*. **Transport charges**, frais *m* de transport. **Transport service**, service *m* des transports; service des expéditions (d'une maison de commerce). **Transport worker**, employé *m* des entreprises de transport. **Transport agent**, transitaire *m*. *See also* SEA I. **2.** (*a*) *Nau*: **Transport(-vessel)**, (bâtiment *m* de) transport. **Aircraft transport**, transport d'aviation. (*b*) *Coll. Mil*: Les charrois. **3.** *Jur*: *A*: Déporté, -ée; transporté, -ée; forçat *m*. **4.** Transport (de joie, de colère); élancement *m* (de l'esprit). **She was in transports (of joy)**, elle était dans le ravissement; elle délirait de joie; elle ne se connaissait pas de joie. *To receive news with transports of delight*, accueillir une nouvelle avec transport. *The transports of passion*, les fureurs *f* de l'amour.

transport[2] [trɑːns'pɔːrt], *v.tr.* **1.** Transporter (des voyageurs, des marchandises). *To t. goods by lorry*, camionner des marchandises. *To t. goods by truck, by cart*, charrier des marchandises. **2.** *Jur*: *A*: Déporter, transporter, reléguer (un condamné). **3.** (*Chiefly in passive*) **To be transported with joy**, être transporté de joie; délirer de joie; ne pas se connaître de joie. *The crowd was transported by these words*, la foule fut enlevée par ces paroles.

transported, *a. Jur*: *A*: (Criminel) déporté, transporté.

transporting[1], *a.* Transportant, ravissant.

transporting[2], *s.* = TRANSPORTATION I, 2.

transportable [trɑːns'pɔːrtəbl], *a.* **1.** (*Of goods, invalid, etc.*) Transportable. **2.** *Jur*: *A*: (Criminel *m*, crime *m*) punissable de déportation.

transportation [trɑːnspɔːr'teiʃ(ə)n], *s.* **1.** *A.* & *U.S*: Transportation *f*, transport *m* (de marchandises, etc.). **2.** *Jur*: *A*: (Condamnation *f* aux) travaux forcés dans une colonie pénitentiaire; (*for life*) relégation *f*. *Convict sentenced to t.*, relégué *m*. **3.** *U.S*: *Rail*: *etc*: Billet *m*; feuille *f* de route.

transporter [trɑːns'pɔːrtər], *s.* **1.** (*Pers.*) Entrepreneur *m* de transports. **2.** (*a*) (*Apparatus*) Transporteur *m*, transporteuse *f*; convoyeur *m*. (*b*) **Transporter bridge**, (pont) transbordeur *m*.

transposable [trɑːns'pouzəbl], *a.* Transposable.

transpose [trɑːns'pouz], *v.tr.* **1.** Transposer (des mots, les termes d'une proposition, les termes d'une équation, etc.). **2.** *Mus*: Transposer. *To t. a piece from C to D*, transposer un morceau d'ut en ré. *To t. a piece to a higher, lower, key*, élever, baisser, le ton d'un morceau.

transposing[1], *a.* Qui transpose. **Transposing piano**, piano transpositeur. **Transposing (wind-)instruments**, instruments à vent transpositeurs.

transposing[2], *s. Mus*: Transposition *f*.

transposer [trɑːns'pouzər], *s. Mus*: **To be a good, bad, transposer**, être rompu à la transposition; être peu exercé à la transposition.

transposition [trɑːnspo'ziʃ(ə)n], *s.* **1.** *Mus*: *etc*: Transposition *f*. **2.** *Mth*: *etc*: Permutation *f* (de chiffres, de caractères). **3.** *Ter*: *T. of the heart and liver*, transposition du cœur et du foie.

transrhenane [trɑːns'riːnein], *a. Geog*: Transrhénan; d'outre-Rhin.

trans-Saharan [trɑːnssa'hɑːrən], *a. Geog*: Transsaharien.

trans-ship [trɑːns'ʃip], *v.tr.* = TRANSHIP.

trans-shipment [trɑːns'ʃipmənt], *s.* = TRANSHIPMENT.

trans-Siberian [trɑːnssai'biːriən], *a. Geog*: Transsibérien.

trans-Teverine [trɑːns'tevərain], **trans-Tiberine** [trɑːns'taibərain], *a. Geog*: Transtévérin.

transubstantiate [trɑːnsʌb'stanʃieit], *v.tr. Theol*: Transsubstantier.

transubstantiation [trɑːnsʌbstanʃi'eiʃ(ə)n], *s. Theol*: Transsubstantiation *f*.

transudation [trɑːnsju'deiʃ(ə)n], *s.* Transsudation *f*.

transude [trɑːn'sjuːd], *v.tr.* & *i.* Transsuder.

Transvaal (the) [ðə'trɑːnzvɑːl]. *Pr.n. Geog*: Le Transvaal.

Transvaaler [trɑːnz'vɑːlər], *s. Geog*: Transvaalien, -ienne.

transversal [trɑːnz'vəːrs(ə)l]. **1.** *a.* Transversal, -aux. **2.** *s.* (*a*) *Geom*: Transversale *f*. (*b*) *Anat*: Transversal *m*. **-ally**, *adv.* = TRANSVERSELY.

transverse [trɑːnz'vəːrs], *a.* Transversal, -aux; en travers; oblique. *T. section*, coupe *f* en travers; section transversale. **Transverse beam**, traverse *f*. *Anat*: **Transverse artery**, artère *f* transverse. **Transverse process**, apophyse *f* transverse. **Transverse muscle**, *s.* **transverse**, (muscle) transversal *m*; transverse *m*. *Rail*: **Transverse table**, transporteur *m* de wagons; plate-forme roulante; chariot transbordeur; pont roulant. *Geom*: **Transverse axis**, axe *m* transverse. **Transverse line**, transversale *f*. *See also* FLUTE[1] I, FRACTURE[1] I. **-ly**, *adv.* Transversalement; en travers.

Transylvania [trɑːnsil'veinjə]. *Pr.n. Geog*: La Transylvanie.

Transylvanian [trɑːnsil'veinjən], *a.* & *s. Geog*: Transylvain, -aine; transylvanien, -ienne.

tranter ['trantər], *s. Dial*: (*a*) Voiturier *m*. (*b*) Colporteur *m*.

trap[1] [trap], *s.* **1.** (*a*) *Ven*: *etc*: Piège *m*; (*for small game*) attrape *f*; (*for big game* = *pitfall*) trappe *f*; (*for wolves, foxes, etc.*) chausse-trape *f*, *pl.* chausse-trapes; traquenard *m*, traquet *m*; (*for small birds*) trébuchet *m*, sauterelle *f*, cagette *f*, mésangette *f*; (*for hares, etc.*) panneau *m*. **Spring-trap**, piège à palette. **Jaw-trap, gin-trap**, piège à mâchoire. **To set a trap (for . . .)**, dresser, armer, tendre, un piège (à . . .). *To bait a t.*, amorcer un piège. **To catch a beast in a trap**, prendre une bête au piège. *See also* FLY-TRAP, FOX-TRAP, MOLE-TRAP, RAT[1] I, RAT-TRAP. (*b*) *F*: Piège, ruse *f*, attrape. **Police-trap**, (i) souricière *f*; (ii) *Aut*: zone *f* de contrôle de vitesse. *His proposal is merely a t.*, sa proposition n'est qu'un piège. **To set, lay, a trap for s.o.**, dresser, tendre, un piège, une embûche, à qn; (*of police*) tendre une souricière à qn. **To be caught in the trap**, se laisser prendre au piège; *A*: être pris à la glu. *Caught in his own t.*, pris à son propre piège; pris dans son propre traquenard. *To be lured into a t.*, être entraîné dans un piège. *F*: **To walk, fall, straight into the trap**, donner, tomber, en plein dans le piège, dans le lacs, dans la nasse, dans le panneau; *P*: couper dans le pont; (*into police-trap*) se jeter dans la souricière. *See also* BOOBY-TRAP, DEATH-TRAP, FIRE-TRAP, SPEED-TRAP. **2.** (*a*) = TRAP-DOOR. (*b*) *Th*: Trappe; trappillon *m*. (*c*) *Husb*: Trappe (de colombier). (*d*) *P*: = POTATO-TRAP. **3.** *Sp*: (Projecteur *m*) ball-trap *m*, *pl.* ball-traps (pour pigeons artificiels); boîte *f* de lancement (pour pigeons vivants). **4.** *Tchn*: (*a*) Collecteur *m* (d'eau, d'huile, etc.). *Mch*: **Steam-trap**, purgeur *m* de vapeur. *See aso* AIR-TRAP, DRAINING I, DUST-TRAP, GREASE-TRAP, WAVE-TRAP. (*b*) *Civ.E*: *Plumb*: (**Air-, gas-)trap**, siphon *m*, coupe-air *m inv* (d'un égout, d'un évier, etc.). **5.** *Veh*: Charrette anglaise; cabriolet *m*. **6.** *P*: Policier *m*; agent *m* de police.

'trap-ditch, *s. For*: *etc*: Fossé *m* d'arrêt (pour chenilles, feuilles).

'trap-'door, *s.* **1.** Trappe *f*; abattant *m*; (*in hay-loft*) abat-foin *m inv*. *Arach*: **Trap-door spider**, mygale *f*. **2.** *Min*: Porte *f* d'aérage.

'trap-nest, *s. Husb*: Nid-trappe *m*, *pl.* nids-trappes (de poulailler).

'trap-shooter, *s. Sp*: Tireur *m* aux pigeons (artificiels ou vivants).

'trap-shooting, *s. Sp*: Tir *m* aux pigeons (artificiels ou vivants).

'trap-shy, *a. Ven*: (Animal *m*) qui se défie des pièges.

'trap-valve, *s. Mec.E*: Soupape *f* à clapet.

trap[2], *v.tr.* (**trapped**; **trapping**) **1.** *Ven*: (*a*) Prendre (une bête) au piège; piéger (une bête). *F*: **To trap s.o.**, prendre qn au piège. **Trapped by the flames**, cerné par les flammes. (*b*) Tendre des pièges dans (un bois, etc.). (*c*) *Abs.* (*Of Canadian trapper*) Trapper. **2.** *Fb*: Bloquer (le ballon) avec la plante du pied. **3.** *Tchn*: (*a*) **To trap a drain**, mettre, disposer, un siphon dans une conduite d'eaux ménagères. (*b*) Arrêter (un gaz, des émanations) au moyen d'un siphon, d'un coupe-air, etc. (*c*) *Mch*: Purger (la vapeur).

trapped[1], *a.* **1.** Pris dans un piège; pris au piège; attrapé. **2.** *Tchn*: (*Of drains, pipes*) Muni d'un siphon, de pièces en chicane, d'un coupe-air. **Light-trapped cowl**, ventilateur *m* en chicane.

trapping, *s. Ven*: **1.** Piégeage *m*; chasse *f* aux pièges. **Trapping and netting**, chasse au piège et au filet. **2.** Métier *m* de trappeur.

trap[3], *s. Geol*: Trapp *m*; roche trappéenne.

trap[4], *v.tr.* Caparaçonner, harnacher (un cheval).

trapped[2], *a.* (Cheval) harnaché, caparaçonné.

trappings, *s.pl.* **1.** Harnachement *m*, caparaçon *m*. **2.** *F*: Atours *mpl*; apparat *m*. *All the trappings of authority*, tout l'apparat de l'autorité.

trapes[1] [treips], *s.* **1.** *A*: (*Pers.*) Souillon *f*, guenipe *f*. **2.** *Dial*: (*a*) Course longue et ennuyeuse. (*b*) Longue promenade.

trapes[2]. **1.** *v.i. F*: Traîner çà et là; se balader. **2.** *v.tr. To t. the fields, the streets*, marcher à travers champs; courir les rues.

trapeze [trə'piːz], *s.* (*a*) *Geom*: Trapèze *m*. (*b*) **To perform on the trapeze**, faire du trapèze. **Flying trapeze**, trapèze volant. *To perform on the flying t.*, faire du trapèze volant, de la voltige. *Performer on the flying t.*, **trapeze-artist**, trapéziste *mf*; voltigeur, -euse.

trapeziform [trə'piːzifɔːrm], *a.* Trapéziforme.

trapezist [trə'piːzist], *s. Gym*: Trapéziste *mf*.

trapezium [trə'piːziəm], *s.* **1.** *Geom*: Trapèze *m*. **2.** *Anat*: **Trapezium (bone)**, os *m* trapèze; os trapézoïde.

trapezius [trə'piːziəs], *s. Anat*: **Trapezius (muscle)**, muscle *m* trapèze.

trapezohedron [trapizo'hiːdrən, -'hedrən], *s. Geom*: *Cryst*: Trapézoèdre *m*.

trapezoid ['trapizɔid], *s.* **1.** *Geom*: Quadrilatère irrégulier. **2.** *Anat*: **Trapezoid (bone)**, os *m* trapézoïde.

trapezoidal [trapi'zɔid(ə)l], *a. Geom*: Trapézoïdal, -aux.

trapfall ['trapfɔːl], *s.* Trappe *f* (à bascule, au-dessus d'une fosse).

trappean [trə'piːən], *a. Geol*: (*Of rock, etc.*) Trappéen, -enne.

trapper ['trapər], *s.* **1.** *Ven*: Piégeur *m*. (*In America*) Trappeur *m*. **2.** *Min*: Ouvrier *m* à la manœuvre des portes d'aérage; portier *m*; fermeur *m* de portes.

Trappist ['trapist], *s. Ecc*: Trappiste *m*.

Trappistine ['trapistin]. **1.** *s.f. Ecc*: Trappistine. **2.** *s.* (*Liqueur*) Trappistine *f*.

trappy ['trapi], *a. F*: Plein de traquenards.

traprock ['traprɔk], *s. Geol*: = TRAP[3].

traps [traps], *s.pl. F*: Effets (personnels). **To pack up one's traps**, faire son paquet, ses paquets, sa malle; plier bagage.

trash [traʃ], *s.* **1.** (*a*) *Hort*: Émondes *fpl*. (*b*) Bagasse *f* (de canne à sucre). **2.** (*a*) Chose(s) *f*(*pl*) sans valeur; marchandises *fpl* de rebut, de pacotille; camelote *f*; *U.S*: détritus *mpl*, décombres *mpl*, déchets *mpl*. (*b*) Littérature *f* de camelote. (*c*) **To talk a lot of trash**, dire des sottises; parler pour ne rien dire. (*d*) *Coll.* (*Of pers.*) Vauriens *mpl*, propres à rien *mpl*; la racaille. *U.S*: **White trash**, les pauvres *m* de race blanche (des états méridionaux des États-Unis).

'trash-ice, *s. Nau*: Glace flottante; débris *mpl* de banquise.

trashery ['traʃəri], *s.* = TRASH 2.

trashiness ['traʃinəs], *s.* Peu *m* de valeur (d'une marchandise, etc.).

trashy ['traʃi], *a.* (Marchandises *fpl*) sans valeur, de rebut, de pacotille; (littérature *f*) de camelote. *T. verse*, *F*: vers *mpl* de mirliton.

Trasimene ['trazimiːn], **Trasimenus** [trazi'miːnəs]. *Pr.n. A.Geog*: **Lake Trasimene, Lake Trasimenus**, le lac Trasimène.

trass [tras], *s. Miner*: Trass *m*; pouzzolane *f* en pierre.

trauma, *pl.* **-as, -ata** ['trɔːmə, -əz, -ətə], *s. Med*: *Psy*: Trauma *m*.

traumatic [trɔː'matik], *a. Med*: (Fièvre *f*, choc *m*) traumatique.

traumaticin(e) [trɔː'matisin], *s. Pharm*: Traumaticine *f*.

traumatism ['trɔːmətizm], *s. Med*: Traumatisme *m*.

traumatology [trɔːmə'tɔlədʒi], *s.* Traumatologie *f*.

travail[1] ['traveil], *s.* **1.** *A*: Dur travail; labeur *m*, peine *f*. **2.** *A.* & *Lit*: Douleurs *fpl* de l'enfantement; travail (d'enfant); mal *m* d'enfant; enfantement *m*. **Woman in travail**, femme en travail. **Travail pains, travail pangs,** douleurs *f* d'enfantement, d'accouchement.

travail[2], *v.i. A. & Lit:* (*Of woman*) Être en travail (d'enfantement).

travel[1] ['trav(ə)l], *s.* **1.** (*a*) Voyages *mpl. To be fond of t.*, aimer à voyager; aimer les voyages. **Books of travel, travel books,** récits *m* de voyages; livres *m* de voyages. **Travel agency,** bureau *m* de tourisme. (*b*) *pl. I met him* **on my travels,** j'ai fait sa connaissance en voyage. *Is he still on his travels?* est-il toujours en voyage? *See also* GULLIVER. **2.** *Mec.E: Mch:* Course *f*, parcours *m*, excursion *f*, avance *f* (du chariot, du tiroir, du piston); levée *f* (du piston). **Side travel,** translation latérale (de chariot de pont roulant, etc.). *Aut:* **Clutch travel,** course de l'embrayage.

'travel-soiled, -stained, *a.* Sali par la poussière des routes.

'travel-weary, *a.* Fatigué par le voyage ou par les voyages.

travel[2], *v.i.* (**travelled; travelling**) **1.** (*a*) Voyager; faire des voyages. *He has travelled widely,* il a beaucoup voyagé; il a vu bien des pays; il a vu du pays. *He is travelling,* il est en voyage. *To t. by sea,* voyager sur mer, par mer. *We travelled together,* nous avons fait route ensemble; nous avons fait le voyage ensemble. *During those three years* **I travelled (about) a good deal,** pendant ces trois ans j'ai vu du pays. **To travel round the world,** faire le tour du monde. *To t. all over the world,* courir le monde. **To travel over a country,** *v.tr. with cogn. acc.* **to travel a country,** parcourir un pays. *To t. a long way,* faire un long trajet. *I travelled many a mile on foot,* j'ai fait bien des milles à pied. *F:* (*Of the eye, mind*) **To travel over a scene, over past events,** passer en revue un spectacle, des événements passés. *His eyes travelled to the door,* ses yeux se tournèrent vers la porte. *See also* RECORD[1] 1. (*b*) Aller, marcher; faire route; (*of news*) circuler, se répandre. *Light travels faster than sound,* la lumière va, se propage, plus vite que le son. *Oxen t. slower than horses,* les bœufs vont, avancent, plus lentement que les chevaux. **Train travelling at sixty miles an hour,** train qui fait, qui marche à, soixante milles à l'heure. *Aut: To t. along a road,* rouler sur une route. *We travelled two hundred miles in one day,* nous avons fait une étape de deux cents milles. **Wine that won't travel,** vin qui ne voyage pas. **2.** Être voyageur de commerce; être commis voyageur. **To travel for a firm,** représenter une maison de commerce; voyager pour le compte d'une maison de commerce; voyager pour une maison. **To travel in lace,** être représentant en dentelles; voyager pour les dentelles. **3.** *Mec.E:* (*Of part*) Se mouvoir, se déplacer. *The slide-rest travels sideways,* le chariot se déplace latéralement. *Nau:* **The compass does not travel,** le compas dort. **4.** *v.tr.* Faire voyager (des troupeaux).

travelled, *a.* (*Of pers.*) (**Much-, well-)travelled,** qui a (beaucoup) voyagé, qui connaît le monde, qui a vu bien des pays. *A few t. friends tell me that . . .,* quelques amis, grands voyageurs, m'assurent que. . . .

travelling[1], *a.* **1.** (Cirque, prédicateur, etc.) ambulant. **Travelling library,** bibliobus *m. Rail:* **Travelling post-office,** (bureau) ambulant *m. Mil:* **Travelling workshop,** voiture-atelier *f*, *pl.* voitures-ateliers. **Travelling kitchen,** voiture-cuisine *f*, *pl.* voitures-cuisines. **2.** *Mec.E: etc:* (Pont, treuil, trottoir) roulant; (échafaud) volant; (roue *f*) de translation. **Travelling staircase,** escalier roulant, à marches mobiles. *Ind:* **Travelling apron,** toile transporteuse; tablier *m* mobile. *See also* CRANE[1] 2.

travelling[2], *s.* Voyages *mpl. T. is expensive,* les voyages sont coûteux. **Travelling bag, travelling dress,** sac *m*, costume *m*, de voyage. **Travelling requisites,** articles *m* de voyage. **Travelling expenses,** frais *m* de voyage, de route; (*of witness, etc.*) frais de déplacement; indemnité *f* de voyage. *To get one's t. expenses, F:* toucher son viatique. **Travelling scholarship,** bourse *f* de voyage. **Travelling companion,** compagnon *m* de voyage, de route. *See also* RUG 1.

traveller ['trav(ə)lər], *s.* **1.** Voyageur, -euse. *He has been a great t.,* il a beaucoup voyagé. **Fellow-traveller,** compagnon *m* de voyage, de route. **Traveller's cheque,** chèque *m* de voyage. *Provs:* **Travellers tell fine tales,** a beau mentir qui vient de loin. **Evening red and morning grey sets the traveller on his way,** rouge au soir, blanc au matin, c'est la journée du pèlerin. **2.** (**Commercial) traveller,** voyageur de commerce; commis voyageur; représentant *m. The t. for Messrs X & Co.,* le voyageur de MM. X et Cie. **Traveller in lace,** représentant en dentelles. **Town traveller,** placier, -ière. **3.** (*a*) *Mec.E:* Grue roulante; pont roulant. **Shop traveller,** pont roulant d'atelier. (*b*) (Treuil *m*) chariot *m* (d'un pont roulant). **4.** (*a*) Curseur *m* (de métier à filer, de règle à calcul, etc.). (*b*) *Nau:* **Traveller (ring),** bague *f* de conduite; guide *m* de drisse; rocambeau *m.* **Backstay traveller,** gouvernail *m* de drisse.

'traveller's 'joy, *s. Bot:* = CLEMATIS.

travelogue ['travəlɔg], *s. U.S:* Conférence *f* avec projections décrivant un voyage, une expédition.

traversable ['travərsəbl], *a.* **1.** (Désert *m*, route *f*, etc.) traversable. **2.** *Jur:* (Assertion *f*) niable, contestable.

traverse[1] ['travərs], *s.* **1.** (*a*) Passage *m* à travers (une propriété, etc.); traversée *f* (d'une forêt, etc.). *See also* TOLL[1] 1. (*b*) *Mountaineering:* Traverse *f* (sur la face d'un escarpement); vire *f*. (*c*) *Mec.E:* (i) Translation latérale (d'un chariot de tour, etc.); (ii) course verticale (de l'arbre porte-foret). (*d*) *Artil:* Pointage *m* en direction. **2.** *Geom:* (Ligne) transversale *f*. *Surv:* **Taking of angles in traverse,** cheminement *m* d'angles. **3.** *Nau:* Route partielle; route en zigzag. **Traverse sailing,** point estimé avec de nombreuses routes. **To reduce, cast, work, solve, a traverse,** réduire les routes. **4.** *Mec.E: Const: etc:* Traverse, entretoise *f* (de châssis, de cadre, etc.). **5.** (*a*) *Fort:* Traverse. (*b*) *Mil:* Pare-éclats *m inv* (de tranchée). **6.** (*a*) *A:* Traverse, revers *m*, obstacle *m*. (*b*) *Jur:* Dénégation *f* (des faits allégués par l'adversaire). **7.** *Rail:* = TRAVERSE-TABLE 1.

'traverse-board, *s. N.Arch:* Renard *m* (de la timonerie).

'traverse-circle, *s. Artil:* Anneau *m* de pointage.

'traverse-map, *s. Surv:* Carte (topographique) établie par intersection.

'traverse-survey, *s. Surv:* Levé *m* par intersection.

'traverse-table, *s.* **1.** *Rail:* Chariot *m* transbordeur; pont roulant; plate-forme roulante; transporteur *m* de wagons. **2.** *Nau:* Table *f* de point; renard *m*.

traverse[2]. I. *v.tr.* **1.** (*a*) Traverser, passer à travers (une région, le corps); franchir (une montagne); passer (un pont, un fleuve, la mer). *El.E: The conductor is traversed by a current,* le conducteur est parcouru par un courant. (*b*) Passer en revue (un sujet, une époque). (*c*) *Abs.* (*In mountaineering*) Prendre une traverse. **2.** (*a*) *Carp:* Traverser (une planche) avec le rabot. (*b*) *Mec.E:* **To traverse a piece on the lathe,** charioter, surfacer, une pièce. **3.** *Surv:* Faire l'intersection (d'un pays); faire le levé (d'un pays) par intersection. **4.** (*a*) *Artil:* Braquer, pointer en direction (un canon). (*b*) *Rail:* Transborder (une locomotive). **5.** (*a*) *F:* Contrarier, traverser (un dessein, une opinion). (*b*) *Jur:* Dénier, renier (une accusation); opposer une fin de non-recevoir à (une réclamation).

II. **traverse,** *v.i.* **1.** (*Of compass-needle*) Pivoter. *The compass does not t.,* le compas dort. **2.** (*Of horse*) Se traverser. **3.** *Mec.E:* (*Of lathe cutting-tool*) Charioter.

traversing, *s.* **1.** (*a*) Traversée *f* (d'une forêt, d'une mer); passage *m*, franchissement *m* (d'un fleuve, etc.). (*b*) Passage en revue (d'une question, d'une époque). (*c*) (*Mountaineering*) Prise *f* d'une traverse. **2.** (*a*) Déplacement latéral (d'un pont roulant). (*b*) *Mec.E:* Chariotage *m.* **Traversing tool,** outil charioteur. **3.** *Surv:* Levé *m* par intersection. *See also* PLANE-TABLE. **4.** (*a*) *Artil:* Pointage *m* en direction. (*b*) *Rail:* Transbordement *m* (d'un wagon, etc.). **5.** *Jur:* Dénégation *f* (d'une accusation).

traverser ['travərsər], *s.* = TRAVERSE-TABLE 1.

travertin(e) ['travərtin], *s. Geol:* Travertin *m* (calcaire); **silex** *m* molaire; albâtre *m* calcaire.

travesty[1] ['travəsti], *s.* Parodie *f*; travestissement *m* (d'une pièce de théâtre, etc.). *It is a t. of the truth,* c'est un travestissement de la vérité.

travesty[2], *v.tr. Lit:* Parodier, travestir (une histoire, un personnage, etc.). *Travestied play,* pièce travestie.

travis ['travis], *s. Farr: Vet:* Travail *m*, -ails.

trawl[1] [trɔːl], *s.* **1.** *Fish:* (*a*) **Trawl(-net),** chalut *m*, chalon *m*; traille *f*; filet *m* à la trôle. *See also* POLE-TRAWL. (*b*) *U.S:* = TRAWL-LINE. **2.** *Navy:* (*For mines*) Câble balayeur.

'trawl-anchor, *s. Fish:* Petite ancre de palangre.

'trawl-boat, *s.* = TRAWLER 2.

'trawl-line, *s. Fish:* Palangre *f*, corde *f*; ligne flottante, dormante.

trawl[2]. **1.** *v.i. Fish:* Pêcher à la traille, au chalut; chaluter. **2.** *v.tr.* (*a*) Traîner (un chalut). (*b*) Prendre (le poisson) à la traille, au chalut.

trawling, *s.* Pêche *f* au chalut; pêche chalutière; chalutage *m*; trôle *f*.

trawler ['trɔːlər], *s.* **1.** (*Pers.*) Pêcheur *m* au chalut; chalutier *m*. **2.** (Bateau *m*) chalutier. *See also* STEAM-TRAWLER.

tray[1] [trei], *s.* **1.** (*a*) Plateau *m.* **Tea-tray,** plateau à thé. (*b*) **Enamel tray,** plaque *f* de propreté (de cuisinière à gaz). **Hawker's tray,** éventaire *m.* **Wicker tray** (*for draining cheeses, etc.*), clayon *m*; (*for drying fruit or moving silkworms*) pantène *f*. **Two-man tray** (*for carrying loads*), bard *m. See also* BUTLER. (*c*) Casier *m*, châssis *m* (d'une malle, etc.); compartiment *m* (d'une caisse, d'une malle). **2.** (*a*) Cuvette *f*. *Phot:* **Developing tray,** cuvette à développeur. (*b*) *Dent:* **Impression tray,** porte-empreinte *m*, *pl.* porte-empreintes. *See also* ASH-TRAY, PEN-TRAY, PIN-TRAY. **3.** (*a*) *Artil:* **Loading tray** (*of gun*), planchette *f* de chargement. (*b*) Tambour *m* (de mitrailleuse Lewis).

'tray-cloth, *s.* Dessus *m*, serviette *f*, napperon *m*, de plateau.

'tray-galley, *s. Typ:* Galée *f*.

tray[2], *s. Ven:* Tray(-antler), chevillure *f*.

trayful ['treiful], *s.* Plein plateau (de qch.).

treacherous ['tretʃərəs], *a.* (Homme, caractère) traître, déloyal, -aux; (action *f*) perfide. *T. blow,* coup déloyal; *F:* coup de Jarnac. *T. ice,* glace peu sûre; glace traîtresse. *T. memory,* mémoire *f* infidèle. *T. weather,* temps *m* traître. **-ly,** *adv.* (Agir) en traître, perfidement, déloyalement, traîtreusement.

treacherousness ['tretʃərəsnəs], *s.* (*a*) Perfidie *f*. (*b*) Caractère douteux, dangereux (de la glace, etc.).

treachery ['tretʃəri], *s.* Trahison *f*, perfidie *f*. **An act of treachery,** une action perfide; une perfidie. *Another piece of t.!* encore une lâcheté! *To commit an act of t. towards s.o.,* faire une perfidie à qn. *There is some t. afoot,* il se trame quelque chose.

treacle[1] [triːkl], *s.* **1.** Mélasse *f*; *F:* doucette *f*. *See also* MUSTARD 2. **2.** *A.Pharm:* Thériaque *f*.

treacle[2], *v.tr.* **1.** Enduire (qch.) de mélasse. **2.** Prendre (les phalènes, etc.) à la mélasse; engluer (des insectes).

treacly ['triːkli], *a.* Qui ressemble à la mélasse. *F: T. words,* paroles mielleuses, doucereuses.

tread[1] [tred], *s.* **1.** (*a*) Pas *m. The sound of a heavy t.,* le bruit d'un pas lourd. **To walk with measured, stately, tread,** marcher à pas mesurés; s'avancer d'un pas majestueux, d'un train de sénateur. *The measured t. of a policeman,* la démarche mesurée d'un agent. **Shoes that allow for the tread,** souliers qui laissent les orteils bien à l'aise. (*b*) Bruit *m* de pas. *The incessant t. of feet,* un bruit continuel de pas. (*c*) *A:* Empreinte *f* de pas. **2.** (*a*) Accouplement *m* (de l'oiseau mâle). (*b*) *Biol:* Cicatricule *f*, germe *m* (d'un œuf). **3.** (*a*) **Tread of a stair,** (i) giron *m* d'une marche d'escalier; ais *m* de marche d'un escalier; emmarchement *m*; (ii) marche *f*. **Steps with a seven-inch tread,** marches avec sept pouces de giron. (*b*) Semelle *f* (d'un soulier, d'un étrier); plancher *m* (d'un étrier). (*c*) Fourchon *m*, étrier (d'échasse). (*d*) Échelon *m* (d'échelle, de moulin de discipline). (*e*) *Rail:* Surface *f* de roulement, table de *f* roulement (d'un rail). *Civ.E: etc:* Table, semelle (de poutre). (*f*) *Aut: etc:* Bande *f* de roulement, semelle, chape *f*, croissant *m* (d'un pneu); portant *m* (d'une roue). **Non-skid tread,** roulement antidérapant. **4.** *Cy:* Longueur *f* des deux manivelles; distance *f* entre pédales. **5.** *Veh:* Écartement *m* (des roues d'un même essieu); largeur *f* de voie; voie *f*.

'tread-board, *s.* **1.** *Const:* Giron *m* (d'une marche d'escalier). **2.** Échelon *m* (de manège à plan incliné).

'tread-wheel, *s.* Roue *f* à marches ou à chevilles; treuil *m* des carriers; (roue à) tympan *m*.

tread², *v.* (*p.t.* **trod** [trɔd]; *p.p.* **trodden** [trɔdn]) **I.** *v.i.* Marcher; poser les pieds; (*of foot*) se poser. *To t. softly,* marcher doucement, à pas feutrés. **To tread on sth.,** marcher sur qch.; mettre le pied sur qch. *The grass has been trodden on,* on a marché sur le gazon. *Don't t. on the paint,* ne posez pas le pied sur la peinture. **We shall have to tread lightly,** (i) il faut marcher légèrement; (ii) *F:* nous marchons sur des œufs; c'est un sujet scabreux. **To tread on s.o.'s toes,** (i) marcher sur le pied à qn, sur les pieds de qn; (ii) *F:* offenser, froisser, qn. *F:* **To tread on s.o.'s heels,** marcher sur les talons de qn; suivre qn de près. *U.S: P:* **To tread on the gas, to tread on it,** (i) *Aut:* appuyer sur, écraser, l'accélérateur; mettre tous les gaz; *Av:* mettre toute la sauce; (ii) se dépêcher; *P:* se grouiller. *See also* AIR¹ I. 1, CORN² 1, DELICATE 2, FOOTSTEP 2, RUSH⁴ I. 1. **2.** *v.tr.* (*a*) Marcher sur (le sol, etc.). **Well-trodden path,** chemin battu; chemin très fréquenté. **To tread sth. under foot,** écraser qch. du pied; fouler qch. aux pieds. **Trodden to death** *by the elephants,* écrasé sous les pieds des éléphants. *See also* BOARD¹ 1, SHOE-LEATHER. (*b*) **To tread one's way,** cheminer. *To t. a path,* suivre un chemin. *Slowly treading the room from end to end,* arpentant lentement la chambre d'un bout à l'autre. **To tread a pace,** faire un pas. *A:* **To tread a measure,** danser un menuet, une pavane, etc.; faire un pas de danse. (*c*) **To tread (out) grapes, grain,** fouler la vendange; dépiquer le grain. **To tread clothes,** piétiner le linge (dans le baquet). *Swim:* **To tread water,** nager debout. (*d*) (*Of cock*) Côcher, couvrir (la poule).

tread down, *v.tr.* **1.** Piétiner (la terre autour d'une plante, etc.). **2.** Écraser du pied, fouler aux pieds (qch.); opprimer, fouler (le peuple); traiter avec mépris, fouler aux pieds (qn). *See also* DOWNTRODDEN.

tread in, *v.tr.* Faire entrer, faire disparaître, (qch.) dans le sol; enfoncer (qch.) dans le sol (en marchant dessus).

tread out, *v.tr.* Éteindre, étouffer (un commencement d'incendie); étouffer, écraser (une révolte).

tread over, *v.tr.* **To tread one's shoes over on one side,** tourner ses souliers.

tread up, *v.tr. Ven:* (Faire) lever (les perdrix).

trodden, *a.* (Sentier, chemin) battu. *F:* **To follow the trodden path,** suivre le chemin battu.

treading, *s.* **1.** Pas *mpl*, marche *f*. **2.** (*a*) Piétinement *m*. **Treading under foot,** foulement *m* aux pieds. (*b*) **Treading (out),** foulage *m* (des raisins), dépiquage *m* (du grain). (*c*) *Swim:* **Treading water,** nage *f* debout.

'treading-vat, *s. Wine-m:* Fouloir *m*.

treadle¹ [tredl], *s.* Pédale *f* (de meule à aiguiser, etc.). **To work the treadle,** actionner la pédale. *See also* LATHE¹ 1, SEWING-MACHINE.

'treadle-crank, *s. Mec.E:* Manivelle *f* à pédale.

'treadle-machine, *s.* Machine *f* à pédale.

treadle², **1.** *v.i.* Pédaler; actionner la pédale. **2.** *v.tr.* Actionner (un tour, etc.) en pédalant, avec la pédale.

treadmill ['tredmil], *s.* **1.** (*a*) (i) *A:* (*In prisons, etc.*) Écureuil *m*; moulin *m* de discipline. (ii) Besogne ingrate quotidienne. (*b*) = TREAD-WHEEL. **2.** (*For horses*) Manège *m* à plan incliné; trépigneuse *f*.

treason ['tri:z(ə)n], *s. Jur:* Trahison *f*. **To talk treason,** tenir des propos séditieux. **High treason,** haute trahison; lèse-majesté *f*. *Lit: High t. against truth,* lèse-vérité *f*. *See also* CONSTRUCTIVE 3.

'treason-'felony, *s. Jur:* Infraction *f* à, complot *m* contre, la sûreté de l'État.

treasonable ['tri:z(ə)nəbl], *a.* **1.** De trahison, de lèse-majesté. **2.** Traître, perfide. **-ably,** *adv.* Traîtreusement; par trahison.

treasonous ['tri:z(ə)nəs], *a.* **1.** = TREASONABLE. **2.** Séditieux.

treasure¹ ['treʒər], *s.* Trésor *m*. **To lay up treasures in heaven,** amasser des trésors dans le ciel. *B: Where your t. is there will your heart be also,* car où est votre trésor là sera aussi votre cœur. **To hoard treasure,** thésauriser. *Art treasures,* objets *m* d'art qui sont des trésors. *F:* **My new maid is a treasure,** ma nouvelle bonne est un trésor, une perle, une trouvaille. **My treasure!** mon bijou!

'treasure-city, *s. B:* Ville *f* de munitions.

'treasure-house, *s.* Trésor *m*.

'treasure-hunt, *s.* Chasse *f* au trésor, aux trésors.

'treasure-ship, *s. A:* Galion *m*.

'treasure-'trove, *s. Jur:* Trésor (découvert par le pur effet du hasard).

treasure², *v.tr.* **1.** Priser, tenir beaucoup à, faire beaucoup de cas de (qch.). **2.** (*a*) **To treasure sth. (up),** garder qch. soigneusement, comme une relique; conserver qch. précieusement; *F:* faire des reliques de qch. **To treasure sth. up in one's memory,** garder précieusement le souvenir de qch. (*b*) **To treasure up wealth,** accumuler, amasser, des richesses.

treasurer ['treʒərər], *s.* Trésorier, -ière; économe *m* (d'un collège, etc.). **Treasurer's office,** trésorerie *f*; économat *m*. **Treasurer of the Household,** trésorier de la maison du roi. *Hist:* **Lord High Treasurer,** grand Trésorier.

treasurership ['treʒərərʃip], *s.* Trésorerie *f*; économat *m*; charge *f* de trésorier, d'économe.

treasury ['treʒəri], *s.* **1.** Trésor (public); trésorerie *f*; caisse centrale, caisses de l'État. **The Treasury,** (*in Engl.*) la Trésorerie (britannique); (*in Fr.*) le Trésor (public); *U.S:* le Ministère des Finances. **First Lord of the Treasury** = Président *m* du Conseil (des ministres). **Treasury clerk,** commis trésorier. *U.S:* **Secretary of the Treasury** = ministre *m* des Finances. *See also* BENCH¹ 1, BOND¹ 3. **2.** **Treasury of verse,** anthologie *f* poétique. *Book that is a t. of information,* livre *m* qui est un trésor, une mine, d'informations.

'treasury-bill, *s. Fin:* Billet *m* du Trésor.

'treasury-note, *s. A:* Coupure (de dix shillings ou d'une livre) émise par le Trésor.

'treasury-warrant, *s.* Mandat *m* du Trésor.

treat¹ [tri:t], *s.* **1.** (*a*) Régal *m*, *pl.* régals; festin *m*. **School treat,** partie de plaisir offerte aux enfants pauvres par un patronage scolaire. *To give the school-children a t.,* donner une fête aux enfants de l'école. *See also* DUTCH¹ 1. (*b*) *F:* **This is my treat, I am standing treat,** c'est moi qui paye, qui régale, *F:* qui arrose; c'est ma tournée. *Who is going to stand t.?* qui est-ce qui va régaler? *I'll stand t. all round,* je paie une tournée générale. **2.** *F:* Plaisir *m*, délice *m*. **It is quite a treat to me** *to listen to him,* cela me fait (infiniment de) plaisir, cela m'est un vrai régal, de l'écouter. *It would be a great t. to go to a theatre,* ce serait une véritable fête d'aller voir un spectacle. *For us game is a t.,* pour nous le gibier est un régal. **To give oneself a treat,** faire un petit extra. **A treat in store,** un plaisir à venir. *Iron: You've got a t. in store,* je vous souhaite de l'agrément. **3.** *Adv. phr. P:* **A treat,** parfaitement; très bien. **He's getting on a fair treat!** (i) il fait des progrès épatants! (ii) ses affaires marchent à merveille! *That tires the arms a t.,* ça fatigue joliment les bras.

treat². I. *v.i.* **1.** **To treat with s.o.,** traiter, négocier, avec qn. *To t. with the enemy,* pactiser avec l'ennemi. **To treat for peace,** traiter la paix. **2.** **To treat of a subject,** traiter d'un sujet; discourir sur un sujet. *Book treating of art,* livre *m* qui traite des beaux-arts.

II. **treat,** *v.tr.* **1.** Traiter (qn, qch.). *To t. s.o. well, badly,* se conduire bien, mal, avec qn; en bien user, en mal user, avec qn; bien, mal, agir avec qn. *To be kindly treated,* être traité avec bonté. *She is badly treated by her aunt,* sa tante la traite mal. *Is that how you t. him?* est-ce ainsi que vous en agissez avec lui? *I treated him rather roughly,* je l'ai mené un peu rudement. *To t. s.o. like a friend,* traiter qn comme un ami, en ami. *To t. s.o. as if he were a child,* traiter qn en enfant. **To treat sth. as a joke,** considérer qch. comme une plaisanterie; ne pas prendre (un avertissement, etc.) au sérieux. *See also* DIRT 1, EQUAL¹ 2. **2.** (*a*) Régaler (qn); payer à boire à (qn). **To treat s.o. to the theatre, to oysters,** offrir, payer, à qn un billet de théâtre, des huîtres. *F:* **To treat oneself to an ice,** s'offrir, se payer, une glace; se passer la fantaisie d'une glace. *To t. oneself to a good dinner, P:* s'allonger, s'appuyer, un bon dîner. *Abs.* **I'm treating,** c'est moi qui paye (la tournée, etc.). (*b*) Corrompre (les électeurs, en leur payant à boire ou à manger); *F:* arroser (les électeurs). **3.** (*a*) *Med:* Traiter (un malade, une maladie). **To treat s.o. for rheumatism,** soigner qn pour le rhumatisme. *To t. a patient with X rays,* traiter un malade par les rayons X. (*b*) *Ch:* **To treat a metal with an acid,** traiter un métal par un acide. *To t. wood with creosote,* imprégner le bois de créosote; injecter le bois à la créosote. **4.** *Lit: Art: Mus:* Traiter (un sujet, un thème).

treating, *s.* **1.** Action *f* de traiter. **2.** (*a*) Le fait de payer des tournées. (*b*) *Jur:* Corruption *f* (des électeurs, etc., en leur offrant à manger ou à boire).

treatable ['tri:təbl], *a.* Traitable.

treater ['tri:tər], *s.* **1.** Négociateur, -trice. **2.** Celui qui donne, paye, à boire. **3.** *The treaters of this subject,* ceux qui ont traité ce sujet.

treatise ['tri:tiz], *s.* Traité *m* (*on,* de). *A t. on ethics,* un traité de morale. *Cicero's t. on friendship,* le traité de Cicéron sur l'amitié.

treatment ['tri:tmənt], *s.* **1.** (*a*) Traitement *m* (de qn). *His t. of his friends,* sa manière d'agir envers ses amis. *He complains of his t.,* il se plaint de la manière dont il a été traité. *Handsome t.,* belle façon d'agir. *I did not expect such t. at your hands,* je ne m'attendais pas à ce que vous me traitiez ainsi. (*b*) Traitement (d'une matière, d'un sujet); conduite *f* (d'un poème, etc.). **2.** Traitement médical. (*a*) **Fresh air treatment,** cure *f* d'air. **To undergo treatment for cancer,** se faire traiter d'un cancer. *He is going to have t. in a nursing-home,* il va se faire soigner dans une clinique. **Patients under treatment,** les malades en traitement. (*b*) *To take a course of three treatments at the doctor's,* subir un traitement de trois séances chez le médecin.

treaty ['tri:ti], *s.* **1.** Traité *m* (de paix, de commerce); convention *f*. **Arbitration treaty,** traité d'arbitrage. **To enter into a treaty with s.o.,** conclure un traité avec qn. *Under this t. . . .,* en vertu de ce traité. . . . **Treaty obligations,** obligations conventionnelles. **Treaty-port,** port ouvert (au commerce étranger). **2.** (*a*) Accord *m*, contrat *m*. **To sell sth. by private treaty,** vendre qch. de gré à gré, à l'amiable. (*b*) **To be in treaty with s.o. for . . .,** être en traité, être en négociation, en pourparlers, avec qn pour. . . .

Treb(b)ia ['trebiə]. *Pr.n. A.Geog:* **The (river) Treb(b)ia,** la Trébie.

Trebizond ['trebizɔnd]. *Pr.n. Geog:* Trébizonde *f*.

treble¹ [trebl]. I. *a.* **1.** Triple. *A t. offence,* une triple offense. *To amount to* **treble figures,** se monter aux trois chiffres. **2.** *Mus:* De dessus; de soprano. **Treble voice,** (voix *f* de) soprano *m*. **Treble clef,** clef *f* de sol.

II. **treble,** *adv.* Trois fois autant. *He earns t. my salary,* il gagne trois fois plus que moi, le triple de ce que je touche.

III. **treble,** *s.* **1.** Triple *m*. *Six is the t. of two,* six est le triple de deux. **2.** (*a*) *Crochet:* **Plain treble,** brides *f* simples. **Alternating treble,** brides contrariées. (*b*) *Paperm:* Étendoir *m*. **Treble lines,** cordeaux *m* (de l'étendoir); guimées *f*. **3.** *Mus:* (*a*) Dessus *m*. *To sing the t.,* chanter le dessus. (*b*) (*Pers., voice*) Soprano *m*. *F: Shrill t.,* voix aiguë.

treble², **1.** *v.tr.* Tripler (la valeur, le nombre). **2.** *v.i.* (Se) tripler.

trebling, *s.* Triplement *m*.

trebly ['trebli], *adv.* Triplement; trois fois autant.
trebuchet ['trebuʃet], *s.* Trébuchet *m* (machine de guerre, piège, ou balance).
trecentist [tre'tʃentist], *s. Art: Lit.Hist:* Trécentiste *m.*
trecento (the) [ðətre'tʃento], *s. Art: Lit.Hist:* Le XIVe siècle (italien).
tree[1] [tri:], *s.* **1.** (*a*) Arbre *m. For:* **Timber tree,** arbre de haute futaie. *To climb a t.,* grimper sur, monter à, un arbre. *Clump of trees,* bouquet *m* d'arbres. **Tree of liberty,** arbre de la liberté. *F:* **To be at the top of the tree,** être au premier rang de sa profession; être au sommet, au haut, de l'échelle; être au pinacle. *To get to the top of the t.,* arriver. *Journalist at the top of the t.,* journaliste très arrivé. *P:* **To be up a tree,** être dans le pétrin; être à quia. *Prov:* **The tree is known by its fruit,** au fruit on connaît l'arbre; tel arbre tel fruit. *B: For if they do these things in the green t., what will they do in the dry?* car s'ils font ces choses au bois vert, que sera-t-il fait au bois sec? *Adv.phrs. F:* **In the green tree,** quand tout va bien. **In the dry tree,** au temps de misère. (*b*) **The tree of life,** l'arbre de vie. *See also* AGATE 1, BARK[4] 1, CHRISTMAS-TREE, FRUIT-TREE, HEAVEN 2, KNOWLEDGE 2, SPARROW 1, WOOD 1. **2. Family-tree,** arbre généalogique. **3.** *A:* **Gallows-tree,** gibet *m,* potence *f. B: Jesus whom ye slew and hanged on a t.,* Jésus que vous avez fait mourir, le pendant au bois. **4.** *Tchn:* (*a*) *Const:* Poutre *f. Min:* Étai *m,* butte *f. Nau:* **Single-tree mast,** mât *m* d'une seule pièce. (*b*) *Leath:* Chevalet *m* (de corroyeur). *See also* BOOT-TREE, CROSS-TREES, DORMANT 2, ROOF-TREE, SADDLE-TREE, SWINGLE-TREE.
'tree-blight, *s. Arb:* Blanc sec; blanc mielleux; carie *f.*
'tree-box, *s. Bot:* Buis arborescent.
'tree-calf, *s. Bookb:* Veau raciné.
'tree-crab, *s. Crust:* Cancre *m* des cocotiers.
'tree-creeper, *s. Orn:* Grimpereau *m.*
'tree-culture, *s.* Arboriculture *f.*
'tree-dweller, *s. Nat.Hist:* Arboricole *m.*
'tree-dwelling, *a. Nat.Hist:* (Animal *m*) arboricole.
'tree-fern, *s. Bot:* Fougère arborescente; fougère en arbre.
'tree-frog, *s. Amph:* Rainette *f;* grenouille *f* d'arbre; grasset *m.*
'tree-like, *a. Bot:* Dendroïde.
'tree-limit, *s. Geog: For:* Limite *f* de la végétation arborescente.
'tree-mallow, *s. Bot:* Lavatère *f* (en arbre).
'tree-marbling, *s. Bookb:* Racinage *m.*
'tree-nest, *s.* Nid *m* dans les arbres.
'tree-plough, *s. For:* Rigoleuse *f.*
'tree-prop, *s. For:* Étai *m.*
'tree-toad, *s.* = TREE-FROG.
'tree-trunk, *s.* Tronc *m* d'arbre.
tree[2], *v.* **1.** *v.tr.* (*a*) *Ven:* Forcer (la bête) à se réfugier dans un arbre. *F:* (*Of pers.*) **To be treed,** être aux abois, à quia; être au pied du mur. (*b*) Mettre (ses bottes, etc.) sur les embauchoirs; mettre des tendeurs dans (ses souliers); former, tendre, (une selle) sur le bois. **2.** *v.i.* (*Of beast, of hunter*) Se réfugier dans un arbre.
treed [tri:d], *a.* (Coteau, etc.) arbreux.
treeless ['tri:ləs], *a.* Dépourvu d'arbres; sans arbres. *T. hill tops,* cimes nues ou dénudées.
treenail[1] ['tri:neil, trenl], *s.* Cheville *f* de bois; fenton *m. Nau:* Gournable *f. Rail:* Trenail *m,* -ails. **Treenail-wedge,** épite *f.*
treenail[2], *v.tr.* Gournabler; cheviller.
trefle [trefl], *s. Mil.Min:* Trèfle *m.*
trefoil ['tri:fɔil, 'tre-], *s.* **1.** *Bot:* Trèfle *m.* **Bird's-foot trefoil,** lotier *m; F:* corne *f* du diable. **Hare's-foot trefoil,** patte-de-lièvre *f, pl.* pattes-de-lièvre. **Hop-trefoil,** minette *f.* **Bog trefoil, marsh trefoil, water trefoil,** ményanthe *m* à trois feuilles; trèfle d'eau. **2.** *Arch:* Trèfle.
trefoiled ['tri:fɔild], *a.* **1.** En forme de trèfle, tréflé. **2.** Trilobé; à trois lobes.
trehala [tri'hɑ:lə], *s. Pharm:* Tréhala *m.*
trehalose [tri:'hɑ:lous, 'tri:halous], *s. Ch:* Tréhalose *f.*
trek[1] [trek], *s.* (*In S. Africa*) **1.** Étape *f* (d'un voyage en chariot). **2.** (*a*) Voyage, expédition *f,* en chariot. (*b*) Migration *f.*
'trek-boer, *s.* **1.** Boer *m* nomade. **2.** *Hist:* Boer qui émigra du Cap vers les plateaux arrosés par le fleuve Orange (1835-8).
trek[2], *v.i.* **1.** Voyager en chariot (à bœufs). *F:* Voyager; faire route. **2.** Changer de région ou de pays. **3.** *F:* Plier bagage; déguerpir; filer.
trekker ['trekər], *s.* (*In S. Africa*) **1.** Voyageur *m* (en chariot à bœufs). **2.** Émigrant *m.*
trellis[1] ['trelis], *s.* **1.** (*a*) Treillis *m,* treillage *m.* (*b*) *Hort:* Rideau *m* de treillis; treille *f.* **2.** *Her:* Treillis.
'trellis-mast, *s. N.Arch:* Mât *m* treillis. *Civ.E:* Mât en treillis métallique.
'trellis-'window, *s.* Fenêtre treillissée.
'trellis-work, *s.* Treillis *m,* treillage *m.* **Trellis-work gate,** porte *f* en treillage. *Civ.E:* **Trellis-work post,** tour *f* en treillis; pylône *m.*
trellis[2], *v.tr.* **1.** Treillisser, treillager (une fenêtre, etc.). **2.** Échalasser (une vigne).
trellised, *a.* Garni de treillis, de treillage; treillissé; (grillage, papier peint, etc.) entreillissé. *Archeol: Coat of t. armour,* cotte treillissée.
trellising, *s.* **1.** Échalassage *m,* échalassement *m* (des vignes). **2.** *Coll.* = TRELLIS-WORK.
trematode ['trematoud], *a.* & *s. Vet:* **Trematode (worm),** (ver) trématode (*m*).
tremble[1] [trembl], *s.* **1.** Tremblement *m,* frisson *m;* (*in voice*) tremblotement *m. F:* **To be all of a tremble, all in a tremble,** trembler comme une feuille; être tout tremblant; trembloter; *P:* avoir la tremblante, avoir les grelots. **2.** *pl. Med: Vet:* **The trembles,** tremblement nerveux; *F:* la tremblade.
tremble[2], *v.i.* **1.** Trembler, vibrer. *The bridge is trembling,* le pont tremble. **2.** Trembler, frissonner; frémir. **To tremble like a leaf, like an aspen leaf, in every limb,** trembler comme une feuille; trembler de tout son corps, de tous ses membres; être tout tremblant. *To t. with cold,* trembler, trembloter, frissonner, de froid. **To tremble with fear,** trembler de peur; frémir de crainte. **To tremble before s.o.,** trembler devant qn. *I t. whenever I see him,* je tremble à le voir. *I t. at the thought of meeting him, I t. to think of meeting him,* je tremble de le rencontrer; je tremble à la pensée de le rencontrer. *He trembled lest his work be criticized,* il tremblait qu'on ne critiquât son travail, son œuvre. *He trembled at the idea that his work might be criticized,* il tremblait à l'idée qu'on pourrait critiquer son œuvre. **I tremble for his sanity,** je tremble qu'il ne devienne fou.
trembling[1], *a.* Tremblant, tremblotant. *Bot:* **Trembling poplar,** (peuplier *m*) tremble *m.* **Trembling grass,** brize tremblante; amourette *f.* **Trembling bog,** tourbière flottante. *El.E:* **Trembling bell,** sonnerie trembleuse. **-ly,** *adv.* En tremblant; (parler) en tremblotant.
trembling[2], *s.* Tremblement *m;* tremblotement *m* (d'une feuille, de la voix). *F:* **In fear and trembling,** tout tremblant. *Med: T. of the limbs,* tremblement. **Trembling fit,** accès de tremblement nerveux (continu); tremblement de fièvre.
trembler ['tremblər], *s.* **1.** (*Pers.*) Trembleur, -euse; peureux, -euse; poltron, -onne. **2.** *El.E:* Trembleur. **Trembler coil,** bobine *f* à trembleur.
tremella [tre'melə], *s. Fung:* Trémelle *f.*
tremellaceae [treme'leisii:], *s.pl. Fung:* Trémellacées *f.*
tremellose ['tremelous], *a. Bot:* Qui tremble (comme une gelée); tremblotant.
tremendous [tri'mendəs], *a.* **1.** Terrible, épouvantable, effrayant; à faire trembler. **2.** *F:* Immense, énorme; démesuré; formidable. *A t. lot of . . .,* une quantité énorme de. . . . *There was a t. crowd,* il y avait un monde fou. *T. success,* succès formidable, pyramidal. *A t. difference,* une énorme différence. *T. blow,* coup assommant. *He came down at a t. speed,* il est descendu à une vitesse vertigineuse. *He's a t. talker,* il est furieusement bavard. *He's a t. eater,* c'est un énorme mangeur; il mange à faire trembler. **-ly,** *adv.* **1.** Terriblement, épouvantablement; d'une manière effrayante; à faire trembler. **2.** *F:* Énormément; démesurément; furieusement. *He ate t.,* il mangeait comme un ogre. *T. wealthy,* archi-riche.
tremendousness [tri'mendəsnəs], *s.* **1.** Nature *f* terrible, caractère effrayant (*of,* de). **2.** Énormité *f;* grandeur démesurée (*of,* de).
tremolite ['tremolait], *s. Miner:* Trémolite *f,* grammatite *f.*
tremolo ['tremolo], *s. Mus:* (*a*) Tremolo *m.* **Tremolo notes,** notes tremblées. (*b*) **Tremolo (stop),** tremolo, tremblant *m* (d'un orgue).
tremor[1] ['tremər], *s.* **1.** (*a*) Tremblement *m,* frémissement *m;* tremblotement *m. T. of fear, of joy,* tremblement de peur, de joie; frisson *m* de peur. *A t. went through the audience,* un frémissement parcourut la salle. (*b*) *Med:* Tremblement; trémulation *f. See also* PURRING[1]. (*c*) *Physiol:* **Intention tremor,** crispation *f* musculaire (sous le coup d'une volition). **2.** Trépidation *f* (des vitres, d'une machine en marche, etc.). *Meteor:* **Earth tremor,** tremblement de terre; secousse *f* sismique; baroséisme *m.* **Preliminary tremor,** choc avant-coureur (d'un séisme).
tremor[2], *v.i.* (*Of machine, etc.*) Vibrer; (*of voice*) trembler.
tremulant ['tremjulənt], *s.* = TREMOLO (*b*).
tremulous ['tremjuləs], *a.* Tremblotant, frémissant. *T. smile,* sourire timide, craintif. *T. voice,* voix tremblante, chevrotante, mal assurée. *T. writing,* écriture tremblée. *The t. ripple on the water,* les rides *f* qui font trembler, qui agitent, la surface de l'eau. **-ly,** *adv.* En tremblant, en tremblotant; timidement, craintivement.
tremulousness ['tremjuləsnəs], *s.* **1.** Tremblotement *m* (de la voix, etc.). **2.** Timidité *f.*
trenail [trenl], *s.* = TREENAIL[1].
trench[1] [trenʃ], *s.* **1.** (*a*) *Agr: Hort:* Tranchée *f,* fossé *m;* (*for draining*) saignée *f,* rigole *f;* (*for young trees, etc.*) jauge *f.* **Water-trench,** fossé d'irrigation. (*b*) *El.E:* **Covered-in trench** (*for wiring*), canalisation *f.* **2.** *Mil:* Tranchée. **Communication trench, approach trench,** tranchée de communication; boyau *m.* **Zigzag trench,** tranchée en zigzag; chicane *f. System of zigzag trenches,* chicanage *m.* **Advanced trench, front-line trench,** tranchée de première ligne; tranchée de tir. **To mount the trenches, to be on trench duty,** être de tranchée. **To go into the trenches,** monter à la tranchée. *To leave the trenches,* quitter la tranchée. **Trench warfare,** guerre *f* de tranchées. *See also* SHELTER-TRENCH, SUPPORT[1] 1.
'trench-cap, *s. Mil:* Calot *m;* bonnet *m* de police.
'trench-coat, *s. Mil:* Manteau *m* imperméable (d'officier); trench-coat *m.*
'trench-fever, *s. Med:* Fièvre récurrente, à rechutes; typhus récurrent (1914-18).
'trench-foot, -feet, *s. Med:* Pieds gelés; gelure *f* des tranchées.
'trench-ladder, *s. Mil:* Échelle *f* de franchissement.
'trench-mortar, *s. Artil:* Mortier *m,* canon *m,* de tranchée; lance-bombes *m inv; P:* crapouillot *m.*
'trench-plough, *s. Agr:* Rigoleuse *f.*
'trench-works, *s.pl.* Travaux *m* de tranchées; travaux d'approche, de sape.
trench[2]. **1.** *v.tr.* (*a*) Creuser un fossé, une tranchée, dans (le sol); (*for draining*) rigoler (un pré, etc.). *Abs.* **To trench,** creuser des fossés. (*b*) *To t. a piece of ground,* défoncer, effondrer, un terrain. (*c*) *Hort:* Planter (le céleri) dans une rigole. (*d*) *Carp:* Rainer (une planche). **2.** *v.i.* **To trench (up)on s.o.'s property, s.o.'s**

rights, empiéter sur la propriété, sur les droits, de qn. *Doctrine that trenches on heresy*, doctrine *f* qui frise l'hérésie.

trenching, *s.* **1.** Creusement *m* d'une tranchée, de tranchées; défoncement *m*, effondrement *m* (d'un terrain); rigolage *m* (d'un pré, etc.). *Agr:* **Trenching plough,** charrue *f* à effondrer; (charrue) défonceuse *f*. **2. Trenching (up)on s.o.'s rights,** empiètement *m* sur les droits de qn.

trenchancy ['trenʃənsi], *s.* Mordacité *f*, causticité *f* (d'une réponse, d'une épigramme); énergie *f* (d'un discours).

trenchant ['trenʃənt], *a.* **1.** *Poet:* (*Of sword, etc.*) Tranchant, coupant. **2.** (*a*) (Style, ton) tranchant, net, incisif; (discours *m*, ton) énergique. *To be very t., F:* emporter la pièce, le morceau. (*b*) (Réponse, épigramme) mordante, cinglante, caustique. **-ly,** *adv.* D'une manière tranchante, incisive; *F:* à l'emporte-pièce.

trencher[1] ['trenʃər], *s.* **1.** *Cu:* Tranchoir *m*, tailloir *m*. (*Esp. in compounds, e.g.*) **Trencher companion,** compagnon *m* de table. **2.** *Sch: F:* **Trencher(-cap),** toque universitaire (anglaise); toque à plateau.

trencher[2], *s.* *Agr: Mil:* (*Pers.*) Creuseur *m* de fossés, de tranchées.

trencherman, *pl.* **-men** ['trenʃərmən, -men], *s.* (**Good, stout, valiant**) **trencherman,** (grand, gros, beau) mangeur. *He's a valiant t.*, c'est une bonne fourchette, une fourchette intrépide.

trend[1] [trend], *s.* **1.** Direction *f* (d'un cours d'eau, etc.); tendance *f*, marche *f* (de l'opinion publique, etc.). *The t. of affairs, of politics*, l'allure *f* des affaires; l'orientation *f* de la politique. *The t. of my thoughts*, le cours de mes pensées. *The principles that guide the t. of human thought*, les principes qui guident la marche de la pensée humaine. *T. of prices*, tendance des prix. *The t. of births*, le mouvement des naissances, de la natalité. *See also* SECULAR 2. **2.** *Nau:* Bas *m* de la verge d'une ancre.

trend[2], *v.i.* Se diriger, tendre, s'étendre (*to, towards*, vers). *Coast that trends southwards*, côte qui court, qui fuit, vers le sud; côte orientée vers le sud. *F: Things are trending towards, away from, militarism*, les choses tendent vers le militarisme; l'opinion tend à s'éloigner du militarisme.

Trent [trent]. *Pr.n. Geog:* Trente. *Ecc.Hist:* **The Council of Trent,** le Concile de Trente.

trental ['trent(ə)l], *s.* *Ecc:* Trentain *m*.

Trentine ['trentain], *a.* *Geog:* Trentin.

Trentino (the) [(ðə)tren'ti:no]. *Pr.n. Geog:* Le Trentin.

trepan[1] [tre'pan], *s.* *Tls: Surg: Min:* Trépan *m*.

trepan[2], *v.tr.* (**trepanned; trepanning**) *Surg:* Trépaner.

trepanning, *s.* Trépanation *f*. **Trepanning instruments,** instruments *m* pour la trépanation.

trepan[3], *v.tr.* (**trepanned; trepanning**) *A:* Attraper, attirer (qn) (par des artifices). *To t. s.o. (in)to a place*, attirer qn dans un endroit. **To trepan s.o. into doing sth.,** user d'artifices pour faire faire qch. à qn; induire qn à faire qch. **To trepan s.o. out of a sum,** escroquer une somme à qn.

trepanation [trepə'neiʃ(ə)n], *s.* *Surg:* Trépanation *f*.

trepang [tre'paŋ], *s.* *Echin:* Tripang *m*, trépang *m*; *F:* bêche-de-mer *f*, *pl.* bêches-de-mer.

trepanner [tre'panər], *s.* *Surg:* Trépanateur *m*.

trephine[1] [tre'fi:n, -'fain], *s.* *Tls: Surg:* Tréphine *f*.

trephine[2], *v.tr.* *Surg:* Opérer (qn, le crâne) avec la tréphine.

trephining, *s.* *Surg:* Térébration *f*.

trepidation [trepi'deiʃ(ə)n], *s.* Trépidation *f*. **1.** Agitation violente; émoi *m*. **2.** *Med:* Tremblement *m* des membres.

treponema [trepo'ni:ma], *s.* *Bac:* Tréponème *m*. *Esp. Med:* **Treponema pallidum** ['palidəm], tréponème pâle; spirochète *m* pâle.

treponemiasis [trepone'maiəsis], *s.* *Med:* Tréponémose *f*.

trespass[1] ['trespəs], *s.* **1.** (*a*) Contravention *f*, transgression *f*, de la loi; délit *m*. (*b*) *Theol:* Offense *f*, péché *m*. **Forgive us our trespasses,** pardonnez-nous nos offenses. *See also* OFFERING 2. **2.** *Jur:* (*a*) Violation *f* des droits de qn; trouble *m* de jouissance. (*b*) **Trespass to land,** violation *f* de propriété (sur un bien foncier). **Trespass of frontier,** violation de frontière. (*c*) *F:* **Trespass (up)on s.o.'s privacy, upon s.o.'s patience,** empiètement *m* sur la retraite de qn; abus *m* de la patience de qn.

trespass[2], *v.i.* **1.** *A. & Lit:* Transgresser la loi; pécher (*against*, contre). **As we forgive them that trespass against us,** comme nous pardonnons à ceux qui nous ont offensés. *To t. against the law, against a principle*, violer, enfreindre, la loi, un principe. **2.** *Jur:* (*a*) **To trespass (up)on s.o.'s rights,** violer, enfreindre, les droits de qn; empiéter sur les droits de qn. (*b*) **To trespass (up)on s.o.'s property,** *abs.* **to trespass,** empiéter, entrer ou passer sans autorisation, sur la propriété de qn; *F:* se mettre en contravention. *F:* **To trespass on s.o.'s preserves,** empiéter sur le champ d'activité de qn. (*c*) *To t. (up)on s.o.'s kindness*, abuser de la bonté de qn. *I don't want to t. on your time*, je ne veux pas abuser de vos moments.

trespassing, *s.* = TRESPASS[1] 2.

trespasser ['trespəsər], *s.* **1.** *Theol:* Pécheur, *f.* pécheresse; transgresseur *m*. **2.** *Jur:* (*a*) Violateur *m* des droits d'autrui. (*b*) Auteur *m* d'une violation de propriété (foncière); intrus *m*. '**Trespassers will be prosecuted,**' "défense de passer, d'entrer, sous peine d'amende"; "propriété privée."

tress [tres], *s.* (*a*) Tresse *f*, boucle *f* (de cheveux). (*b*) *pl. Poet:* **Tresses,** chevelure *f*, cheveux *mpl* (d'une femme). *Her long dishevelled tresses*, ses longs cheveux épars. *See also* LADY'S TRESSES.

-tress, *s.suff.* *See* -TOR.

tressed [trest], *a.* **1.** (Cheveux) tressés, en tresses. **2.** (*With adj. prefixed, e.g.*) **Golden-tressed,** aux tresses d'or.

tressure ['treʃər, 'tresjuər], *s.* *Her: Num:* Cordelière *f*.

trestle [tresl], *s.* Tréteau *m*, chevalet *m*. *T. of a bridge*, chevalet de ponton. **Sawyer's trestle,** chevalet de scieur; chèvre *f*, baudet *m*.

'**trestle-bed,** *s.* Lit *m* de sangle.

'**trestle-bridge,** *s.* Pont *m* de, sur, chevalets; ponton *m* à chevalets.

'**trestle-table,** *s.* Table *f* à tréteaux.

'**trestle-trees,** *s.pl.* *Nau:* Élongis *m* de chouque.

'**trestle-work,** *s.* Chevalets *mpl* (d'un pont).

tret [tret], *s.* *Com: A:* Réfaction *f*.

Treviso [tre'vi:zo]. *Pr.n. Geog:* Trévise.

trews [tru:z], *s.pl.* *Cost:* Pantalon *m* en tartan (que portent les soldats de certains régiments écossais).

trey [trei], *s.* *Cards: Dice:* (Le) trois. *Dice:* **Two treys,** terne *m*.

tri- [trai], *pref.* Tri-. *Triadic*, triadique. *Tribracteate*, tribractété. *Tricarinate(d)*, tricaréné. *Tricentenary*, tricentenaire. *Trisepalous*, trisépale.

triable ['traiəbl], *a.* **1.** (*a*) Que l'on peut tenter, essayer. (*b*) Que l'on peut mettre à l'épreuve. **2.** *Jur:* (*a*) (*Of pers.*) Qui peut être mis en jugement. (*b*) (*Of case*) Jugeable.

triacontahedral [traiakɔntə'hi:dr(ə)l, -'hedr(ə)l], *a.* *Cryst:* Triacontaèdre.

triad ['traiad], *s.* Triade *f*; groupe *m* de trois. *Ch:* Élément trivalent. *Mus:* Accord *m* sans l'octave. *Phil: Theol:* Unité composée de trois personnes.

triadelphous [traiə'delfəs], *a.* *Bot:* Triadelphe.

trial ['traiəl], *s.* **1.** *Jur:* (*a*) Jugement *m* (d'un litige, d'un accusé). **To bring s.o. to trial, bring s.o. up for trial, to put s.o. on his trial,** mettre, faire passer, qn en jugement. *To be brought to t.*, **to stand one's trial,** passer en jugement; être jugé; comparaître devant le tribunal. **They were sent for trial,** ils furent renvoyés en jugement. *Public t. of a criminal case*, débats *m* d'une affaire criminelle. **Trial by jury,** jugement par jury. *Mil:* **Trial by court-martial,** renvoi *m* devant un conseil de guerre. *See also* COMMIT 2, COMMITTAL 2. (*b*) Procès *m*. **Civil trial,** action civile. **Criminal trial,** procès criminel. **Famous trials,** causes *f* célèbres. **To grant s.o. a new trial,** accorder l'appel à qn. *U.S:* **Trial judge,** juge *m* de première instance. **Trial lawyer,** avocat plaidant. (*c*) *Hist:* **Trial by combat,** combat *m* judiciaire. **To demand trial by battle,** demander le camp. **2.** Essai *m*. (*a*) Épreuve *f*. **To stand a trial,** subir une épreuve. *Lit:* **To make trial of s.o.'s courage,** mettre à l'épreuve le courage de qn. *To make t. of one's strength against s.o.*, essayer, mesurer, ses forces contre celles de qn. *His heart failed him in the hour of his t.*, le cœur lui manqua au moment de l'épreuve. *Sp:* **Trial game,** match *m* de sélection. (*b*) **To give sth. a trial, to make the trial of sth.,** faire l'essai de qch. *We can make the t.*, on peut tenter l'expérience. **On trial,** à l'essai. *To buy sth. on t.*, acheter qch. à l'essai. *To take a servant on t.*, prendre un domestique à l'essai. **By way of trial,** pour essayer. **As a trial measure . . .,** à titre d'essai. . . . *Mth:* **To proceed by trial and error,** appliquer la règle de fausse position; procéder par tâtonnements. *Com:* **Trial lot,** envoi *m* à titre d'essai. **Trial order,** commande *f* d'essai. *Book-k:* **Trial balance,** balance *f* de vérification. **Trial-balance book,** livre *m* de soldes. *Av:* **Trial flight,** vol *m* d'essai. *Nau: etc:* **Speed trial,** essai *m* de vitesse. *Full-speed t.*, essai à toute vitesse. *Full-power t.*, essai à puissance maximum. *T. over the measured mile*, essai sur base (d'un navire). **Trial trip,** voyage *m* d'essai (d'un dirigeable, etc.); parcours *m* de garantie (d'une locomotive, etc.); *Nau:* essai à la mer; voyage d'essai. *Artil:* **Gun trials,** expériences *f* de tir; essais de tir. *Ind:* **Shop trials,** essais en plate-forme d'usine. *Undergoing trials*, en essai. *See also* ELIMINATION, RUN[1] 2. (*c*) *Usu. pl.* Concours *m*. **Sheep-dog trials,** concours de chiens de berger. **3.** Épreuve douloureuse; peine *f*, adversité *f*. *Everyone has his trials*, tout le monde a ses tribulations. *He has met with sad trials*, il a été cruellement éprouvé. *The troubles and trials of life*, les peines et les épreuves de la vie. **That child is a great trial to his parents,** cet enfant fait le martyre de ses parents, met à l'épreuve l'indulgence de ses parents. *My neighbour's gramophone is a great t. to me*, le phonographe de mon voisin m'incommode beaucoup, fait mon martyre.

triandria [trai'andria], *s.* *Bot:* Triandrie *f*.

triandrous [trai'andrəs], *a.* *Bot:* Triandre.

triangle ['traiaŋgl], *s.* **1.** *Geom: etc:* Triangle *m*. *Astr:* **The Triangle,** le Triangle (boréal ou austral). *Mec:* **Triangle of forces,** triangle des forces. *Surv:* **Triangle of error,** chapeau *m*. *F:* **The eternal triangle,** le ménage à trois; la vie à trois. **2.** (*a*) *Draw: U.S:* Équerre *f* (en triangle); triangle. (*b*) *Mus:* Triangle. (*c*) *Nau:* **Hoisting triangle,** chèvre *f*.

triangular [trai'aŋgjulər], *a.* Triangulaire; en triangle. *Nau: T. flag*, triangle *m*. *Const: T. tile*, tuile gironnée. *For: T. planting*, plantation *f* en triangle. *Navy: To retire in t. formation*, fuir en triangle. *Pol: etc:* **Triangular agreement,** accord plurilatéral. **Triangular election,** élection *f* triangulaire. *See also* ARCH[1] 1. **-ly,** *adv.* En (forme de) triangle; triangulairement.

triangularis, *pl.* **-res** [traiaŋgju'lɛəris, -ri:z], *s.* *Anat:* **Triangularis (muscle),** (muscle) triangulaire *m*.

triangulate[1] [trai'aŋgjuleit], *v.tr.* *Surv:* **To triangulate a region,** trianguler une région; faire, opérer, la triangulation d'une région.

triangulate[2] [trai'aŋgjulet], *a.* *Nat.Hist:* **1.** Marqué de triangles; à triangles. **2.** Triangulaire; en triangle.

triangulation [traiaŋgju'leiʃ(ə)n], *s.* *Surv:* Triangulation *f*. **Skeleton triangulation,** canevas *m*. **General triangulation,** canevas d'ensemble. **Triangulation point,** point *m* géodésique; borne-signal *f*, *pl.* bornes-signaux.

triapsal [trai'aps(ə)l], **triapsidal** [trai'apsid(ə)l], *a.* *Arch:* Qui a trois absides; à trois absides.

trias ['traias], *s.* *Geol:* Trias *m*.

triassic [trai'asik], *a.* *Geol:* (Terrain *m*, système *m*) triasique.

triatic [trai'atik], *a.* *Nau: A:* **Triatic stay,** maroquin *m*.

triatomic [traiə'tɔmik], *a.* *Ch:* Triatomique.

triaxial [trai'aksiəl], *a.* *Geom: etc:* Qui a trois axes; à trois axes.

triazine [trai'azain], *s.* *Ch:* Triazine *f*.

tribadism ['tribadizm], *s.* Tribadisme *m*, saphisme *m*.

tribal [ˈtraib(ə)l], a. 1. (Of race) Qui vit en tribus. 2. Qui appartient à la tribu; de tribu; (système) tribal, -aux. **-ally**, adv. (Vivre) en tribu.

tribalism [ˈtraibəlizm], s. Système tribal; organisation f par tribus.

tribasic [traiˈbeisik], a. Ch: Tribasique.

tribe [traib], s. 1. Tribu f. The twelve tribes of Israel, les douze tribus d'Israël. F: (Contemptuous) He and his tribe, lui et son clan, et sa caste. Father with a whole t. of children, père avec toute une smala d'enfants. 2. Nat.Hist: Tribu, espèce f. F: The scribbling tribe, les gratte-papier, les écrivassiers; A. & Hum: la gent écrivassière. See also FEATHERED 1.

tribesman, pl. **-men** [ˈtraibzmən, -men], s.m. 1. Membre d'une tribu. 2. Membre de la tribu.

triblet [ˈtriblet], s. Tls: Metalw: Triboulet m. Triblet tubes, tubes coulissants.

tribometer [traiˈbɔmetər], s. Mec: Tribomètre m.

Tribonian [traiˈbounjən]. Pr.n.m. Rom.Hist: Tribonien.

tribrach [ˈtribrak], s. Pros: Tribraque m.

tribulation [tribjuˈleiʃ(ə)n], s. Tribulation f, affliction f; épreuves fpl. His many tribulations, ses nombreuses tribulations. His life was one long t., sa vie fut un long calvaire.

tribunal [traiˈbjuːn(ə)l, tri-], s. Tribunal m, -aux. 1. (a) Rom.Ant: Siège m ou plate-forme f des magistrats. (b) Siège, fauteuil m, du juge. 2. Cour f de justice; la cour. The Hague Tribunal, la Cour permanente d'arbitrage (de la Haye). F: The tribunal of public opinion, le tribunal de l'opinion publique.

tribunate [ˈtribjunet], s. Rom.Hist: Fr.Hist: Tribunat m.

tribune[1] [ˈtribjuːn], s. 1. Rom.Hist: Fr.Hist: Tribun m. 2. F: Tribun, démagogue m; factieux m.

tribune[2], s. 1. (a) Tribune f (d'orateur). (b) Trône m (d'évêque). 2. Ecc.Arch: A: Tribunal m (de basilique).

tribuneship [ˈtribjuːnʃip], s. Rom.Hist: = TRIBUNATE.

tribunitian [tribjuˈniʃ(ə)n], a. Rom.Hist: Tribunitien.

tributary [ˈtribjutəri]. 1. a. (Peuple m, cours m d'eau, etc.) tributaire. 2. s. (a) Tributaire m. The Jews were made tributaries of the Romans, les Juifs furent faits tributaires des Romains. (b) Ph.Geog: Affluent m (d'un fleuve); tributaire.

tribute [ˈtribjuːt], s. 1. Tribut m. To pay tribute, payer tribut (to, à). To lay a nation under tribute, imposer un tribut à une nation. 2. Tribut, hommage m. To pay a tribute to s.o., faire, rendre, hommage à qn. To pay a last t. of respect to s.o., rendre à qn les derniers devoirs. Coffin hidden beneath a mass of floral tributes, cercueil caché sous un amas de gerbes et de couronnes. To pay the tribute of a tear, rendre (à qn) l'hommage d'une larme. 3. Min: Tribute (system), (i) rétribution proportionnelle, en nature ou en espèces, du propriétaire de la mine; (ii) abandon m à la main-d'œuvre d'une quote-part du minerai (en guise de salaires). To work on tribute, (i) exploiter la mine à condition de payer une redevance proportionnelle; (ii) payer la main-d'œuvre en nature.

'**tribute-money**, s. Hist: Tribut m.

tricala [ˈtrikala], s. = TREHALA.

tricapsular [traiˈkapsjulər], a. Bot: Tricapsulaire.

tricar [ˈtraikɑːr], s. Veh: Tri-car m, pl. tri-cars; tri-voiturette f, pl. tri-voiturettes; (commercial) triporteur m.

tricarpous [traiˈkɑːrpəs], a. Bot: Qui a trois carpelles; à trois carpelles.

trice[1] [trais], s. Only in the phr. In a trice, en un clin d'œil, en moins de rien; A: en un tournemain.

trice[2], v.tr. Nau: To trice (up) a sail, the boom, hisser une voile; relever, soulager, le gui.

tricing, s. Tricing (up), hissage m.

'**tricing-line, -rope**, s. Suspensoir m; lève-nez m inv, hale-breu m inv.

tricennial [traiˈsenjəl], a. Jur: (Of prescription) Tricennal, -aux.

tricentenary [traisenˈtiːnəri], a. & s. = TERCENTENARY.

tricephalic [traiseˈfalik], **tricephalous** [traiˈsefələs], a. Tricéphale; à trois têtes.

tricephalus [traiˈsefələs], s. Ter: Tricéphale m; monstre m à trois têtes.

triceps [ˈtraiseps], s. Anat: Triceps (muscle), triceps m.

trichiasis [triˈkaiəsis], s. Med: 1. Trichiasis m (des cils). 2. Trichosis m, trichiasis (de la vessie, etc.).

trichina, pl. **-ae** [triˈkaina, -iː], s. Med: Trichine f.

Trichinopoli [tritʃiˈnɔpoli]. 1. Pr.n. Geog: Tritchinopoly m. 2. s. Cigare m de Tritchinopoly.

trichinosed [ˈtrikinouzd], a. Med: Trichiné.

trichinosis [trikiˈnousis], s. Med: Trichinose f.

trichinous [ˈtrikinəs], a. (Of meat, etc.) Trichineux, trichiné.

trichite [ˈtrikait], s. Miner: Trichite f.

trichiura [trikiˈjuərə], s. Ent: Trichiure m.

trichiurus [trikiˈjuərəs], s. Ich: Trichiure m; F: ceinture f d'argent.

trich(o)- [ˈtrik(o), ˈtraik(o)], comb.fm. Trich(o)-. Trichauxis, trichauxis. Trichocyst, trichocyste. Trichopathy, trichopathie.

trichocephalus [trikoˈsefələs], s. Med: Trichocéphale m.

trichology [triˈkɔlədʒi], s. Trichologie f.

trichoma [triˈkouma], s. Med: Trichome m; plique (polonaise).

trichome [ˈtraikoum], s. Bot: Trichome m.

trichord [ˈtraikɔːrd], a. & s. Mus: (Instrument) tricorde (m).

trichosis [triˈkousis], s. Med: 1. = TRICHIASIS 1. 2. = TRICHOMA.

trichotomous [triˈkɔtoməs], a. Bot: etc: Trichotome, trifurqué.

trichotomy [triˈkɔtomi], s. Log: etc: Trichotomie f.

trichromatic [traikroˈmatik], a. Phot: etc: (Procédé m) trichrome.

trick[1] [trik], s. 1. (a) Tour m, ruse f, finesse f; artifice m; malice f, attrape f; supercherie f. To serve s.o. a trick, to play a trick on s.o., jouer un tour à qn. He feared some t. on my part, il craignait quelque finesse, quelque supercherie, de ma part. To obtain sth. by a trick, obtenir qch. par ruse. Tricks of a sharper, ruses d'un filou. To resort to every t. in order to . . ., user de tous les artifices pour. . . . (b) Truc m. Tricks of writing, artifices de style. The tricks of the trade, les trucs, les tours, les recettes f, les petites cuisines, du métier. To know all the tricks of the trade, (i) connaître le fort et le fin de son art; connaître les ficelles f; (ii) P: être à la coule. To teach s.o. the tricks of the trade, P: mettre qn à la coule. He knows a trick or two, he's up to every trick, il en sait plus d'une; il est roublard. I know a trick worth two of that, je connais un truc encore meilleur que celui-là. Stage tricks, ficelles du théâtre. Cin: Optical tricks, truquages m optiques. Trick picture, truquage. To discover the trick for doing sth., trouver le tour de main, F: trouver le joint, pour faire qch. To know the trick of it, avoir le truc. That'll do the trick, ça fera l'affaire. Cin: Trick film, picture, film m à trucs, à ficelles. Trick handle, manivelle f d'escamotage. 2. Farce f, niche f, tour, malice f. Nasty trick, mean trick, shabby trick, scurvy trick, vilain tour; P: sale blague f. T. of chance, malice du hasard. To play a trick on s.o., to play s.o. a trick, faire une farce, une malice, une blague, à qn; P: tirer une carotte à qn. He played us one of his tricks, il nous a joué un tour de sa façon; il nous a donné, servi, un plat de son métier. I know his little tricks, je connais tous ses manèges. You have been up to your old tricks, vous avez encore fait des vôtres. He has been up to all manner of tricks, il a fait les quatre cents coups, les cent (dix-neuf) coups. See also MONKEY-TRICKS. 3. Tour d'adresse. I put my dog through a few tricks, je fis exécuter quelques tours à mon chien. Card trick, tour de cartes. See also THREE-CARD. Conjuring trick, tour de prestidigitation; tour de passe-passe; tour de gobelet. (Toys) Box of tricks, coffret m de prestidigitation. F: Bag of tricks, sac m à malice. F: The whole bag, box, of tricks, toute la boutique; tout le bataclan; tout le tremblement; tout le fourbi. It is a special t. of his, c'est un chic à lui. F: To do the trick, réussir le coup. The trick has come off, le tour est joué. Trick-riding, voltige f. See also BALANCING[1] 2, FLYING[2] 1, HAT TRICK, PARLOUR, SLEEVE 1. 4. Manie f, habitude f; tic m. Nasty t., vilaine habitude. He has a trick of (doing sth.), il a la manie, l'habitude, de (faire qch.). It's a t. of his, c'est un tic chez lui. 5. Cards: Levée f. To take a trick, faire une levée; faire un pli. The odd trick, le trick, le tri. To take, lose, the odd t., faire, perdre, la carte. To play for the odd t., jouer la belle. See also SCORE[2] 3. 6. Nau: Trick at the wheel, tour de barre; tour à la barre. To take one's t. at the wheel, prendre son tour de service à la barre.

trick[2], v.tr. 1. Attraper, duper, P: carotter (qn). Fb: Mystifier (un adversaire). I've been tricked, on m'a refait; je me suis laissé refaire; je me suis laissé duper. To trick s.o. into doing sth., amener qn par ruse à faire qch. To t. s.o. into signing, into consenting, surprendre la signature, le consentement, de qn. I was tricked into consenting, c'est par trahison qu'on a arraché mon consentement. To t. oneself into the belief that . . ., s'abuser au point de croire que. . . . To trick the truth out of s.o., amener qn à se trahir, à trahir la vérité. To trick s.o. out of sth., (i) frustrer qn de qch.; (ii) escroquer qch. à qn; F: souffler qch. à qn. You have tricked me out of five shillings, vous m'avez refait de cinq shillings. 2. Her: Blasonner (un écu). 3. F: To trick s.o. out, up, parer, orner, attifer, qn (with, in, de); pomponner qn.

tricking, s. 1. Duperie f, tromperie f, tricherie f. 2. Her: Blasonnement m (d'un écu).

trickery [ˈtrikəri], s. Tromperie f, fourberie f, tricherie f; F: tortillage m; roublarderie f. Piece of trickery, fraude f, supercherie f, fourberie f.

trickiness [ˈtrikinəs], s. 1. Fourberie f. 2. F: Nature compliquée, difficile, délicate (d'un mécanisme, etc.).

trickish [ˈtrikiʃ], a. 1. Trompeur, rusé, fourbe. 2. = TRICKY 2.

trickle[1] [trikl], s. Filet m, filtrée f (d'eau). To set the tap at a trickle, ouvrir le robinet à petit jet. F: A t. of sales, ventes f par petits paquets.

'**trickle-charger**, s. El.E: Chargeur m (d'accu) par filtrage, à régime lent.

'**trickle-charging**, s. El.E: Chargement m par filtrage.

trickle[2]. 1. v.i. (a) Couler (goutte à goutte); suinter. The water trickles through the rock, (i) l'eau suinte, (ii) l'eau f ruisselle, à travers la roche. Waters that t. from the rock, eaux qui sourdent de la roche. The water was trickling down the stairs, l'eau dégoulinait le long de l'escalier. Tears trickled down her cheeks, les larmes coulaient le long de ses joues. To trickle in, s'infiltrer. To trickle out, (of liquid) découler, dégoutter; F: (of news, information) se répandre par degrés, peu à peu. (b) F: Refugees trickling over the frontier, réfugiés qui passent la frontière par petits groupes, un à un. P: To trickle round to see s.o., pousser tout doucement jusque chez qn. The ball just trickled into the hole, la balle roula tout doucement dans le trou. 2. v.tr. (a) Laisser dégoutter (un liquide); laisser tomber (un liquide) goutte à goutte. (b) (At golf, etc.) To trickle the ball into the hole, faire rouler tout doucement la balle dans le trou.

trickling[1], a. (Liquide m) qui coule, découle, dégoutte; (vente f, etc.) par petits paquets.

trickling[2], s. Dégouttement m; écoulement m goutte à goutte.

trickster [ˈtrikstər], s. Fourbe m, escroc m; P: carotteur, -euse; carottier, -ière. He's a t., P: c'est une ficelle; il est ficelle.

tricksy [ˈtriksi], a. Espiègle; capricieux; malin, f. maligne.

tricky [ˈtriki], a. 1. Rusé, astucieux, fin. T. attorney, P: procédurier m très ficelle. T. horse, cheval qui a du vice. 2. F: (Mécanisme, etc.) délicat, d'un maniement délicat; compliqué. T. job, tâche f qui exige du doigté; tâche pas commode.

triclinic [traiˈklinik], a. Cryst: Triclinique. See also FEL(D)SPAR.

triclinium [traiˈkliniəm], s. Rom.Ant: Triclinium m.

tricoccous [traiˈkɔkəs], a. Bot: (Fruit m) tricoque.

tricolo(u)r [ˈtraikʌlər]. 1. a. Tricolore. 2. s. (a) The Tricolour, le drapeau tricolore (français). (b) Cravate f (du drapeau).

tricoloured [ˈtraikʌlərd], *a.* Tricolore. *Nau: T. lantern*, fanal *m* tricolore.
tricorn [ˈtraikɔːrn], *a. & s.* (Chapeau) tricorne (*m*).
tricotyledonous [traikɔtiˈliːdənəs], *a. Bot:* Qui a trois cotylédons; à trois cotylédons.
tricuspid [traiˈkʌspid], *a. Anat:* (Valvule *f*) tricuspide (du cœur).
tricycle [ˈtraisikl], *s.* Tricycle *m.* **Motor tricycle**, tricycle à moteur. **Carrier-tricycle, box-tricycle**, triporteur *m.* **Hand-propelled tricycle** (*for invalids, etc.*), vélocimane *m.*
tricyclist [ˈtraisiklist], *s.* Tricycliste *mf.*
tridactyl(ous) [traiˈdaktil(əs)], *a. Z:* Tridactyle.
trident [ˈtraidənt], *s.* **1.** Trident *m* (de Neptune, etc.). **2.** *Geom:* **Trident (curve)**, trident.
tridental [traiˈdent(ə)l], **tridentate** [traiˈdentet], *a. Nat.Hist:* Tridenté.
Tridentine [traiˈdentain]. **1.** *a. Geog:* Trentin. *Ecc.Hist:* **The Tridentine Council**, le Concile de Trente. **2.** *s. Theol:* Catholique romain.
triduo [ˈtriːduo], **triduum** [ˈtraidjuəm], *s. Ecc:* Triduo *m*, triduum *m.*
tried [traid]. *See* TRY[2].
triennial [traiˈenjəl], *a.* **1.** Trisannuel; qui a lieu tous les trois ans. **2.** Triennal, -aux; qui dure trois ans. *Hort:* **Triennial plants**, *s.* **triennials**, plantes triennales. **-ally**, *adv.* Tous les trois ans.
triennium [traiˈeniəm], *s.* Triennat *m. Rel.H:* Triennium *m.*
trier [ˈtraiər], *s.* **1.** *F:* Celui qui essaie, qui n'a pas peur d'essayer, qui persiste sans se décourager. **He's a trier**, il fait toujours de son mieux. **2.** *Jur:* (*a*) Juge *m. The t. of the case*, le magistrat qui a jugé la cause. (*b*) *pl.* **Triers**, arbitres (chargés d'apprécier la validité des récusations de jurés). **3.** *A:* Épreuve *f*; chose *f* difficile. **4.** *Tail: Dressm:* **Trier-on**, essayeur, -euse.
trierarch [ˈtraiərɑːrk], *s. Gr.Ant:* Triérarque *m.*
trierarchy [ˈtraiərɑːrki], *s. Gr.Ant:* Triérarchie *f.*
trifacial [traiˈfeiʃ(ə)l], *a. & s. Anat:* **Trifacial (nerve)**, (nerf) trijumeau (*m*); (nerf) trifacial (*m*).
trifid [ˈtraifid], *a. Bot: etc:* Trifide.
trifle[1] [traifl], *s.* **1.** (*a*) Chose *f* sans importance; bagatelle *f*, vétille *f*; *F:* broutille *f. The merest t. puts him out*, il se fâche pour un rien, à propos de rien. (*Of offence*) **It's a mere trifle**, il n'y a pas de quoi fouetter un chat. *She would shed tears for a mere t.*, elle pleurait pour une bêtise. *To quarrel over a mere t.*, se quereller pour un oui, pour un non, pour un rien. *Ten pounds, a mere t.!* dix livres, une misère! *To busy oneself with trifles*, s'occuper à des futilités *f. To stick at trifles*, s'arrêter à des vétilles; vétiller; *F:* chercher la petite bête. *Person who sticks at trifles*, vétilleur, -euse. **It's no trifle**, ce n'est pas une petite affaire; c'est toute une affaire. (*b*) Petite somme d'argent. **He gave the beggar a trifle**, il donna quelques sous au mendiant. (*c*) *Adv.phr.* **A trifle**, un tout petit peu, (un) tant soit peu; quelque peu. *A t. too narrow*, un soupçon trop étroit. *The dress is a t. (too) short*, la robe est trop courte d'un doigt. *Meat a t. burnt*, viande légèrement brûlée. **2.** (*a*) *Lit:* Petit ouvrage d'esprit. *To write sparkling trifles*, composer des bluettes *f.* (*b*) *Mus:* Délassement *m.* **3.** *Cu:* Charlotte *f* russe sur biscuit de Savoie imbibé de xérès. **4.** (*a*) Étain *m* (pour vaisselle d'étain). (*b*) *pl.* **Trifles**, vaisselle *f* d'étain.
trifle[2]. **1.** *v.i.* (*a*) Jouer, badiner (*with*, avec). **To trifle with s.o.**, se jouer de qn. *To t. with a woman*, libertiner avec une femme. **He is not a man to be trifled with**, on ne joue pas, on ne plaisante pas, avec lui; il ne fait pas bon badiner avec lui; on ne se moque pas de lui. *Such feelings are not to be trifled with*, on ne doit pas plaisanter avec ces sentiments-là. *To t. with one's health*, jouer avec sa santé. *Prov:* **Do not trifle with love**, on ne badine pas avec l'amour. (*b*) **To trifle with sth.**, manier nonchalamment (sa canne, etc.); jouer avec (son lorgnon, etc.). *To t. with one's food*, manger du bout des dents; chipoter ce qu'on a dans son assiette. (*c*) Se montrer futile; vétiller; chipoter; s'amuser, s'occuper, à des futilités, à des riens. *To t. with the arts*, faire de l'art en dilettante. **2.** *v.tr.* **To trifle away one's money, one's energy**, gaspiller, perdre à des riens, son argent, ses forces. **To trifle one's time away**, gâcher son temps; lanterner, baguenauder; *F: A:* enfiler des perles.
trifling[1], *a.* **1.** (*Of pers.*) Futile, léger. **2.** (*Of thg*) Insignifiant; peu important, sans importance; négligeable. *T. incidents*, menus incidents; incidents futiles. *The most t. particulars*, les moindres détails *m. A few t. presents*, quelques petits cadeaux sans conséquence. **Of trifling value**, d'une valeur minime. *That is a t. matter*, c'est peu de chose; ce n'est qu'une bagatelle. *It is no t. business*, ce n'est pas une petite affaire. **-ly**, *adv.* (*a*) En se jouant; en badinant. (*b*) D'une manière futile.
trifling[2], *s.* **1.** Légèreté *f* d'esprit; manque *m* de sérieux; *F:* lanternerie *f. Musset's elegant t.*, l'élégant badinage de Musset. **2.** Futilités *f.*
trifler [ˈtraiflər], *s.* (*a*) Personne *f* frivole; baguenaudier *m*; amuseur, -euse. (*b*) *T. at his work*, velléitaire *m.*
triflorous [traiˈflɔːrəs], *a. Bot:* Triflore.
trifoliate [traiˈfouliet], *a. Bot:* Trifolié, terné.
trifolium [traiˈfouliəm], *s. Bot:* Trifolium *m*, trèfle *m.*
triforium, *pl.* **-ia** [traiˈfɔːriəm, -ia], *s. Arch:* Triforium *m.*
triform [ˈtraifɔːrm], *a.* Triforme.
triformis [traiˈfɔːrmis], *a. Bot:* Triforme.
trifurcate[1] [traiˈfəːrket], *a. Nat.Hist:* Trifurqué.
trifurcate[2] [traiˈfəːrkeit], *v.i.* Se trifurquer.
trifurcation [traifəːrˈkeiʃ(ə)n], *s.* Trifurcation *f.*
trig[1] [trig], *s.* **1.** Cale *f* (pour empêcher une roue, un tonneau, de rouler). **2.** Sabot *m* d'enrayage; enrayure *f.*
trig[2], *v.tr.* **1.** Caler (une roue, un tonneau). **2.** Enrayer (une roue).
trig[3], *s. Dial:* Ligne *f* (de départ d'une course, derrière laquelle on se tient pour jeter les palets, etc.).
trig[4] *a. Scot:* (*a*) (*Of pers.*) Soigné dans sa mise; tiré à quatre épingles; pimpant. (*b*) (*Of room, etc.*) Net, *f.* nette.
trig[5], *v.tr.* (trigged; trigging) *Scot:* **To trig s.o. out**, parer, orner, attifer, qn. *To trig oneself out*, se mettre sur son trente et un; s'endimancher.
trig[6], *s. Sch: P:* Trigonométrie *f*; *P:* trigo *f.*
trigamist [ˈtrigəmist], *s. Jur:* Trigame *mf.*
trigamous [ˈtrigəməs], *a. Jur: Bot:* Trigame.
trigamy [ˈtrigəmi], *s. Jur:* Trigamie *f.*
trigeminal [traiˈdʒemin(ə)l], *a. & s.* = TRIFACIAL.
trigged [trigd], *a. W.Tel:* (Lampe) poussée à la limite d'entretien.
trigger [ˈtrigər], *s.* (*a*) *Mec.E:* Poussoir *m* à ressort. *T. of a pile-driver*, déclic *m* d'une sonnette. *T. of a latch*, poucier *m* d'un loquet. *Aut: T. of the hand-brake*, manette *f* du frein. **Trigger action**, déclenchement *m. See also* RELEASE[1] 2. (*b*) *Sm.a:* Détente *f*; *F:* gâchette *f. To press, pull, the t.*, presser, lâcher, la détente. *Gangster quick on the trigger*, bandit *m* qui n'attend pas pour tirer. *See also* HAIR-TRIGGER.
ˈtrigger-finger, *s.* Doigt avec lequel on presse la détente; index *m* (de la main droite).
ˈtrigger-fish, *s. Ich:* Baliste *m.*
ˈtrigger-guard, *s. Sm.a:* Pontet *m*; sous-garde *f*, *pl.* sous-gardes.
trigla [ˈtrigla], *s. Ich:* Trigle *m*, grondin *m.*
triglot [ˈtraiglɔt], *a. & s.* (Bible *f*, dictionnaire *m*) triglotte.
triglyph [ˈtraiglif], *s. Arch:* Triglyphe *m.*
trigon [ˈtraigən], *s. Astrol: Gr.Ant:* Trigone *m.*
trigonal [ˈtrigon(ə)l], *a.* Trigone, triangulaire.
trigone [ˈtraigoun, triˈgoun], *s. Anat:* Trigone *m* (de la vessie).
trigonella [trigoˈnela], *s. Bot:* Trigonelle *f.*
trigonometric(al) [trigonoˈmetrik(əl)], *a.* Trigonométrique. **-ally**, *adv.* Trigonométriquement.
trigonometry [trigoˈnɔmetri], *s.* Trigonométrie *f.* **Plane trigonometry**, trigonométrie rectiligne. **Spherical trigonometry**, trigonométrie sphérique.
trigram [ˈtraigram], *s.* **1.** *Pal:* Trigramme *m*; sigle *m* de trois caractères réunis. **2.** = TRIGRAPH.
trigraph [ˈtraigraf, -grɑːf], *s. Gram: Typ:* Trigramme *m.*
trigyn [ˈtraidʒin], *s. Bot:* Plante *f* trigyne.
trigynia [traiˈdʒinja], *s.pl. Bot:* **The trigynia**, les plantes *f* trigynes.
trigynous [ˈtridʒinəs], *a. Bot:* Trigyne.
trihedral [traiˈhiːdrəl, -ˈhedrəl], *a. & s. Geom:* **Trihedral (angle)**, (angle *m*) trièdre; trièdre *m.*
trihedron [traiˈhiːdrən, -ˈhedrən], *s. Geom:* Angle *m* trièdre; trièdre *m.*
trike [traik], *s. P:* = TRICYCLE.
trilateral [traiˈlatərəl], *a.* Trilatéral, -aux.
Trilby [ˈtrilbi], *s.* **1.** **Trilby (hat)**, chapeau mou. (Mode lancée par les acteurs de la version dramatique du roman *Trilby*, de George du Maurier, 1895.) **2.** *pl. P:* **Trilbies**, pieds *m*, *P:* ripatons *m.* (Trilby posait pour les pieds.)
trilinear [traiˈliniər], *a. Geom:* Trilinéaire.
trilingual [traiˈliŋgw(ə)l], *a.* Trilingue.
triliteral [traiˈlitərəl], *a. Ling:* Trilittère.
trilith [ˈtrailiθ], **trilithon** [ˈtrailiθən], *s. Archeol:* Trilithe *m.*
trill[1] [tril], *s.* **1.** *Mus:* (*a*) Trille *m.* (*b*) Cadence perlée. **2.** (*a*) Chant perlé (des oiseaux). (*b*) Chevrotement *m.* **3.** *Ling:* Consonne roulée.
trill[2]. **1.** *v.i.* (*a*) *Mus:* Faire des trilles (en chantant). (*b*) (*Of bird*) Perler son chant. *Trilling laugh*, rire perlé. (*c*) Chevroter. **2.** *v.tr.* (*a*) *Mus:* Triller (une note, un passage). (*b*) *Ling:* Rouler (les r). **Trilled consonant**, consonne roulée.
trilling[1], *s.* **1.** *Mus:* Trilles *mpl.* **2.** *Ling: T. of the r*, roulement *m* de l'r.
trilling[2] [ˈtriliŋ], *s.* **1.** Trijumeau, -elle (un de trois jumeaux). **2.** *Cryst:* Macle *f* de trois individus cristallins.
trillion [ˈtriljən], *s.* **1.** Quintillion *m* (10^{18}). **2.** *U.S:* Trillion *m* (10^{12}).
trilobate [traiˈloubet], *a. Bot: etc:* Trilobé.
trilobite [ˈtrailobait], *s. Paleont:* Trilobite *m.*
trilocular [traiˈlɔkjulər], *a. Bot: etc:* Triloculaire.
trilogy [ˈtrilɔdʒi], *s.* Trilogie *f.*
trim[1] [trim], *s.* **1.** Bon ordre. (*a*) **Everything was in perfect trim**, tout était en parfait état, en bon ordre, en ordre parfait; tout était bien rangé, bien tenu. **To be in no trim for sth., for doing sth.**, ne pas être préparé, arrangé, pour qch., pour faire qch. **Ship in fighting trim**, navire prêt pour le combat; navire bien battant. (*b*) (*Of pers.*) **To be in good trim**, être gaillard, d'aplomb, de bonne humeur; (*of boxer, etc.*) être en forme. *Athlete in perfect t.*, athlète *m* en forme parfaite. *You have laughed me into good t.*, vos plaisanteries m'ont ragaillardi, m'ont remis d'aplomb. **To be out of trim**, (i) être de mauvaise humeur; (ii) être mal en train; ne pas être d'aplomb. **2.** *Nau:* (*a*) Assiette *f*, arrimage *m* (d'un navire). *Av:* Équilibrage *m.* **Ship in trim, out of trim**, navire qui a, qui n'a pas, son assiette. *To put a ship out of t.*, désarrimer un navire. (*b*) Différence *f* du tirant d'eau à l'avant et à l'arrière. (*c*) Orientation *f* (des voiles). **Sailing trim**, allure *f.* **In sailing trim**, bien orienté. **3.** *Hairdr:* Coupe *f.*
trim[2], *a.* (*a*) Soigné; en bon état; propret, gentil, coquet; (*of pers.*) soigné de sa personne; tiré à quatre épingles; pimpant. *T. appearance*, air soigné. *T. moustache*, moustache soignée. *A t. figure*, une jolie tournure, une tournure élégante. *T. waist*, taille *f* mince, bien prise. *A t. chambermaid*, une femme de chambre accorte, bien tournée. *A t. little garden*, un jardinet coquet, bien tenu, *F:* bien peigné. (*b*) *Nau:* (Navire) bien voilé; (voile *f*) étarque. **-ly**, *adv.* (*a*) En bon ordre; nettement, proprement. (*b*) Coquettement, gentiment.
trim[3], *v.tr.* (trimmed; trimming) **1.** (*a*) Arranger, mettre en ordre

mettre en état (qch.). (*b*) Tailler, tondre, couper (une haie); émonder, ébourgeonner, esserter ou ébrancher (un arbre); ébarber, rogner, ajuster, parer (une pièce coulée); dégrossir, corroyer (le bois); dégauchir, dresser (une pierre de taille); dégraisser, blanchir (une planche); égaliser, rafraîchir (les cheveux, la barbe, la queue d'un cheval). *Leath:* Échantillonner (les peaux). *Phot:* Calibrer (une épreuve). *Metall:* Épiler (les blocs d'étain). **To trim (up) s.o.'s hair,** rafraîchir les cheveux de qn; épointer les cheveux (d'une femme). *To trim one's nails,* se faire les ongles. **To trim up a dog,** toiletter un chien. **To trim a lamp,** (i) faire, arranger, une lampe; (ii) couper la mèche d'une lampe. *Bookb:* **To trim (down) the edges of a book,** ébarber, rogner, les tranches d'un livre. *Nau:* *To t. the end of a cable,* rafraîchir, moucher, un câble. *Surg:* *To t. a wound,* (r)aviver une plaie. *Cu:* **To trim meat,** habiller, parer, la viande; enlever les tirants. (*c*) (*Of shoal of fish*) **To trim the shore,** longer la côte. (*d*) *Const:* Enchevêtrer, enclaver (des solives). **Trimmed joist,** poutre enchevêtrée; poutre secondaire. **2.** *Dressm:* *etc:* Orner, parer, garnir, agrémenter (une robe, un chapeau, etc.) (*with,* de). *Underclothes trimmed with lace,* linge de corps garni, bordé, de dentelles, avec une garniture de dentelles. *Hat trimmed with flowers,* chapeau garni de fleurs. **3.** *Nau:* (*a*) Équilibrer, balancer, redresser (un navire); mettre (un navire) en bon tirant d'eau. **Trimmed even keel,** chargé à égal tirant d'eau. **Trimmed by the head, by the stern,** chargé sur nez, sur cul. **To trim the cargo,** arrimer ou réarrimer le chargement. *Com:* **Free on board and trimmed,** franc à bord et d'arrimage. *See also* WELL TRIMMED. (*b*) Orienter, appareiller, balancer (les voiles). **To trim the sails sharp,** *abs.* **to trim sharp,** brasser en pointe. *F:* **We must trim our sails to the wind,** selon le vent la voile. *Abs. Pol:* *etc:* **To trim,** tergiverser, louvoyer; faire de l'opportunisme; *F:* tendre les voiles du côté que vient le vent; ménager la chèvre et le chou; nager entre deux eaux; se garder à carreau. **4.** *F:* **To trim s.o.'s jacket,** administrer une raclée, une volée, une brossée, à qn. **5.** *P:* **To trim s.o.,** tondre, plumer, qn.

trim away, off, *v.tr.* Enlever (le superflu). *Hort:* Ravaler (des branches, etc.). *Metall:* *To t. off, away, the burrs or seams of a moulding, of a casting,* ébavurer, déborder, un moulage; ébarber une pièce coulée.

trimming away, off, *s.* *Hort:* Ravalement *m* (des branches). *Metall:* Ébarbage *m,* ébarbement *m.*

trim up, *v.tr.* **1.** Garnir à neuf (un chapeau, etc.). **To trim oneself up,** faire un brin de toilette; *P:* s'astiquer. *Nau:* **To trim up the rigging,** alester, alestir, le gréement. **2.** *Carp:* *etc:* Dresser (une poutre, une meule, etc.); laver (du bois dégrossi; ragréer (un assemblage).

trimming, *s.* **1.** (*a*) Arrangement *m,* mise *f* en ordre, mise en état (de qch.). (*b*) Taille *f* (des haies, des arbres); ébranchage *m,* émondage *m* (des arbres); ébarbage *m* (de pièces coulées); dégrossissage *m,* corroyage *m* (du bois). *Leath:* Échantillonnage *m* (des peaux). *Phot:* Calibrage *m* (des épreuves). *T. of a dog's coat,* toilettage *m* d'un chien. *Bookb:* **Trimming (down) of the edges,** ébarbage des tranches. **Trimming machine,** *Metall:* *etc:* ébarbeuse *f*; *Bookb:* rogneuse *f.* *Phot:* **Trimming-knife,** (i) photo-cisaille *f, pl.* photo-cisailles; coupe-épreuves *m inv*; (ii) lancette *f.* **Trimming-nib,** lancette. **Trimming-board,** photo-cisaille. (*c*) *Carp:* Enchevêtrement *m,* enclavement *m* (de solives). **Trimming work,** enchevêtrement. **2.** (*a*) Garnissage *m* (de chapeaux, de linge, etc.). *Cu:* Apprêt *m* (d'un mets). (*b*) Garniture *f,* ornement *m,* agrément *m* (de vêtements, de chapeaux, de rideaux, etc.). **Bead trimming,** motif perlé. **Lace trimming,** garniture de dentelles. **3.** (*a*) *Nau:* Arrimage *m,* balancement *m* (de la cargaison). (*b*) *Nau:* Orientation *f,* balancement (des voiles). (*c*) *F:* Louvoyage *m* (politique, etc.); opportunisme *m.* **4.** *pl.* **Trimmings.** (*a*) Rognures *f,* ébarbures *f* (de fer, de bois, de papier, etc.); parure *f* (de viande). (*b*) Passementerie *f* (pour vêtements, ameublements, etc.); fournitures *fpl* (pour chapeaux, etc.); agréments *mpl* (d'un uniforme, etc.). *Cu:* Accompagnements *mpl,* garniture (d'un gigot, etc.).

'trimming-axe, *s.* *Tls:* *Arb:* Émondoir *m.*

'trimming-joist, *s.* *Const:* Chevêtrier *m.*

'trimming-tank, *s.* *Nau:* Caisse *f* d'assiette.

trimera ['trimərə], *s.pl.* *Ent:* Trimères *m.*

trimeran ['trimərən], *a.* & *s.* *Ent:* Trimère (*m*).

trimerous ['trimərəs], *a.* *Ent:* *etc:* (Coléoptère *m,* etc.) trimère.

trimester [trai'mestər], *s.* Trimestre *m.*

trimestrial [trai'mestriəl], *a.* Trimestriel.

trimeter ['trimetər, 'trai-], *a.* & *s.* *Pros:* Trimètre (*m*).

trimetric(al) [trai'metrik(əl)], *a.* **1.** *Pros:* Trimètre. **2.** *Cryst:* = ORTHORHOMBIC.

trimmer ['trimər], *s.* **1.** (*Pers.*) (*a*) *Ind:* Appareilleur *m*; pareur, -euse. *Metall:* Burineur *m* (de pièces venues de fonte, etc.). (*b*) **Lamp-trimmer,** lampiste *m.* (*c*) Garnisseur, -euse (de chapeaux, de robes, etc.). (*d*) *Nau:* Arrimeur *m.* **Coal-trimmer,** soutier *m.* (*e*) *Pol:* *etc:* Opportuniste *m*; ami *m* de tout le monde; sauteur *m.* **2.** (*a*) Machine *f* à trancher, à dresser (le bois, etc.). *Paperm:* *Bookb:* Massicot *m.* *See also* EDGE-TRIMMER, PRINT-TRIMMER, WHEEL-TRIMMER, WICK-TRIMMER. (*b*) *Const:* Solive *f* d'enchevêtrure; chevêtre *m*; linçoir *m,* linsoir *m.* *To join joists by a t.,* enchevêtrer des solives. (*c*) *Pike-Fish:* Trimmer *m.*

trimness ['trimnəs], *s.* Air soigné, air bien tenu, bien tourné (de qn, de qch.); élégance *f* (de mise); apparence coquette (d'un jardin, etc.). *The t. of her figure,* sa jolie tournure; sa taille bien prise.

trimorph ['traimɔːrf], *s.* *Cryst:* Substance *f* trimorphe.

trimorphic [trai'mɔːrfik], *a.* *Cryst:* Trimorphe.

trimorphism [trai'mɔːrfizm], *s.* *Cryst:* *Nat.Hist:* Trimorphisme *m.*

trimorphous [trai'mɔːrfəs], *a.* Trimorphe.

Trinacria [tri'nakriə]. *Pr.n.* *A.Geog:* Trinacrie *f.*

trine [train]. **1.** *a.* (*a*) Triple. *Ecc:* **Trine aspersion,** triple aspersion *f* (dans le sacrement du baptême). (*b*) *Astrol:* Trin; trine. **Trine aspect,** trin(e) aspect *m.* **2.** *s.* *Astrol:* Trin(e) aspect.

trinervate [trai'nəːrvet], *a.* *Bot:* Trinervé.

tringa ['triŋgə], *s.* *Orn:* Tringa *m*; *F:* maubèche *f* ou chevalier *m.*

tringle [triŋgl], *s.* *Arch:* *Furn:* Tringle *f.*

Trinitarian [trini'tɛəriən], *s.* **1.** *Theol:* Trinitaire *mf.* **2.** *Ecc:* **Trinitarian (monk or nun),** trinitaire *mf.*

trinitrate [trai'naitret], *s.* *Ch:* Trinitré *m.*

trinitrated [trainai'treitid], *a.* *Ch:* Trinitré.

trinitrocellulose ['trainaitro'seljulous], *s.* *Ch:* *Exp:* Coton-poudre *m*; fulmicoton *m.*

trinitrotoluene ['trainaitro'təljuiːn], **trinitrotoluol** ['trainaitro-'təljuəl], *s.* *Exp:* Trinitrotoluène *m.*

Trinity ['triniti], *s.* **1.** (*a*) *Theol:* **The (blessed) Trinity,** la (sainte) Trinité. **Trinity Sunday,** (fête *f* de) la Trinité. **Trinity term,** *Jur:* session *f* de la Trinité; session d'été; *Sch:* trimestre *m* d'été. *Jur:* **Trinity sittings** = *Trinity term.* (*b*) *F:* Groupe *m* de trois (personnes, objets). **2.** *Nau:* **Trinity House,** corporation chargée de l'entretien des phares, du balisage et du pilotage. **Trinity House boat** = (bateau) baliseur *m.* *See also* BROTHER 2.

trinket ['triŋket], *s.* (*a*) Petit objet de parure; petit bijou; colifichet *m*; breloque *f* (de chaîne de montre). (*b*) Babiole *f,* bibelot *m.* *Women's trinkets,* affiquets *m, F:* affûtiaux *m.* *Glass trinkets,* verroterie *f.*

trinketry ['triŋketri], *s.* Breloques *fpl,* babioles *fpl,* colifichets *mpl.*

trinomial [trai'noumiəl], *a.* & *s.* *Mth:* Trinôme (*m*).

trio, *pl.* **-os** ['triːou(z)], *s.* *Mus:* *etc:* Trio *m.*

triode ['traioud], *a.* & *s.* *W.Tel:* (Lampe *f*) à trois électrodes.

triole ['triːoul], *s.* *Mus:* Triolet *m.*

triolet ['triːolet], *s.* *Pros:* Triolet *m.*

trional ['traion(ə)l], *s.* *Pharm:* Trional *m.*

Triones [trai'ouniːz], *s.pl.* *Astr:* Triones *m.*

trioxide [trai'ɔksaid], *s.* *Ch:* Trioxyde *m.* *See also* NITROGEN, SULPHUR[1] I.

trip[1] [trip], *s.* **1.** Excursion *f*; voyage *m* d'agrément; partie *f* de plaisir; tour *m,* tournée *f.* **Holiday trip,** voyage de vacances. **Honeymoon trip,** voyage de noces. **To go for a trip, to make a trip,** faire une excursion, un petit voyage; voyager. *To go for a short sea t.,* faire une sortie en mer. *To go for a t. round the lake,* faire le tour du lac. *We always go for a t. on Sundays,* nous faisons toujours une sortie le dimanche. *F:* **To do the trip from Calais to Dover,** faire le trajet de Calais à Douvres. *I have never done the t. to Venice,* je n'ai jamais fait le voyage de Venise. **Cheap trip,** excursion à prix réduit. *Aut:* **Trip recorder** (*of speedometer*), (totalisateur) journalier *m*; compteur *m* de trajet. *Nau:* **Maiden trip,** première sortie (d'un navire). **Round trip,** croisière *f.* *To hire a ship for the term of one t.,* louer un navire pour la durée d'un voyage. *See also* TRIAL 2. **2.** Pas léger. *I always knew her by her t.,* je reconnaissais toujours son pas léger. **3.** (*a*) Faux pas; trébuchement *m*; bronchade *f* (d'un cheval). (*b*) *F:* Faute *f,* erreur *f*; faux pas. *One t. and we are lost,* un seul faux pas et nous sommes perdus. (*c*) Croc-en-jambe *m, pl.* crocs-en-jambe. *Box:* Enlaçage *m* de jambe. **4.** = TRIP-GEAR.

'trip-dial, *s.* *Cy:* Totalisateur journalier (de compteur kilométrique).

'trip-gear, *s.* *Mec.E:* **1.** Déclic *m,* déclanche *f,* déclanchement *m* (de mouton, etc.); modificateur instantané. **2.** Culbuteur *m* (de bennes, etc.).

'trip-hammer, *s.* Marteau *m* à bascule, à soulèvement. *Metall:* *etc:* Martinet *m.*

'trip-lever, *s.* *Mec.E:* Levier *m* à déclic.

'trip-wire, *s.* *Mil:* Fil tendu (en guise de traquenard ou d'avertisseur).

trip[2], *v.* (**tripped** [tript]; **tripping**) **1.** *v.i.* (*a*) **To trip (along),** aller d'un pas léger; trotter, marcher, dru et menu. *She tripped away,* elle s'en alla d'un pas léger. *She tripped across the square,* elle traversa la place à petits pas, de son pas menu, léger. *To t. up the stairs,* grimper lestement l'escalier. (*b*) Trébucher; faire un faux pas; (*of horse*) broncher. **To trip over sth.,** trébucher sur, buter contre, qch. (*c*) *F:* Se tromper; commettre une faute. **To catch s.o. tripping,** trouver, prendre, qn en défaut, en erreur. **To trip over a word,** trébucher sur un mot. **My tongue tripped,** la langue m'a fourché. (*d*) *Mec.E:* (*Of catch, etc.*) Se déclancher. (*e*) *Nau:* (*Of anchor*) Déraper. **2.** *v.tr.* (*a*) **To trip s.o. (up),** (i) donner un croc-en-jambe, donner la jambette, à qn; renverser qn d'un croc-en-jambe; *F:* passer une jambe à qn; (*of obstacle*) faire trébucher, faire tomber, qn; (ii) *F:* prendre qn en défaut, en erreur. **To trip up a witness,** surprendre un témoin en contradiction. (*b*) *Mec.E:* Déclancher, décliquer, débrayer (une pièce de machine); culbuter (un levier, etc.). **To trip a piece in,** embrayer une pièce. (*c*) *Nau:* **To trip the anchor,** déraper l'ancre. (*d*) *Nau:* **To trip up the boom,** soulager le gui.

trip in, out, *v.i.* Entrer, sortir, d'un pas léger.

tripping[1], *a.* **Tripping step,** pas léger. **-ly,** *adv.* **1.** D'un pas léger; lestement. **2.** (Répondre) sans hésiter; (lire qch.) couramment, avec facilité.

tripping[2], *s.* **1.** = TRIP[1] 2, 3. **2.** *Mec.E:* Déclanchement *m* (d'une pièce de machine). **3.** *Nau:* Dérapage *m* (de l'ancre).

'tripping-gear, *s.* = TRIP-GEAR.

'tripping-lever, *s.* = TRIP-LEVER.

'tripping-line, *s.* *Nau:* Hale-breu *m inv*; lève-nez *m inv*; vérine *f.*

trip[3], *s.* *Sch:* *F:* = TRIPOS.

tripack ['traipak], *s.* *Phot:* Jeu *m* de trois pellicules à écrans colorés (pour photographie trichrome).

tripartite [trai'pɑːrtait], *a.* **1.** Tripartite; divisé en trois. **2.** Triple. *T. alliance,* triple alliance. *Jur:* *T. indenture,* (i) contrat trilatéral, *pl.* contrats trilatéraux; (ii) contrat en trois exemplaires.

tripartition [traipɑːr'tiʃ(ə)n], *s.* Tripartition *f.*

tripe [traip], *s.* **1.** (*a*) *Cu:* Tripe(s) *f(pl)*; gras-double *m.* (*b*) *P:* Fatras *m*, bêtises *fpl*; *P:* roustissure *f. To publish t.*, publier des ouvrages sans valeur, de la littérature de camelote. *That's all t.*, tout ça c'est des foutaises *f.* **2.** *pl.* (*Not in polite use*) **Tripes**, (i) entrailles *f*, intestins *m*; (ii) panse *f.*

'tripe-dealer, -seller, *s.* Tripier, -ière.

'tripe-shop, *s.* Triperie *f.*

tripeman, *pl.* **-men** ['traipmən, -men], *s.m.* Tripier.

tripery ['traipəri], *s.* Triperie *f.*

tripetalous [trai'petələs], *a. Bot:* Tripétale, tripétalé.

triphase ['traifeːiz], *a. El:* (Courant) triphasé.

triphthong ['trifθɔŋ], *s. Ling:* Triphtongue *f.*

triphyllous [trai'filəs], *a. Bot:* Triphylle.

tripinnate [trai'pinet], *a. Bot:* Tripenné.

triplane ['traiplein], *a.* & *s. Av:* Triplan (*m*).

triple[1] [tripl], *a.* Triple. *Mth:* **Triple ratio,** raison *f* triple. *Mus:* **Triple time,** mesure *f* ternaire, à trois temps. *Ch:* **Triple salt,** sel *m* triple. *Astr:* **Triple star,** étoile *f* triple. *Hist:* **The Triple Alliance,** la Triplice; la triple Alliance. (*In compounds*) **Triple-cylinder engine,** machine *f* à trois cylindres. **Triple-expansion engine,** machine à triple expansion. **Triple-screw steamer,** vapeur *m* à trois hélices. **-ply,** *adv.* Triplement.

triple-'headed, *a.* A trois têtes.

triple-'nerved, *a. Bot:* Triplinervé.

triple[2]. **1.** *v.tr.* Tripler. **2.** *v.i.* (Se) tripler.

tripling, *s.* **1.** Triplement *m.* **2.** *Cryst:* Groupe *m* de trois cristaux.

triplet ['triplet], *s.* **1.** Trio *m*; réunion *f* de trois personnes, de trois choses. *Esp.* (*a*) *Mus:* Tercet *m*, triolet *m.* (*b*) *Pros:* Tercet. (*c*) *Arch:* Triplet *m* (de trois fenêtres). (*d*) *Opt:* **Triplet lens,** triplet. **2.** Trijumeau, -elle; triplet. **To give birth to triplets,** mettre au monde trois jumeaux. *They are triplets*, ce sont trois enfants d'une même couche. *Birth of triplets*, accouchement *m* trigémellaire.

triplex ['tripleks, 'trai-], *a.* (Planche *f*) en trois épaisseurs; (machine *f*) à trois cylindres. *Paperm:* **Triplex boards,** cartons *m* triplex.

triplicate[1] ['tripliket]. **1.** *a.* Triplé; triple. *Mth:* **Triplicate ratio,** raison triplée. **2.** *s.* Triple *m*; triplicata *m. Agreement* **in triplicate,** traité (fait) en triple, en triplicata, en triple exemplaire, en triple expédition.

triplicate[2] ['triplikeit], *v.tr.* **1.** Tripler. **2.** Rédiger (un document) en triple expédition.

triplication [tripli'keiʃ(ə)n], *s.* **1.** Triplication *f.* **2.** Tirage *m* à triple exemplaire.

triplicity [tri'plisiti], *s.* Triplicité *f.*

tripod ['traipɔd], *s.* **1.** (*a*) Trépied *m*, trois-pieds *m inv*; pied *m* (à trois branches). *Folding t.*, pied à brisures; pied pliant. *Phot:* etc: *Sliding t., adjustable t.*, trépied à coulisse; pied à branches coulissantes. *Ladder t.*, trépied à échelle; pied praticable. (*b*) *Gr.Ant:* Trépied. **2.** *Attrib.* (*a*) A trois pieds. **Tripod stand,** pied à trois branches; support *m* à trois pieds. *See also* MOUNTING 2. (*b*) *Nau:* **Tripod mast,** (mât) tripode *m.*

tripodal ['tripɔd(ə)l], *a.* A trois pieds.

Tripoli ['tripoli]. **1.** *Pr.n. Geog:* (*a*) Tripoli *m.* (*b*) La Tripolitaine. **2.** *s.* **Tripoli (powder),** tripoli *m*; terre pourrie (d'Angleterre).

Tripolitan [tri'pɔlitən], *a.* & *s. Geog:* Tripolitain, -aine.

Tripolitania [tripɔli'teinjə]. *Pr.n. Geog:* La Tripolitaine.

tripos ['traipɔs], *s. Sch:* Examen *m* de Bachelier-ès-Arts (à Cambridge), spécialisé en mathématiques, langues classiques, etc. (Le grade était accordé autrefois après soutenance sur la sellette.)

tripper ['tripər], *s.* Excursionniste *mf. F: Cheap-trippers*, excursionnistes qui profitent de billets à prix réduits.

trippery ['tripəri], *a. F:* (Endroit) où les excursionnistes abondent. *T. seaside resort*, plage toujours inondée d'excursionnistes; plage populaire.

Triptolemus [trip'tɔlemɔs]. *Pr.n.m. Gr.Myth:* Triptolème.

triptych ['triptik], *s. Art:* Triptyque *m.*

triptyque ['triptik], *s. Aut:* Triptyque *m* (pour passage en douane).

triquetrous [trai'kwetrəs], *a. Nat.Hist:* (Tige *f*, os *m*, etc.) triquètre.

trireme ['trairiːm], *s. Gr.Ant:* Trirème *f*, trière *f.*

trisect [trai'sekt], *v.tr. Geom:* etc: Triséquer; diviser, couper, (une ligne, un angle) en trois.

trisecting[1], *a.* Trisecteur, -trice.

trisecting[2], *s.* = TRISECTION.

trisection [trai'sekʃ(ə)n], *s.* Trisection *f.*

trisector [trai'sektər], *s. Geom:* Trisecteur *m.*

trisepalous [trai'sepələs], *a. Bot:* Trisépale.

triskele ['triskiːl], **triskelion** [tris'kelion], *s. Num:* etc: Triquètre *f.*

Trismegistus [trisme'gistəs]. *See* HERMES 2.

trismus ['trizməs], *s. Med:* Trisme *m.*

trispermous [trai'spəːrməs], *a. Bot:* Trisperme.

tristichous ['tristikəs], *a. Bot:* Tristique.

Tristram ['tristrəm]. *Pr.n.m. Mediev.Lit:* Tristan.

trisulcate [trai'sʌlket], *a. Z:* Trisulce.

trisulphide [trai'sʌlfaid], *s. Ch:* Trisulfure *m.*

trisyllabic [traisi'labik, tri-], *a. Pros:* Tris(s)yllabe, tris(s)yllabique.

trisyllable [trai'siləbl, tri-], *s. Pros:* Tris(s)yllabe *m.*

trite [trait], *a.* Banal, -aux; trivial, -aux; rebattu; *F:* rapla-pla(t) *inv.* **Trite subject,** sujet usé, rebattu; *Art: Lit:* poncif *m.* **-ly,** *adv.* Banalement, trivialement.

triteness ['traitnəs], *s.* Banalité *f*, trivialité *f.*

tritheism ['traiθiːizm], *s. Theol:* Trithéisme *m.*

tritheist ['traiθiːist], *s. Theol:* Trithéiste *m.*

Triton ['trait(ə)n]. **1.** *Pr.n.m. Myth:* Triton. **2.** *s.* (*a*) *Myth:* Triton *m. F:* **To be a triton among the minnows,** éclipser tout son entourage. (*b*) *Amph:* Triton *m.*

tritone ['traitoun], *s. Mus:* Triton *m.*

Tritoness ['traitənes], *s.f. Myth:* Tritonide, tritonne.

tritoxide [trai'tɔksaid], *s. Ch:* Tritoxyde *m.*

triturate ['tritjureit], *v.tr.* Triturer; réduire (qch.) en poudre.

triturating, *s.* Trituration *f.* **Triturating machine,** triturateur *m. Exp:* **Triturating ball,** gobille *f.*

trituration [tritju'reiʃ(ə)n], *s.* Trituration *f.*

triturator ['tritjureitər], *s. Ind:* (*Machine*) Triturateur *m.*

triumph[1] ['traiəmf], *s.* **1.** *Rom.Ant:* Triomphe *m.* **2.** (*a*) Triomphe, succès *m. The t. of civilization over brute force*, le triomphe de la civilisation sur la force brutale. **To achieve great triumphs,** remporter de grands succès. *To recount all one's petty triumphs*, conter toutes ses petites glorioles. *F:* **Her dress is a triumph of bad taste,** sa robe est un chef-d'œuvre de mauvais goût. (*b*) Air *m* de triomphe; jubilation *f. Great was his t. on hearing that . . .*, grande fut sa jubilation quand il apprit que. . . . *There was t. on his countenance*, un air de triomphe était répandu sur son visage. *He returned home* **in triumph,** il rentra chez lui en triomphe.

triumph[2], *v.i.* **1.** *Rom.Ant:* Triompher. **2.** Triompher; remporter un succès éclatant; avoir l'avantage. **To triumph over one's enemies,** triompher de ses ennemis; l'emporter sur ses ennemis. *To t. over opposition, a difficulty*, avoir raison de l'opposition, d'une difficulté. *F: Now it's my turn to t.*, maintenant c'est à moi de chanter victoire.

triumphing, *a.* Triomphant; triomphateur, -trice.

triumphal [trai'ʌmf(ə)l], *a.* Triomphal, -aux; de triomphe. **Triumphal arch,** arc *m* de triomphe.

triumphant [trai'ʌmfənt], *a.* Triomphant; triomphateur, -trice. *Society in which vice is t.*, société *f* où le vice triomphe. **The Church Triumphant,** l'Église triomphante. **-ly,** *adv.* En triomphe; triomphalement; d'un air, d'un ton, de triomphe.

triumpher ['traiəmfər], *s.* Triomphateur, -trice; vainqueur *m.*

triumvir, *pl.* **-virs, -viri** [trai'ʌmvər, -vərz, -virai], *s. Rom.Hist:* Triumvir *m.*

triumviral [trai'ʌmvirəl], *a.* Triumviral, -aux.

triumvirate [trai'ʌmviret], *s.* **1.** Triumvirat *m.* **2.** *F:* Trio *m* (de personnes).

triune ['traijuːn], *a.* D'une unité triple. *Esp. Theol:* **Triune godhead,** divinité *f* une en trois personnes; divinité trine.

triunity [trai'juːniti], *s.* Trinité *f.*

trivalence [trai'veiləns], *s. Ch:* Trivalence *f.*

trivalent ['trivələnt], *a. Ch:* Trivalent.

trivalve ['traivalv], **trivalvular** [trai'valvjulər], *a. Nat.Hist:* Trivalve.

trivet[1] ['trivet], *s.* Trépied *m*, chevrette *f* (pour bouilloire, etc.). *See also* RIGHT[1] I. 4.

trivet[2], *s. Tex:* **Trivet (knife),** taillerol(l)e *f.*

trivial ['triviəl], *a.* **1.** (*a*) Insignifiant; sans importance. *T. loss*, perte légère, insignifiante. *T. offence*, peccadille *f.* (*b*) (*Of pers.*) Superficiel, léger, frivole, futile. **2.** Banal, -aux; trivial, -aux. **The trivial round,** le train-train de tous les jours. **3.** *Nat.Hist:* (Nom *m*) (i) spécifique, (ii) populaire. **-ally,** *adv.* **1.** Légèrement; d'une manière frivole. **2.** Banalement.

triviality [trivi'aliti], *s.* **1.** (*a*) Insignifiance *f* (d'une perte, d'une offense, etc.). (*b*) Banalité *f* (d'une observation, etc.). **2.** *To write trivialities*, écrire des banalités, des trivialités *f.*

trivialize ['triviəlaiz], *v.tr.* Trivialiser, banaliser.

trivium ['triviəm], *s. A.Sch:* Trivium *m.*

tri-weekly [trai'wiːkli]. **1.** (*a*) *a.* De toutes les trois semaines. (*b*) *adv.* Toutes les trois semaines. **2.** (*a*) *a.* Trihebdomadaire. (*b*) *adv.* Trois fois par semaine.

-trix [triks], *s.suff.* **1.** (*Forming fem. agent nouns corresp. to masc. nouns in -tor*) -trice *f. Administratrix*, administratrice. *Executrix*, exécutrice. **2.** *Geom: Bisectrix*, bissectrice.

Troad ['trouad], **Troas** ['trouas]. *Pr.n. A.Geog:* La Troade.

troat[1] [trout], *s. Ven:* Bramement *m* (de cerf).

troat[2], *v.i. Ven:* (*Of stag*) Bramer, réer, raire.

troating, *s.* = TROAT[1].

trocar ['troukɑr], *s. Surg:* Trocart *m*; trois-quarts *m inv. See also* EXPLORING.

trochaic [tro'keiik], *a.* & *s. Pros:* Trochaïque (*m*).

trochal ['trouk(ə)l], *a. Nat.Hist:* Rotiforme; en forme de roue. *Biol:* **Trochal disc,** disque rotateur (des rotifères).

trochanter [tro'kantər], *s. Anat: Ent:* Trochanter *m. Anat:* **The great trochanter, trochanter major,** le grand trochanter. **The lesser trochanter, trochanter minor,** le petit trochanter, le trochantin.

trochanteric [trɔkən'terik], *a. Anat:* Trochantérien.

troche [trouk, trou(t)ʃ, 'troukiː], **trochee**[1] ['troukiː], *s. Pharm:* Trochisque *m*, tablette *f*, pastille *f.*

trochee[2], *s. Pros:* Trochée *m*, chorée *m.*

trochilus ['trɔkiləs], *s.* **1.** *Arch:* Trochile *m.* **2.** *Orn:* (*a*) *Egyptian Ant:* Trochilus *m.* (*b*) Trochile, trochilus; colibri *m.*

trochlea, *pl.* **-eae** ['trɔkliə, -iiː], *s. Anat:* Trochlée *f.*

trochlear ['trɔkliər], *a. Anat:* Trochléen.

trochoid ['troukɔid]. **1.** *a.* (*a*) *Anat:* (Articulation *f*) trochoïde. (*b*) *Geom:* Cycloïdal, -aux. **2.** *s.* (*a*) *Anat:* Articulation *f* trochoïde. (*b*) *Geom:* (i) *A:* Cycloïde *f*, roulette *f.* (ii) Courbe cycloïdale; cycloïde allongée ou cycloïde raccourcie. (*c*) *Moll:* Trochoïde *m*, *F:* toupie *f*, troque *m.*

trochoidal [tro'kɔid(ə)l], *a. Geom:* Cycloïdal, -aux; *A:* trochoïde.

trod [trɔd], **trodden** [trɔdn]. *See* TREAD[2].

Troezen ['triːzən]. *Pr.n. A.Geog:* Trézène.

troglodyte ['trɔglodait], *s. Anthr: Orn: Z:* Troglodyte *m.*

troglodytic(al) [trɔglo'ditik(əl)], *a.* Troglodytique.

Troilus ['trɔiləs]. *Pr.n.m. Gr.Lit:* Troïle. *Eng.Lit:* **Troilus and Cressida,** Troïlus et Cressida.

Trojan ['troudʒən], *a.* & *s.* Troyen, -enne; de Troie. **The Trojan War,** la guerre de Troie. *Gr.Lit:* **The Trojan Women,** les Troyennes (d'Euripide). *F:* **To bear sth. like a Trojan,** supporter qch. en vaillant homme. **To work, fight, like a Trojan,** travailler comme un nègre; se battre vaillamment. **He's a Trojan,** (i) c'est un Spartiate; (ii) c'est un brave garçon, un chic type.

troll[1] [troul], *s.* **1.** Chanson *f* à reprises; canon *m.* **2.** *Fish:* (*a*) = TROLLING-SPOON. (*b*) Moulinet *m* (de canne à pêche).

troll[2]. **1.** *v.tr.* (*a*) *A:* Chanter (un air) en canon. (*b*) Chantonner (un air, une chanson); *abs.* chantonner. (*c*) **To troll (forth, out) a tune,** entonner, chanter gaiement, un air. (*d*) *A:* Passer (la bouteille) à la ronde. **2.** *v.i.* (*a*) *Fish:* **To troll for pike,** pêcher le brochet à la cuiller. (*b*) *A:* (*Of bottle*) Passer à la ronde.

trolling, *s. Fish:* Pêche *f* à la cuiller.

'trolling-bait, *s.* Amorce *f* pour la pêche à la cuiller.

'trolling-rod, *s.* Canne *f* pour la pêche à la cuiller.

'trolling-spoon, *s. Fish:* Cuiller *f.*

troll[3], *s. Norse Myth:* Troll *m.*

troller ['troulər], *s. Fish:* Pêcheur *m* à la cuiller.

trolley ['trɔli], *s.* **1.** (*a*) *Veh:* (*Four-wheeled*) Fardier *m*, binard *m*, binart *m*, chariot *m*; (*two-wheeled*) diable *m. Min:* Plate-forme *f* de roulage. *Rail:* **Porter's luggage trolley,** (i) chariot à bagages; (ii) (*two-wheeled*) diable. **Platelayer's trolley,** lorry *m*, wagonnet *m. Aut:* **Motor trolley,** autopatin *m*; patin transbordeur (de voiture de dépannage, etc.). *Av:* **Seaplane beaching trolley,** remorque *f* pour hydravions. (*b*) **Dinner trolley,** serveuse *f.* **2.** *Ind:* **Overhead trolley,** chariot, baladeur *m* ou transporteur aérien (de pont roulant, etc.). **Telpherage trolley,** chariot à palan. **3.** (*a*) *Mec.E:* Moufle *m or f* (de transport sur câble aérien). *U.S: F:* **To be off one's trolley,** être maboul; *P:* dérailler. (*b*) *El.E:* (Poulie *f* de) trolley *m*; poulie de contact (d'un tramway, etc.). (*c*) *U.S:* = TROLLEY-CAR.

'trolley-bus, *s.* Autobus *m* à trolley; trolley-autobus *m*, *pl.* trolley(s)-autobus.

'trolley-car, *s. U.S:* Tramway *m* à trolley.

'trolley-pole, *s.* Perche *f* de trolley (d'un tramway, etc.).

'trolley-wheel, *s.* Roulette *f* de trolley.

'trolley-wire, *s.* Fil *m* de trolley; câble conducteur. *See also* CATENARY.

trollop[1] ['trɔləp], *s.f.* **1.** Souillon, salope, guenipe. **2.** Fille (de mauvaise vie); guenipe, traînée; *A:* margot.

trollop[2], *v.i.* **To trollop about,** rôder. **To trollop along,** marcher d'un pas traînant.

trolly ['trɔli], *s.* = TROLLEY.

trombone [trɔm'boun], *s. Mus:* **1.** Trombone *m.* **Valve trombone,** trombone à pistons. *See also* SLIDE-TROMBONE. **2.** (*Pers.*) Trombone *m.*

trombonist [trɔm'bounist], *s.* Joueur, -euse, de trombone; tromboniste *mf.*

trommel ['trɔm(ə)l], *s. Min: Civ.E:* Trommel *m*, trieur *m.*

troop[1] [tru:p], *s.* **1.** Troupe *f*, bande *f*, foule *f* (de personnes). **In troops,** par bandes. **2.** *Mil:* (*a*) *pl.* **Troops,** troupes. **To raise troops,** lever des soldats. *Troops told off for attack,* unités *f* d'attaque. *See also* HORSE-TROOPS, STORM-TROOPS. (*b*) Peloton *m* (de cavalerie). **To get one's troop,** passer capitaine. **3.** *Th: etc: A:* Troupe (de comédiens, etc.). **4.** **Troop of boy scouts,** troupe de boys-scouts.

'troop-horse, *s.* Cheval *m* de cavalerie, de troupe.

'troop-leader, *s.* *Cav:* Commandant *m* de peloton; chef *m* de peloton.

'troop-ship, *s.* Transport *m.*

'troop-train, *s.* Train *m* régimentaire.

troop[2]. **1.** *v.i.* (*a*) **To troop together,** s'attrouper, s'assembler. (*b*) **To troop in, out, off,** entrer, sortir, partir, en troupe, en bande, en foule. **To troop along,** marcher, avancer, en troupe, en foule. **2.** *v.tr. Mil:* **To troop the colour(s),** faire la parade du drapeau, des drapeaux; présenter le drapeau.

trooping, *s.* **1.** (*a*) **Trooping (together),** attroupement *m.* assemblement *m*; rassemblement *m* (de troupes); convocation *f* (de personnes). (*b*) **Trooping in, out,** entrée *f*, sortie *f*, en troupe, en foule. **2.** *Mil:* **Trooping the colour(s),** parade *f* du drapeau, des drapeaux; présentation *f* du drapeau; salut *m* au drapeau.

trooper ['tru:pər], *s.* **1.** *Mil:* (*a*) Cavalier *m*; soldat *m* de cavalerie, soldat à cheval. *Pej:* **Old trooper,** soudard *m. See also* SWEAR[2] 2. (*b*) *F:* Cheval *m* de cavalerie. **2.** (*In Austr.*) Membre *m* de la police montée. **3.** *Th:* = TROUPER.

troopial ['tru:pjəl], *s. Orn:* Troupiale *m.* **Red-winged troopial,** commandeur *m.*

tropaeolaceae [tropi:o'leisii:], *s.pl. Bot:* Tropéolées *f.*

tropaeolum, *pl.* **-ums, -a** [tro'pi:oləm(z), -ə], *s. Bot:* Tropéolum *m.*

trope [troup], *s. Rh:* Trope *m.*

trophic ['trɔfik], *a. Physiol:* (Nerf *m*, etc.) trophique.

trophied ['troufid], *a.* **1.** (*a*) Orné d'un trophée, d'une panoplie. (*b*) Orné de trophées. **2.** Arrangé en trophée, en panoplie.

tropho- ['trɔfo], *comb.fm.* Tropho-. *Trophopathy,* trophopathie. *Trophospermic,* trophospermique. *Trophotropism,* trophotropisme.

trophoblast ['trɔfoblast], *s. Biol:* Trophoblaste *m.*

trophology [trɔ'fɔlodʒi], *s.* Trophologie *f.*

trophoneurosis, *pl.* **-es** [trɔfonjuə'rousis, -i:z], *s. Med:* Trophonévrose *f.*

trophoplasm ['trɔfoplazm], *s. Biol:* Trophoplasma *m.*

trophy ['troufi], *s.* **1.** (*a*) *Gr. & Rom.Ant:* Trophée *m.* (*b*) Trophée (de guerre, de chasse, etc.). **To raise a trophy to s.o.,** dresser, ériger, un trophée à qn. **2.** (*Ornamental group of weapons*) Trophée, panoplie *f.* **3.** *Sp:* Pièce *f* d'orfèvrerie, coupe *f*, etc., donnée en prix; trophée.

tropic ['trɔpik]. **1.** *s.* (*a*) *Astr: Geog:* Tropique *m. See also* CANCER 2, CAPRICORN. (*b*) **The tropics,** les tropiques; les pays chauds. *In the tropics,* sous les tropiques. **2.** *a. Geog:* Tropique; tropical, -aux.

'tropic-bird, *s. Orn:* Phaéton *m*; oiseau *m* des tropiques; paille-en-cul *m inv*; paille-en-queue *m inv.*

tropical ['trɔpik(ə)l], *a.* **1.** *Astr:* (Année *f*) tropique. **2.** (*a*) (Climat, etc.) tropical, -aux; des tropiques. *T. heat,* chaleur tropicale. *T. diseases,* maladies *f* des tropiques. (*b*) *F:* (*Of passion, etc.*) Brûlant. **3.** *Rh: A:* Qui tient du trope; figuré; métaphorique. **-ally,** *adv.* **1.** Comme sous les tropiques. *The sun shone t.,* il faisait un soleil tropical. **2.** *Rh: A:* Sous forme de trope; figurativement.

tropicopolitan [trɔpiko'pɔlitən], *a. Nat.Hist:* (*Of plant, animal, etc.*) Tropical, -aux; qui se trouve partout sous les tropiques.

tropism ['trɔpizm], *s. Biol:* Tropisme *m.*

tropological [trɔpo'lɔdʒik(ə)l], *a. Rh:* (Sens) tropologique, figuré. **-ally,** *adv.* Au sens figuré.

tropology [trɔ'pɔlodʒi], *s.* Tropologie *f.*

troposphere ['trɔposfi:ər], *s. Meteor:* Troposphère *f.*

trot[1] [trɔt], *s.* **1.** *Equit: etc:* Trot *m.* **Gentle trot,** petit trot. **Full trot,** grand trot. **Close trot,** trot assis. **To go at a trot,** aller au trot. *At a slow t., at an easy t.,* au petit trot. **To put a horse to the trot,** mettre un cheval au trot; faire trotter un cheval. **To break into a trot,** se mettre au trot. *He went off at a fast t.,* il partit au grand trot de son cheval. *Sp:* (*Of man in training*) **To go for a short trot,** faire une sortie d'entraînement à petite allure. *F:* **To keep s.o. on the trot,** faire trotter qn. *See also* JOG-TROT. **2.** *F:* Petit(e) enfant; mioche *mf* (qui commence à trottiner). **3.** *U.S: P:* = PONY 3.

trot[2], *v.* (trotted; trotting) **1.** *v.i.* (*a*) *Equit:* Trotter; aller au trot, aller le trot. **To trot away, off,** partir au trot. *To t. five miles,* faire cinq milles au trot. **To trot close,** faire du trot assis. **To trot short,** trottiner. (*b*) (*Of pers.*) Trotter; (*of child, etc.*) trottiner; (*of athlete*) courir à une allure modérée, au pas gymnastique. (*c*) *F:* **Now I must be trotting,** maintenant il faut que je file, il faut que je me trotte. *Now children,* **trot away home,** allons, mes enfants, rentrez vite à la maison. **You trot away!** toi, décampe! **2.** *v.tr.* (*a*) Faire trotter (un cheval). (*b*) Faire trotter, faire courir (qn). **To trot s.o. round,** balader qn; faire voir la ville à qn; servir de guide à qn (pour une tournée de visites, etc.). **To trot s.o. off his legs,** éreinter qn (à force de le faire courir, de le faire marcher).

trot out. **1.** *v.i.* Allonger le pas; aller au grand trot. **2.** *v.tr.* (*a*) **To trot out a horse,** faire trotter, faire parader, un cheval (devant un client). (*b*) *F:* **To trot out one's children** *for the admiration of the company,* présenter ses enfants à l'admiration des invités. **To trot out one's knowledge,** mettre en avant, exhiber, ses connaissances; faire étalage de ses connaissances. *To t. out an astounding remark,* sortir une observation ébouriffante. **Come, trot it out!** allons, faites voir! sortez ça!

trotting[1], *a.* Trotteur. **Trotting seconds-hand** (*of watch*), trotteuse *f.*

trotting[2], *s.* Trot *m. Equit: etc:* **Trotting-match, trotting-race,** course *f* au trot; course attelée. *See also* GLOBE-TROTTING.

trot[3], *s.* **An old trot,** une vieille commère.

troth [trouθ], *s. A. & Lit:* **1.** Foi *f.* **By my troth!** sur ma foi! *See also* PLIGHT[3]. **2.** Vérité *f.* **In troth,** en vérité.

Trotskyist ['trɔtskiist], **Trotskyite** ['trɔtskiait], *s. Pol:* Trotskyste *mf.*

trotter ['trɔtər], *s.* **1.** (*a*) Cheval *m* de trot; trotteur *m*; jument trotteuse. (*b*) (*Pers.*) Trotteur, -euse. *See also* GLOBE-TROTTER. **2.** *pl.* (*a*) *Cu:* **Sheep's trotters, pigs' trotters,** pieds *m* de mouton, de cochon; pieds panés. (*b*) *F. & Hum:* Pieds, petons *m.*

trotyl ['troutil], *s. Exp:* Trinol *m.*

troubadour ['tru:baduər, -dɔ:ər], *s. Lit.Hist:* Troubadour *m.*

troubadourish ['tru:baduəriʃ, -dɔ:riʃ], *a.* Troubadouresque.

troubadourism ['tru:baduərizm, -dɔ:rizm], *s.* Troubadourisme *m.*

trouble[1] [trʌbl], *s.* **1.** Peine *f*, chagrin *m*; affliction *f*, malheur *m.* **To be in trouble,** être dans la peine; avoir du chagrin. (*Cp.* 2 (*b*).) *They are in great t.,* ils sont tout désemparés. *He has been through much t.,* il a eu de grands chagrins; il en a vu de dures. **His troubles are over,** il est au bout de ses peines; (i) les choses vont mieux; (ii) il est mort. *To unfold one's t.,* conter sa détresse. **To meet trouble half-way,** aller au-devant des ennuis; *F:* aller à la croix avant le temps; sonner le glas avant l'enterrement. **2.** Ennui *m*, difficulté *f.* (*a*) **Money troubles,** soucis *m* d'argent. **Family troubles,** mésintelligence *f* dans la famille; ennuis de famille. *Domestic troubles,* misères *f* domestiques. *He always has some little t., F:* il a toujours quelque fer qui loche. **The trouble is that . . .,** l'ennui, la difficulté, c'est que. . . . **To know where the trouble lies,** *F:* savoir où gît le lièvre. *F:* **What's the trouble now?** qu'est-ce qu'il y a encore de cassé? **You will have trouble with him,** il vous donnera du fil à retordre; vous aurez de l'ennui avec lui. *Most of our t. is with the operatives,* c'est la main-d'œuvre qui nous donne le plus de tracas, *F:* le plus de tintouin. *The child must be a great t. to you,* l'enfant doit vous donner bien du tracas. *Prov:* **Troubles never come singly,** un ennui ne vient jamais seul. (*b*) **To get into trouble,** s'attirer une mauvaise affaire, des affaires, des désagréments, des ennuis. **To get into trouble with the police,** avoir affaire à la police. *I don't wish to involve myself in t.,* je ne veux pas me créer des ennuis. **To get s.o. into trouble, to make trouble for s.o.,** créer, susciter, des ennuis à qn; attirer à qn du désagrément, des désagréments. **To get a girl into trouble,** mettre à mal une jeune fille. **To get out of trouble,** se tirer d'affaire. *To get s.o. out of t.,* tirer qn d'affaire. *We must keep out of t.,* il faut éviter les ennuis; *F:* il faut éviter d'avoir des histoires. **To be in trouble,** avoir des ennuis (avec la police, etc.). *He has never been in t.,* son casier judiciaire est vierge. **He is looking for trouble,** il fait tout ce qu'il faut pour s'attirer une affaire; il se prépare des ennuis. *See also* ASK[1] 5. (*c*) **To make trouble,** semer la discorde, la mésintelligence; mettre le trouble dans la famille, etc. *If you* do not consent he will make t., si vous ne consentez pas il va se montrer désagréable. F: There will be trouble, il y aura de la casse; vous allez vous attirer des ennuis. 3. Dérangement m, peine, mal m. To take the trouble to do sth.; to go to, be at, the trouble of doing sth., prendre, se donner, la peine de faire qch. To save s.o. the t. of doing sth., épargner à qn la peine de faire qch. I can save you that t., je peux vous épargner ce dérangement. It is not worth the trouble, ce n'est pas la peine; cela n'en vaut pas la peine; F: le jeu ne vaut pas la chandelle. To give s.o. trouble, to put s.o. to trouble, déranger qn. I am putting you to a lot of t., je vous donne beaucoup d'embarras. I don't want to put you to any t., je ne voudrais pas vous occasionner du dérangement. To put oneself to a lot of trouble, to give oneself a lot of trouble, to take a great deal of trouble, se donner beaucoup de mal, beaucoup de peine; F: se mettre en dépense. Don't take the t. to come and meet me, ne vous donnez pas la peine de venir à ma rencontre, de venir m'attendre. What shall I give you for your t., for the t. you have taken? qu'est-ce que je vais vous donner pour votre peine? He is taking no end of t. to succeed, il se démène pour réussir. To spare no trouble in order to . . ., ne pas ménager sa peine pour. . . . He thinks nothing too much trouble, rien ne lui coûte. To have some trouble to do sth., avoir quelque peine à faire qch. I had a good deal of t. to find you, j'ai eu bien du mal à vous trouver. The dish is a great t. to prepare, ce plat donne beaucoup de mal à apprêter. It is no trouble to make, cela ne donne aucun mal; cela se fait tout seul. F: It is no trouble, cela ne me coûte aucune peine; cela ne me dérange pas. It will be but little t. to copy it again, il n'en coûtera guère de le recopier. With a little t. you will manage it, en vous donnant un peu de peine vous y arriverez. With an enormous amount of t. the boat was floated off, à force de mille peines on remit l'embarcation à flot. It did not give me much t. to do it, je n'ai pas eu grand'peine à le faire. To have (had) all one's trouble for nothing, for one's pains, en être pour sa peine; F: travailler pour le roi de Prusse. See also JOURNEY[1] 1. 4. (a) Med: Dérangement, trouble, troubles. Eyesight t., troubles de vision. Eye t., affection f de l'œil. Digestive troubles, troubles digestifs; embarras digestifs. Nervous t., affection nerveuse. Hip trouble, coxalgie f. To have heart trouble, stomach trouble, être malade du cœur, de l'estomac. He has had liver t. all his life, toute sa vie il a souffert du foie. What is the trouble? de quoi vous plaignez-vous? où avez-vous mal? The cause of the t. is . . ., la source du mal, la cause perturbatrice, la cause du mauvais fonctionnement, c'est. . . . (b) Aut: etc: Engine trouble, panne f du moteur. (c) Ind: Labour troubles, conflits sociaux; conflits entre ouvriers et patrons. A strike might lead to further t., une grève pourrait amener des complications f. There was t. in the streets, il y a eu des désordres m dans la rue.

'trouble-hunter, -man, pl. -men, s. U.S: Dépanneur m.

'trouble-maker, -monger, s. Fomentateur, -trice, de troubles. Pol: F: Trublion m.

trouble[2]. 1. v.tr. (a) Affliger, tourmenter, chagriner (qn); inquiéter, préoccuper, soucier (qn). To be troubled with a fear, être tourmenté par une crainte. To be troubled about s.o., être, se mettre, en peine de qn; se tourmenter au sujet de qn. He has been much troubled about his son, son fils lui a causé bien du tourment. I am troubled about his future, son avenir me préoccupe. This memory troubles him, ce souvenir le tourmente. That does not t. him much, cela le, lui, soucie fort peu; cela ne le préoccupe guère. Don't let it t. you! que cela ne vous inquiète pas! ne vous tourmentez pas à ce sujet! F: Don't trouble your head about that! ne vous inquiétez point de cela! (b) (Of disease, ailment) Affliger, faire souffrir (qn). How long has this cough been troubling you? depuis combien de temps souffrez-vous de cette toux? (c) Déranger, incommoder, gêner, ennuyer, embarrasser (qn); donner de la peine à (qn). I am so sorry to t. you, toutes mes excuses pour la peine que je vous donne. I shall not t. you with the details, je ne vous importunerai pas de tous les détails. May I trouble you to shut the door? cela vous dérangerait-il de fermer la porte? puis-je vous prier de (vouloir bien) fermer la porte? vous seriez bien aimable de fermer la porte. I will trouble you for the mustard, voudriez-vous bien me passer la moutarde? auriez-vous la bonté de me passer la moutarde? I will t. you to translate this letter, puis-je vous demander de me traduire cette lettre? To trouble oneself about sth., s'occuper, s'embarrasser, se mettre en peine, de qch. To trouble oneself to do sth., se donner la peine de faire qch. F: You'd be troubled to find . . ., vous auriez de la peine à trouver. . . . (d) A: Troubler (l'eau). 2. v.i. (a) S'inquiéter, F: se tracasser (about, au sujet de, à propos de). Don't trouble about it, ne vous inquiétez pas de cela; que cela ne vous inquiète pas. To cease from troubling, trouver le repos de l'âme. (b) Se déranger; se mettre en peine. Don't trouble to write, ne vous donnez pas la peine d'écrire. Don't t. to answer it, ne prenez pas la peine d'y répondre. Don't trouble! you needn't trouble! ne vous dérangez pas! c'est inutile!

troubled, a. 1. (Of liquid) Trouble. F: To fish in troubled waters, pêcher en eau trouble. See also OIL[1] 1. 2. (a) Inquiet; agité. A t. countenance, un visage inquiet. A t. soul, une âme agitée, troublée, inquiète. T. sleep, sommeil agité. (b) T. period (of history), époque f de troubles.

'trouble-feast, s. Trouble-fête m inv.

'trouble-mirth, s. Rabat-joie m inv.

troubler ['trʌblər], s. Perturbateur, -trice.

troublesome ['trʌblsəm], a. 1. Ennuyeux, gênant, incommode, embarrassant. T. child, enfant fatigant, énervant. T. rival, rival gênant. A lot of t. luggage, un tas de colis embarrassants. The flies are very t. to-day, les mouches sont très agaçantes aujourd'hui. T. cough, toux fatigante. T. asthma, asthme m pénible. My cough is very t., ma toux me tourmente beaucoup. Med: One teaspoonful whenever the cough is t., une cuillerée à thé dans les cas de quintes pénibles. How troublesome! quel ennui! 2. (Tâche f, etc.) difficile, pénible.

troublesomeness ['trʌblsəmnəs], s. Ennui m; nature fatigante ou ennuyeuse (d'une tâche, etc.). The t. of the children, le tourment que donnent les enfants.

troublous ['trʌbləs], a. A: Troublé, agité. Troublous times, époque f de troubles; temps m de confusion. T. life, vie orageuse.

trough [trɔf], s. 1. Auge f; baquet m; (small) auget m, augette f. Grindstone t., auge de meule. Husb: Drinking trough, abreuvoir m. Feeding trough, auge; (for chickens) billot m à pâtée. Seed-trough of a bird-cage, auget d'une cage. Ch: Ph: Mercury trough, cuvette f, cuve f, à mercure. Pneumatic trough, cuve à eau. El.E: Accumulator trough, bac m d'accumulateur. Metall: Cementing trough, caisse f, creuset m, de cémentation. See also FEED-TROUGH 1, HORSE-TROUGH, KNEADING-TROUGH, MORTAR-TROUGH, PIG-TROUGH. 2. (a) Caniveau m (en bois, etc.); chéneau m. (b) Min: Loading-trough, conveyor-trough, rigole f de chargement. See also FEED-TROUGH 2. 3. Geol: Auge; fond m de bateau. T. of a syncline, charnière synclinale. See also FAULT[1] 5. 4. Trough of the sea, creux m de la lame; entre-deux m inv des lames. To be in the t. of the sea, être en travers de la lame. Ph: Trough of a wave, point bas d'une onde; creux m d'une onde. Mth: Trough of a graph, creux d'un graphique.

'trough-accumulator, s. El: Accumulateur m à augets.

'trough-battery, s. El: Pile f à auge; batterie f à auge; auge f galvanique.

'trough-compass, s. Surv: Déclinatoire m, déclinateur m.

'trough-conveyor, s. Transporteur m à palettes.

'trough-girder, s. Civ.E: Poutre f à ornière; poutre en U.

'trough-gutter, s. Const: Chéneau encaissé.

troughful ['trɔfful], s. Augée f.

trounce [trauns], v.tr. 1. (a) Rosser, étriller, houspiller (qn); rouer, bourrer, (qn) de coups. (b) Games: Écraser (ses adversaires); battre (ses adversaires) à plates coutures. 2. Blâmer, réprimander, semoncer (qn).

trouncing, s. Raclée f; étrillage m. To give s.o. a trouncing, (i) administrer une raclée à qn; étriller qn; bourrer qn de coups; (ii) battre (un adversaire) à plates coutures.

troupe [tru:p], s. Troupe f (de comédiens, etc.).

trouper ['tru:pər], s. Th: Membre m d'une troupe, de la troupe.

troupial ['tru:pjəl], s. = TROOPIAL.

trouser ['trauzər], s. 1. (Pair of) trousers, pantalon m. Turn-up trousers, U.S: cuff-trousers, pantalon à bords relevés. (Cyclist's) seatless trousers, jambières f, cuissards m. 2. Aer: Trousers of a kite-balloon, porte-vent m d'un ballon observateur.

'trouser-clip, s. Pince f à pantalon (pour cycliste, etc.); pince-pantalon m, pl. pince-pantalons; crochet m de cycliste.

'trouser-press, s. Presse f pour pantalons; presse-pantalon m, pl. presse-pantalon(s).

'trouser-strap, s. Cost: A: Sous-pied m, pl. sous-pieds; soupied m (de pantalon).

'trouser-stretcher, s. Tendeur m pour pantalon(s).

trousered ['trauzərd], a. Portant un pantalon; portant des pantalons.

trousering ['trauzəriŋ], s. Tex: Étoffe f, drap m, tissu m, pour pantalon(s).

trousseau ['tru:sou], s. Trousseau m.

trout [traut], s. inv. in pl. Ich: Truite f. River full of trout, rivière pleine de truites. Trout stream, ruisseau m à truites. See also RAINBOW, SALMON-TROUT, SEA-TROUT.

'trout-coloured, a. (Cheval) truité.

'trout-fishing, s. Pêche f à la truite; pêche des truites.

'trout-fly, s. 1. Ent: Éphémère m. 2. Fish: Mouche f pour la pêche à la truite.

'trout-stone, s. Geol: Troctolite f; roche truitée.

troutlet ['trautlet], **troutling** ['trautliŋ], s. Ich: Petite truite; truitelle f, truiton m.

trouty ['trauti], a. Plein de truites; abondant en truites.

trouvere [tru'vɛər], s. Lit.Hist: Trouvère m.

Trovatore (Il) [iltrouva'tɔ:ri], s. Th: Le Trouvère (de Verdi).

trove [trouv], s. = TREASURE-TROVE.

trover ['trouvər], s. Jur: 1. Appropriation f (d'une chose perdue). 2. (Action for) trover, action f en restitution (de biens illégalement détenus).

trow [trau], v.tr. A: Croire, penser.

trowel[1] ['trauel], s. Tls: 1. Const: Truelle f, gâche f. Notched t., truelle brettée. Brick trowel, truelle à mortier. Plastering trowel, plâtroir m, riflard m. Trowel work, truellage m. See also LAY ON 2, POINTING-TROWEL. 2. Hort: Déplantoir m, transplantoir m; houlette f, manette f.

trowel[2], v.tr. (trowelled; trowelling) Const: 1. Étaler, lisser, (le plâtre) avec la truelle. 2. Appliquer le plâtre, le mortier, sur (une surface) avec la truelle.

trowelful ['trauelful], s. Clapée f (de mortier).

troy[1] [trɔi], s. Meas: Troy (weight), poids m troy (pour la pesée de l'or et de l'argent). Troy ounce, ounce troy, once f troy (de 31 g, 1).

Troy[2]. Pr.n. A.Geog: Troie f. The siege of Troy, le siège de Troie.

truancy ['tru:ənsi], s. 1. A: Truanderie f. 2. Sch: (Of pupil) Habitude f de faire l'école buissonnière; absence f de l'école (sans permission).

truant ['tru:ənt], a. & s. 1. A: Truand m. 2. Sch: Élève absent de l'école sans permission. To play truant, faire l'école buissonnière; P: sécher la classe. F: My t. thoughts, ma pensée qui était ailleurs; mes pensées vagabondes.

truantry ['tru:əntri], s. = TRUANCY.

truce [tru:s], s. Trêve f. Hist: The Truce of God, la trêve de Dieu; la paix de Dieu. F: A truce to talking, to jesting! trêve de discours, de plaisanteries! See also FLAG[6] 1.

'truce-bearer, *s. Mil:* Parlementaire *m.*
'truce-breaker, *s.* Violateur *m* de la trêve.
truceless ['tru:sləs], *a.* (Guerre) sans trêve.
truck[1] [trʌk], *s.* **1.** Troc *m*, échange *m.* **2.** *Hist:* (*a*) Marchandises données aux ouvriers en guise de paye. (*b*) **Truck (system),** paiement *m* des ouvriers en nature. **Truck Act,** loi *f* interdisant le paiement des ouvriers en nature. **3.** *F:* Rapports *mpl*, relations *fpl* (*with s.o.*, avec qn). **I have no truck with him,** (i) je n'ai pas affaire à lui; (ii) je n'ai rien à faire avec lui; je ne le fréquente pas; nous ne frayons pas ensemble. **4.** (*a*) Articles divers. (*b*) Objets *mpl* de peu de valeur; camelote *f*; ramassis *m.* **5.** *U.S:* Produits maraîchers; légumes *mpl.* **Truck garden, truck farm,** jardin maraîcher. **Truck gardener,** maraîcher *m.* **Truck gardening,** culture maraîchère; maraîchage *m.*
truck[2]. **1.** *v.i.* (*a*) Troquer, faire un échange (*with s.o.*, avec qn). (*b*) Trafiquer (*in sth.*, en qch.); faire le commerce (*in sth.*, de qch.). **2.** *v.tr.* (*a*) Troquer, échanger (*sth. for sth.*, qch. contre qch.). (*b*) Troquer, échanger (des marchandises).
truck[3], *s.* **1.** (*a*) (*Four-wheeled*) Fardier *m*, binard *m*, binart *m*; camion *m*, chariot *m.* (*b*) *Min:* Berline *f*, benne *f*, bac *m.* (*c*) *Rail:* **Porter's luggage truck,** (*four-wheeled*) chariot à bagages; (*two-wheeled*) diable *m.* **2.** *Rail:* Wagon *m* (à marchandises); truck *m*, truc *m. Long steel t.*, châssis-truc *m*, *pl.* châssis-trucs. **Covered truck,** wagon couvert; wagon à caisse; fourgon *m* à marchandises. **Open truck,** tombereau *m.* **Flat truck,** wagon en plate-forme; plate-forme roulante. *See also* CATTLE-TRUCK. **3.** (*a*) *Rail:* **(Bogie-)truck, radial truck,** bog(g)ie *m* (de locomotive ou de wagon). **Pilot truck,** bogie avant, bogie directeur. **Trailing truck,** bogie arrière. *See also* PONY-TRUCK. (*b*) *pl. Navy:* **Trucks of a gun-mounting,** roues *f* d'un affût. (*c*) *Civ.E:* **Expansion truck,** chariot *m* de dilatation (d'un pont en acier, etc.). **4.** *Nau:* (*a*) Pomme *f* (de mât). (*b*) **Bull's-eye truck,** margouillet *m.* **Seizing-truck, shroud-truck,** pomme gougée.
'truck-axle, *s. Rail:* Essieu porteur.
'truck-bolster, *s. Rail:* Traverse dansante (de bogie).
'truck-load, *s.* Plein wagon; charge *f* de wagon. *Rail: T.-l. of coal*, tombereau *m* de charbon.
'truck-man, *pl.* **-men,** *s.m.* Camionneur.
truck[4], *v.tr.* Camionner (des marchandises). *Min:* Rouler (le minerai).
trucking, *s.* Camionnage *m*; transport *m* en wagons. *Min:* Roulage *m.*
truckage ['trʌkedʒ], *s.* **1.** = TRUCKING. **2.** *Coll.* Chariots *mpl*; wagons *mpl.*
truckful ['trʌkful], *s.* Plein wagon, plein camion (*of*, de).
truckle[1] [trʌkl], *s.* **1.** Poulie *f.* **2.** (*a*) *A:* Roulette *f* (d'un meuble). (*b*) **Truckle(-bed),** (i) *A:* lit bas à roulettes; (ii) lit de fortune.
truckle[2], *v.i.* **To truckle to s.o.,** ramper, s'abaisser, s'aplatir, devant qn; faire des platitudes à qn.
truckling, *s.* Abaissement *m. T. to wealth*, aplatissement *m* devant la richesse.
truckler ['trʌklər], *s.* Flagorneur *m*; *F:* chien couchant; plat valet.
truculence ['trʌkjuləns], **truculency** ['trʌkjulənsi], *s.* Férocité *f*, brutalité *f*; truculence *f.*
truculent ['trʌkjulənt], *a.* Féroce; brutal, -aux; truculent. *F: To wear one's hat at a t. angle*, porter son chapeau en casseur d'assiettes. **-ly,** *adv.* Férocement, brutalement; avec truculence.
trudge[1] [trʌdʒ], *s.* Marche *f* pénible. *It was a long t. to the village*, pour se rendre au village la course était longue et fatigante.
trudge[2], *v.i.* Marcher lourdement, péniblement; clopiner; *P:* se coltiner; traîner la patte. **To trudge along,** cheminer, avancer, péniblement; aller, marcher, péniblement; suivre péniblement son chemin. **We had to trudge it,** il a fallu faire le trajet à pied.
trudge[3], *v.i. Swim:* Nager à l'indienne.
trudgen ['trʌdʒən], *s. Swim:* **Trudgen (stroke),** trudgeon *m*; coupe indienne.
true[1] [tru:]. I. *a.* **1.** Vrai; conforme à la vérité; exact. *His story is t.*, son histoire est vraie. *The adventure is t.*, l'aventure est réelle. *That is only too t.*, ce n'est que trop vrai. *It is t. that it would cost more*, il est vrai que cela coûterait plus cher. *Is it t., can it be t., that he refused?* est-il vrai, est-il possible, qu'il ait refusé? **If it be true that . . .,** s'il est vrai que + *sub.*; si tant est que + *sub.* **So true is it that . . .,** tant il est vrai que + *ind.* **True,** *I only saw him once*, il est vrai que je ne l'ai vu qu'une fois. **True!** c'est (bien) vrai! c'est juste! c'est exact! vous avez raison! **Quite true! True enough!** c'est parfaitement vrai! c'est tout à fait vrai! *Which is t. only of a few*, ce qui n'est vrai que de quelques-uns; ce qui n'est le fait que de quelques-uns. **To come true,** se réaliser. **His prediction came true, proved true,** sa prédiction se trouva être juste, se réalisa, se vérifia. *If the rumour prove t.*, si le bruit se confirme. **The same holds true in respect of . . .,** il en est de même pour. . . . *See also* BILL[4] 6, LIFE 1 (*c*). **2.** Véritable; vrai, réel, authentique. *The frog is not a t. reptile*, la grenouille n'est pas un véritable reptile. **The true God,** le vrai Dieu. *A t. poet*, un vrai poète, un véritable poète. *A t. benefactor*, un véritable bienfaiteur. **His true nature,** son véritable caractère; *F:* le fond de son caractère. **To form a true estimate of the situation,** se faire une idée juste de la situation. *When things are considered in their t. light . . .*, à bien prendre les choses. . . . *Astr:* **True time,** temps vrai. *El.E:* **True watt,** watt *m* efficace. *Surv: etc:* **True horizon,** horizon réel. *Nau:* **True longitude,** longitude vraie. **True course,** route vraie. **True motion,** mouvement réel. *Paperm: etc:* **True cellulose,** cellulose normale. *See also* COPY[1] 2, DISCOUNT[1] 2, NORTH 1, RIB[1] 1, RUBY 1. **3.** *Mec.E: Carp: etc:* Juste, droit, rectiligne; rectifié, ajusté. **To make a piece true,** ajuster une pièce. **To file, grind, a piece true,** ajuster, rectifier, une pièce à la lime, à la meule. **To centre a wheel dead true,** assurer le parfait centrage d'une roue. *Sp:* **True ground, pitch,** terrain égal, uni. *The (billiard) table isn't t.*, le billard n'est pas horizontal, n'est pas d'aplomb, n'est pas juste. *The rod isn't t.*, la tige n'est pas droite. **4.** (*a*) Fidèle, loyal, -aux (*to*, à). *T. friend*, ami loyal. *He is a man who is t. to himself*, c'est un homme qui ne se dément point. (*b*) *T. repentance*, repentir *m* sincère. (*c*) *A:* (*Of pers.*) Honnête, sincère. **A jury of twelve good men and true,** un jury de douze citoyens de bonne renommée. *See also* GOOD I. 2. **5.** (*Of voice, instrument*) Juste. **6.** (*a*) *Biol:* **True to type,** (progéniture *f*, etc.) conforme au type ancestral. (*b*) *Com: Ind:* **True to specimen,** conforme à l'échantillon.

II. **true,** *adv.* **1.** Vraiment; *F:* vrai. *F:* **As true as true!** vrai de vrai! **Tell me true,** *F:* dites-moi pour de vrai. **2.** (*a*) **To sing true,** chanter juste. **To aim true,** viser juste. *Mec.E:* **Wheel running true,** roue *f* qui tourne rond, qui tourne sans balourd. *The wheel is not running t.*, la roue est désaxée, est faussée. *See also* RING[4] 1. (*b*) *Breed:* **To breed true,** se reproduire suivant un type invariable. *See also* THROW[2] 6.

III. **true,** *s. Mec.E: etc:* **1.** *Adj. phr. & adv. phr.* **Out of true,** (i) (*of vertical post, member, etc.*) hors d'aplomb; (ii) (*of horizontal member, etc.*) dénivelé; (iii) (*of metal plate, etc.*) gauchi, gondolé; (*of wheel-rim, etc.*) voilé; (*of axle, etc.*) faussé, dévoyé; (*of timber*) déjeté, dévié, dévers; (*of overloaded beam, etc.*) fléchi; (iv) (*of cylinder, etc.*) ovalisé; (*of wheel, etc.*) décentré, excentré, désaxé. **To put sth. out of true,** (i) mettre qch. hors d'aplomb; (ii) fausser, voiler, gauchir (une tôle, etc.); décentrer, désaxer, fausser, ou voiler (une roue). **To get out of true,** (i) gauchir; (ii) (*of piston, etc.*) s'ovaliser; (*of wheel*) se décentrer, se fausser, ou se voiler. **To run out of true,** (i) se décentrer; (ii) être décentré; tourner à faux; ne pas tourner rond. **2.** *s.* **Out-of-true,** (i) gauchissement *m* (d'une tôle, etc.); voile *m* (de la jante d'une roue, etc.); (ii) décentrement *m*, faux-rond *m* (d'une roue).
'true-blue, *a. F:* Fidèle, loyal, -aux; à toute épreuve. *See also* BLUE[1] II. 2.
'true-born, *a.* Vrai, véritable. **A true-born Englishman,** un vrai Anglais d'Angleterre.
'true-bred, *a.* De bonne race; pur sang *inv. A t.-b. dog*, un chien de race.
'true-'hearted, *a.* (*a*) Au cœur fidèle; loyal, -aux. (*b*) Sincère, honnête.
true-'heartedness, *s.* (*a*) Fidélité *f* de cœur; loyauté *f.* (*b*) Sincérité *f.*
'true-love, *s.* **1.** Bien-aimé, -ée. **2.** *Bot:* Parisette *f* à quatre feuilles; *F:* raisin *m* de renard.
'true-love 'knot, *s.* Lacs *m* d'amour (en 8 couché).
true[2], *v.tr. Mec.E: etc:* **To true (up),** ajuster (les pièces d'une machine); défausser, dégauchir (une tige, un essieu, etc.); rectifier, (re)dresser (une surface); dégauchir (une planche, etc.); mettre bien d'équerre (le bord d'une planche). *Mill:* Ribler (une meule).
truing (up), *s.* Dégauchissement *m*, dégauchissage *m* (d'une tige, d'une poutre, etc.); dressage *m* (d'un canon de fusil, etc.); rectification *f*, redressement *m* (d'une surface).
trueness ['tru:nəs], *s.* **1.** Vérité *f* (*of*, de). **2.** Fidélité *f*, sincérité *f.* **3.** Justesse *f* (d'une note, de la voix).
truer(-up) ['truər(ʌp)], *s.* Redresseur *m* (de meules, etc.).
truffle [trʌfl], *s.* Truffe *f.* **Truffle(-producing) ground,** terrain truffier.
'truffle-bed, *s.* Truffière *f.*
'truffle-dog, *s.* Chien truffier.
'truffle-grower, *s.* Trufficulteur *m.*
'truffle-growing, *s.* Trufficulture *f.*
truffled [trʌfld], *a. Cu:* Truffé; aux truffes.
trug [trʌg], *s. Hort:* Corbeille *f* en bois éclaté.
truism ['tru:izm], *s.* Truisme *m*, axiome *m*; vérité triviale; *F:* vérité de La Palisse.
truistic [tru'istik], *a.* (Affirmation, etc.) d'une vérité banale.
trull [trʌl], *s.f.* = TROLLOP[1].
truly ['tru:li], *adv.* **1.** (*a*) Vraiment, véritablement; sincèrement. **I am truly grateful,** je vous suis sincèrement reconnaissant, vraiment reconnaissant. *I t. believe that . . .*, je crois vraiment, véritablement, que. . . . (*b*) *Corr:* **(I am) yours (very) truly,** je vous prie de croire à ma parfaite considération; je vous prie de croire à mes sentiments distingués; croyez à ma considération distinguée; salutations empressées de. . . . *F:* **No one knows it better than yours truly,** personne ne le sait mieux que votre serviteur. **2.** En vérité. *T., I should be puzzled to say . . .*, en vérité, je serais embarrassé de dire. . . . *I am going to Paris next week.—Truly?* je vais à Paris la semaine prochaine.—Vrai? *F:* **Really truly?** vrai de vrai? **3.** (Servir qn, etc.) fidèlement, loyalement. **4.** Vraiment, exactement; justement. *It has been very t. stated that . . .*, il a été dit très justement que. . . . *It may t. be called tragic*, on peut bien le qualifier de tragique.
trump[1] [trʌmp], *s. A. & Lit:* Trompe *f*, trompette *f.* **The last trump, the trump of doom,** la trompette du jugement dernier. **The trump of Fame,** la trompette de la Renommée.
trump[2], *s.* **1.** *Cards:* **Trump(-card),** atout *m. What are trumps?* quel est l'atout? *Spades are trumps*, c'est pique atout. **To play trumps,** jouer atout. **To call no trumps,** appeler, demander, sans-atout. *See also* CALL[1] 2, CALL[2] I. 4, CALL FOR. *To hold* **the odd trump,** avoir long-atout. *F:* **He always turns up trumps,** la chance le favorise sans cesse; il réussit toujours. *The scheme turned up trumps*, le projet a réussi à merveille. **To be put to one's trumps,** être réduit aux abois. **2.** *F:* (*a*) Bon type, brave cœur; brave garçon, brave fille. (*b*) Chic type. *Mary, you're a t.!* ça, Marie, c'est chic de ta part!
trump[3], *v.tr.* **1.** *Cards:* Couper (une carte). *Abs.* **To trump,** jouer atout. *See also* OVERTRUMP. **2.** **To trump up an excuse,** inventer, forger, une excuse. *To t. up specious arguments*, forger

des arguments spécieux. *To t. up a charge against s.o.*, déposer une fausse plainte contre qn; forger, fabriquer, une accusation contre qn. **Trumped-up story,** histoire inventée à plaisir.

trumpery ['trʌmpəri]. **1.** *s.* (*a*) Friperie *f*, camelote *f*; marchandise *f* de pacotille. (*b*) Bêtises *fpl*, fadaises *fpl*. *That's all t.*, tout ça c'est de la blague. **2.** *a.* (*a*) (Marchandises *fpl*) sans valeur, de camelote, de pacotille. *To buy t. furniture*, se meubler avec de la camelote. (*b*) (Argument, etc.) mesquin, ridicule, spécieux.

trumpet[1] ['trʌmpet], *s.* **1.** *Mus:* (*a*) Trompette *f*. **Keyed trumpet,** trompette à clefs. **Valve trumpet,** trompette à pistons; trompette chromatique. **Orchestral trumpet,** trompette d'harmonie. **To play the trumpet,** jouer de la trompette. **Flourish of trumpets,** fanfare *f* de trompettes. **Trumpet blast,** coup *m* de trompette. *F: To publish sth. with a flourish of trumpets*, publier qch. à cor et à cri. *Lit:* **The trumpet sounds,** l'airain *m* retentit. *Jew.Rel:* **The Feast of Trumpets,** la fête des trompettes. *See also* BLOW[2] II. 2, SLIDE-TRUMPET. (*b*) (*Organ stop*) Trompette. **2.** (*Pers.*) (*a*) *Mil:* Trompette *m*. (*b*) *Hist:* Héraut *m*. (*c*) (*In orchestra*) Trompette *f*. **3.** (*a*) **(Ear-)trumpet,** cornet *m* acoustique. *See also* SPEAKING-TRUMPET. (*b*) Pavillon *m* (de phonographe, de cornet avertisseur, etc.). **4.** *Bot:* Trompette (du liseron, etc.). **5.** *Moll:* **Sea trumpet** = TRUMPET-SHELL. **6.** = TRUMPETING.

'trumpet-call, *s.* Coup *m* de trompette; sonnerie *f* de trompette; appel *m* de trompette. *Lit:* **To sound the trumpet call to one's followers,** battre le rappel de ses partisans; convoquer l'arrière-ban de ses partisans.

'trumpet-creeper, *s.* *Bot:* Jasmin *m* de Virginie; jasmin trompette.

'trumpet-fish, *s.* *Ich:* Centrisque *m*; *F:* bécasse *f* de mer.

'trumpet-flower, *s.* = TRUMPET-CREEPER.

'trumpet-leaf, *s.* *Bot:* Sarracénie *f*.

'trumpet-'major, *s.* *Mil:* Trompette-major *m*, *pl.* trompettes-majors.

'trumpet-player, *s.* *Mus:* Trompettiste *m*.

'trumpet-shaped, *a.* En (forme de) trompette.

'trumpet-shell, *s.* *Moll:* Triton *m* ou buccin *m*; *F:* trompette *f*.

'trumpet-tongued, *a.* *Lit:* A voix d'airain.

'trumpet-weed, *s.* *Bot:* *U.S:* Eupatoire pourprée.

'trumpet-wood, *s.* *Bot:* Cécropie *f*; *F:* bois *m* trompette.

trumpet[2], *v.* (**trumpeted; trumpeting**) **1.** *v.i.* (*a*) Trompeter; sonner de la trompette. (*b*) (*Of elephant*) Barrir. **2.** *v.tr.* *F:* Publier (qch.) à son de trompe; crier (qch.) sur (tous) les toits; célébrer (un succès) à grand bruit. **To trumpet forth s.o.'s great deeds,** proclamer, faire sonner, les hauts faits de qn. *The news was trumpeted abroad*, la nouvelle fut publiée à son de trompe.

trumpeting, *s.* **1.** Sonnerie *f* de trompette. **2.** (*Of elephant*) Barrit *m*, barrissement *m*.

trumpeter ['trʌmpətər], *s.* **1.** (*a*) *Mil:* *etc:* Trompette *m*; sonneur *m* de trompette. (*b*) (*By profession*) Trompettiste *m*. (*c*) (*Member of the orchestra*) Trompette *f*. **2.** *Orn:* Oiseau *m* trompette; (i) agami *m*; (ii) grue couronnée.

truncal ['trʌŋk(ə)l], *a.* *Anat:* Du tronc.

truncate[1] ['trʌŋkeit], *v.tr.* Tronquer (un arbre, un texte, etc.).

truncated, *a.* *Cryst:* *Arch:* *Nat.Hist:* *etc:* Tronqué. *Geom:* **Truncated cone,** tronc *m* de cône; cône tronqué. *T. prism*, prisme tronqué.

truncate[2], *a.* = TRUNCATED.

truncation [trʌŋ'keiʃ(ə)n], *s.* *Cryst:* *etc:* Troncature *f*.

truncheon[1] ['trʌnʃ(ə)n], *s.* Bâton *m* (d'agent de police); matraque *f*, casse-tête *m inv.*

truncheon[2], *v.tr.* Bâtonner, matraquer.

trundle[1] [trandl], *s.* **1.** Roulette *f* (de meuble). **2.** *Mec.E:* (*a*) **Trundle(-wheel),** (roue *f* à) lanterne *f*. (*b*) (*Stave*) Fuseau *m* (de lanterne). **3.** Binart *m*, fardier *m*; camion bas sur roues. **4.** Transport *m* sur fardier; roulage *m*; trajet *m* (en camion, etc.).

'trundle-bed, *s.* = TRUCKLE[1] 2 (*b*).

'trundle-head, *s.* *Nau:* Chapeau inférieur (de cabestan à double étage).

trundle[2]. **1.** *v.tr.* (*a*) Faire rouler, faire courir (un cerceau, etc.); *Cr:* *F:* bôler (la balle). (*At bowls*) **Mr X trundled the first wood,** M. X fit rouler la première boule. (*b*) Pousser (une brouette, une voiture à bras). (*c*) **To trundle s.o. along,** pousser qn (dans une brouette, etc.). **2.** *v.i.* (*Of hoop, etc.*) Rouler.

trundler ['trʌndlər], *s.* *F:* = BOWLER[1] 2.

trunk[1] [trʌŋk], *s.* **1.** (*a*) Tronc *m* (d'arbre). *For:* **Fallen trunks,** bois mort gisant. (*b*) Tronc (du corps). *Art:* Torse *m*. *Gym:* **Trunk exercise,** flexion *f* du tronc. (*c*) *Anat:* Tronc (d'artère, etc.). *Rail:* *etc:* Artère principale (d'un réseau). *Tp:* **Trunk connections,** relations interurbaines. **Trunk telephone service,** service téléphonique interurbain. *See also* TRAFFIC[1] 3. (*d*) *Arch:* Fût *m* (d'une colonne). **2.** (*a*) Malle *f*, coffre *m*. **Wardrobe trunk,** malle-armoire *f*, *pl.* malles-armoires. **Motor trunk,** malle auto. **To pack one's trunk,** faire sa malle. *See also* CABIN-TRUNK, DRESS-TRUNK, SARATOGA. (*b*) *Min:* Caisse *f* à débourber (le minerai). (*c*) *Mch:* Fourreau *m* (de machine à fourreau). (*d*) *Nau:* **Rudder trunk,** jaumière *f*. **3.** Trompe *f* (d'éléphant). **4.** *pl.* *Cost:* **Trunks,** (i) = TRUNK-HOSE; (ii) = TRUNK-DRAWERS; (iii) *U.S:* slip *m* (d'athlète); slip, caleçon *m* de bain (de nageur); (iv) *Th:* cache-sexe *m inv.*

'trunk-buoy, *s.* *Nau:* Coffre *m* d'amarrage.

'trunk-call, *s.* *Tp:* Appel interurbain; appel à longue distance.

'trunk-drawers, *s.pl.* *Cost:* Caleçon court.

'trunk-engine, *s.* *Mch:* Machine *f* à fourreau.

'trunk-hose, *s.* *A.Cost:* Haut-de-chausse(s) *m*, *pl.* hauts-de-chausse(s).

'trunk-line, *s.* **1.** *Rail:* Ligne principale; grande ligne. **2.** *Tp:* Ligne interurbaine.

'trunk-main, *s.* *Hyd.E:* Conduite principale; canalisation principale.

'trunk-maker, *s.* Malletier *m*, coffretier *m*; layetier *m*.

'trunk-nail, *s.* Clou ornemental à grande tête; clou à tête dorée.

'trunk-piston, *s.* *Mch:* Piston *m* à fourreau.

'trunk-road, *s.* Grande route.

trunk[2], *v.tr.* *Min:* Débourber (le minerai).

trunking, *s.* Débourbage *m*.

trunkful ['trʌŋkful], *s.* Pleine malle (*of*, de).

trunnion ['trʌnjən], *s.* (*a*) *Artil:* Tourillon *m*. (*b*) *Mch:* Tourillon, goujon *m* (d'un cylindre oscillant).

'trunnion-bed, *s.* *Artil:* Encastrement *m* des tourillons.

'trunnion-block, *s.* *Aut:* Dé *m* du cardan.

'trunnion-ring, *s.* *Artil:* Frette *f* à tourillons.

trunnioned ['trʌnjənd], *a.* A tourillons.

truss[1] [trʌs], *s.* **1.** (*a*) Botte *f* (de foin, de paille). (*b*) *Hort:* Corymbe *m*; touffe *f* (de fleurs). **2.** (*a*) *Const:* (i) Armature *f* (de poutre, etc.); (ii) ferme *f* (de comble, de pont); (iii) cintre *m* (de voûte). **Hanging-post truss,** arbalète *f*. *See also* KING-POST 1, QUEEN-POST. (*b*) *Arch:* Console *f*, encorbellement *m*. **3.** *Nau:* Drosse *f* (de vergue). **Iron truss,** mulet *m*. **4.** *Med:* Bandage *m* herniaire; brayer *m*.

'truss-bridge, *s.* Pont *m* métallique à poutres armées, sur poutres en treillis. *Hanging t.-b.*, pont suspendu à armatures.

'truss-girder, *s.* Poutre armée; ferme *f*.

'truss-maker, *s.* *Med:* Bandagiste *m*.

'truss-rod, *s.* *Const:* Tirant *m* (d'armature).

'truss-tackle, *s.* *Nau:* Palan *m* de drosse.

truss[2], *v.tr.* **1.** Botteler (le foin); mettre (le foin) en bottes. **2.** *Const:* Armer, renforcer (une poutre); contre-ficher (un mur repris en sous-œuvre). *N.Arch:* Latter (un navire). **Trussed beam, trussed girder,** (i) poutre armée, renforcée; (ii) (*under-braced*) poutre sous-bandée. **Trussed roof,** comble *m* sur fermes. **Trussed arch,** arc *m* en treillis. **3.** *Ven:* *A:* (*Of hawk*) Lier, saisir (sa proie). **4.** (*a*) *Cu:* Trousser, brider (une volaille). *F:* **To truss s.o. (up) like a fowl,** ligoter qn. (*b*) *Nau:* **To truss a sail,** ramasser une voile. **5.** *A:* **To truss up a criminal,** pendre un malfaiteur haut et court.

trussing, *s.* **1.** Bottelage *m* (du foin). **2.** *Const:* *etc:* (*a*) Renforcement *m* (d'une poutre, *Aut:* du châssis, etc.). (*b*) Armature *f*; ferme *f* en arbalète. *N.Arch:* **Diagonal trussing,** lattage *m*. **3.** *Cu:* (*a*) Troussage *m*, bridage *m* (d'une volaille). (*b*) Bridure *f*.

trust[1] [trʌst], *s.* **1.** Confiance *f* (*in*, en). **To repose, put, one's trust in s.o., sth.,** avoir (de la) confiance en qn; mettre sa confiance en qn; se reposer sur qn, qch. **To take sth. on trust,** (i) accepter qch. de confiance; (ii) croire qch., ajouter foi à qch., sans examen. *To buy sth. on t.*, acheter qch. de confiance. **2.** Espérance *f*, espoir *m*. *He is our sole t.*, il est notre seul espoir. **It is my confident hope and trust that . . .,** j'espère avec confiance que . . .; j'ai le ferme espoir que. . . . **3.** *Com:* Crédit *m*. *To supply goods* **on trust,** fournir des marchandises à crédit. *See also* LOAN[1] 1. **4.** (*a*) Responsabilité *f*, charge *f*. *To be in a* **position of trust,** occuper un poste de confiance. **To desert one's trust,** manquer à son devoir. (*b*) Garde *f*; dépôt *m*. **To commit sth. to the trust of s.o.,** confier qch. à qn, aux soins de qn, à la garde de qn. *Sacred t.*, dépôt sacré. **To hold sth. on trust, in trust,** avoir qch en dépôt; avoir la garde de qch. *See also* BREACH[1] 1. **5.** *Jur:* Fidéicommis *m*. **To make, leave, a trust,** faire un fidéicommis; fidéicommisser. **To hold sth. in trust,** tenir qch. par fidéicommis; administrer (un bien, etc.) par fidéicommis. *See also* FEOFFEE, RESULT[2] 3. **6.** *Ind:* Trust *m*, syndicat *m*, cartel *m*. **The Standard Oil Trust,** le trust du pétrole (de 1879). *To form (allied) industries into a* **vertical trust,** intégrer des industries. **Investment trust,** trust boursier propriétaire de paquets de titres variés, qu'il émet par tranches parmi les petits rentiers.

'trust-company, *s.* *Fin:* *U.S:* Institution *f* de gestion; trust-company *f*.

'trust-deed, *s.* *Jur:* Acte *m* fiduciaire; acte de fidéicommis.

'trust-house, *s.* Auberge *f* ou hôtel *m* régis par un "trust" ou syndicat. (Les gérants n'ont aucun intérêt à pousser à la consommation des spiritueux.)

trust[2]. **1.** *v.tr.* (*a*) Se fier à (qn, qch.); se confier en (qn, qch.); mettre sa confiance en (qn, qch.). *I have never trusted him*, je n'ai jamais eu confiance en lui. **He is not to be trusted,** on ne peut pas se fier à lui; il n'est pas digne de confiance. *This account is not to be trusted*, ce compte rendu est sujet à caution. *If we may t. his statement*, s'il faut en croire son affirmation. **I can scarcely trust my own eyes, my own ears,** c'est à n'en pas croire mes yeux, mes oreilles. **To trust s.o. with a task,** se fier à qn du soin de qch., du soin de faire qch. **To trust s.o. with sth.,** confier qch. à qn. *You can't be trusted with a car*, vous êtes trop novice, trop âgé, trop écervelé, etc., pour conduire; on ne peut pas se fier à vous pour conduire. **To trust s.o. to do sth.,** se fier à qn pour que qch. se fasse; se fier à qn du soin de faire qch. **Trust him!** laissez-le faire! *I t. you to make all the arrangements*, je vous laisse le soin de prendre toutes les dispositions. *He trusted her to make the best of the occasion*, il avait toute confiance qu'elle tirerait tout le parti possible de cette occasion. *I could not t. myself to speak*, j'étais trop ému pour me risquer à rien dire. *F:* **She won't trust him out of her sight,** elle ne le perd jamais de vue; elle ne lui laisse aucune liberté. *We can't t. him out of our sight*, il faut tout le temps le surveiller. *In town you can't t. the children out of doors*, en ville on n'ose pas laisser sortir les enfants. (*b*) **To trust sth. to, with, s.o.,** confier qch. à qn, aux soins de qn, à la garde de qn. (*c*) *Com:* *F:* Faire crédit à (un client). (*d*) Espérer (que + *ind.*); exprimer le vœu (que + *sub.*). **I trust he is not ill,** j'espère bien, j'aime à croire, qu'il n'est pas malade. *Corr:* **I trust to hear from you soon,** j'espère bien avoir de vos nouvelles sous peu. **2.** *v.i.* (*a*) Se confier (*in*, en); se fier (*in*, à); mettre sa confiance (*in*, en). *I wan* *somebody in whom I can t.*, il me faut un homme de confiance. (*b*) Mettre ses espérances, son espoir (*to sth.*, en qch.). **To trust to chance, to luck,** se confier au hasard; *F: A:* jeter la plume, la paille, au vent. *To t. to Providence, to fate,* s'abandonner à la Providence, à la fortune. *To t. to the future,* se fier sur l'avenir; faire confiance à l'avenir. *Trusting to the future, to his friends,* confiant en l'avenir, en ses amis. *We must t. to our lucky stars,* il faut nous en remettre à notre bonne étoile. *We must t. to finding the right road,* il faut espérer que nous trouverons le bon chemin. *I cannot t. to my memory,* je ne peux pas compter sur ma mémoire; je ne peux pas me fier à ma mémoire.

trusted, *a.* (Serviteur, etc.) de confiance.

trusting, *a.* Plein de confiance; confiant. **-ly,** *adv.* Avec confiance.

trustee [trʌs'tiː], *s.* **1.** *Jur:* (*a*) (*Of testamentary estate*) Fidéicommissaire *m*, fiduciaire *m*; curateur, -trice. **Trustee's certificate,** certificat *m* fiduciaire. **The Public Trustee,** le curateur de l'État aux successions. (Tout particulier peut lui déléguer l'administration d'une succession.) *See also* BARE¹ 1. (*b*) Dépositaire *m*, consignataire *m*. (*c*) (*With powers of attorney*) Mandataire *m*. **Trustee in bankruptcy,** administrateur *m*; syndic *m* de faillite. **2.** Administrateur, curateur (d'un musée, etc.): membre *m* du conseil d'administration (d'une fondation). **Board of trustees,** conseil *m* d'administration.

trusteeship [trʌs'tiːʃip], *s.* **1.** (*a*) Fidéicommis *m*. (*b*) **Trusteeship in bankruptcy,** syndicat *m* de faillite. **2.** Administration *f*, curatelle *f*.

trustful ['trʌstful], *a.* Plein de confiance; confiant. **-fully,** *adv.* Avec confiance.

trustfulness ['trʌstfulnəs], *s.* Confiance *f*; nature confiante.

trustification [trʌstifi'keiʃ(ə)n], *s.* *Ind:* Groupement *m* (de sociétés industrielles). **Vertical trustification,** intégration *f*.

trustify ['trʌstifai], *v.tr.* *Ind:* Réunir (des sociétés industrielles) en syndicat, en trust; intégrer (des sociétés).

trustiness ['trʌstinəs], *s.* Fidélité *f*, loyauté *f*.

trustless ['trʌstləs], *a.* **1.** Infidèle; déloyal, -aux; décevant. **2.** Méfiant, soupçonneux.

trustworthiness ['trʌstwəːrðinəs], *s.* **1.** (*Of pers.*) Loyauté *f*, honnêteté *f*; fidélité *f*. **2.** Crédibilité *f*, véracité *f*, exactitude *f* (d'un témoignage, etc.).

trustworthy ['trʌstwəːrði], *a.* **1.** (*Of pers.*) Digne de confiance, digne de foi; loyal, -aux; honnête, fidèle. *A t. person,* une personne de confiance. **Trustworthy witness,** témoin *m* irrécusable. *Com: T. firm,* maison *f* de confiance. **2.** (Renseignement *m*, etc.) digne de foi, croyable, exact; (témoignage *m*) irrécusable. *We have learnt from a t. source that . . .,* nous savons de source certaine que. . . . **Trustworthy guarantee,** garantie *f* solide.

trusty ['trʌsti]. **1.** *a.* *A. & Lit:* Sûr, fidèle; loyal, -aux; de confiance. **My trusty blade,** ma fidèle épée. *T. friend,* ami *m* solide, à toute épreuve. **To our trusty lieges,** à nos féaux sujets. **2.** *s.* *U.S:* Forçat bien noté (à qui sont accordés certains privilèges). **-ily,** *adv.* Fidèlement, loyalement.

truth [truːθ, *pl.* truːðz *or* truːθs], *s.* **1.** (*a*) Vérité *f*; véracité *f*. *To distinguish t. from falsehood,* distinguer le vrai du faux. **To speak, tell, the truth,** dire la vérité. *To speak the whole t. and nothing but the t.,* dire toute la vérité et rien que la vérité; dire la vérité sans glose. **The real, plain, naked, honest, truth; the unvarnished, unalloyed, unadulterated, truth,** la pure vérité; la vérité vraie; la vérité pure et simple; la vérité brutale, toute nue, sans fard. **The truth (of the matter) is, if the truth must be told, to tell the truth,** *I forgot it,* pour dire la vérité, à dire vrai, à ne point mentir, je l'ai oublié; la vérité est que je l'ai oublié; le vrai de l'affaire, c'est que je l'ai oublié. **Truth to say, truth to tell,** *A:* **in truth, of a truth,** en vérité, vraiment; à vrai dire. **To get at the truth of a matter,** tirer une affaire au clair. **That's the truth of it!** voilà la vérité! *Here is the t. as to what occurred,* voici au vrai ce qui s'est passé. *You little know how near you are to the t.,* vous ne croyez pas si bien dire. **There is some truth in what you say,** il y a du vrai dans ce que vous dites; vous êtes dans le vrai. **To remain well within the truth,** rester au-dessous de la vérité. *To doubt the t. of an assertion,* douter de la véracité, de l'exactitude *f*, d'une affirmation. *The details of the picture are rendered with much t.,* les détails du tableau sont rendus avec beaucoup de fidélité *f*. *Provs:* **Speak the truth and shame the devil,** la vérité avant tout. **Truth will out,** la vérité, le crime, se découvre toujours, se trahit toujours; la vérité finit toujours par se découvrir; tôt ou tard la vérité se découvre, se fait jour. **Truth is sometimes stranger than fiction,** le vrai peut quelquefois n'être pas vraisemblable; l'invraisemblable est quelquefois vrai; la vérité trouve moins de crédit que le mensonge. *See also* GOSPEL. (*b*) Vérité; chose vraie. *Scientific truths,* les vérités scientifiques. **Home truths,** vérités bien senties. *To tell s.o. some home truths,* dire à qn (toutes) ses vérités; dire ses quatre vérités à qn; dire son fait à qn. *To listen to a few home truths,* empocher quelques bonnes vérités. *Prov:* **Not all truths are proper to be told,** toutes les vérités ne sont pas bonnes à dire. *See also* HALF-TRUTH. **2.** *Mec.E: etc:* **Out of truth** = *out of true, q.v. under* TRUE¹ III. 2.

truthful ['truːθful], *a.* **1.** (*Of pers.*) Véridique. *He is t.,* il dit toujours la vérité; on peut le croire sur parole. **2.** (Témoignage, etc.) vrai; (portrait *m*, etc.) fidèle. **-fully,** *adv.* **1.** Véridiquement; sans mentir. **2.** Fidèlement.

truthfulness ['truːθfulnəs], *s.* **1.** (*Of pers.*) Véracité *f*, véridicité *f*; bonne foi. **2.** Véracité (d'une assertion, etc.); fidélité *f* (d'un portrait, etc.). *The t. of characterization in a play,* la vérité des caractères d'un drame.

truthless ['truːθləs], *a.* **1.** Faux, *f.* fausse; dénué de vérité; mensonger. **2.** (*Of pers.*) Faux, fourbe; de mauvaise foi.

truthlessness ['truːθləsnəs], *s.* Fausseté *f*; mauvaise foi.

try¹ [trai], *s.* **1.** Essai *m*, tentative *f*. **To have a try at sth., at doing sth.,** s'essayer à qch., à faire qch.; essayer de faire qch. **To have a try for a post, a prize,** concourir pour un poste, un prix. **Let's have a try!** essayons toujours! **At the first try,** au premier essai; du premier coup. **2.** *Fb:* (*Rugby*) Essai. **To score a try,** marquer un essai. **To convert a try,** transformer un essai (en but).

try², *v.* (*p.t.* **tried** [traid]; *p.p.* **tried**) I. *v.tr.* **1.** (*a*) Éprouver (qn); mettre (qn, qch.) à l'épreuve; faire l'épreuve de (qch.). **To be tried and found wanting,** ne pas supporter l'épreuve. *To try s.o.'s courage,* mettre à l'épreuve le courage de qn. *See also* METTLE 1. (*b*) Éprouver; affliger. *A people* **sorely tried,** une nation fort éprouvée, durement éprouvée. *Sorely tried by fortune,* éprouvé par de grands revers. (*c*) **To try one's eyes** *by reading too much,* se fatiguer les yeux à trop lire. *See also* PATIENCE 1, TEMPER¹ 2. **2.** Essayer, expérimenter (qch.); faire l'essai de (qch.). **To try a dish,** goûter (à) un mets; goûter, tâter, d'un mets. *Try our lemonade,* goûtez notre limonade. *Try this remedy,* essayez (de) ce remède. *To try a new process,* essayer, expérimenter, un nouveau procédé. **To try (out) a medicine upon an animal,** faire l'essai d'un médicament sur une bête. *Try cleaning it with petrol,* essayez de l'essence; *F:* essayez voir si l'essence le nettoiera. **3.** Vérifier (un mécanisme); ajuster (des poids); essayer (un cordage, une voiture). *You had better try the brake before starting,* vous feriez bien d'essayer le frein, de vérifier le réglage du frein, avant de vous mettre en route. *Nau:* **To try the engines,** balancer la machine. *See also* DEPTH 2. **4.** *Jur:* (*a*) Juger (une cause, un accusé); mettre (un accusé) en jugement. **To be tried for theft,** passer en correctionnelle pour vol; être jugé pour vol. **To be tried for one's life,** passer en cour d'assises sous le coup d'une accusation capitale. *To be tried by one's peers,* être jugé par ses pairs; passer en jugement devant ses pairs. (*b*) *U.S:* (*Of advocate*) Plaider (une cause). **5.** Essayer, tenter. **To try an experiment,** tenter une expérience. **Try your hand at it,** essayez par vous-même; voyez si vous pouvez le faire. **To try one's strength against s.o.,** se mesurer avec qn. **Try how far you can throw the ball,** essayez (pour) voir à quelle distance vous pouvez lancer la balle. *Let us try whether the board is strong enough,* essayons (pour) voir si la planche est assez solide. **To try the door, the window,** essayer la porte, la fenêtre. *I can't find it; I'll try the other drawer,* je ne peux pas le trouver; je vais regarder dans l'autre tiroir. *See also* CONCLUSION 3, FALL¹ 1, FORTUNE 1, LUCK 1. **6. To try to do sth.,** *F:* **to try and do sth.,** tâcher, essayer, de faire qch.; chercher à faire qch. *Try and write to him to-night,* tâchez de lui écrire ce soir. *Try to be ready in time,* tâchez d'être prêt à temps. *He tried to persuade me,* il chercha à me persuader; il voulut me persuader. *I tried to learn Japanese,* j'ai voulu apprendre le japonais. *The rioters tried to set the works on fire,* les émeutiers *m* voulurent incendier l'usine. *She tried to smile,* elle essaya, s'efforça, de sourire. **She was trying hard** *to keep back her tears,* elle faisait de grands efforts, faisait tous ses efforts, pour retenir ses larmes. **He tried his best, his hardest,** *to save them,* il a fait tout son possible pour les sauver. *Each one tries to come in first,* c'est à qui entrera le premier. *Abs. You must try harder,* il faut faire de plus grands efforts. **To try again,** tenter un nouvel effort; essayer de nouveau. **It is worth trying,** cela vaut la peine d'essayer; *F:* ça vaut le coup. *F:* **You had better not try!** ne vous en avisez pas!

II. **try,** *v.i.* **1. To try for sth.,** tâcher d'obtenir qch. *To try for a post,* (i) se porter candidat pour un poste; poser sa candidature à un poste; (ii) concourir pour un poste. **2.** *Nau:* **To try (under topsails),** être à la cape courante.

try back, *v.i.* *Ven:* Recommencer; revenir en arrière.

try down, *v.tr.* *Ind:* Faire fondre (la graisse) pour la purifier.

try on, *v.tr.* **1.** Essayer (un vêtement). **2.** *F:* **To try it on with s.o.,** chercher à mettre qn dedans; bluffer. *It's no use trying it on with me!* ça ne prend pas avec moi! *If people try it on with you . . .,* si on cherche à vous faire le coup, à vous monter le coup. . . . *Just you try it on!* essayez voir un peu!

try-'on, *s.* *F:* **1.** Tentative *f* de déception. **I knew it was only a try-on,** je savais bien que ce n'était que du bluff. **2.** Ballon *m* d'essai. **As a try-on** *I asked £80 for it,* à tout hasard, histoire de voir, j'en ai demandé 80 livres.

trying on, *s.* Essayage *m* (de vêtements).

try out, *v.tr.* (*a*) Essayer à fond (une machine, etc.); soumettre (qn, une invention, etc.) à une épreuve prolongée. (*b*) *Ind:* Épurer, dépurer, affiner (un métal); faire fondre (le lard de baleine) pour la mise en tonneaux.

try-'out, *s.* Essai *m* à fond (d'une machine, etc.).

try over, *v.tr.* Essayer (un morceau de musique, etc.).

try up, *v.tr.* *Carp:* Varloper (une planche).

trying up, *s.* Varlopage *m*.

tried, *a.* Éprouvé. *T. friend,* ami éprouvé, à toute épreuve. **Well-tried remedy,** remède éprouvé.

trying¹, *a.* **1.** Difficile, pénible, rude, dur. *In t. circumstances,* dans des circonstances difficiles. *T. winter,* hiver rigoureux; hiver très rude. *A trying t. position,* une position fâcheuse, pénible. **2.** Vexant; contrariant. *How very t. for you!* comme c'est contrariant pour vous! *He is very t.,* il est insupportable; il me donne bien du tintouin. **3. Trying light,** lumière fatigante (pour la vue).

trying², *s.* **1.** Essai *m*, épreuve *f*. *Nau:* **Trying of the engines,** balancement *m* de la machine. **2.** *Jur:* Jugement *m* (d'une cause, d'un criminel).

'try(ing)-plane, *s.* *Tls:* Varlope *f*; rabot *m* à corroyer; jointout *m*.

'try-square, *s.* *Tls:* Équerre *f* à lame d'acier.

'try-works, *s.pl.* (*Often with sg. const.*) Fondoir *m* de graisse de baleine.

tryingness ['traiiŋnəs], *s.* Caractère pénible, vexant, contrariant (*of*, de).

trypanosome ['tripanosoum], *s.* *Prot:* Trypanosome *m*.

trypanosomiasis [tripanoso'maiəsis], *s.* *Med: Vet:* Trypanosomiase *f*.

trypsin ['tripsin], *s. Ch:* Trypsine *f.*

tryptic ['triptik], *a. Ch:* Trypsique.

trysail ['traiseil, traisl], *s. Nau:* Voile *f* goélette; senau *m.* **Main trysail,** grande voile goélette; benjamine *f.* **Trysail mast,** mât *m* de senau, baguette *f* de senau. *See also* FORE-TRYSAIL, STORM-TRYSAIL.

tryst[1] [trist, traist], *s. Lit:* Rendez-vous *m.* **Lovers' tryst,** assignation amoureuse. **To keep tryst, to break tryst,** venir, manquer, à un rendez-vous.

tryst[2], *v.tr.* Donner rendez-vous à (qn); fixer un rendez-vous à (qn).

'trysting-place, *s.* (Lieu *m* de) rendez-vous *m.*

tsar [zɑːr], *s.*, **tsarevitch** ['zɑːrevitʃ], *s.*, **tsarina** [zɑː'riːnɑ], *s.* = CZAR, CZAREVITCH, CZARINA.

tsetse ['tsetsi], *s. Ent:* **Tsetse(-fly),** (mouche *f*) tsé-tsé *f*, tsétsé *f*; glossine *f.*

Tsushima [tsu'ʃiːmɑ]. *Pr.n. Geog:* Tsou-Shima *m.*

Tuan [tu'ɑːn], *s.* Titre *m* de respect chez les Malais.

Tuareg ['twɑːreg]. *Ethn:* **1.** *a.* Touareg. **2.** *s.pl.* **The Tuareg,** les Touareg *m.*

tub[1] [tʌb], *s.* **1.** (*a*) Baquet *m*, bac *m. Nau:* Baille *f. Paperm:* Bac, cuve *f. Hort: Tub for flowers, shrubs,* bac, caisse *f*, à fleurs, à arbustes. *To plant, put, trees in tubs (again),* (r)encaisser des arbres. *Putting in tubs (again),* (r)encaissage *m* (de plantes). *Leath:* **Maceration tub,** confit *m. Vit: Tub for carrying grapes,* bouge *m. F:* **A tale of a tub,** un conte à dormir debout; un conte bleu; un coq-à-l'âne *inv. Prov:* **Every tub must stand on its own bottom,** chacun doit se suffire. *See also* DIOGENES, DOLLY[1] 2, MEAL-TUB, POWDERING 1, SALTING-TUB. (*b*) **(Wash-)tub,** baquet, cuvier *m* (à lessive). **2.** (*a*) **(Bath-)tub,** tub *m*; baignoire *f* forme tub. (*b*) **To have a tub,** prendre un bain (dans un tub). **3.** *Min:* (*a*) Benne *f*, tonne *f*, tine *f*; cuf(f)at *m.* **Tipping tub,** benne à renversement. (*b*) Berline *f*, truck *m*, wagonnet *m*; bac, herche *f.* **4.** (*a*) *Nau: F:* **Old tub (of a boat),** vieille coque, vieux sabot; baille, barcasse *f*; rafiau *m*; rafiot *m.* (*b*) *Row:* Canot *m* d'entraînement (aux formes assez lourdes).

'tub-chair, *s. Furn:* Crapaud *m.*

'tub-frock, *s. Cost:* Robe *f* lavable.

'tub-seat, *s. Aut: etc:* Baquet *m.*

'tub-sizing, *s. Paperm:* Collage *m* en bac, en cuve; collage animal.

'tub-thumper, *s. F:* Harangueur *m*; orateur *m* de carrefour.

'tub-thumping, *s. F:* Éloquence *f* de carrefour.

'tub-wheel, *s.* **1.** *Hyd.E:* Roue *f* à cuve. **2.** *Tan:* Tonneau *m.*

tub[2], *v.* **(tubbed; tubbing) 1.** *v.tr.* (*a*) Encaisser (une plante). (*b*) Donner un tub à (qn); "tuber" [tœbe] (qn). *He is always well tubbed,* il est toujours propre comme un lapin, comme un sou neuf. (*c*) *Min:* Cuveler, boiser (un puits). (*d*) *Row:* Entraîner (les rameurs) (dans un canot d'entraînement). **2.** *v.i.* (*a*) Se tuber; prendre un tub. (*b*) *Row:* S'exercer, faire de l'aviron, dans un canot d'entraînement.

tubbing, *s.* **1.** Encaissage *m*, encaissement *m* (de plantes). **2.** (*a*) Usage *m* du "tub." (*b*) Tub, bain *m.* **To give a child a good tubbing,** donner un bon bain à un enfant. **3.** *Min:* (*a*) Cuvelage *m*, cuvellement *m*, boisage *m* (d'un puits). (*b*) (Revêtement *m* de) boisage.

tuba ['tjuːbɑ], *s.* **1.** *Rom.Ant:* (*pl.* **tubae** ['tjuːbiː]) Tuba *f.* **2.** *Mus:* (*pl.* **tubas** ['tjuːbaz]) (*a*) (*Organ*) Trompette *f.* (*b*) (*In band or orchestra*) Contrebasse *f* à vent (en si bémol ou en fa); bombardon *m*, tuba *m.*

'tuba-player, *s.* (*a*) (*By profession*) Contrebassiste *m.* (*b*) (*In band*) La contrebasse; le bombardon.

tubage ['tjuːbedʒ], *s.* = TUBING 1.

tubal ['tjuːb(ə)l], *a. Anat: Med:* Tubaire. **1.** Des bronches. **Tubal respiration,** souffle *m* tubaire. **2.** De la trompe de Fallope. **Tubal pregnancy,** grossesse *f* tubaire.

tubby ['tʌbi], *a. F:* Rond comme un tonneau. **1.** (*Of pers.*) Boulot; gros et rond; pansu. **2.** (*Of boat*) Aux formes ramassées, pansues; qui manque de galbe.

tube[1] [tjuːb], *s.* **1.** (*a*) Tube *m*, tuyau *m.* **Boiler tube,** tube de chaudière. **Tube of a key, of a lock,** canon *m* d'une clef, d'une serrure. *Artil:* **Inner tube,** tube (d'une pièce). **Outer tube,** frette *f* de renfort; manchon *m* de renfort. *Navy:* **Torpedo tube,** tube de lancement; tube lance-torpilles. *W.Tel:* **Lead-in tube,** pipe *f* d'entrée; conduit *m* d'entrée (de l'antenne). *Opt:* **Body-tube,** barillet *m* (de microscope, etc.). *Phot:* **Extension tube,** tube allonge. *Post:* **Pneumatic tube,** tube pneumatique. *See also* DELIVERY 7, DRAW-TUBE, EXIT-TUBE, FIRE-TUBE, MEASURING-TUBE, SPEAKING-TUBE, STAY-TUBE, TEST-TUBE, WATER-TUBE. (*b*) Tube (de couleur, de pâte dentifrice, etc.). (*c*) *W.Tel: Rad.-A:* Lampe *f*, ampoule *f*, tube. **Crookes's tube,** tube, ampoule, de Crookes. *See also* POWER-TUBE, VACUUM-TUBE. (*d*) *Aut: Cy:* **Inner tube,** chambre *f* à air, boudin *m* d'air (de pneumatique). (*e*) *Artil: A:* **Firing-tube,** étoupille *f. To extract the t.,* enlever l'étoupille. *See also* FRICTION-TUBE. (*f*) *Surg:* Drain *m* (de plaie profonde). **2.** *Anat:* Tube; canal, -aux *m*; conduit; trompe *f.* **Fallopian tube,** trompe de Fallope. *See also* BRONCHIAL, EUSTACHIAN. **3.** *Rail: F:* = TUBE-RAILWAY. **We came in the tube, by tube** = nous avons pris le Métro.

'tube-brush, *s. Mch:* Brosse *f* à tubes (de chaudière); torche-tubes *m inv*; écouvillon *m.*

'tube-clip, *s. Ch:* Pince *f* pour tubes.

'tube-colour, *s. Paint:* Couleur *f* en tube.

'tube-cutter, *s. Tls:* Coupe-tube(s) *m inv*; coupe-tuyaux *m inv.*

'tube-drawing, *s. Metalw:* Étirage *m* des tubes.

'tube-expander, *s. Tls:* Extendeur *m*, expanseur *m*; mandrin *m*, dudgeon *m.*

'tube-fed, *a. Med:* (Malade) nourri à la sonde.

'tube-flower, *s. Bot:* Clérodendron *m.*

'tube-gauge, *s.* Calibreur *m* (pour tubes).

'tube-ignition, *s. I.C.E:* Allumage *m* à tube incandescent.

'tube-like, *a. Anat: Geol:* Fistulaire.

'tube-man, *pl.* **-men,** *s.m.* Employé du Métro.

'tube-mill, *s.* **1.** *Metalw:* Laminoir *m* à tubes. **2.** = TUBE-WORKS.

'tube-plate, *s. Mch:* Plaque *f* tubulaire (de chaudière). *See also* BOILER[1] 2.

'tube-railway, *s. Rail:* Voie souterraine tubulaire; chemin de fer souterrain à niveau profond.

'tube-shell, *s. Moll:* Tubicole *f.*

'tube-skirt, *s. Cost:* Jupe *f* fourreau.

'tube-station, *s.* = Station *f* du Métro.

'tube-vice, *s. Metalw:* Étau *m* à tuyaux.

'tube-well, *s.* Puits instantané; puits abyssinien.

'tube-works, *s.pl.* (*Often with sg. const.*) Tuyauterie *f.*

'tube-worm, *s. Ann:* Tubicole *f.*

'tube-wrench, *s. Tls:* Clef *f* pour tubes; clef à tubes; serre-tube(s) *m inv.*

tube[2]. **1.** *v.tr.* (*a*) *Civ.E:* Tuber, garnir de tubes (un sondage, un puits de mine, etc.). *Surg: Vet:* Tuber (le larynx); drainer (une plaie profonde). (*b*) Garnir de tubes (une chaudière, etc.). **2.** *v.tr.* & *i. F:* **On Sundays we tube (it) to Hampstead,** le dimanche on prend le "tube" jusqu'à Hampstead.

tubing, *s.* **1.** (*a*) *Civ.E: Surg: etc:* Tubage *m* (d'un puits, du larynx, etc.); drainage *m* (d'une plaie). (*b*) Pose *f* des tubes (d'une chaudière). **2.** (*a*) *Coll.* Tuyautage *m*, tuyauterie *f*, tubes *mpl* (d'une machine à vapeur, etc.). **Gas tubing,** tuyautage du gaz. (*b*) Tube *m*, tuyau *m.* **Rubber tubing,** tuyau en caoutchouc. (*c*) *Min:* Tubage (d'un puits).

tuber ['tjuːbər], *s.* **1.** *Bot:* (*a*) (i) Racine tubéreuse; (ii) tubercule *m.* (*b*) Tubéracée *f*, truffe *f.* **2.** (*a*) *Anat:* Tubérosité *f.* (*b*) *Med:* Tubercule *m.*

tuberaceae [tjuːbə'reisiiː], *s.pl. Bot:* Tubéracées *f.*

tuberaceous [tjuːbə'reiʃəs], *a. Bot:* Tubéracé.

tubercle ['tjuːbərkl], *s. Anat: Med: etc:* Tubercule *m.*

tubercled ['tjuːbərkld], *a.* = TUBERCULATE.

tubercular [tju'bəːrkjulər], *a.* **1.** *Bot:* Tuberculeux; à tubercules. *T. root,* racine tuberculeuse. **2.** *Med: A:* = TUBERCULOUS.

tubercularize [tju'bəːrkjuləraiz], *v.tr.* & *i.* = TUBERCULIZE.

tuberculate [tju'bəːrkjulet], **tuberculated** [tju'bəːrkjuleitid], *a. Biol: Med:* Tuberculé.

tuberculiferous [tjuːbərkju'lifərəs], *a. Nat.Hist:* Tuberculifère.

tuberculiform [tju'bəːrkjulifɔːrm], *a. Nat.Hist:* Tuberculiforme.

tuberculin [tju'bəːrkjulin], *s. Med:* Tuberculine *f*; lymphe *f* de Koch. **Tuberculin test,** épreuve *f* de la tuberculinisation; tuberculino-diagnostic *m.*

tuberculinization [tju'bəːrkjulinai'zeiʃ(ə)n], *s. Med:* Tuberculinisation *f.*

tuberculization [tju'bəːrkjulai'zeiʃ(ə)n], *s. Med:* Tuberculisation *f* (du poumon, etc.).

tuberculize [tju'bəːrkjulaiz]. *Med:* **1.** *v.tr.* Tuberculiser. **2.** *v.i.* (*Of lung, etc.*) Se tuberculiser.

tuberculosed [tju'bəːrkjuloust], *a. Med:* Tuberculisé.

tuberculosis [tjuːbərkju'lousis], *s. Med:* Tuberculose *f*, bacillose *f. T. of the lungs,* tuberculose pulmonaire. *T. of the hip joint,* coxotuberculose *f.*

tuberculous [tju'bəːrkjuləs], *a.* **1.** *Miner:* Tuberculeux. **2.** *Med:* Tuberculeux. (*a*) De la tuberculose. **Tuberculous virus,** virus tuberculeux. (*b*) Atteint de tuberculose. *T. liver,* foie tuberculeux. **Tuberculous patients,** les tuberculeux *m.*

tuberiferous [tjuːbə'rifərəs], *a.* = TUBERCULIFEROUS.

tuberiform ['tjuːbərifɔːrm], *a.* = TUBERCULIFORM.

tuberose[1] ['tjuːbərous], *a.* = TUBEROUS.

tuberose[2] ['tjuːbərous, *P:* 'tjuːbroːuz], *s. Bot:* Tubéreuse *f.*

tuberosity [tjuːbə'rɔsiti], *s.* Tubérosité *f. Anat:* **Great tuberosity of the humerus,** trochéter *m.* **Lesser tuberosity of the humerus,** trochin *m.*

tuberous ['tjuːbərəs], *a. Bot:* Tubéreux.

tubful ['tʌbful], *s.* Cuvée *f*, plein baquet (*of*, de).

tubicole ['tjuːbikoul]. **1.** *a.* = TUBICOLOUS. **2.** *s. Ann: Moll:* Tubicole *f.*

tubicolous [tju'bikələs], *a. Z:* Tubicole.

tubicorn ['tjuːbikɔːrn], *a. Z:* (Ruminant *m*) tubicorne.

tubiferous [tju'bifərəs], *a.* Tubifère.

tubiform ['tjuːbifɔːrm], *a.* Tubiforme.

Tübingen ['tjubiŋən]. *Pr.n. Geog:* Tubingue.

tubiparous [tju'biparəs], *a. Ann:* (Ganglion *m*) tubipare.

tubipore ['tjuːbipɔːər], *s. Coel:* Tubipore *m*; *F:* orgue *m* de mer.

tubitelae [tjuːbi'tiːliː], *s.pl. Arach:* Tubitèles *m*, tubitélaires *m.*

tubular ['tjuːbjulər], *a.* **1.** (*a*) Tubiforme, tubulaire. *T. pole,* poteau *m* tubulaire. *T. pile,* pieu creux. *T. girder,* poutre *f* tubulaire. *T. bridge,* pont *m* tubulaire. *Mus:* **Tubular bells,** carillon *m* (d'orchestre). (*b*) *Mch:* (Chaudière) tubulée, tubulaire, à tubes. **2.** *Med:* **Tubular breathing,** souffle *m* tubaire.

tubularian [tjuːbju'leəriən]. *Coel:* **1.** *a.* (Hydroïde *m*) tubulaire. **2.** *s.* Tubulaire *m.*

tubulate ['tjuːbjulet], *a. Nat.Hist:* Tubulé.

tubulated ['tjuːbjuleitid], *a. Ch: etc:* **Tubulated retort,** cornue tubulée.

tubulature ['tjuːbjulatjər], *s.* = TUBULURE.

tubule ['tjuːbjuːl], *s. Nat.Hist:* Tubule *m.*

tubuliflorous [tjuːbjuli'flɔːrəs], *a. Bot:* Tubuliflore.

tubulous ['tjuːbjuləs], *a.* **1.** Tubuleux. **2.** = TUBULAR 1 (*b*).

tubulure ['tjuːbjuljuər], *s. Ch: Hyd.E: etc:* Tubulure *f.*

tuck[1] [tʌk], *s.* **1.** *Dressm:* (Petit) pli; rempli *m*, plissé *m*, plissement *m*, relevé *m*; (*to shorten a garment*) troussis *m.* **To put, make, take up, a tuck in a garment,** faire un rempli à, remplier, un vêtement; (*to shorten*) faire un troussis à un vêtement. **False tuck,** biais *m. See also* PIN-TUCK. **2.** *Nau:* Cul *m*, fesses *fpl* (d'un navire).

3. *Sch: F:* Gâteaux *mpl*, friandises *fpl*; mangeaille *f*. **Tuck box**, boîte *f* à provisions. **4.** *Rac: U.S: F:* **Nip and tuck**, *see* NIP[1] 5.

'tuck-creaser, -folder, *s.* Marqueur *m* de plis (d'une machine à coudre).

'tuck-net, *s. Fish:* Poche *f* (d'une seine).

'tuck-shop, *s. Sch: F:* Pâtisserie-confiserie *f*; boutique *f* du marchand de gâteaux.

tuck², *v.tr.* **1.** *Dressm:* (*a*) Faire des plis à, remplier (un vêtement); plisser, froncer (l'étoffe). (*b*) Raccourcir (un vêtement). **2.** Replier, rentrer, serrer, mettre; *F:* fourrer. **To tuck one's legs under one,** replier les jambes sous soi. *She tucks the flowers into her belt,* elle pique les fleurs dans sa ceinture. *She tucked her arm in mine,* elle passa son bras sous le mien. **To tuck a rug round s.o.,** envelopper qn d'une couverture. *To t. a table-napkin under one's chin,* passer, insérer, une serviette sous son menton; rentrer un coin de sa serviette sous son menton. *The bird tucks its head under its wing,* l'oiseau *m* replie, cache, sa tête sous son aile. **To tuck (away) sth. in a drawer,** serrer qch. dans un tiroir. *T. it (away) under the cushion,* fourrez-le sous le coussin. **Village tucked away at the far end of the valley,** village relégué au fond de la vallée. (*With passive force*) **The flask will tuck into the corner of your bag,** le flacon rentrera dans l'angle de votre valise.

tuck in. 1. *v.tr.* (*a*) Serrer, rentrer (qch.); replier (le bord d'un vêtement, etc.). **To tuck in a flap** (*in folding document, etc.*), rentrer un quartier. **'Tuck in this flap,'** "replier, rentrer, cette extrémité." **In a tucked-in envelope,** sous enveloppe non cachetée. **To tuck in the bed-clothes,** border le lit. (*b*) **To tuck s.o. in,** border qn (dans son lit). **2.** *v.i. F:* Manger à belles dents; s'en mettre jusque-là. **Tuck in!** allez-y!

tuck-'in¹, *s. F:* Bombance *f*, bâfrée *f*, ripaille *f*; *P:* crevaille *f*. **To have a good tuck-in,** s'empiffrer; s'en mettre jusqu'au menton.

'tuck-in², *attrib.a. Cost:* **Tuck-in blouse,** blouse *f* qui rentre dans la jupe.

tuck into, *v.i. F:* **To tuck into a pie,** attaquer un pâté; faire une brèche dans le pâté. **Tuck into it!** allez-y!

tuck-'out, *s. F:* = TUCK-IN¹.

tuck up, *v.tr.* **1.** (*a*) Relever, retrousser (sa jupe, ses manches de chemise). *To t. up one's dress (at the girdle),* se trousser. (*b*) Border (qn) (dans son lit). **To tuck oneself up in bed,** se blottir dans son lit. (*c*) *Dressm:* Rentrer (les fronces, etc.). **2.** *F: A:* Pendre (qn) haut et court.

tuck³, *s. A:* **1.** Fanfare *f* (de trompettes). **2.** *Scot:* Roulement *m* de tambour. **By tuck of drum,** au son du tambour; à l'appel du tambour.

tucker¹ ['tʌkər], *s.* **1.** *A.Cost:* Fichu *m*, guimpe *f*, chemisette *f*. *See also* BIB¹ 2. **2.** = TUCK-CREASER. **3.** *P:* (*In Austr.*) Mangeaille *f*, boustifaille *f*.

tucker², *v.tr. U.S: F:* Lasser, fatiguer (qn). *Esp. in p.p.* **Tuckered out,** épuisé, éreinté, vanné.

tucket ['tʌket], *s. A:* Fanfare *f* (de trompettes).

tucum ['tu:kəm], *s. Bot: Tex:* Tucum *m*.

-tude [tju:d], *s.suff.* -tude *f*. *Altitude,* altitude. *Aptitude,* aptitude. *Decrepitude,* décrépitude. *Desuetude,* désuétude. *Hebetude,* hébétude. *Latitude,* latitude. *Longitude,* longitude. *Plenitude,* plénitude.

Tudor ['tju:dər]. *Pr.n. Hist:* Tudor. **The Tudors,** la maison des Tudors. *Arch:* **Tudor style,** style *m* Tudor; style élisabéthain. *See also* ARCH¹ 1.

tue-iron ['tju:aiərn], *s. Metall:* Tuyère *f* (d'une forge).

Tuesday ['tju:zdi], *s.* Mardi *m*. *He comes on Tuesdays,* il vient le mardi, *occ.* les mardis. *He comes every T.,* il vient tous les mardis. *See also* SHROVE 2.

tufa ['tu:fa, 'tju:fa], *s. Geol:* (*a*) Tuf *m* calcaire; tuffeau *m*. (*b*) = TUFF 1 (*a*).

tufaceous [tu'feiʃəs, tju-], *a. Geol:* Tufacé.

tuff [tʌf]. *Geol:* **1.** *s.* (*a*) Tuf *m* volcanique. (*b*) = TUFA (*a*). **2.** *Attrib.* (Rocher, gisement) tufeux.

'tuff-cone, *s. Geol:* Cône *m* de débris (d'un volcan).

'tuff-stone, *s.* Pierre *f* de tuf.

tuffaceous [tʌ'feiʃəs], *a. Geol:* Tufacé.

tuffet ['tʌfet], *s.* **1.** Pouf *m*. **2.** *Dial:* = TUFT¹ 1 (*a*).

tuft¹ [tʌft], *s.* **1.** (*a*) Touffe *f* (d'herbe). (*b*) Touffe (de plumes, de cheveux); houppe *f* (de soie, de laine); mèche *f*, flocon *m* (de laine); freluche *f* (de soie); aigrette *f* (de plumes, de bijoux); huppe *f*, aigrette (d'un oiseau). **Tuft of bristles** (*in brush*), loquet *m* de soies. **2.** *Anat:* Glomérule *m* (de vaisseaux sanguins). **3.** (*a*) Barbiche *f*; mouche *f*. (*b*) Toupet *m* (de cheveux). *Small tuft of hair,* toupillon *m*. **4.** (*a*) Gland *m*, houppe (d'une toque, d'un bonnet); pompon *m*. (*b*) *F: A:* (*At Oxford and Cambridge Universities*) Étudiant *m* noble (qui portait un gland en or à sa toque).

'tuft-hunter, *s.* (*a*) *A:* Celui qui recherchait la compagnie des étudiants nobles. (*b*) Adulateur, -trice, des grands; sycophante *m*.

'tuft-hunting, *s.* Sycophantisme *m*.

tuft². I. *v.tr.* **1.** (*a*) Orner, garnir, (qch.) d'une touffe, de touffes, d'une houppe, de houppes, de glands. (*b*) Piquer, capitonner (un matelas). **2.** *Ven:* (*a*) Battre (un bois). (*b*) Faire débucher (un cerf).

II. **tuft,** *v.i.* (*Of plants, etc.*) Pousser en touffes; touffer.

tufted, *a.* **1.** *Plain t. with clumps of trees,* plaine couverte de bouquets d'arbres. **2.** (*a*) Orné d'une houppe, d'une touffe, de touffes; garni de houppes, de glands. (*b*) En touffe, en houppe; houppé. **Tufted clouds,** nuages *m* en paquet. **3.** *Orn:* Muni d'une aigrette; huppé; houppifère. **Tufted heron,** héron *m* à aigrette; aigrette. *See also* DUCK¹ 1, LARK¹ 1. **4.** *Bot:* Cespiteux, aigretté.

tufter ['tʌftər], *s. Ven:* (*Stag-hunting*) Chien dressé à débucher le cerf; chien d'attaque.

tufty ['tʌfti], *a.* Touffu.

tug¹ [tʌg], *s.* **1.** (*a*) Traction (subite); saccade *f*. **To give a good tug,** tirer fort; (*of horse, etc.*) donner un bon coup de collier. *To give the rope a tug,* tirer sur la corde. *He gave a tug at the bell,* il tira (sur) la sonnette. *I felt a tug at my sleeve,* je me sentis tirer par la manche. **Tug of war,** (i) *Sp:* lutte *f* de traction à la corde; lutte à la jarretière; (ii) *F:* lutte décisive. **Tug-of-war rope,** corde *f* de traction; jarretière. (*b*) *F:* **To feel a tug at one's heart-strings,** avoir un serrement de cœur, un déchirement de cœur; être pris de pitié. *It will be a tug to leave them, it will be a tug leaving them,* il m'en coûtera de les quitter; ce sera un déchirement de les quitter. **2.** = TUG-BOAT. **Salvage tug,** remorqueur *m* de sauvetage. **To give the tug a rope,** passer la remorque. **3.** *Harn:* (*a*) Trait *m* (d'attelage à deux chevaux). (*b*) Porte-brancard *m*, *pl.* porte-brancards; boucleteau *m* (de sellette).

'tug-boat, *s.* (Bateau *m*) remorqueur *m*; toueur *m*.

'tug-chain, *s. Harn:* Mancelle *f*.

'tug-hook, *s. Harn:* Crochet *m* d'attelage.

tug², *v.* (tugged [tʌgd]; tugging ['tʌgiŋ]) **1.** *v.tr. & i.* Tirer (qch.) avec effort. **To tug sth. along,** traîner qch. **To tug the dog home,** tirer sur la laisse du chien pour le ramener à la maison. **To tug at sth.,** tirer (sur) qch. **To tug at the oars,** tirer sur les rames; souquer (ferme). *The dog tugs at the leash,* le chien tire sur la laisse. *To tug (at) one's moustache,* tirer (sur), torturer, tourmenter, sa moustache. *To tug at s.o.'s arm,* tirailler qn par le bras. *To tug s.o. this way and that,* tirailler qn de tous côtés. *F:* **The recollection tugged at his heart-strings,** ce souvenir lui torturait, lui déchirait, le cœur. **To tug in** *a subject of conversation,* amener un sujet à toute force. **2.** *v.tr. Nau:* Remorquer (un vaisseau).

tuille [twi:l], *s. Archeol:* Tuile *f* (de l'armure).

tuition [tju'iʃ(ə)n], *s.* Instruction *f*, enseignement *m*. *Esp.* **Private tuition,** leçons particulières. **Tuition on the violin,** leçons de violon. **Tuition in Greek,** leçons de grec.

tuitional [tju'iʃən(ə)l], *a.* D'instruction, d'enseignement. *His t. fees are moderate,* son cachet est modique.

tulip ['tju:lip], *s. Bot:* Tulipe *f*.

'tulip-tree, *s. Bot:* Tulipier *m*.

'tulip-wood, *s.* **1.** Tulipier *m*. **2.** Bois *m* de rose.

tulipomania [tju:lipo'meinia], *s. F:* Tulipomanie *f*.

tulipomaniac [tju:lipo'meiniak], *s. F:* Tulipomane *mf*.

tulle [tu:l, tju:l], *s. Tex:* Tulle *m*. **Tulle embroidery,** broderie *f* sur tulle. **The tulle industry,** l'industrie tullière. **Tulle-making, tulle-factory,** tullerie *f*.

Tullia ['tʌlia]. *Pr.n.f. Rom.Hist:* Tullie.

tumble¹ [tʌmbl], *s.* **1.** Culbute *f*, chute *f*, dégringolade *f*. *He had a nasty t.,* il a fait une rude chute, une mauvaise chute. **2.** *Gym:* Culbute (d'acrobate). **3.** Désordre *m*, masse confuse. **Everything was in a tumble,** tout était en désordre. *A t. of rocks and trees,* (i) un désordre chaotique, (ii) un éboulis, de rochers et d'arbres. *A t. of fine draperies,* une cascade de belles draperies.

'tumble-bug, *s. Ent: U.S: F:* = DUNG-BEETLE.

tumble 'home, *s. N.Arch:* Rentrée *f* (de la muraille).

tumble². **1.** *v.i.* (*a*) **To tumble (down, over),** tomber (par terre); faire une chute; culbuter, faire la culbute. **Building that is tumbling down, tumbling to pieces,** édifice *m* qui s'écroule, qui tombe en ruine. **Her hair came tumbling down,** ses cheveux *m* se déroulèrent. *The river tumbles down 2000 feet,* la rivière dévale de 2000 pieds. (*b*) **To tumble (about),** s'agiter. **To toss and tumble in bed,** s'agiter, se tourner et se retourner, dans son lit. (*c*) Se jeter (précipitamment) (*into*, dans). **To tumble into bed,** *F:* **to tumble in,** se jeter dans son lit; se mettre au lit; *P:* se pieuter. **To tumble into one's clothes,** enfiler ses vêtements à la hâte. **To tumble out,** (i) tomber (de la voiture, par la fenêtre, etc.); (ii) *Nau:* sauter de son hamac; (iii) *F:* sauter du lit; se lever. **They were tumbling over one another,** ils se bousculaient. **To tumble upstairs,** (i) monter l'escalier en trébuchant; (ii) monter quatre à quatre. *See also* DOWNSTAIRS¹ 1. *F:* **To tumble on sth.,** trouver qch. par hasard. **He has tumbled into a very nice berth,** il a décroché un poste tout à fait pépère. (*d*) (*Of acrobat, pigeon*) Faire des culbutes; (*of acrobat*) faire ses tours; (*of projectile*) se renverser. (*e*) *F:* **To tumble to an idea, to a fact,** comprendre, saisir, une idée; se rendre compte d'un fait. *Do you t. to it?* y êtes-vous? *P:* pigez-vous? *You've tumbled to it!* vous avez deviné! vous y êtes! (*f*) *N.Arch:* (*Of ship*) **To tumble home,** rentrer; avoir de la rentrée. **2.** *v.tr.* (*a*) **To tumble sth., s.o., down, over,** culbuter, jeter à bas, renverser, faire tomber, faire rouler, qch., qn. **To tumble down a bird,** abattre, descendre, une pièce de gibier. **To tumble everything into a box,** tout jeter pêle-mêle dans une boîte. (*b*) Bouleverser, déranger; mettre en désordre. **To tumble a bed, s.o.'s hair,** mettre en désordre un lit, les cheveux de qn; défaire un lit, les cheveux de qn. *Don't t. my hair,* ne m'ébouriffez pas; ne me décoiffez pas. **To tumble s.o.'s dress,** chiffonner la robe de qn. (*c*) *Metall:* Dessabler (des pièces de fonte) au tonneau.

tumble down, *v.tr. & i. See* TUMBLE² 1 (*a*), 2 (*a*).

'tumble-down, *attrib.a. F:* Croulant, délabré; qui menace ruine. *Old t.-d. house,* maison décrépite, qui tombe en ruines. *T.-d. wall,* mur à moitié écroulé.

tumbling down, *s.* Écroulement *m* (d'un édifice).

tumble over, *v.tr. & i. See* TUMBLE² 1 (*a*), 2 (*a*).

'tumble-over, *s.* = TUMBLER 3.

tumbled, *a.* **Tumbled hair,** cheveux ébouriffés, en désordre. **Tumbled dress,** robe chiffonnée, en désordre.

tumbling¹, *a.* (*a*) Croulant. (*b*) **Tumbling billows,** flots agités. **Tumbling stream,** ruisseau *m* qui roule ses eaux, qui dévale en torrent.

tumbling², *s.* **1.** (*a*) Culbute(s) *f(pl)*, chute(s) *f(pl)*. (*b*) *A:* Tours *mpl* d'acrobate; acrobatie *f*. **2.** *N.Arch:* **Tumbling home,** rentrée *f* (de la muraille). **3.** *Metall:* Dessablage *m* au tonneau.

'tumbling-box, -drum, *s.* *Metall:* Tonneau dessableur; tonneau à dessabler.

'tumbling shaft, *s.* **1.** *Mec.E:* Arbre *m* à came(s). **2.** *Mch:* Arbre de relevage, de changement de marche (de la distribution).

tumbler ['tʌmblər], *s.* **1.** *A:* (*Pers.*) Jongleur *m*, acrobate *mf*; *A:* tombeur *m*. *Medieval Lit:* **Our Lady's Tumbler,** le Jongleur de Notre-Dame. **2.** *Orn:* **Tumbler (pigeon),** (pigeon) culbutant *m*; colombe giratrice; tumbler *m*. **3.** (*Toy*) Poussa(h) *m*, ramponneau *m*, bilboquet *m*, culbuteur *m*. **4.** Verre *m* (à boire) sans pied; gobelet *m*. *Medicine t.*, verre gradué. **5.** (*Device*) (*a*) *El.E:* Culbuteur (d'interrupteur, etc.). *See also* SWITCH[1] 2. (*b*) Gorge *f* (mobile), arrêt *m* (de serrure). **Tumbler lock,** serrure *f* à gorge(s). (*c*) **Tumbler frame,** cœur *m* de renversement (d'un tour). (*d*) *Sm.a:* Noix *f* (de platine). (*e*) *Nau:* Mouilleur *m* (d'ancre). (*f*) *Hyd.E:* Tambour *m* (d'une drague). (*g*) *Paperm:* (i) Tambour à décortication. (ii) Cuve (tournante) de blanchiment.

tumblerful ['tʌmblərful], *s.* Plein verre (*of*, de).

tumbrel ['tʌmbrəl], **tumbril** ['tʌmbril], *s.* *Veh:* Tombereau *m*.

tumefaction [tjuːmi'fakʃ(ə)n], *s.* Tuméfaction *f*.

tumefy ['tjuːmifai]. **1.** *v.tr.* Tuméfier. **2.** *v.i.* Se tuméfier.

tumefied, *a.* Tuméfié.

tumescence [tju'mes(ə)ns], *s.* Tumescence *f*, tuméfaction *f*.

tumescent [tju'mes(ə)nt], *a.* Tumescent.

tumid ['tjuːmid], *a.* **1.** *Med:* Enflé, gonflé. **2.** *Nat.Hist:* Protubérant. **3.** (Style) boursouflé, ampoulé.

tumidity [tju'miditi], *s.* **1.** Enflure *f*, gonflement *m*, turgescence *f*. **2.** Enflure, emphase *f*, forme ampoulée (de langage, de style).

tummy ['tʌmi], *s.* *F:* (*a*) Estomac *m*, ventre *m*. *Med:* *F:* **To have a tummy,** être sujet à des maux d'estomac; avoir des douleurs abdominales chroniques. (*b*) Bedaine *f*. *He's beginning to get a t.*, il commence à bâtir sur le devant.

tumorous ['tjuːmərəs], *a.* *Med:* **1.** (Excroissance) qui rentre dans la catégorie des tumeurs malignes. **2.** Affecté de tumeurs.

tumour ['tjuːmər], *s.* *Med:* Tumeur *f*. **Indurated tumour,** tumeur dure. **Malignant tumour,** tumeur maligne. *See also* HAEMORRHOIDAL.

tump [tʌmp], *s.* *Dial:* (*Hillock*) Mamelon *m*.

tumular ['tjuːmjulər], *a.* (*a*) En monticule, en tumulus. (*b*) (Pierre *f*, etc.) tumulaire.

tumulary ['tjuːmjuləri], *a.* = TUMULAR (*b*).

tumult ['tjuːmʌlt], *s.* **1.** Tumulte *m*; fracas *m*. *Amid the t. of battle*, dans le fracas de la bataille. **2.** Tumulte, agitation *f*, trouble *m*, émoi *m* (des passions). *The t. within him had subsided*, son trouble s'était apaisé; son émoi s'était calmé.

tumultuary [tju'mʌltjuəri], *a.* Tumultuaire.

tumultuous [tju'mʌltjuəs], *a.* Tumultueux. *T. meeting*, réunion houleuse, orageuse. *T. crowds*, foules houleuses. *Ch:* **Tumultuous reaction,** réaction tumultueuse. **-ly,** *adv.* Tumultueusement; en tumulte.

tumultuousness [tju'mʌltjuəsnəs], *s.* Nature tumultueuse (d'une réunion, etc.).

tumulus, *pl.* **-li** ['tjuːmjuləs, -lai], *s.* Tumulus *m*, *pl.* tumulus, tumuli.

tun[1] [tʌn], *s.* **1.** Tonneau *m*, fût *m*. *The tun of Heidelberg*, le foudre d'Heidelberg. **2.** *Brew:* Cuve *f* (de fermentation).

'tun-bellied, *a.* *F:* Pansu, ventru.

tun[2], *v.tr.* (**tunned; tunning**) Entonner, mettre en tonneaux (le vin, la bière).

tuna ['tuːna], *s.* *Ich:* *U.S:* Thon *m*.

tunable ['tjuːnəbl], *a.* **1.** = TUNEFUL. **2.** *Mus:* Que l'on peut accorder; accordable.

tunableness ['tjuːnəblnəs], *s.* = TUNEFULNESS.

tundra ['tundra], *s.* *Ph.Geog:* Toundra *f*.

tune[1] [tjuːn], *s.* **1.** Air *m* (de musique). **To play a tune,** jouer un air. **To dance to a tune,** danser sur un air. **Old song to a new tune,** vieille chanson sur un air nouveau. *F:* **Give us a tune!** faites-nous un peu de musique! jouez-nous un air! **To call the tune,** donner la note. *See also* PIPER 1. **To begin to sing another tune, to sing to another tune, to change one's tune,** changer de ton, de gamme, de langage. **To lower one's tune,** déchanter. *F:* **The tune the old cow died of,** une vieille rengaine. **To be fined to the tune of fifty pounds,** être mis à l'amende pour la somme pas mal salée de cinquante livres. *We licked them*, **and to some tune!** nous les avons battus, et comment! *See also* PSALM. **2.** (*a*) Accord *m*. **Notes that are in tune,** notes accordantes. **The piano is in tune,** le piano est d'accord. **The piano is out of tune,** le piano est désaccordé; le piano n'est pas d'accord. *To put an instrument out of t.*, désaccorder, fausser, un instrument. (*Of instrument*) **To get out of tune,** se désaccorder; perdre l'accord. (*Of band, choir, etc.*) **To fall out of tune,** se désaccorder; sortir du ton. (*Of singer, player*) **To be out of tune,** détonner. (*Of piano, etc.*) **To keep in tune,** tenir l'accord. *She sings in t., out of t.*, elle chante juste, avec justesse; elle chante faux. (*b*) *I.C.E:* **Engine in perfect tune,** moteur *m* au point. **3.** (*a*) Accord, harmonie *f*. **To be in tune with s.o., with one's surroundings,** être en bon accord avec qn, avec son milieu. **To be out of tune with one's surroundings, with the times,** être en désaccord avec son environnement, avec son époque. *Books in t. with the present times*, livres *m* en résonance avec l'époque actuelle. (*b*) *W.Tel:* **To be in tune,** être en résonance. **To get into tune,** accrocher la longueur d'onde. **4.** Disposition *f* (d'esprit); humeur *f*. **To be in tune, to be in bad tune, for sth.,** être en bonne, en mauvaise, disposition pour qch. **To feel in tune to do sth.,** se sentir en train, en bonne disposition, pour faire qch.; se sentir d'humeur à faire qch.

tune[2], *v.tr.* **1.** *Mus:* Accorder, mettre d'accord (un instrument). *To t. an instrument to concert pitch*, diapasonner un instrument. *F:* *The scene tuned me to a joyous mood*, le spectacle me mit en joyeuse humeur. **2.** *El.E:* *W.Tel:* **To tune one circuit to another,** accorder, syntoniser, un circuit sur un autre. *W.Tel:* **To tune (in) the set to a given wave-length,** accorder le récepteur sur une longueur d'onde donnée. **To tune (in) the set to a station, to tune in (to) a station,** accrocher, capter, prendre, avoir, un poste. *To t. in to another station, to another wave-length*, changer de réglage. *Abs.* **To tune in,** syntoniser le poste; accorder le récepteur; effectuer l'accord du poste récepteur; mettre le poste en résonance. **To tune out a station,** éliminer un poste émetteur. **3.** *I.C.E:* *Mch:* *etc:* **To tune (up),** caler, régler, (re)mettre au point (un moteur); caler (une machine à vapeur, la magnéto); mettre au point (un yacht). *Tex:* Appareiller (un métier à tisser). (*Of motor*) **To be tuned (up),** être au point. **4.** *A:* Jouer de (la lyre). **5.** *v.i.* Être en harmonie (*with*, avec).

tune up, *v.i.* **1.** (*Of orchestra*) S'accorder. **2.** *F:* (*Of singer*) Se mettre à chanter; (*of child*) se mettre à pleurer.

tuned, *a.* *El:* *W.Tel:* **Tuned circuits,** circuits accordés, syntonisés.

tuning, *s.* **1.** *Mus:* Accordage *m*, accordement *m*, accord *m* (d'un piano, d'un orgue, etc.). **2.** *I.C.E:* *Mch:* **Tuning (up),** calage *m*, réglage *m*; (re)mise *f* au point. **3.** *W.Tel:* **Tuning (in),** accordage, réglage, syntonisation *f* (d'un récepteur). **Tuning in (to) a station,** accrochage *m* d'un poste.

'tuning coil, *s.* *W.Tel:* Bobine syntonisatrice; bobine de syntonisation, d'accord; self *f* d'accord, d'antenne.

'tuning condenser, *s.* *W.Tel:* Condensateur *m* d'accord, de syntonisation.

'tuning-cone, *s.* *Mus:* Accordoir *m* (d'accordeur d'orgues).

'tuning-fork, *s.* *Mus:* Diapason *m*.

'tuning-hammer, -key, *s.* *Mus:* Accordoir *m*; marteau *m*, clef *f*, d'accordage, d'accordeur.

'tuning-peg, -pin, *s.* *Mus:* Cheville *f* (d'un piano, d'un violon).

'tuning-scale, *s.* Cadran gradué (de poste de T.S.F.).

'tuning-slide, *s.* *Mus:* Pompe *f* d'accord (d'un instrument à vent).

'tuning-wire, *s.* (*Organ*) Rasette *f* (de tuyau à anche).

tuneful ['tjuːnful], *a.* Mélodieux, harmonieux. *T. air, song*, mélodie, chanson, bien chantante. **-fully,** *adv.* Mélodieusement, harmonieusement.

tunefulness ['tjuːnfulnəs], *s.* Qualité mélodieuse, allure bien chantante (d'un air, etc.).

tuneless ['tjuːnləs], *a.* **1.** Discordant; sans harmonie. **2.** *Lit:* Sans voix; muet.

tuner ['tjuːnər], *s.* **1.** (*Pers.*) (*a*) *Mus:* Accordeur *m* (de pianos, etc.). (*b*) *Tex:* Appareilleur *m* (de métiers à tisser). **2.** (*Device*) *W.Tel:* Syntonisateur *m*.

tung-oil ['tʌŋɔil], *s.* Huile *f* d'abrasin.

tungstate ['tʌŋstet], *s.* *Ch:* Tungstate *m*.

tungsten ['tʌŋstən], *s.* *Ch:* Tungstène *m*, wolfram *m*. **Tungsten lamp,** lampe *f* au tungstène. **Tungsten-steel,** acier *m* au tungstène.

tungstic ['tʌŋstik], *a.* *Ch:* (Acide *m*) tungstique. *Miner:* **Tungstic ochre,** tungstite *f*.

tungstite ['tʌŋstait], *s.* *Miner:* Tungstite *f*.

tung-tree ['tʌŋtriː], *s.* *Bot:* Abrasin *m*.

Tungus, *pl.inv. or* **-uses** ['tungus, -usiz], *a.* & *s.* *Ethn:* Toungouse (*m*).

tunic ['tjuːnik], *s.* **1.** *Cost:* (*a*) Tunique *f* (des peuples anciens, de soldat, etc.). (*b*) *Ecc:* = TUNICLE. **2.** *Nat.Hist:* Tunique, enveloppe *f* (d'un organe); *Moll:* tunique (d'une ascidie).

tunica ['tjuːnika], *s.* *Anat:* Tunique *f*.

tunicate[1], *pl.* **-ates, -ata** ['tjuːnikeit, -eits, tjuːni'keita], *s.* *Moll:* Tunicier *m*.

tunicate[2], **tunicated** ['tjuːnikeitid], *a.* *Nat.Hist:* Tuniqué.

tunicle ['tjuːnikl], *s.* *Ecc:* Tunique *f* (de sous-diacre, d'évêque); dalmatique *f*.

tuniness ['tjuːninəs], *s.* Caractère mélodieux, bien chantant (*of*, de).

Tunis ['tjuːnis]. *Pr.n.* *Geog:* **1.** La Tunisie. **2.** Tunis.

Tunisia [tju'nizia]. *Pr.n.* *Geog:* La Tunisie.

Tunisian [tju'niziən], *a.* & *s.* *Geog:* Tunisien, -ienne.

tunnel[1] ['tʌn(ə)l], *s.* **1.** (*a*) Tunnel *m*; passage souterrain. *Rail:* Tunnel. *Min:* Galerie *f* (d'accès) à flanc de coteau. **To drive a tunnel through . . .,** percer un tunnel à travers, sous. . . . *The train stopped in the t.*, le train s'est arrêté sous le tunnel. *Mec:* **Wind tunnel,** tunnel aérodynamique. *N.Arch:* **Shaft tunnel,** tunnel de l'arbre. *El.E:* **Cable tunnel,** galerie des câbles. (*b*) *Nat.Hist:* Galerie (creusée par une taupe, etc.). *See also* VAULT[1] 1. **2.** Cuve *f*, vide *m* (de haut fourneau). **3.** = TUNNEL-NET.

'tunnel-disease, *s.* *Med:* Ankylostomiase *f*; anémie *f* des mineurs.

'tunnel-net, *s.* *A:* (*a*) *Ven:* Tonnelle *f* (à prendre les perdrix, etc.). (*b*) *Fish:* Verveux *m*.

tunnel[2], *v.tr.* & *i.* (**tunnelled** [tʌnld]; **tunnelling** ['tʌnliŋ]) **1.** **To tunnel a hill; to tunnel through, into, a hill,** percer un tunnel à travers, dans, sous, une colline. *F:* *We tunnelled our way through the snow*, nous nous creusâmes un chemin à travers la neige, sous la neige. *Rats had tunnelled under the foundations*, les rats avaient creusé des galeries sous les fondements, avaient miné les fondements. **2.** *Ven:* *A:* Tonneler (des perdrix).

tunnelling, *s.* **1.** (*a*) Percement *m* d'un tunnel, de tunnels. *T. of a mountain*, percement d'une montagne. (*b*) Construction *f* d'une galerie de mine. **2.** *Coll.* Tunnels.

tunny(-fish) ['tʌni(fiʃ)], *s.* (*a*) *Ich:* Thon *m*; *F:* corne *f* d'abondance. (*b*) *Cu:* Thon.

'tunny-net, *s.* *Fish:* Madrague *f*.

tuny ['tjuːni], *a.* *F:* Mélodieux; (air) bien chantant.

tup[1] [tʌp], *s.* **1.** *Husb:* Bélier *m*. **2.** *Tchn:* Mouton *m*, pilon *m* (d'un marteau-pilon, d'une sonnette à battre les pieux).

tup[2], *v.* (**tupped; tupping**) *Breed:* **1.** *v.tr.* (*Of ram*) Flécher (la brebis). **2.** *v.i.* (*Of ram, ewe*) Béliner.

tupelo ['tju:pelo], *s. Bot:* Nyssa *m.*
tuppence ['tʌp(ə)ns], *s. F:* = TWOPENCE.
tuppenny ['tʌp(ə)ni], *a. F:* = TWOPENNY.
'tuppeny-'halfpenny, *attrib.a. F:* = TWOPENNY-HALFPENNY.
Turanian [tju'reinjən], *a. & s. Ethn: Ling:* Touranien, -ienne.
turban ['tə:rbən], *s.* **1.** *Cost:* Turban *m.* **2.** *Moll:* **Turban(-shell),** turbo *m*, sabot *m*; *Com:* turban.
'turban-stone, *s. Mohamm.Rel:* Stèle turbanée.
'turban-top, *s. Fung:* Helvelle *f.*
turbaned ['tə:rbənd], *a.* Turbané; à turban; coiffé d'un turban.
turbary[1] ['tə:rbəri], *s.* **1.** Tourbière *f.* **2.** *Jur:* **(Common of) turbary,** droit *m* de prendre la tourbe; droit à la tourbe.
turbary[2], *a. Geol:* Turbarien.
turbellaria [tə:rbe'lɛəria], *s.pl. Ann:* Turbellariés *m*; planaires *f.*
turbid ['tə:rbid], *a.* **1.** (Liquide) trouble, bourbeux. **2.** (Esprit) trouble, embrouillé, brouillon. *T. utterances,* langage confus, vague.
turbidity [tə:r'biditi], **turbidness** ['tə:rbidnəs], *s.* État trouble, bourbeux; turbidité *f* (d'un liquide, d'esprit).
turbinal ['tə:rbinəl], **turbinate** ['tə:rbinet], **turbinated** ['tə:rbineitid], *a.* **1.** *Nat.Hist:* Turbiné. **2.** *Anat:* **Turbinate bone,** os turbiné; cornet *m* (du nez).
turbine ['tə:rbain, -bin], *s.* **1.** (*a*) Turbine *f.* **Hydraulic turbine, water turbine,** turbine hydraulique. **Wind turbine,** turbine aérienne. **Steam turbine,** turbine à vapeur. **Outward-flow turbine,** turbine centrifuge. **Inward-flow turbine,** turbine centripète. **Downward-flow turbine, axial-flow turbine,** turbine hélicoïdale. *Geared t.,* turbine à engrenages. **Impulse turbine,** turbine à choc, à impulsion, à action; turbine d'action. **Reaction turbine,** turbine à réaction. (*b*) Turbine à vapeur, turbo-moteur *m.* **2.** *Sug.-R:* Séparateur *m* (centrifuge).
'turbine-'alternator, *s.* = TURBO-ALTERNATOR.
'turbine-chamber, *s.* Chambre *f* d'eau; réservoir *m* (de turbine).
'turbine-driven, -engined, *a.* A turbines.
'turbine-'generator, *s.* = TURBO-GENERATOR.
'turbine-pump, *s.* = TURBO-PUMP.
turbined ['tə:rbind], *a.* (Navire, générateur) à turbines.
turbiniform [tə:r'binifɔ:rm], *a. Nat.Hist:* Turbiniforme, turbiné.
turbit ['tə:rbit], *s. Orn:* Pigeon cravaté; pigeon à cravate.
turbo, *pl.* **turbines** ['tə:rbo, 'tə:rbini:z], *s. Moll:* Turbo *m.*
turbo-alternator ['tə:rbo'ɔltərneitər], *s. El.E:* Turbo-alternateur *m.*
turbo-blower ['tə:rbo'blouər], *s. Ind:* Turbo-souffleuse *f.*
turbo-compressor ['tə:rbokom'presər], *s. Mec.E: Av:* Turbo-compresseur *m.*
turbo-dynamo ['tə:rbo'dainəmo], *s. El.E:* Turbo-dynamo *f.*
turbo-electric ['tə:rboi'lektrik], *a. Mch:* (Propulsion *f*, etc.) turbo-électrique.
turbo-generator ['tə:rbo'dʒenəreitər], *s. El.E:* Turbo-générateur *m.*
turbo-motor ['tə:rbomoutər], *s. Mch:* Turbo-moteur *m.*
turbo-pump ['tə:rbopʌmp], *s. Mch:* Turbo-pompe *f*; pompe *f* turbine.
turbot ['tə:rbət], *s. Ich:* Turbot *m. Young t.,* turbotin *m.*
'turbot-kettle, *s. Cu:* Turbotière *f.*
turbo-ventilator ['tə:rbo'ventileitər], *s.* Turbo-ventilateur *m.*
turbulence ['tə:rbjuləns], *s.* **1.** (*a*) Turbulence *f*, trouble *m*, tumulte *m*, agitation *f.* (*b*) Indiscipline *f.* **2.** *I.C.E:* **(High) turbulence combustion chamber,** chambre *f* de combustion à (haute) turbulence. *High t. engine,* moteur *m* à haute turbulence. **3.** *Meteor: Av:* Remous *m* d'air.
turbulent ['tə:rbjulənt], *a.* **1.** (*a*) Turbulent, tumultueux. *T. sea,* mer tourmentée. (*b*) Insubordonné. **2.** *I.C.E:* **Turbulent cylinder-head,** culasse *f* à turbulence. **3.** *Av:* (Vent) changeant, variable, à remous. **-ly,** *adv.* D'une manière turbulente; tumultueusement.
Turco, *pl.* **-os** ['tə:rko, -ouz], *s. Mil:* (*Fr.*) Turco *m.*
Turco-Balkan ['tə:rkobɔ:lkən], *a.* (*Of war, etc.*) Turco-balkanique.
Turcoman, *pl.* **-mans** ['tə:rkomən, -mənz], *s.* **1.** *Ethn:* Turcoman *m.* **2.** *Ling:* Le turcoman.
Turcophil ['tə:rkofil], *a. & s.* Turcophile (*mf*).
Turcophobe ['tə:rkofoub], *a. & s.* Turcophobe (*mf*).
turd [tə:rd], *s.* (*Not in decent use*) **1.** (*a*) Étron *m.* (*b*) Crotte *f* (de mouton, etc.). **2.** *P:* (*a*) Individu nul. (*b*) Sale individu; vilain coco.
turdidae ['tə:rdidi:], *s.pl. Orn:* Turdidés *m.*
turdiform ['tə:rdifɔ:rm], *a. Orn:* Qui tient de la grive.
turdinae ['tə:rdini:], *s.pl. Orn:* Turdinés *m.*
turdoid ['tə:rdɔid], *a. Orn:* Turdoïde.
turdus ['tə:rdəs], *s. Orn:* Turde *m*; merle *m* ou grive *f.*
tureen [tju'ri:n], *s.* (*For soup*) Soupière *f*; (*for sauce*) saucière *f.*
turf[1], *pl.* **turves, turfs** [tə:rf, tə:rvz, tə:rfs], *s.* **1.** (*a*) Gazon *m. To strip the t. off a piece of ground,* peler un terrain. (*b*) Motte *f* de gazon. **To cut turf,** lever des gazons, des mottes de gazon. **2.** (*a*) (*In Ireland*) Tourbe *f.* (*b*) **A turf of peat,** une motte de tourbe. **3.** *Rac:* **The turf,** le turf, les courses *f* de chevaux; le monde des courses.
'turf-beetle, *s. Tls:* Batte *f* de terrassier.
'turf-cutter, *s. Tls:* **1.** Tranche-gazon *m inv*, coupe-gazon *m inv*, lève-gazon *m inv.* **2.** Louchet *m* (pour couper les mottes de tourbe).
'turf-cutting, *s.* (*a*) *Agr:* Dégazonnage *m*, dégazonnement *m.* (*b*) Extraction *f* de la tourbe.
'turf-knife, *s.* = TURF-CUTTER.
'turf-man, *pl.* **-men,** *s.m. F:* Turfiste; habitué du turf.
'turf-moor, *s.* **1.** Marais tourbeux. **2.** Tourbière *f.*
'turf-paring, *s.* = TURF-CUTTING (*a*).
'turf-spade, *s.* = TURF-CUTTER.
turf[2], *v.tr.* **1.** Gazonner (un terrain). **2.** *F:* **To turf s.o. out,** flanquer qn dehors.
turfed, *a.* Gazonné.
turfing, *s.* Gazonnement *m.*
'turfing-iron, *s.* = TURF-CUTTER.
turfite ['tə:rfait], *s. F:* Turfiste *m*; habitué *m* du turf.
turfy ['tə:rfi], *a.* **1.** Gazonné; couvert de gazon. **2.** Tourbeux. **3.** *Rac: F:* (Vie) du turf; (langage) du turf, des courses.
turgescence [tə:r'dʒes(ə)ns], *s.* **1.** *Med: Bot:* Turgescence *f.* **2.** Emphase *f.*
turgescent [tə:r'dʒes(ə)nt], *a.* **1.** Turgescent; boursouflé, enflé. **2.** (Style) emphatique, boursouflé, ampoulé.
turgid ['tə:rdʒid], *a.* **1.** Turgide, enflé, gonflé. **2.** (Style, langage) boursouflé, ampoulé. *To write in a t. style,* écrire avec emphase. **-ly,** *adv.* Avec emphase; emphatiquement.
turgidity [tə:r'dʒiditi], *s.* **1.** Enflure *f*, gonflement *m. Med:* Turgescence *f.* **2.** Boursouflure *f*, enflure, emphase *f* (de style, de langage).
turgor ['tə:rgɔr], *s. Med: Bot:* Turgescence *f.*
turion ['tjuəriən], *s. Bot:* Turion *m*; bourgeon *m* (d'asperge, etc.).
Turk [tə:rk], *s.* **1.** *Ethn:* Turc, *f.* Turque. *F:* **He's a Turk,** c'est un tyran, un homme terrible. **To turn Turk,** faire le méchant. **He's a young Turk,** c'est un enfant terrible. **2.** *Hist:* **The Grand Turk,** le Grand Turc.
'Turk's cap, *s. Bot:* **1. Turk's cap (lily),** martagon *m*, *F:* turban *m.* **2. Turk's cap (cactus),** mélocacte *m.*
'Turk's head, *s. F:* **1.** (*Long broom*) Tête-de-loup *f*, *pl.* têtes-de-loup. **2.** *Nau:* **Turk's head knot,** nœud *m* de bonnet turc; tête *f* de Maure; tête de Turc. **3.** *Cav:* Tête de Turc, tête de Maure (pour exercices au sabre).
Turkestan [tə:rki'stan]. *Pr.n. Geog:* Le Turkestan.
Turkey[1] ['tə:rki]. *Pr.n. Geog:* La Turquie. *Hist:* **Turkey in Europe,** la Turquie d'Europe. **Turkey in Asia,** la Turquie d'Asie.
'Turkey carpet, *s.* Tapis *m* d'Orient, de Smyrne, de Turquie.
'Turkey corn, wheat, *s. A:* Maïs *m*; blé *m* de Turquie.
'Turkey 'leather, *s. Bookb:* Cuir chamoisé.
'Turkey red, *s. & a.* Rouge (*m*) d'Andrinople; rouge turc *inv. Tex:* **Turkey-red cotton,** andrinople *f.*
'Turkey stone, *s.* **1.** *Miner:* Pierre *f* du Levant; novaculite *f*; coticule *f*; pierre à morfiler. **2.** *A:* Turquoise *f.*
turkey[2], *s.* **1.** *Orn:* Dindon *m.* **Hen-turkey,** dinde *f.* **Young turkey,** dindonneau *m.* **2.** *Cu:* Dinde, dindonneau. *U.S:* **To talk cold turkey,** parler franchement; ne pas mâcher, ne pas ménager, ses mots.
turkey-'buzzard, *s. Orn: U.S:* Catharte *m*, urubu *m.*
'turkey-cock, *s.m.* **1.** Dindon. *See also* RED 1, SWELL[2] 2. **2.** *F: A:* (Un) Monsieur Prud'homme.
'turkey-grass, *s. Bot:* Grateron *m*; **gaillet accrochant.**
'turkey-hen, *s.f.* Dinde.
'turkey-poult, *s.* Dindonneau *m.*
'turkey-trot, *s. Danc:* Turkey-trot *m.*
Turkish ['tə:rkiʃ]. **1.** *a.* Turc, *f.* turque; de Turquie. **Turkish cigarettes,** cigarettes *f* d'Orient. **The Turkish Empire,** l'Empire *m* Ottoman, du Croissant. *See also* BATH[1] 1, BIT[1] 1, SLIPPER 1, TOWEL[1] 1. **2.** *s. Ling:* Le turc.
'Turkish de'light, *s.* Rahat loukoum *m.*
Turkish 'music, *s.* Emploi *m* dans l'orchestre de la grosse caisse, des cymbales, et du triangle.
Turkish 'wheat, *s.* = TURKEY WHEAT.
Turkoman ['tə:rkomən], *s.* = TURCOMAN.
turmeric ['tə:rmərik], *s.* **1.** *Bot:* Curcuma *m.* **2.** *Ch: Dy: etc:* Curcuma; safran *m* des Indes; terre-mérite *f.* **Turmeric paper,** papier *m* (de) curcuma.
turmoil ['tə:rmɔil], *s.* (*a*) Trouble *m*, tumulte *m*, désordre *m*, agitation *f.* **The whole town is in a turmoil,** toute la ville est en ébullition. **The turmoil of politics,** la tourmente politique, le tumulte de la politique. (*b*) Remous *m* (des eaux); tourbillon *m.*
turn[1] [tə:rn], *s.* **1.** Tour *m*, révolution *f* (d'une roue). *Nau: Av:* **One turn of the propeller,** un tour d'hélice. *F:* **A turn of Fortune's wheel,** un revirement du sort. *With a t. of the handle,* en tournant la poignée. *He threw the ball with a quick* **turn of the wrist,** il lançait la balle avec un tour de poignet. **The meat is done to a turn,** la viande est cuite à point. *F:* **To give another turn to the screw,** serrer la vis à qn. **2.** (*a*) Changement *m* de direction. *Nau: Navy:* Giration *f. Aut:* Virage *m.* **To make, take, a turn to the right,** tourner à droite. *Aut: Av:* **To take a short turn,** virer court. *Nau: To finish a t.,* achever une giration. **Turn of the wind,** saute *f* de vent. *F:* **At every turn,** à tout moment, à tout bout de champ, à tout propos. (*b*) Tournure *f* (des affaires). **The affair was taking a tragic turn,** l'affaire tournait au tragique. *Things were taking a bad t.,* cela tournait mal. **Things are taking a turn for the better, for the worse,** les affaires *f* prennent meilleure tournure, une meilleure allure; les affaires prennent mauvaise tournure, une mauvaise allure; les affaires s'améliorent, se gâtent. *The patient has taken a t. for the better, for the worse,* le malade est en voie de guérison, est au plus mal. *The illness took a favourable t.,* la maladie prit une tournure favorable. *The weather has taken a t. for the worse,* le temps se corse. **To give a favourable turn to a business,** donner un bon pli à une affaire. *To give another t. to the conversation,* donner un autre tour à la conversation. *The discussion took a new t.,* la discussion prit une nouvelle tournure. *See also* HALF-TURN, RIGHT-ABOUT 2. (*c*) **Turn of the tide,** étale *m*, changement, renverse *f*, renversement *m*, de la marée; virement *m* d'eau. **The tide is on the turn,** la mer est étale; la marée change. **The milk is on the turn,** le lait est en train de tourner. **Turn of the scale,** trait *m* de balance. **The turn of the balance is with him,** la balance penche de son côté. *Med:* **The turn of life,** le retour

d'âge. *Golf:* **The turn,** fin *f* de la première moitié du parcours; le retour. (*d*) *Fin:* **Turn of the market, jobber's turn,** écart *m* entre le prix d'achat et celui de vente. (*e*) Choc *m*, coup *m*. **This sight gave me quite a turn,** ce spectacle m'a donné un (vrai) coup, m'a tout bouleversé; *F:* ça m'a fait un effet de voir ça; cela m'a émotionné. *It gave me quite a t., F:* ça m'a chamboulé. (*f*) **She had one of her turns yesterday,** elle a eu une de ses crises, une de ses attaques, hier. *You gave me such a t.!* vous m'avez fait une belle peur! vous m'avez (re)tourné les sangs! vous m'avez tout retourné! **3.** Tour, (bout *m* de) promenade *f*. **To take a turn in the garden,** faire un tour, vingt pas, dans le jardin; faire un tour de jardin. *Come for a t. round the town,* venez faire un tour en ville. *He took a few turns up and down the deck,* il arpenta le pont, il fit les cent pas sur le pont, pendant quelques instants. **4.** (*a*) Tour (de rôle). **It is your turn,** c'est votre tour; c'est à vous. *It is your t.* (*to play*), c'est à vous de jouer; à vous la balle; (*in dicing*) à vous le dé, vous avez le dé. **Whose turn is it?** à qui le tour? **Have a turn!** essayez donc (à votre tour)! **It will be my turn some day,** (i) mon tour viendra un de ces jours; (ii) je prendrai ma revanche un jour. **In turn, by turns,** tour à tour; à tour de rôle; alternativement. *I will serve you all in t.,* je vous servirai chacun à votre tour. *To drink in t.,* boire à la ronde. **Laughing and crying by turns,** alternant les rires et les pleurs. *Each one in his t.,* chacun (à) son tour. **To speak in one's turn,** parler à son tour. **To play out of one's turn,** jouer en dehors de son tour, avant son tour. **Turn and turn about,** chacun son tour. *We all work by turns; we work t. and t. about,* nous travaillons à tour de rôle, tour à tour. **To take turns in, at, doing sth.,** faire qch. à tour de rôle. *To take turns at steering,* **to take it in turns to steer,** se relayer à la barre. *They take it in turns to sit up,* ils alternent pour veiller. *He takes turns with the others in sitting up,* il alterne avec les autres pour veiller. **To take one's turn** (*at work, etc.*), prendre son tour. **To do sth. in turns of three hours,** se relayer toutes les trois heures pour faire qch. *See also* HAND[1] I. (*b*) *Th:* **Music-hall turn,** numéro *m* de music-hall. *My* **song turn** *is at ten o'clock,* c'est mon tour de chant à dix heures. *See also* STAR[1] 4. **5.** (*a*) (Bon ou mauvais) procédé. **To do s.o. a (good) turn,** rendre un service, rendre service, à qn. **To do s.o. a bad turn,** jouer un mauvais tour à qn; desservir, messervir, qn. **To owe s.o. a good turn,** avoir des obligations envers qn. *Prov:* **One good turn deserves another,** à beau jeu beau retour; à charge de revanche; un service en vaut un autre; une amabilité en vaut une autre. (*b*) Intention *f*, but *m*. **It will serve my turn,** cela fera mon affaire pour le moment. *I can't serve everybody's t.,* je ne peux pas fournir à tous. **6.** (*a*) Disposition *f* d'esprit. **His turn of mind,** son tour d'esprit. *He was of a humorous t.,* il avait un tour d'esprit humoristique. **To have a turn for mathematics, for golf, for business,** avoir des dispositions pour les mathématiques, pour le golf, pour le commerce. *He has a natural t. for chemistry,* il a un goût naturel pour la chimie. *He has no great t. for Latin,* il n'est pas doué pour le latin. (*b*) Forme *f*. **Turn of a sentence,** tournure *f* d'une phrase. *Arresting turns of phrase,* formules frappantes. **English, French, turn of speech,** anglicisme *m*, gallicisme *m*. **The turn of her arm,** les contours *m* de son bras; le galbe de son bras. (*c*) **Horse, car, with a good turn of speed,** cheval *m*, auto *f*, rapide; cheval capable de fournir un effort à grande allure; voiture *f* qui roule bien. **7.** (*a*) Tournant *m*, coude *m* (d'un chemin, d'une rivière, etc.). *Sudden t., sharp t.,* crochet *m*, virage. *There was a sharp t. in the road,* la route faisait un crochet, tournait brusquement. *Aut:* *The approach of a t.,* l'entrée *f* d'un virage. *The path is full of twists and turns,* le sentier fait beaucoup de tours et de détours. (*b*) Tour (d'une corde); (*in coil*) serpentement *m*; tour, spire *f* (d'une spirale). *Nau:* **Take a turn round the cleat!** tournez au taquet! **Round turn and two half-hitches,** un tour mort et deux demi-clefs. *See also* ROUND[1] I. 2. **(Foul) turn in a cable,** tour de chaîne. *El: W.Tel:* **Dead turns,** spires mortes. **8.** *Mus:* Gruppetto *m*, *pl.* gruppetti. **9.** *Typ:* Caractère retourné; blocage *m*.

'turn-bench, *s.* Tour *m* d'horloger; tour à archet.

'turn-bridge, *s.* *Civ.E:* Pont tournant.

'turn-buckle, *s.* **1.** *Mec.E:* Lanterne *f* (de serrage). *Nau:* Ridoir *m*. *Av:* Tendeur *m*. **2.** Tourniquet *m* (pour contrevent, etc.).

'turn-cap, *s.* Capuchon *m* mobile (de cheminée); gueule-de-loup *f*, *pl.* gueules-de-loup.

'turn-circle, *s.* *Aut:* = *turning circle, q.v. under* CIRCLE[1] 1.

'turn-indicator, *s.* *Av:* Indicateur *m* de virage.

'turn-pin, *s.* *Tls:* Toupie *f* (de plombier).

'turn-pulley, *s.* Poulie *f* de renvoi, de retour.

'turn-table, *s.* **1.** (*a*) *Rail:* Plaque tournante. *T.-t. on rollers,* plaque sur galets. (*b*) *Artil:* Plate-forme tournante. **2.** (*a*) Plateau *m* (tourne-disques) (de phonographe). (*b*) Selle *f*, sellette *f* (de modeleur).

turn[2]. I. *v.tr.* **1.** Tourner, faire tourner (une roue, une manivelle); (faire) tourner, faire jouer (une clef dans la serrure). *To t. a hand-wheel,* agir sur un volant. *Key that is hard to t.,* clef qui ne joue pas bien. **To turn the key in the lock,** donner un tour de clef à la porte. **To turn the knife in the wound,** retourner le fer dans la plaie. **To turn the light low,** mettre la lumière en veilleuse. (*With passive force*) **The tap will not turn,** le robinet ne marche pas, ne tourne pas. *See also* SOMERSAULT[1]. **2.** Tourner, retourner. **To turn (over) a page, a leaf,** tourner une page, un feuillet. **Newly turned soil,** terre fraîchement retournée. **To turn the bed,** retourner le matelas. **To turn an umbrella, a rabbit skin, a garment, inside out,** retourner un parapluie, une peau de lapin, un vêtement. *See also* INSIDE 1. **To turn the hay, an omelette,** retourner le foin, une omelette. *Typ:* **To turn a letter,** bloquer une lettre. **To turn a waggon (over) on its side,** abattre, renverser, un wagon. *He turned the body (over) with its face upward,* il retourna le corps la face vers le ciel. **Wood that turns the edge of the axe,** bois *m* qui fait rebrousser la hache. *F:* **He didn't turn a hair,** il n'a pas bronché; il n'a pas tiqué. **Without turning a hair,** sans sourciller, sans broncher, sans se troubler. *See also* COAT[1] 1, STOMACH[1] 1, TABLE[1] 2, TOPSY-TURVY[1], UPSIDE DOWN. **3.** **To turn one's horse,** faire faire demi-tour à son cheval. *To t. one's car,* tourner sa voiture. *Navy:* **To turn the line,** renverser la ligne. *To t. a horse to the right,* diriger un cheval à droite. **He turned his steps homewards,** il dirigea ses pas vers la maison; il s'en retourna chez lui. **To turn all hands on deck,** faire monter tous les hommes. **He never turned a beggar from the door,** jamais il ne renvoya un mendiant. **To turn a vessel from her course,** détourner un navire de sa route. **To turn a blow,** faire dévier un coup; détourner un coup. **To turn the conversation,** donner un autre tour à la conversation. *To t. the talk into other channels,* orienter la conversation vers d'autres sujets. **To turn one's thoughts to God,** tourner ses pensées vers Dieu; se recueillir. *See also* ACCOUNT[1] 2, ADRIFT, ADVANTAGE[1] 1, ATTENTION 1, HAND[1] 1 (*b*), MIND[1] 4, PENNY 3. **4.** Tourner, retourner (la tête); tourner, diriger (les yeux) (*towards,* vers). *T. your face this way,* faites face de ce côté; tournez-vous de ce côté. **To turn a telescope on a star,** braquer une lunette sur une étoile. *See also* BACK[1] I. 1, TAIL[1] 1. **5.** **To turn the laughter against s.o.,** retourner les rires contre qn. **To turn s.o.'s argument against himself,** retourner, rétorquer, un argument contre qn. **To turn everyone against one,** se mettre tout le monde à dos. *See also* LUCK 1, SCALE[3] 1, TIDE[1] 2. **6.** (*a*) **To turn the corner,** tourner le coin. *See also* CORNER[1] 3. *Mil:* **To turn the enemy's flank, position,** tourner le flanc, la position, de l'ennemi. **To turn a difficulty,** tourner une difficulté. (*b*) **He is, has, turned forty,** il a passé, franchi le cap de, la quarantaine; il a quarante ans passés, accomplis. *She is just turned four,* elle vient d'avoir quatre ans. **It is turned seven o'clock,** il est sept heures passées. **7.** (*a*) Changer, convertir, transformer (*into,* en). *To t. the water into wine,* changer l'eau en vin. *His love was turned to hate,* son amour s'est changé, s'est transformé, a tourné, en haine. *The drawing-room was turned into a study,* le salon fut transformé en cabinet de travail. *To t. a theatre into a cinema,* faire d'un théâtre un cinéma; convertir un théâtre en cinéma. *They have turned our soldiers into a police force,* on a fait de nos soldats un corps de police. *To t. a nursemaid into a cinema star,* métamorphoser une bonne d'enfants en étoile de cinéma. *Can a wolf t. (itself) into a lamb?* un loup peut-il se faire agneau, se transformer en agneau? *To t. a partnership into a limited company,* transformer en société anonyme une société en nom collectif. *To t. one's land, one's watch, into money,* convertir ses terres en argent; *P:* lessiver, laver, sa montre. **To turn Latin into English,** mettre du latin en anglais. *To t. a sentence into French,* traduire une phrase en français. *How would you t. this passage?* comment traduiriez-vous ce passage? (*b*) Faire devenir; rendre. **The storm has turned the milk (sour),** l'orage a fait tourner le lait. *See also* SOUR[1] I. 1. **Autumn turns the leaves (yellow),** l'automne fait jaunir les feuilles. *The very thought turns him pale,* cette seule pensée le fait pâlir. **You will turn me mad,** vous me rendrez fou. (*c*) **Success has turned his head,** le succès lui a tourné la tête. *Grief has turned his brain,* le chagrin lui a tourné la cervelle. **8.** (*a*) Tourner, façonner au tour (un pied de table, etc.). *Turned in one piece with . . .,* venu de tour avec. . . . *F:* **Well-turned leg,** jambe *f* qui a du galbe; jambe faite au tour. *Footman with a well-turned leg,* valet de pied bien jambé. (*With passive force*) **Metal that turns well,** métal qui se travaille bien au tour. *F:* **He can turn a compliment,** il sait tourner un compliment. **Well-turned sentence,** phrase bien tournée. *Prettily turned verses,* vers bien tournés; *F:* vers bien troussés. (*b*) **To turn the heel of a stocking,** faire le talon d'un bas; donner la forme au talon d'un bas.

II. **turn,** *v.i.* **1.** Tourner. (*a*) *The wheel turns,* la roue tourne. *To t. a complete circle,* virer un cercle complet. *Cr: etc:* **To make the ball turn,** donner de l'effet à la balle. **My head turns,** la tête me tourne. *The door turns on its hinges,* la porte tourne, roule, pivote, sur ses gonds. *Finder* **free to turn,** viseur *m* orientable, à orientation libre. (*b*) **Everything turns on your answer,** tout dépend de, roule sur, votre réponse. *Our whole policy turned upon this alliance,* cette alliance était le pivot de toute notre politique. **The conversation turned on a variety of subjects,** la conversation a roulé, a porté, sur une variété de sujets. **2.** (*a*) **To toss and turn in bed,** se tourner et se retourner dans son lit. *F:* **'When Father says turn we all turn,'** il fait la pluie et le beau temps chez lui. (*b*) (*Of edge of tool*) **To turn (up, over),** se rebrousser. (*c*) **To turn upside down,** (i) (*of boat*) chavirer; (ii) (*of vehicle*) capoter, se retourner. **3.** Se tourner, se retourner. **To turn short,** se retourner tout à coup. *He turned towards me,* il se tourna de mon côté. *He turned (round) to look at her,* il se retourna pour la regarder. *Th:* **He turns as if to go,** il va pour sortir; fausse sortie. *Danc:* **To turn single,** faire un tour tout seul. *Mil:* **Right turn! left turn!** à droite! à gauche! par le flanc droit, gauche! *See also* HEEL[1] 1. **4.** (*a*) Tourner, se diriger. *The river turns to the left,* la rivière tourne, se replie, à gauche. *He turned to the left,* il tourna, il prit, à gauche. *He turned homewards,* il se dirigea vers la maison; il reprit le chemin de la maison. *I turned down Regent Street,* j'ai pris par Regent Street. *Nau:* *To t. to the east,* venir cap à l'est. **To turn sixteen points, to turn a half-circle,** virer de bord cap pour cap; venir de seize quarts; décrire un demi-cercle. **The wind is turning,** le vent change. (*b*) Se diriger (vers qch.); s'adresser (à qn). **My thoughts often turn to this subject,** mes réflexions *f* se portent souvent sur ce sujet. **To turn to the thought of . . .,** se prendre à songer à. . . . **To turn to a document,** se reporter à un document. *To t. to the dictionary,* consulter le dictionnaire. *I shall now t. to another matter,* je passe maintenant à une autre question; j'aborde maintenant une autre question. *The starling only turns to worms when there are no berries,* l'étourneau ne donne aux vers que faute de baies. **I don't know which**

way, where, to turn, je ne sais de quel côté (me) tourner; je suis tout désemparé; *F:* je ne sais plus de quel bois faire flèche; je ne sais (plus) où donner de la tête, où mettre le cap, sur quel pied danser, à quel saint me vouer. *I see no way out of it whichever way we t.,* je ne vois pas d'issue de quelque côté qu'on se tourne. **To turn to s.o.,** recourir à qn, à l'aide de qn; avoir recours à qn. *I didn't know to whom to t.,* je ne savais à qui m'adresser. *She turned to God in her suffering,* dans ses souffrances elle se tourna vers Dieu. *See also* MIND[1] 2. (*c*) **To turn to work, to doing sth.,** se mettre au travail, à faire qch. *He is giving up the stage and turning to film work,* il abandonne le théâtre pour se consacrer au cinéma. **5.** (*a*) **The tide is turning,** la marée change. **His luck has turned,** sa chance a tourné. (*b*) **To turn against s.o.,** se retourner contre qn. *See also* WORM[1] 1. **6.** (*a*) Se changer, se convertir, se transformer (*into,* en). *The caterpillar turns into a butterfly,* la chenille se transforme en papillon. **It is turning to rain,** le temps se met à la pluie. *The snow soon turned to rain,* la neige se tourna bientôt en pluie. *The snow had turned (in)to slush,* la neige s'était convertie en boue. **Everything he touches turns to gold,** tout ce qu'il touche se change en or. **The affair was turning to tragedy,** l'affaire tournait au tragique. (*Of wine*) *To t. into vinegar,* se tourner en vinaigre. (*b*) *To turn acid,* tourner au vinaigre. **The milk has turned** (sour), le lait a tourné. *See also* SOUR[1] I. 1. **His head has turned with success,** le succès lui a tourné la tête. *It is turning cold,* le temps tourne au froid. *It is turning cold again,* le temps redevient froid. **The leaves are beginning to turn,** les feuilles commencent à tourner, à jaunir. *The apples are turning red,* les pommes commencent à se colorer en rouge. *He turned red at these words,* il rougit à ces mots. *Ch: To t. red, blue,* virer au rouge, au bleu. *Ink that turns black on drying,* encre *f* qui vire au noir en séchant. *F:* **To turn all the colours of the rainbow,** passer par toutes les couleurs de l'arc-en-ciel. **To turn sulky,** devenir maussade. *See also* NASTY 2. (*c*) **To turn socialist,** devenir socialiste; embrasser le socialisme. **To turn soldier,** se faire soldat. *He had turned Christian for the love of a Christian,* il avait embrassé la religion chrétienne par amour pour une chrétienne. *Why should he not t. an excellent husband?* pourquoi ne deviendrait-il pas, ne ferait-il pas, un excellent mari? *See also* TRAITOR.

turn about. **1.** *v.i.* (*a*) Se tourner, se retourner. *Mil:* Faire demi-tour. *See also* ABOUT 2, RIGHT-ABOUT 2. (*b*) Se tourner d'un côté et de l'autre; s'agiter. **2.** *v.tr.* Tourner (qch.) dans l'autre sens; faire faire demi-tour à (un cheval, etc.).

turn aside. **1.** *v.tr.* Détourner, écarter (qch., qn). **To turn aside a blow,** détourner, écarter, faire dévier, un coup. **2.** *v.i.* Se détourner, s'écarter.

turn away. **1.** *v.tr.* (*a*) Détourner (la tête, les yeux, son visage). (*b*) Détourner, écarter. *B:* **A soft answer turneth away wrath,** une réponse douce détourne la colère. (*c*) Renvoyer, congédier (qn). (*d*) *Th: etc:* **To turn people away,** refuser du monde. **2.** *v.i.* (*a*) Se détourner. *To t. away from s.o.,* (i) tourner le dos à qn; (ii) délaisser, abandonner, qn. (*b*) S'en aller. (*c*) *Navy:* Se dérober (*from,* à).

'turn-away, *s. Navy:* **Turn-away** (*from the enemy*), dérobement *m.*

turn back. **1.** *v.tr.* (*a*) Faire revenir ou faire retourner (qn) sur ses pas; faire rebrousser chemin à (qn). (*b*) Faire faire demi-tour à (qn, un cheval). (*c*) Relever, retrousser (ses manches); rabattre (le collet de son pardessus, son capuchon, etc.). *To t. back one's skirt over one's knees,* relever, retrousser, sa jupe sur ses genoux. (*With passive force*) **Collar that turns back upon the shoulders,** col *m* qui se rabat sur les épaules. (*d*) *Nau:* Dévirer (le treuil, etc.). **2.** *v.i.* (*a*) S'en retourner; retourner en arrière; retourner sur ses pas; rebrousser chemin; (*of horseman*) tourner bride. (*b*) Faire demi-tour; se retourner.

turning back, *s.* **1.** Retour *m.* **2.** (*a*) Retroussement *m.* (*b*) Rabattement *m.* (*c*) Dévirage *m.*

turn down, *v.tr.* **1.** (*a*) Rabattre (un col). **To turn down the bed, the bedclothes,** faire la couverture; ouvrir le lit. *Metalw: To t. down the edge of a sheet,* tomber le bord d'une tôle. (*With passive force*) **Collar that turns down,** col *m* qui se rabat. (*b*) Plier, corner (une page); faire un pli, une corne, à (une page). **2.** Retourner (une carte) (face à la table). (*In restaurant*) *To t. down a chair for a regular diner,* renverser une chaise pour un habitué. **3.** Baisser (la lampe, le gaz). *To t. down the gas to a glimmer,* mettre le (bec de) gaz en veilleuse. **4.** *F:* (*a*) **To turn down a candidate, a suitor, a claim,** refuser, *F:* recaler, un candidat; refuser un prétendant; écarter une réclamation. *Mil:* **To turn a man down,** refuser un homme (pour le service). *He was turned down on account of his heart,* il a été refusé, réformé, pour insuffisance cardiaque. (*b*) **To turn down an offer,** repousser une offre.

'turn-down. **1.** *Attrib.a.* Rabattu, retourné. **Turn-down collar,** col rabattu. **2.** *s.* = TURNBACK.

turned down, *a.* (*Of collar, etc.*) Rabattu. **Turned-down piece,** rabat *m.*

turn in. **1.** *v.tr.* (*a*) Rentrer (les bouts de qch.); remplier (un ourlet); replier (le bord d'un vêtement, etc.). (*b*) **To turn one's toes in,** tourner les pieds en dedans. (*c*) **To turn in one's equipment on leaving the army,** rendre son équipement en quittant l'armée. *F:* **To turn one's job in,** envoyer promener son emploi; quitter sa place (volontairement). **2.** *v.i.* (*a*) **His toes turn in,** il a les pieds tournés en dedans. (*b*) *F:* **To turn in,** (aller) se coucher, *P:* se bâcher, se pagnoter, se pieuter.

turn-'in, *s.* Partie de la chemise d'un livre repliée à l'intérieur.

turned in, *a.* Rentré.

turn off. I. *v.tr.* **1.** Fermer, couper (l'eau, le gaz); arrêter (l'eau); éteindre (le gaz); couper, arrêter (la vapeur); fermer (un robinet). *To t. off the wireless,* fermer la T.S.F. **2.** (*a*) Renvoyer, congédier, débaucher (un employé). (*b*) *F: It was bitter weather and I couldn't t. him off,* il faisait un temps glacial, et je ne pouvais pas le mettre dehors, le renvoyer de ma porte. **3.** *Rail:* **To turn off waggons** (*into a siding*), garer, aiguiller, des wagons. **4.** (*a*) Enlever (les inégalités, etc.) au tour. (*b*) Écrire (une épigramme, etc.) impromptu.

II. **turn off,** *v.i.* **1.** (*Adverbial use*) (*a*) Changer de route; se détourner; tourner (à droite, à gauche). *I turned off to the left,* j'ai pris à gauche. (*b*) *The road turns off at this point,* à cet endroit la route bifurque. **2.** (*Prepositional use*) **The car turned off the main road,** l'auto quitta la grande route. *To t. off the right road,* s'écarter du bon chemin. **Gower Street turns off Great Russell Street,** Gower Street fait le coin avec Great Russell Street.

turn-'off, *s. Rail:* = TURN-OUT 5.

turn on. **1.** *v.tr.* (*a*) Donner (la vapeur, le courant); ouvrir, faire couler (l'eau); lâcher (le robinet); allumer, ouvrir (le gaz). **To turn on the fountains,** faire jouer les eaux. *Shall I t. on the gas? the light?* voulez-vous que j'allume? **Turn on my bath,** préparez mon bain. (*b*) *F:* **To turn s.o. on to do sth.,** mettre qn à faire qch. **2.** *v.i.* (*Prep. use*) **To turn on s.o.,** se jeter sur qn; attaquer qn; se retourner contre qn. **Why do you turn on me?** pourquoi vous en prendre à moi?

turn out. I. *v.tr.* **1.** (*a*) **To turn s.o. out (of doors),** mettre qn dehors, à la porte; jeter, *F:* flanquer, qn à la porte; faire sortir qn. **To turn out a tenant,** déloger, évincer, un locataire. **To turn out a servant,** congédier, chasser, un domestique. **To turn out the government,** renverser le gouvernement. *To t. s.o. out of the house,* mettre qn à la porte. **Turn him out!** à la porte! **To turn s.o. out of his job,** *F:* mettre qn sur le pavé. (*b*) Mettre (le bétail) au vert. *See also* GRASS[1] 2. (*c*) *Nau:* Réveiller (les hommes). *Mil:* Alerter (les troupes). **To turn out the guard,** faire sortir la garde; mettre la garde sous les armes. **Turn out the guard!** à la garde! (*d*) *I was busy turning out old papers from my desk,* j'étais occupé à trier, à jeter au panier, les paperasses qui encombraient mon bureau. (*e*) *Cu:* Démouler (une crème, etc.). (*f*) *Nau:* **To turn out a boat,** pousser une embarcation en dehors; mettre une embarcation à son poste de rade. **2.** Vider (un tiroir, ses poches); retourner (ses poches); nettoyer (une chambre) à fond. *I've turned out the dining-room,* j'ai fait la salle à manger. **3.** Produire, fabriquer (des marchandises). *She turns out a very nice dress,* elle fait de très jolies robes. *F: School that has turned out some good athletes,* école *f* qui a produit de bons athlètes. *To t. out a great deal of work,* produire beaucoup. **Turned out to order, by the dozen,** confectionnés sur demande, à la douzaine. **4.** (*Of pers., carriage, etc.*) **Well turned out,** élégant, pimpant; (*of pers.*) soigné dans sa mise. *Well-turned out young men,* jeunes gens *m* d'une mise irréprochable. **5.** Couper, éteindre (le gaz). '*T. out the light on leaving,*' "éteignez en sortant!" **6.** **To turn out one's toes,** tourner les pieds en dehors.

II. **turn out,** *v.i.* **1.** (*a*) Sortir; paraître en public. *The whole town turned out to meet him,* toute la ville sortit pour aller à sa rencontre. *Only ten men turned out for duty,* dix hommes seulement se sont présentés pour le service. *The guard turns out,* la garde sort. **Guard turn out!** aux armes! (*b*) *Ind:* (*Of workmen*) **To turn out** (*on strike*), se mettre en grève. (*c*) *F:* Sortir du lit; se lever. **2.** **His toes turn out,** il a les pieds tournés en dehors. **3.** (*a*) *Things have turned out well,* les choses ont bien tourné. *It turned out badly for him,* cela lui a mal réussi. *Things did not t. out as he intended,* les choses ne se sont pas passées selon ses intentions. *It will t. out all right,* cela s'arrangera. *We shall see how things t. out,* nous verrons comment les choses vont tourner. *I don't know how it will t. out,* je ne sais pas quelle en sera l'issue; je ne sais pas à quoi cela aboutira, comment cela finira, ce qui en adviendra. *I shall act according as things t. out, F:* alors comme alors. **As it turned out . . .,** comme il arriva . . .; en l'occurrence. . . . *But it turned out that . . .,* mais il est advenu que. . . . **His son turned out badly,** son fils a mal tourné. **What a pretty girl she has turned out!** quelle jolie fille elle est devenue! *The crops have turned out badly,* la récolte n'a pas réussi. *The venture turned out a success,* l'entreprise a réussi. **The weather has turned out fine,** le temps s'est mis au beau. *The afternoon turned out fine, rainy,* dans l'après-midi, avec l'après-midi, le temps s'est mis au beau, à la pluie. (*b*) *He turned out to be my old friend's son,* il se trouva qu'il était, il se trouva être, le fils de mon ancien ami. *The dog turned out to be mine,* il se trouva que le chien m'appartenait. *Her husband turned out a bore,* son mari s'est montré assommant. *This turns out to be true,* cela se trouve être vrai. **It turns out that . . .,** il apparaît, il se trouve, que. . . .

turn-'out, *s.* **1.** Concours *m,* assemblée *f* (de gens). *There was a great turn-out at his funeral,* il y avait foule à son enterrement. *There was a fine turn-out to hear him,* il a eu une belle réunion. **2.** *Ind:* Grève *f.* **3.** (*a*) Tenue *f,* uniforme *m* (d'un régiment, etc.). (*b*) Attelage *m,* équipage *m. A turn-out of four chestnut horses,* un attelage de quatre alezans. *You should see the Lord Mayor's turn-out!* il faut voir l'équipage du Lord Maire! **4.** *Com:* = OUTPUT 1. **5.** *Rail:* (*a*) Branchement *m.* (*b*) Changement *m* de voie; aiguillage *m.* (*c*) Voie *f* de garage. (*d*) Voie d'évitement.

turning out, *s.* **1.** (*a*) Sortie *f.* (*b*) Délogement *m.* **2.** *Cu:* Démoulage *m* (d'une gelée, etc.).

turn over. **1.** *v.tr.* (*a*) Retourner (qch.); tourner (une page). **To turn over the pages, the leaves, of a book,** feuilleter un livre. *See also* LEAF[1] 2, OVER II. 3. *Agr:* **To turn over the soil,** retourner, mouver, le sol. **To turn over a field,** verser un champ. *Abs. Plough that turns over to the right, to the left,* charrue *f* qui verse à droite, à gauche. *Metalw:* **To turn over the edges of a plate,** rabattre, tomber, les bords d'une tôle. **To turn an idea, a question, over in one's mind,** ruminer, *F:* remâcher, une idée; délibérer une question. *To t. a plan over in one's mind,* rouler, retourner, un projet dans sa tête; tourner un projet en tous sens; réfléchir sur, à, un projet; *F:* mijoter un projet. *See also* TURN[2] I. 2. (*b*) **He turns over £500 a week,** ses recettes *f* montent à 500 livres par semaine; son chiffre d'affaires est de 500 livres par semaine. (*c*) **To turn sth. over to s.o.,** transférer, référer, qch. à qn. *To t. over the management of an affair to s.o.,* remettre à qn la conduite d'une affaire. *The thief was turned over to the police,* le voleur fut remis entre les mains de la police. (*d*) *Typ:* **To turn a word, a letter, over,** faire sauter un mot, une lettre. **2.** *v.i.* Se tourner, se retourner; (*of vehicle*) verser, capoter; (*of aeroplane*) capoter; *F:* atterrir sur la cabane. *The dog turned over on to its back,* le chien se renversa sur le dos. (*Of motor car, aeroplane*) **To turn right over,** faire un panache complet.

turn-'over, *s.* **1.** (*a*) Renversement *m*, culbute *f*. (*b*) *Parl: etc:* **Turn-over of four votes,** déplacement *m* de quatre voix. **2.** *Com:* (*a*) Chiffre *m* d'affaires; roulement *m*. *His turn-over is £4000 per annum,* il fait 4000 livres d'affaires par an. **Turn-over tax,** impôt *m* sur le chiffre d'affaires. (*b*) **Rapid turn-over of goods,** écoulement *m* rapide des marchandises. **3.** *Journ:* (*a*) Article *m* qui déborde sur une autre page. (*b*) Fin *f* d'article (sur l'autre page). **4.** (*a*) **Turn-over of a sheet,** retour *m* de drap (sur les couvertures du lit). (*b*) *Cost:* Revers *m* (d'un bas de cycliste, etc.). (*c*) *Cu:* Chausson *m*. **Apple turn-over,** chausson aux pommes; bourde *f*. **5.** *Attrib.a.* **Turn-over table,** table brisée. **Turn-over plate,** plaque rotative (de machine à moulurer). *Typ: Typewr:* **Turn-over word,** réclame *f* (en bas de page).

turning over, *s.* (*a*) *T. over of the pages of a book,* feuilletement *m*, feuilletage *m*, d'un livre. *T. over of the soil,* retournage *m* de la terre. *T. over of sth. in one's mind,* réflexion *f*. (*b*) Renversement *m*.

turn round. **1.** *v.tr.* Retourner. **2.** *v.i.* (*a*) Tourner; (*of crane, etc.*) virer, pivoter. *F:* **My head is turning round,** la tête me tourne. **To turn round and round,** tourner, tournoyer; (*on one's toes*) pirouetter. (*b*) Tourner, se tourner, se retourner; faire volte-face; (*in one's opinions, etc.*) tourner casaque, (re)virer de bord. *Equit:* (*Of horse*) *To t. suddenly round,* se replier. **To turn round to s.o.,** se retourner vers qn. *T. round and let me see your side-face,* tournez-vous un peu que je vous voie de côté. *F:* **I haven't time to turn round,** je n'ai pas le temps de me retourner. (*c*) (*Of ship in port*) Se retourner (pour repartir). *We have only two days in which to t. round,* on nous donne deux jours pour être prêts à reprendre la mer. (*d*) *F:* **To turn round on s.o.,** se retourner contre qn; s'en prendre à qn.

turning round, *s.* (*a*) **Turning round and round,** tournoiement *m*. (*b*) Volte-face *f*.

turn to, *v.i.* *F:* Se mettre au travail; s'y mettre.

turn under, *v.tr.* Remplier (un ourlet, etc.).

turn up. I. *v.tr.* **1.** (*a*) Relever (le col de son pardessus); retrousser (ses manches). *F:* **To turn up one's nose at sth.,** faire fi de qch.; renifler sur qch.; faire le dédaigneux, le dégoûté. *To t. up one's nose at a dish,* renâcler à, devant, un plat. **To turn up one's eyes,** (i) montrer le blanc des yeux; *F:* faire des yeux de carpe; (ii) *P:* (*to die*) battre l'œil; tourner de l'œil. *Metalw:* **To turn up a flange on a sheet,** tomber un collet sur une tôle. *See also* TOE[1] 1. (*b*) Retourner (le sol, une carte). *The gardener turned up some human bones,* le jardinier a déterré des ossements humains. *Among the letters I turned up a photograph of your mother,* parmi les lettres j'ai découvert une photographie de votre mère. *See also* TRUMP[2] 1. (*c*) Trouver, se reporter à (un mot, une citation, un article). **To turn up a word in the dictionary,** chercher un mot dans le dictionnaire; consulter le dictionnaire. (*d*) *F:* Écœurer, faire vomir (qn). **2.** Remonter (une mèche, une lampe). **To turn up the gas,** donner toute la lumière ou tout le gaz.

II. **turn up,** *v.i.* **1.** Se relever, se retrousser, se replier; (*of edge of tool*) se rebrousser. **His nose turns up,** il a le nez retroussé. **2.** (*a*) *The ten of diamonds turned up,* le dix de carreau est sorti. (*b*) Arriver, se présenter (inopinément); faire son apparition. **To turn up at s.o.'s house,** arriver (à l'improviste) chez qn. *He turned up at my office this morning,* il s'est présenté à mon bureau ce matin. *He turned up ten minutes late,* il est arrivé, il s'est amené, *P:* il s'est aboulé, avec un retard de dix minutes. *To t. up again,* faire une nouvelle apparition; surgir de nouveau. *Several people turned up,* (i) il s'est présenté plusieurs personnes; (ii) plusieurs personnes ont fait acte de présence, *F:* se sont amenées. *If any patients t. up . . .,* s'il se présente des malades. . . . *Did you expect me to t. up yesterday?* est-ce que vous pensiez que je viendrais hier? *He will t. up one of these days,* il reparaîtra un de ces jours. **Something is sure to turn up,** il se présentera sûrement une occasion. *Till something better turns up,* en attendant mieux.

'turn-up, *s.* (*a*) Bord relevé (d'un pantalon, etc.); retroussis *m* (d'un chapeau à l'ancienne mode). *Attrib.* **Turn-up trousers,** pantalon à bords relevés, à bas américains. **Turn-up bed,** lit pliant. (*b*) (*At cards*) Retourne *f*. *What is the t.-up?* de quoi retourne-t-il? *The t.-up is spades,* la retourne est de pique; il retourne pique. *F:* **It's a mere turn-up,** c'est une affaire de chance. (*c*) (i) *A:* Assaut *m* de boxe; (ii) *F:* rixe *f*, bagarre *f*.

turned up, *a.* (*Of collar, sleeve*) Relevé. **Turned up nose,** nez retroussé; *F:* nez en trompette; *A:* nez carlin.

turned, *a.* **1.** **(Lathe-, machine-)turned,** façonné au tour; fait au tour; tourné. **Turned work,** tournage *m*. *See also* ENGINE-TURN. **2.** Retourné. *Typ:* **Turned letter,** caractère retourné; blocage *m*. **Turned comma** = *inverted comma, q.v. under* COMMA 1.

turning[1], *a.* Tournant; qui tourne; giratoire, rotatoire, rotatif.

turning[2], *s.* **1.** (*a*) Action *f* de tourner ou de faire tourner; mouvement *m* giratoire, rotatoire; rotation *f*, giration *f*; virage *m* (d'une manivelle). *I.C.E: Mch:* **Turning gear,** vireur *m* (de démarrage). *See also* TABLE-TURNING. (*b*) Virage (d'une auto, etc.); changement *m* de direction. *Nau:* **Turning trial,** essai *m* de giration. *See also* CIRCLE[1] 1. (*c*) Retournage *m* (d'un vêtement, de la terre, etc.). *Typ:* **Turning of a letter,** blocage *m* d'un caractère. (*d*) **Turning of the tide,** changement, renversement *m*, de la marée. (*e*) Changement, conversion *f* (*into*, en). **2.** Travail *m* au tour; tournage *m*. **Vertical turning-machine, -mill,** tour à plateau horizontal. *See also* ENGINE-TURNING. **3.** Tournant *m* (d'une route); coude *m*. *Aut:* Virage. **To negotiate a turning,** prendre un tournant, un virage. *To take a t. at a certain speed,* prendre un virage à une certaine vitesse. *Take the t. on the left,* prenez à gauche. *Take the first t. to the right,* prenez la première (route, rue) à droite. **Turnings and twistings,** tours *m* et détours *m*. *See also* LANE 1. **4.** *pl.* **Turnings.** *Dressm:* Rentrés *m*; remplis *m*. **5.** *pl.* Tournures *f*; copeaux *m* de tour; *Metalw:* bûchilles *f*.

'turning-chisel, *s.* *Tls:* Fermoir *m* de tour; plane *f*.

'turning-flag, *s.* *Sp:* Drapeau *m* de virage.

'turning-lathe, *s.* = LATHE[1] 1.

'turning-point, *s.* **1.** Point décisif; moment *m* critique. **The turning-points of history,** les tournants *m* de l'histoire. *The t.-p. in the negotiations,* le moment où les négociations ont pris une orientation nouvelle; le point pivot des négociations. **2.** *Surv:* Point perdu.

'turning-post, *s.* *Rom.Ant:* Borne *f* (du cirque).

'turning-saw, *s.* *Tls:* Scie *f* à chantourner; feuillet *m* de tourneur.

'turning-tool, *s.* **1.** Outil *m* de tour; outil pour tours. **2.** (*In boring*) Manche *m* de manœuvre; tourne-à-gauche *m inv.*

'turn-screw, *s.* *Tls:* = SCREWDRIVER.

turnback ['tə:rnbak], *s.* **Turnback of a sheet,** retour *m* de drap (d'un lit).

turncoat ['tə:rnkout], *s.* *Pol: etc:* Renégat *m*, arlequin *m*; apostat, -ate; *F:* transfuge *mf*, caméléon *m*. *Don't be a t.,* n'allez pas tourner casaque.

turncock ['tə:rnkɔk], *s.* *Adm:* Fontainier *m*; l'employé *m* de la compagnie des eaux.

turner ['tə:rnər], *s.* **1.** *Ind:* Tourneur *m*. *T. in boxwood,* tourneur sur buis, de buis. **Turner's wood,** bois *m* de tour, de tourneur. *See also* ENGINE-TURNER. **2.** *See* LEAF-TURNER.

Turneresque [tə:rnə'resk], *a.* *Art:* A la Turner; à la manière de Turner.

turnery ['tə:rnəri], *s.* **1.** Art *m* du tourneur. **2.** (*a*) Tournage *m*; travail *m* au tour. **Wood turnery,** tournage sur bois. (*b*) Articles tournés; articles façonnés au tour. **3.** Atelier *m* de tourneur; tournerie *f*.

turnip ['tə:rnip], *s.* **1.** *Hort:* Navet *m*. **Swedish turnip,** chou-navet *m*, *pl.* choux-navets. **2.** *P:* = TURNIP-WATCH.

'turnip-cabbage, *s.* Chou-rave *m*, *pl.* choux-raves; turnep(s) *m*.

'turnip-chopper, -cutter, *s.* *Agr:* Coupe-racines *m inv.*

'turnip-fly, *s.* *Ent:* Altise potagère.

'turnip-'lantern, *s.* *F:* Griche-dents *f inv* (composée d'un navet évidé et garni d'une chandelle).

'turnip-moth, *s.* *Ent:* Agrotide *f* des moissons.

turnip 'saw-fly, *s.* *Ent:* Tenthrède *f* de la rave.

'turnip-tops, *s.pl.* Fanes *f* de navet.

'turnip-watch, *s.* *F:* Grosse montre bombée; *F:* oignon *m*, *P:* casserole *f*, bassinoire *f*.

turnipy ['tə:rnipi], *a.* (*a*) Qui sent le navet. (*b*) Qui ressemble à un navet.

turnkey ['tə:rnki:], *s.* **1.** Guichetier *m* (d'une prison); porte-clefs *m inv.* **2.** = TURNCOCK.

turnpike ['tə:rnpaik], *s.* *Hist:* **1.** Barrière *f* de péage. **2.** **Turnpike (road),** route *f* à barrière, à péage; grande route. **3.** Tourniquet *m* (d'entrée). **4.** *Mil:* Chevaux *mpl* de frise.

turnsole ['tə:rnsoul], *s.* **1.** *Bot:* Tournesol *m*; (i) maurelle *f*; croton *m* des teinturiers; (ii) héliotrope *m*. **2.** *Dy:* Tournesol.

turnspit ['tə:rnspit], *s.* *A:* (*Pers.*) Tournebroche *m*.

turnstile ['tə:rnstail], *s.* Tourniquet(-compteur) *m* (pour entrées); moulinet *m*.

turnstone ['tə:rnstoun], *s.* *Orn:* Tourne-pierre *m*, *pl.* tourne-pierres.

turnwrest ['tə:rnrest], *s.* **Turnwrest (plough),** charrue *f* tourne-oreille; tourne-oreille *m inv.*

Turonian [tju'rounjən], *a.* *Geol:* Turonien.

Turons ['tjuərənz], **Turones** [tju'rouni:z], *s.pl.* *Hist:* Turons *m*.

turpentine ['tə:rpəntain], *s.* (*a*) Térébenthine *f*. **Crude turpentine,** résine *f* vierge. *See also* VARNISH[1] 1. (*b*) **(Oil of) turpentine,** essence *f* de térébenthine.

'turpentine tree, *s.* Térébinthe *m*.

turpeth ['tə:rpeθ], *s.* *Pharm:* **1.** Turbith *m*. **2.** **Turpeth mineral,** turbith minéral; précipité *m* jaune.

turpitude ['tə:rpitju:d], *s.* Turpitude *f*.

turps [tə:rps], *s.* *Com:* Essence *f* de térébenthine.

turquoise ['tə:rk(w)ɔiz], *s.* **1.** *Lap:* Turquoise *f*. **True oriental turquoise,** turquoise de la vieille roche. **Fossil turquoise,** turquoise osseuse, occidentale. **Turquoise ring,** bague *f* de turquoises. **2.** *a.* & *s.* **Turquoise(-blue),** turquoise (*m*) *inv.*

turret ['tʌret], *s.* **1.** *Arch:* Tourelle *f*. **Bell-turret,** clocheton *m*. *See also* LOOK-OUT 2, RIDGE[1] 1, STAIRCASE. **2.** (*a*) *Mil: Navy:* **(Gun-)turret,** tourelle. *Navy:* **After turret,** tourelle de retraite. *See also* FORWARD[1] I. 1. (*b*) *Rail: U.S:* Lanterneau *m* (de wagon). **3.** *Mec.E:* Tourelle; (porte-outil(s) *m inv*) revolver *m*; barillet *m* porte-outils (de tour). **Turret drill,** aléseuse *f* à revolver. *See also* LATHE[1] 1.

'turret-gun, *s.* *Navy:* Pièce *f* de tourelle. **Twin turret-guns,** pièces couplées en tourelles.

'turret-ship, *s.* *Navy:* Cuirassé *m* à tourelles; vaisseau *m* turret.

'turret-slide, *s.* *Mec.E:* Chariot *m* (de tour) à revolver.

turreted ['tʌretid], *a.* **1.** (*a*) *Arch:* (Château, etc.) surmonté ou garni de tourelles ou d'une tourelle. (*b*) *Her:* Tourelé. **2.** *Conch:* Turriculé.

turriculate [tʌ'rikjulet], **turriculated** [tʌ'rikjuleitid], *a. Conch:* Turriculé.

turtle [tə:rtl], *s.* Tortue *f* de mer. **Green turtle,** chélonée franche; tortue verte. **Leather turtle,** tortue à cuir; tortue luth. *See also* HAWK'S-BILL, MOCK TURTLE, MUD-TURTLE. *F:* **To turn turtle,** (i) *Nau:* chavirer; (*of small boat*) faire capot, capoter; (ii) (*of motor car, etc.*) capoter, se retourner, faire un panache complet; faire la crêpe.

'turtle-back, *s. Nau:* **Turtle-back (deck),** pont *m* en carapace de tortue.

'turtle cowrie, *s. Conch:* Porcelaine *f.*

'turtle-deck, *s. Nau:* = TURTLE-BACK.

'turtle-shell, *s.* (*a*) Carapace *f* de tortue. (*b*) = TORTOISE-SHELL I.

turtle-'soup, *s.* Potage *m* à la tortue.

turtle-dove ['tə:rtldʌv], *s. Orn:* Tourterelle *f*, tourtereau *m.* *F:* **A pair of turtle-doves,** un couple d'amants, d'amoureux, de tourtereaux.

turtler ['tə:rtlər], *s.* **1.** Pêcheur *m* de tortues. **2.** Navire *m*, bateau *m*, pour la pêche à la tortue.

turtling ['tə:rtliŋ], *s.* Pêche *f* à la tortue.

Tuscan ['tʌskən]. **1.** *a. & s. Geog: Arch:* Toscan, -ane. *Hatm:* **Tuscan straw,** paille *f* de Toscane. **2.** *s. Ling:* Le toscan.

Tuscany ['tʌskəni]. *Pr.n. Geog:* La Toscane.

Tusculan ['tʌskjulən], *a. Rom.Ant:* Tusculan. *Lt.Lit:* **The Tusculan Disputations,** les Tusculanes *f.*

tush[1] [tʌʃ], *int. A:* Bah! taratata! taisez-vous donc! chansons!

tush[2], *v.i. A:* Dire bah! chansons!

tush[3], *s.* Canine *f*, écaillon *m* (du cheval).

tushery ['tʌʃəri], *s. Lit:* (*a*) Abus *m* de l'archaïsme (dans le roman historique). (*b*) *Coll.* Romans lardés d'archaïsmes.

tusk [tʌsk], *s.* **1.** Défense *f* (de sanglier, d'éléphant, de morse, etc.); dent *f* (d'éléphant); croc *m*, crochet *m* (de loup, etc.). *Boar's tusks,* broches *f*, dagues *f*, *A:* mires *f*, de sanglier. **2.** (*a*) *Carp:* Renfort *m*, mordâne *m* (de tenon). (*b*) Dent (d'une herse, etc.).

'tusk-tenon, *s. Carp:* Tenon *m* à renfort.

tusked [tʌskt], *a.* (Éléphant, sanglier) armé de défenses; (bête) à défenses.

tusker ['tʌskər], *s.* Éléphant *m* ou sanglier *m* adulte, qui a ses défenses.

tusky ['tʌski], *a. A. & Lit:* = TUSKED.

tussive ['tʌsiv], *a.* De la toux; causé par la toux.

tussle[1] [tʌsl], *s.* Lutte *f*, mêlée *f*, corps-à-corps *m.* *Sharp t.,* affaire chaude. *F:* **Verbal tussle,** passe *f* d'armes; prise *f* de bec. **To have a tussle,** en venir aux mains (*with s.o.,* avec qn); (*of women*) se prendre aux cheveux. *To have a t. with s.o. for sth.,* disputer qch. à qn.

tussle[2], *v.i.* **To tussle with s.o.,** lutter avec qn; s'escrimer contre qn.

tussock ['tʌsək], *s.* **1.** Touffe *f* d'herbe. **2.** *Bot:* **Tussock(-grass),** (i) tussack *m*; (ii) canche touffue, gazonnante. **3.** *Ent:* **Tussock(-moth),** orgyie *f.*

tussore (silk) ['tʌsɔ:ər(silk)], *s. Tex:* Tussor(e) *m.*

'tussore-worm, *s.* Ver *m* à soie sauvage.

tut [tʌt], *int.* (*a*) Quelle bêtise! allons donc! **Tut, tut!** ta, ta, ta! (*b*) (*Of discouragement, impatience*) Zut!

Tutankamen [tutaŋk'ɑ:men]. *Pr.n.m. A.Hist:* Toutankhamon.

tutela [tju'ti:la], *s. Jur:* Tutelle *f.*

tutelage ['tju:tiledʒ], *s.* (*a*) Tutelle *f.* **Child in tutelage,** enfant *m* en tutelle. (*b*) (Période *f* de) tutelle.

tutelar ['tju:tilər], **tutelary** ['tju:tiləri], *a.* Tutélaire.

tutenag(ue) ['tju:tənag], *s. Metall:* (*a*) Toutenague *f.* (*b*) *Com:* Zinc *m.*

tutor[1] ['tju:tər], *s.* **1.** *Sch:* Directeur *m* des études d'un groupe d'étudiants et chef *m* des travaux pratiques (à certaines universités). **2. Private tutor, family tutor,** précepteur *m.* *Private t.* (*at university*), répétiteur *m.* **Army tutor,** préparateur *m* aux écoles militaires. **3.** Méthode *f* (de piano, etc.). **4.** *Jur:* (*Scot.*) Tuteur, -trice (d'un mineur, d'un dément).

tutor[2], *v.tr.* (*a*) Instruire (qn). **To tutor a boy in Latin,** enseigner le latin à un élève; donner à un élève des leçons particulières de latin. **To tutor oneself to endure poverty,** s'entraîner, se discipliner, à supporter la pauvreté; se faire à la pauvreté. *F:* **To tutor a witness,** faire la leçon à un témoin. (*b*) *Abs.* Donner des leçons particulières.

tutoring, *s.* **1.** Instruction *f*, enseignement *m*; leçons particulières. **2.** Profession *f* de précepteur, de répétiteur. *He goes in for t.,* il donne des leçons particulières.

tutoress ['tju:təres], *s.f.* **1.** Préceptrice, répétitrice; institutrice. **2.** *Jur:* Tutrice.

tutorial [tju'tɔ:riəl], *a.* **1.** (*a*) (Cours, etc.) d'instruction. (*b*) (Fonctions, etc.) de chef des travaux pratiques, de répétiteur, de préparateur. **2.** *Jur:* Tutélaire. **3.** *s. Sch:* Cours individuel fait par le directeur d'études.

tutorship ['tju:tərʃip], *s.* **1.** Fonctions *fpl* de chef des travaux pratiques, de répétiteur. **2. Private tutorship,** préceptorat *m.*

tutory ['tju:təri], *s. Jur:* Tutelle *f* (d'un mineur, d'un dément). *See also* DATIVE 2.

tutsan ['tʌts(ə)n], *s. Bot:* Toute-saine *f*, androsème *m.*

tutti ['tutti], *s. Mus:* Tutti *m inv.*

tutty ['tʌti], *s. Metall: etc:* Tut(h)ie *f*, cadmie *f.*

tut-work ['tʌtwə:rk], *s. Min:* Travail *m* à la tâche (dans les mines d'étain, de plomb).

tut-worker ['tʌtwə:rkər], *s. Min:* Tâcheron *m.*

tu-whit, tu-whoo[1] [tu'hwit tu'hwu:]. **1.** *int.* Hou hou! **2.** *s.* Ululement *m* (du hibou).

tu-whoo[2], *v.i.* Ululer.

tuxedo [tʌk'si:də], *s. Cost: U.S:* Smoking *m.*

tuyere ['twi:ɛər, 'twaiər], *s. Metall:* Tuyère *f.*

'tuyere arch, *s. Metall:* Embrasure *f.*

'tuyere-hole, *s.* Œil *m*, *pl.* yeux, de tuyère.

twaddle[1] [twɔdl], *s.* Fadaises *fpl*; futilités *fpl*; verbiage *m.* **To talk twaddle,** dire, conter, débiter, des balivernes, des sottises; parler pour ne rien dire; parler en l'air. *Her talk is mere t.,* elle n'a que du babil.

twaddle[2]. **1.** *v.i.* Dire, conter, des sottises, des balivernes, des fadaises; radoter; parler en l'air. **2.** *v.tr.* **To twaddle out platitudes,** débiter des platitudes.

twaddling, *a.* **1.** (Discours, etc.) plat, vide, vain. **2.** (*Of pers.*) Radoteur, -euse.

twaddler ['twɔdlər], *s.* Radoteur, -euse; débiteur *m* de fadaises, de futilités.

twain [twein], *a. & s. Poet:* Deux. *To tarry a day or t.,* attendre encore un jour ou deux. **In twain,** en deux. *To cleave a giant in t.,* pourfendre un géant.

'twain-cloud, *s. Meteor:* Cumulo-stratus *m.*

twang[1] [twaŋ], *s.* **1.** Bruit sec (de la corde d'un arc); son aigu (d'un banjo). *To hear the t. of the harp-strings,* entendre vibrer, résonner, les cordes de la harpe. **2. Nasal twang,** ton nasillard; nasillement *m.* *To speak with a t.,* parler du nez, nasalement; parler d'une voix nasillarde; nasiller.

twang[2]. **1.** *v.tr.* (*a*) Lâcher (la corde de l'arc tendu). (*b*) Faire frémir, faire résonner (les cordes d'une harpe). **To twang a guitar,** *v.i.* **to twang on a guitar,** pincer, *F:* gratter, de la guitare. **2.** *v.i.* (*a*) (*Of string, harp, etc.*) Vibrer, résonner, frémir. (*b*) (*Of pers.*) Nasiller.

twanging, *s.* (*a*) Sons vibrants; vibration *f* (d'une corde). (*b*) Nasillement *m.*

twangle [twaŋgl]. **1.** *v.i.* Résonner avec un son aigu. **2.** *v.tr. To t. a guitar,* pincer, *F:* gratter, de la guitare.

twankay ['twaŋki], *s. Com:* Tonkay *m* (variété de thé vert).

'twas [twɔz] = *it was.*

twayblade ['tweibleid], *s. Bot:* Listère *f.*

tweak[1] [twi:k], *s.* **1.** Pinçon *m*; action *f* de tordre (le nez de qn, etc.). **2.** *P:* Ruse *f*, truc *m.*

tweak[2], *v.tr.* Pincer; serrer entre les doigts (en tordant). *To t. a boy's ears,* tirer les oreilles à un gamin. *F:* **To tweak s.o.'s nose,** tordre le nez à qn; *F:* moucher qn.

tweaker ['twi:kər], *s. F:* Fronde *f* en caoutchouc (de gamin).

tweed [twi:d], *s.* **1.** *Tex:* Étoffe *f* de laine à couleurs mélangées; tweed *m*; cheviote écossaise. **Tweed hat,** boléro *m* en tissu. **2.** *pl.* **Tweeds,** complet *m*, costume *m*, de cheviote.

tweedle [twi:dl]. *A:* **1.** *v.i.* Jouer sur un crincrin; seriner un air sur la flûte, etc. **2.** *v.tr. To t. s.o. into doing sth.,* enjôler qn.

Tweedledum and Tweedledee [twi:dl'dʌmən(d)twi:dl'di:]. **It is Tweedledum and Tweedledee,** (i) *A:* c'est toujours le même air de crincrin; (ii) c'est chou vert et vert chou; c'est bonnet blanc et blanc bonnet. **It is a change from Tweedledum to Tweedledee,** plus ça change plus c'est la même chose.

tweedy ['twi:di], *a. F:* **1.** (Tissu) qui tient du tweed. **2. Tweedy individual,** homme toujours vêtu de tweed, toujours vêtu comme s'il était à la campagne, qui affecte la tenue d'un propriétaire rural.

'tween [twi:n], *adv. A. & Poet:* = BETWEEN.

'tween-decks. *Nau:* **1.** *s.* Le faux-pont; l'entrepont. **2.** *adv.* Dans l'entrepont.

tweeny ['twi:ni], *s. F:* **1.** = BETWEEN-MAID. **2.** Petit cigare.

tweet[1] [twi:t], *s.* Pépiement *m*, gazouillement *m.*

tweet[2], *v.i.* (*Of bird*) Pépier; gazouiller.

tweezers ['twi:zərz], *s.pl.* Petite pince; brucelles *fpl*; (*for pulling out hairs*) pinces à épiler; épiloir *m.*

twelfth [twelfθ]. **1.** *num. a. & s.* Douzième. *To be the t. in one's class,* être le, la, douzième de sa classe. *F:* **The Twelfth,** le douze août (ouverture de la chasse à la "grouse"). **Louis the Twelfth,** Louis Douze. *See also* MAN[1] 4. (*For other phrases see* EIGHTH.) **2.** *s.* (*Fractional*) Douzième *m.* **-ly,** *adv.* Douzièmement; en douzième lieu.

'Twelfth-cake, *s.* Gâteau *m* des Rois; gâteau de la fève.

'Twelfth-day, *s.* Jour *m* des Rois.

'Twelfth-night, *s.* Veille *f* des Rois. **To celebrate, keep, Twelfth-night,** faire les Rois.

twelve [twelv], *num. a. & s.* **1.** Douze (*m*). **Twelve o'clock,** (i) (*midday*) midi *m*; *Adm: Rail:* douze heures; (ii) (*midnight*) minuit *m.* **Half past twelve,** midi, minuit, et demi. *About t. handkerchiefs,* une douzaine de mouchoirs. *Typ:* **In twelves,** in-douze. *B.Hist:* **The Twelve,** les Douze (apôtres *m*). *See also* POINT[1] I. 6. (*For other phrases see* EIGHT I.) **2.** *Aut:* Voiture *f* de douze chevaux; *F:* une douze chevaux.

'twelve-line, *attrib.a.* **Twelve-line stanza, poem,** douzain *m.*

twelve-'pounder, *s. Artil:* Canon *m* de douze; pièce *f* de douze.

twelvemo ['twelvmo], *a. & s. Typ:* In-douze (*m*) *inv*, in-12 (*m*).

twelvemonth ['twelvmʌnθ], *s.* Année *f.* **This day twelvemonth,** (i) d'aujourd'hui en un an; (ii) il y a un an aujourd'hui. *For a t.,* (i) depuis un an; (ii) pour un an.

twentieth ['twentiəθ]. **1.** *num. a. & s.* Vingtième (*m*). (*On*) *the t. of June,* le vingt juin. (*For other phrases see* EIGHTH.) **2.** *s.* (*Fractional*) Vingtième *m.*

twenty ['twenti], *num. a. & s.* **1.** Vingt (*m*). **Twenty-one,** *Lit:* **one and twenty,** vingt et un. *T.-two,* vingt-deux. **Twenty-first,** vingt et unième. *The t.-first of May,* le vingt et un mai. *About t. people,* quelque vingt personnes; une vingtaine de gens. **To be in the early twenties,** avoir vingt et quelques années. *To be in the late twenties,* approcher de la trentaine. *See also* SWEET-AND-TWENTY. (*For other phrases see* EIGHT I.) **2.** *Aut: F:* Voiture *f* de vingt chevaux; *F:* une vingt chevaux.

twenty-'five, *num. a. & s.* Vingt-cinq (*m*). *Rugby Fb: Hockey:* **The twenty-five,** la ligne des vingt-deux mètres.

twenty-'four. **1.** *num. a. & s.* Vingt-quatre. **2.** *s. Typ:* In-vingt-quatre *m inv.*

twentyfold ['twentifould]. **1.** *a.* Vingtuple. **2.** *adv.* Vingt fois autant. *To increase t.*, vingtupler.

twentyfourmo [twenti'fɔːrmo], *a. & s. Typ:* In-vingt-quatre (*m*) *inv*, in-24 (*m*).

'twere [twəːr, twɛər] = *it were.*

twi-, twy- [twai], *pref.* Bi-. *Twi-coloured*, bicolore, de deux couleurs. *Twi-forked*, bifurqué. *Twi-headed*, bicéphale, à deux têtes. *Twi-pointed*, biacuminé. *Twy-prong*, bident.

twibill ['twaibil], *s. Tls:* Besaiguë *f.*

twice [twais], *adv.* Deux fois. **Twice as big as . . .**, deux fois aussi grand que . . .; deux fois grand comme . . .; plus grand du double que. . . . *I am t. as old as you (are)*, **I am twice your age**, j'ai deux fois votre âge; j'ai le double de votre âge. *T. as slow*, plus lent du double. *To grow t. as large*, devenir deux fois plus grand. **Twice over**, à deux reprises. *F:* **To think twice before doing sth.**, y regarder à deux fois pour faire qch., avant de faire qch. *He did not think t. before he accepted*, il ne balança pas à accepter mon offre. **He did not think twice**, il n'a fait ni une ni deux. **That made him think twice**, cela lui a donné à réfléchir. **He did not have to be asked twice**, il ne se fit pas prier; il ne se fit pas tirer l'oreille. *I shall not require to be told t.*, je ne me le ferai pas répéter. *P:* **To do sth. in twice**, faire qch. (i) en deux coups, (ii) au deuxième coup. *See also* GIVE[2] I. 1, LAID 2.

twicer ['twaisər], *s.* **1.** (*a*) *F:* Cumulard *m.* (*b*) *P:* Personne qui assiste aux deux offices (du dimanche). **2.** *Typ:* Compositeur-pressier *m*, *pl.* compositeurs-pressiers.

twiddle [twidl], *v.tr. & i.* **To twiddle (with) one's watch-chain**, jouer avec, tripoter, sa chaîne de montre. **To twiddle one's thumbs**, se tourner les pouces, tourner ses pouces. **To twiddle one's moustache**, tortiller sa moustache.

twig[1] [twig], *s.* **1.** (*a*) Brindille *f* (de branche); broutille *f*, ramille *f*. *See also* HOP[4] 2, LIME-TWIG. (*b*) *Anat:* Petit vaisseau. (*c*) *El.E:* Petit branchement. **2.** **(Dowser's hazel) twig**, baguette *f* (divinatoire); baguette de coudrier. **To work the twig**, employer la baguette de sourcier; faire de l'hydroscopie, de la radiesthésie.

twig[2], *v.tr.* **(twigged; twigging)** *P:* **1.** Apercevoir, observer (qn). **2.** Comprendre, saisir; *P:* piger. **Now I twig it!** j'y suis maintenant! *He did not t. anything*, il n'y a vu que du feu. *I soon twigged his game*, je me suis bientôt rendu compte de ses intentions; j'ai bien vu dans son jeu.

twiggy ['twigi], *a.* (Arbre *m*) qui a beaucoup de ramilles.

twilight ['twailait], *s.* **1.** Crépuscule *m*, demi-jour *m*. **The morning twilight**, l'aurore *f*; le petit jour. **In the (evening) twilight**, au crépuscule; entre chien et loup; à la brune; à l'approche de la nuit. *Myth:* **The Twilight of the Gods**, le Crépuscule des Dieux. **2.** *Attrib.* Crépusculaire. *The t. hour*, l'heure *f* du crépuscule. *Astr:* **Twilight parallel**, cercle *m* crépusculaire. *Obst:* **Twilight sleep**, demi-sommeil provoqué; "chloroforme *m* à la reine."

twilit ['twailit], *a.* (Ciel, paysage) crépusculaire, éclairé par le crépuscule.

twill[1] [twil], *s. Tex:* (Tissu) croisé *m*; diagonale *f*; twill *m*. **Cotton twill**, croisé en coton. **French twill**, florentine *f*.

twill[2], *v.tr. Tex:* Croiser (le drap).

twilled, *a. Tex:* Croisé. **Twilled silk**, florentine *f*.

'twill [twil] = *it will.*

twin[1] [twin], *a. & s.* **1.** Jumeau, -elle. **Twin(-)brother, (-)sister**, frère jumeau, sœur jumelle. **The Siamese twins**, les frères siamois. *F:* **Siamese twins**, amis inséparables. *Astr:* **The Twins**, les Gémeaux *m*. **2.** *a.* (*a*) Jumeau, -elle; jumelé; conjugué. **Twin beds**, lits jumeaux. **Twin tyres**, pneus jumelés. **Twin columns**, colonnes géminées. *Aut:* **Flat twin(-cylinder engine)**, moteur *m* à deux cylindres opposés. **V twin**, moteur à deux cylindres en V. *W.Tel:* **Twin(-wire) aerial**, antenne *f* bifilaire. *Nau:* **Twin ships**, frères *m*. *See also* TURRET-GUN. (*b*) *Bot:* Géminé. **3.** *Cryst:* **Twin (crystal)**, macle *f*; cristal maclé. *Contact t.*, *juxtaposition t.*, macle par accolement. *Interpenetrant t.*, macle par entrecroisement. **Twin crystallization**, hémitropie *f*. **Twin aragonite**, aragonite confluente.

'twin-axis, *s. Cryst:* Axe *m* d'hémitropie.

'twin-blade, *attrib.a.* A deux lames. *Aut:* **Twin-blade windscreen wiper**, essuie-glace *m inv* à double balai.

'twin-born, *a.* Jumeau, -elle.

twin-'cylinder, *s. Aut:* Moteur *m* à deux cylindres. **Flat twin-cylinder (engine)**, moteur à deux cylindres opposés. **V twin-cylinder (engine)**, moteur à deux cylindres en V.

'twin-engine, *attrib.a. Av:* **Twin-engine machine**, appareil bimoteur; avion bimoteur.

'twin-flower, *s. Bot:* Linnée *f*.

'twin-plane, *s. Cryst:* Plan *m* d'hémitropie.

'twin-screw, *attrib.a.* **Twin-screw steamer**, vapeur *m* à hélices jumelles, à deux hélices.

twin[2], *v.i.* **(twinned; twinning)** **1.** Accoucher de deux jumeaux; (*of animals*) mettre bas deux petits à la fois. **2.** (*a*) **To twin with s.o.**, être le frère jumeau, la sœur jumelle, de qn. (*b*) **To twin with sth.**, s'apparier à qch. **3.** *Cryst:* (Se) macler.

twinned, *a. Cryst:* Maclé, hémitrope.

twinning, *s.* **1.** Accouchement *m* de jumeaux; accouchement double; (*of animals*) mise *f* bas de deux petits. **2.** *Cryst:* Hémitropie *f*. **Twinning-axis** = TWIN-AXIS. **Twinning-plane** = TWIN-PLANE.

'twinning-machine, -saw, *s.* (*Comb industry*) Entrecoupeuse *f* double.

twine[1] [twain], *s.* **1.** Ficelle *f*; fil retors; *Nau:* fil à voiles; lignerolle *f*; (*for netting*) lignette *f*. *Agr:* **Binder twine**, ficelle à lier. **2.** Entrelacement *m*, enchevêtrement *m*. *Twines of a snake*, replis *m* d'un serpent. *Twines of a river*, tournants *m*, sinuosités *f*, méandres *m*, d'une rivière.

'twine-cutter, *s. Tls:* Coupe-ficelle *m inv.*

'twine-holder, *s.* Porte-ficelle *m inv.*

twine[2]. **1.** *v.tr.* Tordre, tortiller (des fils); entrelacer (une guirlande, les doigts, etc.). **To twine sth. about sth., round sth.**, (en)rouler qch. autour de qch.; entourer qch. de qch. *She twined her arms round me*, elle m'entoura de ses bras. **2.** *v.i.* (*a*) Se tordre, se tortiller. **To twine round sth., about sth.**, s'enrouler, s'enlacer, s'entortiller, autour de qch. *The ivy twines round the oak*, le lierre embrasse le chêne. (*b*) (*Of road, etc.*) Serpenter.

twining[1], *a.* (*a*) *Bot:* (Tige *f*, plante *f*) volubile. (*b*) (Sentier, etc.) qui serpente; sinueux.

twining[2], *s.* (*a*) Entortillement *m*, entrelacement *m*. *T. property of a plant*, volubilisme *m* d'une plante. (*b*) Serpentement *m*.

twiner ['twainər], *s.* **1.** *Bot:* Plante *f* volubile. **2.** *Tex:* Retordoir *m*, retorsoir *m*.

twinge[1] [twindʒ], *s.* (*a*) Élancement *m* (de douleur); légère atteinte (de goutte, etc.); (*in stomach*) tiraillement *m*. (*b*) **Twinge of conscience**, remords *m* (de conscience). *He has some twinges of conscience*, il n'a pas la conscience tranquille.

twinge[2], *v.i.* (*a*) Élancer. *My, his, finger twinges*, le doigt m'élance, lui élance. (*b*) *His conscience twinges*, sa conscience le tourmente.

twinging[1], *a.* (*Of pain*) Lancinant, cuisant.

twinging[2], *s.* Élancement *m*.

twinkle[1] [twiŋkl], *s.* **1.** Scintillement *m*, clignotement *m* (des étoiles, de feux lointains). *F:* *The t. of dancing feet*, le mouvement rapide des pieds des danseurs. **2.** (*a*) Lueur fugitive. (*b*) Clignement *m* (des paupières); pétillement *m* (du regard). **A mischievous twinkle in the eye**, un éclair de malice, une lueur de malice, dans les yeux. **In the twinkle of an eye, in a twinkle** = *in a twinkling, q.v. under* TWINKLING[2].

twinkle[2], *v.i.* (*a*) (*Of light, star*) Scintiller, étinceler, papilloter, clignoter; (*of object in motion*) papillonner. (*b*) **His eyes twinkled** (*with amusement, with mischief*), ses yeux pétillaient (d'envie de rire, de malice).

twinkling[1], *a.* (*Of star, etc.*) Scintillant, étincelant, papillotant, clignotant. **Twinkling eyes**, yeux pétillants d'esprit, de malice. *Nau:* **Twinkling light**, feu scintillant.

twinkling[2], *s.* Scintillement *m*, étincellement *m*, clignotement *m*. **In a twinkling, in the twinkling of an eye**, en un clin d'œil, en un tour de main, *A:* en un tournemain.

twirl[1] [twəːrl], *s.* **1.** Tournoiement *m*, révolution *f*; (*of dancer, etc.*) pirouette *f*. *Fenc:* Moulinet *m*. **2.** Volute *f* (de fumée, etc.). *Arch:* Enroulement *m*, volute. *Conch:* Spire *f*. (*In writing*) Enjolivure *f* en spirale; fioriture *f*. **3.** *Ven:* (*For decoying larks*) Miroir *m*.

twirl[2]. **1.** *v.tr.* (*a*) Faire tournoyer, faire tourner; faire des moulinets avec (une canne, etc.). *To t. a mop*, faire tournoyer un guipon (pour l'égoutter). (*b*) **To twirl one's thumbs**, se tourner les pouces. **To twirl one's moustache**, tortiller, friser, sa moustache. **To twirl up one's moustache**, retrousser sa moustache. **2.** *v.i.* Tourner (comme une toupie), toupiller, tournoyer; (*of dancer*) pirouetter. *To t. on one's heels*, (i) pivoter; (ii) faire des pirouettes.

twirling, *s.* Tournoiement *m*.

twist[1] [twist], *s.* **1.** (*a*) Fil *m* retors; retors *m*; cordon *m*; cordonnet *m*. (*b*) **Twist of hair**, torsade *f* ou tortillon *m* de cheveux. **Twist of paper**, tortillon, cornet *m*, de papier. *Sweet in a t. of paper*, bonbon *m* dans une papillote. *See also* MACHINE-TWIST. (*c*) **Twist(-tobacco)**, tabac mis en corde. *To make t.*, filer, torquer, le tabac. **Twist of tobacco**, rouleau *m*, andouille *f*, torquette *f*, boudin *m*, de tabac. (*d*) *Glassm:* *Wine-glass with an* **enamel-twist stem**, verre *m* à pied rubané. (*e*) *Nau:* Toron *m* (d'un cordage). (*f*) *F:* Boisson mélangée; mélange *m* de cognac et de genièvre, etc.; thé corsé d'alcool. **2.** (*a*) (Effort *m* de) torsion *f*. **To give sth. a twist**, exercer une torsion sur qch. **To give one's ankle a twist**, se fouler la cheville; se donner une entorse. *F:* **To give the truth a twist**, donner une entorse à la vérité. *Mec.E:* **Twist test**, essai *m* de torsion. (*b*) Tors *m*, torsion (des brins d'un cordage, etc.); *Tex:* tordage *m* (de la soie, du chanvre). *Sm.a:* Pas *m* (des rayures). (*c*) Effet (donné à une balle); tour *m* de poignet (donné en bôlant). *He threw the ball with a quick t. of the wrist*, il jetait la balle avec un tour de poignet. *F:* *It takes months* **to learn the twist of the wrist**, il faut des mois pour apprendre le tour de main. *Fenc:* **Twist and thrust**, flanconade *f*. (*d*) Contorsion *f* (des traits, du visage). *With a t. of the mouth*, en tordant la bouche; avec une grimace. **3.** (*a*) Spire *f*. *T. of rope round a post*, tour *m* de corde autour d'un poteau. *The twists of a serpent*, les replis *m* d'un serpent. *Aut:* **Single-twist horn**, cornet d'une seule spire. **Multiple-twist horn**, cornet à plusieurs spires. (*b*) Tournant *m*, coude *m* (d'une rue, etc.). *The road takes a t.*, la route fait un coude. *Road full of twists and turns*, chemin plein de tours et de détours, de tours et de retours. **4.** (*a*) Dévers *m*, gauchissement *m* (d'une pièce de bois); gondolage *m* (d'une tôle); déformation *f*. (*b*) Perversion *f* (du sens d'un texte). *Curious t. in the meaning of a word*, déformation curieuse du sens d'un mot. (*c*) (i) Prédisposition *f*, propension *f* (à qch.). **Criminal twist**, prédisposition au crime. (ii) **Mental twist**, perversion, déformation, d'esprit. *To have a t. in one's character*, avoir l'esprit faussé. *His queer t. of mind*, sa singulière tournure d'esprit. *He has a bit of a t. in his brain*, il a le cerveau légèrement détraqué; *F:* il est un peu timbré. **5.** (*a*) *A:* Enfourchure *f* (du corps). (*b*) Entre-deux *m*, braie *f* (du bœuf, etc.). (Terme de boucherie.) **6.** *F:* Appétit *m*. **To have a twist**, avoir l'estomac creux; se sentir un creux dans l'estomac; avoir l'estomac dans les talons; avoir une faim de loup; *F:* avoir la fringale; *P:* avoir la dent. *The walk has given me a t.*, la promenade m'a creusé.

'twist-bit, *s. Tls: Carp:* Mèche hélicoïdale; mèche américaine; amorçoir *m*, torse *f*.

'twist-drill, *s. Tls:* (*a*) *Carp:* Mèche hélicoïdale. (*b*) *Metalw:* Foret hélicoïdal, à hélice; foret américain.

'twist-fibred, *a.* (Bois *m*) à fibres torses.

'twist-gimlet, *s. Tls:* Vrille *f* en spirale; vrille torse, à mèche hélicoïdale.

'twist-joint, *s. Mec.E: etc:* Torsade *f.*

'twist-mill, *s. Tex:* Retorderie *f.*

'twist-yarn, *s. Tex:* Fil *m* retors.

twist[2]. **1.** *v.tr.* (*a*) Tordre, tortiller (ses cheveux, un cordage, etc.). *Tex: etc:* Retordre (le fil). *Ropem:* Commettre (un cordage). **To twist together,** torsader; câbler (des fils métalliques). **To twist (up) one's handkerchief,** tire-bouchonner son mouchoir. *To t. the linen* (*when wringing out*), bouchonner le linge. **To twist tobacco,** torquer le tabac. **To twist a garland,** tresser une guirlande. **To twist flowers into a garland,** tresser des fleurs en guirlande. *To t.* (*up*) *sth. in a piece of paper,* entortiller qch. dans un morceau de papier. **To twist sth. round sth.,** rouler, entortiller, qch. autour de qch. *The snake would twist itself round my arm,* le serpent s'enroulait autour de mon bras. *F:* **You can twist him round your little finger,** c'est un homme facile à entortiller; il est du bois dont on fait les flûtes. *She can t. him round her little finger,* elle le mène par le bout du nez; elle lui fait faire ses quatre volontés; elle en fait ce qu'elle veut; elle le fait tourner comme un toton, à son gré. (*b*) Se tordre (le bras, etc.); se déboîter (le genou). **To twist one's ankle,** se donner une entorse; se fouler la cheville. *He twisted his ankle,* il s'est tordu le pied; le pied lui a tourné. **To twist one's head round,** se tordre le cou (pour regarder en arrière). **To twist s.o.'s arm,** tordre, retourner, le bras à qn. **To twist s.o.'s neck,** tordre le cou à qn. **To twist the head off a screw,** arracher la tête d'une vis. (*c*) **To twist one's mouth, one's face,** tordre la bouche; faire la grimace. *Face twisted by pain,* visage tordu, contorsionné, par la douleur. (*d*) Dénaturer, pervertir, altérer, fausser (le sens d'un texte). **To twist the meaning,** *F:* aider à la lettre. **To twist s.o.'s words into a confession,** essayer de donner aux paroles de qn le sens d'un aveu. **To twist the truth,** altérer la vérité; donner une entorse à la vérité. (*e*) Donner de l'effet à (une balle). **2.** *v.i.* (*a*) (*Of worm, etc.*) Se tordre; se tortiller. *F:* **To twist about on one's chair,** se tortiller sur sa chaise. (*b*) Se mettre en spirale; former une spirale, des spirales; (*of smoke*) former des volutes; (*of tendril*) vriller, vrillonner. (*c*) **To get twisted; to get all twisted up,** s'entortiller. (*d*) (*Of road, etc.*) Tourner; faire des détours, des lacets; se replier. **To twist and turn,** serpenter; faire des tours et des détours; décrire de nombreuses boucles, de nombreux méandres. (*With cogn. acc.*) **To twist one's way through the crowd,** se faufiler à travers la foule.

twisted, *a.* **1.** Tordu, tors; (fil, etc.) retors. **Twisted fringe,** torsade *f.* *T. hair,* cheveux *mpl* en torsade. *Arch:* **Twisted pillar,** colonne torse. *Tex:* **Twisted cord fabric,** tissu *m* corde retordue. *El.E:* **Twisted joint,** joint *m* par torsade. *Glassm:* (*Of wine-glass stem*) **Enamel-twisted,** rubané. **2.** (*Distorted*) (*a*) Tordu; (*of tree*) tortueux; (*of limb*) contourné. *F: Face t. with pain,* traits contractés, tordus, par la douleur. (*b*) (*Of piece of string, etc.*) Vrillé; tire-bouchonnant. **3.** (*Of meaning, etc.*) Perverti, dénaturé, altéré.

twisting[1], *a.* (Sentier, etc.) tortueux, en lacet. *Mil:* **Twisting lane** (*through wire entanglement*), coupure *f* en chicane.

twisting[2], *s.* **1.** (*a*) *Tex:* Retordage *m.* **Twisting-mill,** métier *m* à retordre. **Silk-twisting mill,** retorderie *f* de soie. (*b*) Tressage *m* (d'une guirlande, etc.). (*c*) Tortillement *m* (d'un ver, etc.). (*d*) **Twisting up,** entortillement *m.* **2.** (*a*) *Mec:* Torsion *f.* **Twisting strain,** effort *m* de torsion. (*b*) *Gym:* **Trunk twisting,** circumduction *f* du tronc. (*c*) Contraction *f* (des traits). (*d*) Perversion *f,* détournement *m,* altération *f* (du sens d'un mot, etc.). **3.** *pl.* **Twistings of a river,** méandres *m,* tours *m* et détours, d'une rivière. *The twistings of the road,* les lacets *m* de la route.

twister ['twistər], *s.* **1.** (*Pers.*) (*a*) Tordeur, -euse (de chanvre, etc.); cordier *m.* (*b*) *Tex:* Retordeur, -euse. **2.** (*a*) Châssis *m* à cordeler. (*b*) *Tex:* Tordoir *m,* retordoir *m.* **3.** *Equit:* Plat *m* de la cuisse (du cavalier). **4.** *Cr: etc:* Balle *f* qui a de l'effet, qui dévie. **5.** *A:* Cabriolet *m* (d'agent de police). **6.** *P:* Faux bonhomme; chicaneur *m.* **He's a twister,** c'est une ficelle; il est ficelle. **7.** *P:* Argument déconcertant; question déconcertante, qui vous met à quia. **That's a twister for you!** voilà qui vous donnera du fil à retordre. *See also* TONGUE-TWISTER.

twisty ['twisti], *a.* Tortueux.

twit [twit], *v.tr.* (**twitted; twitting**) **1.** Narguer, taquiner (qn); railler (qn) d'une manière sarcastique. **2. To twit s.o. with sth.,** jeter (un fait) au nez de qn; reprocher qch. à qn; railler qn de qch.

twitch[1] [twitʃ], *s.* **1.** Saccade *f*; petit coup sec. *He felt a t. at his sleeve,* il se sentit tiré par la manche. **2.** Élancement *m* (de douleur); (*in the stomach*) tiraillement *m.* **Twitch of conscience,** remords *m* de conscience. **3.** (*a*) Contraction soudaine (du visage); clignotement *m* (des paupières); crispation nerveuse (des mains); mouvement convulsif (d'un membre). (*b*) **Facial twitch,** tic (convulsif). *He has a t.,* il a un tic. **4.** *Vet:* Serre-nez *m inv,* tord-nez *m inv,* torche-nez *m inv.*

twitch[2]. **1.** *v.tr.* (*a*) Tirer vivement, donner une saccade à (qch.). **To twitch sth. off s.o.,** arracher qch. à qn d'un coup sec. (*b*) Contracter (ses traits); crisper (les mains, le visage). *He twitches his leg,* il a un mouvement nerveux de la jambe. *To t. one's skin,* avoir des crispations de la peau. *Horse that twitches its ears,* cheval qui dresse les oreilles. **2.** *v.i.* (*a*) (*Of face*) Se contracter nerveusement; (*of eyelids*) clignoter; (*of hands*) se crisper nerveusement. *A smile twitched round his lips,* un sourire effleura ses lèvres. (*b*) *His face twitches,* il a un tic; il tique. *That made him t.,* ça l'a fait tiquer.

twitching, *s.* (*a*) Contraction nerveuse (du visage); clignotement *m* (des paupières); crispation nerveuse (des mains). *To have twitchings in one's legs,* avoir des tressaillements, *F:* des inquiétudes, dans les jambes. (*b*) Tic *m* (du visage). (*c*) *Med:* Convulsion *f* clonique (d'un membre); clonisme *m.*

twitch[3], *s. Bot:* Chiendent officinal; chiendent des boutiques.

twite(-finch) ['twait(finʃ)], *s. Orn:* Linotte *f* de montagne.

twitter[1] ['twitər], *s.* **1.** Gazouillement *m,* gazouillis *m.* **2.** *F:* (*Of pers.*) **To be all of a twitter,** être tout agité, tout en émoi.

twitter[2], *v.i.* Gazouiller; (*of swallow*) trisser.

twittering, *s.* Gazouillement *m*; babil *m* (des oiseaux).

twittingly ['twitiŋli], *adv.* **1.** D'un air railleur. **2.** D'un ton de reproche.

'twixt [twikst], *prep. A:* = BETWIXT **1.**

two [tu:], *num. a.* & *s.* Deux (*m*). **One or two books,** un ou deux livres; quelques livres. *Gym: Sp:* **One two! one two!** une deux! une deux! *No two men are alike,* il n'y a pas deux hommes qui se ressemblent. **To break, fold, sth. in two,** casser, plier, qch. en deux. **To walk in twos, two by two, two and two,** marcher deux à deux, deux par deux. *They come in by twos and threes,* ils entrent par groupes de deux ou trois. *Mil:* **Form two deep!** sur deux rangs! *F:* **To put two and two together,** tirer ses conclusions (après avoir rapproché les faits). *Putting two and two together I concluded that . . .,* en comparant les faits, en rapprochant différents indices, je suis arrivé à la conclusion que. . . . *P:* **In two twos,** en un clin d'œil. *For your trousseau you must have* **two of everything,** pour votre trousseau il vous faudra avoir tout en double. **Smith's dog would have made two of mine,** le chien de Smith était deux fois gros comme le mien. *Rail:* **To run a train in two portions,** dédoubler un train. *See also* DIMENSIONAL, GAME[1] **1,** MIND[1] **2,** QUARREL[3], THING **3,** WAY **6.** (*For other phrases see* EIGHT **1.**)

'two-barrelled, *a.* (Fusil *m*) à deux coups.

'two-chamber, *attrib.a. Pol:* **The two-chamber system,** le système bicaméral.

'two-cleft, *a. Bot:* Bifide.

'two-colour, *attrib.a.* De deux couleurs. *Typewr:* (Ruban *m*) bicolore.

'two-cornered, *a.* (Chapeau *m*) bicorne.

'two-cycle, *attrib.a.* (Moteur *m*) bitemps *inv,* à deux temps.

two-'decker, *s.* **1.** *Nau:* Navire *m* à deux ponts; *F:* deux-ponts *m.* **2.** Tramway *m* ou autobus *m* à impériale.

'two-edged, *a.* **1.** (Épée *f, F:* argument *m*) à deux tranchants, à double tranchant. **2.** *Bot:* (*Of stem, etc.*) Ancipité.

'two-eyed, *a.* **1.** Qui a deux yeux. **2.** (Microscope *m,* etc.) binoculaire.

'two-faced, *a.* = DOUBLE-FACED.

'two-footed, *a.* Bipède.

'two-'four. *Mus:* **1.** *a.* **Two-four time,** mesure *f* à deux-quatre. **2.** *s.* **Two-four (piece),** un deux-quatre *inv.*

'two-'handed, *a.* **1.** (Épée *f*) à deux mains. **Two-handed saw,** scie *f* passe-partout; arpon *m.* **2.** *Z: etc:* Bimane. **3.** Ambidextre. **4.** *Cards:* (Jeu *m*) qui se joue à deux.

'two-handled, *a.* **1.** A deux poignées. **2.** (*Of jug, basket*) A deux anses.

'two-headed, *a. Her:* **Two-headed eagle,** aigle *f* à deux têtes; aigle bicéphale.

'two-high, *attrib.a. Metall:* **Two-high (rolling-)mill, two-high rolls,** duo *m.*

'two-horse, *attrib.a.* (Voiture *f*) à deux chevaux.

'two-legged, *a.* Bipède.

'two-masted, *a.* A deux mâts.

'two-oar, *s.* Embarcation *f* à deux avirons.

'two-oared, *a.* (Embarcation) à deux avirons.

'two-phase, *attrib.a. El.E:* (Courant) biphasé, diphasé.

'two-piece, *attrib.a.* En deux pièces. **(Ladies') two-piece costume, suit,** deux-pièces *m.*

'two-pin, *attrib.a. El:* (Contact) à deux fiches.

'two-ply, *attrib.a.* **1.** (Cordage *m,* etc.) à deux brins. **2.** Two-ply wood, contre-plaqué *m* à deux épaisseurs.

'two-pole, *attrib.a. El:* Bipolaire.

two-'seater, *s.* Avion *m* ou voiture *f* à deux places. *Av: F:* Un biplace. *Aut: F:* Une deux-places. *See also* DICKEY[1] **4.**

'two-sided, *a.* **1.** Bilatéral, -aux. **2.** Qui a deux aspects; qui comporte deux points de vue.

'two-speed, *attrib.a.* A deux vitesses.

'two-stamened, *a. Bot:* Diandre.

'two-step, *s. Danc: Mus:* Pas *m* de deux.

'two-storied, *a.,* **'two-story,** *attrib.a.* (Maison) à deux étages.

'two-stroke. **1.** *attrib.a. I.C.E:* (Cycle *m,* moteur *m*) bitemps *inv,* à deux temps. **2.** *s. F: My motor cycle is* **a two-stroke,** ma moto est à deux temps.

'two-throw, *attrib.a. Mec.E:* (Manivelle *f*) à double coude.

'two-tongued, *a.* = DOUBLE-TONGUED.

'two-way, *attrib.a.* **1.** (*a*) (Robinet) à deux voies, à deux eaux. (*b*) **Two-way street,** rue *f* à deux sens (de circulation). (*c*) *El.E:* **Two-way switch,** commutateur *m* va-et-vient *inv.* *See also* SWITCH[1] **2.** **2.** *Aut: etc:* **Two-way braking,** freinage *m* dans les deux sens.

'two-winged, *a. Ent:* Diptère.

'two-wire, *attrib.a. El.E:* (Système *m,* etc.) bifilaire, à deux fils.

'two-'yearly, *a.* Biennal, -aux.

'two-year-old, *attrib. a.* & *s.* **Two-year-old (child),** enfant (âgé) de deux ans. *Turf: etc:* **Two-year old (colt, filly),** poulain *m,* pouliche *f,* de deux ans. *See also* SPRIGHTLY.

twofold ['tu:fould]. **1.** *a.* Double; (cordage *m*) à deux brins. **2.** *adv.* Doublement. *Kindnesses returned t.,* bontés rendues au double.

twopence ['tʌpəns], *s.* Deux pence *m.* *F:* **One would'nt have given twopence for his chance of living,** on n'aurait pas donné deux sous de sa vie. **It isn't worth twopence,** ça ne vaut pas chipette. *See also* CARE[2] **1,** HERB **2.**

twopenny ['tʌp(ə)ni]. **1.** *a.* A, de, deux pence. *F:* **Twopenny**

remedy, remède *m* de quatre sous. *See also* DAMN[1]. **2.** *s. P:* Tête *f*, caboche *f*.

'twopenny-'halfpenny, *attrib.a.* **1.** A dozen twopenny-halfpenny stamps, une douzaine de timbres de deux pence et demi. **2.** *F:* Insignifiant; sans importance; de quatre sous. A twopenny-halfpenny doctor, un médecin de deux sous. *All that fuss over a t.-h. ring!* tout ça pour une méchante bague de quatre sous!

two pennyworth [tuː'peniwərθ, *P:* tuː'penərθ], *s.* Pour deux pence (de qch.). *F: If he had only got two p. of spunk*, s'il avait pour quatre sous de courage.

twosome ['tuːsəm], *s.* Jeu *m* à deux joueurs, danse *f* par couples; *Cards:* jeu à deux mains.

'twould [twud], *A. & Lit:* = *it would*.

twyer ['twiːər], *s. Metall:* Tuyère *f*. **Twyer sides,** costières *f*, côtières *f* (de haut fourneau).

-ty[1], -ity, -ety [ti, iti], *s. suff.* -té, -eté, -été, -ité *f*. *Bounty*, bonté. *Cruelty*, cruauté. *Fealty*, féauté. *Poverty*, pauvreté. *Variety*, variété. *Authority*, autorité. *Benignity*, bénignité. *Equity*, équité. *Felicity*, félicité. *Priority*, priorité.

-ty[2], *s. suff.* (*Forming the decade numerals from 20 to 90*) *Twenty*, vingt. *Seventy*, soixante-dix. *Eighty*, quatre-vingts. *Ninety*, quatre-vingt-dix.

Tyburn ['taibəːrn]. *Pr.n. Hist:* Carrefour *m* à l'ouest de Londres où se dressait la potence. *A: F:* **The Tyburn tree,** la potence.

Tyburnia [tai'bəːrnia]. *Pr.n. Hist: F:* La banlieue de Londres à l'ouest de Tyburn (ce serait aujourd'hui à l'ouest de la *Marble Arch*).

tycoon [tai'kuːn], *s. Jap.Hist:* Taïcoun *m*.

Tydeus ['taidjuːs]. *Pr.n.m. Gr.Lit:* Tydée.

tye [tai], *s. Nau:* Itague *f*.

tyg [tig], *s. Archeol:* Coupe *f* à deux ou à trois anses.

tying ['taiiŋ]. *See* TIE[2].

tyke [taik], *s. P:* **1.** Vilain chien; *P:* cabot *m*. **2.** Rustre *m*. **3.** (Yorkshire) tyke, homme *m* du Yorkshire, du comté d'York.

tyle [tail], *v.tr. Freemasonry:* = TILE[2] 3.

tyler ['tailər], *s. Freemasonry:* = TILER 3.

tylose ['tailous], *s. Bot:* = TYLOSIS 2.

tylosis [tai'lousis], *s.* **1.** *Med:* (*a*) Blépharite *f* avec induration du rebord palpébral. (*b*) Tylose *f*; cor *m* au pied ou œil-de-perdrix *m*; callosité *f*. **2.** *Bot:* Thylle *f*.

tymp [timp], *s. Metall:* Tympe *f* (de haut fourneau).

'tymp-arch, *s. Metall:* Encorbellement *m* de la tympe.

tympan ['timpən], *s. Anat: Arch: Typ: etc:* Tympan *m*. *Typ:* **Tympan-sheet,** marge *f*. **Tympan paper,** papier *m* de, à, décharge; papier intercalaire; papier anti-macule.

tympanic [tim'panik], *a. Anat:* **Tympanic membrane,** membrane *f* tympanique; membrane du tympan (de l'oreille).

tympanist ['timpanist], *s. Mus:* Timbalier *m*.

tympanites [timpa'naitiːz], *s. Med:* Tympanisme *m*, tympanite *f*; gonflement *m* de l'abdomen.

tympanitic [timpa'nitik], *a. Med:* **Tympanitic resonance,** son *m* tympanique.

tympanitis [timpa'naitis], *s. Med:* **1.** = TYMPANITES. **2.** Tympanite *f*; otite moyenne.

tympanum, *pl.* **-a** ['timpanəm, -a], *s. Anat: Arch: Hyd. E:* Tympan *m*.

typal ['taip(ə)l], *a.* **1.** Typique. **2.** Typographique.

type[1] [taip], *s.* **1.** Type *m*. *T. of Italian beauty*, type de la beauté italienne. *Wine of the Sauterne t.*, vin *m* (du) genre sauternes. *People of this t.*, les individus *m* de ce genre, de cette catégorie. *Nat.Hist:* **Type genus,** genre *m* type. **Type tree,** arbre *m* type. *See also* TRUE[1] I. 6. **2.** *Typ:* (*a*) Caractère *m*, type. (*b*) *Coll.* Caractères. **Old type,** vieille matière. *To print in large t.*, imprimer en gros caractères. *Journ: etc:* **Printed, displayed, in bold type,** en vedette. **To set type,** composer. **In type,** composé. **Packet of type,** paquet *m* de composition. **To keep the type standing,** conserver la forme. **Bill of type,** police *f*. *See also* BOLD-FACED 2, BRAILLE, HEAVY-FACED, STANDING[1] 2. (*c*) (*With pl. types*) Sorte *f* de caractère; fonte *f* de caractères.

'type area, *s. Typ:* Justification *f*.

'type-bar, *s.* **1.** *Typewr:* Tige *f* à caractères. **2.** *Typ:* Ligne-bloc *f*, *pl.* lignes-blocs (de linotype).

'type-caster, -founder, *s.* (*Pers.*) Fondeur *m* en caractères d'imprimerie; fondeur typographe.

'type-metal, *s.* Alliage *m* pour caractères d'imprimerie.

'type-script, *s.* Manuscrit dactylographié; dactylogramme *m*.

'type-setter, *s. Typ:* **1.** (*Pers.*) Compositeur *m*. **2.** = *type-setting machine*.

'type-setting, *s. Typ:* Composition *f*. **Type-setting machine,** machine *f* à composer (linotype *f*, etc.); compositeur *m*; composeuse *f*.

'type-wheel, *s.* Roulette *f* à caractères (du télégraphe Hughes, de certaines machines à écrire).

type[2], *v.tr. Med:* Déterminer le groupe (d'un prélèvement de sang).

type[3], *v.tr. F:* = TYPEWRITE.

typewrite ['taiprait], *v.tr.* Écrire, transcrire, à la machine; dactylographier; frapper, *F:* taper (une lettre, un manuscrit, etc.) (à la machine). *Typewritten document*, document transcrit à la machine, *F:* tapé à la machine; dactylogramme *m*.

typewriting, *s.* Dactylographie *f*. *See also* PAPER[1] I.

typewriter ['taipraitər], *s.* **1.** Machine *f* à écrire. *See also* SHORTHAND. **2.** *A:* = TYPIST.

typha ['taifa], *s. Bot:* Typha *m*; *F:* massette *f*.

typhaceae [tai'feisiiː], *s.pl. Bot:* Typhacées *f*.

typhlitis [ti'flaitis], *s. Med:* Typhlite *f*.

Typhoeus [tai'fiːəs]. *Pr.n.m. Myth:* Typhée.

typhoid ['taifɔid], *a. Med:* Typhoïde. **Typhoid condition,** état *m* typhoïde. **Typhoid fever,** *s.* **typhoid,** fièvre *f* typhoïde; typhoïde *f*.

typhoidal [tai'fɔid(ə)l], *a. Med:* Typhoïque; typhoïdique.

typhomania [taifo'meinia], *s. Med:* Typhomanie *f*; délire *m* avec stupeur (de la fièvre typhoïde).

Typhon ['taifɔn]. *Pr.n.m. Egypt.Myth:* Typhon.

typhoon [tai'fuːn], *s. Meteor:* Typhon *m*; toufan *m*.

typhous ['taifəs], *a. Med:* Typhique.

typhus ['taifəs], *s. Med:* Typhus *m*, *F:* maladie *f* des camps.

typical ['tipik(ə)l], *a.* Typique, typifié. *The t. Frenchman*, le vrai type français; le Français typique. *T. motor cycle*, motocyclette *f* type. *Three t. fashions of the year*, trois modes *f* types de l'année. **Opinions typical of the middle classes,** opinions *f* caractéristiques de la bourgeoisie. *That is t. of him*, c'est bien de lui. *That action is t. of him*, cette action le peint bien, l'achève de peindre. *That is t. of France*, c'est un trait caractéristique de la France. **-ally,** *adv.* D'une manière typique. **He is typically French,** c'est le vrai type français, le vrai type du Français.

typify ['tipifai], *v.tr.* **1.** (*Of symbol, etc.*) Représenter (qch.); symboliser (qch.). **2.** (*Of specimen, etc.*) Être caractéristique de (sa classe, etc.); (*of pers.*) être le type de (l'officier militaire, etc.).

typist ['taipist], *s.* Dactylographe *mf*, *F:* dactylo *mf*. **Typist's error,** erreur *f* de machine. *See also* SHORTHAND.

typo ['taipo], *s. F:* = TYPOGRAPHER.

typo- [taipo, tipo, tai'pɔ, ti'pɔ], *comb.fm.* Typo-. *Typo'graphical*, typographique. *Typoli'thography*, typolithographie. *Typote'legraphy*, typotélégraphie. *Ty'pography*, typographie.

typographer [tai'pɔgrəfər, ti-], *s.* **1.** Typographe *m*, *F:* typo *m*. **2.** *Ent:* Bostryche *m* typographe.

typographic(al) [taipo'grafik(əl), ti-], *a.* **1.** Typographique. **2.** *Ent:* **Typographic beetle** = TYPOGRAPHER 2. **-ally,** *adv.* Typographiquement.

typography [tai'pɔgrəfi, ti-], *s.* Typographie *f*.

typolithography [taipoli'θɔgrəfi, ti-], *s.* Typolithographie *f*.

typometer [tai'pɔmetər, ti-], *s. Typ:* Typomètre *m*.

typotelegraph [taipo'teligraf, ti-, -grɑːf], *s. Tg:* Typotélégraphe *m*.

typotelegraphy [taipote'legrafi, ti-], *s. Tg:* Typotélégraphie *f*.

tyrannical [ti'ranik(ə)l, tai-], *a.* Tyrannique. **-ally,** *adv.* Tyranniquement, en tyran.

tyrannicidal [tirani'said(ə)l, tai-], *a.* Tyrannicide.

tyrannicide[1] [ti'ranisaid, tai-], *s.* Tyrannicide *mf*.

tyrannicide[2], *s.* (Crime *m* de) tyrannicide *m*.

tyrannize ['tirənaiːz], *v.i.* Faire le tyran. **To tyrannize over s.o.,** *v.tr.* **to tyrannize s.o.,** tyranniser qn. *He tyrannizes his family*, il est le tyran de sa famille.

tyrannous ['tirənəs], *a.* (*a*) Tyrannique. (*b*) *Lit:* (*Of the wind, etc.*) Violent, irrésistible. **-ly,** *adv.* Tyranniquement, en tyran.

tyranny ['tirəni], *s.* Tyrannie *f*. *The t. of fashion*, la tyrannie, la servitude, de la mode.

tyrant ['tairənt], *s.* **1.** Tyran *m*. **Petty tyrant,** tyranneau *m*. **To play the tyrant,** faire le tyran. *Woman who is a domestic t.*, femme *f* qui tyrannise toute la famille. **2.** *Orn:* **Tyrant(-bird),** tyran.

tyre[1] ['taiər], *s.* (*a*) Bandage *m*, cerclage *m*, cercle *m* (de roue). *Rail:* **Flanged tyre,** bandage à boudin. **Blank tyre,** bandage sans boudin. (*b*) *Aut: Cy:* **Rubber tyre,** (i) bandage en caoutchouc; (ii) boyau *m* (de bicyclette de course). **Solid tyre,** bandage plein; caoutchouc plein. **Pneumatic tyre,** (bandage) pneumatique *m*; *F:* pneu *m*, *pl.* pneus. **Wired tyre, straight-side tyre,** bandage, pneu, à tringles. **Beaded tyre, clincher tyre,** bandage, pneu, à talons, à bourrelet(s). **Balloon tyre,** pneu ballon, pneu confort; (*of Michelin manufacture*) pneu bibendum. **Non-skid tyre,** (pneu) antidérapant *m*. *See also* CORDED 2, DUAL I, PRESSURE I.

'tyre-carrier, *s. Aut:* Coffre *m* à bandages; porte-pneu *m inv.*

'tyre-cement, *s. Aut: Cy:* Dissolution *f*.

'tyre-cover, *s. Aut: Cy:* Enveloppe *f* (pour pneu).

'tyre-gauge, *s. Aut:* Manomètre *m* (pour pneus).

'tyre-inflator, *s.* Gonfleur *m*, pompe *f* (pour pneus).

'tyre-lever, *s.* Levier *m* démonte-pneu *inv*; démonte-pneu *m inv.*

'tyre-press, *s. Rail.Eng:* Presse *f* à bandages.

'tyre-pump, *s.* = TYRE-INFLATOR.

tyre[2], *v.tr.* **1.** Poser, monter, un bandage à (une roue); cercler (une roue). *Rail:* Bander, embattre (une roue). **2.** *Aut: Cy:* Munir (une bicyclette, etc.) de pneus.

tyred, *a.* (*With adj. prefixed, e.g.*) **Steel-tyred, solid-tyred,** à bandage(s) d'acier; à bandage(s) plein(s). *See also* RUBBER-TYRED.

tyring, *s.* Pose *f* d'un bandage (à une roue); cerclage *m* (d'une roue). *Rail:* Embat(t)age *m*.

Tyre[3]. *Pr.n. A. Geog:* Tyr.

tyreless ['taiərləs], *a.* **1.** Sans bandage(s). **2.** *Aut: Cy:* Sans pneu(s).

Tyrian ['tiriən], *a. & s. A. Geog:* Tyrien, -ienne. *See also* PURPLE[1] II. 1.

tyro ['tairo], *s.* = TIRO[2].

Tyrol (the) [ðəti'rɔl]. *Pr.n. Geog:* Le Tyrol.

Tyrolese [tiro'liːz], *a. & s. Geog:* Tyrolien, -ienne.

Tyrolienne [tiro'ljen], *s. Mus:* Tyrolienne *f*.

Tyrrhenian [ti'riːnjən], *a. & s. Geog:* Tyrrhénien, -ienne. **The Tyrrhenian Sea,** la Mer Tyrrhénienne.

Tyrtaeus [təːr'tiːəs]. *Pr.n.m. Gr. Lit:* Tyrtée.

tzar [zɑːr], **tzarevitch** ['zɑːrəvitʃ], **tzarina** [zɑː'riːna], *s.* = CZAR, CZAREVITCH, CZARINA.

tzetse, tzetze ['tsetsi], *s.* = TSETSE.

tzigane [tsi'gɑːn], *a. & s.* Tzigane (*mf*).

U, u [juː], *s.* (La lettre) U, u *m.* *Tp:* **U for uncle,** U comme Ursule. *F:* **It's all U.P.** ['juː'piː] (= *up*), l'affaire est dans l'eau. **It's all u.p. with him,** c'en est fait de lui; il est fichu, flambé. *Mec.E: etc:* **U-bolt,** boulon *m* en U; bride *f* à écrou. **U-section connecting-rod,** bielle évidée. *Ch:* **U-tube,** tube *m* en U. *See also* BEND[3] 1.
'U-boat, *s.* *F:* Sous-marin allemand.

Ubangi (the) [ðiju'baŋgi]. *Pr.n. Geog:* L'Oubanghi *m*, l'Oubangui *m*. **The Ubangi-Shari** [-'ʃɑːri], (le territoire de) l'Oubanghi-Chari; les territoires du Haut-Oubangui.

uberous ['juːbərəs], *a.* Riche en lait; (vache) bonne laitière.

ubiquitarian [juːbikwi'tɛəriən], *s.* *Rel.H:* Ubiquitaire *mf*, ubiquiste *mf*.

ubiquitarianism [juːbikwi'tɛəriənizm], **ubiquitism** [ju'bikwitizm], *s.* *Rel.H:* Ubiquisme *m*, ubiquité *f*.

ubiquitous [ju'bikwitəs], *a.* 1. Ubiquiste; doué d'ubiquité; qui se trouve partout; que l'on rencontre partout. *I am not u.*, je n'ai pas le don d'ubiquité. 2. *Theol:* Omniprésent.

ubiquity [ju'bikwiti], *s.* 1. Ubiquité *f*. 2. *Theol:* Omniprésence *f*.

udder ['ʌdər], *s.* Mamelle *f*, pis *m* (de vache, etc.).

uddered ['ʌdərd], *a.* (Animal) mamelé.

udometer [ju'dɔmetər], *s.* *Meteor:* Udomètre *m*, pluviomètre *m*.

udometric [juːdo'metrik], *a.* *Meteor:* Udométrique, pluviométrique.

Ufa ['juːfa]. *Pr.n. Geog:* Oufa *m*.

Uffizi [u'fitsi]. *Pr.n. Art:* **The Uffizi Gallery,** le Palais des Offices (à Florence).

Uganda [ju'ganda]. *Pr.n. Geog:* L'Ouganda *m*.

ugh [ʌχ, uh], *int.* 1. Pouah! 2. **Ugh, it's cold!** brrr, il fait froid!

uglification [ʌglifi'keiʃ(ə)n], *s.* Enlaidissement *m*.

uglify ['ʌglifai], *v.tr.* Enlaidir.

ugliness ['ʌglinəs], *s.* Laideur *f*. *The u. of vice, of sin,* la laideur du vice, du péché.

ugly ['ʌgli], *a.* (*a*) (*Of pers.*) Laid; disgracieux. *F:* *She is* **as ugly as sin,** elle est laide comme le péché, comme les sept péchés (capitaux), comme une chenille. **Ugly person,** laideron, -onne. **To grow ugly,** enlaidir. *F:* **The Ugly Duckling,** le vilain petit Canard. (*b*) (*Of thg*) Vilain. *U. piece of furniture,* vilain meuble. *U. wound,* vilaine blessure. *U. rumour,* mauvais bruit; vilain bruit. *The business was looking u.*, l'affaire avait un vilain aspect; l'affaire prenait une mauvaise tournure. *U. incident,* incident *m* regrettable. *U. weather,* (i) temps menaçant; (ii) mauvais temps. *P:* (*Of pers.*) **To cut up ugly,** se fâcher; montrer les dents. *See also* CUSTOMER 2. **-ily,** *adv.* Laidement, vilainement.

Ugolino [juːgo'liːno]. *Pr.n.m. Hist:* Ugolin.

Ugrian ['juːgriən], *a. & s.* *Ethn:* Ougrien, -ienne. **The Ugrians,** les Ougriens, les Ougres *m*.

Ugric ['juːgrik], *s.* *Ling:* L'ougrien *m*.

uhlan ['(j)uːlən], *s.* Uhlan *m*.

Uitlander ['ɔitlandər], *s.* *Hist:* (*In S. Africa*) Uitlander *m*; étranger *m*.

Ujiji ['juːdʒidʒi]. *Pr.n. Geog:* Oudjidji *m*.

ukase [ju'keis], *s.* Ukase *m*, oukase *m*.

Ukraine [ju'krein]. *Pr.n. Geog:* L'Ukraine *f*.

Ukrainian [ju'kreinjən], *a. & s.* *Geog:* Ukrainien, -ienne.

ukulele [juːkə'leili], *s.* *Mus:* Ukulele *m*, ukalele *m*.

ulcer ['ʌlsər], *s.* Ulcère *m*; (*produced by cauterizing*) cautère *m*. **Rodent ulcer, wasting ulcer,** ulcère rongeant, ulcère rongeur; phagédène *f*. **Endemic ulcer,** ulcère d'Orient; bouton *m* d'Alep. *See also* GASTRIC 1.
'ulcer-like, *a.* Ulcériforme.

ulcerate ['ʌlsəreit]. 1. *v.tr.* Ulcérer. 2. *v.i.* S'ulcérer.
ulcerated, *a.* Ulcéré, ulcéreux.

ulceration [ʌlsə'reiʃ(ə)n], *s.* Ulcération *f*.

ulcerative ['ʌlsəreitiv], *a.* Ulcératif.

ulcered ['ʌlsərd], *a.* Ulcéré, ulcéreux.

ulcerous ['ʌlsərəs], *a.* Ulcéreux.

-ule [jul], *s.suff.* (*Diminutive*) 1. -ule *f*. *Capsule,* capsule. *Ferule,* férule. *Macule,* macule. *Pustule,* pustule. *Valvule,* valvule. 2. -ule *m*. *Globule,* globule. *Granule,* granule. *Nodule,* nodule. *Criticule,* criticule.

ulema [(j)u'liːma], *s.* *Mohamm.Rel:* 1. *Coll.* **Le corps des ulémas.** 2. *sg.* Uléma *m*; docteur *m* de la loi.

-ulent [julənt], *a.suff.* 1. -ulent. *Opulent,* opulent. *Pulverulent,* pulvérulent. *Turbulent,* turbulent. 2. *Flatulent,* flatueux. *Fraudulent,* frauduleux.

ulex ['juːleks], *s.* *Bot:* Ulex *m*; *F:* ajonc *m*.

Ulfilas ['ʌlfilas]. *Pr.n.m. Ling.Hist:* Ulphilas.

uliginal [ju'lidʒin(ə)l], **uliginous** [ju'lidʒinəs], **uliginose** [ju'lidʒinous], *a.* *Bot: etc:* Uliginaire, uligineux.

ullage[1] ['ʌledʒ], *s.* *Winem: Dist:* 1. (Dry) **ullage,** vidange *f*, coulage *m*; *Cust:* manquant *m*. **Filling up of the ullage,** ouillage *m*. **On ullage,** (tonneau *m*) en vidange. 2. (*a*) (Wet) **ullage,** vin *m*, etc., qui reste (dans un tonneau). (*b*) *F:* Lavasse *f*. 3. *Engr:* Copeaux (enlevés par le burin). 4. *Nau: F:* Rebut *m*; (*of crew*) les rebuts du port.

ullage[2], *v.tr.* 1. Calculer, estimer, le manquant (d'un tonneau). 2. Tirer un peu de liquide (d'un tonneau). 3. Ouiller (un tonneau).
ullaged, *a.* (Tonneau *m*) (i) en vidange, (ii) où il y a du vide.
ullaging, *s.* 1. Calcul *m*, estimation *f*, du manquant. 2. Ouillage *m*.

Ulloa [u'ljoua]. *Pr.n.m.* Ulloa. *Meteor: Opt:* **Circle of Ulloa,** anthélie *f*.

ulmaceae [ʌl'meisiiː], *s.pl.* *Bot:* Ulmacées *f*.

ulmaceous [ʌl'meiʃəs], *a.* *Bot:* Ulmacé.

ulmaria [ʌl'mɛəria], *s.* *Bot:* Ulmaire *f*; *F:* reine *f* des prés.

ulmic ['ʌlmik], *a.* *Ch:* (Acide *m*) ulmique.

ulmin ['ʌlmin], *s.* *Ch:* Ulmine *f*.

ulna ['ʌlna], *s.* *Anat: Orn: Z:* Cubitus *m*.

ulnar ['ʌlnər], *a.* *Anat:* Ulnaire; cubital, -aux.

ulotrichous [ju'lɔtrikəs], *a.* *Anthr:* Ulotrique; **aux cheveux** crépus.

Ulpian ['ʌlpiən]. *Pr.n.m. Rom.Hist:* Ulpien.

Ulrica ['ʌlrika]. *Pr.n.f.* Ulrique.

Ulster ['ʌlstər]. 1. *Pr.n. Geog:* L'Ulster *m*. 2. *s. Cost:* **An ulster,** un ulster.

ult. [ʌlt], *adv.* *Com:* = ULTIMO.

ulterior [ʌl'tiːriər], *a.* 1. Ultérieur, -eure. 2. Secret, -ète; inavoué. *U. designs,* desseins secrets. **Ulterior motive,** motif secret, caché. *Action with an u. motive,* acte tendancieux. *Without u. motive,* sans arrière-pensée. **-ly,** *adv.* Ultérieurement; plus tard.

ultimate ['ʌltimet], *a.* (*a*) Final, -als. *U. goal, end, purpose,* but final. *U. success of a book,* succès final d'un livre. *U. destination of a parcel,* destination définitive d'un colis. *U. decision,* décision définitive. (*b*) *Ch:* **Ultimate analysis,** analyse *f* élémentaire. *Mth:* **Ultimate ratio,** dernière raison. *See also* STRENGTH 1. (*c*) Fondamental, -aux. *U. truth,* vérité fondamentale, élémentaire. *U. cause,* cause finale, profonde. *s.* **The quest for an ultimate,** la recherche de l'absolu. (*d*) *Ling:* (*Of syllable, etc.*) Ultime, dernier. **-ly,** *adv.* (*a*) A la fin; en fin de compte; finalement. *He u. married her,* il a fini par l'épouser; en fin de compte il l'a épousée. *Right will u. triumph over might,* le droit finira bien par triompher de la force. (*b*) Fondamentalement.

ultimatum, *pl.* **-tums, -ta** [ʌlti'meitəm, -təmz, -ta], *s.* 1. Ultimatum *m*. *To deliver an u. to a country, to present a country with an u.*, signifier un ultimatum à un pays. *Note of the nature of an u.*, note ultimative. 2. (*a*) Principe fondamental. (*b*) But final.

ultimo ['ʌltimo], *adv.* (*Abbr.* ult.) Du mois dernier, du mois écoulé. **On the tenth ult(imo),** le dix du mois dernier.

ultra ['ʌltra]. 1. *a.* Extrême. 2. *s. Pol:* Ultra *m*.

ultra- ['ʌltra], *pref.* Ultra-. 1. *Ultramontanism,* ultramontanisme. *Ultra-sound,* ultra-son. *Ultra-violet,* ultra-violet. 2. *Ultra-critical,* hypercritique. *Ultra-smart,* à la dernière mode. *Ultra-liberal,* ultra-libéral. *Ultra-religious,* extrêmement religieux. *Ultra-revolutionist,* ultra-révolutionnaire.

ultra-fashionable [ʌltra'faʃənəbl], *a.* A la dernière mode; tout dernier cri.

ultraism ['ʌltraizm], *s.* *Pol:* Ultraïsme *m*, ultracisme *m*.

ultraist ['ʌltraist], *s.* *Pol:* Ultra *m*.

ultra-liberal [ʌltra'libərəl], *a. & s.* *Pol:* Ultra-libéral, -aux.

ultramarine [ʌltrama'riːn]. 1. *a.* (Pays, etc.) d'outre-mer. 2. *a. & s.* **Ultramarine (blue),** (bleu *m* d')outremer *m inv*.

ultramicroscope [ʌltra'maikroskoup], *s.* Ultramicroscope *m*.

ultramicroscopic(al) [ʌltramaikro'skɔpik(əl)], *a.* Ultramicroscopique.

ultramicroscopy [ʌltramai'krɔskopi], *s.* Ultramicroscopie *f*.

ultramontane [ʌltra'mɔntein], *a. & s.* *Theol: Pol:* Ultramontain, -aine.

ultramontanism [ʌltra'mɔntanizm], *s.* *Theol: Pol:* Ultramontanisme *m*.

ultramontanist [ʌltra'mɔntanist], *s.* *Theol: Pol:* Ultramontain, -aine.

ultramundane [ʌltra'mʌndein], *a.* Ultramondain.

ultra-rapid [ʌltra'rapid], *a.* *Phot:* (Objectif *m*) à très grande ouverture, ultra-rapide.

ultra-red [ʌltra'red], *a.* *Opt:* Infra-rouge.

ultra-revolutionary [ʌltrarevo'luːʃənəri], *a. & s.* Ultra-révolutionnaire (*mf*).

ultra-rich [ʌltra'ritʃ], *a.* Richissime.

ultra-royalist [ʌltra'rɔiəlist], *a. & s.* Ultra-royaliste (*mf*).

ultra-sentimental [ʌltrasenti'ment(ə)l], *a.* D'une sentimentalité outrée.

ultrasonic [ʌltra'sɔnik], *a.* *Ph:* (Onde *f*) ultra-sonore.

ultra-sound [ʌltra'saund], *s.* *Ph:* Ultra-son *m*.

ultra-speed [ʌltra'spiːd], *attrib.a.* *Cin:* (Prise de vues) à haute fréquence.

ultra-terrestrial [ʌltrate'restriəl], *a.* Ultra-terrestre.

ultra-violet [ʌltra'vaiolet], *a.* *Opt:* Ultra-violet, -ette.

ultra vires [ʌltra'vairiːz]. *Lt.adj. & adv.phr.* Au delà des pouvoirs. **Action ultra vires,** action *f* antistatutaire; excès *m* de pouvoir. **To act ultra vires,** commettre un excès de pouvoir.

ultra-zodiacal [ʌltrazo'daiək(ə)l], *a. Astr: (Of planet)* Ultra-zodiacal, -aux.
ultromotivity [ʌltromo'tiviti], *s.* Motilité *f.*
ululate ['ju:ljuleit], *v.i.* **1.** *(Of owl)* Ululer, huer. **2.** *(Of jackal, etc.)* Hurler. **3.** *F: (Of pers.)* Se lamenter; pousser des lamentations.
ululation [ju:lju'leiʃ(ə)n], *s.* **1.** Ululation *f*, ululement *m* (du hibou); hurlement *m* (du chacal). **2.** Lamentation *f.*
Ulysses [ju'lisi:z]. *Pr.n.m.* Ulysse.
umbel ['ʌmb(ə)l, -bel], **umbella** [ʌm'bela], *s. Bot:* Ombelle *f.*
umbellar [ʌm'belər], *a. Bot:* = UMBELLATE.
umbellate ['ʌmbelet], **umbellated** ['ʌmbeleitid], *a. Bot:* (Fleur) ombellée, en ombelle, en parasol.
umbellet ['ʌmbelet], *s. Bot:* Ombellule *f.*
umbellifer [ʌm'belifər], *s. Bot:* Ombellifère *f.*
umbelliferae [ʌmbe'lifəri:], *s.pl. Bot:* Ombellifères *f.*
umbelliferous [ʌmbe'lifərəs], *a. Bot:* Ombellifère.
umbelliform [ʌm'belifɔ:rm], *a.* Ombelliforme.
umbellule [ʌm'beljuːl], *s. Bot:* Ombellule *f.*
umber¹ ['ʌmbər], *s. Ich:* Ombre *m.*
umber². **1.** *s. Paint:* Terre *f* d'ombre; terre de Sienne; ombre *f.* **Burnt umber,** terre d'ombre brûlée. **2.** *a.* Couleur *inv* d'ombre.
umber-bird ['ʌmbərbə:rd], *s. Orn:* Ombrette *f.*
umbilic [ʌm'bilik], *s. Geom:* = UMBILICUS 2.
umbilical [ʌm'bilik(ə)l], *a.* **1.** *(a) Anat:* Ombilical, -aux. **Umbilical cord,** cordon ombilical. *See also* HERNIA. *(b) F: (Of descent)* Du côté maternel; utérin. **2.** *Geom:* **Umbilical point,** ombilic *m.*
umbilicate [ʌm'biliket], **umbilicated** [ʌm'bilikeitid], *a.* Ombiliqué; déprimé en ombilic.
umbilicus [ʌm'bilikəs], *s.* **1.** *Anat:* Ombilic *m*, nombril *m. Bot:* Ombilic. **2.** *Geom:* Ombilic.
umbles [ʌmblz], *s.pl. Ven: A:* Entrailles *f* de cerf.
umbo, *pl.* **-os, -ones** ['ʌmbo, -ouz, ʌm'bouni:z], *s.* **1.** *Archeol:* Ombon *m* (de bouclier). **2.** *Nat.Hist:* Protubérance *f.*
umbra¹, *pl.* **-ae** ['ʌmbra, -i:], *s.* **1.** *Astr: (a)* Cône *m* d'ombre, ombre *f* (dans une éclipse). *(b)* Obscurité centrale (d'une tache solaire). **2.** *Rom.Ant: (a)* Ombre (d'un mort). *(b)* Ombre (amenée par un invité).
umbra², *s. Ich: A:* **1.** *(Mud-minnow)* Umbre *m.* **2.** Ombrine *f.*
umbrage¹ ['ʌmbredʒ], *s.* **1.** *Poet:* Ombrage *m.* **2.** Ombrage, ressentiment *m.* **To take umbrage at sth.,** prendre ombrage de qch.; se froisser de qch. *He took no u. at their friendship,* il ne s'offensait pas de leur amitié. **To give umbrage to s.o.,** donner de l'ombrage à qn; porter ombrage à qn.
umbrage², *v.tr. Lit:* Ombrager.
umbrageous [ʌm'breidʒəs], *a.* **1.** *Lit:* (Lieu) ombragé, ombrageux. **2.** *(Of pers.)* Ombrageux.
umbrageousness [ʌm'breidʒəsnəs], *s. (Of pers.)* Caractère ou esprit ombrageux.
umbrated ['ʌmbreitid], *a. Her:* Ombragé.
umbre ['ʌmbər], *s. Orn:* Ombrette *f.*
umbrella [ʌm'brela], *s.* **1.** *(a)* Parapluie *m.* **Stumpy umbrella, dwarf umbrella, Tom Thumb umbrella,** parapluie court; tom-pouce *m, pl.* tom-pouces. **Carriage umbrella,** grand parapluie (de portier d'hôtel, de cinéma, etc.). *F: These groups come together* **under the Conservative umbrella,** ces groupes se rallient au parti conservateur. *To put up one's u.,* ouvrir son parapluie. *To take down, to fold (up), one's u.,* fermer, replier, son parapluie. *(b) A:* Ombrelle *f.* *(c)* Parasol *m* (de chef de tribu nègre, etc.). *See also* PINE¹ 1, ROOF¹ 1. **2.** *Coel: Moll:* Ombrelle (de méduse, etc.).
 um'brella-'aerial, *s. W.Tel:* Antenne *f* en parapluie.
 um'brella-bird, *s. Orn:* Céphaloptère *m.*
 um'brella-'cover(ing), *s.* Couverture *f* de parapluie.
 um'brella-frame, *s.* Monture *f*, carcasse *f*, de parapluie. **Umbrella-frame maker,** carcassier *m* de parapluies.
 um'brella-shaped, *a.* (Arbre) en forme de parasol.
 um'brella-sheath, *s.* Fourreau *m* de parapluie.
 um'brella-shell, *s. Moll:* Ombrelle *f.*
 um'brella-stand, *s.* Porte-parapluies *m inv.*
 um'brella-stick, *s.* Manche *m*, canne *f*, de parapluie.
 um'brella-'sunshade, *s.* En-tout-cas *m inv.*
 um'brella-tree, *s. Bot:* Magnolier *m* (en) parasol.
umbrette [ʌm'bret], *s. Orn:* Ombrette *f.*
Umbria ['ʌmbria]. *Pr.n. Geog:* L'Ombrie *f.*
Umbrian ['ʌmbriən], *a. & s. Geog:* Ombrien, -ienne. *Art:* **The Umbrian School,** l'École ombrienne.
umlaut ['umlaut], *s. Ling:* Métaphonie *f*, umlaut *m.*
umph [mh], *int.* Hum! hmm!
umpirage ['ʌmpairedʒ], *s.* Arbitrage *m.*
umpire¹ ['ʌmpaiər], *s. (a)* Arbitre *m*, juge *m.* *(b) Sp:* Arbitre. *To be an u. at a match,* arbitrer un match. *(c) Jur:* Sur-arbitre *m*, tiers-arbitre *m, pl.* sur-, tiers-arbitres.
umpire². **1.** *v.tr.* Arbitrer (un différend, *Sp:* un match). **2.** *v.i.* **To umpire between two parties,** servir d'arbitre entre deux partis.
 umpiring, *s.* Arbitrage *m.*
umpireship ['ʌmpaiərʃip], *s.* Fonction(s) *f(pl)* d'arbitre.
umpteen ['ʌmpti:n], *s. P:* Je ne sais combien. *To have u. reasons for doing sth.,* avoir trente-six raisons de faire qch.
umpteenth ['ʌmpti:nθ], *a. P: I'm telling you so* **for the umpteenth time,** voilà Dieu sait combien de fois que je vous le dis.
'un [ən], *pron. P:* (= *one*) **A little 'un,** un petit. *He's a bad 'un,* c'est un sale type. *What a rum 'un!* quel drôle de particulier! *There's a dead 'un,* voilà un mort, *P:* un macchabée. *Box:* **A hot 'un,** un coup dur. *See also* YOUNG 1.
un-¹ [ʌn], *pref. (Forming verbs expressing deprivation or reversal)* **1.** Dé(s)-. *Unbalance,* déséquilibrer. *Unbandage,* débander. *Undeceive,* désabuser. *Undo,* défaire. *Unearth,* déterrer. *Unpack,* déballer. *F: You can't unscramble eggs,* on ne peut pas dé-brouiller les œufs. **2.** *Uncage,* laisser échapper. *Undrape,* ôter les draperies de. *Unpeg,* arracher les chevilles de. *Unsex,* priver de son sexe.
un-², *pref. (Expressing negation)* **1.** In-. *Unacceptable,* inacceptable. *Unaccustomed,* inaccoutumé. *Unfaithful,* infidèle. *Unrealizable,* irréalisable. *Unspeakably,* indiciblement. *Unsubmissiveness,* insoumission. **2.** Non. *Unabridged,* non abrégé. *Unbaptized,* non baptisé. *Undivorced,* non divorcé. *Unfaded,* non fané. *Unrealized,* non réalisé. *Unscientific,* non scientifique. *Undistressed,* aucunement affligé. *Unembittered,* nullement aigri. **3.** Dé-. *Unfavourable,* défavorable. *Unreasonable,* déraisonnable. **4.** Peu, mal. *Unaccommodating,* peu accommodant. *Undesirous,* peu désireux. *Unimportance,* peu d'importance. *Uneasy,* mal à l'aise. *Unadapted,* mal adapté. **5.** (Ne) pas. *Unabated,* qui n'a pas diminué. *Uncaught,* qui n'a pas été attrapé. *Unconcealed,* qui n'est pas caché. *Undauntable,* que rien n'effraye. *Undependable,* sur lequel on ne peut compter. *Unhesitating,* qui n'hésite pas. *Unloved,* qui n'est pas aimé. **6.** A-. *Unmoral,* amoral. *Unsexual,* asexué. *Unsymmetrical,* asymétrique. **7.** Anti-. *Unparliamentary,* antiparlementaire. *Unpatriotic,* antipatriotique. *Unscriptural,* antibiblique. **8.** Sans. *Unabashed,* sans perdre contenance. *Unadorned,* sans ornement. *Unambitious,* sans ambition. *Unannounced,* sans être annoncé. *Uncarpeted,* sans tapis. *Uncomplainingly,* sans se plaindre. *Undeviatingly,* sans dévier. **9.** *Unceremoniousness,* manque de façons. *Unselfconsciousness,* absence de gêne. **10.** *Unclerical,* indigne d'un prêtre. *Undaughterly,* indigne d'une fille. *Unimaginative,* dénué d'imagination. *Unprofessional,* contraire aux usages du métier. *Untaxed,* exempt d'impôts.
unabashed [ʌnə'baʃt], *a.* **1.** Sans perdre contenance; sans se déconcerter, sans se décontenancer. *U. he replied . . .,* il répondit sans aucune confusion . . .; *Pej:* il répondit cyniquement. . . . **2.** Aucunement ébranlé. *To stick u. to one's opinion,* maintenir son opinion envers et contre tous.
unabated [ʌnə'beitid], *a.* Qui n'a pas diminué; non diminué. *With u. speed,* toujours avec la même vitesse. *U. wind,* vent *m* qui n'a rien perdu de sa violence. *For three days the storm continued u.,* pendant trois jours l'orage ne s'affaiblit pas, continua sans répit.
unabating [ʌnə'beitiŋ], *a.* Persistant, soutenu. *U. zeal,* zèle soutenu; zèle qui ne se refroidit pas.
unabbreviated [ʌnə'bri:vieitid], *a.* Sans abréviation; non abrégé; en entier.
unabetted [ʌnə'betid], *a.* **1.** Sans encouragement. **2.** Sans complice(s).
unabiding [ʌnə'baidiŋ], *a.* Peu permanent; éphémère.
unable [ʌn'eibl], *a.* Incapable. **1.** **Unable to do sth.,** impuissant à faire qch.; hors d'état de faire qch.; (être) dans l'impossibilité de faire qch. *To be u. to escape,* se trouver dans l'impossibilité de s'échapper, de s'évader. *We are u. to help you,* nous ne pouvons pas vous aider; nous ne sommes pas à même de, en état de, en mesure de, vous aider; nous sommes dans l'impossibilité de vous aider. *I was u. to persuade him,* je n'ai pas pu, je n'ai pas su, le persuader. **'Unable to attend',** "empêché". **2.** Inhabile, incompétent. *In u. hands,* livré à des (gens) incapables.
unabridged [ʌnə'bridʒd], *a.* Non abrégé; sans coupures; intégral, -aux. *U. edition,* édition complète, intégrale.
unabrogated [ʌn'abrogeitid], *a.* Inabrogé.
unabsolved [ʌnab'zɔlvd], *a.* Inabsous, *f.* inabsoute.
unabsorbent [ʌnab'sɔ:rbənt], *a.* Hydrofuge.
unaccented [ʌnak'sentid], *a.* Sans accent; inaccentué. *Ling: (Of syllable, etc.)* Non accentué; atone. *Mus:* **Unaccented beat,** temps *m* faible.
unaccentuated [ʌnak'sentjueitid], *a.* Inaccentué; non accentué.
unacceptable [ʌnak'septəbl], *a.* Inacceptable; (théorie *f*, défense *f*) irrecevable. *Conditions u. to us,* conditions *f* que nous ne pouvons pas agréer. *A little help would not be u. to him,* un peu d'aide ne lui serait pas désagréable. *A glass of beer wouldn't be u.,* un verre de bière ne serait pas de refus.
unaccepted [ʌnak'septid], *a.* (Don, etc.) inaccepté. *Com:* (Effet) non accepté.
unacclimatized [ʌnə'klaimataizd], *a.* Inacclimaté; mal acclimaté.
unaccommodating [ʌnə'kɔmodeitiŋ], *a. (Of pers.)* Peu accommodant; de mauvaise composition; (caractère) peu commode, désobligeant.
unaccompanied [ʌnə'kʌmpənid], *a.* **1.** *(Of pers.)* Inaccompagné, seul; sans escorte. *Ladies u. by a gentleman are not admitted,* les dames non accompagnées ne sont pas admises. **2.** *Mus:* Sans accompagnement. *Passage for u. violin,* passage *m* pour violon seul.
unaccomplished [ʌnə'kɔmpliʃt], *a.* **1.** *(a)* (Projet) inaccompli, non réalisé. *(b)* (Travail, etc.) inachevé. **2.** *(Of pers.)* Dépourvu de talents de société.
unaccordant [ʌnə'kɔ:rdənt], *a.* En désaccord (*with,* avec).
unaccountable [ʌnə'kauntəbl], *a.* **1.** *(a)* (Phénomène *m*, etc.) inexplicable. *It is u.,* explique cela qui pourra. *(b)* (Conduite *f*) bizarre, étrange, incompréhensible. *An u. person,* une personne au caractère énigmatique, étrange. **2.** *(Of pers.)* Qui n'est responsable envers personne (*for,* de). **-ably,** *adv.* Inexplicablement.
unaccountableness [ʌnə'kauntəblnəs], *s.* **1.** Inexplicabilité *f*, caractère *m* inexplicable (d'un événement, etc.). **2.** Irresponsabilité *f.*
unaccounted [ʌnə'kauntid], *a.* **Unaccounted for.** **1.** (Phénomène, etc.) inexpliqué. **2.** *These ten pounds are u. for in the balance sheet,* ces dix livres ne figurent pas au bilan. *Five of the passengers are still u. for,* on reste sans nouvelles de cinq passagers.
unaccredited [ʌnə'kreditid], *a.* **1.** (Agent, etc.) non accrédité, sans pouvoirs. **2.** *Information from an u. source,* renseignements issus d'une source sans crédit.
unaccustomed [ʌnə'kʌstəmd], *a.* **1.** (Événement, etc.) inaccoutumé, inhabituel. **2.** *(Of pers.)* **Unaccustomed to sth., to doing sth.,** (i) inaccoutumé, peu habitué, inhabitué, à qch., à faire qch.;

(ii) malhabile à faire qch. *I am u. to being kept waiting*, je n'ai pas l'habitude d'attendre. *Being u. to cooking* . . ., n'ayant pas l'habitude de faire la cuisine. . . .

unaccustomedness [ʌnə'kʌstəmdnəs], *s.* Inhabitude *f* (*to*, de); *A:* inaccoutumance *f* (*to*, à).

unachievable [ʌnə'tʃiːvəbl], *a.* (Projet *m*, etc.) irréalisable, inexécutable.

unacknowledged [ʌnək'nɔledʒd], *a.* **1.** (*a*) (Enfant) non reconnu, non avoué. *U. agent*, agent non accrédité. (*b*) (Péché) non avoué. (*c*) *U. quotation*, citation que l'on fait passer pour un mot de son invention. **2.** (Lettre) demeurée sans réponse.

unacquaintance [ʌnə'kweintəns], *s.* Ignorance *f* (*with sth.*, de qch.); manque *m* de familiarité (*with a subject*, avec un sujet).

unacquainted [ʌnə'kweintid], *a.* **1.** **To be unacquainted with s.o.**, ne pas connaître qn. *I am u. with him*, (i) il m'est étranger; (ii) je n'ai pas fait sa connaissance. **2.** **To be unacquainted with sth.**, ignorer (un fait, etc.). *I am u. with your customs*, je ne suis pas au courant de vos usages. *He is u. with French*, il ignore, il ne sait pas, le français; il n'a aucune connaissance du français.

unacquaintedness [ʌnə'kweintidnəs], *s.* = UNACQUAINTANCE.

unacquirable [ʌnə'kwaiərəbl], *a.* Inacquérable.

unacquired [ʌnə'kwaiərd], *a.* (Talent, etc.) non acquis, inné, naturel.

unactable [ʌn'aktəbl], *a. Th:* (Pièce *f*, etc.) injouable.

unacted [ʌn'aktid], *a.* **1.** *Th:* (Pièce *f*) qui n'a pas encore été jouée. **2.** *Ch: etc:* **Metal unacted upon by acids**, métal *m* inattaquable aux acides, par les acides.

unadaptable [ʌnə'daptəbl], *a.* (*Of pers.*) Qui ne s'accommode pas aux circonstances; qui manque de liant.

unadapted [ʌnə'daptid], *a.* Mal adapté, peu adapté (*to sth.*, à qch.).

unaddressed [ʌnə'drest], *a.* (Colis *m*, etc.) sans adresse, qui ne porte pas d'adresse.

unadhesive [ʌnəd'hiːsiv], *a.* Inadhérent; non adhérent; (étiquette) sans gomme.

unadjudged [ʌnə'dʒʌdʒd], *a.* **1.** *Jur:* (Affaire) en litige. **2.** (Prix) réservé, non encore attribué.

unadjusted [ʌnə'dʒʌstid], *a.* **1.** (Différend) non encore réglé. **2.** *U. to the circumstances*, en désaccord avec les circonstances; mal adapté aux circonstances.

unadmired [ʌnəd'maiərd], *a.* Sans admirateurs; méconnu.

unadmiring [ʌnəd'maiəriŋ], *a.* Peu admiratif; indifférent.

unadmitted [ʌnəd'mitid], *a.* **1.** Non admis. **2.** (Tort, etc.) inavoué, non reconnu.

unadopted [ʌnə'dɔptid], *a.* **1.** Non adopté. *U. measures*, mesures *f* en souffrance. **2.** **Unadopted road**, rue ou route non entretenue par la municipalité ou l'État.

unadorned [ʌnə'dɔːrnd], *a.* Sans ornement, sans parure; naturel. **Beauty unadorned**, la beauté sans parure, sans fard. *U. truth*, la vérité pure, sans fard, toute nue; la simple vérité.

unadulterated [ʌnə'dʌltəreitid], *a.* Pur; sans mélange; (vin) non falsifié, non frelaté. *F:* **Unadulterated joy**, joie *f* sans mélange. *Out of u. malice*, par pure malice.

unadventurous [ʌnəd'ventjərəs], *a.* Peu aventureux.

unadvisable [ʌnəd'vaizəbl], *a.* **1.** (*Of pers.*) Qui ne veut pas entendre raison; opiniâtre. **2.** (*a*) (*Of action*) Peu sage; imprudent. *We think it u. for you to travel*, nous croyons devoir vous déconseiller de voyager. (*b*) *Alcohol is u. for heart patients*, l'alcool est à déconseiller, n'est pas recommandé, aux cardiaques.

unadvisableness [ʌnə'vaizəblnəs], *s.* **1.** (*Of pers.*) Opiniâtreté *f*. **2.** Imprudence *f*, inopportunité *f* (d'une action).

unadvised [ʌnəd'vaːizd], *a.* **1.** (*a*) (*Of action*) Imprudent, téméraire, irréfléchi. (*b*) (*Of pers.*) Malavisé, imprudent. **2.** Sans prendre conseil. *To attempt sth. u.*, tenter de faire qch. sans avoir pris conseil.

unadvisedly [ʌnəd'vaizidli], *adv.* Imprudemment; sans réflexion; inconsidérément, précipitamment; à l'étourdie.

unadvisedness [ʌnəd'vaizidnəs], *s.* = UNADVISABLENESS 2.

unaffable [ʌn'afəbl], *a.* Peu affable; bourru; rêche.

unaffected [ʌnə'fektid], *a.* **1.** Sans affectation. (*a*) Véritable, sincère. *U. joy*, joie *f* qui n'a rien de simulé. (*b*) (*Of pers.*) Sans pose; franc, *f.* franche; naïf, *f.* naïve; naturel. *U. modesty*, modestie *f* simple. *U. style, discourse*, style *m*, discours *m*, sans recherche, sans apprêt. **2.** (*Of pers.*) Impassible, insensible. **3.** *Med:* (Organe) qui n'est pas atteint; indemne. **4.** *Stone u. by the weather*, pierre *f* qui résiste aux intempéries. **Unaffected by air or water**, inaltérable à l'air ou à l'eau. *Metal u. by acids*, métal *m* inattaquable par les acides, aux acides. *Watch u. by changes of temperature*, montre qui n'est pas affectée par les changements de température. *Organism u. by poison*, organisme *m* réfractaire au poison. *Patient u. by a treatment*, malade sur lequel un traitement ne donne aucun résultat. **-ly**, *adv.* Sans affectation. (*a*) Sincèrement, vraiment, franchement. (*b*) Simplement, naturellement. *To speak, write, u.*, parler, écrire, sans apprêt.

unaffectedness [ʌnə'fektidnəs], *s.* Absence *f* de toute affectation. (*a*) Sincérité *f*, franchise *f*. (*b*) Simplicité *f*, naturel *m*.

unaffiliated [ʌnə'filieitid], *a.* Non affilié (*to*, à).

unafraid [ʌnə'freid], *a.* Sans crainte, sans peur (*of sth.*, de qch.).

unaggressive [ʌnə'gresiv], *a.* Qui n'a rien d'agressif; pacifique.

unaided [ʌn'eidid], *a.* (*a*) Sans aide. *He did it u.*, il l'a fait tout seul, à lui seul, sans assistance. *U. by a doctor*, sans recevoir l'aide, le secours, d'un médecin. *To see sth.* **with the unaided eye**, voir qch. à l'œil nu. (*b*) (*Of the poor, etc.*) Inassisté.

unalarmed [ʌnə'lɑːrmd], *a.* Sans alarme; sans inquiétude. *To be u. about sth.*, n'éprouver aucune crainte au sujet de qch.

unalienable [ʌn'eiljənəbl], *a.* = INALIENABLE.

unalienated [ʌn'eiljəneitid], *a.* Inaliéné.

unallayed [ʌnə'leid], *a.* **1.** (*Of grief, etc.*) Inapaisé; sans soulagement. **2.** *A:* (*Of joy, etc.*) Sans mélange. *U. with, by* . . ., sans adjonction de. . . .

unalleviated [ʌnə'liːvieitid], *a.* Sans soulagement. *U. despair*, désespoir *m* que rien ne vient adoucir. *Gloom u. by a single ray of hope*, tristesse *f* sans un rayon d'espoir.

unallocated [ʌn'alokeitid], *a.* (*Of room, etc.*) Inaffecté.

unallotted [ʌnə'lɔtid], *a.* **1.** (Temps *m*, etc.) disponible. **2.** *Fin:* **Unallotted shares**, actions non réparties.

unallowable [ʌnə'lauəbl], *a.* (Prétention *f*, etc.) inadmissible.

unallowed [ʌnə'laud], *a.* Illicite; non permis.

unalloyed [ʌnə'lɔid], *a.* (Métal) pur, sans alliage. *U. happiness*, bonheur pur, parfait, sans mélange, sans nuages. *Science u. with, by, pedantry*, science exempte de toute pédanterie.

unalterable [ʌn'ɔltərəbl], *a.* Immuable, invariable. **-ably**, *adv.* Immuablement, invariablement.

unalterableness [ʌn'ɔltərəblnəs], *s.* Immutabilité *f*, invariabilité *f*. *Astr:* Inaltérabilité *f* (des mouvements planétaires).

unaltered [ʌn'ɔltərd], *a.* Toujours le même; sans changement; tel quel.

unamazed [ʌnə'meːizd], *a.* Aucunement étonné (*by*, de).

unambiguous [ʌnam'bigjuəs], *a.* Non équivoque; qui ne prête à aucune équivoque. *U. answer*, réponse *f* sans ambiguïté; réponse claire. *U. terms*, termes précis, clairs. **-ly**, *adv.* Clairement; sans ambiguïté; (s'exprimer) avec précision, sans ambages. *To speak u. (to s.o.)*, *F:* mettre les points sur les i (à qn).

unambitious [ʌnam'biʃəs], *a.* **1.** (*Of pers.*) Sans ambition; peu ambitieux. **2.** (Projet *m*, etc.) modeste, sans prétention. **-ly**, *adv.* Sans ambition; modestement.

unamenable [ʌnə'miːnəbl], *a.* **1.** **Unamenable to discipline**, réfractaire, rebelle, à la discipline; indocile. *U. to reason*, **qui ne** veut pas entendre raison. **2.** *Jur:* Irresponsable (*to*, envers).

unamendable [ʌnə'mendəbl], *a.* Incorrigible; incapable d'amendement.

unamended [ʌnə'mendid], *a.* Sans modification; tel quel. *Parl:* **To pass a bill unamended**, adopter un projet de loi sans amendement.

un-American [ʌnə'merikən], *a.* Peu américain; contraire aux usages, aux principes, des Américains.

unamiability [ʌneimjə'biliti], **unamiableness** [ʌn'eimjəblnəs], *s.* Inamabilité *f*; manque *m* d'amabilité.

unamiable [ʌn'eimjəbl], *a.* Peu aimable, peu affable. *U. disposition*, caractère désagréable, rébarbatif, bourru. **-ably**, *adv.* D'une manière peu aimable; (répondre, etc.) d'un ton bourru.

unamusing [ʌnə'mjuːziŋ], *a.* Peu amusant.

unanchor [ʌn'aŋkər], *v.tr.* Lever l'ancre (d'un canot, etc.). *Abs.* **To unanchor**, lever l'ancre.

unanchored [ʌn'aŋkərd], *a.* **1.** Qui n'est pas à l'ancre. **2.** *Const: etc:* Sans tiges d'ancrage.

unaneled [ʌnə'niːld], *a.* *Ecc: A:* (Mourir) sans avoir reçu l'extrême onction, sans viatique.

unanimated [ʌn'animeitid], *a.* **1.** (*a*) Sans vie. (*b*) Sans animation. **2.** *U. by any ambition*, dépourvu d'ambition. *I was u. by any selfish motive*, aucun mobile égoïste ne m'animait; je n'étais poussé par aucun mobile égoïste.

unanimist [ju'nanimist]. *Fr. Lit. Hist:* **1.** *a.* (École *f*, poète *m*) unanimiste. **2.** *s.* Unanimiste *mf*.

unanimity [junə'nimiti], *s.* Unanimité *f*, accord *m*. **With unanimity**, d'un commun accord; unanimement.

unanimous [ju'nanimәs], *a.* Unanime. *U. concert of praise*, concert *m* unanime d'éloges. *They are u. in accusing you* ils sont unanimes à vous accuser. *We expressed the u. opinion that* . . ., nous avons été unanimes à, pour, reconnaître que. . . . **-ly**, *adv.* À l'unanimité; unanimement. *U. elected*, élu à l'unanimité.

unannealed [ʌnə'niːld], *a.* *Metall:* Non recuit.

unannounced [ʌnə'naunst], *a.* Sans être annoncé. *He marched in u.*, il entra sans se faire annoncer.

unanswerable [ʌn'ɑːnsərəbl], *a.* Qui n'admet pas de réponse; (argument *m*) incontestable, irréfragable, péremptoire, sans réponse, sans réplique, qui ne souffre aucune réplique. **-ably**, *adv.* Irréfutablement.

unanswerableness [ʌn'ɑːnsərəblnəs], *s.* Caractère *m* irréfutable (d'un argument, etc.).

unanswered [ʌn'ɑːnsərd], *a.* **1.** Sans réponse. *Our letter has remained u.*, notre lettre est restée sans réponse; nous restons sans réponse à notre lettre. *U. prayer*, prière inexaucée. **2.** Irréfuté. **3.** *U. love*, amour qui n'est pas payé de retour.

unanticipated [ʌnan'tisipeitid], *a.* Imprévu, inattendu.

unappalled [ʌnə'pɔːld], *a.* Peu effrayé, peu ému (*by*, par, de). **To remain unappalled**, ne pas s'émouvoir; rester impassible.

unapparelled [ʌnə'parəld], *a.* **1.** Sans parure. **2.** Sans vêtements.

unapparent [ʌnə'parənt], *a.* Inapparent.

unappealable [ʌnə'piːləbl], *a.* *Jur:* (Décision, jugement) sans appel.

unappeasable [ʌnə'piːzəbl], *a.* **1.** (Faim *f*) inapaisable; (appétit *m*, désir *m*) insatiable, inassouvissable; (haine *f*) implacable. **2.** (Tumulte, etc.) que rien ne peut calmer.

unappeased [ʌnə'piːzd], *a.* Inapaisé; (*of hunger, passion*) inassouvi.

unappetizing [ʌn'apetaiziŋ], *a.* Peu appétissant.

unapplied [ʌnə'plaid], *a.* **1.** (*a*) (*Of law, etc.*) Inappliqué; non appliqué. (*b*) *U. power*, forces inutilisées; énergie ou source d'énergie inutilisée. **2.** **Post still unapplied for**, poste *m* qui reste sans candidatures.

unappreciated [ʌnə'priːʃieitid], *a.* Inapprécié; peu estimé; dont on ne fait pas grand cas. *U. poet*, poète incompris, méconnu.

unappreciative [ʌnə'priːʃjətiv], *a.* (Public *m*) insensible; (compte rendu, etc.) peu appréciateur, peu favorable.

unapprehended [ʌnapri'hendid], *a.* **1.** Non compris. **2.** *The thieves are still u.*, les voleurs n'ont pas encore été arrêtés, sont toujours en liberté.

unapprehensive [ʌnapri'hensiv], *a.* **1.** Inintelligent; qui manque d'appréhension; (esprit) lourd, obtus. **2.** Sans appréhension

(*of*, de). **To be unapprehensive of danger,** ne pas appréhender, ne pas redouter, le danger; être insouciant, sans crainte, du danger.
unapprised [ʌnə'praɪzd], *a.* Non prévenu, non informé, ignorant (*of*, de).
unapproachable [ʌnə'proutʃəbl], *a.* **1.** (Cime *f*, etc.) inaccessible; (côte *f*) inabordable; (*of pers.*) inabordable, inaccostable; distant ou farouche. **An unapproachable sort of person,** une personne à l'abord rebutant; *F:* un fagot d'épines. **2.** Incomparable, suréminent; sans pareil.
unapproachableness [ʌnə'proutʃəblnəs], *s.* Inaccessibilité *f.*
unapproached [ʌnə'proutʃt], *a.* **1.** (*Of island, etc.*) Inabordé. **2.** Sans égal, sans pareil.
unappropriated [ʌnə'prouprieitid], *a.* **1.** (Argent, etc.) inutilisé, disponible, sans destination spéciale. *U. funds,* fonds *m* sans application déterminée. *F:* **Unappropriated blessing,** (i) fille *f* à marier; (ii) vieille fille. **2.** (Siège, etc.) libre, non réservé, non retenu.
unapproved [ʌnə'pruːvd], *a.* **Unapproved (of),** inapprouvé.
unapproving [ʌnə'pruːviŋ], *a.* Désapprobateur, -trice.
unapt [ʌn'apt], *a.* **1.** Qui ne convient pas; (mot *m*) peu juste; (expression *f*) impropre; (remarque *f*) hors de propos; (remède) mal approprié. **2.** Inapte. *U. for business,* inapte aux affaires. **3.** Peu disposé, peu enclin (*to do sth.*, à faire qch.). **-ly,** *adv.* Improprement. **Not unaptly called . . .,** appelé avec assez d'à-propos. . . .
unaptness [ʌn'aptnəs], *s.* **1.** Impropriété *f* (d'un mot); manque *m* d'à-propos (d'une observation). **2.** Inaptitude *f* (*for*, à).
unarm [ʌn'ɑːrm], *v.tr.* = DISARM 1.
unarmed [ʌn'ɑːrmd], *a.* (*a*) (*Of pers.*) Sans armes. (*b*) *Nat.Hist:* (Animal) sans défenses; (fleur *f*, ténia *m*) inerme.
unarmoured [ʌn'ɑːrmərd], *a.* **1.** (*a*) (*Of pers.*) Sans armure. (*b*) (Navire) non blindé, non cuirassé. **2.** (Câble) sans armature.
unarrangeable [ʌnə'reindʒəbl], *a.* Inarrangeable.
unarrested [ʌnə'restid], *a.* **1.** (Progrès, etc.) que rien n'arrête; continu. **2.** (Malfaiteur, etc.) encore en liberté.
unartificial [ʌnɑːrti'fiʃ(ə)l], *a.* Naturel; sans artifice.
unartistic [ʌnɑːr'tistik], *a.* = INARTISTIC.
unascertainable [ʌnasər'teinəbl], *a.* Non vérifiable; indéterminable.
unascertained [ʌnasər'teind], *a.* Non vérifié; encore inconnu. *U. facts,* faits mal connus, non constatés.
unashamed [ʌnə'ʃeimd], *a.* Sans honte; éhonté; sans pudeur; sans vergogne; cynique. **To be unashamed of doing sth., to do sth.,** ne pas avoir honte de faire qch.
unasked [ʌn'ɑːskt], *a.* **1.** (*a*) **To do sth. unasked,** faire qch. spontanément. *She sang u.,* elle chanta sans qu'on le lui demandât, sans qu'on l'y invitât. (*b*) **Unasked (for),** spontané. **2. Unasked guests,** convives, etc., non invités; *F:* resquilleurs *m.*
unaspirated [ʌn'aspireitid], *a. Ling:* (Lettre) non aspirée.
unaspiring [ʌnə'spaiəriŋ], *a.* (*Of pers.*) Sans ambition.
unassailable [ʌnə'seiləbl], *a.* (Forteresse *f*, droit *m*) inattaquable; (conclusion *f*) indiscutable, irréfutable. *His reputation is u.,* sa réputation est hors d'atteinte. *U. virtue,* vertu *f* intangible.
unassailed [ʌnə'seild], *a.* Non attaqué; sans être attaqué.
unasserted [ʌnə'səːrtid], *a.* Non affirmé.
unassertive [ʌnə'səːrtiv], *a* Modeste, timide; qui ne sait pas se faire valoir; qui ne sait pas imposer sa volonté.
unassessed [ʌnə'sest], *a.* (*Of property, etc.*) **1.** Non évalué. **2.** Non imposé.
unassignable [ʌnə'sainəbl], *a.* **1.** Inassignable. **2.** *Jur:* (Bien *m*, droit *m*) inaliénable, incessible, intransférable.
unassigned [ʌnə'saind], *a.* **1.** (Cause *f*, etc.) inassignable. **2. Unassigned revenue,** recettes non affectées en garantie; recettes non gagées.
unassimilated [ʌnə'simileitid], *a.* (Aliment) inassimilé. *U. knowledge,* connaissances mal assimilées.
unassisted [ʌnə'sistid], *a.* = UNAIDED.
unassuaged [ʌnə'sweidʒd], *a.* (Souffrance, etc.) que rien ne vient calmer, ne vient adoucir; sans soulagement; inapaisé; (appétit) inassouvi.
unassuming [ʌnə'sjumiŋ], *a.* Sans prétention(s); simple, modeste.
unassured [ʌnə'ʃuərd], *a.* **1.** (Succès, etc.) inassuré, douteux. **2.** (Pas, air, etc.) mal assuré. **3.** *Ins:* Non assuré.
unatonable [ʌnə'tounəbl], *a.* Inexpiable.
unatoned [ʌnə'tound], *a.* **Unatoned (for),** inexpié.
unattached [ʌnə'tatʃt], *a.* **1.** Qui n'est pas attaché (*to*, à); indépendant (*to*, de). **2.** (Journaliste *m*, etc.) libre; (étudiant) qui ne dépend d'aucun collège; (prêtre) sans fonctions régulières. *Mil:* (Homme) isolé; (officier) (i) à la suite, (ii) disponible, en disponibilité. *F:* **Unattached young lady,** jeune fille libre de tout engagement.
unattackable [ʌnə'takəbl], *a.* Inattaquable.
unattainable [ʌnə'teinəbl], *a.* Inaccessible (*by*, à); hors de la portée (*by*, de).
unattempted [ʌnə'temptid], *a.* Qu'on n'a pas encore essayé. *Hitherto u. feat,* exploit que personne n'a tenté jusqu'ici, n'avait tenté jusqu'alors.
unattended [ʌnə'tendid], *a.* **1.** (*a*) (*Of pers.*) Seul; sans escorte. (*b*) *To leave a horse u.,* laisser un cheval sans surveillance; abandonner la garde d'un cheval. (*c*) **Action unattended by, with, serious consequences,** acte qui n'a pas été suivi de conséquences graves. **Sport not unattended by danger,** sport non dépourvu de danger. **2. Unattended to,** négligé. *To leave sth. u. to,* négliger qch. *To remain u. to,* rester sans soins.
unattested [ʌnə'testid], *a.* (Fait) inattesté, non attesté, non certifié. *Jur:* (Certificat, etc.) non légalisé.
unattired [ʌnə'taiərd], *a.* **1.** Sans parure. **2.** Sans vêtements.
unattractive [ʌnə'traktiv], *a.* (Projet, visage, etc.) peu attrayant, sans attrait, dépourvu d'attrait, peu séduisant; (caractère, personne) peu sympathique.
unaugmented [ʌnɔːg'mentid], *a.* **1.** Sans augmentation. **2.** *Gr. Gram:* (Verbe) sans augment.
unauthentic [ʌnɔ'θentik], *a.* Inauthentique, apocryphe.
unauthenticated [ʌnɔ'θentikeitid], *a.* **1.** (*a*) Dont l'authenticité n'est pas établie. (*b*) *Jur:* (*Of document*) Non légalisé. **2.** Dont on ne connaît pas l'auteur.
unauthorized [ʌn'ɔːθəraːizd], *a.* **1.** (*a*) Inautorisé; sans autorisation; (commerce *m*, etc.) illicite. (*b*) (Fonctionnaire) sans mandat. **2. Unauthorized requisitioning** (*on inhabitants*), réquisition abusive, injustifiée.
unavailability [ʌnaveilə'biliti], **unavailableness** [ʌnə'veiləblnəs], *s.* **1.** Indisponibilité *f*; illiquidité *f* (du capital). **2.** Invalidité *f* (d'un billet). **3.** Inutilité *f*, inefficacité *f*.
unavailable [ʌnə'veiləbl], *a.* **1.** (*a*) Indisponible; non disponible; (capital *m*) illiquide. (*b*) (*Of pers.*) Pas libre; non disponible. **2. Ticket unavailable for express trains,** billet *m* inutilisable par, non valable pour, les trains rapides. **3.** Qu'on ne peut se procurer. **4.** *U.S:* **Your manuscript is unavailable,** votre manuscrit *m* est inutilisable, ne convient pas à notre maison. **5.** = UNAVAILING.
unavailing [ʌnə'veiliŋ], *a.* Inutile; (*of tears, etc.*) vain, inefficace; (*of efforts, etc.*) infructueux. **-ly,** *adv.* Inutilement; en vain.
unavenged [ʌnə'venʒd], *a.* Invengé; sans être vengé.
unavoidable [ʌnə'vɔidəbl], *a.* (*a*) (Conséquence *f*, conclusion *f*) inévitable; (sort) inéluctable, auquel on ne peut échapper. (*b*) (Événement, etc.) qu'on ne peut prévenir. **My absence was unavoidable,** mon absence a été due à un cas de force majeure. **-ably,** *adv.* **1.** Inévitablement; inéluctablement. **2. Unavoidably absent,** absent pour raison majeure; "empêché".
unavoidableness [ʌnə'vɔidəblnəs], *s.* Inévitabilité *f.*
unavowable [ʌnə'vauəbl], *a.* Inavouable.
unavowed [ʌnə'vaud], *a.* Inavoué.
unaware [ʌnə'wɛər], *a.* **1.** Ignorant, non informé (*of sth.*, de qch.). **To be unaware of sth.,** ignorer, ne pas se douter de, qch. *I was u. that . . .,* j'ignorais que + *ind. or sub.* **I am not unaware that . . .,** je n'ignore pas que + *ind.*; je ne suis pas sans savoir que + *ind.* *I was quite u. of his having written to you,* c'est à mon insu qu'il vous a écrit. **2.** *She was* **gentle and unaware,** elle était douce et candide.
unawareness [ʌnə'wɛərnəs], *s.* Ignorance *f* (*of*, de).
unawares [ʌnə'wɛərz], *adv.* **1.** Inconsciemment; par inadvertance, par mégarde; à son insu. **All unawares,** *I had played into his hand,* j'avais, sans m'en rendre compte, sans m'en douter, fait son jeu. **2. To take s.o. unawares,** prendre qn à l'improviste, au dépourvu, au pied levé; *A:* prendre qn sans vert.
unawed [ʌn'ɔːd], *a.* Aucunement intimidé (*by*, par).
unbacked [ʌn'bakt, 'ʌn-], *a.* **1.** (*a*) (Candidat, etc.) non soutenu, mal soutenu, sans appui. (*b*) *Turf:* (Cheval) sur lequel on ne parie pas, sur lequel on n'a pas parié. **2.** (Cheval) non dressé (à la selle). **3.** (*a*) (Mur, etc.) non renforcé. (*b*) *Phot:* **'Unbacked plate,** plaque *f* sans enduit antihalo.
unbag [ʌn'bag], *v.tr.* (**unbagged; unbagging**) *Ven:* Lâcher un renard).
unbaked [ʌn'beikt], *a.* (*Of brick, etc.*) Cru.
unbalance¹ [ʌn'baləns], *s.* *Mec.E:* Défaut *m* d'équilibrage; balourd *m.*
unbalance², *v.tr.* **1.** Déséquilibrer (un volant, etc.). **2.** Déranger, bouleverser, déséquilibrer (l'esprit de qn).
unbalancing, *s.* Déséquilibrage *m.*
unbalanced [ʌn'balənst], *a.* **1.** (*a*) *Ph:* En équilibre instable. *Mec.E:* (Volant, etc.) mal équilibré, qui a du balourd. (*b*) (Esprit) déséquilibré, mal équilibré, dérangé, *F:* désaxé. **2.** (*a*) **Unbalanced forces,** forces non équilibrées. *El.E:* **Unbalanced phases,** phases inéquilibrées. (*b*) *Mec.E:* (*Of crank-shaft*) Non compensé. **3.** *Book-k:* (*Of account*) Non soldé.
unballast [ʌn'baləst], *v.tr.* Délester (un navire).
unballasted [ʌn'baləstid], *a.* **1.** (*a*) *Nau:* Délesté. (*b*) *F:* (Esprit) léger, mal équilibré; (personne) qui n'a pas beaucoup de plomb dans la tête. **2.** *Rail:* (*Of track*) Non ballasté.
unbandage [ʌn'bandedʒ], *v.tr.* Débander (une plaie); retirer, enlever, l'appareil (de sur une plaie); retirer le bandage (qu'on a sur la jambe, etc.).
unbank [ʌn'baŋk], *v.tr.* *Ind:* *Mch:* Découvrir (le feu, les feux).
unbankable [ʌn'baŋkəbl], *a.* *Com:* (Effet) non bancable, hors de banque, déclassé.
unbaptized [ʌnbap'taːizd], *a.* Non baptisé. **To die unbaptized,** mourir sans baptême.
unbar [ʌn'bɑːr], *v.tr.* (**unbarred; unbarring**) Débâcler, débarrer (une porte). *Nau:* Dessaisir (un sabord). *F:* **To unbar the way,** ouvrir le chemin, la route.
unbarked [ʌn'bɑːrkt], *a.* (*a*) (Canne) avec son écorce, dont on a conservé l'écorce. (*b*) (Bois) non écorcé, en grume.
unbarred [ʌn'bɑːrd, 'ʌn-], *a.* **1.** (*Of door*) Débarré. **2.** (*a*) *Nau:* (*Of harbour*) Sans barre. (*b*) (*Of level crossing*) Sans barrière; ouvert. **3.** *Mus:* Qui n'est pas divisé en mesures.
unbarricade [ʌn'barikeid], *v.tr.* Débarricader.
unbaste [ʌn'beist], *v.tr.* *Needlew:* Débâtir.
unbear [ʌn'bɛər], *v.tr.* Affranchir (un cheval) de la fausse rêne.
unbearable [ʌn'bɛərəbl], *a.* Insupportable, intolérable. **Unbearable agony,** douleur *f* atroce. *In this heat, the office is u.,* par cette chaleur le bureau n'est pas tenable. **-ably,** *adv.* Insupportablement, intolérablement. *It is u. hot,* il fait une chaleur étouffante.
unbearded [ʌn'biːərdid], *a.* Imberbe.
unbeatable [ʌn'biːtəbl], *a.* Imbattable, invincible.
unbeaten [ʌn'biːtn], *a.* **1.** (*a*) Non battu, non broyé. (*b*) **Unbeaten path,** sentier non battu, non frayé, infréquenté. **The unbeaten paths of science,** les domaines inexplorés de la science. **2.** Invaincu.

Unbeaten champion, record, champion, record, qui n'a pas encore été battu; record encore debout.

unbeautiful [ʌn'bju:tiful], *a.* Sans beauté; dépourvu de beauté; laid.

unbecoming [ʌnbi'kʌmiŋ], *a.* **1.** Peu convenable; malséant, messéant (*to*, à); déplacé, incongru. *A touch of irony which is* **not unbecoming,** une pointe d'ironie qui ne messied pas. **Unbecoming of s.o.,** déplacé chez qn. *Words u. (of) a young lady,* propos déplacés dans la bouche d'une jeune fille. *It is u. of him to act in this manner,* il lui sied mal d'agir de la sorte. **2.** (*Of garment*) Peu seyant. **-ly,** *adv.* **1.** D'une manière peu séante. **2.** *She is u. dressed,* elle s'habille d'une façon malheureuse, d'une façon qui ne l'avantage pas.

unbecomingness [ʌnbi'kʌmiŋnəs], *s.* **1.** Manque *m* de bienséance; incongruité *f* (de conduite, etc.). **2.** Effet malheureux (d'une robe, etc.).

unbed [ʌn'bed], *v.tr.* **(unbedded; unbedding)** Extraire (une pierre) de son lit.

unbefitting [ʌnbi'fitiŋ], *a.* Peu séant; déplacé, malséant. **Unbefitting your position,** qui ne convient pas à votre situation; qui se concilie mal avec, qui sied mal à, votre situation.

unbefriended [ʌnbi'frendid], *a.* Sans amis; délaissé.

unbegotten [ʌnbi'gɔt(ə)n], *a.* *Theol:* Non engendré.

unbeknown [ʌnbi'noun]. **1.** *a. Lit:* Inconnu (*to*, de). **2.** *adv.* **To do sth. unbeknown to anyone,** faire qch. à l'insu de tous.

unbeknownst [ʌnbi'nounst], *adv. A. & P:* = UNBEKNOWN 2.

unbelief [ʌnbi'li:f], *s.* Incrédulité *f*; *Theol:* incroyance *f*, mécréance *f*.

unbelievable [ʌnbi'li:vəbl], *a.* Incroyable; hors de créance. **It is unbelievable that . . .,** il est incroyable, hors de créance, que + *sub*.

unbeliever [ʌnbi'li:vər], *s.* Incrédule *mf*; *Theol:* incroyant, -ante; mécréant, -ante; infidèle *mf*; *F:* parpaillot, -ote.

unbelieving [ʌnbi'li:viŋ], *a.* Incrédule; *Theol:* incroyant, infidèle.

unbeloved [ʌnbi'lʌvd], *a.* Peu aimé. *He lived and died u.,* il vécut et mourut sans avoir été aimé.

unbelt [ʌn'belt], *v.tr.* Déboucler (son épée).

unbelted [ʌn'beltid], *a.* Sans ceinture.

unbend [ʌn'bend], *v.* (*p.t.* **unbent** [ʌn'bent]; *p.p.* **unbent)** I. *v.tr.* **1.** Détendre, débander (un arc); *F:* détendre, relâcher, débander (son esprit). **To unbend one's brow,** se dérider. *A smile unbent his brow,* un sourire vint dérider son front. **2.** Rendre (qch.) droit; redresser (sa taille, une tige d'acier); détordre, dérouler (un ressort); déplier (la jambe). **3.** *Nau:* Démarrer, défrapper (un câble); désenverguer, déverguer (une voile); détalinguer (la chaîne de l'ancre).

II. **unbend,** *v.i.* **1.** (*a*) S'abandonner un petit peu; se laisser aller un peu; se détendre; assouplir ses manières. **He never unbends,** son caractère ne se déraidit jamais. (*b*) (*Of brow*) Se dérider; (*of features*) se détendre. **2.** Devenir droit; se redresser; (*of spring*) se détordre, se dérouler; (*of limb*) se déplier.

unbending[1], *a.* Inflexible, ferme. **Unbending character,** caractère *m* inflexible, rigide, raide, peu souple. **To maintain an unbending attitude,** (i) se tenir raide; (ii) conserver une attitude intransigeante, inflexible.

unbending[2], *s.* **1.** Détente *f* (d'un ressort, etc.); redressement *m*. **2.** Affabilité *f*.

unbendable [ʌn'bendəbl], *a.* Infléchissable.

unbeneficed [ʌn'benefist], *a.* (Prêtre) non pourvu d'un bénéfice; (prêtre) habitué.

unbeneficial [ʌnbene'fiʃ(ə)l], *a.* Peu avantageux. **Unbeneficial to health,** peu salutaire. *He found the treatment to be u.,* il trouva le traitement inefficace, sans effet.

unbenefited [ʌn'benefitid], *a.* **Unbenefited by sth.,** qui n'a pas profité de qch.; qui n'a tiré aucun avantage de qch.

unbent [ʌn'bent]. *See* UNBEND.

unbeseeming [ʌnbi'si:miŋ], *a.* Malséant, peu convenable; déplacé. **Conduct unbeseeming such an occasion,** conduite fort déplacée dans une telle occasion. **Action unbeseeming a priest,** action qui sied mal à un prêtre.

unbesought [ʌnbi'sɔ:t], *a. Lit:* *To do sth. u.,* faire qch. sans se faire prier; agir spontanément.

unbias [ʌn'baiəs], *v.tr.* (*p.t.* & *p.p.* **unbias(s)ed)** Affranchir (qn) d'un préjugé, de ses préjugés.

unbias(s)ed [ʌn'baiəst], *a.* **1.** (Boule) qui n'a pas de fort. **2.** Impartial, -aux; affranchi d'idées préconçues, de préjugés; sans parti pris; non prévenu (envers ou contre qn); (conseil) désintéressé. **Unbiassed praise,** critique *f* sans parti pris de louange. **Unbiassed observer,** observateur *m* sans prévention.

unbiblical [ʌn'biblik(ə)l], *a.* Non biblique.

unbiddable [ʌn'bidəbl], *a.* (Enfant, etc.) mutin, indocile.

unbidden [ʌn'bid(ə)n], *a.* **1.** Non invité; (hôte) intrus, inconvié. **To attend a festivity unbidden,** se présenter sans avoir été invité; *F:* resquiller. **2.** Spontané. **To do sth. unbidden,** faire qch. spontanément.

unbigoted [ʌn'bigotid], *a.* (Esprit, etc.) libre de préjugés, exempt de fanatisme.

unbind [ʌn'baind], *v.tr.* (*p.t.* **unbound** [ʌn'baund]; *p.p.* **unbound)** (*a*) Délier (un prisonnier, les mains). *Theol:* **To bind and unbind,** lier et délier. (*b*) Débander (une plaie); enlever l'appareil, le pansement (d'une plaie). (*c*) Dénouer, détacher, dérouler, laisser tomber (ses cheveux). (*d*) *Lit:* Délier, défaire (un cordon, etc.); déboucler (sa ceinture, etc.).

unbitt [ʌn'bit], *v.tr. Nau:* Débitter.

unblam(e)able [ʌn'bleiməbl], *a.* A l'abri de tout reproche; irréprochable.

unbleached [ʌn'bli:tʃt], *a.* Non blanchi; écru. **Unbleached linen,** toile bise, écrue. **Unbleached calico,** toile jaune.

unblemished [ʌn'blemiʃt], *a.* Sans défaut; sans tache, sans souillure; immaculé; (honneur) intact. **Unblemished career,** carrière *f* sans tache.

unblended [ʌn'blendid], *a.* (Vin, etc.) non mélangé. **Unblended with . . .,** exempt de. . . .

unblessed, unblest [ʌn'blest], *a.* **1.** Qui n'est pas, qui n'a pas été, béni; imbéni, non consacré. **His bones lie unblessed in a foreign land,** ses restes *m* reposent sans bénédiction dans un pays étranger. **2.** Malheureux, misérable, infortuné. **3.** *F:* **Enterprise unblessed with success,** entreprise non couronnée de succès.

unblighted [ʌn'blaitid], *a.* **1.** (*Of corn*) Non rouillé; non broui (par le soleil); non flétri (par la pluie). **2.** **Unblighted happiness,** bonheur *m* sans mélange. **Unblighted prospects,** avenir intact; belle carrière (devant soi).

unblindfold [ʌn'blaindfould], *v.tr.* **1.** Débander les yeux à (qn). **2.** *F:* Dessiller les yeux à (qn).

unblock [ʌn'blɔk], *v.tr.* **1.** (*a*) Dégager, désencombrer (un passage). (*b*) *Cards:* **To unblock a suit,** affranchir une couleur. **2.** Décaler (une roue); enlever la cale (d'une roue).

unblooded [ʌn'blʌdid], *a.* (Cheval) qui n'est pas de race.

unblown [ʌn'bloun], *a.* (*Of flower*) Non encore épanoui; inépanoui; en bouton.

unblushing [ʌn'blʌʃiŋ], *a.* **1.** Qui ne rougit pas. **With an unblushing face,** sans rougir. **2.** Sans vergogne; éhonté, cynique. **-ly,** *adv.* **1.** Sans rougir. **2.** Sans vergogne, sans honte; (mentir) impudemment, cyniquement.

unboiled [ʌn'bɔild], *a.* (*a*) *Cu:* Non cuit; cru. (*b*) *Tex: Paperm:* (*Of silk, vegetable fibre, etc.*) Non décreusé.

unbolt [ʌn'boult], *v.tr.* **1.** Déverrouiller (une porte); tirer, ouvrir, le(s) verrou(s) (d'une porte). **2.** Déboulonner, dévisser (un rail, etc.).

unbolting, *s. Mec.E:* Déboulonnement *m*, déboulonnage *m*.

unbolted[1] [ʌn'boultid], *a.* **1.** (*a*) Déverrouillé. (*b*) Déboulonné. **2.** (*a*) Non verrouillé. (*b*) Non boulonné.

unbolted[2], *a. Mill:* (*Of flour*) Non bluté.

unbonnet [ʌn'bɔnet]. **1.** *v.i.* Se découvrir. **2.** *v.tr.* **Retirer le** chapeau de (qn).

unbonneted [ʌn'bɔnetid], *a.* Sans chapeau; tête nue.

unboot [ʌn'bu:t]. **1.** *v.tr.* Déchausser, débotter (qn). **2.** *v.i.* **Se déchausser, (se) débotter.**

unborn [ʌn'bɔ:rn, 'ʌn-], *a.* Qui n'est pas (encore) né. **Child unborn,** enfant *mf* à naître. **Generations yet unborn,** générations *f* à venir; générations futures.

unborrowed [ʌn'bɔroud], *a.* (*Of money*) Non emprunté; (*of argument, etc.*) original, -aux.

unbosom [ʌn'bu:zəm], *v.tr.* Découvrir, révéler (ses sentiments, etc.). **To unbosom one's sorrows to s.o.,** épancher ses chagrins dans le sein de qn. **To unbosom oneself,** épancher son cœur; s'épancher; se délester le cœur; dégonfler son cœur. **To unbosom oneself to s.o.,** ouvrir son cœur, son âme, à qn; s'épancher dans le sein de qn; se confier à qn. *To u. oneself of a secret,* délivrer son cœur du poids d'un secret.

unbought [ʌn'bɔ:t], *a.* **1.** (Marchandises) en magasin. **2.** Qui ne s'achète pas.

unbound [ʌn'baund]. I. *See* UNBIND.

II. **unbound,** *a.* **1.** (*a*) Délié. **To come unbound,** se délier. **Prometheus unbound,** Prométhée délivré. (*b*) (*Of hair*) Dénoué, flottant. **2.** (*a*) Libre (d'entraves); qui n'est pas lié (par un vœu, etc.). (*b*) (*Of book*) Non relié; broché. (*c*) (*Of hem, etc.*) Non bordé.

unbounded [ʌn'baundid], *a.* Sans bornes; illimité; (*of conceit, etc.*) démesuré. **Unbounded ambition,** ambition sans mesure, démesurée. **-ly,** *adv.* Sans limites; démesurément.

unbox [ʌn'bɔks], *v.tr.* Tirer, sortir, (qch.) de sa boîte; décaisser, déballer (des marchandises).

unbrace [ʌn'breis], *v.tr.* **1.** *A:* Déboucler (son armure, etc.). **2.** (*a*) Débander (un tambour). (*b*) Détendre (les nerfs); énerver, affaiblir (qn).

unbraced [ʌn'breist], *a.* **1.** *A:* (*Of pers.*) Débraillé; (*of dress*) mal assujetti, déboutonné, défait. **2.** *Const:* Sans lien, sans renforcement; (cadre *m*) sans entretoise; (charpente *f*) sans moise.

unbraid [ʌn'breid], *v.tr.* Détresser (un cordage, ses cheveux, etc.).

unbreakable [ʌn'breikəbl], *a.* Incassable, imbrisable.

unbreathable [ʌn'bri:ðəbl], *a.* Irrespirable.

unbred [ʌn'bred], *a.* **1.** Mal élevé. **2.** **Unbred in, to, any trade,** qui n'a été élevé en vue d'aucun métier; sans expérience d'aucun métier.

unbreech [ʌn'bri:tʃ], *v.tr.* **1.** Déculotter (qn). **2.** *Artil:* Déculasser (une pièce).

unbreeched [ʌn'bri:tʃt], *a.* **1.** (*a*) Déculotté. (*b*) *Artil:* Déculassé. **2.** Sans culotte. **Unbreeched boy,** petit garçon qui n'a pas encore porté sa première culotte, qui porte encore le jupon.

unbribable [ʌn'braibəbl], *a.* Incorruptible.

unbridle [ʌn'braidl], *v.tr.* (*a*) Débrider (un cheval); ôter la bride à (un cheval). (*b*) Lâcher la bride, donner libre cours, à (son indignation, etc.). **To unbridle one's tongue,** donner libre cours à ses sentiments, à sa colère.

unbridling, *s.* Débridement *m*.

unbridled [ʌn'braidld], *a.* **1.** (Cheval) (i) débridé, (ii) sans bride. **2.** (*Of passion, etc.*) Débridé, effréné; sans retenue. **The unbridled passions of the crowd,** les passions déchaînées de la multitude. **Unbridled licentiousness,** licence *f* sans frein.

unbroached [ʌn'broutʃt], *a.* **1.** (Tonneau) qui n'a pas été mis en perce; non entamé. **2.** (Problème, etc.) qui n'a pas été abordé; inabordé.

unbroken [ʌn'brouk(ə)n], *a.* **1.** (*a*) Non brisé, non cassé. **Unbroken coke,** coke non concassé. (*b*) Intact. *Mil: etc:* **Unbroken front,** front inentamé. **Unbroken spirit,** courage inentamé; fougue *f* que rien ne peut abattre. (*Cp.* 2 (*b*).) (*c*) (*Of rule, etc.*) Toujours observé, respecté; qu'on n'enfreint pas. **Peace remained unbroken**

for ten years, la paix ne fut pas troublée pendant dix ans. **Unbroken oath**, serment inviolé. *Sp:* **Record still unbroken**, record qui n'a pas été battu; record toujours imbattu. (*d*) (*Of silence, etc.*) Ininterrompu, continu; (*of ground*) non accidenté. *Landscape u. by a single habitation*, paysage *m* dont l'harmonie n'est rompue par aucune habitation. **Unbroken sheet of ice**, nappe de glace continue. **2.** (*a*) (Cheval) non rompu, non dressé. (*b*) **Unbroken spirit**, esprit insoumis, indompté. (*Cp.* 1 (*b*).) **3.** *Agr:* **Unbroken ground**, terre qui n'a pas encore été labourée; terre vierge.

unbrotherly [ʌn'brʌðərli], *a.* Peu fraternel; indigne d'un frère.

unbruised [ʌn'bruːzd], *a.* **1.** Sans meurtrissure; intact, indemne. **2.** Non broyé, non concassé.

unbuckle [ʌn'bʌkl], *v.tr.* Déboucler (un soulier, une ceinture).

unbuild [ʌn'bild], *v.* (*p.t.* **unbuilt** [ʌn'bilt]; *p.p.* **unbuilt**) **1.** *v.tr.* Démolir. **2.** *v.i. El:* Se désaimanter.

unbuilt [ʌn'bilt], *a.* Imbâti. (*a*) (Bâtiment) non encore construit. (*b*) **Plot of unbuilt (on) ground**, lot *m* de terrains vagues. *Part of the land remains u. upon*, une partie du terrain reste encore imbâtie.

unbung [ʌn'bʌŋ], *v.tr.* Débonder, débondonner (un tonneau).

unbuoyed [ʌn'bɔid], *a.* *Nau:* **Unbuoyed anchor**, ancre *f* borgne.

unburden [ʌn'bəːrd(ə)n], *v.tr.* **1.** (*a*) Décharger, débarrasser; alléger (qn) d'un fardeau. (*b*) **To unburden the mind**, soulager, alléger, l'esprit. **To unburden one's heart**, se dégonfler, se délester, le cœur. **To unburden oneself**, s'épancher; se délester le cœur. *To u. oneself to s.o.*, se confier à qn. *To u. oneself of a secret*, se soulager du poids d'un secret. **2. To unburden one's sorrows to s.o.**, épancher ses chagrins dans le sein de qn; raconter ses peines à qn. *To u. one's sins to s.o.*, se soulager du poids de ses péchés en les avouant à qn.

unburied [ʌn'berid], *a.* **1.** Déterré. **2.** Sans sépulture; non enseveli, non enterré.

unburnable [ʌn'bəːrnəbl], *a.* Imbrûlable.

unburned [ʌn'bəːrnd], **unburnt** [ʌn'bəːrnt], *a.* **1.** Non brûlé. **2.** (*Of brick*) Non cuit.

unburthen [ʌn'bəːrð(ə)n], *v.tr.* *A:* = UNBURDEN.

unbury [ʌn'beri], *v.tr.* (*p.t.* & *p.p.* **unburied**) Exhumer, déterrer (un mort, le passé, etc.).

unburying, *s.* Exhumation *f*, déterrement *m*.

unbusinesslike [ʌn'biznəslaik], *a.* **1.** (*Of shop-assistant, etc.*) Peu commerçant; qui n'a pas le sens des affaires. **2. Unbusinesslike proceeding**, procédé irrégulier, incorrect. *To conduct one's affairs in an u. way*, mal conduire ses affaires; manquer de méthode, de sens pratique. **Unbusinesslike system**, système *m* contraire à toutes les règles du commerce. *U. letter*, lettre peu commerçante.

unbutton [ʌn'bʌt(ə)n], *v.tr.* Défaire les boutons de (qch.); déboutonner. *To u. oneself, abs.* to unbutton, se déboutonner.

unbuttoned, *a.* Déboutonné, défait. (*Of pers.*) **All unbuttoned**, tout débraillé. (*Of garment*) **To come unbuttoned**, se déboutonner; se défaire.

unbuttoning, *s.* Déboutonnage *m*.

uncage [ʌn'keːidʒ], *v.tr.* Laisser échapper (un animal) de sa cage; mettre (un animal) en liberté; lâcher (un oiseau).

uncaged [ʌn'keːidʒd], *a.* **1.** Mis en liberté. **2.** Qui n'a jamais connu la cage.

uncalled [ʌn'kɔːld], *a.* **1.** (*a*) Qui n'est pas appelé. *To come u.*, venir sans être appelé; venir spontanément. (*b*) *Fin:* **Uncalled capital**, capitaux non appelés. **2. Uncalled for**, *U. for* (*of remark, etc.*) déplacé; (*of rebuke*) immérité, injustifié. *U. for insult*, insulte gratuite. *U. for measure*, mesure *f* inutile, que rien ne justifie.

uncancelled [ʌn'kansəld], *a.* Qui n'est pas (encore) annulé; (timbre) non oblitéré; (mot, chiffre) non effacé, non rayé.

uncandid [ʌn'kandid], *a.* Peu sincère; peu franc, *f.* franche.

uncanny [ʌn'kani], *a.* D'une étrangeté inquiétante; mystérieux, -euse. *U. sort of fear*, peur surnaturelle. **Uncanny noise**, bruit inquiétant, qui vous donne la chair de poule. *U. light*, lueur *f* sinistre. **-ily**, *adv.* D'une manière étrange, surnaturelle; mystérieusement.

uncanonical [ʌnka'nɔnik(ə)l], *a.* **1.** Non canonique; contraire au canon; (*of book*) apocryphe. **2.** (*a*) Indigne d'un membre du clergé. (*b*) (*Of dress*) Laïque, séculier.

uncap [ʌn'kap], *v.* (**uncapped**; **uncapping**) **1.** *v.tr.* (*a*) Découvrir (qn); enlever le chapeau de (qn); décoiffer (qn). (*b*) Découvrir (qch.). **To uncap a fuse**, décoiffer une fusée. *Ap:* **To uncap a honeycomb**, désoperculer un rayon de miel. **2.** *v.i.* Se découvrir; ôter son bonnet (*to s.o.*, à qn, devant qn).

uncapping, *s.* Décoiffement *m* (d'une fusée); désoperculation *f* (d'un rayon de miel).

uncapsizable [ʌnkap'saizəbl], *a.* Inchavirable, inversable.

uncared-for [ʌn'keərdfɔːr], *a.* Dont on se soucie peu; peu soigné. *U.-for child*, (i) enfant mal soigné, mal tenu; (ii) enfant délaissé. *U.-for appearance*, air négligé. *To leave a garden u.-for*, laisser un jardin à l'abandon.

uncarpeted [ʌn'kɑːrpetid], *a.* Sans tapis.

uncart [ʌn'kɑːrt], *v.tr.* Décharger (qch.) (d'une charrette).

uncase [ʌn'keis], *v.tr.* Retirer (qch.) de sa boîte, de son étui; décaisser (des marchandises); déboîter (un livre); désengainer (une momie, etc.).

uncasing, *s.* Décaissage *m*, décaissement *m*.

uncased [ʌn'keist], *a.* Sans étui, sans boîte.

uncastrated [ʌnkas'treitid], *a.* *Husb:* (Bœuf, etc.) non châtré; (cheval) entier.

uncatalogued [ʌn'katalɔgd], *a.* Qui n'est pas catalogué; non catalogué; qui ne figure pas au catalogue.

uncate ['ʌŋkeit], *a.* = UNCINATE.

uncaught [ʌn'kɔːt], *a.* Qui n'a pas été, n'est pas, attrapé; en liberté.

uncaulk [ʌn'kɔːk], *v.tr.* Désétouper (un navire).

unceasing [ʌn'siːsiŋ], *a.* (*a*) Incessant, continu, continuel. (*b*) (Travail) assidu; (effort) soutenu. **-ly**, *adv.* Sans cesse; sans trêve; sans arrêt.

uncelebrated [ʌn'selebreitid], *a.* Incélébré.

uncemented [ʌnsi'mentid], *a.* (*Of stones, etc.*) Non cimenté. *Wall of u. stones*, mur *m* en pierres meubles. *Opt: Phot:* **Uncemented lens**, objectif *m* à lentilles non collées.

uncensored [ʌn'sensərd], *a.* **1.** (Article, télégramme) qui n'a pas été soumis à la censure, au contrôle. **2.** (Passage) non expurgé (par la censure).

uncensured [ʌn'senʃərd], *a.* Qui n'est pas, n'a pas été, censuré; qui n'a été l'objet d'aucune critique; (*of pers.*) qui n'a été soumis à aucun blâme. **To pass uncensured**, ne soulever aucune critique; passer sans protestation.

unceremonious [ʌnsere'mounjəs], *a.* Peu cérémonieux; (*of pers.*) sans façon, sans gêne. **-ly**, *adv.* **1.** Sans cérémonie. *We dined u.*, on a dîné en famille. **2.** Sans façons; sans gêne; brusquement; *A:* à la hussarde.

unceremoniousness [ʌnsere'mounjəsnəs], *s.* **1.** Absence *f* de cérémonie. **2.** Manque *m* de façons; sans-gêne *m*.

uncertain [ʌn'səːrt(ə)n], *a.* Incertain. **1.** (*a*) (*Of time, amount*) Indéterminé. (*b*) (Résultat) douteux, aléatoire. *It is u. who will win*, on ne sait pas au juste qui gagnera. *St.Exch:* **To quote uncertain**, donner l'incertain. (*c*) **Uncertain light**, lumière douteuse, incertaine. **Uncertain outline**, contour mal défini, incertain. **2.** (*a*) Mal assuré. **Uncertain steps**, pas mal assurés; pas irrésolus, chancelants, vacillants. **Uncertain temper**, humeur inégale. **Uncertain health**, santé vacillante. **Uncertain future**, avenir incertain, douteux. *U. tenure of office of an official*, amovibilité *f* d'un fonctionnaire. (*b*) **Uncertain witness**, témoin vacillant. *His memory is u.*, sa mémoire vacille. *U. friends*, amis peu sûrs. *To be u. of, as regards, the future*, être incertain de l'avenir, inquiet au sujet de l'avenir. **To be uncertain what to do**, être incertain de, indécis sur, ce qu'il faut faire; hésiter sur le parti à prendre. **To be uncertain whether . . .**, ne pas savoir au juste si. . . . **-ly**, *adv.* D'une façon incertaine. (*a*) Au hasard. **To wander uncertainly**, errer sans but bien défini. (*b*) D'une manière mal assurée. (*c*) Vaguement.

uncertainty [ʌn'səːrtənti], *s.* Incertitude *f*. **1.** (*a*) *U. of the result, of the weather*, incertitude du résultat, du temps. **Uncertainty of fortune**, instabilité *f* de la fortune. **There is some uncertainty, uncertainty prevails, regarding . . .**, l'incertitude règne au sujet de. . . . **To remain in a state of uncertainty**, rester dans l'incertitude, dans le doute. **Uncertainty of tenure** (*of office*), amovibilité *f*. **To remove any uncertainty . . .**, pour dissiper toute équivoque. . . . (*b*) Caractère vague, mal défini (*of*, de). **2. To prefer a certainty to an uncertainty**, préférer le certain à l'incertain. *The uncertainties of a profession*, les incertitudes, les aléas *m*, d'une profession.

uncertificated [ʌnsəːr'tifikeitid], *a.* **1.** Sans diplôme, non diplômé. **2.** *Jur:* (Failli) qui n'a pas obtenu de concordat.

uncertified [ʌn'səːrtifaid], *a.* Incertifié.

unchain [ʌn'tʃein], *v.tr.* Déchaîner. *To u. a prisoner*, délivrer un prisonnier; briser les chaînes d'un prisonnier. *F:* **To unchain one's passions**, donner libre cours à ses passions.

unchaining, *s.* Déchaînement *m*.

unchallengeable [ʌn'tʃalendʒəbl], *a.* (Affirmation *f*) indiscutable; (droit *m*) indisputable. *Jur:* (Témoignage *m*, juré *m*) irrécusable.

unchallenged [ʌn'tʃalendʒd], *a.* **1.** (*a*) (Interlocuteur) que personne ne vient contredire. *To continue u.*, continuer sans être contredit. (*b*) (Droit) indisputé, incontesté. **To let (sth.) go, pass, unchallenged**, ne pas relever, laisser passer sans protestation (une affirmation); ne pas disputer (un droit); *Jur:* ne pas récuser (un témoignage, un juré). **This principle stands unchallenged**, ce principe n'a jamais été attaqué. **2.** *Mil: etc:* **To let s.o. pass unchallenged**, laisser passer qn sans interpellation.

unchancy [ʌn'tʃɑːnsi], *a.* *Scot:* **1.** (*a*) (*Of pers.*) Malchanceux. (*b*) (Moment) peu favorable, inopportun, malencontreux. **2.** (Ennemi) dangereux, à redouter.

unchangeable [ʌn'tʃeindʒəbl], *a.* Immuable; inaltérable.

unchangeableness [ʌn'tʃeindʒəblnəs], *s.* Immutabilité *f*, immuabilité *f*; inaltérabilité *f*.

unchanged [ʌn'tʃeindʒd], *a.* Inchangé; sans modification; toujours le même; inaltéré.

unchanging [ʌn'tʃeindʒiŋ], *a.* Invariable, immuable. **The unchanging snows**, les neiges éternelles.

uncharged [ʌn'tʃɑːrdʒd], *a.* **1.** (*Of fire-arm*) Qui n'est pas chargé; non chargé. **2.** *U. with responsibility*, déchargé, dégagé, libre, de toute responsabilité. **3.** Non accusé. **4.** *Com:* (*a*) Qui n'est soumis à aucune charge. (*b*) **Uncharged for**, franco, gratuit.

uncharitable [ʌn'tʃaritəbl], *a.* Peu charitable. (*a*) Mal pensant. **To put an uncharitable explanation on s.o.'s actions**, expliquer les actions de qn d'une façon peu indulgente. (*b*) Qui donne peu. **-ably**, *adv.* Peu charitablement, sans charité.

uncharitableness [ʌn'tʃaritəblnəs], *s.* Manque *m* de charité.

uncharted [ʌn'tʃɑːrtid], *a.* **1.** (*Of island, etc.*) Non porté sur la carte. **2.** (*Of sea, etc.*) Inexploré.

unchartered [ʌn'tʃɑːrtərd], *a.* (Société commerciale) sans charte.

unchaste [ʌn'tʃeist], *a.* Impudique; incontinent. **-ly**, *adv.* Impudiquement; incontinemment.

unchastened [ʌn'tʃeis(ə)nd], *a.* (*Of pers.*) Aucunement ravalé; qui n'a rien rabattu de ses prétentions, de son assurance.

unchastised [ʌntʃas'taːizd], *a.* Inchâtié; impuni.

unchastity [ʌn'tʃastiti], *s.* **1.** Impudicité *f*; incontinence *f*; luxure *f*. **2.** Infidélité *f* (de l'épouse).

unchecked [ʌn'tʃekt], *a.* **1.** (*a*) Auquel rien n'a été opposé. *The enemy advanced u.*, l'ennemi *m* avança sans qu'on lui opposât de résistance, sans rencontrer d'obstacles. **Unchecked advance**, libre marche *f* en avant. *U. progress of a disease*, progrès *mpl* d'une maladie que rien ne parvient à enrayer. **Unchecked anger, passion**, colère non contenue, qui a libre cours; passion non réprimée sans frein. **To shed unchecked tears**, donner libre cours à ses larmes. **The gas is escaping unchecked,** *F:* le gaz s'en va à gueule bée. (*b*) **Unchecked child,** enfant gâté. *To let a child go on u.*, laisser faire un enfant sans le reprendre. **2.** (*Of account, etc.*) Non pointé, non vérifié, incontrôlé.

unchiselled [ʌn'tʃiz(ə)ld], *a.* Non sculpté; brut.

unchivalrous [ʌn'ʃivəlrəs, -'tʃi-], *a.* Peu chevaleresque; peu courtois ou peu loyal. **-ly,** *adv.* D'une manière peu chevaleresque.

unchoke [ʌn'tʃouk], *v.tr.* Déboucher, dégager, désengorger (un tuyau, etc.).

unchristened [ʌn'kris(ə)nd], *a.* **1.** Non baptisé; sans baptême. **2.** Sans nom.

unchristian [ʌn'kristjən], *a.* **1.** Infidèle, païen. **2.** (Désir, etc.) peu chrétien. **3.** *F:* Peu convenable. **At this unchristian hour,** à cette heure indue.

unchurch [ʌn'tʃəːrtʃ], *v.tr.* Excommunier (qn); rejeter (qn) du sein de l'église.

uncial ['ʌnʃəl]. **1.** *a.* (*Of letter, MS.*) Oncial, -aux. **2.** *s.* (*a*) (Écriture) onciale *f.* (*b*) Lettre onciale. (*c*) Majuscule *f.*

unciform ['ʌnsifɔːrm]. **1.** *a. Nat.Hist:* Unciforme, uncinulé, onguiforme; crochu. **2.** *s. Anat:* Os *m* unciforme; os crochu.

uncinate ['ʌnsinet], *a. Nat.Hist:* Uncinulé, unciforme, crochu.

uncircumcised [ʌn'səːrkəmsaːizd], *a.* Incirconcis.

uncircumcision [ʌnsəːrkəm'siʒ(ə)n], *s.* Incirconcision *f* (du cœur).

uncircumscribable [ʌnsəːrkəm'skraibəbl], *a.* Incirconscriptible.

uncircumscribed [ʌn'səːrkəmskraibd], *a.* Incirconscrit; illimité.

uncircumspect [ʌn'səːrkəmspekt], *a.* Incirconspect; peu circonspect.

uncircumstantial [ʌnsəːrkəm'stanʃ(ə)l], *a.* (Exposé, etc.) sans détails; vague.

uncivil [ʌn'sivil], *a.* Incivil, malhonnête, grossier, impoli; *Lit:* discourtois. **-illy,** *adv.* Incivilement, grossièrement, impoliment.

uncivilized [ʌn'sivilaːizd], *a.* Incivilisé, barbare.

unclad [ʌn'klad], *a. Lit:* **1.** = UNCLOTHED. **2. Unclad with ivy,** non revêtu de lierre.

unclaimed [ʌn'kleimd], *a.* Non réclamé. *U. right,* droit non revendiqué. *Jur:* **Unclaimed animal,** animal *m* épave. *Post:* **Unclaimed letter,** lettre *f* de rebut.

unclamp [ʌn'klamp], *v.tr.* (*a*) Retirer (qch.) de la presse; ôter les crampons, les presses, de (qch.). (*b*) Débrider (un tuyau, etc.); dévisser, débloquer (un instrument assujetti, etc.). (*c*) Desserrer (un étau, etc.).

unclasp [ʌn'klɑːsp]. **1.** *v.tr.* (*a*) Dégrafer, défaire, ouvrir (un bracelet). (*b*) Desserrer (le poing, etc.); laisser échapper (qn) de son étreinte. **2.** *v.i.* (*Of hands*) Se desserrer.

unclassable [ʌn'klɑːsəbl], *a.* Inclassifiable.

unclassical [ʌn'klasik(ə)l], *a.* Contraire à la tradition classique.

unclassifiable [ʌn'klasifaiəbl], *a.* Inclassifiable.

unclassified [ʌn'klasifaid], *a.* Non classé.

uncle [ʌŋkl], *s.* **1.** Oncle *m*; (*on the mother's side*) oncle maternel. **Yes, uncle!** oui, mon oncle! *F:* **A rich uncle,** un oncle d'Amérique, de comédie. **To talk to s.o. like a Dutch uncle,** faire la morale à qn; sermonner qn; faire à qn une semonce paternelle. *See also* BOB[6] 1, SAM. **2.** *P:* **My watch is at (my) uncle's,** ma montre est chez ma tante, au clou.

unclean [ʌn'kliːn], *a.* **1.** (*a*) Impur, obscène, immonde. *B:* **Unclean spirit,** esprit *m* immonde; démon *m.* (*b*) *Rel:* (*Of food, animal*) Immonde. *See also* CLEAN[1] I. 4. (*c*) (*Of fish*) Hors de saison. **2.** (*a*) Malpropre, sale. (*b*) **Unclean tongue,** langue chargée. **-ly,** *adv.* Malproprement, salement.

uncleanable [ʌn'kliːnəbl], *a.* Qu'on ne peut nettoyer; indécrottable.

uncleanly[1] [ʌn'klenli], *a.* **1.** Impur, immonde, obscène. **2.** Malpropre, sale.

uncleanly[2] [ʌn'kliːnli], *adv. See* UNCLEAN.

uncleanness [ʌn'kliːnnəs], *s.* **1.** Impureté *f.* **2.** Malpropreté *f*, saleté *f.*

uncleansed [ʌn'klenzd], *a.* **1.** Non nettoyé; (*of pond*) non curé; sale, malpropre. **2.** Non purifié.

unclear [ʌn'kliːər], *a.* (*a*) Peu transparent, peu clair; opaque. (*b*) (*Of statement*) Peu clair, obscur, confus; (esprit) nuageux, fumeux. **I am unclear as to . . .,** je ne suis pas certain de. . . .

uncleared [ʌn'kliːərd], *a.* **1.** (*a*) (Sirop, etc.) non clarifié. (*b*) (*Of mist, doubt*) Non dissipé; (*of mystery*) inéclairci. **2.** Non débarrassé (*of*, de); non dégagé; (*of pipe*) non dégorgé; (*of table*) non desservi. **Uncleared ground,** terrain indéfriché. **3.** (Accusé) non innocenté (*of a charge*, d'une accusation). **4.** (*a*) (*Of debt*) Non acquitté, non liquidé. (*b*) *Cust:* **Uncleared goods,** marchandises non passées en douane. (*c*) (Chèque) non compensé.

unclearness [ʌn'kliːərnəs], *s.* Manque *m* de clarté; obscurité *f* (d'une réponse, etc.).

unclench [ʌn'klenʃ], *v.tr.* **1.** Desserrer (le poing, les dents). **2.** = UNCLINCH 1.

unclerical [ʌn'klerik(ə)l], *a.* **1.** (*a*) Indigne d'un prêtre, d'un pasteur. (*b*) *F:* (Costume) peu clérical, -aux. **2.** (Costume, etc.) laïque, séculier.

unclick [ʌn'klik], *v.tr.* Décliquer (une roue dentée, un linguet, etc.).

unclicking, *s.* Décliquetage *m.*

unclimbable [ʌn'klaiməbl], *a.* (Montagne *f*) dont il est impossible de faire l'ascension; ingravissable.

unclinch [ʌn'klinʃ], *v.tr.* **1.** (*a*) Dériver (un clou). (*b*) Déclinquer (le bordage d'un canot). **2.** = UNCLENCH 1.

unclipped, unclipt [ʌn'klipt], *a.* **1.** (*Of hair, etc.*) Non coupé; (*of hedge*) non taillé; (*of sheep*) non tondu; (*of coin*) non rogné. **2.** (*Of ticket*) Non poinçonné, non contrôlé.

uncloak [ʌn'klouk]. **1.** *v.tr.* (*a*) Dépouiller, débarrasser, (qn) de son manteau. (*b*) Découvrir (des projets); démasquer, dévoiler (une imposture). **2.** *v.i.* Se débarrasser de, ôter, son manteau.

unclog [ʌn'klɔg], *v.tr.* (**unclogged; unclogging**) Dégager (une roue); débloquer (une machine); déboucher (une conduite).

uncloister [ʌn'klɔistər], *v.tr.* Décloîtrer (qn).

uncloistered [ʌn'klɔistərd], *a.* **1.** Décloîtré. **2.** Non cloîtré.

unclose [ʌn'kloːuz]. **1.** *v.tr.* (*a*) Ouvrir (les yeux, etc.). (*b*) *A. & Lit:* Découvrir, révéler (un secret). **2.** *v.i.* S'ouvrir.

unclosed [ʌn'kloːuzd], *a.* **1.** (Terrain) non enclos, non clôturé. **2.** Non fermé, ouvert; (*of wound*) non refermé.

unclothe [ʌn'kloːuð]. **1.** *v.tr.* Dépouiller (qn) de ses vêtements; déshabiller, dévêtir (qn); mettre (qn) à nu. **2.** *v.i.* Se déshabiller.

unclothed [ʌn'kloːuðd], *a.* **1.** Déshabillé. **2.** Nu; sans vêtements.

uncloud [ʌn'klaud], *v.tr.* **To uncloud the sky,** dissiper les nuages qui sont dans le ciel. **To uncloud s.o.'s brow,** éclaircir le front de qn.

unclouded [ʌn'klaudid], *a.* **1.** (*Of sky, future, etc.*) Sans nuage, serein; (*of vision*) clair, inobscurci. **2.** (*Of liquid*) Limpide.

uncloudedness [ʌn'klaudidnəs], *s.* Clarté *f* (du ciel); sérénité *f* (du visage).

uncloyed [ʌn'klɔid], *a.* (*Of appetite, etc.*) Non rassasié (*with*, de).

unclubbable [ʌn'klʌbəbl], *a.* (Homme) peu liant, peu sociable; farouche, sauvage.

unco ['ʌŋko]. *Scot:* **1.** *a.* (*a*) (*Of disease, etc.*) Inconnu, insolite, inaccoutumé. (*b*) D'une étrangeté inquiétante; = UNCANNY. (*c*) Grand, énorme. *I saw an u. shadow . . .,* j'ai vu une ombre énorme. . . . *He thinks an u. lot of you,* il vous tient en haute estime. **2.** *adv.* Remarquablement, très. *Esp.* **The unco guid,** les cagots *m*; les gens confits dans la dévotion.

uncock [ʌn'kɔk], *v.tr.* Désarmer (un fusil); mettre (un fusil) à l'abattu.

uncocked[1], *a.* (Fusil) à l'abattu, désarmé.

uncocking, *s.* Désarmement *m* (d'une arme à feu).

uncocked[2] [ʌn'kɔkt], *a.* (Foin) non emmeulé.

uncoffined [ʌn'kɔfind], *a.* Sans cercueil.

uncog [ʌn'kɔg], *v.tr.* (**uncogged; uncogging**) Décliqueter (une roue).

uncogging, *s.* Décliquetage *m.*

uncoil [ʌn'kɔil]. **1.** *v.tr.* Dérouler. *Nau:* Délover. **2.** *v.i.* (*Of snake, etc.*) Se dérouler; (*of rope, snake*) se délover.

uncoiling, *s.* Déroulement *m.*

uncoiled [ʌn'kɔild], *a.* **1.** Déroulé; délové. **2.** Non roulé.

uncoined [ʌn'kɔind], *a.* (Or, etc.) non monnayé, non frappé.

uncollected [ʌnko'lektid], *a.* **1.** (*a*) Non recueilli; non rassemblé. *U. poems,* poésies éparses, qui n'ont pas été réunies en volume. (*b*) **Uncollected taxes,** impôts non perçus. **2.** Peu recueilli; qui a perdu son sang-froid. **Uncollected mind,** esprit agité. *U. thoughts,* pensées confuses, troubles.

uncoloured [ʌn'kʌlərd], *a.* (*a*) Non coloré. *F:* **To remain uncoloured by s.o.'s teaching,** ne pas subir l'influence de l'enseignement de qn. **Uncoloured style,** style peu coloré, incolore. *U. account of sth.*, rapport fidèle, impartial, de qch. (*b*) Incolore; sans couleur.

uncombed [ʌn'koumd], *a.* (*Of hair*) Non peigné, mal peigné, ébouriffé; (*of wool*) non peigné.

uncombined [ʌnkom'baind], *a.* Non combiné (*with*, avec). *Ch:* A l'état libre.

uncome-at-able [ʌnkʌm'atəbl], *a. F:* **1.** Inaccessible; difficile d'accès. **2.** Difficile à obtenir, à se procurer.

uncomeliness [ʌn'kʌmlinəs], *s.* **1.** Manque *m* de grâce; laideur *f.* **2.** *A:* Inconvenance *f*, malséance *f.*

uncomely [ʌn'kʌmli], *a.* **1.** Peu gracieux; disgracieux; laid. **2.** *A:* Peu seyant; inconvenant; malséant.

uncomfortable [ʌn'kʌmfərtəbl], *a.* **1.** (Fauteuil *m*, etc.) peu confortable; (habit *m*, chaleur *f*) incommode. *This is a very u. bed,* on est très mal dans ce lit. **2.** (*a*) Désagréable. **To make things uncomfortable for s.o.,** (i) attirer, créer, susciter, des ennuis à qn; attirer des désagréments à qn; (ii) faire des histoires à qn. *It makes things u.,* c'est une source de désagréments; c'est très gênant. (*b*) (*Of news, prospect*) Inquiétant. **3. To feel, be, uncomfortable,** (i) être mal à l'aise; (ii) ne pas être à son aise; être, se sentir, mal à l'aise; se sentir gêné; *F:* ne pas être à la noce. **To be, feel, uncomfortable about sth.,** être inquiet, ne pas avoir l'esprit tranquille, au sujet de qch. **To make s.o. feel uncomfortable,** (i) (*of news, etc.*) inquiéter qn; (ii) (*of remark, etc.*) mettre qn mal à son aise. *To make the onlookers feel u.,* créer un sentiment de gêne chez les spectateurs. **-ably,** *adv.* **1.** Peu confortablement; incommodément. *He lived u. in digs,* il vivait sans confort dans un garni. **2.** Désagréablement. **To be uncomfortably placed,** être dans une situation embarrassante. **The enemy were uncomfortably near,** la proximité de l'ennemi était inquiétante.

uncomforted [ʌn'kʌmfərtid], *a.* Inconsolé.

uncommercial [ʌnko'məːrʃ(ə)l], *a.* Peu commercial, -aux; (*of town*) peu commerçant.

uncommissioned [ʌnko'miʃənd], *a.* **1.** Non commissionné, non délégué (*to do sth.*, pour faire qch.). **2.** *Nau:* (Vaisseau) désarmé.

uncommitted [ʌnko'mitid], *a.* **1.** (Péché, délit, etc.) qui n'a pas été commis. **2.** (*Of pers.*) Non engagé; libre; indépendant. *To be u. to any course of action,* n'être engagé à aucune ligne de conduite. **3.** *Parl:* (*Of bill*) Qui n'a pas été renvoyé à une commission.

uncommon [ʌn'kɔmən]. **1.** *a.* Peu commun. (*a*) Rare. **Uncommon word,** mot rare, peu usité. (*b*) Peu ordinaire; singulier, extraordinaire, particulier; (événement) qui sort de l'ordinaire. **2.** *adv. F:* = UNCOMMONLY 2. **-ly,** *adv.* **1. Not uncommonly,** assez souvent. **2.** Singulièrement, remarquablement, particulièrement. *You are u. absent-minded to-day,* vous êtes singulièrement distrait aujourd'hui. **Uncommonly good,** excellent. *Done uncommonly well,* exécuté à merveille. *F:* **It looks uncommonly like rain,** il va pleuvoir ou je ne m'y connais pas.

uncommonness [ʌn'kɔmənnəs], *s.* **1.** Rareté *f.* **2.** Singularité *f.*

uncommunicative [ʌnko'mjuːnikətiv], *a.* Peu communicatif; réservé, renfermé, taciturne.
uncompanionable [ʌnkom'panjənəbl], *a.* Peu sociable.
uncompensated [ʌn'kɔmpənseitid], *a.* Incompensé. (*a*) (*Of pers.*) Qui n'a pas été dédommagé, récompensé (*for sth.*, de qch.). (*b*) *Mec:* (Levier, etc.) non balancé.
uncomplaining [ʌnkom'pleiniŋ], *a.* Qui ne se plaint pas; patient, résigné. **Uncomplaining submission**, soumission *f* sans murmure, sans plainte. **-ly**, *adv.* Sans se plaindre.
uncomplainingness [ʌnkom'pleiniŋnəs], *s.* Patience *f*, résignation *f*.
uncomplaisant [ʌnkom'pleizənt], *a.* Incomplaisant; peu obligeant.
uncompleted [ʌnkom'pliːtid], *a.* Inachevé; incomplet, -ète; imparfait.
uncomplimentary [ʌnkɔmpli'mentəri], *a.* Peu flatteur, -euse.
uncomplying [ʌnkom'plaiiŋ], *a.* Incomplaisant; peu souple; intransigeant; (principe *m*) rigide, inflexible.
uncompounded [ʌnkom'paundid], *a.* Simple, non composé. *In an u. state*, à l'état simple.
uncomprehensive [ʌnkɔmpri'hensiv], *a.* Incomplet, -ète.
uncompressed [ʌnkom'prest], *a.* **1.** Incomprimé. **2.** (*Of text, etc.*) Non abrégé.
uncompromising [ʌn'kɔmpromaiziŋ], *a.* Intransigeant, inflexible; intraitable; autoritaire. *U. sincerity*, sincérité absolue, sans compromis. *To be too u. in business*, apporter trop de raideur dans les affaires. *To adopt u. measures, F:* trancher dans le vif. *Pol: An u. member (of a party)*, un pur, un intransigeant.
unconcealed [ʌnkon'siːld], *a.* Qui n'est pas caché; fait à découvert. *U. dislike*, aversion *f* que l'on ne cherche pas à dissimuler. *U. opinions*, opinions avouées.
unconcern [ʌnkon'səːrn], *s.* Insouciance *f*; indifférence *f*. *Smile of u.*, sourire détaché. **To show unconcern** *regarding s.o.'s fate*, se montrer indifférent au sort de qn.
unconcerned [ʌnkon'səːrnd], *a.* **1.** (*a*) Insouciant, indifférent. *U. air*, air dégagé, détaché, impassible. *U., he went on speaking*, sans se troubler, il continua de parler. *To be u. about s.o.'s troubles*, être indifférent aux chagrins de qn; ne pas se soucier des chagrins de qn. (*b*) *U. regarding sth.*, sans inquiétude, libre d'inquiétude, au sujet de qch. **2.** (*a*) Neutre; impartial, -aux. (*b*) *To be u. in, with, a business*, être étranger à, ne pas être mêlé à, une affaire.
unconcernedly [ʌnkon'səːrnidli], *adv.* D'un air indifférent, dégagé; avec insouciance.
unconciliating [ʌnkon'silieitiŋ], **unconciliatory** [ʌnkon'siliətəri], *a.* Inconciliant; raide (en affaires, etc.). *Unconciliating manner*, manière gourmée, sévère.
uncondemned [ʌnkon'demd], *a.* **1.** (Prisonnier) non condamné. **2.** *To leave an abuse u.*, passer sur, tolérer, un abus.
unconditional [ʌnkon'diʃən(ə)l], *a.* Inconditionnel. (*a*) Absolu. *U. refusal*, refus net, catégorique, absolu. *Fin:* **Unconditional order**, ordre (de payer) pur et simple. (*b*) *U. acceptance*, acceptation *f* sans conditions, sans réserve. **-ally**, *adv.* Inconditionnellement. *To accept u.*, accepter sans réserve. *To surrender u.*, se rendre inconditionnellement, sans condition, à discrétion.
unconditioned [ʌnkon'diʃ(ə)nd], *a.* **1.** = UNCONDITIONAL. **2.** Qui ne dépend pas d'un état antérieur, d'une condition antérieure; inconditionné.
unconfessed [ʌnkon'fest], *a.* **1.** (Péché, etc.) inavoué. **2.** **To die unconfessed**, mourir (i) inconfessé, (ii) sans absolution.
unconfined [ʌnkon'faind], *a.* **1.** **Unconfined to sth.**, qui n'est pas borné, limité, à qch. **2.** Illimité; sans bornes. **3.** Non enfermé; libre.
unconfirmed [ʌnkon'fəːrmd], *a.* Non confirmé. **1.** (*Of news, etc.*) Qui n'est pas confirmé, qui n'a pas reçu de confirmation; non avéré; sujet à caution. **2.** *Ecc:* Qui n'a pas reçu le sacrement de la confirmation.
unconformable [ʌnkon'fɔːrməbl], *a.* **1.** **Unconformable to sth.**, qui n'est pas en conformité avec qch.; incompatible avec qch. **2.** Indépendant, réfractaire. *Rel:* Non-conformiste. **3.** *Geol:* (Stratification) discordante, contraire.
unconformity [ʌnkon'fɔːrmiti], *s.* **1.** Inconformité *f*, désaccord *m* (*to*, avec). **2.** *Geol:* Discordance *f* (d'une strate, etc.).
unconfuted [ʌnkon'fjuːtid], *a.* Irréfuté.
uncongealable [ʌnkon'dʒiːləbl], *a.* Incongelable.
uncongealed [ʌnkon'dʒiːld], *a.* Non congelé; (sang) non coagulé, non figé; (huile) non figée.
uncongenial [ʌnkon'dʒiːnjəl], *a.* **1.** (*Of pers.*) Peu sympathique, antipathique. **2.** (*a*) (Climat *m*) peu favorable (*to*, à). (*b*) Peu agréable (*to*, à). *U. job*, travail ingrat, déplaisant. *F: U. atmosphere*, ambiance *f*, atmosphère *f*, hostile.
uncongeniality [ʌnkondʒiːni'aliti], *s.* **1.** Caractère *m* peu sympathique (de qn). **2.** Caractère (i) peu favorable (d'un climat), (ii) peu agréable (d'un travail, etc.).
unconnected [ʌnko'nektid], *a.* (*a*) Sans rapport, sans lien; qui n'a aucun rapport (*with*, avec). *The two events are totally u.*, les deux événements n'ont aucun rapport entre eux. (*b*) (Style) décousu. *U. thoughts*, pensées sans suite. (*c*) *U. with s.o.*, sans lien de famille avec qn.
unconquerable [ʌn'kɔŋkərəbl], *a.* (Ennemi *m*) invincible; (cœur *m*) inconquérable; (courage *m*) indomptable, invincible; (curiosité *f*, etc.) irrésistible; (difficulté *f*, aversion *f*) insurmontable; (défaut *m*) incorrigible. **-ably**, *adv.* Invinciblement.
unconquered [ʌn'kɔŋkərd], *a.* (*a*) (Peuple, etc.) invaincu, inasservi, non soumis; (passion) indomptée; (difficulté) insurmontable, jamais surmontée. (*b*) (Peuple, pays) inconquis.
unconscientious [ʌnkɔnʃi'enʃəs], *a.* Inconsciencieux; peu consciencieux.
unconscionable [ʌn'kɔnʃənəbl], *a.* **1.** (*a*) *A. & Lit:* (*Of pers.*) Sans conscience; peu scrupuleux; indélicat. *U. rogue*, coquin fieffé. (*b*) *Jur:* **Unconscionable bargain**, contrat léonin. **2.** Énorme, déraisonnable, démesuré; (prix, etc.) exorbitant. **To take an unconscionable time doing sth.**, mettre un temps déraisonnable, invraisemblable, à faire qch. **-ably**, *adv.* **1.** Peu consciencieusement. **2.** Déraisonnablement.
unconscionableness [ʌn'kɔnʃənəblnəs], *s.* Manque *m* de conscience.
unconscious [ʌn'kɔnʃəs], *a.* **1.** Inconscient. (*a*) *Brute u. matter*, matière brute et inconsciente. (*b*) *U. source of amusement*, source inconsciente de divertissement. **To be unconscious of doing sth.**, ne pas avoir conscience de faire qch. **To be unconscious of sth.**, (i) ne pas avoir conscience, ne pas s'apercevoir, de qch.; (ii) ignorer qch. *To be u. of the sensation one is causing*, ne pas soupçonner l'effet que l'on produit; ne pas se rendre compte de l'effet que l'on produit. *He remained blissfully u. of it all, F:* il n'y a vu que du bleu. *He was u. of distinctions, of values*, il ne savait pas distinguer; il ne savait pas apprécier les choses à leur valeur. **Not to be unconscious of** *s.o.'s kindness*, n'être pas insensible à, n'être pas sans reconnaître, la bonté de qn. **2.** Sans connaissance; évanoui. **To become unconscious**. perdre connaissance; s'évanouir. **3.** *s. Psy:* **The unconscious**, l'inconscient *m*. **-ly**, *adv.* Inconsciemment; (i) à son insu; sans le savoir; (ii) sans s'en rendre compte. *As if quite u. . . ., F:* sans avoir l'air d'y toucher. . . .
unconsciousness [ʌn'kɔnʃəsnəs], *s.* **1.** Inconscience *f*, non-conscience *f* (*of*, de). **2.** Évanouissement *m*, insensibilité *f*.
unconsecrated [ʌn'kɔnsekreitid], *a.* (Église, terre) non consacrée; (roi, évêque) non sacré; (eau) non bénite.
unconsenting [ʌnkon'sentiŋ], *a.* Non consentant.
unconsidered [ʌnkon'sidərd], *a.* **1.** (*Of words, remark*) Inconsidéré, irréfléchi, étourdi. **2.** (Petit objet) auquel on n'attache aucune valeur.
unconsolable [ʌnkon'souləbl], *a.* Inconsolable.
unconsoled [ʌnkon'sould], *a.* Inconsolé; sans consolation.
unconsolidated [ʌnkon'sɔlideitid], *a.* (*Of nation, Fin: of debt, etc.*) Non consolidé.
unconstitutional [ʌnkɔnsti'tjuːʃən(ə)l], *a.* Inconstitutionnel, anticonstitutionnel. **-ally**, *adv.* Inconstitutionnellement, anticonstitutionnellement.
unconstrained [ʌnkon'streind], *a.* Non contraint; sans contrainte; libre; (acte) spontané. *U. laughter*, hilarité franche, débordante. *U. freedom*, liberté complète. *U. manner*, allure aisée, désinvolte.
unconstrainedly [ʌnkon'streinidli], *adv.* Sans contrainte, sans aucune gêne; librement; spontanément.
unconstraint [ʌnkon'streint], *s.* Absence *f* de contrainte; liberté *f*; aisance *f*, désinvolture *f* (de style); franchise *f* (de langage). *He writes with a pleasant u.*, il écrit avec un abandon séduisant.
unconstricted [ʌnkon'striktid], *a.* (*Of pers.*) A l'aise. *U. movement*, mouvement *m* libre. *Trade u. by customs duties*, commerce qui n'est pas gêné par les droits de douane.
unconsumed [ʌnkon'sjuːmd], *a.* **1.** Inconsumé (par le feu). **2.** (Mets, etc.) inconsommé.
unconsummated [ʌn'kɔnsəmeitid], *a.* Inconsommé. *Esp.* **Unconsummated marriage**, mariage inconsommé; *F:* mariage blanc.
uncontainable [ʌnkon'teinəbl], *a.* (*Of laughter, etc.*) Qu'on ne peut réprimer.
uncontaminated [ʌnkon'tamineitid], *a.* Incontaminé, non corrompu (*by*, par).
uncontemplated [ʌn'kɔntempleitid], *a.* (Résultat, etc.) imprévu.
uncontested [ʌnkon'testid], *a.* (Droit, etc.) incontesté. *Jur:* **Uncontested owner**, possesseur *m* pacifique, paisible. *Pol: etc:* **Uncontested seat**, siège (à la Chambre, etc.) qui n'est pas disputé, pour lequel il n'y a qu'un candidat.
uncontinuous [ʌnkon'tinjuəs], *a.* Incontinu.
uncontracted [ʌnkon'traktid], *a.* (*Of word*) Non contracté; entier.
uncontradictable [ʌnkɔntra'diktəbl], *a.* Incontestable, irréfutable.
uncontradicted [ʌnkɔntra'diktid], *a.* Non contredit; incontroversé. *To remain u.*, rester sans contradiction, sans démenti.
uncontrite [ʌn'kɔntrait], *a.* Incontrit, impénitent.
uncontrollability [ʌnkontroulə'biliti], *s.* Caractère *m* ingouvernable; indocilité *f*, insoumission *f* (d'un enfant, etc.).
uncontrollable [ʌnkon'trouləbl], *a.* **1.** (Pouvoir, droit) absolu. **2.** (Enfant *m*, peuple *m*) ingouvernable; (mouvement *m*) irréprimable; (désir *m*) irrésistible, irrépressible, indomptable. *U. laughter*, fou rire; rire convulsif, inextinguible. *Fits of u. temper*, accès violents de colère; emportements *m* de colère. *U. causes*, causes *f* qui ne dépendent pas de la volonté humaine. **-ably**, *adv.* Irrésistiblement. *To be u. impatient to do sth.*, ne pas se tenir d'impatience de faire qch.
uncontrollableness [ʌnkon'trouləblnəs], *s.* = UNCONTROLLABILITY.
uncontrolled [ʌnkon'trould], *a.* **1.** Indépendant; (monarque *m*, etc.) irresponsable. **2.** Sans frein. *U. liberty*, liberté absolue. *U. passions*, passions effrénées, indomptées.
uncontroversial [ʌnkɔntro'vəːrʃ(ə)l], *a.* (Sujet) qui ne soulève pas de controverses, sur lequel tout le monde est d'accord.
uncontroverted [ʌn'kɔntrovəːrtid], *a.* Inconteste, incontroversé, indiscuté.
uncontrovertible [ʌnkɔntro'vəːrtibl], *a.* Incontroversable, incontestable, indiscutable. *U. proof*, preuve qui ne saurait être mise en doute; preuve irréfutable. **-ibly**, *adv.* Indisputablement, incontestablement.
unconventional [ʌnkon'venʃən(ə)l], *a.* Qui va à l'encontre des conventions sociales, littéraires, artistiques, etc.; original, -aux. *U. dress*, costume original. *To lead an u. life*, mener une vie de bohème. **-ally**, *adv.* A l'encontre des conventions. *To act u.*, aller à l'encontre de l'usage.
unconventionality [ʌnkonvenʃə'naliti], *s.* Indépendance *f* à

l'égard des conventions sociales, littéraires, artistiques, etc.; originalité *f*. *Her wit carried off her u.*, son esprit faisait passer sa liberté d'allures.

unconversant [ʌn'kɔnvərsənt], *a.* **Unconversant with sth.**, peu versé dans (une science, etc.); peu familier avec (un sujet). *To be u. with a question*, ne pas être au courant d'une question.

unconverted [ʌnkon'vəːrtid], *a.* **1.** Inconverti, non converti (*into*, en). **2.** *Rel:* Inconverti.

unconvertible [ʌnkon'vəːrtibl], *a.* **1.** Inconvertible (*into*, en). *Phot:* **Unconvertible anastigmat**, anastigmat *m* indédoublable. **2.** *Log:* (Proposition *f*) inconversible, inconvertible.

unconvicted [ʌnkon'viktid], *a.* (*a*) Non condamné; qui a échappé à toute condamnation. (*b*) Dont la culpabilité n'a pas été établie.

unconvinced [ʌnkon'vinst], *a.* Inconvaincu; sceptique (*of*, à l'égard de, au sujet de).

unconvincing [ʌnkon'vinsiŋ], *a.* (Témoignage, récit) peu probant, peu convaincant; (excuse *f*, etc.) peu vraisemblable.

uncookable [ʌn'kukəbl], *a.* Incuisable.

uncooked [ʌn'kukt], *a.* **1.** (Aliment) non cuit, inapprêté, cru. **2.** *F:* (Compte, etc.) loyal, non falsifié, non cuisiné.

uncoop [ʌn'kuːp], *v.tr.* **1.** Mettre (une poule) en liberté; laisser courir (une poule). **2.** *F:* Relâcher (un prisonnier).

unco-ordinated [ʌnko'ɔːrdineitid], *a.* Non coordonné; (récit) décousu. *U. manœuvre*, manœuvre désunie, qui manque de coordination.

uncord [ʌn'kɔːrd], *v.tr.* Défaire la corde de (qch.); décorder (un colis, etc.).

uncork [ʌn'kɔːrk], *v.tr.* Déboucher (une bouteille, etc.). *F:* **To uncork one's feelings**, donner libre cours à ses sentiments; s'épancher.

uncorking, *s.* Débouchage *m*, débouchement *m*.

uncorrected [ʌnko'rektid], *a.* **1.** (*Of exercise, proof*) Non corrigé. **2.** (*Of error*) Non rectifié; *Com:* (*of balance, etc.*) non redressé. *Ph:* **Result uncorrected for temperature and pressure**, résultat brut. **3.** **To let a child go uncorrected**, laisser un enfant (i) sans le reprendre, (ii) impuni. **4.** (*Of influence, effect*) Qui n'est pas neutralisé; qui n'est pas contre-balancé.

uncorroborated [ʌnko'rɔboreitid], *a.* Non corroboré, non confirmé.

uncorroded [ʌnko'roudid], *a.* Non corrodé; intact.

uncorrupted [ʌnko'rʌptid], *a.* Incorrompu; intègre.

uncotter [ʌn'kɔtər], *v.tr.* *Mec.E:* Dégoupiller (une roue, etc.).

uncountable [ʌn'kauntəbl], *a.* Incomptable.

uncounted [ʌn'kauntid], *a.* **1.** Non compté; non énuméré. **2.** Incalculable, innombrable.

uncouple [ʌn'kʌpl], *v.tr.* **1.** Découpler, lâcher (des chiens). *Ven:* **To uncouple the hounds**, laisser courre. **2.** *Mec.E: etc:* Débrayer (une machine); désaccoupler (des roues, des piles, etc.); déboîter (des tuyaux); démancher (des tiges de sonde). *Rail:* Dételer, découpler, détacher (des wagons, la locomotive). *Abs. Mus:* (*In organ-playing*) Découpler.

uncoupling, *s.* **1.** *Ven:* Découple *m*, découpler *m* (des chiens). **2.** *Mec.E:* Débrayage *m* (d'une machine); désaccouplement *m* (de deux roues, etc.); déboîtage *m*, démanchement *m* (de deux tuyaux). *Rail:* Dételage *m* (des wagons).

uncoupled [ʌn'kʌpld], *a.* **1.** (Machine) débrayée; (roues) désaccouplées; (tuyaux) déboîtés. *Rail:* (Wagon) dételé. **2.** Non accouplé; non associé. **Uncoupled wheels**, roues *f* libres.

uncourteous [ʌn'kɔːrtjəs, -'kəːr-], *a.* Peu courtois; impoli; grossier. **-ly**, *adv.* Peu courtoisement; impoliment; grossièrement.

uncourteousness [ʌn'kɔːrtjəsnəs, ʌn'kəːr-], *s.* Manque *m* de courtoisie; impolitesse *f*, grossièreté *f*.

uncourtliness [ʌn'kɔːrtlinəs], *s.* Manque *m* de courtoisie; inélégance *f*, gaucherie *f* (de conduite); manque de grâce.

uncourtly [ʌn'kɔːrtli], *a.* Peu courtois; gauche; qui manque de grâce.

uncouth [ʌn'kuːθ], *a.* **1.** (Usage, etc.) grossier, rude, barbare; (pays *m*) sauvage. **2.** (*Of pers.*) Malappris, gauche, lourd. *U. manners*, façons mal avenantes; manières *f* agrestes. *He is still rather u.*, il sent encore son village. **3.** *A:* Singulier, étrange, bizarre. **-ly**, *adv.* **1.** Grossièrement, rudement. **2.** (Se conduire, etc.) gauchement, agrestement. **3.** *A:* Singulièrement, étrangement, bizarrement.

uncouthness [ʌn'kuːθnəs], *s.* **1.** Rudesse *f* (de mœurs, etc.). **2.** (*Of pers.*) Gaucherie *f*, lourdeur *f*. **3.** *A:* Étrangeté *f*, bizarrerie *f*.

uncovenanted [ʌn'kʌvənəntid], *a.* **1.** (*a*) Non stipulé par contrat. (*b*) *Theol:* **The free uncovenanted mercy of God**, la miséricorde inconditionnelle de Dieu. **2.** (*a*) *B.Hist:* En dehors de l'alliance. (*b*) *Eng.Hist:* Qui n'avait pas signé le *covenant*.

uncover [ʌn'kʌvər]. **1.** *v.tr.* (*a*) Découvrir (son visage, son âme, etc.); mettre (son corps, etc.) à découvert; dévoiler, démasquer, révéler (son âme, etc.); débâcher (un wagon). *To u. one's head*, *abs.* to uncover, se découvrir; ôter son chapeau. *The patient uncovers himself (in bed)*, le malade se découvre. *Mch:* *To u. a port*, démasquer une lumière. (*b*) *Mil:* *To u. a wing*, découvrir une aile; mettre une aile à découvert. *Chess:* **To uncover a piece**, dégarnir une pièce. *Fenc:* **To uncover oneself**, se découvrir; (*when parrying*) aller à l'épée. **2.** *v.i.* (*Of opening, etc.*) Se démasquer; (*of reef*) découvrir.

uncovering, *s.* Mise *f* à découvert. *Geol: Min:* **The uncovering of the subsoil**, la découverte, la mise à nu, du sous-sol.

uncovered [ʌn'kʌvərd], *a.* **1.** Mis à nu, mis à découvert; découvert; sans couverture. (*Of pers.*) **To remain uncovered**, rester la tête découverte; garder son chapeau à la main. **2.** *Ten:* **To leave part of one's court uncovered**, laisser un trou dans son court. *Part of the court left u.*, région découverte, dégarnie. **3.** *Com:* (Achat *m*, vente *f*) à découvert. **Uncovered balance**, découvert *m*. *U. advance*, avance *f* à découvert.

uncoveted [ʌn'kʌvetid], *a.* (*Of honour*) Non désiré.

uncramped [ʌn'krampt], *a.* Libre; à l'aise; pas gêné dans ses mouvements; *F:* qui a ses coudées franches.

uncrate [ʌn'kreit], *v.tr.* Déballer (une moto, etc.) de sa caisse à claire-voie.

uncreatable [ʌnkri'eitəbl], *a.* Incréable.

uncreate ['ʌnkriet], **uncreated** [ʌnkri'eitid], *a.* Incréé.

uncredited [ʌn'kreditid], *a.* (Rumeur) sans crédit.

uncritical [ʌn'kritik(ə)l], *a.* **1.** Dépourvu de sens critique; sans discernement. *U. audience*, auditoire peu difficile, peu exigeant, peu porté à critiquer. **2.** Contraire aux règles de la critique.

uncropped [ʌn'krɔpt, 'ʌn-], *a.* **1.** (*a*) (*Of hair*) Non tondu. (*b*) (Chien) non essorillé, non écourté. (*c*) (*Of grass*) Non brouté. **2.** (*a*) (*Of flower, etc.*) Non cueilli. (*b*) **Uncropped harvest**, récolte *f* sur pied. **3.** (Terre) non cultivée, en jachère.

uncross [ʌn'krɔs], *v.tr.* Décroiser (les bras, les jambes, deux bâtons, etc.).

uncrossable [ʌn'krɔsəbl], *a.* (Abîme *m*, etc.) infranchissable.

uncrossed [ʌn'krɔst], *a.* **1.** Non croisé. **2.** (*a*) Qui ne porte pas de croix. (*b*) *Fin:* **Uncrossed cheque**, chèque non barré; chèque ouvert. **3.** (Océan, etc.) que personne n'a passé, que personne n'a franchi. **4.** (*Of pers.*) Non contrarié; (dessein, etc.) non contrecarré.

uncrowded [ʌn'kraudid], *a.* **1.** (*Of people*) Peu serrés; (*of thgs*) peu entassés. *U. population*, population *f* peu dense. **2.** Non encombré (par la foule); où il n'y a pas foule. *Th:* **Uncrowded house**, salle *f* qui est loin d'être comble.

uncrown [ʌn'kraun], *v.tr.* Découronner, détrôner (un roi).

uncrowned [ʌn'kraund], *a.* **1.** Découronné. **2.** Non couronné.

uncrushable [ʌn'krʌʃəbl], *a.* *Tex:* (Tissu *m*) infroissable.

uncrystallizable [ʌnkrista'laizəbl], *a.* Incristallisable.

uncrystallized [ʌn'kristalaːizd], *a.* Non cristallisé; amorphe.

unction ['ʌŋkʃ(ə)n], *s.* **1.** (*a*) Onction *f*; action *f* d'oindre. *Ecc:* **Extreme unction**, l'extrême-onction. (*b*) *F:* **To speak, preach, with unction**, parler, prêcher, avec onction. (*c*) *To relate a scandal with u.*, raconter un scandale avec saveur, avec un plaisir malin. **2.** *Lit: Poet:* (*a*) Onguent *m*. (*b*) Baume *m* (pour l'âme).

unctuosity [ʌŋktju'ɔsiti], *s.* Onctuosité *f*.

unctuous ['ʌŋktjuəs], *a.* **1.** Onctueux, graisseux; (sol) onctueux, gras. **2.** (*a*) (Prédicateur, sermon, etc.) onctueux. (*b*) *Pej:* Patelin, mielleux. **-ly**, *adv.* **1.** Onctueusement. **2.** *Pej:* D'un air, d'un ton, patelin.

unctuousness ['ʌŋktjuəsnəs], *s.* Onctuosité *f*.

uncultivable [ʌn'kʌltivəbl], *a.* (Terre *f*) inexploitable.

uncultivated [ʌn'kʌltiveitid], *a.* (*a*) (Terrain, esprit, etc.) inculte, incultivé; (terre) en friche; (personne) sans culture. (*b*) (Plante *f*) agreste; à l'état sauvage.

uncultured [ʌn'kʌltjərd], *a.* (Esprit) incultivé, inculte; (*of pers.*) peu lettré; sans culture.

uncurbed [ʌn'kəːrbd], *a.* **1.** (Cheval) sans gourmette. **2.** (*a*) Libre; (autorité, etc.) sans restriction. (*b*) (*Of passion, etc.*) Débridé, déchaîné, effréné; sans frein. (*c*) *U. by the fear of the consequences*, nullement refréné par la crainte des conséquences.

uncured [ʌn'kjuərd], *a.* **1.** Non guéri. **2.** (Hareng) frais.

uncurl [ʌn'kəːrl]. **1.** *v.tr.* Défriser, déboucler, dérouler (les cheveux, etc.). **2.** *v.i. & pr.* (*Of coil of rope, snake, etc.*) Se dérouler; se délover; (*of the hair*) se défriser, se déboucler; (*of cat*) se dépelotonner.

uncurrent [ʌn'kʌrənt], *a.* (Argent, etc.) qui n'a pas cours.

uncurtailed [ʌnkər'teild], *a.* **1.** (Discours, récit, etc.) non abrégé, non écourté; (représentation) en entier. *An u. account*, un compte rendu in extenso. **2.** (Autorité, dépenses) sans restriction.

uncurtained [ʌn'kəːrt(ə)nd], *a.* Sans rideaux.

uncushioned [ʌn'kuʃ(ə)nd], *a.* (*a*) Sans coussins. (*b*) (Siège) non rembourré.

uncustomary [ʌn'kʌstəməri], *a.* Inaccoutumé. **It is uncustomary**, ce n'est pas l'usage.

uncustomed [ʌn'kʌstəmd], *a.* **Uncustomed merchandise**, marchandises passées en contrebande, en fraude; marchandises de contrebande.

uncut [ʌn'kʌt], *a.* **1.** (*a*) Qui n'est pas blessé; sans balafre; indemne, intact. (*b*) (Pain, etc.) inentamé. (*c*) *Husb:* **Uncut crops**, récoltes *f* sur pied; *Jur:* fruits pendants par (les) racines. **2.** (*a*) (*Of hedge, etc.*) Non coupé, non taillé. **Uncut diamond**, diamant brut, qui n'est pas taillé. *Const:* **Uncut stone**, pierre brute, velue. **Uncut book**, (i) livre non coupé; (ii) *Bookb:* livre non rogné, aux tranches non rognées. *Tex:* **Uncut fabric**, tissu non ouvré. *See also* VELVET **1.** (*b*) *Th:* (Représentation) en entier, sans coupures.

undamaged [ʌn'damedʒd], *a.* Non endommagé; en bon état; non avarié, sans avarie; indemne. *U. reputation*, réputation intacte.

undamped [ʌn'dampt], *a.* **1.** Non mouillé; sec, *f.* sèche. **2.** (Son) non étouffé. **3.** *Ph: etc:* (*Of oscillation*) Non amorti. *W.Tel:* **Undamped waves**, ondes entretenues. **4.** (*a*) (Courage, etc.) persistant, soutenu. (*b*) **Undamped by this failure**, nullement découragé de cet échec.

undated [ʌn'deitid], *a.* Non daté; sans date.

undaughterly [ʌn'dɔːtərli], *a.* Indigne d'une fille; peu filial, -als, -aux.

undauntable [ʌn'dɔːntəbl], *a.* Que rien n'effraye, ne décourage, n'intimide.

undaunted [ʌn'dɔːntid], *a.* (*a*) Intrépide; *Lit:* impavide; sans peur. (*b*) Aucunement intimidé; aucunement ébranlé (*by*, de, par). **-ly**, *adv.* Intrépidement; sans peur.

undazzled [ʌn'dazld], *a.* Non ébloui; qui ne se laisse pas éblouir (*by*, par).

unde ['ʌnde], *a. Her:* Ondé.
undebarred [ʌndi'bɑːd], *a.* Qui n'est pas exclu (*from*, de). *Countries u. from commerce*, pays ouverts au commerce. **Undebarred from doing sth.**, libre de faire qch.
undebased [ʌndi'beist], *a.* Non avili; (argent) non altéré, de bon aloi; (**style**) de bon aloi.
undebatable [ʌndi'beitəbl], *a.* Indiscutable.
undebated [ʌndi'beitid], *a.* Indiscuté; qui n'a pas (encore) été l'objet de débats. **To accept a motion undebated**, accepter une motion sans débat.
undecagon [ʌn'dekəgən], *s. Geom:* Hendécagone *m*.
undecayed [ʌndi'keid], *a.* **1.** (Édifice, etc.) intact, en bon état. **2.** (Bois) non pourri; (dent) saine, non cariée.
undecaying [ʌndi'keiiŋ], *a.* Impérissable. *F: U. beauty*, beauté *f* toujours jeune.
undeceive [ʌndi'siːv], *v.tr.* Désabuser (*of*, de); détromper, désillusionner, *F:* désenchanter (qn); tirer (qn) d'erreur; dessiller les yeux à (qn). **To undeceive oneself**, se désabuser; se dépouiller de ses illusions.
undeceived [ʌndi'siːvd], *a.* **1.** Désabusé; détrompé. **2.** Aucunement abusé, aucunement trompé (*by*, par).
undecennial [ʌndi'senjəl], *a.* Undécennal, -aux.
undecided [ʌndi'saidid], *a.* Indécis. (*a*) (Problème, etc.) non résolu, irrésolu; (procès, etc.) pendant. (*b*) (*Of tone, colour, etc.*) Mal défini; incertain, douteux. (*c*) (*Of pers.*) Irrésolu, hésitant, vacillant; (caractère) flottant, douteux. (*d*) **To be undecided how to act**, être indécis quant au parti à prendre. *He was u. whether he would go or not*, il se demandait s'il irait ou non.
undecipherable [ʌndi'saifərəbl], *a.* Indéchiffrable.
undeciphered [ʌndi'saifərd], *a.* Indéchiffré.
undecked [ʌn'dekt], *a.* **1.** (*a*) Sans parure, sans ornement. (*b*) Déparé; dépouillé de ses beaux atours. **2.** *Nau:* (Navire) non ponté.
undecomposed [ʌndiːkəm'pouzd], *a.* Indécomposé.
undee ['ʌnde], *a. Her:* Ondé.
undefaced [ʌndi'feist], *a.* **1.** (*a*) (Monument, etc.) non mutilé, non défiguré, non dégradé; intact. (*b*) *Landscape u. by posters*, paysage non enlaidi par l'abus des affiches. **2.** (Timbre, etc.) non oblitéré.
undefeated [ʌndi'fiːtid], *a.* **1.** Invaincu. *To withdraw u.*, se replier sans avoir subi d'échec. **2.** (Projet *m*, etc.) qui a résisté à toutes les attaques; (espoir, etc.) que rien n'a abattu.
undefended [ʌndi'fendid], *a.* **1.** Sans défense, sans protection; sans protecteur, sans défenseur. **2.** *Jur:* (*a*) (Accusé) qui n'est pas représenté par un avocat. (*b*) **Undefended suit**, cause *f* où le défendeur s'abstient de plaider, de comparaître.
undefiled [ʌndi'faild], *a.* Pur; sans souillure, sans tache; immaculé. **English undefiled**, l'anglais pur.
undefinable [ʌndi'fainəbl], *a.* (*a*) Indéfinissable. (*b*) Indéterminable.
undefined [ʌndi'faind], *a.* **1.** Non défini. **2.** Indéterminé; vague.
undelayed [ʌndi'leid], *a.* Non différé; immédiat; sans délai, sans retard.
undeliberated [ʌndi'libəreitid], *a.* Indélibéré; non délibéré.
undeliverable [ʌndi'livərəbl], *a.* Non livrable; (lettre *f*) qu'on ne peut remettre au destinataire.
undelivered [ʌndi'livərd], *a.* **1.** (*a*) Non délivré, non débarrassé (*from*, de). *Yet u.* (*from captivity*), pas encore libéré. (*b*) (Femme) pas encore accouchée. **2.** *U. goods*, marchandises non (dé)livrées. *U. message*, commission *f* dont on ne s'est pas acquitté. *Post:* **Undelivered letter**, (i) lettre pas encore remise au destinataire; (ii) lettre de rebut. *If u. please return to sender*, en cas de non-délivrance prière de retourner à l'expéditeur. **3.** (Coup) qui n'a pas été porté. **4.** (Discours) non prononcé; (jugement) non rendu.
undemonstrable [ʌn'demonstrəbl], *a.* Indémontrable.
undemonstrated [ʌn'demonstreitid], *a.* Non démontré; sans démonstration.
undemonstrative [ʌndi'mɔnstrətiv], *a.* (*Of pers.*) Peu expansif, peu démonstratif; réservé.
undeniable [ʌndi'naiəbl], *a.* Indéniable, incontestable, indiscutable; qu'on ne peut nier; (témoignage *m*, etc.) irrécusable. *Of u. worth*, dont la valeur s'impose. **-ably**, *adv.* Incontestablement, indiscutablement.
undeniableness [ʌndi'naiəblnəs], *s.* Incontestabilité *f*.
undenominational [ʌndinɔmi'neiʃən(ə)l], *a.* Non confessionnel. **Undenominational school**, école *f* laïque.
undenominationalism [ʌndinɔmi'neiʃənəlizm], *s.* Caractère non confessionnel (*of*, de). *U. of schools*, laïcité *f* des écoles.
undependable [ʌndi'pendəbl], *a.* Sur lequel on ne peut pas compter; auquel on ne peut se fier; (renseignement, etc.) peu sûr, peu digne de foi.
undepreciated [ʌndi'priːʃieitid], *a.* Non déprécié.
undepressed [ʌndi'prest], *a.* **1.** (*Of thg*) Non abaissé. **2.** *Com:* (Marché *m*) ferme, qui tient toujours. **3.** (*Of pers.*) Non abattu, non déprimé.
under ['ʌndər]. I. *prep.* **1.** Sous; au-dessous de. (*a*) *U. a tree*, sous un arbre. **Under water**, sous l'eau. *See also* SWIM[2] I. 1. *Here is a table*, **get under it**, voici une table, mettez-vous dessous. **I crept under it**, (i) je me suis mis dessous; (ii) j'ai passé par-dessous. *Put it* **under that**, mettez-le là-dessous. *To wear a cuirass u. one's waistcoat*, porter une cuirasse par-dessous son gilet. **To trample sth. under one's feet**, fouler qch. aux pieds. *See also* FOOT[1] 1 (*c*). **To look at sth. from under one's spectacles**, regarder qch. sous ses lunettes, par-dessous ses lunettes. **Her curls came out from under her hat**, ses boucles *f* ressortaient de sous son chapeau. **Village under the castle**, village *m* au-dessous du château. *The village lies u. the mountain*, le village est situé au pied de la montagne. **To grow sth. under a wall**, cultiver qch. à l'abri d'un mur. *See also* GLASS[1] 3, 10, NOSE[1] 1, SUN[1], WING[1] 1. (*b*) **Sold (at) under its value**, vendu au-dessous de sa valeur. **In under ten minutes**, en moins de dix minutes. **To speak under one's breath**, parler à demi-voix, à mi-voix. **He is under thirty**, il a moins de trente ans. **Men under thirty**, les moins de trente ans. *Children u. ten*, les enfants *m* au-dessous de dix ans. *F:* **Books for the under tens**, livres *m* pour les moins de dix ans. **To be under s.o.**, être inférieur à qn dans les fonctions, en grade. **Nobody under a captain**, personne au-dessous du grade de capitaine. **Alcohol that is under proof, under-proof alcohol**, alcool *m* au-dessous de preuve. **2.** (*a*) **Under lock and key**, sous clef. **Under a favourable light**, sous un jour favorable. **Under our very eyes**, sous nos propres yeux. **Visible under the microscope**, visible au microscope. **Under pain of death**, sous peine de mort. *To be* **under sentence of death**, être condamné à mort. *To be u. a deportation order*, être sous le coup d'un arrêté d'expulsion. **To lie under a terrible accusation**, être sous le coup d'une accusation terrible. **Under these conditions**, dans ces conditions. **Under the circumstances**, dans les circonstances. **Under s.o.'s advice**, d'après, suivant, le conseil de qn. **Under the rules of the club**, selon les règles du club. *U. this agreement*, en vertu de cet arrangement. **Under the terms of the treaty**, aux termes du traité; en vertu du traité. *U. article twelve*, d'après, aux termes de, l'article douze. **Under his father's will**, d'après le testament de son père. *He had returned u. an amnesty*, il était rentré en vertu d'une amnistie. **To be under the necessity of . . .**, être dans la nécessité de. . . . **To be under a promise to do sth.**, être engagé (par sa promesse) à faire qch. *See also* FIRE[1] 5, FORM[1] 2, NAME[1] 1, NOTICE[1] 1, OBLIGATION, PRETENCE 1, SAIL[1] 1 (*b*), SPELL[1] 2, VOW[1], WAY[1] 9, WEATHER[1] 1. (*b*) **To have a hundred men under one**, avoir cent hommes sous ses ordres. **To be under s.o.**, être au service de qn ou sous le commandement de qn. **To serve under . . .**, servir sous les ordres de. . . . **To be under the authority of the Home Office**, relever du Ministère de l'Intérieur. **Under government control**, soumis, assujetti, au contrôle de l'État. *Country u. French influence*, pays soumis à l'influence française. **Under Louis XIV**, sous Louis XIV. **Mandate under the League of Nations**, mandat *m* sous l'égide de la Société des Nations. *F: To be u. the doctor*, être traité par le médecin. (*c*) **To sink under the burden**, plier sous le faix. *The people were u. a crushing yoke*, le peuple subissait un joug écrasant. **To be under a violent emotion**, être en proie à une violente émotion. **3.** En. (*a*) **Under repair**, en (voie de) réparation. **Under construction**, en construction. **Patients under treatment**, malades en traitement. **Patient under observation**, malade en observation. **The question is under examination**, la question est à l'examen. (*b*) *Agr:* **Field under corn, under grass**, champ mis en blé, en herbe.

II. **under**, *adv.* **1.** (Au-)dessous. **To stay under** *for two minutes*, rester deux minutes sous l'eau. **As under**, comme ci-dessous. *Children of seven years old* **and under**, les enfants âgés de sept ans et au-dessous. *See also* DOWN[3] I. 2. (*In compounds*) **To underline**, souligner. **Undersigned**, soussigné. **Under-mentioned**, mentionné ci-dessous. **2.** En soumission. **To keep s.o. under**, tenir qn dans la soumission. *See also* KEEP UNDER. **3.** (*In compounds*) Trop peu; insuffisamment. **To underpay**, mal rétribuer. **Under-heated**, insuffisamment chauffé. **To under-dose s.o.**, donner une dose trop faible à qn. *See also* BANK[2] 3.

III. **under**, *attrib. a. & comb.fm.* **1.** De dessous; inférieur. **Under-strata**, couches inférieures. **Underlip**, lèvre inférieure. **Undervest**, gilet *m* de dessous. **2.** Subalterne. **Under-commissary**, sous-commissaire *m*. **Under-clerk**, employé subalterne; petit employé. **Under-cook**, aide *mf* de cuisine. **Under-gardener**, aide-jardinier *m*, *pl.* aides-jardiniers. **Under-servant**, sous-domestique *mf*. **The under-servants**, la basse domesticité. **3.** Insuffisant; trop petit, trop faible. **Under-inflation**, gonflage insuffisant (d'un pneu, etc.). **Under-dose**, dose insuffisante, trop faible. *El:* **Under-excitation**, sous-excitation *f*.
'under-arm, *adv. & a. Cr: Ten:* = UNDERHAND 1 (*a*), 2 (*a*).
'under-blouse, *s.* Guimpe *f*.
'under-body, -carriage, *s.* **1.** *Av:* Châssis *m*, train *m*, chariot *m* (d'atterrissage); atterrisseur *m*. **2.** *Veh:* (*a*) Train (d'une voiture). (*b*) *Aut:* Dessous *m* (de la voiture).
under-de'veloped, *a.* **1.** *Phot:* (Cliché) insuffisamment développé. **2.** (Enfant) arrêté dans sa croissance.
under-de'veloping, *s. Phot:* Insuffisance *f* de développement.
under-'draw, *v.tr.* Rester au-dessous de la vérité en traçant (un tableau).
'under-driven, *a. Mec.E:* A commande par le bas.
under-'estimate, *v.tr.* (*a*) Sous-estimer, sous-évaluer, mésestimer. *Artil:* **To under-estimate the range**, apprécier court. (*b*) *To u.-e. the importance of . . .*, ne pas attacher assez d'importance à . . .; faire trop peu de cas de. . . .
under-esti'mation, *s.* Mésestimation *f*; sous-évaluation *f*.
under-ex'pose, *v.tr. Phot:* Sous-exposer.
under-ex'posure, *s. Phot:* Sous-exposition *f*; manque *m*, insuffisance *f*, de pose; sous-pose *f*.
'under-feature, *s. Ph.Geog:* Contrefort *m* (de montagne).
'under-felt, *s. Furn:* = UNDERLAY[1] 3.
under-'fired, *a. Cer:* Pas assez cuit.
under-'footage, *s. Cin:* Longueur insuffisante du film.
'under-frame, *s.* **1.** Infrastructure *f* (d'un pont). **2.** *Rail:* etc. Châssis *m* (de wagon, etc.).
under-'freight, *v.tr. Nau:* Sous-fréter.
'under-garment, *s.* Sous-vêtement *m*; vêtement *m* de dessous.
'under-girder, *s. Const:* Sous-poutre *f*.
'under-glaze, *attrib.a. Cer:* **Under-glaze painting**, peinture *f* sous couverte.

'under-grate, *attrib.a.* **Under-grate blast, blower,** soufflage *m*, ventilateur *m*, sous grille.
under-in'flated, *a.* (Pneu, etc.) insuffisamment gonflé.
under-in'flation, *s.* Gonflage insuffisant (d'un pneu, etc.).
'under-jaw, *s.* Mâchoire inférieure; *Farr:* sous-barbe *f* (du cheval).
'under-keeper, *s.* (*a*) Gardien *m* auxiliaire. (*b*) Garde-chasse *m* auxiliaire, *pl.* gardes-chasse(s).
under-'lighting, *s. Cin: etc:* Insuffisance *f* d'éclairage.
under-'lubricated, *a.* Insuffisamment graissé.
under-'nourished, *a.* Insuffisamment nourri; mal nourri.
'under-officer, *s. Mil:* Sous-officier *m.*
'under-pan, *s. Aut: etc:* Carter inférieur; sous-carter *m*; garde-boue *m inv*; tôle *f* de protection.
'under-pass. 1. *Attrib. a.* **Under-pass street,** rue *f* en souterrain; voie *f* en passage inférieur. 2. *s.* = SUBWAY 1.
under-'plant, *v.tr. For:* Créer un sous-étage à (une futaie).
'under-plot, *s. Th: etc:* Intrigue *f* secondaire.
under-'print, *v.tr.* (*a*) Imprimer trop légèrement. (*b*) *Phot:* Tirer (une épreuve) trop claire.
'under-rafter, *s. Const:* Sous-chevron *m.*
under-'rent, *v.tr.* Sous-louer.
under-'ridge-board, *s. Const:* Sous-faîte *m.*
under-'ripe, *a.* Pas assez mûr.
'under-secretary, *s.* Sous-secrétaire *mf.* **Under-secretary of State,** sous-secrétaire d'État. **Permanent under-secretary,** directeur général (d'un Ministère). **Under-secretary's office, department,** sous-secrétariat *m.*
under-'secretaryship, *s.* Sous-secrétariat *m.*
'under-sheriff, *s.m.* Sous-shériff. (Fonctions correspondant à celles du sous-préfet.)
'under-shield, *s. Aut: Av:* Capot inférieur; *Av:* carlingue *f.*
under-'sized, *a.* 1. D'une taille au-dessous de la moyenne. **Under-sized little man,** petit homme rabougri; *F:* petit bout d'homme. 2. (*a*) De dimensions insuffisantes; trop petit. (*b*) *Ind:* Inférieur à la cote; (piston, etc.) sous-calibré.
'under-skirt, *s.* Jupon *m*; sous-jupe *f.*
'under-slip, *s.* Sous-jupe *f*; fond *m* de robe.
'under-steward, *s.m.* Sous-intendant.
under-'stewardship, *s.* Sous-intendance *f.*
'under-strap, *s.* Sous-pied *m*, soupied *m* (de guêtre, etc.).
'under-structure, *s. Civ.E: Const:* Infrastructure *f.*
under-sub'scribed, *a. Fin:* (Emprunt) non couvert.
'under-surface, *s.* Surface inférieure. *Av:* Intrados *m* (de l'aile).
'under-tablecloth, *s.* Sous-nappe *f.*
under-'tenancy, *s.* Sous-location *f.*
'under-tenant, *s.* Sous-locataire *mf.*
'under-trick, *s. Cards:* Levée manquante. **Penalty for under-tricks,** pénalité *f* pour levées manquantes.
under-'voltage, *s. El:* Sous-voltage *m.*
'under-washing, *s.* Affouillement *m* (des berges d'une rivière, etc.).
underact [ʌndər'ækt], *v.tr. Th: To u. a part,* ne pas faire assez ressortir un rôle.
underbid [ʌndər'bid], *v.tr.* (*p.t.* **underbid**; *p.p.* **underbid(den)**) 1. *Ind: etc:* Faire des soumissions, offrir des conditions, plus avantageuses que (qn); demander moins cher que (qn). 2. *Cards:* **To underbid one's hand,** appeler au-dessous de ses moyens.
underbred ['ʌndərbred], *a.* 1. Mal appris; mal élevé; grossier. 2. (Cheval) qui n'a pas de race.
underbrush ['ʌndərbrʌʃ], *s.* = UNDERGROWTH 1 (*a*).
undercall [ʌndər'kɔːl], *v.tr. Cards:* = UNDERBID 2.
undercharge[1] ['ʌndərtʃɑːrdʒ], *s.* 1. *Artil: etc:* Charge (d'explosif) insuffisante. 2. **To make an undercharge to s.o.,** ne pas faire payer assez à qn.
undercharge[2] [ʌndər'tʃɑːrdʒ], *v.tr.* 1. Sous-charger (un canon, un accumulateur). 2. Ne pas faire payer assez à (qn).
undercharged, *a.* (*Of mine, gun, etc.*) Sous-chargé.
underclad [ʌndər'klæd], *a.* Insuffisamment vêtu (pour la saison); mal protégé contre le froid.
underclothes ['ʌndərkloːuðz], *s.pl.*, **underclothing** ['ʌndərklouðiŋ], *s.* Vêtements *mpl*, linge *m*, de dessous; linge de corps; dessous *mpl*; sous-vêtements *mpl*; (*for women*) lingerie *f.* **Set of** (*woman's*) **underclothing,** parure *f.*
undercoat ['ʌndərkout], *s.* 1. Sous-poil *m* (d'un chien). 2. *Paint:* Couche *f* de fond.
undercoating ['ʌndərkoutiŋ], *s.* 1. = UNDERCOAT 2. 2. *Phot:* **Non-halation undercoating,** sous-couche *f* antihalo.
undercooled ['ʌndərkuːld], *a. Ph:* Surfondu.
undercooling ['ʌndərkuːliŋ], *s. Ph:* Surfusion *f.*
undercroft ['ʌndərkrɔft], *s. Arch:* Crypte *f.*
undercrust ['ʌndərkrʌst], *s. Cu:* Croûte *f* de dessous; abaisse *f.*
undercurrent ['ʌndərkʌrənt], *s.* 1. Courant *m* de fond; (*in sea*) courant sous-marin; (*in atmosphere, etc.*) courant inférieur. 2. *F:* **Speech with an undercurrent of humour,** discours *m* avec un fond d'humour. **Undercurrent of discontent,** courant profond de mécontentement. *The u. of national discontent,* la vague de fond du mécontentement national.
undercut[1] ['ʌndərkʌt], *s.* 1. *Cu:* Filet *m* (de bœuf). 2. *For:* Entaille creusée du côté où l'arbre doit tomber. 3. *Metalw: etc:* Dégagement *m*, détalonnage *m*, dépouille *f* (d'un outil, d'une pièce). 4. *Box:* Coup *m* de bas en haut; undercut *m.*
undercut[2] [ʌndər'kʌt], *v.tr.* (*p.t.* **undercut**; *p.p.* **undercut** [ʌndər'kʌt], *as attrib. a.* ['ʌndərkʌt]; *pr.p.* **undercutting**) 1. (*a*) (*Of the sea*) Miner, affouiller (une falaise, etc.). (*b*) *Min:* Haver (le charbon); souchever (la pierre). (*c*) *Sculp:* Fouiller (une sculpture); creuser. (*d*) Dégager (le tranchant d'un outil); donner de la dépouille à (un outil). 2. *Golf:* Couper (la balle). 3. *Com:* (*a*) Faire des soumissions plus avantageuses que (qn). (*b*) Vendre moins cher, à meilleur marché, que (qn).
undercut[3], *a.* 1. (*Of cliff, etc.*) Affouillé, miné. 2. (Tranchant d'outil) dégagé, à dépouille. *Mec.E:* **Undercut teeth,** denture détalonnée, dégagée.
undercutting, *s.* 1. (*a*) Affouillement *m.* (*b*) *Min:* Havage *m*; souchevage *m.* (*c*) *Sculp:* Fouillement *m.* 2. *Com:* Vente *f* à des prix qui défient la concurrence, qui gâtent le métier.
undercutter ['ʌndərkʌtər], *s. Min:* (*a*) (*Pers.*) Haveur *m.* (*b*) (*Machine*) Haveuse *f.*
underdog ['ʌndərdɔg] *s.* (*a*) Celui qui a le dessous (dans une lutte). (*b*) **To plead for the underdog(s),** plaider la cause des opprimés.
underdone [ʌndər'dʌn, 'ʌndərdʌn], *a. Cu:* 1. Pas assez cuit. 2. Pas trop cuit; (bœuf) saignant.
underdrain ['ʌndərdrein], *s. Hyd.E:* Conduit souterrain; drain *m.*
underdress [ʌndər'dres], *v.i.* 1. Faire trop peu d'attention à sa toilette. *To feel underdressed at a smart party,* ne pas se sentir habillé dans une réunion élégante. 2. **To be underdressed,** être trop légèrement vêtu.
underfeed[1] ['ʌndərfiːd], *attrib.a.* **Underfeed stoker,** foyer *m* à alimentation sous grille.
underfeed[2] [ʌndər'fiːd], *v.tr.* (*p.t.* & *p.p.* **underfed** [-fed]) Nourrir insuffisamment; mal nourrir; sous-alimenter.
underfed, *a.* Insuffisamment nourri; mal nourri; sous-alimenté.
underfeeding, *s.* Sous-alimentation *f.*
underflow ['ʌndərflou], *s.* Courant *m* de fond.
underfoot [ʌndər'fut], *adv. See* FOOT[1] 1 (*c*).
undergo [ʌndər'gou], *v.tr.* (*p.t.* **underwent** [-went]; *p.p.* **undergone** [-gɔn]) 1. (*a*) Passer par, subir (un changement, etc.). *His feelings underwent a change,* une révolution, un revirement, s'opéra dans son esprit. *To u. a complete change,* subir une métamorphose complète. **Undergoing repairs,** en réparation. (*b*) Subir (une épreuve). **To undergo a test successfully,** sortir vainqueur d'une épreuve. *People undergoing a great trial,* peuple *m* sous le coup d'une grande épreuve. **At present undergoing a prison sentence,** qui purge actuellement une peine de prison. *While he was undergoing his sentence,* pendant la durée de sa peine. **To undergo an operation,** subir, se soumettre à, une intervention chirurgicale; *F:* être opéré. 2. Supporter, souffrir, essuyer, endurer, passer par (des souffrances). *To u. a loss,* éprouver une perte. *While I underwent these anxieties,* pendant que j'étais en proie à ces inquiétudes.
undergraduate [ʌndər'grædjuet], *s.* Étudiant, -ante (qui n'a pas encore pris de grade). *Attrib. In my u. days . . .,* lorsque j'étais étudiant. . . .
undergraduette [ʌndərgrædju'et], *s.f. F:* Étudiante.
underground [ʌndər'graund]. 1. *adv.* (*a*) Sous terre; (*deep*) souterrainement. **To work underground,** (i) (*of miner, etc.*) travailler sous (la) terre; (ii) travailler dans un sous-sol. *Mine worked u.,* mine exploitée souterrainement. **To rise from underground,** surgir de dessous terre. *I wish he were u.!* plût à Dieu qu'il fût mort et enterré! (*b*) Secrètement; sous main. 2. *a.* ['ʌndərgraund] (*a*) Qui est sous le sol; (*deep*) souterrain. **Underground dwelling,** habitation *f* sous terre. **Underground kitchen,** cuisine située au sous-sol. **Underground water,** eaux souterraines. **Underground railway,** chemin de fer souterrain. **Underground gallery, passage,** souterrain *m. U. workings,* chantier souterrain. **Underground worker,** *Civ.E: etc:* travailleur *m* du sous-sol; *Min:* ouvrier *m* du fond. **Underground fire,** incendie *m* de mine. *See also* SAP[2]. (*b*) *Bot:* (Cotylédon) hypogé. 3. *s.* ['ʌndərgraund] (*a*) Sous-sol (du terrain). (*b*) Chemin de fer souterrain. *F:* **The Underground** = le Métro.
undergrown ['ʌndərgroun], *a.* 1. (*Of child, plant*) Mal venu; chétif; rabougri. 2. (*Of forest-land, etc.*) *U. with scrub,* plein de broussailles.
undergrowth ['ʌndərgrouθ], *s.* 1. (*a*) *For:* Broussailles *fpl*; sous-bois *m. New u.,* jeune(s) vente(s) *f.* **To clear a forest of undergrowth,** soutrager une forêt. **Clearing of undergrowth,** soutrage *m.* **Undergrowth remover,** ébroussailleuse *f.* (*b*) *Nat.Hist:* Sous-poil *m*; duvet *m.* 2. *Med:* Croissance insuffisante; rabougrissement *m.*
underhand [ʌndər'hænd]. 1. *adv.* (*a*) *Cr: Ten:* (Bôler, servir) par en dessous. (*b*) (Agir) sous main, en secret, en dessous, sournoisement. 2. *a.* ['ʌndərhænd] (*a*) *Cr: Ten: etc:* Par en dessous. **Underhand service,** service *m* par en dessous. *See also* STOPE[1] 1. (*b*) Secret, -ète; clandestin; (*of pers.*) sournois. *To act in an u. manner,* **to play an underhand game,** agir en dessous, en cachette, sous main; déguiser, cacher, son jeu; agir sournoisement, sourdement. **Underhand dealings,** agissements clandestins; menées sourdes, sournoises, souterraines, tortueuses. **Underhand trick,** sournoiserie *f. There's some u. work going on,* il y a quelque manigance sous roche; il se trame quelque chose. *No u. work!* pas de cacheries! *To have recourse to u. methods,* employer des voies souterraines.
underhanded [ʌndər'hændid], *a.* 1. = UNDERHAND 2. 2. A court de personnel, de main-d'œuvre. **-ly,** *adv.* Sournoisement; sous main; en dessous; souterrainement; en cachette.
underhung ['ʌndərhʌŋ], *a.* 1. (*a*) (Chien, etc.) dont la mâchoire inférieure fait saillie; (homme *m*) prognathe, *F:* à menton en galoche. (*b*) **Underhung jaw,** menton *m* prognathe; *F:* menton en galoche. *Man with an u. jaw,* homme prognathe. 2. (*Of door, etc.*) Coulissant sur rail inférieur.
underlaid [ʌndər'leid]. *See* UNDERLAY[2].
underlain [ʌndər'lein]. *See* UNDERLIE.
underlay[1] ['ʌndərlei], *s.* 1. *Typ:* Hausse *f.* 2. *Geol: Min:* = HADE[1]. 3. *Furn:* Assise *f* de feutre (pour tapis, matelas, etc.).
underlay[2] [ʌndər'lei], *v.* (*p.t.* **underlaid** [-leid]; *p.p.* **underlaid**)

1. *v.tr.* (*a*) **To underlay sth. with sth.**, mettre qch. sous qch. *Carpet underlaid with felt*, tapis *m* sur assise de feutre. (*b*) *Typ:* Mettre des hausses à, rehausser (la composition). 2. *v.i. Geol: Min:* = HADE[2].

underlay[2] [ʌndər'lei]. *See* UNDERLIE.

underlease[1] ['ʌndərli:s], *s.* Sous-bail *m*, *pl.* sous-baux; sous-location *f*; (*of farm*) sous-ferme *f*.

underlease[2] [ʌndər'li:s], *v.tr.* Sous-louer (une maison) avec bail; sous-affermer, sous-fermer (une terre).

underlessee [ʌndərle'si:], *s.* Sous-locataire *mf*; sous-fermier, -ière.

underlessor ['ʌndərlesɔr], *s.* Sous-bailleur, -eresse.

underlet [ʌndər'let], *v.tr.* (*p.t.* & *p.p.* **underlet**; *pr.p.* **underletting**) 1. Sous-louer (un appartement); sous-fréter (un navire). 2. Louer à trop bas prix, à perte.

underletting, *s.* 1. Sous-location *f*. 2. Location *f* à perte.

underletter ['ʌndərletər], *s. Com:* Sous-fréteur *m* (d'un navire).

underlie [ʌndər'lai], *v.tr.* (*p.t.* **underlay** [-lei]; *p.p.* **underlain**; *pr.p.* **underlying**) 1. Être sous (qch.), en dessous, au-dessous, de (qch.). *The strata underlying the coal*, les couches sur lesquelles repose la houille. 2. Être à la base de (qch.); servir de base à (qch.). **The principles that underlie motor-car construction**, les principes fondamentaux de la construction automobile. *The truths underlying a satire*, les vérités cachées sous une satire. *The axioms underlying human thought*, les axiomes qui sont à la base de la pensée humaine; les axiomes qui sous-tendent la pensée humaine. 3. *v.i. Geol: Min:* = HADE[2].

underlying, *a.* 1. Au-dessous. *Geol:* (*Of rock, etc.*) Sous-jacent, subjacent. 2. (Principe) fondamental, -aux; qui sert de base à (qch.); caché. *There is an u. bitterness in his writings*, il y a dans ses écrits un fond d'amertume. **Underlying causes of an event**, raisons profondes d'un événement.

underline[1] ['ʌndərlain], *s.* 1. Trait *m* qui souligne. 2. *pl.* **Underlines**, transparent *m* (pour guider l'écriture). 3. (*a*) Légende *f* (d'une illustration). (*b*) Souscription *f* (à la fin d'un livre).

underline[2] [ʌndər'lain], *v.tr.* 1. Souligner (un mot, etc.). 2. *F:* (*In speaking*) Appuyer sur (un mot, un fait); *F:* souligner (un fait, etc.).

underlining, *s.* Soulignement *m*.

underlinen ['ʌndərlinen], *s.* Linge *m* de corps, de dessous.

underling ['ʌndərliŋ], *s. Usu. Pej:* Subalterne *m*; subordonné, -ée; sous-ordre *m inv*; *F:* sous-verge *m inv*; *P:* chien *m*.

undermanned [ʌndər'mand], *a.* (*a*) A court de personnel, de main d'œuvre. (*b*) *Nau: etc:* A court d'équipage; à équipage insuffisant; (navire) mal armé.

undermaster ['ʌndərmɑ:stər], *s. Sch:* Sous-maître *m*.

undermentioned [ʌndər'menʃ(ə)nd], *a.* Mentionné ci-dessous; sous-mentionné.

undermine [ʌndər'main], *v.tr.* Miner, saper (une muraille); (*of river*) affouiller, caver (les berges). *Foundations undermined by water*, fondements dégravoyés par l'eau. *To u. the ground*, fouiller sous le terrain. *The sea undermines the cliffs*, *F:* la mer mine les falaises. *F:* **To undermine morals**, saper la morale par les fondements. *To u. a principle*, saper à la base d'un principe. **To undermine the foundations of society**, caver, miner, saper, les fondements de la société. **To undermine the loyalty of the army**, travailler l'armée. **To undermine one's health**, s'abîmer lentement la santé. *Fever has undermined his health*, la fièvre l'a miné. *Health undermined by excesses*, santé minée par les excès. *See also* DISCIPLINE[1].

undermining, *s.* Sape *f*; affouillement *m*, dégravoiement *m*.

undermost ['ʌndərmoust], *a.* (*a*) Le plus en dessous; le plus bas, *f.* la plus basse; inférieur. (*b*) **To be undermost** (*in a contest*), avoir le dessous. *To keep one's assailant u.*, maintenir à terre son assaillant (dans un corps-à-corps).

underneath [ʌndər'ni:θ]. 1. *prep.* Au-dessous de; sous. *To pass sth. u. sth.*, passer qch. sous, par-dessous, qch. **From underneath sth.**, de dessous qch. 2. *adv.* Au-dessous; dessous; par-dessous. *Rotten u.*, pourri en dessous, par-dessous. *Here is a table, get u.*, voici une table, mettez-vous dessous. 3. *a.* De dessous; inférieur. 4. *s.* Dessous *m*.

underpaid [ʌndər'peid], *a.* Mal rétribué; insuffisamment rétribué.

underpart ['ʌndərpɑ:rt], *s.* 1. Dessous *m*. 2. *Th:* Petit rôle; rôle secondaire.

underpin [ʌndər'pin], *v.tr.* (**underpinned**; **-pinning**) 1. Étayer; étançonner, enchevaler (un mur, etc.). 2. *Civ.E: Const:* Reprendre en sous-œuvre (des fondations, etc.); rebâtir par le pied; rechausser.

underpinning, *s.* 1. (*a*) Étayage *m*, étayement *m*; étançonnement *m*. (*b*) Reprise *f* en sous-œuvre; substruction *f*. **Excavation for underpinning**, fouille *f* en sous-œuvre; travaux *mpl* de soutènement. 2. (*a*) Étais *mpl*. (*b*) Maçonnerie *f* en sous-œuvre; soutènement *m*.

underplot ['ʌndərplɔt], *s.* 1. Intrigue *f* secondaire (d'une comédie, d'un roman, etc.). 2. Basse intrigue; complot *m*.

underproduction [ʌndərpro'dʌkʃ(ə)n], *s. Ind:* Production *f* au-dessous du rendement normal; production déficitaire; sous-production *f*.

underprop [ʌndər'prɔp], *v.tr.* (**underpropped** [-prɔpt]; **underpropping**) Soutenir, étayer (en sous-œuvre).

underquote [ʌndər'kwout], *v.tr. Com:* Faire une soumission plus avantageuse que celle de (qn).

underrate [ʌndər'reit], *v.tr.* 1. Mésestimer, sous-estimer, sous-évaluer (l'importance de qch.); déprécier, faire trop peu de cas de (qch.); ne pas estimer (qn, qch.) à sa juste valeur. **To underrate one's opponent**, mésestimer son adversaire. 2. Sous-imposer (un immeuble).

underrun [ʌndər'rʌn], *v.* (*p.t.* **underran** [-ran]; *p.p.* **underrun**; *pr.p.* **underrunning**) 1. *v.tr. Nau:* Paumoyer (un cordage). 2. *v.i. El.Rail:* **Underrunning type of collecting shoe**, frotteur *m* prenant le rail en dessous.

underscore [ʌndər'skɔ:ər], *v.tr.* Souligner.

underscoring, *s.* Soulignement *m*.

undersell [ʌndər'sel], *v.tr.* (*p.t.* & *p.p.* **undersold** [-sould]) 1. Vendre à meilleur marché, moins cher, que (qn). 2. Vendre (qch.) à bas prix, au-dessous de sa valeur.

underseller [ʌndər'selər], *s.* Gâte-métier *m inv*.

underset[1] ['ʌndərset], *s.* 1. = UNDERTOW. 2. *Min:* Couche profonde (de minerai, etc.).

underset[2] [ʌndər'set], *v.tr.* (*p.t.* & *p.p.* **underset**; *pr.p.* **undersetting**) 1. (*a*) Étayer en sous-œuvre. (*b*) Soutenir, appuyer. 2. *A:* Sous-louer (une terre).

undershirt ['ʌndərʃə:rt], *s.* Gilet *m* de dessous; gilet de laine, de coton, (*in Fr.*) de flanelle.

undershore [ʌndər'ʃɔ:ər], *v.tr.* Étayer en sous-œuvre. *N.Arch:* Épontiller.

undershoring, *s.* Étayage *m* en sous-œuvre. *N.Arch:* Épontillage *m*.

undershot ['ʌndərʃɔt], *a.* 1. *Hyd.E:* **Undershot wheel**, *s.* **undershot**, roue *f* en dessous; roue à palettes planes; roue à aubes. 2. *Tex:* **Undershot pick**, duite *f* d'envers. 3. = UNDERHUNG.

underside ['ʌndərsaid], *s.* Dessous *m*; *Const:* sous-œuvre *m*.

undersign [ʌndər'sain], *v.tr.* Soussigner, souscrire (un document).

undersigned, *a.* & *s.* Soussigné, -ée. **I, the undersigned . . .**, je, soussigné. . . . *The u. declare that . . .*, les soussignés déclarent que. . . .

undersling [ʌndər'sliŋ], *v.tr.* (*p.t.* & *p.p.* **underslung** [-slʌŋ]) *Aut: etc:* Surbaisser (un ressort).

underslung, *a.* (Ressort *m*) sous l'essieu, en dessous; (**ressort**) surbaissé, en cantilever. **Underslung car**, voiture *f* à **châssis** surbaissé.

underslinging, *s.* Surbaissement *m*.

undersoil ['ʌndərsɔil], *s. Geol: Agr:* Sous-sol; **la couche** au-dessous de l'humus.

undersold [ʌndər'sould]. *See* UNDERSELL.

understand [ʌndər'stand], *v.tr.* (*p.t.* & *p.p.* **understood** [-stud]) 1. Comprendre, entendre. (*a*) **I don't understand French**, je ne comprends pas le français. *Passage that can be understood in several ways*, passage qui peut s'entendre de plusieurs façons. **To understand one's business**, bien connaître son affaire. **To understand business**, s'entendre aux affaires. *Artist who understands all about colour*, peintre *m* qui a l'entente du coloris. **To understand horses**, se connaître en chevaux. *He doesn't u. children*, il ne comprend rien aux enfants. **No one has ever understood me**, je suis un incompris, une incomprise. **To understand how to do sth.**, s'entendre à faire qch. **To understand driving a car**, s'entendre à, savoir, conduire une auto. **To understand sth.**, se rendre compte de qch. **In order to understand what follows . . .**, pour se rendre compte de ce qui va suivre . . .; pour l'intelligence de ce qui va suivre. . . . *Do you u. what he is talking about?* comprenez-vous quelque chose à ce qu'il raconte? *Abs.* **Now I understand!** je comprends, j'y suis, j'y vois clair, maintenant! voilà qui est clair! *I am beginning to u.*, je commence à comprendre; *Lit:* la lumière, le jour, se fait dans mon esprit. *You don't u.*, vous n'y êtes pas. *I can't u. it!* c'est à n'y rien comprendre! **I am at a loss to understand it**, je n'y comprends rien. *I can u. your being angry*, je comprends que vous soyez fâché. *I can't u. why . . .*, je ne m'explique pas pourquoi. . . . *I cannot u. his daring to apply to you*, je ne conçois pas qu'il ait osé s'adresser à vous. *I can u. it all the better because . . .*, je le conçois d'autant mieux que. . . . *That's easily understood*, cela se comprend, se conçoit, facilement. *What I can't u. is . . .*, ce que je ne peux pas comprendre, ce que je ne comprends pas, *P:* ce qui m'épate, c'est que + *sub*. *I can't u. how he wasn't killed*, *F:* mystère qu'il ne se soit pas tué! (*b*) **To give s.o. to understand sth.**, donner à entendre qch. à qn. *I understood that I should be paid for my work*, on m'avait donné à entendre que mon travail serait rémunéré. **I understood him to mean . . .**, j'ai compris qu'il voulait dire. . . . *I u. you to say that . . .*, si je vous comprends bien, vous voulez dire que. . . . *I understood from his air that he had failed*, j'ai bien compris à sa mine qu'il avait échoué. **Am I to understand that . . .?** ai-je bien compris que . . .? *I u. that he will consent*, je crois savoir qu'il consentira. *I have made it understood, I have let it be understood, that . . .*, j'ai donné à entendre que. . . . *It must be clearly understood that . . .*, il doit être bien entendu que. . . . **Now understand me, I am resolved to . . ., understand that I am resolved to . . .**, sachez-le bien, je suis résolu à. . . . **I understand he is in England**, on m'a donné à entendre qu'il est en Angleterre. *You were*, **I understand**, *alone*, vous étiez seul, si je ne me trompe pas. 2. *Gram: etc:* Sous-entendre (un mot). 3. *v.i.* **To understand about an affair**, savoir ce qu'il faut faire à propos d'une affaire. *Do you u. about my holidays?* (i) comprenez-vous ce que je désire à propos de mes vacances? (ii) comprenez-vous ce qui a été décidé au sujet de mes vacances?

understood, *a.* 1. Compris. 2. Convenu. **It is an understood thing that . . .**, il est bien entendu que. . . . **That is understood**, cela va sans dire; cela va de soi. 3. *Gram:* Sous-entendu.

understanding[1], *a.* Compréhensif, intelligent. *An u. and understandable book*, un livre plein de compréhension et dont la compréhension est facile. **-ly**, *adv.* Intelligemment; avec compréhension. **To look understandingly at s.o.**, regarder qn d'un air entendu. *He smiled u.*, il eut un sourire entendu.

understanding[2], *s.* 1. Entendement *m*, appréhension *f*, compréhension *f*, intelligence *f*. *Phil:* Intellection *f*. **To have reached the age of understanding**, être arrivé à l'âge de discernement *m*. **A person of good understanding**, quelqu'un d'intelligent. **Lacking in understanding**, incompréhensif; inintelligent. *To act with u.*, agir avec discernement. **Difficulties beyond my understanding**, difficultés au-dessus de mes lumières *f*. *His u. of the problems of life*, son intelligence des problèmes de la vie. *To have* *an u. of several languages*, avoir l'intelligence de plusieurs langues; savoir plusieurs langues. *Wireless brought within the u. of the public*, la T.S.F. mise à la portée du public. **To arrive at a right understanding of this passage . . .**, pour bien comprendre ce passage. . . . **2.** (*a*) Accord *m*, entente *f*. *To come to a perfect u.*, arriver à une entente parfaite. **Our good understanding with France**, nos bons rapports avec la France. **Friendly understanding**, entente cordiale. **Spirit of understanding**, esprit *m* d'entente. (*b*) Arrangement *m*. **To have an understanding with s.o.**, avoir un arrangement, être d'intelligence, avec qn. *There was an u. between them*, ils étaient d'intelligence. **To come to an understanding with s.o.**, s'accorder, s'arranger, s'entendre, avec qn. *There is an u. between us that we do not enter into competition with each other*, il est entendu entre nous que nous ne nous faisons pas de concurrence. (*c*) Condition *f*. **On the understanding that . . .**, à condition que. . . . *On the distinct u. that . . .*, à la condition expresse que. . . . *On this u. I accept*, à cette condition, à ces conditions, j'accepte. **3.** *pl. F. & Hum:* **Understandings**, (i) jambes *f*; (ii) pieds *m*; (iii) chaussures *f*.

understandable [ʌndər'standəbl], *a.* Compréhensible; intelligible. *That is u.*, cela se comprend (facilement).

understate [ʌndər'steit], *v.tr.* Amoindrir (les faits); rester au-dessous de la vérité en racontant (les faits).

understatement [ʌndər'steitmənt], *s.* **1.** Amoindrissement *m* (des faits). **2.** (*a*) Affirmation *f*, exposé *m*, qui reste au-dessous de la vérité. (*b*) Euphémisme *m*.

understrapper ['ʌndərstrapər], *s. F:* = UNDERLING.

understudy[1] ['ʌndərstʌdi], *s. Th:* Doublure *f*, suppléant *m*.

understudy[2] [ʌndər'stʌdi], *v.tr. Th:* Doubler (un rôle, un acteur); étudier (un rôle) en double.

undertake [ʌndər'teik], *v.tr.* (*p.t.* **undertook** [-tuk]; *p.p.* **undertaken** [-teik(ə)n]) **1.** Entreprendre (un voyage, etc.). **2.** (*a*) Se charger de, entreprendre, s'imposer (une tâche); assumer (une responsabilité). **To undertake a guarantee**, s'engager à donner une garantie. (*b*) **To undertake to do sth.**, se charger de, entreprendre de, s'engager à, s'obliger à, faire qch.; prendre l'engagement de, prendre à tâche de, se faire fort de, faire qch. *F:* **I undertake that you will like it**, vous l'aimerez, je vous en réponds, je vous le garantis. **3.** *A. & F:* **To undertake s.o.**, prendre qn à partie; s'attaquer à qn; entreprendre qn.

undertaking, *s.* **1.** (*a*) Action *f* d'entreprendre (qch.); entreprise *f* (de qch.). (*b*) Entreprise de pompes *f* funèbres. **2.** Entreprise (commerciale, industrielle, etc.). *F:* **It is quite an undertaking**, c'est toute une affaire. **3.** Engagement *m*, promesse *f*; *Jur:* soumission *f*. **On the undertaking that . . .**, sous promesse que . . .; à condition que. . . .

undertaker ['ʌndərteikər], *s.* **1.** Celui qui entreprend, qui a entrepris (une tâche, etc.). **2.** *A:* Entrepreneur *m* (en bâtiment, etc.). **3.** Entrepreneur de pompes funèbres. **Undertaker's man**, employé *m* des pompes funèbres.

underthrust ['ʌndərθrʌst], *s. Geol:* Sous-charriage *m*; avancée *f* en profondeur (d'une faille, etc.).

undertone ['ʌndərtoun], *s.* **1.** **To speak in an undertone**, parler bas; parler à demi-voix, à mi-voix, à voix basse. **2.** **Undertone of discontent**, courant sourd de mécontentement. *U. of hostility*, hostilité sourde. *U. of melancholy*, fond *m* de mélancolie.

undertook [ʌndər'tuk]. *See* UNDERTAKE.

undertow ['ʌndərtou], *s.* **1.** Contre-marée *f*; courant sous-marin, courant de fond (opposé à celui de la surface). **2.** Ressac *m*; retrait *m* de la lame.

undertrump [ʌndər'trʌmp], *v.tr. Cards:* Couper trop faible.

undertype ['ʌndərtaip], *attrib. a. El.E:* **Undertype generator**, dynamo *f* type inférieur.

undervaluation [ʌndərvalju'eiʃ(ə)n], *s.* **1.** Estimation *f* (d'une terre, etc.) au-dessous de sa valeur; sous-estimation *f*, sous-évaluation *f*. **2.** Mésestimation *f*, dépréciation *f* (du mérite de qn, etc.).

undervalue [ʌndər'valju], *v.tr.* **1.** Sous-estimer, sous-évaluer (une terre, etc.). **2.** Mésestimer, faire trop peu de cas de, déprécier (qn, qch.).

underwater ['ʌndərwɔːtər], *attrib.a.* Sous l'eau. **Underwater rock-breaker**, brise-roc sous-marin. *Cin:* **Underwater camera**, caméra *f* pour prises de vues sous-marines.

underwear ['ʌndərwɛər], *s.* = UNDERCLOTHES.

underwent [ʌndər'went]. *See* UNDERGO.

underwood ['ʌndərwud], *s.* Sous-bois *m*, mort-bois *m*, broussailles *fpl*, (bois) taillis *m*.

underwork [ʌndər'wəːrk]. **1.** *v.tr.* Ne pas faire travailler suffisamment (qn). **2.** *v.i.* Fournir une somme insuffisante de travail.

underworld ['ʌndərwəːrld], *s.* **1.** Monde *m* sublunaire. **2.** Monde inférieur, au-dessous du nôtre; (les) enfers *m*. **3.** (Les) antipodes *m*. **4.** Monde des apaches; quartier *m* louche (d'une ville); (les) bas-fonds *m* de la société.

underwrite [ʌndər'rait], *v.tr.* (*p.t.* **underwrote** [-rout]; *p.p.* **underwritten** [-rit(ə)n]) **1.** *A:* Souscrire (son nom). **2.** (*a*) *Fin:* Garantir, souscrire (une émission); soumissionner (des bons, une nouvelle émission). (*b*) *Ins:* **To underwrite a policy, a risk**, souscrire une police, un risque; partager un risque.

underwriting, *s.* **1.** *Fin:* Garantie *f* d'émission; souscription éventuelle à forfait. **Underwriting syndicate**, syndicat *m*, groupe *m*, de garantie. **Underwriting share**, part syndicale; part syndicataire. **Underwriting commission**, commission syndicale. **Underwriting contract** *or* **agreement**, contrat *m* de garantie; acte syndical; lettre *f* de souscription éventuelle à forfait (par laquelle qn s'engage, moyennant commission, à prendre tout ou partie des actions qui ne seraient pas souscrites à l'émission). **2.** (*a*) Souscription *f* (d'une police d'assurance, d'un risque). (*b*) Assurance *f* maritime.

underwriter ['ʌndərraitər], *s.* **1.** *Fin:* Membre *m* d'un syndicat de garantie; soumissionnaire *m* (de bons). **The underwriters**, le syndicat de garantie. **2.** *Ins:* Assureur *m*; *esp.* assureur maritime.

underwrote [ʌndər'rout]. *See* UNDERWRITE.

undescribable [ʌndis'kraibəbl], *a.* Indescriptible.

undescribed [ʌndis'kraibd], *a.* Indécrit; non encore étudié.

undescried [ʌndis'kraid], *a.* Inaperçu.

undeserved [ʌndi'zəːrvd], *a.* (*Of praise, reproach*) Immérité; (*of reproach*) injuste.

undeservedly [ʌndi'zəːrvidli], *a.* A tort; injustement.

undeserving [ʌndi'zəːrviŋ], *a.* (*a*) (*Of pers.*) Peu méritant; sans mérite; (*of thg*) peu méritoire. (*b*) **Undeserving of attention**, qui ne mérite pas l'attention; indigne d'attention. *U. case*, cas peu intéressant. **-ly**, *adv.* De manière peu méritoire.

undesignated [ʌn'dezigneitid], *a.* Non désigné; non indiqué.

undesigned [ʌndi'zaind], *a.* (*Of action, etc.*) (*a*) Involontaire, imprémédité, accidentel. (*b*) (Résultat) inattendu, imprévu, non envisagé.

undesignedly [ʌndi'zainidli], *adv.* Involontairement, sans intention; sans préméditation.

undesigning [ʌndi'zainiŋ], *a.* Candide; sans artifice, sans malice; loyal, -aux.

undesirable [ʌndi'zaiərəbl], *a. & s.* Indésirable (*mf*); peu désirable. *U. thing to happen*, événement *m* qui n'est pas à désirer, qui ne serait pas opportun. *He is a most u. acquaintance*, c'est un vilain monsieur. **Measures against the influx of undesirables**, mesures *f* contre l'afflux des indésirables. *For:* **Undesirable shrubs**, morts-bois *m*.

undesirableness [ʌndi'zaiərəblnəs], *s.* Inopportunité *f* (*of*, de).

undesired [ʌndi'zaiərd], *a.* Peu désiré; inopportun.

undesirous [ʌndi'zaiərəs], *a.* Peu désireux (*of*, de). **To be undesirous of doing sth.**, n'avoir aucun désir de faire qch.

undesisting [ʌndi'zistiŋ], *a.* **1.** Incessant. **2.** Tenace.

undespairing [ʌndis'pɛəriŋ], *a.* Qui ne désespère pas; qui espère toujours; qui ne se laisse pas abattre; à l'espoir tenace.

undestroyed [ʌndis'trɔid], *a.* Non détruit; intact.

undetachable [ʌndi'tatʃəbl], *a.* (*a*) (Partie de machine, etc.) non amovible. (*b*) Indécollable.

undetected [ʌndi'tektid], *a.* **1.** Qui a échappé à l'attention. (*Of mistake, etc.*) **To pass undetected**, passer inaperçu. **2.** Non reconnu; (malfaiteur) insoupçonné.

undetermined [ʌndi'təːrmind], *a.* **1.** (*Of quantity, date, etc.*) Indéterminé, incertain. *Ch:* Non-dosé. **2.** (*Of question*) Indécis. **3.** (*Of pers.*) Irrésolu, indécis. **He was undetermined whether he would go or not**, il se demandait s'il irait ou non.

undeterred [ʌndi'təːrd], *a.* Non découragé, non arrêté, aucunement ébranlé (*by*, par). *U. by these dangers*, sans s'effrayer de ces dangers. *U. by the weather . . .*, en dépit du mauvais temps. . . .

undeveloped [ʌndi'veləpt], *a.* **1.** Non développé. (*a*) **Undeveloped plant or animal**, avorton *m*. (*b*) **Undeveloped land**, terrains inexploités. **Undeveloped mind**, esprit resté en friche, inculte. **States yet undeveloped**, états *m* encore en embryon. *Industry still u.*, industrie *f* encore dans son enfance. **2.** *Phot:* **Undeveloped image**, image latente.

undeviating [ʌn'diːvieitiŋ], *a.* **1.** (Cours, chemin) droit, direct, qui ne dévie pas. **2.** Constant; (honnêteté *f*) rigide; (fidélité) qui ne se dément pas. **-ly**, *adv.* **1.** Sans dévier; directement. **2.** Constamment, rigidement; sans jamais se démentir.

undevoured [ʌndi'vauərd], *a.* Non dévoré.

undevout [ʌndi'vaut], *a.* Indévot, -ote. **-ly**, *adv.* Indévotement.

undid [ʌn'did]. *See* UNDO.

undies ['ʌndiz], *s.pl. F:* Lingerie *f*; dessous *mpl* (de femme).

undifferentiated [ʌndifə'renʃieitid], *a. Mth:* Non différencié.

undiffused [ʌndi'fjuːzd], *a.* (*Of light*) Direct, cru.

undigested [ʌndi'dʒestid, -dai-], *a.* (Mets, ouvrage) mal digéré, (mets) indigéré. **Undigested knowledge**, connaissances *f* indigestes, confuses. *U. memoirs*, mémoires qui n'ont pas été mis en ordre; mémoires mal composés.

undigestible [ʌndi'dʒestibl], *a.* = INDIGESTIBLE.

undignified [ʌn'dignifaid], *a.* (*a*) Peu digne. *A show of emotion would be u.*, ce serait s'abaisser, manquer à sa dignité, que de montrer de l'émotion. *He made an u. exit*, il est sorti sans demander son reste. (*b*) (*Of pers.*) **To be undignified**, manquer de dignité, de tenue.

undiluted [ʌndai'ljutid, -di-], *a.* Non dilué; non étendu (d'eau); (vin) pur; (acide) concentré. *F:* **To talk undiluted nonsense**, divaguer.

undiminished [ʌndi'miniʃt], *a.* Non diminué; sans diminution. *My respect for you remains u.*, mon respect pour vous reste le même, n'est aucunement amoindri.

undimmed [ʌn'dimd], *a.* Brillant; (*of light*) nullement atténué (*by*, par); (*of eyes*) non terni (*by*, par); (*of vision*) clair, inobscurci. **Undimmed intelligence**, intelligence toujours claire, aucunement troublée.

undine ['ʌndiːn], *s.f. Myth:* Ondine.

undiplomatic [ʌndiplo'matik], *a.* Peu diplomatique; *F:* peu politique, peu adroit, peu prudent.

undirected [ʌndai'rektid, -di-], *a.* **1.** (Lettre) sans adresse. **2.** *To find one's way u.*, se rendre quelque part sans demander son chemin. **3.** (Faire qch.) sans ordres, sans instructions.

undisbanded [ʌndis'bandid], *a.* (*Of army*) Qui n'a pas été licencié.

undiscerned [ʌndi'zəːrnd, -'səːrnd], *a.* Inaperçu.

undiscernible [ʌndi'zəːrnibl, -'səːrn-], *a.* Imperceptible; invisible.

undiscerning [ʌndi'zəːrniŋ, -səːrn-], *a.* (Esprit) sans discernement, peu pénétrant.

undischarged [ʌndis'tʃɑːrdʒd], *a.* **1.** (*Of ship, fire-arm, electric battery, etc.*) Non déchargé. **2.** **Undischarged of an obligation**, non libéré, non déchargé, d'une obligation. *Jur:* **Undischarged**

bankrupt, failli non réhabilité. **3. Undischarged debt,** dette inacquittée, non liquidée, non soldée. **4.** (Devoir) inaccompli.
undisciplined [ʌn'disiplind], *a.* Indiscipliné; sans discipline.
undisclosed [ʌndis'klouzd], *a.* Non révélé; indivulgué; caché.
undiscomfited [ʌndis'kʌmfitid], *a.* Aucunement déconcerté; aucunement découragé.
undisconcerted [ʌndiskon'sə:rtid], *a.* Aucunement déconcerté; aucunement troublé; sans se laisser interdire. . . .
undiscountable [ʌndis'kauntəbl], *a. Com:* (Effet) incourant, inescomptable.
undiscouraged [ʌndis'kʌredʒd], *a.* (*a*) Non découragé; aucunement abattu. (*b*) (*Of suitor, etc.*) Non rebuté.
undiscoverable [ʌndis'kʌvərəbl], *a.* Indécouvrable, introuvable.
undiscovered [ʌndis'kʌvərd, 'ʌn-], *a.* Non découvert, caché. **The murderer remains undiscovered,** l'assassin *m* reste introuvable. *Land at that time u.*, terre inconnue à cette époque. *F:* **The then undiscovered Pyrenees,** les Pyrénées, peu connues des touristes à cette époque.
undiscriminating [ʌndis'krimineitiŋ], *a.* **1.** *A:* Qui ne fait pas de distinction. **2.** Qui ne sait pas distinguer; (*of pers.*) sans discernement; (*of taste*) peu averti. *U. praise*, éloges prodigués sans discernement.
undiscussed [ʌndis'kʌst], *a.* Indiscuté; non débattu. *This plan remains u.*, ce projet n'a encore jamais été discuté.
undisguised [ʌndis'gaizd], *a.* (*Of pers., voice, etc.*) Non déguisé; (*of feelings*) non dissimulé; franc, *f.* franche; sincère. **To show undisguised satisfaction,** manifester une satisfaction sincère; témoigner franchement sa satisfaction.
undisguisedly [ʌndis'gaizidli], *adv.* Ouvertement; franchement; sincèrement.
undisheartened [ʌndis'hɑ:rt(ə)nd], *a.* Sans se laisser abattre, décourager; aucunement découragé.
undisillusioned [ʌndisi'lju:ʒənd], *a.* Qui a conservé ses illusions.
undismayed [ʌndis'meid, 'ʌn-], *a.* Sans peur, sans terreur; aucunement ébranlé; *Lit:* impavide. **Undismayed by . . .,** sans s'effrayer de. . . .
undispatched [ʌndis'patʃt], *a.* **1.** (*Of letter*) Non expédié; (*of object*) non envoyé; (*of messenger*) non dépêché. **2.** (*Of business*) Non expédié.
undispelled [ʌndis'peld], *a.* Non dissipé.
undispersed [ʌndis'pə:rsd], *a.* **1.** (*Of army, etc.*) Non dispersé; (*of art collection*) intact. **2.** *Med:* (*Of tumour, etc.*) Non résolu.
undisposed [ʌndis'pouzd], *a.* **1.** (*a*) **Stock undisposed of,** marchandises non écoulées, non vendues. (*b*) *House, car, u. of*, maison *f*, voiture *f*, dont on n'a pas encore disposé. *F:* *Daughter still u. of*, fille non encore casée. **2.** *A:* = INDISPOSED.
undisputed [ʌndis'pju:tid, 'ʌn-], *a.* Incontesté, indisputé, incontroversé.
undissembling [ʌndi'sembliŋ], *a.* Qui ne dissimule pas ses sentiments; franc, *f.* franche; ouvert.
undissolved [ʌndi'zɔlvd], *a.* **1.** (*a*) Non dissous, -oute. (*b*) (*Of ice, etc.*) Non fondu. **2.** (*Of obligation, contract, etc.*) Qui reste entier, dont on n'est pas délié; (*of marriage*) non dissous.
undistilled [ʌndis'tild], *a.* Non distillé.
undistinguishable [ʌndis'tiŋgwiʃəbl], *a.* **1.** Indistinguible (*from*, de). *They are u.*, ils se ressemblent à s'y méprendre. **2.** Imperceptible; que l'on peut à peine distinguer.
undistinguished [ʌndis'tiŋgwiʃt], *a.* **1.** (*a*) Indistingué (*from*, de). (*b*) Que l'on n'avait pas distingué, reconnu, remarqué. **2.** Médiocre; banal, -aux. *Quite u. performance*, représentation *f* tout à fait quelconque. *A mediocre and u. set of people*, une société médiocre et sans prestige. **To live undistinguished,** vivre dans la médiocrité, dans l'obscurité.
undistinguishing [ʌndis'tiŋgwiʃiŋ], *a.* = UNDISCRIMINATING. **-ly,** *adv.* Sans discernement.
undistorted [ʌndis'tɔ:rtid], *a. Ph:* (Onde, etc.) sans distorsion.
undistracted [ʌndis'traktid], *a.* Que rien ne vient distraire, ne vient troubler. *U. he continued*, sans se laisser distraire il continua.
undistraught [ʌndis'trɔ:t], *a. Lit:* Sain d'esprit.
undistressed [ʌndis'trest], *a.* Aucunement affligé.
undistributed [ʌndis'tribjutid], *a.* Non distribué; non réparti; non partagé. *Log:* **Undistributed middle,** dénombrement imparfait.
undisturbed [ʌndis'tə:rbd], *a.* **1.** (*Of pers.*) Tranquille; (*of sleep, etc.*) paisible, calme. **2.** (*Of peace*) Que rien ne vient troubler; (*of the ground, etc.*) qui n'a pas été remué; (*of plan, papers*) non dérangé. *Volumes left u. for years*, volumes qui n'ont pas été touchés depuis plusieurs années. *We found everything u.*, rien n'avait été dérangé; tout était tel quel.
undisturbedly [ʌndis'tə:rbidli], *adv.* Sans être dérangé; tranquillement, paisiblement; sans interruption.
undiversified [ʌndai'və:rsifaid], *a.* Non diversifié; monotone.
undiverted [ʌndai'və:rtid, -di-], *a.* **1.** (*Of stream, etc.*) Non détourné. **2.** (*Of pers.*) Non diverti; non amusé.
undivided [ʌndi'vaidid], *a.* **1.** Indivisé; non divisé; entier. **2.** Non partagé, impartagé. **Undivided profits,** bénéfices non répartis. **Undivided property,** biens indivis. **Give me your undivided attention,** donnez-moi toute votre attention. **3.** (*a*) Non séparé (*from*, de). (*b*) **Undivided friends,** amis unis. **Undivided opinion,** opinion *f* unanime. **-ly,** *adv.* En entier; complètement; sans partage.
undivorced [ʌndi'vɔ:rst], *a.* **1.** Non divorcé. **2.** *F:* Non séparé (*from*, de).
undivulged [ʌndi'vʌldʒd], *a.* Non divulgué; indivulgué.
undo [ʌn'du:], *v.tr.* (*p.t.* **undid** [-'did]; *p.p.* **undone** [-'dʌn]) **1.** Détruire (une œuvre, etc.). *He set about undoing all the good his father had done*, il se mit en devoir d'annuler toutes les bonnes œuvres de son père. **To undo the mischief,** réparer le mal. *Prov:* **What is done cannot be undone,** ce qui est fait ne peut être défait; ce qui est fait est fait. **2.** (*a*) Défaire, dénouer (un nœud, ses cheveux); défaire (un tricot). (*b*) Défaire (un bouton); décrocher (une agrafe); ouvrir (un fermoir); desserrer (une vis). *Mec.E:* Décliqueter (un échappement). (*c*) Déverrouiller, ouvrir (la porte). (*d*) Défaire, ouvrir, déficeler (un paquet); délier (une botte de foin); délacer (ses souliers). **To undo one's dress,** dégrafer, déboutonner, défaire, sa robe. **To undo one's corsets,** (i) dégrafer, (ii) délacer, son corset; se dégrafer ou se délacer. **3.** Perdre, ruiner (qn); causer la ruine de (qn).
undoing, *s.* **1.** Action *f* de défaire (un travail, ses cheveux, un nœud, une robe, etc.). **2.** Ruine *f*, perte *f*. **To work for the undoing of s.o.,** travailler à la perte de qn. **Drink will be his undoing,** la boisson causera sa perte, le perdra. *Such a step would be your u.*, vous vous perdriez par cette démarche. *He borrowed from money-lenders*, **to his utter undoing,** il emprunta de l'argent à des usuriers, et ce fut la ruine totale.
undoable [ʌn'du:əbl], *a.* **1.** Que l'on ne peut accomplir; (tâche *f*) impossible. **2.** Qui peut se défaire; détachable.
undock [ʌn'dɔk]. **1.** *v.tr.* Faire sortir (un navire) du bassin. **2.** *v.i.* (*Of ship*) (i) Sortir du bassin; (ii) sortir de cale sèche.
undocking, *s.* Sortie *f* du bassin.
undoer [ʌn'du:ər], *s.* **1.** Auteur *m* de la ruine (de qn); *A:* séducteur *m* (d'une femme). **2.** Défaiseur, -euse (*of*, de).
undomestic [ʌndo'mestik], **undomesticated** [ʌndo'mestikeitid], *a.* (Femme) peu ménagère.
undone [ʌn'dʌn]. I. *See* UNDO.
II. **undone,** *a.* **1.** (*a*) Défait. **To come undone,** (*of knot, button, etc.*) se défaire; (*of hair*) se dénouer; (*of screw*) se desserrer; (*of shoe, etc.*) se délacer; (*of dress*) se dégrafer; (*of parcel*) se déficeler. *My shoe has come u.*, le lacet de mon soulier est défait, mon soulier est dénoué. (*b*) Ruiné; perdu. *A. & Lit:* **I am undone!** je suis perdu! c'en est fait de moi! c'est la ruine, l'anéantissement, de mes projets, de mes espérances! **2.** Inaccompli, non accompli. *To leave some work u.*, laisser du travail inachevé. **We have left undone those things which we ought to have done,** nous n'avons pas fait les choses que nous aurions dû faire. **To leave nothing undone which might help,** ne rien négliger qui puisse être utile.
undouble [ʌn'dʌbl]. **1.** *v.tr.* Dédoubler, déplier (du papier). **2.** *v.i.* Se dédoubler.
undoubled [ʌn'dʌbld], *a. Cards:* (*At bridge*) Non contré.
undoubted [ʌn'dautid], *a.* (Fait *m*, etc.) indiscutable, incontestable, indubitable. **-ly,** *adv.* Indubitablement, incontestablement, indiscutablement, assurément. **Undoubtedly he is wrong,** sans aucun doute il a tort; il est indubitable qu'il a tort.
undoubting [ʌn'dautiŋ], *a.* Que n'affecte aucun doute; certain, convaincu.
undrainable [ʌn'dreinəbl], *a.* **1.** (Terres) qu'on ne peut pas drainer, qu'il est impossible d'assécher. **2.** (Source *f*, mine *f*) inépuisable.
undrained [ʌn'dreind], *a.* Non drainé; non asséché.
undramatic [ʌndrə'matik], *a.* (Ouvrage *m*, style *m*) peu dramatique, qui manque de sens dramatique.
undrape [ʌn'dreip], *v.tr.* Enlever, ôter, les draperies de (qch.).
undraped [ʌn'dreipt], *a.* Sans draperies; (*of human figure*) nu.
undraw [ʌn'drɔ:], *v.tr.* (*p.t.* **undrew** [-'dru:]; *p.p.* **undrawn** [-'drɔ:n]) Tirer, ouvrir (les rideaux, le verrou).
undrawable [ʌn'drɔ:əbl], *a.* (Métal *m*) inétirable.
undreaded [ʌn'dredid], *a.* Non redouté.
undreamed [ʌn'dri:md], **undreamt** [ʌn'dremt], *a.* **Undreamt of,** (i) dont on ne s'aviserait jamais; auquel on ne songe pas; inattendu; (ii) qui passe l'imagination. **Unknown and undreamt of beauties,** beautés inconnues et insoupçonnées, et qui dépassent toute attente, tout ce qu'on aurait pu rêver.
undress[1] [ʌn'dres], *s.* (i) *Mil: etc:* Petite tenue; (ii) (*for women*) déshabillé *m*, négligé *m*. **In undress,** (i) en petite tenue; (ii) en déshabillé, en négligé. *Mil: Navy:* **Undress** ['ʌndres] **uniform,** petite tenue; tenue de service.
undress[2], *v.* (**undressed** [ʌn'drest]) **1.** *v.i. & pr.* Se déshabiller, se dévêtir. **2.** *v.tr.* (*a*) Déshabiller, dévêtir. (*b*) *To u. a wound*, ôter, défaire, les pansements d'une plaie.
undressed [ʌn'drest], *a.* **1.** (*a*) Déshabillé, dévêtu. (*b*) En déshabillé; en négligé. **2.** (*a*) Non préparé; inapprêté; brut; non dégrossi. **'Undressed stone,** pierre brute, non taillée. **'Undressed timber,** bois *m* en grume. **'Undressed leather, linen,** cuir, linge, inapprêté; cuir d'œuvre. **'Undressed skin,** peau verte, crue. (*b*) *Agr:* (Terre) qui n'a reçu aucune façon. (*c*) *Cu:* (*Of meat*) Non habillé; (*of lobster, etc.*) nature *inv*; (*of salad*) non garni, non assaisonné. (*d*) Non paré, non arrangé; (*of hair*) défait. **Undressed shop-window,** devanture vide ou peu soignée. (*e*) **Undressed wound,** blessure non pansée.
undried [ʌn'draid], *a.* Non séché.
undrilled [ʌn'drild], *a.* **1.** (*Of troops*) Inexercé. **2.** (*Of iron plate, etc.*) Sans trou; pas encore perforé.
undrinkable [ʌn'driŋkəbl], *a.* Imbuvable, impotable.
undrunk [ʌn'drʌŋk], *a.* **1.** Non bu. **2.** (Toast) non porté.
undue [ʌn'dju:], *a.* **1.** (Paiement) inexigible, indu; (effet) non échu, à échoir. **2.** (*a*) (*Of exaction, etc.*) Injuste, inique, injustifiable; *Jur:* illégitime; (*of reward*) immérité. *Jur:* **Use of undue (military, administrative) authority,** abus *m* d'autorité. **Undue influence,** influence *f* illégitime; intimidation *f*; (*upon testator*) manœuvres *f* captatoires. (*b*) (*Of haste, etc.*) Exagéré, indu. *To place sth. in u. prominence*, mettre qch. trop en évidence, trop en valeur. **Undue optimism,** optimisme excessif, peu justifié.
undulant ['ʌndjulənt], *a. Med:* **Undulant fever,** (i) mélito-coccie *f*; (ii) fièvre de Malte, fièvre ondulante.
undulate[1] ['ʌndjulet], *a. Nat.Hist:* Ondulé.
undulate[2] ['ʌndjuleit]. **1.** *v.tr.* Onduler. **2.** *v.i.* Onduler, ondoyer.
undulated, *a.* (*Of surface*) Ondulé, onduleux. *Deeply u. country*, pays très vallonné.

undulating, *a.* Ondulé, onduleux; (blé) ondoyant. *U. country,* pays ondulé, mouvementé, accidenté, vallonné.
undulation [ʌndju'leiʃ(ə)n], *s.* **1.** Ondulation *f. F: The u. of the prairie,* la houle de la prairie. **2. Undulation of ground,** pli *m,* accident *m,* de terrain; mouvement *m* de terrain.
undulator ['ʌndjuleitər], *s. W.Tel:* Ondulateur *m.*
undulatory ['ʌndjulətəri], *a.* **1.** (*a*) Ondulatoire. (*b*) *Ph:* **The undulatory theory,** la théorie des ondulations. **2.** Ondulé, onduleux.
undulous ['ʌndjuləs], *a.* Onduleux.
unduly [ʌn'dju:li], *adv.* **1.** (*a*) (Réclamer, payer) indûment. (*b*) Sans raison; à tort. **2.** (*a*) Injustement, iniquement. *Jur:* Illégalement. (*b*) A l'excès, outre mesure, trop. **Unduly high price,** prix exagéré. *To be u. optimistic,* faire preuve d'un optimisme excessif, peu justifié. *U. strict,* exagérément sévère. *Don't be u. squeamish,* ne faites pas trop le dégoûté.
unduteous [ʌn'dju:tiəs], **undutiful** [ʌn'dju:tiful], *a.* Qui ne remplit pas ses devoirs (filiaux, conjugaux, etc.).
undutifully [ʌn'dju:tifuli], *adv.* D'une façon indigne (d'un fils, d'un mari, etc.).
undutifulness [ʌn'dju:tifulnəs], *s.* Manquement *m* à ses devoirs (filiaux, conjugaux, etc.).
undyed [ʌn'daid], *a.* Non teint; sans teinture. **'Undyed wool,** laine *f* beige.
undying [ʌn'daiiŋ], *a.* Immortel, impérissable. **Undying hatred,** haine *f* vivace.
unearned [ʌn'ə:rnd], *a.* **1.** (*Of reward, punishment*) Immérité. **2.** Non gagné par le travail. *See also* INCOME 1, INCREMENT.
unearth [ʌn'ə:rθ], *v.tr.* **1.** (*a*) Déterrer, exhumer. (*b*) Découvrir, *F:* dénicher (qch.). **To unearth an old manuscript,** déterrer, dénicher, un vieux manuscrit. *I unearthed it in a curio shop, F:* j'ai déniché ça chez un antiquaire. **2.** Faire sortir (un animal) de son trou. **To unearth a fox,** faire sortir un renard de son terrier; faire bouquer un renard.
unearthing, *s.* Déterrage *m,* déterrement *m,* exhumation *f, F:* dénichement *m.*
unearthly [ʌn'ə:rθli], *a.* **1.** Céleste, sublime. **2.** (*a*) Qui n'est pas de ce monde; de l'autre monde; surnaturel. (*b*) **Unearthly pallor,** pâleur mortelle. *U. light,* lueur *f* sinistre, lugubre, blafarde. (*c*) *F:* **At an unearthly hour,** à une heure indue, impossible. **Unearthly din,** bruit *m,* vacarme *m,* de tous les diables.
unease [ʌn'i:z], *s. Lit:* Malaise *m*; gêne *f. A look of miserable u.,* un air piteux et gêné.
uneasiness [ʌn'i:zinəs], *s.* **1.** Gêne *f,* malaise *m.* **2.** Inquiétude *f. You have no cause for u.,* vous pouvez être sans inquiétude; vous n'avez pas à vous inquiéter; *F:* vous pouvez dormir sur les deux oreilles. **3.** *A:* Caractère malaisé, difficulté *f* (d'un travail, etc.).
uneasy [ʌn'i:zi], *a.* **1.** (*a*) Mal à l'aise; gêné. **Uneasy feeling,** sentiment *m* de malaise. (*b*) Gêné; tourmenté; inquiet, -ète; anxieux. **Uneasy conscience,** conscience agitée. **Uneasy smile,** sourire gêné, embarrassé. **Uneasy silence,** silence gêné. **To be uneasy,** (i) être mal à son aise; (ii) ressentir de l'inquiétude; être inquiet, -ète (*about,* au sujet de); être en peine (*about,* de); *F:* avoir la puce à l'oreille. *I was getting u. at hearing nothing more,* je commençais à m'inquiéter, je m'inquiétais, de ne plus rien entendre. **To be uneasy in one's mind about . . .,** avoir l'esprit inquiet, ne pas avoir l'esprit tranquille, au sujet de. . . . **It was an uneasy thought,** cette pensée le tourmentait. *My baby has a cough and it makes me u.,* mon bébé tousse, cela me taquine. *Don't be u. on that score,* ne vous inquiétez pas de ce côté-là; tranquillisez-vous là-dessus. *To pass an u. night,* passer une nuit tourmentée. **Uneasy sleep,** sommeil agité. (*c*) (*Of situation*) Incommode, gênant. **2.** *A:* Peu facile; (travail, voyage) difficile, ardu. **-ily,** *adv.* **1.** (*a*) Mal à son aise; d'un air gêné. (*b*) Avec inquiétude. **To sleep uneasily,** dormir d'un sommeil agité. *To listen u.,* écouter anxieusement. **2.** *A:* Avec difficulté; difficilement.
uneatable [ʌn'i:təbl], *a.* Immangeable; (plat) pas mangeable.
uneaten [ʌn'i:t(ə)n], *a.* Non mangé. *U. bread,* pain *m* de reste. *U. food,* restes *mpl.*
uneclipsed [ʌni'klipst], *a. Astr:* Non éclipsé. *F:* (*Of fame, etc.*) Non éclipsé, non surpassé, que rien n'a fait pâlir.
uneconomic [ʌni:ko'nɔmik], *a.* **1.** Non économique; contraire aux lois de l'économie. **2.** (Travail, loyer) non rémunérateur.
uneconomical [ʌni:ko'nɔmik(ə)l], *a.* **1.** = UNECONOMIC. **2.** (*a*) (*Of pers.*) Peu économe, peu ménager. (*b*) (*Of method, apparatus, etc.*) Peu économique; inéconomique.
unedifying [ʌn'edifaiiŋ], *a.* Peu édifiant; inédifiant.
unedited [ʌn'editid], *a.* **1.** (Texte) sans appareil critique. **2.** (Œuvre) qui n'a jamais paru en librairie.
uneducated [ʌn'edjukeitid], *a.* (*Of pers.*) **1.** Sans instruction; sans éducation; ignorant; *Lit. & Hum:* ignare. **2.** (*Of pronunciation, etc.*) Vulgaire.
uneffaced [ʌne'feist], *a.* Ineffacé, intact.
uneffected [ʌne'fektid], *a.* Ineffectué, inaccompli; (*of purpose*) irréalisé.
unelected [ʌni'lektid], *a.* (Candidat) non élu.
uneliminated [ʌni'limineitid], *a.* Non éliminé.
unelucidated [ʌni'lju:sideitid], *a.* Non élucidé; inéclairci.
unemancipated [ʌni'mansipeitid], *a.* **1.** (Mineur) non émancipé. **2.** (Esclave) non affranchi.
unembarrassed [ʌnem'barəst], *a.* **1.** Peu embarrassé, peu gêné; désinvolte. **2.** = UNENCUMBERED.
unembellished [ʌnem'beliʃt], *a.* Non orné, non embelli, sans ornement; (*of story*) non enjolivé; sans enjolivures.
unembittered [ʌnem'bitərd], *a.* (*Of pers.*) Nullement aigri; (*of tone*) exempt de toute amertume.
unembodied [ʌnem'bɔdid], *a.* **1.** Immatériel; incorporel. **2.** Non incorporé.
unemotional [ʌni'mouʃən(ə)l], *a.* **1.** Peu émotif; *Journ:* peu émotionnable; *F:* peu porté à s'emballer. **2.** Peu impressionnable. **-ally,** *adv.* Sans émotion; avec impassibilité, avec sang-froid.
unemphatic [ʌnem'fatik], *a.* **1.** (*Of manner, tone*) Peu énergique. **2.** *Gram: Ling:* (*Of syllable, word*) Non accentué.
unemployable [ʌnem'plɔiəbl], *a.* Non employable; incapable. *s.* **The unemployables,** les incapables *m*; les inaptes *m*; les insociaux *m.*
unemployed [ʌnem'plɔid], *a.* **1.** (*Of pers.*) (*a*) Désœuvré, inoccupé. (*b*) *Ind: etc:* Sans travail; sans emploi, sans occupation, sans ouvrage; (fonctionnaire) en inactivité; *Mil:* (officier) en non-activité. **The unemployed,** les chômeurs *m,* les sans-travail *m.* **2.** (*Of time, capital*) Inemployé. **Unemployed funds,** fonds inactifs, dormants, inemployés, improductifs.
unemployment [ʌnem'plɔimənt], *s. Ind:* Chômage *m* (involontaire); manque *m* de travail. **Unemployment fund,** fonds *mpl* d'assurance contre le chômage involontaire; caisse *f* contre le chômage. **Unemployment benefit,** secours *m* de chômage.
unemptied [ʌn'em(p)tid], *a.* Non vidé; non déchargé; encore plein.
unenclosed [ʌnen'klo:uzd], *a.* **1.** (*a*) (*Of field*) Sans clôture. (*b*) **Unenclosed town,** ville ouverte. **2.** *Ecc:* (Religieux) non cloîtré. **3.** *Ind:* (Outil, etc.) à découvert, sans dispositif protecteur; (engrenage) sans carter.
unencumbered [ʌnen'kʌmbərd], *a.* **1.** Non encombré (*by, with,* de). **2.** Non embarrassé (*by, with,* par); libre (*by,* de). **Unencumbered estate,** propriété franche d'hypothèques, non grevée, libre de toute inscription. **Unencumbered widow,** veuve *f* sans enfants.
unended [ʌn'endid], *a.* Inachevé.
unending [ʌn'endiŋ], *a.* **1.** Interminable, qui n'en finit plus; *F:* sempiternel. **Unending complaints,** plaintes sans fin; plaintes sempiternelles. **2.** Éternel.
unendorsed [ʌnen'dɔ:rst], *a.* **1.** Sans inscription au dos; (*of cheque*) non endossé. **2.** Non appuyé; non sanctionné. *Opinion u. by the government,* opinion à laquelle le gouvernement ne donne pas son adhésion, ne souscrit pas.
unendowed [ʌnen'daud], *a.* **1.** Non doué, peu doué (*with,* de). **2.** (Hospice, etc.) sans dotation, non doté. *U. bride,* jeune fille *f* sans dot.
unendurable [ʌnen'djuərəbl, 'ʌn-], *a.* Insupportable, intolérable.
unenforceable [ʌnen'fɔ:rsəbl], *a.* (Contrat *m,* jugement *m,* etc.) non exécutoire.
unenforced [ʌnen'fɔ:rst], *a.* **1.** (*a*) (*Of law, regulation*) Non appliqué, qui n'est pas en vigueur. (*b*) **'Unenforced claims,** droits *m* qu'on ne fait pas valoir. **2. 'Unenforced obedience,** obéissance non imposée; obéissance volontaire.
unenfranchised [ʌnen'frantʃaizd], *a.* **1.** (Esclave) non affranchi(e). **2.** *Pol:* (*a*) (Citoyen) qui n'a pas le droit de vote. (*b*) (Ville) sans droits municipaux.
unengaged [ʌnen'ge:idʒd], *a.* **1.** (*a*) Qui n'est lié par aucun serment; libre. (*b*) Non fiancé. **2.** Libre de son temps. **3.** (Place *f,* taxi *m*) libre; (chambre *f*) disponible, non retenue.
unengaging [ʌnen'geidʒiŋ], *a.* (*Of manner, expression*) Peu engageant, peu attrayant; (*of pers.*) sans attrait; peu sympathique.
un-English [ʌn'iŋgliʃ], *a.* Peu anglais; (i) (conduite *f,* etc.) indigne d'un Anglais; (ii) contraire à l'esprit anglais; (iii) (*of phrase, idiom*) qui n'est pas anglais.
unenjoyed [ʌnen'dʒɔid], *a.* Dont on n'a pas joui.
unenlightened [ʌnen'laitənd], *a.* (Peuple, siècle) inéclairé. **The unenlightened herd,** la foule ignorante.
unenlightening [ʌnen'laitniŋ], *a.* Qui jette peu de lumière sur la question; (discours) qui ne dit rien, qui ne nous apprend rien.
unentangled [ʌnen'taŋgld], *a.* **1.** Non emmêlé; non enchevêtré. **2.** (*a*) *U. with alliances, with pacts,* non empêtré d'alliances, de pactes; libre de toute alliance. (*b*) (*Of pers.*) Sans liaison (amoureuse); libre.
unentered [ʌn'entərd], *a.* **1.** Où l'on n'entre, ne pénètre, pas; où l'on n'a pas pénétré. **2.** Non inscrit, non enregistré.
unenterprising [ʌn'entərpraiziŋ], *a.* Peu entreprenant; (homme) mou.
unentertaining [ʌnentər'teiniŋ], *a.* Peu divertissant; ennuyeux.
unenthusiastic [ʌnenθju:zi'astik], *a.* (Esprit, etc.) peu enthousiaste, froid. **-ally,** *adv.* Sans enthousiasme; froidement.
unentitled [ʌnen'taitld], *a.* **To be unentitled to sth.,** n'avoir aucun droit à qch. **Unentitled to do sth.,** non autorisé à faire qch.
unenviable [ʌn'enviəbl], *a.* Peu enviable.
unenvied [ʌn'envid], *a.* Non envié; peu envié.
unenvying [ʌn'enviiŋ], *a.* Peu envieux; peu jaloux, -ouse; sans envie.
unequable [ʌn'ekwəbl, -'i:k-], *a.* (*Of temper, etc.*) Inégal, -aux; changeant.
unequal [ʌn'i:kwəl], *a.* **1.** (*a*) Inégal, -aux. *Children of u. age,* enfants d'âges inégaux. (*b*) **To be, feel, unequal to the task,** être, se sentir, au-dessous de la tâche; ne pas être, ne pas se sentir, à la hauteur de la tâche. **To be unequal to doing sth.,** ne pas être de force, de taille, à faire qch.; (*for want of resources*) ne pas être à même de faire qch. **2.** Inégal, irrégulier. *Med:* **Unequal pulse,** pouls variable, irrégulier. *Aut:* **Unequal braking,** freinage irrégulier, mal compensé. **-ally,** *adv.* Inégalement.
un'equal-'lengthed, *a.* De longueur inégale.
un'equal-'sided, *a.* A côtés inégaux.
un'equal-'tempered, *a.* De caractère inégal, d'humeur inégale.
unequalled [ʌn'i:kwəld], *a.* Inégalé, sans égal, sans pareil.
unequipped [ʌni'kwipt], *a.* Non équipé; (navire) non armé; (laboratoire) mal installé. *U. for bad weather,* mal équipé pour le mauvais temps.
unequivocal [ʌni'kwivok(ə)l], *a.* (*Of language, proof*) Clair, net,

univoque; sans équivoque. **Unequivocal position**, situation franche. **To give an unequivocal answer**, répondre sans ambiguïté. *U. conception of honesty*, conception intransigeante de la probité. **-ally**, *adv.* Sans équivoque; clairement, nettement.

uneradicated [ʌni'radikeitid], *a.* Indéraciné.

unerring [ʌn'ə:riŋ], *a.* (Jugement, etc.) infaillible, sûr. **Unerring touch**, justesse *f* infaillible. *To strike with u. aim*, frapper d'un coup précis; *F:* ne pas, ne jamais, rater son coup. *To fire with u. aim*, (i) bien viser, bien ajuster, son coup; (ii) ne jamais manquer le but. **To strike an unerring blow**, frapper un coup sûr, frapper à coup sûr; frapper sûrement. **-ly**, *adv.* Infailliblement, sûrement; avec précision; sans jamais manquer son coup ou le but.

unerringness [ʌn'ə:riŋnəs], *s.* Infaillibilité *f*, sûreté *f*; précision *f* (d'un coup).

unescapable [ʌnes'keipəbl], *a.* Inéluctable; que l'on ne saurait éviter.

unescorted [ʌnes'kɔ:rtid], *a.* Sans escorte.

unespied [ʌnes'paid], *a.* Inaperçu.

unessayed [ʌne'seid], *a.* Non essayé.

unessential [ʌne'senʃ(ə)l], *a.* Non essentiel; peu important; accessoire. *s.* **The unessential(s)**, l'accessoire *m*.

unestablished [ʌnes'tabliʃt], *a.* **1.** (*Of power, etc.*) Mal établi. **2.** (*Of fact, etc.*) Non établi, non avéré. **3.** (*Of church*) (*a*) Non établi; séparé de l'État. (*b*) Non-conformiste. **4.** (Personnel *m*, etc.) auxiliaire.

uneven [ʌn'i:v(ə)n], *a.* **1.** Inégal, -aux. (*a*) Rugueux; (chemin) raboteux; (papier, etc.) boutonneux. (*b*) (Terrain) accidenté, dénivelé; (contour) anfractueux. *To make a surface u.*, déniveler une surface. *To fill the u. patches (in ground)*, combler les dénivellations *f*. *Boards that are u.*, planches *f* qui ne sont pas de niveau, qui n'affleurent pas. (*c*) Irrégulier. **Uneven breathing**, souffle inégal, irrégulier. **Uneven temper**, humeur inégale. **2.** (Nombre) impair. **-ly**, *adv.* **1.** Inégalement. *U. matched opponents*, adversaires *m* de force inégale. *U. distributed load*, charge répartie inégalement. **2.** Irrégulièrement.

uneven-'aged, *a.* D'âges différents.

unevenness [ʌn'i:vənnəs], *s.* **1.** Inégalité *f*. (*a*) Caractère raboteux (d'une route, etc.). (*b*) Dénivellement *m*, dénivellation *f* (d'une surface, etc.); anfractuosité *f*, montuosité *f* (d'un terrain). (*c*) Désaffleurement *m* (d'un plancher). (*d*) Irrégularité *f* (du pouls, etc.). **Unevenness of temper**, inégalité d'humeur. **2.** *To take advantage of an u. in the ground*, profiter d'une aspérité, d'un accident, de terrain.

uneventful [ʌni'ventful], *a.* (Voyage *m*, etc.) sans incidents. **Uneventful life**, vie calme, unie, pauvre en événements marquants; vie peu mouvementée.

unexamined [ʌneg'zamind], *a.* **1.** Non examiné, non inspecté; (compte) non vérifié; (passeport) non contrôlé, non visé. *Cust:* (Bagages) non visités. **2.** (*a*) *Sch:* (Candidat) qui n'a pas été interrogé. (*b*) *Jur:* (Témoin, etc.) qui n'a pas (encore) subi d'interrogatoire, qui n'a pas (encore) été interrogé.

unexampled [ʌneg'zɑ:mpld], *a.* Sans exemple, sans égal, sans pareil; unique.

unexcavated [ʌn'ekskəveitid], *a.* (Terrain, etc.) qui n'a pas été fouillé, où l'on n'a pas fait de fouilles; *Archeol:* où l'on n'a encore rien déterré.

unexcelled [ʌnek'seld], *a.* **1.** Qui n'a jamais été surpassé. **2.** Sans pareil; insurpassable.

unexceptionable [ʌnek'sepʃ(ə)nəbl], *a.* Irréprochable; (conduite *f*) inattaquable; (témoignage *m*) irrécusable. *U. person*, personne *f* tout à fait convenable. **-ably**, *adv.* (Se conduire) irréprochablement.

unexceptionableness [ʌnek'sepʃ(ə)nəblnəs], *s.* Caractère *m* irréprochable (de la conduite de qn, etc.). *The u. of his character*, son caractère irréprochable.

unexceptional [ʌnek'sepʃən(ə)l], *a.* **1.** = UNEXCEPTIONABLE. **2.** (*a*) (Règle *f*, etc.) sans exception, qui ne souffre pas d'exception. (*b*) (Ordre) formel, auquel on ne peut se soustraire.

unexchangeability [ʌnekstʃeindʒə'biliti], *s.* *Fin:* Impermutabilité *f* (de titres, d'actions, etc.).

unexchangeable [ʌneks'tʃeindʒəbl], *a.* Inéchangeable. *Fin: U. securities*, valeurs *f* impermutables.

unexcised[1] [ʌnek'sa:izd], *a.* Exempt de droits de régie.

unexcised[2], *a.* **1.** (*Of tumour, etc.*) Non excisé. **2.** (*Of passage in book, etc.*) Non supprimé.

unexcitable [ʌnek'saitəbl], *a.* **1.** (*Of pers.*) Peu émotionnable; lent à s'émouvoir. **2.** *Physiol: etc:* (*Of nerve, etc.*) Inexcitable.

unexcited [ʌnek'saitid], *a.* **1.** (*Of pers., crowd*) Calme, tranquille. **To be unexcited about sth.**, ne pas s'échauffer au sujet de qch.; rester indifférent à (une nouvelle, etc.). **2.** *El:* Non excité; inexcité.

unexciting [ʌnek'saitiŋ], *a.* (Conte, etc.) insipide, peu passionnant; (spectacle) peu sensationnel; (roman, etc.) peu palpitant. *U. life*, vie monotone, dépourvue d'intérêt. *U. day*, jour *m* calme; journée *f* calme.

unexcused [ʌneks'kju:zd], *a.* Impardonné; sans être excusé; sans s'être excusé.

unexecuted [ʌn'eksikjutid], *a.* **1.** (Projet, etc.) inexécuté, non réalisé; (travail) inaccompli; (devoir) inacquitté. *Jur:* **Unexecuted deed**, acte non souscrit, non validé. **2.** (Condamné) pas encore exécuté.

unexemplified [ʌneg'zemplifaid], *a.* Sans exemples; non illustré par des exemples.

unexercised [ʌn'eksərsa:izd], *a.* **1.** (Droit *m*, influence *f*) qu'on n'exerce pas, dont on ne fait pas usage. **2.** (Corps, esprit) non exercé. *U. horses*, chevaux qu'on n'a pas promenés. **3.** Inexercé, inexpérimenté.

unexhausted [ʌneg'zɔ:stid], *a.* **1.** (Gaz, etc.) non aspiré. **2.** (*a*) (*Of mine, cask, etc.*) Inépuisé, non épuisé. (*b*) (*Of pers.*) Qui n'est pas à bout de forces; encore capable de fournir un effort.

unexpansive [ʌneks'pansiv], *a.* **1.** (Fluide, etc.) non expansif, non dilatable. **2.** (*Of pers.*) Peu expansif; réservé, froid.

unexpectant [ʌneks'pektənt], *a.* Qui n'attend rien. **To be unexpectant of sth.**, ne pas s'attendre à qch.

unexpected [ʌneks'pektid], *a.* (Visiteur, résultat, etc.) inattendu; (résultat) imprévu; (départ) inopiné, intempestif; (secours, etc.) inespéré. **Unexpected meeting**, rencontre inopinée. *The u. turns of conversation*, l'imprévu *m* de la conversation. *s.* **To allow for the unexpected**, parer à l'imprévu. **-ly**, *adv.* De manière inattendue. *U. early*, plus tôt qu'on ne s'y attendait. *U. kind*, d'une bonté inattendue. **To come unexpectedly**, (i) (*of pers.*) arriver à l'improviste; (ii) (*of thg*) arriver inopinément.

unexpectedness [ʌneks'pektidnəs], *s.* Soudaineté *f*, inattendu *m*, caractère imprévu (d'un événement, etc.).

unexpended [ʌneks'pendid], *a.* (Argent) indépensé. *Fin:* **Unexpended balance**, reliquat *m* sans emploi.

unexperienced [ʌneks'pi:əriənst], *a.* **1.** (Effet, etc.) qu'on n'a pas, qu'on n'a encore jamais, éprouvé, senti, subi. **2.** = INEXPERIENCED.

unexpiated [ʌn'ekspieitid], *a.* Inexpié.

unexpired [ʌneks'paiərd], *a.* (Bail, etc.) non expiré; (passeport, billet, etc.) non périmé, encore valable.

unexplainable [ʌneks'pleinəbl], *a.* Inexplicable.

unexplained [ʌneks'pleind], *a.* Inexpliqué; (mystère) inéclairci.

unexplicit [ʌneks'plisit], *a.* Peu explicite, peu clair; obscur.

unexploded [ʌneks'ploudid], *a.* **1.** (Obus) non éclaté. **2.** *F: U. theory*, théorie encore accréditée.

unexploited [ʌneks'plɔitid], *a.* Inexploité.

unexplored [ʌneks'plɔ:ərd], *a.* (Pays, etc.) inexploré, encore inconnu. *Mil:* (Terrain) non reconnu. *Med:* **Unexplored wound**, plaie insondée, qui n'a pas encore été sondée.

unexposed [ʌneks'po:uzd], *a.* **1.** (*a*) **Unexposed to sth.**, à l'abri de qch. (*b*) *Phot:* (Plaque *f*, film *m*) vierge. **2.** Non mis à découvert; non mis à jour. *U. crime*, crime caché. *U. swindler*, tricheur que personne n'a démasqué.

unexpressed [ʌneks'prest], *a.* **1.** (Sentiment, souhait, etc.) inexprimé. **2.** *Gram: etc:* (Mot, etc.) sous-entendu.

unexpressive [ʌneks'presiv], *a.* = INEXPRESSIVE.

unexpunged [ʌneks'pʌndʒd], *a.* (Mot, etc.) ineffacé, non biffé.

unexpurgated [ʌn'ekspərgeitid], *a.* (Livre) non expurgé; (texte) non épuré. **Unexpurgated edition**, édition intégrale.

unextinguishable [ʌneks'tiŋgwiʃəbl], *a.* Inextinguible.

unextinguished [ʌneks'tiŋgwiʃt], *a.* **1.** Non éteint; brûlant. **2.** (Dette) non acquittée, non liquidée.

unfaded [ʌn'feidid], *a.* (*Of flower, colour, etc.*) Non fané; (*of flower*) non flétri; encore frais, *f.* fraîche; (*of colour*) qui n'a pas pâli; (*of tissue, etc.*) aux couleurs, aux teintes, encore vives.

unfading [ʌn'feidiŋ], *a.* Qui ne se fane pas; (*of dye*) bon teint *inv.* *U. flowers*, fleurs toujours fraîches. **Unfading memories**, souvenirs *m* ineffaçables. **Unfading glory**, gloire immortelle, impérissable. *B:* **The unfading crown of glory**, la couronne incorruptible, immarcescible, de gloire.

unfailing [ʌn'feiliŋ], *a.* **1.** Qui ne se dément pas; qui ne se dément jamais; (moyen, remède) infaillible, certain, sûr; (mémoire *f*) qui n'est jamais en défaut. *To listen with u. interest*, écouter avec un intérêt soutenu. *U. good humour*, bonne humeur inaltérable. **To be unfailing in one's duty**, ne jamais faillir à son devoir. **2.** (Source) intarissable, inépuisable (*of*, de). **-ly**, *adv.* **1.** Infailliblement. *He was u. kind, courteous*, il était d'une bonté, d'une courtoisie, qui ne se démentait jamais. **2.** Intarissablement.

unfair [ʌn'feər], *a.* **1.** (*Of pers.*) Injuste; peu équitable; partial, -aux. **It's unfair!** ce n'est pas juste! **2.** (*a*) Inéquitable. *U. price*, prix déraisonnable, exorbitant. *Ind: U. wage*, salaire *m* inéquitable. (*b*) Déloyal, -aux. **Unfair play**, jeu déloyal. **That's unfair!** ce n'est pas de jeu! *U. competition*, concurrence déloyale. **-ly**, *adv.* **1.** Injustement; peu équitablement; inéquitablement. *He has been u. treated*, il est (la) victime d'une injustice. **2.** (Jouer, etc.) déloyalement. *To act u.*, commettre une déloyauté; agir avec mauvaise foi.

unfairness [ʌn'feərnəs], *s.* **1.** Injustice *f*; partialité *f*. **2.** Déloyauté *f*; mauvaise foi. *With great u.*, au mépris de toute loyauté.

unfaith [ʌn'feiθ], *s.* Manque *m* de foi. *See also* AUGHT.

unfaithful [ʌn'feiθful], *a.* **1.** Infidèle. (*a*) Déloyal, -aux (*to*, envers). *U. to one's master*, infidèle à son maître. **To be unfaithful to one's wife, to one's husband**, tromper sa femme, son mari; *F:* donner des coups de canif dans le contrat. *His wife is u. to him*, sa femme le trahit, le trompe, *F:* le cocufie, le coiffe, le peint en jaune. (*b*) (Compte rendu, etc.) inexact, infidèle. **2.** *s.pl. Ecc:* **The unfaithful**, les infidèles *m*. **-fully**, *adv.* **1.** Infidèlement, déloyalement. **2.** (Raconter, citer) inexactement.

unfaithfulness [ʌn'feiθfulnəs], *s.* Infidélité *f*. **1.** Déloyauté *f* (*to*, envers). **2.** Inexactitude *f* (d'un portrait, etc.).

unfaltering [ʌn'fɔltəriŋ], *a.* **Unfaltering voice**, voix ferme, résolue, décidée. **Unfaltering steps**, pas assurés, fermes. **Unfaltering courage**, courage sans défaillance, soutenu. **-ly**, *adv.* (Parler) d'une voix ferme, sans hésiter, sans défaillance; (marcher) d'un pas bien assuré, soutenu.

unfamiliar [ʌnfə'miljər], *a.* **1.** Peu familier, peu connu; étranger. *U. face*, visage étranger, inconnu, nouveau. *U. word*, mot nouveau. *U. phrase*, expression peu habituelle. **2.** (*Of pers.*) **To be unfamiliar with sth.**, être peu familier avec qch. *To be totally u. with a place*, n'avoir aucune connaissance d'un lieu. *I am u. with Latin*, (i) je sais peu de latin; (ii) je ne sais pas le latin; le latin m'est étranger. *To be u. with the customs*, ne pas être au fait, au courant, des usages.

unfamiliarity [ʌnfamili'ariti], *s.* **1.** Caractère étranger, nouveauté *f* (d'un lieu, etc.). **2.** Ignorance *f* (*with*, de). *U. with law procedure*, inexpérience *f* de la procédure.

unfashionable [ʌn'faʃənəbl], *a.* (Vêtement, etc.) démodé, qui n'est pas ou n'est plus de mode. *It is u. to wear ear-rings*, les boucles d'oreilles ne se portent plus; il n'est pas de bon ton de porter des boucles d'oreilles. *U. man*, homme peu élégant, qui ne suit pas la mode, qui n'est pas à la mode.

unfashioned [ʌn'faʃ(ə)nd], *a.* (Marbre, etc.) brut, qui n'est pas façonné; (bois, métal) non ouvré.

unfasten [ʌn'fɑːsn], *v.tr.* **1.** **To unfasten sth. from sth.**, détacher, délier, qch. de qch.; dégager qch. *To u. one's hold*, lâcher prise. *To u. s.o.'s hold*, faire lâcher prise à qn. **2.** Défaire, déboutonner, dégrafer (un vêtement); ouvrir, déverrouiller (la porte).

unfastened [ʌn'fɑːsnd], *a.* (Volet, etc.) mal assujetti; (vêtement) déboutonné, dégrafé, défait. (*Of garment*) **To come unfastened**, se déboutonner ou se dégrafer.

unfathered [ʌn'fɑːðərd], *a.* **1.** (Enfant *m*) (i) sans père, (ii) illégitime. **2.** (*a*) (Bruit) mal fondé, peu authentique. (*b*) (Théorie, etc.) (i) dont l'auteur est inconnu, (ii) non reconnue par l'auteur.

unfatherly [ʌn'fɑːðərli], *a.* Peu paternel; indigne d'un père.

unfathomable [ʌn'faðəməbl], *a.* (Abîme *m*, mystère *m*) insondable; (abîme) sans fond; (mystère) impénétrable; (visage *m*) inscrutable. *U. distance*, distance infinie, *F:* incommensurable.

unfathomableness [ʌn'faðəməblnəs], *s.* Profondeur *f* insondable (d'un abîme, d'un mystère); inscrutabilité *f* (d'un dessein, etc.).

unfathomed [ʌn'faðəmd], *a.* **Unfathomed seas**, mers insondées. **Unfathomed depths**, profondeurs inexplorées. **Unfathomed mystery**, mystère insondé, impénétré.

unfavourable [ʌn'feivərəbl], *a.* Défavorable, peu favorable; (vent *m*, etc.) impropice; (*of terms, circumstances, etc.*) désavantageux, défavorable (*to*, à). **Unfavourable criticism**, critique *f* adverse. **To show oneself in an unfavourable light**, se montrer sous un jour désavantageux. **Conditions unfavourable to growth**, conditions *f* défavorables à la croissance. *Fin:* **Unfavourable exchange**, change *m* défavorable, contraire. **-ably**, *adv.* Défavorablement.

unfavourableness [ʌn'feivərəblnəs], *s.* Caractère *m* défavorable (du temps, etc.).

unfearful [ʌn'fiːərful], *a.* Sans peur; sans crainte (*of*, de).

unfeasible [ʌn'fiːzibl], *a.* (Projet *m*, etc.) peu faisable, irréalisable, impraticable.

unfeathered [ʌn'feðərd], *a.* **1.** Déplumé. **2.** Sans plumes. *U. arrow*, flèche non empennée.

unfed [ʌn'fed], *a.* **1.** (*a*) (*Of pers.*) A jeun. (*b*) *Mec.E: Mch:* Non alimenté. **2.** (*Of pers.*) Mal nourri.

unfeeling [ʌn'fiːliŋ], *a.* **1.** Sans sensation; insensible. **2.** (*Of pers.*) Insensible, impitoyable, infléchissable; sans pitié, sans cœur, sans entrailles; inhumain. *U. heart*, cœur sec, indifférent, aride. *U. language*, langage froid. **-ly**, *adv.* Sans émotion; sans pitié; froidement, sèchement.

unfeelingness [ʌn'fiːliŋnəs], *s.* Insensibilité *f*; manque *m* de cœur; dureté *f* de cœur.

unfeigned [ʌn'feind], *a.* Sincère; vrai, réel; non simulé. *To show u. satisfaction*, manifester une satisfaction sincère.

unfeignedly [ʌn'feinidli], *adv.* Sincèrement; réellement, vraiment. *U. pleased*, franchement content.

unfeignedness [ʌn'feinidnəs], *s.* Sincérité *f*.

unfellowed [ʌn'feloud], *a.* Sans compagnon; sans pendant; seul.

unfelt [ʌn'felt, 'ʌn-], *a.* **1.** (Coup) auquel on est insensible. **2.** (Force *f*, influence *f*) qui ne se fait pas sentir, dont on ne se rend pas compte.

unfeminine [ʌn'feminin], *a.* Peu féminin.

unfenced [ʌn'fenst], *a.* **1.** (Terrain) sans clôture. **2.** (Machine) sans protection, sans carter.

unfermentable [ʌnfər'mentəbl], *a.* Infermentescible.

unfermented [ʌnfər'mentid], *a.* **1.** (*Of liquor*) Infermenté; non fermenté. **Unfermented wine**, moût *m*. **2.** (Pain *m*) azyme.

unfertile [ʌn'fəːrtil, -tail], *a.* = INFERTILE.

unfertilized [ʌn'fəːrtilaːizd], *a.* Infertilisé. **1.** (Œuf) non fécondé. **2.** *Agr:* (Sol) qui n'est pas fumé, fertilisé; qui n'a pas reçu d'engrais.

unfetter [ʌn'fetər], *v.tr.* (*a*) Désenchaîner, déferrer, délier (un prisonnier); briser les fers (d'un prisonnier); débarrasser (un cheval) de ses entraves. (*b*) Libérer, affranchir (l'art, etc.).

unfettering, *s.* Libération *f*; affranchissement *m*.

unfettered [ʌn'fetərd], *a.* Libre de tous liens; (cheval, etc.) sans entraves. *To leave s.o. to act u.*, laisser agir librement qn; donner toute latitude à qn pour agir. *U. by conventions*, libre de toute convention.

unfilial [ʌn'filjəl], *a.* Peu filial, -aux; indigne d'un fils.

unfilled [ʌn'fild], *a.* (Tonneau, etc.) qui n'est pas rempli; (salle *f*) qui n'est pas comble; (trou) non comblé. *U. seat*, siège vide, vacant, sans occupant. *U. post*, poste non pourvu.

unfilmed [ʌn'filmd], *a.* (Roman, etc.) qui n'a pas été filmé, qu n'a pas été mis à l'écran.

unfiltered [ʌn'filtərd], *a.* Non filtré.

unfinished [ʌn'finiʃt], *a.* **1.** Inachevé; (ouvrage) imparfait. *U. education*, éducation inachevée, incomplète. *Mus:* **The Unfinished Symphony**, la Symphonie Inachevée (de Schubert). **2.** (*a*) *Ind:* Brut; non façonné; non usiné. (*b*) Qui manque de fini.

unfired [ʌn'faiərd], *a.* **1.** Non incendié. **2.** (*Of brick, etc.*) Non cuit; cru. **3.** (Canon) non déchargé; (coup) qui n'est pas parti.

unfit[1] [ʌn'fit], *a.* **1.** (*a*) Impropre, peu propre, qui ne convient pas (*for*, à). **Unfit to eat, unfit for food**, impropre à la consommation; immangeable; hors d'état d'être mangé. **Unfit to drink**, impropre à boire; imbuvable. *Story u. for publication*, histoire *f* qu'on ne peut moralement publier. *Lamp u. to read by*, lampe *f* dont la lumière ne permet pas de lire. **Road unfit for motor traffic**, chemin *m* impraticable aux automobiles. (*b*) (*Of pers.*) Peu apte (*for*, à); inapte (à). *U. for military service*, inapte au service militaire. *U. for business*, inapte aux affaires. *To be u. for one's job*, ne pas convenir à son poste. *U. for a position of trust*, incapable d'occuper un poste de confiance. **Unfit to rule**, indigne de régner. **2.** (*Physically unfit*) (*a*) **To be unfit**, être en mauvaise santé; être peu dispos; ne pas être en forme. *To be u. to take a journey*, ne pas être en état de, être incapable de, voyager. **Unfit for duty**, incapable de faire son service. *Mil: Horse u. for work*, cheval déclassé. (*b*) Faible de constitution. *Mil: Navy:* **To turn a man down as unfit**, réformer un homme. **To be discharged as unfit**, être réformé. *s. F:* **Nation of unfits**, nation *f* de non-valeurs. **-ly**, *adv.* Peu convenablement; improprement; mal à propos. **Not unfitly**, avec assez d'à-propos.

unfit[2], *v.tr.* (unfitted; unfitting) Rendre (qn) inapte (*for sth.*, à qch.); rendre (qch.) impropre (*for a use*, à un usage). *His wound unfits him for work*, sa blessure le rend incapable de travailler, le met hors d'état de travailler.

unfitness [ʌn'fitnəs], *s.* **1.** Disconvenance *f* (du climat, etc.); manque *m* d'à-propos (d'une observation). **2.** **Unfitness for sth., to do sth.**, inaptitude *f* à qch., à faire qch.; incapacité *f* de faire qch.; incompétence *f*. **3.** **(Physical) unfitness**, (i) mauvaise santé; (ii) constitution *f* faible.

unfitted [ʌn'fitid], *a.* **1.** **To be unfitted for sth., to do sth.**, (i) (*of equipment, etc.*) être impropre à qch., à faire qch.; (ii) (*of pers.*) ne pas être fait pour (un poste, etc.); être incapable de faire qch., inapte à faire qch.; (iii) être indigne de faire qch. **2.** Non équipé (*with*, de); (*of dressing-case, etc.*) non garni. **3.** *Dressm: etc:* Non ajusté; livré sans essayage.

unfitting [ʌn'fitiŋ], *a.* Peu convenable; peu séant; (*of remark, etc.*) mal à propos, déplacé, inopportun. **It was not unfitting that . . .**, il n'était pas mauvais que + *sub*. *It is not u. that he should be the first to . . .*, il est très juste qu'il soit le premier à. . . . **-ly**, *adv.* Peu convenablement; (faire une observation, etc.) inopportunément, mal à propos. **Not unfittingly**, (i) avec justesse; (ii) avec justice.

unfittingness [ʌn'fitiŋnəs], *s.* Caractère peu séant, peu convenable (de la conduite de qn, etc.); inopportunité *f* (d'une observation, etc.).

unfix [ʌn'fiks]. **1.** *v.tr.* Détacher, défaire. *Mil:* **To unfix bayonets**, remettre la baïonnette. **2.** *v.i.* Se détacher, se défaire.

unfixed [ʌn'fikst, 'ʌn-], *a.* **1.** (*a*) Mobile, inassujetti. (*b*) (*Of spelling, etc.*) Indéterminé, variable, flottant. (*c*) (*Of pers.*) Irrésolu; instable. **2.** *Phot:* (Cliché, etc.) non fixé.

unflagging [ʌn'flagiŋ], *a.* (Courage *m*, vigueur *f*) inlassable, infatigable; (intérêt) soutenu, qui ne se dément pas. **-ly**, *adv.* Inlassablement, infatigablement.

unflattering [ʌn'flatəriŋ], *a.* Peu flatteur, -euse (*to*, pour). **-ly**, *adv.* Sans flatterie; de manière peu flatteuse.

unflavoured [ʌn'fleivərd], *a.* (*Of sweetmeat, etc.*) Non parfumé.

unfledged [ʌn'fledʒd], *a.* **1.** (Oiseau *m*) sans plumes; (poussin) frais éclos; *Ven:* (faucon *m*) saure; (perdreaux *m*) en traîne. **2.** *F:* (*Of pers.*) Sans expérience de la vie; jeune; novice. **Unfledged youth**, la prime jeunesse.

unfleshed [ʌn'fleʃt], *a.* **1.** *Ven:* (Chien) non acharné. **2.** *F:* Sans expérience; novice; nouveau (à la carrière des armes, etc.).

unflinching [ʌn'flinʃiŋ], *a.* **1.** Qui ne recule pas; qui ne bronche pas; ferme. *U. policy*, politique *f* sans défaillance. **2.** Stoïque; impassible. **-ly**, *adv.* **1.** Sans reculer; sans broncher; sans sourciller; de pied ferme. **2.** Stoïquement.

unfold[1] [ʌn'fould]. **1.** *v.tr.* (*a*) Déplier, ouvrir (un journal, etc.). (*b*) Dérouler, étaler, déployer. *The palace unfolds its façade*, le palais déploie, découvre, sa façade. (*c*) Révéler; expliquer, exposer (une doctrine); développer, exposer (un projet); dévoiler, découvrir (un secret); raconter tout au long (une histoire). **To unfold one's troubles, one's plans, to s.o.**, dérouler ses chagrins, ses plans, à qn. *To u. one's trouble*, conter sa détresse. **2.** *v.i. & pr.* (*a*) Se déployer, se dérouler, s'étaler. **The landscape unfolds (itself) before us**, le paysage se déroule devant nous. *His thought unfolds in an orderly manner*, ses pensées se déroulent avec ordre. *The action unfolds*, l'action se déroule, se développe. *Slowly the scene unfolds itself*, lentement la scène se découvre. (*b*) (*Of secret, etc.*) Se dévoiler, se découvrir.

unfold[2], *v.tr.* Déparquer (des moutons).

unfolder [ʌn'fouldər], *s.* Révélateur, -trice (de secrets, etc.).

unforbearing [ʌnfər'bɛəriŋ], *a.* Peu endurant; impatient, intolérant; sans indulgence.

unforbidden [ʌnfər'bidn], *a.* Non défendu; permis, licite.

unforced [ʌn'fɔːrst], *a.* **1.** Qui n'est pas forcé; libre. *U. obedience*, obéissance librement consentie; obéissance volontaire. **2.** Naturel, spontané. *U. mirth*, franche gaieté. *U. laugh*, rire franc. **3.** (*Of plant, fruit*) Qui n'a pas été forcé.

unfordable [ʌn'fɔːrdəbl], *a.* (Rivière *f*, etc.) inguéable, non guéable, impassable à gué.

unforeseeable [ʌnfər'siːəbl], *a.* Imprévoyable, imprévisible.

unforeseeableness [ʌnfər'siːəblnəs], *s.* Imprévisibilité *f*.

unforeseeing [ʌnfər'siːiŋ], *a.* Imprévoyant; aux vues courtes.

unforeseen [ʌnfər'siːn], *a.* Imprévu, inattendu; inopiné. **Unforeseen case**, cas imprévu, non envisagé, fortuit. **Unforeseen event, unforeseen contingency**, imprévu *m*. *Unless some u. event, something u., occurs*, sauf imprévu; à moins d'imprévu. *U. expenses, u. expenditure*, imprévus *m*. *Jur:* **Unforeseen circumstances**, force majeure.

unforgettable [ʌnfər'getəbl], *a.* Inoubliable.

unforgetting [ʌnfər'getiŋ], *a.* Qui n'oublie jamais; qui a la mémoire longue; rancunier.

unforgivable [ʌnfər'givəbl], *a.* Impardonnable. *U. affront*, affront sanglant.

unforgiven [ʌnfər'givn], *a.* Impardonné; sans pardon.

unforgiving [ʌnfər'giviŋ], *a.* Sans merci; implacable; rancunier.

unforgotten [ʌnfər'gɔtn], *a.* Inoublié. *He remains u.*, son souvenir est toujours présent, toujours vivace.

unformed [ʌn'fɔːrmd, 'ʌn-], *a.* **1.** (Os, etc.) qui n'est pas (encore) formé. **2.** (Masse *f*, etc.) informe. **3.** (Esprit, etc.) inculte, resté en friche.

unformulated [ʌn'fɔːrmjuleitid], *a.* (*Of thoughts, etc.*) Informulé.

unfortifiable [ʌn'fɔːrtifaiəbl], *a.* Infortifiable.

unfortified [ʌn'fɔːrtifaid], *a.* Non fortifié; sans défenses; sans fortifications. **Unfortified town,** ville ouverte.

unfortunate [ʌn'fɔːrtjunet]. **1.** *a.* (*a*) Malheureux, infortuné. *To be u.*, avoir de la malchance. *To be u. enough to have to . . .*, avoir le malheur d'être obligé de. . . . (*b*) (*Of occasion, etc.*) Impropice, défavorable, peu heureux; (événement, etc.) malencontreux; (erreur *f*, etc.) regrettable. *In that u. event . . .*, au cas où malheureusement cet événement se produirait. . . . **It is unfortunate that . . .**, il est fâcheux, malheureux, que + *sub.*; c'est dommage que + *sub.* *It is my u. duty to inform you that . . .*, c'est mon triste devoir de vous faire savoir que. . . . **How unfortunate!** quel malheur! quelle malchance! quel dommage! *U. joke*, plaisanterie malencontreuse. **2.** *s.* (*a*) Malheureux, -euse. *Coll.* **The unfortunate,** les disgraciés *m* de la fortune; les déshérités *m.* (*b*) *s.f.* Malheureuse; fille perdue. **-ly,** *adv.* Malheureusement; par malheur, par malchance, par malencontre. **Unfortunately for him,** malheureusement pour lui; pour son malheur. . . .

unfounded [ʌn'faundid], *a.* (Accusation *f*, etc.) sans fondement, sans base. *U. rumour*, bruit dénué de fondement, sans consistance, qui ne repose sur rien, de pure imagination. *U. supposition*, supposition gratuite. *To prove fears to be u.*, démentir des craintes. *U. suspicions*, faux soupçons; soupçons non fondés. **-ly,** *adv.* Sans fondement.

unframed [ʌn'freimd, 'ʌn-], *a.* Non encadré; sans cadre.

unfreezable [ʌn'friːzəbl], *a.* Incongelable.

unfreeze [ʌn'friːz], *v.* (*p.t.* **unfroze** [ʌn'froːuz]; *p.p.* **unfrozen** [ʌn'froːuzn]) **1.** *v.tr.* Dégeler; décongeler. **2.** *v.i.* Se dégeler; se décongeler.

unfreezing, *s.* Décongélation *f.*

un-French [ʌn'frenʃ], *a.* Peu français; non français.

unfrequent [ʌn'friːkwənt], *a.* = INFREQUENT.

unfrequented [ʌnfri'kwentid], *a.* Peu fréquenté; infréquenté; (chemin) impratiqué. *U. spot*, endroit écarté, peu fréquenté, solitaire.

unfriendliness [ʌn'frendlinəs], *s.* Manque *m* d'amitié (*towards*, pour); hostilité *f* (*towards*, contre); disposition *f* défavorable, froideur *f* (*towards*, à l'égard de).

unfriendly [ʌn'frendli], *a.* **1.** (Ton, sentiment, etc.) peu amical, -aux; peu bienveillant; indigne d'un ami. **Unfriendly action,** acte *m* hostile; acte d'hostilité. (*Of pers.*) **To be unfriendly towards s.o.,** être mal disposé pour, envers, qn; être hostile à qn. **To become unfriendly with s.o.,** se brouiller avec qn. **2.** (*Of circumstance, atmosphere, etc.*) Défavorable; peu propice; (vent *m*) contraire.

unfrock [ʌn'frɔk], *v.tr.* Défroquer (un prêtre, etc.). (*Of monk, priest*) **To unfrock oneself,** se défroquer; *F:* jeter le froc aux orties.

unfroze [ʌn'froːuz]. *See* UNFREEZE.

unfrozen [ʌn'froːuzn]. **1.** *See* UNFREEZE. **2.** *a.* (*a*) Dégelé. (*b*) Non gelé.

unfruitful [ʌn'fruːtful], *a.* **1.** (Arbre, sol, etc.) stérile, infécond; (terrain, esprit, etc.) infertile, improductif. **2.** *U. labour*, travail peu fructueux, peu profitable, sans profit, improductif.

unfruitfulness [ʌn'fruːtfulnəs], *s.* **1.** Stérilité *f*, infécondité *f* (d'un arbre, du sol, etc.); infertilité *f* (du sol, etc.). **2.** Caractère *m* peu profitable, improductivité *f* (d'un travail, etc.).

unfulfilled [ʌnful'fild], *a.* (*a*) *U. prophecy*, prophétie inaccomplie. (*b*) (Désir) non satisfait, inassouvi. (*c*) *U. prayer, wish*, prière inexaucée, vœu inexaucé. (*d*) (Devoir) inaccompli; (dessein) inexécuté. *U. condition*, condition non remplie. *U. task*, tâche inachevée. *U. promise*, promesse inexécutée.

unfulfilment [ʌnful'filmənt], *s.* *Psy:* Incomplétude *f.*

unfunded [ʌn'fʌndid], *a.* *Fin:* **Unfunded debt,** dette flottante, non consolidée.

unfurl [ʌn'fəːrl]. **1.** *v.tr.* (*a*) *Nau:* Déferler, larguer, ouvrir (une voile); déployer, déferler (un drapeau, *Nau:* un pavillon). (*b*) Dérouler (un parapluie); déplier, défaire (une tente, etc.). **2.** *v.i.* Se déferler.

unfurling, *s.* Déferlage *m* (d'une voile); déploiement *m* (d'un pavillon, etc.).

unfurnish [ʌn'fəːrniʃ], *v.tr.* Démeubler, dégarnir (une chambre, etc.).

unfurnishing, *s.* Démeublement *m.*

unfurnished [ʌn'fəːrniʃt], *a.* **1.** (*a*) (*Of room, etc.*) Démeublé. (*b*) (*Of instrument case, etc.*) Dégarni. **2.** (*a*) Non fourni, dépourvu (d'argent, etc.). *U. with news*, dépourvu de nouvelles; sans nouvelles. (*b*) (Appartement, etc.) non meublé. **Room to let unfurnished,** chambre non meublée à louer.

ungainliness [ʌn'geinlinəs], *s.* Gaucherie *f*; air *m* gauche; air dégingandé.

ungainly [ʌn'geinli], *a.* Gauche, lourd, disgracieux; (*in one's gait*) dégingandé.

ungainsayable [ʌngein'seiəbl], *a.* (Argument *m*) irréfutable; (témoignage *m*, etc.) irrécusable.

ungallant [ʌn'galənt], *a.* Peu galant; indigne d'un galant homme.

ungarbled [ʌn'gɑːrbld], *a.* (Texte) non mutilé, intégral, -aux; (rapport) vrai, exact. *The u. truth*, la vérité pure et simple.

ungarnered [ʌn'gɑːrnərd], *a.* Non moissonné; (récolte) non rentrée.

ungarnished [ʌn'gɑːrniʃt], *a.* Dépourvu d'ornements, de garniture; simple. *F:* **The plain ungarnished truth,** la vérité toute nue, sans fard.

ungarrisoned [ʌn'garisənd], *a.* (Ville *f*) sans garnison.

ungear [ʌn'giːər], *v.tr.* **1.** *Mec.E:* *etc:* Débrayer, désembrayer, désengrener, dégager (une roue dentée, etc.). **2.** *Dial. & U.S:* Déharnacher (un cheval, etc.).

ungeared [ʌn'giːərd], *a.* *Mec.E:* **1.** (*Of machine-part*) Débrayé, dégagé. **2.** Sans engrenages. *See also* LATHE[1].

ungenerous [ʌn'dʒenərəs], *a.* Peu généreux. (*a*) Peu magnanime; méprisable, mesquin. (*b*) Illibéral, -aux; avare, chiche. (*c*) (Sol) ingrat, stérile. **-ly,** *adv.* (*a*) Mesquinement. (*b*) Avarement, chichement.

ungenteel [ʌndʒen'tiːl], *a.* Peu convenable; pas de bon ton; qui n'est pas comme il faut. *It is u. to . . .*, il n'est pas de bon ton de. . . .

ungentle [ʌn'dʒentl], *a.* (*Of pers.*) Dur, rude; sans douceur. **-tly,** *adv.* Rudement, durement; avec rudesse.

ungentlemanlike [ʌn'dʒentlmənlaik], **ungentlemanly** [ʌn-'dʒentlmənli], *a.* Peu comme il faut; (homme) mal élevé, qui ne sait pas vivre. **Ungentlemanly conduct,** conduite indélicate, indigne d'un homme bien élevé. *His u. behaviour*, (i) ses mauvais procédés; (ii) sa vulgarité; son manque de tenue, de savoir-vivre. *It is u. to . . .*, il n'est pas poli, il n'est pas bien élevé, de . . .; il est de mauvais ton de. . . .

ungentlemanliness [ʌn'dʒentlmənlinəs], *s.* Manque *m* de savoir-vivre; conduite *f* malhonnête.

un-get-at-able [ʌnget'atəbl], *a.* *F:* Inaccessible.

ungird [ʌn'gəːrd], *v.tr.* (*p.t. & p.p.* **ungirded, ungirt**) *Lit:* **1.** Détacher, ôter, la ceinture de (qn); déceindre (qn). *To u. oneself*, se déceindre; ôter sa ceinture. **2.** Déceindre (son épée); ôter, déboucler (son armure).

ungirded [ʌn'gəːrdid], **ungirt** [ʌn'gəːrt], *a.* *Lit:* **1.** Sans ceinture. **2.** (*Of sword*) Débouclé.

ungirth [ʌn'gəːrθ], *v.tr.* Dessangler (un cheval).

unglaze [ʌn'gleːiz], *v.tr.* Déglacer (le papier).

unglazed [ʌn'gleːizd], *a.* **1.** (*Of window, etc.*) Non vitré; sans vitres. **2.** (*a*) (Fil, papier, etc.) non glacé, non lustré. *Phot:* **Unglazed paper,** papier mat. (*b*) *Cer:* Non verni, non vernissé; poreux; (*of tile*) non vitrifié. **Unglazed china,** biscuit *m.*

unglove [ʌn'glʌv], *v.tr.* Déganter (qn, sa main).

ungloved [ʌn'glʌvd], *a.* Déganté; sans gant(s). *U. hand*, main nue.

unglue [ʌn'gluː], *v.* (**unglued; ungluing**) **1.** *v.tr.* (*a*) Décoller. (*b*) Dégluer (les yeux, les paupières). **2.** *v.i.* Se décoller.

ungodliness [ʌn'gɔdlinəs], *s.* Impiété *f.*

ungodly [ʌn'gɔdli], *a.* Impie. *s.* **The ungodly,** les impies.

ungovernable [ʌn'gʌvərnəbl], *a.* **1.** (Enfant *mf*, pays *m*) ingouvernable, indisciplinable. **2.** (Désir *m*) irrésistible, irrépressible. *U. passion*, passion effrénée, déréglée. *Fits of u. temper*, emportements *m* de colère.

ungoverned [ʌn'gʌvərnd], *a.* **1.** (Pays *m*, tribu *f*) libre de tout gouvernement. **2.** (*Of passion, etc.*) Indompté, désordonné, déréglé, effréné; sans frein.

ungraced [ʌn'greist], *a.* **1.** Disgracieux. **2.** **Ungraced with . . .**, dépourvu de (charme, etc.).

ungraceful [ʌn'greisful], *a.* Disgracieux; sans grâce; gauche. **-fully,** *adv.* Sans grâce; gauchement.

ungracious [ʌn'greiʃəs], *a.* **1.** (Devoir, etc.) désagréable, déplaisant, ingrat. **2.** (*Of pers., manner, etc.*) Malgracieux; peu aimable. *To meet with an u. reception*, trouver un accueil peu cordial. **It would be ungracious to refuse,** il serait de mauvaise grâce de refuser. *It would be u. of me to blame you*, je serais mal venu à vous faire des reproches. **3.** = UNGRACEFUL. **-ly,** *adv.* Malgracieusement; de mauvaise grâce. **Not ungraciously,** avec (une) assez bonne grâce.

ungraciousness [ʌn'greiʃəsnəs], *s.* Mauvaise grâce. *The u. of his reply*, le peu d'amabilité de sa réponse.

ungraduated [ʌn'gradjueitid], *a.* **1.** Sans grades, sans diplômes (universitaires). **2.** Qui manque de gradation. **3.** (*Of medicine glass, etc.*) Sans graduations.

ungrafted [ʌn'grɑːftid], *a.* *Arb:* (Arbre) franc de pied.

ungrammatical [ʌngrə'matik(ə)l], *a.* Peu grammatical, -aux; incorrect; contre la grammaire. **-ally,** *adv.* Incorrectement.

ungrantable [ʌn'grɑːntəbl], *a.* Inaccordable; que l'on ne saurait permettre ou concéder; (demande) à laquelle on ne saurait accéder.

ungrateful [ʌn'greitful], *a.* Ingrat. (*a*) Peu reconnaissant. **To be ungrateful to s.o. for sth.,** ne pas savoir gré à qn de qch.; être peu reconnaissant envers qn de qch. *U. for favours*, ingrat aux bienfaits. *To show oneself u. to s.o.*, se montrer ingrat envers qn; payer qn d'ingratitude. (*b*) *U. soil*, sol ingrat. *U. task*, tâche ingrate. **-fully,** *adv.* Avec ingratitude; sans reconnaissance.

ungratefulness [ʌn'greitfulnəs], *s.* Ingratitude *f*; manque *m* de reconnaissance.

ungratified [ʌn'gratifaid], *a.* **1.** (*Of pers.*) Peu satisfait; mécontent. **2.** (Désir) inassouvi, non satisfait; (vœu) inexaucé.

ungreased [ʌn'griːzd], *a.* Non graissé; non lubrifié.

ungrounded [ʌn'graundid], *a.* **1.** = UNFOUNDED. **2.** **To be ungrounded in a subject,** ne pas posséder les éléments d'un sujet.

ungrudging [ʌn'grʌdʒiŋ], *a.* **1.** (*Of praise, gift, etc.*) Donné, accordé, de bon cœur, de bonne grâce, *F:* sans rechigner. *To give s.o. u. praise*, ne pas ménager ses louanges à qn. **2.** (*Of pers.*) Libéral, -aux; qui ne lésine pas; généreux. **-ly,** *adv.* De bonne grâce; de bon cœur; sans rechigner; libéralement.

ungual ['ʌŋgwəl], *a.* *Anat:* Unguéal, -aux; unguinal, -aux. *See also* PHALANX 2.

unguarded [ʌn'gɑːrdid], *a.* **1.** (*a*) Non gardé; sans garde; (ville *f*, etc.) sans défense. *Ten:* **To leave part of one's court unguarded,** laisser un trou dans son court. (*b*) *Cards:* (Roi) sec, non gardé. *Chess:* (Pièce) non gardée. **2.** (*Of pers.*) Qui n'est pas sur ses gardes; inadvertant; (*of speech, etc.*) indiscret, imprudent, inconsidéré, irréfléchi. **In an unguarded moment,** dans un moment d'inattention, d'inadvertance, d'irréflexion. **3.** (Précipice, etc.) **sans garde-fou**; (mécanisme dangereux) **sans dispositif protecteur**;

(engrenage) sans carter. **-ly,** *adv.* **1.** Inconsidérément; sans réflexion. **2.** Par inadvertance.
unguardedness [ʌn'gɑːrdidnəs], *s.* Inadvertance *f*, inattention *f*; imprudence *f*.
unguent ['ʌŋgwənt], *s.* Onguent *m*.
unguessable [ʌn'gesəbl], *a.* Indevinable.
unguessed [ʌn'gest], *a.* Indeviné.
unguiculate [ʌŋ'gwikjulet], **unguiculated** [ʌŋ'gwikjuleitid], *a.* *Nat.Hist:* Onguiculé.
unguided [ʌn'gaidid], *a.* **1.** Sans guide. **2.** *F:* **In an unguided moment . . .**, dans un moment d'inadvertance. . . .
unguiferous [ʌŋ'gwifərəs], *a.* *Nat.Hist:* Unguifère.
unguiform ['ʌŋgwifɔːrm], *a.* *Nat.Hist:* Onguiforme.
unguis, *pl.* **-es** ['ʌŋgwis, -iːz], *s.* **1.** *Anat:* Unguis *m*; os lacrymal. **2.** *Bot:* Onglet *m* (d'un pétale). **3.** *Z:* Ongle *m*.
ungula, *pl.* **-ae** ['ʌŋgjula, -iː], *s.* **1.** *Geom:* (*a*) Tronc *m* de cône ou cylindre tronqué. (*b*) Onglet *m*. **2.** *Bot:* = UNGUIS 2. **3.** *Z:* = UNGUIS 3.
ungulata [ʌŋgju'leita], *s.pl.* *Z:* Ongulés *m*.
ungulate ['ʌŋgjulet], *a.* & *s.* *Z:* Ongulé (*m*).
ungum [ʌn'gʌm], *v.tr.* (**ungummed; ungumming**) Dégommer; décoller (un timbre-poste, etc.).
ungumming, *s.* Dégommage *m*; décollage *m*.
unhackneyed [ʌn'haknid], *a.* (Sujet) nouveau, original, -aux. *U. phrase*, phrase originale. *U. language*, langage exempt de toute banalité.
unhaft [ʌn'hɑːft], *v.tr.* Démancher (un outil).
unhair [ʌn'heər], *v.tr.* *Tan:* Dépiler, peler, débourrer, ébourrer (les peaux).
unhairing, *s.* Dépilage *m*, pelage *m*, débourrage *m*, ébourrage *m*.
unhallowed [ʌn'haloud], *a.* **1.** Imbéni, profane. **2.** (*Of pleasure, joy, etc.*) Impie.
unhampered [ʌn'hampərd], *a.* Libre (de ses mouvements). *U. by rules*, sans être gêné, qui n'est pas gêné, par des règles.
unhand [ʌn'hand], *v.tr.* *A.* & *Lit:* Lâcher, laisser aller (qn). *A:* **Unhand me, sir!** lâchez-moi, monsieur!
unhandily [ʌn'handili], *adv.* *See* UNHANDY.
unhandled[1] [ʌn'handld], *a.* **1.** (Cheval) non rompu, non dressé. **2.** (Produit alimentaire, etc.) non manié, qui n'a pas été touché avec les mains.
unhandled[2], *a.* (Outil, etc.) (i) démanché, (ii) sans manche.
unhandselled [ʌn'hansəld], *a.* **1.** Non étrenné. **2.** *Lit:* (*Of nature, forest, etc.*) Vierge.
unhandsome [ʌn'hansəm], *a.* **1.** Sans beauté; laid, vilain, disgracieux. **2.** (*Of conduct, etc.*) Indélicat, malséant. *U. action*, action laide, déloyale. **3.** Peu généreux; peu libéral, -aux; mesquin.
unhandsomeness [ʌn'hansəmnəs], *s.* **1.** Manque *m* de beauté; laideur *f*. **2.** Indélicatesse *f* (de conduite, etc.). **3.** Manque *m* de générosité.
unhandy [ʌn'handi], *a.* **1.** (*Of pers.*) Maladroit, malhabile, gauche. **2.** (Outil *m*, etc.) peu maniable, incommode. **-ily,** *adv.* Gauchement, maladroitement; d'une main peu exercée.
unhang [ʌn'haŋ], *v.tr.* (*p.t.* **unhung** [ʌn'hʌŋ]; *p.p.* **unhung**) **1.** (*a*) Dépendre, détendre (des rideaux, etc.). (*b*) Enlever les tentures (d'un mur, etc.). **2.** Dégonder, démonter (une porte). *Nau:* Démonter (le gouvernail). **3.** Dépendre (un pendu).
unhanged [ʌn'haŋd], *a.* Qui n'est pas (encore) pendu; non pendu. **One of the greatest rogues unhanged,** un des plus grands coquins qui aient échappé à la potence; un vrai gibier de potence.
unhappiness [ʌn'hapinəs], *s.* **1.** Chagrin *m*; soucis *mpl*. **2.** Inopportunité *f* (d'une expression, etc.).
unhappy [ʌn'hapi], *a.* **1.** Malheureux, triste; infortuné; plein d'inquiétudes, de soucis. *To look u.*, avoir l'air triste. *To make s.o. u.*, causer du chagrin à qn. *To be u. at leaving s.o.*, s'affliger de quitter qn. *To be u. in one's new surroundings*, ne pas se plaire dans son nouvel environnement. *U. in one's marriage*, malheureux en ménage. **2.** Mal inspiré; peu heureux. **In an unhappy hour,** dans un moment funeste, malencontreux. *U. translation*, traduction peu heureuse. **To be unhappy in one's choice of words,** choisir ses mots de façon peu heureuse; mal choisir ses mots. *She is u. in her servants*, elle a la main malheureuse pour choisir ses domestiques; elle n'a pas de chance avec ses domestiques. **-ily,** *adv.* **1.** (*a*) Malheureusement; par malheur, par malchance. *U. he died the following day*, par malheur il mourut le lendemain. (*b*) Tristement. *To spend one's time u.*, passer son temps sans plaisir. *To live, get on, u. together*, faire mauvais ménage. **2.** **Thought unhappily expressed,** pensée mal exprimée, exprimée de manière peu heureuse.
unharbour [ʌn'hɑːrbər], *v.tr.* *Ven:* Lancer, faire débucher (la bête).
unhardened [ʌn'hɑːrdnd], *a.* (Acier, ressort, etc.) non trempé.
unharmed [ʌn'hɑːrmd], *a.* Sans mal; sain et sauf; indemne.
unharmonious [ʌnhɑːr'mounjəs], *a.* Peu harmonieux.
unharness [ʌn'hɑːrnəs], *v.tr.* **1.** (*a*) Déharnacher (un cheval). (*b*) Dételer (un cheval). **2.** *A:* Débarrasser (un chevalier) de son armure; désarmer (un chevalier).
unharnessing, *s.* (*a*) Déharnachement *m* (d'un cheval). (*b*) Dételage *m*.
unharvested [ʌn'hɑːrvestid], *a.* **1.** (Champ) non moissonné. **2.** (Blé) non moissonné, non récolté, non rentré.
unhasp [ʌn'hɑːsp], *v.tr.* (*a*) Ouvrir le loquet de (la porte). (*b*) Décadenasser.
unhat [ʌn'hat], *v.i.* (**unhatted; unhatting**) *A:* Tirer son chapeau; se découvrir.
unhatched [ʌn'hatʃt], *a.* (Œuf) non éclos. *Pisc:* (Œufs) non incubés.
unhatted [ʌn'hatid], *a.* Sans chapeau; la tête découverte.
unhead [ʌn'hed], *v.tr.* Étêter (une goupille, etc.); dériver (un rivet).
unhealed [ʌn'hiːld], *a.* **1.** Non guéri. **2.** (*Of wound*) Non cicatrisé.
unhealthful [ʌn'helθful], *a.* Insalubre.
unhealthfulness [ʌn'helθfulnəs], *s.* Insalubrité *f*.
unhealthiness [ʌn'helθinəs], *s.* **1.** Insalubrité *f* (du climat); caractère *m* peu hygiénique (d'un travail). **2.** (*a*) Mauvaise santé; état maladif; manque *m* de santé. (*b*) **Unhealthiness of mind,** esprit malsain; morbidité *f* d'esprit.
unhealthy [ʌn'helθi], *a.* **1.** Malsain, insalubre; (travail *m*) peu hygiénique. *Mil:* *P:* *U. sector of the trenches*, secteur dangereux des tranchées. **2.** (*a*) (*Of pers.*) Maladif. *U. complexion*, visage terreux. (*b*) *U. state of mind*, état d'esprit malsain. *U. influence, thoughts*, influence malsaine, pensées malsaines. *U. curiosity*, curiosité morbide.
unheard [ʌn'həːrd], *a.* **1.** (*a*) Non entendu. **To condemn s.o. unheard,** condamner qn sans l'entendre, sans l'avoir entendu. (*b*) **Prayer unheard,** prière inexaucée. **2.** **Unheard of,** (i) inouï; (ii) (auteur, etc.) inconnu, ignoré. *U.-of tortures*, supplices inouïs. **Till then unheard of,** (i) inconnu jusqu'alors; (ii) sans précédent. *It is u. of that . . .*, il est inouï, sans précédent, que + *sub*.
unheard-of-ness [ʌn'həːrdovnəs], *s.* *F:* Inouïsme *m*, caractère inouï (d'une prétention, etc.).
unheated [ʌn'hiːtid], *a.* Non chauffé. **Unheated greenhouse,** serre froide.
unheeded [ʌn'hiːdid], *a.* A qui, auquel, on ne fait pas attention; (*of warning, etc.*) négligé, dédaigné. **To pass unheeded,** passer inaperçu. *She sat u.*, elle restait sur sa chaise sans qu'on fît attention à elle.
unheedful [ʌn'hiːdful], *a.* = HEEDLESS.
unheeding [ʌn'hiːdiŋ], *a.* **1.** Insouciant, indifférent, distrait. **2.** Inattentif (*of*, à); insouciant (*of*, de).
unhelped [ʌn'helpt], *a.* **1.** Sans aide, sans secours. **To do sth. unhelped,** faire qch. tout seul. **2.** Non servi (à table).
unhelpful [ʌn'helpful], *a.* (Critique *f*, etc.) peu utile; (conseil) vain.
unheralded [ʌn'herəldid], *a.* Sans être proclamé; sans avant-courriers.
unheroic [ʌnhe'rouik], *a.* Peu héroïque; lâche; pusillanime.
unhesitating [ʌn'heziteitiŋ], *a.* Qui n'hésite pas; ferme, résolu. *U. reply*, réponse faite sans hésitation; réponse prompte. **-ly,** *adv.* Sans hésiter; sans hésitation. **I say unhesitatingly that . . .**, je n'hésite pas à affirmer que. . . .
unhewn [ʌn'hjuːn, 'ʌn-], *a.* (*Of stone, etc.*) Non taillé, brut; (*of wood*) en grume. *F:* **Unhewn style,** style rude, peu châtié.
unhindered [ʌn'hindərd], *a.* Sans encombre, sans obstacle, sans empêchement; librement.
unhinge [ʌn'hindʒ], *v.tr.* **1.** Dégonder, démonter (une porte); enlever (une porte) de ses gonds. **2.** Ébranler, déranger, détraquer (l'esprit).
unhinged, *a.* **1.** (Porte) hors de ses gonds. **2.** (Esprit) dérangé, déséquilibré, détraqué. **His mind is unhinged,** il a le cerveau détraqué; il a perdu l'esprit; il n'a plus sa raison; *F:* il déménage; sa tête déménage. *His mind is becoming u.*, son esprit s'égare.
unhinging, *s.* Ébranlement *m* (de la raison).
unhistorical [ʌnhis'tɔrik(ə)l], *a.* Peu historique. **1.** Contraire à l'histoire. **2.** (Fait) dépourvu de tout caractère historique; (fait) légendaire.
unhitch [ʌn'hitʃ], *v.tr.* **1.** Détacher, décrocher (un objet pendu). **2.** Dételer (un cheval).
unhitching, *s.* Dételage *m*.
unhobble [ʌn'hɔbl], *v.tr.* Désentraver (un cheval, etc.).
unholiness [ʌn'houlinəs], *s.* **1.** Impiété *f*. **2.** Caractère *m* profane (*of*, de).
unholy [ʌn'houli], *a.* **1.** (*Of pers.*) Impie. **2.** (*Of thg*) Profane. **Unholy desires,** convoitises *f*. **3.** *F:* **Unholy muddle,** désordre invraisemblable, affreux. *U. row*, charivari *m* de tous les diables.
unhonoured [ʌn'ɔnərd], *a.* Sans être honoré; qui n'est pas honoré; dédaigné.
unhood [ʌn'hud], *v.tr.* *Ven:* Déchaperonner (le faucon).
unhook [ʌn'huk]. **1.** *v.tr.* (*a*) Décrocher. (*b*) Dételer (un attelage de chevaux). (*c*) Dégrafer (un vêtement). *To u. one's dress*, se dégrafer. (*Of dress*) **To come unhooked,** se dégrafer. **2.** *v.i.* (*a*) Se décrocher. (*b*) Se dégrafer.
unhooking, *s.* (*a*) Décrochage *m*. (*b*) Dételage *m*.
unhooker [ʌn'hukər], *s.* *Ind:* Décrocheur *m*.
unhoop [ʌn'huːp], *v.tr.* Ôter les cerceaux de (qch.); décercler (qch.).
unhoped [ʌn'houpt], *a.* **Unhoped for,** inespéré, inattendu.
unhorse [ʌn'hɔːrs], *v.tr.* **1.** Désarçonner, démonter (un cavalier). **To be unhorsed,** vider les arçons, les étriers. **2.** Dételer (une voiture, une pièce de canon).
unhoused [ʌn'hɑːuzd], *a.* **1.** (*Of animal*) Sans abri. **2.** (*Of pers.*) Délogé.
unhung [ʌn'hʌŋ], *a.* **1.** (*Of house, room, etc.*) Non tapissé. **2.** (Tableau) non exposé (au Salon). **3.** = UNHANGED.
unhurt [ʌn'həːrt], *a.* **1.** (*Of pers.*) Sans mal, sans blessure; sauf, indemne. **To escape unhurt,** ne pas être atteint; s'en tirer sans aucun mal; s'en tirer sain et sauf. *I escaped u.*, je n'ai pas eu une égratignure. **2.** (*Of thg*) Intact.
unhusk [ʌn'hʌsk], *v.tr.* Dépouiller (un fruit, etc.) de son tégument, de son écorce; décortiquer; écosser.
unhygienic [ʌnhai'dʒiːnik, -dʒi'enik], *a.* Peu hygiénique.
uni- ['juːni, ju'ni], *pref.* **1.** Uni-. *U'niparous*, unipare. *Uni'bracteate*, unibractété. *Unicellu'larity*, unicellularité. *Uni'maculate*, unimaculé. **2.** Mono-. *Uninuclear*, mononucléaire. *Unisepalous*, monosépale. **3.** *Unidimensional*, à une seule dimension. *Unicameral*, qui n'a qu'une assemblée législative.
uniangulate [juːni'aŋgjulet], *a.* *Bot:* Uniangulaire.
uniarticulate [juːniɑːr'tikjulet], *a.* *Ent:* *etc:* Uniarticulé.

Uniat ['juːniat], **Uniate** ['juːniet], *s. & a. Rel.H:* Uniate (*m*).
uniaxial [juːni'aksiəl], *a.* **1.** *Cryst:* Uniaxe. **2.** *Bot:* Unicaule.
unicameral [juːni'kamərəl], *a. Pol:* Qui n'a qu'une assemblée législative.
unicapsular [juːni'kapsjulər], *a. Bot:* Unicapsulaire.
unicellular [juːni'seljulər], *a. Biol:* Unicellulaire. **Unicellular organisms,** protistes *m.*
unicolor [juːni'kʌlər], **unicolorous** [juːni'kʌlərəs], **unicoloured** [juːni'kʌlərd], *a.* Unicolore.
unicorn ['juːnikɔːrn]. **1.** *a.* Unicorne; à une seule corne. **2.** *s.* (*a*) *Myth: Her:* Licorne *f. Astr:* **The Unicorn,** la Licorne. (*b*) *Z:* **Sea-unicorn, unicorn-fish, unicorn-whale,** licorne de mer; narval, -als *m*; unicorne *m.*
'unicorn 'team, *s.* Attelage *m* en arbalète.
unicornous [juːni'kɔːrnəs], *a.* Unicorne.
unicostate [juːni'kɔsteit], *a. Bot:* Uninervé.
unicuspid [juːni'kʌspid], *a. Nat.Hist:* Unicuspidé.
unidentified [ʌnai'dentifaid], *a.* Non identifié.
unidimensional [juːnidai'menʃən(ə)l, -di-], *a.* A une seule dimension.
unidiomatic [ʌnidio'matik], *a.* Peu idiomatique.
unidirectional [juːnidai'rekʃən(ə)l, -di-], *a. El:* (Courant) continu, redressé. **Unidirectional current generator,** dynamo *f* à courants redressés.
unifacial [juːni'feiʃjəl], *a.* Uniface.
unification [juːnifi'keiʃ(ə)n], *s.* Unification *f.*
uniflorous [juːni'flɔːrəs], *a. Bot:* Uniflore.
unifoliate [juːni'fouliet], *a. Bot:* Monophylle, unifolié, unifeuillé.
uniform ['juːnifɔːrm]. **1.** *a.* Uniforme. *U. life, u. conduct,* vie *f,* conduite *f,* uniforme. **Uniform temperature,** température constante. **Uniform velocity, pace,** vitesse *f,* allure *f,* uniforme. *Equit:* **Uniform step,** pas écouté. *Body of u. density,* corps uniformément compact. *Rod of u. cross-section,* tige *f* à section constante. **Uniform houses,** maisons *f* uniformes. **To make uniform,** uniformiser. *See also* LIGHTING 2. **2.** *s.* (*a*) *Mil: Sch: etc:* Uniforme *m*; *Mil:* habit *m* d'ordonnance. **Full(-dress) uniform,** grand uniforme. **Field-service uniform,** tenue *f* de campagne. **Drill uniform,** tenue d'exercice. *U. not of regulation pattern,* tenue (de) fantaisie. *See also* UNDRESS[1]. **In uniform,** en uniforme. **In full(-dress) uniform,** en grand uniforme, en grande tenue. **Out of uniform,** en civil. **Uniform breeches,** culotte *f* d'uniforme. *Mil:* **Uniform-case, -chest,** caisse *f,* cantine *f,* à bagages. (*b*) Costume *m* (d'infirmière, etc.). **-ly,** *adv.* Uniformément.
uniformed ['juːnifɔːrmd], *a.* En uniforme.
uniformity [juːni'fɔːrmiti], *s.* **1.** (*a*) Uniformité *f,* unité *f* (de style, etc.). (*b*) Régularité *f* (de fonctionnement); constance *f* (d'un courant, etc.). **2.** *Rel:* Conformisme *m.*
unify ['juːnifai], *v.tr.* Unifier (des idées, un parti politique, etc.). *To u. the whole population,* donner de l'unité à toute la population.
unified, *a.* Unifié.
unijugate [juːni'dʒuːget], *a. Bot:* Unijugué.
unilabiate [juːni'leibiet], *a. Bot:* Unilabié.
unilateral [juːni'latərəl], *a.* Unilatéral, -aux. *Jur:* **Unilateral contract,** contrat unilatéral. **-ally,** *adv.* Unilatéralement.
unilingual [juːni'liŋgwəl], *a.* (Dictionnaire *m,* etc.) unilingue.
unilluminated [ʌni'ljuːmineitid], *a.* Non illuminé; (i) obscur, non éclairé; (ii) peu inspiré.
unilluminating [ʌni'ljuːmineitiŋ], *a.* **1.** (*Of explanation, etc.*) Peu clair, peu lumineux. **2.** (*Of book, etc.*) Vide d'idées.
unillustrated [ʌn'iləstreitid], *a.* **1.** Non illustré; sans images. **2.** (Grammaire, etc.) sans exemples.
unillustrious [ʌni'lʌstriəs], *a.* Peu illustre; ignoré, inconnu, obscur.
unilobate [juːni'loubeit], *a. Nat.Hist:* Unilobé.
unilocular [juːni'lɔkjulər], **uniloculate** [juːni'lɔkjulet], *a. Bot:* (Ovaire *m*) uniloculaire.
unilocularity [juːnilɔkju'lariti], *s. Bot:* Unilocularité *f.*
unimaginable [ʌni'madʒinəbl], *a.* Inimaginable, inconcevable.
unimaginative [ʌni'madʒineitiv, -ətiv], *a.* Dénué d'imagination; peu imaginatif; prosaïque. **-ly,** *adv.* Sans imagination; prosaïquement.
unimaginativeness [ʌni'madʒinətivnəs], *s.* Manque *m* d'imagination; prosaïsme *m.*
unimagined [ʌni'madʒind], *a.* Inimaginé.
unimpaired [ʌnim'pɛərd], *a.* (*Of sight, mind*) Non affaibli. **Unimpaired health,** santé non altérée; santé intacte. *U. digestion,* estomac toujours bon. *U. strength,* forces non diminuées; forces intactes. *U. fortune,* fortune intacte, inentamée. **With faculties unimpaired,** en possession de toutes ses facultés; jouissant de toutes ses facultés. **His mind is unimpaired,** il conserve toute sa vigueur d'esprit; il a encore sa tête.
unimpassioned [ʌnim'paʃənd], *a.* Sans passion; tranquille, froid, calme. *U. speech,* discours mesuré.
unimpeachable [ʌnim'piːtʃəbl], *a.* (*a*) Inattaquable; (droit *m*) incontestable. **I have it from an unimpeachable source,** je le tiens de source sûre, d'une source incontestable. (*b*) (Témoignage *m,* témoin *m*) inattaquable, irrécusable; (conduite *f*) irréprochable.
unimpeachableness [ʌnim'piːtʃəblnəs], *s.* Incontestabilité *f* (d'une affirmation, etc.).
unimpeached [ʌnim'piːtʃt], *a.* **1.** (Témoignage) qui n'a pas été mis en doute; incontesté. **2.** Non accusé.
unimpeded [ʌnim'piːdid], *a.* Libre; aucunement entravé; sans obstacle; sans empêchement.
unimportance [ʌnim'pɔːrtəns], *s.* Faible importance *f*; peu *m* d'importance; insignifiance *f.*
unimportant [ʌnim'pɔːrtənt, 'ʌn-], *a.* Sans importance; de peu d'importance; peu important; insignifiant, négligeable. *He was killed in an u. skirmish,* il fut tué dans une escarmouche insignifiante. *It is quite u.,* cela ne tire pas à conséquence.
unimposing [ʌnim'pouziŋ], *a.* (Air, aspect) peu imposant.
unimpoverished [ʌnim'pɔvəriʃt], *a.* Inappauvri.
unimpregnated [ʌnim'pregneitid], *a.* **1.** *Biol:* Non imprégné, non fécondé. *Breed: U. mare,* jument *f* vide. **2.** (*Of cloth, etc.*) Non imprégné.
unimpressed [ʌnim'prest], *a.* **1.** Qui n'est pas impressionné. *I was u. by his speech,* son discours ne m'a fait aucune impression, m'a laissé froid. **2.** (*Of medal, etc.*) Sans impression; non (encore) frappé.
unimpressionable [ʌnim'preʃənəbl], *a.* Peu impressionnable; (juge) froid, impassible.
unimpressive [ʌnim'presiv], *a.* Peu impressionnant; peu émouvant; (discours *m*) terne; (paysage, etc.) peu frappant.
unimprovable [ʌnim'pruːvəbl], *a.* Non susceptible d'amélioration. *Agr:* (*Of soil*) Inamendable.
unimproved [ʌnim'pruːvd], *a.* (*a*) Non amélioré, non perfectionné; sans amélioration. *Agr:* (Terre) qui n'a reçu aucun amendement. (*b*) (*Of occasion*) Inutilisé. *He left this advantage u.,* il n'a tiré aucun parti de cet avantage.
unimpugnable [ʌnim'pjuːnəbl], *a.* (Droit *m*) inattaquable.
unimpugned [ʌnim'pjuːnd], *a.* (Droit, etc.) incontesté.
unimpulsive [ʌnim'pʌlsiv], *a.* Peu impulsif; froid.
unindexed [ʌn'indekst], *a.* (Livre, etc.) sans index.
uninfected [ʌnin'fektid], *a.* **1.** (*a*) (Air, etc.) non infecté, non vicié (*with, by,* par). (*b*) (*Of morals, etc.*) Non corrompu. **2.** Qui a échappé à la contagion; qui n'est pas atteint par la contagion.
uninflammability [ʌninflamə'biliti], *s.* Ininflammabilité *f.*
uninflammable [ʌnin'flaməbl], *a.* Ininflammable, incombustible.
uninflated [ʌnin'fleitid], *a.* (*Of pneumatic tyre, etc.*) **1.** Non gonflé. **2.** Dégonflé; à plat.
uninflected [ʌnin'flektid], *a. Ling:* (Langue) sans inflexions; (mot) sans inflexion, sans flexion, sans désinence.
uninfluenced [ʌn'influənst], *a.* **1.** (Opinion *f,* etc.) libre de toute prévention. **2.** *To remain u. by s.o.,* ne pas se laisser influencer par qn.
uninfluential [ʌninflu'enʃ(ə)l], *a.* Sans influence; (homme) peu influent.
uninformed [ʌnin'fɔːrmd], *a.* **1.** **To be uninformed on a subject,** ne pas connaître un sujet. **To be uninformed of sth.,** ignorer qch.; ne pas être averti de qch. **2.** (Homme) ignorant, inaverti; (esprit *m*) inculte.
uninhabitable [ʌnin'habitəbl], *a.* Inhabitable.
uninhabited [ʌnin'habitid], *a.* Inhabité, désert; sans habitants.
uninitiated [ʌni'niʃieitid], *a.* Non initié (*in,* dans). **The uninitiated,** les profanes *m*; ceux qui ne sont pas dans le secret.
uninjured [ʌn'indʒərd], *a.* **1.** (*Of pers.*) (*a*) Sain et sauf; sans blessure, sans mal; indemne. *He was u. by his fall,* il n'a pas été blessé par sa chute. *To escape u.,* s'en tirer sans aucun mal. (*b*) Non lésé (dans ses droits). **2.** (*Of thg*) Intact; sans dommage; non endommagé.
uninominal [juːni'nɔmin(ə)l], *a.* Uninominal, -aux. **Uninominal voting,** scrutin uninominal, individuel.
uninquisitive [ʌnin'kwizitiv], *a.* Peu curieux; exempt de curiosité.
uninspired [ʌnin'spaiərd], *a.* Sans inspiration; (style) banal, qui rampe. *To write u. verse, F:* rimer malgré Minerve.
uninspiring [ʌnin'spaiəriŋ], *a.* Sans inspiration; froid.
uninstructed [ʌnin'strʌktid], *a.* **1.** Sans instruction; ignorant. *To be u. in cookery,* ne rien entendre à la cuisine. **2.** Sans instructions.
uninsulated [ʌn'insjuleitid], *a. Ph:* Non isolé.
uninsurable [ʌnin'ʃuərəbl], *a.* Non assurable.
uninsured [ʌnin'ʃuərd, 'ʌn-], *a.* Non assuré (*against,* contre).
unintellectual [ʌninte'lektjuəl], *a.* Peu intellectuel.
unintelligent [ʌnin'telidʒənt], *a.* Inintelligent; à l'esprit borné. **-ly,** *adv.* Inintelligemment.
unintelligibility [ʌnintelidʒi'biliti], **unintelligibleness** [ʌnin'telidʒiblnəs], *s.* Inintelligibilité *f.*
unintelligible [ʌnin'telidʒibl], *a.* Inintelligible. **-ibly,** *adv.* D'une manière peu intelligible; inintelligiblement.
unintended [ʌnin'tendid], *a.* (*a*) (Résultat) non prémédité, non voulu. (*b*) = UNINTENTIONAL.
unintentional [ʌnin'tenʃən(ə)l], *a.* Involontaire; fait sans intention; fait sans dessein. **-ally,** *adv.* Inintentionnellement, involontairement; sans intention, sans dessein; sans y prendre garde. *To offend s.o. u.,* froisser qn involontairement, sans le vouloir. *Quite u.,* sans la moindre intention.
uninterested [ʌn'int(ə)restid], *a.* Non intéressé; indifférent. *To be u. in a matter,* prendre peu d'intérêt à une question.
uninteresting [ʌn'int(ə)restiŋ], *a.* Peu intéressant; sans intérêt.
unintermitting [ʌnintər'mitiŋ], *a.* Incessant, ininterrompu, continuel; sans intermission. **Unintermitting fever,** fièvre continente, continue. **-ly,** *adv.* Sans intermission; sans cesse; continuellement; sans interruption.
uninterpretable [ʌnin'təːrpretəbl], *a.* Ininterprétable.
uninterpreted [ʌnin'təːrpretid], *a.* Ininterprété.
uninterred [ʌnin'təːrd], *a.* Non enterré; sans sépulture.
uninterrupted [ʌnintə'rʌptid], *a.* **1.** Ininterrompu; sans interruption. **2.** Continu. **Uninterrupted correspondence,** correspondance suivie. **-ly,** *adv.* **1.** Sans interruption. **2.** D'une façon continue; continuellement.
unintoxicating [ʌnin'tɔksikeitiŋ], *a.* Non enivrant. **Unintoxicating drinks,** boissons non alcoolisées.
uninuclear [juːni'njuːkliər], *a. Biol:* (Cellule *f*) mononucléaire.
uninured [ʌni'njuərd], *a.* Non accoutumé, peu habitué, non endurci, non aguerri (*to,* à).
uninvaded [ʌnin'veidid], *a.* Non envahi. *F: Sphere still u. by women,* domaine *m* qui n'a pas encore subi l'incursion féminine.

uninventive [ʌnin'ventiv], *a.* Peu inventif.

uninvested [ʌnin'vestid], *a.* **1.** Non revêtu (*with*, de). **2.** (Argent) non placé, *F:* oisif. **3.** *Mil:* Non investi.

uninvited [ʌnin'vaitid], *a.* Sans être invité; sans invitation. **Uninvited guest,** hôte inconvié; (i) visiteur, -euse, inattendu(e); (ii) visiteur, -euse, intrus(e); *F:* resquilleur, -euse. *To come u.*, venir sans invitation.

uninviting [ʌnin'vaitiŋ], *a.* (*Of pers., appearance, etc.*) Peu attrayant, peu ragoûtant; (*of appearance*) peu engageant; (*of food*) peu appétissant.

unio, *pl.* **-os, -ones** ['ju:njo, -ouz, ju:'njouni:z], *s. Moll:* Unio *m*, mulette *f*.

union ['ju:njən], *s.* **1.** Union *f*. (*a*) **Union of a province with France,** réunion *f* d'une province à la France. *Eng.Hist:* **The Union,** l'union de l'Angleterre avec l'Écosse (1707). (*b*) (*Marriage*) *Well-assorted u.*, union bien assortie. (*c*) Concorde *f*, harmonie *f*. **To live together in perfect union,** vivre en parfaite harmonie les uns avec les autres. **2.** (*a*) **The American Union,** l'Union américaine. **The South African Union,** l'Union Sud-africaine. **Customs union,** union douanière. **Universal Postal Union,** Union postale universelle. *See also* COPYRIGHT[1]. (*b*) = TRADE(S)-UNION. **Union regulations,** règles syndicales. **Union hours,** heures *f* conformes aux règles syndicales. **Non-union men,** ouvriers non syndiqués. (*c*) *Adm:* Union de plusieurs communes pour l'administration de l'Assistance publique. **Union workhouse,** *F:* **Union,** asile *m* des pauvres à l'usage de plusieurs communes. **To die in the Union,** mourir à l'hôpital. **3.** (*a*) Soudure *f* (des os, etc.); raccordement *m* (de fils, de tuyaux, etc.). (*b*) *Mec.E: etc:* **Union(-joint),** raccord *m*; manchon *m* de raccord; union. **Union elbow,** raccord coudé, en équerre. *Union T*, raccord à, en, T; té *m*. **Union-nut joint,** raccord à vis. *See also* THIMBLE 3. **4.** *Nau:* = UNION JACK. **Union down,** pavillon en berne. **Flag with union down,** drapeau renversé. **5.** *Tex:* **Union (cloth),** étoffe mélangée; mélange *m*; tissu *m* mi-laine. **6.** *Cost: U.S:* **Union suit,** combinaison *f* (pour artisan, aviateur, etc.).

'Union 'flag, 'jack, *s.* Le pavillon britannique, du Royaume-Uni; l'Union-Jack.

unionism ['ju:njənizm], *s.* **1.** *Pol:* Unionisme *m*. **2.** *Ind: See* TRADE(S)-UNIONISM.

unionist ['ju:njənist], *s.* **1.** *Pol:* Unioniste *mf*. *Hist:* **The unionist party,** le parti unioniste; (i) les adversaires du Home Rule (pour l'Irlande); (ii) *U.S:* le parti qui s'opposait à la Sécession. **2.** *Ind: See* TRADE(S)-UNIONIST.

uniovular [ju:ni'ouvjulər], **uniovulate** [ju:ni'ouvjulet], *a. Bot:* Uniovulé.

uniparous [ju'nipərəs], *a. Biol:* Unipare.

unipersonal [ju:ni'pə:rsən(ə)l], *a.* **1.** *Gram:* (Verbe) unipersonnel. **2.** *Theol:* (Dieu) en une personne.

unipetalous [ju:ni'petələs], *a. Bot:* Unipétale, monopétale.

uniphase ['ju:nife:iz], *a. El.E:* Uniphasé, monophasé.

uniplanar [ju:ni'pleinər], *a.* Dans un seul plan. *Geom:* **Uniplanar figure,** figure plane.

unipolar [ju:ni'poulər], *a. Biol: El.E:* Unipolaire; *El:* (lampe) à plot central.

unipolarity [ju:nipo'lariti], *s. El.E:* Unipolarité *f*.

unique [ju'ni:k]. **1.** *a.* Unique; seul en son genre. *A u. opportunity, P: a most u. opportunity*, une occasion unique. **2.** *s.* Chose *f* unique. *Esp.Num:* Médaille *f* ou pièce *f* unique. **-ly,** *adv.* Uniquement.

uniqueness [ju'ni:knəs], **uniquity** [ju'nikwiti], *s.* **1.** Caractère *m* unique, nature *f* unique (*of*, de). **2.** *Phil:* Unicité *f*.

unisepalous [ju:ni'sepələs], *a. Bot:* Monosépale.

uniserial [ju:ni'si:əriəl], **uniseriate** [ju:ni'si:əriet], *a. Nat.Hist:* Unisérié.

unisexed [ju:ni'sekst], **unisexual** [ju:ni'seksjuəl], *a. Biol:* Unisexué, unisexuel.

unisexuality [ju:niseksju'aliti], *s. Biol:* Unisexualité *f*.

unison ['ju:nizən, -sən], *s.* **1.** *Ph: Mus:* Unisson *m*. **In unison,** à l'unisson (*with*, de). **Unison string, unison,** corde *f* qui résonne à l'unisson. **2.** Unisson, accord *m*. *In u. with the rest*, à l'unisson des autres; en accord avec les autres. **To act in unison with s.o.,** agir de concert avec qn. (*Of parts*) **To rotate in unison,** tourner à la même vitesse.

unisonant [ju'nisonənt], *a. Ph: Mus:* Unissonnant; à l'unisson (*with*, de).

unissued [ʌn'iʃjud, -'isjud], *a.* **Unissued shares,** actions non encore émises; actions à la souche. *See also* DEBENTURE 2.

unit ['ju:nit], *s.* **1.** Unité *f*. *Ar:* **Units column,** colonne *f* des unités. *Com:* **Unit price,** prix *m* unitaire; prix de l'unité. **2.** (*a*) Unité (de longueur, de poids, etc.). *U. of mass, of area*, unité de masse, de surface. **Standard unit,** module *m*. **C.G.S. units,** unités C.G.S. *Mth:* **Unit vector,** vecteur *m* unitaire. (*b*) *The species is the u. of the genus*, l'espèce est l'unité du genre. *Mil: etc:* **Self-contained unit,** fraction constituée. **Tactical unit,** unité tactique. *Cin:* **Unit manager,** directeur *m* de la production. *See also* ADMINISTRATIVE, HOSPITAL 1. (*c*) *Mec.E: etc:* Élément *m*, bloc *m*. **Motor unit,** bloc moteur. **Motor-cycle unit,** groupe *m* moto. **Gear-changing unit,** boîte *f* de changement de vitesse. *The engine forms a u. with the transmission*, le moteur fait bloc avec la transmission. *Av:* **Central unit** (*of the wing system*), cellule centrale. *Cin:* **Sound-(-reproducing) unit,** lecteur *m* des sons. *See also* SOUND-UNIT.

Unitarian [ju:ni'tɛəriən]. **1.** *a. & s. Rel.H:* Unita(i)rien, -ienne; unitaire. **2.** *a.* (Système *m*, etc.) unitaire.

Unitarianism [ju:ni'tɛəriənizm], *s. Rel.H:* Unitar(ian)isme *m*.

unitary ['ju:nitəri], *a.* (*Of crystal, political movement, etc.*) Unitaire.

unite [ju'nait]. **1.** *v.tr.* (*a*) Unir (une chose à une autre, deux choses ensemble). **To unite one country to another,** réunir, annexer, un pays à un autre. *When Brittany was united to France*, **lorsque la Bretagne fut unie à la France.** *To u. two parties, Com: two companies*, amalgamer deux partis, deux sociétés. **To unite two armies,** joindre, combiner, deux armées. *Surg:* **To unite a wound,** suturer une blessure; rapprocher les lèvres d'une plaie. *To u. idealism with practical common sense*, allier l'idéalisme au bon sens pratique. (*b*) Mettre (les gens) d'accord; unifier (un parti, etc.). *Common interests that u. two countries*, intérêts communs qui allient, associent, deux pays. (*c*) Unir (en mariage). **2.** *v.i.* (*a*) S'unir, se joindre (*with*, à). **My family unite with me in wishing you . . .,** ma famille se joint à moi pour vous souhaiter. . . . (*b*) (*Of two or more pers. or thgs*) S'unir; se réunir; (*of companies, banks, parties*) s'amalgamer; (*of states*) se confédérer; (*of matter*) se conglomérer; (*of rivers*) se mêler, concourir, confluer; (*of lips of wound*) s'agglutiner; (*of fracture*) se souder. *Ch:* (*Of atoms*) S'unir, se combiner. **To unite in doing sth.,** se mettre d'accord pour faire qch. *We u. in acknowledging that . . .*, nous nous accordons pour reconnaître que. . . . *To u. in an attempt to . . .*, tenter en commun de. . . . *Pol:* **To unite against a party,** faire bloc contre un parti.

united, *a.* **1.** Uni, réuni, conjoint. **United efforts,** efforts réunis, associés, conjugués, concertés. **United we stand, divided we fall,** l'union fait la force. **To present a united front,** faire front unique. **Very united family,** famille très unie. *Geog:* **The United Kingdom,** le Royaume-Uni. **The United States,** les États-Unis (d'Amérique). *Hist:* **The United Provinces,** les Provinces-Unies (des Pays-Bas). **2.** *Bot:* **United flowers, united leaves,** fleurs, feuilles, accolées. **-ly,** *adv.* (*a*) Conjointement. (*b*) Ensemble; d'accord, de concert.

uniting[1], *a.* Qui unit, qui joint; unitif.

uniting[2], *s.* Union *f*, réunion *f*; accolement *m*. *Med:* Consolidation *f* (d'une plaie, d'une fracture).

unitive ['ju:nitiv], *a.* Unitif.

unity ['ju:niti], *s.* Unité *f*. **1.** *Mth:* **To reduce a coefficient to unity,** réduire un coefficient à l'unité. *The family considered as a u.*, la famille considérée comme une unité. **2.** Concorde *f*, accord *m*, harmonie *f*. *National u.*, unité nationale. *To live together in u.*, vivre en bonne intelligence. **To live in, at, unity with s.o.,** vivre en accord avec qn. *Prov:* **Unity is strength,** l'union fait la force. **3.** Qualité *f* de ce qui est un. (*a*) **The Unity of God,** l'unité de Dieu. (*b*) *There is no u. in his conduct*, il n'y a pas d'unité dans sa conduite. *Lit:* **The dramatic unities,** les unités dramatiques. **Unity of place,** unité de lieu. *In a poem there must be u. of action*, dans un poème l'action doit être une. *Mus:* (*General*) *u.* (*of a composition, of execution*), ensemble *m*. (*c*) *Jur:* **Unity of possession,** consolidation *f* de la possession; extinction *f* de servitude (par acquisition du fonds sur lequel portait la servitude). **Unity of title,** communauté *f* de titre.

univalence [ju:ni'veiləns, ju'nivələns], **univalency** [ju:ni'veilənsi, ju'nivələnsi], *s. Ch:* Univalence *f*, monovalence *f*.

univalent [ju:ni'veilənt, ju'nivələnt], *a. Ch:* Univalent, monovalent.

univalve ['ju:nivalv], *a. & s. Moll:* Univalve (*m*).

univalved ['ju:nivalvd], *a. Nat.Hist:* Univalve.

univalvia [ju:ni'valvia], *s.pl. Moll:* Univalves *m*.

univalvular [ju:ni'valvjulər], *a. Bot:* Univalve.

universal [ju:ni'və:rs(ə)l]. **1.** *a.* Universel. **Universal suffrage,** suffrage universel. **He is a universal favourite,** tout le monde l'aime. *Log:* **Universal proposition,** proposition universelle. *Jur:* **Universal legatee,** légataire universel. *Com: Jur:* **Universal agent,** mandataire général. **To make universal,** universaliser. *See also* JOINT[1] 1. **2.** *s.* (*a*) *Log:* Proposition universelle. (*b*) *Phil: A:* Universel *m*, *pl.* universaux. **-ally,** *adv.* Universellement. **It is universally acknowledged that . . .,** tout le monde s'accorde à reconnaître que. . . .

universalism [ju:ni'və:rsəlizm], *s. Theol:* Universalisme *m*.

universalist [ju:ni'və:rsəlist], *s. Theol:* Universaliste *m*.

universality [ju:nivə:r'saliti], **universalness** [ju:ni'və:rsəlnəs], *s.* Universalité *f* (de l'Église, de la langue anglaise, etc.).

universalization [ju:nivə:rsəlai'zeiʃ(ə)n], *s.* Universalisation *f*.

universalize [ju:ni'və:rsəlaiz], *v.tr.* Universaliser, généraliser.

universe ['ju:nivə:rs], *s.* Univers *m*. *The wonders of the u.*, les merveilles *f* de la création.

university [ju:ni'və:rsiti], *s.* Université *f*. *He had been through the u.*, il avait étudié à l'université. **University education,** enseignement supérieur; études supérieures; éducation *f* universitaire. **To have had a university education, to be a university man,** avoir fait des études supérieures. **University lecture,** conférence *f* de faculté. **University professor,** professeur *m* de faculté; (professeur) universitaire *m*. *U. library*, bibliothèque *f* de l'Université; bibliothèque universitaire. **University town,** ville *f* universitaire. **University extension class, lectures,** cours populaire institué par l'université; cours public organisé sous les auspices, par les soins, d'une université.

univocal [ju:'nivok(ə)l], *a.* Univoque.

unjoined [ʌn'dʒɔind], *a.* **1.** Disjoint, désuni. **2.** Qui n'a pas été uni.

unjoint [ʌn'dʒɔint], *v.tr.* Démonter (une canne à pêche).

unjoyous [ʌn'dʒɔiəs], *a.* Triste; sans joie, peu joyeux.

unjudged [ʌn'dʒʌdʒd], *a.* **1.** Qui n'est pas (encore) jugé; à être jugé. **2.** (Être condamné) sans procès, sans jugement.

unjust [ʌn'dʒʌst], *a.* **1.** (*a*) Injuste (*to*, envers, avec, pour). *My suspicions were u.*, mes soupçons étaient mal fondés. (*b*) **Unjust scales,** balance fausse. **Unjust weight,** faux poids. **2.** *A:* Infidèle; déloyal, -aux. *See also* STEWARD 1. **-ly,** *adv.* Injustement.

unjustifiable [ʌn'dʒʌstifaiəbl], *a.* Injustifiable, inexcusable. **-ably,** *adv.* D'une manière injustifiable, inexcusable.

unjustified [ʌn'dʒʌstifaid], *a.* Non justifié; injustifié; (*of verdict, opinion, etc.*) non motivé. **To be absolutely unjustified in doing sth.,** être absolument dans son tort en faisant qch.

unkempt [ʌn'kempt, 'ʌn-], *a.* **1.** (*Of hair, etc.*) Mal peigné, inculte, hirsute; (*of pers., appearance, etc.*) hirsute, dépeigné. **2.** (*Of garden, etc.*) Peu soigné; mal tenu; négligé; en désordre.

unkennel [ʌn'ken(ə)l], *v.tr.* (**unkennelled; unkennelling**) **1.** Faire sortir (les chiens) du chenil. **2.** *Ven:* Lancer (un renard).

unkey [ʌn'kiː], *v.tr.* Déclaveter, décaler, décoincer (une poulie, etc.).

unkeying, *s.* Décalage *m*, décoincement *m*.

unkind [ʌn'kaind], *a.* (i) Dur; cruel; (ii) peu aimable; peu bienveillant. *U. master*, maître *m* sévère, au cœur dur. **Unkind fate,** sort impitoyable, cruel. **That's very unkind of him,** c'est très mal à lui; c'est peu aimable de sa part. *To say u. things to s.o., about s.o.*, dire des méchancetés *f* à qn sur le compte de qn. **To be unkind to s.o.,** se montrer dur envers qn. *Her aunt is u. to her*, sa tante la traite mal. *Master u. towards his servants*, maître rude envers ses domestiques. *He was u. enough to . . .*, il a eu la méchanceté de. . . . **The weather proved unkind,** le temps s'est montré cruel, peu favorable. **Country where nature is unkind,** région où la nature est marâtre. *See also* CUT[1] 2. **-ly,** *adv.* (i) Méchamment, durement; (ii) sans bienveillance; peu aimablement. **To look unkindly at, on, s.o.,** regarder qn d'un œil malveillant. **Don't take it unkindly if . . .,** ne le prenez pas en mauvaise part si. . . . *Do not laugh at it or I should take it u.*, ne vous en moquez pas ou vous me désobligeriez.

unkindliness [ʌn'kaindlinəs], *s.* **1.** Manque *m* d'amabilité, de bienveillance (*to*, envers, pour). **2.** Rudesse *f* (du climat, etc.).

unkindly[1] [ʌn'kaindli], *adv. See* UNKIND.

unkindly[2], *a.* **1.** Peu aimable, peu bienveillant; sans bonté. **2.** (Temps *m*) peu favorable; (climat *m*) rude.

unkindness [ʌn'kaindnəs], *s.* **1.** Méchanceté *f*, sévérité *f*; rudesse *f* (du climat). **2.** Manque *m* de bienveillance.

unkingly [ʌn'kiːŋli], *a.* Indigne d'un roi; peu royal, -aux.

unkinlike [ʌn'kinlaik], *a.* (Action *f*, etc.) indigne d'un parent.

unkink [ʌn'kiŋk], *v.tr.* Redresser les coques, les boucles (d'un cordage, d'un fil métallique); redresser (un fil).

unknightly [ʌn'naitli], *a.* Indigne d'un chevalier; déloyal, -aux.

unknit [ʌn'nit], *v.tr.* (*p.t. & p.p.* **unknitted** *or* **unknit;** *pr.p.* **unknitting**) **1.** *A:* Dénouer, défaire, délier. **2. To unknit one's brow,** se dérider.

unknot [ʌn'nɔt], *v.tr.* (**unknotted; unknotting**) Dénouer. **1.** Défaire les nœuds (d'une ficelle, etc.). **2.** *To u. two ropes*, détacher un cordage d'un autre.

unknowable [ʌn'nouəbl], *a.* Inconnaissable; incognoscible.

unknowing [ʌn'nouiŋ], *a.* Ignorant; inconscient (*of*, de). **-ly,** *adv.* Inconsciemment; sans le savoir; (pécher) par ignorance; (froisser qn) en toute ignorance.

unknown [ʌn'noun]. **1.** *a.* (*a*) Inconnu (*to*, à, de); ignoré (*to*, de). *U. land*, terre inconnue. **Unknown writer,** écrivain obscur, sans renom, inconnu. *Town abandoned after some u. disaster*, ville abandonnée à la suite d'on ne sait quel sinistre. *See also* WARRIOR. *Jur:* **Warrant against a person or persons unknown,** mandat *m* contre inconnu. *A process u. to us*, un procédé qui nous est inconnu. *adv.* **He did it unknown to me,** il l'a fait à mon insu, sans que je le sache. (*b*) *Mth:* **Unknown quantity,** inconnue *f*. **2.** *s.* (*a*) (*Pers.*) Inconnu, -ue. (*b*) *Mth:* Inconnue *f*. (*c*) **The unknown,** l'inconnu.

unlabelled [ʌn'leib(ə)ld], *a.* (Bouteille, etc.) sans étiquette.

unlaboured [ʌn'leibərd], *a.* (Style) non travaillé, facile, naturel, spontané, coulant, sans recherche.

unlace [ʌn'leis], *v.tr.* Délacer, défaire (ses souliers, etc.); délacer (qn).

unladderable [ʌn'ladərəbl], *a.* (*Of stocking*) Indémaillable.

unlade [ʌn'leid], *v.tr.* (*p.t.* **unladed;** *p.p.* **unladen**) Décharger (un bateau, une cargaison); débateler (des marchandises). *F:* **To unlade one's mind of sth.,** se délester l'âme de qch. *Abs.* **When we had unladen,** lorsque nous eûmes effectué le déchargement.

unlading, *s.* Déchargement *m*, débatelage *m*.

unladen [ʌn'leid(ə)n], *a.* *Nau:* Sans charge; à vide.

unladylike [ʌn'leidilaik], *a.* Indigne d'une femme bien élevée; peu distingué; peu comme il faut; vulgaire.

unlaid [ʌn'leid]. I. *See* UNLAY.

II. **unlaid,** *a.* **1.** (Cordage) décommis, détordu. **2.** (*a*) Non posé. *The carpets were still u.*, les tapis n'étaient pas encore posés. (*b*) **Unlaid ghost,** esprit, revenant, non exorcisé. (*c*) (Papier) non vergé, sans vergeures.

unlamented [ʌnla'mentid, 'ʌn-], *a.* Impleuré. **To die unlamented,** mourir sans laisser de regrets.

unlard [ʌn'lɑːrd], *v.tr.* *Cu:* Délarder (la viande).

unlash [ʌn'laʃ], *v.tr.* Démarrer, détacher (un bateau); déguinder, débrêler (une charge); défrapper (un palan).

unlatch [ʌn'latʃ], *v.tr.* Ouvrir (la porte); lever le loquet (de la porte).

unlawful [ʌn'lɔːful], *a.* (*a*) Illégal, -aux; contraire à la loi. *See also* ASSEMBLY 1. (*b*) (Moyen *m*, etc.) illicite. (*c*) (Enfant *m*) illégitime. **-fully,** *adv.* (*a*) Illégalement; contrairement à la loi. (*b*) Illicitement; en fraude.

unlawfulness [ʌn'lɔːfulnəs], *s.* (*a*) Illégalité *f*. (*b*) Illégitimité *f* (d'un titre, etc.).

unlay [ʌn'lei], *v.tr.* (*p.t. & p.p.* **unlaid** [-leid]) Décommettre, détordre, décorder (un câble).

unlead [ʌn'led], *v.tr.* *Typ:* Désinterligner (la composition); enlever les interlignes (de la composition).

unleaded [ʌn'ledid, 'ʌn-], *a.* *Typ:* **1.** Désinterligné. **2.** Sans interlignes.

unlearn [ʌn'ləːrn], *v.tr.* (*p.t. & p.p.* **unlearnt** [-ləːrnt] *or* **unlearned**) Désapprendre, oublier (qch.). *To u. a habit*, se défaire d'une habitude.

unlearnable [ʌn'ləːrnəbl], *a.* Inapprenable.

unlearned [ʌn'lərnid], *a.* **1.** Ignorant; sans instruction; illettré, indocte. **2.** [ʌn'ləːrnd] (*a*) Peu versé (*in*, dans). *Hand u. in drawing*, main peu exercée au dessin. (*b*) (*Also* **unlearnt**) Inappris. *To leave a lesson u.*, ne pas apprendre une leçon.

unlearnt [ʌn'ləːrnt]. **1.** *See* UNLEARN. **2.** = UNLEARNED 2 (*b*).

unleash [ʌn'liːʃ], *v.tr.* Lâcher, découpler (des chiens).

unleavened [ʌn'lev(ə)nd], *a.* **1.** (Pain *m*) sans levain, azyme. *Jew.Rel:* **The feast of unleavened bread,** la fête des azymes. **2. If justice be unleavened with mercy . . .,** si la justice n'est pas tempérée de clémence. . . . *Dislike* **not unleavened** *with jealousy*, aversion qui n'est pas sans un levain de jalousie.

unless [ʌn'les]. **1.** *conj.* A moins que + *sub.* *U. it be you . . .*, à moins que ce ne soit vous. . . . *He will do nothing u. you ask him to*, il ne fera rien à moins que vous ne le lui demandiez. *You will be late u. you start at once*, vous arriverez trop tard à moins de partir sur-le-champ. *They never go out u. compelled*, ils ne sortent jamais à moins d'y être contraints. *U. watched he will escape*, si on ne le surveille pas il s'échappera. **Unless I am mistaken . . .,** si je ne me trompe (pas). . . . **Unless otherwise stated, unless I hear to the contrary,** à moins d'avis contraire; sauf avis contraire; sauf contre-ordre. . . . *U. he is mad he will confess*, à moins de folie il avouera. **Unless it be for Henry nobody saw it,** personne ne l'a vu si ce n'est peut-être Henri, à l'exception possible de Henri. **Nobody, unless he . . .,** personne, sinon lui. . . . *F:* **Unless and until** *I receive a full apology*, à moins d'amende honorable. **2.** *prep.* Sauf, excepté. *No other mineral, u. iron . . .*, aucun autre minéral, sauf peut-être le fer. . . .

unlettable [ʌn'letəbl], *a.* (Maison) qu'on ne peut louer.

unlettered [ʌn'letərd], *a.* Peu lettré; indocte, illettré, ignorant.

unlevelled [ʌn'lev(ə)ld], *a.* Qui n'a pas été nivelé, aplani; dénivelé; (terrain) accidenté.

unlicensed [ʌn'laisənst], *a.* (*a*) Non autorisé; illicite; *A:* (livre) publié sans autorisation. (*b*) Sans patente. **Unlicensed premises,** établissement *m* où la vente des boissons alcooliques n'est pas autorisée. **Unlicensed cabman, broker,** cocher marron; courtier libre, marron.

unlicked [ʌn'likt], *a.* *F:* **1.** (*a*) (Rustre, etc.) mal dégrossi, mal léché. *See also* CUB[1] 2. (*b*) (Ouvrage) qui manque de fini. **2.** (*Of team, etc.*) Qui n'a pas été battu; imbattu.

unlighted [ʌn'laitid, 'ʌn-], *a.* **1.** (Feu) non allumé. **2.** (Couloir, etc.) non éclairé, sans lumière, inéclairé.

unlikable [ʌn'laikəbl], *a.* = UNLIKEABLE.

unlike [ʌn'laik], *a.* Différent, dissemblable. (*a*) *Mth:* **'Unlike quantities,** quantités *f* dissemblables. *El:* **'Unlike poles,** pôles *m* dissemblables, de nom contraire. (*b*) **Unlike (to) s.o., sth.,** différent de qn, qch.; dissemblable à, de, qn, qch. *Portrait quite u. the sitter*, portrait peu ressemblant. **Not unlike s.o.,** assez ressemblant à qn. *Plan that is not u. another*, plan *m* assez semblable à un autre, qui se rapproche d'un autre. *His house is not so very u. ours*, sa maison ressemble assez à la nôtre, ne diffère pas beaucoup de la nôtre. *How are you interested in persons so u. yourselves?* comment vous intéressez-vous à des gens qui vous ressemblent si peu? **He, unlike his father . . .,** lui, à la différence de son père. . . . (*c*) **It is unlike him to do such a thing,** ce n'est pas (ce qu'on attendrait) de lui d'agir ainsi. *That was very u. him!* je ne le reconnais pas là!

unlikeable [ʌn'laikəbl], *a.* Antipathique; peu sympathique.

unlikelihood [ʌn'laiklihud], **unlikeliness** [ʌn'laiklinəs], *s.* Invraisemblance *f*, improbabilité *f*. *Owing to the u. of her marrying again . . .*, comme il était peu probable qu'elle se remariât. . . .

unlikely [ʌn'laikli], *a.* **1.** (*a*) Invraisemblable, improbable, peu probable. *What is there u. in that?* qu'y a-t-il d'invraisemblable à cela? *What is there u. in his going to America?* qu'y a-t-il d'invraisemblable à ce qu'il s'en aille en Amérique? **Most unlikely,** très peu probable. *It is* **not (at all) unlikely,** c'est très probable, bien possible; cela se pourrait bien. **It is not at all unlikely that . . .,** il se pourrait bien que + *sub.*; il pourrait bien se faire que + *sub.* *Adv.phr.* **Not unlikely!** très probablement! (*b*) *F:* **He is unlikely to come,** il est peu probable qu'il vienne. **2. The most unlikely man to do such a thing,** l'homme le moins fait pour agir de la sorte. *God chooses the most u. people*, le bon Dieu choisit les gens que nous nous attendons le moins à lui voir choisir. *We found the ring in a most u. place*, nous avons retrouvé la bague dans un endroit auquel nous n'aurions jamais pensé, là où nous nous y attendions le moins.

unlikeness [ʌn'laiknəs], *s.* Dissemblance *f* (*to*, de); différence *f*.

unlimber [ʌn'limbər], *v.tr.* *Artil:* Décrocher l'avant-train (d'une pièce). *Abs.* Séparer l'avant-train, les avant-trains; mettre en batterie. **Unlimbered gun,** pièce *f* en batterie.

unlimited [ʌn'limitid], *a.* Illimité; sans bornes; sans limites. *To enjoy u. credit*, jouir d'un crédit illimité. *Fin:* **Unlimited liability,** responsabilité illimitée. *F:* *You can have u. beer*, la bière est à discrétion. *He had an u. capacity for drink*, il aurait bu la mer et ses poissons.

unline [ʌn'lain], *v.tr.* Dédoubler (un habit); enlever la doublure (d'un habit).

unlining, *s.* Dédoublage *m*.

unlined[1] [ʌn'laind, 'ʌn-], *a.* Sans doublure.

unlined[2], *a.* (Visage) sans rides.

unlink [ʌn'link], *v.tr.* **1.** Défaire les anneaux (d'une chaîne). **2.** Défaire, détacher (les liens qui attachent deux choses); décrocher, détacher (une remorque, etc.). **To unlink hands,** se lâcher; cesser de faire la chaîne.

unliquefied [ʌn'likwifaid], *a.* Illiquéfié.

unliquidated [ʌn'likwideitid], *a.* (*Of debt, etc.*) Non liquidé, non soldé, non acquitté.

unlisted [ʌn'listid], *a.* *St.Exch:* Non inscrit (à la cote officielle).

unlit [ʌn'lit], *a.* Inéclairé.

unlive [ʌn'liv], *v.tr.* **To unlive the past,** changer, annuler, le passé. *If we could u. the past!* si l'on pouvait effacer le passé!

unliv(e)able [ʌn'livəbl], *a.* **1.** (Vie *f*) impossible, insupportable, intenable. **2. Unliveable (in),** (chambre *f*, pays *m*) inhabitable.

unload [ʌn'loud], *v.tr.* **1.** (*a*) Décharger (un bateau, une voiture, des marchandises); décharger, débarquer (une cargaison). *Abs.* (*Of* *carman*) Décharger sa voiture; (*of ship's master*) débarquer la cargaison. (*b*) **To unload one's heart,** épancher son cœur. *To u. one's heart of a secret,* se soulager, se délester, le cœur d'un secret. *St.Exch:* **To unload stock on the market,** se décharger d'un paquet d'actions. *Abs.* **To unload,** réaliser son portefeuille. *F:* **To unload a bad coin on s.o.,** repasser, *P:* refiler, une fausse pièce à qn. *U.S:* **To unload a lot of talk about sth.,** débiter un flux de paroles sur qch. **2.** Enlever la charge; décharger, désarmer (un fusil); décharger (un kodak).

unloading, *s.* Déchargement *m*; débarquement *m. See also* DOCK[4] I.

unloaded [ʌn'loudid], *a.* **1.** (*a*) Déchargé. (*b*) (Fusil) désarmé, dont on a enlevé la charge. **2.** (*a*) Non chargé; sans chargement. (*b*) (Fusil) non armé, sans charge.

unloader [ʌn'loudər], *s.* (*Pers. or device*) Déchargeur *m.* **Unloader valve,** soupape *f* de déchargement.

unlock [ʌn'lɔk], *v.tr.* **1.** Ouvrir (la porte, etc.); faire jouer la serrure de (la porte, etc.). *I heard him u. the door,* je l'ai entendu tourner la clef dans la serrure. **2.** Révéler, découvrir (un secret, etc.). **3.** *Fin:* Libérer (des capitaux). **4.** (*a*) Débloquer (une roue, un écrou). *Typ:* Desserrer (la forme). (*b*) Déclencher; désimmobiliser (une pièce). *Aut:* **To unlock the steering-gear,** déverrouiller la direction. (*c*) (*With passive force*) Se débloquer, se desserrer, se déclencher, se déverrouiller.

unlocking, *s.* **1.** Ouverture *f* (d'une porte). **2.** *Mec.E:* Déblocage *m*; déverrouillage *m. Typ:* Desserrage *m* (des formes).

unlocked [ʌn'lɔkt], *a.* Qui n'est pas fermé à clef.

unlooked [ʌn'lukt], *a.* **1.** **Unlooked at,** négligé, oublié; qu'on ne regarde pas. **2.** **Unlooked for,** (événement) inattendu, imprévu. *To come u. for,* arriver à l'improviste, inopinément.

unloose [ʌn'luːs], **unloosen** [ʌn'luːs(ə)n], *v.tr.* **1.** Délier, détacher. **To unloosen one's hold,** lâcher prise. **To unloose(n) one's tongue,** délier sa langue. **2.** Délier, dénouer (ses souliers); dénouer (un lacet).

unlov(e)able [ʌn'lʌvəbl], *a.* Peu aimable; peu sympathique.

unloved [ʌn'lʌvd], *a.* Qui n'est pas aimé. *U. by his own people,* peu aimé de ses propres sujets.

unlovely [ʌn'lʌvli], *a.* (*Of pers.*) Sans charme, disgracieux; (*of thg*) laid. *U. prospect,* perspective morne, peu attrayante.

unloving [ʌn'lʌviŋ], *a.* Peu affectueux, peu aimant; froid.

unluckiness [ʌn'lʌkinəs], *s.* Malheur *m*; mal(e)chance *f*; *P:* guigne *f*, guignon *m.*

unlucky [ʌn'lʌki], *a.* **1.** (*a*) (*Of pers.*) Malheureux, infortuné, malchanceux; *P:* peu veinard. **To be unlucky,** ne pas avoir de chance; avoir de la malchance; jouer de malheur; *P:* avoir de la déveine; avoir la guigne, du guignon; (*at races, etc.*) avoir la poisse. **The unlucky ones,** les disgraciés *m* de la fortune. (*b*) (*Of thg*) Malheureux, malencontreux. **Unlucky day,** jour *m* de malheur, jour néfaste. **It is unlucky,** ce n'est pas de chance. *How u. that he came!* quelle malchance qu'il soit venu! **2.** Qui porte malheur. **Unlucky star, stone,** étoile *f*, pierre *f*, maléfique. **It is unlucky,** cela porte malheur. **Unlucky omen,** mauvais augure. **-ily,** *adv.* Malheureusement, par malheur, malencontreusement.

unlute [ʌn'luːt, -ljuːt], *v.tr. Cer:* Déluter.

unluting, *s.* Délutage *m.*

unmade [ʌn'meid]. **1.** *See* UNMAKE. **2.** *a.* Qui n'est pas (encore) fait; (*of dress, etc.*) non façonné, non confectionné.

unmaidenlike [ʌn'meidənlaik], **unmaidenly** [ʌn'meidənli], *a.* Indigne d'une jeune fille; qui ne sied pas à une jeune fille; immodeste.

unmaintainable [ʌnmen'teinəbl], *a.* **1.** (Position *f*) intenable. **2.** (Opinion *f*) insoutenable. *Jur:* (Défense *f*) inadmissible.

unmake [ʌn'meik], *v.tr.* (*p.t.* **unmade** [-meid]; *p.p.* **unmade**) **1.** Défaire; détruire. **To make and unmake kings,** faire et défaire les rois. **2.** Causer la ruine de (qn); perdre (qn).

unmaker [ʌn'meikər], *s.* **The maker and unmaker of kings,** le faiseur et défaiseur de rois.

unmalleable [ʌn'maliəbl], *a.* **1.** (Fer) peu malléable. **2.** (Caractère *m*) indocile; (nature) peu malléable.

unmalted [ʌn'mɔːltid], *a. Brew: etc:* Non malté.

unman [ʌn'man], *v.tr.* (**unmanned**; **unmanning**) **1.** (*a*) Amollir, émasculer (une nation, etc.). (*b*) Émouvoir, toucher, (qn) jusqu'aux larmes; attendrir (qn). (*c*) Abattre, décourager, démoraliser (qn); *F:* démonter (qn); couper bras et jambes à (qn). *This news unmanned us,* cette nouvelle nous ôta tout courage. **2.** Dégarnir d'hommes; désarmer (un vaisseau).

unmanageable [ʌn'manedʒəbl], *a.* **1.** Intraitable; difficile à diriger; (*of child, horse*) indocile, ingouvernable, indisciplinable; (*of ship*) difficile à manœuvrer, à gouverner; immaniable. **2.** (Entreprise *f*) difficile à diriger, à conduire. **3.** (*Of large book, etc.*) Difficile à manier.

unmanliness [ʌn'manlinəs], *s.* (*a*) Manque *m* de virilité; mollesse *f.* (*b*) Lâcheté *f.*

unmanly [ʌn'manli], *a.* Indigne d'un homme; peu viril; efféminé; mou, *f.* molle.

unmannered [ʌn'manərd] = UNMANNERLY.

unmannerliness [ʌn'manərlinəs], *s.* Mauvaises manières; impolitesse *f*, grossièreté *f*; manque *m* de savoir-vivre.

unmannerly [ʌn'manərli], *a.* Qui a de mauvaises manières; malappris; qui ne sait pas vivre; grossier, impoli (*to*, envers). **Unmannerly conduct,** conduite *f* de rustre, de goujat. *An u. fellow, F:* un ours mal léché.

unmanufactured [ʌnmanju'faktjərd], *a.* (A l'état) brut; non manufacturé. **Unmanufactured materials,** matières premières.

unmarked [ʌn'mɑːrkt], *a.* **1.** (*a*) Sans marque; (i) qui n'a pas encore été marqué; (ii) démarqué. (*b*) *Fb: Hockey:* **Unmarked player,** joueur démarqué. **2.** (*Of remark, etc.*) **To pass unmarked,** passer inaperçu, inobservé.

unmarketable [ʌn'mɑːrkitəbl], *a.* (*Of goods*) Invendable; non marchand; d'un débit difficile. *Com:* **Unmarketable assets,** fonds *m* illiquides; actif *m* illiquide.

unmarred [ʌn'mɑːrd], *a.* **1.** (*a*) (Plaisir, etc.) que rien ne vient troubler, ne vient gâter; (plaisir) sans mélange. (*b*) **Unmarred by sth.,** non gâté, non troublé, par qch. **2.** (Beauté, etc.) que rien ne vient déparer.

unmarriageable [ʌn'maredʒəbl], *a.* **1.** Immariable; (fille *f*) que l'on n'arrive pas à marier, à caser. **2.** Qui n'est pas d'âge à se marier.

unmarried [ʌn'marid, 'ʌn-], *a.* Célibataire; non marié. **To remain unmarried,** ne pas se marier; rester célibataire; (*of woman*) rester fille; *F:* coiffer sainte Catherine. *He, she, is still u.,* il est encore garçon; elle est encore demoiselle. **Unmarried state,** célibat *m.* **Unmarried mother,** fille-mère *f*, *pl.* filles-mères.

unmarry [ʌn'mari]. **1.** *v.tr.* Affranchir (qn) des liens du mariage; démarier (qn). **2.** *v.i.* Se démarier; divorcer.

unmask [ʌn'mɑːsk]. **1.** *v.tr.* (*a*) Démasquer; ôter, arracher, le masque à (qn). (*b*) *Mil:* **To unmask a battery,** démasquer une batterie. (*c*) *F:* **To unmask a conspiracy,** dévoiler un complot. **2.** *v.i.* (*a*) Se démasquer; enlever son masque. (*b*) Se montrer tel qu'on est; lever le masque.

unmasked [ʌn'mɑːskt], *a.* **1.** Démasqué. **2.** (*a*) Sans masque. (*b*) *F:* *To do sth. u.,* faire qch. sans déguisement, au grand jour.

unmast [ʌn'mɑːst], *v.tr. Nau:* Démâter.

unmasting, *s.* Démâtage *m.*

unmastered [ʌn'mɑːstərd], *a.* (*Of passion, etc.*) Non maîtrisé; indompté; rebelle; (*of difficulty*) qu'on n'a pas (encore) surmonté; (*of subject*) qu'on ne possède pas (encore) bien.

unmatchable [ʌn'matʃəbl], *a.* **1.** (Laine *f*, etc.) impossible à assortir; (objet *m*) impossible à appareiller. **2.** Qui n'a pas de pendant. **3.** *F:* Incomparable; sans égal.

unmatched [ʌn'matʃt], *a.* **1.** Sans égal, *pl.* sans égaux; inégalé; sans pareil; incomparable (*for courage,* pour son courage; *as a boxer,* comme boxeur). **2.** Désassorti, dépareillé; (*of one of a pair*) déparié.

unmeaning [ʌn'miːniŋ], *a.* **1.** Qui ne signifie rien; vide de sens; (baragouin *m*) inintelligible. **2.** (Visage) sans expression.

unmeant [ʌn'ment], *a.* (*Of insult, etc.*) Involontaire; fait sans intention.

unmeasured [ʌn'meʒərd], *a.* **1.** (*a*) Non mesuré; indéterminé. (*b*) Infini, immense, sans mesure, démesuré. **2.** (Langage) qui manque de retenue.

unmeet [ʌn'miːt], *a. A. & Lit:* (*a*) Peu convenable; inconvenable. **Words unmeet for a king,** paroles déplacées, peu convenables, chez un roi. *Sight u. for maiden's eyes,* spectacle peu fait pour les jeunes filles. (*b*) **Unmeet to do sth., for sth.,** (i) inapte, impropre, à faire qch., à qch.; (ii) indigne de faire qch.

unmelodious [ʌnme'loudjəs], *a.* Peu mélodieux; discordant, inharmonieux. **-ly,** *adv.* Inharmonieusement.

unmelted [ʌn'meltid], *a.* (*Of ice, etc.*) Pas encore fondu.

unmendable [ʌn'mendəbl], *a.* (*a*) Irraccommodable; impossible à raccommoder. (*b*) (Erreur *f*, etc.) irréparable.

unmentionable [ʌn'menʃənəbl]. **1.** *a.* (Mot, etc.) qu'on n'ose pas prononcer; (péché *m*) inavouable, innommable; (chose) dont il ne faut pas parler. **2.** *s.pl. F:* **Unmentionables,** pantalon *m*, culotte *f.*

unmentioned [ʌn'menʃənd], *a.* Dont on ne fait pas mention ou dont il n'a pas été fait mention. **To leave s.o., sth., unmentioned,** passer qn, qch., sous silence.

unmercenary [ʌn'məːrsenəri], *a.* Sans but intéressé; non mercenaire; désintéressé.

unmerchantable [ʌn'məːrtʃəntəbl], *a. Com:* Invendable; non marchand.

unmerciful [ʌn'məːrsiful], *a.* Impitoyable; sans pitié; sans indulgence; sans miséricorde. **-fully,** *adv.* Impitoyablement; sans pitié; sans indulgence; sans miséricorde. **To tease s.o. unmercifully,** faire des misères continuelles à qn. *To beat s.o. u.,* battre qn sans pitié; *F:* frapper comme un sourd.

unmercifulness [ʌn'məːrsifulnəs], *s.* Caractère *m* impitoyable (*of*, de); manque *m* de pitié; dureté *f.*

unmerited [ʌn'meritid], *a.* Immérité.

unmeritorious [ʌnmeri'tɔːriəs], *a.* Imméritoire; peu méritoire.

unmetalled [ʌn'met(ə)ld], *a.* (Chemin) non empierré, non ferré.

unmetallic [ʌnme'talik], *a.* Non métallique.

unmethodical [ʌnme'θɔdik(ə)l], *a.* **1.** Peu méthodique; (travail) décousu. **2.** (*Of pers.*) Qui manque de méthode; sans méthode; brouillon, -onne.

unmethodicalness [ʌnme'θɔdikəlnəs], *s.* Absence *f* de méthode; manque *m* de méthode; esprit brouillon.

unmilled [ʌn'mild, 'ʌn-], *a.* **1.** *Tex:* (Drap) non foulé. **2.** (Grain) non moulu. **3.** (Écrou) non moleté.

unmindful [ʌn'maindful], *a.* **1.** **Unmindful of one's duty,** oublieux, peu soucieux, de son devoir. *U. of one's own interests,* sans penser à ses propres intérêts. *To be u. of one's own interests,* (i) méconnaître, ignorer, ses propres intérêts; (ii) faire peu de cas de ses propres intérêts. *U. of the warnings,* inattentif aux avertissements. **To be unmindful of s.o., sth.,** oublier qn, qch. **To be not unmindful of sth.,** ne pas négliger qch. **2.** (*Of pers.*) Négligent.

unmined [ʌn'maind], *a.* **1.** *Navy:* **Unmined channel,** chenal non semé de mines, libre; chenal de sécurité. **2.** (*Of coal-bed, of field of research, etc.*) Inexploité.

unmingled [ʌn'miŋgld], *a.* Pur, sans mélange. *Joy u. with regret,* joie exempte de regret.

unminted [ʌn'mintid], *a.* (Or) non monnayé, en lingots.

unmirthful [ʌn'məːrθful], *a.* (Rire) forcé, amer, sans gaieté.

unmissed [ʌn'mist], *a.* **He will be unmissed,** (i) son absence passera inaperçue; (ii) son absence ne sera pas regrettée. *Things we have never had are u.,* les choses que nous n'avons jamais possédées ne nous manquent point.

unmistakable [ʌnmis'teikəbl], *a.* (*a*) Qui ne laisse aucune place au doute; qui ne prête à aucune erreur; clair; net, *f.* nette; évident. *U. change*, changement marqué. (*b*) Facilement reconnaissable. **-ably,** *adv.* Nettement, clairement, évidemment, indubitablement; sans possibilité d'erreur; à ne pas s'y méprendre.

unmitigated [ʌn'mitigeitid], *a.* **1.** (Mal, etc.) non mitigé, que rien ne vient adoucir. **2.** *F:* (*Intensive*) Véritable; dans toute la force du terme. **Unmitigated ass,** âne bâté; pur imbécile; parfait imbécile. **Unmitigated lie,** mensonge éclatant. **Unmitigated scoundrel,** coquin fieffé.

unmixed [ʌn'mikst, 'ʌn-], *a.* Sans mélange; pur. *U. joy*, joie pure, franche, parfaite. **It is not an unmixed blessing,** cela ne va pas sans quelques inconvénients.

unmodulated [ʌn'mɔdjuleitid], *a.* *W.Tel: etc:* **Unmodulated current,** courant *m* base. **Unmodulated output power,** puissance dissipée. *Cin:* **Unmodulated track** (*of sound film*), bande sonore sans enregistrement, non modulée.

unmolested [ʌnmo'lestid], *a.* Sans être molesté; (vivre) en paix, sans être inquiété; (voyager) sans obstacle.

unmoor [ʌn'muər], *v.tr.* *Nau:* (*a*) Démarrer, désamarrer (un navire). (*b*) Lever une des ancres d'affourche; désaffourcher (un navire).

unmooring, *s.* (*a*) Démarrage *m*, désamarrage *m.* (*b*) Désaffourchage *m.*

unmoral [ʌn'mɔrəl], *a.* Amoral, -aux.

unmortgaged [ʌn'mɔːrgedʒd], *a.* Libre d'hypothèques; franc, *f.* franche, d'hypothèques.

unmotherly [ʌn'mʌðərli], *a.* Peu digne d'une mère; peu maternel; *Lit:* marâtre.

unmotived [ʌn'moutivd], *a.* Immotivé.

unmould [ʌn'mould], *v.tr.* Démouler.

unmount [ʌn'maunt], *v.tr.* Démonter (une photographie, etc.). *Fish:* **To unmount a hook,** désempiler un hameçon.

unmounted [ʌn'mauntid], *a.* Non monté. **1.** (*a*) (*Of gem*) Non serti; hors d'œuvre. (*b*) (*Of photograph, etc.*) Non collé; non encadré; sans support. **2.** (Soldat *m*) à pied.

unmourned [ʌn'mɔːrnd], *a.* Non pleuré; *Lit:* impleuré. *To die u.*, mourir sans être pleuré, sans laisser de regrets.

unmoved [ʌn'muːvd], *a.* **1.** Non remué; toujours à la même place. *We found everything u.*, nous avons tout retrouvé en place; tout était tel quel. **2.** Impassible. **Unmoved by sth.,** aucunement ému, aucunement touché, de, par, qch. *To hear, see, sth. u.*, entendre, voir, qch. sans émotion. *He remained u. by all entreaties*, il resta inflexible, inexorable, insensible à toutes les prières. *If you are u. by this . . .*, si cela vous laisse indifférent. . . .

unmuffle [ʌn'mʌfl], *v.tr.* **1.** Désemmitoufler (qn). *To u. one's throat*, ôter son cache-nez; se désemmitoufler. **2.** Enlever le voile (d'un tambour, d'une cloche, etc.).

unmurmuring [ʌn'məːrməriŋ], *a.* (*Of obedience, etc.*) Sans murmure; passif. *To do sth. u.*, faire qch. sans murmurer. **-ly,** *adv.* Sans murmurer.

unmusical [ʌn'mjuːzik(ə)l], *a.* **1.** (*Of voice, etc.*) Peu mélodieux; inharmonieux, discordant. **2.** (*a*) (*Of ear, etc.*) Peu musical, -aux. (*b*) Qui n'aime pas la musique.

unmuzzle [ʌn'mʌzl], *v.tr.* Démuseler (un chien, *F:* la presse).

unmuzzled [ʌn'mʌzld], *a.* **1.** Démuselé. **2.** Sans muselière.

unnail [ʌn'neil], *v.tr.* Déclouer.

unnam(e)able [ʌn'neiməbl], *a.* (Péché *m*, vice *m*) innommable, inavouable.

unnamed [ʌn'neimd], *a.* **1.** Au nom inconnu; anonyme. **'Unnamed benefactor,** bienfaiteur *m* anonyme. **A man who shall go unnamed,** un homme qui restera anonyme, que je ne nommerai pas, dont je tairai le nom. **2.** Innom(m)é, sans nom. *Anat:* **Unnamed bone,** os innominé.

unnatural [ʌn'natjurəl], *a.* Non naturel. (*a*) Anormal, -aux. *The u. lustre of his eyes*, l'éclat anormal de ses yeux. (*b*) Contre nature; hors nature; monstrueux, dénaturé. **Unnatural beings,** êtres *m* contre nature. **Unnatural father, son,** père, fils, dénaturé. **Unnatural lust, vice,** passion *f*, vice *m*, contre nature. (*c*) (*Of style, etc.*) Peu naturel; artificiel, forcé, affecté. *U. laugh*, rire forcé. **-ally,** *adv.* **1.** (i) De manière peu naturelle; (ii) de manière anormale. *He hoped* **not unnaturally** *that . . .*, assez naturellement il espérait que. . . . **2.** Avec une cruauté dénaturée. **3.** Facticement, artificiellement.

unnaturalized [ʌn'natjurəlaːizd], *a.* (*Of alien*) Non naturalisé.

unnaturalness [ʌn'natjurəlnəs], *s.* **1.** Caractère anormal (*of*, de). **2.** Monstruosité *f.* **3.** Manque *m* de naturel (du style); affectation *f.*

unnavigability [ʌnnavigə'biliti], *s.* Innavigabilité *f* (d'un fleuve, etc.).

unnavigable [ʌn'navigəbl], *a.* (Bateau *m*, rivière *f*) innavigable.

unnecessariness [ʌn'nesesərinəs], *s.* Peu *m* d'utilité; inutilité *f.*

unnecessary [ʌn'nesesəri], *a.* Peu nécessaire; inutile, superflu, oiseux. **(It is) unnecessary to say that . . .,** inutile de dire que. . . . *To do without u. things*, se passer de superfluités *f. With u. care*, avec un soin excessif, superflu. **-ily,** *adv.* **1.** Sans nécessité, inutilement. **2.** Plus que de raison. *To travel with u. bulky luggage*, voyager avec une superfluité de bagages. *To be u. fussy*, faire trop d'embarras; s'agiter inutilement.

unneeded [ʌn'niːdid], *a.* Inutile; dont on n'a pas besoin.

unneedful [ʌn'niːdful], *a.* **1.** = UNNEEDED. **2.** *To be u. of sth.*, ne pas avoir besoin de qch. **-fully,** *adv.* Inutilement; sans nécessité.

unnegotiable [ʌnne'gouʃiəbl], *a.* (Chèque) non négociable, innégociable; (effet) incommerçable.

unneighbourliness [ʌn'neibərlinəs], *s.* **1.** Mauvais rapports (entre voisins). **2.** Humeur peu obligeante (envers un voisin).

unneighbourly [ʌn'neibərli], *a.* Peu obligeant; (conduite) de mauvais voisin. *To behave in an u. manner*, se conduire en mauvais voisin. *He is an u. man*, c'est un voisin peu obligeant.

unnerve [ʌn'nəːrv], *v.tr.* **1.** *A:* Énerver, affaiblir. **2.** Faire perdre son courage, son sang-froid, son assurance, à (qn); effrayer, démonter (qn).

unnerved, *a.* Qui a perdu son courage, son assurance; sans courage; effrayé. *Entirely u.*, tout à fait démonté.

unnoted [ʌn'noutid], *a.* **1.** (Phénomène, etc.) inobservé, inaperçu. **2.** (*Of pers.*) Peu éminent; obscur; (*of thg*) peu important; insignifiant.

unnoticeable [ʌn'noutisəbl], *a.* Qui échappe à l'attention; qui passe inaperçu; imperceptible.

unnoticed [ʌn'noutist], *a.* **1.** Inaperçu, inobservé; qui échappe ou a échappé à l'attention. **To pass unnoticed,** passer inaperçu. *Event that passed almost u.*, événement qui a eu peu de retentissement. **2.** *To let an interruption, an insult, pass u.*, ne pas relever une interruption, une injure; faire comme si on n'avait pas entendu. *To leave a fact u.*, passer un fait sous silence.

unnotified [ʌn'noutifaid], *a.* (*a*) Sans avertissement préalable; qui n'a pas reçu d'avertissement préalable. (*b*) Qui n'a pas été convoqué.

unnourishing [ʌn'nʌriʃiŋ], *a.* Peu nourissant.

unnumbered [ʌn'nʌmbərd], *a.* **1.** (*a*) Qui n'est pas compté. (*b*) Que l'on ne saurait compter; sans nombre; innombrable. **2.** Non numéroté; sans numéro d'ordre.

unobeyed [ʌno'beid], *a.* **1.** (*Of law, etc.*) Non observé. **2.** (*Of master, etc.*) Non obéi.

unobjectionable [ʌnob'dʒekʃənəbl], *a.* (Personne) à qui on ne peut rien reprocher; (chose) à laquelle on ne peut trouver à redire.

unobliging [ʌno'blaidʒiŋ], *a.* Peu obligeant; inobligeant, peu complaisant; inserviable.

unobliterated [ʌno'blitəreitid], *a.* **1.** (*Of traces, stain, etc.*) Ineffacé. **2.** (*Of stamp*) Non oblitéré.

unobscured [ʌnob'skjuərd], *a.* Inobscurci; (*of view*) libre.

unobservable [ʌnob'zəːrvəbl], *a.* Inobservable; (différence *f*, etc.) imperceptible, insensible.

unobservance [ʌnob'zəːrvəns], *s.* **1.** Inobservance *f* (des règles morales, du dimanche); inobservation *f* (de la loi, de ses engagements). **2.** Manque *m* d'observation; inattention *f.*

unobservant [ʌnob'zəːrvənt], **unobserving** [ʌnob'zəːrviŋ], *a.* **1.** Peu observateur, -trice. **2.** *To be u. of the law, of the Sabbath*, violer la loi, le repos dominical.

unobserved [ʌnob'zəːrvd, 'ʌn-], *a.* (*a*) Inobservé, inaperçu. (*b*) *To go out u.*, sortir sans être vu, sans éveiller l'attention.

unobstructed [ʌnob'strʌktid], *a.* **1.** Inobstrué; (*of street*) non encombré; (*of view*) libre. *From the top of the hill, one has an u. view of the horizon*, du haut de la colline rien ne s'interpose entre l'œil et l'horizon. *Aut: etc:* **Unobstructed turning,** virage découvert. **2.** Sans rencontrer d'obstacles; (agir) sans obstruction.

unobtainable [ʌnob'teinəbl], *a.* (*Of privilege, etc.*) Impossible à obtenir; (*of article*) impossible à se procurer.

unobtrusive [ʌnob'truːsiv], *a.* Discret, -ète. *U. watch*, surveillance discrète. *U. part*, rôle effacé, modeste. **-ly,** *adv.* Discrètement, modestement.

unoccupied [ʌn'ɔkjupaid], *a.* Inoccupé. **1.** Sans occupation. **Unoccupied time,** temps libre, non rempli. *U. life*, vie oisive. *To fill the u. moments of one's day*, remplir les vides de sa journée. **2.** (*a*) (*Of house, land, etc.*) Inhabité. (*b*) *Mil:* **Unoccupied town,** ville non occupée. **3.** (*Of table, seat*) Libre, disponible. *U. post*, poste vacant.

unoffending [ʌno'fendiŋ], *a.* Innocent. *He cuffed an u. urchin*, il flanqua une taloche à un gamin qui n'avait rien fait, qui n'y était pour rien.

unofficial [ʌno'fiʃəl], *a.* Non officiel; (i) (renseignement) officieux, à titre officieux; (ii) (nouvelle) non confirmée. **-ally,** *adv.* Officieusement; à titre officieux.

unopened [ʌn'oupənd], *a.* Fermé, qui n'a pas été ouvert; (*of letter*) non décacheté.

unopposed [ʌno'pouzd, 'ʌn-], *a.* Sans opposition; non contrarié. *To be u.*, ne pas rencontrer d'opposition. *Pol:* **Unopposed candidate,** candidat *m* unique. **To be returned unopposed,** être élu sans opposition.

unordained [ʌnɔːr'deind], *a.* **1.** *Ecc:* Qui n'a pas (encore) reçu les ordres. **2.** Non décrété.

unordinary [ʌn'ɔːrdinəri], *a.* Qui sort de l'ordinaire.

unorganized [ʌn'ɔːrgənaːizd], *a.* Non organisé.

unoriginal [ʌno'ridʒin(ə)l], *a.* Sans originalité; peu original, -aux; banal, -aux.

unornamental [ʌnɔːrnə'ment(ə)l], *a.* Peu décoratif.

unornamented [ʌnɔːrnə'mentid], *a.* Sans ornements, simple.

unorthodox [ʌn'ɔːrθodɔks], *a.* Peu orthodoxe; hétérodoxe.

unostentatious [ʌnɔsten'teiʃəs], *a.* **1.** (*Of pers.*) Peu fastueux; qui ne fait pas d'ostentation; simple. **2.** (*Of thg*) Fait sans ostentation; modeste; sans faste. *U. wedding*, mariage *m* sans faste. **-ly,** *adv.* **1.** Sans ostentation, sans faste, sobrement. **2.** *Propaganda spread u.*, propagande faite sans bruit.

unostentatiousness [ʌnɔsten'teiʃəsnəs], *s.* Manque *m* de faste, d'ostentation; simplicité *f.*

unowned [ʌn'ound, 'ʌn-], *a.* **1.** (Terre *f*) sans propriétaire; (chien *m*) sans maître. **2.** (*Of literary work*) Inavoué; (*of child*) non reconnu.

unoxidizable [ʌnɔksi'daizəbl], *a.* Inoxydable.

unoxidized [ʌn'ɔksidaːizd], *a.* Inoxydé.

unpacified [ʌn'pasifaid], *a.* Non pacifié.

unpack [ʌn'pak], *v.tr.* **1.** Déballer, dépaqueter, décaisser (des objets); déplier (son attirail, etc.). **2.** Défaire (une malle). *Abs.* Défaire sa malle, sa valise.

unpacking, *s.* **1.** Déballage *m*, décaissement *m.* **2.** *The u. did not take long*, nous n'avons pas été longtemps à défaire, à vider, nos malles, nos valises.

unpacked [ʌn'pakt, 'ʌn-], *a.* **1.** (*a*) Déballé, dépaqueté. (*b*) (*Of*

trunk) Défait. (c) (*Of parcel, etc.*) To come unpacked, se défaire. 2. (a) Pas encore empaqueté ou emballé. (b) *My box is still u.*, je n'ai pas encore fait ma malle.
unpacker [ʌn'pakər], *s.* Déballeur, -euse.
unpadlocked [ʌn'padlɔkt], *a.* 1. Décadenassé. 2. Sans cadenas.
unpaged [ʌnpeːidʒd], *a.* (Manuscrit) non folioté.
unpaid [ʌn'peid], *a.* Non payé. 1. (a) (*Of pers.*) Qui ne reçoit pas de salaire; (*of post, etc.*) non rétribué; qui ne comporte pas d'appointements. **Unpaid agent**, mandataire *mf* bénévole. *U. secretary*, secrétaire *mf* sans traitement. *F:* **The Great Unpaid**, la magistrature à titre bénévole (la justice de paix). **Unpaid services**, services à titre gracieux, non rétribués. (b) Qui n'a pas touché son salaire ou ses appointements; (troupes) sans solde. 2. (a) (*Of bill*) Impayé; (*of debt*) non acquitté; (*of letter*) non affranchi. *To leave an account u.*, laisser traîner, laisser arrérager, un compte. *Com:* **To return a bill unpaid**, retourner une traite faute de payement. (b) (*Of money*) Impayé; non versé.
unpainted [ʌn'peintid], *a.* 1. Non peint. **Unpainted wood**, bois blanc. **Unpainted china**, porcelaine blanche. 2. (Visage) non fardé, sans fard, sans maquillage.
unpaired [ʌn'pɛərd], *a.* 1. Non apparié; dépareillé. 2. *Anat:* (*Of organ*) Impair. 3. *Parl:* (Membre) non pairé (en vue d'un vote).
unpalatable [ʌn'palətəbl], *a.* (a) D'un goût désagréable; désagréable au goût. (b) *F:* (*Of truth, etc.*) Désagréable, dur à digérer.
unparalleled [ʌn'paraleld], *a.* (*Of monument, etc.*) Incomparable, sans pareil, sans égal; (*of cruelty, etc.*) inouï; (*of action*) sans précédent.
unpardonable [ʌn'pɑːrd(ə)nəbl], *a.* 1. Impardonnable. *U. weakness*, faiblesse *f* inexcusable. *It is u. of you to have forgotten*, vous êtes impardonnable d'avoir oublié. 2. *Ecc:* (Péché *m*) irrémissible.
unpardonableness [ʌn'pɑːrd(ə)nəblnəs], *s.* Caractère *m* impardonnable, inexcusable (*of*, de).
unpardoned [ʌn'pɑːrdənd], *a.* Sans pardon, impardonné; *Ecc:* (*of pers.*) inabsous, -oute.
unpardoning [ʌn'pɑːrd(ə)niŋ], *a.* Implacable; qui ne pardonne pas.
unparliamentary [ʌnpɑːrlə'mentəri], *a.* (Langage *m*) (i) antiparlementaire, (ii) *F:* grossier. *F:* *To use an u. expression*, lâcher un gros mot ou un mot injurieux.
unpatented [ʌn'peitəntid], *a.* Non breveté.
unpatriotic [ʌnpatri'ɔtik], *a.* (*Of pers.*) Peu patriote; (*of action*) peu patriotique; antipatriotique. *To be u.*, être mauvais patriote. **-ally**, *adv.* De manière peu patriotique; de manière antipatriotique; (agir) en mauvais patriote.
unpatronized [ʌn'patronaɪzd], *a.* 1. Sans protecteur. 2. (Magasin, cinéma, etc.) sans clients.
unpave [ʌn'peːiv], *v.tr.* Dépaver (une rue).
unpaving, *s.* Dépavage *m.*
unpaved [ʌn'peːivd, 'ʌn-], *a.* 1. Non pavé; sans pavés. 2. Dépavé.
unpayable [ʌn'peiəbl]. 1. *U. debt*, dette *f* inacquittable. 2. = UNREMUNERATIVE.
unpeaceful [ʌn'piːsful], *a.* (Monde) sans paix, agité.
unpedigreed [ʌn'pedigriːd], *a.* *Husb:* (Animal) sans certificat d'origine; qui n'est pas inscrit au Livre d'origines; (animal) métis, *f.* métisse.
unpeeled [ʌn'piːld], *a.* (Fruit) non épluché, avec sa peau.
unpeg [ʌn'peg], *v.tr.* (unpegged; unpegging) 1. Arracher, ôter, la cheville, les chevilles, de (qch.); décheviller. 2. Enlever, arracher, les piquets (d'une tente, etc.).
unpen [ʌn'pen], *v.tr.* (unpenned; unpenning) Déparquer (des moutons); faire sortir (les moutons) du bercail.
unpenetrated [ʌn'penitreitid], *a.* Impénétré.
unpensioned [ʌn'penʃənd], *a.* Sans pension de retraite.
unpeople [ʌn'piːpl], *v.tr.* *Lit:* Dépeupler.
unpeopled [ʌn'piːpld], *a.* Sans habitants; (i) inhabité, (ii) dépeuplé.
unperceivable [ʌnpər'siːvəbl], *a.* Imperceptible.
unperceived [ʌnpər'siːvd], *a.* 1. Inaperçu. 2. Non ressenti; qui ne tombe pas ou n'est pas tombé sous les sens.
unperforated [ʌn'pəːrfəreitid], *a.* Non perforé.
unperformable [ʌnpər'fɔːrməbl], *a.* 1. (Promesse *f*, etc.) inexécutable. 2. (Pièce *f*) injouable; (musique *f*) injouable, inexécutable.
unperformed [ʌnpər'fɔːrmd], *a.* 1. (*Of promise, etc.*) Inexécuté; (*of work*) inaccompli. 2. (*Of play*) Non joué; (*of symphony, etc.*) non joué, inexécuté.
unperishing [ʌn'periʃiŋ], *a.* (Souvenir, etc.) impérissable, immortel.
unpermitted [ʌnpər'mitid], *a.* 1. Non autorisé. *To do sth. u.*, faire qch. sans permission. 2. Illicite.
unpersevering [ʌnpəːrse'viːəriŋ], *a.* Impersévérant.
unpersuadable [ʌnpər'sweidəbl], *a.* Impersuasible.
unpersuaded [ʌnpər'sweidid], *a.* Non convaincu; impersuadé.
unpersuasive [ʌnpər'sweisiv], *a.* (Argument, etc.) peu convaincant.
unperturbed [ʌnpər'təːrbd], *a.* 1. Impassible. 2. **Unperturbed by this event**, aucunement inquiété par cet événement; peu ému de cet événement.
unphilosophical [ʌnfilo'sɔfik(ə)l], *a.* Peu philosophique.
unpick [ʌn'pik], *v.tr.* Défaire (une couture); découdre (une robe).
unpickable [ʌn'pikəbl], *a.* (Serrure *f*) incrochetable.
unpicked [ʌn'pikt, 'ʌn-], *a.* 1. (*Of salad, etc.*) Non épluché. 2. Non choisi; non trié. 3. (Fruit) non cueilli. *The fruit was still u.*, les fruits étaient encore sur l'arbre.
unpigmented [ʌn'pigməntid], *a.* *Z:* (*Of animal or skin*) Albin.
unpile [ʌn'pail], *v.tr.* 1. Désamonceler. 2. *Mil:* **To unpile arms**, rompre les faisceaux.
unpiloted [ʌn'pailətid], *a.* (Navire) sans pilote.
unpin [ʌn'pin], *v.tr.* (unpinned; unpinning) 1. *Mec.E: etc:* Décheviller (un assemblage, un organe, etc.); dégoupiller (un écrou). 2. Dépingler, désépingler, défaire (un châle, etc.); ôter les épingles de (qch.). *F:* *Come and u. me*, venez m'enlever toutes ces épingles; *F:* venez me défaire.
unpitied [ʌn'pitid], *a.* Que personne ne plaint; sans être plaint; pour qui on ne ressent aucune compassion.
unpitying [ʌn'pitiiŋ], *a.* Sans pitié; sans compassion; impitoyable.
unplaced [ʌn'pleist, 'ʌn-], *a.* 1. (Cheval, etc.) non placé; (candidat) non classé. 2. (*Of pers.*) Sans poste; sans place.
unplait [ʌn'plat], *a.* Dénatter (ses cheveux, etc.).
unplaned [ʌn'pleind, 'ʌn-], *a.* *Carp:* *Metalw:* Non raboté; non corroyé.
unplant [ʌn'plɑːnt], *v.tr.* Déplanter (un jardin, etc.).
unplanting, *s.* Déplantage *m*, déplantation *f.*
unplastered [ʌn'plɑːstərd, 'ʌn-], *a.* 1. Décrépi; déplâtré. 2. Non crépi; non plâtré.
unplausible [ʌn'plɔːzibl], *a.* Peu plausible; peu convaincant.
unplayable [ʌn'pleiəbl], *a.* Injouable; (musique *f*) inexécutable. *Golf: etc:* **Unplayable ball**, balle *f* injouable. **Unplayable course**, parcours *m* impropre au jeu.
unpleasant [ʌn'plez(ə)nt], *a.* Désagréable, déplaisant. *U. weather*, vilain temps. *To find oneself under the u. necessity of . . .*, se trouver dans la nécessité fâcheuse de. . . . **-ly**, *adv.* Désagréablement.
unpleasantness [ʌn'plez(ə)ntnəs], *s.* 1. Caractère *m* désagréable (de qch.). *You can imagine the u. of my position*, vous pouvez vous figurer ce que ma situation offrait de désagréable. 2. Désagrément *m*, ennui *m.* **To cause s.o. unpleasantness**, attirer du désagrément, des désagréments, à qn. **There has been some unpleasantness**, *F:* il y a eu de la bisbille. *Hum:* *U.S:* *A:* **The late unpleasantness**, la Guerre de Sécession; "notre petite brouille."
unpleasing [ʌn'pliːziŋ], *a.* Peu agréable; peu joli; qui manque de grâce; déplaisant.
unpleat [ʌn'pliːt], *v.tr.* Déplisser.
unpleating, *s.* Déplissage *m.*
unpledged [ʌn'pledʒd], *a.* Non engagé; libre. *To be u. to any party*, n'appartenir à aucun parti.
unpliable [ʌn'plaiəbl], **unpliant** [ʌn'plaiənt], *a.* (*Of pers.*) Peu souple; peu complaisant; raide.
unploughed [ʌn'plaud], *a.* 1. (*Of field*) Non labouré. 2. *Bookb:* (*Of edge*) Non rogné.
unplucked [ʌn'plʌkt], *a.* 1. (*Of flowers, etc.*) Non cueilli. 2. (Volaille) non plumée.
unplug [ʌn'plʌg], *v.tr.* (unplugged; unplugging) 1. Ôter le tampon de (qch.); détaper (un canon). 2. *El:* Enlever la prise de courant (d'un radiateur, etc.); déconnecter (le radiateur, etc.).
unplumbed [ʌn'plʌmd], *a.* *Lit:* **Unplumbed depths**, profondeurs insondées.
unpoetic(al) [ʌnpou'etik(ə)l], *a.* Peu poétique; terre à terre *inv.* **-ally**, *adv.* Sans poésie; prosaïquement.
unpointed [ʌn'pɔintid], *a.* 1. (a) Sans ponctuation. (b) *Gram:* (Hébreu *m*, etc.) sans points-voyelles. 2. Sans pointe; émoussé, obtus. 3. *Const:* **Unpointed brickwork**, briquetage *m* à joints bruts de truelle.
unpoised [ʌn'pɔːizd], *a.* Mal équilibré.
unpolarized [ʌn'poulərɑːizd], *a.* (*Of light*) Non polarisé; naturel.
unpolished [ʌn'pɔliʃt], *a.* 1. (a) Non poli; mat; (*of stone*) brut. (b) (*Of floor, boots*) Non ciré. (c) (*Of furniture, etc.*) Non verni. 2. Rude, grossier. **Unpolished style**, style fruste, trivial.
unpolite [ʌnpo'lait], *a.* = IMPOLITE.
unpolled [ʌn'pould], *a.* (Électeur) qui n'a pas voté; (voix) qui n'a pas été recueillie.
unpolluted [ʌnpo'ljuːtid], *a.* Impollué; non pollué; pur; (atmosphère *f*) vierge de fumée.
unpopular [ʌn'pɔpjulər], *a.* Impopulaire. **To make oneself unpopular with everybody**, se faire mal voir de tout le monde. *Decision u. with the pacifist party*, décision mal vue des pacifistes.
unpopularity [ʌnpɔpju'lariti], *s.* Impopularité *f.*
unpopulated [ʌn'pɔpjuleitid], *a.* Impeuplé; non peuplé; sans population.
unportioned [ʌn'pɔːrʃ(ə)nd], *a.* (Jeune fille) sans dot.
unportrayable [ʌnpɔr'treiəbl], *a.* (i) Impossible à peindre; (ii) impossible à dépeindre; indescriptible.
unpossessed [ʌnpo'zest], *a.* 1. Non possédé; (pays) inoccupé. 2. **To be unpossessed of sth.**, ne pas posséder qch.
unpot [ʌn'pɔt], *v.tr.* (unpotted; unpotting) *Hort:* Dépoter (une plante).
unpotting, *s.* Dépotage *m.*
unpowdered [ʌn'paudərd], *a.* 1. (*Of pers., hair*) Sans poudre; non poudré. 2. (*Of chalk, etc.*) Non réduit en poudre; non pulvérisé.
unpractical [ʌn'praktik(ə)l], *a.* 1. (*Of pers.*) Peu pratique. 2. (Projet *m*, etc.) impraticable.
unpracticalness [ʌn'praktikəlnəs], *s.* 1. Esprit *m* peu pratique; manque *m* d'esprit pratique. 2. Impraticabilité *f* (d'un projet, etc.).
unpractised [ʌn'praktist], *a.* 1. Inexercé, inexpert (*in*, à, dans); inexpérimenté, peu versé, inhabile (*in*, dans); novice. *U. in business*, sans expérience des affaires. 2. *Virtues u.*, vertus non pratiquées.
unprecedented [ʌn'presidentid], *a.* (i) Sans précédent; (ii) sans exemple; inouï.
unprecise [ʌnpri'sais], *a.* Imprécis.
unpredictable [ʌnpri'diktəbl], *a.* Qui ne peut être prédit.
unprejudiced [ʌn'predʒudist], *a.* Sans préjugés, sans préventions; non prévenu; impartial, -aux; désintéressé.
unpremeditated [ʌnpri'mediteitid], *a.* Imprémédité; (départ,

etc.) inopiné; (discours, etc.) spontané, improvisé, impromptu *inv.* *Jur:* (Délit) extemporané, non prémédité.

unpreoccupied [ʌnpri'ɔkjupaid], *a.* Sans préoccupation (*by*, de).

unprepared [ʌnpri'pɛərd], *a.* **1.** (*a*) (*Of food, etc.*) Inapprêté. **Unprepared speech,** discours improvisé, impromptu *inv.* *Sch:* **Unprepared translation,** traduction *f* à livre ouvert. (*b*) *To find everything u.*, trouver que rien n'a été préparé, que rien n'est prêt. **2. To be unprepared for sth.,** ne pas être prêt à qch.; ne pas s'attendre à qch. *I was* **not unprepared** *for it,* cela ne m'a pas surpris; je m'y attendais. **To catch s.o. unprepared,** prendre qn au dépourvu, au pied levé. **3.** Sans préparatifs; sans avoir pris les dispositions nécessaires. *To go u. into an undertaking,* se lancer à tête perdue dans une entreprise; *F:* s'embarquer sans biscuit, sans boussole, dans une affaire.

unpreparedness [ʌnpri'pɛəridnəs], *s.* Fait *m* de ne pas être prêt (*for*, à); manque *m* de préparatifs.

unprepossessing [ʌnpri:po'zesiŋ], *a.* (*Of pers.*) Peu engageant; peu séduisant; rébarbatif. **A man of unprepossessing appearance,** un homme de mauvaise, méchante, mine; un marque-mal *inv.*

unpresentable [ʌnpri'zentəbl], *a.* Peu présentable. **Not unpresentable,** présentable; qui peut passer.

unpreservable [ʌnpri'zə:rvəbl], *a.* Inconservable.

unpresuming [ʌnpri'zju:miŋ], **unpresumptuous** [ʌnpri'zʌm(p)tjuəs], *a.* Modeste; peu présomptueux; sans présomption.

unpretending [ʌnpri'tendiŋ], **unpretentious** [ʌnpri'tenʃəs], *a.* Sans prétentions; modeste, simple. *To live in an u. way,* avoir un train modeste. **-ly,** *adv.* Modestement. *U. dressed,* vêtu simplement.

unpretentiousness [ʌnpri'tenʃəsnəs], *s.* Absence *f* de prétention; modestie *f*; simplicité *f* (de mise, etc.).

unprevailing [ʌnpri'veiliŋ], *a.* (Argument, etc.) vain, inefficace.

unpreventable [ʌnpri'ventəbl], *a.* (Malheur, etc.) qu'on ne peut empêcher, qu'on ne peut prévenir.

unpriced [ʌn'praist], *a.* **1.** (Article) sans indication de prix. **2.** Inestimable; sans prix.

unpriestly [ʌn'pri:stli], *a.* (Conduite *f*) indigne d'un prêtre.

unprime [ʌn'praim], *v.tr.* Désamorcer (un fusil, etc.).

unprincipled [ʌn'prinsipld], *a.* (*Of pers.*) Sans principes; sans mœurs; improbe. *U. conduct,* conduite exempte de tout scrupule.

unprintable [ʌn'printəbl], *a.* (Langage, histoire) que l'on rougirait d'imprimer.

unprinted [ʌn'printid], *a.* Non imprimé; inimprimé.

unprivileged [ʌn'priviledʒd], *a.* Sans privilège(s).

unprized [ʌn'pra:izd], *a.* Peu estimé; mésestimé.

unprobed [ʌn'pro:ubd], *a.* (Abîme, mystère) insondé.

unprocurable [ʌnpro'kjuərəbl], *a.* Impossible à obtenir; que l'on ne peut se procurer.

unproducible [ʌnpro'dju:sibl], *a.* Improductible.

unproductive [ʌnpro'dʌktiv], *a.* (*a*) Improductif; (travail *m*, etc.) stérile; (capital) dormant. *U. land,* (i) terre ingrate, stérile, qui ne rend rien; (ii) terre en non-valeur. *Pol.Ec:* **Unproductive consumption,** consommation irreproductive. (*b*) *The remedy was u. of any improvement,* le remède n'a produit, n'a effectué, aucune amélioration. **-ly,** *adv.* Improductivement; stérilement.

unproductiveness [ʌnpro'dʌktivnəs], *s.* Improductivité *f*; stérilité *f*.

unprofessional [ʌnpro'feʃən(ə)l], *a.* **1.** (*a*) **Unprofessional conduct,** conduite *f* contraire aux usages du métier, qui n'est pas dans les habitudes de la profession; manquement *m* à l'étiquette professionnelle, aux devoirs de la profession. (*b*) **Unprofessional medical man, unprofessional lawyer,** médecin marron, notaire marron. **2.** *Sp:* (Boxeur, etc.) amateur.

unprofitable [ʌn'prɔfitəbl], *a.* Improfitable; peu lucratif; sans profit; (travail *m*, etc.) inutile; (sol, etc.) ingrat. *B:* *We are* **unprofitable servants,** nous sommes des serviteurs inutiles (parce que nous n'avons fait que ce que nous étions obligés de faire). **-ably,** *adv.* Sans profit; inutilement, vainement; infructueusement, stérilement.

unprofitableness [ʌn'prɔfitəblnəs], *s.* Inutilité *f*, stérilité *f* (d'une étude, etc.).

unprogressive [ʌnpro'gresiv], *a.* Improgressif; routinier; "vieux jeu" *inv.*

unprohibited [ʌnpro'hibitid], *a.* Non prohibé, non interdit; licite.

unprolific [ʌnpro'lifik], *a.* Infécond, infertile.

unpromising [ʌn'prɔmisiŋ], *a.* Qui promet peu. (*Of weather, etc.*) **To look unpromising,** s'annoncer mal; avoir une mauvaise apparence.

unprompted [ʌn'prɔm(p)tid], *a.* (*Of answer, etc.*) Spontané. **To do sth. unprompted,** faire qch. spontanément, de son propre mouvement, sans y être incité.

unpromulgated [ʌn'prɔməlgeitid], *a.* Impromulgué.

unpronounceable [ʌnpro'naunsəbl], *a.* Imprononçable, inarticulable.

unpronounced [ʌnpro'naunst], *a.* Non prononcé.

unprop [ʌn'prɔp], *v.tr.* (unpropped; unpropping) Retirer les soutiens, les étais, les appuis, de (qch.).

unpropertied [ʌn'prɔpərtid], *a.* Sans biens mobiliers; qui n'est pas propriétaire.

unpropitious [ʌnpro'piʃəs], *a.* Impropice, défavorable, peu favorable (*to*, à).

unprosperous [ʌn'prɔspərəs], *a.* **1.** Improspère; peu florissant; malheureux. **2.** *U. winds,* vents *m* peu propices; vents défavorables, adverses. **-ly,** *adv.* Sans succès. *To live u.*, vivre dans la dèche; tirer le diable par la queue.

unprotected [ʌnpro'tektid], *a.* **1.** (*a*) Inabrité; sans protection, sans défense. (*b*) (*Of pers.*) Sans patronage; sans appui. **2.** *Ind:* (*Of moving part, etc.*) Exposé; nu; sans garde-fou; sans carter, sans garde.

unprotested [ʌnpro'testid], *a.* *Com:* (Effet) non protesté.

unprovable [ʌn'pru:vəbl], *a.* **1.** Qui n'est pas susceptible de preuve; (axiome, etc.) que l'on ne peut pas démontrer, indémontrable. **2.** (Accusation, etc.) que l'on ne peut prouver.

unproved [ʌn'pru:vd], **unproven** [ʌn'pru:v(ə)n, -'prouv(ə)n], *a.* **1.** (*Of accusation, etc.*) Improuvé; sans preuve; non prouvé. **2.** (*Of fidelity, etc.*) Inéprouvé; qui n'a pas été mis à l'épreuve.

unprovided [ʌnpro'vaidid], *a.* **1.** (*a*) **Unprovided with sth.,** (i) sans qch.; (ii) dépourvu, démuni, dénué, de qch. (*b*) *To be u. against an attack,* être sans moyens pour, ne pas être prêt à, résister à une attaque. (*c*) **To be left unprovided for,** être laissé sans ressources. **2.** *Case u. for by the rules,* cas non prévu dans les règlements. *Contingencies u. for,* cas imprévus. **3.** Non fourni (par qn). *Esp. Adm:* **Unprovided school,** école *f* (primaire) libre. (*Cf.* PROVIDED 1.)

unprovoked [ʌnpro'voukt], *a.* **1.** Improvoqué; fait sans provocation. *U. abuse,* insultes imméritées, gratuites. *See also* ASSAULT[1] **2.** **2.** (*Of pers.*) *To remain u.*, rester calme; ne pas se fâcher.

unpruned [ʌn'pru:nd], *a.* (Arbre) non taillé.

unpublishable [ʌn'pʌbliʃəbl], *a.* Impubliable.

unpublished [ʌn'pʌbliʃt], *a.* **1.** Inédit; non publié. *To have some verses u.*, avoir des vers en portefeuille. **2.** *The u. facts,* les faits qui n'ont pas été livrés, révélés, au public; les faits que l'on a tenus secrets.

unpunctual [ʌn'pʌŋktjuəl], *a.* (*a*) Inexact; peu ponctuel; souvent en retard. (*b*) En retard; pas à l'heure. **-ally,** *adv.* (*a*) Inexactement; peu ponctuellement. (*b*) En retard.

unpunctuality [ʌnpʌŋktju'aliti], *s.* Inexactitude *f*; manque *m* de ponctualité.

unpunctuated [ʌn'pʌŋktjueitid], *a.* Non ponctué; sans ponctuation.

unpuncturable [ʌn'pʌŋktjurəbl], *a.* (Pneu *m*) non crevable, increvable.

unpunishable [ʌn'pʌniʃəbl], *a.* Impunissable.

unpunished [ʌn'pʌniʃt], *a.* Impuni, inchâtié. **To go unpunished,** (i) (*of pers.*) échapper à la punition; (ii) (*of crime*) rester impuni, sans punition.

unpurified [ʌn'pjuərifaid], *a.* Inépuré, non épuré; brut.

unpursued [ʌnpər'sju:d], *a.* Impoursuivi.

unqualifiable [ʌn'kwɔlifaiəbl], *a.* Inqualifiable.

unqualified [ʌn'kwɔlifaid], *a.* **1.** (*a*) Incompétent. **To be unqualified for sth.,** ne pas avoir les qualités requises pour qch. **Unqualified to do sth.,** incompétent à faire qch. *Jur:* **Unqualified to vote,** inhabile à voter. *Court u. to hear a case,* tribunal incompétent à juger une cause. (*b*) (Médecin, etc.) sans diplômes; *F:* (médecin, etc.) marron. **2.** (*Of accusation, etc.*) Sans réserve; sans restriction. **Unqualified statement,** déclaration générale. **Unqualified denial,** dénégation absolue, catégorique. *U. denunciation,* dénonciation expresse. **Unqualified praise,** éloges *mpl* sans réserve. *With my u. consent,* avec tout mon consentement.

unquenchable [ʌn'kwenʃəbl], *a.* (Feu *m*, soif *f*) inextinguible; (cupidité *f*) inassouvissable.

unquenched [ʌn'kwenʃt], *a.* (Feu) non éteint; (désir, etc.) inassouvi. *U. thirst,* soif non étanchée.

unquestionable [ʌn'kwestʃənəbl], *a.* (Habileté *f*, etc.) indiscutable, indubitable; (droit *m*) incontestable, inattaquable. **Unquestionable fact,** fait *m* hors de doute. **-ably,** *adv.* Indubitablement, incontestablement; sans contestation, sans conteste, sans contredit; sans aucun doute.

unquestioned [ʌn'kwestʃ(ə)nd], *a.* **1.** (Droit, etc.) indisputé, indiscuté, incontesté. **2.** (*a*) **To let s.o. in unquestioned,** laisser entrer qn sans interpellation, sans le questionner, sans l'interroger. (*b*) *To let a statement pass u.*, laisser passer une affirmation sans la relever, sans la mettre en doute.

unquestioning [ʌn'kwestʃəniŋ], *a.* (Obéissance *f*) aveugle, sans question ni murmure. **-ly,** *adv.* Aveuglément; sans question. *To believe s.o. u.*, croire qn sur parole.

unquiet[1] [ʌn'kwaiet], *a.* **1.** Inquiet, -ète; agité. *U. soul,* âme *f* trouble. *U. times,* temps *m* de trouble, d'agitation. **2.** Bruyant, turbulent. **-ly,** *adv.* **1.** Inquiètement; avec inquiétude. **2.** Bruyamment.

unquiet[2], unquietness [ʌn'kwaietnəs], *s.* **1.** (*a*) Inquiétude *f*; trouble *m*. (*b*) Manque *m* de calme, de repos. **2.** Bruit *m*, turbulence *f*.

unquilt [ʌn'kwilt], *v.tr.* Dépiquer (un vêtement, etc.).

unquotable [ʌn'kwoutəbl], *a.* **1.** Qu'on ne peut pas citer. **2.** (Mot, etc.) que la décence défend de citer, de répéter.

unquoted [ʌn'kwoutid], *a.* **1.** Non cité. **2.** *St.Exch:* **Unquoted securities,** valeurs non cotées.

unrack [ʌn'rak], *v.tr.* *Rail:* *etc:* Déguinder, débrêler.

unransomed [ʌn'ransəmd], *a.* **1.** (Péché, etc.) non racheté. **2.** (Prisonnier) non rançonné. *He was allowed to go u.*, on le laissa aller sans rançon.

unratified [ʌn'ratifaid], *a.* (Traité *m*, etc.) sans ratification; qui n'est pas encore ratifié; qui n'a jamais été ratifié.

unravel [ʌn'rav(ə)l], *v.* (unravelled; unravelling) **1.** *v.tr.* (*a*) Effiler, effilocher, éfaufiler, érailler (un tissu, etc.); détresser, défaire (une corde, etc.); détortiller, détordre (de la laine filée, etc.). (*b*) Débrouiller, démêler (des fils, *F:* ses affaires, etc.). **To unravel a plot,** dénouer une intrigue. *To u. the situation,* éclaircir la situation; mettre la situation au net. **To unravel the truth,** démêler la vérité. **2.** *v.i.* (*a*) (*Of cloth, etc.*) S'effiler, se défaire. (*b*) (*Of tangle*) Se débrouiller, se démêler; (*of facts*) s'éclaircir, se débrouiller.

unravelling, *s.* **1.** Effilage *m*, effilochement *m* (d'un tissu). **2.** Débrouillement *m*, démêlement *m* (d'un écheveau, d'une intrigue); éclaircissement *m* (d'un mystère, etc.); dénouement *m* (d'une intrigue).

unraveller [ʌn'rav(ə)lər], *s.* **1.** Effileur, -euse; effilocheur, -euse. **2.** Démêleur, -euse, débrouilleur, -euse (d'intrigues, etc.).

unreached [ʌn'ri:tʃt], *a.* Non atteint.

unread [ʌn'red], *a.* **1.** (Roman, etc.) (i) non lu, (ii) sans lecteurs, que personne ne lit. **To leave sth. unread,** ne pas lire qch. **2.** (*Of pers.*) Sans instruction; illettré, ignorant.
unreadable [ʌn'ri:dəbl], *a.* Illisible.
unreadableness [ʌn'ri:dəblnəs], *s.* Illisibilité *f.*
unreadiness [ʌn'redinəs], *s.* **1.** (*a*) Manque *m* de préparation. (*b*) Manque de préparatifs. **2.** Manque de promptitude.
unready[1] [ʌn'redi], *a.* **1. To be unready for sth.,** ne pas être prêt à qch.; ne pas être préparé pour qch. **To be unready to do sth.,** (i) ne pas être prêt, (ii) ne pas être disposé, à faire qch. **2.** (*a*) Peu prompt. (*b*) *A:* Qui manque de résolution; irrésolu.
unready[2], *a.* *A:* Peu avisé; mal avisé. *Hist:* **Ethelred the Unready,** Ethelred le Malavisé.
unreal [ʌn'ri:əl], *a.* Irréel; sans réalité; imaginaire, chimérique, mensonger.
unreality [ʌnri'aliti], *s.* **1.** Absence *f* de réalité; caractère *m* imaginaire, chimérique (*of,* de). **2.** Chimère *f*; vaine imagination.
unrealizable [ʌn'ri:əlaizəbl], *a.* **1.** (Projet *m*, etc.) irréalisable. **2.** *Fin:* *U. property,* biens *m* irréalisables. *U. capital,* fonds *m* illiquides.
unrealized [ʌn'ri:əla:izd], *a.* **1.** (*Of hopes, assets, etc.*) Non réalisé. **2.** (*Of qualities, etc.*) Dont on ne s'est pas rendu compte; inapprécié.
unreaped [ʌn'ri:pt], *a.* Pas encore moissonné. *The crops are still u.,* les récoltes sont toujours sur pied.
unreason [ʌn'ri:z(ə)n], *s.* Déraison *f.* *A:* **The Abbot of Unreason,** le pape des fous.
unreasonable [ʌn'ri:z(ə)nəbl], *a.* Déraisonnable. **1. Don't be unreasonable,** soyez raisonnable. *You are most u.,* vous n'êtes pas raisonnable; vous êtes trop exigeant. **2.** (*a*) **Unreasonable demands,** demandes immodérées, exorbitantes, déraisonnables, extravagantes. (*b*) **At this unreasonable hour,** à cette heure indue. **-ably,** *adv.* Déraisonnablement; d'une manière extravagante, peu raisonnable. *U. early marriage,* mariage follement prématuré.
unreasonableness [ʌn'ri:z(ə)nəblnəs], *s.* Déraison *f*; exorbitance *f*, absurdité *f* (d'une demande, etc.).
unreasoned [ʌn'ri:z(ə)nd], *a.* Irraisonné.
unreasoning [ʌn'ri:zəniŋ], *a.* Qui ne raisonne pas. **Unreasoning hatred,** haine aveugle, irraisonnée. **-ly,** *adv.* Sans raisonner. *To follow s.o. u.,* suivre qn en aveugle.
unrebuked [ʌnri'bju:kt], *a.* **To let the culprit go unrebuked,** ne pas réprimander, ne pas reprendre, le coupable.
unrecalled [ʌnri'kɔ:ld], *a.* Non rappelé.
unreceipted [ʌnri'si:tid], *a.* *Com:* Inacquitté.
unreceptive [ʌnri'septiv], *a.* Aucunement réceptif; (esprit) obtus.
unrecking [ʌn'rekiŋ], *a.* *Lit:* Insoucieux (*of,* de).
unreclaimed [ʌnri'kleimd], *a.* **1.** (Pécheur, etc.) non réformé, non corrigé; (sauvage) incivilisé. **2.** (*a*) (Terrain) indéfriché, inculte, resté en friche. (*b*) (Marécage, etc.) non récupéré, que l'on n'a pas encore asséché.
unrecognizable [ʌn'rekognaizəbl], *a.* Méconnaissable.
unrecognized [ʌn'rekogna:izd], *a.* **1.** (*Of genius, etc.*) Méconnu. **2.** (*Of ruler, leader*) Non reconnu (*by,* par). *As long as General X remained u. by Parliament . . .,* tant que le général X ne fut pas reconnu par le Parlement. . . .
unrecognizing [ʌn'rekognaiziŋ], *a.* *To look at s.o. with an u. air,* regarder qn sans avoir l'air de le reconnaître.
unreconciled [ʌn'rekonsaild], *a.* Irréconcilié.
unrecorded [ʌnri'kɔ:rdid], *a.* **1.** Non enregistré; dont on n'a aucun rapport; dont on ne trouve aucune mention. **2.** (*Of music, etc.*) Non enregistré (pour reproduction phonographique).
unrecoverable [ʌnri'kʌvərəbl], *a.* Irrécouvrable.
unrectified [ʌn'rektifaid], *a.* **1.** (*Of spirit, etc.*) Inépuré, brut. **2.** *Ph: etc:* (Résultat) brut. **3.** *El:* (Courant) non redressé.
unredeemable [ʌnri'di:məbl], *a.* **1.** (Crime *m*, faute *f*, etc.) irrachetable; (défaut *m*) irrémédiable. **2.** *Fin:* (Fonds *m*, etc.) non amortissable, irremboursable.
unredeemed [ʌnri'di:md], *a.* **1.** (Péché, etc.) irracheté. *Bad character u. by any good points,* mauvaise nature que ne rachète aucune qualité réelle. *Town of u. ugliness,* ville uniformément laide. **2.** (*a*) **Unredeemed promise,** promesse inaccomplie. (*b*) (Gage) non retiré (des mains du prêteur sur gages). *Watch u.* (*from pawn*), montre non dégagée. (*c*) *Fin:* (Emprunt) non amorti.
unredressed [ʌnri'drest], *a.* (Mal, etc.) non redressé, qui n'a pas été réparé.
unreduced [ʌnri'dju:st], *a.* **1.** Qui n'a subi aucune diminution, aucune réduction. *U. speed,* vitesse aucunement ralentie; vitesse soutenue. **2.** *Mil:* (*Of fortress, etc.*) Non réduit. **3.** *Med:* (*Of fracture*) Irréduit.
unreel [ʌn'ri:l], *v.tr.* **1.** Dérouler (un film, un câble, etc.). **2.** (*With passive force*) Se dérouler.
unreeve [ʌn'ri:v], *v.tr.* (*p.t.* unrove [ʌn'ro:uv]; *p.p.* **unreeved,** unroven [ʌn'ro:uv(ə)n]) *Nau:* Dépasser (un cordage).
unrefined [ʌnri'faind], *a.* **1.** Brut; (métal) non (r)affiné; (sucre) non raffiné; (pétrole) inépuré. **2.** (Homme, goût) peu raffiné, grossier, vulgaire.
unreflecting [ʌnri'flektiŋ], *a.* Irréfléchi.
unreformable [ʌnri'fɔ:rməbl], *a.* Irréformable.
unreformed [ʌnri'fɔ:rmd], *a.* Non réformé; irréformé; qui ne s'est pas corrigé. **Unreformed characters,** les incorrigibles *m.*
unrefracted [ʌnri'fraktid], *a.* *Ph:* (Rayon) non réfracté.
unrefreshed [ʌnri'freʃt], *a.* **1.** Non rafraîchi. **2.** *To wake u.,* se réveiller peu reposé, encore fatigué.
unrefreshing [ʌnri'freʃiŋ], *a.* **1.** Peu rafraîchissant. **2.** *U. sleep,* sommeil peu réparateur.
unrefuted [ʌnri'fju:tid], *a.* Irréfuté.
unregal [ʌn'ri:g(ə)l], *a.* Peu royal, -aux.
unregarded [ʌnri'gɑ:rdid], *a.* Négligé; à qui ou à quoi on ne fait pas attention.
unregardful [ʌnri'gɑ:rdful], *a.* Peu soigneux (*of,* de); inattentif (*of,* à); négligent (*of,* de).
unregarding [ʌnri'gɑ:rdiŋ], *a.* Négligent.
unregenerate [ʌnri'dʒenəret], *a.* (*Of pers.*) Non régénéré; inconverti.
unregistered [ʌn'redʒistərd], *a.* **1.** Non enregistré, non inscrit, non enrôlé; non immatriculé; (*of trade-mark*) non déposé. **Unregistered birth,** naissance non déclarée. **2.** *Post:* (*Of letter*) (i) Non recommandé; (ii) non chargé.
unregretted [ʌnri'gretid], *a.* **To die unregretted,** mourir sans laisser de regrets.
unregulated [ʌn'regjuleitid], *a.* Non réglé.
unrehearsed [ʌnri'hə:rst], *a.* (Discours, etc.) inapprêté. *U. play,* pièce jouée sans répétitions préalables. **Unrehearsed effect, incident,** (i) effet, incident, non préparé; (ii) *F:* contretemps *m.* *Th:* *To put in u. business, P:* faire la balançoire.
unrelated [ʌnri'leitid], *a.* **1.** (*a*) (*Of phenomena, etc.*) Sans rapport (*one to another,* l'un avec l'autre). (*b*) (*Of pers.*) *They are entirely u.,* il n'y a aucun lien de parenté entre eux. **2.** *To leave a fact u.,* ne pas raconter un fait; passer un fait sous silence.
unrelaxing [ʌnri'laksiŋ], *a.* **1.** (Assiduité, etc.) sans relâche; (effort, etc.) assidu, soutenu. **2.** *U. grip,* prise *f* de fer.
unrelenting [ʌnri'lentiŋ], *a.* (*a*) (*Of pers.*) Implacable, impitoyable, inexorable (*towards,* à, pour, à l'égard de). *He was u.,* il resta inflexible. (*b*) (*Of persecution, etc.*) Acharné; sans rémission. **-ly,** *adv.* (*a*) Inexorablement, impitoyablement, implacablement. (*b*) Sans rémission, sans relâche.
unrelentingness [ʌnri'lentiŋnəs], *s.* Implacabilité *f.*
unreliability [ʌnrilaiə'biliti], *s.* **1.** Inexactitude *f* (des résultats d'une expérience, etc.). **2.** Instabilité *f* (de qn).
unreliable [ʌnri'laiəbl], *a.* (Homme) sur lequel on ne peut pas compter; (caractère) instable, inconstant, sur lequel on ne peut pas se fonder; (renseignement) inexact, sujet à caution; (machine) d'un fonctionnement incertain. *U. clock,* pendule déréglée, à laquelle on ne peut pas se fier. *U. map,* carte peu fidèle, à laquelle on ne peut pas se fier. *To have sth. from an u. source,* tenir qch. de source douteuse, incertaine, peu sûre.
unrelieved [ʌnri'li:vd], *a.* **1.** (*a*) (*Of pers.*) Qui reste sans secours; laissé sans secours. (*b*) (*Of pain*) Non soulagé; sans soulagement. **2.** Qui manque de relief, de variété; monotone. *Plain u. by the smallest hillock,* plaine ininterrompue par la moindre colline. *News of u. gloom,* nouvelles uniformément attristantes. *U. poverty,* misère noire.
unreligious [ʌnri'lidʒəs], *a.* **1.** *A:* Irréligieux. **2.** Séculier.
unremarked [ʌnri'mɑ:rkt], *a.* **1.** Inobservé, inaperçu. **2. Unremarked upon,** passé sous silence; sans commentaires.
unremedied [ʌn'remedid], *a.* A quoi l'on n'a pu remédier.
unremembered [ʌnri'membərd], *a.* Oublié; *Lit:* immémoré.
unremembering [ʌnri'membəriŋ], *a.* Oublieux; à la mémoire courte.
unremitted [ʌnri'mitid], *a.* **1.** (Péché) non remis, non pardonné. **2.** (Travail, etc.) incessant, ininterrompu.
unremitting [ʌnri'mitiŋ], *a.* **1.** Ininterrompu; sans relâche, sans intermission. *U. efforts,* efforts soutenus, assidus. *U. care,* un soin de tous les instants. *U. rain,* pluie incessante, ininterrompue. **2.** (*Of pers.*) *He was u. in his attentions,* son assiduité ne s'est pas démentie un instant. **-ly,** *adv.* Sans cesse, sans relâche; sans interruption; assidûment.
unremorseful [ʌnri'mɔ:rsful], *a.* Sans remords.
unremunerated [ʌnri'mju:nəreitid], *a.* (*a*) (*Of pers.*) Non rémunéré; irrémunéré (*for sth.,* de qch.). (*b*) (Service) non rémunéré, à titre gracieux.
unremunerative [ʌnri'mju:nərətiv], *a.* Peu rémunérateur; peu lucratif; improfitable.
unrenewed [ʌnri'nju:d], *a.* Non renouvelé.
unrepaid [ʌnri'peid], *a.* **1.** (Emprunt, argent, etc.) non remboursé non rendu; (service) non payé de retour; (tort) non vengé. **2.** (*Of pers.*) Non remboursé, non récompensé. **Unrepaid for his kindness,** sans récompense de sa bonté.
unrepealable [ʌnri'pi:ləbl], *a.* Inabrogeable, irrévocable.
unrepealed [ʌnri'pi:ld], *a.* Inabrogé, irrévoqué; (décret) encore en vigueur.
unrepeatable [ʌnri'pi:təbl], *a.* Qu'on ne peut répéter; (histoire *f*) irracontable.
unrepentance [ʌnri'pentəns], *s.* Impénitence *f.*
unrepentant [ʌnri'pentənt], **unrepenting** [ʌnri'pentiŋ], *a.* Impénitent. **To die unrepentant,** mourir dans son péché.
unrepented [ʌnri'pentid], *a.* (Péché) non regretté, dont on n'éprouve pas de repentir.
unrepining [ʌnri'painiŋ], *a.* Qui ne se plaint pas; non disposé à se plaindre. **-ly,** *adv.* Sans se plaindre; sans murmurer.
unreplenished [ʌnri'pleniʃt], *a.* Non réapprovisionné. *U. wardrobe,* garde-robe non remontée.
unreported [ʌnri'pɔ:rtid], *a.* **1.** (*Of meeting, etc.*) Non rapporté; dont il n'a pas été donné de compte rendu. *Accident u. to the police,* accident qui n'a pas été signalé à la police. **2.** *Mil:* *Navy:* (*Of man*) Qui ne s'est pas fait porter rentrant.
unrepresentative [ʌnrepri'zentətiv], *a.* *U. legislature,* législature *f* qui représente mal le peuple. *U. sample,* mauvais échantillon.
unrepresented [ʌnrepri'zentid], *a.* Non représenté. *Nation u. at a conference,* nation *f* sans représentant, sans délégué, à une conférence.
unrepressed [ʌnri'prest], *a.* Irréprimé.
unreproducible [ʌnri:pro'dju:sibl], *a.* Que l'on ne peut reproduire.
unreproved [ʌnri'pru:vd], *a.* Non réprimandé; sans censure, sans réprimande, sans blâme.
unrequested [ʌnri'kwestid], *a.* (*a*) Spontané; qui n'a pas été

demandé. (*b*) **He did it unrequested,** il le fit spontanément, sans qu'on le lui demandât. *To speak u.*, prendre la parole sans y être invité.

unrequired [ʌnri'kwaiərd], *a.* Pas nécessaire; (i) dont on n'a pas besoin ou dont on n'a plus besoin; (ii) (certificat, etc.) non exigé.

unrequitable [ʌnri'kwaitəbl], *a.* Irrécompensable.

unrequited [ʌnri'kwaitid], *a.* (*Of service, etc.*) **1.** Non récompensé. **2. Unrequited love,** amour non payé de retour, non partagé; passion malheureuse.

unrescinded [ʌnri'sindid], *a.* (Loi) inabrogée, toujours en vigueur.

unresented [ʌnri'zentid], *a.* Dont on ne garde pas de ressentiment; dont on ne se froisse pas. *U. criticism*, critique prise en bonne part.

unresentful [ʌnri'zentful], **unresenting** [ʌnri'zentiŋ], *a.* Sans ressentiment (*of*, de).

unreserve [ʌnri'zəːrv], *s.* Manque *m* de réserve. (*a*) Expansion *f.* (*b*) Franchise *f.*

unreserved [ʌnri'zəːrvd], *a.* **1.** Sans réserve. (*a*) Franc, *f.* franche; ouvert, expansif. *He spoke to me with u. confidence*, il me parla avec abandon. (*b*) (*Of approval, etc.*) Complet, -ète; entier. *To give one's u. adherence to a decision*, se rallier sans réserve à une décision. **2. Unreserved seats,** places non réservées, non retenues.

unreservedly [ʌnri'zəːrvidli], *adv.* Sans réserve. (*a*) Franchement; à cœur ouvert. (*b*) Entièrement, complètement; sans restriction. *To trust s.o. u.*, avoir une confiance aveugle en qn; avoir pleine confiance en qn.

unreservedness [ʌnri'zəːrvidnəs], *s.* Manque *m* de réserve.

unresisted [ʌnri'zistid], *a.* **1.** (*Of temptation, etc.*) Auquel on ne résiste pas; auquel on n'a pu résister. **2. To do sth. unresisted,** faire qch. sans rencontrer d'opposition.

unresisting [ʌnri'zistiŋ, 'ʌn-], *a.* Qui ne résiste pas; soumis, docile.

unresolved [ʌnri'zɔlvd], *a.* **1.** (*Of pers.*) Irrésolu, hésitant, indécis. *He was u. whether he would go or not*, il se demandait s'il irait ou non. **2.** (*a*) (Problème) non résolu. **Unresolved doubts,** doutes qu'on n'a pas résolus. (*b*) (Problème) sans solution. **3.** *Mus:* (*Of discord*) Non résolu.

unrespected [ʌnri'spektid], *a.* (Personne) que l'on ne respecte pas. *He lived u.*, il vivait sans considération.

unresponsive [ʌnri'spɔnsiv], *a.* (*a*) Difficile à émouvoir; froid. (*b*) *I.C.E:* **Unresponsive engine,** moteur peu sensible, mou, plat.

unrest [ʌn'rest], *s.* **1.** Inquiétude *f.* **2. The social unrest,** le malaise social. **Labour unrest,** agitation ouvrière. *U. among the people*, fermentation *f* populaire; malaise général.

unrestored [ʌnri'stɔːərd], *a.* **1.** (*Of stolen goods, etc.*) Non rendu, non restitué. **2.** (*Of monument*) Non restauré; (tableau) non réparé. **3.** (*a*) Non remis (*to its place*, à sa place). (*b*) Non rétabli (dans ses fonctions, ses droits).

unrestrainable [ʌnri'streinəbl], *a.* Irréprimable.

unrestrained [ʌnri'streind], *a.* **1.** Non restreint; non réprimé; libre, effréné; intempéré. *U. laughter*, rires immodérés; fou rire. **2.** *U. by our presence, he continued to . . .*, aucunement gêné par notre présence, il continua de. . . .

unrestrainedly [ʌnri'streinidli], *adv.* Librement; sans contrainte.

unrestricted [ʌnri'striktid, 'ʌn-], *a.* Sans restriction; (pouvoir) absolu. **Unrestricted prospect,** vue dégagée. *Adm: Aut:* **Unrestricted road,** voie publique sans restriction de vitesse. *Sp:* **Unrestricted race,** course *f* formule libre.

unretentive [ʌnri'tentiv], *a.* **Unretentive memory,** mémoire courte, peu fidèle.

unretracted [ʌnri'traktid], *a.* Non rétracté, non désavoué; irrévoqué.

unrevealable [ʌnri'viːləbl], *a.* Indivulgable.

unrevealed [ʌnri'viːld, 'ʌn-], *a.* Indivulgué. *To leave a secret, the details, u.*, taire un secret, les détails.

unrevenged [ʌnri'vendʒd], *a.* Invengé. **1.** Sans être vengé. **2.** Sans s'être vengé.

unrevised [ʌnri'vaːizd], *a.* Non revisé; (MS.) non relu.

unrevoked [ʌnri'voukt], *a.* Irrévoqué; (décret) non abrogé.

unrewarded [ʌnri'wɔːrdid], *a.* Irrécompensé; sans récompense.

unrhymed [ʌn'raimd], *a.* **Unrhymed verse,** vers blancs.

unrhythmical [ʌn'riθmik(ə)l], *a.* Sans rythme; qui manque de cadence.

unridable [ʌn'raidəbl], *a.* (Cheval *m*) immontable.

unridden [ʌn'rid(ə)n], *a.* (Cheval) qui n'a jamais été monté.

unriddle [ʌn'ridl], *v.tr. Lit:* Résoudre (un mystère, etc.); expliquer (un rêve).

unrifled[1] [ʌn'raifld], *a.* Non pillé; intact.

unrifled[2], *a. Sm.a: etc:* (Canon *m*) lisse.

unrig [ʌn'rig], *v.tr.* (**unrigged**; **unrigging**) *Nau:* Dégréer, dégarnir, déséquiper (un navire); dégréer, décapeler (un mât); dégarnir (le cabestan). **To unrig a crane,** désappareiller une grue.

unrigging, *s.* Décapelage *m*, dégarnissement *m*, désappareillement *m.*

unrighteous [ʌn'raitʃəs], *a.* (*Of pers., action*) **1.** Impie. **2.** Inique, injuste, improbe. **-ly,** *adv.* Iniquement, injustement, malhonnêtement.

unrighteousness [ʌn'raitʃəsnəs], *s.* Iniquité *f*, injustice *f*, improbité *f.*

unrimed [ʌn'raimd], *a. Pros:* = UNRHYMED.

unrip [ʌn'rip], *v.tr.* (**unripped** [-ript]; **unripping**) Découdre (une couture); ouvrir (qch.) en le déchirant.

unripe [ʌn'raip], **unripened** [ʌn'raip(ə)nd], *a.* (*Of fruit, wine, etc.*) Vert; qui n'est pas mûr; (*of corn*) en herbe; (*of scheme, etc.*) insuffisamment médité, pas encore mûr. *F: To be of an unripe age*, être au-dessous de l'âge mûr; être encore vert.

unripeness [ʌn'raipnəs], *s.* Verdeur *f*, immaturité *f* (d'un fruit, du vin, etc.); immaturité *f* (d'âge, d'un projet).

unrippled [ʌn'ripld], *a.* (*Of surface of sea, etc.*) Calme, plat; sans une ride.

unrivalled [ʌn'raiv(ə)ld], *a.* Sans rival; sans pareil; incomparable; hors de pair, hors ligne. *Our goods are u.*, nos articles sont sans concurrence.

unrivet [ʌn'rivet], *v.tr.* (**unrivet(t)ed**; **unrivet(t)ing**) Dériver, dériveter (une chaudière, etc.).

unroasted [ʌn'roustid], *a.* **1.** Non rôti. **2.** Non grillé; (*of coffee*) non torréfié.

unrobe [ʌn'roub], *v.tr. & i.* = DISROBE.

unroll [ʌn'roul]. **1.** *v.tr.* Dérouler (une carte, une étoffe). *To u. a banner*, déferler une bannière. **2.** *v.i. & pr.* Se dérouler.

unromantic [ʌnro'mantik], *a.* Peu romanesque; terre à terre *inv.*

unroof [ʌn'ruːf], *v.tr.* **To unroof a house,** découvrir une maison; enlever le toit d'une maison.

unroofed [ʌn'ruːft], *a.* (Bâtiment) sans toit, découvert.

unroot [ʌn'ruːt], *v.tr.* = UPROOT.

unrounded [ʌn'raundid], *a.* **1.** (*Of face, limbs, etc.*) Anguleux. **2.** (*Of sentence*) Mal arrondi.

unrove [ʌn'roːuv]. *See* UNREEVE.

unruffled [ʌn'rʌfld], *a.* **1.** (*Of pers., temper, etc.*) Calme, serein, imperturbable, placide. *An u. composure*, un calme imperturbable. *To appear u.*, montrer un front serein. *U., he began to speak*, sans se troubler, il prit la parole. **2.** (*Of sea, etc.*) Inagité, calme, uni; (*of hair, plumage*) lisse.

unruled [ʌn'ruːld], *a.* **1.** (*Of a people*) Non gouverné; (*of passion*) sans frein. **2.** (*Of writing paper*) Uni; sans lignes; non réglé.

unruliness [ʌn'ruːlinəs], *s.* Indiscipline *f*, insoumission *f*, mutinerie *f*, turbulence *f*; caractère fougueux (d'un cheval); dérèglement *m* (des passions, de la langue).

unruly [ʌn'ruːli], *a.* (*Of child, etc.*) Indiscipliné, insoumis, mutin, rebelle, turbulent; (*of horse*) fougueux; (*of tongue, passions*) déréglé. *B. & F:* **The unruly member,** l'organe *m* rebelle; la langue.

unsaddle [ʌn'sadl], *v.tr.* **1.** Desseller (un cheval); débâter (un âne). **2.** (*Of horse*) Désarçonner, démonter (le cavalier).

unsaddled [ʌn'sadld], *a.* **1.** (Cheval) sans selle; (âne) sans bât. **2.** (*a*) Dessellé, débâté. (*b*) (Cavalier) désarçonné.

unsafe [ʌn'seif, 'ʌn-], *a.* **1.** (*Of action, place, etc.*) Dangereux; (*of ice, position, Ins: of life*) peu sûr; (*of undertaking*) hasardeux; (*of business house*) véreux; (*of chair, etc.*) peu solide; (*of rope, etc.*) mal assujetti, mal attaché. *Nau:* **Unsafe anchorage,** mauvais mouillage. *Fin:* **Unsafe paper,** papier *m* de valeur douteuse. **2.** Exposé au danger; (vie, etc.) en danger.

unsafeness [ʌn'seifnəs], *s.* Insécurité *f.*

unsaid [ʌn'sed]. **1.** *See* UNSAY. **2.** *a.* (*Of word, etc.*) Qui n'a pas été dit; non prononcé. **To leave sth. unsaid,** passer qch. sous silence. *You had better have left it u.*, vous auriez mieux fait de vous taire, de ne pas le dire. **Consider that unsaid,** mettez que je n'ai rien dit.

unsailorlike [ʌn'seilərlaik], *a.* (*a*) (*Of pers.*) Qui a peu l'air d'un marin, d'un matelot. (*b*) *U. conduct*, conduite *f* indigne d'un marin, d'un matelot. (*c*) *U. handling of a boat*, manœuvre peu expérimentée, peu professionnelle, d'une embarcation.

unsaintly [ʌn'seintli], *a.* Qui n'a rien d'un saint.

unsalaried [ʌn'salərid], *a.* **1.** (Fonctionnaire, etc.) sans traitement. **2.** (Emploi) non rétribué.

unsaleable [ʌn'seiləbl], *a.* (*Of goods*) Invendable, peu vendable; (i) hors de vente; (ii) de mauvaise vente. **Unsaleable article,** *F:* garde-boutique *m*, *pl.* garde-boutiques; rossignol *m.*

unsaleableness [ʌn'seiləblnəs], *s.* Difficulté *f* d'écoulement (d'une marchandise); caractère *m* peu désirable (d'un immeuble, etc.).

unsalted [ʌn'sɔltid, 'ʌn-], *a.* (*Of meat, fish, etc.*) Non salé; (*of dish*) sans sel. **Unsalted butter,** beurre frais.

unsanctified [ʌn'saŋ(k)tifaid], *a.* (*Of ground, etc.*) Non consacré; profane.

unsanctioned [ʌn'saŋkʃ(ə)nd], *a.* **1.** (*Of action, etc.*) Non autorisé, non approuvé. **2.** (*Of law, decree*) Non sanctionné, non ratifié.

unsanitary [ʌn'sanitəri], *a.* Non hygiénique; insalubre.

unsated [ʌn'seitid], **unsatiated** [ʌn'seiʃieitid], *a.* (*Of appetite, desire, etc.*) Inassouvi, non rassasié.

unsatisfactoriness [ʌnsatis'faktərinəs], *s.* Caractère peu satisfaisant (*of*, de).

unsatisfactory [ʌnsatis'faktəri], *a.* Peu satisfaisant; qui laisse à désirer; (*of explanation, etc.*) peu convaincant; (*of method, system*) défectueux; (*of examination paper, etc.*) au-dessous de la moyenne; médiocre. **-ily,** *adv.* D'une manière peu satisfaisante; d'une manière qui laisse à désirer; mal.

unsatisfiable [ʌn'satisfaiəbl], *a.* **1.** (Désir *m*, etc.) inassouvissable. **2.** (Personne) que l'on ne peut contenter.

unsatisfied [ʌn'satisfaid], *a.* **1.** Mécontent, peu satisfait (*with*, de). **2.** (*Of pers., mind*) Inconvaincu. **To be unsatisfied about sth.,** avoir des doutes sur qch. **3.** (*Of appetite, etc.*) Inassouvi, non rassasié. *Psy:* **Unsatisfied instincts,** inassouvissements *m.* **4.** (*Of debt*) Insatisfait; non réglé.

unsatisfying [ʌn'satisfaiiŋ], *a.* **1.** Peu satisfaisant; peu convaincant; peu rassurant. **2.** (*Of meal, etc.*) Insuffisant; peu rassasiant.

unsaturable [ʌn'satjurəbl], *a. Ch:* Insaturable.

unsaturated [ʌn'satjureitid], *a. Ch: etc:* Insaturé; non saturé.

unsaved [ʌn'seːivd], *a.* **1.** (*Of by-product, etc.*) Perdu. **2.** (*Of soul*) Qui n'a pas fait son salut; perdu.

unsavouriness [ʌn'seivərinəs], *s.* **1.** (*a*) Goût *m* désagréable (d'un mets, etc.). (*b*) Odeur désagréable, nauséabonde (d'un endroit). **2.** Caractère répugnant (d'un scandale, d'un roman, etc.).

unsavoury [ʌn'seivəri], *a.* **1.** (*a*) (Goût *m*) désagréable; (plat) d'un goût désagréable, répugnant. (*b*) *U. smell*, mauvaise odeur; odeur déplaisante, désagréable, nauséabonde. **2.** (Scandale, etc.)

répugnant. *U. business*, affaire louche; vilaine affaire; *F:* affaire qui ne sent pas bon. *U. reputation*, réputation *f* équivoque.
unsawn [ʌn'sɔːn], *a.* (Bois) non scié, non débité.
unsay [ʌn'sei], *v.tr.* (*p.t.* unsaid [-'sed]; *p.p.* unsaid) Se dédire de, rétracter (ses paroles, etc.); revenir sur (ses paroles).
unscalable [ʌn'skeiləbl], *a.* (*Of cliff, wall*) Qu'il est impossible d'escalader.
unscaled [ʌn'skeild], *a.* (*Of mountain, cliff, etc.*) Que l'on n'a jamais escaladé.
unscannable [ʌn'skanəbl], *a. Pros:* (Vers) qu'on ne peut pas scander; (vers) faux.
unscarred [ʌn'skɑːrd], *a.* Sans cicatrice; indemne.
unscathed [ʌn'skeːiðd], *a.* = SCATHELESS.
unscented [ʌn'sentid], *a.* Sans parfum.
unscholarly [ʌn'skɔlərli], *a.* **1.** Indigne d'un savant. **2.** Peu savant; illettré.
unschooled [ʌn'skuːld], *a.* **1.** (*Of pers.*) Sans instruction; illettré, ignorant. **2.** (*a*) Indiscipliné. (*b*) (Sentiment, etc.) spontané, naturel. **3.** **Unschooled to . . .,** peu entraîné à. . . .
unscientific [ʌnsaiən'tifik], *a.* (*a*) Non scientifique. (*b*) Peu scientifique. **-ally,** *adv.* Peu scientifiquement.
unscorched [ʌn'skɔːrtʃt], *a.* Non brûlé. **To escape unscorched,** échapper indemne (à l'incendie, etc.).
unscotch [ʌn'skɔtʃ], *v.tr.* Dérayer, désenrayer, décaler (une roue).
unscotching, *s.* Décalage *m.*
unscraped [ʌn'skreipt], *a.* Non gratté. *Leath:* **Unscraped sheepskin,** parchemin *m* en cosse.
unscratched [ʌn'skratʃt], *a.* Sans (une) égratignure.
unscreened [ʌn'skriːnd], *a.* **1.** (*a*) (*Of place*) Exposé, non abrité. (*b*) Sans écran. *El:* (Condensateur, etc.) non blindé. **2.** (*Of coal*) Non criblé.
unscrew [ʌn'skruː], *v.tr.* **1.** (*a*) Dévisser (un boulon, etc.); déboulonner (une machine). (*b*) *Surg: etc:* Desserrer (un tourniquet, etc.). **2.** (*With passive force*) Se dévisser; se desserrer; (*of capstan*) dévirer.
unscrewing, *s.* **1.** Dévissage *m*, déboulonnage *m*; desserrage *m*. **2.** Dévirage *m* (du cabestan).
unscrewed [ʌn'skruːd], *a.* **1.** Dévissé; déboulonné. **2.** (*Of bolt, etc.*) Sans filet; non taraudé; uni.
unscriptural [ʌn'skriptjurəl], *a.* Antibiblique; qui n'est pas conforme aux saintes Écritures.
unscrupulosity [ʌnskruːpju'lɔsiti], **unscrupulousness** [ʌn-'skruːpjuləsnəs], *s.* Indélicatesse *f*; manque *m* de conscience, de scrupule.
unscrupulous [ʌn'skruːpjuləs], *a.* Peu scrupuleux; indélicat; sans scrupules; sans conscience. *Man of u. ambition*, arriviste *m*. *An entirely u. man, P:* un affranchi. **-ly,** *adv.* Peu scrupuleusement; indélicatement; sans scrupule.
unseal [ʌn'siːl], *v.tr.* **1.** Desceller (un acte, etc.); décacheter (une lettre, etc.). **2.** *F:* **To unseal s.o.'s lips,** rendre à qn sa liberté de parole. **To unseal s.o.'s eyes,** dessiller les yeux à, de, qn. *His eyes were unsealed*, ses yeux se dessillèrent. **To unseal the future,** révéler l'avenir.
unsealed [ʌn'siːld], *a.* **1.** Descellé; (*of letter*) décacheté. **2.** Sans sceau; (document) non scellé.
unseam [ʌn'siːm], *v.tr.* Découdre (un vêtement, etc.).
unseamanlike [ʌn'siːmənlaik], *a.* Non conforme aux coutumes du marin; qui trahit ou accuse l'inexpérience des choses de la mer.
unsearchable [ʌn'səːrtʃəbl], *a.* Inscrutable, impénétrable.
unsearched [ʌn'səːrtʃt], *a.* (*Of ship, luggage, etc.*) Qui n'a pas été visité. *To let a suspect go u.*, laisser partir un suspect sans le fouiller. *Our luggage passed u.*, on a laissé passer nos bagages sans les visiter.
unseasonable [ʌn'siːz(ə)nəbl], *a.* **1.** (*Of fish, fruit, etc.*) Hors de saison. *U. weather*, temps *m* qui n'est pas de saison; temps peu conforme à la saison. **2.** (*Of time, action, etc.*) Inopportun; mal venu; déplacé; intempestif, mal à propos. **Unseasonable request,** demande inopportune, importune. **At an unseasonable hour,** à une heure indue, avancée. **Unseasonable joke,** plaisanterie *f* hors de propos, hors de saison. **-ably,** *adv.* **1.** Hors de saison. *It is u. warm*, il fait très chaud pour la saison. **2.** Mal à propos; inopportunément, intempestivement; à contre-temps.
unseasonableness [ʌn'siːz(ə)nəblnəs], *s.* **1.** (*Of weather, etc.*) Caractère *m* peu conforme à la saison. **2.** Intempestivité *f*, inopportunité *f* (d'une demande, etc.); mal-à-propos *m* (d'une visite, etc.). *On account of the u. of the hour of his arrival*, à cause de l'heure avancée de son arrivée.
unseasoned [ʌn'siːz(ə)nd], *a.* **1.** (*Of food*) Non assaisonné. **2.** (*a*) (*Of wine*) Vert; (*of cigar, etc.*) pas encore mûr. *U. timber*, bois vert, vif. (*b*) (*Of pers.*) (i) Inexpérimenté, (ii) inacclimaté; (*of troops*) inaguerri; (*of sailor*) non amariné.
unseat [ʌn'siːt], *v.tr.* **1.** (*a*) Désarçonner, démonter (un cavalier). (*b*) Renverser, faire tomber (qn qui est assis). **2.** (*a*) Priver (un fonctionnaire, etc.) de son poste. (*b*) (i) Annuler l'élection de (qn); invalider (un membre élu); (ii) *Parl:* faire perdre son siège à (un député).
unseating, *s.* **1.** Désarçonnement *m* (d'un cavalier). **2.** Invalidation *f* (d'un membre élu).
unseated [ʌn'siːtid], *a.* **1.** (*Of pers.*) Debout; sans chaise. **2.** (*Of waggonette, etc.*) Sans banquettes. **3.** (*Of M.P.*) Non réélu.
unseaworthiness [ʌn'siːwəːrðinəs], *s. Jur:* (État *m* d')innavigabilité *f*; vice *m* propre (d'un navire).
unseaworthy [ʌn'siːwəːrði], *a.* (Navire) hors d'état de prendre la mer; incapable de tenir la mer; en mauvais état de navigabilité; *Jur:* innavigable.
unseconded [ʌn'sekəndid], *a.* (*a*) (*Of pers.*) Non secondé; non soutenu; non appuyé. (*b*) (*Of motion in debate, etc.*) Non appuyé.
unsectarian [ʌnsek'tɛəriən], *a.* Qui n'a rien de sectaire; (enseignement, etc.) non confessionnel.
unsecured [ʌnsi'kjuərd], *a.* **1.** (*Of door, etc.*) Mal fermé; (*of board, etc.*) mal assujetti ou non assujetti; (*of boat, etc.*) non amarré. **2.** (*Of loan, etc.*) Non garanti, à découvert, en blanc; (*of debt, creditor*) sans garantie; chirographaire.
unseeing [ʌn'siːiŋ], *a.* (*a*) Qui ne voit pas; aveugle. **To look at s.o., sth., with unseeing eyes,** regarder qn, qch., sans (le) voir. (*b*) *To look at nature with u. eyes*, regarder la nature en aveugle.
unseemliness [ʌn'siːmlinəs], *s.* Inconvenance *f*, incongruité *f*, messéance *f* (de conduite, d'une remarque).
unseemly [ʌn'siːmli], *a.* (*Of behaviour, remark, etc.*) Inconvenant, incongru; peu décent, peu convenable, mal avenant; messéant (*in s.o.*, à qn); (*of behaviour*) pas comme il faut.
unseen [ʌn'siːn]. **1.** *a.* (*a*) Inaperçu, invisible. **To do sth. unseen,** faire qch. à la dérobée. (*b*) *Sch:* **Unseen translation,** *s.* **unseen,** (i) traduction *f*, version *f*, à livre ouvert, sans dictionnaire; (ii) passage *m* à traduire à livre ouvert. **2.** *s.* **The unseen,** (i) l'autre monde *m*, l'au-delà *m*; (ii) le surnaturel.
unseized [ʌn'siːzd], *a.* **1.** Non saisi; (*of goods, etc.*) non confisqué. **2.** **Unseized opportunity,** occasion manquée.
unselfconscious [ʌnself'kɔnʃəs], *a.* (*Of pers., manner*) Naturel; sans contrainte; désinvolte.
unselfconsciousness [ʌnself'kɔnʃəsnəs], *s.* Absence *f* de gêne, de contrainte; naturel *m*; désinvolture *f*.
unselfish [ʌn'selfiʃ], *a.* (*Of pers., life, etc.*) Généreux, dévoué; sans égoïsme. *U. life*, vie *f* d'abnégation. *U. motive*, motif désintéressé. **-ly,** *adv.* Généreusement.
unselfishness [ʌn'selfiʃnəs], *s.* Générosité *f*, dévouement *m*, désintéressement *m*.
unsensitized [ʌn'sensitaːizd], *a. Phot:* (Papier) non sensibilisé.
unsent [ʌn'sent], *a.* **1.** (*Of letter, etc.*) Non expédié. **2.** **Unsent for,** qu'on n'est pas allé chercher; qu'on n'a pas envoyé chercher. *He came u. for*, il est venu sans qu'on l'ait demandé, sans qu'on l'ait appelé; *Adm:* il est venu sans être convoqué, sans convocation.
unsentenced [ʌn'sentənst], *a.* (Détenu, etc.) non condamné, dont le jugement n'a pas (encore) été prononcé.
unsentimental [ʌnsenti'ment(ə)l], *a.* (*a*) Peu sentimental, -aux. (*b*) (*Of pers.*) Positif, prosaïque.
unserve [ʌn'səːrv], *v.tr. Nau:* Défourrer (un cordage).
unserved [ʌn'səːrvd], *a.* (*Of customer, diner*) Non servi.
unserviceable [ʌn'səːrvisəbl], *a.* **1.** (*a*) (Cadeau *m*, etc.) inutilisable. (*b*) (Vêtement *m*, etc.) de mauvais service, peu pratique. (*c*) *Mil:* (*Of arms, stores, etc.*) Hors de service; hors d'état de servir. **2.** (*a*) (Ami, etc.) peu serviable, sur lequel on ne peut pas compter. (*b*) *Mil: Navy:* Incapable de faire le service militaire; impropre au service militaire.
unserviceableness [ʌn'səːrvisəblnəs], *s.* Caractère *m* ou état *m* inutilisable (de qch); inutilité *f* (de qn).
unset[1] [ʌn'set], *v.tr.* (*p.t. & p.p.* unset; *pr.p.* unsetting) **1.** Dessertir, démonter (un diamant, etc.). (*Of stone*) **To become unset,** se dessertir. **2.** *Surg:* Briser de nouveau, réséquer (un os qui a été mal remis, etc.). **3.** Désarmer (un piège).
unset[2], *a.* **1.** (*Of diamond, etc.*) Non serti; hors d'œuvre. **2.** *Surg:* (Fracture) qui n'a pas été remise; (luxation) irréduite. **3.** (Piège) non armé. **4.** *Cement still u.*, ciment qui n'a pas encore pris.
unsettle [ʌn'setl], *v.tr.* Ébranler (les institutions, les convictions, l'éther, etc.); déranger (un projet, etc.); troubler le repos de (qn). **To unsettle s.o.'s reason,** ébranler, déranger, la raison de qn. *The storm has unsettled the weather*, l'orage a dérangé le temps.
unsettling, *a.* (*Of news, etc.*) Inquiétant, troublant.
unsettled [ʌn'setld], *a.* **1.** (*Disturbed*) (Pays, gouvernement) troublé, instable; (temps) variable, changeant, incertain; (esprit) (i) inquiet, troublé, agité, (ii) dérangé, détraqué. *The u. state of the weather, of the market*, l'incertitude *f* du temps, du marché; les fluctuations *f* du marché. **2.** (*Of pers.*) Sans domicile fixe; pas encore établi; *F:* comme l'oiseau sur la branche. **3.** (Esprit, caractère) indécis, irrésolu. **4.** (*a*) (*Of question, dispute, etc.*) Indécis, douteux, pas encore réglé. (*b*) (*Of bill, etc.*) Impayé, non réglé. (*c*) *Jur:* (*Of estate of deceased*) Non constitué. **5.** *Foundations still u.*, fondations qui ne se sont pas encore tassées. **6.** (Pays) sans colons, non colonisé.
unsettledness [ʌn'setldnəs], *s.* **1.** État incertain, variable (du temps, etc.); état agité, troublé (de qn, etc.). **2.** Indécision *f*; irrésolution *f*.
unsew [ʌn'sou], *v.tr.* (*p.t.* unsewed [-soud]; *p.p.* unsewn [-soun], *occ.* unsewed) Découdre, dépiquer (un ourlet, etc.). **To come unsewn,** se découdre. *Garments that cannot come u.*, vêtements indécousables.
unsex [ʌn'seks], *v.tr.* Priver (qn) de (son) sexe; émasculer (un mâle); déféminiser (une femme).
unsexual [ʌn'seksjuəl], *a. Biol:* Asexué, asexuel.
unshackle [ʌn'ʃakl], *v.tr.* **1.** Désentraver (un cheval, etc.); ôter les fers à (un prisonnier). **2.** *Nau: etc:* Démaniller, démailler (une chaîne); détalinguer (une ancre). **3.** *Tg:* Enlever l'isolateur d'arrêt (d'un fil).
unshackling, *s. Nau:* Démanillage *m.*
unshackled [ʌn'ʃakld], *a.* **1.** Sans fers, sans entraves. **2.** Libre, sans entraves, sans contrainte.
unshaded [ʌn'ʃeidid], *a.* **1.** (Lieu) non ombragé, sans ombre; exposé au soleil, à la lumière. **2.** (Fenêtre) sans jalousie, sans store; (lampe) sans abat-jour; (objectif) sans parasoleil. **3.** **Unshaded drawing,** dessin *m* sans ombres; dessin au trait.
unshakeable [ʌn'ʃeikəbl], *a.* (Volonté *f*) inébranlable, ferme; (amitié) à toute épreuve. *U. devotion to s.o.*, attachement *m* irréductible pour qn.
unshaken [ʌn'ʃeik(ə)n], *a.* Inébranlé, ferme; (*of faith*) inentamé; (*of perseverance, etc.*) constant. *With u. constancy*, avec une constance qui ne s'est jamais démentie. (*Of troops, etc.*) *To remain u.*, tenir bon.

unshapeliness [ʌn'ʃeiplinəs], *s.* Manque *m* de grâce, de galbe; lourdeur *f* (de formes).
unshapely [ʌn'ʃeipli], *a.* **1.** Mal fait; difforme, disgracieux; *F:* mal léché. **2.** Informe.
unshared [ʌn'ʃɛərd], *a.* (*Of joy, sorrow, etc.*) Impartagé.
unshattered [ʌn'ʃatərd], *a.* (*Of nerves, spirit, etc.*) Inébranlé.
unshaved [ʌn'ʃeːivd], **unshaven** [ʌn'ʃeiv(ə)n], *a.* Non rasé.
unsheath [ʌn'ʃiːθ], *v.tr.* = UNSHEATHE 2.
unsheathe [ʌn'ʃiːð], *v.tr.* **1.** Dégainer (une épée, etc.). *F:* **To unsheathe the sword**, commencer les hostilités; *Lit:* tirer le glaive. **2.** *N.Arch:* Dédoubler (un navire); enlever la doublure (d'un navire).
unsheathing, *s.* **1.** Dégainement *m.* **2.** *N.Arch:* Dédoublage *m.*
unsheathed [ʌn'ʃiːðd], *a.* **1.** (*a*) (*Of weapon*) Dégainé. (*b*) (*Of ship*) Dédoublé. **2.** Sans gaine.
unshell [ʌn'ʃel], *v.tr.* = SHELL[2] 1.
unsheltered [ʌn'ʃeltərd], *a.* Sans abri, non abrité, sans protection (*from,* contre); exposé (*from the wind,* au vent).
unshielded [ʌn'ʃiːldid], *a.* Non protégé (*from,* contre); exposé (*from,* à).
unshiftable [ʌn'ʃiftəbl], *a.* (Article) qu'on ne peut pas bouger de place; (meuble *m*) fixe, à demeure.
unship [ʌn'ʃip], *v.tr.* (**unshipped** [-ʃipt]; **unshipping**) *Nau:* **1.** Décharger, débarquer, désembarquer (les marchandises); débarquer (les passagers, etc.). **2.** (*a*) Enlever (un mât); démonter (le gouvernail, une hélice, etc.). (*b*) Déborder, désarmer, rentrer (les avirons). **Unship oars!** rentrez!
unshipping, *s.* **1.** Déchargement *m*, débarquement *m* (de marchandises); débarquement (de passagers). **2.** Enlèvement *m* (d'un mât); démontage *m* (d'une hélice, etc.); débordement *m*, rentrage *m* (des avirons).
unshipment [ʌn'ʃipmənt], *s.* = UNSHIPPING.
unshod [ʌn'ʃɔd], *a.* **1.** (*a*) (*Of pers.*) Déchaussé. (*b*) (*Of horse*) Déferré. (*c*) (*Of wheel*) Désembattu; (*of stake, etc.*) désarmé. **2.** (*a*) (*Of pers.*) Nu-pieds *inv*; les pieds nus; sans chaussures. (*b*) (*Of horse*) Sans fers. (*c*) (*Of wheel*) Sans bande; (*of stake, etc.*) sans sabot; sans fer.
unshoe [ʌn'ʃuː], *v.tr.* (*p.t.* **unshod** [-ʃɔd]; *p.p.* **unshod**; *pr.p.* **unshoeing**) **1.** Déferrer (un cheval). **2. To unshoe a wheel,** désembattre une roue; ôter la bande d'une roue. *To u. a stake,* désarmer un pieu; ôter le sabot d'un pieu.
unshorn [ʌn'ʃɔːrn], *a.* (*a*) (*Of sheep, cloth*) Non tondu; intondu. (*b*) *Lit:* (*Of head*) Non rasé; (*of hair*) non coupé.
unshrinkable [ʌn'ʃriŋkəbl], *a.* (*Of flannel, etc.*) Irrétrécissable.
unshrinking [ʌn'ʃriŋkiŋ], *a.* Crâne, hardi, ferme; qui ne recule pas; qui ne bronche pas. *U. eyes,* yeux hardis. **-ly,** *adv.* Hardiment, crânement, sans broncher.
unshriven [ʌn'ʃriv(ə)n], *a.* **To die unshriven,** mourir sans confession; mourir inabsous, -oute.
unshroud [ʌn'ʃraud], *v.tr.* **1.** Enlever le linceul (d'un mort); *A:* désensevelir (un mort). **2.** Dévoiler, désenvelopper (qch.).
unshrunk [ʌn'ʃrʌŋk], *a.* (Tissu) non rétréci, qui n'a pas été soumis au rétrécissement.
unshut [ʌn'ʃʌt], *a.* (*Of door, eyes, etc.*) Non fermé; ouvert.
unshutter [ʌn'ʃʌtər], *v.tr.* *To u. the window,* enlever ou ouvrir les volets (de la fenêtre).
unshuttered [ʌn'ʃʌtərd], *a.* (Fenêtre) (i) dont les volets ne sont pas fermés, (ii) sans volets.
unsifted [ʌn'siftid], *a.* (*a*) (*Of sand, cinders, etc.*) Non criblé; (*of sugar*) non passé au tamis; (*of flour*) non sassé. (*b*) *F:* (*Of information, etc.*) Non examiné à fond; *F:* pas encore passé au crible.
unsighted [ʌn'saitid], *a.* **1.** (*a*) Inaperçu, invisible. (*b*) *The ship is still u.,* le bâtiment n'a pas encore été aperçu; on est encore sans nouvelle du navire. **2.** (*Of gun*) Sans hausse. **3.** *Games:* (*Of umpire*) **To be unsighted** (*by a player, etc.*), avoir la vue bouchée pour un instant; perdre le ballon, etc., de vue.
unsightliness [ʌn'saitlinəs], *s.* Laideur *f.*
unsightly [ʌn'saitli], *a.* Peu agréable à la vue; désagréable à voir; laid, vilain. *Landscape marred by u. advertisements,* paysage déparé par des panneaux qui offusquent la vue.
unsigned [ʌn'saind], *a.* Non signé; sans signature.
unsilt [ʌn'silt], *v.tr.* Écurer (un puits); dévaser (un port); décolmater (une canalisation).
unsilting, *s.* Écurage *m.*
unsingable [ʌn'siŋəbl], *a.* Inchantable.
unsinged [ʌn'sindʒd], *a.* **1.** (*Of linen, etc.*) Non roussi. **2.** (*Of fowl, etc.*) Non flambé.
unsinkable [ʌn'siŋkəbl], *a.* (*Of boat, etc.*) Insubmersible.
unsinning [ʌn'siniŋ], *a.* Sans péché.
unsiphon [ʌn'saifən], *v.tr.* *Hyd.E:* Désiphonner (un tuyau d'évacuation).
unsiphoned, *a.* *Hyd.E:* (*Of exhaust-pipe*) Désiphonné.
unsisterliness [ʌn'sistərlinəs], *s.* Conduite *f* indigne d'une sœur.
unsisterly [ʌn'sistərli], *a.* (*Of behaviour*) Indigne d'une sœur; (*of pers.*) peu comme une sœur.
unsizeable [ʌn'saizəbl], *s.* *Fish:* **Unsizeable fish,** poisson *m* au-dessous des dimensions requises pour la pêche.
unsized [ʌn'saizd], *a.* (*Of paper, etc.*) Sans colle, sans apprêt.
unskilful [ʌn'skilful], *a.* Malhabile, inhabile, inexpert, maladroit (*in, at,* à). **-fully,** *adv.* Inhabilement, malhabilement, maladroitement.
unskilfulness [ʌn'skilfulnəs], *s.* Inhabileté *f*, malhabileté *f*, maladresse *f.*
unskilled [ʌn'skild], *a.* (*Of pers.*) Inexpérimenté (*in,* à); inexpert (*in,* dans, en); inexercé (*in,* à). *U. in, at, doing sth.,* inexpérimenté à faire qch. *Ind:* **Unskilled workman,** ouvrier non qualifié; manœuvre *m.* **Unskilled labour,** main-d'œuvre non spécialisée.
unskimmed [ʌn'skimd], *a.* (*Of milk*) Non écrémé; qui a toute sa crème.
unslacked [ʌn'slakt], **unslaked** [ʌn'sleikt], *a.* **1. Unslaked lime,** chaux vive, non éteinte, anhydre. **2.** (*Of thirst*) Non étanché, non apaisé.
unsleeping [ʌn'sliːpiŋ], *a.* *Lit:* Toujours en éveil; vigilant.
unslept [ʌn'slept], *a.* **Bed unslept in,** lit où l'on n'a pas couché; lit non défait.
unsling [ʌn'sliŋ], *v.tr.* (*p.t. & p.p.* **unslung** [-'slʌŋ]) **1. To unsling one's pack,** ôter son havresac. *Nau:* **To unsling a hammock,** dégréer, décrocher, un hamac. **2.** *Nau: etc:* Enlever les élingues (d'un ballot).
unslip [ʌn'slip], *v.tr.* (**unslipped** [-'slipt]; **unslipping**) Ouvrir (le verrou, les verrous).
unslumbering [ʌn'slʌmbəriŋ], *a.* *Lit:* Éveillé; vigilant.
unslung [ʌn'slʌŋ]. **1.** *See* UNSLING. **2.** *a.* (Hamac) non gréé.
unsmiling [ʌn'smailiŋ], *a.* Sérieux; qui ne sourit pas.
unsmirched [ʌn'sməːrtʃt], *a.* (*Of reputation, etc.*) Sans tache, sans souillure. *To come u. out of an affair,* sortir indemne d'une affaire délicate.
unsmokable [ʌn'smoukəbl], *a.* (Cigare *m*, etc.) infumable.
unsmoked [ʌn'smoukt], *a.* ((i) *Of bacon, etc.,* (ii) *of cigar, etc.*) Non fumé.
unsmooth [ʌn'smuːð], *a.* *Poet:* (*Of surface*) Rude, âpre; (*of road*) raboteux.
unsmotherable [ʌn'smʌðərəbl], *a.* Qu'on ne peut pas étouffer; (sentiment *m*, etc.) irrépressible, irréprimable.
unsnap [ʌn'snap], *v.* (**unsnapped** [-'snapt]; **unsnapping**) **1.** *v.tr.* Défaire l'agrafe, le fermoir, de (qch.). **2.** *v.i.* (*Of fastener, clasp, etc.*) Se défaire.
unsociability [ʌnsouʃə'biliti], **unsociableness** [ʌn'souʃəblnəs], *s.* Insociabilité *f.*
unsociable [ʌn'souʃəbl], *a.* Insociable; sauvage, farouche. **To lead an unsociable existence,** mener une existence retirée; vivre en sauvage.
unsocial [ʌn'souʃ(ə)l], *a.* **1.** Insocial, -aux. **2.** = UNSOCIABLE.
unsoiled [ʌn'sɔild], *a.* Propre; sans tache. *Com:* A l'état (de) neuf.
unsold [ʌn'sould], *a.* Invendu. *Journ: Publ:* **Unsold copies,** invendus *m*, bouillon *m.* *Return of u. copies,* bouillonnage *m.*
unsolder [ʌn'sɔdər], *v.tr.* *Metalw:* Dessouder.
unsoldering, *s.* Dessoudure *f.*
unsoldered [ʌn'sɔdərd], *a.* **1.** Dessoudé. **2.** Non soudé.
unsoldierlike [ʌn'souldʒərlaik], **unsoldierly** [ʌn'souldʒərli], *a.* Peu martial, -aux; peu militaire.
unsolicited [ʌnso'lisitid], *a.* Non sollicité; (*of action*) volontaire, spontané. **Unsolicited testimonial,** lettre d'attestation spontanée. **To do sth. unsolicited,** faire qch. volontairement, spontanément.
unsolicitous [ʌnso'lisitəs], *a.* *Lit:* **Unsolicitous about sth., to do sth.,** peu soucieux de qch., de faire qch.
unsolid [ʌn'sɔlid], *a.* (*Of foundations, etc.*) Peu solide.
unsolidified [ʌnso'lidifaid], *a.* Non solidifié; liquide.
unsolvable [ʌn'sɔlvəbl], *a.* (Problème *m*, etc.) insoluble.
unsolved [ʌn'sɔlvd], *a.* (Problème) non résolu; (mystère) impénétré.
unsophisticated [ʌnso'fistikeitid], *a.* **1.** Pur; non adultéré; non frelaté; non sophistiqué; (vin) naturel. **2.** (*Of pers.*) Ingénu, naïf, simple, candide, *F:* innocent.
unsophisticatedness [ʌnso'fistikeitidnəs], *s.* **1.** État pur, non adultéré, non frelaté, non falsifié, non sophistiqué (*of,* de). **2.** Ingénuité *f*, naïveté *f*, simplicité *f*, candeur *f*, innocence *f.*
unsortable [ʌn'sɔːrtəbl], *a.* (Minerai *m*, etc.) non triable.
unsorted [ʌn'sɔːrtid], *a.* Non assorti, non trié, non classé. **Unsorted coal,** (houille *f*) tout-venant *m.*
unsought [ʌn'sɔːrt], *a.* **1. Unsought(-for),** que l'on n'a pas cherché, recherché, ou demandé. **2. To do sth. unsought,** faire qch. spontanément, volontairement, de soi-même.
unsound [ʌn'saund], *a.* **1.** (*a*) (*Of pers.*) Malsain, maladif. **Unsound in mind, of unsound mind,** non sain d'esprit; privé de raison; qui a le cerveau dérangé. **To commit suicide while of unsound mind, se suicider** en état de démence temporaire. *Vet:* **Unsound horse,** cheval taré. (*b*) (*Of wood*) Avarié; vermoulu; (*of fruit, etc.*) gâté, en mauvais état; (*of goods*) défectueux. **2.** *A:* (*Of pers., character*) Corrompu, dépravé, vicieux. **3.** (*a*) (*Of ice, foundation, etc.*) Peu solide; (*of position*) mal affermi; (*of business, undertaking*) périclitant, véreux. *U. knowledge,* connaissances *f* peu solides. (*b*) **Unsound opinions,** opinions fausses, perverties, erronées. *U. beliefs,* foi *f* hétérodoxe. *U. principle,* principe faux. *Theory that is* **fundamentally unsound,** théorie *f* qui pèche par la base. *Ins:* **Unsound risk, life,** mauvais risque; mauvais sujet d'assurance. *It is u. finance,* c'est de la mauvaise finance. **-ly,** *adv.* **1.** Défectueusement. *To argue u.,* raisonner à faux. **2.** (Dormir) irrégulièrement, d'une façon entrecoupée.
unsoundable [ʌn'saundəbl], *a.* (Abîme *m*, etc.) insondable.
unsounded[1] [ʌn'saundid], *a.* *Ling:* (Syllabe) non prononcée. **Unsounded letter,** lettre muette; lettre nulle.
unsounded[2], *a.* (*Of depth*) Insondé.
unsoundness [ʌn'saundnəs], *s.* **1.** (*a*) Débilité *f*, faiblesse *f*, mauvaise santé (de qn). **Unsoundness of mind,** faiblesse d'esprit. (*b*) Mauvais état (du bois, des fruits). **2.** *A:* Caractère dépravé (de qn). **3.** (*a*) Manque *m* de solidité (d'un bâtiment, d'une maison de commerce, etc.). (*b*) Fausseté *f* (d'une doctrine). *U. of a commercial practice,* ce qu'un usage commercial offre de vicieux.
unsowed [ʌn'soud], **unsown** [ʌn'soun], *a.* **1.** (*Of seed, crop*) Non semé. **2.** (*Of field, etc.*) Non ensemencé.
unspan ['ʌnspan], *v.tr.* (**unspanned**) (*In S. Africa*) Dételer (les bœufs).
unsparing [ʌn'spɛəriŋ], *a.* **1.** Prodigue, libéral, -aux, généreux. *U. of praise,* prodigue de louanges *U. in one's efforts,* infatigable.

To be unsparing of one's health, of one's strength, prodiguer sa santé, ses forces. **To make unsparing use of sth.,** ne pas ménager qch. **2.** Impitoyable; sans pitié. *U. of others,* impitoyable pour les autres. **-ly,** *adv.* **1.** Avec prodigalité; libéralement, généreusement. *To use sth. u.,* ne pas ménager qch. **2.** Impitoyablement, sans pitié.

unspeakable [ʌn'spi:kəbl], *a.* **1.** (Douleur *f*) inexprimable; (joie *f*) ineffable, indicible. *U. confusion,* désordre *m* sans nom. *See also* HORROR 1. **2.** *F:* Détestable, infect, inqualifiable, ignoble, répugnant, qu'on ne saurait qualifier. **It is unspeakable!** ça n'a pas de nom! **-ably,** *adv.* **1.** Ineffablement, indiciblement, d'une façon inexprimable. **2.** *F: He behaved u.,* il s'est conduit d'une façon inqualifiable.

unspecialized [ʌn'speʃəlaizd], *a.* Non spécialisé; (travail) de manœuvre, de journalier.

unspecified [ʌn'spesifaid], *a.* Non spécifié. *Certain u. speakers,* certains orateurs non dénommés.

unspectacular [ʌnspek'takjulər], *a.* **1.** Qui fait peu d'impression. **2.** Qui s'accomplit sans faste, simplement.

unspellable [ʌn'speləbl], *a.* Qu'on ne peut pas épeler.

unspent [ʌn'spent], *a.* **1.** (*Of sum, balance, etc.*) Indépensé; non dépensé. **2.** (*Of cartridge, etc.*) Qui n'a pas servi; (*of power, strength, etc.*) inépuisé.

unspike [ʌn'spaik], *v.tr.* **1.** Décramponner (un rail, etc.). **2.** *A:* Désenclouer (un canon).

unspin [ʌn'spin], *v.tr.* (**unspun; unspinning**) Défiler (une toile).

unspiritual [ʌn'spiritjuəl], *a.* Peu attaché au monde spirituel; mondain.

unspit [ʌn'spit], *v.tr.* (**unspitted; unspitting**) *Cu:* Enlever (un poulet, etc.) de la broche.

unsplinterable [ʌn'splintərəbl], *a.* (Verre) se brisant sans éclats.

unspoiled [ʌn'spɔild], *a.* **1.** *A. & Lit:* (*Of town, etc.*) Non pillé; non mis à sac. **2.** (*a*) (*Of food, etc.*) Non gâté; bien conservé. (*b*) (*Of child*) Non gâté; bien élevé. (*c*) *U. countryside,* campagne *f* vierge des dégradations de l'âge moderne, aux charmes respectés par la civilisation, non encore profanée.

unspoilt [ʌn'spɔilt], *a.* = UNSPOILED 2.

unspoken [ʌn'spouk(ə)n], *a.* Non dit, non prononcé; (accord *m*) tacite. **The power of the unspoken word,** la force du sous-entendu.

unspontaneous [ʌnspɔn'teinjəs], *a.* (Rire, etc.) contraint, de commande.

unsporting [ʌn'spɔ:rtiŋ], **unsportsmanlike** [ʌn'spɔ:rtsmənlaik], *a.* Indigne d'un sportsman; antisportif; peu loyal, -aux.

unspotted [ʌn'spɔtid], *a.* **1.** *Nat.Hist:* Non tacheté. **2.** (*a*) Sans tache(s). (*b*) Immaculé; (*of pers., mind*) pur; non corrompu; (*of reputation*) sans tache. *To keep oneself u. from the world,* se préserver de la souillure du monde.

unspottedness [ʌn'spɔtidnəs], *s.* Pureté *f.*

unsprung [ʌn'sprʌŋ], *a.* **1.** (*Of vehicle, etc.*) Sans ressorts. **2.** (*Of weight*) Non suspendu. *Veh: U. weight on the axle,* poids porté à cru sur l'essieu. **3.** *The trap was u.,* le piège était encore armé, n'avait pas joué.

unspun [ʌn'spʌn], *a.* **1.** Défilé. **2.** Non filé.

unsquared [ʌn'skwɛərd, 'ʌn-], *a.* (*Of timber*) Non équarri; en grume.

unstable [ʌn'steibl], *a.* **1.** Instable; (*of position, etc.*) peu sûr; (*of movement*) vacillant; (*of fortune*) fragile; peu stable. *U. peace,* paix *f* instable. *Mec:* **Unstable equilibrium,** équilibre *m* instable. *Ch:* **Unstable compound,** composé *m* instable. **2.** (*Of pers.*) Peu consistant; (*of character*) muable, mobile, inconstant, vacillant. *B: A double-minded man is u. in all his ways,* l'homme dont le cœur est partagé est inconstant en toutes ses voies. **-bly,** *adv.* Instablement; d'une manière vacillante, peu sûre.

unstack [ʌn'stak], *v.tr.* Désempiler (du bois).

unstainable [ʌn'steinəbl], *a.* Immaculable.

unstained [ʌn'steind], *a.* **1.** Propre, sans tache. **2.** (*Of wood, etc.*) Non teint, non mis en couleur. **3.** (*Of reputation, etc.*) Sans tache; sans souillure; immaculé.

unstamped [ʌn'stampt], *a.* **1.** (*Of coin, etc.*) Non frappé; (*of silver, gold*) non poinçonné; (*of leather, note-paper, etc.*) non estampé. **2.** (*a*) *Post:* (*Of letter*) Sans timbre, non timbré, non affranchi. (*b*) *Adm: Jur:* (*Of weights, document*) Non estampillé. *Agreement on u. paper,* contrat sur papier libre, non timbré.

unstarch [ʌn'stɑ:rtʃ], *v.tr.* **1.** Désempeser (le linge, etc.). **2.** *F:* Déraidir, assouplir (les manières, le caractère, de qn, etc.).

unstarched [ʌn'stɑ:rtʃt], *a.* **1.** (*Of linen, etc.*) Non empesé, non amidonné; (*of collar, etc.*) souple, mou, *f.* molle. **2.** *F:* (*Of manner, etc.*) Sans raideur, sans contrainte.

unstated [ʌn'steitid], *a.* Non mentionné; passé sous silence.

unstatesmanlike [ʌn'steitsmənlaik], *a.* Peu digne d'un homme d'État.

unstatutable [ʌn'statjutəbl], *a.* (*Of decision, agreement, etc.*) Non conforme à la loi, aux statuts.

unsteadfast [ʌn'stedfəst], *a.* (*Of policy, etc.*) Vacillant; (*of character*) instable; (*of friend*) inconstant.

unsteadfastness [ʌn'stedfəstnəs], *s.* Instabilité *f*; inconstance *f.*

unsteadiness [ʌn'stedinəs], *s.* **1.** (*a*) Instabilité *f*; manque *m* d'aplomb (d'une table, etc.); manque de sûreté (de la main, etc.). *Equit:* **Unsteadiness of seat,** déplacement *m* d'assiette; assiette peu assurée. (*b*) **Unsteadiness of the compass,** affolement *m* du compas. *Cin:* **Unsteadiness of the picture,** oscillation *f* de l'image. (*c*) Démarche chancelante (d'un ivrogne, etc.). **2.** (*a*) Irrésolution *f*, indécision *f*, vacillation *f* (de l'esprit, de la volonté, etc.). (*b*) Manque de conduite (d'un jeune homme, etc.); dissipation *f.* **3.** Irrégularité *f*, inégalité *f*, variabilité *f* (du vent, etc.). *Com:* Variabilité (des prix); agitation *f* (du marché).

unsteady [ʌn'stedi], *a.* **1.** (*a*) (*Of table, etc.*) Peu stable, peu solide, mal affermi, vacillant; (*of legs, footsteps*) chancelant; (*of position, voice, foothold*) mal assuré; (*of hand*) mal assuré, tremblant. *Nau:* **Unsteady ship,** navire rouleux. *F:* **To be unsteady on one's legs,** avoir une démarche chancelante; vaciller; (*of intoxicated pers.*) tituber. (*b*) **Unsteady light,** lumière tremblante, vacillante. *Cin:* **Unsteady picture,** (i) image *f* qui danse; (ii) image qui scintille. **Unsteady compass,** compas affolé, volage. *Ph:* **Unsteady balance,** balance folle. **2.** (*a*) (*Of mind, purpose, etc.*) Vacillant, irrésolu; indécis, -ise; mobile; (*of affection, etc.*) inconstant. (*b*) (*Of pers.*) Dissipé; peu rangé; déréglé. **3.** Irrégulier; (*of wind*) inégal, variable, fou; (*of barometer*) variable. *Com:* (*Of prices*) Variable; (*of market*) agité. **Unsteady output,** débit irrégulier (d'une machine, etc.). **The market is unsteady,** le marché a des soubresauts. **-ily,** *adv.* **1.** (Marcher) d'un pas chancelant; (tenir qch.) d'une main tremblante; (écrire) d'une main mal assurée; (faire qch.) d'une façon mal assurée, vacillante. *Faint lights gleam u.,* de timides lueurs tremblotent. **2.** D'une façon irrégulière, inégale, variable; de façon intermittente.

unsteel [ʌn'sti:l], *v.tr.* **1.** Désaciérer (une lame, etc.). **2.** *Poet:* Attendrir, radoucir (le cœur de qn, etc.).

unsteeped [ʌn'sti:pt], *a.* Non trempé, non saturé; (*of hemp*) non roui; (*of herbs*) non infusé.

unstep [ʌn'step], *v.tr.* (**unstepped** [-stept]; **unstepping**) *Nau:* **To unstep the mast,** ôter le mât de son emplanture.

unstick [ʌn'stik], *v.* (*p.t. & p.p.* **unstuck** [-stʌk]) **1.** *v.tr.* Décoller, dégommer (qch.). **To come unstuck,** (i) se décoller, se dégommer; (ii) *F:* (*of plan*) s'effondrer. **2.** *v.i.* *Av:* *F:* (*Of aeroplane*) Décoller.

unsticking, *s.* Décollement *m*, dégommage *m.*

unstinted [ʌn'stintid], *a.* (*a*) (*Of supplies, etc.*) Abondant, copieux; à volonté; à discrétion; sans restriction. (*b*) *To excite u. admiration,* exciter une admiration sans bornes. **To give s.o. unstinted praise,** ne pas ménager ses louanges à qn.

unstinting [ʌn'stintiŋ], *a.* **1.** (*Of giver, etc.*) Généreux, prodigue, libéral, -aux. **2.** = UNSTINTED (*b*). **-ly,** *adv.* **1.** Généreusement, libéralement. *To praise s.o. u.,* louer qn sans réserve. *To contribute u.,* verser une contribution généreuse, de nombreuses contributions. **2.** Abondamment, copieusement.

unstirred [ʌn'stə:rd], *a.* **1.** Calme, tranquille. *U. by these events,* peu ému de ces événements; impassible devant ces événements. **2.** Qui n'a pas été bougé de place.

unstitch [ʌn'stitʃ], *v.tr.* Dépiquer, découdre (un vêtement, etc.); débrocher (un livre). **To come unstitched,** se découdre, se dépiquer, se débrocher. *Garments that cannot come unstitched,* vêtements indécousables.

unstock [ʌn'stɔk], *v.tr.* **1.** (*a*) *Sm.a:* Enlever le fût (d'un fusil). (*b*) *Nau:* Déjaler (une ancre). **2.** Désassortir (un magasin); désapprovisionner (une maison, etc.). **To unstock a farm,** enlever le matériel, le bétail, d'une ferme. **3.** Dépeupler (un pays, etc.); désempoissonner (une pièce d'eau).

unstocked [ʌn'stɔkt], *a.* **1.** (*a*) (*Of gun*) Sans fût. (*b*) (*Of anchor*) Sans jas. (*Of anchor*) **To become unstocked,** surjaler. **2.** (*Of shop, merchant*) Désassorti, sans stock; (*of farm*) sans matériel, sans bétail; (*of house*) désapprovisionné, sans provisions. **To be unstocked with sth.,** être dépourvu de qch. **3.** (*Of country, preserves, etc.*) Dépeuplé; (*of pond*) désempoissonné.

unstockinged [ʌn'stɔkiŋd], *a.* (*Of feet*) Sans bas; (*of pers.*) nu-pieds.

unstop [ʌn'stɔp], *v.tr.* (**unstopped** [-stɔpt]; **unstopping**) **1.** Déboucher, dégorger (un tuyau, etc.); déboucher (une carafe). *B: The ears of the deaf shall be unstopped,* les oreilles des sourds s'ouvriront. **2.** *Dent:* Déplomber (une dent). **3.** *Mus:* (*Organ*) Tirer (un registre, un jeu). **4.** *Nau:* Laisser filer (un cordage).

unstoppable [ʌn'stɔpəbl], *a.* Que personne, rien, ne peut arrêter. *Fb:* **Unstoppable shot,** shot *m* imparable.

unstopped [ʌn'stɔpt], *a.* **1.** (*a*) (Tuyau, etc.) débouché, dégorgé. (*b*) (*Of tooth*) **To come unstopped,** se déplomber. **2.** (*a*) (Tuyau, etc.) non bouché, ouvert. (*b*) **To come in unstopped,** entrer librement, sans empêchement, sans être interpellé. *U., the evil would have spread rapidly,* si on n'y avait mis ordre le mal se serait vite répandu. **3.** *Ling:* (Consonne) spirante, fricative, continue.

unstopper [ʌn'stɔpər], *v.tr.* **1.** Déboucher (un flacon). **2.** *Nau:* Débosser (un câble).

unstoppered [ʌn'stɔpərd], *a.* **1.** Débouché. **2.** Non bouché; sans bouchon; ouvert.

unstow [ʌn'stou], *v.tr.* *Nau:* Désarrimer (la cargaison).

unstrained [ʌn'streind], *a.* **1.** (*Of cable, etc.*) Non tendu. **2.** (*Of mirth, wit, etc.*) Non forcé; spontané. **3.** (*Of liquid*) Non filtré; (*of vegetables*) non égoutté.

unstraitened [ʌn'streitənd], *a.* Non rétréci, non contracté; large.

unstrap [ʌn'strap], *v.tr.* (**unstrapped** [-strapt]; **unstrapping**) Enlever la courroie de (qch.); déboucler (une malle, etc.).

unstrapped [ʌn'strapt], *a.* **1.** Débouclé. **2.** Sans courroie.

unstratified [ʌn'stratifaid], *a.* *Geol:* Non stratifié. **Unstratified rocks,** roches éruptives, endogènes.

unstressed [ʌn'strest], *a.* (*Of syllable*) Sans accent; inaccentué; à accentuation faible; atone.

unstretch [ʌn'stretʃ]. **1.** *v.tr.* Détendre, relâcher (une corde, etc.). **2.** *v.i.* (*Of string, etc.*) Se détendre, se relâcher.

unstretchable [ʌn'stretʃəbl], *a.* *Tex:* (Tissu) indéformable.

unstring [ʌn'striŋ], *v.tr.* (*p.t. & p.p.* **unstrung** [-strʌŋ]) **1.** (*a*) Enlever les cordes ou les ficelles de (qch.). (*b*) Débander (un arc). **To unstring a violin,** (i) ôter les cordes d'un violon; (ii) détendre, relâcher, les cordes d'un violon. *F:* **To unstring one's purse,** dénouer les cordons de sa bourse. **2.** Défiler, désenfiler (des perles, etc.). **3.** Ébranler, détraquer (les nerfs); détraquer (qn).

unstriped [ʌn'straipt], *a.* Non rayé; non strié. *Anat:* (Muscle *m*) lisse.

unstripped [ʌn'stript], *a.* (*a*) Non dépouillé; (*of tree*) (i) non écorcé, (ii) non dénudé, non effeuillé; (*of tobacco leaf*) non écôté. (*b*) (*Of pers.*) Non déshabillé.

unstruck [ʌn'strʌk], *a.* **1.** (*Of tent*) Non plié. **2.** (*Of match*) Non frotté, qui n'a pas servi. **3.** (*Of pers.*) **Unstruck by sth.**, peu ému, peu frappé, de qch.

unstrung [ʌn'strʌŋ]. I. *See* UNSTRING.

II. **unstrung**, *a.* **1.** (*a*) (*Of instrument, etc.*) A cordes détendues; (*of bow*) débandé. (*b*) (*Of beads, etc.*) Défilé, désenfilé. (*c*) (*Of nerves, pers.*) Détraqué. **2.** (*Of instrument, etc.*) Sans cordes.

unstuck [ʌn'stʌk]. *See* UNSTICK.

unstudied [ʌn'stʌdid], *a.* **1.** (Sujet) non étudié. **2.** (*Of pers.*) **Unstudied in . . .**, ignorant de. . . . **3.** (Style, etc.) inapprêté, facile, improvisé; (langage) naturel; (style, charme) inétudié, sans étude. *U. discourse*, discours *m* sans étude, sans apprêt.

unstudious [ʌn'stjuːdiəs], *a.* Peu studieux.

unsubdued [ʌnsʌb'djuːd], *a.* Non subjugué; (*of horse, passion*) non maîtrisé; indompté.

unsubmissive [ʌnsʌb'misiv], *a.* Insoumis, indocile, rebelle. **-ly**, *adv.* Indocilement.

unsubmissiveness [ʌnsʌb'misivnəs], *s.* Insoumission *f*, indocilité *f*.

unsubscribed [ʌnsʌb'skraibd], *a.* **1.** (Document) non souscrit, non signé. **2.** *Com:* (Capital) non souscrit.

unsubsidized [ʌn'sʌbsidaizd], *a.* Non subventionné; sans subvention, sans subside, sans prime.

unsubstantial [ʌnsʌb'stanʃ(ə)l], *a.* = INSUBSTANTIAL.

unsubstantiated [ʌnsʌb'stanʃieitid], *a.* (*Of accusation*) Non prouvé; (*of rumour*) sans confirmation; (*of claim*) dont on ne peut établir le bien-fondé.

unsuccess [ʌnsʌk'ses], *s.* Insuccès *m*; non-réussite *f*.

unsuccessful [ʌnsʌk'sesful], *a.* **1.** Non réussi; vain; sans succès; infructueux. *U. attempt*, tentative *f* sans succès; *F:* tentative ratée; coup manqué, raté. *The negotiations were u.*, les pourparlers n'ont pas abouti. *Phot:* **Unsuccessful print**, épreuve mal venue. **2.** (*Of pers.*) Qui ne réussit pas ou qui n'a pas réussi; qui a échoué; qui n'a pas (eu) de succès; (*of examination candidate*) ajourné, refusé; (*of candidate at election*) non élu. *U. suitor*, soupirant éconduit. *Jur: The u. party*, le perdant. **To be unsuccessful**, échouer; ne pas réussir. *s.pl.* **The unsuccessful in life**, *F:* les fruits secs; les ratés *m*. **-fully**, *adv.* Sans succès; vainement.

unsuccessfulness [ʌnsʌk'sesfulnəs], *s.* = UNSUCCESS.

unsugared [ʌn'ʃugərd], *a.* (Thé, etc.) sans sucre.

unsuitability [ʌnsjuːtə'biliti], **unsuitableness** [ʌn'sjuːtəblnəs], *s.* **1.** Inaptitude *f* (de qn) (*to, for*, à); incapacité *f*. **2.** Caractère *m* impropre (de qch.) (*for*, à); disconvenance *f* (du climat, etc.); impropriété *f*, inopportunité *f* (d'une observation); impropriété (d'une locution); caractère mal assorti (d'un mariage, etc.).

unsuitable [ʌn'sjuːtəbl], *a.* **1.** (*Of pers.*) Peu fait (*to, for*, pour); inapte (*to, for*, à). **2.** (*Of thg*) Impropre, mal adapté (*to, for*, à); (*of remark, etc.*) mal à propos; déplacé; inopportun; (*of marriage, etc.*) mal assorti. **Unsuitable to the occasion**, qui ne convient pas à la circonstance; peu approprié à la circonstance. *This proposal is u.*, cette proposition ne nous convient pas. **-ably**, *adv.* D'une manière qui ne convient pas. *U. matched*, mal assorti(s).

unsuited [ʌn'sjuːtid], *a.* **1. Unsuited to, for, sth.**, (*of pers.*) peu fait pour qch.; inapte à qch.; (*of thg*) impropre à qch., mal adapté à qch., mal approprié à qch. *A slovenliness quite u. to a man in his position*, une négligence de mise tout à fait déplacée chez un homme de son rang. **2.** *We wish nobody to leave our shop u.*, nous voulons que personne ne quitte notre magasin sans avoir trouvé son affaire. (*In servant's letter*) *If you are still u.*, si vous n'avez pas trouvé quelqu'un qui vous convient. (*Of servant*) *I am still u.*, je n'ai pas encore trouvé une place qui me conviendrait.

unsullied [ʌn'sʌlid], *a.* Sans souillure; sans tache; immaculé. *U. conscience*, conscience pure. *U. honour*, honneur immaculé. *U. reputation*, réputation intacte.

unsung [ʌn'sʌŋ], *a.* **1.** Non chanté. **2.** (*Of deeds, victory, etc.*) Incélébré.

unsupervised [ʌn'sjuːpərvaizd], *a.* Non surveillé.

unsupplied [ʌnsʌ'plaid], *a.* **1.** (*Of army, etc.*) Sans provisions; non approvisionné; non ravitaillé; (*of pers.*) non pourvu, dépourvu (*with*, de); (*of thg*) non muni (*with*, de). **2.** (*a*) (Article) qui n'a pas été fourni, livré. (*b*) (Exigence) non satisfaite. (*c*) (Vacance) non remplie.

unsupportable [ʌnsʌ'pɔːrtəbl], *a.* Intolérable, insupportable.

unsupported [ʌnsʌ'pɔːrtid, 'ʌn-], *a.* **1.** (*a*) (*Of statement, etc.*) Non confirmé; sans preuves. (*b*) (*Of pers.*) Non appuyé; non soutenu; (agir) seul, sans encouragement. (*c*) *Parl: etc: U. amendment*, amendement qui n'a pas été appuyé. **2.** *Civ.E: etc:* Sans support, sans appui; non étayé; en porte-à-faux. **3.** *Mil: U. battalion*, bataillon découvert. **To be unsupported**, être en l'air.

unsuppressed [ʌnsʌ'prest], *a.* **1.** (*a*) (Soulèvement) non réprimé. (*b*) (Livre, journal) non supprimé. **2.** (*a*) (Colère) mal contenue. (*b*) *U. laughter*, franche hilarité; rires bruyants.

unsure [ʌn'ʃuər], *a.* **1.** (*a*) (*Of position, etc.*) Peu sûr; précaire; (*of construction, etc.*) peu solide; mal affermi; peu ferme. (*b*) (*Of pers.*) Peu consistant; sur lequel on ne peut pas compter; inconstant. **2.** (*Of time, fact*) Incertain, indéterminé. **3.** (*Of pers.*) Peu sûr, incertain (*about*, de). *I am u. of the date*, je ne suis pas sûr de la date. *I am u. whether . . .*, je ne sais pas trop si. . . .

unsurmountable [ʌnsər'mauntəbl], *a.* = INSURMOUNTABLE.

unsurpassable [ʌnsər'pɑːsəbl], *a.* Insurpassable.

unsurpassed [ʌnsər'pɑːst, 'ʌn-], *a.* Qui n'a jamais été surpassé ou égalé; sans égal, -aux; sans pareil.

unsurrendered [ʌnsʌ'rendərd], *a.* Non livré, non cédé.

unsusceptible [ʌnsʌ'septibl], *a.* = INSUSCEPTIBLE.

unsuspected [ʌnsʌs'pektid, 'ʌn-], *a.* Insoupçonné (*by*, de); (i) non suspect; (ii) dont on ne soupçonnait pas l'existence. **-ly**, *adv.* Sans qu'on l'eût soupçonné; à l'insu de tous.

unsuspecting [ʌnsʌs'pektiŋ], *a.* **1.** Qui ne se doute de rien; qui ne soupçonne rien; confiant; sans soupçons; sans défiance. **2. Unsuspecting by nature, naturally unsuspecting**, peu soupçonneux. **-ly**, *adv.* Sans rien soupçonner; sans défiance.

unsuspicious [ʌnsʌs'piʃəs], *a.* **1.** = UNSUSPECTING. **2. To be unsuspicious of sth.**, ne pas se douter de qch. **3.** (Conduite, etc.) qui ne soulève pas de soupçons.

unsustainable [ʌnsʌs'teinəbl], *a.* Insoutenable.

unsustained [ʌnsʌs'teind], *a.* (*Of effort, etc.*) Non soutenu; (*of interest*) languissant.

unswaddle [ʌn'swɔdl], *v.tr.* Démailloter (un enfant).

unswathe [ʌn'sweiːð], *v.tr.* Enlever l'appareil (d'un membre blessé); débander (une plaie); désenvelopper (une momie).

unswayed [ʌn'sweid], *a.* Non influencé, non gouverné (*by*, par); sans se laisser influencer (par).

unsweetened [ʌn'swiːt(ə)nd], *a.* (*Of fruit juice, etc.*) Non sucré.

unswept [ʌn'swept], *a.* (*Of room, etc.*) Non balayé.

unswerving [ʌn'swəːrviŋ], *a.* **1.** (*Of loyalty, purpose, etc.*) Inébranlable, constant, ferme. **2.** *U. flight*, vol *m* rectiligne, qui ne s'écarte pas de la ligne droite, qui ne dévie pas. **To pursue an unswerving course**, ne pas s'écarter de son chemin, du but. **-ly**, *adv.* **1.** Inébranlablement, fermement, constamment. **2.** Sans s'écarter de sa voie, du but.

unsworn [ʌn'swɔːrn], *a.* **1.** Qui n'a pas prêté serment. *Hist:* **Unsworn priest**, prêtre inassermenté, insermenté. **2.** (Témoignage) qui n'a pas été rendu sous serment.

unsymmetrical [ʌnsi'metrik(ə)l], *a.* Asymétrique, dissymétrique; sans symétrie. **-ally**, *adv.* Sans symétrie.

unsympathetic [ʌnsimpa'θetik], *a.* Peu compatissant; froid; indifférent. **-ally**, *adv.* D'un air, d'un ton, peu compatissant; froidement; d'un ton indifférent.

unsympathizing [ʌn'simpaθaiziŋ], *a.* = UNSYMPATHETIC.

unsystematic [ʌnsistə'matik], *a.* Sans système; sans méthode. **-ally**, *adv.* Sans système; sans méthode.

untack [ʌn'tak], *v.tr.* Détacher. **1.** *Needlew:* Défaufiler, débâtir (un vêtement, etc.). **2.** Retirer les pointes (d'un tapis, etc.).

untainted [ʌn'teintid, 'ʌn-], *a.* Non gâté; non infecté; non corrompu; pur; (*of food*) frais, *f.* fraîche, non altéré; (*of reputation, etc.*) sans tache, sans souillure.

untaken [ʌn'teik(ə)n], *a.* Non pris.

untalented [ʌn'taləntid], *a.* Sans talents.

untam(e)able [ʌn'teiməbl], *a.* (*Of animal, etc.*) Inapprivoisable; (*of passion, etc.*) indomptable.

untamed [ʌn'teimd], *a.* (*Of animal, etc.*) Inapprivoisé, sauvage; (*of passion, etc.*) indompté.

untamp [ʌn'tamp], *v.tr.* Débourrer (un trou de mine).

untangle [ʌn'taŋgl], *v.tr.* = DISENTANGLE **1**.

untanned [ʌn'tand], *a.* (Cuir) non tanné, cru.

untapped [ʌn'tapt], *a.* **1.** (*a*) (*Of barrel*) Non mis en perce. (*b*) *For:* (*Of pine*) Non gemmé. (*c*) **Untapped resources**, ressources inutilisées. **2.** *Metalw:* (Trou, etc.) non taraudé, non fileté.

untarnishable [ʌn'tɑːrniʃəbl], *a.* Internissable; qui ne ternit pas; qui garde son brillant, son éclat.

untarnished [ʌn'tɑːrniʃt], *a.* **1.** (Métal) non terni, toujours brillant; (cadre) non dédoré, toujours neuf. **2.** (Réputation, honneur) sans tache, sans souillure.

untarred [ʌn'tɑːrd], *a.* Non goudronné. **Untarred rope**, filin blanc; cordage blanc.

untasted [ʌn'teistid], *a.* Non goûté; auquel on n'a pas goûté. *To send a dish away u.*, renvoyer un plat sans y goûter, sans y toucher.

untaught [ʌn'tɔːt]. **1.** *See* UNTEACH. **2.** *a.* (*a*) (*Of pers.*) Sans instruction; illettré, ignorant. *An u. people*, un peuple rude, fruste. (*b*) (*Of skill, etc.*) Naturel. (*c*) (*Of lesson, etc.*) Non enseigné.

untaxable [ʌn'taksəbl], *a.* Non imposable; non soumis aux droits; *Jur:* non taxatif. *See also* COST[1] **2**.

untaxed [ʌn'takst], *a.* Exempt, exempté, d'impôts ou de taxes; (produit) non imposé; (pays) sans impôts; *Jur:* (frais) non taxés.

unteach [ʌn'tiːtʃ], *v.tr.* (*p.t. & p.p.* **untaught** [-tɔːt]) **To unteach s.o. sth.**, faire désapprendre qch. à qn.

unteachable [ʌn'tiːtʃəbl], *a.* **1.** (*Of pers.*) Incapable d'apprendre; à qui l'on ne peut rien apprendre. *The u. tail of the class*, *F:* les cancres *m*, les crétins *m*. **2.** (*Of subject, art*) Non enseignable.

untearable [ʌn'tɛərəbl], *a.* Indéchirable.

untechnical [ʌn'teknik(ə)l], *a.* Non technique. *U. books*, livres *m* de vulgarisation.

untemper [ʌn'tempər], *v.tr.* Détremper (l'acier).

untempered [ʌn'tempərd], *a.* **1.** (*a*) (Ciment) non gâché ou mal gâché. (*b*) (Acier) non revenu. (*c*) (Sévérité) non tempérée, non atténuée, non adoucie (*with*, de). **2.** (Acier) détrempé.

untempted [ʌn'tem(p)tid], *a.* Non tenté. **1.** Peu séduit (*by*, par). **2.** Qui n'a pas subi de tentation.

untempting [ʌn'tem(p)tiŋ], *a.* Peu tentant. **1.** Peu appétissant. **2.** Peu séduisant; peu attrayant.

untenability [ʌntenə'biliti], **untenableness** [ʌn'tenəblnəs], *s.* **1.** Caractère *m* intenable (d'une forteresse, etc.). **2.** Nature *f* insoutenable (d'une théorie, etc.).

untenable [ʌn'tenəbl], *a.* **1.** (*Of position, trenches, etc.*) Intenable. **2.** (*Of theory, etc.*) Insoutenable; peu soutenable. *An opinion u. by those who know the facts*, une opinion que ne sauraient soutenir ceux qui ont connaissance des faits.

untenantable [ʌn'tenəntəbl], *a.* (*Of house, etc.*) Inhabitable.

untenanted [ʌn'tenəntid], *a.* (*Of house, etc.*) Sans locataire(s); inoccupé; vide; inhabité.

untended [ʌn'tendid], *a.* **1.** Non gardé; non surveillé. **2.** (Malade, etc.) non soigné, sans soins.

untested [ʌn'testid], *a.* **1.** Inessayé, inéprouvé; (*of result*) invérifié; (*of process*) qui n'a pas encore été mis à l'épreuve;

(*of water, etc.*) non analysé; (*of wire*) non titré. **2.** (*Of gold*) Non coupellé.

untether [ʌn'teðər], *v.tr.* Détacher (un cheval, etc.).

untethered [ʌn'teðərd], *a.* (*Of horse, etc.*) **1.** Détaché. **2.** Non mis à l'attache; en liberté.

unthankful [ʌn'θaŋkful], *a.* = THANKLESS 1. **-fully,** *adv.* Ingratement, sans reconnaissance.

unthankfulness [ʌn'θaŋkfulnəs], *s.* = THANKLESSNESS 1.

unthatched [ʌn'θatʃt, 'ʌn-], *a.* **1.** Pas encore couvert de chaume. **2.** Dont on a enlevé le chaume.

unthinkable [ʌn'θiŋkəbl], *a.* Inimaginable, inconcevable. *It is u. that he should be acquitted*, il est inconcevable qu'il soit acquitté. *It would be u. that hostilities should be renewed*, il serait inadmissible que les hostilités reprissent.

unthinking [ʌn'θiŋkiŋ], *a.* (*Of pers.*) Irréfléchi, sans discernement, étourdi. **In an unthinking moment**, dans un moment d'abstraction; par étourderie. **-ly,** *adv.* Sans penser; sans discernement, sans réflexion; étourdiment; (prendre un engagement, etc.) à la légère, à l'étourdie.

unthought [ʌn'θɔːt], *a.* **Unthought of. 1.** (*Of circumstance, etc.*) Inattendu, imprévu; à quoi on n'avait pas pensé. **2.** (*Of pers., thg*) Oublié.

unthoughtful [ʌn'θɔːtful], *a.* = THOUGHTLESS.

unthread [ʌn'θred], *v.tr.* **1.** Désenfiler, défiler (une aiguille, etc.). **2.** To unthread a maze, trouver la sortie d'un labyrinthe.

unthrifty [ʌn'θrifti], *a.* **1.** Prodigue; dissipateur, -trice; dépensier. *To be u. of one's goods*, être prodigue de ses biens. **2.** (*Of tree, etc.*) Malvenant; qui ne profite pas.

unthrone [ʌn'θroun], *v.tr.* = DETHRONE.

untidiness [ʌn'taidinəs], *s.* Désordre *m*; manque *m* d'ordre, de soin.

untidy [ʌn'taidi], *a.* (*a*) (*Of room, etc.*) En désordre ou mal tenu; (*of hair*) ébouriffé; mal peigné. **Untidy dress or appearance**, tenue négligée, débraillée, abandonnée. *The u. appearance of the room*, l'aspect peu net de la pièce. *To make s.o.'s hair u.*, dépeigner qn. *Mus:* **His playing is untidy**, son jeu manque de netteté. (*b*) (*Of pers.*) Qui manque d'ordre; sans ordre; sans soin; peu soigneux. *An u. person*, un, une, sans soin. *U. little girl*, petite souillon. **-ily,** *adv.* Sans ordre, sans soin.

untie [ʌn'tai], *v.tr.* (**untied; untying**) **1.** Dénouer (sa ceinture, etc.); défaire, délier (un nœud, un paquet); démarrer (un cordage); délier, détacher (un chien, etc.); déficeler (un paquet). **2.** (*With passive force*) (*Of knot*) Se défaire.

untying, *s.* Dénouement *m*, déliement *m*; *Nau:* démarrage *m*.

untied [ʌn'taid], *a.* **1.** (*Of sash, etc.*) Dénoué; (*of knot, etc.*) délié, défait; *Nau:* (*of rope*) démarré. **To come untied, se défaire, se** déficeler. **2.** (*Of hands, etc.*) Libre; (*of parcel, etc.*) sans ficelle; (*of packing-case, etc.*) sans cordage; (*of rope, belt, etc.*) non noué.

untight [ʌn'tait], *a.* Inétanche (à l'eau, à l'air, etc.).

until [ʌn'til], *prep. & conj.* = TILL[3]. (*Till* et *until* sont en général interchangeables; les préférences sont dictées par l'euphonie et par l'usage.)

untile [ʌn'tail], *v.tr.* (*a*) **To untile a house, a roof,** découvrir une maison; ôter les tuiles d'un toit. (*b*) Décarreler (le plancher).

untiled [ʌn'taild], *a.* (Toit *m*) sans tuiles; (plancher *m*) sans carreaux.

untillable [ʌn'tiləbl], *a.* (*Of land*) Non labourable; non arable; incultivable.

untilled [ʌn'tild, 'ʌn-], *a.* (*Of land*) **1.** Inculte, incultivé. **2.** Non labouré; en friche.

untilt [ʌn'tilt], *v.tr.* Débâcher (une charrette).

untimber [ʌn'timbər], *v.tr.* Déboiser ((i) un puits de mine, etc.; (ii) un terrain).

untimbered [ʌn'timbərd], *a.* **1.** (*a*) (Puits de mine) déboisé. (*b*) (Terrain) déboisé. **2.** (*a*) (Puits de mine) non boisé, sans bois de charpente. (*b*) (Terrain) non boisé, sans forêts.

untimeliness [ʌn'taimlinəs], *s.* **1.** (*a*) Prématurité *f* (d'une naissance, d'une mort). (*b*) Précocité *f* (d'un fruit, etc.). (*c*) Précocité (de la saison, des pluies). **2.** Inopportunité *f*, intempestivité *f* (d'une question, etc.).

untimely[1] [ʌn'taimli], *a.* **1.** (*a*) (*Of death, birth, etc.*) Prématuré. **To come to an untimely end,** mourir avant l'âge. (*b*) (*Of fruit, etc.*) Précoce. **2.** (*Of rain, frost, etc.*) Hors de saison. **3.** (*Of question, action, etc.*) Inopportun, mal venu, intempestif, mal à propos. **Not untimely,** opportun. **4. At an untimely hour,** à une heure indue, avancée.

untimely[2], *adv.* **1.** Prématurément; avant l'heure. **2.** Inopportunément, intempestivement; hors de saison; mal à propos.

untin [ʌn'tin], *v.tr.* (**untinned; untinning**) Désétamer.

untinctured [ʌn'tiŋktjərd], *a.* Non teinté.

untinged [ʌn'tindʒd], *a.* Sans teinte (*with*, de). *Speech u. with pedantry*, discours *m* sans teinte de pédanterie. *Joy* **not untinged** *with gloom*, joie mêlée de tristesse, qui ne va pas sans tristesse.

untirable [ʌn'taiərəbl], *a.* Infatigable, inlassable.

untiring [ʌn'taiəriŋ], *a.* Inlassable, inlassé, infatigable (*in one's efforts*, dans ses efforts); (travail, etc.) assidu. **-ly,** *adv.* Inlassablement, infatigablement.

untithed [ʌn'taiːðd], *a.* (Champ, etc.) exempt de la dîme.

unto ['ʌntu], *prep. A. & B.Lit:* (= '*to*' *in certain uses*) **1.** *Suffer little children to come unto me*, laissez venir à moi les petits enfants. *Unto us a child is born*, un enfant nous est né. **To liken s.o., sth., unto s.o., sth.,** comparer qn, qch., à, avec, qn, qch. *To be like unto sth.*, ressembler à qch. **To hearken unto sth.,** écouter qch. **And I say unto you . . .,** et je vous dis. . . . **Render unto Caesar the things that are Caesar's,** rendez à César ce qui est à César. *Known unto few*, connu de peu de gens. (*With ellipsis of verb*) **Let us unto our ships,** allons à nos vaisseaux. **2.** Vers. *To turn unto s.o.*, se tourner vers qn. **To come nigh unto sth.,** s'approcher de qch. *To be nigh unto sth.* être près de qch. **3.** Jusqu'à. *Path which runs unto the hills*, sentier *m* qui va jusqu'aux collines, qui mène aux collines. **Unto this day,** jusqu'à ce jour même. *Unto the last drop*, jusqu'à la dernière goutte.

untoggle [ʌn'tɔgl], *v.tr. Nau:* Décabillotter (des cordages).

untold [ʌn'tould], *a.* **1.** (Richesse *f*, etc.) immense, énorme. **It is worth untold gold,** cela vaut une somme fabuleuse. *U. losses*, pertes démesurées, énormes, incalculables. *During u. centuries*, pendant des siècles incomptables, innombrables. *U. suffering*, souffrances inouïes. *U. joy*, joie *f* indicible, ineffable. **2.** (*Of tale, etc.*) Non raconté; passé sous silence. *His exploits remain u.*, nul n'a encore fait le récit de ses exploits.

untorn [ʌn'tɔːrn], *a.* Non déchiré; indéchiré; intact.

untouchability [ʌntʌtʃə'biliti], *s.* (*In India*) État *m* des hors-caste.

untouchable [ʌn'tʌtʃəbl], *a.* (*In India*) Hors caste. *s.* **The untouchables,** les hors-caste *mf*; les parias *m*; les tchandals *m*.

untouched [ʌn'tʌtʃt], *a.* **1.** (*a*) Non manié; non touché. *Food product* **untouched by hand,** produit alimentaire non manié. (*b*) *He had left the food u.*, il n'avait pas touché à la nourriture; il n'avait rien mangé. **2.** (*a*) **To leave sth. untouched,** laisser qch. intact. (*b*) *Village u. by the civilization of the cities*, village inviolé par la civilisation citadine. (*c*) (*Of pers.*) Sain et sauf. (*d*) (*Of reputation*) Sans tache; sans atteinte. **3.** (*Of fact, subject*) **Untouched** (upon), non mentionné; non discuté. *The question remains u. upon*, la question reste entière. **4.** (*Of pers.*) Non ému; indifférent; insensible (*by*, à). **5.** (*Of quality, etc.*) Sans rival, -aux; sans égal, -aux.

untoward [ʌn'touərd], *a.* **1.** (*Of pers.*) Insoumis, indocile; rétif; mutin; rebelle; indiscipliné; pervers; (*of thg*) incommode; peu commode; difficile (à façonner, à travailler). **2.** (Événement, etc.) fâcheux, malencontreux, malheureux. **I hope nothing untoward has happened,** il n'est pas arrivé un malheur, j'espère. **3.** (*Of season, etc.*) Impropice; (*of weather, etc.*) peu favorable. **4.** (*Of thoughts, behaviour, etc.*) Malséant. **-ly,** *adv.* **1.** Maladroitement; inhabilement. **2.** Malencontreusement; fâcheusement. **3.** D'une manière peu séante.

untowardness [ʌn'touərdnəs], *s.* **1.** (*Of pers.*) Insoumission *f*, indocilité *f*. **2.** Nature fâcheuse, peu propice (des circonstances, etc.). *Owing to the u. of the times he had to leave the country*, le malheur des temps le força à s'expatrier.

untraceable [ʌn'treisəbl], *a.* Introuvable, indécouvrable. *Jur:* **Untraceable beneficiary,** bénéficiaire *mf* introuvable.

untracked [ʌn'trakt], *a.* **1.** (*Of land, snow, etc.*) Sans sentier frayé; sans voie. **2.** (Criminel, etc.) (i) non suivi; (ii) non dépisté.

untradesmanlike [ʌn'treidzmənlaik], *a.* Peu marchand; peu commerçant.

untrained [ʌn'treind, 'ʌn-], *a.* **1.** (Ouvrier) inexpert, inexercé, inexpérimenté; (animal, domestique) non dressé, non formé. *She is quite u.*, elle ne sait encore rien faire. **2.** (Athlète, cheval) non entraîné.

untrammelled [ʌn'traməld], *a.* Sans entraves, sans contrainte; non empêtré (*by*, de); libre (*by*, de).

untransferable [ʌn'trɑːnsfərəbl], *a.* Intransférable; non transférable. *Jur:* (Droit *m*, propriété *f*) incessible, inaliénable. (*On ticket, etc.*) Strictement personnel.

untranslatable [ʌntrɑːns'leitəbl], *a.* Intraduisible.

untranslated [ʌntrɑːns'leitid], *a.* **1.** (Livre, etc.) intraduit, pas encore traduit. **2.** *A:* Non transporté (dans un autre monde).

untransplanted [ʌntrɑːns'plɑːntid], *a.* *Hort:* (Plant) non repiqué.

untransportable [ʌntrɑːns'pɔːrtəbl], *a.* Intransportable.

untravelled [ʌn'travəld], *a.* **1.** (*Of pers.*) Qui n'a jamais voyagé. **2.** (*a*) (Pays) inexploré, peu connu. (*b*) *An u. corner of Normandy*, un petit coin de la Normandie peu fréquenté par les touristes.

untraversable [ʌn'travərsəbl], *a.* Intraversable.

untraversed [ʌn'travərst], *a.* Imparcouru; qui n'a jamais été traversé.

untried [ʌn'traid], *a.* **1.** Inessayé; non essayé. *We have left no remedy u.*, il n'y a pas de remède qu'on n'ait essayé. **2.** Qui n'a pas été mis à l'épreuve. *U. troops*, troupes *f* qui n'ont pas encore vu le feu. **3.** (Détenu) qui n'a pas encore passé en jugement.

untrimmed [ʌn'trimd, 'ʌn-], *a.* **1.** (*a*) Non arrangé; non mis en ordre. (*b*) (*Of hedge, etc.*) Non taillé; (*of hair, etc.*) non rafraîchi, non égalisé; *Carp:* (*of wood*) non corroyé. **Untrimmed lamp,** lampe non mouchée. **Untrimmed book-edges,** tranches non ébarbées, non rognées. **Untrimmed casting,** pièce non parée, brute de fonte. *Cu:* **Untrimmed meat,** viande non parée. **2.** (Chapeau, etc.) non garni, sans garniture.

untrodden [ʌn'trɔd(ə)n], *a.* (Chemin) impratiqué, imparcouru, non frayé; (région) inexplorée, que le pied de l'homme n'a jamais foulée. **Untrodden forest,** forêt *f* vierge. *U. snow*, neige immaculée, vierge. *To go by u. paths*, prendre des sentiers peu connus; éviter les sentiers battus.

untroubled [ʌn'trʌbld], *a.* **1.** Calme, tranquille, paisible. **2.** (*Of water, etc.*) Non troublé, non brouillé; limpide.

untrue [ʌn'truː]. I. *a.* **1.** (*Of statement, etc.*) Faux, *f.* fausse; mensonger ou erroné; contraire à la vérité. *The story told to him was u.*, l'histoire qu'on lui a racontée était fausse, n'était pas vraie. *It is absolutely u.*, c'est complètement faux. **2.** *Tchn:* Inexact, faux; qui n'est pas juste. *U. grindstone*, meule gauchie. *U. hole*, trou ovale, ovalisé. **3.** (*Of pers.*) Infidèle, déloyal, -aux (*to*, à). **-uly,** *adv.* **1.** Faussement; erronément ou mensongèrement; contrairement à la vérité. **2.** Inexactement.

II. **untrue,** *adv.* **1.** *Mec.E:* **Shaft that runs untrue,** arbre *m* qui tourne à faux, à balourd; arbre qui a du balourd, *F:* qui fait la demoiselle. **2.** *A:* **To speak untrue,** ne pas dire la vérité; mentir.

untrussed [ʌn'trʌst], *a.* **1.** *Const:* (Toit *m*) sans ferme. **2.** *Cu:* (Poulet) non troussé, non bridé.

untrustworthiness [ʌn'trʌstwəːrðinəs], *s.* **1.** (*Of pers.*) Manque *m* de probité; fausseté *f*, déloyauté *f*. **2.** Caractère douteux, peu sûr (d'un renseignement, etc.).

untrustworthy [ʌn'trʌstwəːrði], *a.* **1.** (*Of pers.*) Indigne de confiance; déloyal, -aux; faux, *f.* fausse; infidèle; (témoin *m*) récusable. **Untrustworthy memory,** mémoire *f* infidèle, labile, peu sûre. **2.** (Renseignement, etc.) douteux, peu sûr, sujet à caution; (témoignage *m*) récusable. *To take facts from u. authorities,* emprunter des faits à de mauvaises sources.

untruth ['ʌntruːθ], *s.* **1.** *Lit:* = UNTRUTHFULNESS. **2.** (*pl.* **untruths** ['ʌntruːðz]) Mensonge *m*; contre-vérité *f*. **To tell an untruth,** dire, faire, un mensonge.

untruthful [ʌn'truːθful], *a.* **1.** (*Of pers.*) Menteur; peu véridique. **2.** (*Of news, etc.*) Mensonger; faux, *f.* fausse; dénué de vérité; peu véridique. **-fully,** *adv.* Menteusement, mensongèrement; peu véridiquement.

untruthfulness [ʌn'truːθfulnəs], *s.* **1.** (*Of pers.*) Caractère menteur. **2.** Fausseté *f*, caractère mensonger, caractère peu véridique (d'une histoire, etc.).

untuck [ʌn'tʌk], *v.tr.* **1.** Déplisser, défroncer (une jupe, etc.). **2.** Déborder (un lit); détrousser (ses manches, son tablier). **3.** *F: He untucked his legs from under him,* il déplia ses jambes de dessous lui.

untunable [ʌn'tjuːnəbl], *a.* **1.** (Instrument) inaccordable, qui ne tient pas l'accord. **2.** = UNTUNEFUL.

untune [ʌn'tjuːn], *v.tr.* **1.** Désaccorder (un instrument de musique). **2.** *F:* Rendre (qn) peu disposé (*to*, à).

untuned [ʌn'tjuːnd], *a.* **1.** *Mus:* (Instrument) non accordé, discordant. **2.** *F:* (*Of pers.*) Peu disposé (*to*, à).

untuneful [ʌn'tjuːnful], *a.* Peu harmonieux; peu mélodieux.

unturned [ʌn'təːrnd], *a.* **1.** Non (re)tourné. *See also* STONE[1] 1. **2. Unturned leaves,** feuilles encore vertes. **3.** *Carp:* (*Of post, legs, etc.*) Non tourné; non façonné au tour.

untutored [ʌn'tjuːtərd], *a.* **1.** (*Of pers.*) (*a*) Sans instruction; illettré, ignorant; simple, naïf; (esprit, goût) non formé. (*b*) *To be u. in the art of . . .,* ignorer l'art de. . . . *U. in the art of flattery,* malhabile à la flatterie. **2.** (Talent, etc.) naturel.

untwine [ʌn'twain], *v.tr.* **1.** Détordre, détortiller, dérouler (des fils, etc.). **2.** *She untwined her arms from about his neck,* elle cessa de l'étreindre.

untwist [ʌn'twist], *v.tr.* **1.** Détordre, décorder, détourner (un cordage, etc.); détortiller (ses cheveux, etc.). *Untwisted thread,* fil détors. **To come untwisted,** se détordre; se détortiller. **2.** *v.i.* Se détordre; se détortiller.

untwisting, *s.* Détorsion *f* (d'un cordage, etc.).

ununderstandable [ʌnʌndər'standəbl], *a.* Incompréhensible.

unurged [ʌn'əːrdʒd], *a.* **1. To do sth. unurged,** faire qch. spontanément, de son propre mouvement, *F:* sans rechigner. **2.** (Argument, etc.) qui n'a pas été mis en avant.

unusable [ʌn'juːzəbl], *a.* Inutilisable.

unused [ʌn'juːzd], *a.* **1.** (*a*) (i) Dont on ne se sert pas; inutilisé; non employé; (ii) hors d'usage. *U. building,* bâtiment inhabité, vide; (*of public building*) bâtiment désaffecté. (*b*) Qui n'a pas encore servi; dont on ne s'est pas encore servi; neuf ou à l'état de neuf. (*c*) (Mot) inusité. **2.** (*Also* [ʌn'juːst]) (*Of pers.*) Peu habitué, inhabitué (*to*, à). *I am u. to it,* je n'y suis pas accoutumé; je n'en ai pas l'habitude. **To get unused to sth., to doing sth.,** se désaccoutumer, se déshabituer, de qch., de faire qch.

unusual [ʌn'juːʒuəl], *a.* (*a*) Peu commun; exceptionnel, extraordinaire; inhabituel, insolite; qui sort de l'ordinaire. *U. honour,* honneur inaccoutumé, exceptionnel. *U. event,* événement peu banal, qui sort de l'ordinaire. **It is unusual,** (i) cela se fait peu; ce n'est pas l'usage; (ii) cela se voit ou se produit rarement. *It is u. to see him,* il est rare qu'on le voie. **Nothing unusual,** rien d'anormal. *Journ:* **Of unusual interest,** sensationnel, remarquable. (*b*) (Mot) peu usité. **-ally,** *adv.* Exceptionnellement; d'une manière insolite; rarement. *U. tall,* d'une taille exceptionnelle. *To be u. zealous for sth.,* avoir un zèle tout particulier pour qch. *He was u. attentive,* il s'est montré plus attentif que d'habitude, que d'ordinaire.

unusualness [ʌn'juːʒuəlnəs], *s.* Nature exceptionnelle, extraordinaire, insolite (*of*, de); rareté *f*, étrangeté *f*. *The u. of these facts,* la singularité de ces faits.

unutilized [ʌn'juːtilaːizd], *a.* (*Of resources, etc.*) Inutilisé.

unutterable [ʌn'ʌtərəbl], *a.* **1.** (*Of astonishment, etc.*) Inexprimable, indicible, indescriptible, inénarrable. *F: U. fool,* parfait imbécile. **2.** (Mot) (i) qu'on ne peut pas prononcer, imprononçable; (ii) qu'on n'ose pas prononcer. **-ably,** *adv.* Indescriptiblement, indiciblement, ineffablement; d'une façon inexprimable, inénarrable.

unuttered [ʌn'ʌtərd], *a.* (Mot, etc.) non prononcé, qui n'a pas été dit. *U. thoughts,* pensées inexprimées.

unvalued [ʌn'valjuːd], *a.* **1.** (*Of property, etc.*) Non évalué; non estimé. **2.** Peu estimé; dédaigné; dont on fait peu de cas.

unvanquished [ʌn'vaŋkwiʃt], *a.* Invaincu.

unvaried [ʌn'vɛərid], *a.* Invariable; uniforme, constant; non varié. *U. food,* nourriture *f* sans variété, qui manque de variété.

unvarnish [ʌn'vɑːrniʃ], *v.tr.* *Phot: etc:* Dévernir (un cliché, etc.).

unvarnished [ʌn'vɑːrniʃt], *a.* **1.** (*Of surface*) Non verni; (*of pottery*) non vernissé. *Plain u. wood,* bois cru. **2.** *F:* (*Of statement, etc.*) Simple. **To tell a plain unvarnished tale,** raconter les choses sans fard. *See also* TRUTH 1.

unvarying [ʌn'vɛəriiŋ], *a.* Invariable; uniforme, constant.

unveil [ʌn'veil]. **1.** *v.tr.* Dévoiler (qn, un secret, etc.). **To unveil a statue,** inaugurer une statue; enlever le voile qui cache une statue. **2.** *v.i.* Se dévoiler.

unveiling, *s.* Dévoilement *m*; inauguration *f* (d'une statue).

unveiled [ʌn'veild, 'ʌn-], *a.* (*a*) (Visage, etc.) dévoilé, sans voile. (*b*) *U. feelings,* sentiments ouverts, non cachés.

unvendable [ʌn'vendəbl], *a.* Invendable.

unventilated [ʌn'ventileitid], *a.* **1.** Non ventilé, non aéré; sans ventilation, sans aérage. **2.** Qui n'a pas (encore) été discuté.

unverifiable [ʌn'verifaiəbl], *a.* Invérifiable.

unverified [ʌn'verifaid], *a.* Invérifié.

unversed [ʌn'vəːrst], *a.* Peu versé (*in*, dans); ignorant (de).

unviolated [ʌn'vaioleitid], *a.* (*a*) Inviolé. (*b*) *To find a tomb u.,* trouver une tombe intacte.

unvirtuous [ʌn'vəːrtjuəs], *a.* Sans vertu; vicieux, corrompu.

unvisited [ʌn'vizitid], *a.* Non visité. *U. island,* île inabordée.

unvitiated [ʌn'viʃieitid], *a.* Non vicié; incorrompu.

unvitrified [ʌn'vitrifaid], *a.* *Cer: etc:* Invitré.

unvoice [ʌn'vɔis], *v.tr.* *Ling:* Dévoiser, assourdir (une consonne, etc.).

unvoicing, *s.* Assourdissement *m*.

unvoiced [ʌn'vɔist], *a.* **1.** *Ling:* (*Of vowel, consonant*) Sourd, soufflé, muet, dévoisé. **2.** Non exprimé. *The opinion of the minority remained u.,* l'opinion de la minorité ne trouvait pas d'expression. **3.** (Tuyau ou jeu d'orgue) qui n'a pas encore été harmonisé.

unvouched [ʌn'vautʃt], *a.* **Unvouched (for),** non garanti; non confirmé.

unwalled [ʌn'wɔːld], *a.* Sans murs, sans murailles; non fortifié.

unwanted [ʌn'wɔntid], *a.* **1.** Non désiré, non voulu. **2.** Superflu.

unwariness [ʌn'wɛərinəs], *s.* Imprudence *f*, imprévoyance *f*; manque *m* de précaution; irréflexion *f*, étourderie *f*.

unwarlike [ʌn'wɔːrlaik], *a.* Imbelliqueux; peu martial, -aux; pacifique.

unwarmed [ʌn'wɔːrmd], *a.* (*Of room, etc.*) Non chauffé.

unwarned [ʌn'wɔːrnd], *a.* Inaverti, non prévenu (*of*, de).

unwarped [ʌn'wɔːrpt], *a.* **1.** (Bois) qui n'a pas gauchi. **2.** (Esprit) non perverti, sans préventions.

unwarrantable [ʌn'wɔrəntəbl], *a.* (Action *f*) injustifiable, inexcusable; (assertion *f*) insoutenable. *U. conduct,* conduite *f* peu qualifiable. **-ably,** *adv.* Inexcusablement; d'une manière injustifiable.

unwarranted [ʌn'wɔrəntid], *a.* **1.** Sans garantie. **2.** (*Of action, etc.*) Injustifié; peu justifié; injustifiable; inautorisé; non motivé. *U. insult,* injure gratuite. *U. proceedings,* actes *m* illégitimes. *To make an u. display of force,* faire un emploi abusif de la force. *U. intervention in an affair,* immixtion *f*, ingérence *f*, dans une affaire. *U. remark,* observation déplacée. *U. familiarities,* familiarités indues. **I should be unwarranted in supposing that . . .,** je n'ai aucune raison de supposer que . . .; je serais mal venu à supposer que. . . .

unwary [ʌn'wɛəri], *a.* Imprudent, imprévoyant; indiscret, irréfléchi, étourdi. **-ily,** *adv.* Imprudemment; sans précaution; étourdiment; en étourdi.

unwashed [ʌn'wɔʃt], *A:* **unwashen** [ʌn'wɔʃ(ə)n], *a.* (*a*) (*Of pers.*) Non lavé; malpropre, sale. *Their u. faces,* leurs visages poussiéreux (ou barbouillés). *s. F:* **The Great Unwashed,** les prolétaires, la populace; le bas peuple; les crasseux. (*b*) *Ind:* (Charbon, etc.) non lavé.

unwatched [ʌn'wɔtʃt], *a.* Non surveillé; sans surveillance.

unwater [ʌn'wɔːtər], *v.tr.* *Min:* Assécher, dénoyer (une mine).

unwatering, *s.* *Min:* Assèchement *m*, dénoyage *m*; exhaure *f*.

unwatered [ʌn'wɔːtərd], *a.* **1.** (*a*) (Jardin, etc.) non arrosé. (*b*) (Vin) pur, sans eau. *Fin:* **Unwatered capital,** capital non dilué. **2.** (*a*) (Région, etc.) sans eau, sans irrigation. (*b*) (Cheval) non abreuvé. **3.** *U. silk,* soie non moirée; soie unie.

unwavering [ʌn'weivəriŋ], *a.* Constant, ferme, résolu; qui ne vacille pas. *U. fortitude,* fermeté *f* qui ne se dément jamais *U. policy,* politique ferme et suivie.

unwax [ʌn'waks], *v.tr.* Décirer (le plancher, etc.).

unweaned [ʌn'wiːnd], *a.* (Enfant) non sevré.

unwearable [ʌn'wɛərəbl], *a.* (Vêtement) qui n'est pas mettable, qu'on ne peut pas porter. **Not unwearable,** encore mettable.

unweariable [ʌn'wiːəriəbl], *a.* Infatigable, inlassable.

unwearied [ʌn'wiːərid], *a.* (*a*) Non fatigué; dispos. (*b*) Infatigable. **-ly,** *adv.* Infatigablement, inlassablement; sans défaillance.

unwearying [ʌn'wiːəriiŋ], *a.* Inlassable, infatigable. **-ly,** *adv.* Inlassablement.

unweathered [ʌn'weðərd], *a.* (Rocher, etc.) inaltéré par les intempéries, par l'action des éléments.

unweave [ʌn'wiːv], *v.tr.* (*p.t.* **unwove** [ʌn'woːuv]; *p.p.* **unwoven** [ʌn'woːuv(ə)n]) (*a*) *Tex:* Détisser, désourdir, défaire (un tissu). (*b*) Détresser (une guirlande, etc.).

unwedded [ʌn'wedid], *Lit:* **unwed** [ʌn'wed], *a.* Non marié.

unwedge [ʌn'wedʒ], *v.tr.* **1.** Décaler (un meuble, etc.). **2.** Décoincer (une pièce, un mât).

unwedging, *s.* **1.** Décalage *m*. **2.** Décoincement *m*.

unweeded [ʌn'wiːdid], *a.* (Jardin) non sarclé, envahi par les mauvaises herbes.

unwelcome [ʌn'welkəm], *a.* (*a*) (Visiteur, etc.) mal venu, importun. *U. visits,* visites importunes. *A not* **unwelcome** *visit,* une visite opportune. *You will be u.,* vous serez de trop. (*b*) **Unwelcome news,** nouvelle fâcheuse, ennuyeuse, désagréable. *A not u. addition to our stores,* un surcroît de provisions très utile.

unwelcomed [ʌn'welkəmd], *a.* Non accueilli; non fêté; (débarquer, etc.) sans être accueilli par une délégation.

unwell [ʌn'wel], *a.* Indisposé; souffrant; mal portant; *F:* patraque. **She is unwell,** (i) elle est indisposée; (ii) (par euphémisme) elle a ses règles.

unwept [ʌn'wept], *a.* *Poet:* Non pleuré; non regretté.

unwholesome [ʌn'houlsəm], *a.* (*a*) Antihygiénique; (aliment) malsain; (climat *m*, etc.) insalubre; (air) vicié. (*b*) *U. ideas, doctrines,* idées, doctrines, malsaines, pernicieuses.

unwholesomeness [ʌn'houlsəmnəs], *s.* Insalubrité *f* (du climat); caractère malsain (d'un aliment, d'une doctrine).

unwieldiness [ʌn'wi:ldinəs], *s.* Lourdeur *f*; pesanteur *f* (d'un colis, etc.).

unwieldy [ʌn'wi:ldi], *a.* **1.** (*Of pers.*) Lourd, gauche; à la démarche lourde. **2.** (Outil, colis, etc.) peu portatif; peu maniable; difficile ou incommode à porter ou à manier. **-ily,** *adv.* Lourdement, pesamment.

unwifely [ʌn'waifli], *a.* (Conduite *f*) indigne d'une épouse.

unwill [ʌn'wil], *v.tr.* (**unwilled; unwilling**) **1.** Revenir sur (une décision). **2.** Priver (qn) de volonté.

unwilling [ʌn'wiliŋ], *a.* **1.** Inserviable; de mauvaise volonté; rétif. **2.** **To be unwilling to do sth.,** être peu disposé à faire qch.; ne pas vouloir faire qch. *He appeared u. to accept,* il paraissait peu désireux d'accepter, peu disposé à accepter. *Peasants u. to buy,* paysans rétifs aux achats. *U. acquiescence,* assentiment donné à contre-cœur. *He excited our u. admiration,* nous étions bien forcés de l'admirer. **To be unwilling that** + *sub.*, ne pas vouloir que + *sub.* **I was unwilling for my wife to accept the invitation,** je ne voulais pas que ma femme acceptât l'invitation. **-ly,** *adv.* A contre-cœur; de mauvais cœur, de mauvaise grâce; à regret; à son corps défendant; avec répugnance.

unwillingness [ʌn'wiliŋnəs], *s.* **1.** Mauvaise volonté; manque *m* de bonne volonté; mauvaise grâce. **2.** Répugnance *f* (à faire qch.).

unwind [ʌn'waind], *v.* (*p.t.* **unwound** [ʌn'waund]; *p.p.* **unwound**) **1.** *v.tr.* Dérouler (la corde d'un treuil, etc.); développer (un câble); dépelotonner (une pelote de laine). *Tex:* Dévider (un cocon, etc.). *El:* Débobiner (une bobine). *Nau:* Dévirer (le cabestan). **2.** (*With passive force*) Se dérouler; se dévider; (*of ball of wool*) se dépelotonner; (*of capstan*) dévirer.

unwinding, *s.* Déroulement *m*; dévidage *m*. *El:* Débobinage *m*. *Nau:* Dévirage *m* (du cabestan).

unwinking [ʌn'wiŋkiŋ], *a.* (*Of eyes*) Sans clignotement; (*of pers.*) qui ne cligne pas les yeux; (*of attention, stare*) fixe.

unwisdom [ʌn'wizdəm], *s.* Imprudence *f*; déraison *f*; stupidité *f*. *The u. of this answer,* le peu de sagesse de cette réponse.

unwise [ʌn'wa:iz], *a.* **1.** (*Of pers.*) Imprudent; peu prudent, peu circonspect, peu sage; malavisé, indiscret. **2.** (*Of action*) Contraire au bon sens; malavisé. *That was very u. of you,* c'était très malavisé de votre part, peu sage de votre part. **-ly,** *adv.* Imprudemment; peu sagement.

unwiseness [ʌn'waiznəs], *s.* = UNWISDOM.

unwished [ʌn'wiʃt], *a.* **Unwished (for),** peu désiré, peu souhaité; fâcheux.

unwishful [ʌn'wiʃful], *a.* Peu disposé (*to,* à); peu désireux (*to,* de).

unwithered [ʌn'wiðərd], *a.* Non flétri; non desséché; encore frais, *f.* fraîche.

unwitnessed [ʌn'witnəst], *a.* **1.** Sans témoin; qui n'a pas été vu ou entendu. **2.** **Unwitnessed signature,** signature non certifiée. **Unwitnessed document,** document qui n'a pas été signé par des témoins.

unwitting [ʌn'witiŋ], *a.* **1.** Inconscient (*of,* de); qui n'a pas conscience (*of,* de; *that,* que). **2.** (*Of action*) Fait sans dessein. **-ly,** *adv.* Sans le savoir; sans intention; sans le vouloir; sans y penser; inconsciemment.

unwomanly [ʌn'wumanli], *a.* Peu féminin; peu digne d'une femme; peu séant de la part d'une femme ou chez une femme.

unwonted [ʌn'wountid], *a.* Peu coutumier; inaccoutumé, inhabituel; (événement) peu commun, rare, extraordinaire, insolite. *To show u. generosity,* faire preuve d'une générosité inaccoutumée. **Feet unwonted to hard roads,** pieds inaccoutumés à des chemins raboteux.

unwontedness [ʌn'wountidnəs], *s.* Nature peu coutumière (d'une tâche, etc.); rareté *f*, nouveauté *f* (d'un événement, etc.).

unwooded [ʌn'wudid], *a.* (Pays) non boisé, sans arbres.

unwooed [ʌn'wu:d], *a.* (Femme) non recherchée en mariage, à qui on n'a jamais fait la cour.

unwordable [ʌn'wə:rdəbl], *a.* Ineffable, inexprimable, indicible.

unworkable [ʌn'wə:rkəbl], *a.* **1.** (Projet *m*, etc.) inexécutable, impraticable; (organisation *f*, etc.) difficile à gouverner; (navire *m*) immaniable, immanœuvrable. **2.** (*a*) *Min: etc:* (Gisement *m*, etc.) inexploitable. (*b*) *U. matter,* matière rebelle.

unworkableness [ʌn'wə:rkəblnəs], *s.* **1.** Impraticabilité *f* (d'un plan, etc.); état *m* immanœuvrable (d'un navire). **2.** Nature *f* inexploitable (d'un filon de houille, etc.).

unworked [ʌn'wə:rkt], *a.* **1.** (Métal, etc.) non ouvré, non travaillé, non façonné. **2.** *Min:* (Gisement) inexploité. **3.** *U. sums,* problèmes (d'arithmétique) pas encore faits.

unworkmanlike [ʌn'wə:rkmənlaik], *a.* Indigne d'un bon ouvrier; (travail) mal fait. *In an u. manner,* en mauvais ouvrier.

unworldliness [ʌn'wə:rldlinəs], *s.* **1.** Détachement *m* de ce monde; caractère peu mondain. **2.** Simplicité *f*, candeur *f*.

unworldly [ʌn'wə:rldli], *a.* **1.** (*a*) Peu mondain; détaché de ce monde. (*b*) Simple, candide. **2.** Céleste; (beauté) qui n'est pas de cè monde.

unworn [ʌn'wɔ:rn, 'ʌn-], *a.* **1.** Non usé; non usagé; intact; frais, *f.* fraîche. *U. coin(s),* monnaie *f* à fleur de coin. **2.** (Vêtement) qu'on n'a pas encore porté; tout neuf.

unworthiness [ʌn'wə:rðinəs], *s.* **1.** Peu *m* de mérite (de qn, d'une action). **2.** Caractère *m* méprisable, peu digne (d'une action, d'une pensée).

unworthy [ʌn'wə:rði], *a.* Indigne. **1.** **Unworthy of sth., to do sth.,** indigne de qch., de faire qch. *U. of so much honour,* indigne de tant d'honneur. *U. of notice,* qui ne mérite pas qu'on y fasse attention. **Not unworthy** *of notice,* digne d'attention; qui mérite qu'on y fasse attention. **2.** (*a*) **Conduct unworthy of an honest man,** conduite *f* indigne d'un honnête homme. (*b*) (Personne, conduite) méprisable. **3.** (Travail *m*, etc.) peu méritoire. **-ily,** *adv.* **1.** De façon imméritée. **2.** Indignement; d'une façon méprisable. **3.** D'une façon peu méritoire. **Not unworthily,** dignement; de façon méritoire.

unwound [ʌn'waund]. *See* UNWIND.

unwounded [ʌn'wu:ndid], *a.* Non blessé; sans blessure; indemne; sain et sauf. *Mil: Navy: U. men,* hommes *m* valides.

unwove [ʌn'wo:uv], **unwoven** [ʌn'wo:uv(ə)n]. *See* UNWEAVE.

unwrap [ʌn'rap], *v.tr.* (**unwrapped; unwrapping**) Défaire, désenvelopper (un paquet, un ballot); enlever l'enveloppe de (qch.); détortiller (un bonbon); désengainer (une momie). (*Of soldier, etc.*) *To u. one's blankets,* dérouler ses couvertures. **To come unwrapped,** (*of parcel*) se défaire; (*of contents*) sortir du papier, de l'enveloppe.

unwrinkle [ʌn'riŋkl]. **1.** *v.tr.* Dérider, lisser. **2.** *v.i.* Se dérider.

unwrinkled [ʌn'riŋkld], *a.* Sans rides; lisse. *U. forehead,* front uni.

unwritten [ʌn'rit(ə)n], *a.* **1.** Non écrit; inécrit; (*of tradition, etc.*) oral, -aux. *F:* **The unwritten law,** (i) le droit coutumier; la loi en dehors du Code; la loi morale; *esp.* (ii) le droit de tuer pour venger son honneur ou celui d'une femme. *This is an u. law of the game,* c'est une des conventions du jeu qui a force de règle. **2.** (*Of paper, etc.*) Sur lequel on n'a pas écrit; blanc, *f.* blanche.

unwrought [ʌn'rɔ:t], *a.* **1.** *A. & Poet:* (*a*) Non fait; inaccompli. (*b*) Non achevé; incomplet. **2.** (Métal, etc.) brut, non ouvré, non travaillé, non façonné. **3.** *Min:* (Gisement) inexploité.

unwrung [ʌn'rʌŋ], *a.* Non tordu. *F:* **Our withers are unwrung,** cela ne nous touche pas. (Allusion à *Hamlet* III, 2.)

unyielding [ʌn'ji:ldiŋ], *a.* Qui ne cède pas; (*of substance, support, etc.*) raide, ferme; (*of pers., determination*) inébranlable, ferme; opiniâtre; inflexible. *U. grip,* prise *f* indesserrable. *U. in his opinions,* inflexible, obstiné, dans ses opinions. **-ly,** *adv.* Inflexiblement; inébranlablement; opiniâtrement.

unyieldingness [ʌn'ji:ldiŋnəs], *s.* Inflexibilité *f*; fermeté *f*, dureté *f* (d'une substance); raideur *f* (de caractère); fermeté, opiniâtreté *f* (de qn, d'une opinion).

unyoke [ʌn'jouk], *v.tr.* (*a*) Dételer, découpler (des bœufs); ôter le joug (des bœufs). *F: To u. a people,* ôter le joug à un peuple. (*b*) Dételer (la charrue). (*c*) *Abs. F:* Cesser le travail; se reposer; *F:* dételer.

unyouthful [ʌn'ju:θful], *a.* **1.** Qui n'est plus jeune. **2.** Qui n'a aucun des attributs de la jeunesse; à l'air vieux.

unzoned [ʌn'zound], *a.* Sans ceinture.

-uous [juəs], *a.suff.* -ueux. *Halituous,* halitueux. *Impetuous,* impétueux. *Sumptuous,* somptueux. *Voluptuous,* voluptueux.

up[1] [ʌp]. I. *adv.* **1.** (*a*) En montant; vers le haut. **To go up,** monter. **Up went his stick,** il leva son bâton. *See also* GO UP. **My room is three flights up,** ma chambre est au troisième palier. **To throw sth. up (in the air),** jeter qch. en l'air. *See also* THROW UP. **To lift up one's head,** relever la tête. **All the way up,** jusqu'au haut (de la colline, etc.); jusqu'en haut (de l'escalier). **Half-way up,** jusqu'à mi-hauteur. (*To horse, dog*) *Now then, up!* allons, hop! **To put up the results,** afficher les résultats. *See also* HAND[1] 1, LEG[1] 1, STRAIGHT I. 1. (*b*) *To go up on one side of the street and down on the other,* monter la rue d'un côté et redescendre de l'autre. **To walk up and down,** se promener de long en large. *To look for sth. up and down,* chercher qch. de tous côtés. *See also* LOOK[2] 2. **To go up north,** aller dans le nord. **To go up to town,** aller à la capitale; se rendre à Londres. **To go up to the university,** aller à l'université; devenir étudiant, -ante. **To go up for an examination,** se présenter à un examen. **To come up before the bench,** être cité devant le juge de paix, devant les magistrats. *See also* HAVE UP. (*c*) *Nau:* **Up to windward,** au vent. **Hard up with the helm!** la barre au vent toute! (*d*) **From five pounds up,** à partir de cinq livres. *Children from ten years up,* les enfants à partir de dix ans; les enfants de dix ans et plus. *From my youth up,* dès ma jeunesse. **2.** (*a*) Haut, en haut. *What are you doing* **up there?** que faites-vous là-haut? *Nau:* **Up top!** ohé de la hune! ohé là-haut! **Up above,** en haut. **Up above sth.,** au-dessus de qch. *We are up on the hillside,* nous sommes à flanc de coteau. **The moon is up,** la lune est levée. **The plane is up,** l'avion *m* est en vol. *Have you ever been up in an aeroplane?* êtes-vous jamais monté en avion? avez-vous jamais volé? *Bill:* **Game of a hundred up,** partie *f* en cent. *I'll play you a hundred up,* je vous fais cent points. **The window is up,** (i) (*in carriage, etc.*) la glace est fermée; (ii) (*guillotine-window*) la fenêtre est ouverte (par le bas). **The curtains are up,** on a posé les rideaux. **The blinds are up,** on a relevé les stores. *The shops had their shutters up,* les magasins *m* avaient leurs volets mis. *Nau:* **The anchor is up and down,** l'ancre *f* est à pic. **The anchor is up,** l'ancre est haute. *Turf:* **Comet with Jones up,** Comet monté par Jones. (*Of jockey*) **To be up,** être en selle. **The river is up,** la rivière est haute, est en crue. *The tide is up,* la marée est haute. **The cat's back is up,** le chat fait le gros dos. **Cat with its tail up,** chat avec la queue en cierge. **'Road up,'** "chantier"; "attention aux travaux"; "route en réfection, en réparation"; "rue barrée." *Fleet Street is up, F:* Fleet Street est en l'air. (*b*) En dessus. **Face up,** face en dessus. *Com:* (*On packing-case*) **This side up; this end up,** haut; dessus; ne pas renverser; tenir debout. *Hold it* **the other side up,** retournez-le. (*c*) **Up in London,** à Londres. *Up in Yorkshire,* au nord, dans le Yorkshire. *Relations up from the country,* parents de province en visite à la ville. **3.** (*To a higher degree*) (*a*) *Expenses are mounting up,* les dépenses montent, s'élèvent. **To go up in price,** subir, éprouver, une hausse de prix. **Bread is up again,** le pain a encore augmenté. **The thermometer has gone up,** le thermomètre a monté, haussé. **Music transposed one tone up,** musique transposée un ton au-dessus. **Things are looking up,** les affaires *f* sont à la hausse. *See also* LOOK UP. **To be high up in the civil service,** avoir un poste élevé dans l'administration. **To go up five places in class,** gagner cinq places en classe; monter de cinq places. **To be one game up,** être en avance d'une partie. *Fb: To be one goal up,* mener par un but. *Golf: To be so* *many holes up*, avoir tant de trous d'avance. (*b*) (*Expressing idea of tension*) To wind up, bander, remonter (un ressort). To screw up, visser, serrer (un tourniquet, etc.). *Mch:* Steam is up, nous sommes sous pression. His blood was up, il était monté; le sang lui bouillait. (*c*) To be (well) up in a subject, connaître un sujet à fond. *I am not very well up in the subject*, je ne suis pas très versé dans la matière. *To be well up in geography*, être fort, *F:* calé, en géographie; être à cheval sur la géographie. *To be thoroughly up in medicine*, être ferré sur la médecine. *See also* GET UP II. 2. (*d*) (*Intensive use*) To praise s.o. up, vanter, prôner, qn. To hunt sth. up, dénicher, déterrer, qch. To save up, thésauriser. To speak up, parler plus fort, plus haut. Sing up! plus fort! de meilleur cœur! qu'on vous entende! *See also* PLAY UP 1. 4. (*a*) (*In close proximity*) *Put it up beside the other one*, mettez-le tout près de l'autre. *To stand close up* (*to one another*), se tenir tout près l'un de l'autre, les uns des autres. *See also* CLOSE-UP. To follow s.o. up, suivre qn de près. To be up with s.o., sth., être au niveau de qn, de qch. He came up with me, il me rejoignit. (*b*) (*Expressing idea of closing or enclosing*) To screw up a door, condamner une porte (avec des vis). To roll up a map, enrouler une carte. *See also* DO UP 3, NAIL UP, SEAL[4] 2, SHRINK[2] 1, SHRIVEL 2, TIE UP. 5. (*a*) Debout, levé. To get up, (*from bed*) se lever; (*from seat*) se lever, se mettre debout. *He is up at daybreak*, il est levé dès l'aube. *Is he up?* est-il sur pied? Parliament is up, le parlement est en vacances. To be up and about, être sur pied. Let us be up and doing, mettons-nous à la besogne; il faut nous secouer; maintenant agissons! *He is all impatience to be up and doing*, *F:* les mains lui brûlent. *U.S:* To be up and coming, (i) (*of pers.*) être plein d'allant, d'activité; être entreprenant; (ii) (*of town, etc.*) être progressif. Hold yourself up! tenez-vous droit! Up, guards! debout, les gardes! To set a post up, dresser un poteau. Up with the Popular Front! à nous le Front Populaire! (*b*) Pas encore couché. *At midnight I was still up*, à minuit je n'étais pas encore couché. To be up all night, ne pas se coucher de la nuit. To stay, wait, stop, up, veiller. *To be up till late*, veiller tard. (*c*) You are up against a strong man, vous avez affaire à forte partie. To be up against difficulties, se heurter à, être aux prises avec, des difficultés. *To be up against utter bankruptcy*, être acculé à la banqueroute. To be up against the law, avoir des démêlés avec la justice. *F:* To be up against it, avoir la déveine, la guigne; être poursuivi par la mal(e)chance. *We are up against it*, *P:* on est dans la purée. 6. (*In a state of activity*) (*a*) To stir up sediment, remuer, agiter, un dépôt. The beer is up, la bière mousse. To be up in arms, in revolt, être en révolte. *See also* ARM[2] 1. (*b*) *F:* What's up? que se passe-t-il? qu'y a-t-il? de quoi retourne-t-il? de quoi est-ce qu'il retourne? *I wish I knew what's up*, je voudrais bien savoir de quoi il retourne. *I wonder what's up*, je me demande ce qui se passe, ce qui se mijote. There is something up, il y a quelque chose. What's up with you? qu'est-ce qui vous prend? *What's up with these fools?* qu'est-ce qui leur prend, à ces idiots-là? *As if nothing were up*, comme si de rien n'était. 7. (*Expressing effectual result or completion*) Time is up, il est l'heure (de finir, de fermer); c'est l'heure. His time is up, il a fini son temps (de service militaire, d'apprentissage). His leave is up, sa permission est expirée. His term (*of imprisonment*) is up, son temps est fini. *He accepted two days before time was up*, il a accepté deux jours avant l'expiration du délai. *F:* The game is up, it's all up, tout est perdu; c'est une affaire flambée. It's all up with him, *Lit:* c'en est fait de lui; (*in case of illness*) il n'en réchappera pas; (*financially*) c'est la ruine; son affaire est faite; (*through fatal injury*) il a son affaire; il a son compte; *P:* il est fichu, foutu, flambé, cuit. *I thought it was all up with me*, j'ai pensé mourir; j'ai cru que ma dernière heure était venue. *See also* DRINK UP, EAT UP. 8. Up to. (*a*) *They advanced up to the walls of the city*, ils s'avancèrent jusque devant les murs de la ville. To come, go, up to s.o., s'approcher de, s'avancer vers, qn. *He went straight up to the door*, il alla tout droit à la porte. I am up to you, je vous ai rattrapé. To be covered with mud up to the ears, être crotté jusqu'aux oreilles. To blush up to the ears, rougir jusqu'aux oreilles. *See also* EAR[1] 1, EYE[1] 1, NECK[1] 1. (*b*) Up to now, up to here, jusqu'ici. Up to this day, jusqu'à ce jour. Up to then, jusqu'alors, jusque-là. Account up to . . ., compte arrêté à (telle ou telle date). He earns anything up to ten pounds a week, il gagne jusqu'à des dix livres par semaine. Up to £500, jusqu'à concurrence, jusqu'à concours, de 500 livres. To live up to one's income, dépenser (i) tout ce qu'on gagne, (ii) tout son revenu. *Up to what age did you live in France?* jusqu'à quel âge avez-vous vécu en France? (*c*) To be up to sth., être capable de qch. To be up to anything, être capable de tout. *F:* She is up to anything, elle n'a pas froid aux yeux. To be up to a job, être à la hauteur d'une tâche. *He is not up to his work*, il ne connaît pas son affaire. He is not up to taking the journey, il n'est pas à même de faire le voyage. *He does not feel up to going out*, il ne se sent pas assez bien pour sortir. I don't feel up to it, (i) je ne m'en sens pas la capacité, le courage, la force; (ii) je ne suis pas dans mon assiette. To be up to s.o., to s.o.'s tricks, être de force à lutter avec qn. *There is no dodge that he is not up to*, il n'y a pas de truc dont il n'ait le secret. *See also* MARK[1] 6, MOVE[1] 1, MUCH 3, SAMPLE[1]. (*d*) To be up to sth., être occupé à faire qch. *Look at the children. What are they up to?* regardez donc les enfants. Qu'est-ce qu'ils fabriquent? *What are you up to?* qu'est-ce que vous faites? qu'est-ce que vous complotez? qu'est-ce que vous mijotez? qu'est-ce que vous avez en tête? *What are they up to?* qu'est-ce qu'ils manigancent? qu'est-ce qu'ils mijotent encore? He is up to something, il a quelque chose en tête. *See also* DROLLERY 1, GOOD II. 1, MISCHIEF 2. (*e*) *F:* It is up to him to . . ., c'est à lui de . . .; c'est affaire à lui de. . . . *It's up to you to accept*, il ne tient qu'à vous d'accepter. *It's up to you to put up a better score*, à vous de faire mieux! *That beastly job's up to you*, cette corvée-là, c'est votre affaire.

II. **up**, *prep.* 1. Au haut de; dans le haut de. To go up the stairs, a hill, monter l'escalier, une colline. *The cat is up the tree*, le chat est en haut, dans le haut, de l'arbre. *To hoist oneself up the wall*, se hisser le long du mur. 2. (*a*) Up the river, vers la source de la rivière; en remontant le fleuve; en amont. To go up the street, up the stream, remonter la rue, la rivière. Further up the street, plus loin dans la rue. To walk up and down the street, faire les cent pas dans la rue. To walk up and down the room, se promener de long en large dans la pièce. *To walk up and down the platform*, arpenter le quai. *Rail:* Up and down the line, en amont et en aval (des stations). (*b*) *Up the yard, up the lane*, au fond de la cour, de l'allée. *See also* STAGE[1] 2.

III. **up**, *attrib.a.* Ascendant, montant. *Rail:* Up line, up road, voie descendante, paire, de gauche; la voie en direction de Londres (ou d'un autre terminus important). Up train, train descendant, de retour.

IV. **up**, *s.* Ups and downs, ondulations *f* (du terrain, etc.). *F:* The ups and downs of life, les vicissitudes *f*, les péripéties *f*, de la vie; les succès *m* et les revers *m*, les hauts et les bas, de la vie. *Life is full of ups and downs*, la vie est remplie de succès et d'échecs. A life of ups and downs, une vie cahotée, mouvementée. The ups and downs of politics, of the market, les avatars *m* de la politique; les oscillations *f* du marché.

'up-a-daisy, *int.* = UPSADAISY.

up-'anchor, *v.i.* (up-anchored) *Nau:* Lever l'ancre.

'up-and-down. 1. *Attrib.a.* Up-and-down motion, (i) mouvement *m* de haut en bas et de bas en haut; mouvement de montée et de descente, de monte et baisse; (ii) jeu vertical (d'une pièce). 2. *s. F:* To give s.o. the up-and-down, mesurer qn des yeux. *To give a letter the up-and-down*, parcourir une lettre.

'up-country, *attrib.a.* De la partie centrale du pays; de l'intérieur du pays. *See also* COUNTRY 1.

up-'end, *v.* (up-ended) 1. *v.tr.* (*a*) Dresser (qch.) debout; mettre (un tonneau) à cul. (*b*) *Nau:* (*Of a wave*) Mâter (un canot). 2. *v.i. F:* Se dresser (debout); se redresser.

'up-grade. 1. *s.* Pente ascendante; rampe *f*, montée *f* (d'une route, d'une ligne de chemin de fer). *F:* To be on the up-grade, (i) (*of prices, etc.*) monter; tendre à la hausse; (ii) (*of business, etc.*) reprendre, se relever, se ranimer; (iii) (*of invalid*) être en bonne voie de guérison. *He is on the up-g.*, ses actions remontent. 2. *Attrib.a.* (Traction, etc.) en rampe. 3. *adv.* To go up-grade, monter.

'up-'river. 1. *Attrib.a.* D'amont. 2. *adv.* En amont.

'up-'stream. 1. *adv.* (*a*) En amont. (*b*) En remontant le courant; à contre-fil de l'eau. 2. *Attrib.a.* ['ʌpstriːm] (*a*) (Bief *m*, etc.) d'amont. Up-stream outwater, avant-bec *m* (d'une pile de pont). (*b*) (Vent *m*) d'aval.

'up-stroke, *s.* 1. (*In writing*) Délié *m*. 2. (*Of violin bow*) Poussé *m*. 3. *I.C.E: Mch:* Course montante, course ascendante, (re)montée *f*, levée *f*, ascension *f*, mouvement ascensionnel (du piston).

'up-tilted, *a.* (Nez) retroussé.

'up-to-date, *attrib. a. F:* 1. (*Of pers.*) Moderne; de son temps; *F:* à la page. 2. Au goût du jour. Up-to-date hat, costume, chapeau *m*, costume *m*, dernier cri, à la mode. Up-to-date house, maison *f* moderne. *More up-to-d. model*, modèle plus nouveau. *See also* DATE[2] 1.

up-to-'dateness, *s. F:* Modernité *f*; actualité *f*.

'up-to-the-minute, *attrib. a. F:* Up-to-the-minute song, chanson *f* de la dernière heure.

up(-)'town. *U.S:* 1. *adv.* Dans le quartier bourgeois de la ville. 2. *Attrib.a.* Up-town ['ʌptaun] society, la société du quartier bourgeois.

'up-warping, *s.* Bombement *m* (du bois, etc.).

'up-welling, *s.* 1. Jaillissement *m* (d'une source). 2. Débordement *m*, épanchement *m* (de sentiments).

up[2], *v.* (upped; upping) 1. *v.tr.* (*a*) To up the swans, recenser les cygnes. *See also* SWAN-UPPING. (*b*) *F:* Lever (son bâton, son fusil, etc.). 2. *v.i. Dial. & F:* (*a*) Then she ups and says to him . . ., alors elle de lui dire. . . . (*b*) To up with sth., lever qch. *He ups with his stick*, il lève son bâton. *He ups with a stone*, il ramasse une pierre.

Upanishads (the) [ðiu'paniʃadz], *s.pl. Sanskrit Lit:* Les Oupanichads *f*.

upas ['juːpəs], *s.* 1. (*a*) *Bot:* Upas(-tree), upas *m*. (*b*) *F: A:* Influence maligne ou mortelle. 2. Upas (juice), upas.

upbear [ʌp'bɛər], *v.tr.* (*p.t.* upbore [-'bɔːər]; *p.p.* upborne [-'bɔːrn]) *Lit:* (*a*) Soutenir, supporter. (*b*) Soulever.

upbearing, *s.* (*a*) Soutènement *m*. (*b*) Soulèvement *m*.

upbeat ['ʌpbiːt], *s.* (*a*) *Mus:* Levé *m*; temps *m* faible. (*b*) *Mus: Pros:* Anacrouse *f*.

upbore [ʌp'bɔːər], **upborne** [ʌp'bɔːrn]. *See* UPBEAR.

upbraid [ʌp'breid], *v.tr.* Reprocher, faire des reproches à (qn); gronder (qn); *F:* apostropher, *A:* tarabuster (qn). To upbraid s.o. with, for, sth., reprocher vertement qch. à qn.

upbraiding[1], *a.* (Air, ton) de reproche. **-ly**, *adv.* D'un ton, d'un air, de reproche.

upbraiding[2], *s.* Reproches *mpl*.

upbringing ['ʌpbriŋiŋ], *s.* Éducation *f* (d'un enfant). *What sort of (an) u. has she had?* comment a-t-elle été élevée?

upburst ['ʌpbəːrst], *s.* Éruption *f*, explosion *f*.

upcast[1] ['ʌpkɑːst], *s.* 1. *Geol: Min:* Rejet *m* en haut; relèvement *m* (d'un filon). 2. *Min:* (*a*) Upcast (air-current), courant d'air ascendant. (*b*) Upcast (shaft), puits *m* de retour, de sortie (d'air).

upcast[2], *a.* 1. (*Of eyes, look*) Tourné vers le ciel. 2. (*a*) Jeté en l'air. (*b*) *Geol:* Upcast dyke, rejet *m* en haut.

upcurved ['ʌpkəːrvd], *a.* (*Of beak, etc.*) Recourbé en l'air; retroussé.

updrawn ['ʌpdrɔːn], *a.* Redressé, relevé. *U. eyebrows*, sourcils haussés.

upgrowing ['ʌpgrouiŋ], *a.* (Enfant *mf*) qui grandit.

upheaped ['ʌphiːpt], *a.* **1.** Entassé, amoncelé; mis en tas. **2.** (*Of measure*) Comble.

upheaval [ʌp'hiːv(ə)l], *s.* **1.** *Geol:* (*a*) Soulèvement *m*, surrection *f*; surgissement *m* (de couches volcaniques). (*b*) Commotion *f*, bouleversement *m*. *The upheavals of the terrestrial globe*, les révolutions *f* du globe. **2.** *F:* Bouleversement, agitation *f* (de la société, etc.). **General upheaval,** *F:* chambardement universel. **Political upheaval,** convulsion *f*, commotion, politique. *Rumour that throws a country into a state of u.*, bruit *m* qui convulsionne un pays.

upheave [ʌp'hiːv]. **1.** *v.tr.* Soulever (qch.) avec effort. *Geol: Upheaved beds*, couches soulevées. **2.** *v.i.* Se soulever.

upheld [ʌp'held]. *See* UPHOLD.

uphill ['ʌphil]. **1.** *s.* (*Also* **up-hill**) Montée *f*, rampe *f*, côte *f*. **2.** *a.* (*Also* **up-hill**) (*a*) (*Of road, etc.*) Montant; en rampe. (*b*) (*Of task, etc.*) Ardu, difficile, rude, fatigant, rebutant. **3.** *adv.* [ʌp'hil] **To go uphill,** monter; aller en montant. *See also* HILL[1] 1.

uphold [ʌp'hould], *v.tr.* (*p.t.* **upheld** [-held]; *p.p.* **upheld**) Supporter, soutenir, maintenir (une construction, un usage, etc.). **To uphold the law,** faire observer la loi. **To uphold one's position,** tenir son rang. *Hope upholds us*, l'espérance *f* nous soutient. **To uphold s.o. in an action,** soutenir, encourager, qn dans sa manière d'agir; prêter son appui à qn. **To uphold a decision,** confirmer une décision. **Contract that can be upheld,** contrat *m* valide. *Opinion that cannot be upheld*, opinion *f* qui ne peut pas se soutenir; opinion peu soutenable. *You surely don't u. free unions?* vous n'êtes pas pourtant partisan de l'union libre?

upholding, *s.* Soutènement *m* (d'une construction, etc.); maintien *m*, conservation *f* (d'une loi, d'un usage, etc.). *U. of s.o. in sth.*, appui prêté à qn (dans sa manière d'agir).

upholder [ʌp'houldər], *s.* **1.** (*Pers.*) Partisan *m* (d'un usage, etc.); défenseur *m* (d'une opinion, d'une cause). *To set up as an u. of public order*, se poser en gardien de l'ordre. **2.** (*Thg*) Appui *m*, soutien *m*.

upholster [ʌp'houlstər], *v.tr.* (i) Capitonner, garnir, rembourrer, (ii) tendre, tapisser, couvrir (un canapé, etc.) (*with, in*, de).

upholstered, *a.* **1.** (Canapé, etc.) (i) capitonné, garni, rembourré, (ii) tapissé, couvert. **Upholstered in, with, velvet,** garni de velours. **2.** *U.S:* *P:* "Plombé." *To get u.*, attraper une sale maladie; se faire plomber.

upholstering, *s.* = UPHOLSTERY 1.

upholsterer [ʌp'houlstərər], *s.* (*a*) Tapissier *m* (garnisseur, décorateur); tapissier en ameublement. (*b*) **Car upholsterer,** garnisseur *m* de voitures.

up'holsterer-bee, *s.* *Ent:* Abeille coupeuse de feuilles.

upholstery [ʌp'houlstəri], *s.* **1.** Capitonnage *m*, rembourrage *m* (d'un fauteuil, etc.). **2.** (i) Capiton *m*; tapisserie *f* d'ameublement; capitonnage; (ii) garniture intérieure, garniture d'intérieur (d'une voiture). **Leather upholstery,** garniture en cuir. **Sewn, buttoned, tufted, upholstery,** capitonnage à rembourrage piqué. *Aut:* *etc:* **Pneumatic upholstery,** garniture pneumatique. **3.** Métier *m* de tapissier; tapisserie.

upholstress [ʌp'houlstres], *s.f.* (*Pers.*) Tapissière.

uphroe ['juːfrou], *s.* *Nau:* Croissant *m* (de hamac, de tente).

upkeep ['ʌpkiːp], *s.* (Frais *mpl* d')entretien *m* (d'un établissement, d'un jardin, etc.). *Ind:* **Expenses of upkeep,** frais de matériel. *Jur:* **Upkeep and improvements,** impenses *fpl* et améliorations *f*.

upland ['ʌplənd]. **1.** *s.* *Usu. pl.* Région montagneuse (de l'intérieur des terres). **The uplands,** le haut pays; les hautes terres. **2.** *Attrib.a.* (*a*) (Village, etc.) des montagnes, dans les montagnes. (*b*) *Tex:* **Upland cotton,** coton *m* à fibres courtes.

uplander ['ʌpləndər], *s.* Montagnard, -arde; habitant *m* des hautes terres.

uplift[1] ['ʌplift], *s.* **1.** Élévation *f* (du terrain, etc.); haussement *m* (des sourcils, etc.). *Geol:* Soulèvement *m*, surrection *f*. **2.** *F:* (*a*) **Moral uplift,** élévation morale; inspiration (morale). (*b*) **Business uplift,** reprise *f* des affaires. (*c*) **Rural uplift centre,** centre *m* de relèvement des campagnes.

uplift[2] [ʌp'lift], *v.tr.* **1.** Soulever, élever (qch.); hausser (les sourcils, etc.). **2.** *F:* Élever (l'âme, le cœur, la voix, etc.).

uplifted, *a.* **1.** (*Of land, etc.*) Soulevé; (*of hand, etc.*) levé; (*of brow, head, etc.*) haut. **2.** (*Of heart, mind, etc.*) (*a*) Élevé. (*b*) Exalté, inspiré.

upmost ['ʌpmoust], *a.* *Lit:* = UPPERMOST 1.

upon [ə'pɔn], *prep.* = ON[1] I. (Les prépositions *upon* et *on* sont en général interchangeables; les préférences sont dictées par l'euphonie et l'usage.)

upper ['ʌpər]. I. *a.* **1.** (*a*) Supérieur, -eure; (plus) haut, (plus) élevé; de dessus; d'au-dessus. **The upper air,** les couches supérieures de l'atmosphère. **The upper jaw,** la mâchoire supérieure. *The u. branches*, les hautes branches. **Upper part of sth.,** dessus *m* de qch. **The upper rooms,** les chambres *f* d'au-dessus. *The u. story*, l'étage supérieur. *F:* **To be weak, wrong, gone, in the upper story,** avoir une araignée au plafond; avoir le timbre fêlé; avoir un grain. *Bootm:* **Upper leather,** empeigne *f*. *Nau:* **Upper mast,** mât supérieur. **Upper sails,** hautes voiles. **Upper topsail,** (hunier) volant *m*. *See also* CASE[2] 7, DECK[1] 1, LIP[1] 1, WORK[1] 10. (*b*) (*Furthest from entrance, from river mouth, etc.*) **Upper end of a church, of a hall,** fond *m* d'une église, d'une salle. **Upper part, upper waters, of a river,** amont *m* d'une rivière. **The upper Rhine,** le Rhin supérieur; le haut Rhin. **Upper part of a country,** partie centrale d'un pays. **Upper Egypt,** la Haute-Égypte. **Upper Silesia,** la Haute-Silésie. **Upper Canada,** le haut Canada. **2.** Supérieur (en rang, etc.). **Upper servants,** principaux domestiques. **Upper end of the table,** haut bout de la table. *Parl:* **The upper House,** la Chambre Haute; la Chambre des Lords. **The upper classes,** *F:* **the upper ten (thousand),** les hautes classes; la bonne société, la haute société; *F:* la haute volée; les richards *m*; *A:* les gens *m* du bel air; *P:* la haute. **We must keep the upper hand,** il faut avoir la haute main; il faut tenir le haut bout; il faut garder l'avantage. **To get, gain, take, the upper hand,** prendre le dessus; prédominer, prévaloir; *F:* tenir la corde. *To allow s.o. to get the u. hand*, se laisser tyranniser, subjuguer, par qn; trop lâcher la bride à (un enfant, etc.). *To regain the u. hand*, rétablir sa position. **To get the upper hand of s.o., of a horse,** avoir raison de qn; subjuguer un cheval. *F:* **The upper dog,** celui qui a le dessus. *Sch:* **The upper school,** le grand collège. **The upper forms,** les grandes classes. **3.** *Mus:* (*a*) (Clavier *m*) du côté droit. (*b*) (Registre) aigu. *To pass from the u. to the lower register*, passer de l'aigu au grave.

II. **uppers,** *s.pl.* **1.** *Bootm:* (*a*) Empeignes *f*. (*b*) Tiges *f* (de bottes). **2.** *U.S:* Demi-guêtres *f*; guêtres *f* de ville; guêtrons *m*. **3.** *F:* **To be (down) on one's uppers,** être dans la débine, dans la dèche.

'upper-cut[1], *s.* *Box:* Coup porté de bas en haut; upper-cut *m*.

upper-'cut[2], *v.tr.* (*p.t.* **-cut;** *p.p.* **-cut;** *pr.p.* **-cutting**) Porter à (qn) un coup de bas en haut.

uppermost ['ʌpərmoust]. **1.** *a.* (*a*) Le plus haut, le plus élevé. **The uppermost floor,** l'étage le plus élevé. (*b*) De la plus grande importance; premier. *The u. subject of conversation*, le principal sujet de la conversation. **To be uppermost,** prédominer; tenir le premier rang; avoir l'avantage. **2.** *adv.* (*a*) (Le plus) en dessus. **Face uppermost,** face en dessus. *The carriage lay with its wheels u.*, la voiture était couchée les roues en l'air. (*b*) **His friend's fate was uppermost in his thoughts,** le sort de son ami occupait la première place dans ses pensées. **She said whatever came uppermost,** elle disait la première chose qui lui venait à l'esprit.

uppish ['ʌpiʃ], *a.* *F:* Présomptueux, arrogant, rogue; suffisant; qui se donne des airs. *He's too u.*, *P:* il fait trop sa poire. **Don't be so uppish (about it)!** ne le prenez pas de si haut! ne le prenez pas sur ce ton! *P:* ne fais pas le mariol! **-ly,** *adv.* D'un air ou d'un ton suffisant, rogue.

uppishness ['ʌpiʃnəs], *s.* *F:* Présomption *f*, arrogance *f*; suffisance *f*. *The u. of modern youth*, les grands airs, la présomption, des jeunes gens d'aujourd'hui.

upraise [ʌp'reːiz], *v.tr.* *Lit:* = RAISE UP.

upraised, *a.* **1.** Levé. **With upraised hand,** en levant la main. **2.** *Geol:* (*Of stratum, etc.*) Soulevé.

uprear [ʌp'riːər], *v.tr.* *Lit:* Dresser (un mât, etc.); arborer (un étendard, etc.). *To u. one's head*, relever la tête.

upright ['ʌprait]. I. *a.* **1.** (*a*) (*Of line, etc.*) Vertical, -aux; perpendiculaire; (*of carriage, wall, writing, etc.*) droit. **Upright boiler,** chaudière verticale. **Upright pole** (*of scaffolding*), écoperche *f*. **Upright joint,** joint montant. **Upright (gas-)burner,** bec droit. *Nau:* **Upright mast,** mât ciergé. **Upright-masted,** mâté en chandelier. *See also* GRAND 3, PIANO[2]. (*b*) *Pred.* Debout. **To put, set, sth. upright,** mettre qch. debout, d'aplomb. **'To be kept upright,'** "tenir debout." *To stand firmly u.*, prendre un aplomb solide. *To hold oneself u.*, se tenir droit. *Sitting u. on his chair*, assis raide sur sa chaise. (*Of ship*) **To get upright,** se redresser. **2.** (*Of pers., mind, dealings, etc.*) Droit, équitable, intègre, honnête, probe. **Upright man,** homme *m* de bien. **Upright judge,** magistrat *m* juste, intègre. *U. conduct*, conduite droite. **-ly,** *adv.* **1.** Avec droiture; équitablement, intègrement, honnêtement. **2.** *Occ.* (Tenir qch.) droit, d'aplomb, verticalement.

II. **upright,** *s.* **1.** **Out of upright,** hors d'aplomb. **2.** *Carp:* *etc:* Montant *m*; pied-droit *m*, *pl.* pieds-droits; chandelle *f*, jambage *m*. *Rail:* Ranchet *m* (de wagon plat). *Uprights of a ladder*, montants, bras *m*, d'une échelle. *Uprights of a mine*, bois *mpl* de mine. *Fb:* **The uprights,** les montants de but.

uprightness ['ʌpraitnəs], *s.* **1.** Droiture *f*, équité *f*, intégrité *f*, rectitude *f*, honnêteté *f* (de qn, de conduite). **2.** Verticalité *f*, perpendicularité *f*, aplomb *m* (de qch.).

uprise[1] [ʌp'raiz, 'ʌp-], *s.* *Lit:* **1.** Lever *m* (du soleil, etc.); ascension *f* (d'un ballon, etc.). **2.** Montée *f*, côte *f* (du terrain, etc.). **3.** Avancement *m*, élévation *f* (en rang, etc.).

uprise[2] [ʌp'raiz], *v.i.* (*p.t.* **uprose;** *p.p.* **uprisen)** *Lit:* = *to rise (up)*, *q.v. under* RISE[2] I. 1.

uprising, *s.* **1.** = UPRISE[1]. **2.** Lever *m* (de qn). **At the King's uprising,** au lever du roi. **3.** Soulèvement *m* (du peuple); insurrection *f*.

uproar ['ʌprɔːr], *s.* **1.** Tumulte *m*, vacarme *m*, tapage *m*, rumeur *f*, grand bruit; *F:* brouhaha *m*, chahut *m*, bacchanal *m*. *Deafening u.*, vacarme assourdissant; tapage de tous les diables. **2.** **The town is in an uproar,** la ville est en tumulte, en rumeur, en commotion.

uproarious [ʌp'rɔːriəs], *a.* Tumultueux, tapageur; très bruyant. *The class was getting u.*, la classe commençait à faire du tapage. **To burst into uproarious laughter,** partir d'un grand éclat de rire. **-ly,** *adv.* Tumultueusement, bruyamment, tapageusement. *See also* LAUGH[2] 1.

uproariousness [ʌp'rɔːriəsnəs], *s.* Caractère tumultueux, tapageur, bruyant (*of*, de).

uproot [ʌp'ruːt], *v.tr.* Déraciner, extirper, arracher (une plante, *F:* un mal, etc.). **To uproot s.o. from his home,** arracher qn de son foyer.

uprooting, *s.* = UPROOTAL.

uprootal [ʌp'ruːt(ə)l], *s.* Déracinement *m*, extirpation *f* (*from*, de).

uprooter [ʌp'ruːtər], *s.* Déracineur, -euse; extirpateur, -trice.

uprush ['ʌprʌʃ], *s.* Montée soudaine (d'eau, etc.); jaillissement *m* (de pétrole, etc.); bouffée (montante) (de gaz, d'air).

upsadaisy, up-se-daisy [ʌpsə'deizi], *int.* *F:* Houp là!

upsaddle ['ʌpsadl], *v.i.* (*In S. Africa*) Seller son cheval.

Upsala [up'sɑːla]. *Pr.n. Geog:* Upsal.

upset[1] ['ʌpset], *s.* **1.** Renversement *m* (d'une voiture); chavirage *m*, chavirement *m* (d'un bateau). **2.** (*a*) Désorganisation *f*, bouleversement *m*, désordre *m*; remue-ménage *m inv*; chambardement *m*. *We have just been removing. You can imagine the u.*, on vient de déménager. Vous voyez d'ici quel aria, quel branle-bas. (*b*) Anicroche *f*, ennui *m*. (*c*) Bouleversement (d'esprit). **To give s.o. an upset**, bouleverser qn. *She has had a dreadful u.*, elle vient d'essuyer un coup terrible. (*d*) Dérangement *m* (de corps); indisposition *f*.

upset² [ʌp'set], *v.* (*p.t.* **upset**; *p.p.* **upset**; *pr.p.* **upsetting**) I. *v.tr.* **1.** (*a*) Renverser (un vase, le contenu d'un vase, etc.); (faire) verser (une voiture, les occupants d'une voiture, etc.); (faire) chavirer (un bateau); culbuter (qn). *See also* APPLE-CART. (*b*) Désorganiser, bouleverser, déranger (les plans de qn); tromper (les calculs de qn). *To u. a plot*, déjouer un complot. *Mil: Navy:* **To upset a manœuvre**, déjouer une manœuvre. *To u. everything*, mettre tout en confusion; tout bouleverser; tout détraquer. *To u. everything in the house*, *F:* tout chambarder dans la maison. (*c*) Troubler, émouvoir, bouleverser, démonter (qn); mettre (qn) en émoi. *This accident u. me very much*, cet accident m'a mis sens dessus dessous. **The least thing upsets him, he is easily upset**, il s'émeut d'un rien; la moindre chose le bouleverse; il s'impressionne facilement. **Don't upset yourself, don't allow yourself to be upset**, ne vous laissez pas émouvoir; ne vous impressionnez pas; *F:* ne vous frappez pas. (*d*) Indisposer (qn); dérégler, déranger (l'estomac); troubler (la digestion). **Beer upsets me**, la bière me rend malade, m'est contraire, ne me réussit pas, ne me vaut rien. **2.** *Metalw: etc:* Refouler (la tête d'un boulon, etc.). (*Of projectile*) **To become upset**, se refouler.

II. **upset**, *v.i.* (*Of cup, its contents, etc.*) Se renverser; (*of carriage*) verser; (*of boat*) chavirer.

upset³, *a.* **1.** (*a*) (*Of carriage, etc.*) Renversé, versé; (*of boat*) chaviré. (*b*) (*Of pers.*) Bouleversé, ému. *You look u.*, vous avez l'air ému. *Don't be so u.*, ne vous désolez pas comme cela. **To get, become, upset**, se laisser démonter; *F:* se frapper. **To be quite upset**, avoir l'esprit à l'envers; être dans tous ses états. *He is quite u. about it*, il en est malade. *He looked very much u.*, il avait le visage renversé, défait. *She is u. about her brother going away*, elle est bouleversée que son frère s'en aille, de ce que son frère s'en va. (*c*) (Estomac) dérangé. (*Of pers.*) **To be upset**, être indisposé; avoir le corps dérangé. **My digestion is upset**, j'ai l'estomac dérangé. **2.** (*At auctions, etc.*) **Upset** ['ʌpset] **price**, mise *f* à prix; prix *m* de départ; prix demandé. *Knocked down for £100 from an u. price of £60*, adjugé à £100 sur demande de £60.

upsetting¹, *a.* (*Of news, etc.*) Bouleversant, inquiétant.

upsetting², *s.* **1.** (*a*) Renversement *m*, chavirage *m*, chavirement *m*. (*b*) Bouleversement *m*; désorganisation *f*; dérangement *m* (de projets). **Upsetting of the equilibrium**, rupture *f* de l'équilibre. **2.** *Metalw:* Refoulement *m*. **Upsetting press**, presse *f* à refouler.

upsetter [ʌp'setər], *s.* **1.** Désorganisateur, -trice; perturbateur, -trice; renverseur, -euse. **2.** Machine *f* à refouler (les cercles de roues, etc.).

upshot ['ʌpʃɔt], *s.* Résultat *m*, issue *f*, dénouement *m*, conclusion *f* (d'une affaire, etc.); fin mot (d'un argument). **What will be the upshot of it?** à quoi cela aboutira-t-il? quelle en sera l'issue? qu'en sortira-t-il? *What is the u. of it all?* à quoi se réduit tout cela? *The u. of it all was that X resigned*, l'issue en fut que X donna sa démission; *F:* conclusion: X a donné sa démission.

upside down ['ʌpsaid'daun]. **1.** *adv.phr.* (*a*) Sens dessus dessous; la tête en bas; tête dessus tête dessous. *He was holding the barometer u. d.*, il tenait le baromètre renversé, à l'envers. *The book has been bound u. d.*, le livre a été relié à l'envers. (*b*) *F:* En désordre; bouleversé. *Everything is u. d.*, tout est en désarroi, à la débandade. **To turn everything upside down**, tout bouleverser; tout mettre sens dessus dessous. *The house was turned u. d.*, la maison était bouleversée. **2.** *a.* Renversé; mis sens dessus dessous. *U.-d. ideas*, idées biscornues, paradoxales. *He has an u.-d. way of looking at things*, il voit les choses à l'envers.

upsides ['ʌpsaidz], *adv.* *F:* **To get upsides with s.o.**, rendre la pareille à qn; prendre sa revanche. *I'll be u. with him!* je le lui revaudrai!

upsilon [jup'sailən], *s.* *Gr.Alph:* Upsilon *m*.

upstairs [ʌp'stɛərz]. **1.** *adv.* En haut (de l'escalier); aux étages supérieurs. **To go, walk, upstairs**, monter (l'escalier); aller en haut. *To call s.o. u.*, faire monter qn. *See also* KICK² 2. *My hat is u.*, mon chapeau est en haut, dans ma chambre. **2.** *a.* Upstair(s) ['ʌpstɛər(z)]. (*Of room, etc.*) D'en haut, du haut; situé à l'étage supérieur.

upstanding ['ʌpstandiŋ], *a.* **1.** (*Of pers., post, etc.*) Debout *inv*; (*of hair, etc.*) dressé, hérissé; (*of carriage, pers.*) droit. *A fine u. fellow*, un gaillard bien campé. **2.** *F:* (*Of pers.*) Honnête, probe, sincère, droit, intègre. **3.** (*Of wages*) Fixe; qui ne varie pas.

upstart ['ʌpstɑːrt], *s.* **1.** Nouveau riche; parvenu, -ue; *A. & Lit:* homme nouveau. *Attrib.* **Upstart official**, bureaucrate parvenu (et arrogant). **2.** *Bot:* Colchique *m* d'automne.

upstay [ʌp'stei], *v.tr.* *Lit:* Soutenir, étayer, maintenir.

upsweep¹ ['ʌpswiːp], *s.* **1.** *Aut:* Surélévation *f* (du châssis); *N.Arch:* relevé *m* (des couples). **2.** *With an u. of the arms*, avec un geste large vers le ciel.

upsweep² [ʌp'swiːp], *v.tr.* (*p.t.* **upswept** [-swept]; *p.p.* **upswept**) *Aut:* Surélever (le châssis).

upswept, *a.* Qui remonte en courbe; *Aut:* (châssis) surélevé.

upsweeping, *s.* = UPSWEEP¹ 1.

uptake ['ʌpteik], *s.* **1.** *Scot. & F:* Entendement *m*, intelligence *f*. **To be quick, slow, in the uptake**, avoir la compréhension facile, difficile. *He is quick in the u.*, il saisit vite; il est intelligent; il a l'esprit vif, éveillé. **2.** (*a*) Colonne *f* d'air montant (d'un système d'aérage, etc.). **Uptake pipe**, tuyau ascendant, montant; tuyau de montée. *Min:* **Uptake (shaft)**, puits *m* de retour d'air. (*b*) *Mch:* Culotte *f*, rampant *m* (de cheminée).

uptear [ʌp'tɛər], *v.tr.* (*p.t.* **uptore** [-'tɔər]; *p.p.* **uptorn** [-'tɔːrn]) *Lit:* Arracher (un arbre, etc.).

upthrow ['ʌpθrou], *s.* *Geol: Min: etc:* Rejet *m* en haut; surgissement *m* (de couches volcaniques). **Upthrow side of a fault**, regard *m*, lèvre soulevée, d'une faille.

upthrust ['ʌpθrʌst], *s.* **1.** *Geol:* Soulèvement *m*. **2.** *Ph:* Pression de bas en haut (exercée par un liquide sur un corps immergé).

uptore [ʌp'tɔːər], **uptorn** [ʌp'tɔːrn]. *See* UPTEAR.

upturn¹ ['ʌptəːrn], *s.* **1.** *F:* Bouleversement *m* (des idées, etc.). **2.** *Dressm:* Ourlet *m* (d'une jupe, etc.).

upturn² [ʌp'təːrn], *v.tr.* Retourner (le sol, etc.); lever (la figure, les yeux, etc.).

upturned ['ʌptəːrnd], *a.* **1.** (*a*) (Sol, etc.) retourné. (*b*) (Bord) relevé; (nez) retroussé; (yeux) tournés vers le ciel. *I looked into the child's* **upturned face**, je regardai le visage que l'enfant levait vers moi. *A sea of u. faces*, une foule de visages levés en l'air. **2.** Renversé; mis sens dessus dessous.

upward ['ʌpwərd]. **1.** *a.* (*Of road, etc.*) Montant, ascendant. **Upward movement**, (i) mouvement ascensionnel; mouvement d'ascension; mouvement (qui se dirige) vers le haut; (ii) mouvement de reprise; phase ascendante. *Av:* **Upward motion** (*following on a dive*), remontée *f*. *Mth: etc:* **The slope is upward**, l'inclinaison *f* de la courbe se dirige vers le haut; la courbe remonte. **Upward gradient**, rampe *f*. *Eyebrows with a somewhat satanic u. curve*, *F:* des sourcils à la remontée un peu satanique. *Com: There is an u. tendency, an u. movement*, il y a une tendance à la hausse, un mouvement de hausse. **Prices show an upward tendency**, les prix sont à la hausse, en hausse. **2.** *adv.* = UPWARDS. *Faces turned u.*, visages tournés, levés, vers le ciel.

upwards ['ʌpwərdz], *adv.* **1.** De bas en haut; vers le haut; en montant. *Curve* **concave upwards**, courbe *f* concave vers le haut. **The road runs upwards**, la rue va en montant. *We followed the river u.*, nous sommes remontés vers la source de la rivière, nous avons remonté le cours de la rivière. **2.** En dessus. *To lay sth.* **face upwards** *on the table*, mettre qch. à l'endroit sur la table. *Lying face u. on the ground*, couché par terre sur le dos. *The boats were waiting to be tarred, bottom u.*, les bateaux, la quille en l'air, attendaient leur couche de goudron. **To look upwards**, regarder en haut, en l'air. **3.** Au-dessus. **£100 and upwards**, cent livres et au-dessus, et au delà. *Schools that have* **upwards of** *fifty pupils*, les écoles *f* qui ont plus de cinquante élèves. *The school takes pupils* **from ten years upwards**, l'école prend les élèves à partir de dix ans. *We have no pupils u. of sixteen*, nous n'avons pas d'élèves de plus de seize ans, au delà de seize ans.

uraemia [ju'riːmiə], *s.* *Med:* Urémie *f*.

uraemic [ju'riːmik], *a.* *Med:* Urémique.

uraeus [ju'riːəs], *s.* *Egypt.Ant:* Uræus *m*.

Ural ['juərəl]. *Pr.n.* *Geog:* **The Ural (river)**, l'Oural *m*. **The Ural mountains**, les monts Ourals.

Ural-Altaic ['juərəlal'teiik], *a.* *Ethn: Ling:* Ouralo-altaïque.

Uralian [ju'reiliən], *a.* *Geog:* Ouralien.

uralite ['juərəlait], *s.* *Miner:* Ouralite *f*.

Uralo-Altaic [ju'raloal'teiik], *a.* = URAL-ALTAIC.

uranate ['juərənet], *s.* *Ch:* Uranate *m*.

Urania [ju'reiniə]. **1.** *Pr.n.f.* *Myth: Astr:* Uranie. **2.** *s.* *Bot: Ent:* Uranie *f*.

uranic [ju'ranik], *a.* *Ch:* Uranique.

uraninite [ju'raninait], *s.* *Miner:* Pechblende *f*, péchurane *m*.

uranite ['juərənait], *s.* *Miner:* Uranite *f*.

uranium [ju'reiniəm], *s.* *Ch:* Uranium *m*. **Uranium oxide**, urane *m*. **Uranium glass**, verre *m* d'urane. *Phot:* **Uranium toning**, virage *m* à l'uranium.

uranographer [jurə'nɔgrəfər], *s.* *Astr:* Uranographe *m*.

uranographic(al) [juərano'grafik(əl)], *a.* *Astr:* Uranographique.

uranography [jurə'nɔgrəfi], *s.* *Astr:* Uranographie *f*.

uranometry [jurə'nɔmetri], *s.* *Astr:* Uranométrie *f*.

uranoscopus [jurə'nɔskopəs], *s.* *Ich:* Uranoscope *m*.

uranous ['juərənəs], *a.* *Ch:* Uraneux.

Uranus ['juərənəs]. *Pr.n.m.* *Myth: Astr:* Uranus.

urban¹ ['əːrbən], *a.* Urbain. *Crowded u. areas*, agglomérations urbaines surpeuplées.

Urban². *Pr.n.m.* Urbain.

urbane [əːr'bein], *a.* Courtois, poli, civil. **-ly**, *adv.* Courtoisement, civilement; avec politesse, avec urbanité.

urbanism ['əːrbanizm], *s.* *Arch: Civ.E:* Urbanisme *m*; aménagement *m* des villes.

urbanist¹ ['əːrbanist], *s.* **1.** *Rel.H:* Urbaniste *m* (partisan d'Urbain VI contre Clément). **2.** *Ecc:* **Urbanist (nun)**, urbaniste *f*.

urbanist², *s.* *Arch: Civ.E:* (Architecte, ingénieur) urbaniste *m*.

urbanity [əːr'baniti], *s.* Urbanité *f*; courtoisie *f*, civilité *f*, politesse *f*.

urbanization [əːrbənai'zeiʃ(ə)n], *s.* Aménagement *m* et assainissement *m* des agglomérations urbaines.

urbanize ['əːrbənaiz], *v.tr.* Urbaniser (la campagne, etc.).

Urbino [əːr'biːno]. *Pr.n.* *A.Geog:* **The Duchy of Urbino**, le duché d'Urbin.

urceolate ['əːrsiolet], *a.* *Nat.Hist:* Urcéolé.

urceolus [əːr'siːoləs], *s.* *Nat.Hist:* Urcéole *m*.

urchin ['əːrtʃin], *s.* **1.** *F:* (*a*) Galopin, -ine; gamin, -ine; petit polisson. (*b*) Gosse *mf*; marmot *m*; bambin, -ine; *P:* moutard *m*. **2.** (*a*) *Echin:* = SEA-URCHIN. *See also* SHIELD-URCHIN. (*b*) *A:* = HEDGEHOG 1. **3.** *Tex:* Hérisson *m* (de machine à carder).

Urdu ['uərduː], *s.* *Ling:* L'ourdou *m*, l'hindoustani *m*.

-ure [jər], *s.suff.* **1.** (*Verbal action*) (*a*) -ure *f*. *Closure*, clôture. *Investiture*, investiture. (*b*) *Exposure*, exposition. *Pressure*, pression. **2.** (*Its result*) -ure. *Ligature*, ligature. *Picture*, peinture. *Scripture*, écriture. **3.** (*Office or function*) -ure. *Judicature*, judicature. *Legislature*, législature. *Prefecture*, préfecture.

urea ['juəriə], *s.* *Ch:* Urée *f*.

ureal ['juəriəl], *a.* *Ch:* Uréique.

ureameter [juəri'ametər], *s.* *Med:* Uréomètre *m*.

ureametry [juəri'ametri], *s. Med:* Uréométrie *f.*
uredines [juə'ri:dini:z], *s.pl. Fung:* Urédinées *f.*
uredo [juə'ri:do], *s. Fung:* Urédo *m.*
uredospore [juə'ri:dospɔ:ər], *s. Fung:* Urédospore *f.*
ureometer, -metry [juəri'ɔmetər, -metri], *s.* = UREAMETER, -METRY.
ureter [ju'ri:tər], *s. Anat:* Uretère *m.*
ureteral [ju'ri:tərəl], *a. Anat:* Urétéral, -aux.
ureteric [juəri'terik], *a. Anat:* Urétérique.
ureteritis [juri:tə'raitis], *s. Med:* Urétérite *f.*
ureterotomy [juri:tə'rɔtomi], *s. Surg:* Urétérotomie *f.*
urethra [ju'ri:θra], *s. Anat:* Urètre *m.*
urethral [ju'ri:θrəl], *a. Anat:* Urétral, -aux.
urethrectomy [juri:'θrektomi], *s. Surg:* Urétrectomie *f.*
urethritis [juri:'θraitis], *s. Med:* Urétrite *f.*
urethrobulbar [juri:θro'bʌlbər], *a. Anat:* Urétro-bulbaire.
urethrotomy [juri:'θrɔtomi], *s. Surg:* Urétrotomie *f.*
urge[1] [ə:rdʒ], *s.* Incitation *f*, impulsion *f*; poussée *f*; mobile *m.* **To feel an urge to do sth., se sentir poussé à faire qch.** *U. to write,* démangeaison *f* d'écrire.
urge[2], *v.tr.* **1.** (*a*) **To urge s.o. (on),** encourager, exhorter, exciter, qn. *To u. on a gang of workmen,* actionner, presser, une équipe. **To urge a horse forward, on,** pousser, presser, animer, talonner, lancer, forcer, enlever, un cheval; hocher le mors à un cheval; serrer les côtes à un cheval; chasser en avant. *Ven: To u. on the hounds,* baudir les chiens. **To urge s.o. to do sth.,** pousser, exhorter, qn à faire qch.; presser qn de faire qch.; prier instamment qn de faire qch. **To urge s.o. to action,** exhorter qn à l'action. *To u. s.o. to revolt,* inciter, exciter, qn à la révolte, à se révolter. (*b*) Hâter, pousser (qch.); activer (le feu). **To urge on, forward, a piece of work,** hâter, activer, un travail. *To u. one's progress,* hâter son progrès; presser le pas. **2.** Mettre en avant, avancer, alléguer, objecter (une raison, etc.); faire valoir (une raison, une excuse, etc.); insister sur (un point). *To u. s.o.'s youth (as an excuse),* plaider la jeunesse de qn. *I urged that . . .,* j'ai fait valoir que. . . . *I have nothing to u. against this argument,* je n'ai rien à opposer à ce raisonnement. **To urge sth. against s.o.,** objecter qch. contre qn; faire un démérite à qn de qch. **3.** Conseiller fortement, recommander (une démarche, etc.). **To urge that sth. should be done,** insister pour que qch. se fasse. *"Let us make haste," he urged,* "dépêchons-nous," répétait-il. **To urge on s.o. the necessity of doing sth.,** insister auprès de qn sur la nécessité de faire qch.

urging, *s.* **1.** Encouragement *m*, incitation *f* (*to do sth.,* à faire qch.). **2.** Mise *f* en avant, allégation *f* (d'une raison, etc.). **3.** Forte recommandation (d'une démarche, etc.).

urgency ['ə:rdʒənsi], *s.* **1.** Urgence *f* (d'une question, etc.); extrémité *f* (d'un besoin). *Parl:* **To call for a vote of urgency,** demander l'urgence. **2.** Besoin pressant; nécessité urgente. **3.** *To yield to s.o.'s urgencies,* céder aux instances *f* de qn. *Urgencies of conscience,* talonnements *m* de conscience.
urgent ['ə:rdʒənt], *a.* **1.** Urgent, pressant; immédiat. *U. need,* besoin pressant. **Urgent case,** cas pressant, urgent. *The matter is u.,* l'affaire presse. *The things that are most u.,* les choses qui pressent le plus. *To deal with the most u. thing first,* s'occuper d'abord du plus pressé; courir au plus pressé. **It is most urgent that** *the doctor should come,* il y a grande urgence à ce que le docteur vienne. *Parl: The business is reported as u.,* l'urgence est déclarée. *U. entreaty,* prière instante. **At their urgent request,** sur leurs instances pressantes. *Post:* **'Urgent,'** "urgent." **2.** (*Of pers.*) Qui insiste. *They were u. for him to start at once,* ils ont beaucoup insisté pour qu'il parte aussitôt. *They were very u. with him,* ils ont beaucoup insisté auprès de lui. *Don't be too u.,* n'allez pas jusqu'à l'importunité. **-ly,** *adv.* Avec urgence; avec instance. *A doctor is u. required,* on demande instamment un médecin. *His return is most u. required,* il y a grande urgence à ce qu'il revienne.
urger ['ə:rdʒər], *s.* **Urger (on),** incitateur, -trice; instigateur, -trice.
-uria ['juəria], *s.suff. Med:* -urie *f. Albuminuria,* albuminurie. *Glycosuria,* glycosurie. *Haematuria,* hématurie. *Polyuria,* polyurie.
Uriah [ju'raia]. *Pr.n.m. B.Hist:* Urie.
uric ['juərik], *a.* (Acide *m*, etc.) urique.
Uriel ['juəriəl]. *Pr.n.m. B.Lit:* Uriel.
urinal ['juərin(ə)l], *s.* **1.** *Med:* **Bed urinal,** urinal *m*, -aux, de lit. **Day urinal,** urinal de jour. **2.** *Hyg:* Urinoir *m*; *F:* pissotière *f.*
urinarium [juri'nɛəriəm], *s. Husb:* Fosse *f* à purin.
urinary ['juərinəri]. **1.** *a. Anat:* Urinaire. *The u. system,* les voies *f* urinaires. **Urinary calculus,** urolithe *m.* **2.** *s.* (*a*) *Mil:* Urinoir *m*; *F:* pissoir *m.* (*b*) *Husb:* Fosse *f* à purin.
urinate ['juərineit], *v.i.* Uriner.
urination [juri'neiʃ(ə)n], *s.* Urination *f*; miction *f.*
urine ['juərin], *s.* Urine *f.*
urinometer [juri'nɔmetər], *s. Med:* Urinomètre *m.*
urinoscopy [juri'nɔskopi], *s. Med:* Uroscopie *f.*
urinous ['juərinəs], *a.* Urineux.
urn [ə:rn], *s.* **1.** (*a*) *Cer: etc:* Urne *f.* (*b*) **Cinerary urn,** urne cinéraire, sépulcrale. (*c*) *Rom.Ant:* Urne électorale. **2.** *Dom.Ec:* (Tea-)urn, fontaine *f* (à thé); samovar *m.*
urobilin [juəro'bailin], *s. Ch:* Urobiline *f.*
urobilinuria [juərobaili'njuəria], *s. Med:* Urobilinurie *f.*
urochrome ['juərokroum], *s. Physiol:* Urochrome *m.*
urodele ['juərodi:l], *s. Amph:* Urodèle *m.*
urodynia [juəro'dainia], *s. Med:* Urodynie *f.*
urogaster ['juərogastər], *s. Crust:* Urogastre *m.*
urogenital [juəro'dʒenit(ə)l], *a. Anat:* Urogénital, -aux.
urology [juə'rɔlodʒi], *s. Med:* Urologie *f.*
uropod ['juəropɔd], *s. Crust:* Uropode *m.*
uropoietic ['juəropɔi'etik], *a. Physiol:* (Fonction *f*) uropoïétique.
uropteran [juə'rɔptərən], *s. Crust:* Uroptère *m.*
uropygial [juəro'pidʒiəl], *a. Orn:* Uropygial, -aux.
uropygium [juəro'pidʒiəm], *s. Orn:* Uropyge *m*, uropygium *m*; *F:* croupion *m* (d'un oiseau).
uroscopy [ju'rɔskopi], *s.* = URINOSCOPY.
urotoxic [juəro'tɔksik], *a. Med:* (Coefficient *m*) urotoxique.
Ursa ['ə:rsa], *s. Astr:* **Ursa Major, Ursa Minor,** la Grande, la Petite, Ourse.
ursidae ['ə:rsidi:], *s.pl. Z:* Ursidés *m*; les ours *m.*
ursine ['ə:rsain], *a. Z:* Ursin, oursin. **Ursine seal,** phoque oursin; ours marin.
Ursula ['ə:rsjula]. *Pr.n.f.* Ursule.
Ursuline ['ə:rsjulain, -lin], *a. & s.* **Ursuline** (nun), ursuline *f.* **Ursuline convent,** (un) couvent d'ursulines; (le) couvent des ursulines.
urtica ['ə:rtika, ə:r'taika], *s. Bot:* Ortie *f.*
urticaceae [ə:rti'keisii:], *s.pl. Bot:* Urticacées *f.*
urticaceous [ə:rti'keiʃəs], *a. Bot:* Des urticacées; urticacé.
urticaria [ə:rti'kɛəria], *s. Med:* Urticaire *f*; fièvre ortiée; cnidose *f.*
urticate ['ə:rtikeit], *v.tr.* **1.** Ortier (un membre, etc.). **2.** (*Of plant, etc.*) Piquer comme une ortie.
urtication [ə:rti'keiʃ(ə)n], *s.* Urtication *f.*
urubu [u:ru'bu:], *s. Orn:* Urubu *m.*
Uruguay ['u:rugwei]. *Pr.n. Geog:* L'Uruguay *m.*
Uruguayan [u:ru'gweiən], *a. & s. Geog:* Uruguayen, -enne.
urus, *pl.* **uri, uruses** ['juərəs, 'juərai, 'juərəsiz], *s. Z:* Urus *m*, aurochs *m.*
us [ʌs], *pers.pron., objective case.* **1.** (*Unstressed*) (*a*) Nous. *He sees us,* il nous voit. *He gave us everything,* il nous a tout donné. *Tell us,* dites-nous. *Give us some,* donnez-nous-en. *Lend it (to) us,* prêtez-le-nous. *He wrote us a letter,* il nous a écrit une lettre. *He stayed with us a month,* il est resté un mois chez nous. *There are three of us,* nous sommes trois. (*b*) (*Refl.*) *We will take the boxes with us,* nous prendrons les boîtes avec nous. (*c*) (*Refl.*) *A. & Lit:* **We sat us down,** nous nous sommes assis. **2.** (*Stressed*) Nous. *That concerns 'us alone,* cela nous regarde, nous seuls; cela ne regarde que nous. *Between you and us,* entre vous et nous. *Will you make one of 'us?* voulez-vous être des nôtres? *You cannot deceive 'us engineers,* on ne peut pas nous tromper, nous autres ingénieurs. **3.** (*Stressed; as a nominative*) *F: He would not believe that it was us,* il ne voulait pas croire que c'était nous. *They are richer than us,* ils sont plus riches que nous. *P: We've talked it over,* **us two,** nous l'avons discuté, lui et moi, elle et moi, nous deux. **4.** (*With sg. meaning,* = *me*) (*a*) (*Of majesty, newspaper editor*) Nous. *Cf.* WE 2. (*b*) *F:* **Give us a penny,** donnez-moi deux sous. **Let us, let's, have a look,** laissez-moi regarder.
usable ['ju:zəbl], *a.* Utilisable, employable.
usage ['ju:zedʒ], *s.* **1.** (*Usu. pej.*) Traitement *m. Book damaged by rough u.,* livre qui a été maltraité. **His usage of me,** sa manière d'agir envers moi; ses procédés *m* envers moi. *The u. meted out to him by . . .,* le traitement qu'il a reçu chez. . . . *See also* ILL-USAGE. **2.** (*a*) Usage *m*, coutume *f*; pratique consacrée. **The usages and customs of a country,** les us *m* et coutumes d'un pays. *An old u.,* une vieille coutume. *Usages of trade,* usages de commerce (ou de métier). (*b*) *Jur:* Droit *m* de passage. **3.** Emploi *m*, usage (d'un mot, etc.). **Expression that has come into usage,** expression qui est entrée dans l'usage.
usance ['ju:z(ə)ns], *s. Com:* Usance *f.* **Local usance,** l'usance de la place. **Bill at double usance,** effet *m* à double usance.
Usbeg ['ʌzbeg], *s. Ethn:* Ouzbek *m*, Uzbek *m.*
Uscock ['ʌskɔk], *s. Hist:* Uscoque *m*, Uskok *m.*
use[1] [ju:s], *s.* **1.** (*a*) Emploi *m*, usage *m. The use of steel in modern building,* l'emploi de l'acier dans la construction moderne. *A new use for wireless,* une nouvelle utilisation de la radio. **To find a use for sth.,** trouver un moyen de se servir de qch. *Wrong use of a phrase,* usage vicieux d'une locution. **To make use of sth.,** se servir de qch.; faire usage de qch.; employer qch.; tirer parti, tirer profit, de qch.; mettre qch. à contribution; utiliser qch. **Please make use of me,** je vous prie de m'employer. *To make use of one's arms, of one's legs,* s'aider de ses bras, de ses jambes. **To make good, bad, use of sth.,** faire bon usage, mauvais usage, de qch. *To make bad use of one's money,* mal employer, mésemployer, son argent. *To make the best possible use of sth.,* tirer le meilleur parti possible de qch. *Clive made creditable use of his riches,* Clive employa honorablement ses richesses. *To make great use of metaphor,* faire un usage fréquent, se servir beaucoup, de la métaphore; affecter la métaphore. **To put sth. to a use,** faire un emploi de qch. *Everything has its use,* il y a un emploi pour tout. **To put sth. to good use, to (a) bad use,** faire un bon, un mauvais, emploi de qch. *To put advice to use,* profiter d'un conseil. **To put an article into use,** mettre un article en usage. *Device that is coming more and more into use,* dispositif *m* qui s'introduit de plus en plus. **Article of everyday use,** article d'usage courant, d'un emploi courant. *Article meant for use rather than for ornament,* article destiné à être employé plutôt qu'à faire bon effet. **Word in everyday use,** mot d'usage courant; mot très usité. **Not in use,** (i) hors d'usage; (ii) (machine) qui n'est pas en fonctionnement; (iii) disponible. *See also* GENERAL I. 2. *Word in use among scientists,* mot usité par les savants. *Machine that has been in use for ten years,* machine *f* qui sert depuis dix ans. (*At reference library*) **Book in use,** livre *m* en lecture. **Out of use,** hors de service; hors d'usage; (mot) tombé en désuétude; (mot) désuet, (locution) désuète. **To bring sth. into use again,** remettre qch. en usage. *The machine is still* **fit for use,** la machine peut encore servir, est encore en état de servir. *Camera always* **ready for use,** appareil toujours prêt à servir. **For the use of schools,** à l'usage des écoles. **'Directions for use,' 'instructions for use,'** "mode *m* d'emploi"; "indications *f* du mode d'emploi." *Pharm:* **'For external use,'** "pour l'usage externe." *Cust:* **Home use entry,** sortie *f* de l'entrepôt pour consommation. *See also* GLOBE. (*b*) **Usage. To improve with use,**

s'améliorer à l'usage. *To stretch one's shoes by use*, faire ses souliers. **2.** Jouissance *f*, usage. (*a*) **To have the full use of one's faculties,** jouir de toutes ses facultés. **To lose the use of an eye,** perdre l'usage d'un œil. *He has lost the use of his left leg*, il est impotent, perclus, de la jambe gauche. **To recover the use of one's limbs,** recouvrer l'usage, le maniement, de ses membres. (*b*) **To have one room and the use of the bathroom,** avoir une chambre et l'usage, et le droit de faire usage, de la salle de bains. *I should like to have the use of it*, je voudrais pouvoir en disposer. *To have the use of a ship*, avoir la jouissance d'un vaisseau; disposer d'un vaisseau. (*c*) *Jur:* Détention *f* précaire; usufruit *m*. **Full right of use of sth.,** plein usufruit de qch.; pleine jouissance de qch. **3.** Utilité *f*. **To be of use (for sth.),** être utile (à qch.). *Hoarders whose money is of no use to anyone*, thésauriseurs *m* dont l'argent ne profite à personne. *Experience is of no use to a fool*, l'expérience ne sert de rien à un sot. **Can I be of any use (to you)?** puis-je vous être utile en rien? puis-je vous être utile à quelque chose? *Prov:* **Misfortune has its uses,** à quelque chose malheur est bon. *The goods are of no more use*, cette marchandise n'est plus bonne à rien. *I have no further use for it*, je n'en ai plus besoin. *What has he done that was of any use?* qu'a-t-il fait d'utile? *It is of no use*, cela ne sert à rien. *It was of very little use*, cela a été peu efficace; cela nous a été peu utile. *That will be of little use, of great use*, cela ne servira pas à grand'chose; cela sera très utile, d'une grande utilité. *P:* **A fat lot of use that'll be to you!** ça vous fera une belle jambe! *I am of no use here*, je suis inutile ici. *F:* **My servant is no use,** ma bonne est incapable. *He is no use*, c'est une non-valeur. **To have no use for sth.,** n'avoir que faire, ne savoir que faire, de qch. *I have no use for it*, je ne saurais qu'en faire. **To have no further use for sth.,** n'avoir plus besoin de qch. *For which there is no further use*, qui n'a plus d'utilité; qui n'est plus utile. *P:* **I haven't much use for that chap,** ce garçon-là ne me dit rien, m'est antipathique; *P:* ce garçon-là, je l'ai dans le nez. *I've no use for him*, je ne peux pas le voir. **It is no use discussing the question,** rien ne sert de discuter la question; inutile de discuter la question. *It's no use crying*, ce n'est pas la peine de pleurer; ça ne vous avancera pas de pleurer. **It's no use my talking,** *F:* **me talking,** je perds ma peine à parler; ce sont paroles perdues. *It is no use his writing to me*, il est inutile qu'il m'écrive. *Is it any use me writing to him?* pourrais-je utilement lui écrire? **It's no use for you to be angry,** ça ne vous avancera pas de vous fâcher. *If he won't go, it's no use for me to say anything*, s'il ne veut pas y aller, je perdrais mon temps à insister. **What's the use of, in, making plans?** à quoi sert de faire des projets? à quoi bon faire des projets? **It was no use,** c'était inutile; rien n'y faisait; *F:* c'était comme si l'on chantait. *See also* EARTHLY 2. **4.** (*a*) Usage, coutume *f*, accoutumance *f*, habitude *f*. **The uses and customs of a country,** les us *m* et coutumes d'un pays. **According to use and wont,** suivant l'usage; selon l'usage. *He called on us that Sunday* **as was his use,** il était venu nous voir ce dimanche-là comme de coutume, comme c'était son habitude. *Prov:* **Use is a second nature,** l'habitude est une seconde nature. (*b*) *Ecc:* *A:* Liturgie *f*, rite *m* (particuliers à une église). *See also* SARUM.

use² [juːz], *v.tr.* **1.** (*a*) Employer, user de, se servir de (qch.); (*of company, etc.*) emprunter (une ligne de chemin de fer, une voie publique). *Are you using this knife?* vous servez-vous de ce couteau? *To know how to use one's hands*, savoir se servir de ses mains. **To use one's intelligence,** se débrouiller. **Use your eyes!** servez-vous de vos yeux; ouvrez vos yeux! (*Of thg*) **To be used for sth.,** servir à qch.; être employé à qch. *Ready to be used*, prêt à servir. *Ticket that cannot be used again*, billet *m* qui ne peut resservir. *Oil used for lighting*, huile employée à l'éclairage. *Chlorine is used for bleaching linen*, le chlore sert au blanchiment de la toile. *I used the money to rebuild my house*, j'ai utilisé l'argent à rebâtir ma maison. *Alpine pass already known and used*, passage alpin déjà connu et pratiqué. *Those who use the railway regularly*, ceux qui prennent le train régulièrement; les usagers *m* du chemin de fer. *To use a word in the figurative sense*, employer un mot, se servir d'un mot, au (sens) figuré. *Word no longer used*, mot désuet. *Book no longer used*, livre *m* hors d'usage. *Expression that is not used*, expression *f* qui ne s'emploie pas. **To use sth. as, for, sth.,** employer qch. comme qch. *The root is used as food*, on emploie cette racine comme aliment. *I use that as a hammer*, cela me sert de marteau. *A newspaper was used as a table-cloth*, un journal servit de nappe. **You may use my name (as a reference),** vous pouvez vous réclamer de moi; vous pouvez faire usage de mon nom. *To use sth. to the best advantage*, tirer le meilleur parti de qch. *She has used her spare time well*, elle a bien employé ses loisirs. **To use one's opportunities,** profiter des occasions. (*b*) User de (qch.); avoir recours à (qch.). **To use force,** user de force; employer la force. *See also* FIST 1. *To use precaution in doing sth.*, apporter de la précaution à faire qch. *To use discretion*, agir avec discrétion. **To use every means,** employer toutes sortes de moyens; user de, mettre en œuvre, tous les moyens. **To use one's influence,** user de son influence. *B:* *Use hospitality one to another*, exercez l'hospitalité les uns envers les autres. **2.** (*a*) **To use s.o. well, ill,** en user bien, mal, avec qn; bien, mal, agir envers qn. *I have been very well used*, on m'a très bien traité. *See also* ILL-USE. *To use s.o. roughly*, maltraiter, rudoyer, qn. *F:* *How's the world been using you lately?* comment ça va-t-il, ces temps-ci? (*b*) *Tool that has been roughly used*, outil qui a été maltraité. **3. To use sth. (up).** (*a*) User, épuiser, consommer, qch. *To use up all one's provisions*, consommer toutes ses provisions. *You mustn't use it all (up)*, il ne faut pas tout employer. *It is all used up*, il n'en reste plus. *Power used by a machine*, puissance absorbée par une machine. (*b*) **To use up the scraps,** tirer parti des restes; *Cu:* accommoder les restes. (*c*) **To use up s.o., one's horse,** surmener, épuiser, qn, son cheval. **4.** (*As aux., only in p.t.; often translated by the imperfect.*) *As children we used* [juːst] *to play together*, quand nous étions petits nous jouions ensemble. *My father used to tell me that . . .*, mon père m'a souvent raconté que. . . . *I used to do it*, j'avais l'habitude, j'avais coutume, de le faire. *We have weekly concerts, or rather we used to have them*, nous avons des concerts hebdomadaires, ou plutôt nous les avons eus dans le temps. *England used to be a place to live in*, l'Angleterre fut autrefois un lieu de séjour agréable. **Things aren't what they used to be,** ce n'est plus comme autrefois. *He is better than he used to be*, il va mieux qu'autrefois. *Your hair doesn't curl* **as it used (to) once,** vos cheveux ne bouclent pas comme autrefois. *You used to love me.—Used?* vous m'avez aimée autrefois.—Autrefois? *You don't practise* **as much as you used to,** vous ne vous exercez pas autant que vous en aviez l'habitude. **She used not,** *F:* **usen't, to like tobacco,** autrefois elle n'aimait pas le tabac. *I like him now, but* **I used not to,** *P:* **I didn't use to,** je l'aime maintenant, mais autrefois je ne l'aimais pas. *The tide used not, P: didn't use, to come so far*, la marée autrefois ne venait pas si loin. *She didn't speak, as she used to, P:* **as she was used,** *of her daughter's grand marriage*, elle n'a pas parlé, comme elle en avait l'habitude, du beau mariage de sa fille.

used, *a.* **1.** [juːzd] (*a*) (Article, mot, etc.) usité, en usage. (*b*) (Vêtement) usé, usagé; (timbre-poste) oblitéré; (serviette *f*, etc.) sale, qui a déjà servi. **Used cars,** voitures *f* d'occasion. **Hardly used,** presque neuf; à l'état de neuf. **2. Used up.** (*a*) (*Of supplies, etc.*) Fini, épuisé. (*b*) (*Of pers.*) Épuisé, éreinté, exténué; *P:* vanné. **3.** [juːst] **To be used to sth., to doing sth.,** être habitué, être accoutumé, à qch., à faire qch.; avoir l'usage de faire qch. *I wasn't used to being spoken to like that*, je n'étais pas habitué à ce que l'on me parlât sur ce ton. *I am not used to it*, je n'en ai pas l'habitude. **To get used to sth., to doing sth.,** s'habituer, s'accoutumer, à qch., à faire qch. *You will get u. to it in time*, vous vous y ferez à la longue. *I got u. to being brought chocolate for breakfast*, je m'accoutumai à ce que l'on m'apportât du chocolat pour déjeuner. *To become u. to privations*, s'aguerrir aux, contre les, privations.

'used-to-be, *s.* *F:* = HAS-BEEN.

using, *s.* **1.** Emploi *m*, usage *m* (*of*, de). **2. Using up,** usage, épuisement *m*, consommation *f* (de provisions, etc.).

useful ['juːsful], *a.* **1.** Utile; (vêtement *m*, etc.) pratique. *This book was very u. to me*, ce livre m'a été très utile, d'une grande utilité, m'a rendu grand service. *F:* **It will come in very useful,** cela sera d'une grande utilité. *He is a u. man to know*, c'est un homme utile à connaître. **To make oneself generally useful,** se rendre utile. *Av:* **Useful weight,** poids *m* utile. **Useful lift,** force ascensionnelle disponible. **2.** (*a*) *P:* (*Of performance, etc.*) **Pretty useful,** pas piqué des vers. (*Of pers.*) **To be pretty useful,** s'y connaître en qch. *He's pretty u. with his fists*, il sait se servir de ses poings. (*b*) *F:* *He made a u. goalkeeper*, il s'est acquitté très honorablement, il s'est très bien acquitté, comme gardien de but. **-fully,** *adv.* Utilement. *One might u. write a book on . . .*, on pourrait utilement écrire un livre sur. . . . *Dictionary that can be u. consulted*, dictionnaire *m* utile à consulter.

usefulness ['juːsfulnəs], *s.* Utilité *f*. **Institution that has survived its usefulness,** institution *f* qui a perdu sa raison d'être. *Sideboard that has survived its u.*, bahut *m* antique qui n'a plus d'utilité.

useless ['juːsləs], *a.* **1.** Inutile; bon à rien; (effort, etc.) vain, infructueux. **To be useless,** ne servir à rien. *To make sth. u.*, mettre qch. hors d'usage. *The goods are u.*, la marchandise n'est plus bonne à rien. *To learn* **useless things,** apprendre des inutilités *f*. **It would be useless to** *produce further proofs*, d'autres preuves seraient inutiles à produire. *U. regrets*, regrets superflus. *U. remedy*, remède *m* inefficace; *F:* cautère *m* sur une jambe de bois. *F:* **A useless person,** une non-valeur; *P:* une baderne. **2.** *F:* **To feel useless,** se sentir mal en train, abattu, *P:* avachi. **-ly,** *adv.* Inutilement; en vain, en pure perte.

uselessness ['juːsləsnəs], *s.* Inutilité *f*.

user¹ ['juːzər], *s.* **1.** Usager, -ère (d'une bicyclette, de la route, etc.). **2.** *Jur:* Détenteur *m* précaire; usufruitier *m*.

user², *s.* *Jur:* Droit *m* d'usage continu. **To reserve the user of sth.,** se réserver l'usage de qch. **Full right of user of sth.,** plein usufruit de qch. *Land subject to a right of u.*, propriété grevée d'une servitude.

Ushant ['ʌʃ(ə)nt]. *Pr.n. Geog:* Ouessant *m*.

usher¹ ['ʌʃər], *s.* **1.** (*a*) (Gentleman) **usher,** huissier *m*; introducteur *m* (auprès des grands, à une réception). *Jur:* **Court usher,** (huissier) audiencier *m*. *See also* BLACK ROD. (*b*) **Theatre usher,** ouvreuse *f*. (*c*) (*At wedding*) *The ushers*, les garçons *m* d'honneur. **2.** *Sch:* *A. or Iron:* (*a*) Maître *m* d'étude; surveillant *m* d'études; *F:* pion *m*. (*b*) Sous-maître *m*.

usher², *v.tr.* **1.** Précéder (un roi, etc.) comme huissier. **2. To usher s.o. in (to a drawing-room),** introduire, faire entrer, qn (dans un salon); annoncer qn. *To u. s.o. into the presence of s.o.*, introduire qn en présence de qn, auprès de qn. *F:* **To usher in a new epoch,** inaugurer une époque. *The spring ushered itself in warm and mild*, le printemps s'annonça tiède et doux. **To usher s.o. out,** reconduire qn (jusqu'à la porte).

usherette [ʌʃə'ret], *s.f.* *Cin:* Ouvreuse.

ushership ['ʌʃərʃip], *s.* **1.** Fonctions *fpl* d'huissier. **2.** *Sch:* *A. or Iron:* Fonctions de maître d'étude; *F:* pionnat *m*.

usnea ['ʌsniə], *s.* *Moss:* Usnée *f*.

usquebaugh ['ʌskwibɔː], *s.* Whisky *m*; usquebac *m*.

usual ['juːʒjuəl], *a.* Usuel, habituel, ordinaire. *At the u. hour*, à l'heure accoutumée. *The u. terms*, les conditions *f* d'usage. *His u. clothes*, ses vêtements *m* d'habitude, de tous les jours. *Our u. waiter did not serve us*, ce n'est pas notre garçon habituel qui nous a servis. **It is usual to** *pay in advance*, c'est la coutume, il est d'usage, de payer d'avance. *It is the u. practice, it is quite u.*, c'est la pratique courante; cela se fait couramment. *That is not u. here*, cela ne se pratique point ici. **As is usual with artists, he . . .,** comme tous les artistes, il. . . . **Earlier, later, than usual,** plus tôt, plus tard, que de coutume, que d'habitude, que d'ordinaire.

More than u., plus que d'habitude. *He is less diffuse than u.*, il est moins prolixe qu'à son ordinaire. **As usual,** *Hum:* **as per usual,** comme à l'ordinaire, comme d'ordinaire, comme d'habitude; comme d'usage, comme de coutume; comme à l'accoutumée. *Everything is going on as u., F:* tout va son petit train-train. **-ally,** *adv.* Ordinairement, usuellement, habituellement; d'ordinaire, d'habitude; à l'ordinaire, à l'accoutumée. *I u. rise at seven,* j'ai l'habitude de me lever à sept heures. **He was more than usually polite,** il s'est montré (i) d'une politesse qui ne lui est pas habituelle, (ii) encore plus poli que d'habitude.

usualness ['ju:ʒjuəlnəs], *s.* Caractère usuel, caractère ordinaire (d'un procédé, etc.); fréquence *f* (d'un malaise, etc.).

usucapion [ju:zju'keipiən], **usucaption** [ju:zju'kapʃ(ə)n], *s. Jur:* Usucapion *f*.

usucapt ['ju:zjukapt], *v.tr. Jur:* Usucaper.

usufruct ['ju:zjufrʌkt], *s. Jur:* Usufruit *m* (*of*, de). **Ownership without usufruct,** nue propriété.

usufructuary [ju:zju'frʌktjuəri], *a. & s. Jur:* Usufruitier, -ière. *U. right,* droit *m* usufructuaire.

usurer ['ju:ʒurər], *s.* Usurier, -ière.

usurious [ju'ʒuəriəs], *a.* **1.** (Intérêt *m*, etc.) usuraire. **2.** (Banquier, etc.) usurier. **-ly,** *adv.* Usurairement.

usurp [ju'zə:rp]. **1.** *v.tr.* Usurper (un trône, un titre, etc.) (*from*, sur); voler (un titre) (*from*, à). *Usurped reputation,* réputation usurpée. **2.** *v.i.* **To usurp (up)on s.o.'s rights, upon one's neighbours,** empiéter, usurper, sur les droits de qn, sur ses voisins.

usurping[1], *a.* Usurpateur, -trice.

usurping[2], *s.* Usurpation *f*.

usurpation [ju:zər'peiʃ(ə)n], *s.* Usurpation *f*.

usurpatory [ju'zə:rpətəri], *a.* Usurpatoire.

usurper [ju'zə:rpər], *s.* Usurpateur *m*.

usurpress [ju'zə:rpres], *s.f.* Usurpatrice.

usury ['ju:ʒuri], *s.* Usure *f*. (*a*) Prêt *m* à intérêt exorbitant. **To practise usury,** pratiquer, faire, l'usure. (*b*) Intérêt exorbitant. *B:* **Thou shalt not lend upon usury to thy brother,** tu ne prêteras point à usure à ton frère. *F:* **To repay a service with usury,** rendre un bienfait avec usure.

utensil [ju'tensil], *s.* (*a*) Ustensile *m*. **Household utensils,** ustensiles de ménage. *Set of kitchen utensils,* batterie *f* de cuisine. *Toilet utensils,* ustensiles, articles *m*, de toilette. (*b*) Outil *m*. *Esp.* **Farming utensils,** instruments *m* aratoires. (*c*) **Chamber utensil,** vase *m* de nuit.

uterine ['ju:tərin, -ain], *a.* **1.** *Med:* Utérin. *See also* SOUFFLE. **2.** *Jur:* **Uterine brother,** frère utérin; frère de mère.

utero-gestation ['ju:tərodʒes'teiʃ(ə)n], *s. Physiol:* Gestation utérine.

utero-ovarian ['ju:təroo'veəriən], *a. Anat:* Utéro-ovarien.

utero-placental ['ju:təropla'sent(ə)l], *a. Obst:* Utéro-placentaire.

utero-vaginal ['ju:tərova'dʒain(ə)l], *a. Anat:* Utéro-vaginal, -aux.

uterus, *pl.* **-ri** ['ju:tərəs, -rai], *s. Anat:* Utérus *m*, matrice *f*.

Utica ['ju:tika]. *Pr.n. A.Geog:* Utique *f*. **Cato of Utica,** Caton d'Utique.

utilitarian [jutili'teəriən], *a. & s.* Utilitaire (*mf*).

utilitarianism [jutili'teəriənizm], *s. Phil:* Utilitarisme *m*, utilitairianisme *m*.

utility [ju'tiliti], *s.* **1.** (*a*) Utilité *f*. *To be of great u.*, être d'une grande utilité. **General utility waggon,** chariot *m* à toutes fins. (*b*) **Public utility undertaking,** *U.S:* **utility,** entreprise *f* de service public, de service de ville, de service de besoins publics; société *f* assurant des services publics. **2.** *Phil:* Utilitarisme *m*. **3.** Personne *f* ou chose *f* utile. *Esp. Th:* **To be a utility (man), to play utility,** jouer les utilités.

utilizable ['ju:tilaizəbl], *a.* Utilisable.

utilization [ju:tilai'zeiʃ(ə)n], *s.* Utilisation *f*; mise *f* en valeur. *U. of a patent,* exploitation *f* d'une invention. *Ind:* **Utilization per cent,** taux *m* du rendement.

utilize ['ju:tilaiz], *v.tr.* Utiliser, se servir de (qn, qch.); tirer parti de, tirer profit de, mettre en valeur (qch.).

utmost ['ʌtmoust]. **1.** *a.* Extrême; dernier. **The utmost ends of the earth,** les (derniers) confins, les extrémités *f*, de la terre. *The room was in the u. confusion,* la chambre était dans la plus grande confusion. *To make the u. efforts to . . .*, faire tout son possible pour. . . . *To be in the u. poverty,* être dans la misère la plus profonde, au dernier degré de la misère. *Treated with the u. contempt,* traité avec le dernier mépris. **It is of the utmost importance that . . .,** il est de toute importance, de la dernière importance, que + *sub.* *With the u. ease,* avec la plus grande facilité. *His family is of the u. respectability,* sa famille est tout ce qu'il y a de plus honorable. **2.** *s.* Extrême *m*; dernière limite; dernier degré. **To the utmost,** le plus possible; à l'extrême; au suprême degré. *To irritate s.o. to the u.*, agacer qn au dernier point. *I shall assist you* **to the utmost of my ability,** je vous aiderai dans la pleine mesure de mes moyens, autant qu'il est en mon pouvoir, de tout mon pouvoir. *We shall be fifty* **at the utmost,** nous serons cinquante au plus, tout au plus. **To do one's utmost to . . .,** faire tout son possible, faire l'impossible, pour . . .; s'ingénier à . . .; s'évertuer à, pour . . .; se multiplier pour . . .; *F:* faire des pieds et des mains pour . . .; se mettre en quatre pour. . . . *He did his u.*, il s'est dépensé énormément; il a fait tout son possible. *That is the u. one can do,* c'est tout ce qu'on peut faire; c'est le plus qu'on puisse faire.

Utopia [ju'toupja]. **1.** *Pr.n. Lit:* L'Utopie *f*. **2.** *s.* **To create utopias,** créer des utopies.

Utopian [ju'toupjən]. **1.** *a.* Utopique; d'utopie. **2.** *s.* Utopiste *mf*.

utopianism [ju'toupjənizm], *s.* Idéalisme *m* des Utopistes; utopisme *m*.

utopist ['ju:topist], *s.* Utopiste *mf*.

utraquist ['ju:trakwist], *s. Rel.H:* Utraquiste *m*.

Utrecht ['ju:trekt]. *Pr.n. Geog:* Utrecht. *Tex:* **Utrecht velvet,** velours *m* d'Utrecht.

utricle ['ju:trikl], *s. Nat.Hist: Anat:* Utricule *m*.

utricular [ju'trikjulər], *a. Nat.Hist: Anat:* Utriculaire.

utricularia [jutrikju'leəria], *s. Bot:* Utriculaire *f*.

utriform ['ju:trifɔ:rm], *a.* Utriforme.

utter[1] ['ʌtər], *a.* **1.** *A:* Extérieur. **The utter darkness** (= *outer darkness*), les ténèbres extérieures. (*Still so used in*) *Jur:* **Utter barrister,** avocat *m* qui plaide "*outside the bar,*" c.-à-d. qui n'est pas un *King's counsel, q.v. under* COUNSEL[1] 4. **2.** Complet, -ète; absolu. *He is an* **utter stranger** *to me,* il m'est complètement étranger; *F:* je ne le connais ni d'Ève ni d'Adam. *To sell u. rubbish,* vendre de la pure camelote. **Utter scoundrel,** coquin fieffé. *U. fool,* sot achevé; maître sot. *U. want of breeding,* manque total, complet, de savoir-vivre. *They are in u. want,* ils sont dans une extrême misère, dans un dénuement complet. **To my utter horror . . .,** à ma grande horreur. . . . **-ly,** *adv.* Complètement, absolument, entièrement, tout à fait.

utter[2], *v.tr.* **1.** (*a*) Jeter, pousser, faire entendre (un cri, un gémissement, etc.); dire, prononcer, articuler, proférer (un mot, etc.); lancer (un juron). **To utter sighs,** pousser des soupirs. *You must never u. his name,* il ne faut jamais prononcer son nom. *Cries were uttered,* des cris s'élevèrent. *She uttered an exclamation of joy,* elle eut une exclamation de joie. **Not to utter a word,** *F:* ne pas desserrer les dents; ne pas sonner mot. (*b*) Dire; exprimer (ses sentiments); débiter (des mensonges). **2.** Émettre, faire circuler, mettre en circulation, passer (un faux chèque, de la fausse monnaie). **To utter a forged document,** faire usage d'un document faux.

uttering, *s.* **1.** Articulation *f*, prononciation *f* (d'un mot, etc.); expression *f* (de sentiments). **2.** Émission *f* (de fausse monnaie).

utterable ['ʌtərəbl], *a.* **1.** Exprimable. **2.** (*Of word*) (i) Qu'on ose prononcer; (ii) qu'on peut prononcer.

utterance ['ʌtərəns], *s.* **1.** Expression *f* (des sentiments, etc.); prononciation *f* (d'un discours); émission *f* (d'un son). **To give utterance to one's feelings,** exprimer ses sentiments. **2.** Articulation *f*, prononciation *f*. *To have a defective u.*, avoir un défaut de prononciation. *To have a clear u.*, avoir la parole nette. *He had a very rapid u.*, il parlait toujours très vite. **3.** *pl.* **Utterances,** propos *m*, mots *m* (de qn).

utterer ['ʌtərər], *s.* **1.** Émetteur *m* (de fausse monnaie). **2.** Diseur, -euse (d'un mot, etc.); débiteur, -euse (d'un mensonge, etc.).

uttermost ['ʌtərmoust], *a. & s.* = UTMOST.

utterness ['ʌtərnəs], *s.* Caractère absolu, complet, entier (de la misère, etc.).

utters ['ʌtərz], *s.pl. Mec.E:* (*On lathe-work, etc.*) Broutages, broutements (causés par les saccades de l'outil).

uva, *pl.* **-ae,** ['ju:va, -i:], *s.* **1.** *Bot:* Uva *m*, raisin *m*. **2.** *Bot: Pharm:* **Uva ursi,** uva-ursi *m*.

uvea ['ju:via], *s. Anat:* Uvée *f*; couche *f* pigmentaire de l'iris.

uveal ['ju:viəl], *a. Anat:* Uvéal, -aux.

uveitis [ju:vi'aitis], *s. Med:* Uvéite *f*.

uvula, *pl.* **-ae** ['ju:vjula, -i:], *s. Anat:* Uvule *f*; *F:* luette *f*.

uvular ['ju:vjulər], *a. Anat:* Uvulaire. *Ling:* **Uvular r,** r *f* vélaire.

uvularia [ju:vju'leəria], *s. Bot:* Uvulaire *f*.

uxorial [ʌk'sɔ:riəl], *a.* **1.** Uxorien; qui a rapport à l'épouse. **2.** = UXORIOUS.

uxorious [ʌk'sɔ:riəs], *a.* Uxorieux; (mari) (i) très attaché à sa femme, (ii) dominé par sa femme.

uxoriousness [ʌk'sɔ:riəsnəs], *s.* Tempérament uxorieux (d'un époux).

Uzbek ['ʌzbek], *s.* = USBEG.

V, v, *pl.* **Vs, V's** [viː(z)], *s.* (La lettre) V, v *m.* *Tp:* **V for Victor,** V comme Victor. **V-shaped,** en (forme de) V. *I.C.E:* **V-type engine,** moteur *m* (à cylindres) en V, à cylindres convergents. *Mec.E:* **V block,** support *m* en V (pour le traçage); V de traçage; V de mécanicien. *Rail:* **V crossing,** croisement *m* de changement; croisement aigu. *Mec.E:* **V gear,** engrenage *m* à chevrons; engrenage hélicoïdal double. **V pulley,** poulie *f* à corde. **V thread,** filet *m* triangulaire, pas *m* triangulaire (de vis). *Sm.a:* **Backsight V,** cran *m* de mire. *See also* BELT[1] 2, NECK[1] 1, NECKED 3.

vac [vak], *s.* *Sch:* *F:* = VACATION[1] 1. *What have you done this vac?* qu'est-ce que vous avez fait pendant les vacances?

vacancy ['veikənsi], *s.* **1.** Vide *m*, vacuité *f*. **To stare, gaze, into vacancy,** regarder, fixer les yeux, dans l'espace, dans le vide, dans le vague. **2.** Vide (de l'esprit); nullité *f* d'esprit; absence *f* d'idées. **3.** Vide; espace *m* vide; lacune *f*. **4.** Vacance *f*; place vacante; poste vacant. *I have two vacancies to fill in my office,* j'ai à suppléer à deux vacances dans mes bureaux.

vacant ['veikənt], *a.* **1.** Vacant, vide, libre. *V. space,* place *f* vide. *V. room,* chambre libre, inoccupée. *V. seat, throne,* place vacante; trône vacant. (*Of situation, apartment*) **To be vacant,** vaquer. *To declare a (professorial) chair v.,* déclarer la vacance d'une chaire. *Every time the throne was v. a civil war followed,* chaque vacance du trône était suivie d'une guerre civile. *Jur:* **Vacant succession,** succession vacante. *It will occupy* **your vacant hours,** cela occupera vos heures de loisir. *See also* POSSESSION 1. **2.** (Esprit) inoccupé; (regard) distrait, vague, atone, sans expression. **Vacant eyes,** yeux *m* vides d'expression. **Vacant expression,** air hébété. *With a v. stare,* le regard perdu. *To put on a v. look,* faire une mine niaise. **-ly,** *adv.* D'un air distrait, d'un regard perdu. *To gaze v. at sth.,* regarder qch. (i) d'un air vague, d'un œil atone, sans voir, (ii) d'un air hébété.

vacate [və'keit], *v.tr.* **1.** (*a*) Quitter (un emploi, une situation, etc.); donner sa démission (d'un emploi). **To vacate office,** se démettre. *See also* SEAT[1] 1. (*b*) Quitter, laisser libre (un siège, etc.); évacuer (un appartement); (*at hotel*) quitter (une chambre). **To vacate one's residence,** déménager. *Jur:* **To vacate the premises,** vider les lieux. **2.** *Jur:* Annuler (un contrat, etc.).

vacating[1], *a.* (*Of office-holder*) Sortant.

vacating[2], *s.* **1.** (*a*) **Vacating of office,** démission *f*. (*b*) Évacuation *f* (d'une maison, etc.). **2.** *Jur:* Annulation *f*.

vacation[1] [və'keiʃ(ə)n], *s.* **1.** Vacances *fpl*. *Jur:* Vacations *fpl*, vacances. **The long vacation,** (*at university*) les grandes vacances; *Jur:* les vacances judiciaires; les vacations. **2.** = VACATING[2].

vacation[2], *v.i.* *U.S:* Prendre des vacances; faire une villégiature (*at*, à).

vacationist [və'keiʃənist], *s.* *U.S:* Personne *f* en vacances, en villégiature; estivant, -ante.

vaccinal ['vaksin(ə)l], *a.* *Med:* Vaccinal, -aux; vaccinique.

vaccinate ['vaksineit], *v.tr.* *Med:* Vacciner (contre la variole). *To get vaccinated,* se faire vacciner.

vaccination [vaksi'neiʃ(ə)n], *s.* *Med:* Vaccination *f* (contre la variole). *First v.,* primo-vaccination *f*.

vaccinationist [vaksi'neiʃənist], *s.* Partisan, -ane, de la vaccination.

vaccinator ['vaksineitər], *s.* **1.** (*Pers.*) Vaccinateur *m*. **2.** Lancette *f* à vacciner. *See also* NEEDLE[1] 1.

vaccine ['vaksin]. **1.** *a.* (*a*) De vache, relatif aux vaches. (*b*) *Vet:* Vaccinal, -aux; vaccinique; de la vaccine. **Vaccine pustule,** pustule vaccinale. **Vaccine virus,** virus vaccin. **Vaccine lymph,** lymphe *f* vaccinique; lymphe vaccine. **2.** *s.* *Med:* Vaccin *m*. **Vaccine institutes,** instituts *m* vaccinogènes. **Vaccine tube,** tube *m* à vaccin. **Vaccine point,** plume *f* pour vaccination. **Vaccine inoculation,** vaccination *f*; (i) inoculation *f* de la vaccine; (ii) inoculation de vaccine. **Vaccine-producing,** vaccinogène. **Vaccine therapy,** vaccinothérapie *f*.

vaccinia [vak'siniə], *s.* *Vet:* Vaccine *f*; variole *f* vaccinique. **Pustules of vaccinia,** pustules vaccinales.

vaccinic [vak'sinik], *a.* *Vet:* *Med:* Vaccinique; (i) de la vaccine; (ii) du vaccin.

vaccinogenic [vaksino'dʒenik], *a.* *Med:* Vaccinogène.

vacillate ['vasileit], *v.i.* Vaciller; (i) *A:* chanceler (en marchant, etc.); (ii) hésiter (entre deux opinions, etc.).

vacillating[1], *a.* Vacillant, inconstant, irrésolu.

vacillating[2], *s.* Vacillation *f*.

vacillation [vasi'leiʃ(ə)n], *s.* Vacillation *f*, hésitation *f*. *The v. of the human heart,* les flottements *m*, les hésitations *f*, du cœur humain.

vacillatory ['vasilətəri], *a.* Vacillatoire, irrésolu, hésitant.

vacoa [və'kouə], *s.* *Bot:* Vaquois *m*, vacoi *m*, vacoa *m*.

vacuity [və'kjuiti], *s.* **1.** Vacuité *f*, vide *m* (de l'espace, de la pensée). **2.** Espace *m* vide; vide.

vacuolar ['vakjuolər], *a.* *Biol:* Vacuolaire.

vacuolate ['vakjuolet], **vacuolated** ['vakjuoleitid], *a.* *Biol:* Vacuolaire, qui renferme des vacuoles.

vacuole ['vakjuoul], *s.* *Biol:* Vacuole *f*.

vacuous ['vakjuəs], *a.* Vide de pensée, d'expression. *V. remark,* observation bête, dénuée de bon sens. *V. laugh,* rire niais, bête. *V. individual,* parfait idiot. *V. look,* air hébété; regard *m* vide d'expression. **-ly,** *adv.* (Regarder) avec des yeux vides d'expression; (rire) bêtement.

vacuousness ['vakjuəsnəs], *s.* = VACUITY.

vacuum, *pl.* **-ua, -uums** ['vakjuəm, -juə, -juəmz], *s.* *Ph:* Vide *m*, vacuum *m*. **High vacuum,** vide élevé, vide presque parfait. *Very high v.,* vide très poussé. **To create a vacuum in sth.,** faire le vide, produire une dépression, dans (une cloche, etc.). *Aut:* **Vacuum(-feed) tank,** réservoir *m* à élévateur; exhausteur *m*. *Rad.-A:* **Vacuum (photo-emittent) cell,** cellule *f* à vide poussé. *El.E:* **Vacuum-arc lamp,** lampe *f* à arc dans le vide. *See also* DRYING[2] 1, GAUGE[1] 3, INDICATOR 2, TORRICELLIAN.

'vacuum-bottle, *s.* Bouteille isolante; bouteille thermos.

'vacuum-box, *s.* Tambour *m* (de baromètre anéroïde).

'vacuum-brake, *s.* *Rail:* *etc:* Frein *m* à vide.

'vacuum-clean, *v.tr.* Passer (une pièce, etc.) à l'aspirateur.

vacuum-cleaning, *s.* Nettoyage *m* par le vide; dépoussiérage *m* par aspirateur.

'vacuum-cleaner, *s.* Aspirateur *m* (de poussière); dépoussiéreur *m*. *To run the v.-c. over a room,* passer une pièce à l'aspirateur.

'vacuum-con'trolled, *a.* *Mch:* (*Of valve*) Fonctionnant par la dépression.

'vacuum-drier, *s.* *Ind:* Étuve *f* à vide.

'vacuum-fan, *s.* Ventilateur négatif; ventilateur aspirant.

'vacuum-flask, *s.* Bouteille isolante; bouteille thermos.

'vacuum-lamp, *s.* *El:* Lampe *f* à vide.

'vacuum-pan, *s.* *Sug.-R:* Autoclave *m* à vide; chaudière *f* à vide; chaudière de concentration par le vide.

'vacuum-pump, *s.* Pompe *f* à vide. **Steam-condensing vacuum-pump,** pulsomètre *m*.

'vacuum-tube, *s.* *Rad.-A:* *etc:* Tube *m* à vide; *W.Tel:* audion *m*.

'vacuum-valve, *s.* *W.Tel:* Lampe *f* audion; audion *m*.

vade-mecum ['veidi'miːkəm], *s.* Vade-mecum *m inv*; *Sch:* mémento *m* (de chimie, d'histoire, etc.).

vagabond[1] ['vagəbɔnd]. **1.** *a.* Vagabond, errant. **Vagabond thoughts,** pensées vagabondes. *Arach:* **Vagabond spiders,** araignées vagabondes. **2.** *s.* (*a*) Vagabond, -onde; chemineau *m*. (*b*) *F:* Homme *m* sans aveu; vaurien *m*.

vagabond[2], *v.i.* Vagabonder.

vagabonding, *s.* Vagabondage *m*.

vagabondage ['vagəbɔnded3], **vagabondism** ['vagəbɔndizm], *s.* Vagabondage *m*.

vagabondize ['vagəbɔndaːiz], *v.i.* Vagabonder.

vagary [və'geəri, 'veigəri], *s.* Caprice *m*, fantaisie *f*, boutade *f*, lubie *f*, *F:* lune *f*. *I'm tired of his vagaries,* j'en ai assez de ses fantaisies. *Another v. of his!* encore une de ses lubies! *The vagaries of the human reason,* les écarts *m* de la raison humaine. *The vagaries of fashion,* les caprices, l'inconstance *f*, de la mode. *In all directions, following the vagaries of the slope,* de tous côtés, au petit bonheur de la pente.

vagina [və'dʒainə], *s.* **1.** *Anat:* *Med:* Vagin *m*. **2.** *Nat.Hist:* Gaine *f*, enveloppe *f*.

vaginal [və'dʒain(ə)l], *a.* **1.** (*Of membrane, etc.*) Vaginal, -aux; engainant; vaginant. **2.** *Anat:* Vaginal. *Med:* **Vaginal douche,** douche vaginale. *See also* RETRACTOR 2.

vaginate ['vadʒinet], *a.* *Nat.Hist:* Vaginé, engainé.

vaginiform ['vadʒinifɔːrm], *a.* *Nat.Hist:* Vaginiforme.

vaginismus [vadʒi'nisməs], *s.* *Med:* Vaginisme *m*, vaginodynie *f*.

vaginitis [vadʒi'naitis], *s.* *Med:* Vaginite *f*.

vagino-vesical [və'dʒaino'vesik(ə)l], *a.* *Anat:* Vagino-vésical, -aux.

vaginula, *pl.* **-ae** [və'dʒainjulə, -iː], **vaginule** ['vadʒinjuːl], *s.* *Nat.Hist:* Vaginule *f*; petite gaine.

vagitus [və'dʒaitəs], *s.* Vagissement *m* (du nouveau-né).

vagrancy ['veigrənsi], *s.* (*a*) *Jur:* Vagabondage *m*; mendicité *f*. (*b*) Vie *f* de vagabond; vie errante.

vagrant ['veigrənt]. **1.** *a.* (*Of pers., thoughts, etc.*) Vagabond, errant. *V. basket-makers,* vanniers ambulants. *The v. bee,* l'abeille vagabonde. **2.** *s.* (*a*) *Jur:* Vagabond, -onde. (*b*) Homme *m* sans aveu; mendiant, -ante; chemineau *m*.

vague [veːig], *a.* Vague; (*of impression, memory*) imprécis; (*of colour, etc.*) indéterminé, indécis; (*of shape, outline*) estompé, flou. *V. answers,* réponses *f* vagues. **I haven't the vaguest idea,** je n'en ai pas la moindre idée. *I had a v. idea that he was dead,* j'avais vaguement l'idée qu'il était mort. *You must not be so v. in your statements,* il faut préciser vos affirmations. **-ly,** *adv.* Vaguement. *He was v. American,* il était vaguement Américain.

vagueness ['veignəs], *s.* Vague *m*, imprécision *f*.

vagus, *pl.* **-gi** ['veigəs, -dʒai], *s.* *Anat:* **Vagus (nerve),** (nerf) vague *m*.

vail [veil]. *A:* **1.** *v.tr.* **To vail one's bonnet, one's cap,** se découvrir. **To vail one's pride,** rabattre son orgueil. **2.** *v.i.* S'incliner (*to s.o.,* devant qn); céder (*to s.o.,* à qn).

vain [vein], *a.* **1.** (*Of pleasure, hope, etc.*) Vain, mensonger, creux. **Vain promises,** vaines promesses; promesses vaines. *Under a v. pretext,* sous un prétexte frivole. **2.** (*Unavailing*) Vain, inutile, infructueux, stérile, superflu. **Vain efforts,** efforts vains, futiles, stériles. *It is v.* (*for you*) *to try, you will never succeed,* vous aurez beau essayer, vous n'y arriverez jamais. **3.** (*Conceited*) Vaniteux, glorieux, orgueilleux, fier, vain. **She was vain of her beauty,** elle était fière, vaine, de sa beauté. *Very v. of having succeeded,* très glorieux, très vain, d'avoir réussi. **As vain as a peacock,** glorieux comme un paon; fier comme Artaban. **4.** *adv.phr.* **In vain,** en vain. (*a*) Vainement. *In v. I tried to help him,* c'est en vain que j'ai tâché de l'aider. *We protested in v., it was in v. that we protested, the tree was cut down,* nous avons eu beau protester, l'arbre a été abattu. *To labour in v.,* travailler inutilement; perdre sa peine. *Everything was in v.,* rien n'y faisait; c'était peine perdue; c'étaient des efforts en pure perte. (*b*) *B:* **Thou shalt not take the name of the Lord thy God in vain,** Dieu en vain tu ne jureras. **To take God's name in vain,** prendre le nom de Dieu en vain; blasphémer le nom de Dieu. **-ly,** *adv.* **1.** Vainement, en vain, inutilement. **2.** Vaniteusement, avec vanité, orgueilleusement.
vainglorious [vein'glɔːriəs], *a.* Vaniteux, glorieux, orgueilleux. **-ly,** *adv.* Vaniteusement; avec vanité; orgueilleusement.
vaingloriousness [vein'glɔːriəsnəs], *s.* Vanité *f*, orgueil *m*; *A. & Lit:* superbe *f*.
vainglory [vein'glɔːri], *s.* (*a*) Vaine gloire; gloriole *f*. (*b*) = VAINGLORIOUSNESS.
vainness ['veinnəs], *s.* **1.** Vanité *f* (du monde, des plaisirs). **2.** Futilité *f*, inutilité *f* (des efforts de qn, etc.). **3.** Vanité, fierté *f*, orgueil *m*.
vair ['vɛər], *s. Her:* Vair *m*.
vairy ['vɛəri], *a. Her:* Vairé.
Vaisya ['vaisjə], *s.m. Ethn:* Vaiçyâ; hindou de la troisième caste.
vaivode ['veivoud], *s. Hist:* = VOIVODE.
valance ['valəns], *s.* **1.** *Furn:* (*a*) Frange *f* de lit, draperie *f* de bas de lit; soubassement *m*; tour *m* de lit; jupon *m* (de lit). (*b*) *A:* Cantonnière *f*, lambrequin *m*, pente *f* (d'un ciel de lit). **2.** *Aut:* Bavolet *m*. **Inside valance** (*of wing*), bajoue *f*.
valanced ['valənst], *a.* **1.** *Furn:* Orné d'une frange, d'une garniture; (lit) avec jupon. **2.** *Aut:* Garni d'un bavolet, d'une bajoue.
vale[1] [veil], *s.* **1.** *Poet:* Vallon *m*, vallée *f*; val *m*, *pl.* vals. **This vale of tears, of woe,** cette vallée de larmes, de misère; ce triste vallon de pleurs. **2.** *Tchn:* Gouttière *f*, chéneau *m* (d'écoulement d'eaux). *Nau:* **Pump vale,** dalot *m* de pompe.
vale[2] ['veili], *s. & int.* Adieu (*m*).
valediction [vali'dikʃ(ə)n], *s.* **1.** Adieu(x) *m*(*pl*). **2.** *U.S:* = VALEDICTORY 2.
valedictory [vali'diktəri]. **1.** *a.* (Allocution, dîner) d'adieu. **2.** *s. U.S:* *Esp. Sch:* Discours *m* d'adieu (à la sortie d'une promotion, etc.).
valence[1] ['veiləns], *s. Ch:* = VALENCY.
valence[2] ['valəns], *s.* = VALANCE.
Valencia [və'lenʃjə]. **1.** *Pr.n. Geog:* Valence. *See also* ORANGE[1] 1. **2.** *s.* (*a*) *Tex:* Valencia *m*. (*b*) *pl. Com:* **Valencias,** raisins secs d'Espagne.
Valencian [və'lenʃjən], *a. & s. Geog:* Valencien, -ienne; de Valence.
Valenciennes [valɑ̃sjɛn], *s.* **1.** *Geog:* Valenciennes. **2.** (*Also* [valən'siːnz]) **Valenciennes (lace),** dentelle *f* de Valenciennes; valenciennes *f*.
valency ['veilənsi], *s. Ch:* Valence *f*; *A:* atomicité *f*.
Valentine ['valəntain]. **1.** *Pr.n.* Valentin *m*; Valentine *f*. **Saint Valentine's day,** la Saint-Valentin (le 14 février). **2.** *s.* (*a*) Lettre ou carte envoyée le jour de la Saint-Valentin (soit comme gage d'amour, soit par plaisanterie). (*b*) Celui ou celle qui reçoit la carte. *Robert is my v.,* c'est Robert que j'aime (pour l'année à venir).
Valentinian[1] [valən'tinjən]. *Pr.n.m. Rom.Hist:* Valentinien.
Valentinian[2], *s. & a. Rel.H:* Valentinien, -ienne.
Valentinus [valən'tainəs]. *Pr.n.m. Rel.H:* Valentin.
Valeria [və'liːəriə]. *Pr.n.f.* Valérie.
Valerian[1] [və'liːəriən]. *Pr.n.m. Rom.Hist:* Valérien.
valerian[2], **valeriana** [valiːəri'ɑːnə], *s. Bot:* Valériane *f*. **Greek valerian,** valériane grecque; polémonie bleue; échelle *f* de Jacob. **Red valerian, spur valerian,** valériane rouge; barbe-de-Jupiter *f*.
valerianaceae [valiːəriə'neisiiː], *s.pl. Bot:* Valérianacées *f*.
valerianate [və'liəriənet], *s. Ch:* Valérianate *m*, valérate *m*.
valeric [və'lerik], *a. Ch:* (Acide *m*) valérique, valérianique.
Valerius [və'liːəriəs]. *Pr.n.m.* Valère. *Lt.Lit:* **Valerius Maximus,** Valère-Maxime.
valet[1] ['valet, 'valei], *s.* Valet *m* de chambre.
valet[2], *v.tr.* (valeted ['valetid, 'valeid]; valeting ['valetiŋ, 'valeiiŋ]) **1.** Valeter (qn); servir (qn) comme valet de chambre. **2.** Remettre en état (un vêtement d'homme).
valeting, *s.* **1.** Service *m* de valet de chambre; valetage *m*. **2.** **Valeting company,** maison *f* pour la remise en état des vêtements d'hommes.
Valetta [və'letə]. *Pr.n. Geog:* La Valette.
valetudinarian [valitjuːdi'nɛəriən]. **1.** *a.* Valétudinaire. **2.** *s.* (*a*) Valétudinaire *mf*. (*b*) Malade *mf* imaginaire.
valetudinarianism [valitjuːdi'nɛəriənizm], *s.* **1.** Valétudinarisme *m*. **2.** Tendance *f* à se croire malade; hypocondrie *f*.
valetudinary [vali'tjuːdinəri], *a.* Valétudinaire.
Valhalla [val'halə], *s. Myth:* Le Walhalla.
valiancy ['valjənsi], *s. A:* Vaillance *f*.
valiant ['valjənt], *a. Lit. & Hum:* Vaillant, valeureux, brave. **-ly,** *adv.* Vaillamment, valeureusement, bravement.
valid ['valid], *a.* (Contrat *m*, etc.) valide, valable; (passeport) régulier. *V. argument,* argument *m* solide, irréfutable. **To make valid,** valider, rendre valable (un contrat, etc.). **Ticket valid for three months,** billet bon pour trois mois. *Rail: Time-table that is no longer v.,* indicateur qui n'est plus bon, qui est périmé. **-ly,** *adv.* Validement, valablement.
validate ['valideit], *v.tr.* Valider, rendre valable (un acte, etc.).
validation [vali'deiʃ(ə)n], *s.* Validation *f* (d'une élection, d'un mariage, etc.).
validity [və'liditi], *s.* Validité *f* (d'un contrat, d'une élection, d'un passeport, etc.). *Jur:* **To dispute the validity of a document,** s'inscrire en faux contre un document. *V. of an argument, of a conclusion,* justesse *f* d'un argument, d'une conclusion; force *f* d'un argument.
valise [və'liːz, va-], *s. U.S:* **1.** Valise *f*. **2.** *Mil:* Portemanteau *m*. **Sleeping valise,** lit-sac roulant, *pl.* lits-sacs.
Valkyr, *pl.* **-kyrs** ['valkiːər, -kiːərz], **Valkyria,** *pl.* **-iae** [val'kiriə, -iiː], **Valkyrie,** *pl.* **-kyries** ['valkiri(z), val'kairi(z)], *s.f. Myth:* Walkyrie, Valkyrie.
vallecula, *pl.* **-ae** [və'lekjulə, -iː], *s.* **1.** *Anat:* (*a*) Fosse *f*. (*b*) Scissure médiane du cervelet. **2.** *Bot:* Vallécule *f*.
valley ['vali], *s.* **1.** (*a*) Vallée *f*; (*small, narrow*) vallon *m*; val *m*, *pl.* vals. *Up, down, the v.,* en remontant, en descendant, la vallée; en amont, en aval, de la vallée. *B:* **The valley of the shadow of death,** la vallée de l'ombre de la mort. (*b*) *Ph.Geog:* **Transverse valley,** cluse *f*, percée *f*. **Glacial valley,** auge *f*. **Basin-shaped valley,** cuvette *f*. **Drowned valley,** vallée noyée, enfoncée. **The Rhone Valley,** la vallée du Rhône. *See also* CROSS-VALLEY, RIFT-VALLEY. **2.** *Const:* **Valley (-channel, -gutter),** noue (cornière); cornière *f* (de toit, de comble). **Valley tile,** tuile cornière. **3.** *Anat:* = VALLECULA 1 (*b*).
valley-'bottom, *s.* Fond *m* de vallée.
'valley-piece, -rafter, *s. Const:* Arêtier *m* de noue.
vallisneria [valis'niːəriə], *s. Bot:* Vallisnérie *f*.
Vallombrosa [valɔm'brousə]. *Pr.n. Geog:* Vallombreuse *f*.
vallonia [və'louniə], *s.* = VALONIA.
vallum ['valəm], *s. Rom.Ant:* Vallum *m*.
valonia [və'louniə], *s.* **1.** *Com: Tan: etc:* Avelanède *f*, vélanède *f*, vallonée *f*. **2.** *Bot:* **Valonia oak,** chêne *m* vélani.
valorization [valərai'zeiʃ(ə)n], *s. Com: Fin:* Valorisation *f*.
valorize ['valəraiz], *v.tr. Com: Fin:* Valoriser.
valorous ['valərəs], *a. Lit:* Valeureux, vaillant. **-ly,** *adv.* Valeureusement, vaillamment.
valour ['valər], *s. Lit:* Valeur *f*, vaillance *f*, bravoure *f*. *See also* DEED[1] 1, DISCRETION 2.
Valtellina [valte'liːnə]. *Pr.n. Geog:* La Valteline.
valuable ['valjuəbl]. **1.** *a.* (*a*) Précieux; de valeur, de prix. *V. discovery,* découverte précieuse. *V. gift,* riche cadeau *m*. *Jur:* **For a valuable consideration,** à titre onéreux. *V. collaborator,* collaborateur précieux. (*b*) Évaluable. *Service not v. in terms of £. s. d.,* service auquel on ne peut pas donner une valeur d'argent, que l'on ne saurait estimer en termes d'argent. **2.** *s.pl.* **Valuables,** objets *m* de valeur, de prix.
valuation [valju'eiʃ(ə)n], *s.* **1.** (*a*) Évaluation *f*, estimation *f*, appréciation *f*. *Jur:* Prisée *f* et estimation; expertise *f*. **At a valuation,** à dire d'expert. **To make a valuation of the goods,** faire l'expertise, l'appréciation, des marchandises. *To draw up the v. of the furniture,* dresser l'état appréciatif du mobilier. (*b*) Inventaire *m*. **2.** Valeur estimée. (*a*) **To set too high, too low, a valuation on goods, on a building,** surestimer, sous-estimer, des marchandises; surimposer, sous-imposer, un immeuble. *To put 5% on to the v. of a building,* frapper un immeuble d'une majoration de 5%. (*b*) **To take, accept, s.o. at his own valuation,** estimer, coter, qn selon l'opinion qu'il a de lui-même.
valuator ['valjueitər], *s.* Estimateur *m*; commissaire-priseur *m*, *pl.* commissaires-priseurs; expert *m*.
value[1] ['valju], *s.* **1.** Valeur *f*, prix *m*. **To be of value,** avoir de la valeur. *My new friends soon became of v. to me,* mes nouveaux amis ne tardèrent pas à me devenir précieux. **Of great value,** de grande, de haute, valeur. **Of little value,** de peu de valeur. **To be of great value,** avoir une haute valeur. **To be of little value,** valoir peu de chose. **Of no value,** sans valeur. **It is nothing of any value,** ce n'est rien qui vaille. **To lose value, to fall in value,** s'avilir; *Fin:* se dévaloriser. **Loss of value, fall in value,** dévalorisation *f*. *Com: Loss in v. owing to damage or waste,* tare *f*. **To have a certain value,** valoir son prix. *He doesn't seem to know* **the value of time,** il semble ignorer le prix du temps. **To set value upon sth., to attach value to sth.,** attacher de la valeur à qch. **To set a low value on sth.,** attacher peu de prix à qch.; faire peu de cas de qch. *Com: To set a low v. on the stock,* estimer à un bas prix la valeur des marchandises en magasin; évaluer les marchandises à un bas prix. **To set a high value on sth.,** faire grand cas de qch., attacher un grand prix à qch., tenir beaucoup à qch. **To set a value upon sth.,** (i) priser qch.; (ii) évaluer qch.; *Com:* attribuer une cote de valeur à qch. **To set too high a value on sth.,** attacher trop de valeur, trop de prix, à qch.; surestimer qch. **Commercial value, market value,** valeur vénale, valeur marchande, valeur négociable; cours *m*. *Com:* **Increase in value,** plus-value *f*. **Decrease in value,** moins-value *f*. *Min: Commercial v. of an ore,* qualité industrielle d'un minerai. *The values contained in an ore,* les richesses contenues dans un minerai. *See also* BOOK-VALUE, EXCHANGE-VALUE, FACE-VALUE, FOOD 1. **2.** (*a*) **To pay s.o. the value of the lost umbrella,** rembourser à qn le prix du parapluie perdu. *Com:* **For value received,** valeur reçue. **Value received in cash,** valeur reçue comptant. **To get good value for one's money,** *F:* en avoir pour son argent. *He gives you v. for your money,* il vous en donne pour votre argent. *This book is quite good v. for five shillings,* ce livre n'est pas cher à cinq shillings. *It is very good v.,* c'est à un prix très avantageux. *This article is very good v.,* cet article est très avantageux, est d'un bon marché exceptionnel. (*b*) *Ind: etc:* **Calorific value, heating value,** pouvoir *m*, puissance *f*,

calorifique. **Insulation value**, pouvoir isolant. **3.** (*a*) *Mth:* **To give x a value**, attribuer une valeur à x. **Positive value, negative value**, valeur positive, négative. **Limiting value**, condition *f* limite. (*b*) *Mus:* **Time value**, valeur (d'une note). *Th:* **To give full value to each word**, détailler les mots, la phrase. (*c*) *Art: Ethics: etc:* **Sense of values**, sentiment *m* des valeurs. *Art:* **Colour out of value**, couleur *f* qui manque de valeur. *Foreground out of v.*, premier plan qui n'est pas en valeur. (*d*) *Ch:* **Iodine value**, indice *m* d'iode.

value[2], *v.tr.* **1.** (*a*) *Com:* **To value goods**, évaluer, estimer, apprécier, priser, inventorier, des marchandises; faire l'appréciation des marchandises. *To v. each object*, attribuer une cote de valeur à chaque objet. **To value a set of furniture**, faire l'expertise, dresser l'état appréciatif, d'un mobilier. *To v. work done*, faire l'expertise d'un travail. (*b*) *Bank:* **To value cheques on London**, valoriser des chèques sur Londres. **2.** (*a*) Estimer, tenir à, faire grand cas de (qn, qch.). *To v. sth. above rubies*, priser qch. plus que des rubis. **To value one's life**, tenir à la vie. *If so be it that you v. your life . . .*, pour peu que vous teniez à la vie. . . . *F: He doesn't v. his life at a boot-lace*, il fait bon marché de sa vie. *He doesn't v. his skin*, il fait bon marché de sa peau. (*b*) **To value oneself on one's achievements**, tirer vanité de ses exploits. *To v. oneself for what one has done*, tirer vanité de ce que l'on a accompli. **3.** *v.i. Com:* **To value upon s.o.**, disposer, tirer, sur qn.

valued, *a.* **1.** Évalué, apprécié. **2.** Estimé, précieux. *My v. friend Mr X*, M. X, dont l'amitié m'est si précieuse.

valuing, *s.* **1.** Évaluation *f*, estimation *f*, appréciation *f*. **2.** *Bank:* Valorisation *f* (de chèques) (*on Paris*, sur Paris).

valueless ['valjuləs], *a.* Sans valeur.

valuelessness ['valjuləsnəs], *s.* Manque *m* de valeur.

valuer ['valjuər], *s.* Estimateur *m*, appréciateur *m*. **Official valuer** (*of property, etc.*), commissaire-priseur *m*, *pl.* commissaires-priseurs; expert *m*.

valvar ['valvər], **valvate** ['valvet], *a.* *Bot: etc:* Valvé, valvaire.

valve[1] [valv], *s.* **1.** Soupape *f*. (*a*) **Ball-valve**, clapet *m* sphérique. *See also* BALL-VALVE. **Needle-valve, pin-valve**, soupape à pointeau. *Pin lubrication v.*, pointeau *m* d'huile. **Clack-valve, flap-valve, trap-valve**, soupape à clapet, à charnière; clapet (à charnière); valve *f*. *Hyd.E:* **Pump valve**, clapet de pompe. **Suction valve**, clapet d'aspiration. **Exhaust valve** (*of a pump*), clapet de refoulement. *Valves of a bellows*, soupapes, âmes *f*, venteaux *m*, d'un soufflet. **Feed-check valve**, soupape de retenue. *Mch:* **Sentinel valve**, soupape d'avertissement. *Nau:* **The Kingston valves**, les remplissages *m*. *See also* AIR-VALVE, CHECK-VALVE, CUP-VALVE, ESCAPE-VALVE, FLOAT-VALVE, GLOBE-VALVE, GOVERNOR 3, NON-RETURN, PET-VALVE, RETAINING 1, ROCKING-VALVE, SAFETY-VALVE, SPINDLE-VALVE, STOP-VALVE (*b*), WIND-VALVE. (*b*) *I.C.E:* **Mushroom valve, poppet valve**, soupape en champignon; soupape circulaire; soupape à déclic; clapet. **Mechanically operated valve**, soupape commandée. **Automatically operated valve**, soupape à levée automatique. **Side-valves**, soupapes latérales, en chapelle. *See also* ENGINE[1] 3. **Inlet valve, induction valve**, soupape d'admission, d'arrivée. **Outlet valve, exhaust valve**, soupape de décharge, d'échappement. *See also* CLEARANCE 4, DROP-VALVE, MITRE-VALVE, OVERHEAD 2, SLEEVE-VALVE. (*c*) **Stop-valve**, obturateur *m*. **Butterfly valve**, (soupape à) papillon *m*; vanne *f*; volet *m* (de carburateur). **Pressure-reducing valve**, détendeur *m*. **Gas valve**, vanne à gaz. **Water valve**, vanne d'eau. *Mch:* **Steam valve**, vanne de vapeur; distributeur *m*, prise *f*, de vapeur; vanne de réglage. *See also* EXPANSION 2, THROTTLE[1] 2. (*d*) *Mch:* **Slide-valve**, tiroir *m*. **Segment valve** (*of Corliss engine, etc.*), tiroir cylindrique tournant. *See also* CORLISS, GRIDIRON 1, PISTON-VALVE, ROTARY, SLIDE-VALVE. (*e*) *Aut: Cy:* Valve (de pneumatique). **Valve inside**, garniture intérieure de valve. **2.** *Anat: Z:* Valvule *f* (du cœur, etc.); valve. *See also* ILEO-CAECAL. **3.** (*a*) *El:* **Rectifying valve**, soupape électrique; valve redresseuse (de courant); valve de redressement. *See also* CUPROXIDE. (*b*) *W.Tel: etc:* Lampe *f* radio-électrique; lampe valve; tube *m*. **Rectifying valve**, tube redresseur; lampe redresseuse; valve redresseuse. **Amplifying valve**, lampe amplificatrice. **Detecting valve**, lampe détectrice. **Valve set**, appareil *m*, poste *m*, à lampes. **Five-valve set**, poste à cinq lampes. *Cin:* **Light-valve**, valve de lumière. **Light-valve recording** (*of sound*), enregistrement *m* par valve de lumière. *See also* GRID 1, POWER-VALVE, THERMIONIC. **4.** *Bot: Moll:* Valve. **5.** (*a*) Battant *m* (de porte à battants). (*b*) *Hyd.E:* **(Gate-, sluice-)valve**, vanne (de communication); vannelle *f*; robinet-vanne *m*, *pl.* robinets-vannes. *See also* PADDLE-VALVE.

'valve-board, *s.* Ais *m* à valve (de piano mécanique).

'valve-box, -case, -casing, -chest, *s.* **1.** *Hyd.E:* Boîte *f* à clapet. **2.** *Mch:* (*Of slide-valve*) Boîte à vapeur; boîte de distribution (de vapeur); boîte à tiroir; chapelle *f* du tiroir; chambre *f* de distribution.

'valve-cap, *s.* *Aut: Cy:* Capuchon *m*, chapeau *m* (d'une valve de pneu).

'valve-chamber, *s.* **1.** *Mch:* = VALVE-BOX 2. **2.** *I.C.E:* Chapelle *f*.

'valve-cock, *s.* Robinet-valve *m*, *pl.* robinets-valves (à soupape).

'valve-cover, *s.* *I.C.E: etc:* Cache-soupape(s) *m inv*.

'valve-diagram, *s.* *I.C.E:* Diagramme *m*, épure *f*, de distribution.

'valve-ec'centric, *s.* *Mch:* Excentrique *m* (de commande) du tiroir.

'valve-face, *s.* *Mch:* Table *f* du tiroir; barrette *f* du tiroir.

'valve-gear, *s.* **1.** *Mch:* **(Steam) valve-gear**, appareil *m*, mécanisme *m*, de distribution (de la vapeur); (*link-motion*) (distribution *f* par) coulisse *f*; (*expansion*) (distribution à) détente *f*. **2.** *I.C.E:* (Organes *mpl*, engrenages *mpl*, de) distribution.

'valve-grinding, *s.* *I.C.E:* Rodage *m* des soupapes. **Valve-grinding tool**, rodeur *m*.

'valve-guide, *s.* *I.C.E:* Guide *m* de clapet.

'valve-holder, *s.* *W.Tel:* Porte-valve *m inv*; douille *f*, support *m*, de lampe.

'valve-lever, *s.* *I.C.E:* Levier *m* de distribution.

'valve-lifter, *s.* **1.** (*a*) *I.C.E:* Poussoir *m* de soupape. (*b*) *Motor Cy:* Décompresseur *m*. **2.** *Tls: I.C.E:* Démonte-soupapes *m inv*; lève-soupape(s) *m inv*.

'valve-motion, *s.* = VALVE-GEAR.

'valve-obturator, -plug, *s.* *Aut:* Obus *m* (d'une valve de pneu).

'valve-rocker, -rocking lever, *s.* *I.C.E:* Culbuteur *m*.

'valve-rod, *s.* **1.** Tige *f* (de commande) de soupape. **2.** *Mch:* (*Of slide-valve*) Bielle *f* du tiroir.

'valve-seat, -seating, *s.* **1.** Siège *m*, portée *f*, de soupape. **2.** *Mch:* (*Of slide-valve*) Glace *f* du tiroir; glace de distribution.

'valve-shaped, *a.* Valviforme.

'valve-spring, *s.* Ressort *m* de soupape. *Tls:* **Valve-spring lifter** = VALVE-LIFTER.

'valve-stem, *s.* *I.C.E:* Tige *f*, queue *f*, de soupape.

valve[2], *v.tr.* *Aer:* Laisser échapper (le gaz du ballon).

valved [valvd], *a.* A valve(s); à soupape(s). *Moll:* **Two-valved shell**, coquille *f* bivalve, à deux valves. *Bot:* **Three-valved fruit**, fruit *m* trivalve, à trois valves.

valveless ['valvləs], *a.* Sans soupape(s); sans valves.

valviform ['valvifɔːrm], *a.* Valviforme.

valvula, *pl.* **-ae** ['valvjula, -iː], *s.* *Anat:* Valvule *f*.

valvular ['valvjulər], *a.* *Med: etc:* (Lésion *f*, etc.) valvulaire. **Valvular disease** (*of the heart*), valvulite *f*; insuffisance *f* valvulaire.

valvulate ['valvjulet], *a.* *Nat.Hist:* Valvulé, valvulaire.

valvule ['valvjul], *s.* *Anat: Nat.Hist:* Valvule *f*.

valvulitis [valvju'laitis], *s.* *Med:* Valvulite *f*.

vambrace ['vambreis], *s.* *Archeol:* (Canon *m* d')avant-bras *m inv* (de l'armure).

vamoose [va'muːs], **vamose** [va'mous], *v.i.* *U.S: P:* Décamper à la sourdine; filer; *A:* jouer la Fille de l'air.

vamp[1] [vamp], *s.* **1.** *Bootm:* Empeigne *f*, claque *f*. **2.** *Lit: etc: F:* (*a*) Assemblage *m* de pièces et de morceaux; assemblage disparate. (*b*) Morceau rajouté. **3.** *Mus: F:* Accompagnement tapoté, improvisé.

vamp[2], *v.tr.* **1.** *Bootm:* Remonter (un soulier); mettre une empeigne à (un soulier). **Vamped boot**, chaussure claquée. **2.** *Mus: F:* Tapoter au piano (un accompagnement ad hoc).

vamp up, *v.tr.* *F:* **1.** Rapiécer, rafistoler (qch.). **2.** Composer, bâtir (un article de journal, etc.) de pièces et de morceaux; fagoter (un article).

vamped up, *a.* (*a*) Rapiécé, rafistolé. (*b*) **Vamped-up piece of scandal**, potin inventé à plaisir.

vamping, *s.* **1.** (*a*) Remontage *m* (de chaussures). (*b*) Rapiècement *m*, rafistolage *m*. **2.** *Mus:* Accompagnement improvisé.

vamp[3], *s.f.* *F:* (*Abbrev. of vampire*) (*a*) Aventurière; femme fatale; ensorceleuse, enjôleuse, sirène; *F:* vamp; *P:* allumeuse. (*b*) Flirteuse.

vamp[4], *v.tr.* *F:* (*a*) (*Of woman*) Ensorceler, envoûter (un homme); dominer, exploiter (un homme); enjôler (un homme). (*b*) *Abs.* **To vamp**, flirter; *P:* faire sa Calypso.

vamper ['vampər], *s.* **1.** *Mus:* Improvisateur, -trice (d'un accompagnement en accords simples); accompagnateur, -trice (qui improvise des accords). **2.** Rafistoleur *m*.

vampire ['vampaiər], *s.* **1.** (*a*) *Myth:* Vampire *m*; strige *f*. (*b*) *F:* (i) Vampire; extorqueur, -euse; *F:* sangsue *f*. (ii) = VAMP[3]. **2.** *Z:* **Vampire(-bat)**, vampire. **False vampire, great vampire**, vampire spectre. **3.** *Th:* **Vampire(-trap)**, trappe *f*.

vampiric [vam'pirik], *a.* Vampirique.

vampirism ['vampaiərizm], *s.* Vampirisme *m*.

vamplate ['vampleit], *s.* *Archeol:* Rondelle *f* (de lance de joute).

van[1] [van], *s.* *Mil: Navy:* (*a*) Avant-garde *f*. (*b*) Front *m* (de bataille). *F:* **To be in the van of progress**, être un pionnier du progrès. *Our position in the van of industrial nations*, notre position en première ligne des nations industrielles. *Men in the van* (*of reform, etc.*), hommes *m* d'avant-garde. *See also* LEAD[4] I. 1.

van[2], *s.* *Min:* Pelle *f* à vanner; van *m*.

van[3], *v.tr.* (vanned; vanning) *Min:* Vanner (le minerai).

vanning, *s.* Vannage *m*. **Vanning shovel** = VAN[2]. **Vanning machine**, vanneur *m*, vannoir *m*.

van[4], *s.* *Veh:* **1.** (*a*) Fourgon *m*. **Furniture-van, removal van**, fourgon, voiture *f*, de déménagement. **Motor van**, fourgon automobile. **Delivery van**, (i) fourgon, voiture, de livraison; livreuse *f*, tapissière *f*; (ii) *Aut:* camion *m* de livraison; (*light*) camionnette *f*, fourgonnette *f*. *Aut: Farmer's (light) market-van*, boulangère *f*. *See also* POLICE-VAN, PRISON-VAN, SPRING-VAN. (*b*) **Gipsy van**, roulotte *f*. **2.** (*a*) *Cin:* **Recording van**, camion d'enregistrement. **Talkie van**, car *m* sonore; camion sonore. (*b*) *W.Tel: Van for broadcasting open-air events*, car de radio-reportage. **3.** *Rail:* Wagon *m*, fourgon. **Luggage van**, fourgon à bagages. **Guard's van**, fourgon du chef de train; fourgon de queue. *See also* BRAKE-VAN.

'van-dwellers, *s.pl.* Romanichels *m*.

'van-guard, *s.* Aide-livreur *m*, *pl.* aides-livreurs.

'van-horse, *s.* Cheval, -aux *m*, de trait léger; camionneur *m*. **Van-horse parade**, défilé *m* des voitures de livraison.

'van-man, *pl.* **-men**, *s.m.* Livreur.

van[5], *v.tr.* (vanned; vanning) Transporter (des marchandises) dans une voiture de livraison.

van[6], *s.* *Ten:* **Van in, van out** = *advantage in, advantage out*, *q.v. under* ADVANTAGE[1] 1.

vanadate ['vanadet], *s.* *Ch:* Vanadate *m*.

vanadic [va'nadik], *a.* *Ch:* (Acide *m*) vanadique. **Vanadic ochre**, vanadine *f*.

vanadious [vaˈneidiəs], *a.* *Metall:* (*Of alloy, etc.*) Vanadié, vanadeux.
vanadium [vaˈneidiəm], *s.* *Ch:* Vanadium *m.* *Metall:* **Vanadium steel**, acier *m* au vanadium.
vandal [ˈvand(ə)l], *s.* *Hist. & F:* Vandale *m.*
vandalic [vanˈdalik], *a.* *Hist:* (Invasion *f*, etc.) vandalique.
vandalism [ˈvandəlizm], *s.* Vandalisme *m.* **Piece of vandalism**, acte *m* de vandalisme. *It is rank, downright, v. to touch up these pictures, F:* c'est un meurtre de restaurer ces tableaux.
vandalistic [vandaˈlistik], *a.* (Acte *m*, etc.) de vandalisme.
Vandyke[1] [vanˈdaik, ˈvan-]. **1.** *Pr.n.m.* *Art:* Van Dyck. **Vandyke beard**, barbe *f* à la Van Dyck. **Vandyke brown**, brun foncé. **2.** *s.* *A.Cost:* (*a*) **Vandyke (collar, cape)**, col *m* à la Van Dyck. (*b*) *pl.* **Vandykes**, pointes *f*, crêtes *f* (d'un col à la Van Dyck).
vandyke[2], *v.tr.* Crêter, denteler, échancrer (un col, etc.).
vane [vein], *s.* **1.** (*a*) **(Wind-, weather-)vane**, girouette *f.* *See also* DOG-VANE. (*b*) Moulinet *m* (d'un anémomètre, etc.); turbine *f* (d'un compteur à eau). *Ph:* **Electric vane**, tourniquet *m* électrique. **2.** Bras *m* (de moulin à vent); aube *f*, ailette *f*, palette *f* (de turbine); aile *f*, ailette, pale *f* (de ventilateur, d'hélice, de bombe); ailette (de torpille). *The vanes of a turbine*, l'aubage *m* d'une turbine. **3.** *Surv:* **(Sight-)vane**, pinnule *f* (d'une alidade, etc.); viseur *m* (de compas). **Slide-vane**, voyant *m* (d'une mire de nivellement). **4.** *Orn:* Lame *f* (d'une plume).
ˈvane-aneˈmometer, *s.* *Meteor:* Anémomètre *m* à moulinet.
ˈvane-pump, *s.* *Hyd.E:* Pompe rotative à ailettes.
vanessa [vaˈnesa], *s.* *Ent:* Vanesse *f.*
vang [vaŋ], *s.* *Nau:* Palan *m* de garde, *F:* garde *f* (de la corne). **Vang-fall**, garant *m* de garde.
vanguard [ˈvangɑːrd], *s.* *Mil:* Tête *f* d'avant-garde. *F:* **To be in the vanguard of a movement**, être un des pionniers d'un mouvement. **Vanguard artist**, artiste *m* d'avant-garde.
vanilla [vaˈnila], *s.* *Bot:* *Cu:* Vanille *f.* *Flavoured with v.*, vanillé; parfumé à la vanille. **Vanilla custard**, crème vanillée. **Vanilla ice**, glace *f* à la vanille.
vaˈnilla-bean, *s.* Gousse *f* de vanille.
vaˈnilla-plant, *s.* *Bot:* Vanillier *m.*
vaˈnilla-plantation, *s.* Vanillerie *f.*
vanillin [vaˈnilin], *s.* *Ch:* Vanilline *f.*
vanillism [vaˈnilizm], *s.* *Med:* Vanillisme *m.*
vanish[1] [ˈvaniʃ], *s.* *Ling:* Son *m* transitoire; détente *f.*
vanish[2], *v.i.* Disparaître; (*of visions, suspicions, etc.*) se dissiper, s'évanouir; (*of difficulties, etc.*) s'aplanir; *Mth:* (*of quantity*) (i) tendre vers zéro; (ii) s'évanouir. *The ghost vanished* (*before our eyes*), le fantôme s'évanouit; le fantôme disparut à nos yeux. *He ran into the wood and* **vanished from sight**, il est entré dans le bois et a disparu. *He vanished in the crowd*, il se perdit dans la foule. *F:* *At the moment of danger he vanished*, au moment du danger il s'est éclipsé. *Vanished friends*, amis disparus. **The hours vanish away**, les heures *f* fuient, s'enfuient. *She saw her last hope v.*, elle vit s'évanouir, s'anéantir, son dernier espoir. **Vanished hopes**, espérances évanouies. *See also* AIR[1] I. 1.
vanishing[1], *a.* Qui disparaît. *Toil:* **Vanishing cream**, crème *f* de jour; crème support de poudre.
vanishing[2], *s.* Disparition *f.* (*a*) *Art:* **Vanishing line**, ligne *f* d'horizon; ligne de fuite. **Vanishing point**, point *m* de fuite, de concours. (*b*) *F:* **Profits have dwindled to the vanishing point**, les bénéfices se sont réduits à néant.
vanity [ˈvaniti], *s.* **1.** (*a*) Vanité *f*, vide *m* (des grandeurs humaines, etc.); futilité *f* (d'une tentative, etc.). **All is vanity**, tout est vanité; tout n'est que vanité, que mensonge, que fumée. *All is v. and vexation of spirit*, tout passe, tout casse, tout lasse. **Vanity Fair**, la foire aux vanités. (*b*) *To forsake the vanities of this world*, dire adieu aux vanités de ce monde. *See also* POMP. **2.** Vanité; orgueil *m.* **To do sth. out of vanity**, faire qch. par vanité, pour la gloriole. *To tickle s.o.'s v.*, chatouiller l'orgueil de qn. *To feed s.o.'s v.*, flagorner qn. **Vanity bag**, (petit) sac de dame (pour soirée, pour théâtre). **Vanity case**, pochette-poudrier *f*, *pl.* pochettes-poudriers.
vanner[1] [ˈvanər], *s.* *Min:* **1.** (*Pers.*) Vanneur *m.* **2.** (*Machine*) Vanneur, vannoir *m.*
vanner[2], *s.* = VAN-HORSE.
vanquish [ˈvaŋkwiʃ], *v.tr.* *Lit:* (*a*) Vaincre; triompher de (qn, ses passions, etc.). (*b*) *Abs.* Être vainqueur; vaincre.
vanquishing[1], *a.* Vainqueur.
vanquishing[2], *s.* Conquête *f*; subjugation *f* (d'un peuple).
vanquishable [ˈvaŋkwiʃəbl], *a.* Qui peut être vaincu; (passion, etc.) que l'on peut subjuguer, dont on peut triompher.
vanquisher [ˈvaŋkwiʃər], *s.* Vainqueur *m.*
vantage [ˈvɑːntedʒ], *s.* **1.** **(Coign, place, point, of) vantage**, **vantage-ground**, terrain avantageux; position avantageuse; avantage *m* du terrain. **2.** *Ten:* *F:* **Vantage in, vantage out** = *advantage in, advantage out, q.v. under* ADVANTAGE[1] 1.
vapid [ˈvapid], *a.* (*Of beverage*) Plat, insipide, éventé; (*of conversation, etc.*) fade, insipide, plat. *V. style*, style *m* fade, sans saveur. **-ly**, *adv.* Insipidement.
vapidity [vaˈpiditi], **vapidness** [ˈvapidnəs], *s.* (*a*) Évent *m* (d'une boisson); fadeur *f*, insipidité *f* (de la conversation, etc.); platitude *f* (de style). (*b*) *To utter vapidities*, débiter des fadeurs.
vaporimeter [veipəˈrimetər], *s.* Vaporimètre *m.*
vaporizable [ˈveipəraizəbl], *a.* Vaporisable.
vaporization [veipəraiˈzeiʃ(ə)n], *s.* **1.** Vaporisation *f.* **2.** Pulvérisation *f* (d'un liquide). *I.C.E:* Carburation *f* (du combustible).
vaporize [ˈveipəraiz], **1.** *v.tr.* (*a*) Vaporiser, gazéifier. (*b*) Pulvériser (un liquide); vaporiser. *I.C.E:* Carburer (le combustible). **2.** *v.i.* (*a*) Se vaporiser, se gazéifier. (*b*) (*Of liquid*) Se pulvériser.
vaporizing, *s.* = VAPORIZATION. *I.C.E:* **Vaporizing chamber**, chambre *f* de mélange, de vaporisation.
vaporizer [ˈveipəraizər], *s.* (*Device*) (*a*) (*Evaporator*) Vaporisateur *m*, vaporiseur *m.* *I.C.E:* *etc:* Réchauffeur *m.* (*b*) (*Producing a fine spray*) Pulvérisateur *m*; atomiseur *m*; vaporisateur.
vaporous [ˈveipərəs], *a.* (Ciel, etc.) vaporeux; (style) vaporeux, nuageux, vague. **-ly**, *adv.* Vaporeusement.
vapour[1] [ˈveipər], *s.* **1.** (*a*) Vapeur *f*; buée *f* (sur les vitres, etc.). (*b*) *Ph:* *etc:* **Water vapour, aqueous vapour**, vapeur d'eau. **Ether vapour, alcoholic vapour**, vapeur d'éther, d'alcool. **Vapour of iodine**, vapeur d'iode. *See also* LAMP[1] 3. **2.** *pl.* *Med:* *A:* **Vapours**, vapeurs. *Mrs X is suffering from vapours*, Mme X a des vapeurs.
ˈvapour-bath, *s.* **1.** *Med:* Bain *m* de vapeur. **2.** Étuve *f* humide (de hammam).
ˈvapour-laden, *a.* (Atmosphère *f*) humide.
vapour[2], *v.i.* **1.** (*Of liquid*) S'évaporer; se vaporiser; jeter de la vapeur. **2.** *F:* (*Of pers.*) (*a*) Se vanter; faire le fanfaron, faire le rodomont. (*b*) Débiter des fadaises, des sottises, des platitudes; parler pour ne rien dire.
vapouring[1], *a.* *F:* (*Of pers.*) (*a*) Vantard. (*b*) Qui débite des sottises, des platitudes.
vapouring[2], *s.* *F:* (*a*) Vanterie(s) *f*(*pl*); fanfaronnade(s) *f*(*pl*). (*b*) Platitudes *f*; paroles *f* en l'air.
vapourer [ˈveipərər], *s.* *F:* (*a*) Vantard, -arde. (*b*) Radoteur, -euse.
ˈvapourer-moth, *s.* *Ent:* Orgyie *f.*
vapourish [ˈveipəriʃ], *a.* **1.** = VAPOROUS. **2.** *A.Med:* Vaporeux; qui a des vapeurs; hypocondriaque.
vapoury [ˈveipəri], *a.* Vaporeux.
varan [ˈvarən], *s.* *Rept:* Varan *m.*
Varangian [vaˈrandʒiən]. *Hist:* **1.** *Pr.n.* Varègue *m*, Variague *m.* **2.** *a.* Des Varègues, des Variagues. **The Varangian Guard**, les Varangues *m*, les Varangiens *m* (des empereurs byzantins).
varanian [vaˈreiniən]. *Rept:* **1.** *s.* Varan *m.* **2.** *a.* Des varans.
varec(h) [ˈvarek], *s.* *Com:* *Ind:* Soude *f* de varech; *F:* varech *m.*
variability [veəriəˈbiliti], *s.* Variabilité *f* (du temps, etc.). *Biol:* Inconstance *f* (de type).
variable [ˈveəriəbl]. **1.** *a.* (*a*) Variable; changeant, inconstant. *V. weather*, temps *m* variable. *Mec:* **Variable motion**, mouvement varié. *Mth:* **Variable quantity**, quantité *f* variable. *Astr:* **Variable star**, étoile *f* variable. (*b*) *Mec.E:* *etc:* **Variable (at will)**, réglable. *See also* CONDENSER 2. **2.** *s.* (*a*) *Mth:* Variable *f.* **Dependent variable**, variable dépendante. (*b*) *Nau:* Vent *m* variable. **The variables**, la zone des vents variables. **-ably**, *adv.* Variablement; avec inconstance.
variableness [ˈveəriəblnəs], *s.* = VARIABILITY.
variance [ˈveəriəns], *s.* **1.** (*a*) Désaccord *m*; discorde *f.* **To be at variance with s.o.**, être en désaccord, en contestation, en contradiction, en mésintelligence, en querelle, avec qn; être brouillé avec qn; avoir un différend avec qn. **To set two people at variance**, mettre deux personnes en désaccord; mettre la discorde entre deux personnes; brouiller deux personnes. *Family at v.*, famille désunie. *States at v.*, états *m* en désaccord. *Historians are at v. on this point*, les historiens diffèrent entre eux sur ce point. *The witnesses are at v.*, les témoins ne sont pas d'accord. **Theory at variance with the facts**, théorie *f* incompatible, en désaccord, en contradiction, avec les faits. *The facts are at v. with these assurances*, les faits contredisent ces affirmations. (*b*) *Jur:* Écart *m*, divergence *f*, entre la preuve testimoniale et les conclusions échangées avant les débats. **2.** Variation *f* (de température, de volume, etc.).
variant [ˈveəriənt]. **1.** *a.* (*a*) *A:* Variant; qui change souvent. (*b*) Différent (*from*, de); qui diffère (de). *Lit:* **Variant reading**, variante *f.* (*c*) *Biol:* Qui s'écarte du type; qui a dévié du type. **2.** *s.* Variante *f.*
variation [veəriˈeiʃ(ə)n], *s.* **1.** Variation *f*, changement *m.* *Variations in public opinion*, oscillations *f* de l'opinion publique. *Biol:* **Variation of species**, variation des espèces. *Mec.E:* **Variation of load**, fluctuation *f* de charge. **Torque variation**, irrégularité *f* du couple moteur. *El:* **Current variation**, variation de courant. *Magn:* **Magnetic variation**, *Nau:* *etc:* **variation of the compass**, déclinaison magnétique (locale). *Easterly v.*, variation nord-est. **Variation chart**, carte *f* de déclinaison. **Variation compass**, compas *m* de variation; boussole *f* de déclinaison. *Astr:* **Periodic variation, secular variation**, variation périodique, séculaire. **2.** Différence *f*; écart *m.* *V. between two readings*, écart entre deux lectures (d'un appareil scientifique). *Mth:* **Calculus of variations**, calcul *m* des variations. **3.** *Mus:* Variation (*on*, *sur*). **Theme with variations**, thème varié; thème avec variations. *To write variations on an air*, varier un air.
variational [veəriˈeiʃən(ə)l], *a.* Sujet à des variations.
varicated [ˈvarikeitid], *a.* Variqueux. *V. shell*, coquille variqueuse.
varicella [variˈsela], *s.* *Med:* Varicelle *f*; *F:* petite vérole volante.
varicellous [variˈseləs], *a.* *Med:* **1.** Affecté de la varicelle. **2.** (Éruption, etc.) de la varicelle.
varices [ˈveərisiːz]. *See* VARIX.
varicocele [ˈvarikosiːl], *s.* *Med:* Varicocèle *m or f.*
vari(-)coloured [ˈveərikʌlərd], *a.* Aux couleurs variées; diversicolore.
varicose [ˈvarikous], *a.* *Med:* **1.** Variqueux. **Varicose vein**, varice *f.* **2.** **Varicose stocking**, bas *m* à varices.
varicosity [variˈkɔsiti], *s.* *Med:* **1.** Varice *f.* **2.** État variqueux (d'une veine, etc.).
varied [ˈveərid]. *See* VARY.
variedness [ˈveəridnəs], *s.* Variété *f*, diversité *f* (du paysage, etc.).
variegate [ˈveərigeit], *v.tr.* **1.** Varier, diversifier (les couleurs). **2.** Bigarrer, barioler; diaprer.
variegated, *a.* **1.** Varié; divers. **2.** Bigarré, bariolé; diapré; versicolore. *Nat.Hist:* Panaché, diversicolore. *Miner:* Panaché. (*Of flower, leaf*) **To become variegated**, se panacher. *The v. hues of the meadows*, l'émail *m* des prés. *Z:* **Variegated monkey**, douc *m.*
variegation [veəriˈgeiʃ(ə)n], *s.* Diversité *f* de couleurs; bigarrure *f.* *Bot:* Panachure *f*, diaprure *f.*

variety [və'raiəti], *s.* **1.** (*a*) Variété *f*, diversité *f*. *V. of opinions*, diversité d'opinions. **To lend variety** *to the menu, to the programme*, donner de la variété au menu, au programme. *Hillocks that give v. to the landscape*, petites collines qui accidentent le paysage. (*b*) **A variety of patterns**, un assortiment d'échantillons. *I did it for a v. of reasons*, je l'ai fait pour des raisons diverses. *To deal in a v. of goods*, faire le commerce de toutes sortes d'articles. **2.** (*a*) *Nat.Hist:* Variété (de fleur, etc.). (*b*) *Th:* **Variety entertainment, varieties** (*at hotel, etc.*), attractions *f*. **Variety turns**, numéros *m* de music-hall. **Variety theatre**, théâtre *m* de variétés.
variform ['vɛərifɔːrm], *a.* Dont la forme est variable; diversiforme.
variocoupler [vɛərio'kʌplər], *s.* *W.Tel:* Variocoupleur *m*.
variola [və'raiolə], *s.* *Med:* Variole *f*; *F:* petite vérole.
variolar [və'raiolər], *a.* *Med:* Variolaire.
variolation [vɛərio'leiʃ(ə)n], *s.* *Med:* Variolisation *f*.
variolite ['vɛəriolait], *s.* *Miner:* Variolite *f*.
variolization [vɛərioli'zeiʃ(ə)n], *s.* = VARIOLATION.
varioloid ['vɛərioloid]. *Med:* **1.** *a.* Varioliforme. **2.** *s.* Varioloïde *f*.
variolous [və'raioləs], *a.* *Med:* (*Of eruption, etc.*) Varioleux, variolique; (*of patient*) varioleux.
variometer [vɛəri'ɔmetər], *s.* *El:* Variomètre *m*. **Disk-coil variometer**, variomètre à bobines plates.
variorum [vɛəri'ɔːrəm], *a.* & *s.* *Lit:* **Variorum (edition)**, (édition *f*) variorum *m*.
various ['vɛəriəs], *a.* **1.** Varié, divers. **Of various kinds**, de diverses sortes. *V. types*, types variés, divers. *His conversation was v. and delightful*, sa conversation était variée et des plus agréables. *To talk about v. things*, parler d'une chose et d'une autre, de chose(s) et d'autre(s). **2.** (*a*) Différent, dissemblable; divers. *Of v. degrees of smallness*, de différents degrés de petitesse. *Known under v. names*, connu sous des noms divers. *Lit:* **Various reading**, variante *f*. (*b*) Plusieurs; plus d'un. **For various reasons**, pour plusieurs raisons. **At various times**, à différentes reprises; en diverses occasions. (*As pron.*) *P:* **Various have told me so**, certains, plusieurs, me l'ont dit. **-ly**, *adv.* Diversement; de diverses manières.
varix, *pl.* **-ices** ['vɛəriks, -isiːz], *s.* *Med:* *Conch:* Varice *f*.
varlet ['vɑːrlet], *s.m.* **1.** (*a*) *Hist:* Varlet, page. (*b*) *A:* Palefrenier; valet. **2.** *F:* Coquin; vaurien; drôle; *A:* maraud.
varletry ['vɑːrletri], *s.* *A:* Valetaille *f*.
varmint ['vɑːrmint], *s.* *P:* (= *vermin*) **1.** (*a*) Vermine *f*. (*b*) *Ven:* Renard *m*. **2.** **Young varmint**, petit polisson.
varnish¹ ['vɑːrniʃ], *s.* **1.** Vernis *m*. **Spirit varnish**, vernis à l'alcool, à l'esprit de vin; vernis spiritueux. **Turpentine varnish**, vernis à l'essence. **Oil varnish**, vernis gras. **Transparent varnish**, vernis blanc. *See also* CELLULOSE 2, COPAL. *Toil:* **Nail varnish**, vernis pour les ongles. **2.** (Enduit *m* de) vernis; vernissage *m*, vernissure *f*. *F:* *To put a v. of legality upon one's actions*, couvrir ses actions sous un vernis de légalité. **To take the varnish off sth.**, enlever l'attrait de qch.; révéler qch. dans toute sa misère.
 'varnish-remover, *s.* *Ind:* *etc:* Décapant *m* pour vernis.
 'varnish-tree, *s.* *Bot:* **1.** Sumac *m* vernis; vernis *m* du Japon. **2.** Courbaril *m*.
varnish², *v.tr.* **1.** Vernir (du bois, un tableau); vernir, vernisser (de la poterie). **2.** *F:* **To varnish (over)**, farder (les faits); glisser sur, vernir (les défauts de qn); jeter un voile complaisant sur (une infamie).
 varnished, *a.* Verni; (*of pottery*) vernissé.
 varnishing, *s.* Vernissage *m*, vernissure *f*; peinture *f* au vernis.
 'varnishing-day, *s.* Vernissage *m* (au Salon de peinture).
varnisher ['vɑːrniʃər], *s.* Vernisseur *m*.
Varro ['varo]. *Pr.n.m.* *Lt.Lit:* Varron.
Varronian [və'rounjən], *a.* *Lt.Lit:* Varronien.
varsity ['vɑːrsiti], *s.* *F:* = UNIVERSITY.
Varsovian [vɑːr'souviən], *a.* *Geog:* Varsovien; de Varsovie.
varsoviana [vɑːrsovi'ɑːnə], **varsovienne** [vɑːrsovi'en], *s.* *Danc:* *Mus:* Varsovienne *f*, varsoviana *f*.
varus¹ ['vɛərəs], *s.* *Med:* Pied bot; varus *m*.
varus², *s.* *Med:* **1.** Goutte *f* rose. **2.** Papule *f* (de la petite vérole).
varvel ['vɑːrvel], *s.* *Ven:* *A:* Vervelle *f*.
vary ['vɛəri], *v.* (*p.t.* & *p.p.* **varied**) **1.** *v.tr.* Varier, diversifier; faire varier; accidenter (son style). *To v. the menu, the programme*, donner de la variété au menu, au programme. *To v. one's methods*, varier de méthode. **2.** *v.i.* (*a*) Varier, changer; être variable. *This type has never varied*, ce type ne s'est jamais modifié, n'a jamais varié. *Mth:* **y varies as x**, y varie dans le même sens que et proportionnellement à **x**. *y varies directly as x*, y varie en raison directe de x, est directement proportionnel à **x**. *y varies inversely as x*, y varie en raison inverse de x, est inversement proportionnel à **x**. *y varies inversely as the square of x*, y varie comme l'inverse du carré de **x**. (*b*) **To vary from . . .**, dévier, s'écarter, de . . .; différer de. . . . *This edition varies very little from its predecessor*, cette édition **s'écarte** très peu de la précédente. (*c*) Différer (d'avis). *As to the date, authors v.*, quant à la date, les auteurs ne sont pas d'accord.
 varied, *a.* Varié; divers. *Very v. opinions*, opinions très diverses. *V. style*, style varié, accidenté.
 varying¹, *a.* Qui varie; variable, changeant; varié, divers.
 varying², *s.* Variation *f*; changement *m*.
vas, *pl.* **vasa** [vas, 'veisə], *s.* *Anat:* *Bot:* Vaisseau *m*. **Vas deferens**, canal déférent.
Vascones [vas'kouniːz]. *Pr.n.pl.* *A.Hist:* Vascons *m*.
vascular ['vaskjulər], *a.* *Nat.Hist:* *Physiol:* Vasculaire, vasculeux. *Bot:* **Vascular bundle**, faisceau *m* fibro-vasculaire.
vascularity [vaskju'lariti], *s.* *Physiol:* Vascularité *f*.
vascularization [vaskjulari'zeiʃ(ə)n], *s.* *Physiol:* Vascularisation *f*.
vasculose ['vaskjulous], *s.* *Bot:* *Ch:* Vasculose *f*.
vasculum, *pl.* **-a** ['vaskjuləm, -ə], *s.* **1.** *Bot:* Ascidie *f*. **2.** Boîte *f* en fer blanc (d'herborisateur, de botaniste); coquette *f*, jeannette *f*.
vase [vɑːz], *s.* **1.** Vase *m*. **Flower vase**, vase à fleurs; bouquetier *m*; *Aut:* porte-bouquet *m*, *pl.* porte-bouquets. *Chinese v.*, *China v.*, *Japanese v.*, potiche *f*. *See also* COAL-VASE. **2.** (*a*) *Arch:* Vase (de chapiteau corinthien, etc.). (*b*) *Bot:* Vase (de tulipe, etc.).
 'vase-shaped, *a.* Vasiforme; en forme de vase.
vasectomy [və'sektomi], *s.* *Surg:* Vasectomie *f*.
Vaseline ['vazəliːn, 'vaslin, 'vasliːn], *s.* (Registered trade mark, the property of the Chesebrough Manufacturing Co. Ltd.) Vaseline *f*. **White Vaseline**, vaseline officinale. *To smear, coat, sth. with V.*, enduire qch. de vaseline; graisser qch. à la vaseline; vaseliner qch.
Vashti ['vaʃti]. *Pr.n.f.* *B.Hist:* Vasthi.
vasiform ['veizifɔːrm, 'veis-], *a.* Vasiforme.
vaso- ['veiso], *comb.fm.* *Physiol:* *Med:* Vaso-. *Vaso-formative*, vaso-formatif. *Vaso-sensory*, vaso-sensitif.
vaso-constrictive ['veisokon'striktiv], *a.* *Anat:* Vaso-constricteur, -trice.
vaso-constrictor ['veisokon'striktər], *a.* & *s.* *Anat:* Vaso-constricteur (*m*).
vaso-dilator ['veisodai'leitər], *a.* & *s.* *Anat:* Vaso-dilateur (*m*).
vaso-motor ['veiso'moutər], *a.* & *s.* *Anat:* Vaso-moteur (*m*).
vassal ['vas(ə)l], *a.* & *s.* *Hist:* Vassal (*m*), -aux; feudataire (*m*) (*to*, de). *The great vassals*, les grands vassaux. *The rear vassals*, les arrière-vassaux.
vassalage ['vasəledʒ], *s.* (*a*) *Hist.* & *F:* Vassalité *f*, vasselage *m*. To hold land in vassalage, tenir une terre en fief. (*b*) *F:* Sujétion *f*.
vast¹ [vɑːst], *a.* Vaste, immense. *A v. number of . . .*, un nombre immense de. . . . *His v. reading*, l'étendue *f* de ses lectures; son savoir immense; sa vaste érudition. *A v. horizon*, un vaste horizon. *To spend a v. amount of money*, dépenser énormément d'argent; dépenser des sommes folles. **-ly**, *adv.* Vastement; immensément. *You are v. mistaken*, vous vous trompez énormément, du tout au tout.
vast², *int.* *Nau:* = AVAST. **Vast heaving!** tiens bon virer!
vastitude ['vɑːstitjuːd], **vastness** ['vɑːstnəs], *s.* **1.** Vastitude *f*, immensité *f*; vaste étendue *f*; amplitude *f* (de l'espace, etc.). **2.** *The vastitudes of the Sahara*, les vastitudes, les déserts *m* immenses, du Sahara.
vastus ['vɑːstəs], *s.* *Anat:* **The vastus externus, internus**, le (muscle) vaste externe, interne.
vasty ['vɑːsti], *a.* *Poet:* = VAST¹.
vat¹ [vat], *s.* Cuve *f*; (*small*) cuveau *m*; bac *m*; bain *m*. *Paperm:* **Vat paper**, papier *m* à la cuve. **Vat mill**, papeterie *f* à la cuve. *Leath:* **Maceration vat**, confit *m*. **Tan vat**, fosse *f* de tannage. *Metalw:* **Quenching vat**, bain de trempage. *Ind:* **Lye vat**, chaudière *f* à lessive. *Vit:* *Vat for carrying grapes*, bouge *m*. *See also* TREADING-VAT, WINE-VAT.
 'vat-house, *s.* *Paperm:* *etc:* Salle *f* des cuves.
vat², *v.tr.* Mettre (le raisin) en cuve; encuver, mettre en fosse (des peaux à tanner, etc.).
 vatting, *s.* Encuvage *m*; mise *f* en fosse.
vatful ['vatful], *s.* Cuvée *f*.
Vatican ['vatikən], *s.* **The Vatican**, le Vatican. **The Vatican library**, la bibliothèque vaticane; la Vaticane. *Hist:* **The Vatican State**, les États pontificaux. **The Vatican Council**, le concile du Vatican (1870).
Vaticanism ['vatikənizm], *s.* *Theol:* *Pol:* Ultramontanisme *m*.
Vaticanist ['vatikənist], *s.* *Theol:* *Pol:* Ultramontain, -aine.
vaticinal [və'tisin(ə)l], *a.* Vaticinateur, -trice.
vaticinate [və'tisineit], *v.i.* Vaticiner; prophétiser; *F:* monter sur le trépied.
vaticination [vatisi'neiʃ(ə)n], *s.* Vaticination *f*.
vaticinator [və'tisineitər], *s.* Vaticinateur *m*.
vatman, *pl.* **-men** ['vatmən, -men], *s.m.* *Paperm:* Plongeur, puiseur.
vaudeville ['voudəvil], *s.* *Th:* **1.** Vaudeville *m*. **2.** Spectacle varié; spectacle de music-hall.
vaudevillist ['voud(ə)vilist], *s.* **1.** Vaudevilliste *m*. **2.** Auteur *m* de spectacles du genre revue.
Vaudois¹ ['voudwa], *a.* & *s.* *inv. in pl.* *Geog:* Vaudois, -oise.
vaudois², *a.* & *s.* *inv. in pl.* *Rel.H:* Vaudois (*m*).
vault¹ [vɔlt], *s.* **1.** (*a*) *Arch:* Voûte *f*. **Barrel vault, cradle vault, tunnel vault, cylindrical vault**, (voûte en) tonnelle *f*; (voûte en) berceau *m*. **Square vault**, voûte en arc de cloître. **Ogival vault**, voûte en ogive. **Semi-circular vault**, voûte à plein cintre. **Basket-handle vault**, voûte en anse de panier. **Surmounted vault, stilted vault**, voûte surhaussée, surélevée. **Surbased vault**, voûte surbaissée. *See also* GROINED, REAR-VAULT. *F:* **The vault of heaven**, le dôme des cieux; la voûte céleste; *Poet:* les célestes lambris *m*. (*b*) *Const:* Chapelle *f* (de four de boulangerie); voûte (d'un fourneau). **2.** (*a*) Souterrain *m*. (*Of bank, etc.*) **Safety vault**, chambre forte. (*b*) **(Wine)-vault**, cave *f*, cellier *m*. *See also* SPIRIT-VAULT. (*c*) **(Sepulchral) vault**, caveau *m*. **Family vault**, tombeau *m*, caveau, de famille. *See also* RECEIVING-VAULT.
vault². **1.** *v.tr.* **To vault (over) a cellar**, voûter une cave; couvrir une cave d'une voûte. **2.** *v.i.* (*Of roof, etc.*) Se voûter.
 vaulted, *a.* Voûté, voussé; en voûte.
 vaulting¹, *s.* **1.** Construction *f* de voûtes. **2.** *Coll.* Voûte(s) *f(pl)*. **Barrel vaulting**, voûte en berceau, en tonnelle. *The cathedral v.*, la voûte de la cathédrale.
vault³, *s.* *Gym:* *etc:* Saut *m* (de barrière, etc.) (en s'aidant de la main ou d'une perche); saut au cheval-arçons; saut latéral.
vault⁴. **1.** *v.i.* (*a*) **To vault over a gate**, sauter une barrière, franchir une barrière d'un saut (en s'aidant de la main ou des mains). *To v. over a stream*, sauter un ruisseau à la perche. *Gym:* *To v. over the horse*, sauter le cheval-arçons; pratiquer le saut latéral avec appui; faire des exercices de volte. (*b*) *Equit:* **To vault into**

the saddle, sauter à cheval; sauter en selle. **2.** *v.tr.* Sauter (une barrière, etc.).

vaulting[2], *a. Lit:* **Vaulting ambition,** ambition démesurée, qui vise haut, trop haut.

vaulting[3], *s. Gym:* Exercice *m* du saut; voltige *f* (sur le cheval-arçons). **Side-vaulting,** saut latéral avec appui des mains. *See also* HORSE[1] 3.

vaultage ['vɔltedʒ], *s. Arch:* Voûtes *fpl.*

vaulter ['vɔltər], *s.* Sauteur, -euse; (*acrobatic*) voltigeur, -euse; acrobate *mf.*

vaunt[1] [vɔːnt], *s. Lit:* Vanterie *f*; fanfaronnade *f.*

vaunt[2]. *Lit:* **1.** *v.i. A:* Se vanter; fanfaronner; faire de la gloriole. **2.** *v.tr.* (*a*) Vanter (qch.). (*b*) Se vanter de (qch.); se faire gloire de (qch.).

vaunting[1], *a.* Vantard. **-ly,** *adv.* Avec jactance; en se vantant.

vaunting[2], *s.* Vanterie *f*; jactance *f.*

vaunter ['vɔːntər], *s. A:* Vantard, -arde.

vavasory ['vavasəri], *s. Hist:* Vavassorie *f*; terre *f* d'un vavasseur.

vavasour ['vavasuər, -sər], *s. Hist:* Vavasseur *m*; vavassal, -aux *m.*

've [v]. *F:* = *have. I've lost it,* je l'ai perdu. *You've seen it,* vous l'avez vu.

veal [viːl], *s. Cu:* Veau *m.* **Veal cutlet,** côtelette *f* de veau. *Fillet of v.,* rouelle *f* de veau. *See also* KNUCKLE[1] 2, LEG[1] 2.

'veal-skin, *s. Med:* Vitiligo *m.*

vector ['vektər], *s.* **1.** *Mth:* Vecteur *m. See also* RADIUS-VECTOR. **2.** *Med:* Porteur, -euse (d'une maladie).

vectorial [vek'tɔːriəl], *a. Mth:* Vectoriel.

Veda ['veida], *s. Rel.H:* **The Vedas,** les Védas *m.*

Veddas ['vedaz], *s.pl. Ethn:* Veddas *m*, Védas *m* (de l'île de Ceylan).

vedette [vi'det], *s. Mil:* Vedette *f. To be on v. duty,* être en vedette. *Navy:* **Vedette boat,** vedette *f.*

Vedic ['veidik], *a. Rel.H:* Védique.

Vedism ['veidizm], *s. Rel.H:* Védisme *m.*

Vee [viː], *s.* = V (dans certains termes techniques).

veer[1] [viːər], *s.* **1.** Changement *m* de direction, saute *f* (de vent). **2.** (*Of ship*) Virage *m* vent arrière. **3.** *F:* Changement, revirement *m* (d'opinion).

veer[2]. **1.** *v.i.* (*a*) (*Of wind*) Tourner, sauter. **To veer aft, abaft,** adonner. **To veer ahead,** venir debout. **To veer forward,** refuser. *To v. to the west,* haler l'ouest. *To v. round to the north,* anordir; ranger le nord; se ranger au nord. (*b*) (*Of ship*) Virer (vent arrière); changer de bord. **To veer at anchor,** rôder sur son ancre. (*c*) *F:* (*Of pers.*) **To veer round,** changer d'opinion. *To v. round to an opinion,* se ranger à une opinion. **2.** *v.tr.* (Faire) virer (un navire) vent arrière.

veering, *s.* = VEER[1].

veer[3], *v.tr. Nau:* **To veer away, out, the cable,** filer du câble.

Vega ['viːga]. *Pr.n. Astr:* Véga *m.*

vegetable ['vedʒitəbl]. **1.** *a.* Végétal, -aux. **The vegetable kingdom,** le règne végétal. **Vegetable life,** la vie végétale; la végétalité. **Vegetable soil,** terre végétale. **Vegetable oil materials,** matières végétales oléagineuses; oléagineux *m* d'origine végétale. *See also* BUTTER[1] 1, IVORY 1, MARROW 2, MOULD[1], PARCHMENT 1. **2.** *s.* (*a*) *Bot:* Végétal *m*, -aux. (*b*) *Hort: Cu:* Légume *m.* **Early vegetables,** primeurs *f.* **Vegetable diet,** régime végétal, de légumes. **Vegetable garden,** (jardin) potager *m*; jardin légumier. **Vegetable-cutter, -slicer,** taille-racines *m inv*; taille-légumes *m inv*; coupe-légumes *m inv. See also* PRESSER 2, SOUP 1.

'vegetable-dish, *s.* Légumier *m.*

vegetal ['vedʒit(ə)l], *a.* & *s. Bot:* Végétal (*m*), -aux.

vegetarian [vedʒi'teəriən], *a.* & *s.* Végétarien, -ienne.

vegetarianism [vedʒi'teəriənizm], *s.* Végétarisme *m*, végétarianisme *m.*

vegetate ['vedʒiteit], *v.i.* **1.** Végéter. *F:* **To vegetate in an office,** moisir, végéter, dans un bureau. **2.** *Metall:* (*Of silver, etc.*) Rocher.

vegetating, *a.* Végétant.

vegetation [vedʒi'teiʃ(ə)n], *s.* **1.** (*a*) Végétation *f.* (*b*) *Metall:* Rochage *m.* **2.** (*a*) *Coll.* Végétation (d'une région, etc.). (*b*) *Med:* **Vegetations,** végétations.

vegetative ['vedʒiteitiv], *a.* Végétatif.

Vegetius [ve'dʒiːʃiəs]. *Pr.n.m. Lit.Hist:* Végèce.

vegeto-animal ['vedʒito'anim(ə)l], *a.* Végéto-animal, -aux.

vegeto-mineral ['vedʒito'minərəl], *a.* Végéto-minéral, -aux.

vegeto-sulphuric ['vedʒitosʌl'fjuərik], *a.* Végéto-sulfurique.

vehemence ['viːəməns], *s.* **1.** Véhémence *f* (du vent, etc.). **2.** Véhémence, impétuosité *f*, ardeur *f.*

vehement ['viːəmənt], *a.* Véhément; (vent) impétueux; (amour) passionné; (effort) violent. **-ly,** *adv.* Véhémentement; avec véhémence; impétueusement; passionnément; avec violence.

vehicle[1] ['viːikl], *s.* **1.** Véhicule *m*, voiture *f. Adm:* **Commercial vehicles,** véhicules industriels. **2.** Véhicule; moyen *m* de propagation, de transmission. *Air is the v. of sound,* l'air est le véhicule du son. **The newspaper as a vehicle for advertising,** le journal comme moyen de réclame. *He used the press as a v. for the propagation of his ideas,* il se servait de la presse comme véhicule pour la propagation de ses idées. *Med: V. of disease,* agent vecteur. **Direct contagion without vehicle,** contage immédiat sans agent vecteur. **3.** *Paint: Pharm:* Véhicule; *Pharm:* excipient *m.*

vehicle[2], *v.tr.* Véhiculer, voiturer.

vehicular [vi'hikjulər], *a.* Des voitures; véhiculaire. **Vehicular traffic,** circulation *f* des voitures.

Vehmgericht ['feimgəriχt]. *Pr.n. Hist:* **The Vehmgericht,** la Sainte Vehme.

Vehmic ['feimik], *a. Hist:* (Tribunal *m*, etc.) vehmique.

Veientian [viː'jenʃiən], *a.* & *s. A.Geog:* Véien, -ienne.

Veii ['viːjai]. *Pr.n. A.Geog:* Véies.

veil[1] [veil], *s.* **1.** *Cost:* (*a*) Voile *m* (de religieuse, de deuil). *Bridal v.,* voile de mariée. *Ecc:* (*Of woman*) **To take the veil,** prendre le voile. **Taking of the veil,** prise *f* de voile. (*b*) **Hat-veil, eye veil,** voilette *f. Aut:* **Dust-veil,** pare-poussière *m inv*, voilette anti-poussière *inv.* **2.** (*a*) *A:* Voile, rideau *m. Jew.Ant:* **The veil of the temple,** le voile du temple. (*b*) *Lit:* **Beyond the veil,** au delà de la tombe. **3.** *F:* Voile, rideau, gaze *f*, déguisement *m. Under the v. of anonymity,* sous le voile de l'anonyme. **To draw, throw, a veil over sth.,** jeter un voile sur qch.; tirer le voile sur qch.; gazer (les faits). **4.** *Nat.Hist:* = VELUM (*b*). **5.** *Phot:* Voile faible.

veil[2], *v.tr.* **1.** Voiler (son visage, un tableau). *To v. oneself,* se voiler. *To v. one's face,* se voiler la face. **2.** Voiler, cacher, dissimuler (ses sentiments, ses desseins).

veiled, *a.* **1.** Voilé; couvert d'un voile. **2.** Voilé, caché, dissimulé. **Veiled hostility,** hostilité sourde. *Hardly v. hostility,* hostilité à peine déguisée. **3.** *Mus: etc:* **Veiled voice,** voix sombrée, voilée.

veiling, *s.* **1.** Action *f* ou fait *m* de voiler (la face), de cacher, dissimuler (la vérité, etc.). **2.** *Coll.* Voile(s) *m(pl). See also* NUN'S VEILING. **3.** *Phot:* Voile faible.

veiledly ['veilidli], *adv.* Comme sous un voile; d'une manière voilée, cachée; par sous-entente.

vein[1] [vein], *s.* **1.** *Anat:* Veine *f.* **Companion veins,** veines satellites. *See also* PORTAL[2], VARICOSE. **2.** *Bot: Ent:* Nervure *f* (de feuille, d'aile); veine (de feuille). **3.** *Geol: Min:* Veine, filon *m*, rameau *m*; gîte filonien. **Soft vein** (*in quarry-stone*), moye *f.* **Horizontal vein,** plateure *f. See also* BALL-VEIN, PIPE-VEIN. **4.** (*In wood, marble*) Veine. **5.** Veine, disposition *f*, humeur *f.* **The poetic vein,** la veine poétique. *To be of an imaginative v.,* avoir un tour d'esprit imaginatif, une tournure d'esprit imaginative. *Other remarks in the same v.,* d'autres observations faites dans le même esprit. **To be in the vein for doing sth.,** être en veine, en humeur, de faire qch. *Abs. He writes poetry when he is in the v.,* il fait des vers quand il est en veine, quand il se sent en veine.

'vein-gold, *s.* Or filonien.

'vein-stone, *s.* Roche *f* de filon; roche filonienne.

vein[2], *v.tr. Paint:* Veiner, marbrer (une porte, etc.).

veining, *s.* **1.** Veinage *m*, marbrure *f.* **2.** *Coll.* Veines *fpl. Bot: Ent:* Nervures *fpl.*

veined [veind], *a.* **1.** Veiné, veineux, à veines. **Veined wood,** bois veiné, madré. **2.** *Bot: Ent:* Nervuré.

veinlet ['veinlet], *s.* Veinule *f*, filet *m.*

veinous ['veinəs], *a.* Veineux. **1.** (*Of hands, etc.*) Couvert de veines; où les veines ressortent. **2.** = VENOUS.

veiny ['veini], *a.* (*Of leaf, wood, etc.*) Veineux.

Velabrum (the) [ðəve'labrəm]. *Pr.n. Rom.Ant:* Le Vélabre (un des quartiers de Rome).

velamen, *pl.* **-amina** [ve'leimən, -eimina], *s. Bot:* Enveloppe extérieure, tégument *m* (d'une racine d'orchidée).

velar ['viːlər], *a.* & *s. Ling:* Vélaire (*f*).

velarium, *pl.* **-ia** [ve'lɛəriəm, -ia], *s. Rom.Ant:* Vélarium *m.*

veld(t) [velt], *s.* (*In S. Afr.*) Veld(t) *m.*

veligerous [ve'lidʒərəs], *a. Z:* Véligère.

velites ['viːlitiːz], *s.pl. Rom.Ant:* Vélites *m.*

velleity [ve'liːiti], *s.* Velléité *f.*

vellum ['veləm], *s.* Vélin *m.* **Rough vellum,** parchemin *m* en cosse. *See also* JAPANESE 1.

'vellum paper, *s.* Papier *m* vélin.

velocimeter [velo'simetər], *s. Ball: etc:* Vélocimètre *m.* **Time-recording velocimeter,** chronographe *m* vélocimètre.

velocipede [vi'lɔsipiːd], *s. A:* Vélocipède *m.*

velocipedist [vi'lɔsipiːdist], *s. A:* Vélocipédiste *mf.*

velocity [vi'lɔsiti], *s.* Vitesse *f*; *occ.* vélocité *f. Ball:* **Velocity on impact, impact velocity,** vitesse au choc; vitesse restante. *See also* MUZZLE-VELOCITY. *Mec:* **Initial velocity,** vitesse initiale. **Accelerated velocity,** vitesse accélérée. **Retarded velocity,** vitesse retardée.

velour(s) [və'luər], *s. Com:* **1.** *Tex:* Velouté *m*; velours *m* de laine. **2.** Feutre taupé. **Velours hat,** chapeau (en feutre) taupé. **3.** Bichon *m* (pour chapeaux de soie).

velum, *pl.* **vela** ['viːləm, 'viːla], *s.* (*a*) *Anat:* Voile *m* du palais. (*b*) *Anat: Nat.Hist:* Voile.

velutinous [ve'ljutinəs], *a. Bot: Ent:* Velouteux.

velvet ['velvet], *s.* **1.** *Tex:* Velours *m.* **Plain velvet,** velours plain, uni. **Raised velvet, stamped velvet,** velours frappé. *Brocaded v.,* velours broché. *Figured v.,* velours façonné. *Printed v.,* velours imprimé. *Shot v.,* velours glacé. *Cut v.,* velours ciselé. *Uncut v.,* **terry velvet,** velours bouclé, frisé, épinglé. **Ribbed velvet, corduroy velvet,** velours cannelé, coulissé, à côtes, côtelé; velours de chasse. **Cotton velvet,** velours de coton. **Worsted velvet,** velours de laine. **Mock velvet,** tripe *f* de velours. **Velvet-maker,** veloutier *m. F:* **To be on velvet,** être sur le velours. **To play on velvet,** jouer sur le velours. *U.S:* **To be a hundred dollars to the velvet,** avoir cent dollars de gagné. *See also* GENTLEMAN 4, NAP[3] 1. **2.** *Nat.Hist:* Velouté *m.* **Velvet of the stag's horns,** peau velue du bois du cerf. **3.** *Attrib.* De velours; velouté. *V. coat,* habit *m* de velours. *V. braid,* velouté *m. Phot:* **Velvet-surface paper,** papier velouté. **With velvet tread,** à pas feutrés. *See also* GLOVE[1], OSIER.

'velvet-'eyed, *a. Lit:* Au regard velouté; aux yeux doux.

'velvet-grass, *s. Bot:* Houlque laineuse.

'velvet-pile, *s. Tex:* Moquette *f.*

velveted ['velvetid], *a.* **1.** *Nat.Hist:* Velouté. **2.** Vêtu de velours.

velveteen [velve'tiːn], *s.* **1.** *Tex:* Velours *m* lisse de coton; tripe *f* de velours; velours de chasse; velvantine *f*, velventine *f.* **Ribbed velveteen, corduroy velveteen,** velours (de coton) côtelé, à côtes. **2.** *pl.* **Velveteens,** (i) *Cost:* pantalon *m* en velours de chasse; (ii) *F:* (*with sg. const.*) le garde-chasse.

velvetiness ['velvetinəs], *s.* Velouté *m.*

velvetings ['velvetiŋz], *s.pl. Com:* Velours *mpl*; étoffes *f* de velours.

velvety ['velveti], *a.* Velouté, velouteux; doux comme du velours;

Bot: pruiné, pruineux, -euse. **Velvety wine,** vin velouté, qui a du velouté; vin moelleux.

vena, *pl.* **-ae** ['viːna, -iː], *s. Anat:* **Vena cava,** veine *f* cave.

venal ['viːnəl], *a.* Vénal, -aux; mercenaire. **Venal justice,** justice vénale; *F:* justice *f* à l'encan. **-ally,** *adv.* Vénalement.

venality [vi'naliti], *s.* Vénalité *f.*

venation [vi'neiʃ(ə)n], *s. Bot: Ent:* Nervation *f.*

venatorial [venə'tɔːriəl], *a.* De chasse, de vénerie.

vend [vend], *v.tr.* (*a*) *Jur:* Vendre. (*b*) Faire le commerce de (choses de peu de valeur); vendre (des journaux).

vendace ['vendes], *s. Ich:* Petite féra.

Vendean [ven'diːən], *a. & s. Hist: Geog:* Vendéen, -éenne.

vendee [ven'diː], *s. Jur:* Acheteur, -euse; acquéreur, -euse.

vender ['vendər], *s.* (*a*) Vendeur, -euse (*of*, de). (*b*) **Street-vender,** (i) marchand, -ande, des quatre saisons; (ii) camelot *m.*

vendetta [ven'deta], *s.* Vendetta *f.*

vendibility [vendi'biliti], *s.* Caractère *m* vendable (de qch.).

vendible ['vendibl], *a.* Vendable.

vendor ['vendər], *s.* **1.** (*a*) *Com:* Vendeur, -euse. *Fin:* **Vendor's shares,** actions *f* d'apport, de fondation. (*b*) *Jur:* Vendeur, -eresse. **Vendor's lien,** privilège *m* du vendeur. **2.** = VENDER.

veneer[1] [və'niːər], *s.* **1.** (*a*) Placage *m*, revêtement *m* (de bois mince, etc.). (*b*) Bois *m* de placage, bois à plaquer. *Leaf, sheet, of v.*, feuille *f*, feuillet *m*, copeau *m*, de placage; plaque *f* (d'ébéniste). **2.** *F:* Masque *m*; apparence extérieure; vernis *m* (de connaissances, etc.). **Egoism covered with a veneer of politeness,** égoïsme caché sous un vernis de politesse. *A mere v. of politeness*, une politesse toute en surface. **3.** *Ent:* **Veneer-(moth),** crambe *m.*

ve'neer-cutter, *s.* Machine *f* à trancher le bois.

veneer[2], *v.tr.* **1.** Plaquer (le bois). **2.** *F:* **Paganism veneered with Christianity,** paganisme caché, latent, sous un masque de christianisme, sous un vernis de christianisme.

veneering, *s.* Placage *m* (en bois).

ve'neering-hammer, *s.* Marteau *m* à plaquer.

ve'neering-press, *s.* Presse *f* à plaquer.

ve'neering-wood, *s.* Bois *m* de placage.

veneerer [və'niːərər], *s.* Plaqueur *m.*

venenific [venə'nifik], *a. Z:* (Glande *f*, etc.) vénénifique, vénénipare.

venerability [venərə'biliti], **venerableness** ['venərəblnəs], *s.* Vénérabilité *f.*

venerable ['venərəbl], *a.* **1.** Vénérable. *A priest v. for his years and his virtues*, un prêtre vénérable par son âge et par ses vertus. **2.** (*a*) Titre honorifique accordé aux archidiacres de l'Église anglicane. (*b*) *R.C.Ch:* Vénérable. (Premier degré de la canonisation.) **3.** *s.* Vénérable *m* (d'une loge de francs-maçons). **-ably,** *adv.* Vénérablement; d'une manière vénérable.

venerate ['venəreit], *v.tr.* Vénérer; avoir de la vénération pour (qn).

veneration [venə'reiʃ(ə)n], *s.* Vénération *f* (*for*, pour). **To hold s.o. in veneration,** avoir de la vénération pour qn.

venerator ['venəreitər], *s.* Vénérateur, -trice.

venereal [ve'niːriəl], *a. Med:* Vénérien.

venery ['venəri], *s. A:* Vénerie *f*; la chasse. **Hounds of venery,** chiens courants.

venesection [veni'sekʃ(ə)n], *s. Med:* Saignée *f*, phlébotomie *f.*

Veneti ['venətai], *s.pl. Hist:* Vénètes *m.*

Venetia [vi'niːʃja]. *Pr.n. A.Geog:* La Vénétie.

Venetian [vi'niːʃən], *a. & s. Geog:* Vénitien, -ienne. *Needlew:* **Venetian lace,** point *m* de Venise. **Venetian glass,** verre *m* de Venise. **Venetian chalk,** talc *m* de Venise. *See also* BLIND[2] 1, MAST[1] 2, SHUTTER[1] 1, SUMAC.

Venetic [ve'netik], *a. Ethn:* Des Vénètes.

Venezuela [venez'wiːla]. *Pr.n. Geog:* Le Venezuela.

Venezuelan [venez'wiːlən], *a. & s.* Vénézuélien, -ienne.

vengeance ['vendʒəns], *s.* Vengeance *f.* **To take vengeance, to wreak one's vengeance, on s.o.,** se venger, exercer sa vengeance, sur qn; se venger de qn. **To take vengeance for sth.,** tirer vengeance de qch.; venger qch. *To take v. for an insult*, se venger d'une injure. **To swear vengeance against s.o.,** jurer de se venger. **Crime that cries for vengeance,** crime *m* qui crie vengeance. *The v. of God*, la vengeance de Dieu. *F:* **With a vengeance,** furieusement; à outrance; pour de bon. **To punish s.o. with a vengeance,** corriger qn d'importance, de la bonne façon. *He's making up for lost time with a v., F:* il rattrape le temps perdu, pas d'erreur! *It is raining with a v.*, maintenant qu'il pleut, c'est pour de bon; voilà qui s'appelle pleuvoir. *It was raining with a v.*, il pleuvait que c'était une bénédiction! *He's a gambler with a v.*, c'est un joueur s'il en fut jamais. *That was a game with a v.*, ç'a été un beau match ou je ne m'y connais pas.

vengeful ['vendʒful], *a.* **1.** (*Of pers.*) Vindicatif. **2.** *Lit:* (Bras) vengeur; (arme) vengeresse. **-fully,** *adv.* Vindicativement; par vengeance.

vengefulness ['vendʒfulnəs], *s.* Caractère vindicatif; esprit *m* de vengeance.

venial ['viːniəl], *a.* (*a*) *Theol:* (Péché) véniel. (*b*) (*Of fault, etc.*) Léger, pardonnable, excusable, véniel. **-ally,** *adv.* (*a*) *Theol:* Véniellement. (*b*) D'une manière pardonnable, excusable; véniellement.

veniality [viːni'aliti], *s.* (*a*) *Theol:* Caractère véniel (d'un péché). (*b*) Caractère léger, véniel (d'une faute).

Venice ['venis]. *Pr.n. Geog:* Venise *f.* **Venice glass,** verre *m* de Venise.

venison ['ven(i)z(ə)n], *s. Cu:* Venaison *f.* **Haunch of venison,** quartier *m* de chevreuil.

vennel ['ven(ə)l], *s. Scot:* Ruelle *f*, venelle *f.*

venom ['venəm], *s.* (*a*) Venin *m.* (*b*) *F:* *Tongue full of v.*, langue pleine de venin; mauvaise langue; langue de vipère.

venomous ['venəməs], *a.* **1.** (*Of animal*) Venimeux; (*of plant*) vénéneux. **2.** *F:* **Venomous tongue,** langue *f* de vipère. *She has a v. tongue*, c'est une mauvaise langue. **Venomous criticism,** critique venimeuse, pleine de venin. **-ly,** *adv.* D'une manière venimeuse; avec venin.

venomousness ['venəməsnəs], *s.* **1.** Nature venimeuse (d'un animal); nature vénéneuse (d'une plante); venimosité *f* (d'une piqûre, etc.). **2.** Méchanceté *f* (de langue, d'un potin); venimosité (d'une critique).

venose ['viːnous], *a. Bot: Ent:* Nervé.

venosity [vi'nɔsiti], *s. Anat: Med:* Vénosité *f.*

venous ['viːnəs], *a. Anat: Physiol:* (Système, etc.) veineux. **Venous blood,** sang veineux.

vent[1] [vent], *s.* **1.** (*a*) Trou *m*, orifice *m*, ouverture *f*, lumière *f*, passage *m* (pour laisser entrer ou échapper l'air, etc.); évent *m*; aspirail, -aux *m*, soupirail, -aux *m*, ventouse *f* (pour laisser entrer l'air). **Barrel vent,** trou de fausset (d'un tonneau). *To make a v. in a barrel*, donner vent à un tonneau. (*b*) Lumière (d'une arme à feu). (*c*) *Vents of a flute*, trous d'une flûte. (*d*) Tuyau *m* (de cheminée). (*e*) Cheminée *f* (de volcan). (*f*) *Nat.Hist:* Ouverture anale (d'oiseau, de poisson, de reptile). **2.** Cours *m*, libre cours. (*a*) **To give vent to a cask,** donner vent, donner de l'air, à un tonneau. (*b*) **To give vent to one's grief, to one's anger,** donner libre cours à sa douleur, à sa colère; donner vent à sa colère; laisser échapper son chagrin. *To give v. to one's indignation*, manifester, faire éclater, son indignation. **To give vent to a sigh, to a cry of pain,** laisser échapper un soupir, un cri de douleur. *To give v. to one's spleen, one's resentment*, décharger, évaporer, sa bile; exhaler son ressentiment. *To give v. to threats*, s'exhaler en menaces. *His sorrow finds v. in reproaches*, sa douleur s'échappe en reproches. *He found a v. for his anger in smashing the crockery*, il soulageait sa colère en brisant la vaisselle. **3.** (*Of otter*) Retour *m* à la surface; remontée *f* (pour respirer).

'vent-faucet, *s.* = FAUCET 1 (*a*).

'vent-hole, *s.* Trou *m* de fausset (d'un tonneau); *Metall:* trou d'évent (d'un moule); *El:* trou d'aération (d'un élément de pile); aspirail *m*, -aux (d'un fourneau, etc.); évent *m* (d'un volcan).

'vent-peg, *s.* Fausset *m* (de barrique, etc.).

'vent-plug, *s.* **1.** = VENT-PEG. **2.** *Artil: A:* Tampon *m* de lumière; étoupillon *m.*

'vent-stack, *s. Ind: Cin: etc:* Aspirateur *m* de fumée.

vent[2]. **1.** *v.tr.* (*a*) *A:* Donner vent, donner de l'évent, à (une pièce de vin). (*b*) *A:* Pratiquer une lumière dans (une arme à feu). (*c*) *F:* Décharger, laisser éclater, exhaler, jeter (sa colère). **To vent one's ill-humour, one's anger, on s.o.,** décharger sa bile, épancher sa colère, passer sa colère, sur qn. **2.** *v.i. Ven:* (*Of otter*) Remonter (à la surface de l'eau) pour respirer.

vented, *a.* Pourvu d'évents.

vent[3], *s. Cost:* Fente *f* (derrière un pardessus, etc.).

ventage ['ventedʒ], *s.* **1.** Trou *m* (d'un instrument à vent sans clefs). **2.** = VENT-HOLE.

ventail ['venteil], *s. Archeol:* Ventail *m*, -aux, ventaille *f* (du heaume).

venter ['ventər], *s.* **1.** *A:* Ventre *m.* (*a*) Abdomen *m.* (*b*) *Anat: etc:* Protubérance *f* ou dépression *f* (d'un os, etc.). **2.** *A. & Jur:* = WOMB. **His two sons by another venter,** ses deux fils d'un autre lit.

ventiduct ['ventidʌkt], *s. Arch: Const:* Conduit *m* d'air; ventouse *f.*

ventilate ['ventileit], *v.tr.* **1.** Aérer (une chambre, etc.); ventiler (un tunnel); éventer (une houillère); *Physiol: A:* oxygéner (le sang). *Aut:* **Ventilated bonnet,** capot ajouré. **2.** *F:* Agiter (une question) (au grand jour, devant l'opinion publique); mettre (une question) en discussion; faire connaître (publiquement) (ses opinions, ses griefs).

ventilating[1], *a.* Aérant; aérateur, -trice.

ventilating[2], *s.* = VENTILATION.

'ventilating-cowl, *s. Ind: Nau:* Manche *f* à vent, à air.

'ventilating-engine, *s.* Machine *f* à ventiler.

'ventilating-fan, *s.* Ventilateur *m.*

'ventilating-pipe, *s.* = VENTILATING-COWL.

ventilation [venti'leiʃ(ə)n], *s.* **1.** (*a*) Aération *f*, aérage *m*, ventilation *f*. *To stop the v.*, empêcher l'air de circuler. *Ind:* **Ventilation plant,** installation *f* d'aérage. **Ventilation aperture,** prise *f* d'air (de tunnel, etc.). **Ventilation flap,** registre *m* d'aérage. (*b*) *A:* Oxygénation *f* (du sang). **2.** Mise *f* en discussion publique (d'une question). *The matter requires v.*, c'est une question qu'il faudra soumettre à l'opinion.

venti'lation-shaft, *s. Min: etc:* Puits *m* d'aérage; puits de ventilation.

ventilator ['ventileitər], *s.* **1.** Ventilateur *m*; ventouse *f*, éolipile *f* (d'une cheminée); soupirail, -aux *m* (d'une cave). *Nau:* Manche *f* à ventilation; manche à air, à vent. **2.** (*In window, over door*) Vasistas *m.* **3.** *Aut:* Volet *m* d'aération; persienne *f* (de capot).

Ventimiglia [venti'milja]. *Pr.n. Geog:* Vintimille.

ventral ['ventrəl], *a.* **1.** *Anat: Nat.Hist:* Ventral, -aux. **Ventral fins,** *s.* **ventrals,** nageoires ventrales. *Med:* **Ventral rupture,** hernie ventrale. **2.** *Ph:* **Ventral segment,** ventre *m* (d'une onde).

ventricle ['ventrikl], *s. Anat:* Ventricule *m* (du cœur, du cerveau).

ventricose ['ventrikous], *a.* **1.** *Conch: etc:* Bombé, renflé. **2.** *Hum:* (*Of pers.*) Ventru.

ventricular [ven'trikjulər], *a. Anat:* Ventriculaire.

ventriculo-bulbous [ven'trikjulo'bʌlbəs], *a. Anat:* Ventriculo-aortique.

ventriloquial [ventri'loukwiəl], *a.* Ventriloque, de ventriloque, de la ventriloquie. (*At entertainment*) *V. turn*, numéro *m* de ventriloquie, de ventriloque.

ventriloquism [ven'trilokwizm], *s.* Ventriloquie *f.*

ventriloquist [ven'trilokwist], *s.* Ventriloque *mf.*

ventriloquistic [ventrilo'kwistik], *a.* (Art *m*, etc.) de la ventriloquie, du ventriloque.
ventriloquous [ven'trilokwəs], *a.* Ventriloque.
ventriloquy [ven'trilokwi], *s.* Ventriloquie *f*.
ventripotent [ven'tripotənt], *a. F:* Ventripotent, pansu.
venture¹ ['ventjər], *s.* **1.** Risque *m*; entreprise hasardeuse, risquée. *He declined the v.*, il ne voulut pas prendre le risque. **To be ready for any venture,** être prêt aux entreprises les plus hasardeuses. **Let's make the venture!** allons-y! *A:* vogue la galère! *To make a desperate v.*, faire une tentative désespérée. **2.** *Com:* Entreprise, spéculation *f*, opération *f*, affaire *f*, aventure *f*. *To have a share in a v.*, avoir part à une aventure. *We wish success to this new and interesting v.*, nous souhaitons le succès à cette initiative intéressante. **3.** (*a*) *A:* Hasard *m*. (*b*) **At a venture,** à l'aventure, au hasard. **To answer at a venture,** répondre au petit bonheur. *To fire at a v.*, tirer au jugé. *F:* **To draw a bow at a venture,** lancer une flèche au hasard; plaider le faux pour savoir le vrai.
venture². **1.** *v.tr.* (*a*) **To venture to do sth.,** oser faire qch.; s'enhardir, se risquer, à faire qch.; se permettre de faire qch. **Don't venture to do such a thing!** ne vous en avisez pas! **I will venture to affirm that . . .,** j'ose affirmer que. . . . *I v. to write to you*, je me permets de vous écrire. *I ventured to enter*, je me hasardai à entrer. *To v. to come before the public*, affronter les regards du public. (*b*) **To venture an opinion,** se hasarder, se risquer, à donner une opinion. **To venture a guess,** hasarder une conjecture. (*c*) Hasarder, aventurer, risquer (sa vie, son argent). **To venture one's fortune in an enterprise,** aventurer sa fortune dans une entreprise. *I will v. five shillings*, je risquerai bien, je mettrai bien, cinq shillings. *See also* NOTHING I. (*a*). **2.** *v.i.* (*a*) **To venture upon sth.,** se risquer à faire qch. *I shall v. on a mild protest*, je me risquerai à émettre une légère protestation. *To v. on an opinion*, hasarder une opinion. *Will you v. on a piece of cake?* voulez-vous essayer un morceau de gâteau? (*b*) **To venture into an unknown country,** s'aventurer dans un pays inconnu. *To v. out of doors*, se risquer à sortir. *I would not* **venture out, abroad,** *in such weather*, je ne me risquerais pas dehors par un temps pareil. **To venture too far,** être trop osé; aller trop loin.
venturing, *s.* Participation *f* à une entreprise hasardeuse; audace *f*.
venturer ['ventjurər], *s. A:* Aventurier *m*. *See also* MERCHANT-VENTURER.
venturesome ['ventjərsəm], *a.* **1.** (*Of pers.*) Aventureux, entreprenant, osé. **2.** (*Of action, opinion, etc.*) Aventuré, risqué, hasardeux. **-ly,** *adv.* Aventureusement; d'une manière aventureuse.
venturesomeness ['ventjərsəmnəs], *s.* Nature aventureuse; esprit aventureux.
venturi [ven'tjuri], *s. I.C.E:* Venturi *m*; diffuseur *m*; cône *m* de diffusion.
venturous ['ventjurəs], *a. A:* = VENTURESOME.
venturousness ['ventjurəsnəs], *s. A:* = VENTURESOMENESS.
venue ['venju:], *s.* **1.** *Jur:* Lieu *m* du jugement; juridiction *f*. **To change the venue** (*of a trial*), renvoyer l'affaire devant une autre cour (pour assurer l'ordre public, etc.). **2.** Lieu de réunion; rendez-vous *m*. **Venue of the meet,** rendez-vous de chasse.
venule ['venjul], *s. Ent:* Veinule *f*.
Venus ['vi:nəs]. *Pr.n.f. Rom.Myth:* *Astr:* Vénus. *Astr:* **Transit of Venus,** passage *m* de Vénus. *See also* CALLIPYGIAN. *Anat:* **Mount of Venus,** mont *m* de Vénus. *Palmistry:* **Mound, mount, of Venus,** monticule *m* de Vénus. *See also* LOOKING-GLASS.
'Venus's 'basin, 'bath, *s. Bot:* Cardère *f* sauvage; chardon *m* à foulon; cabaret *m* des oiseaux; bain *m* de Vénus.
'Venus's 'comb, *s. Bot:* Scandix *m*; *F:* peigne *m* de Vénus; aiguillette *f*; aiguille *f* de berger.
'Venus's 'flower-basket, *s. Spong:* Euplectelle *f* aspergillum.
'Venus's 'fly-trap, *s. Bot:* Dionée *f* gobe-mouches.
'Venus-'shell, *s. Moll:* Vénus *f*, gourgandine *f*.
'Venus's 'slipper, *s. Bot:* Cypripède *m*; sabot *m* de Vénus, de la Vierge.
veracious [ve'reiʃəs], *a.* (*Of pers., account, etc.*) Véridique. **-ly,** *adv.* Véridiquement, avec véracité.
veraciousness [ve'reiʃəsnəs], **veracity** [ve'rasiti], *s.* Véracité *f*, véridicité *f* (de qn, des faits). *Authors of the greatest v.*, auteurs *m* des plus véridiques.
veranda(h) [ve'randa], *s. Arch:* Véranda *f*; galerie *f* à jour. *Ital.Arch:* Méniane *f*.
verascope ['veraskoup], *s. Phot:* Vérascope *m*.
veratria [ve'ratria, -rei-], **veratrine** ['veratri:n], *s. Ch:* *Pharm:* Vératrine *f*.
veratric [ve'ratrik], *a. Ch:* Vératrique.
veratrol ['veratrɔl], *s. Ch:* *Pharm:* Vératrol *m*.
veratrum [ve'reitrəm], *s. Bot:* *Pharm:* Vératre *m*.
verb [və:rb], *s. Gram:* Verbe *m*.
verbal ['və:rb(ə)l], *a.* **1.** (*a*) Verbal, -aux; oral, -aux. **Verbal agreement,** convention verbale. **Verbal offer,** offre verbale. *Dipl:* **Verbal note,** note verbale. (*b*) De mots; verbal. *V. dispute*, dispute *f* de mots. *V. criticism*, critique *f* qui ne s'attache qu'aux mots. *V. distinction*, distinction verbale. (*c*) (*Of translation, etc.*) Mot à mot, mot pour mot; littéral, -aux. **2.** *Gram:* **Verbal noun, adjective,** nom, adjectif, verbal. **-ally,** *adv.* **1.** Verbalement, oralement; de vive voix. **Verbally or in writing,** verbalement ou par écrit. **2.** Littéralement; (traduire, etc.) mot pour mot, mot à mot.
verbalism ['və:rbəlizm], *s.* **1.** *A:* (i) Expression *f*, locution *f*; (ii) mot *m*. **2.** (*a*) *Phil:* Verbalisme *m*. (*b*) Souci outré du mot en tant que mot.
verbalist ['və:rbəlist], *s.* Critique *m*, etc., qui ne s'attache qu'aux mots.
verbalization [və:rbəlai'zeiʃ(ə)n], *s.* **1.** Emploi *m* (d'un nom) comme verbe. **2.** Rendement *m* (d'une idée) par des mots.
verbalize ['və:rbəla:iz]. **1.** *v.i.* Verbiager; être verbeux. **2.** *v.tr.* (*a*) *Gram:* Employer (un nom) comme verbe; transformer (un mot) en verbe. (*b*) Rendre (une idée) par des mots.
verbascum [vər'baskəm], *s. Bot:* = MULLEIN.
verbatim [vər'beitim]. **1.** *adv.* Mot pour mot; textuellement. **2.** *a.* **Verbatim report of the proceedings,** compte rendu sténographique des débats; sténogramme *m* des débats.
verbena [vər'bi:na], *s.* Verveine *f*. **Lemon-scented verbena,** citronnelle *f*.
verbenaceae [və:rbi'neisii:], *s.pl. Bot:* Verbénacées *f*.
verbenaceous [və:rbi'neiʃəs], *a. Bot:* Verbénacé.
verbiage ['və:rbiedʒ], *s.* Verbiage *m*. *To lose oneself in v.*, délayer sa pensée.
verbose [və:r'bous], *a.* (Écrivain, style, etc.) verbeux, diffus, prolixe. **-ly,** *adv.* Avec verbosité; prolixement; avec prolixité.
verboseness [və:r'bousnəs], **verbosity** [və:r'bɔsiti], *s.* Verbosité *f*, prolixité *f*.
verb. sap. ['və:rb'sap]. *Lt.phr.* (= *verbum sapienti sat est*) A bon entendeur demi-mot suffit; à bon entendeur salut.
Vercelli [və:r'tʃeli]. *Pr.n. Geog:* Verceil.
verdancy ['və:rdənsi], *s.* **1.** *Lit:* Verdure *f* (d'un pré, du feuillage, etc.). **2.** *Hum:* Inexpérience *f*; naïveté *f*; candeur *f*.
verdant ['və:rdənt], *a.* **1.** *Lit:* Vert, verdoyant. **2.** *Hum:* (*Of pers.*) Inexpérimenté, naïf, candide; serin.
verd-antique [və:rdan'ti:k], *s.* **1.** (*Marble*) Vert *m* antique; vert de Florence; (*of the ancients*) vert d'Égypte. **Oriental verd-antique,** porphyre vert. **2.** (*On bronze*) Patine verte.
Verde [və:rd]. *Pr.n. Geog:* **Cape Verde,** le cap Vert.
verdea [vər'di:a], *s. Vit:* Verdée *f* (raisin blanc et vin de Toscane).
verderer ['və:rdərər], *s. Hist:* Verdier *m* (du domaine royal).
verdict ['və:rdikt], *s.* **1.** *Jur:* (*a*) Verdict *m*; réponse *f* du jury (portant sur les questions posées par le juge). **To bring in a verdict of guilty, of not guilty,** rendre un verdict de culpabilité, d'acquittement; déclarer l'accusé coupable, non coupable. **To return a verdict,** prononcer, rendre, un verdict. *The jury retire* **to find their verdict,** le jury se retire pour délibérer, pour formuler ses conclusions. (*b*) (*In coroner's court*) *The jury returned a v. of suicide*, le jury a conclu au suicide. **Open verdict,** jugement *m* (i) qui ne formule aucune conclusion sur les circonstances dans lesquelles la mort a eu lieu; (ii) qui conclut au crime sans désigner le coupable. **2.** Jugement, décision *f*, avis *m*, opinion *f*. **To stick to one's verdict,** maintenir le bien-fondé de son jugement. **The doctor has not yet given his verdict,** le médecin ne s'est pas encore prononcé. *I read the doctor's v. in his face*, j'ai lu l'arrêt du médecin sur son visage.
verdigris ['və:rdigris, -gri:s], *s.* (*a*) Vert-de-gris *m*. *To become coated with v.*, se vert-de-griser. (*b*) *Agr:* Verdet (gris).
verdigrised ['və:rdigrist], *a.* Vert-de-grisé, verdi.
verditer ['və:rditər], *s.* *Art:* etc: Vert *m* de terre. **Blue verditer,** cendre bleue; bleu *m* de montagne. **Green verditer,** cendre verte; vert *m* de montagne.
verdure ['və:rdjər], *s.* **1.** (*a*) Verdure *f*; (i) couleur verte; (ii) herbage *m*, feuillage *m*. (*b*) *Lit:* Verdeur *f*, jeunesse *f*, vigueur *f*. **2.** (Tapisserie *f* de) verdure.
verdured ['və:rdjərd], *a.* Couvert de verdure; verdoyant.
verdurous ['və:rdjurəs], *a. Lit:* Verdoyant.
Verey ['veri]. *Pr.n.* = VERY².
verge¹ [və:rdʒ], *s.* **1.** (*a*) Bord *m* (d'un fleuve); extrémité *f*, limite *f* (d'un pays); orée *f* (d'une forêt). *Sitting on the grass v.*, assis sur l'herbe du bord de la route. (*b*) Bordure *f* (d'une plate-bande). (*c*) **To be on the verge of forty,** friser la quarantaine. **On the verge of manhood,** au seuil de l'âge viril. *He is on the v. of ruin*, il est sur le penchant de la ruine; il est proche de la ruine, à deux doigts de la ruine; sa ruine est imminente. **On the verge of war,** à la veille de la guerre. **On the verge of bursting into tears,** sur le point d'éclater en larmes. *To carry daring to the v. of rashness*, pousser la hardiesse jusqu'à la témérité. *See also* DEATH 1. **2.** *Jur:* **Verge of a court,** ressort *m* d'une juridiction. *Hist:* **Within the verge,** dans un rayon de douze milles autour de la Cour du Roi. **3.** *Const:* Saillie *f* de la couverture au-dessus du pignon. **4.** *Ecc:* Verge (portée devant l'évêque). **5.** *Z:* Verge (d'un invertébré). **6.** *Mec.E:* *U.S:* Tringle *f*, tige *f*.
'verge-board, *s.* = BARGE-BOARD.
verge², *v.i.* (*a*) **To verge on sth.,** toucher à, être contigu à, être voisin de, côtoyer, qch. *The path verges on the edge of the precipice*, le sentier côtoie le bord du précipice. (*b*) *That verges on disingenuousness*, cela frise la mauvaise foi. *Courage verging on foolhardiness*, courage qui confine à la témérité. *Colour verging on red*, couleur qui tire sur le rouge.
verge³, *v.i.* **1.** (*a*) (*Of the sun, etc.*) Baisser. *To v. towards the horizon*, descendre vers l'horizon. (*b*) Approcher (*towards*, de). *He was verging towards sixty*, il approchait de la soixantaine. **2.** Passer (*into*, à l'état de).
verger ['və:rdʒər], *s.* (*a*) *Ecc:* Porte-verge *m inv*; bedeau *m*. (*b*) Huissier *m* à verge.
Vergil ['və:rdʒil]. *Pr.n.m. Lt.Lit:* Virgile.
Vergilian [vər'dʒilian], *a.* Virgilien.
veridical [ve'ridik(ə)l], *a.* Véridique. **-ally,** *adv.* Véridiquement.
verifiable ['verifaiəbl], *a.* Vérifiable; facile à vérifier; constatable.
verification [verifi'keiʃ(ə)n], *s.* Vérification *f*, contrôle *m*. *Jur:* Confirmation *f*.
verificatory ['verifikeitəri], *a.* (*Of experiment, etc.*) Vérificatif; de contrôle.
verifier ['verifaiər], *s.* Vérificateur, -trice; contrôleur, -euse.
verify ['verifai], *v.tr.* **1.** (*a*) *A. & Jur:* Prouver (son dire). (*b*) (*Of evidence, etc.*) Confirmer (une affirmation, un fait). *Subsequent events verified his suspicions, his prediction*, les événements postérieurs ont donné raison à, ont confirmé, ses soupçons, sa prédiction. **2.** Vérifier, contrôler (des renseignements, des comptes).
verily. *See* VERY¹ I.

verisimilar [veri'similər], *a.* Vraisemblable.

verisimilitude [verisi'militju:d], *s.* Vraisemblance *f.* *Beyond the bounds of v.*, au delà du vraisemblable. *To give a spice of v. to the story*, donner un peu de vraisemblance, une apparence de vérité, au récit. *To add artistic v. to a bald and unconvincing narrative*, ajouter des broderies au canevas; broder le canevas.

veritable ['veritəbl], *a.* Véritable. *We had a v. deluge*, ce fut un véritable déluge, un vrai déluge. **-ably**, *adv.* Véritablement.

verity ['veriti], *s.* *Lit:* Vérité *f.* 1. *To challenge the v. of sth.*, mettre en doute la vérité de qch. 2. **The eternal verities**, les vérités éternelles. 3. Fait réel. *These things are verities*, ces choses sont vraies; ce sont là des faits. *Unquestionable verities*, faits, vérités, indiscutables. *A:* **Of a verity**, en vérité.

verjuice ['və:rdʒu:s], *s.* *Cu:* *A:* Verjus *m.* *A:* **Verjuice grape**, verjus. *F:* *She looked vinegar and v.*, elle avait un air, elle eut un regard, aigre comme verjus. *See also* FLY[1] I.

verjuiced ['və:rdʒu:st], *a.* (*a*) Verjuté. (*b*) *F:* Aigre comme verjus.

vermeil ['və:rmil], *s.* 1. (*a*) Vermeil *m* (argent doré). (*b*) **Vermeil varnish**, (vernis) vermeil. 2. *Lap:* *Com:* Grenat *m* (tirant sur l'orangé).

vermicelli [və:rmi'seli, -'tʃeli], *s.* *Cu:* Vermicelle *m.*

vermicidal ['və:rmisaid(ə)l], *a.* *Med:* (Drogue *f*) vermicide.

vermicide ['və:rmisaid], *s.* *Med:* Vermicide *m.*

vermicular [və:r'mikjulər], *a.* 1. Vermiculaire, vermiforme. **Vermicular markings**, vermiculures *f*, vermiculations *f.* *Anat:* **Vermicular appendix**, appendice *m* vermiculaire. 2. *Physiol:* **Vermicular action**, mouvement *m* péristaltique, vermiculaire (des intestins). 3. Vermoulu.

vermiculate [və:r'mikjulet], *a.* *Arch:* *Metalw:* *Nat.Hist:* Vermiculé.

vermiculated [və:r'mikjuleitid], *a.* 1. Mangé aux vers. 2. = VERMICULATE.

vermiculation [vərmikju'leiʃ(ə)n], *s.* 1. *Arch:* *etc:* (*a*) Vermiculure *f.* (*b*) Vermiculures. *Phot:* **Vermiculations on a negative**, vermicelles noirs sur un cliché. 2. Vermoulure *f.*

vermicule ['və:rmikju:l], *s.* Vermisseau *m*, petit ver, asticot *m*, larve *f.*

vermiform ['və:rmifɔ:rm], *a.* Vermiforme, helminthoïde. *Anat:* **Vermiform processes of the cerebellum**, éminences *f* vermiformes du cervelet. *See also* APPENDIX I.

vermifugal [vər'mifjug(ə)l], *a.* *Med:* *Pharm:* Vermifuge, helminthagogue.

vermifuge ['və:rmifju:dʒ], *a.* & *s.* *Med:* *Pharm:* Vermifuge (*m*), anthelminthique (*m*); helminthagogue (*m*).

vermilion[1] [və:r'miljən]. 1. *s.* Vermillon *m*, cinabre *m.* 2. *a.* (De) vermillon; vermeil.

vermilion[2], *v.tr.* Vermillonner. 1. Enduire de vermillon. 2. Rendre rouge comme du vermillon.

vermilioning, *s.* Vermillonnement *m.*

vermin ['və:rmin], *s.* 1. (*a*) (*Body parasites, rats and mice*) Vermine *f.* (*b*) *F:* *The base v. of the lower town*, l'ignoble vermine de la basse ville. 2. (*Weasels, etc.*) Bêtes puantes.

verminate ['və:rmineit], *v.i.* 1. Foisonner de vermine. 2. Engendrer de la vermine.

vermination [və:rmi'neiʃ(ə)n], *s.* *Med:* Vermination *f.*

verminous ['və:rminəs], *a.* 1. Couvert de vermine; *F:* grouillant de vermine. 2. *Med:* (*a*) *V. disease*, maladie vermineuse, due aux vers (intestinaux). (*b*) (*Of pers.*) Qui souffre de vers intestinaux.

vermivorous [və:r'mivorəs], *a.* *Z:* Vermivore.

Vermonter [və:r'mɔntər], *s.* *U.S:* Originaire *mf* du Vermont.

Vermontese [və:rmɔn'ti:z], *a.* & *s.* *U.S:* (Originaire, natif) du Vermont.

verm(o)uth ['və:rmu:t, -mu:θ], *s.* Vermout(h) *m.*

vernacular [və:r'nakjulər]. *Ling:* 1. *a.* (*a*) Vernaculaire; du pays; indigène; (idiome) national. **Vernacular Arabic**, l'arabe *m* vulgaire. (*b*) *Med:* *A:* (Maladie *f*) endémique. 2. *s.* (*a*) Vernaculaire *m*; langue *f* du pays; idiome national. *Our own v.*, notre propre langue; notre langue maternelle. (*b*) La langue vulgaire. (*c*) Langage *m* (d'un métier, d'une profession). *The v. of Covent Garden*, le langage des Halles.

vernacularism [və:r'nakjulərizm], *s.* 1. Mot *m* du pays. 2. Locution *f* propre au pays; idiotisme *m.*

vernacularize [vər'nakjuləraiz], *v.tr.* 1. Traduire (qch.) dans la langue du pays, du métier, etc. 2. Acclimater (un mot, une locution).

vernal ['və:rn(ə)l], *a.* Printanier; du printemps. *Astr:* *Bot:* Vernal, -aux. *Astr:* **The vernal signs**, les signes vernaux. *See also* EQUINOX. *Bot:* **Vernal grass**, flouve odorante. *Med:* **Vernal fever**, paludisme *m.*

vernation [vər'neiʃ(ə)n], *s.* *Bot:* Vernation *f*, préfoliaison *f*, préfoliation *f*, feuillaison *f.*

vernicle ['və:rnikl], *s.* *Ecc:* Véronique *f*, suaire *m.*

vernier ['və:rniər], *s.* *Astr:* *Mth:* *Surv:* Vernier *m.* **Vernier calliper**, jauge *f* micrométrique. **Vernier setting**, repère *m* pour mise au point précise du calage du vernier.

Verona [ve'rouna]. *Pr.n.* *Geog:* Vérone *f.*

veronal ['veronəl], *s.* *Pharm:* Véronal *m.*

Veronese[1] [vero'ni:z], *a.* & *s.* *Geog:* Véronais, -aise; de Vérone.

Veronese[2] [vero'neize]. *Pr.n.m.* *Hist. of Art:* Véronèse.

Veronica [ve'rɔnika]. 1. *Pr.n.f.* Véronique. 2. *s.* (*a*) *Bot:* Véronique *f.* (*b*) *Ecc:* Véronique, suaire *m.*

Verrine ['verain], *a.* *Lt.Lit:* **The Verrine Orations**, les Verrines *f* (de Cicéron).

verruca, *pl.* **-cae** [ve'ru:ka, -si:], *s.* Verrue *f.*

verrucaria [veru'keəria], *s.* *Moss:* Verrucaire *f*; herbe *f* aux verrues.

verrucose ['verukous], **verrucous** [ve'ru:kəs], *a.* *Bot:* *Med:* Verruqueux.

versant ['və:rsənt], *s.* 1. *Ph. Geog:* Versant *m* (d'une montagne). 2. Pente *f* (de terrain, etc.).

versatile ['və:rsətail], *a.* 1. (*Of pers.*) (*a*) Aux talents variés; *F:* qui a plus d'une corde à son arc. *V. genius*, génie universel. *He is a v. writer*, il écrit dans tous les genres. (*b*) Capable d'entreprendre n'importe quoi; qui se plie à tout. *V. mind*, esprit *m* souple. 2. (*a*) Pivotant; capable de tourner. (*b*) *Nat.Hist:* Versatile. *Bot:* **Versatile anther**, anthère oscillante, versatile. 3. *A:* (*Of pers.*) Versatile, inconstant.

versatility [və:rsə'tiliti], *s.* 1. Souplesse *f*, universalité *f* (d'esprit, etc.). 2. *Nat.Hist:* Versatilité *f* (d'un organe, d'un membre, etc.). 3. *A:* (*Of pers.*) Versatilité, inconstance *f.*

verse[1] [və:rs], *s.* 1. Vers *m.* *A hexameter v.*, un vers hexamètre. 2. (*Of song*) Couplet *m*; (*of poem, hymn*) strophe *f*, stance *f.* **A three-verse poem**, une poésie en trois strophes. 3. *Coll.* Vers *mpl.* *To write in v. and in prose*, écrire en vers et en prose. **Light verse**, poésie légère. *See also* BLANK I. 1. 4. (*a*) *Ecc:* Verset *m* (de la Bible). *See also* CHAPTER 1, NECK-VERSE. (*b*) *Mus:* Solo *m* (d'un motet).

verse[2]. 1. *v.i.* *A.* & *Hum:* Versifier; faire des vers. 2. *v.tr.* (*a*) Rendre, mettre, (qch.) en vers. (*b*) Dire, exprimer, (qch.) en vers.

versed[1] [və:rst], *a.* Versé (*in*, en, dans). *V. in reading the human heart*, habile à déchiffrer le cœur humain, à lire dans le cœur. *Man v. in the arts*, homme versé dans les arts. **To be well versed in mathematics**, avoir de profondes connaissances en mathématiques; être fort instruit dans les mathématiques. *To be well v. in business matters*, être entendu, rompu, aux affaires; avoir l'expérience des affaires.

versed[2], *a.* *Mth:* **Versed sine**, sinus *m* verse.

versemonger ['və:rsmʌŋgər], *s.* *F:* Rimailleur *m.*

versicle ['və:rsikl], *s.* 1. *Ecc:* *Typ:* Verset *m.* 2. Petit vers.

versicolour(ed) ['və:rsikʌlər(d)], *a.* Versicolore.

versification [və:rsifi'keiʃ(ə)n], *s.* 1. Versification *f.* 2. Facture *f* du vers; métrique *f* (d'un auteur). 3. Rédaction versifiée (d'une fable, etc.).

versifier ['və:rsifaiər] *s.* Versificateur, -trice.

versify ['və:rsifai], *v.tr.* & *i.* Versifier; mettre (un récit, etc.) en vers.

versifying, *s.* Versification *f*; mise *f* en vers.

versin ['və:rsin], *s.* *Mth:* Sinus *m* verse.

version ['və:rʃ(ə)n], *s.* 1. (*a*) Version *f*, traduction *f.* *The English v. of the Bible*, la version anglaise de la Bible. **The Alexandrian version**, la version des Septante; la Septante. *Cin:* **Foreign version of a sound film**, transposition *f* en langue étrangère d'un film sonore; version synchronisée d'un film sonore. *See also* AUTHORIZED, REVISED. (*b*) *Sch:* (*Scot.*) Thème latin. 2. Version (des faits); interprétation *f* (d'un fait). *He gave us a very different v. of the affair*, il nous a donné de cette affaire une version très différente; il nous a fait de cette affaire un récit très différent; son interprétation de l'affaire est tout autre. *According to his v.*, selon son dire . . .; d'après lui. . . . *That's quite a different v.*, *F:* voilà un tout autre son de cloche. 3. *Obst:* Version (du fœtus).

verso ['və:rso], *s.* Verso *m* (d'une page); revers *m* (d'une médaille). *Typ:* **Printing of the verso**, retiration *f.*

verst [və:rst], *s.* *Russ.Meas:* Verste *f.*

versus ['və:rsəs], *Lt.prep:* *Esp. Jur:* Contre. *Smith v. Robinson*, Smith c. Robinson.

vert[1] [və:rt], *s.* 1. *Hist:* *Jur:* (*a*) Tout ce qui, dans une forêt, croît et porte des feuilles vertes; arbres verts; bois vert. (*b*) Droit *m* de couper ou d'abattre du bois vert. 2. *Her:* Sinople *m*, vert *m.*

vert[2], **'vert**, *s.* *F:* Converti, -ie, ou apostat, -ate.

vert[3], **'vert**, *v.i.* *F:* Changer de foi; se convertir ou apostasier.

vertebra *pl.* **-ae** ['və:rtibra, -i:], *s.* *Anat:* Vertèbre *f.*

vertebral ['və:rtibrəl], *a.* *Anat:* Vertébral, -aux. **The vertebral column**, la colonne vertébrale.

vertebrata [və:rti'breita], *s.pl.* *Z:* Vertébrés *m.*

vertebrate ['və:rtibret], *a.* & *s.* *Z:* Vertébré (*m*).

vertebro-iliac ['və:rtibro'iliak], *a.* *Anat:* Vertébro-iliaque.

vertex, *pl.* **-tices** ['və:rteks, -tisi:z], *s.* 1. Sommet *m* (d'un angle, d'une courbe, d'un arc). 2. *Anat:* Vertex *m*; sommet de la tête. 3. *Astr:* Zénith *m.*

vertical ['və:rtik(ə)l]. 1. *a.* (*a*) Vertical, -aux. **Vertical elevation**, altitude *f.* *Astr:* **Vertical circle**, vertical *m.* *Ball:* **Vertical deviation**, écart *m* en hauteur. *Const:* **Vertical joint**, joint montant. *V. cliff*, falaise *f* à pic. *See also* SECTION[1] 2, TRUST[1] 6. (*b*) *Nat.Hist:* Du sommet de la tête. (*c*) Du zénith; situé au zénith. (*d*) *Geom:* **Vertical angles**, angles opposés par le sommet. 2. *s.* Verticale *f.* *Astr:* (Cercle) vertical *m.* **Prime vertical**, premier (cercle) vertical. **-ally**, *adv.* Verticalement; d'aplomb, à plomb. **Vertically to . . .**, à l'aplomb de. . . . *See also* OPPOSITE I.

verticality [və:rti'kaliti], *s.* Verticalité *f.*

vertices ['və:rtisi:z], *s.pl.* *See* VERTEX.

verticil ['və:rtisil], *s.* *Bot:* Verticille *m.*

verticillate [və:rti'silet, və:r'tisilet], *a.* *Bot:* Verticillé.

vertiginous [və:r'tidʒinəs], *a.* 1. Vertigineux. 2. *A:* *To grow v.*, avoir le vertige. **-ly**, *adv.* Vertigineusement; à une allure vertigineuse.

vertigo ['və:rtigo, və:r'taigo], *s.* *Med:* Vertige (ténébreux, apoplectique); scotodinie *f*; *F:* tournement *m* de tête. **Epileptic vertigo**, absence *f.*

vertu [və:r'tu:], *s.* = VIRTU.

vervain ['və:rvein], *s.* *Bot:* Verveine *f*; *F:* herbe sacrée. **Common vervain**, verveine officinale.

verve [və:rv], *s.* Verve *f.* *To play, act, with v.*, jouer avec verve.

vervel ['və:rvel], *s.* = VARVEL.

vervet ['və:rvet], *s.* *Z:* Vervet *m.*

very[1] ['veri]. I. *a.* 1. (*Real, true*) Vrai, véritable, complet, -ète, parfait. **Very God of very God**, vrai Dieu de vrai Dieu. *He has turned out a v. Nero*, il s'est montré un vrai, un véritable, Néron.

The veriest fool knows that, le plus parfait nigaud sait cela. *I could not do so for v. shame*, j'aurais honte de le faire. **2.** (*Emphatic use*) (*a*) (*Identical*) Même. He lives in this very place, in this very house, il habite ici même. *This is the v. spot where I found it*, c'est l'endroit même où je l'ai trouvé. *Sitting in this v. room*, assis dans cette salle même. *To stop in the v. middle of the square*, s'arrêter en plein milieu, au beau milieu, de la place. *You are the v. man I wanted to see*, vous êtes justement l'homme que je voulais voir. *The v. man we want*, l'homme de la circonstance. *We shall appoint X*, he is the very man, nous nommerons X, il est tout indiqué. *Here's the v. letter I was waiting for*, voilà justement la lettre que j'attendais. At that very moment, à cet instant même. Come here this very minute! venez ici à l'instant! From this very day, à partir d'aujourd'hui même; dès aujourd'hui. *It was a year ago* to the very day, c'était il y a un an jour pour jour. *He died a year ago this v. night*, il y a juste un an ce soir qu'il est mort. *I shall do it this v. evening*, je le ferai pas plus tard que ce soir. *These are his v. words*, ce sont là ses propres paroles. *See also* THING 3. (*b*) He lives at the very end of the town, il demeure à l'extrême limite de la ville. At the very beginning, tout au commencement. *It grieves me to the v. heart*, cela me touche au plus profond du cœur. *He drank it to the v. dregs*, il le but jusqu'à la lie. *They took the v. shirt off his back*, on lui prit jusqu'à sa chemise. *He knows our v. thoughts*, il connaît jusqu'à nos pensées. *The v. children knew of it*, les enfants mêmes le savaient. *All this took place in the v. street, where all could see*, tout cela se passait à même la rue. (*c*) The very thought *frightens me*, la seule pensée m'effraie. *I shudder at the v. thought of it*, je frémis rien que d'y penser.
-ily, *adv.* *A:* En vérité; vraiment, véritablement. *B:* For verily I say unto you . . ., car je vous dis en vérité. . . .

II. **very**, *adv.* **1.** Très; (*in affective uses*) fort, bien. *These herbs are v. poisonous*, ces herbes sont très toxiques. Very good, (i) très bon, fort bon; (ii) très bien, fort bien. *He is v. well known in Paris*, il est très connu à Paris. *You are not very polite*, vous êtes peu poli. *Not v. rich*, médiocrement riche. *Not v. well pleased*, médiocrement satisfait. That's very nice of you, c'est bien gentil de votre part. *He is* very nice indeed, il est extrêmement gentil, *P:* il est gentil tout plein. *If you want to be v. nice*, si vous voulez être tout à fait gentil(le). *You are v. kind*, vous êtes bien bon. I'm not so very sure, je n'en suis pas plus sûr que ça. *Not so v. small*, déjà pas si petit. So very little, si peu. I took only a very little, j'en ai pris très peu; *F:* j'en ai pris un tout petit peu (seulement). It isn't so very difficult, ce n'est pas tellement difficile; ce n'est pas si difficile que ça. *I find v. few instances of it*, j'en trouve très peu, un très petit nombre, d'exemples. Very very few, très très peu. *Are you hungry?*—Yes, very, avez-vous faim?—Oui, très. *A v. trying time*, une période très difficile. *A v. dazzling effect*, un effet absolument éblouissant. *He wore a v. pleased expression*, il avait l'air tout à fait satisfait. (*With past part.*) I was very much surprised, *F:* very surprised, j'en ai été très surpris. So very much astonished, tellement étonné. (*With comparatives*) I feel very much better, je me sens beaucoup mieux. *It is v. much warmer*, il fait beaucoup plus chaud. *It is v. much better to wait*, il vaut bien mieux attendre. **2.** (*Emphatic use*) The very first, le tout premier. *We were the v. first to arrive*, nous sommes arrivés les tout premiers, tout les premiers. The very last, le tout dernier. The very best, le meilleur de tous; tout ce qu'il y a de mieux, de meilleur. *I did the v. best I could*, j'ai fait tout mon possible. *Players of the v. first order*, joueurs *m* de tout premier ordre. *It was the v. last thing I expected*, c'était (absolument) la dernière chose à laquelle je m'attendais. *The v. next day*, dès le lendemain. At the very most, at the very least, tout au plus; tout au moins. At the very latest, au plus tard. The very same, absolument le même; précisément le même. You may keep it for your very own, vous pouvez le garder pour vous seul.

Very[2]. *Pr.n. Mil: Av:* Very light, étoile éclairante. Very(-light) pistol, pistolet *m* à fusée; pistolet Very. (Nom de l'inventeur.)

Vesalius [ve'seiliəs]. *Pr.n.m. Med.Hist:* Vésale.

vesania [vi'seinia], *s.* Vésanie *f*; aliénation mentale.

vesica [ve'saika], *s.* **1.** (*a*) *Anat: Z:* Vessie *f*. *Ich:* Vesica natatoria, vessie natatoire; vésicule aérienne. (*b*) *Bot:* Vésicule. **2.** *Art:* Vesica piscis, amande *f* mystique; auréole *f* elliptique.

vesical ['vesik(ə)l], *a.* *Anat: Med:* Vésical, -aux.

vesicant ['vesikənt], *a.* & *s.* *Med: Pharm:* Vésicant (*m*).

vesicate ['vesikeit]. **1.** *v.tr.* Produire des vésicules, des ampoules, sur (la peau). *Abs.* Former des vésicules, des ampoules. **2.** *v.i.* S'ampouler.

vesication [vesi'keiʃ(ə)n], *s.* Vésication *f*.

vesicatory ['vesikeitəri, ve'sikətəri], *a.* & *s.* *Med: Pharm:* Vésicatoire (*m*), vésicant (*m*).

vesicle ['vesikl], *s.* **1.** *Anat: Med:* Vésicule *f*; *Med:* phlyctène *f*, ampoule *f*. *Cluster of vesicles*, groupe *m* de vésicules. **2.** *Geol:* Vacuole *f*.

vesico- ['vesiko], *comb.fm.* *Physiol: Med:* Vésico-. *Vesico-intestinal*, vésico-intestinal. *Vesico-prostatic*, vésico-prostatique. *Vesico-rectal*, vésico-rectal. *Vesico-uterine*, vésico-utérin.

vesicular [ve'sikjulər], *a.* **1.** *Anat: Med:* Vésiculaire. Vesicular pustule, vésico-pustule *f*. *Normal v. murmur of the respiration*, murmure *m* vésiculaire de la respiration. **2.** *Geol:* Vacuolaire.

vesiculate [ve'sikjulet], *a.* Vésiculeux.

vesiculation [vesikju'leiʃ(ə)n], *s.* *Med:* Vésiculation *f*.

vesiculose [ve'sikjulous], *a.* Vésiculeux.

Vespasian [ves'peiʒjən]. *Pr.n.m. Rom.Hist:* Vespasien.

Vesper ['vespər]. **1.** *Pr.n. Astr:* Vesper *m*; l'étoile *f* du soir. **2.** *s. Poet:* Le soir. *Attrib:* The vesper bell, (i) la cloche des vêpres; (ii) la cloche du soir. **3.** *s.pl.* Vespers. *R.C. & Gr. Ch:* Vêpres *f*. *Hist:* The Sicilian Vespers, les Vêpres Siciliennes.

vesperal ['vespərəl], *s.* *Ecc:* Vespéral, -aux *m*.

vespertilio [vespər'tiljo], *s.* *Z:* Vespertilion *m*.

vespertine ['vespərtain, -tin], *a.* Vespéral, -aux; du soir. *V. star*, étoile *f* du soir.

vespiary ['vespiəri], *s.* Guêpier *m*; nid *m* de guêpes.

vespidae ['vespidiː], *s.pl.* *Ent:* Vespidés *m*; les guêpes *f*.

vespiform ['vespifɔːrm], *a.* Vespiforme.

Vespucci [ves'putʃi]. *Pr.n.* *See* AMERIGO.

vessel ['ves(ə)l], *s.* **1.** (*Receptacle*) Vaisseau *m*, vase *m*, récipient *m*. *Ph: Communicating vessels*, vases communicants. *Ch: Graduated v.*, vase gradué. **2.** (*Ship*) Vaisseau, navire *m*, bateau *m*, bâtiment *m*. *Navy: Small vessels*, poussière navale. *See also* SCOUTING 1. **3.** *Anat: Bot:* Vaisseau. *Bot:* Trachée *f*. *See also* BLOOD-VESSEL. **4.** *B.Lit. & F:* Vaisseau, vase, instrument *m*. Chosen vessel, vase d'élection. *My chosen v.*, un vaisseau, un instrument, que j'ai choisi. Weaker vessel, vaisseau plus fragile; *F:* le sexe faible. Vessels of wrath, of mercy, vases, vaisseaux, de colère, de miséricorde.

vest[1] [vest], *s.* **1.** *Com:* (*Waistcoat*) Gilet *m*. Sleeved vest, gilet à manches; gilet de travail. **2.** (Under)vest, gilet de dessous; gilet de laine, de coton, (*in Fr.*) de flanelle; (*for woman*) chemise américaine; guimpe *f*; (*knitted*) gilet de tricot; tricot *m*; (*for baby*) brassière *f*. *Sp:* (Running, boxing, rowing) vest, maillot *m*. *See also* MODESTY 2, OPERA TOP.

'vest-'pocket, *s.* **1.** Poche *f* du gilet. **2.** *Attrib.* De petites dimensions. *Phot:* Vest-pocket camera, appareil *m* vest-pocket.

vest[2]. **1.** *v.tr.* (*a*) To vest s.o. with authority, investir, revêtir, qn de l'autorité. To vest s.o. with a function, investir qn d'une fonction. *Vested with absolute authority, with the power of life and death*, investi d'une autorité absolue, du droit de vie ou de mort. *Jur:* To vest s.o. with an inheritance, saisir qn d'un héritage. (*b*) To vest property in s.o., assigner des biens à qn; mettre qn en possession d'un bien. Right vested in the Crown, droit dévolu à la Couronne. *This right is vested in the Crown*, ce droit est assigné à, appartient à, la Couronne. *Authority vested in the people*, autorité exercée par le peuple. *This marvellous power was vested in the wand*, c'était dans la baguette que résidait ce pouvoir merveilleux. *Jur:* Vesting order, envoi *m* en possession. (*c*) *Lit: Ecc:* Vêtir, revêtir (un dignitaire, le prêtre, etc.). *To v. the altar*, parer l'autel. **2.** *v.i.* (*Of property, etc.*) To vest in s.o., échoir à qn; être dévolu à qn.

vested, *a.* Dévolu. *Jur. & F:* Vested interests, droits acquis. To have a vested interest in a concern, avoir des capitaux, être intéressé, dans une entreprise. *To come up against v. interests*, se heurter contre des intérêts de longue date.

Vesta ['vesta]. **1.** *Pr.n.f. Rom.Myth: Astr:* Vesta. **2.** *s.* (Wax) vesta, allumette-bougie *f*, *pl.* allumettes-bougies.

vestal ['vest(ə)l]. *Rom.Ant:* **1.** *a.* (i) De Vesta; (ii) de vestale; des vestales. Vestal virgin, vestale *f*. **2.** *s.f.* Vestale.

vestiary ['vestiəri], *s.* *A:* Vestiaire *m*.

vestibular [ves'tibjulər], *a.* *Anat:* Vestibulaire.

vestibule ['vestibjuːl], *s.* **1.** (*a*) Vestibule *m*, antichambre *f*. *See also* CONCERTINA[1] 2. (*b*) (*Of public building*) Salle *f* des pas perdus. **2.** *Anat:* Vestibule (de l'oreille).

'vestibule-car, -coach, *s.* *Rail: U.S:* Wagon *m* à soufflets.

'vestibule-train, *s.* *Rail: U.S:* Train *m* à soufflets.

vestibuled ['vestibjuːld], *a.* *Rail: U.S:* A soufflets.

vestige ['vestidʒ], *s.* **1.** (*a*) Vestige *m*, trace *f* (de civilisation, etc.). (*b*) *Biol:* Organe *m* qui a persisté à l'état rudimentaire. **2.** *F:* Not a vestige of . . ., pas la moindre trace de . . .; pas un grain de (bon sens, etc.).

vestigial [ves'tidʒiəl], *a.* *Biol:* (Organe) qui a persisté à l'état rudimentaire, qui s'est atrophié au cours des âges.

vestimentary [vesti'mentəri], *a.* Vestimentaire.

vesting ['vestiŋ], *s.* *Com:* Étoffe *f* pour gilets.

vestiture ['vestitjər], *s.* **1.** *Z:* Revêtement *m* (de poils, aiguillons, etc.). **2.** *A:* Vêtements *mpl*.

vestment ['vestmənt], *s.* **1.** Vêtement *m* (de cérémonie, d'apparat). *Ecc:* Chasuble *f*. *Ecc:* (Priestly) vestments, vêtements sacerdotaux; ornements sacerdotaux. **2.** *Ecc:* Nappe *f* d'autel. **3.** *A:* Revêtement *m* (de la terre, etc.).

vestry ['vestri], *s.* *Ecc:* **1.** (*a*) Sacristie *f*. (*b*) Annexe *f*, salle *f* de patronage (d'un temple protestant). **2.** (*a*) Common vestry, l'ensemble *m* des membres imposables de la paroisse (responsables de l'entretien de la fabrique). (*b*) Select vestry, conseil *m* de fabrique; conseil des marguilliers; conseil d'administration de la paroisse. **3.** Vestry(-meeting), réunion *f* du conseil d'administration de la paroisse.

'vestry-book, *s.* Registre *m* de l'état civil de la paroisse.

'vestry-clerk, *s.* Secrétaire *m* du conseil de fabrique.

'vestry-room, *s.* (*a*) Sacristie *f*. (*b*) Salle *f* de réunion du conseil d'administration; annexe *f*.

vestrydom ['vestridəm], *s.* *Pej:* Administration *f* dans un esprit étroit ou intéressé des affaires de la paroisse; esprit *m* de clocher.

vestryman, *pl.* **-men** ['vestrimən, -men], *s.m.* *Ecc:* Marguillier; membre du conseil d'administration.

vesture[1] ['vestjər], *s.* **1.** *Lit:* Vêtement(s) *m(pl)*. **2.** *Jur:* Produits *mpl* de la terre (à l'exception des arbres).

vesture[2], *v.tr.* Revêtir (un prêtre, la terre).

vesturer ['vestjurər], *s.* *Ecc:* **1.** Sacristain *m*. **2.** Sous-trésorier *m*.

Vesuvian [ve'sjuːviən, -suː-]. **1.** *a.* Vésuvien; volcanique. **2.** *s.* (*a*) *Miner:* Vésuvienne *f*, vésuvianite *f*, idocrase *f*. (*b*) A vesuvian, une allumette-tison, *pl.* allumettes-tisons; *F:* un tison.

Vesuvius [ve'sjuːviəs, -suː-]. *Pr.n. Geog:* Le Vésuve.

vet[1] [vet], *s.* *F:* = *veterinary surgeon*, *q.v. under* VETERINARY.

vet[2], *v.tr.* (vetted; vetting) *F:* (*a*) Examiner, traiter (un animal). To have a horse vetted, soumettre un cheval à l'examen, au traitement, d'un vétérinaire. (*b*) Examiner (qn) médicalement. To get vetted by a doctor, se faire examiner par un médecin. (*c*) Revoir, corriger, mettre au point (l'œuvre littéraire de qn).

vet[3], *s.* *U.S: F:* = VETERAN 1 (*a*).

vetch [vetʃ], *s.* *Bot:* (*a*) Vesce *f*. Common vetch, vesce commune.

(*b*) **Bitter vetch,** orobe *m or f. See also* CHICKLING, HORSESHOE 1, KIDNEY-VETCH, MILK-VETCH.

vetchling ['vetʃliŋ], *s. Bot:* Gesse *f* des prés. **Hairy vetchling,** gesse velue.

veteran ['vetərən]. 1. *s.* (*a*) (*Pers.*) (i) Vétéran *m*; *F:* vieux *m* de la vieille. *The veterans of* 1870, les anciens *m* de 1870. (ii) *U.S:* Ancien combattant (de la Grande Guerre). (*b*) *For:* (*Tree*) Ancien de première classe. 2. *a.* De vétéran, des vétérans; vieux, *f.* vieille; ancien; aguerri; expérimenté. **Veteran soldier,** vieux soldat; soldat aguerri. **Veteran army,** armée *f* de vétérans. **A veteran golfer,** un vétéran du golf.

veterinarian [vetəri'nɛəriən], *a.* & *s.* = VETERINARY.

veterinary ['vetərinəri], *a.* Vétérinaire. **Veterinary surgeon,** *s.* **veterinary,** vétérinaire *m.*

vetiver ['vetivər], *s. Bot:* Vétiver *m.*

veto[1], *pl.* **-oes** ['viːto, -ouz], *s.* Veto *m.* **To put, place, set, a veto, one's veto, on sth.,** mettre le veto, son veto, à qch. **Right of veto,** droit *m* de veto. **To have the power, the right, of veto, the veto power,** avoir voix négative; avoir le veto. **Absolute veto,** veto absolu. **Suspensory veto,** veto suspensif. *See also* LOCAL[1] 1.

veto[2], *v.tr.* Mettre son veto à (qch.); interdire (qch.).

vetoist ['viːtouist], *s.* 1. *Pol:* Partisan *m* du droit de veto. 2. Celui qui exerce son droit de veto.

vex [veks], *v.tr.* 1. Vexer, fâcher, ennuyer, contrarier, chagriner (qn); *F:* chiffonner (qn). 2. *A:* Faire de la peine à (qn); affliger (qn). 3. *Lit:* Troubler, tourmenter, agiter (la mer, etc.). *See also* SPIRIT[1] 1.

vexed, *a.* 1. Vexé, contrarié, chagrin, mortifié. **To be vexed at sth.,** être vexé, fâché, de qch. *To get v. at sth.,* se vexer de qch. *You are not v. at his being so kind to me, that he is so kind to me?* ça ne vous contrarie pas qu'il soit si gentil avec moi? **To be vexed with s.o.,** être fâché contre qn. *Don't be v. with me,* ne m'en veuillez pas; il ne faut pas m'en vouloir. **To be vexed with oneself,** s'en vouloir. *I am v. with myself for not coming,* je m'en veux de n'être pas venu. *He was v. that he could not find out anything,* il se dépitait de ne rien découvrir. 2. **Vexed question,** question souvent débattue, très débattue, non résolue.

vexing, *a.* Vexant, contrariant, ennuyeux, chagrinant.

vexation [vek'seiʃ(ə)n], *s.* 1. Vexation *f*, tourment *m. The vexations put upon this people,* les vexations qu'a éprouvées ce peuple. *Constant vexations on the part of the landlord,* tracasseries continuelles de la part du propriétaire. **Vexation of spirit,** tourment. *See also* VANITY 1. 2. (*a*) Contrariété *f*, ennui *m*, désagrément *m. The little vexations of life,* les petites contrariétés, les petits déboires, de la vie. (*b*) Chagrin *m*, dépit *m. Imagine my v.!* je vous laisse à penser si cela m'a chagriné, si j'étais contrarié, humilié.

vexatious [vek'seiʃəs], *a.* 1. (*Of pers., thg*) Fâcheux, irritant, ennuyeux, contrariant; tracassier; (*of pers.*) vexateur, -trice. *It is most v. to lose one's train,* c'est vexant, ennuyeux, de manquer son train. 2. *Jur:* (*Of measure, suit, tax*) Vexatoire. **-ly,** *adv.* 1. D'une manière contrariante, vexante. 2. À seule fin de contrarier.

vexatiousness [vek'seiʃəsnəs], *s.* 1. Caractère fâcheux, contrariant (d'une action). 2. Nature *f* vexatoire (d'une action).

vexatory ['veksətəri], *a.* Vexatoire.

vexer ['veksər], *s.* Vexateur, -trice.

vexil ['veksil], *s. Bot:* Étendard *m.*

vexillar ['veksilər], *a. Bot: Orn:* Vexillaire.

vexillary ['veksiləri], *s. Rom.Ant:* Vexillaire *m.*

vexillate ['veksilet], *a. Bot:* Vexillé.

vexillum [vek'siləm], *s.* 1. (*a*) *Rom.Ant:* Vexille *m*, enseigne *f.* (*b*) *Ecc:* Écharpe *f* (de crosse d'évêque). 2. *Bot:* Étendard *m.* 3. *Orn:* Barbe *f* (de plume).

via[1] ['vaiə], *s.* 1. *Astr:* **The Via Lactea,** la Voie lactée. 2. **Via media,** moyen terme.

via[2], *prep.* Via; par la voie de; par (une route). *We came home via Ostend,* nous sommes revenus par Ostende, via Ostende. *Post:* **'Via Marseilles,'** "voie Marseille."

viability[1] [vaiə'biliti], *s. Biol: Obst:* Viabilité *f*; aptitude *f* à vivre.

viability[2], *s.* Viabilité *f*, bon état (d'une route).

viable[1] ['vaiəbl], *a. Biol: Obst:* Viable; apte à vivre.

viable[2], *a.* (Route) viable, en bon état.

viaduct ['vaiədʌkt], *s.* Viaduc *m*; passage supérieur.

vial ['vaiəl], *s.* Fiole *f. F:* **To pour out the vials of one's wrath,** lâcher la bonde à sa colère; lâcher les cataractes. *The vials of God's wrath poured out,* la colère de Dieu se déchaîna.

viand ['vaiənd], *s. Lit:* Mets *m. Usu.pl.* **Viands,** aliments *m. Choice viands,* mets délicats.

viaticum [vai'atikəm], *s.* 1. *Ecc:* Viatique *m.* 2. Provisions *fpl* (en vue d'un voyage); viatique.

vibex, *pl.* **vibices** ['vaibeks; vai'baisiːz, vi-], *s. Med:* Vergeture *f*; *pl.* vibices *f.*

vibraculum, *pl.* **-la** [vai'brakjuləm, -lə], *s. Biol:* Vibraculaire *m.*

vibrancy ['vaibrənsi], *s.* Vibrance *f*, qualité vibrante.

vibrant ['vaibrənt], *a.* (*Of string, sound, etc.*) Vibrant. *F: City v. with commercial activity,* ville palpitante d'activité commerciale.

vibrate [vai'breit, 'vaibreit]. 1. *v.i.* (*a*) Vibrer; trépider; retentir (*in, on, the ear,* à l'oreille). (*b*) *Ph:* Vibrer, osciller. 2. *v.tr.* Faire vibrer; (i) faire trépider; (ii) faire osciller. *The serpent vibrated its tail,* le serpent agitait sa queue.

vibrating, *a.* Vibrant; (mouvement *m*) vibratoire, oscillant. *Paperm:* **Vibrating frame,** appareil *m* de branlement (de la toile). **Voice vibrating with emotion,** voix vibrante d'émotion. *Aut:* **Vibrating plate of the horn,** disque *m* de résonance du cornet.

vibratile ['vaibrətail, -til], *a. Biol:* (*Of cilia*) Vibratile.

vibration [vai'breiʃ(ə)n], *s.* 1. *Ph: etc:* Vibration *f*; oscillation *f*; pulsation *f.* 2. *Aut: Mch: etc:* Trépidation *f.* **Vibration damper,** amortisseur *m* de vibrations; étouffoir *m. Insulating of the foundations of buildings against v.,* isolement *m* antivibratile des fondations de bâtiments.

vibrational [vai'breiʃən(ə)l], *a.* 1. De (la) vibration, des vibrations. 2. = VIBRATORY.

vibrator [vai'breitər], *s.* 1. (*a*) *El.E:* Vibrateur *m*, vibreur *m*; trembleur *m* (de bobine). *W.Tel:* Oscillateur *m. Typ:* Distributeur *m* d'encre. (*b*) (**Electric**) **vibrator** (*for massage*), vibro-masseur *m.* 2. Anche *f* (d'harmonium, etc.).

vibratory ['vaibrətəri], *a. Ph: etc:* Vibratoire.

vibrio, *pl.* **-ios, -iones** ['vaibrio, -iouz, vaibri'ouniːz; vi-], *s. Bac:* Vibrion *m.*

vibrissae [vai'brisiː], *s.pl. Anat: Z:* Vibrisses *f.*

vibrograph ['vaibrograf, -grɑːf], *s. Ph:* Vibrographe *m.*

vibro-machine ['vaibromaʃiːn], *s. Med:* Vibro-masseur *m.*

vibro-massage ['vaibromasɑːʒ], *s. Med:* Massage *m* vibratoire; vibro-massage *m*; sismothérapie *f.*

vibroscope ['vaibroskoup], *s. Ph:* Vibroscope *m.*

viburnum [vai'bəːrnəm], *s. Bot:* Viorne *f.*

vicar ['vikər], *s.* 1. (*a*) *Ch. of Eng:* Ecclésiastique préposé à l'administration d'une paroisse et titulaire du bénéfice, mais non de la dîme; = curé *m. F:* **The Vicar of Bray,** opportuniste *m* (qui s'accommode à tous les régimes). (*b*) *Lit:* **The Vicar of Wakefield,** le Vicaire de Wakefield. (Erreur de traduction consacrée par le temps.) 2. *Ch. of Eng:* **Clerk vicar, lay vicar, secular vicar, vicar choral,** chantre *m.* 3. *R. C. Ch:* **Cardinal vicar,** cardinal-vicaire *m*, *pl.* cardinaux-vicaires. **Vicar apostolic,** vicaire apostolique. 4. **The Vicar of (Jesus) Christ,** le vicaire de Jésus-Christ; (i) saint Pierre; (ii) le Pape.

'vicar-'general, *s. Ecc:* Vicaire général; grand vicaire.

'vicar-'generalship, *s. Ecc:* Office *m* de vicaire général.

vicarage ['vikəredʒ], *s. Ch. of Eng:* 1. (*Benefice*) Cure *f* (d'un *vicar, q.v.*). 2. (*Residence*) Presbytère *m* (d'un *vicar*); cure.

vicarial [vai'kɛəriəl, vi-], *a.* 1. *Ecc:* Qui se rapporte à la cure. 2. = VICARIOUS.

vicariate [vai'kɛəriet, vi-], *s. Ecc:* 1. Vicariat *m.* 2. *Ch. of Eng:* Office *m*, autorité *f*, de *vicar, q.v.*

vicarious [vai'kɛəriəs, vi-], *a.* 1. (*Of power, authority*) Délégué. 2. (*a*) (Travail) fait (i) par un autre, (ii) pour un autre; (châtiment) souffert (i) par un autre, (ii) pour un autre. *Theol:* **Vicarious satisfaction,** satisfaction *f* vicaire. (*b*) (Méthode *f*) de substitution. 3. *Med: Physiol:* Substitutif. **-ly,** *adv.* 1. Par délégation, par délégué; par procuration; par substitution. 2. A la place d'un autre.

vicarship ['vikərʃip], *s.* = VICARIATE 2.

vice[1] [vais], *s.* 1. Vice *m.* (*a*) **To live in vice,** vivre dans le vice. *To sink into v.,* tomber dans le vice, dans la débauche. (*b*) *Avarice is a vice,* l'avarice *f* est un vice. *His many vices,* ses nombreux vices. 2. Défaut *m. See also* POVERTY 1. 3. Vice (d'un cheval). **Stable vice,** tic *m.* 4. *A.Th:* **The Vice,** (i) le Vice; (ii) le bouffon.

'vice-squad, *s. Adm:* Brigade *f* des mœurs.

vice[2], *s. Tls:* Étau *m.* **Standing vice, leg-vice, staple-vice,** étau à pied, à table. **Bench-vice,** étau, servante *f*, d'établi; âne *m. Instantaneous-grip v.,* étau à serrage instantané. **Blacksmith's vice,** étau à chaud. *V. with detachable jaws,* étau à mâchoires rapportées. **Machine vice,** étau mécanique. **Shaping vice,** étau-limeur *m*, *pl.* étaux-limeurs. **Twisting vice,** mâchoire *f* à tordre. *See also* DRAW-VICE, HAND-VICE, PIN-VICE, TUBE-VICE.

'vice-bench, *s.* Étau roulant; établi roulant pour étaux; banc *m* d'âne.

'vice-cap, -clamp, -jaw, *s.* (*Of metal*) Mordache *f*; (*of wood*) mordache, entibois *m. Bevelled vice-clamp,* tenaille *f* à chanfrein(er).

'vice-plate, *s.* Étau-plateau *m*, *pl.* étaux-plateaux; plateau-étau *m*, *pl.* plateaux-étaux.

'vice-press, *s.* Presse *f* à vis.

vice[3], *v.tr.* Serrer (qch.) dans un étau; coincer.

vice[4], *s. F:* = VICE-CHAIRMAN, VICE-PRESIDENT.

vice[5] ['vaisi], *prep.* En remplacement de (qn); à la place de (qn). *Treasurer: Mr B, vice Mr A, resigned,* trésorier: M. B, qui succède à M. A, démissionnaire.

vice- [vais], *pref.* Vice-. *Vice-emperor,* vice-empereur. *Vice-legate,* vice-légat.

vice-admiral [vais'admirəl], *s.* Vice-amiral, -aux *m.*

vice-admiralship [vais'admirəlʃip], **vice-admiralty** [vais'admirəlti], *s.* Vice-amirauté *f.*

vice-chairman, *pl.* **-men** [vais'tʃɛərmən, -men], *s.* Vice-président *m.*

vice-chairmanship [vais'tʃɛərmənʃip], *s.* Vice-présidence *f.*

vice-chamberlain [vais'tʃeimbərlen], *s.* Vice-chambellan *m.*

vice-chancellor [vais'tʃɑːnsələr], *s.* 1. Vice-chancelier *m. Ecc:* Cardinal vice-chancelier (de la Chancellerie de Rome). 2. Recteur *m* (d'une université).

vice-chancellorship [vais'tʃɑːnsələrʃip], *s.* 1. Fonction *f*, dignité *f*, de vice-chancelier. 2. Rectorat *m* (d'université).

vice-consul [vais'kɔnsəl], *s.* Vice-consul *m.*

vice-consular [vais'kɔnsjulər], *a.* De vice-consul, du vice-consul, des vice-consuls.

vice-consulate [vais'kɔnsjulet], **vice-consulship** [vais'kɔnsəlʃip], *s.* Vice-consulat *m.*

vicegerent [vais'dʒiːərənt], *s.* Représentant *m*, délégué *m. Ecc: A:* Vice-gérent *m.*

vice-governor [vais'gʌvərnər], *s.* Sous-gouverneur *m.*

vice-manager [vais'manedʒər], *s.* Vice-gérant *m.*

vice-managership [vais'manedʒərʃip], *s.* Vice-gérance *f.*

vice-marshal [vais'mɑːrʃ(ə)l], *s. Mil.Av:* **Air vice-marshal,** général *m*, -aux, de division.

vicenary ['visənəri], *a. Mth:* (*Of notation*) Vicésimal, -aux.

vicennial [vi'senjəl], *a.* Vicennal, -aux.

Vicenza [vi'senza, vi'tʃentsa]. *Pr.n. Geog:* Vicence.

vice-presidency [vais'prezidənsi], **vice-presidentship** [vais'prezidəntʃip], *s.* Vice-présidence *f.*

vice-president [vais'prezidənt], *s.* (*a*) Vice-président *m.* (*b*) Sous-délégué, -ée (d'une société de bienfaisance).
vice-principal [vais'prinsip(ə)l], *s. Sch:* Sous-directeur, -trice; sous-principal, -aux *m*; préfet *m* des études.
vice-queen [vais'kwiːn], *s.f.* Vice-reine.
vice-rector [vais'rektər], *s.* Vice-recteur *m.*
vice-rectorship [vais'rektərʃip], *s.* Vice-rectorat *m.*
viceregal [vais'riːg(ə)l], *a.* Vice-royal, -aux; de, du, vice-roi.
vice-reine [vis'rɛːn], *s.f.* Vice-reine.
viceroy ['vaisrɔi], *s.m.* Vice-roi.
viceroyalty [vais'rɔiəlti], *s.* Vice-royauté *f.*
vice versa ['vaisi'vəːrsə], *Lt.adv.phr.* Vice versa; réciproquement.
Vichy ['viʃi]. **1.** *Pr.n. Geog:* Vichy. **2.** *s.* **Vichy (water),** eau *f* de Vichy.
vicinage ['visinedʒ], *s.* **1.** = VICINITY. **2.** *Coll. The v.*, les voisins *m.*
vicinal ['visin(ə)l], *a.* **1.** (Chemin) vicinal, -aux. **2.** Voisin. **3.** *Ch:* Vicinal.
vicinity [vi'siniti], *s.* **1.** Voisinage *m*, proximité *f* (*to, with*, de). **2.** Abords *mpl*, alentours *mpl*, environs *mpl* (d'un lieu). *The road and its v.*, la route et ses abords. **In the vicinity of . . .,** à proximité de . . ., du côté de . . ., dans les environs de . . .; *Nau:* dans les parages de. . . . *In the immediate v. of the factory*, aux abords de l'usine.
vicious ['viʃəs], *a.* **1.** (*Of pers., habit, practice*) Vicieux, corrompu, dépravé. *V. tastes*, goûts pervers. *V. woman*, mauvaise femme. **2.** (*Of horse*) Vicieux, méchant, hargneux, rétif. **3.** (*Of language, reasoning*) Vicieux, défectueux, incorrect. *See also* CIRCLE[1] 1. **4.** (i) Méchant, haineux; (ii) rageur, -euse. *V. criticism*, critique méchante, pleine d'acrimonie. **To give a vicious tug at the bell,** tirer rageusement la sonnette. **-ly,** *adv.* **1.** Vicieusement. **2.** Incorrectement. **3.** Méchamment, haineusement, rageusement. **He banged the door viciously,** il claqua rageusement la porte.
viciousness ['viʃəsnəs], *s.* **1.** Nature vicieuse; vice *m.* **2.** Méchanceté *f.*
vicissitude [vi'sisitjuːd], *s.* Vicissitude *f*, *F:* péripétie *f.* *The vicissitudes of life*, les vicissitudes, *F:* les cahots *m*, de la vie. *The vicissitudes of fortune*, les changements *m*, les retours *m*, de la fortune.
vicissitudinous [visisi'tjuːdinəs], *a.* Sujet à, marqué par, des vicissitudes.
victim ['viktim], *s.* **1.** Victime (offerte en sacrifice). **2. To be the victim of s.o.,** être la victime de qn. *V. of s.o.'s trickery*, victime, dupe *f*, de la fourberie de qn. *A v. to his devotion*, victime de son dévouement. **Victim of an accident,** accidenté, -ée; (*of fire*) incendié, -ée; (*of flood*) inondé, -ée; (*of fire, flood, shipwreck, or other disaster*) sinistré, -ée. **To die a victim to smallpox,** mourir victime de la petite vérole. **To fall a victim to a scourge, to one's duty,** périr, être, (la) victime d'un fléau, de son devoir. *To fall a v. to s.o.'s charm*, succomber au charme de qn. *To offer oneself as a ready v., F:* tendre le cou. **To make a victim of oneself,** se poser en victime.
victimization [viktimai'zeiʃ(ə)n], *s.* **1.** Oppression *f*, tyrannisation *f.* (*In strike settlement*) **There shall be no victimization,** on n'exercera pas de représailles contre les individus. **2. A case of victimization,** une duperie.
victimize ['viktimaːiz], *v.tr.* **1.** Prendre (qn) comme victime; exercer des représailles contre (les meneurs d'une grève, etc.). **2.** Tromper, duper, escroquer (qn). *I have been victimized by a swindler*, j'ai été la victime d'un escroc.
victor[1] ['viktər], *s.* Vainqueur *m*; triomphateur, -trice. *The victors of the ladies' doubles*, les vainqueurs des double dames.
Victor[2]. *Pr.n.m.* Victor.
Victoria [vik'tɔːriə]. **1.** *Pr.n.f.* Victoire, Victoria. *Hist:* **Queen Victoria,** la reine Victoria. **2.** *s.* (*a*) *Bot:* **Victoria regia,** maïs *m* d'eau. (*b*) *Veh:* Victoria *f.* (*c*) *Orn:* (Variété de) pigeon *m* domestique.
Vic'toria 'Cross, *s. Mil: Navy:* (*Abbr.* **V.C.** ['viː'siː]) Croix *f* de Victoria (décoration fondée par la reine Victoria en 1850, décernée pour un acte de bravoure insigne).
Victorian [vik'tɔːriən], *a.* & *s.* **1.** Victorien, -ienne; du règne de la reine Victoria. *See also* EARLY I. 1 (*b*). **2.** *Geog:* (Natif, habitant) du Victoria (en Australie).
Victorianism [vik'tɔːriənizm], *a.* & *s.* Goûts *mpl*, esprit *m*, de l'ère victorienne.
victorious [vik'tɔːriəs], *a.* **1.** Victorieux, vainqueur *m.* **To be victorious over s.o.,** être victorieux de qn. *Condé, who was v. at Rocroi*, Condé, le vainqueur de Rocroi. **2.** (Journée *f*, etc.) de victoire. **-ly,** *adv.* Victorieusement; en vainqueur.
victory ['viktəri], *s.* **1.** Victoire *f.* **To gain a victory, the victory,** remporter la victoire (*over*, sur); être victorieux; *F:* remporter la palme (dans un concours, etc.). *See also* PYRRHIC[2]. **2.** *Art: Rom.Ant:* **(Winged) Victory,** (statue ailée de) la Victoire. *See also* WINGLESS.
victress ['viktres], *s.f.* Triomphatrice (*of*, de); celle qui a remporté la victoire (sur).
victual ['vit(ə)l], *v.* (**victualled** [vitld]; **victualling** ['vitliŋ]) **1.** *v.tr.* Approvisionner; fournir de vivres, ravitailler (un navire, une garnison). **2.** *v.i.* (*a*) S'approvisionner; se ravitailler. (*b*) *F:* Manger; *F:* bâfrer.
victualling, *s.* Approvisionnement *m*, ravitaillement *m.*
'victualling-book, *s. Mil: Navy:* Cahier *m*, rôle *m*, de rations.
'victualling-office, *s. Navy:* Bureau *m* des subsistances.
victualler ['vitlər], *s.* **1.** (*a*) Approvisionneur *m*; pourvoyeur *m*; fournisseur *m* de vivres. (*b*) **Licensed victualler,** débitant *m* de boissons, de spiritueux; cabaretier *m*, limonadier *m.* *The licensed victuallers*, le commerce des boissons et spiritueux. **2.** Navire *m* de ravitaillement.
victuals ['vit(ə)lz], *s.pl.* (*a*) Vivres *m*, provisions *f.* (*b*) Victuailles *f*; *F:* mangeaille *f.* *He doesn't quarrel with his v.*, il ne boude pas sur la nourriture.
vicugna, vicuña [vi'kuːnjə], **vicuna** [vi'kjuːnə], *s. Z: Tex:* Vigogne *f.*
vidame ['viːdam], *s. Fr.Hist:* Vidame *m.*
vidameship ['viːdamʃip], *s. Fr.Hist:* Vidamé *m.*
videlicet [vai'diːliset], *adv.* A savoir . . .; c'est-à-dire. . . .
Vidian ['vidjən], *a. Anat:* **Vidian canal, artery,** canal vidien, artère vidienne.
vidimus ['vaidiməs], *s. Jur:* Vidimus *m.*
viduage ['vidjuedʒ], *s.* **1.** Veuvage *m*, viduité *f.* **2.** *Coll.* Veuves *fpl.*
vie [vai], *v.i.* (**vied**; **vying**) Le disputer (*with s.o.*, à qn); rivaliser, entrer en rivalité, lutter (*with s.o.*, avec qn). **To vie with s.o. in beauty,** le disputer en beauté à qn, avec qn; rivaliser de beauté avec qn. *To vie with s.o. in politeness, in wit*, faire assaut de politesse, d'esprit, avec qn. **To vie with each other in doing sth.,** (*of two pers.*) faire qch. à l'envi l'un de l'autre, rivaliser d'efforts l'un avec l'autre; (*of more than two pers.*) faire qch. à l'envi les uns des autres, faire qch. à qui mieux mieux. *They vie with one another as to who shall speak*, c'est à qui parlera. *They vied with one another in generosity*, il y eut entre eux un combat de générosité.
vying, *s.* Rivalité *f*, lutte *f.*
Vienna [vi'enə]. *Pr.n. Geog:* Vienne *f.*
Viennese [vie'niːz], *a.* & *s. Geog:* Viennois, -oise.
view[1] [vjuː], *s.* Vue *f.* **1.** (*a*) Regard *m*, coup *m* d'œil, inspection *f*, examen *m.* **At first view,** à première vue; au premier coup d'œil. **At one view,** d'un coup d'œil. *I should like to get a nearer v. of it*, je voudrais l'examiner de plus près. *Upon a closer v. he noticed . . .*, en l'examinant de plus près il remarqua. . . . **On view,** exposé; ouvert au public. **Private view,** entrée *f* sur invitation personnelle; avant-première *f* (d'une exposition, etc.); vernissage *m* (d'une exposition de peinture). **View day,** avant-première. (*b*) *Jur:* Descente *f* sur les lieux. **2.** (*a*) **Exposed to view,** exposé aux regards *m*; à la vue de tous. **Hidden from view,** caché aux regards. *He passed from our v.*, nous le perdîmes de vue. **In view,** en vue. **He struck him in full view of the crowd,** il le frappa sous les regards de toute la foule. *In full v. of the altars*, à la face des autels. *When he came in v. of the house, of the crowd, he stopped*, quand la maison fut en vue, quand il arriva en vue de la foule, il s'arrêta. **At last a hotel came into view,** enfin nous aperçûmes un hôtel. *Suddenly a patrol of dragoons came into v.*, soudain apparut une patrouille de dragons. *New difficulties have come into v.*, de nouvelles difficultés ont surgi. *We were in v. of land, of Dieppe*, nous étions en vue de la terre, en vue de Dieppe. **Land in view!** terre! (*b*) **Field of view** (*of telescope*), champ *m.* *Opt: Phot:* **Angle of view,** angle *m* de champ. **3.** (*Scene, prospect*) (*a*) Vue, perspective *f*; champ visuel. *Car with* **open view,** voiture *f* avec champ visuel dégagé. **Front view,** vue de face. *Front v. of the hotel*, l'hôtel vu de face. *What a pretty v.!* quel joli coup d'œil! **House with a superb view,** maison *f* qui a une très belle vue. *Here you have a good v. of the castle*, d'ici on a une très belle vue du château; d'ici le château se présente avantageusement. *One gets a beautiful v. from the hill*, de la colline se découvre un magnifique tableau. *You will get a better v. from here*, vous verrez mieux d'ici. *Between two clouds I got a very clear v. of the plane*, entre deux nuages j'eus une vision très nette de l'avion. *It was worth while coming up for the v.*, le panorama valait le déplacement. **Point of view,** point *m* de vue. **Views of Paris,** vues de Paris. *Opt:* **Dissolving views,** vues fondantes. *See also* BIRD'S-EYE 2, SIDE-VIEW. (*b*) *Arch: Mec.Draw:* **Front view, back view,** élévation *f* du devant, du derrière. **Sectional view,** vue en coupe; profil *m.* (*c*) **To keep sth. in view,** ne pas perdre qch. de vue. *We are keeping in v. the contents of your letter*, nous avons pris bonne note du contenu de votre lettre. **4.** (*Mental survey*) Aperçu *m*, exposé *m* (d'un sujet). *To offer a general v. of the subject*, donner un aperçu général de la question. **5.** Manière *f* de voir; opinion *f*, idée *f*, avis *m.* *To express a v.*, exprimer une opinion, un avis. **To have sound views on a question,** avoir des vues saines, des opinions saines, sur une question. **To take a right view of things,** voir juste. *He always takes a false v. of things*, il voit toujours faux. **To hold extreme views,** avoir des idées extrémistes. *To have very decided views on . . .*, avoir des idées arrêtées au sujet de. . . . *We must not take short views, we must take long views, the long view*, il ne faut pas considérer les choses en myope, il faut envisager les choses de loin. **What are your views on the matter?** comment envisagez-vous la question? *To take a different v. of the events*, apprécier, envisager, différemment les événements. **In my view,** à mon avis. *My v. is that . . .*, mon opinion c'est que. . . . *An agreement of views*, une commune manière de voir. **To share s.o.'s views,** partager les sentiments de qn. **6. In view of . . .,** en considération de . . .; eu égard à . . .; par suite de . . .; en raison de. . . . *In v. of these facts . . .*, en présence de ces faits . . .; prenant en considération tous ces faits. . . . *In v. of the state of things . . .*, devant cet état de choses. . . . *In v. of this answer . . .*, considérant cette réponse. . . . *In v. of the distance, of the great heat, of the scarcity of money . . .*, vu l'éloignement, la grande chaleur, la crise monétaire. . . . *In v. of existing divergences . . .*, étant donné les divergences qui existent. . . . *See also* POINT[1] I. 2. **7.** (*Intention*) Vue, intention *f*, but *m*, dessein *m.* **To have views on** *a succession, etc.*, avoir des vues sur une succession, etc. **To fall in with, meet, s.o.'s views,** entrer dans les vues de qn; se mettre d'accord avec qn. *Will this meet your views?* cela vous conviendra-t-il? **To have sth. in view,** avoir qch. en vue; méditer (un voyage, etc.). *To have nothing but one's selfish interests in v.*, rapporter tout à soi, à ses intérêts. *He has only wealth in v.*, il n'a pour objet que la richesse. *This law has two objects, two aims, in v.*, cette loi vise un double but. *To attain the end that we have in v. . . .*, pour aboutir aux fins que nous pour-

suivons. . . . **I have nothing particular in view this evening,** je n'ai rien en vue pour ce soir. **With a special object in view,** en vue d'un objet spécial. **With this in view . . .,** dans cet objet . . ., à cette fin. . . . **With a view to, with the view of, doing sth.,** en vue de, dans le but de, dans l'intention de, faire qch.; avec l'idée de, dans l'idée de, dans le dessein de, faire qch. *With a v. to realizing this plan . . .,* en vue de réaliser ce projet. . . . *With a v. to learning the truth . . .,* dans le but, dans l'intention, d'apprendre la vérité. . . . **Negotiations with a view to an alliance,** négociations *f* visant une alliance.

'view-camera, *s. Phot:* Appareil *m* touriste.

'view-finder, *s. Phot:* Viseur *m*; iconoscope *m*. *Brilliant v.-f.,* viseur clair. *Reflecting v.-f.,* viseur plein, obscur.

'view-halloo, *s. Ven:* "Vue *f*" (du renard) (cri ou fanfare).

'view-indicator, *s.* (*On hill or tower*) Guide *m* panoramique.

'view-lens, *s. Phot:* Objectif *m* simple.

'view-meter, *s. Phot:* Chercheur *m* focimétrique; iconomètre *m*.

'view-point, *s.* Point *m* de vue; (*of beauty-spot, etc.*) belvédère *m*.

view², *v.tr.* **1.** Regarder, porter sa vue sur (qn, qch.); examiner, inspecter (qn, qch.); visiter (une maison à louer). *See also* ORDER¹ 11. **2.** Envisager, regarder (qch.). **The subject may be viewed in different ways,** on peut envisager la question à des points de vue différents. **The proposal is viewed unfavourably by the authorities,** cette proposition est regardée d'un œil peu favorable par les autorités. *To v. everything in terms of self,* rapporter tout à soi. **3.** Voir, apercevoir (qn, qch.). *Ven:* **To view the fox away,** voir débucher le renard.

viewing, *s.* **1.** Examen *m*, inspection *f*. **2.** *Phot:* Visée *f* (de la scène). **Viewing-point,** point *m* de visée. **Viewing filter,** verre bleu. *Cin:* **Viewing room,** salle *f* de projection; salle du cinéma.

viewer ['vjuːər], *s.* **1.** Spectateur, -trice. **2.** Inspecteur *m*, expert *m*. **Colliery viewer,** gérant *m* de mine.

viewless ['vjuːləs], *a.* **1.** *Lit:* Invisible. **2.** (Maison *f*, etc.) qui n'a pas de vue.

viewy ['vjuːi], *a.* **1.** (*Of pers.*) Aux idées extravagantes; visionnaire. **2.** *F:* Qui plaît à l'œil; qui tire l'œil.

vigesimal [vai'dʒesim(ə)l, vi-], *a.* Vicésimal, -aux.

vigil ['vidʒil], *s.* **1.** Veille *f*. **To keep vigil,** veiller. *Worn out by his long vigils,* usé par les veilles. *A:* **The vigil of arms,** la veille, la veillée, des armes. **2.** *Ecc:* (*a*) Vigile *f*. (*b*) **Vigils of the dead,** vigiles des morts.

vigilance ['vidʒiləns], *s.* **1.** Vigilance *f*. *U.S:* **Vigilance committee,** comité *m* de surveillance de l'ordre et des mœurs. **2.** *Med:* Insomnie *f*.

vigilant ['vidʒilənt], *a.* Vigilant, éveillé, alerte. **-ly,** *adv.* Avec vigilance.

vigilante [vidʒi'lɑːnte], *s. U.S:* Membre *m* du comité de surveillance.

Vigilius [vi'dʒiliəs]. *Pr.n.m. Ecc.Hist:* Vigile.

vignette¹ [vi'njet, -'net], *s.* **1.** *Art: Engr:* Vignette *f*. *To ornament a book with vignettes,* vigneter un livre. *Ornamentation with vignettes,* vignetage *m*. **Vignette-engraver,** vignettiste *m*. **2.** *Phot:* (*a*) Cache dégradé. (*b*) Photographie *f* en dégradé; buste *m* sous cache dégradé. **3.** *Th:* Saynète *f*.

vignette², *v.tr. Phot:* Dégrader (un portrait, etc.).

vignetting, *s.* Tirage *m* (de photographies) en dégradé. **Iris vignetting mask,** dégradateur *m* iris.

vignetter [vi'njetər, -'net-], *s. Phot:* Dégradateur *m*; cache dégradé. *Cin:* **Iris vignetter,** iris extérieur (pour fondus).

vignettist [vi'njetist, -'net-], *s. Art:* Vignettiste *m*.

vigogne [vigɔɲ], *s.* = VICUGNA.

Vigornian [vi'gɔːrniən], *a. & s. Geog:* (Natif, originaire) de Worcester.

vigorous ['vigərəs], *a.* **1.** Vigoureux, robuste. *V. in body and mind,* robuste de corps et d'esprit. **To grow more vigorous,** se renforcer. **Vigorous blow,** coup *m* de poing solide. **2.** (*Of colour*) Corsé. *Phot:* **Vigorous paper,** papier *m* contraste, à contrastes. **-ly,** *adv.* Vigoureusement. *To shake s.o. v.,* secouer qn d'un bras vigoureux. *F:* **To go at it vigorously,** y aller avec vigueur; *P:* y aller d'attaque.

vigour ['vigər], *s.* **1.** Vigueur *f*, énergie *f*; vitalité *f*. **To die in the full vigour of manhood,** mourir dans la force de l'âge. *The v. of youth,* la sève de la jeunesse. **Man of vigour,** homme *m* énergique. **2.** (*a*) **Vigour of colouring, of style,** vigueur de coloris, de style. **Wanting in vigour,** qui manque de vigueur, de force; (coloris *m*) terne; (style) mou, lâche, languissant; (couleurs) effacées. (*b*) *Mus:* Brio *m*.

Viking ['vaikiŋ, 'vi-], *s.* **1.** *Hist:* Viking *m*. *Attrib.* Des Vikings. **2.** *F:* Écumeur *m* de mer.

vilayet [vi'lɑːjet], *s. Turk.Adm:* Vilayet *m*.

vile [vail], *a.* **1.** Vil. (*a*) Sans valeur. *They dreamt of changing v. metals into gold,* ils rêvaient de changer en or les métaux vils. (*b*) Abject. *Reduced to the v. position of a lackey,* réduit au vil emploi de laquais. **To render vile,** avilir. *See also* DURANCE. **2.** Vil; bas, infâme, ignoble. *A v. calumny,* une vile calomnie; une calomnie infâme. *A v. song,* une chanson ignoble. *The vilest of men,* le dernier des hommes; le plus vil des hommes. **3.** *F:* Abominable, exécrable, mauvais; *F:* sale. *He lived in a v. hovel,* il vivait dans un réduit ignoble, dans un taudis infect. **Vile weather,** un sale temps. *What a v. pen!* quelle sale plume! *He's in a v. temper,* il est d'une humeur exécrable. *V. whisky,* whisky abominable, infect. **-ly,** *adv.* **1.** (*a*) Vilement; bassement. (*b*) Abjectement. **2.** D'une manière abominable, exécrable.

vileness ['vailnəs], *s.* **1.** *A:* (*a*) Vileté *f* (d'un métal, etc.). (*b*) Nature abjecte (d'un emploi, etc.). **2.** Bassesse *f*, caractère *m* ignoble (de qn, d'un sentiment, etc.). **3.** *F:* *The v. of the weather, of the food,* le temps, la nourriture, abominable.

vilification [vilifi'keiʃ(ə)n], *s.* **1.** Avilissement *m* (d'une denrée, etc.). **2.** Dénigrement *m*, détraction *f* (de qn).

vilifier ['vilifaiər], *s.* Détracteur, -trice.

vilify ['vilifai], *v.tr.* **1.** *A:* Avilir; ravilir, dégrader. **2.** Vilipender, diffamer, dénigrer, noircir (qn); dire des infamies, des noirceurs, de (qn); médire de (qn); décrier la conduite de (qn); *Lit:* traîner (qn) sur la claie; déchirer (qn) à belles dents. *To v. s.o. in the papers, F:* éreinter qn dans les journaux.

vilipend ['vilipend], *v.tr. Lit:* Vilipender.

villa ['vilə], *s.* **1.** Villa *f*; maison *f* de campagne. **2.** Petite maison (de banlieue).

villadom ['vilədəm], *s. F:* La banlieue.

village ['viledʒ], *s.* **1.** Village *m* ou bourgade *f*. **Village inn,** auberge *f* de campagne. *She is from our v., F:* elle vient de notre patelin; c'est une payse. *Hum: I'm going up to the v.,* je me rends à Londres (Manchester, Birmingham, ou autre grande ville de la région). *See also* GREEN¹ 3. **2.** *U.S:* Petite municipalité.

villager ['viledʒər], *s.* Villageois, -oise.

villain ['vilən], *s.* **1.** (*a*) Scélérat *m*; bandit *m*, gredin *m*, misérable *m*. *F: You little v.!* petit garnement! petite coquine! *See also* DYE¹ 1. (*b*) *Th:* **The villain (of the piece),** le traître. *F: So 'you are the v. of the piece!* alors c'est vous qui êtes responsable de tout ça! (*c*) *F: That horse was a v. to drive,* ce cheval-là était une rosse entre les brancards. **2.** = VILLEIN.

villainous ['vilənəs], *a.* **1.** Vil, infâme; scélérat; de scélérat. *V. deed,* action scélérate; scélératesse *f*. *V. face,* vilain visage; *F:* sale mine *f*; *P:* gueule *f* d'empeigne. **2.** *F:* = VILE 3. *V. weather,* un sale temps. *A v. hand,* une écriture désespérante, exécrable. **-ly,** *adv.* **1.** D'une manière infâme; en scélérat. **2.** *F:* (Chanter, écrire) d'une manière exécrable.

villainy ['viləni], *s.* **1.** Scélératesse *f*, infamie *f* (d'une action, etc.). **2.** Action scélérate, infâme; infamie, vilenie *f*; *F:* sale coup *m*.

villanella [vilə'nelə], *s. A.Lit:* Villanelle *f*.

villanelle [vilə'nel], *s.* **1.** *Lit:* = VILLANELLA. **2.** *Mus: Danc:* Villanelle *f*.

villein ['vilən], *s. Hist:* Vilain *m*; serf *m*. **Land in villein tenure,** terre serve.

villeinage ['vilənedʒ], *s. Hist:* **1.** (*a*) Vilainage *m*. (*b*) Servage *m*. **2.** (Tenure in) villeinage, tenure *f* de roture.

villiform ['vilifɔːrm], *a. Nat.Hist:* Villiforme.

villose ['vilous], **villous** ['viləs], *a. Nat.Hist:* Villeux.

villosity [vi'lɔsiti], *s. Anat: etc:* Villosité *f*; velu *m* (d'une plante, etc.).

villus, *pl.* **-i** ['viləs, -ai], *s.* **1.** *Bot:* Poil *m*. **2.** *pl. Anat:* **Villi,** villus *m*, villosité *f*.

vim [vim], *s. F:* Vigueur *f*, énergie *f*. **Full of vim,** plein de sève, d'énergie. **Put some vim into it!** activez! *P:* mets-y du nerf, du jus! mets-y-en! *To put plenty of vim into it,* n'y pas aller de main morte; *P:* en mettre un coup.

vinaceous [vai'neiʃəs], *a.* Vineux; couleur *inv* de vin ou de lie de vin.

vinaigrette [vinei'gret], *s.* **1.** *A.Veh:* Vinaigrette *f*. **2.** Flacon *m* de sels.

Vincent ['vinsənt]. *Pr.n.m.* Vincent.

vincetoxicum [vinsi'tɔksikəm], *s. Bot:* Dompte-venin *m*.

vinculum, *pl.* **-la** ['viŋkjuləm, -lə], *s.* **1.** Lien *m*. **2.** *Anat:* = FRENUM. **3.** *Typ:* (*a*) = BRACE¹ 7. (*b*) *Mth:* Barre tirée au-dessus d'un groupe de symboles et faisant fonction de parenthèses ou de crochets.

vindicable ['vindikəbl], *a.* Justifiable, défendable, soutenable.

vindicate ['vindikeit], *v.tr.* **1.** Défendre, soutenir (qn, sa foi, etc.); justifier, faire l'apologie de (qn, sa conduite, etc.); prouver, maintenir (son dire). *To v. one's character,* se justifier. *To v. one's veracity,* justifier de sa bonne foi. **2.** **To vindicate one's rights,** revendiquer ses droits; faire valoir son bon droit.

vindication [vindi'keiʃ(ə)n], *s.* **1.** Défense *f*, apologie *f*; justification *f*. **In vindication of his conduct,** pour justifier sa conduite; en justification de sa conduite. **2.** Revendication *f* (d'un droit, etc.).

vindicative ['vindikeitiv], *a.* **1.** Justificatif. *Theol:* Apologétique. **2.** *A:* = VINDICTIVE.

vindicator ['vindikeitər], *s.* Défenseur *m*.

vindicatory ['vindikeitəri], *a.* **1.** = VINDICATIVE 1. **2.** Vindicatif; vengeur, -eresse. **Vindicatory justice,** justice vindicative.

vindictive [vin'diktiv], *a.* **1.** Vindicatif; vengeur, -eresse. *Jur:* **Vindictive damages,** dommages-intérêts infligés à titre de pénalité. **2.** (*Of pers.*) Vindicatif, rancunier. **-ly,** *adv.* Vindicativement; d'une manière vindicative; avec une méchanceté rancunière.

vindictiveness [vin'diktivnəs], *s.* Caractère vindicatif; esprit *m* de vengeance; esprit rancunier.

vine [vain], *s.* **1.** (Grape-)vine, vigne *f* (vinifère). **Wild vine,** lambruche *f*, lambrusque *f*. *F:* **Under one's vine and fig-tree,** chez soi. **2.** Sarment *m*, tige *f* (de houblon, de melon, etc.). **3.** *U.S:* Plante grimpante; plante rampante.

'vine-arbour, *s.* Treille *f*.

'vine-bearing, *a.* (Terrain *m*) vinifère.

'vine-branch, *s.* Branche *f* de vigne; sarment *m*. *Poet:* Pampre *m*.

'vine-culture, *s.* Viticulture *f*.

'vine-disease, *s.* Maladie *f* de la vigne (oïdium *m*, mildiou *m*, phylloxéra *m*, etc.).

'vine-dresser, *s.* Vigneron, -onne.

'vine-fretter, *s. Ent:* = VINE-GRUB.

'vine-grower, *s.* Viticulteur *m*; vigneron, -onne; propriétaire *mf* de vignes.

'vine-growing¹, *a.* (Pays *m*) vignoble, vinicole.

'vine-growing², *s.* Viticulture *f*.

'vine-grub, *s. Ent:* **1.** Eumolpe *m* de la vigne; *F:* écrivain *m*,

gribouri *m*, lisette *f*; coupe-bourgeon *m*, *pl.* coupe-bourgeons. **2.** Ver-coquin *m*, *pl.* vers-coquins.
'vine-harvest, *s.* Vendange *f.*
'vine-lands, *s.pl.* Vignobles *m.*
'vine-leaf, *s.* Feuille *f* de vigne.
'vine-mildew, *s.* Oïdium *m*, mildiou *m.*
'vine-pest, *s. Ent:* Phylloxéra *m.*
'vine-plant, -stock, *s.* Cep *m* de vigne.
'vine-producing, *a.* Vitifère.
'vine-weevil, *s. Ent:* Charançon *m* de la vigne; *F:* rouleur *m.*

vinegar ['vinigər], *s.* Vinaigre *m.* (*a*) **Beer vinegar, wine vinegar,** vinaigre de bière, de vin. **Wood vinegar,** vinaigre de bois; acide pyroligneux. **Tarragon vinegar,** vinaigre d'estragon, à l'estragon. **Vinegar trade,** vinaigrerie *f.* *V. factory*, vinaigrerie. *V. making*, vinaigrerie. *V. maker, v. merchant*, vinaigrier *m.* *Cu:* **Vinegar sauce,** vinaigrette *f.* *F:* **Vinegar countenance,** visage *m* revêche. *See also* MOTHER OF VINEGAR. (*b*) **Toilet-vinegar, aromatic vinegar,** vinaigre parfumé; vinaigre de toilette. **Rose-vinegar,** vinaigre rosat. **Marseilles vinegar,** vinaigre des quatre voleurs.
'vinegar-cruet, *s.* Burette *f* à vinaigre; vinaigrier *m.*
'vinegar-eel, *s.* Anguille *f*, anguillule *f*, du vinaigre.
'vinegar-faced, *a.* *F:* Au visage revêche.
'vinegar-fly, *s. Ent:* Mouche *f* du vinaigre.

vinegarish ['vinigəriʃ], **vinegary** ['vinigəri], *a.* *F:* (Visage *m*) revêche; (ton *m*) acerbe, aigre.

vinery ['vainəri], *s.* *Hort:* Serre *f* à vignes; forcerie *f* de raisins; grapperie *f.*

Vine Street ['vainstri:t]. *Pr.n.* (Rue où se trouve le) commissariat de police du quartier de Piccadilly.

vineyard ['vinjərd], *s.* Clos *m* de vigne, champ *m* de vigne; vigne *f*, vignoble *m.* *The best vineyards*, les meilleurs crus. *F:* **To work in the Lord's vineyard,** travailler à la vigne du Seigneur.

vineyardist ['vinjərdist], *s.* Vigneron, -onne.

vinic ['vainik], *a.* (Alcool *m*, etc.) vinique.

vinicultural [vaini'kʌltjurəl], *a.* (Région *f*, etc.) vinicole.

viniculture ['vainikʌltjər], *s.* Viniculture *f.*

viniferous [vai'nifərəs], *a.* (Sol *m*, etc.) vinifère.

vinification [vainifi'keiʃ(ə)n], *s.* Vinification *f* (du moût).

vinometer [vai'nɔmetər], *s.* Vinomètre *m.*

vinosity [vai'nɔsiti], *s.* Vinosité *f.*

vinous ['vainəs], *a.* **1.** (*a*) (Goût, etc.) vineux. (*b*) Couleur *inv* de vin; vineux. **2.** (*a*) Aviné. (*b*) Ivrogne.

vint [vint], *v.tr.* = VINTAGE[2] 2.

vintage[1] ['vintedʒ], *s.* **1.** (*a*) Récolte *f* du raisin; vendanges *fpl.* (*b*) (*Crop*) Vendange, vinée *f.* *A good v.*, une bonne vinée. *The v. of* 1906, le cru de 1906. (*c*) Temps *m* de la vendange; les vendanges. **2.** Année *f* (de belle récolte). **Of the vintage of 1906,** de l'année 1906. **Vintage year,** année vineuse; année de belle récolte, de bon vin; année honorable. **Vintage wine,** (i) vin *m* de marque; vin fin; *F:* vin d'extra; (ii) vin de la bonne année; grand vin. *F:* **Old vintage joke,** plaisanterie *f* qui a de la bouteille. **Car of the 1930 vintage,** auto *f* du modèle de 1930. **3.** *Poet:* Vin.

vintage[2], *v.tr.* **1.** Cueillir (le raisin). **2.** Faire (le vin).
vintaging, *s.* Cueillette *f* (du raisin).

vintager ['vintedʒər], *s.* Vendangeur, -euse.

vintner ['vintnər], *s.* Négociant *m* en vins.

vintnery ['vintnəri], *s.* Commerce *m* des vins.

viny ['vaini], *a.* (Pays *m*) vinicole, vignoble.

viol ['vaiəl], *s.* *Mus:* **1.** *A:* Viole *f.* **Bass-viol, viol da gamba, viol di gamba,** basse *f* de viole. **Viol d'amore,** viole d'amour. **2.** **Bass viol,** violoncelle *m.*

viola[1] [vi'oulɑ], *s.* *Mus:* **1.** Alto *m* (à cordes); quinte *f.* **Viola player,** altiste *mf.* **2.** *A:* = VIOL 1.

viola[2] ['vaiolɑ], *s.* *Bot:* **1.** Pensée *f* (unicolore); violette *f* (de jardin). **2.** (*Genus*) Violacée *f.*

violaceous [vaio'leiʃəs], *a.* **1.** *Bot:* Violacé; de la famille des violacées. **2.** (*Colour*) Violacé.

violate ['vaioleit], *v.tr.* **1.** Violer (un serment, un traité, un secret, un sanctuaire); profaner (un sanctuaire); manquer à (une règle). *To v. a clause*, enfreindre les dispositions d'un article. **To violate the law,** violer, enfreindre, blesser, la loi. *To v. s.o.'s privacy*, troubler la solitude de qn; faire intrusion auprès de qn. *See also* SANCTITY 2. **2.** Violer, outrager (une femme).

violation [vaio'leiʃ(ə)n], *s.* **1.** Violation *f* (d'un serment, d'une loi); profanation *f* (d'un sanctuaire). *V. of a rule*, manquement *m*, infraction *f*, à une règle. *V. of an order*, infraction à un ordre. **To act in violation of a treaty,** agir en violation d'un traité. *V. of the laws governing the Press*, délit *m* de presse. *V. of all justice*, injure *f* à toute justice. *V. of s.o.'s privacy*, intrusion *f* auprès de qn. **2.** Viol *m* (d'une femme).

violator ['vaioleitər], *s.* **1.** Violateur, -trice; *occ.* violeur, -euse. **Violator of the law,** contrevenant, -ante. **2.** Violateur, violeur (d'une femme).

violence ['vaiələns], *s.* **1.** (*a*) Violence *f*, intensité *f* (du feu, du vent, d'une passion). (*b*) **To die by violence,** mourir de mort violente. **To use violence,** user de violence. **To do violence to** *one's principles, to a woman*, faire violence à ses principes, à une femme. *To do v. to one's conscience*, violenter sa conscience; aller à l'encontre de sa conscience. *To do v. to one's feelings*, se faire violence. **To do violence to the law,** faire violence à la loi; *F:* donner une entorse au Code. **2.** *Jur:* **To commit acts of violence, to resort to violence,** se livrer, se porter, à des voies de fait. **Robbery with violence,** vol *m* à main armée.

violent ['vaiələnt], *a.* **1.** Violent. *A v. storm*, un orage violent. *A very v. wind*, *F:* un vent à écorner les bœufs; un vent corsé. *Aut:* *V. braking*, freinage brutal. **To lay violent hands on sth., on s.o.,** s'emparer de qch. par la violence; s'emparer de force de qch.; attaquer brutalement qn; *Jur:* se porter à des voies de fait contre qn. *V. abuse*, injures violentes. *To be in a v. temper*, être furieux; être monté. **To lay violent hands on oneself,** attenter à ses jours. *See also* DEATH 1. (*Of pers.*) To become violent, se livrer à des actes de violence; s'emporter; entrer en fureur. *He became positively v. on hearing that . . .*, il est entré dans une colère à tout casser en apprenant que. . . . **2.** (*a*) Violent, vif; aigu, fort. *V. pain*, douleur aiguë, violente. *V. dislike*, vif dégoût. *In a v. hurry*, extrêmement pressé. **Violent cold,** gros rhume. *V. fever*, fièvre carabinée, violente. *Jur:* *V. presumption*, forte présomption. (*b*) **Violent colours,** couleurs criardes, crues. *Hair of a v. red*, cheveux *m* d'un roux éclatant. **-ly,** *adv.* **1.** Violemment; avec violence. *To push s.o. v. away*, repousser violemment qn. *His heart was throbbing v.*, son cœur battait à se rompre. **2.** Vivement; extrêmement. *After supper I became v. ill*, après le souper j'ai été pris d'un violent malaise, j'ai été terriblement malade. *To fall v. in love with s.o.*, tomber follement amoureux de qn. *To be v. attracted by sth.*, être vivement attiré par qch.

violet ['vaiolet]. **1.** *s.* *Bot:* (*a*) Violette *f.* **Parma violet,** violette de Parme. **Corn violet,** violette des blés. *F:* **To play the shrinking violet,** faire sa violette. *See also* DOG-VIOLET. (*b*) **Water violet,** hottonie *f* des marais; *F:* giroflée *f* d'eau; mille-feuille *f* aquatique; plumeau *m.* **2.** (*Colour*) (*a*) *s.* Violet *m.* (*b*) *a.* **Violet. Violet-purple,** améthystin. *Ph:* **Violet rays,** rayons violets.
'violet-coloured, *a.* Violet; de couleur violette.
'violet-powder, *s.* *Toil:* Poudre *f* de riz à la violette.
'violet-scented, *a.* A la violette.
'violet-wood, *s.* *Com:* **1.** (*Dalbergia*) Palissandre *m*, bois violet, bois royal. **2.** (*Acacia*) Bois de violette.

violin [vaio'lin], *s.* *Mus:* Violon *m.* *First v.*, premier violon; violon principal. *Second v.*, second violon. **Violin case,** boîte *f* à violon. *See also* POCKET[1] 1.

violinist [vaio'linist], *s.* *Mus:* Violoniste *mf.*

violist ['vaiolist], *s.* *Mus:* **1.** *A:* Joueur, -euse, de viole; violiste *mf.* **2.** Joueur, -euse, d'alto; altiste *mf.*

violoncellist [vaiolon'tʃelist], *s.* *Mus:* Violoncelliste *mf.*

violoncello [vaiolon'tʃelo], *s.* *Mus:* Violoncelle *m.*

viper ['vaipər], *s.* **1.** (*a*) *Rept:* Vipère *f.* **Young viper,** vipereau *m.* **Common viper, rat-tailed viper,** vipère fer-de-lance; fer *m* de lance. **Horned viper,** serpent cornu; céraste *m.* *Bot:* *Cu:* **Viper's grass,** scorsonère *f*; salsifis noir, salsifis d'Espagne. *See also* BUGLOSS 2. (*b*) *F:* (*Of pers.*) Vipère. **2.** *Her:* Guivre *f.*

viperidae [vai'peridi:], *s.pl.* *Z:* Les vipéridés *m.*

viperine ['vaipərain], *a.* Vipérin.

viperish ['vaipəriʃ], **viperous** ['vaipərəs], *a.* Vipérin; de vipère. *F:* **Viperish tongue,** langue venimeuse; langue de vipère.

virago [vi'reigo], *s.f.* **1.** *A:* (*a*) Amazone. (*b*) Grande bringue de femme; vrai gendarme; vrai dragon. **2.** Mégère.

virelay ['virəlei], *s.* *A.Lit:* Virelai *m.*

virescence [vi'res(ə)ns], *s.* **1.** *Bot:* Virescence *f.* **2.** Couleur verte; verdure *f* (du printemps, etc.).

virescent [vi'res(ə)nt], *a.* **1.** Qui commence à verdoyer. **2.** Verdoyant.

virgate[1] ['və:rget], *a.* *Nat.Hist:* En verge; élancé.

virgate[2], *s.* *Hist:* Mesure *f* agraire (variable selon les localités; le plus souvent de 12 hectares).

Virgil ['və:rdʒil], **Virgilian** [və:r'dʒiliən], = VERGIL, VERGILIAN.

virgin ['və:rdʒin]. **1.** *s.* (*a*) Vierge *f.* **The Blessed Virgin,** la Sainte Vierge. **The foolish virgins,** les vierges folles. *Geog:* **The Virgin Islands,** les îles *f* Vierges. *Ap:* **Virgin queen,** reine non fécondée. *Hist:* **The Virgin Queen,** la Reine Vierge (Élisabeth). (*b*) *Astr:* **The Virgin,** la Vierge. **2.** *a.* (*a*) De vierge; virginal, -aux. *V. modesty*, modestie virginale. (*b*) **Virgin forest,** forêt *f* vierge. **Virgin wax,** cire *f* vierge. *Cer:* **Virgin clay, argile crue,** non cuite. *See also* HONEY 1, SULPHUR[1] 1.
'virgin's-'bower, *s.* *Bot:* = CLEMATIS.

virginal ['və:rdʒin(ə)l]. **1.** *a.* Virginal, -aux; de vierge. **2.** *s.* *Mus:* *A:* **Virginal(s), pair of virginals,** virginale *f.* **-ally,** *adv.* Virginalement; à la façon des vierges.

virginhood ['və:rdʒinhud], *s.* Virginité *f.*

Virginia [vər'dʒinjɑ]. **1.** *Pr.n.* (*a*) *Geog:* La Virginie. *Bot:* **Virginia creeper,** vigne *f* vierge. *Danc:* **Virginia reel,** contredanse *f.* (*b*) (*Girl's name*) Virginie. **2.** *s.* Tabac *m* de Virginie; virginie *m.*

Virginian [vər'dʒinjən], *a. & s.* *Geog:* Virginien, -ienne; de Virginie.

virginity [vər'dʒiniti], *s.* Virginité *f.*

Virgo ['və:rgo]. *Pr.n.* *Astr:* La Vierge.

viridescent [viri'des(ə)nt], *a.* **1.** = VIRESCENT. **2.** Verdâtre.

viridine ['viridi:n], *s.* *Ch:* *Dy:* Viridine *f.*

viridity [vi'riditi], *s.* Viridité *f*, verdeur *f.*

virile ['virail], *a.* Viril, mâle. (*a*) *Anat:* **The virile member,** le membre viril; la verge; le pénis. (*b*) *V. mind*, esprit viril. *A v. old age*, une mâle vieillesse. *V. eloquence*, mâle éloquence *f.* *V. style*, style *m* mâle. *Art:* *V. touch*, touche *f* mâle.

virility [vi'riliti], *s.* Virilité *f.*

virole [vi'roul], *s.* *Her:* Virole *f* (autour d'une trompe, etc.).

viroled [vi'rould], *a.* *Her:* (Cor, etc.) virolé.

virose ['vairous], *a.* (*Of plant*) Vireux, vénéneux; (*of smell*) vireux, fétide.

virtu [vər'tu:], *s.* Goût *m* des arts, des objets d'art. **Articles of virtu,** objets *m* d'art; antiquités *f*, curiosités *f.*

virtual ['və:rtjuəl], *a.* **1.** De fait; en fait. *He is the v. head of the business*, c'est lui le vrai chef de la maison; de fait, c'est lui qui mène tout. *I extracted from him a v. promise*, j'ai obtenu de lui une quasi-promesse, ce qui équivaut à une promesse. *This was a v. admission of guilt*, de fait, c'était un aveu. **2.** *Tchn:* Virtuel. *Mec:* **Virtual velocity,** vélocité virtuelle. *V. displacement*, déplacement virtuel. *Opt:* **Virtual focus,** foyer virtuel. **Virtual image,** image virtuelle. **3.** *El:* **Virtual value of the electromotive force,** force électromotrice efficace. *Mth:* *V. value of a variable quantity*, valeur *f* efficace d'une quantité variable. **-ally,** *adv.* Virtuellement; de fait; par le fait; en pratique. . . . *I am v. certain of it,* j'en ai la quasi-certitude. *There is v. no one who doesn't know* . . ., il n'y a pour ainsi dire personne qui ne sache. . . .

virtuality [vəːrtju'aliti], *s.* Virtualité *f.*

virtue ['vəːrtju], *s.* **1.** (*a*) Vertu *f.* *Christian virtues,* vertus chrétiennes. *The three theological virtues, the Christian or supernatural virtues,* les trois vertus théologales. *The four cardinal virtues,* les quatre vertus cardinales. *He looks like a model of all the virtues, F:* on lui donnerait le bon Dieu sans confession. **A woman of virtue,** une femme vertueuse, chaste. **Woman of easy virtue,** femme de petite vertu, de mœurs faciles. **To make a virtue of necessity,** faire de nécessité vertu. *Prov:* **Virtue is its own reward,** la vertu trouve sa récompense en elle-même. (*b*) *Theol:* (*Angelic order*) **The Virtues,** les Vertus. **2.** Qualité *f*; avantage *m.* **It has the virtue of being unbreakable,** cela a l'avantage d'être incassable. *He has the v. of not being touchy,* il a cette qualité qu'il ne se froisse pas facilement. **3.** Efficacité *f* (de certaines drogues, de certaines eaux). **Plants that have healing virtues,** plantes *f* qui ont la vertu de guérir, qui ont des propriétés curatives. *There is no v. in this drug,* ce médicament n'a aucune efficacité. **4.** *Prep.phr.* **By virtue of, in virtue of,** en vertu de; en raison de; à titre de. *He had a vote in v. of his ownership of a house,* il était électeur à titre de propriétaire. *By v. of one's office,* à titre d'office.

virtuosity [vəːrtju'ɔsiti], *s.* **1.** Goût *m* des arts. **2.** *Mus: etc:* Virtuosité *f.*

virtuoso, *pl.* **-sos, -si** [vəːrtju'ouso, -souz, -siː], *s.* **1.** Amateur *m* des arts; amateur d'antiquités, de curiosités; connaisseur *m.* **2.** *Mus: etc:* Virtuose *mf.*

virtuous ['vəːrtjuəs], *a.* Vertueux. *See also* COMB 9. **-ly,** *adv.* Vertueusement.

virtuousness ['vəːrtjuəsnəs], *s.* Vertu *f.*

virulence ['virjuləns], *s.* Virulence *f* (d'une maladie, d'une critique, etc.).

virulent ['virjulənt], *a.* Virulent. *V. disease,* maladie virulente. *V. satire, speech,* satire venimeuse; discours virulent. **-ly,** *adv.* Avec virulence.

virus ['vairəs], *s.* **1.** *Med:* Virus *m.* **Virus disease,** maladie *f* à virus. *F: To be infected with the money-grubbing v.,* être infecté du virus de la thésaurisation. *See also* FILTERABLE. **2.** *F:* Venin *m*; poison (moral); influence mauvaise.

vis, *pl.* **vires** [vis, 'vairiːz], *s.* Force *f.* *Jur:* **Vis major,** force majeure. *Mec:* **Vis inertiae** [i'nəːrʃiiː], force d'inertie. **Vis viva** ['vaiva], force vive. *See also* ULTRA VIRES.

visa[1, 2] ['viːza], *s.* & *v.tr.* = VISÉ[1, 2]. **Customs visa,** visa *m* de la douane.

visage ['vizedʒ], *s.* *Lit:* Visage *m,* figure *f.*

-visaged ['vizedʒd], *a.* *Lit:* (*With adj. prefixed, e.g.*) **Long-visaged, hard-visaged,** au visage long, dur.

vis-à-vis ['viza'viː]. **1.** *s.* *Danc: etc:* Vis-à-vis *m.* **2.** *adv.* Vis-à-vis (*to, with,* de).

viscacha [vis'katʃa], *s.* *Z:* Viscache *f,* viscaque *f.*

viscera ['visəra], *s.pl.* *Anat:* Viscères *m.*

visceral ['visərəl], *a.* *Anat:* Viscéral, -aux.

visceroptosis ['visəro'ptousis], *s.* *Med:* Entéroptose *f.*

viscid ['visid], *a.* Visqueux.

viscidity [vi'siditi], *s.* Viscidité *f,* viscosité *f.*

viscin ['visin], *s.* *Ch:* Viscine *f.*

viscometer [vis'kɔmetər], *s.* *Ph: Ind:* Viscomètre *m.*

viscometry [vis'kɔmetri], *s.* *Ph: Ind:* Viscosimétrie *f.*

viscose [vis'kous], *s.* *Tex:* Viscose *f.* **Viscose silk,** soie artificielle.

viscosimeter [visko'simetər], *s.* = VISCOMETER.

viscosity [vis'kɔsiti], *s.* Viscosité *f.*

viscount ['vaikaunt], *s.m.* Vicomte.

viscountcy ['vaikauntsi], **viscountship** ['vaikauntʃip], *s.* Vicomté *f.*

viscountess ['vaikauntes], *s.f.* Vicomtesse.

viscounty ['vaikaunti], *s.* Vicomté *f.*

viscous ['viskəs], *a.* Visqueux; mucilagineux ou pâteux; gluant.

viscus ['viskəs], *s.* *Anat:* Viscère *m.*

visé[1] ['viːze], *s.* *Adm:* Visa *m.*

visé[2], *v.tr.* (*p.t.* & *p.p.* **viséd** *or* **visé'd** ['viːzeid]) Viser; apposer un visa à (un passeport).

Vishnu ['viʃnu]. *Pr.n.m.* *Rel.H:* Vichnou.

Vishnuism ['viʃnuizm], *s.* *Rel.H:* Vichnouisme *m.*

visibility [vizi'biliti], *s.* **1.** Visibilité *f*; fait *m* d'être visible. **2.** (*a*) *Meteor: Nau:* **Good, bad, visibility,** bonne, mauvaise, visibilité. (*b*) Vue *f*; champ visuel. (*In car*) *Good v.,* vue dégagée.

visible ['vizibl], *a.* Visible. *To become v.,* apparaître. *Here the hand of man is everywhere v.,* ici la main de l'homme se montre partout. *He spoke with v. satisfaction,* il parlait avec une satisfaction évidente. **Visible horizon,** horizon visuel, visible, apparent. **Visible signal,** signal *m* optique. *Typewr:* **Visible writer,** machine *f* à écriture visible. *F: Is Mrs Brown v.?* est-ce que Mme Brown est visible? *See also* GATE[1] 4, SUPPORT[1] 1. **-ibly,** *adv.* Visiblement, manifestement; (grandir, etc.) à vue d'œil.

visibleness ['viziblnəs], *s.* Visibilité *f*; fait *m* d'être visible.

Visigoth ['vizigɔθ], *s.* *Hist:* Wisigoth *m.*

Visigothic [vizi'gɔθik], *a.* *Hist:* Wisigothique, Wisigoth.

vision[1] ['viʒən], *s.* **1.** (*a*) Vision *f,* vue *f.* *The theory of v.,* la théorie de la vision. **Within the range of vision,** à portée de vue. *Beyond our v.,* au delà de notre vue. *The accident had impaired his v.,* cet accident avait affaibli sa vue. **Field of vision,** champ visuel. *Cin:* **Natural vision film,** film *m* stéréoscopique. *See also* PERSISTENCE 2. (*b*) **Man of vision,** homme *m* d'une grande pénétration, d'une grande perspicacité, qui voit loin dans l'avenir. **Prophetic vision,** vision prophétique. *See also* MYSTICAL. **2.** (*a*) Imagination *f,* vision. *A poet's visions,* les visions, les imaginations, d'un poète. *Visions of wealth, of success,* visions de richesses, de succès. *F:* **I had visions of** *being had up for theft,* je me voyais déjà cité pour vol. (*b*) Apparition *f,* fantôme *m*; vision. **He sees visions,** il a des visions.

vision[2], *v.tr.* **1.** Voir (qch.) comme dans une vision. **2.** Montrer (qch.) comme dans une vision; donner une vision de (qch.).

visional ['viʒən(ə)l], *a.* **1.** Fondé sur des visions; de vision. **2.** Imaginaire, chimérique.

visionariness ['viʒənərinəs], *s.* Caractère rêveur (de qn); caractère imaginaire, extravagance *f* (d'une idée, etc.).

visionary ['viʒənəri]. **1.** *a.* (*a*) (*Of pers.*) Visionnaire; rêveur, -euse. (*b*) (Projet *m,* etc.) chimérique, fantastique. (*c*) (Mal *m,* danger *m,* etc.) imaginaire. **2.** *s.* (*a*) Visionnaire *mf*; idéologue *m*; *F:* cerveau creux; songe-creux *m inv.* (*b*) *A:* Visionnaire; qui voit ce qui n'est pas révélé à tous.

visionist ['viʒənist], *s.* Visionnaire *mf.*

visionless ['viʒənləs], *a.* **1.** *V. eyes,* yeux *m* sans regard; yeux éteints. **2.** (*Of pers.*) Dépourvu d'imagination; dépourvu d'inspiration; à l'esprit fermé.

visit[1] ['vizit], *s.* **1.** (*a*) (**Social**) **visit,** visite *f.* **Courtesy visit,** visite de politesse. **To pay s.o. a visit,** faire une visite à qn; rendre visite à qn. **To receive, have, a visit from s.o.,** recevoir la visite de qn. **To receive s.o.'s visit,** voir qn. **To go out on a visit,** sortir faire une visite. **To return s.o.'s visit,** rendre sa visite à quelqu'un. (*b*) **Doctor's round of visits,** tournée *f* de visites d'un médecin. *V. of a commercial traveller,* passage *m* d'un commis voyageur. **2.** Visite, séjour *m.* **To be on a visit to friends,** être en visite chez des amis. *We decided to prolong our v. to Rome,* nous avons décidé de prolonger notre séjour à Rome. **3.** Tournée d'inspection; visite d'inspection. *Jur:* **Visit to the scene** (*of a crime, etc.*), descente *f* sur les lieux. **Domiciliary visit,** visite domiciliaire. *Nau:* **Right of visit (and search),** droit *m* de visite (en mer).

visit[2], *v.tr.* **1.** (*a*) Rendre visite à, faire (une) visite à (qn); aller voir (qn). (*b*) **To visit the poor,** visiter les pauvres; faire des visites de charité. (*c*) *Com:* (*Of traveller*) Passer chez (un client). (*d*) Visiter, aller voir (un endroit). *We visited the museums,* nous avons vu les musées. *A spot visited by few,* un endroit peu fréquenté. *Place never visited by the sun,* lieu ignoré du soleil. (*e*) *U.S: F:* Causer (*with s.o.,* avec qn). **2.** (*Of official*) Visiter, inspecter. *Jur: To v. a place,* faire une perquisition dans un lieu. **To visit the scene** (*of a crime, etc.*), faire une descente sur les lieux. **3.** (*Of disease, calamity*) Visiter (qn); s'abattre sur (qn). **Visited by, with, a disease,** affligé, atteint, d'une maladie. **4.** *B:* Punir, châtier (qn); punir (un péché). **To visit a sin upon s.o.,** punir qn d'un péché; faire expier un péché à qn. *To v. the sins of the fathers upon the children,* punir les enfants pour les péchés des pères; faire retomber sur les enfants les péchés des pères. *Do not v. on us the blood of these men,* ne faites pas retomber sur nous le sang de ces hommes.

visiting[1], *a.* **1.** En visite. *Sp:* **Visiting team,** les visiteurs *m.* **2.** *Sch:* **Visiting master,** maître *m* externe. *V. lecturer,* conférencier *m* de l'extérieur. *See also* GOVERNESS 1.

visiting[2], *s.* Visites *fpl.* **To go visiting,** aller en visites. **To be on visiting terms with s.o.,** être en relations de visites avec qn. **Visiting hours** (*at hospital, etc.*), heures *f* de visite. *See also* DISTRICT-VISITING.

'visiting-book, *s.* Carnet *m* de visites.

'visiting-card, *s.* Carte *f* de visite.

visitable ['vizitəbl], *a.* **1.** Qu'on peut visiter. **2.** *Cust: etc:* Astreint à la visite.

visitant ['vizitənt]. **1.** *a.* En visite. **2.** *s.* (*a*) *Poet:* Visiteur, -euse. (*b*) Oiseau *m* de passage. (*c*) *Ecc.Hist:* Visitandine *f.* (*d*) Être *m* surnaturel qui se manifeste à un mortel; apparition *f.*

visitation [vizi'teiʃ(ə)n], *s.* **1.** (*a*) Visite *f* (d'inspection); (*of bishop*) visite pastorale. *Nau:* **Right of visitation,** droit *m* de visite. (*b*) Tournée *f* (d'inspection). **2.** (*a*) **Visitation of the sick,** visites aux malades. (*b*) *R.C.Ch:* (**Festival of**) **the Visitation,** (fête *f* de) la Visitation. **Nuns of the Visitation,** religieuses *f* (de l'ordre) de la Visitation; Visitandines *f.* (*c*) *Z:* Migration insolite, anormale. **3.** (*a*) **Visitation of God,** affliction *f,* épreuve *f*; châtiment *m.* **To die by visitation of God,** mourir subitement. (*b*) *F:* Visite fâcheuse, trop prolongée; visite d'un fâcheux. (*c*) Calamité *f.* *This year was marked by a v. of pestilence,* en cette année le pays fut ravagé par la peste. **4.** Apparition (surnaturelle).

visitor ['vizitər], *s.* **1.** (*a*) Visiteur, -euse. *She has visitors,* elle a du monde. *The v. who has just left, F:* la visite qui vient de sortir. **Visitors' bell,** sonnette *f* de visites. (*b*) *Visitors to the museum,* visiteurs du musée. *V. to a hotel,* client, -ente, d'un hôtel. **Summer visitors, winter visitors,** *at a seaside resort,* estivants *m,* hivernants *m,* d'une station balnéaire. *Bird that is a winter v.,* oiseau *m* qui est de passage en hiver. **A visitor from Mars,** un voyageur venu de Mars. *Freemasonry:* **Brother visitor,** frère visiteur. **Visitors' book,** livre *m* des voyageurs (à un hôtel); registre *m* des visiteurs (à un musée). *To enter one's name in the visitors' book,* s'inscrire dans le livre. **2.** (*a*) *Jur: Adm:* Visiteur; inspecteur *m.* (*b*) *See* DISTRICT-VISITOR.

visitorial [vizi'tɔːriəl], *a.* (Droit *m,* devoir *m,* etc.) de visite, d'inspection; (fonction *f,* etc.) d'inspecteur.

visitress ['vizitres], *s.f.* Visiteuse.

vismia ['vizmia], *s.* *Bot:* Vismie *f.*

visne ['viːni], *s.* *Jur:* **1.** Voisinage *m.* **2.** Jury constitué dans le voisinage (du crime, etc.).

vison ['vaiz(ə)n], *s.* *Z:* Vison *m.*

visor ['vaizər], *s.* **1.** (*a*) *Archeol:* Visière *f* (de casque). (*b*) *A:* Masque *m.* **2.** *U.S:* Visière (de casquette). **3.** *Aut:* Pare-soleil *m inv*; parasol *m.*

visored ['vaizərd], *a.* **1.** (*Of pers.*) (*a*) A visière baissée. (*b*) *A:* Masqué. **2.** (Casque) à visière.

vista ['vista], *s.* **1.** Échappée *f* de vue; (*in forest*) percée *f,* éclaircie *f,* trouée *f.* **2.** Perspective *f.* *A long v. of beech-trees,* une longue perspective de hêtres. *Cin:* **Vista shot,** lointain général. *F:* To open up new vistas, ouvrir de nouvelles perspectives, de nouveaux horizons. *He searched the dim v. of his childhood*, il fouillait dans les vagues souvenirs de son enfance.

vistaed ['vistəd], *a.* (Parc *m*, etc.) qui présente de belles perspectives, de belles échappées; (rue *f*, etc.) qui offre une belle perspective, une belle percée.

Vistula ['vistjulə]. *Pr.n. Geog:* The (river) Vistula, la Vistule.

visual ['viʒjuəl, 'viz-], *a.* **1.** Visuel; perceptible à l'œil. *V. distance*, distance *f* de visibilité. *Nau:* *To keep within v. range*, garder le contact visuel. *Opt:* **Visual field**, champ visuel; champ de vision, de vue. **Visual angle**, angle visuel, angle optique. **Visual focus**, foyer *m* optique. *Mil: Nau: etc:* **Visual signalling**, télégraphie aérienne, optique. **2.** *Anat:* **The visual nerve**, le nerf optique. **-ally**, *adv.* Visuellement.

visualization [viʒjuəlai'zeiʃ(ə)n, viz-], *s.* Évocation *f* (de qch.) à l'esprit.

visualize ['viʒjuəlaiz, 'viz-], *v.tr.* **1.** Rendre (qch.) visible. **2.** Se représenter (qch.); évoquer l'image de (qch.); se faire une image de (qch.). *I know his name though I can't v. him*, je connais son nom quoique je ne me souvienne pas de son aspect, *F:* bien que je ne le revoie pas, ne le remette pas.

vita glass ['vaitəglɑːs], *s.* Verre *m* qui transmet les rayons ultra-violets.

vital ['vait(ə)l]. I. *a.* **1.** Vital, -aux; essentiel à la vie. *V. organ*, partie vitale. **Vital force**, force vitale. **2.** Essentiel; capital, -aux; vital. *V. question*, question vitale. **Question of vital importance**, question d'une importance vitale, de toute première importance, d'importance capitale. **Secrecy is vital to** *the success of the scheme*, le secret est la condition fondamentale du succès de l'affaire; le secret dans cette affaire est une condition essentielle. *Our most v. interests*, le plus vif de nos intérêts. **3.** Mortel; fatal, -als. *V. wound*, blessure mortelle. *V. error*, erreur fatale, irrémédiable. **4.** *Adm:* **Vital statistics**, statistique *f* de vie; statistiques démographiques. **-ally**, *adv.* D'une manière vitale. *This affects us v.*, cela tranche dans le plus vif de nos intérêts; cela nous intéresse au premier chef; cela touche nos plus graves intérêts.

II. *s.pl.* **vitals**. **1.** Organes vitaux; parties vitales. **2.** *Nau:* Œuvres vives.

vitalism ['vaitəlizm], *s.* *Biol:* Vitalisme *m.*

vitalist ['vaitəlist], *s.* *Biol:* Vitaliste *mf.*

vitalistic [vaitə'listik], *a.* *Biol:* (Théorie *f*, etc.) vitaliste.

vitality [vai'taliti], *s.* **1.** Vitalité *f* (d'un tissu); vitalité, vigueur *f* (d'une race, d'une institution). **2.** Vie *f*, animation *f*, vigueur (de style, etc.). *Style devoid of v.*, style inanimé, sans vigueur.

vitalize ['vaitəlaiz], *v.tr.* Vitaliser, vivifier, animer.

vitalizing, *a.* (*Of power, influence, etc.*) Animateur, -trice; vivifiant.

vitamin ['vitəmin, 'vai-], *s.* *Bio-Ch:* Vitamine *f.* *Med:* **Vitamin deficiency**, avitaminose *f.*

vitellin [vi'telin], *s.* *Ch:* Vitelline *f.*

vitelline [vi'telin, -ain], *a.* *Biol:* Vitellin. **Vitelline membrane**, membrane vitelline (de l'œuf).

vitellus, *pl.* **-i** [vi'teləs, -ai], *s.* *Biol:* Vitellus *m.*

Viterbo [vi'tɜːrbo]. *Pr.n. Geog:* Viterbe.

vitiate ['viʃieit], *v.tr.* **1.** Vicier, corrompre (le sang, etc.); méphitiser, vicier (l'air); gâter, vicier (les goûts de qn). **2.** *Jur:* Vicier (un contrat, etc.). *To v. a transaction*, rendre une opération nulle. *Act vitiated by a fundamental flaw*, acte entaché d'un vice radical.

vitiated, *a.* (Air, goût, etc.) vicié.

vitiating, *a.* Viciateur, -trice.

vitiation [viʃi'eiʃ(ə)n], *s.* Viciation *f.*

viticultural [viti'kʌltʃurəl], *a.* Viticole.

viticulture ['vitikʌltʃər], *s.* Viticulture *f.*

viticulturist [viti'kʌltʃurist], *s.* Viticulteur *m.*

vitiligo [viti'laigo], *s.* *Med:* Vitiligo *m.*

vitrage [vi'trɑːʒ], *attrib.a.* *Furn:* **Vitrage curtain, vitrage net**, vitrage *m.*

vitreous ['vitriəs], *a.* **1.** *Ch: Geol: etc:* Vitreux; de la nature du verre; hyalin. *Med:* **Vitreous degeneration**, dégénérescence vitreuse. **2.** *Anat:* **Vitreous body, vitreous humour**, corps vitré, humeur vitrée (de l'œil). **3.** *El:* **Vitreous electricity**, électricité vitrée.

vitrescence [vi'tres(ə)ns], *s.* Vitrosité *f.*

vitrescent [vi'tres(ə)nt], *a.* Vitrescible; vitreux.

vitrifiable ['vitrifaiəbl], *a.* Vitrifiable, vitrescible.

vitrification [vitrifi'keiʃ(ə)n], *s.* Vitrification *f.*

vitriform ['vitrifɔːrm], *a.* Vitreux; qui a l'apparence du verre.

vitrify ['vitrifai]. **1.** *v.tr.* Vitrifier. **2.** *v.i.* Se vitrifier.

vitrified, *a.* Vitrifié. **Vitrified drain tile**, tuile *f* en grès verni.

vitriol ['vitriəl], *s.* *Ch: Ind:* **1.** Vitriol *m.* **Blue vitriol, copper vitriol, Roman vitriol**, vitriol bleu; couperose bleue; sulfate *m* de cuivre. **Green vitriol**, vitriol vert; couperose verte; sulfate de fer; sulfate ferreux. **White vitriol**, vitriol blanc; couperose blanche; sulfate de zinc. **Red vitriol**, biebérite *f.* **2.** (**Oil of**) **vitriol**, (huile *f* de) vitriol; acide *m* sulfurique. **To throw vitriol at s.o.**, lancer du vitriol sur qn; vitrioler qn. **Vitriol-throwing**, vitriolage *m.* **Vitriol-thrower**, vitrioleur, -euse. *F:* **Pen dipped in vitriol**, plume trempée dans du vitriol.

vitriolated ['vitrioleitid], *a.* Transformé en sulfate; vitriolé.

vitriolic [vitri'ɔlik], *a.* **1.** (Acide *m*, etc.) vitriolique. **2.** *F:* **Vitriolic pen**, plume trempée dans du vitriol.

vitriolize ['vitriolaiz], *v.tr.* **1.** *Ch: Ind:* Vitrioler (un sulfure, etc.). **2.** Lancer du vitriol sur (qn); vitrioler (qn).

vitro-dentine [vitro'dentiːn], *s.* *Anat:* Émail *m* (des dents).

Vitruvian [vi'truːviən], *a.* *Rom.Arch:* De Vitruve. *See also* SCROLL[1] 3.

Vitruvius [vi'truːviəs]. *Pr.n.m.* *Rom.Hist:* Vitruve.

vitta, *pl.* **-ae** ['vita, -iː], *s.* **1.** (*a*) *Rom.Ant:* Vitta *f.* (*b*) *Ecc.Cost:* Vittae, fanons *m* (de mitre d'évêque). **2.** (*a*) *Z:* Bande *f* (de couleur); raie *f.* (*b*) *Bot:* Canal *m* résinifère, bandelette *f* (du fruit des ombellifères).

vittate ['vitet], *a.* *Z: Bot:* Vittigère.

vituperate [vai'tjuːpəreit]. **1.** *v.tr.* Injurier (qn); dire des injures à (qn); insulter, outrager, vilipender (qn). **2.** *v.i.* To be perpetually vituperating against s.o., être dans un perpétuel déchaînement contre qn.

vituperation [vaitjuːpə'reiʃ(ə)n], *s.* Injures *fpl*, insultes *fpl*, invectives *fpl*. *When he lays his tongue to v. . . .*, lorsqu'il se met à déblatérer. . . .

vituperative [vai'tjuːpərətiv], *a.* Injurieux, hargneux; mal embouché.

vituperator [vai'tjuːpəreitər], *s.* Débiteur, -euse, d'injures; insulteur, -euse.

Vitus ['vaitəs]. *Pr.n.m.* *Ecc:* (Saint) Guy. *Med:* **Saint Vitus's dance**, chorée *f*; danse *f* de Saint-Guy.

viva[1] ['viːvə], *int.* & *s.* Vivat *(m).*

viva[2] ['vaivə], *s.* *F:* = VIVA VOCE 3.

vivacious [vai'veiʃəs], *a.* **1.** (*Of pers.*) Vif, animé, enjoué, éveillé. *To be v.*, (i) avoir de la vivacité; (ii) se montrer plein d'entrain, de verve. **2.** *Bot:* (*Of plant*) Vivace. **-ly**, *adv.* Avec enjouement; avec verve; avec entrain; d'un air enjoué.

vivaciousness [vai'veiʃəsnəs], **vivacity** [vai'vasiti], *s.* **1.** (*Of pers.*) Vivacité *f*, verve *f*, vie *f*; animation *f*; enjouement *m*, entrain *m*. **2.** *Vivacity of a colour*, vivacité, éclat *m*, d'une couleur.

vivarium, *pl.* **-iums, -ia** [vai'vɛəriəm, -iəmz, -iə], *s.* *Pisc:* **1.** Vivarium *m*, vivier *m*. **2.** Aquarium *m.*

vivat ['vaivat], *int.* & *s.* Vivat *(m).*

viva voce ['vaivə'vousi]. **1.** *adv.* De vive voix; oralement. **2.** *a.* Oral, -aux. **3.** *s.* *Sch:* Examen oral; épreuves orales; *F:* l'oral *m*. *F:* *To be ploughed in the viva (voce)*, être recalé à l'oral.

vivers ['vaivərz], *s.pl.* *Scot:* = VICTUALS.

vives [vaːivz], *s.pl.* *Vet:* Avives *f*; parotidite *f.*

Vivian ['vivjən]. **1.** *Pr.n.m.* Vivien. **2.** *Pr.n.f.* Vivienne. *Lit:* Viviane.

vivid ['vivid], *a.* **1.** (*Of light, colour*) Vif, éclatant, brillant, tranchant. *Meadow of v. green*, pré *m* d'un vert éclatant, cru. *V. flash of lightning*, éclair aveuglant. **2.** *V. imagination, interest*, imagination vive; vif intérêt. *I have a v. recollection of the scene*, j'ai un souvenir très vif, très net, de la scène. **Vivid description**, description vivante. *V. picture of . . .*, image vivante de. . . . *V. expression*, expression *f* qui fait image. **-ly**, *adv.* **1.** Vivement; avec éclat. *To burn v.*, brûler avec éclat. *V. coloured*, (i) aux couleurs tranchantes; (ii) haut en couleur. **2.** *To describe sth. v.*, décrire qch. d'une manière vivante, sous de vives couleurs.

vividness ['vividnəs], *s.* **1.** Vivacité *f*, éclat *m* (de la lumière, des couleurs). **2.** *The v. of his style*, la vigueur, le pittoresque, de son style. *The v. of his images*, ses images frappantes. *Psy:* **Vividness of images**, vividité *f* des images.

vivify ['vivifai]. **1.** *v.tr.* Vivifier, animer; rendre la vie à (une institution, etc.). **2.** *v.i.* Prendre de la vie; s'animer.

vivifying, *a.* Vivifiant.

vivipara [vi'vipərə], *s.pl.* *Z:* Vivipares *m.*

viviparity [vivi'pariti], *s.* *Biol:* Viviparité *f*, viviparisme *m*, viviparie *f.*

viviparous [vi'vipərəs], *a.* *Bot: Z:* Vivipare. **-ly**, *adv.* Vivipàrement; à la façon des vivipares.

viviparousness [vi'vipərəsnəs], *s.* = VIVIPARITY.

vivisect ['vivisekt], *v.tr.* Pratiquer des vivisections sur (des animaux). *Abs.* Faire de la vivisection.

vivisection [vivi'sekʃ(ə)n], *s.* Vivisection *f.*

vivisectionist [vivi'sekʃənist], *s.* **1.** Celui qui pratique (habituellement) la vivisection. **2.** Partisan *m* de la vivisection.

vivisector ['vivisektər], *s.* Vivisecteur *m.*

vixen ['viks(ə)n], *s.f.* **1.** *Z:* Renarde. **2.** *F:* Mégère; femme acariâtre; *P:* teigne.

vixenish ['viksəniʃ], *a.* **1.** (*Of woman*) Acariâtre, méchante. **2.** (*Of appearance, disposition*) De mégère. **-ly**, *adv.* Méchamment.

vixenly ['viksənli]. **1.** *a.* = VIXENISH. **2.** *adv.* = VIXENISHLY.

viz., *adv.* = VIDELICET. (*'Namely' is substituted in reading aloud.*)

vizard ['vizərd], *s.* = VISOR 1.

vizarded ['vizərdid], *a.* = VISORED.

Vizier [vi'ziːər], *s.* Vizir *m.* **The Grand Vizier**, le grand vizir.

vizierate [vi'ziːəret], **viziership** [vi'ziːərʃip], *s.* Vizir(i)at *m.*

vizierial [vi'ziːəriəl], *a.* Vizirial, -aux.

Vlach [vlak], *a.* & *s.* *Ethn: Geog:* Valaque *(mf).*

vocable ['voukəbl], *s.* Vocable *m.*

vocabulary [vo'kabjuləri], *s.* **1.** *Sch:* (*a*) Vocabulaire *m* (accompagnant un texte). (*b*) Vocabulaire, glossaire *m* (faisant fonction de dictionnaire restreint). **2.** Vocabulaire (d'une langue, d'un métier, d'un auteur).

vocal ['vouk(ə)l], *a.* **1.** (*a*) (*Of sound, music*) Vocal, -aux. *Anat:* **Vocal cords**, cordes, bandes, vocales. *Ecc:* **Vocal prayer**, prière vocale. (*b*) **Vocal communication**, communication orale. (*c*) *Ling:* = VOICED 2. **2.** (*a*) Doué de voix; capable de produire des sons. *The v. statue of Memnon*, la statue de Memnon, qui faisait entendre des sons harmonieux. *F:* *The most v. member of the audience*, le membre de l'auditoire qui s'est fait le plus entendre, qui s'est montré le plus bruyant ou qui a eu le plus à dire. *It is those who are most v. who carry the day*, ce sont ceux qui crient le plus fort qui l'emportent. (*b*) Bruyant, sonore. **The vocal hills**, les collines retentissantes. *Every leaf is v.*, chaque feuille parle, a sa voix. *The woods are v. with the song of birds*, les bois *m* retentissent du chant des oiseaux. **-ally**, *adv.* **1.** Vocalement, oralement. *Ecc:* To pray vocally, prier vocalement. **2.** Par des chants; à l'aide du chant. *Performed v. and instrumentally*, exécuté à l'aide du chant et des instruments, avec chant et orchestre. *Madame X* *was successful v.*, Madame X a chanté avec succès, a été appréciée comme cantatrice.

vocalic [vo'kalik], *a.* **1.** (Langue) qui a beaucoup de voyelles. **2.** (Son *m*) vocalique. *Ling:* **Vocalic change,** changement *m* vocalique.

vocalism ['voukəlizm], *s. Ling: Mus:* Vocalisme *m.*

vocalist ['voukəlist], *s.* Chanteur *m*, cantatrice *f*.

vocalization [voukəlai'zeiʃ(ə)n], *s.* **1.** Prononciation *f*, articulation *f* (d'un mot). **2.** *Mus:* Vocalisation *f*. **3.** *Ling:* Vocalisation. (*a*) Changement *m* (d'une consonne sourde) en consonne sonore. (*b*) Changement en voyelle.

vocalize ['voukəla:iz]. **1.** *v.tr.* (*a*) Prononcer, articuler (un mot); chanter (un air). (*b*) *Ling:* (i) Vocaliser (une consonne); changer (une consonne) en voyelle. (ii) Sonoriser, voiser (une consonne). (iii) Ajouter les points-voyelles à (un texte hébreu). **2.** *v.i.* (*a*) *Mus:* Faire des vocalises; vocaliser. (*b*) *F:* Chanter, chantonner. (*c*) *Hum:* Se faire entendre; crier.

vocation [vo'keiʃ(ə)n], *s.* **1.** (*a*) Vocation *f* (*to the ministry*, au sacerdoce). (*b*) **The Vocation of the Gentiles,** la vocation des gentils. (*c*) **A vocation for literature,** une inclination pour les lettres; la vocation des lettres. **2.** Vocation, profession *f*, métier *m*, état *m*, emploi *m*. **To mistake, miss, one's vocation,** manquer sa vocation. *All vocations are overcrowded*, tous les métiers sont encombrés.

vocational [vo'keiʃən(ə)l], *a.* (Enseignement, cours) professionnel. **-ally,** *adv.* Du point de vue professionnel.

vocative ['vɔkətiv], *a.* & *s. Gram:* **Vocative (case),** (cas) vocatif *m*. **In the vocative,** au vocatif.

vociferance [vo'sifərəns], *s.* **1.** Vociférations *fpl*, clameur(s) *f(pl)*. **2.** Ton criard.

vociferant [vo'sifərənt], *a.* Qui vocifère; vociférant, bruyant, criard.

vociferate [vo'sifəreit], *v.i.* & *tr.* (*a*) Vociférer, crier (*against*, contre). (*b*) Crier à pleins poumons; s'égosiller.

vociferation [vosifə'reiʃ(ə)n], *s.* **1.** Cri *m*, clameur *f*. **2.** Vociférations *fpl*, cris, clameurs.

vociferator [vo'sifəreitər], *s.* Vociférateur, -trice, braillard, -arde.

vociferous [vo'sifərəs], *a.* Vociférant, bruyant, criard, braillard. **-ly,** *adv.* En vociférant; avec des vociférations; bruyamment. *They stand v. crying their merchandise*, ils s'égosillent à crier leur marchandise.

vodka ['vɔdka], *s.* Vodka *m*.

voe [vou], *s. Geog:* (*Orkney and Shetland Islands*) Crique *f*.

vogue [voug], *s.* Vogue *f*, mode *f*. *The v. of small hats*, la vogue des petits chapeaux. *Small hats are the v.*, les petits chapeaux sont à la mode. *They have had a great v.*, ils ont eu une grande vogue. **To be in vogue,** être en vogue, à la mode, de mode; avoir de la vogue, une vogue; *F:* faire florès. *To bring sth. into v.*, mettre qch. en vogue, en faveur, à la mode. **To come into vogue,** entrer en vogue.

Voguls ['vougəls], *s.pl. Ethn:* Vogouls *m*.

voice[1] [vɔis], *s.* **1.** Voix *f*. **To raise, lower, one's voice,** hausser, baisser, la voix. **In a gentle voice,** d'une voix douce; d'un ton doux. **In a low voice,** à voix basse; à mi-voix; à demi-voix. *To speak* **in a loud voice,** parler à haute voix, à voix haute, d'une voix retentissante. **To raise one's voice against sth.,** élever la voix contre qch. *See also* RAISE[2] 4, 6. **He likes to hear his own voice,** il aime à s'entendre parler. **She is not in voice,** elle n'est pas en voix. *Cracked v.*, voix fêlée. **Loss of voice,** extinction *f* de voix. *Mus:* **A soprano voice,** une voix de soprano. **Voice trial,** audition *f*. *F:* **The voice of the storm,** la voix de la tempête, de l'orage. **The voice of conscience,** la voix de la conscience. *See also* CHEST-VOICE, CHOIR[1] 2, HEAD-VOICE, PRODUCTION 1, TOP[1] I. 6. **2.** (*a*) Voix, suffrage *m*. **I count on your voice,** je compte sur votre voix. (*b*) **To give voice to one's indignation,** exprimer son indignation. *To give v. to the general opinion*, exprimer l'opinion générale. **We have no voice in the matter,** nous n'avons pas voix au chapitre. **They refused with one voice,** ils refusèrent tout d'une voix, à l'unanimité. **3.** *Gram:* Voix (du verbe). **In the active, in the passive, voice,** à la voix active, à la voix passive; à l'actif, au passif. *See also* MIDDLE[1] 1. **4.** *Ling:* Phonème sonant; son voisé.

'voice-pipe, *s. Av:* Aviophone *m*.

'voice-tube, *s.* Porte-voix *m inv.*

voice[2], *v.tr.* **1.** Exprimer, énoncer (une opinion). *He was chosen to v. their grievances*, il fut choisi pour exprimer, pour exposer, leurs griefs. *To v. the general feeling*, exprimer, interpréter, le sentiment général, l'opinion générale. **2.** *Mus:* Harmoniser (un orgue, un tuyau d'orgue). **3.** *Ling:* Voiser, sonoriser, démuétiser (une consonne).

voiced, *a.* **1.** (*With adj. prefixed, e.g.*) **Sweet-voiced, low-voiced,** à la voix douce, à la voix basse. **Loud-voiced,** à la voix forte. **2.** *Ling:* Voisé; (consonne *f*) sonore; (son *m*) vocalique.

voiceful ['vɔisful], *a. Lit:* Sonore, retentissant.

voiceless ['vɔisləs], *a.* **1.** Sans voix, muet; *Med:* aphone. **2.** *Ling:* Sourd; non voisé; (son) soufflé. **-ly,** *adv.* Silencieusement, en silence.

voicelessness ['vɔisləsnəs], *s.* **1.** Mutisme *m*, silence *m*. **2.** *Ling:* Caractère sourd (d'une consonne).

voicer ['vɔisər], *s. Mus:* Harmoniste *m* (d'orgues).

void[1] [vɔid]. I. *a.* **1.** *Lit:* Vide. **Void space,** espace *m* vide. **2.** (*Of office, etc.*) Vacant, inoccupé. **To fall void,** devenir inoccupé; vaquer. **3.** *Jur:* (*Of deed, contract, etc.*) Nul, *f.* nulle. **Absolutely void,** radicalement nul. **To make a clause void,** annuler une clause; frapper une clause de nullité. **Under pain of being declared void,** sous peine de nullité. **Void (voting-)paper,** bulletin nul. **Void money-order,** mandat-poste prescrit. *See also* NULL 1. **4.** *Poet:* Vain, inutile, sans valeur. **5.** Dépourvu, dénué, exempt, libre (*of*, de). *Proposal v. of reason*, proposition dénuée, dépourvue, de raison; proposition déraisonnable. *Style v. of all affectation*, style libre, exempt, de toute affectation.

II. **void,** *s.* Vide *m*. **To fill the void,** combler le vide. *He vanished into the v.*, il disparut dans le vide. *F:* **To have an aching void,** avoir l'estomac dans les talons; avoir des tiraillements *m*, des crampes *f*, d'estomac; avoir l'estomac tenaillé (par la faim). *The aching v. in his heart*, la perte douloureuse qui lui tenait au cœur.

void[2], *v.tr.* **1.** *Jur:* Résoudre, résilier, annuler (un contrat, etc.). **2.** (*Of pers., animal*) Évacuer (des matières fécales, etc.). **3.** *A:* Quitter (un endroit).

voided, *a. Her:* Vidé. *See also* LOZENGE 1.

voiding, *s.* = VOIDANCE 3, 4.

voidable ['vɔidəbl], *a. Jur:* (Contrat *m*, etc.) résoluble, annulable.

voidance ['vɔidəns], *s.* **1.** *Ecc:* Expulsion *f* (de qn) d'un bénéfice. **2.** *Ecc:* Vacance *f* (d'un bénéfice). **3.** *Jur:* Annulation *f* (d'un contrat, etc.); résiliation *f*. **4.** Évacuation *f* (des selles).

voidness ['vɔidnəs], *s.* **1.** Vide *m*, vacuité *f*. **2.** *Jur:* Nullité *f*.

voile [vɔil], *s. Tex:* Voile *m*.

voivode ['vɔivoud], *s. Hist:* Voïvode *m*, vayvode *m*.

voivodeship ['vɔivoudʃip], *s. Hist:* (*a*) (*District*) Voïvodie *f*, vayvodie *f*. (*b*) (*Office*) Voïvodat *m*, vayvodat *m*.

volant ['voulənt], *a.* **1.** *Nat.Hist:* Volant. **2.** *Her:* Volant, essorant. **Eagle volant,** aigle volant.

Volapük ['vɔlapyk], **Volapuk** ['vɔlapuk], *s. Ling: A:* Le volapük.

volar ['voulər], *a. Anat:* (i) Palmaire, (ii) plantaire.

volatile ['vɔlətail], *a.* **1.** *Ch: etc:* Volatil, gazéifiable. **Volatile oil,** huile volatile; huile essentielle. **Volatile salt(s)** = SAL VOLATILE. *A:* **Volatile alkali,** alcali volatil. **2.** (*a*) Vif, gai, folâtre; *F:* volatil (*b*) Volage, inconstant, étourdi.

volatileness ['vɔlətailnəs], *s.* Caractère *m* volage; inconstance *f*, étourderie *f*.

volatility [vɔlə'tiliti], *s.* **1.** *Ch:* Volatilité *f*. *I.C.E:* **Fuel of low volatility,** combustible peu volatil. **2.** = VOLATILENESS.

volatilizable [vɔləti'laizəbl], *a. Ch:* Volatilisable.

volatilization [vɔlətilai'zeiʃ(ə)n], *s. Ch:* Volatilisation *f*, subtilisation *f*.

volatilize [vo'latila:iz, 'vɔlətila:iz], *v. Ch:* **1.** *v.tr.* Volatiliser (un liquide). **2.** *v.i.* Se volatiliser.

Volcae ['vɔlsi:], *s.pl. A.Hist:* Volces *m*.

volcanic [vɔl'kanik], *a.* **1.** Volcanique. *Miner:* **Volcanic glass,** verre *m* volcanique; obsidiane *f*, obsidienne *f*; *F:* pierre *f* des volcans. *See also* BOMB[1] 2. **2.** *F:* (*Of pers.*) *V. nature, imagination*, tempérament *m*, imagination *f*, volcanique.

volcanism ['vɔlkənizm], *s. Geol:* Volcanisme *m*, vulcanisme *m*.

volcanist ['vɔlkənist], *s.* **1.** Volcaniste *m* (qui étudie les volcans). **2.** Partisan *m* de la théorie du vulcanisme; vulcaniste *m*.

volcano, *pl.* **-oes** [vɔl'keino, -ouz], *s.* Volcan *m*. **Dormant volcano,** volcan dormant, qui sommeille, en repos. **Active volcano,** volcan actif, en activité. **Extinct volcano,** volcan éteint. **Mud volcano,** source boueuse; salse *f*; soufflard *m*. **Air-volcano,** soufflard *m*. *F:* **To dance over a volcano,** danser sur un volcan.

vole[1] [voul], *s. Cards:* Vole *f*. **To win the vole,** faire la vole.

vole[2], *v.i. Cards:* Faire la vole.

vole[3], *s. Z:* (Field-)vole, campagnol (commun). **Water vole,** (campagnol) rat *m* d'eau. **Bank vole,** campagnol glaréole.

volet ['vɔlei], *s. Art:* Volet *m* (d'un triptyque).

Volhynia [vɔl'hinja]. *Pr.n. Geog:* La Volhynie.

Volhynian [vɔl'hiniən], *a.* & *s. Geog:* Volhynien, -ienne.

volitant ['vɔlitənt], *a.* (*Of insect, etc.*) Voltigeant; qui se déplace sans cesse.

volition [vo'liʃ(ə)n], *s.* Volition *f*, volonté *f*. **To do sth. of one's own volition,** faire qch. de son propre gré, de plein gré, spontanément.

volitional [vo'liʃən(ə)l], **volitionary** [vo'liʃənəri], *a.* Volitif, volitionnel; de la volonté.

volitive ['vɔlitiv], *a.* Volitif.

volley[1] ['vɔli], *s.* **1.** Volée *f*, salve *f* (d'armes à feu, de canon); volée, grêle *f* (de coups de bâton); grêle (de pierres). **To fire, discharge, a volley,** tirer une volée, une salve; tirer un feu de peloton ou un feu de salve. **2.** *F:* Volée, bordée *f* (d'injures, d'invectives); salve (d'applaudissements). **To let fly, to discharge, a volley of oaths,** lâcher une bordée de jurons; se répandre en jurons. **3.** *Ten: etc:* (Balle prise de) volée. *Low v.*, volée basse. *See also* HALF-VOLLEY, LOB-VOLLEY, STOP-VOLLEY.

'volley-firing, *s.* **1.** Feu *m* de salve; feu de peloton. **2.** *Min:* Tir *m*, tirage *m*, en volée.

volley[2]. **1.** *v.tr.* (*a*) Lancer une volée de (missiles). *To v. stones at s.o.*, lancer une grêle de pierres à, contre, qn. (*b*) *Mil: etc:* Tirer une volée, une salve, de (projectiles). *F:* **To volley (forth, out) abuse,** lâcher une bordée d'injures. (*c*) *Ten: etc:* **To volley the ball, a return,** *abs.* **to volley,** reprendre la balle de volée; relancer la balle à la volée. **To half volley the ball,** *abs.* **to half volley,** prendre la balle entre bond et volée. **To volley back the ball,** renvoyer la balle de volée. **2.** *v.i.* (*a*) (*Of guns*) Partir ensemble; tirer simultanément. (*b*) *F:* Tonner, faire un bruit retentissant.

volplane[1] ['vɔlplein], *s. Av:* Vol plané.

volplane[2], *v.i. Av:* **1.** Faire du vol plané; planer. **2.** Descendre en vol plané. *To v. to the ground*, atterrir en vol plané.

Volscian ['vɔlʃjən], *a.* & *s. A.Hist:* Volsque (*mf*).

volt[1] [vɔlt, voult], *s. Equit: Fenc:* Volte *f*. *Fenc:* **To make a volt,** volter. *Equit:* **To cut a volt,** couper le rond.

volt[2], *s. El.Meas:* Volt *m*. **Hundred-volt dynamo,** dynamo *f* pour cent volts. **No-volt release,** déclanchement *m* à tension nulle.

volt-'ammeter, *s. El:* Voltampèremètre *m*, wattmètre *m*.

volt-'ampere, *s. El:* Voltampère *m*; watt *m*; joule *m* par seconde.

'volt-rise, *s. El:* Surtension *f*.

voltage ['vɔltedʒ, 'vɔultedʒ], *s. El.E:* **Voltage** *m*; **tension** *f* (en volts). **High voltage,** haute tension. **Service voltage,** tension de distribution. **Terminal voltage,** tension aux bornes. **Zero voltage,** voltage nul. **Excessive voltage,** surintensité *f*. **Voltage drop,** perte *f* de charge (en volts). *To lower the v. of the current,* dévolter le courant. *W.Tel:* **Negative grid voltage,** polarisation négative de grille. **Voltage recorder,** voltmètre enregistreur. **Voltage transformer,** transformateur *m* de tension. **High-voltage protector,** fusible *m* pour haute tension. *Cin: etc:* **Voltage divider,** potentiomètre *m*. *See also* STAR-VOLTAGE.

voltaic [vɔlˈteiik], *a. El:* Voltaïque; de Volta. **Voltaic arc,** arc *m* voltaïque. *See also* PILE[3] 1.

Voltairean, Voltairian [vɔlˈtɛəriən], *a. & s.* Voltairien, -ienne.

Voltair(ian)ism [vɔlˈtɛər(iən)izm], *s.* Voltairianisme *m*.

voltaism [ˈvɔltəizm], *s. El:* Voltaïsme *m*.

voltameter [vɔlˈtæmetər], *s. El:* Voltamètre *m*.

volte [vɔlt, voult], *s.* = VOLT[1].

volte-face [ˈvɔlt(ə)fɑs], *s.* Volte-face *f inv*; *esp.* changement *m* d'opinion.

voltmeter [ˈvɔltmiːtər, ˈvoult-], *s. El:* Voltmètre *m*, accumètre *m*. **Dead-beat voltmeter,** voltmètre apériodique. *See also* HOT-WIRE.

volubilate [vɔˈljubilet], **volubile** [ˈvɔljubil], *a.* = VOLUBLE 3.

volubility [vɔljuˈbiliti], *s.* **1.** Volubilité *f* (de paroles). **2.** *A:* Volubilité; facilité *f* de se mouvoir en rond.

voluble [ˈvɔljubl], *a.* **1.** (*Of speech*) Facile, aisé, coulant; (langue) déliée, bien pendue. *To be a v. talker,* parler avec beaucoup de volubilité; être grand parleur. **2.** *A:* Roulant, tournant, pivotant. **3.** *Bot:* Volubile. **-bly,** *adv.* Avec volubilité.

volucella [vɔljuˈselə], *s. Ent:* Volucelle *f*.

volume [ˈvɔljum], *s.* **1.** Volume *m*, livre *m*. *Large v.,* tome *m*. **Work in six volumes, six-volume work,** ouvrage *m* en six volumes. *Volume one,* volume premier; premier volume; tome premier. *Author of many volumes,* auteur volumineux. **It would take volumes to relate . . .,** il faudrait des volumes pour raconter. . . . *F:* **Her look spoke volumes,** sa mine disait beaucoup. **It speaks volumes for him,** cela en dit long en sa faveur. *It speaks volumes for his courage,* cela en dit beaucoup sur son courage. **2.** *Archeol:* Volume; parchemin enroulé autour d'un bâton; parchemin en rouleau. **3.** *pl.* **Volumes of smoke,** nuages *m*, tourbillons *m*, de fumée. *Volumes of water,* flots *m*, torrents *m*, d'eau. **4.** (*a*) *Ch: Ph:* Volume. *Densities for equal volumes,* densités *f* à volume égal. (*b*) *The v. of the brain,* le volume du cerveau. *V. of a reservoir,* cubage *m* d'un réservoir. *The v. of the case must not exceed . . .,* le volume du colis ne doit pas dépasser . . .; le colis ne doit pas cuber plus de. . . . **5.** Volume (d'un son, de la voix); ampleur *f* (de la voix). *Mus: etc:* *To give v. to the tone,* nourrir le son. *See also* CONTROL[1] 2.

-volumed [ˈvɔljumd], *a.* (*With num. prefixed, e.g.*) **Six-volumed** book, livre *m* en six volumes.

volumenometer [vɔljumeˈnɔmetər], *s. Ph:* Voluménomètre *m*.

volumeter [vɔˈljumetər], *s. Ph:* Volumètre *m*.

volumetric(al) [vɔljuˈmetrik(əl)], *a. Ch: Ph:* Volumétrique. **Volumetric analysis,** analyse *f* volumétrique. **-ally,** *adv.* Volumétriquement.

voluminous [vɔˈljuːminəs], *a.* **1.** *A:* (Ouvrage) volumineux, en un grand nombre de volumes. **2.** (Auteur) volumineux, abondant, fertile, prolifique. **3.** (Paquet) volumineux. *A head of v. light brown hair,* une ample chevelure châtain clair. **-ly,** *adv.* En grande quantité; abondamment, énormément. *To write v.,* écrire abondamment.

voluminousness [vɔˈljuːminəsnəs], *s.* Grand nombre (d'ouvrages); immense quantité *f* (de documents). *The v. of her correspondence,* son énorme correspondance.

Volumnia [vɔˈlʌmniə]. *Pr.n.f. Rom.Hist:* Volumnie.

voluntariate [vɔlənˈtɛəriet], *s. Mil: A:* Volontariat *m*.

voluntariness [ˈvɔləntərinəs], *s.* Nature *f* volontaire (d'un acte); spontanéité *f*.

voluntary [ˈvɔləntəri]. **1.** *a.* (*a*) Volontaire, spontané. *V. gift,* don *m* volontaire. *V. offer,* offre spontanée. *V. service,* service *m* volontaire. **Voluntary confession of guilt,** confession *f* volontaire; aveu spontané. **Voluntary homicide,** homicide *m* volontaire. **Voluntary discipline,** discipline librement consentie. **He was a voluntary agent in the matter,** il agissait librement dans l'affaire. (*b*) **Voluntary school, hospital,** école soutenue, hôpital soutenu, par des contributions volontaires. **Voluntary organization,** organisation *f* bénévole. **Voluntary nurse,** infirmière *f* bénévole. (*c*) *Physiol:* **Voluntary nerve, muscle,** nerf *m*, muscle *m*, volontaire. (*d*) *Jur:* **Voluntary conveyance,** cession *f* à titre gratuit; cession volontaire. **Voluntary oath,** serment *m* extrajudiciaire. (*e*) **Voluntary army,** armée *f* de volontaires. **2.** *s.* (*a*) *Ecc.Mus:* Morceau d'orgue (joué avant, pendant, ou après le service). **Concluding, outgoing, voluntary,** sortie *f*. (*b*) *Sch:* Examen ou sujet d'examen facultatif. (*c*) (*Pers.*) Partisan *m* de la séparation de l'Église et de l'État et du soutien de l'Église par contributions volontaires. **-ily,** *adv.* Volontairement, spontanément; de son propre mouvement; de (son) plein gré. *Mil:* **Voluntarily enlisted man,** engagé *m* volontaire.

voluntaryism [ˈvɔləntəriizm], *s.* Principe *m* de la séparation de l'Église et de l'État et du soutien de l'Église par contributions volontaires.

volunteer[1] [vɔlənˈtiːər], *s.* **1.** (*a*) *Mil:* Volontaire *m*. *As a v.,* en volontaire. **Volunteer service,** service *m* volontaire. **Volunteer army,** armée *f* de volontaires. *Hist:* **The Volunteers,** armée de simples particuliers embrigadés pour la défense du pays; les Volontaires. (*b*) *To call for volunteers* (*for a dangerous enterprise*), demander des hommes de bonne volonté. **2.** *Jur:* Bénéficiaire *mf* d'une cession à titre gratuit. **3.** *Bot: Hort:* **Volunteer plants,** plantes spontanées.

volunteer[2]. **1.** *v.tr.* Offrir volontairement, offrir spontanément (ses services). *Abs.* S'offrir (pour une tâche). **To volunteer some information,** donner spontanément des renseignements. **To volunteer to do sth.,** se proposer (volontairement) pour faire qch.; s'offrir à faire qch.; faire qch. de bonne volonté. **2.** *v.i. Mil:* S'engager comme volontaire. *To v. for a campaign,* s'engager pour une campagne.

volunteering, *s.* Volontariat *m*.

voluptuary [vɔˈlʌptjuəri]. **1.** *a.* Voluptueux, sybarite, sybaritique. **2.** *s.* Voluptueux, -euse; sybarite *mf*; épicurien *m*.

voluptuous [vɔˈlʌptjuəs], *a.* Voluptueux, sensuel. **-ly,** *adv.* Voluptueusement.

voluptuousness [vɔˈlʌptjuəsnəs], *s.* Sensualité *f*.

volute[1] [vɔˈljuːt], *s.* **1.** *Arch:* Volute *f*; corne *f* (de chapiteau ionique). **2.** (*a*) *Conch:* Volute. (*b*) *Moll:* Volute.

volute[2], *a.* En volute. **Volute spring,** ressort *m* en volute. **Volute chamber,** (i) canal collecteur (de pompe centrifuge); (ii) *I.C.E:* conque *f*, diffuseur *m* (du compresseur).

voluted [vɔˈljuːtid], *a.* Voluté; (i) à volutes; (ii) enroulé en spirale.

volution [vɔˈljuːʃ(ə)n], *s.* **1.** Tour *m* (de spire, de spirale). **2.** Spire *f* (de coquille). **3.** *Anat:* Circonvolution *f*.

volva [ˈvɔlvə], *s. Fung:* Volve *f*, volva *f*.

volvox [ˈvɔlvɔks], *s. Prot:* Volvox *m*.

volvulus [ˈvɔlvjuləs], *s. Med:* Volvulus *m*; iléus *m*.

vomer [ˈvoumər], *s. Anat:* Vomer *m*.

vomica, *pl.* **-cas, -cae** [ˈvɔmikə, -kəz, -siː], *s. Med:* **1.** Caverne *f* pulmonaire. **2.** Vomique *f*; expectoration *f* de sérosités, de pus, ou de sang.

vomit[1] [ˈvɔmit], *s.* **1.** Matières vomies; vomissement *m*. *Med:* **Black vomit,** (i) vomito-negro *m*; fièvre *f* jaune; (ii) melæna *m*. *B:* **As the dog returneth to his vomit,** comme le chien retourne à son vomissement. **2.** *Med:* Vomitif *m*.

'vomit-nut, *s. Bot: Pharm:* Noix *f* vomique.

vomit[2], *v.tr. & i.* (*a*) Vomir, rendre. **To vomit blood,** vomir du sang. *He vomits up all he eats,* il rejette, il rend, tout ce qu'il mange. *He began to v.,* il fut pris de vomissements. (*b*) (*Of chimney, etc.*) **To vomit smoke,** vomir de la fumée.

vomiting, *s.* **1.** Vomissement *m*. **2.** *Paperm:* **Vomiting boiler,** lessiveur *m* à vomissement, lessiveur avec tubes de circulation (pour la cuisson de l'alfa).

vomition [vɔˈmiʃ(ə)n], *s.* Vomissement *m* (action de vomir).

vomito [ˈvɔmito], *s. Med:* Vomito-negro *m*; fièvre *f* jaune.

vomitorium [vɔmiˈtɔːriəm], *s.* = VOMITORY 2.

vomitory [ˈvɔmitəri]. **1.** *a. & s. Med:* Vomitif (*m*). **2.** *s. Rom.Ant:* Vomitoire *m* (d'amphithéâtre).

vomiturition [vɔmitjuˈriʃ(ə)n], *s. Med:* Vomiturition *f*.

voodoo[1] [ˈvuːduː], *s.* *Anthr:* **1.** Vaudou *m*; envoûtement *m*. **2.** Voodoo (doctor, priest), vaudou, *pl.* -ous, -oux; sorcier *m* (nègre).

voodoo[2], *v.tr. Anthr:* Envoûter.

voodooism [ˈvuːduizm], *s.* Envoûtement *m*.

voracious [vɔˈreiʃəs], *a.* Vorace, dévorant. **Voracious appetite,** appétit dévorant; appétit de loup. **Voracious reader,** lecteur *m* vorace; dévoreur *m* de livres. **-ly,** *adv.* Voracement, avec voracité. *To eat v.,* manger avec avidité, goulûment, de toutes ses dents.

voraciousness [vɔˈreiʃəsnəs], **voracity** [vɔˈræsiti], *s.* Voracité *f*.

-vorous [vərəs], *a.suff. Z:* -vore. *Carnivorous,* carnivore. *Herbivorous,* herbivore. *Piscivorous,* piscivore. *Omnivorous,* omnivore.

vortex, *pl.* **-ices, -exes** [ˈvɔːrteks, -isiːz, -eksiz], *s.* **1.** (*a*) *Ph:* Tourbillon *m*. **Vortex line, vortex filament,** ligne *f*, filet *m*, de tourbillon. **Vortex ring,** vortex *m*. *A.Phil:* **The vortex theory,** la théorie des tourbillons. (*b*) Tourbillonnement *m* (d'air, etc.); tourbillon (de fumée, de poussière). (*c*) (*Whirlpool*) Tourbillon, gouffre *m*. *F:* **The vortex of pleasure,** le tourbillon des plaisirs. *To be drawn into the v. of politics,* être attiré, entraîné, dans le tourbillon de la politique. **2.** *Anat:* Vortex (des fibres du cœur, etc.).

vortical [ˈvɔːrtik(ə)l], *a.* **1.** Tourbillonnaire, en tourbillon. *Ph:* **Vortical motion,** mouvement *m* tourbillonnaire. **2.** Tourbillonnant.

vorticel [ˈvɔːrtisel], **vorticella,** *pl.* **-ae** [vɔːrtiˈselə, -iː], *s.* *Prot:* Vorticelle *f*.

vorticism [ˈvɔːrtisizm], *s. Art:* Vorticisme *m*.

vorticist [ˈvɔːrtisist], *s.* **1.** *Art:* Vorticiste *m*. **2.** *Ph: Phil:* Tourbillonniste *m*.

vorticular [vɔːrˈtikjulər], *a.* Tourbillonnaire.

vortiginous [vɔːrˈtidʒinəs], *a.* **1.** Tourbillonnaire. **2.** Tourbillonnant.

votaress [ˈvoutəres], *s.f.* Dévouée (*of,* à); adoratrice (*of,* de); sectatrice (de).

votary [ˈvoutəri], *s.* Dévoué, -e, dévot, -ote (*of,* à); adorateur, -trice (de); sectateur, -trice, *F:* suppôt *m* (de). *To be a v. of a saint,* être dévot à un saint. *F:* **Votary of art,** partisan zélé des arts; amateur, -trice, des arts. *They were all votaries of the Muses,* ils étaient tous adonnés aux Muses.

vote[1] [vout], *s.* **1.** (*a*) Vote *m*, scrutin *m*; (*by white or black balls*) ballottage *m*. **Secret vote,** scrutin secret. **Open vote,** scrutin découvert. **Popular vote,** consultation *f* populaire. **Vote of an assembly,** délibération *f* d'une assemblée. **To put a question to the vote, to take a vote on a question,** mettre une question aux voix; aller aux avis, aux opinions. **To take the vote,** procéder au scrutin. *To take a v. by calling over the names of the members,* voter par appel nominatif. *See also* STRAW VOTE. (*b*) (Individual) vote, voix *f*, suffrage *m*. *Ten thousand votes,* dix mille suffrages. **To give one's vote to, for, s.o.,** donner son vote, sa voix, à qn. **To count, tell, the votes,** énumérer les voix; dépouiller le scrutin. *Number of votes recorded,* nombre *m* de suffrages exprimés. **To have a vote,** avoir le droit de vote. **To record one's vote,** voter. **Votes for women!** la femme doit voter! le droit de vote aux femmes!

See also CASTING[1]. *Coll.* To lose the trade-union vote, perdre les suffrages des syndicalistes. The floating vote, les suffrages des indépendants. (*c*) Droit *m* de voter. To have the vote, avoir le droit de voter. *Women haven't the v. in France*, en France les femmes ne votent pas. **2.** (*a*) Motion *f*, résolution *f*. Vote of censure, motion de censure. *The v. of censure was defeated*, la motion de censure a été repoussée. To carry a vote, adopter une résolution. *See also* CONFIDENCE I, THANK[1]. (*b*) *Parl:* Crédit *m*. The Army vote, le crédit militaire.

vote[2]. **1.** *v.i.* Voter, se lever (*for, against*, pour, contre); donner sa voix, son vote (*for sth.*, pour qch.); *abs.* prendre part au vote. To vote by (a) show of hands, voter à mains levées. *To be entitled to speak and v.*, avoir voix délibérative. To vote in the affirmative, in the negative, donner un vote affirmatif, négatif. **2.** *v.tr.* (*a*) To vote a sum, voter une somme; *Parl:* voter un crédit. *To v. £1000 for the sufferers*, voter mille livres pour les sinistrés. (*b*) *F:* She was voted charming, on déclara à l'unanimité qu'elle était charmante. I vote that we go, je propose que nous y allions. (*c*) To vote down a motion, repousser une motion. (*d*) To vote s.o. in, élire qn. *See also* CHAIR[1] I.

voting[1], *a.* (*Of assembly, member*) Votant. Voting and tax-paying citizen, citoyen actif.

voting[2], *s.* (Participation *f* au) vote; votation *f*, scrutin *m*; (*by white or black balls*) ballottage *m*. *Manner of v.*, mode *m* de votation. *Result of the v.*, vote. Voting paper, bulletin *m*, billet *m*, de vote. To return a blank voting paper, voter blanc.

voter ['voutər], *s.* (*a*) Votant, -ante. (*b*) Électeur, -trice. *See also* OUT-VOTER.

votive ['voutiv], *a.* Votif. Votive offering, offrande votive; ex-voto *m*. Votive mass, messe votive.

vouch [vautʃ]. **1.** *v.tr.* (*a*) Affirmer, maintenir, garantir (qch.). To vouch that . . ., affirmer que. . . . (*b*) *Jur:* To vouch s.o. to warrant, to warranty, appeler qn en garantie. (*c*) Prouver, confirmer (une affirmation). **2.** *v.i.* To vouch for the truth of sth., témoigner de, répondre de, attester, affirmer, la vérité de qch. *To publish news without vouching for its accuracy*, publier une nouvelle sous toutes réserves. *I can v. for it*, je m'en porte garant; je vous en assure. To vouch for s.o., répondre de qn; se rendre garant de qn. *I can v. for his good conduct, for his honesty*, je peux attester sa bonne conduite; je le garantis honnête.

vouchee [vau'tʃiː], *s.* Caution *f*; personne appelée en garantie; répondant, -ante.

voucher ['vautʃər], *s.* **1.** (*Pers.*) Garant, -ante. **2.** (*a*) Justification produite à l'appui de dépenses; pièce justificative; pièce à l'appui; pièce certificative. *Book-k:* Pièce comptable. (*b*) Voucher for receipt, récépissé *m*, quittance *f*; pièce de recette. (*c*) *Publ:* Voucher copy, exemplaire justificatif; justificatif *m*. (*d*) *Navy:* Sick voucher, certificat *m* de maladie; billet *m* d'hôpital. (*e*) *Com: etc:* Fiche *f*; reçu *m*, reconnaissance *f*, bon *m*; (*for lessons*) cachet *m*. Cash voucher, bon de caisse. *Adm:* Issue voucher, facture *f* de sortie. (*f*) *Th:* Contre-marque *f*.

vouchsafe [vautʃ'seif], *v.tr.* (*a*) To vouchsafe s.o. sth., accorder, octroyer, qch. à qn. (*b*) To vouchsafe to do sth., daigner faire qch. *He vouchsafed no reply*, il ne daigna pas répondre.

vouchsafement [vautʃ'seifmənt], *s.* **1.** Consentement gracieux. **2.** Faveur *f*, don *m*.

voulge [vuːlʒ], *s.* *Archeol:* Vouge *m*.

voussoir ['vuːswɔːr], *s.* *Arch:* Voussoir *m*, vousseau *m*, claveau *m*. Centre voussoir, clef *f* (de voûte).

vow[1] [vau], *s.* Vœu *m*, serment *m*. Monastic vows, vœux monastiques. The three vows, les trois vœux. Baptismal vows, vœux de baptême. Lovers' vows, serments d'amoureux. To take the vows, prononcer, faire, ses vœux; entrer en religion. To make a vow, faire un vœu. To make, take, a vow to do sth., faire vœu de faire qch. To take a vow of poverty, faire vœu de pauvreté. To be under a vow to do sth., avoir fait le vœu de faire qch. To fulfil a vow, accomplir un vœu. To keep a vow, rester fidèle à un vœu. To break a vow, violer un vœu.

vow[2], *v.tr.* Vouer, jurer. To vow a temple to Jupiter, vouer un temple à Jupiter. To vow obedience, jurer obéissance. To vow vengeance against s.o., faire vœu, jurer, de se venger de, sur, qn. *To vow an implacable hatred to s.o.*, vouer à qn une haine implacable. *Abs.* To vow and protest, jurer ses grands dieux. *A. & Hum:* To vow a vow, faire un vœu; prononcer un vœu.

vow[3], *v.tr.* *A:* Affirmer, déclarer (*that*, que). *She vowed that she was delighted*, elle déclara qu'elle était ravie; elle se déclara enchantée.

vowel ['vauəl], *s.* *Gram: Ling:* Voyelle *f*. Vowel sound, son *m* vocalique. Vowel change, changement *m* vocalique.

'vowel-point, *s.* *Hebrew Gram:* Point-voyelle *m*, *pl.* points-voyelles.

vowelize ['vauəlaːiz], *v.tr.* **1.** Vocaliser. **2.** Mettre les points-voyelles à (un texte).

vowelled ['vauəld], *a.* **1.** Abondant en voyelles. **2.** Long-vowelled, short-vowelled, à voyelle(s) longue(s), courte(s).

vox, *pl.* **voces** [vɔks, 'vousiːz], *Lt.s.* Voix *f*. *Mus:* (*Organ*) Vox angelica, voix céleste. Vox humana, voix humaine.

voyage[1] ['vɔiedʒ], *s.* Voyage *m* sur mer; voyage au long cours, (grande) traversée *f*. On the voyage out, home, à l'aller, au retour. To go on a voyage, faire un voyage (*to*, à). *See also* MAIDEN 2 (*e*).

voyage[2]. **1.** *v.i.* Voyager sur mer, par mer; naviguer. **2.** *v.tr.* Traverser (la mer); parcourir (les mers).

voyaging, *s.* Voyage(s) *m(pl)* sur mer.

voyager ['vɔiedʒər], *s.* Voyageur, -euse, par mer; passager, -ère; navigateur *m*.

vug(h) [vʌg], *s.* *Geol:* Four *m* à cristaux.

Vulcan ['vʌlkən]. *Pr.n.m.* *Myth: Astr:* Vulcain.

vulcanian [vʌl'keinjən], *a.* *Geol:* Vulcanien, plutonien.

vulcanist ['vʌlkənist], *s.* = VOLCANIST 2.

vulcanite ['vʌlkənait], *s.* Vulcanite *f*, ébonite *f*.

vulcanization [vʌlkənai'zeiʃ(ə)n], *s.* *Ind:* Vulcanisation *f* (du caoutchouc).

vulcanize ['vʌlkənaːiz]. **1.** *v.tr.* *Ind:* Vulcaniser, *F:* cuire (le caoutchouc). *Aut: Cy:* *To v. a repair*, vulcaniser une réparation (de pneu). **2.** *v.i.* Se vulcaniser; *F:* cuire.

vulcanizing, *s.* Vulcanisation *f*. Hot vulcanizing, cold vulcanizing, vulcanisation à chaud, à froid.

vulcanizer ['vʌlkənaizər], *s.* *Aut: Cy: etc:* (*Device*) Vulcanisateur *m*.

vulcanology [vʌlkə'nɔlədʒi], *s.* Vulcanologie *f*; étude *f* des volcans.

vulgar ['vʌlgər], *a.* **1.** Vulgaire, commun; de mauvais goût; trivial, -aux; du peuple. *V. mind*, esprit *m* vulgaire. *V. manners*, manières communes. *V. display of wealth*, gros luxe de mauvais goût. *V. expressions*, expressions vulgaires, triviales. *To be v. of speech*, s'exprimer vulgairement. *To grow v.*, se vulgariser. The vulgar herd, *s.* the vulgar, le vulgaire; le commun des hommes; le populaire. *There was something v. about her*, elle avait un je ne sais quoi de peuple. Vulgar doggerel, vers *mpl* de mirliton. *See also* RICH I. **2.** (*a*) Vulgaire; communément reçu; du commun des hommes; commun. *V. errors*, erreurs très répandues, vulgaires. (*b*) The vulgar tongue, la langue commune; la langue vulgaire. The vulgar era, l'ère chrétienne. (*c*) *Ar:* Vulgar fraction, fraction *f* ordinaire. **-ly**, *adv.* **1.** Vulgairement, trivialement, grossièrement. **2.** Vulgairement, communément, *F:* vulgo. *It is v. imagined that* . . ., le vulgaire s'imagine que. . . .

vulgarian [vʌl'gɛəriən], *s.* (*a*) Personne vulgaire, commune. (*b*) Parvenu(e) mal décrassé(e).

vulgarism ['vʌlgərizm], *s.* **1.** Expression *f* vulgaire; vulgarisme *m*. **2.** Vulgarité *f*, trivialité *f*.

vulgarity [vʌl'gariti], *s.* Vulgarité *f*, trivialité *f*; le trivial. *To lapse into v.*, donner dans le vulgaire; tomber dans le trivial.

vulgarization [vʌlgərai'zeiʃ(ə)n], *s.* Vulgarisation *f*.

vulgarize ['vʌlgəraːiz], *v.tr.* **1.** Vulgariser (une science, etc.). **2.** Vulgariser, trivialiser (son style, etc.).

vulgate ['vʌlget], *s.* **1.** Leçon reçue (d'un texte classique, d'un passage). **2.** *B.Lit:* The Vulgate, la Vulgate.

vulgus[1] ['vʌlgəs], *s.* *Sch: F:* Composition *f* en vers latins (sur un sujet donné).

vulgus[2], *Lt.s.* The vulgus, le commun des hommes, le peuple; le vulgaire.

vulnerability [vʌlnərə'biliti], *s.* Vulnérabilité *f*.

vulnerable ['vʌlnərəbl], *a.* (*a*) Vulnérable. *F:* To find s.o.'s vulnerable spot, trouver le défaut dans la cuirasse de qn. *Touched in his v. spot*, atteint au défaut de la cuirasse. *That is his v. spot*, c'est son talon d'Achille. (*b*) *Cards:* (*At bridge*) Vulnérable.

vulnerary ['vʌlnərəri], *a.* & *s.* *Pharm:* Vulnéraire (*m*).

vulpine ['vʌlpain], *a.* **1.** Qui a rapport au renard. **2.** Qui tient du renard; rusé, astucieux.

vulture ['vʌltjər], *s.* **1.** *Orn:* Vautour *m*. Cinereous vulture, vautour arrian, cendré. *See also* GRIFFON[2] 2, KING-VULTURE. **2.** *F:* Homme *m* rapace, âpre à la curée; affameur *m*; vautour.

vulturidae [vʌl'tjuəridiː], *s.pl.* *Orn:* Vulturidés *m*.

vulturine ['vʌltjurain], *a.* **1.** De vautour, des vautours. **2.** *Orn:* Vulturin.

vulturish ['vʌltjuriʃ], *a.* De vautour; rapace.

vulva ['vʌlva], *s.* *Anat:* Vulve *f*.

vulval ['vʌlv(ə)l], **vulvar** ['vʌlvər], *a.* *Anat:* Vulvaire.

vulvismus [vʌl'vismәs], *s.* *Med:* Vaginisme *m*; vaginodynie *f*.

vulvitis [vʌl'vaitis], *s.* *Med:* Vulvite *f*.

vulvo-vaginal ['vʌlvova'dʒain(ə)l], *a.* *Anat: Med:* Vulvo-vaginal, -aux.

vulvo-vaginitis ['vʌlvovadʒi'naitis], *s.* *Med:* Vulvo-vaginite *f*.

vying ['vaiiŋ]. *See* VIE.

W, w ['dʌbljuː], *s.* (La lettre) W, w *m.* **W-form tube,** tube *m* en W. *Tp:* W for William, W comme William.

Waac [wak], *s.f. Hist:* (1914-1918) Membre *m* du W.A.A.C., ou *Women's Army Auxiliary Corps* (femmes enrôlées pour des services militaires auxiliaires).

wabble[1, 2] [wɔbl], *s. & v.i.* = WOBBLE[1, 2].

wacke ['wakə], *s. Geol:* Wacke *f.*

wad[1] [wɔd], *s.* **1.** (*a*) Tampon *m*, bouchon *m*, bourrelet *m*, pelote *f* (de linge, d'ouate, de charpie, etc.). (*b*) *Esp. U.S:* Liasse *f* (de billets de banque). *See also* TIGHT-WAD. **2.** *Artil:* Bourre *f* (de charge). *Sm.a:* Rondelle *f*, bourre (de cartouche). **3.** *Cer:* Cerceau *m* de ciment.

'wad-hook, *s. Artil:* Tire-bourre *m inv*; dégorgeoir *m.*

wad[2], *v.tr.* (wadded; wadding) **1.** (*a*) Bourrer (une arme à feu). (*b*) *To wad one's ears,* enfoncer de l'ouate dans ses oreilles. **2.** *Dressm: Needlew: etc:* Ouater, capitonner, cotonner (un vêtement, une couverture, etc.). **3.** *U.S:* Rouler en liasse (des billets, etc.).

wadded, *a.* (Manteau, etc.) ouaté, doublé d'ouate.

wadding, *s.* **1.** Ouatage *m*, capitonnage *m*; rembourrage *m.* **2.** (*a*) Ouate *f* (pour vêtements, etc.); bourre *f* (pour armes à feu). *Some w.*, de l'ouate, de la ouate. (*b*) Tampon *m* d'ouate.

wad[3], *s. Miner:* Wad *m*; manganèse oxydé, hydraté; asbolane *f.*

waddle[1] [wɔdl], *s.* Dandinement *m*; tortillement *m* des hanches; démarche *f* de canard.

waddle[2], *v.i.* Se dandiner (comme un canard); tortiller les hanches. **To waddle along,** avancer en se dandinant; marcher avec le roulis d'un canard; marcher en canard. *The stout lady waddled off,* la grosse dame s'éloigna avec un dandinement de canard.

waddling[1], *a.* Dandinant; qui se dandine. *W. gait,* allure *f*, démarche *f*, de canard. **-ly,** *adv.* (Marcher) en se dandinant; en canard.

waddling[2], *s.* = WADDLE[1].

waddy ['wɔdi], *s.* (*In Austr.*) **1.** Assommoir *m* (des aborigènes). **2.** (*Also U.S:*) = COW-BOY 2.

wade [weid]. **1.** *v.i.* Marcher (avec effort) dans l'eau, dans la vase. (*Of child*) **To wade in the sea,** patauger dans la mer. **To wade across a stream,** passer à gué un cours d'eau. *F:* **To wade through blood to the throne,** se frayer un chemin jusqu'au trône à travers des mares de sang. **To wade through a book, a sea of figures,** venir péniblement à bout d'un livre; se diriger péniblement dans un océan de chiffres. *U.S: P:* **To wade into s.o.,** s'attaquer à qn. **To wade in,** (i) s'attaquer à son adversaire; (ii) commencer (n'importe quoi); s'y mettre. **2.** *v.tr.* (*a*) Passer à gué (un cours d'eau). (*b*) Faire passer à gué (une rivière à un cheval).

wading[1], *a. Orn:* **Wading bird** = WADER 1.

wading[2], *s.* Action *f* de marcher dans l'eau. **Wading boots** = *waders, q.v. under* WADER 3. *U.S:* **Wading place,** gué *m.*

wader ['weidər], *s.* **1.** *Orn:* Échassier *m.* **2.** Personne *f* qui marche dans l'eau; enfant *m* qui s'amuse à patauger. **3.** *pl.* **Waders,** bottes cuissardes imperméables; bottes d'égoutier ou de pêcheur.

wadi ['wɔdi], *s.* Oued *m*, ravin *m* (dans le Sahara).

Wafdist ['wɑːfdist], *a. & s. Egypt.Pol:* Wafdiste (*m*).

wafer[1] ['weifər], *s.* **1.** *Cu:* Gaufrette *f*; (*rolled into a cone for ice-cream, etc.*) plaisir *m*, oublie *f.* *See also* THIN[1] 1. **2.** *Ecc:* Hostie *f.* **Unconsecrated wafer,** pain *m* à chanter. **3.** (*a*) *A:* Pain à cacheter. (*b*) *Jur:* Disque *m* de papier rouge (collé sur un document en guise de cachet). **4.** *Pharm:* Cachet *m* (de quinine, etc.).

'wafer-cloth, *s. Ecc:* Tavaïole *f*, tavaïolle *f.*

wafer[2], *v.tr.* **1.** *A:* Mettre un pain à cacheter à (une lettre); fermer (une lettre) avec un pain à cacheter; cacheter (une lettre). **2.** Apposer un cachet en papier rouge à (un document).

waffle [wɔfl], *s. Cu:* Gaufre (américaine). (Se mange toute chaude avec du beurre et de la mélasse.)

'waffle-iron, *s.* Gaufrier *m*; fer *m* à gaufres; moule *m* à gaufres.

waft[1] [wɑːft], *s.* **1.** Bouffée *f*, souffle *m* (de vent, d'air); bouffée (de musique, de parfum). **2.** Coup *m* d'aile (d'un oiseau). **3.** *Nau:* Pavillon couplé; flamme couplée. **Flag with a waft,** pavillon en berne.

waft[2], *v.tr. Lit. & Poet:* (*Of wind*) **To waft a sound, a scent, through the air,** porter, transporter, un son, un parfum, dans les airs. *Music wafted on the breeze,* musique *f* qui flotte, qui arrive, sur la brise; musique apportée par la brise. *Scent wafted from a flower,* parfum qui vient, qui s'exhale, d'une fleur. *Lit:* (*Of the wind*) **To waft the ship along,** faire avancer le navire. (*Of pers.*) **To waft a kiss,** envoyer de la main un baiser (*to*, à).

wag[1] [wag], *s.* **1.** Farceur, -euse; blagueur *m*, plaisant *m*; badin, -ine; moqueur, -euse, boute-en-train *m inv*; *P:* loustic *m.* *He is a great wag,* il a de la blague; *P:* c'est un loustic. **2.** *Sch: P:* **To play (the) wag (from school),** faire l'école buissonnière.

wag[2], *s.* Agitation *f*, mouvement *m* (d'un membre, de la queue); hochement *m* (de la tête). (*Of dog*) **With a wag of its tail,** en remuant la queue. *He greeted me with a wag of his finger,* il m'accueillit en me menaçant du doigt.

wag[3], *v.* (wagged; wagging) **1.** *v.tr.* Agiter, remuer (le bras, etc.). **To wag its tail,** (*of dog*) remuer, agiter, la queue; frétiller de la queue; (*of bird*) hocher la queue. **To wag one's tongue,** (i) jaser; jacasser; (ii) avoir la langue bien pendue. **To wag one's finger at s.o.,** menacer qn du doigt. **To wag one's head,** hocher la tête. *See also* CHIN[1], TAIL[1] 1. **2.** *v.i.* (*a*) S'agiter, se remuer; (*of pendulum*) osciller. *His head was wagging,* sa tête branlait; il dodelinait de la tête. (*Of dog*) *Its tail was wagging,* sa queue frétillait. **His tongue was beginning to wag,** sa langue se déliait. *After the champagne tongues were wagging,* après le champagne on était un peu lancé, les langues allaient leur train. **Her tongue does wag,** elle a la langue déliée, affilée; elle n'a pas le filet. **To set (people's) tongues wagging,** faire aller les langues; faire jaser les gens. (*b*) **How wags the world?** comment vont, comment marchent, les choses? **So the world wags,** ainsi va le monde.

wagging, *s.* Agitation *f*, remuement *m* (de la queue, etc.); branlement *m*, hochement *m* (de la tête). **Wagging of the tongue,** jasement *m*, jaserie *f.* *See also* CHIN-WAGGING, FLAG-WAGGING.

wage[1] [weidʒ], *s.* *Usu. pl.* (*a*) Gages *mpl* (de domestique); salaire *m*, paye *f*, paie *f* (d'ouvrier). **To receive one's day's, one's week's, wage(s),** toucher sa journée, sa semaine. *Supplementary wage(s),* sursalaire *m.* **To earn good wages,** être bien rétribué; gagner gros. **At a wage of . . .,** pour un salaire de. . . . *Pol.Ec:* **A living wage,** un salaire qui permet de vivre. *See also* BOARD-WAGES, PAY OUT 1, PIECE-WAGE, STARVATION. (*b*) *Lit:* Prix *m*, salaire, récompense *f.* **The wages of sin is death,** la mort est le salaire du péché.

'wage-earner, *s.* **1.** Salarié, -ée. **2.** Le gagne-pain *inv* (de la famille); le soutien de famille.

'wage-earning, *a.* **A wage-earning man,** un homme à gages; un salarié.

'wage-fund, *s. Pol.Ec:* Fonds *m* disponibles pour la rétribution du travail; le fonds de roulement.

'wage(s)-sheet, *s. Ind:* Feuille *f* des salaires; feuille de paie.

wage[2], *v.tr.* **1.** **To wage war,** faire la guerre (*with, on,* à). **2.** *A:* = WAGER[2].

wager[1] ['weidʒər], *s.* **1.** Pari *m*; gageure *f.* **To lay, make, a wager,** faire un pari, une gageure; parier, gager. **To take up a wager,** accepter, soutenir, une gageure. **2.** *Hist:* **Wager of battle,** combat *m* judiciaire, duel *m* judiciaire. **Wager of law** = COMPURGATION.

'wager-policy, *s. Ins:* Police gageuse.

wager[2], *v.tr.* Parier, gager (cent livres, etc.). **I'll wager that . . .** je parie, je gage, que. . . .

wagering, *s.* Paris *mpl*, gageures *fpl.* *See also* GAMING.

wagerer ['weidʒərər], *s.* Parieur, -euse; gageur, -euse.

waggery ['wagəri], *s.* **1.** Plaisanterie(s) *f(pl)*; moquerie *f*; espièglerie *f*; facétie(s) *f(pl)*. **2.** (Piece of) **waggery,** plaisanterie, facétie.

waggish ['wagiʃ], *a.* Plaisant, badin; moqueur, -euse, blagueur, -euse; facétieux; gouailleur, -euse. *W. remarks,* facéties *f.* **-ly,** *adv.* Plaisamment, facétieusement; moqueusement; en plaisantant; d'un air ou d'un ton gouailleur, blagueur.

waggishness ['wagiʃnəs], *s.* Caractère blagueur, gouailleur; disposition *f* à la plaisanterie.

waggle [wagl]. **1.** *v.tr. & i.* *F:* = WAG[3]. **2.** *v.tr. Golf:* Agiter (sa crosse) pour s'assurer de sa souplesse (avant de viser la balle).

waggly ['wagli], *a.* *F:* **1.** (Sentier, etc.) serpentant. **2.** Qui branle; mal assuré; (meuble) boiteux.

waggon ['wagən], *s.* *See* WAG(G)ON.

Wagnerian [vɑːg'niəriən], *a. & s.* *Mus:* Wagnérien, -ienne; *s.* wagnériste *mf.*

Wagnerism ['vɑːgnərizm], *s.* *Mus:* Wagnérisme *m.*

wagnerite[1] ['wagnərait], *s.* *Miner:* Wagnérite *f.*

Wagnerite[2] ['vɑːgnərait], *s.* *Mus:* = WAGNERIAN.

wag(g)on ['wag(ə)n], *s.* **1.** (*a*) Charrette *f* (à quatre roues); chariot *m*, char *m*; voiture *f* de roulage, de roulier; camion *m.* **Hay-waggon,** fourragère *f.* **Ambulance waggon,** voiture d'ambulance. *U.S: F:* **To be on the (water) waggon,** s'abstenir de boissons alcooliques. (*b*) *U.S:* Voiture quelconque (pour voyageurs ou marchandises); tapissière *f.* (*c*) = WAGGON-LOAD. *See also* HITCH[2] 2, TIPPING-WAGGON. **2.** *Mil:* Fourgon *m* (à vivres, à bagages). **Ammunition waggon,** caisson *m* à munitions. **General service waggon,** fourragère, prolonge *f.* **Pontoon waggon,** haquet *m* à bateau, à ponton. **Machine-gun waggon,** voiture porte-mitrailleuse. *See also* FORAGE-WAGGON. **3.** (*a*) *Rail:* Wagon découvert (à marchandises). **Covered goods waggon,** fourgon. (*b*) *Min:* (Mine-)waggon, wagon, berline *f*, herche *f.* *See also* TIP-WAGGON. **4.** *Furn:* **Dinner-wagon,** servante *f.*

'wag(g)on-boiler, *s.* *Mch:* Chaudière *f* à tombeau.

'wag(g)on-load, *s.* Charretée *f*, enlevée *f* (de foin, etc.). *Rail:* (Charge *f* de) wagon *m.*

'wag(g)on-traffic, *s.* Charroi *m.*

'wag(g)on-train, *s.* *Mil:* Train *m* des équipages; les fourgons *m.*

'wag(g)on-vault, *s.* *Arch:* Voûte *f* en berceau.

'wag(g)on-way, *s.* *Min:* Galerie *f*, voie *f*, de roulage.

wag(g)onage ['wagənedʒ], *s.* *U.S:* Roulage *m.*
wag(g)oner ['wagənər], *s.* **1.** Roulier *m*, voiturier *m*, charretier *m.* **2.** *Astr:* **The Waggoner,** le Cocher; Auriga *m*, Aurige *m.*
wag(g)onette [wagə'net], *s.* *Veh:* Wagonnette *f*, break *m.*
wagtail ['wagteil], *s.* *Orn:* Hochequeue *m*, branle-queue *m*, *pl.* branle-queues; bergeronnette *f.* **Grey wagtail,** lavandière *f*; bergeronnette grise.
Wahabi [wa'hɑːbiː], *s.pl.* *Hist:* Wahabites *m*, ouahhâbites *m.*
waif [weif], *s.* (*a*) *Jur:* Épave *f.* *F:* *The waifs of society,* les épaves de la société. (*b*) Enfant abandonné. *Little w.,* petit abandonné. **Waifs and strays,** (enfants) abandonnés.
wail¹ [weil], *s.* (*a*) Cri plaintif, (cri de) lamentation *f*; plainte *f*, gémissement *m.* (*b*) Vagissement *m* (de nouveau-né).
wail². **1.** *v.i.* (*a*) Gémir; (*of new-born child*) vagir. (*b*) **To wail over sth.,** se lamenter, pleurer, sur qch. **2.** *v.tr.* (*a*) *Poet:* = BEWAIL. (*b*) *F:* **He was wailing out a drinking-song,** il braillait une chanson bacchique d'un ton larmoyant.
wailing¹, *a.* (Cri, chant) plaintif; (*of pers.*) qui gémit; gémissant. *W. babe,* enfant vagissant. **-ly,** *adv.* Plaintivement; en gémissant; d'un ton larmoyant.
wailing², *s.* = WAIL¹. **The Wailing Wall** (*at Jerusalem*), le mur des Lamentations.
wailful ['weilful], *a.* *Lit:* (Cri, son, etc.) plaintif.
wain [wein], *s.* **1.** (*a*) Chartil *m*, charrette *f*; guimbarde *f* (à quatre roues). *See also* TIMBER-WAIN. (*b*) *A. & Dial:* = WAGGON I (*a*). **2.** *Astr:* **Charles's Wain, the Wain,** le Grand Chariot, la Grande Ourse.
wainscot¹ ['weinskot], *s.* Lambris *m* (de hauteur); boiserie *f* (d'une salle).
'wainscot-wood, *s.* Bois *m* de lambrissage.
wainscot², *v.tr.* Lambrisser, boiser (un appartement) (*with*, de). **Wainscot(t)ed room,** chambre lambrissée, boisée.
wainscot(t)ing, *s.* **1.** Lambrissage *m*, boisage *m.* **Wainscot(t)ing panelling,** lambrissage. **2.** = WAINSCOT¹.
waist¹ [weist], *s.* **1.** (*a*) (*Of pers.*) Taille *f*, ceinture *f*; mi-corps *m.* **Down to the waist, up to the waist,** jusqu'à la ceinture; jusqu'à mi-corps. *See also* STRIP³ I. 1. *To be small round the w.,* avoir un petit tour de taille; avoir la taille fine. *See also* WASP-WAIST. **Waist measurement,** tour de taille. *F:* **To have no waist,** être corpulent. *The Mayor, with a tricolour sash round his w.,* monsieur le maire, l'écharpe tricolore autour des reins. **To put one's arm round s.o.'s waist, to take s.o. round the waist,** prendre qn par la taille. *Caught round the w.,* saisi à mi-corps. *To seize, grip, one's adversary round, by, the w.,* saisir son adversaire à bras le corps; *Wr:* ceinturer, porter une ceinture à, son adversaire. *Wr:* **Grip round the waist,** la ceinture. (*b*) Étranglement *m* (d'un sablier, d'un violon, etc.); rétrécissement *m* (d'un tuyau). (*c*) *Nau:* Embelle *f*, passavant *m*, *A:* parc *m* (d'un navire). **2.** (*a*) *Dressm:* **Dress with a long, short, waist,** robe à taille longue, à taille courte. (*b*) *Cost:* *U.S:* Blouse *f*, corsage *m*, chemisette *f.* *See also* PEEK-A-BOO, SHIRT-WAIST.
'waist-anchor, *s.* *Nau:* Ancre *f* de grand panneau.
'waist-belt, *s.* *Mil:* Ceinturon *m.*
'waist-cloth, *s.* = LOIN-CLOTH.
'waist-'deep, -'high, *adv.* Jusqu'à la ceinture; jusqu'à mi-corps.
'waist-lock, *s.* *Wr:* Ceinture *f.*
waist², *v.tr.* Rétrécir (un tuyau, etc.).
waistband ['weistband], *s.* *Dressm:* *Tail:* Ceinture *f* (de jupe, de pantalon).
waistcoat ['weis(t)kout], *s.* **1.** *Tail:* Gilet *m.* *Single-breasted w.,* gilet droit. *Double-breasted w.,* gilet croisé. *Low-cut w.,* gilet ouvert. *High-cut w.,* gilet fermé. **Sleeved waistcoat,** gilet à manches. **Waistcoat-hand, waistcoat-maker,** giletier, -ière. *See also* POCKET¹ I. **2.** **Strait waistcoat,** camisole *f* de force.
waistcoated ['weis(t)koutid], *a.* Gileté; à gilet.
waistcoating ['weis(t)koutiŋ], *s.* *Tex:* Étoffe *f* pour gilets.
waisted ['weistid], *a.* **1.** (*With adj. prefixed, e.g.*) **Long-waisted, short-waisted,** long, court, de taille; qui a la taille longue, courte. *See also* DEEP-WAISTED, SHORT-WAISTED, SLIM¹ I, WASP-WAISTED. **2.** *Mec.E:* **Waisted teeth** (*of wheel*), denture entaillée à la racine.
waistline ['weistlain], *s.* *Dressm:* Taille *f.* **Natural waistline,** taille normale. *F:* *His w. is expanding,* il prend de l'embonpoint.
wait¹ [weit], *s.* **1.** (*a*) Attente *f*; (*of train, tram, etc.*) arrêt *m.* **We had a long wait at the station,** nous avons dû attendre longtemps à la gare. *Rail:* *Ten minutes' w. at the next station,* arrêt de dix minutes à la prochaine gare. *Twenty minutes' w. between the two trains,* battement *m* de vingt minutes entre les deux trains. (*b*) **To lie in wait,** se tenir en embuscade; être à l'affût, être aux aguets; (*of animal*) être à l'affût. **To lie in wait, to lay wait, for s.o.,** se tenir à l'affût de qn; attendre qn à l'affût; dresser une embûche à qn; tendre un guet-apens à qn; guetter le passage de qn; attendre qn au passage. *Jur:* **Lying in wait,** guet-apens *m.* *Post for lying in w.,* affût *m.* *Tiger lying in w. for its prey,* tigre qui guette sa proie. **2.** *pl.* **Waits,** chanteurs *m* de noëls (qui vont de porte en porte le soir, aux approches de Noël).
wait². **1.** *v.i.* (*a*) Attendre. **Wait a moment,** *F:* **wait a bit,** attendez un moment, un instant, un peu. **To keep s.o. waiting,** faire attendre qn; *F:* faire droguer qn. *He is keeping us waiting,* il se fait attendre. *To be kept waiting for hours,* *F:* droguer pendant des heures. **To wait about,** *U.S:* **to wait around,** faire le pied de grue; faire planton. **To wait for s.o., sth.,** attendre qn, qch. *What are you waiting for?* qu'attendez-vous? *Take him that book; he is waiting for it,* portez-lui ce livre; il attend après. *Not to w. for s.o.,* brûler la politesse à qn. *To w. for another opportunity,* se réserver pour une autre occasion. **He always has to be waited for,** il se fait toujours attendre. *I waited for her to begin to talk,* j'attendis qu'elle commençât la conversation. *I will w. for you to give me the signal,* j'attendrai que vous me donniez le signal. **We are waiting to be served,** nous attendons qu'on nous serve. *The enemy fled without waiting to be attacked,* l'ennemi s'enfuit sans attendre l'attaque. **He did not wait to be told twice,** il ne se le fit pas dire deux fois. *W. till to-morrow,* attendez jusqu'à demain. *I shall w. until he is ready,* j'attendrai qu'il soit prêt. *W. till you see the result,* attendez le résultat. *I am waiting till I receive a letter from him,* j'attends de recevoir une lettre de lui. *These orders have to w. until the next day,* ces commandes restent en attente jusqu'au lendemain. *Parcel waiting (to be called for) at the station,* colis en souffrance à la gare. *Com:* **Repairs while you wait,** réparations *f* à la minute. *Prov:* **Everything comes to him who waits,** tout vient à point, tout vient en son temps, à qui sait attendre. *F:* **To wait and see,** garder une attitude expectante. *We must w. and see,* il faut voir venir les choses; alors comme alors. **Wait and see!** il faudra voir! attendez voir! *I shall 'wait and see,'* je me réserve. **Wait-and-see policy,** politique expectante. (*b*) **To wait at table,** servir (à table); faire le service. **2.** *v.tr.* (*a*) Attendre, guetter (une occasion, un signal, etc.). *You must w. my convenience,* il faut attendre mon bon plaisir. (*b*) **To wait a meal for s.o.,** différer un repas jusqu'à l'arrivée de qn. *Don't w. dinner for me,* ne m'attendez pas pour vous mettre à table. (*c*) *Typ:* **To wait copy,** manquer de copie.
wait off, *v.i.* *Sp:* *Rac:* Se réserver.
wait on, upon. **1.** *v.ind.tr.* (*Prep. use*) (*a*) Servir (qn). *At dinner we were waited on by three servants,* au dîner nous étions servis par trois domestiques. **To wait on s.o. hand and foot,** être aux petits soins auprès de, pour, avec, qn; être l'esclave de qn. (*b*) Se présenter chez (qn); présenter ses respects à (qn); aller présenter ses devoirs à (qn). *Com:* **Our Mr Jones will wait on you with patterns,** notre M. Jones aura l'honneur de se présenter, de passer, chez vous avec des échantillons. **To wait on s.o. for orders,** être aux ordres de qn. (*c*) *Rac:* **To wait on a competitor,** emboîter le pas à un concurrent; se réserver (en attendant de démarrer). (*d*) Être la conséquence de (qch.); suivre (qch.). *The ills that w. on intemperance,* les maux *m* qui découlent de l'intempérance. **2.** *v.i.* (*Adv. use*) **To wait on,** rester à attendre; attendre encore.
wait up, *v.i.* **To wait up for s.o.,** rester levé à attendre qn.
waiting¹, *a.* **1.** Qui attend. **2.** De service.
waiting-maid, *s.* Femme *f* de chambre; caméristé *f.*
waiting², *s.* **1.** Attente *f.* *After a good hour's w.,* après une bonne heure d'attente. *We shall lose nothing by w.,* nous ne perdrons rien pour attendre. **A waiting attitude,** une attitude d'attente. **To play the waiting game,** jouer en jeu d'attente. *Turf:* **To ride a waiting race,** faire une course d'attente. **2.** Service *m.* **In waiting,** de service. **Gentleman-in-waiting,** gentilhomme servant, de service (*to*, auprès de). **Lady-in-waiting,** dame *f* d'honneur.
'waiting-room, *s.* Salle *f* d'attente (de gare, etc.); antichambre *f* (chez un médecin); salle des pas perdus (d'un ministère).
'wait-a-bit, *s.* *Bot:* Jujubier *m* (de l'Afrique du Sud).
waiter ['weitər], *s.* **1.** (*a*) Personne *f* qui attend. *See also* TIDE-WAITER. (*b*) Garçon *m* (de restaurant). **Head waiter,** maître *m* d'hôtel (de salle de restaurant, etc.). **Waiter!** garçon! *See also* WINE-WAITER. **2.** Plateau *m.* *See also* DUMB-WAITER.
waitress ['weitres], *s.f.* **1.** Fille de salle (de restaurant, etc.); serveuse; bonne. **Waitress!** mademoiselle! **2.** *U.S:* = PARLOUR-MAID.
waive [weːiv], *v.tr.* Renoncer à, abandonner, se désister de, se départir de (ses prétentions, ses droits); écarter, mettre à l'écart (ses intérêts privés); déroger à (un principe); ne pas insister sur (une condition).
waiving, *s.* Abandonnement *m*, désistement *m* (d'un droit); mise *f* à l'écart (de ses intérêts); dérogation *f* (à un principe). **Waiving of age-limit,** dispense *f* d'âge.
waiver ['weivər], *s.* *Jur:* **Waiver of a right,** abandon *m* d'un droit, renonciation *f* à un droit. *W. of a claim,* désistement *m* (de revendication). **Waiver clause,** clause *f* d'abandon, de désistement.
wake¹ [weik], *s.* (*a*) *Nau:* Sillage *m*, sillon *m*, houache *f*, houaiche *f* (d'un navire). **Propeller wake,** brassage *m* de l'hélice; remous *m.* **To be in the wake of a ship,** être dans les eaux d'un bâtiment. (*b*) *F:* **To follow in the wake of s.o., in s.o.'s wake,** marcher à la suite de, dans le sillage de, sur les traces de, qn; se mettre, être, à la remorque de qn. *These infirmities follow in the w. of old age,* ces infirmités forment le cortège de la vieillesse.
wake², *s.* **1.** (*In Ireland*) Veillée *f* de corps; veillée mortuaire. **2.** (*a*) *Hist:* Fête *f* de la dédicace (d'une église). (*b*) *pl.* **The wakes,** fête annuelle (des villes du nord d'Angleterre).
wake³, *v.* (*p.t.* woke [wouk], waked [weikt]; *p.p.* woke, waked, woken ['wouk(ə)n]) **1.** *v.i.* (*a*) Veiller; être éveillé; rester éveillé. *Now only used in pr.p.* **Waking or sleeping,** *that thought never left her,* éveillée ou endormie, cette pensée ne la quittait jamais. (*b*) **To wake (up),** (i) (*from sleep*) s'éveiller, se réveiller; (ii) (*from inaction*) s'animer; sortir de sa torpeur, se réveiller. **Come, wake up!** allons, (i) réveillez-vous! (ii) activez-vous! remuez-vous! secouez-vous! *To sleep without waking,* dormir tout d'un somme; ne faire qu'un somme. **To wake up with a start,** se réveiller en sursaut. *He had always woken up when she came to bed,* il s'était toujours réveillé lorsqu'elle se couchait. *I woke up to find it was ten o'clock,* en me réveillant je m'aperçus qu'il était dix heures; quand je me réveillai il était dix heures. *F:* **To wake up to find oneself famous,** se réveiller célèbre. **He is waking up to the truth,** la vérité se fait jour dans son esprit. *All nature wakes,* toute la nature se réveille, s'anime. **2.** *v.tr.* (*a*) **To wake s.o. (up),** (*from sleep*) réveiller qn; (*from inaction*) tirer qn de sa torpeur. *W. me at six,* réveillez-moi à six heures. *He wants something to w. him up,* il lui faut quelque chose qui l'émoustille. *Mr X has waked up the country,* M. X a donné le branle à tout le pays. *Equit:* **To 'wake up' a horse,** avertir un cheval. *U.S:* *P:* **To wake snakes,** (i) chahuter; faire du boucan; (ii) faire du raffût. (*b*) **To wake the dead,** réveiller, ranimer, les morts; rappeler les morts

à la vie. (*c*) Éveiller, exciter (une émotion, un souvenir, etc.). (*d*) Troubler (le silence). **To wake echoes in the valleys,** faire retentir les vallées. (*e*) (*In Ireland*) Veiller (un mort).

waking[1], *a.* Éveillé; de veille. **Waking hours,** heures *f* de veille. *See also* DREAM[1].

waking[2], *s.* **1.** Veille *f.* **Between sleeping and waking,** entre la veille et le sommeil. *Med:* **Suggestion in the waking state,** suggestion *f* à l'état de veille. **2.** Réveil *m.* **On waking,** au réveil; à mon, son, réveil. **To sleep the sleep that knows no waking,** dormir du sommeil qui n'a pas de réveil. **3.** (*In Ireland*) Veillée *f* (d'un mort).

wakeful [ˈweikful], *a.* **1.** (*a*) Éveillé; peu disposé à dormir. (*b*) Sans sommeil. **Wakeful night,** nuit blanche; nuit d'insomnie. **2.** Vigilant; sur ses gardes. **-fully,** *adv.* **1.** Sans dormir. **2.** Vigilamment; avec vigilance.

wakefulness [ˈweikfulnəs], *s.* **1.** (*a*) Insomnie *f.* (*b*) État *m* de veille. **2.** Vigilance *f.*

waken [ˈweik(ə)n]. **1.** *v.tr.* (*a*) Éveiller, réveiller (qn); ranimer (un mort). *F:* **Noise fit to waken the dead,** bruit *m* à réveiller les morts. (*b*) Éveiller, exciter (une émotion, un souvenir, etc.). **2.** *v.i.* Se réveiller, s'éveiller.

wakening, *s.* Réveil *m.*

wakener [ˈweikənər], *s.* **1.** Réveilleur, -euse; éveilleur *m.* **2.** *F:* Gros coup, taloche *f.* **3.** *F:* Surprise *f*; coup inattendu.

waker [ˈweikər], *s.* **1.** **To be an early waker,** se réveiller (habituellement) de bonne heure. **2.** *A w. of sad memories,* un réveilleur de tristes souvenirs.

wake-robin [ˈweikrɔbin], *s.* *Bot:* Arum maculé; *F:* cornet *m*, gouet *m*, pied-de-veau *m.*

wakf [wʌkf], *s.* *Mohamm. Jur:* Wakouf *m*; fondation pieuse.

Walach [ˈwɔlək], *a. & s.* Valaque (*mf*).

Walachian [wɔˈleikiən]. **1.** *a. & s.* Valaque (*mf*). **2.** *s. Ling:* Le valaque.

Waldenses [wɔlˈdensiːz], *s.pl.* *Rel.H:* Vaudois *m.*

Waldensian [wɔlˈdensiən], *a. & s.* *Rel.H:* Vaudois, -oise.

waldgrave [ˈwɔldgreːiv], *s.* *Hist:* Waldgrave *m.*

wale[1] [weil], *s.* **1.** Marque *f*, trace *f* (d'un coup de fouet); vergeture *f.* **2.** *Tex:* Côte *f* (de drap). **3.** *Civ.E:* **Wale(-piece),** moise *f* (de palplanches). **4.** *Nau:* *A:* (*a*) Plat-bord *m*, *pl.* plats-bords. (*b*) *pl.* **The wales,** les préceintes *f.*

wale[2], *v.tr.* **1.** Marquer (d'un coup de fouet); zébrer (de coups de fouet). **2.** *Civ.E:* Moiser (des pieux). **3.** *Mil:* Clayonner (un gabion).

waling, *s.* **1.** *Hyd.E:* (*a*) Moisage *m* (des pieux). (*b*) Moise *f.* **2.** *Mil:* (*a*) Clayonnage *m* (des gabions). (*b*) Clayonnage; claies *fpl.* **3.** *Nau:* Bordage épais (autour d'un navire).

wale-knot [ˈweilnɔt], *s.* = WALL-KNOT.

Waler [ˈweilər], *s.* Cheval importé de la Nouvelle-Galles du Sud (pour l'armée des Indes).

Wales [weilz]. *Pr.n. Geog:* Le pays de Galles. **North Wales,** la Galles du Nord. **South Wales,** la Galles du Sud. *See also* NEW SOUTH WALES. **The Prince of Wales,** le Prince de Galles (héritier présomptif de la couronne d'Angleterre). **The Prince of Wales' feathers,** l'emblème *m* du Prince de Galles (couronne surmontée d'un panache de trois plumes d'autruche).

walk[1] [wɔːk], *s.* **1.** Marche *f.* **It is half an hour's walk from here,** c'est à une demi-heure de marche d'ici. *It is a long w. from here to the station,* il y a loin d'ici jusqu'à la gare. *It's only a short w.* (*from here*), ce n'est qu'une promenade. **2.** (*a*) Promenade (à pied); tour *m.* **To go for a walk, to have a walk,** aller se promener; faire un tour, une promenade. *To take a short w.,* faire un petit tour, un bout de promenade, *F:* un peu de footing. **To take s.o. for a walk,** emmener qn en promenade; faire faire une promenade à qn; mener promener qn. *To take the dog for a w.,* sortir le chien. *That will be a little w. for you,* cela vous promènera un peu; *F:* ce sera une petite balade. (*b*) *Post:* Tournée *f* (du facteur). **3.** (*a*) Manière *f* de marcher; démarche *f*; marcher *m*, marche, allure *f.* *Graceful w.,* marcher gracieux; marche gracieuse. **I know him by his walk,** je le reconnais à sa marche, à sa démarche. *To have a peculiar w.,* marcher d'une manière singulière. (*b*) **To go, move, at a walk,** aller, avancer, au pas. (*Of horse*) **To fall into a walk,** se mettre au pas. *Rac:* **To win in a walk,** arriver dans un fauteuil. **4.** (*a*) Allée *f* (de jardin, etc.); avenue *f*, promenade. *See also* BROAD-WALK. (*b*) Trottoir *m.* (*c*) Allée couverte; promenoir *m*; *Arch:* péristyle *m*, ambulatoire *m.* *See also* ROPE-WALK. (*d*) *Nau:* **Stern walk,** galerie *f* de poupe. *See also* CAT-WALK. (*e*) *A:* Parquet *m* d'élevage (de coqs de combat). *See also* COCK[1] 1. (*f*) **Sheep-walk,** pâturage *m.* **5.** *F:* Sphère *f*, domaine *m* (de la littérature, des sciences, etc.). **Walk of life,** (i) position sociale; (ii) métier *m*, carrière *f.*

walk[2]. I. *v.i.* **1.** Marcher, cheminer. **To walk on the road,** cheminer sur la chaussée. **To walk on to the road,** s'engager sur la chaussée. *To w. two paces forward,* faire deux pas en avant; avancer de deux pas. **To walk on all fours,** marcher à quatre pattes. **To walk on one's hands,** faire l'arbre fourchu. **To walk in one's sleep,** être somnambule, noctambule. **To walk with s.o.,** accompagner qn. *W. a little way with me,* faites-moi un bout de conduite. **To walk lame,** boiter (en marchant); clocher; traîner la jambe. **2.** (*a*) (*As opposed to ride, drive, etc.*) Aller à pied. **To walk home,** rentrer à pied. **I always walk to my office,** je me rends toujours à pied à mon bureau. *I had to w.,* j'ai dû faire le trajet à pied. *To w. five miles,* faire cinq milles à pied. **You can walk it in ten minutes,** vous en avez pour dix minutes à pied. (*b*) (*For exercise, pleasure*) Se promener (à pied). **To be out walking,** être en promenade. **3.** (*Of horse, rider, vehicle*) Aller au pas. **4.** (*Of ghost*) Revenir. *See also* GHOST[1] 3. **5.** *A:* Marcher, se conduire. **To walk in His laws,** marcher dans ses statuts. **To walk uprightly,** cheminer droit; bien vivre. *Let us w. honestly,* conduisons-nous honnêtement.

II. **walk,** *v.tr.* **1.** **To walk the streets,** (i) courir les rues; battre le pavé; (ii) (*of woman*) faire le trottoir. (*Of sentry*) **To walk one's beat, one's round,** faire sa faction. *See also* BEAT[1] 3. *F:* **To walk the boards,** être sur les planches; être acteur, -trice. *See also* HOSPITAL 1, PLANK[1] 1. **2.** (*a*) Faire marcher, faire promener (un stupéfié, etc.). (*b*) **To walk s.o. off his legs,** exténuer, éreinter, qn à force de le faire marcher. *He has walked himself lame,* il a tant marché qu'il traîne la patte. (*c*) **To walk a horse,** (i) conduire, promener, un cheval (au pas); (ii) mettre un cheval au pas, lui faire prendre le pas (avant de rentrer, etc.). **3.** *Sp:* **To walk s.o. for £10 a side,** faire une course de footing avec qn pour un enjeu de £10 de part et d'autre. **4.** *Ven:* **To walk a puppy,** (i) prendre un jeune chien en pension pour l'éduquer; (ii) mettre un jeune chien en pension.

walk about, *v.i.* Se promener; circuler; *F:* déambuler.

walking about, *s.* Ambulation *f.*

walk along, *v.i.* **1.** (*Adv. use*) Marcher; s'avancer. **2.** (*Prep. use*) *To w. along the kerb,* suivre le bord du trottoir.

walk away, *v.i.* S'en aller; partir. *Sp:* *F:* **To walk away from a competitor,** distancer facilement un concurrent; *F:* semer un concurrent.

'walk-away, *s.* *Sp:* *F:* Course dans laquelle le gagnant a distancé facilement tous ses concurrents.

walk back. 1. *v.i.* Revenir, retourner, à pied. *But you won't w. back?* mais vous n'allez pas refaire la route à pied? **2.** *v.tr.* *Nau:* Dévirer (le cabestan).

walk down, *v.i.* Descendre.

walk in, *v.i.* Entrer. **To ask s.o. to walk in,** faire entrer qn. (*On office door*) **(Please) walk in,** entrez sans frapper.

walk into, *v.i.* **1.** **To walk into the room,** entrer dans la salle. **2.** *F:* (*a*) Se heurter à, contre (qch.); se trouver nez à nez avec (qn). (*b*) (i) Flanquer une raclée à (qn); *P:* rentrer dedans à (qn); (ii) faire une sortie contre (qn); s'attaquer à (qn); (iii) dire carrément son fait à (qn); bien arranger (qn). (*c*) **To walk into one's food,** manger goulûment sa nourriture; s'empiffrer. **To walk into one's stock of money,** faire une brèche dans son argent.

walk off. 1. *v.i.* S'en aller; partir; *P:* décamper, déguerpir. *F:* **To walk off with sth.,** décamper avec (un objet volé, etc.). *He's walked off with my dictionary!* il n'est pas gêné; il a emporté mon dictionnaire! **2.** *v.tr.* (*a*) **To walk s.o. off to prison,** emmener qn en prison. (*b*) **To walk off one's anger,** faire une promenade pour laisser passer sa colère. **To walk off one's lunch,** faire une promenade de digestion.

walk on, *v.i.* **1.** Continuer sa marche. **2.** *Th:* Figurer (sur la scène); faire, remplir, un rôle de figurant(e).

walk-'on, *s.* *Th:* Rôle *m* de figurant(e).

'walking-on, *attrib.a.* *Th:* **Walking-on part,** rôle *m* de figurant(e).

walk out. 1. *v.i.* (*a*) Sortir. *To w. out of the room,* sortir de la salle. (*b*) *U.S:* (*Of workmen*) Se mettre en grève. (*c*) (*Of servant girl*) **To walk out with a young man,** sortir avec un jeune homme; être bien avec un jeune homme. *They are walking out,* ils sont bien ensemble. **2.** *v.tr.* (*Of young man*) **To walk out his girl,** faire sortir sa bonne amie; la balader.

walk-'out, *s.* *U.S:* Grève *f* (d'ouvriers).

'walking-out, *attrib.a.* *Mil:* **Walking-out dress,** tenue *f* de ville, de sortie.

walk over. 1. *v.i.* *Sp:* **To walk over (the course),** faire un walk-over; gagner d'office (en l'absence d'autres concurrents). **2.** *v.tr.* **To walk one's shoes over** (*to one side*), tourner ses souliers.

'walk-over, *s.* *Sp:* **1.** Walk-over *m.* **2.** Victoire *f* facile; quasi walk-over. *F:* *A job like that is a w.-o. for him,* une tâche comme ça, ce n'est qu'un jeu pour lui.

walk round, *v.i.* **1.** (*Prep. use*) Faire le tour de (qch.). **2.** (*Adv. use*) Faire le tour; faire un détour.

walk through, *v.i.* **1.** (*Prep. use*) Se promener par, dans (la ville); passer par (une porte); traverser (une foule); parcourir (une salle, la ville). **2.** (*Adv. use*) Passer à travers.

walk up. 1. *v.i.* (*a*) Monter (l'escalier). (*b*) **To walk up to s.o.,** s'avancer vers qn; s'approcher de qn. (*At fair, etc.*) **Walk up!** approchez, entrez, messieurs et dames! **To walk up and down,** se promener de long en large; déambuler; faire les cent pas. **2.** *v.tr.* **To walk a horse up and down,** promener un cheval.

walk-'up, *attrib.a.* *U.S:* (Appartement *m*, etc.) sans ascenseur.

walking[1], *a.* **1.** (Voyageur, spectre) ambulant. *Mil.Med:* **Walking case,** blessé *m* qui marche, qui peut marcher. *See also* DICTIONARY, ENCYCLOPAEDIA. **2.** *Th:* **Walking gentleman, lady,** figurant *m*, figurante *f.*

'walking fern, *s.* *Bot:* **1.** Camptosore *m.* **2.** Lycopode *m* en massue.

'walking-leaf, *s.* *Ent:* Phyllie *f* feuille sèche.

walking[2], *s.* Marche *f*; promenades *fpl* à pied; le footing. *W. is the best exercise,* la marche est le meilleur des exercices. *To like w.,* aimer la marche. **Two hours' walking,** deux heures de marche ou de promenade. *Four miles an hour is fair w.,* quatre milles à l'heure, ce n'est pas mal marcher, c'est une bonne allure. **The walking here is bad,** le marcher est mauvais ici. *See also* SLEEP-WALKING, STREET-WALKING. **It is within ten minutes' walking distance,** vous en avez pour dix minutes à pied; c'est à moins de dix minutes de marche. **It is within walking distance,** on peut aisément s'y rendre à pied. *U.S:* **To give s.o. his walking orders, his walking papers,** congédier qn; donner son congé à qn. *See also* DRESS[1] 2, SKIRT[1] 1, TOUR[1].

'walking-beam, *s.* *Mch:* Balancier *m* (de machine à vapeur).

'walking-boots, *s.pl.* Chaussures *f* de marche, de fatigue.

'walking-pace, *s.* Allure *f* du pas. *Aut:* *etc:* *To drive at a w.-p.,* conduire, rouler, au pas.

'walking-race, *s.* Concours *m* ou match *m* de marche, de footing.

'walking-stick, *s.* **1.** Canne *f*. *See also* GUN[1] **2.** **2.** *Ent:* Bacille *m*, bactérie *f*.

walkable ['wɔːkəbl], *a.* **1.** (Chemin) praticable aux piétons. **2.** (Trajet) qui peut se faire à pied.

walker[1] ['wɔːkər], *s.* **1.** Marcheur, -euse; promeneur, -euse; piéton *m*. **He is a fast walker, a slow walker,** il marche vite, lentement. **To be a good walker,** être bon marcheur; avoir de bonnes jambes. *He is a great w.*, c'est un fervent de la marche, du footing. *I am not the w. I used to be,* je n'ai plus mes jambes de quinze ans. *See also* SHOP-WALKER, SLEEP-WALKER, STREET-WALKER. **2.** *Orn:* Coureur *m*. **3.** *Th:* **Walker-on,** figurant, -ante; (*in ballet*) marcheuse *f*.

Walker[2], *int.* *P:* (Hookey) **Walker!** quelle blague! à d'autres!

wall[1] [wɔːl], *s.* **1.** (*a*) Mur *m*. **Main walls,** gros murs; gros ouvrages. **Dwarf wall,** muret *m*; (*of window*) allège *f*. **Blind wall, blank wall,** mur plein, orbe; renard *m*. *Rough walls* (*between fields, etc.*), mureaux *m*. *Surrounding w.*, mur d'enceinte. **Dry wall,** perré *m*. *Hort:* **Wall for fruit trees,** espalier *m*. *See also* BREAST-WALL, CROSS-WALL, FOUNDATION-WALL, MIDDLE[1] **1**, OUTER[1] **1**, PARTITION-WALL, PARTY-WALL, STRING-WALL, WAILING[2]. *The pictures that hang on the w.*, les tableaux qui pendent au mur. *El.E:* **Wall switchboard,** tableau de distribution mural. **To leave only the bare walls standing,** ne laisser que les quatre murs. *Ten:* **Stroke off the wall,** bricole *f*. *F:* **To run, beat, one's head against a (brick, stone) wall,** donner de la tête contre un mur; se heurter, se cogner, se battre, la tête contre un mur; heurter de la tête contre une muraille; se buter à l'impossible. **You might as well talk to a brick wall,** autant vaut parler à un sourd. *F:* **He can see through a brick wall,** plus fin que lui n'est pas bête; il est très perspicace. *He stood with his shoulders to the w.*, il avait les épaules plaquées au mur. *F:* **To go to the wall,** (i) être mis à l'écart; être laissé de côté; (ii) être ruiné, être acculé; succomber; perdre la partie; faire faillite. **The weakest always goes to the wall,** le plus faible est toujours écrasé; les battus payent l'amende. *His honour went to the w.*, son honneur a fait le saut. **To drive s.o. to the wall,** acculer qn; réduire qn à quia. **To give s.o. the wall, the wall side of the pavement,** donner à qn le haut du pavé. **To take the wall,** prendre le haut du pavé. *See also* BACK[1] I. **1**, EAR[1] **1**. (*b*) Muraille *f*. *W. of rocks,* muraille de rochers. **Town walls,** murs, murailles, d'une ville. **Within the walls** (*of the town*), dans la ville; intra muros. **Without the walls,** extra muros. **The Great Wall of China,** la muraille de Chine. *Village surrounded by a w. of mountains,* village enfermé dans une enceinte de montagnes. *Pol.Ec:* **High tariff walls,** hautes murailles douanières; hautes barrières douanières. *See also* SEA-WALL. **2.** Paroi *f* (d'une chaudière, de la poitrine, d'une cellule, etc.); *Artil:* côté *m* (d'une tourelle); *Aut: Cy:* flanc *m*, joue *f* (d'un pneu). *Geol: Min:* **Wall of a lode,** paroi, éponte *f*, d'un filon. *Min:* **Hanging wall,** toit *m*. **Foot-wall,** sol *m*, chevet *m* (d'un filon). **Wall of a fault,** lèvre *f* d'une faille. **Outer wall** *of a volcano*, rempart *m* d'un volcan. *Metall:* **Lining wall,** contre-mur *m* (d'un haut fourneau).

'wall-arcade, *s.* *Arch:* Arcade aveugle, feinte.

'wall-bench, *s.* Établi mural.

'wall-block, *s.* *El.E:* Patère isolante; rosace isolante.

'wall-bracket, *s.* **1.** Console murale. **2.** *Mec.E:* (*For shaft*) (Chaise-)console *f*, *pl.* chaises-consoles; chaise-applique *f*, *pl.* chaises-appliques; palier mural, *pl.* -aux.

'wall-clock, *s.* Cartel *m*; pendule murale; (*round*) œil-de-bœuf *m*, *pl.* œils-de-bœuf.

'wall-crane, *s.* Grue murale, à potence; grue d'applique; grue à console.

'wall-creeper, *s.* *Orn:* Grimpereau *m* des murailles; tichodrome *m*.

'wall-cress, *s.* *Bot:* Arabette *f*.

'wall-face, *s.* **1.** Surface *f* d'un mur. **2.** *Min:* Paroi *f* (d'une galerie de mine); face *f* (d'un puits).

'wall fern, *s.* *Bot:* Polypode *m* vulgaire, du chêne.

'wall-fitting, *s.* *El.E:* Applique *f*.

'wall-fruit, *s.* Fruit *m* d'espalier.

'wall-hanger, *s.* *Mec.E:* = WALL-BRACKET **2**.

'wall-hoist, *s.* Treuil *m* d'applique.

'wall-hook, *s.* Crampillon *m*.

'wall-lamp, *s.* (Lampe *f* d')applique *f*.

'wall-lizard, *s.* *Rept:* Lézard *m* des murailles.

'wall-map, *s.* Carte murale.

'wall-painting, *s.* Peinture murale.

'wall-paper, *s.* Papier peint, papier à tapisser, (papier) tenture *f*.

'wall-pepper, *s.* *Bot:* Orpin *m* âcre; poivre *m* de muraille.

'wall-plate, *s.* **1.** *Const:* (*a*) Sablière *f* (de comble). (*b*) Plaque *f* d'assise (de poutre); lambourde *f*, ligneul *m* (pour les solives du plancher). **2.** *Mec.E:* Plaque murale; contre-plaque *f* (de chaise).

'wall-press, *s.* Placard *m*.

'wall-rib, *s.* *Arch:* Formeret *m* (d'une voûte).

'wall rue, *s.* *Bot:* Rue *f*, doradille *f*; rue des murailles; sauve-vie *f*.

'wall-seat, *s.* Banquette *f*.

'wall-sided, *a.* (Navire *m*) à murailles droites.

'wall-sofa, *s.* (*In restaurant, etc.*) Banquette *f*.

'wall-string, *s.* *Const:* Contre-limon *m*, faux limon (d'un escalier).

'wall-tie, *s.* *Const:* Ancrage *m*.

'wall-tile, *s.* Carreau *m* de revêtement.

'wall-tree, *s.* *Arb:* Arbre *m* en espalier; arbre d'espalier.

wall[2], *v.tr.* **1.** **To wall (in) a town, a garden,** entourer de murs, murer, une ville, un jardin. *A:* **To wall in a prisoner,** emmurer un prisonnier. **2.** Murailler (un talus, etc.). **To wall (round) a well,** murailler un puits.

wall off, *v.tr.* Séparer (un appartement, etc.) par un mur, par une paroi (*from*, de).

walled off, *a.* (Appartement) séparé par un mur.

wall up, *v.tr.* **1.** *A:* Murer, emmurer (qn). **2.** **To wall up the windows of a house,** murer, maçonner, les fenêtres d'une maison.

walling up, *s.* **1.** *A:* Emmurement *m* (de qn). **2.** Murage *m*, maçonnage *m* (d'une fenêtre, etc.).

walled, *a.* **1.** (*a*) (*Of garden, town, etc.*) Walled (in), muré; clos de murs, d'une enceinte. (*b*) (Talus, puits) muraillé. **2.** (*With adj. or noun prefixed, e.g.*) **Double-walled,** à double paroi. **Brick-walled house,** maison *f* aux murs en briques.

walling, *s.* **1.** **Walling (in),** murage *m* (d'une ville, d'un jardin, etc.). **Walling (round),** muraillement *m* (d'un puits). **2.** Murs *mpl*, maçonnerie *f*. **Rough walling,** limo(u)sinage *m*.

wallaby ['wɔləbi], *s.* **1.** *Z:* (*Austr.*) Kangourou *m* de petite taille; wallaby *m*. *F:* (*Austr.*) **To be on the wallaby (track),** être sur le trimard; trimarder. **2.** *F:* Australien *m*.

Wallach ['wɔlək], *a. & s.* = WALACH.

wallah ['wɔlə], *s.* (*Anglo-Indian*) Employé *m*, garçon *m*. (*Usu. with noun prefixed, e.g.*) **Punkah-wallah,** tireur *m* de panka.

wallaroo [wɔlə'ruː], *s.* *Z:* (*Austr.*) Kangourou géant.

wallet ['wɔlet], *s.* **1.** (*a*) *A:* Havresac *m*. (*b*) (i) Bissac *m*; (ii) besace *f* (de mendiant). **2.** Sacoche *f* (de bicyclette, d'arçon, etc.); giberne *f* (de musicien). *Sch:* **(Pen and) pencil wallet,** trousse *f* d'écolier. **3.** Portefeuille *m*.

wall eye ['wɔːl'ai], *s.* *Med: Vet:* **1.** Œil vairon. **2.** Œil à strabisme divergent.

wall-eyed ['wɔːl'aid], *a.* **1.** (*Of horse, pers.*) Vairon; qui a un œil vairon. **2.** (*Of pers.*) A strabisme divergent.

wallflower ['wɔːlflauər], *s.* **1.** *Bot:* Giroflée *f* jaune, des murailles; ravenelle *f*; violier *m* jaune; baguette *f* d'or; bâton *m* d'or. **Siberian wallflower,** erysimum *m* de Petrowski. **2.** *F:* (*Of girl at a dance*) **To be a wallflower,** faire tapisserie.

Wallis ['wɔlis]. *Pr.n.* *Geog:* **The Wallis Archipelago,** les îles *f* Wallis.

wall-knot ['wɔːlnɔt], *s.* *Nau:* Cul-de-porc *m*, *pl.* culs-de-porc; cul-de-pot *m*, *pl.* culs-de-pot; nœud *m* de passe. *See also* CROWN[1] 8.

Walloon [wɔ'luːn]. **1.** *a. & s.* *Ethn: Geog:* Wallon, -onne. **2.** *s.* *Ling:* Le wallon. *To talk in W.*, wallonner.

wallop[1] ['wɔləp], *s.* *F:* **1.** Gros coup; *P:* torgn(i)ole *f*. **2.** **To fall with a wallop, to go (down) wallop,** tomber lourdement, avec fracas. **And then he went (down with a) wallop, and down he went with a wallop!** et patatras, le voilà qui tombe, le voilà par terre!

wallop[2], *v.tr.* *P:* Rosser (qn); *P:* tanner le cuir à (qn); flanquer une tournée à (qn).

walloping[1], *a.* *P:* Énorme; épatant; de première force.

walloping[2], *s.* *P:* Volée *f* (de coups); rossée *f*; tannée *f*. *Our team got a w.*, nous avons été battus à plate couture.

wallow[1] ['wɔlo, -ou], *s.* **1.** Fange *f*, bourbe *f*, boue *f* (où se vautre une bête). **2.** Trou bourbeux (où se roulent les buffles, les rhinocéros, etc.); souille *f*, bauge *f* (de sanglier). *Ven:* (*Of boar*) **To return to its wallow,** prendre souille.

wallow[2], *v.i.* (*Of animals*) Se vautrer; se rouler dans la boue. *F:* (*Of pers.*) **To wallow in blood,** se baigner, se plonger, dans le sang. **To wallow in wealth,** nager dans l'abondance. **To wallow in vice,** croupir, se plonger, dans le vice; crapuler. *To be wallowing in luxury, F:* être à la paille jusqu'au ventre. *Hum:* *To w. in strawberries and cream,* se gorger de fraises à la crème; s'en mettre jusque-là.

'wallowing-place, *s.* Souille *f*, bauge *f* (du sanglier).

wallower(-wheel) ['wɔlouər(hwiːl)], *s.* *Mec.E:* (Roue *f* à) lanterne *f*.

Wallsend ['wɔːlzend, wɔːl'zend]. *Pr.n.* *Geog:* Wallsend. **Wallsend coal,** *s.* **Wallsend,** charbon *m* de Newcastle.

Wall Street ['wɔːlstriːt]. *Pr.n.* Centre financier de New-York; la Bourse de New-York.

walnut ['wɔːlnʌt], *s.* **1.** Noix *f*. **Green walnut,** cerneau *m*. **Pickled walnuts,** cerneaux confits au vinaigre. *Tex:* **Walnut dye,** racinage *m*. *F:* **To sit over the walnuts and wine,** causer entre la poire et le fromage. **2.** *Bot:* Noyer *m*. **American walnut, black walnut,** noyer américain, noir. **African walnut,** lovoa *m* klaineana; noyer du Gabon. **3.** (Bois *m* de) noyer. **Figure(d) walnut,** ronce *f* de noyer. **Walnut suite (of furniture),** mobilier *m* en noyer.

'walnut-'brown, *s.* Teint brun que l'on obtient en se frottant la peau avec du brou de noix.

'walnut-juice, *s.* Brou *m* de noix.

'walnut-shell, *s.* Coquille *f* de noix.

'walnut-stain, *s.* Brou *m* de noix.

'walnut-stained, *a.* Teint avec du brou de noix.

'walnut-tree, *s.* *Bot:* Noyer *m*.

Walpurgis [val'puːrgis]. *Pr.n.f.* Walpurgis, Walburge. **Walpurgis-night,** la nuit de Walpurgis (la veille du 1er mai).

walrus ['wɔːlrʌs], *s.* *Z:* Morse *m*; cheval marin; vache marine. *F:* **Walrus moustache,** moustache tombante, à la gauloise.

Walter ['wɔːltər]. *Pr.n.m.* Gauthier.

waltz[1] [wɔːls], *s.* **1.** Valse *f*. **Quick waltz, deux-temps waltz,** valse à deux temps. **Trois-temps waltz,** valse à trois temps. **Hesitation waltz,** boston *m*; valse hésitation. *You mustn't forget to ask your cousin for a w.*, il ne faudra pas oublier de faire valser ta cousine. **2.** *Mus:* Air *m* de valse. **Waltz-song,** valse chantée.

waltz[2], *v.i.* **1.** Valser. *To w. round the room,* faire un tour de valse. *I waltzed with Miss X,* j'ai fait valser Mlle X. **2.** *F:* Danser (de joie, etc.). *They joined hands and waltzed round a policeman,* se donnant la main ils se mirent à danser autour d'un agent.

waltzing[1], *a.* Valseur, -euse.

waltzing[2], *s.* Valse *f*.

waltzer ['wɔːlsər], *s.* Valseur, -euse.

wampum ['wɔmpəm], *s.* *Anthr:* Wampoum *m*.

wan [wɔn], *a.* Pâlot, -otte; blême. *Wan child,* enfant pâlot. *To grow wan,* pâlir, blêmir. **Wan light,** lumière blafarde, falote. **Wan**

smile, pâle sourire; sourire faible, triste, défaillant. **-ly,** *adv.* (Sourire, regarder) d'un air triste.

wand [wɔnd], *s.* **1.** Baguette *f* (de fée, de magicien). **(Dowser's) hazel wand,** baguette de coudrier; baguette divinatoire. *See also* YARD-WAND. **2.** *(Staff of office)* Bâton *m* (de commandement, etc.); verge *f* (d'huissier). **Mercury's wand,** caducée *m*.

wander[1] ['wɔndər], *s.* Course errante, vagabonde. *To go for a w. in the woods,* aller se promener dans les bois.

'wander-plug, *s.* *El:* Fiche *f* de prise de courant (sur une batterie sèche de haute tension à éléments multiples).

wander[2]. **1.** *v.i.* (*a*) Errer (sans but); se promener au hasard. *To w. in the woods, about the streets,* errer dans les bois, par les rues. **To wander about,** aller à l'aventure; aller le nez au vent; vaguer; *F:* se balader. *To w. (about) aimlessly, forlornly,* errer à l'abandon; errer à l'aventure. *To w. about the world, F:* rouler sa bosse (un peu partout). **His eyes wandered over the scene,** ses regards se promenaient sur cette scène; il promenait ses yeux sur cette scène. **To let one's thoughts wander,** laisser vaguer ses pensées. **His thoughts wandered back to the past,** sa pensée vagabonde revint sur le passé. (*b*) **To wander from the right way,** s'écarter, sortir, du droit chemin; s'égarer. **To wander (away) from the point, from the subject,** s'écarter, sortir, du sujet, de la question; digresser; faire une digression; se lancer, se perdre, dans une digression. **My thoughts were wandering,** je n'étais pas à la conversation. *His mind wanders at times,* il est sujet à des absences; il a des absences. (*c*) *(Of pers.)* **To wander in one's mind,** divaguer; avoir le délire; *F:* battre la campagne. **2.** *v.tr.* (*a*) *Lit:* Parcourir (au hasard). *Esp.* **To wander the world,** errer par le monde. *To w. the world through,* parcourir le monde entier. (*b*) *F:* Désorienter (qn); couper le fil des idées à (qn).

wandered, *a.* **1.** Égaré; sorti du droit chemin, du chemin habituel. **2.** *F:* Désorienté.

wandering[1], *a.* **1.** (*a*) Errant, vagabond; *(of tribe)* nomade. *W. tribes,* nomades *m*. *W. life,* vie errante, vagabonde. **Wandering minstrels,** chanteurs, ménestrels, ambulants. *See also* JEW. (*b*) (Esprit) distrait. *W. eyes,* yeux distraits. *W. attention,* attention vagabonde. (*c*) *Med:* (Maladie *f*, douleur *f*) mobile. **Wandering kidney,** rein flottant, mobile. **2.** (*a*) *Med:* Qui a le délire; qui délire; qui divague. (*b*) (Discours, récit) incohérent. **-ly,** *adv.* (*a*) En errant; à l'aventure. (*b*) D'une façon distraite ou incohérente.

wandering[2], *s.* **1.** (*a*) Vagabondage *m*, nomaderie *f*. *My w. days are over,* j'en ai fini avec mes voyages; je n'ai plus l'âge de voyager. *To recount one's wanderings, F:* raconter son odyssée *f*. (*b*) *El. Lighting:* **Wandering of the arc,** migration *f* de l'arc. **2.** (*a*) Rêverie *f*; inattention *f*. (*b*) *Med:* Égarement *m* (de l'esprit); délire *m*. *In his wanderings,* dans ses divagations. **3.** *W. from one's course, from the subject,* déviation *f* de sa route, du sujet.

wanderer ['wɔndərər], *s.* **1.** Vagabond, -onde; *F:* baladeur, -euse. *To be a w.,* errer par voies et par chemins. *B: They shall be wanderers among the nations,* ils seront errants parmi les nations. **Our wanderer has returned,** notre voyageur nous est revenu. **2.** Celui qui s'écarte, qui dévie (*from the right way,* du droit chemin). *F:* **A wanderer from the fold,** *Ecc:* une brebis égarée; *Pol: etc:* un membre dévoyé (du parti).

wanderlust ['wɔndərlʌst], *s.* Manie *f* des voyages; esprit *m* d'aventure.

wanderoo [wɔndə'ruː], *s.* *Z:* Singe *m* lion; ouanderou *m*.

wane[1] [wein], *s.* Décroît *m*, déclin *m*, décours *m* (de la lune, *F:* d'une puissance). **Moon on the wane,** lune à son décours. **Beauty on the wane,** beauté *f* sur le déclin. **To be on the wane,** *(of moon)* décroître; *F:* *(of pers.)* être à, sur, son déclin; *(of beauty)* être sur le retour; *(of fame, etc.)* être à son couchant; *(of a religion)* être en décours. *Night is on the w.,* la nuit est avancée. *F:* **His star is on the wane,** son étoile pâlit.

wane[2], *v.i.* *(Of the moon, of power, popularity, etc.)* Décroître, décliner; *(of beauty)* être sur le retour; *(of enthusiasm, etc.)* s'affaiblir, s'attiédir. **His star, his glory, is waning,** son étoile pâlit; sa gloire diminue.

waning[1], *a.* Décroissant, déclinant. **Waning moon,** lune décroissante; lune à son déclin. **Waning light,** lumière défaillante, faiblissante. **Waning power,** pouvoir déclinant. *W. empire,* empire *m* en décadence.

waning[2], *s.* Décroissance *f*, décroissement *m*, décours *m* (de la lune); déclin *m* (de la beauté, etc.); décadence *f* (d'un empire); attiédissement *m* (de l'enthousiasme, etc.).

wane[3], *s.* *Carp:* Flache *f* (d'une planche).

waney ['weini], *a.* *(Of plank)* Flacheux, flache.

wangle[1] [waŋgl], *s.* *P:* Moyen détourné; truc *m*. *His appointment was a w.,* il a été nommé par intrigue, à la suite de manigances.

wangle[2], *v.tr.* *P:* **1.** Obtenir (qch.) par subterfuge; *P:* carotter, fricoter (qch.). *Abs.* Employer le système D. **To wangle a week's leave,** se faire accorder huit jours de congé. *To w. a decoration,* décrocher la croix, un ordre, etc. **2.** Cuisiner (des comptes, un procès-verbal, etc.).

wangling, *s.* Carottage *m*, fricotage *m*.

wangler ['waŋglər], *s.* *P:* Carotteur, -euse; fricoteur, -euse.

wanion ['wɔnjən], *s.* *A:* Décroît *m* (de la lune). *Used only in the phr. A:* **With a wanion** = *with a vengeance, q.v. under* VENGEANCE.

wanness ['wɔnnəs], *s.* Pâleur *f*.

want[1] [wɔnt], *s.* **1.** (*a*) Manque *m*, défaut *m*. **Want of judgment,** défaut de jugement. **Want of imagination,** manque d'imagination. *My w. of memory,* mon peu de mémoire. *W. of provisions,* manque de provisions. *To feel the w. of friends,* se sentir seul. *I had no more tobacco, but did not feel the w. of it,* je n'avais plus de tabac, mais ce n'était pas une privation. **For want of sth.,** faute de qch.; à défaut de qch.; par manque de (prévoyance, etc.). *For w. of money the thing fell through,* faute d'argent la chose échoua. *Bank:* **'For want of funds,'** "faute de provision." **For want of something better,** faute de mieux. *For w. of something to do,* par désœuvrement. *Prov:* **For want of a nail the shoe was lost, for want of a shoe the horse was lost,** faute d'un point Martin perdit son âne. **For want of speaking in time,** faute d'avoir parlé à temps. *There is no w. of talent or money,* ce n'est ni le talent ni l'argent qui manque. *To make up for the w. of sth.,* suppléer à l'absence de qch. (*b*) *Mec.E:* **Want of balance,** balourd *m*. (*c*) **To be in want of sth.,** avoir besoin de qch. *To be in w. of money,* être à court d'argent. *I am in w. of . . .,* il me manque . . .; il me faut. . . . **2.** Indigence *f*, misère *f*, besoin *m*. **To be in want,** être dans le besoin, dans la peine, dans la gêne. **To be living in want,** vivre dans la misère, dans le besoin, dans la privation; vivre de privations. *To be in great w.,* être dans le dénuement; *F:* être sur la paille. **To come to want,** tomber dans la gêne, dans la misère; être réduit à la misère, à l'indigence. *To die of w.,* mourir de misère. *See also* DIRE, WASTE[2] 2. **3.** Besoin *m*. **To minister, attend, to s.o.'s wants,** servir qn dans ses besoins; pourvoir aux besoins de qn. **A long-felt want,** une lacune à combler. **This volume meets a long-felt want,** ce volume sera le bienvenu; ce volume comble un vide. *Man of few wants,* homme *m* qui n'a pas beaucoup de besoins, qui a peu de besoins. **4.** *Scot:* **To have a want,** être faible d'esprit.

want[2]. **1.** *v.i.* (*a*) Manquer (de); être dépourvu (de). **To want for bread,** manquer de pain. **To want for nothing,** ne manquer de rien. (*b*) **His family will see to it that he does not want,** sa famille veillera à ce qu'il ne se trouve pas dans la nécessité, dans le besoin. **2.** *v.tr.* (*a*) *(Be without)* Manquer de, ne pas avoir (qch.); ne pas être pourvu de (qch.); être dépourvu de (qch.). *He wants an arm,* il lui manque un bras. *Statue that wants a head,* statue qui n'a pas de tête, qui est sans tête, à laquelle il manque la tête. **To want patience, intelligence,** manquer de patience, d'esprit. *She wants the ability to do it,* elle n'a pas les talents nécessaires pour le faire. *I w. one card,* il me manque une carte. *Impers.* **It wants six minutes of ten o'clock,** il est dix heures moins six. **It still wanted an hour till dinner-time,** il y avait encore une heure à passer avant le dîner. *It wanted but a few days to Christmas,* Noël n'était éloigné que de quelques jours. (*b*) *(Need) (Of pers.)* Avoir besoin de (qch.); *(of thg)* exiger, réclamer, demander (qch.). **To want rest,** avoir besoin de repos. *He wants a new hat,* il lui faut un nouveau chapeau. **That work wants a lot of patience,** ce travail exige, demande, beaucoup de patience. *Situation that wants tactful handling,* situation qui demande à être maniée avec tact. *Rabbits do not w. much care,* les lapins ne réclament pas beaucoup de soins. **I want you,** j'ai besoin de vous. *If nobody wants me, my assistance, here, I'm going home,* si personne n'a plus besoin de moi, je rentre. *If you do not w. this book, do lend it to me,* si vous ne vous servez pas de ce livre, si vous n'avez pas besoin de ce livre, voulez-vous me le prêter? **Have you all you want?** avez-vous tout ce qu'il vous faut, tout ce que vous désirez? *He does not w. all this,* il n'a que faire de tout cela. *We have more than we w.,* nous en avons plus qu'il n'en faut. *You shall have as much as you w.,* vous en aurez autant que vous voudrez; vous en aurez à plaisir. **I've had all I want(ed),** j'en ai assez. *The goods can be supplied* **as they are wanted,** on peut fournir les articles au fur et à mesure des besoins. *These are not wanted,* ceux-ci sont de trop. **That's the very thing I want,** c'est juste, voilà tout juste, ce qu'il me faut; cela fait tout juste mon affaire; c'est juste mon affaire. *I have the very thing you w.,* j'ai votre affaire. **The very man we want,** l'homme *m* de la circonstance. **To want a situation,** être en quête d'un emploi. **Wanted, a good cook,** on demande une bonne cuisinière. **He is wanted by the police,** il a la police à ses trousses; la police le recherche; il est recherché par la police. (*c*) *F:* **You want to eat more than you do,** vous devriez manger plus que vous ne faites. *You w. to be on your guard,* il faut vous méfier. **Your hair wants cutting,** vous avez besoin de vous faire couper les cheveux. **It wants some doing,** ce n'est pas (si) facile à faire. (*d*) *(Desire)* Désirer, vouloir. **He knows what he wants,** il sait ce qu'il veut. *Prov:* **The more a man gets the more he wants,** l'appétit vient en mangeant. *Do you w. any?* en voulez-vous? *Those who wanted war,* ceux qui voulaient la guerre. *I do not w. a throne,* je ne veux point d'un trône. *How much for this armchair?*—**I want five pounds,** combien ce fauteuil? —J'en demande cinq livres. *What price do you w. for your house?* quel prix voulez-vous de votre maison? *Iron:* **You don't want much!** tu n'es pas dégoûté! *She makes him do everything she wants,* elle lui fait faire ses quatre volontés. **To want s.o. for king,** vouloir qn pour roi. **You are wanted,** on vous demande. *We are not wanted here,* nous sommes de trop ici. *We don't w. you,* nous n'avons que faire de vous. *I see you don't w. me here,* je vois que ma présence vous déplaît. *If nobody wants me here, I'm going home,* si personne ne désire ma compagnie, je rentre. **What does he want with me?** que me veut-il? que veut-il de moi? **To want sth. of s.o., from s.o.,** désirer, vouloir, qch. de qn. *What do you w. of him?* que lui voulez-vous? **I want to tell you that . . .,** je voudrais vous dire que. . . . *He felt he wanted to taste it,* il eut envie d'y goûter. **To want to see s.o., to speak to s.o.,** demander qn; avoir à parler à qn. **He could have done it if he had wanted to,** il l'aurait bien fait s'il avait voulu. *I am asked to take the chair, and I don't w. to,* on m'a prié de présider, et j'aimerais mieux n'en rien faire. *Don't come unless you w. to,* ne venez pas à moins que le cœur ne vous en dise. **I want him to come,** je désire qu'il vienne. **He wanted a tree cut down,** il voulait faire abattre un arbre. **I don't want it known,** je ne veux pas que cela se sache. *He wants it finished by to-morrow,* il désire que ce soit fini demain au plus tard. *What do you w. done?* que désirez-vous qu'on fasse? **I want you to be cheerful,** je vous veux gai. **I don't want you turning everything upside down,** je ne veux pas que vous mettiez tout sens dessus dessous. *Dial: I wanted so for her to live*, je désirais tant qu'elle vécût.

wanted, *a.* **1.** Désiré, voulu, demandé. *Fin:* **Stocks wanted**, valeurs demandées. **2.** (Criminel) que la police recherche, recherché par la police.

wanting. **1.** *Pred.a.* (*a*) Manquant, qui manque. **To be wanting**, faire défaut. *In this animal the teeth are w.*, chez cet animal les dents sont absentes. *Courage is not w. in him*, le courage ne lui fait pas défaut. **One sheet is wanting, there is one sheet wanting**, il manque une feuille. *There is something w.*, le compte n'y est pas. *Gram: Verb of which the past participle is w.*, verbe *m* dont le participe passé manque. (*b*) (*Of pers.*) **Wanting in intelligence**, dépourvu d'intelligence. *He is not w. in courage*, il ne manque pas de courage; ce n'est pas le courage qui lui manque, qui lui fait défaut. *To be w. in patience, in manners*, manquer de patience, de savoir-vivre. *Lit:* **To be found wanting**, se trouver en défaut. **He was tried and found wanting**, il ne supporta pas l'épreuve. *See also* BALANCE[1] 1. (*c*) *F:* (*Of pers.*) Faible d'esprit. **He is slightly wanting**, il lui manque un petit quelque chose. **2.** *prep.* Sans; sauf. *Wanting energy all work becomes tedious*, sans l'énergie tout travail devient monotone. *A: Six thousand wanting only ten*, six mille sauf seulement dix, à dix près.

wantage ['wɔntedʒ], *s.* *Com: U.S:* Manque *m*, déficit *m*.

wanton[1] ['wɔntən]. **1.** *a.* (*a*) (*Of woman*) Licencieuse, lascive, lubrique, impudique; folle de son corps. **Wanton thoughts**, pensées *f* impudiques. (*b*) Folâtre; d'une gaieté étourdie; qui suit ses caprices. **Wanton winds**, vents *m* folâtres. **Wanton tresses**, boucles ondoyantes. *W. love*, folles amours. (*c*) *Poet:* (*Of vegetation*) Surabondant, luxuriant. (*d*) Gratuit; sans motif. **Wanton cruelty, insult**, cruauté, insulte, gratuite. **Wanton destruction**, destruction *f* pour le simple plaisir de détruire. **2.** *s.f.* Femme impudique; voluptueuse; *F:* paillarde. *A:* **To play the wanton**, être folle de son corps. **-ly**, *adv.* **1.** Lascivement; en libertin, en libertine; impudiquement. **2.** (*a*) En folâtrant; de gaieté de cœur. (*b*) *To spread false news w.*, répandre comme à plaisir des nouvelles fausses. **3.** (Blesser, insulter) gratuitement, sans motif.

wanton[2], *v.i.* Folâtrer; s'ébattre.

wantonness ['wɔntənnəs], *s.* **1.** Libertinage *m*. **2.** Gaieté *f* de cœur; irréflexion *f*, étourderie *f*. **To do sth. in sheer wantonness**, faire qch. de gaieté de cœur, par étourderie.

wapentake ['wɔpənteik], *s.* *Hist:* Ancienne division de certains comtés; = HUNDRED 2.

wapiti ['wɔpiti], *s.* *Z:* Wapiti *m*.

waps [wɔps], *s.* *Hum:* = WASP.

war[1] [wɔːr], *s.* Guerre *f*. *Naval war*, guerre maritime. *War of mines*, guerre souterraine. *War of movement*, guerre de mouvement. **Private war**, guerre entre deux familles. **To go to war**, se mettre en guerre. **To make, wage**, *A:* **levy, war on s.o., against s.o.**, faire la guerre à, contre, qn; guerroyer contre qn. **In time of war**, en temps de guerre. *In the midst of war*, en pleine guerre. **To be at war with a country**, être en état de guerre avec un pays; être en guerre avec, contre, un pays. *To be openly at war with s.o.*, être en guerre ouverte avec qn. *Unions at war with the duly elected representatives of the people*, syndicats dressés contre les élus du suffrage universel. *F: The elements at war*, les éléments *m* en guerre. *War of the elements*, conflit *m* des éléments. **War of words**, dispute *f* de mots. **Tariff war**, guerre de tarifs. **Ship equipped for war**, bâtiment armé en guerre. *To inure troops to war*, aguerrir des troupes. **To go to the wars**, partir, s'en aller, en guerre; aller à la guerre. *F:* **You look as if you had been in the wars**, vous avez l'air de vous être battu. *He is always in the wars*, il a toujours l'oreille déchirée. **To let loose the dogs of war**, déchaîner (les fureurs de) la guerre. **On a war footing, on war establishment**, sur le pied de guerre. **War preparations**, armements *m*. **War zone**, zone *f* militaire. **War correspondence**, correspondance *f* militaire. **War debts**, dettes *f* de guerre. **War talk**, (i) rumeurs *fpl* de guerre; (ii) chauvinisme agressif. *Hist:* **The Trojan War**, la guerre de Troie. **The Punic Wars**, les guerres puniques. **The Wars of the Roses**, la guerre des Deux Roses. **The World War, the Great War**, la Guerre mondiale, la Grande Guerre. *See also* ARTICLE[1] 2, BOND[1] 3, CIVIL 1, CLASS[1] 1, COUNCIL 1, COUNTRY 1, DECLARATION 1, DECLARE 1, FAIR[1] I. 4, GUER(R)ILLA 2, HOLY 1, HONOUR[1] 6, INDEMNITY 2, KNIFE[1] 1, MEMORIAL 2, OFFICE 4, PAPER[1] 6, PEACE 1, SECRETARY 1, SINEW 2.

'war-axe, *s.* *Archeol:* Hache *f* d'armes.

'war-baby, *s.* *F:* **1.** (i) Enfant *mf* illégitime dont la naissance est attribuable aux conditions qui existent pendant une guerre. (ii) Enfant de guerre; enfant né pendant la guerre. **2.** *Hist:* Élève *m* de marine qui avait servi comme officier pendant la Grande Guerre.

'war-balloon, *s.* *Mil:* Ballon *m* d'observation; *F:* saucisse *f*.

'war-chant, *s.* Chant guerrier; chant de guerre.

'war-cloud, *s.* *F:* Menace *f* de guerre. **The war-clouds are gathering**, l'horizon *m* s'assombrit.

'war-correspondent, *s.* *Journ:* Correspondant *m*, journaliste *m*, aux armées.

'war-council, *s.* Conseil *m* de guerre (pour la conduite des opérations). *See also* COUNCIL 1.

'war-cry, *s.* Cri *m* de guerre (d'une tribu, *F:* d'un parti politique).

'war-dance, *s.* Danse guerrière.

'war-dog, *s.* **1.** Chien *m* de guerre. **2.** *F:* Guerrier *m* féroce.

'war-fever, *s.* Psychose *f* de la guerre.

'war-game, *s.* Kriegspiel *m*.

'war-god, *s.m.* Dieu de la guerre.

'war-goddess, *s.f.* Déesse de la guerre.

'war-hammer, *s.* *Archeol:* Maillotin *m*.

'war-head, *s.* *Navy:* Cône *m* de charge, cône de choc (d'une torpille).

'war-horse, *s.* **1.** *A:* Destrier *m*; cheval *m* de bataille. **2.** *F:* An old war-horse, (i) un vieux soldat; (ii) un vétéran de la politique.

'war-loan, *s.* *Fin:* Emprunt *m* de guerre.

'war-lord, *s.* **1.** Généralissime *m*; chef *m* suprême (de l'armée). **2.** *Hist:* Titre *m* de l'empereur Guillaume II (traduction de l'allemand *Kriegsherr*).

'war-loving, *a.* Belliqueux; qui aime la guerre.

'war-monger, *s.* Agitateur *m* qui pousse à la guerre; belliciste *m*.

'war-mongering, *s.* Propagande *f* de guerre.

'war-paint, *s.* **1.** Peinture *f* de guerre (des Peaux-Rouges). **2.** *F:* Grande tenue; habits *mpl* de gala, de cérémonie. **Decked out in all one's war-paint**, en grande toilette; **sur son trente et un.**

'war-party, *s.* Parti *m* de guerre.

'war-path, *s.* Sentier suivi par les guerriers indiens. **Like an Indian on the war-path**, comme un Mohican sur le sentier de la guerre. *F:* **To be on the war-path**, (i) être parti en campagne; (ii) être après les gens, après tout le monde; chercher noise à tout le monde. *Nation that is on the w.-p.*, nation *f* qui ne demande qu'à faire la guerre. *The boss is on the w.-p.*, le patron est d'une humeur massacrante. *You're on the w.-p. to-night*, tu cherches querelle, tu es agressif, ce soir.

'war-plane, *s.* Avion *m* de guerre.

'war-shout, *s.* Cri *m* de guerre.

'war-song, *s.* Chant *m* de guerre.

'war-time, *s.* Temps *m* de guerre. **In war-time, en temps de guerre. War-time regulations**, règlements *m* de guerre.

'war-weary, *a.* Fatigué, las, de la guerre.

'war-widow, *s.f.* Veuve de guerre.

'war-worn, *a.* Usé par la guerre. *W.-w. area*, région **dévastée** par la guerre.

war[2], *v.i.* (**warred; warring**) **To war against s.o., sth.**, mener une campagne contre qn, qch.; guerroyer, lutter, contre qn, qch. *To war against abuses*, faire la guerre aux abus.

warring, *a.* **Warring nations**, nations *f* hostiles, antagoniques; nations en lutte, en guerre. **Warring interests**, intérêts *m* contraires. **Warring creeds**, croyances *f* contraires, en conflit.

warble[1] [wɔːrbl], *s.* Gazouillement *m*, gazouillis *m*, ramage *m* (des oiseaux); doux murmure (d'un ruisseau). (*Of pers.*) **To talk in a warble**, parler d'une voix roucoulante.

warble[2]. **1.** *v.i.* (*a*) Gazouiller; (*of lark*) grisoller. (*b*) *F:* (*Of pers.*) (i) Chanter; (ii) parler d'une voix roucoulante, affectée. (*c*) *U.S:* Iouler, iodler, yodler. **2.** *v.tr.* Chanter (qch.) en gazouillant. *F:* (*Of pers.*) **To warble (forth) a song**, roucouler une chanson.

warbling[1], *a.* (Oiseau) **gazouillant; (son, murmure) doux**, mélodieux.

warbling[2], *s.* = WARBLE[1].

warble[3], *s.* **1.** *Vet:* *Usu. pl.* **Warbles**, (i) **cors** *m* (sur le dos du cheval); indurations (dues à la selle); (ii) (*of cattle, etc.*) **tumeurs** dues aux larves de l'œstre. **2.** *Ent:* Warble(-fly), œstre *m*.

warbler ['wɔːrblər], *s.* *Orn:* **1.** Oiseau chanteur; *F:* chanteur *m*. **2.** Fauvette *f*; sylvie *f*; bec-fin *m*, *pl.* becs-fins. **Hedge warbler**, fauvette d'hiver; traîne-buisson *m inv.* **Marsh warbler**, verderolle *f*. **Blue-throated warbler**, gorge-bleue *f*, *pl.* gorges-bleues. *See also* GARDEN-WARBLER, REED-WARBLER, SEDGE-WARBLER, WILLOW-WARBLER, WOOD-WARBLER.

warcraft ['wɔːrkrɑːft], *s.* **1.** L'art *m* militaire; l'art de la guerre. **2.** *Coll.* (*a*) Vaisseaux *m* de guerre. (*b*) Avions *m* de guerre.

ward[1] [wɔːrd], *s.* **1.** (*a*) Guet *m*. (*Now only in*) **To keep watch and ward**, faire le guet; faire bonne garde. (*b*) *A:* Tutelle *f*. **To put a child in ward**, mettre un enfant en tutelle. **To be in ward to s.o.**, être sous la tutelle de qn. (*c*) (*Pers.*) Pupille *mf*. *Jur:* **Ward in Chancery, ward of Court**, pupille sous tutelle judiciaire. **2.** *Fenc: A:* Garde *f*, défense *f*, parade *f*. **3.** (*a*) **Hospital ward, workhouse ward**, salle *f* d'hôpital, d'hospice. *See also* CASUAL 2, ISOLATION 1. (*b*) Quartier *m* (d'une prison). **4.** *Adm:* Arrondissement *m*, quartier (d'une ville). **Electoral ward**, circonscription électorale. **5. Wards of a lock**, gardes *f*, bouterolles *f*, garnitures *f*, râteau *m*, d'une serrure. **Wards of a key**, dents *f*, bouterolles, (du panneton) d'une clef.

'ward-room, *s.* *Navy:* Carré *m* des officiers; la grand'chambre. **Warrant-officers' ward-room**, poste *m* des maîtres. **Ward-room mess**, table *f* des officiers. **Ward-room officers**, officiers *m* du carré. **Ward-room servant**, matelot *m* d'office. **Ward-room cutter**, canot-major *m*.

ward[2], *v.tr.* **1.** (*a*) *A. & Lit:* Garder (*from*, de); défendre, protéger (*from*, contre). (*b*) **To ward off a blow**, parer, écarter, un coup. *To w. off a danger, an illness*, détourner, écarter, un danger; prévenir une maladie. **2.** Faire entrer (i) (un pauvre) à l'hospice, (ii) (un malade) à l'hôpital. **3.** Façonner les bouterolles (d'une clef).

warded, *a.* (Serrure) à garnitures; (clef) à bouterolles.

warding, *s.* **1.** Garde *f*. **2.** Admission *f* (de qn) à l'hospice, à l'hôpital. **3.** Façonnage *m* des bouterolles (d'une clef).

-ward [wərd], *adj.suff.*, **-wards** [wərdz], *U.S:* **-ward**, *adv.suff.* (*Denoting direction*) *Backward(s)*, en arrière. *Forward(s)*, en avant. *Homeward(s)*, vers la maison. *Inward(s)*, en dedans. *Northward*, vers le nord; au nord. *F: Bedward*, vers le lit; au lit. *Perthwards*, vers (la ville de) Perth. *Romeward doctrines, tendencies*, doctrines, tendances, romanisantes.

warden[1] ['wɔːrd(ə)n], *s.* **1.** (*a*) Directeur *m* (d'une institution); p.ex. recteur *m* (d'une université), directeur (d'une prison), supérieur, -eure (d'un monastère, d'un couvent). *Sch:* **Warden of studies**, recteur des études. **Warden of a hostel**, (i) directeur, -trice, d'un foyer; (ii) (*of youth-hostel*) père *m* aubergiste, mère *f* aubergiste. (*b*) *Freemasonry:* Surveillant *m*. **Senior warden**, premier surveillant. (*c*) Gardien *m*; gouverneur *m*; conservateur *m* (d'un parc national). (*d*) Gouverneur (d'une ville). (Lord) **Warden of the Cinque Ports**, gardien des Cinq Ports. **2.** (*a*) *Mil:* Portier-consigne *m, pl.* portiers-consigne (d'un arsenal). (*b*) *U.S:* **Game-warden**, garde(-chasse) *m, pl.* gardes-chasse. *See also* FIRE-WARDEN. (*c*) *Adm:* **Warden of the Standards**, Gardien des poids et mesures. (*d*) = CHURCHWARDEN I.

warden²(-pear) ['wɔːrdən(pɛər)], *s. Hort: Cu:* Catillac *m*, catillard *m*.

wardenship ['wɔːrdənʃip], *s.* Charge *f*, fonctions *fpl*, d'un *warden*.

warder¹ ['wɔːrdər], *s.* Gardien *m* de prison; *Lit:* geôlier *m*. **Chief warder**, gardien-chef *m*. **Female warder**, gardienne *f* de prison.

warder², *s. A:* Bâton *m* de commandement.

wardership ['wɔːrdərʃip], *s.* Charge *f*, fonctions *fpl*, de gardien de prison; gardiennage *m*.

wardmote ['wɔːrdmout], *s. Adm:* Conseil *m* d'arrondissement (de la Cité de Londres).

Wardour Street ['wɔːrdərstriːt]. *Pr.n.* Rue de Londres (dans le quartier de Soho) autrefois célèbre pour ses magasins d'antiquités et de pseudo-antiquités. *F:* **Wardour Street English**, jargon *m* pseudo-archaïque qu'affectent les romanciers historiques.

wardress ['wɔːrdrəs], *s.f.* Gardienne de prison.

wardrobe ['wɔːrdroub], *s.* **1.** (*a*) *Furn:* Armoire *f* (pour garde-robe). *See also* MIRROR¹, TRUNK¹ 2. (*b*) **Hanging wardrobe**, penderie *f*. **2.** (Ensemble *m* de) vêtements *mpl*; garde-robe *f*. *An ample w.*, une riche garde-robe. *To sell one's w.*, vendre sa garde-robe. **Wardrobe dealer**, marchande *f* de toilette, à la toilette; revendeuse *f* à la toilette; fripière *f*. **Wardrobe keeper**, (i) *Th:* costumier, -ière; (ii) (*in school, etc.*) lingère *f*.

wardship ['wɔːrdʃip], *s.* Tutelle *f*. **To be under s.o.'s wardship**, être sous la tutelle de qn. **To have the wardship of a minor**, avoir un mineur sous sa tutelle.

wardsman, *pl.* **-men** ['wɔːrdzmən, -men], *s.m.* Prisonnier ou pensionnaire d'hospice chargé de surveiller sa salle.

ware¹ [wɛər], *s.* **1.** *Coll.* (*a*) Articles fabriqués. **Tin-ware**, articles en fer-blanc; ferblanterie *f*. **Japan ware**, articles de laque. **Cast-iron ware**, poterie *f* en fonte. **Wooden ware**, articles de bois. **Toilet ware**, ustensiles *mpl*, garniture *f*, de toilette. *See also* BRASS-WARE, COPPER-WARE, FLAT-WARE, GLASS-WARE, HARDWARE, LACQUER-WARE. (*b*) *Cer:* Faïence *f*. **China ware**, porcelaine *f*. **Delft ware**, faïence de Delft. *See also* EARTHENWARE, FLINT-WARE. **2.** *pl.* **Wares**, marchandise(s) *f*. **To puff one's wares**, vanter, faire valoir, sa marchandise. *See also* SMALL-WARE(S).

ware², *a. A:* = AWARE 2.

ware³, *v.tr.* (*Used only in the imp.*) (*a*) *Ven:* **Ware wire!** gare le fil de fer! **Ware wheat!** attention au blé! (*b*) *F:* Méfiez-vous! *P:* **Ware hawks!** attention aux flics! voilà les flics!

warehouse¹ ['wɛərhaus], *s.* **1.** Entrepôt *m*; dépôt *m* de marchandises; magasin *m*. **Bonded warehouse**, entrepôt en douane; magasins généraux; dock *m*. *Com:* **Ex warehouse**, à prendre en entrepôt. **Warehouse charges** = *warehousing charges*. *Navy:* *W. of the arsenal*, magasin de l'arsenal. **2.** *A:* Magasin; maison *f* de commerce. **Italian warehouse**, magasin de comestibles; épicerie *f*. *See also* CHURCH¹ 2. **3.** **Furniture warehouse**, garde-meuble *m*, *pl.* garde-meubles.

warehouse², *v.tr.* **1.** (*a*) (Em)magasiner, mettre en magasin. (*b*) *Cust:* Entreposer (des marchandises). (*c*) *P:* Mettre en gage, mettre au clou (sa montre, etc.). **2.** **To warehouse one's furniture**, mettre son mobilier au garde-meuble.

warehousing, *s.* (*a*) (Em)magasinage *m*, mise *f* en magasin. (*b*) *Cust:* Entreposage *m* (de marchandises). **Warehousing system**, système *m* d'entrepôt. **Warehousing charges**, frais *m* (i) de magasinage, d'emmagasinage, (ii) d'entreposage.

warehouseman, *pl.* **-men** ['wɛərhausmən, -men], *s.m.* **1.** (*a*) Emmagasineur, magasinier. *Cust:* Entreposeur. (*b*) Garde-magasin, *pl.* gardes-magasin; garçon de magasin. **2.** **Italian warehouseman**, marchand de comestibles; épicier *m*.

warfare ['wɔːrfɛər], *s.* La guerre. **Trench warfare**, la guerre de tranchées. **Field warfare, open warfare**, guerre de campagne; guerre en rase campagne; guerre de mouvement. **Naval warfare**, guerre maritime; guerre de mer. **Submarine warfare**, guerre sous-marine. *Anti-submarine w.*, guerre anti-sous-marine. **Aerial warfare**, guerre aérienne. *See also* MINE-WARFARE, PAPER¹ 6.

warfaring ['wɔːrfɛəriŋ], *a.* Militant; qui combat. *W. nation*, nation militante, guerrière. *In that rough w. period*, à cette époque rude et guerrière.

wariness ['wɛərinəs], *s.* Circonspection *f*, prudence *f*; défiance *f*.

warlike ['wɔːrlaik], *a.* (Exploit, maintien) guerrier; (air) martial; (peuple) belliqueux. *W. temper*, humeur guerroyante, guerroyeuse.

warlock ['wɔːrlɔk], *s.m. Scot:* Sorcier, magicien.

warm¹ [wɔːrm], *a.* **1.** (*a*) Chaud (mais non brûlant). *W. water*, eau chaude. *Animals that have* **warm blood**, animaux *m* à sang chaud. *W. night*, nuit *f* tiède. **To be warm**, (i) (*of water, etc.*) être chaud; (ii) (*of pers.*) avoir chaud. *I am too w.*, j'ai trop chaud. *To have w. hands and feet*, avoir les pieds et les mains chauds. *I was snug and w. at home*, j'étais au chaud à la maison. **To get warm**, (i) (*of pers.*) se réchauffer; (ii) (*unduly*) s'échauffer; (*of machinery*) chauffer; (iii) (*of the atmosphere*) s'attiédir. *I can't get w.*, je ne peux pas me réchauffer, me dégeler. (*At games*) **You are getting warm!** vous brûlez! **To keep oneself warm**, se tenir, se vêtir, chaudement. *Furs that keep us w.*, fourrures *f* qui nous tiennent chaud (au corps). *Com:* **'To be kept in a warm place,'** "tenir au chaud." *See also* FIRE¹ 1. (*b*) (Vêtement) chaud. *W. blanket*, couverture chaude. *s. Mil:* **British warm**, pardessus *m* d'officier (sans basques). (*c*) *Paperm:* **Warm bleach**, blanchiment *m* à chaud. (*d*) (*Of the weather*) **It is warm**, il fait chaud. *It is much warmer*, il fait beaucoup plus chaud. *It is getting w.*, il commence à faire chaud. *The weather is w.*, il fait chaud; le temps est à la chaleur. (*e*) *Ven:* **Warm trail, warm scent**, piste toute chaude, encore chaude. **2.** (*a*) Chaleureux; zélé; ardent, vif. *W. thanks*, remerciements chaleureux. *W. applause*, applaudissements chaleureux; vifs applaudissements. **To be a warm admirer of s.o.**, être un ardent admirateur de qn. (*b*) **Warm heart**, cœur généreux, chaud. **To have gained a warm place in the public estimation**, avoir acquis la sympathique estime du public. **To meet with a warm reception**, (i) être accueilli chaleureusement; (ii) *Iron:* être accueilli par des huées. (*c*) *W. temper*, caractère emporté, vif, violent. **To be warm with wine**, être échauffé par le vin. *W. discussion*, chaude dispute; discussion animée. **The argument was getting warm**, la discussion s'animait. **Warm contest**, lutte acharnée, chaude. *F:* **It is warm work**, c'est une rude besogne. *The warmest corner of the battle*, le coin où ça chauffait le plus. **To make it, things, warm for s.o.**, rendre la vie intenable à qn; en faire voir de dures à qn. (*d*) (*Of colour*) Chaud. **Warm tints**, tons chauds; tons tirant sur le rouge. *W. red*, rouge chaud, à tons chauds. *W. yellow*, jaune orangé. **3.** *F:* (Propos) graveleux, raide, salé. **4.** *P:* (*Of pers.*) Riche; *F:* cossu; qui a du foin dans ses bottes; qui a de quoi. **-ly**, *adv.* **1.** (Vêtu) chaudement. **2.** (*a*) (Applaudir, etc.) chaudement, avec ardeur; (accueillir qn, etc.) chaleureusement; (défendre qn, etc.) vivement, chaudement. **To thank s.o. warmly**, remercier qn vivement, chaleureusement, en termes chauds, en termes chaleureux. *I am w. attached to them*, je leur suis très attaché; je les ai en grande affection. (*b*) (Répondre, riposter) vivement, avec chaleur, avec vivacité.

warm-'blooded, *a.* **1.** *Z:* (Animal) à sang chaud. **2.** (*Of pers.*) (*a*) Prompt à s'emporter; (caractère) emporté, bouillant. (*b*) Enclin à l'amour; passionné; au sang chaud.

warm-'hearted, *a.* Au cœur chaud, généreux. **-ly**, *adv.* Chaleureusement, cordialement.

warm², *s. F:* Action *f* de chauffer ou de se chauffer. **To have a good warm by the fire**, se bien (ré)chauffer au feu, devant le feu. *Come and have a w.*, venez vous réchauffer un peu; venez prendre un air de feu. **To give sth. a warm**, chauffer qch. (au feu).

warm³. **1.** *v.tr.* (*a*) Chauffer (de l'eau, un appartement, etc.); attiédir (de l'eau froide). *To w. a bed*, bassiner un lit. *To w. a bottle of wine*, chambrer une bouteille de vin. **To warm oneself at the fire, in the sun**, se chauffer au feu, au soleil; prendre un air de feu, de soleil. *To w. one's hands*, se chauffer les mains. *To w. oneself walking*, se réchauffer en marchant. (*b*) *Wine, news, that warms the heart*, vin *m*, nouvelle *f*, qui vous (r)échauffe le cœur. **That will warm the cockles of your heart**, voilà qui vous réchauffera. (*c*) (*Unduly*) Échauffer (le sang, etc.). (*d*) *F:* **To warm s.o., s.o.'s jacket**, flanquer une tripotée à qn; secouer les puces à qn. **To warm s.o.'s ears**, échauffer, frotter, les oreilles à qn. **2.** *v.i.* (*a*) (Se) chauffer; s'échauffer, se réchauffer; (*of atmosphere*) s'attiédir. *My heart warmed as I read of his success*, mon cœur s'échauffait à la lecture de ses succès. **To warm to s.o.**, concevoir de la sympathie pour qn; se sentir attiré vers qn. *My heart warms to him for his courage*, il m'est sympathique par, à cause de, son courage. (*b*) *F:* S'animer. *He warmed as he got into his subject*, il s'animait à mesure qu'il développait son sujet. **The lecturer was warming to his subject**, le conférencier s'échauffait peu à peu, graduellement.

warm up. **1.** *v.tr.* (*a*) Chauffer (de l'eau, etc.); réchauffer (qn). *The wine will w. him up*, le vin le réchauffera, lui tiendra chaud au ventre. (*b*) (Faire) réchauffer (la soupe, etc.). **2.** *v.i.* (*a*) S'échauffer; s'animer. *Few of the speakers warmed up*, rares ont été les orateurs qui ont parlé avec animation, qui ont fait preuve d'un peu d'enthousiasme. *Fb: etc:* *To w. up over the game*, se piquer au jeu. **The game was warming up**, la partie s'animait, devenait chaude. (*b*) (*Of company, etc.*) Devenir plus cordial; *F:* se dégeler.

warming up, *s.* Réchauffement *m*, réchauffage *m*. *Slight w. up*, tiédissement léger.

warming¹, *a.* Chauffant; qui donne chaud. *W. wine*, vin qui réchauffe.

warming², *s.* **1.** Chauffage *m*. **Warming device**, réchauffeur *m*. *Artil:* **To fire a warming shot**, flamber le canon. *See also* HOUSE-WARMING. **2.** *F:* Rossée *f*, raclée *f*, tripotée *f*.

'warming-pan, *s.* **1.** Bassinoire *f*; chauffe-lit *m*, *pl.* chauffe-lit(s). **2.** *F:* Bouche-trou *m* (qui "tient la place chaude" pour le titulaire d'un poste, d'un bénéfice), *pl.* bouche-trous.

-warmer ['wɔːrmər], *s.* **Dish-warmer**, chauffe-plat *m*, *pl.* chauffe-plats. *See also* BED-WARMER, FOOT-WARMER.

warmth [wɔːrmθ], *s.* **1.** Chaleur *f* (du feu, du soleil, etc.). **2.** (*a*) Ardeur *f*, zèle *m*; chaleur. *His style lacks w.*, son style manque de chaleur; il écrit trop froidement. (*b*) Cordialité *f*, chaleur (d'un accueil). (*c*) Emportement *m*, vivacité *f*. *Excuse the w. of my answer*, excusez-moi si j'ai répondu vivement. **In the warmth of the debate**, dans le feu de la discussion. **3.** *Art:* Chaleur (du coloris).

warn [wɔːrn], *v.tr.* Avertir. **1.** (*a*) Prévenir. **To warn s.o. of a danger**, prémunir qn contre un danger; aviser, avertir, qn d'un danger. **To warn s.o. against sth.**, mettre qn en garde, sur ses gardes, contre qch. *He warned her against going, he warned her not to go*, il lui conseilla fortement de ne pas y aller. *I had been warned that the police were after me*, on m'avait prévenu que la police était à mes trousses. *I w. you that he is dangerous*, je vous donne avis, je vous avise, que c'est un homme dangereux. *I had warned him of it, against it*, je l'en avais averti. **You have been warned!** vous voilà prévenu! **Be warned by me**, que mon exemple vous serve d'avertissement, de leçon. (*b*) (*Minatory*) **The magistrate warned him (not to do it again)**, le juge l'a réprimandé. *I shall not w. you again*, tenez-vous-le pour dit. **2.** Informer, donner l'éveil à (qn). **To warn the police**, alerter la police. *Mil:* **To warn s.o. for guard**, désigner qn pour une faction. *The company is warned and ready*, la compagnie est alertée et prête.

warn off, *v.tr.* Signifier à (qn) de se retirer ou de se tenir à distance. *Turf:* **To warn s.o. off the course**, exclure qn des champs de course; exécuter (un jockey, etc.).

warning off, *s. Turf:* Exclusion *f* (de qn) des champs de course; exécution *f* (d'un jockey).

warning[1], *a.* (Sifflet, geste, etc.) avertisseur, d'avertissement. *W. letter,* lettre envoyée à titre d'avertissement. *He shook a w. head,* il secoua la tête en signe d'avertissement, pour nous recommander la prudence. *Aut:* **Warning sign,** plaque *f*, écriteau *m*, d'avertissement. *Navy:* **Warning shot,** coup *m* de semonce. *F:* To sound a **warning note** *to those who would go too fast,* crier casse-cou à ceux qui veulent aller trop vite. **-ly,** *adv.* (Parler) d'un ton sérieux; (faire un geste, etc.) **en manière d'avertissement, en guise d'avertissement.**

warning[2], *s.* Avertissement *m*. **1.** Action *f* d'avertir. **Danger warning,** signalisation *f* des dangers. **Warning device,** avertisseur *m*. *F:* To sound a note of **warning,** (i) donner l'alarme; (ii) recommander la prudence. **2.** (*a*) Avis *m*, préavis *m*. **To give warning of danger to s.o.,** avertir qn d'un danger; donner avis à qn d'un danger. *Nau:* **Gale warning,** avis ou signal *m* de tempête. **Without warning,** sans préavis; sans déclaration préalable; *F:* **sans crier gare. Without a moment's warning,** à l'improviste. (*b*) (*Minatory*) **The magistrate let him off with a warning,** le juge l'a réprimandé. **To give s.o. fair warning,** donner à qn un avertissement formel. *I give you fair w.!* je vous avertis loyalement! vous voilà averti! vous n'avez qu'à vous bien tenir! (*c*) (*Deterrent example*) **Let this be a warning to you,** que cela vous serve de leçon, d'exemple. (*d*) *Aut: etc:* **Street warning,** écriteau *m*, plaque *f*, d'avertissement. **Road warnings,** signaux de route. **3.** (*Notification*) (*a*) **To send a warning to the police,** avertir, alerter, la police. *Mil:* **Warning of a man for guard,** désignation *f* d'un homme pour une faction. (*b*) **Warning to leave,** congé *m*. **The landlord has given us warning,** nous avons reçu notre congé. (*Of master*) **To give an employee warning,** donner congé à un employé. *To give a servant a week's w.,* donner ses huit jours à une domestique. (*Of servant, workman*) **To give one's master warning,** donner congé, donner ses huit jours, au patron.

warner ['wɔːrnər], *s.* (*Device*) Avertisseur *m*. *See also* FIRE-DAMP.

warp[1] [wɔːrp], *s.* **1.** (*a*) *Tex:* Chaîne *f*; (*for tapestry*) lisse *f*, lice *f*. *Tissue with cotton w.,* étoffe *f* à chaîne de coton. **High-warp tapestry, low-warp tapestry,** tapisserie *f* de haute lice, de basse lice, de haute lisse, de basse lisse. *See also* BACKING-WARP, PILE-WARP. (*b*) *Paperm:* Chaîne. **Triple warp,** toile *f* triple chaîne. **2.** *Nau:* Amarre *f*; aussière *f* de halage; remorque *f*, touée *f*, grelin *m*, cordelle *f*; chableau *m*, chablot *m*. *To make fast with four warps,* s'amarrer avec quatre grelins. *See also* GUESS-WARP. **3.** *Geol:* Dépôt *m* alluvionnaire; lais *m*; relais *m*. *Agr:* Colmate *f*. **4.** Voilure *f*, courbure *f* (d'une planche, d'une tôle, etc.); gauchissement *m*. *F:* **Warp of the mind,** perversion *f* d'esprit.

'warp-beam, *s.* *Tex:* Ensouple dérouleuse.

'warp-drawer, *s.* *Tex:* Passeur, -euse, remetteur, -euse, de chaînes.

'warp-end, *s.* *Tex:* Fil *m* de chaîne.

'warp-frame, *s.* *Tex:* Ourdissoir *m*.

'warp-protector, *s.* *Tex:* Casse-chaîne *m inv.*

'warp-sateen, *s.* *Tex:* Satin *m* à effet de chaîne.

warp[2]. I. *v.tr.* **1.** (*a*) Déjeter, (faire) voiler, fausser, gauchir, déverser (le bois, une tôle, etc.); voiler (une roue); faire travailler (le bois). (*b*) *F:* Fausser, pervertir (l'esprit, le caractère). *Mind warped by political feeling,* esprit faussé par la passion politique. **To warp the meaning,** fausser le sens; faire un faux sens. (*c*) *Av:* Gauchir (les ailes de l'avion). **2.** *Tex:* (*a*) Ourdir (l'étoffe). (*b*) Empeigner (le métier). **3.** *Nau:* Haler, touer (un navire). **To warp out, off, a ship,** déhaler un navire. **4.** *Agr:* Colmater, terrer (un champ).

II. **warp,** *v.i.* **1.** Se déformer; (*of timber, etc.*) se déjeter, gauchir; se dévier, (se) déverser; se voiler, travailler; (*of sheet metal*) se fausser, se voiler, (se) gondoler; (*in tempering*) s'envoiler; (*of wheel*) se voiler. *The wood is warping,* le bois joue, travaille. *That beam is beginning to w.,* cette poutre commence à se cambrer. **2.** *Nau:* **To warp out of port,** sortir du port à la touée; déhaler.

warped, *a.* **1.** (*a*) (Bois) déjeté, dévers, gauchi, gondolé, retrait; (essieu, etc.) faussé, fléchi. *W. wheel,* roue voilée. (*b*) (Esprit) perverti, faussé. *W. nature,* caractère mal fait. **2.** *Tex:* (Métier) empeigné. **3.** *Agr:* **Warped land,** colmate *f*.

warping, *s.* **1.** (*a*) Déjettement *m*, déversement *m*, gauchissement *m* (d'une planche, etc.); gondolement *m*, gondolage *m* (d'une tôle, etc.); voilure *f*, voile *m* (d'une roue); déformation *f*, flexion *f* (d'une pièce coulée). *Metalw:* *W. of metal during tempering,* envoilure *f* du métal. *See also* UP-WARPING. (*b*) *F:* Perversion *f* (de l'esprit, du caractère). (*c*) *Av:* Gauchissement *m* (des ailes). **Warping wires,** câbles *m* à gauchissement. **Warping control,** commande *f* de gauchissement. **2.** *Tex:* Ourdissage *m*. **3.** *Nau:* Touage *m*, halage *m*. **Warping rope, warping cable,** touée *f*. **Warping out, off,** déhalage *m* (avec amarres). **4.** *Agr:* (*a*) Colmatage *m*, terrement *m* (des champs). (*b*) Colmate *f*.

'warping-chock, *s.* *Nau:* Chaumard *m*.

'warping-frame, -mill, *s.* *Tex:* Métier *m* à ourdir; ourdissoir *m*.

warpage ['wɔːrpedʒ], *s.* *Nau:* (*a*) Touage *m*, halage *m*. (*b*) **Warpage** (dues), (droits *mpl* de) touage.

warper ['wɔːrpər], *s.* *Tex:* Ourdisseur, -euse.

warrandice ['wɔrəndis], *s.* *Jur:* (*Scot.*) Garantie *f*.

warrant[1] ['wɔrənt], *s.* **1.** (*a*) Garantie *f*. **A warrant for s.o.'s good behaviour,** une garantie pour la bonne conduite de qn. *His interest is a w. for his discretion,* son intérêt est le garant de sa discrétion. (*b*) Garant *m*. *Holy Scripture is my w.,* je cite pour garant les Écritures Saintes. **2.** Autorisation *f*; justification *f*. **They had no warrant for** *doing what they did,* ils n'étaient pas justifiés à faire ce qu'ils ont fait. **3.** (*a*) Mandat *m*, ordre *m*. *Jur:* **Warrant of arrest,** mandat d'arrêt, d'arrestation; mandat d'amener, de prise de corps. **A warrant is out against him,** il est sous le coup d'un mandat d'amener. *See also* DEATH-WARRANT, ISSUE[2] 2, SEARCH[1] 2. (*b*) Autorisation écrite; autorité *f*; pouvoir *m*. **Warrant of attorney,** procuration *f*, mandat, pouvoirs. (*c*) Certificat *m*. **Warehouse warrant, dock warrant,** certificat d'entrepôt; bulletin *m* de dépôt; warrant *m*. *To issue a warehouse w. for goods,* warranter des marchandises. *Issuing of a warehouse w.,* warrantage *m*. *Goods covered by a warehouse w.,* marchandises warrantées. **Produce warrant,** warrant en marchandises. *See also* SHARE-WARRANT. (*d*) **Warrant for payment,** ordonnance *f* de payement. **Interest warrant,** mandat d'intérêts. *Mil:* **Travelling warrant,** feuille *f* de route. *See also* DIVIDEND 2. (*e*) Brevet *m*. **Royal warrant,** brevet de fournisseur du roi. **Warrant-officer,** (i) *Mil:* sous-officier breveté; (ii) *Navy:* maître principal, premier maître; maître de manœuvre.

warrant[2], *v.tr.* **1.** Garantir, attester, certifier (qch.); répondre de (qch.). *I w. that the sum shall be paid,* je garantis le paiement de la somme. *F:* *It won't happen again,* **I warrant you!** cela n'arrivera pas deux fois, je vous en réponds! **2.** *A. & Lit:* **To warrant s.o. to do sth.,** autoriser qn à faire qch. **3.** Justifier. **Nothing can warrant such conduct,** rien ne justifie une pareille conduite; rien ne peut excuser une telle conduite. *Sufficient to w. a conviction,* suffisant pour motiver une condamnation. *That warrants the theory,* cela rend plausible la théorie.

warranted, *a.* **1.** *Com:* Garanti. **Colours warranted fast,** couleurs garanties bon teint. *W. free from adulteration,* garanti pur de toute falsification. **2.** (*a*) *Jur:* Autorisé; légitime. (*b*) *We are w. in ascribing an effect to a cause,* **nous sommes autorisés à** attribuer un effet à une cause.

warrantable ['wɔrəntəbl], *a.* **1.** (*a*) Justifiable; légitime, permis. (*b*) Que l'on peut garantir. **2.** *Ven:* **Warrantable stag, cerf** *m* courable. **-ably,** *adv.* Justifiablement.

warrantee [wɔrən'tiː], *s.* **1.** Receveur, -euse, **d'une garantie.** **2.** Personne *f* sous le coup d'un mandat d'amener.

warranter ['wɔrəntər], *s.* Garant *m*.

warrantor ['wɔrəntɔːr], *s.* *Jur:* Répondant *m*, garant *m*.

warranty ['wɔrənti], *s.* **1.** Autorisation *f*; justification *f* (*for doing sth.,* pour faire qch., pour avoir fait qch.). *Have you any w. for such a charge?* êtes-vous fondé à porter une telle accusation? **2.** Garantie *f*. *Jur:* **Warranty of title,** attestation *f* du titre. **Breach of warranty,** rupture *f* de garantie.

warren ['wɔrən], *s.* **(Rabbit-)warren, garenne** *f*, **lapinière** *f*.

warrener ['wɔrənər], *s.* Garennier *m*.

warrior ['wɔriər], *s.* *Lit:* Guerrier *m*, soldat *m*. *The great warriors of history,* les grands hommes de guerre, les grands capitaines, de l'histoire. **The Unknown Warrior,** le Soldat inconnu. **Female warrior,** guerrière *f*, amazone *f*. *F:* **He's a warrior,** c'est un luron. *Attrib.* **Warrior tribes,** tribus guerrières. *Ent:* **Warrior ants,** fourmis *f* amazones.

Warsaw ['wɔːrsɔː]. *Pr.n. Geog:* Varsovie *f*.

warship ['wɔːrʃip], *s.* Vaisseau *m* de guerre.

wart [wɔːrt], *s.* (*a*) Verrue *f*; *F:* poireau *m*. *F:* **To paint s.o. with his warts,** peindre un portrait très exact de qn. (*b*) *Vet:* Poireau; fic *m*. (*c*) *Bot:* Excroissance *f*; loupe *f*. *See also* OAK-WART.

'wart-cress, *s.* *Bot:* Coronope *m*; sénebière *f*, sénebiérie *f*; *F:* corne *f* de cerf.

'wart-hog, *s.* *Z:* **Phacochère** *m*; **sanglier** *m* **d'Afrique.**

'wart-weed, *s.* = WARTWORT I.

warted ['wɔːrtid], *a.* *Bot:* *Z:* Verruqueux.

wartwort ['wɔːrtwəːrt], *s.* **1.** *Bot:* (Euphorbe *f*) **réveille-matin** *m inv*; *F:* herbe *f* aux verrues. **2.** *Moss:* Verrucaire *f*.

warty ['wɔːrti], *a.* Verruqueux; (i) couvert de verrues; (ii) qui ressemble à une verrue; qui tient de la verrue.

wary ['weəri], *a.* (*a*) Avisé, prudent, circonspect; **défiant;** cauteleux, précautionneux. *To be too w. to do sth.,* **être trop avisé pour** faire qch. *We shall have to be w.,* (i) il faudra s'observer; (ii) il faudra être sur nos gardes. **To keep a wary eye on s.o.,** guetter qn; surveiller qn attentivement. (*b*) **To be wary of sth.,** se méfier de qch.; être sur ses gardes. *Be w. of strangers,* méfiez-vous des étrangers. *He is w. of telling secrets,* il se garde bien de trahir, de livrer, ses secrets. **-ily,** *adv.* Avec circonspection; prudemment; précautionneusement, cauteleusement. *To proceed w. (in a business),* agir avec circonspection.

was [wɔz, wəz]. *See* BE.

wash[1] [wɔʃ], *s.* **1.** (*a*) Lavage *m*, savonnage *m*. **To give sth. a wash,** laver qch. *This table needs a w.,* cette table a besoin d'un lavage, d'être lavée, d'être savonnée. (*b*) (*Of pers.*) Ablutions *fpl*. **To have a wash,** se laver; se passer les mains à l'eau; se passer un peu d'eau sur la figure; *F:* faire ses ablutions. *F:* **To have a wash and brush-up,** faire un bout de toilette. *See also* BRUSH-UP I. (*c*) Lessive *f*, blanchissage *m*. **To send clothes to the wash,** envoyer du linge au blanchissage; donner du linge à blanchir. *Linen fresh from the w.,* linge blanc de lessive. *Things that get lost in the w.,* linge qui se perd à la lessive, au blanchissage. *F:* *To bring back the w.,* rapporter la lessive, le linge blanc. **To pay for the week's wash,** payer la lessive de la semaine. *F:* **The mistakes will all come out in the wash,** les erreurs seront relevées au fur et à mesure. *It will all come out in the w.,* ça se tassera. **2.** (*a*) *Med:* *Vet:* Lotion *f* (pour plaies, etc.). **Hair-wash,** lotion capillaire; (*for removing grease*) lessive (pour dégraisser les cheveux). *See also* EYE-WASH, MOUTH-WASH, SHEEP-WASH, THROAT-WASH. (*b*) *Arb:* *Hort:* Lessive (insecticide, etc.). *Vit:* *W. against mildew, etc.,* bouillie *f*. **3.** (*a*) **Colour wash** (*for walls, etc.*), badigeon *m*. *See also* LIME-WASH[1]. (*b*) Couche légère, badigeonnage *m* (de couleur sur une surface). (*c*) *Art:* Lavis *m* (d'aquarelle, d'encre de Chine). **Wash drawing,** dessin *m*, épure *f*, au lavis; lavis. (*d*) Dorure *f* ou argenture *f* au trempé. **4.** (*a*) *Dist:* Vinasse *f*. (*b*) *F:* Lavure *f*, lavasse *f*; eau *f* de vaisselle. **Soup that is mere wash,** soupe *f* qui n'est que de la lavasse. *See also* HOG-WASH. **5.** (*a*) Remous *m* (des vagues). **The wash of the waves,** le bruit des flots qui passent. (*b*) *Nau:* Sillage *m*, houache *f*, remous (d'un navire). *Av:* **Propeller wash,** souffle *m* de l'hélice. **6.** (*a*) *Geol:* Apports *mpl* d'un cours d'eau; apports de ruissellement, d'alluvion; **limon** *m*.

(*b*) *Geog:* **The Wash,** le Wash (estuaire entre les comtés de Lincoln et de Norfolk, dont une grande partie est guéable). (*c*) Alluvions *f* aurifères. **7.** Pelle *f*, pale *f*, plat *m* (d'un aviron).

'wash-bag, *s. Dom.Ec:* Sac *m* à blanchissage.

'wash-basin, *s.* Cuvette *f* (de lavabo).

'wash-boiler, *s. Laund:* Cuve *f* à lessive; lessiveuse *f*.

'wash-bottle, *s. Ch:* = WASHING-BOTTLE.

'wash-day, *s. U.S:* = WASHING-DAY.

'wash-house, *s.* (*a*) Buanderie *f*, lavanderie *f*; (*with copper*) fournil *m*. (*b*) Lavoir (public). (*c*) *U.S:* Blanchisserie *f*. (*d*) *Av: F:* **The wash-house,** la couche de nuages.

'wash-leather, *s.* **1.** Peau *f* de chamois; chamois *m* lavable; cuir chamoisé. **Wash-leather gloves,** gants *m* chamois. **2.** Peau de chamois (pour nettoyage de vitres).

'wash-pot, *s. Metalw:* Bain *m* d'étain fondu (pour étamage).

'wash sale, *s. St.Exch: U.S:* Vente fictive.

'wash-strakes, *s.pl. Nau:* Fargues *f* (de canot).

'wash-tank, *s. Paperm:* Cuve *f* de lavage.

'wash-tint, *s. Art:* Lavis *m*.

'wash-trough, *s. Min:* Battée *f* (pour le lavage des sables aurifères).

'wash-tub, *s. Dom.Ec:* Cuvier *m*; baquet *m* (à lessive).

wash[2]. I. *v.tr.* **1.** (*a*) Laver. *To w. sth. in cold water,* laver qch. à l'eau froide. **To wash sth. clean,** nettoyer qch. à grande eau; bien laver qch. **To wash one's face,** se laver le visage; se débarbouiller. **To wash one's hands,** (i) se laver les mains; (*for liturgic purposes*) s'ablutionner; (ii) *F:* se frotter les mains (comme si on se les lavait). *F:* **To wash one's hands of sth.,** se laver les mains de qch.; n'y plus être pour rien. **To wash s.o. of his sins,** laver qn de ses péchés. *Bookb: etc: To w. the parchment,* abluer le parchemin. *Ecc: To w. the chalice,* ablutionner le calice. (*b*) *v.pr. & i.* **To wash (oneself),** se laver; *F:* faire ses ablutions. (*c*) *Med:* Lotionner, déterger (une plaie). **2.** (*a*) Blanchir, lessiver, (*in running water*) guéer (le linge). *To w. a few articles,* faire un petit savonnage. *Abs.* **To wash for s.o.,** blanchir le linge de qn; *F:* blanchir qn. **She washes for a living,** elle est blanchisseuse. *See also* LINEN 2. (*b*) (*With passive force*) (*Of fabric*) Se laver; supporter le lavage; (*of dyed material*) se laver; ne pas déteindre. **Material that washes well,** étoffe *f* très lavable; étoffe qui se savonne bien. *Material guaranteed to w.,* étoffe garantie lavable. **Material that won't wash,** étoffe qui ne se lave pas, qui déteint. *F:* **That story won't wash,** ça ne prend pas! cette histoire-là ne passe pas! **3.** *Ind:* Débourber (le minerai, le charbon); clairer (le minerai); épurer (le gaz d'éclairage). **4.** (*a*) **To wash the walls,** badigeonner les murs (*with,* de). *See also* LIME-WASH[2]. (*b*) **To wash a metal, a coin, with gold,** dorer un métal, une pièce, au trempé, par immersion. (*c*) *Poet: Flowers washed with dew,* fleurs humectées de rosée. (*d*) *Art:* Laver (un dessin). **5.** (*a*) (*Of river, sea*) Baigner, arroser (les côtes, un pays, etc.). *The foot of the cliff is washed by the sea,* le pied de la falaise baigne dans la mer. (*b*) (*Of current*) Dégrader, affouiller (les berges d'une rivière). **6.** (*Of sea*) **To wash s.o., sth., ashore,** rejeter qn, qch., sur le rivage. *Box washed ashore,* caisse échouée à la côte. **Sailor washed overboard,** matelot enlevé par une lame. **7.** *St.Exch: U.S:* **To wash sales of stock,** faire des ventes fictives d'une valeur.

II. **wash,** *v.i.* **The waves washed over the deck,** les vagues *f* balayaient le pont. *Waves washing against the cliff,* vagues qui baignent la falaise. *The stream that washes against the meadow,* le ruisseau qui lave le pré.

wash away, *v.tr.* **1.** Enlever (une tache, etc.) par le lavage. *Ch: etc:* Éliminer (un sel) à l'eau courante. **To wash away one's sins,** se laver de ses péchés. **2.** (*a*) (*Of running water*) *To w. away the gravel from a river-bed,* enlever le gravier du lit d'une rivière; dégravoyer le lit d'une rivière. *River-bank washed away,* berge affouillée, dégradée. (*b*) Emporter, entraîner. **Washed away by the tide,** emporté, enlevé, par la mer.

washing away, *s.* **1.** Enlèvement *m*, effacement *m* (par le lavage). *Ch:* Élimination *f* à l'eau courante. **2.** Affouillement *m*, dégradation *f* (du sol, d'une berge, etc.).

wash down, *v.tr.* **1.** Laver (les murs, etc.) à grande eau. *To w. down the paint with washing-soda,* lessiver la peinture. **2.** (*a*) (*Of the rain*) Emporter, entraîner (le sol, le gravier). (*b*) *F:* **To wash down one's dinner with a glass of beer,** arroser son dîner d'un verre de bière; faire descendre son dîner avec un verre de bière.

wash off, *v.tr.* Enlever, effacer, éliminer, (qch.) par le lavage. *To w. off a stain,* enlever une tache. (*With passive force*) **It will wash off,** (i) cela s'effacera à l'eau; (ii) cela s'en ira à la lessive.

wash out, *v.tr.* **1.** (*a*) Enlever (une tache); passer l'éponge sur (une tache). *Lit:* **To wash out an insult in blood,** laver un affront dans le sang. *F: We must w. out the whole business,* le mieux sera d'oublier toute cette affaire; mieux vaut passer l'éponge là-dessus. **You can wash that right out,** il ne faut pas compter là-dessus. (*b*) Laver, rincer, nettoyer (une tasse, une bouteille). *Paperm:* Élaver (les chiffons). *Nau: To w. out a tank,* laver un ballast. (*c*) *Art:* Dégrader (une couleur). (*d*) *Min:* **To wash out the gold,** extraire l'or (en lavant le sable, etc.). **2.** (*With passive force*) (*Of stain, colour*) Partir au lavage.

'wash-out, *s.* **1.** = WASHING OUT 1. **Wash-out water-closet,** garde-robe *f* avec effet d'eau. *Mch: etc:* **Wash-out hole,** regard *m* de lavage; trou *m* de sel (d'une chaudière). **2.** *Min: Geol:* Affouillement *m* de terrain; poche *f* (de dissolution). *Rail:* Effondrement de la voie (causé par les pluies). **3.** *F:* (*a*) Fiasco *m*. **The business is a wash-out,** l'affaire est manquée, ratée; c'est une perte sèche. *The play is a wash-out,* c'est un four. *The play was a wash-out,* la pièce a fait four. *His life was a wash-out,* il a raté sa vie. (*b*) (*Of pers.*) *He is a wash-out,* c'est un raté. **4.** *Av:* Diminution *f* de l'incidence à l'extrémité de l'aile.

washed out, *a.* **1.** (*a*) (*Of colour*) Délavé, élavé; *F:* (*of hair*) blondasse. *Dress of a washed-out blue,* robe *f* d'un bleu décoloré. (*b*) Qui a déteint au lavage. *Old dressing-jacket of washed-out cotton material,* vieille camisole de coton déteint. *F:* **Washed-out complexion,** teint *m* de papier mâché. **2.** *F:* (*Of pers.*) Flapi, vanné. *To feel washed out,* être aplati, raplaplat; se sentir à plat.

washing out, *s.* **1.** Lavage *m*, rinçage *m*. **2.** *Art:* Délavage *m* (d'une couleur).

wash up. **1.** *v.tr.* (*a*) **To wash up the dishes,** *abs.* **to wash up,** laver la vaisselle; faire la vaisselle. (*b*) (*Of sea*) Rejeter (qn, qch.) sur le rivage. *Wreckage washed up by the sea,* débris rejetés par la mer. **2.** *v.i.* **The water washed up on to the bank,** l'eau refluait sur la berge.

'wash-up, *s.* **1.** (*a*) Lavage *m* de vaisselle. **Wash-up water,** eau *f* de vaisselle. (*b*) *Surg: F:* Stérilisation *f* des mains (avant de procéder à une opération). (*c*) *F:* = WASH[1] 1 (*b*). **2.** Cadavre rejeté par la mer.

washing up, *s.* Lavage *m* de la vaisselle. **To do the washing-up,** faire la vaisselle; laver la vaisselle. *A lot of washing-up to do,* beaucoup de vaisselle à laver.

washed, *a.* **1.** (*a*) (Enfant, linge) lavé. (*b*) *Ind:* (Gaz) épuré; (minerai) débourbé, clairé. **2.** *Art:* **Washed drawing,** dessin lavé, au lavis. **3.** *St.Exch: U.S:* **Washed sale,** vente fictive.

washing[1], *a.* **Washing frock, washing silk,** robe *f*, soie *f*, lavable, qui se lave.

washing[2], *s.* **1.** (*a*) Lavage *m*. **Colour that won't stand any washing,** couleur *f* qui ne se lave pas, qui déteint au lavage. *See also* BLACKAMOOR. (*b*) *Ecc:* Lavement *m* (des pieds, des mains); ablution *f* (du calice). **2.** (*a*) Blanchissage *m*, lessive *f* (du linge). **To do the washing,** faire la lessive. *To do a little w.,* faire un petit savonnage. **Washing is included,** le blanchissage est compris. *Who does your w.?* qui est-ce qui vous blanchit? chez qui vous blanchissez-vous? *We do our own w.,* nous nous blanchissons nous-mêmes; on fait la lessive à la maison. (*b*) Linge (à blanchir ou blanchi); le blanchissage; *F:* la lessive. *My w. has not yet come back,* on ne m'a pas encore rapporté mon blanchissage. **She takes in washing,** elle fait le blanchissage. **3.** *Ind:* (*a*) Débourbage *m* (du charbon, du minerai); clairage *m* (du minerai); épurage *m* (du gaz). *Min:* **Washing cylinder,** patouillet *m* (pour le minerai). (*b*) Lavée *f* (du minerai, de la laine, etc.). (*c*) *pl.* **Washings,** produits *m* de lavage. (*d*) *pl. Min:* **Washings,** chantier *m* de lavage (du quartz aurifère, etc.). **4.** (*a*) Badigeonnage *m* (d'une surface). *See also* LIME-WASHING. (*b*) *Art:* Lavis *m* (d'un dessin). **5.** **Washing overboard of goods,** enlèvement *m* de marchandises par la mer. **6.** *St.Exch: U.S:* Vente fictive.

'washing-block, -board, *s.* = WASHBOARD 1.

'washing-bottle, *s. Ch:* Flacon laveur; barboteur *m* pour lavage.

'washing-crystals, *s.pl.* Soude *f* du commerce; *F:* cristaux *mpl* (de soude); *P:* du cristau.

'washing-day, *s.* Jour *m* de lessive, de blanchissage.

'washing-glove, *s.* Gant-éponge *m*, *pl.* gants-éponges.

'washing-machine, *s. Laund:* Laveuse *f* mécanique; barboteur *m*; barboteuse *f*; lessiveuse *f*. *Ind:* Lavoir *m*.

'washing-soda, *s. See* SODA 1.

'washing-tower, *s. Ind:* Tour *f* de lavage.

'wash-hand, *attrib.a.* **Wash-hand basin,** cuvette *f* (de lavabo); lavabo *m*; *A. & Ecc:* lave-mains *m inv.* **Wash-hand stand,** lavabo.

'wash-in, *s. Av:* Augmentation *f* de l'incidence à l'extrémité de l'aile.

washable ['wɔʃəbl], *a.* Lavable.

washaway ['wɔʃəwei], *s. Geol:* Affouillement *m*, dégradation *f* (du sol).

washboard ['wɔʃbɔːrd], *s.* **1.** *U.S:* Selle *f*, planche *f*, de blanchisseuse. **2.** *pl. Nau:* **Washboards.** (*a*) Fargues volantes (d'un canot). *To fit a boat with washboards,* farguer un bateau. (*b*) *A:* Fargues de sabord. **3.** = SKIRTING 1 (*b*).

washer[1] ['wɔʃər], *s.* **1.** (*Pers.*) (*a*) Laveur, -euse. *See also* BOTTLE-WASHER 1, DISH-WASHER, GOLD-WASHER 1. (*b*) **Washer-up,** laveur, -euse, de vaisselle; (*in restaurant, etc.*) plongeur *m*. **2.** (*Device*) (*a*) *Laund:* Laveuse *f* mécanique; lessiveuse *f*; barboteur *m*, barboteuse *f*. *Paperm:* Cylindre *m* à laver; pile défileuse; pile laveuse. *Min:* Patouillet *m* (pour le lavage des minerais). *See also* GOLD-WASHER 2. (*b*) *Gasm:* Laveur *m*, scrubber *m*. (*c*) *Phot:* **Plate-washer, print-washer,** cuve *f* de lavage. **3.** *Dom.Ec:* Lavette *f* (à vaisselle).

washer[2], *s.* **1.** *Mec.E: Hyd.E: etc:* Rondelle *f*; bague *f* d'appui. *Leather w.,* rond *m*, rondelle, de cuir. *Steel w.,* rondelle en acier. *Profile w.,* rondelle profilée. **Tap washer,** rondelle de robinet. **Spacing washer, distance washer,** rondelle entretoise. **Packing washer,** rondelle de garniture; bague, grain *m*, de presse-étoupe. **Spring washer,** rondelle à ressort. *See also* RIVET-WASHER. **2.** *N.Arch:* Washer(-plate), jouet *m*.

'washer-cutter, *s. Tls:* Coupe-cercle *m*, coupe-rondelle *m*, *pl.* coupe-cercle(s), -rondelle(s).

washerman, *pl.* **-men** ['wɔʃərmən, -men], *s.m. Min:* Laveur, débourbeur (de minerai).

washerwoman, *pl.* **-women** ['wɔʃərwumən, -wimen], *s.f.* Blanchisseuse, lavandière, buandière.

washiness ['wɔʃinəs], *s. F:* Fadeur *f*, insipidité *f* (d'un aliment liquide, du style, d'un sentiment); faiblesse *f* (du café); air délavé, faiblesse de touche (d'un tableau).

washlady ['wɔʃleidi], *s.f. U.S: F:* = WASHERWOMAN.

washstand ['wɔʃstand], *s. Furn:* Lavabo *m*.

washy ['wɔʃi], *a. F:* (*a*) Fade, insipide. *W. wine,* vin baptisé; vin faiblard. *W. sentiment,* sentimentalité *f* fadasse; sensiblerie *f*. *W. style,* style délayé. *This coffee's pretty w.!* quelle lavasse que ce café! (*b*) (*Of colour*) Délavé.

wasn't [wɔznt]. = *was not.*

wasp [wɔsp], *s. Ent:* Guêpe *f*. **Wasps' nest,** guêpier *m*. *See also* DIGGER 3, GALL-WASP, PAPER-WASP, SPIDER-WASP, WOOD-WASP.

'wasp-bee, *s. Ent:* Nomade *f.*

'wasp-beetle, *s. Ent:* Clyte *m.*

'wasp-fly, *s.* **1.** *Ent:* Mouche-guêpe *f, pl.* mouches-guêpes; asile *m* frelon. **2.** *Fish:* Mouche artificielle (à saumon).

'wasp-like, *a.* Vespiforme.

'wasp-paper, *s.* Substance papyracée dont se compose l'enveloppe d'un guêpier.

'wasp-waist, *s. F:* Taille *f* de guêpe.

'wasp-waisted, *a. F:* A taille de guêpe.

waspish ['wɔspiʃ], *a. F:* Méchant; acerbe; (*of woman*) acariâtre. *W. tone,* ton aigre, méchant. **-ly,** *adv.* D'une manière acerbe; d'un ton acerbe; méchamment.

waspishness ['wɔspiʃnəs], *s. F:* Méchanceté *f* (d'une réponse).

wassail[1] ['wɔs(ə)l], *s. A:* **1.** (*a*) Santé portée (à qn). (*b*) *int.* A votre santé! **2.** Bière épicée et additionnée de sucre, de pommes, etc. (bue aux fêtes de Noël et de l'Épiphanie). **3.** Buverie *f*, beuverie *f*; soirée passée à boire. **4.** Chanson *f* à boire; noël joyeux.

'wassail-bowl, *s. A:* Coupe *f*, grand bol, pour boire le *wassail*; coupe de festin.

wassail[2], *v.i. A:* **1.** Passer la soirée à boire, à porter des santés. **2.** Aller de maison en maison pour chanter des noëls et boire.

wassailer ['wɔsələr], *s. A:* **1.** Convive *m* (à une buverie des fêtes de Noël, etc.). **2.** Noceur *m.*

wast [wɔst]. *See* BE.

wastage ['weistedʒ], *s.* **1.** (*a*) Déperdition *f*, perte *f* (de chaleur, d'essence, etc.); coulage *m.* (*b*) Gaspillage *m.* **2.** *Coll.* Déchets *mpl*, rebuts *mpl.*

waste[1] [weist], *a.* **1.** (*a*) **Waste land, waste ground,** (i) terre *f* inculte, en friche; (ii) terre indéfrichable; (iii) (*in town*) terrains *m* vagues; terres vaines et vagues. (*Of ground*) **To lie waste,** rester en friche. (*b*) *A:* Dévasté, ravagé. (*Now only in*) **To lay waste,** dévaster, ravager, désoler (un pays, etc.). *Laying w. of a country,* dévastation *f*, pillage *m*, d'un pays. **2.** (*a*) (Matière *f*, marchandises *fpl*, minerai *m*, etc.) de rebut. **Waste products of nutrition,** déchets *m* de la nutrition. *Ind:* **Waste waters,** eaux *f* résiduaires. *Paperm:* **Waste soda-lye,** lessive noire; eau noire. **Waste stuff,** déchets de papiers; cassés *mpl* (à refondre); casse *f*. **Waste paper,** papier *m* de rebut; vieux papiers. **Waste-paper basket,** corbeille *f* à papier(s); panier *m* à, au, papier. *Typ:* **Waste sheets,** (i) passe *f*, maculatures *f*; (ii) défets *m.* **Waste print,** déchets d'imprimés. **Waste water,** (i) eaux ménagères; (ii) *Ind:* eaux résiduaires, eaux vannes; (iii) *Mch:* eau de condensation. (*b*) *Ind:* (Produit) non utilisé; perdu. *Utilization of w. heat,* recouvrement *m* de perte de chaleur. *Mch:* **Waste steam,** vapeur perdue. **Waste-steam pipe,** tuyau *m* d'échappement (de la vapeur). **Waste gas,** gaz perdus; *Metall:* gaz de gueulard. *Metall:* **Waste-gas main,** gargouille *f*. *See also* BOOK[1] 2, SILK 1, STONE[1] 1, WOOL 1.

waste[2], *s.* **1.** Région *f* inculte; désert *m*; lande *f*; friche *f*. *The lighthouse sweeps a w. of waters,* le phare balaye l'étendue désolée des eaux, l'immensité *f* des mers. **2.** Gaspillage *m* (d'argent, d'efforts, etc.); coulage *m.* **House where there is a lot of waste,** maison *f* où il y a beaucoup de coulage, où on gaspille beaucoup. *Let us have no w.!* pas de gaspillages! **Waste of time,** perte *f* de temps. **It was (a) sheer waste of energy for him to** *try to open the door,* c'est en pure perte qu'il essayait d'ouvrir la porte. **To run, go, to waste,** (i) (*of liquids, wealth, etc.*) se perdre, se gaspiller, se dissiper; (ii) (*of garden*) se couvrir d'herbes; (*of land*) s'affricher. **To cut cloth to waste,** gaspiller le drap. *Prov:* **Wilful waste makes woeful want,** après le gaspillage la misère. *See also* BREATH. **3.** (*a*) Déperdition *f* (de force, d'énergie). (*b*) Détérioration *f*, dépérissement *m*, déperdition (des tissus, etc.). **4.** (*a*) Déchets *mpl*, débris *mpl*; rebut *m.* *Min:* Déblais *mpl.* *Tex:* Bouts *m* veules; bouts tors; rebuts. **Cotton waste,** déchets, bourre *f*, de coton; chiffons *mpl*; étoupe *f* ou chiffons de nettoyage. *Metalw:* **Stamping waste,** déchets d'estampage. **Printing waste,** (i) (*superfluous sheets*) défets *mpl*; (ii) (*spoilt*) maculatures *fpl*; la passe. **Waste of a beam,** gras *m* d'une poutre. *See also* SILK 1, WOOL-WASTE. (*b*) *Hyd.E:* Trop-plein *m.* *See also* PLUG[1] 1. (*c*) = WASTE-PIPE. **5.** *Jur:* Dégradations *fpl* (qui surviennent pendant une location). **Voluntary waste,** dégradations commises sur le fonds par l'usufruitier. **Permissive waste,** détérioration *f* du fonds faute d'entretien.

'waste-basket, *s. U.S:* Corbeille *f* à papier(s).

'waste-cock, *s. Mch:* Robinet purgeur; robinet de purge.

'waste-gate, *s. Hyd.E:* Écluse *f* de fuite, de dégagement.

'waste-heap, *s.* Tas *m* de déchets. *Min:* Halde *f* de déblais.

'waste-pipe, *s. Hyd.E: etc:* Tuyau *m* d'écoulement du trop-plein; (tuyau de) trop-plein; tuyau de décharge, de dégagement, de vidange; épanchoir *m*; écoulement *m* (d'une baignoire).

'waste-weir, *s. Hyd.E:* Déversoir *m*; trop-plein *m*; livon *m.*

waste[3]. I. *v.tr.* **1.** *A:* Dévaster, ravager, désoler (un pays, etc.). **2.** Consumer, user, épuiser, faire dépérir (qn, le corps, etc.). *Wars that w. our strength,* guerres *f* qui consument, épuisent, nos forces. **Patient wasted by a disease,** malade amaigri, desséché, par une maladie. **3.** (*a*) Gaspiller (les provisions, son argent, etc.); brouiller, gâcher (du papier); dissiper, dilapider (sa fortune). **To waste one's substance,** gaspiller son bien. **Nothing is wasted,** rien ne se perd. *Do not w. anything,* il ne faut rien laisser perdre. **To waste one's shot,** *F:* brûler, tirer, sa poudre aux moineaux. *Experience is wasted on a fool,* à un sot l'expérience ne sert à rien. *Present that would be wasted on me,* cadeau dont je n'ai que faire. **To waste one's time,** perdre, gaspiller, son temps; *F:* chipoter; gober des mouches. *I have no time to w. idling about here,* je n'ai pas de temps à perdre à flâner par ici. **To waste time over, on, sth., to waste time doing sth.,** gâcher son temps à faire qch. *To w. one's youth,* gaspiller sa jeunesse. *To w. one's life,* gâcher sa vie. **Wasted life,** vie manquée. *He is simply wasted in that job,* il a un emploi bien au-dessous de ses capacités. *To w. one's eloquence,* dépenser inutilement son éloquence. *The allusion was wasted on him,* il n'a pas saisi l'allusion. *All my advice was wasted on him,* je l'ai conseillé en pure perte. *F:* To waste words, parler en pure perte. *See also* BREATH. *To w. one's energy,* se dépenser inutilement, en pure perte. **To waste one's labour,** *F:* travailler pour le roi de Prusse. *Abs. Prov:* **Waste not, want not,** qui ne gaspille pas trouve toujours; qui épargne gagne. (*b*) **To waste a chance,** perdre une occasion. **4.** *Jur:* Dégrader ou laisser se détériorer (le fonds d'un usufruit).

II. **waste,** *v.i.* **1.** Se perdre; s'user, se consumer. **The water is wasting,** l'eau se perd. *His fortune was wasting,* sa fortune diminuait peu à peu, s'épuisait peu à peu. **2.** (*Of living being*) To waste (away), dépérir; (*of pers.*) se miner, se décharner; s'affaiblir, maigrir; (*of limb*) s'atrophier. *Invalid who is visibly wasting (away),* malade qui maigrit, diminue, s'affaiblit, à vue d'œil. *To w. away for lack of food,* dépérir faute de nourriture. *F:* **To waste away to skin and bone,** se momifier. *She is wasting away with anxiety,* elle se consume d'inquiétude.

wasted, *a.* **1.** (Pays, etc.) dévasté, ravagé, ruiné. **2.** (*a*) (Malade, corps) affaibli, amaigri, décharné, atténué; (membre) atrophié. *Her poor w. hands,* ses pauvres mains flétries. *To be terribly w.,* n'avoir plus que la peau et les os. (*b*) (*Of thg*) Usé, détérioré; épuisé. **3.** (Argent, etc.) gaspillé. **Time wasted,** (i) temps perdu; (ii) (*in mechanical movement*) temps mort. *Tchn:* **Wasted energy,** dépense *f* à vide. *See also* EFFORT 1.

wasting[1], *a.* **1.** (*a*) Dévastateur, -trice. (*b*) (Mal *m*) qui fait dépérir, qui consume, qui dévore. *W. care,* souci rongeur. *W. disease,* consomption *f*. *See also* ULCER. **2.** (Membre *m*, etc.) qui dépérit, qui s'amaigrit; (malade) tabescent.

wasting[2], *s.* **1.** Dévastation *f* (d'un pays, etc.). **2.** Gaspillage *m*, perte *f* (de ses ressources, de son temps, etc.); dissipation *f*, dilapidation *f* (de sa fortune). **3.** **Wasting (away),** dépérissement *m*, marasme *m*, amaigrissement *m*; atténuation *f* (du corps); atrophie *f* (d'un membre); *Med:* étisie *f*, dénutrition *f*; contabescence *f*, tabescence *f*; consomption *f*.

wasteful ['weistful], *a.* Gaspilleur, -euse; prodigue; *A:* dissipateur, -trice. *W. administration,* administration peu soucieuse d'économie, des deniers publics. *W. expenditure,* dépense *f* en pure perte; gaspillage *m*; dépenses ruineuses. *To do away with w. expenditure,* éliminer les dépenses inutiles. *W. habits,* habitudes *f* de gaspillage. **-fully,** *adv.* Prodigalement; avec prodigalité; (dépenser une somme, etc.) en pure perte.

wastefulness ['weistfulnəs], *s.* Prodigalité *f*; (habitudes *fpl* de) gaspillage *m.*

waster ['weistər], *s.* **1.** (*Pers.*) (*a*) Gaspilleur, -euse. **Time-waster,** perdeur, -euse, de temps. (*b*) Gâcheur, -euse (de papier, etc.). (*c*) *F:* = WASTREL 2 (*b*). **2.** *Ind: Metall: etc:* Pièce *f* de rebut; pièce manquée; loup *m* (de fonderie); rebut *m.*

wastrel ['weistrəl], *s.* **1.** = WASTER 2. **2.** (*Pers.*) (*a*) Gaspilleur *m.* (*b*) *F:* Rebut *m* de la société; vaurien *m*; propre *m* à rien; mauvais sujet. (*c*) Gamin *m* (des rues).

watch[1] [wɔtʃ], *s.* **1.** *A:* Veille *f.* (*Still so used in*) **In the watches of the night, in the night watches,** pendant les veilles de la nuit; pendant les heures de veille. **It passed as a watch in the night,** ce fut bientôt oublié. **2.** Garde *f*; surveillance *f.* **To be on the watch,** (i) être en observation; être, se tenir, aux aguets, au guet, à l'affût; avoir l'œil au guet; être aux écoutes; (ii) être sur ses gardes; *F:* veiller au grain. **Be on the watch!** ouvrez l'œil! To be on the watch for s.o., épier, guetter, qn; être à l'affût de qn. *Eyes on the w. for details,* regard *m* à l'affût du détail. *He was on the w. that no one should go in,* il était attentif à ce que personne n'entre, n'entrât. To keep watch, monter la garde. To keep (a) good, close, watch, faire bonne garde. **To keep a close watch on, over, s.o.,** surveiller qn de près; garder qn à vue. *To keep a discreet w. on s.o.,* exercer une surveillance discrète sur qn. **Keep a watch on the car,** veillez sur la voiture. *Keep a w. on your tongue,* observez votre langage. *He kept close w. on what was happening,* il surveillait de près ce qui se passait. **To set a watch on s.o.,** faire surveiller qn. *See also* WARD[1] 1. **3.** (*a*) *A:* (*Pers.*) Garde *m*, veilleur *m.* (*b*) *Coll. Hist:* **The watch,** la garde, le guet. **The constables of the watch,** le guet; les archers *m*; la ronde de nuit. *See also* BLACK WATCH, NIGHT-WATCH 2 (*a*). **4.** *Nau:* (*a*) Quart *m.* *The morning w.,* le quart du jour. *The night w.,* le quart de nuit. **First watch,** quart de huit heures à minuit. **Middle watch,** quart de minuit à quatre heures. **To set the watches,** régler les quarts. **To come on watch,** prendre le quart. **To be on watch,** être de quart. **To keep watch,** faire le quart. **The officer of the watch,** l'officier *m* de quart. *The w. on deck,* le quart en haut. **To have watch and watch,** faire le quart par bordées. **The watch-bell,** la cloche. *See also* ANCHOR-WATCH, DOG-WATCH, RELIEVE 4. (*b*) (*Men*) Bordée *f.* **The port watch,** la bordée de bâbord; les bâbordais *m.* **The starboard watch,** la bordée de tribord; les tribordais *m.* *The w. on deck,* la bordée de quart. *The w. below,* la bordée libre de quart. *See also* NIGHT-WATCH 2 (*b*). **5.** (*a*) Montre *f.* **Keyless watch,** *U.S:* **stem-winding watch,** montre à remontoir. *To set a w.,* régler une montre. **It is six by my watch,** il est six heures à ma montre. **To use a watch as a compass,** s'orienter avec une montre. *See also* BRACELET-WATCH, HUNTING-WATCH, LEVER WATCH, STOP-WATCH, WRIST-WATCH. (*b*) *Nau:* **The deck watch, the hack watch, the job watch,** le compteur.

'watch-bill, *s. Nau:* Rôle *m* de(s) quart(s). **Watch and quarter bill,** rôle de quart et de manœuvre.

'watch-box, *s. Rail: etc:* Guérite *f* (de garde).

'watch-bracelet, *s.* Montre-bracelet *f*, *pl.* montres-bracelets.

'watch-calculator, *s.* Cercle *m* à calcul.

'watch-case, *s.* **1.** Boîte *f*, boîtier *m*, de montre. **Watch-case maker,** boîtier *m* en montres. **2.** Étui *m* de montre.

'watch-chain, *s.* Chaîne *f* de montre; **chaîne de gilet;** giletière *f*. Curb watch-chain, gourmette *f*.

'watch-coat, *s. Cost: Nau:* Capote *f*.

'watch committee, *s.* Comité *m* qui veille au maintien de l'ordre et à l'éclairage de la commune.
'watch-dog, *s.* Chien *m* de garde; chien de défense; chien d'attache. *Good watch-dog,* chien de bonne garde, de bon guet.
'watch-fire, *s.* Feu *m* de bivouac.
'watch-glass, *s.* Verre *m* de montre.
'watch-guard, *s.* Chaîne *f* de gilet; giletière *f* (en cuir, etc.).
'watch-house, *s.* **1.** Guérite *f* (d'homme de veille). **2.** (*a*) *A:* Corps *m* de garde. (*b*) *U.S:* Poste *m* de police.
'watch-keeper, *s.* *Nau:* **1.** Homme *m* de quart. *Engine-room w.-k.,* mécanicien *m* de quart. **2.** Chef *m* de quart.
'watch-key, *s.* Clef *f* de montre; remontoir *m*.
'watch-maker, *s.* Horloger *m*.
'watch-making, *s.* Horlogerie *f*.
'watch-night, *s.* *Ecc:* Office *m* de minuit (à la veille du jour de l'an); veillée *f* du 31 décembre.
'watch-oil, *s.* Huile *f* pour montres.
'watch-pocket, *s.* (*a*) *Cost:* Gousset *m* (de montre). (*b*) (*At head of bed*) Porte-montre *m inv.*
'watch-post, *s.* *Mil:* **1.** Poste *m* de garde. **2.** Corps *m* de garde.
'watch-spring, *s.* Ressort *m* de montre.
'watch-stand, *s.* Porte-montre *m inv.*
'watch-tower, *s.* (*a*) Tour *f* d'observation, de guet. (*b*) *A.Fort:* Échauguette *f*.
'watch-train, *s.* Mouvement *m* (d'une montre).

watch[2]. **1.** *v.i.* (*a*) Veiller. *I watched all night,* j'ai veillé jusqu'au jour. *Ecc:* **Watch and pray,** veillez et priez. (*b*) **To watch by a sick person,** veiller un malade; veiller auprès d'un malade. **To watch over a child, a flock,** veiller sur, surveiller, garder, un enfant, un troupeau. *To w. over the safety of the State,* veiller au salut de l'État. (*c*) **To watch,** *F:* **to watch out,** être aux aguets; être au guet, à l'affût; avoir l'œil au guet; être sur ses gardes; prendre garde. **Watch out!** ouvrez l'œil! prenez garde! *Error that must be carefully watched against,* erreur dont il faut se méfier. (*d*) **To watch for s.o.,** attendre qn; épier, guetter, qn. *He was watching for the opportunity to occur,* il attendait que l'occasion se présentât; il guettait l'occasion. (*e*) **To watch after s.o.,** suivre qn du regard, des yeux. **2.** *v.tr.* (*a*) Veiller (un mort); garder, veiller sur (qn, qch.). (*b*) Observer; regarder attentivement. *Prov:* **A watched pot never boils,** plus on désire une chose, plus elle se fait attendre. **To watch s.o. narrowly,** surveiller qn de près; épier qn; garder qn à vue; ne pas quitter qn des yeux. **To watch s.o. like a cat watching a mouse,** guetter qn comme le chat fait de la souris. **To have s.o. watched,** faire surveiller, faire épier, qn; faire pister qn. **We are being watched,** on nous observe. (*c*) Avoir l'œil sur (qch.). **We shall have to watch the expenses,** il nous faudra avoir l'œil sur la dépense. *U.S:* *F:* **Watch your step!** prenez garde de tomber! *I had to w. my step throughout the discussion,* pendant toute la discussion il m'a fallu éviter tout faux pas. (*d*) Regarder; voir. *I watched him go down the path,* je le regardai descendre le sentier. *I watched her working,* je la regardais travailler. *I watched his face fall,* je vis son visage s'allonger petit à petit. *I watched him do it,* je le regardais faire. **To watch a football match,** assister à un match de football. *She has gone to w. her brother playing for the Varsity,* elle est allée voir le match où son frère joue pour l'Université. *I was watching the procession,* je regardais passer la procession. *I watched the stars lighting up,* je regardais s'allumer les étoiles. **To watch the course of events, s.o.'s career,** suivre le cours des événements, la carrière de qn. *Jur:* **To watch a case,** veiller (en justice) aux intérêts de qn. (*e*) **To watch one's opportunity, one's time,** guetter l'occasion, le moment propice.
watch in, *v.i.* *W.Tel:* Observer une émission de télévision; assister à une séance de télévision.
watching, *s.* **1.** Veille *f*; veillée *f*. **2.** (*a*) **Watching over s.o., sth.,** soin *m* de qn, de qch. **She needs watching over,** il faut la surveiller; elle a besoin d'être surveillée. (*b*) Surveillance *f*; bonne garde. **He's a man who wants watching,** c'est un homme (i) à surveiller, (ii) dont il faut se méfier. **3.** Observation *f*. **Bird watching,** observation des oiseaux. *See also* BRIEF[2] 2.

watcher ['wɔtʃər], *s.* **1.** Veilleur, -euse (d'un mort, d'un malade). **2.** *A:* **Night watcher,** veilleur de nuit; gardien *m* de nuit. **3.** Observateur, -trice; guetteur *m*. **Bird watcher,** observateur des mœurs des oiseaux. **4.** **Watcher-in,** celui qui assiste à une séance de télévision.

watchful ['wɔtʃful], *a.* **1.** Vigilant; alerte; attentif. *To be w.,* être sur ses gardes; être aux aguets. **Watchful for mistakes,** toujours aux aguets pour relever une erreur. **To keep a watchful eye on, over, s.o.,** surveiller qn de près. **To be watchful of s.o.,** observer, épier, qn d'un œil méfiant, d'un œil jaloux. **2.** **Watchful nights,** (i) nuits *f* de veille; (ii) nuits d'insomnie. **-fully,** *adv.* Avec vigilance; d'un œil attentif.

watchfulness ['wɔtʃfulnəs], *s.* Vigilance (méfiante).

watchman, *pl.* **-men** ['wɔtʃmən, -men], *s.m.* Gardien, garde; *A:* guetteur. *Nau:* Homme de garde (au mouillage); factionnaire. *Hist:* Veilleur (de nuit). *Ind:* *etc:* **Night watchman,** veilleur de nuit; garde de nuit. *Rail:* **Track-watchman,** garde-ligne, *pl.* gardes-ligne(s).

watchword ['wɔtʃwəːrd], *s.* *Mil:* *etc:* Mot *m* d'ordre.

water[1] ['wɔːtər], *s.* Eau *f*. **1.** (*a*) *Cold w.,* eau fraîche. **Fresh water,** (i) (*newly drawn*) eau fraîche, (ii) (*not salt*) eau douce. *Nau:* *To fill up with fresh w.,* prendre de l'eau douce. **Hard water,** eau dure, crue, séléniteuse. *Hot w., warm w.,* eau chaude. **Hot and cold water in the rooms,** eau courante chaude et froide dans les chambres. *To wash in plenty of w.,* laver à grande eau. *F:* **To throw cold water on a scheme,** décourager, dénigrer, un projet. *To throw, pour, cold w. on s.o.'s enthusiasm,* jeter une douche froide sur l'enthousiasme de qn. **Drinking water,** eau potable; eau de boisson. **To drink water,** boire de l'eau; *F:* *Hum:* grenouiller. *F:* **Cold-water fiend,** grenouillard *m*. *To dilute one's wine with w., to put w. in one's wine,* couper son vin d'eau; mouiller, *F:* baptiser, son vin. **Wine and water,** vin coupé d'eau; eau rougie. *F:* **Water bewitched,** thé faiblard; breuvage *m* insipide; lavasse *f*. **To take the horses to water,** conduire, mener, les chevaux à l'abreuvoir. *Prov:* **You may lead a horse to (the) water but you cannot make him drink,** on ne saurait faire boire un âne qui n'a pas soif. **To let in water,** prendre eau. *My broken shoes let in, took in, w.,* mes souliers percés prenaient l'eau. **To take in water,** (*of ship*) embarquer son eau; faire de l'eau; (*of locomotive*) faire de l'eau. (*Of ship*) **To make water,** (i) (*take in fresh w.*), faire de l'eau, (ii) (*leak*) avoir une voie d'eau; faire eau. *See also* BLOOD[1] 1 (*b*), BREAD, CIDER, COOLING[2], DUCK[1] 1, FEED[1] 3, FLINT 1, HOLD[2] 7, HOT[1] 1, MILK-AND-WATER, RAIN-WATER, SALT-WATER, SEA-WATER, SPEND 1, TANK 1, WAGON 1, WRITE 1. (*b*) (*For domestic needs*) Eaux *f* ménagères. **To turn on the water,** ouvrir l'eau. **To cut off the water,** couper, fermer, arrêter, l'eau. **To have the water laid on,** faire mettre l'eau courante. **Water supply,** (i) approvisionnement *m* d'eau, provision *f* d'eau, adductions *fpl* d'eau, réserves *fpl* en eau; (ii) service *m* des eaux, distribution *f* d'eau (de la ville). *Domestic w. supply,* adduction *f* des eaux potables de maison. *There is no w. supply,* il n'y a pas d'eau courante. *Epidemic due to the w. (supply),* épidémie *f* d'origine hydrique. **Water-supply engineering,** hydrotechnique *f*. **The Water Company,** la Compagnie des eaux. (*c*) (*For washing, steeping*) **To wash sth. in two or three waters,** laver qch. dans deux ou trois eaux. *See also* BLEACHING-WATER, DISH-WATER. (*d*) *Paperm:* *Tex:* *etc:* **Water of condition,** eau hygroscopique; (degré *m* d')humidité *f*. **2.** *Usu. pl.* (*Mineral springs*) **Iron waters,** eaux ferrugineuses. **To take, drink, the waters,** prendre les eaux. *To take the waters at Bath,* faire la cure à Bath. **3.** (*a*) *Usu. pl.* (*Water of sea, lake, stream*) *The waters of the Danube,* les eaux du Danube. *Pirate-infested waters,* parages infestés par les pirates. *Myth:* **To drink the waters of Lethe, of forgetfulness,** boire les eaux du Léthé, du fleuve d'oubli. **To cast one's bread upon the waters,** jeter son pain sur la face des eaux. *See also* DEEP II. 1, TROUBLED 1. (*b*) **On land and water,** sur terre et sur mer; sur la terre et sur l'océan, *Poet:* sur la terre et sur l'onde. **To cross the water,** traverser la mer, l'océan. *F:* **On this side, on the other side, of the water,** de ce côté, de l'autre côté, de l'eau; (i) de ce côté de l'Océan (c.-à-d. en Europe); de l'autre côté de l'Océan (c.-à-d. en Amérique); (ii) sur cette rive-ci de la Tamise; sur l'autre rive. **By water,** par eau; en bateau; *Com:* par voie d'eau. **To go on the water,** se promener sur l'eau. (*Of an animal, waterfowl, person*) **To take the water,** se jeter, se mettre, à la nage. *F:* **To make a hole in the water,** se noyer (avec intention). *See also* FIRE[1] 1, FISH[1] 1, TREAD[2] 2. (*In names of plants, animals, etc.*) *Bot:* **Water germander,** germandrée *f* aquatique. **Water lentil,** lentille *f* d'eau. **Water mint,** menthe *f* aquatique. *Z:* **Water shrew,** musaraigne *f* d'eau. *See also* AVENS 1, BETONY 2, BLINKS, CALTROP, CROWFOOT 1, DOCK[1], DROPWORT, FLAG[1] 1, HORSE-TAIL 2, OPOSSUM 1, PIMPERNEL, PLANTAIN[1] 2, PURSLANE 2, RAIL[3], SAPPHIRE 1, SNAKE[1] 1, STARWORT, TREFOIL 1, VIOLET 1. (*c*) **To be under water,** (*of land, roots*) être inondé, submergé; baigner dans l'eau; (*of submarine*) être en plongée. **To swim under water,** nager entre deux eaux. *Wood that lasts well under w.,* bois qui résiste longtemps immergé. **Above water,** à flot; surnageant. **To keep, keep oneself, keep one's head, above water,** se maintenir à la surface; se maintenir sur l'eau. *F:* *He cannot keep his head above w.,* il n'arrive pas à se subvenir; il ne peut jamais faire face à ses engagements. *To get one's head above w. again, F:* se raccrocher. *See also* WIND[1] 1. (*d*) **High water,** marée haute; haute mer; hautes eaux. *High w. at spring tide,* gros *m* de l'eau. **High-water mark,** (i) = TIDE-MARK; (ii) *F:* apogée *m* (de la carrière de qn, etc.). **Low water,** marée basse; bas *m* de l'eau; eaux basses. *F:* **He is in low water,** (i) il est tombé dans la déconsidération; *F:* les eaux sont basses chez lui; (ii) il est dans la gêne, *F:* dans la dèche; il n'est pas en fonds; (iii) il est dans le marasme; il est déprimé, malade; il est bien bas. *See also* LOW-WATER. (*e*) **In deep water,** par de grands fonds. *To swim in deep w.,* nager en pleine eau. *F:* **To be in deep water(s),** faire de mauvaises affaires; *F:* être dans la dèche. *See also* DEEP-WATER. *Nau:* **Shallow water, white water,** petits fonds, hauts fonds, fond diminuant. **In Home waters,** dans les eaux de la Métropole. *Ship for service in Home waters,* bâtiment métropolitain. *See also* TERRITORIAL 1. (*f*) *Nau:* **What water does the ship draw?** quel est le tirant d'eau du navire? *She draws twenty feet of w.,* il a vingt pieds de tirant d'eau. *There are a hundred fathoms of w.,* il y a cent brasses de fond. *See also* FOUL[1] I. 3. **4.** (*Liquid resembling or containing water*) (*a*) **Strong waters,** eau-de-vie *f*. *See also* BARLEY-WATER, FIRE-WATER, GOULARD, LAVENDER-WATER, LIME-WATER, LIQUORICE 2, ORANGE-FLOWER, RICE-WATER, ROSE-WATER, SOUR-WATER. (*b*) *Med:* **Water on the brain,** hydrocéphalie *f*, hydrocéphale *f*. **Water on the knee,** hydarthrose *f* du genou; épanchement *m* de synovie. *See also* BLISTER[1] 1. (*c*) (*Tears*) **To bring the water to one's eyes,** faire venir, faire monter, les larmes aux yeux. (*d*) (*Saliva*) **It brings the water to one's mouth,** cela fait venir l'eau à la bouche. (*e*) (*Urine*) **To make water,** uriner; *F:* faire de l'eau; lâcher (de) l'eau. *Med:* **Red water,** urine rougie de sang. *Med:* *Is your w. all right?* votre urine est normale? **Difficulty in passing water,** rétention *f* d'urine. **5.** Transparence *f*, eau (d'un diamant). *The w. of a pearl,* l'orient *m* d'une perle. **Diamond of the first water,** diamant *m* de première eau. *F:* **A liar, a swindler, of the first water,** un menteur, un escroc, de la plus belle eau, de premier ordre. **6.** *Fin:* *F:* Actions émises pour diluer le capital.
'water-anchor, *s.* *Nau:* = DRAG-ANCHOR.
'water-antelope, *s.* *Z:* Kob *m* singsing.
'water-apple, *s.* = CUSTARD-APPLE.
'water-bag, *s.* **1.** Outre *f*, gourde *f*, à eau. **2.** (*a*) *Z:* Corps

spongieux attaché à la panse du chameau et servant de réservoir d'eau. (b) *Obst: F:* Amnios *m*. **3.** Bouillotte *f* à eau chaude (en caoutchouc).

'water-bailiff, *s.* **1.** (*Of a river*) Garde-pêche *m, pl.* gardes-pêche. **2.** *A:* (*Of a port*) Percepteur *m* des droits du port.

'water-ballast, *s. Nau:* Lest *m* d'eau; lest liquide. **The water-ballast tanks,** les ballasts *m* (d'un sous-marin). *Aer:* **Emergency water-ballast bag,** pantalon *m* d'eau.

'water-bar, *s. Civ.E:* Cassis *m*.

'water-barrow, *s.* Tonneau-brouette *m, pl.* tonneaux-brouettes.

'water-bath, *s. Ch: Cu:* Bain-marie *m, pl.* bains-marie.

'water-bear, *s. Arach:* Tardigrade *m*.

'water-bearer, *s.* **1.** = WATER-CARRIER. **2.** *Astr:* **The Water-bearer,** le Verseau.

'water-bearing[1], *a. Geol:* (Terrain *m*, couche *f*) aquifère, hydrofère. **Water-bearing bed,** nappe *f* aquifère; nappe d'eau souterraine.

'water-bearing[2], *s. Mch:* Palier glissant.

'water-bed, *s. Med:* Matelas *m* à eau.

'water-beetle, *s. Ent:* **1.** Dytique *m*. **2.** Gyrin *m*, tourniquet *m*.

'water-biscuit, *s.* Biscuit *m* de carême.

'water-blast, *s. Min:* Trompe *f*.

'water-boat, *s.* Bateau-citerne *m, pl.* bateaux-citernes.

water-'boatman, *pl.* **-men,** *s. Ent:* Notonecte *m or f*.

'water-borne, *a.* (*a*) (Bateau) à flot, flottant. (*b*) (*Of goods*) Transporté par voie d'eau. *W.-b. transport,* transport *m* par eau. (*c*) *Med:* (*Of epidemic*) D'origine hydrique.

'water bottle, *s.* **1.** Carafe *f* (de toilette). **2.** Gourde *f*. *Mil:* Bidon *m*. *A:* **Pilgrim's water bottle,** calebasse *f*. **3.** **Hot-water bottle,** bouillotte *f*; boule *f*; (*of earthenware*) cruchon *m*; *F:* moine *m*.

'water-boy, *s.m. U.S:* Porteur d'eau (d'une équipe de manœuvres).

'water-brash, *s. Med:* Pyrosis *m*, *F:* fer-chaud *m*, pituite *f*, aigreurs *fpl* (d'estomac).

'water-buck, *s. Z:* Kob *m* singsing.

'water-bug, *s. Ent:* Nèpe *f*.

'water-butt, *s.* Tonneau *m* pour recueillir l'eau de pluie.

'water-can, *s.* **1.** Broc *m* (à eau). **2.** Fontaine *f* d'arrosage (pour meule, etc.).

'water-carriage, *s. Com:* Transport *m* par voie d'eau.

'water-carrier, *s.* Porteur, -euse, d'eau. *Astr:* **The Water-carrier,** le Verseau.

'water-cart, *s.* Tonneau *m* d'arrosage; voiture *f* d'arrosage; arroseuse *f* (de rues). *Motor w.-c.,* auto-arroseuse *f*. **Water-cart man,** arroseur municipal.

'water-cask, *s.* Baril *m* à eau; tine *f*; *Nau:* baril *m* de galère.

'water-cavy, *s. Z:* = WATER-HOG.

'water-chestnut, *s. Bot:* = SALIGOT.

'water-chickweed, *s. Bot:* Mouron *m* des fontaines.

'water-chute, *s.* Water-chute *m*, glissoire *f* (pour glisser dans l'eau).

'water-clock, *s. Hist:* Clepsydre *f*.

'water-closet, *s.* (*Abbr.* W.C. ['dʌblju'siː]) (*a*) Cabinet *m*; les cabinets; lieux *mpl* d'aisances, *F:* les lieux; *esp.* lieux à l'anglaise, water-closet *m*; *F:* le water [watɛːr]; (*in shops, etc.*) la toilette; (*in hotel*) le numéro cent. **Pan water-closet,** cabinet avec cuvette à valve. **Flush water-closet,** cabinet avec chasse d'eau; cabinets à l'anglaise; *F:* cabinets avec mécanique. *See also* WASH-OUT 1. (*b*) *Nau:* (*For officers*) Les bouteilles *f*; (*for the crew*) les poulaines *f*.

'water-cock, . Robinet *m* d'eau; robinet hydraulique.

'water-colour, *s. Art:* **1.** *pl.* **Water-colours,** couleurs *f* à l'eau; couleurs pour aquarelle. **To paint in water-colours,** peindre à l'aquarelle. *Painter in water-colours,* peintre *m* à l'aquarelle; aquarelliste *mf*. *Painting in water-colours, water-colour painting,* peinture *f* à l'aquarelle. *To go in for water-colours,* faire de l'aquarelle. **2.** **A water-colour (painting),** une peinture ou un tableau à l'aquarelle; une aquarelle.

'water-coloured, *a. Art:* (Tableau) fait, peint, à l'aquarelle.

'water-colourist, *s. Art:* Peintre *m* à l'aquarelle; aquarelliste *mf*.

'water-cooled, *a. I.C.E: etc:* (Moteur, piston) à refroidissement d'eau, refroidi par l'eau.

'water-cooler, *s.* Alcarazas *m*, gargoulette *f*.

'water-cracker, *s. U.S:* = WATER-BISCUIT.

'water-crane, *s.* **1.** *Rail:* Grue *f* d'alimentation; bouche *f* d'eau; prise *f* d'eau; colonne *f* (d'eau) alimentaire. **2.** (*For hoisting*) Grue hydraulique.

'water-cress, *s. Bot:* Cresson *m* de fontaine.

'water-cup, *s. Bot:* Hydrocotyle *f*; écuelle *f* d'eau.

'water-cure, *s. Med:* Hydrothérapie *f*.

'water-deer, *s. Z:* Hydropote *m*.

'water-devil, *s. Ent:* Hydrophile brun.

'water-diviner, *s.* = WATER-FINDER.

'water-dog, *s.* Chien *m* qui va à l'eau.

'water-drinker, *s.* **1.** Buveur, -euse, d'eau. **2.** Buveur, -euse, d'eaux minérales (à un établissement thermal).

'water-drinking, *s.* **1.** Habitude *f* de boire de l'eau. **2.** Cure *f* d'eaux minérales.

'water-drum, *s. Mch:* Collecteur inférieur (de la chaudière).

'water-elevator, *s.* = WATER-ENGINE 2.

'water-engine, *s.* **1.** Machine *f* hydraulique; moteur *m* à eau. **2.** Élévateur *m* d'eau; pompe *f*, épuise *f*; machine élévatrice d'eau.

'water-feed, *s. Mch:* Alimentation *f* en eau.

'water-fence, *s. U.S:* Fossé *m* limitant un domaine.

'water-fern, *s. Bot:* Osmonde royale.

'water-finder, *s.* Hydroscope *m*, sourcier *m*, *F:* tourneur *m* de baguette, homme *m* à baguette; radiesthésiste *m*. **Water-finder's wand, fork, rod,** baguette *f* des sourciers, baguette divinatoire.

'water-finding, *s.* Art *m* du sourcier; hydroscopie *f*; radiesthésie *f*. **Water-finding rod,** baguette *f* divinatoire, de sourcier.

'water-finish, *s. Paperm:* Calandrage *m* humide.

'water-flea, *s. Crust:* Daphnie *f*; puce *f* d'eau.

'water-fly, *s. Ent:* **1.** Perle *f*. **2.** Gyrin *m*, tourniquet *m*.

water-'front, *s.* Partie *f* de la ville faisant face à l'eau, à la mer.

'water-gap, *s. Ph.Geog:* Percée *f*.

'water-gas, *s.* Gaz *m* à l'eau, gaz d'eau.

'water-gate, *s.* **1.** *Hyd.E:* (*a*) (*For controlling flow of water*) Porte *f* d'écluse; vanne *f*, vannelle *f*, vantelle *f* (d'écluse); retenue *f* d'eau. (*b*) Robinet-vanne *m, pl.* robinets-vannes; vanne (de communication); vannelle. **2.** (*a*) Grille *f* d'accès donnant sur le fleuve. (*b*) **Gravesend, the water-gate of London,** Gravesend, le vestibule de Londres.

'water-gauge, *s.* **1.** *Hyd.E:* (*a*) Indicateur *m* de niveau d'eau; hydromètre *m*. (*b*) (*In river*) Échelle *f* d'étiage. **2.** *Mch:* (Indicateur de) niveau *m* d'eau.

'water-gladiole, *s. Bot:* Butome *m* à ombelles.

'water-glass, *s.* **1.** = WATER-CLOCK. **2.** *Ch: Com:* Silicate *m* de potasse ou de soude; *F:* verre *m* soluble.

'water-hammer, *s.* **1.** *Ph:* Marteau *m* d'eau. **2.** *Hyd.E:* Coup *m* de bélier (dans une conduite d'eau ou de vapeur).

'water-harden, *v.tr. Metalw:* Tremper (l'acier) à l'eau.

'water-hemlock, *s. Bot:* Ciguë vireuse; cicutaire *f* aquatique.

'water-hemp, *s. Bot:* Bident *m* à calice feuillé; chanvre *m* aquatique.

'water-hen, *s. Orn:* Poule *f* d'eau.

'water-hog, *s. Z:* Cabiai *m*.

'water-hole, *s. Geol:* Mare *f* (dans un cours d'eau à sec).

'water-horehound, *s. Bot:* Lycope *m*; marrube *m* aquatique.

'water-hyssop, *s. Bot:* Herbe *f* au pauvre homme.

'water-ice, *s. Cu:* Sorbet *m*.

water-'inch, *s. Hyd.E:* Débit *m* d'eau en 24 heures d'un tuyau d'un pouce de diamètre, sous pression minimum.

'water-intake, *s. Mch: etc:* Prise *f* d'eau.

'water-jacket, *s. Ind: I.C.E:* Chemise *f* d'eau; chambre *f*, culotte *f*, d'eau, de circulation; enveloppe *f* de circulation d'eau. **Water-jacket plug,** bouchon *m* de dessablage.

'water-jacketed, *a. Ind: etc:* Entouré d'une chemise d'eau.

'water-joint, *s.* Joint *m* d'eau.

'water-jug, *s.* **1.** Pot *m*, cruche *f*, à eau. **2.** *Toil:* Broc *m* (à eau).

'water-jump, *s. Rac:* Douve *f*, brook *m*.

'water-laid, *a.* (Câble) commis en grelin, en aussière.

'water-layer, *s.* Couche aqueuse.

'water-leaf, *s.* **1.** (*a*) *Bot:* Hydrophylle *f*. (*b*) *Algae:* Rhodyménie palmée. **2.** *Paperm:* Papier *m* brouillard, sans colle, sans apprêt.

'water-lemon, *s. Bot:* Pomme-liane *f, pl.* pommes-lianes.

'water-level, *s.* **1.** (*a*) Niveau *m* d'eau; hauteur *f* de l'eau; plan *m* d'eau (d'un canal, etc.); niveau de l'eau (d'une chaudière). *W.-l. of a canal reach,* retenue *f* d'un bief de canal. (*b*) *Geol:* Niveau piézométrique. **Underground water-level,** nappe *f* d'eau. **2.** (*Instrument*) Niveau d'eau. **3.** *Min:* Galerie *f* d'écoulement.

'water-lily, *s. Bot:* Nénuphar *m*; lis *m* d'eau, lis des étangs, volet *m* des étangs. **White water-lily,** nymphée *f*; *F:* blanc *m* d'eau; lune *f* d'eau. **Yellow water-lily,** nuphar *m*, lis jaune; *F:* jaune *m* d'eau, jaunet *m* d'eau.

'water-line, *s.* **1.** *Nau:* (Ligne *f* de) flottaison *f*. *Repairs above the w.-l.,* réparations *f* dans les œuvres mortes. *Naval Artil:* **To aim at the water-line,** viser à la flottaison. **Load water-line, deep water-line,** ligne de flottaison en charge; calaison *f*. **Light water-line,** ligne de flottaison lège. *Ship laden to the w.-l.,* vaisseau chargé au ras de l'eau. **2.** *N.Arch:* Ligne d'eau (d'un navire). **3.** *Paperm:* **Water-lines** = WATER-MARK 2.

'water-lizard, *s. Rept:* Varan *m*.

'water-lotus, *s. Bot:* Rose *f* d'Inde; lotus sacré.

'water-main, *s. Hyd.E:* Conduite principale (d'eau); conduite de distribution d'eau.

'water-mark, *s.* **1.** *Nau:* Laisse *f* (de haute, de basse, mer, de haute, de basse, marée). *See also* WATER[1] 3 (*d*). **2.** (*In paper*) Filigrane *m*. **Countersunk water-mark,** filigrane enfoncé.

'water-marked, *a.* (Papier) à filigrane.

'water-meadow, *s.* Prairie susceptible d'être inondée; noue *f*.

'water-melon, *s. Bot:* Melon *m* d'eau; pastèque *f*.

'water-milfoil, *s. Bot:* **1.** Volant *m* d'eau. **2.** Mille-feuille *f* aquatique.

'water-mill, *s.* Moulin *m* à eau.

'water-mites, *s.pl. Arach:* Hydrachnes *f*.

'water-mole, *s. Z:* (*In Austr.*) Ornithor(h)ynque *m*.

'water-motor, *s.* Moteur *m* à eau; machine *f* hydraulique; turbine *f*.

'water-nymph, *s.* **1.** *Myth:* Naïade *f*. **2.** *Bot:* Nymphée *f*; nénuphar blanc.

'water-opal, *s. Miner:* Hyalite *f*.

'water-ouzel, *s. Orn:* Merle *m* d'eau; cincle plongeur; hydrobate *m*.

'water-parsley, -parsnip, *s. Bot:* Berle *f*; ache *f* (d'eau).

'water-parting, *s. Ph.Geog:* = WATERSHED 1.

'water-pepper, *s. Bot:* Poivre *m* d'eau; persicaire *f* âcre; *F:* curage *m*.

'water-pig, *s. Z:* Cabiai *m*.

'water-pillar, *s.* **1.** *Rail:* = WATER-CRANE 1. **2.** *Meteor:* Trombe *f.*

'water-pipe, *s.* Tuyau *m* d'eau, conduite *f* d'eau; souche *f* (d'un bassin).

'water-pitcher, *s. Bot:* = PITCHER-PLANT.

'water-plane, *s.* **1.** *Hyd.E:* Plan *m* d'eau (d'un canal, etc.). **2.** *N.Arch:* Plan de flottaison.

'water-plate, *s.* Assiette *f* à réchaud.

'water-platter, *s. Bot:* Victoria *m* regia.

'water-polo, *s. Sp:* Water-polo *m*; polo *m* nautique.

'water-pot, *s.* **1.** Pot *m*, broc *m*, à eau; cruche *f*. *Tex: etc:* (*For moistening the fingers*) Mouilloir *m*. **2.** = WATERING-POT.

'water-power, *s.* Force *f* hydraulique; énergie *f* hydraulique; eau motrice; *F:* houille blanche.

'water-privilege, *s.* Droits *mpl* de captation d'eau.

'water-pump, *s.* Pompe *f* à eau.

'water-ram, *s. Hyd.E:* Bélier *m* hydraulique.

'water-rat, *s. Z:* Rat *m* d'eau; campagnol nageur.

'water-rate, *s.* Taux *m* de l'abonnement aux eaux de la ville ou de la commune.

'water-resisting, *a.* (Enduit *m*) hydrofuge. *Civ.E:* (Revêtement) inaffouillable (d'un canal).

'water-rice, *s. Bot:* Riz *m* du Canada; zizanie *f*.

'water-rights, *s.pl.* Droits *m* de captation d'eau.

'water-room, *s.* = WATER-SPACE.

'water-rose, *s. Bot:* Nymphée *f*; nénuphar blanc.

'water-salamander, *s. Amph:* Triton *m*.

'water-scorpion, *s. Ent:* Scorpion *m* aquatique, d'eau; nèpe *f*.

'water-seal, *s.* Fermeture *f* à eau; fermeture hydraulique, clôture *f* à eau (de récipient de gaz, etc.); *Plumb:* siphon *m* (de tuyau de vidange, etc.).

'water-shaft, *s. Min: etc:* Puits *m* d'épuisement.

'water-skin, *s.* Outre *f*.

'water-slater, *s. Crust:* Aselle *m* aquatique.

'water-snail, *s.* **1.** *Moll:* Hélice *f* aquatique. **2.** *Hyd.E:* Pompe spirale.

'water-softener, *s.* **1.** Adoucisseur *m* d'eau. *Bran is a w.-s.*, le son adoucit l'eau. **2.** *Ind:* Installation *f* d'épuration chimique de l'eau.

'water-softening, *attrib.a. Ind: etc: W.-s. plant,* épurateur *m* d'eau.

'water-soldier, *s. Bot:* Stratiote *f* (faux aloès).

'water-space, *s. Mch:* Cloison *f* d'eau, chambre *f* d'eau, lame *f* d'eau, réservoir *m* d'eau, bouilleur *m* (d'une chaudière).

'water-spaniel, *s.* Épagneul *m* d'eau; chien *m* canard.

'water-spider, *s.* **1.** *Ent:* Hydromètre *f*; araignée *f* d'eau. **2.** *Arach:* Argyronète *f*.

'water-spike, *s. Bot:* Potamot *m*; épi *m* d'eau.

'water-spout, *s.* **1.** Tuyau *m*, descente *f* (d'eau). **2.** Gouttière *f*, gargouille *f*. **3.** *Meteor:* Trombe *f* (d'eau), trombe marine; siphon *m*; pompe *f* de mer; colonne *f* d'eau.

'water-sprite, *s.* Ondin, -ine.

'water-sprout, *s. Arb:* Branche gourmande.

'water-stain, *s.* **1.** *Paperm:* Goutte *f*. **2.** Teinture *f* (du bois, etc.) à l'eau.

'water-stained, *a.* **1.** Taché (par l'humidité). **2.** Teint à l'eau.

'water-system, *s.* Canalisation *f* d'eau.

'water-table, *s.* **1.** *Arch:* Chanfrein *m* du socle. **2.** *Geol:* Surface *f* piézométrique; niveau *m* hydrostatique; nappe *f* aquifère.

'water-tick, *s. Ent:* = WATER-SPIDER 1.

'water-tiger, *s. Ent:* Dytique *m*.

'water-tower, *s. Hyd.E:* Château *m* d'eau.

'water-tree, *s. Bot:* **1.** Tetracère *f*. **2. Red water-tree,** mancône *m*.

'water-trench, *s.* Fossé *m* d'irrigation.

'water-tube, *s. Mch:* Tube *m* d'eau, bouilleur *m*. **Water-tube** boiler, chaudière *f* à tubes d'eau, chaudière aquatubulaire, chaudière multitubulaire.

'water-twist, *s. Tex:* Filé *m*.

'water-vole, *s. Z:* Campagnol *m* rat d'eau.

'water-wall, *s. Hyd.E:* Digue *f*.

'water-waving, *s.* **1.** *Tex:* (i) Moirage *m*; (ii) moirure *f* (de la soie). **2.** *Hairdr:* Mise *f* en plis (des cheveux).

'water-way, *s.* **1.** *Civ.E:* Cunette *f*. **2.** *N.Arch:* Gouttière *f* (de pont). **3.** Voie *f* d'eau; voie navigable; voie fluviale. **4.** *Civ.E:* Débouché *m*, ouverture *f* (d'un pont). **5.** (*In cock or valve*) Passage *m* d'eau, voie d'eau.

'water-weed, *s. Bot:* Plante *f* aquatique.

'water-wheel, *s.* Roue *f* hydraulique; turbine *f* hydraulique; roue à aubes. *Pyr: W.-w. for fireworks,* soleil *m* d'eau. *See also* GATE[1] 3.

'water-wings, *s.pl.* Flotteur *m* de natation.

'water-worm, *s. Ann:* Naïs *f*, naïde *f*.

'water-worn, *a. Geol:* Usé par l'eau.

water[2]. **1.** *v.tr.* (*a*) Arroser (une plante, une route, une région). *Country watered by many streams,* pays arrosé, baigné, par de nombreux cours d'eau. *Egypt is watered by the Nile,* l'Égypte est abreuvée par le Nil. *Poet:* **To water sth. with one's tears,** arroser qch. de ses larmes. *See also* DRAGON 1. (*b*) **To water a liquid,** diluer, mouiller, délayer, un liquide; additionner, étendre, d'eau un liquide. **To water one's wine,** mouiller, couper, *F:* baptiser, son vin. *To w. an acid,* étendre d'eau un acide. *Dairyman who waters the milk, F:* mouilleur *m* de lait. *Fin:* **To water the capital,** diluer le capital (d'une société). (*c*) Faire boire, donner à boire à, abreuver (des bêtes); alimenter en eau (une machine). **To water the horses,** conduire, mener, les chevaux à l'abreuvoir. (*d*) *Tex:* Moirer, tabiser (la soie). **2.** *v.i.* (*a*) **My right eye is watering,** mon œil droit pleure, larmoie. *To w. at the eyes,* avoir les yeux mouillés, remplis de larmes. *See also* MOUTH[1] 1. (*b*) *Nau:* (*Of ship*) Faire de l'eau; faire provision d'eau; faire aiguade; aller à l'aiguade. (*c*) (*Of horses, etc.*) (i) Aller à l'abreuvoir; (ii) s'abreuver.

water down, *v.tr.* (*a*) = WATER[2] 1 (*b*). (*b*) *F:* **To water down an expression,** atténuer une expression. *To w. down the truth,* édulcorer, affaiblir, la vérité. **To water down a statement,** atténuer une affirmation. *To w. down one's language, one's claims,* en rabattre; *F:* mettre de l'eau dans son vin.

watered, *a.* **1.** Arrosé. **Well-watered country,** pays bien arrosé, bien pourvu d'eau. **2.** (Vin, etc.) coupé, étendu, d'eau. *W. milk,* lait additionné d'eau, lait mouillé. **3.** *Tex:* **Watered silk,** soie moirée, ondée, glacée; tabi(s) *m*. **Watered ribbon,** ruban moiré, rédi.

watering[1], *a. Med:* **Watering eyes,** yeux larmoyants.

watering[2], *s.* **1.** (*a*) Arrosage *m* (d'une plante, etc.). (*b*) Irrigation *f* (des champs). **2.** Mouillage *m*, dilution *f* (d'un breuvage, etc.). *Fin:* **Watering of stock,** dilution de capital (social). **3.** (*a*) Abreuvage *m* (des bêtes). (*b*) Alimentation *f* en eau (d'une machine). (*c*) *Nau:* Approvisionnement *m* d'eau. **4.** *Tex:* Moirage *m* (de la soie). **5. Watering of the eyes,** larmoiement *m*.

'watering-can, *s.* = WATERING-POT 1.

'watering-cart, *s.* = WATER-CART.

'watering-place, *s.* **1.** (*For cattle*) Abreuvoir *m*. **2.** *Nau:* (*For ships*) Aiguade *f*. **3.** Station *f* balnéaire. (*a*) Ville *f* d'eau, station thermale. *To go to a w.-p.*, aller aux eaux. (*b*) (*For sea-bathing*) Bains *mpl* de mer; plage *f*.

'watering-pot, *s.* **1.** Arrosoir *m*; (*long-spouted*) chantepleure *f*. **2.** *Moll:* **Watering-pot shell,** aspergille *f*; *F:* arrosoir *m*.

waterage ['wɔːtərɛdʒ], *s. Com:* Batelage *m*. **1.** Transport *m* par eau. **2.** Prix *m* de transport par eau, droit(s) *m(pl)* de batelage.

Waterbury ['wɔːtərbəri], *s.* Montre *f* à bon marché de fabrication américaine. (Nom d'une ville du Connecticut.)

watercourse ['wɔːtərkɔːrs], *s.* **1.** Cours *m* d'eau. **2.** Conduite *f* d'eau; conduit *m*.

waterer ['wɔːtərər], *s.* **1.** Arroseur, -euse. **2.** Valet de ferme chargé d'abreuver le bétail.

waterfall ['wɔːtərfɔːl], *s.* Chute *f* d'eau; cascade *f*, cataracte *f*; (*in Canada*) saut *m*.

waterfowl ['wɔːtərfaul], *s.* (*a*) Oiseau *m* aquatique. (*b*) *Coll.* Gibier *m* d'eau; sauvagine *f*.

wateriness ['wɔːtərinəs], *s.* **1.** Insipidité *f*, fadeur *f* (d'un légume ou d'un poisson cuits à l'eau). *F:* **The wateriness of his style,** son style délayé. **2.** (*a*) Aquosité *f*. (*b*) *Med:* Sérosité *f*.

waterish ['wɔːtəriʃ], *a.* *F:* (Fruit, liquide, goût) aqueux; (atmosphère *f*) humide. *W. moon,* lune entourée d'un halo; lune qui annonce la pluie; lune voilée.

waterless ['wɔːtərləs], *a.* Sans eau.

waterlogged ['wɔːtərlɔgd], *a.* **1.** (*a*) *Nau:* (Navire) plein d'eau, entre deux eaux, qui a engagé. (*b*) (Bois) alourdi par absorption d'eau. **2.** (Chantier, terrain) envahi par les eaux, imbibé d'eau; (sous-sol) aqueux. *Geol:* **Waterlogged bed,** gîte *m* d'eau.

Waterloo [wɔːtər'luː]. *Pr.n.* **The battle of Waterloo,** la bataille de Waterloo. *F:* **A Waterloo,** un combat décisif. **To meet one's Waterloo,** arriver au désastre; être décisivement battu. *This was his W.*, ce fut la ruine, l'effondrement, de tous ses projets.

waterman, *pl.* **-men** ['wɔːtərmən, -men], *s.m.* **1.** Batelier, marinier. **2.** *A good w.*, un canotier expérimenté.

waterproof[1] ['wɔtərpruːf]. **1.** *a.* (Toile *f*, tissu *m*) imperméable (à l'eau), imbrifuge; (manteau) caoutchouté; (enduit *m*) hydrofuge. **Waterproof varnish,** vernis *m* hydrofuge. *Nau: etc:* **Waterproof coat,** caban *m*. *See also* SHEETING 1. **2.** *s. Cost:* Waterproof *m*; manteau caoutchouté; imperméable *m*; caoutchouc *m*. *Light-weight w.*, paraverse *m*.

waterproof[2], *v.tr.* Imperméabiliser (une toile, un bâtiment); hydrofuger (un enduit); caoutchouter (un vêtement). *Tex:* Cirer (un tissu).

waterproofed, *a.* **1.** (Tissu) imperméabilisé; (vêtement) caoutchouté; (drap) ciré. **2.** (Homme) vêtu d'un waterproof.

waterproofing, *s.* (*a*) Imperméabilisation *f*. (*b*) Hydrofugation *f*, hydrofugeage *m* (d'un enduit). *W. compound,* enduit *m* hydrofuge.

watershed ['wɔːtərʃed], *s. Ph.Geog:* **1.** (*Divide*) Ligne *f* de partage des eaux; arête *f* (de montagne); ligne de faîte; ligne divisoire des eaux. **2.** (*Drainage basin*) Bassin *m* hydrographique; aire *f* d'alimentation.

watershoot ['wɔːtərʃuːt], *s.* **1.** Gargouille *f*, gouttière *f*. **2.** = WATER-CHUTE.

waterside ['wɔːtərsaid], *s.* (*a*) Bord *m* de l'eau. **At, on, the waterside,** au bord de l'eau; sur le rivage ou sur la rive. (*b*) *Attrib.* (i) (Fleur, insecte) du bord de l'eau; (ii) (propriétaire, habitant) riverain.

watertight ['wɔːtərtait], *a.* (Cloison *f*, etc.) étanche (à l'eau); (revêtement *m*) imperméable (à l'eau). (*Of vessel*) *To be w.*, retenir l'eau. *W. barrel,* baril qui tient l'eau. *To make w.*, imperméabiliser. *To keep the roof w.*, entretenir la toiture à étanche d'eau. *Nau:* **Watertight bulkhead,** cloison étanche. *F: W. regulations,* règlement qui a prévu tous les cas, qui ne permet pas d'échappatoire. *See also* COMPARTMENT, MOULDING[2] 2.

watertightness ['wɔːtərtaitnəs], *s.* Étanchéité *f* (à l'eau).

waterworks ['wɔːtərwəːrks], *s.pl.* (*Often with sg. const.*) **1.** Usine *f* de distribution d'eau; usine hydraulique; usine élévatoire. *The town w.*, le service des eaux de la ville; les Eaux. *F: There's something wrong with my w.*, j'ai les voies urinaires qui ne fonctionnent pas bien. **2.** (*a*) *A:* Jeux *mpl* d'eaux. (*b*) *F:* **To turn on the waterworks,** (i) se mettre à pleurer, *F:* ouvrir la fontaine; (ii) faire de l'eau, lâcher l'eau, faire pipi.

waterwort ['wɔːtərwəːrt], *s. Bot:* Élatine *f*.

watery ['wɔːtəri], *a.* **1.** (*a*) (Terrain *m*) humide, aquatique, aquifère.

(*b*) Aqueux; d'une nature aqueuse; qui contient de l'eau. **Watery clouds**, nuages aqueux. (*c*) Noyé d'eau. **Watery eyes**, yeux qui pleurent; (i) yeux larmoyants; (ii) yeux mouillés de larmes. *Cu: W. potatoes*, pommes de terre aqueuses. *W. fish*, poisson *m* insipide, fade. (*d*) (Temps, vent) pluvieux. **Watery moon**, lune voilée, embrumée; lune entourée d'un halo. **Watery sun**, soleil *m* d'eau; soleil qui annonce la pluie. **Watery sky**, ciel chargé de pluie. *Pale and w. sunshine*, un soleil pâle et noyé d'eau. (*e*) *A. & Poet:* Qui se compose d'eau. **The watery plain**, la plaine liquide, la mer. **To find a watery grave**, être enseveli par les eaux; trouver la mort dans les eaux. **2.** (*a*) (*Of soup, etc.*) Peu consistant, peu épais; clair; "à l'eau." (*b*) (*Of colour*) Pâle, déteint. (*c*) (*Of style*) Délayé.

watt [wɔt], *s. El.Meas:* Watt *m*; voltampère *m*. **Watt current**, courant watté, courant énergétique. *See also* HALF-WATT.

'watt-hour, *s. El.E:* Watt-heure *m*, *pl.* watt-heures. **Watt-hour meter**, watt-heuremètre *m*; wattmètre *m*.

wattage ['wɔtedʒ], *s. El.E:* Puissance *f* ou consommation *f* en watts; wattage *m*.

wattle[1] [wɔtl], *s.* **1.** (*a*) **Wattle(-work)**, clayonnage *m*. **Wattle-fence**, enclos *m* en clayonnage. **Wattle-and-daub wall**, mur en clayonnage revêtu de boue ou d'argile. *Mil:* **Wattle hut**, baraque-gourbi *f*. (*b*) (i) (*Hurdle*) Claie *f*. (ii) (*Tray, stand*) Claie, clayon *m*; (*for picking wool, etc.*) volette *f*. **2.** *Bot:* (*a*) (*In Austr.*) Acacia *m*. (*b*) Mimosa *m or f*.

wattle[2], *v.tr.* **1.** Clayonner; garnir de claies (un talus, etc.). **2.** Tresser, entrelacer (l'osier, etc.).

wattled[1], *a.* **1.** Clayonné; garni de claies. **Wattled wall**, mur *m* en clayonnage. **2.** (*Of branches, reeds, etc.*) Entrelacé; tressé.

wattling, *s.* Clayonnage *m*.

wattle[3], *s.* Caroncule *f* (d'une poule, d'un dindon); fanon *m* (d'un porc, d'un dindon); barbillon *m*, barbe *f* (d'un poisson, d'un coq).

wattled[2] [wɔtld], *a. Orn:* Caronculé.

wattless ['wɔtləs], *a. El:* (Courant) déwatté, inénergétique.

wattmeter ['wɔtmiːtər], *s. El.E:* Wattmètre *m*; voltampèremètre *m*.

wave[1] [weːiv], *s.* **1.** (*a*) Vague *f*; *Nau:* lame *f*. *See also* TIDAL 1. (*b*) **The waves**, *Lit:* les flots *m*. *To still the waves*, apaiser les flots. (*c*) *Mil:* **Storming wave**, vague d'assaut. (*d*) *Com: Fin:* **Wave of depression**, vague de baisse. *F:* **Wave of enthusiasm**, vague d'enthousiasme. *W. of anger*, bouffée *f* de colère. *A w. of bitterness, of repulsion, swept over him*, un flot d'amertume l'envahit; il eut un mouvement de répulsion. *A great w. of public opinion brought about his downfall*, un déchaînement de l'opinion publique amena sa chute. *See also* BRAIN-WAVE, HEAT-WAVE. **2.** *Ph:* Onde *f* (électrique, magnétique); ondulation *f*. **Light wave**, onde lumineuse. **The wave theory of light**, la théorie des ondulations. **Long waves**, grandes ondes. **Short waves**, petites ondes; *W.Tel:* ondes courtes. *W.Tel:* **Medium waves**, ondes moyennes. **Wave train, wave system**, série *f*, train *m*, d'ondes. *W.Tel:* **Wave zone**, zone *f* de radiation. **Long-wave station**, émettrice *f* sur grandes ondes. *See also* SOUND-WAVE. **3.** (*a*) Ondulation (des cheveux); cran *m* (des ondulations). *The w. of her hair*, le mouvement ondé de sa chevelure. **To have a natural wave in one's hair**, avoir les cheveux ondulés naturellement. (*b*) *Hairdr:* Ondulation. **To have a wave**, se faire onduler. *See also* PERMANENT, SET[1] 2. **4.** (*a*) Balancement *m*, ondoiement *m*, ondulation. (*b*) Geste *m*, signe *m* (de la main, du chapeau, etc.). **With a wave of his hand**, d'un geste, d'un signe, de la main. **5.** *Ent:* **Wave** (moth), cabère *f*.

'wave-detector, *s. W.Tel: etc:* Détecteur *m* d'ondes.

'wave-front, *s. Ph:* Onde *f* enveloppe.

'wave-length, *s. Ph:* Longueur *f* d'onde. *Ph: Distinctive w.-l.*, caractéristique *f* (d'une radiation, etc.).

'wave-like, *a.* (*a*) Ondoyant. (*b*) *Ph:* Sinusoïdal, -aux.

'wave-meter, *s. W.Tel:* Ondemètre *m*, cymomètre *m*.

'wave-motion, *s. Ph:* Ondulation *f*; mouvement *m* ondulatoire.

'wave-moulding, *s. Arch:* Postes *fpl*, vagues *fpl*.

'wave-setting, *s. Hairdr:* Ondulation *f*.

'wave-trap, *s. W.Tel:* Ondemètre *m* d'absorption.

wave[2]. I. *v.i.* **1.** S'agiter; (*of flag*) flotter (au vent); (*of corn, grass, plume*) ondoyer, onduler. **Hair waving in the breeze**, cheveux agités par la brise. **2. To wave to s.o.**, (i) faire signe à qn (en agitant le bras, un mouchoir); essayer d'attirer l'attention de qn; (ii) saluer qn de la main; adresser de la main un salut à qn. *He was waving to me with his hat, with his stick*, il me faisait signe avec son chapeau, avec sa canne; il agitait son chapeau; il brandissait sa canne. *I waved to him to stop*, je lui ai fait signe de s'arrêter. **3.** (*Of the hair*) Être ondé; onduler; former des ondulations. *My hair waves naturally*, mes cheveux ondulent naturellement.

II. **wave**, *v.tr.* **1.** Agiter (le bras, un mouchoir, son chapeau, un fanion); brandir (un parapluie, une canne). **To wave one's hand**, faire signe de la main; agiter le bras. **To wave one's arms about**, battre des bras. **2.** (*a*) **To wave a welcome, to wave good-bye, to s.o.**, agiter la main, son mouchoir, son chapeau, en signe de bienvenue, en signe d'adieu; faire adieu à qn (d'un signe de main). *He waved us good-bye*, il nous fit un signe d'adieu. (*b*) **To wave s.o. aside, away**, écarter qn d'un geste; faire signe à qn de s'écarter. **He waved us on, onward**, de la main il nous fit signe de continuer. **He waved me back**, de la main il me fit signe (i) de revenir, (ii) de reculer. **To wave sth. away**, (i) refuser qch. d'un geste; (ii) faire signe d'écarter qch. *The pilot waved away the chocks*, le pilote fit signe d'enlever les cales (de l'avion). **To wave aside an objection**, écarter une objection. **To wave s.o. off**, faire signe de la main à qn de s'en aller. **3.** *Hairdr:* Onduler (les cheveux). *To w. one's hair*, se faire des ondulations. **To get, have, one's hair waved**, *F:* se faire onduler.

waved, *a.* **1.** Ondé, ondulé, en ondes. **Waved hair**, cheveux ondulés. **2.** *Mec.E:* **Waved wheel**, came *f* à montagne russe. **3.** *Typ:* **Waved rule**, tremblé *m*.

waving[1], *a.* **1.** (Blé) ondoyant, ondulant; (drapeau) flottant (au vent). **2.** (Main, canne) qui s'agite. **3. Waving hair**, chevelure ondoyante; cheveux onduleux.

waving[2], *s.* **1.** (*a*) Agitation *f* (d'un mouchoir, etc.). *W. of the hand*, geste *m*, mouvement *m*, de la main. *See also* FLAG-WAVING. (*b*) Ondoiement *m*, ondulation *f* (du blé, etc.). **2.** *Hairdr:* Ondulation (des cheveux). *See also* PIN[1] 1.

'waving-iron, *s.* Fer *m* à friser, à onduler; ondulateur *m*.

wavelet ['weivlet], *s.* **1.** Petite vague; ride *f* (sur l'eau). **2.** *Hair in wavelets*, cheveux à crans serrés, à petites ondulations.

waver ['weivər], *v.i.* Vaciller. **1.** (*Of flame*) Trembloter. **2.** (*a*) Hésiter, balancer, être indécis, flotter, osciller (entre deux opinions, etc.); (*of the voice, etc.*) se troubler; (*of courage*) défaillir; (*of virtue*) chanceler. *To w. in one's resolution*, chanceler dans sa résolution. (*b*) *Mil:* (*Of troops*) Fléchir; être près de lâcher pied. *The line wavered and broke*, le front de bataille fléchit et se disloqua.

wavering[1], *a.* **1.** (*Of flame*) Vacillant, tremblotant. **2.** (*a*) (Homme, esprit) irrésolu, hésitant, indécis, vacillant; (voix) défaillante, qui se trouble; (courage) défaillant. (*b*) **Wavering line of battle**, ligne de bataille flottante. **-ly**, *adv.* Avec indécision; en hésitant; irrésolument.

wavering[2], *s.* **1.** Tremblement *m*, vacillement *m* (d'une flamme). **2.** (*a*) Vacillation *f*, irrésolution *f*, hésitation *f*, flottements *mpl* (de l'esprit); trouble *m* (de la voix); défaillance *f* (du courage). *The w. of the human heart*, les flottements du cœur humain. (*b*) Flottement (d'une ligne de troupes).

waverer ['weivərər], *s.* Indécis, -ise; irrésolu, -ue.

waviness ['weivinəs], *s.* Caractère onduleux, ondulé (d'une surface, des cheveux). *The natural w. of my hair*, la vague naturelle de mes cheveux.

wavey, wavy[1] ['weivi], *s. Orn: U.S:* Oie *f* des neiges.

wavy[2], *a.* Onduleux. *W. surface*, surface onduleuse, ondulée. **Wavy line**, ligne tremblée. **Wavy hair**, chevelure ondoyante.

'wavy-fibred, -grained, *a.* (Bois) ondulé, à fibres ondulées.

wax[1] [waks], *s.* **1.** Cire *f*. **Bleached wax**, cire blanche. **Unbleached wax**, cire jaune. **Virgin wax**, cire vierge. **Wax modelling**, la céroplastique. *F:* **To mould s.o. like wax**, façonner, former, (le caractère de) qn comme de la cire. *Art:* **Lost wax process**, moulage *m* à cire perdue. *Engr:* **Wall wax**, cire à border. *Gramophones:* **Wax record**, *F:* **the wax**, le plateau de cire, *F:* la cire. *See also* BEESWAX. **2.** (*Composition resembling wax*) **Chinese wax**, cire de Chine. **Vegetable wax**, cire végétale. **Fossil wax, mineral wax**, cire fossile, minérale; ozokérite *f*, ozocérite *f*. **Wax for skis**, fart *m*. *Physiol:* **Ear-wax**, cérumen *m* (des oreilles). *See also* COBBLER'S WAX, GRAFTING-WAX, MYRTLE-WAX, PARAFFIN WAX, SEALING-WAX.

'wax-bearing, *a. Bot:* Cérifère.

'wax-berry, *s. Bot:* **1.** Myrica *m*; cirier *m*; arbre *m* à cire. **2.** Symphorine *f* boule-de-neige.

'wax-bill, *s. Orn:* Sénégali *m*; bec-de-cire *m*, *pl.* becs-de-cire; cordon bleu.

'wax 'candle, *s.* Bougie *f* de cire; (*for church*) cierge *m*.

'wax-chandler, *s.* Cirier *m*; marchand *m*, fabricant *m*, de bougies, de cierges.

'wax-cloth, *s.* Toile cirée.

'wax 'doll, *s.* Poupée *f* de cire ou à tête en cire.

'wax-'end, *s. Bootm:* Fil poissé; ligneul *m*, chégros *m*.

'wax-'light, *s.* Bougie *f* de cire.

'wax-myrtle, *s. Bot:* = WAX-BERRY 1.

'wax-opal, *s. Miner:* Résinite *m*.

'wax palm, *s. Bot:* (*a*) Céroxyle *m* (andicole); arbre *m* à cire. (*b*) Carnauba *m*, caranda *m*.

'wax-paper, *s.* Papier ciré.

'wax-pink, *s. Bot:* Pourpier *m*.

'wax sheet, *s. Typewr: etc:* Papier *m* stencil.

'wax 'taper, *s.* **1.** Rat *m* de cave; (*small*) queue-de-rat *f*, *pl.* queues-de-rat. **2.** *Ecc:* Cierge *m*.

'wax-tree, *s. Bot: F:* **1.** = WAX-BERRY 1. **2.** Troène *m* de la Chine. **3.** Vismie *f* (de l'Amérique du Sud). **4. Japanese wax-tree**, sumac *m* cirier.

wax[2], *v.tr.* **1.** (*a*) Cirer, enduire de cire, encaustiquer (un plancher, un meuble); *F:* astiquer (un meuble, etc.). *Phot:* Encaustiquer (une épreuve). (*b*) *Bootm:* Empoisser (le fil). **2.** *Dressm:* Bougier (une étoffe). **3.** *Leath:* Mettre (le cuir) en cire.

waxed, *a.* **1.** Ciré; enduit de cire. **Waxed floor**, parquet frotté à la cire; parquet ciré. **Waxed moustache**, moustache cosmétiquée. **Waxed leather**, cuir ciré, en cire. **2. Waxed thread**, fil poissé.

waxing[1], *s.* **1.** Cirage *m*; encaustiquage *m*. **2.** Empoissage *m*.

wax[3], *v.i.* **1.** (*Of the moon*) Croître. **To wax and wane**, croître et décroître. *The moon is waxing*, la lune est dans son croissant. **2.** *Pred. A., Lit., & Hum:* Devenir, se faire. **To wax eloquent** *in support of . . .*, déployer toute son éloquence en faveur de. . . . *He waxed more and more eloquent*, il devenait, il se faisait, de plus en plus éloquent. **He waxed indignant**, il s'indigna. *The quarrel was waxing hot*, la dispute s'animait. *See also* WROTH.

waxing[2], *s.* Croissement *m*, croissant *m* (de la lune); grandissement *m* (d'une lumière).

wax[4], *s. F:* Rage *f*, colère *f*. **To be in a wax**, rager; être en colère, *P:* en rogne. **To get into a wax**, se mettre en colère. **To put s.o. in a wax**, mettre qn en colère; faire enrager qn.

waxen ['waks(ə)n], *a.* (*a*) De cire, en cire. (*b*) Cireux. **Waxen pallor**, pâleur cireuse. **Waxen complexion, teint** *m* **de cire**. (*c*) (Caractère, cœur) mou comme la cire.

waxwing ['wakswiŋ], *s. Orn:* Ampélis *m*; jaseur *m*; *F:* becfigue *m*.

waxwork ['wakswə:rk], *s.* **1.** Modelage *m* en cire. **2.** (*a*) Figure *f* de cire. (*b*) *pl.* **Waxworks,** (musée *m* de) figures de cire; *A:* cabinet *m* de cire. **3.** *Bot: U.S:* Célastre grimpant; *F:* bourreau *m* des arbres.

waxy[1] ['waksi], *a.* **1.** Cireux. (*a*) **Waxy complexion,** teint cireux, de cire. **Waxy potatoes,** pommes de terre cireuses. (*b*) *Med:* **Waxy (degeneration of the) liver,** amylose *f* du foie. **2.** (*Of pers., mind*) Mou comme de la cire, *f.* molle comme la cire; plastique.

'waxy-faced, *a.* Au teint cireux.

waxy[2], *a. F:* En colère; *P:* en rogne. *To be, get, w.,* être, se mettre, en colère.

way[1] [wei], *s.* **1.** Chemin *m*, route *f*, voie *f*. **The public way,** la voie publique. *On either side of the way,* de chaque côté de la route. **Over the way, across the way,** de l'autre côté de la route, du chemin, de la rue. **The house, the people, over the way, across the way,** la maison, les gens *m*, d'en face. **Covered way,** *Arch:* ambulatoire *m*, *Fort:* chemin couvert. *Ven:* **Hollow way,** cavée *f*. **The narrow way,** la voie étroite; le chemin du Paradis. *Rail:* **Six-foot way,** entre-voie *f*. *See also* APPIAN[2], COMPANION[3] 2, FOOTWAY, FOUR-FOOT, LADDER-WAY, MILKY, PERMANENT. **2.** (*a*) (*Route*) **The way to the station,** le chemin qui mène, qui conduit, à la gare; le chemin de la gare. *I forget the way to your house,* j'oublie le chemin de votre maison. **To show s.o. the way,** montrer la route à qn. **To ask one's way,** demander son chemin. **To lose one's way,** s'égarer, se perdre. *F:* **He has found the way to ruin,** il a trouvé le chemin de la ruine. **The right way,** le bon chemin; la bonne voie; la bonne route. **To go the wrong way, to mistake the way,** se tromper de chemin; faire fausse route. *See also* WRONG[1] I. 3. **To go the nearest, the shortest, way,** prendre par le plus court. **To know one's way about (a house),** connaître les aîtres. *F:* **He knows his way about,** il sait se débrouiller; il est débrouillard. **To prepare the way,** préparer les voies. *See also* PAVE, PREPARE 1, SMOOTH[3] 1. **To light the way for s.o.,** éclairer qn. **To set s.o. on his way,** (i) remettre qn dans son chemin; (ii) *A:* faire un bout de chemin avec qn; faire un bout de conduite à qn. **To set s.o. in the way,** mettre qn dans le bon chemin. **To start on one's way,** se mettre en route. **On the way,** chemin faisant; en chemin; en cours de route. **On one's way to . . .,** en route pour. . . . *On my way home,* en revenant chez moi; en rentrant. *I met him on my way here, on my way back from church,* je l'ai rencontré en venant ici, en revenant de l'église. *On the way to the restaurant . . .,* sur le trajet du restaurant. . . . *F:* **He is on the way to the workhouse,** il prend le chemin de l'hôpital, de la ruine. *To be on the way to giving up a principle,* être en voie d'abandonner un principe. *He is on the way to do it,* il est en bonne voie de l'accomplir. *F:* **There is a baby on the way,** elle attend un bébé. **To go the way of all things,** aller où va toute chose; mourir. **To go one's way,** passer son chemin. *B:* **Go thy way!** va-t'en! passe ton chemin! *F:* **To go one's own way,** (i) faire à sa guise; suivre son idée; (ii) se désolidariser d'avec ses collègues; faire bande à part; (iii) suivre son petit bonhomme de chemin. *The husband goes his own way,* le mari vit à sa guise. *Let him go his own way,* qu'il s'arrange comme il voudra; qu'il s'accommode! *He always takes his own way,* il ne fait jamais qu'à sa guise. **To go out of one's way,** s'écarter de son chemin; dévier de sa route; faire un détour. *Having some time to spare, we went out of our way as far as Venice,* ayant du temps de reste, nous avons poussé une pointe jusqu'à Venise. *F:* **To go out of one's way to oblige s.o.,** se déranger, se donner de la peine, s'incommoder, pour être agréable à qn. *I would not go out of my way to hear him,* je ne me dérangerais pas pour l'écouter. *He seems to go out of his way to get hurt,* il semble prendre à tâche de se faire blesser. *He will go out of his way to be rude to people,* il recherche toutes les occasions de se montrer grossier. *She is always out of the way when she is wanted,* elle n'est jamais là quand on a besoin d'elle. **Village that is rather out of the way,** village un peu écarté. **His talent is nothing out of the way,** son talent n'est pas hors ligne. *That's nothing out of the way,* rien d'extraordinaire à cela. *R.C.Ch:* **The Way of the Cross,** le chemin de la Croix; le calvaire. *See also* LEAD[4] 1, LONG[1] I. 1, OUT-OF-THE-WAY. (*b*) **Way in,** entrée *f*. **Way out,** sortie *f*. **Way through,** passage *m*. **Way up,** montée *f*. **Way down,** descente *f*. *To find a way in,* trouver moyen d'entrer. *To find a way out,* trouver une issue. *To arrange a way out (of the difficulty) for oneself, F:* se ménager une porte de sortie, une échappatoire. *There is no way through,* on ne peut pas passer. (*c*) **To find one's way to a place,** parvenir à un endroit. *Can you find your way out?* vous savez le chemin pour sortir? vous savez par où on sort? *He has found his way back,* il a trouvé moyen de revenir. *It is time we began to find our way back,* il est temps de songer au retour. **To find one's way into . . .,** s'introduire dans. . . . *Articles that find their way into France,* articles qui pénètrent en France. *How did it find its way into print?* comment en est-on venu à l'imprimer? **To make one's way towards a place, towards s.o.,** se diriger vers, se rendre dans, un endroit; s'avancer vers qn. *I made my way to York,* je réussis à aller jusqu'à York. *He made his way to the door,* il gagna la porte. **To make one's way, a way, through the crowd, to work one's way through the crowd,** se frayer un chemin, s'ouvrir un chemin, se faire jour, à travers la foule; traverser, percer, la foule; fendre la foule. *He fought his way to my side,* il se fraya un passage jusqu'auprès de moi. **He made his way into the house,** il pénétra dans la maison. **To make one's way out of the house,** sortir; trouver la sortie; arriver à sortir. **To make one's way back,** retourner, revenir. *The scouts made their way back to their unit,* les éclaireurs rallièrent leur unité. **To make a way for oneself,** se faire jour. **How to make one's way in the world,** le moyen de parvenir. *He is anxious to make his way,* il est impatient de percer. **To work one's way westward,** se diriger vers l'ouest. **To work one's way up,** s'élever à force de travail; *F:* passer par la filière. **To pay one's way,** se suffire. *He has always paid his way like a man,* il s'est toujours suffi. *He cannot pay his way,* il ne peut pas suffire à ses besoins. *Concern that pays its way,* entreprise qui fait, qui couvre, ses frais. **To see one's way to do sth.,** se croire à même de faire qch.; (entre)voir la possibilité de, juger possible de, faire qch.; trouver moyen de, voir jour à, faire qch. *I do not see my way to get you an invitation,* je ne vois guère moyen de vous faire inviter. *Couldn't you see your way to do it?* ne trouveriez-vous pas moyen de le faire? *I hope you will see your way to do it,* j'espère qu'il vous sera loisible de le faire. *As soon as I see my way to something better . . .,* dès que je trouverai le moyen de faire mieux . . .; dès que je trouverai mieux. . . . *See also* BEST[1] 1, CLEAR[2] I. 3, FEEL[2] 1, FORCE[2] 1, GROPE, PICK[3] 5, WEND. (*d*) **To stand in s.o.'s way,** être dans le chemin de qn; barrer le passage à qn; faire obstacle à qn. *He (came and) stood in my way,* il se mit au travers, en travers, de mon chemin; il me barra le passage. **I do not wish to stand in the way of your happiness,** je ne voudrais pas faire obstacle à votre bonheur. **To stand in the way of a scheme, of a marriage,** s'opposer à un projet, à un mariage. *The obstacles that stand in our way,* les obstacles qui se dressent sur notre chemin. *There is only one obstacle in my way,* un seul obstacle m'arrête. **To put difficulties in s.o.'s way, in the way of sth.,** opposer, créer, des difficultés à qn; susciter des tracas à qn; apporter des difficultés à qch. **To get in one another's way,** se gêner (les uns les autres). *He gets in my way,* il se met dans mes jambes. **To be in s.o.'s way,** gêner, embarrasser, qn. *He is always in my way,* il est toujours fourré dans mes jambes. *Am I in the way, in your way?* est-ce que je vous gêne? *This table is in the way,* cette table nous gêne, est encombrante, est dans le chemin. *Is my chair in your way?* est-ce que ma chaise vous incommode? *That child is in the way,* cet enfant est embarrassant. *A man is so in the way in a house!* un homme, c'est tellement encombrant dans la maison! *F:* **To put s.o. out of the way,** se débarrasser de qn; faire disparaître qn. **To get, go, out of s.o.'s way,** faire place à qn; céder le pas à qn. **To get out of the way,** se ranger, s'effacer, s'ôter du chemin; se garer; *Nau:* s'écarter de sa route. **Get out of the way!** laissez passer! rangez-vous! ôtez-vous de là, de mon chemin! *P:* fichez le camp! **Out of the way!** gare! **To get out of the way of a car,** se garer d'une voiture. **To get s.o., sth., out of the way,** se débarrasser de qn; écarter, éloigner, qn, qch. **To keep out of the way,** se tenir à l'écart. **To keep out of s.o.'s way,** se cacher de qn; éviter qn. *To keep out of the way of another vessel,* s'écarter de la route d'un autre navire. **To throw s.o. in the way of temptation,** exposer qn à la tentation. *Chance threw him in my way,* le hasard le jeta sur mon chemin. **I will do anything that comes in my way,** je suis prêt à entreprendre n'importe quel travail. **To make way for s.o.,** s'écarter, s'effacer, pour laisser passer qn; faire place à qn. *They made way for him to pass,* on se rangea pour le laisser passer. *The crowd made way for him,* la foule s'écarta pour lui faire passage; la foule s'ouvrit devant lui. *See also* BAR[2] 2, GIVE[2] I. 10, HARM[1], HEADWAY 2, LUCK 2. (*e*) *Jur:* Servitude *f* de passage. *See also* RIGHT[1] II. 2. **3.** (*Distance*) *To accompany s.o. a little way,* accompagner qn un bout de chemin; faire un bout de chemin avec qn. **All the way,** tout le long du chemin; jusqu'au bout. **To walk all the way, all the way back,** faire, refaire, toute la route à pied. *U.S: F: We have suits* **all the way from $15 to $50,** nous avons des complets depuis quinze dollars jusqu'à cinquante. *I flew part of the way,* j'ai fait une partie du trajet en avion. *We had gone a good way when . . .,* nous avions fait un bon bout de chemin quand. . . . *I have come a long way,* j'ai fait une longue traite. **It's a long way to London,** Londres est bien loin. **It's a long way from here,** c'est loin d'ici; il y a une longue course d'ici là. *It's a long way (off),* c'est assez loin. **To have a long way to go,** avoir beaucoup de chemin à faire. **A little, a short, way off,** à peu de distance; pas trop loin. *It's a long way off,* il y a loin; c'est à une grande distance (*from,* de). *It's quite a short way (off),* le trajet n'est pas long. *I saw him a long way off,* je l'ai aperçu d'assez loin. *F: It's a devil of a (long) way off,* c'est au diable vauvert, *P:* au diable au vert. *F:* **He will go a long way,** il ira loin; il fera son chemin. **His name goes a long way,** son nom est d'un grand poids, a beaucoup d'influence. *The first impression goes a long way,* presque tout dépend de la première impression. *A little sympathy goes a long way,* un peu de sympathie fait grand bien. *A little kindness will go a long way with him,* avec un peu de bonté vous ferez de lui tout ce que vous voudrez. *That went a long way to secure success,* cela a contribué de beaucoup, pour beaucoup, à assurer le succès. *It is dear, but* **a little goes a long way,** cela coûte cher, mais on en use très peu, il en faut très peu. *F: I find a little of him goes a very long way,* je me lasse bien vite de sa compagnie. **To make a penny go a long way,** savoir ménager les sous. *Five shillings used to go a long way with me,* je faisais durer longtemps une pièce de cinq shillings. **By a long way,** de beaucoup. *He is heavier than I am by a long way,* il est de beaucoup plus lourd que moi. **Not by a long way,** pas à beaucoup près; il s'en faut de beaucoup. **You are a long way out,** vous êtes loin de compte; vous vous trompez de beaucoup. *See also* HALF-WAY, ONCE 1. **4.** (*Direction*) (*a*) Côté *m*, direction *f*. *Which way is the wind blowing?* d'où vient, d'où souffle, le vent? **This way, that way,** de ce côté-ci, par ici; de ce côté-là, par là. *Backwards, forwards,* **all ways,** en arrière, en avant, de tous côtés. **(Step) this way!** (venez, passez) par ici! **This way out,** par ici la sortie. *Is this the way?* c'est par ici? *Which way did you come?* par où êtes-vous venu? quel chemin avez-vous pris? *Which way did he go?* par où est-il passé? *Which way do we go?* de quel côté, par où, allons-nous? *Do you go this way?* vous passez par ici? **This way and that,** de-ci de-là. *She turned her head this way and that,* elle tournait la tête de tous (les) côtés. **You are not looking the right way,** vous ne regardez pas du bon côté. *F:* **Not to know which way to look,** perdre contenance; être tout décontenancé. **To look the other way,** détourner les yeux. **I have nothing to say one way or the other,** je n'ai rien à dire pour ou contre. *The tendency is altogether the other way,* la tendance est tout à fait contraire. **To be too much the other way,** pécher par l'excès contraire. *Ships going the same way,* navires *m* faisant la même route. *They departed* **each one his own way,** ils s'en allèrent chacun de son côté. **I am going your way,** je vais de votre côté. *The next time you are that way,* la prochaine fois que vous passerez par là. *F:* **Down our way,** chez nous. **He lived Hampstead way,** il habitait du côté de Hampstead. *You have never come our way?* vous n'êtes jamais venu de nos côtés? **Such people have not often come my way,** je n'ai pas souvent eu affaire à des gens pareils. **These things often come my way,** j'ai souvent l'occasion d'acheter des objets de ce genre, de traiter des affaires de ce genre. *I undertake* **anything that comes my way,** j'entreprends n'importe quoi. **If the opportunity comes your way,** si vous en trouvez l'occasion; si l'occasion se rencontre. *It will come your way one of these days,* ce sera votre tour un de ces jours; *F:* vous en tâterez. *See also* INCLINED 2, PARTING[2] 1, TURN[1] II. 4. (*b*) Sens *m.* **(In) the wrong way,** à contre-sens. **To brush sth. the wrong way,** brosser qch. à rebours, à contre-poil, à rebrousse-poil. **The wrong way up,** sens dessus dessous; à l'envers. **Right way up,** dans le bon sens. *The wind was blowing the other way,* le vent soufflait en sens contraire. *The same way as the current,* dans le sens du courant. *See also* ONE-WAY, RUB[2] 1, STRETCH[1] 1. (*c*) Voie (d'un robinet, etc.). **Two-way cock,** robinet à deux voies. *El.E:* **Two-way wiring system,** va-et-vient *m. See also* THREE-WAY, TWO-WAY. **5.** (*Means*) Moyen *m. The only way to earn money,* le seul moyen de gagner de l'argent. **To find a way,** trouver (le) moyen (*to,* de); *F:* trouver le joint. *Adm:* **Ways and means,** voies et moyens. *Parl:* **Committee of Ways and Means** = Commission *f* du Budget. *See also* WILL[1] 1. **6.** (*a*) Façon *f*, manière *f*. **In this way,** de cette façon. *It can be done in many ways,* cela peut se faire de bien des façons. **In a friendly way,** en ami; amicalement. **Speaking in a general way,** en thèse générale; parlant d'une manière générale. **In such a way as to . . .,** de façon à. . . . **In no way,** en aucune façon; nullement; tant s'en faut. *He is in no kind of way an extremist,* il n'est d'aucune façon extrémiste. **Without in any way wishing to criticize . . .,** sans aucunement vouloir critiquer. . . . *See also* ANYWAY. *That is the way he treated me, spoke to me,* voilà de quelle façon il m'a traité; voilà en quels termes il m'a parlé. **That's the way the money goes!** voilà comme l'argent file! **That's the way!** ça y est! voilà! à la bonne heure! *To go to work some other way,* (i) s'y prendre autrement; (ii) prendre un biais. *With him you have got to set about it in such and such a way,* avec lui il faut s'y prendre de telle et telle façon. *Whichever way he sets about it,* de quelque façon qu'il s'y prenne. *To set about it in the right way,* s'y prendre de la bonne manière. **To go the right way to work,** s'y prendre bien, de la bonne manière, comme il faut. *F:* **You are going the right way to work to make him angry,** ça c'est la meilleure manière de le mettre en colère. *The best way is to say nothing,* le mieux est de ne rien dire. **In one way or another,** de façon ou d'autre; d'une façon ou d'une autre. **I tried him every way,** je l'ai pris de toutes les façons. *In what way shall I take this remark?* comment dois-je entendre cette observation? dans quel sens faut-il prendre cette observation? **There are no two ways about it,** il n'y a pas à discuter. **To go on the same old way,** aller toujours son train. **The way things are going,** l'allure *f* des affaires. *They will never finish it, the way things are going,* ils n'en finiront jamais, du train que vont, que prennent, les choses. **Well, it is this way,** voici ce que c'est. **Way of doing sth.,** manière, façon, de faire qch. *Way of laughing, speaking, writing,* façon de rire, de parler, d'écrire. *Way of walking,* allure. *Our way of living,* notre train *m*, genre *m*, de vie. *His way of looking at things,* sa manière de voir. *I do not like his way of going on,* je n'aime pas sa conduite, sa manière d'agir. **It isn't what he says, but the way he says it,** ce n'est pas ce qu'il dit, mais le ton dont il le dit. *Was that the way their ancestors acted?* est-ce de la sorte qu'agissaient leurs ancêtres? **That's not my way (of doing things),** ce n'est pas ma manière de faire. **It is his way,** c'est sa manière de faire; il est comme cela. **That's his way,** voilà comme il est. **That is always the way with him,** il est toujours comme ça; il n'en fait jamais d'autres; je le reconnais bien là. **To do things in one's own way,** faire les choses à sa guise, à sa façon, à sa manière. *To have a way of one's own, one's own way, of doing sth.,* avoir une façon à soi de faire qch.; avoir sa méthode. **He is happy in his own way,** il est heureux à sa manière. **He is a genius in his way,** c'est un génie dans son genre. *In its way it is very beautiful,* c'est très beau dans son genre. **I help them in my small way,** je les aide dans la mesure de mes moyens. **The ways of God,** les voies de Dieu. *You will soon drop into our ways,* vous vous ferez bientôt à nos habitudes. **To be in the way of doing sth.,** avoir l'habitude de faire qch. **To get, fall, into the way of doing sth.,** (i) prendre l'habitude de faire qch.; s'habituer à faire qch.; (ii) apprendre à faire qch., *F:* attraper le coup pour faire qch. *You will get into the way of it,* vous vous y ferez. *When you get into the way of things . . .,* quand vous serez au courant. . . . **I have got out of the way of smoking, of dealing,** j'ai perdu l'habitude de fumer; j'ai perdu le coup de main pour donner les cartes. **To put s.o. in the way of doing sth.,** (i) montrer à qn comment faire qch.; (ii) offrir à qn l'occasion de faire qch. *Ch: etc:* **Analysis by the wet way, the dry way,** analyse *f* par la voie humide, sèche. *See also* BOTH 1, THINKING[2] 2, WRONG[1] I. 1. (*b*) *His ways were coarse,* il avait des habitudes grossières. **Pretty ways, engaging ways,** petites façons engageantes; gentillesses *f. He disliked her free and easy ways,* il n'aimait pas sa liberté d'allure. *I don't like his ways,* je n'aime pas sa façon d'agir. **I know his little ways,** je connais ses petites manies. **He has a way with him,** il est insinuant. **He has a way with the children,** il sait se faire bien voir des enfants. *See also* MEND[2] I. 2. (*c*) **Ways and customs,** us *m* et coutumes *f*. **The good old ways,** les usages *m* du bon vieux temps. *Lit:* (*Of pers.*) **To stand in the ancient ways,** être très vieux jeu; vivre dans le passé; s'en tenir au passé; en tenir pour le passé. *The ways of good society,* l'usage du monde. *To know, to be ignorant of, the ways of society,* avoir de l'usage, du savoir-vivre; manquer, ne pas avoir, d'usage, de savoir-vivre. *Bohemian ways,* mœurs *f* bohèmes. *See also* WORLD 3. (*d*) **To have, get, one's (own) way,** agir à sa guise; suivre sa volonté, faire valoir sa volonté; (en) faire à sa volonté, à sa tête; faire ses quatre volontés. *In the end he always gets his way,* il finit toujours par faire ce qu'il veut, par n'en faire qu'à sa tête. *He likes to have his own way,* il a sa petite tête à soi. *He wants his own way (in everything),* il veut (en) faire à sa tête; il veut tout emporter d'autorité. *If I had my way . . .,* si j'étais le maître. . . . *You should not go if I had my way,* vous n'iriez pas si on me laissait faire. **The law had its way,** la loi a suivi son cours. **Have it your own way,** (i) faites comme vous l'entendez, comme bon vous semblera, faites à votre guise; (ii) soit. **He had it all his own way,** il n'a pas rencontré de résistance; cela n'a fait aucune difficulté; tout lui a souri; il a réussi d'emblée. *You can't have it all your own way,* vous vous heurterez sûrement à des obstacles. *They're allowed to have it all their own way,* (i) on les laisse faire; (ii) on ne leur fait pas de concurrence. *See also* YOUTH 1. **7.** (*Respect*) **In many ways,** à bien des égards. *It is in many ways fortunate that . . .,* il est heureux sous bien des rapports que. . . . **In some ways . . .,** à certains points de vue . . ., par certains côtés. . . . *Desirable, admirable,* **in every way,** désirable sous tous les rapports; admirable en tous points. *He was a gentleman in every way,* c'était un parfait gentleman; c'était sous tous rapports un gentleman. **In one way . . .,** d'un certain point de vue. . . . **In a way** *you are right,* en un certain sens vous avez raison. *She is certainly clever in a way,* elle ne manque pas d'une certaine adresse. **8.** Cours *m*, course *f*. *The moon keeps on her way,* la lune poursuit sa course. **I met him in the ordinary way of business,** je l'ai rencontré dans le courant de mes affaires. *You don't often meet such a thing in the ordinary way of business,* cela ne se trouve pas souvent dans le cours normal des affaires. **In the usual, general, ordinary, way,** *I am home by five o'clock,* de coutume je suis rentré à cinq heures. **9.** (*a*) **The flood is making way,** l'inondation fait des progrès. *To make no great way,* ne pas faire de grands progrès. (*b*) *Nau:* Erre *f* (d'un navire). **Ship under way,** navire en marche, faisant route, qui fait route. *Ship under way (and able to steer),* vaisseau manœuvrant. **To get (a ship) under way,** appareiller; se mettre en route. *Getting under way,* appareillage *m*. **To make way, to have way on,** avoir de l'erre, du sillage. **To gather way,** prendre de l'erre. **To check the way,** briser, casser, l'erre. (*In rowing*) **Give way (starboard)!** avant (tribord)! souquez (tribord)! (*Cp.* GIVE[2] I. 10.) **Way enough!** laisse courir! *See also* HEADWAY 1, LEEWAY, STEERAGE-WAY, STERN-WAY. (*c*) *Nau:* (*Of mast, etc.*) **To fetch way,** jouer, ballotter; aller au roulis. **10.** (*State, condition*) (*a*) (*Of mind, body, estate*) **To be in a good way, a bad way,** être bien en point, mal en point. *He is in a bad way, F:* il est dans de mauvais draps. *The crops are in a bad way,* (i) la récolte souffre; (ii) la récolte s'annonce mal. *Things seem in a bad way,* les choses ont l'air d'aller mal. *Trade is in a bad way,* le commerce est en mauvais point, ne bat que d'une aile; le commerce souffre; les affaires sont dans le marasme. *His business is in a bad way,* ses affaires périclitent. *The country is in a bad way,* le pays court à, vers, la ruine. *Our fortunes were in a bad way, F:* notre barque faisait eau de toutes parts. *He is in a bad way of health,* sa santé est chancelante, délabrée; *F:* il file un mauvais coton. *He is in a worse way than you,* il est plus malade que vous. **He is in a bad way of business,** il est mal dans ses affaires; il est au-dessous de ses affaires; *F:* il ne bat plus que d'une aile. *To be in a good way of business,* être bien dans ses affaires. *To be in a fair way of business,* faire d'assez bonnes affaires. (*b*) *F:* **He is in a fine way about it,** (i) il ne décolère pas; (ii) il a pris la chose très à cœur. *She was in a dreadful way, F:* elle était dans tous ses états. (*c*) **To be in a fair way to . . .,** être en voie de, en (bonne) passe de (faire fortune, etc.). *He is in a fair way to becoming a millionaire,* il est en passe de devenir millionnaire. *In a fair way to succeed,* en bonne voie pour réussir. *They are in a fair way to becoming fast friends,* ils sont en bonne voie de se lier d'amitié. **To put s.o. in a way to do sth., in the way of doing sth.,** mettre qn en voie, en mesure, à même, de faire qch. *To put the unemployed in the way of earning their living,* mettre les chômeurs à même de gagner leur vie. **This is not in my way,** ce n'est pas de ma compétence, de mon ressort. *See also* FAMILY 1. **11. Way of business,** genre *m* d'affaires; métier *m*, emploi *m*. *To be in the shipping way,* faire le commerce maritime. **To be in a small way of business,** avoir un petit commerce. **To be in a large way of business,** faire de grandes affaires; faire les affaires en grand; faire des affaires importantes, un commerce important; être à la tête d'une très grosse maison. **He lives in a small way,** il vit petitement, modestement; il a un train de maison très modeste. *He makes furniture in a small way,* il a un petit commerce d'ébénisterie. **12.** (*a*) **By the way.** (i) Chemin faisant; en route. *He stopped by the way,* il s'arrêta en route. *I called on him by the way,* je suis entré chez lui en passant. (ii) Incidemment; en passant. **Be it said by the way, this by the way,** soit dit en passant. **All this is by the way,** tout ceci est par parenthèse. (iii) A (ce) propos. **By the way, did you . . .?** à propos, avez-vous . . .? **By the way!** ah, j'y pense! (*b*) **By way of.** (i) (*Via*) Par la voie de, par (un endroit). *To go to Paris by way of Calais,* aller à Paris par Calais. (ii) En guise de, à titre de. *Boxes by way of chairs,* des caisses en guise de chaises. **By way of introduction, of warning,** à titre d'introduction, d'avertissement. (iii) **What have you by way of, in the way of, fruit?** qu'est-ce que vous avez en fait de fruits, comme fruits? *Do you want anything* *in the way of ties?* désirez-vous quelque chose comme cravates? (iv) *F:* (*Followed by gerund*) **He is by way of being a socialist,** il se dit, il fait profession d'être, socialiste; il passe pour être, il est vaguement, socialiste. *He is by way of being an artist*, c'est une manière d'artiste; il est censé faire de la peinture. **He is by way of knowing everyone,** il passe pour, il fait profession de, connaître tout le monde. **13.** (*a*) *Usu. pl. N.Arch:* **Ways,** couettes *f*. *See also* BILGE-WAYS, LAUNCHING-WAYS, SHIPWAY I, SLIP-WAY 2. (*b*) *Mec.E:* Glissière *f* (d'une machine). *Circular way*, rail *m* circulaire (d'une machine). **Ways of a lathe,** guidages *m*, guides *m*, d'un tour. *See also* AIRWAY I, HOIST[1] 2, KEY-WAY, WATER-WAY I, 2, 5.

'way-bill, *s.* **1.** *Com:* (*a*) Lettre *f* de voiture, de mouvement; feuille *f* de route; bulletin *m*, bordereau *m*, d'expédition. (*b*) *A:* Liste *f* des voyageurs (par diligence, etc.). **2.** *Adm:* Bon *m* de secours (délivré à un chemineau).

'way-gate, *s. Hyd.E:* Canal *m*, -aux, de décharge, de fuite.

'way-leave, *s.* **1.** *Min:* Droit *m*, jouissance *f*, de passage. **2.** *Av:* Droit de survol (*over a territory*, d'un territoire).

'way-station, *s. Rail: U.S:* Petite gare en bordure de route.

'way-train, *s. Rail: U.S:* Train *m* omnibus.

'way-worn, *a.* Fatigué, usé, par la marche.

way[2], *adv. U.S: F:* = AWAY. **It was way back in 1890,** cela remonte à 1890. **I knew him way back in 1900,** je l'ai connu dès 1900. **Way down south,** là-bas dans le sud. **Way up in Canada,** dans le nord, au Canada.

wayfarer ['weifɛərər], *s.* Voyageur, -euse; passant *m*.

wayfaring ['weifɛəriŋ], *a.* Qui voyage (à pied); en voyage. *W. man*, voyageur *m* (à pied).

'wayfaring-tree, *s. Bot:* Viorne cotonneuse, flexible; *F:* mantiane *f*, mancienne *f*.

Wayland ['weilənd]. *Pr.n.m. Mediev. Lit:* Galant.

waylay [wei'lei], *v.tr.* (*p.t.* waylaid [wei'leid]; *p.p.* waylaid) **1.** Attirer (qn) dans une embuscade; dresser, tendre, un guet-apens, une embûche, à (qn). **To be waylaid,** tomber dans un guet-apens. **2.** Arrêter, *F:* cueillir, (qn) au passage; guetter le passage de (qn); *F:* accrocher (qn) au passage (pour lui parler).

waylaying, *s.* Guet-apens *m*.

waylayer [wei'leiər], *s.* **1.** Dresseur *m* d'un guet-apens, d'une embûche. **2.** Importun, -e.

wayless ['weiləs], *a.* (Pays, région) sans chemins.

-ways [weiz], *adv.suff. Crossways*, en travers. *Endways*, de bout. *Lengthways*, en longueur.

way-shaft ['weiʃɑːft], *s.* = WEIGH-SHAFT.

wayside ['weisaid], *s.* **1.** = ROADSIDE I. **2.** *Attrib.* (*a*) (Chapelle *f*, auberge *f*) au bord de la route, en bordure de route. **Wayside flowers,** fleurs *f* qui croissent en bordure de route. (*b*) **To have a nasty wayside experience,** faire une mauvaise rencontre.

wayward ['weiwərd], *a.* (*Of pers.*) (*a*) Volontaire, rebelle, indocile, difficile, entêté. (*b*) Capricieux, fantasque. *To be w.*, avoir des caprices. **Wayward imagination,** imagination libertine, vagabonde, fantasque. **-ly,** *adv.* (*a*) Volontairement; avec entêtement. (*b*) Capricieusement.

waywardness ['weiwərdnəs], *s.* (*a*) Entêtement *m*, obstination *f*; caractère *m* difficile, volontaire. (*b*) Caractère fantasque, capricieux.

wayzgoose ['weizguːs], *s.* Fête annuelle d'une maison d'imprimerie.

W.C. ['dʌbljuˈsiː], *s. F:* = WATER-CLOSET.

we [wi(ː)], *pers. pron. nom. pl.* **1.** (*a*) (*Unstressed*) Nous. *We are playing*, nous jouons. *Here we are*, nous voici. *Where shall we go?* où irons-nous? *We both thank you*, nous vous remercions tous deux. *We all four went out*, nous sommes sortis tous les quatre. (*b*) (*Stressed*) Nous. **We and they,** nous et eux. *They are not as rich as we*, ils ne sont pas si riches que nous. **It is we** *who told him to . . .*, c'est nous qui lui avons dit de. . . . **We lawyers, we Englishmen,** nous autres avocats; nous autres Anglais. (*c*) On. **As we say,** comme on dit. *We are sure to catch it*, on est sûrs de se faire gronder. *We're no peasants!* nous, on n'est pas des paysans! *We are not naturally bad. It is life that is bad and that compels us to be so in spite of ourselves*, on n'est pas méchant. C'est la vie qui l'est, et qui vous force à l'être malgré soi. **2.** (*Plural of majesty, editorial 'we', etc.*) Nous. *We are persuaded that . . .*, nous sommes persuadé que . . .

weak [wiːk], *a.* **1.** (*a*) Faible; (*of health*) débile; (*of body*) infirme, chétif. *To have w. eyes*, avoir la vue faible. *W. legs*, jambes *f* faibles; *F: A:* jambes de laine. *Horse w. in the back*, cheval *m* faible des reins. **Weak in the head,** faible d'esprit. **Weak stomach,** estomac *m* débile, peu solide. **To grow weak,** s'affaiblir. **To feel as weak as a cat, as a kitten, as water,** se sentir mou, molle, comme une chiffe. **The weaker sex,** le sexe faible. *s.pl.* **To protect the weak,** protéger les faibles. *See also* FLESH[1] 2, HEART[1] I, VESSEL 4, WALL[1]. (*b*) **Weak memory,** mémoire *f* faible; *F:* cervelle *f* de lièvre. *W. style*, style *m* lâche, sans vigueur, sans énergie. **2.** (*a*) **Weak decision,** décision *f* qui dénote de la faiblesse, un manque d'énergie. (*b*) **Weak character,** caractère *m* faible, amorphe, sans nerf. *The timid voice and w. manner of the mistress*, la voix timide et le défaut d'autorité, le manque de fermeté, de la maîtresse. *The master was w.*, le maître manquait de discipline, de fermeté. *W. argument*, argument *m* peu solide. **The weak point in a scheme,** le point faible d'un projet. **S.o.'s weak side,** le côté faible, le faible, de qn. *See also* SPOT[1] I (*e*). (*c*) **Weak in algebra,** faible en algèbre. (*d*) *Mus:* **Weak beat,** temps *m* faible; temps secondaire. **3.** (*a*) (*Of solution*) Dilué, étendu. *W. tea*, (i) thé *m* trop faible; (ii) thé léger. *W. wine*, vin *m* qui manque de corps; *F:* vin faiblard. (*b*) *I.C.E:* **Weak mixture,** mélange *m* pauvre. *Phot:* **Weak picture,** image *f* faible. *W. supply of gas, of petrol*, débit faible, défaillant, de gaz, d'essence. **4.** *Gram:* (*a*) **Weak conjugation,** conjugaison *f* faible. (*b*) *Gr.Gram:* **Weak aorist,** aoriste *m* sigmatique; premier aoriste. **-ly,** *adv.* (*a*) Faiblement; sans force. (*b*) Sans résolution; sans force de caractère; sans énergie. *They yielded w.*, ils n'ont pas eu l'énergie de résister.

weak-'eyed, *a.* Qui a les yeux faibles; aux yeux faibles.

weak-'headed, *a.* A la tête faible; faible d'esprit.

weak-'hearted, *a.* Sans courage; mou, *f.* molle; pusillanime.

weak-'kneed, *a.* **1.** Faible des genoux. **2.** *F:* Sans caractère.

weak-'minded, *a.* **1.** (*a*) Au cerveau faible; faible d'esprit. (*b*) (Action) qui dénote de la faiblesse d'esprit. **2.** Qui manque de résolution.

weak-'sighted, *a.* Qui a la vue faible; à la vue faible.

weak-'sightedness, *s.* Faiblesse *f* de vue.

weak-'spirited, *a.* = WEAK-HEARTED.

weaken ['wiːk(ə)n]. **1.** *v.tr.* Affaiblir (le corps, l'esprit, un ressort, une teinte, etc.); amollir (l'esprit, le courage); appauvrir (la constitution de qn). *Voice weakened by illness*, voix affaiblie par la maladie. *Weakened intellect*, cerveau *m* débile. *To w. a blow*, amortir un coup. *To w. a people*, anémier un peuple. *I.C.E:* **To weaken the mixture,** appauvrir le mélange. **2.** *v.i.* S'affaiblir, faiblir, s'amollir; (*of sound, current, etc.*) fléchir; *I.C.E:* (*of mixture*) s'appauvrir. *His courage weakens*, son courage fléchit, faiblit. *The market weakened towards the end*, le marché a fléchi, s'est tassé, vers la fin. *Nau: The ship is weakening*, le navire se délie.

weakening[1], *a.* **1.** Affaiblissant; qui affaiblit; *Med:* anémiant. *W. influence of a climate*, influence anémiante d'un climat. **2.** Faiblissant, qui faiblit.

weakening[2], *s.* Affaiblissement *m*, amollissement *m*; fléchissement *m* (de son, de courant, etc.); défaillance *f* (du courant, etc.). *I.C.E:* Appauvrissement *m* (du mélange). *Med: W. of will*, déperdition *f* de volonté.

weakling ['wiːkliŋ], *s.* (*a*) Être *m* faible, débile; enfant chétif. (*b*) Homme faible de caractère, qui manque de résolution; *F:* femmelette *f*. *He's a w., F:* c'est une chiffe.

weakly[1] ['wiːkli], *a.* (Homme, enfant) débile, faible (de santé), peu robuste, chétif.

weakly[2], *adv. See* WEAK.

weakmindedness [wiːk'maindidnəs], *s.* Faiblesse *f* d'esprit.

weakness ['wiːknəs], *s.* (*a*) Faiblesse *f* (de corps, de caractère, d'un lien); débilité *f* (de corps). *The weaknesses of human nature*, les faiblesses de la nature humaine. *The w. of his argument*, la faiblesse, le peu de solidité, de son argument. *I.C.E:* **Weakness of the mixture,** pauvreté *f* du mélange. *Mec.E:* **Torsional weakness,** manque *m* de résistance à la torsion. (*b*) Faible *m*. **To have a weakness for sth., s.o.,** avoir un faible pour qch., qn.

weal[1] [wiːl], *s. A. & Lit:* Bien *m*, bien-être *m*, bonheur *m*. **Weal and woe,** bonheur et malheur. **For weal or (for) woe,** *Lit:* **whate'er betide of weal or woe,** quoi qu'il arrive; bonheur ou malheur; quoi qu'il advienne; advienne que pourra; vaille que vaille. **The general weal, the public weal,** le bien commun; le bien public. *See also* COMMONWEAL.

weal[2], *s.* = WALE[1] I.

weal[3], *v.tr.* = WALE[2] I.

Weald [wiːld]. **1.** *Pr.n. Geog:* **The Weald,** le Weald (région du sud de l'Angleterre, autrefois boisée, entre les *North Downs* et les *South Downs*). **2.** *s. Poet:* (*a*) Région boisée. (*b*) Plaine onduleuse; campagne *f*.

Wealden ['wiːldən], *a. & s. Geol:* Wealdien (*m*).

wealth [welθ], *s.* **1.** Richesse(s) *f*(*pl*); opulence *f*; luxe *m*. *To acquire great w.*, acquérir de grands biens. **To come to wealth,** arriver à la richesse. **To achieve wealth,** faire fortune. **He was a man of wealth,** il était très riche. *F:* **He is rolling in wealth,** il roule sur l'or. **2.** Abondance *f* (de détails, de mots, de cheveux, etc.); profusion *f* (de détails, etc.). *Her w. of hair*, sa chevelure abondante. *He amplifies his thought with a w. of similes*, il amplifie sa pensée à grand renfort de comparaisons. **3.** *A:* Bien-être *m*; prospérité *f*.

wealthy ['welθi], *a.* Riche, opulent. *W. heiress*, grosse héritière. *A w. merchant*, un riche négociant. *s.* **The wealthy,** les riches *m*, *F:* les grosses bourses.

wean[1] [wein, wiːn], *s. Scot:* Enfant *mf*.

wean[2] [wiːn], *v.tr.* **1.** Sevrer (un nourrisson, un agneau). **2.** **To wean s.o. from his bad habits,** détacher, détourner, qn de ses mauvaises habitudes. *To w. s.o. from tobacco*, faire perdre l'habitude du tabac à qn.

weaning[1], *a. Husb:* **Weaning lamb,** agneau *m* en sevrage.

weaning[2], *s.* Sevrage *m*. *Husb:* **Weaning muzzle** (*for lambs*), caveçon *m*.

weanling ['wiːnliŋ], *s.* Nourrisson *m* ou jeune animal *m* en sevrage ou qui vient d'être sevré.

weapon ['wepən], *s.* Arme *f*. *Carrying weapons illegally*, port *m* d'armes prohibées. *Anti-tank w.*, engin *m* contre les chars d'assaut. *Any w. is good enough for him*, il fait arme de tout; tous les moyens lui sont bons. **To beat s.o. with his own weapons,** battre qn avec ses propres armes. *Weapons of defence*, moyens *m* de défense; armes défensives.

weaponed ['wepənd], *a.* Armé.

weaponless ['wepənləs], *a.* Sans armes; désarmé.

wear[1] ['weər], *s.* **1.** (*a*) Usage *m*. **Materials for spring wear,** étoffes *f* pour le printemps, pour porter au printemps. **Frocks for evening wear,** toilettes *f* pour le soir, qui se portent le soir. (*Elliptical*) **Ladies' wear, men's wear,** articles, vêtements *m*, pour dames, pour hommes. **Foot-wear,** chaussures *fpl*. **Motley's the only wear,** il n'y a pas d'habit qui vaille celui de bouffon. **In wear,** (i) en usage, (ii) à la mode. *The coat I have in w.*, l'habit que je porte actuellement. *Are trimmings much in w. this year?* porte-t-on, met-on, beaucoup de garnitures cette année? *These jumpers are in very general w.*, ces casaquins se portent beaucoup. (*b*) User *m*. **Stuff of good wear, of never-ending wear,** étoffe d'un bon user, inusable. **Stuff that will stand hard wear,** étoffe d'un bon usage.

These shoes still have w. in them, ces souliers sont encore portables. *There is no w. in cheap shoes*, les chaussures à bon marché ne durent pas, ne font pas d'usage. **2.** (*a*) Usure *f*, détérioration *f* par l'usure; fatigue *f* (d'une machine); dégradation *f* (d'une route, etc.); attrition *f* (d'une meule, etc.). **One-sided wear**, usure unilatérale. *Not subject to w.*, inusable. **The seams show signs of wear**, les coutures présentent des traces de fatigue. **Wear and tear**, (i) usure; dépréciation *f*, détérioration; avaries *fpl*; dégradation (d'un immeuble); (ii) frais *mpl* d'entretien (d'un immeuble). *To stand w. and tear*, résister à l'usure. *The w. and tear of time*, l'usure, *Lit*: l'injure *f*, du temps. *Jur*: **Fair wear and tear**, usure naturelle; usure normale (d'une chose louée). (*Of dress, etc.*) To be the worse for wear, être usé, défraîchi; n'être plus présentable. **Little the worse for wear**, peu usé; presque à l'état de neuf. *F*: *Person much the worse for w.*, personne décatie. (*b*) Frai *m* (d'une pièce d'argent).

'wear-plate, *s*. *Mec.E*: Plaque *f* de friction, de frottement.

wear², *v*. (*p.t.* wore ['wɔːr]; *p.p.* worn [wɔːrn]) **I.** *v.tr*. Porter (un vêtement, une épée, la pourpre, une couronne). *He wears the same clothes every day*, il porte tous les jours les mêmes habits. *He wears good clothes*, il est toujours bien habillé; il s'habille bien. *These gloves look as if they had already been worn*, ces gants ont l'air d'avoir déjà servi, d'avoir déjà été portés. *She was wearing a blue dress*, elle avait une robe bleue; elle était en bleu. *He was wearing a large hat*, il portait un grand chapeau; il était coiffé d'un grand chapeau. *She wore short skirts*, elle portait des jupes courtes; *A*: elle allait court-vêtue. *To w. a red tie*, *F*: arborer une cravate rouge. **To wear black**, porter du noir. *Hat to w. with a costume*, chapeau pour accompagner un costume. *To w. nothing on one's head*, être nu-tête, (*of woman*) être en cheveux. **To have nothing fit to wear**, n'avoir rien de mettable, rien à se mettre sur le dos. *My dress is not fit to be worn*, ma robe n'est pas mettable. *What shall I w.?* qu'est-ce que je vais mettre? **A lounge suit may be worn**, le veston est, sera, de mise. *Blue is being much worn at present*, le bleu se porte beaucoup à l'heure actuelle. *Wearing his slippers*, chaussé de pantoufles. *To w. ear-rings*, porter des boucles d'oreilles. *Wearing a pretty brooch*, parée d'une jolie broche. *He was wearing all his medals*, il avait mis, arboré, toutes ses médailles. **To wear one's hair long**, porter les cheveux longs. *To w. one's hair bobbed*, être coiffée à la Ninon. *To w. a beard, a moustache*, porter la barbe, la moustache. *To w. one's arm in a sling*, porter, avoir, le bras en écharpe. **To wear one's age well**, bien porter son âge; ne pas porter son âge. **To wear a sour look**, avoir un air revêche. *F*: **To wear s.o., sth., in one's heart**, chérir (un enfant); choyer (une idée). *See also* BREECH¹ **2.** **2.** *v.tr*. User. **To wear one's coat threadbare**, user son veston jusqu'à la corde. *To w. a gown to rags*, porter une robe jusqu'à ce qu'elle tombe en loques. **To wear holes in sth., to wear sth. into holes**, faire des trous à qch. (à force d'usage); trouer qch. *Seams worn white*, coutures usées jusqu'à la trame. **To wear a pair of shoes comfortable, to one's feet**, faire ses souliers à ses pieds. **To wear oneself to death**, se tuer, s'éreinter, à force de travail. *Person worn with care*, personne usée par les soucis. *To w. a surface flat*, araser une surface. **3.** (*With passive force*) (*a*) (*Of gun*) Se chambrer; (*at the muzzle*) s'égueuler. *The edges will w. in time*, les bords s'useront avec le temps. (*Of garment*) **To wear into holes**, se trouer. (*Of stone, etc.*) **To wear smooth**, se lisser par le frottement. (*Of shoes*) **To wear to one's feet**, se faire. (*b*) **To wear well**, (i) (*of material*) être d'un bon user, faire bon usage; (ii) (*of pers.*) bien porter son âge; ne pas porter son âge; être bien conservé(e). *Material that wears well*, étoffe *f* qui résiste à l'usure, *F*: qui profite. *This coat has worn well*, cet habit m'a fait un bon service. *Warranted to w. well*, garanti à l'usage. *Her complexion wears well*, son teint s'est bien conservé. *This friendship has worn well*, cette amitié s'est soutenue. *Tyres that wear for ever*, pneus *m* inusables. *That will w. for years*, cela durera des années. **4.** *v.i.* (*Of time*) Traîner. **The day wore sadly to its close**, la journée s'acheva tristement. *The year was wearing to its close*, l'année *f* tirait à sa fin.

wear away. **I.** *v.tr.* (*a*) User, ronger. *Rocks worn away by erosion*, roches rongées par la mer, par les intempéries. *He is worn away to a shadow*, il n'est plus que l'ombre de lui-même. *To w. away one's life in slavery*, passer sa vie dans l'esclavage. (*b*) Effacer, détruire. *The weather wears away inscriptions*, les intempéries effacent les inscriptions. **2.** *v.i.* (*a*) S'user. (*b*) S'effacer; disparaître peu à peu. *The inscription has worn away*, l'inscription s'est effacée. (*c*) (*Of pain*) Passer, s'assoupir. (*d*) *She was wearing away*, elle se consumait de chagrin, d'inquiétude, etc. (*e*) (*Of time*) S'écouler, passer lentement. *The winter was wearing away*, l'hiver tirait à sa fin.

wearing away, *s*. **I.** Usure *f*, attrition *f*. **2.** Effacement *m*. **3.** Écoulement *m* (du temps).

wear down. **I.** *v.tr.* User. *To w. down the point of a tool*, user la pointe d'un outil. **To wear one's heels down** (*at the back*), éculer ses souliers. *Heels worn down at one side*, talons usés en biseau. **To wear down the enemy's resistance**, user à la longue, épuiser peu à peu, la résistance de l'ennemi. **2.** *v.i.* S'user. *His resistance will w. down in time*, sa résistance s'usera à la longue.

wearing down, *s*. Usure *f*. *Mil*: **Wearing-down engagements**, combats *m* d'usure.

wear off. **I.** *v.tr.* (*a*) Faire disparaître (par l'usure, en frottant). *To w. off the nap of a coat*, râper un habit. (*b*) *To w. off the stiffness of one's shoes*, assouplir ses souliers à l'usage. **2.** *v.i.* S'effacer, disparaître. *That will w. off*, cela disparaîtra à l'usage. *The novelty of the sight soon wore off*, la nouveauté de ce spectacle passa vite. *His fatigue had worn off*, sa fatigue s'était dissipée. *His shyness is wearing off*, sa timidité disparaît peu à peu.

wear on, *v.i.* (*Of time*) S'écouler (lentement); s'avancer; (*of action*) continuer. *The discussion wears on*, la discussion continue, s'éternise. **As the evening wore on . . .**, à mesure que la soirée s'avançait. . . .

wear out. **I.** *v.tr.* (*a*) User (ses habits, etc.). **To wear oneself out**, s'user, s'épuiser, se consumer. *To w. oneself out with hard work*, se tuer au travail, à travailler. *Worn out with work, with age*, usé par le travail; cassé par la vieillesse. *The mind is wearing out the body*, *F*: la lame use le fourreau. *Life in the tropics soon wears a man out*, la vie sous les tropiques est très usante. (*b*) Épuiser, lasser (la patience de qn). (*c*) *To w. out one's days in captivity*, passer le reste de ses jours dans la captivité. **2.** *v.i.* (*a*) S'user; (*of pers.*) se casser. *Stuff that cannot w. out*, étoffe *f* inusable, qui ne s'use pas. *The elastics have worn out*, les élastiques sont étirés. (*b*) *The evening wore out*, la soirée s'acheva à la longue, se traîna jusqu'à sa fin.

worn out, *a*. **I.** (*Of thg*) Usé; (*of garment*) râpé, fini. *W. out shoes*, souliers usés, finis. **To be worn out**, être tout usé; n'être plus en état de servir. **2.** (*Of pers.*) (i) Épuisé; exténué; *F*: éreinté; (ii) usé (par le travail, par l'âge). **To be worn out**, (i) être épuisé; avoir les jambes romques; *F*: être sur les dents; (ii) *F*: être au bout de son rouleau. *The horses are w. out*, les chevaux n'en peuvent plus. **3.** (*Of idea, device*) Rebattu, usé.

wearing out, *s*. Usure *f*.

wear through. **I.** *v.tr.* (*a*) User (qch.); faire un trou à, trouer (qch.). (*b*) *To w. through a trying day*, supporter jusqu'au bout une journée pénible. **2.** *v.i.* (*a*) S'user; se trouer (à force d'usage, par usure). (*b*) (*Of time*) S'écouler.

worn, *a*. (*a*) (Vêtement) usagé, qui a été porté. (*b*) (Vêtement) usé, fatigué; (cordage) mâché; (rocher) rongé par les intempéries. *W. cable*, câble fatigué. *See also* SHOP-WORN, TIME-WORN, WELL-WORN. (*c*) Usé, fatigué; (visage) fripé, marqué par les soucis. *W. with anxiety*, consumé par l'inquiétude. **Travel-worn**, fatigué par le voyage. *His w. features*, ses traits usés (par le chagrin, par l'âge, etc.). *W. old man*, vieillard usé, cassé. (*d*) *Farr*: **Worn hoof**, pied dérobé.

wearing¹, *a*. **I.** Fatigant, lassant, épuisant. **2.** Destructeur, -trice. **3.** Qui s'use. **Wearing parts** *of a machine*, parties frottantes, organes sujets à l'usure, d'une machine. **Wearing surface**, surface frottante, de frottement. **4.** **Good-wearing material**, étoffe *f* de bon usage. *See also* HARD-WEARING.

wearing², *s*. **I.** Action *f* de porter (des vêtements). *Not worth the w.*, qui ne vaut pas la peine d'être porté. **Wearing apparel**, vêtements *mpl*, habits *mpl*. *The w. of beards is enforced*, le port de la barbe est de rigueur. **2.** Usure *f*. **Wearing one-sided**, usure unilatérale. **Wearing surface**, surface *f* d'usure. *Mec.E*: **Wearing-piece**, pièce *f* de frottement. **Wearing quality**, résistance *f* à l'usure; durabilité *f*. *W. action of a glacier*, action rongeante d'un glacier.

wear³, *v*. (*p.t.* wore; *p.p.* wore) *Nau*: **I.** *v.i.* (*Of ship*) Virer lof pour lof; virer vent arrière. **2.** *v.tr.* Faire virer (un navire) lof pour lof; virer (un navire) vent arrière.

wearing³, *s*. Virement *m* de bord lof pour lof.

wearable ['wɛərəbl], *a*. (Vêtement) portable, mettable.

wearer ['wɛərər], *s*. Personne qui porte qch. (sur elle). *Clothes too heavy for the w.*, vêtements trop lourds pour celui qui les porte.

weariedness ['wiːəridnəs], *s*. Lassitude *f*, fatigue *f*.

weariful ['wiːəriful], *a*. (*a*) Fatigant; qui fatigue. (*b*) *With a w. sigh*, avec un soupir de lassitude.

weariless ['wiːəriləs], *a*. Infatigable, inlassable.

weariness ['wiːərinəs], *s*. **I.** Lassitude *f*, fatigue *f*. *W. of the brain*, fatigue cérébrale. **2.** Dégoût *m*, lassitude, ennui *m*. *B*: *Much study is* **a weariness of the flesh**, tant d'étude n'est que fatigue pour le corps. *F*: *His visits are a w. to the flesh*, ses visites nous importunent; ses visites s'éternisent.

wearisome ['wiːərisəm], *a*. Ennuyeux, fastidieux; *F*: assommant; *P*: cauchemardant. *W. task*, tâche ingrate. **-ly**, *adv*. Ennuyeusement, fastidieusement.

wearisomeness ['wiːərisəmnəs], *s*. Ennui *m*, caractère fastidieux (de la conversation de qn, d'un travail).

weary¹ ['wiːəri], *a*. **I.** Fatigué; las, *f*. lasse. **Not to be weary in well-doing**, persévérer à faire le bien. *My hand was w. with writing*, ma main était lasse d'écrire. *F*: **A weary Willie**, un fainéant, *P*: un feignant; un traîne-la-patte; un bras cassé. **2.** Las, dégoûté (*of*, de). *To be w. of s.o.'s conversation*, être las, excédé, de la conversation de qn. *To grow w. of sth.*, se dégoûter de qch.; prendre qch. en dégoût. *To grow w. of waiting*, se lasser d'attendre. *I am w. of life*, la vie m'est devenue ennuyeuse; je suis dégoûté de la vie. **3.** Fatigant, obsédant, fastidieux. *To have a w. time*, s'ennuyer à mourir. *To have a w. time waiting for s.o.*, se morfondre à attendre qn. *It is w. waiting*, le temps est long, semble long, à qui attend. *A w. day*, une journée fatigante. *W. march*, marche *f* pénible. **-ily**, *adv*. **I.** D'un air ou d'un ton las, fatigué; avec langueur. **2.** Avec fatigue; (cheminer) péniblement.

weary², *v*. (wearied) **I.** *v.i.* (*a*) Se lasser, se fatiguer. *The horses were wearying*, les chevaux donnaient des signes de fatigue. **To weary of sth., of doing sth.**, se lasser de qch., de faire qch. **To weary of s.o.**, se fatiguer de la compagnie de qn. (*b*) Trouver le temps long. *She wearied of passing all her time by herself*, elle s'ennuyait d'être seule. (*c*) **To weary for sth.**, désirer ardemment qch.; soupirer après qch.; languir après qch. *I am wearying for news of you*, je languis d'avoir de vos nouvelles. **2.** *v.tr.* (*a*) Lasser, fatiguer. (*b*) *To w. s.o. with one's prayers*, importuner qn de ses sollicitations. *He wearies me with his continuous complaints*, je suis las de ses plaintes éternelles. *He wearies us to death with his stories*, il nous fait mourir d'ennui, *P*: il nous cauchemarde, avec ses histoires.

wearied, *a*. Las, *f*. lasse; fatigué. **-ly**, *adv*. D'un ton las, d'un air las.

wearying, *a*. Ennuyeux, fastidieux, *F*: assommant.

weasand ['wiːzənd], *s*. *A. & Dial*: **I.** (*Windpipe*) Trachée-artère *f*.

2. (*Throat*) Gorge *f*, gosier *m*. **To slit s.o.'s weasand,** couper la gorge à qn.

weasel ['wi:z(ə)l], *s*. **1.** (*a*) *Z*: Belette *f*. *F*: **You can't catch a weasel asleep!** il est trop fin pour se laisser prendre. (*b*) *U.S*: *F*: Mauvaise langue; médisant, -ante. **2.** *U.S*: *F*: Sobriquet *m* des natifs de la Caroline du Sud.

'weasel-faced, *a*. (Homme) à la mine chafouine, à figure de fouine.

'weasel-word, *s*. *U.S*: *F*: Mot ambigu; mot qui (dans un contrat, etc.) constitue une échappatoire.

weather[1] ['weðər], *s*. **1.** Temps *m* (qu'il fait). **In all weathers,** par tous les temps. *See also* ALL-WEATHER. *It is* **settled weather,** le temps est au beau fixe. *It is fine w. for walking*, il fait beau se promener aujourd'hui. **In this, in such, weather,** par le temps qu'il fait. *In this cold w.*, par ce temps froid; par le froid qu'il fait. *In the hot w.*, pendant les grandes chaleurs. *It is awful w.*, *F*: il fait un temps de chien. *In spite of bad w.*, en dépit des intempéries *f*. *See also* BAD I. 2. **(Wind and) weather permitting,** si le temps le permet; si le temps s'y prête. *If there is a* **break in the weather,** si le temps se gâte. *What is the w. like?* quel temps fait-il? *The woollen trade depends on the w.*, le commerce des lainages dépend de la température. *Compelled by* **stress of weather** *to put in at* . . ., forcé par le gros temps de relâcher à. . . . *Nau*: (*Of ship*) **To make good, bad, weather,** avoir du beau temps (pour le voyage); essuyer du mauvais temps. (*Of ship*) **To make heavy weather,** bourlinguer. *F*: (*Of pers.*) *To make heavy w. of a job*, avoir toutes les peines du monde à accomplir un travail (pas bien difficile). *F*: (*Of pers.*) **To be under the weather,** être indisposé, malade. *Journ*: **The Weather,** la Température. *See also* CLERK[1] 3. **2.** **(Angle of) weather** (*of windmill sails*), airage *m*. **3.** *Attrib.* (*a*) Météorologique. **The Weather Bureau,** le Bureau météorologique; le Service officiel de prévision du temps. **Weather conditions,** conditions *f* atmosphériques, météorologiques, climatériques. *See also* REPORT[1] 1 (*b*). (*b*) *Nau*: Du côté du vent; du vent, au vent. **Weather tide, current,** marée *f*, courant *m*, qui porte au vent, portant au vent. **On the weather-beam,** par le travers au vent. *See also* LURCH[2] 1.

'weather-beaten, *a*. **1.** Battu des vents; battu par la tempête. **2.** (*a*) (*Of pers., countenance*) Bronzé, hâlé, basané. (*b*) (*Of thg*) Usé, fatigué; (mur) dégradé par le temps.

'weather-bound, *a*. Retenu, arrêté, par le mauvais temps.

'weather-bow [bau], *s*. *Nau*: L'avant *m* du côté du vent.

'weather-box, *s*. Hygroscope *m*; capucin *m* hygrométrique.

'weather-chart, *s*. Carte *f* météorologique; carte du temps.

'weather-cloth, *s*. *Nau*: Toile *f* abri; cagnard *m*.

'weather-contact, -cross, *s*. *El.E*: Court-circuit entre conducteurs aériens, dû aux intempéries.

'weather-deck, *s*. *Nau*: Partie du pont non recouverte par des roufs.

'weather-eye, *s*. *F*: **To keep one's weather-eye open,** veiller au grain.

'weather-fish, *s*. *Ich*: Loche *f* d'étang.

'weather-forecast, *s*. Bulletin *m* météorologique; prévisions *fpl*, pronostic *m*, du temps; prévision atmosphérique. *Journ*: *To-day's w.-f.*, probabilités *fpl* pour aujourd'hui.

'weather-ga(u)ge[1], *s*. *Nau*: Avantage *m* du vent; dessus *m* du vent. *To contend for the w.-g.*, disputer le vent. **To have the weather-gauge of a ship,** être au vent d'un navire; avoir l'avantage du vent sur un navire. **To get the weather-gauge of a ship,** *F*: **of s.o.,** prendre le vent sur un navire, *F*: sur qn.

'weather-ga(u)ge[2], *v.tr*. *Nau*: Prendre le vent sur, avoir l'avantage du vent sur (un autre navire).

'weather-glass, *s*. **1.** Baromètre *m* (à cadran). **2.** *Bot*: *F*: **Poor man's, shepherd's, weather-glass,** mouron *m* rouge.

'weather-helm, *s*. *Nau*: Barre *f* au vent. (*Of ship*) **To carry a weather-helm,** être ardent.

'weather-leech, *s*. *Nau*: Chute *f* du vent (d'une voile); lof *m*.

'weather-lore, *s*. Connaissance *f* des signes qui présagent le temps.

'weather-map, *s*. = WEATHER-CHART.

'weather-moulding, *s*. *Arch*: *Const*: Larmier *m*; jet *m* d'eau.

'weather-proof, *a*. (*a*) A l'épreuve du gros temps; (vêtement *m*) imperméable; (édifice *m*) étanche. (*b*) Qui résiste aux intempéries, à l'intempérisme.

'weather-prophet, *s*. Personne *f* qui se pique de prédire le temps. *He had made a name as a w.-p.*, il s'était fait une réputation d'oracle en matière de météorologie.

'weather-quarter, *s*. *Nau*: Hanche *f* du vent.

'weather-resisting, *a*. Qui résiste aux intempéries; inaltérable à l'air ou à l'eau.

'weather-rode, *a*. *Nau*: (Navire) évité au vent, au courant.

'weather-roll[1], *s*. *Nau*: Rappel *m* de roulis; rappel au vent.

'weather-roll[2], *v.i*. *Nau*: Rappeler au vent, au roulis.

'weather-sheet, *s*. *Nau*: Écoute *f* du vent.

'weather-shore, *s*. *Nau*: Côte *f* du vent.

'weather-side, *s*. **1.** Côté (d'une maison, d'une forêt) exposé au vent. **2.** *Nau*: Bord *m* du vent.

'weather-station, *s*. Station *f* météorologique.

'weather-strip, *s*. **1.** (*For doors and windows*) Bourrelet *m* étanche; garniture *f* d'encadrement; coupe-froid *m inv*; brise-bise *m inv*. **2.** *Veh*: *etc*: Gouttière *f* d'étanchéité.

'weather-vane, *s*. = VANE 1.

'weather-wise, *a*. Qui sait prévoir le temps; qui se connaît au temps.

'weather-worn, *a*. Usé, rongé, par les intempéries.

weather[2]. I. *v.tr*. **1.** *Geol*: (*Usu. passive*) Altérer, désagréger, travailler (par l'action des agents atmosphériques). **Weathered rocks,** roches altérées par les intempéries. **2.** *Nau*: (*a*) **To weather a headland,** doubler, tourner, franchir (un cap) (à la voile); gagner le vent (d'un cap). **To weather a ship,** passer au vent d'un navire. *To w. the shore*, s'élever au vent de la côte. (*b*) **To weather (out) a storm,** étaler, remonter, une tempête; survivre, résister, à une tempête. **To weather (out) a gale,** étaler, supporter, un coup de vent. (*c*) *F*: **To weather one's difficulties;** *abs.* **to weather through,** se tirer d'affaire; être au vent de sa bouée. **To weather quarter-day,** doubler le cap du terme. **3.** Donner l'airage (aux ailes d'un moulin). **4.** *Const*: Tailler en rejéteau (une pierre de corniche, etc.).

II. **weather,** *v.i*. **1.** (*Of rock, etc.*). Se désagréger, s'altérer. **2.** (*Of copper, bronze, building*) Prendre la patine.

weathering, *s*. **1.** (*a*) Altération *f*, désagrégation *f*, désintégration *f*, dégradation *f* (des roches); effet *m* de l'air (sur la pierre, etc.). **Weathering agencies, weathering agents,** agents *m* d'intempérisme; intempéries *f*. (*b*) Patine *f*. **2.** *Const*: (*a*) Glacis *m*. (*b*) Rejéteau *m*.

weatherboard[1] ['weðərbɔ:rd], *s*. **1.** *Const*: (*a*) (*For roofs, walls*) Planche *f* à recouvrement. (*b*) (*For window*) Jet *m* d'eau; reverseau *m*; siccité *f*; auvent *m*. (*c*) *Row*: Hiloire *f*. **2.** *Nau*: (*a*) Côté *m* du vent. (*b*) (*Screen*) Cagnard *m*. (*c*) Auvent (de sabord).

weatherboard[2], *v.tr*. Garnir (une maison, etc.) de planches à recouvrement. *Weatherboarded shed*, hangar *m* en planches à recouvrement.

weatherboarding, *s*. Planches *fpl* à recouvrement.

weathercock ['weðərkɔk], *s*. (*a*) Girouette *f*; *Nau*: flouette *f*. (*b*) *F*: Personne inconstante; girouette, arlequin *m*. *Political w.*, sauteur *m*; caméléon *m* politique; girouette politique. *To be a w.*, tourner, virer, à tout vent, à tous les vents.

weatherly ['weðərli], *a*. *Nau*: **Weatherly ship,** voilier fin, ardent, qui tient bien le plus près; boulinier *m*.

weathermost ['weðərmoust], *a*. *Nau*: (Navire, îlot) le plus au vent.

weave[1] [wi:v], *s*. *Tex*: **1.** Armure *f*. **Ground weave,** armure fondamentale. **Plain weave,** armure toile. **2.** Tissage *m*; texture *f*. *Quality of the w.*, qualité *f* du tissage.

weave[2], *v*. (*p.t.* **wove** [wo:uv]; *p.p.* **woven** ['wouv(ə)n]) **1.** *v.tr*. (*a*) *Tex*: Tisser (une étoffe). *Abs*. Faire le métier de tisserand. *To w. thread into cloth*, transformer le fil en toile. (*b*) *F*: **To weave a plot,** (i) tramer un complot, ourdir une trame; (ii) *Lit*: (*of author*) tramer une action. *To w. an allegory, a spell*, composer une allégorie, un charme. (*c*) Tresser (une guirlande, un panier); entrelacer (des fils, des fleurs, des rameaux). *To w. flowers into a wreath*, tresser des fleurs en couronne. *To w. facts into a story*, (i) introduire des faits dans un conte; (ii) bâtir une histoire sur des faits. **2.** *v.i*. **To weave through the traffic,** se frayer un chemin à travers les encombrements. *The road weaves through the valleys*, la route serpente à travers les vallées.

wove, *a*. *Only in* **Wove paper,** (papier) vélin *m*. **Cream-wove paper,** (papier) vélin blanc. *See also* WIRE-WOVE.

woven, *a*. Tissé. *Closely w., loosely w.*, d'un tissu serré, lâche; d'une texture serrée, lâche. **Woven stockings,** bas faits au métier. **Woven wire,** toile *f* métallique. *W. wire mat*, tapis *m* décrottoir. **Woven paper** = *wove paper*.

weaving, *s*. **1.** Tissage *m*. **Hand-loom weaving,** tissage à la main. **Power-loom weaving,** tissage mécanique. **Figure weaving,** brochage *m*. **Weaving loom,** métier *m* à tisser. **The weaving trade,** la tisseranderie. *See also* MILL[1] 5. **2.** Entrelacement *m* (de rameaux, etc.). **3.** **Weaving of the road,** serpentement *m*, zigzags *mpl*, lacets *mpl*, de la route.

weaver ['wi:vər], *s*. **1.** (*a*) *Tex*: (*On hand-loom*) Tisserand, -ande; tisseur, -euse, à bras, à main, à poignée; (*on power-loom*) tisseur à la mécanique. *Cloth w.*, tisserand drapant. *The weaver's trade*, la tisseranderie. (*b*) *F*: **A weaver of rhymes,** un faiseur, un tisseur, de vers. **2.** *Arach*: Araignée fileuse. **3.** *Orn*: **Weaver(-bird),** tisserin *m*, tisserand *m*. *Sociable w.-bird*, républicain *m*. **4.** *Ent*: Psyché *f*.

'weaver's knot, *s*. Nœud croisé; nœud de tisserand.

weazen ['wi:z(ə)n], **weazened** ['wi:z(ə)nd], *a*. = WIZENED.

web [web], *s*. **1.** *Tex*: Tissu *m*. *F*: **Web of lies,** tissu de mensonges. **The web of life,** la trame de nos jours. **2.** **Spider's web,** toile *f* d'araignée. **3.** *Nat.Hist*: Palmure *f*, membrane *f* (d'un palmipède). **4.** *Vet*: Cul *m* de verre (de l'œil d'un cheval). **5.** *Orn*: Lame *f* (d'une plume). **6.** *Tchn*: Bras *m*, joue *f*, flasque *m* (de manivelle); âme *f* (d'une poutre, d'un rail); corps *m*, estomac *m* (d'enclume); panneton *m* (de clef); lame *f* (de scie, de coutre). *See also* GIRDER. **7.** (*a*) Pièce *f*, rouleau *m* (d'étoffe). (*b*) *Web of news-print*, rouleau de papier pour presse rotative. **Web press,** presse rotative. **Web paper,** papier continu.

'web-beam, *s*. *Tex*: Ensouple enrouleuse (de métier à tisser).

'web-eye, *s*. *Med*: Ptérygion *m*, onglet *m*.

'web-fingered, *a*. *Z*: Syndactyle.

'web-footed, *a*. *Nat.Hist*: Palmipède; aux pieds palmés; syndactyle.

'web-frame, *s*. *N.Arch*: Porque *f*.

'web-plate, *s*. *Civ.E*: L'âme *f* (d'une poutre).

'web-toed, *a*. = WEB-FOOTED.

'web-wheel, *s*. Roue pleine.

webbed [webd], *a*. **1.** Palmé, membrané. **Webbed feet,** pattes palmées. **2.** (*Of beam, etc.*) Évidé.

webbing ['webiŋ], *s*. **1.** Sangles *fpl* (de chaise, de lit, etc.). **2.** Toile *f* à sangles; ruban *m* à sangles.

wed [wed], *v*. (*p.t.* & *p.p.* **wedded,** *occ.* **wed;** *pr.p.* **wedding**) **1.** *v.tr*. (*a*) Épouser (qn); se marier avec (qn). (*b*) (*Of priest*) **To wed a couple,** marier un couple. (*Of parent*) **To wed one's daughter to . . .,** marier sa fille à. . . . (*c*) Unir (*to, with*, à). *In this book matter and manner are happily wedded*, dans ce livre la matière et la forme sont unies, se marient, de la manière la plus heureuse. **To be wedded to an opinion,** être obstinément attaché à une opinion; être entiché d'une opinion; s'opiniâtrer dans un sentiment. *To be wedded to one's own opinion*, abonder dans son sens. *To become wedded to an opinion*, se fixer à une opinion. *To become wedded to an out-of-date technique*, s'encroûter dans une technique démodée. **2.** *v.i.* Se marier.

wedded, *a.* **1.** Marié. **My wedded wife,** mon épouse légitime. **The newly-wedded pair,** les nouveaux mariés. **2.** Conjugal, -aux. **Wedded life,** la vie conjugale.

wedding, *s.* **1.** Noce(s) *f(pl)*; mariage *m*. **Church wedding,** mariage à l'église; mariage religieux. **The wedding will be celebrated at . . .,** la bénédiction nuptiale sera donnée à. . . . **To attend a wedding,** assister à un mariage. *See also* DIAMOND-WEDDING, GOLDEN WEDDING, SILVER WEDDING. **2.** *Attrib.* Nuptial, -aux; de noce(s); de mariage. **Wedding dress,** robe *f* de noces; robe de mariage; robe nuptiale, de mariée. **The wedding festivities,** la noce.

'wedding-breakfast, *s.* Repas *m*, collation *f*, de noces.

'wedding-cake, *s.* Grand gâteau de noce(s) en pièce montée; gâteau de noce(s) (dont on envoie des fragments aux parents et amis des mariés).

'wedding-card, *s.* (Carte *f* de) faire-part *m inv* de mariage.

'wedding-day, *s.* **1.** Jour *m* des noces; jour du mariage. **2.** Anniversaire *m* du mariage. *This is our w.-day*, c'est l'anniversaire de notre mariage.

'wedding-favour, *s.* Nœud de rubans blancs (porté à un mariage); faveur *f*.

'wedding-guest, *s.* Invité, -ée (à un mariage).

'wedding-march, *s.* Marche nuptiale.

'wedding-party, *s.* Les invités *m*; la noce.

'wedding-present, *s.* Cadeau *m*, présent *m*, de noces.

'wedding-ring, *s.* Alliance *f*; anneau nuptial; anneau de mariage.

'wedding-tour, -trip, *s.* Voyage *m* de noces.

we'd [wi:d] = *we had, we would.*

wedge[1] [wedʒ], *s.* Coin *m*. **1.** *Mec: etc:* (*a*) **Fixing wedge,** coin de serrage; cale *f* de fixation; *Min:* (*in timbering*) picot *m*; *Mec.E:* clavette *f*, clef *f*. *Flat w.*, clavette plate, méplate. *Taper w.*, clavette conique. *Carp:* **Plane wedge,** coin de rabot. *Const:* **Indented wedge,** coin à échelons. **Wedge of the lewis,** louveteau *m*. *Mec.E:* **Coupling wedge,** cône *m* de pression pour accouplement. *Nau:* **Stowing wedge,** coin d'arrimage. *Artil:* **Recoil wedge,** coin de recul. *See also* DOWEL-WEDGE, FOX-WEDGE, NOSE-WEDGE, TREENAIL[1]. (*b*) **Splitting wedge,** coin à fendre. **Hafted wedge,** contre *m*. **Quarry wedge,** cale de carrière d'abattage; quille *f*. *Stonew:* **Spalling wedge,** coin à tranche. *Metalw:* **Blacksmith's steel(-cutting) wedge,** casse-fer *m inv*. **To drive in a wedge,** enfoncer un coin. *F:* **It is the thin end of the wedge,** c'est un premier empiètement; c'est un pied de pris; c'est un premier avantage de pris. *See also* COMPOUND[1] I. **2.** (*a*) Chose de forme triangulaire; morceau *m* triangulaire. *Seats arranged in a w.*, sièges disposés en triangle. **Wedge of a tennis racket,** cœur *m* d'une raquette. *W. of cake, of cheese*, morceau (triangulaire) de gâteau, de fromage. *To take a w. out of a tart*, échancrer une tarte. (*b*) *Opt:* **Photometric wedge,** coin optique. **Wedge constant,** coefficient *m* du coin.

'wedge-key, *s.* Clef *f* de serrage.

'wedge-shaped, *a.* En (forme de) coin; (*of bone, writing*) cunéiforme. *Bot: Plant with w.-s. leaves*, plante cunéifoliée.

'wedge-tailed, *a.* (Oiseau) à queue cunéiforme.

wedge[2], *v.tr.* **1.** *Tchn:* Coincer, assujettir; caler (des rails); claveter (une roue sur son axe, etc.); picoter (un puits de mine). **2. To wedge (up)** *a piece of furniture*, caler un meuble. **To wedge a door open,** maintenir une porte ouverte avec une cale. **3. To wedge sth. in sth.,** enclaver, *F:* insérer, implanter, enfoncer, serrer, qch. dans qch. *Two bottles wedged tightly into a basket*, deux bouteilles étroitement serrées dans une corbeille. *With his pipe firmly wedged in the corner of his mouth*, la pipe bien calée au coin de la bouche. *To w. oneself into the crowd*, s'insérer dans la foule. *Traveller wedged in between two fat women*, voyageur coincé entre deux grosses femmes. *Garden wedged in between two streets*, jardin enclavé entre deux rues. **4. To wedge sth. apart, open,** fendre, forcer, qch. avec un coin.

wedging, *s.* **1.** (*a*) Coinçage *m*, coincement *m*; *Mec.E:* calage *m*, clavetage *m*. *Min:* Picotage *m*. *See also* FOXTAIL 3. (*b*) **Wedging up,** calage (d'un meuble, etc.). **2. Wedging open, apart,** fendage *m*.

wedged [wedʒd], *a.* Cunéiforme; en forme de coin.

Wedgwood ['wedʒwud], *s.* *Cer:* **Wedgwood (ware),** faïence anglaise (inventée par Josiah Wedgwood).

wedlock ['wedlɔk], *s.* (*a*) *Lit. & Jur:* Mariage *m*. **Born in, out of, wedlock,** né dans le mariage, hors du mariage; (enfant) légitime, illégitime. (*b*) La vie conjugale. *The bonds of w.*, les liens conjugaux.

Wednesday ['we(d)nzdi], *s.* Mercredi *m*. *He comes on Wednesdays*, il vient le mercredi. *He comes every Wednesday*, il vient tous les mercredis. **Ash Wednesday,** le mercredi des Cendres.

wee [wi:], *a.* *F:* Petit; tout petit; minuscule. **A wee (little) bit,** un tout petit peu, un tantinet. *She is a wee bit jealous*, elle est un brin jalouse. *A wee drop of whisky*, un doigt, un tantinet, de whisky.

'Wee 'Frees, *s.pl.* *F:* **1.** *Rel.H:* Ce qui reste de l'Église Libre (*Free Church*) d'Écosse; minorité qui refusa de fusionner avec l'Union presbytérienne. **2.** Petite bande de récalcitrants (en matière de politique ou de religion; p.ex. les restes du parti libéral après la coalition de la majorité avec le parti conservateur).

weed[1] [wi:d], *s.* **1.** *Bot:* Mauvaise herbe; herbe folle. *Uprooted weeds*, sarclure *f*. **Garden running to weeds, weed-grown garden,** jardin envahi par les mauvaises herbes; jardin à l'abandon. *Prov:* **Ill weeds grow apace,** mauvaise herbe croît toujours. *See also* RED WEED. **2.** (*a*) **The weed,** le tabac. (*b*) *F:* Cigare *m*. **3.** *F:* (*a*) Personne étique, piètre, chétive; gringalet *m*. (*b*) Cheval efflanqué, étique.

'weed-hook, 'weed-lifter, *s.* Sarcloir *m*, sarclette *f*; croc *m* à sarcler; échardonnet *m*, échardonnette *f*.

weed[2], *v.tr.* Arracher, extirper, les mauvaises herbes (d'un champ, etc.); sarcler, éplucher (un champ, une allée, un jardin).

weed out, *v.tr.* **1.** Éclaircir (une pépinière, des laitues, etc.). **2.** *F:* Éliminer; extirper, *F:* sarcler (des préjugés, etc.). *Half of the herd must be weeded out*, il va falloir éliminer, rejeter, la moitié du troupeau.

weeding out, 'weed-out, *s.* **1.** Éclaircie *f*. **2.** Élimination *f*.

weeding, *s.* **1.** Sarclage *m*; extirpation *f* des mauvaises herbes. **2.** *pl.* **Weedings,** sarclure(s) *f(pl)*.

'weeding-hook, *s.* = WEED-HOOK.

'weeding-machine, *s.* Sarcleuse *f*.

weeder ['wi:dər], *s.* **1.** (*Pers.*) Sarcleur, -euse. **2.** *Tls: Hort:* Sarcloir *m*; sarclette *f*; sarcleuse *f*. *Agr:* Extirpateur *m*.

weediness ['wi:dinəs], *s.* *F:* Maigreur *f*; apparence *f* malingre, peu robuste.

weeds [wi:dz], *s.pl.* **(Widow's) weeds,** vêtements *m* de deuil (d'une veuve); deuil *m* de veuve.

weedy ['wi:di], *a.* **1.** (Sentier, champ) couvert de mauvaises herbes. **2.** *F:* (*a*) (Homme) maigre, poussé en asperge, à l'air peu robuste. (*b*) (Cheval, etc.) efflanqué, étique.

week [wi:k], *s.* Semaine *f*. **1.** (*a*) **The days of the week,** les jours de la semaine. **What day of the week is it?** quel jour de la semaine sommes-nous? **He comes twice a week,** il vient deux fois par semaine. **Next week, last week,** la semaine prochaine, la semaine dernière. *P:* **To knock s.o. into the middle of next week,** (i) donner à qn un coup décisif, un fameux coup; *P:* envoyer dinguer qn; (ii) épater qn. **Week in week out,** d'un bout de la semaine à l'autre; tout le long de la semaine. *I haven't seen him* **for weeks,** je ne l'ai pas vu depuis des semaines; voilà des semaines que je ne l'ai vu. *F:* **A week of Sundays, of weeks,** (i) sept semaines; (ii) une éternité. *Mil: Officer on duty for the w.*, officier *m* de semaine. *Ecc:* **Holy Week,** la semaine sainte. *Jew.Rel:* **The Feast of Weeks,** la fête des semaines. (*b*) *F:* Huit jours. *To be away about a w.*, s'absenter pour une huitaine. **Once a week,** une fois par semaine; tous les huit jours. **Every week,** tous les huit jours. **Within the week, in the course of the week,** dans la semaine; dans la huitaine. **A week from now, this day week, to-day week,** d'aujourd'hui en huit; dans une huitaine de jours. **To-morrow week, Tuesday week,** de demain, de mardi, en huit. **Yesterday week,** il y a eu hier huit jours. *Last Saturday w.*, il y a eu huit jours samedi dernier. *I am staying until Monday w.*, je reste jusqu'à l'autre lundi. **In a week or so,** dans une huitaine. **A week ago to-day,** il y a aujourd'hui huit jours. *Jur: To adjourn a case for a w.*, remettre une cause à huitaine. *Ind: To close down for a w.*, mettre le personnel en huitaine. *See also* PARSON 2. **2.** (*As opposed to Sunday*) La semaine. *What I can't get done in the w. I do on Sundays*, ce que je n'arrive pas à faire en semaine je le fais le dimanche.

'week-'end[1], *s.* Fin *f* **de semaine**; week-end *m*. *To have one's week-ends free*, (i) être libre le samedi et le dimanche; (ii) être libre à partir du samedi midi; faire la semaine anglaise. *I stayed the w.-e. with them, I stayed with them* **over the week-end,** je suis resté chez eux du samedi au lundi. **Week-end trip,** excursion *f* du vendredi ou samedi au lundi ou mardi; excursion de fin de semaine. *Rail:* **Week-end ticket,** billet *m* valable du samedi (ou du vendredi) au lundi.

week-'end[2], *v.i.* **To week-end at Brighton,** passer la fin de la semaine à Brighton; *F:* week-ender à Brighton.

week-'ender, *s.* Touriste *m* de fin de semaine; **(***at hotel, etc.***)** client *m* qui vient passer le samedi et le dimanche.

'week-old, *a.* Agé d'une semaine. *W.-o. kitten*, petit chat né il y a une semaine. *W.-o. paper*, journal vieux d'une semaine.

weekday ['wi:kdei], *s.* Jour *m* ouvrable; jour de semaine. **On weekdays,** en semaine. *Weekdays only*, la semaine seulement. **Weekday service,** (i) *Ecc:* office *m* de (jour de) semaine; (ii) *Rail:* service *m* de semaine.

weekly ['wi:kli]. **1.** *a.* (*a*) (Salaire *m*) de la semaine; (revue *f*, visite *f*, payement *m*, etc.) hebdomadaire. **The weekly rest-day Act,** la loi sur le repos hebdomadaire. *See also* HALF-WEEKLY 1. (*b*) (Locataire *mf*, pensionnaire *mf*) à la semaine. **2.** *s.* Journal *m* ou revue *f* hebdomadaire; hebdomadaire *m*. **3.** *adv.* Par semaine; hebdomadairement; tous les huit jours. **Twice weekly,** deux fois par semaine. *See also* HALF-WEEKLY 2.

ween [wi:n], *v.tr.* *A:* (*Now used only in*) *Lit:* **I ween,** j'imagine; je crois; voire.

weep[1] [wi:p], *s.* Pleurs *mpl*. **To have a good, a hearty, weep,** pleurer à chaudes larmes; pleurer tout son soûl. **To have a little weep,** verser quelques larmes.

'weep-hole, *s.* *Const:* Chantepleure *f* (dans un mur); barbacane *f* (dans un mur de soutènement).

weep[2], *v.* (*p.t.* wept [wept]; *p.p.* wept) **1.** *v.i.* (*a*) Pleurer; répandre, verser, des larmes. *To w. bitterly*, pleurer amèrement; pleurer à chaudes larmes; *F:* pleurer comme une Madeleine. **To weep for joy,** pleurer de joie. *To w. from vexation*, pleurer de dépit. **To weep for s.o.,** pleurer sur les malheurs ou sur l'absence de qn. *To w. for one's lost youth*, pleurer sa jeunesse perdue. **To weep over the heroine** (*of a novel, etc.*), pleurer sur le sort de l'héroïne. *To w. over one's sins*, pleurer sur, gémir sur, regretter vivement, ses péchés. **That's nothing to weep over, about,** (i) ce n'est pas une raison pour pleurer; il n'y a pas de quoi pleurer; (ii) *Iron:* tant mieux! **I could have wept to see them . . .,** je gémissais de les voir. . . . (*With cogn. acc.*) **To weep tears,** répandre, verser, des larmes. *To w. tears of blood*, verser des larmes de sang. (*b*) (*Of wall, rock, etc.*) Suinter, suer; (*of tree*) pleurer; (*of sore*) couler, exsuder, baver. **2.** *v.tr.* **To weep oneself to sleep,** s'endormir en pleurant, dans les larmes. *She has wept herself blind*, elle s'est brûlé les yeux à force de pleurer. **To weep one's heart, one's eyes, out,** pleurer à chaudes larmes; se consumer dans les larmes. **To weep away the time,** passer son temps à pleurer.

weeping[1], *a.* **1.** (Enfant, etc.) pleurant, qui pleure. **2.** (*Of rock, etc.*) Suintant, humide. *Med:* **Weeping wound,** plaie baveuse. **Weeping eczema,** eczéma *m* humide. **3.** *Bot:* **Weeping willow,** saule pleureur. **Weeping ash,** frêne pleureur. **-ly,** *adv.* En pleurant; d'un ton larmoyant.

weeping[2], *s.* **1.** Pleurs *mpl*, larmes *fpl*. **A fit of weeping,** une crise de larmes. **2.** Suintement *m* (d'un mur, etc.); exsudation *f*.

weeper ['wi:pər], *s.* **1.** Pleureur, -euse. **2.** *Z:* (Singe) pleureur *m*; saï *m*, capucin *m*. **3.** *pl. Cost:* **Weepers.** (*a*) Pleureuses *f*; manchettes *f* de deuil. (*b*) *A:* Crêpe *m* de deuil à bouts pendants. (Se portait noué autour du chapeau haut de forme, aux enterrements.) (*c*) Voile *m* de deuil (d'une veuve). (*d*) *F:* *A:* Favoris (très longs, comme les portait Lord Dundreary dans la pièce *Our American Cousin*, 1894). **4.** = WEEP-HOLE.

weepy ['wi:pi], *a.* *F:* **1.** (*a*) (Ton, air) larmoyant. *W. eyes*, yeux mouillés de larmes ou larmoyants. (*b*) *To feel w.*, se sentir envie de pleurer. **2.** *Dial:* Suintant.

weever ['wi:vər], *s.* *Ich:* Vive *f*; dragon *m* de mer; araignée *f* de mer. **Lesser weever,** vive vipère.

weevil ['wi:vil], *s.* *Ent:* Charançon *m*. **Corn weevil, grain weevil,** calandre *f*; charançon du blé. **Weevil-eaten oats,** avoine charançonnée. *See also* FLY-WEEVIL, NUT-WEEVIL, PALM-WEEVIL, PEA-WEEVIL, PINE-WEEVIL, VINE-WEEVIL.

weevil(l)ed ['wi:vild], **weevil(l)y** ['wi:vili], *a.* (Blé, etc.) charançonné.

weft [weft], *s.* **1.** *Tex:* (*a*) Trame *f*. (*b*) = WEFT-YARN. *See also* WINDER 1, 2. **2.** Traînée *f* (de nuage, de brume).

'weft-fork, *s.* *Tex:* (Fourchette *f*) casse-trame *m inv*.

'weft-winding, *s.* *Tex:* Can(n)etage *m*. **Weft-winding machine,** trameuse *f*.

'weft-yarn, *s.* *Tex:* Fil *m* de trame.

weigh[1] [wei], *s.* *Nau:* **Under weigh** = *under way, q.v. at* WAY[1] 9 (*b*).

weigh[2]. **1.** *v.tr.* (*a*) Peser (un paquet, etc.); faire la pesée de (qch.). *To w. sth. in one's hand*, soupeser qch. *To w. oneself*, se peser. **To get weighed,** se faire peser. (*b*) **To weigh one's words,** peser, mesurer, ménager, compasser, ses paroles. **To weigh sth. (up) in one's mind,** considérer qch.; méditer (sur) qch. **To weigh (up) the consequences of sth.,** calculer les conséquences de qch. **To weigh the pros and cons,** peser le pour et le contre. **To weigh one thing against another,** comparer une chose avec une autre; mettre deux choses en balance. (*c*) *Nau:* **To weigh anchor,** lever l'ancre; virer l'ancre; déraper l'ancre; appareiller. *Abs.* **To get ready to weigh,** faire les préparatifs d'appareillage. **2.** *v.i.* (*a*) Peser; avoir du poids. **To weigh heavy, light,** peser lourd *inv*; peser peu. **How much does the parcel weigh?** combien pèse le paquet? *Parcel weighing two pounds*, paquet qui pèse deux livres. *I don't w. much*, je ne pèse pas lourd. (*b*) **The debt is weighing on his mind,** cette dette le tracasse, lui pèse sur l'esprit. *The thought weighs upon my mind*, cette pensée m'obsède. *The silence began to w. on us*, le silence commençait à nous peser. *A deathlike silence weighs upon the whole of nature*, un silence de mort écrase toute la nature. *Fate weighs heavily on us*, la fatalité s'appesantit sur nous. (*c*) **The point that weighs with me is . . .,** ce qui a du poids pour moi c'est . . .; ce dont je fais cas c'est. . . .

weigh down, *v.tr.* **1.** Peser plus que (qch.); l'emporter en poids sur (qch.). **2.** Faire pencher (la balance). **3.** Surcharger; appesantir. *Branch weighed down with fruit*, branche surchargée de fruits. *Blossoms weighed down by the wind*, fleurs affaissées par le vent. *F:* **To be weighed down with sorrow,** être accablé de chagrin, par le chagrin; être affaissé sous le poids des chagrins. *They were weighed down with sleep*, le sommeil pesait sur eux; ils étaient alourdis par le sommeil.

weigh in, *v.i.* (*a*) *Turf:* (*Of jockey*) Se faire peser avant la course. *Box:* (*Of boxer*) Se faire peser avant l'assaut. (*b*) *F:* **To weigh in (with an argument),** intervenir avec un argument; se joindre à la discussion.

weighing in, *s.* Pesage *m* (d'un jockey avant la course). **The weighing-in room,** le pesage.

weigh out. **1.** *v.tr.* Peser (du sucre, etc.) en petites quantités. *To w. out the required amounts*, peser les quantités requises. **2.** *v.i.* *Turf:* (*Of jockey*) Se faire peser après la course.

'weigh-out, *s.* *Turf:* Pesage *m* (du jockey) après la course.

weigh up, *v.tr.* Soulever (l'autre plateau de la balance, etc.).

weighing, *s.* **1.** Pesée *f* (de denrées, etc.). *Turf:* Pesage *m*. *Ph:* **(Method of) double-weighing,** double-pesée *f*. **Weighing instruments,** instruments *m* de pesage. **2.** *Nau:* Levage *m* (de l'ancre); appareillage *m*.

'weighing-bottle, *s.* *Ch:* Flacon *m* à tare.

'weighing-enclosure, *s.* *Turf:* (Enceinte *f* du) pesage; enceinte des balances.

'weighing-machine, *s.* Appareil *m* de pesage; machine *f* de pesage; machine à peser; bascule *f* (de pesage). **Slot weighing-machine,** bascule automatique; *F:* bascule à tirelire.

'weighing-room, *s.* *Ch:* *Ind:* Salle *f* des balances.

'weigh-beam, *s.* **1.** Fléau *m*, verge *f* (d'une balance romaine). **2.** Balance romaine.

'weigh-bridge, *s.* Pont *m* à bascule; (balance *f* à) bascule *f*.

'weigh-house, *s.* Bureau (public) de pesage.

'weigh-shaft, *s.* *Mch:* Barre *f* de relevage (d'une locomotive).

weighable ['weiəbl], *a.* Pesable.

weigher ['weiər], *s.* Peseur, -euse.

weighman, *pl.* **-men** ['weimən, -men], *s.m.* Peseur.

weight[1] [weit], *s.* **1.** (*a*) Poids *m*. **To sell by weight,** vendre au poids. **To give good weight,** faire bon poids. **Net weight,** poids net. **Two pounds in weight,** pesant deux livres; d'un poids de deux livres. *Objects of light w.*, objets légers, qui ne pèsent pas lourd. **Coin of standard weight,** monnaie *f* de poids. **Twenty-eight pounds' weight of sugar,** vingt-huit livres *f* de sucre. *To sell sth. for its w. in gold*, vendre qch. au poids de l'or. *F:* **It is worth its weight in gold,** cela vaut son pesant d'or. (*Of pers.*) **To lose weight,** perdre de son poids. **To gain weight,** prendre du poids. **To put on weight again,** reprendre du poids. *He is twice your w.*, il pèse deux fois autant que vous. **'Weight control,'** "pour ne pas engraisser." *P:* **To throw one's weight about,** faire du volume, de l'esbrouffe. **To pull one's weight,** (i) *Row:* fournir un effort en rapport avec son poids; (ii) *F:* y mettre du sien. **He's not pulling his weight,** il ne fait pas ce qu'on est en droit d'attendre de lui; c'est une non-valeur. (*Of horse*) **To put its full weight into the collar,** tirer à plein collier. *Turf:* (*Of horse*) **To give weight to another horse,** rendre le poids à un autre cheval. **To carry weight,** être handicapé. *Av:* **Laden weight,** poids en ordre de vol. *See also* BANTAM-WEIGHT, CATCH-WEIGHT, DEAD-WEIGHT, EXCESS[1] 2, EXTRA 1, FEATHER-WEIGHT, FLY[1] 1, FULL[1] I. 5, HEAVY-WEIGHT, LIGHT-WEIGHT, MAKE-WEIGHT, MIDDLE[1] 1, SHORT[1] I. 3. (*b*) Poids, lourdeur *f*, pesanteur *f*. *Excessive w. of a burden*, poids excessif d'un fardeau. **To try, feel, the weight of sth.,** soupeser qch. *Mec.E:* **Power-to-weight ratio, weight efficiency,** puissance *f* massique. *Ph:* *Ch:* **Specific weight** (= *specific gravity*), poids spécifique, pesanteur spécifique; densité *f*. *Mean specific w.*, densité moyenne. **Atomic weight,** poids atomique. **Molecular weight,** poids moléculaire. **2.** (*a*) Poids (en cuivre, etc.). **The pound weight, the ounce weight,** le poids d'une livre, d'une once. **Set of weights,** série *f* de poids. *False weights*, faux poids. *Sliding w.*, poids mobile; poids curseur. **Weights and measures,** poids et mesures. **The Office of Weights and Measures,** le Bureau de mesurage; le Poids public. *See also* INSPECTOR. (*b*) Corps lourd. **Letter-weight, paper-weight,** presse-papiers *m inv*, serre-papiers *m inv*. **Weights of a clock,** poids d'une horloge. *Weights of a fishing-net*, lest *m* d'un filet. *Lead w.*, olive *f* de plomb. *Gym:* **Heavy weight,** gueuse *f* d'athlétisme. *Heavy weights and dumb-bells*, poids et haltères. *F:* **To hang a weight round one's own neck,** se mettre la corde au cou. **3.** Charge *f*. *This pillar bears the w. of the whole building* cette colonne soutient tout le bâtiment. *To put the w. on a beam*, charger une poutre. *To take the w. off a beam*, décharger une poutre. *F:* **The weight of years,** le fardeau, le faix, le poids, des ans, des années. **He feels the weight of his responsibility,** sa responsabilité lui pèse. **4.** Force *f* (d'un coup). **Blow with no weight behind it,** coup sans force. *To put w. behind, into, a blow*, asséner un coup avec force. **5.** Importance *f*. **To give weight to an argument,** donner du poids à un argument. *To realize the full w. of a statement*, se rendre compte de, mesurer, toute l'importance d'une déclaration. *This argument has great w.*, ce raisonnement a une grande portée. **His word carries weight,** sa parole a du poids, de l'autorité. *He carries w., he has great w., with the committee*, il a de l'influence auprès du bureau. **People of weight,** gens influents; personnes *f* de poids. **Of no weight,** (i) sans conséquence, sans importance; (ii) (*of pers.*) sans influence. *The w. of the evidence was against him*, les témoignages pesaient contre lui.

'weight-lifting, *s.* *Gym:* (Travail *m* aux) poids *m* et haltères.

'weight-nail, *s.* *N.Arch:* (Clou *m* à) carvelle *f*.

weight[2], *v.tr.* **1.** Attacher un poids à (qch.); charger, alourdir, (qch.) d'un poids; lester, plomber (un filet, une corde, etc.); plomber (une canne). *Dress weighted with jet trimmings*, robe alourdie d'une garniture de jais. *Eyelids weighted with sleep*, paupières lourdes de sommeil. **2.** (*a*) *Tex:* Charger, engaller (des fils de soie). (*b*) *Paperm:* Charger (la pâte, le papier).

weighted, *a.* **1.** (*a*) Chargé d'un poids; lesté; alourdi. *W. walking-stick*, canne plombée. *W. safety-valve*, soupape *f* de sûreté à contrepoids. *Av:* **Weighted message,** message lesté. (*b*) **Weighted average,** moyenne pondérée. **2.** (*a*) *Tex:* (Fil de soie) chargé, engallé. (*b*) *Paperm:* (Papier) chargé.

weighting, *s.* **1.** Lestage *m*, plombage *m* (d'un filet, etc.); plombage (d'une canne). **2.** *Tex:* Engallage *m* (des fils de soie).

weightiness ['weitinəs], *s.* **1.** Pesanteur *f*, lourdeur *f* (d'un paquet, etc.). **2.** *F:* Importance *f*, force *f* (d'une opinion, d'un argument).

weighty ['weiti], *a.* **1.** (Fardeau, etc.) pesant, lourd. **2.** (*a*) (Motif, etc.) grave, important, sérieux; (affirmation, etc.) d'une grande portée. *W. arguments*, arguments puissants, d'un grand poids. *For w. reasons*, pour des raisons graves, majeures. *W. business*, affaire importante. (*b*) *W. people*, personnages importants, qui exercent une grande influence. **-ily,** *adv.* **1.** Pesamment. **2.** (Raisonner) avec force.

Weihaiwei ['weihai'wei]. *Pr.n.* *Geog:* Weï-Haï-Weï.

weir ['wi:ər], *s.* **1.** Barrage *m* (dans un cours d'eau); reversoir *m*. **2.** Déversoir *m*, égrilloir *m* (d'un étang, etc.). *See also* WASTE-WEIR.

'weir-keeper, *s.* Barragiste *m*.

weird[1] ['wi:ərd], *s.* *Scot:* Sort *m*; destin *m*; destinée *f*. *See also* DREE.

weird[2], *a.* **1.** **The weird Sisters,** (i) *Myth:* les Parques *f*; (ii) les sorcières *f* (dans *Macbeth*). **2.** (*a*) Surnaturel; mystérieux; d'une étrangeté inquiétante. *W. light*, lueur mystérieuse, blafarde. *We heard w. cries*, on entendait des cris qui vous donnaient la chair de poule. (*b*) *F:* Étrange, singulier. *Isn't she w.!* est-elle assez cocasse! **-ly,** *adv.* Étrangement.

weirdness ['wi:ərdnəs], *s.* **1.** Étrangeté inquiétante, surnaturelle, mystérieuse (d'un spectacle, etc.). **2.** *F:* Caractère singulier, étrange, cocasse (d'un costume, des idées de qn, etc.).

weired [wi:ərd], *a.* *Hyd.E:* (Cours d'eau) muni d'un barrage; (étang, etc.) muni d'un déversoir.

Weismannism ['vaismanizm], *s.* *Biol:* Théorie *f* de Weismann.

Welch[1] [wel(t)ʃ], *a.* *Used in regimental names* = WELSH[1].

welch[2], *v.tr.* = WELSH[2].

welcher ['wel(t)ʃər], *s.* = WELSHER.

welcome[1] ['welkəm], *a.* **1.** (*a*) Bienvenu. *You are w.*, vous êtes le bienvenu. *To be a w. guest everywhere*, être partout le bienvenu. *To be extremely w.*, être accueilli à bras ouverts. **To make s.o. welcome**, faire bon accueil à qn. *Your letters are always w.*, vos lettres sont toujours les bienvenues. *F:* **To be as welcome as the flowers in May**, arriver comme marée en carême. **To be as welcome as snow in harvest**, être reçu comme un chien dans un jeu de quilles. (*b*) *As int.* **Welcome (to you)! welcome to my house!** soyez le bienvenu (chez moi)! *W. to England!* soyez le bienvenu en Angleterre! **To bid, wish, s.o. welcome**, souhaiter la bienvenue à qn. **2.** (*Of thg*) Agréable; acceptable. *Your gift was very w.*, votre cadeau a été très acceptable. *This news is w.*, nous nous réjouissons de cette nouvelle. **A welcome change**, un changement agréable, qui nous fait grand plaisir. *This cheque is most w.*, ce chèque tombe à merveille, n'est pas de refus. **3. You are welcome to try**, libre à vous d'essayer. *He is w. to do as he likes*, il est libre de faire ce qui lui plaît. **You are welcome to it**, (i) c'est à votre service, à votre disposition; c'est de bon cœur que je vous l'offre; usez-en à votre aise; (ii) *Iron:* je ne vous l'envie pas; grand bien vous fasse! *You are w. to what little there is*, le peu qu'il y a est à votre disposition. **You can have it and welcome**, je vous le donne, et volontiers. *F: Thank you very much.*—**You're welcome**, merci bien, monsieur.—Il n'y a pas de quoi; c'est un plaisir; mais comment donc!

welcome[2], *s.* (*a*) Bienvenue *f*. **To outstay, overstay, wear out, one's welcome**, lasser l'amabilité de ses hôtes. (*b*) Accueil *m*. **To give s.o. a hearty welcome**, faire bon accueil, faire excellent accueil, faire un accueil cordial, à qn. *To give s.o. an enthusiastic w.*, faire à qn un accueil enthousiaste; faire une ovation à qn. *To give s.o. a poor w.*, faire grise mine à qn. **To find a kind welcome**, trouver, recevoir, bon accueil. *The heartiest of welcomes awaited us*, nous fûmes accueillis avec la plus grande cordialité. **To meet with a cold welcome**, recevoir un accueil froid; être reçu froidement.

welcome[3], *v.tr.* **1.** (*a*) Souhaiter la bienvenue à (qn); exprimer des vœux de bienvenue à (qn); faire bon accueil, faire fête, à (qn); bien accueillir (qn). **They welcomed us home**, ils nous accueillirent cordialement à notre retour. *Dinner to w. the new member*, dîner *m* pour fêter le nouveau membre. (*b*) Accueillir, recevoir, avec plaisir. *To w. an opportunity to do sth.*, se réjouir de l'occasion, saluer l'occasion, de faire qch. *To w. a piece of news*, se réjouir d'une nouvelle. *To w. discussion*, encourager la discussion. **2.** Accueillir. *To w. s.o. with joy*, accueillir qn avec joie. *To w. s.o. coldly*, accueillir qn avec froideur; *F:* faire grise mine à qn.

welcoming[1], *a.* (Sourire, regard, etc.) de bon accueil.

welcoming[2], *s.* Bon accueil; bienvenue *f*.

welcomer ['welkəmər], *s.* *The station was crowded with his welcomers*, à la gare ceux qui étaient venus le saluer, lui souhaiter la bienvenue, faisaient foule.

weld[1] [weld], *s.* *Bot:* Réséda *m* des teinturiers; gaude *f*; *F:* herbe *f* aux juifs; fleur *f* du soleil.

weld[2], *s.* *Metalw:* Partie soudée au blanc soudant; soudure *f*; joint *m*, ligne *f*, de soudure. **Thermit weld**, soudure au thermit; joint à la thermite. *See also* BUTT-WELD[1], JUMP-WELD[1], LAP-WELD[1], SCARF-WELD.

weld[3], *v.* *Metalw:* **1.** *v.tr.* (*a*) Souder (deux pièces) au blanc soudant; unir (deux pièces) à chaud; joindre à chaud (un tube, etc.). **To weld with acetylene**, souder à l'autogène. (*b*) Corroyer (l'acier). *See also* BUTT-WELD[2], JUMP-WELD[2], LAP-WELD[2]. (*c*) *F:* Unir, joindre, étroitement. *To w. the parts into a homogeneous whole*, fondre, amalgamer, les parties en une unité homogène. **2.** *v.i.* (*Of metals*) (i) Se souder; (ii) se corroyer.

welded, *a.* (Tube, etc.) soudé; (acier) corroyé. **Welded joint**, soudure *f*; joint *m*, ligne *f*, de soudure. *Aut:* **Welded frame**, châssis soudé. *See also* SCARF-WELDED.

welding, *s.* Soudage *m*, soudure *f*. *W. at white heat*, candéfaction *f*; soudure au blanc soudant. *Electric w.*, soudure électrique. **Autogenous welding, (oxy-)acetylene welding**, soudure autogène, à l'autogène. **Welding machine**, machine *f* à souder. **Welding heat**, (température *f* du) blanc soudant; blanc suant; chaude soudante, chaleur soudante; échaude *f*; rouge-blanc *m*. **Welding test**, essai *m*, épreuve *f*, de soudabilité. **Welding steel**, acier soudant; acier soudable, corroyable. *See also* RESISTANCE 2, SAND[1] 1, SCARF-WELDING, THERMIT(E).

weldable ['weldəbl], *a.* Soudable (au feu).

welder ['weldər], *s.* **1.** (*Pers.*) Soudeur *m*. **2.** Machine *f* à souder. **Arc welder**, machine pour soudure à l'arc.

weldless ['weldləs], *a.* (Tube *m*, chaîne *f*, etc.) sans soudure, sans couture.

welfare ['welfεər], *s.* Bien-être *m*; bonheur *m*. *To have s.o.'s w. at heart*, avoir à cœur le bonheur de qn. *The w. of the population requires . . .*, l'intérêt *m* de la population exige. . . . **Public welfare**, le salut public. **Child welfare, infant welfare**, puériculture sociale; protection *f* de l'enfance. *Authority on infant w.*, puériculteur *m*. **Welfare work**, assistance sociale. *Child w. work*, le secours aux enfants. *Child w. association*, œuvre *f* de protection de l'enfance. **Welfare centre**, dispensaire *m*. **Welfare worker**, (i) personne qui se consacre à l'assistance sociale; (ii) *Ind:* surintendant *m* d'usine. **Welfare supervisor**, inspecteur *m* du service de prévoyance sociale.

welkin (the) [ðə'welkin], *s.* *Poet:* Le firmament; la voûte céleste. **To make the welkin ring**, (i) (*of sound*) retentir; (ii) faire retentir l'air, la voûte céleste.

well[1] [wel], *s.* **1.** (*a*) Puits *m*. **To drive, sink, a well**, forer, creuser, un puits. **Open well**, puits à ciel ouvert. **Dead well, dumb well, drain-well**, puits perdu, absorbant; puisard *m*. *See also* ARTESIAN, DRAW-WELL, DRIVE-WELL, OIL-WELL, SPOUT-WELL, TUBE-WELL. (*b*) *Geol:* **Hot well**, source chaude. *F:* **Well of knowledge, of happiness**, source de savoir, de bonheur. *See also* FIRE-WELL, SPRING-WELL. **2.** (*a*) (*Shaft*) Puits, cage *f* (d'un ascenseur); cage, jour *m* (d'un escalier tournant). (*b*) Partie encaissée, creux *m* (de qch.). *Nau:* Vivier *m*, réservoir *m* (d'un bateau de pêche). *Aut:* **Spare wheel well** (*in running board*), baignoire *f*. *Jur:* **The well of the court**, le parquet. *Metall:* **Well of a blast-furnace**, (i) ouvrage *m*, (ii) creuset *m*, d'un haut fourneau. (*c*) **Well of a yacht**, cockpit *m* d'un yacht. *Av:* **Pilot's well**, carlingue *f*. (*d*) *Mec.E: etc:* Fond *m* de carter, etc. (formant réservoir d'huile). *Nau:* Puisard, archipompe *f*, sentine *f* (d'un navire); plat-fond *m* (d'un canot). *See also* HOT-WELL. **3. Ink-well**, (i) encrier *m* (pour table percée, pour pupitre d'écolier); (ii) réservoir (d'un encrier).

'well-base, *s.* *Aut:* Gorge *f* (d'une roue). **Wheel with well-base**, roue à base creuse, à gorge.

'well-boat, *s.* *Fish:* Vivier *m*; bateau *m* à réservoir.

'well-borer, *s.* **1.** (*Pers.*) Foreur *m* de puits; sondeur *m*. **2.** Machine *f*, appareil *m*, pour forage de puits.

'well-boring, *s.* **1.** (i) Sondage *m*, forage *m*, (ii) fonçage *m*, de puits. **2.** Puits *m*.

'well-bucket, *s.* Seau *m* de puits.

'well-curb, *s.* Margelle *f* (d'un puits).

'well-deck, *s.* *N.Arch:* Coffre *m*; *A:* embelle *f*, belle *f*.

'well-decked, *a.* (Navire *m*) à coffre, à puits.

'well-decker, *s.* Navire *m* à coffre.

'well-digger, *s.* Puisatier *m*.

'well-dish, *s.* Plat pour rôtis (pourvu d'un creux à un bout pour le jus qui s'échappe au découpage).

'well-drain, *s.* *Agr:* Puits *m* d'écoulement.

'well-fire, *s.* Foyer *m* (d'appartement) à âtre surbaissé.

'well-head, *s.* Source *f* (d'un fleuve, *F:* de toutes les sciences).

'well-hole, *s.* **1.** *Const:* Jour *m*, cage *f* (d'escalier); cage (d'ascenseur). **2.** *Nau:* Archipompe *f*.

'well-room, *s.* **1.** *Nau:* Sentine *f* (de navire). **2.** Buvette *f* (de station thermale).

'well-seat, *s.* *Av:* Baquet *m*.

'well-sinker, *s.* Puisatier *m*; fonceur *m* de puits.

'well-sinking, *s.* Fonçage *m* de puits.

'well-spring, *s.* *Poet:* Source *f*. *The w.-s. of life*, la source de la vie.

'well-staircase, *s.* *Const:* Escalier tournant, en spirale, en vis, à vis, en escargot.

'well-sweep, *s.* Bascule *f*; (*in Egypt, etc.*) chadouf *m*.

'well-water, *s.* Eau *f* de puits.

well[2], *v.i.* **To well (up, out, forth)**, (*of liquid*) jaillir; (*of water, spring*) sourdre; (*of tears*) jaillir. **The blood was welling out**, le sang sortait à gros bouillons. **Tears welled from her eyes**, les larmes jaillirent de ses yeux.

welling[1], *a.* (Liquide) jaillissant.

welling[2], *s.* Jaillissement *m*.

well[3]. I. *adv.* (*Comp.* **better**, *sup.* **best**, *q.v.*) Bien. **1.** (*a*) **A well-situated house**, une maison bien placée. **To work well**, bien travailler. **That looks well up there**, cela fait bien là-haut. **This lad will do well**, ce garçon fera son chemin, ira loin. *He writes as well as you*, il écrit aussi bien que vous. **To do as well as one can**, faire de son mieux. *This is remarkably well done*, c'est fait à merveille, à miracle. **Well done!** bravo! très bien! *F:* **To do oneself well**, bien se soigner; bien se nourrir. *We did ourselves well for once*, on a fait un peu de luxe. *See also* DO[1] I. 2, 4. *We must look after them well*, il faut bien les soigner, les bien soigner. **You would do well to be quiet**, vous feriez bien, le mieux serait, de vous taire. *To know a subject well*, connaître un sujet à fond. **To know s.o. well**, bien connaître qn; connaître qn particulièrement. **I know only too well what patience it requires**, je ne sais que trop, je sais de reste, quelle patience cela exige. *See also* FULL[1] III. 1. **I cannot well tell you**, je ne saurais trop vous dire. *He accepted*, **as well he might**, il accepta, et rien d'étonnant. **One might as well say** *that white is black*, autant dire que le blanc est le noir. **You may, might, (just) as well stay**, (i) autant vaut, vaudrait, rester; (ii) vous n'êtes pas de trop. *You might as well help me*, vous feriez aussi bien de m'aider. **You could just as well have stayed till to-morrow**, vous auriez tout aussi bien pu rester jusqu'à demain. *We might as well have stayed at home*, *F:* c'était bien la peine de venir! **Very well!** c'est bien! très bien! fort bien! (c'est) entendu! **Well-considered plan, decision**, projet, jugement, bien réfléchi. **Well contested**, contesté vivement, chaudement. *It was a well-contested match*, la lutte a été chaude. **Well cut**, (i) (costume *m*, robe *f*) de bonne coupe; (ii) (cristal, diamant) bien taillé. **Well-fought fight**, combat bravement soutenu. (*b*) **To receive s.o. well**, faire bon accueil à qn. *Everyone speaks well of him*, tout le monde parle bien, dit du bien, de lui. **It speaks well for . . .**, cela fait honneur à. . . . **To do well by s.o.**, se montrer généreux envers qn. **She deserves well of you**, elle mérite bien votre reconnaissance. *How did she take it?—Not very well*, comment a-t-elle pris cela?—Pas très bien. **Well intended**, fait à bonne intention. *See also* MEAN[4] 1, THINK[2] II. 5. (*c*) (*Happily*) **You are well out of it**, soyez heureux d'en être quitte. **To come off well**, (i) avoir de la chance; (ii) (*of event*) se bien passer. **Well met!** heureuse rencontre! soyez le bienvenu! vous arrivez à propos! **2.** (*Intensive*) **It is well worth trying**, cela vaut bien la peine d'essayer; *F:* ça vaut le coup. **It is well on six**, il est presque six heures. **Well on into the small hours**, bien avant, fort avant, très avant, dans la nuit; à une heure avancée de la nuit. **Man well past fifty, well on in the fifties**, homme qui a largement dépassé la cinquantaine, qui a cinquante ans bien sonnés. **Well on in years**, avancé en âge. *He was well on in life*, il n'était plus jeune. **To be well up** *in a subject*, bien posséder un sujet; être ferré, *F:* calé, sur un sujet. *Well up in history*, *F:* à cheval sur l'histoire. *He is a man well up in business matters*, c'est un homme entendu, rompu, aux affaires. **3.** (*With qualifying adv.*) **Pretty well all**, presque tout. *He was pretty well the only one*, il était à peu près le seul. *F:* **It serves him jolly well right**, c'est joliment bien fait pour lui.

4. (*a*) **As well,** aussi. *You may keep these as well,* gardez aussi ceux-ci. *Take me as well,* emmenez-moi aussi. **I want some as well,** il m'en faut également. (*b*) **As well as,** de même que; comme; non moins que. *His enemies as well as his friends respected him,* ses ennemis ainsi que ses amis le respectaient. *By day as well as by night,* de jour comme de nuit; le jour comme la nuit. **5.** (*Exclamatory*) (*a*) (*To introduce a remark*) **Well, as I was telling you . . .,** donc, comme je vous disais. . . . *Well, who was it?* eh bien, qui était-ce? *Well, and what of that?* eh bien, et après? *Well, here we are at last,* enfin nous voici. *You sent him word?—Well, I'm afraid I didn't,* vous l'avez prévenu?—C'est-à-dire que non! (*b*) (*Expressing astonishment, relief, etc.*) **Well I never!** pas possible! *See also* NEVER. *Well, it cannot be helped,* ma foi! on n'y peut rien! **Well, well!** (i) que voulez-vous! (ii) vous m'en direz tant! *Well, well, such is life!* enfin, quoi! c'est la vie! (*c*) (*Summarizing*) **Well then,** *why worry about it?* eh bien, alors, pourquoi vous faire de la bile? *Well then, are you coming?* alors vous viendrez? **Well then!** vous voyez bien! eh bien, alors!

II. **well,** *pred.a.* (better; best) **1.** (*a*) (*In good health*) **To be well,** être en bonne santé, être bien portant; se porter bien, aller bien. **Well and strong,** robuste; *F:* vaillant. **Not to feel well,** ne pas se sentir bien. *He's not very well,* (i) il est indisposé; (ii) il va tout doucement. *He is not so well,* il va moins bien. *She is quite well again,* la voilà remise. **To get well,** guérir; se rétablir. (*b*) *A. & U.S:* **A well man,** un homme bien portant. **2.** (*a*) (*Advisable*) **It is well to . . .,** il est opportun de. . . . **It would be well to . . .,** il serait bon, utile, recommandable, de . . .; il serait à propos de . . .; il y a lieu de. . . . **It would be just as well if you were present,** il y aurait avantage à ce que vous soyez présent. *It would be just as well for you to stay a little longer,* il serait prudent que vous restiez encore un peu. *It might be as well to . . .,* peut-être conviendrait-il de . . .; il serait peut-être bon de. . . . (*b*) (*Lucky*) **It was well that you were there,** c'est bien heureux que vous vous soyez trouvé là. **It was well for him that he did so,** bien lui a pris de le faire. (*c*) (*Satisfactory*) **All's well that ends well,** tout est bien qui finit bien. **All's well!** *Mil:* tout va bien! *Nau:* bon quart! (*d*) **That's all very well, but . . .,** tout cela est bel et bon, c'est bon à dire, mais. . . . **That's all very well!** cela vous plaît à dire! *A written contract is all very well, but . . .,* un contrat par écrit c'est parfait, c'est très bien, mais. . . . **It is all very well for you to say that . . .,** libre à vous, permis à vous, de dire que. . . . *It's all very well to say it's none of your business, but you'll find it is,* vous avez beau dire que cela ne vous regarde pas, vous verrez bien que cela vous regarde. **He is all very well in his way, but . . .,** il n'y a rien à dire contre lui, mais. . . . **Well and good!** (i) soit! bon! (ii) passe encore pour cela! *If he returns to-morrow, well and good,* qu'il revienne demain, et cela ira bien. **That's all very well and good, but . . .,** tout ça c'est très bien, mais . . .; *P:* c'est pas tout ça, mais. . . . *See also* ENOUGH 2 (*c*).

III. **well,** *s.* **1.** *pl.* **The well and the sick,** les bien portants et les malades. **2. To wish s.o. well,** vouloir du bien à qn; être bien disposé (en)vers qn. *See also* ALONE 2, ILL II. 1.

well ad'vised, *pred.a.* (*a*) (*Of pers.*) Bien avisé. **He would be well advised to remain,** ce serait sage de sa part de rester. (*b*) (*Of action*) Sage, prudent, judicieux.

well a'ffected, *a.* Bien disposé (*towards,* envers); bien pensant; loyal, -aux.

'well-being, *s.* **1.** Bien-être *m.* **Physical and moral well-being,** santé physique et morale. *Public well-b.,* le salut public. **2.** Bon état (de qch.).

'well-be'loved, *a. & s.* Bien-aimé, -ée.

well 'born, *a.* Bien né; de bonne famille.

well-'bred, *a.* **1.** (*Of pers.*) Bien élevé, bien appris. *'Well-bred people,* la bonne société. *They are well-bred people,* ce sont des gens comme il faut, de bonne compagnie, des gens très bien. *To look well-bred,* avoir un air distingué. **2.** (*Of dog, horse, etc.*) De (bonne) race.

well-'chosen, *a.* **In a few well-chosen words,** en quelques mots bien choisis.

well-con'ditioned, *a.* **1.** (Personne) (i) d'un esprit droit, honnête, d'un bon naturel; (ii) de condition. **2.** (Cheval, etc.) bien conditionné, en bon état; (plaie) en bonne voie de guérison.

well-con'ducted, *a.* **1.** (*Of pers.*) Qui se conduit bien; sage. *Well-c. neighbourhood,* quartier *m* tranquille. **2.** (Commerce, etc.) bien dirigé; (expérience) bien menée.

well con'tent, *a. A:* Très content, très satisfait (*with,* de).

well di'rected, *a.* (Tir, etc.) bien ajusté.

well dis'posed, *a.* **1.** Bien disposé, bien arrangé. **2.** (*Of pers.*) Bien disposé, bien porté (*to, towards,* envers). *Well-d. citizens,* citoyens bien pensants, de bon esprit.

'well-doing¹, *a. Esp. Scot:* **1.** Prospère. **2.** De bonne conduite; sage, rangé.

well-'doing², *s.* **1.** Bien faire *m. Persevere in well-d.,* persévérez dans le bien. *To find pleasure in well-d.,* trouver son plaisir à faire le bien. **2.** Prospérité *f,* succès *m.*

'well 'earned, *a.* Mérité; bien mérité.

well 'educated, *a.* Instruit; de bonne éducation.

'well 'fed, *a.* Bien nourri. *Well-fed city councillor,* conseiller municipal gros et gras.

well 'fixed, *a. U.S: P:* = WELL OFF.

'well-'formed, *a.* (Enfant, etc.) bien conformé.

'well 'found, *a.* (*Of ship, etc.*) Bien équipé; bien pourvu (*in,* de). **The house is well found in plate and linen,** la maison est bien fournie d'argenterie et de linge, est bien montée en argenterie et en linge.

'well 'founded, *a.* Bien fondé, bien établi. *Well-f. fears,* appréhensions *f* légitimes. *Well-f. hypothesis,* hypothèse bien fondée.

'well-'grown, *a.* (Enfant, jeune animal) bien venu; grand; (arbre, etc.) d'une belle venue.

well 'in, *a. P:* (*Austr.*) = WELL OFF.

well in'formed, *a.* (*Of pers., mind*) Bien renseigné, bien informé, instruit; (*of committee*) documenté. *Well-i. mind,* tête bien meublée. *She is very well i.,* elle est très instruite; elle a de l'instruction. *The police are well i. about him,* la police est bien renseignée à son égard. *You must read the papers to keep well i.,* il faut lire les journaux pour se tenir au courant. **To be well informed on a subject,** connaître un sujet à fond. *You seem well i. on this subject,* vous paraissez bien savant sur ce chapitre. **In well-informed quarters,** *F:* en lieu compétent.

'well 'judged, *a.* Judicieux; bien estimé, bien calculé.

'well 'kept, *a.* (*a*) (*Of garden, etc.*) Bien tenu; soigné. (*b*) (*Of secret*) Bien gardé.

'well-'knit, *a.* (*a*) Compact, solide, bien bâti. *Lit:* **Well-knit plot,** intrigue bien nouée. *Well-knit play,* pièce (de théâtre) bien charpentée. (*b*) (Homme, corps) bien bâti; râblé; solidement charpenté; bien découplé.

'well 'known, *a.* (Bien) connu; célèbre; en renom; (*of expert, etc.*) réputé; renommé (*for,* pour). *He is well k. in society,* il est très répandu dans le monde. *His well-k. generosity,* la générosité qu'on lui connaît. *Well-k. competence,* compétence *f* notoire. **As is well known,** comme on le sait, comme tout le monde le sait.

'well 'made, *a.* **1.** (Homme) bien découplé; (cheval) bien pris, bien troussé. **2.** (Habit) de coupe soignée; (article) de fabrication soignée.

well-'mannered, *a.* (*a*) Qui a de bonnes manières; (enfant) bien élevé; (personne) qui a du savoir-vivre. (*b*) *Well-m. horse,* cheval *m* sage.

'well 'marked, *a.* (*Of change*) Bien marqué; très évident; accusé. *Well-m. resemblance,* ressemblance très prononcée, bien accusée. *Well-m. differences,* différences tranchées. **Well-marked outlines,** contours nets.

'well-'matched, *a.* (Ménage) bien accouplé, bien assorti. *To be well-m.,* être bien assortis; aller bien ensemble; faire la paire. *The two teams are well-m.,* les deux équipes sont de force (égale).

well-'meaning¹, *a.* Bien intentionné. *To be well-m.,* avoir de bonnes intentions.

well-'meaning², *s.* Bonnes intentions.

'well-'meant, *a.* Fait avec une bonne intention. *Well-m. advice,* conseils donnés en toute bienveillance, avec la meilleure intention; conseils bien intentionnés.

well 'minded, *a.* **1.** Bien disposé; bien pensant. **2.** D'un bon naturel.

'well-nigh, *adv. Lit:* Presque. **He was well-nigh drowned,** il a failli, il a pensé, se noyer.

well off, *adj. phr.* **1.** (*a*) **To be well off,** être dans l'aisance, à l'aise; être riche, avoir de la fortune; *F:* être bien renté; avoir de quoi. *To be very well off,* avoir une belle aisance; jouir d'une large aisance. *To be well enough off,* avoir suffisamment de bien, suffisamment de quoi. *I was anything but well off in those days,* j'étais peu riche alors. **Well-off people,** gens aisés. (*b*) Prospère; bien dans ses affaires. **You don't know when you are well off,** vous ne savez pas quand vous êtes bien; vous devriez vous estimer très heureux. **2. To be well off for sth.,** être bien pourvu, bien fourni, de qch.

well-'ordered, *a.* (*Of household*) Bien ordonné, bien tenu; (*of mind*) méthodique; (*of diet*) bien agencé.

well 'paid, *a.* Bien rétribué, bien payé.

well-'pleasing, *a.* Agréable; qui plaît.

'well-'poised, *a.* Balancé; bien d'aplomb.

well-'principled, *a.* Qui a de bons principes.

'well 'read, *a.* **1.** (*Of pers.*) Instruit; qui a de la lecture. **2.** (Volume) qui porte les traces de nombreuses lectures; (livre de cuisine) très consulté.

well-'regulated, *a.* = WELL-ORDERED.

well re'membered, *a.* (*Of voice, words*) Dont on a conservé le souvenir; (*of road, etc.*) gravé dans la mémoire.

well 'rounded, *a.* Bien arrondi. **Well-rounded periods,** phrases bien arrondies.

well 'spent, *a.* (*Of money, time, etc.*) Bien utilisé; bien employé; (argent) dépensé avantageusement.

well-'spoken, *a.* **1.** (*a*) Qui parle bien. (*b*) Qui a la parole courtoise; à la parole affable. **2. To be well spoken of,** avoir une bonne réputation.

well 'timbered, *a.* **1.** Bien charpenté; solidement construit. **2.** (*Of country*) (Bien) boisé; qui abonde en arbres de haute futaie.

'well-to-'do, *adj. phr.* **To be well-to-do,** être dans l'aisance; être à son aise; être bien renté. *Well-to-do man,* homme considérable, dans l'aisance, à son aise; *F:* homme cossu, étoffé. *Well-to-do folk,* gens cossus. *Well-to-do families,* familles aisées. *Well-to-do appearance,* air *m* prospère. *s.pl.* **The well-to-do,** les riches, les fortunés.

'well 'trimmed, *a. Nau:* (*Of ship*) Bien assis sur l'eau.

'well-wisher, *s.* Ami, -ie, partisan *m* (de qn, d'une cause). *A well-w. of . . .,* un ami sincère de. . . . **'Your well-wisher,'** "une personne qui vous veut du bien."

well-'wishing, *a. A:* Qui veut du bien (à qn); bienveillant.

'well-'worn, *a.* (*a*) (Vêtement, objet) usé, vieux; fortement usagé. *Well-w. book,* livre *m* qui a beaucoup servi, qui accuse un long usage. (*b*) (Argument, aphorisme) rebattu, usé jusqu'à la corde.

we'll [wi:l] = *we shall, we will.*

welladay ['welə'dei], *int. A:* Hélas!

Wellerism ['welərizm], *s.* Mot *m* drôle, cocasserie pleine de bon sens, digne d'un des deux Weller (père et fils), personnages des *Pickwick Papers* de Dickens.

Wellingtonia [weliŋ'tounia], *s. Bot:* Sequoia *m*; wellingtonia *m.*

Wellingtons ['weliŋtənz], *s.pl.* **1.** *Cost:* **Wellingtons, Wellington boots,** (i) bottes *f* qui montent jusqu'aux genoux, ou presque; demi-bottes *f*; (ii) bottes en caoutchouc (pour femmes ou enfants). **2.** (Variété *f* de) pomme *f* à cuire.

Wellsian ['welziən], *a.* De H. G. Wells; à la manière de H. G. Wells.

Welsh[1] [welʃ]. **1.** *a.* Gallois; du pays de Galles. *See also* RABBIT[1] 2. **2.** *s.* (*a*) *pl.* **The Welsh,** les Gallois *m.* (*b*) *Ling:* Le gallois.

welsh[2], *v.tr. & i.* *Turf:* (*Of bookmaker*) Décamper, filer, avec les enjeux des parieurs; lever le pied; escroquer (un gagnant) (sur le champ de courses).

welshing, *s.* Fuite *f* (d'un bookmaker marron).

welsher ['welʃər], *s.* *Turf:* Bookmaker marron; bookmaker qui file sans faire honneur à ses paris.

Welshman, *pl.* **-men** ['welʃmən, -men], *s.m.* Gallois.

Welshwoman, *pl.* **-women** ['welʃwumən, -wimen], *s.f.* Galloise.

welt[1] [welt], *s.* **1.** (*a*) *Bootm:* Trépointe *f* (de semelle). (*b*) Bordure *f* (de gant); passepoil *m* (de coussin, etc.). *Knitting:* Bordure à côtes. (*c*) *Mec.E:* Couvre-joint *m*, *pl.* couvre-joints; fourrure *f*, bande *f* de recouvrement (d'une rivure). (*d*) *Plumb:* **Welt(-joint),** agrafe *f* (de feuilles de plomb). **2.** = WALE[1] 1.

welt[2], *v.tr.* **1.** *Tchn:* (*a*) *Bootm:* Mettre des trépointes à (des souliers). (*b*) Bordurer (un gant, une chaussette). (*c*) *Plumb:* **To welt(-joint) lead sheets,** agrafer des feuilles de plomb. **2.** *F:* Rosser, battre (qn).

welted, *a.* **1.** (*a*) *Bootm:* (Soulier *m*, semelle *f*) à trépointes. (*b*) **Welted pocket,** poche passepoilée; poche à patte de gilet. **2.** (*a*) *Mec.E:* (Assemblage *m*) à couvre-joints. (*b*) *Plumb:* **Welted joint,** agrafe *f*.

welting, *s.* **1.** *Tchn:* (*a*) *Bootm:* Mise *f* des trépointes. (*b*) Bordurage *m* (d'un gant, d'une chaussette). (*c*) *Plumb:* Agrafage *m* (de feuilles de plomb). **2.** = WELT[1] 1 (*a*), (*b*). **3.** *F:* Rossée *f*, raclée *f*.

welter[1] ['weltər], *s.* *F:* **1.** Confusion *f*, désordre *m*. *The w. of the storm,* le tumulte de l'orage. *The present w. of politics,* la tourmente politique actuelle. **2.** Masse confuse, fouillis *m* (de choses disparates); ramassis *m*, fatras *m* (d'idées, de doctrines). *W. of meaningless words,* pêle-mêle *m* de mots sans signification.

welter[2], *v.i.* *Poet:* **1.** Se vautrer, se rouler (dans la boue, etc.). **To be weltering in one's blood,** nager, baigner, dans son sang. **2.** (*Of the sea, etc.*) Bouillonner.

weltering[1], *a.* (*Of the sea*) Bouillonnant.

weltering[2], *s.* Bouillonnement *m* (de la mer, des eaux).

welter[3] **weight** ['weltərweit], *s.* **1.** *Rac:* (*a*) (*Pers.*) Cavalier lourd; poids lourd. (*b*) Poids supplémentaire; surcharge *f*. **2.** *Box:* (*Pers.*) Poids mi-moyen.

wen [wen], *s.* *Med:* **1.** Kyste sébacé; talpa *f*; *F:* loupe *f*. **2.** *F:* Goitre *m*.

Wenceslaus ['wensislɔːs]. *Pr.n.m. Hist:* Venceslas.

wench [wenʃ], *s.f.* (*a*) *A. & Dial:* Jeune fille, jeune femme. *Strapping w.,* grande gaillarde. (*b*) Jeune fille du peuple. *Untidy w., dirty w.,* souillon *f*. *Kitchen w.,* fille de cuisine. *See also* COUNTRY 2. (*c*) *A:* Fille des rues; coureuse.

wend [wend], *v.tr.* *Lit:* **To wend one's way,** porter, diriger, ses pas (*to*, vers); se diriger, s'acheminer (*to*, vers). *To w. one's way homeward,* s'acheminer vers sa maison. *A peasant was wending his way to the village,* un paysan s'en venait au village. *To w. one's way back,* s'en revenir.

Wends [wendz], *s.pl.* *Ethn:* Wendes *m*.

went[1] [went], *s.* *A. & Dial:* Chemin *m*, sentier *m*. (*Still used in*) **Three-went way,** carrefour *m* triviaire; *F:* échaudé *m*. *See also* FOUR-WENT WAY.

went[2]. *See* GO[2].

wentletrap ['wentltrap], *s.* *Moll:* Scalaire précieuse.

wept [wept]. *See* WEEP[2].

were [weər, wəːr]. *See* BE.

we're [wiːər] = *we are.*

werewolf, *pl.* **-wolves** ['wiːərwulf, -wulvz, 'wəːr-], *s.* *Myth:* Loup-garou *m*, *pl.* loups-garous.

wert [wəːrt]. *See* BE.

Wertherian [vəːr'tiːəriən], *a.* *Lit.Hist:* D'une sentimentalité morbide; larmoyant; à la manière de Werther (le héros du roman de Goethe).

Wertherism ['vəːrtərizm], *s.* *Lit.Hist:* Werthérisme *m*; sensibilité maladive, morbide.

werwolf ['wəːrwulf], *s.* = WEREWOLF.

Wesleyan ['wezliən], *a. & s.* *Rel.H:* Wesleyen, -enne. **Wesleyan Methodism,** méthodisme wesleyen.

Wesleyanism ['wezliənizm], *s.* *Rel.H:* Méthodisme wesleyen.

west[1] [west]. **1.** *s.* (*a*) Ouest *m*, occident *m*, couchant *m*. **The wind blows from the west,** le vent vient, souffle, de l'ouest. **House facing (the) west,** maison exposée à l'ouest. *Look towards the w.,* regardez vers l'ouest. **On the west, to the west,** à l'ouest, au couchant (*of*, de). (*b*) **The West,** l'Occident; *A:* le Ponant. (*c*) **To live in the west of England,** demeurer dans l'ouest de l'Angleterre. *U.S:* **The West,** les États occidentaux (des États-Unis). **The Far West,** les États des Montagnes Rocheuses et du littoral du Pacifique. **The Middle West,** les États de la Prairie. **2.** *adv.* (*a*) A l'ouest, à l'occident. **To travel west,** voyager vers l'ouest. *Ireland lies w. of England,* l'Irlande est située à l'ouest de l'Angleterre. *Nau:* **To sail due west,** faire route droit vers l'ouest; avoir le cap à l'ouest; faire de l'ouest. **West by south,** ouest-quart-sud-ouest. **West by north,** ouest-quart-nord-ouest. *See also* EAST 2. (*b*) **To go west,** (i) partir pour l'ouest; se diriger vers l'ouest; (ii) *P:* mourir; casser sa pipe; *Mil:* passer l'arme à gauche. **There's a pound gone west!** voilà une livre fichue! **3.** *a.* Ouest *inv*; (vent) d'ouest; (pays) de l'ouest, occidental, -aux; (mur, fenêtre) qui fait face à l'ouest. **West aspect,** exposition *f* à l'ouest. **The West coast,** (i) la côte d'ouest; (ii) les plages *f* de l'ouest (de l'Angleterre ou de l'Écosse). *See also* INDIES.

'west-bound, *a.* (*Of train*) Allant vers l'ouest; (*on the Underground*) en direction de la banlieue ouest.

West Country (the). *Pr.n.* Le sud-ouest de l'Angleterre (Cornouailles, Devonshire, Somerset et Dorset).

'West 'end. 1. *s.* **The West end,** le quartier des grands magasins, le quartier chic (de Londres). **2.** *Attrib.a.* Élégant, chic, aristocratique. **West-end quarter,** quartier chic. **West-end tailor,** tailleur chic.

West 'Indiaman, *s.* Navire *m* faisant le commerce des Antilles.

West 'Indian. 1. *a.* Des Antilles; antillais. **2.** *s.* Européen, -enne, qui vit ou a vécu aux Antilles.

'west-north-'west. 1. *s.* Ouest-nord-ouest *m*. **2.** *adv.* A l'ouest-nord-ouest.

'west-north-'westerly, *a.* (Vent) qui vient de l'ouest-nord-ouest.

West 'Pointer, *s.* *U.S:* Élève *m* de l'école militaire de West Point (New York).

West-'sider, *s.* *U.S:* Habitant, -ante, des quartiers ouest de New York.

'west-south-'west. 1. *s.* Ouest-sud-ouest *m*. **2.** *adv.* A l'ouest-sud-ouest.

'west-south-'westerly, *a.* (Vent) qui vient de l'ouest-sud-ouest.

west[2], *v.i.* (*Of sun, ship*) Passer à l'ouest.

westing, *s.* *Nau:* Marche *f*, route *f*, vers l'ouest; chemin *m* ouest.

wester ['westər], *v.i.* **1.** (*Of sun, moon, stars*) Passer à, se diriger vers, l'ouest. **2.** (*Of wind*) Sauter à l'ouest.

westering, *a.* Qui passe à l'ouest; qui se dirige vers l'ouest; (*of wind*) qui saute à l'ouest. **The westering sun,** le soleil couchant.

westerly ['westərli]. **1.** *a.* **Westerly wind,** vent *m* d'ouest, qui vient de l'ouest. *Nau:* *Steady w. winds,* avalaison *f*. *W. current,* courant *m* qui se dirige vers l'ouest. **Westerly point,** point situé à, vers, l'ouest. *The w. regions of a country,* les régions *f* ouest d'un pays. **2.** *adv.* Vers l'ouest. *See also* NORTH-WESTERLY.

western ['westərn]. **1.** *a.* (*a*) Ouest, de l'ouest; occidental, -aux. **The Western Empire,** l'Empire d'Occident. **Western Europe,** l'Europe occidentale. **The Western Church,** l'Église d'Occident; l'Église latine. *W. trade,* commerce *m* avec l'Occident. *The golden tints of the w. sky,* les teintes *f* d'or du soleil couchant. *See also* AMPLITUDE 1. (*b*) *U.S:* **The Western States,** les États occidentaux des États-Unis. **2.** *s.* (*a*) Occidental, -ale. (*b*) Membre *m* de l'Église latine.

westerner ['westərnər], *s.* Occidental, -ale.

westernize ['westərnaːiz]. **1.** *v.tr.* Occidentaliser (un peuple). **2.** *v.i.* Adopter les mœurs de l'Occident.

Westphalia [west'feiliə]. *Pr.n.* *Geog:* La Westphalie. *Hist:* **The Peace of Westphalia,** les traités *m* de Westphalie.

Westphalian [west'feiliən], *a. & s.* *Geog:* Westphalien, -ienne.

Westralian [wes'treiliən], *a. & s.* *Geog:* Ouest-australien, -ienne; de l'Australie occidentale. *St.Exch:* **Westralians,** valeurs minières de l'Australie occidentale.

westward ['westwərd]. **1.** *s.* Direction *f* de l'ouest. **To westward,** vers l'ouest. **2.** *a.* A l'ouest, de l'ouest. **3.** *adv.* = WESTWARDS. *See also* HO[1] 3.

westwardly ['westwərdli], *a.* **1.** (*a*) (Vent) qui vient de l'ouest. (*b*) (Courant) qui va, se dirige, vers l'ouest. **2.** Situé vers l'ouest.

westwards ['westwərdz], *adv.* Vers l'ouest, à l'ouest.

wet[1] [wet], *a.* (**wetter; wettest**) **1.** (*a*) Mouillé, humide; imbibé d'eau. **To get wet,** (i) se mouiller; (ii) *P:* (*in Austr.*) se fâcher. **To get one's feet wet,** se mouiller les pieds. **To be wet through, wet to the skin, dripping wet,** être trempé (jusqu'aux os); être mouillé jusqu'à la moelle. *We got wet through,* nous avons été trempés. **As wet as a drowned rat,** trempé comme un canard, comme une soupe. **Wringing wet, sopping wet, soaking wet,** (*of clothes, etc.*) mouillé à tordre; (*of pers.*) trempé comme une soupe, jusqu'aux os. **Ink still wet,** encre encore fraîche. *See also* BOB[6] 2, DOCK[4] 1, PACK[1] 5, PAINT[1] 2. (*b*) **Wet weather,** temps humide, pluvieux; temps de pluie; temps qui est à l'eau. *It is going to be wet,* il va pleuvoir. *It is turning out wet,* le temps se gâte. *It is as wet as ever,* il fait toujours aussi mouillé. *We had three wet days,* nous avons eu trois jours de pluie. *What do you do on wet days?* que faites-vous les jours où il pleut? **The wet season,** la saison des pluies; la saison humide. *The wind is in a wet quarter,* le temps est à la pluie. (*c*) *Ch:* **Wet way, method, process,** (procédé *m* d'analyse par) voie *f* humide. **Wet assay,** essai *m* par voie humide. **Wet treatment,** traitement *m* à l'eau. *El:* **Wet cell,** pile *f* à élément humide. (*d*) *Paperm:* **Wet pulp,** pâte grasse. **Wet-beaten pulp,** pâte engraissée. *See also* CUP[1] 5, FLY-FISHING. **2.** *F:* (*Of country, state*) Qui permet la vente des boissons alcooliques. **Wet America,** l'Amérique *f* antiprohibitionniste. *s.pl.* **The wets,** les opposants *m* du régime sec.

'wet 'blanket, *s.* *F:* **1.** **To throw a wet blanket over the meeting,** jeter un froid sur l'assemblée. **2.** Personne décourageante; rabat-joie *m inv*, trouble-fête *m inv*; empêcheur *m* de danser en rond; *P:* glas *m*.

'wet-bulb, *attrib. a.* **Wet-bulb thermometer,** thermomètre mouillé, à boule mouillée.

'wet-'grind, *v.tr.* Meuler (un outil) à l'eau.

'wet 'nurse, *s.* Nourrice *f*.

'wet 'plate, *s.* *Phot:* Plaque *f* au collodion humide.

wet[2], *s.* **1.** Humidité *f*. **2.** Pluie *f*. **3.** *P:* **To have a wet,** boire un coup; *P:* s'affûter le sifflet; se rincer la dalle.

wet[3], *v.tr.* (**wetted; wetting**) **1.** (*a*) Mouiller, humecter; imbiber (une éponge); arroser (de la pâte, etc.). *To wet oneself,* se mouiller. (*Of invalid, child, etc.*) *To wet the bed,* mouiller le lit; *F:* se laisser aller. *F:* **To wet the tea,** infuser le thé. *Nau:* **To wet a sail,**

empeser une voile. *See also* FINGER[1] 1. (*b*) *Pharm:* Madéfier (un emplâtre, etc.). 2. *F:* **To wet a bargain, a deal,** arroser une affaire; *F:* boire le vin du marché. *See also* WHISTLE[1] 3.

wetting[1], *a.* Qui trempe, qui mouille.

wetting[2], *s.* Mouillage *m*, mouillement *m*; arrosage *m* (de la pâte); infusion *f* (du thé). **To get a wetting,** se faire tremper; *F:* être bien arrosé, recevoir une saucée. *Typ:* **Wetting board,** ais *m* à tremper.

wether ['weðər], *s. Husb:* Bélier châtré; mouton *m. See also* BELL-WETHER.

'wether hog, *s.* Mouton *m* d'un an (pas encore tondu).

'wether lamb, *s.* Agneau *m*.

wetness ['wetnəs], *s.* Humidité *f*.

wettish ['wetiʃ], *a.* Un peu humide, un peu mouillé.

we've [wiːv] = *we have.*

whack[1] [hwak]. 1. *s.* (*a*) Coup (de bâton, etc.) bien appliqué, retentissant; claque *f*, taloche *f* (sur une partie charnue). (*b*) Action de battre (qch.). *We had a good w. at the carpet,* nous avons bien battu le tapis. *F:* **To have a whack at sth.,** (i) tenter l'aventure; essayer de faire qch.; (ii) s'attaquer à (un rôti, un pâté, etc.). (*c*) *P:* Part *f*, portion *f*; (grand) morceau. *To give s.o. a w. of cake, of rum,* donner à qn un gros morceau de gâteau, une bonne rasade de rhum. *I've had my w. of pleasure,* j'ai eu ma part des plaisirs. (*d*) *P:* **To go whacks with s.o.,** partager avec qn. (*e*) *U.S:* (*Of mechanism, etc.*) **Out of whack,** dérangé, détraqué. 2. *int. F:* V'lan!

whack[2], *v.tr.* 1. *F:* (*a*) Battre (à coups retentissants); donner des coups à (qn, qch.); fesser (un enfant). *A drop of rain whacked his nose,* une goutte de pluie lui fouetta le nez. (*b*) *Sp: etc:* Battre (ses adversaires) à plates coutures. (*c*) *F:* **Whack her up!** *Nau: etc:* poussez les feux (de la machine)! *Aut:* mettez les gaz! *Nau:* **To whack her up to twenty knots,** pousser l'allure à vingt nœuds. 2. *P:* Se partager (le gâteau, le butin, etc.).

whacking[1], *a. & adv. P:* Énorme; colossal, -aux. **A whacking big cabbage,** un maître chou, un fameux chou. **Whacking lie,** mensonge de taille; gros mensonge.

whacking[2], *s. F:* Rossée *f*, raclée *f*. *To give a child a w.,* administrer une fessée, une correction, à un enfant.

whacker ['hwakər], *s. P:* 1. Quelque chose de colossal; personne *f*, chose *f*, énorme. *These are whackers!* en voilà des pommes! *Just look at that shell, isn't it a w.! Iron:* regarde donc cet obus, il est pépère celui-là! 2. Gros mensonge; mensonge de taille; forte colle. *What a w.!* en voilà une forte!

whale[1] [hweil], *s.* 1. *Z:* Baleine *f*; cétacé *m*. **Right whale, Greenland whale, northern whale, arctic whale,** baleine franche. **Bottle-nosed whale, beaked whale,** hyperoodon *m*. **Hump-backed whale,** baleine à bosse; jubarte *f*. **White whale,** bél(o)uga *m*. **Bull whale,** baleine mâle. **Cow whale,** baleine femelle. **Whale calf,** baleineau *m. See also* FIN-WHALE, KILLER I, PIKED, SPERM WHALE. 2. *U.S: F:* **He's a whale at tennis,** au tennis c'est un as. **We had a whale of a time!** ce qu'on s'est bien amusé! *He took a w. of a time about it,* il y a mis le temps! *A w. of a suit,* un complet mirifique.

'whale-boat, *s.* Baleinière *f*.

'whale-gig, *s.* Baleinière *f* (des navires de guerre et de commerce).

'whale-head, *s. Orn:* Baléniceps *m*; bec-en-sabot *m*, *pl.* becs-en-sabot.

'whale-man, *pl.* **-men,** *s.m.* = WHALER I.

'whale-oil, *s.* Huile *f* de baleine.

whale[2], *v.i.* Faire la pêche à la baleine; pêcher la baleine.

whaling[1], *s.* Pêche *f* à la baleine. **Whaling ship,** (vaisseau) baleinier *m*. **Whaling industry,** industrie baleinière.

'whaling-ground, *s.* Parages fréquentés par les baleines.

'whaling-gun, *s.* Canon *m*, fusil *m*, à harpon.

'whaling-master, *s.m.* Patron d'un baleinier.

'whaling-spade, *s.* Louchet *m*.

whale[3], *v.tr. U.S:* Battre, donner des coups à, rosser (qn).

whaling[2], *s.* Rossée *f*, raclée *f*.

whaleback ['hweilbak], *s. Nau:* 1. = TURTLE-BACK. 2. *Attrib.* (Vaisseau, etc.) à dos de baleine. **Whaleback deck,** pont *m* en dos de baleine.

whalebacked ['hweilbakt], *a. Nau:* A, en, dos de baleine.

whalebone ['hweilboun], *s.* (*a*) Fanon *m* de baleine; baleine *f*. *Three lengths of w.,* trois baleines. (*b*) *Dressm: etc:* Busc *m*, baleine (d'un corset).

whaleboned ['hweilbound], *a.* Baleiné.

whaleboning ['hweilbouniŋ], *s. Dressm:* Baleinage *m*.

whaler ['hweilər], *s.* 1. (*Pers.*) Baleinier *m*; pêcheur *m* de baleines. 2. (*a*) (*Ship*) Baleinier. (*b*) (*Boat*) Baleinière *f*. 3. *U.S: F:* = WHACKER.

whalery ['hweiləri], *s.* 1. (*a*) Pêche *f* à la baleine. (*b*) Industrie baleinière. 2. Centre *m* d'exploitation de la pêche à la baleine.

whang[1] [hwaŋ], *s. Scot. & Dial:* 1. = THONG[1]. 2. Tranche épaisse (de pain, de fromage); quignon *m* (de pain).

whang[2], *v.tr.* Cogner, battre; donner les étrivières à (qn, une bête).

whang[3], *s. Dial:* Coup retentissant; détonation *f*. *I fell* (*with a*) *w. on the pavement,* je suis tombé vlan sur les dalles.

whang[4], *v.i. Dial:* Retentir.

whangee [hwaŋ'giː], *a.* **Whangee cane,** tige du phyllostachys (employée surtout pour cannes et pour manches de parapluies).

wharf[1], *pl.* **-s,** *U.S:* **wharves** [hwɔːrf, -s, hwɔːrvz], *s.* 1. *Nau: etc:* Appontement *m*, débarcadère *m*, embarcadère *m*; entrepôt *m* maritime; wharf *m*, quai *m*. *Com:* **Ex wharf,** à prendre sur quai. *See also* COAL-WHARF. 2. *Coke-making:* Glacis *m* (d'un four à coke).

'wharf-man, *pl.* **-men,** *s.m.* = WHARF-PORTER.

'wharf-master, *s.m.* Maître de quai; (*on river*) garde-port, *pl.* gardes-port(s).

'wharf-porter, *s.* Débardeur *m*, déchargeur *m*.

'wharf-rat, *s.* 1. *Z:* Surmulot *m*. 2. *P:* Rôdeur *m*, chapardeur *m* (qui fréquente les quais).

wharf[2], *v.tr.* 1. (*a*) Déposer (des marchandises) sur le quai. (*b*) Débarquer (les marchandises). 2. (*a*) Amarrer (un navire) à quai. (*b*) *v.i.* (*Of ship*) Venir à quai; amarrer à quai.

wharfing, *s.* = WHARFAGE I, 3.

wharfage ['hwɔːrfedʒ], *s.* 1. Débarquement *m*, embarquement *m*, ou mise *f* en entrepôt (de marchandises). 2. Quayage *m*; droits *mpl* de quai, de bassin. 3. Quais *mpl* et appontements *mpl*.

wharfinger ['hwɔːrfindʒər], *s.* (*a*) Propriétaire *m* d'un quai, d'un wharf. (*b*) Gardien *m* du quai.

what [hwɔt]. I. *a.* 1. (*Relative*) (Ce, la chose, etc.) que, qui. *Lend me what money you can,* prêtez-moi l'argent dont vous pouvez disposer. *I will come* **with what speed I may,** je viendrai aussi vite que possible. *He took away from me* **what little** *I had left,* il m'a pris le peu qui me restait. *What little he did say was always well said,* le peu qu'il disait, il le disait toujours bien. *What few friends he had were on holiday,* le peu d'amis qu'il possédait étaient en vacances. *He traded with what capital he had,* il faisait le commerce avec ce qu'il possédait de capital. 2. (*Interrogative, direct or indirect*) Quel, *f.* quelle, *pl.* quels, quelles. **What time is it?** quelle heure est-il? *Tell me what time it is,* dites-moi l'heure qu'il est. *What paper do you read?* quel journal lisez-vous? *What trade is he?* quel est son métier? qu'est-ce qu'il fait? *Tell me what books you want,* dites-moi quels livres vous désirez. *Tell me what man that was whom we saw lying dead,* dites-moi quel était l'homme que nous avons vu étendu mort. *What right has he to give orders?* de quel droit donne-t-il des ordres? **What good, what use, is this?** à quoi cela est-il bon? à quoi cela sert-il? *What part of speech are these words?* à quelle partie du discours appartiennent ces mots? **What news?** quoi de nouveau? quelles nouvelles? *What price do you put on this horse?* à combien évaluez-vous ce cheval? **What day of the month is it?** le combien sommes-nous? c'est aujourd'hui le combien? *What sort of* (*a*) *book is it?* quelle sorte, quelle espèce, de livre est-ce? *What colour, shape, size, is your . . .?* de quelle couleur, forme, taille, est votre . . .? 3. (*Exclamatory*) **What an idea!** quelle idée! *What a fine hotel!* quel bel hôtel! *What a fool he is!* qu'il est bête! comme il est bête! *What silly fools we have all been!* comme nous avons tous été bêtes! *What poor mortals we are!* ce que c'est que de nous! *What a fuss about a mere omelet!* voilà bien du bruit pour une omelette! *What an absurd question!* cette question! *What a reason to give!* cette raison! *What a time you are putting on your hat!* comme vous êtes longtemps à mettre votre chapeau! *What trouble it has cost me!* combien de peine cela m'a coûté! *What numbers, what a lot, of people!* que de gens! **What was his surprise at finding . . .!** quelle ne fut pas sa surprise de trouver . . .!

II. **what,** *pron.* 1. (*Relative,* = *that which*) Ce qui, ce que. **What is done cannot be undone,** ce qui est fait est fait. *I am sorry about what has happened,* je suis fâché de ce qui est arrivé. **What I like is music,** ce que j'aime c'est la musique. *What I object to is . . .,* ce à quoi je m'oppose, ce contre quoi je proteste, c'est. . . . *What we are discussing is bimetallism,* ce sur quoi nous discutons, c'est le bimétallisme. *What is most remarkable is that . . .,* ce qu'il y a de plus remarquable c'est que. . . . *He had a key,* **and what is more,** *he has it still,* il avait une clef, et qui plus est, il l'a encore. *This is what it is all about,* voici ce dont il s'agit. *That is just what I was driving at,* c'est là où je voulais en venir. *What I expected has happened,* ce à quoi je m'attendais est arrivé. **Come what may,** advienne que pourra. **Say what he will . . .,** quoi qu'il dise . . .; il a beau dire. . . . *He never speaks of what he has gone through,* il ne parle jamais de ce qu'il a enduré. **What with one thing and another** *the scheme miscarried,* tant avec une chose qu'avec une autre, pour une raison ou pour une autre, le projet échoua. *What with golf and what with tennis, I have no time to write,* entre le golf et le tennis, il ne me reste pas une minute pour écrire. *What with absent-mindedness and short sight I had noticed nothing,* moitié distraction moitié myopie je n'avais rien remarqué. *What with working and what with playing he was exhausted,* à force de travailler et de s'amuser il était épuisé. **Not a day but what it rains,** il ne se passe pas un jour qu'il ne pleuve. *P:* **To give s.o. what for,** laver la tête à qn; flanquer une bonne raclée à qn. (*Occ.* = *those which*) *I did not choose my cakes,* **I took what were given to me,** je ne choisissais pas mes gâteaux, je prenais ceux qu'on me donnait, ce qu'on me donnait. 2. (*Interrogative*) (*a*) (*Direct*) Qu'est-ce qui? qu'est-ce que? que? quoi? *What is burning?* qu'est-ce qui brûle? *What has happened?* qu'est-ce qui est arrivé? *What is happening?* que se passe-t-il? **What on earth** *are you doing here?* qu'est-ce que vous pouvez bien faire ici? qu'est-ce que vous venez faire ici? **What is it?** (i) qu'est-ce? qu'est-ce que c'est? (ii) qu'est-ce qu'il y a? **What is that?** qu'est-ce que cela? qu'est-ce que c'est que ça? **What is he?** qu'est-il? qu'est-ce qu'il est? *F:* qu'est-ce qu'il fait? *What will become of him?* que deviendra-t-il? **What is the matter?** qu'y a-t-il? qu'est-ce qu'il y a? de quoi s'agit-il? *See also* MATTER[1] 5. *What is her address?* quelle est son adresse? **What is his name?** quel est son nom? comment s'appelle-t-il? *What is the half of twelve?* quelle est la moitié de douze? *What is powder?* qu'est-ce (que c'est) que la poudre? **What is that to you?** qu'est-ce que cela vous fait? est-ce que ça vous regarde? *What is* (*there*) *to be seen in this town?* qu'y a-t-il à voir dans cette ville? **What's the good, the use?** à quoi bon? *What do you want?* qu'est-ce que vous désirez? qu'est-ce que vous voulez? **What is to be done?** comment faire? que faire? *F:* **What's taken him, I ask you!** je vous demande un peu qu'est-ce qui lui prend! *What's the news to-day?* quoi de neuf aujourd'hui? **What will people say?** que dira-t-on? qu'en dira-t-on? **What is the French for 'dog'?** comment dit-on *dog* en français? **Who or what gave you that idea?** qui ou quoi vous a donné cette idée? *A pack? To hunt what?* une meute? Pour chasser quoi? **What else could bring me to your house?** quoi d'autre pourrait m'amener chez vous? *See also* ELSE 2. **What better is there?** qu'y a-t-il de meilleur, de mieux? *What could be more beautiful?* quoi de plus beau? *What would be more natural than to ask . . .*, quoi de plus naturel que de demander. . . . **What the better are they for that?** en quoi s'en trouvent-ils mieux? *What did he benefit by this advice?* qu'a-t-il retiré de ces conseils? en quoi ces conseils lui ont-ils profité? **What do seven and eight make?** combien font sept et huit? **What are potatoes to-day?** combien les pommes de terre aujourd'hui? *What is the rent?* de combien est le loyer? **What is he like?** comment est-il? quelle espèce d'homme est-il, est-ce? **What do you take me for?** pour qui me prenez-vous? *What is it made of?* en quoi est-ce? c'est en quoi? *What are you thinking of?* à quoi pensez-vous? *What did you beat him with?* avec quoi l'avez-vous battu? *What are you talking about?* de quoi parlez-vous? **What's it all about?** de quoi s'agit-il? **What about the ten shillings I lent you?** et les dix shillings que je vous ai prêtés? **What about a game of bridge?** si on faisait une partie de bridge? **What about you?** et vous donc? *What about that coffee, waiter?* et ce café, garçon? *And what about our guests?* et nos invités, avec tout ça? *And your cousins?—What about my cousins?* et vos cousines?—Quoi, mes cousines? *What about Smith?—Well, what about him?* et Smith? —Eh bien quoi, Smith? **Well, what about it?** (i) eh bien, quoi? eh bien, et puis après? (ii) la belle histoire! le grand malheur! (iii) eh bien, qu'en dites-vous? **What is that for?** à quoi sert cela? **What did you do that for?** pourquoi avez-vous fait cela? **What (on earth) for?** mais pourquoi donc? pourquoi faire? **What ever for?** mais pourquoi, enfin? *See also* EVER 3. **And what if she comes to hear of it?** et si elle l'apprend? **What now?** qu'y a-t-il à présent? quoi encore? **What then?** et après? **And what then?** et alors? alors quoi? **What though we are poor?** qu'importe que nous soyons pauvres? *Paper, pens, pencils,* **and what not,** du papier, des plumes, des crayons et d'autres choses encore, et que sais-je encore. *Theatres and dances and what not,* le théâtre, les bals, et tout ce qui s'ensuit. **What (did you say)?** plaît-il? vous disiez? pardon? *F:* comment? **What of that?** qu'est-ce que cela fait? *F:* eh bien, et puis après? la belle affaire! *To what do I owe the pleasure of your visit? Lit:* qui me vaut le plaisir de votre visite? (*b*) (*Indirect*) Ce qui, ce que. **Tell me what is happening,** dites-moi ce qui se passe. *I don't know what you want,* je ne sais pas ce que vous désirez. *He did not know what to say,* il ne savait que dire. *I don't know what to do,* je ne sais que faire, quel parti prendre. *I don't know what to do to . . .*, je ne sais (pas) comment faire pour. . . . *He shows us what turns are allowable and what not,* il nous montre quelles tournures sont licites et lesquelles ne le sont pas. *Tell me what you are crying for,* dites-moi pourquoi vous pleurez. *He made his bound before he saw what (it was) he was jumping at,* il s'élança avant de voir après quoi il sautait. **See what courage can do!** ce que c'est que le courage! **I'll tell you what . . .**, je vais vous dire . . .; écoutez. . . . *F:* **To know what's what,** savoir son monde; savoir de quoi il retourne; *P:* être dessalé. *He knows what's what,* il en sait long; il la connaît (dans tous les coins); il s'y connaît; c'est un malin; il a le fil; il la connaît; il est à la coule. **'I'll show you what's what!** on verra de quel bois je me chauffe! *He told me what was what,* il m'a mis au courant. **3.** (*Exclamatory*) (*a*) *What he has suffered!* ce qu'il a souffert! **What next!** par exemple! (*b*) **What! you can't come!** comment! vous ne pouvez pas venir! *P:* **Nice little girl, what!** joli brin de fille, hein! *You know my wife, what?* vous connaissez ma femme, n'est-ce pas? **4.** *P:* = WHICH. *The pan what I lent you,* la casserole que je vous avais prêtée.

'what-d'ye-call-'em, -her, -him, -it, *s. P:* Machin *m*, truc *m*; (*of pers.*) mistenflûte *m*, chose *mf*. **Pass me the what-d'ye-call-'em,** passez-moi le machin. **Miss What-d'ye-call-her,** mademoiselle Chose. **Mr What-d'ye-call-him,** monsieur Machin.

what-'ho, *int. P:* Eh bien! qu'est-ce que ça veut dire!

what-'like, *a. Dial:* Comment. **What-like is he?** comment est-il?

'what-not, *s.* Étagère *f*. *Cf.* WHAT II. 2 (*a*).

'what's-her, -his, -its, -your, -name, *s. F:* = WHAT-D'YE-CALL-HER, *etc.*

whatever [hwɔt'evər], *Poet:* **whate'er** [hwɔt'ɛər]. (*Cf. 'what ever' under* EVER 3.) **1.** *pron.* (*a*) (*Relative*) Tout ce qui, tout ce que. **Whatever is virtuous is graceful,** tout ce qui est vertueux a bonne grâce. **Whatever you like,** tout ce qui vous plaira; tout ce que vous voudrez; n'importe quoi. (*b*) (*Introducing a dependent clause with sub. or indic.*) Quoi qui, quoi que + *sub.* **Whatever it may be . . .**, quoi que ce soit. . . . *W. happens, keep calm,* quoi qui survienne, restez calme. *W. you hear, say nothing,* quoi que vous entendiez, ne dites rien. *W. he wants he shall have,* quoi qu'il désire, il l'aura. *W. we may think of his wisdom there is no doubting his courage,* quoi que nous pensions de sa sagesse, on ne saurait douter de son courage. *W. you may say I shall not go,* vous avez beau dire, je n'irai pas. *W. she may say to the contrary . . .*, *Lit:* en dépit qu'elle en dise . . .; en dépit qu'elle en ait. . . . **2.** *a.* (*a*) Quelque . . . qui, . . . que + *sub.* **Whatever ambition moves him,** quelque ambition qui l'agite. *W. mistakes he has committed . . .*, quelques fautes qu'il ait commises. . . . *W. nonsense a newspaper may publish, there are always people to believe it,* quelques bêtises qu'un journal imprime, il y a toujours des gens pour les croire. **Every treaty of whatever character . . .**, tout traité de quelque nature qu'il soit, que ce soit. . . . (*b*) (*Following a noun or pronoun for emphasis*) (i) (*After negative*) (*Often not translated*) Aucun. **He has no chance whatever,** il n'a aucune chance; il n'a pas la moindre chance. *I have no books w.*, je n'ai pas un seul livre. **None whatever,** pas un seul. *They paid no attention to him w.*, on ne fit pas la moindre attention à lui. *I do not mean by that that I have any intention w. of giving up my office,* je ne veux pas dire par là que j'aie aucune intention de démissionner. **Nothing whatever,** absolument rien; *P:* rien de rien. *He won't say* **anything whatever,** il refuse de dire quoi que ce soit. *They refused to admit* **anyone whatever,** on a refusé d'admettre qui que ce fût. *I am not in need of anything w.*, je n'ai besoin de quoi que ce soit. (ii) (*After 'any'*) Quelconque. **Has he any chance whatever?** a-t-il une chance quelconque? *If there is any hope w.*, s'il y a une lueur d'espoir.

Whatman ['hwɔtmən], *s. Art:* **Whatman (paper),** papier *m* (à dessin) Whatman (nom du premier fabricant).

whatso ['hwɔtsou], *pron. & a. A. & Poet:* = WHATEVER 1, 2 (*a*).

whatsoever [hwɔtso'evər], *Poet:* **whatsoe'er** [hwɔtso'ɛər], *pron. & a.* = WHATEVER.

whaup [hwɔːp], *s. Orn:* (*Scot.*) Courlieu *m*, courlis *m*.

wheal [hwiːl], *s. Med:* Papule *f*; élevure rosée (de l'urticaire, etc.).

wheat [hwiːt], *s.* Blé *m*, froment *m*. **Grain of wheat,** grain *m* de blé. *The w. crop has yielded well,* le blé a bien donné. **Wheat-growing land,** terre *f* à blé. **Winter wheat,** blé d'hiver. **German wheat,** épeautre *m or f*. *F: It's a grain of w. in a bushel of chaff,* c'est un bien mince résultat. *See also* BUCKWHEAT, SPRING-WHEAT, TURKEY WHEAT.

'wheat-grass, *s. Bot:* **(Creeping) wheat-grass,** chiendent (officinal, des boutiques).

'wheat-sheaf, *s* Gerbe *f* de blé.

'wheat-stalk, -straw, *s.* Chaume *m*, tige *f*, de blé.

'wheat-worm, *s Ann:* Anguilluline *f*; anguillule *f* du blé.

wheatear[1] ['hwiːtiːər], *s.* Épi *m* de blé. *Needlew:* **Wheatear stitch** = *fish-bone stitch, q.v. under* FISH-BONE.

wheatear[2], *s. Orn:* Traquet *m*; motteux *m*; cul-blanc *m*, *pl.* culs-blancs; cou-blanc *m*, *pl.* cous-blancs.

wheaten ['hwiːt(ə)n], *a.* (Pain, etc.) de froment, de blé. **Fine wheaten bread,** pain de gruau. **Pure wheaten flour,** fleur *f* de farine

wheatmeal ['hwiːtmiːl], *s.* Farine grossière, grosse farine, de froment, de blé.

Wheatstone ['hwiːtstoun]. *Pr.n.* **1.** *El:* **Wheatstone bridge,** pont *m* de Wheatstone. **2. Wheatstone paper,** papier *m* pour appareils télégraphiques.

wheedle [hwiːdl], *v.tr.* Enjôler, cajoler, câliner, amadouer, entortiller, embobiner, embobeliner (qn). **To wheedle s.o. into doing sth.,** amener qn à faire qch. en le cajolant, à force de cajoleries. **To wheedle money from, out of, s.o.,** soutirer de l'argent à qn; se faire donner de l'argent par qn.

wheedling[1], *a.* (*Of manner, etc.*) Enjôleur, cajoleur, amadoueur, câlin. *W. voice,* voix pateline. *W. ways,* câlineries *f*, chatteries *f*. **-ly,** *adv.* D'une manière enjôleuse, cajoleuse; d'un ton câlin.

wheedling[2], *s.* Enjôlement *m*, cajolerie *f*, câlinerie *f*.

wheedler ['hwiːdlər], *s.* Enjôleur, -euse, cajoleur, -euse, amadoueur, -euse, patelin, -ine, patelineur, -euse. *The little w.!* (la) petite câline!

wheel[1] [hwiːl], *s.* **1.** Roue *f*; (= *roller*) roulette *f*. (*a*) *Veh: etc:* **Back wheel,** roue arrière; (*of bicycle*) roue motrice. **Front wheel,** roue d'avant; roue avant; (*of bicycle*) roue directrice. **Kennel on wheels,** niche roulante; niche à roulettes. **To run on wheels,** (i) marcher sur des roues, des roulettes; (ii) *F:* aller comme sur des roulettes. *Wheels of a plough,* avant-train *m* d'une charrue. *Aut:* **Wire wheel,** roue à fils, à rayons métalliques; roue en fil d'acier. **Solid wheel, spokeless wheel,** roue pleine. *Av:* **Ground wheels, landing wheels,** roues de train (d'atterrissage); roues porteuses. *Rail:* **Carrying wheels** (*of locomotive*), roues porteuses. *Artil:* **Truck wheels** (*of gun-carriage*), roulettes. *See also* ARTILLERY, CARRIER 2, CART-WHEEL[1] 1, CATERPILLAR 2, DISK 1, FLY[1] 1, FREE WHEEL[1], RAIL-WHEEL, SHOULDER[1] 1, SPARE[1] 3, SPOKE[1] 2, TRACK[1] 2. (*b*) *Mec.E:* **Fixed wheel, fast wheel,** roue calée; roue fixe. **Loose wheel,** roue folle, décalée. **Toothed wheel, cog-wheel, rack-wheel,** roue dentée; roue à dents; roue d'engrenage. *The wheels of a watch,* le(s) rouage(s) *m* d'une montre. **To let a child see the wheels go round,** laisser voir à un enfant les rouages de sa montre. *F: To go to a factory to see the wheels go round,* visiter une fabrique pour voir marcher les machines. *F:* **There are wheels within wheels,** c'est une affaire compliquée, dont il faut connaître les dessous; il y a toutes sortes de forces en jeu. **The wheels of government,** les rouages de l'administration. *See also* BEVEL[1] 1, CHAIN-WHEEL, CROWN-WHEEL, DRIVING-WHEEL, FLY-WHEEL, GEAR-WHEEL, IDLE[1] 1, JOCKEY-WHEEL, MINUTE-WHEEL, MITRE-WHEEL, OIL[2] 1, PIN-WHEEL 1, 2, PINION[2], PITCH-WHEEL, PLANET-WHEEL, PULLEY-WHEEL, RACE[1] 3, 4, RAG-WHEEL, RATCHET-WHEEL, SPIDER-WHEEL, SPROCKET 2, SPUR-WHEEL, STUD-WHEEL, SWING-WHEEL. (*c*) *Hyd.E: etc:* **Water-wheel,** roue hydraulique. *See also* BREAST-WHEEL, MILL-WHEEL, OVERSHOT 1, PADDLE-WHEEL, PELTON, UNDERSHOT 1, WATER-WHEEL. (*d*) *Aut: Av: etc:* **Steering-wheel, control-wheel, hand-wheel,** volant *m* (de direction, de commande). *Nau: The steering w.*, 'the wheel,' la roue du gouvernail; *F:* la barre. **To take the wheel,** *Aut:* se mettre au volant; *Nau:* prendre la barre. **To be at the wheel,** (i) *Aut:* tenir le volant; *Nau:* tenir le gouvernail; (ii) *F:* être à la tête des affaires. **The man at the wheel,** (i) *Nau:* le timonier; l'homme *m* de barre; (ii) *F:* l'homme à la tête des affaires. *'Do not speak to the man at the w.,'* "ne parlez pas au pilote." (*e*) *Artil:* **Elevating wheel,** volant de pointage en hauteur. **Training wheel,** volant de pointage en direction. (*f*) **(Grinding-)wheel, abrasive wheel,** meule *f*. *Plain w.*, meule plate. **Cup wheel,** meule assiette, en cuvette. **Carborundum wheel,** meule en carborundum. *See also* BUFFING-WHEEL, EMERY, POLISHING-WHEEL. (*g*) **Potter's wheel,** tour *m* de potier; roue de potier. (*h*) **Cutting-wheel,** molette *f* (à couper la pâte, le verre, le papier). *Needlew: etc:* **Tracing-wheel, pricking-wheel,** roulette (à piquer, à pointiller). *Surv:* **Measuring-wheel,** rouet *m* d'arpenteur. *See also* DOTTING-WHEEL, SURVEYING I. (*i*) (Spinning-)wheel, rouet. (*j*) *Toys:* Wheel of life, zootrope *m*. *F:* The wheel of Fortune, la roue de la Fortune. *See also* CATHERINE, LOTTERY-WHEEL, PIN-WHEEL 3, PRAYER-WHEEL. **2.** *Hist:* To condemn a criminal to the wheel, condamner un criminel à la roue. To break s.o. on the wheel, rouer qn. *F:* To break a butterfly on the wheel, tonner sur les choux. *It's like breaking a butterfly on the w.*, c'est un pavé pour écraser une mouche. **3.** *U.S:* *F:* Bicyclette *f*, *F:* bécane *f*. **4.** (*a*) Révolution *f*; mouvement *m* de rotation. *See also* CART-WHEEL[1] 2. (*b*) *The wheels of the birds in the air*, le tournoiement des oiseaux dans l'air. (*c*) *Mil:* *etc:* (Mouvement *m* de) conversion *f*. Left wheel, right wheel, conversion à gauche, à droite. Wheel through 90°, quart *m* de conversion.

'wheel-base, *s.* *Veh:* *Rail:* Empattement *m*; distance *f* entre les deux essieux. *Long w.-b.*, grand empattement.

'wheel-brace, *s.* *Aut:* Vilebrequin *m* à roues.

'wheel-chair, *s.* Fauteuil roulant; voiture *f* de malade.

'wheel-clearance, *s.* *Aut:* Débattement *m* des roues.

'wheel-crank, *s.* *Mec.E:* Manivelle *f* à plateau; plateau *m* manivelle; coude *m* circulaire.

'wheel-drag, *s.* *Veh:* Billot *m*; chambrière *f*.

'wheel-gear, *s.* *Mec.E:* Transmission *f*, commande *f*, par engrenage(s).

'wheel-horse, *s.* = WHEELER 2.

'wheel-house, *s.* *Nau:* Kiosque *m* de la barre; la timonerie.

'wheel-illusion, *s.* *Cin:* Aberration *f* stroboscopique; phénomène *m* de la roue.

'wheel-lock, *s.* **1.** *Sm.a:* *A:* (Platine *f* à) rouet *m*. **2.** *Aut:* *etc:* Angle *m* de braquage (des roues avant).

'wheel-pen, *s.* Tire-ligne *m*, *pl.* tire-lignes, à pointiller.

'wheel-'pendulum, *s.* *Nau:* Oscillographe *m*, oscillomètre *m*.

'wheel-plough, *s.* Charrue *f* à roues, à avant-train.

'wheel-rope, *s.* *Nau:* Drosse *f* du gouvernail.

'wheel-shaped, *a.* *Nat.Hist:* Rotiforme.

'wheel-spin, *s.* *Aut:* *etc:* Chasse *f* de la roue, des roues.

'wheel-tackle, *s.* *Nau:* Palan *m* de gouvernail.

'wheel-track, *s.* **1.** Ornière *f*. **2.** Trace *f* de roues.

'wheel-train, *s.* *Mec.E:* Train *m* de roues.

'wheel-tread, *s.* *Rail:* Surface *f* de roulement, table *f* de roulement (d'un rail).

'wheel-trimmer, *s.* *Phot:* Molette *f* (à couper les épreuves).

'wheel-window, *s.* *Arch:* Rosace *f*, rose *f*.

wheel[2]. **1.** *v.tr.* (*a*) Tourner; faire pivoter. To wheel round one's chair, faire pivoter sa chaise. *Mil:* To wheel a line of men, faire faire une conversion à une ligne d'hommes. *Fb:* To wheel the scrum, tourner la mêlée. (*b*) Rouler (une brouette, etc.); pousser, conduire, (une bicyclette) à la main. To wheel sth. in a barrow, transporter qch. en brouette; brouetter qch. *They wheeled her close to the fire*, on la roula (dans son fauteuil) jusqu'auprès du feu. *To w. a child in a perambulator*, promener un enfant dans sa voiture. *Mil:* To wheel a gun into line, amener une pièce en ligne. (*c*) *Needlew:* *Leath:* Marquer (le cuir, etc.) avec une roulette, avec une molette. **2.** *v.i.* (*a*) Tourner en rond, en cercle; tournoyer. *The gulls were wheeling round me*, les mouettes tournoyaient autour de moi. (*b*) *Mil:* (i) Faire une conversion. To wheel about, faire la roue. (ii) Left wheel! par file à gauche, gauche! (*c*) (*Of pers.*) To wheel about, to wheel round, faire demi-tour; se retourner (brusquement); faire volte-face; (*of horse, etc.*) pirouetter. (*d*) *U.S:* *F:* Aller à bicyclette, à bécane.

wheeling[1], *a.* **1.** Tournoyant; rotatif. **2.** (*Of pers.*) Qui tourne; qui se retourne. *Mil:* Qui fait une conversion. **3.** (Meuble, etc.) roulant.

wheeling[2], *s.* **1.** Tournoiement *m* (des oiseaux, etc.). **2.** *Mil:* Conversion *f*. **3.** *U.S:* *F:* Promenades *fpl* à bicyclette, à bécane.

wheelbarrow ['hwi:lbæro], *s.* Brouette *f*.

wheeled [hwi:ld], *a.* **1.** Roulant; à roues; muni de roues; sur roues. **2.** (*With adj. prefixed, e.g.*) Two-wheeled, three-wheeled, à deux roues, à trois roues. *See also* LOW-WHEELED, THREE-WHEELED.

wheeler ['hwi:lər], *s.* **1.** (*Pers.*) (*a*) = WHEELWRIGHT. (*b*) *Min:* *etc:* Rouleur *m*, brouetteur *m*. **2.** Cheval *m* de derrière; timonier *m*, limonier *m*. The wheelers, l'attelage *m* (de derrière). Off-wheeler, cheval de brancard; sous-verge *m inv* de derrière. **3.** *Veh:* (*With num. a. prefixed, e.g.*) Two-wheeler, three-wheeler, véhicule *m* à deux, à trois, roues. *See also* FOUR-WHEELER.

wheelless ['hwi:lləs], *a.* Sans roues.

wheelman, *pl.* **-men** ['hwi:lmən, -men], *s.m.* *U.S:* *F:* Cycliste.

wheelwork ['hwi:lwə:rk], *s.* *Mec.E:* Rouage(s) *m(pl)*.

wheelwright ['hwi:lrait], *s.* Charron *m*. Wheelwright's work, charronnage *m*. Wheelwright's timber, bois *m* de charronnage.

wheeze[1] [hwi:z], *s.* **1.** Respiration bruyante, pénible, asthmatique, sifflante. **2.** (*a*) *Th:* *F:* = GAG[1] 3. (*b*) *P:* Truc *m*. A good wheeze, une heureuse idée; une bonne invention; *F:* une riche idée.

wheeze[2]. **1.** *v.i.* (*a*) Respirer péniblement, en asthmatique; faire entendre un sifflement en respirant. (*b*) (*Of horse*) Corner. **2.** *v.tr.* To wheeze out sth., dire qch. d'une voix asthmatique. *F:* A barrel-organ was wheezing out a tune, un orgue de Barbarie asthmatique serinait un air.

wheezing[1], *a.* = WHEEZY.

wheezing[2], *s.* (*a*) Respiration *f* asthmatique. (*b*) (*Of horse*) Cornage *m*.

wheezer ['hwi:zər], *s.* Cheval cornard, corneur, poussif.

wheezy ['hwi:zi], *a.* (*a*) (*Of pers.*) Asthmatique; *F:* poussif. (*b*) (*Of horse*) Cornard; poussif; gros d'haleine. **-ily,** *adv.* En asthmatique; (respirer) avec peine.

whelk[1] [hwelk], *s.* *Moll:* Buccin *m*.

whelk[2], *s.* *Med:* = WHEAL.

whelm [hwelm], *v.tr.* *Lit:* (*a*) Engouffrer, engloutir, ensevelir (qch.). (*b*) = OVERWHELM.

whelming, *s.* Engouffrement *m*, engloutissement *m*, ensevelissement *m*.

whelp[1] [hwelp], *s.* **1.** *A.* & *Lit:* (*a*) = PUPPY I. (*b*) Petit *m* d'un fauve. Lion's whelp, lionceau *m*. Wolf's whelp, louveteau *m*. (*c*) *F:* Mauvais garnement; drôle *m*. (*d*) *F:* = PUPPY 2. **2.** *Nau:* Flasque *m*, taquet *m* (de guindeau, de cabestan).

whelp[2]. **1.** *v.i.* (*Of bear, lion, etc.*) Mettre bas. **2.** *v.tr.* Mettre bas (des petits).

when [hwen]. I. *Interrogative adv.* Quand? *W. will you go?* quand partirez-vous? *I wonder when he will go*, je me demande quand il partira. *When will the wedding be?* à quand le mariage? When is the meeting? pour quand est la réunion? When ever, when on earth, *will he come?* quand donc viendra-t-il? *F:* (*When pouring out whisky, etc.*) Say when! dites-moi quand (je devrai m'arrêter de verser).

II. **when,** *conj.* **1.** Quand, lorsque. *When I entered the room . . .*, lorsque j'entrai dans la pièce. . . . *Two seconds had not elapsed when I heard a shot*, il ne s'était pas écoulé deux secondes que j'entendis un coup de feu. *When spring came . . .*, lorsque arriva le printemps. . . . *When he was born, married*, lors de sa naissance, de son mariage. *When I was young*, du temps que, au temps que, dans le temps où, j'étais jeune. *When one is young*, quand on est jeune; lorsqu'on est jeune. *His mind went back* to when *he was a young barrister*, sa pensée revenait sur le temps où il était encore jeune avocat. *When I was butler to Sir James*, du temps où j'étais maître d'hôtel chez Sir James. *We shall try again when you are rested*, on essaiera de nouveau quand, lorsque, vous vous serez reposé. *He will speak when I have done*, il parlera après que j'aurai fini. *She said she would mention it to him when she saw him*, elle a dit qu'elle lui en parlerait quand elle le verrait. (*Elliptical*) *He looks in* when passing, il nous fait une petite visite en passant. *When speaking to them, do not say . . .*, en leur parlant, quand vous leur parlerez, ne leur dites pas. . . . When at school . . ., lorsque j'étais à l'école . . .; du temps que j'étais à l'école. . . . *Cu:* When cool, *turn out on to a dish*, après refroidissement, démoulez sur un plat. (*Exclamatory*) *When you have finished!* quand vous aurez fini! *When I think of what he must have suffered!* quand je pense à ce qu'il a dû souffrir! **2.** (*Relative*) (*a*) The day when *I met you*, le jour où je vous ai rencontré. One day when *I was on duty . . .*, un jour que j'étais de service. . . . *One of those wet days when everyone stays at home*, un de ces jours de pluie où chacun se tient chez soi. *In the days when queens span*, dans le temps que les reines filaient. At the very time when . . ., alors même que . . .; au moment même où. . . . *I was watching for the moment when he would be free*, je guettais le moment où il serait libre. Now is when I need him most, c'est maintenant que j'ai le plus besoin de lui. (*b*) (= *and then*) *The king will arrive on the 10th, when he will open the new building*, le roi arrivera le dix, et inaugurera le nouvel édifice. *He remained a musketeer until 1631, when he left the service*, il resta mousquetaire jusqu'en 1631, époque où il quitta le service. *We lightened the box by removing half its contents, when we were enabled to raise it*, nous allégeâmes le coffre en enlevant la moitié de son contenu, et nous pûmes alors le soulever. **3.** (*Whereas, since, if*) *He walks when he might ride*, il va à pied quand il pourrait, alors qu'il pourrait, aller à cheval. *What is the good of telling you when you won't listen to me?* à quoi bon vous le dire lorsque, si, vous ne m'écoutez pas?

III. **when,** *quasi-s.* **1.** *Interrog.* Till when *can you stay?* jusqu'à quand pouvez-vous rester? Since when *have you been in Paris?* depuis quand êtes-vous à Paris? **2.** *Relative.* Since when *I have used no other*, depuis lors je n'en ai plus employé d'autre.

IV. **when,** *s.* Tell me the when and the how of it, dites-moi quand et comment la chose est arrivée. *I do not remember the when of my first visit*, je ne me rappelle plus la date de ma première visite. The hows and whens of life, les occasions qui se présentent dans la vie.

whence [hwens], *adv.* *A.* & *Lit:* **1.** (*Now usually 'from where,' 'where . . . from.'*) D'où. Whence are they? d'où sont-ils? d'où viennent-ils? Do you know (from) whence he comes? savez-vous d'où il vient? *No one knows (from) w. he comes*, personne ne sait d'où il vient. *The land w. ye are come*, la terre d'où vous êtes venus. *The source w. these evils spring*, la source d'où découlent ces maux. **2.** (*Now usually 'from which'.*) (From) whence I conclude that . . ., d'où je conclus que . . .; de là je conclus que. . . .

whencesoever, *Poet:* **whencesoe'er** [hwensso'evər, -so'ɛər], *adv.* *A.* & *Lit:* (From) whencesoever, (i) d'où, de quelque endroit, que ce soit; (ii) quelle qu'en soit la source. *W. these evils spring*, d'où que découlent ces maux.

whenever, *Poet:* **whene'er** [hwen'ever, -'ɛər], *adv.* (*a*) Toutes les fois que; chaque fois que. *W. I see it I think of you*, chaque fois que je le vois je pense à vous. *I go w. I can*, j'y vais aussi souvent que cela m'est possible. (*b*) À n'importe quel moment (que). *You may come* whenever you like, vous pouvez venir à n'importe quel moment; vous pouvez venir quand vous voudrez. *Cp. 'when ever' under* WHEN I. 1.

whensoever [hwenso'evər], **whensoe'er** [hwenso'ɛər], *adv.* *Lit:* = WHENEVER.

where ['hwɛər], *adv.* **1.** (*Interrogative*) (*a*) Où? Where am I? où suis-je? *Tell me w. he is*, dites-moi où il est. *I know w. he is*, je sais où il est. Where on earth, where ever, have you been? où diable étiez-vous (donc)? mais d'où venez-vous? *God knows w. he has gone*, Dieu sait où il est allé se fourrer. *I wonder w. it can be*, je me demande où cela peut bien se trouver. *W. shall we find it?* en quel lieu le trouver? Where are you (*in your work*)? où en êtes-vous? *W. did we leave off (reading, etc.)?* où en sommes-nous restés? *W. should I be if I had followed your advice?* qu'est-ce que je serais devenu si j'avais suivi vos conseils? *See also* ELSE 2. (*b*) Par où. Where is the way out? par où sort-on? *I don't know w. to begin*, je ne sais par où commencer. (c) (*Rhetorical question,* = *emphatic negative*). **Where is the use, the good, of . . .?** à quoi bon . . .? *W. can be the harm in . . .?* qu'y a-t-il de mal à . . .? (d) **Where do you come from?** (i) d'où venez-vous? (ii) de quel pays êtes-vous? **Where are you going to?** où allez-vous? **2.** (*Relative*) (a) (There) where, (là) où. **I shall stay where I am,** je resterai (là) où je suis. *You'll find my pipe w. I left it,* vous trouverez ma pipe là où je l'ai laissée. *Go w. you like,* allez où vous voudrez. (b) **That is where we've got to,** voilà où nous en sommes. **That is where you are mistaken,** voilà où vous vous trompez; c'est là que vous vous trompez. *That's w. you are wrong,* c'est en quoi vous vous trompez. *W. you are mistaken is . . .,* ce en quoi vous vous trompez c'est. . . . (c) *He came* **to where I was fishing,** il est venu à l'endroit où je pêchais. *At length we reached to w. the car lay overturned,* nous arrivâmes enfin à l'endroit où la voiture gisait renversée. *I can see it* **from where we stand,** je le vois d'où nous sommes. *I'll take you w. we shall get a better view,* je vais vous mener à un endroit d'où nous verrons mieux. *See also* BE 2. (d) Où, dans lequel. **The house where I was born,** la maison où, dans laquelle, je suis né. *In Paris he knew only the family w. he had stayed,* à Paris il ne connaissait que la famille avec laquelle il avait vécu. *The countries w. it never snows,* les pays où, dans lesquels, il ne neige jamais. *P:* **The place where he comes from,** l'endroit d'où il vient. **3.** *s.* **The where and when** *of his birth are unknown,* on ne sait ni le lieu ni la date de sa naissance. *See also* ANYWHERE, ELSEWHERE, EVERYWHERE, NOWHERE, SOMEWHERE.

whereabout ['hwɛərabaut], *adv.* **1.** Là-dessus; à ce propos. **2.** *A:* = WHEREABOUTS 1.

whereabouts ['hwɛərabauts]. **1.** *adv.* (*Also* [hwɛərə'bauts]) Où (donc)? **Whereabouts are you?** où donc êtes-vous? *W. is the town hall?* de quel côté est l'hôtel de ville? *He is in Canada, but I don't know exactly w.,* il est au Canada, mais je ne sais pas au juste dans quel endroit. **2.** *s.* Lieu *m* où se trouve qn, qch. **No one knows his whereabouts,** personne ne sait où il demeure, où il est.

whereafter [hwɛər'ɑːftər], *rel.adv. A. or formal.* Après quoi; à la suite de quoi.

whereas [hwɛər'az], *conj.* **1.** (*Introducing formal preamble*) Attendu que, vu que, puisque + *ind.*; *Jur:* considérant que + *ind.* **2.** Alors que, tandis que, au lieu que + *ind.* *He is always ailing w. she is never ill,* lui est toujours souffrant tandis qu'elle n'est jamais malade.

whereat [hwɛər'at], *adv. Lit:* (*Relative*) A quoi, sur quoi, de quoi, etc. *He said something,* **whereat everyone laughed,** il a dit quelque chose, sur quoi tout le monde a ri. *W. he replied . . .,* à quoi il répondit. . . . *The words w. he took offence,* les paroles qui l'ont froissé. *The table w. he had been seated,* la table à laquelle il avait été assis.

whereby [hwɛər'bai], *adv.* **1.** *A. & Lit:* (*Interrogative*) Par quoi? par quel moyen? **2.** (*Relative*) Par lequel, au moyen duquel. **Decision whereby . . .,** décision par laquelle. . . .

wherefore ['hwɛərfɔːr]. **1.** *adv. Lit:* (a) (*Interrogative*) Pourquoi? pour quelle raison? *W. comes he?* pour quelle raison vient-il? *W. do you laugh?* pourquoi riez-vous? *B: Wherefore didst thou doubt?* pourquoi as-tu douté? (b) (*Relative*) = THEREFORE. **2.** *s.* **The whys and wherefores,** les pourquoi et les parce que; les si et les car; les causes *f* et les raisons. *To ask too many whys and wherefores,* faire, poser, trop de questions; vétiller.

wherefrom [hwɛər'frɔm], *adv. A. & Lit:* D'où.

wherein [hwɛər'in], *adv. A. & Lit:* **1.** (*Interrogative*) En quoi? *W. have we offended you?* en quoi vous avons-nous offensé? **2.** (*Relative*) Dans lequel; où. *The room w. they slept,* la chambre dans laquelle ils dormaient. *The month w. the event took place,* le mois où l'événement eut lieu. *The circumstances w. he was found,* les circonstances dans lesquelles on le trouva.

whereof [hwɛər'ɔv], *adv. A. & Lit:* **1.** (*Interrogative*) En quoi? de quoi? *W. is it made?* de quoi, en quoi, est-ce fait? **2.** (*Relative*) (a) De quoi, dont. *Metals w. jewellery is made,* métaux *m* dont on fait les bijoux. *The matter w. he spoke,* la question dont il a parlé. (b) Duquel, dont. *Two brothers w. one was a priest, and the other a doctor,* deux frères dont l'un était prêtre et l'autre médecin.

whereon [hwɛər'ɔn], *adv. A. & Lit:* **1.** (*Interrogative*) Sur quoi? *W. did he sit?* sur quoi était-il assis? **2.** (*Relative*) (a) Sur quoi, sur lequel. *The ground w. the church will be built,* le terrain sur lequel on bâtira l'église. *The day w. the king was assassinated,* le jour où, *A:* que, le roi fut assassiné. **That is whereon we differ,** c'est sur quoi nous ne sommes pas du même avis. (b) = WHEREUPON 2 (b).

wheresoever [hwɛərso'evər], *Poet:* **wheresoe'er** [hwɛərso'ɛər], *adv.* = WHEREVER.

wherethrough [hwɛər'θruː], *adv. A. & Lit:* **1.** A travers lequel, laquelle. **2.** Par lequel, laquelle. **3.** A cause duquel, de laquelle.

whereunder [hwɛər'ʌndər], *adv. A. & Lit:* Sous lequel, laquelle.

whereupon [hwɛərə'pɔn], *adv. Lit:* **1.** (*Interrogative*) = WHEREON 1. **2.** (*Relative*) (a) *A:* = WHEREON 2 (a). (b) Là-dessus; sur ce(la); sur quoi; après quoi. *W. he left us,* sur quoi il nous quitta.

wherever [hwɛər'evər], *adv.* (*Cp.* '*where ever*' *under* EVER 3.) **1.** Partout où . . .; n'importe où. . . . *I shall remember it* **wherever I go,** où que j'aille, je m'en souviendrai; j'en porterai partout le souvenir. *W. I go I see . . .,* partout où je vais je vois. . . . *I will go* **wherever you want me to,** j'irai où vous voudrez (que j'aille). *Could you recognize them w. you came across them?* les reconnaîtriez-vous en quelque endroit que vous les rencontriez? **2. Wherever they come from** *they have done very well,* d'où qu'ils viennent ils se sont très bien acquittés (de leur tâche, etc.). *He hails from Glossop,* **wherever that may be,** il est natif d'un endroit qui s'appellerait Glossop.

wherewith [hwɛər'wið], *adv. A. & Lit:* **1.** (*Interrogative*) Avec quoi? *B: If the salt have lost its savour,* **wherewith shall it be seasoned?** si le sel perd sa saveur, avec quoi l'assaisonnera-t-on? **2.** (*Relative*) (a) Avec lequel; avec quoi; par lequel; au moyen duquel. *Clothes w. to cover oneself,* des vêtements avec lesquels se couvrir. (b) = WHEREUPON 2 (b).

wherewithal ['hwɛərwiðɔːl]. **1.** *adv. A:* = WHEREWITH. **2.** *s. Lit:* **The wherewithal,** le nécessaire; les moyens *m,* les fonds *m*; de quoi; *A:* le quibus. *To be warm one must have the w.,* pour se chauffer il faut avoir de quoi. *I hadn't the w. to pay for a dinner,* je n'avais pas de quoi me payer un dîner. *To have the time and the w.,* avoir le temps et l'argent, et les moyens.

wherry ['hweri], *s.* **1.** Esquif *m.* **2.** Bachot *m* (de rivière).

wherryman, *pl.* **-men** ['hweriman, -men], *s.m.* Bachoteur.

whet[1] [hwet], *s.* **1.** *Dial:* = WHETTING. **2.** *F:* (a) Stimulant *m,* aiguillon *m,* excitant *m.* *Whet to the appetite,* stimulant de l'appétit. (b) Apéritif *m* ou petit verre. **To take a whet,** *P:* prendre l'apéro *m.*

whet[2], *v.tr.* (**whetted; whetting**) **1.** Aiguiser, affûter, affiler, repasser (un outil, un couteau, etc.). **2.** *F:* Stimuler, aiguiser, exciter, aiguillonner (l'appétit, les désirs, etc.). *Work that whets the appetite,* travail *m* qui creuse l'estomac, qui vous met en appétit.

whetting, *s.* **1.** Affûtage *m,* affilage *m,* aiguisage *m,* repassage *m.* **2.** *F:* Stimulation *f,* excitation *f,* aiguillonnement *m* (des sens, de l'appétit).

whether[1] ['hweðər], *a. & pron. A:* Lequel, laquelle (des deux).

whether[2], *conj.* **1.** (*Introducing an indirect question*) Si. *I don't know w. it is true,* je ne sais pas si c'est vrai. *It is doubtful, uncertain, w. . . .,* il est douteux, peu certain, si. . . . *The question arose w. . . .,* la question a été soulevée de savoir si. . . . **I want to know whether . . . or whether . . .** je voudrais savoir si . . . ou si. . . . *I don't know w. it is true or not,* je ne sais pas si c'est vrai ou non. *He could see in the eyes of his audience* **whether or no** *he was understood,* il savait lire dans les yeux de son auditoire s'il se faisait comprendre ou non. *It depends upon w. you are in a hurry or not,* cela dépend de si vous êtes pressé ou non. *I am not interested in w. you approve or not,* que vous approuviez ou non, cela ne m'intéresse pas. *The question was w. or not to take Nedda with him,* la question était de savoir si, oui ou non, il devait emmener Nedda. *I am not informed* **as to whether he sold it,** j'ignore s'il l'a vendu. **2.** (*Introducing a clause of condition*) **Whether it rains or (whether it) blows,** *he always goes out,* soit qu'il vente, soit qu'il pleuve, il sort toujours; qu'il vente ou qu'il pleuve, pluie ou vent, il sort toujours. *We shall all die, w. to-day or to-morrow,* nous mourrons tous, soit aujourd'hui, soit demain. *W. to-day or to-morrow, it is bound to happen,* soit maintenant ou demain, cela arrivera sûrement. *W. he comes or not, or no, we shall leave,* qu'il vienne ou non, qu'il vienne ou qu'il ne vienne pas, nous allons partir. **Whether or not . . .,** qu'il en soit ainsi ou non. . . . *W. from modesty or through laziness, he never wrote anything,* soit modestie soit paresse, il n'a jamais rien écrit. *W. expensive or cheap, this thing is a luxury,* qu'il soit cher ou bon marché, cet article est un luxe.

whetstone ['hwetstoun], *s.* Pierre *f* à aiguiser, à repasser; aiguisoir *m,* affiloir *m,* affiloire *f.*

whew [hiuː], *int.* **1.** (*Of fatigue, relief*) Ouf! **2.** (*Astonishment*) Fichtre!

whey [hwei], *s.* Petit lait; lait clair. *See also* CURD, SLIP DOWN 2.

'whey-faced, *a. F:* A la face pâle; à figure de papier mâché.

wheyey ['hweii], **wheyish** ['hweiiʃ], *a.* Qui ressemble au petit lait; (liquide *m*) blanchâtre.

which [hwitʃ]. I. *a.* **1.** (*Interrogative*) Quel, *f.* quelle; *pl.* quels, *f.* quelles? *W. colour do you like best?* quelle couleur aimez-vous le mieux? **Which way do we go?** par où allons-nous? **Which way is the wind?** d'où vient le vent? *I don't know w. side to back,* je ne sais pas de quel côté parier. **Which one?** lequel? laquelle? **Which ones?** lesquels? lesquelles? *I know w. one you want,* je sais lequel vous désirez; je sais celui que vous désirez. *W. one of us?* lequel de nous, d'entre nous? *I'm going with the girls.—W. girls?* j'y vais avec ces demoiselles.—Lesquelles? *See also* EVERY WHICH WAY. **2.** (*Relative*) Lequel, *f.* laquelle; *pl.* lesquels, lesquelles. *He was armed with a revolver,* **which weapon** *I had not observed before,* il était armé d'un revolver, arme que, laquelle arme, je n'avais pas remarquée jusque-là. *He was told to apply to a police station, w. advice he followed,* on lui dit de s'adresser à un commissariat, conseil qu'il suivit. *He had come with the Browns and the Smiths, w. latter were intimate friends,* il était venu avec les Smith et les Brown; ces derniers étaient des amis intimes. *He stayed here two weeks, during w. time he never left the house,* il est resté ici deux semaines, pendant lesquelles, au cours desquelles, il n'a pas quitté la maison. *He came at noon, at w. time I am usually in the garden,* il est venu à midi, heure à laquelle je suis ordinairement au jardin. *I shall complain to the colonel, w. colonel by the way is my cousin,* je me plaindrai au colonel, lequel colonel, soit dit en passant, est mon cousin. **Look which way you will . . .,** de quelque côté que vous regardiez. . . . *Turn my head w. way I would, I seemed to see the gold,* partout où je tournais les yeux (*to avoid the awkward* de quelque côté que je me tournasse . . .) il me semblait voir l'or.

II. **which,** *pron.* **1.** (*Interrogative*) Lequel, **Which have you chosen?** lequel, laquelle, avez-vous choisi(e)? *W. of the ladies has come?* laquelle des dames est venue? *W. of you can answer?* lequel d'entre vous peut répondre? lesquels d'entre vous peuvent répondre? *W. of the two is the prettier?* laquelle des deux est la plus jolie? *He tells me w. of the pictures I ought to admire,* il me dit lesquels des tableaux il faut admirer. *W. would you rather be: pretty or good?* lequel préférez-vous, être jolie ou sage? *Indulgence or fear, call it w. you please,* indulgence ou crainte, appelez-le comme vous voudrez. **To which, of which, is he speaking?** auquel, duquel, parle-t-il? *W. of you did that?* lequel d'entre vous a fait cela? *W. will you take, milk or cream?* que prendrez-vous, du lait ou de la crème? **Tell me which is which,** dites-moi comment les distinguer; dites-moi lequel est le bon, le vrai? *They are so alike I can never tell w. is w.,* ils se ressemblent tellement que je ne sais jamais les distinguer. *I don't know w. to choose,* je ne sais (pas) lequel choisir. *Do say w. you will have!* choisissez donc! **I don't mind which,** n'importe (lequel); cela m'est égal. *She knew w. were the best shops,* elle savait quels étaient les meilleurs magasins. **2.** (*Relative*) (*With thg or clause as antecedent, A: with pers. as antecedent*) (*a*) (*Adj. clauses*) Qui; que; lequel. **The house which is to be sold,** la maison qui est à vendre. *The books w. I possess,* les livres que je possède. *Choose the one w. you like best,* choisissez celui que vous préférez. *The one w. (usu. whom) you saw is my sister,* celle que vous avez vue est ma sœur. *B:* **Our Father, which art in Heaven,** notre père qui êtes aux cieux. (*b*) (*Continuative clauses*) Ce qui, ce que. *He looked like a retired clerk,* **which indeed** he was, il avait l'air d'un commis retraité, ce qu'il était en effet. *It is raining hard, w. prevents me from going out,* il pleut à verse, ce qui m'empêche de sortir. *He went over many little incidents of my youth,* **all which were true,** il énuméra de nombreux incidents de ma jeunesse, qui étaient tous exacts, dont chacun était exact. *If this happens, w. God forbid . . .,* si cela arrive, ce qu'à Dieu ne plaise. . . . *He told me to shut the door, w. I had already done,* il m'a dit de fermer la porte, ce que j'avais déjà fait. *When overwrought, w. he often was . . .,* lorsqu'il était surmené, comme il l'était souvent, ce qui lui arrivait souvent. . . . *She tickles my neck, w. I hate,* elle me chatouille le cou, chose que je déteste. *He was back in London, w. I did not know,* il était de retour à Londres, fait que j'ignorais. **3.** (*Relative pron. governed by a preposition*) (*a*) (*Relative clauses*) **To which, at which,** auquel, *f.* à laquelle, *pl.* auxquels, auxquelles. **Of which, from which,** duquel, *f.* de laquelle; *pl.* desquels, desquelles; dont. *The house of w. I speak,* la maison dont je parle. *The article of w. I am thinking, w. I am thinking of,* l'article auquel je pense. *The room of w. the door was closed, the door of w. was closed,* la chambre dont la porte était fermée. *The drawer of w. I have lost the key,* le tiroir dont j'ai perdu la clef. *The countries to w. we are going, w. we are going to,* les pays où nous irons. *The hotels at which we stayed,* les hôtels où nous sommes descendus. *The pen w. I am writing with,* la plume avec laquelle j'écris. *The friendship with w. you honour me,* l'amitié dont vous m'honorez. *We must find something with w. to light the fire,* il faut trouver de quoi allumer du feu. *The machinery is wanting by w. to carry this law into effect,* les moyens manquent pour mettre cette loi en vigueur. *The town in w. we live,* la ville où nous demeurons, que nous habitons. *We want a house with a room in w. to dance,* il nous faut une maison avec une salle où l'on puisse danser. *I gave him a year in w. to build it,* je lui ai donné un an pour la bâtir. (*b*) (*Continuative clauses*) *He demands that actors should have talent,* **in which he is right,** il exige que les acteurs aient du talent, (ce) en quoi il a raison. *There are no trains on Sunday,* **which I hadn't thought of,** il n'y a pas de trains le dimanche, ce à quoi je n'avais pas pensé. **Upon which** *he fled,* sur quoi il s'enfuit. **After which** *he went out,* après quoi il est sorti. *I have received a box of books,* **all of which are new,** j'ai reçu une caisse de livres, qui sont tous nouveaux.

whichever [hwitʃ'evər], *rel. pron. & a.* **1.** (*a*) *pron.* Celui qui, celui que, n'importe lequel. *Take w. you like best,* prenez celui que vous aimez le mieux; prenez n'importe lequel. *W. (of you) comes in first receives the prize,* celui (d'entre vous) qui arrive le premier reçoit le prix. (*b*) *a.* Le . . . que, n'importe quel. *Take w. book you like best,* prenez le livre que, n'importe quel livre, vous aimez le mieux. **2.** (*Introducing a dependent clause*) (*a*) *pron.* N'importe lequel. *W. you choose, you will have a good bargain,* n'importe lequel vous choisirez, vous aurez fait une bonne affaire. (*b*) *a.* N'importe quel, quelque . . . que. *W. way he turned he saw nothing but sand,* de quelque côté qu'il se tournât, n'importe de quel côté il se tournait, il ne voyait (rien) que du sable. *The foreign policy remains the same, w. party is in power,* la politique étrangère reste la même, quel que soit le parti politique au pouvoir, quelque parti politique qui détienne le pouvoir.

whichsoever [hwitʃso'evər], *pron. & a. A. & B:* = WHICHEVER.

whidah(-bird) ['hwida(bəːrd)], *s. Orn:* = WIDOW-BIRD.

whiff[1] [hwif], *s. Ich:* Cardine *f*; mère *f* des soles.

whiff[2], *s.* **1.** (*a*) Bouffée *f* (de vent, de fumée, d'air, etc.); halenée *f* (de vin, etc.). *There wasn't a w. of wind,* il n'y avait pas une haleine, pas un souffle, de vent. *To go out for a w. of fresh air,* sortir pour respirer un peu, pour prendre l'air. *To get a w. from the sewers,* attraper un relent des égouts. *Whiffs of the scent of roses,* les effluves parfumés des roses. *One catches whiffs of iodoform in the corridors,* une odeur d'iodoforme court dans les couloirs. (*b*) **Whiff of grape-shot,** décharge *f* de mitraille. **2.** Petit cigare; médianito *m.* **3.** *Row:* Skiff *m.*

whiff[3]. **1.** *v.i.* (*a*) Émettre des bouffées. (*b*) Souffler par bouffées. **2.** *v.tr.* **To whiff smoke,** émettre des bouffées de fumée. **To whiff away, whiff off,** *the dust,* souffler la poussière.

whiffet ['hwifet], *s. U.S:* Personne nulle; zéro *m.*

whiffle[1] [hwifl], *s.* Souffle *m*, bouffée *f.*

whiffle[2], *v.tr. & i.* Souffler légèrement, par bouffées.

whiffling, *a. F:* = PIFFLING.

whiffler ['hwiflər], *s.* = TRIFLER.

whiffy ['hwifi], *a. F:* D'odeur désagréable, qui sent; *P:* qui schlingue.

whig [hwig]. *Pol.Hist:* **1.** *s.* Whig *m*; libéral *m*, -aux (de vieille roche). **2.** *a.* Des whigs. **The whig party,** le parti whig.

whiggamores ['hwigamɔːrz], *s.pl. Scot.Hist:* Insurgés écossais (de 1648).

whiggery ['hwigəri], *s. Pol.Hist: Pej:* = WHIGGISM.

whiggish ['hwigiʃ], *a. Pej:* Des whigs.

whiggism ['hwigizm], *s. Pol:* Whiggisme *m*, libéralisme *m.*

while[1] [hwail], *s.* **1.** (*a*) (Espace *m* de) temps *m.* **After a while,** après quelque temps; quelque temps après. **In a little while,** sous peu; avant peu. **For a (short) while,** pendant quelque temps, pendant quelques instants; pendant un moment. **A little while ago,** il n'y a pas bien longtemps; il y a peu de temps. **A long while,** longtemps. **For a long while past, this long while past,** depuis longtemps. **A good while,** pas mal de temps. *It is a good w. since . . .,* il y a pas mal de temps, il y a beau jour, que. . . . *It will be a good w. before you see him again,* vous ne le reverrez pas de si tôt. **That will do for one while,** cela suffira pour le moment. *I shall be away* **some while,** je vais m'absenter pour, pendant, un certain temps. *It will take me* **quite a while** *to do,* cela me prendra un certain temps, pas mal de temps. *Stay* **a (little) while,** restez un (petit) peu. **What a while you are!** quel temps vous y mettez! vous en mettez du temps! **All the while,** tout le temps. *See also* BETWEEN-WHILES, ONCE 1. (*b*) *Adv.phr.* **The while,** en attendant; pendant ce temps. *I'll give you a book to read the w.,* je vais vous donner un livre à lire en attendant. **2. To be worth (one's) while,** valoir la peine; *F:* valoir le coup. *It is not worth our w. waiting,* nous ne gagnerons rien à attendre; cela ne vaut pas la peine, ce n'est pas la peine, d'attendre. *It is not, you will not find it, worth your w. to study that author,* cela ne vaut pas la peine que vous étudiiez cet auteur. *I will come if it is worth (my) w.,* je viendrai si cela en vaut la peine. *It was not worth w. your going,* vous auriez aussi bien fait de ne pas y aller. *It is perhaps worth w. pointing out that . . .,* il n'est peut-être pas oiseux de faire remarquer que. . . . **I will make it worth your while,** je vous récompenserai, je vous rémunérerai, de votre dérangement; vous serez bien payé de votre peine.

while[2], *v.tr.* **To while away,** faire passer, tromper (le temps); tuer (une heure, le temps). *How were we to w. away the time?* comment tromper l'ennui de l'attente, de l'inaction? *I played patience to w. away the time,* j'ai fait des réussites pour me désennuyer. *To w. away the tedium of the journey,* dissiper l'ennui du voyage.

while[3], *A:* **whiles** [hwailz], *conj.* **1.** (*a*) (*During the time that*) Pendant que, tandis que; *A. & Lit:* cependant que. **While he was here, while here,** *he studied a great deal,* pendant qu'il était ici il a beaucoup étudié. *Let us be happy w. we are young,* soyons heureux pendant que nous sommes jeunes. *W. in Paris he attended a few classes,* pendant son séjour à Paris il a suivi quelques cours. *He died* **while eating his dinner,** il est mort en mangeant son dîner. *All your meals will be paid for w. travelling,* on vous paiera tous les repas en cours de route. *W. reading I fell asleep,* tout en lisant, je me suis endormi. **While this was going on,** sur ces entrefaites. *You read the paper after breakfast, I read it w. I am having mine,* vous lisez le journal après le déjeuner; moi je le lis pendant. (*b*) (*As long as*) Tant que. **While I live** *you shall lack nothing,* tant que je vivrai vous ne manquerez de rien. **While there is life there is hope,** tant qu'il y a de la vie il y a de l'espoir. **2.** (*Concessive*) Quoique, bien que, tout en. . . . **While I admit, while admitting, the thing is difficult,** *I do not think it impossible,* quoique j'admette, tout en reconnaissant, que la chose est difficile, je ne la crois pas impossible. *He was generous towards others w. stinting himself,* il était généreux pour les autres, en même temps qu'il se refusait le nécessaire, tout en se refusant le nécessaire. **3.** (*Whereas*) Tandis que. *One of the sisters was dressed in white, w. the other was all in black,* une des sœurs était vêtue de blanc, tandis que l'autre était tout en noir.

whilom ['hwailəm]. **1.** *a. Lit:* Ancien, ci-devant; d'autrefois, d'antan. *Our w. friends,* nos ci-devant amis. **2.** *adv. A:* Jadis, autrefois.

whilst [hwailst]. **1.** *conj.* = WHILE[3]. **2.** *Adv.phr.* **The whilst** = *the while, q.v. under* WHILE[1] 1 (*b*).

whim [hwim], *s.* **1.** Caprice *m*; fantaisie *f*, lubie *f*, *F:* lune *f.* *A mere w.,* une simple lubie. **Passing whim,** toquade *f*; lubie fugace. *It is a sudden w. of his,* c'est un caprice qui lui a pris. *That's another of his whims,* c'est encore une de ses lunes. *To be full of whims, F:* avoir un rat, des rats, dans la tête. *His every w. must be complied with,* il faut faire ses quatre volontés. **As the whim takes her,** selon son caprice. **To take a whim into one's head,** se mettre une idée en tête. *I wonder what w. he has got in his head,* je me demande ce qu'il a en tête. *To submit to s.o.'s whims,* se soumettre aux exigences de qn. **To satisfy one's whim for sth.,** se passer la fantaisie de qch. *See also* GRATIFY 3. **2.** *Min: etc:* **(Horse-)whim, whim(-gin),** cabestan *m* à cheval; treuil *m* d'extraction à manège; manège *m*; baritel *m.* **3.** *Veh:* Trique-balle *m.*

whimbrel ['hwimbrel], *s. Orn:* Petit courlieu, petit courlis; turlu(i) *m.*

whimper[1] ['hwimpər], *s.* **1.** (i) Pleurnicherie *f*, pleurnichement *m*; (ii) geignement *m*, plainte *f.* **2.** (*Of dog*) Petit cri plaintif; plainte.

whimper[2]. **1.** *v.i.* (*a*) Pleurnicher, geindre. (*b*) (*Of dog*) Faire entendre une plainte; pousser des petits cris plaintifs. **2.** *v.tr.* Dire (qch.) en pleurnichant.

whimpering[1], *a.* Qui pleurniche; pleurnicheur; geignard. **-ly,** *adv.* En pleurnichant, en geignant.

whimpering[2], *s.* = WHIMPER[1].

whimperer ['hwimpərər], *s.* Pleurnicheur, -euse, geignard, -arde.

whimsical ['hwimzik(ə)l], *a.* **1.** (*Of pers., mind*) Capricieux, fantasque; lunatique. **2.** (*Of thg*) Bizarre, baroque. **-ally,** *adv.* Capricieusement, bizarrement, fantasquement. *W. shaped hills,* collines capricieusement dentelées.

whimsicality [hwimzi'kaliti], *s.* **1.** Caractère capricieux, fantasque. **2.** Bizarrerie *f* (de caractère).

whimsy ['hwimzi], *s. A:* **1.** = WHIM 1. **2.** *Shallow writer of whimsies,* auteur superficiel qui n'a laissé que des boutades *f.*

whin[1] [hwin], *s. Bot:* Genêt *m* d'Angleterre; ajonc commun; ulex *m*; genêt épineux; jonc marin, sainfoin *m* d'hiver.

'**whin-bush,** *s.* (Arbuste *m* d')ajonc *m.*

whin[2], *s.* = WHINSTONE.

whinchat ['hwintʃat], *s. Orn:* Tarier *m.*
whine[1] [hwain], *s.* **1.** Plainte *f*; cri dolent (d'une personne); pleurnicherie *f*, geignement *m* (d'un enfant); gémissement *m*, plainte, geignement (d'un chien). **2.** *F:* Jérémiade *f.*
whine[2]. **1.** *v.i.* (*a*) (*Of pers.*) Se plaindre; gémir; (*of infant*) pleurnicher, piauler; (*of dog*) gémir, geindre. (*b*) *F:* Se plaindre; geindre. *You've nothing to w. about,* il n'y a pas de quoi vous plaindre. *The bullets whined through the air,* les balles fendaient l'air avec un son plaintif. **2.** *v.tr.* Dire (qch.) d'un ton dolent, plaintif, pleurard. **He whined out a request for alms,** il demanda l'aumône d'une voix dolente.
whining[1], *a.* (*a*) Gémissant, geignant; (enfant) pleurnicheur; (ton) plaintif, pleurard. *W. voice,* voix dolente. (*b*) *F:* Geignard.
whining[2], *s.* (*a*) Gémissement *m*, geignement *m.* *The w. of the shells,* le sifflement plaintif des obus. *W. of gears,* sirénage *m* des engrenages. (*b*) *F:* Jérémiades *fpl*; plaintes *fpl.* **Stop your whining! assez de jérémiades!** *P:* assez de giries!
whiner ['hwainər], *s.* (*Pers.*) Geigneur, -euse; plaignard, -arde; (*child*) pleurnicheur, -euse; piauleur, -euse.
whinger ['hwiŋər], *s. Scot: A:* Sabre-briquet *m*, *pl.* sabres-briquets; dague *f*, poignard *m.*
whinny[1] ['hwini], *s.* Hennissement *m* (de cheval).
whinny[2], *v.i.* (*Of horse*) Hennir.
whinny[3], *a.* (Terrain) couvert d'ajoncs.
whinstone ['hwinstoun], *s. Geol:* Trapp *m.*
whip[1] [hwip], *s.* **1.** Fouet *m.* **Long whip, lunging whip,** chambrière *f.* *F:* **Whip behind!** tapez derrière! *See also* HORSEWHIP[1], RIDING-WHIP. **2.** (*a*) Cocher *m*, conducteur *m* (d'un mail-coach, etc.). **To be a good, a bad, whip,** bien, mal, conduire. *He's a fine whip,* c'est une fine guide. (*b*) *Ven:* = WHIPPER-IN. **3.** *Parl:* (*a*) (Membre désigné par un parti comme) chef *m* de file; whip *m.* **The government have taken off the whips,** le gouvernement se désintéresse de la question, laisse ses adhérents libres de voter comme bon leur semblera. (*b*) Appel *m* aux membres d'un groupe. **Four-line whip,** appel urgent souligné quatre fois. **4.** Fouettement *m*, coup *m* de fouet (d'un câble, d'une ligne de pêche, etc.). **5.** Aile *f*, bras *m* (d'un moulin à vent). **6.** *Nau:* Cartahu *m*; palan *m.* **Single whip,** cartahu simple. **7.** = WHIP-STITCH.
'whip-bucket, *s. Veh:* Porte-fouet *m inv.*
'whip-fish, *s. Ich:* Hénioque *m*; *F:* cocher *m.*
'whip-graft, *v.tr. Hort:* Greffer (un arbre) en fente anglaise.
whip-grafting, *s.* Greffe *f* en fente anglaise.
'whip-hand, *s.* Main *f* du fouet; main droite du cocher. *F:* **To have the whip-hand,** avoir l'avantage; avoir le dessus; tenir le haut bout. **To have the whip-hand of s.o.,** avoir barres, une barre, sur qn; avoir la haute main sur qn.
'whip-lash, *s.* Mèche *f* de fouet. *F:* **Tongue like a whip-lash,** langue *f* qui cingle.
'whip-like, *a. Nat.Hist:* Flagellaire, flagelliforme.
'whip-saw[1], *s.* **1.** *Tls:* (*a*) Scie *f* à chantourner. (*b*) Scie de long. **2.** *U.S:* *F:* Arme *f* à deux tranchants; *Cards:* tenaille *f.*
'whip-saw[2], *v.tr. & i.* **1.** Chantourner. **2.** Scier en long.
'whip-scorpion, *s. Arach:* Pédipalpe *m.*
'whip-socket, *s.* = WHIP-BUCKET.
'whip-stitch, *s. Needlew:* (*a*) Point *m* de surjet. (*b*) Point roulé.
'whip-stock, *s.* Manche *m* de fouet.
'whip-tailed, *a. Nat.Hist:* A queue en fouet. *See also* STING-RAY.
'whip-top, *s. Toys:* Sabot *m.*
whip[2], *v.* (whipped [hwipt]; whipping) **I.** *v.tr.* **1.** (*a*) Fouetter (un cheval, un enfant, etc.); donner des coups de fouet à (un cheval); donner le fouet à (un enfant, un malfaiteur); corriger (un enfant). **To whip a top,** fouetter, faire aller, un sabot. **To whip a confession out of s.o.,** extorquer un aveu à qn à coups de fouet. *To whip the faults out of a child,* corriger un enfant. *The rain whipped the window-panes,* la pluie fouettait, cinglait, les vitres. (*b*) *Cu:* Battre (des œufs); fouetter, faire mousser (de la crème). **Whipped cream,** crème fouettée. (*c*) *Fish:* Fouetter (un cours d'eau). (*d*) *U.S:* *F:* Vaincre, enfoncer (un concurrent, un adversaire). **2.** (*a*) *Nau:* Surlier, garnir (un cordage). (*b*) Ligaturer (un brancard, une canne à pêche, etc.). (*c*) *Needlew:* **To whip a seam,** surjeter une couture; faire un surjet. **3.** Mouvoir vivement (qch.). **He whipped the revolver out of his pocket,** il sortit vivement, brusquement, le revolver de sa poche. *He whipped the packet into a drawer,* il fourra vivement le paquet dans un tiroir. **4.** *Nau:* Hisser (une vergue, etc.) avec un cartahu.
II. **whip,** *v.i.* **1.** Fouetter. **The rain whipped against the panes,** la pluie fouettait, cinglait, contre les vitres. **2.** (*Of pers.*) **To whip behind the door,** se jeter, s'élancer, derrière la porte. **To whip round the corner,** tourner vivement le coin. **3.** *Mec.E:* (*Of shaft, etc.*) Fouetter.
whip away. **1.** *v.tr.* (*a*) Chasser (qn) à coups de fouet. (*b*) Arracher, enlever, vivement (qch.). **2.** *v.i.* Partir vivement; décamper.
whip back, *v.i.* **1.** (*Of cable, etc.*) Fouetter. **2.** *Aut:* (*Of steering-wheel*) Réagir (sous l'effet des aspérités du sol).
whip in. **1.** *v.tr. Ven:* Ramener, rassembler (les chiens) (avec le fouet). *Abs.* **To whip in,** être piqueur. **2.** *v.i.* Entrer brusquement.
whip off. **1.** *v.tr.* (*a*) *Ven:* Chasser (les chiens) (avec le fouet). (*b*) Enlever vivement (qch. de la table, etc.). **To whip off one's hat,** se découvrir d'un geste rapide. **2.** *v.i.* = WHIP AWAY 2.
whip on, *v.tr.* Faire avancer, pousser, (un cheval) à coups de cravache ou en le touchant du fouet.
whip out. **1.** *v.tr.* Tirer, sortir, vivement (un revolver, etc.). *To whip out one's sword,* dégainer. **2.** *v.i.* Sortir vivement.
whip round. **1.** *v.tr. Abs.* **To whip round for subscriptions,** faire passer à la ronde une invitation à participer à une souscription. **2.** *v.i.* (*Of pers.*) Se retourner vivement; (*of horse*) faire (un) tête-à-queue.
whip-'round, *s.* Invitation *f* à envoyer des dons en espèces, etc. **To have a whip-round for s.o.,** organiser une souscription en faveur de qn.
whip up, *v.tr.* **1.** Activer, stimuler (un cheval); toucher (un cheval) (du fouet). **2.** *Parl:* Faire passer un appel urgent (aux membres d'un parti). *F:* **To whip up one's friends,** rallier ses amis. **3.** Saisir, ramasser, vivement (qch.).
whip-'up, *s. Parl:* Appel urgent (à faire acte de présence).
whipping, *s.* **1.** (*a*) Fouettage *m* (d'un cheval, d'un sabot, *Cu:* d'un œuf, etc.). (*b*) Fouettée *f.* *Jur:* (Châtiment *m* du) fouet; peine *f* du fouet, de la flagellation. **To give s.o. a whipping,** donner le fouet à qn, à un enfant; donner une fouettée à un enfant. **To get a whipping,** recevoir le fouet; être fouetté. **2.** (*a*) Fouettement *m* (de la pluie, etc.). (*b*) *Mec.E:* Fouettement, battement *m* (d'un arbre, *Aut:* du vilebrequin, etc.). **3.** (*a*) *Nau:* Surliure *f* (d'un cordage). (*b*) Ligature(s) *f(pl)* (d'une canne à pêche, etc.). (*c*) *Needlew:* (i) Surjet *m* (d'une couture). (ii) **Whipping (stitch),** point roulé.
'whipping-boy, *s.m.* (*a*) *Hist:* Jeune garçon élevé avec un prince et qui recevait le fouet au lieu de celui-ci. (*b*) *F:* Tête *f* de Turc.
'whipping-post, *s. A:* Poteau *m* des condamnés au fouet.
'whipping-top, *s. Toys:* Sabot *m.*
'whip-poor-'will, *s. Orn:* Engoulevent *m* de la Virginie.
whipcord ['hwipkɔːrd], *s.* **1.** (*a*) Mèche *f* de fouet. (*b*) Corde *f* à fouet; ficelle *f* à fouet; forcet *m.* *See also* SEA-WHIPCORD. **2.** *Tex:* Whipcord *m*; fil *m* de fouet.
whipper ['hwipər], *s.* Fouetteur, -euse. *See also* COAL-WHIPPER.
whipper-in ['hwipərin], *s. Ven:* Piqueur *m.*
whipper-snapper ['hwipərsnapər], *s. F:* Freluquet *m*, paltoquet *m*; jeune fat; petit jeune homme qui fait l'important.
whippet ['hwipit], *s.* **1.** (*Dog*) Whippet *m.* **2.** *Mil:* *F:* Char *m* d'assaut de petit modèle, léger.
whippiness ['hwipinəs], *s.* Souplesse *f* (d'une canne à pêche, etc.).
whipple-tree ['hwipltriː], *s.* = SWINGLE-TREE.
whippy ['hwipi], *a.* (Crosse *f* de golf, etc.) flexible, souple.
Whipsnade ['hwipsneid]. *Pr.n.* Parc *m* zoologique de Whipsnade (Herts).
whir[1, 2] [hwəːr], *s. & v.i.* = WHIRR[1, 2].
whirl[1] [hwəːrl], *s.* **1.** (*a*) Mouvement *m* giratoire, giration *f* (d'une roue, etc.). (*b*) Tourbillon *m*, tourbillonnement *m*, tournoiement *m.* *A w. of dead leaves, of dust,* un tourbillon de feuilles mortes, de poussière. *F:* **A whirl of pleasures,** un tourbillon de plaisirs. **My head is in a whirl,** la tête me tourne; j'ai la tête à l'envers. *Ph:* **Sound whirl,** tourbillon acoustique. **2.** *Ropem:* Molette *f.* **3.** *Ph:* **Electric whirl,** tourniquet *m* électrique.
whirl[2]. **1.** *v.i.* (*a*) **To whirl (round),** tourbillonner, tournoyer; (*of dancer*) pirouetter; (*of rocket*) vriller. **Whirling dervish,** derviche tourneur. *F:* *My head whirls,* la tête me tourne; j'ai le vertige. (*b*) **To whirl along,** filer à toute vitesse, à toute allure; aller comme le vent; se précipiter. **To come whirling down,** descendre en tournoyant. **To whirl past sth.,** passer qch. à toute vitesse, en trombe. *The trees by the roadside whirled past us,* les arbres de la route fuyaient à nos côtés. *The thoughts that w. through my head,* les pensées qui tourbillonnent dans mon cerveau, qui me traversent le cerveau. **2.** *v.tr.* (*a*) Faire tournoyer, faire tourbillonner (les feuilles mortes, etc.). *To w. a stone at s.o.,* lancer une pierre à qn avec une fronde. **The wind whirls the leaves about,** le vent fait voler les feuilles. *See also* THERMOMETER. (*b*) Entraîner (à toute vitesse, à fond de train). **The train whirled us along,** le train nous emportait à toute vitesse.
whirling[1], *a.* Tourbillonnant; tournoyant; giratoire, rotatoire. *Cin:* **Whirling wipe,** ouverture *f* ou fermeture *f* en spirale.
whirling[2], *s.* **1.** Tourbillonnement *m*; tournoiement *m*, giration *f.* **2.** **Whirling along,** course précipitée. **3.** Lancement vigoureux (de qch.).
whirler ['hwəːrlər], *s. Ind: Phot: etc:* Tournette *f* (d'essorage).
whirligig ['hwəːrligig], *s.* **1.** (*a*) *Toys:* Tourniquet *m.* (*b*) Manège *m* de chevaux de bois. **2.** Mouvement *m* rapide de giration. *Danc:* Pirouette *f.* *F:* **The whirligig of life,** le tourbillon de la vie. **3.** *Ent:* **Whirligig (beetle),** gyrin *m*; *F:* tourniquet aquatique.
whirlpool ['hwəːrlpuːl], *s.* Tourbillon *m* (d'eau); remous *m* d'eau; gouffre *m*, maelström *m.*
whirlwind ['hwəːrlwind], *s.* Tourbillon *m* (de vent); trombe *f* (de vent). *F:* **To come in like a whirlwind,** entrer en trombe, en coup de vent. *See also* RIDE[2] II. 3, WIND[1] 1.
whirr[1] [hwəːr], *s.* Bruissement *m* (d'ailes); bruit ronflant, ronflement *m*, ronron *m*, ronronnement *m* (de machines); sifflement *m* (d'obus); vrombissement *m* (d'une hélice d'avion, d'une turbine).
whirr[2], *v.i.* (*Of machinery, etc.*) Tourner à toute vitesse; ronfler, ronronner; (*of air-screw, etc.*) vrombir; (*of shell*) siffler. **Motors whirr along the road,** les autos vrombissent sur la route. *The birds whirred past,* le gibier passait avec un bruissement d'ailes.
whirring[1], *a.* (*Of wheel, etc.*) Qui tourne à toute vitesse; qui ronfle; ronflant; (*of shell*) sifflant; (*of wings*) bruissant.
whirring[2], *s.* = WHIRR[1].
whisht [hwiʃt], *int. Scot:* Chut! *s.* **Hold your whisht!** taisez-vous! ne dites rien!
whisk[1] [hwisk], *s.* **1.** Mouvement rapide et léger. **A whisk of the tail, of a duster,** un coup de queue, de torchon. **2.** Verge *f*, vergette *f* (de brindilles, de plumes, etc.). **Dusting-whisk,** époussette *f.* **Furniture-whisk,** houssoir *m*; plumeau *m.* **(Clothes-)whisk,** balayette *f.* *See also* EGG-WHISK, FLY-WHISK.
whisk[2]. **1.** *v.i.* Aller comme un trait, comme une flèche; s'élancer. **To whisk away,** filer comme un trait. *The car whisked away,* la voiture disparut à toute allure. **To whisk past,** passer comme un trait, comme le vent. *The car whisked through the village,* l'auto

traversa le village à toute vitesse. **2.** *v.tr.* (*a*) Agiter (qch.) d'un mouvement vif. (*Of cow*) **To whisk its tail,** agiter sa queue; se battre les flancs avec sa queue. (*b*) **To whisk sth. away, off,** enlever qch. d'un geste rapide; escamoter qch. *To w. away a fly, a tear,* chasser une mouche, une larme (d'un revers de main). *To w. off the head of a thistle,* faire sauter la tête d'un chardon. **To whisk s.o. along,** entraîner, emporter, qn à toute vitesse. *I was whisked up in the lift,* l'ascenseur m'emporta rapidement. (*c*) *Cu:* Battre (des œufs); fouetter (de la crème).

whisker ['hwiskər], *s.* **1.** *Usu. pl.* **Whiskers,** favoris *m* (d'homme); moustache(s) *f* (de chat, de souris, etc.). *See also* CAT('S)-WHISKER, MUTTON-CHOP, SIDE-WHISKERS. **2.** *N.Arch:* Arc-boutant *m, pl.* arcs-boutants (de beaupré).

whiskered ['hwiskərd], *a.* (Homme) à favoris; (chat, etc.) à moustaches. *White-whiskered,* à favoris blancs. *Long-whiskered cat,* chat à longues moustaches.

whisk(e)y[1] ['hwiski], *s.* Whisk(e)y *m*; eau-de-vie *f* de grain (d'Écosse ou d'Irlande). **We had a whisky and soda, whiskies and sodas,** nous avons pris un whisky à l'eau, des whiskys à l'eau.

'whisky-liver, *s. Med: F:* Cirrhose *f* alcoolique.

whisk(e)y[2], *s. Veh: A:* Wiski *m.*

whisper[1] ['hwispər], *s.* **1.** (*a*) Chuchotement *m.* **To speak in a whisper, in whispers,** parler bas. *To say sth. in a w.,* chuchoter qch.; dire qch. à voix basse, à demi-voix, tout bas. *This was said in a w.,* ceci fut dit à peine dans un souffle. *See also* PIG[1] 1, STAGE-WHISPER. (*b*) *F:* Bruissement *m* (des feuilles); murmure *m* (de l'eau). **2.** Rumeur *f*, bruit *m* (que l'on se transmet à voix basse). **There is a whisper that . . .,** il court un bruit que. . . . *Whispers are going round that . . .,* on dit sous le manteau que. . . . *A w. of the scandal had come to his ears,* il avait eu vent de l'esclandre. **Not a whisper** *of it had been echoed in the press,* les journaux n'y avaient pas fait la moindre allusion.

whisper[2]. **1.** *v.i.* Chuchoter; parler bas; (*of leaves*) susurrer; (*of water*) murmurer. **To whisper to s.o.,** chuchoter à l'oreille de qn; dire, souffler, qch. à l'oreille de qn; dire qch. à qn dans le tuyau de l'oreille. **2.** *v.tr.* (*a*) **To whisper a word to s.o.,** dire, glisser, couler, un mot à l'oreille de qn. *He whispered (to) me the word I had forgotten,* il me souffla (à l'oreille) le mot que j'avais oublié. *To w. (to) s.o. to do sth.,* dire, conseiller, tout bas à qn de faire qch. **Whispered conversation,** conversation *f* à voix basse. (*b*) Faire circuler secrètement (une nouvelle). **It is whispered that . . .,** il court un bruit que . . .; le bruit court que. . . .

whispering, *s.* **1.** (*a*) Chuchotement *m.* (*b*) *Pej:* Chuchoterie(s) *f(pl).* **2.** Bruissement *m* (de feuilles); murmure *m* (d'eaux).

'whispering-gallery, *s.* **1.** *Arch:* Voûte *f* acoustique; galerie *f* à écho. **2.** *F:* Centre *m* d'intrigues.

whisperer ['hwispərər], *s.* Chuchoteur, -euse.

whist[1] [hwist], *s. Cards:* Whist *m.* **Dummy whist,** whist à trois avec un mort. *Short w.,* petit whist. *Long w.,* grand whist. **Whist player,** joueur, -euse, de whist; *F:* whisteur, -euse. **Whist drive,** tournoi *m* de whist. *See also* SOLO 2.

whist[2], *int. Dial:* = WHISHT.

whistle[1] [hwisl], *s.* **1.** (*a*) Sifflement *m*; coup *m* de sifflet. *The blackbird's w.,* le sifflement du merle. (*b*) *The w. of the wind in the trees,* le sifflement du vent dans les arbres. **2.** (*a*) Sifflet *m.* *Nau:* (*For commands*) Rossignol *m.* **'Pea' whistle,** sifflet à roulette. **To blow a whistle,** donner un coup de sifflet. *Mil: etc:* **Whistle signal,** commandement *m* au sifflet. *See also* FOG-WHISTLE, STEAM-WHISTLE. (*b*) *A:* **Penny whistle** = TIN-WHISTLE. (*c*) *Scot: F:* **Kist of whistles,** orgue *m* (de chœur). **3.** *P:* **To wet one's whistle,** s'humecter le gosier; se rincer la dalle, le tuyau; se mouiller la dalle; s'arroser la gorge; se gargariser le sifflet.

whistle[2]. **1.** *v.i.* (*a*) (*Of pers., bird, wind, etc.*) Siffler. **To whistle for one's dog, for a taxi,** siffler son chien, un taxi. *F:* **He may whistle for his money,** il peut courir après son argent. *To let s.o. w. for his money,* payer qn en monnaie de singe. **You may whistle for it!** tu peux toujours courir! tu peux te fouiller, te taper! *Nau:* **To whistle for a wind,** être accalminé, encalminé; siffler pour avoir du vent. *The bullet whistled past his ear,* la balle passa en sifflant près de son oreille. *Equit:* *To make one's switch w. (through the air),* siffler sa gaule. (*b*) Donner un coup de sifflet. *Rail:* **To whistle for the road,** demander la voie; siffler au disque. (*c*) *P: A:* Vendre la mèche; vendre ses complices. **2.** *v.tr.* (*a*) Siffler, siffloter (un air, etc.). (*b*) **To whistle one's time away,** passer son temps à siffler. *F:* **To whistle s.o., sth., down the wind,** laisser aller qn, qch.; ne plus se soucier de qn, qch. (*c*) **To whistle (up) a cab,** siffler un fiacre.

whistling[1], *a.* (Oiseau, etc.) siffleur. **Whistling sound,** sifflement *m.* *W. note,* note sifflante. *Nau:* **Whistling buoy,** bouée *f* à sifflet. *See also* SWAN.

whistling[2], *s.* Sifflement *m*; sifflerie *f.*

whistler ['hwislər], *s.* **1.** (*a*) Siffleur, -euse. (*b*) Cheval cornard. **2.** *Orn:* Oiseau siffleur. **3.** *Z:* Siffleur; marmotte canadienne.

whit[1] [hwit], *s.* Brin *m*, iota *m*, petit morceau; "mie" *f.* (*Only in a few adv. phrs, usu. negative.*) **He is not a whit, no whit, the better for it,** il ne s'en porte aucunement, nullement, mieux. *He is no whit the happier for it,* il n'en est pas plus heureux (pour ça). *He is* **every whit** *as good as you,* il vous vaut bien.

Whit[2], *a.* **Whit Sunday,** (dimanche *m* de) la Pentecôte. **Whit Monday,** le lundi de la Pentecôte. **Whit Tuesday,** le mardi de la Pentecôte. **Whit week,** la semaine de la Pentecôte.

white[1] [hwait]. I. *a.* **1.** Blanc, *f.* blanche. **As white as (the driven) snow,** blanc comme (la) neige, comme la neige vierge. *W. beard, w. hair,* barbe blanche, cheveux blancs. **He is going white,** il commence à blanchir. *Cu:* **White sauce,** sauce blanche. *Com:* **White goods,** articles *m* de blanc. *Navy:* **White uniform,** la tenue en blanc; les blancs *m.* *U.S:* **The White House,** la Maison Blanche (résidence du président des États-Unis). *Anat:* **White tissues,** tissus albuginés. *Geog:* **The White Sea,** la Mer Blanche. **White Russian,** Blanc-Russe, *pl.* Blancs-Russes. *See also* ANT, CROW[1] 1, CURRANT 1, ELEPHANT 1, ENSIGN 1, FEATHER[1] 1, FLAG[6] 1, FRIAR 1, FROST[1] 1, HEAT[1] 1, HORSE[1] 1 (*d*), LEAD[1] 1, MILK-WHITE, MONK, OWL, PEARL-WHITE 1, SHEET[1] 1, SNOW-WHITE, STAFF[1] 1, WHALE[1] 1. **2.** (*a*) De couleur claire. **White bread,** pain blanc. **White wine,** vin blanc. *Buy the liver as w. as possible,* achetez le foie le plus blond possible. **White glass,** verre transparent, sans couleur. **To have white hands,** (i) (*clean*) avoir les mains nettes; (ii) (*of beauty*) avoir les mains blanches. *Nau:* **White rope,** cordage blanc; franc filin. *See also* BATH[1] 3, COAL[1] 2, COFFEE, HONEY 1, LEATHER[1] 1, MEAT 1, PINE[1] 1, PUDDING[1] 1, SQUALL[3], WATER[1] 3. (*b*) **The white races,** les races blanches. **A white man,** (i) un blanc; (ii) *U.S:* un homme loyal. *See also* BLACKAMOOR, BURDEN[1] 1, SLAVE[1], SLAVER[3] 2, SLAVERY[1] 1. (*c*) **White with fear,** blanc de peur. **To turn, go, white,** devenir blanc, pâle, blême; blanchir, blêmir. **As white as a ghost, as a sheet,** pâle comme la mort, comme un linge. **In a white rage,** dans une colère blanche; blanc de colère; blême de colère. *See also* BLEED 1, SCOURGE[1] 2. **3.** (*Of pers., etc.*) Pur, innocent; (*of reputation, etc.*) sans tache. *See also* LIE[1], MAGIC 1.

II. **white,** *s.* **1.** Blanc *m*; couleur blanche. **Dead white,** blanc mat. *A line of w.,* une ligne de blanc. *See also* BLACK[1] II. 2. **2.** *Com:* **Zinc white,** blanc de zinc. *See also* CHINESE 1, FLAKE-WHITE, PARIS[1], PEARL-WHITE 2. **3.** (*a*) Vêtements blancs; étoffe blanche. **Dressed in white,** habillé en blanc, de blanc. *Com:* **White sale,** vente *f*, exposition *f*, de blanc; vente de lingerie. (*b*) *pl. Cost: Sp:* **Whites,** pantalon *m* de flanelle blanche. **4.** (*Pers.*) Blanc, *f.* blanche; homme, femme, de la race blanche. (*In colonies, etc.*) **Poor white,** nom donné par les nègres aux blancs sans fortune. **5.** (*a*) **White of egg,** blanc d'œuf. *The w. of an egg,* un blanc d'œuf. (*b*) **White of the eye,** blanc de l'œil; cornée *f.* **To turn up the whites of one's eyes,** (i) *F:* faire des yeux de carpe pâmée; (ii) *P:* (*faint or die*) tourner de l'œil. *See also* EYE[1] 1. (*c*) *pl. Mill:* **Whites,** farine *f* de la plus belle qualité; fleur *f* de farine. **6.** *Typ:* = WHITE LINE 2. **7.** *pl. Med: F:* **Whites,** leucorrhée *f*; *F:* pertes blanches, fleurs blanches.

'white a'lloy, *s.* = WHITE METAL.

'white-caps, *s.pl. F:* Vagues *f* à têtes d'écume; moutons *m.*

white-'collar, *attrib.a. U.S: F:* **White-collar job,** situation *f* d'employé de bureau, de commis.

'white-ear, *s. Moll:* Oreille *f* de Vénus.

'white-'faced, *a.* **1.** (Animal *m*) à face blanche. **White-faced horse,** cheval *m* belle-face *inv.* **2.** (*Of pers.*) Au visage pâle, blême.

'white-gum, *s. Med:* Strophulus *m.*

'white-'haired, *a.* Aux cheveux blancs.

'white-'handed, *a.* (i) (Jeune fille) aux mains blanches; (ii) (*innocent*) aux mains nettes.

'white-'headed, *a.* **1.** *Z:* A tête blanche. **2.** (*Of pers.*) (*a*) Aux cheveux blancs. (*b*) *F:* **The white-headed boy,** l'enfant gâté, le chouchou, de la famille.

'white-heart, *attrib.a. See* CHERRY 1.

'white 'hot, *a. Metall:* Chauffé à blanc; porté au blanc. *To go w. hot,* blanchoyer. *To make iron w. hot,* rougir le fer au blanc.

'white 'iron, *s. Metall:* **1.** Fer blanc. **2.** Fonte blanche.

'white-leg, *s. Med:* Leucophlegmasie *f*; œdème blanc douloureux.

'white 'line, *s.* **1.** *Anat: etc:* Ligne blanche. **2.** *Typ:* Ligne de blanc. *Ind. Phot:* **White-line print,** épreuve *f* en traits blancs.

'white-'lipped, *a.* **1.** Aux lèvres pâles. **2.** Blême, livide (de peur).

'white-'livered, *a. F:* Poltron, pusillanime. *To be w.-l., P:* avoir les foies (blancs).

'white 'metal, *s.* **1.** Métal blanc. **2.** Antifriction *f*, régule *m.* *To line bearings with w. m.,* garnir les coussinets de métal blanc; antifrictionner les coussinets.

'white-'nosed, *a. Z:* A nez blanc. **White-nosed monkey,** blanc-nez *m, pl.* blancs-nez.

'white 'paper, *s.* **1.** *Parl:* Livre blanc. **2.** *Fin:* Papier *m* de haut commerce.

'white-tail, *s. Orn: Dial:* = WHEATEAR[2].

'white 'vine, *s. Bot:* **1.** Vigne blanche; couleuvrée *f.* **2.** Clématite *f* des haies, berceau *m* de la Vierge.

'white ware, *s. Cer:* Faïence fine.

white[2], *v.tr.* **1.** Blanchir. *Now only in* **Whited sepulchre,** sépulcre blanchi. **2.** *Typ:* Blanchir (la composition).

whitebait ['hwaitbeit], *s. Cu:* Blanchaille *f.* *A dish of w.,* une friture.

whitebeam ['hwaitbi:m], *s. Arb:* Alisier blanc; (alisier) allouchier *m.*

whitefish ['hwaitfiʃ], *s. Com:* Poisson *m* à chair blanche, *esp.* le merlan et l'aiglefin *m.*

Whitehall ['hwaithɔ:l]. *Pr.n.* (*a*) Rue *f* et quartier *m* des Ministères (à Londres). (*b*) *F:* L'Administration *f.*

whiten ['hwait(ə)n]. **1.** *v.tr.* (*a*) Blanchir (les cheveux, la peau, le linge, etc.). *To w. the complexion,* déhâler le teint. *F: To w. a criminal, s.o.'s reputation,* blanchir un criminel, la réputation de qn. (*b*) Blanchir à la chaux, badigeonner en blanc (un plafond, etc.). (*c*) *Leath:* Écharner, blanchir (les peaux). (*d*) *Metalw:* Étamer (un métal). **2.** *v.i.* (*a*) Blanchir. (*b*) (*Of pers.*) Pâlir, blêmir.

whitening, *s.* **1.** (*a*) Blanchiment *m* (du linge, d'un mur, etc.). (*b*) *Leath:* Écharnage *m*, blanchiment (des peaux). **Whitening machine,** machine *f* à écharner, à blanchir; écharneuse *f.* **Whitening knife,** doloir *m.* (*c*) *Metalw:* Étamage *m.* **2.** Blanchissement *m* (des cheveux, etc.); albescence *f* (du ciel au petit jour). **3.** = WHITING[1].

whitener ['hwait(ə)nər], *s.* (*a*) *Leath:* Blanchisseur *m* (de peaux). (*b*) *Metalw:* Étameur *m*, blanchisseur (d'épingles, etc.).

whiteness ['hwaitnəs], *s.* (*a*) Blancheur *f* (de la neige, des cheveux, de la peau, etc.). (b) Pâleur f (du teint, du visage, etc.) (c) A. & Lit: Innocence f, pureté f.

whitesmith ['hwaitsmiθ], s. 1. Ferblantier m. 2. Serrurier m; ouvrier m en métaux.

whitethorn ['hwaitθɔːrn], s. Bot: Épine blanche; aubépine f.

whitethroat ['hwaitθrout], s. Orn: 1. Common whitethroat, grisette f. Lesser whitethroat, fauvette babillarde. 2. Passerine f.

whitewash¹ ['hwaitwɔʃ], s. 1. Blanc m de chaux, lait m de chaux; eau f à blanchir; badigeon blanc; échaudage m. *To give a wall a coat of w.*, donner une couche de blanc à un mur. Whitewash brush, badigeon. F: *To give s.o. a coat of w.*, blanchir la mémoire ou la réputation de qn; réhabiliter (un failli). 2. F: Verre m de Xérès à la fin du repas (pour faire passer les autres vins).

whitewash², v.tr. 1. (a) Peindre à la chaux; badigeonner en blanc; blanchir à la chaux; chauler, échauder (un mur). (b) F: Blanchir, disculper (qn); réhabiliter (un failli). 2. Sp: U.S: F: Battre (ses adversaires) sans qu'ils aient marqué un point.

whitewashing, s. (a) Peinture f à la chaux; badigeonnage m en blanc; blanchiment m à la chaux; chaulage m, échaudage m (d'un mur, etc.). (b) F: Blanchiment (d'une réputation, etc.); réhabilitation f (d'un failli).

whitewasher ['hwaitwɔʃər], s. 1. Badigeonneur m. 2. F: Apologiste m.

whitewood ['hwaitwud], s. Com: Bois blanc.

whither ['hwiðər], adv. A. & Lit: 1. Où? vers quel lieu? *W. do you go?* où allez-vous? *W. will all this lead?* où tout cela nous mènera-t-il? Whither Japan? où va le Japon? 2. (Relative) (Là) où. *I shall go w. Fate leads me*, j'irai là où me mènera le Destin. *We stopped at an inn, w. we had been directed*, nous sommes descendus à une auberge qu'on nous avait indiquée.

whithersoever [hwiðərso'evər], adv. A. & Lit: N'importe vers quel endroit; n'importe où; où que + sub.

whitherward ['hwiðərwərd], adv. A. & Lit: 1. Où? dans quelle direction? vers quel endroit? *W. are you travelling?* vers quel endroit voyagez-vous? 2. (Relative) (a) N'importe où; n'importe dans quelle direction; n'importe vers quel endroit. (b) Vers lequel, vers laquelle.

whiting¹ ['hwaitiŋ], s. Com: Blanc m d'Espagne; blanc de Meudon.

whiting², s. Ich: Merlan m. *See also* POUT¹.

whitish ['hwaitiʃ], a. Blanchâtre.

whitleather ['hwitleðər], s. Leath: Cuir mégis.

Whitley ['hwitli]. Pr.n. Ind: Adm: Whitley Council, conseil m de patrons et d'ouvriers (constitué d'après les recommandations de la commission présidée par J. H. Whitley).

whitlow ['hwitlou], s. Med: Panaris m; (round a nail) tourniole f, F: mal m d'aventure.

Whitsun(tide) ['hwits(ə)n(taid)], s. (Fête f, saison f, de) la Pentecôte. Whitsuntide holidays, vacances f de la Pentecôte.

whittle [hwitl], v.tr. To whittle (down), amenuiser, parer (un bâton, une cheville, etc.). F: To whittle down, away, s.o.'s allowance, rogner la pension de qn. *To w. a stick to a point*, aiguiser un bâton. Abs. To whittle at a stick, s'occuper à amenuiser, à parer, une bâton; coupailler un bâton.

whittling, s. 1. Whittling (down), amenuisement m (de qch.). 2. pl. Whittlings, copeaux m.

Whitworth ['hwitwəːrθ]. Pr.n. Mec.E: Whitworth standard thread, filetage normal anglais; pas anglais système Whitworth; filet m Whitworth.

whity-brown ['hwaiti'braun], a. 1. (Papier) brun clair; bis, f. bise. 2. F: Terne; peu net, f. nette; (opinions, etc.) floues, miton-mitaine inv.

whizz¹ [hwiz]. 1. int. Pan! 2. s. F: (a) Sifflement m (d'une balle, d'une flèche). (b) U.S: Marché conclu. It's a whizz! tope là!

'whizz-bang, s. Mil: P: Obus m à haute vitesse; obus de petit calibre; obus allemand de 77 mm.

whizz², v.i. (Of bullet, arrow, etc.) Siffler. To whizz past, passer en sifflant. *The motor cycle whizzed past*, la motocyclette passa à toute vitesse.

whizzing¹, a. (Of bullet, etc.) Sifflant. Fb: Whizzing shot, shoot foudroyant.

whizzing², s. Sifflement m.

who [huː], pron. nominative (used only of pers.) 1. (Interrogative) (a) Qui? qui est-ce qui? F: qu'est-ce qui? occ. lequel, f. laquelle; pl. lesquels, f. lesquelles? quel, f. quelle; pl. quels, f. quelles? *Who is calling?* qui appelle? qui est-ce qui appelle? *Who is that lady?* qui, quelle, est cette dame? F: Who the devil told you that? qui diable vous a dit cela? Who on earth is it? qui cela peut-il bien être? *Who is speaking?* qui est-ce qui parle? F: qu'est-ce qui parle? *Ask him who found it*, demandez-lui qui l'a trouvé. *He is there.*—Who? il est là.—Qui ça? qui donc? Who did you say? qui ça? *Mr who did you say?* vous disiez Monsieur qui? *Who did you say was expected?* qui disiez-vous qu'on attendait? *Your name is Mr who?* vous vous appelez monsieur comment? *His father was nobody knows who*, son père était personne ne sait qui. He knows who's who, il connaît les gens. *Tell me who's who*, dites-moi les noms des personnes présentes. Publ: Who's Who, annuaire m des personnes marquantes, des notabilités; Bottin mondain. Who am I *that I should be so honoured?* que suis-je pour recevoir un tel honneur? F: Who does he think he is? pour qui se prend-il? *There is no knowing who will be the winner*, on ne sait quel sera le vainqueur. *Who are in the running?* quels sont les candidats ayant des chances? *It was who should have it first*, c'était à qui l'aurait le premier. *Who are ready to follow me?* qui est prêt à me suivre? *Who of us can still remember . . .?* lesquels d'entre nous se rappellent encore . . .? *Who among you but would have done the same?* lequel d'entre vous n'eût pas fait de même? *See also* ELSE 2, EVER 3. (b) (Often used familiarly for 'whom') *Who do you want?* qui voulez-vous? *Who does he come from?* de la part de qui vient-il? *Who against?* contre qui? *Who were you talking to?* à qui parliez-vous? *Who do you think they have appointed?* qui croyez-vous qu'on a nommé? *I know who he is thinking of*, je sais à qui il pense. *She is marrying . . . I forget who*, elle épouse . . . je ne sais plus qui. *Who do you think I saw just now?* qui pensez-vous que je viens de voir? Who should I meet but Betty? si je n'ai pas rencontré Betty! 2. (Relative) (a) Qui. *Those who do not know their lessons . . .*, ceux qui ne sauront pas leurs leçons. . . . *My friend who came yesterday*, mon ami qui est venu hier. *A novelist who, I am told, is still read*, un romancier qui, me dit-on, est encore lu. (b) (In official language, and to avoid ambiguity) Lequel. *Three witnesses were called, who declared . . .*, ont comparu trois témoins, lesquels ont déclaré. . . . *The father of this girl, who is very rich*, le père de cette jeune fille, lequel est très riche. (c) (Independent relative) (Celui) qui. *Who eats must pay*, celui qui mange doit payer. Who sleeps dines, qui dort dîne. Deny it who may . . ., le nie qui voudra. . . . As who should say . . ., comme qui dirait. . . .

whoa [wou], int. (a) (To horse) Ho! (signal d'arrêt). (b) F: (To pers.) Doucement! attendez!

whoever [hu'evər], Poet: **whoe'er** [hu'ɛər], pron. nominative. (Cp. 'who ever' under EVER 3.) 1. (Independent relative) Celui qui; quiconque. Whoever finds it may keep it, celui qui le trouvera, quiconque le trouvera, pourra le garder. *W. comes shall be welcome*, quiconque viendra sera le bienvenu. 2. Qui que + sub. *W. you are, speak!* qui que vous soyez, parlez! *I am very grateful to him, w. he may be*, je lui suis très reconnaissant, quel qu'il puisse être. *W. wrote that letter is a fool*, qui que ce soit qui ait écrit cette lettre, c'est un sot. 3. (Often used familiarly for 'whomever') Whoever she marries will be lucky, celui qu'elle épousera sera bien heureux. Go and fetch whoever you like, allez chercher qui vous voudrez.

whole [houl]. I. a. 1. (a) A: Sain; en bonne santé. B: His hand was made whole, sa main fut guérie. They that are whole need not a physician, ceux qui se portent bien n'ont pas besoin de médecin. (b) (Of pers.) Sain et sauf; (of thg) intact. To come back whole, revenir sain et sauf. *There is not a cup that is w.*, il n'y a pas une tasse qui soit intacte, qui soit en bon état. *See also* HEART-WHOLE 1, 3, SKIN¹ 1. 2. (a) (Entire) Intégral, -aux; entier; complet, -ète; total, -aux. Ox roasted whole, bœuf rôti entier. He swallowed it whole, (i) il l'a avalé sans le mâcher; (ii) F: il a pris ça pour de l'argent comptant. *A w. loaf*, un pain entier. Mth: Whole number, nombre entier. Whole length, longueur totale. *W. outfit*, trousseau complet. Whole brother, frère germain. Whole holiday, jour entier de congé. Whole-life insurance, assurance f en cas de décès, pour la vie entière. Whole pulley, poulie f en une seule pièce. Whole coffee, café m en grains. *To cut out of w. cloth*, tailler en plein drap. F: To tell a lie out of whole cloth, inventer un mensonge de toutes pièces. Bookb: Whole-leather binding, reliure f pleine peau. *See also* GALE¹ 1, HOG¹ 1, PLATE¹ 2. (b) (Emphatic) Tout, entier, tout entier. To tell the whole truth, dire toute la vérité. *The w. world*, le monde entier. *To last* a whole week, durer toute une semaine. *I waited for you a w. half-hour*, je vous ai attendu une grande demi-heure. *I never saw him the w. evening*, je ne l'ai pas vu de la soirée. *The w. work must be done anew*, l'œuvre est tout entière à recommencer. *Sobs shook her w. frame*, des sanglots la secouaient tout entière. *To eat a w. goose*, manger une oie tout entière. *W. families died of it*, des familles entières en sont mortes. To do sth. with one's whole heart, faire qch. de tout son cœur. *See also* HEART-WHOLE 2. **wholly** ['houlli], adv. 1. Tout à fait; complètement, entièrement. 2. Intégralement, en totalité. *Income w. liable to a tax*, revenu frappé intégralement d'un impôt. *The indications are w. or partly lacking*, les indications manquent en tout ou en partie.

II. **whole**, s. Tout m, totalité f, intégralité f, ensemble m. The whole of the school, l'école entière; toute l'école. *To pay the w. of one's rent*, payer l'intégralité de son loyer. *To deal with the w. of the subject-matter of a question*, traiter une question intégralement. *To bequeath to s.o. the w. of one's estate*, léguer à qn l'universalité f de ses biens. *Nearly the w. of our resources*, la presque totalité de nos ressources. *He spent the w. of that year in London*, il passa toute cette année-là à Londres. *This incident determined the w. of his career*, cet incident détermina toute sa carrière. The whole amounts to . . ., le total se monte à. . . . The various parts blend into a harmonious whole, les différentes parties se fondent en un ensemble harmonieux. As a whole, dans son ensemble; en totalité. *Ground to be sold as a w. or in sections*, terrain m à vendre en totalité ou par lots. *To propound a question as a w.*, poser une question dans son intégralité. *You must look on things as a w.*, il faut voir les choses en bloc. Taken as a whole . . ., pris dans sa totalité. . . . (Up)on the whole, à tout prendre; tout bien considéré; absolument parlant; en somme; dans l'ensemble; au total; somme toute. *On the w. I am satisfied*, somme toute je suis satisfait. *The work on the w. is good*, l'ensemble du travail est bon; dans l'ensemble le travail est bon. *Prices are steady on the w.*, les prix sont plutôt soutenus. (In charades) My whole, mon tout; mon entier.

'whole-coloured, a. (Of material, etc.) De teinte uniforme; unicolore; (of horse, with no white hairs) zain m.

'whole-'hearted, -ly, -ness. *See* -HEARTED, *etc.*

'whole-'hogger, s. P: Jusqu'auboutiste m. Cf. HOG¹ 1.

'whole-'hoofed, a. Z: Solipède.

'whole-'length, attrib. a. (Portrait) en pied.

'whole 'meal, s. Mill: Bisaille f. Whole-meal bread, pain complet.

'whole 'note, s. Mus: U.S: = SEMIBREVE.

'whole-'souled, a. = WHOLE-HEARTED.

'whole-time, attrib. a. Whole-time work, travail m qui occupe

(i) la journée entière, (ii) la semaine entière. *F: Motherhood is a w.-t. job*, les devoirs d'une mère ne lui laissent pas le temps de faire autre chose.

'whole-'timer, *s.* Ouvrier, etc., dont le travail occupe (i) la journée entière, (ii) la semaine entière. *Cf.* FULL-TIMER.

wholeness ['houlnəs], *s.* État complet; intégralité *f*; intégrité *f*.

wholesale ['houlseil]. **1.** *s.* (Vente *f* en) gros *m*. **Wholesale and retail,** gros et détail. **2.** *a.* (*a*) En gros, de gros. **Wholesale trade,** commerce de gros, en gros; gros commerce; haut commerce. **Wholesale goods,** marchandises *f* en gros. **Wholesale warehouse,** maison *f* de gros, de fournitures en gros. **Wholesale dealer,** commerçant *m* en gros; grossiste *m*. *W. dealing in small quantities*, commerce de demi-gros. *W. buyer*, acheteur *m* en gros. **Wholesale price,** prix *m* de, en, gros. **To do a wholesale business,** faire les affaires en gros. (*b*) *F:* **Wholesale manufacture,** fabrication *f* en série. **A wholesale slaughter,** une tuerie en masse. **By wholesale borrowing,** en empruntant de tous côtés. **3.** *adv.* (*a*) En gros. **To sell wholesale, to buy wholesale,** vendre, acheter, en gros. (*b*) *F:* **They are manufactured wholesale,** on les fabrique en série.

wholesaler ['houlseilər], *s.* (*a*) Commerçant *m* en gros; grossiste *m*. (*b*) Maison *f* de fournitures en gros.

wholesome ['houlsəm], *a.* (Aliment) sain; (air, climat) salubre; (remède *m*) salutaire. *W. work and w. reading*, travail sain et lectures saines. *See also* FEAR[1] 2. **-ly,** *adv.* Sainement; salutairement; salubrement.

wholesomeness ['houlsəmnəs], *s.* Nature saine (de la nourriture, d'un jeu); salubrité *f* (du climat). *I realized the w. of this advice*, je reconnaissais que c'était là un bon conseil, un avis salutaire.

wholly ['houlli], *adv. See* WHOLE I.

whom [huːm], *pron. in the objective case, used of persons.* **1.** (*Interrogative*) Qui? qui est-ce que? *W. did you see?* qui avez-vous vu? qui est-ce que vous avez vu? *To w. are you speaking?* à qui parlez-vous? *Of w. are you speaking?* de qui parlez-vous? *On w. can we count for certain?* sur qui pouvons-nous compter sûrement? **I don't know whom to turn to,** je ne sais à qui m'adresser. *Go and fetch* **you know whom,** allez chercher qui vous savez. *W. could you find (that is) poorer than he?* qui trouver de plus pauvre que lui? **Whom else?** qui d'autre? **2.** (*Relative*) (*a*) (*Direct object*) Que; lequel, *f.* laquelle; *pl.* lesquels, *f.* lesquelles. *The man w. you saw*, l'homme que vous avez vu. *He is a man w. no one respects*, c'est un homme que ne respecte personne. (*b*) (*Indirect object and after prep.*) Qui. *The beggar to w. you gave a penny*, le mendiant à qui vous avez donné deux sous. *He wanted to find somebody to w. he might talk*, il voulait trouver quelqu'un à qui parler. *But it is Southey for w. he reserves his wrath*, mais c'est à Southey qu'il réserve sa colère. *The two officers between w. she was sitting*, les deux officiers entre lesquels elle était assise. **The friend of whom I speak,** l'ami dont je parle. *These two men*, **both of whom** *were quite young*, ces deux hommes, qui tous deux étaient tout jeunes. *The ancestors from w. I am descended*, les aïeux dont je descends. *A man about w. much good is spoken*, un homme dont on dit beaucoup de bien. (*c*) (*Always 'whom,' not 'who,' after 'than'*) **Hannibal, than whom no greater soldier ever existed,** Annibal, le plus grand soldat qui ait jamais existé. *Here is Mr X, than w. no one could advise you better*, voici Monsieur X, qui est plus autorisé que personne à vous donner des conseils. **3.** (*Independent relative*) Celui que; qui. **Whom the gods love die young,** qui est aimé des dieux meurt jeune. *The King may summon* **whom he will,** le roi peut mander qui il veut. **Talk with whom I would . . .,** n'importe à qui je parlais. . . .

whomsoever [huːmso'evər], *Poet:* **whomsoe'er** [huːmso'ɛər], *pron. used of persons.* **1.** (*Independent relative*) Celui (quel qu'il soit) que. . . . *W. they choose will have the right to . . .*, celui qu'on choisira aura le droit de. . . . **2.** N'importe qui que . . .; qui que ce soit que. . . .

whoop[1] [huːp]. **1.** *int.* Houp! **2.** *s.* (*a*) Houp *m*. *Ven:* Huée *f*. (*b*) *Med:* Quinte *f* (caractéristique de la coqueluche); *F:* chant *m* de coq.

whoop[2], *v.i.* **1.** (*a*) Pousser des houp; houper. *Ven:* Huer. (*b*) *U.S:* **To whoop for s.o.,** applaudir qn. **2.** *Med:* Faire entendre la toux convulsive de la coqueluche.

whooping, *s.* **1.** Houpement *m*. *Ven:* Huée *f*. **2.** = WHOOP[1] 2 (*b*)

'whooping-cough, *s. Med:* Coqueluche *f*.

whoopee [huː'piː], *s. P:* **To make whoopee,** (i) **faire la noce,** la bombe; être en bombe; (ii) bien s'amuser.

whop[1] [hwɔp], *s. F:* Coup (retentissant, lourd, ou mat). **To fall with a whop,** *adv.* **to fall whop,** tomber comme une masse, comme un sac.

whop[2], *v.* (**whopped; whopping**) **1.** *v.tr. F:* (*a*) Rosser, battre, cogner (qn). (*b*) Battre, rouler (une équipe, etc.); dépasser (ses adversaires, etc.). **2.** *v.i. U.S:* Tomber comme une masse.

whopping[1, 2], *a.* & *s. P:* = WHACKING[1, 2].

whopper ['hwɔpər], *s. P:* = WHACKER.

whore[1] [hɔːər], *s.f.* Prostituée; *P:* catin, putain, pute. (*Of woman*) **To play the whore,** se livrer à la débauche.

whore[2], *v.i.* **1.** (*Of man*) Fréquenter les prostituées; courir les filles; *P:* putasser. **2.** (*Of woman*) Se prostituer; se livrer à la débauche.

whoring, *s.* (*a*) Prostitution *f*; *P:* putasserie *f*. (*b*) Débauche *f*. *A:* **To go a-whoring after strange gods,** se prostituer après les dieux étrangers.

whoredom ['hɔːərdəm], *s.* (*a*) Prostitution *f*. (*b*) Débauche *f*.

whoremonger ['hɔːərmʌŋgər], *s.* Débauché *m*; *F:* paillard *m*; coureur *m* de filles; *B:* impudique *m*.

whoremonging ['hɔːərmʌŋgiŋ], *s.* Fréquentation *f* des prostituées.

whoreson ['hɔːərs(ə)n], *s. A:* Bâtard *m*.

whorl [hwɔːrl, hwəːrl], *s.* **1.** *Bot:* Verticille *m*. **2.** Tour *m* d'une spirale; spire *f*, circonvolution *f*, volute *f*; vortex *m* (d'une coquille). **3.** *Tex:* Volant *m* (d'un fuseau).

whorled [hwɔːrld, hwəːrld], *a.* (*Of flowers, leaves, etc.*) Verticillé; (*of shell, etc.*) convoluté, turbiné. *Arch: etc:* Voluté.

whortleberry ['hwəːrtlbəri], *s. Bot:* Airelle *f* myrtille; *F:* vaciet *m*, coussinet *m*. **Red whortleberry,** airelle rouge; airelle canche. **Bog whortleberry,** airelle uligineuse, des marais.

whose [huːz], *poss.pron.* **1.** De qui? (*denoting ownership*) à qui? **Whose is this?** à qui ceci appartient-il? **Whose are these gloves?** à qui sont ces gants? *W. umbrella is this?* à qui est ce parapluie? **Whose daughter are you?** de qui êtes-vous la fille? *W. fault is it?* à qui la faute? *W. book did you take?* quel livre avez-vous pris? *W. hands have done this?* quelles mains ont fait ceci? **2.** (*Relative*) (*a*) Dont. *The pupil w. work I showed you*, l'élève dont je vous ai montré le travail. *The house w. windows are broken*, la maison dont les fenêtres sont cassées. *A mother w. children give her more trouble than joy*, une mère à qui ses enfants donnent plus d'ennuis que de joie. (*b*) (*After prepositions*) De qui; duquel, *f.* de laquelle; *pl.* desquels, *f.* desquelles. *The man to w. wife I gave the money*, l'homme à la femme de qui, duquel, j'ai donné l'argent. *The person for w. sake he did it*, la personne par égard pour qui il l'a fait. *The clerk on w. honesty I had relied*, le commis à l'honnêteté duquel, de qui, je m'étais fié. *Miss Monica*, **than whose** *no kinder heart glowed in the village*, Mlle Monique—et personne dans tout le village n'avait meilleur cœur.

whoso ['huːso], *pron. A:* = WHOEVER 1, 2.

whosoever [huːso'evər], *Poet:* **whosoe'er** [huːso'ɛər], *pron.* = WHOEVER.

why [hwai]. **1.** *adv.* (*a*) Pourquoi? pour quelle raison? *Why did you do that?* pourquoi avez-vous fait cela? **Why didn't you say so?** que ne le disiez-vous? il fallait le dire! *Why do you say that?* pour quelle raison, à cause de quoi, dites-vous cela? **Why not?** pourquoi pas? *occ.* pourquoi non? *Why not let him act as he pleases?* que ne le laisse-t-on faire! **Why so?** pourquoi cela? *Why the deuce does he meddle?* de quoi diable se mêle-t-il? *Why should you go and say that to him?* *F:* qu'est-ce que tu avais besoin d'aller lui dire ça? (*b*) (*Relative*) Pourquoi. **That is (the reason) why . . .,** voilà pourquoi . . .; c'est ce qui fait que. . . . *See also* REASON[1] 1. *Why he should always be late I do not understand*, qu'il soit toujours en retard, je ne me l'explique pas. **2.** *s.* (*pl.* **whys**) Pourquoi *m*, raison *f*, cause *f*, motif *m*. *See also* WHEREFORE 2. **3.** *int.* (*a*) (*Expressing surprise*) **Why, it's Jones!** tiens, mais c'est Jones! *Why, that's true!* tiens, c'est vrai! ma foi, c'est vrai! dame, c'est bien vrai! (*b*) (*Expressing protest*) **Why, you are not afraid, are you?** voyons, vous n'avez pas peur? *Why, what's the harm?* voyons, quel mal y a-t-il à cela? mais quel mal y a-t-il? (*c*) (*Expressing hesitation*) **Why . . . I really don't know,** vraiment . . ., franchement . . ., je ne sais pas. (*d*) (*Introducing apodosis*) **If this doesn't do, why we must try something else!** si ceci ne réussit pas, alors, eh bien, il faudra essayer autre chose!

wick[1] [wik], *s.* **1.** Mèche *f* (d'une lampe, d'une bougie, etc.). **2.** *Mch: etc:* Mèche de graisseur. **Wick yarn,** coton *m* pour mèches.

'wick-holder, *s.* Lamperon *m*.

'wick-trimmer, *s* Mouchettes *fpl*.

wick[2], *s. A:* (*Still found in place names*) Village *m*, hameau *m*.

wicked[1] [wikt], *a.* (*With adj. or numeral prefixed*) **Two-wicked,** à deux mèches.

wicked[2] ['wikid], *a.* **1.** (*Of pers.*) Mauvais, méchant, pervers. *A w. lie*, un mensonge inique. *How w. of you!* comme c'est méchant de votre part! quelle méchanceté de votre part! *s.pl. B:* **The wicked,** les méchants *m*. **2.** *F:* (*a*) (*Of animal, temper, etc.*) Méchant, dangereux; (*of weather, smell, a cold, etc.*) très mauvais; affreux; (*of pain, etc.*) cruel. *It's a w. climate*, le climat est atroce. *adv. F:* **It was a wicked hot day,** il faisait une chaleur terrible. **It is a wicked thing** *that so much food should be wasted*, c'est un crime que de gaspiller tant de nourriture. (*b*) *F:* Malicieux, espiègle, fripon. **You wicked little thing!** petite friponne! *Her w. little heart*, son petit fripon de cœur. **-ly,** *adv.* **1.** Méchamment; iniquement; d'une manière perverse. **2.** *F:* (*a*) Terriblement, affreusement, cruellement, abominablement. (*b*) Malicieusement; d'une manière espiègle, friponne. *She smiled w.*, elle eut un sourire malicieux.

wickedness ['wikidnəs], *s.* **1.** Méchanceté *f*, perversité *f*, iniquité *f*. **2.** (*a*) **Horse that has no wickedness,** cheval *m* qui n'a pas de vice. (*b*) *The w. of the climate, of the weather*, le climat atroce, le temps atroce.

wicker ['wikər]. **1.** *s.* (*a*) (Rameau *m* d')osier *m*. (*b*) = WICKERWORK. **2.** *Attrib.* D'osier, en osier. *W. garden-chairs*, chaises *f* de jardin en vannerie, en osier tressé. *W. covering*, clisse *f* (de bouteille). *See also* BOTTLE[1] 1.

wickered ['wikərd], *a.* Recouvert d'osier; (*of bottle, etc.*) clissé.

wickerwork ['wikərwəːrk], *s.* (*a*) Vannerie *f*; osier tressé. *Aut: W. body*, panier *m*. (*b*) *Fort: etc:* Clayonnage *m*.

wicket ['wiket], *s.* **1.** Guichet *m* (d'une porte, d'une porte d'écluse, pratiqué dans un mur, etc.). **2.** (*a*) (*In large door, etc.*) Porte à piétons. (*b*) (*Into garden, etc.*) Petite porte à claire-voie; barrière *f*. (*c*) Portillon *m* (de passage à niveau, etc.). **3.** *Cr:* (*a*) Guichet. **Wickets pitched at twelve o'clock,** la partie commence à midi. **The wicket is down,** le guichet est renversé. **To break the wicket,** faire tomber les barrettes. *See also* KEEP[2] I. 3, LEG[1] 1. (*b*) Le terrain entre les guichets. **Soft wicket,** terrain mou. **4.** *U.S:* (*At croquet*) Arceau *m*.

'wicket-gate, *s.* = WICKET 2.

'wicket-keeper, *s. Cr:* Garde-guichet *m*, *pl.* gardes-guichet; gardien *m* de guichet.

widdershins ['widərʃinz], *adv.* = WITHERSHINS.

wide [waid]. **I.** *a.* **1.** Large. **To grow wider,** s'élargir. **To make wider,** élargir. **The road is twelve feet wide,** la route a douze pieds de large, de largeur; la route est large de douze pieds, a une largeur de douze pieds. *How w. is the room?* quelle est la largeur de la pièce? **de quelle largeur est la pièce? 2.** (*Of range, experience* *knowledge, etc.*) Étendu, vaste, ample; (*of influence, etc.*) répandu. **The wide world,** l'univers *m.* *Plain of w. extent,* plaine *f* d'une grande étendue. *To vary within w. limits,* varier avec des écarts importants. **There is a wide difference between . . .,** il y a une grande différence entre. . . . *Business with w. ramifications,* entreprise *f* aux ramifications très étendues. **In a wider sense,** par extension. *Ph:* **Wide range of frequencies,** grande gamme de fréquences. *Phot:* **Wide angle of view,** grand angle de champ. *St.Exch:* **Wide quotation,** cours *m* avec un grand écart entre le prix d'achat et celui de vente. *See also* NATION[1] 2, WORLD-WIDE. 3. (*a*) (Vêtement *m*) ample, large. (*b*) (Vues *f*, opinions *f*) larges, libérales, sans étroitesse. *W. definition,* définition *f* très large. 4. (*a*) Éloigné, loin. **To be wide of the mark,** être loin de compte. *See also* BERTH[1] 1, MARK[1] 1. (*b*) *Cr:* **Wide ball,** balle écartée, qui passe hors de la portée du batteur. **-ly,** *adv.* 1. Largement; d'une manière étendue. *W. distributed material,* matière très répandue. **Widely read newspaper,** journal répandu, très lu, à grande circulation. *The most w. read papers,* les journaux les plus lus. **To be widely read,** (i) (*of author, etc.*) avoir un public très étendu; (ii) (*of pers.*) avoir beaucoup lu; avoir de la lecture. *He is not w. read, known, to-day,* il n'est pas très lu, pas très connu, aujourd'hui. *He was w. and deeply learned,* il avait une science vaste et profonde. **He has travelled widely,** il a beaucoup voyagé. 2. (Planter, etc.) à de grands intervalles, en espaçant les plants. 3. *F:* Extrêmement, excessivement, très. *W. different versions of what happened,* versions très différentes de ce qui est arrivé; versions de l'événement qui diffèrent du tout au tout.

II. **wide,** *adv.* 1. Loin. **Far and wide,** *see* FAR[1] I. 1. (*Of arrow*) **To fall wide of the mark,** tomber loin du but. 2. A de grands intervalles. **Wide apart,** espacé. 3. (Ouvrir, etc.) largement, grandement. **To yawn wide,** bâiller en ouvrant largement la bouche. **To fling the door open wide,** ouvrir la porte toute grande. **To open all the windows wide,** ouvrir toutes les fenêtres en grand. *Her eyes opened w.,* ses yeux s'ouvrirent tout grands. *Rac: etc:* **To take the turning wide,** prendre le tournant large.

III. **wide,** *s.* 1. *Cr:* = *wide ball.* 2. *P:* **To be broke to the wide** = *to be broke to the world, q.v. under* BROKE 2.

'wide-angle, *attrib. a. Phot:* **Wide-angle lens,** (objectif) grand angulaire *m.*

'wide-awake, *a. & s.* 1. **Wide-awake (hat),** chapeau *m* en feutre à larges bords; chapeau ecclésiastique. 2. *See* AWAKE[2] 1.

'wide-a'wakeness, *s.* Caractère éveillé, alerte (de qn).

'wide-'mouthed, *a.* 1. (*a*) (*Of pers.*) A la bouche grande. (*b*) (*Of receptacle*) Évasé; à large col; à large ouverture. *W.-m. bottle,* bocal *m.* 2. *F:* (*Of pers.*) Bouche béante; bouche bée. **To listen in wide-mouthed astonishment,** écouter bouche bée.

'wide 'open, *a.* (Tout) grand ouvert. **To fling the gates wide open,** ouvrir les portes toutes grandes, à deux battants. **Wide-open doors,** portes toutes grandes ouvertes. *W.-o. eyes,* yeux grands ouverts, écarquillés; yeux bien fendus. *Box:* **To leave oneself wide-open,** se découvrir.

'wide-ranging, *a.* (Esprit *m*) de grande envergure.

'wide-spread, *a.* 1. (*Of plain, wings, etc.*) Étendu. 2. Répandu; universel; général, -aux. **The shortage is wide-spread,** la disette est générale. *W.-s. opinion,* opinion largement répandue. *W.-s. sense of insecurity,* sentiment universel d'insécurité. *Criminal of w.-s. activities,* malfaiteur *m* de grande envergure.

widen ['waid(ə)n]. 1. *v.tr.* (*a*) Élargir (une route, etc.); agrandir (qch.) en large; donner plus d'ampleur à (un vêtement). (*b*) Évaser (un trou, etc.). (*c*) Étendre (l'influence, les limites, de qch.). **To widen the terms of a law,** étendre les termes d'une loi; donner plus d'extension aux termes d'une loi. 2. *v.i.* (*a*) S'élargir; s'agrandir (en large). (*b*) **The breach is widening,** la rupture s'accentue. (*c*) (*Of influence, etc.*) S'étendre.

widen out, *v.i.* S'élargir; s'évaser; s'épanouir.

widening, *s.* 1. (*a*) Élargissement *m*; agrandissement *m* (en large). *W. at the mouth,* évasement *m.* (*b*) Endroit *m* où quelque chose s'élargit. 2. Extension *f* (de sa clientèle, etc.).

widener ['waid(ə)nər], *s.* Appareil *m*, instrument *m*, qui sert à élargir (un trou); alésoir *m.*

wideness ['waidnəs], *s.* 1. Largeur *f* considérable (d'un escalier, etc.). 2. Vaste étendue (d'un désert, d'une influence, etc.).

widgeon ['widʒən], *s. Orn:* Maréca *m*; *F:* (canard) siffleur *m.*

widow ['widou], *s.f.* 1. Veuve. *She remained a w.,* elle resta veuve. **Mrs X, left a widow at the age of twenty-six,** Mme X, restée, laissée, veuve à l'âge de vingt-six ans. **Mrs Green, widow of the late A. B. Green,** Mme veuve Green. *Attrib. F:* **Widow lady,** veuve. *See also* CRUSE, GRASS WIDOW, MITE 1, WEEDS. 2. *F:* **The widow,** vin *m* de Champagne; "la veuve."

'widow-bird, *s. Orn:* Veuve *f.*

'widow-hunter, *s. F:* Coureur *m* de veuves.

widowed ['widoud], *a. & p.p.* 1. (Homme) veuf; (femme) veuve. *His w. sister,* sa sœur veuve. *She was w. early,* elle devint veuve de bonne heure. *He lives with his w. mother,* il habite avec sa mère qui est veuve. *Her w. situation,* sa situation de veuve. *During her w. life,* pendant son veuvage. 2. *F. & Poet:* **Widowed of . . .,** veuf, veuve, de . . .; privé de. . . .

widower ['widouər], *s.m.* Veuf. *See also* GRASS-WIDOWER.

widowhood ['widohud], *s.* Veuvage *m* (d'un homme, d'une femme); viduité *f* (d'une femme).

width [widθ], *s.* 1. Largeur *f* (d'une route, de la poitrine, etc.); ampleur *f* (d'un vêtement); ouverture *f* (d'une voûte, etc.); grosseur *f* (d'un pneu). **Width of wings,** envergure *f* (d'un oiseau, d'un avion). *W. of a ditch at the bottom, at the top,* largeur d'un fossé en fond, en gueule. *W. between the columns,* écartement *m* des colonnes. *Const:* **Width of stair,** longueur *f* d'emmarchement. *N.Arch:* **Extreme width,** largeur au fort (d'un navire). *Rail:* **Width of vehicle and load,** gabarit *m* du véhicule. *The footpath is four feet in w.,* le trottoir a quatre pieds de large. 2. *F:* Largeur (de vues, d'idées). 3. *Tex:* Lé *m*, laize *f*, largeur (d'une étoffe). **Double width,** grande largeur. **Single width,** petite largeur. **You need three widths for the skirt,** il vous en faut trois lés pour la jupe.

wield [wi:ld], *v.tr.* Manier (l'épée, la plume); tenir (le sceptre, etc.). *Brush wielded by a skilful hand,* pinceau conduit par une main exercée. **To wield power,** exercer le pouvoir; avoir l'autorité, la haute main.

wielder ['wi:ldər], *s. The w. of the sword,* celui qui manie l'épée.

wieldy ['wi:ldi], *a.* (Arme *f*, outil *m*, etc.) maniable, commode.

wife, *pl.* **wives** [waif, wa:ivz], *s.f.* 1. (*a*) Femme, épouse. **Mr Jones and his wife,** Monsieur Jones et sa femme. **She was his second wife,** il l'avait épousée en secondes noces. *She will make a good w.,* elle fera une bonne épouse. **The general's wife, the colonel's wife,** (Madame) la générale, la colonelle. **The baker's, butcher's, grocer's, wife,** la boulangère, la bouchère, l'épicière. **The farmer's wife,** la fermière. **To take a wife,** se marier; *A. & F:* prendre femme. **To take s.o. to wife,** prendre qn pour femme; épouser qn. *I will give you my daughter to w.,* je vous donnerai ma fille en mariage. **Lawful wife, wedded wife,** épouse légitime. *P:* **The wife,** la ménagère, la bourgeoise. *See also* HUSBAND[1] 1, MAN[1] 3, WORLD 3. (*b*) *U.S: P:* Boulet *m* (au pied d'un forçat). 2. *A:* Femme. **The Merry Wives of Windsor,** les Joyeuses Commères de Windsor. **The Wife of Bath,** la Bourgeoise de Bath. *See also* FISHWIFE, HOUSEWIFE, MIDWIFE, OLD 1.

wifehood ['waifhud], *s.* Situation *f* de femme mariée; condition *f* d'épouse.

wifely ['waifli], *a.* (Qualités *f*, devoirs *m*) d'épouse, qui conviennent à une femme mariée. *W. virtues,* vertus conjugales.

wig[1] [wig], *s.* 1. (*a*) Perruque *f.* **The wig, the scalpel, and the cloth,** le droit, la médecine, et l'église; les trois professions libérales. **Bob-wig,** perruque à marteaux. **Bob-tail wig,** perruque ronde. *Theatrical wig,* perruque de théâtre. *F:* **There will be wigs on the green,** il va y avoir une bagarre, du grabuge. *See also* BIGWIG, FULL-BOTTOMED, TIE-WIG. (*b*) Postiche *m.* 2. *F:* Chevelure *f*; tignasse *f.* *What a wig!* quelle perruque! *Curly wig,* chevelure frisée.

'wig-block, -stand, *s.* Tête *f* à perruque; champignon *m.*

'wig-maker, *s.* Perruquier *m*; posticheur, -euse.

wig[2], *v.tr.* (wigged; wigging) 1. Fournir (qn) d'une perruque, de perruques. 2. *F:* Gronder; laver la tête à (qn); passer un savon à (qn); tancer vertement (qn).

wigged, *a.* (Juge, etc.) à perruque, portant (une) perruque.

wigging, *s.* *F:* Verte semonce; abattage *m*, attrapage *m*, grondée *f*; *P:* savon *m*, saboulade *f*, suif *m.* **To give s.o. a good wigging,** tancer vertement qn. **To get a good wigging,** se faire bien gronder; se faire laver la tête; se faire attraper; recevoir un abattage. *I got a fearful w.,* on m'a fait une scène terrible.

wiggle [wigl]. 1. *v.tr.* Agiter (qch.) d'un mouvement de va-et-vient. *To w. a boat,* conduire un canot à la godille. 2. *v.i.* = WRIGGLE[2] 1.

wiggle-waggle ['wiglwagl]. 1. *v.tr. & i.* = WRIGGLE[2]. 2. *v.i. F:* Vaciller, chanceler, branler.

wight [wait], *s.* *A:* Être *m*, individu *m*, personne *f.* **A sorry wight,** un miséreux; un pauvre hère.

wig-wag[1] ['wigwag], *s. Mil: U.S: P:* Signalisation *f* à bras avec fanions.

wig-wag[2], *v.* (-wagged; -wagging) *Mil: U.S: P:* 1. *v.i.* Signaler (à bras avec fanions). 2. *v.tr.* Transmettre (un message) à bras.

wigwam ['wigwam], *s.* Wigwam *m.*

wild [waild], *a.* 1. (*Of animal, plant, race, etc.*) Sauvage. **Wild country,** pays inculte, sauvage, désert. (*Of plants*) **To grow, run, wild,** (i) retourner à l'état sauvage; (ii) s'étendre de tous côtés. *Flowers that grow w.,* fleurs *f* qui poussent à l'état sauvage. *Lands growing w. for want of cultivation,* terres *f* qui (s')assauvagissent faute de culture. *See also* BOAR, CAT[1] 1, DUCK[1] 1, GOOSE 1, OAT 1. 2. (*a*) (Vent) furieux, violent; (torrent) impétueux. **It was a wild night,** c'était une nuit de tempête. *On a w. stormy night,* par une nuit de tempête et d'orage. **To live in wild times,** vivre dans une époque orageuse. (*Of oil well*) **To blow wild,** jaillir violemment; être difficile à capter. (*b*) (Gibier *m*) farouche; (cheval, etc.) farouche, inapprivoisé. *Hist:* **To be drawn by wild horses,** être écartelé à quatre chevaux. *F:* **Wild horses wouldn't draw it out of me,** rien au monde ne me le ferait dire. (*c*) (*Of pers.*) Dissipé, dissolu, désordonné; (*of conduct*) déréglé. *A w. youth,* (i) un garçon fougueux et indiscipliné; (ii) une jeunesse déréglée, orageuse. *In his w. youth,* dans sa folle jeunesse. **To lead a wild life,** mener une vie déréglée, *P:* une vie de patachon, de bâton de chaise. **To run wild,** (i) se déranger, se dissiper, faire des farces, s'émanciper; mener une vie de patachon; (ii) (*of children*) courir, errer, en liberté; courir les rues. *To let the children run w.,* lâcher la bride aux enfants. *The children are allowed to run w.,* les enfants ne sont aucunement surveillés, sont élevés à la va-comme-je-te-pousse. *s. U.S:* **To play the wild,** faire des farces. (*d*) *The room was in w. disorder,* dans la pièce tout était dans un désordre indescriptible. *W. locks of hair,* mèches folles. (*e*) *Paperm:* **Wild look-through,** épair nuageux, irrégulier. 3. (*a*) (*Of pers.*) Fou, *f.* folle; affolé, passionné. **Wild applause,** applaudissements *m* frénétiques. *W. enthusiasm,* enthousiasme délirant. **Wild eyes,** yeux égarés. **Wild with joy,** fou, éperdu, de joie. **To be wild to do sth.,** avoir une envie folle de faire qch. **Wild with rage,** outré de colère; en fureur. **To drive s.o. wild,** mettre qn en fureur. **It makes, drives, me wild to think that . . .,** j'enrage, cela me fait rager, quand je pense que . . . . *F:* *To be w. with s.o.,* être furieux contre qn. **I am wild about it,** j'en suis furieux. **It is enough to drive you wild,** c'est à vous rendre fou. (*b*) (Idée *f*) fantasque; (projet) insensé; (coup *m*, conjecture *f*) au hasard, à l'aveuglette. **Wild talk,** propos *mpl* en l'air. *There was a w. rumour that . . .,* il courait un bruit absurde que. . . . *To make w. statements,* affirmer des choses extravagantes. **Wild exaggeration,** exagération insensée. *W. delusions,* illusions folles. *W. gallop,* galop furieux. *W. dance,* danse échevelée. **To make a wild rush at . . .,** se ruer sur. . . . **4.** *s.pl.* **Wilds,** région sauvage, déserte, inculte. **The wilds of Africa,** les parties sauvages de l'Afrique. **To go out into the wilds,** pénétrer dans des régions inexplorées, dans la brousse. **-ly,** *adv.* **1.** (Écrire, parler) d'une manière extravagante. **To talk wildly,** dire des folies; parler en l'air. *To rush about w.,* courir çà et là comme un fou. **To look at s.o. wildly,** regarder qn éperdument, avec des yeux hagards. **To clap wildly,** applaudir frénétiquement. *Her heart was beating w.,* son cœur battait à se rompre. **2.** (Vivre, se comporter) d'une manière dissolue, licencieuse. **3.** (Répondre) au hasard, au petit bonheur, sans réflexion. **4.** (Pousser, etc.) librement, à l'état sauvage.

wild beast, *s.* Bête *f* sauvage. *See also* SHOW[1] 2.

'wild-cat, *attrib. a. F:* **Wild-cat scheme,** projet dénué de bon sens; spéculation risquée. **Wild-cat finance,** finance extravagante. *Rail: U.S:* **Wild-cat train,** train *m* qui ne figure pas dans l'horaire. **Wild-cat engine,** machine *f* haut-le-pied. *Cf.* CAT[1] 1.

'wild-fowl, *s. Coll.* (*a*) Gibier *m* à plume. (*b*) Gibier d'eau.

Wild Huntsman (the). *Pr.n.m. Myth:* Le Chasseur Fantôme.

wildebeest ['vildəbeist], *s. Z:* Gnou *m.*

wilderness ['wildərnəs], *s.* **1.** (*a*) Désert *m*; lieu *m* sauvage; pays *m* inculte. **The voice of one crying in the wilderness,** la voix de celui qui crie dans le désert. *F:* **To preach in the wilderness,** prêcher dans le désert. *F:* (*Of political party*) **To be wandering in the wilderness,** n'être plus au pouvoir. *F:* **Our view is on to a wilderness of roofs,** notre vue s'étend sur une morne immensité de toitures, sur un fouillis de toitures. (*b*) Partie inculte, laissée à l'état sauvage (d'un parc, de jardins publics, etc.). **2.** Solitude *f*; lieu éloigné.

wildfire ['waildfaiər], *s.* **1.** (*a*) *A:* Feu grégeois. (*b*) *F:* (*Of report, etc.*) **To spread like wildfire,** se répandre comme une traînée de poudre; se propager avec la rapidité de l'éclair. **The news spread like wildfire,** la nouvelle fit flamme. **2.** *Med: A. & F:* Érysipèle *m*, érésipèle *m.* **3.** *A:* Éclairs *mpl* de chaleur.

wilding ['waildiŋ], *s. Arb: Bot:* **1.** Plante *f* sauvage; *Arb:* sauvageon *m.* **2.** (*a*) Pommier *m* sauvage. (*b*) Pomme *f* sauvage.

wildling ['waildliŋ], *s.* **1.** = WILDING. **2.** Bête *f* sauvage.

wildness ['waildnəs], *s.* **1.** État *m* sauvage (d'un pays, d'un animal, d'une plante); état inculte (d'une région). **2.** (*a*) Fureur *f*, impétuosité *f* (du vent, des vagues); déchaînement *m* (de la tempête). (*b*) Nature *f* farouche (du gibier, etc.); sauvagerie *f.* (*c*) Dérèglement *m* (de mœurs); égarements *mpl* (de conduite). **3.** Frénésie *f*, délire *m* (d'applaudissements); extravagance *f* (d'idées, de sentiments, de paroles). *The w. of these surmises,* l'extravagance de ces conjectures.

wile[1] [wail], *s. Usu. pl.* Ruse *f*, artifice *m*, finasserie *f.* *To fall a victim to the wiles of s.o.,* succomber aux séductions de qn.

wile[2], *v.tr.* **1.** Tromper, séduire, charmer (qn). *To w. s.o. into a place,* attirer qn dans un endroit. **2.** = WHILE[2].

wilful ['wilful], *a.* **1.** (*Of pers.*) Obstiné, entêté, opiniâtre, volontaire. **2.** (*Of action*) Fait avec intention; fait exprès, de propos délibéré, à dessein. *W. mistake,* erreur commise de parti pris. *Jur:* **Wilful murder,** homicide volontaire, prémédité; assassinat *m.* **Wilful damage,** bris *m*; dommage délibéré. **-fully,** *adv.* **1.** Exprès, à dessein, avec intention, avec préméditation. **2.** Obstinément; avec entêtement; opiniâtrement, volontairement.

wilfulness ['wilfulnəs], *s.* **1.** Obstination *f*, entêtement *m*, opiniâtreté *f.* **2.** Préméditation *f*, intention *f.*

Wilhelmina [wilhel'mi:na]. *Pr.n.f.* Wilhelmine.

wilily ['wailili], *adv. See* WILY.

wiliness ['wailinəs], *s.* Astuce *f*; caractère rusé (de qn).

will[1] [wil], *s.* **1.** (*a*) Volonté *f.* **To have a strong, weak, will,** avoir la volonté forte, faible. **Will of iron, iron will,** volonté de fer. **He has a will of his own,** ce qu'il veut il le veut bien; il sait ce qu'il veut; il est volontaire; *F:* il a sa petite tête à soi. *He has no will of his own,* il n'a pas de volonté. *Lack of will,* manque *m* de volonté. **Strength of will,** force *f* de volonté; détermination *f.* *Man lacking strength of will,* homme sans caractère, qui manque de caractère. *To exercise one's will,* faire acte de volonté. *To exercise all one's power of will,* faire appel à toute sa volonté. *See also* WILL-POWER. *If you put forth your will you will manage it,* voulez et vous pourrez. *By an effort of will,* par un effort de la volonté. **The will to live,** la volonté de vivre. **The will to victory, to win,** la volonté de vaincre. *The will to peace, to power,* la détermination de maintenir la paix, d'arriver au pouvoir. **To take the will for the deed,** accepter l'intention *f* pour le fait; tenir compte de l'intention. *To pass from the will to the deed,* passer du vouloir au faire. *Provs:* **The will is as good as the deed,** l'intention est réputée pour le fait; c'est l'intention qui fait l'action. **The will is everything,** il ne faut que vouloir. **Where there's a will there's a way,** vouloir c'est pouvoir; qui veut peut; qui veut la fin veut les moyens; à bonne volonté ne faut faculté. *Phil:* **Free will,** libre arbitre *m.* *See also* FREE WILL. (*b*) **To do sth. with a will,** faire qch. de bon cœur, avec entrain. *They pulled with a will,* ils tirèrent de toutes leurs forces. **To work with a will,** travailler de grand cœur, de tout son cœur, de bonne volonté; travailler avec cœur, avec ardeur, avec élan, avec courage. **To go at it with a will,** y aller de bon cœur. **2.** (*a*) Décision *f*; volonté. **The will of God,** le vouloir de Dieu; ce que Dieu veut. **The Lord's will be done!** que la volonté du Seigneur s'accomplisse, soit faite! **Thy will be done on earth as it is in heaven,** que votre volonté soit faite sur la terre comme au ciel. *It is my w. that you should do it,* je veux, j'ordonne, que vous le fassiez; je vous ordonne de le faire. **To work one's will,** faire sa volonté. **To work one's will upon s.o.,** faire à sa guise avec qn. (*b*) Bon plaisir; gré *m.* **Such is our will and pleasure,** tel est notre bon plaisir. **At one's will and pleasure, at will,** selon son bon plaisir; à volonté; à discrétion. *Scot:* **What is your will?** quel est votre bon plaisir? que désirez-vous? **To have one's will,** (i) obtenir ce qu'on veut; avoir ce qu'on désire; (ii) faire à sa tête, à sa guise. **To have one's will of a woman,** posséder une femme. *To change one's face at will,* changer de visage à volonté. *One cannot shed tears at will,* les larmes ne se commandent pas. *Points chosen at will by the surveyor,* points choisis arbitrairement par le topographe. *Carried at the will of the wind,* porté au caprice des vents. **To do sth. of one's own free will,** faire qch. de son plein gré. *She comes and goes* **at her own sweet will,** elle va et vient à son (bon) gré, à son bon plaisir, à sa guise. *Mil:* **Fire at will,** feu *m* à volonté. **To do sth. against one's will,** faire qch. contre son gré. *I did it against my will,* je l'ai fait malgré moi, à contre-cœur. *To act against s.o.'s will,* agir contrairement à la volonté de qn; aller à l'encontre des volontés de qn. *To get married against one's father's will,* se marier contre le gré de son père. *See also* LAW[1] 2, SELF-WILL, TENANT[1]. **3.** **Good will, ill will,** bonne, mauvaise, volonté. *See also* GOODWILL, ILL-WILL. **4.** *Jur:* Testament *m*; acte *m* de dernière volonté. **The last will and testament of . . .,** les dernières volontés de. . . . *This is my last will and testament,* ceci est mon testament. **To make one's will,** faire son testament. **To mention s.o. in one's will,** mettre, coucher, qn sur son testament. *To dispute a will,* attaquer un testament. *Executor of a will,* exécuteur *m* testamentaire. *Adm:* **Wills and Probate (Department),** l'Enregistrement *m.* **Will-form,** formule *f* de testament.

'will-power, *s.* Volonté *f.* **Lack of will-power,** atonie *f* de la volonté; aveulissement *m.* *Man who has no w.-p.,* homme qui ne sait pas vouloir.

will[2], *v.tr.* (*p.t.* **willed** [wild]; *p.p.* **willed**) **1.** (*a*) **God has willed it so,** Dieu l'a voulu ainsi. *The king wills it so,* telle est la volonté du roi. *Fate willed (it) that he should die,* le sort voulut qu'il mourût. *God wills, A: willeth, that man should be happy,* Dieu veut que l'homme soit heureux. **When I will to move my arm . . .,** lorsque je remue le bras par un effort de ma volonté . . .; lorsque c'est ma volonté de remuer le bras. . . . *Those who willed the war,* ceux qui ont voulu la guerre. *The having willed a crime is as culpable as its performance,* le fait d'avoir voulu un crime est aussi coupable que de l'avoir exécuté. **As we will the end we must will the means,** qui veut la fin veut les moyens. (*b*) **To will s.o. to do, into doing, sth.,** faire faire qch. à qn par un acte de volonté; (*in hypnotism*) suggestionner qn. *He willed the genie into his presence,* il évoqua le génie. **To will oneself sober,** se dessouler par un effort de volonté. **2.** Léguer (qch.); disposer de (qch.) par testament. **To will one's money to a hospital,** léguer son argent à un hôpital. **To will one's property away from s.o.,** déshériter qn.

willed[1], *a.* **1.** (Acte, etc.) voulu, volontaire. *See also* SELF-WILLED. **2.** *Psy:* (*Of pers.*) Sous l'influence de la volonté d'un autre; suggestionné. **3.** (Argent, etc.) légué.

willing[1], *s.* **1.** Vouloir *m*; volonté *f.* **2.** Disposition *f* testamentaire.

will[3], *modal aux. v. def.* (*Used only as follows: I will, thou wilt* [wilt], *he, we, etc.,* will; *p.t. & condit.* would [wud], *thou* **wouldst** [wudst] *or* **wouldest** ['wudəst]. *'I will,' 'he will,' etc., are often contracted into* **I'll** [ail], **he'll** [hi:l], *etc.*; *'I would,' 'they would,' etc., to* **I'd** [aid], **they'd** [ðeid], *etc.*; *'thou wilt' to* **thou'lt** [ðault]; *'will not' and 'would not' to* **won't** [wount], **wouldn't** [wudnt]) I. Vouloir. **1.** Vouloir, désirer. (*a*) *A: What wilt thou?* que désires-tu? *What would they?* que désirent-ils? (*b*) **Do as you will,** faites comme vous voudrez, comme vous l'entendrez. *Let him do it when he will,* qu'il le fasse quand il voudra, quand bon lui semblera. *The place where I would be,* l'endroit *m* où je voudrais être. *I would have stayed there for ever,* j'aurais voulu y rester toujours. *What would you have me do?* que voulez-vous que je fasse? *I would exhort you all to read Tacitus,* je vous exhorte tous à lire Tacite. *I will have him come,* je veux qu'il vienne. **Say what you will,** *you will not be believed,* quoi que vous disiez, vous aurez beau dire, malgré vos protestations, on ne vous croira pas. *Look which way you will . . .,* de quelque côté que vous regardiez. . . . **Look at it as I would** *I could not excuse . . .,* de n'importe quel point de vue je ne pouvais excuser. . . . *Art, vary how it will, must still remain art,* l'art, pour variable qu'il soit, doit rester l'art. (*c*) (*Optative*) **(I) would (that) I were a bird!** je voudrais être un oiseau! **Would it were not so!** je voudrais qu'il n'en fût pas ainsi! plût à Dieu qu'il n'en fût pas ainsi! **Would to God, would to heaven,** *it were not true!* plût à Dieu, plût au ciel, que cela ne fût pas vrai! **2.** (*Consent*) **The great 'I will,'** le grand oui. *I will not do it,* je ne veux pas le faire; je n'en ferai rien. *I will not have it done,* je ne veux pas que cela se fasse. **I will not have it** *said that . . .,* je ne veux pas qu'on dise que. . . . *I would not do it for anything,* je ne le ferais pour rien au monde. **He could if he would,** il le pourrait s'il le voulait. *I am looking for a chauffeur who would look after the garden,* je cherche un chauffeur qui s'occuperait du jardin. *The wound would not heal,* la blessure ne voulait pas se cicatriser. *The engine won't start,* le moteur ne veut pas démarrer. **Just wait a moment, will you?** voulez-vous bien attendre un instant? **Would you kindly pass the mustard?** voudriez-vous bien me passer la moutarde? *He will, would, go no further,* il ne veut pas, ne voulait pas, n'a pas voulu, aller plus loin. *He would have nothing to do with it,* il refusa de s'y mêler. **He will, would, have none of it,** (i) il n'en veut, n'en voulait, à aucun prix; (ii) il refuse, refusait, d'en entendre parler. *I won't have it sold,* je n'entends pas qu'on le vende. *I will not have it!* je ne le veux pas! *He won't come.—Oh! he won't come,* **won't he?** il refuse de venir.—Ah! il refuse de venir, tiens vraiment! **Won't you sit down?** veuillez (donc) vous asseoir. **'Will you hold your tongue!** voulez-vous bien vous taire! *Prov:* **He that will not when he may, when he will he shall have nay,** qui refuse muse. **3.** (*Emphatic*) **Accidents 'will happen,** on ne peut pas éviter les accidents. **He 'will have it that** *I was mistaken,* il veut absolument que je me sois trompé. *He 'will have it that it was a ghost,* il affirme que c'était un revenant. *He 'will go out in spite of his cold,* il persiste à sortir malgré son rhume. Oh! he 'will, will he? ah, vraiment! c'est comme cela? *He 'will get in my way*, il est toujours dans mon chemin, dans mes jambes. *He 'will, 'would, have me stay in bed*, il veut, voulait, voulut, à toute force me faire garder le lit; il insiste, a insisté, pour que je garde le lit. **He 'will have his little joke, will the doctor**, il aime à plaisanter, le docteur. *See also* BOY 1. *I quite forgot!*—**You 'would (forget)!** j'ai oublié!—C'est bien de vous (d'avoir oublié)! *I met him in a bar yesterday.—That's where you 'would meet him*, je l'ai rencontré dans un bar hier.—C'est bien là qu'on le rencontre en effet. **My conviction 'will out**, il faut que j'exprime ma conviction. *See also* MURDER[1], TRUTH 1. **4.** (*Habit*) *This hen will lay up to six eggs a week*, cette poule pond jusqu'à six œufs par semaine. *She would often return home exhausted*, elle rentrait souvent très fatiguée. **5.** (*Of conjecture, esp. in Scot. & Ireland*) **This will be the Strand, I suppose**, c'est bien le Strand, n'est-ce pas? *This will be your cousin?* c'est là sans doute votre cousin? *A man with red whiskers.—That would be he!* un homme à favoris roux.—Pas de doute, c'était lui! *You'll be a Londoner?* vous êtes de Londres? *You'll be tired?* vous devez être fatigué. *Why is he late?—He'll have missed the train*, pourquoi est-il en retard?—Il aura manqué le train. *I was a youngster then; it would be in the year* 1890, j'étais jeune alors; c'était, je pense, en 1890.

II. **will** *used as an auxiliary verb forming the future tenses.* **1.** (*Still expressing something of the speaker's will or intention. So used in the 1st pers. For the 2nd and 3rd persons see* SHALL.) *We would have come, if you had invited us earlier*, nous serions venus, si vous nous aviez invités plus tôt. *I will not be caught again*, on ne m'y reprendra plus. **2.** (*Expressing simple futurity. Used in the 2nd and 3rd persons. For the 1st pers. see* SHALL.) (*a*) *I shall tell you everything and you will give me your opinion*, je vous dirai tout et vous me donnerez votre opinion. *Will he be there?*—**He will**, y sera-t-il?—Oui (, il y sera). **No, he will not**, *F:* **no, he won't**, non (, il n'y sera pas). *But I shall starve!—No, you won't*, mais je mourrai de faim!—Pas du tout. *You won't forget*, **will you?** vous n'oublierez pas, hein? *You will write to me*, **won't you?** vous m'écrirez, n'est-ce pas? pas vrai? *He told me he would be there*, il m'a dit qu'il serait là. *His work was finished; in an hour he would be home*, son travail était fini; dans une heure il serait de retour chez lui. (*b*) (*Immediate future*) *I shall dictate and you will write*, je vais dicter et vous allez écrire. *Mr Smith will explain the situation to you*, M. Smith va vous expliquer la situation. (*Verb of motion omitted*) *A:* **I'll to the kitchen**, je vais me rendre à la cuisine. (*c*) (*In injunctions*) *You will be careful to . . .*, vous aurez soin de. . . . *You will be here at three o'clock*, soyez ici à trois heures. (*d*) (*In Scot. & N. of Engl. 'I will' = 'I shall'*) *I will be happy to see you*, je serai heureux de vous voir. *We'll be there*, nous serons là. **3.** (*In the 'result' clause of conditional sentences*) *If he comes you will speak to him*, s'il vient vous lui parlerez. *He would come if you invited him*, il viendrait si vous l'invitiez. *If he had let go, had he let go, he would have fallen*, s'il avait lâché prise, il serait tombé.

willing[2], *a.* **1.** (*a*) De bonne volonté; bien disposé; serviable. *A few w. men*, quelques hommes de bonne volonté. *W. servant*, domestique *mf* serviable, de bonne volonté. *W. horse*, cheval franc du collier. *W. hands*, mains empressées. *Prov:* **Do not spur the willing horse**, bon cheval n'a pas besoin d'éperon. **Willing sacrifice**, sacrifice fait de bonne volonté. (*b*) Consentant. **2.** *Used pred.* **To be willing to do sth.**, vouloir bien faire qch.; être disposé à faire qch. *W. to oblige*, prêt à rendre service; complaisant. *To be w. to listen to an argument*, être accessible à un raisonnement. *I am quite w. to come with you*, je ne demande pas mieux que de vous accompagner. **I am willing that you should come**, pour vous to come, je veux bien que vous veniez. *He declared himself w. for Humphrey to try again*, il exprima son consentement à ce que Humphrey essayât de nouveau. **To be able and willing**, avoir à la fois le pouvoir et la volonté. *I am quite w.*, je veux bien. **Willing or not**, bon gré mal gré. **God willing**, s'il plaît à Dieu. **-ly**, *adv.* **1.** Volontairement; spontanément; de plein gré. **2.** (*a*) De bonne volonté; de bon cœur. (*b*) Volontiers; avec plaisir; de grand cœur.

Will[4]. *Pr.n.m.* (*Dim. of William*) Guillaume.

'will-o'-the-'wisp, *s.* Feu follet; flammerole *f*; furolles *fpl.*

willed[2] [wild], *a.* **1.** Disposé (à faire qch.). *I could hardly have refused, even had I been so w.*, il m'aurait été difficile de refuser, même si je l'avais voulu, même si j'y avais été disposé. **2.** (*With adj. prefixed, e.g.*) **Strong-willed**, de forte volonté. *Audacious, strong-willed, fellow*, garçon *m* d'audace et de vouloir; garçon audacieux et volontaire. *See also* ILL-WILLED.

willet ['wilet], *s. Orn: U.S:* Symphémie semi-palmée.

William ['wiljəm]. *Pr.n.m.* Guillaume. *Hist:* **William the Conqueror**, Guillaume le Conquérant. **William the Silent**, Guillaume le Taciturne. **William Rufus**, Guillaume le Roux.

'William pear, *s. Hort:* Poire *f* Williams; bon-chrétien *m* William; bon-chrétien.

Willie ['wili]. *Pr.n.m.* (*Dim. of William*) Guillaume. *See also* WEARY[1] 1.

willies ['wiliz], *s.pl. U.S: P:* **To have the willies**, avoir le trac, la frousse. **It gives me the willies**, cela me met les nerfs en pelote, en boule.

willingness ['wiliŋnəs], *s.* **1.** Bonne volonté; empressement *m*. *I will take his place with the utmost w.*, je prendrai sa place de très bon cœur. **2.** Consentement *m*; complaisance *f*. *To declare one's w. to do sth.*, accepter de faire qch.

will-less ['willəs], *a.* Qui manque de volonté; qui n'a pas de volonté; sans caractère.

will-lessness ['willəsnəs], *s.* Manque *m* de volonté. *Med:* Aboulie *f*.

willow[1] ['wilou], *s.* **1.** *Bot:* Willow(-tree), saule *m*. **Weeping willow**, saule pleureur. **Crack-willow**, saule fragile. **Goat-willow**, **sallow-willow**, (saule) marceau *m*. **Grey willow**, saule cendré. **White willow, swallow-tail willow**, saule blanc. **Water willow**, osier *m*. **Golden willow**, osier jaune. *See also* ALMOND-WILLOW, BAT-WILLOW, SWEET WILLOW. **2.** *Cr: F:* **The willow**, la batte.

'willow-bed, *s.* Saulaie *f*, saussaie *f*.

'willow-'green, *a. & s.* Céladon (*m*) *inv.*

'willow-grouse, *s. Orn:* Lagopède blanc; lagopède subalpin.

'willow-herb, *s. Bot:* Épilobe *m* à épi; *F:* osier fleuri; laurier *m* (de) Saint-Antoine.

'willow-pattern, *s. Cer:* Décoration chinoise en teinte bleue, à motif de saule pleureur.

'willow-plantation, *s.* = WILLOW-BED.

'willow-warbler, -wren, *s. Orn:* Pouillot *m*, *esp.* pouillot fitis; rossignol bâtard.

willow[2], *s. Tex: Paperm:* Effilocheuse *f*; batteuse *f*, ouvreuse *f*; *F:* loup *m*, diable *m*.

willow[3], *v.tr. Tex: Paperm:* Louveter, effilocher, battre, ouvrir (les chiffons, etc.).

willowing, *s.* Louvetage *m*.

'willowing-machine, *s.* = WILLOW[2].

willower ['wilouər], *s. Tex:* Louveteur *m*.

willowy ['wiloui], *a.* **1.** (Terrain) couvert, planté, de saules; (ruisseau, etc.) bordé de saules. **2.** (*Of figure, form*) Souple, svelte, élancé, flexible.

Willy[1] ['wili]. *Pr.n.m.* = WILLIE.

willy[2, 3], *s. & v.tr.* = WILLOW[2, 3].

willy-nilly ['wili'nili], *adv.* Bon gré mal gré; de gré ou de force; qu'il, elle, le veuille ou non.

wilt[1] [wilt]. **1.** *v.i.* (*a*) (*Of plant*) Se flétrir, se faner. (*b*) *F:* (*Of pers.*) Dépérir, languir; perdre son énergie; sécher sur pied. (*c*) *P:* Perdre contenance (devant des reproches); se dégonfler. **2.** *v.tr.* (*Of the heat, etc.*) Flétrir (les fleurs).

wilt[2]. *See* WILL[3].

Wilton ['wiltən], *s.* **Wilton (carpet)**, tapis *m* Wilton; tapis de haute laine (fabriqué en premier lieu à Wilton).

Wilts [wilts], **Wiltshire** ['wiltʃər], *s. Com:* (i) Mouton *m*, (ii) lard *m*, (iii) fromage *m*, du Wiltshire.

wily ['waili], *a.* Rusé, astucieux; fin, finaud; *F:* malin, -igne; madré, roublard; *P:* ficelle. *The Normandy peasants are w.*, les Normands sont malins. **He's a wily old bird**, c'est un vieux roublard. **-ily**, *adv.* Astucieusement; avec astuce.

wimble [wimbl], *s. Tls:* **1.** *A:* Vrille *f*. **2.** (*a*) Tarière *f*. *Min:* Tarière à glaise. (*b*) Vilebrequin *m*.

wimple[1] [wimpl], *s.* **1.** (*a*) Guimpe *f* (de religieuse). (*b*) Voile *m*. **2.** (*Of stream*) Méandre *m*.

wimple[2]. **1.** *v.tr.* (i) Envelopper (la tête) d'une guimpe; (ii) voiler (qch.). **2.** *v.i. Scot:* (*Of stream*) (*a*) Se rider. (*b*) Serpenter; faire des méandres. (*c*) Couler en murmurant; gazouiller.

wimpling, *a. Scot:* (*Of stream*) (*a*) Murmurant. (*b*) Qui serpente.

win[1] [win], *s.* (*At games*) Victoire *f*. *He has had three wins*, il a gagné trois fois.

win[2], *v.tr. & i.* (*p.t. & p.p.* **won** [wʌn]; *pr.p.* **winning**) **1.** Gagner (une bataille, une course, un pari); gagner, remporter (une victoire). *Abs.* Gagner; remporter la victoire. **To win one's spurs**, gagner ses éperons. **To win the prize**, remporter le prix; *F:* décrocher la timbale. *To win money of s.o.* (*at cards, etc.*), gagner de l'argent à qn. **To win the toss**, gagner (à pile ou face). **Heads you win tails I lose**, vous gagnez de toute façon. *Sp:* **To win the record from s.o.**, déposséder qn du record. *Golf:* **To win by four up and three to play**, gagner par quatre et trois à jouer. *Rac:* **To win by a length**, gagner d'une longueur. *See also* CANTER[2], CASE[1] 3, DAY 1 (*b*), GO IN 2, NECK[1] 1. **2.** Acquérir (de la popularité, la bienveillance de qn); captiver (l'attention de qn). **To win s.o.'s confidence**, gagner la confiance de qn. **To win glory**, (re)cueillir, moissonner, des lauriers. **To win a reputation**, se faire une réputation; acquérir de la réputation. *This action won him the regard of the public*, ce trait lui acquit l'estime publique. *This gallant action won him the cross*, cette action d'éclat lui a valu la croix. *His conduct won him many friends, much praise*, sa conduite lui a gagné beaucoup d'amis, lui a valu beaucoup d'éloges. **To win s.o.'s love**, se faire aimer de qn. *If ever she wins a husband*, si jamais elle réussit à se faire épouser. *Thus the frog won the princess*, c'est ainsi que la grenouille obtint la main de la princesse. **3. To win all hearts**, gagner, conquérir, se concilier, tous les cœurs. *You have won her heart*, vous avez gagné son cœur, fait sa conquête. *To win the good feeling of the audience*, se concilier les auditeurs. **To win s.o. to do sth.**, amener qn à faire qch.; obtenir de qn qu'il fasse qch. **4. To win one's way to . . .**, parvenir à (un endroit). *To win the shore*, gagner le rivage. **To win home**, (i) parvenir à la maison, regagner son chez-soi (en dépit des obstacles); (ii) parvenir à son but. **To win clear** (*of dangers, etc.*), se dégager. **To win free**, arriver à se dégager. **5.** (*a*) *A. & Lit:* **To win one's living, one's daily bread**, gagner sa vie, son pain quotidien. (*b*) Extraire (le charbon, le minerai). **To win metal from ore**, extraire, récupérer, le métal des minerais. (*c*) **To win the crops**, récolter la moisson. *See also* HARVEST[1] 1.

win away, *v.tr.* Détourner, détacher (qn) (*from*, de). *He tried to win her away from her husband*, il essaya de la détacher de son mari.

win back, *v.tr.* **1.** Ramener, reconquérir. *To win back a province from the enemy*, reconquérir une province sur l'ennemi. *To win back the rebels*, ramener les insurgés à leur devoir. **2.** Regagner (son argent, etc.).

win over, win round, *v.tr.* Gagner (qn); capter la bienveillance de (qn); *F:* apprivoiser (qn). *To win over the audience*, se concilier les auditeurs. **To win s.o. over to one's side, to one's opinion**, attirer, gagner, qn à son parti; ramener, convertir, qn à son opinion. **To win s.o. over to a cause**, intéresser qn à une cause. *To let oneself be won over*, se laisser convaincre.

win through, *v.i.* **To win through (one's difficulties)**, venir à bout de ses difficultés; surmonter ses difficultés; parvenir à son but.

win upon, *v.i.* *The idea is winning upon him*, cette idée le gagne peu à peu.

winning[1], *a.* **1.** Gagnant. **Winning number**, numéro gagnant; (*in a lottery*) numéro sortant. **Winning stroke**, coup décisif. *The w. game*, la partie décisive; la belle. **The winning side**, les vainqueurs *m*. *The w. horse*, le cheval gagnant. **2.** Attrayant, séduisant, engageant, insinuant, attachant, attirant. *W. smile*, sourire engageant. **Winning manners**, manières avenantes, séduisantes.

winning[2], *s.* **1.** (*a*) Victoire *f* (au jeu, etc.); conquête *f*, acquisition *f* (*of sth.*, de qch.). *The w. of the war*, le fait d'avoir gagné la guerre. (*b*) *Min:* Extraction *f* (du charbon, etc.). **2.** *pl.* **Winnings.** (*a*) Gains *m* (au jeu, aux courses). (*b*) *Gold-min:* Récolte *f*.

'winning-post, *s.* *Turf:* Poteau *m* d'arrivée; but *m*.

wince[1] [wins], *s.* Crispation (nerveuse, de douleur); tressaillement *m*. **Without a wince**, sans sourciller; sans tiquer; sans broncher.

wince[2], *v.i.* Faire une grimace de douleur, tressaillir de douleur. **Not to wince**, ne pas sourciller; ne pas tiquer. *He received the blow without wincing*, il a reçu le coup sans sourciller, *F:* sans broncher. *The remark made him w., he winced at the remark*, cette observation le crispa. *He didn't w.*, il n'a pas bronché; il n'a pas tiqué.

wincey ['winsi], *s.* *Tex:* Tiretaine *f*; *A:* breluche *f*.

winch [winʃ], *s.* **1.** *Mec.E:* Manivelle *f*. **2.** *Mec.E:* Treuil *m* (de hissage); *F:* bourriquet *m*, singe *m* (d'une chèvre). **Hand-winch, crank-winch**, treuil à manivelle, treuil à bras. **Geared winch**, treuil composé, à engrenages. **Worm-winch**, treuil à vis tangente, à vis sans fin. *Rail:* **Shunting winch**, treuil de manœuvre. **Winch handle**, manivelle de treuil. *See also* CRAB-WINCH, DONKEY-WINCH, STEAM-WINCH. **3.** *Fish:* Moulinet *m*. **4.** *Nau:* *A:* Moulin *m* (de corderie). *See also* YARN[1] 1.

Winchester ['wintʃəstər]. *Pr.n.* **1.** *Meas:* **Winchester quart, Winchester bottle**, flacon *m* d'une contenance de 80 onces. (Nom d'une ville du Hampshire.) **2.** *Sm. a:* **Winchester** (rifle), winchester *m*. (Nom du fabricant.)

wind[1] [wind, *A. & Poet:* waind], *s.* **1.** Vent *m*. (*a*) *A breath, a gust, of w.*, un souffle, un coup, de vent. **The north wind**, le vent du nord; *Lit:* l'aquilon *m*, la bise. *The south w.*, le vent du sud. *The east w., the west w.*, le vent d'est, d'ouest. *The north-east w.*, le vent du nord-est. **A north-east wind**, un vent de nord-est. **High wind**, grand vent; vent fort, violent. *The w. is high*, il fait grand vent. **Hurricane wind**, tempête *f*; *F:* vent à écorner les bœufs. **House exposed to every wind, to the four winds of heaven**, maison exposée à tous les vents, aux quatre vents du ciel. *To be exposed to all the winds that blow*, être logé aux quatre vents. **Point whence the wind blows**, source *f* du vent. **How is the wind?** d'où vient le vent? *F:* **To see how the wind blows, to find out which way the wind blows**, regarder de quel côté vient le vent. **He knows which way the wind lies**, il sait d'où vient le vent. **With her hair streaming in the wind**, la chevelure au vent. **Sound that is carried by, that comes on, the wind**, son qui est porté par le vent. **To be carried down the wind, before the wind**, être emporté par le vent. *F:* **There's something in the wind**, il se prépare, il se mijote, il se manigance, quelque chose; il y a quelque anguille sous roche; il y a quelque chose en train. *What's in the w.?* qu'est-ce qui se mitonne? **To have the wind in one's face**, aller contre le vent, avoir vent debout. *Ven:* (*Of bird*) **To fly down, before, the wind**, aller à vau-vent. **To hunt, shoot, down (the) wind**, chasser à vau-vent. *F:* **To go like the wind**, aller comme le vent, plus vite que le vent. **To talk to the wind**, prêcher dans le désert. *One might as well talk to the w.*, c'est comme si on chantait. **To throw one's cares to the winds**, chasser les soucis. *See also* PROPRIETY 2. **To sow the wind and reap the whirlwind**, semer le vent et récolter la tempête. **To raise the wind**, (i) faire souffler le vent; (ii) *P:* se procurer de l'argent; obtenir du crédit; battre monnaie. *P:* **To have, get, the wind up**, avoir le trac, la frousse, la venette, le taf; avoir une peur bleue. **To put the wind up s.o.**, donner, flanquer, le trac, la venette, à qn; faire une peur bleue à qn. *See also* ILL I. 1, SIDE-WIND, STRAW[1] 2, TUNNEL[1] 1, TURBINE. (*b*) *Nau:* **Fair wind**, bon vent; vent propice. **Foul wind**, vent contraire. **Wind and weather permitting**, si le temps le permet. **Head wind**, vent debout. **To have a head wind**, avoir vent debout. **To sail, run, before the wind**, courir vent arrière; courir le vent en poupe. **To sail against the wind**, avoir le vent droit debout. **To sail with wind and tide**, avoir vent et marée. **Against wind and tide**, contre vent et marée. **In the teeth of the wind**, contre le vent. *See also* EYE[1] 5. **To sail into the wind**, venir, aller, au lof. *To come back into the w.*, revenir au lof. **To sail off the wind**, naviguer vent largue; avoir du largue. **To sail on a wind, close to the wind, near the wind**, pincer, serrer, le vent; courir près du vent; tenir le vent; aller, courir, naviguer, au plus près. *F:* **To sail close to the wind**, friser l'indécence ou la malhonnêteté; friser la prison; faire des affaires douteuses. *You are sailing rather close to the w.*, votre conduite est un peu risquée. **To set a sail to the wind**, aventer une voile. **Sails all in the wind**, voiles en ralingue. **To take the wind out of a ship's sails**, déventer un navire. *F:* **To take the wind out of s.o.'s sails**, déjouer les plans de qn; devancer qn; couper l'herbe sous le pied de qn; *P:* en boucher un coin à qn; asseoir qn. *That took all the w. out of my sails*, ça m'a paralysé; ça m'a coupé, cassé, bras et jambes. **To keep the better wind**, serrer le vent de plus près (qu'un autre vaisseau). **Between the wind and the water**, à fleur d'eau, à la flottaison. *See also* AFT 1, LEADING[2] 4, QUARTER-WIND, SHEET[2] 1, TRADE-WIND, WHISTLE[2]. (*c*) *F:* Chose vaine. **'Their substance is but only wind,'** autant en emporte le vent. *These promises are merely w.*, ce sont des promesses en l'air. **2.** *Ven:* *etc:* Vent. **To have the wind of one's game**, avoir le vent de son gibier. *F:* To get wind of sth., avoir vent de qch.; éventer (un secret, etc.). **3.** *Med:* Vent(s); flatuosité *f*; tympanisme *m*. **To break wind**, lâcher un vent; *F:* lâcher un pet, un gaz; faire un pet; péter. *The baby is troubled with w.*, le bébé a des vents. *To suffer from w.*, *F:* avoir des gaz. **To bring up wind**, roter; faire un rot. **4.** Souffle *m*, respiration *f*, haleine *f*. **He has a good, a long, wind**, il a du souffle. *He has a bad w.*, il manque de souffle. **To be in good wind, to have plenty of wind**, être en haleine; avoir beaucoup de souffle; avoir du souffle; avoir de l'haleine. **To recover one's wind, to get one's second wind**, reprendre haleine. **Let me get my wind**, laissez-moi souffler! **To hit, catch, s.o. in the wind**, couper la respiration à qn. *See also* SOUND[6] I. 1. **5.** (*a*) *Ind:* *etc:* Vent; air, vent, de soufflerie. *Mus:* **Wind supply** (*of an organ*), soufflerie *f*. (*b*) (*In aerodynamics*) **Wind resistance**, résistance *f* de l'air. **6.** *Mus:* **The wind**, les instruments *m* à vent. *See also* WOOD-WIND.

'wind-bent, *a.* = WIND-SHAKEN.

'wind-blown, *a.* **1.** = WIND-DRIVEN. **2. Wind-blown hair**, cheveux ébouriffés par le vent.

'wind-bore, *s.* Crépine *f* (d'aspiration) (d'une pompe); aspirant *m*; lanterne *f*; reniflard *m*.

'wind-bound, *a.* *Nau:* Retenu par des vents contraires; retardé par le vent.

'wind-box, *s.* **1.** Boîte à vent, caisse *f* à vent, chambre *f* à air (d'un cubilot, d'un haut fourneau). **2.** Sommier *m* (d'un orgue).

'wind-brace[1], *s.* *Const:* *Civ.E:* Contrevent *m*; entretoise *f* de contreventement.

'wind-brace[2], *v.tr.* *Const:* *Civ.E:* Contreventer (un comble, etc.).

wind-bracing, *s.* Contreventement *m*.

'wind-break, *s.* **1.** = BREAK-WIND. **2.** *For:* (*Broken tree-top*) Volis *m*.

'wind-broken, *a.* (Cheval) poussif.

'wind-chest, *s.* = WIND-BOX.

'wind-colic, *s.* *Med:* Colique flatulente.

'wind-cone, *s.* *Av:* = WIND-SLEEVE.

'wind-cutter, *s.* **1.** Coupe-vent *m inv* (d'une locomotive). **2.** Lèvre supérieure (de la bouche d'un tuyau d'orgue).

'wind-driven, *a.* Poussé, balayé, par le vent. *W.-d. clouds*, nuages chassés, poussés, par le vent. *W.-d. tide*, marée ventée.

'wind-egg, *s.* **1.** Œuf non fécondé; *F:* œuf clair. **2.** Œuf imparfait; œuf de couleuvre; œuf blanc.

'wind-engine, *s.* *Mec.E:* Moteur *m* à vent; moteur éolien; éolienne *f*; aéromoteur *m*; anémotrope *m*.

'wind-fanner, *s.* *Orn:* = WINDHOVER.

'wind-firm, *a.* (Arbre *m*) résistant au vent.

'wind-flower, *s.* *Bot:* Anémone *f*; gentiane *f* des marais. **Narcissus-flowered wind-flower**, anémone à fleurs de narcisse.

'wind-gap, *s.* *Geol:* Tronçon *m* de vallée.

'wind-gate, *s.* *Min:* Voie *f* d'aérage.

'wind-gauge, *s.* **1.** Anémomètre *m*. **2.** Indicateur *m* de pression du vent. **3.** *Sm. a:* **Back-sight with wind-gauge**, hausse *f* à dérive.

'wind-instrument, *s.* *Mus:* Instrument *m* à vent.

'wind-jammer, *s.* *Nau:* *U.S:* *F:* Voilier *m*.

'wind-motor, *s.* = WIND-ENGINE.

'wind-power, *s.* *Mec.E:* Énergie empruntée au vent; *F:* houille bleue.

'wind-rode, *a.* *Nau:* Évité au vent.

'wind-sail, *s.* *Nau:* Manche *f* à vent, à air (en toile).

'wind scoop, *s.* **1.** *Aut:* *Av:* Saut-de-vent *m*. **2.** *Nau:* Manche *f* à air, à vent.

'wind-shaken, *a.* *Arb:* (Arbre) venté, faux venté.

'wind-shield, *s.* *Aut:* *U.S:* Pare-brise *m inv*.

'wind-sleeve, -stocking, *s.* *Av:* Sac *m* à vent (de l'aérodrome).

'wind-spout, *s.* *Meteor:* Trombe *f*.

'wind-stick, *s.* *Av:* *P:* Hélice *f*.

'wind-storm, *s.* Tempête *f* de vent; tourbillon *m*.

'wind-sucker, *s.* **1.** *Vet:* Cheval *m* qui avale de l'air; cheval cornard; tiqueur, -euse. **2.** *U.S:* *P:* Vantard *m*.

'wind-sucking, *s.* *Vet:* Cornage *m*; tic *m* en l'air.

'wind-swept, *a.* **1.** (Endroit) balayé par le vent, venteux. **2. Wind-swept style of hairdressing**, coiffure *f* en coup de vent.

'wind-tight, *a.* Imperméable à l'air.

'wind-tunnel, *s.* Tunnel *m* aérodynamique.

'wind-valve, *s.* Éolipile *m* (de cheminée).

'wind-vane, *s.* Girouette *f*.

wind[2], *v.tr.* **1.** [waind] (*p.t. & p.p.* **winded** ['waindid] *or* **wound** [waund]) **To wind a, the, horn**, sonner du cor; sonner une fanfare. *Nau:* **To wind a call**, donner un coup de sifflet. **2.** [wind] (winded) (*a*) *Ven:* (*Of hounds*) Éventer, flairer (le gibier); avoir vent (du gibier). (*b*) Faire perdre le souffle à (qn); couper la respiration, le souffle, à (qn); essouffler (qn, un cheval). *The stiff climb winded him*, la rude montée l'a essoufflé. (*c*) Laisser reprendre haleine à, laisser souffler (un cheval).

winded ['windid], *a.* **1.** Hors d'haleine; essoufflé; à bout de souffle. **2. -winded.** *With adj. prefixed.* *See* LONG-WINDED, SHORT-WINDED.

winding[1] ['waindiŋ], *s.* Sonnerie *f* (du cor).

wind[3] [waind], *s.* **1.** *Tchn:* Déformation *f* (du bois, etc.). **Out of wind**, non gauchi, non faussé. **2.** = WINDING[2] 1, 6.

wind[4] [waind], *v.* (*p.t. & p.p.* **wound** [waund]) I. *v.i.* **1.** Tourner; faire des détours; serpenter; aller en spirale; (*of path, river*) serpenter, se replier; (*of staircase*) monter en colimaçon. *The plant winds round the pole*, la plante s'enroule, s'entortille, autour de la perche. *The path winds round the lawn*, le sentier contourne la pelouse, tourne autour de la pelouse. *Where the Forth so leisurely* *winds . . .*, où sinue le Forth indolent. . . . *The river winds over the plain*, la rivière serpente à travers la plaine. *The road winds up, down, the hill*, le chemin monte, descend, en serpentant. (*With cogn. acc.*) **He wound his way into her heart**, il s'insinua, se glissa, dans son cœur. **2.** (*Of thread, etc.*) S'enrouler (*round*, autour de). *A blue ribbon winds round the crook*, un ruban bleu s'enroule, tourne, autour de la houlette. **3.** (*Of board*) (Se) gauchir.

II. **wind,** *v.tr.* **1.** Enrouler. *Tex:* Dévider, envider (le fil). *Ser:* Dévider (la soie). **To wind the wool into a ball**, enrouler la laine en peloton. **To wind string round sth.**, enrouler de la corde autour de qch. **To wind cotton on a reel**, bobiner du coton. *Fish:* **To wind in the line**, ramener la ligne. *She wound a blanket round him*, elle l'enveloppa d'une couverture. *She wound her arms round the child, she wound the child in her arms*, elle entoura l'enfant de ses bras. *The serpent winds itself round its prey*, le serpent s'enroule autour de sa proie. *F:* **To wind s.o. round one's little finger** = *to twist s.o. round one's little finger, q.v. under* TWIST[2] 1. *To w. oneself into s.o.'s good graces*, s'insinuer dans les bonnes grâces de qn. **2.** **To wind a bobbin**, enrouler le fil sur une bobine. *El.E:* **To wind a dynamo**, armer une dynamo. **3.** **To wind the clock**, remonter l'horloge. **4.** *Min:* Extraire, hisser, remonter (le minerai, etc.). **5.** *Nau:* **To wind the ship**, éviter ou virer cap pour cap.

wind off. 1. *v.tr.* Dérouler, dévider (de la corde, etc.). **2.** *v.i.* Se dérouler, se dévider.

winding off, *s.* Dévidage *m*, déroulement *m*.

wind on, *v.tr. Tex:* Renvider (des cannettes de fil).

winding on, *s.* Renvidage *m*.

wind up. 1. *v.tr.* (*a*) Enrouler (de la laine, un cordage, etc.). (*b*) Bander, remonter (un ressort); remonter (sa montre, l'horloge). *F:* **He is winding himself up for the effort**, to do his best, il rassemble ses forces pour l'effort, pour faire de son mieux. *He was wound up to a fury*, il était au paroxysme de la colère. *To be wound up to a high pitch of expectation*, être dans l'angoisse de l'attente. *See also* CLOCK[1]. (*c*) *Turf: F:* **To wind up a horse**, affûter un cheval. (*d*) Finir, terminer (qch.); *Com:* liquider (une société); régler, clôturer (un compte). **To wind up a meeting**, clore une séance. *To w. up the debate*, terminer les débats. *He wound up his speech by announcing that . . .*, il termina son discours en faisant savoir que. . . . *To w. up the evening with the national anthem*, terminer la soirée par l'hymne national, en chantant l'hymne national. **2.** *v.i.* (*a*) Finir; terminer. *How does the story, the play, w. up?* comment l'histoire, la pièce, s'achève-t-elle, se dénoue-t-elle? quel est le dénouement? (*b*) *The company wound up*, la société liquida, se mit en liquidation.

'wind-up, *s.* Fin *f*, conclusion *f* (de qch.); dénoûment *m* (d'une histoire, d'une pièce de théâtre).

winding up, *s.* **1.** (*a*) Remontage *m* (d'une horloge, d'une montre). (*b*) Bandage *m* (d'un ressort). **2.** (*a*) = WIND-UP. (*b*) *Com:* Liquidation *f*, dissolution *f* (d'une société).

wound, *a.* Enroulé, entortillé. **Wound rotor**, rotor *m* à enroulement. **Close-wound spring**, ressort *m* (à boudin) à spires serrées. *See also* DOUBLE-WOUND, SHUNT-WOUND, WIRE-WOUND.

winding[2], *a.* (Chemin, cours d'eau) sinueux, plein de détours, qui serpente; (chemin) anfractueux; (route) en lacet. *W. streets*, rues tortueuses. *W. path* (*in garden, etc.*), tortille *f*. *Const:* **Winding steps**, marches gironnées, en limaçon. *See also* STAIR 2, STAIRCASE. **-ly,** *adv.* Tortueusement, en serpentant.

winding[3], *s.* **1.** Mouvement sinueux; cours sinueux; serpentement *m*; replis *mpl*. **2.** (*a*) *Tex: etc:* Bobinage *m*, embobinage *m*. *El:* Enroulage *m*, enroulement *m*, bobinage. *See also* BARREL-WINDING, COIL[1] 3, FORMER[2] 2, SHUNT WINDING. (*b*) *Tex:* **Winding back**, déroulement *m*. **3.** *Carp:* Gauchissement *m*. **To take the winding out of a board**, dégauchir une planche. **In winding**, gauchi. **4.** *Min:* Extraction *f*, remonte *f*, remontée *f*. **5.** (*a*) Remontage *m* (d'une horloge). (*b*) Bandage *m* (d'un ressort). **6.** (*a*) Méandre *m*, repli *m*. (*b*) Spire *f* (d'un bobinage, etc.). **7.** (*a*) *pl.* **Windings**, sinuosités *f*, replis, méandres (d'une rivière); lacets *m* (d'un chemin); anfractuosités *f* (d'un chemin); détours *m* (d'un souterrain); contournements *m* (d'une côte); tortuosités *f* (d'un labyrinthe). (*b*) Spires, enroulement (d'une bobine, etc.). **Armature winding**, enroulement d'induit.

'winding-drum, *s. El.E: Mec.E: etc:* **1.** Tambour *m* d'enroulement, cylindre enrouleur. **2.** Treuil *m*.

'winding-engine, *s. Min:* Machine *f*, moteur *m*, d'extraction.

'winding-frame, *s. Tex:* Dévideuse *f*.

'winding-gear, *s.* **1.** *Min:* Appareils *mpl*, machine *f*, d'extraction. **2.** **Winding-gear of a lift**, treuil *m* d'un ascenseur.

'winding-key, *s.* **1.** (*Of gramophone*) Manivelle *f*. **2.** (*For watch, etc.*) Remontoir *m*.

'winding-machine, *s.* **1.** *Tex:* Machine *f* à enrouler; bobinoir *m*, bobineuse *f*. **2.** *Min:* Machine d'extraction.

'winding-plant, *s. Min:* Chevalement *m* (de puits de mine). *Colliery w.-p.*, chevalement de mine.

'winding-shaft, *s. Min:* Puits *m* d'extraction.

'winding-sheet, *s.* Linceul *m*, suaire *m*.

windage ['windedʒ], *s.* **1.** *Ball:* (*a*) Dérivation, dérive (due au vent). (*b*) Vent *m* (entre le projectile et l'âme). **2.** *Mec.E:* Jeu *m*; espace *m* libre.

windbag ['windbag], *s.* **1.** Réservoir *m* à air. **2.** Outre *f* (d'une cornemuse). **3.** *F:* Orateur verbeux; moulin *m* à paroles. *He's a w.*, il parle pour ne rien dire.

winder ['waindər], *s.* **1.** (*Pers.*) (*a*) *Tex: etc:* Bobineur, -euse; dévideur, -euse. **Weft-winder**, trameur, -euse. *El.E:* **Coil winder**, bobinier *m*. (*b*) Remonteur, -euse (d'horloges). (*c*) *Min:* Mécanicien *m* d'extraction. **2.** (*Device*) (*a*) *Tex:* Bobinoir *m*, dévidoir *m*. **Pirn-, weft-, cop-winder**, can(n)etière *f*. *See also* WOOL-WINDER. (*b*) *Cin:* Embobineur *m*, embobineuse *f*, bobinoir (du film). (*c*) *Paperm:* Bobineuse *f*. (*d*) *Fish:* Plioir *m*. (*e*) Remontoir *m* (d'une horloge, d'une montre à remontoir). (*f*) *Min:* = WINDING-ENGINE. (*g*) *Aut: etc:* Lève-glace(s) *m inv* (de portière). (*h*) *Av:* **Antenna winder**, rouet *m* d'antenne. **3.** *pl. Const:* **Winders**, marches tournantes, dansantes, gironnées (d'un escalier).

windfall ['windfɔːl], *s.* **1.** (*a*) Bois gisant; chablis *m*, chable *m*, ventis *m*. (*b*) Fruit abattu par le vent; fruit tombé. **2.** *F:* (*a*) Aubaine *f*; bonne fortune. (*b*) Héritage inattendu; *Jur:* acquêt *m*.

windfallen ['windfɔːlən], *a.* (Fruit, etc.) abattu par le vent. *W. trees*, ventis *m*. *W. wood* = WINDFALL 1 (*a*).

windgall ['windgɔːl], *s. Vet:* Molette *f*, vessigon *m*.

windhover ['windhɔvər, -hʌvər], *s. Orn:* Crécerelle *f*, émouchet *m*.

windiness ['windinəs], *s.* **1.** (*a*) Temps venteux. (*b*) *The w. of these heights*, les vents qui ne cessent de souffler sur ces hauteurs. **2.** *Med: A:* Flatuosité *f*. **3.** *F:* Verbosité *f*.

windlass[1] ['windləs], *s.* Treuil *m*, vindas *m*; *F:* singe *m*; (*on dray, etc.*) pouliot *m*; (*small*) vireveau(t), vireveau *m*. *Nau:* Guindeau *m*; cabestan horizontal. **Differential windlass, Chinese windlass**, treuil différentiel, treuil de la Chine. **Spanish windlass**, (é)trésillon *m*. **Windlass-end**, poupée *f* de guindeau. *See also* CRAB-WINDLASS.

windlass[2], *v.tr.* Élever, hisser, (qch.) au treuil, au guindeau; guinder (qch.).

windlestraw ['windlstrɔː], *s. Bot:* Tige desséchée (de certaines graminées).

windmill ['windmil], *s.* **1.** Moulin *m* à vent; (*for pumping*) aéromoteur *m*, aermotor *m* (pour puits); épuise-volante *f*, *pl.* épuises-volantes; éolienne *f*. *F:* **To fight, to tilt at, windmills**, se battre contre des moulins à vent (comme Don Quichotte). (*Of young woman*) **To throw, fling, her cap over the windmills**, jeter son bonnet par-dessus les moulins. **2.** *Com: F:* Traite *f* en l'air; cerf-volant *m*, *pl.* cerfs-volants.

'windmill-'cap, *s.* Toit tournant, calotte *f*, chapiteau *m* (de moulin à vent).

'windmill-plane, *s. Av:* Autogyre *m*.

window ['windo, -ou], *s.* **1.** (*a*) Fenêtre *f*. **To look out of the window**, regarder par la fenêtre. **To look in at the window**, regarder à la fenêtre. **Blank window, blind window, false window**, fausse fenêtre; fenêtre feinte, aveugle. **Casement window**, croisée *f*; fenêtre croisée, à battants. **Balance window, pivoted window**, fenêtre à bascule, à charnière; fenêtre oscillante. **Attic window, garret window**, fenêtre en mansarde. **Double windows**, contre-châssis *m*. *To break the windows*, casser les vitres, les carreaux. *Jur:* **To block up the windows**, condamner les vues. *F:* **The windows of heaven opened**, les cataractes *f* du ciel s'ouvrirent. *See also* BOW-WINDOW, FRENCH WINDOW, SASH-WINDOW, TRANSOM-WINDOW. (*b*) **Stained-glass window**, verrière *f*; vitrail, -aux *m* (d'église). (*c*) Guichet *m* (d'un bureau de délivrance de billets, *Th:* d'un bureau de location). (*d*) *Com:* Vitrine *f*, devanture *f*, montre *f*. **Articles shown in the window**, articles *m* en vitrine; marchandises *f* à la devanture, en devanture. **To put sth. in the window**, mettre qch. à l'étalage, en montre, à la devanture. *F: He puts all his goods in the w.*, il fait montre de tout son savoir; il est tout en façade. *See also* DRESS[2] 2. **2.** *Rail: Veh:* Glace *f*. **Door-window**, glace de portière. *To lower, open, the w.*, baisser la glace. *To raise, close, the w.*, remonter la glace, le châssis; (*in the old hansom-cabs*) fermer la glace. *See also* STRAP[1] 2. **3.** Fenêtre (d'une enveloppe); panneau transparent. **4.** *Anat:* Fenêtre (du tympan).

'window-bar, *s.* **1.** (*a*) Barreau *m* (de fenêtre). (*b*) Barre *f* d'appui. (*c*) Barre de fermeture. **2.** Croisillon *m*; petit bois (entre vitres).

'window-box, *s.* Caisse *f*, bac *m*, à fleurs (pour fenêtres, balcons). *W.-box competition*, concours *m* de balcons fleuris.

'window-display, *s. Com:* Étalage *m*.

'window-dresser, *s.* **1.** *Com:* Étalagiste *mf*. **2.** *F:* Bluffeur *m*.

'window-dressing, *s.* **1.** *Com:* Art *m*, science *f*, de l'étalage. **2.** Arrangement *m* de la vitrine. *F:* **That's all mere window-dressing**, tout ça, c'est du camouflage, du bluff, du truquage, de la frime, de la poudre aux yeux, un trompe-l'œil; ce n'est qu'une façade. **Window-dressing of the balance-sheet**, truquage du bilan.

'window-duty, *s. A:* = WINDOW-TAX.

'window-envelope, *s.* Enveloppe *f* à fenêtre, à panneau transparent.

'window-frame, *s.* (*a*) Dormant *m* de fenêtre; bâti dormant; bâti de croisée; châssis dormant; châssis de fenêtre; chambranle *m*. (*b*) *Veh:* Encadrement *m* de la glace.

'window-garden, *s.* Balcon fleuri.

'window-glass, *s.* Verre *m* à vitres.

'window-ledge, *s.* Rebord *m*, appui *m*, banquette *f*, de fenêtre.

'window-mirror, *s.* Espion *m*.

'window-pane, *s.* Vitre *f*, carreau *m*.

'window-raiser, *s. Aut:* Lève-glace(s) *m inv*.

'window-sash, *s.* Châssis *m* (de fenêtre à guillotine); châssis mobile.

'window-screen, *s.* Brise-vue *m inv*.

'window-seat, *s.* Banquette *f* (dans l'embrasure d'une fenêtre); avance *f* (de la fenêtre).

'window-sill, *s.* Appui *m*, rebord *m*, tablette *f*, de fenêtre.

'window-space, *s. Com: Premises with extensive w.-s.*, local *m* aux vitrines spacieuses.

'window-tax, *s. Adm: A:* Impôt *m* sur les portes et fenêtres.

windowed ['windoud], *a.* A fenêtre(s).

windowless ['windələs], *a.* Sans fenêtres.

windpipe ['windpaip], *s. Anat:* Trachée-artère *f*, *pl.* trachées-artères; *F:* gosier *m*.

windrow ['windrou], *s. Agr:* Andain *m*.

windscreen ['windskriːn], *s.* **1.** (*a*) Abri *m* contre le vent;

Mil: abrivent *m*. (*b*) Écran *m* de protection (d'un microphone, etc.). (*c*) *Hort:* Abat-vent *m inv*, auvent *m*, brise-vent *m inv*, tue-vent *m inv*; abrivent. **2.** *Aut:* Pare-brise *m inv*; glace *f* brise-vent. *See also* WIPER 2.

Windsor ['winzər]. **1.** *Pr.n. Geog:* (La ville de) Windsor. **Windsor Castle**, le château de Windsor (résidence royale). **2.** *Attrib. Com:* **Windsor soap**, savon *m* de Windsor (savon parfumé de couleur brune). **Windsor bean**, fève ronde d'Angleterre; fève de Windsor. **Windsor chair**, chaise *f* ou fauteuil *m* en bois tourné.

windward ['windwərd]. **1.** *a.* & *adv.* Au vent. *Geog:* **The Windward Islands**, les îles *f* du Vent. **The Windward and Leeward Islands**, les îles Caraïbes. **2.** *s.* Côté *m* au vent. *Nau:* **To work, ply, to windward**, louvoyer. **To fetch to windward**, gagner le vent; gagner dans le vent, au vent. *Lying to (the) w. of . . .*, situé au vent de. . . .

windy ['windi], *a.* **1.** Venteux. *W. weather*, temps venteux. *W. day*, journée *f* de grand vent. *It is very w.*, il fait beaucoup de vent. **2.** (*Of place, etc.*) Balayé par le vent; battu du vent; exposé au vent, aux quatre vents. **3.** *A:* (Côté *m*) du vent. *F:* **To keep on the windy side of the law**, se tenir hors de l'atteinte de la loi. **4.** (*a*) *Med:* Venteux, flatueux. *W. food*, aliment venteux. (*b*) *P:* **To feel windy**, avoir le trac, la frousse. **5.** (*Of project*) Vain, vide, qui n'est que du vent. **6.** (*Of eloquence, speech*) Ampoulé, enflé, verbeux.

wine[1] [wain], *s.* **1.** Vin *m*. (*a*) *Dry w., sweet w.*, vin sec, doux. *Thin w.*, piquette *f*. *Green w.*, vin vert. *W. of the country*, vin du pays, du cru. *W. and water*, eau rougie. *F:* **Adam's wine**, l'eau claire. **To sit over the wine**, rester à causer entre hommes autour des bouteilles. **To take (a glass of) wine with s.o.**, trinquer avec qn. **The wine trade**, l'industrie *f* viticole, vinaire. *F:* **To be in wine**, être pris de vin; être ivre. *B:* **Neither do men put new wine into old bottles**, on ne met pas non plus le vin nouveau dans de vieux vaisseaux. *Prov:* **Good wine needs no bush**, à bon vin point d'enseigne, point de bouchon. *See also* BEVERAGE, DESSERT 1, DINNER, HEAVY[1] 1, LIGHT[4] I. 1, RAISIN, SPARKLING[1] 1, STILL[1] 1 (*d*), WALNUT 1. (*b*) *Pharm:* **Quinine wine, rhubarb wine**, vin de quinquina, de rhubarbe. (*c*) *See* GINGER WINE, GOOSEBERRY WINE, HONEY 1. **2.** *A:* = WINE-PARTY. **3.** *a.* = WINE-COLOURED.

'wine-basket, *s.* Panier verseur à vin; (*on wheels*) carrosse *m*.
'wine-bibber, *s.* *Lit:* Buveur, -euse (de vin); biberon, -onne; *F:* sac *m* à vin.
'wine-bibbing, *s.* *Lit:* (La) boisson; ivrognerie *f*.
'wine-bin, *s.* Porte-bouteilles *m inv*.
'wine-bottle, *s.* Bouteille *f* à vin.
'wine-butler, *s.* Sommelier *m*.
'wine-card, *s.* (*At restaurant*) Carte *f* des vins.
'wine-carriage, *s.* Carrosse *m* (pour une bouteille de vin).
'wine-cellar, *s.* Cave *f* au vin.
'wine-coloured, *a.* Vineux; couleur de vin; lie de vin *inv*.
'wine-cooler, *s.* Rafraîchissoir *m*, rafraîchisseur *m* (à vin); seau *m* à frapper; glacière *f*; carafon *m*.
'wine-cooper, *s.* (i) Embouteilleur *m*, (ii) dégustateur *m*, (iii) débitant *m*, de vins.
'wine-country, *s.* Pays *m* vignoble, vinicole.
'wine-cup, *s.* Coupe *f* à vin.
'wine-district, *s.* Pays *m* vignoble, de vignobles; vignoble *m*.
'wine-flavoured, *a.* Vineux.
'wine-glass, *s.* Verre *m* à vin.
'wine-glassful, *s.* Plein verre à vin.
'wine-grape, *s.* Raisin *m* de vigne, de cuve.
'wine-grower, *s.* Propriétaire *m* de vignobles; viticulteur *m*; vigneron *m*.
'wine-growing[1], *a.* Vinicole, viticole, vignoble.
'wine-growing[2], *s.* Viniculture *f*, viticulture *f*.
'wine-list, *s.* (*At restaurant*) Carte *f* des vins.
'wine-mead, *s.* Bergerette *f*.
'wine-merchant, *s.* Négociant *m* en vins; marchand *m* de vins en gros.
'wine-palm, *s.* Palmier *m* à vin; caryota *m* urens.
'wine-party, *s.* Soirée passée à célébrer la Dive Bouteille.
'wine-press, *s.* Pressoir *m*.
'wine-producing, *a.* Vinifère.
'wine-skin, *s.* Outre *f* à vin.
'wine-stained, *a.* Taché de vin.
'wine-stone, *s.* Tartre *m* (du vin).
'wine-vat, *s.* = WINE-PRESS.
'wine-vault(s), *s.(pl.)* **1.** Cave *f*, caveau *m* (à vin). **2.** Cabaret *m* (en sous-sol).
'wine-vinegar, *s.* Vinaigre *m* de vin.
'wine-waiter, *s.* Sommelier *m*.

wine[2]. **1.** *v.i.* (*Of students*) Passer la soirée ensemble à boire quelques bouteilles. **2.** *v.tr.* To (dine and) wine s.o., fêter qn.

winebag ['wainbag], *s.* **1.** Outre *f* à vin. **2.** *F:* = WINE-BIBBER.

wing[1] [wiŋ], *s.* **1.** Aile *f* (d'oiseau, d'insecte). *Lit:* **To come on the wings of the wind**, venir sur les ailes du vent. **Fear lent wings to his flight; fear lent him wings**, la peur lui donnait des ailes. *F:* **To take s.o. under one's wing**, prendre qn sous son aile, sous sa protection, sous sa tutelle, sous son égide. **My watch has taken wings**, ma montre s'est envolée. *Nau:* **Wing and wing**, avec bonnettes des deux bords; les voiles en paire de ciseaux. *See also* CLIP[4] 1, GOOSE-WING, HEEL-WINGS, LACE-WING, WATER-WINGS. **2.** Course *f*, vol *m*, essor *m*. **To shoot a bird on the wing**, tirer un oiseau au vol, à la volée. (*Of bird*) **To be on the wing**, voler. **To take wing**, s'envoler; prendre son vol; prendre son essor; *F:* prendre sa volée. **3.** (*a*) Battant *m* (d'une porte). (*b*) *Const:* Aile (d'un bâtiment); pavillon *m* (d'un hôpital). (*c*) *Mil: Navy:* Aile (d'une armée, d'une escadre). *Mil:* Demi-régiment *m* (de cavalerie). **Army headquarters wing**, groupe *m* d'État-major. *See also* FIGHTING[1]. **4.** (*a*) Aile (d'un avion, d'une auto, d'une selle, d'un moulin à vent); aile, ailette *f* (d'un ventilateur). *Av:* **The wings** (*of a machine*), la voilure. *Plane with a big spread of wings*, avion à grande voilure. *Cf.* WING-SPREAD. *Av:* **Upper wing**, plan supérieur. **Lower wing**, plan inférieur. (*b*) Quart *m* de cercle (d'un compas à dessiner). (*c*) Oreille *f*, ailette (d'une vis à main). *See also* NUT 2, SCREW[1] 1. (*d*) *Cin:* Secteur *m* d'obscuration, secteur opaque (de l'obturateur). **5.** *N.Arch:* (*a*) Flanc *m* (d'un navire). (*Of cargo*) **In the wings**, en abord dans la cale. *Nau:* **Wing feeder**, réservoir latéral. **Wing furnace**, foyer *m* de côté. (*b*) (*Of paddle-steamer*) Jardin *m* (de tambour). **6.** *Th:* **The wings**, les coulisses, la coulisse. **In the wings**, (i) dans la coulisse; (ii) à la cantonade. **7.** *Fb:* (*a*) (*Pers.*) Ailier *m*. (*b*) **The wing halves**, les demis *m* aile.

'wing-bearing, *a.* (Insecte *m*) alifère.
'wing-beat, *s.* Coup *m* d'aile.
'wing-bolt, *s.* Boulon *m* à oreilles.
'wing-case, *s.* *Ent:* Élytre *m*.
'wing-commander, *s.* *Mil.Av:* Lieutenant-colonel *m*.
'wing-compass(es), *s.(pl.)* *Draw:* Compas *m* quart de cercle.
'wing-flap, *s.* **1.** Coup *m* d'aile. **2.** *Av:* Aileron *m*.
'wing-float, *s.* *Av:* Ballonnet *m* (d'hydravion).
'wing-flutter, *s.* *Av:* Vibration *f* des ailes.
'wing-footed, *a.* *Lit:* (Dieu, etc.) aux pieds ailés.
'wing-forward, *s.* *Fb:* Ailier *m*.
'wing-game, *s.* Gibier ailé; gibier à plumes.
'wing-'over, *s.* *Av:* Retournement *m* sur l'aile.
'wing-quill, *s.* *Orn:* Rémige *f*.
'wing-rail, *s.* *Rail:* **1.** Contre-rail *m*. **2.** Patte *f* de lièvre; contre-cœur *m*; rail *m* en aile.
'wing-rib, *s.* *Cu:* Côte *f* d'aloyau.
'wing-shaped, *a.* Aliforme.
'wing-sheath, *s.* = WING-CASE.
'wing-shell, *s.* *Moll:* Avicule *f*; strombe *m*.
'wing-skid, *s.* *Av:* Protège-aile *m*, *pl.* protège-ailes.
'wing-span, -spread, *s.* Envergure *f* (d'oiseau, d'avion).
'wing-stroke, *s.* Coup *m* d'aile.
'wing-support, *s.* *Av:* Attache *f* d'aile.
'wing-tip, *s.* *Av:* Aileron *m*; bec *m* d'aile.
'wing turret, *s.* *Navy:* Tourelle latérale.
'wing-wall, *s.* (*a*) Mur *m* à ailes, en aile. (*b*) *Hyd.E:* Jouière *f*, musoir *m*, (mur) bajoyer *m* (d'une écluse).

wing[2], *v.tr.* **1.** (*a*) Empenner (une flèche). (*b*) *Lit:* **Fear winged his steps, his flight**, la peur lui donnait, lui prêtait, des ailes. (*c*) **To wing an arrow at s.o.**, lancer, décocher, une flèche à qn. (*d*) (*Of bird, etc.*) **To wing the air, to wing its flight, its way**, voler. *Abs.* **Birds winging towards the south**, oiseaux volant vers le sud. **2.** Frapper, blesser, (un oiseau) à l'aile. *F:* **I have winged him**, je lui ai mis du plomb dans l'aile. **3.** **To wing a building**, flanquer un édifice (*with*, de).

winged, *a.* **1.** (*a*) Ailé. *Lit:* **Winged words**, paroles ailées. *Ven:* **Winged game**, gibier *m* à plumes, gibier ailé. *Bot:* **Winged seed**, graine ailée; (*of ash, sycamore, etc.*) samare *f*. **The winged gods**, les dieux aligères. *Mil:* **Winged bomb**, bombe empennée. (*b*) (*With adj. prefixed, e.g.*) **White-winged**, aux ailes blanches. *See also* LONG[1] I. 4, SCALE-WINGED, SHEATH-WINGED, SLOW-WINGED, SWIFT-WINGED. **2.** (*Of bird*) **To be winged**, être blessé à l'aile; en avoir dans l'aile; en tenir. *F:* (*Of man*) **He's winged**, il en a dans l'aile.

winger ['wiŋər], *s.* *Fb:* Ailier *m*.

wingless ['wiŋləs], *a.* Sans ailes; aptère. *Gr.Ant:* **The Wingless Victory**, la Nikê aptère.

winglet ['wiŋlet], *s.* Ailette *f*, cuilleron *m* (de diptère).

Winifred ['winifred]. *Pr.n.f.* Geneviève; Winefride.

wink[1] [wiŋk], *s.* Clignement *m* d'œil; clignotement *m*; clin *m* d'œil; signe *m* des yeux; œillade *f*. **To give the wink to s.o.**, *F:* **to tip s.o. the wink**, faire signe de l'œil à qn; cligner de l'œil à qn; prévenir, avertir, qn; faire de l'œil à qn en signe d'intelligence; faire signe à qn que le moment est venu d'agir. *She tipped him the w.*, *F:* elle lui a fait de l'œil. *With a w.*, en clignant de l'œil. **Without a wink of the eyelid**, sans cligner les yeux; *F:* sans sourciller. *F:* **To have forty winks**, piquer, faire, un petit somme; faire une courte sieste. *See also* SLEEP[1] 1, SLEEP[2] 1. *Prov:* **A nod is as good as a wink to a blind horse**, c'est comme si vous parliez à un sourd. *A nod is as good as a w. to him*, il entend à demi-mot.

wink[2]. **1.** *v.i.* (*a*) Cligner les yeux; clignoter. (*b*) **To wink at s.o.**, cligner de l'œil, lancer un clignement d'œil, faire signe de l'œil, *F:* faire de l'œil, à qn. (*c*) *F:* **To wink at an abuse**, fermer les yeux sur, tolérer, un abus. (*d*) (*Of star, light*) Vaciller, trembler, clignoter. **2.** *v.tr.* (*a*) **To wink one's eye**, cligner de l'œil. (*b*) **To wink assent**, signifier son assentiment par un clin d'œil. (*c*) **To wink a tear away**, clignoter des yeux pour chasser une larme.

winking[1], *a.* **1.** Clignotant. **2.** (*Of light, etc.*) Vacillant, tremblant, clignotant.

winking[2], *s.* **1.** Clignement *m* de l'œil; clignotement *m*. *Anat:* **Winking muscle**, orbiculaire *m* des paupières. *F:* **Like winking**, (i) en un clin d'œil; en un rien de temps; (ii) sans hésitation. *See also* EASY[1] I. 3. **2.** Vacillation *f*, tremblement *m*, clignotement *m* (d'une lumière).

winkle [wiŋkl], *s.* *Moll:* = PERIWINKLE[2].

winner ['winər], *s.* **1.** (*a*) Gagnant, -ante; gagneur, -euse. *The w. of the ladies' singles*, le vainqueur du simple dames. *The w. of the race*, le vainqueur de l'épreuve. **All the winners!** résultat des courses! **Every time a winner!** à tous les coups l'on gagne! *See also* PICK OUT 1, PRIZE-WINNER, SPOT[2] 2. (*b*) *P:* Roman *m*, pièce *f*, à grand succès; gros succès. **2.** Celui qui obtient (qch.) par son travail. *See* BREAD-WINNER.

winnow[1] ['wino, -ou], *s.* **1.** = WINNOWER 2. **2.** **Winnow of breeze**, souffle *m* de vent. **Winnow of wings**, coup *m* d'aile.

winnow[2], *v.tr.* **1.** (*a*) *Husb:* Vanner, sasser, tararer (le grain);

passer (le grain) au van. *F:* **To winnow away, winnow out, the chaff from the grain,** séparer l'ivraie d'avec le grain. (*b*) Éplucher, sasser, examiner minutieusement (des preuves, etc.). **To winnow the evidence,** passer les témoignages au crible. *To w. the candidates,* trier les candidats. **To winnow (out) the true from the false,** séparer, démêler, le vrai d'avec le faux. **2.** *Poet:* (*Of bird, etc.*) Battre (l'air); (*of wind*) agiter (les cheveux de qn).

winnowing, *s.* **1.** (*a*) Vannage *m*, ventage *m*. **Winnowing-basket,** van *m*. (*b*) Examen minutieux; triage *m*. **2.** *pl.* **Winnowings,** vannure *f*.

'winnowing-machine, *s.* = WINNOWER 2.

winnower ['winouər], *s.* **1.** (*Pers.*) Vanneur, -euse. **2.** (*Machine*) Vanneuse *f*; cribleur *m*; sasseur *m* mécanique; van *m* mécanique; tarare *m*.

winsome ['winsəm], *a.* Captivant, séduisant. *A w. maiden,* une jeune fille séduisante. *W. face,* physionomie *f* agréable. **-ly,** *adv.* D'une manière captivante, séduisante.

winsomeness ['winsəmnəs], *s.* Charme *m*, attrait *m* (d'une jeune fille, d'une enfant).

winter[1] ['wintər], *s.* Hiver *m*. **In winter,** en hiver. *On a fine winter('s) day,* par un beau jour d'hiver. *Lit:* **He has seen sixty winters,** il compte soixante hivers. **Winter clothing,** vêtements *mpl* d'hiver. **The winter season,** la saison d'hiver; la saison hivernale. **Winter resort,** station hivernale. **Winter visitors,** hivernants *m*. **Winter sports,** sports *m* d'hiver. *W. sports outfit,* équipement *m* pour sports d'hiver. *Mil:* **Winter quarters,** quartiers *m* d'hiver; hivernage *m*. *To go into w. quarters,* prendre ses quartiers d'hiver; hiverner. *Nat.Hist:* **Winter sleep,** sommeil hibernal. *See also* BARLEY, CORN[1] 2, GARDEN[1] 1, SUMMER[1], WHEAT.

'winter 'berry, *s.* *Bot:* Apalachine *f*.

'winter 'cherry, *s.* **1.** (*a*) Alkékenge *f*; coquerelle *f*, coqueret *m*; herbe *f* à cloques; cerise *f* de suif, de juif, d'hiver; cerise en chemise. (*b*) Cerisette *f*; morelle *f* faux piment. **2.** (*Tree*) Cerisier *m* d'amour; petit cerisier d'hiver.

'winter-cress, *s.* *Bot:* Barbarée *f*; roquette *f* des jardins.

'winter-flowering, *a.* (*Of plant*) Hibernal, -aux; hiémal, -aux.

'winter-lodge, *s.* *Bot:* Hibernacle *m*.

'winter-moth, *s.* *Ent:* Phalène *f* d'hiver; chéimatobie *f*.

'winter-plough, *v.tr.* *Agr:* Entre-hiverner.

winter-ploughing, *s.* Entre-hivernage *m*.

'winter-time, *Poet:* **-tide,** *s.* Saison *f* d'hiver; l'hiver *m*.

winter[2]. **1.** *v.i.* Hiverner, passer l'hiver (*at*, à). **2.** *v.tr.* Hiverner (le bétail); conserver (des plantes) pendant l'hiver.

wintering, *s.* Hivernage *m*.

winterer ['wintərər], *s.* Hiverneur, -euse; hivernant *m*.

wintergreen ['wintərgri:n], *s.* *Bot:* **1.** Pyrole *f*. **2.** Gaulthérie *f* du Canada; *F:* palommier *m*; thé *m* du Canada; thé rouge. *Pharm:* **Oil of wintergreen,** essence *f* de wintergreen.

winterly ['wintərli], **wintry** ['wintri], *a.* D'hiver; hivernal, -aux; hiémal, -aux. *W. weather,* temps *m* d'hiver; temps rigoureux. *F:* **Wintry smile,** sourire (i) décourageant, (ii) de découragement. *Wintry reception,* accueil glacial.

winy ['waini], *a.* Vineux; (odeur *f*, etc.) du vin, de vin. *F:* **Winy nose,** nez vineux.

winze [winz], *s.* *Min:* Descenderie *f*, descente *f*.

wipe[1] [waip], *s.* **1.** (*a*) Coup *m* de torchon, de mouchoir, d'éponge. **To give sth. a wipe,** essuyer qch.; donner un coup de torchon, etc., à qch. (*b*) *Cin:* Fermeture *f* en fondu; fondu *m*. *See also* WHIRLING[1]. **2.** *F:* Tape *f*, taloche *f*. **3.** *P:* Mouchoir *m*; *P:* tire-jus *m inv.* *See also* RAZOR-WIPE.

'wipe-joint, *s.* *Plumb:* Soudure *f* à nœud; nœud *m* de soudure.

'wipe-spark, *s.* *El.E:* Étincelle *f* de frottement; étincelle par came, par linguet.

wipe[2], *v.tr.* **1.** (*a*) Essuyer (la table, une assiette, etc.). *To w. the blackboard,* passer une éponge sur le tableau. **To wipe one's face, one's hands,** s'essuyer la figure, les mains. **To wipe one's nose,** s'essuyer le nez; se moucher. *W. your nose, F:* mouche ton nez. *To w. a child's nose,* moucher un enfant. **To wipe one's eyes,** s'essuyer les yeux. *F:* **To wipe s.o.'s eye,** devancer qn; souffler à qn ce qu'il croyait tenir; couper l'herbe sous le pied à qn. **To wipe sth. clean,** essuyer, nettoyer, qch. **To wipe sth. quite dry,** bien essuyer qch. *See also* FLOOR[1] 1. (*b*) *El.E:* *etc:* **Wiping contact,** contact *m* à frottement; contact frottant. **2.** *Plumb:* Ébarber (un joint). **3.** *v.i.* *P:* **To wipe at s.o. with one's stick,** donner un coup de canne dans la direction de qn; allonger un coup de canne à qn.

wipe away, *v.tr.* Essuyer (ses larmes); essuyer, enlever, ôter (une tache, etc.).

wipe off, *v.tr.* **1.** (*a*) Enlever, essuyer (une éclaboussure, etc.). **To wipe off a debt,** régler, apurer, liquider, une dette. (*b*) *Phot:* Essorer (un cliché, etc.). **2.** (*Prep. use*) **To wipe some ink off the desk,** enlever une tache d'encre du pupitre (avec le torchon). *F:* **Word that wiped the smile off every face,** parole *f* qui éteignit tous les sourires.

wiping off, *s.* **1.** Enlèvement *m* (d'une tache, etc.); apurement *m* (d'une dette). **2.** *Phot:* Essorage *m* (d'un cliché).

wipe out, *v.tr.* **1.** Essuyer (une baignoire, etc.). **2.** (*a*) Liquider, amortir (une dette); effacer (une injure, etc.). **He has wiped out his past,** il a liquidé, racheté, son passé. *Let us w. out these recollections,* passons l'éponge sur ces souvenirs. *See also* SCORE[1] 3. (*b*) *F:* Exterminer (une armée, etc.). *Disease that wiped out the entire population,* maladie *f* qui a enlevé, *F:* qui a nettoyé, toute la population. *Fortune wiped out,* fortune réduite à zéro.

'wipe-out, *attrib.a.* *W.Tel:* **Wipe-out zone, area,** zone *f* de mauvaise réception (due au voisinage d'une forte station émettrice).

wiping out, *s.* **1.** Essuyage *m*, nettoiement *m* (d'un bol ou autre récipient creux). **2.** Liquidation *f*, amortissement *m* (d'une dette); effacement *m* (d'une injure).

wipe up, *v.tr.* Nettoyer, enlever (une saleté).

wiping, *s.* **1.** Essuyage *m*, nettoiement *m*. **2.** *Mec.E:* *etc:* **Wiping action,** mouvement glissant (d'une came, etc.).

wiper ['waipər], *s.* **1.** (*Pers.*) Essuyeur, -euse. **2.** (*a*) Torchon *m*, tampon *m*, ou éponge *f*; (*for hands*) essuie-main(s) *m inv.* *Aut:* **Windscreen wiper,** essuie-glace *m*, *pl.* essuie-glaces. **Windscreen-wiper blade,** balai *m*, raclette *f*. *Windscreen-wiper arm,* barre *f* d'essuie-glace. *See also* PEN-WIPER. (*b*) *P:* = WIPE[1] 3. **3.** *Mec.E:* Came *f*, mentonnet *m*; lève *f*, levée *f*; alluchon *m*; frotteur *m*. *I.C.E:* **Ignition wiper,** came d'allumage. **Wiper lubrication,** graissage *m* par frotteur.

'wiper-shaft, *s.* *Mec.E:* Arbre *m* à cames; arbre des cames.

'wiper-wheel, *s.* *Mec.E:* Roue à cames.

wire[1] ['waiər], *s.* **1.** Fil *m* métallique; *F:* fil de fer. (*a*) **Drawn wire,** fil tréfilé. **Iron wire,** fil de fer. **Brass wire,** fil d'archal. **Silver wire, copper wire,** fil d'argent, de laiton. **Gold wire,** fil d'or; *F:* fil de fer d'or; (*for lace, etc.*) or trait; trait *m*. **Stranded wire,** câble *m* métallique. **Wire sieve,** tamis *m* de fil de fer; tamis métallique. **Wire mattress,** sommier *m* métallique. **Wire cage,** cage *f* en fil de fer. *Mil:* **Wire entanglement,** réseau(x) *m(pl)* de fil de fer barbelé. *See also* BARBED 2, BINDING[2] 1, GAUZE 1, LEAD[1] 1, NAIL[1] 2, ROPE[1] 1, WHEEL[1] 1, WOVEN. (*b*) **Cheese-wire,** fil à couper le beurre. **Cork-wire** (*of bottle of wine*), muselet *m*. **Telegraph wires,** fils télégraphiques. *Wires of a cage,* barreaux *m* d'une cage. **Puppet-wires,** ficelles *f*, fils, de marionnettes. *F:* **It is he who pulls the wires,** c'est lui qui tient les fils, les ficelles; c'est lui qui fait agir certaines influences. **To pull the wires for s.o.,** intriguer pour qn. *Ven:* **Wires for rabbits,** lacet *m*. *Aut:* **Wire of a tyre,** tringle *f* d'un pneu. *El:* **High tension wire,** fil de haute tension. *Av:* **Flying wires,** cordes *f* à piano (de la cellule). **Landing wire,** hauban *m* d'atterrissage. **Drag wire, drift wire,** câble de traînée, de recul (de l'aile). *W.Tel:* **Wires of an aerial,** brins *m* d'une antenne. *El.E:* **Line wire,** fil de ligne. **Return wire,** fil de retour. *See also* EARTH[1] 3, FEED-WIRE, HOT-WIRE, LIFT-WIRE, LIVE[1] 2, PIANO-WIRE, PILOT-WIRE, PRIMING-WIRE, THREE-WIRE, TROLLEY-WIRE, TUNING-WIRE. **2.** Télégramme *m*, dépêche *f*. **To send s.o. a wire,** envoyer un télégramme, une dépêche, à qn; aviser qn par le télégraphe, par télégramme. **To send off a wire,** expédier une dépêche. **Reply by wire,** réponse *f* télégraphique. *Com:* *To send an order by w.,* transmettre un ordre par fil.

'wire 'brush, *s.* Brosse *f* en fil de fer; carde *f* métallique (pour nettoyer les limes, etc.). *Engr:* Boësse *f*.

'wire 'cloth, *s.* Toile *f* métallique. *Paperm:* Toile de fabrication; (*for hand-made papers*) toile véline.

'wire-cutter, *s.* *Tls:* **1.** Coupe-fil *m inv.* **2.** **(Pair of) wire-cutters,** pince(s) coupante(s); cisaille(s)*f(pl)*; coupe-net *m inv*, coupe-fil.

'wire-dancer, *s.* = ROPE-DANCER.

'wire-draw, *v.tr.* **1.** *Metalw:* Tréfiler; étirer en fil; tirer, fileter (le métal); travailler, passer, (un métal) à la filière; affiler, tirer à l'argue (l'or, l'argent). **2.** *Mch:* Étrangler, laminer (la vapeur). **3.** *F:* Alambiquer (son style); subtiliser (son style, le sentiment).

wire-drawn, *a.* **1.** (Métal) tréfilé, étiré en fil; (or, argent) trait. **2.** *Mch:* (*Of steam*) Laminé. **3.** *F:* (Style) alambiqué, subtilisé; (argument) tiré par les cheveux.

wire-drawing, *s.* **1.** Tréfilerie *f*, tréfilage *m*, étirage *m*. **Wire-drawing bench,** banc *m* de tréfilerie, banc à tréfiler; étireuse *f*; argue *f*. **Wire-drawing shop,** tirerie *f*. **Wire-drawing mill,** tirerie, affinerie *f*, tréfilerie. *See also* DIE[1] II. 3. **2.** *Mch:* Étranglement *m*, laminage *m* (de la vapeur). **3.** *F:* Subtilité excessive.

'wire-drawer, *s.* **1.** (*Pers.*) Tréfileur *m*, étireur *m*. **2.** = *wire-drawing bench, q.v. under* WIRE-DRAWING 1.

'wire 'edge, *s.* *Tls:* Morfil *m*, bavure *f* (d'un outil).

'wire-gauge, *s.* Calibre *m*, jauge *f*, pour fils métalliques; palmer *m*. *French w.-g.,* jauge de Paris.

'wire-glass, *s.* Verre armé; cristal armé; verre à fil de fer noyé.

'wire-grass, *s.* *Bot:* *U.S:* Pâturin comprimé.

'wire-gun, *s.* *Artil:* Canon fretté en fil(s) d'acier.

'wire-haired, *a.* (Chien terrier) à poil dur.

'wire-heel, *s.* *Vet:* Seime *f*.

'wire-maker, *s.* = WIRE-DRAWER 1.

'wire-mark, *s.* *Paperm:* Vergeure *f*.

'wire-mill, *s.* = *wire-drawing mill, q.v. under* WIRE-DRAWING 1.

'wire-'netting, *s.* Treillis *m* métallique; treillage *m* en fil de fer; grillage *m*; (*small mesh*) barrottage *m*. *To surround a yard with w.-n.,* grillager une cour.

'wire-pull, *v.i.* *F:* Intriguer; tirer les ficelles.

wire-pulling, *s.* Art *m* de tirer les ficelles; intrigues *fpl*.

'wire-puller, *s.* *F:* Intrigant, -ante.

'wire-stitch, *v.tr.* *Bookb:* Brocher (un livret).

'wire-strainer, *s.* Tendeur *m* pour fil de fer; raidisseur *m*; cric-tenseur *m*, *pl.* crics-tenseurs.

'wire-tapper, *s.* Capteur *m* de messages télégraphiques.

'wire-tapping, *s.* Captage *m*, captation *f*, de messages télégraphiques.

'wire-wound [waund], *a.* *Artil:* **Wire-wound gun** = WIRE-GUN.

'wire-wove, *a.* **1.** *Paperm:* (Papier) vergé. **2.** En toile métallique.

wire[2]. I. *v.tr.* **1.** (*a*) Munir (qch.) d'un fil métallique; armer (un bouchon de bouteille) de fil de fer. (*b*) Rattacher (une pièce, etc.) avec du fil de fer. (*c*) Monter (des fleurs) sur fil de fer; enfiler (des perles) sur un fil de fer. (*d*) Grillager (une ouverture); fermer (une ouverture) avec un réseau de fils de fer. **2.** *El.E:* Poser des fils électriques dans (une maison, etc.); canaliser (une maison). *Tg:* **To wire a station on to a circuit,** embrocher un poste. **3.** *Ven:* Prendre (un lapin) au lacet. **4.** *Metalw:* **To wire the edge of a plate,** enrouler le bord d'une tôle. **5.** *F:* Transmettre (un ordre, etc.) par le télégraphe, par fil; télégraphier (une nouvelle).

II. **wire,** *v.i.* To wire to s.o., télégraphier à qn. *I wired to him to sell (the shares),* je lui ai télégraphié de vendre. **To wire for s.o.,** télégraphier à qn pour qu'il vienne; envoyer une dépêche pour faire venir qn.

wire in. **1.** *v.tr.* Grillager (un terrain, une cour, etc.). **2.** *v.i. F:* Travailler avec acharnement; s'y mettre de tout son cœur. **To wire into a meal, a piece of work,** *abs.* **to wire in,** s'attaquer à un repas, à un travail.

wire off, *v.tr. To w. off a piece of ground,* isoler un terrain au moyen d'un grillage ou de fils métalliques.

wire up, *v.tr. El.E:* Monter, accoupler (des piles, etc.).

wired, *a.* **1.** (Fleur) montée sur fil de fer; (bouchon) armé de fil de fer. **Wired glass,** verre armé, grillagé. **2.** (*Of enclosure*) Grillagé, grillé. **3.** *Aut:* **Wired-on tyre,** bandage *m* à tringles. **4.** *U.S:* (Maison, chambre) qui a une installation téléphonique.

wiring, *s.* **1.** (*a*) Montage *m* (de fleurs) sur fil de fer. (*b*) *El.E:* Pose *f* de fils électriques; canalisation *f*. *I.C.E: etc:* **Wiring harness,** tube *m* support des fils; harnais *m* de connexions. (*c*) *W.Tel: etc:* Montage (du poste, etc.). *See also* DIAGRAM[1] 1. **2.** *Metalw:* Repliage *m* du bord (d'une tôle). **3.** *F:* Transmission *f* (d'un ordre, d'un message) par le télégraphe; envoi *m* d'une dépêche. **4.** (*a*) Fils *m* métalliques. **Cork-wiring,** muselet *m* (d'une bouteille de vin). (*b*) Grillage *m* métallique. (*c*) Bordage *m* en cordon (d'une tôle, etc.).

'wiring-lug, *s. Av: etc:* Attache-tirant *m inv.*

'wiring-plate, *s. Av:* Attache-fil(s) *m inv.*

wireless[1] ['waiərləs], *a.* Sans fil. **Wireless telegraphy,** *s.* **wireless,** télégraphie *f* sans fil, *abbr.* T. S. F.; radiotélégraphie *f*; *F:* la radio. *W. picture telegraphy,* phototélégraphie *f* sans fil. **Wireless telegram,** radiotélégramme *m*, radiogramme *m*; *F:* radio *m*; sans-fil *m inv. W. message,* message *m* par radio; message radiotélégraphique, radiotéléphonique; radio *m*. *Nau:* **Wireless room,** poste *m* de T. S. F. **Wireless telephony,** *s. F:* **wireless,** téléphonie *f* sans fil, radiotéléphonie *f*, *F:* la radio. **Wireless concert,** concert *m* radiophonique; radio-concert *m*, *pl.* radio-concerts. **To talk, sing, on the wireless,** parler, chanter, au micro. **Wireless set,** *s.* **wireless,** appareil *m*, installation *f*, poste *m*, de télégraphie sans fil, de T. S. F., de radio. *Portable w. set,* poste portatif de T. S. F. **Wireless enthusiast,** *F:* **wireless fan,** sans-filiste *mf*, téséfiste *mf*; radiophile *mf*. *W. association,* société *f* radio-électrique, radiophonique. *See also* BEACON[1] 3, OPERATOR 1.

wireless[2], *v.tr.* Envoyer (un message) par la radio; radiotélégraphier (un message). *Abs.* **To wireless to s.o.,** aviser qn par la radio.

wirer ['waiərər], *s.* **1.** *Bookb:* Couseur, -euse, au fil de fer, au fil métallique. **2. Cork-wirer,** metteur, -euse, de fil de fer.

wirework ['waiərwəːrk], *s.* **1.** Tréfilerie *f*, tréfilage *m*, étirage *m*. **2.** Grillage *m* métallique. **3.** *pl.* **Wireworks,** tréfilerie.

wireworm ['waiərwəːrm], *s.* **1.** *Ent:* Larve *f* de taupin. **2.** *Myr:* Iule *m*.

wiriness ['waiərinəs], *s.* (*a*) Raideur *f* (des cheveux). (*b*) Qualité *f* métallique (de la voix). (*c*) *Med:* Caractère *m* filiforme (du pouls). (*d*) Vigueur (alliée à un corps sec, nerveux).

wiry ['waiəri], *a.* **1.** *A:* De, en, fil métallique. **2.** (*a*) (*Of hair*) Raide, rude. (*b*) (*Of sound*) Métallique. (*c*) *Med:* (*Of pulse*) Filiforme. (*d*) (*Of pers.*) Sec et nerveux; tout en tendon.

wis [wis], *v.tr. Only in 1st pers. sg. A:* **I wis,** je le sais (bien).

wisdom ['wizdəm], *s.* **1.** Sagesse *f*. **To have the wisdom of the serpent,** avoir la prudence du serpent. *I doubt your w. in trusting him,* je me demande si vous avez été bien avisé de vous fier à lui. **Wisdom tooth,** dent *f* de sagesse. *See also* FOUNTAIN 1, SERPENTINE[2] 1. **2.** *He had a store of little wisdoms,* il avait une pleine besace de petits adages. *B.Lit:* **The Book of Wisdom, the Wisdom of Solomon,** le livre de la Sagesse; la Sagesse.

wise[1] [waiz], *a.* **1.** Sage; prudent; sagace. **The seven wise men of Greece,** les sept sages de la Grèce. **The Wise Men of the East,** les (rois) Mages *m*. *He would be a w. man that could tell,* bien avisé qui saurait le dire. **To get, grow, wise(r),** (i) s'assagir; (ii) acquérir de l'expérience. *How girls grow w.,* comment l'esprit vient aux filles. **It would not be wise to do it,** il ne serait pas sage, prudent, de le faire. *You should have been wiser than to do that,* vous auriez dû être plus sage que de faire cela. **Wise after the event,** sage après coup. *Prov:* **A wise man can learn from a fool,** un fou avise un sage. *See also* PENNY-WISE, SAD 1, WORD[1] 1. **2.** (*a*) **To look wise,** prendre un (petit) air entendu. *With a w. shake of the head,* en secouant la tête d'un air entendu. *To hide one's ignorance by assuming a w. look,* cacher son ignorance sous un air capable. (*b*) **I am no wiser than you,** je n'en sais pas plus long que vous. **He is none, not any, the wiser (for it),** il n'en sait pas plus long pour cela; il n'en est pas plus avancé (pour cela); il n'est pas plus avancé qu'auparavant. **To do sth. without anyone being the wiser,** faire qch. à l'insu de tout le monde. *If you hold your tongue no one will be any the wiser,* si tu te tais, ni vu ni connu. *We came in by the back door and he was none the wiser,* nous sommes entrés par la petite porte et il n'en a rien su. (*c*) *U.S: F:* **To get wise to a fact,** saisir un fait; se rendre compte d'un fait. **To put s.o. wise,** avertir qn (*to*, de); donner le mot à qn (*to*, sur); *F:* donner un tuyau à qn. *Put me w. about it,* expliquez-moi ça; mettez-moi au courant. *See also* BRIDLE-WISE, SPUR-WISE, WORLD-WISE. **3.** *A:* **Wise man,** devin *m*; sorcier *m*. **Wise woman,** (i) devineresse *f*; sorcière *f*; (ii) sage-femme *f*, *pl.* sages-femmes. **-ly,** *adv.* Sagement, prudemment; avec sagesse.

'wise-crack[1], *s. U.S:* Bon mot; saillie *f* (d'esprit); cocasserie *f*.

'wise-crack[2], *v.i. U.S:* Dire des bons mots; faire de l'esprit.

wise[2], *s.* Manière *f*, façon *f*; guise *f*. **In no wise,** en aucune manière, d'aucune manière; en aucune façon, d'aucune façon; nullement, aucunement. **In some wise,** en quelque manière, en quelque façon; de quelque manière, de quelque façon. **In any wise,** en, de, quelque manière que ce soit. *The letter ran in this wise,* la lettre était ainsi conçue. *B:* **And God spake on this wise,** et Dieu parla ainsi. *A:* **In solemn wise,** solennellement. *In friendly w.,* (i) amicalement; en ami; (ii) à l'amiable.

-wise[3], *adv.suff.* **1.** = -WAYS. **2.** D'une certaine manière. *To swim dogwise,* nager à la chien. *Peasant-wise,* à la façon paysanne. *Nowise,* en aucune façon. *See also* CLOCKWISE, CROSSWISE, LENGTHWISE.

wiseacre ['waizeikər], *s.* (*a*) Prétendu sage; pédant *m*; benêt sentencieux et suffisant. (*b*) *It requires no great w. to discover that . . .,* point besoin d'être sorcier pour se rendre compte que. . . .

wish[1] [wiʃ], *s.* (*a*) Désir *m*; vœu *m*. *To express a w.,* (i) émettre un vœu; (ii) exprimer un désir. **He has a great wish to go,** il éprouve un grand désir d'y aller. *Having no great w. to go, to see it,* étant peu désireux d'y aller, peu curieux de le voir. *The w. to please,* le désir de plaire. **By my father's wish,** sur le désir de mon père. *It was done against my wishes,* cela s'est fait à l'encontre de mon désir. *Everything succeeds according to his wishes,* tout lui réussit à souhait. *To shape one's policy according to the wishes of the electorate,* orienter sa politique au gré des électeurs, selon les vœux des électeurs. *I cannot grant your w.,* je ne peux pas vous accorder ce que vous désirez. *You shall have your w.,* votre désir sera exaucé. *To grant the wishes of the people,* déférer aux vœux du peuple. **To disobey s.o.'s wishes,** désobéir aux désirs de qn. *Prov:* **The wish is father to the thought,** on croit aisément ce qu'on désire; c'est le désir qui fait naître, qui engendre, la pensée. (*b*) Souhait *m*, vœu. *To send all good wishes to s.o.,* adresser tous ses vœux de bonheur à qn; présenter ses souhaits à qn. **New Year's wishes,** souhaits (et félicitations) à l'occasion du nouvel an; **souhaits** de bonne année.

'wish-bone, *s.* Lunette *f*, fourchette *f* (d'une volaille).

wish[2]. **1.** *v.ind.tr.* **To wish for sth.,** désirer, vouloir, souhaiter, qch. **What do you wish (for)?** que désirez-vous? *To w. for happiness, for peace,* désirer, souhaiter, le bonheur, la paix. **To have everything one can wish for,** avoir tout à souhait, *F:* à gogo. *He has nothing left to w. for,* il n'a plus rien à désirer. **The weather is all one could wish for,** le temps est à souhait. *I could not w. for anything better,* je ne pourrais désirer mieux; c'est à souhait. **What more can you wish for?** que voudriez-vous de plus? **2.** *v.tr.* Vouloir. (*a*) **I do not wish it,** je ne le veux pas; je n'y tiens pas. **To wish to do sth.,** désirer, vouloir, faire qch. *I w. you to do so,* je voudrais que vous le fassiez; c'est mon désir que vous le fassiez. **I wish for it to be done, I wish it (to be) done,** je désire que cela se fasse. *I w. it to be so,* je désire que cela soit; je le veux ainsi. *I don't w. anything said about it,* je ne veux pas qu'on en dise rien. (*b*) (*Optative*) **I wish I were, I was, a bird!** je voudrais être un oiseau! si je pouvais être un oiseau! *I w. it were already done,* je voudrais que cela soit déjà fait. *I w. I were in your place,* je voudrais bien être à votre place. *I w. you were in my place,* je voudrais bien vous voir à ma place. *I w. you were more attentive,* je voudrais vous voir plus attentif. *I w. I had never seen her,* je voudrais ne l'avoir jamais vue. *I w. I had seen it!* j'aurais bien voulu voir cela! *I w. I hadn't left so early,* je regrette d'être parti si tôt. *I w. I had the money I spent on all that,* je regrette l'argent que j'ai dépensé à tout cela. *I w. he would come!* que ne vient-il! *I w. you would come and help us,* vous seriez bien gentil de venir nous aider. **How I wish I could (do so)!** si seulement je pouvais (le faire)! *I wished myself a hundred miles away,* j'aurais voulu être à cent milles de là. *I wished myself dead,* j'aurais voulu être mort. (*c*) **It is to be wished that . . .,** il est souhaitable que . . .; il est à souhaiter que. . . . *I w. I may live to see it,* je souhaite (de) vivre assez longtemps pour le voir. *I w. you may succeed,* je vous souhaite de réussir; je souhaite que vous réussissiez; je vous souhaite bonne chance. *F:* **Don't you wish you may get it!** je vous en souhaite! *P:* tu peux te brosser! tu peux te fouiller! (*d*) **He wishes me well,** il est bien disposé envers moi. *To w. well to all men,* vouloir du bien à tout le monde. **He wishes nobody ill,** il ne veut de mal à personne. *To w. s.o. happy,* souhaiter que qn soit heureux. *To w. s.o. a pleasant journey, every joy,* souhaiter à qn bon voyage, toutes les joies possibles. **To wish s.o. good night,** souhaiter une bonne nuit à qn; dire bonsoir à qn. *See also* JOY[1].

wishing, *s.* Désirs *mpl*, souhaits *mpl*.

'wishing-bone, *s.* = WISH-BONE.

wisher ['wiʃər], *s.* Celui qui désire quelque chose, ou qui exprime un souhait. *See also* WELL-WISHER.

wishful ['wiʃful], *a.* Désireux (*of sth., to do sth.,* de qch., de faire qch.). **-fully,** *adv.* Avec désir; avidement, ardemment.

wish-wash ['wiʃwɔʃ], *s. F:* Lavasse *f*.

wishy-washy ['wiʃi'wɔʃi], *a. F:* Fade, insipide; faible. *W.-w. stew,* ragoût délavé, nageant dans la sauce. *W.-w. speech,* discours *m* fade, terne. **Wishy-washy stuff,** lavasse *f*.

wisp[1] [wisp], *s.* **1.** (*a*) Bouchon *m*, poignée *f* (de paille, de foin, d'herbe). (*b*) Tortillon *m*, toron *m* (de paille); (*for tying up plants*) accolure *f*. **Wisp of smoke,** ruban *m* de fumée; traînée *f* de fumée. **Wisp of hair,** mèche folle. *F:* **Little wisp of a man,** tout petit bout d'homme. (*c*) Époussette *f*. (*d*) Bourrelet *m* (en paille); tortillon (disposé sur la tête pour porter un fardeau). **2.** *Ven:* Troupe *f*, vol *m* (de bécassines).

wisp[2], *v.tr.* **To wisp down, wisp over, a horse,** bouchonner un cheval.

wist[1] [wist], *v.tr. A:* Savoir.

wist[2]. *See* WIT[3].

wistaria [wis'tɛəria], *s. Bot:* Glycine *f*; wistarie *f*.

wistful ['wistful], *a.* (Regard, air) désenchanté; plein d'un vague désir ou d'un vague regret; plein de désir silencieux. *W. smile,* (i) sourire désenchanté; sourire de regret; (ii) sourire pensif.

-fully, *adv.* Avec un regard, d'un air, plein d'un vague désir ou d'un vague regret; d'un air songeur et triste; avec un désir silencieux; (regarder qn, qch.) avec un peu d'envie.

wistiti ['wistiti], *s. Z:* Ouistiti *m.*

wit¹ [wit], *s.* **1.** (*Often pl.*) Esprit *m*, entendement *m*; intelligence *f*. *He has not the wit, the wits, wit enough, to see it,* il n'est pas assez intelligent pour s'en apercevoir. *A remedy past the wit of man to devise,* un remède dont l'invention dépasse la science humaine. **He has slow wits, quick wits,** il a l'esprit lent, vif. **To be out of one's wits, to have lost one's wits,** avoir perdu l'esprit, la raison, la tête. **Are you out of your wits?** vous avez perdu le sens commun! **To send, drive, s.o. out of his wits,** faire perdre la tête à qn. *See also* FRIGHTEN. **To collect one's wits,** se ressaisir. **To sharpen s.o.'s wits,** aiguiser l'intelligence de qn; déniaiser, délurer, qn; *F:* dessaler qn. **To have, keep, one's wits about one,** avoir, conserver, toute sa présence d'esprit; avoir l'œil ouvert; ne pas perdre la carte. *He has all his wits about him,* c'est un malin. **To be at one's wit's end,** ne plus savoir que faire; ne plus savoir de quel côté se tourner, à quel saint se vouer; être à bout d'expédients; *F:* être au bout de son rouleau, de son chapelet, de son latin; y perdre son latin; être réduit à quia; être aux abois; être aux cent coups. **To have a battle of wits,** jouer au plus fin. **To live by one's wits,** vivre d'expédients; vivre de son savoir-faire; vivre d'invention, d'industrie. *He lives by his wits,* c'est un aventurier. **To set one's wits to work to** *extricate oneself,* s'ingénier à se tirer d'affaire. *To set one's wits to a question,* s'attaquer à une question. *She tried to set her wits against his,* elle a voulu faire assaut d'esprit avec lui, se mesurer avec lui. **2.** (Vivacité *f* d')esprit. *Possessed of both wit and humour,* doué à la fois d'esprit et d'humour. **Flash of wit,** trait *m* d'esprit. *Sparkling with wit,* étincelant d'esprit. *Journ:* '**Wit and Humour**' = "l'Esprit des Autres"; "Nouvelles à la main." *See also* BREVITY **1**.

wit², *s.* (*Pers.*) Bel esprit; homme *m*, femme *f*, d'esprit.

wit³, *v.tr. A:* (*The only parts used are: pr. ind.* **I wot, thou wottest, he wot;** *p.t.* **wist;** *pr.p.* **witting**) Savoir. *God wot that . . .,* Dieu sait que. . . . *B: Wist ye not that I must be about my Father's business?* ne saviez-vous pas qu'il me faut être occupé aux affaires de mon Père? *Jur:* **To wit . . .,** à savoir . . .; c'est-à-dire. . . . *F:* **God wot,** en vérité. *Cf.* WOT¹.

witting, *a.* (*Of insult, etc.*) Fait de propos délibéré, en connaissance de cause. **-ly,** *adv.* Sciemment, à dessein.

witch¹ [witʃ], *s.f.* (*a*) Sorcière. **The Witch of Endor,** la pythonisse d'Endor. (*b*) *F:* **Old witch,** vieille bonne femme (déplaisante); vieille sorcière. (*c*) *F:* Jeune charmeuse; ensorceleuse. *He finds every woman a w.,* il trouve que toutes les femmes sont des enchanteresses.

'witch-ball, *s.* Boule *f* de verre (de jardin, etc., autrefois charme contre les sorcières).

'witch-broom, 'witches'-broom, *s. Bot:* Balai *m* de sorcière.

'witch-doctor, *s. Anthr:* Sorcier guérisseur.

'witches'-'butter, *s. Algae:* Nostoc *m*, nodulaire *f*.

'witch-meal, *s.* Poudre *f* de lycopode.

witch², *v.tr.* Ensorceler, fasciner, envoûter (qn).

witching¹, *a.* **1.** Enchanteur, -eresse; charmant, séduisant. **2.** Magique. **Witching hour,** heure *f* propice à la sorcellerie; heure des sorciers.

witching², *s.* **1.** Sorcellerie *f*; ensorcellement *m*, envoûtement *m.* **2.** Fascination *f*, charme *m.*

witchcraft ['witʃkrɑːft], *s.* **1.** Sorcellerie *f*; magie noire. **2.** *F:* Magie, charme *m*, séduction *f* (du sourire, etc.).

witch-elm ['witʃelm], *s. See* ELM.

witchery ['witʃəri], *s.* **1.** = WITCHCRAFT **1**. **2.** (*a*) Ensorcellement *m*, enchantement *m.* (*b*) *F:* Fascination *f*; charme *m* magique. *The w. of words, of her smile,* la magie des mots, de son sourire.

witch-hazel ['witʃheiz(ə)l], *s. Bot:* **1.** = WITCH-ELM. **2.** (*a*) *U.S:* Hamamélis *m*; *F:* noisetier *m* de sorcière. (*b*) *Pharm:* Teinture *f* d'hamamélis.

witenagemot ['witənagimout], *s. Hist:* Parlement *m* (des Anglo-Saxons).

with¹ [wið], *prep.* Avec. **1.** (*Expressing accompaniment*) (*a*) *To travel, work, with s.o.,* voyager, travailler, avec qn. *He is staying with friends,* il est chez des amis. *He lives with his parents,* il vit auprès de ses parents. *To mix with the people,* frayer avec le peuple; se mêler au peuple. *The king (together) with his courtiers,* le roi accompagné de ses courtisans. *Are you alone or is there some one with you?* êtes-vous seul ou accompagné? *He always has a nurse with him,* il a toujours une garde-malade auprès de lui. *He was there* **along with** *his wife,* il y était avec sa femme. **With the colours,** sous les drapeaux. **I have no one to go out with,** je n'ai personne avec qui sortir. *See also* GO WITH. **I shall be with you in a moment,** je serai à vous dans un moment. *You will lose your money and your honour with it,* vous perdrez votre argent et votre honneur avec. **Question that is always with us,** question *f* qui est toujours d'actualité. (*b*) (*Having*) **Knife with a silver handle,** couteau *m* à manche d'argent. **Girl with blue eyes,** jeune fille aux yeux bleus. *The old ladies with camp-stools,* les vieilles dames à pliant. **House with green shutters,** maison *f* à volets verts. *House with walls freshly white-washed,* maison avec ses murs nouvellement blanchis. **He was speaking with his hat on,** il parlait le chapeau sur la tête. *He arrived with a bundle under his arm,* il est arrivé un paquet sous le bras. **With your intelligence,** *you will easily understand that . . .,* intelligent comme vous l'êtes, vous comprendrez facilement que. . . . (*c*) **With child,** enceinte. (*Of animal*) **With young,** pleine. (*d*) *The man came in with a suit-case,* l'homme est entré avec une valise. **Bring it with you when you come,** apportez-le (avec vous) quand vous viendrez. **To leave a child with s.o.,** laisser un enfant à la garde de qn, aux soins de qn. *Leave your wraps with the driver,* laissez vos couvertures à la charge du conducteur. **This decision rests, lies, with you,** c'est à vous de décider. **He rests with God,** il repose en Dieu. *He took refuge with his uncle,* il se réfugia auprès de son oncle. (*e*) (*In spite of*) **With all his faults** *I love him still,* malgré tous ses défauts je l'aime encore. *I could not, with all my efforts, make way against the tide,* je ne pouvais, en dépit de tous mes efforts, avancer contre la marée. *With all his learning he cannot teach,* en dépit de tout son savoir il est incapable d'enseigner. **2.** (*Expressing association*) (*a*) **To trade with France,** faire le commerce avec la France. **To correspond with s.o.,** correspondre avec qn. **To have to do with s.o.,** avoir affaire avec qn. **To have nothing to do with s.o.,** n'avoir rien à faire avec qn. **The next move is with him,** c'est à lui d'agir maintenant. **I can do nothing with him,** je ne peux rien en faire. **With God all things are possible,** à Dieu rien n'est impossible. **To be patient with s.o.,** être patient avec qn. *His relations with his neighbours are cordial,* ses rapports avec ses voisins sont cordiaux. **To be sincere with oneself,** être sincère envers soi-même. **It is a habit with me,** c'est une habitude chez moi. *That often happens with business men,* cela arrive souvent chez les hommes d'affaires. **To be in favour with the queen,** être en faveur auprès de la reine. *He is in high repute with the French public,* il jouit d'une grande vogue auprès du public français. *He pleaded his cause with the king,* il plaida sa cause auprès du roi. **To use one's influence with s.o.,** agir auprès de qn. *A:* **Is it well with you?** est-ce que vous vous portez bien? **The difficulty, with poetry, is to read it well,** le plus difficile, en ce qui concerne la poésie, c'est de bien la lire. *See also* WHAT II. **1**. (*b*) **I sympathize with you,** je sympathise avec vous. **I think with you,** je pense comme vous. **I do not agree with you,** je ne suis pas de votre avis. **I am with you there!** j'en conviens! *The whole country is with him,* tout le pays est avec lui. **To vote with a party,** voter avec un parti. (*c*) **To rise with the lark,** se lever avec l'alouette. **His health will improve with the spring,** sa santé s'améliorera avec le printemps. **Our hopes died with him,** nos espérances sont mortes en même temps que lui. *Prejudices will die with time,* les préjugés disparaîtront avec le temps. *He groaned with every jolt of the cart,* il geignait à tous les cahots de la charrette. **With these words he dismissed me,** là-dessus, ce disant, il me congédia. *He said this with a smile,* il accompagna ces mots d'un sourire. *I accept, she said with a glad smile,* j'accepte, fit-elle dans un sourire de joie. *She disappeared with a soft rustling of silk,* elle disparut dans un doux bruissement de soie. (*d*) (*Against*) **To compete with s.o.,** concourir avec qn. **To fight with s.o.,** se battre contre qn. **3.** (*Dissociation*) De. *To part with sth.,* se dessaisir, se défaire, de qch. **4.** (*Expressing instrument*) (*a*) **To cut sth. with a knife,** couper qch. avec un couteau, au couteau. *To write with a pen,* écrire avec une plume. **To walk with (the aid of) a stick,** marcher avec une canne. **To fight with swords,** se battre à l'épée. *Killed with a bayonet,* tué d'un coup, à coups, de baïonnette. **To take sth. with both hands,** prendre qch. à deux mains. *To look at sth.* **with the naked eye,** regarder qch. à l'œil nu. *To write* **with the left hand,** écrire de la main gauche. *To strike with all one's might,* frapper de toutes ses forces. *I seized a stone and cracked his head with it, F:* je saisis une pierre et lui fendis la tête avec. (*b*) **To tremble with rage,** trembler de rage. **To be stiff with cold, red with shame,** être engourdi par le froid, rouge de honte. **To be ill with typhoid fever,** être malade de la fièvre typhoïde. (*c*) **To fill a vase with water,** remplir un vase d'eau. *Eyes flooded with tears,* yeux inondés de larmes. *Wagon laden with timber,* chariot chargé de bois. **Endowed with beauty,** doué de beauté. **It is pouring with rain,** il pleut à verse. **5.** (*Forming adv. phrs.*) **To work with courage,** travailler avec courage. *To fight with great courage,* se battre avec un grand courage. *To advance with great strides,* (s')avancer à grands pas. *To listen with calmness,* écouter avec calme. *To write with ease,* écrire avec facilité. **To receive s.o. with open arms,** recevoir qn à bras ouverts. *His return was hailed with cheers,* son retour fut salué par des acclamations. *He shut the door with no ceremony,* il ferma la porte sans cérémonie. **With all due respect,** sauf votre respect; avec tout le respect que je vous dois. **With your kind permission,** si vous voulez bien me le permettre. **With the object of . . .,** dans le but de. . . . **I say so with regret,** je le dis à regret. **With a few exceptions,** à part quelques exceptions; à peu d'exceptions près. (*The uses of 'with' as a general link between vb. or adj. and its complement are shown under the respective words that take this construction, e.g. to dispense with, pleased with.*) **6.** (*Elliptical*) **Away with care!** bannissons les soucis! *Down with the police!* à bas les flics! *To blazes with him! To Jericho with him!* qu'il aille au diable!

with² [wiθ], *s. Const:* Languette *f* (entre conduites de fumée).

withal [wi'ðɔːl]. *A. & Lit:* **1.** *adv.* Aussi; en même temps; d'ailleurs, en outre, de plus. *She is young and beautiful withal,* elle est jeune et belle aussi. **2.** *prep. A: He hath nothing to fill his belly withal,* il n'a rien pour remplir son ventre.

withdraw [wið'drɔː, wiθ-], *v.* (*p.t.* **withdrew** [-druː]; *p.p.* **withdrawn** [-drɔːn]) **1.** *v.tr.* (*a*) Retirer (sa main); retirer, enlever (un étai); tirer (le rideau). *Av:* **To withdraw the chocks,** enlever les cales. *Aut:* **To withdraw the clutch,** débrayer. (*b*) Ramener (des troupes) en arrière; faire replier (des troupes); lever (une sentinelle). **To withdraw a child from school,** retirer un enfant de l'école. **To withdraw s.o. from an influence,** soustraire qn à une influence. (*c*) **To withdraw coins from circulation,** retirer des pièces de la circulation; démonétiser des pièces. **To withdraw a sum of money,** retirer une somme d'argent (de la caisse d'épargne, etc.). *Sum withdrawn from the bank,* prélèvement *m* sur les fonds déposés en banque. (*d*) Retirer (une offre, une promesse, sa parole, sa candidature); reprendre (sa parole); revenir sur, rétracter (une décision); renoncer à (une réclamation). **To withdraw a charge,** se rétracter. **I withdraw that remark,** mettez que je n'ai rien dit. **To withdraw one's friendship, one's favour, from s.o.,** retirer son amitié, sa faveur, à qn. **To withdraw an order,** *Com:* annuler une commande; *Adm:* rapporter un décret. **To withdraw one's claims,** se désister de ses prétentions; *Jur:* se déporter de ses prétentions. **To withdraw an action,** abandonner un procès; retirer sa plainte. *To w. opposition to a marriage,* donner mainlevée d'opposition à un mariage. **2.** *v.i.* (*a*) Se retirer (*from,* de); s'éloigner. *Mil:* (*Of outposts*) Se replier. *To w. from an undertaking,* se retirer, se dégager, d'une affaire. *To w. from a treaty,* cesser d'être partie à un traité; dénoncer un traité. (*Of candidate*) **To withdraw in favour of s.o.,** se désister pour qn. (*b*) *After dinner the ladies w.,* après le dîner les dames se retirent, les dames passent au salon. (*c*) **To withdraw into oneself, into silence,** se renfermer en soi-même, dans le silence.

withdrawing, *s.* **1.** Retrait *m,* enlèvement *m* (de qch.). **2.** Retraite *f.*

withdrawable [wiðˈdrɔːəbl, wiθ-], *a.* Retirable; qui peut être retiré.

withdrawal [wiðˈdrɔːəl, wiθ-], *s.* **1.** (*a*) Retrait *m. W. of troops,* retrait des troupes. **Withdrawal of a sum of money,** retrait, décaissement *m,* d'une somme d'argent. **Withdrawal of money (from circulation),** retrait des monnaies. *Fin: W. of capital,* retrait de fonds. **The gold withdrawals,** les sorties *f* or. *Bank: etc:* **Withdrawal notice,** avis *m* de retrait de fonds. **Letter of withdrawal,** lettre *f* de retrait. *Med:* **Withdrawal symptoms,** symptômes *m* de réaction à la privation (chez les toxicomanes); symptômes de retranchement. (*b*) Rappel *m* (d'un décret, d'un ordre); rétractation *f* (d'une promesse, d'une accusation); retrait (d'une plainte). *Jur:* **Withdrawal of opposition** (*to a marriage, etc.*), mainlevée *f* d'opposition. **2.** (*a*) Retraite *f. Mil:* Repli *m,* repliement *m* (des troupes). (*b*) **Withdrawal of a candidate,** désistement *m* d'un candidat.

withe [wiθ, wið, waɪð], *s.* Brin *m* d'osier; lien *m* d'osier; branche *f* d'osier; hart *f,* pleyon *m,* accolure *f.*

wither [ˈwiðər]. **1.** *v.i.* (*Of plant, etc.*) **To wither (up, away),** se dessécher, se flétrir, se faner; dépérir; sécher sur pied; (*of flowers, beauty*) se passer; (*of pers.*) dépérir. *His right arm had withered,* son bras droit s'était séché. *His heart withered,* son cœur se desséchait. **2.** *v.tr.* (*a*) (*Of wind, heat*) Dessécher, flétrir, faner, faire dépérir (une plante, etc.); (*of illness*) dessécher (un malade). *Grief has withered his heart,* les chagrins lui ont flétri le cœur. (*b*) *F:* **To wither s.o. with a look,** foudroyer qn du regard, d'un regard.

withered, *a.* Desséché, flétri, fané. **Withered arm,** bras desséché, atrophié.

withering[1], *a.* **1.** Qui se dessèche, qui se flétrit, qui se fane, qui dépérit. *Bot: Withering but not falling,* marcescent. **2.** (*a*) Qui dessèche, qui flétrit; (vent) desséchant. (*b*) *F:* (Regard) foudroyant, écrasant; (ton) de souverain mépris. **To cast a withering glance at s.o.,** foudroyer qn du regard. **-ly,** *adv.* **1.** En se desséchant, en se flétrissant. **2.** (*a*) De manière à dessécher, à flétrir. (*b*) *F:* D'un regard foudroyant, d'un ton de mépris.

withering[2], *s.* Dessèchement *m.*

withers [ˈwiðərz], *s.pl.* Garrot *m* (du cheval, du bœuf). *See also* NECK[1] 1, UNWRUNG.

withershins [ˈwiðərʃinz], *adv. Scot:* A contre-sens; de droite à gauche.

witherwrung [ˈwiðərrʌŋ], *a. Vet:* Garrotté; blessé au garrot.

withhold [wiðˈhould, wiθ-], *v.tr.* (*p.t.* withheld [-held]; *p.p.* withheld) **1.** (*a*) Refuser (son consentement, son aide) (*from s.o.,* à qn) (*b*) **To withhold the truth from s.o.,** cacher la vérité à qn. *To w. an important fact,* taire, supprimer, un fait important. (*c*) **To withhold so much out of s.o.'s pay,** retenir tant sur la paye de qn. *One cannot w. admiration from this work,* on ne peut laisser d'admirer ce travail; on ne peut retenir son admiration devant ce travail. (*d*) *Jur:* **To withhold property,** détenir des biens. *To w. release of the property,* s'abstenir de libérer un bien. *To w. a document,* refuser de communiquer une pièce. **2.** **To withhold s.o. from doing sth.,** retenir, empêcher, qn de faire qch. *A:* **To withhold one's hand,** arrêter sa main; s'abstenir (au moment de frapper, etc.).

withholding, *s.* Refus *m. Jur:* Détention *f,* rétention *f. W. of the truth,* dissimulation *f* de la vérité.

withholder [wiðˈhouldər, wiθ-], *s.* Détenteur, -trice (*of,* de).

within [wiˈðin]. **1.** *adv.* (*a*) *A. & Lit:* A l'intérieur, au dedans; à la maison, chez soi. **Within and without,** à l'intérieur et à l'extérieur. **To go within,** entrer dans la maison, dans la chambre. *Is the doctor w.?* est-ce que monsieur le docteur est à la maison, est chez lui? *A voice w. shouted to me to come in,* une voix à l'intérieur me cria d'entrer. **Make me pure within,** purifiez mon âme, mon cœur. **Bishopsgate within,** Bishopsgate ès murs. (*b*) *Th:* A la cantonade. (*c*) *Adv.phr.* **From within,** de l'intérieur. **Seen from within,** vu de l'intérieur, du dedans. *To act from w.* (*a party*), agir du dedans. **2.** *prep.* (*a*) A l'intérieur de, en dedans de. **Within the house,** dans la maison; en dedans de la maison. *Safe w. the walls,* en sûreté à l'intérieur des murs. **Within four walls,** entre quatre murs. **Within the frontier,** en deçà des frontières. *The enemy is w. our frontiers, w. our walls,* l'ennemi est dans nos frontières, dans nos murs. *In spite of her smiles* **she trembled within her at the thought,** tout en souriant elle tremblait intérieurement à cette pensée. **He thought within himself that . . .,** il pensait dans son for intérieur que . . . . *A voice w. me said . . .,* une voix intérieure me disait. . . . *They know how to create happiness w. themselves,* ils savent créer le bonheur en eux. **Within the committee,** au sein de la commission. **Dissensions within the Church,** dissensions *f* dans le sein de l'Église. *Body created w. the Church,* organisme créé au sein de l'Église. *See also* WHEEL[1] 1. (*b*) (*Not beyond*) **To keep within the law,** *F:* **to remain within the four corners of the law,** rester dans (les bornes de) la légalité; *F:* se tenir dans les marges du code. *To act strictly w. the law,* agir dans les limites strictes de la légalité. **To come within the provisions of the law,** tomber sous le coup de la loi. **Within the meaning of the Act,** selon les prévisions de l'Acte. (*Of place*) **To come within a district,** être compris dans, appartenir à, un arrondissement. **To keep, live, within one's income,** ne pas dépenser plus que son revenu; ne pas dépasser son revenu. *That does not come w. my duties,* cela ne fait pas partie de mes fonctions; cela ne rentre pas dans mes fonctions. **Task well within his powers,** tâche *f* qui ne dépasse pas ses capacités, *F:* qui est bien dans ses cordes. **To be well within the truth,** être en deçà, au-dessous, de la vérité. *He will tell you your weight* **within a pound,** il vous dira combien vous pesez à une livre près. *See also* BOUND[1], LIMIT[1] 1. (*c*) **Within sight,** en vue. **Within call,** à (la) portée de la voix. **Born within the sound of Bow bells,** né à la portée du son des cloches de Bow (c.-à-d. dans la Cité de Londres). **Situated within two miles of the town,** situé à moins de deux milles de la ville. **Within a radius of ten miles,** dans un rayon de dix milles; à dix milles à la ronde. **He was within a couple of paces of us,** il était à deux pas de nous. *We advanced to w. a mile of the enemy,* nous avançâmes jusqu'à moins d'un mille de l'ennemi. **It is within a little of being a masterpiece,** c'est un chef-d'œuvre à peu de chose près. *We were* **within an inch of death,** nous étions à deux doigts de la mort. *See also* REACH[1] 2. (*d*) (*In expressions of time*) **Within an hour,** dans, avant, une heure; en moins d'une heure. **Within the week,** avant la fin de la semaine. *He died w. a week,* il mourut dans la semaine. **Within a year of his death,** (i) moins d'un an avant sa mort; dans l'année qui précéda sa mort; (ii) moins d'un an après sa mort; dans l'année qui suivit sa mort. *I spoke to him w. the last week,* je lui ai parlé il n'y a pas huit jours. *W. the next week,* dans le courant de la semaine suivante. *W. the next five years,* d'ici cinq ans; avant cinq ans d'ici. *You must answer w. three days,* il faut répondre sous trois jours, dans les trois jours. *To fulfil a contract w. three months,* remplir un engagement dans le terme de, dans un délai de, trois mois. *W. the required time,* dans le délai prescrit, dans les délais voulus. *Ordered to vacate the premises* **within twenty-four hours,** sommé de vider les lieux dans les vingt-quatre heures. **Delivery within a month,** délai de livraison: un mois. **Within a short time,** (i) à court délai; (ii) à court intervalle (*of each other,* l'un de l'autre); (iii) peu de temps après. *Two fires occurred w. a short time of each other,* deux incendies se déclarèrent à court intervalle, coup sur coup. **They are within a few months of the same age,** ils sont du même âge à quelques mois près. **Within the memory of man,** de mémoire d'homme.

wi'thin-doors, *adv. A:* = INDOORS.

without [wiˈðaut]. **1.** *adv.* (*a*) *A. & Lit:* A l'extérieur, au dehors. **Within and without,** à l'intérieur et à l'extérieur. (*b*) *Adv.phr.* **From without,** de l'extérieur. **Seen from without,** vu de l'extérieur, du dehors. *To act from w.* (*a party*), agir du dehors. **2.** *prep.* (*a*) *A. & Lit:* En dehors de. **Without the walls,** en dehors des murailles; hors des murs. **Things without oneself,** les choses extérieures. (*b*) Sans. **To be without friends,** être sans amis. **To be without food,** manquer de nourriture; être privé de nourriture. **Without fear,** sans peur. *He came back w. the money,* il revint sans l'argent. *He came back w. any money,* il revint sans argent. *He arrived* **without money or luggage,** il arriva sans argent ni bagages. *W. any difficulty,* sans aucune difficulté. *Rumour w. foundation,* bruit dénué de fondement. **Rule not without exceptions,** règle *f* qui comporte des exceptions. **Not without difficulty,** non sans difficulté. *I perceived it not w. amusement,* cela ne laissa pas de m'amuser. **Without end,** sans fin. *See also* WORLD 1. **He passed by without seeing me, without being seen,** il passa sans me voir, sans être vu. *W. hesitating any further,* sans plus hésiter. *I will not do it w. being paid,* je ne le ferai pas à moins d'être payé. **It goes without saying that . . .,** il va sans dire que . . .; il va de soi que. . . . **That goes without saying,** cela va sans dire. *Can you do it w. his knowing it?* pouvez-vous le faire sans qu'il le sache? *Don't go w. my having paid you, Lit:* ne partez pas que je ne vous aie payé. *It was done w. France daring to intervene,* cela se fit sans que la France osât intervenir. *A year never passes* **without his writing to us,** il ne se passe jamais une année sans qu'il nous écrive. **Readers without French,** lecteurs *m* qui ignorent le français. **To go, do, without sth.,** se passer de qch. *See also* DO[1] IV. 4. **3.** *conj. A. & P:* = UNLESS.

withstand [wiðˈstand, wiθ-], *v.tr.* (*p.t.* withstood [-stud]; *p.p.* withstood) Résister à, s'opposer à (qn); résister à (la douleur, la tentation, etc.). **To withstand pressure, wear, the heat,** supporter, résister à, la pression; résister à l'usage; supporter la chaleur. *Mil: Navy:* **To withstand an attack,** soutenir une attaque. *To w. the blow,* supporter le coup; *F:* tenir le coup.

withstanding, *s.* Résistance *f,* opposition *f* (*of,* à).

withstander [wiðˈstandər, wiθ-], *s.* Antagoniste *mf,* adversaire *m* (*of,* de).

withstood [wiðˈstud, wiθ-]. *See* WITHSTAND.

withy [ˈwiði], *s.* **1.** Osier *m.* **2.** = WITHE.

witless [ˈwitləs], *a.* **1.** (*a*) Sans intelligence; sot, *f.* sotte. (*b*) Imbécile; faible d'esprit; *F:* innocent. (*c*) (*Of action*) Stupide. **2.** *W. of what was happening,* ignorant de ce qui se passait. **-ly,** *adv.* Sans intelligence; sottement; (agir) d'une façon stupide.

witlessness [ˈwitləsnəs], *s.* **1.** Sottise *f;* stupidité *f.* **2.** Faiblesse *f* d'esprit; imbécillité *f.*

witloof [ˈwitlouf], *s. Bot:* Chicorée *f* des jardins; *F:* endive *f,* witloof *m.*

witness[1] [ˈwitnəs], *s.* **1.** Témoignage *m.* **To bear witness to, of, sth.,** rendre, porter, témoignage de qch.; témoigner de qch.; attester qch. *To bear w. to the success of . . .,* rendre témoignage au succès de. . . . **To bear witness to having done sth.,** attester avoir fait qch. **In witness whereof,** en témoin de quoi, en témoignage de quoi, en foi de quoi. **To call, take, s.o. to witness,** prendre appeler, qn à témoin; invoquer le témoignage de qn. *I call you to w.*, j'en appelle à votre témoignage. *He called all the saints to w. that . . .*, il attesta tous les saints que. . . . **I call Heaven to witness!** j'en atteste les cieux! *See also* FALSE 2. **2.** (*Pers.*) (*a*) Témoin *m* (d'un incident). *The witnesses of the accident*, les spectateurs *m* de l'accident. *We were witnesses to the deed*, nous avons été témoins du fait. *See also* EAR-WITNESS, EYEWITNESS. (*b*) *Jur:* **Witness to a document, to a deed,** témoin instrumentaire; témoin à un acte. (*c*) *Jur:* Témoin judiciaire; déposant *m*. **To call s.o. as a witness,** citer qn comme témoin; assigner qn. *W. for the defence*, témoin à décharge. *Hostile w.*, témoin à charge; témoin adverse. *The first w. was the wife of the accused*, le premier témoin a été la femme de l'accusé. *The proof witnesses*, la preuve testimoniale. **Witness asserted that . . .,** le témoin affirma que. . . . *See also* PROSECUTION 1. (*d*) *Prehistoric bridge that is a w. to the ingenuity of primitive man*, pont préhistorique qui fait preuve de l'habileté technique des hommes primitifs. *They are not all stay-at-homes;* **witness the three brothers who went to America,** ils ne sont pas tous casaniers; témoin les trois frères qui sont allés en Amérique.

'witness-box, *s. Jur:* = Barre *f* des témoins.

witness². **1.** *v.tr.* (*a*) *A:* (*Of pers.*) Témoigner, être témoin, de (qch.); déposer (*that . . .*, que. . .). **To call s.o. to witness sth.,** prendre qn à garant de qch. (*b*) (*Of thg*) Témoigner de. *His pale looks witnessed his distress*, son visage pâle témoignait de sa détresse. (*c*) Être spectateur, témoin (d'une scène); assister à (une entrevue, etc.). *To have witnessed many a battle*, avoir vu bien des batailles. *A general who witnessed the battle*, un général, spectateur de la bataille. *He witnessed all these events*, il a été spectateur de tous ces événements. *She witnessed him do it*, elle fut témoin de son action. (*d*) Attester, certifier véritable, signer à (un acte); certifier (une signature). *To have a document witnessed*, faire légaliser un document. **2.** *v.i.* (*a*) **To witness to sth.,** témoigner de qch. **To witness against s.o.,** témoigner contre qn. **To witness for s.o.,** témoigner en faveur de qn. (*b*) *A:* **Witness Heaven!** que le ciel me soit témoin!

witnessing, *s.* **1.** Témoignage *m*. **2.** Attestation *f*; certification *f*, légalisation *f* (d'une signature).

witney ['witni], *a.* & *s.* *Tex:* **Witney (blanket),** couverture en gros tissu de laine peluché (fabriquée à Witney).

-witted ['witid], *a.* (*With adj. prefixed, e.g.*) **Slow-witted, quick-witted,** à l'esprit lourd, vif. **Dull-witted,** à l'esprit obtus. *See also* HALF-WITTED, HEN-WITTED, KEEN-WITTED, NIMBLE-WITTED, QUICK-WITTED, SHARP-WITTED, SOFT-WITTED.

-wittedness ['witidnəs], *s.* (*With adj. prefixed, e.g.*) **Dull-wittedness,** lourdeur *f* d'esprit. **Keen-wittedness,** intelligence *f*. *See also* QUICK-WITTEDNESS.

witticism ['witisizm], *s.* Trait *m* d'esprit; jeu *m* d'esprit; bon mot; saillie *f*, pointe *f*.

wittily ['witili]. *See* WITTY.

wittiness ['witinəs], *s.* Esprit *m*; sel *m* (d'une observation, etc.).

wittingly ['witiŋli]. *See* WIT³.

wittol ['wit(ə)l], *s. A:* Mari cocu et complaisant; mari commode.

witty ['witi], *a.* (*Of pers.*) Spirituel; (*of remark, etc.*) spirituel, piquant, plein d'esprit, plein de sel. **-ily,** *adv.* Spirituellement; avec esprit.

witwall ['witwɔl], *s. Orn: Dial:* Épeiche *f*.

wive [waːiv]. **1.** *v.i. A:* Prendre femme. **To wive with s.o.,** se marier avec qn. **2.** *v.tr. A:* Épouser (une femme). **3.** *v.tr.* Marier (un homme); trouver une femme pour (un homme).

wivern(e) ['waivərn], *s.* = WYVERN.

wives [waːivz]. *See* WIFE.

wizard ['wizərd], *s.* Sorcier *m*, magicien *m*. **I am not a wizard,** je ne suis pas devin. *F:* **The Wizard of the North,** Sir Walter Scott.

wizardry ['wizərdri], *s.* Sorcellerie *f*, magie *f*. *There is no w. in that, F:* ce n'est pas bien sorcier.

wizened ['wizənd], *a.* Desséché, ratatiné; (*of cheeks, etc.*) parcheminé; (*of face*) vieillot. **To become wizened,** se ratatiner; se parcheminer. *A w. old man*, un vieux sec et ridé. *W. little old woman*, petite vieille ratatinée.

wo [wou], *int.* (*To horse*) Ho!

woad¹ [woud], *s.* **1.** *Bot:* **(Dyer's) woad,** pastel *m* des teinturiers; guède *f*. **2.** Guède, teinture bleue (dont se peignaient les anciens Bretons).

woad², *v.tr.* Teindre ou teinter au pastel, à la guède; guéder.

woad-waxen ['woudwaksən], *s. Bot:* Genêt *m* des teinturiers; *F:* cornéole *f*.

wobble¹ [wɔbl], *s.* **1.** (*a*) Vacillation *f*; branlement *m*, oscillation *f*, flottement *m*; tremblement *m*; dandinement *m* (d'une roue); mouvement *m* de nutation (d'une toupie). *Aut:* **Front-wheel wobble,** shimmy *m*; dandinement des roues avant. (*b*) **Wobble of a singer,** chevrotement *m* d'un chanteur. **2.** *F:* Vacillation, hésitation *f*, tergiversation *f*.

'wobble-plate, *s.* Plateau oscillant (de moteur, etc.).

wobble², *v.i.* **1.** (*a*) Vaciller, ballotter; (*of pers. or car in motion*) faire des zigzags, zigzaguer, tanguer; (*of pers.*) tituber; (*of jelly, etc.*) trembler; (*of table*) branler; (*of wheel*) ne pas tourner rond, tourner à faux; faire la demoiselle. *Wheel that wobbles*, roue dévoyée; roue qui brimbale. *My front-wheels w.*, mes roues avant font le shimmy. (*b*) (*Of voice, singer*) Chevroter. **2.** *F:* (*Of pers.*) Hésiter, vaciller, tergiverser.

wobbling¹, *a.* **1.** Qui vacille, qui branle, qui tremble. *W. wheel*, roue dévoyée. **2.** *F:* Qui n'a pas d'opinion stable.

wobbling², *s.* = WOBBLE¹.

wobbler ['wɔblər], *s.* **1.** *Metalw:* Branleur *m*; trèfle *m*. **Wobbler action,** mouvement *m* excentrique à secousses. **Wobbler shaft,** arbre *m* à cames. **2.** *F:* Tergiversateur, -trice; personne *f* sans opinions stables.

wobbly ['wɔbli], *a.* **1.** Branlant, vacillant; hors d'aplomb. **Wobbly chair,** chaise branlante, instable, bancale. **Wobbly voice,** voix tremblante, chevrotante. *My legs are w.*, mes jambes flageolent; j'ai les jambes en coton. *F:* **To feel wobbly** (*at sea*), se sentir le cœur barbouillé; avoir des nausées; ne pas en mener large. **2.** *F:* Qui vacille dans ses opinions; qui manque de fermeté d'opinions.

woe [wou], *s. Poet.* & *F:* Malheur *m*, affliction *f*, chagrin *m*, peine *f*. *To tread the path of woe*, gravir son calvaire. **A tale of woes,** une odyssée de malheurs. **To tell one's tale of woe,** faire le récit de ses peines, de ses malheurs, de ses infortunes; conter ses doléances. **Woe is me!** pauvre de moi! malheureux que je suis! **Woe to the vanquished!** malheur aux vaincus! *B:* **Woe unto you!** malheur à vous! *See also* BETIDE 2, WEAL¹, WORTH².

'woe-begone, *a.* (*Of looks*) Triste, désolé, abattu; (*of pers.*) navré, inconsolable; à l'air désolé, abattu. *To have a woe-b. look*, avoir l'air navré; *F:* faire une figure d'enterrement.

wo(e)ful ['wouful], *a.* **1.** (*Of pers.*) Triste, affligé, malheureux, piteux. **2.** (Époque) de tristesse, de malheur, de misère; (nouvelle) déplorable, attristante, lamentable. **-fully,** *adv.* Tristement; lamentablement.

woke [wouk]. *See* WAKE³.

wold [would], *s.* **1.** *Ph.Geog:* (*a*) Plaine onduleuse, vallonnée. (*b*) Plateau *m*. **2.** *Geog:* **The Wolds,** les régions vallonnées (des comtés de Leicester, de Lincoln, et d'York).

wolf, *pl.* **wolves** [wulf, wulvz], *s.* **1.** *Z:* Loup *m*. **She-wolf,** louve *f*. **Wolf's cub,** louveteau *m*. **Tasmanian wolf,** thylacine *m*. *U.S:* **Timber wolf,** loup gris de l'Amérique du Nord. **Prairie wolf,** coyote *m*. **To be as hungry as a wolf,** avoir une faim de loup. *F:* **To cry wolf,** crier au loup. **To have, hold, the wolf by the ears,** tenir le loup par les oreilles. **To keep the wolf from the door,** écarter la faim; parer à la misère. *That will keep the w. from the door*, cela vous mettra à l'abri du besoin. **A wolf in sheep's clothing,** un loup déguisé en brebis, un(e) patte-pelu(e). **2.** *F:* Personne *f* rapace, féroce. **3.** *Mus:* Note *f* qui sonne le tambour (sur le violoncelle, etc.).

'wolf-cub, *s. Z: Scouting:* Louveteau *m*.

'wolf-dog, *s.* **1.** *Ven:* Chien *m* de loup. **2.** *Z:* Chien-loup *m*, *pl.* chiens-loups.

'wolf-fish, *s. Ich:* Loup marin; crapaudine *f*, anarrhique *m*.

'wolf-hound, *s.* = WOLF-DOG 1. *See also* IRISH 1.

'wolf-hunt, *s.* Chasse *f* au loup; louveterie *f*.

'wolf's-bane, *s. Bot:* Aconit *m*; *F:* tue-loup *m*, herbe *f* à loup; mort *f* au(x) loup(s); coqueluchon *m*, napel *m*.

'wolf's-claws, -foot, *s. Bot:* Lycopode *m* en massue; pied-de-loup *m*.

'wolf's-fist, *s.* = PUFF-BALL.

'wolf's-milk, *s. Bot:* Euphorbe *f* réveille-matin; *F:* herbe *f* aux verrues.

'wolf-spider, *s. Arach:* Lycose *f*; *F:* araignée-loup *f*, *pl.* araignées-loups.

'wolf-tooth, *s. Farr:* Surdent *f*, dent *f* de loup (d'un cheval).

wolf², *v.tr.* **To wolf (down) one's food,** engloutir, dévorer, sa nourriture; avaler sa nourriture à grosses bouchées.

wolfish ['wulfiʃ], *a.* (*a*) De loup; rapace, vorace, ou cruel. (*b*) *U.S:* *To feel w.*, avoir une faim de loup.

wolfling ['wulfliŋ], *s.* Louveteau *m*.

wolfram ['wulfrəm], *s.* (*a*) *Miner:* Wolfram *m*; galène *f* de fer. (*b*) Tungstène *m*.

wolframite ['wulfrəmait], *s.* *Miner:* Wolframite *f*, wolfram *m*.

wollastonite ['wuləstənait], *s.* *Miner:* Wollastonite *f*.

wolverene, -ine ['wulvəriːn], *s.* *Z:* Glouton *m*.

wolves [wulvz]. *See* WOLF¹.

woman, *pl.* **women** ['wumən, 'wimen], *s.f.* **1.** Femme. (*a*) *Single woman*, femme célibataire. **A young woman,** une jeune femme; (*unmarried*) une jeune personne. **An old woman,** une vieille femme; *F:* une vieille. *F:* **He's nothing but an old woman,** ce n'est pas un homme, c'est une femmelette. **All the old women in politics,** toutes les vieilles commères de la politique. **Old woman's remedy,** remède *m* de bonne femme. *See also* OLD 1, 5. **Women's rights,** les droits *m* de la femme. *A w. should not despise domestic duties*, les femmes ne doivent pas mépriser de s'occuper de leur ménage. *A man lives by ideas, a w. by sensations*, l'homme vit d'idées, la femme de sensations. **There's a woman in it,** cherchez la femme. **To be always (running) after women,** courir les filles. *See also* TOWN 1. (*b*) **The new woman,** la femme des temps nouveaux. **To play the woman,** (i) pleurer comme une femme; (ii) être peureux comme une femme. *His action reveals all the w. in his nature*, son action accuse tout ce qu'il y a de féminin dans son caractère. *Now that w. has invaded the sphere of man*, maintenant que la femme a envahi la sphère de l'homme. **2.** *A:* Femme, suivante (d'une princesse, etc.). **3.** *Attrib.* **Woman doctor,** *pl.* **woman doctors** *or* **women doctors,** femme médecin. **Woman councillor,** *pl.* **woman, women, councillors,** femme conseiller. **Woman artist,** femme peintre. **Woman friend, driver, student,** amie; chauffeuse; étudiante. *See also* WRITER 3. **4.** (*In compounds*) **Milk-woman,** laitière. **Apple-woman,** marchande de pommes. **Frenchwoman,** Française. *See also* COUNTRYWOMAN, NEEDLEWOMAN, TIRE-WOMAN, *etc.*

'woman-baiter, *s.* (*pl.* **woman-baiters**) Fauteur *m* de désordre aux réunions féministes.

'woman-hater, *s.* (*pl.* **woman-haters**) Misogyne *m*; ennemi *m* des femmes.

womanhood ['wumənhud], *s.* **1.** (*a*) État *m*, condition *f*, qualité *f*, de femme. *She had now grown to w.*, c'était maintenant une femme (faite). (*b*) *A:* = WOMANLINESS. **2.** *Coll.* Les femmes.

womanish ['wuməniʃ], *a.* **1.** *A:* De femme, des femmes; féminin. **2.** (*Of man*) Efféminé.

womanize ['wumənaiz]. **1.** *v.tr.* Efféminer, amollir. **2.** *v.i.* Courir les femmes.
womankind ['wumənkaind], *s.* **1.** Les femmes *f*. **2.** One's womankind, les femmes de sa famille; ses parentes *f*.
womanlike ['wumənlaik]. **1.** *a.* De femme. **2.** *adv.* En femme; comme une femme.
womanliness ['wumənlinəs], *s.* (*a*) Caractère *m* de femme; caractère féminin; féminité *f*. (*b*) Modestie *f* de femme. (*c*) Charme féminin.
womanly ['wumənli], *a.* De femme, des femmes; féminin. Womanly virtues, vertus *f* de femme, vertus féminines. *W. self-sacrifice*, abnégation *f* digne d'une femme. She is so womanly, elle est si femme. *A little girl in a w. bonnet*, une petite fille avec un chapeau de femme.
womb [wuːm], *s.* *Anat:* Matrice *f*. *The babe she bore in her w.*, l'enfant qu'elle portait dans son ventre. *B: The fruit of thy w.*, le fruit de vos entrailles. *F:* In earth's womb, dans le sein, dans les entrailles, de la terre. Through the womb of night, dans la profonde obscurité de la nuit. It still lies in the womb of time, l'avenir le révélera.
wombat ['wɔmbat], *s.* *Z:* Wombat *m*, phascolome *m*.
women ['wimen]. *See* WOMAN.
womenfolk ['wimenfouk], *s.pl.* = WOMANKIND 2.
womenkind ['wimenkaind], *s.* = WOMANKIND.
won [wʌn]. *See* WIN[2].
wonder[1] ['wʌndər], *s.* **1.** Merveille *f*, miracle *m*, prodige *m*. To work, do, wonders, faire, accomplir, opérer, des merveilles; faire des prodiges; faire merveille. To promise wonders, *F:* promettre monts et merveilles. The seven wonders of the world, les sept merveilles du monde. A nine-days' wonder, la merveille d'un jour. *He is* a living wonder, c'est un phénomène vivant. It is a wonder of architecture, c'est un miracle d'architecture. It is a wonder (that) he has not lost it, c'est merveille, il est étonnant, c'est miracle, qu'il ne l'ait pas perdu. The wonder is that he found it, ce qu'il y a d'étonnant, ce qui m'étonne, c'est qu'il l'ait retrouvé. *It is a w. to see you here*, c'est merveille, c'est un miracle, que de vous voir ici. What wonder, no wonder, little wonder, small wonder, that the scheme failed, il n'est guère étonnant que la chose n'ait pas réussi. *No w. she felt uneasy*, rien d'étonnant si elle se sentait inquiète. For a wonder *he was in time*, chose étonnante, chose surprenante, chose remarquable, par miracle, par extraordinaire, il était à l'heure. *The only w. to me is that* . . ., la seule chose dont je m'étonne, c'est que. . . . He is ill, and no wonder, and little wonder, il est malade, et ce n'est pas étonnant, et rien d'étonnant, et il n'y a pas à s'en étonner. That is no wonder, rien d'étonnant à cela. *See also* SIGN[1] 2. **2.** (*a*) (i) Étonnement *m*, surprise *f*; *F:* ébahissement *m*. (ii) Émerveillement *m*, admiration *f*. To fill s.o. with wonder, (i) émerveiller qn; (ii) étonner qn. *He was filled with w.*, il fut rempli d'étonnement. *To look at s.o. with w.*, regarder qn dans l'étonnement, d'un air étonné. (*b*) *My first thought was w. where he had been concealed*, ma première pensée fut de me demander où il avait bien pu se cacher.
'wonder-struck, *a.* Frappé d'étonnement; émerveillé.
'wonder-worker, *s.* Faiseur *m* de prodiges.
'wonder-working, *a.* Qui accomplit des prodiges. *F:* Wonder-working powder, poudre *f* de perlimpinpin.
wonder[2]. **1.** *v.i.* S'étonner, s'émerveiller, être étonné, surpris (*at*, de). I do not wonder at it, cela ne m'étonne pas; cela ne me surprend pas. *I w. at that!* voilà qui m'étonne! *I w. at you*, je n'aurais pas cru cela de vous. *Can it be wondered at?* peut-on s'en étonner? That isn't to be wondered at, ce n'est pas étonnant; il n'y a pas de quoi s'ébahir; rien d'étonnant à cela. *It is not to be wondered at that* . . ., il n'est pas étonnant, rien d'étonnant, que + *sub.* I shouldn't wonder, cela ne m'étonnerait pas; cela ne me surprendrait pas. *I shouldn't w. if he should* . . ., il pourrait bien. . . . *I shouldn't w. if it rained soon*, rien de surprenant s'il pleuvait tantôt. That set me wondering, cela m'a intrigué. *I w. to see* . . ., je m'étonne de voir. . . . All the world wondered, le monde entier en fut rempli d'admiration, en fut émerveillé, en resta confondu. **2.** *v.tr.* (*a*) To wonder that . . ., s'étonner que. . . . I wonder he didn't kill you, je m'étonne qu'il ne vous ait pas tué. *I w. that you could show such courage*, j'admire que vous ayez eu ce courage. (*b*) Se demander, vouloir savoir. *I w. what the time is*, je me demande quelle heure il est. I wonder why he doesn't come, je me demande pourquoi il ne vient pas. *I w. whether he will come*, je me demande, je voudrais savoir, s'il viendra. *I w. who invented that*, je suis curieux de savoir qui a inventé cela. I wonder why! je voudrais bien savoir pourquoi! *Many w. why*, plusieurs s'en demandent la raison. *Their son will help them.*—I wonder! leur fils leur viendra en aide.—Est-ce bien sûr? *Are you going to L. to-night?*—*Why?*—Oh, I just wondered, allez-vous à L. ce soir?—Pourquoi?—Oh, pour rien!
wondering, *a.* Étonné, surpris, émerveillé. **-ly**, *adv.* D'un air étonné; d'un air surpris; avec étonnement.
wonderful ['wʌndərful], *a.* Étonnant, merveilleux, prodigieux, admirable. *You've got a w. memory*, vous avez une mémoire merveilleuse. *There is a w. likeness*, il y a une ressemblance frappante. Wonderful to relate . . ., chose étonnante, remarquable. . . . It was wonderful! c'était merveilleux! *F:* c'était épatant! c'était renversant! **-fully**, *adv.* Étonnamment, merveilleusement, prodigieusement, extraordinairement. Wonderfully well, merveilleusement bien; à merveille. *You are w. smart to-day!* comme vous voilà beau, belle, aujourd'hui!
wonderfulness ['wʌndərfulnəs], *s.* Caractère étonnant, merveilleux, ou remarquable (*of*, de).
wonderland ['wʌndərland], *s.* Pays *m* des merveilles, pays enchanté. 'Alice's Adventures in Wonderland', "les Aventures d'Alice au pays des Merveilles". *The wonderlands of science*, les domaines *m* de la science, qui offrent merveille sur merveille.

wonderment ['wʌndərmənt], *s.* **1.** Étonnement *m*; émerveillement *m*; *F:* ébahissement *m*. **2.** Chose étonnante, merveilleuse. *It is a w. to me how you got off*, je me demande comment vous avez bien pu vous dégager.
wondrous ['wʌndrəs]. I. *a.* Étonnant, surprenant; incroyable, inimaginable; prodigieux. *W. dexterity*, dextérité prestigieuse. *A w. vision*, une apparition merveilleuse. **-ly**, *adv.* Étonnamment; merveilleusement. *You have done w. well*, vous vous êtes acquitté à merveille.
II. **wondrous**, *adv. Lit. & Poet:* = WONDROUSLY.
wonky ['wɔŋki], *a.* *P:* Patraque; disloqué; branlant. *To feel w.*, se sentir patraque. *W. chair*, chaise boiteuse, qui branle.
wont[1] [wount], *pred.a.* To be wont to do sth., avoir coutume, avoir l'habitude, *Lit:* avoir accoutumé, de faire qch. *All is going on as it was w.*, tout va de même que dans le temps.
wont[2], *s.* Coutume *f*, habitude *f*. Use and wont, l'usage *m*; les us *m* et coutumes. It is my wont to . . ., c'est mon habitude de. . . . *He spoke of it oftener than was his w.*, il en parlait plus souvent que d'habitude, que de coutume, qu'il n'en avait l'habitude. According to his wont, as is his wont, selon sa coutume, selon son habitude.
wont[3], *aux.v.* (*pr.ind.* wont, wontest, wonts *or* wont; *p.t.* wont, wontest, wont; *p.p.* wont *or* wonted) *A. & Lit:* To wont to do sth., avoir coutume, avoir l'habitude, de faire qch.
wonted, *a.* Habituel, accoutumé.
won't [wount]. *See* WILL[3].
woo [wuː], *v.tr.* **1.** Faire la cour à, courtiser (une femme); rechercher (une femme) en mariage. **2.** Rechercher, courtiser (la fortune, la célébrité). *F:* To woo one's pillow, appeler le sommeil. **3.** Solliciter (*s.o. to do sth.*, qn de faire qch.).
wooing[1], *a.* Qui fait sa cour. **-ly**, *adv.* Avec amour; d'une manière caressante ou enjôleuse.
wooing[2], *s.* Cour *f*; recherche *f* en mariage. *The w. of Atalanta*, comment Atalante fut recherchée en mariage.
wood [wud], *s.* **1.** (*a*) (*Collection of trees*) Bois *m*; *For:* peuplement *m*. *Crowded w.*, peuplement dense, serré. Pine wood, bois de pins. *F:* You can't see the wood for the trees, les arbres empêchent de voir la forêt; l'ensemble disparaît dans les détails; on se perd dans les détails. We are not yet out of the wood, nous ne sommes pas encore hors de danger, pas encore tirés d'affaire, pas encore quittes de toutes les difficultés, pas encore au bout. To take to the woods, (i) s'enfuir, se sauver; gagner le taillis; (ii) *U.S: F:* se dérober à ses responsabilités; *P:* se défiler. *Adm:* Inspector of woods and forests, inspecteur *m* des eaux et forêts. *See also* HALLOO[2]. (*b*) (*In names of plants and animals*) Des bois; (fleur *f*) sylvestre, sylvatique; (oiseau *m*, bête *f*) sylvicole. Wood folk, habitants *m* des bois. Wood almond, amandier *m* des bois. Wood lily, muguet *m* des bois. Wood lark, alouette *f* des bois. *See also* AVENS 1, HOOPOE, MOUSE[1] 1, OWL, STRAWBERRY 1. **2.** (*a*) (*Material*) Bois. *Box made of w.*, boîte faite de bois; boîte en bois. Hard wood, bois dur; bois d'ouvrage, bois d'œuvre. Soft wood, bois doux, bois tendre; bois blanc; bois conifère. *Seasoned w.*, bois séché, desséché; bois sec. Small wood (*for lighting fires*), ramilles *fpl*; ramée *f*. *W. for cooperage*, merrain *m*. Wood floor, plancher *m* de bois. Wood pavement, pavage *m* en bois; pavé *m* de bois. Wood ash, ashes, cendre *f* de bois. *To chop w.* (*for lighting the fire*), faire du petit bois. *F:* Touch wood! touchez du bois! *U.S: F:* To saw wood, s'occuper de son affaire; rester coi. *See also* ARTIFICIAL 1, DEAD-WOOD 2, EAGLE-WOOD, FAGGOT[1] 1, FIBRE 2, FIRE-WOOD, FOX-WOOD, KING-WOOD, PLY[1] 1, PLYWOOD, SNAKE-WOOD, TAR[1] 1. (*b*) *For:* (*In coppice*) Young wood, cépée *f*, revenue *f*. (*Of tree*) To run to wood, s'emporter. *See also* DEAD-WOOD 1. **3.** *Wine-m:* The wood, le tonneau, la pièce, le fût. Wine in the wood, vin logé; vin en fût, en pièce, en cercles. *Wine three years in the w.*, vin qui a trois ans de barrique. Beer (drawn) from the wood, bière tirée au fût. **4.** *Bowls:* Boule *f*. He puts up a good wood, c'est un boulomane expert. **5.** = WOOD-WIND.
'wood-a'nemone, *s.* *Bot:* Anémone *f* des bois; sylvie *f*.
'wood-ant, *s.* *Ent:* Fourmi *f* fauve.
'wood-'block, *s.* **1.** *Engr:* Planche *f*, bois *m*. **2.** *Civ.E:* Pavé *m* de bois.
'wood-borer, *s.* *Ent:* Perce-bois *m inv*; artison *m*; vrillette *f*.
'wood-carver, *s.* Sculpteur *m* sur bois.
'wood-carving, *s.* Sculpture *f* sur bois.
'wood-chopper, *s.* **1.** (*Pers.*) Fendeur *m* de bois. **2.** *Tls:* Merlin *m*, coutre *m*.
'wood-coal, *s.* **1.** Charbon *m* de bois. **2.** *Geol:* Lignite *m* xyloïde.
'wood-cutter, *s.* **1.** Bûcheron *m*. *Wood-cutter's saw*, scie *f* à bûches. **2.** Graveur *m* sur bois.
'wood-cutting, *s.* **1.** Coupe *f* des bois. **2.** Gravure *f* sur bois.
'wood-depot, *s.* Chantier *m*.
'wood-dove, *s.* = WOOD-PIGEON.
'wood-eater, *s.* *Ent:* Lime-bois *m inv*.
'wood-engraver, *s.* Graveur *m* sur bois; xylographe *m*.
'wood-engraving, *s.* **1.** (*Process*) Gravure *f* sur bois; xylographie *f*. **2.** (*Print*) Gravure, planche *f*, sur bois.
'wood-filled, *a.* (*Of coach-work, etc.*) Fourré de bois.
'wood-free, *a.* *Paperm:* (Papier) sans bois, sans pâte mécanique.
'wood-fretter, *s.* = WOOD-BORER.
'wood-house, *s.* = WOOD-SHED.
'wood-ibis, *s.* *Orn: U.S:* Tantale *m* (loculator).
'wood-leopard, *s.* *Ent:* Zeuzère *f*.
'wood-lined, *a.* Garni de bois.
'wood-lock, *s.* *N.Arch:* Clef *f* de gouvernail.
'wood-louse, *pl.* **-lice**, *s.* *Crust:* Cloporte *m*; *F:* porcelet *m*. Armadillo wood-louse, armadille *m or f*.

'wood-moth, *s.* *Ent:* Artison *m.*
'wood-notes, *s.pl.* Le chant des bois, des oiseaux.
'wood-nymph. **1.** *s.f.* *Myth:* Nymphe des bois; hamadryade ou dryade. **2.** *s.* *Orn:* Thaluranie *f.*
'wood-opal, *s.* Opale *f* xyloïde.
'wood-paper, *s.* Papier *m* de bois.
'wood-'pavement, *s.* Pavage *m* en bois.
'wood-pigeon, *s.* *Orn:* (Pigeon *m*) ramier *m*; palombe *f.*
'wood-pile, *s.* Tas *m*, monceau *m*, de bois. *See also* NIGGER[1] 1.
'wood-print, *s.* Estampe *f* sur bois.
'wood-pulp, *s.* *Paperm:* Pâte *f* de bois. **Wood-pulp board,** carton *m* en pâte de bois; carton de pâte mécanique; carton bois.
'wood-rush, *s.* *Bot:* Luzule *f.*
'wood-saw, *s.* Scie *f* à bois.
'wood-sawyer, *s.* Scieur *m* de bois.
'wood-screw, *s.* Vis *f* à bois.
'wood-shed, *s.* Bûcher *m.*
'wood-sorrel, *s.* *Bot:* Oxalide blanche; petite oseille; oseille sauvage; surelle *f*, surette *f*; alléluia *m*; *F:* pain *m* de coucou.
'wood-spirit, *s.* Esprit *m* de bois; esprit pyroxylique; alcool *m* méthylique.
'wood-stack, *s.* = WOOD-PILE.
'wood-stone, *s.* Bois pétrifié.
'wood-stork, *s.* = WOOD-IBIS.
'wood-turner, *s.* Tourneur *m* sur bois.
'wood-vinegar, *s.* Vinaigre *m* de bois.
'wood-warbler, *s.* *Orn:* Fauvette *f* des bois, fauvette sylvicole; pouillot siffleur; roussette *f.*
'wood-wasp, *s.* *Ent:* (Guêpe *f*) frelon *m.*
'wood-wind [wind], *attrib.a.* *Mus:* **The wood-wind instruments,** *s.* **the wood-wind,** les bois *m* (flûtes, clarinettes, hautbois et bassons).
'wood-wool, *s.* Laine *f*, paille *f*, de bois; fibre *f* de bois.
'wood-worm, *s.* *Ent:* Artison *m.*
'wood-wren, *s.* = WOOD-WARBLER.
'wood-yard, *s.* Chantier *m* (de bois à brûler).
woodbine ['wudbain], *s.* **1.** *Bot:* (*a*) Chèvrefeuille *m* des bois. (*b*) *U.S:* Vigne *f* vierge. **2.** (*a*) *F:* Cigarette *f* de la marque *Wild Woodbine.* (*b*) *P:* Cigarette (à bon marché); sibiche *f*, sèche *f.*
Woodburytype ['wudbəritaip], *s.* *Phot.Engr:* Photoglyptie *f.* (Procédé inventé par W. B. Woodbury vers 1869.)
woodchat ['wudtʃat], *s.* *Orn:* Pie-grièche rousse, *pl.* pies-grièches.
woodchuck ['wudtʃʌk], *s.* *Z:* *U.S:* Marmotte *f* d'Amérique.
woodcock ['wudkɔk], *s.* (*Usu. inv. in pl.*) **1.** *Orn:* Bécasse *f.* *Woodcock are very plentiful this year*, les bécasses sont nombreuses cette année. **2.** *Cu:* **Scotch woodcock,** hachis *m* d'œufs durs au beurre d'anchois sur canapé.
woodcraft ['wudkrɑːft], *s.* **1.** Connaissance *f* (i) de la forêt, (ii) de la chasse à courre. **2.** Pratique *f* du travail sur bois.
woodcraftsman, *pl.* **-men** ['wudkrɑːftsmən, -men], *s.m.* Trappeur; veneur.
woodcut ['wudkʌt], *s.* Gravure *f* sur bois; *F:* bois *m*; estampe *f*; xylographie *f*; (*as page ornament*) vignette *f.*
wooded ['wudid], *a.* Boisé, arbreux. *W. hill*, colline couverte de bois. *W. country*, pays couvert.
wooden ['wud(ə)n], *a.* **1.** De bois, en bois. **Wooden shoes,** sabots *m.* *A:* **The wooden walls of England,** les vaisseaux de la marine anglaise. *Med:* *F:* **Wooden tongue,** actinomycose *f.* *See also* HORSE[1] 3, IMAGE[1] 1, LEG[1] 1. **2.** *F:* (*a*) (*Of movement, manner, etc.*) Raide, gauche; inexpressif; sans animation. *W. face*, visage fermé; visage de bois. (*b*) Sans intelligence; à l'esprit obtus. **Wooden head,** tête *f* de bois.
'wooden-'headed, *a.* Stupide. *He is a w.-h. creature*, il a la tête dure; c'est une tête de bois.
'wooden-'headedness, *s.* Stupidité *f.*
'wooden 'spoon, *s.* (*a*) *Cu:* Mouvette *f*; cuiller *f* à ragoût, à sauce. (*b*) *A:* (*At Cambridge*) (i) Cuiller en bois offerte au candidat reçu le dernier au *Tripos* de mathématiques; (ii) le candidat en queue de la liste des reçus. *F:* **To take, get, the wooden spoon,** arriver bon dernier; être classé dernier.
woodenness ['wudənnəs], *s.* **1.** Maintien compassé; raideur *f.* **2.** Manque *m* d'intelligence; stupidité *f.*
woodland ['wudland], *s.* **1.** Pays boisé; bois *m.* **2.** *Attrib.* Des bois; sylvestre; *Bot:* sylvatique. *W. nymph*, nymphe *f* des bois: dryade *f.* *W. scenery*, paysage boisé. *W. tree*, arbre *m* sylvestre.
woodlander ['wudlandər], *s.* Habitant *m* des bois; forestier *m.*
woodman, *pl.* **-men** ['wudmən, -men], *s.m.* **1.** Bûcheron. **2.** *A:* Trappeur; homme des bois. **3.** Garde forestier.
woodpecker ['wudpekər], *s.* *Orn:* Pic *m.* **Green woodpecker,** pivert *m*; pic-vert *m*, *pl.* pics-verts. **Greater spotted woodpecker,** pic épeiche; épeiche *f.* **Lesser spotted woodpecker,** épeichette *f.*
woodruff ['wudrʌf], *s.* *Bot:* Aspérule odorante; hépatique *f* des bois; petit muguet; *F:* grateron *m.*
woodsman, *pl.* **-men** ['wudzmən, -men], *s.m.* *Esp. U.S:* Chasseur (en forêt); trappeur; homme des bois.
woodwaxen ['wudwaks(ə)n], *s.* = WOAD-WAXEN.
woodwork ['wudwəːrk], *s.* **1.** Travail *m* du bois. (*a*) Construction *f* en bois; charpenterie *f.* (*b*) Menuiserie *f*, ébénisterie *f.* *To do w.*, menuiser; faire de l'ébénisterie. **2.** Bois travaillé. (*a*) Boiserie *f*, charpente *f.* (*b*) Menuiserie, ébénisterie; *Veh:* carrosserie *f.*
woodworker ['wudwəːrkər], *s.* Ouvrier *m* du bois; charpentier *m*, menuisier *m*, ou ébéniste *m.*
woodworking ['wudwəːrkiŋ], *s.* = WOODWORK 1. **Woodworking machines,** machines *f* à bois.
woody ['wudi], *a.* **1.** Boisé, arbreux. *W. tract*, région couverte de bois, plantée d'arbres. **2.** (*a*) *Bot:* *etc:* Ligneux. *W tissue*, tissu ligneux. *W. stem of a plant*, tige ligneuse d'une plante. (*Of young shoot*) *To get w.*, (s')aoûter. (*b*) **Woody sound,** son mat. comme si l'on cognait sur du bois. **3.** (*Of path, nook, etc.*) Sylvestre, sylvatique. **4.** (*In names of plants, etc.*) Des bois. **5.** *U.S:* *P:* (*a*) Stupide; à tête de bois. (*b*) Toqué, timbré.
wooer ['wuːər], *s.* Amoureux *m*; prétendant *m*; *F:* soupirant *m.*
woof [wuːf], *s.* = WEFT 1.
wool [wul], *s.* **1.** Laine *f.* (*a*) **Raw wool,** laine crue, (laine) surge *f.* **Short(-staple) wool,** laine courte; laine basse; basse laine; laine à fibres courtes, à court brin. **Long(-staple) wool,** laine longue; laine haute, haute laine; laine à long brin. **Carding wool,** laine à carde; laine cardée. **Combing wool,** laine à peigne, à peigner; laine peignée. **Back wool,** laine mère. **Breech wool, livery wool,** laine cuisse; loquet *m.* **Pelt wool,** pelade *f.* **Dead wool,** moraine *f*, morine *f.* **Sliped wool,** laine morte. *Washed w.*, laine lavée. **Waste wool,** ploc *m.* *Tex:* **Dyed in the wool, wool dyed,** teint en laine. *U.S:* *F:* **A dyed-in-the-wool Irishman,** un Irlandais pur sang *inv*; un Irlandais enragé. *A dyed-in-the-wool free-trader*, un libre-échangiste convaincu, à tous crins. *F:* *A:* **To lose one's wool,** se fâcher; sortir de ses gonds. **Keep your wool on!** te fâche pas! **To go for wool and come home shorn,** aller chercher de la laine et revenir tondu. *Tex:* **Wool cloth,** étoffe *f* de laine. **Half-wool cloth,** mi-laine *m.* **Wool mattress,** matelas *m* de laine. **The wool trade,** le commerce des laines. **Wool mill,** fabrique *f* de lainages. **The wool industry,** l'industrie lainière. **To wear wool,** porter de la laine. *See also* CRY[1] 1, FLEECE-WASHED, GREASE[1] 2, LAMB'S-WOOL, PICKLOCK[2], SCOUR[2] 1, SKIN-WOOL, TAG-WOOL, YOLK[2]. (*b*) **Knitting wool,** laine à tricoter. *A ball of w.*, une pelote de laine. **Embroidery wool,** laine à broder. *See also* BERLIN 1, CROCHET[1] 1, DARNING-WOOL. **2.** (*a*) Pelage *m* (d'animal). (*b*) *Bot:* *etc:* Laine, duvet *m.* (*c*) (i) Cheveux crépus, laine (des nègres); (ii) tignasse *f.* **3.** **Mineral wool,** coton minéral; laine minérale; laine de scorie(s). **Steel wool,** laine d'acier. *See also* COTTON-WOOL, GLASS-WOOL, SLAG[1], WOOD-WOOL.
'wool-ball, *s.* **1.** Pelote *f*, peloton *m*, de laine. **2.** *Vet:* Égagropile *m*; gob(b)e *f.*
'wool-bearer, *s.* Bête *f* lanifère.
'wool-bearing, *a.* Lanifère.
'wool-breaker, *s.* *Tex:* Loup *m.*
'wool-carding, *s.* *Tex:* Cardage *m* de la laine.
'wool-comb, *s.* *Tex:* Peigne *m* à laine.
'wool-comber, *s.* *Tex:* **1.** (*Pers.*) Peigneur, -euse, de laine. **2.** (*Machine*) Peigneuse.
'wool-combing, *s.* *Tex:* Peignage *m* de la laine. **Wool-combing machine,** peigneuse *f.*
'wool-fat, *s.* **1.** Suint *m.* **2.** *Com:* Lanoline *f.*
'wool-fell, *s.* Peau couverte de sa laine; peau de mouton.
'wool-gathering. *F:* (*a*) *s.* Rêvasserie *f.* (*b*) *a.* & *v.* Distrait; absorbé dans ses pensées. *You are w.-g.*, **your wits have gone wool-gathering,** vous êtes distrait; vous rêvez, vous rêvassez; vous avez l'esprit absent; *F:* vous battez la campagne; vous êtes dans la lune. *You've been w.-g.*, vous avez l'air de revenir de Pontoise. *His mind was always w.-g.*, il avait toujours l'esprit ailleurs.
'wool-growing, *s.* Élevage *m* des moutons.
'wool-hall, *s.* (*a*) Marché *m* aux laines. (*b*) Bourse *f* des laines.
'wool-oil, *s.* *Com:* Lanoline *f.*
'wool-pack, *s.* **1.** Sac *m*, ballot *m*, de laine. **2.** *Meteor:* **Wool-pack (clouds),** balle(s) *f*(*pl*) de coton.
'wool-skin, *s.* = WOOL-FELL.
'wool-sorter, *s.* Trieur, -euse, assortisseur, -euse, de laine. **Wool-sorters' disease,** pustule charbonneuse (chez l'homme).
'wool-staple, *s.* Marché *m* aux laines.
'wool-stapler, *s.* Négociant *m* en laine; marchand *m* de laine
'wool-waste, *s.* Bourre *f* de laine.
'wool-winder, *s.* *Dom.Ec:* Dévidoir *m*; tournette *f.*
woold [wuːld], *v.tr.* *Nau:* Rouster, rousturer, velter (une vergue, etc.); faire une rousture, une velture, à (une vergue, un espar).
woolding, *s.* Rousture *f*, velture *f.*
woolder ['wuːldər], *s.* *Ropem:* Gatton *m.*
woolled [wuld], *a.* **1.** Couvert de laine. **2.** (*With adj. prefixed, e.g.*) Long-woolled, à longue laine.
woollen ['wulən], *a.* De laine. *W. stockings*, bas *m* de laine. *W. material*, étoffe *f* de laine. **Woollen cloth,** drap *m.* **Woollen goods,** *s.* **woollens,** tissus *m* de laine; laines *f*; lainages *m.* *Firm dealing in w. goods*, maison *f* de lainages. *The trade in woollens*, le commerce des draps. **Woollen merchant,** négociant *m* en draps.
woolliness ['wulinəs], *s.* **1.** Nature laineuse (*of*, de). **2.** *F:* (*a*) Imprécision *f* (de raisonnement, etc.); mollesse *f*, embarras *m* (de style). *W.Tel:* Manque *m* de netteté (de la reproduction). (*b*) *Art:* *etc:* **Woolliness of drawing, of painting, of outline,** flou *m.*
woolly ['wuli]. **1.** *a.* (*a*) Laineux; de laine. *Hum:* **The woolly flock,** la gent moutonnière. *Cost:* **Child's woolly suit,** esquimau *m.* *F:* **Woolly hair,** cheveux laineux, crépus. *Little w. puppy*, petit chien qui est une vraie boule de laine. *U.S:* *F:* (*Of pers. or people*) **Wild and woolly,** rude, mal léché; hirsute. *Meteor:* **Woolly clouds,** nuages ouatés. (*b*) *Bot:* *etc:* Laineux; lanigère, lanifère; tomenteux. *Ent:* **Woolly bear (caterpillar),** hérissonne *f.* *See also* APHIS. (*c*) (*Of fruit*) Cotonneux, pâteux. (*d*) (*Of style*) Mou; pâteux, cotonneux; lâche; (*of painting, etc.*) flou, pâteux. *W. outlines*, contours flous, gras; profils ouatés. *W.Tel:* **Woolly reproduction,** reproduction peu nette. **2.** *s.* *Usu. pl.* **Woolly, woollies,** tricot *m*; vêtement(s) *m* en tricot.
'woolly-haired, *a.* *Anthr:* Ulotrique; aux cheveux crépus.
'woolly-head, *s.* *F:* Nègre *m*; tête crépue.
woolsack ['wulsak], *s.* **1.** Sac *m* de laine. **2.** *Parl:* **The Woolsack,** le siège du Lord Chancelier (à la Chambre des Lords). *F:* **To aspire to the Woolsack,** aspirer à la dignité de Lord Chancelier.
Woolwich ['wulidʒ], *s.* (i) L'arsenal *m*, (ii) l'école *f* militaire, de Woolwich (ville du Kent).
woolwork ['wul wəːrk], *s.* Tapisserie *f.*

Woolworth's ['wulwərθs], *s.* Bazar *m* à prix unique (de la maison Woolworth).

woorali [wu'rɑːli], *s.* **1.** *Bot:* Strychnos *m.* **2.** Curare *m.*

wootz [wuːts], *s.* *Metall:* Wootz (steel), wootz *m.*

wop [wɔp], *s.* *U.S: P:* Immigrant italien; italien, -ienne; *F:* métèque *m.*

word[1] [wəːrd], *s.* **1.** Mot *m.* (*a*) Vocable *m.* *To repeat sth.* **word for word**, répéter qch. mot pour mot. *To translate sth. w. for w.*, traduire qch. mot à mot, textuellement, à la lettre. **Word for word translation, quotation**, traduction *f* mot pour mot; citation textuelle. **To a word**, à la lettre; littéralement. **In a word, in one word**, en un mot; bref; pour tout dire; en définitive. *He's rude and spiteful, in a w., a thoroughly bad child*, il est mal élevé et vindicatif, enfin un mauvais enfant. **In a few words**, en quelques mots; en termes brefs; en raccourci. **In other words**, en d'autres mots, en d'autres termes. **I told him in so many words that . . .**, je lui ai dit en termes propres, en termes exprès, que. . . . **In the full sense of the word**, dans toute la force du terme; dans toute l'acception du terme. **He doesn't know a word of Latin**, il ne sait pas un mot de latin. **Not to know the first word about chemistry**, ignorer le premier mot de la chimie. **Bad is not the word for it**, mauvais n'est pas assez dire. *See also* CROSS-WORD, HEAD-WORD, HOUSEHOLD 1, PLAY[2] I. 3. (*b*) **Spoken words**, paroles *f.* *These are his own words*, ce sont ses propres paroles. **To give s.o.'s actual words**, rapporter les paroles de qn. *I am repeating his very words*, je répète ses propres termes. **In the words of . . .**, selon l'expression de. . . . **In words**, en paroles. **To put a wish into words, to give words to a wish**, formuler un souhait. **Songs without words**, romances *f* sans paroles. *I said a few words to them*, (i) j'ai échangé quelques mots avec eux; (ii) je leur ai fait une courte allocution; *P:* je leur ai fait un petit laïus. **To call upon s.o. to say a few words**, prier qn de prendre la parole, de dire quelques mots. **To make few words of it**, y aller carrément. **He is a man of few words**, c'est un homme qui parle peu, un homme sobre de paroles. **He hasn't a word to throw at a dog**, il ne daigne pas vous jeter un mot en passant. **He never said, never uttered, a word**, il n'a pas soufflé mot. *I have never spoken a w. to him*, je ne lui ai jamais dit un mot; je ne lui ai jamais adressé la parole. **I can't get a word out of him**, je ne peux pas le faire parler; je ne peux pas en tirer un mot. *I tried* **to get in, put in, a word**, je voulus placer, dire, un mot. **To put one's word in**, intervenir; placer son mot. *He is always putting his w. in*, il mêle toujours son mot à la conversation; il a toujours son mot à dire. **Without a word**, sans mot dire; sans prononcer, sans proférer, un mot. *To obey without a w.*, obéir sans réplique. *I come with words of peace*, je viens avec des paroles de paix. **With these words, at these words**, *he dismissed me*, ce disant, à ces mots, là-dessus, il me congédia. *F:* **To put the words into s.o.'s mouth**, souffler qch. à qn. **To take the words out of s.o.'s mouth**, anticiper les paroles de qn. *You have taken the very words out of my mouth*, c'est justement ce que j'allais dire; vous venez de dire ce que j'avais sur la langue. **Beyond words**, au delà de toute expression. *Conduct beyond words*, conduite *f* inqualifiable, qui n'a pas de nom. **No words can describe . . .**, il n'y a pas de mots pour décrire. . . . **Words fail me to express . . .**, les paroles me manquent, me font défaut, pour exprimer. . . . **He is too silly for words**, il est d'une bêtise indicible. *Too lovely for words*, d'une beauté ineffable. **Hard words**, paroles dures. *See also* BONE[1] 1. **Idle words**, paroles en l'air. **Fair words, fine words**, belles paroles; *F:* eau bénite (de cour). *I am not taken in with fine words*, je ne me paye pas de phrases. *Prov:* **Fine words, fair words, soft words, butter no parsnips**, la belle cage ne nourrit pas l'oiseau; je vis de bonne soupe et non de beau langage; les belles paroles ne mettent pas de beurre dans les épinards. *See also* EAT[2] 1, HANG[2] II. 3, JEST[1] 1, KILLING[1] 3, LAST[4] I. 1, LAW[1] 2, WASTE[3] I. 3. (*c*) **To have a word to say**, avoir quelque chose à dire. **I want (to have) a word with you**, il faut que je vous dise deux mots; j'ai besoin de vous dire un mot; j'aurais un mot à vous dire; j'ai affaire à vous. *I'll have a w. with him about it*, je lui en toucherai deux mots. *A w. with you, sir*, un mot, monsieur. **A truer word was never spoken**, on n'a jamais dit si vrai. **To say a good word for s.o., to put in a word for s.o., to give s.o. one's good word**, dire, glisser, un mot en faveur de qn, pour qn. **To have a kind word, a good word, for everyone**, (i) avoir un mot aimable pour tout le monde; (ii) parler en termes bienveillants de tout le monde. *He never has a good w. for anyone*, il ne peut s'empêcher de dire du mal de son prochain. **A word in season, out of season**, un conseil opportun, inopportun. **'A word to the reader,'** "avis *m* au lecteur." *Prov:* **A word to the wise (is sufficient)**, à bon entendeur, demi-mot suffit; à bon entendeur, salut. *Th:* **Book of words**, livret *m* (d'un opéra, etc.). (*d*) **To have words with s.o.**, avoir une altercation, une dispute, avec qn; se disputer, se quereller, avec qn. *They had words*, **words passed between them**, ils ont eu une dispute. **To come to high words**, en venir aux injures. **Words ran high**, la querelle s'échauffait. *To proceed from words to blows*, passer des mots, des injures, aux coups. **It is a word and a blow with him**, il joint toujours l'action à la parole. **2.** (*Speech*) Parole. **In word or in thought**, par la parole ou par la pensée. **By word of mouth**, de bouche; de vive voix; verbalement. *Order by w. of mouth*, ordre donné de vive voix; ordre verbal. *See also* ACTION[1] 1, DEED[1] 1. **3.** (*Message*) Avis; nouvelle *f.* **To send s.o. word of sth.**, envoyer dire qch. à qn; faire dire, faire savoir, qch. à qn; prévenir qn de qch.; donner avis de qch. à qn. *To send w. that a room be made ready*, mander qu'on fasse préparer une chambre. **Word came that . . .**, on apporta la nouvelle que. . . . *We have w. that the team will arrive to-morrow*, on nous mande que l'équipe arrivera demain. **To bring word of sth. to s.o.**, venir dire qch. à qn; prévenir qn de qch. **To leave word that . . .**, faire dire (à qn) que. . . . *Leave w. at my house*, prévenez chez moi. **4.** To give s.o. one's word, donner sa parole à qn. **To keep one's word**, tenir (sa) parole. *You have promised, mind you keep your w.*, vous avez promis, ne vous démentez pas. *Failure to keep one's w.*, manque *m* de parole. **To break one's word**, manquer à sa parole; se dédire d'une promesse. **I give you my word for it, (you may) take my word for it**, vous pouvez en croire ma parole; croyez-m'en; je vous en réponds; je vous en suis garant; je vous en donne ma parole. *I take your w. for it*, je le crois sur votre parole; je m'en rapporte à vous. *I take your w. about him*, j'accepte les yeux fermés ce que vous me dites de lui. **He is a man of his word**, c'est un homme de parole. **To take s.o. at his word**, prendre qn au mot. **To be as good as one's word**, n'avoir qu'une parole; être de parole; tenir (sa) parole. **He was better than his word**, il fit mieux qu'il n'avait promis; il est allé au delà de ses promesses. **His word is as good as his bond**, sa parole vaut sa signature; il n'a qu'une parole; il est esclave de sa parole; *F:* c'est comme si le notaire y avait passé. **Upon my word!** (i) je le déclare sur ma foi! (ii) ceci est le comble! c'est trop fort! ça c'est raide! **My word!** fichtre! mazette! *P:* mince alors! *See also* HONOUR[1] 3. **5.** (*a*) **Word of command**, ordre *m*, commandement *m.* **To give the word (to do sth.)**, (i) donner l'ordre, (ii) donner le signal (de faire qch.). **The word has gone round**, on s'est donné le mot. *To act promptly at the w.*, agir promptement sur l'ordre. *Nau:* **Give the word there!** faites passer la voix! *F:* **Sharp's the word!** dépêchez-vous! (faites) vite! (*b*) (*Password*) *You must give the w. before you can pass*, il faut donner le mot avant de pouvoir passer. **6.** *Theol:* (*a*) **The Word of God, God's Word**, la parole de Dieu. (*b*) **The Word (of God, of the Father), the Eternal Word**, le Verbe. **The Word was made flesh**, le Verbe s'est fait chair.

'word-accent, *s.* *Pros:* Accent *m* tonique (d'un mot).

'word-book, *s.* Vocabulaire *m*, lexique *m.*

'word-group, *s.* Groupe *m* de mots; locution *f* ou membre *m* de phrase.

'word-painting, *s.* Description imagée, pittoresque. *W.-p. of s.o. in prose, in verse*, portrait *m* de qn en prose, en vers.

'word-'perfect, *a.* Qui connaît parfaitement son rôle, sa leçon; qui sait son rôle, sa leçon, sur le bout des doigts.

'word-picture, *s.* = WORD-PAINTING.

'word-play, *s.* Jeu *m* de mots; jeu sur les mots.

'word-splitting, *s.* *F:* Ergotage *m*, ergoterie *f.*

'word-'square, *s.* *Games:* Mots carrés.

word[2], *v.tr.* **1.** *A:* Exprimer (une idée, etc.). **2.** (*a*) Formuler (qch.) par écrit; énoncer (un problème, etc.); rédiger (un télégramme, etc.); libeller (une lettre de change). *I worded the text myself*, j'ai rédigé le texte moi-même. (*b*) *The idea might be differently worded*, on pourrait exprimer cette idée en d'autres termes, autrement. **Thus worded**, ainsi conçu. **Well worded**, bien exprimé. *Coarsely worded advice*, conseil exprimé en termes grossiers.

wording, *s.* **1.** (*a*) *A:* Expression *f* (d'une idée). (*b*) Rédaction *f* (d'un document); libellé *m* (d'une traite, d'une lettre de change); énoncé *m* (d'un acte, d'un problème). **2.** (*a*) Mots *mpl*; langage *m*; termes *mpl* (d'un article, d'un acte, etc.). **Form of wording** *for a cheque, for a bill of exchange*, modèle *m*, formule *f*, de chèque, de lettre de change. *The meaning is clear, though the w. is involved*, le sens est clair, quoique l'expression soit embrouillée. *His sentences often please by the w. alone*, ses phrases plaisent souvent par le seul choix des mots. (*b*) Légende *f* (en bas d'une gravure, etc.).

wordiness ['wəːrdinəs], *s.* Verbosité *f*; diffusion *f*, prolixité *f.*

wordless ['wəːrdləs], *a.* (*a*) Sans paroles. (*b*) *W. grief*, douleur muette.

wordmonger ['wəːrdmʌŋgər], *s.* *F:* (*a*) Pédant *m.* (*b*) Celui qui parle pour ne rien dire.

wordy ['wəːrdi], *a.* **1.** (Orateur, discours, etc.) verbeux, prolixe, diffus; (style) diffus, délayé. **2.** **Wordy warfare, wordy battle**, bataille *f* de mots; lutte *f* oratoire. **-ily**, *adv.* Avec verbosité; diffusément.

wore [wɔːər]. *See* WEAR[2].

work[1] [wəːrk], *s.* **1.** (*a*) (*Labouring*) Travail *m.* **To be at work**, être au travail; travailler; *F:* être sur le tas. **Factory at work**, usine *f* en activité. *Loom at w.*, métier battant. *To set a force at w.*, mettre en action une force. **The forces at work**, les forces *f* en jeu. *There is some secret influence at w.*, il y a une influence secrète qui agit (en notre faveur, contre nous). *A leaven of iniquity is at w. in our souls*, un levain d'iniquité fermente dans nos âmes. *At this time of year* **we are kept hard at work**, à cette saison on a fort à faire. *He was hard at w.*, il était en plein travail. *He was hard at w. ploughing*, il était en plein labour. **To set to work**, se mettre à travailler, au travail, à l'œuvre, à l'ouvrage; *F:* s'y mettre, y aller. **To set s.o. to work**, faire travailler qn; mettre qn au travail, à l'ouvrage. **To set a machine to work**, faire aller, faire fonctionner, une machine; mettre une machine en marche, en activité. **I don't know how to go to work, how to set to work**, je ne sais pas comment m'y prendre. **To go the right way to work**, s'y prendre bien; prendre une affaire du bon biais. **After much hard work**, après bien des efforts. *See also* HARD I. 4. **To cease work, to knock off work**, cesser le travail. *Knock off w.!* bas l'ouvrage! **To knock off work for the day**, suspendre le travail pour la journée. *Prov:* **All work and no play makes Jack a dull boy**, on ne peut pas toujours travailler sans se délasser. *See also* STROKE[1] 1. *Come and spend the evening and* **bring your work with you**, venez passer la soirée et apportez votre ouvrage avec vous. **Health work**, services *mpl* d'hygiène. *The w. of the dispensaries is carried out by . . .*, la conduite des dispensaires est assurée par. . . . **To carry on the work of regeneration begun by . . .**, poursuivre l'œuvre de régénération commencée par. . . . *The w. is suspended, is in abeyance*, on a suspendu les travaux. **To do s.o.'s dirty work**, faire les sales besognes de qn. *See also* DIRTY[1] 4. **What has happened has been none of my work**, ce qui est arrivé n'est pas mon ouvrage. *F:* **This is some of his work!** voilà un chef-d'œuvre de sa façon! (*b*) *Mec: Ph:* **Motor work, work**

developed by the engine, travail moteur. Resistant work, negative work, travail résistant; travail négatif; travail de contre-pression. Effective work, puissance utile. To convert heat into work, transformer la chaleur en travail. 2. (*Work done or to be done*) (*a*) Travail, ouvrage *m*, besogne *f*, tâche *f*. To get through a lot of work, abattre de la besogne; *F:* en abattre. To get the most work out of a machine, faire donner à une machine son maximum de rendement. I have work to do, j'ai à faire. *I have so much w. to do*, j'ai tellement (de travail) à faire. To make work for s.o., tailler de la besogne à qn. *Now, boys, set about your w.! get on with your w.!* allons, mes enfants, au travail! To take a hand in the work oneself, mettre la main à la pâte. A piece of work, un travail, un ouvrage, une œuvre. To set s.o. a piece of work, *F:* a job of work, donner, imposer, une tâche à qn. *A nice piece of w. he has done there!* il a fait là un joli travail! See also NASTY 3. *F:* To make a piece of work about sth., faire des histoires au sujet de qch.; faire toute une affaire de qch.; *P:* en faire tout un plat. The brandy had done its work, l'eau-de-vie *f* avait fait son effet. I have my work out out, cela va me donner de quoi faire; j'ai de quoi faire. *At this time of year we have our w. cut out*, à cette saison on a fort à faire. I had my work out out for me, on m'avait taillé de la besogne. *You have your w. cut out with him*, il vous donnera du fil à retordre. It is a work of time, c'est un ouvrage de longue haleine. Day's work, (i) (travail d'une) journée; (ii) *Nau:* chemin parcouru (au point). *F:* It's all in a day's work, c'est l'ordinaire de mon existence. You did a good day's work *when you bought that house*, vous avez été bien inspiré d'acheter cette maison. *See also* DONKEY 1, HOME-WORK, JOB-WORK, JOBBING[1] 2, MAID-OF-ALL-WORK, MANY 1, PIECE-WORK, SALE 1. (*b*) It was bloody work, ç'a été une sanglante affaire. It was thirsty work, dry work, c'était un travail qui donnait soif. *See also* FOOT-WORK, GUESS-WORK, HOT[1] 1, SHORT[1] I. 2. 3. (*a*) (*Deed*) The works of God, les œuvres *f* de Dieu. To renounce the Devil and all his works, renoncer au Démon, à ses pompes et à ses œuvres. Good works, (les) bonnes œuvres. *Works of mercy*, œuvres de miséricorde. (*b*) Ouvrage, œuvre. A historical work, un ouvrage historique. The works of Shakespeare, les œuvres *f* de Shakespeare; l'œuvre *m* de Shakespeare. *Shakespeare's last w.*, le dernier ouvrage de Shakespeare. A work of art, une œuvre d'art. Work of genius, production *f* du génie; œuvre de génie. 4. (*Employment*) Travail, emploi *m*. To be out of work, être sans travail, sans emploi, sans place; chômer; *F:* être sur le pavé; (*of civil servant, etc.*) être en inactivité. To throw s.o. out of work, priver qn de travail; réduire qn au chômage. *To knock off w. one week out of two*, chômer une semaine sur deux. To be in regular work, avoir un travail régulier. 5. (*a*) *Usu. pl. Mil:* Ouvrages, travaux. Advanced works, detached works, defensive works, ouvrages avancés, détachés, défensifs. Field works, travaux de campagne. (*b*) *Min:* = WORKING[2] 9. 6. *pl. Civ.E:* Works, travaux. Constructive works, travaux d'art; ouvrages d'art. Public works, travaux publics. *See also* BOARD[1] 3, FOREMAN 2. 7. *pl.* Works, rouages *m*, mécanisme *m*, mouvement *m* (d'une montre, d'une horloge). 8. *pl.* (*Often with sg. const.*) Works, usine *f*, atelier *m*. *Chemical works*, usine de produits chimiques. *Electrical works*, usine électrique. *Engineering works*, atelier de construction de machines. *Dye-works*, teinturerie *f*. *Steel-works*, aciérie *f*. *To set up a works*, monter une usine. *Ind:* Works committee, comité *m* de représentants de la main-d'œuvre (d'une usine, etc.) en relations constantes avec les patrons. *See also* GAS-WORKS, GLASS-WORK, IRONWORK 2, MANAGER 1, SOAP-WORKS. 9. Chased work, hammered work, ouvrage ciselé, martelé. Rustic work, ouvrage rustique. Stucco work, ouvrage de stuc. Bright work, parties polies (d'une machine, etc.). *See also* LACE-WORK. 10. *Nau:* Upper works, accastillage *m*, œuvres mortes, le(s) haut(s). Inboard works, outboard works, œuvres intérieures, extérieures.

'work-bag, *s.* Sac *m* à ouvrage; travailleuse *f*.

'work-basket, *s.* Corbeille *f*, panier *m*, nécessaire *m*, à ouvrage; mallette *f* (en vannerie) pour couture.

'work-bench, *s.* Établi *m*.

'work-box, *s.* Boîte *f* à ouvrage; coffret *m* de travail (pour dames).

'work-day, *s.* 1. Jour *m* de travail; jour ouvrable. 2. Journée *f*.

'work-group, *s.* *Anthr: Pol.Ec:* Atelier *m*.

'work-lead [led], *s.* *Metall:* Plomb *m* d'œuvre.

'work-room, *s.* (*a*) Atelier *m*. (*b*) (*For needlework*) Ouvroir *m* (d'une communauté, d'une œuvre de bienfaisance).

'work-shy, *a.* *F:* Qui aime la besogne faite; qui boude à la besogne; *P:* qui a un poil (dans la main); fainéant, flemmard, cossard. To be work-shy, renâcler à la besogne; *P:* avoir les pieds en dentelle. *He isn't w.-shy*, le travail ne lui fait pas peur.

'work-table, *s.* *Furn:* Table *f* à ouvrage; travailleuse *f*.

work[2], *v.* (*p.t. & p.p.* worked [wəːrkt], *A: and in a few set phrases* wrought [rɔːt]) I. *v.i.* 1. (*a*) Travailler. To work hard, travailler dur, ferme. *See also* HARD II. 1. To work like a nigger, like a navvy, like a slave, like a (cart-)horse, *U.S:* to work like a beaver, travailler comme un nègre, comme un bœuf, comme un cheval, comme une brute, comme quatre; peiner comme un cheval; travailler d'arrache-pied (*at sth.*, à qch.). *To w. unceasingly at sth.*, s'acharner à, sur, qch. *To w. easily, slowly*, avoir le travail facile, lent. *I am working at a shawl*, je travaille à un châle. To work at music, at a question, travailler la musique, une question. *To w. hard at Latin, F:* piocher le latin. To work in leather, in brass, travailler dans le cuir, dans le cuivre. *He is hard to w. with*, il est difficile de travailler avec lui. The number of hours worked weekly shall be reduced to 44, le nombre d'heures de travail par semaine sera réduit à 44. (*b*) To work for a good cause, travailler pour une bonne cause. To work for an end, travailler pour atteindre un but. To work for s.o., prêter son secours à qn. To work against s.o., intriguer, travailler, contre qn. They have worked together *to attain their end*, ils se sont concertés pour atteindre leur but. *All these things have worked together for good*, toutes ces choses ont contribué au bien. Working from the principle that . . ., partant du principe que. . . . (*c*) *Grace wrought in his soul*, la grâce opéra dans son âme. *This memory wrought upon his conscience*, ce souvenir lui travaillait la conscience; ce souvenir le travaillait. *The thoughts that were working in my breast*, les pensées *f* qui me travaillaient. *His conscience was working within him*, sa conscience s'agitait. 2. (*a*) (*Of machine, etc.*) Fonctionner, aller, marcher, jouer. To begin working, entrer en fonctionnement. System that works well, système *m* qui fonctionne bien. *Everything is working smoothly*, tout fonctionne normalement; *F:* ça va comme sur des roulettes. *Such a process couldn't be made to w.*, on ne saurait mettre en pratique un tel procédé. I have forgotten how it works, j'en ai oublié le fonctionnement. *Apparatus that works well*, appareil *m* facile à manœuvrer, qui marche bien. *The pump isn't working*, la pompe ne marche pas. *Lock that won't w., F:* serrure *f* qui a un rat. *The brake is not working, fails to w.*, le frein ne fonctionne pas. The lift is not working, l'ascenseur est arrêté, est hors de service. *The manometer is not working*, le manomètre dort. Strap that works on a wheel, courroie *f* qui passe sur une roue. *Wheel that works on a fixed axle*, roue qui tourne sur un axe fixe. *Wireless set working on all voltages*, appareil de T.S.F. marchant sur tous courants. All these tools work by compressed air, tous ces outils sont actionnés par l'air comprimé. (*b*) Drug that works, médicament *m* qui produit son effet, qui agit. *The charm works*, le charme opère. His scheme did not work, son plan a échoué, n'a pas réussi. 3. Fermenter. The beer is working, la bière guille. The yeast is beginning to work, la levure commence à fermenter. A leaven of iniquity works in our souls, un levain d'iniquité fermente dans nos âmes. 4. (*a*) His face was, his features were, working horribly, ses traits *m* se contractaient horriblement. His mouth was working, il tordait la bouche; sa bouche se crispait. (*b*) *Nau:* The ship works, le navire fatigue. (*c*) (*Of sailing ship*) *To w. southwards*, remonter vers le sud (contre le vent). To work to windward, chasser dans le vent; louvoyer. (*d*) (*Of angler*) To work upstream, remonter le courant. (*e*) The smaller particles work to the bottom, les petites particules descendent lentement au fond. 5. Part of the mechanism that has worked loose, partie du mécanisme qui s'est desserrée, qui s'est désunie, qui a pris du jeu. *The nut had worked loose*, l'écrou s'était desserré, s'était détaché.

II. **work**, *v.tr.* 1. Faire travailler (qn, un cheval). *He works his men too hard*, il surmène ses hommes. To work s.o., one's staff, to death, tuer qn de travail; mettre son personnel sur les dents. To work oneself ill, to death, se rendre malade, se tuer, à force de travailler; se crever de travail; se tuer à la tâche. To work one's fingers to the bone, se tuer à travailler, au travail. 2. (*a*) Faire travailler, faire fonctionner, faire marcher (une machine); faire jouer (un ressort, la serrure); actionner (le frein). *Nau: etc:* Manœuvrer (un navire, les voiles, une pompe). To work a sewing-machine, faire marcher une machine à coudre. To work a crane electrically, actionner une grue par l'électricité. (*Of machine*) To be worked by steam, by electricity, marcher à la vapeur, à l'électricité. (*b*) Diriger (un service de voitures). (*c*) To work a scheme, mettre un plan à exécution. To work a process, mettre en œuvre un procédé. 3. (*a*) Faire, opérer (un miracle); opérer (une guérison); exercer (une influence); amener (un changement); produire (un effet). To work mischief, semer le mal; semer la discorde. To work the ruin of s.o., amener la ruine de qn. *We must w. our own happiness*, notre bonheur *m* dépend de nous-mêmes. *The great change wrought in him*, le grand changement qui s'est opéré en lui. *The destruction wrought by the fire*, la dévastation causée par l'incendie. *A: His words wrought a great impression on me*, ses paroles *f* firent sur moi une forte impression. *F:* I will work it if I can, je vais tâcher de mener ça à bien; je vais tâcher de manigancer ça. *F:* I worked the ex-service man on him, je la lui ai fait à l'ancien combattant. *See also* ORACLE, TICKET[1] 4, WILL[1] 2, WONDER[1] 1. (*b*) To work a sum, faire un calcul; résoudre un problème. 4. Broder (un dessin, des initiales). *The flowers are worked in silk*, les fleurs sont brodées à la soie. To work a shawl, faire un châle (au crochet, au tricot). Worked with silver, with gold, lamé d'argent, d'or. *With silver threads worked into the woof*, avec des fils d'argent tissés dans la trame. 5. (*a*) To work an incident into a book, introduire un incident dans un livre. To work a staircase into the thickness of the wall, pratiquer, ménager, un escalier dans l'épaisseur du mur. To work a pin into a hole, faire entrer peu à peu une goupille dans un trou. (*b*) To work one's hands free, parvenir à dégager ses mains. (*c*) To work oneself along on one's elbows, ramper à l'aide des coudes; avancer en rampant sur ses coudes. To work one's way to a place, gagner un endroit (avec bien des efforts). He worked his way to the front of the crowd, il se fraya un chemin jusqu'au premier rang de la foule. *See also* WAY[1] 2 (*c*). 6. (*a*) Travailler, façonner (le bois, le fer); ouvrer (les métaux précieux); pétrir (l'argile); brasser (la fonte); malaxer, délaiter (le beurre); travailler (la pâte); cuver, faire fermenter (le moût). *To w. the linen about in the suds*, faire barboter le linge dans la lessive. *Easily wrought iron*, fer maniable. *F:* To work a constituency, chauffer les électeurs. (*b*) To work the iron into a horseshoe, façonner, forger, le fer en fer à cheval. *To w. the clay into a statuette*, façonner une statuette avec l'argile. (*c*) He worked his audience into enthusiasm, il souleva peu à peu l'enthousiasme de son auditoire. He worked himself into a rage, il se mit peu à peu en colère. (*d*) Has the medicine worked you? est-ce que la purge a agi? *F:* est-ce que la purge vous a fait aller? 7. (*a*) Exploiter (une mine, une carrière). *To w. a mine at a profit*, exploiter avantageusement une mine; bénéficier une mine. (*b*) Tra-

veller working the south-eastern district, commis voyageur qui fait le sud-est. **8.** *Nau:* **To work one's passage,** gagner son passage, payer son passage, par son travail.

work away, *v.i.* Continuer à travailler; travailler toujours.

work down. **1.** *v.i.* Descendre peu à peu. **His stockings are working down,** ses bas descendent, tombent. **2.** *v.tr.* (*a*) **To work one's way down,** descendre (une varappe, etc.) petit à petit, avec précaution. (*b*) *Ind:* **To work down a piece to a shape,** usiner une pièce selon une forme.

work in. **1.** *v.tr.* Faire entrer (qch.) peu à peu, avec effort. (*With passive force*) **The incident does not work in very well,** l'incident n'est pas bien amené. **2.** *v.i.* Pénétrer peu à peu. *The dust works in everywhere,* la poussière pénètre partout.

work off. **1.** *v.tr.* (*a*) Se dégager, se débarrasser, de (qch.); cuver (sa colère). **To work off one's fat,** se débarrasser de sa graisse par le travail, en travaillant. *To w. off a stock of goods,* écouler un stock de marchandises. **To work off one's bad temper on s.o.,** passer sa mauvaise humeur sur qn. **He worked off old jokes on us,** il nous a resservi de vieilles plaisanteries. (*b*) *Typ:* Tirer (les feuilles). **2.** *v.i.* (*Of nut, etc.*) Se détacher.

work on, *v.i.* **1.** (*Adv. use*) Continuer à travailler. **2.** (*Prep. use*) (*a*) *We have no data to w. on,* nous n'avons pas de données sur lesquelles nous baser. (*b*) **To work on s.o., on s.o.'s mind,** agir sur qn, sur l'esprit de qn; influencer qn; monter la tête à qn. *To attempt to w. on the public conscience,* tenter des emprises sur les consciences. *Discontent is working upon the people,* le mécontentement travaille les masses.

work out. **1.** *v.tr.* (*a*) Exécuter (un projet); mener à bien (une entreprise). **To work out one's salvation,** faire son salut. **To work out one's time,** (*of apprentice, etc.*) finir son temps; (*of prisoner*) purger sa peine. *I worked out my own destiny,* j'ai été l'artisan de ma propre destinée. (*b*) Développer (une idée, un canevas); élaborer (un projet). *The plan is being worked out,* le projet est à l'étude. *Well worked out plan,* projet bien étudié. (*c*) Supputer (un compte); établir, calculer (un prix); résoudre (un problème). *Nau:* **To work out an azimuth, one's position,** calculer un azimut, le point. *Artil:* **To work out the range,** trouver la portée. (*d*) **To work out a debt,** s'acquitter d'une dette en fournissant une certaine somme de travail. (*e*) Épuiser (une mine, une carrière, un filon). **2.** *v.i.* (*a*) Sortir peu à peu. **The needle eventually worked out,** l'aiguille finit par ressortir. *The grease gradually works out from between the blades of the springs,* peu à peu la graisse s'exprime d'entre les feuilles des ressorts. (*b*) **It is impossible to tell how the situation will work out,** il est impossible de dire comment cela finira, à quoi cela aboutira. *It worked out very well for me,* je m'en suis bien trouvé. (*c*) **How much does it work out at?** par combien cela se chiffre-t-il? **The total works out at six pounds,** le total s'élève, se monte, à six livres. *The average price, load, works out at . . .,* le prix moyen, la charge moyenne, ressort à. . . . *The problem will not w. out,* je n'arrive pas à résoudre ce problème. **3.** *v.pr.* (*Of ferment, emotion, etc.*) **To work itself out,** s'épuiser.

working out, *s.* (*a*) Exécution *f* (d'un projet). *They must not be hampered in the w. out of their plans,* il leur faut leurs coudées franches pour mener à bonne fin leurs projets. (*b*) Élaboration *f* (d'un projet). (*c*) Chiffrage *m*, supputation *f*, calcul *m* (des intérêts dûs, etc.); résolution *f* (d'un problème).

work round, *v.i.* (*a*) (*Adv. use*) **The wind has worked round,** le vent a tourné. *His mind had worked round to different opinions,* un changement d'opinions s'était fait dans son esprit; ses opinions avaient pris une nouvelle orientation. (*b*) (*Prep. use*) **To work round a hill,** contourner une colline.

working round, *s.* **The gradual working round of his mind,** le travail qui se faisait, qui se fit, dans son esprit.

work up. **1.** *v.i.* (*a*) (*Of garment, etc.*) Remonter. (*b*) Avancer par degrés (*to a goal,* vers un but). *Our speed worked up to seventy miles an hour,* notre vitesse a monté à soixante-dix milles à l'heure. **What are you working up to?** à quoi voulez-vous en venir? **It is working up for a storm,** le temps menace une tempête; un orage se prépare. *See also* CLIMAX 2. **2.** *v.tr.* (*a*) Préparer (la matière première); ouvrer (la matière); pâtisser (une croûte de pâté). *Phot:* **To work up a negative,** travailler, retoucher, un cliché. (*b*) Développer (une situation dramatique); élaborer (un article). **To work up a connexion,** se faire une clientèle. (*c*) Préparer (un sujet, un discours). (*d*) Exciter, émouvoir (qn); *F:* chauffer (qn) à blanc. **To work oneself up,** (i) s'échauffer, s'emballer, s'exalter; (ii) se monter la tête. **To work s.o. up against s.o.,** monter la tête à qn contre qn. *To be worked up,* être emballé. *He gets worked up over nothing,* il s'emballe pour un rien. **To work up a disturbance,** fomenter des troubles. (*e*) **To work oneself up to a post,** s'élever par son travail jusqu'à un poste.

wrought up, *a.* *Lit:* Excité, agité, ému. **To be wrought up against s.o.,** avoir la tête montée contre qn.

working up, *s.* **1.** (*a*) Préparation *f*, *Jur:* spécification *f* (de la matière première). (*b*) *Phot:* Maquillage *m* (du cliché). **2.** Développement *m* (d'une situation).

wrought, *a.* (*a*) Travaillé, ouvré, ouvragé, façonné. (*b*) (*Of metals*) Ouvré, forgé, battu. **Wrought iron,** (i) fer forgé, battu, martelé, soudé, corroyé; (ii) fer ouvré. **Wrought-iron pipe,** tuyau *m* en fer forgé. **Wrought steel,** acier soudé, soudant. **Wrought copper,** cuivre battu.

working[1], *a.* **1.** (*a*) Qui travaille; travaillant, ouvrier. **The working classes,** la classe ouvrière; les classes laborieuses; le prolétariat. **Working-class family,** famille ouvrière. **Working man,** ouvrier *m* ou homme *m* de peine. **Working woman,** ouvrière *f*. (*b*) **Hard-working man,** homme de grand travail; *F:* piocheur *m*; abatteur *m* de besogne. *See also* HARD-WORKING. (*c*) *Mil: etc:* **Working party,** atelier *m*, équipe *f*; groupe *m* de travailleurs. *See also* BEE[1] 1. **2.** Qui fonctionne. (*a*) **Working parts of a machine,** parties ouvrières, actives, démontables, d'une machine; œuvres vives, organes *m* mobiles, d'une machine. (*b*) **Working mill,** usine *f* en activité. **Working loom,** métier battant. **Not working,** hors d'action. *See also* PRESS[1] 3, SURFACE[1] 1. (*c*) **Working agreement,** modus vivendi *m*. *W. agreement between two firms,* accord *m*, entente *f*, convention *f*, entre deux maisons. **Working majority,** majorité suffisante. **Working theory,** théorie *f* admissible, qui donne des résultats. *See also* KNOWLEDGE 2. **3.** **Working countenance, mouth,** traits contractés; bouche contractée.

working[2], *s.* **1.** Travail *m*. **Working clothes,** vêtements *m* de travail; habits *m* de fatigue. **Working day** = WORK-DAY. **Usual working hours,** heures habituelles de travail. **2.** (*a*) Manœuvre *f* (d'une machine, d'un navire, etc.). *Nau:* **Working of the anchors,** manœuvre des ancres. **Working by hand,** manœuvre à bras. **Working gear,** organes *mpl* de manœuvre. (*b*) Mise *f* en œuvre (d'un procédé); exploitation *f* (d'une mine, d'une forêt, etc.). *Min:* Abattage *m* (de la roche). *Min:* **Working face,** face *f*, front *m*, de travail, de taille, d'abattage. **Working expenses,** frais généraux; frais d'exploitation. **Working capital,** capital *m* d'exploitation; fonds *m* de roulement. *W. capital fund,* compte *m* d'avances. **Working plant,** matériel *m* d'exploitation. **Working drawing,** épure *f*. (*c*) Fonctionnement *m* (d'une loi); fonctionnement, pratique *f* (d'un système); application *f* (d'une convention, d'une règle). **Difficult in the working,** difficile dans la pratique. **3.** Marche *f*, fonctionnement, jeu *m* (d'un mécanisme); allure *f*, marche (d'un fourneau). **To alter the working of the trains,** modifier la marche des trains. *Tg:* **Multiple(x) working,** communication *f* multiplex. *Mec.E: etc:* **Working load,** charge *f* de travail; charge pratique. **Working speed,** vitesse *f* de régime; vitesse normale. *El.E:* **Working voltage,** tension *f* de régime. **In working order,** en état de marcher, de marche, de service; en exploitation normale. *Are the brakes in w. order?* est-ce que les freins fonctionnent? *Nau: The engines are in w. order,* les machines sont parées à fonctionner. **To put a machine in working order,** mettre une machine en état de fonctionnement. **To be in good working order,** bien fonctionner. *Everything is in w. order,* tout est au point; tout est en bon état; tout va bien. *See also* PRESSURE 1. **4.** **Working of the digestion,** travail de la digestion. **The workings of the mind, of the conscience,** le travail de l'esprit, de la conscience. *Principles that guide the workings of human thought,* principes *m* qui guident la marche de la pensée humaine. **5.** *Mth:* Calcul *m*. **6.** Fermentation *f* (du vin, de la bière). **7.** (*a*) *Nau:* Fatigue *f* (du navire). (*b*) Contraction *f*, crispation *f* (des traits, de la bouche, du front). **8.** Délaitement *m* (du beurre). **9.** *pl.* *Min:* **Workings,** chantiers *m* d'exploitation; siège *m* d'exploitation, d'extraction. **First workings,** (travaux de) traçage *m*. **Old workings,** vieux travaux.

workable ['wəːrkəbl], *a.* **1.** (*a*) (Bois, etc.) ouvrable; (drap, cuir) maniable. (*b*) (Navire) (i) manœuvrable, maniable, (ii) en état de naviguer. **2.** (Mine, etc.) exploitable, susceptible de rapporter. **3.** (Projet *m*, plan *m*) réalisable, exécutable, pratique. *To bring forward a w. scheme,* soumettre un plan réalisable.

workaday ['wəːrkədei], *a.* (*a*) De tous les jours. **Workaday clothes,** habits *m* de tous les jours; vêtements *m* de travail. (*b*) **This workaday world,** ce monde prosaïque.

worker ['wəːrkər], *s.* **1.** (*a*) Travailleur, -euse. **Hard worker,** travailleur assidu; homme *m* de grand travail; *F:* piocheur, -euse; abatteur *m* de besogne. *To be a hard w.,* travailler dur; *F:* être un piocheur. *Horse that is a good w.,* cheval franc du collier. (*b*) Ouvrier, -ère. *The workers,* les classes laborieuses; le prolétariat. *Adm:* **Workers,** employés et ouvriers. *See also* BLACK-COATED, BRAIN-WORKER, FELLOW-WORKER, HOME-WORKER, IRON-WORKER, JOB-WORKER, PIECE-WORKER, WOODWORKER. **2.** (*Of bees, ants*) Ouvrière *f*. **Worker-bee,** abeille ouvrière. **3.** **Workers of evil,** les méchants *m*; les malfaisants *m*. **Worker of miracles,** faiseur *m* de miracles.

workhouse ['wəːrkhaus], *s.* **1.** Asile *m* des pauvres; dépôt *m* de mendicité; hospice *m*. **Inmate of a workhouse,** hospitalisé, -ée. **To end one's days in the workhouse,** finir ses jours à l'hôpital. *To bring s.o. to the w., F:* mettre qn sur la paille. **Workhouse boy,** enfant assisté. **2.** *U.S:* Maison *f* de correction.

workless ['wəːrkləs], *a.* Sans travail. *s.pl.* **The workless,** les sans-travail *m*.

workman, *pl.* **-men** ['wəːrkmən, -men], *s.m.* Ouvrier, artisan. **Workmen's dwellings,** habitations ouvrières. **Workmen's compensation insurance,** assurance *f* contre les accidents du travail. **The Workmen's Compensation Act,** la Loi sur les accidents du travail. *Prov:* **A (good) workman is known by his work, by his chips,** à l'œuvre on connaît l'ouvrier, l'artisan. **A bad workman finds fault with his tools,** à méchant ouvrier point de bon outil. *See also* SKILLED, TRAIN[1] 5.

workmanlike ['wəːrkmənlaik], *a.* **1.** Bien fait, bien travaillé; fait de main d'ouvrier. **2.** (*a*) *A:* (*Of pers.*) Habile, capable, compétent. (*b*) **To do sth. in a workmanlike manner,** faire qch. en bon ouvrier.

workmanship ['wəːrkmənʃip], *s.* *Ind:* Exécution *f*; fini *m* de l'exécution; travail *m*, façon *f*. *Sound w.,* construction soignée. *Expert w.,* travail de spécialistes. *The w. is not beyond criticism,* la façon n'est pas irréprochable. **Of fine workmanship,** d'un beau travail. *To employ the best w. only,* n'employer que la meilleure fabrication. **Clumsy piece of workmanship,** ouvrage saboté, bousillé. **Fine piece of workmanship,** beau travail.

workpeople ['wəːrkpiːpl], *s.pl.* Ouvriers *m*; ouvriers et ouvrières.

workshop ['wəːrkʃɔp], *s.* Atelier *m*. *Travelling w.,* voiture *f* atelier.

workwoman, *pl.* **-women** ['wəːrkwumən, -wimen], *s.f.* Ouvrière.

world [wəːrld], *s.* Monde *m*. **1.** (*a*) **In this world,** en ce monde; ici-bas. **The other world, the next world, the world to come,** l'autre monde. *F:* **Too good for this world,** trop bon pour le siècle. **He is not long for this world,** il n'en a pas pour longtemps à vivre; il ne fera pas de vieux os. **To go to a better world**, mourir; partir pour l'autre monde. **Justice is not of this world**, la justice n'est pas de ce monde. **To bring a child into the world**, mettre un enfant au monde. *All's right with the w.*, tout est bien dans le monde. **To try to make the best of both worlds**, vouloir concilier le salut de son âme avec les plaisirs d'ici-bas, de ce monde. **The end of the world**, la fin du monde. **World without end**, jusqu'à la fin des siècles; éternellement; *Ecc:* dans les siècles des siècles. *See also* FLESH[1] 2. (*b*) **The whole world**, le monde entier; tout l'univers. *Are there any other inhabited worlds?* y a-t-il d'autres mondes habités? **To be alone in the world**, être seul au monde. **The happiest man in the world**, l'homme le plus heureux du monde. **Nothing in the world**, rien au monde; rien du tout. *F:* **I don't know what in the world to do with it**, je ne sais absolument qu'en faire. *What in the w. is the matter with you?* que diable, *Lit:* que diantre, avez-vous? **I would not do it for (all) the world, for worlds, to gain the whole world**, je ne le ferais pour rien au monde. **He was for all the world like . . .**, il avait exactement l'air de. . . . **She is all the world to me**, elle est tout pour moi, elle est toute ma vie; *A:* elle fait toutes mes délices. **I would give the world to know . . .**, je donnerais n'importe quoi pour savoir. . . . **To carry the world before one**, passer outre à tous les obstacles; passer de succès en succès; ne connaître que le succès. **2.** (*Earth*) **To go round the world**, faire le tour du monde. **He has seen the world**, il a vu du pays; il a beaucoup voyagé. *F:* **To knock about the world**, rouler sa bosse. **Map of the world**, carte universelle; (*in two hemispheres*) mappemonde *f*. **All the world over, all over the world**, dans le monde entier; par tout l'univers. **To the world's end**, jusqu'au bout du monde. **How small the world is!** que le monde est petit! comme on se retrouve! **The Old World**, le monde ancien. **The New World**, le nouveau monde. **World revolution**, révolution mondiale. **World commotion**, secousse universelle. **World congress**, congrès mondial. **World record**, record mondial. **World language**, langage universel. *See also* CITIZEN 1. **3.** (*Human affairs*) **So wags the world, it's the way of the world**, ainsi va le monde. *We must take the w. as we find it*, il faut prendre le monde comme il est. **As the world goes . . .**, de la façon dont va le monde . . .; par le temps qui court. . . . *See also* GO[1] 2. **To see the world**, voir le monde. **Man of the world**, homme qui connaît la vie, qui a l'expérience du monde. *He knows nothing of the w.*, il n'a aucune expérience du monde; *F:* il n'a vu que le clocher de son village. **To live out of the world**, vivre loin du monde. **He has gone down in the world**, il a connu des jours meilleurs. **To have the world before one**, avoir toute sa carrière devant soi. **The whole world**, l'universalité *f* des hommes. *F:* **All the world and his wife**, tout le monde et son père; la société. **What will the world say?** qu'en dira-t-on? *See also* DEAD I. 1, TELL I. 2. **4.** (*a*) **The world of literature, of letters, the literary world**, le monde littéraire. **The theatrical world**, le milieu du théâtre. **The sporting world**, le monde du sport. **The financial world**, le monde de la finance; le monde financier. **The world of high finance**, la bancocratie; la haute finance. (*b*) **The animal, vegetable, mineral, world**, le monde animal, végétal, minéral. *The w. of birds, F:* la gent ailée. **5.** *F:* **A world of money**, un argent fou. **To give oneself a world of trouble**, se donner un mal de chien. *To bring upon oneself a w. of trouble*, s'attirer une foule de désagréments. **That will do you a world of good**, cela vous fera un bien infini. **To think the world of s.o.**, avoir une très haute opinion de qn.

'world-'famous, *a.* De renommée mondiale.

'world-history, *s.* Histoire universelle.

'world-old, *a.* Vieux, *f.* vieille, comme le monde.

'world-politics, *s.pl.* (*Usu. with sg. const*) Politique mondiale.

'world-power, *s.* **1.** Le pouvoir de ce monde; le pouvoir séculier. **2.** *Pol:* Puissance mondiale.

'world-'war, *s.* Guerre mondiale.

'world-weary, *a.* Fatigué du monde; las, *f.* lasse, de ce monde; las de vivre.

'world-'wide, *a.* Universel; répandu partout; mondial, -aux. *W.-w. financial crisis*, crise financière mondiale. *W.-w. reputation*, réputation universelle, mondiale, universellement reconnue. **World-wide letter of credit**, lettre de crédit mondiale, valable dans le monde entier.

'world-wise, *a.* Qui a l'expérience de la vie; qui connaît la vie.

worldliness ['wəːrldlinəs], *s.* Mondanité *f*; attachement *m* aux plaisirs (i) du monde, (ii) de ce monde.

worldling ['wəːrldliŋ], *s.* Mondain, -aine.

worldly ['wəːrldli], *a.* **1.** Du monde, de ce monde, d'ici-bas. *He is a child in w. matters*, il n'a aucune expérience du monde. *F:* **To carry all one's worldly goods on one's back**, porter toute sa fortune, tout son saint-crépin, sur son dos. **Worldly wisdom**, la sagesse du monde, du siècle. **Worldly interests**, soucis matériels. **2.** Mondain. **Worldly cleric**, prêtre mondain; *A:* abbé *m* de cour.

'worldly-'minded, *a.* Attaché aux choses matérielles, aux choses de ce monde; mondain.

'worldly-'mindedness, *s.* Attachement *m* aux choses de ce monde; mondanité *f*.

worm[1] [wəːrm], *s.* Ver *m*. **1.** (*a*) **Earthworm**, ver de terre; lombric *m*. *Prov:* **Even a worm will turn**, la patience a des limites; il n'y a si petit chat qui n'égratigne. *F:* **The worm has turned**, il en a assez de se laisser mener par le bout du nez; c'est un poltron révolté. **He is a worm** (*of a man*), c'est un ver de terre, un piètre personnage. **I am a worm to-day**, j'ai le cafard aujourd'hui. (Allusion au Psaume XXII, 6.) *See also* BIRD 1, WATER-WORM. (*b*) *Fish:* **Worms**, *coll.* **worm**, achée *f*. *See also* LOB-WORM, MUD-WORM, SAND-WORM, STRAW-WORM. (*c*) *Ent:* (i) Larve *f*; (ii) mite *f*. *F:* **The worm of conscience**, le ver rongeur de la conscience. *See also* BOOK-WORM, FOOD 1, GALLEY-WORM, INCH-WORM, MEAL-WORM, MEASURING-WORM, MOTH-WORM, SILKWORM. (*d*) *Med:* *Vet:* (*Of pers., dog*) **To have worms**, avoir des vers. *Diseases caused by worms, due to worms*, maladies vermineuses. *See also* GAPE-WORM, GUINEA-WORM, HOOKWORM, TAPEWORM, THREADWORM. (*e*) (*Special uses*) *See* BLIND-WORM, GLOW-WORM, SHIP-WORM, SLOW-WORM. **2.** (*a*) Filet *m* (de vis). (*b*) (*Endless screw*) Vis *f* sans fin; vis tangente. **Worm and sector**, vis et secteur. **Conveyance worm, conveyor worm**, hélice transporteuse; spirale transporteuse. (*c*) *Sm.a:* *A:* (*Wad-extractor*) Tire-bourre *m inv.* (*d*) Serpentin *m* (d'alambic). **3.** (*Ligament*) Le nerf sous la langue des chiens; *F:* le "ver."

'worm-auger, *s.* *Tls:* Tarière rubanée.

'worm-bit, *s.* *Tls:* Mèche *f* à vis.

'worm-cast, *s.* Déjection *f* de ver de terre.

'worm-drive, *s.* *Aut:* *etc:* Commande *f*, transmission *f*, par vis sans fin. *Overhead w.-d.*, transmission par vis en dessus.

'worm-eaten, *a.* Rongé des vers, piqué des vers; mangé aux vers; (*of wood*) vermoulu, mouliné, vergé; (*of fruit, wood*) percé de vers; (*of tree*) cussonné.

'worm-fishing, *s.* Pêche *f* au ver.

'worm-gear, *s.* *Mec.E:* Engrenage *m* à vis sans fin, à vis tangente; réducteur *m* (de vitesse) à vis sans fin.

'worm-grass, *s.* *Bot:* Spigélie *f*; *F:* herbe *f* aux vers.

'worm-hole, *s.* (*In wood, in the ground*) Trou *m* de ver; (*in wood*) gale *f*; (*in cloth, wood*) piqûre *f*. *Full of worm-holes*, plein de piqûres.

'worm-holed, *a.* = WORM-EATEN.

'worm-like. **1.** *a.* Vermiforme, vermiculaire; comme un ver. **2.** *adv.* Comme un ver de terre.

'worm-pinion, *s.* *Mec.E:* Pignon *m* à vis sans fin.

'worm-powder, *s.* *Pharm:* Poudre *f* à vers; poudre vermifuge, anthelminthique.

'worm-screw, *s.* **1.** = WORM[1] 2 (*b*). **2.** *Min:* Tire-bourre *m inv.*

'worm-wheel, *s.* Roue hélicoïdale; engrenage hélicoïdal; roue à vis sans fin; roue serpentin.

worm[2], *v.tr.* **1.** (*a*) **To worm (oneself, one's way) through the undergrowth**, se glisser, se faufiler, à travers les buissons. **To worm one's way out of . . .**, se faufiler hors de. . . . **To worm one's way into . . .**, se faufiler dans. . . . **To worm oneself into s.o.'s favour, into s.o.'s confidence, into society**, s'insinuer dans les bonnes grâces de qn, dans la confiance de qn, dans la haute société. (*b*) **To worm a secret out of s.o.**, tirer un secret à qn; arracher un secret à qn. *I'll w. it out of him*, je saurai lui tirer les vers du nez. **2. To worm a flower-bed**, (i) détruire les vers dans un parterre; (ii) enlever les vers d'un parterre. **3. To worm a dog, its tongue**, éverrer un chien, la langue d'un chien. **4.** Fileter (un boulon). **5.** *Nau:* Congréer (une manœuvre).

wormed, *a.* **1.** = WORM-EATEN. **2.** Fileté.

worming, *s.* *Nau:* Congréage *m*.

wormseed ['wəːrmsiːd], *s.* *Bot:* *Pharm:* **Levant wormseed**, santonine *f*, ambroisie *f*, semen-contra *m*.

wormwood ['wəːrmwud], *s.* *Bot:* Armoise amère; (armoise) absinthe *f*. *F:* **Life to him was gall and wormwood**, la vie pour lui n'était qu'amertume et dégoût, que fiel et absinthe.

wormy ['wəːrmi], *a.* **1.** = WORM-EATEN. **2.** Infesté, plein, de vers; véreux. **3.** = WORM-LIKE 1.

worn [wɔːrn]. *See* WEAR[2].

worrier ['wʌriər], *s.* **1.** Chien *m* ou loup *m* qui attaque les moutons, qui les prend à la gorge. **2.** (*Of pers.*) Harceleur *m*, persécuteur *m*. **3.** (*a*) Personne qui tracasse les autres; tracassier, -ière. (*b*) Personne qui se tracasse, qui se fait de la bile; tracassier, -ière. *He is such a w.*, il se met toujours martel en tête.

worriment ['wʌrimənt], *s.* *U.S:* Souci *m*, tracas *m*.

worrisome ['wʌrisəm], *a.* *F:* = WORRYING[1] 2.

worrit[1, 2] ['wʌrit], *s.*, *v.tr.* & *i.* *P:* = WORRY[1, 2].

worry[1] ['wʌri], *s.* **1.** (*a*) *Ven:* (*Of the hounds*) Action *f* de fouler la bête. (*b*) *See* BUN-WORRY. **2.** Ennui *m*, souci *m*, tracasserie *f*, tracas *m*, tourment *m*. **Money worries**, soucis d'argent. *Little domestic worries*, petites misères domestiques; chagrins *m* domestiques. **The worries of life**, les tracas de la vie. *He has always been a w. to me*, il a fait le tourment de ma vie. *What a w. that child is!* quel tourment que cet enfant-là! *That's the least of my worries*, c'est le moindre de mes soucis, *F:* le cadet de mes soucis. *F:* **What's your worry?** qu'est-ce qu'il y a qui cloche?

worry[2], *v.* (worried) **1.** *v.tr.* (*a*) (*Of dog, wolf*) Prendre (les moutons) à la gorge; attaquer, harceler, tuer (les moutons); piller (les moutons); déchirer (une bête); prendre avec les dents et secouer (un rat, etc.). (*b*) *Ven:* (*Of hounds*) Fouler (la bête). (*c*) *F:* **To worry out a problem**, s'évertuer à résoudre un problème; résoudre un problème à force de travail. (*d*) Tourmenter, tracasser, ennuyer, harceler, importuner (qn); *P:* asticoter (qn). **To worry one's horse**, tourmenter son cheval. *Don't w. him*, laissez-le tranquille. *Something is worrying him*, il y a quelque chose qui le tourmente, qui le travaille. *The noise of bells worries me*, le bruit des cloches m'importune. *Baby has a cough and it rather worries me*, mon bébé tousse, cela me taquine, cela m'inquiète. *It worried scholars for a long time*, pendant longtemps cela a mis martel en tête aux érudits. **To worry oneself**, se tourmenter, se tracasser; se donner du tourment, du tracas; se faire du mauvais sang, de la bile; se travailler l'esprit; se mettre martel en tête. **She is worrying herself to death**, elle se tourmente à s'en rendre malade. *He worries me to death*, il est assommant. *To be worried on every side*, être harcelé de tous côtés. **Don't worry your head about him!** ne vous inquiétez pas de lui; *F:* ne vous en faites pas sur son compte. *See also* GREY[1] 1. **2.** *v.i.* Se tourmenter, se tracasser, s'inquiéter; se travailler l'esprit; se faire de la bile, du mauvais sang; se manger le(s) sang(s); se mettre martel en tête. **To worry about sth.**, être, se mettre, en peine de qch. *He keeps worrying about that business*, cette affaire lui travaille l'esprit. *You have no cause to w.*, vous pouvez dormir sur les deux oreilles.

Don't (you) worry! ne vous tracassez pas! soyez tranquille! *P:* vous en faites pas! *Don't (you) w. about me, over me,* ne vous tracassez pas sur mon compte, à mon sujet; ne vous inquiétez pas de moi, à mon sujet. *Don't w. looking for it!* ne vous mettez pas en peine de le retrouver! ne vous tourmentez pas à le chercher! **To worry about nothing,** se tracasser pour des riens, pour rien. **It's nothing to worry about,** *F:* ce n'est pas le diable. **What's the use of worrying?** à quoi bon se tourmenter? **We'll worry along somehow,** nous nous tirerons d'affaire d'une manière ou d'une autre; on se débrouillera.

worried, *a.* Tourmenté, harassé, tracassé, soucieux. *To be w.,* (i) être en proie à l'inquiétude; (ii) avoir du tracas, des ennuis. *To look w.,* avoir l'air préoccupé, soucieux; *Lit:* avoir le front sourcilleux. *With a w. look,* d'un air soucieux.

worrying[1], *a.* **1.** Worrying dog, chien *m* traître, qui attaque le troupeau. **2.** Tracassant, tourmentant, harassant, ennuyant.

worrying[2], *s.* Tracasserie *f*, tourment *m*.

worse [wəːrs]. **1.** *a. & s.* Pire, plus mauvais. *A catastrophe w. than war, a w. catastrophe than war,* une catastrophe pire que la guerre. **I am a worse player than he,** je joue plus mal que lui. **He makes himself out worse than he is,** il se noircit à plaisir. *In w. condition,* dans un plus mauvais état. **This is worse and worse,** c'est de mal en pis, de pis en pis. **You are only making things worse,** vous ne faites qu'empirer les choses. **To make matters worse . . .,** par, pour, surcroît de malheur. . . . *He has only made matters w.,* il n'a fait qu'envenimer le mal. **It might have been worse,** ce n'est qu'un demi-mal. **He escaped with nothing worse than a fright,** il en fut quitte pour la peur. **What is worse . . .,** qui pis est. . . . **To go from bad to worse,** aller de mal en pis. *He is getting w., (in behaviour)* il se tient de plus en plus mal; *(in health)* il va plus mal; il va de plus en plus mal; il va de mal en pis. *He is* **in a worse way** *than you,* il est plus malade que vous. *Illness which is becoming w.,* maladie qui s'aggrave, qui empire. *My eyesight is growing w. every day,* ma vue baisse de jour en jour. **The worse his arguments are the more he believes in them,** plus ses arguments sont mauvais plus il y croit. **So much the worse for him,** tant pis pour lui. *He escaped* **none the worse,** il s'en est tiré sans aucun mal. *I am none the w. for it,* je ne m'en trouve pas plus mal; je ne m'en ressens pas; je ne m'en porte pas plus mal. *He is none the w. for his accident,* son accident n'a pas eu de suites; il ne se ressent pas, il se ressent à peine, de son accident. *I think none the w. of him because he accepted,* je n'ai pas moins bonne opinion de lui parce qu'il a accepté. *His coat would be none the w. for a good brushing,* un bon coup de brosse ne ferait pas de mal à son habit. *See also* DRINK[1] 3, LUCK 1, WEAR[1] 2. **2.** *s.* (*a*) **I have worse to tell,** j'ai quelque chose de pire à dire; je n'ai pas encore dit le pire. **But worse followed, there was worse to come,** mais il y eut plus grave; ce qui suivit était encore pis. **I have seen worse, been through worse, than that,** j'en ai vu bien d'autres. (*b*) **To change for the worse,** s'altérer. **Change for the worse,** changement *m* en mal; altération *f*. *See also* BETTER[1] 2, TURN[1] 2. **3.** *adv.* (*a*) Pis; plus mal. *He behaves, is going on,* **worse than ever,** il se conduit plus mal que jamais; il recommence de plus belle. **He has been taken worse,** il va plus mal; son état a empiré. **Worse still,** *he did not leave his address,* encore pis, il n'a pas laissé son adresse. **You might do worse,** vous pourriez faire pis. **To think worse of s.o.,** avoir plus mauvaise opinion de qn. *To think w. of s.o. for doing sth.,* estimer qn moins pour avoir fait qch. *W. educated,* moins instruit. **These worse than Vandals,** ces gens pires que les Vandales. *He is* **worse off** *than before,* sa situation a empiré. *Your remedy is* **worse than useless,** votre remède est non seulement inefficace, mais dangereux. (*b*) (*More intensely*) *I hate, fear, him w. than before,* je le hais, je le crains, plus qu'auparavant. *The noise went on w. than ever,* le vacarme recommença de plus belle.

worsen ['wəːrs(ə)n]. **1.** *v.tr.* Empirer (un mal); rendre pire; aggraver. **2.** *v.i.* Empirer, devenir pire; (*of evil*) s'aggraver. *The position has since worsened,* la position a empiré depuis.

worsening, *s.* Aggravation *f*.

worship[1] ['wəːrʃip], *s.* **1.** Culte *m*, adoration *f*. **Worship of images,** idolâtrie *f*, iconolâtrie *f*. **Divine worship,** le culte divin. **Public worship,** l'exercice *m* du culte; *Adm:* les Cultes. **Freedom of worship,** liberté *f* du culte. **Forms of worship,** formes *f* de culte; formes cultuelles. **Hours of worship,** heures *f* des offices. **Place of worship,** lieu consacré au culte; édifice *m* du culte; église *f*, temple *m*. **To offer worship to the golden calf,** adorer le veau d'or. *F:* **To be an object of worship,** être un objet d'adoration. *Gazing at her with w. in his eyes,* la regardant avec des yeux adorateurs. *See also* HERO-WORSHIP, IDOL-WORSHIP, IMAGE-WORSHIP. **2.** (*a*) *A:* Honneur *m*, considération *f*, dignité *f*. (*b*) **His Worship the Mayor,** son Honneur le maire. **Yes, your Worship,** oui, monsieur le maire, monsieur le juge.

worship[2], *v.tr.* (**worshipped; worshipping**) **1.** Rendre un culte à, adorer (un dieu, une idole); vouer un culte à, vénérer (un saint); vénérer (des reliques). **2.** Adorer (qn); aimer (qn) à l'adoration, jusqu'à l'idolâtrie; avoir un véritable culte pour (qn); accorder (à qn, à qch.) un culte de latrie; se prosterner devant (qn). *To w. money,* faire son idole de l'argent. *He worships the ground she treads on,* il baise la trace de ses pas. *To w. one's body,* idolâtrer son corps. *F: To w. the bottle,* être dévot à la bouteille. **3.** *Abs. The parish church where his family had worshipped for years,* l'église paroissiale où sa famille avait prié pendant des années. *Where does he w.?* à quel temple va-t-il?

worshipping, *s.* Culte *m*, adoration *f*.

worshipful ['wəːrʃipful], *a.* (*a*) Honorable (titre des membres des Corporations de Londres, des juges de paix, des *aldermen*, etc.). (*b*) (*Freemasonry*) Vénérable.

worshipper ['wəːrʃipər], *s.* Adorateur, -trice. **The worshippers** (*in a church*), les fidèles *m*. *See also* STAR-WORSHIPPER, SUN-WORSHIPPER.

worst[1] [wəːrst]. **1.** *a.* (Le) pire, (le) plus mauvais. *The w. of all evils,* le pire de tous les maux. *His w. mistake,* sa plus grave erreur. *His w. enemy,* son pire ennemi. **2.** *s.* **The worst of the storm is over,** le plus fort de la tempête est passé. **The worst of it is that . . .,** le pis est que, le plus mauvais de la chose c'est que, l'ennui c'est que, le malheur c'est que + *ind*. **That's the worst of cheap shoes,** c'est le désavantage des souliers bon marché; voilà ce que c'est que d'acheter des souliers bon marché. *You saw him* **at his worst,** vous l'avez vu dans un de ses plus mauvais jours, dans un de ses plus mauvais moments. **When things are at their worst, at the worst,** quand les choses sont au pire, au pis. At (the) worst *our lives will be safe,* en tout cas, en mettant les choses au pis, nos vies seront sauves, nous aurons la vie sauve. **To get the worst of it** (*in a fight, etc.*), avoir le dessous; essuyer un échec; être battu; avoir le désavantage. **To fear the worst,** craindre le pire. **To be prepared for the worst,** être préparé au pire. **To suppose, assume, the worst,** mettre les choses au pis; se placer dans le cas le plus défavorable. **If it comes to the worst, if the worst comes to the worst,** en mettant les choses au pis; au pis aller. **Do your worst!** faites du pis que vous pourrez! *To challenge s.o. to do his w.,* mettre qn au pis, à pis faire. *Let him do his w.,* il peut bien faire tout ce qu'il voudra! **The worst is soon over,** le plus mauvais moment est vite passé. **The worst has happened!** c'est la catastrophe! c'en est fait! **3.** *adv.* (Le) pis, (le) plus mal, (le) moins. *To be the w. treated,* être le plus maltraité; être traité de la pire façon. *The w. educated,* le moins instruit. *That frightened me* **worst of all,** c'est cela qui m'effraya le plus.

worst[2], *v.tr.* Battre, vaincre, défaire (qn); *F:* enfoncer (qn); rouler (qn) à plates coutures. **To be worsted,** succomber; avoir le dessous.

worsted[1] ['wustid], *s.* *Tex:* (*a*) Laine peignée; estame *f*; peigné *m*. **Worsted fabrics,** tissus *m* de laine peignée. (*b*) Laine à tricoter, à tapisserie.

worsted[2] ['wəːrstid]. *See* WORST[2].

wort [wəːrt], *s.* **1.** (*Rare except in compounds*) Plante *f*, herbe *f*. *See also* BLOOD-WORT, LIVERWORT, MILKWORT, NAVEL-WORT, SAINT JOHN, SALTWORT, SAND-WORT, SPEARWORT, STARWORT. **2.** Moût *m* (de bière).

worth[1] [wəːrθ]. **1.** *pred. a.* Valant. (*a*) **To be worth so much, little, nothing,** valoir tant; valoir peu; ne rien valoir. *What is the franc w.?* combien vaut le franc? *Two houses w. three thousand pounds,* deux maisons valant trois mille livres. *That is* **worth something,** cela a de la valeur. *This old piano is surely w. something,* ce vieux piano a bien son prix. *It is* **not worth much,** cela n'a pas grande valeur. **Whatever it may be worth,** vaille que vaille. **Worth the money,** avantageux. *I will buy it whether it be w. the money or not,* je l'achète, vaille que vaille. *Suit well w. the money at 8 guineas,* complet très avantageux à 8 guinées. *I bought the books for what they were worth,* j'ai acheté les livres tels quels. **I tell you this for what it is worth,** je vous passe ce renseignement sans y attribuer grande valeur. **It would be as much as my life is worth,** ce serait risquer ma vie. *Society is w. more than the individual,* la société l'emporte en valeur sur l'individu. *See also* WEIGHT[1] 1. (*b*) **It is not worth the trouble,** cela ne, n'en, vaut pas la peine. *He isn't w. his meat and drink,* il ne gagne pas sa nourriture. *It is w. notice,* cela est digne d'attention. **Is it worth while?** *F:* **is it worth it?** cela (en) vaut-il la peine? *See also* WHILE[1] 2. **It's not worth a hang, a scrap, a rush,** cela ne vaut pas quatre sous, un fétu. **The novel is not worth reading,** ce roman ne vaut pas la peine d'être lu, qu'on le lise, ne mérite pas d'être lu. *She is not w. bothering about,* elle ne vaut pas qu'on s'occupe d'elle; ce n'est pas la peine de s'occuper d'elle. **Book worth reading,** livre qui mérite d'être lu. **A thing worth having,** une chose précieuse. *It is not w. having,* ce n'est rien qui vaille. *It is not w. mentioning,* cela ne vaut pas la peine qu'on en parle. *He never talks about anything w. talking about,* il ne parle jamais de rien qui en vaille la peine. *Life wouldn't be w. living,* la vie serait intolérable. *It is w. thinking about,* cela mérite réflexion. *The causes of this failure are w. considering,* les causes de cet échec valent la peine d'être étudiées. *Story not w. raking up,* histoire *f* inutile à remémorer. *It is w. seeing, hearing,* cela mérite d'être vu, entendu. *It's w. knowing, remembering,* c'est bon à savoir, à se rappeler. *The only one w. knowing,* le seul qui mérite d'être connu. *What is w. picking up is w. keeping,* ce qui est bon à prendre est bon à garder. *See also* CANDLE[1] 1, CUSS 1, DAMN[1], FARTHING, FILLIP[1] 1, GROAT, POWDER[1], SALT[1] I. 1, STRAW[1] 2, TWOPENCE. (*c*) **He is worth money,** il a de l'argent. *He is w. a lot of money, he is w. millions, w. a hundred thousand pounds,* il a beaucoup d'argent; il est énormément riche, riche à millions, riche de cent mille livres. *To be w. £4000 a year,* avoir, posséder, quatre mille livres sterling de rente. **To die worth a million,** mourir en laissant un million. *That is all I am w.,* voilà tout mon avoir. *How much is he w.?* quelle est sa fortune? combien a-t-il de fortune? *F:* **For all one is worth,** de toutes ses forces, tant qu'on peut. *He was running, pulling, for all he was w.,* il courait, tirait, tant qu'il pouvait, tant et plus, de toutes ses forces. **2.** *s.* Valeur *f*, mérite *m*. **Of great, little, no, worth,** de grande valeur; de peu de valeur; d'aucune valeur. **Persons of (sterling) worth,** personnes *f* de valeur, de mérite, de bon aloi, du meilleur aloi. *A man of no w.,* une non-valeur; un homme nul. *To know a friend's w.,* connaître le prix d'un ami. **Give me two shillings' worth of chocolate,** donnez-moi pour deux shillings de chocolat, du chocolat pour deux shillings. *A thousand pounds' w. of jewels,* des bijoux *m* valant mille livres. *A hundred pounds' w. of goods,* des marchandises *f* pour une valeur de cent livres. **To have, to want, one's money's worth,** en avoir, en vouloir, pour son argent. *He gives you your money's w.,* il vous en donne pour votre argent.

worth[2], *v.tr.* *3rd pers. sg. sub.* *A. & Poet:* (*Only in*) **Woe worth the day!** maudit soit le jour! *Woe w. the hour when . . .!* maudite soit l'heure où. . . !

worthiness ['wəːrðinəs], *s.* **1.** Mérite *m.* **2.** (*In compounds*) Bon état. *See* AIRWORTHINESS, SEAWORTHINESS.

worthless ['wəːrθləs], *a.* Sans valeur, de nulle valeur, sans mérite; qui ne vaut rien; indigne, mauvais. *W. fellow*, vaurien *m.* *W. woman*, vaurienne *f.* *W. excuses, arguments, F:* excuses *f*, arguments *m*, à la mie de pain, qui ne valent pas tripette. *Com:* **Worthless bill**, titre *m* sans valeur; non-valeur *f.*

worthlessness ['wəːrθləsnəs], *s.* Peu *m* de valeur; indignité *f*; nature *f* méprisable (de qn).

worthy ['wəːrði]. **1.** *a.* Digne. (*a*) *A w. man*, un digne homme; un homme honorable, estimable; un homme de mérite. *A w. life*, une vie honorable, vertueuse. *F: Give* **our worthy friend** *a shilling*, donnez un shilling à notre brave ami, à ce brave homme. (*b*) **To be worthy of s.o., of sth.**, être digne de qn, de qch.; mériter qch. **To be worthy to do sth.**, être digne de faire qch. **To be worthy of death**, mériter la mort. *W. of respect*, digne de respect. *He is w. of punishment, of being punished*, il mérite d'être puni; il mérite qu'on le punisse. **It is worthy of note that . . .**, il est à noter que. . . . *See also* LABOURER. (*c*) **To receive a worthy reward**, recevoir une digne récompense. **Foeman worthy of my steel**, ennemi *m* digne de mon épée. *Speech w. of the occasion*, discours *m* digne de l'occasion. *The front is poor, without any w. ornament*, la façade est piètre, sans un ornement qui vaille. **2.** *s.* (*a*) *A:* Personnage éminent, illustre, célèbre par son courage ou sa grandeur d'âme. **The nine Worthies**, les neuf Preux *m.* (*b*) *F. & Hum:* Personnage (de l'endroit). **The village worthies**, (i) les gros bonnets du village; (ii) les anciens *m* du village.

-ily, *adv.* **1.** Dignement. **2.** À juste titre.

-worthy, *adj.suff.* Digne (de). *Praiseworthy*, digne d'éloges. *Noteworthy*, digne de remarque. *See also* AIRWORTHY, SEAWORTHY.

wot[1] [wɔt], *v.i.* **1.** (*Pseudo-archaic*) **To wot of . . .**, savoir. . . . *Him you wot of*, celui que vous savez. *Dangers that none wot of*, dangers insoupçonnés. **2.** *See* WIT[2].

wot[2]. *P:* = WHAT.

would [wud]. *See* WILL[2].

'would-be, *a.* Prétendu, soi-disant, voulu. *W.-be assassin*, prétendu assassin. *A w.-be tone of cynicism*, un ton de scepticisme voulu, affecté. *A w.-be candidate*, un aspirant à la candidature. *W.-be technicians, F:* techniciens *m* à la manque.

wound[1] [wuːnd], *s.* (*a*) Blessure *f.* *W. in the arm*, blessure au bras. *Slight w. in the arm*, atteinte *f* au bras. *Bullet w.*, blessure faite par une balle. **Lacerated wound**, déchirure *f.* **Operation wound**, incision chirurgicale. **Lotion for wounds**, lotion *f* vulnéraire. (*b*) Plaie *f.* *The w. is festering*, la plaie s'envenime. *To reopen a w.*, rouvrir une plaie. **The Five Wounds of Christ**, les cinq plaies de Notre-Seigneur. (*c*) **To inflict a wound upon s.o.'s honour**, porter atteinte à l'honneur de qn. *It was a w. to my pride*, ce fut une blessure pour mon amour-propre. *See also* FLESH-WOUND, OPEN[1] 5, GREEN[1] 1 (*c*), GUNSHOT 1.

'wound-stripe, *s. Mil:* Chevron *m* de blessé. (Petit galon d'or vertical porté au-dessus du poignet de la manche gauche par les blessés de guerre.)

wound[2], *v.tr.* Blesser; faire une blessure à (qn); (*in duel*) toucher (son adversaire). *Wounded in the shoulder*, blessé, atteint, à l'épaule. **To wound s.o. in his pride**, blesser qn dans son orgueil, dans son amour-propre. *To w. s.o.'s feelings*, blesser les susceptibilités de qn; froisser qn. *To w. s.o. in his honour*, porter atteinte à l'honneur de qn.

wounded, *a.* Blessé. **The wounded man**, le blessé. *Seriously w.*, grièvement blessé. *s.pl.* **The wounded**, les blessés. *Mil:* **The seriously wounded**, les grands blessés. *F:* **Wounded pride**, orgueil froissé, blessé. **Wounded heart**, cœur ulcéré. *W. in his honour*, atteint, blessé, dans son honneur.

wounding, *a.* Blessant. *W. to one's pride*, blessant pour l'amour-propre.

wound[3] [waund]. *See* WIND[2, 4].

woundable ['wuːndəbl], *a.* Vulnérable.

woundwort ['wuːndwəːrt], *s. Bot: F:* **1.** Stachys *m*, épiaire *m.* *Hedge w.*, stachys des bois. *Marsh w.*, stachys des marais. *Downy w.*, stachys laineux. **2.** Solidage *f*; verge *f* d'or. **3.** Anthyllide *f*, vulnéraire *f.* **4.** Grande consoude.

wove [woːuv], **woven** ['wouv(ə)n]. *See* WEAVE[2].

wow[1] [wau]. **1.** *int.* (*a*) Miaou! ouâ, ouâ! (*b*) *U.S:* Fichtre! mazette! **2.** *s.* (*a*) Miaulement *m* (de chat); hurlement *m* (de chien). (*b*) *U.S: P:* Chose épatante; grand succès. **It's a wow!** c'est épatant! (*c*) *pl. Cin:* **Wows**, pulsation *f* du son; défauts *m* de la reproduction sonore.

wow[2], *v.i. F:* (*Of cat*) Miauler; (*of dog*) hurler.

wowser ['wauzər], *s. Dial:* (*In Austr.*) Puritain, -aine, à outrance; rabat-joie *mf inv.*

wrack[1] [rak], *s.* **1.** Varec(h) *m.* *See also* SUGAR-WRACK. **2.** Laisse (déposée sur le rivage).

wrack[2], *s.* = RACK[2].

Wraf [raf], *s.f. Hist: F:* Membre *m* de la *Women's Royal Air Force* (femmes enrôlées dans les services auxiliaires de l'aviation militaire, 1914-18). *Cp.* WREN[2].

wraith [reiθ], *s.* Apparition *f.* (*a*) Esprit revenu de l'autre monde (peu après la mort de la personne). (*b*) Double spectral d'une personne (présage de sa mort).

wrangle[1] [raŋgl], *s.* Dispute *f*, querelle *f*, altercation *f*, chamaillerie *f.*

wrangle[2], *v.i.* Se disputer, se quereller, se chamailler. *To w. over trifles, F:* chicoter, chipoter. *They are always wrangling*, ils sont toujours à se disputer; ce sont entre eux des chamailleries continuelles. *He paid without wrangling*, il a payé sans chicaner.

wrangling[1], *a.* Querelleur, -euse; disputeur, -euse.

wrangling[2], *s.* Disputes *fpl*, querelles *fpl*, chamailleries *fpl.*

wrangler ['raŋglər], *s.* **1.** Querelleur, -euse; *F:* chamaillard *m.* *An unbearable w.*, un insupportable argumentateur. **2.** *Sch:* (*At Cambridge University*) Candidat rangé dans la première classe à l'examen du *tripos* (*q.v.*) de mathématiques. *A:* **Senior wrangler**, candidat sorti le premier (au *tripos* de mathématiques). **3.** *U.S: F:* Bouvier *m*; cowboy *m.*

wrap[1] [rap], *s.* (*a*) (*Usu. pl.*) **Wraps**, (i) couvertures *f* (de voyage, etc.); (ii) pardessus *m*, châle *m*, cache-nez *m*, etc. (dont on s'enveloppe pour se garantir du froid). (*b*) Pèlerine *f*; manteau *m* (de voyage). (*c*) **Morning wrap**, saut-de-lit *m*, *pl.* sauts-de-lit; négligé *m.* **Evening wrap**, manteau du soir; sortie *f* de bal, de théâtre. *Boudoir wrap*, déshabillé *m.* *See also* BATH-WRAP, BATHING-WRAP.

wrap[2], *v.tr.* (wrapped [rapt], *A:* wrapt; wrapping) **1.** (*a*) Envelopper. **To wrap sth. (up) in paper**, envelopper, empaqueter, qch. dans du papier. *To wrap up a book*, envelopper un livre. *To wrap up a parcel*, faire un paquet; envelopper un paquet. *To wrap (up) sweets in a screw of paper*, entortiller des bonbons dans un morceau de papier. (*b*) **To wrap oneself up**, *abs.* **to wrap up**, s'envelopper; se couvrir de vêtements chauds; s'emmitoufler. **Do wrap up!** couvrez-vous bien! *To wrap oneself up in a blanket*, s'envelopper dans une couverture; *F:* s'entortiller dans une couverture. *To wrap a baby (up) in a shawl*, emmitoufler un enfant dans un châle. *To wrap up one's head, F:* s'encapuchonner. (*c*) **To wrap up one's meaning in obscure language**, envelopper sa pensée de paroles obscures. *The fog wrapped the streets in darkness*, le brouillard plongea les rues dans les ténèbres. **2.** **To wrap sth. round sth.**, enrouler, *F:* entortiller, qch. autour de qch. *The cable wraps itself round the capstan*, le câble s'enroule sur le cabestan. *He wrapped a cloak round her*, il l'enveloppa d'un manteau. *He wrapped his blanket close about him*, il s'enveloppa bien dans sa couverture. **3.** **To wrap a tyre**, bandeler un pneu. **To wrap a spring with cord**, ficeler un ressort. *El.E:* **To wrap a cable (in cotton)**, guiper un câble (de coton).

wrapped, *a.* **1.** (*a*) *W. in paper*, roulé dans du papier; couvert de papier. *El:* **Metal-wrapped cable**, câble *m* avec revêtement de métal. (*b*) (*Of pers.*) **Wrapped up**, bien enveloppé; emmitouflé. (*c*) *Mountain w. in mist*, montagne enveloppée de brouillard. **Affair wrapped in mystery**, *A. & Hum:* **wrapt in mystery**, affaire enveloppée, entourée, de mystère. *This period is w. in mystery*, le mystère s'étend sur cette période. **2.** (*a*) **To be wrapped in admiration**, être ravi, saisi, d'admiration. **Wrapped in meditation, in thought**, plongé, enfermé, perdu, dans ses pensées; absorbé dans ses réflexions; songeur, -euse. *W. in slumber*, plongé dans un profond sommeil. (*b*) **To be wrapped up in s.o.**, vivre entièrement pour qn; être épris, engoué, de qn. *She was w. up in her son*, elle ne vivait que pour son fils; elle ne songeait qu'à son fils. **To be wrapped up in sth.**, être uniquement préoccupé de qch. *He is w. up in his work*, il est entièrement absorbé par son travail. *To be w. up in oneself*, être replié sur soi-même, concentré en soi-même. *Small fry wrapped in a narrow individualism*, petites gens voués à un individualisme étroit. (*c*) *Our welfare is w. up in our food*, notre bien-être est intimement lié à notre nourriture. **3.** **Wrapped-up language**, langage compliqué.

wrapping, *s.* **1.** Enveloppement *m*; mise *f* en paquet; entortillage *m*; enroulement *m*; ficelage *m.* **2.** (*a*) Enveloppe *f*, couverture *f.* (*b*) Papier *m*, toile *f*, d'emballage. (*c*) *pl.* **Wrappings**, bandelettes *f* (de momies).

'wrapping-paper, *s.* Papier *m* d'emballage.

'wrap-rascal, *s. A:* Pardessus *m.*

wrappage ['rapedʒ], *s.* = WRAPPING 2.

wrapper ['rapər], *s.* **1.** (*Pers.*) Emballeur *m*; empaqueteur, -euse. **2.** Toile *f* d'emballage; feuille *f* de papier d'emballage. **3.** (*a*) Chemise *f* (d'un dossier, de documents). (*b*) Couverture *f* (d'un livre); couvre-livre *m*, *pl.* couvre-livres. **4.** Bande *f* (de journal). *To do a newspaper up in a w.*, mettre un journal sous bande. **5.** (*a*) Robe *f*, cape *f* (de cigare). (*b*) *U.S: F:* Cigare *m.* **6.** *Tchn:* Couvre-joint *m*, *pl.* couvre-joints; fourrure *f*; bande de recouvrement. **7.** (*a*) Robe de chambre (de dame); saut-de-lit *m*, *pl.* sauts-de-lit. (*b*) *Tail: Dressm:* Toilette *f* (pour robe, etc.).

wrappering ['rapəriŋ], *s.* = WRAPPER 2, 3.

wrapt [rapt]. *See* WRAP[2].

wrasse [ras], *s. Ich:* Labre *m*, vieille *f.*

wrath [rɔːθ], *s. Lit:* Colère *f*; *Lit:* courroux *m.* *B:* **Vessels, children, of wrath**, vases *m*, enfants *m*, de colère. **Slow to wrath**, lent à la colère. **To bottle up one's wrath**, rentrer sa colère.

wrathful ['rɔːθful], *a. Lit:* Courroucé, en colère; irrité.

-fully, *adv.* Avec colère, avec courroux.

wrathfulness ['rɔːθfulnəs], *s. Lit:* Colère *f*, courroux *m.*

wreak [riːk], *v.tr.* Assouvir (sa colère, sa haine). **To wreak one's rage upon s.o.**, décharger, passer, sa colère sur qn. **To wreak one's vengeance upon s.o.**, exercer, assouvir, sa vengeance sur qn; déployer sa vengeance contre qn. *To w. vengeance on s.o.*, se venger de qn.

wreaking, *s.* Assouvissement *m* (de sa colère, de sa haine).

wreath [riːθ, *pl.* riːðz *or* riːθs], *s.* **1.** (*a*) Couronne *f*, guirlande *f* (de fleurs). **Funeral wreath**, couronne mortuaire. **Artificial wreath** (*on tomb*), couronne de perles. (*b*) *Her:* **Crest wreath**, torque *f* (de casque). **2.** Volute *f*, panache *m*, tourbillon *m* ou filet *m* (de fumée); spirale *f* (de fumée). **3.** *Scot:* Amoncellement *m* de neige.

wreathe [riːð]. **1.** *v.tr.* (*a*) Enguirlander; couronner, ceindre (la tête, le front, de qn). *Statue wreathed with flowers*, statue enguirlandée de fleurs. **Mountain wreathed with mist**, montagne entourée de brouillard. **Face wreathed in smiles**, visage rayonnant. (*b*) Entrelacer, tresser (des fleurs, etc.); tresser (une guirlande). (*c*) **To wreathe sth. round sth.**, enrouler, entortiller, qch. autour de qch. *To w. one's arms round s.o.*, enlacer qn dans ses bras. **2.** *v.i.* (*a*) (*Of smoke*) Tourbillonner; s'élever en volutes. (*b*) (*Of foliage, etc.*) S'enrouler, se tordre (*round*, autour de).

wreathed, *a.* **1.** Entrelacé, enguirlandé, enroulé. **2.** *Arch:* Wreathed column, colonne torse.

wreathing, *s.* **1.** Entrelacement *m*, tressage *m*. **2.** Tourbillonnement *m*.

wreck[1] [rek], *s.* **1.** (*a*) *Jur:* **Wreck of the sea,** épaves *fpl* de mer; agan *m*. (*b*) Navire naufragé; épave. *The w. is visible at low tide,* l'épave est visible à la marée basse. **To break up a wreck,** détruire une épave. *Ins:* **Total wreck,** navire entièrement perdu. *Jur:* **Receivers of wrecks,** fonctionnaires chargés de surveiller les bris et naufrages; receveurs *m* des épaves. *See also* COMMISSIONER. *F:* **The building, the car, is a mere wreck,** le bâtiment n'est qu'une ruine; la voiture est en morceaux. **He is a perfect wreck,** sa santé est ruinée, fortement atteinte. **Human wrecks,** épaves humaines. **War wrecks,** les grands invalides de guerre. **To be a nervous wreck,** avoir les nerfs détraqués; avoir les nerfs en bien piteux état. *She is but the w. of her former self,* elle n'est plus que l'ombre d'elle-même. *His excesses had made a w. of him,* les excès l'avaient vanné. *To collect the w. of one's fortune, of an army,* recueillir les débris *m* de sa fortune, d'une armée. **2.** Naufrage *m* (d'un navire). **To suffer wreck,** faire naufrage. *To save a ship from w.,* sauver un navire du naufrage. *To be saved from the w.,* échapper au naufrage. *F:* **This was the wreck of his fortune, of his hopes, of his life,** ce fut le naufrage de sa fortune, de ses espérances, de sa vie. **Everything is going to wreck and ruin,** tout va à vau-l'eau.

'wreck-buoy, *s.* Bouée *f* d'épave.

'wreck-master, *s.* *U.S:* = *receiver of wrecks, q.v. under* WRECK[1] 1.

wreck[2], *v.tr.* (*a*) Faire faire naufrage à (un navire); faire échouer (un navire); causer le naufrage (d'un navire). (*Of pers. or ship*) **To be wrecked,** faire naufrage. (*b*) Faire dérailler (un train); démolir (une auto, etc.); démolir, détruire, ruiner (un édifice, etc.). *The car wrecked the tree,* l'auto a fauché l'arbre. **To wreck one's digestion,** se détraquer l'estomac. **To wreck s.o.'s nerves, s.o.'s nervous system,** ébranler les nerfs de qn. (*c*) Faire échouer, *F:* saboter (une entreprise); détruire, ruiner, briser (les espérances de qn). **To wreck s.o.'s plans,** faire échouer les projets de qn. *He is wrecking our cause,* il est en train de ruiner notre cause. *This lack of harmony was the rock on which the undertaking was wrecked,* ce manque d'harmonie fut l'écueil de l'entreprise. *Parl:* **Wrecking amendment,** amendement proposé dans le but de faire échouer un projet de loi.

wrecked, *a.* (Vaisseau) naufragé, qui a fait naufrage; (marin) naufragé. *W. building,* édifice ruiné, écroulé. *W. villages,* villages dévastés. *W. train,* train déraillé. *W. life,* existence brisée. *W. health,* santé ruinée.

wrecking[1], *s.* Action *f* de détruire; destruction *f* (d'un navire, en l'attirant à la côte); déraillement *m* (d'un train, par malveillance); ruine *f* (d'une fortune, des espérances de qn). **Wrecking policy,** politique *f* de sabotage.

wreckage ['rekedʒ], *s.* **1.** Naufrage *m* (d'un navire, de la fortune de qn). **2.** *Coll.* Épaves éparses; débris *mpl*; ce qui reste (d'un sinistre). **Piece of wreckage,** épave.

wrecker[1] ['rekər], *s.* **1.** Naufrageur *m*; pilleur *m* d'épaves. **2.** Destructeur, -trice (*of*, de); dérailleur *m* (de trains).

wrecker[2], *s.* *U.S:* (*a*) Sauveteur *m* d'épaves. (*b*) Acheteur *m*, exploiteur *m*, d'épaves.

wrecking[2] ['rekiŋ], *s.* *U.S:* (*a*) Sauvetage *m* (d'un navire). (*b*) Dépannage *m* (d'une auto). *Rail:* **Wrecking train,** convoi *m* de secours. **Wrecking crew,** corvée *f* de secours; équipe *f* de secours. *Aut:* **Wrecking lorry,** dépanneuse *f*.

wren[1] [ren], *s.* *Orn:* **1. Common wren,** *F:* **Jenny Wren,** troglodyte mignon. **2. Golden-crested wren,** roitelet huppé. **Fire-crested wren,** roitelet à triple bandeau; roitelet à moustache. *See also* REED-WREN, WILLOW-WREN, WOOD-WREN.

Wren[2], *s.f.* *Hist:* (1914–18) *F:* Membre *m* du *W.R.N.S.* ou *Women's Royal Naval Service* (femmes enrôlées pour les services auxiliaires de la marine). *Cp.* WRAF.

wrench[1] [renʃ], *s.* **1.** Mouvement violent de torsion; effort violent. **To give sth. a wrench,** tordre qch. violemment. *With a w. he pulled off the knocker,* d'un effort violent il arracha le marteau. *To force the lid with a single w.,* forcer le couvercle d'une seule pesée. **He gave his ankle a wrench,** il s'est donné une entorse; il s'est foulé la cheville. *I felt a w.,* j'ai ressenti une violente douleur. **The separation was a terrible wrench,** la séparation fut un déchirement (de cœur) affreux, un terrible crève-cœur. *It will be a w. to leave them,* il m'en coûtera de les quitter; ce sera un arrachement de les quitter. **2.** *Med:* *Surg:* Arrachement. **3.** *Tls:* Clef *f* (à écrous); tourne-à-gauche *m inv.* **Adjustable wrench,** clef à ouvertures variables. **Claw-wrench,** pince *f* à panne fendue. **Tube-wrench,** serre-tube(s) *m inv.* *See also* MONKEY-WRENCH, PIPE-WRENCH, SAW-WRENCH, SCREW-WRENCH, TAP-WRENCH.

wrench[2], *v.tr.* **1.** (*a*) Tordre; tourner violemment. *To w. a key,* fausser une clef. **To wrench the lid open,** forcer le couvercle. **To wrench off, out, away,** arracher, enlever (avec un violent effort de torsion). (*b*) **To wrench sth. from s.o.,** arracher qch. à qn. **To wrench oneself from s.o.'s clutches** s'arracher de force à l'étreinte de qn. *She wrenched herself free,* d'une secousse elle se dégagea. (*c*) **To wrench one's ankle,** se fouler la cheville; se donner une entorse. *To w. one's shoulder,* se fouler, se forcer, l'épaule. **2.** Forcer, fausser (le sens d'un mot, etc.); torturer (le sens d'un passage).

wrenched, *a.* **1.** Tordu, déchiré, forcé. **Wrenched off,** arraché. **2.** (Pied, etc.) foulé.

wrenching, *s.* Torsion *f*; arrachement *m*.

wrest[1] [rest], *s.* *A:* **1.** Torsion violente. **2.** *Mus:* Clef *f* d'accordeur.

'wrest-block, *s.* = WREST-PLANK.

'wrest-pin, *s.* Cheville *f* (d'accordage) (d'un piano).

'wrest-plank, *s.* Sommier *m*, table *f* (d'un piano).

wrest[2], *v.tr.* **1.** Arracher (*from*, à). *To w. a confession from s.o.,* arracher un aveu à qn. **2.** Forcer, fausser, tordre (le sens d'un passage, etc.); *F:* donner une entorse à (la vérité, un passage, etc.).

wrestle[1] [resl], *s.* Lutte *f* (corps à corps); assaut *m* de lutte (à main plate, etc.). *To have a w. with s.o.,* lutter avec, contre, qn. *F:* *W. with temptation,* lutte contre la tentation.

wrestle[2]. **1.** *v.i.* (*a*) **To wrestle with s.o.,** lutter avec, contre, qn; colleter qn. **To wrestle (together),** lutter; se prendre corps à corps; combattre à la lutte. *To w. for a prize,* disputer un prix à la lutte. (*b*) **To wrestle with difficulties,** lutter contre les difficultés. *To w. with temptation,* résister à la tentation. *To w. with one's passions,* lutter, réagir, contre ses passions. *To w. with adversity,* lutter contre, être aux prises avec, l'adversité. **To wrestle with death,** se débattre contre la mort. **To wrestle with a problem,** s'attaquer à un problème; s'acharner à résoudre un problème. *To w. with a subject,* travailler ferme à, s'escrimer à, un sujet. **To wrestle in prayer, to wrestle with God,** prier avec ferveur. **2.** *v.tr.* (*a*) Lutter avec, contre (qn). **To wrestle a fall with s.o.,** faire un assaut de lutte avec qn. *He offered to w. me for £10,* il offrit de se mesurer avec moi à la lutte pour un enjeu de £10. (*b*) *U.S:* Atterrer, renverser (un bouvillon, pour le marquer au fer chaud).

wrestle down, *v.tr.* Faire toucher terre à (son adversaire à la lutte); terrasser (son adversaire). *F:* *To w. down temptation,* sortir victorieux d'une lutte avec la tentation.

wrestling, *s.* **1.** Sport *m* de la lutte; lutte (corps à corps). **French wrestling,** lutte gréco-romaine. **All-in wrestling,** combat *m* en lutte libre; pancrace *m*. **Wrestling match,** assaut *m* (de lutte). **2. Wrestling with difficulties, with temptation,** lutte contre les difficultés, contre la tentation.

wrestler ['reslər], *s.* Lutteur *m*; (*at fairs, etc.*) *F:* arpin *m*.

wretch [retʃ], *s.* **1.** (*a*) Malheureux, -euse; infortuné, -ée. **Poor wretch,** pauvre diable *m*, pauvre hère *m*. (*b*) *Some dirty little wretches were playing in the street,* quelques loupiots mal débarbouillés jouaient dans la rue. **Poor little wretches!** pauvres petits! **2.** (*a*) Misérable *mf*; scélérat, -ate. **You wretch!** misérable! (*b*) **You little wretch!** petit fripon! petite friponne!

wretched ['retʃid], *a.* **1.** (*Of pers.*) Misérable, malheureux, infortuné. **To feel wretched,** être mal en train; broyer du noir. **To look wretched,** avoir l'air misérable, malheureux; faire peine à voir; faire triste mine. **To be in wretched poverty,** être dans une misère affreuse. **2.** (*a*) Pitoyable; tout à fait mauvais; lamentable. **Wretched paper,** bien mauvais papier. *This coffee is w. stuff,* ce café est une abomination. *W. dinner,* triste, pauvre, maigre, dîner *m*; dîner pitoyable. **What wretched weather!** quel temps de chien! quel chien de temps! quel temps abominable! quel maudit temps! *He has w. health,* il a une santé pitoyable. (*b*) **Wretched hovel,** cabane *f* à l'air miséreux; taudis *m*. *W. lodgings,* appartement *m* minable. *W. little shop,* petite boutique de rien du tout. (*c*) **A wretched writer,** un écrivain pitoyable. *He is a w. singer,* il chante à faire pitié. *W. ignorance,* ignorance *f* pitoyable; ignorance crasse. (*d*) (*Vague intensive*) **I can't find that wretched umbrella, that wretched key!** je ne retrouve pas ce diable de parapluie, cette diable de clef! **-ly,** *adv.* **1.** (Vivre, etc.) misérablement. **2.** (S'acquitter, etc.) de façon pitoyable, lamentable. **3.** *To be w. poor,* être dans une misère affreuse. *For the first week on board she was w. ill,* pendant la première semaine à bord elle a été malade à faire pitié. *I was w. ill between Calais and Dover,* entre Calais et Douvres j'ai été malade comme un chien.

wretchedness ['retʃidnəs], *s.* **1.** (*a*) Misère *f*, malheur *m*, infortune *f*. (*b*) Tristesse *f*; idées noires. **2.** Caractère *m* méprisable, mauvaise qualité, mauvais état (*of*, de). *The w. of the weather,* le temps pitoyable.

wrick[1] [rik], *s.* **To give oneself a wrick,** se donner, attraper, un effort. **Wrick in the neck,** torticolis *m*.

wrick[2], *v.tr.* **To wrick oneself, a muscle,** se donner, attraper, un effort. **To wrick one's back,** se donner un effort dans le dos. *To w. one's ankle,* se fouler la cheville; se donner une entorse.

wriggle[1] [rigl], *s.* **1.** Tortillement *m* (du corps). **2.** Détour *m*, sinuosité *f*. **3.** *Nau:* Gouttière *f* (de hublot).

wriggle[2]. **1.** *v.i.* (*a*) (*Of worm*) Se contorsionner, se tortiller; (*of fish*) frétiller; (*of pers.*) se tortiller, s'agiter, se remuer. *To w. through a hedge,* se faufiler à travers une haie (en se tortillant). *The fish wriggled out of my hands,* le poisson s'échappa d'entre mes doigts. (*b*) **To wriggle into s.o.'s favour,** s'insinuer dans les bonnes grâces de qn. **To wriggle out of a difficulty, of an undertaking,** se tirer, s'extraire, d'une position difficile par des moyens évasifs; se retirer adroitement d'une entreprise. *To try to w. out of it,* chercher une échappatoire. (*c*) *F:* Tortiller; tergiverser; chercher des échappatoires, des faux-fuyants. **2.** *v.tr.* (*a*) Tortiller. *To w. one's body, one's legs,* remuer, tortiller, le corps; agiter les jambes; se tortiller; se contorsionner. (*b*) **To wriggle one's way, oneself, into . . .,** se faufiler, s'insinuer, dans. . . .

wriggling[1], *a.* Qui se tortille, se remue; frétillant.

wriggling[2], *s.* **1.** Tortillement *m*; grouillement *m* (des vers). **2.** *F:* Tergiversation *f*.

wriggler ['riglər], *s.* **1.** (*a*) Ver *m*, crustacé *m*, etc., qui se tortille. (*b*) Enfant qui ne sait pas se tenir tranquille sur sa chaise. **2.** Personne qui s'insinue partout. **3.** Tergiversateur, -trice.

wright [rait], *s.* **1.** *A:* (*Now only in compounds, as shipwright, wheelwright, etc.*) Ouvrier *m*, artisan *m*. **2.** *Scot:* = CARPENTER[1].

wring[1] [riŋ], *s.* **1.** (Mouvement *m* de) torsion *f*; action *f* de tordre. **To give the clothes a wring,** tordre le linge; passer le linge à l'essoreuse. **2. Wring of the hand,** vigoureuse poignée de main. **He gave my hand a wring,** il me serra cordialement la main; il m'étreignit la main.

'wring-bolt, *s.* *N.Arch:* Serre-joint *m*, *pl.* serre-joints; antoit *m*.

wring², *v.tr.* (*p.t.* & *p.p.* wrung [rʌŋ]) **1.** (*a*) Tordre. **To wring (out) the linen**, tordre, essorer, le linge. **To wring s.o.'s hand**, serrer à briser, étreindre, la main de qn. **To wring one's hands in despair**, se tordre les mains, les bras, de désespoir. **To wring a bird's neck**, tordre le cou à une volaille. *F:* **I'll wring his neck!** je lui tordrai le cou! **The emotion that wrings my heart**, l'émotion qui m'étreint le cœur, qui m'étreint. **It wrings my heart to . . .**, cela me déchire le cœur de. . . . (*b*) *Leath:* Biller (une peau). **2. To wring sth. out of, from, sth., s.o.**, exprimer, faire sortir (l'eau d'un vêtement mouillé); arracher (un secret à qn); arracher, extorquer (de l'argent à qn). **To wring a favour from s.o., out of s.o.**, obtenir une faveur de qn à force d'importunités, à force d'insister. **To wring tears from s.o.**, faire pleurer qn; arracher des larmes à qn. *F:* **He managed to wring out a tear**, il y est allé de sa larme. **3.** (*a*) Forcer, déformer (une plaque métallique, etc.); bistourner (une lame d'épée). (*b*) *A.* & *Lit:* **To wring the truth**, faire, donner, une entorse à la vérité. **To wring s.o.'s words into an admission of guilt**, dénaturer en aveu les paroles de qn.

wrung, *a.* **1.** (Cœur) déchiré. **2.** (*Of beam, plate, etc.*) Faussé, gondolé.

wringing¹, *a.* (*a*) (*Of pain*) Déchirant. (*b*) **Wringing wet**, *F:* **wringing**, (*of clothes*) mouillé à tordre; (*of pers.*) trempé comme une soupe; trempé jusqu'aux os.

wringing², *s.* Tordage *m*, essorage *m*.

'wringing-machine, *s.* **1.** *Laund:* Essoreuse *f* (à rouleaux). **2.** *Ind:* Tordoir *m*.

wringer ['riŋər], *s.* **1.** = WRINGING-MACHINE. **2.** *Exp:* **Acid wringer**, turbine *f*.

wrinkle¹ [riŋkl], *s.* **1.** (*a*) (*On face, brow*) Ride *f*. (*b*) Rugosité *f*; (*of the ground*) plissement *m*, sillon *m*; (*on water*) ondulation *f*, ride. (*c*) (*In garment, etc.*) Faux pli. *Her left stocking had wrinkles*, son bas gauche faisait des plis, *F:* faisait la grimace. *Dress that fits* **without a wrinkle**, robe *f* qui ne fait pas un pli. *F:* **Without spot or wrinkle**, sans tache; irréprochable; impeccable. **2.** *F:* Renseignement *m* utile; *F:* tuyau *m*; recette *f* de métier; chose bonne à savoir. **To give s.o. a wrinkle, to put s.o. up to a wrinkle**, donner à qn une bonne idée; indiquer à qn la bonne recette; donner un tuyau à qn.

wrinkle². **1.** *v.tr.* Rider, plisser. (*a*) *Old age wrinkles the forehead*, l'âge ride, plisse, le front. **To wrinkle one's forehead**, froncer le(s) sourcil(s). *A smile wrinkled his face*, un sourire plissait sa figure. (*b*) *To w. a dress*, plisser, froisser, chiffonner, une robe. *Her stockings were wrinkled*, ses bas faisaient des plis, *F:* faisaient la grimace. **2.** *v.i.* **To wrinkle (up)**, se rider; se plisser; faire des plis. *The skin of these apples wrinkles*, la peau de ces pommes se fronce, se ratatine.

wrinkled, *a.* Ridé, plissé; froncé, chiffonné.

wrinkling, *s.* **1.** (*a*) Ridement *m*, plissement *m*. *W. of the forehead*, froncement *m* du sourcil, des sourcils. (*b*) *Phot:* Réticulation *f* (de la gélatine). **2.** Rides *fpl*, plis *mpl*.

wrinkly ['riŋkli], *a.* **1.** Ridé; plein de rides; couvert de rides. **2.** Qui a des faux plis; chiffonné.

wrist [rist], *s.* **1.** (*a*) Poignet *m*; attache *f* de la main. *Med:* **Dropped wrist** = WRIST-DROP. (*b*) *Anat:* = WRIST-BONE. (*c*) *Cost:* Poignet (d'une manche). **2.** = WRIST-PIN.

'wrist-bone, *s.* *Anat:* Os *m* du carpe; le carpe.

'wrist-drop, *s.* *Med:* Paralysie *f* des extenseurs de la main; fléchissement *m* du poignet.

'wrist-joint, *s.* (Articulation *f* du) poignet.

'wrist-pin, *s.* **1.** *Mch:* Tourillon *m* de crosse; tourillon de la tête de piston. **2.** *Mec.E:* Bouton *m* de manivelle, de bielle; tourillon de manivelle; maneton *m*.

'wrist-plate, *s.* *Mec.E:* Plateau conducteur; plateau oscillant.

'wrist-stroke, *s.* *Golf: Ten: etc:* Coup exécuté avec le poignet; tour *m* de poignet.

'wrist-watch, *s.* Montre-bracelet *f*, *pl.* montres-bracelets; montre *f* de poignet.

wristband ['ristband], *s.* **1.** Poignet *m*, manchette *f* (de chemise, etc.). **2.** *Gym: etc:* Bracelet *m* de force (en cuir).

wristlet ['ris(t)let], *s.* **1.** (*a*) Bracelet *m*. *Attrib.* **Wristlet watch**, montre *f* de poignet; montre-bracelet *f*, *pl.* montres-bracelets. (*b*) **Woollen wristlet**, miton *m*. **2.** *pl.* **Wristlets**, menottes *f*.

writ¹ [rit], *s.* **1. Holy writ, sacred writ**, les saintes Écritures; l'Écriture sainte; *A:* les saintes lettres. **2.** *Jur:* (*a*) Acte *m* judiciaire; mandat *m*, ordonnance *f*; assignation *f*. **Writ of summons**, assignation (commençant une action); introduction *f* d'instance; citation *f*, ajournement *m*. **Writ of subpoena** = SUBPOENA¹. **Writ of attachment**, ordre *m* de saisie. **Writ of sequestration**, séquestre *m* judiciaire. **Writ of possession**, envoi *m* en possession. **Writ of prohibition**, défense de statuer (adressée par une cour supérieure à une cour inférieure). **Writ of error**, recours *m* pour cause d'erreur. **To draw up a writ**, dresser un exploit. **To serve a writ on s.o., to issue a writ against s.o., to have a writ issued against s.o.**, assigner qn (en justice); signifier, faire donner, une assignation à qn; signifier un exploit à qn. *To serve a writ on the other party*, signifier un à-venir à la partie adverse. **A writ is out for his arrest**, il est décrété de prise de corps; il est sous le coup d'un mandat d'arrêt. *See also* EXECUTION 2, RUN² I. 11. (*b*) (i) Ordonnance au *sheriff* de procéder à l'élection d'un membre du Parlement; (ii) lettre *f* de convocation (d'un *Lord* temporel ou spirituel).

'writ-server, *s.* *Jur:* Porteur *m* de contraintes.

writ². *See* WRITE.

writable ['raitəbl], *a.* (*a*) (Langue, mot) que l'on peut écrire, qui peut s'écrire. (*b*) *Abuse hardly w.*, injures *f* que l'on hésite à écrire, à consigner par écrit.

write [rait], *v.tr.* (*p.t.* **wrote** [rout]; *p.p.* **written** ['rit(ə)n], *A:* **writ** [rit], *Hum:* wrote) **1.** (*a*) Écrire. *To w. one's name*, écrire son nom. *To w. sth. in one's own hand*, autographier qch.; écrire qch. de sa propre main. *That was not written by me*, cela n'est pas écrit de ma main. **To write again**, récrire; écrire de nouveau. **How is it written?** comment cela s'écrit-il? *This word is written with a g*, ce mot s'écrit avec, par, un g. *Hum:* **English as she is wrote**, l'anglais tel qu'on l'écrit. *Abs. To w. legibly*, écrire lisiblement. *To w. small, large*, écrire fin, gros. **He writes a good hand**, il a une belle écriture, une belle main. *To learn to read and w.*, apprendre à lire et à écrire. **The paper is written all over**, le papier est couvert d'écriture. **This pen won't write**, cette plume ne va pas. *F: His guilt was written in his eyes, on his face*, on lisait dans ses yeux, sur son visage, qu'il était coupable. *Innocence is written on his brow*, l'innocence se peint sur son front. *He has candour written in his face*, son visage est empreint de candeur; il respire la candeur. **There's detective written all over him**, il sent son policier d'une lieue. **Writ large**, (i) écrit en gros; écrit en grosses lettres; (ii) écrit sous une forme exagérée. *The bailiff was writ large on his person*, il sentait l'huissier à plein nez. **He writes himself Doctor**, il se qualifie de docteur; il se dit, se proclame, docteur. *Lit:* **Their name is writ in water**, leur renommée n'est qu'éphémère. *F:* **What I have written I have written**, ce que j'ai écrit reste. *B:* **It is written . . .**, il est écrit. . . . (*b*) *M.Ins:* = UNDERWRITE 2 (*b*). **2.** Écrire (un roman, une lettre); rédiger (un article, etc.). *Carefully written report*, rapport bien étudié, rédigé avec soin. *Certain letters written to him*, *Jur:* certaines lettres à lui écrites. *Abs.* **To write for a paper**, faire du journalisme; écrire dans un journal; collaborer à un journal. **He writes**, il fait profession d'écrire; il est écrivain. *He writes on, about, gardening*, il écrit des articles sur l'horticulture, des livres d'horticulture. *He writes home every Sunday*, il écrit chez lui, (*from abroad*) il écrit au pays, tous les dimanches. *F:* **That's nothing to write home about**, il n'y a rien d'étonnant; il n'y a pas là de quoi s'émerveiller; ce n'est pas bien extraordinaire, bien épatant; il n'y a pas de quoi se vanter; *P:* ça ne casse rien. *He wrote to me*, *F:* **he wrote me**, *yesterday*, il m'a écrit hier. *What did he w. to you about?* à quel sujet vous a-t-il écrit? **I have written to him to come**, je lui ai écrit de venir. *He wrote to her* (*saying*) *that . . .*, il lui écrivit que. . . . **I will write (off) for it at once**, je vais le commander, le faire venir, tout de suite.

write back, *v.tr.* **1.** *Abs.* Répondre (par écrit). **2.** *Book-k:* Contre-passer, ristourner (un article).

writing back, *s.* *Book-k:* Contre-passement *m*, ristourne *f*.

write down, *v.tr.* **1.** Coucher, consigner, (qch.) par écrit; noter (qch.) par écrit; inscrire (son nom); marquer, noter (ses dépenses, etc.). *To w. down the facts*, coucher les faits sur le papier. *To w. sth. down from dictation*, écrire qch. sous la dictée de qn. *F:* **I wrote him down as a shrewd fellow**, je l'estimai très entendu; je le notai comme étant, je le pris pour, un homme très entendu. **2.** *F:* Décrier, vilipender (qn); *F:* éreinter (qn, une pièce, un roman). **3.** *Fin:* Réduire (le capital).

writing down, *s.* **1.** Inscription *f*. **2.** *Fin:* Réduction *f* (du capital).

write in, *v.tr.* **1.** Insérer (une correction, un mot, etc.). **2.** *U.S:* Envoyer (une réclamation, etc.) à la direction.

write off, *v.tr.* **1.** Écrire (un article, etc.) d'un trait, au courant de la plume. **2.** (*a*) *Fin:* **To write off capital**, réduire le capital; amortir du capital. (*b*) *Com:* **To write off a bad debt**, défalquer une mauvaise créance; passer une créance par profits et pertes. **To write so much off for wear and tear**, déduire tant pour l'usure. **3.** (*Prep. use*) *Mil:* **To write sth. off charge**, rayer qch. des contrôles.

'write-off, *s.* Annulation *f* par écrit.

writing off, *s.* **1.** Amortissement *m* (du capital). **2.** Défalcation *f* (d'une créance).

write out, *v.tr.* **1.** Transcrire (qch.); mettre (une copie, etc.) au net. **2. To write sth. out in full**, écrire qch. en toutes lettres. **3.** (*a*) *Med:* Formuler, rédiger (une ordonnance). (*b*) **To write out a cheque**, établir, libeller, remplir, un chèque. *I'll w. you (out) a cheque*, *F:* je vais vous faire un chèque. **4. To write oneself out**, épuiser ses idées (comme écrivain); *F:* vider son sac; se vider. *Author who wrote himself out in his first novel*, auteur qui a jeté son feu dans son premier roman.

write up, *v.tr.* **1.** *Journ:* (*a*) Écrire, rédiger (un fait-divers, un compte rendu). (*b*) Faire l'éloge de (qn, qch.); prôner, *F:* faire mousser (qn, qch.). **2.** Mettre (son agenda, sa comptabilité, etc.) au courant, à jour. *See also* LOG¹ 3.

'write-up, *s.* *F:* Éloge exagéré (de qn); réclame tapageuse (de qch.).

written, *a.* Écrit; par écrit. **Written consent**, consentement *m* par écrit. *To submit a w. statement of a case*, exposer un cas par écrit. **Written law**, loi écrite. *See also* EXAMINATION 2.

writing, *s.* **1.** Écriture *f*. (*a*) **The art of writing**, l'art *m* d'écrire. *To be fond of w.*, aimer à écrire. **I'm very bad about writing**, je suis très mauvais correspondant. **At the time of writing**, au moment où j'écris; *Journ:* à l'heure où le présent article est rédigé. *Give me* **writing materials**, donnez-moi de quoi écrire. (*b*) *His w. is bad*, il a une mauvaise écriture. **Cuneiform writing**, écriture cunéiforme. *I do not recognize the w.*, je ne reconnais pas l'écriture. **The writing on the wall**, (i) les mots mystérieux tracés sur les murs de la salle du festin de Balthazar (Mané, Thécel, Pharès); (ii) un avertissement (de la catastrophe prochaine, etc.). *To answer* **in writing**, répondre par écrit. *To set sth. down in w.*, coucher qch. par écrit. *Agreement in w.*, convention *f* par écrit. **To commit the facts to writing**, consigner les faits par écrit. *Jur:* **Evidence in writing**, preuve littérale. *See also* MIRROR¹, PICTURE-WRITING. **2.** (*a*) L'art *m* d'écrire. **The writing profession**, le métier d'écrivain. (*b*) Ouvrage *m* littéraire. **A fine piece of writing**, (i) un beau morceau; (ii) une œuvre bien écrite. *pl.* **The**

writings of Bossuet, les écrits *m* de Bossuet. *An author's literary writings,* le bagage littéraire d'un auteur.

'writing-block, *s.* Papier *m* en bloc; bloc-notes *m, pl.* blocs-notes; bloc-correspondance *m, pl.* blocs-correspondance.

'writing-book, *s.* Cahier *m* (d'écriture).

'writing-cabinet, *s.* Bureau *m*; secrétaire *m.*

'writing-case, *s.* Papeterie *f*; nécessaire *m* (contenant ce qu'il faut pour écrire).

'writing-desk, *s.* Pupitre *m,* bureau *m.*

'writing-ink, *s.* Encre *f* à écrire.

'writing-master, *s.m. Sch:* Maître d'écriture.

'writing-pad, *s.* **1.** Sous-main *m, pl.* sous-mains; buvard *m*; cartable *m.* **2.** = WRITING-BLOCK.

'writing-paper, *s.* Papier *m* à écrire; (i) papier écolier, etc.; (ii) papier à lettres.

'writing-set, *s.* Garniture *f* de bureau.

'writing-table, *s.* Bureau *m. See also* KNEE-HOLE.

writer ['raitər], *s.* **1.** (*Penman*) (*a*) Scripteur *m* (d'un document, d'un manuscrit). (*b*) **Public writer,** écrivain public. **To be a good, bad, writer,** avoir une belle, une mauvaise, écriture. **Writer's cramp,** crampe *f* des écrivains. *See also* FASCIA 1, INK-WRITER, SHORTHAND, SIGN-WRITER. **2. The (present) writer, the writer (of this letter),** celui qui écrit; l'auteur *m* de cette lettre. *It is the writer's belief that . . .,* moi qui vous écris je crois que. . . . **3.** (*a*) Auteur (d'un roman, d'une chanson, etc.). *Cin:* Auteur (du scénario). (*b*) Écrivain *m.* **Woman writer,** femme *f* auteur; femme écrivain. **To be a good, bad, writer,** être bon, mauvais, écrivain; écrire bien, mal. **To be a ready writer,** avoir la plume facile. *See also* GOSSIP[1] 2, HYMN-WRITER, LETTER-WRITER, PARAGRAPH[1] 2, PROSE-WRITER. **4.** (*a*) Commis *m* (aux écritures); expéditionnaire *m*; *A:* clerc *m. Navy:* **First-class writer,** sergent fourrier. (*b*) *Scot:* = SOLICITOR 1 (*a*). *See also* SIGNET 2.

writhe[1] [raiːð], *s.* Contorsion *f* (de quelqu'un ou d'une bête qui souffre).

writhe[2]. **1.** *v.i.* (*a*) Se tordre (de douleur); se tortiller; se crisper; se contorsionner. **To writhe with agony,** se tordre dans des souffrances atroces. (*b*) *To w. under s.o.'s irony,* sentir ses nerfs se crisper sous les remarques ironiques de qn. *He writhed at, under, the insult,* il ressentit vivement cette injure; cette injure le mit au supplice. **To make s.o. writhe,** donner des crispations à qn; crisper les nerfs à qn. **2.** *v.pr.* **To writhe oneself free,** se dégager (à force de contorsions).

writhing, *s.* Contorsions *fpl.*

written. *See* WRITE.

wrong[1] [rɔŋ]. **I.** *a.* **1.** (*Morally bad*) Mauvais; mal *inv. You know what is right and w.,* vous savez ce qui est bien et ce qui est mal. **It is wrong to steal,** *stealing is w.,* c'est mal de voler. **That was very wrong of you!** c'était très mal de votre part! **It is very wrong of you to say so,** c'est bien mal à vous de dire cela. *P:* **A wrong 'un,** un mauvais sujet; un vaurien. **2.** (*a*) Incorrect, inexact; erroné; faux, *f.* fausse. **My watch is wrong,** ma montre va mal, n'est pas à l'heure. *The answer is obviously w.,* la réponse (au problème, etc.) est manifestement erronée. *You've got the answer w.,* votre solution est incorrecte, n'est pas juste. *A w. calculation,* un calcul faux. *W. use of a word,* emploi abusif, vicieux, d'un mot. *A w. expression,* une expression impropre. *A w. meaning,* un sens inexact. **Wrong ideas,** idées fausses. *His ideas are all w.,* il a des idées toutes de travers. (*b*) (*Of pers.*) **To be wrong,** avoir tort; se tromper; être dans l'erreur. **You are not far wrong,** vous ne vous trompez pas de beaucoup. *That's just where you are w.,* c'est justement ce qui vous trompe. **You were wrong to contradict him,** vous avez eu tort de le contredire. *The voice of a god cannot be w.,* la voix d'un dieu ne peut mentir. **3.** "Qu'il ne faut pas." (*a*) **To be in the wrong place,** être mal placé; n'être pas à sa place. *Picture in the w. light,* tableau *m* dans un faux jour. **To drive on the wrong side of the road,** circuler à contre-voie; conduire du mauvais côté de la route. *Jur: Charge of driving on the w. side of the road,* inculpation *f* de "gauche non suivie" (*in Fr.* de "droite non suivie"). *To enter a (one-way) street at the w. end,* prendre une rue (à sens unique) à rebours. *To get off a tram on the w. side,* descendre du tramway à contre-voie. *F:* **To get out of bed on the wrong side,** se lever du pied gauche. **The wrong side of a material,** l'envers *m,* le revers, d'une étoffe. **Your shirt is wrong side out,** votre chemise est à l'envers, n'est pas à l'endroit. *To wear a coat (the) w. side out,* porter un manteau retourné, à l'envers. **To be wrong side up,** être sens dessus dessous. **To be wrong side foremost,** être sens devant derrière. **To brush a hat the wrong way,** brosser un chapeau à rebours, à contre-poil, à rebrousse-poil. *See also* RUB[2] 1. *To hold sth. by the w. end,* tenir qch. par le mauvais bout. *See also* END[1] 1. *You set about it* **in the wrong way,** vous vous y prenez mal, de travers. *To take a word* **in the wrong sense,** prendre un mot à contre-sens; prendre le contre-sens d'un mot. *To put a w. construction on s.o.'s words,* **to take s.o. the wrong way,** prendre le contre-sens des paroles de qn; prendre une observation à contre-pied; comprendre qn à rebours. *F:* **To swallow the wrong way,** avaler de travers. (*Of food*) *It went down the w. way,* je l'ai avalé de travers. *Mec.E: etc:* (*Of pin*) **To go the wrong way,** refouler. *Nau: To cast in the w. way,* abattre du mauvais bord; abattre à contre. *Ten:* **Ball that is wrong, wrong ball,** balle mauvaise. **To take the ball on the wrong foot,** prendre la balle à contre-pied. *When she buys clothes she buys the w. ones,* quand elle s'achète des vêtements elle prend ce qui ne lui convient pas. *F:* **To be on the wrong side of forty,** avoir (dé)passé la quarantaine; avoir quarante ans sonnés. *See also* LAUGH[2] 1. (*b*) (*Mistaken*) **I went to the wrong house,** je me suis trompé de maison, de porte. *To take the w. train,* se tromper de train. *That is the w. book,* ce n'est pas là le livre qu'il faut. *The police have arrested the w. man,* la police a arrêté l'homme qu'il ne fallait pas; la police a commis une erreur; il y a eu erreur d'identité. **To take the wrong road,** se tromper de chemin, de direction; faire fausse route; prendre le mauvais chemin. *To put s.o. on the w. road,* mal diriger qn. *I was sent the w. way,* on m'a mal dirigé. **To put s.o. on the wrong track,** mettre qn sur une fausse piste; *F:* aiguiller qn sur une mauvaise voie. **To be on the wrong scent, on the wrong track,** suivre une mauvaise piste; faire fausse piste; se fourvoyer. *To laugh* **in the wrong place,** rire au mauvais endroit. *To come* **at the wrong time,** venir dans un mauvais moment, mal à propos. **To do, say, the wrong thing,** commettre un impair; *F:* faire une gaffe; gaffer; mettre les pieds dans le plat. *Tp:* **Wrong number,** erreur *f* de numéro; numéro erroné; communication erronée. **To dial the wrong number,** composer un mauvais numéro. **You have been given the wrong number, the wrong connection,** on vous a mal branché; on vous a donné un mauvais numéro, un faux numéro. *Mus:* **Wrong note,** fausse note. *Typ:* **Wrong fount,** lettre *f* d'un autre œil, d'un œil étranger. *See also* BOX[2] 1, SHOP[1] 1, TACK[1] 3. **4.** (*Amiss*) **What's wrong with you?** quel est votre mal? qu'avez-vous? qu'est-ce qu'il y a qui ne va pas? **There is something wrong with me,** j'ai quelque chose; il y a quelque chose qui ne va pas. *There is something w. with his throat,* il a quelque chose à la gorge. *Something w. with the machinery,* un défaut de fonctionnement (dans le mécanisme). **Something is wrong,** il y a quelque chose de détraqué. *We are late, something was w. with the car,* nous sommes en retard, nous avons eu une panne. **There's something wrong somewhere,** il y a quelque chose qui cloche; *A:* il y a quelque fer qui loche. **I hope there is nothing wrong,** j'espère qu'il n'est rien arrivé (de malheureux). **Things are all wrong, everything is wrong,** tout est à l'envers; tout va mal, de travers. *F:* **What's wrong with that?** qu'avez-vous à redire à cela? **Things are going the wrong way,** les affaires se gâtent. **-ly,** *adv.* **1.** A tort, à faux. *I have been w. accused,* on m'a accusé injustement, à tort, à faux. **Rightly or wrongly,** à tort ou à raison. **2.** Mal. *To choose w.,* mal choisir. *Apparatus w. put together,* appareil mal assemblé.

II. wrong, *s.* **1.** (*Moral wrong*) Mal *m.* **The difference between right and wrong,** la différence entre le bien et le mal. *To know right from w.,* distinguer le bien et le mal; distinguer le bien du mal, *F:* d'avec le mal. **To make wrong right,** changer le mal en bien. **Two wrongs do not make a right,** deux noirs ne font pas un blanc. **The king can do no wrong,** le roi ne peut pas mal faire; le roi n'est pas responsable. **2.** (*a*) (*Unjust action*) Tort *m,* injustice *f,* injure *f. To acknowledge one's wrongs,* avouer ses torts. **Right and wrong,** le juste et l'injuste. **To do s.o. wrong, to do wrong to s.o.** = *to wrong s.o., q.v. under* WRONG[2] 1. *P:* **He did her wrong,** il l'a séduite. **To labour under a sense of wrong,** nourrir un sentiment d'injustice. *She complains of her wrongs,* elle se plaint des torts qu'on lui a faits. *The wrongs that I have suffered,* les injustices dont j'ai été l'objet, que j'ai eu à subir. *The wrongs that I have suffered at his hands,* le mal qu'il m'a fait subir. *He never suspected who was the author of his w.,* il ne soupçonna jamais l'auteur de cette injustice envers lui. (*b*) *Jur:* (*Tort*) Dommage *m,* préjudice *m.* **3. To be in the wrong,** être dans son tort; avoir tort. *To admit one is in the w., to acknowledge oneself in the w.,* avouer son tort; se rendre à l'évidence; passer condamnation. **To put s.o. in the wrong,** mettre qn dans son tort. *To put oneself in the w.,* se mettre dans son tort. *Prov:* **The dead are always in the wrong,** les morts ont toujours tort. *See also* LOSER 2.

III. wrong, *adv.* Mal. **1.** (*a*) Inexactement, incorrectement. **To answer wrong,** répondre mal, de travers. *To do a sum w.,* faire un calcul incorrectement. *You have spelt, written, my name w.,* vous avez mal orthographié mon nom. (*b*) A tort; à faux. **You did wrong,** vous avez mal agi. **You would do wrong to punish him,** vous feriez mal, vous auriez tort, de le punir. **To lead s.o. wrong,** tromper, égarer, qn; fourvoyer qn. **You told me wrong,** (i) vous m'avez trompé; (ii) vous m'avez mal renseigné; vous m'avez mis sur une mauvaise voie. **You took me up wrong,** vous avez mal pris mes paroles; vous avez pris mes paroles à contre-sens; vous avez interprété à faux ce que j'ai dit. *U.S: F:* **To get in wrong with s.o.,** se faire mal voir de qn. **To get s.o. in wrong with s.o.,** mettre qn en défaveur auprès de qn. **2. To go wrong.** (*a*) (*Of pers.*) (i) Se tromper de chemin, de direction; se fourvoyer; faire fausse route; (ii) se tromper; commettre une erreur; (iii) *F:* tomber dans le vice, dans l'inconduite; se dévoyer; mal tourner. **Girl who has gone wrong,** fille qui a failli, qui a fauté. (*b*) (*Of mechanism, etc.*) Se déranger, se dérégler, se détraquer; (*of business, etc.*) aller mal; aller de travers. *The mechanism seldom goes w.,* les pannes *f* sont rares. *Something went w. with the electric light,* nous avons eu une panne d'électricité. *My digestion has gone w.,* ma digestion est détraquée; j'ai l'estomac détraqué. *All our plans went w.,* tous nos projets ont avorté. **Things are going wrong,** les affaires se gâtent; *F:* les cartes se brouillent. *Things have gone w.,* les choses ont mal tourné. *Do what I tell you, otherwise all will go w.,* faites ce que je vous dis, autrement tout ira de travers.

'wrong-doer, *s.* (*a*) Auteur *m* d'une injustice, d'un dommage; méchant *m*; injuste *m. Wrong-doers,* les méchants. (*b*) *Jur:* Celui qui commet une infraction à la loi; délinquant *m.*

'wrong-doing, *s.* (*a*) Mal *m*; injustice *f*; méfaits *mpl.* **Wrong-doings,** écarts *m* de conduite. (*b*) Infraction *f* à la loi.

'wrong-'headed, *a.* Qui a mauvaise tête; qui a l'esprit pervers, de travers. **-ly,** *adv.* Avec une obstination que rien ne justifie; à tort.

'wrong-'headedness, *s.* Mauvaise tête; perversité *f* de jugement; obstination *f* que rien ne justifie.

wrong[2], *v.tr.* **1.** (*a*) Faire (du) tort à (qn); faire injure à (qn); léser (qn). *The wife he had so grievously wronged,* la femme qu'il avait traitée si cruellement. (*b*) Être injuste pour, envers (qn); faire tort à (qn). *I thought he had done it but I wronged him,* j'ai cru que c'était lui l'auteur du méfait, mais je lui faisais tort. (*c*) **To wrong s.o. of sth.,** léser qn de qch. *I never wronged you of*

a penny, je ne vous ai jamais lésé d'un sou. **2.** *Nau:* **To wrong a ship**, manger, dérober, le vent à un navire.
wrongful ['rɔŋful], *a.* **1.** Injuste. *Jur:* **Wrongful dismissal**, renvoi injustifié (d'un employé). **2.** *Jur:* Illégal, -aux; préjudiciable; dommageable. **-fully**, *adv.* Injustement; à tort.
wrongfulness ['rɔŋfulnəs], *s.* Mal *m*; injustice *f*.
wrongness ['rɔŋnəs], *s.* **1.** Erreur *f*; inexactitude *f*. **2.** = WRONGFULNESS.
wropt [rɔpt], *a.* (*Hum. for wrapt*) **Wropt in mystery**, enveloppé de mystère.
wrote [rout]. *See* WRITE.
wroth [rouθ, rɔθ], *pred.a. Lit:* Courroucé, en courroux, en colère (*at*, contre). **To wax wroth**, se courroucer; entrer en courroux; se mettre en colère.
wrought [rɔːt]. *See* WORK[2].
wrung [rʌŋ]. *See* WRING[2].
wry [rai], *a.* (**wrier** *or* **wryer**; **wriest** *or* **wryest**) Tordu, tors; de travers. **Wry neck**, cou tors. *Wry nose*, nez *m* de travers. **To pull a wry face**, faire la grimace; faire une vilaine moue. **To make a wry mouth**, tordre la bouche. **A wry smile**, un sourire forcé, pincé; un petit sourire moitié figue moitié raisin, mi-figue mi-raisin. *He gave a wry smile*, il grimaça un sourire.
'wry-faced, *a.* Aux traits tirés, de travers.
'wry-mouthed, *a.* Qui a la bouche de travers.
'wry-necked, *a.* Qui a le cou tordu, de travers.
wryneck ['rainek], *s.* **1.** *Orn:* Torcol *m*, torcou *m*; cou tors. **2.** *Med:* Torticolis *m*.
wryness ['rainəs], *s.* Manque *m* de régularité, de symétrie (des traits).
wulfenite ['wulfənait], *s. Miner:* Wulfénite *f*; plomb *m* jaune.
Würtemberg ['wəːrtəmbəːrg]. *Geog:* **1.** *Pr.n.* Le Wurtemberg. **2.** *Attrib.a.* Wurtembergeois.
Würtemberger ['wəːrtəmbəːrgər], *s. Geog:* Wurtembergeois, -oise.
Würzburg ['wəːrtsbəːrg]. *Pr.n. Geog:* Wurtzbourg.
Wuthering Heights ['wʌðəriŋ'haits]. *Pr.n. Lit:* Les Hauts *m* de Hurle-Vent (roman de Emily Brontë).
wyandotte ['waiandɔt], *a.* & *s. Husb:* (Poule) wyandotte *f*.
wych-elm ['witʃelm], *s. See* ELM.
Wyclif(f)ite ['wiklifait], *a.* & *s. Rel.H:* Wicléfiste (*mf*).
wye [wai], *s.* Y; i grec.
Wykehamist ['wikamist], *a.* & *s.* (Élève *m* ou ancien élève) du collège de Winchester.
wynd [waind], *s. Scot:* Ruelle *f*, allée *f*.
wyvern ['waivərn], *s. Her:* Dragon *m*.

X

X, x [eks], *s.* **1.** (La lettre) X, x *m*, ikse *m*. *Tp:* **X for Xmas**, X comme Xavier. *Mth:* **The x-axis**, l'axe *m* des abscisses. **2.** *Brew:* **Double X, XX**, bière *f* de force moyenne. **Treble X, triple X, XXX**, bière extra-forte. **3.** *Ph:* **X rays**, rayons *m* X. **4.** *pl. W.Tel:* **X's**, bruits *m* parasites.
X-'ray[1], *attrib.a.* (Appareil *m*) radiologique. **X-ray examination**, examen *m* radiographique, radioscopique. **X-ray diagnosis**, radiodiagnostic *m*. **X-ray photograph**, radiogramme *m*, radiographie *f*. **X-ray photography**, radiographie, actinographie *f*. **X-ray photographer**, radiographe *mf*. **X-ray cinematography**, ciné-radiographie *f*. **X-ray treatment**, radiothérapie *f*, radiologie *f*. *X-ray outfit*, équipage *m* radiologique. **X-ray dermatitis**, radiodermite *f*.
X-'ray[2], *v.tr. Med:* Radiographier (qn); *F:* passer (qn) aux rayons X.
xanthate ['zanθeit], *s. Ch:* Xanthate *m*.
xanthein ['zanθiin], *s. Ch:* Xanthéine *f*.
Xanthian ['zanθiən], *a.* & *s. A.Geog:* (Originaire, natif) de Xanthe.
xanthic ['zanθik], *a.* **1.** *Ch:* (Acide *m*) xanthique. **2.** *Bot:* **Xanthic flowers**, fleurs *f* xanthiques.
xanthin ['zanθin], **xanthine** ['zanθain], *s. Ch:* Xanthine *f*.
Xanthippe [zan'θipi]. *Pr.n.f. Gr.Hist:* Xanthippe.
Xanthippus [zan'θipəs]. *Pr.n.m. Gr.Hist:* Xanthippe.
xanth(o)- ['zanθ(o)], *comb.fm. Ch: etc:* Xanth(o)-. *Xanthochromic*, xanthochromique. *Xanthocreatin*, xanthocréatine. *Xanthopicrin*, xanthopicrine.
xanthoma [zan'θouma], *s. Med:* Xanthome *m*.
xanthophyll ['zanθofil], *s. Ch: Bot:* Xanthophylle *f*.
xanthous ['zanθəs], *a. Anthr:* Jaune; mongoloïde.
Xanthus ['zanθəs]. *Pr.n. A. Geog:* Xanthe *m* (ville et fleuve).
xebec ['ziːbek], *s. Nau:* Chébec *m*.
Xenocrates [ze'nɔkratiːz]. *Pr.n.m. Gr.Phil:* Xénocrate.
xenogamy [ze'nɔgəmi], *s. Bot:* Fécondation croisée.
xenogenesis [zeno'dʒenesis], *s. Biol:* Xénogénèse *f*.
xenolith ['zenoliθ], *s. Geol:* Enclave *f*.
xenomorphic [zeno'mɔːrfik], *a. Geol:* Xénomorphe.
xenon ['zenɔn], *s. Ch:* Xénon *m*.
Xenophanes [ze'nɔfaniːz]. *Pr.n.m. Gr.Phil:* Xénophane.
xenophobe ['zenofoub], *a.* & *s.* Xénophobe (*mf*).
xenophobia [zeno'foubia], *s.* Xénophobie *f*.
Xenophon ['zenofən]. *Pr.n.m. Gr.Lit:* Xénophon.
xeranthemum [ziːə'ranθimәm], *s. Bot:* Xéranthème *m*.
xerasia [ziːə'reizia], *s. Med:* Xérasie *f*.
xer(o)- ['ziːər(o)], *comb.fm. Med: etc:* Xér(o)-. *Xerophthalmia*, xérophtalmie. *Xerophyte*, xérophyte.
xeroderm(i)a [ziːəro'dəːrm(i)a], *s. Med:* Xérodermie *f*; icht(h)yose *f*.
xerophagy [ziːə'rɔfadʒi], *s. Rel.H:* Xérophagie *f*.
xerophilous [ziːə'rɔfiləs], *a. Bot:* Xérophile.
Xerxes ['zəːrksiːz]. *Pr.n.m. A.Hist:* Xerxès.
xi [ksai], *s. Gr.Alph:* Xi *m*.
xiphias ['zifias]. **1.** *s. Ich:* Xiphias *m*, espadon *m*; épée *f* de mer. **2.** *Pr.n. Astr:* La Dorade.
xiphisternum [zifi'stəːrnəm], *s. Anat:* Appendice *m* xiphoïde.
xiphoid ['zifɔid]. *Anat:* **1.** *a.* Xiphoïde. **The xiphoid appendage, cartilage** *or* **process**, l'appendice *m* xiphoïde. **2.** *s.* = XIPHISTERNUM.
Xmas ['krismәs, *F:* 'eksmәs], *s. F:* (= *Christmas*) Noël *m*.
xylem ['zailem], *s. Bot:* Xylème *m*.
xylene ['zailiːn], *s. Ch:* Xylène *m*.
xyl(o)- ['zail(o)], *comb.fm.* Xyl(o)-. *Xylochlore*, xylochlore. *Xylocarpous*, xylocarpe.
xylograph ['zailograf, -grɑːf], *s.* Xylographie *f*; gravure *f* sur bois; estampe *f*.
xylographer [zai'lɔgrafər], *s.* Xylographe *m*; graveur *m* sur bois.
xylographic [zailo'grafik], *a.* Xylographique.
xylography [zai'lɔgrafi], *s.* Xylographie *f*; (l'art *m* de la) gravure sur bois.
xylonite ['zailonait], *s.* Xylonite *f*.
xylophagan [zai'lɔfagən], **xylophage** ['zailofeidʒ], *s. Ent:* Xylophage *m*.
xylophagous [zai'lɔfagəs], *a. Ent:* Xylophage.
xylophone ['zailofoun], *s. Mus:* Xylophone *m*; *F:* claquebois *m*.
xylophonist [zai'lɔfonist], *s. Mus:* Joueur, -euse, de xylophone.
xylotomous [zai'lɔtoməs], *a. Ent:* Xylotome.
xyst [zist], *s. Gr.Ant:* = XYSTUS.
xyster ['zistər], *s. Surg: Dent:* Xystre *m*, rugine *f*.
xystus, *pl.* **-i** ['zistəs, -ai], *s. Gr.Ant:* Xyste *m*; galerie couverte.

Y, y, *pl.* **Y's, ys** [wai, waːiz], *s.* (La lettre) Y, y *m*; i grec; y-grec *m*. *Tp:* **Y for yellow,** Y comme Yvonne. *Mth:* **The y-axis,** l'axe *m* des ordonnées. *Tchn:* **Y joint,** raccord *m* en Y. *Hyd.E: etc:* **Y pipe, Y branch,** culotte *f*. *El.E:* **Y connection,** couplage *m*, montage *m*, en étoile. **Y junction-box,** boîte *f* de jonction à bifurcation. *Surv:* **Y level,** niveau *m* à lunette.

'Y moth, *s. Ent:* Plusie *f*.

'Y-shaped, *a.* Fourchu; à fourche; en Y.

-y[1] [i], *s.suff.* -ie *f*. *Barony,* baronnie. *Courtesy,* courtoisie. *Felony,* félonie. *Fury,* furie. *Harmony,* harmonie. *Jealousy,* jalousie. *Modesty,* modestie.

-y[2], *a.suff.* Qui a la qualité de . . .; qui ressemble à . . .; -eux. *Bony,* (i) osseux; (ii) plein d'arêtes. *Downy,* duveteux; couvert de duvet. *Greeny grey,* gris verdâtre. *Icy,* glacé, glacial. *Knobby,* noueux. *Milky,* laiteux. *Snowy,* neigeux. *Thorny,* épineux. *Slangy,* argotique.

-y[3], *s.suff.* -é *m*; -ée *f*. *Deputy,* député. *Treaty,* traité. *Army,* armée. *Assembly,* assemblée.

-y[4], *s.suff.* (*Diminutive*) = -IE.

yacht[1] [jɔt], *s.* Yacht *m*. **Sailing yacht,** yacht à voiles. **Steam yacht,** yacht à vapeur. **Pleasure yacht,** yacht de plaisance. **Racing yacht,** yacht de course. *See also* MOTOR YACHT.

'yacht-club, *s.* Yacht-club *m*, *pl.* yacht-clubs.

yacht[2], *v.i.* Faire du yachting.

yachting[1], *a.* **Yachting world,** monde *m* des yachteurs.

yachting[2], *s.* Yachting *m*; navigation *f* de plaisance. *To go in for y.,* faire du yachting. **Yachting cruise,** croisière *f* en yacht. **We went yachting,** nous avons fait (i) une promenade, (ii) une croisière, en yacht. **Yachting cap,** casquette *f* de yachtman.

yachtsman, *pl.* **-men** ['jɔtsmən, -men], *s.m.* Yachtman, *pl.* yachtmen; yachteur.

yachtsmanship ['jɔtsmənʃip], *s.* Qualités *fpl* du bon yachtman; habileté *f* à manier un yacht.

yachtswoman, *pl.* **-women** ['jɔtswumən, -wimen], *s.f.* Yachtwoman, *pl.* yachtwomen.

yaffle [jafl], *s. Orn: Dial:* Pic vert; pivert *m*.

yah [jɑː], *int.* **1.** (*Disgust*) Pouah! **2.** (*Derision*) Oh, là là!

yahoo [ja'huː], *s. F:* Homme bestial; personnage *m* immonde; yahoo *m*. (Voir les "Voyages de Gulliver," de Swift.)

Yahveh ['jɑːvei]. *Pr.n. B.Lit:* Jahvé *m*, Jéhovah *m*.

yak [jak], *s. Z:* Ya(c)k *m*; vache *f* de Tartarie.

Yakuts [ja'kuːts], *s.pl. Ethn:* Iakoutes *m*, Yakoutes *m*.

Yakutsk [ja'kuːtsk]. *Pr.n. Geog:* Iakoutsk *m*, Yakoutsk *m*.

Yale lock ['jeil'lɔk], *s.* Serrure *f* de porte de la marque Yale; *F:* serrure à pompe.

Yalu (the) [ðə'jaluː]. *Pr.n. Geog:* Le (fleuve) Yalou.

yam [jam], *s. Bot:* Igname *f*.

yamen ['jɑːmen], *s. Chinese Adm:* Yamen *m*.

Yang-tsze-Kiang (the) [ðə'jaŋtsi(ː)'kjaŋ]. *Pr.n. Geog:* Le Yang-tsé-Kiang; le fleuve Bleu.

yank[1] [jaŋk], *s.* (*a*) *U.S:* Secousse *f*, saccade *f* (donnée à un cordage). (*b*) *Scot:* Coup sec.

yank[2], *v.tr. U.S:* Tirer (d'un coup sec). *To y. the bed-clothes off s.o.,* découvrir qn d'une secousse. **To yank on the brake,** tirer vivement sur le levier du frein; freiner vivement. **To yank out a tooth,** arracher une dent d'un seul coup. **To yank s.o. off,** emmener qn de force.

Yank[3], **Yankee** ['jaŋki], *s. P:* Américain, -aine (des États-Unis); Yankee *m*. **The Yankee Heaven,** le Paradis des Américains (c.-à-d. Paris).

Yankeefied ['jaŋkifaid], *a. P:* Américanisé; à l'allure américaine; à l'accent américain.

Yankeeism ['jaŋkiizm], *s.* Mot américain; locution américaine; américanisme.

yaourt ['jɑːurt], *s. Cu:* = YOGURT.

yap[1] [jap], *s.* **1.** Jappement *m* (d'un chien). **2.** *P:* Causerie *f*, causette *f*.

yap[2], *v.i.* (**yapped; yapping**) (*a*) (*Of dog, F: of pers.*) Japper. (*b*) *F:* (*Of pers.*) Criailler; en dégoiser.

yapping[1], *a.* Jappeur, -euse.

yapping[2], *s.* = YAP[1].

yapock ['japɔk], *s. Z: U.S:* Crabier *m*.

yapp [jap], *s. Bookb:* Reliure *f* en cuir souple débordant amplement la page.

yapped [japt], *a.* (Livre) relié en cuir souple qui déborde amplement la page.

yarborough ['jɑːrbərə], *s. Cards:* Main *f* qui ne contient aucune carte au-dessus du neuf.

yard[1] [jɑːrd], *s.* **1.** *Meas:* Yard *m* (0 mètre 914); (*in Canada*) verge *f*. **Square yard,** yard carré (0,765 mètre carré). *How many yards do you want?* quel métrage désirez-vous? *F:* **I can't see a yard in front of me,** je ne vois pas à un mètre. **Words a yard long,** mots longs d'une toise. **Face a yard long,** figure longue d'une aune. **Yards of statistics, statistics by the yard,** des statistiques *f* à n'en plus finir. **2.** *Nau:* Vergue *f*. **Main yard,** grande vergue; grand'vergue. *Topsail y.,* vergue de hunier. *Topgallant y.,* vergue de perroquet. *Lower yards,* basses vergues. *Signal yards,* vergues de, à, signaux. *Wireless yards,* vergues de T.S.F. **To be yard and yard,** être vergue à vergue. *See also* FORE-YARD[1], LATEEN, MAN[2] 1, MIZ(Z)EN-TOPGALLANT, MIZ(Z)EN-YARD, ROYAL 1.

'yard-arm, *s. Nau:* Fusée *f* de vergue; bout *m* de vergue. **Yard-arm to yard-arm,** vergue à vergue.

'yard-measure, *s.* Mesure *f* d'un yard, (*in Canada*) d'une verge; *F:* mètre *m*.

'yard-stick, *s.* (i) Yard *m* (en bois, en métal); (ii) *F:* (*as standard of comparison*) aune *f*. *F:* **To measure others by one's own yard-stick,** mesurer les autres à son aune. **You must not measure a man with a yard-stick,** les hommes ne se mesurent pas à l'aune. *I didn't measure it with a y.-s.,* je ne l'ai pas mesuré à l'aune.

'yard-wand, *s. A. & Lit:* = YARD-STICK.

yard[2], *s.* **1.** (*a*) Cour *f* (de maison, de ferme, d'écurie, etc.); *Sch:* cour, préau *m*. **Back-yard,** arrière-cour *f*; cour de derrière. *See also* FARM-YARD, POULTRY-YARD, PRISON-YARD, RICK-YARD, STOCK-YARD, TILT-YARD. (*b*) **Scotland Yard,** *F:* **the Yard,** *see* SCOTLAND 2. **2.** (*a*) Chantier *m*. **Timber yard,** chantier de bois. *N.Arch:* **Repair yard,** chantier de radoub. **Ship-building yard,** chantier de construction(s) navale(s). **Ship-breaker's yard,** chantier de démolition. **Naval (dock)yard,** *U.S:* **navy yard,** chantier de l'État; arsenal *m* maritime, *pl.* arsenaux. *See also* BRICK-YARD, DOCKYARD, TAN-YARD. (*b*) Dépôt *m*. **Coal yard, fuel yard,** dépôt de charbon; parc *m* aux combustibles. **Contractor's yard,** gare *f* dépôt de matériaux. *Rail:* **Goods yard,** cour, dépôt, de marchandises. **Switching yard, railway yard,** gare de triage; **centre *m*** de triage. *See also* MARSHALLING 2.

'yard-dog, *s.* Chien *m* de garde.

'yard-grass, *s. Bot:* Éleusine *f*.

yardage[1] ['jɑːrdedʒ], *s.* Métrage *m*.

yardage[2], *s.* **1.** Parcage (attaché à un atelier, etc.). **2.** Frais *mpl* de dépôt. **3.** *Rail:* Manœuvres *fpl*.

yard(s)man, *pl.* **-men** ['jɑːrd(z)mən, -men], *s.m.* **1.** Manœuvre, homme, de cour, de chantier. **2.** *Rail:* Gareur, classeur, de trains. **3.** (*In stables*) Palefrenier; garçon d'écurie.

yarn[1] [jɑːrn], *s.* **1.** (*a*) *Tex:* Fil *m*; filé *m* (de coton). *Yarns,* filés. **Woollen yarn, laine filée;** fil de laine, filé de laine. **Jute yarn,** fil de jute. **Glazed yarn,** fil glacé. *See also* TWIST-YARN. (*b*) *Nau:* **(Rope-)yarn,** fil de caret. **Spun yarn,** bitord *m*. **Three-yarn spun yarn,** bitord en trois. **Spun-yarn winch,** moulinet *m* à bitord; virolet *m*. **2.** *F:* (i) Histoire *f* de matelot; (ii) histoire merveilleuse; longue histoire. **To spin a yarn,** raconter, débiter, une histoire; *Nau:* filer une touée. *What y. is he spinning now?* qu'est-ce qu'il dévide? *P:* **To pitch a long yarn to s.o.,** tirer une carotte de longueur à qn.

'yarn-beam, -roll, *s. Tex:* Ensouple dérouleuse.

yarn[2], *v.i. F:* Débiter des histoires. *We spent the time yarning,* nous avons passé le temps à nous raconter des histoires.

yarrow ['jaro], *s. Bot:* Achillée *f*; mille-feuille *f*; *F:* herbe *f* aux coupures; herbe aux charpentiers, **aux voituriers. Alpine yarrow,** achillée musquée; génépi *m*.

yashmak ['jaʃmak], *s. Cost:* Yachmak *m*.

yataghan ['jatəgan], *s.* Yatagan *m*.

yatter ['jatər], *v.i. Scot:* Bavarder.

yaw[1] [jɔː], *s.* (*a*) *Nau:* Embardée *f*. (*b*) *Av:* Mouvement *m* de lacet. **Angle of yaw,** angle *m* de lacet.

yaw[2], *v.i.* (*a*) *Nau:* Embarder; faire des embardées. *Nau:* **Don't let her yaw!** défiez l'embardée! (*b*) *Av:* Faire un mouvement de lacet.

yawing, *s. Nau:* Embardées *fpl*. *Av:* (Mouvements *m* de) lacet *m*.

yawl [jɔːl], *s. Nau:* **1.** Yole *f* (à rames). **2.** Sloop *m* à tape-cul.

yawn[1] [jɔːn], *s.* **1.** Bâillement *m*. **To give a yawn,** bâiller. *To stifle a y.,* étouffer un bâillement. *With a sleepy y.,* avec un bâillement de sommeil. **2.** *Lit:* Crevasse béante; abîme *m*.

yawn[2]. **1.** *v.i.* (*a*) Bâiller (de sommeil, etc.). (*b*) (*Of chasm, etc.*) Être béant; bâiller. **The gulf yawned at his feet,** le gouffre s'ouvrait, s'entr'ouvrait, à ses pieds. **2.** *v.tr.* (*a*) **To yawn one's life away,** bâiller sa vie; languir d'ennui. *F:* **To yawn one's head off,** bâiller à se décrocher la mâchoire; bâiller comme une carpe. *Small town where you y. your head off,* petite ville où on s'ennuie ferme. (*b*) **To yawn s.o. good-night,** bâiller un bonsoir à qn; dire bonsoir à qn en bâillant.

yawning[1], *a.* **1.** *Y. audience,* auditoire *m* qui bâille d'ennui. **2.** (Gouffre) béant, ouvert, entr'ouvert. *Abyss y. at our feet,* gouffre ouvert à nos pieds. **-ly,** *adv.* En bâillant.

yawning[2], *s.* Bâillement *m*. *Y. is catching,* le bâillement est communicatif.

yawner ['jɔːnər], *s.* Bâilleur, -euse.

yaws [jɔːz], *s.pl. Med:* Pian *m*; yaws *m*; frambœsia *m or f*.

yclept [i'klept], *a. A. & Hum:* Appelé; dit, nommé.

ye[1] [ðə, ði]. *A. & pseudo-archaic* = THE. *Ye Olde Shoppe,* la Vieille Boutique (comme enseigne).

ye² [jiː], *pers.pron.* **1.** *nom. or voc.* (*a*) *pl. A. & Lit:* Vous. *Where were ye?* où étiez-vous? *Be ye merciful*, soyez miséricordieux. *Seek and ye shall find*, cherchez et vous trouverez. *See also* GOD¹ 1. (*b*) *sg. F. & Dial:* Tu, vous. **How d'ye do?** comment vas-tu? comment allez-vous? **2.** *acc.* (*a*) Vous. *I do beseech ye*, je vous en prie. (*b*) *F. & Dial: Heaven be with ye!* Dieu te garde!

yea [jei]. **1.** *adv. B. & Lit:* (*a*) Oui. *I answered him yea*, je lui répondis oui. (*b*) En vérité; voire. *B: Yea though I walk through the valley of the shadow of death*, même quand je marcherais dans la vallée de l'ombre de la mort. *The remedy is useless, yea harmful*, ce remède est inutile, voire (même) pernicieux. **2.** *s.* Oui *m.* (*a*) *To fall out over a yea or nay*, se quereller pour un oui, pour un non. *See also* NAY 2. (*b*) *U.S:* = AYE¹ 2.

yeah [jɛː], *adv. Iron: U.S: P:* **Oh yeah!** vraiment? vous m'en direz tant!

yean [jiːn]. **1.** *v.i.* (*Of ewe*) Agneler; (*of goat*) chevreter. **2.** *v.tr.* (*Of ewe, goat*) Mettre bas (un petit).

yeanling ['jiːnliŋ], *s.* (*a*) Agnelet *m.* (*b*) Chevreau *m.*

year [jiːər, jəːr], *s.* An *m*, année *f.* (*a*) *Usu.* An. **In the year (of our Lord, of grace) 1850**, en l'an, en l'année, (du Seigneur, de grâce) 1850. *See also* ONE II. 1. *I have known it for thirty years*, je le sais depuis trente ans. **The Thirty Years' War**, la Guerre de Trente Ans. *Sentenced to ten years' imprisonment*, condamné à dix ans de prison. *A y. last September*, il y a eu un an au mois de septembre. *A y. in September, a y. next September*, il y aura un an en septembre. **Last year**, l'an dernier; l'année dernière. **Next year**, l'an prochain; l'année prochaine. **This day next year**, dans un an jour pour jour; dans un an à pareil jour. **Every year**, tous les ans; chaque année; annuellement. **Twice a year**, deux fois par an; deux fois l'an, l'année. **Ten pounds a year**, dix livres par an. **To have a thousand a year**, avoir mille livres de rente. **To be ten years old**, avoir dix ans. **A hundred year old tree**, (i) un arbre de cent ans; (ii) un arbre séculaire. *See also* OLD 2. **To see the old year out**, faire la veillée, le réveillon, de la Saint-Sylvestre; réveillonner. *Ecc:* **Year's-end mass, year's mind**, (service *m* du) bout de l'an. *See also* NEW YEAR, THOUSAND. (*b*) *Usu.* Année. **Leap year**, année bissextile. **Solar year**, année solaire. **Natural year**, année civile. **Gregorian year**, année grégorienne. **Financial year, fiscal year, budgetary year**, année budgétaire; année d'exercice; exercice (financier). *Company's financial y.*, exercice social. **Commercial year**, campagne commerciale. **Crop year**, campagne agricole. **School year**, année scolaire. **Student in his third year**, étudiant de troisième année. *He is in my y.*, il est de ma promotion. **To be the first in one's year**, être le premier de sa promotion. *Rainy y.*, année pluvieuse. *To hire sth. by the year*, louer qch. à l'année. **A let by the year**, une location annale. **Document valid, lasting, for one year**, document annal. **For many long years**, pendant de longues années. **For several years on end**, pendant plusieurs années de suite. **All the year round**, (pendant) toute l'année. **From year's end to year's end**, d'un bout de l'année à l'autre. **Year in (and) year out, year after year, year by year**, une année après l'autre; tout le long de l'année; bon an, mal an. **From year to year**, d'année en année; d'une année à l'autre. **Taking one year with another**, une année dans l'autre; bon an, mal an. **Years ago**, il y a bien des années. *F:* **It's years**, *P:* **donkey's years, since I saw him, I haven't seen him for (donkey's) years**, je ne l'ai pas vu depuis une éternité; il y a des éternités que je ne l'ai vu. **In after years**, dans la suite. *The best years of one's life*, les plus belles années de la vie. **To be in one's twentieth year**, être dans sa vingtième année. **From his earliest years**, dès son âge le plus tendre. **A boy in years**, *a man in intelligence*, un enfant quant au nombre des années, un homme quant à l'intelligence. **Old for his years**, plus vieux que son âge; (enfant) précoce. *See also* YOUNG 1. *Disparity in years*, différence *f* d'âge. **To be getting on in years, to advance in years**, prendre de l'âge; avancer en âge; tirer sur l'âge. **Advanced in years**, âgé. **Stricken with years**, chargé d'années. **To die full of years**, mourir plein de jours. *Com: Ind:* **Year of manufacture**, année de construction, millésime *m* (d'une machine, etc.). *See also* DISCRETION 2, HALF-YEAR, JULIAN².

'**year-book**, *s.* Annuaire *m*, almanach *m* (du *Stock Exchange*, etc.); recueil annuel (de jurisprudence, etc.).

'**year-long**, *a.* **1.** Qui dure (tout) un an. **2.** Qui dure pendant des années. *The year-long alliance between philosophy and theology*, l'alliance *f* séculaire entre la philosophie et la théologie.

'**year-old**, *attrib.a.* (Enfant) âgé d'un an.

yearling ['jiːərliŋ, 'jəːr-], *a. & s.* (*a*) (Animal *m*) d'un an; (*of roe-deer*) brocard *m.* *Esp.* **Yearling colt**, poulain *m* d'un an; laiteron *m.* (*b*) (Plante *f*) d'un an.

yearly ['jiːərli, 'jəːr-]. **1.** *a.* Annuel. (*a*) Qui se fait, qui revient, chaque année. **Yearly recurrence** *of an event*, annualité *f* d'un fait. *Debt redeemable by y. payments*, dette *f* annuitaire. *Ecc:* **Yearly festival**, annuel *m.* *See also* HALF-YEARLY. (*b*) Qui dure un an. **Yearly letting**, location annale. **2.** *adv.* Annuellement; (i) une fois par an; (ii) tous les ans.

yearn [jəːrn], *v.i.* **1. To yearn for, after, sth.**, languir pour, après, qch.; soupirer pour, après, à, vers, qch.; attendre qch. avec impatience. *To y. for the sight of one's native land*, brûler de revoir son pays natal. *To y. for, after, home*, avoir la nostalgie du pays. **To yearn to do sth.**, avoir bien envie de faire qch.; brûler de faire qch.; se consumer du désir de faire qch. **2.** *A:* S'affliger, s'attrister; s'émouvoir. **To yearn to, towards, s.o.**, être plein de compassion pour qn.

yearning¹, *a.* (Désir) vif, ardent; (regard) (i) plein d'envie, de désir, (ii) plein de tendresse. **-ly**, *adv.* Avec envie; avec un vif désir. *To look at sth. y.*, couver qch. des yeux.

yearning², *s.* Désir ardent; envie *f* (*for*, de); aspiration *f* (*for*, à).

yeast [jiːst], *s.* Levure *f*, levain *m*, de bière.

'**yeast-fungus**, *s.* Saccharomyces *m.*

'**yeast-powder**, *s.* Poudre *f* de levure.

yeasty ['jiːsti], *a.* **1.** (Goût *m*, etc.) de levure. **2.** *Lit:* (*Of sea, etc.*) Écumant, écumeux. **3.** (*Of style, etc.*) Enflé, boursouflé; (*of pers.*) emphatique.

yegg [jeg], *s.m. U.S: P:* Cambrioleur.

yeld [jeld]. *Scot:* **1.** *a.* (Vache *f*, etc.) stérile. **2.** *s.* Vache ou brebis *f* stérile.

yell¹ [jel], *s.* **1.** (*a*) Hurlement *m*; cri aigu; vocifération *f.* **To give a yell**, pousser un cri. (*b*) *U.S:* Cri de guerre, de bataille (des étudiants, etc.). **2.** *P:* Personne *f*, chose *f*, affaire *f*, extrêmement drôle. **It was a yell**, c'était tout ce qu'il y a de plus cocasse; c'était d'un rigolo!

yell². **1.** *v.i.* Hurler; crier à tue-tête; *F:* crier comme un sourd. **To yell with pain**, hurler de douleur. **To yell with laughter**, *F:* to yell, se tordre de rire, rire aux éclats; s'esclaffer (de rire). **2.** *v.tr.* **To yell (out) a song**, hurler, beugler, une chanson. *To y. out an order*, hurler, *F:* gueuler, un ordre. *To y. out abuse*, vociférer, hurler, des injures.

yelling¹, *a.* (*Of crowd, etc.*) Hurlant.

yelling², *s.* Hurlements *mpl*; grands cris; vociférations *fpl.*

yellow¹ ['jelou]. **1.** *a.* (*a*) Jaune. *F:* **Yellow as a guinea**, jaune comme un citron, comme un coing, comme un souci. **To turn, go, yellow**, jaunir. (*Of crops, etc.*) **To gleam yellow**, blondoyer. *Y. gloves*, des gants *m* soufre; des gants beurre frais. **Yellow hair**, cheveux blonds; cheveux d'or. **Yellow metal**, cuivre *m* jaune; laiton *m.* **The yellow races**, les races *f* jaunes. **The yellow peril**, le péril jaune. *F:* **The yellow press**, la presse qui vise à la sensation; les journaux dépourvus de scrupule. *Anat:* **Yellow spot**, tache *f* jaune (de la rétine). *Med:* **Yellow gum**, ictère *m* des nouveau-nés. *Miner:* **Yellow ore**, pyrite cuivreuse; pyrite de cuivre; chalcopyrite *f.* *Geog:* **The Yellow Sea**, la Mer Jaune. *See also* DIRT 1, FLAG¹ 1, IRIS 3, LEAD¹ 1, OCHRE¹, PINE¹ 1, RATTLE¹ 1, SAXIFRAGE 1. (*b*) *U.S: F:* Poltron, froussard, lâche. **To turn yellow**, caner; caponner. *See also* STREAK¹ 2. **2.** *s. & a.* (*In Fr. a. inv.*) **Golden yellow**, **jaune (*m*) d'or**; aurore. *Pale y., faint y.*, jaune pâle. **Lemon yellow**, **jaune citron**. **Straw-yellow gloves**, des gants jaune paille. *See also* CANARY 2, SAFFRON 1. **3.** *s.* (*a*) Jaune *m.* **Chrome yellow**, **jaune de chrome**. **Naples yellow**, **Neapolitan yellow**, jaune de Naples. (*b*) *pl. Med: F:* **The yellows**, la jaunisse. (*c*) *Miner: Dy:* **King's yellow**, orpiment *m.* **4.** *a. Paperm:* **Yellow wove** (= *azure wove*), vélin azuré.

'**yellow-back**, *s. F:* **1.** *A:* Roman (anglais) cartonné en jaune (bibliothèque des chemins de fer, etc.). **2.** Livre broché (français).

'**yellow-bill**, *s. Orn:* Macreuse noire.

'**yellow-bird**, *s. Orn:* **1.** Tarin *m.* **2.** Dendroïque *m.*

'**yellow-boy**, *s. P: A:* Pièce *f* d'or; *P:* jaunet *m.*

'**yellow-'bunting**, *s.* = YELLOW-HAMMER.

'**yellow-dog**, *s. U.S:* **1.** Sale type *m.* **2.** *Attrib. Ind:* **Yellow-dog contract**, convention *f* qui n'est pas conforme aux règlements syndicaux.

'**yellow 'fever**, *s. Med:* Fièvre *f* jaune; *F:* maladie *f* des tropiques. **True yellow fever**, vomito(-negro) *m.* *See also* MOSQUITO.

'**yellow-hammer**, *s. Orn:* Bruant *m* jaune; verdier *m* des oiseleurs.

'**yellow 'jack**, *s.* **1.** *Nau:* Pavillon *m* de quarantaine. **2.** *F:* = YELLOW FEVER.

'**yellow 'poplar**, *s. Bot: U.S:* Tulipier *m.*

'**yellow-root**, *s. Bot: U.S:* Xanthorrhize *f* à feuilles de persil.

'**yellow-seed**, *s. Bot:* Passerage *f.*

'**yellow 'soap¹**, *s.* Savon *m* de Marseille.

'**yellow-'soap²**, *v.tr.* Savonner (qch.) avec du savon de Marseille.

'**yellow-tail**, *s. Ich:* Sériole *f.*

'**yellow 'underwing**, *s. Ent:* Triphène *f.*

'**yellow-weed**, *s. Bot:* Réséda *m* des teinturiers; gaude *f*; fleur *f* du soleil.

'**yellow-wood**, *s. Bot:* **1.** Santal citrin de Cochinchine. **2.** Podocarpe *m* Thunbergii. **3.** Cladrastis *m* tinctoria.

yellow². **1.** *v.tr.* Jaunir (qch.); teindre (qch.) en jaune. *Papers yellowed with age*, papiers jaunis par le temps. **2.** *v.i.* Jaunir; (*of corn*) javeler.

yellowing¹, *a.* Jaunissant.

yellowing², *s.* Jaunissement *m.*

yellowish ['jelouiʃ], *a.* Jaunâtre; jaunet; flavescent. **Yellowish red**, rouge jaune *inv.*

yellowness ['jelounəs], *s.* Ton *m* jaune, teinte *f* jaune (de qch.); teint *m* jaune (de qn).

yellowthroat ['jelouθrout], *s. Orn:* Cou-jaune *m*, *pl.* cous-jaunes; gorge-jaune *f*, *pl.* gorges-jaunes.

yelp¹ [jelp], *s.* Jappement *m*, glapissement *m.*

yelp², *v.i.* Japper, glapir.

yelping¹, *a.* Jappant, glapissant.

yelping², *s.* Jappement *m*, glapissement *m.* *Ven:* Clabaudement *m* (des chiens).

yelper ['jelpər], *s.* Jappeur, -euse.

yeoman, *pl.* **-men** ['jouman, -men], *s.m.* **1.** Petit propriétaire; franc-tenancier, *pl.* francs-tenanciers; gros fermier. *F:* **To do yeoman('s) service**, fournir un effort précieux; rendre des services inestimables. **2.** (*a*) Soldat du *yeomanry*, *q.v.* (*b*) **Yeoman of the Guard** = BEEFEATER 2. **3.** *Navy:* (*a*) Gardien; magasinier; garde-magasin, *pl.* gardes-magasin. *See also* SIGNAL¹ 3. (*b*) *U.S:* Sous-officier, commis, aux écritures; sous-officier chargé de l'administration.

yeomanly ['joumanli], *a.* **1.** Des petits propriétaires. **2.** (*a*) Hardi; vaillant; robuste. (*b*) Tout à fait simple; sans façons.

yeomanry ['joumənri], *s.* *Coll.* **1.** Petits propriétaires;

francs-tenanciers. **2.** Corps de cavalerie composé surtout de petits propriétaires fonciers qui fournissent leurs montures; = garde nationale à cheval, montée.

yep [jep], *adv. U.S: P:* = YES.

yer [jər], *pers.pron. P:* = YOU. *Will yer or won't yer?* veux-tu ou veux-tu pas?

-yer [jər], *s.suff.* (*Variant of* **-ier** *after* w) *Bowyer*, fabricant d'arcs. *Lawyer*, homme de loi. *Sawyer*, scieur.

yes [jes]. **I.** *adv.* (*a*) Oui; parfaitement; (*contradicting negation*) si; si fait. **To answer yes or no**, répondre par oui ou non. **To say yes**, dire oui; dire que oui. *See also* SAY² I. *Yes, certainly*, mais oui. *Yes, rather! bless you, yes!* bien sûr que oui! mais parfaitement! *A:* oui-dà! *You did not hear me?*—**Yes, I did,** vous ne m'avez pas entendu?—Si (fait). *You said so; oh yes, you did*, vous l'avez dit; si, si, vous l'avez dit. (*b*) (*Interrogatively*) **Yes?** (i) vraiment? (ii) et puis après? (*In answer to summons*) *Waiter!*—*Yes, sir*, garçon!—Voilà, monsieur. (*c*) (*Introducing emphatic statement*) *I will do it, yes and enjoy doing it*, je le ferai, oui certes, et même très volontiers. *I could do it, yes and well too*, je pourrais le faire, et même bien. **2.** *s.* (*pl.* **yeses**, ['jesiz]) Oui *m inv. An emphatic yes*, un oui énergique.

yesterday ['jestərdei], *adv. & s.* Hier (*m*). *I only arrived y.*, je ne suis arrivé qu'hier, *A:* que d'hier. *Only y. I heard that . . .*, pas plus tard qu'hier j'ai appris que. . . . **The day before yesterday**, avant-hier (*m*). **Yesterday week**, il y a eu hier huit jours. **A week (from) yesterday**, d'hier en huit. *Y. was the sixteenth*, c'était hier le seize. *Y. was a good day*, la journée d'hier a été bonne. *You had all y. to make up your mind*, vous aviez toute la journée d'hier pour vous décider. **Yesterday's paper**, le journal d'hier. **Yesterday morning**, hier (au) matin. **Yesterday evening**, hier (au) soir. *See also* BORN I.

yestermorn, yester-morning [jestər'mɔːrn(iŋ)], *adv. & s. Lit. & Poet:* Hier (au) matin.

yesternight [jestər'nait], *adv. & s. Lit. & Poet:* La nuit passée, la nuit dernière; hier (au) soir.

yester-year [jestər'jiːər, -'jəːr]. **I.** *adv. Lit. & Poet:* L'an dernier. **2.** *s. Poet:* **The snows of yester-year**, les neiges *f* d'antan.

yet [jet]. I. *adv.* **I.** (*a*) Encore. *I can see him yet*, je le vois encore. *We have ten minutes yet*, nous avons encore dix minutes. **Jobs yet to be done**, tâches *f* encore à faire; tâches qui restent à faire. *Yet untrodden regions*, des régions encore inexplorées. **He has yet to learn . . .**, il lui reste à savoir. . . . (*b*) **Yet more**, encore plus. *Yet more difficult*, encore plus difficile. **Yet again, yet once more**, encore une fois. **Yet one more**, encore un autre. *There's another loaf yet*, il nous reste encore un pain. **2.** Déjà; jusqu'à présent; jusqu'ici. **Need you go yet?** faut-il que vous partiez déjà? **Not yet**, pas encore. *Not yet time to go*, pas encore l'heure de partir. *Do not go yet*, ne partez pas encore. *Lilac not yet in bloom*, des lilas pas encore fleuris. *It will* **not** *happen* **just yet**, cela n'arrivera pas tout de suite; nous n'en sommes pas encore là. *I have never found a fault in him yet*, j'en suis encore à lui trouver un défaut. *The biggest found yet*, le plus grand qu'on ait jamais trouvé, qu'on ait trouvé jusqu'à maintenant. **As yet** *nothing has been done*, jusqu'à maintenant, jusqu'à présent, jusqu'ici, on n'a rien fait. *Poet:* **Ere yet** *the dawn breaks*, avant qu'il fasse jour encore. **3.** Malgré tout. *He will win yet*, malgré tout, cependant, il gagnera. *I shall catch him yet!* je finirai bien par l'attraper! **I'll do it yet!** j'y arriverai! **4.** *Not finished* **nor yet** *started*, pas achevé, pas même commencé, ni même commencé. *Not me nor yet you*, ni moi ni vous non plus.

II. **yet**, *conj.* Néanmoins, cependant; tout de même. *He seems honest, (but) yet I don't trust him*, il a l'air d'un honnête homme, néanmoins, mais tout de même, je ne me fie pas à lui. *Not very good, yet not bad*, pas très bon, mais tout de même pas mauvais. *And yet I like him*, et cependant, et malgré tout, néanmoins, il me plaît. *Yet it made me anxious*, cela ne laissa pas (que) de m'inquiéter.

yew [juː], *s.* **I.** *Bot:* Yew(-tree), if *m*. **2.** (*a*) (*Wood*) (Bois *m* d')if. (*b*) *A. & Poet:* **The yew**, l'arc *m* (en bois d'if).

yez [jez], *pers.pron. Irish Dial: P:* = YOUS(E).

Yid [jid], *s. U.S: P:* Juif *m*.

Yiddish ['jidiʃ], *a. & s. Ling:* Judéo-allemand (*m*); yiddisch (*m*).

yield¹ [jiːld], *s.* **I.** Production *f*, produit *m*, débit *m* (d'une mine); rapport *m* (d'un arbre fruitier, d'une mise de fonds, etc.); rendement *m*, récolte *f* (d'un champ); rendement (d'une forêt, d'une machine, d'un impôt). *If there is a good y. of wheat this year*, si les blés donnent cette année. *The y. on these shares is large*, ces actions *f* rapportent beaucoup, rendent beaucoup. **Net yield**, revenu net. (*Of industry, tree, etc.*) **In full yield**, en plein rapport, en plein rendement. **2.** Affaissement *m* (des fondements, etc.); fléchissement *m* (d'une poutre, etc.).

'yield-capacity, *s.* Productivité *f* (d'une forêt, etc.).

'yield-point, *s. Mec:* Limite *f* de résistance.

yield². **I.** *v.tr.* (*a*) Rendre, donner; offrir, présenter (une vue); émettre, exhaler (une odeur). (*b*) Rapporter, produire, donner. *Tree that yields fruit*, arbre *m* qui donne des fruits. *Tree that yields a lot of fruit*, arbre qui rapporte, produit, beaucoup. *Land that yields no return*, terre *f* qui ne rend rien, qui ne rend pas. *Wheat that yields a large amount of flour*, blé *m* qui rend, donne, beaucoup de farine. *Spring that yields a thousand gallons an hour*, fontaine *f* qui débite mille gallons par heure. *Money that yields interest*, argent *m* qui produit un intérêt; argent qui rapporte. *Shares that y. high interest*, actions *f* à gros rendement. **To yield a 10% dividend**, produire, rapporter, rendre, un dividende de 10%. *Shares yielding a dividend of . . .*, actions productives d'un dividende de. . . . *Loan yielding an effective sum equivalent to . . .*, emprunt *m* dont le produit effectif sera équivalent à . . . . *Abs.* **Ground that yields well**, terre qui donne un bon rendement; terre qui rend bien; terre de bon rapport. (*c*) Céder (une forteresse à l'ennemi, un droit, etc.). **To yield ground**, céder le terrain. *To y. one's rights*, céder ses droits; renoncer à ses droits. **To yield a point to s.o.**, céder à qn sur un point; admettre un point; concéder un point. **To yield oneself prisoner**, se rendre prisonnier. **To yield (up) the ghost, one's soul**, rendre l'âme. *Lit:* **To yield consent to sth.**, donner son consentement à qch. *See also* PALM¹ 2, PRECEDENCE. **2.** *v.i.* (*a*) Se rendre, se soumettre; faire sa soumission; céder (*to*, à). *They yielded (to us) eventually*, *F:* ils finirent par baisser pavillon, par mettre pavillon bas (devant nous). **To yield to superior numbers**, céder au nombre. **To yield to force, to reason**, céder devant la force; obéir à la force; se rendre à la raison. **To yield to temptation**, succomber à la tentation; se laisser tenter. *To y. to s.o.'s persistence*, céder devant l'insistance de qn. *To y. to s.o.'s prayers, to s.o.'s entreaties*, se laisser fléchir (par les prières de qn). *To y. to s.o.'s arguments*, céder, s'incliner, devant les arguments de qn. **The disease was yielding to treatment**, la maladie cédait aux remèdes. **The frost is yielding**, la gelée s'adoucit. *To y. to pleasure*, se prêter au plaisir. *To y. to enthusiasm*, se laisser aller à l'enthousiasme. *To y. to s.o.'s wishes*, condescendre aux désirs de qn. **To yield to nobody in courage**, ne le céder à personne en courage. *Nau:* (*Of ship*) **To yield to the helm**, obéir à la barre. (*b*) (*Of rope, etc.*) Céder; (*of beam, etc.*) s'affaisser, fléchir, plier. **To yield under pressure**, céder à la pression. **The plank yielded under our weight**, la planche manqua sous nos pieds, nous manqua sous les pieds. *The door yielded to a push*, la porte céda, s'ouvrit, sous une poussée.

yielding¹, *a.* **I.** (*Of pers.*) Facile, complaisant, accommodant. *In a y. moment*, dans un moment de faiblesse. **2.** (*a*) Mou, *f.* molle. *Y. ground*, sol mou, peu résistant. *Tumour y. to the touch*, tumeur *f* qui cède au toucher. (*b*) Souple, élastique, flexible. *Steel is more y. than iron*, l'acier obéit plus que le fer. **3.** (*Of tree, soil*) En plein rapport. **-ly**, *adv.* Avec soumission; avec complaisance.

yielding², *s.* **I.** Rendement *m*. **2.** (*a*) Soumission *f*. (*b*) Reddition *f* (d'une forteresse); abandon *m* (d'un argument); cession *f* (d'un droit). **3.** Affaissement *m* (de fondements, etc.); fléchissement *m* (d'une poutre, etc.).

yieldingness ['jiːldiŋnəs], *s.* **I.** (*Of pers.*) Complaisance *f*. **2.** Mollesse *f* (du sol, etc.); élasticité *f* ou flexibilité *f* (d'un métal, etc.).

-yl [il], *s.suff. Ch:* -yle *m*. *Carbonyl*, carbonyle. *Ethyl*, éthyle. *Methyl*, méthyle. *Sulphuryl*, sulfuryle.

ylang-ylang ['iːlaŋ'iːlaŋ], *s. Bot: Toil:* Ilang-ilang *m*, ylang-ylang *m*.

yod [jɔd], *s. Ling:* Yod *m*.

yodel¹ ['joud(ə)l], *s. Mus:* Ioulement *m*; (chant *m* à la) tyrolienne.

yodel², *v.i.* (**yodel(l)ing**; **yodel(l)ed, yodled**) *Mus:* Iouler; chanter à la tyrolienne; faire des tyroliennes.

yogi ['jougi], *s.* Yogi *m*.

yogurt ['jouguərt], *s. Cu:* Yahourt *m*, yog(h)ourt(h) *m*.

yo-heave-ho ['jouhiːv'hou], *int. Nau:* O(h), hisse!

yoho [jo'hou], *int. Nau:* O(h), hisse!

yoicks [jɔiks], *int. Ven:* = Taïaut!

yoke¹ [jouk], *s.* **I.** Joug *m*. (*a*) **Yoke oxen**, bœufs *m* d'attelage. **Yoke of oxen**, paire *f*, couple *f*, attelage *m* (de bœufs). **Two, three, yoke of oxen**, deux, trois, couples de bœufs. (*b*) *Hist:* **To send, pass, an army under the yoke**, faire passer une armée sous le joug. (*c*) *The y. of convention, of marriage*, le joug des conventions, du mariage. *F:* **To throw off, cast off, the yoke**, secouer le joug; s'affranchir du joug. **Impatient of, under, the yoke**, impatient du joug. (*d*) *Hist:* Mesure agraire équivalente à l'aire qu'on pouvait labourer dans une journée avec une paire de bœufs (20 hectares). **2.** (*a*) (*For carrying two pails*) Palanche *f*. (*b*) *Husb:* Carcan *m*, tribart *m* (pour porcs, etc.). **3.** *Dressm:* Empiècement *m*; (*of chemise*) (tour *m* de) gorge *f*. **4.** (*a*) *Const: etc:* Moufle *f*, longrine *f*, moise *f* (d'une charpente). (*b*) Mouton *m* (d'une cloche). (*c*) *Veh:* **Pole yoke**, support *m* de timon. (*d*) *El:* Culasse *f* (d'aimant, de transformateur); carcasse *f*, bâti *m* (de dynamo). (*e*) *Mch:* (*Cross-head*) Joug. (*f*) *Mec.E:* Chape *f* (pour tuyaux); étrier *m* (de fixation); attache *f*. **Tie-rod yoke**, chape de barre d'accouplement. *See also* TILLER-YOKE.

'yoke-bone, *s. Anat:* Os *m* malaire.

'yoke-elm, *s. Bot:* Charme *m*.

'yoke-fellow, *s.* **I.** Compagnon, *f.* compagne, de travail. **2.** *F:* Époux, -ouse.

'yoke-joint, *s. Mec.E:* Chape *f*, étrier *m*.

'yoke-lines, *s.pl.* Tire-v(i)eilles *f* (de gouvernail).

'yoke-pin, *s. Mec.E:* Axe *m* de chape; broche *f* d'étrier.

yoke², *v.tr.* **I.** Enjuguer, accoupler (des bœufs); mettre (des bœufs) au joug, sous le joug; atteler (des bœufs) (*to the plough*, à la charrue). (*With passive force*) **Oxen that do not yoke well together**, bœufs *m* qui ne vont pas bien ensemble dans un attelage. **2.** Mettre un carcan à (un porc, etc.). **3.** Suspendre (une cloche) avec un mouton. **4.** Accoupler (les pièces d'un appareil); *F:* unir (deux personnes en mariage).

yoked, *a.* **I.** Sous le joug. **2.** **Well yoked, ill yoked,** (*of oxen*) bien appariés, bien appareillés; mal appariés, mal appareillés; (*of persons*) bien, mal, assortis.

yoking, *s.* Mise *f* sous le joug; attelage *m*, attellement *m*.

yokel ['jouk(ə)l], *s.* Rustre *m*; campagnard *m*; *A:* manant *m*.

Yokohama [jouko'hɑːma]. *Pr.n. Geog:* Yokohama. *Husb:* **Yokohama cock**, phénix *m*.

yolk¹ [jouk], *s.* (*a*) Jaune *m* (d'un œuf). *Cu:* **Take the y. of an egg**, prenez un jaune d'œuf. (*b*) *Biol:* Vitellus *m*.

'yolk-bag, -sac, *s. Biol:* Membrane vitelline.

yolk², *s.* Suint *m*. **Wool in the yolk**, laines *fpl* en suint.

yolkless ['jouklәs], *a.* (Œuf) nain.

yon [jɔn], *a. & adv. A. & Dial:* = YONDER.

yonder ['jɔndər]. **I.** *adv.* **Down yonder, over yonder**, là-bas. **Up yonder**, là-haut. **2.** *a.* Ce . . . -là, *f.* cette . . . -là, *pl.* ces . . . -là. **Yonder elms,** ces ormes *m* là-bas; ces ormes-là. *Look at y. cloud!* regardez ce nuage là-bas!

yore ['jɔːər], *s. A. & Lit:* **Of yore,** (d')autrefois. **In days of yore,** au temps jadis; autrefois, anciennement; du temps que Berthe filait. *Hum: She is no longer slim* **as of yore,** elle n'est plus svelte comme autrefois, comme jadis.

yorker ['jɔːrkər], *s. Cr: F:* Balle lancée de manière à ce qu'elle rebondisse sur la ligne de camp du batteur.

Yorkist ['jɔːrkist], *s. Hist:* Partisan, -ane, de la maison d'York.

Yorkshire ['jɔːrkʃər]. *Pr.n. Geog:* Le comté d'York. *Cu:* **Yorkshire pudding,** pâte cuite au-dessous du rôti, dont elle absorbe la graisse qui s'écoule. (Se mange avec le rôti ou avant comme abat-faim.) *F:* **To put Yorkshire on s.o.,** tromper, duper, qn.

'Yorkshire stone, *s. Const:* Grès *m* du Yorkshire.

Yorkshireman, *pl.* **-men** ['jɔːrkʃərmən, -men], *s.m.* Natif, originaire, du comté d'York.

you [ju(ː)], *pers. pron.* (i) *sg. & pl.* Vous; (ii) *sg.* (*when addressing relatives, intimate friends, children, deities, often*) tu, te, toi. **1.** (*Unstressed*) (*a*) (*Nom.*) Vous; tu. *You are very kind,* vous êtes bien aimable(s); tu es bien aimable. *How are you?* comment allez-vous? comment vas-tu? *There you are,* vous voilà, te voilà. *Tp:* **Are you there?** allô! *When did you start?* quand êtes-vous parti(s)? quand es-tu parti? *You are all guilty,* vous tous êtes coupables; vous êtes tous coupables. *You are all four responsible,* vous êtes responsables tous les quatre. *Well, my dear, are you happy? F:* eh bien, ma petite, sommes-nous heureuse? (*b*) (*As object of verb*) Vous; te. *I hope to see you to-morrow,* j'espère vous voir, te voir, demain. *I will give you some,* je vous en donnerai; je t'en donnerai. *Who saw you?* qui vous a vu(s)? qui t'a vu? *I told you so!* je vous, te, l'avais bien dit! (*c*) (*As object of preposition*) Vous, toi. **Between you and me,** (i) entre vous et moi, entre toi et moi; (ii) entre nous soit dit. **There's a rogue for you!** voilà un coquin si vous en voulez voir un! **There's a fine apple for you!** regardez-moi ça, si ce n'est pas une belle pomme! **Away with you!** allez-vous-en! va-t'en! **All of you,** vous tous. **All four of you were there,** vous étiez là tous les quatre. **2.** (*Stressed*) (*a*) Vous; toi. **You and I will go by train,** vous et moi, nous irons par le train. **I am older than you,** je suis plus âgé que vous, que toi. *We are more numerous than you,* nous sommes plus nombreux que vous. **It is you,** c'est vous, toi. *It's you I am speaking to,* c'est à vous que je parle. **If I were you,** (si j'étais) à votre place, à ta place. *You are the master,* c'est vous le maître. **All you** *who entered first,* vous tous qui êtes entrés les premiers. **Hi! you there!** eh! dites donc, là-bas! (*b*) (*In the imperative*) **Now 'you make a speech,** à votre tour de parler. *Don't you be afraid!* n'ayez pas peur! *You sit down and eat your breakfast!* toi, assieds-toi et prends ton déjeuner! *Don't you talk so much!* n'en dis pas tant, toi! *Never you mind!* ça, c'est mon affaire! (*c*) (*In apposition*) **You lawyers, you Englishmen,** vous autres avocats, vous autres Anglais. *You English are not like us,* vous autres Anglais, vous ne nous ressemblez pas. **You idiot (, you)!** idiot que vous êtes, que tu es! imbécile, va! espèce d'idiot! *You darling!* chérie! **3.** (*Refl.*) *A:* **Sit you down,** asseyez-vous; assieds-toi. **Get you gone,** allez-vous-en. **4.** (*Indefinite*) On. **You never can tell,** on ne sait jamais. *You cannot predict your fate,* on ne peut prédire son sort. *He is a great orator, but his speeches leave you cold,* c'est un grand orateur, mais ses discours vous laissent froid. *The joy you feel when you meet a friend,* la joie qui vous saisit quand on rencontre un ami. *You ought not to praise yourself,* on ne doit pas se flatter soi-même. *When you ask a girl to be your wife,* quand on demande à une jeune fille d'être votre femme.

you'd [juːd] = *you would, you had.*

you'll [juːl] = *you will.*

young [jʌŋ]. **1.** *a.* (*a*) Jeune; (*of animal*) petit. **Younger,** plus jeune. **Younger son, younger daughter,** fils cadet, fille cadette. *My younger brother,* mon jeune frère; mon frère cadet. **Youngest,** le, la, plus jeune; le cadet, la cadette. *Little Martha was our youngest child,* la petite Marthe était notre dernière. **He is younger than I,** il est plus jeune, moins âgé, que moi; il est mon cadet. **She is two years younger than I,** elle est plus jeune que moi, elle est ma cadette, de deux ans. *When I was twenty years younger,* quand j'avais vingt ans de moins. **We are only young once,** jeunesse n'a qu'un temps. **I am not so young as I was,** (*when walking*) je n'ai plus mes jambes de vingt ans. *Man still y.,* homme *m* encore jeune. **Young man,** jeune homme. **Young men,** jeunes gens *m. F:* **Young man in a hurry,** réformateur impatient. *See also* MAN[1] 3. **Young lady,** demoiselle *f. She was now a young lady, albeit a very young young lady,* elle était maintenant jeune fille, encore que très jeune fille. *See also* LADY 5. **Young person,** jeune personne *f.* **Young woman,** jeune femme *f*; jeune personne. **Young folk, young people,** jeunes gens. **Young Mr Smith,** (i) M. Smith fils; (ii) le jeune M. Smith. **Pliny the Younger,** Pline le Jeune. *F:* **You young monkey,** petit(e) espiègle. **Well, young 'un,** (i) eh bien, jeune homme; (ii) eh bien, mon petit. **In his younger days,** dans son jeune temps; dans sa jeunesse. **Young grass,** herbe nouvelle. **Young tree,** arbre adolescent. *F:* **Lake like a young sea,** lac grand comme une petite mer, comme une mer en miniature. *See also* ASSOCIATION 2, WOOD 2. (*b*) **Young for his years,** jeune pour son âge; qui paraît plus jeune que son âge; qui porte bien son âge. **Young in mind,** jeune d'esprit. **To grow, get, young again, to grow younger,** rajeunir. **You are looking years younger!** comme vous avez rajeuni! (*c*) *Cards:* **Younger hand,** deuxième *m* à jouer (dans les jeux qui se jouent à deux). (*d*) **Young wine,** vin vert. **The night is but young, is still young,** la nuit n'est que peu avancée. **Young moon,** nouvelle lune. (*e*) **Young England,** l'Angleterre *f* d'aujourd'hui; la nouvelle génération. **2.** *s. pl. inv.* (*a*) Les jeunes gens; la jeunesse. **Books for the young,** livres *m* pour la jeunesse. **Old and young,** les grands et les petits. (*b*) **Animal and its young,** animal et ses petits. *Mare* **with young,** jument pleine. **To bring forth young,** faire des petits.

'Young 'Turk, *s. Pol:* Jeune-Turc *m.*

'Young-'Turkey party, *s. Pol:* La Jeune-Turquie.

youngish ['jʌŋiʃ], *a.* Assez jeune; *F:* jeunet, -ette.

youngling ['jʌŋliŋ], *s.* Jeune homme *m*; jeune fille *f*; jeune femme *f*; (*animal*) petit, -ite.

youngster ['jʌŋstər], *s.* (*a*) Jeune personne *f, esp.* jeune homme *m,* garçon *m.* (*b*) Petit, -ite; *F:* gosse *mf*; gamin, -ine; *P:* môme *mf. Are the youngsters all right?* votre petit monde va bien?

younker ['jʌŋkər], *s.* **1.** *A. & F:* (*a*) Jeune monsieur *m.* (*b*) = YOUNGSTER. **2.** *A:* Junker *m.*

your ['juər], *poss.a.* **1.** (i) *sg. & pl.* Votre, *pl.* vos; (ii) *sg.* (*when addressing relatives, intimate friends, children, deities, often*) ton, *f.* ta, *pl.* tes. *Your house,* votre maison, ta maison. *Your friends,* vos ami(e)s, tes ami(e)s. *Your help,* votre aide *f,* ton aide. *Your father and mother,* votre père et votre mère; (*in official style*) vos père et mère. (*In polite correspondence, etc.*) *Your father, your mother, your sister,* monsieur votre père, madame votre mère, mademoiselle votre sœur. *He is your best friend,* c'est votre meilleur ami. *Is it the most recent of your books?* c'est votre livre le plus récent? *Have you hurt your hand?* vous vous êtes fait mal à la main? *Turn your head(s),* tournez la tête. *Games: etc:* **Your turn! your ball!** à vous! **Your Majesty,** votre Majesté *f.* **Your Worship, your Lordship,** *etc.,* monsieur le juge, monsieur le comte, etc. **2.** (*Indefinite. Cf.* YOU 4.) Son, *f.* sa, *pl.* ses. **You cannot alter your nature,** on ne peut pas changer son caractère. **3.** (*Ethic*) **He isn't one of your narrow-minded Christians,** ce n'est pas un de vos chrétiens à l'esprit étroit. *Your true reformer is unconscious of distinctions,* le vrai réformateur ne sait pas distinguer. *Your great writer is possessed of a devil,* les grands écrivains sont possédés d'un démon.

you're ['juər] = *you are.*

yours ['juərz], *poss. pron.* (i) *sg. & pl.* Le vôtre, la vôtre, les vôtres; (ii) *sg.* (*when addressing relatives, intimate friends, children, often*) le tien, la tienne; les tiens, les tiennes. (*a*) *Here is our place and there is yours,* voici notre place et voilà la vôtre, la tienne. **This is yours,** ceci est à vous, à toi; ceci vous appartient, t'appartient. **I am entirely yours,** je vous suis tout acquis. *The idea is yours,* l'idée *f* est de vous. **Yours is a nation of travellers,** vous êtes une nation de voyageurs. *I should like to read* **something of yours,** je voudrais bien lire quelque chose de vous. **He is a friend of yours,** c'est un de vos amis; c'est un ami à vous; il est de vos amis. *That is no business of yours,* cela ne vous regarde pas; ce n'est pas votre affaire. *That coachman of yours,* votre cocher *m. That pride of yours,* votre orgueil *m*; cet orgueil dont vous ne pouvez vous défaire. *Com:* **I am in receipt of yours of the 6th May,** j'ai reçu la vôtre du 6 mai. **Yours of the 16th inst.,** votre estimée, votre honorée, du seize de ce mois. *See also* AFFECTIONATELY, EVER 2, FAITHFULLY 1, OBEDIENTLY, SINCERELY, TRULY 1. (*b*) (*Your kindred*) **You and yours,** vous et les vôtres; toi et les tiens.

yourself [juər'self], **yourselves** [juər'selvz], *pers. pron. See* SELF[1].

yous(e) [juːz], *pers. pron. pl. U.S. & Dial: P:* Vous. *He'll settle yous, yous guys,* il vous fera votre affaire, à vous autres.

youth [juːθ, *pl.* juːðz *or* juːθs], *s.* **1.** Jeunesse *f,* adolescence *f,* jeune âge *m.* **The days of youth,** le bel âge. *In his early y.,* dans sa première jeunesse. *Not to be* **in the first blush of youth,** ne pas être de la première jeunesse. **She is past her first youth,** elle n'est plus dans sa prime jeunesse; *F:* elle commence à monter en graine. **From youth upwards** *he showed talent,* dès sa jeunesse, il a fait preuve de talent. *Mind which has kept its y.,* esprit qui est resté jeune. *Myth:* **The fountain of Youth,** la Fontaine de Jouvence. *Prov:* **Youth will have its way, will have its fling,** il faut que jeunesse se passe. **2.** Jeune homme, adolescent *m.* **3.** *Coll.* Jeunes gens *m* (garçons et filles); jeunesse (du village, etc.). *See also* HOSTEL 2.

youthful ['juːθful], *a.* **1.** (*Of pers., face, etc.*) Jeune. *Y. hat,* chapeau *m* coiffant jeune; chapeau rajeunissant. *To look y.,* avoir l'air jeune; avoir un air de jeunesse. **2.** (Erreur, enthousiasme) de jeunesse. **-fully,** *adv.* En jeune homme, en jeune fille; comme un jeune homme, comme une jeune fille.

youthfulness ['juːθfulnəs], *s.* Jeunesse *f*; juvénilité *f*; air *m* de jeunesse; air jeune, juvénile.

you've [juːv], = *you have.*

yowl[1] [jaul], *s.* Hurlement *m* (de chien); miaulement *m* (de chat).

yowl[2], *v.i.* (*Of dog*) Hurler; (*of cat*) miauler.

yperite ['iːpərait], *s. Ch: Mil:* Ypérite *f.*

ytterbium [i'təːrbiəm], *s. Ch:* Ytterbium *m.*

yttria ['itria], *s. Ch: Miner:* Yttria *m.*

yttric ['itrik], *a. Ch:* Yttrique.

yttriferous [i'trifərəs], *a. Miner:* Yttrifère.

yttrium ['itriəm], *s. Ch:* Yttrium *m. Attrib.* **The yttrium group,** le groupe yttrique.

yucca ['jʌka], *s. Bot:* Yucca *m.*

Yugo-Slav ['juːgoslɑːv], *a. & s. Geog:* = JUGO-SLAV.

Yugo-Slavia ['juːgo'slɑːvia], *Pr.n. Geog:* = JUGO-SLAVIA.

Yukon ['juːkɔn]. *Pr.n. Geog:* Le Youkon.

yule [juːl], *s. A:* Noël *m.*

'yule-log, *s.* Bûche *f* de Noël; tronche *f.*

'yule-tide, *s.* L'époque *f* de Noël; les fêtes *f* de Noël.

yum-yum [jʌm'jʌm], *int. & a. F:* (Quelque chose de) très bon; *F:* du nanan!

Ywain [i'wein]. *Pr.n.m. Lit:* Gauvain, Ivain.

Z, z, *pl.* **zs, z's** [zed, zedz], *s.* (La lettre) Z, z *m.* *Tp:* **Z for zebra,** Z comme Zoé. *Mec.E:* **Z bar,** barre *f*, fer *m*, en Z. *See also* A[1] I.

Zabern ['tsɑːbərn]. *Pr.n. Geog:* Saverne *f*.

zabrus ['zabrəs], *s. Ent:* Zabre *m*.

Zacchaeus [za'kiːəs]. *Pr.n.m. B.Hist:* Zachée.

Zachariah [zaka'raia]. *Pr.n.m. B.Hist:* **1.** (Le prophète) Zacharie. **2.** (Le prêtre) Zacharie.

Zacharias [zaka'raiəs]. *Pr.n.m.* **1.** *Ecc.Hist:* (Le pape) Zacharie. **2.** = ZACHARIAH 2.

Zachary ['zakari]. *Pr.n.m.* = ZACHARIAS I.

zaffer, zaffre ['zafər], *s. Ch: Cer:* Safre *m*; oxyde bleu de cobalt.

Zambezi (the) [ðəzam'biːzi]. *Pr.n. Geog:* Le Zambèze.

zambo ['zambou], *s. Ethn: U.S:* Zambo *m*; métis, -isse.

zamindar [zamin'dɑːr], *s.* = ZEMINDAR.

zanclus ['zaŋkləs], *s. Ich:* Zancle *m*; tranchoir *m*.

Zante ['zanti]. *Pr.n. Geog:* Zante, Xante.

zanthium ['zanθiəm], *s. Bot:* Lampourde *f*.

zany ['zeini], *s.* **1.** *A.Th:* Zan(n)i *m*, bouffon *m*. **2.** *A. & Dial:* Sot, *f.* sotte; niais, -aise; nigaud, -aude.

zaptieh ['zaptie], *s. Turk.Adm:* Zaptié *m*, policier *m*.

Zarathustrian [zara'θustriən], *a. & s.* = ZOROASTRIAN.

zariba [za'riːba], *s.* (*In the Soudan*) Clôture (fortifiée de ronces); camp *m* de fortune.

zeal [ziːl], *s.* Zèle *m*, ardeur *f*. **Misguided zeal,** faux zèle. **Bustling zeal,** empressement *m*. **Religious zeal,** zèle, ferveur *f*. *To make a show of z., to show a lot of z.*, faire du zèle. **Full of zeal for sth.,** plein de zèle, plein d'ardeur, pour qch. *To act without z.*, agir tièdement, avec tiédeur.

Zealand ['ziːlənd]. *Pr.n. Geog:* **1.** La Zélande. *See also* NEW ZEALAND. **2.** (L'île *f* de) Seeland.

Zealander ['ziːləndər], *s. Geog:* Zélandais, -aise. *See also* NEW ZEALANDER.

zealot ['zelot], *s.* **1.** *Hist:* Zélateur, -trice; zélote *m*. **2.** *F:* Fanatique *mf*, zélateur (*for*, de).

zealotism ['zelotizm], **zealotry** ['zelotri], *s.* **1.** *Hist:* Zélotisme *m*. **2.** Fanatisme *m*, ferveur *f*.

zealous ['zeləs], *a.* Zélé; zélateur, -trice; ardent, enthousiaste; empressé. **To be zealous in doing sth.,** montrer du zèle à faire qch. **Zealous for sth.,** plein de zèle pour qch. **-ly,** *adv.* Avec zèle; ardemment; avec ferveur.

Zebadiah [zeba'daia]. *Pr.n.m. B.Hist:* Zébadja.

Zebedee ['zebediː]. *Pr.n.m. B.Hist:* Zébédée.

zebra ['ziːbra, 'zebra], *s.* **1.** *Z:* Zèbre *m*. **Striped like a zebra,** zébré. **Zebra-markings,** zébrure *f*. **2.** *U.S:* (*a*) **Zebra suit,** costume *m* de forçat. (*b*) Forçat *m*.

'zebra-wolf, *s. Z:* Thylacine zébré.

zebu ['ziːbju], *s. Z:* Zébu *m*; bœuf *m* à bosse; taureau *m* des Indes.

Zebulon, Zebulun ['zebjulən]. *Pr.n.m. B.Hist:* Zabulon.

Zechariah [zeka'raia]. *Pr.n. B.Hist:* = ZACHARIAH.

zed [zed], *s.* (La lettre) z *m*.

Zedekiah [zede'kaia]. *Pr.n.m. B.Hist:* Sédécias.

zedoary ['zedoəri], *s. Bot: A.Pharm:* Zédoaire *f*. *Long z., round z.*, zédoaire longue, ronde.

Zeeland ['ziːlənd]. *Pr.n. Geog:* = ZEALAND I.

zemindar [ze'miːndar], *s.* (*India*) Zémindar *m*; propriétaire foncier qui paie l'impôt directement au fisc britannique.

zenana [ze'nɑːna], *s.* (*India*) Zénana *m*, harem *m*. *Tex:* **Zenana cloth,** zénana.

ze'nana-'mission, *s.* Œuvre *f* de bienfaisance qui vise à l'amélioration morale et physique des femmes de l'Inde.

Zend [zend], *a. & s. Ling:* Le zend; la langue du Zend-Avesta.

Zend-A'vesta (the), *s.* Le Zend-Avesta.

zenith ['zeniθ], *s. Astr:* Zénith *m*. **Zenith distance,** distance zénithale. *F:* **At the zenith of his fame,** à l'apogée, au comble, au sommet, au faîte, de sa gloire. *Having reached the z. of his fame, having reached his z.*, parvenu au zénith de sa gloire. *The z. of his influence, of his power,* le plus haut période de son influence, le point culminant de sa puissance.

zenithal ['zeniθ(ə)l], *a.* Zénithal, -aux.

Zeno ['ziːno]. *Pr.n.m. Gr.Phil:* Zénon.

Zenobia [ze'noubia]. *Pr.n.f. A.Hist:* Zénobie.

Zenonic [ze'nɔnik], *a. Gr.Phil:* (Doctrine, etc.) zénonique.

zeolite ['ziːolait], *s. Miner:* Zéolit(h)e *f*.

zeolitic [ziːo'litik], *a. Miner:* Zéolit(h)ique.

zep(p) [zep], *s. F:* = ZEPPELIN.

Zephaniah [zefa'naia]. *Pr.n.m. A.Lit:* Sophonie.

zephyr ['zefər], *s.* **1.** *Lit:* (*Wind*) Zéphire *m*, zéphyr(e) *m*. *The zephyrs breathed softly from the south,* les doux zéphyrs soufflaient du sud. **2.** (*a*) *Tex:* **Zephyr (wool),** laine *f* zéphire. (*b*) *Sp:* Maillot *m* (de canotage, etc.).

Zephyrus ['zefirəs], *s. Myth:* Zéphire *m*, Zéphyre *m*.

zeppelin ['zepəlin], *s. Aer:* Zeppelin *m*.

zero ['ziːəro], *s.* Zéro *m*. *Ph:* **Absolute zero,** zéro absolu. *The thermometer is at z.*, le thermomètre est à zéro. *The terms in x reduce to zero,* les termes en x s'annulent. *Mth: Surv:* **Zero point,** point *m* zéro, (point) origine *f*. *Z. on the time co-ordinate* (*of a graph*), origine du temps. *Determination of the z. point,* zérotage *m*. *Mec.E: etc:* **Zero allowance,** tolérance nulle. **Zero tension,** tension nulle. *See also* ALIGNMENT I, VOLTAGE.

'zero day, *s. Mil:* Le jour J.

'zero hour, *s. Mil:* L'heure *f* (de l'attaque); l'heure H.

'zero line, *s. Mec:* Axe *m* neutre (des tensions).

Zerubbabel [ze'rʌbabel]. *Pr.n.m. B.Hist:* Zorobabel.

zest [zest], *s.* **1.** (*a*) Enthousiasme *m*, entrain *m*; délectation *f*, plaisir *m*; verve *f*, brio *m*. *To fight with z.*, combattre avec élan, avec entrain. *To eat with z.*, manger avec appétit, de bon appétit. **Without zest,** sans entrain; avec tiédeur. (*b*) Saveur *f*, goût *m*. *Story that lacks z.*, conte *m* qui manque de saveur. *To add z. to the adventure,* donner du piquant à l'aventure. *Speech with a z. of gentle irony,* discours assaisonné d'une douce ironie. **2.** *A:* Zeste *m* (d'orange, de citron).

zeta ['ziːta], *s. Gr.Alph:* (D)zéta *m*.

zetetic [ze'tetik], *a.* **Zetetic philosophy,** philosophie *f* zététique.

zeugma ['zjuːgma], *s. Gram: Rh:* Zeugme *m*, zeugma *m*.

zeugmatic [zjuːg'matik], *a. Gram: Rh:* (Phrase *f*, etc.) qui contient un zeugma.

Zeus [zjuːs]. **1.** *Pr.n.m. Myth:* Zeus. **2.** *s. Ich:* Zée *m*.

zibet(h) ['zibet], *s. Z:* Civette *f*, zibeth *m* (d'Asie ou des Indes).

ziff [zif], *s. P:* (*In Austr.*) Barbe *f*.

zigzag[1] ['zigzag], *s.* Zigzag *m*. **In zigzags,** en zigzag. *To move in zigzags,* faire des zigzags. *Attrib.* **Zigzag road, path,** chemin *m*, sentier *m*, en lacets, en zigzag. *Nau:* **To steer a zigzag course,** faire route en zigzag, en zigzaguant; faire des zigzags. *Arch:* **Zigzag moulding(s),** bâtons rompus. *Metalw:* **Zigzag riveting,** rivetage *m* en quinconce. *See also* TRENCH[1] 2. *adv.* **The road runs zigzag,** le chemin fait des zigzags.

zigzag[2], *v.* (**zigzagged; zigzagging**) **1.** *v.i.* Zigzaguer; faire des zigzags; *Nau:* faire route en zigzag, en zigzaguant; faire des zigzags. *Drunkard who zigzags along,* ivrogne *m* qui fait des embardées en marchant, qui avance en zigzaguant. **2.** *v.tr.* (*a*) Disposer (des obstacles, etc.) en zigzag; disposer (des rivets) en quinconce. (*b*) Traverser (une plaine, etc.) en zigzag.

zigzagging, *s.* Zigzaguement *m*, zigzagure *f*; marche serpentine; lacets *mpl*; tournées *f* et virées.

zigzaggy ['zigzagi], *a.* En zigzag, zigzagué.

zinc[1] [ziŋk], *s.* Zinc *m*. **1. To cover a roof with zinc,** zinguer un toit. **To coat iron with zinc,** zinguer le fer; *F:* galvaniser le fer. **Covering, coating, with zinc,** zingage *m*. **Crude zinc,** zinc brut. **Zinc oxide,** *Com:* **white zinc, flowers of zinc, zinc dust, zinc powder,** oxyde *m* de zinc, blanc *m* de zinc, fleurs *fpl* de zinc; *Metall:* tut(h)ie *f*. *Metall:* **Sublimated oxide of zinc,** cadmie *f* des fourneaux. *Miner:* **Red zinc ore,** zincite *f*. *See also* BLENDE, OINTMENT, SULPHATE[1] I. **2.** *Phot.Engr:* **Transfer on to zinc,** report *m* sur zinc. **Zinc block,** zincogravure *f*; *F:* zinc.

'zinc-bearing, *a.* Zincifère.

zinc-'plate, *s. Com:* Zinc *m* en feuilles.

'zinc-roofer, *s. Const:* (*Pers.*) Zingueur *m*.

'zinc-trade, *s.* Zinguerie *f*.

'zinc-ware, *s. Com:* Zinguerie *f*.

'zinc-'white, *s. Paint:* Blanc *m* de zinc.

'zinc-worker, *s.* Zingueur *m*.

'zinc-works, *s.* Zinguerie *f*.

'zinc-'yellow, *s.* Jaune *m* de zinc; chromate *m* de zinc.

zinc[2], *v.tr.* (**zinked, zincked; zinking, zincking**) Zinguer; (i) couvrir (un toit, etc.) de zinc; (ii) galvaniser (le fer, etc.).

zincing ['ziŋkiŋ], **zin(c)king,** *s.* Zingage *m*, zincage *m*; étamage *m* au zinc.

zincic ['ziŋkik], *a. Ch:* Zincique.

zinciferous, zin(c)kiferous [ziŋkifərəs], *a.* Zincifère.

zincite ['ziŋkait], *s. Miner:* Zincite *f*.

zinco ['ziŋko], *s. F:* = ZINCOGRAPH[1].

zincograph[1] ['ziŋkograf], *s. Phot.Engr:* Zincogravure *f*; zincographie *f*; gravure *f* sur zinc.

zincograph[2], *v.tr.* Zincographier.

zincographer [ziŋ'kɔgrəfər], *s.* Zincographe *m*, zincograveur *m*.

zincography [ziŋ'kɔgrəfi], *s. Phot.Engr:* Zincographie *f*, zincogravure *f*, photogravure *f* sur zinc. *To reproduce by z.*, zincographier (un dessin, etc.).

zincotype ['ziŋkotaip], *s. Phot.Engr:* Zincogravure *f*.

zingara, *pl.* **-e** ['ziŋgara, -e], *s.f.* Tzigane; bohémienne.

zingaro, *pl.* **-i** ['ziŋgaro, -iː], *s.m.* Zingaro, *pl.* -i; tzigane; bohémien.

zinking ['ziŋkiŋ], *s.* = ZINCING.

zinnia ['zinia], *s. Bot:* Zinnia *m*.

Zion ['zaiən]. **1.** *Pr.n.m.* Sion ((i) la colline; (ii) Jérusalem; (iii) l'Église). **2.** *s.* Chapelle *f*, temple *m* (non-conformiste).

Zionism ['zaiənizm], *s. Pol:* Sionisme *m*.

Zionist ['zaiənist], *a. & s. Pol:* Sioniste (*mf*).
zip[1] [zip], *s.* **1.** (*a*) Sifflement *m* (d'une balle). (*b*) Bruit *m* de déchirure; crissement *m.* **2.** *F:* Énergie *f*, vitesse *f.* *P:* **Put a zip into it,** mettez-y du nerf. **3. Zip fastener, zip fastening,** fermeture *f* éclair *inv*; fermeture glissière, à curseur; fermeture automatique.
zip[2], *v.i.* (**zipped; zipping**) **1.** Siffler (comme une balle). (*Of car, etc.*) **To zip past,** passer comme un éclair. **2.** Crisser.
zipper ['zipər], *s.* *F:* = *Zip fastener.* **Zipper bag,** (sac *m*) fourre-tout *m inv* à fermeture éclair; cabas *m* à fermeture à tirette instantanée.
zippy ['zipi], *a.* *F:* Plein d'énergie; plein d'entrain, d'allant.
zircon ['zə:rkən], *s.* *Miner:* Zircon *m.*
zirconia [zə:r'kounia], *s.* *Ch: Ind:* Zircone *f.*
zirconic [zə:r'kɔnik], *a.* *Ch:* Zirconique.
zirconite ['zə:rkonait], *s.* *Miner:* Zirconite *f.*
zirconium [zə:r'kouniəm], *s.* *Ch:* Zirconium *m.*
zither(n) ['ziθər(n)], *s.* *Mus:* Cithare *f.*
zitherist ['ziθərist], *s.* Cithariste *mf.*
zizania [zi'zeinia], *s.* *Bot:* Zizanie *f*; riz *m* du Canada.
zloty ['zlouti], *s.* *Num:* Zloty *m* (de Pologne).
zoantharia [zouan'θεəria], *s.pl.* *Coel:* Zoanthaires *m.*
zoantharian [zouan'θεəriən], *a. & s.* *Coel:* Zoanthaire (*m*).
zoanthodeme [zou'anθodi:m], *s.* *Coel:* Zoanthodème *m.*
Zoar ['zouar]. **1.** *Pr.n. B.Hist:* Tsoar. **2.** *s.* Ville *f* de refuge; asile *m*; sanctuaire *m.*
zodiac ['zoudiak], *s.* *Astr:* Zodiaque *m.* **The signs of the zodiac,** les signes *m* du zodiaque.
zodiacal [zo'daiək(ə)l], *a.* Zodiacal, -aux. **Zodiacal light,** lumière zodiacale.
Zoe ['zoui]. *Pr.n.f.* Zoé.
zoea [zou'i:a], *s.* *Crust:* Zoé *f.*
zoetrope ['zouitroup], *s.* *Toys: A:* Zootrope *m.*
zoic [zouik], *a.* Zoïque.
Zoilus ['zouiləs]. *Pr.n.m. Gr.Lit:* Zoïle.
Zolaesque [zoula'esk], *a.* (Roman *m*, etc.) à la manière de Zola, zolatesque.
Zolaism ['zoulaizm], *s.* Réalisme cru, à la manière de Zola.
zollverein ['tsolfərain], *s.* Union douanière; zollverein *m.*
zona ['zouna], *s.* *Med:* Zona *m.*
zonal ['zoun(ə)l], *a.* Zonal, -aux.
zonaria [zou'nεəria], *s.* *Algae:* Zonaire *f.*
zonate ['zouneit], *a.* *Bot: Z: Miner:* Zoné.
zone[1] [zoun], *s.* **1.** *Mth: Geog: Mil: etc:* Zone *f.* *Geom:* **Spherical zone,** zone sphérique. *Geog:* **The torrid zone,** la zone torride. **The frigid zones,** les zones glaciales. **The army, military, war, zone,** la zone des armées. *Dangerous z.*, zone dangereuse. *Mil:* **Collecting zone** (*for Red Cross*), zone de l'avant. **Evacuating zone,** zone de l'arrière. *Bot:* **Annual zone** (*of tree*), couche annuelle. *Aut: U.S:* **Slow-drive zone** (*round a town, etc.*), périmètre *m* de marche lente. *Chr:* **Zone time,** l'heure *f* du fuseau. *See also* TIME-ZONE. **2.** *A. & Poet:* Ceinture *f.* **Maiden zone, virgin zone,** ceinture de vierge, de virginité. **To loose the zone of a maiden,** déflorer une vierge.
zone[2], *v.tr.* Répartir (une ville, etc.) en zones.
zoned, *a.* **1.** (*In town-planning*) Réparti en zones. **2.** *Bot: Z: Miner:* Zoné; (albâtre *m*, etc.) zonaire. *Arb:* **Broad-zoned, fine-zoned, tree,** arbre *m* à couches épaisses, minces. *See also* NARROW-ZONED.
zoo [zu:], *s.* **1.** *F:* Jardin *m* zoologique; *esp.* **the Zoo,** le Jardin zoologique de Londres. *The Paris zoos,* le Jardin des Plantes et le Jardin d'Acclimatation. *Open-air zoo,* parc *m* zoologique. *F: Her house is a perfect zoo,* c'est une vraie ménagerie que sa maison. **2.** *U.S: P:* Prison *f*, pénitencier *m.*
zoo- ['zouo, zou'ɔ], *comb.fm.* Zoo-. *Zoogeny,* zoogénie. *Zoomancy,* zoomancie. *Zootechnic,* zootechnique.
zoobiological [zouobaio'lɔdʒik(ə)l], *a.* Zoobiologique.
zoobiology [zouobai'ɔlədʒi], *s.* Zoobiologie *f.*
zoochemical [zouo'kemik(ə)l], *a.* Zoochimique.
zoochemistry [zouo'kemistri], *s.* Zoochimie *f.*
zoogeography [zouodʒi'ɔgrəfi], *s.* Zoogéographie *f.*
zooglœa [zouo'gli:a], *s.* *Biol:* Zooglée *f.*
zoographer [zou'ɔgrəfər], *s.* Zoographe *m.*
zoographic [zouo'grafik], *a.* Zoographique.
zoography [zou'ɔgrəfi], *s.* Zoographie *f.*
zooid(al) [zouɔid, zou'ɔidəl], *a.* Zooïde.
zoolatry [zou'ɔlətri], *s.* Zoolâtrie *f.*
zoolite ['zouolait], *s.* *Paleont:* Zoolit(h)e *m.*
zoological [zouo'lɔdʒik(ə)l, *F:* zu'lɔdʒikl], *a.* Zoologique. **The Zoological [zu-] Gardens,** le Jardin zoologique (de Londres). *Cf.* zoo.
zoologist [zou'ɔlədʒist], *s.* Zoologiste *m.*
zoology [zou'ɔlədʒi], *s.* Zoologie *f.* **Descriptive zoology,** zoographie *f.*
zoom[1] [zu:m], *s.* **1.** Bourdonnement *m*; vrombissement *m.* **2.** *Av:* Montée *f* en chandelle.
zoom[2], *v.i.* **1.** Bourdonner; vrombir. *The cars z. along the road,* les autos *f* vrombissent sur la route. **2.** *Av. F:* Monter en chandelle; (se) cabrer.
'zoom-lens, *s.* *Phot: Cin: U.S: F:* Objectif *m* à longueur focale variable.
zoomagnetism [zouo'magnətizm], *s.* Zoomagnétisme *m*; magnétisme animal.
zoometry [zou'ɔmetri], *s.* Zoométrie *f.*
zoomorphic [zouo'mɔ:rfik], *a.* *Biol:* Zoomorphique.
zoomorphism [zouo'mɔ:rfizm], *s.* *Biol:* Zoomorphisme *m.*
zoomorphy [zouo'mɔ:rfi], *s.* *Biol:* Zoomorphie *f.*
zoonomy [zou'ɔnomi], *s.* *Biol:* Zoonomie *f.*
zoonosology [zouono'sɔlodʒi], *s.* Zoonosologie *f*; zoopathologie *f.*
zoophaga [zou'ɔfaga], *s.pl.* *Biol:* Les zoophages *m.*
zoophagan [zou'ɔfagən], *a. & s.* *Biol:* Zoophage (*m*).
zoophagous [zou'ɔfagəs], *a.* Zoophage.
zoophyta [zouo'faita], *s.pl.* *Biol:* Les zoophytes *m.*
zoophytal [zouo'fait(ə)l], **zoophytic(al)** [zouo'fitik(əl)], *a.* Zoophytique.
zoophyte ['zouofait], *s.* *Biol:* Zoophyte *m.*
zoophytology [zouofi'tɔlodʒi], *s.* Zoophytologie *f.*
zooplankton [zouo'plaŋktən], *s.* *Biol:* Zooplancton *m.*
zoosperm ['zouospə:rm], *s.* *Physiol:* Zoosperme *m*, spermatozoïde *m.*
zoosporange ['zouospɔ:randʒ], **zoosporangium** [zouospɔ:'randʒiəm], *s.* *Bot:* Zoosporange *m.*
zoospore ['zouospɔ:ər], *s.* *Biol:* Zoospore *f.*
zootaxy ['zouotaksi], *s.* Zootaxie *f.*
zootechnic [zouo'teknik], *a.* Zootechnique.
zootechny [zouo'tekni], *s.* Zootechnie *f.*
zootomic(al) [zouo'tɔmik(əl)], *a.* Zootomique.
zootomist [zou'ɔtomist], *s.* Zootomiste *m.*
zootomy [zou'ɔtomi], *s.* Zootomie *f.*
zootrope ['zouotroup], *s.* = ZOETROPE.
zoril ['zɔril], **zorillo** [zɔ'ri:jo], *s.* *Z:* Zorilla *f*, zorille *f.*
Zoroaster [zɔro'astər]. *Pr.n.m. Rel.Hist:* Zoroastre.
Zoroastrian [zɔro'astriən], *a. & s.* Zoroastrien, -ienne.
Zoroastrianism [zɔro'astriənizm], *s.* Zoroastrisme *m.*
Zosimus ['zɔsiməs]. *Pr.n.m. Gr.Hist:* Zosime.
zostera ['zɔstəra], *s.* *Bot:* Zostère *f.*
zouave [zwɑ:v], *s.* Zouave *m.*
zounds [zaundz], *int.* *A:* (*Softened form of 'God's wounds'*) Morbleu! ventrebleu! sacrebleu!
zucchetto [tsu'keto], *s.* *Ecc:* Calotte *f* (de prêtre).
Zulu ['zu:lu], *a. & s.* *Ethn:* Zoulou *m*, *pl.* Zoulous. *A Z. woman,* une femme zoulou.
Zululand ['zu:luland]. *Pr.n.* *Geog:* Le Zoulouland.
Zungaria [zʌŋ'gεəria]. *Pr.n.* *Geog:* La Dzoungarie.
Zuyder Zee (the) [ðəzaidər'zi:]. *Pr.n.* *Geog:* Le Zuyderzée.
Zweibrücken [tsvaibrykən]. *Pr.n.* *Geog:* Deux-Ponts.
Zwingli ['swiŋgli]. *Pr.n.m.* *Rel.H:* Zwingle, Zwingli.
Zwinglian ['swiŋgliən], *a. & s.* *Rel.H:* Zwinglien, -enne.
Zwinglianism ['swiŋgliənizm], *s.* *Rel.H:* Zwinglianisme *m.*
zygapophysis, -es [zaiga'pɔfisis, -i:z], *s.* *Anat:* Apophyse *f* articulaire.
zygo- ['zaigo, 'zigo], *comb.fm.* Zygo-. *Zygomorphous,* zygomorphe. *Zygoneurous,* zygonèvre.
zygodactyl(e) [zaigo'daktil], *a. & s.* *Orn:* Zygodactyle (*m*).
zygodactylous [zaigo'daktiləs], *a.* *Orn:* Zygodactyle.
zygoma, pl. -ata [zai'gouma, -ata], *s.* *Anat:* Zygoma *m*; os *m* malaire; os de la pommette.
zygomatic [zaigo'matik], *a.* *Anat:* Zygomatique. **The zygomatic arch,** l'arcade *f* zygomatique.
zygomorphic [zaigo'mɔ:rfik], **zygomorphous** [zaigo'mɔ:rfəs], *a.* *Bot:* Zygomorphe.
zygophyllaceae [zaigofi'leisii:], *s.pl.* *Bot:* Zygophyllacées *f.*
zygophyllaceous [zaigofi'leiʃəs], *a.* *Bot:* Zygophyllacé.
zygophyllum [zaigo'filəm], *s.* *Bot:* Zygophylle *f.*
zygosis [zai'gousis], *s.* *Biol:* Zygose *f*, conjugaison *f.*
zygospore ['zaigospɔ:ər], *s.* *Bot:* Zygospore *m.*
zygote ['zaigout], *s.* *Biol:* Zygote *m.*
zymase ['zaimeis], *s.* *Ch:* Zymase *f.*
zymogen ['zaimodʒen], *s.* *Biol: Ch:* Zymogène *m*, prodiastase *f*, proenzyme *f*, proferment *m.*
zymohydrolysis [zaimohai'drɔlisis], *s.* Zymohydrolyse *f.*
zymology [zai'mɔlodʒi], *s.* *Ch:* Zymologie *f.*
zymometer [zai'mɔmetər], **zymosimeter** [zaimo'simetər], *s.* *Brewing: etc:* Zymosimètre *m.*
zymosis [zai'mousis], *s.* Fermentation *f.*
zymotechnics [zaimo'tekniks], *s.pl.* (*Usu. with sg. const.*) Zymotechnie *f.*
zymotic [zai'mɔtik], *a.* *Med:* (Maladie *f*) zymotique.

A.A., *Automobile Association.*

A.A.F., *Auxiliary Air Force.*

A.B., *Nau: Able(-bodied) seaman*, matelot (de deuxième classe).

A.C., **1.** *Sp: Alpine Club.* **2.** *El: Alternating current*, courant alternatif; c.a. **3.** *Mil: Army-corps*, corps d'armée.

ac., **1.** *Acre(s)*, acre(s). **2.** *Com: (On bill) Accepted*, accepté; a.

a/c, *Com: Account (current)*, compte (courant), c/c.

A.C.A., *Associate of the Institute of Chartered Accountants*, comptable diplômé.

A.C.G.I., *Associate of the City and Guilds of London Institute*, ingénieur diplômé.

A.D., *Anno Domini*, *q.v.*

ad., *Advertisement*, annonce.

a.d., *Com: After date. V.* DATE[2] 1.

A.D.C., *Aide-de-camp*, aide de camp.

ad eund., *Sch: Ad eundem, q.v.*

ad int., *Ad interim, q.v.*

Adjt, *Mil: Adjutant*, adjudant. **Adjt-Gen.**, *Adjutant-General, approx.* = chef d'état-major.

ad lib., *Ad libitum, q.v.*

Adm., **1.** *Admiral*, amiral. **2.** *Admiralty*, amirauté.

advt, *Advertisement*, annonce.

A.F., **1.** *Admiral of the Fleet*, amiral commandant en chef. **2.** *W.Tel: Audio-frequency*, audiofréquence.

A.F.A., *Sp: Amateur Football Association.*

A.G., **1.** *Adm: Accountant General*, chef de la comptabilité. **2.** *Jur: Attorney-General. V.* ATTORNEY[1] 3. **3.** *Mil: Adjutant-General, approx.* = chef d'état-major.

A.I.C.E., *Associate of the Institution of Civil Engineers*, ingénieur civil diplômé.

A.I.Mech.E., *Associate of the Institute of Mechanical Engineers*, ingénieur mécanicien diplômé.

Alban., *Ecc:* Signature de l'évêque de St Albans.

Ald., *Alderman*, magistrat municipal.

a.m., *Ante meridiem, q.v.*

a.-m., *El. E: Ampere-minute*, ampère-minute; a.-m.

A.M.I.C.E., *Associate Member of the Institute of Civil Engineers*, ingénieur civil diplômé.

A.M.I.E.E., *Associate Member of the Institution of Electrical Engineers*, ingénieur électricien diplômé.

amp(s), *El: Ampere(s)*, ampère(s); amp(s).

a/o, *Com: Account of*, pour le compte de.

A.P., **1.** *M.Ins: Additional premium*, surprime. **2.** *Mth: Arithmetical progression*, progression arithmétique. **3.** *Navy: Assistant Paymaster*, sous-commissaire.

A.Q.M.G., *Mil: Assistant Quartermaster general*, sous-intendant.

a/r, *Ins: All risks*, tous risques.

A.R.A., **1.** *Amateur Rowing Association.* **2.** *Associate of the Royal Academy of Arts*, membre associé de l'Académie royale des Beaux-Arts.

A.R.A.M., *Associate of the Royal Academy of Music.*

Archbp, *Archbishop*, archevêque.

Archd., **1.** *Archdeacon*, archidiacre. **2.** *Archduke*, archiduc.

A.R.C.M., *Associate of the Royal College of Music.*

A.R.C.O., *Associate of the Royal College of Organists.*

A.R.P., *Air Raid Precautions*, défense passive (anti-aérienne).

A.S., **A/S**, *Com: Account sales*, compte de vente.

a/s, *Com: At sight*, (payable) à vue.

A.S.C., *Mil: Army Service Corps. V.* SERVICE[1] 2.

atm., *Ph: Atmosphere*, atmosphère; atm.

A.U., *Ph: Angström unit*, unité d'Angström.

A.V., *Authorized Version*, la Traduction Autorisée (de la Bible).

av., **1.** *Meas: Avoirdupois, q.v.* **2.** *Com: etc: Average*, avaries.

A.V.C., *W.Tel: Automatic volume control*, dispositif antifading.

avdp., *Meas: Avoirdupois, q.v.*

A.W.G., *American wire-gauge. V.* GAUGE[1] 2.

b., **1.** *Born*, né. **2.** *Cr: Bowled.*

B.A., **1.** *Sch: Baccalaureus Artium, Bachelor of Arts. V.* BACHELOR 3. **2.** British Association (for the Advancement of Science).

bal., *Com: Balance*, solde.

B. & S., *F: Brandy and soda*, fine à l'eau.

Bart, *Baronet*, baronnet.

Bart's, *St Bartholomew's Hospital (London).*

B.A.U., *El: British Association unit*, 0,986 ohms.

B.B.C., **1.** *British Broadcasting Corporation. V.* BROADCASTING 2. **2.** *Boxing Board of Control.*

B.C., **1.** *Before Christ. V.* BEFORE 2(*b*). **2.** *Baccalaureus Chirurgiæ*, Bachelier en Chirurgie. **3.** *Geog: British Columbia*, Colombie britannique.

B. Comm., *Bachelor of Commerce*, Bachelier en Commerce.

B.D., *Baccalaureus Divinitatis, Bachelor of Divinity*, Bachelier en Théologie.

B.D.A., *British Dental Association.*

B/E, **b/e**, *Com: Bill of exchange*, lettre de change.

Beds., *Geog: Bedfordshire.*

B.E.F., *British Expeditionary Force. V.* EXPEDITIONARY.

Berks., *Geog: Berkshire.*

B/F, **b/f**, *Book-k: Brought forward*, à reporter; report.

B.G., **1.** *Geog: British Guiana*, Guyane anglaise. **2.** *Metalw: Birmingham gauge. V.* GAUGE[1] 2.

B'ham, *Geog: Birmingham.*

b.h.p., *Brake horse-power*, puissance au frein.

B/L, **b/l**, *Com: Bill of Lading. V.* BILL[4] 4.

B.M., **1.** *British Museum.* **2.** *Mec: Bending moment*, moment de flexion.

B.M.A., *British Medical Association.*

B.M.J., *British Medical Journal.*

B.Mus., *Baccalaureus Musicæ, Bachelor of Music*, Bachelier en Musique.

B/O, **b/o**, *Com: Brought over*, à reporter; report.

B. of E., **1.** *Bank of England.* **2.** *Board of Education.*

Bomb., *Artil: Bombardier*, brigadier.

Boro', *Borough, q.v.*

B.O.T., *Board of Trade. V.* BOARD[1] 3.

B.P., **1.** *The British public*, l'opinion. **2.** *Pharm: British Pharmacopoeia.* **3.** *Ph: Boiling point*, point d'ébullition. **4.** *Dist: Below proof*, au-dessous de preuve.

Bp, *Bishop*, évêque. **Bp Suff.**, *Bishop Suffragan.*

bro(s), *Brother(s)*, frère(s).

B.S., **1.** *Bachelor of Surgery*, Bachelier en Chirurgie. **2.** *Ecc: Blessed Sacrament*, Saint Sacrement; S.S.

B.S.A., *Geog: British South Africa*, Afrique méridionale anglaise.

B.Sc., *Sch: Baccalaureus Scientiæ, Bachelor of Science. V.* BACHELOR 3. **B.Sc. Econ.**, *Bachelor of Science in the Faculty of Economics.*

B.S.T., *British summer-time*, heure d'été anglaise.

Bt, *Baronet*, baronnet.

B/T, *Board of Trade. V.* BOARD[1] 3.

B.Th.U., *Meas: British thermal unit* (252 petites calories).

B.T.U., *El: Board of Trade unit*, kilowatt-heure; kWh.

Bucks., *Geog: Buckinghamshire.*

B.W.G., *Birmingham wire-gauge. V.* GAUGE[1] 2.

B.W.I., *Geog: British West Indies*, Antilles Anglaises.

C., **1.** *Centum*, cent. **2.** *Ph: Centigrade* centigrade.

c., **1.** *Circa, circiter*, environ. **2.** *Num: (a) Cent*, cent. (*b*) *Centime*, centime.

C.A., *Chartered Accountant*, expert comptable.

Can., **1.** *Geog: Canada.* **2.** *Ecc: Canon*, chanoine. **Can. Res.**, *canon residentiary*, chanoine résidant.

c. & f., *Com: Cost and freight*, coût et fret.

Cantab., *Sch: Cantabrigiensis*, de l'Université de Cambridge.

Cantuar., *Ecc:* Signature *f* de l'archevêque de Cantorbéry.

cap., **1.** *Capitulum, chapter*, chapitre. **2.** *Typ: Capital*, majuscule. **3.** *Geog: Capital*, capitale.

caps, **1.** *Typ: Capitals*, majuscules. **2.** *Med: Capsules*, capsules.

C.A.S., *Av: Chief of the Air Staff.*

C.B., **1.** *Companion of the Order of the Bath*, compagnon de l'Ordre du Bain. **2.** *Com: Cash book*, livre de caisse. **3.** *Adm: County Borough. V.* BOROUGH 1. **4.** *Mil: F: Confinement to barracks. V.* BARRACK[1] 1.

C.B.E., (i) *Commander*, (ii) *Companion, of the Order of the British Empire*, (i) commandeur, (ii) compagnon, de l'Ordre de l'Empire britannique.

C.C., **1.** (*a*) *County court. V.* COUNTY 2. (*b*) *County council. V.* COUNCIL 1. (*c*) *County councillor*, membre du conseil de comté. **2.** *Mil: Company commander*, commandant de compagnie. **3.** *Cricket Club.*

c.c., **1.** *Meas: Cubic centimetre(s)*, centimètre(s) cube(s); cm^3. **2.** *El: Continuous current*, courant continu.

C.C.P., *Jur: Court of Common Pleas*, Cour des Plaids Communs.

C/D, **c/d**, *Book-k: Carried down*, à reporter.

c.d., *St.Exch: Cum dividend. V.* DIVIDEND 2.

cd fwd, *Book-k: Carried forward*, à reporter; report.

C.E., **1.** *Church of England*, l'Église anglicane. **2.** *Civil Engineer*, ingénieur civil.

c.e.m.f., *El: Counter-electromotive force*, force contre-électromotrice.

Cent., *Ph: Centigrade*, centigrade; c.

cent., **1.** *Century*, siècle. **2.** *Central*, central. **3.** *Centum*, cent. **4.** *Num: Centime*, centime. **5.** *Meas: (a) Centimetre(s)*, centimètre(s); cm. (*b*) *Cental(s)*, quintal, -aux.

Cestr., *Ecc:* Signature de l'évêque de Chester.

C.F., *Chaplain to the Forces*, aumônier militaire.

C/F, **c/f**, *Book-k: Carried forward*, à reporter; report.

cf., *Confer, conferatur*, voir, consulter; conf.

C.-G., **1.** *Mil: Commissary-general*, intendant général d'armée. **2.** *Consul-general*, consul général; C.G.

c.g., *Ph: Centre of gravity*, centre de gravité.

cg., *Meas: Centigramme*, centigramme; centigr, cgr.

C.G.M., *Navy: Conspicuous Gallantry Medal.*

C.G.S., *Ph. Meas: Centimetre-gramme-second*, centimètre-gramme-seconde; c.g.s.

C.H., **1.** *Companion of Honour.* **2.** *Sch: Christ's Hospital.*

ch., **1.** *Chapter*, chapitre; ch. **2.** *Church*, église. **3.** *Meas: Chaldron, q.v.*

Ch. B., *Baccalaureus Chirurgiæ*, Bachelier en Chirurgie.

Ch. E., *Nau: Chief engineer*, chef mécanicien.

chq., *Com: Cheque*, chèque.

C.I., **1.** *Geog: Channel Islands*, les îles Anglo-normandes. **2.** *Imperial Order of the Crown of India*, Ordre impérial de la Couronne des Indes.

Cicestr., *Ecc:* Signature de l'évêque de Chichester.

C.I.D., *Criminal Investigation Department. V.* CRIMINAL 1.

C.I.E., *Companion of the Order of the Indian Empire*, compagnon de l'Ordre de l'Empire des Indes.

c.i.f., *Com: Cost, insurance and freight,* coût, assurance, fret; C.A.F.
C.-in-C., *Mil: Commander-in-chief,* commandant en chef.
C.J., *Jur: Chief Justice. V.* JUSTICE 2.
cm., *Meas: Centimetre(s),* centimètre(s); cm. **cm²,** *square centimetres,* centimètres carrés; cmq; cm². cm³, *cubic centimetres,* centimètres cubes; cm³.
C.M.B., *Navy: Coastal motor boat,* vedette lance-torpilles.
C.M.G., *Companion of the Order of St Michael and St George,* compagnon de l'Ordre de Saint-Michel et Saint-Georges.
C.O., 1. (*a*) *Colonial Office,* ministère des Colonies. (*b*) *Crown office. V.* CROWN¹ 1. **2.** *Mil: Commanding officer,* officier commandant.
Co., 1. *Com: Company,* compagnie ou société. *X & Co.,* X et Cie. **2.** *Adm: County,* comté.
c/o, *Care of. V.* CARE¹ 3.
C.O.D., *Com: Cash on delivery, U.S: collect on delivery,* contre remboursement.
C. of E., *Church of England,* l'Église anglicane.
Col., 1. *Mil: Colonel,* colonel. **2.** *Geog:* Colorado.
Com.H., *Parl: Committee of the House,* la Chambre constituée en comité.
comps, *Compliments,* compliments.
Com. Sergt, *Jur: Common Sergeant. V.* SERGEANT 2.
con., *Contra,* contre.
Cons., *Pol: Conservative,* Conservateur.
cons., *Fin: Consols,* consolidés.
corr., *Corresponding,* correspondant. **Corr. Mem.,** *corresponding member,* membre correspondant (d'une société savante).
cos., *Trig: Cosine,* cosinus; cos.
cosec., *Mth: Cosecant,* cosécante; coséc.
cot., *Mth: Cotangent,* cotangente; cot.
C.P., 1. *Com: Carriage paid,* port payé. **2.** *Jur:* (*a*) *Clerk of the Peace,* greffier de la session des juges de paix. (*b*) *Court of Common Pleas,* Cour des Plaids Communs. **3.** *Med: Consulting physician,* médecin consultant. **4.** *Geog: Central Provinces,* Provinces Centrales (de l'Inde). **5.** *Ph. Meas: Candle-power, q.v.*
cp., *Compare,* comparer.
Cpl, *Mil: Corporal,* caporal.
C.P.R., *Canadian Pacific Railway.*
C.P.S., *Custos Privati Sigilli, Keeper of the Privy Seal. V.* PRIVY I. 2.
C.Q.M.S., *Mil: Company Quartermaster sergeant,* sergent chef.
cr., 1. *Book-k:* (*a*) *Credit,* crédit. (*b*) *Creditor,* créancier. **2.** *Paperm: Crown,* format couronne. **Cr. 8vo,** *crown octavo.*
C.S., 1. *Civil Service,* Administration civile. **2.** (*a*) *Clerk of Sessions,* greffier. (*b*) *Clerk to the Signet,* avoué. (*c*) *Custos Sigilli,* garde des sceaux.
C.S.I., *Companion of the Order of the Star of India,* compagnon de l'Ordre de l'Étoile des Indes.
C.S.M., *Mil: Company Sergeant-major,* sergent major.
ct, 1. *Num: Cent,* cent. **2.** *Meas:* (*a*) *Carat,* carat. (*b*) *Cental,* quintal.
C.T.C., 1. *Cyclists' Touring Club.* **2.** *Calcutta Turf Club.*
c.t.l., *M.Ins: Constructive total loss,* perte censée totale.
cu., *Cubic,* cubique, cube.
cum d(iv)., *St.Exch: Cum dividend. V.* DIVIDEND 2.
C.V.O., *Commander of the Royal Victorian Order,* commandeur de l'Ordre royal de Victoria.
c.w.o., *Com: Cash with order,* payable à la commande.
C.W.S., *Co-operative Wholesale Society,* société coopérative de consommation.
cwt(s), *Meas: Hundredweight(s), q.v.*

d., 1. *Died,* mort; m. **2.** *Denarius, denarii, penny, pence.*
D/A, 1. *Documents against, on, acceptance,* documents contre acceptation. **2.** *Bank: Deposit account,* compte de dépôts.
D.B.E., *Dame of the Order of the British Empire.*
dbk, *Cust: Drawback, q.v.*
D.C., 1. (*a*) *District Commissioner,* commissaire régional. (*b*) *Deputy Consul,* consul suppléant. **2.** *El: Direct current,* courant continu.
D.C.L., *Jur: Doctor of Civil Law,* Docteur en Droit civil.
D.C.M., *Distinguished Conduct Medal* = Croix de guerre.
D.D., *Divinitatis Doctor,* Docteur en Théologie.
deb., *Fin: Debenture,* obligation.
def., *Fin: Deferred,* différé.
dem., *Paperm: Demy,* format carré.
Dep., *Deputy,* suppléant.
dep., 1. *Department,* service. **2.** (*a*) *Rail: Departs,* part. (*b*) *Nau: Departure,* chemin est et ouest.
dept, *Department,* service.
D.F., *W.Tel: Nau: Direction(al) finding,* radiogoniométrie.
D.F.C., *Distinguished Flying Cross,* décoration pour officiers de l'armée de l'air.
D.F.M., *Distinguished Flying Medal,* médaille pour gradés et mécaniciens de l'armée de l'air.
D.G., *Dei gratia,* par la grâce de Dieu; D.G.
dg., *Meas: Decigramme,* décigramme; décigr.
dis(c)., disct, *Com: Discount,* escompte.
div., *Fin: Dividend,* dividende; div.
D.L., *Deputy Lieutenant,* sous-gouverneur de comté.
dl., *Meas: Decilitre,* décilitre; décil.
D.Lit., *Sch: Doctor of Literature,* Docteur ès Lettres.
dm., *Meas: Decimetre(s),* décimètre(s); dm. **dm²,** *square decimetre(s),* décimètre(s) carré(s); dm². **dm³,** *cubic decimetre(s),* décimètre(s) cube(s); dm³.
do, *Ditto,* dito; do.
D.O.R.A., *Defence of the Realm Act. V.* DEFENCE 1.
doz., *Com: Dozen,* douzaine(s); dz.
D/P, *Com: Documents against payment,* documents contre paiement.
dpt, *Department,* service.
D.R., *Nau: Dead reckoning. V.* RECKONING 1 (*c*).
Dr, 1. *Doctor,* docteur. **2.** *Com: Debtor,* débiteur.
d.s., *Com: Days after sight, days' sight,* jours de vue.
D.S.C., *Navy: Distinguished Service Cross,* décoration navale pour officiers subalternes.
D.Sc., *Sch: Doctor of Science,* Docteur ès Sciences.
D.S.M., *Navy: Distinguished Service Medal,* médaille pour gradés et matelots.
D.S.O., *Distinguished Service Order,* médaille pour officiers de l'armée ou de la marine.
D.T's, *F: Delirium tremens.*
Dunelm., *Ecc:* Signature de l'évêque de Durham.
D.V., *Deo volente,* si Dieu le permet. *F:* **D.V. and W.P.** (*weather permitting*), si Dieu et le temps le permettent.
D.W., *Nau: Dead-weight, q.v.*
D.W.I., *Geog: Dutch West Indies,* Antilles hollandaises.
dwt, *Meas: Pennyweight, q.v.*

E., *East,* est.
E. & F.C., *Examined and found correct,* approuvé.
E. & O.E., *Com: Errors and omissions excepted,* sauf erreur ou omission; s.e. & o.; s.e. ou o.
Eblan., *Ecc:* Signature de l'évêque de Dublin.
Ebor., *Ecc:* Signature de l'archevêque d'York.
Ed., *Publ: Editor, q.v.*
ed(it)., *Publ:* **1.** *Edited,* annoté. **2.** *Edition,* édition.
Edenburg., *Ecc:* Signature de l'évêque d'Édimbourg.
e.g., *Exempli gratia,* par exemple; p.ex.
E.H.P., 1. *Mec.E: Effective horse-power,* chevaux effectifs. **2.** *El.E: Electrical horse-power,* cheval électrique.
E.I., *Geog: East Indies,* Indes orientales.
E. L(ong)., *East longitude,* longitude est.
e.m.f., *El.E: Electromotive force,* force électromotrice; f.é.m.
E.N.E., *East-north-east,* est-nord-est; E.-N.-E.
E.P.D., *Excess profits duty,* contribution sur les bénéfices de guerre.
E.R., 1. *Edwardus Rex.* **2.** *Geog: East Riding of Yorkshire.*
E.S.E., *East-south-east,* est-sud-est; E.-S.-E.
esp., *Especially,* surtout.
Esq., *V.* ESQUIRE 2.
Exc., *Excellency,* Excellence; Exc.
exc., *Except,* excepté.
Exch., 1. *Exchequer,* Échiquier. **2.** *Exchange,* échange.
ex cp., *Fin: Ex coupon,* coupon détaché; ex-c(oup).
ex div., *Fin: Ex dividend,* ex-dividende; ex-d.; x.-d.
Exec., *Jur: Executor,* exécuteur testamentaire.
ex off., *Ex officio, q.v.*
Exon., *Ecc:* Signature de l'évêque d'Exeter.

F., *Ph: Fahrenheit, q.v.*
f., 1. *Meas:* (*a*) *Foot, feet,* pied(s). (*b*) *Furlong, q.v.* (*c*) *Fathom, q.v.* **2.** *Num:* (*a*) *Farthing(s),* quart(s) d'un penny. (*b*) *Franc(s),* franc(s); fr. **3.** *El: Farad,* farad. **4.** *Phot: Focal distance,* distance focale.
F.A., *Football Association.*
F.A.A., *Navy: Fleet Air Arm.*
f.a.a., *M.Ins: Free of all average,* franc de toutes avaries.
Fah(r)., *Fahrenheit, q.v.*
F.A.I., *Fellow of the Auctioneers' Institute,* commissaire-priseur.
f.a.q., *Com: Free alongside quay,* franco quai.
f.a.s., *Com: Free alongside ship,* franco quai.
fath., *Meas: Fathom, q.v.*
F.C., 1. *Football Club.* **2.** *Free Church,* Église libre (d'Écosse).
fc(s), *Num: Franc(s),* franc(s); fr.
F.C.A., *Fellow of the Institute of Chartered Accountants,* comptable expert.
fcap, *Foolscap,* papier ministre.
F.C.I.S., *Fellow of the Chartered Institute of Secretaries.*
fco, *Com: Franco,* franco; fco.
F.C.P., *Fellow of the College of Preceptors.*
fcp, *Foolscap,* papier ministre.
F.C.S., *Fellow of the Chemical Society.*
f.g.a., *M.Ins: Free of general average,* franc d'avaries communes.
F.G.S., *Fellow of the Geological Society.*
F.I.A., *Fellow of the Institute of Actuaries,* actuaire diplômé.
Fid. Def., *Fidei Defensor,* défenseur de la foi.
fir., *Meas: Firkin.*
F.L.C.M., *Fellow of the London College of Music.*
F.L.S., *Fellow of the Linnean Society.*
F.M., 1. *El: Field magnet,* inducteur. **2.** *Mil: Field Marshal,* feld-maréchal; F.-M.
F.O., 1. *Foreign Office,* Ministère des Affaires étrangères. **2.** *Mil: Field-officer,* officier supérieur.
f.o.b., *Com: Free on board,* franco à bord.
f.o.r., *Com: Free on rail,* franco sur wagon.
f.o.w., *Com: Free on wharf,* franco quai.
f.oz., *Pharm: Fluid ounces. V.* OUNCE¹ 2.
f.p., 1. *Fin: Fully paid,* (action) libérée. **2.** *Mec. Meas: Foot-pound(s),* pied(s)-livre(s).
f.p.a., *M.Ins: Free from particular average,* franc d'avaries particulières.
fr, *Num: Franc(s),* franc(s); fr.
F.R.A.S., *Fellow of the Royal Astronomical Society.*
F.R.B.S., *Fellow of the Royal Botanical Society.*
F.R.C.M., *Fellow of the Royal College of Music.*
F.R.C.O., *Fellow of the Royal College of Organists.*
F.R.C.P., *Fellow of the Royal College of Physicians.*
F.R.C.S., *Fellow of the Royal College of Surgeons.*
F.R.G.S., *Fellow of the Royal Geographical Society.*
F.R.H.S., *Fellow of the Royal Horticultural Society.*
F.R.H(ist).S., *Fellow of the Royal Historical Society.*
F.R.P.S., *Fellow of the Royal Photographic Society.*
F.R.S., *Fellow of the Royal Society.*
f.-s., *Mec: Foot-second(s),* pied(s) par seconde.
F.S.A., *Fellow of the Society of Antiquaries.*
ft, *Meas: Foot, feet,* pied(s). *Mec:* **ft-lb.,** *foot-pound,* pied-livre.
fth(m), *Meas: Fathom, q.v.*
fur., *Meas: Furlong, q.v.*
F.Z.S., *Fellow of the Zoological Society.*

g., 1. *Meas: Gramme*, gramme; gr. 2. *Num: Guinea*, guinée.
g.a., g/a, *M.Ins: General average*, avaries communes.
gal(l)., *Meas: Gallon(s)*, *q.v.*
G.B., *Geog: Great Britain*, Grande-Bretagne.
G.B.E., *Grand Cross of the Order of the British Empire*, grand'croix de l'Ordre de l'Empire Britannique.
g.cal., *Ph: Gramme-calory, -calories*, petite(s) calorie(s); c.
G.C.B., *Grand Cross of the Order of the Bath*, grand'croix de l'Ordre du Bain.
G.C.F., *Mth: Greatest common factor*, plus grand commun diviseur; p.g.c.d.
G.C.L.H., *Grand Cross of the Legion of Honour*, grand'croix de la Légion d'Honneur; G.C.
G.C.M., *Mth: Greatest common measure*, plus grand commun diviseur; p.g.c.d.
G.C.M.G., *Grand Cross of the Order of St Michael and St George*, grand'croix de l'Ordre de Saint-Michel et Saint-Georges.
G.C.S.I., *Grand Commander of the Order of the Star of India*, Grand Commandeur de l'Ordre de l'Étoile des Indes.
G.C.V.O., *Grand Cross of the Royal Victorian Order*, grand'croix de l'Ordre royal de Victoria.
g.d., *Gravimetric density*, densité gravimétrique.
Gen., *Mil: General*, général; Gal.
G.F.S., *Girls' Friendly Society*.
g.gr., *Com: Great gross*, douze grosses.
G.H.Q., *Mil: General Headquarters*, grand quartier général; G.Q.G.
Glos., *Geog: Gloucestershire*.
gm., *Meas: Gramme(s)*, gramme(s); g.
G.M.T., *Hor: Greenwich mean time*, heure de Greenwich.
G.O.C., *Mil: General officer commanding*, officier général commandant.
G.O.M., *Grand old man*. *V.* GRAND 4.
G.P., *Med: General practitioner*, médecin ordinaire.
G.P.O., *General post-office*, hôtel des postes.
G.P.U., *Russ. Adm:* La Guépéou.
G.R., *Georgius Rex*.
gr., 1. *Com: Gross*, grosse(s). 2. *Meas:* (*a*) *Gramme(s)*, gramme(s); gr. (*b*) *Grain(s)*, grain(s).
gr. wt, *Gross weight*, poids brut.
G.S.O., *Mil: General staff officer*, officier d'état-major.
G.S.T., *Hor: Greenwich sidereal time*, temps sidéral de Greenwich.
Gui., *Geog: Guiana*, la Guyane.
Guin., *Geog: Guinea*, la Guinée.
G.W.R., *Great Western Railway*.

h., *Hour(s)*, heure(s); h.
hab. corp., *Jur: Habeas corpus*, *q.v.*
h. & c., *Hot and cold*, eau courante chaude et froide.
Hants., *Geog: Hampshire*.
H.C.F., *Mth: Highest common factor*, plus grand commun diviseur; p.g.c.d.
hcp, *Sp: Handicap*, handicap.
hd, *Meas:* 1. *Hogshead(s)*, *q.v.* 2. *Hand(s)*, paume(s).
H.E., 1. (*a*) *His Eminence*, son Éminence; S. E(m). (*b*) *His Excellency*, son Excellence; S. E(xc). 2. *High explosive*, haut explosif.
Herts., *Geog: Hertfordshire*.
H.F., 1. *Ecc: Holy Father*, le Saint-Père; S.-P. 2. *El: High frequency*, haute fréquence.
H.G., *His Grace*. *V.* GRACE[1] 5.
H.I.H., *His (Her) Imperial Highness*, son Altesse Impériale; S.A.I.
H.I.M., *His (Her) Imperial Majesty*, sa Majesté Impériale; S.M.I.
H.K., *House of Keys*, le Parlement de l'île de Man.
H.L., *House of Lords*, la Chambre des Lords.
hl., *Meas: Hectolitre*, hectolitre; hectol.
H.M., 1. *His (Her) Majesty*, sa Majesté; S.M. 2. *Sch: Head-master, -mistress*, directeur, -trice. 3. *Hall-mark*, *q.v.* 4. *Paperm: Hand-made*, fait à la main.
hm., *Meas: Hectometre*, hectomètre; hectom.
H.M.O.W., *His Majesty's Office of Works*, le Ministère des Travaux publics.
H.M.S., *His (Her) Majesty's Ship*, le vaisseau de guerre. . . .
H.M.S.O., *His Majesty's Stationery Office*, le Service des fournitures et des publications de l'Administration.
H.O., 1. *Home Office*, Ministère de l'Intérieur. 2. *Head office*, bureau central.
Hon., 1. *V.* HONOURABLE 2. 2. *Honorary*, honoraire. **Hon. Sec.**, *Honorary Secretary*.
Hons, *Sch: Honours*. *V.* HONOUR[1] 5.
h.p., 1. *High-pressure*, *q.v.* 2. *Horse-power*, *q.v.* 3. *Paperm: Hot-pressed*, satiné. 4. *Mil: Half-pay*, demi-solde.
H.Q., *Mil: etc: Headquarters*, *q.v.*
H.R., *Pol:* 1. *Home Rule*, autonomie. 2. *U.S: House of Representatives*, la Chambre des Représentants.
h.r., *El: High resistance*, haute résistance.
hr(s), *Hour(s)*, heure(s); h.
H.R.H., *His (Her) Royal Highness*, son Altesse Royale; S.A.R.
H.S.H., *His (Her) Serene Highness*, son Altesse Sérénissime; S.A.S.
H.T., h.t., *El: High tension*, haute tension.
Hunts., *Geog: Huntingdonshire*.
H.W.M., *Nau: High-water mark*, niveau de haute mer.

I.C.S., *Indian Civil Service*, service d'administration de l'Inde anglaise.
I.D., *Mil: Navy: Intelligence department*, service des renseignements.
id., *Idem*, idem; id.
i.e., *Id est*, c'est-à-dire; c.-à-d.
I.F.S., *Irish Free State*, État libre d'Irlande.
I.H.P., i.h.p., *Indicated horse-power*, chevaux indiqués.
I.L.O., *International Labour Office*, Bureau international du Travail.
I.L.P., *Pol: Independent Labour Party*, Parti Travailliste indépendant.
I.M., *Geog: Isle of Man*.
Imp., *Imperator, -trix*, empereur, impératrice.
imp., 1. *Typ: Imprimatur*. 2. *Paperm: Imperial*, format grand jésus.
Inc., *Incorporated*, *q.v.*
incl., *Inclusive*, inclusivement.
Insp., *Inspector*, inspecteur. **Insp.-Gen.**, *inspector-general*, inspecteur général.
inst., *Instant*. *V.* INSTANT[1] 2.
I. of M., *Geog: Isle of Man*.
I. of W., *Geog: Isle of Wight*.
I.R., *Inland Revenue*, le fisc.
I.R.A., *Irish Republican Army*.
I.S.O., *Imperial Service Order*.
I.S.W.G., *Metalw: Imperial standard wire-gauge*, jauge impériale.

J., *Ph. Meas: Joule*, joule; j.
J.A., *Jur: Justice of Appeal*, conseiller à la cour d'appel.
J/A, *Bank: Joint account*, compte conjoint.
J.A.G., *Mil: Judge advocate general*, président du conseil de guerre.
Jam., *Geog: Jamaica*, la Jamaïque.
J.C., 1. *Jesus Christ*, Jésus-Christ. 2. *Hist: Julius Cæsar*, Jules César. 3. *Jur: Juris Consultus*, jurisconsulte. 4. *Justice-Clerk*, *q.v.*
Jno, *John*, Jean.
jnr, *Junior*, cadet; fils.
J.P., *Justice of the Peace*. *V.* PEACE 2.
jr, *Junior*, cadet; fils.
jun., *Junior*, cadet; fils. *Sch:* **Jun. opt.**, *junior optime*. *V.* OPTIME.

K., *El: Ph: Kelvin*, *q.v.*
K.B., 1. (*a*) *Knight Bachelor*. *V.* KNIGHT[1] 1. (*b*) *Knight of (the Order of) the Bath*, Chevalier de l'Ordre du Bain. 2. *Jur: King's Bench*, la Cour du Banc du roi.
K.B.E., *Knight of the Order of the British Empire*, Chevalier de l'Ordre de l'Empire britannique.
K.C., *Jur: King's Counsel*. *V.* COUNSEL[1] 4.
K.C.B., *Knight Commander of (the Order of) the Bath*, Chevalier Commandeur de l'Ordre du Bain.
K.C.I.E., *Knight Commander of the Order of the Indian Empire*, Chevalier Commandeur de l'Ordre de l'Empire des Indes.
K.C.M.G., *Knight Commander of the Order of St Michael and St George*, Chevalier Commandeur de l'Ordre de Saint-Michel et Saint-Georges.
K.C.S.I., *Knight Commander of the Star of India*, Chevalier Commandeur de l'Ordre de l'Étoile des Indes.
K.C.V.O., *Knight Commander of the Royal Victorian Order*, Chevalier Commandeur de l'Ordre royal de Victoria.
K.G., *Knight of the Order of the Garter*, Chevalier de l'Ordre de la Jarretière.
kg., 1. *Meas: Kilogram*, kilogramme; kg(r). 2. *Com: Keg*, *q.v.*
K.G.C.B., *Knight Grand Cross of (the Order of) the Bath*, Chevalier Grand'croix de l'Ordre du Bain.
km., *Meas: Kilometre(s)*, kilomètre(s); km. **km²**, *square kilometres*, kilomètres carrés.
K.O., *Box: Knocked out*, mis knock-out.
K.P., *Knight of the Order of St Patrick*, Chevalier de l'Ordre de Saint-Patrice.
K.S., *Sch: King's scholar*, boursier.
K.T., 1. *Knight of the Order of the Thistle*, Chevalier de l'Ordre du Chardon. 2. *Knight Templar*, Chevalier du Temple.
Kt, *Knight*, Chevalier.
K.V.A., kva., *El: Kilovolt-ampere(s)*, kilovolt(s)-ampère(s); kVa.
K.W., kw., *El: Kilowatt*, kilowatt; kW.

L., £, *Num: Libra, libræ*, livre(s) sterling; liv. st. **£E.**, *Egyptian pound(s)*, livre(s) égyptienne(s). **£T.**, *Turkish pound(s)*, livre(s) turque(s). *See also* L3.
l., 1. *Num: Lira(s)*, lire(s). 2. *Th: Left*, gauche.
Lancs., *Geog: Lancashire*.
lb(s)., *Meas: Libra, libræ, pound(s)*, livre(s) (avoirdupois).
l.b.w., *Cr: Leg before wicket*. *V.* LEG[1] 1.
l.c., 1. *Typ: Lower case*, bas de casse. 2. *Th: Left centre*, à gauche au second plan. 3. *Loco citato*; l.c. 4. *Bank: Letter of credit*, lettre de crédit.
L.C.C., *London County Council*.
L.C.D., *Mth: Lowest common denominator*, plus petit commun multiple; p.p.c.m.
L.C.M., *Mth: Least common multiple*, plus petit commun multiple; p.p.c.m.
L.D.S., *Licentiate in Dental Surgery*.
L.F., *El: Low frequency*, basse fréquence.
Lieut., *Mil: Lieutenant*, lieutenant; Lt.
Linc(s)., *Geog: Lincolnshire*.
lit., *Meas: Litre*, litre; lit.
L.L.A., *Sch: Lady Literate in Arts*. *V.* LITERATE 1.
LL.B., *Legum Baccalaureus*, Bachelier en Droit; B. en Dr.
LL.D., *Legum Doctor*, Docteur en Droit.
L.M.S., *London Midland and Scottish Railway*.
L.N.E.R., *London and North Eastern Railway*.
Londin., *Ecc:* Signature de l'évêque de Londres.
L.P., 1. *Lord Provost*. *V.* PROVOST 1. 2. *Ph: Low pressure*, basse pression. 3. *Jur: Letters patent*. *V.* PATENT[1] I. 1.
L.P.T.B., *London Passenger Transport Board*.
L.R.A.M., *Licentiate of the Royal Academy of Music*.
L.R.C.P., *Licentiate of the Royal College of Physicians*, médecin diplômé.
L.R.C.S., *Licentiate of the Royal College of Surgeons*, chirurgien diplômé.
L.T., *Locum-tenens*, *q.v.*
l.t., 1. *Meas: Long ton(s)*. *V.* TON 1. 2. *El: Low tension*, basse tension.
Lt., *Mil: Lieutenant*, lieutenant; Lt. **Lt.-Gen.**, *Lieutenant-General*, général de division. **Lt.-Gov.**, *Lieutenant-Governor*, sous-gouverneur.
L.T.A., *Lawn Tennis Association*.
Ltd, *Com: Limited*, à responsabilité limitée.

m., 1. *Metre(s)*, mètre(s); m. **m²**, *square metres*, mètres carrés; mq. **m³**, *cubic metres*, mètres cubes; mc. 2. *Cr: Maiden over*. *V.* MAIDEN 2.
M.A., *Magister Artium, Master of Arts*, Maître ès Arts.
ma., *El: Milliampere(s)*, milliampère(s); mA.
Maj., *Mil: Major*, commandant. **Maj.-Gen.**, *Major-General*, général de brigade.
Mancun., *Ecc:* Signature de l'évêque de Manchester.
March., *Marchioness*, marquise.
Marq., *Marquess, Marquis*, marquis.
M.B., *Medicinæ Baccalaureus*, Bachelier en Médecine.
M.B.E., *Member of the Order of the British Empire*, membre de l'Ordre de l'Empire britannique.
M.C., 1. *Master of Ceremonies*. *V.* MASTER[1] 1. 2. *Magister Chirurgiæ, Master of Surgery*,

Maître en Chirurgie. 3. *U.S: Member of Congress*, député. 4. *Military Cross* = Croix de guerre.
M.C.C., *Cr: Marylebone Cricket Club.*
M.Ch., *Magister Chirurgiæ*, Maître en Chirurgie.
M.D., 1. *Medicinæ Doctor*, Docteur en Médecine. 2. *Mental deficient, mentally defective*, à petite mentalité.
M/D, m/d, *Com: Months after date, months' date*, mois de date.
Menev., *Ecc:* Signature de l'évêque de St Davids.
mfd, 1. *Com: Manufactured*, fabriqué. 2. *El: Microfarad*, microfarad.
M.F.H., *Ven: Master of Foxhounds*, maître d'équipage de la chasse au renard.
mg., *Meas: Milligram(me)*, milligramme; mg.
Mgr, 1. *Manager*, directeur. 2. *R.C.Ch: Monsignor*, Monseigneur; Mgr.
M.H., *Most Honourable*, Très Honorable.
M.I.C.E., *Member of the Institution of Civil Engineers.*
Mid(d)x, *Geog: Middlesex.*
M.I.E.E., *Member of the Institute of Electrical Engineers.*
M.I.Mech.E., *Member of the Institution of Mechanical Engineers.*
Min. Plen., *Minister Plenipotentiary*, ministre plénipotentiaire.
ml., *Meas: Millilitre*, millilitre; ml.
M.M., *Military Medal* = Croix de guerre.
mm., *Meas: Millimetre(s)*, millimètre(s). mm^2, *square millimetres*, millimètres carrés; mq. mm^3, *cubic millimetres*, millimètres cubes; mc.
M.O., 1. *Medical officer.* V. MEDICAL 1. 2. *Post: Money order*, mandat-poste.
M.O.H., *Medical Officer of Health*, médecin de l'état civil.
Mon., *Geog: Monmouthshire.*
mort(g)., *Mortgage*, hypothèque.
M.P., 1. (*a*) *Metropolitan Police*, police métropolitaine. (*b*) *Military Police*, police militaire. 2. *Member of Parliament.* V. MEMBER 3.
m.p.g., *Aut: Miles per gallon.* V. GALLON.
m.p.h., *Miles per hour*, milles à l'heure.
M.P.S., *Member of the Pharmaceutical Society*, pharmacien diplômé.
M.Q., *Phot: Metol-quinol*, (révélateur) à l'hydroquinone-métol.
M.R.C.P., *Member of the Royal College of Physicians.*
M.R.C.S., *Member of the Royal College of Surgeons.*
M.R.I.B.A., *Member of the Royal Institute of British Architects.*
M.S., *Master of Surgery*, Maître en Chirurgie.
M/S, *Com: Months' sight*, mois de vue.
M.Sc., *Master of Science*, Maître ès Sciences.
M.S.H., *Ven: Master of Staghounds*, maître d'équipage de la chasse au cerf.
m.s.l., *Mean sea-level*, niveau moyen de la mer.
M.T., 1. *Mechanical transport*, transport automobile. 2. *Meas: Metric ton.* V. TON 1.
Mus. B(ac)., *Musicæ Baccalaureus*, Bachelier en Musique.
Mus. D(oc)., *Musicæ Doctor*, Docteur en Musique.
M.V.O., *Member of the Royal Victorian Order*, membre de l'Ordre royal de Victoria.
Mx, *Geog: Middlesex.*

N., *North*, nord.
n., *Noon*, midi.
N.B., 1. *Nota bene*; N.B. 2. *Geog: North Britain*, Écosse.
N.C.O., *Mil: Non-commissioned officer*, sous-officier, gradé.
n.d., *No date, not dated*, sans date.
N.E., *North-east*, nord-est.
nem. con., nem. diss. *See page* 811.
N.F., 1. *Geog: Newfoundland*, Terre-Neuve 2. *Phot:* N.F. *plate, non-filter plate* plaque à écran adhérent. 3. *Bank:* (*Also* N/F) *No funds*, défaut de provision.
n.h.p., *Nominal horse-power*, cheval nominal.
N.L., 1. *North latitude*, latitude nord. 2. *Non licet*, non permis.
n. lat., *North latitude*, latitude nord.
N.N.E., *North-north-east*, nord-nord-est; N.-N.-E.
N.N.W., *North-north-west*, nord-nord-ouest; N.-N.-O.
Non Con., *Parl: Non-content*, voix contre.
non obst., *Non obstante*, nonobstant.
non seq., *Non sequitur*, illogicité.
Northants., *Geog: Northamptonshire.*
Norvic., *Ecc:* Signature de l'évêque de Norwich.
Notts., *Geog: Nottinghamshire.*
N.P., *Jur: Notary public*, notaire.
n.p., *Mec.E: Normal pitch*, pas normal.
N.R., *Geog: North Riding of Yorkshire.*
N.S., 1. *Chr: New Style*, nouveau style. 2. *Geog: Nova Scotia*, la Nouvelle-Écosse.
N.S.P.C.C., *National Society for the Prevention of Cruelty to Children.* V. CRUELTY.
N.S.W., *Geog: New South Wales*, la Nouvelle-Galles du Sud.
N.T., 1. *B: New Testament*, le Nouveau Testament. 2. *Geog: Northern Territory of Australia*, le Territoire du Nord.
N.U.T. *See* TEACHER.
N.W., *North-west*, nord-ouest; N.-O.
N.W. P(rov)., *Geog: North-west Provinces of India*, les Provinces du Nord-ouest.
N.W.T., *Geog: North-west Territory of Canada*, les Territoires du Nord-Ouest.
N.Y., *Geog: New York.*
N.Z., *Geog: New Zealand*, la Nouvelle-Zélande.

o., *On*, sur. **Burton o/T.**, Burton sur le Trent.
ob., *Obiit*, décédé.
O.B.E., (*Officer of the*) *Order of the British Empire.*
O.C., *Mil: Officer commanding*, chef de corps.
O/D, o/d, *Bank: Overdraft*, découvert.
O.H.M.S., *Post: On His Majesty's Service.* V. MAJESTY.
O.M., *Order of Merit.*
O.P., *Th: Opposite prompter.* V. PROMPTER 2.
o.p., 1. *Dist: Over proof*, au-dessus de preuve. 2. *Publ: Out of print*, épuisé.
Ork., *Geog: Orkney*, les Orcades.
ortho., *Phot: Orthochromatic*, orthochromatique.
O.S., 1. *Chr: Old Style*, vieux style. 2. *Nau: Ordinary seaman*, matelot de pont. 3. *Com:* (*a*) *Out of stock*, manque en magasin. (*b*) *Out size, q.v.*
O.T., *B: Old Testament*, l'Ancien Testament.
O.T.C., *Mil: Officers' Training Corps.* V. OFFICER[1] 2.
O.U., *Sch: Oxford University.* **O.U.B.C.**, *Oxford University Boat Club.* **O.U.D.S.**, *Oxford University Dramatic Society.*
Oxon., 1. *Geog: Oxfordshire.* 2. *Ecc:* Signature de l'évêque d'Oxford.
oz., *Meas: Ounce(s)*, once(s).

p., 1. *Page*, page; p. 2. *Meas:* (*a*) *Perch*, perche. (*b*) *Pint, q.v.*
P.A., *M.Ins: Particular average*, avarie particulière.
P/A, *Jur: Power of attorney.* V. ATTORNEY[2].
p.a., *Per annum*, par an.
P. & O., *Peninsular and Oriental Steam Navigation Company.*
pat., *Patent*, breveté. **Pat. Off.**, *Patent Office*, bureau des brevets.
P.C., 1. *Police Constable.* 2. (*a*) *Privy Council*, le Conseil privé du Roi. (*b*) *Privy Councillor*, conseiller privé.
p.c., 1. *Postcard*, carte postale. 2. *Per cent*, pour cent. 3. *Com:* (*a*) *Petty cash*, petite caisse. (*b*) *Price-current*, prix-courant.
p.d., *El: Potential difference*, différence de potentiel.
pd, *Paid*, acquitté.
per an., *Per annum*, par an.
per pro., *Per procurationem*, par procuration; p. pon.
Petriburg., *Ecc:* Signature de l'évêque de Peterborough.
p.f., *El: Power factor*, facteur de puissance.
pf., *Fin: Preferred*, (actions) de préférence.
P.G., *Paying guest*, pensionnaire.
Ph.D., *Philosophiæ Doctor*, Docteur en Philosophie.
pk, *Meas: Peck(s)*, boisseau(x).
pkg., *Com:* 1. *Package*, paquet. 2. *Packing*, emballage.
P/L, *Book-k: Profit and loss*, profits et pertes.
P.L.A., *Port of London Authority.*
P.M., 1. *Prime Minister*, premier ministre. 2. *Postmaster*, Receveur des Postes. 3. *Paymaster, q.v.* 4. *Mil: Provost-marshal*, grand prévôt.
p.m., *Post meridiem, q.v.*
P.M.G., *Postmaster General*, ministre des Postes et Télégraphes.
P/N, *Com: Promissory note*, billet à ordre.
P.O., 1. *Post office*, bureau de poste. 2. *Postal order*, bon de poste. 3. *Navy: Petty officer*, officier marinier.
P.O.B., *Post-office box*, case postale.
P. of L., *Port of London.*
P.O.O., *Post-office order*, mandat-poste.
P.O.P., *Phot: Printing-out paper.* V. PRINTING-PAPER 2.
p.p., p. pro., *Per procurationem*, par procuration; p. pon.
P.P.R., *Post: Printed paper rate*, (taux des) imprimés; papiers d'affaires.
P.R.A., *President of the Royal Academy*, Président de l'Académie royale des Beaux-Arts.
Preb., *Ecc: Prebendary*, prébendier.
pref., *Fin: Preference*, (actions) de préférence.
Pres., *President*, président.
Presb., *Ecc: Presbyterian*, presbytérien.
pro tem., *Pro tempore.* V. PRO[1] 3.
prox. acc., *Proxime accessit, q.v.*
P.R.S., *President of the Royal Society.*
P.S., 1. (*Also* PS.) *Postscript*, post-scriptum. 2. *Permanent Secretary*, secrétaire permanent. 3. *Privy Seal*, Garde *m* du petit Sceau. 4. *Th: Prompt-side, q.v.* 5. *Phot: Pyro-soda, q.v.*
P.S.A., *Pleasant Sunday Afternoon* (œuvre sociale).
P.S.C., *Mil: Passed Staff College*, breveté d'état-major.
P.T., 1. *Sch: Pupil teacher*, élève-maître. 2. *Physical training*, éducation physique. 3. *Post-town, q.v.*
pt, 1. *Part*, partie. 2. *Payment*, paiement. 3. *Meas: Pint, q.v.*
Pte, *Mil: Private*, simple soldat.
P.T.O., *Please turn over.* V. OVER II. 3 (*b*).

Q, *El.Meas: Coulomb*, coulomb; coul.
q., 1. = QUERY[1] 1 (*b*). 2. *Meas:* (*a*) *Quart.* (*b*) *Quarter*, quartier. (*c*) *Quintal, q.v.*
Q.C., *Jur: Queen's Counsel.* V. COUNSEL 4.
Q.E.D., *Geom: Quod erat demonstrandum*, ce qu'il fallait démontrer.
Q.M., *Mil: Quartermaster, q.v.* **Q.M.G.**, *Quartermaster general.* **Q.M.S.**, *Quartermaster sergeant.*
qr., 1. *Meas: Quarter.* 2. *Quire*, main de papier.
Q.S., *Jur: Quarter-sessions, q.v.*
qt, *Meas: Quart(s).*
qto, *Paperm: Quarto*, in-quarto.
quar(t)., 1. *Meas: Quarter.* 2. *Quarterly*, trimestriel.
q.v., *Quod vide.*

R., 1. (*a*) *Rex*, roi. (*b*) *Regina*, reine. 2. *Railway, railroad*, chemin de fer. 3. *River*, rivière. 4. *Ph: Réaumur*, (thermomètre) Réaumur. 5. *Ecc: Response*, répons.
r., 1. *Th: Right*, à droite. 2. *Meas:* (*a*) *Rod*, perche. (*b*) *Rood*, rood. 3. *Num: Rupee.*
R.A., 1. (*a*) *Royal Academy*, l'Académie des Beaux-Arts. (*b*) *Royal Academician*, membre de l'Académie des Beaux-Arts. 2. *Astr: Right ascension*, ascension droite.
R.A.C., 1. *Royal Automobile Club.* 2. *Royal Aero Club.*
Rad., *Geog: Radnorshire.*
R.A.D.A., *Royal Academy of Dramatic Art.*
R.Ae.C., *Royal Aero Club.*
R.Ae.S., *Royal Aeronautical Society.*
R.A.F., *Royal Air Force*, armée de l'air.
R.A.G.C., *Royal and Ancient Golf Club, St Andrews.*
R.A.M., *Royal Academy of Music*, l'Académie royale de Musique.
R.A.M.C., *Royal Army Medical Corps*, le service de santé.
R.B.A., *Royal Society of British Artists.*
R.C., 1. *Roman Catholic*, catholique. 2. *Racing Club.*
r.c., *Th: Right centre*, à droite au second plan.
R.D., R/D, *Bank: Referred to drawer.* V. REFER 1.
R.D.C., *Rural District Council*, conseil de commune rurale.
R.E., 1. *Mil: Royal Engineers*, le génie. 2. *Royal Exchange*, la Bourse du Commerce.
recd, *Received*, (i) reçu; (ii) pour acquit.
ref., *Com.Corr: Reference . . .*, mention . . .
regd, *Registered, q.v.*

Reg. Prof., *Regius Professor. V.* REGIUS.
repr., *Publ: Reprinted*, nouveau tirage.
Res., **1.** *Ecc: Resident*, résidant. **2.** *Mil: On reserved list*, dans la réserve.
Rev., **1.** *B: Revelation(s)*, l'Apocalypse. **2.** *Ecc: See* REVEREND **2.**
R.F.U., *Rugby Football Union.*
R.H.A., *Royal Hibernian Academy*, l'Académie des Beaux-Arts irlandaise.
R.H.S., *Royal Humane Society*, société pour la protection des animaux.
R.I., **1.** *Geog: Rhode Island.* **2.** *Rex Imperator, Regina Imperatrix*, roi et empereur, reine et impératrice.
R.I.A., *Royal Irish Academy*, l'Académie des Beaux-Arts de l'Irlande.
R.I.B.A., *Royal Institute of British Architects.*
R.I.C., *Hist: Royal Irish Constabulary.*
R.I.P., *Requiescat in pace.*
R.M., **1.** *Royal Mail*, service des postes et télégraphes; = P.T.T. **2.** *Resident magistrate*, juge résident. **3.** *Navy: Royal Marines*, fusiliers marins.
rm, *Ream*, rame.
R.M.A., *Royal Military Academy*, École militaire (de Woolwich).
R.M.C., *Royal Military College*, École militaire (de Sandhurst).
R.M.S., *Nau: Royal Mail Steamer*, paquebot du *Royal Mail Steam Packet Company.*
R.N., *Royal Navy*, Marine anglaise.
R.N.C., *Royal Naval College*, École navale (de Greenwich).
R.N.R., *Royal Naval Reserve*, réserve de la marine de guerre.
ro., *Meas: Rood*, rood.
Roffen., *Ecc:* Signature de l'évêque de Rochester.
Rom., *Typ: Roman type*, romain.
R.P., **1.** *Regius Professor. V.* REGIUS. **2.** *Ecc: Reformed Presbyterian*, membre de l'Église presbytérienne réformée.
r.p.m., *Revolutions per minute*, tours par minute; t.p.m., t: mn.
R.Q.M.S., *Regimental Quartermaster sergeant*, maréchal des logis chef.
R.R., **1.** *Right Reverend. V.* REVEREND **2.** **2.** *U.S: Railroad*, chemin de fer. **3.** *Phot:* **R.R. lens,** *rapid rectilinear lens*, objectif rectilinéaire.
R.S., *Royal Society.*
R.S.A., *Royal Scottish Academy*, (membre de) l'Académie des Beaux-Arts d'Écosse.
R.S.M., **1.** *Royal School of Mines*, École royale des Mines. **2.** *Mil: Regimental Sergeant-major* = adjudant chef.
R.S.P.C.A., *Royal Society for the Prevention of Cruelty to Animals*, Société protectrice des animaux.
R.S.P.C.C., *Royal Society for the Prevention of Cruelty to Children*, Société protectrice des enfants.
R.S.P.W.C., *Royal Society of Painters in Water-colours.*
Rt Hon., *Right Honourable. V.* HONOURABLE 2 (*c*).
Rt Rev., *Right Reverend. V.* REVEREND **2.**
R.T.S., *Religious Tract Society.*
R.U., *Sp: Rugby Union.*
R.V., *B: Revised Version*, le texte révisé de 1884.
R.V.C., *Royal Veterinary College*, École des vétérinaires.
R.W.S., *Royal Society of Painters in Water-colours.*
Ry, *Railway*, chemin de fer.
R.Y.S., *Royal Yacht Squadron*, le Yacht-club (de Cowes).

S., **1.** *South*, sud. **2.** *Saint*, saint; S(t). **3.** *Num: Solidi, shillings. See also* L 3.
s., **1.** *Son*, fils. **2.** *Meas:* (*a*) *Second(s)*, seconde(s). (*b*) *Stere(s)*, stère(s).
S.A., **1.** *Salvation Army*, l'Armée du Salut. **2.** *Geog:* (*a*) *South Africa*, l'Afrique du Sud. (*b*) *South Australia*, l'Australie méridionale. **3.** *Small arms*, armes portatives. **4.** *F: Sex appeal*, sex-appeal.
Salop., *Geog: Shropshire.*
S. & M., *Ecc: Sodor and Man*, l'évêché de l'île de Man.
Sarum., *Ecc:* Signature de l'évêque de Salisbury.
S.B., *W.Tel: Simultaneous broadcast*, émission simultanée.
S/C, *I.C.E: Supercharged*, suralimenté.
s.c(aps)., *Typ: Small capitals*, petites capitales.
s.d., *Sine die*, indéfiniment.
S.E., *South-east*, sud-est; S.-E.
sec., **1.** *Secretary*, secrétaire. **2.** *Mth: Secant*, sécante. **3.** *Second*, seconde; sec.
sen(r)., *Senior*, aîné; père. *Sch:* **Sen. op.**, *senior optime. V.* OPTIME.
Sergt, *Mil: Sergeant*, sergent; maréchal des logis.
s.g., **1.** *Ph: Specific gravity*, gravité spécifique. **2.** *W.Tel: Screened grid*, grille-écran.
sh., *Num: Shilling.*
sin., *Trig: Sine*, sinus; sin.
S.J., *R.C.Ch: Societas Jesu.*
S.M., *Mil: Sergeant-major, q.v.*
S/M, *Super Mare*, sur Mer.
sm. caps, *Typ: Small capitals*, petites capitales.
S.O., **1.** *Sub post-office*, bureau de quartier. **2.** *Mil: Staff officer*, officier d'état-major.
Soc., *Society*, association.
Sol.-Gen., *Solicitor General*, conseiller juridique de la Couronne.
Som., *Geog: Somersetshire.*
S.O.S., *Nau:* Signal de détresse; S.O.S.
S.P., *Fin: Supra protest*, sous protêt.
s.p., **1.** *Sine prole*, sans enfants. **2.** *Turf: Starting price*, dernière cote avant le départ.
sp. gr., *Ph: Specific gravity*, gravité spécifique.
sq., **1.** *Sequens, sequentia*; sq. **2.** *Meas: Square*, carré. **sq. ft**, *square feet*, pieds carrés.
S.R., *Southern Railway.*
S.S., **1.** *Geog: Straits Settlements. V.* STRAIT[1] 1. **2.** *Sunday School*, école du dimanche. **3.** *Nau: Steamship*, vapeur.
S.S.C., *Jur:* (*Scot.*) *Solicitor before the Supreme Court.*
S.S.E., *South-south-east*, sud-sud-est; S.-S.-E.
S.S.W., *South-south-west*, sud-sud-ouest; S.-S.-O.
St, **1.** *Street*, rue. **2.** *Saint*, saint; S(t).
st., **1.** *Cr: Stumped.* **2.** *Meas: Stone*, stone.
St. Ex., *Stock Exchange*, la Bourse.
stg, *Sterling*, sterling.
supt, *Superintendent, q.v.*
Surg., *Surgeon*, chirurgien. *Mil:* **Surg.-Gen.**, *Surgeon-General*, médecin inspecteur. **Surg.-Maj.**, *Surgeon-Major*, médecin major.
Surv., *Surveyor, q.v.*
s.v., *Sub voce*, voir sous le mot, se reporter au mot.
S.W., **1.** *South-west*, sud-ouest; S.-O. **2.** *Geog: South Wales.*
S.W.G., *Standard wire-gauge*, jauge anglaise standard.

t., **1.** *Meas: Ton(s)*, tonne(s). **2.** *Turf: Taken*, accepté.
T.A., *Mil: Territorial Army.*
tan(g)., *Trig: Tangent*, tangente; tan.
T.B., **1.** *Med:* (*Also* **Tb.**) (*a*) *Tuberculosis*, tuberculose. (*b*) *Tuberculous*, tuberculeux. **2.** *Fin: Trial balance*, balance de vérification. **3.** *Navy: Torpedo boat*, torpilleur. **T.B.D.**, *torpedo-boat destroyer*, contre-torpilleur.
T.H., *Their Highnesses*, leurs Altesses; LL. AA.
Thos., *Thomas.*
T.M., *Their Majesties*, leurs Majestés; LL. MM.
T.N.T., *Exp: Trinitrotoluene*, trinitrotoluène.
T.O., *Turn over*, voir au dos; T.S.V.P.
Tr., **1.** *Treasurer*, trésorier. **2.** *Trustee*, curateur.
tr., **1.** *Transactions*, débats, comptes rendus. **2.** *Typ: Transpose*, transposer.
T.R.H., *Their Royal Highnesses*, leurs Altesses Royales; LL. AA. RR.
Truron., *Ecc:* Signature de l'évêque de Truro.
T.T., **1.** *Teetotaller, q.v.* **2.** *Tg: Telegraphic transfer*, transfert télégraphique; T.T.
T.U., *Ph: Transmission unit*, décibel.
T.U.C., *Trades Union Congress* = Confédération générale du Travail; C.G.T.

U.D.C., *Urban District Council.*
U.F.C., *Ecc: United Free Church of Scotland.*
U.K., *Geog: The United Kingdom*, le Royaume-Uni.
ult., *Ultimo, q.v.*
U.P., **1.** *Geog: United Provinces of India*, les Provinces-Unies. **2.** *Ecc: United Presbyterian.* **3.** *Dist: Under proof*, au-dessous de preuve.
U.S. (A)., *Geog: United States (of America)*, États-Unis. **U.S.A.**, *United States Army.* **U.S.M.**, (i) *United States Marines*, (ii) *United States Mail.* **U.S.N.**, *United States Navy.* **U.S.S.**, (i) *Pol: United States Senate*, (ii) *Navy: United States ship.*
U.S.S.R., *The Union of Socialist Soviet Republics*, l'Union des Républiques socialistes soviétiques; l'U.R.S.S.

v., **1.** *Vide*, voir. **2.** *Jur: Versus*, contre; c. **3.** *B: Verse*, verset. **4.** *El: Volt*, volt.
va., *El. Meas: Volt-ampere(s)*, volt(s)-ampère(s).
V.A.D., *Voluntary Aid Detachment*, société de secours aux blessés.
V.C., **1.** *Victoria Cross, q.v.* **2.** (*a*) *Vice-chairman*, vice-président. (*b*) *Vice-chancellor, q.v.* (*c*) *Vice-consul*, vice-consul.
Ven., *Ecc: Venerable*, vénérable.
vid., *Vide*, voir. **Vid. inf.**, *vide infra*, voir ci-dessous.
Vigorn., *Ecc:* Signature de l'évêque de Worcester.
Vis(ct), *Viscount*, vicomte.
vol(s), *Volume(s)*, tome(s), volume(s); tom., vol.
V. Rev., *Ecc: Very Reverend*, très révérend.
V.S., *Veterinary Surgeon*, vétérinaire.

W., *West*, ouest; O.
w., *El.Meas: Watt*, watt; W,wtt. **w.-hr.**, *watt-hour*, watt-heure.
W.A.A.C., *Women's Army Auxiliary Corps. V.* WAAC.
W.B., *Way-bill*, feuille de route.
W.C., *Water-closet, q.v.*
W.D., *War Department*, Ministère de la guerre.
w.f., *Typ: Wrong fount*, lettre d'un autre œil.
W.I., *Geog: West Indies*, Indes occidentales.
Wigorn., *Ecc:* Signature de l'évêque de Worcester.
Winton., *Ecc:* Signature de l'évêque de Winchester.
W.N.W., *West-north-west*, ouest-nord-ouest; O.-N.-O.
W.O., **1.** *War Office*, Ministère de la guerre. **2.** *Warrant-officer, q.v. under* WARRANT[1] 3. **3.** *Sp: Walk-over.*
Worcs., *Geog: Worcestershire.*
W.P., *Weather permitting*, si le temps le permet.
W.R., *Geog: West Riding of Yorkshire.*
W.R.A.F., *Women's Royal Air Force. V.* WRAF.
W.R.N.S., *Women's Royal Naval Service. V.* WREN.
W.S., *Jur:* (*Scot.*) *Writer to the Signet.*
W.S.W., *West-south-west*, ouest-sud-ouest; O.-S.-O.
W.T., *Wireless telegraphy*, télégraphie sans fil; T.S.F.
wt, *Weight*, poids.

X., **1.** *Ecc: Christus.* **2.** *Cross. Charing X, Charing Cross.*
xd., *Fin: Ex dividend*, ex-dividende; ex-d., x.-d.
Xmas, *Christmas*, Noël.

y., **1.** *Year*, an. **2.** *Meas: Yard*, yard.
yd(s), *Meas: Yard(s)*, yard(s).
Yks., *Geog: Yorkshire.*
Y.M.C.A., *Young Men's Christian Association. V.* ASSOCIATION 2.
Yorks., *Geog: Yorkshire.*
Y.W.C.A., *Young Women's Christian Association. V.* ASSOCIATION 2.

Z., **1.** *Zero*, zéro. **2.** *Mil: Zero-hour, q.v.*

HARRAP'S

Standard

FRENCH AND ENGLISH DICTIONARY

SUPPLEMENT

HARRAP'S
Standard
FRENCH AND ENGLISH DICTIONARY

EDITED BY

J. E. MANSION M.A.

SUPPLEMENT

THIRD EDITION

PART TWO: ENGLISH—FRENCH

compiled by

R. P. L. LEDÉSERT

Licencié en Droit Licencié-ès-Lettres

with the assistance of

P. H. COLLIN B.A.

First published in Great Britain 1950
by George G. Harrap & Co. Ltd
182 High Holborn, London WC1V 7AX

Reprinted 1953

Revised edition 1955

Reprinted: 1956; 1958; 1960

Third edition 1962

Reprinted: 1963; 1965; 1966; 1968; 1970; 1971; 1973; 1975;
1977 (*twice*); 1979

Reproduced and printed by photolithography and bound in
Great Britain at The Pitman Press, Bath

PREFACE

PART One (French-English) of *Harrap's Standard French and English Dictionary*, edited by J. E Mansion, was first published in 1934; Part Two (English–French), in 1939. In the course of those five years Mr Mansion had collected much new material, which, together with the greater extent of the vocabulary of the English language, explains why Part Two of the Dictionary is so much larger than Part One. In 1940 a revised edition of the French–English Part was issued containing as many additions as possible without involving the most costly re-arrangement necessary if the two parts were to be brought into line. We have now incorporated in the French–English section of the Supplement the essential part of the remaining material, as well as many new articles compiled since Mr Mansion's death in 1942, and in consequence this section is substantially larger than the English–French section.

In compiling the Supplement, I had at my disposal:

(1) A large number of notes left by Mr Mansion.

(2) The lists of suggested additions supplied in the course of years by many correspondents who have also solved knotty problems of translation.

(3) The whole field of modern French and English literature as expressed in books, periodicals and newspapers.

In spite of our vigilance I am convinced that some recent words and idioms have evaded us and so have been omitted in both languages Many are so familiar in our everyday language that they are often taken for granted by those whose task it is to keep up to date a work of such magnitude as this Dictionary

Suggestions and criticism from users of the Dictionary will, therefore, be welcomed by the publishers, all the more so as they intend to publish in a few years' time a completely revised and enlarged edition of this Supplement, which will then become a clearing-house for the more modern words in both languages. This will be the first step towards the publication, in due course, of a completely revised edition of the main work, which will then incorporate those words and expressions which have come to stay.

The plan of the *Standard Dictionary* has been closely adhered to in the Supplement, and, therefore, it was not necessary to repeat the *Table of Phonetic Symbols* and the list of *Abbreviations used in the Dictionary*. The phonetic spelling, although not repeated in the case of words already appearing in the main work, has been given when an entirely new word is included. For the words for which supplementary meanings and explanations are necessary the numbers and classification given refer to the corresponding articles in the main work. Corrections to items appearing in the *Standard Dictionary* have not been included.

I should like to express my gratitude for the very valuable help given to me by Messrs M. Ferlin, F. Thomas, H. Montet, R. A. Sayce, E. M. Trehern, and G. C. Allen. Special thanks are due to M. M. Ferlin and Dr L. C Harmer, who read the proofs of this Supplement, and who brought to my notice many omissions and errors that had escaped my attention.

R. P. L. LEDÉSERT

June 1950

PREFACE TO THE SECOND EDITION

Since the first Edition of this Supplement appeared in 1950, a large number of additions have been found to be necessary. Many correspondents have accepted my invitation to write to me, and I should like to thank them for their help. The contributions made by Messrs A. Élie, J. Gommy, N. Mayaud, F. G. S. Parker, J. Podgurski, H. T. Porter, E. Thévenot and Dr P. E. Thompson have been the most valuable, in addition to those of Messrs M. Ferlin, H. Montet, R. A. Sayce, E. M. Trehern, already mentioned in the preface to the First Edition. The proofs have been read this time again by M. M. Ferlin and Professor L. C. Harmer, who have as on the first occasion brought to my notice many omissions and errors that had escaped my attention.

R. P. L. LEDÉSERT

June 1954

PREFACE TO THE THIRD EDITION

In the course of the revision of *Harrap's Standard French and English Dictionary* it has become more and more obvious that many recent additions to the French and English languages should be made available (with their translations) as soon as is possible to users of the dictionary. It is for this reason that this very considerably enlarged supplement is now issued.

In addition to the contributors already mentioned in the two previous prefaces, we should like to thank for their help Mrs M. Davidson, Messrs D. Fortin, Ch. Arnaud le Foulon, Papineau-Couture, F. C. Townsend, and J. Watson. In order to keep pace with the latest developments in the field of phonetics, both in English and in French, a revised phonetic transcription, explained in the *Representation of the Pronunciation*, has been adopted for each part. The phonetics of new French words have been supplied by M. B. Quemada, and of new English words by Mr J. D. O'Connor.

We should also like to acknowledge the considerable assistance afforded us by the following works:

Dictionnaire alphabétique et analogique de la langue française. P. Robert. *Société du nouveau Littré.*
Grand Larousse Encyclopédique.
Petit Larousse.
Dictionnaire usuel Quillet-Flammarion.
Webster's New International Dictionary (Supplement).
and many Technical Dictionaries.

The proofs have been read by M. M. Ferlin, Professor L. C. Harmer and Messrs F. G. S. Parker and J. Watson, who have brought to our notice many omissions and imperfections that had escaped our attention.

R. P. L. LEDÉSERT
P. H. COLLIN

March 1961

NEW ABBREVIATIONS

Atom. Ph: Atomic Physics
Fr. C: French Canadian
Mount: Mountaineering
Prehist: Prehistory
R.t.m: Registered trade mark
Town P: Town Planning
T.V: Television

REPRESENTATION OF THE PRONUNCIATION

For the benefit of those users of the Dictionary to whom English is not the mother-tongue, the pronunciation has been indicated by means of phonetic symbols. If this notation is to be of any use, it is essential that the sound-values of the symbols should be known; this is an aural process, and the values cannot be learned from the printed page. However, once the values of the symbols are known, the phonetic transcription will show the pronunciation to be aimed at.

For those who are already familiar with the sounds of English but not with phonetic symbols, a table of these symbols—those of the *International Phonetic Association*—together with key-words in which the corresponding sounds appear is given below.

The following points call for special mention:

(i) Symbols appearing between round brackets, e.g. *nation* [neiʃ(ə)n]; *postcard* [pous(t)kɑːd] represent alternative and equally acceptable pronunciations with or without the corresponding sound.

(ii) Words such as *which, why, whether* have been consistently shown with no [h]-symbol, *i.e.* [witʃ], [wai], [wɔt]; this is much the commonest pronunciation in educated southern English today. It is nonetheless possible to pronounce such words with an [h]-sound if it is so desired.

(iii) Word-stress is indicated by an accent preceding the stressed syllable, e.g. *abbot* ['æbət]; *abide* [ə'baid]. Certain words have the possibility of two stresses, *e.g. examination* [igˌzæmi'neiʃ(ə)n]; *qualification* [ˌkwɔlifi'keiʃ(ə)n]. The lowered accent-mark implies optional stress on the following syllable; where a second stress *must* be present, for example in many compounds, the high accent-mark is used, *e.g. electro-magnet* [i'lektrou'mægnit]; *post-war* ['poust'wɔːr].

(iv) The sound [r] does not occur before consonants or before pause in educated southern English; the italicised symbol [*r*] is used at the ends of words such as *better, four, here* to show that the [r]- sound may occur there if, and only if, the following word in the phrase begins with a vowel and there is no intervening pause, as in *here and now*.

(v) In compounds entered as head-words the pronunciation is not shown unless there is any room for doubt, but the fall of the stress is indicated.

For further information on this system of phonetic notation the reader is referred to Professor Daniel Jones' *English Pronouncing Dictionary* (Dent, 1960) and *Outline of English Phonetics* (Heffer, 1960).

TABLE OF PHONETIC SYMBOLS

VOWELS

[iː]	bee, fever, sea, police
[iə]	beer, appear, real
[i]	bit, added, physic
[e]	bet, menace, leopard, said, bury
[ei]	date, day, nail
[ɛə]	bear, bare, there, heir, airy
[æ]	bat, add
[ai]	aisle, height, life, fly, type
[ɑː]	art, car, ask
[au]	fowl, house, bough
[ɔ]	lot, was, what
[ɔː]	all, haul, short, saw
[ɔi]	boil, toy, oyster, loyal
[ou]	low, soap, rope
[*o*]	obey, coherent, plutocrat
[u]	put, wool, would, full
[uː]	shoe, prove, too, frugal
[uə]	poor, sure, tour, boorish
[ʌ]	cut, sun, son, some, cover, rough
[ə*r*]	supper, sailor, sugar
[əː]	burn, learn, herb, whirl, myrrh
[ə]	rodent, guttural, treacherous
[y] [ø] [œ]	In foreign words as in Part I

CONSONANTS

[p]	pat, tap
[b]	bat, tab
[m]	mat, ram, prism
[f]	fat, laugh, ruff, rough, elephant
[v]	vat, avail, rave
[t]	tap, pat, patter, trap
[d]	dab, bad, build
[n]	nab, ban, banner, pancake
[nj]	pinion, onion
[s]	sat, scene, mouse, psychology
[θ]	thatch, ether, faith, breath
[z]	zinc, buzz, houses
[dz]	adze, adds
[ð]	that, the, mother, breathe
[l]	lad, all, table, chisel
[lj]	bullion, pillion
[ʃ]	sham, dish, issue, ocean, nation, machine
[tʃ]	chat, search, chisel, thatch, rich
[ʒ]	pleasure, azure, vision
[dʒ]	rage, edge, verger, pigeon, jet, digit, spinach
[j]	yam, yet, beauty, pure, duration, picture
[hj]	hew, hue, huge
[k]	cat, ache, pique, kitten
[ks]	except, exercise, expect
[kʃ]	action, eviction
[g]	go, ghost, guard, again, egg
[gz]	exist, exact
[h]	hat, cohere
[χ]	loch, pibroch
[ŋ]	bang, sing, link, anchor
[ŋg]	anger, finger, English
[w]	wall, well, await
[r]	rat, arise, barring
[*r*]	sailor, martyr, finger; (sounded only when final and carried on to the next word, as in) finger in the pie.

PART II
ENGLISH—FRENCH

A, a¹, *s.* **1.** (*a*) See also ROAD¹.
Aachen ['ɑːkən], *Pr.n. Geog:* Aix-la-Chapelle.
abalone [,æbə'louni], *s. Moll:* Ormeau *m.*
abattoir ['æbətwaː(r)], *s.* Abattoir *m.*
abature ['æbətʃər], *s. Ven:* Abattures *fpl.*
abbey, *s.* **2.** Abbatiale *f.*
abdomen, *s.* **2.** *Med:* **Acute abdomen,** ventre aigu chirurgical.
ablegate ['æbligeit], *s. R.C.Ch:* Ablégat *m.*
aboma [ə'boumə], *s. Rept:* Aboma *m.*
abortion, *s.* **1.** (*a*) *Med: Vet: Infectious a.,* brucellose *f.*
about, *adv. & prep.* **3.** *Haven't we had a. enough of this?* Ça va durer longtemps cette plaisanterie? **4.** *He told me all a. it,* il m'a mis au courant, il m'a dit ce qu'il en était. *The doubts I entertained a. his intelligence,* les doutes que j'ai éprouvés quant à son intelligence.
abrade. 1. *v.tr.* Abraser.
abraxas [ə'bræksəs], *s. Archeol: Lap:* Abraxas *m.*
abreast, *adv.* **1.** (*b*) *To keep a. of the times,* suivre son temps.
abrocome ['æbrəkoum], *s. Z:* Abrocome *m.*
abseiling [æb'seiliŋ], *s. Mount:* Rappel *m.*
absenteeism, *s.* **1.** Absentéisme *m.*
absinthin, absinthiin ['æbsinθi(ː)n], *s. Ch:* Absinthine *f.*
absolving, *a.* Absolutoire.
absterge [æb'stəːdʒ], *v.tr. Med:* Absterger.
abstract¹. 1. *a.* (*a*) *A. art,* art abstrait.
abstractive [æbs'træktiv], *a.* Abstractif, -ive. **-ly,** *adv.* Abstractivement.
abuse², *v.tr.* **1.** *A much-abused word,* un mot trop, mal, employé.
academism [ə'kædəmizm], *s.* Académisme *m.*
Acalephae [,ækə'liːfiː], *s. Zool:* Acalèphes *mpl.*
Acanthaceae [,ækæn'θeisiːiː], *s. Bot:* Acanthacées *fpl.*
Acanthopterygii [,ækænθɔptə'ridʒiai], *s. Ich:* Acanthoptérygiens *mpl.*
acariasis [,ækə'raiəsis], *s. Med:* Acariasis *f.,* acariose *f.*
accelerator. 2. *s. Atom.Ph:* Accélérateur *m.*
accelerograph [ək'selərəgræf], *s.* Accélérographe *m.*
accentor, *s. Orn: Hedge a.,* accenteur *m* mouchet. *Alpine a.,* accenteur alpin, *F:* pégot *m. Mountain a.,* accenteur montanelle *m.*
acceptable, *a.* Possible. *She considered him as an a. husband,* elle le considérait comme un mari possible.
acceptant [ək'septənt], *a. & s.* Acceptant, -ante.
Accipitres [æk'sipitriːz], *s.pl. Orn:* Accipitres *mpl.*
account¹, *s.* **3.** (*a*) **To take sth. into account,** faire état de qch.
account², *v.tr.* **2.** (*a*) Comptabiliser.
accountant, *s.* **2.** (*b*) **Chartered accountant** = conseiller *m* fiscal.
accounting, *a. Com: etc: A. machine,* machine comptable.
accused, *s. Jur:* **The accused,** l'inculpé(e) (*in all cases*); (i) le, la, prévenu(e) (d'un délit); (ii) l'accusé(e) (d'un crime); l'incriminé(e).
acer ['eisər], *s. Bot:* Acer *m.*
Aceraceae [,eisə'reisiːiː], *s.pl. Bot:* Acéracées *fpl.,* acérinées *fpl.*
acetate, *s.* (*Gramophones*) *F:* Disque *m* souple.
ache², *v.i. F: He was aching to join in the fight,* il brûlait de prendre part au combat.
acidly, *adv.* Aigrement, avec aigreur, avec acerbité.
ack-ack ['æk'æk], *s. Mil:* Défense *f* contre-avions (D.C.A.), défense antiaérienne.
acquaint, *v.tr.* **2.** (*b*) *They became acquainted in 1960,* ils se sont connus en 1960.
act². 3. *v.i.* (*a*) *To act upon a letter,* donner suite à une lettre.
actinium, *s. Ch: The actinium series,* les actinides *m.*
action¹, *s.* **1.** *To take a.,* intervenir. *Mec: Principle of least a.,* principe de moindre action.
activator ['æktiveitər], *s. Ch:* Activeur *m.*
activity, *s.* **2.** Activité, action, branche d'activité. *Pej: Anti-national activities,* menées anti-nationales.
actually, *adv.* **1.** (*a*) En fait.
adapter, adaptor, *s.* **1.** Adaptateur *m.* **2.** (*d*) (*Gramophones*) Centreur *m.*
addition, *s.* **1.** (*c*) *Publ:* (To MS., proof, contract) Ajout *m,* ajouté *m.*
additive. 2. *s. I.C.E: Anti-carbon a.,* carburant additionnel décalaminant.
adequacy, *s.* Adéquation *f.*
adequation [,ædi'kweiʃ(ə)n], *s.* Adéquation *f.*
ad hoc ['æd 'hɔk], *Lat. adv. phr.* Ad hoc. *Ad hoc committee,* comité spécial, ad hoc.
adiabat ['eidaiəbæt], *s. Ph:* (Courbe) adiabatique *f. Condensation a.,* adiabatique humide. *Dry a.,* adiabatique sèche. *Pseudo a.,* pseudo adiabatique. *Wet a.,* adiabatique humide.
adiabatic, *a. Ph: A. chart,* diagramme adiabatique. *A. coefficient,* rapport des chaleurs spécifiques. *A. lapse rate,* vitesse de refroidissement (*or* d'échauffement) adiabatique.
adjustment, *s.* **2.** Adaptation *f.*
admiralty, *s.* **3.** *Geog:* **The Admiralty Islands,** les îles de l'Amirauté. **Admiralty Island** (*British Columbia*), île de l'Amirauté.
admirer, *s.* (*b*) *Faithful a.,* chevalier servant.
advance¹, *s.* **1.** (*b*) **In advance,** (iii) avant la lettre. **4.** *Com: Fin:* (*a*) A-valoir *m. inv.* (*b*) (*At an auction sale*) *Any advance?* Qui dit mieux?
advance². I. *v.tr.* **2.** (*c*) Accélérer (la croissance, le développement etc. . . .) **II.** *v.i.* **1.** *Mil:* **To advance on,** avancer sur.
advanced, *a.* **1.** (*a*) *An a. book,* un livre d'avant-garde.
advertisement, *s.* **2.** (*a*) *Journ: Classified advertisements,* petites annonces.
advisory, *a. A. services,* services de documentation.
aerial, 2. *s. T.V:* **H aerial,** antenne de télévision.
aerialist ['ɛəriəlist], *s. U.S:* Acrobate *m* (aérien).
aerodynamic, *a. Ph: A. axis,* axe de poussée. *A. centre,* centre aérodynamique, de poussée. *A. damping,* résistance à l'avancement, aux forces aérodynamiques. *A. efficiency,* finesse *f* (rapport de la portance à la traînée). *A. heating,* échauffement cinétique. *A. missile,* engin doté de surfaces aérodynamiques. *A. surfaces,* voilure *f,* volets *mpl* aérodynamiques. *A. trajectory,* trajectoire *f* balistique. *A. volume,* volume total d'un aérostat.
aerogram(me), *s.* **3.** Aérogramme *m.*
aeropulse ['ɛəroupʌls], *s. Av:* Pulsoréacteur *m.*
aeroresonator ['ɛərou'rezəneitə(r)], *s. Av:* Pulsoréacteur *m.*
aerosol ['ɛərosɔl], *s.* Aérosol *m.*
aerothermodynamic ['ɛərou'θəːmoudai'næmik], *a.* **Aerothermo-dynamic duct,** stato-réacteur *m, pl.* stato-réacteurs.
affair, *s.* **Unhappy love affair,** déception sentimentale.
affect², *v.tr.* **1.** (*a*) *The price of glue affects the cost of binding,* le prix de la colle intervient dans le coût de la reliure.
Afghanistan [æf'gænistaːn], *s. Pr.n. Geog:* Afghanistan *m.*
Africanist ['æfrikənist], *s. & a.* Africaniste.
Afrikaans [æfri'kaːns], *s. Ling:* Afrika(a)ns *m.*
'Afro-'Asian, *a.* Afro-asiatique.
after. II. *prep.* **2.** (*Time*) *Charge a. charge,* des assauts répétés. *Day a. day,* jour après jour.
against, *prep.* **1.** (*f*) (*A standard weight*) *a. which all weights can be checked,* (un poids étalon) d'après lequel, sur lequel, on peut vérifier les poids.
agalactia [,ægə'læktiə], **agalaxy** ['ægəlæksi], *s. Vet: Med:* Agalaxie *f.*
age-group, *s. Mil: etc:* Classe *f.*
aged, *a.* **1.** (*Of horse*) Hors d'âge.
agraphia [ə'græfiə], *s.* Agraphie *f.*
agree. I. *v.i.* **2.** (*b*) *I don't a. with this theory,* je n'accepte pas cette théorie. **3.** (*d*) Réussir. *F: Lobster does not a. with me,* le homard ne me réussit pas.
agreement, *s.* **1.** **Collective agreement,** contrat collectif. *Collective wage a.,* convention collective.
aid¹, *s.* **2.** (*a*) *Deaf aid, hearing aid,* aide auditif, aide-ouïe *m. inv.*
aileron, *s. Av: A. turn,* tonneau *m* en descendant. *See also* ROLL² 2.
ailing, *a. He is always a.,* il a une petite santé.
aim². 1. *v.tr.* (*b*) *He aimed his telescope at the cliff-face,* il braqua sa lunette sur la paroi de la falaise.
air¹, *s.* **I. 1.** (*a*) **The idea was in the air,** l'idée était dans l'air. (*b*) *Av:* **The Fleet Air Arm** = l'Aéronautique Navale, l'Aéronavale *f. The air and sea supremacy of the Allies,* la maîtrise aéronavale des Alliés. **The Royal Air Force,** *U.S:* **the United States Air Force** = l'Armée *f* de l'air, l'Aviation *f.*
airborne ['ɛəbɔːn], *a.* Aéroporté. **Airborne troops,** troupes aéroportées. **Airborne radar,** radar d'avion.
'air-circus, *s. Av: F:* Exercices acrobatiques aériens.
'air-condition, *v.tr.* Climatiser, conditionner.
'air-conditioned, *a.* Climatisé, conditionné; à air conditionné.
'air-conditioner, *s.* Conditionneur *m* d'air.
'air-conditioning, *s.* Climatisation *f,* conditionnement *m* (de l'air).
'air-cooler, *s.* Refroidisseur *m* d'air.
aircraft, *s. Av:* **2.** Avion *m.* **Torpedo-carrying aircraft,** avion torpilleur. *A. manufacturer,* avionneur *m. See also* RANGE¹ 4, RAID¹ 1.
aircraftman, -men ['ɛəkrɑːftmən, -mən], *s. Av:* Soldat *m.* **Aircraftman First-class,** soldat de première classe. **Aircraftman Second-class,** soldat de seconde classe. **Leading Aircraftman,** caporal *m.*
aircraftwoman, -women ['ɛəkrɑːft,wumən, -,wimen], *s.* Femme soldat de la W.R.A.F. **Leading aircraftwoman,** femme caporal de la W.R.A.F.
aircrew ['ɛəkruː], *s. Av:* Équipage *m.*
'air-ferry, *s.* Avion transbordeur.
'air-flow, *s. U.S: Aut:* **Air-flow body,** carrosserie *f* aérodynamique.
airfield ['ɛəfiːld], *s.* Champ *m,* terrain *m,* d'aviation.
airframe ['ɛəfreim], *s.* Cellule *f* d'avion.
airgraph ['ɛəgræf], *s.* Lettre photographiée sur microfilm, et transportée sous cette forme par avion.
'air-hostess, *s. Av:* Hôtesse *f* de l'air.
'air-,letter, *s.* Aérogramme *m,* lettre-avion *f, pl.* lettres-avion.
'air-lift, *s. Av:* Pont aérien.
'air-liner, *s.* Avion *m* de ligne.

'air-mail[1], *s.* Courrier *m* par avion. *A.-m. letter*, aérogramme *m.*
'air-mail[2], *v.tr.* Envoyer par avion.
'air-'minded, *a. To be air-minded*, avoir le sens de l'air.
'air-scoop, *s. Aer:* Prise *f* d'air, manche *f* à air.
'air-screw, *s. Av: See also* DEAD I 4, FREE-WHEEL 3. **Full feathering air-screw**, hélice à mise en drapeau complète. **Quick feathering air-screw**, hélice à mise en drapeau rapide.
'air-sickness, *s.* Mal *m* de l'air, d'avion.
'air-stop, *s. Aer:* Héliport *m.*
airstrip ['ɛəstrip], *s. Av:* **1.** Terrain *m* d'atterrissage. *Emergency airstrip*, terrain *m* de secours. **2.** Secteur *m* de reconnaissances aériennes, d'observation aérienne.
albatross, *s. Orn: Black-browed a.*, albatros à sourcils noirs. *Grey-headed a.*, albatros à tête grise. *Wandering a.*, albatros hurleur. *Yellow-nosed a.*, albatros à bec jaune.
albino, *pl.* **-os**, *s.* **2.** *a. A. negro*, nègre blanc. *A. rabbit*, lapin *m* russe.
Alec(k), *Pr.n.m. F:* **A smart Aleck**, un combinard.
alert. **2.** *s.* **To be on the alert**, être en alerte *f.*
alginate ['ældʒineit], *s. Ch:* Alginate *m.*
align. **1.** *v.tr.* (*d*) *Fin:* Aligner. *Belgium aligns her currency on France*, la Belgique aligne sa monnaie sur la France.
alignment, *s.* **1.** *Fin: A. of currencies*, alignement *m* des monnaies. *Back a.*, alignement intérieur à un îlot.
alkyd ['ælkid], *s. Ch:* Alkyd *m.*
alkylic [æl'kilik], *a. Ch:* Alkylique.
'all-'clear, *s.* (Signal *m* de) fin *f* d'alerte.
allergic [ə'lə:dʒik], *a. Med:* Allergique. *F: I am a. to fish*, je suis allergique au poisson, le poisson ne me convient pas, ne me réussit pas. *Med: A. infection*, allergide *f.*
allergy ['ælədʒi], *s. Med:* Allergie *f.*
allice-shad, *s. Ich:* Grande alose.
'all-'in, *a.* **1.** *Com:* **All-in price**, prix exclusif, exempt, de tout supplément, prix tout compris.
allocation, *s.* **1.** (*b*) *Adm: The egg a.*, la répartition d'œufs.
allogamy, *s. Bot:* Allogamie *f.*
allowance, *s.* **2.** (*c*) *Acting a.*, indemnité *f* de fonctions. *Mil: Navy: etc: Marriage a.*, indemnité d'homme marié.
alluvial. **1.** *a. Geol:* Limoneux.
almandine ['ælməndi:n], *s. Miner:* Almandine *f.*
aloud, *adv.* **Half aloud**, entre haut et bas.
'alpha particle, *s. Ph:* Particule *f* alpha.
also. *adv. Turf:* **Also ran . . .**, non classés . . ..
altar, *s.* **1.** (*a*) *Table a.*, autel improvisé. **Side altar**, autel latéral.
alternation, *s.* **2.** *El.E:* Alternance *f.*
alternative. **1.** *a.* (*a*) *Sch:* Nouveau. *A. extracts*, nouveaux extraits.
alveolitis [,ælvio'laitis], *s. Med:* Alvéolite *f.*
Amazonia [,æmə'zouniə], *Pr.n. Geog:* Amazonie *f.*
ambivalence [æmbi'veiləns], *s.* Ambivalence *f.*
ambivalent [æmbi'veilənt], *a.* Ambivalent.
amenity. **3.** *pl.* **Amenities.** (*b*) **Educational amenities**, ressources intellectuelles et artistiques.
a'mino-'plastic, *s. Ch:* Aminoplaste *m.*
ammu'nition-boots, *s.pl.* Brodequins *m.pl.*
amount[2], *v.i.* **2.** (*Be equivalent*) Se résumer, se borner, se ramener (*to*, à).
ampersand, *s. Typ:* Et *m* commercial.
amplifier, *s.* **2.** *W.Tel:* Haut-parleur *m*, *pl.* hauts-parleurs.
amplitude, *s.* **1.** *W.Tel: A. modulation*, modulation *f* d'amplitude.
ampoule ['æmpu:l], *s. Med:* Ampoule *f.*
Anabasis. *Pr.n. Lit: Hist:* La retraite des Dix Mille
anaesthesiologist [,ænəsθi:zi'ɔlədʒist], *s.* Anesthésiologiste *mf.*
anaesthesiology [,ænəsθi:zi'ɔlədʒi], *s.* Anesthésiologie *f.*
anaesthetic, *a. & s.* **Under the anaesthetic**, sous l'effet *m* de l'anesthésique.
anasarca [ænə'sɑ:kə], *s. Med:* Leucophlegmasie *f.*
anchor[2]. **1.** *v.tr.* (*d*) *Nau: etc:* Hauban(n)er.
androgen ['ændrodʒin], *s.m. Biol:* Androgène.
androgenic [,ændro'dʒenik], *a.* Androgène.
Andromedes [æn'drɔmidi:z], *Pr.n. Astr:* Biélides *fpl.*
angel, *s.* **1.** (*a*) *F: An a. passes*, un ange passe. **5.** *Fung: F: Destroying a.*, amanite printanière.
angle[1], *s.* **1.** (*a*) *Geom:* **Reflex angle**, angle plein. **Straight angle**, angle plat. *The problem has been discussed from every a.*, la question a été étudiée sur toutes ses faces, sous tous les angles. *Aer: Leading a.*, angle d'attaque. *See also* DROPPING I.
angledozer ['æŋgl,douzər], *s.* Angledozer *m.*
angry, *a. He sent me an a. letter*, il m'a envoyé une lettre courroucée.
annealing, *s. Metall:* Adoucissement *m. Black a.*, recuit noir. *Blue a.*, recuit bleu. *Box a.*, recuit en vase clos. *Bright a.*, recuit blanc. *Close a.*, recuit en vase clos. *Differential a.*, recuit différentiel. *Flame a.*, adoucissement à la flamme. *Full a.*, recuit complet. *Normalizing a.*, normalisation *f. Process a.*, revenu *m. Skin a.*, recuit de surface. *Soft a.*, recuit adoucissant. *Stress-release a.*, recuit de libération des tensions.
announcer, *s.* **3.** *W.Tel:* Annonceur *m.*
annoy, *v.tr.* **2.** (*a*) *F:* Embêter.
annoyed, *a.* **To get annoyed about sth.**, se fâcher de qch.
annulus, *s.* **1.** Bague *f* (d'un champignon).
anorak ['ænəræk], *s. Cost:* Anorak *m.*
answer[1], *s.* **1.** (*a*) *F: It is the answer to a maiden's prayer*, c'est exactement ce qu'il nous fallait, ce qu'il nous faut, c'est ce que nous cherchions, attendions, voulions. *See also* DUSTY 4.
Antarctica [æn tɑ:ktikə], *Pr.n. Geog:* L'Antarctique *m.*
'ante'nuptial, *a.* Prénuptial, -aux.
anthropocentric, *a. Phil: A. outlook*, anthropocentrisme *m.*
anthurium [æn'θjuəriəm], *s. Bot:* Anthure *m.*
'anti'biotic, *s.* Antibiotique *m.*
anticoagulant ['æntikou'ægjulənt]. **1.** *a.* Anticoagulant. **2.** *s.* Anticoagulant *m.*
a nti-'dazzling, *a.* Anti-aveuglant, anti-éblouissant.
antifascism ['ænti'fæʃizm], *s.* Antifascisme *m.*
antifascist [ænti'fæʃist], *a. & s. Pol:* Antifasciste.
anti-flu [ænti'flu:], *a.* Antigrippal.
'anti-'freeze, *s. Aut:* Anti-gel *m.inv.*
anti-icer ['ænti'aisər], *s.* Antigivreur *m.*
'anti-'icing, *s.* Anti-givrage *m.*
'anti-'kink, *a.* Antivrilleur, -euse.
antinazi ['ænti'nɑ:tsi], *a. & s.* Antinazi, -ie.
antioxygen ['ænti'ɔksidʒən], *s. Ch:* Antioxygène *m.*
anti-personnel ['antipə:sə'nel], *a.* **Anti-personnel bomb**, **bombe** *f* anti-personnel.
antique[1], **1.** *a.* (*d*) (*Genuine*) **antique furniture**, meubles d'époque
antireflecting ['æntiri'flektiŋ], *a. Opt:* Antireflet.
antispark ['ænti'spɑ:k], *a.* Anti-étincelles *inv.*
'anti-'tank, *a.* Antiblindé, antichars, anti-tank.
anxious, *a.* **1.** (*a*) Ennuyé.
any. I. *a. & pron.* **1.** *If it's in any way inconvenient*, pour peu que cela vous dérange.
anyhow. **1.** *adv. F: You look all a.*, vous paraissez tout chose. **2.** *conj.* Toujours est-il que.
anywhere, *adv.* **1.** *Are you going a.?* allez-vous quelque part? faites-vous quelque chose?
apartheid [ə'pa:tait], *s.* (*In South Africa*) Ségrégation *f.*
apéritif, *s.* Apéritif *m.*
aphesis, *s. Ling:* Déglutination *f.*
aphetic, *a. Ling:* Déglutiné.
aplustre [æ'plustri], *s. Rom.Ant:* Aplustre *m* (de la poupe d'un vaisseau).
apostle, *s.* **Apostle spoon**, cuiller *f* avec figurine d'apôtre.
appeal[1], *s.* **1.** **Notice of appeal**, intimation *f* (d'appel). **To lodge an appeal**, interjeter appel, se pourvoir en appel. *The condemned men have been informed of the rejection of their a.*, les condamnés ont été informés du rejet de leur recours *m* en grâce.
appeal[2], *v.i.* **2.** **To appeal for a cause**, adresser, lancer, un appel en faveur d'une cause.
appeasement, *s.* (*c*) *A. policy.* politique d'apaisement, de conciliation *f.*
appeaser [ə'pi:zər], *s.* Conciliateur, -trice.
appetite, *s.* **1.** *I have quite lost my a.*, j'en ai perdu le boire et le manger.
apply, *v.tr. & i.* **2.** (*a*) *To a. for a post*, postuler un emploi.
appoint, *v.tr.* **1.** (*b*) *He was appointed headmaster of Eton College*, il fut choisi comme directeur du collège d'Eton.
appointee, *s.* Délégué, -ée; nouveau titulaire.
appointment, *s.* **3.** (*b*) *Journ:* **"Appointments Vacant"**, "situations vacantes."
approach[1]. **1.** (*b*) *His a. to the problem*, son angle d'attaque vis-à-vis du problème, la façon dont il aborde le problème. *Freshness of a.*, fraîcheur *f* d'imagination *f. I don't like his a.*, je n'aime pas sa façon de s'y prendre.
approaching, *a.* (*c*) Avoisinant. *It was with sth. a. a feeling of relief that . . .*, ce fut avec un sentiment presque de soulagement que. . . .
approval, *s.* **3.** *Com:* **On approval**, à condition, à l'essai.
apron, *s.* **2.** *Tchn:* (*g*) *Av:* Aire *f* de manœuvre, de stationnement.
aqualung ['ækwəlʌŋ], *s.* Scaphandre *m* autonome.
aqueous, *a.* **1.** *Pharm: A. solution*, soluté, *m.*
araba ['ærəbə], *s. Veh:* Araba *f.*
Arabia. *Pr.n. Geog:* **Saudi Arabia**, l'Arabie Séoudite.
arabicism [ə'ræbisizm], *s. Ling:* Arabisme *m.*
'arc-brazing, *s.* Soudo-brasage *m* à l'arc.
archiater ['ɑ:kieitər], *s. Gr. & Rom.Ant:* Archiâtre *m.*
area, *s.* **4.** (*a*) *Av: Servicing a.*, aire d'entretien. (*b*) *Pol.Ec: Sterling a.*, zone sterling.
areola, *pl.* **-ae**, *s.* (*a*) *Med:* Zone rouge (de vaccination).
'argle-'bargle, *v.i.* Discutailler.
arm[1], *s.* **1.** (*a*) (*Traffic signal*) *To put one's arm out*, étendre, sortir, le bras. **2.** *See also* COMPENSATING.
arm[2], *s. Usu.pl.* (*a*) **1.** *F: To be up in arms*, se gendarmer (*against*, contre). *Arms race*, course *f* aux armements.
armature, *s.* **2.** *El: Ring a.*, anneau *m* de Gramme.
armour[1], *s.* **2.** (*c*) Unités blindées, blindés *mpl.*, chars *mpl.*
armoured, *a.* **Light armoured car**, auto-mitrailleuse *f*, *pl.* auto-mitrailleuses. *U.S: A. car*, fourgon *m* bancaire.
aromatization [ə,roumətai'zeiʃ(ə)n], *s.f. Ch:* Aromatisation *f.*
around. **2.** *prep.* (*a*) *A. London*, à la périphérie de Londres.
arrest[1], *s.* **1.** (*b*) *Mil: Navy: House a.*, arrêts à la chambre.
arrester, *s.* **3.** (*as suffix*) **-arrester**, pare-.
arrow, *s.* **2.** *Surv:* Fiche *f* (d'arpenteur).
arrow, *v.tr.* Indiquer au moyen d'une flèche. (*Road direction*) Flécher (une route, une direction).
arrowing, *s.* Fléchage *m.*
'arrow-slit, *s. A: Arch:* Archère *f*, archière *f.*
arroyo [ə'roujou], *s.* Arroyo *m.*
'arse a'bout, *v.i. V:* (*Not in polite use*) *Don't you go arsing about in there*, va pas faire le con là-dedans.
'arse-crawler, 'arse-licker, *s. V:* Lèche-cul *m. inv.*
artefact ['ɑ:tifækt], *s. Biol:* Artefact *m.*
artful, *a.* **1.** (*b*) *He's as. a. as a monkey*, il est malin comme un singe.
arthritis, *s. Med:* **Rheumatoid arthritis**, polyarthrite chronique évolutive.
article, *s.* **3.** *Journ: F:* Papier *m.*
articulate[1]. **2.** *a.* (*c*) *Millions of people were becoming a.*, des

millions de gens se faisaient désormais entendre (par suite d'émancipation politique).
artifact, *s.* **2.** *Biol:* Artefact *m.*
artillery, *s. Fortress a.*, artillerie *f* de position. *Divisional a.*, artillerie organique, divisionnaire.
'arty-'crafty, *a. F:* Bohême, artiste (genre St Germain-des-Prés).
asbestos, *s.* **Asbestos cement,** fibro(-)ciment *m.*
Ascension. *Pr.n. & Geog:* Ascension *f.*
ascent, *s.* **1.** (*a*) *Mount: First a.*, première.
ascesis [ə'si:sis], *s. Phil:* Ascèse *f.*
ascorbic [əs'kɔ:bik], *a.* **Ascorbic acid,** acide *m* ascorbique.
asdic ['æzdik], *s. Nav:* (*From Anti-submarine detection investigation committee*) Asdic *m.*
ash³, *v.tr.* **2.** *Ch:* Minéraliser.
ask¹, *v.tr. & i.* **4.** (*a*) *He asked me about him*, il m'a demandé de ses nouvelles.
aspergillin [,æspə'dʒilin], *s.* Aspergilline *f.*
assault², *v.tr.* **2.** Violenter.
assembly, *s.* **2.** (*b*) *Ind:* Montage *m.* **Assembly line,** banc *m*, chaîne *f*, de montage.
assets. II. *s.pl.* **2.** *Com: Fin:* (*a*) Avoirs *mpl.*
associate². **1.** *v.tr. Adm: Associated territories*, territoires associés.
assume, *v.tr.* **5.** *To a. the existence of*, présumer l'existence de.
astrionics [,æstri'ɔniks], *s.* Électronique appliquée à l'astronautique.
astrodome ['æstrodoum], *s. Av:* Coupole vitrée avant.
astrogation ['æstro'geiʃ(ə)n], *s.* Navigation *f* interplanétaire, astronautique *f.*
astronaut ['æstronɔ:t], *s.* Astronaute *m.*
astronautics [æstro'nɔ:tiks], *s.* Astronautique *f.*
atelia [ə'tiliə], *s. Biol:* Atélie *f.*
atmosphere, *s.* **1.** *Sensible a.*, atmosphère permettant la sustentation aérodynamique.
athlete, *s.* **2.** *Med:* **Athlete's foot,** pied *m* de l'athlète.
athletic, *a.* **1.** *Med: F:* **Athletic heart,** *F:* cœur claqué.
atom, *s. Mil:* **Atom bomb,** bombe *f* atomique.
atomic, *a. Mil:* **Atomic warfare,** guerre *f* atomique. **Atomic energy,** énergie *f* atomique.
attached, *a.* **1.** (*c*) *Cost: Shirt with collar a.*, chemise col tenant.
attachment, *s.* **1.** (*a*) *Tchn: A. flange*, collerette *f* de fixation.
attack¹, *s.* **1.** *Mil: A. centring on Rheims*, attaque *f* sur Reims.
attendance, *s.* **2.** *School a.*, scolarisation *f.*
attention, *s.* **1.** (*a*) *Com: A. of Mr X.*, à l'attention *f* de M. X.
attest. **1.** *v.tr.* (*a*) *Attested herds*, troupeaux tuberculinés.
attitude, *s.* **1.** (*d*) *Av:* **Attitude of a machine,** position d'un avion en vol. **Landing attitude,** position d'atterrissage. **Steep attitude,** vol cabré.
attract, *v.tr.* **1.** *Jur: To a. a penalty* (of crime, etc.), entraîner une peine.
attractive, *a.* **2.** *A. flat*, appartement coquet.
attractivity [ətræk'tiviti], *s. Ph:* Attractivité *f.*
auburn, *a.* Auburn.
aucuba ['ɔ:kjubə], *s. Bot:* Aucuba *m.*
audible, *a.* Audible.
audiometer, *s.* Audiomètre *m.*
'audio-'visual, *a.* Audiovisuel, -elle.
audition², *v.tr. F:* Auditionner.
auk, *s. Orn:* **1.** Alque *m.* **2.** *Little auk*, mergule *m* nain. *U.S: Razor-billed auk*, petit pingouin.
auklet, *s. Orn: Crested a.*, macareux huppé. *Paroquet a.*, macareux starik.
aureomycin ['ɔ:riou'maisin], *s. Med:* Auréomycine *f.*
austerity, *s.* **1.** (*b*) *The days of a.*, le temps des restrictions.
autarchy ['ɔ:tɑ:ki], *s.* Autarchie *f.*
autarky ['ɔ:tɑ:ki], *s.* Autarcie *f.*
authoritarianism [ɔ:'θɔri'teəriənizm], *s.* Autoritarisme *m.*
'auto-cycle, *s.* Cyclomoteur *m. A.-c. rider*, cyclomotoriste *mf.*
autodigestion ['ɔ:toudai'dʒestʃ(ə)n], *s. Med:* Autodigestion *f.*
automation [,ɔ:tə'meiʃ(ə)n], *s.* Automation *f.*
automatization [ɔ:,tɔmətai'zeiʃ(ə)n], *s.* Automatisation *f.*
automatize [ɔ:'tɔmətaiz], *v.tr.* Automatiser.
autopepsia [,ɔ:to'pepsiə], *s. Med:* Autodigestion *f.*
'autotype¹, *s.* **3.** Reproduction *f*, copie *f* (de tableau, sculpture, etc.).
available, *a.* **1.** (*a*) *Bank:* Réalisable.
aviation, *s.* **Naval Aviation,** Aéronavale *f.*
avitaminosis ['ei,vitəmi'nousis], *s. Med:* Avitaminose *f.*
avocado [ævə'kɑ:dou], *s. Bot:* **1.** Avocatier *m.* **2.** **Avocado(-pear),** (poire *f* d') avocat *m.*
avocet, *s. Orn:* Avocette *f* à manteau noir.
awarding², *s.* Attribution *f* (d'une récompense, etc.). *The a. of travel grants*, l'attribution de bourses de voyage.
away, *adv.* **2.** (*Elliptical uses*) **Away Satan!** Arrière, Satan! **4.** (*c*) *Sp:* **Away ground,** terrain *m* adverse. **Away match,** match *m* à l'extérieur. *To play a.*, jouer à l'extérieur.
axe², *v.tr. Adm: F:* **1.** *To axe public expenditure*, porter la hache dans les dépenses publiques.
axis, *s.* **3.** *Pr.n. Pol:* Axe *m.*

B

B, b, *s. Tp:* **B for Bertie,** B comme Berthe. *See also* ROAD¹ **1.**
baby¹, *s.* **1.** (*a*) *F: That's your baby*, c'est votre affaire, tire-toi d'affaire tout seul, débrouille-toi avec les parents de la fille. **2.** *Attrib.* (*c*) (*Used for the young of animals*) *Baby gazelle*, bébé gazelle.
'baby-carrier, *s.* Moïse *m* de toile.
'baby-sit, *v.i.* Garder les bébés.
'baby-sitter, *s.* Gardien, -ienne d'enfants, garde-bébé *mf*, *pl.* gardes-bébés.
'baby-sitting, *s.* Garde *f* des bébés; *F:* service *f* biberon.
'baby-snatching, *s.* (*a*) Enlèvement *m*, rapt *m*, d'enfant, kidnapping *m.* (*b*) *F:* Détournement *m* de mineur.
'baby-,walker, *s. U.S:* Trotteuse *f*, trotte-bébé *m.inv.*
back. I. *s.* **2.** (*a*) Fin *f* (*d'un livre*). *The vocabulary is at the back of the book*, le vocabulaire est à la fin du livre. (*c*) *He knows London like the b. of his hand*, il connaît Londres comme (le fond de) sa poche.
back. III. *adv.* **1.** (*c*) *To arrive, come, back*, rentrer.
'back-'date, *v.tr.* Antidater.
background, *s.* (*b*) Fonds *m*; acquis *m.*
'back-hand, *s.* **3.** **Back-hand welding,** soudure à droite (en arrière).
backing, *s.* **2.** (*d*) Support *m* de soudage.
backlog ['bæklɔg], *s. F:* Arriéré (de travail).
back-'number, *s.* (*a*) *Journ:* Numéro déjà paru.
'back-'pedal, *v.i. F:* Faire machine arrière.
'back-room, *a. F:* **Back-room boy,** savant *m* (qui travaille à l'arrière-plan).
bacteriological [bæk,tiəriə'lɔdʒikl], *a.* Bactériologique.
bacteriologist, *s.* Bactériologue *mf.*
bacteriostatic [bæk,tiərio'stætik], *a.* Bactériostatique.
baculiform [bə'kju:lifɔ:m], *a.* Baculiforme.
bad. I. *a.* **1.** (*b*) **It isn't half bad,** (ii) ce n'est pas si mal. **2.** (*d*) *F: Bad tooth*, dent cariée.
badge, *s.* **1.** (*a*) *Mil:* Écusson *m* (d'un régiment). (*Of boy-scout*) Badge *m.*
badlands ['bædlændz], *s. Geog:* Bad-lands *mpl.*
badly, *adv.* **2.** *The badly disabled*, les grands infirmes, les grands mutilés.
bag, *s.* **1.** (*For collections in church*) Bourse *f.* *See also* STRING-BAG. **3.** *F:* **In the bag,** sûr et certain, dans le sac; *Av: F:* au tableau.
'baggage-master, *s. A: Mil:* Vaguemestre *m.*
'bain-ma'rie, *s.* Bain-marie *m. pl. bains-marie.*
balafo ['bæləfou], *s. Mus:* Balafon *m.*
balanced, *a.* **1.** *Biol:* Stabilisé.
balancelle [,bælən'sel], *s. Nau:* Balancelle *f.*
balding ['bɔ:ldiŋ], *a. F:* Devenant chauve. *He is a b. thirty*, à trente ans il se déplume.
'bale 'out, *v.i. Av:* Sauter (en parachute).
ball¹, *s.* **1.** (*a*) *F: To play b.*, coopérer avec qn, être en cheville avec qn. (*c*) *pl. V:* **"Balls",** les couilles, *f*, c'est de la couille, quelle connerie! quelle couillonnade!
ballerina. **2.** *s. Bootm:* Ballerine *f.*
ballistics, *s.pl. Interior b.*, propulsion et lancement des projectiles et engins. *Exterior b.*, lois du mouvement des projectiles et engins.
balloon¹, *s.* **1.** (*a*) *See also* BARRAGE. (*Meteorological*) *b.*, radiosonde *f.*
ballot¹, *s.* **3.** *To hold a b.*, procéder à un tirage au sort.
'ball-,pen, *s.* Stylo *m* à bille.
'ball-point, *s.* Pointe *f* bille. **Ball-point pen,** stylo *m* à bille.
balsa ['bɔ(:)lsə], *s. Bot:* Balsa *m.*
banana, *s.* **1.** *Nau: B. boat*, bananier *m.* **3.** *El: B. plug*, fiche banane.
band¹, *s.* **1.** (*e*) Plage *f* (d'un disque de gramophone).
band², *v.tr.* **3.** Baguer (un pigeon).
bandage¹, *s.* (*b*) *Surg: Arm b.*, pansement brachial.
banderol(e), *s.* (*b*) Oriflamme *f.*
bandy³, *a.* **1.** (*b*) *Furn: B. leg*, pied-de-biche *m.*
bang¹, *s.* **1.** *Av:* **Double bang,** double bang *m.*
banger, *s.* **2.** *P:* Saucisse *f.*
'bang 'on, *adv.phr. P: It's bang on*, c'est drôlement nickel.
bank³, *s.* **1.** *Com: Fin:* (*a*) *Merchant bank*, banque *f* d'affaires.
bank⁵, *s.* **3.** *Typewr:* Rang *m.* *A three-bank machine*, une machine à trois rangs de touches. *Cin: B. of projectors*, rampe *f* de projecteurs.
banner, *s.* **3.** *U.S: Journ: B. headlines*, des titres flamboyants.
bar¹. **6.** *Meteor: Meas:* Bar *m.*
barbecue. *s.* **1.** (*a*) Barbecue *m.*
barbiturate [bɑ:'bitjurit], *s. Ch:* Barbiturate *m*, barbiturique *m.*
bare¹, *a.* **2.** *His success is a bare possibility*, son succès est tout juste possible, est possible, sans plus.
bargaining, *s.* **Collective bargaining** = convention collective.
barker, *s.* **3.** *P:* Basset *m.*
barkery [bɑ:kəri], *s. Leath:* Magasin *m* d'écorces.
barnacle, *s.* **1.** *Orn: B. goose*, bernache *f* nonnette.
'barn-'door, *s. F: He couldn't hit a b.-d.*, il manquerait un éléphant dans un tunnel.
barogram ['bærogræm], *s.* Barogramme *m.*
'barrack-room. **Barrack-room joke,** plaisanterie *f* de corps-de-garde.
barracuda [,bærə'kju:də], *s. Ich:* Barracuda *m.*

barrage, *s.* 3. **Barrage balloon**, ballon *m* de protection.
barren. 1. *a.* (*a*) Infertile.
barricade[1], *s. Fort: U.S:* Merlon *m*.
base[1], *s.* 1. (*a*) *See also* ROCKET[3]. 2. (*a*) *Aerodynamics: B. pressure*, pression *f* de culot.
base[2], *v.tr. Av: A British-based U.S. aircraft*, un avion américain basé en Grande-Bretagne.
'base-ball, *s. Sp:* **Base-ball player**, baseballeur *m*.
baseless, *a. B. charge*, accusation *f* sans fond.
bash[1], *s.* (*a*) *F: To have a b. at sth.*, s'attaquer à, s'essayer à, qch.
bashing, *s. F: Mil: etc: To take, get, a b.*, prendre quelque chose.
basic, *a.* 1. (*a*) *B. pay*, salaire *m* de base. *Pol.Ec: B. commodity*, denrée *f* témoin. *Ling: B. English*, l'anglais de base.
basinful, *s.* 3. *P: To have a b.*, en avoir marre; en avoir tout son saoul.
'basket-ball, *s. Games: F:* Basket *m*.
bass[1], *s.* 1. *Ich:* (*b*) *Green b.*, perche-truite *f*, *pl.* perches-truites.
bastard, *a. & s.* 1. *V: That's a b.*, ça c'est couille. 3. *P:* Salaud.
batardeau [bæ'tɑːdou], *s. Fort:* Bâtardeau *m*.
batch[1], *s.* 3. Gâchée *f* (de ciment, de béton).
batch[2], *v.tr. Civ.E:* Mesurer, doser (les agrégats du béton).
batching, *a.* **Batching plant**, usine de dosage des agrégats du béton (sur un chantier). *Batching process*, pesage *m* automatique par charges dosées.
bath[2]. 2. *v.i. Do you b. often?* Est-ce que vous prenez des bains souvent?
'bathing-trunks, *s.* Caleçon de bain.
bathyscaph ['bæθiskæf], *s.* Bathyscaphe *m*.
bathysphere ['bæθisfiər], *s.* Bathysphère *f*.
batten[1], *s.* 1. (*a*) *Box-making:* Anglaise *f*.
battery, *s.* 3. (*e*) *Husb:* Éleveuse *f* (à poulets), batterie *f*.
battle[1], *s. Killed in b.*, tué à l'ennemi.
'battle-dress, *s. Mil:* Tenue *f* de campagne.
battleship, *s.* **Pocket battleship**, cuirassé de poche.
battleworthiness ['bætl,wəːðinis], *s.* État de préparation (militaire) en vue de la guerre (défensive ou offensive).
battleworthy ['bætl,wəːði], *a.* Militairement fort.
battology [bæ'tɔlədʒi], *s.* Battologie *f*.
batty, *a. P:* Cinglé.
bawd, *s.f.* (*b*) *P:* Maquerelle *f*. (*c*) Poissarde *f*.
bay[3], *s.* 2. (*d*) *Parking bay*, place de stationnement (à un parcomètre). *Loading bay*, quai de chargement.
bazooka [bə'zuːkə], *s. Artil:* Bazooka *m*.
be, *v.i.* 1. (*a*) *P: He's one of them*, il en est. 6. *Impers.* (*c*) *F: Well, well, if it isn't George!* Georges! En voilà une surprise!
'beach-head, *s. Mil:* Tête *f* de pont.
'beach-hut, *s.* Cabine *f*.
beachwear ['biːtʃ,weər], *s.* Vêtements *mpl* de plage.
beacon, *s.* 5. *Adm: Aut: Belisha b.*, sphère orange indiquant un passage clouté.
bead, *s.* 5. *Metalw:* Cordon *m* de soudure. **Parallel beads**, soudure *f* en cordons parallèles déposés par passes longitudinales.
beading, *s.* 2. (*c*) *Metalw:* Soudure *f* en cordons parallèles déposés par passes longitudinales.
'beak-'head, *s.* 2. *Sculp:* Tête *f* plate.
beam[1], *s.* 3. (*c*) *El: Wireless b.*, faisceau hertzien. *Electron b.*, faisceau électronique. *T.V: Scanning electron b.*, faisceau cathodique explorateur.
'bean-,goose, *s. Orn:* Oie *f* des moissons.
bear[1], *s.* 1. (*a*) *F: He's like a b. with a sore head*, il n'est pas à prendre avec des pincettes.
bearing[2], *s.* 2. (*c*) *Gas b.*, palier fluide. *Pivoted-shoe b.*, palier à blochets articulés, palier Mitchell. *Slipper b., tilting-pad b.*, palier à segments pivotants.
beat[1], *s.* 3. (*a*) *F:* **It's off my beat altogether**, ce n'est pas mon rayon.
beatnik ['biːtnik], *s.* Beatnik *m*.
'beat 'up. 1. *v.tr.* (*e*) *P: He beats it up a lot*, il mène une vie de patachon, il fait la nouba, la fête, la bombe.
beautician, *s. U.S:* Esthéticienne *f*.
beauty, *s.* 1. **Beauty specialist**, esthéticienne *f*. *P: I'm going to spoil his b. for him*, je vais lui abîmer le portrait.
becloud, *v.tr.* Ennuager.
bed[1]. 1. (*a*) *Journ: The paper has gone to bed*, le journal est tombé.
bedding, *s.* 1. (*g*) *Hort: B. roses*, roses *f* pour massifs *m*, pour corbeilles *f*. *See also* PLANT 1.
bedroomed ['bedrumd], *a.* **A three-bedroomed house**, une maison à trois chambres à coucher.
bed-settee, *s.* Canapé-lit *m*, *pl.* canapés-lits.
bedsock ['bedsɔk], *s.* Chausson *m* de nuit.
bedstead, *s. Av: F: Flying b.*, lit-cage volant.
'bee-eater, *s. Orn:* Guêpier *m* d'Europe. *Blue-cheeked b.-e.*, guêpier de Perse.
bee-line, *s. F: To make a b.-l. for ...*, s'avancer en droite ligne vers....
beer-mat, *s.* Sous-bock *m*.
beet, *s. Bot: etc:* 2. **Fodder beet**, betterave fourragère.
beginner, 1. **"Beginner's luck"** = "aux innocents les mains pleines."
behaviour, *s.* 1. Comportement *m*. 2. Comportement *m*.
behaviourism, *s. Psy:* Psychologie *f* du comportement, behavio(u)risme *m*.
belay[1], *v.tr. Mount:* Assurer.
belay[2], *s. Mount:* Point *m* d'assurance.
believe. 1. *v.tr.* (*a*) *F: Don't you b. it!* N'en croyez rien! *I can well b. it*, je suis prêt à le croire. *B. it or not, I'm in love with her (him)*, je l'aime, figure-toi. 2. *v.i.* (*b*) *He believes in change*, il en est pour les changements.
bell[1], *s.* 1. (*a*) *F: This rings a b.*, cela me rappelle, dit, quelque chose.
Bellis ['belis], *s. Bot:* Bellis *f*, pâquerette *f*.
'bell-ringing, *s.* 2. Art *m* campanaire.
'belly-ache, *v.i. P:* Ronchonner, bougonner, se plaindre.
'bellyful, *s. P:* **To have a bellyful**, (ii) en avoir marre.
belone [bi'louni], *s. Ich:* Belone *f*, orphie *f*.
belong, *v.i.* 2. *U.S:* **To belong with**, aller avec. *Cheese belongs with salad*, le fromage va avec la salade.
belt[1], *s.* 1. (*a*) *Aut: Av: Seat b.*, ceinture de sécurité. 3. (*a*) *Green b.*, ceinture, zone, verte, de verdure.
bembex ['bembeks], *s. Ent:* Bembex *m*.
bend[3], *s.* 1. (*Of road, river*) Boucle *f*.
benedictional [,beni'dikʃənəl], **benedictionary** [,beni'dikʃənəri], *s. Ecc:* Bénédictionnaire *m*.
Benelux ['benilʌks]. *Pr.n. Geog:* Bénélux.
benzedrine ['benzidriːn], *s.* Benzédrine *f*.
benzonaphtol ['benzou'næftɔl], *s.* Benzonaphtol *m*.
benzophenone ['benzou'fiːnoun], *s.* Benzophénone *f*.
bequest, *s.* (*In museum*) Fonds *m*.
bergschrund ['bəəgʃrund], *s. Mount:* Rimaye *f*.
berm, *s. Civ.E:* Risberme *f* (d'un barrage).
bespectacled [bi'spektəkld], *a.* Qui porte des lunettes; portant lunettes; à lunettes.
'best-'seller, *s. F:* (i) Best-seller *m*. (iii) Article *m* de grosse vente.
bet[2], *v.tr.* (*a*) *To bet on (a horse)*, jouer (un cheval), miser (sur un cheval). (*b*) *To bet that one will do sth.*, parier de faire qch.
beta, *s. Ph: B. particle*, particule *f* bêta.
betatron ['biːtətrɔn], *s. Atom.Ph:* Bêtatron *m*.
better[1]. 2. (*a*) *That's better!* A la bonne heure! *For better, for worse*, pour le meilleur et pour le pire.
between. 1. *prep.* (*b*) *B. trains*, entre deux trains.
bevatron ['bevətrɔn], *s. Atom.Ph:* Bévatron *m*.
bicycle[1], *s.* **Motor-assisted bicycle**, bicyclette à moteur auxiliaire **Water bicycle**, pédalo *m*.
bid[1], *s.m.* 1. (*b*) *Cards:* **No bid!** Parole!
bidding, *s.* 2. (*a*) *To start the b. for a picture at £5000*, mettre un tableau à prix £5000.
Bielids ['baiəlidz], *Pr.n. pl. Astr:* Biélides *fpl*.
biennale [biːe'nɑːlei], *s.* (*Exhibition*) Biennale *f*.
'bi'focal, (*a*) *a.* A double foyer. (*b*) *s.pl.* **Bifocals**, verres *mpl* à double foyer.
bigotry, *s.* 1. Bigotisme *m*, bigoterie *f*.
bikini [bi'kiːni], *s. Cost:* Bikini *m* (costume de bain).
bilingual, *s. B. series*, collection bilingue, de textes jumelés.
bill[4], *s.* 3. *F: It tops the bill*, c'est le comble.
billet[3], *s.* 2. *Metall: B. (of metal)*, larget *m*.
bimillenary ['baimi'lenəri], *s.* Bimillénaire *m*.
bin[1], *s.* (*d*) **Cement bin**, silo *m* à ciment.
bind[1], *s.* 3. *F:* (*of thg*) Scie *f*; (*of pers.*) crampon *m*, casse-pieds *m.inv.*
bind[2]. 5. *v.i.* Ronchonner.
biopsy ['baiɔpsi], *s. Surg:* Biopsie *f*.
biosatellite ['baiou'sætəlait], *s.* Satellite habité.
biosphere ['baiəsfiər], *s.* Biosphère *f*.
bipartisan ['baipaːti'zæn], *a. Pol: etc:* Biparti, -ie, bipartite *inv*.
bipod ['baipɔd]. *s. Mil:* Bipied *m* (d'un fusil-mitrailleur).
bipropellant ['baiprə'pelənt], *s.* Diergol *m*.
bird, *s.* 1. *He's a rare b.*, c'est un mouton à cinq pattes.
'birth-control, *s.* Limitation *f* des naissances, conception dirigée.
birthday, *s.* **Birthday party**, réunion *f* d'anniversaire.
biscuit, *s.* 1. (*a*) **Biscuit factory**, biscuiterie *f*. **Biscuit trade**, biscuiterie. *F:* **That takes the biscuit!** ça, c'est le bouquet!
bit[3], *s. F:* 2. (*c*) *F: After the accident he was picked up in bits*, après l'accident on l'a ramassé en pièces détachées.
bittern, *s. Orn:* Butor *m*. **Bittern** (*Botaurus stellaris*), butor étoilé, grand butor. *American b.*, butor d'Amérique. *Little b.*, butor *m* blongios, blongios *m* nain.
bivvy, *s.* Tente individuelle.
blaa, *s. See* BLAH.
black. II. *s.* 1. **Carbon black**, noir *m* de fumée, de pétrole. 2. (*b*) *Black-and-white postcard*, carte en noir. 5. *F:* **He put up a black**, il a fait une gaffe.
'black-'bass, *s. Ich: Large-mouthed b.-b.*, perche-truite *f*, *pl.* perches-truites. *Small-mouthed b.-b.*, perche noire.
blackbird, *s.* 1. *Orn:* Merle noir.
'blackhead, *s.* 2. *Vet:* Crise *f* du rouge, entéro-hépatite *f*, tête noire.
black-marke'teer, *s.* Profiteur *m* du marché noir.
'black-out, *s.* 1. *Civil Defence:* Black-out *m*; extinction *f* des lumières. 2. Panne *f* d'électricité. 3. *Physiol: Av: F:* Voile noir. **To have a black-out**, (i) tomber faible, (ii) tomber en syncope.
'black 'out, *v.* 1. *v.i.* Éteindre les lumières; faire le black-out. 2. *v.tr. To black out a house*, faire le black-out dans une maison.
blacksmith, *s.* **Blacksmith welding**, soudage *m* à la forge.
blah, *s.* 2. *F:* Bla-bla-bla *m*, baratin *m*.
blank[3], *v.tr. U.S: Tchn:* Polir à blanc.
blanket[1], *s.* 1. (*a*) *Electric b.*, thermocouverture *f*, couverture chauffante.
blanketed, *a.* 3. *Streets b. with snow*, des rues feutrées de neige.
'blanket-weed, *s. Algae:* Conferve *f*.
blare[2]. 1. *v.i. The wireless is blaring away*, la radio fonctionne à casser les oreilles.
blaze[1], *s.* 2. *To end in a b. of glory*, finir, terminer, en beauté *f*.
'blaze-up, *s. F:* Prise *f* de bec, altercation *f*. *You'll go on until you can't bear it any longer, and then there will be a b.-u.*, ça continuera jusqu'au moment où vous ne pourrez plus y tenir et alors ça éclatera.

bleach[1], *s.* **1.** (*c*) *Haird: F:* Oxygénée *f.*
bleach[2], *v.tr. Haird:* Oxygéner.
ˈblear-ˈeyed, ˈbleary-ˈeyed, *a.* Aux yeux chassieux.
bleat[2]. **1.** *v.i.* (*Of goat, old man, etc.*) Chevroter.
bleed, *v.* **3.** *v.tr. Typ: Bled-off illustrations,* illustrations *f* à marges perdues.
blepharitis, *s. Med: Ciliary, marginal, b.,* blépharite ciliaire.
blessing, *s. F: To count one's blessings,* s'estimer heureux avec ce qu'on a.
blimp, *s.* **1.** *Aer:* Vedette aérienne. **3.** *He's a true Colonel Blimp,* c'est une vraie culotte de peau, un scrogneugneu.
blind[1], *a.* **1.** (*a*) *Av:* **Blind flying,** vol *m* sans visibilité, vol en P.S.V. (pilotage sans visibilité). **Blind with anger,** aveuglé par la colère. **4.** (*To deal with insufficiently addressed mail*) **Head of the blind duty,** homme-canon *m.*
blind[2]. **4.** *P: v.i.* Jurer, sacrer. **Blinding and swearing,** jurant et sacrant.
blinker [ˈbliŋkər], *s.* Phare *m* à éclats (sur les aérodromes).
blitz[1] [blits], *s. F:* Bombardement aérien, *F:* arrosage *m.*
blitz[2], *v.tr. The house was blitzed,* la maison a été endommagée, détruite, par un bombardement.
ˈblitzkrieg [ˈblitskriːg], *s.* Guerre *f* éclair.
blob[1], *s.* **3.** Bourde *f.*
block[1], *s.* **2.** (*a*) (*Large modern*) *block of flats, offices,* building *m.* **4.** *Rail:* (*a*) Canton *m* (de ligne).
ˈblock-buster, *s. Mil:* Bombe *f* de très gros calibre.
ˈblock-ˈcapitals, *s.pl.* Capitales *f* d'imprimerie.
blood[1]. **1.** (*a*) *B. culture,* hémoculture *f. F: To spit b.,* voir rouge.
ˈblood-bank, *s. Med:* Banque *f* du sang.
ˈblood-blister, *s. Med: F:* Pinçon *m.*
ˈblood-donor, *s. Surg:* Donneur -euse, de sang.
ˈblood-group, *s.* Groupe sanguin
ˈbloody-ˈminded, *a. P:* Pas commode. *A b.-m. fellow,* un mauvais coucheur.
blood-sports, *s.* La chasse.
bloodstock [ˈblʌdstɔk], *s.* Bêtes de race pure, pur-sang *m.inv.*
ˈblow aˈway. 3. *v.i.* S'envoler.
blower, *s.* **1.** (*c*) *F:* Téléphone *m.*
ˈblow-lamp, *s.* **1.** Chalumeau *m.*
blow-ˈoff, *a. & s.* **2.** *Mch: Blow-off valve,* clapet *m* de décharge.
ˈblow ˈout. 2. *v.i.* (*e*) **My paper blew out of the window,** mon journal s'est envolé par la fenêtre.
ˈblue ˈbaby, *s. Med:* Enfant bleu.
ˈblue-print, *s.* Dessin négatif; photocalque *m*; *F:* bleu *m*; *F:* plan *m,* projet *m.*
bluetail, *s. Orn: Red-flanked b.,* rossignol *m* à flancs roux.
bluethroat, *s. Orn:* Gorge-bleue *f, pl.* gorges-bleues. *Red-spotted b.,* gorge-bleue à miroir roux. *White-spotted b.,* gorge-bleue à miroir blanc.
board[1], *s.* **1.** (*b*) *Sch:* Tableau noir. **3.** (*a*) *U.S: B. of trade,* chambre *f* de commerce.
boarding, *s.* **4.** *Constr:* Bardage *m.*
ˈboarding-house, *s.* **1.** (*Small*) *b.-h.,* maison *f* de famille.
boat[2]. **2.** *v.tr. To b. oars,* rentrer, border les avirons; ramener les avirons dans le bateau.
bob-cherry, *s.* Cerises jumelles; grappe *f* de deux ou trois cerises; *F:* "boucle *f* d'oreille," "pendant *m* d'oreille."
bodice, *s.* Corselet *m.*
body, *s.* **4.** (*a*) Nacelle *f* (de voiture d'enfant). (*b*) *Aut: Integral all-steel welded b.,* carrosserie (mono)coque, coque auto-porteuse. *See also* MONOPIECE.
Boer, *s. & a. B. war,* la guerre des Boers.
boffin [ˈbɔfin], *s. F:* Savant.
ˈboil ˈdown. 2. *v.i. F:* Se ramener, se borner, se résumer, revenir (*to,* à). *F: This is what his argument boils down to,* voici à quoi se ramène, se résume, se borne, revient, son raisonnement.
boiler[1], *s.* **4.** *Cu: F:* Poule *f* (à bouillir).
ˈboiler-suit, *s. Ind:* Bleu *m* de chauffe.
boloney [bəˈlouni], *s. U.S: P:* **It's all boloney,** c'est des histoires! c'est de la foutaise, des conneries!
bolshevization [ˌbolʃivaiˈzeiʃ(ə)n], *s.* Bolchevisation *f.*
bolt[1], *s.* **5.** (*a*) **A bolt of cloth,** une coupe de drap.
bomb[1], *s.* **1.** (*a*) *Mil: etc: Glider b.,* bombe dirigée, bombe planante. *Delayed-action b.,* bombe à retardement. *Illuminating b.,* bombe éclairante. **Uranium bomb,** bombe à uranium. **Atom bomb,** bombe atomique. **H-bomb,** bombe à (l')hydrogène, bombe H.
ˈbomb-aimer, *s. Av:* Bombardier *m.*
bombardier, *s.* **3.** *Ent:* **Bombardier beetle,** bombardier *m.*
bombardment, *s. Ph:* **Bombardment of the electrons,** bombardement *m* électronique.
ˈbomb-bay, *s. Av:* Soute *f* à bombes.
bomber, *s.* **2.** *Av:* Bombardier *m. B. force,* aviation *f* de bombardement.
ˈbomb-rack, *s.* Lance-bombes *m.*
ˈbomb ˈup, *v.i. Mil: Av:* Charger les bombes (dans un avion).
bond[1]. **2.** (*e*) Accrochage *m* (*en soudure*).
bonderization [ˌbɔndəraiˈzeiʃ(ə)n], *s. Metall:* Bondérisation *f.*
bonding, *s.* **1.** *Hyd.E:* Soudage *m.* **3.** *Metalw:* Collage *m* des métaux.
ˈbone-ˈidle, *a.* Paresseux, -euse, comme une couleuvre.
ˈbone-ˈlazy, *a.* Paresseux, -euse, comme une couleuvre.
Boney [bouni], *Pr.n.m. F: A:* = Bonaparte.
bonfire, *s.* Feu *m* (de jardin).
bonnet[1], *s.* **2.** (*a*) *Aut: B. to tail,* à se toucher.
bonny, *a. Scot:* **A bonny baby,** un bébé magnifique.
bonus, *pl.* **-uses,** *s.* **Cost-of-living bonus,** indemnité *f* de vie chère. *Ins: No-claim b.,* bonification pour non-sinistre.
bonxie [ˈbɔŋksi], *s. Orn:* Grand labbe *m.*
boob,[1] *s. P:* (*b*) Gaffe *f,* boulette *f.*
boob[2], *v.i. P:* Faire une gaffe, une boulette.
ˈbooby-trap, *s.* (*b*) *Mil:* Piège *m*; mine-piège *f.*
book[1], *s.* **2.** (*a*) *Book-k: To put on the books,* faire passer aux écritures.
bookable [bukəbl], *a.* Qui peut être loué, retenu, réservé.
booking, *s.* (*Of a performer, artist, etc.*) Engagement *m.*
ˈbook-scorpion, *s. Arach:* Scorpion *m* des livres.
boom[1], *s.* **2.** (*d*) Flèche *f* (d'une grue).
boost[1], *s.* **1.** (*b*) Relance *f.* **2.** *B. pressure,* pression *f* d'admission de suralimentation (d'un moteur).
booster, *s.* **3.** *Bac: B. dose,* dose *f* de rappel *m. B. injection,* injection *f* de rappel.
ˈboost-ˈglide, *a.* **Boost-glide vehicle,** véhicule mi-balistique-mi-planeur.
boot[1]. **1.** (*a*) *The b. of Italy,* la botte de l'Italie. *See also* AMMUNITION-BOOTS. **3.** *Veh:* Malle *f.*
bora [ˈbɔːrə], *s.* Bora *f.*
ˈboring mill, *s.* Aléseuse fraiseuse *f.*
born. 1. *p.p.* (*a*) *See also* LUCKY[1].
borrowing, *s. This word is a b. from Latin,* ce mot est un emprunt au latin.
bossiness [ˈbɔsinis], *s.* Autoritarisme *m*; façons *f* autoritaires.
bother[2]. **1.** *v.tr. I can't be bothered to do it,* j'ai la flemme de le faire. *F: Don't b. to bring a mac,* ce n'est pas la peine de prendre votre imper.
ˈbottle-opener, *s.* Ouvre-bouteille(s) *m, pl.* ouvre-bouteilles; décapsuleur *m.*
bottom[1], *s.* **3.** (*a*) *F: Bottoms up!* Videz vos verres!
bounce[2]. **1.** (*d*) *v.i. I hope this cheque won't bounce,* j'espère que ce n'est pas un chèque sans provision.
bouncer, *s. F:* **4.** Chèque *m* sans provision.
boundary, *s.* **1.** *Av: B. layer,* couche *f* limite.
Bourbon, *s.* **3.** *U.S:* Whisky *m* de maïs.
boutique [buːˈtiːk] *s.* (Department for women's luxury articles in a big store) boutique *f*; magasin de frivolités.
bow-fronted, *a.* A devant bombé.
bowler[2], *s. Mil: Av: F: To give s.o. his bowler hat,* renvoyer qn à la vie civile, limoger qn.
box[2], *s.* **1.** (*a*) **Posting-box,** boîte *f* aux lettres.
ˈbox-barrage, *s. Mil:* Tir *m* d'encagement.
boxer[3], *s.* (*Dog*) Boxer *m.*
boy, *s.m.* **1.** (*g*) *F:* **Barrow boy** = marchand *m* des quatre saisons.
boyishly [ˈbɔiiʃli], *adv.* (*a*) En petit garçon. (*b*) Comme un petit garçon.
boyishness [ˈbɔiiʃnis], *s.* Manières, air, de petit garçon.
bra [brɑː], *s. F:* = BRASSIÈRE.
brains[1]. **2.** *pl.* (*b*) Personnes qui font partie d'un brain-trust.
ˈbrains-trust, *s.* Brain-trust *m, pl.* brain-trusts.
brainwashing [ˈbreinˌwɔʃiŋ], *s. F:* Lavage *m* de cerveau.
ˈbrain-wave, *s.* **2.** *F:* Idée lumineuse.
ˈbrake-lining, *s. Tchn:* Fourrure *f* de frein.
brambling, *s. Orn:* Pinson *m* du Nord.
branded, *a.* (*b*) *B. goods,* des produits de marque. *B. petrol,* supercarburant *m.*
brandy[2], *v.tr.* **Brandied,** (conservé) dans l'eau de vie. **Brandied cherries,** cerises à l'eau de vie.
ˈbrandy-bottle, *s. Bot: F:* Nénuphar *m* jaune.
brant [brænt], *Orn: U.S: American b.,* bernache *f* cravant.
brass, *s.* **1.** *Bookb:* Fer *m. P: Top b.,* les gros légumes, les gros bonnets.
brassière, *s. Strapless b.,* bustier *m. Half-cup b.,* balconet *m. Uplift b.,* soutien-gorge au maintien parfait.
ˈbrass ˈoff, *v.tr. P: I'm proper brassed off!* **J'ai le cafard.**
brawn, *s.* **2.** *Cu:* Fromage de tête.
bread, *s. Poetry doesn't earn one's b. and butter,* la poésie ne nourrit pas son homme. *F: Bread-and-butter letter,* lettre de remerciements *m* (après avoir séjourné chez qn), lettre de digestion, de château. *F: To look after one's own b. and butter,* défendre son bifteck. *F: To earn one's b. and butter, one's daily b.,* gagner sa croûte. **French bread,** flûte *f*; baguette *f.*
bread[2], *v.tr. Cu:* Paner.
break[1]. (*a*) *The coffee b.,* la pause du café, la pause-café.
break[2], *v.* I. *v.tr.* **1.** (*a*) *To b. the sound barrier,* franchir le mur du son. (*d*) *Abs:* **To break even,** joindre les deux bouts.
breakdown [ˈbreikdaun], *s.* **1.** (*b*) (*Of population*), répartition *f* (de la population par classes, âge, etc.).
ˈbreakdown-van, *s.* Camion-grue *m, pl.* camions-grues.
breakfast[1], *s.* **Breakfast foods,** céréales *fpl* en flocons.
ˈbreak ˈin. 1. *v.tr.* (*b*) Culotter (une pipe).
breaking[2], *s.* **4.** **Breaking of new ground,** (i) défrichage *m,* (ii) œuvre *f* de pionnier. *The b. of the German power,* la destruction de la puissance allemande.
ˈbreaking ˈin, *s.* **2.** Adaptation *f,* formation *f.* Culottage *m* (d'une pipe).
ˈbreak ˈthrough, *v.tr. Av:* **To break through the sound barrier,** franchir le mur du son.
ˈbreak ˈup. 1. *v.tr. P: That's right, break up the happy home!* Faites chauffer la colle! *Ten: To break up an opponent's game,* casser la cadence d'un adversaire.
-breasted, *a.* **To be high-breasted, low-breasted,** avoir la poitrine haute, basse.
ˈbreath-taking, *a. F:* Ahurissant. *It is breath-taking,* c'est à vous couper le souffle.
ˈbreeze-block, *s.* Parpaing *m.*
Bren-gun [ˈbrengʌn], *s. Mil:* = Fusil mitrailleur.
ˈbrew[2] **up. 1.** *v.tr.* (*c*) *F: Mil:* Faire infuser le thé (en plein air) = "faire le jus."

bridge[1], *s.* *F: That's a b. we'll cross when we get to it*, chaque chose en son temps. **6.** *Mil:* Charnière *f.* **Bailey bridge**, pont Bailey, pont provisoire.
bridge[2], *v.tr.* *Pol.Ec:* **To bridge the gap**, faire la soudure.
ˈbridle-way, *s.* Chemin muletier.
brief[2], *s.* **3. Briefs**, culotte courte.
brief[3], *v.tr.* **3.** Donner une mission à, munir d'instructions, fournir des directives à, briefer.
ˈbrief-case, *s.* Serviette *f.*
briefing, *s.* **3.** Instructions *f*, directives *f.* *Av:* Briefing *m*, *F:* amphi *m.*
brightwork [ˈbraitwəːk], *s.* *Nau:* Les cuivres *mpl* (d'un bateau).
brilliant[1], *a.* (*b*) *He is not a b. man*, ce n'est pas un homme remarquable.
brimstone, *s.* **1.** *Ent:* **Brimstone (butterfly)**, citron *m.*
ˈbring ˈin, *v.tr.* **2.** *See also* MONEY 1.
brinkmanship [ˈbriŋkmənʃip], *s.* Acrobatie *f* politique.
bristling, *a.* *A b. moustache*, une moustache en bataille.
broadcast. II. *s.* *Live b.*, (i) *W.Tel:* transmission directe; (ii) *T.V:* prise de vue directe. *W.Tel: Recorded b.*, transmission différée, en différé.
broadcaster, *s.* **2.** Chroniqueur, -euse.
brodekin, brodequin, brodkin [ˈbrɔdkin], *s.* Brodequin *m.*
broderie Anglaise [ˈbrɔdri ɑːŋˈgleiz]. Broderie ajourée anglaise.
broigne [brɔin], *s.* *Archeol:* Broigne *f.*
broiler, *s.* **1.** (*c*) *U.S:* *F:* Poulet *m* (à rôtir). **Broiler house**, élevage *m* en batteries pour la chair.
broke. **2.** *a.* *F:* **Broke to the wide**, fauché (comme les blés), complètement ratissé.
broken, *a.* (*a*) *B. line*, ligne brisée.
bromeliaceae [brɔˌmiːliˈeisiːiː], *s.pl.* *Bot:* Broméliacées *fpl.*
ˈbrook-trout, *s.* *Ich:* Saumon *m* de fontaine.
brownie, *s.* **2.** Jeannette *f.*
ˈbrown ˈoff, *v.tr.* *F:* Décourager (qn). **To be browned off**, avoir le cafard, être découragé.
brucellosis [ˌbruːsiˈlousis], *s.* *Med:* *Vet:* Brucellose *f.*
bruise[2], *v.tr.* **1.** (*a*) Taler (un fruit).
ˈbrushwood-killer, *s.* Débroussaillant *m.*
ˈbubble-car, *s.* *Aut:* *F:* Pot *m* de yaourt.
buck[6], *s.* *F:* **To pass the buck to s.o.**, (ii) se débrouiller sur le voisin.
bucket[1], *s.* **4.** *See also* CLAM-SHELL.
buckling[2] [ˈbʌkliŋ], *s.* Hareng cuit et fumé.
buckthorn, *s.* *Bot:* *Common b. seed*, graine *f* de Perse.
bud[1], *s.* **1.** *Hort:* Écusson *m.* **3.** (*c*) *s.m.* *U.S:* *P:* Copain *m.* **4.** *Anat:* **Taste bud**, papille gustative.
budding[2], *s.* **2.** *Hort:* Écussonnage *m.*
ˈbud-wood, *s.* *Hort:* Écussons *mpl.*
ˈbuffer-stocks, *s.* Stocks régulateurs.
build[2], *v.tr.* **1.** (*a*) (Of house) Faire bâtir.
build up. **3.** *v.i.* *Pressure is building up*, la pression s'accumule. *The snow is building up against the wall*, la neige s'amoncelle contre le mur.
build-up, *s.* **1.** = BUILDING-UP 2. **2.** *The N.A.T.O. military build-up*, l'organisation *f* militaire de l'O.T.A.N., l'élaboration *f* du système militaire de l'O.T.A.N. **3.** Publicité *f.*
bulge[1], *s.* (*a*) *Pol.Ec:* **"The bulge,"** le "ventre" (de la courbe), la poussée.
bulkhead, *s.* *N. Arch:* *Fire-proof b.*, cloison *m* coupe-feu.
ˈbulk ˈup, *v.tr.* *Publ:* Imprimer un livre sur du papier bouffant.
bull[1], *s.* **2.** (*e*) *Mil:* *V:* Fourbissage *m.*
ˈbull-dozer, *s.* **3.** *Civ.E:* Bulldozer *m*, bélier *m* mécanique.
bullfinch, *s.* **1.** *Orn:* Bouvreuil *m* pivoine. *Northern b.*, bouvreuil ponceau. *Trumpeter b.*, bouvreuil githagine.
bullion[1], *s.* *B. van*, fourgon *m* bancaire.
ˈbull's-eye, *s.* **4.** Visuel *m.*
bumf, *s.* *P:* Paperasserie *f.*
bum-freezer. *P:* Veston *m* rase-pet, pet-en-l'air *m.*
bump[2]. **2.** *v.i.* (*a*) *F: I bumped into him in the Tube*, je l'ai rencontré par hasard, je suis tombé sur lui, dans le Métro.
bumpy, *a.* **1.** *Av:* *B. flight*, vol chahuté.
ˈbum-sucker, *s.* *V:* Lèche-cul *m. inv.*
bundle[2]. **1.** *v.tr.* (*a*) *He bundled all the papers into the drawer*, il fourra pêle-mêle tous les papiers dans le tiroir.
bunker[1], *s.* **2.** (*c*) *Golf:* Bunker *m.* (*d*) *Mil:* Blockhaus *m*; abri bétonné.
bunt[1], *s.* **2.** *Av:* Looping *m* à l'envers, demi-boucle inversée.
bunting[1], *s.* *Orn:* *Black-headed b.*, bruant *m* crocote, mélanocéphale, à tête noire. *Little b.*, bruant nain. *Yellow-breasted b.*, bruant auréole. *Cinereous, grey-bearded b.*, bruant cendré. *Cirl b.*, bruant zizi. *Cretzchmar's b.*, bruant cendrillard. *Lapland b.*, bruant lapon. *Masked b.*, bruant masqué. *Pine b.*, bruant à calotte blanche. *Red-headed b.*, bruant à tête rousse. *Rock b.*, bruant fou. *Rufous b.*, bruant roux. *Rustic b.*, bruant rustique. *Siberian meadow b.*, bruant des prés. *Yellow-browed b.*, bruant à sourcils jaunes.
bur[1], *s.* (*c*) *Arb:* *Furn:* *Elm bur*, loupe *f* d'orme.
burelé [ˈbjuərəlei], *s.* *Philately:* Burelage *m.*
burner, *s.* **2.** (*c*) *Av:* *After b.*, tuyère de post-combustion.
ˈburn ˈout. **1.** *v.tr.* **To burn out the brake lining**, brûler la garniture des freins, brûler ses freins. **2.** *v.i.* *El:* *Burning out* (*of lamp, bulb*), grillage *m.*
burp[1] [bəːp], *s.* *U.S:* Éructation *f*, rot *m.*
burp[2], *v.i.* *U.S:* Éructer.
bursar, *s.* **1.** (*a*) *Sch:* Intendant *m.*
burst[1], *s.* **1.** *Av:* (*Aerobatics*) *Bomb b.*, éclatement d'une formation. **2.** *Burst* (*of a machine-gun*), *F:* giclée *f.* *I.C.E:* *To give the motor a b.*, emballer le moteur. *Sp:* *Final b.*, finish *m.*
burst[2], *v.* **2.** *v.tr.* *F: He nearly burst a blood-vessel*, il a failli crever d'un coup de sang. *Bac:* *Bursting factor*, facteur déchaînant.
Burton. **2.** *s.* *P: He has gone for a Burton*, il est mort manquant. *Av:* *F:* Il a fait un trou dans l'eau.
bury, *v.tr.* *To b. at sea*, immerger.
bus[1], *pl.* **buses**, *s.* **1.** (*Country-*) *b.*, car *m.*
ˈbush-shirt, *s.* = Saharienne *f.*
bushveld [ˈbuʃfelt], *s.* Bushveldt *m.*
busman, *pl.* **-men**, *s.m.* (*b*) (ii) (= *conductor*) Receveur *m.*
bust[2], *s.* & *v.* **2.** *P:* *Mil:* *v.tr.* *To bust* (*a sergeant*), rétrograder (un sergent).
bustard, *s.* *Orn:* *Great b.*, outarde barbue. *Houbara b.*, outarde houbara. *Little b.*, outarde canepetière.
busy[1]. **1.** *a.* Empêché. **To look busy**, faire l'empêché. *F: Get b.!* grouille-toi!
but[1]. **1.** *conj.* (*c*) *Intensive:* *Not only once, but twice*, par deux fois. **2.** *adv.* *One can but try*, on peut toujours essayer.
butane [ˈbjuːtein], *s.* *Ch:* Butane *m.*
ˈbutcher-bird, *s.* *Orn:* Écorcheur *m*, pie-grièche *f* écorcheur.
butt[2], *s.* **1.** (*a*) *B. ring*, anneau *m* de départ.
butterfat [ˈbʌtəfæt], *s.* Matière grasse. *The b. content of milk*, la teneur du lait en matière grasse.
butterfly[1], *s.* **1.** *Swim:* **Butterfly (stroke)**, (nage) papillon.
ˈbutter-pat, *s.* *Dom.Ec:* **2.** Médaillon *m* de beurre.
button[2]. **1.** *v.tr.* (*a*) *F: It's all buttoned up*, c'est du tout cuit.
buxom, *a.* Grassouillette *f.*
buy, *v.tr.* **1.** (*b*) *P: He has bought it*, il est foutu.
buzz[2]. **2.** *v.tr.* (*e*) *Av:* *F:* *To buzz* (*an aircraft*), harceler (un avion).
buzzard, *s.* **1.** *Orn:* *Long-legged b.*, buse *f* féroce. *Rough-legged b.*, buse pattue. *Common b.*, buse variable. *Desert b.*, buse des déserts.
ˈbuzz ˈoff, *v.i.* **1.** *P:* Se tailler.
by. I. **9.** *F: Is it all right by you?* Cela vous va-t-il?
ˈby-election, *s.* *Pol:* Élection partielle.
Byelorussia [biːˈelouˈrʌʃə]. *Pr.n.* *Geog:* Biélorussie *f*, Russie Blanche.
ˈby-pass[1], *s.* **1.** *By-pass engine*, turboréacteur *m* double flux. **3.** *Civ.E:* Rocade *f.*
byrnie [ˈbəːni], *s.* *Archeol:* Broigne *f.*

C

cableway, *s.* Blondin *m.*
cacographer [kaˈkɔgrəfər], *s.* Cacographe *m.*
ˈcadmium-ˈcoated, *a.* Cadmié.
cagey [keidʒi], *a.* *F:* Prudent, circonspect, défiant; cauteleux, précautionneux. *My father was c. about his age*, mon père cachait astucieusement son âge.
cake[1], *s.* **1.** (*a*) *F: It's a piece of c.*, c'est en or, c'est du gâteau, c'est donné. **2.** (*b*) *Husb:* *Cattle c., cow c.*, tourteau *m.*
calcimine [kælsimain], *s.* Badigeon *m.*
call[1], *s.* **1.** (*e*) *Tp:* *Personal c.*, appel *m* avec préavis. **3.** *F: To pay a c.*, aller faire pipi, aller faire une petite commission.
call.[2] I. *v.tr.* **2.** (*a*) *U.S:* Téléphoner.
ˈcall-girl, *s.* Prostituée *f* (sur rendez-vous téléphonique), call-girl *f.*
ˈcall ˈout, *v.tr.* **1.** (*a*) **To call out workers**, faire mettre en grève, donner l'ordre de grève à, des ouvriers.
ˈcall-up, *s.* *Mil:* *Navy:* Appel *m* sous les drapeaux.
calorimetry [ˌkæləˈrimitri], *s.* Calorimétrie *f.*
Calypso[1] [kəˈlipsou], *Pr.n.* *Gr.Lit:* Calypso *f.*
calypso[2], *s.* *Poet:* *Danc:* *Mus:* (*West Indies*) Calypso *m.*
camera, *s.* **1.** (*a*) *Cin:* *etc:* *Motor*(*-driven*) *c.*, motocaméra *f.* *T.V:* Camera *f* caméra *f.*
ˈcamera-gun, *s.* Cinémitrailleuse *f.*
ˈcamera-man, *pl.* **-men**, *s.* **2.** *Cin:* Cameraman *m.*
camp[1], *s.* (*a*) *Work c., agricultural c.*, chantier *m* (de travail).
campanological [ˌkæmpənoˈlɔdʒikl], *a.* Campanaire.
campanology. **2.** Art *m* campanaire.
camper, *s.* **2.** Campeur, -euse.
can[1]. **1.** (*a*) *F:* **To carry the can (back)**, payer les pots cassés.
Canada. *Pr.n.* *Geog:* *See also* THISTLE.
canal[1], *s.* **2.** *Anat:* *Auditory c.*, conduit auditif.
canalization, *s.* (*For water supply*) Adduction *f.*
canasta [kəˈnæstə], *s.* *Cards:* Canasta *f.*
cancan [ˈkænkæn], *s.* *Danc:* **French cancan**, cancan *m.*
cancellation, *s.* Défection *f.*
cancer. **1.** *s.* (*a*) *C. specialist*, cancérologue *m.*
cancerigenic [ˌkænsəriˈdʒenik], *a.* Cancérigène.
ˈcandy floss, *s.* *Comest:* Barbe *f* à papa.
ˈcandy-striped, *a.* Pékiné.
cannabism [ˈkænəbizm], *s.* Cannabisme *m.*
cannibalize [ˈkænibəlaiz], *v.tr.* Cannibaliser. *F:* Démonter (pour utiliser les pièces détachées). *To c. an engine*, démonter un moteur.
ˈcannon-ball, *s.* **3.** *Tennis:* *C.-ball service*, service canon.

canoeing, *s.* Canoëisme *m.*
canoeist, *s.* Canoëiste *mf.*
canter[1], *s. Sp:* Canter *m.*
canvas, *s.* **1.** (*a*) *F:* **Canvas town,** village *m* de toile. **3.** Pointe *f* d'un canot.
canvass[2], *v.tr.* **2.** *To c. s.o.,* démarcher qn.
canvassing, *s.* **2.** Prospection *f.*
cap[1], *s.* **1.** (*a*) *Sp:* **Football cap,** cape *f.* **To win one's cap,** gagner sa cape.
capacity, *s.* **1.** (*b*) *Th:* **To play to capacity,** jouer à bureaux fermés.
cape[2], *s.* **2.** *Cape pigeon,* pétrel damier, pigeon *m* du Cap.
capilliculture [kə'pili,kʌltʃər], *s.* Capilliculture *f.*
cap-lamp, *s. Min: etc:* Photophore *m,* lampe frontale.
captain[1], *s.* **2.** (W.R.A.C.) Première classe *f.*
car, *s.* **2.** (*b*) **Radio car,** voiture radio.
Caravaggio [,kærə'vædʒiou], *Pr.n.m.* Le Caravage.
carbonatation [,kɑːbənei'teiʃ(ə)n], *s.* Carbonatation *f.*
carbonation [,kɑːbə'neiʃ(ə)n], *s.* Carbonatation *f.*
card[1], *s.* **2.** (*f*) *Adm: Passport control c.,* fiche de voyageur.
cardigan, *s. Cost:* Cardigan *m.*
'card-index[1], *s.* Catalogue *m* sur fiches.
card-'index[2], *v.tr.* Encarter.
cardiologist, *s. Med:* Cardiologue *m.*
cardiotonic [,kɑːdio'tɔnik], *s. & a.* Cardiotonique *m,* tonicardiaque *m.*
care[2], *v.i.* **1.** *F: I couldn't care less,* je m'en fiche éperdument, c'est le moindre de mes soucis.
'care-taker, *s.* **2.** *Sch:* Dépensier, -ière. *Pol: attrib. use:* **Caretaker cabinet,** cabinet intérimaire.
caretaking, *s.* Gardiennage *m.*
carl(e) [kɑːl], *s.* Manant *m,* rustre *m.*
carnival, *s.* **1.** *C. novelties,* accessoires de cotillon.
carotene ['kærətiːn], *s. Ch:* Carotène.
carpet[1], *s.* **1.** (*a*) *See also* FIT[4] I, 3.
carriageway ['kæridʒwei], *s.* **Dual carriageway,** route jumelée, à double piste.
carrier, *s.* **3.** *Mil:* **Bren-gun carrier** = chenillette *f.*
carrier-'bag, *s.* (Grand) sac (en papier gris).
'carrier-borne, *a. Av: Nav:* Embarqué. **Carrier-borne aircraft,** l'aviation embarquée.
carry[2], *v.tr.* **1.** *See also* CAN[1] 1.
'carry-cot, *s.* Moïse *m* de toile.
'car-sickness, *s.* Mal *m* de voiture.
cartoon[1]. **2.** (*d*) *Cin.* Dessin animé, cartoon *m.*
cartridge, *s.* **3.** *Phot:* Cartouche *f.*
'cartridge-clip, *s. Sm.a:* Chargeur *m.*
case[1], *s.* **1.** **In this particular case,** en l'espèce *f.* *In every c.,* en toute hypothèse. **2.** (*b*) *See also* EARLY I, 1. **3.** (*b*) **The case for,** arguments en faveur de. *To put up a strong case for (s.o.),* (i) prendre le parti de (qn), défendre (qn); (ii) recommander (qn) très chaudement.
case[2]. **4.** (*a*) *Wheel c.,* bâche *f* (*of a turbine*). *Ball:* **Bomb case,** corps *m* de bombe *f.*
case-hardening, *s. See also* STEEL[1] 1.
'case-law, *s.* Jurisprudence *f.*
cash[1], *s. No pl.* '*C. on delivery' parcel,* colis expédié 'contre remboursement.'
"'cash and 'carry," *s.* Paiement comptant, marchandises à transporter par l'acheteur.
'cash 'in, *v.tr.* **3.** *F: To cash in on one's influence,* monnayer son influence.
'cash-register, *s.* Caisse *f* automatique.
casing, *s.* **2.** **(Sausage) casing,** boyau *m.*
cassette [kæ'set], *s. Phot:* Chargeur *m.*
cast[1]. **1.** (*a*) *Fish:* **Back cast,** lancer arrière. *Forward c.,* lancer avant. *Underhand c.,* lancer sous la main. **8.** *Th: With the following cast . . .,* avec le concours de. . . .
casting[2], *s.* **1.** (*a*) *Fish:* Lancer *m.* (*b*) *Metall: etc: Chilled c.,* moulage en coquille. *Investment c.,* moulage par enrobage. *Permanent-mould c.,* coulée *f* en moule permanent. *Sand c.,* coulée en sable. *Slip c.,* coulée en barbotine. (*i*) *Castings (of an earthworm),* déjections *fpl* de ver de terre.
'cast 'off. **1.** *v.tr.* (*f*) *Knitting: Abs:* Arrêter les mailles, rejeter les mailles.
casual. **1.** *a.* (*b*) *Cost: C. clothes, clothes for c. wear,* costume sport. **2.** *s.* (*d*) *Bootm: pl.* **Casuals,** mocassins *mpl.*
casualness, *s.* Manque *f* de méthode.
casus belli ['keizəs'belai, 'kɑːzəs'beliː], *s. Dipl:* Casus belli *m.*
cat[1], *s.* **1.** (*a*) *See also* SIAMESE.
catapult[2], *v.tr. Av:* Catapulter.
catapulting, *s. Av:* Catapultage *m.*
catbird ['kæt,bəːd], *s. Orn:* Oiseau-chat *m.*
'catch-as-catch-'can, *s. Wr:* Catch *m.*
catch on, *v.i. F:* (*Of tune*) Accrocher.
catchy, *a.* **1.** (*Of tune*) (ii) Accrochant.
ca'thedral glass, *s. Const:* Verre *m* cathédrale.
cathode, *s. T.V: See also* OSCILLOSCOPE, TUBE[1] 1.
cathodic, *a El: T.V:* **(Cathodic) beam,** faisceau *m* cathodique.
'cat's-eye, *s.* (*b*) *Opt:* Catadioptre *m.*
cattle, *s. Col.inv.* **1.** *P.N:* "*Cattle crossing,*" "passage *m* de troupeaux".
'cattle-float, *s.* Bétaillère *f.*
'cat-walk, *s.* Passerelle *f* de visite.
cauda equina ['kɔːdə i'kwainə, 'kaudɑːe'kwiːnɑː], *s. Anat:* Queue-de-cheval *f, pl.* queues-de-cheval.
cauliflower, *s. Box: C. ear,* oreille *f* en chou-fleur.
cause[1]. **2.** **And with good cause,** et pour cause. **3.** (*b*) **The week's good cause** = appel *m* à la Radio pour une œuvre charitable.
caution[1], *s.* **4.** *F: She's a c.,* elle est formidable.
cave[1], *s.* **1.** *Art:* (*attrib. use*) **Cave art,** art *m* rupestre. **Cave hunting,** spéléologie *f.*
'cave-in[2], *s. F:* Affaissement *m.*
ceiling, *s.* **2.** (*a*) *F: To hit the c.,* entrer dans une colère bleue. **3.** (*c*) *F: He's hit the c.,* il plafonne.
celebrate, *v.tr.* **3.** *F:* Fêter (un événement).
celestial. **1.** (*a*) *Aer: C. navigation,* navigation par visée astronomique.
cell, *s.* **1.** (*a*) *Cells (of police station),* les locaux *m* disciplinaires (d'un poste de police). **3.** *Biol:* **White blood-cells,** globules blancs leucocytes *m.* **Red blood-cells,** globules rouges, hématies *f.*
cellulitis [,selju'laitis], *s. Med:* Cellulite *f.*
cellulose. **2.** *s. C. tape,* ruban adhésif, Scotch *m* (*R.t.m.*).
censure[1], *s. Jur:* Réprimande *f.*
centre[1], *s.* **1.** **Centre of attraction,** (i) *Ph:* Centre *m* d'attraction, de gravitation. **Infant welfare centre,** consultation *f* de nourrissons. **Maternity child welfare centre,** centre *m* de protection maternelle et infantile. **(Rural) health centre,** centre médical, d'hygiène (rural). *See also* REST[1] 3. **Out of centre,** décentré.
cephalalgia, *s. Med:* Céphalalgie *f.*
ceramal ['serəmæl], *s.* Cermet *m* (matériau mixte céramique-métal).
cereal. **1.** *a.* Céréalier, -ière. **2.** *s.pl.* **Cereals,** céréales *fpl* en flocons.
cermet ['səːmet], *s.* Cermet *m* (matériau mixte céramique-métal).
certificate[1], *s.* **2.** *Sch:* **General Certificate of Education, Ordinary Level** = certificat *m* de fin d'études secondaires. **General Certificate of Education, Advanced Level** = Baccalauréat-ès-lettres, -ès-sciences. **3.** *Aer: C. of airworthiness,* certificat de navigabilité.
certification, *s. C. of aircraft,* délivrance *f* du certificat de navigabilité.
cesspit, *s.* **2.** *C. emptier,* voiture *f* de vidangeur.
Chadburn ['tʃædbən], *Pr.n.m. Nau:* **Chadburn telegraph,** Chadburn *m.*
chaff[1], *s.* **1.** (*b*) **Poppy chaff,** brisures *f* de pavot.
chaffinch, *s. Orn:* Pinson des arbres.
chain[1]. **1.** (*a*) *Hyg: To pull the c.,* tirer la chasse d'eau. (*b*) **Chain reaction,** réaction *f* en chaîne.
'chain-dotted, *a.* En traits *m* mixtes.
'chain-wheel, *s. Cy:* Plateau *m.* *Front c.-w.,* plateau *m* de pédalier.
'chain-work, *s.* Travail *m* à la chaîne.
chair[1], *s.* (*a*) **Musical chairs,** jeu *m,* polka *f,* des chaises. *See also* CLUB[1] 3.
'chair-lift, *s.* Télésiège *m.*
chalcanthite ['tʃælkənθait], *s. Miner:* Cyanose *f.*
challenge[2], *v.tr.* **1.** (*a*) (i) **To challenge s.o.,** (i) provoquer qn (au combat), jeter le gant à qn; (ii) challenger qn.
'challenge-,match, *s. Sp:* Challenge *m.*
challenger, *s.* **1.** (*b*) *Sp:* Challenger *m.*
chamber, *s.* **4.** *See also* CHILLING[2] 1, FREEZING[2] 2.
Champagne. **1.** *Pr.n. Geog: Dry C.,* Champagne pouilleuse. *Wet C.,* Champagne humide.
chandler, *s. See also* TALLOW-CHANDLER.
change[2], **2.** *v.i. P: He hasn't half changed!* il a drôlement décollé!
channel[1], *s.* **3.** Goulotte *f.* **8.** *T.V:* Canal *m.*
chantefable [ʃɑːnt'feibl], *s. Lit:* Chantefable *f.*
chap[4], *s.* **2.** *F: He's a poor c.,* c'est un pauvre type.
chapel, *s.* **1.** (*c*) **Chapel of ease,** (ii) *A: Lit:* cabinet *m* d'aisances.
character, *s.* **5.** (*a*) *Th:* **Characters (in order of appearance),** personnages *f* (par ordre d'entrée en scène). *W.Tel:* **Characters (in order of speaking),** distribution *f* (par ordre d'entrée en ondes). *Cin:* Rôle de composition.
characterial [,kærək'tiəriəl], *a.* Caractériel.
characterologist [,kærəktə'rɔlədʒist], *s.* Caractérologue *m.*
characterology [,kærəktə'rɔlədʒi], *s.* Caractérologie *f.*
charge[1], *s.* **2.** (*a*) **Overnight charge,** hébergement *m.* *Bank: Capital c.,* intérêt *m* service *m* des capitaux (investis). (*b*) *Jur:* Privilège *m,* droit *m.* *Subject to the c.,* grevé du privilège. **Right of charge,** droit de constitution de privilège. **6.** *Mil: Jur:* Motif *m.* **To put on a charge,** porter le motif.
charge[2], *v.tr.* **4.** (*c*) *To c. a fee,* percevoir un droit.
'charge-hand, 'charge-man, *s.* Chef *m* d'équipe.
chart[1], *s.* **2.** (*d*) *Computers: Operating c.,* organigramme *m.*
charter[1], *s.* **1.** (*a*) Statuts *m* (d'une société). *Pol:* **The Atlantic Charter,** la Charte de l'Atlantique. **2.** *Av:* **Charter plane,** avion-taxi *m.* **On charter,** (i) affrété, (ii) loué, (iii) sous contrat.
chat[1], *s.* **He was glad of a chat,** il était content de pouvoir bavarder.
chat[2], *s. Orn: Pied c.,* traquet *m* leucomèle.
cheap. **1.** *a.* (*a*) *Pol.Ec:* **Cheap money policy,** politique *f* de facilités d'escompte, de l'argent à bon marché.
check[2],. **1.** *v.tr.* (*e*) *Checked, double checked and cross-checked,* vérifié et revérifié.
'check 'out. **1.** *v.tr.* Retirer. *U.S: To c. o. luggage,* retirer des bagages. **2.** *v.i. F:* Quitter, partir.
'check 'over, *v.tr.* Vérifier.
'check-,point, *s. Sp: Aut: Rac:* Contrôle *m.*
'check-up, *s.* Examen médical complet.
cheek[1], *s.* **2.** *F: He has plenty of c.,* il a un culot monstre.
cheer[1], *s.* **3.** (*In drinking a toast*) **Cheers!** À la vôtre!
cheese[1], *s.* **1.** *Dutch c.,*(ii) *F:* tête *f* de maure. **Blue cheese,** (fromage) bleu. **Processed cheese,** fromage fondu, fromage industriel, crème *f* (de gruyère, etc.). **3.** (*b*) *See also* QUINCE.
'cheese-'off, *v.tr. P:* Décourager (qn). **To be cheesed off,** avoir le cafard, être découragé.
chemical. **1.** *a. C. bench,* table de laboratoire, table de manipulation.

cheque, *s. Com: Dud c., c. without cover, worthless c.*, chèque *m* sans provision, sans contre-partie.
chequered, *a.* **1.** **Chequered plate,** tôle striée.
cherish, *v.tr.* **2.** *His most cherished hopes*, ses espérances les plus chères. *His most cherished desires*, ses désirs les plus longtemps caressés.
chicken, *s.* **2.** *Cu:* **Spring chicken,** poulet de grain.
chicken-,farm, *s.* Élevage *m* avicole.
chief. II. *a.* **Chief guest,** hôte *m* d'honneur.
chiffon, *s.* **1.** *Tex:* Mousseline *f* de soie.
child, *pl.* **children,** *s.m.f. or neut.* (*a*) **Problem child, difficult child,** enfant difficile. *Adj. use. C. psychiatry*, psychiatrie infantile.
childhood, *s.* (*a*) *Med: Later c.*, deuxième, seconde enfance.
chilling[2], *s.* **1.** *C. chamber*, chambre froide.
chin[1], *s.* **Chins up!** (i) *Mil:* Levez la tête! (ii) *F:* Courage!
chip[1], *s.* **1.** (*a*) *To have a c. on one's shoulder*, chercher noise à tout le monde.
chipping, *s.* **2.** *pl. P.N: Loose chippings*, gravillons.
chiropractic ['kaiəropræktik], *s.* Chiropractie *f.*
chiropractor ['kaiəropræktər], *s.* Chiropracteur *m.*
chirp[1], *s.* **1.** Piaulement *m.*
chisel[2], *v.tr.* **1.** Ciseler (le métal).
chlorella [klɔː'relə], *s. Algae:* Chlorelle *f.*
choc-ice ['tʃɔkais], *s. F:* Esquimau *m*, chocolat glacé.
chock[1], *s. Av: Chocks away!* Enlevez les cales!
chocolate. **1.** *s.* (*a*) **Cooking chocolate,** chocolat à cuire. **Fondant chocolate,** chocolat fondant. **Eating chocolate,** chocolat à croquer.
choice[1], *s.* **1.** (*a*) *He fixed his c. on*, il a jeté son dévolu sur.
choke[1], *s.* **1.** (*b*) *I.C.E:* Starter *m.*
cholera, *s.* **2.** *Vet: Chicken c.*, choléra *m*, peste *f*, aviaire. *U.S: Hog c.*, peste *f* porcine.
choleretic [,kɔlə'retik], *a.* Cholérétique.
choose, *v.tr.* **2.** **I do as I choose,** je fais comme il me plaît, comme je l'entends.
choosy ['tʃuːzi], *a. F:* Difficile. **A choosy customer,** un client, une personne, difficile.
chop[2], *s.* **2.** *F:* **Chops and changes,** girouetteries *fpl.*
chopping[2], *s. F:* **Chopping and changing,** girouetteries *fpl.*
chores, *s.pl. To do the c.*, faire le ménage. *The daily c.*, les corvées quotidiennes. *Now used in sing. A new chore for M.P.s*, une nouvelle corvée pour les députés.
chou, *s.* **2.** *Cu:* **Choux pastry,** pâte à choux.
chough, *s. Orn:* Crave *m* à bec rouge; coracias *m. Alpine c.*, chocard *m* à bec jaune, chocard des Alpes.
chow-chow, *s.* **1.** *Cu:* Fruits exotiques conservés dans du sirop. **3.** *Hort:* Chayotte *f.*
Christmas, *s. C. party*, réunion de Noël.
chromosome ['krouməsoum], *s. Biol:* Chromosome *m.*
church[1], **1.** *C. hall*, salle paroissiale, salle d'œuvres.
churchwarden, *s.* **1.** *Ecc:* Fabricien *m.*
chute, *s.* **1.** (*c*) (*In swimming bath*) Toboggan *m.*
cigarette, *s.* **Cigarette card,** vignette *f.*
cinch[1]. **2.** *P:* **It's a cinch,** (ii) C'est du tout cuit.
cinemascope ['sinəməskoup], *a.* Cinémascope *m.*
cinerama [,sinə'raːmə], *s.* Cinérama *m.*
cipher[1], *s.* **2.** (*a*) *C. officer*, officier *m* du chiffre.
circle[1], *s.* **1.** (*e*) *Adm: U.S: Traffic c.*, rond-point *m*, *pl.* ronds-points.
circularize, *v.tr.* Circulariser, toucher au moyen de circulaires.
circulate. **2.** (*b*) Distribuer, communiquer, faire communiquer.
circulation, *s. Publ: For private c.*, hors commerce *m.*
cirl bunting ['səːlbʌntiŋ], *s. Orn:* (Bruant *m*) zizi.
cissy ['sisi], *s.* = SISSY.
cistern, *s.* **1.** (*d*) (*In W.C.*) Réservoir de chasse *f* d'eau.
cite, *v.tr.* **1.** *Jur:* (*c*) (*Patents*) Citer.
citizen, *s.* **1.** (*c*) (*Adjectival*) Civique. *U.S:* **Citizen rights,** droits *m* civiques. *The ordinary c.*, le grand public.
citizenry ['sitiznri], *s.* Masse *f* des citoyens.
citizenship, *s.* **3.** Nationalité *f.*
citril-finch ['sitrilfinʃ], *s. Orn:* Venturon *m* (alpin).
citrus, *s. Bot: C. fruit*, agrumes *mpl.*
civic, *a. Town P: C. centre*, centre *m* civique, social.
civvy, *s. P: To come back to Civvy Street*, rentrer dans le civil, reprendre la vie de pékin.
claim[1], *s.* **1.** *Adm: Fares c.*, demande de remboursement de voyage. **2.** **To have a claim to sth.,** avoir des prétentions sur qch. *To renounce one's claims*, renoncer à ses prétentions. **4.** (*a*) *Ins: To put in a claim*, réclamer l'indemnité (d'assurance).
'clam-shell, *s. Civ.E: C.-s. bucket*, benne preneuse.
clanger ['klæŋər], *s. F: To drop a c.*, faire une boulette.
clap[2]. **2.** *v.i.* (*a*) Frapper des, dans les, dans ses, mains.
clarendon, *s. Typ:* Égyptienne *f*; "en noir".
clasp[2], *v.tr.* **2.** (*b*) *To c. one's hands*, joindre les mains.
class[1], *s.* **2.** *Sch:* (*a*) **In class,** en classe *f. To hold classes for discussion*, organiser des séances de discussion.
class[2], *v.tr.* (*a*) *To c. as*, assimiler à.
classify, *v.tr.* **Classified results,** résultats *m* et classement *m. Sch: Classified vocabulary*, vocabulaire *m* arrangé par centres d'intérêt.
clean[3], *v.tr.* **1.** *To c. one's teeth*, se laver les dents.
cleaner, *s.* **1.** (*Pers.*) **Window cleaner,** laveur *m* de vitres.
cleaning[1], *s.* (*Household*) *c. materials*, produits *mpl* d'entretien.
cleanser ['klenzər], *s. Toil: Face c.*, cleaner *m.*
clear[1]. III. *a. or adv. To pull s.o. c.* (*of*), dégager qn (de).
clear[2], *v.* I. **3.** (*a*) *Mil:* Dégager (la frontière). *To c.* (*of mines*), déminer. *To clear of sand*, désensabler. *Town P: To c. slums*, supprimer les taudis. *Clear all this out of here*, débarrassez-moi de tout cela. **5.** (*b*) *Nau: Vessel cleared*, navire sorti. **6.** (*a*) Arrêter (un compte, le solde de dépôt).
clearance, *s.* **1.** *Town P: C. area*, tache, quartier (insalubre), à démolir. *See also* SLUM. (*d*) *Mil: Bomb, shell c.*, désobusage *m. Mine c.*, déminage *m.* **2.** (*a*) *Cust: Customs c.*, (i) dédouanement *m.* (ii) Congé *m* des douanes. **3.** *Bank:* (ii) Présentation à l'encaissement (d'un chèque).
clearing, *s.* **5.** (*c*) *Fin: Under the c. procedure*, par voie *f* de compensation. *C. agreement*, accord *m* de compensation.
clearway ['kliə,wei], *s. Adm:* Grande route à stationnement interdit.
clearwing, *s. Ent:* **Hornet clearwing moth,** sésie apiforme.
cleavage, *s.* **3.** *U.S: F:* Décolleté très ouvert.
clementine ['klemən tain], *s. Hort:* Clémentine *f.*
clerk[2], *v.i.* **3.** *U.S: To c. in a store*, travailler comme vendeur dans un magasin.
click[1], *s.* **1.** *Tg:* Claquement *m* (du manipulateur).
cliff, *s.* **1.** (*Inland*) Falaise *f.*
climb[1], *s.* **1.** *Av: Rate of c.*, vitesse ascensionnelle. **2.** *Steep c.*, grimpette *f.*
climb[2], *v.tr. & i.* **1.** (*a*) *Mount:* Varapper. *F: To c. up the wall*, être à bout de forces.
climbing[2], *s.* **1.** *Mount: Artificial c.*, escalade artificielle. *Aer: C. speed*, vitesse ascensionnelle.
'climbing-irons, *s.pl.* Grimpettes *fpl.*
clinging[1], *a. Bot: C. root*, crampon *m.*
clip[1], *s.* **1.** **Wire paper-clip,** trombone *m*, attache *f* trombone. (*Jewel, fountain-pen*) Clip *m.*
clipper, *s.* **3.** (*a*) *Av:* Clipper *m.*
clippie ['klipi], *s.f. F:* Receveuse (d'autobus).
cloche[1], *s.* **1.** *Hort: Continuous c.*, cloche continue, cloche tunnel. *Tent c.*, cloche, abri *m.*
cloche[2], *v.tr. Hort:* Clocher (des melons, etc.).
clock[1], *s.* (*a*) *Ind: To work round the c.*, faire deux équipes *f* (dans les 24 heures). *See also* TOWER[1] I.
'clock 'in, *v.i. F: Ind:* Pointer à l'arrivée *f.*
'clock-maker, *s.* Horloger *m.*
'clock 'out, *v.i. F: Ind:* Pointer au départ.
close[1]. I. *a.* **2.** *C. carpeting*, tapis ajusté.
'close-up, *s. C.-up* (*detail*), détail *m* (vu de près).
closure[1], *s.* **3.** *Med: Epiphyseal c.*, soudure *f* des épiphyses.
clot[1], *s.* **3.** *F:* Idiot *m*, imbécile *m.*
clothing, *s.* **2.** *Hist: Adm:* **Clothing book** = carte *f* d'habillement.
cloud[1], *s.* **5.** **Cloud chamber,** chambre d'ionisation *f.*
'clover-leaf, *s. Civ.E:* **Clover-leaf intersection,** croisement *m* en trèfle.
clownish, *a.* **4.** Clownesque.
club[1], *s.* **3.** (*a*) **Club chair,** fauteuil *m* club.
clue, *s.* **2.** *F: I haven't a clue*, je n'en sais rien. *F: He hasn't a c.*, il ne sait rien de rien, il ne sait jamais rien, il n'en a pas la moindre idée.
clueless ['kluːlis], *a. F: He's quite c.*, il ne sait jamais rien.
clutch[1]. **2.** *Aut:* **Automatic clutch,** autodébrayage *m. To put the c. out*, débrayer.
coagulum [kou'ægjələm], *s.* Coagulum *m.*
coal[1], *s.* **1.** (*a*) *Min:* **Coal face,** taille *f.*
'coal-car, *m. Ind:* Enfourneuse *f.*
coalie ['kouli], *s. Ich: F:* Colin *m.*
coast[1], *s.* **1.** *From c. to c.*, d'une mer à l'autre.
'coast-guard, *s.* **2.** **Coast-guard path,** sentier douanier.
coat[1], *s.* **1.** (*b*) (*For women*) **House coat,** robe *f* d'intérieur, déshabillé *m.*
coated, *a.* **1.** *Phot: C. lens*, objectif bleuté, traité.
coccidiosis [,kɔksidi'ousis], *s. Vet:* Coccidiose *f.*
cock[1], *s.* (*d*) *V: To talk c.*, déconner.
'cock-fighting, *s. Furn: C.-f. chair*, voyeuse *f.*
cocktail, *s.* **4.** **Cocktail snacks,** amuse-gueule *m. pl*, amuse-gueules.
coconut, *s. Cu: Desiccated c.*, noix de coco déshydratée. **Coconut plantation,** cocoteraie *f.*
code[2], *v.tr.* **2.** Coder (une dépêche).
coelacanth ['siːləkænθ], *s. Ich:* Coelacanthe *m.*
coexistence, *s. Pol: Peaceful c.*, coexistence *f* pacifique.
'coffee-percolator, *s.* Percolateur *m*; cafetière *f* automatique, cafetière russe.
cognizance, *s.* **1.** (*c*) *Jur: The child acted without c.*, l'enfant a agi sans discernement.
'coke-car, *s. Ind:* Wagon *m* d'extinction, chariot *m* à coke.
coking, **1.** *a.* Cokéfiable, cokéfiant. *C. coal*, charbon *m* cokéfiable. **2.** *s.* (*b*) *Petrol Ind:* Cokage *m.*
cold[2], *s.* **2.** *Med:* **Cold in the eye,** coup d'air dans l'œil.
collaborate, *v.i.* (*b*) *Pol: F:* Collaborer.
collaboration, *s. Pol:* Collaboration *f.*
collaborationist [kə,læbə'reiʃənist], *s. Pol: Hist: Pej:* Collaborationniste *m.*
collaborator, *s. Pol:* Collaborateur *m.*
collapse[1], *s.* **2.** (*c*) *Med: C. therapy*, collapsothérapie *f.*
collapse[2], II, *v.tr.* **3.** *Med: To c. a lung*, collaber un poumon.
collapsing [kə'læpsiŋ], *s. Med:* Collapsus *m* (du poumon).
collar[1], *s.* **3.** (*a*) *I.C.E:* (*On valve stem*) Clavette *f* de soupape.
collective, *a.* **1.** *C. farm*, ferme collective.
collectivization [kə,lektivai'zeiʃ(ə)n], *s.* Collectivisation *f.*
collectivize [kə'lektivaiz], *v.tr.* Collectiviser.
college, *s.* **3.** *Av:* **R.A.F. college,** école *f* de l'air.
colloquial, *a.* Parlé. *C. English*, l'anglais parlé.
collywobbles, *s.pl. F:* **To have the collywobbles,** avoir des borborygmes *m.*
Colombia [kə'lʌmbiə], *Pr.n. Geog:* La Colombie.
colonel, *s.* **1.** **Queen Elizabeth, colonel-in-chief of the London Scottish,** la reine Elizabeth, colonelle d'honneur des London Scottish

colonialism, *s.* 3. Colonialisme *m.*
colonic [ko'lɔnik], *a.* *Med:* **Colonic irrigation,** irrigation du côlon.
colour[1], *s.* 3. *To get back one's c.*, retrouver ses couleurs. 4. (*a*) *Hoisting the colours,* lever *m* des couleurs. *Nav: Mus:* **"Colours,"** (salut) au drapeau.
coloured, *a.* 3. *s.* *F:* (*Clothes*) *Coloureds,* couleurs *fpl.*
column, *s.* 3. (*a*) *Pol:* **Fifth column,** cinquième colonne *f.*
comb[2]. 1. *v.tr.* (*c*) (*Of police, etc.*) Ratisser.
combine[1], *s.* *Ind:* Combinat *m.*
combined, *a.* *Mil: Nav: Av:* **Combined operation,** opération *f* amphibie.
'combine-'harvester, *s.* Moissonneuse-batteuse *f.*
combing[2], *s.* 1. (*c*) Ratissage *m.*
come, *v.i.* 1. (*a*) *F: He had it coming to him,* ça lui pendait au nez. 4. (*b*) (*Amount to*) *This is what his argument comes to,* voici à quoi se ramène, se résume, se réduit, revient, son raisonnement.
'come 'down, *v.i.* 2. (*h*) (*Amount to*) Se ramener, revenir, se borner (to, à). *This is what his argument comes down to,* voici à quoi se ramène, revient, se borne, se réduit, se résume, son raisonnement.
come 'forward, *v.i.* 1. *Iron: He's not backward in coming forward,* il ne se gêne pas.
'come 'up, *v.i.* 2. (*f*) *Sch: This question has never yet come up,* cette question n'est jamais encore sortie (à l'examen).
comedy, *s.* **Musical comedy,** opérette *f.*
comfortable, *a.* 1. (*a*) *His c. island scorn,* son dédain satisfait d'insulaire.
comic. 1. *a.* *See also* STRIP[1]. 2. *s.* *Journ:* Journal de bandes illustrées. 3. *s.pl.* *Journ:* **Comics,** comics *mpl.*; bande illustrée.
Cominform ['kɔminfɔːm], *s.* Kominform *m.*
commander, *s.* 1. (*a*) *Mil: See also* GUARD[1] 2.
commando, *s.* (*b*) *Mil:* Commando *m*, corps franc.
commercial. 2. *s.* *T.V:* *F:* Émission *f* publicitaire.
commission[1], *s.* 2. (*b*) *Mil:* **To get a, one's, commission,** être nommé officier, passer officier, gagner l'épaulette. 4. *Fact-finding c.*, commission d'enquête.
committee, *s.* 1. **Joint Production Committee,** comité *m* d'entreprise.
common[1], *a.* 2. (*a*) *C. name* (*of a plant*), nom vulgaire (d'une plante).
'common-lawyer, *s.* Civiliste *m.*
commonwealth, *s.* 2. **The British Commonwealth of Nations,** l'Empire Britannique, le Commonwealth Britannique.
communal, *a.* 1. (*b*) Communautaire.
communistic, *a.* Communisant. *A trade union with c. tendencies,* un syndicat ouvrier à tendances communisantes.
community, *s.* 4. (*c*) **Community singing,** chansons populaires reprises en chœur par l'assistance.
compartment, *s.* 1. (*a*) *Luggage c.*, soute *f* à bagages.
compensating, *a.* 2. *C. arm,* bras *m* de rappel.
compensation, *s.* 1. Indemnisation *f.* **War damage compensation,** les dommages *mpl* de guerre. *See also* INSURANCE 1.
complaint, *s.* 2. (*a*) **That is the general complaint,** tout le monde s'en plaint.
complement[1], *s.* 2. (*a*) *Gram:* Attribut *m.*
complete[1], *a.* 1. (*a*) *C. success,* franc succès.
complimentary, *a.* Gracieux. **Complimentary copy,** exemplaire envoyé à titre gracieux.
composition, *s.* 1. (*a*) *Cryst: C. plane,* plan *m* d'accolement.
comprehending, *a.* Qui comprend; plein de compréhension; compréhensif.
comprise, *v.tr.* Comporter.
computer, *s.* 1. (*Pers.*) Calculateur *m.* 2. Machine mécanographique, ordinateur *m.*
concealed, *a.* *C. lighting,* éclairage *m* indirect.
concentration, *s.* 1. (*a*) *Prisoner in c. camp,* concentrationnaire *mf.*
concentricity, *s.* *Tchn:* Centrage *m.*
concern[2], *v.tr.* 1. (*a*) *To whom it may c.*, à toutes fins utiles. 2. (*a*) *The book is concerned with,* ce livre traite de, il s'agit dans ce livre de. *Com: To pass on to the department concerned,* transmettre au service compétent.
concession, *s.* (*b*) *Com:* Réduction *f.*
conchie ['kɔnʃi], *s.* *P:* = CONCHY.
conclavist ['kɔŋkleivist], *s.* *Ecc:* Conclaviste *m.*
conclusion, *s.* 3. (*b*) *It's up to you to draw your own conclusions,* à vous d'en juger.
concrete[1]. 1. *a.* *C. suggestion, proposal,* suggestion *f*, proposition *f* pratique, concrète.
'concrete-mixer, *s.* Bétonneuse *f.*
condenser, *s.* 2. *El: By-pass c.*, condensateur *m* de fuite, shunté. 3. *Opt: Prismatic c.*, condensateur prismatique, de Fresnel.
condition[1], *s.* 1. *Log: Mth: Necessary and sufficient c.*, condition nécessaire et suffisante. 3. *pl.* *Town conditions,* régime de ville.
condition[2], *v.tr.* 2. Conditionner. *Everything that conditions laws,* tout ce qui conditionne les lois.
cone[1], *s.* 1. (*c*) **Ice(-cream) cone,** cornet *m* de glace, de crème glacée. 2. (*d*) *Av: Propeller hub c.*, cône de pénétration de l'hélice. *Propeller hub securing c.*, cône d'appui du moyeu de l'hélice.
'cone-flower, *s.* *Bot:* Rudbeckie *f.*
confabulation, *s.* Conciliabule *m.*
conference, *s.* 1. (*a*) *Press c.*, conférence *f* de presse.
confess. 1. (*c*) *v.ind.tr.* **To confess to having done sth.,** se confesser de qch.
confidence, *s.* 1. (*a*) *Parl: Motion of no c.*, motion de défiance *f.*
'confidence-trickster, *s.* Escroc *m*; chevalier *m* d'industrie.
confine. 1. *v.tr.* (*d*) *All their knowledge is confined to this,* toute leur science se borne à cela.
confirmand [ˌkɔnfəː'mænd], *s.* *Ecc:* Confirmand, -e.

conga ['kɔŋgə], *s.* *Danc:* Conga *f.*
conjunction, *s.* 1. *In c. with sth.*, concurremment avec qch.
consequence, *s.* 1. (*a*) (*Game of*) *consequences,* (jeu des) petits papiers.
conservatively [kən'səːvətivli], *adv.* *It was c. estimated . . .*, selon des estimations modérées. . . .
conscious, *a.* 1. (*c*) *Fashion c.*, qui suit de près la mode. *Food-c.*, qui se préoccupe beaucoup de sa nourriture. *Horse-c.*, qui aime beaucoup les chevaux (et s'en occupe beaucoup).
consolidation, *s.* 2. *Rural economy:* (i) Remembrement *m*, réorganisation foncière. (ii) Remaniement *m*, regroupement *m* parcellaire.
constant. 1. *a.* (*b*) *Through c. repetition,* à force de répéter.
consumer, *s.* *Pol.Ec:* **Consumer goods,** biens *m* de consommation.
contact[1], *s.* 1. (*a*) *Opt:* **Contact lens,** verre *m*, lentille *f*, de contact. (*b*) *Com:* **Contact man,** agent *m* de liaison. *Med:* Personne ayant approché un malade contagieux.
contact[2], *v.tr.* Contacter (qn), s'aboucher, se mettre en relation, avec (qn).
container, *s.* (*b*) *Av:* (*Supply*) *c.*, gaine *f* à matériel (pour parachutages), bombe *f* de ravitaillement. *Rail:* **(Freight) container,** cadre *m* de déménagement.
content[1], *s.* 2. *With a high protein c.*, riche en protéine *f.*
contest[1], *s.* (*b*) *Talent c.* (*on wireless*), crochet *m* (radiophonique).
continent[2], *s.* (*a*) **The five continents,** les cinq parties *f* du monde.
conti'nuity-girl, *s.* *Cin:* Script-girl *f*, *pl.* script-girls.
contour[1]. 1. *s.* *Surv: Mapm:* = CONTOUR-LINE. 2. *a.* **Contour farming,** culture *f* en courbes de niveau. *Strip c. farming,* culture en bandes de niveau.
contract[1], *s.* 1. (*b*) *See also* LAW[1] 3.
contracting[2], *s.* (*b*) *Ind:* Recours *m* à l'entreprise.
contribution, *s.* 1. (*a*) Apport *m.*
control[1], *s.* 1. (*b*) *Everything is under c.*, tout est fin prêt. *To bring a disease under c.*, enrayer une maladie. (*c*) *Av:* **Out of control,** désemparé. (*d*) *Fin:* **Exchange control,** contrôle *m* des changes.
controlled, *a.* (*a*) Dirigé. (*b*) **Sold at the controlled price,** vendu à la taxe. *To fix a controlled price for a food-product,* taxer une denrée.
conurbation [ˌkɔnəː'beiʃ(ə)n], *s.* Conurbation *f.*
convenience, *s.* 1. *Nau: Flag of c.*, pavillon *m* de complaisance. 4. *Town P:* Bon fonctionnement.
conversation, *s.* 1. *Preliminary c.*, prise *f* de contact.
conversion, *s.* 2. (*a*) *St.Exch: Fraudulent c. of stocks,* lavage *m* des titres. *See also* FRAUDULENT.
convert[2], *v.tr.* 3. *To c.* (*property*) *fraudulently,* carambouiller.
converter, *s.* (*b*) *W.Tel:* Adapteur *m.*
conveyance, *s.* 1. Convoyage *m.*
conveyor, *s.* 2. *Ind: Portable c.*, transporteur *m* à courroies mobile, sauterelle *f.*
convict[1], *s.* 2. (*a*) Bagnard *m.*
cook[1], *s.* (*b*) *Mil: F:* Cuistot *m.*
'cook-house, *s.* (*a*) *Mil: To be on c.-h. fatigue, to be c.-h. orderly,* être (de corvée) de soupe.
'cook 'up, *v.tr.* *F:* Mijoter (une revanche).
cool[1]. 1. *a.* (*h*) *Metalw: C. time,* temps mort.
coolant ['kuːlənt], *s.* Agent *m* de refroidissement.
cooler, *s.* 4. *P:* Tôle *f*, prison *m.*
cooling[1], *a.* (*b*) *C. agent,* agent *m* de refroidissement.
cooling[2], *s.* *See also* FIN[1] 3. *Effusion c.*, refroidissement par diffusion. *Evaporative, sweat, transpiration c.*, refroidissement par sudation.
'cool 'off, (*b*) *v.tr.* *F: The government's mistakes have cooled off his enthusiasm for the Socialist party,* les fautes du gouvernement ont refroidi son enthousiasme pour le parti socialiste.
co-operative, *a.* 1. *To be c.*, prêter son aide. *Be a little more c.*, voyons, donnez-vous la peine de m'aider. *You're not a bit c.*, vous ne m'aidez guère.
coot, *s.* 1. *Orn:* Foulque *f* (macroule). *Crested c.*, foulque à crête.
cop[2], *s.* *F: Courtesy cop, road cop* = *F:* Motard *m* de la route.
cope, *v.i.* (*a*) *People who don't have to c. with children don't know what life is,* les gens qui n'ont pas à se débattre avec des enfants ne savent pas ce que c'est que la vie.
copier, *s.* 3. Duplicateur *m.*
'co-pilot, *s.* Copilote *m.*
coproduction ['kouprə'dʌkʃ(ə)n], *s.* Coproduction *f.*
copy[1], *s.* 2. (*a*) *Typ:* Double *m.* **Top copy,** original *m.* (*b*) *Jur:* **True copy,** copie *f* conforme.
copyright[1], *s.* Copyright *m.*
copyrighted, *a.* *Publ:* Déposé (en parlant d'un livre).
cor [kɔːr], *s.* *Mus:* **Cor anglais,** cor *m* anglais.
coral, *s.* 1. *Bot:* **Coral tree,** flamboyant *m.*
cord[1], *s.* 1. (*f*) *Min:* Cordeau *m*, mèche *f.*
cordon[2], *v.tr.* *The street was cordoned off,* on isola la rue par un cordon de police, on établit un cordon de police aux entrées de la rue.
core[1], *s.* 3. *Civ.E: Watertight c.*, noyau d'étanchéité.
'core-drill, *s.* *Min:* Carottage *m.*
'core-sample, *s.* *Min:* Carotte *f*, témoin *m.* *Taking of a c.-s.*, carottage *m.*
corgi ['kɔːgi], *s.* Corgi *m.*
corkwood, *s.* *Bot:* (*b*) Balsa *m.*
corm, *s.* *Bot:* Bulbe *mf.*
cormorant, *s.* 1. *Orn:* **Cormorant** (*Phalacrocorax carbo*), grand cormoran. *Pygmy c.*, cormoran pygmée. *Southern c.*, cormoran moyen.
corneal, *a.* *Med:* *C. grafting,* greffe *m* de la cornée.
corner[1], *s.* 3. (*b*) (*Bend*) **Right-angle corner,** tournant à angle droit. *Mount:* **Open corner,** dièdre *m.*

cornet[1], *s.* **4.** (*b*) *Ice-cream cornet*, cornet *m* de crème glacée, de glace.
cornflakes ['kɔːnfleiks], *s.pl.* = Paillettes *f* de maïs.
corny, *a.* *F:* Usé, vieux, vieille. *A c. joke*, une plaisanterie usée.
corps, *s.* (*Inv. in pl.*) **1.** *Tank c.*, formation *f* de chars.
corporal[3], *s.* *Mil.Av:* Caporal-chef *m*, *pl.* caporaux-chefs. (*Women's services*) Sixième catégorie *f*.
correspondence. **2.** (*b*) **Correspondence school,** école d'enseignement par correspondance.
cortex, *pl.* **-ices,** *s.* Cortex *m*.
cosmetology ['kɔzmi'tɔlədʒi], *s.* Cosmétologie *f*.
cosmic(al), *a.* *C. radiation*, rayonnement *m* cosmique.
cost[1], *s.* **1.** *Pol.Ec:* **Cost of living,** prix *m* de la vie.
'cost-saver, *s.* Économiseur *m*. *To be a c.-s.*, être économique.
cosy. **1.** *a.* *F:* **Cosy little house,** petite maison sympathique.
cottage, *s.* **1.** *See also* INDUSTRY 2. **2.** (Country) **cottage,** cottage *m*.
'cotton 'candy, *s.* *U.S:* = CANDY FLOSS.
'cotton-'wool, *s.* **Absorbent cotton-wool,** ouate *f* hydrophile.
couch[1], *s.* **2.** *Furn:* *Studio c.*, banquette-lit *f*, *pl.* banquettes-lits.
'couldn't-care-'less, *a.* **Couldn't-care-less attitude,** je m'en-fichisme *m*, je m'en-foutisme *m*.
'council-house[2], *s.* = Habitation *f* à loyer modéré, *F:* H.L.M.
councillor, *s.* *County c.* = conseiller général.
counsellor, *s.* *Dipl:* Conseiller *m* d'ambassade.
count[1], *s.* **1.** (*a*) *Med:* **Blood count,** numération *f* globulaire. **Blood-count cell,** hématimètre *m*. *Tchn:* **Count down,** compte à rebours.
count[2]. **1.** *v.tr.* (*a*) *See also* FINGER[1] 1.
countable ['kauntəbl], *a.* Dénombrable.
counter[1], *s.* **4.** (*b*) (*In supermarket*) Rayon *m*. *F:* **To sell under the counter,** vendre en cachette. *Cigarettes from under the c.*, des cigarettes de l'arrière-boutique.
'counter-'irritate, *v.tr.* *Med:* Révulser.
'counter-poison, *s.* Contre-poison *m*.
'counter-pressure, *s.* Contre-pression *f*.
countersection ['kauntəsekʃ(ə)n], *s.* *Surv:* Recoupement *m*.
county, *s.* **2.** *See also* COUNCILLOR.
coupon, *s.* **1.** *Hist:* *Adm:* **Petrol coupon,** bon *m* d'essence. **Clothing coupons,** points *m* textiles; *F:* des points. **Bread coupon,** ticket *m* de pain.
courbaril ['kuəbəril], *s.* *Bot:* Courbaril *m*.
course[1], *s.* **1.** (*a*) *This will probably happen in the c. of three or four months*, ceci se produira probablement d'ici trois ou quatre mois. (*b*) *F:* *Of course not!* Bien sûr que non! **2.** (*a*) *To take a c.*, suivre un cours. **3.** (*a*) *To be on the c.*, suivre le cap fixé. *To veer off one's c.*, dévier du cap fixé. **4.** *Cu:* *See also* MAIN[2] 2.
courser, *s.* **2.** *Orn:* *Cream-coloured c.*, courvite *m* isabelle, courvite gaulois.
court[1], *s.* **4.** (*b*) *Porous cement tennis c.*, quick *m*.
'courtesy-light, *s.* *Aut:* Éclairage *m* intérieur automatique.
cover[1], *s.* **2.** (*a*) Plaque *f* d'égout.
cover[2], *v.tr.* **8.** (*b*) *Journ:* *F:* Couvrir.
coverage ['kʌvəridʒ], *s.* *U.S:* Champ *m* d'application. *Journ:* **News coverage,** l'ensemble des informations *fpl*.
'cover-charge, *s.* (*Au restaurant*) Couvert *m*.
'cover-'girl, *s.* Jeune femme dont la photo paraît sur la couverture d'une revue.
'cow-girl, *s.* Vachère *f*.
'cow-hand, *s.* Vacher *m*.
'cow-pat(ch), *s.* Gâteau *m* de bouse.
'cow-shed, *s.* Étable *f*.
cox[2], *v.tr.* *Nau:* *Row:* Barrer.
coxed, *a.* *Nau:* *Row:* **A coxed pair,** un deux barré. **A coxed four,** un quatre barré.
coxwainless ['kɔks(ə)nlis], *F:* **coxless** ['kɔkslis], *a.* *Nau:* *Row:* Sans barreur. *A c. pair, four*, un deux, quatre, sans barreur.
crabber, *s.* Bateau pêcheur de crabes.
crack. II. *v.i.* **6.** *F:* **To get cracking,** s'y mettre. **Get cracking!** grouille-toi!
'crack'down, *v.i.* *To c. down on s.o.*, *F:* laver la tête à qn. *P:* Engueuler qn.
crackers ['krækəz], *a.* *F:* *He's c.*, il est cinglé.
cracking[2], *s.* **3.** (*b*) *C. plant*, cracking *m*.
crackle[1], *s.* **2.** (*Black and*) *c. finish*, surface granitée.
crack up. **2.** *v.i.* *F:* Craquer.
cracowe ['krækou], *s.* *Cost:* *A:* Soulier *m* à la poulaine.
cradle[2], *v.tr.* **1.** *Cradled in luxury*, bercé dans le luxe. *To be cradled in a doctrine*, sucer une doctrine avec le lait.
crake[1], *s.* **1.** *Orn:* *Little c.*, marouette *f* poussin, râle *m* poussin. *Baillon's c.*, râle, marouette, de Baillon. *Spotted c.*, marouette ponctuée.
crakow ['krækou], *s.* *Cost:* *A:* Soulier *m* à la poulaine.
crane[1], *s.* **1.** *Orn:* *Asiatic white c.*, grue sibérienne. *Crowned c.*, grue couronnée. *Demoiselle c.*, demoiselle de Numidie. *Sarus c.*, grue antigone. **2.** *See also* HAMMER-HEAD 1.
cranny[1], *s.* (*b*) *See also* NOOK.
'crash-'land, *v.i.* *Av:* Atterrir brutalement, *F:* casser du bois, faire un crash.
'crash-'landing, *s.* *Av:* Atterrissage brutal, crash *m*.
crate[1], *s.* *P:* Bagnole *f*.
crawl[3], *v.i.* **2.** (*b*) *F:* *Aut:* Faire du surplace. **5.** *Swim:* Crawler, faire du crawl.
crazy, *a.* **1.** *It is like sth. out of a c. show*, on dirait une histoire de fous.
create, *v.tr.* **2.** (*a*) *Abs.* *P:* Râler. *Doesn't he half c.!* Qu'est-ce qu'il peut râler!
creativeness, *s.* Esprit *m* de création.
credit[1], *s.* **4.** (*a*) *Bank:* *Documentary letter of c.*, crédit *m* documentaire.

crenelled ['krenld], *a.* *Bot:* (*Of leaf*) Crénelé.
crescent. **2.** *a.* (*b*) **Crescent-wing bomber,** bombardier à aile en croissant.
crest[1], *s.* **3.** (*a*) Crête *f*, couronnement *m* (d'un barrage). **7.** (*b*) *Av:* *Company c.*, cocarde *f*.
crew[1], *s.* **2.** (*b*) *Aut:* *Mil:* *The c. of a lorry*, l'équipage *m* d'un camion.
criminal. **1.** *a.* (*b*) **The Criminal Investigation Department,** *F:* **The C.I.D.** = La Police Judiciaire, *F:* La P.J. *C. lawyer*, avocat d'assises.
crimson[1], *a.* *C. with rage*, rouge de colère.
crisp[1]. **2.** *s.* (*c*) *Cu:* (Potato) **crisps,** chips *mpl*.
criss, *s.* Criss *m* (malais).
cristobalite [kris'tɔbəlait], *s.* Cristobalite *f*.
critic, *s.* (*a*) *Dramatic c.*, critique dramatique.
croak[2], *v.i.* **2.** (*b*) *A croaking pessimist*, un sombre pessimiste.
'crochet-work, *s.* (Travail *m* au) crochet *m*.
crock[2], *s.* **2.** (*Of motor-car, etc.*) Tacot *m*, vieille guimbarde.
crooner, *s.* **3.** Chanteur, -euse, de charme.
crop[1], *s.* **3.** (*a*) *U.S:* *Cover c.*, culture intercalaire.
cropping, *s.* **2.** *See also* ROTATION 2.
cross[2]. **1.** *v.tr.* (*b*) *F:* **Cross my heart,** croix de bois croix de fer; boule de feu boule de fer.
crossbill, *s.* *Orn:* *U.S:* *Red c.*, bec-croisé des sapins. *Parrot c.*, bec-croisé perroquet. *Two-barred c.*, *U.S:* *white-winged c.*, bec-croisé bifascié.
'cross-exami'nation, *s.* *Jur:* Contre-interrogatoire *m*, *pl.* contre-interrogatoires.
'cross-e'xamine, *v.tr.* *Jur:* Contre-interroger.
'cross-fertili'zation, *s.* *Bot:* Allogamie *f*.
crossing, *s.* **4.** *Arch:* Croisée *f* du transept.
'cross-'section[1], *s.* **A cross-section of life,** une tranche de vie.
crow[1], *s.* **1.** (*a*) *Orn:* **Carrion crow,** corbeau-corneille *m*.
crow[2], *v.i.* **1.** *Ven:* (*Of pheasant*) Rappeler.
crown[1]. **1.** (*c*) **Crown prince,** (*in modern Greece*) diadoque *m*.
'crown-'cork, *s.* *To take off a c.-c.*, décapsuler (une bouteille).
cruiser, *s.* *Nau:* **1.** **Light cruiser,** contre-torpilleur *m*, *pl.* contre-torpilleurs.
crumbles ['krʌmblz], *s.pl.* *Husb:* Miettes *fpl*.
crummy, *a.* **3.** *P:* Moche. **4.** (Pain) qui s'émiette trop, qui a beaucoup de mie.
crush[1], *s.* **1.** (*a*) *C. syndrome*, syndrome de broiement *m*.
crusted, *a.* **1.** **Crusted snow,** tôlée *f*, neige tôlée.
cryptic, *a.* Sybillin.
'crypto-'communist, *s.* Crypto-communiste *mf*.
'cubby-hole, *s.* **2.** (*b*) *Aut:* Vide-poche(s) *m. inv. in pl.*
cuckoo, *s.* *Orn:* Coulicou *m*. *Black-billed c.*, coulicou à bec noir. *Yellow-billed c.*, coulicou à bec jaune. *Great spotted c.*, coucou-geai *m*, oxylophe *m* geai.
cue[1], *s.* **1.** (*b*) **To take one's cue from s.o.,** s'ajuster sur qn. *Pol:* *Hungary takes her cue from Russia*, la Hongrie s'aligne sur la Russie.
cuff[1], *s.* **1.** *F:* (*Speech, etc.*) *off the cuff*, (discours) impromptu.
cuir-bouilli ['kwiəbuː'jiː], *s.* Cuir *m* bouilli.
cullet, *s.* **2.** Tessons *mpl* de bouteille.
culminate, *v.i.* **2.** Aboutir.
culmination, *s.* **2.** Aboutissement *m*.
cultism ['kʌltizm], *s.* Gongorisme.
cultist ['kʌltist], *a.* Gongoresque.
cum [kʌm], (*Lt.*) *prep.* Avec. *See also* DIVIDEND 2.
cumquat ['kʌmkwɔt], *s.* *Bot:* Koum-quat *m*.
cup[1], *s.* **1.** (*a*) *F:* **That's just my cup of tea,** c'est tout à fait dans mes cordes. **That's, it's, not my cup of tea,** je ne mange pas de ce pain-là, ce ne sont pas mes oignons. **That's another cup of tea,** ça, c'est autre chose, c'est une autre affaire, c'est une autre paire de manches. *F:* *That might not be everyone's cup of tea*, il se pourrait que ce ne soit pas du goût de tout le monde. **3.** (*v*) *Sp:* **The Davis Cup,** la coupe Davis. **4.** *Cu:* **Champagne, wine, cup,** marquise *f*. **5.** (*h*) (*of brassière*) Bonnet *m*. *See also* BRASSIÈRE.
cure[2], *v.tr.* **2.** (*d*) Conserver (le béton).
curing, *s.* **2.** (*c*) Conservation *f* (du béton).
curlew, *s.* *Orn:* Courlis *m*. **Curlew** (*Numenius arquata*), courlis cendré, grand courlis. *Eskimo c.*, courlis esquimau. *Slender-billed c.*, courlis à bec grêle. *Stone c.*, œdicnème *m* (criard), courlis de terre.
'curlew-'sandpiper, *s.* *Orn:* (Bécasseau *m*) cocorli *m*.
currency, *s.* **3.** *Pol.Ec:* **Hard currency,** devise forte. *Countries with hard currencies*, pays à change élevé, à devises fortes.
current[1], *a.* **1.** *C. loan*, prêt en cours, non remboursé, consenti. *The c. treasurer of the association*, l'actuel trésorier de l'association.
curse[1], *s.* **2.** *F:* *It's a perfect c.*, quelle barbe!
curtain[1], *s.* **1.** (*a*) *Mil:* *Fire-c.*, rideau *m* de feu. *Pol:* *Hist:* **Iron curtain,** rideau de fer. **2.** *P:* *It'll be curtains for you if . . .*, vous y laisserez votre peau si . . .
cushion[1], *s.* **5.** *Cu:* Noix *f* de veau.
cushy, *a.* *P:* *C. job*, *F:* prébende *f*. *To have a c. time*, se chouchouter.
cussed, *a.* *P:* *He's a c. nuisance*, il a l'esprit de contrariété.
cussedness, *s.* *The c. of things*, l'ironie *m* des choses.
cut[1], *s.* **1.** (*a*) **Crew cut,** cheveux taillés en brosse *f*. (**Electricity**) **cut,** coupure *f* (de courant). *The cut and thrust of parliamentary debate*, le jeu d'attaques et de ripostes des débats parlementaires. **4.** (*e*) *For:* **Allowable cut,** possibilité *f* de coupe. **9.** *Cu:* **Cheap cuts,** bas morceaux.
cut[2], *v.tr.* **3.** (*a*) *Mount:* *To cut steps*, tailler.
'cut-away[2], **1.** *a.* *C.-a. illustration*, vue en coupe *f*.
cutie ['kjuːti], *s.f.* *U.S:* *P:* Petite rusée; petite délurée.
'cut 'off. **1.** *v.tr.* (*d*) *Av:* *To land with the engine cut off*, atterrit hélice calée.

'cut-off, *s.* **4.** *Civ.E:* Parafouille *f*; rideau *m*, masque *m*, d'étanchéité.
cutting², *s.* **1.** (*a*) *Metalw:* *Arc c.*, (dé)coupage *m* à l'arc. *Mount:* *Step c.*, taille *f*.
cybernetics [ˌsaibə'netiks]. *s.* Cybernétique *f*.
cycle¹, *s.* **2.** *Pedal c.*, bicyclette *f* (sans moteur).
cyclic, *a.* **Cyclic novel,** roman-fleuve, roman-cycle.
cyclist, *s.* **Racing cyclist,** coureur cycliste.
'cyclo-cross, *s.* *Sp:* Cyclo-cross *m*.
cyclotron ['saiklotrɔn], *s.* *Atom. Ph:* Cyclotron *m*.
cynical, *a.* **2.** (*a*) Désabusé.
cynicism, *s.* **2.** Désillusionnement *m*.

D

D, d, *s.* **1.** (*a*) *Mil:* *etc:* **D-day,** le jour J.
dab¹, *s.* **2.** (*a*) *F:* *pl.* Empreintes digitales.
dabchick, *s.* **1.** *Orn:* Grèbe castagneux.
dachshund, *s.* Basset allemand, teckel.
dactylology [ˌdækti'lɔlədʒi], *s.* Dactylologie *f*.
'dairy butter, *s.* Beurre fermier, laitier.
'dairy cattle, *s.* Vaches laitières.
'dairy-farm, *s.* Ferme laitière.
dam¹, *s.* **1.** *Hyd.E:* (*a*) *Earth dam*, barrage en terre. *Gravity dam*, barrage poids. *Arch dam*, barrage voûte. *Arch gravity dam*, barrage voûte-poids. *Rock fill dam*, barrage en enrochements.
damage¹, *s.* **1.** *War d.*, dommages *m* de guerre.
dame, *s.* **1.** *U.S:* *P:* Femme *f*, gonzesse *f*.
dammit, *int.* *P:* **It was as near as dammit,** il était moins une.
damn¹, *s.* *P:* *Not to give a d.* (*for*), se moquer de, se soucier de qch. comme de sa première culotte.
damn³, *a.* **2.** *F:* *He is doing d. all*, il ne fiche rien.
damned. **2.** *F:* (*b*) *adv.* Vachement. *It's d. hard*, c'est vachement difficile.
damning¹, *a.* *F:* *D. praise*, éreintement *m* avec des fleurs.
damper, *s.* **4.** (*b*) *Ind:* *See also* FLAME-DAMPER.
damping, *s.* **2.** (*a*) *Aerodynamic d.*, résistance *f* aux forces aérodynamiques.
'damping-cloth, *s.* *Dom.Ec:* Pattemouille *f*.
'damsel-fly, *s.* Demoiselle *f*.
dance¹, *s.* **1.** (*a*) *D. hostess*, entraîneuse *f*.
dander³, *s.* = DANDRUFF.
danseuse [dɔn'sə:z], *s.* Ballerine *f*.
Danzig ['dæntzig]. *Pr.n.m.* *Geog:* Dantzig.
Danziger ['dæntzigər], *a.* & *s.* *Geog:* Dantzikois, -oise.
dare¹ [dɛər], *s.* (*a*) Coup *m* d'audace. (*b*) Défi *m*.
date³. **1.** *v.tr.* (*a*) (*Vintage wine bottles*) Millésimer. (*e*) *To d. back*, antidater.
dating ['deitiŋ], *s.* Datation *f*.
datum, *pl.* **data,** *s.* **1.** *See also* PROCESSING, REDUCTION **1.**
Davy Jones. *Pr.n Nau:* *F:* *Davy Jones's locker*, le port des navires perdus.
day, *s.* **1.** (*a*) **Day in day out, day after day,** à longueur *f* de journée. *Day after day, year after year*, au fil des jours et des ans. *On this day of all days, the line was out of order*, ce jour-là, comme un fait exprès, la ligne était en dérangement. *F:* *Let's call it a day, we'd better call it a day*, tenons-nous-en là. **5.** (*Period of time*) *Those were happy days*, c'était la bonne vie (alors).
daylight, *s.* **1.** (*a*) *Attrib.* De jour. *D. bombing*, bombardement de jour.
dead. I. *a.* **4.** **Dead period,** période d'inactivité. **Dead air-screw,** hélice calée. **5.** *F:* **A dead loss,** un propre à rien, un crétin.
dead. III. *adv.* (*c*) *D. on time*, à l'heure tapante.
'dead-beat². **2.** *s.* *U.S:* *P:* (*b*) Chevalier *m* d'industrie *f*; filou *m*.
deadly. **1.** (*c*) *To be in d. earnest*, être tout à fait sérieux.
dealer, *s.* **2.** (*b*) *Record d.*, disquaire *m*.
deanship, *s.* **1.** (*Of a faculty*) Doyennat *m*.
dear. IV. *int.* **Oh dear!** (i) Diable!
de-atomize [ˌdi:'ætəmaiz], *v.tr.* Désatomiser.
debridement [dei'bri:dmɑ̃(ŋ)], *s.* *Surg:* Débridement *m*.
debt, *s.* *How much am I in your d.?* Combien vous dois-je?
decade, *s.* **1.** (*a*) Décade *f*.
decaffeinate [ˌdi:'kæfi:ineit], *v.tr.* Décaféiner.
decaffeinization [ˌdi:ˌkæfi:nai'zeiʃ(ə)n], *s.* Décaféinisation *f*.
decaffeinize [ˌdi:'kæfi:inaiz], *v.tr.* Décaféiner.
decasualization [ˌdi:ˌkæʒjuəlai'zeiʃ(ə)n], *s.* Régularisation *f* du travail des dockers.
Deccan [de'ka:n], *Pr.n.* *Geog:* Deccan, Dekkan *m*.
deceleration, *s.* **2.** Décélération *f*.
decent, *a.* **2.** *F:* *The food is d. enough*, la nourriture est convenable.
deck¹, *s.* **1.** (*a*) *See also* TRAIN¹ **5.**
declarer, *s.* **2.** *Cards:* Demandeur, -euse.
declination, *s.* **1.** (*a*) Déclination *f*.
decloche [ˌdi:'klɔʃ], *v.tr.* *Hort:* Déclocher (des melons, etc.).
decontaminate [ˌdi:kən'tæmineit], *v.tr.* **1.** Désinfecter. **2.** Décontaminer.
decontamination [ˌdi:kənˌtæmi'neiʃ(ə)n], *s.* **1.** Désinfection *f*. **2.** Décontamination *f*.
decontrol, *v.tr.* (*b*) *Adm:* **To decontrol the price of meat,** détaxer la viande. (*c*) *Adm:* **Decontrolled road,** route sur laquelle on a supprimé la limite de vitesse.
decurrent [di'kʌrənt], *a.* *Bot:* Décurrent.
deductible [di'dʌktəbl], *a.* Déductible.
'deep-'freeze, *v.tr.* Surgeler.
'Deep-'freeze, *s.* *R.t.m:* Quick-freezing *m*.
deepening², *s.* **3.** *D. of a depression*, creusement d'une dépression.
de facto ['di:'fæktou], *Lat. phr:* *Jur:* De facto. *Jur:* **De facto and de jure,** de droit et de fait.
defeat², *v.tr.* **2.** Mettre en minorité *f*. *The government was defeated in Parliament*, le Gouvernement a été mis en minorité au Parlement.
defence, *s.* **1.** **Civil defence** = défense passive.
defer¹, *v.* **1.** *v.tr.* *Mil:* Mettre en sursis (d'appel). *To d. s.o. on medical grounds*, ajourner qn.
deferment, *s.* *Mil:* Ajournement *m* (pour raison de santé). *To be on d.* (*of call up*), être en sursis. *To apply for d.* (*of call up*), faire une demande de sursis (d'appel).
defervescence [ˌdi:fə'vesns], *s.* Défervescence *f*.
definitor [di'finitɔ:r], *s.* *Ecc:* Définiteur *m*.
deflationist [di'fleiʃənist], *a.* & *s.* *Pol.Ec:* Déflationniste *mf*.
de-freeze, *v.tr.* Décongeler.
de-freezing, *s.* Décongélation *f*.
defuse [ˌdi:'fju:z], *v.tr.* Désamorcer.
degauss [di'gaus], *v.tr.* Dégausser, démagnétiser.
degaussing [di'gausiŋ], *s.* Démagnétisation *f*.
degree, *s.* **5.** *Sch:* *He has his d.*, il a ses diplômes.
degumming [ˌdi:'gʌmiŋ], *s.* *Tex:* Décreusage *m*, décruage *m*, décrûment *m*, décrusage *m* décrusement *m*.
dehydrate, *v.tr.* *Dehydrated eggs*, œufs en poudre. *Dehydrated vegetables*, légumes déshydratés.
de-ice [ˌdi:'ais], *v.tr.* *Av:* *Aut:* Dégivrer.
ˌde-'icer, *s.* *Av:* *Aut:* Dégivreur *m*.
ˌde-'icing, *s.* *Av:* *Aut:* Dégivrage *m*.
delay². **1.** *v.tr.* (*a*) *See also* BOMB¹ **1.** **2.** *v.i.* (*a*) *Mil:* *Delaying action*, action *f* de retardement *m*.
de'layed-'action, *a.* A retardement.
delicatessen ['delikə'tes(ə)n], *s.* Charcuterie *f*.
delinquency, *s.* **3.** Délinquance *f*. *Juvenile d.*, criminalité *f*, délinquance, juvénile.
delivery, *s.* **4.** (*b*) *Com:* *D. price*, prix rendu.
demand¹, *s.* **2.** *Com:* *See also* FIRM² **3.**
demanding, *a.* Revendicatif, -ive.
demi-mondaine ['demi'mɔndein], *s.* Demi-mondaine *f*, *pl.* demi-mondaines.
demister [ˌdi:'mistər], *s.* *Aut:* (Dispositif) antibuée *m*.
demob, *s.* = DEMOBILIZATION.
denazification [ˌdi:ˌnɑ:tsifi'keiʃ(ə)n], *s.* Dénazification *f*.
denazify [ˌdi:'nɑ:tsifai], *v.tr.* Dénazifier.
denier² ['denjər], *s.* *Hosiery:* Denier *m*. *A* 30 *denier stocking*, un bas 30 deniers.
denim, *s.* **2.** *Mil:* *pl.* **Denims,** treillis *mpl*.
dentex ['denteks], *s.* *Ich:* Denté *m*.
depend, *v.i.* **2.** *F:* *It depends whether he's married*, ça dépend s'il est marié.
dependent. **1.** *a.* (*c*) *Two d. children*, deux enfants à charge. (*d*) *Surg:* *D. drainage*, drainage au point déclive.
depletion, *s.* **1.** (*c*) *For:* Prélèvement global, dépeuplement *m*.
depopulation, *s.* *Rural d.*, exode rural, désertion *f* des campagnes.
depreciative, depreciatory, *a.* Péjoratif.
depressed, *a.* **2.** *D. area*, région touchée par la crise.
depressor, *s.* **4.** *Ch:* Dépresseur *m*.
derailleur [dera'jœ:r, di'reilər], *s.* *Cy:* **Derailleur gear,** dérailleur *m*.
deration [ˌdi:'ræʃ(ə)n], *v.tr.* Dérationner.
derationing, *s.* Mise *f* en vente libre.
Derby. **3.** *s.* *Cost:* (*b*) (*Shoe*) Derby *m*.
derequisition¹ [ˌdi:rekwi'ziʃ(ə)n], *s.* Deréquisition *f*.
derequisition², *v.tr.* Déréquisitionner.
derivative. **1.** (*c*) *a.* Influencé par.
dermatological [ˌdə:mətə'lɔdʒikl], *a.* Dermatologique.
derv [də:v], *s.* (*Initials of Diesel-engined road vehicles*) gas-oil *m*. gaz-oil *m*.
description, *s.* **1.** (*b*) (*Formally*) (i) (*For police purposes*) (*in a card index*) Fiche *f* signalétique.
desiccate, *v.tr.* Déshydrater.
design², *v.tr.* **4.** (*b*) Étudier, calculer. *Well-designed piece of furniture*, meuble aux lignes étudiées.
'desk-pad, *s.* Sous-main *m inv.*; bloc-notes *m*, *pl.* blocs-notes.
destroyer, *s.* **2.** *Navy:* Escorteur *m* d'escadre. **3.** *Mil:* **Tank destroyer,** chasseur *m* de chars.
detect, *v.tr.* **2.** Détecter.
detectaphone [di'tektəfoun], *s.* Espion *m*.
detection, *s.* **3.** *Mil:* *Av:* **Sound detection,** détection *f* par le son. *Mil:* **Mine detection,** détection (des mines).
detector, *s.* **2.** *Mil:* **Mine detector,** détecteur de mines. *Mil:* *Av:* **Sound detector,** appareil *m* de repérage par le son.
determination, *s.* **1.** (*c*) *Blank d.*, dosage témoin, expérience *f* en blanc.
detergent, *a.* & *s.* (*b*) Lessive *f*.
deterrent. **3.** *s.* *Mil:* *Pol:* Arme *f* de dissuasion.
detest, *v.tr.* Abhorrer.
detonate. **1.** *v.tr.* Faire sauter (une mine).
detoxicate, *v.tr.* (*b*) Détoxiquer.

detoxication, *s.* (*b*) Détoxication *f.*
developer, *s.* **1.** (*a*) *Surv:* Lotisseur *m.*
development, *s.* **3.** *Town P:* Aménagement *m.*
deviationism [ˌdiːviˈeiʃənism], *s. Pol:* Déviationnisme *m.*
deviationist [ˌdiːviˈeiʃənist], *a.* & *s.* Déviationniste, *a.* & *s.m. or f.*
devil[1], *s.* **1.** (*a*) *That child is a little d.*, cet enfant est un petit monstre.
dhoti [ˈdouti], *s.* (*In India*) Pagne *m.*
dial[2], *v.tr.* **2.** (*a*) *Tp:* **To dial**, appeler à l'automatique. **To dial 999**, téléphoner à la police, appeler Police Secours. (*b*) *v.i. Tp:* Composer, chiffrer, un numéro.
ˈdiamond-merchant, *s.* Diamantaire.
diapedesis [ˌdaiəpeˈdiːsis], *s.* Diapédèse *f.*
diaphragm[1], *s.* **2.** (*a*) *Tp: etc: Carbon d.*, membrane *f* de charbon.
diarist, *s.* Diariste *m.*
diarrhoea, *s. Vet:* (*Bacillary*) *white d.*, diarrhée blanche, crayeuse (des poussins).
diary, *s.* **1.** Journal (intime). **2.** Calendrier *m. Desk d.*, bloc *m* calendrier.
diascopy [daiˈæskəpi], *s. Opt:* Diascopie *f.*
dice[2]. **3.** *P: Av:* Attaquer en rase-motte.
dicey [ˈdaisi], *a. P:* Hasardeux.
Dictaphone [ˈdiktəfoun], *s. R.t.m:* Dictaphone *m.*
die. II. *pl.* **dies**, *s.* **3.** (*a*) **Die forging**, forgeage *m* par matriçage.
ˈdie ˈaway, *v.i.* Se mourir.
ˈdie-casting, *s.* Moulage *m* en coquille.
ˈdie ˈout, *v.i.* **1.** Se mourir.
Diesel, *a.* **Diesel oil**, gas-oil, *m* gaz-oil *m.*
dietician, dietitian [ˌdaiəˈtiʃ(ə)n], *s.* Diététicien, -ienne.
difference[1], *s.* **1.** *To tell the difference*, faire la différence (entre deux choses). *F: With a difference*, pas comme le reste, les autres.
diffusion, *s.* Rayonnement *m* (des idées, d'un art).
digest[1], *s.* **3.** *Journ:* Condensé *m*, *F:* digest *m.*
ˈdig ˈin, *v.i. Mil:* Se retrancher.
digging, *s.* **2.** *pl.* **Diggings.** (*b*) *P:* Piaule *f*; *F:* turne *f.*
dike[1], *s.* **4.** **Dry dike**, muraillon *m.*
diluter [daiˈljuːtər], *s.* Diluant *m.*
dim[1], *a. F: To take a dim view of*, avoir une piètre opinion de.
dimensional, *a.* **3D(imensional) film**, film à réfraction *f.*
dingey, dinghy, *s. See also* RUBBER[1] 3.
dinner, *s.* **To do dinner duty**, (i) (*in elementary schools*) surveiller, faire le service de la cantine, (ii) (*in Grammar schools*) surveiller au réfectoire.
ˈdinner trolley, ˈdinner wagon, *s. Furn:* Table (desserte) roulante.
diode, *s. W.Tel: Cross-connected d.*, diode *f* en montage croisé.
dip[1], *s.* **4.** *See also* SKIN-DIP.
dip[2], I. **3.** *Av: abs.* Saluer.
dipper, *s.* **1.** (*Pers.*) *Paperm:* Ouvrier *m* de cuve.
diˈrection-indicator, *s.* **1.** *Aut: Semaphore-type d.-i.*, flèche de direction. *Winking-light, flashing-light, d.-i.*, clignotant *m.*
directive[2], *s. Mil: etc:* Directive *f.*
dirl [dəːl], *v.i. Scot:* Vibrer.
disable, *v.tr.* **1.** *Disabled by rheumatism*, rendu impotent par les rhumatismes, perclus de rhumatismes. **The badly disabled**, les grands infirmes, les grands mutilés.
disappointment, *s.* Déboire *m.*
discentre [ˌdisˈsentər], *v.tr. Arch:* Décintrer.
discipline[2], *v.tr.* **1.** (*c*) Punir.
discomfort[1], *s.* **2.** (*a*) Inconfort *m.*
discount[1], *s.* **1.** *Com:* Ristourne *f.*
discrimination, *s.* **3.** Mesures *f* discriminatoires.
discriminatory [diˈskriminət(ə)ri], *a.* = DISCRIMINATING.
discuss, *v.tr.* **1.** *We discussed where to go and what to do*, nous discutions de notre destination et de ce que nous allions faire.
discussion, *s.* **1.** **A subject for discussion**, un sujet de discussion.
disease, *s.* **2.** (*a*) *a.* **Disease process**, processus *m* morbide. (*b*) *Elm d.*, maladie des ormes.
disengagement, *s.* **5.** *Pol: Mil:* Dégagement. *F:* Désengagement *m.*
disintegration, *s.* (*d*) (**Nuclear**) **disintegration**, désintégrction *f.*
disk, *s.* **1.** (*b*) *Aut:* **Wheel disk**, enjoliveur *m. Anat:* (*Intervertebral*) *d.*, disque intervertébral. *Med: Slipped disk*, hernie *f* discale.
ˈdisk-brake, *s. Aut:* Frein *m* à disque.
ˈdisk-harrow, *s. Agr:* Pulvériseur *m.*
ˈdisk-jockey, *s. W.Tel: T.V:* Présentateur *m* (de disques).
dismal. **1.** *a.* **A dismal Jemmy**, un broyeur de noir.
dispatcher, *s. Rail:* (*Train*) *d.*, dispatcher *m.*
dispenser, *s.* **1.** (*d*) (*Razor-blade*) *d.*, distributeur *m* (de lames de rasoir).
dispersion, *s.* (*c*) **Dispersion (of a diamond)**, feux *mpl* (d'un diamant).
displace, *v.tr.* **2.** (*e*) *Pol: Displaced persons*, personnes déplacées.
display[1], *s.* **1.** *Com: D. unit*, présentoir *m. Electronics:* Affichage *m.*
disposal, *s.* **1.** (*a*) *Bomb d. squad*, équipe *f* de désobusage.
dispose, *v.tr.* & *i.* **2.** **To dispose of sth, of s.o.**, *F:* faire un sort à qch., à qn.
dispute[1], *s.* **2.** *Trade d.*, conflit *m* du travail.
disqualify, *v.tr.* **2.** (*c*) *To d. s.o. from driving*, retirer le permis de conduire à qn.
disregard[1], *s.* Irrespect *m.*
disrupt, *v.tr.* **2.** *To d. our plans*, ruiner nos plans, nos projets.
dissatisfaction, *s.* Dissatisfaction *f.*
dissatisfy, *v.tr.* Dissatisfaire.
dissection, *s.* **3.** *T.V: Vertical d.*, exploration *f* par lignes verticales.
dissemination, *s. D.* (*of technical knowledge*), diffusion *f* (des connaissances techniques).
dissolve[2]. **2.** *v.i.* (*b*) *To d. into thin air*, partir, s'en aller en fumée.
distance, *s.* **1.** (*b*) *The countryside with its vast distances*, la campagne aux vastes horizons *m.*
distemper[1], *s.* **1.** (*b*) *Vet:* Maladie du jeune âge.
distil, *v.* **1.** *v.tr.* (*a*) Brûler (le vin). *They d. their own brandy*, ils brûlent leur vin.
distinguish. **2.** *v.i.* **To distinguish between two things**, distinguer entre, faire une distinction entre, deux choses. **To distinguish between people**, faire la distinction des personnes.
distorting [disˈtɔːtiŋ], *a.* Déformant.
ditch[2]. **2.** *v.i.* (*b*) *Av:* Faire un amerrissage forcé.
ditching, *s.* **2.** *Av:* Amérissage, amerrissage, forcé.
dive[1], *s.* **2.** (*a*) **Low dive**, cabaret borgne.
ˈdive-bomb, *v.tr. Av:* Bombarder, attaquer en piqué.
ˈdive-bomber, *s. Av:* Bombardier *m* en piqué.
ˈdive-bombing, *s. Av:* Bombardement *m*, attaque *f* en piqué.
ˈdive-brake, *s. Av:* Frein *m* de piqué.
diver, *s.* **2.** *Orn:* **Black-throated diver**, plongeon *m* arctique, plongeon lumme, plongeon à gorge noire. **Great northern diver**, plongeon imbrin. **Red-throated diver**, plongeon catmarin, plongeon à gorge rousse. **White-billed diver**, plongeon à bec blanc.
diversionary [daiˈvəːʃən(ə)ri], *a.* **Diversionary (demonstrations)**, (des démonstrations) destinées à faire diversion. *Mil:* **Diversionary landing**, débarquement *m* de diversion.
divert, *v.tr.* **1.** *Nau:* Dérouter.
diverticulum [ˌdaivəːˈtikjələm], *s.m. Anat:* Diverticule *m.*
divide[2]. **1.** *v.tr.* (*e*) *A policy of divide and rule*, une politique de diviser pour régner.
dividing[2]. *Rail: D. of load*, rupture *f* de charge.
division, *s.* **4.** *Ar: Simple d.* = division à un chiffre.
do[1]. I. *v.tr.* **1.** (*a*) *F:* **That's done it!**, ça c'est le bouquet, c'est la fin de tout. **I will have nothing to do with him**, je ne veux pas avoir affaire à lui. *F: To do sth. no one else can do for one*, aller où on ne peut pas aller pour vous.
do. III. *v.aux.* **1.** (*a*) (*For emphasis*) *Do you remember him?—Do I remember him!* vous souvenez-vous de lui?—Si je m'en souviens!
dock[1], *s. Bot: See also* SPINACH.
dock[4], *s.* **1.** (*b*) *F:* **To be in dock**, être en réparation (avion, automobile). *Nau:* (*c*) **Floating (dry) dock**, cale sèche flottante.
doctor[2], *v.tr.* **2.** (*c*) Châtrer (un chat).
documentary. **2.** *s. Cin:* Documentaire *m.*
ˈdocument-case, *s.* Porte-documents *m*, *inv. in pl.*
dodecaphonic [ˌdoudikəˈfɔnik], *a. Mus:* Dodécaphonique.
dodgem [ˈdɔdʒəm], *a.* & *s.* **Dodgem cars, dodgems**, auto tamponneuses.
dog[1], *s.* **1.** *F: To see a man about a dog*, aller faire pipi. **3.** *F: To be a dead dog*, être inutile.
ˈdog-paddle, *v.i.* Nager à la chien.
dolichocephal [dɔliˈkɔsifl], *s.* Dolichocéphale *mf.*
dolly[1], *s.* **7.** *Cin:* Travelling *m.* **Dolly shot**, travelling en poursuite.
donate, *v.tr.* **1.** *Med: To d. blood*, donner du sang.
doodle[2], *v.i.* *F:* Griffonner, faire des petits dessins, en pensant à autre chose.
doodle-bug [ˈduːdlbʌg], *s. F: Mil:* Bombe volante.
doom[2], *v.tr.* **1.** *To be doomed to failure*, être voué à l'échec.
door, *s.* **1.** *Com:* **Door to door** *transport, canvassing, selling*, porte à porte *m. Door to door salesman*, placier *m. From door to door*, de domicile à domicile.
ˈdoor-stop, *s.* Butoir *m.*
dormitory, *s.* **1.** **Dormitory town**, ville dortoir.
dory[1], *s. Ich:* (Poisson) Saint-Pierre.
dose[2], *v.tr.* **2.** *She was heavily dosed with sedatives*, on lui administrait de fortes doses de sédatifs.
dote[2], *s.* Pourriture *f* du bois.
ˈdouble-ˈbarrelled, *a.* *F:* **Double-barrelled name**, nom à charnière.
ˈdouble-ˈhanded, *a.* **3.** *Fish: D.-h. rod*, canne *f* à deux mains.
doubly, *adv.* **Doubly so as . . .**, d'autant plus que. . . .
dove[1]. **1.** *s.* (*a*) *Orn: Barbary d.*, tourterelle rieuse.
dovekie, dovekey [ˈdʌvkiː], *s. U.S: Orn:* Mergule *m* nain.
down[2], *s.* **1.** *See also* MATTRESS 1.
down[3]. I. *adv.* **1.** (*b*) *F: D. with s-and-so!* un tel au poteau!
ˈdown-lead, *s. W.Tel:* Descente d'antenne.
downpour, *s.* Pluie diluvienne.
ˈdown-side, *s. Tg:* Aval *m.*
ˈdown-ˈstroke, *s.* **3.** *Orn:* Abaissée *f* (d'ailes).
dowser, *s.* **1.** Radiesthésiste *mf.*
dowsing, *a.* Radiesthésique.
dozen, *s.* **1.** *F:* **Daily dozen**, gymnastique *f* du matin.
draft[2], *v.tr.* **2.** *Mil:* Affecter.
drag[1], *s.* **4.** (*b*) *He is a drag on me*, je le traîne comme un boulet. **8.** *Fish:* Sillage *m.*
ˈdrain-pipe, *s.* *Cost: F:* **Drain-pipe trousers**, pantalons *m* fuseaux.
dramatic, *a. See also* CRITIC.
dramatis personae [ˈdræmətis pəˈsounai], *s. Th:* Personnages.
drape[2], *s. U.S:* Rideau *m.*
draught[1], *s.* I. **10.** **Beer on draught**, bière *f* à la pompe, à la pression. **Draught beer** bière au tonneau, détaillée du fût.
draw[2], *v.tr.* **2.** (*b*) *The Government have refused to be drawn*, le Gouvernement a refusé de se commettre. **3.** (*c*) *To have a bath drawn for one*, se faire préparer un bain. (*f*) *To d. someone's fire*, provoquer une attaque sur soi-même.
ˈdraw-ˌcurtains, *s.pl.* Doubles rideaux *mpl.*
ˈdraw ˈin. **3.** *v.i. The car drew in to the kerb*, la voiture se rapprocha à frôler le bord du trottoir.
ˈdraw ˈoff. **1.** *v.tr.* (*d*) *Med: To draw off blood*, prendre du sang.

dread[1], *s.* Effroi.
dreary, *a.* *D. food*, alimentation dépourvue de variété.
dressing, *s.* **1.** (i) Montage *m.* **2.** (*b*) *Agr: Hort: A heavy d. of manure*, un gros apport de fumier.
'dressing-case, *s.* **1.** Mallette garnie.
'dressing-station, *s.* *Mil: Med:* **Field dressing-station**, antenne *f* chirurgicale.
drib(b)let. 2. **In, by, driblets**, par petits paquets.
dried, *a.* *D. eggs*, œufs *m* en poudre.
drill[1], *s.* **1.** (*a*) *Tls: (Dentist's) d.*, fraise *f.* *Pneumatic d.*, marteau *m* pneumatique. (*b*) *See also* PNEUMATIC 1. **2.** (*a*) *F: What's the drill?* Quel est le programme? Qu'est-ce qu'on fait?
drill[2]. **1.** *v.tr.* (*b*) *Dent:* Fraiser.
drill[7], *s.* *Moll:* Pourpre *f.*
drilling[1], *s.* **1.** (*a*) *Dent:* Fraisage *m.*
'drill-pipe, *s.* *Min:* Tige *f* de forage.
drink[1], *s.* **1.** (*c*) *F:* **Long drink**, grand verre de bière, de cidre.
drink[2], *v.tr.* **1.** (*a*) *D. your soup*, mange ta soupe. *To d. from the bottle*, boire à (même) la bouteille.
drip[1], *s.* **4.** *F:* **He's, she's, a drip**, c'est une nouille.
drip[2], *v.i.* Goutter.
drive[1]. **3.** (*b*) *Aut:* **Front-wheel drive type**, tout-à-l'avant. (*d*) Conduite *f.* *Left-hand d.*, conduite à gauche. **5.** (*c*) Campagne *f.* **Output drive**, campagne en faveur de, pour, la production. **6.** (*a*) *Ven:* Routin *m.*
'drive-in, *s.* (*a*) Piste *f* de ravitaillement. (*b*) *U.S:* Cinéma en plein air auquel on assiste en auto. (*c*) *U.S:* Restaurant en bordure de la route.
driver. 1. (*a*) *Aut:* **Racing car driver**, coureur *m* (automobile). *Rac: (In trotting races)* Driver *m.*
drone[1]. **3.** *Av: Mil:* Avion-cible *m*, *pl.* avions-cibles.
drop[1], *s.* **2.** (*a*) *Av: Mil:* Parachutage *m.* Droppage *m.* *Av:* Ouverture *f.* *Delayed d.*, ouverture retardée (d'un parachute). (*b*) *El.E: Voltage d.*, chute de potentiel. **3.** (*e*) *(Crane)* Drop *m.*
drop[2]. II. *v.tr.* **10.** *Av: To d. a wing*, piquer de l'aile.
dropping, *s.* **1.** (*e*) *a.* *Ball: D. angle*, angle *m* de visée *f.* *Mil: Av:* **Dropping zone**, zone *f* de droppage.
drug[1], *s.* **2.** *F: Truth drug.* sérum *m* de vérité.
drum[1], *s.* **5.** (*b*) Tambour *m* de moulinet.
'drum-brake, *s.* *Aut:* Frein *m* à tambour.
'drum 'up, *v.tr.* **1.** *To d. up one's friends*, *F:* battre le rappel de ses amis.
drunken, *a.*, **-ly**, *adv.* (*b*) Hors d'aplomb.
'dry-'cleaner's, *s.* *F:* Pressing *m.*
'dry-'walling, *s.* (*a*) Murs en pierres sèches. (*b*) Construction en pierres sèches.
dual. 1. (*a*) *a.* **Dual loud-speakers**, haut-parleurs accouplés.
duck[1], *s.* **1.** (*b*) *Orn: Buffel-headed d.*, garrot *m* albéole. *Tufted d.*, fuligule morillon, canard morillon. *White-headed d.*, érismature *m* à tête blanche, canard à tête blanche. *Ferruginous d.*, fuligule *f* nyroca, canard *m* nyroca. *Harlequin d.*, garrot *m* harlequin. *Long-tailed d.*, harelde *f* de Miquelon, canard de Miquelon. *Marbled d.*, sarcelle marbrée. *F: That's like pouring water on a duck's back*, c'est comme si on chantait. **3.** *Veh: F:* = D.U.K.W.
'duck-,hawk, *s.* **2.** *U.S:* Faucon pèlerin.
due[1]. **1.** *a.* (*b*) *F: I am d. for a shampoo*, je suis bon pour un shampooing. **2.** *adv. Due north*, plein nord.
dump[2], *s.* **4.** *Mil:* **Ammunition dump**, parc *m* à munitions.
dumping, *s.* **1.** (*a*) Versage *m*; déversement *m.*
'dung-beetle, *s.* *Ent:* Ateuchus *m.*
dunk [dʌŋk], *v.tr.* *U.S: P: To d. (a doughnut, etc.)*, tremper (= une brioche, etc.). *Abs: F:* Faire la trempette.
dunlin, *s.* *Orn:* Bécasseau *m* variable.
'duplicating-,book, *s.* Manifold *m.*
duplication, *s.* **1.** Doublement *m* (d'une ligne d'avions).
durably, *adv.* Durablement.
dust[1], *s.* *To cover with d.*, empoussiérer.
dustbin, *s.* **2.** *Av: F:* Tourelle de mitrailleuse inférieure, *F:* baignoire *f.*
'dust-cover, 'dust-jacket, 'dust-wrapper, *s.* Jaquette *f*, liseuse *f* (de livre).
duster, *s.* **1.** *Board d.*, torchon *m.*
dustman, *s.* **1.** *P:* Ripeur *m*, biffin *m.*
'dust-trap, *s.* (ii) Nid *m* à poussière.
dusty, *a.* **4.** **To get a dusty answer**, éprouver une désillusion.
duty, *s.* **2.** *F: Have you done your d.?* As-tu fait caca? **3.** *Public duties*, fonctions *f* publiques. **4.** *See also* DINNER.

E

eagle, *s.* **1.** *Orn: Golden e.*, aigle royal, fauve, doré. *Spotted e.*, aigle criard. *Lesser spotted e.*, aigle pomarin. *Steppe e.*, aigle des steppes. *Bonelli's e.*, aigle de Bonelli, aigle à queue barrée. *Tawny e.*, aigle ravisseur. *Short-toed e.*, circaète *m* Jean-le-blanc.
ear[1], *s.* **1.** (*c*) *F: To be (thrown, pitched) out on one's ear*, être sorti, se faire sortir. **2.** (*e*) *Cin:* Pare-soleil.
early. I. *a.* **2.** *Mil:* Anticipé. **3.** *What's the earliest you can come?* à quel moment pouvez-vous venir au plus tôt? *The earliest I can come*, le plus tôt que je puisse venir.
early. II. *adv.* **1.** (*a*) *I am half an hour e.*, je suis en avance d'une demi-heure.
'ear-plug, *s.* Protège-tympan *m*, *inv. in pl.*
'ear-ring, *s.* **Drop ear-ring**, pendant *m* d'oreille.
earth[1], *s.* **1.** (*b*) *Down to e.*, terre à terre, *F:* qui a les pieds sur terre.
ease[1], *s.* **3.** (*b*) **With the greatest of ease**, avec la plus grande aisance du monde.
east, 1. *s.* (*b*) **The Middle East**, le Moyen-Orient.
easy. I. *a.* **3.** (*c*) *F: Now we can take it e.*, maintenant on peut se la couler douce.
easy. II. *adv.* *F:* **2.** (*a*) *Go easy on the electricity*, allez-y doucement pour, sur, avec, l'électricité.
economics, *s.pl.* **1.** *See also* WELFARE.
economy, *s.* **2.** (*a*) *Pol.Ec:* **Planned economy**, économie planifiée. **Controlled economy**, économie dirigée.
edge[1], *s.* **3.** **On edge**, nerveux.
editing, *s.* (*c*) *Cin:* Montage *m.*
editor, *s.* **2.** (*b*) **News editor**, rédacteur aux actualités, rédacteur de la chronique du jour, rédacteur au service des informations. (*d*) *W. Tel: Programme e.*, éditorialiste *mf.*
editorship, *s.* **3.** Rédaction *f.*
education, *s.* **2.** **Adult education**, enseignement post-scolaire, enseignement des adultes. **Further education**, les œuvres post-scolaires. **General education**, l'éducation de base.
efficiency, *s.* **3.** *(Of pers.) F:* Efficience *m.*
efficient. 1. *a.* (*d*) *(Of pers)* Efficient.
effortless, *a.* **-ly**, *adv.* Sans effort.
egg[1], *s.* **1.** (*b*) *See also* DRIED, DEHYDRATE. *Prov:* **Better an egg to-day than a hen to-morrow**, un "tiens" vaut mieux que deux "tu l'auras."
egghead ['eghed], *s.* *U.S: F:* Intellectuel *m.*
'egg-merchant, *s.* Coquetier *m*; marchand *m* d'œufs.
egret, *s.* **1.** *Orn: Cattle e.*, héron garde-boeufs. *Large, U.S: American e.*, grande aigrette, aigrette blanche. *Little e.*, aigrette garzette, petite aigrette.
eider (-duck), *s.* *Orn:* Eider *m* à duvet. *King e.*, eider à tête grise. *Fischer's spectacled e.*, eider de Fischer. *Steller's e.*, eider de Steller.
eight. 2. *s.* *Sp: To be in the last e.*, être en huitième de finale.
eikon ['aikɔn], *s.* Icone *f.*
Eire ['ɛərə], *Pr.n.* *Geog:* Eire.
eject[2], *s.* Article *m* de rebut, à rejeter.
ejector. 3. *a.* *Av: E. seat*, siège *m* éjecteur, éjectable.
elaborateness, *s.* (*b*) Complication *f* (d'un mécanisme).
élan [elɑ̃], *s.* Élan *m*, impétuosité *f.*
elder[1]. **1.** (*a*) *Pol:* **The Elder Statesmen**, (*in Western countries*), les doyens des hommes politiques, les vétérans (de la politique), les hommes d'État chevronnés.
elder[2], *s.* *Bot:* **1.** *F: Ground e.*, sureau hièble; hièble *f*; petit sureau.
electrocardiograph [i'lektrou'kɑːdiəgræf], *s.* *Med:* Électrocardiographe *m.*
electrocardiography [i'lektrou,kɑːdi'ɔgrəfi], *s.* *Med:* Électrocardiographie *f.*
electroencephalogram [i'lektrouin'sefələgræm], *s.* *Med:* Électroencéphalogramme *m.*
electroencephalograph [i'lektrouin'sefələgræf], *s.* *Med:* Électroencéphalographe *m.*
electroencephalography [i'lektrouin,sefə'lɔgrəfi], *s.* *Med:* Électroencéphalographie *f.*
electron, *s.* *T.V: E. gun*, canon *m* à électrons. *E. lens*, lentille *f* électronique. *See also* MICROSCOPE, BEAM[1] 3.
electronic, *a.* **2.** *s.pl.* **Electronics**, électronique *f.* **Electronics specialist**, électronicien, -ienne.
e'lectron-volt, *s.* Électron-volt *m*, *pl.* électrons-volts.
electrotechnology [i'lektroutek'nɔlədʒi], *s.* Électrotechnique *f.*
element, *s.* **1.** *F:* **To be in one's element**, être à son affaire.
elephant, *s.* **1.** *Z: F: To see pink elephants*, voir double.
elevation, *s.* **2.** (*c*) *Ball: (Missiles) quadrantal e.*, angle *m* de tir.
elevator, *s.* **2.** *Av: E. aileron*, élevon *m.*
eleven. 2. *Sp: Cr:* Le onze. **3.** *s.pl.* *F:* **Elevens(es)**, collation *f* de onze heures.
eligible, *a.* **1.** *To be e.*, avoir droit (*for*, à).
elm, *s.* *See also* DISEASE 2.
eloquently, *adv.* Éloquemment.
elver ['elvər], *s.* *Ich:* Civelle *f.*
embarkation, *s.* *E. card*, carte d'accès à bord.
embrittlement [em'britlmənt], *s.* *Metalw:* Fragilité *f.*
emergence, *s.* *Geol: Geog:* Exondation *f.*
emergency, *s.* *Med:* **An emergency**, une urgence. *State of e.*, état *m* d'urgence. *E. dwelling*, habitation *f* provisoire. *E. ward*, salle *f* d'urgence.
emeritus, *a.* Émérite.
emotional, *a.* **2.** Émotionnel, -elle.
emphasis, *s.* **2.** *Gram:* Mise *f* en relief.
empire, *s.* (*b*) *Rom.Hist:* **The Lower Empire, the Later Empire**, le Bas Empire.
employment, *s.* **2.** *Pol.Ec:* **Full employment**, plein emploi.
en bloc ['ɑ̃(n)'blɔk], *adv.* En bloc. *Com: To make one's orders en bloc*, bloquer une commande.

encephalogram [en'sefələ,græm], *s. Med:* (Électro-)encéphalogramme *m.*
encephalography [en,sefə'lɔgrəfi], *s. Med:* (Électro)encéphalographie *f.*
encircle, *v.tr. A reputation which encircles the world*, une réputation qui a fait le tour du monde.
end[1], *s.* **1.** *(a) (Of swimming bath) The deep end*, le grand fond. *The shallow end*, le petit fond. *End ring*, anneau *m* de pointe. **3.** *(a) There is an end to everything*, tout n'a qu'un temps.
endways ['endweiz], *adv.* Debout.
enemy. **1.** *s. (a) Enemy No.* 1, ennemi n° 1.
energy. **2.** *s.* **Atomic energy**, énergie *f* atomique.
enfilade[2], *v.tr. Mil:* Prendre en enfilade.
enforcement, *s.* **3.** *E. action*, action coercitive.
engage, *v.tr.* **2.** *(a) I'll e. you*, je vous prends.
engine[1], *s.* **2.** *(b) Rail: (Seat) facing the e.*, (place) face à la marche.
engineer[1], *s.* **1.** *Industrial e.*, ingénieur *m* des méthodes. *Cin:* **Sound engineer**, ingénieur du son.
engineering, *s.* **1.** Technogénie *f*, technique *f* de l'ingénieur. *E. data*, données *f* technogéniques. *Chemical e.*, chimie industrielle. *Electrical e.*, électrotechnique *f*. *Electrical e. industry*, industrie de l'équipement électrique. *E. and design department*, bureau *m* d'études. *Industrial e.*, organisation industrielle. *Nuclear e.*, génie *m* atomique. *Production e.*, technique *f* de la production. *Human e.*, psychanalyse (industrielle).
English[1]. **2.** *s. Ling: See also* BASIC 1.
'English-speaking, *a.* Anglophone.
engraving, *s. Tchn: E. tool, e. pen*, crayon vibreur.
enough. **2.** *adv. (a)* **It is good enough**, *F:* c'est bien bon, ça fera bien. *See also* FAIR[2] I, 4.
ensure, *v.tr.* **2.** *(a) To e. good service*, assurer le service.
entertain, *v.tr.* **2.** *(a) Abs:* Offrir une réception.
entomic [en'tɔmik], *a.* Entomique.
entrechat ['ɔntrəʃaː], *s. Danc:* Entrechat *m.*
entrenchment, *s.* **2.** Défense *f*, garantie *f*.
entry, *s.* **1.** *(a) P.N:* "*No entry*," (ii) "passage interdit (au public)."
enuresis [,enjuə'riːsis], *s. Med:* Énurèse *f*, énurésie *f*, énurésis *f*.
envelope, *s.* **1.** *(b)* **Window envelope, envelope with transparent window**, enveloppe vitrifiée, à panneau transparent.
envoy[2], *s.* Ambassadeur *m.*
envy, *s.* **1.** *He would be green with e.*, il en ferait une jaunisse.
epicure, *s.* **1.** Épicurien, -enne.
epiphyseal [,epi'fiziəl], *a.* **Epiphyseal closure**, soudure *f* des épiphyses.
episcopacy, *s.* **1.** Épiscopalisme *m.*
'epoch-making, *a. F:* Inoubliable.
equipment, *s.* **2.** *Pol.Ec:* **Capital equipment**, **outillage** *m*, capitaux *m* fixes, biens *m* d'investissement, biens de production *f*.
equivalence, *s.* **2.** *E. ratio*, rapport stoechiométrique (mélange air-carburant).
Erato [i'rɑːtou]. *Pr.n. Gr. Myth:* Érato.
erythrina [,eri'θrainə], *s. Bot:* Erythrine *f*.
escape[1], *s.* **1.** *(b) E. clause*, clause échappatoire. *(d) (Space)* Libération *f* de l'attraction terrestre. *E. velocity*, vitesse *f* de libération.
escapism [is'keipizm], *s.* Évasion *f* (de la réalité).
escapist, *a. & s.* **Escapist literature**, littérature *f* d'évasion.
esplanade, *s. Front e., (of seaside town)*, digue *f*.
essential. **2.** *s. Usu. pl.* **Reduced to its essentials**, dépouillé.
established, *a. E. civil servants*, fonctionnaires titularisés. *Non-e. civil servants*, fonctionnaires non titularisés.
estate, *s.* **5.** *(b) Housing e.*, lotissement *m*, cité *f*.
es'tate-car, *s. Aut:* Familiale *f*; commerciale *f*.
estuarine ['estjuərin], *a. Geog:* **Estuarine culture**, culture dans les estuaires.
etatism [ei'tɑːtizm], *s.* Étatisme *m.*
etymon, *s. Ling:* Étymon *m.*
evacuee [i,vækju'iː], *s.* Évacué, -ée.
event, *s.* **3.** *Sp: (a) Sporting e.*, manifestation sportive. *(b) (Athletics) Field events*, concours *m*, épreuves *fpl*, sur terrain. *Track events*, courses *fpl*, épreuves, sur piste.
ever, *adv.* **2.** *(a) I have been here e. since lunch*, je suis là depuis le déjeuner. **Worst ever; best ever**, sans précédent.
everyday, *a.* **3.** Usuel. *Everyday English*, l'anglais usuel.
evolutionary, *a. Biol:* Évolutif, -ive.
ex[1], *prep.* **1.** *Com: Price ex works*, prix départ usine.
ex-[2], *prep. Ex-regular*, ancien militaire de carrière.
examination, *s.* **2.** *Sch: etc:* **State examination**, examen d'État. *To sit an e.*, passer un examen. *Eleven plus e.* = examen d'entrée en 6ème.
examine, *v.tr.* **2.** Faire passer un examen.
excavator, *s. Civ.E:* Pelleteuse *f*, excavatrice *f*.
excel. **2.** *v.tr.* **To excel oneself**, se surpasser.
excise[1], *s. Adm:* **1.** *(In Belgium)* Accise *f*.
exciting, *a.* **1.** **An exciting game**, une partie mouvementée.
exclusive, ly, *adv. Sold exclusively in Great Britain by the X company*, agents exclusifs pour la Grande-Bretagne: Société X.
excuse[2]. *(b) Sch: F: May I be excused?* Est-ce que je peux sortir?
executive. **2.** *(c)* Directeur, -trice. *Sales e.*, directeur commercial.
exercise[1], *s.* **2.** *(c) Gym:* **Breathing exercises**, gymnastique *f* respiratoire. *Morning exercises*, gymnastique du matin.
exhaustive, *a.* **1.** Exhaustif, -ive.
exhibition, *s.* **2.** *(a)* "*The Ideal Home Exhibition*" = "le salon des arts ménagers."
existentialism [,egzis'tenʃəlizm], *s. Phil:* Existentialisme.
existentialist [,egzis'tenʃəlist], *a. & s. Phil:* Existentialiste.
expandable [iks'pændəbl], *a.* Dilatable, extensible.
expectation, *s.* **3.** *Ins:* **Expectation of life**, espérance *f* de vie.
expeller [ik'spelər], *s. Com:* Tourteau *m* de graines oléagineuses. **Expeller seeds**, graines oléagineuses.
expendable [ik'spendəbl], *a.* Non récupérable. *Mil:* Sacrifiable.
expense, *s.* **1.** *(a) Book published at author's e.*, livre édité à compte d'auteur.
experience, *s.* **1.** *(a) It was his first e. of love*, c'était la première fois qu'il goûtait de l'amour.
explicit, *a.* *(b)* **To be explicit**, s'expliciter.
explosive. **2.** *s. (a) Low e.*, explosif déflagrant.
export[1], *s.* **1.** *pl. France is increasing her exports to Great Britain*, la France augmente ses exportations vers la Grande Bretagne.
exposure, *s.* **1.** *(b) Cin:* **Double exposure**, superposition *f*.
extended, *a.* **2.** *(b) Gramophones: An extended play record*, un super 45 tours, un disque à durée prolongée.
extension, *s.* **1.** *(e) U.S: E. services*, services *m* de vulgarisation *f*. **3.** *(a) Tp:* **Extension 35**, poste *m* 35.
extent, *s.* **2.** *To a great e., to a large e.*, dans une large mesure.
extract, *s.* **1.** *(a)* Concentré *m.* **Meat extract**, concentré de viande.
extraction, *s.* **1.** *(a) Mill: etc: Extraction rate (of flour)*, taux de blutage (de la farine).
extractor. **2.** *(b) Ap:* **(Wax) extractor**, cérificateur *m*. *See also* FAN[1] 3.
extrapolate [ik'stræpəleit], *v.i.* Extrapoler.
extraversion [,ekstrə'vəːʃ(ə)n], *s. Psy:* Extraversion *f*.
extroversion, *s.* **2.** *Psy:* Extraversion *f*.
extrusion, *s.* **4.** *Metalw:* Profilé *m*, extrusion *f*, filage *m*. *Backward e.*, filage inverse. *Forward e.*, filage direct. *Rotary e.*, fluotournage *m*, repoussage *m* au tour.
exudative [ig'zjuːdətiv], *a.* Exsudatif, -ive.
eye[1], *s.* **1.** *(a) To do sth. with one's eyes shut*, faire qch. les yeux fermés. **4.** *(c) Magic eye*, œil magique.
'eye-catching, *a.* Accrocheur, -euse. *An eye-c. title*, un titre accrocheur.
eyelet, *s.* **2.** *Bootm:* Œillet *m*, garant *m.*

F

fabric, *s.* **3.** Gros œuvre (d'un bâtiment).
face[1]. **1.** *P:* Portrait *m. He's messed his f. up*, il s'est abîmé le portrait. **5.** *(a) Upper f.*, surplat *m* (d'un écrou).
'face-lift, *s.* *(a)* Lifting *m*, remontée *f* du visage. *(b)* Restauration *f* (de la façade d'un bâtiment).
facilitation, *s.* Assouplissement *m.*
facility, *s.* **1.** *(b) We don't have the facilities for it*, nous ne sommes pas équipés, outillés, pour cela.
fact, *s.* **2.** *(a) To tell someone about the facts of life*, enseigner que les enfants ne se font pas par l'oreille. *By the mere f. of, that . . .*, par le, du seul, fait de, que. . . . **To know for a fact that . . .** savoir pertinemment que. . . .
factor, *s.* **2.** *(a) Sch: U.S: Regularizing f.*, coefficient *m* (à un examen). *Tchn: Load f.*, coefficient *m* de charge.
factual, *a. F. history*, histoire événementielle.
fail[2]. **2.** *v.tr.* *(b) To f. an examination*, être recalé à un examen.
fair[2]. I. *a.* **4.** *(c)* **Fair enough!** Ça va! D'accord!
'fairy-'ring, *s.* Cercle *m*, rond *m*, de sorcières (dans les prés).
'fairy-tale, *a.* Féerique.
falcon, *s.* *(a) Orn: Red-footed f.*, faucon kobez, faucon à pattes rouges. *Eleonora's f.*, faucon d'Éléonore. *Greenland f.*, gerfaut blanc. *Gyr f.*, (faucon) gerfaut. *Iceland f.*, gerfaut d'Islande. *Lanner f.*, faucon lanier. *Saker f.*, faucon sacre.
fall[1], *s.* **6.** *The f. of the Bastille*, la prise de la Bastille.
fall[2], *v.i.* **2.** *(c) Rome fell to the Goths*, Rome tomba entre les mains des Goths.
'fall 'in, *v.i.* **1.** *(c)* Tomber à l'eau.
'fall-out, *s.* Retombée *f* (radio-active).
false, *a.* **1.** **False modesty**, (ii) fausse modestie. **False weight**, faux poids. **3.** *(Of coin)* Faux, fausse.
family, *s.* **1.** *(a) Attrib. In a family-size jar*, en pot familial.
fan[1], *s.* s. **3.** *Extractor fan*, aérateur *m.*
'Fanny 'Adams, *s.* **Sweet Fanny Adams**, *V:* nib de nib.
'fan-,vaulting, *s. Eng. Arch:* Voûte *f* en éventail.
far[1], *adv.* I. **1.** *(a) Journ: The story so far* = résumé *m* des chapitres précédents. *(b)* **By far**, de loin.
far[2], *a.* **1.** *In the far distance*, tout-à-fait au loin. *The far side (of the road)*, (i) le côté gauche *(in France)*; (ii) le côté droit *(in England)*.
fare[1], *s.* **1.** *(a) Rail: See also* CLAIM[1] 1. *(Autobus, etc.) Any more fares, please?* Tout le monde est servi?
'Far-'Eastern, *a.* Extrême-oriental, *mpl.* extrême-orientaux, *fpl.* extrême-orientales.
farm[1]. *s.* **1.** *(c) Attrib.* **Farm butter**, beurre fermier. *See also* OWNER 1.
farmer, *s.* **2.** *(In tropical countries)* Planteur.
farming[2], *s.* **2.** *Mixed f.*, polyculture *f*. **Dry farming**, dry farming *m.* **Mechanized farming**, motoculture *f*.
'farm-'labourer, *s.* *(b)* Ouvrier *m* agricole.

fashion[1]. **3.** **Fashion house,** maison *f* de haute couture. *See also* SHOW[1] 2, PARADE[1] 3.

fashionable. **1.** *a. A f. jacket,* une veste couture.

fat, *s.* **1.** *Com:* **Fats,** matières grasses.

father[1], *s.* **1.** *F: We had the f. and mother of a row,* nous avons eu une de ces empoignades! *He had the f. and mother of a cold,* il a eu un de ces rhumes!

fault, *s. Geol:* **Overlap fault,** faille *f* inverse.

Fauve [fouv], *s. Art:* Fauve *m.*

Fauvism ['fouvizm], *s. Art:* Fauvisme *m.*

Fauvist ['fouvist], *s. Art:* = FAUVE.

favour[1], *s.* **1.** *The government has fallen out of favour,* le gouvernement a perdu la faveur du public.

favouritism, *s. F:* La cote d'amour.

feather[2]. **1.** *v.tr.* (*g*) *Av: To f. a propeller,* mettre une hélice en drapeau.

featherbed ['feðə'bed], *v.tr.* Subventionner (excessivement). *To f. weak branches of the economy,* subventionner les, venir en aide aux, secteurs faibles de l'économie générale.

feathering[2]. *s.* **6.** (*Of growing feathers*) Emplumement *m.*

feckless, *a.* **1.** Mou. **2.** Étourdi, irréfléchi.

feed[1], *s.* **2.** (*b*) Conduit *m* d'alimentation.

feed[2]. II. *v.i.* (*Of boar*) Herbeiller.

'feed-back, *s. Electronics:* Réaction *f. Negative f.-b.,* contre-réaction *f.*

'feed-block, *s.* Chambre *f* d'alimentation (d'une mitrailleuse).

feel[2], *v.* **1.** (*b*) *v.tr. & i.* **To feel one's way,** (ii) (*Of artist, writer, etc.*) Se chercher. *The blind man was feeling for his stick,* l'aveugle cherchait sa canne. **2.** (*b*) *v.tr. & i. To f. for the underdog,* se pencher sur les souffrances du peuple.

feeler, *s.* **3.** *Peace feelers,* sondages *m* de paix.

feeling[2], *s.* **3.** *F: That sinking f.,* le coup de pompe de onze heures. **4.** (*a*) *F. is running very high,* les esprits sont très montés.

fellmongering ['felmʌŋgəriŋ], *s.* Délainage *m.*

'fellow-'candidate, *s. Pol: etc:* Colistier *m.*

'fellow-'sufferer, *s.* Compagnon *m* d'infortune.

'fellow-'traveller, *s.* Communisant, -ante. *The communists and their fellow-travellers,* les communistes et leurs sympathisants.

'ferry-boat, *s.* Ferry-boat *m, pl.* ferry-boats.

fertilizing ['fəːtilaiziŋ], *a.* Fécondateur, -trice.

fetch[2], *v.tr.* **3.** *This fetches about £10, F:* cela va chercher dans les dix livres.

fetching, *a. Her paleness is rather f.,* sa pâleur lui donne un air intéressant.

fiancé, *f* **-ée** [fi'aːnsei], *s.* Fiancé, -ée *s.*

fibre, *s.* **2.** *Tex:* **Staple fibre,** fibrane *f.*

fibrositis [,faibro'saitis], *s. Med:* Fibromatose *f.*

fictionise ['fikʃənaiz], *v.tr.* Romancer.

fiddle[1], *s.* **1.** (*b*) *F:* **Second fiddle,** sous-fifre *m, pl.* sous-fifres. *F: He plays second f.,* il joue les utilités.

fidelity, *s.* **2.** (*Gramophones, etc.*) *High f.,* haute fidélité.

fiddler, *s.* **2.** *F:* Chevalier *m* d'industrie.

fiddling[2], *s.* **2.** *P:* Combine *f. One can make a lot of money by f.,* on peut gagner beaucoup d'argent au moyen de la combine.

field[1], *s.* **5.** (*a*) *F. work,* travaux pratiques, travaux sur le terrain. *In the political f.,* sur le plan politique.

field[2]. **2.** *v.tr.* (*c*) *To be able to f. 50,000 men,* pouvoir mettre 50,000 hommes en ligne.

fieldfare, *s. Orn:* Grive *f* litorne.

fiend, *s.* **2.** (*b*) *F: Examination f.,* bête *f* à concours.

fifty, *num. a. & s. The 1850s, the fifties of last century,* les années entre 1850 et 1860, de 1850 à 1860. **Fifty-fifty,** moitié-moitié.

fighter, *s.* **2.** *Mil: Av:* **Fighter forces,** la chasse.

'fighter-'bomber, *s.* Chasseur-bombardier *m, pl.* chasseurs-bombardiers.

figure[1], *s.* **1.** (*b*) (*Of person*) *P: My! She's got a f.!* Ce qu'elle est bien roulée!

filao [fi'leiou], *s. Bot:* Filao *m.*

file[3], *s.* **1.** (*b*) *Rotary f.,* rolling *m.*

file[6]. **1.** *v.i.* **To file out,** sortir à la file, à la queue leu leu. **To file in,** entrer à la file.

filing[2], *s.* **1.** *F. box,* boîte *f* à fiches.

filler, *s.* **2.** (*a*) (*Welding*) *F. metal,* métal *m* d'apport.

fillet[1], *s.* **7.** *F. weld,* (i) soudure *f* à clin *m*; (ii) soudure d'angle *m.*

filling[2], *s.* **1.** (*a*) (*Of a reservoir*) Mise *f* en eau.

'fill-up, *s. W.Tel: F:* Remplissage *m.*

film[1], *s.* **3.** (*a*) *To have a f. test,* tourner une bande d'essai. *Full-length f.,* long métrage. **5.** *Typ:* Typon. *F. negative,* contre-typon *m, pl.* contre-typons.

'film-script, *s.* Scénario *m,* script *m.*

'film-strip, *s.* Film *m* fixe (d'enseignement).

filter[1], *s.* **1.** **Filter-tip,** (*of a cigarette*), bout filtrant, bout filtre (d'une cigarette). **3.** *W.Tel: Directional f.,* aiguillage *m.*

filter[2]. **2.** *v.i. Aut:* (*a*) Changer de file; couper la file; déboîter. (*b*) *To f. to the right* = glisser à gauche.

fin[1]. **1.** (*c*) Palme (*f*) (pour natation sous-marine). **2.** (*c*) *Aut:* Aileron *m. s.* **3.** (*a*) *Cooling fin,* nervure *f* de refroidissement.

final. **1.** (*a*) *F. judgment,* jugement *m* exécutoire. **2.** *s.* (*b*) *Cup final,* finale *f* de coupe.

finch, *s. Orn:* Fringille *f. Snow f.,* niverolle *f* des Alpes, pinson *m* des neiges. *Citril f.,* venturon montagnard, alpin.

fine[3], *int. F:* **Fine!** (i) A la bonne heure! (ii) *P:* Chic (alors!) Chouette!

finger[1], *s.* **1.** (*a*) **To keep one's fingers crossed,** toucher du bois. *They could be counted on the fingers of one hand,* on pourrait les compter sur les doigts de la main. *P: Get, pull, take, your finger out!* réveillez-vous! *See also* GREEN[1] 1.

'finger-touch, *s. With f.-t. control,* commandé, mû, par simple pression du doigt. *Finger-touch control,* commande au doigté.

finish[1], *s.* **1.** (*a*) *Box: A: Fight to the f.,* match *m* au finish. *Sp: He has a fast f.,* il a un bon finish. **2.** (*c*) *Metall:* Finition *f.*

finisher, *s.* **1.** *Sp:* Finisseur, -euse. *He's a fast f.,* c'est un bon finisseur.

fire[1], *s.* **1.** (*b*) **Open fire,** feu dans la cheminée. **Electric fire,** cheminée *f* électrique. **5.** *Mil: etc: See also* POWER[1] 4.

fire[2], *v.* I. *v.tr.* **3.** *Mch: etc: Oil-fired power station,* centrale fonctionnant, alimentée, au pétrole. (*c*) *To fire over open sights* = faire feu presque à bout portant. *Artill:* Déboucher à zéro.

fireboat ['faiəbout], *s.* **1.** Bateau-pompe *m, pl.* bateaux-pompes. **2.** = FIRE-SHIP 1.

'fire-,clay, *s.* Chamotte *f.*

'fire-control, *s. Navy: F.-c. officer,* directeur *m* de tir.

firecrest ['faiə,krest], *s. Orn:* Roitelet *m* à triple bandeau.

fire-door, *s.* **2.** Porte *f* coupe-feu.

'fire-proof[1], *a.* (*a*) *F.-p. door,* porte *f* coupe-feu.

firewall ['faiəwɔːl], *s.* Cloison *m* pare-feu.

firing, *s.* **3.** (*c*) *Mil:* Mise *f* à feu (d'une fusée).

firm[1], *s. Com:* **2.** Entreprise *f. It's a big f.,* c'est une grosse entreprise, *F:* une grosse boîte.

firm[2], *a.* **2.** *To be firm in the belief that,* avoir la conviction inébranlable que. **3.** *Com: This article is in firm demand,* cet article est constamment demandé.

firm[3], **1.** *v.tr.* (*a*) *To f. the soil,* affermir, tasser le sol.

'first-'aid, *s.* **First-aid kit,** trousse *f* de première urgence.

'first-class, *a.* (*a*) *F:* Extra *a.inv.*

'first-'rate, *a. F:* Extra *a.inv.*

fish[1]. *s.* **1.** **White fish,** poisson à chair blanche. **To feed the fishes,** *F: Hum:* (i) (*Of drowned man*) engraisser les poissons, (ii) (*Of sea-sick person*) donner à manger aux poissons.

fishing[1], *s.* **1.** *Underwater f.,* chasse, pêche, sous-marine.

fission, *s.* **2.** *Ph:* Fission *f,* division *f.* **Nuclear fission,** fission nucléaire.

fissionable ['fiʃənəbl], *a. Ph:* Fissile.

fit[4]. I. *v.tr.* **3.** (*a*) **Fitted carpet,** tapis cloué, ajusté.

'fix 'up, *v.tr. F:* **2.** *How are you fixed up for to-night?* Que faites-vous ce soir?

fixture, *s.* **2.** *Usu. pl. Jur:* (*House letting*) *£100 for fixtures and fittings,* 100 livres de reprise. **Landlord's fixtures,** immeubles *m* par destination.

flabbergast, *v.tr. I was flabbergasted,* j'en suis resté éberlué.

flag[4], *s.* **1.** (*a*) **Flag of truce,** drapeau parlementaire. **White flag,** drapeau blanc. (*b*) (*Skiing*) *Pair of flags,* porte *f.* (*b*) *Nau: See also* CONVENIENCE 1.

flagrant, *a. A f. injustice,* une injustice flagrante.

'flag-waving, *s.* Esprit cocardier.

flak [flæk], *s.* Tir *m* contre-avions, la D.C.A.

flamboyant, *a.* **2.** *s. Bot:* **Flamboyant(e),** flamboyant *m.*

'flame-arrester, *s.* Pare-flamme *m, pl.* pare-flammes.

'flame-damper, *s.* Anti-retour de flammes *m inv.*

'flame-trap, *s.* Pare-flamme *m, pl.* pare-flammes.

flamingo. **1.** *s. Orn:* Flamant *m* (rose).

flank[2], *v.tr.* **3.** (*a*) *The accused is flanked by two policemen,* le prévenu est encadré de deux gendarmes.

flap[1], *s.* **1.** (*a*) *F:* Affolement *m.* **To get into a flap,** s'agiter; s'affoler; être bouleversé; ne plus savoir où donner de la tête. **2.** (*a*) (*Of envelope*) Rabat *m*; patte gommée, de gommage. (*Of book jacket*) Rebras *m.* (*c*) *Av: High-lift flap,* hypersustentateur *m.*

flap[2]. **2.** *v.i. F:* S'agiter sans but; s'affoler.

flare[1], *s.* **1.** (*b*) *Av:* Brûlot *m.*

'flare 'up, *v.i.* (*c*) *F:* (*Of pers.*) *How easily he flares up,* quelle soupe au lait!

flash[2], *s.* **1.** (*a*) *attrib.* **Flash welding,** soudure *f* par étincelage *m.* (*c*) *Journ:* Flash *m.* **3.** *Metalw:* (*Welding*) Projection *f.* **6.** *Mil:* Écusson *m.*

'flash-back, *s.* **2.** *Cin:* Retour *m* en arrière.

flashing[2], *s.* **6.** *Const:* Bande *f* de solin *m.*

'flash-light, *s.* **2.** *Phot: F:* Flash *m.*

flashy, *a.* Clinquant.

flask, *s.* **1.** (*a*) Flask *m.*

flat[1], *s.* **2.** **Block of flats,** maison *m* de rapport, immeuble *m.*

flavour[2]. **1.** *v.tr.* Aromatiser.

'flea-,market, *s. F:* Marché *m* aux puces.

fleet[1], *s.* **1.** *River f.,* batellerie fluviale. *See also* AIR[1] I, 1. **2.** Parc (d'autobus, de locomotives).

flencher, *s.* **2.** Dépeceur *m* (de baleines).

flense, *v.tr. See* FLENCH.

flenser, *s. See* FLENCHER 2.

fletch [fletʃ], *v.tr.* Empenner (une flèche).

flick[1], *s.* **1.** (*a*) *See also* ROLL[2] 2.

flicker[1], *s.* (*c*) *T.V:* Papillotement.

flight[1], *s.* **1.** (*a*) *Av:* Vol *m. f.* **Flight A to Brussels,** ligne *f* A direction Bruxelles. **4.** (*a*) *F: In the top f.,* parmi les tout premiers.

flight[2], *s. The f. from the £,* la fuite devant la livre (sterling).

'flight-deck, *s. Nav: Av:* Pont *m* d'envol.

flimsy. **1.** *a.* Fragile.

flip[3], *v.tr.* **4.** **To flip through a book,** feuilleter un livre.

flipper, *s.* **1.** Palme *f* (d'homme grenouille).

flivver, *s.* **1.** *He is a f.,* il porte (la) guigne *f.*

flog, *v.tr. P:* Bazarder.

'flooding-chamber, *s.* Sas *m.*

'flood-light[2], *v.tr. F:* Embraser (un monument).

floor[1], *a.* **1.** (*a*) *See also* DANCE[1] 1. (*d*) **To hold the floor,** accaparer la conversation.

flooring, *s.* **2.** (*b*) *Concrete f.,* dalle coulée.

floturning ['floutəːniŋ], *s. Metalw:* Fluotournage *m,* repoussage *m* au tour.

flour[1], *s.* **2.** (*a*) *Cu:* Crème (de riz, etc.). *See also* SELF-RAISING.
flow[1], *s.* **1.** (i) *Grain f.*, sens de la fibre du bois. (*j*) *Fin: F. of capital*, mouvement *m* de capital.
flower[1], *s.* **1.** *Bot: To lay flowers on a grave*, fleurir une tombe. **Wild flowers**, fleurs *f* sauvages.
flowing[1], *a.* **3.** **Flowing beard**, barbe *f* de fleuve.
'flow-meter, *s.* Débitmètre *m.*
fluff[1], *s.* (*a*) *F:* Minou *m.*
fluid, *s.* **1.** (*a*) *See also* NEWTONIAN. **2.** *a.* (*b*) *A f. situation*, une situation fluide.
fluidal ['flu:idl], **fluidic** [flu:'idik], *a.* Fluidique.
fluorescent, *a.* *F. lighting*, éclairage fluorescent, par fluorescence.
flush[4], *v.* **1.** (*b*) *v.tr.* *To f. the lavatory*, tirer la chasse d'eau. *To f. away*, jeter à l'égout.
flutter[1], *s.* **2.** *Med: Auricular f.*, tachysystolie *f* auriculaire.
fly[1], *pl.* **flies**, *s.* **1.** (*b*) *Fish: Sunk fly*, mouche noyée. *Wet fly*, mouche mouillée, noyée.
fly[3]. I. *v.i.* **1.** (*a*) **To fly into the room**, entrer en volant dans la pièce. **3.** (*a*) (*Of pers.*) *He flew into the room*, il est entré en coup de vent. II. *v.tr.* **4.** *Av:* (*a*) *Letters are flown to London*, le courrier est transporté à Londres par avion.
'fly-catcher, *s.* **2.** *Orn: Brown f.-c.*, gobe-mouches brun. *Narcissus f.-c.*, gobe-mouches narcisse. *Pied f.-c.*, gobe-mouches noir. *Red-breasted f.-c.*, gobe-mouches nain, rougeâtre. *Spotted f.-c.*, gobe-mouches gris. *White-collared f.-c.*, gobe-mouches à collier.
'flying[1], *a.* **1.** *F. hours*, heures de vol. *m.* **3.** **Flying column**, (ii) Police du roulage.
flying[2], *s.* **1.** (*b*) **Flying boot**, botte *f* de vol.
'flying-bomb, *s.* *Mil:* Bombe volante.
'fly-over, *s.* *Civ.E:* Enjambement *m*, passage supérieur, saut-de-mouton, *m*, *pl.* sauts-de-mouton.
foam[1]. **1.** *See also* RUBBER[1] 3.
fog[3], *v.* **1.** *v.tr.* *Ind:* Brumiser.
fogger, *s.* **2.** *Ind:* Brumiseur *m.*
fogging, *s.* **4.** *Ind:* Brumisage *m.*
'fog-lamp, *s.* *Aut:* Phare *m* antibrouillard.
fold[4]. **2.** *v.i.* *F:* **To fold up**, cesser les affaires; abandonner un plan.
foldable ['fouldəbl], *a.* Pliable.
folkloric [fouk'lɔrik], *a.* Folklorique.
following[2], *s.* **2.** (*b*) *Those B.B.C. talks command a wide f.*, ces causeries de la B.B.C. sont très suivies.
foot[1], *pl.* **feet**, *s.* **1.** (*a*) *P:* **My foot!** Mon œil! *Aut: F: Put your f. down!* accélérez! allez-y!
'foot-note, *s.* *A f.-n. to history*, en marge de l'histoire.
footsie ['futsi], *s.* *F: I played f. with her during Carmen*, je lui ai fait du pied pendant la représentation de Carmen.
'foot-slogger, *s.* *Mil: P:* Biffin *m.*
footstep, *s.* **1.** *Quick footsteps*, un bruit de pas précipités.
'footy-'footy, *s.* *F:* = FOOTSIE.
for[1], *prep.* I. **5.** (*Extent in space*) *Bends for* 1 *mile*, virages sur un mille. **7.** *I'll come for you tomorrow*, je viendrai vous prendre demain. **8.** **To criticize s.o. for doing sth.**, critiquer qn d'avoir fait qch. **10.** (*d*) *Line for line translation*, traduction linéaire.
force[1], *s.* **3.** *U.S:* **Task force**, force *f* d'intervention, corps *m* expéditionnaire. *The armed forces*, les forces armées.
forcing, *s.* **1.** (*e*) *Cu: F. bag*, poche *f* à douille.
forebay ['fɔ:bei], *s.* *Hyd.E:* chambre *f*, bassin *m*, de mise en charge, chambre d'eau.
forebrain ['fɔ:brein], *s.* *Anat:* = Cerveau *m* antérieur.
forecast[2], *v.tr.* *The Central Forecasting Office* = l'Office National Météorologique (l'O.N.M.).
forehand. **3.** *a.* *F. welding*, soudure *f* à gauche.
forensic, *a.* *F. scientist*, expert légiste.
foreseeable [fɔ:'si:əbl], *a.* Prévisible.
forget, *v.tr.* **1.** *Things best forgotten*, choses qu'il vaut autant ne pas rappeler.
for'get-me-not, *s.* (*b*) **Forget-me-not eyes**, des yeux de pervenche.
forging, *s.* **1.** *Metalw: Compression f.*, forgeage par compression. *Cored f.*, matriçage-extrusion *m.* *Die f.*, matriçage *m.* *Drop, impact, f.*, forgeage par choc. *Hammer f.*, forgeage par martelage. *Roll f.*, forgeage par roulage. *Upset f.*, forgeage par refoulement.
fork[1], *s.* **1.** *Agr:* **Hand fork**, déplantoir *m.*
forking, *s.* **1.** Fourche *f.* *The f. of a road*, la fourche de deux routes.
form[1], *s.* **4.** (*b*) *You must fill in a f.*, *F:* il faut faire une demande. **5.** (*b*) *Sp: Return to f.*, retour en forme. *To be in poor f.*, être en petite forme. **8.** (*a*) *Civ.E: etc:* Banche *f.* *Concrete moulded with forms*, béton banché.
form[2]. I. *v.tr.* **3.** (*a*) *Mil: A: Form fours!* En colonne par quatre! **To form square**, former le carré.
formal, *a.* **3.** Protocolaire. *F. provisions of agreement*, clauses *f* protocolaires d'accord.
formation, *s.* **2.** *Av: F. flying*, vol *m* de groupe.
forthrightness [fɔ:θraitnis], *s.* Franchise *f* impulsive.
forty, *num. a.* & *s.* *The forties*, les années quarante (1940–1950). *The 1840's, the forties of last century*, les années entre 1840 et 1850, de 1840 à 1850.
forum, *s.* *F:* Tribune *f* (où l'on discute).
'foster-home, *s.* *Placing of children in foster-homes*, placement familial des enfants.
foundation, *s.* **2.** (*a*) Hérisson *m* (d'une chaussée).
four, *num. a.* & *s.* *Row:* Quatre *m.*
'four-'centred, *a.* *Arch: F.-c. arch*, arc en accolade.
'four-'engined, *a.* **Four-engined jet plane**, quadriréacteur *m.*
fowl[1], *s.* **2.** (*a*) **Fowl pest**, peste *f* aviaire. (*b*) *Cu: Boiling f.*, poule (à bouillir).
fowlpox ['faulpɔks], *s.* Diphtérie *f* aviaire, des volailles.
fractionary ['frækʃənəri], *a.* Fractionnel, -elle.
frame[1], *s.* **2.** (*b*) *Tchn:* Corps *m* (d'un filtre). **3.** (*d*) *T.V:* Trame *f.*
France. *Pr.n.* *Hist:* **Free France**, la France libre. **Fighting France**, la France combattante.
Franco-Prussian ['fræŋkou'prʌʃ(ə)n], *a.* Franco-prussien, -ienne. **The Franco-Prussian War**, la guerre franco-allemande de 1870.
fraudulent, *a.* *Fraudulent conversion*, carambouillage *m.*
free[2]. **1.** *v.tr.* (*a*) *Adm:* **To free fish**, (i) mettre en vente *f* libre les conserves de poisson. (ii) Détaxer les conserves de poisson.
freedom, *s.* **4.** (*b*) **Freedom of a city**, citoyenneté *f* d'honneur d'une ville.
freeman, *pl.* **-men**, *s.m.* *F. of a city* = citoyen *m* d'honneur.
freemartin ['fri:'ma:tin], *s.* *Vet: etc:* Hermaphrodite *m*.
freestyle ['fri:stail]. **1.** *s.* Nage libre. *The* 220 *f.*, le 220 mètres (yards) en nage libre. **2.** *a.* *F. relay*, course en nage libre.
'free-'trade, *s.* *F.-t. policy*, politique libre-échangiste.
'free-'wheel, *v.i.* **3.** *Av:* **Free-wheeling air-screw**, hélice *f* tournant en moulinet.
freeze[1], *s.* **2.** *Price and wage f.*, blocage *m* des prix et des salaires.
freeze[2]. **2.** *v.tr.* *To f. wages*, figer, bloquer, les salaires. *Skilled operatives in the heavy industries are frozen*, les ouvriers spécialisés des industries lourdes ont été figés.
freezing[2], *s.* **1.** **Freezing process**, procédé de creusement de tunnel dans les sols friables par congélation préalable du sol. **2.** **Freezing chamber**, chambre de congélation. **3.** *Fin:* Blocage *m.* *The f. of the British debt*, le blocage de la dette britannique.
freight[1], *s.* **2.** (*b*) *Av:* **Freight plane**, avion *m* de transport.
'French-speaking, *a.* Francophone.
Freon ['friɔn], *s.* *R.t.m.: Ch:* Fréon *m.*
frequency, *s.* **2.** *W.Tel: F. modulation*, modulation *f* de fréquence.
freshen. **1.** *v.i.* (*d*) (*Of cow*) Vêler.
fridge, frig ['fridʒ]. *s.* *F:* Réfrigérateur *m*, *F:* frigo *m.*
frigate, *s.* **1.** *Navy:* Aviso escorteur. *Fast f.*, escorteur *m* rapide. **2.** *Orn:* **Frigate-petrel**, pétrel frégate, pélagodrome marin.
fringe[1], *s.* **2.** (*a*) *See also* LUNATIC 1. *T.V: F. area*, zone *f* limitrophe.
frivolous, *a.* *Mil: F. complaint*, réclamation injustifiée.
frogman ['frɔgmən], *s.* Homme-grenouille *m.* **Frogman's mask**, masque *m* sous-marin.
from, *prep.* **5.** (*a*) *See also* REDUCE 5. **6.** (*Indicating origin, source*) *Com:* Au départ de. (On letter, parcel) **From . . .**, expéditeur, -trice. . . .
front[1]. I. *s.* **3.** (*a*) *Bootm:* **Plain front shoe**, chaussure sans bout rapporté.
frost[1], *s.* **1.** (*a*) **The Frost Saints**, les saints *mpl* de glace (les saints dont les fêtes sont les 11, 12, et 13 mai, saint Mamert, saint Pancrace, et saint Servais).
'frost-proof, *a.* Ingélif, -ive.
frozen, *a.* **1.** (*a*) Frigorifié. *Fin:* **Frozen capital**, capitaux gelés.
'fruit-,cake, *s.* *F:* Cake *m.*
Fuchsian ['fuksiən], *a.* *Alg:* **Fuchsian group**, fonctions, relations, fuchsiennes.
fuddy-duddy ['fʌdidʌdi], *s.* *F:* Vieil encroûté.
fuel-oil, *s.* Fuel-oil *m.*
full[1]. I. *a.* **1.** (*a*) **Full up!** Complet! (*of bus, etc.*). **5.** (*e*) *F:* **Full out**, à plein gaz.
'full-'cream, *a.* **Full-cream milk**, lait entier, non écrémé.
'full-'time. *Ind:* **1.** (*a*) **Full-time employment**, emploi *m* à temps complet, à plein temps.
'fully-'fashioned, *a.* (*Of stockings*) Entièrement diminué, proportionné.
fulmar, *s.* *Orn:* Pétrel glacial.
fun[1], *It s.* *It is good clean fun*, c'est d'un comique sain.
'fun fair, *s.* (*a*) Fête *f* foraine. (*b*) Parc *m* d'attractions.
fungus, *pl.* **-uses, -i**, *s.* **1.** (*a*) *Bot:* **Edible fungus**, champignon *m* comestible.
funny[1], *a.* **2.** *P:* Marrant.
furnishing, *s.* **1.** (*b*) **Furnishing fabric**, tissu *m* d'ameublement. (*c*) Agencement *m* (d'un avion).
fusiform, *a.* *Av:* Fuselé.
fusion, *s.* **1.** (*b*) *Atom. Ph:* Fusion *f.*
'fuss-pot, *s.* *F:* Faiseur *m*, faiseuse *f*, d'embarras, chichiteux, -euse.
futile, *a.* *F:* Platonique. *F. attempt*, tentative platonique.
future. **2.** *s.* (*a*) **In the near future**, dans un proche avenir. (*Film, novel, etc.*) *about the future*, (film, roman) d'anticipation.

G

gaberdine, *s.* **3.** *Cost:* Gabardine *f.*
gadwall, *s.* *Orn:* Canard chipeau.
gag[1], *s.* **3.** *Cin:* *F:* Gag m.
gaillardia [gei'lɑːdjə], *s.* *Bot:* Gaillarde *f*; gaillardie *f.*
gainfully ['geinfuli], *adv.* *Pol.Ec:* *The g. employed population*, la population active.
galantine, *s.* *Cu:* (This word is often misused in English for various types of meat loaves.)
'gallery-forest, *s.* Forêt-galerie *f.*
gallinule ['gælinjuːl]. *Orn:* *Purple g.*, poule *f* sultane. *Allen's g.*, talève *f* d'Allen. *Green-backed g.*, talève bleue. *U.S:* *Florida g.*, poule d'eau.
game[1], *s.* **1.** (*b*) *Tchn:* *G. theory*, théorie des jeux rectangulaires. (*c*) *F:* **Two can play at that game**, je vous revaudrai cela, on sera deux. (*e*) *See also* UNFINISHED 1.
gamekeeper, *s.* *Cost:* **Gamekeeper's pocket**, poche *f* à soufflet.
gang[1], *s.* **2.** (*b*) *F:* Gang *m.* **3.** (*a*) *G. die*, outil *m* à suivre.
'gang-,leader, *s.* *P:* Caïd *m.*
gangsterism ['gæŋstərizm], *s.* *F:* Gangstérisme *m.*
'gang 'up, *v.i.* *F:* (*With s.o.*) Faire bande (avec qn), s'allier (avec, à, qn). (*On s.o.*) Attaquer qn de concert.
gangway, *s.* **1.** *F:* *Gangway, please!* Dégagez, s'il vous plaît. (Laissez passer,) s'il vous plaît!
gannet, *s.* *Orn:* **Gannet** (*Sula bassana*), fou de Bassan.
gap[1], *s.* **1.** (*c*) *To reduce the g. between . . .*, réduire l'écart entre. . . . (*e*) *F:* *To bridge the g.*, faire la soudure.
gara ['gærə], *pl.* **gour** [guər], *s.* *Geol:* *Geog:* Gour *mpl.* (*generally used for the sg.*)
garbage, *s.* **2.** *U.S:* *Dom.Ec:* **Garbage disposal unit**, broyeur *m* d'ordures.
garden[1], *s.* **1.** (*a*) **Garden of remembrance**, = cimetière *m* d'un crématorium.
Gardenal ['gɑːdnəl], *s.* *R.t.m:* Gardénal *m.*
gardening, *s.* *F:* *Soilless g.*, culture *f* hydroponique.
'gas-chamber, *s.* *Nazi Civ:* Chambre *f* à gaz.
'gas-lighter, *s.* **2.** Briquet *m* (à gaz).
'gas-man, *pl.* **-men**, *s.m.* *F:* Contrôleur *m*, employé *m*, du gaz.
'gas-oil, *s.* Gas-oil *m*, gaz-oil *m.*
gate[1], *s.* **2.** (*a*) *Skiing:* Porte *f.* **7.** *Telecommunications:* Absorbeur *m.*
gâteau ['gætou], *s.* Gros gâteau à la crème.
'gate-crash, *v.tr.* & *i.* *F:* Resquiller.
gathering, *s.* **1.** (*a*) *G. of the swallows*, conciliabule *m*, rassemblement, des hirondelles. **2.** (*d*) *Bookb:* Cahier *m.*
gauge[1]. **1.** (*a*) *Hosiery:* Jauge *f.* *Fine g. stockings*, bas de fine jauge.
gaullism ['goulizm], *s.* *Hist:* *Pol:* Gaullisme *m.*
gaullist ['goulist], *a.* & *s.* *Pol:* Gaulliste *a.* & *mf.*
gear[1], *s.* **1.** (*b*) Équipement *m.* **3.** (*c*) (ii) *Aut:* **Neutral gear**, le point mort. *To be in neutral gear*, être au point mort. *Cy:* *To change g.*, changer de braquet *m.*
'Geiger-counter, *s.* *Atom.Ph:* Compteur *m* de Geiger, compteur à scintillations.
gel[1], *s.* *Ch:* Gel *m.*
gel[2], *v.i.* Se gélifier.
gelatine, *s.* (*c*) *Exp:* **Explosive gelatine**, plastic *m.*
gelling ['dʒeliŋ], *a.* *Ch:* Gélifiant. *G. power*, pouvoir gélifiant.
gem, *s.* (*b*) *F:* *Sch:* (= *mistake*) Perle *f.*
gendarme ['ʒɔndɑːm]. *s.* *Mount:* Gendarme *m.*
general. I. *a.* **2.** (*a*) **General mathematics**, éléments *m* de mathématiques.
generation, *s.* **2.** (*b*) **The rising generation**, la génération qui monte.
geneticist [dʒi'netisist], *s.* Généticien, -ienne, génétiste *mf.*
genocide ['dʒenə,said], *s.* Génocide *m.*
genre ['ʒɔnrə], *s.* Genre *m.*
gentlefolk(s), *s. pl.* (*b*) **Distressed gentlefolk**, = les économiquement faibles, les nouveaux pauvres.
gentry, *s.* **1.** (*b*) *F:* **The gentry**, la gentry.
geophysics, *s.pl.* Physique *f* du globe.
geopolitics ['dʒiːou'pɔlitiks], *s.* Géopolitique *f.*
George. **2.** *s.* (*c*) (*Decorations*) **George Cross**, Croix de Georges. **George Medal**, Médaille de Georges. **3.** *s.* *Av:* Pilote *m* automatique, *F:* George *m.*
geranium, *s.* **2.** (*a*) *Hort:* *See also* IVY-LEAVED.
germ[1], *s.* **2.** *G. warfare*, guerre *f* bactériologique.
'germ-de,stroying, *a.* Germicide.
germicide, *s.* Germicide *m.*
gerontology [dʒerɔn'tɔlədʒi], *s.* Gérontologie *f.*
Gestapo [ge'stɑːpou], *s.* Gestapo *f* (from German *Geheime Staatspolizei*).
gesture[1], *s.* **1.** Mouvement.
get[2], *v.* I. *v.tr.* **1.** (*a*) *F:* *He wasn't long in getting his corporal's stripes*, il eut tôt fait de décrocher ses galons de caporal. (*d*) *Tp:* *I had some trouble in getting you*, j'ai eu du mal à vous joindre.
'get a'way. **1.** *v.i.* (*c*) *Aut:* *Car that gets away quickly*, voiture qui a une bonne reprise.
'get 'by, *v.i.* (*b*) *F:* Se débrouiller.
'get 'on. II. *v.i.* **1.** **To get on the train**, monter dans le train, en wagon. **2.** (*c*) *Not to get on with s.o.*, vivre en froid avec qn.
'get-rich-'quick, *a.* *A deal of the* **"get-rich-quick"** *kind*, une affaire du genre « enrichissez-vous vite ».
'get 'through. II. *v.tr.* (Faire) passer. *To get something through the customs*, (faire) passer qch. à la douane. *Tp:* **To get s.o. through to s.o.**, donner à qn la communication avec qn.
'get-together, *s.* *F:* Rassemblement *m*, réunion *f.*
'get 'up. II. *v.tr.* **2.** (*a*) *To get up speed*, donner de la vitesse (machine, train).
Ghana ['gɑːnə], *Pr.n.* *Geog:* Ghana *m.*
Ghanaian [gɑː'naiən], *a.* & *s.* Ghanéen, -enne.
ghost[1], *s.* **4.** (*b*) Hétéronyme *m.*
ghost[2], *v.i.* **2.** *Ghosted work*, hétéronyme *m.*
giggle[1], *s.* Rire *m* bébête.
Gilbertian, *a.* = Vaudevillesque.
gimmick ['gimik], *s.* *F:* Machin *m*, truc *m*, bidule *m.* *Advertising g.*, artifice *m*, trouvaille *f*, publicitaire.
gin[3], *s.* Gin *m.*
Gioconda, *Pr.n.f.* *A G. smile*, un sourire de Joconde.
giraffe, *s.* *Z:* **Baby giraffe**, girafeau *m.*
girdle, *s.* **1.** (*a*) *Cost:* Gaine *f.*
glamorize ['glæməraiz], *v.tr.* Donner une beauté factice (comme à une star de cinéma).
glamorous, *a.* Prestigieux.
glare[1], *s.* **1.** (*a*) Lumière crue.
glass[1], *s.* **1.** **Spun glass**, verre filé. *Broken g.*, éclats *m* de verre. *Flying g.*, éclats de verre (qui tombent). **4.** (*b*) **Weaver's glass**, loupe *f* de tisserand.
'glass-blower, *s.* **Power glass-blower**, souffleur de verre industriel.
'glass-eel, *s.* *Ich:* Civelle *f.*
'glass-house, *s.* **3.** *F:* Prison militaire *f*, *P:* ours *m.*
'glass-'roof, *s.* Verrière *f* (d'une gare, etc.).
'glass-'wool, *s.* Laine *f* de verre.
glide[2]. **1.** *v.i.* (*b*) (ii) *Av:* Faire du vol à voile.
glider, *s.* **1.** (*b*) *See also* BOMB[1] 1.
glimpse[1], *s.* *F:* *A g. of the obvious*, une vérité de La Palisse.
glissade[2], *v.i.* **2.** *Mount:* Filer en ramasse.
global, *a.* **2.** Mondial. **Global war(fare)** ,guerre mondiale.
globicephala [,gloubi'sefələ], *s.* *Z:* Globicéphale *m.*
gloss[2], *s.* **1.** *Attrib.* **Gloss paint**, peinture *f* vernis.
glucides ['glusaidz], *s. pl.* *Ch:* Glucides *mpl.*
glutting, *s.* *Pol.Ec:* *G.* (*of the markets*), l'engorgement *m* (des marchés).
glycemia [glai'siːmiə], *s.* Glycémie *f.*
go[2], *v.i.* **1.** (*a*) *F:* **To go places**, (i) sortir; (ii) voyager; (iii) réussir. **2.** (*e*) *F:* *Vendre goes like descendre*, vendre se conjugue comme descendre. **4.** (*a*) *See also* MAY[1] 2. **4.** (*g*) *She is gone*, *F:* elle est partie.
'go-ahead. **2.** *s.* *F:* *To give s.o. the go-ahead*, donner à qn le feu vert.
goaler ['goulər], *s.* *Sp:* *U.S:* Gardien *m* de but.
gob[3], *V:* *Shut your gob!* ferme-la!
'go 'back, *v.i.* **1.** (*d*) *He went back to his reading*, il se replongea dans sa lecture.
gobbledygook ['gɔbldiguːk], *s.* *U.S:* *F:* Jargon administratif.
'go 'behind, *v.i.* (*c*) *To go behind s.o.'s back*, faire qch. en évitant qn et en s'adressant à son supérieur, faire qch. derrière le dos de qn.
gobo ['goubou], *s.* *Cin:* Écran *m.* (Pour empêcher la lumière de toucher directement la lentille de la caméra.)
'God-'man, *s.* *Theol:* **The God-man**, l'Homme-Dieu *m.*
'go'down, *v.i.* **1.** (*In lift*) *Going down!* on descend! pour descendre!
godwit, *s.* *Orn:* *Bar-tailed g.*, barge rousse. *Black-tailed g.*, barge à queue noire, barge égocéphale.
goggle[2], *a.* *F:* *G. box*, la télévision.
'go 'in, *v.i.* **2.** (*a*) **Let's go in!** allons-y! **Shall we go in?** On y va? **3.** *Mil:* *F:* Attaquer.
'go-,kart, *s.* Kart *m.* **Go-kart racing**, karting *m.*
gold, *s.* (*a*) *F:* **Fool's gold**, pyrite *f* de fer.
goldeneye, *s.* *Orn:* **1.** Garrot à l'œil d'or, canard garrot. *Barrow's g.*, garrot d'Islande.
golf[1], *s.* **Miniature golf**, golf miniature.
gong[1], *s.* (*d*) *P:* Décoration *f* militaire, *P:* banane *f.*
good. I. *a.* **3.** (*b*) *He was g. and mad*, il était furieux. *He was good and sorry*, il le regrettait amèrement.
good. II. *s.* **2.** (*b*) *Pol.Ec:* *See also* CONSUMER.
goof[2], *v.i.* *P:* *U.S:* Faire une gaffe, gaffer.
goofy ['guːfi], *a.* *F:* Loufoque.
'go 'on, *v.i.* **1.** (*a*) *F:* *Go on with you!* allons donc! vous plaisantez! je n'en crois rien!
goop[2], *s.* *U.S:* Orthodichlorobenzène *m.*
goose, *s.* **1.** (*b*) *Canada g.*, bernache *f* du Canada. *Lesser white-fronted g.*, oie naine. *White-fronted g.*, oie rieuse, oie à front blanc. *Pink-footed g.*, oie à bec court. *Red-breasted g.*, bernache à cou roux. *Sushkin's g.*, oie des moissons de Russie. *See also* BARNACLE, BEAN-GOOSE, BRENT-GOOSE, SNOW-GOOSE.
gooseberry, *s.* **2.** *Chinese g.*, souris végétale (*A tinidia sinensis*).
'go 'out, *v.i.* **1.** (*c*) *F:* *He was going out with her for two years before they got married*, il l'a fréquentée pendant deux ans avant de se marier.
gore[2], *v.tr.* **2.** **Gored skirt**, jupe *f* en forme, jupe à panneaux.
goring ['gɔːriŋ], *s.* Cornade *f.*
goshawk, *s.* *Orn:* Autour *m* des palombes.
'go-'slow, *a.* **Go-slow** (**strike**), travail *m* au ralenti, grève perlée.
'go 'through, *v.i.* **1.** (*d*) *F:* *He's gone through a lot*, il en a vu des vertes et des pas mûres. **2.** (*c*) *To go through with a divorce*, consommer un divorce.

'go 'up, *v.i.* **1.** (*a*) (*In lift*) *Going up!* on monte! pour monter!
graben ['grɑːbən], *s. Geol:* Graben *m*, fossé *m*.
gracious, *a.* **4.** **Good gracious, no!** jamais de la vie!
gradient, *s.* **1.** *Civ.E: Steep g.*, rampe à fort pourcentage, forte rampe.
grading, *s.* **1.** Calibrage *m*.
graduand [ˌgrædju'ænd], *s.* Candidat, -e, à un diplôme.
graduate². **1.** *v.i.* (*c*) *U.S: He graduated at Harvard*, il a fait ses études à Harvard.
grafter¹, *s. Arb: Hort:* **1.** (*Pers.*) Écussonneur *m*.
grain¹, *s.* **3.** (*a*) *See also* FLOW¹ 1.
gram³, *Pr.n. Bac: Gram-positive, -negative*, gram positif, négatif.
'grammar-school, *s.* = Lycée *m*, collège *m*. *U.S:* = Classes intermédiaires.
granted, *a.* **To take sth. for granted,** considérer qch. comme allant de soi. *He takes it for g. that he may . . .*, il se croit permis de . . ., il ne se gêne pas pour. . . .
granulitis [ˌgrænju'laitis], *s. Med:* Granulite *f*.
granulometry [ˌgrænju'lɔmitri], *s.* Granulométrie *f*.
'grass-brush, *s.* Brosse *f* en chiendent.
gratuitousness, *s.* (*Of a remark, etc.*). Manque *m* d'à-propos, inopportunité *f*.
grave¹, *s.* (*a*) **Imperial War Graves Commission** = comité impérial des Sépultures de Guerre; *F:* Service des Sépultures Militaires.
gravitational, *a. G. acceleration*, accélération *f* de la pesanteur.
gravity, *s.* **2.** *Hyd: G. irrigation*, irrigation *f* au fil de l'eau.
'grease-proof, *a. G.-p. paper, F:* papier jambon, papier beurre.
greasing, *s.* **1.** *I.C.E: etc:* **Pressure greasing,** graissage *m* sous pression.
great, *a.* (*a*) *A g. big lorry*, un énorme camion. **Greater London,** le grand Londres.
'great-'grandparents, *s.m.* Arrière-grands-parents *s.m.pl.inv.*
grebe, *s. Orn:* Black-necked, *U.S:* **eared, grebe,** grèbe à cou noir. *Little g.*, grèbe castagneux. *Red-necked, U.S. Holboell's, g.*, grèbe jougris. *Slavonian, U.S: horned g.*, grèbe esclavon.
green¹. **1.** *a.* (*g*) *She has green fingers*, en jardinage, tout lui sourit, elle a la main heureuse.
greenshank, *s. Orn:* Chevalier *m* à pattes vertes.
'green(-)stuff, *s.* (*a*) Verdure *f*; herbages *mpl.* (*b*) Fourrage *m*; foin *m*. (*c*) Jardinage *m*.
grievance, *s.* **1.** *People with a g.*, les aigris *mpl.*
grille¹, *s.* **1.** *Aut: Radiator g.*, calandre *f*.
griller, *s.* **2.** Grilloir *m*.
grim, *a. F:* "*How do you feel?*"—"*Pretty grim,*" comment ça va?—Plutôt mal.
grinding², *s.* **3.** (*a*) **Grinding machine,** affûteuse *f* (pour outils).
grip¹, *s.* **1.** *Com: With handy g.*, avec nervures de préhension.
grizzly, *a.* **2.** *Z:* **Grizzly (bear),** grizzli, grizzly *m*.
groggy, *a.* **2.** *Box: F:* Groggy, sonné.
'groin-vault, *s. Arch:* Voûte *f* d'arêtes.
groove¹, *s.* **1.** *Mount:* Dièdre *m*.
grosbeak, *s. Orn: Pine g.*, dur-bec *m* des sapins. *Scarlet g.*, roselin cramoisi.
ground², *s.* **5.** (*a*) *Av:* **Ground staff,** personnel rampant, personnel non-navigant. (*c*) *Aut: To cover the g.*, faire de la route.
ground³. **1.** *v.tr.* (*g*) *Av: To g. an aircraft*, interdire de vol (un avion).
'ground-based, *a. Av:* Basé à terre.
'ground-loop, *s. Av:* Cheval *m* de bois.
'ground-sheet, *s.* Tapis *m* de sol.
group¹, *s. Mil:* **Army group,** groupe d'armées. *Pol: Pressure g.*, groupe *m* de pression.
grouper, *s. Ich: F:* Mérou *m*.
grouse¹, *s. Orn:* Grouse *f*. *Willow g.*, lagopède des saules.
grouse², *s. F:* **2.** *To have a good g.*, avoir bonne raison de se plaindre.
grout¹, *s. Hyd: El: G. hole*, trou d'injection *f*. **Coffee grout,** fond *m* du café.
grouting, *s. Const:* **1.** Injection *f*.
growl², *v.i.* & *tr.* **1.** (*Of cat*) Feuler.
growling², *s.* (*Of cat*) Feulement *m*.
guard¹, *s.* **2.** *Coll:* (*a*) *Mil: The sergeant in charge of the quarter guard, the guard commander*, le sergent de garde, le chef de poste. **3.** (*b*) *Mil:* **Home guard** = milice *f*. *Frontier g.*, garde-frontière *m pl.* gardes-frontière.
guard², *v.* **1.** *v.tr.* (*e*) *Cards: Guarded King*, roi second. *Guarded Queen*, dame troisième. *Guarded Jack*, valet quatrième. **2.** *v.i. To g. against an error*, se méfier d'une erreur.
'guard hair, *s. Furs:* Jarre *m*.
guenon ['genɔ̃(ŋ)], *s. Z:* Cercopithèque *m*.
guidance, *s.* **2.** *Tchn:* Guidage *m*. *Beam rider g.*, guidage sur faisceau par ondes dirigées. *Command g.*, téléguidage *m* par ondes haute-fréquence. *Inertial g.*, guidage par inertie. *Infra-red g.*, guidage par infra-rouges. *Stellar-inertial g.*, guidage mixte par inertie et visée astronomique.
'guide-vane, *s. Hyd: El:* Guideau *m*.
guided, *a.* (*Of missile*) Téléguidé.
guillemot, *s. Orn: Black g.*, guillemot à miroir blanc. *Bridled g.*, guillemot bridé.
'guinea-pig, *s.* **2.** *F: To be a g.-p.*, servir de cobaye.
gull, *s. Orn: Common, U.S: short-billed, g.*, goéland cendré, mouette cendrée. *Glaucous, burgomaster, g.*, goéland bourgmestre. *Herring g.*, goéland argenté. *Audouin's g.*, goéland d'Audouin. *Bonaparte's, Ross's, Sabine's g.*, mouette de Bonaparte, de Ross, de Sabine. *Great black-backed g.*, goéland marin. *Great black-headed g.*, goéland à tête noire. *Iceland g.*, goéland leucoptère. *Ivory g.*, mouette sénateur. *Little g.*, mouette pygmée. *Mediterranean g.*, mouette mélanocéphale.
gummosis [gʌ'mousis], *s. Arb:* Gommose *f*; gomme *f*.
gun¹, *s.* **1.** (*a*) *To be going great guns*, marcher tambour battant. **4.** (*c*) *Hort:* **Flame gun,** agriflamme *m*.
gunnera ['gʌnərə], *s. Bot:* Gunnère *f*.
'gun-pit, *s. Artil:* Alvéole *f*.
'gun-spotter, *s.* Avion *m* de repérage d'artillerie.
guv [gʌv], *s. P:* = GOVERNOR.
Guy¹. **3.** *F:* **Tough guy,** dur *m*. *U.S: F: Wise guy*, donneu *m* de conseils.
gymnic ['dʒimnik], *a.* Gymnique.
gyr falcon ['dʒəːˌfɔː(l)kən], *s.* = GERFALCON.
gyroplane, *s. Av:* Giravion *m*.
gyroscope, *s. Av: Directional g.*, gyroscope directionnel.

H

H, *s.* **3.** *Mil:* **H-bomb,** bombe *f* à (l') hydrogène, bombe H.
hack³, **3.** (*a*) *Journ: Hack writer*, écrivain besogneux. *To be a hack reporter, F:* faire la chronique des chiens écrasés.
haddock, *s. Ich: Norway h.*, sébaste *m*, cherre *m*.
hadj [hædʒ], *s.* Hadj *m*. (Pèlerinage de la Mecque).
hadji ('hædʒi], *s.* Hadji *m*, hadj *m* (Musulman qui a fait le pèlerinage de la Mecque).
hailing, *a.* Arraisonneur. *Nau:* **The hailing ship,** le navire arraisonneur.
hair¹, *s.* **1.** (*b*) *To wash one's h.*, se laver la tête.
'hair-grip, *s.* Pince-guiches *m*, *pl.* pince-guiches; barrette *f*.
hajji ['hædʒi], *s.* = HADJI.
hake, *s. F:* Colin.
half. **3.** *adv.* (*a*) *P: He hasn't half changed!* il a drôlement décollé!
'half-dome, *s. Arch:* Cul-de-four, *m*, *pl.* culs-de-four.
'half-shaft, *s. Aut:* Demi-arbre, *m*, *pl.* demi-arbres.
'half-'timbered, *a.* **Half-timbered house,** maison *f* en colombage *m*.
'half-track, *s.* Chenille *f*. *attrib.* **Half-track vehicle,** autochenille *f*, halftrack *m*.
'half-'way. **1.** (*a*) *The shell must have fallen h.-w. up, down, the street*, l'obus avait dû tomber à la moitié de la rue. **3.** *s.* **There is no half-way with him,** avec lui il n'y a pas de demi-mesures.
ham¹, *s.* **3.** *Th:* (*Of play*) Navet *m*. *To act ham*, jouer comme un pied. **Ham actor,** cabotin *m*.
Hamburg. *Pr.n. Geog: Cu:* **Hamburg steak** = HAMBURGER 2. (*b*).
Hamburger. **2.** *s.m.* (*a*) *Cu:* Sorte de saucisse allemande. (*b*) Boulette de bœuf hâché. (*c*) Boulette de bœuf hâché entre deux morceaux de pain.
'hammer-beam, *s. Arch:* Blochet *m* à mi-bois.
'hammer-head, *s.* **1.** (*b*) *a.* En forme de marteau. *H.-h. crane*, grue *f* marteau.
hand¹, *s.* **2.** *Adv.phr.* (*c*) **In hand.** (ii) (*To catch a train*) *with five minutes in hand*, (prendre un train) avec cinq minutes de bon. *I have got five minutes in hand*, j'ai encore cinq minutes.
handcuff, *v.tr.* **Handcuffed,** menottes *f* aux mains.
handful, *s.* **1.** **There was only a handful there,** il n'y avait là que quelques personnes.
handicapped, *a.* **2.** **A physically handicapped (person),** un diminué physique.
'handle-bar, *s. F: Handle-bar moustache*, moustaches *f* raides.
handling¹, *s.* (*d*) *Com:* Distribution *f*.
'hand-'pick, *v.tr. F: Mil:* **Hand-picked troops,** troupes d'élite, triées sur le volet.
'hand-'picking, *s.* Ramassage *m* à la main.
handstand ['hændstænd], *s. Gym:* **To do a handstand,** faire l'arbre fourchu, l'arbre droit, le poirier.
hang². I. *v.tr.* **1.** *Three pictures by him have been hung*, on a exposé trois de ses tableaux.
hang². II. *v.i. His clothes hang loosely around him*, il flotte dans ses vêtements.
'hang-dog, *a.* **Hang-dog look,** (i) air en dessous, (ii) tête basse.
hanging², *s.* (*c*) *F: H. is too good for him*, il n'est pas bon à jeter aux chiens.
'hang-over, *s. P: To have a hang-over*, avoir la gueule de bois, avoir mal aux cheveux.
happen, *v.i.* **1.** (*a*) *F: Worse things happen at sea*, il y a pire. (*b*) *It can never h. here*, cela ne nous arrivera pas.
harbour¹, *s.* **2.** (*a*) (*Adjectival use*) **Harbour installations,** installations portuaires.
hard. I. *a.* **1.** (*b*) *Pol.Ec: See also* CURRENCY 3.
hardboard ['hɑːdbɔːd], *s. Const:* Isorel *m* (*R.t.m.*).
harden. **2.** *v.i.* (*d*) *Scientific opinion has hardened to the view that. . . .*, le monde savant est de plus en plus d'avis que. . .

ˈ**hard-top**, *s. Aut:* Hard-top *m.*
hare[1], *s.* **2.** *Z:* (*c*) **Arctic, polar, hare,** lièvre des neiges.
ˈ**hare-brained,** *s. He's a h.-b. person,* c'est une tête de linotte.
harness[1], *s.* **1.** *Parachute h.,* ceinture *f* de parachute.
harrier[1], *s.* **2.** *Orn: Montagu's h.,* busard de Montagu, busard cendré.
hatchery, *s. Husb:* Couvoir *m,* poussinière *f.*
hate[2], *v.tr.* **2.** *I hate to trouble you,* je suis désolé de vous déranger.
haute couture [ˈoutkuˈtjuːər], *s.* Haute couture.
haute école [ˈouteiˈkɔl], *s. Equit:* Haute école.
have[2], *v.tr.* **3.** (*Obtain*) (*c*) *P: You've had it, chum!* (i) tu es fait, mon vieux! tu peux te mettre la ceinture, mon vieux! (ii) tu es foutu, mon vieux! *P: Don't get het up, you've had it,* pas besoin de s'en faire, c'est loupé. *P: I've had it,* j'ai gagné; me voilà frais.
hawk[1], *s.* **1.** *Orn: U.S: Rough-legged h.,* buse pattue.
haywire [ˈheiwaiər], *a. F:* **He's gone h.,** il ne tourne plus rond. *His plans have gone h.,* c'est une affaire loupée.
hazard[1], *s.* **6.** *Paperm: H. machine,* tambour culbuteur.
ˈ**hazel-grouse,** *s. Orn:* Gelinotte *f* des bois.
head[1], *s.* **1.** (*a*) *Anthr:* (*Indians*) **Head shrinker,** (Indien) réducteur *m* de têtes. **2.** (*a*) **To have a strong, good head for drink,** avoir la tête solide, bien porter le vin. **3.** (*f*) *Aut:* **Sliding head,** toit ouvrant. (*h*) *Ball h.,* pendule *m,* tachymètre *m,* à boule. (i) *H.* (*-water*) *erosion,* érosion régressive. **6.** (*d*) *Sch: Head boy,* élève choisi parmi les grands pour maintenir la discipline, etc.
headache, *s. F:* Casse-tête *m.*
heading, *s.* **3.** Vocable *m.*
ˈ**head-light,** *s. Aut:* Feu *m* de route. **To dip the head-lights,** se mettre en code. *Dipped h.-l.,* feu de croisement.
ˈ**head-line,** *s.* **2.** *Typ:* En-tête *m, pl.* en-têtes. *See also* HIT[2] 2.
ˈ**head-phone,** *s.* (*b*) *pl. Wearing head-phones, F:* casqué.
ˈ**head-room,** *s.* **1.** Tirant *m* d'air.
ˈ**head-stream,** *s.* Ruisseau *m,* torrent *m* d'amont (à l'origine d'une rivière).
ˈ**head-work,** *s.* **4.** Plate-forme *f;* radeau *m* (d'où l'on manœuvre les bois flottés).
health, *s.* **1.** (*b*) *F: Businessmen don't work for their h.,* les hommes d'affaires ne travaillent pas pour leur bon plaisir.
heaped, *a.* **2.** *H. spoonful,* cuillère bien pleine.
hear, *v.tr.* **3.** *Have you heard the news?* Connaissez-vous la nouvelle?
hearse, *s.* **2.** *The pauper's h.,* le char des pauvres.
heat[1], *s.* **4.** *Med:* **Prickly heat,** miliaire *f,* sudamina *mpl.* **5.** *Sp:* **Qualifying, eliminating heat,** éliminatoire *f.*
ˈ**heat-pump,** *s.* Thermopompe *f.*
ˈ**heat-resisting,** *a.* **3.** Thermorésistant.
ˈ**heat-sealing,** *s.* Thermocollage *m.*
ˈ**heat-setting,** *a.* (*Résine*) Thermodurcissable.
heave[1], *s.* **1.** (*c*) *Gym: To do heaves,* faire des tractions *f.*
heave[2]. I. *v.tr.* **5.** *Sp: To h. oneself up,* faire un rétablissement.
heaven, *s.* **1. Heavens above!** Juste ciel!
heckle[2], *v.tr.* **2.** Interpeller.
heckler, *s.* **2.** Interpellateur, -trice.
heckling, *s.* **2.** Interpellation *f.*
hedge[1], *s.* **1. It doesn't grow on every hedge,** ça ne se trouve pas sous les pas d'un cheval.
hedgehog, *s.* **1.** *Mil:* Hérisson *m.*
ˈ**hedge-hop,** *v.i. Av:* Voler en rase-mottes.
heel[1], *s.* **1.** (*a*) *To be quick on s.o.'s heels,* suivre qn de près. (*b*) *Stiletto h.,* talon aiguille. *Louis h.,* talon Louis XV.
ˈ**heel-ˌtap,** *s.* **2.** *pl.* **To leave no heel-taps,** *F:* faire cul sec.
helicopter, *s. Av: Pressure-jet h.,* hélicoptère à éjection d'air comprimé en bout de pales.
heliport [ˈhelipɔːt], *s.* Héliport *m.*
hell, *s.* **2.** (*a*) *It's hell on earth!* c'est infernal! (*b*) *P: He'll be a h. of a good sailor,* il fera un marin du tonnerre (de Dieu).
help[1], *s.* **4.** (*b*) **Home helps** = l'aide aux mères. **Mother's help,** travailleuse familiale.
help[2], *v.tr.* **1.** (*b*) *To h. towards an increase in prices,* aider à, contribuer à, l'augmentation des prix.
helpful, *a.* **2.** *Be a little more h.,* donnez-vous la peine de nous aider. *The dictionary is not a bit h.,* le dictionnaire ne sert pas à grand'chose.
ˈ**help** ˈ**out,** *v.tr.* **1.** Dépanner.
ˈ**help-yourˈself,** *a.* **Help-yourself counter,** magasin *m* libre-service.
helve[1], *s.* **To throw the helve after the hatchet,** risquer le tout pour le tout.
hematocrit [heˈmætəkrit], *s.* Hématocrite *m.*
hematologist [ˌhemaˈtɔlədʒist, ˌhiːməˈtɔlədʒist], *s.* Hématologue *m.*
hemeralopia [ˌhemərəˈloupiə], *s.* Nyctalopie *f.*
hemeralopic [hemərəˈloupik], *a.* Nyctalope.
hemipode [ˈhemipoud], *s. Orn:* (*Andalusian*) *h.,* turnix *m* (d'Andalousie).
ˈ**hen-ˈharrier,** *s. Orn:* Busard *m* Saint-Martin.
herb, *s. Bot:* **2.** *Herb patience,* grande patience, patience officinale.
herbaceous, *a. Bot:* **Herbaceous border,** bordure herbacée.
heritage, *s.* **1.** (*a*) *Each nation has its h. of folk songs,* chaque nation a son fonds de chansons populaires.
herl [həːl], *s. Fish:* Barbe des grandes plumes d'autruche, paon, etc., utilisée pour la confection de certaines mouches artificielles.
herling [ˈhəːliŋ], *s. Ich:* Jeune truite de mer.
heron, *s. Orn: Buff-backed h.,* (héron *m*) garde-bœuf *m, pl.* gardes-bœufs. *Common h.,* héron cendré. *Great white h.,* grande aigrette, aigrette blanche. *Night h.,* héron bihoreau. *Purple h.,* héron pourpré. *Squacco h.,* héron crabier.
herring, *s. F:* **Red herring,** diversion *f.*
hertz [həːts], *s. El.E:* Hertz *m.*
het, *a. U.S: F: Het up,* (i) survolté.
heteronym [ˈhetəronim], *s.m.* Homographe *m.*
hide[3], *s.* **2.** *F: To take the h. off* (*s.o.*), tanner le cuir (à qn).
ˈ**hide-out,** *s. U.S: P:* Planque *f.*
ˈ**hi-ˈfi.** **1.** *s. F:* (*Gramophones, etc.*) Haute fidélité. **2.** *a.* Hi-fi.
high. I. *a.* **2.** (*d*) *Anthracite with a h. ash content,* anthracite à teneur en cendres élevée.
high. II. *adv.* **4.** *This question was h. on the agenda,* cette question figurait dans les premières à l'ordre du jour.
high. IV. *s. U.S:* **All-time high,** record le plus élevé.
ˈ**high** ˈ**chair,** *s.* Chaise haute (pour enfants).
ˈ**high-fiˈdelity,** *a.* (*Gramophones, etc.*). A haute fidélité. *See also* FIDELITY 2.
ˈ**high-grade,** *attrib. a.* **2.** *H.-g. petrol,* supercarburant *m.*
highroad [ˈhairoud], *s.* Grande route, route nationale.
highlight [ˈhailait], *s. F:* Clou *m. The h. of the fête, of the performance,* le clou de la fête, de la représentation.
highway, *s.* (*c*) *U.S: Dual h.,* route jumelée, à double piste.
hiker, *s. F:* Randonneur, -euse (à pied).
hilt[1], *s.* **1.** *F: Right up to the h.,* jusqu'à la gauche.
hindbrain [ˈhaindbrein], *s. Anat:* = Cerveau postérieur.
hinge[1], *s.* **1.** (*a*) (**Stamp**) **hinge,** charnière *f.*
hint[1], *s.* **1.** (*b*) *A hint of a Belgian accent,* une pointe d'accent belge.
hire[2], *v.tr.* **1.** (*b*) *Hired carriage,* voiture *f* de remise.
history, *s.* **1.** (*a*) **We are making history,** ce que nous faisons en ce moment restera, marquera, dans l'histoire, fera date.
hit[2]. **1.** *v.tr.* (*c*) *P: Aut: To hit the hundred mark,* taper le 160. **He couldn't hit an elephant, a hay-stack,** il raterait un éléphant dans un couloir. *The strike hits several factories,* la grève affecte plusieurs usines. **2.** *v.tr. & i.* (*a*) *Journ: F: To hit the head-lines again,* retrouver la vedette.
ˈ**hit-and-ˈrun,** *attrib.a.* **Hit-and-run driver,** chauffard *m.*
hitch[1], *s.* **3.** (*b*) *W.Tel: A technical h.,* une panne d'émission, un incident technique.
ˈ**hitch-hike,** *v.i.* Faire de l'auto-stop.
ˈ**hitch-hiker,** *s.* Auto-stoppeur, -euse.
ˈ**hitch-hiking,** *s.* Auto-stop *m.*
Hitlerism [ˈhitlərizm], *s.* Hitlérisme *m.*
ˈ**hit-ˌtune,** *s.* Air *m* à succès.
Hodgkin's disease [ˈhɔdʒkinzdiˌziːz], *s. Med:* Lymphogranulomatose *f* maligne.
hoe[1], *s.* (*a*) *Hort: Agr:* **Dutch hoe,** griffe-bineuse. *Weeding hoe,* piochon *m.*
hog[2], *v.* **2.** *v.tr.* (*d*) *F: The X Movie Company hogs the films,* la compagnie cinématographique X se réserve le monopole des films. *He hogs the limelight,* il accapare la vedette.
hoisting, *s. Mil: H. the colours,* lever *m* des couleurs.
hold[2], *v.* I. *v.tr.* **1.** (*a*) **To hold views,** professer des opinions. **3. To hold one's drink,** avoir la tête solide, bien porter le vin. **7.** (*c*) *See also* FLOOR[1] 1.
holder, *s.* **2.** (*Device*) (*a*) **Tooth-brush holder,** (i) (*fixture*) porte-brosses à dents, (ii) étui à brosse à dents.
holding, *s.* **2.** (*b*) *Fin:* Dossier *m;* holding *m.*
ˈ**hold-up,** *s.* **2.** Hold-up *m.*
holiday, *s. National, public, h.,* fête légale. (*c*) **Holidays with pay,** congé payé.
ˈ**holiday-maker,** *s.* **2.** Villégiaturiste *mf,* vacancier, -ière; estivant, -ante.
hollow[1]. I. *a.* **3.** *H. victory,* victoire à la Pyrrhus.
home[1], *s.* **2.** *See also* GUARD[1] 3. **5.** *Children's h.,* home *m* d'enfants.
home[1]. II. **1.** (*a*) *The train h.,* le train pour rentrer, le train du soir.
home[1]. III. **1.** (*c*) *Sp:* **Home side,** équipe *f* qui reçoit.
homer[2]. **2.** *Sp:* Shoot *m* au but.
homesick, *a. It makes me h.,* ça me donne le cafard.
ˈ**home-work,** *s.* **2.** *Sch:* Les devoirs *m* (et les leçons *f*). **Homework book,** cahier *m* de textes.
homey [ˈhoumi], *a.* = HOME-LIKE.
homing, *a. Av: Ball: H. eye,* cellule d'auto-guidage. *H. head,* tête chercheuse, tête de guidage. *See also* MISSILE 2.
homing, *s. Av:* (Retour *m* par) radio-guidage *m.*
homogenization [hoˌmɔdʒənaiˈzeiʃ(ə)n], *s.* Homogénéisation *f.*
homogenize [hoˈmɔdzənaiz], *v.tr.* Homogénéiser.
homogenizer [hoˈmɔdʒənaizər], *s.* Homogénéiseur *m.*
homograph [ˈhɔməgræf, graːf], *s.* Homographe *m.*
ˈ**honky-tonk,** *s. U.S: F:* Bouge *m,* trou borgne, bastringue *m.*
hoo-ha [ˈhuːhaː], *s. F:* **What's (all) the hoo-ha about?** qu'est-ce qu'il y a de cassé? qu'est-ce qui se passe?
hook[1], *s.* **1.** Griffe *f.* (*b*) *Av: Nav: Arrester h.,* crosse *f.* d'appontage. *Catapulting h.,* crochet de catapultage. **2.** *Blind h.,* hameçon *m* sans œillet.
hoot[2]. **1.** *v.i.* (*c*) *Aut:* Klaxonner, claxonner.
Hoover[1] [ˈhuːvər], *s. R.t.m:* Aspirateur *m.*
hoover[2], *v.tr.* Passer l'aspirateur (sur qch.).
hop[4]. **2.** *v.tr. P:* **To hop it,** se débiner.
hope[2]. **1. To hope against hope,** espérer contre toute espérance. **2.** *v.tr. You've done your work, I hope?* tu as fait ton travail, au moins?
horror, *s.* **1. Horror film,** film *m* d'épouvante.
hors concours [ˈɔːkɔŋˈkuər], *prep.phr.* Hors concours.
ˈ**horse-box,** *s.* (*b*) *Veh:* Van *m.*
ˈ**horse-girl,** *s.* Palefrenière.
ˈ**horse-power,** *s. Shaft h.-p.,* puissance au frein.
hospitable, *a.* Accueillant.
hosteller [ˈhɔstələr], *s.* (**Youth**) **hosteller,** ajiste *mf.*
hostelling [ˈhɔstəliŋ], *s.* (**Youth**) **hostelling,** ajisme *m.*
hot[1], *a.* **5.** *Fin:* **Hot money,** capitaux flottants.
hot[2], *v.tr. F: The cold war is hotting up,* la guerre froide se réchauffe. *Aut: P: Hotted-up engine,* moteur gonflé.
hôtelier [(h)ouˈteliei], *s.* Hôtelier *m.*

ˈhot-spot, *s.* **3.** *Metall:* Point chaud.
house¹, *s.* **1.** *Attrib. H. telephone,* téléphone intérieur. **5.** *Cin: The first h.,* la première séance.
ˈhouse-arrest, *s.* **Under house-arrest,** en résidence surveillée.
ˈhouse-charge, *s.* (*Au restaurant*) Couvert *m.*
ˈhouse-coat, *s.* Robe *f* d'intérieur, déshabillé.
ˈhouse-shoe, *s.* Chaussure *f* d'intérieur.
housework, *s.* Travaux *m* domestiques, de ménage. **To do the housework,** faire le ménage.
housing¹, *s.* **1.** (*a*) **The housing shortage,** la crise du logement.
hovercraft [ˈhɔvə,krɑːft], *s. Av:* Appareil *m* à coussin d'air.
ˈhover-fly, *s. Ent:* Bombyle *m.*
hovering [ˈhɔvəriŋ], *s. Av:* Vol *m* stationnaire.
hoverplane [ˈhɔvəplein], *s. F:* Hélicoptère *m.*
how¹, *adv.* **1.** (*a*) *I enquired how to send a postal order,* je me suis renseigné sur la manière d'envoyer un mandat.
however, *adv.* **2.** D'ailleurs.
howler, *s.* **2.** *F:* Perle *f.*
humbug¹. 3. = Bêtise *f* de Cambrai.
humpbacked, *a. H. bridge,* pont en dos d'âne.
ˈhumus-bearing, *a.* Humifère.
hundred. 1. *num. a. & s. Sp:* **The hundred metre race, the hundred metres,** le cent mètres.

ˈhunger-march, *s.* Marche *f* de la faim.
ˈhunger-marcher, *s.* Marcheur *m* de la faim.
hungry, *a.* **1. To feel hungry,** sentir la faim. *To remain h.,* rester sur sa faim.
ˈhunky-ˈdory, *a. F:* Excellent.
hurricane, *s.* (*In West Indies*) Hurricane *m.*
hurry,¹ *s.* **1. To be always in a h.,** *F:* avoir le feu au derrière.
huss [hʌs], *s. Ich: Dial:* = DOG-FISH.
ˈhydro-eˈlectric, *a. H.-e. power,* énergie hydraulique, houille blanche.
hydrogen, *s. H. bomb,* bombe *f* à (l')hydrogène, bombe H.
hydrograph [ˈhaidrogræf], *s.* Courbe *f* de débit d'un fleuve.
hygrograph [ˈhaigrogræf], *s.* Hygrographe *m,* hygromètre enregistreur.
hydroponics [ˌhaidroˈpɔniks], *s. pl.* Culture *f* hydroponique.
hydrospinning [ˈhaidro,spiniŋ], *s.* Fluotournage *m,* repoussage *m* au tour.
hyperacidity [ˌhaipərəˈsiditi], *s. Gastric h.,* hyperchlorhydrie *f.*
hyperon [ˈhaipərɔn], *s. Atom. Ph:* Hypéron *m.*
hypertensive [ˌhaipəˈtensiv], *a. H. patient,* hypertendu, -e.
hypoacidity [ˌhaipouəˈsiditi], *s. Gastric h.,* hypochlorhydrie.
hypoglycemia [ˌhaipouglaiˈsiːmiə], *s. Med:* Hypoglycémie *f.*
hypotensive [ˌhaipoˈtensiv], *a. H. patient,* hypotendu, -e.

I

ibis, *s. Orn: Glossy i.,* ibis falcinelle.
ice¹, *s.* **1.** *Dial:* **The Ice Saints,** les saints *m* de glace (les saints dont les fêtes sont les 11, 12 et 13 mai, saint Mamert, saint Pancrace et saint Servais). **Dry ice,** neige *f* carbonique.
ice², *v.tr.* **1.** *Av:* **To ice up,** givrer.
ˈice ˈblue *a.* Bleu glacier.
ˈice-brick, *s.* Esquimau *m.*
ˈice-ˈhockey, *s. Sp:* **Ice-hockey player,** hockeyeur *m.*
iceman, -men, *s.* **4.** *pl. Dial:* **The Icemen,** les saints de glace (les saints dont les fêtes sont les 11, 12 et 13 mai, saint Mamert, saint Pancrace et saint Servais).
iconoscope [aiˈkɔnəskoup], *s. T.V:* Iconoscope *m.*
icy, *a.* **1. Icy road,** route verglacée.
idea, *s.* (*a*) *I've got an i. that I have seen him before,* j'ai l'impression de l'avoir déjà vu. *F: What's the big i.?* qu'est-ce qui vous prend? Quelle mouche vous pique?
idiosyncrasy, *s.* **2.** *F: Professional i.,* déformation professionnelle.
idiot, *s.* (*b*) *F: The i. box,* la télévision.
ignite. 1. *v.tr.* **To ignite sth.,** mettre qch. en ignition *f.*
ignition, *s.* **2.** *I.C.E:* **Ignition key,** clef *f* de contact *m.*
ignitron [ˈignitrɔn], *s.* Ignitron *m.*
illustrate, *v.tr.* **2. Profusely illustrated,** abondamment illustré.
immediacy, *s.* **3.** *Phil:* Immédiateté *f.*
immediate, *a.* **1.** (*a*) *In the i. future,* dans un avenir immédiat, dans l'immédiat.
immune. 1. *a. F: To have become i. to the drawbacks of the job,* être blindé, cuirassé, contre les désagréments du métier.
immunochemistry [iˈmjuːnouˈkemistri], *s.* Immunochimie *f.*
imperialism, *s. Pol:* Colonialisme *m.*
imperialist, *s.* Colonialiste *m & f.*
imperialistic, *a.* Colonialiste.
impervious, *a.* **2.** *To have become i. to the drawbacks of the job,* être vacciné contre les désagréments du métier.
implantation, *s.* **2.** *Med:* Implant *m.*
impossible. 1. *a.* (*c*) *I. hat,* chapeau inénarrable, invraisemblable.
imprecise [ˌimpriˈsais], *a.* Imprécis.
imprecision [ˌimpriˈsiʒ(ə)n], *s.* Imprécision *f.*
impress², *v.tr.* **4.** (*a*) *F: I am not impressed by him,* il ne m'emballe pas.
improperly, *adv.* **3.** *Aut: To overtake i.,* dépasser contrairement au règlement.
improved, *a.* **Improved site,** terrain *m,* propriété *f,* où l'on a fait des travaux.
in¹. I. *prep.* **1.** (*a*) à. **I have nothing in your size,** je n'ai rien à votre taille. (*Before names of islands that never take an article*) à. **In Ceylon,** à Ceylan. **In Madagascar,** à Madagascar. **In Newfoundland,** à Terre-Neuve. *Our conversations in Rome,* nos conversations de Rome.
in. II. *adv.* **2.** (*e*) *F: To be in on something,* être dans le coup. **3.** (*a*) *F: We are in for coming back on foot,* on est bon pour rentrer à pied.
in², *Lt.prep. Jur:* **In absentia,** par contumace *f.*
inadmissibility, *s.* Irrecevabilité *f.*
inauspicious. *a.* Néfaste.
incendiary. 2. *s.* (*c*) *F:* Bombe *f* incendiaire.
inch, *s.* **2.** = doigt *m* (*knitting*). **I have still got several inches to do,** il m'en reste quelques doigts à faire.
incidence, *s.* **3.** *The i. of tuberculosis has increased,* les cas de tuberculose se sont multipliés.
include, *v.tr.* Comporter.
ˈincome-ˌtax, *s. F: The income-tax people,* les gens du fisc.
inconsistent, *a.* **3.** Incohérent.
inconvenient, *a.* Malcommode.
indelible, *a.* **Indelible pencil,** crayon *m* à encre indélébile.

independent. 1. *a.* (*a*) *Mil: An i. force,* une armée autonome. *Aut: I. front-wheel suspension,* suspension à roues avant indépendantes. *Adm:* **Independent (Catholic) school,** = école *f* libre.
index¹. 5. (*pl.* **indices**) (*d*) *Pol.Ec: Weighted indices,* indices pondérés.
index², *v.tr.* **1.** (*b*) Indexer.
Indian. 1. *a.* (*a*) *See also* TEA.
indicator, *s.* **2.** (*c*) *Av: Turn and bank i.,* indicateur de virage et de pente latérale. (*d*) *El.E: I. switch,* culbuteur *m.*
indirectly, *adv.* Par des voies détournées.
indiscretion, *s.* **2.** (*b*) *Hum: Dietary indiscretions,* écarts *m* de régime, excès *m* de table.
indisputability, *s.* Indiscutabilité *f.*
individual. 1. *a.* (*a*) *I. sounds,* sons isolés.
induct, *v.tr.* **3** *U.S: Mil:* Incorporer (dans l'armée).
inductance, *s. El:* **2. Inductance (-coil),** bobine *f* d'inductance.
industrial. 1. *a.* (*a*) **Industrial injuries,** accidents du travail. *I. disputes,* conflits ouvriers. *I. unrest,* agitation ouvrière. *See also* ENGINEER¹ 1, ENGINEERING 1.
industriousness [inˈdʌstriəsnis], *s.* Assiduité *f* (au travail), application *f.*
industry, *s.* **2. Cottage industry,** artisanat *m.* **The heavy, light, industries,** les industries lourdes, légères. **The (motor) car industry,** l'industrie automobile.
infantile, *a.* **2.** *Med:* **Infantile paralysis,** poliomyélite *f.*
inferiority, *s. Their numerical i., their i. in numbers,* leur infériorité *f* numérique, en nombre.
inferno, *pl.* **-os,** *s. Hist: F:* **The inferno of Stalingrad,** l'enfer *m* de Stalingrad.
infestation, *s.* Invasion *f* (de parasites).
infiltration, *s.* **3.** Noyautage *m* (par les communistes, etc.).
inflammatory, *a.* **3.** Inflammateur, -trice (*projectile, etc.*).
inflatable [inˈfleitəbl], *a.* Gonflable.
inflow, *s.* **1.** Montée *f* des eaux (dans un réservoir).
information, *s.* **1.** *Adm:* **Central Office of Information,** Commissariat *m* à l'Information. **The Ministry of Information,** le Ministère de l'Information.
infra-, *pref. T.V: Infra-black,* infra-noir.
infraction, *s. Surg:* Fêlure *f.*
infrastructure [ˈinfrə,strʌktʃər], *s. Pol. Ec: Adm:* Infrastructure *f.*
inherit, *v.tr.* (*b*) *He inherited all his shortcomings,* il a hérité de tous ses défauts.
inhibition, *s.* **3.** *Med: I. of blood,* absorption *f* de sang.
initial¹. 2. *s. F: The U.N.E.S.C.O. initials,* le sigle de l'U.N.E.S.C.O., **-ally,** *adv.* Initialement.
injection, *s.* **1.** (*a*) *I.C.E:* **(Direct) injection engine,** moteur à injection (directe). (*c*) *Geol:* Injection *f.* **2.** *Med:* (*a*) *To give s.o. an i.,* piquer qn.
injunction, *s.* **1.** Recommandation *f.*
injury, *s.* **2.** (*a*) **Industrial injuries,** accidents *m* du travail.
innermost [ˈinəmoust], *a.* **Our innermost being,** le tréfonds de notre être.
innutrition, *s.* Inanition *f*; décalcification *f.*
inquiry, *s.* **1.** *Jur: Public, administrative, i.,* enquête de commodo et incommodo. **2.** *Tp: etc:* **Inquiries,** renseignements *mpl.*
inquisitiveness, *s.* (*b*) *I. of mind,* curiosité *f* d'esprit.
insemination, *s. Artificial i.,* fécondation artificielle.
inset, *s.* **3.** (*Cartography*) Carton *m.*
insistent, *a.* **1.** Insistant; obsédant.
inspection, *s.* **1.** *I. chamber,* regard *m.* *Publ: I. copy,* spécimen *m.* *Jur: Right of i.,* droit *m* de regard.
instalment, *s.* **2.** (*a*) **Instalment selling,** vente *f* par fascicules. (*b*) Feuilleton *m.*
institutional, *a.* **2.** Institutionnel, -elle.
instruct, *v.tr.* **2.** (*a*) *An instructed common-sense,* un bon sens averti.

instructor, *s.* **1.** *Aut:* **Driving instructor,** moniteur *m* de conduite. *Swimming i.,* professeur *m* de natation.
instrument[1]. **2.** (*a*) *I. flying,* vol sans visibilité *f,* vol aux instruments.
insulation, *s.* **3.** (*a*) Heat insulation, calorifugeage *m.*
insurance, *s.* **1.** (*a*) **Unemployment insurance,** assurance *f* chômage. **Workmen's compensation insurance,** assurance *f* contre les accidents du travail. **Insurance book,** portefeuille *f* d'assurances.
intake, *s.* **4.** *Mil:* Contingent *m.*
intangible, *a.* **1.** Imperceptible.
integral. **1.** *a.* (*a*) *To form an i. part of . . .,* s'intégrer dans. . . .
intelligentsia, *s.* Intelligentsia *f.*
intensely, *adv.* Intensément.
intensity, *s.* **3.** *With i.,* intensément.
intent[1], *s.* **2.** **To all intents and purposes,** à toutes fins utiles.
interceptor, *s.* **2.** *Av:* Intercepteur *m.*
'inter'ceptor-'fighter, *s.* *Av:* Intercepteur *m.*
intercom [,intə'kɔm], *s.* Intercom *m.*
intercommunication, *s.* **1.** Intercommunication *f.* *I. system,* intercom *m.*
interlacing[2], *s.* **3.** *T.V:* Entrelacement *m,* exploration entrelacée.
interlock[2], *s.* **1.** *Tex:* Tissu *m* interlock. **2.** **Interlock machine,** interlock *m.*
Internationale (the) [,intə'næʃn(ə)l], *s.* L'Internationale *f.*
interphone, *s.* Interphone *m.*
interprofessional, *a.* Interprofessionnel, -elle.
interscrew ['intəskru:], *s.* Vis *f* de reliure.
intervention, *s.* *Surgical i.,* intervention chirurgicale.
intervertebral [,intə'və:tibrəl], *a.* *Anat:* Intervertébral, -aux. *I. disk,* disque intervertébral.
inter vivos [,intə'vaivous, ,intə'vi:vous], *a.* *Jur:* Entre-vifs. **Disposition inter vivos,** donation *f* entre-vifs.
'inter-'war, *a.* **The inter-war years,** l'entre-deux-guerres *mf,* l'interguerre *m.*
interwoven [intə'wouv(ə)n], *a.* Entrecroisé.
intractable, *a.* (*Material, etc.*) Ingrat.
intraspinal [,intrə'spain(ə)l], *a.* Intra-rachidien.
intrathecal [,intrə'θi:kl], *a.* Intra-rachidien.
introduce, *v.tr.* **3.** *It was I who introduced him to Greek,* c'est moi qui lui ai fait faire la connaissance du grec.
intruder, *s.* *Av:* Chasseur *m* de pénétration.
invalid[2]. **1.** *a.* & *s.* *Helpless i.,* invalide impotent, grand invalide.
inversion, *s.* **1.** **Inversion of values,** renversement *m* des valeurs.
investment, *s.* **2.** *Fin:* Dossier *m.*
invultuation [in'vʌltju'eiʃ(ə)n], *s.* Envoûtement *m.*
ion, *s.* *Ion propulsion,* propulsion *f* ionique. *Ion rocket,* moteur-fusée *m* ionique.
ionosphere [ai'ɔnɔsfiər], *s.* Ionosphère *f.*
ionospheric [ai'ɔnɔs'ferik], *a.* Ionosphérique. *I. recorder,* enregistreur *m* ionosphérique.
iron[1], *s.* **1.** (*a*) *Metall:* *Iron and steel industry,* industrie *f* sidérurgique. **5.** *Dom.Ec:* *Electric iron,* fer électrique.
'iron(ing)-stand, *s.* *Dom.Ec:* Repose-fer *m, pl.* repose-fers.
irrationality, *s.* **1.** Irrationalité *f.*
irreversible, *a.* **2.** *The course of history is i.,* le cours de l'histoire est irréversible.
irrigation, *s.* **2.** *Med:* *See also* COLONIC.
isodynamic, *a.* (*Dietetics*) Isodyname.
isolationism, *s.* Isolationnisme *m.*
isolationist [aisə'leiʃənist], *a.* & *s.* Isolationniste *mf.*
Isolde [i'zɔldə]. *Pr.n.f.* Yseu(l)t, Iseu(l)t.
Israeli [iz'reili], *a.* & *s.* *Geog:* Israélien, -ienne.
issue[1], *s.* **6.** *To take i.,* être en désaccord. **7.** *Adm:* Émission (de timbres-poste). (*c*) (*In public library*) Communication *f* (de livres).
issue[2]. **2.** *v.tr.* (*c*) Communiquer. (*d*) *Each man will be issued with two uniforms,* chaque homme touchera deux tenues.
it[1], *pers.pron.* **1.** (*e*) *Games:* *He's going to be 'it,'* il 'le' sera. **3.** *F:* *This is it!* Ça y est! On est fait!
italic. **2.** *Typ:* (*b*) *s.* *Usu. pl.* **The italics are mine,** c'est moi qui souligne.
itching[2], *s.* **2.** *F:* *in pl.* Grattements *mpl.*
'ivy-leaved, *a.* *Hor:* *F:* *Ivy-leaved geranium,* géranium *m* lierre.

J

jacamar ['dʒakəmɑ:r], *s.* *Orn:* Jacamar *m.*
jack. II. *s.* (*b*) **Jack of all trades,** touche-à-tout *m inv.*
jack. III. *s.* **2.** (*c*) *Mec.E:* **Pulling jack,** cric de tirage.
jackdaw, *s.* Choucas *m* des tours, *F:* corneille *f.*
jacket[1], *s.* **1.** (*a*) *Cost:* **Sheepskin jacket,** canadienne *f.* **Lumberman's jacket, lumber jacket,** blouson *m.* **2.** (*b*) Jaquette *f,* liseuse *f* (de livre).
Jacquard. *Pr.n.* *Tex:* **Jacquard woven,** à la Jacquard.
jaeger ['jeigər], *s.* *U.S:* *Orn:* *Arctic j.,* labbe *m* parasite. *Pomarine j.,* labbe pomarin.
jalop(p)y [dʒə'lɔpi], *s.* *F:* Vieux tacot.
jamming, *s.* (*c*) *W.Tel:* *a.* *J. station,* brouilleur *m,* poste brouilleur.
jasmin(e), *s.* *Bot:* **1.** *Winter j.,* jasmin d'hiver.
jay, *s.* **1.** *Orn:* Geai des chênes. *Siberian j.,* mésangeai imitateur.
jean[2], *s.* **2.** *pl.* *Cost:* **Jeans.** (*b*) Blue-jeans *mpl.*
jeep [dʒi:p], *s.* *Aut:* Jeep *f.*
jelly[1], *s.* **2.** (*b*) *Exp:* Plastic m.
jemadar ['dʒemədɑ:r], *s.m.* *A:* *Mil:* (*In India*) Sous-lieutenant *m* indigène (entre sous-officiers et officiers ayant la "King's commission," *Viceroy's Commissioned Officer*).
jerk[1], *s.* **2.** **Knee-jerk,** réflexe rotulien.
Jerry. **2.** *s.* *F:* (*a*) Fritz *m,* Fridolin *m,* doryphore *m,* chleuh *m.*
'jerry-can, *s.* Jerricane *f,* jerrycan *m.*
jet[2], *s.* **4.** *Av:* *etc:* Jet *m,* tuyère *f,* gicleur *m.* **Jet engine,** moteur *m* à réaction, réacteur *m,* turboréacteur *m.* **Jet (plane), jet-propelled aircraft,** réacteur *m,* avion *m* à réaction. **Jet liner,** avion de ligne à réaction. **Power jet,** turboréacteur *m.* **Propeller jet,** turbopropulseur *m,* turbine *f* à hélice.
'jet-pipe, *s.* *Av:* Tuyère *f.*
jettison[2], *v.tr.* Jeter par-dessus bord.
jetty[2], *a.* (*a*) Noir comme le jais. (*b*) En jais.
Jew[1], *s.m.* *Bot:* *Wandering Jew,* ruine-de-Rome *f.*
jib[1], *s.* **2.** *Mec.E:* *Flexible jib,* bec élastique.
'jig-saw[1], *s.* **Jig-saw puzzle,** puzzle *m.*
jingle[1], *s.* **1.** *Com:* **Jingle (of advertisement),** ritournelle *f* publicitaire.
jitter[1] ['dʒitər], *s.* *P:* **The jitters,** la frousse. **To give (s.o.) the jitters,** flanquer la trouille (à qn), donner les jetons à qn.
jitter[2], *v.i.* *P:* Se démener; s'exciter; se trémousser.
jitter[3], *v.tr.* *P:* Flanquer la trouille (à qn).
jitterbug ['dʒitəbʌg], *s.* **1.** Danseur désordonné. **2.** *F:* Défaitiste *m,* paniquard *m.*
jittery ['dʒitəri], *a.* *F:* *To be jittery,* avoir la venette. *P:* Serrer les fesses.
jive[1] [dʒaiv], *s.* *Danc:* Jive *m.*
jive[2], *v.i.* *Danc:* Faire du jive.
job[1], *s.* **1.** (*a*) *F:* *My new car is a lovely job,* ma nouvelle voiture, c'est du beau travail. *You've made a lovely job of that,* vous vous en êtes tiré à merveille, *F:* vous avez fait du bon boulot. *That's just the job,* cela fait juste l'affaire.
jogger ['dʒɔgə], *s.* *F:* **Memory jogger,** pense-bête *m, pl.* pense-bêtes.
joint[1]. **3.** (*a*) Virole *f.*
jointed, *a.* **1.** (*a*) Jointif, -ive.
jointly, *adv.* *To manage jointly,* cogérer.
Jordan. *Pr.n.* *Geog:* **2.** Jordanie.
journal[1], *s.* **2.** Revue savante.
jubilee, *s.* **2.** *Golden j.,* fête du cinquantième anniversaire (du couronnement d'un souverain, etc.).
journey[1], *pl.* **-eys,** *s.* **1.** **Return journey,** voyage *m* de retour. *J. there and back,* voyage aller et retour.
judgment, *s.* **2.** **Against our better j.,** contrairement à notre opinion, à notre jugement délibéré.
judo ['dʒu:dou], *s.* Judo *m.*
judoka ['dʒu:dou,kɑ:], *s.* Judoka *mf.*
'juke-box, *s.* Phonographe *m* à sous.
jump. II. *v.tr.* (*a*) *To j. the queue,* passer avant son tour. *F:* *To j. the gun,* commencer à faire quelque chose avant son tour.
jumping[2], *s.* **2.** (*a*) *Equit:* Jumping *m.*
junction[1], *s.* **1.** Confluence *f.* **2.** (*a*) *See also* T 2. (*c*) *Tchn:* *Cold j.,* soudure froide.
just. II. *adv.* **1.** (*b*) **Just as.** (i) *He told me not to pay him back,* **which was just as well because** *I did not have any money,* il m'a dit de ne pas lui rendre l'argent, ce qui était pour le mieux puisque je n'en avais pas. **4.** *They just missed the train,* ils ont manqué de peu le train.
juvenile. **1.** (*a*) *See also* DELINQUENCY.

K

karite ['kæriti], *s. Bot:* Karité *m.* **Karite nut-butter,** beurre *m* de karité.
kart [kɑːt], *s.* Kart *m. Kart racing,* karting *m.*
kea [kiːə], *s. Orn:* Nestor *m.*
keep[2]. I. *v.tr.* 2. *Keep this to yourself,* n'en parlez à personne.
'keep 'out. 2. (*b*) *v.i. F: You keep out of this!* Mêlez-vous de ce qui vous regarde!
'keep 'up. 2. *v.i.* (*b*) *To keep up with the Joneses,* faire concurrence aux voisins.
kelt[1], *s. Pisc:* Ravalé *m.*
keratic [ke'rætik], *a. Physiol:* Kératique. **Keratic reaction,** réaction *f* kératique.
'kerb-side, *s.* Bord *m* du trottoir.
kerosene, *s.* 2. *Vaporising k.,* pétrole *m* pour moteur.
kestrel, *s. Orn: Lesser k.,* faucon crécerellette.
key[1], *s.* 4. (*b*) *Tg:* **Sending key,** manipulateur *m.*
key[2], *v.tr.* 2. **Keyed up,** *F:* gonflé à bloc.
'key-industry, *s.* Industrie *f* clef.
'key-money, *s. F:* Pas *m* de porte.
'key-po'sition, *s.* Position *f* clef.
'key-post, *s.* Poste *f* clef.
kid[1], *s.* 1. (*a*) *Goat in kid,* chèvre pleine.
kid[4], *v.tr.* Bonimenter.
kidder, *s. P:* Bonimenteur, -euse.
kidnap, *v.tr.* Kidnapper.
kidnapper, *s.* Kidnapper *mf,* kidnappeur, -euse.
kidnapping, *s.* Kidnapping *m,* rapt *m* d'enfant.
'kidney-tray, *s.* Cuvette *f* à pansements réniforme.
kill[2], *v.tr.* 3. (*c*) *Metall:* **Killed steel, acier calmé.**
killing[2], *s.* 3. *Metall:* Calmage *m.*
kilocycle, *s. Ph: El.E:* Kilohertz *m.*
Kimberlite ['kimbəlait], *s. Geol: Min:* Kimberlite *f.*
kindergarten, *s. Sch: See also* MISTRESS[1].
kindly[2], *a.* 1. (*a*) *Not to take k. to,* ne pas aimer, ne pas s'accommoder de.
'king-'cobra, *s.* Hamadryade *f.*
kingfisher, *s. Orn: Pied k.,* alcyon *m* pie. *Belted k.,* alcyon à collier.
kink[1], *s.* 1. (*a*) Vrillage *m.*
kit[5], *v. Mil:* **To be kitted out,** toucher son paquetage.
'kit-bag, *s.* 2. *Nau:* Sac (de) marin.
kitchen, *s.* 2. *Attrib.* **Kitchen towel,** essuie-mains *m* pour la cuisine.
kite[1], *s.* 1. (*a*) *Orn:* Kite (*Milvus milvus*), milan royal. *Black-winged k.,* élanion *m* blanc, élanion blac.
'kite-flying, *s.* (*b*) *Fin: etc:* Ballon *m* d'essai.
kiwi, *s.* 2. *Av: F: The kiwis,* les rampants *m.*
klystron ['klistrɔn], *s. W.Tel:* Klystron *m.*
knee[1], *s.* 1. (*a*) *Orn: F: Thick knee,* œdicnème *m,* courlis *m* de terre.
kneesies ['niːziz], *s.pl. F: To play k.,* faire du genou.
knife[1], *s.* 1. (*b*) *P: Flick k.,* couteau automatique.
'knife-edge, *s.* 2. (*b*) *Attrib. Trousers with a k.-e. crease,* pantalon au pli cassant.
knit[1], *s.* **Fisherman-knit,** tricot sport.
knock[2]. 1. *v.tr.* (*c*) *F: To k. endways,* renverser, abasourdir, stupéfier.
'knock 'back, *v.tr.* 1. *P: To knock back a drink,* s'enfiler un pot, s'envoyer un verre. 2. *F: My car knocked me back thirty pounds,* mon auto m'a coûté trente livres.
'knock 'off. II. *v.i. Ind: F:* (*Of workman*) Débrayer (*at end of day*).
'knock on, *s. Atom. Ph:* Collision *f* de neutrons.
'knock-out. 1. *Attrib.a.* (*c*) **Knock-out competition,** concours *m* avec (épreuves) éliminatoires *fpl.*
knoll[1], *s.* Mamelon *m.*
knot[1], *s.* 5. (*b*) *Loose k.,* nœud tombant.
knot[3], *s. Orn:* Bécasseau *m* maubèche.
know[2], *v.tr.* 6. (*a*) *F: He knows a good thing when he sees it,* il sait ce qui est bon, c'est un connaisseur. 9. *Iron: He knows better!* Il s'y connaît! *They know no better,* ils ne peuvent faire mieux.
'know-how, *s.* Tour *m* de main, savoir-faire *m,* méthode *f,* mode *m* opératoire, technique opérationnelle.
knowledge, *s.* 1. (*a*) *The k. that he hadn't come,* la certitude qu'il n'était pas venu.
kolkhoz ['kɔlkɔz], *s.* Kolkhoze *m,* ferme collective.
kommandatura [kə,mændə'tjuərə], *s. Mil.Adm:* Commandature *f,* kommandatur *f.*
kraft, *s. Paperm:* Papier Kraft.
kumquat ['kʌmkwɔt], *s. Bot:* Koumquat *m.*

L

lachrymation, *s.* (*b*) Larmoiement *m.*
ladder[1], *s.* 3. *F: I've got a l. in my stocking,* j'ai une maille qui file.
'lady-killer, *s.* Tombeur *m* de femmes, homme à femmes.
lagging[3], *s.* 1. Calorifugeage *m.*
laicism ['leisizm], *s.* Laïcisme *m.*
lambast [læm'bæst], **lambaste** [læm'beist], *v.tr.* Fustiger.
lamella, *pl.* **-ae,** *s. Z: Suction l.,* ventouse (d'un gecko).
laminate[1]. 1. *v.tr.* (*c*) *Bookb:* Plastifier.
laminated, *a.* 3. *Bookb: L. jacket,* jaquette plastifiée, acétatée. *See also* PLASTIC 4.
lamination, *s.* 1. (*c*) *Bookb:* Plastification *f,* pelliculage *m.*
laminectomy [læmi'nektəmi], *s. Surg:* Laminectomie *f.*
'lamp-post, *s.* 1. (*b*) *F:* **What a lamp-post he is!** quel grand flandrin! Quelle grande perche!
lamprey, *pl.* **-eys,** *s. Ich: Sea l.,* lamproie marine.
'lance-'sergeant, *s. Mil:* (*a*) Caporal-chef *m, pl.* caporaux-chefs. (*b*) (*Mounted arms*) Brigadier-chef *m, pl.* brigadiers-chefs.
land[2]. 2. *v.i.* (*a*) *Nav: Av:* (*To land on deck of aircraft carrier*) Apponter. *To l. on the moon,* allunir.
landing[2], *s.* 1. (*c*) *Av:* (iii) (*On the moon*) allunissage *m.* **Parachute landing,** parachutage *m. Wheels-up l., belly l.,* atterrissage sur le ventre. *Heavy l.,* atterrissage brutal. *Intermediate l.,* escale *f. Nav: Av:* (*On flight-deck of aircraft carrier*) appontage *m. L. officer,* officier d'appontage. *L. area,* aire *f* d'atterrissage.
'landing-barge, *s.* Péniche *f* de débarquement.
'landing-craft, *s.* Bâtiment *m* de débarquement. **Tank landing-craft,** chaland transporteur de tanks.
'landing-strip, *s. Av:* Piste *f* d'atterrissage.
landscape, *s.* 1. *L. design,* architecture *f* de paysage.
'landscape-'gardener, *s.* Jardinier *m* paysagiste.
lane, *s.* 1. 4. (*a*) *Adm:* **Traffic lane,** voie *f.*
Laotian [lei'ouʃ(ə)n], *a. & s. Geog:* Laotien, -ienne.
lap[2], *s.* 3. (*b*) **To be on the last lap,** en être à la dernière étape.
'lap-dog, *s.* Chien *m* de manchon.
larceny, *s.* (*a*) Vol. *m.* (*c*) *Jur:* **Larceny by a bailee,** carambouillage *m.*
larder, *s.* Placard *m* aux provisions.
lark[1], *s.* 1. *Orn:* **Wood lark,** alouette lulu. *Crested l.,* cochevis huppé. *Short-toed l.,* alouette calandrelle. *Bar-tailed desert l.,* alouette élégante. *Bifasciated l.,* sirli *m* des déserts. *Black l.,* alouette nègre. *Desert l.,* alouette isabelline. *Shore l.,* alouette hausse-col. *Calandra l.,* alouette calandre. *Lesser short-toed l.,* alouette pispolette.
lashing[2], *s.* 2. *pl. F:* **Lashings** (*of,* de) des quantités. *V:* Des chiées. *P:* Des tapées.
last[4]. I. 1. (*a*) **To judge in the last resort,** juger souverainement.
last[4]. III. *adv.* (*a*) *When did you last eat?* De quand date votre dernier repas?
late. I. *a.* 2. (*a*) *In later life,* plus tard dans la vie. *What is the latest you can come?,* à quel moment pouvez-vous venir au plus tard? *The latest I can come,* le plus tard que je puisse venir. **The latest date,** date *f* limite.
latrines, *s.pl.* (*a*) *Mil: F:* La casemate.
lats [læts], *s.pl. P: Mil: Sch:* = LATRINES.
laugh[2], *v.* 1. *v.i.* (*a*) *F: Don't make me l.!* Laissez-moi rire!
launderer ['lɔːndərər], *s.* Blanchisseur *m,* -euse.
launderette ['lɔːndəret], *s.* Blanchisserie *f* automatique.
lavage ['lævɑːʒ], *s. Med:* Lavage *m.*
lavatory, *s.* 2. *F: To pull the l. chain,* tirer la chasse (d'eau).
law[1], *s.* 3. **Law Society,** organisation de solicitors qui cumule à l'échelle nationale les fonctions de Chambre des Notaires et de Chambre des Avoués. **Law of Contract** = droit des obligations. 4. *F:* **Limb of the Law,** représentant *m* de la loi.
lawyer, *s.* 1. *Poor man's l.,* avocat qui donne des consultations gratuites (généralement au siège d'un syndicat).
lay[3], *s. Mus:* Table *f* (de bec de clarinette).
lay[4], *v.* I. *v.tr.* 9. (*f*) *Agr: The laid places* (*in a field*), les endroits versés (dans un champ).
'lay-by, *s.* 1. (*c*) (*On road*) Garage *m,* refuge *m,* terre-plein *m* de stationnement.
layer[1], *s.* 3. *Oc: Deep scattering l.,* couche diffusante profonde.
'laying-'down, *s.* 4. Dépôt *m* des armes.
'lay 'off. I. *v.tr.* Licencier.
'lay 'on, *v.tr.* 4. (*b*) *F:* Arranger, préparer, organiser. *I will lay a dinner on,* je vais arranger un dîner.
'lay 'up, *v.tr.* 4. Déposer. *Mil:* **To lay up the colours,** déposer un drapeau (quand un régiment est dissous).
lead[4]. I. *v.tr.* 7. (*a*) *Sp: France is leading Belgium by 2 to 1,* la France mène la Belgique par 2 à 1.
leader, *s.* 1. (*c*) *Pol: F:* Leader *m.*
'leader-writer, *s.* Editorialiste *m.*
leading[1], *s.* 1. (*c*) *Arch:* Mise *f* en plomb.

'lead-line, *s.* **2.** Ligne *f* de sonde.
'lead-work, *s.* (*b*) *Arch:* Plombs *mpl* (d'un vitrail).
leaf[1], *pl.* **leaves,** *s.* **1.** (*a*) **The trees are coming into leaf,** les arbres se couvrent de feuilles.
leaflet, *s.* **2.** Tract *m.*
leak[2], *v.i.* **1.** *My shoes leak,* mes souliers prennent l'eau. *The roof leaks,* le toit laisse entrer la pluie.
leap[1], *s.* **1.** *After business took a leap forward,* après le rebondissement des affaires.
learn, *v.tr.* **1.** *To be learning the details of a business,* s'initier aux détails d'un commerce.
learner, *s.* **2.** *Aut:* **Learner's car,** voiture *f* école.
'lease-'lend, *s. Pol.Ec:* Prêt-bail (*no plural*).
'leather-worker, *s.* Maroquinier *m.*
'leather-working, *s.* Maroquinerie *f.*
leaven[2], *v.tr.* **2.** *F: To l. the masses,* noyauter les masses.
leaver, *s.* **1.** *Sch: Early l.,* élève qui abandonne ses études de bonne heure.
lecture[1], *s.* **1.** *He never attends lectures,* il n'assiste jamais aux cours.
lecture[2]. **2.** *v.tr.* Faire la leçon à qn.
leech[2], *s. A:* Mire *m.*
left[1]. **3.** (*c*) *Pol: Is he of the l.?* est-ce un homme de gauche?
leftism ['leftizm], *s.* Politique *f* de gauche.
leftist ['leftist], *a. Pol:* De gauche.
leg[1], *s.* **1.** **To have good (walking) legs, a good pair of legs,** avoir de bonnes jambes. **7.** (*Darts*): Manche *f.*
leggings, *s.pl.* Leggins *mpl.*
legitimately, *adv.* A bon droit.
legume, *s.* **2.** *pl.* **Legumes,** légumineuses *fpl*
leitmotiv ['laitmouti:f], *s.* Leitmotiv *m.*
lemon. **1.** *s. F:* **The answer's a lemon,** des clous!
'lend-'lease, *s.* = LEASE-LEND.
lens, *s.* **1.** (*c*) *Phot: See also* COATED **1.**
less. **5.** (*a*) *Nothing less than,* (i) pour le moins. (*b*) *F: The letter was signed by X, no l.,* la lettre était signée de X, rien de moins!
'let 'down, *v.tr.* **1.** (*b*) *F: To let one's hair down,* abandonner toute réserve.
'let-out, *s. F: Com:* **Let-out (clause),** clause échappatoire.
level[1]. I. *s.* **2.** (*a*) **At ministerial level,** à l'échelon ministériel.
level[1]. II. *a.* **1.** (*a*) Horizontal, -aux.
'level 'down, *v.tr.* **2.** Niveler par le bas, au plus bas.
'level 'out, *v.tr.* Égaliser.
'level 'up, *v.tr.* **2.** Niveler au plus haut.
lexical, *a.* Lexical, -aux.
liable, *a.* **2.** *They render themselves l. to proceedings,* ils s'exposent à des poursuites.
liaise [li:'eiz], *v.i. Mil: F:* Faire, effectuer, assurer, la liaison.
'liberty-ship, *s. Nau: A:* Liberty-ship (navire construit en série pendant la guerre de 1939–1945).
library, *s.* **1.** (*a*) **Circulating library,** bibliothèque de prêt payante; cabinet *m* de lecture. *Newspaper l.,* hémérothèque *f. Photographic l.,* photothèque *f. Mobile l.,* bibliobus *m.*
Libyan, *a. Geog:* Libyque.
licence, *s.* **1.** (*b*) *Adm:* **Import licence,** licence *f* d'importation. **Building licence,** permis *m* de construire.
lick[2], *v.* **1.** *v.tr.* Lécher (un timbre, une enveloppe).
licking, *s.* **1.** (ii) Pourlèchement *m* (des babines).
lieutenant, *s.* **2.** *Mil:* (*Women's services, W.R.A.C.*) Deuxième classe *f.* **Second lieutenant** (*W.R.A.C.*), troisième classe *f.*
lifeboatman, *pl.* **-men** ['laifboutmən, -mən], *s.* Sauveteur *m.*
lifelong, *a. A. l. friend,* un ami de toujours.
lift[1], *s.* **1.** (*a*) *add: See also* THUMB[2] 4.
lift[2], *v.* I. *v.tr.* **2.** (*d*) *Com:* (*Goods*) Enlever.
'lifting-platform, *s. Aut:* Pont élévateur.
'lifting-ramp, *s. Aut:* Pont élévateur.
light[1], *s.* **1.** (*b*) **To see the light,** trouver son chemin de Damas. **2.** (*b*) *Adm: Half-night lights,* éclairage public réduit. *All-night lights,* éclairage public intense. (*c*) *Av: Boundary l.,* feu, borne *f,* de balisage. *Av:* **Navigation lights,** feux de bord. *Av: Identification l.,* feu d'identification. *Aut: Side lights,* feux de position. *Aut: Rear l.,* feu *m* rouge. *Adm:* **Traffic lights,** signaux lumineux (de croisement). *F: To give s.o. the green l.,* donner à qn le feu vert. **3.** (*a*) *To set l. to,* mettre le feu à.
lighthouse, *s. Radar:* Tube phare *m.*
lightning, *s. F: L. visit,* visite *f* éclair.
like[1]. I. *a.* **2.** (*a*) **What's the weather like?** qu'est-ce que dit le temps? **Rather like,** un peu dans le genre de. **Very much like,** tout à fait dans le genre de.
likemindedness ['laik'maindidnis], *s.* Communauté *f* de vues.
limber. **2.** *v.i. Sp:* **To limber up,** se chauffer les muscles.
limpet, *s.* **1.** *Conch:* Lampotte *f.*
lindane ['lindein], *s.* Lindane *m.*
line[2], *s.* **1.** (*b*) *Fish: Level l.,* soie *f* parallèle. **4.** (*a*) **Building line of a street,** alignement *m* plastique d'une rue. **Street line,** alignement de voirie. **7.** (*d*) *F: That's just in my l.,* c'est dans ma ligne, ça me connaît. *F: What is your l.* (*of country*)*?* quelle est votre partie? *F: It is not my l.* (*of country*), ce n'est pas mon rayon.
'line-block, *s. Engr:* Cliché *m* trait.
liner[2], *s.* **2.** *Nau:* Liner *m.*
link[1], *s.* **3.** *Air l.,* liaison aérienne.
linocut, *s. F:* Lino *m.*
linotype, *s.* **Linotype operator,** linotypiste *m.*
lipoids ['lipɔidz], *s.pl.* Lipides *mpl.*
lipstick, *s. Toil:* Crayon-lèvres *m, pl.* crayons-lèvres. Rouge *m* à lèvres.
liquidate, *v.* **1.** *v.tr.* (*b*) *F: To l. s.o.,* liquider qn.
liquidizer ['likwidaizər], *s. Dom.Ec:* Mixe(u)r *m.*
list[3], *s.* **Waiting list,** liste *f* des candidats, des postulants, liste d'attente. **Black list,** (ii) & (iii) liste noire. *Com: Mailing l.,* liste d'envoi, liste des abonnés.
lithographic, *a.* **Lithographic printer,** offsetiste *m.*
live[1], *a.* **1.** (*f*) **Live broadcast,** émission en direct.
living[2], *s.* **2.** *Poetry doesn't make a man's l., there is no l. to be had from poetry,* la poésie ne nourrit pas son homme.
'living-room, *s.* Salle *f* de séjour, living-room *m.*
loach, *s. Ich: Stone l.,* loche franche.
load[1], *s.* **1.** (*b*) *Av: Commercial l.,* charge utile. *Flight l.,* charge en vol. *Touch-down l.,* charge imposée à l'impact. (*d*) **-load.** **A lorry-load of potatoes,** un camion de pommes de terre. **A plane-load of troops,** un avion rempli de soldats. *See also* CART-LOAD. **2.** (*b*) *El: To shed the load,* délester. **5.** *pl. F: We've done it loads of times,* nous l'avons fait je ne sais combien de fois. *We have loads of time,* nous avons largement le temps.
loaded, *a.* **1.** (*b*) *Mec.E:* (*Ressort*) Bandé.
loading, *s.* **1.** *See also* BAY[3] 2.
'load-shedding, *s. El:* Délestage *m.*
loaf[1], *s.* **4.** *P:* Caboche. **Use your loaf** = réfléchis un peu, fais un peu travailler tes méninges.
local[1]. **2.** *s.* (*a*) **The locals,** les gens du pays.
lock(-)jaw, *s. Med:* Trismus *m.*
'lodging-turn, *s. Rail:* Système qui consiste à faire passer la nuit à un terminus au personnel d'un train qui retourne à son point d'attache par un train en sens inverse le lendemain matin.
lofting, *s.* **3.** Exécution *f* de tracés en vraie grandeur.
'log-book, *s.* **1.** *Nau:* (*c*) **The officer's log-book,** le journal nautique.
logger ['lɔgər], *s.* Bûcheron *m*; forestier *m.*
logistic[1] [lə'dʒistik], *a.* Logistique.
logistic[2], *s. Phil:* Logistique *f. Mil:* **Logistics,** logistique.
logopedics [,lɔgo'pi:diks], *s.* Logopédie *f.*
'log-trans,porter, *s. Veh:* Fardier *m.*
lollie ['lɔli], *s. F:* Sucette *f.*
lollipop, *s.* (*a*) Sucette *f.*
lolly ['lɔli], *s. F:* (*a*) Sucette *f.* (*b*) Fric *m,* galette *f*.
longan ['lɔŋgən], *s. Bot:* Longanier *m.*
'look-through, *s. Paperm:* **Wild look-through,** épair nuageux, irrégulier.
loon, *s. Orn:* **1.** *U.S: Black-throated, Pacific, loon,* plongeon arctique, plongeon lumme, plongeon à gorge noire. *Common loon,* plongeon imbrin. *Red-throated loon,* plongeon catmarin, plongeon à gorge rousse. *Yellow-billed loon,* plongeon à bec blanc.
'loop-hole[1], *s.* (*a*) (*For arrows*) Archère *f.*
loopy ['lu:pi], *a. P:* Toqué, dingo, loufoque, louftingue.
'loose 'off, *v.i. Mil: F:* Tirer (avec une mitrailleuse), lâcher, envoyer une giclée.
lorried, *a. Mil:* Porté.
lorry, *s.* **1.** *Adm: Articulated l.,* véhicule articulé.
'lorry-borne, *a. Mil:* Porté.
lose, *v.tr.* **5.** (*c*) **I lost the opportunity,** j'ai raté l'occasion.
loss, *s.* **4.** *He was at a loss how to apologise,* il ne savait que faire pour s'excuser.
lot[1]. **4.** (*d*) *A bad lot,* un dévoyé. **5.** (*a*) *See also* GO THROUGH **1.**
lounge[2], *v.i.* **2.** *To l. against the wall,* s'appuyer nonchalamment au mur.
love[1], *s.* **1.** (*b*) *To fall out of l.,* désaimer. *F: It's l. at first sight,* c'est le coup de foudre.
love[2], *v.tr.* **1.** (*b*) *F: To play "she loves me, she loves me not,"* effeuiller la marguerite.
lover, *s.* **3.** (*a*) *Book-lover's edition,* édition d'amateur.
low[1]. III. *s. U.S:* **All-time low,** record le plus bas.
lucky[1], *a.* (*a*) (*Of pers.*). Chanceux, -euse. *He was born l., F:* il est né coiffé. (*b*) Faste.
lues ['lu:i:z], *s. Med:* (*a*) *F:* Peste *f.* (*b*) Syphilis *f.*
'lug-hole, *s. V:* Oreille *f. Pin back your lug-holes!* Écarquillez vos esgourdes!
lumbered, *a. To be l. with a mistress, F:* avoir un fil à la patte.
'lumber-jacket, *s.* Blouson *m*; canadienne *f.*
lumberman, *pl.* **-men,** *s.m.* (*c*) Bûcheron *m.*
Luminal ['lu:min(ə)l], *Pr.n. Pharm: R.t.m:* Gardénal *m.*
luminous, *a.* **1.** *Watch with l. hands, dial,* montre (au) radium *m.*
lump[1], *s.* **1.** (*c*) *Med: etc:* Grosseur *f.*
lunatic. **1.** (*a*) *F: L. fringe,* les originaux, *F:* les tordus, les cinglés.
'luncheon-'voucher, *s.* Chèque-repas *m, pl.* chèques-repas.
lung, *s.* **1.** (*a*) *Med:* **Iron lung,** poumon *m* d'acier.
lunik ['lu:nik], *s.* Lunik *m.*
luxuriant, *a.* Plantureux.
lymph, *s.* **2.** *Med:* **Calf lymph,** vaccin *m* de génisse.
lyophilic [laio'filik], *a.* Lyophile.
lypemania [,laipi'meinjə], *s.* Lypémanie *f.*

M

mac, *s. F:* Imper *m.*
Mach [mætʃ], *s. (Aerodynamics)* **Mach number),** (nombre *m* de) Mach.
machete, *s.* Coupe-coupe *m.inv.*
machine[1]. **1.** *(a) Penny-in-the-slot gambling m.,* machine à sous.
ma'chine-gun, *v.tr.* Mitrailler.
ma'chine-gunning, *s.* Mitraillade *f,* mitraillage *m.*
macromolecule [ˌmækrouˈmɔlikju:l], *s. Ch:* Macromolécule *f.*
made-'up, *a.* **4.** *Adm: Non made-up road,* route non aménagée.
Mae West [ˈmei ˈwest], *s. Av:* Mae West *f.*
magisterium [ˌmædʒiˈstiəriəm], *s.* **1.** *Alch:* Magistère *m.* **2.** *R.C.Ch:* Magistère.
magistery [ˈmædʒist(ə)ri], *s. Alch:* Magistère *m.*
maiden, *s. Attrib. (e)* **Maiden voyage, maiden trip,** voyage inaugural.
mail[4], *v.tr. See also* LIST[3].
main[1], *s.* **4.** *(a)* **"Main water,"** "eau de la ville."
main[2], *a.* **2.** *(b) Cu:* **Main course,** plat *m* de résistance.
mainly, *adv.* **2.** Dans une large mesure.
major[1], *s. Mil:* **1.** *(In women's services, W.R.A.C.)* Hors classe *f.*
majority, *s.* **1.** *(a) Attrib.* **Majority party,** parti majoritaire.
'make 'over, *v.tr.* **2.** Arranger.
makeshift, *s. A m. government,* un gouvernement, des gouvernants, de rencontre.
'make 'up. I. *v.tr.* **1.** *Com: (A quantity of goods ordered)* Parfournir. **2.** *The lost day will be made up,* la journée chômée sera récupérée.
'make-up, *s.* **1.** Contexture *f.* **2.** *(a) See also* REMOVE[2] I, REMOVER 2.
maladjusted [ˌmæləˈdʒʌstid], *a. & s.* Inadapté.
maladjustment, *s.* Inadaptation *f. Emotional m.,* déséquilibre émotif.
Malaya [məˈleiə]. *Pr.n. Geog:* Malaisie *f.*
mallard, *s. Orn:* Canard col-vert.
mamba [ˈmæmbə], *s. Rept:* Mamba *m.*
man[1], *pl.* **men,** *s.m.* **2.** *(a)* **He is not the man for that,** il n'est pas fait pour cela. **A dangerous man,** un esprit dangereux. **A noble-minded man,** un grand esprit. *See also* WOMAN I. *(b)* **He's an important man,** *F:* **a big man,** c'est une personnalité, *F:* c'est quelqu'un. *(e)* **A small man,** un petit commerçant. **4.** *(e) See also* DEAD I I.
management, *s.* **1.** *(a)* Exploitation *f. State m.,* exploitation en régie.
manager, *s.* **1.** *(a) Cin: Sp:* Manager *m.* **Personnel, staff, manager,** chef *m,* directeur, du personnel.
managerial, *a. The m. staff,* les cadres *m.*
Manchukuo. *Pr.n. Geog:* Mandchoukouo *m.*
mandarin[1], *s.* **3.** *a.* Mandarin.
mandatory. **1.** *a. (b)* Impératif, -ive.
'man-day, *s.* Journée *f* de travail.
mangold [mæŋgould], *s.* = MANGEL-WURZEL.
'man-hole, *s.* **1.** **Man-hole cover,** (i) plaque *f* d'égout.
Manil(l)a[2]. *Pr.n. Geog: Com:* **Manilla hemp,** abaca *m.*
mannakin [ˈmænəkin], *Orn:* Manakin *m.*
manner, *s.* **5.** *pl. (b)* **Where are your manners!** C'est comme ça qu'on se tient? En voilà une tenue!
manœuvrability [məˌnu:vrəˈbiliti], *s. Av:* Maniabilité *f,* manœuvrabilité *f.*
manœuvre[1], *s.* **2.** *F: (a)* **Vote-catching manœuvre,** manœuvre électorale.
man-of-'war, *s.* **3.** *Orn:* **(Magnificent) man-of-war bird,** frégate *f* superbe.
mansion, *s.* **3.** *Astrol:* Mansion *f.* **4.** *Mediev.Th:* Mansion *f.*
maple, *s. Bot:* **1.** *(a) Flowering m.,* abutilon *m.*
maquis [ˈmæki:], *s. Pol:* Maquis *m.* **To take to the maquis,** prendre le maquis. *Member of the m.,* maquisard *m.*
marathon, *s. F: Dancing m.,* concours *m* d'endurance de danseurs, marathon *m* de danse.
marauder, *s.* Malandrin *m.*
marble[1], *s.* **2.** **Glass marble,** agate *f.*
margin-re'lease, *s. Typewr:* Déclanche-marge *m inv.*
marigold, *s. Bot:* **2.** **African marigold,** rose *f* d'Inde. *French m.,* œillet *m* d'Inde.
mark[1], *s.* **6.** *(b) Close to the thousand mark,* tout près du millier. *(d) Sp: On your marks! Get set! Go!* A vos marques! Prêts! Partez! **8.** *Mil: Com: A Jaguar Mark VII,* une Jaguar série VII.
mark[2], *v.tr.* **2.** *(b) Sch: To mark an exercise,* corriger un devoir. **5.** *(a)* **To mark time,** (iii) *F:* vivre sur son acquis. **6.** *(c)* **He likes joking with his subordinates. But, mark you, you mustn't tell him anything he doesn't like,** il aime plaisanter avec ses subordonnés. Par exemple, il ne faut rien dire qui lui déplaise.
marker, *s.* **4.** *(a) Av: Boundary m.,* feu *m,* borne *f,* de balisage. *Flush m. light,* plot lumineux d'atterrissage.
'marker-bomb, *s. Av:* Marqueur *m.*
market[1], *s.* **1.** *(a)* **Black market,** marché *m* noir. *(b) Pol.Ec:* **Common market,** marché commun.
'market-hall, *s.* Marché *m* couvert.
marketing, *s.* **1.** *(c)* Étude *f* des marchés.
marking[2], *s.* **1.** *(a) Av: Fuselage m.,* cocarde *f.*
'mark 'off, *v.tr.* **3.** Cocher (une liste).
married, *a.* **2.** *M. name,* nom de femme mariée, de mariage.
marshal[1]. **2.** *(b) Mil.Av:* **Marshal of the R.A.F.,** Commandant en Chef des Forces aériennes. **Air Chief Marshal,** général d'armée aérienne. **Air Marshal,** Général de Corps d'armée aérien.
'marsh-'harrier, *s. Orn:* Busard *m* des roseaux, busard harpaye.
'marsh-'hawk, *s. Orn: U.S:* Busard *m* Saint-Martin.
'marsh-'sandpiper. *s. Orn:* Chevalier *m* stagnatile.
mass[2], *s.* **1.** *(b) Atom. Ph: Critical m.,* masse critique.
mastaba [ˈmæstəbə], *s.* Mastaba *m.*
master[1], *s.* **2.** *Sch: (a) (At certain large public schools)* **High, chief, master,** directeur. *(c) M. of Arts, M. of Science (also, according to universities)* = Diplômé *m* d'études supérieures.
match[3], *s.* **2.** *F: To put a match to . . .,* mettre le feu aux poudres.
materiel, matériel [məˌteiriˈel], *s.* Matériel *m.*
mating, *s.* **2.** *Tchn: (Of gears)* Conjugaison, *f. M. flange,* collerette *f* de raccordement.
matrix, *pl.* **-ixes, -ices,** *s.* **4.** *Mth:* Matrice *f.*
matter[1], *s.* **4.** *No matter what you do, he is never satisfied,* quoi qu'on fasse, il n'est jamais content.
'matter-of-'factness, *s.* Prosaïsme *m,* esprit *m* pratique.
mattress, *s.* **1.** *(a) Down m.,* duvet *m.*
maximal, *a.* Maximal, -aux.
may[1]. **2.** *(At the end of an interview)* **You may go,** vous pouvez disposer.
'meadow-pipit, *s. Orn:* Pipit *m* des prés, farlouse *f.*
mean[1]. **2.** *pl. (Often with sg. constr.)* **Not by any means,** jamais de la vie.
measles, *s.pl.* **German measles,** rubéole *f.*
measure[1], *s.* **3.** *He enjoys a large m. of liberty,* il a une très grande liberté.
measure[2], *v.tr.* **1.** *(a)* Mensurer.
Meccan, *a. & pr.n.* Mecquois.
mechanic, *m.* **2.** *Filling-station, garage, m.,* garagiste *m.*
mechanize, *v.tr. See also* FARMING[2] 2.
medal, *s. F: You're showing your medals,* votre braguette est déboutonnée.
meddler, *s. He is a m., F:* il met son grain de sel dans tout.
meet[2], *s.* **1.** *(a) Ven:* Rassemblement *m* de la meute.
meet[3], *v.* I. *v.tr.* **8.** *(c) Com: To m. a cheqve,* honorer un chèque.
meet[3], *v.* II. *v.i. (a) They met in 1960,* ils se sont connus en 1960.
megacycle [ˈmegəsaikl], *s. W.Tel: T.V:* Mégacycle *m.*
megalomania, *s. (b)* Folie *f* des grandeurs.
mellow[1], *a.* **1.** *(Fruit)* Vermeil.
member, *s.* **3.** *(a)* Adhérent *m* (d'un parti).
membership, *s.* **1.** Adhésion *f* (à un parti). *To accept m. on a commission,* accepter de faire partie d'une commission.
merchandise[2], *v.i.* Faire du commerce, du négoce.
merchant. **2.** *a. (a) See also* BANK[3] I.
merganser, *s. Orn: Hooded m.,* harle couronné. *U.S: American m.,* harle bièvre, grand harle.
mesh[1], *s.* **1.** *(a) Mesh stocking,* bas *m* indémaillable.
'mesh-bag, *s. (b) Com:* Sac "pas de gaze," (sac) filet.
meson [ˈmi:zɔn], *s. Atom. Ph:* Méson *m,* mésoton *m.*
mess[1], *s.* **3.** *F: (As a result of air raids)* Marmelade *f. The town is in a frightful m.,* la ville est en marmelade. **4.** *(a) M. President, Mil:* président *m* de table; *Navy:* président de carré.
messenger, *s.* **1.** *(b)* **Office messenger,** coursier, -ière. *Auctioneer's m.,* garçon de salle.
metal[1], *s.* **1.** *(b) Sheet m. work,* chaudronnerie *f. Sheet m. shop (in factory),* chaudronnerie.
meteorological, *a. See also* BALLOON[1] I.
meteorologist, *s. Av: F:* Météo *m.*
meths [meθs], *s. F:* = METHYLATED SPIRIT.
meticulousness, *s.* Minutie *f.*
mickey [ˈmiki], *s. P: To take the m. out of s.o.,* se payer la tête de qn, mettre qn en boîte.
microbiologist [ˌmaikroubaiˈɔlədʒist], *s.* Microbiologiste *mf.*
microgroove [ˈmaikrougru:v], *s.* Microsillon *m.*
microscope, *s.* **Electron microscope,** microscope *m* électronique. **Light microscope,** microscope optique.
microwave [ˈmaikrouˌweiv], *s. Electronics:* Hyperfréquence *f.*
midbrain [ˈmidbrein], *s. Anat:* = Cerveau *m* moyen.
middle[1]. **2.** *s. (a) About the m. of the month,* vers le milieu du mois.
mild, *a.* **3.** (Air) tiède.
Milian [ˈmi:liən], *a. & s.* (Habitant *m*) de Milo, mélien, -ienne.
'milk-float, *s.* Voiture *f* de laitier.
mill[1], *s.* **1.** *(a) It was very much a run of the m. play,* c'était chose quotidienne, normale, *F:* c'était dans le programme. *(b) Cu: Food m.,* moulin *m* à légumes.
mill[2]. **2.** *v.i. (b) In the milling crowd,* dans les remous de la foule.
milling, *s.* **3.** *Metalw: (c) Num:* Cordonnage *m (of coin).* **5.** *Num:* Grènetis *m,* cordon *m,* tranche cannelée *(of coin).*
mind[2], *v.tr.* **3.** *(a) I shouldn't mind that,* cela ne me déplairait pas. **Never mind!** Tant pis! **4.** **Mind your back (, please)!** Dégagez (, s'il vous plaît)!
mine[1], *s.* **1.** **He is a mine of knowledge,** c'est un puits de science.
minimal, *a.* **2.** Minimal, -aux.
ministerial. **5.** *s.* Homme *m* lige, vassal *m.*
ministry, *s.* **1.** *(b) Adm:* **Ministry of Food,** Ministère *m* du Ravitaillement. **Ministry of Education,** Ministère de l'Éducation nationale. **Ministry of Supply,** Ministère de la Production industrielle. **Ministry of Town and Country Planning,** Ministère de la Reconstruction et de l'Urbanisme.
minority, *s.* **1.** *(b) Attrib.* **Minority party,** parti *m* minoritaire.
minute[1], *s.* **4.** *(a) Ephemeral m.,* note volante.
mirific [miˈrifik], *a.* Mirifique.

mirror[1], *s.* *Distorting m.*, miroir déformant. *Triple m.*, miroir (pliant) à trois faces.
miscopy ['mis'kɔpi], *v.tr.* Copier de travers.
misfit[1], *a.* & *s.* Inadapté. **He is a misfit**, c'est un inadapté.
misreasoning ['mis'ri:zniŋ], *s.* Raisonnement erroné, erreur *f* de jugement.
miss[2], *v.tr.* **1.** (*a*) *His heart missed a beat*, il a eu un pincement au cœur.
missile. **2.** *s.* Engin *m*, fusée engin. *Guided m.*, missile *m*, engin téléguidé. *Air-to-air m.*, engin air-air. *Air-to-surface m.*, *air-to-ground m.*, projectile avion-à-terre, engin air-sol. *Ground-to-air m.*, projectile terre-à-avion, engin sol-air. *Ground-to-ground m.*, engin sol-sol. *Intercontinental ballistic m.*, fusée intercontinentale, engin intercontinental. *Intermediate range ballistic m.*, missile, engin, balistique de moyenne portée. *Intelligent m.*, engin radio-guidé. *Homing m.*, engin à tête chercheuse. *Hot m.*, engin à moteur interne.
missel-thrush, mistle-thrush ['misl θrʌʃ], *s.* *Orn:* (Grive *f*) draine.
mistress, *s.f.* **1.** (*d*) *Sch:* **Kindergarten m.**, jardinière *f* d'enfants.
mithridatize, *v.tr.* Mithridatiser.
mitral, *a.* *Med:* **Mitral regurgitation**, insuffisance *f* mitrale.
mixed, *a.* **1.** Impur. *Person of mixed blood*, sang-mêlé *mf inv.*
mixer, *s.* **2.** (*Machine*) *Dom.Ec:* Mixe(u)r *m.*
mobile[2], *s.* **2.** *Art:* Mobile *m.*
model[1], *s.* **1.** (*a*) **Scale model**, modèle réduit, à petite échelle. **Demonstration model**, (i) maquette *f* (pour l'enseignement), (ii) appareil de démonstration.
model[2], *v.tr.* **3.** *F:* Présenter des vêtements au cours d'un défilé de mannequins.
modern, *a.* **Modern languages**, langues vivantes.
modulation, *s.* **2.** *See also* AMPLITUDE 1, FREQUENCY 2.
moment, *s.* **1.** Une seconde, un instant. **Just a moment**, attendez une seconde.
monarda [mɔ'nɑ:də], *s.* *Bot:* Monarde *f.*
money, *s.* **1.** (*b*) *It's a job that brings in the m.*, c'est un travail qui nourrit son homme.
mongol. **2.** *a.* *Med:* Mongolien, -ienne.
mongolism ['mɔŋgəlizm], *s.* *Med:* Mongolisme *m.*
monitor[1], *s.* **1.** (*d*) *W.Tel:* Opérateur *m* d'interception.
monitoring ['mɔnitəriŋ], *s.* *W.Tel:* Monitoring *m*, interception *f* (des émissions). **Monitoring station**, station *f*, centre *m*, d'écoute. **News monitoring**, service *m* des écoutes *f* radiotéléphoniques.
monoculture ['mɔnokʌltʃər], *s.* Monoculture *f.*
monopiece ['mɔnopi:s], *a.* *Aut:* **Monopiece body**, carrosserie monocoque, coque auto-porteuse.
monopolistic, *a.* Monopolistique.
monoscope ['mɔnəskoup], *s.* *T.V:* Monoscope *m.*
monoshell ['mɔnoʃel], *a.* *Aut:* Monocoque.
monsoonal [mɔn'su:nəl], *a.* De la mousson.
moped ['mouped], *s.* *F:* Cyclomoteur *m.*
moralizing[1], *a.* Moralisant.
mortadella, *s.* **Mortadella (sausage)**, mortadelle *f.*
mosaic[1]. **2.** *s.* *T.V:* Mosaïque *f.* **Photo-electric mosaic**, mosaïque photo-électrique. *Av:* *Surv:* (*By aerial photography*) Relevé *m.*
Moscow. *Pr.n.* *Geog:* *Hist:* *The retreat from Moscow*, la retraite de Russie.
motel [mo'tel], *s.* Motel *m.*
mothball ['mɔθbɔ:l], *v.tr.* *F:* *Navy:* Mettre (un navire) en cocon.
'moth-eaten, *a.* **1.** **To become moth-eaten**, se miter.
'moth-killer, *s.* Anti-mites *m.*
'moth-proof[1], *a.* Anti-mites, à l'épreuve des mites.
'moth-proof[2], *v.tr.* Antimiter.
motive[1], *s.* (*a*) *To impute low motives to s.o.*, prêter de bas calculs à qn.
motor[1], *s.* **2.** *s.* (*c*) *F:* **Clip-on motor**, moteur auxiliaire pour bicyclette. *Bicycle with motor attachment*, bicyclette avec moteur auxiliaire. (*d*) **Motor tour**, randonnée *f* (en automobile).
'motor-boating, *s.* **1.** Motonautisme *m.*
'motor-cycle[1], *s.* *Lightweight m.-c.*, vélomoteur *m.*
motorist, *s.* *A veteran m.*, un vieux du volant.
'motor-scooter, *s.* Scooter *m.* *M.-s. rider*, scootériste *mf.*
'motor scythe, *s.* *Agr:* Motofaucheuse *f.*
motorway ('moutəwei], *s.* Autoroute *f.*
motte [mɔt], *s.* *Archeol:* Motte *f.*
moucharaby [mu'ʃærəbi], *s.* Moucharabieh *m.*
moulding[2], *s.* **2.** (*c*) *Arch:* *Arch m.*, voussure *f.*
mounted, *a.* **2.** **Royal Canadian Mounted Police**, la Gendarmerie royale du Canada.
mousetrap, *s.* Tapette *f.*
mous'tache-trainer, *s.* Fixe-moustaches *m. inv.*
mouthful, *s.* **1.** *To swallow a m. of water* (*while swimming*), *F:* *to get a m.*, boire une tasse, un bouillon.
mouthpiece, *s.* **1.** (*c*) *Tp:* *W.Tel:* Cornet *m* (de microphone).
movement, *s.* **1.** (*a*) *Pol.Ec:* *Free m. of workers*, libre circulation des travailleurs. (*e*) *T.V:* *M. of lines*, défilement *m* des lignes.
mower, *s.* **2.** (*Machine*) *Motor mower.* (ii) Tondeuse de gazon à moteur, tondeuse de gazon automobile.
much. **2.** *adv.* *F:* **I am not paid much**, je ne suis pas payé lourd. **3.** *s.* (*c*) *I don't think much of him*, je ne l'estime pas beaucoup. **4.** (*b*) *Give me one and a half times as much, half as much again*, donnez-m'en moitié plus.
'much-ad'mired, *a.* Très admiré.
'muck-spreader, *s.* *Agr:* Épandeur *m.*
Mulberry[3], *s.* *Hist:* *Navy:* Port flottant, "port de la libération."
mull[1], *s.* **2.** *Bookb:* Singalette *f.*
multilateral, *a.* *Sch:* *M. school* = groupe *m* scolaire.
multilayer ['mʌlti'leiər], *a.* *El:* **Multilayer winding**, enroulement *m* à couches multiples.
'multi-seat, *a.* *Av:* **Multi-seat fighter**, multiplace *m* de combat.
murre [mə:r], *s.* *Orn:* *U.S:* *Common m.*, guillemot *m* de Troïl, guillemot à capuchon.
museography [,mju:zi'ɔgrəfi], *s.* Muséographie *f.*
museology [,mju:zi'ɔlədʒi], *s.* Muséologie *f.*
mush[1], *s.* **2.** (*b*) *T.V:* *Background m.*, brouillard *m* de fond.
mushroom[2], *v.i.* **2.** (*c*) *F:* Champignonner.
music[1], *s.* **Music while you work**, travail en musique. **Hot music**, jazz *m.*
musical, *a.* **1.** *Toy m. box*, moulinet *m* à musique. *See also* CHAIR[1] 1. **4.** *s.* = MUSICAL COMEDY.
must[4], *modal aux.v.* **1.** (*a*) **It must not go on like that**, il ne faut pas que cela dure ainsi. *He must be in*, il est sûrement chez lui.
must[5], *s.* *F:* Chose *f* obligatoire.
mustiness, *s.* Remugle *m.*
mutism, *s.* Mutité *f.*
mutt, *s.* *F:* Andouille *f.*
mutton, *s.* **2.** *Orn:* **Mutton bird**, puffin *m* fuligineux, puffin à bec grêle.
myna(h) ['mainə], *s.* *Orn:* Mainate religieux.
myrmillo [mə:'milou], *s.* *Ant:* Mirmillon *m.*
mythomania [,miθo'meinia], *s.* Mythomanie *f.*
mythomaniac [,miθo'meiniæk], *a.* & *s.* Mythomaniaque *a.* Mythomane *s.m.*
myxomatosis [,miksoumə'tousis], *s.* Myxomatose *f.*

N

nail[1], *s.* **2.** **Wing nail**, aile *f* de mouche.
Nanny. **2.** *s.f.* Bonne *f* d'enfant, nurse *f.*
napalm [nə'pɑ:m], *s.* Napalm *m.*
narcosis, *s.* (*Diving*) *Nitrogen n.*, narcose *f*, ivresse des profondeurs.
nark[2], *v.tr.* *P:* (*b*) *Nark it*, fous-nous la paix. *I was narked*, j'étais empoisonné.
nation[1], *s.* **1.** (*a*) *Pol:* **The United Nations**, les Nations Unies.
native. I. *s.* **1.** (*a*) *F:* (*Of a white man*) To go **native**, s'encanaquer.
native. II. *a.* **2.** (*a*) **My native place**, le lieu où je suis né; mon pays natal, ma ville natale, ma maison natale.
natter[1], *s.* *F:* **To have a natter**, discuter le coup.
natter[2], *v.i.* *F:* (*b*) Grogner. (*c*) Parler.
naturism ['neitʃərizm], *s.* Naturisme *m.*
nautical, *a.* *Sch:* *N. school*, école de navigation *f* (de la marine marchande).
navarch ['nævɑ:k], *s.* *Gr.Ant:* Navarque *m.*
navicert ['nævisə:t], *s.* Navicert *m.*
nazify ['nɑ:tsifai], *v.tr.* Nazifier.
Nazism ['nɑ:tsizm], *s.* *Pol:* *Hist:* Nazisme *m.*
near. III. *a.* **5.** *N. offer*, offre approchante.
neat[2], *a.* **1.** *Drink the juice n.*, boire le jus nature.
neck[1], *s.* **1.** (*a*) *See also* STICK OUT. *F:* *He's in it up to his n.*, il trempe dans le bain.
needlewoman, *pl.* **-women**, *s.f.* **1.** Femme *f* d'aiguille.
nervous, *a.* **1.** (*c*) *F:* *It makes me n.*, cela m'intimide. *To be n. that*, craindre, avoir peur, que.
neutralism ['njutrəlizm], *s.* Neutralisme *m.*
neutralist ['nju:trəlist], *a.* & *s.* Neutraliste *mf.*
'never-'never, *s.* *F:* **To buy sth. on the never-never**, acheter qch. à crédit, à tempérament.
'newly-weds, *s.pl.* Nouveaux mariés.
news, *s.pl.* **2.** (*a*) *F:* *To be in the news*, être en vedette; avoir les honneurs de la presse, défrayer la chronique. *F:* *To make news*, faire sensation.
Newtonian, *a.* *Tchn:* *N. fluid*, fluide *m* à viscosité constante.
nibble[2]. **1.** *v.tr.* & *i.*, *He nibbles at his food*, il mange du bout des dents, des lèvres.
'night-hawk, *s.* **1.** *Orn:* *American n.-h.*, engoulevent d'Amérique.
nightingale, *s.* *Orn:* Rossignol philomèle. *Thrush n.*, rossignol progné.
nightmarish, *a.* Cauchemardesque.
ninety, *num. a.* & *s.* (*b*) *Med:* **Say ninety-nine!** = dites trente-trois!
'nip 'in[1], *v.tr.* *Nipped-in waist*, taille cintrée.
nitriding, *s.* *See also* STEEL[1] 1.
noise[1], *s.* **2.** *W.Tel:* (*Background*) *n.*, bruit de fond. (*Of gramophone*) **Surface noise**, bruissement *m* de l'aiguille. *Th:* (*Person*) **Noises off**, bruiteur *m.*
no man's land ['noumænz,lænd], *s.* (i) Terrains *mpl* vagues; no man's land *m*; (ii) *Mil:* no man's land, zone *f* neutre, terrain contesté; (iii) *Nau:* Trou *m* de la drome, parc *m.*
nomination, *s.* **1.** (*c*) *Pol:* Investiture *f* (d'un candidat).
'non-a'lignment ['nɔnə'lainment], *s.* *Pol:* Neutralisme *m.*
'nondescript, *a.* Quelconque.

'non-'ferrous, *a.* Non-ferreux.
'non-'iron, *a. Dom.Ec:* Ne nécessitant, n'exigeant, nucun repassage
'non-'lifting, *a. Av:* Non-porteur.
'non-'resident, *a. & s.* **2.** (*Hotel*) Hôte *m* de passage. **Open to non-residents**, repas servis aux voyageurs de passage.
'non-re'turnable, *a.* Perdu. *N.-r. packing*, emballage perdu, non repris, non consigné.
nook, *s.* (*a*) **Nooks and crannies**, coins et recoins.
nose[1], *s.* **3.** *Av:* Nez (du moteur). *Nose to tail* (*of vehicles*), pare-choc à pare-choc. *Ball:* **Nose cone**, ogive *f* (d'une fusée).
noted, *a.* (*Of person*) *He was n. for his kindness*, il était connu pour sa gentillesse.
notice[2], *v.tr.* **4.** Donner la revue, le compte-rendu, d'une pièce, etc. *The play was noticed in the Sunday papers*, les journaux de dimanche dernier ont publié un compte-rendu de la pièce.
novel[1], *s.* **2. Tendenz novel**, roman *m* à thèse. *See also* CYCLIC.
nozzle, *s.* (*b*) Buse *f*, injecteur *m*.
nub, *s.* **1. Nub sugar**, sucre concassé.
nubecula, *s.* **1.** *Med:* Néphélion *m*.
nuclear, *a. See also* FISSION **2.** *N. aircraft*, avion à propulseur atomique. *N. power*, énergie *f* atomique. *N. radiation*, rayonnement *m* atomique. *N. reaction*, réaction *f* nucléaire. *N. war(fare)*, guerre *f* atomique. *N. collision*, collision *f* nucléaire.
nucleon ['nju:kliɔn], *s. Atom. Ph:* Nucléon *m*.
nude. **2.** *s.* (*b*) **In the nude**, dans le plus simple appareil.
nuisance, *s.* **2.** *F:* (*b*) Désagrément *m*. *It has a certain n. value*, cela sert au moins, sinon à autre chose, à embêter les gens.
number[1]. **3.** (*a*) *Navy:* *N. one* (*uniform*), tenue *f* numéro un. *N. eight* (*uniform*) = bleu *m* de chauffe.
nuptiality ['nʌpʃi'æliti], *s.* Nuptialité *m*.
nurse[1], *s.* **2. District nurse** = infirmière *f* d'hygiène sociale. **Nursery nurse**, puéricultrice *f*.
nursing[1], *a.* **Nursing mother**, mère allaitant.
nut, *s.* **1.** (*b*) *P:* *He is nuts*, *P:* il est cinglé, il travaille du chapeau.
nutrition, *s.* Alimentation *f*.
nutritional [nju:'triʃən(ə)l], *a.* Alimentaire.
nylon ['nailɔn], *s. Tex:* Nylon *m*. *N. stockings*, bas *mpl* nylon *Crêpe n. socks*, chaussettes crêpe *m* mousse.

O

oat, *s.* **1.** (*b*) *pl.* **(Porridge) oats**, flocons *mpl* d'avoine.
obedience, *s.* **2.** (*c*) *Pol:* *Countries of the Communist o.*, pays d'obédience communiste.
objectionable, *a.* **1.** Inacceptable, inadmissible.
objet d'art ['ɔbʒei'dɑ:], *s.* Objet *m* d'art.
obligation, *s.* (*c*) *Com:* *Without o.*, sans engagement. *P.N:* "*No o. to buy*" = "entrée libre."
oblivious, *a.* **1.** (*a*) *F:* *To be totally o. of sth.*, ignorer tout à fait qch.
observation, *s.* **1.** (*c*) *Nau:* **To take an observation**, faire le point.
observer, *s.* **2.** *He had come as an o.*, il était venu en curieux. *Pol:* *United Nations o.*, observateur des Nations Unies.
obstruct, *v.tr.* (*a*) *To o.* (*water-way, especially with ice*), embâcler.
obstruction, *s.* **1.** (*a*) *Med:* Encombrement *m*.
obvious, *a.* (*a*) **It's obvious**, c'est évident. **It was the obvious thing to do**, c'était la chose à faire, c'est ce qu'il fallait faire, c'était tout indiqué, cela s'imposait.
obviously, *adv.* Visiblement.
occasion[1], *s.* **3.** (*b*) Cérémonie *f*.
occupation, *s.* **2.** (*b*) *Mil:* *Adm:* *To be in a reserved o.*, être affecté spécial, avoir une affectation spéciale.
occupational, *a. See also* THERAPY.
'odd-come-'short, *s. F:* Tombée *f* (de tissu). (*Of person*) Gringalet *m*.
of, *prep.* **5.** (*Descriptive genitive*). (*a*) (i) *U.S:* *His wife of twenty years*, la femme qu'il a épousée il y a vingt ans.
off[1]. I. *adv.* **1.** (*Away*) *about one year off*, à à peu près une année de distance.
offer[2]. **1.** *v.tr.* **To offer French** (*at an examination*), présenter le français (à un examen).
off-'handedness, *s.* Sans-gêne *m*.
office, *s.* **2. Public offices**, administrations (publiques). **4.** (*a*) *This will be very good o. space*, ceci fera d'excellents bureaux.
'office-boy, *s.m.* Coursier *m*, garçon *m* de courses.
officer[1], *s.* **2.** (*a*) *Mil.Av:* **Acting pilot officer**, aspirant *m*. (*In women's services, W.R.A.F.*) *Pilot o.*, troisième classe *f*. *Flying o.*, deuxième classe *f*. *Flight o.*, première classe *f*. *Squadron o.*, hors classe *f*. *Warrant o.*, deuxième catégorie *f*.
official. **2.** *s.* (*a*) **Minor officials**, petits fonctionnaires. **Senior officials**, fonctionnaires moyens. **Higher officials**, hauts fonctionnaires.
officialese [əˌfiʃə'li:z], *s. F:* Jargon administratif.
officiality [əˌfiʃi'æliti], *s.* Officialité *f*.
'off-'peak, *a.* **Off-peak hours**, heures creuses. *Av:* *El:* *etc.* *Off-peak tariff*, tarif de nuit.
'off-'shore, *a.* **Off-shore purchases**, achats *m* américains d'armement en Europe.
'off-'type, *a.* Aberrant.
'ogee, *s. Arch:* **Ogee arch**, arc en accolade.
'oil-'cooled, *a.* Refroidi par l'huile.
'oil-'cooling, *a.* Refroidissement *m* par l'huile.
'oil-duct, *s. Mec.E:* Conduite *f* d'huile.
'oil-heating, *s.* Chauffage *m* au mazout.
oilman, *pl.* **-men**, *s.m.* **3.** Expert pétrolier.
'oil-seed, *s.* **2.** Oléagineux *m*.
'O.'K.[1], *a. F:* (*a*) (*When spoken*) **That's O.K.**, ça colle.
old, *a.* **1.** (*a*) **A man is as old as he feels**, on a l'âge de ses artères.
'old-'clothes-man, *pl.* **-men**, *s.m. F:* Marchand *m* de puces.
olive, *s.* **5.** (*a*) (*Green*) (Couleur d')olive *inv.* *O. ribbons*, rubans *m* olive. (*b*) (Teint, etc.) olivâtre.
on. I. *prep.* **1.** (*a*) *The room on the second floor*, la chambre du second. *A hotel on the left bank*, un hôtel de la rive gauche. *Scene on a Dutch river*, scène de rivière hollandaise.
on. II. *adv.* **1.** *F:* (*a*) **It's simply not on**, il n'y a pas moyen. **5.** *W.Tel:* *What's on tonight?* Qu'est-ce qui passe ce soir? *This song hasn't been on yet*, cette chanson n'a pas encore passé à la radio. *This film was on last week*, ce film a passé la semaine dernière.
'on-coming[1], *a.* **1.** (*a*) **On-coming traffic**, véhicules venant en sens inverse.
one, V. *indef. pron.* *One for all and all for one*, un pour tous et tous pour un.
oneiric [o'naiərik], *a.* Onirique.
oneirology [ˌounaiə'rɔlədʒi], *s.* Onirologie *f*.
oneirologist [ˌounaiə'rɔlədʒist], *s.* Onirologue *m*.
onion, *s.* **4.** *P:* *She knows her onions*, *F:* elle connaît son affaire, elle s'y connaît, *P:* elle est à la coule.
only. II. *adv.* *I o. wish that . . .*, je ne souhaite qu'une chose, c'est que . . . . **If only**, ne fût-ce que, ne serait-ce que.
oodles, *s.pl.* *P:* **There are oodles of it, of them**, il y en a une tapée.
oomph [umf], *s. F:* Sex-appeal *m*.
oozing[1], *a.* (*b*) *An o. wall*, un mur dégoulinant, suintant.
open[1]. **2.** (*b*) *s.* **In the open**, au grand air; à ciel ouvert. *To sleep in the o.*, coucher à la belle étoile, dehors. *The house stands in the o.*, la maison est située en pleine campagne. *Trees that grow in the o.*, arbres *m* qui croissent à l'état isolé. *To pilot a ship into the o.*, piloter un navire vers le large. **4.** (*c*) *s.* *To come out into the o.*, venir au grand jour, se dévoiler.
open[2], *v.* I. *v.tr.* **3.** *Arch:* **To open vistas**, dégager les vues.
operational, *a.* *Mil:* Opérationnel, -elle. **Operational duties**, service en campagne. *O. training*, entraînement *m* de guerre. **Operational station**, centre *m* d'opérations. *Mil:* *Navy:* *In a few hours the carrier was again fully o.*, au bout de quelques heures le porte-avions était de nouveau en parfait état de marche.
operator, *s.* **1.** (*a*) *Wireless o.*, radio *m* (à bord d'un navire, etc.).
ophthalmologist [ˌɔfθæl'mɔlədʒist], *s.* Ophtalmologiste *mf*. oculiste *mf*.
opponent. **2.** *s.* Partenaire *m*.
opportunity, *s.* **1.** Possibilités *fpl.* *The steel industry is rising to the height of its opportunity*, l'industrie métallurgique atteint peu à peu son développement maximum.
opposite. **1.** *a.* (*a*) **Opposite number**, *F:* homologue *m*.
opt, *v.i.* *To opt into sth.*, décider de s'affilier à qch. *To opt out of sth.*, décider de ne pas s'affilier à qch.
optimal, ['ɔptim(ə)l], *a.* Optimal, -aux.
oral, *a.* **2.** (*b*) *Med:* *O. vaccine*, vaccin buccal. **-ally**, *adv.* **2.** *Med:* Par voie buccale.
orbit, *s.* **1.** *To put a satellite into o.*, mettre un satellite en orbite. **3.** *Pol:* Orbite *m*. *Hungary is drawn into the Russian orbit*, la Hongrie est attirée dans l'orbite de la Russie. **The Russian orbit**, sphère *f* d'influence soviétique.
orbital, *a.* **3.** *Civ.E:* **Orbital road**, route *f* de ceinture. **3.** *Av:* **Orbital bomber**, bombardier *m* capable d'effectuer le tour de la terre.
order[1], *s.* **5.** (*a*) *Tp:* *El:* **Out of order**, en dérangement.
order[2], *v.tr.* **3.** (*b*) *F:* *The very thing, just what the doctor ordered*, tout à fait ce qu'il faut pour l'occasion.
organ, *s.* **1.** *Mus:* (*d*) **Theatre organ**, orgue *m* de cinéma.
organization, *s.* **2.** *Youth o.*, mouvement *m* de jeunesse.
oriole, *s.* *Orn:* **1. Golden oriole**, loriot *m* (d'Europe).
Oscar ['ɔskər], *Pr.n.* (*a*) Oscar *m*. (*b*) *Cin:* *etc:* Oscar *m*.
oscilloscope [ɔ'siləskoup], *s.* Oscilloscope *m*. *T.V:* **Cathode-ray oscilloscope**, oscillographe *m* cathodique.
osculate, *v.i.* **1.** *Geom:* (*Of curve*) **To osculate with a line**, avoir un contact d'ordre supérieur avec une ligne. *Curves that osculate*, courbes osculatrices.
osteophyte ['ɔstiofait], *s. Med:* Ostéophyte *m*, bec *m* de perroquet.
ought[1], *v.aux.* **2.** *You o. to know*, vous êtes bien placé pour le savoir.
out[1]. I. **3.** (*d*) **An all-out attack**, une attaque à fond, avec tous ses moyens. **10.** (*e*) *Rebuilt out of reparations*, reconstruit avec les dommages de guerre. (i) *Publ:* *This book is out of stock*, ce livre manque, est temporairement épuisé.
outfitter, *s. Com:* *Law and University o.*, costumier *m*.
outflank, *v.tr.* *a. Mil:* Tourner.
out-'Herod, *v.tr.* **To out-Herod Herod**, être plus royaliste que le roi.
outlay, *s.* *Capital o.*, dépenses *f* d'établissement.
outmanœuvre, *v.tr.* Contre-manœuvrer.
'out-of-'date, *adj.phr.* **1.** Dépassé.
'out-of-'school, *a.* Extra-scolaire. *Out-of-school activities*, activités *f* extra-scolaires.

output, *s.* **1.** (*a*) *Literary o.*, production *f* littéraire.
outside. 2. *Attrib.a.* (*c*) **To discuss outside subjects,** discuter de toutes sortes de questions.
outsider, *s.* **1.** Outsider *m.*
over. II. *adv.* **4.** (*a*) *W.Tel:* **Over (to you),** à vous.
over. III. *s.* **2.** (*b*) *Publ:* **Overs,** exemplaires *m* de passe.
'over-'all, *a.* Total, global, d'ensemble.
overarm, *attrib.a.* **1.** (*b*) *Ten:* **To serve overarm,** servir par le haut.
overbuild, *v.tr.* Surbâtir.
overdraw, *v.tr.* **2.** *Bank:* **To be overdrawn at the bank,** avoir un découvert à la banque.
overeating, *s.* Excès *pl.* de table.
overface [ˌouvə'feis], *v.tr.* *U.S: F:* Farder, maquiller (un panier de fruits).
overfacing ['ouvəˌfeisiŋ], *s.* *U.S: F:* Fardage *m* (d'un panier de fruits).
'over-'fond, *a.* **An over-fond mother,** une mère abusive.
overhair ['ouvə'hεər], *s.* *Furs:* Jarre *m.*
overnight. 1. *adv.* (*b*) *He became famous o.*, il devint célèbre du jour au lendemain.
overpass², *s.* *Civ.E: U.S:* Enjambement *m*, passage supérieur.
overplay [ˌouvə'plei], *v.tr.* **To overplay one's hand,** (i) *Cards;* (ii) *F:* Viser trop haut.
overrider ['ouvəˌraidər], *s.* *Aut:* Sabot *m* (de pare-choc), barrette *f* (verticale).
overseas. 1. *attrib.a.* = OVERSEA **1.**
'over-'sensitive, *a.* Hypersensible.
'over-'sensitiveness, *s.* Hypersensibilité *f.*
overshoot¹, *s.* *Av:* Présentation *f* trop longue, remise *f* de gaz.
overshoot², *v.tr.* **1.** *Av:* Se présenter trop long (sur la piste), remettre les gaz.
overspill ['ouvəˌspil], *s.* **An overspill of population,** un déversement de population.
overstated, *a.* Outré.
oversteer [ˌouvə'stiər], *v.i.* *Aut:* Survirer.
overtake, *v.tr.* **1.** (*b*) *Aut:* *To o. three abreast,* doubler en troisième position. *Aut:* **Do not overtake,** défense de doubler.
overtaking, *s.* *Aut:* *O. prohibited,* défense de doubler.
overwork². 1. *v.tr.* (*a*) *F:* *He doesn't exactly o.*, il ne se fatigue pas les méninges.
owl, *s.* *Orn:* *Pygmy owl,* (chouette *f*) chevêchette *f.* *Barn owl,* chouette *f* effraie. *Little owl,* chouette chevêche. *Long-eared owl,* hibou moyen-duc. *Short-eared owl,* hibou des marais. *Snowy owl,* chouette harfang. *Tawny owl,* chouette hulotte, hulotte chat-huant. *Eagle-owl,* hibou grand-duc. *Tengmalm's, U.S: Richardson's, owl,* chouette de Tengmalm. *F:* *Drunk as an owl,* saoul comme une bourrique.
own². 1. *a.* (*a*) *The company is opening its own bank,* la société va ouvrir sa banque à elle.
owner, *s.* **1. Owner farm,** exploitation *f* en faire-valoir direct.
oxidant, *s.* *Rockets:* Comburant *m.*
oxyacetylene, *attrib.a.* **Oxyacetylene cutting out,** *F:* découpage *m* au chalumeau. *O. cutting torch,* chalumeau *m* de découpage.
oxymoron, *s.* *Rh:* Alliance *f* de mots.
oxytoxic [ˌɔksi'tɔksik], *a.* Ocytoxique, oxytoxique.
'oyster-catcher, *s.* *Orn:* Huîtrier-pie *m.*

P

'pace-maker, *s.* **3.** *Physiol:* Nœud *m* sinusal de Keith et Flack.
pack². I. *v.tr.* **1.** (*a*) *Abs.* (iv) Cesser.
package², *v.tr.* *Com:* Conditionner.
packaged ['pækidʒd], *a.* *Com:* Préconditionné.
packager ['pækidʒer], *s.* *Com:* Conditionneur, -euse.
packaging ['pækidʒiŋ], *s.* *Com:* Conditionnement *m.*
packer, *s.* **4.** *Com:* Conditionneur, -euse.
packet, *s.* **1.** (*a*) **Packet of needles,** sachet *m* d'aiguilles.
packing, *s.* **1.** (*a*) *Com:* Colisage *m.* *P. list,* liste de colisage.
pad³, *s.* **5.** (*a*) *Ball:* **Launching pad,** base *f* de lancement (engins).
padding, *s.* **1.** (*b*) *F:* Bla-bla-bla *m.*
pain¹, *s.* **1.** (*a*) *F:* **He is, gives, me a pain in the neck,** il me tape sur le système, il est enquiquinant. **2.** *pl.* **Pains.** (*a*) *To take pains to grow old gracefully,* mettre une certaine coquetterie à vieillir.
'pain-reliever, *s.* Calmant *m*, analgésique *m*, antalgique *m.*
paintwork ['peintwəːk], *s.* (*House-building*) Les peintures *f.*
pair¹, *s.* **1.** (*g*) *Row:* Deux *m.*
pairing, *s.* (*c*) *T.V:* Pairage *m.*
Pakistan [pæki'stɑːn]. *Pr.n. Geog:* Le Pakistan.
Pakistani [pæki'stɑːni], *a.* & *s.* Pakistanais, -aise.
palearctic [ˌpæli'ɑːktik], *a.* Paléarctique.
pan¹, *s.* **4.** *Geol:* (*a*) *Iron pan,* alios *m.*
pancake¹, *s.* **3.** *W.Tel:* **Pancake coil,** galette *f.*
pandanus [pæn'deinəs], *s.* *Bot:* Pandanus *m.*
panning², *s.* *Cin:* Panoramique *m.* Survol *m.*
pants, *s.pl.* *F:* *A kick in the p.*, un coup de pied au derrière, *V:* au cul.
pantry, *s.* **1.** Placard *m* aux provisions.
paper¹, *s.* **3.** (*a*) *Mil:* *Call-up papers,* ordre *m* d'appel. **4.** (*a*) *Sch:* *To correct papers,* corriger l'écrit. **5. To read a paper,** *F:* lire un papier.
'paper-back, *s.* Livre *m* de poche.
parabolic(al), *a.* **2.** (*b*) (*Space*) **Parabolic velocity,** vitesse de libération *f* (de l'attraction terrestre).
paracentesis [ˌpærəsen'tiːsis], *s.* Paracentèse *f.*
parachute¹. 1. *Aer:* *Seat-type p.*, parachute à siège. **2.** *attrib.* Parachutiste.
parachute², *v.i.* & *v.tr.* *Av:* Parachuter.
parachuting, *s.* Parachutage *m.* Dropping *m.*
parade¹. 2. (*c*) *Fenc:* Parade *f.* **3.** (*b*) **Fashion parade,** présentation *f* de collections.
parallax, *s.* *T.V:* *Time p.*, parallaxe *f* de temps.
paralysis, *s.* **1.** *Med:* *P. agitans,* paralysie agitante.
paramilitary ['pærə'milit(ə)ri], *a.* Paramilitaire.
paranoiac [pærə'nɔiæk], *a.* & *s.* *Med:* Paranoïaque *a.* & *s.*
paratrooper ['pærəˌtruːpər], *s.* (Soldat) parachutiste *m.*
paratroops ['pærəˌtruːps], *s.pl.* (Soldats) parachutistes *mpl.*
parent, *s.* **2.** (*Welding*) *P. metal,* métal *m* de base.
'parent ship, *s.* *Nav:* **Submarine parent ship,** ravitailleur *m* de sous-marins.
pareo [pə'reiou], *s.* *Cost:* Paréo *m.*
parking, *s.* *Aut:* **Parking lights,** feux de stationnement. **Parking meter,** parcomètre *m.* *See also* BAY³ 2.
parochial, *a.* (*b*) *Pej:* Provincial, -aux.
part¹. I. **1.** (*a*) **In my part of the world,** par chez moi.
particular. II. *s.* **1.** *He asked me for particulars about her,* il m'a demandé des renseignements sur elle.
partner¹, *s.* **1.** (*a*) **Full partner,** associé à part entière. (*c*) *Danc:* (*Man's*) *p.*, cavalière *f.*
partridge, *s.* *Orn:* *Rock p.*, (perdrix *f*) bartavelle *f.* *U.S:* *Hungarian p.*, perdrix grise.
'part-'time, *a.* *Part-time employment,* emploi *m* à temps incomplet, partiel, à mi-temps.
party¹, *s.* **1.** *Adjectival use:* **Party quarrels,** querelles partisanes. **2.** (*b*) *Children's p.*, goûter *m* d'enfants. *See also* BIRTHDAY, CHRISTMAS.
'party line, *s.* *Tp:* Ligne partagée.
pass², *s.* **4.** (*a*) Passe *f* (de l'outil, du métal). **7.** *Cards:* **Pass!** Parole!
pass³, I. *v.i.* **1.** (*b*) *Aut:* Doubler.
pass³. II. *v.tr.* **1.** (*f*) *Aut:* Doubler. **Do not pass,** défense de doubler. **3.** (*a*) *See also* BUCK⁶. **4.** *Cu:* **To pass vegetables through a sieve,** passer des légumes.
'passenger-ˌpigeon, *s.* *Orn:* Pigeon *m* migrateur.
passing². **1.** (*b*) *Aut:* *U.S:* **No passing,** défense de doubler.
'pass 'on. 2. *v.tr.* *F:* *We have passed it on,* on se l'est dit.
'pass 'out. 1. *v.i.* (*d*) (i) *F:* Tomber dans les pommes.
past¹. 1. *a.* (*a*) **Past chairman,** (i) président sortant; (ii) ancien président. **2.** *s.* (*a*) *To live in the past,* vivre du passé.
pasta ['pæstə], *s.* *Cu:* Pâtes *fpl* alimentaires.
pastor, *s.* **3.** *Orn:* *Rose-coloured p.*, martin roselin, merle *m* rose.
'pastry(-)board, *s.* Planche *f* à pâtisserie.
patch¹, *s.* **3.** *P. of ice,* plaque *f* de glace.
paternalism [pə'təːnəlizm], *s.* Paternalisme *m.*
paternalist [pə'təːnəlist], *a.* Paternaliste.
pathetic. 1. *a.* (*a*) *s.* **The pathetic,** pathétique *m*; pathétisme *m.*
pathologist, *s.* (*b*) Médecin légiste.
patrol¹, *s.* **1.** *See also* VESSEL 2.
pattern¹, *s.* **4.** (*d*) *T.V:* *Test p.*, mire *f.*
'Paul 'Jones, *s.* *Danc:* Boulangère *f.*
pause¹, *s.* **2.** (*d*) Enchaînement *m.* **4.** *Typ:* **Pause-dots,** points *m* de suspension.
pavement, *s.* **1.** (*a*) *Anat:* *P. epithelium,* épithélium pavimenteux.
paw¹, *s.* **1.** (*b*) *P:* *Paws off!* à bas les pattes!
pay², *v.tr.* **1.** (*a*) (*Income tax*) **Pay as you earn,** *U.S:* **pay as you go,** = retenue *f* de l'impôt à la base, à la source. **2.** (*b*) *See also* VISIT¹ **1.**
pay-load, payload ['peiloud], *s.* Charge payante, commerciale. *Av:* Poids *m* utile.
'pay-roll, 'pay-sheet, *s.* *He is on the p.-r.*, il émarge au budget.
peach¹, *s.* **1.** (*b*) *F:* **It's a peach,** c'est une perle.
peak¹, *s.* **1.** (*c*) *Widow's p.*, pointe *f* de cheveux sur le front. **3.** (*b*) *Med:* (*Of fever*) Pointe *f.* *El.E:* *P. power,* puissance de crête.
peasantry, *s.* Paysannat *m.*
pebble¹, *s.* **4.** *Tex:* **Pebble weave,** granité.
'pedal-bin, *s.* Poubelle *f* à pédale.
'pedal-car, *s.* Vélocar *m.*
pelargonium, *s.* *Hort:* *Trailing p.*, géranium lierre.
pediatrician [ˌpiːdiə'triʃ(ə)n], **pediatrist** [ˌpiːdi'ætrist], *s.* *Med:* Pédiatre *m.*
pediatrics [ˌpiːdi'ætriks], **pediatry** ['piːdiætri], *s.* *Med:* Pédiatrie *f.*
peer³, *v.i.* **1.** (*a*) *He peered* (*out*) *into the night,* il chercha à percer l'obscurité.
peevishness, *s.* Hargne *f.*
pegging, *s.* **3.** *Fin:* Blocage *m.*
pelican, *s.* **1.** *Orn:* *Dalmatian p.*, pélican frisé.
pellet, *s.* (*e*) *Husb:* Granulé *m.* (*f*) *Metall:* Boulette. *Ch:* Boulette; bâtonnet *m*, anneau *m*, tube *m.*

pen[1], *s.* 1. (*a*) **Bull pen,** toril *m.* 3. *Navy:* **Submarine pen,** abri *m* de sous-marins; nid *m* de sous-marins.
pen[3], *s.* 2. (*a*) **Ball-point pen,** *F:* **ball-pen,** stylo *m* à bille.
penal, *a.* **Penal servitude,** *F:* bagne *m.*
penalty, *s.* 2. *Sp:* (*a*) Penalty *m, pl.* penaltys.
pencil[1], *s.* 2. (*a*) *Indelible p.,* crayon à encre indélébile.
'pencil-cap, *s.* Protège-pointe(s) *m. inv.*
Penelope. *Pr.n.f.* **Penelope's web,** le travail de Pénélope.
'pen-friend, *s.* Correspondant, -ante.
penicillin ['peni'silin], *s.* Pénicilline *f.*
penny, *s.* 1. *See also* SPEND 1.
penologist [pi:'nɔlədʒist], *s.* Criminologiste *m.*
'pen-pusher, *s.* Gratte-papier *m.inv.*
penstock, *s.* *Hydr.E:* 2. Conduite forcée.
pent, *a.* 2. *To be pent up,* être sous pression.
penthouse. 3. *U.S:* Maison entourée d'un jardin et construite sur le toit d'un building.
Pentothal ['pentəθæl], *s.* *Pharm:* *R.t.m:* Pentothal *m.*
people[1], *s.* II. 2. (*a*) *Pol:* *People's democracy,* démocratie *f* populaire.
'pepper-,tree, *s.* Faux-poivrier *m, pl.* faux-poivriers.
per, *prep.* 1. (*a*) **Per procuration(em), per pro,** par procuration.
percolator, *s.* (*b*) Cafetière *f* automatique, cafetière russe.
percutaneous, *a.* *Med:* *P. reaction,* percuti-réaction *f.*
peregrine, *a.* 2. *s.* *Orn:* Faucon *m* pèlerin.
perennial. 1. *a.* (*a*) Pérenne.
perfect[1], *a.* 1. (*a*) **His English is perfect,** son anglais est impeccable.
perfection, *s.* 2. (*a*) **In perfection,** à la perfection.
performance, *s.* 1. (*b*) *Aircraft p.,* rendement *m* d'un appareil.
period, *s.* 1. (*a*) *Sch:* Heure *f* de cours. (*g*) **Fair period,** éclaircie *f.* 2. **Period furniture,** meubles *m* de style.
perm[2], *v.tr.* *F:* *Haird:* Permanenter.
permanent, *a.* *Rail:* **Permanent-way man,** ouvrier *m* de la voie.
peroxide[2], *v.tr.* *F:* **Peroxided hair,** cheveux oxygénés.
person, *s.* 1. (*a*) *See also* DISPLACE 2.
personable, *a.* Présentant bien.
personal, *a.* 1. (*a*) *To give a p. touch to sth.,* personnaliser qch. *See also* CALL[1] 1.
persuasion, *s.* 1. (*c*) *He wants to collectivize agriculture by p.,* il veut collectiviser l'agriculture par la douceur.
'pest-de,stroying, *a.* Pesticide.
pester, *v.tr.* 2. *F:* Ennuyer (qn).
pesticide ['pestisaid], *s.* Pesticide *m,* antiparasitaire *m.*
pet[1]. 1. *s.* (*a*) *Pet shop,* boutique où l'on vend des animaux familiers (petits chiens, chats, perruches, cobayes, etc.).
'peter 'out, *v.i.* *F:* 1. (*b*) Se perdre dans les sables; s'en aller en fumée.
petrel, *s.* *Orn:* **Storm-petrel, stormy petrel,** (i) pétrel des tempêtes, pétrel tempête; (ii) semeur *m* de discorde. *Black-capped p.,* pétrel diablotin. *Wilson's p.,* pétrel océanite, pétrel de Wilson. *Leach's p.,* pétrel cul-blanc.
petrol, *s.* *Aut:* *High-grade p.,* supercarburant *m.* *See also* BRANDED.
'petrol-lorry, *s.* *F:* Camion-citerne *m, pl.* camions-citernes.
phalarica [fə'lærikə], *s.* *Ant:* Falarique *f.*
phalarope, *s.* *Orn:* *Grey, U.S:* *red, p.,* phalarope à bec large. *Red-necked, U.S:* *northern, p.,* phalarope à bec étroit.
pheasant, *s.* 1. *Orn:* **Pheasant** (*Phasianus colchicus*), faisan de chasse.
phenobarbital [,fi:nou'bɑ:bit(ə)l], **phenobarbitone** [,fi:nou'bɑ:bitoun], *s.* Phényléthylmalonylurée *f.*
phenomenology [fi,nɔmi'nɔlədʒi], *s.* Phénoménologie *f.*
phone[2], *s.* 1. *F:* **Phone box,** cabine *f* téléphonique.
phone[3], *v.tr. & i.* *F:* *To phone for a taxi,* appeler un taxi. *I'll phone for the leg of mutton,* je vais faire téléphoner pour commander le gigot.
phonemics [fo'ni:miks], *s.* *Ling:* Phonologie *f.*
'phone-tapping, *s.* *Tp:* Emploi de la table d'écoute (*by the police*).
phoney, *a.* *F:* **The phoney war,** la drôle de guerre.
phoniatrics [,founi'ætriks], *s. pl.* **phoniatry** ['founi,ætri], *s.* *Med:* Phoniatrie *f.*
photocopy ['fouto,kɔpi], *s.* Photocopie *f.*
'photo-e'lectric, photoelectric, *a.* **Photo-electric current,** photoélectricité *f.*
'photo-'finish, *s.* *Sp:* Photo à l'arrivée, décision par photo. **Photo-finish camera,** photo-finish *f.*
photographer, *s.* **Street photographer,** photo-stoppeur *m, pl.* photo-stoppeurs.
'photo-re'connaissance, *s.* *Av:* Reconnaissance *f* photographique.
physiognomic(al), *a.* 2. Physiognomonique.
physiognomonist, *s.* 2. Physiognomoniste.
physiognomy, *s.* 2. Physiognomonie.
physiological, *a.* *Bio.Ch:* **Physiological salt solution,** solution *f,* sérum *m,* physiologique.
physiotherapeutist [,fizioθerə'pju:tist], *s.* Physiothérapeute *mf.*
physiotherapist [,fizio'θerəpist], *s.* Physiothérapiste *mf,* physiothérapeute *mf.*
pick[4]. 3. *v.i.* *F:* *Why pick on me?* Pourquoi me faire ça, à moi?
'pick-up, *s.* 7. *Veh:* Pick-up *m.*
picky ['piki], *a.* *F:* Difficile, délicat.
pictograph ['piktogræf], *s.* Pictographe *m.*
picture[1], *s.* 1. *Med:* **Clinical picture,** facies *m* clinique. *F:* *To be in the p.,* être à la page, être tout à fait au courant. *Jur:* *Composite p., mind p.,* portrait robot.
pie-dog ['paidɔg], *s.* Chien errant (de l'Orient).
pigeon, *s.* 1. *Domestic p.,* pigeon domestique.
'pigeon-,hawk, *s.* *Orn:* *U.S:* Faucon *m* émerillon.
'piggy-bank, *s.* *F:* Tirelire *f* (en forme de cochon).
'pig-'iron, *s.* *Metalw:* *Grey pig-iron,* fonte *f* grise. *Malleable pig-iron,* fonte malléable.
pile[2], *s.* 1. (*b*) **Atomic pile,** pile atomique.
'pillow-case, *s.* *P.-c. "housewife" style,* taie portefeuille.
pilot[1], *s.* 1. (*c*) *Av:* **Ferry pilot,** pilote convoyeur, pilote de convoyage. *Test p.,* pilote d'essais. *Second p.,* copilote *m.*
'pilot-balloon, *s.* Ballon de sondage.
'pilot factory, *s.* Usine *f* pilote.
'pilot plant, *s.* *U.S:* = PILOT FACTORY.
pilotless ['pailətlis], *a.* Sans pilote. *P. plane,* avion *m* robot.
pincers, *s.pl.* 3. *attrib.* *Mil:* **Pincer(s) movement,** manœuvre *f* en tenailles.
'pin 'down, *v.i.* *Mil:* Clouer (au sol). *To be pinned down by fire,* être cloué au sol par le feu de l'ennemi.
'pine-wood, *s.* 2. Bois *m* de pins.
pinochle, pinocle ['pi:nəkl], *s.* *Cards:* Jeu *m* de cartes ressemblant à la belote.
'pin-point, pinpoint[2], *v.tr.* Indiquer exactement, mettre le doigt sur. *Mil:* *To p.* (*group of enemy armour, etc.*), indiquer exactement l'emplacement *m* (de groupes de blindés ennemis).
pintado, *s.* *Orn:* 2. **Pintado petrel,** pétrel damier, pigeon du Cap.
pintailed, *a.* *Orn:* **Pintailed sand-grouse,** ganga *m* cata.
'pin-up girl, *s.f.* *P:* Pin-up *f. inv.*
'pin-worm, *s.* *Med:* Oxyure *f* vermiculaire.
pioneer[1], *s.* *Lit:* *Art:* *etc:* **Pioneers,** hommes *m* d'avant-garde.
pip[2], *s.* 3. *Mil:* *F:* *He's just got his third pip* = il vient de recevoir sa troisième ficelle.
'pipe 'down, *v.i.* *F:* (i) Changer de ton. (ii) La boucler. **Pipe down!** boucle-la! (iii) Mettre une sourdine, filer doux.
'pipe-line[1], *s.* Oléoduc *m.*
'pipe-'major, *s.* *Mil:* Cornemuse-chef *m.*
piping[2], *s.* 6. *Cu:* *P. bag,* poche *f* à douille. *P. nozzle,* douille *f.*
pipit, *s.* *Orn:* *Tawny p.,* pipit *m* rousseline. *Meadow p.,* pipit des prés. *Richard's p.,* pipit de Richard. *Rock p.,* pipit maritime, pipit obscur. *Tree p.,* pipit des arbres. *Water, alpine, p.,* pipit spioncelle.
pitch[3], *s.* 4. (*c*) *Voice, musical instrument, that is going off p.,* voix, instrument qui déraille. 6. (*a*) (*Helicopters*) *Collective p.,* pas collectif. *Cyclic p.,* pas cyclique.
'pitch-'dark, *a.* Noir comme poix.
piton [pitɔ̃], *s.* *Mount:* Piton *m.* **Piton hammer,** marteau-piolet *m. pl.* marteaux-piolets.
place[1], *s.* 1. (*a*) *See also* GO[2] 1. 2. *To change places,* changer de places.
placebo [plæ'seibou], *s.* *Med:* Remède *m* factice.
plain. 2. *See also* SPEAKER 1. 5. *Under p. cover,* sous pli discret.
planetarium, *s.* *Astr:* (*b*) Planétarium *m.*
planned, *a.* *Pol.Ec:* **Planned economy,** dirigisme *m* économique, économie planifiée.
planning, *s.* 1. **Country planning,** aménagement des campagnes. 3. *Pol.Ec:* Dirigisme *m,* planification *f.* *Ind:* Planning *m.* *Attr. use.* *The p. mania,* la folie planiste. 4. *Family p.,* limitation *f,* planification, des naissances.
'plant[1], *s.* 1. (*a*) **Indoor pot plant, house plant,** plante *f* d'appartement. (*d*) **Bedding plant,** plant à repiquer.
plant[2], *v.tr.* 2. (*a*) *To p. a bomb,* poser, déposer, une bombe.
plastic. 4. *s.* Plastique *m.* *A p. cup,* une tasse en (matière) plastique. *Laminated p.,* lamifié *m.*
plasticine, *s.* **Plasticine set,** boîte *f* de modelage.
plasticize ['plæstisaiz], *v.tr.* Plastifier.
plasticizer ['plæstisaizə], *s.* Plastifiant *m.*
plastid ['plæstid], *s.* Plastide *m.*
Plate. *Pr.n.* *Geog:* **The (river) Plate,** le Rio de la Plata.
plate[1], *s.* 7. (*a*) *F:* *To have enough on one's p.,* avoir du pain sur la planche.
plateau, *pl.* **-x, -s,** *s.* 2. *Ph:* Palier *m* (d'une courbe).
platelet ['pleitlit], *s.* **Blood platelets,** plaquettes sanguines, hématoblastes *m.*
platform, *s.* 2. (*d*) *Cin:* **Travelling platform,** travelling *m.*
'platinum-'blond, *a.* **Platinum-blond hair,** cheveux platinés. **A platinum-blonde,** une femme platinée.
play. III. *v.tr.* 1. *Th:* (*a*) *See also* CAPACITY. 6. *Fish:* Manœuvrer.
'player-pi'ano, *s.* Piano *m* mécanique (à rouleau).
playlet ['pleilit], *s.* Piécette *f,* saynète *f.*
pledge[1], *s.* 4. (*a*) Parole *f* d'honneur.
plenum, *s.* 1. *Mec.E:* *P. chamber,* chambre de tranquillisation.
pleroma [pli'roumə], *s.* *A:* *Phil:* Plérome *m.*
Plexiglass ['pleksiglɑ:s], *s.* *R.t.m:* Plexiglas *m.*
plot[1], *s.* 1. **Building plot,** lotissement *m.* (*In a garden*) **The vegetable plot,** le coin des légumes. 2. Affabulation *f.*
plough[3], *v.tr.* 1. (*a*) **To plough (one's way) through the snow,** se frayer péniblement un chemin dans la neige. 5. *Com:* *Fin:* *Profits ploughed back into the business,* bénéfices *m* reversés dans l'affaire. *Ploughing back of profits,* autofinancement *m.*
plover, *s.* 1. *Orn:* *Green p.,* vanneau (huppé). *Grey, U.S:* *black-bellied, p.,* pluvier argenté, varié. *Kentish, U.S:* *snowy, p.,* gravelot à collier interrompu. *Ringed p.,* grand gravelot. *Little ringed p.,* petit gravelot.
pluck[2], *v.tr.* 4. (*d*) Ejarrer (une fourrure).
'plug 'in, *v.tr.* *El:* Brancher.
plumbing, *s.* 2. *F:* *To have a look at the p.,* aller faire pipi, *P:* aller pisser. *V:* aller prendre une ardoise à l'eau.
plump[2]. 1. *v.tr.* (*c*) *To plump up* (*a pillow*), secouer, brasser (un oreiller).
plutonium [plu:'tounjəm], *s.* *Ph:* Plutonium *m.*
pneumatic. 1. *a.* **Pneumatic drill,** marteau *m* pneumatique.
pochard, *s.* *Orn:* Fuligule *f* milouin. *Red-crested p.,* brante *f* roussâtre. *White-eyed p.,* fuligule nyroca.
pocket[1], *s.* 1. (*a*) *See also* GAMEKEEPER.

ˈpocket-book, *s.* (*d*) *U.S:* Livre *m* de poche.
point[1], *s.* I. **3.** (*c*) **I see no point in relating . . .,** je juge, j'estime, inutile de raconter. . . . **There is no point in denying that . . .,** cela ne servirait à rien de nier que. . . . **4.** (*b*) **Up to a point,** jusqu' à un certain point, dans une certaine mesure. **7.** *A: Adm:* (*Rationing*) Coupon *m*, ticket *m* d'alimentation. **Cereal products are on points,** on demande des tickets pour les produits à base de céréales.
point. II. *s.* **3.** *El:* (*a*) *I.C.E: F:* (*Contact*) *points,* vis platinées.
ˈpoint ˈup, *v.tr.* *U.S: F:* Monter en épingle.
ˈpoison-ˈpen, *a. & s.* Auteur *m* d'une lettre anonyme. *P.-p. letter,* lettre *f* anonyme.
pole[2], *s.* **1.** *Their views are poles apart,* leurs opinions sont diamétralement opposées.
polio [ˈpouliou], *s. F:* Polio *f*, poliomyélite *f*.
polishing, *s.* Brillantage *m* (du cuir, d'un métal, etc.).
politicize, *v.i.* **3.** *v.tr.* Politiser.
poll[1], *s.* **2.** *Gallup p.,* (sondage *m*) Gallup *m*. **To go to the polls,** aller aux urnes *f*.
pollinate, *v.tr.* Polliniser.
polo, *s. Cost:* **Polo neck,** col roulé.
polyptych [pɔˈliptik], *s. Art:* Polyptyque *m*.
polythene [ˈpɔliθiːn], *s.* Polythène *m*.
pomander [pɔˈmændər], *s.* Pomme *f* d'ambre.
pony, *s.* **1.** *Haird:* **Pony tail,** queue *f* de cheval.
pool[1]. **1.** (*a*) (*Of running water*) Calme *m*.
pool[2], *s.* **2.** (*a*) *Pol.Ec:* Pool *m*.
poplar, *s. Bot: Lombardy p.,* peuplier *m* d'Italie.
popularly, *adv. It is p. thought that . . .,* les gens croient que. . . .
populate, *v.tr. Sparsely populated areas,* des régions à faible peuplement *m*.
porcelain, *s.* (*a*) *El:* **Dark-glazed porcelain,** basalte *m*.
ˈpork-barrel, *s.* **2.** *U.S: F:* L'assiette *f* au beurre.
ˈpork-rind, *s.* Couenne *f*.
porpoising [ˈpɔːpəsiŋ], *s. Av:* Marsouinage *m*.
port[1], *s. Adj. use.* **Port installations,** installations portuaires.
portfolio, *s.* **1.** (*d*) *Com:* Portefeuille d'assurances.
position[1], *s.* **6.** *Post:* Guichet *m*. '*P. closed,*' 'guichet fermé.'
positioning [pəˈziʃəniŋ], *s.* Mise *f* en place. *T.V:* Orientation (de l'antenne).
possessive, *a.* **1.** (*b*) Qui a le désir de posséder entièrement; accapareur, -euse. *A p. mother,* une mère abusive.
post[4]. **2.** *v.tr.* (*a*) Poster.
ˈpost-ˈchaise, *s. A:* Coucou *m*.
ˈpost-ˈgraduate, *a.* **Post-graduate student,** étudiant diplômé qui continue ses études. *P.-g. course,* études poursuivies après qu'on a acquis des titres universitaires.
pot[1], *s.* **1.** (*b*) *P:* **Gone to pot,** fichu.
poˈtato-peeler, *s.* Éplucheuse *f* (de pommes de terre).
ˈpot-holer, *s. F:* Spéléologue *m*.
ˈpot-holing, *s. F:* Spéléologie *f*.
ˈpot-pourˈri, *s.* (*a*) *Mus:* Pot pourri. (*b*) (*Perfume*) Pot pourri.
poulaine [ˈpuːlen], *Cost: A:* Poulaine *f*.
poulard [ˈpuːlaːd], *s. Cu:* Poularde *f*.
ˈpoultry-farm, *s.* Établissement d'aviculture, élevage *m* avicole.
ˈpoultry-farmer, *s.* Aviculteur *m*.
ˈpoultry-farming, *s.* Aviculture *f*, élevage *m* avicole.
poultryman, *s.* **2.** *U.S:* Aviculteur *m*.
power[1], *s.* **4.** (*a*) *Mil: Fire p.,* puissance *f* de feu. (*b*) *El: F:* "La force."
power[2], *v.tr.* Actionner. *Powered by two engines,* actionné par deux moteurs. *Powered vehicle,* véhicule à moteur.
practice, *s.* **1.** **In practice,** en pratique, pratiquement.
practitioner, *s.* **General practitioner,** médecin de médecine générale.
praise[1], *s. See also* DAMNING[2].
prang [præŋ], *v.tr. F: Av:* Bousiller (son appareil).
pratincole, *s. Orn:* **(Collared) pratincole,** glaréole *f* à collier. *Black-winged p.,* glaréole à ailes noires.
prau [prau], *s. Nau:* Prao *m* (malais).
prawn, *s. Crust:* **Dublin bay prawn,** langoustine *f*.
precast, *a.* Préfabriqué.
precaution, *s.* **Air-raid precautions,** défense passive.
precious. **1.** (*d*) *She always worries about her precious health,* elle s'inquiète toujours de sa petite santé.
precipitous, *a.* Précipitueux, -euse.
précis, *s. Sch:* **Précis-writing,** compte-rendu de lecture.
preclude, *v.tr.* Exclure.
preconstruction [ˌpriːkənˈstrʌkʃ(ə)n], *s.* Préconstruction *f*.
predicant. (*b*) *s. Ecc:* Prédicant *m*.
prefab [ˈpriːfæb], *s. F:* = PREFABRICATED HOUSE.
prefabricate [ˌpriːˈfæbrikeit], *v.tr.* Préfabriquer.
prefabricated [ˌpriːˈfæbrikeitid], *a.* Préfabriqué.
prefabrication [ˌpriːfæbriˈkeiʃ(ə)n], *s.* Préconstruction *f*.
prefer, *v.tr.* **2.** *To p. a petition,* adresser une pétition.
preheater, *s. I.C.E: etc:* Dégourdisseur *m*.
preheating, *s. I.C.E: etc:* Dégourdissage *m*. *P. device,* dégourdisseur *m*.
prehistorian [ˌpriːhiˈstɔːriən], *s.* Préhistorien, -ienne.
premium, *s.* **4.** *a. Premium-grade petrol,* supercarburant *m*.
prenuptial [ˈpriːˈnʌpʃəl], *a.* Prénuptial, -aux.
prerecorded [ˈpriːriˈkɔːdid], *a. W.Tel:* **Prerecorded broadcast** émission *f* en différé.
present[1]. II. *s.* **1.** **At present** (*referring to past time*), alors. *As matters stood at p.,* dans l'état où en était alors la question.
present[3], *v.tr.* **6.** *v.i. Obst:* Se présenter. *The child presents badly,* l'enfant se présente mal.
ˈpress-mark, *s.* Cote *f*.
pressure, *s.* **1.** (*a*) *See also* GREASING 1. **2.** *Sp: Sustained p.,* forcing *m*.
ˈpressure-cooker, *s. Cu:* Marmite *f* sous pression, auto-cuiseur *m*, *pl.* auto-cuiseurs.
pressurize [ˈpreʃəraiz], *v.tr.* Pressuriser.
prestress[1] [ˈpriːˈstres], *s. Const:* Précontrainte *f*.
prestress[2], *v.tr. Constr:* Appliquer le procédé de la précontrainte.
pretend[2]. **3.** *v.i.* Faire semblant; jouer la comédie. *Please, stop pretending!* Finissez de jouer la comédie, je vous en prie!
pretty. **1.** *a.* (*a*) *F:* **To be sitting pretty,** être bien placé, avoir la bonne place.
prevent, *v.tr.* **1.** *There is nothing to prevent . . .,* il n'est pas exclu que. . . .
prevention, *s.* **2.** *P. of disease,* prévention *f* de la maladie.
price[1], *s.* (*a*) *Publ:* **Published price,** prix fort.
prick[2]. I. *v.tr.* **1.** (*a*) Dégonfler.
priestling [ˈpriːstliŋ], *s. F:* Prestolet *m*.
principal. II. *s.* **1.** (*Pers.*) (*a*) *Adm: Assistant p.* = secrétaire *m* d'administration.
print[1], *s.* **1.** (*a*) *Thumb p.,* empreinte *f* du pouce. **5.** *Tex:* **(Cotton) print,** imprimé *m*.
priority, *adj. use.* Prioritaire.
priˈority-holder, *s.* Prioritaire *mf*.
prison[1], *s.* **To be sent to prison,** être incarcéré. **To send s.o. to prison, to have s.o. sent to prison,** faire incarcérer qn. **Prison camp,** camp *m* de prisonniers (de guerre).
private. I. *a.* **5.** (*b*) **Private chauffeur,** chauffeur de maître.
private, II. *s.* **2.** *Mil:* Soldat de 2e classe.
prize[3], *s.* **1.** (*a*) *Navy:* **Prize crew,** équipage *m* de prise.
ˈprize-winning, *a.* **Prize-winning novel,** roman primé.
problem, *s.* (*b*) *See also* CHILD.
process[2], *v.tr.* **1.** *Ind:* Traiter, transformer. *See also* CHEESE[1] 1.
processing [ˈprousesiŋ], *s.* Traitement *m* d'une matière première. **Processing industry,** industrie *f* de transformation. **Food-processing industry,** l'industrie alimentaire. *Automation: Data p.,* traitement des informations.
proclaim, *v.tr.* **1.** (*c*) *v.pr. Hitler proclaimed himself dictator* Hitler se proclama dictateur.
produce[2], *v.tr.* **1.** (*c*) *W.Tel:* Mettre en ondes.
producer, *s.* **1.** (*b*) *W.Tel:* Metteur en ondes. *Cin: W.Tel:* Réalisateur, -trice.
production, *s.* **1.** (*c*) *W.Tel:* Mise en ondes. *Cin: W.Tel:* Réalisation *f*.
professional. **1.** (*d*) **Professional man,** intellectuel *m*.
professionally [prəˈfeʃənəli], *adv.* Professionnellement.
ˈprofit-earning, *a.* Rentable.
profiterole [prɔˈfitəroul], *s. Cu:* Profiterole *f*.
ˈprofit-sharing[2], *s. P.-s. scheme,* intéressement *m*.
ˈprofit-taking, *s. St.Exch:* Prise *f* de bénéfices.
profusely, *adv.* Abondamment.
program(me)[1], *s. Computors:* Organigramme *m*. *See also* EDITOR 2, REQUEST 1..
program(me)[2], *v.tr. F:* Programmer.
ˈprogramme-music, *s.* Musique *f* de genre.
programmer [ˈprougræmər], *s. F:* Programmateur, -trice.
programming [ˈprougræmiŋ], *s. F:* Programmation *f*.
progress[1]. **1.** *See also* REPORT[1] 1.
projection, *s.* **3.** (*c*) *Metalw: P. welding,* soudure *f* par bossage *m*.
prominent, *a.* **1.** (*Of ears*) Décollé.
prompt[1], *a.* **1.** (*b*) **Prompt in repartee,** prompt à la riposte.
propellant [prəˈpelənt], *s.* Propergol *m*. *Rockets:* Combustible *m*.
propeller, *s.* **2.** *Av:* **Variable-pitch propeller,** hélice *f* à pas variable. **Feathered propeller,** hélice en drapeau.
property, *s.* **3.** *Th: Cin:* **Property horse,** cheval-jupon *m*, *pl.* chevaux-jupons.
ˈproperty-man, *pl.* **-men,** *s.m.* Accessoiriste *m*.
prospection [prəˈspekʃ(ə)n], *s.* Prospection *f*.
prospector, *s.* (*Pers.*) **Oil prospector,** chercheur *m* de pétrole, pétrolier *m*.
protégé [ˈprɔteiʒei], *s.* Protégé, -ée *s*.
protid(e) [ˈproutid], *s.* Protide *m*.
protocolar [ˈproutəˌkɔlə], *a.* Protocolaire.
psychiatrist [saiˈkaiətrist], *s.* Psychiatre *m*.
psychosomatic [ˈsaikousoˈmætik], *a. Med:* Psychosomatique.
ptarmigan, *s. Orn:* **Ptarmigan,** *U.S:* **rock ptarmigan,** lagopède *m* muet. *U.S: Willow p.,* lagopède des saules.
ˈpub-crawl[2], *v.i. P:* Godailler.
public. **1.** *a.* (*a*) *At the p. expense,* aux frais du contribuable.
publicize [ˈpʌblisaiz], *v.tr.* Faire connaître au public.
puffin, *s. Orn:* **1.** Macareux *m* moine.
pull[2], *v.tr.* **4.** *F:* **To pull a fast one on s.o.,** avoir qn.
pullorum [puˈlɔːrəm], *s. Vet:* **Pullorum disease,** pullorose *f*.
ˈpull-out, *s. Av:* (*From dive*) Ressource *f*.
ˈpull ˈup. **1.** (*e*) *F: Aut: I have been pulled up (by the police),* je me suis fait arrêter, siffler, (par l'agent). **2.** *v.i.* (*d*) *Sp: We'll pull up,* nous allons remonter ça.
ˈpull-up, *s.* **3.** *Mount:* Tirée *f*. **4.** *Gym:* Rétablissement *m*. **5.** *Sp: A good pull-up,* une belle remontée.
ˈpulp-fiction, *s. U.S:* Roman *m* de concierge, à bon marché, populaire, à deux sous.
pulse[1], *s.* **4.** **Pulse radar,** radar *m* à impulsions.
ˈpulso-ˈjet, *s. Av:* Pulso-réacteur *m*.
pump[1]. **1.** (*a*) *F:* (*Hair*) *straight as a yard of p. water,* (des cheveux) raides comme la justice, comme des baguettes de tambour. **Pump assistant, pump attendant,** pompiste *mf*.
ˈpumped ˈout, *a. P:* Pompé.
punch[2]. **1.** *Box:* Punch *m*. *F: He didn't pull his punches,* il n'a pas ménagé l'adversaire.

'punch-card, *s.* Carte perforée.
pundit, *s.* **2.** *F:* Ponte *m.*
puppet, *s.* **1.** *Pol:* **Puppet government,** gouvernement fantoche.
puppeteer [,pʌpi'tiər], *s.* Marionnettiste *m.* Montreur, -euse, de marionnettes.
purée ['pjuərei], *s.* *Cu:* Purée *f.*
purge[1], *s.* **2.** (*b*) *Pol:* Nettoyage *m*, épuration *f*, purge *f.*
purlin, *s.* *Const:* *Eaves p.*, panne sablière. *Ridge p.*, panne faîtière.
purple[1]. I. *a.* (*a*) *Lit:* **Purple passage,** morceau *m* de bravoure.
purple, *s.* II. **1.** (*d*) *Physiol:* **Visual purple,** pourpre rétinien.
purpose[1], *s.* **1.** (*a*) *For all practical purposes,* pratiquement. **2.** *For whatever p. it may serve,* à toutes fins utiles.
pursuit, *s.* **1.** (*a*) *Mil:* *Av:* **Pursuit plane,** chasseur *m*, avion *m* de chasse.
'push-button, *s.* **1.** *W.Tel:* Bouton-poussoir *m*, *pl.* boutons-poussoirs. **Push-button war,** la guerre presse-bouton.
pusher, *s.* **5.** *Tls:* Pousseuse *f.*
'push-pram, *s.* Voiture *f* d'enfant.
put[2], *v.* I. *v.tr.* **1.** (*b*) *To put s.o. against s.o.*, monter qn contre qn. **6.** (*b*) *Sp:* **To put the shot,** lancer le poids.
'put a way, *v.tr.* **1.** (*f*) *Ten:* *etc:* *He doesn't put the ball away,* il ne fait pas le point.
'put 'down, *v.tr.* **1.** *Mil:* *To put down a smoke-screen,* faire un barrage de fumée. **5.** (*e*) *He was unable to put down the money,* il ne pouvait pas payer comptant. **6.** *Abs.* *Av:* Atterrir. **7.** *F:* Tuer, abattre (un animal).
'put 'in. **3.** (*b*) *v.i.* *To put in for two days' leave,* demander une permission de 48 heures.
'put 'on, *v.tr.* **1.** (*a*) *To put on a record, a tape; to put a record, a tape on,* passer un disque, une bande.
'put 'out, *v.tr.* **2.** (*c*) (*Traffic signal*) *To put out one's arm,* étendre, sortir, le bras.
putty[1], *s.* **1.** (*a*) *P. coloured,* couleur mastic.
pygmy, *a.* Pygmée.
'pyrogen-free, *a.* Apyrogène.
pyromaniac, *s.* Pyromane *mf.*

Q

quadrille[2], *s.* (*b*) (*Bull-fighting*) Quadrille *f or m.*
quadruplet, *s.* **1.** *pl.* **Quadruplets,** quadruplé(e)s.
quads[3], *s.* *F:* = QUADRUPLETS 1.
quail[1], *s.* **1.** *Orn:* Caille des blés.
quantum, *pl.* **-a,** *s.* *Mil:* *The q. of forces,* les effectifs *mpl.*
quarrel[2], *v.i.* **1.** *They are quarrelling as to which of them should have the biggest share,* ils se disputent à qui aura le plus gros morceau.
quarry[3], *s.* (*a*) Carreau *m* (de céramique).
quarter, *s.* **3.** (*c*) (**News**) **from all quarters,** (nouvelles) de partout.
'quarter-'final, *s.* *Sp:* Quart *m* de finale.
quartermaster, *s.* **2.** *Mil:* **Quartermaster sergeant,** fourrier *m.* (*Women's services, W.R.A.C.*) **Quartermaster sergeant,** troisième catégorie *f.*
queer[1], *a.* **1.** (*c*) *s.* *P:* **A queer,** un anormal.
quench[1] [kwenʃ], *s.* *Metalw:* Trempe *f*, refroidissement *m* brusque. *Differential q.*, trempe différentielle. *Free fall q.*, trempe au bain de sel. *Hot q.*, trempe à haute température. *Slack q.*, trempe martensitique incomplète. *Time q.*, trempe interrompue.
question[1], *s.* **2.** *It is not out of the q. that . . .*, il n'est pas exclu que. . . .
'quick-'freezing, *s.* Quick-freezing *m.*
'quick-'witted, *a.* D'esprit vif.
quilp [kwilp], *s.* Ragotin *m.*
quince, *s.* *Bot:* **1.** *Cu:* *Q. cheese,* pâte *f* de coings.
quinquenniad [kwiŋ'kweniæd], *s.* Quinquennat *m.*
quintuplet, *s.* **2.** (*a*) *pl.* **Quintuplets,** quintuplé(e)s.
quisling ['kwizliŋ], *s.* Quisling *m.*
quod[1], *s.* *P:* Taule *f.*
quota, *s.* (*d*) *War Adm:* Attribution *f* (d'essence, de sucre, etc.).

R

rabbit[1]. **1.** *See also* ALBINO 2.
racer, *s.* **2.** (*a*) & (*c*) Racer *m.*
racism ['reisizm], *s.* *U.S:* Racisme *m.*
racist ['reisist], *s.* *U.S:* Raciste *mf.*
rack[3], *s.* **1.** (*b*) *Aut:* **Roof rack,** galerie *f.* *Newspaper r.*, porte-journaux *m.inv. in pl.*, porte-revues *m.inv. in pl.*
racket[2], *s.* **3.** *F:* (*a*) Racket *m.* *It's a r.*, c'est une escroquerie, c'est du vol. (*b*) Gang *m.* *The rum r.*, le gang de l'alcool.
racketeer, *s.* **2.** *F:* Racketter *m.*
radar ['reidɑːr], *s.* Radar *m.* *R. operator,* radariste *mf.* **Radar station,** radar *m.* *Continuous wave r.*, radar à ondes entretenues. *Pulse r.*, radar à impulsions.
radio[1]. **1.** **Table radio,** T.S.F. portative, poste portatif. *A.C.-D.C. r.*, poste *m* tous courants. *R. link,* faisceau hertzien. *See also* TWO-WAY 1.
radio-astronomy ['reidiouə'strɔnəmi], *s.* Radio-astronomie *f.*
radiocommunication ['reidioukə,mjuːni'keiʃ(ə)n], *s.* Radio-communication *f.*
'radio-con'trol[1], *s.* Téléguidage *m.*
'radio-con'trol[2], *v.tr.* Téléguider.
radiodetection ['reidioudi'tekʃ(ə)n], *s.* Radiodétection *f.*
radioelectricity ['reidiouilek'trisiti], *s.* Radioélectricité *f.*
'radio-engi'neer, *s.* Ingénieur *m* radio.
radiogramophone, *s.* Combiné *m* (radio-phono).
radiography, *s.* **1.** *Mass r.*, radiographie collective.
radiolocation ['reidioulo'keiʃ(ə)n], *s.* Radio-repérage *m.*
'radio-'sonde, *s.* *Met:* Radiosonde *f.*
radius, *pl.* **-ii,** *s.* **1.** (*b*) *Tchn:* **Cruising radius,** autonomie *f.*
raid[2]. **1.** *v.i.* **Raiding aircraft,** avion ennemi.
raider, *s.* (*a*) **Raiders past signal,** signal de fin d'alerte.
railway, *s.* **1.** **The main railway lines,** les grandes lignes ferroviaires.
rain[1], *s.* **1.** (*a*) *Bot:* *Golden r.*, cytise *m.*
'rain-band, *s.* *Phy:* *Meteor:* Bande *f* de la pluie (dans le spectre).
rainwear ['reinwɛər], *s.* Vêtements *mpl* de pluie.
raiser, *s.* **5.** *F:* *Mil:* **Morale raiser,** facteur *m* qui relève le moral de la troupe.
'rake 'in, *v.tr.* (*c*) *To r. in (manure),* enfouir (du fumier) au, avec un, râteau.
rally[1], *s.* **1.** (*e*) *Aut:* (**Car**) **rally,** rallye *m* d'automobiles, rallye automobile.
ram[1], *s.* **2.** (*d*) *Aer:* **Ram pressure,** pression *f* dynamique.
ramjet ['ræmdʒet], *s.* *Av:* Statoréacteur *s.*
range[1], *s.* **4.** (*a*) **Long-range aircraft,** avion à grand rayon d'action (*b*) *Pol.Ec:* *Salary r.*, éventail *m* des salaires.
ranger, *s.* **4.** *Scouting:* Guide aînée.
rating[1], *s.* **1.** (*a*) **Engine rating,** calcul *m* de la puissance des moteurs. **2.** (*b*) *Sp:* Série *f.*
ratio, *pl.* **-os,** *s.* **1.** *T.V:* *Aspect r. of pictures,* format d'images.
ration[1], *s.* *Adm:* **Off the ration,** sans tickets, en vente *f* libre.
'ration-book, *s.* *War Adm:* Carte *f* d'alimentation, carte de ravitaillement. **Clothing ration-book,** carte d'habillement. **Ration-book holder,** rationnaire *m or f.*
razor, *s.* **Electric razor,** rasoir *m* électrique.
'razor-bill, *s.* *Orn:* Petit pingouin.
reactor, *s.* **2.** *Atom. Ph:* **Atomic reactor,** réacteur *m* atomique. **Breeder reactor,** pile couveuse.
readership, *s.* **2.** *A r. of two million,* deux millions de lecteurs. *An educated r.*, un public cultivé.
reading[2], *s.* **2.** (*b*) *Tg:* **Sound reading,** lecture *f* au son.
ready-'made. **1.** *a.* *R.-m. clothes,* le prêt à porter.
'ready-to-wear, *attrib. a.* Prêt à porter.
realize, *v.tr.* **3.** Prendre conscience *f* de. . . .
'rear-'engined, *a.* *Aut:* Avec moteur à l'arrière; tout à l'arrière.
rebel[1], **2.** *s.* *To be a r.*, faire la mauvaise tête.
rebore. **2.** *s.* *F:* Réalésage *m.*
recce ['reki]. *Mil:* *P:* **1.** *s.* Reconnaissance *f.* **2.** *v.i.* Reconnaître (le terrain).
recess[1], *s.* **4.** (*b*) *Arch:* Enfeu *m.*
recessing, *s.* *Tchn:* Chambrage *m.*
recession. **2.** Désistement *m.* **3.** *Pol.Ec:* Récession *f.*
réclame [rei'klɑːm], *s.* Publicité *f.*
recognition, *s.* **2.** *This artist won r.*, cet artiste s'imposa (à l'estime publique). **3.** *Av:* *R. light,* feu *m* d'identification.
reconsider, *v.tr.* **1.** Repenser (une question).
reconstruction, *s.* **1.** Refonte *f.* *Educational r.*, refonte de l'organisation de l'enseignement.
reconversion [,riːkən'vəːʃ(ə)n], *s.* *Pol.Ec:* Reconversion *f.*
record[1], *s.* **2.** (*a*) *F:* **Off the record,** en secret, entre nous. **5.** *Sch:* **School record card,** fiche *f* scolaire; curriculum vitae *m.* **7.** (*a*) *Long-playing r.*, disque microsillon, longue-durée. *See also* DEALER 2.
record[2], *v.tr.* **3.** (*b*) Graver. *To r. on a tape,* enregistrer sur bande
'record(-)changer, *s.* Changeur *m* de disques.
recorder, *s.* **3.** (*b*) *See also* TAPE-RECORDER.
recording[2], *s.* **2.** (*Gramophones*) Prise *f* de son; gravure *f.* **Recording head,** tête enregistreuse.
'record-player, *s.* Électrophone *m*, tourne-disques *m inv.*

'record-,repro,ducer, *s.* Amplificateur *m.*
recovery. 3. (*b*) *Sp:* (*From a losing position*), accrochage *m.*
redpoll, *s.* **1.** *Orn:* Sizerin flammé. *Arctic, U.S: hoary, r.,* sizerin *m* blanchâtre. *Greater r.,* sizerin du Groënland. *Lesser r.,* sizerin cabaret. *Mealy r.,* sizerin boréal.
redshank, *s.* *Orn:* Chevalier gambette. *Spotted, dusky, r.,* chevalier arlequin.
redstart, *s.* *Orn:* **Redstart** (*Phoenicurus phoenicurus*), rouge-queue à front blanc. *Black r.,* rouge-queue noir.
reduce, *v.tr.* **5.** (*a*) *Reduced from 5 shillings,* réduction sur l'ancien prix qui était de cinq shillings.
reduction, *s.* **1.** (*a*) *Automation: Data r.,* traduction *f* des informations. **6.** *Med: Open r.,* réduction sanglante.
redundancy, *s.* **3.** *R.* (*of workers*), surnombre *m.*
redundant, *a.* **2.** (*Of workers*) En surnombre *m.*
redwing, *s.* *Orn:* Grive *f* marais.
'reed-warbler, *s.* *Orn:* Rousserolle *f* effarvatte. *Great r.-w.,* rousserolle turdoïde.
're-em'ployment, *s.* *Pol.Ec:* Réemploi *m.*
're-e'quipment, *s.* Rééquipement *m.*
reeve[2], *s.* *Orn:* Chevalier combattant femelle.
refill[1], *s.* Recharge *f.* Cartouche *f* (d'encre, de butane).
refit[2], *v.tr.* **3.** Réaménager.
refitting, *s.* Réaménagement *m.*
reflector, *s.* **1.** (*a*) *Cy: etc:* Catadioptre *m.*
refrigerator, *s.* (*a*) Réfrigérateur *m.*
refuelling, *s.* *Av: R. point,* soute *f* à essence.
regiment[2], *v.tr.* *Regimented industries,* industries réglementées.
region, *s.* *F: This costs in the r. of £500,* cela coûte dans les, quelque chose comme, £500.
register[2]. **1.** *v.tr.* (*a*) (*Abs.*) *Mil:* Recenser. **2.** *v.i.* *War Adm: To r. with a tradesman,* s'inscrire chez un commerçant.
registration, *s.* **1.** (*a*) *Mil:* Recensement *m.* *Adm:* **Registration number (of car),** numéro minéralogique. *A car with the r. number SPF 342,* une voiture immatriculée SPF 342.
regrading [ˌriːˈgreidiŋ], *s.* Reclassement *m* (des fonctionnaires, etc.).
regrouping [ˌriːˈgruːpiŋ], *s.* *Fin:* Regroupement *m* d'actions.
rehabilitation, *s.* **1.** *R. of disabled men,* rééducation *f* des mutilés. **Rehabilitation centre,** centre *m* de rééducation professionnelle. *R. of occupied territories,* reconstruction *f* des pays occupés. Réadaptation *f* (de réfugiés). *R. of ex-servicemen,* réintégration *f* des démobilisés dans la vie civile.
rehash[1], *s.* *F:* Nouvelle mouture (d'un livre, etc.).
rehousing [ˈriːˈhauziŋ], *s.* Recasement *m.*
reinvigorate, *v.tr.* Revigorer.
reject[1], *s.* **1. Export reject,** article (de rebut) non-destiné à l'exportation.
rejuvenescence, *s.* *Biol:* Réjuvénescence *f.*
relation, *s.* **2.** (*b*) *pl.* *Public relations officer,* chef du service des relations avec le public.
relativism [ˈrelətivizm], *s.* *Phil:* Relativisme *m.*
relax. 2. *v.i.* (*b*) Se décontracter, se relaxer.
relaxation, *s.* **2.** Relaxation *f.*
relaxed, *a.* (*b*) Relaxé, décontracté.
release[1], *s.* **1.** (*a*) *Mil:* Mise *f* en disponibilité. *Adm:* Démobilisation *f.* (*e*) (iii) *Cin:* **General release,** passage *m* à la région.
release[2], *v.tr.* **1.** (*a*) *Mil:* Mettre en disponibilité.
relief[1], *s.* **2.** (*a*) **Relief train,** (ii) train *m* supplémentaire.
rel'ief-,valve, *s.* *Mch:* Clapet *m* de décharge.
relieve, *v.tr.* **4.** (*a*) *Mil:* Débloquer (une ville).
remake[1], [ˌriːˈmeik], *s.* *Cin: Gramophones:* Remake *m.*
remand[2], *v.tr.* *Jur: Person remanded in custody* = préventionnaire *mf.*
remark[1], *s.* **2.** *F:* **To make a remark,** faire une réflexion.
remember, *v.tr.* **1.** (*b*) **Be it remembered (that),** n'oublions pas (que), ne l'oublions pas.
remembrance, *s.* **1.** *See also* GARDEN[1] 1.
remind, *v.tr.* *She has reminded me that we are going there tonight,* elle me rappelle que nous y allons ce soir.
remission, *s.* **2.** *Jur: With r. of sentence,* avec sursis.
remove[2], *v.tr.* **1.** (*a*) *To r. make-up,* démaquiller.
remover, *s.* **2. (Nail-varnish) remover,** dissolvant *m* (pour ongles). **Make-up remover,** démaquillant *m.*
render, *v.tr.* **3.** *See also* LIABLE 2.
renege [riˈni(ː)g], *v.* *Abs. Cards:* Renoncer.
rentability [ˌrentəˈbiliti], *s.* Rentabilité *f.*
reorder[3], *v.tr.* Remettre de l'ordre (à, dans, qch).
report[1], *s.* **1.** *Com: Ind:* **Progress report,** état *m* périodique.
reportedly [riˈpɔːtidli], *adv.* *Journ: The President has r. said that,* le président aurait dit, que.
represent, *v.tr.* **1.** (*c*) Figurer. *This angel represents peace,* cet ange figure la paix.
representation, *s.* **4.** *Dipl:* Démarche *f.* **Joint representations,** démarche collective. **To make representations,** faire une démarche.
reproduction, *s.* **1.** *R. rate,* taux de survie *f.*
reputed, *a.* **-ly,** *adv.* *He is reputedly the best heart specialist,* il passe pour le meilleur cardiologue.
repudiate, *v.tr.* **2.** *Com: Jur:* Refuser d'honorer (un contrat).
request, *s.* **1.** (*a*) *W.Tel: R. programme,* programme *m* des auditeurs.
rescue[1], *s.* **1. Rescue squad,** équipe *f* de secours. **Air Sea Rescue,** sauvetage aérien en mer.
resentment, *s.* Rancœur *f.*
reserve[2], *v.tr.* *R.C.Ch: The Blessed Sacrament is reserved in this chapel,* le Saint-Sacrement se trouve dans cette chapelle.
resettlement, *s.* **1.** Transfert *m* de population. (*Of people*) Recasement *m.*
residence, *s.* **Gentleman's residence,** maison *f* de maître. **Grace and favour r.,** résidence concédée à titre gracieux, par faveur spéciale, par le souverain.
resident. 2. *s.* (*a*) Pensionnaire *mf.* (*c*) *Adm:* (*Person living in a foreign country*) Résident, -ente.
residential, *a.* **1.** Résidentiel, -elle. **Residential district,** quartier résidentiel.
resnatron [ˈreznətrɔn], *s.* *Electronics:* Resnatron *m.*
reso-jet [ˈriːsoudʒet], *s.* Pulsoréacteur *m.*
resolution, *s.* **1.** *T.V: Picture r.,* définition *f* d'une image.
resounding, *a.* (*Of voice*) Tonitruant.
response, *s.* **2.** (*a*) *The Anglo-French treaty met with a warm r.* on a fait un accueil chaleureux au traité franco-anglais.
rest[1], *s.* **3. Rest centre,** centre *m* d'accueil.
restaurant, *s.* **Civic, municipal, restaurant** = restaurant social, restaurant communautaire.
restful, *a.* *Colour r. to the eyes,* couleur reposante pour la vue.
restlessness, *s.* **1.** (*a*) Fièvre *f.*
result[2], *v.i.* **1.** *Little will r. from all this,* il ne sortira pas grand-chose de tout cela.
retempering, *s.* **2.** Regâchage *m,* redélayage *m* (of mortar, concrete).
retentivity, *s.* *Magn:* Rémanence *f.*
retranslation, *s.* **2.** *Sch:* Thème *m* d'imitation.
return[1], *s.* **3.** (*d*) *pl.* *Com: F:* **Returns,** retours *mpl.*
returnable, *a.* **2.** *Com:* **Non-returnable packing,** emballage perdu.
Reunion [ˌriːˈjuːnjən]. *Pr.n.* *Geog:* Réunion *f.*
reverse[2], *s.* **1.** (*d*) *Typewr:* **Automatic ribbon-reverse,** retour *m* automatique du ruban.
reversing[2], *s.* **2.** (*b*) *Aut: R. light,* phare *m* de recul.
review[1], *s.* **1.** *To keep a question under r.,* suivre une question de très près. **3.** *R. grammar,* grammaire *f* de révision. **4.** Critique *f.*
revivalist [riˈvaiv(ə)list], *s.* Revivaliste *mf.*
revulsion, *s.* **3.** *F:* Écœurement *m.*
rewarding[1], *a.* (*b*) Qui en vaut la peine. *A r. book,* un livre qui vaut la peine d'être lu.
rhapsody, *s.* **2.** *F:* Dithyrambe *m.*
rhetorical, *a.* (*a*) **Rhetorical question,** question pour la forme.
rib[1], *s.* **2.** (*b*) *Arch:* Ogive *f.* **Transverse rib,** doubleau *m.* **Ridge rib,** lierne *f.* **Intersecting ribs,** croisée *f* d'ogives.
ribbed, *a.* **1.** *Arch:* **Ribbed vault,** voûte *f* d'ogives.
'rice-grower, *s.* Riziculteur *m.*
'rice-growing, *s.* Riziculture *f.*
rickshaw, *s.* *Bicycle r.,* vélo-pousse *m.*
ride[1], *s.* **1.** (*b*) *F:* **To take s.o. for a ride,** (iii) *F:* faire marcher duper, qn.
ridger [ˈridʒə], *s.* *Agr:* Buttoir *m.*
'rift-valley, *s.* *Geol:* Rift *m.*
rigging[1], *s.* **2.** (*b*) *Aer: R. line,* suspente *f.*
right[1]. I. *a.* **3.** (*c*) *To know the r. people,* (i) avoir des relations, (ii) avoir d'utiles relations. (*d*) *P: She comes out in all the r. places,* elle est bien carrossée.
right. II. *s.* **2.** (*b*) *Jur:* **Rights granted by contract,** droits contractuels.
'right-handed, *a.* **4.** *adv.* (*b*) *To play tennis r.-h.,* jouer au tennis de la main droite.
rightist [ˈraitist], *a.* De droite.
ring[3], *s.* **1.** *The r. of truth,* l'accent de vérité. **2.** (*b*) *F: Tp:* **To give s.o. a ring,** donner un coup de fil à qn.
ring[4], *v.* **2.** *v.tr.* (*a*) *Abs. To r. for the lift,* appeler l'ascenseur. *F: Does that ring a bell?* est-ce que ça vous rappelle quelque chose?
'ring a'gain, *v.i.* **3.** *Tp:* Rappeler.
'ring-master, *s.* **1.** Chef *m* de piste.
rip[4], *s.* **2.** *Rip tide,* courant *m* de retour.
'rip-cord, *s.* *Aer:* Cordelette *f* de déclanchement (du parachute).
rise[1], *s.* **1.** (*a*) *Fish:* (*Of fish*) Montée *f.*
rise[2]. I. *v.i.* **4.** (*a*) (*Of ground*) Se relever.
riser, *s.* **3.** (*a*) *Petrol Ind:* Colonne montante.
rissole, *s.* Croquette *f.*
river[1], *s.* **1. To sell down the river,** brader. *To sell s.o. down the r.,* vendre, trahir qn. **2.** *Typ: R.* (*of white running down the page*), lézarde *f.*
road[1], *s.* *See also* ORBITAL 3. **"A" road,** route nationale. **"B" road,** chemin de grande communication.
'road-monster, *s.* *F:* Mastodonte *m* de la route.
roadrailer [ˈroud,reilər], *s.* *Rail:* Wagon *m* rail-route.
'road-user, *s.* Usager *m* de la route.
roadworthiness [ˈroudwəːðinis], *s.* (*Of vehicle*) Aptitude *f* à rouler.
roar[2], **1.** *v.i.* (*b*) (*Of camel*) Blatérer.
rob, *v.tr.* *To rob s.o.,* dévaliser qn.
robot, *s.* Robot *m.*
rock[1], *s.* **3.** (*Used adjectively*) Rupestre. *Art:* **Rock drawings,** dessins rupestres.
rock[3]. **1.** *v.tr.* (*a*) *To r. oneself backwards and forwards on one's chair,* se balancer sur sa chaise.
'rock-bunting, *s.* *Orn:* Bruant fou.
'rock-dove, *s.* *Orn:* Pigeon *m* biset.
'rock-melon, *s.* Cantaloup *m.*
'rock-pipit, *s.* *Orn:* Pipit maritime, obscur.
rocket[3], *s.* *Mil:* Roquette *f.* *Av:* **Rocket (-propelled) fighter,** chasseur-fusée *m,* *pl.* chasseurs-fusées. **Rocket base,** base *f* de lancement (de fusées). *First-stage r.,* fusée mère. *F:* Savon *m.* *He's just had a r from the old man,* son père vient de lui passer un savon.
rocket[3], *v.i.* (*c*) *Pol.Ec:* **Rocketing prices,** prix qui montent en flèche.
'rocket-gun, *s.* Lance-fusée *m.*

'rocket-launcher, *s.* (*a*) Lance-fusée *m*, *pl.* lance-fusées. Lance-roquette *m*, *pl.* lance-roquettes. (*b*) Rampe *f* de lancement de fusées.
roentgen, röntgen ['rəːntdʒən], *s.* *Ph:* Rœntgen *m.*
roentgenotherapy, röntgenotherapy ['rəːntdʒəno'θerəpi], *s.* *Med:* Rœntgenthérapie *f.*
rogue¹, *s.* **4.** (*c*) *Rac:* Cheval rogue.
rogue² (out), *v.tr.* *Hort:* Éliminer (des plantes mal venues ou indésirables).
roll¹, *s.* *Cost:* **Roll neck** (*of sweater*), col roulé.
roll², *s.* **2.** (*c*) *Flick r.*, tonneau *m* déclanché. *Aileron r.*, tonneau lent.
roll³. II. *v.i.* **1.** (*a*) *Some heads will roll in the Government*, quelques ministres vont être limogés.
'roll a'long. 2. *v.i.* (*b*) *F:* Se ramener, *P:* se radiner.
roller, *s.* **1.** (*b*) *Agr:* **Toothed roller,** croskill *m.* (*f*) *R. bearing* aiguille de roulement.
'rolling-shutter, *s.* *Const:* Rideau *m* ondulé.
roof¹, *s.* **3.** (*b*) *Aut:* **Sunshine roof,** toit ouvrant.
rook¹, *s.* **1.** (*a*) *Orn:* Corbeau freux.
room¹, *s.* **3.** (*a*) **Double room,** chambre à deux personnes, chambre à grand lit. **Single room,** chambre à une personne. **Double-bedded room, room with twin beds,** chambre à deux lits. **Room to room telephone,** téléphone intérieur, d'appartement. **4.** (*b*) *See also* PROPERTY-ROOM.
roomette [,ruːm'et], *s.* *U.S:* *Rail:* Compartiment *m* de wagon-lit.
root¹, *s.* **1.** *F:* *A r. and branch revision*, une révision complète, à fond.
'root-cleaner, *s.* *Agr:* Décrotteur *m.*
rope¹, *s.* **1.** (*a*) *Mount:* Cordée *f.* **To come down on a doubled rope,** faire une descente en rappel *m.* **To put on the rope,** s'encorder. **First on the rope,** premier de cordée.
rope², II. *v.i.* *Mount:* **To rope,** s'encorder. **To rope down,** faire une descente en rappel.
ropey ['roupi], *a.* *P:* Pas fameux, camelote.
rosarian [rou'zɛəriən], *s.* Rosiériste *mf.*
rosefish ['rouzfiʃ], *s.* *Ich:* Sébaste *m*, cherre *m.*
rosette, *s.* **2.** *Arch:* *Sculp:* Rosette *f.*
rostrum, *s.* **1.** (*b*) *F:* (*At auction sale*) *To take the r.*, monter sur l'estrade, prendre le marteau (du commissaire-priseur).
rotary, *a.* (*b*) (*Pers.*) **Rotary printer,** rotativiste *m.*
rotation, *s.* **2.** (*b*) **Rotation cropping,** assolement *m.*
rotor, *s.* *Aut:* Balai rotatif (du distributeur). *Av:* **Helicopter rotor,** rotor *m.*
rough¹. I. *a.* **2.** *F:* *He has had a r. time of it, he has had a r. passage*, *P:* il en a bavé. **3.** *Dom.Ec:* *R. work*, le gros ouvrage, *F:* 'le plus gros.' **4.** *Sch:* *R. work*, brouillon *m.*
rough-handle [,rʌf'hændl], *v.tr.* Malmener qn.
round¹. I. *a.* **1.** (*a*) *Pol:* *Ind:* *etc:* **Round-table conference,** table ronde.
round². I. *s.* **5.** (*c*) *Sp:* Manche *f.*
roundabout. I. *s.* **2.** (*b*) *Aut:* Rond-point *m*, *pl.* ronds-points. *Adm:* Carrefour *m* à giration, à sens *m* giratoire.
roundel, *s.* **1.** (*c*) *Av:* Cocarde *f.*
route¹, *s.* (*a*) Chemin *m.* *Mount:* *To find the r.*, faire la trace. *The trolley-bus r.*, la route du trolley.
rover¹, *s.* **1.** (*b*) *Scouting:* Routier *m.*
roving¹, *a.* *A r. glance*, un regard bougeant, errant.
rubber¹, *s.* **1.** (*a*) **Blackboard rubber,** effaceur *m.* **3.** (*a*) *Foam r.* caoutchouc mousse. *See also* TRUNCHEON. (*b*) *R. dinghy*, canot *m* pneumatique.
'rubbish-shoot, *s.* (*In building*) Vide-ordures *m inv.*
ruby, *s.* **4.** *a.* & *s.* **Ruby port,** porto *m* rouge.
'ruby 'wedding, *s.* Noces *f* de vermeil.
rucksack, *s.* Sac à dos.
ruff², *s.* *Orn:* Chevalier combattant.
Rugby. *Pr.n.* **2.** (*b*) **Rugby player,** rugbyman *m*, *pl.* rugbymen.
ruin¹. 2. Décombres *mpl.* **3.** *P:* **Blue ruin, mother's ruin** — pousse-au-crime *m.*
rule, *s.* **1.** (*c*) *See also* WORK² I, 1.
ruler, *s.* **2.** Double-décimètre *m*, *pl.* doubles-décimètres.
rumbling², *s.* *F:* **Tummy rumblings,** borborygmes *mpl.*
rumex, *s.* *Bot:* Rumex.
run¹. *s.* **2.** (*a*) **Full-power run,** essai *m* à pleine puissance. **9.** (*a* (*Of the mole*) Galerie *f* (de la taupe).
run². II. *v.tr.* **4.** (*a*) *Av:* *To run the engines* (*in order to check them*), faire le point fixe.
'run-a,bout, *s.* **2.** (*b*) *Nau:* Runabout *m.*
'run 'into. 1. *v.i.* (*c*) *When driving, above all don't run into anyone*, en conduisant, surtout n'accrochez personne.
runnable ['rʌnəbl], *a.* *Ven:* **Runnable stag,** cerf courable.
runner, *s.* **1.** (*g*) *Mil:* Agent *m* de liaison.
running¹, *a.* **2.** **Running water,** courant *m.*
'run-off, *s.* **1.** *Hyd.E:* Ruissellement *m.*
'run 'through. I. *v.i.* **1.** (*b*) *He ran through his pockets but couldn't find it*, il fouilla dans ses poches mais ne réussit pas à le trouver.
'run 'up. 1. *v.i.* (*b*) *To run up against s.o.*, être, entrer, en conflit avec qn.
'run-up, *s.* **3.** *Av:* *The pilot was making his r.-u. to the target*, le pilote fonçait sur l'objectif.
runway, *s.* **5.** *Av:* Piste *m* d'envol.
rush³, *s.* **1.** (*b*) Rush *m.* **Rush hour,** heure de la foule.
rush⁴. I. *v.i.* **1.** (*a*) **To rush to the window,** se ruer à la fenêtre.
Russia. 1. *Pr.n.* *Geog:* **White Russia,** Russie blanche, Biélorussie *f.*
Russo- ['rʌsou], *pref.* Russo-.
rustle¹, *s.* **1.** Friselis *m.*

S

saboteur [,sæbə'təːr], *s.* Saboteur, -euse.
sabre¹, *s.* **1.** *To rattle one's s.*, traîner, faire sonner, son sabre.
sack¹, *s.* **1.** *S. and bag trade*, sacherie *f.*
saddle², *v.tr.* (*b*) *F:* **To saddle with,** encombrer de.
saddle² (up), *v.i.* Seller un cheval.
safe², *a.* **1.** (*a*) *To be s. from recognition*, ne pas risquer d'être reconnu.
'safe-,breaker, *s.* Perceur *m* de coffres-forts.
safety, *s.* *Med:* *S. test*, essai d'innocuité *f.*
'safety-catch, *s.* **1.** Cran *m* d'arrêt.
'safety-net, *s.* Filet *m.*
'sage-,grouse, *s.* *Orn:* Tétras *m* centrocerque.
sagging¹. 1. (*e*) *Fin:* **Sagging market,** marché creux.
saker, *s.* **1.** *Orn:* Faucon *m* sacre.
saleability [,seilə'biliti], *s.* *Com:* Qualité marchande (d'un article); facilité *f* d'écoulement.
saline. 1. *a.* *Bio-Ch:* **Normal saline solution,** solution *f* physiologique. **2.** *s.* *Med:* (*b*) Sérum *m* physiologique.
'salmon-'trout, *s.* *Ich:* Truite *f* de mer.
saloon, *s.* **3.** (*b*) *Aut:* *Seven-seater s.*, familiale *f.*
salt¹. 2. (*c*) *See also* PHYSIOLOGICAL.
'salt-mine, *s.* Mine *f* de sel.
'salt-,shaker, *s.* Salière *f* (dite) saupoudroir.
'salt-water, *attrib.* *a.* *Geog:* **Salt-water lake,** lagune *f.*
salute¹, *s.* (*b*) *To take the s.* (*at a march past*), passer les troupes en revue.
salvage¹. 2. **Salvage vessel,** navire *m* de relevage. **4.** Récupération *f* (de matières pour l'industrie).
salve³, *v.tr.* Récupérer.
samba ['sæmbə], *s.* *Danc:* Samba *f.*
sample¹, *s.* *True, fair, s.*, échantillon représentatif. **Sample survey,** enquête *f* par sondage.
sampling, *s.* (*Of food*) Gustation *f*; action *m* de goûter.
sander ['sændər], *s.* *Tls:* Ponceuse *f.*
sanderling, *s.* *Orn:* Bécasseau *m* sanderling, sanderling *m* (des sables).
'sand-grouse, *s.* *Orn:* *Pallas's s.-g.*, syrrhapte paradoxal, poule *f* des steppes. *Black-bellied s.-g.*, ganga *m* unibande.
sandpiper, *s.* *Orn:* *Buff-breasted s.*, bécasseau rousset. *Common s.*, chevalier *m* guignette. *Spotted s.*, guignette perlée, chevalier grivelé. *Green s.*, chevalier cul-blanc. *Pectoral s.*, bécasseau tacheté. *Purple s.*, bécasseau violet. *Wood s.*, chevalier sylvain. *U.S:* *Red-backed s.*, bécasseau variable. *See also* CURLEW-SANDPIPER.
'sand-pride, *s.* *Ich:* Petite lamproie.
'sand-soap, *s.* Savon minéral.
San Marino [,sænmə'riːnou]. *Pr.n.* *Geog:* (La république de) Saint-Marin.
sap⁴, *s.* **3.** Niais *m.*
sapphire, *s.* **4.** *Gramophones:* Saphir *m.*
satellite, *s.* *Astr:* *Ph:* *Artificial s.*, satellite artificiel, spoutnik *m.* *S. town*, agglomération *f* satellite.
saucepan, *s.* **To cook in a double s.,** faire cuire au bain-marie.
saucer, *s.* **1.** (*a*) *F:* *Av:* **Flying saucer,** soucoupe volante.
sauna ['saunə], *s.* Sauna *m.*
sausage, *s.* **1.** (*a*) *P:* *Not a s.*, nib de nib.
savant ['savɑ̃, 'sævənt], *s.* Savant, -e.
save², *v.tr.* **2.** (*b*) *To save on sth.*, économiser sur qch.
saving², *s.* **2.** (*b*) **Savings certificate** = bon *m* d'épargne.
savoir-faire [,sævwɑː'fɛər], *s.* Adresse *f*; savoir-faire *m.*
savoir vivre [,sævwɑː'viːvrə], *s.* Savoir-vivre *m.*
say², *v.tr.* **1.** (*b*) *P:* *You've said it!* vous l'avez dit. *P:* **You don't say!** ça, alors! *Say it with flowers!* Dites-le avec des fleurs!
scale¹, *s.* **3.** *Metall:* Calamine *f.*
'scale 'model, *s.* Maquette *f*, modèle réduit.
'scaling 'down, *s.* Réduction *f* homothétique.
scan¹, *s.* **2.** **Scan axis,** axe *m* radioélectrique. **Scan frequency,** fréquence *f* de balayage.
scanner, *s.* **3.** *Radar s.*, déchiffreur *m* de radar.
scare¹, *s.* *War s.*, psychose *f* de guerre.
scarecrow, *s.* *F:* *To be dressed like a s.*, être mis à faire peur.
scarf¹, *s.* **1.** (*Man's*) Cache-nez *m.inv.*
scaup, *s.* *Orn:* **Scaup-duck,** fuligule *f* milouinan, canard *m* milouinan.
scenic, *a.* **1.** (*a*) *U.S:* *S. road*, route touristique.
schadenfreude ['ʃɑːdnfrɔidə], *s.* Masochisme *m.*
schedule¹, *s.* **3.** (*a*) *To be behind s.*, être en retard sur les prévisions. *To be ahead of s.*, être en avance sur l'horaire prévu, sur les délais prévus.
schedule², *v.tr.* **2.** *To schedule as an ancient monument, as a place of historic interest*, classer (comme) monument historique.

scheduled, *a.* (*c*) *S. services*, services réguliers.
schnauzer ['ʃnautsər], *s.* (*Dog*) Schnau(t)zer *m.*
school[1], *s.* **1.** (*a*) **Secondary (Grammar) School** = Collège *m.* **Secondary (Modern) School** = cours complémentaire. *Comprehensive s.* = centre *m* d'études secondaires. **Government s.,** école *f* publique. *See also* NAUTICAL. *Approved s.*, maison de redressement. **Independent, private, school,** institution *f.*
'school 'bus, *s.* Autobus faisant le service des écoles. **School bus service,** service de ramassage *m* des écoliers.
'school-'hall, *s.* Salle *f* de réunion, des fêtes.
'school-leavers, *s.* (*Generally used in pl.*) Jeunes gens qui ont terminé leurs études secondaires.
Schoop process ['ʃuːp,prouses], *s.* Schoopage *m.*
science, *s.* **2.** *Natural s.*, sciences naturelles.
'science-'fiction, *s.* Littérature *f* d'anticipation, science-fiction *f.*
scintillometer [,sintə'lɔmitər], *s.* *Tchn:* Scintillomètre *m.*
scoop[2]. **2.** (*b*) *To make a s.*, réussir un coup.
scooterist ['skutərist], *s.* Scootériste *mf.*
scorched, *a.* *S. earth policy*, tactique *f*, politique *f*, de la terre brûlée.
scoter, *s.* *Orn:* *Common s.*, macreuse noire. *Surf s.*, macreuse à lunettes. *Velvet, U.S: white-winged, s.*, macreuse brune.
Scotland. *Pr.n.* **2. Scotland Yard** = La Sûreté.
scourer[1], *s.* **2. (Pot-)scourer,** éponge *f* métallique, en nylon, etc. **3.** *Agr:* Épointeuse *f.*
scram, *v.i.* *P:* Démarrer, se carapater, ficher le camp.
scrap[1], *s.* **2.** (*a*) *Scraps of fur*, retailles *fpl.*
scrape[2]. I. *v.tr.* **2.** (*a*) *F:* *To s. the barrel*, racler les fonds de tiroir.
scraping[2], *s.* **3.** Grattement *m.* *A s. of chairs*, un bruit de chaises.
'scrap-,merchant, *s.* Marchand *m* de ferraille; ferrailleur, -euse.
scratch[1]. **3.** *F:* **To start from scratch,** partir de zéro. **To start from scratch again, again from scratch,** repartir à zéro.
scratching, *s.* **4.** Grattement *m.*
scream[2]. **1.** *v.i.* (*a*) **Give it me or I'll scream,** *F:* je veux ça ou je pleure.
screen[1], *s.* **1.** (*f*) *Av:* *Blast s.*, déflecteur *m* de souffle. **2.** *Cin:* *Panoramic s.*, écran panoramique. *T.V:* *Large s.*, écran géant.
screen[2], *v.tr.* **1.** (*d*) **To screen (s.o.),** examiner et interroger (qn), (généralement une personne suspecte); filtrer, passer au crible. **2.** Filtrer. **3.** (*c*) *T.V:* Passer sur l'écran.
screening, *s.* **1.** (*d*) Examen *m* et interrogatoire *m* (de personnes suspectes); filtrage *m* (des immigrants, etc.) **2.** (*a*) Filtrage *m.*
screenwriter ['skriːn,raitər], *s.* Dialoguiste *mf.*
screever ['skriːvər], *s.* = PAVEMENT-ARTIST.
screw[1], *s.* **1.** (*a*) *S. machine*, machine *f* à fileter.
screwdriver, *s.* *Tls:* *F:* *Birmingham s.*, marteau *m.*
'script-girl, *s.* *Cin:* Script-girl *f*, *pl.* script-girls.
'script-writer, *s.* Scénariste *mf.*
scrounge[2]. **2.** *v.i.* (*c*) *F:* **They were scrounging fuel in the ruins,** ils récupéraient du combustible dans les ruines.
scrounging, *s.* (*c*) *F:* Récupération *f.*
scrub[1]. I. *s.* **2.** (*a*) **Deck scrub,** lave-pont *m*, *pl.* lave-ponts.
scrunch[1]. **1.** Coup *m* de dents. **2.** Bruit *m* de broiement; craquement *m*, grincement *m.*
scullery, *s.* Souillarde *f.*
scuttle[3], *v.tr.* *Nau:* *To s. one's ship*, s'envoyer par le fond.
sea, *s.* **1.** (*b*) *Towards the open s., in the open s.*, au grand large.
'sea-,eagle, *s.* *Orn:* *White-tailed, U.S: gray, s.-e.*, pygargue *m* à queue blanche. *Pallas's s.-e.*, pygargue de Pallas.
'sea-food, *s.* *Coll:* *Cu:* = Fruits de mer.
'sea-'front, *s.* **2.** Front *m* de mer.
seal[1], *s.* **1.** *Z:* *Bearded s.*, phoque barbu. *Mottled s.*, phoque marbré.
seal[3], *s.* **1.** (*a*) *To set the s. on s.o.'s reputation*, mettre le sceau à la réputation de qn.
seam[1], *s.* **1.** (*b*) *S. welding*, soudage *f* à molettes.
seaplane, *s.* *Av:* **Seaplane base,** station hydroaérienne, hydrobase *f.*
'sea-scout, *s.* Scout marin.
season[1], *s.* **1.** (*b*) *Very early in the s.*, très tôt en saison. **2.** *Cin:* Période *f.* *This film will be shown for a short season from May 1st to May 28th*, ce film sera projeté pendant une courte période du 1er au 28 mai.
'sea-trout, *s.* *Ich:* Truite *f* de mer.
secessionist, *a.* & *s.* Scissionniste *mf.*
seclude, *v.tr.* **1. To seclude oneself,** se reclure.
second[2]. I. *a.* **1.** (*b*) **To take second place,** passer second.
'second-'hand[2]. **1.** *Adv.phr.* **To buy sth. second-hand,** acheter qch. d'occasion.
secret. **1.** *a.* (*a*) *See also* TOP II 1.
sector, *s.* **1.** (*b*) *Pol.Ec:* **Private sector,** secteur privé.
security, *s.* **1.** (*a*) *Adm:* *Social s.*, sécurité sociale.
'sedge-warbler, *s.* *Orn:* Phragmite *m* des joncs, rousserolle *f* des phragmites.
see[1], *v.tr.* **4.** *I shall see to it that he comes*, je me charge de le faire venir.
seed[1]. **1.** *See also* BUCKTHORN.
seed[2]. **2.** *v.tr.* (*c*) *Ten:* **Seeded players,** têtes *f* de série.
seep, *v.i.* *F:* Filtrer. *Information was seeping out*, des renseignements filtraient.
seepage, *s.* **2.** Cheminement *m.*
seize[1]. I. *v.tr.* **2.** (*a*) *Jur:* *Three nationalist papers were seized*, on a saisi trois journaux nationalistes.
sejugous ['siːdʒugəs], *a.* *Bot:* Sexjugué.
selector, *s.* **1.** Sélectionneur, -euse. **2.** (*d*) *El.E:* *S. switch*, combinateur *m.*
'self-a'ssured, *a.* = SELF-CONFIDENT.
'self-'coloured, *a.* Concolore.
self-'conscious, *a.* **2.** (*a*) (*Of pers.*) Intimidé. **To make s.o. self-conscious,** intimider qn.
'self-con'trol, *s.* Possession *f* de soi-même.
self-'criticism, *s.* Autocritique *f.*
'self-determi'nation, *s.* *Pol:* Autodétermination *f.*
'self-'drive, *s.* **Self-drive cars for hire,** location de voitures sans chauffeur.
selfing ['selfiŋ], *s.* = SELF-FERTILIZATION.
'self-pro'pelled, *a.* Autopropulsé.
'self-'raising, *a.* *Cu:* **Self-raising flour,** farine préparée contenant de la levure.
'self-'service, *s.* *Com:* Libre-service *m.* *S.-s. store*, magasin libre-service.
'self-su'fficing, *a.* Autosuffisant.
'semi-con'ductor, *s.* *El:* Semi-conducteur *m.*
'semi-de'tached, *s.* **Semi-detached houses,** maisons jumelles villas jumelles, maisons doubles, maisons jumelées.
seminar, *s.* *Sch:* *U.S:* Cycle *m* d'études.
'semi-ob'scurity, *s.* Pénombre *f.*
sempervivum [,sempə'vaivəm], *s.* Joubarbe *f.*
send[1], *v.tr.* **4.** *Abs.* *To s. for de Gaulle*, faire appel à de Gaulle.
sensationalism, *s.* **2.** *Phil:* Sensualisme *m.*
sensory ['sensəri], *a.* *Physiol:* (*a*) Sensoriel. **Sensory organs,** organes des sens. (*b*) Sensorial, -iaux.
separation, *s.* **1.** (*a*) *Ind:* *Magnetic s.*, déferrage *m.*
septic, *a.* *Med:* *F:* *To go s.*, s'infecter.
sequence, *s.* **1.** (*a*) *T.V:* *S. of interlace*, séquencef d'entrelacement. (*b*) Chaîne *f.*
sequestrate, *v.tr.* *Jur:* *Three nationalist papers were sequestrated*, on a saisi trois journaux nationalistes.
sergeant, *s.* **3.** (*a*) *Mil:* *Av:* **Flight sergeant,** sergent-chef, *pl.* sergents-chefs. (*Women's services, W.R.A.C. and W.R.A.F.*) Cinquième catégorie *f.* *Flight sergeant* (*W.R.A.F.*) quatrième catégorie *f.*
'sergeant-'major, *s.* *Mil:* **1.** (*Women's services, W.R.A.C.*) Quatrième catégorie *f.* **(Company) sergeant-major,** deuxième catégorie *f.* **2.** (*Women's services, W.R.A.C.*) **Regimental sergeant-major,** première catégorie *f.*
serin, *s.* *Orn:* Serin cini.
serrated, *a.* *Knife with a s. edge*, couteau à scie.
serratus [si'reitəs], *s.* *Anat:* Muscle dentelé.
serum, *s.* *Med:* **Truth serum,** sérum de vérité.
servant, *s.* **1.** (*a*) **School servants,** agents *m* (des lycées).
service[1], *s.* **3.** (*b*) **The armed services,** les forces armées. **Service families,** les familles *f* de militaires. **To use service labour,** avoir recours à la main-d'œuvre militaire. **5.** (*b*) (*Motto*) **'Service,'** 'servir l' **Social services,** institutions sociales.
serviceman, -men ['səːvismən, -men], *s.m.* Soldat *m*, mobilisé *m.* *National s.*, soldat (qui fait son service militaire), appelé, *m*, militaire *m* du contingent. **Disabled ex-serviceman,** mutilé *m* de guerre.
servicewoman, *pl.* **-women,** *s.* ['səːviswumən, -'wimin], *s.* Soldate *f*, femme-soldat *f.*
session, *s.* **2.** (*a*) *F:* *To have a s. on sth.*, discuter le coup.
set[1], *s.* **1.** (*a*) *Construction s.*, jeu *m* de construction.
seta, *pl.* **-æ,** *s.* Cerque *m.*
'set-up[1], *s.* **6.** *F:* Organisation *f.*
sew[1], *v.tr.* *Abs:* Tirer l'aiguille.
sewing, *s.* **3.** Fil *m.* **Silk sewing,** fil *m* soie.
shading, *s.* **3.** *T.V:* Tache *f.*
shadow[1], *s.* **4.** *Pol:* *S. government*, gouvernement *m* fantôme.
shaggy, *a.* **1. Shaggy dog story** = histoire *f* de fous.
shaker, *s.* **3.** (*a*) *Salad s.*, panier *m* à salade.
shaky, *s.* **I feel shaky to-day,** je suis tout patraque aujourd'hui.
shallow[1]. **1.** *a.* (*b*) (*Of soil*) *Shallow steps*, des marches peu hautes.
shambles, *s.pl.* (*c*) *F:* Désordre *m*, gâchis *m.*
shandy, *s.* (*Drink*) *F:* Panaché *m.*
'shanty-town, *s.* Bidonville *m.*
'share-cropping, *s.* *U.S:* Métayage *m.*
sharp. III. *adv.* **1.** *Sharp-pointed pencils*, des crayons taillés fin.
shaver, *s.* **3. Electric shaver,** rasoir *m* électrique.
'shaving-cream, *s.* Crème *f* à raser.
shear[2], *s.* **2.** (*a*) *Wind s.*, cisaillement du vent.
shearwater, *s.* *Orn:* *Great s.*, puffin *m* majeur. *Manx s.*, puffin des Anglais. *Cory's s.*, puffin cendré. *Sooty s.*, puffin fuligineux.
shed[3], *v.tr.* **1.** (*c*) *See also* LOAD[1] 2.
sheet[3], *s.* **1.** *F:* *To be three sheets in the wind*, avoir un peu de vent dans les voiles, avoir beaucoup bu.
sheld-duck ['ʃelddʌk], *s.* *Orn:* Tadorne *m* de Belon. *Ruddy s.-d.*, tadorne casarca (roux).
shelf[1], *pl.* **shelves,** *s.* **1. Shelf space,** rayonnage *m.* **3.** (*a*) *Mount:* Replat *m.*
'shelf-rail, *s.* Galerie *f.*
shelter[1], *s.* **1.** *Prehist:* **Rock shelter,** abri sous roche.
Shetland, *Pr.n.* *Geog:* **2.** *Tex:* Shetland *m.*
shift, *s.* **1.** (*a*) *Metalw:* **Die shift,** faux rapport (*forgeage*).
shiftwork ['ʃiftwəːk], *s.* *Ind:* Travail par équipes.
ship[1], *s.* **1.** *Ore s.*, minéralier *m.* **The Ship of State,** le char de l'État. *See also* PARENT SHIP, WEATHER[1] 3. *Navy:* **Capital ship,** grosse unité, capital-ship *m.*
'ship-shape. *Nau:* *F:* **1.** *a.* Fin prêt.
shipyard, *s.* *N.Arch:* Atelier *m*, chantier *m*, de constructions navales.
shirred, *a.* **3.** *Cu:* **Shirred egg,** œuf poché à la crème.
shivering[3], *s.* *The s. of the wind*, la frisure du vent.
shock[4], *s.* **2.** (*d*) *Med:* *Electric s. treatment*, traitement par électrochocs.
'shock-proof, *a.* **1.** Antichoc *a.inv.*
'shoe-tree, *s.* Forme *f*, tendeur *m*, embauchoir *m* (pour chaussures).

shoot². II. *v.tr.* **1.** *Aut: To s. the traffic lights*, brûler les signaux. **2.** (*b*) *F: To s. a line*, (i) exagérer son importance, (ii) baratiner, (iii) *P:* monter un bobard.
shooting¹, *a.* **4.** *F: S. war*, guerre chaude.
shooting², *s.* **5.** *Cin:* Tournage *m.*
'shooting-brake, *s.* *Aut:* Break *m* de chasse, canadienne *f.*
'shooting-gallery, *s.* Casse-pipes *m.inv.*
shop¹, *s.* **1.** *Com:* Maison *f.* *The Pen Shop*, la Maison du Porte-plume. *Mobile, travelling, s.*, camionnette-boutique *f*, *pl.* camionnettes-boutiques.
short¹. I. *a.* **4.** (*a*) *Cu:* **Short pastry**, pâte brisée. **2.** (*b*) *Harrap's Shorter French and English Dictionary*, Édition abrégée du Dictionnaire Harrap français-anglais.
shot¹, *a.* **3.** *T.V: Shot-silk effect*, moirure *f.*
shot². **1.** (*a*) *Sp:* Poids *m.* *See also* PUT² I. 6. **4.** (*a*) *F: To make a long s.*, prendre un (gros) risque. *Ten: etc:* **Drop shot**, amortie *f.* (*d*) *Cin:* **Dolly shot, follow shot**, travelling *m* en poursuite. (*e*) *F: S. in the arm*, (i) piqûre *f* au bras; (ii) aide *f.*
shoulder¹, *s.* **1.** (*a*) *To square one's shoulders*, raidir sa volonté. *Tail: Line of shoulder*, ligne *f* des épaules.
'shoulder-bag, *s.* Sac *m* en bandoulière.
shoveler ['ʃʌv(ə)lər], *s.* *Orn:* (Canard *m*) souchet.
show¹, *s.* **1.** **Show house, show flat**, maison *f*, appartement *m*, modèle (que l'on fait visiter aux futurs locataires d'une cité-jardin, d'un immeuble). **2.** (*a*) **Fashion show**, présentation *f* de collections. (*b*) **Film show**, séance *f* de cinéma (documentaire). (*c*) *F: Good show!* Très bien! Compliments! Bravo!
show². I. *v.tr.* **1.** (*a*) *We're going to show some films this evening*, on va passer des films ce soir.
'show-down, *s.* **2.** *F:* Déballage *m.* *A forces B to a s.-d.*, A force B à montrer ses cartes.
showing, *s.* **1.** *Cin:* **First showing**, en première vision.
showpiece ['ʃou,pi:s], *s.* Article d'exposition, de vitrine; objet, monument, etc., de grand intérêt.
shrapnel, *s.* *Artil:* **2.** *F:* Éclats *mpl* d'obus.
shrike, *s.* *Orn: Great grey, U.S: northern, s.*, pie-grièche (*pl.* pies-grièches) grise. *Red-backed s.*, pie-grièche écorcheur. **Woodchat-shrike**, pie-grièche rousse. *Lesser grey s.*, pie-grièche à poitrine rose.
shrink². **1.** *v.i.* (*a*) **He is beginning to shrink** (*with age*), il commence à se tasser. **Shrunk with age**, tassé par l'âge.
'shut 'down. **1.** *v.tr.* (*b*) *Av:* Arrêter (le moteur).
shutter¹. **1.** *s.* *Civ.E:* Banche *f.*
shuttle³, *v.tr. & i.* Faire la navette, aller et venir.
shuttling ['ʃʌtliŋ], *s.* Va-et-vient *m*, navette *f.*
'shut 'up. **1.** *v.tr.* **To shut oneself up**, se reclure.
Siamese. **1.** *a. & s.* *S. cat*, chat siamois.
side¹, *s.* **3.** (*a*) Face *f* (d'un disque de gramophone). (*b*) *To get on the wrong s. of somebody*, prendre qn à rebrousse-poil. **5.** (*a*) *Time is on our s.*, le temps travaille pour nous.
sideboard, *s.* **1.** *Furn:* Desserte *f.*
sight¹, *s.* **2.** **To come in sight of**, arriver en vue de. **4.** (ii) *Artil:* **With open sights**, à bout portant.
sign¹, *s.* **3.** (*b*) *W.Tel: Studio warning s.*, indicateur *m* d'occupation.
signal¹, *s.* **3.** *Mil: F: Signals* = transmissions *fpl.*
signal². **2.** *v.tr.* (*d*) *Rail: Track signalled for two-way working*, voie banalisée.
signalling, *s.* Balisage *m.*
silicone ['silikoun], *s.* *Ch:* Silicone *f.*
silicosis, *s.* *Med:* Silicose *f.*
'silk-'finish, *v.tr.* *Tex: Silk-finished cotton*, *F:* **simili *m.***
silo¹, *s.* *Ball: Launching s.*, puits *m* de lancement.
siltation [sil'teiʃ(ə)n], *s.* Envasement *m*; colmatage *m.*
silver¹, *s.* **2.** (*b*) *Fung: S. leaf*, stéréon *m* pourpre.
since. **2.** *prep.* *F: Since when do children answer their mothers back like that?* Depuis quand répond-on comme ça à sa mère?
sinecure, *s.* Prébende *f*, *F:* fromage *m.*
'single-'wheeled, *a.* Monoroue.
sink¹, *s.* **1.** (*a*) *To pour down the s.*, jeter à l'égout.
sink². II. *v.tr.* **3.** (*a*) *To s. a bore-hole*, opérer un sondage.
Sino- [sainou], *comb. fm.* Sino-. *Sino-Japanese*, Sino-Japonais.
sinus, *s.* *Med:* Fistule *f.* *S. tract*, trajet fistuleux.
sir², *v.tr.* Appeler qn Monsieur. *Don't s. me*, ne m'appelez pas Monsieur. *He was sirring me all the time*, il m'appelait Monsieur gros comme le bras.
siren, *s.* **2.** (*b*) *A: S. suit*, combinaison *f* à fermeture éclair.
siskin, *s.* *Orn:* Tarin *m* des aulnes.
sissy, *s.* **2.** *Pej:* (*b*) Joli cœur.
sit², *v.* I. *v.i.* **1.** (*a*) (*Of pers.*) *P: He sits on his behind, F:* il dort sur ses deux oreilles. *F: To sit on a project*, laisser dormir un projet.
sit. II. *v.tr.* **2.** *To sit a hen on eggs*, donner des œufs à couver à une poule. **4.** *See also* EXAMINATION **2**.
'sit 'back, *v.i.* *F:* Se relâcher.
site¹, *s.* **1.** (*a*) *Archeol: Prehistoric s.*, gisement *m* préhistorique. **2.** Chantier *m.* **Building site, works site**, chantier (de construction).
site², *v.tr.* *Mil: To s. machine-gun emplacements*, établir des emplacements *m* de mitrailleuse.
'sitter-'in, *s.* Garde-bébé *mf*, *pl.* gardes-bébés.
'sit 'up, *v.i.* **1.** (*b*) *He is beginning to sit up and take notice*, il est en train de se remettre.
size¹, *s.* **1.** (*a*) *Sch: To reduce the s. of classes to 25*, réduire l'effectif *m* des classes à 25. **2.** (*b*) *Com: See also* IN¹ I, **1**.
skeet, *s.* **2.** **Skeet shooting**, tir *m* aux pigeons.
ski¹, *s.* **Ski tip**, spatule *f.*
'ski-binding, *s.* Fixation *f.*
'ski-jump, *s.* **1.** (*Action*) Saut à, en, ski(s). **2.** (*Thing*) Saut de ski.
'ski-lift, *s.* *Sp:* Remonte-pente *m.inv.*, téléski *m*, monte-pente *m.inv.*
skilly, *s.* *Cu:* = Lavasse *f.*
skin¹, *s.* **1.** *F: To get under s.o.'s skin*, donner sur les nerfs à qn. **2.** (*a*) *Fur: Dropped skins*, peaux descendues. *Sheared s.*, peau rasée.
'skin-,dip, *s.* *U.S:* Bain *m* de minuit.
'skin-diver, *s.* Plongeur, -euse, autonome, sous-marin(-e).
'skin-diving, *s.* Plongée *f* sous-marine.
skint [skint], *a.* *P:* Sans le sou. *To be s., V:* être fleur.
skip². **2.** *v.tr. & i.* *P: Skip it!* ça suffit!
skua, *s.* *Orn: Great s.*, grand labbe. *Arctic, Richardson's, s.*, labbe parasite. *Pomarine s.*, labbe pomarin. *U.S:* **Skua**, grand labbe.
skyman, *pl.* **skymen** ['skaimən, 'skaimen], *s.* *F:* Parachutiste.
slack², *s.* **4.** *pl.* **Slacks**, pantalon *m*, slacks *mpl.*
slash². **1.** (*e*) *F: Com: Articles sold at slash prices*, articles sacrifiés.
slate³, *v.tr.* **2.** *F:* **To slate a play**, déshabiller une pièce.
sleeve, *s.* **2.** (*e*) (*Of gramophone record*) Pochette *f.*
'sleeve-board, *s.* **2.** *Tail:* Cifran *m.*
slide¹, *s.* **5.** (*b*) *Stereo s.*, plaque *f* stéréoscopique.
sliding¹, *a.* *S. path*, guidage *m.*
slip¹, *s.* **1.** (*c*) Mot *m* de travers. **5.** *Cost:* (*a*) Combinaison *f.*
sliver¹, *s.* **1.** (*c*) *Ch:* Imbrûlé *m.*
slop³, *s.* **2.** *pl.* **Slops**. (*d*) *Navy: F:* Magasin *m* d'habillement.
slovenliness, *s.* **1.** Laisser-aller *m.inv.*
slovenly, *a.* **1.** **Slovenly voice**, voix débraillée.
slow¹. II. *adv.* (*a*) *P.N:* **Slow!** Ralentir!
'slow-'witted, *a.* D'esprit lent.
slum¹, *s.* (*c*) *S. clearance*, remplacement *m* des taudis, curetage *m.*
smacker, *s.* **1.** (*b*) *P: To rub smackers*, se sucer le caillou. **3.** *P:* Livre *f* sterling.
small. I. *a.* **1.** (*a*) **To make oneself small**, rentrer le cou entre, dans, les épaules. **4.** *A s. hotel*, un hôtel modeste. (*b*) *The smallest possible number of people*, le moins de gens possible.
small-ads ['smɔ:l'ædz]. *F:* Petites annonces.
small-townish ['smɔ:l'tauniʃ], *a.* *F:* Provincial, de province.
smartness, *s.* **1.** (*a*) Débrouillardise *f.*
smasher¹, *s.* **2.** *F:* (*d*) **She's a smasher**, elle est formidable.
smashing¹, *a.* *F:* Formidable.
smiling, *a.* **The smiling countryside**, la riante campagne.
smithereens, *s.pl.* *F:* **To smash, knock, sth. (in)to smithereens**, atomiser.
smocking, *s.* *Needlew:* (*a*) Smocks *mpl.*
smog [smɔg], *s.* *s.* *F:* Brouillard enfumé.
snag¹, *s.* **1.** (*c*) **That's the snag**, voilà le hic! **To strike a snag, to come on a snag**, avoir un pépin.
snake². **1.** *v.i.* (*a*) (*Of parachute*) Se mettre en torche.
'snake-mackerel, *s.* *Ich:* Maquereau-serpent *m*, *pl.* maquereaux-serpents.
snaking, *s.* Serpentage *m.*
snap¹. II. *attrib a.* *With snap action*, à détente brusque.
snap². II. *v.tr.* **5.** (*b*) *v.tr. & i.* *F:* **To snap out of it**, se secouer.
snarl¹, *s.* (*Of tiger*) Feulement *m.*
snarl², *v.i.* **1.** (*Of tiger*) Feuler.
snatch², *v.tr. & i.* **1.** *Weight-lifting: To s. a weight*, arracher un poids.
sneak¹, *s.* **1.** Capon, -onne. **2.** *Sch:* Capon, -onne.
snipe¹, *s.* **1.** *Orn: Common, U.S: Wilson's, s.*, bécassine des marais. *Great s.*, bécassine double.
snooper ['snu:pər], *s.* *F:* Inquisiteur, -euse.
snorkel ['snɔ:kl], *s.* (i) Schnorchel *m*, schnorkel *m*; (ii) masque sous-marin.
snort³, *s.* *F:* Schnorchel *m*, schnorkel *m.*
snow¹, *s.* **1.** (*a*) **Snow report**, (bulletin d') enneigement *m.* **Snow surveying**, relevé *m* d'enneigement, sondage *m* nivométrique. *S. gauge*, nivomètre *m.*
'snow-,boots, *s.pl.* Après-ski *m.inv.*
snowman ['snoumæn], *s.* **The abominable snowman**, l'abominable homme des neiges.
snowmobile ['snoumo'bi:l], *s.* Tracteur *m* automobile pour expéditions polaires.
so. I. *adv.* **1.** (*a*) *The young and the not so young*, les jeunes et les moins jeunes.
so. II. *conj.* **2.** *F: So(,) that's what it is?(!)* Ah! c'est comme ça?(!).
'so so, 'so-so, *a. & adv.* (*It is*) *so-so*, c'est entre les deux.
soaking², *s.* **1.** (*a*) *F:* **A good soaking**, un bon arrosage.
soap¹, *s.* **Household soap**, savon *m* de Marseille.
social, *a.* **1.** (*a*) *Social sciences*, sciences humaines.
socialite ['souʃəlait], *s.* Membre de la haute société.
sod³, *s.* *V:* Bougre *m.*
soften. **1.** *v.tr.* (*a*) Mollifier.
'soft-'skinned, *a.* A peau tendre. *Mil:* **Soft-skinned vehicles**, véhicules non blindés.
solipsism ['sɔlipsizm], *s.* Solipsisme *m.*
somebody, someone, *pron.* **1.** *I was speaking to somebody I know*, je parlais à une personne que je connais.
somersault¹, *s.* (*c*) Cabriole *f.* **To turn somersaults**, faire des cabrioles.
sonar ['souna:r], *s.* *U.S: Nau:* (from Sound navigation ranging) sonar *m.*
song, *s.* **2.** (*a*) *He made a great song and dance about it*, il en faisait un foin de tous les diables.
'song-thrush, *s.* *Orn:* Grive musicienne.
sonic, *a.* *Oc: Nau:* **Sonic depth-finder**, écho-sondeur *m*, *pl.* écho-sondeurs. **Sonic barrier**, *F:* **sonic wall**, mur sonique, du son.
sortie, *s.* (*b*) *Av:* Vol *m.*
sound¹. (*a*) **Sound barrier**, mur *m* du son. (*b*) *See also* ENGINEER¹ **1**.
sound². I. **2.** (*b*) *He doesn't s. like a man to . . .*, d'après ce que vous dites, il ne serait pas homme à. . . . *It sounds like Mozart*, on dirait du Mozart.
'sound-effects, *s.pl.* Bruitage *m.*

sounder³, *s.* (*Of wild pigs*) Harde *f*, bande *f*, troupe *f*, de sangliers.
'sounding-balloon, *s. Meteor:* Ballon de sondage.
'sound-locator, *s. Mil:* Appareil *m* de repérage par le son.
'sound-,proof², *v.tr. Cin: W.Tel: etc:* Insonoriser.
'sound-proofing, *s. Const: etc:* Insonorisation *f*, isolation *f* phonique.
'sound-track, *s. Cin:* Bande *f* sonore.
soup², *v.tr. Aut: P:* **Souped up engine**, moteur gonflé.
space¹, *s.* **2.** (*a*) *Attrib.* Spatial, -iaux. *S. travel*, astronautique *f*. *S. traveller*, astronaute *m*. *S. race*, course intersidérale.
'space-man, *s.* Habitant de l'espace.
'space-rocket, *s.* Fusée *f* interplanétaire.
'space-ship, *s.* Astronef *m*, navire spatial.
spallation, [spæ'leiʃ(ə)n], *s. Atom. Ph:* Spallation *f*.
spandrel, *s. Arch:* Écoinçon.
spanner, *s.* **1.** *F: To throw a s. in the works*, mettre des bâtons dans les roues.
spare¹, *a.* **2.** **Spare-time activities**, les loisirs *mpl*. *In my s. time*, à mes heures perdues. **3.** *F:* **Spare tyre**, bourrelet *m* de graisse.
spare², *v.tr.* **2.** (*a*) *We can s. him*, nous pouvons nous passer de lui, nous n'avons pas besoin de lui, nous pouvons le libérer. (*b*) (*To catch a train*) *with five minutes to spare*, (prendre un train) avec cinq minutes de bon.
sparrow, *s. Orn:* **1.** *Rock s.*, moineau *m* soulcie. **Tree-sparrow**, moineau friquet.
'sparrow-hawk, *s. Orn:* Épervier *m* d'Europe. *American s.-h.*, faucon *m* des moineaux.
spatter¹, *s. Ind:* Projection *f* (de soudure).
speak. I. *v.i.* **1.** (*b*) *Tp: Who is speaking?*, qui est à l'appareil? "*Mr. Smith?*" "*Yes, speaking.*" = M. Smith?—Lui-même.
speaker, *s.* **1.** **Plain speaker**, paysan *m* du Danube.
speaking¹, *a.* **2.** (*With adj. or adv. prefixed, e.g.*) **English-speaking**, anglophone. **French-speaking**, francophone.
spear¹. **2.** **(Underwater) spear fishing**, pêche, chasse, (sous-marine) au harpon.
spearhead, *s. Mil:* Pointe *f*. *To launch a s. against . . .*, pousser une pointe sur. . . .
speculate, *v.i.* **2.** *Fin:* **To speculate in mining securities**, jouer sur les mines.
speed³, *v.* **2.** *v.i.* **To speed along**, foncer.
speedboat, *s.* Hors-bord *m. inv. in pl.*
'speed-cop, *s. Aut: F:* Motard *m* (de la route), hirondelle *f*.
'speed-indicator, *s.* (*d*) *Av:* Badin *m*.
spel(a)eological [ˌspeliə'lɔdʒikl], *a.* Spéléologique.
spel(a)eologist [ˌspeli'ɔlədʒist], *s.* Spéléologue *m*.
'spell-binding, *a.* Incantatoire.
spelling, *s.* **1.** **Literal spelling**, orthographe *f* d'usage. **Grammatical spelling**, orthographe d'accord.
spend, *v.tr.* **1.** *F: To s. a penny*, aller faire une petite commission, aller faire pipi.
spendthrift, *s.* Dissipateur, -trice.
sphere, *s.* **2.** (*b*) *In the political s.*, sur le plan politique.
spheroidizing ['sfiərɔidaiziŋ], *s. Metalw:* Sphéroïdisation *f*, globulation *f*.
sphygmomanometer, *s. Med:* Tensiomètre *m*.
spice¹, *s.* **3.** **The spice of adventure**, le piment de l'aventure.
spiderwort, *s. Bot:* Tradescantia *m* de Virginie.
spieler ['spi:lər], *s. U.S: P:* Baratineur *m*.
spike¹, *s.* **3.** *Bot:* (*a*) Hampe *f* (florale).
spin¹. **1.** (*b*) *Av: Steep s.*, vrille serrée. *F: To get into a flat s.*, ne pas savoir où donner de la tête. (*d*) *Atom. Ph:* Spin *m*.
spin², *v.* **1.** *v.tr.* (*a*) *Fb: etc: To spin the coin*, tirer au sort.
spinach, spinage, *s. Bot:* **Spinach dock**, patience *f*; oseille-épinard *f*, *pl.* oseilles-épinards. *Perpetual s.*, bette *f* à couper.
'spinach-beet, *s. Bot:* Bette *f* à couper.
'spindle-whorl, *s. Tex: Archeol:* Fusaïole *f*.
'spin-'dryer, *s. Dom.Ec:* Essoreuse *f*.
spinner, *s.* **6.** *Av:* Cône *m* de pénétration de l'hélice.
spiral. **1.** *s.* (*b*) *Vicious s.*, cycle infernal. (*d*) *Pol.Ec: Wage-price s.*, montée *f* en flèche des prix et des salaires.
spirit¹, *s.* **4.** *F: That's the s.!* A la bonne heure!
spiv [spiv], *s.* (*a*) Profiteur *m*, trafiquant *m* du marché noir, B.O.F. (1939–45 *war*), chevalier *m* d'industrie. (*b*) Parasite *m*.
splash¹, *s.* **1.** (*a*) *F:* **To make a splash**, jeter l'argent par les fenêtres.
spleen², *v.tr.* Dérater. **To spleen a dog**, dérater un chien.
splice², *v.tr.* **2.** (*a*) *Tex:* **Nylon spliced**, renforcé nylon.
split¹, *s.* **1.** *Metall:* Crique *f*.
split², *v.* **1.** *v.tr.* (*a*) (*Of light*) Décomposer (la lumière).
split³, *a.* **2.** (*c*) *Psy:* **Split mind**, esprit dédoublé, schizophrène.
'split-hide, *s.* Peau sciée.
splitting², *s.* **1.** *Ph:* **The splitting of the atom**, fission *f* de l'atome.
spoil², *v.* **1.** *v.tr.* (*a*) *F: It spoils her*, ça lui fait tort.
spoiler, *s.* **3.** *Av:* Intercepteur *m*.
spoonbill, *s. Orn:* **2.** Spatule blanche.
sportiveness ['spɔ:tivnis], *s.* Folâtrerie *f*, folichonnerie *f*.
sportsmanship, *s.* Sportivité *f*, esprit sportif.
spot¹. **1.** (*a*) **Rely on the man on the spot**, remettez-vous-en, faites confiance, à la personne qui est sur place. **2.** (*a*) *F: There are spots on the sun*, il y a du vilain dans l'air. **3.** (*e*) (*Radar*) **Scanning spot**, spot explorateur.
spotter, *s.* **3.** *Mil: Av:* Observateur *m* (de défense contre aéronefs).
'spot-welder, *s.* **1.** (*Person*) Soudeur *m* par points. **2.** Machine *f* à souder par points.
'spot-welding, *s.* Soudure *f* par points.
sprayer, *s.* **1.** (*d*) *Foam s.*, extincteur *m* à mousse.
spraying, *s.* **1.** **Metal spraying**, métallisation *f* par projection.
spread¹, *s.* **7.** Fromage, pâte de viande, etc. pour tartines, pâte à tartiner.
spread². II. *v.i.* **2.** *Med:* Gagner. *The swelling has spread to the throat*, l'enflure *f* a gagné la gorge.
spreader, *s.* **3.** *Agr:* Épandeur *m*.
spring¹, *s.* **2.** *F: U.S: To have s. fever, Fr. C:* avoir la fièvre du printemps.
sprinkler, *s.* **1.** Arroseuse *f* à jet tournant, arroseur *m* automatique rotatif, tourniquet *m*.
spur¹, *s.* **1.** *Geog: The s. of Italy*, l'éperon de la botte.
spurious, *a.* **1.** *W.Tel:* **Spurious oscillations**, oscillations *f* parasites.
sputnik ['sputnik], *s. Astr: Ph:* Spoutnik *m*, satellite artificiel.
squad¹, *s.* **2.** (*d*) **Rescue squad**, équipe *m* de secours.
square¹. I. *s.* **1.** (*d*) *Mil:* Terrain *m* de manœuvres. *To be on the s.*, être passé en revue. *F:* **Square-bashing** = l'exercice. **6.** *Cost: Sch: F:* = MORTAR-BOARD 2.
square². I. *v.tr.* **1.** (*c*) *To s. one's shoulders*, (i) effacer les épaules, (ii) raidir sa volonté.
squaw, *s.f. Orn: U.S: F: Old squaw*, harelde *f* de Miquelon, canard *m* de Miquelon.
squeaking, *s. The s. of the chalk on the blackboard*, le grincement de la craie sur le tableau.
squeal¹, *s.* (*b*) Grincement *m*.
squeal². **1.** *v.i.* (*e*) Grincer.
squeeze¹, *s.* **1.** (*e*) *Welding: S. time*, temps d'accostage.
squeezer, *s.* **2.** (*a*) Presse *f*.
squelch¹, *s.* **1.** Gargouillement *m*, gargouillis *m* (de souliers détrempés, etc.).
squelch². **2.** *v.i.* (*b*) Gargouiller.
squib¹, *s.* **2.** *Exp:* Amorce *f* électro-pyrotechnique.
squishy, *a. F: S.* (*ground*) *underfoot*, (sol) qui gargouille sous les pas.
stabilizing¹, *a. Rail: S. device*, dispositif *m* anti-lacet.
stack², *v.tr. F:* **1.** *The villages are stacked with food*, les villages regorgent de denrées alimentaires.
staff¹, *s. See* GROUND² 5, MANAGERIAL.
stage¹, *s.* **3.** **At what stage of his development**, à quel moment de son développement.
stagger. II. *v.tr.* **2.** (*e*) Étaler, échelonner (les vacances).
staggered, *a. S. holidays*, congés échelonnés.
staggering², *s.* **2.** (*d*) Échelonnage *m*, échelonnement *m*, étalement *m* (des vacances).
stairwell ['stɛəwel], *a.* Cage *f* d'escalier.
stake², *v.tr.* **2.** (*a*) (*Tomato plants, etc.*) Tuteurer.
Stakhanovism [stak'hɑ:novizm], *s.* Stakhanovisme *m*.
staking, *s.* **2.** (*Of tomato plants, etc.*) Tuteurage *m*.
Stalin ['stɑ:lin], *Pr.n.m.* Staline.
Stalinism ['stɑ:linizm], *s.* Stalinisme *m*.
Stalinist ['stɑ:linist], *s.* Stalinist *a.* & *s.f. or m.*
stall. II. *v.i.* **3.** Chercher à gagner du temps.
stalwart. **2.** *s.* **The stalwarts of the Market** = les forts *m* des Halles.
stamp¹, *s.* **4.** **Postage-due stamp**, timbre-taxe, *m*, *pl.* timbres-taxe.
stamped, *a.* **2.** **Stamped-addressed envelope**, enveloppe timbrée.
stanchion¹, *s.* **1.** (*a*) *Nau: A:* Bataviole *f* batayole *f*.
stand¹, *s.* **1.** (*c*) *Th: One-night s.*, représentation *f* unique. **5.** (*For vase, etc.*). Présentoir *m*.
standard, *s.* **3.** **Standard of living** standard de l'existence. **8.** *attrib.* Standard.
standing², *s.* **4.** *F:* Standing *m*. *It would mean losing one's s.*, ce serait déchoir.
'stand-pipe, *s.* **3.** Réservoir *m* cylindrique (de hauteur plus grande que son diamètre).
'stand 'to, *v.i.* **1.** (*b*) *Mil: Abs:* Être prêt.
staper ['steipər], *s.* Machine *f* à tailler les engrenages à mouvement alternatif de l'outil.
staple³, *s.* **2.** (*a*) *Attrib.* **Staple commodities**, produits de première nécessité.
stapler¹, *s.* Agrafeuse *f*.
star¹, *s.* **1.** (*a*) *F: There's a s. in the east*, votre braguette est déboutonnée.
stare². **4.** *v.i.* Se hérisser (*of an animal's hair*).
starlet ['stɑ:lit], *s. Cin:* Starlette *f*, starlet *f*.
starling¹, *s. Orn:* Étourneau sansonnet. *Spotless s.*, étourneau unicolore. *Rose-coloured s.*, martin *m* roselin, merle *m* rose.
start¹, *s.* **2.** (*a*) **To make a fresh start**, repartir sur nouveaux frais.
start². I. *v.i.* **3.** (*a*) *F: Starting Monday . . .*, à partir de lundi. . . .
'starting-,block, *s. Sp:* Starting-block, *m*, *pl.* starting-blocks.
'starting-pistol, *s. Sp:* Pistolet *m* de starter.
state¹, *s.* **4.** (*a*) *Pol: See also* WELFARE.
'state-con'trolled, *a.* Étatisé.
stateless, *a. Jur:* **Stateless person**, apatride *mf*.
statelessness ['steitlisnis], *s.* Apatridie *f*, heimatlosat *m*.
station¹, *s.* **1.** (*b*) *Av:* Escadre aérienne. (*d*) *Aut:* **Repair station**, station-service *f*, *pl.* stations-service. **3.** (*b*) **Coach, bus station**, gare routière, autogare *f*.
stationman, -woman ['steiʃənmən- -wumən]. Employé(e) de gare (de métro).
'station-waggon, *s. Aut:* Canadienne *f*, familiale *f*.
statism ['steitizm], *s. Pol:* Étatisme *m*.
stay², *v.* I. *v.i.* **2.** (*a*) *Book that has come to s.*, livre *m* qui restera.
'stay 'down, *v.i. Sch:* Redoubler.
steady¹. **2.** *adv.* & *int.* (*a*) (iv) Attention (de ne pas tomber)!
steel¹, *s.* **1.** *Metalw: Nitriding s.*, acier de nitruration. *Spring s.*, acier à, de, ressort. *Lead-alloy s.*, acier allié au plomb. *Case-hardening s.*, acier de cémentation. *Free-cutting s.*, acier à coupe franche. *Precision ground s.*, acier en barres rectifiées avec précision. *See also* KILL 3.

steep[3]. **3.** *v.tr.* (*b*) *F: To s. oneself in the atmosphere of the Middle Ages*, se tremper, se plonger, dans l'atmosphère du moyen âge.
'steering-engine, *s. Nau:* Farcot *m.*
stembogen ['stemboug(ə)n], *s. Skiing:* Stembogen *m.*
'stem-turn, *s. Skiing:* Virage *m* en chasse-neige.
'sten-gun, *s.* = Fusil-mitrailleur *m, pl.* fusils-mitrailleurs.
stenotypist ['steno'taipist], *s.* Sténotypiste *mf.*
step[1], *s.* **3.** (*a*) *A s. in the right direction*, un pas dans la bonne voie. **5.** *Av:* **Steps**, passerelle *f.*
steric ['stiərik], *a. Ch:* Stérique.
stereophonic [,sterio'fɔnik], *a.* Stéréophonique.
stereophony [,steri'ɔfəni], *s.* Stéréophonie *f.*
stick[1], *s.* **1.** (*c*) *Av: S. full back*, manche au ventre. *To ease the s.*, rendre la main. *To ease the s. back*, tirer sur le manche. **3.** *Cu:* **Breadstick**, longuet *m.* **5.** *Av: Mil:* **A stick of bombs**, un chapelet de bombes.
stick[2]. I. *v.tr.* **3.** **To stick a postage stamp,** (*on a letter*), timbrer (une lettre).
'stick a'round, *v.i. F:* Attendre. *He sticks around like glue*, lui, c'est la colle.
sticker, *s.* **8.** Étiquette gommée.
'stick 'out. 1. *v.tr.* (*a*) *F:* **To stick out one's neck,** prendre des risques. **I've stuck my neck out,** je l'ai cherché, je me suis avancé.
stifle[1]. **1.** (*c*) *To s. one's grief*, faire taire sa douleur.
stiletto, *s. See also* HEEL[1] 1.
'still(-)birth, *s.* **1.** *Rate of still(-)births*, mortinatalité *f.*
stilt[3], *s. Orn:* (*a*) *Black-winged s.*, échasse blanche.
stimy[2], *v.tr. F: To be stimied*, rester le bec dans l'eau. *F: His reply completely stimies me*, sa réponse me la coupe.
stint[3], *s. Orn: Little s.*, bécasseau minute. *Temminck's s.*, bécasseau de Temminck.
stock[1], *s.* **1.** (*b*) **Stocks and stones,** objets inanimés; empotés, personnes stupides, rois soliveaux. **5.** (*b*) *F: To take s.* (*of a situation*), faire le point. **8.** *Bot: Virginia(n) s.*, malcolmie *f.*
stock[2], *v.tr.* **2.** **Shop well stocked with . . .,** *F:* magasin bien achalandé en . . .
'stock-dove, *s. Orn:* Pigeon colombin.
stockpile[1] ['stɔkpail], *s.* Stocks *m* de réserve.
stockpile[2]. **1.** *v.i.* Stocker, constituer des stocks de réserve. **2.** *v.tr.* Stocker.
stockpiling ['stɔkpailiŋ], *s.* Stockage *m*, constitution *f* de réserves.
stomatitis, *s. Med: Angular s.*, perlèche *f*, pourlèche *f.*
stooge[1] [stu:dʒ], *s. F:* Nègre *m.*
stooge[2], *v.i.* **1.** *F:* Faire le nègre. **2.** **To stooge around,** faire un tour, flâner. *Av:* **To stooge about,** attendre pour atterrir; patrouiller sans s'en faire. *Av: To s. around* (*a target*), rôder autour (d'un objectif). *F: To s. around* (*the office*), bricoler (au bureau).
stop. II. *v.i.* **1.** (*a*) **To stop short, dead,** *F:* s'arrêter pile. (*b*) *F: All their knowledge stops there*, toute leur science se borne à cela. *He'll stop at nothing*, rien, aucune considération, ne l'arrêtera.
stop[1], *s.* **3.** *Mus:* (*a*) *F: To pull out all the stops* (*to save s.o.*), faire l'impossible (pour sauver quelqu'un).
storage, *s.* **1.** Accumulation *f* (*of power, energy*). **2.** *Furn: S. unit*, (meuble de) rangement *m.*
store[1], *s.* **3.** (*a*) Réserve *f.*
stork, *s. Orn: Black s.*, cigogne noire. *White s.*, cigogne blanche.
'storm centre, *s.* (*a*) *Meteor:* Centre *m* de dépression.
'storm-cock, *s. Orn:* Grive *f* draine, grive de gui.
'storm-lantern, *s.* Lampe-tempête *f, pl.* lampes-tempêtes.
strafe[2], *v.tr.* **1.** *Mil:* (*b*) Mitrailler (l'ennemi).
straight. III. *adv.* **2.** *F: It's s. from the horse's mouth*, j'ai ça de source sûre; c'est un tuyau increvable.
strain[1], *s.* **1.** *To impose a s. on* (*a machine*), fatiguer (une machine).
strain[3], *s.* **2.** Souche *f* (d'un virus).
strained, *a.* **1.** (*a*) *Strained heart*, cœur claqué, cœur fatigué.
strainer, *s.* **2.** (*a*) *Cu: Conical s.*, chinois *m.*
stranger[1], *s.* **1.** *You are quite a s.!*, quel revenant vous faites! **2.** (*In cup of tea*) Chinois *m.*
stranglehold, *s. F: The s. of restrictions*, l'étau *m* des restrictions.
strangler, *s. I.C.E:* (= *choke*) Étrangleur *m.*
strangulation, *s. F: Economic s.*, asphyxie *f* économique.
stratocruiser ['strato'kru:zər], **stratoliner** ['strato'lainər], *s.* Avion *m* (de ligne) stratosphérique.
stratum, *pl.* **-a,** *s.* (*c*) *Hyd.El: Foundation s.*, sol de fondation.
streaked, *a.* Lardé.
streaking, *s. T.V:* Traînage *m.*
stream[1], *s.* **1.** (*d*) *Sch:* **Three-stream school,** école où les élèves sont répartis sur trois niveaux différents.
stream[2]. **2.** *v.tr.* (*d*) *Sch: To s. children*, répartir les élèves en sections de force homogène.
'stream-'line, *v.tr. F: We have stream-lined our catalogue*, nous avons rénové, allégé, refondu notre catalogue.
'stream-lined, *a. Aut: Av: Rail:* Aérodynamique.
street, *s.* (*a*) *F: That's not up his s. at all*, cela est tout à fait hors de sa compétence. *That's right up my s.*, c'est dans ma ligne, c'est mon rayon. *See also* PHOTOGRAPHER.
streetcar ['stri:tka:r], *s. U.S:* Tramway *m.*
strength, *s.* **3.** *Mil: Under s.*, incomplet, à effectif insuffisant.
streptomycin ['streptou'maisin], *s.* Streptomycine *f.*
stress[1]. **2.** (*a*) *Yield s.*, limite *f* élastique, résistance *f* élastique. **4.** *Med:* Stress *m.*
'stress-bearing, *a. Mec.E:* Travaillant.
stretchable ['stretʃəbl], *a.* (Bas, etc.) extensible.
strict, *a.* **2.** *S. Moslem*, musulman de stricte obédience.
strike[1], *s.* **1.** (*b*) *Mil: Av:* Raid *m*, intervention aérienne. **Air strike,** opération *f* de soutien aérien. *S. aircraft*, avion *m* d'assaut. **2.** *Ind:* To go on strike, *F:* débrayer. **Going on strike,** *F:* débrayage *m.* *Staggered s.*, grève tournante. *Unofficial s.*, grève désapprouvée par les autorités syndicales. *See also* TOKEN 1, WILDCAT.
strike[2], *v.* I. *v.tr.* **8.** (*c*) *Civ.E: To s. the form* (*work*), décoffrer.
strikebound ['straikbaund], *a.* Paralysé par la grève.
striking[2], *s.* **1.** (*a*) *Mil: S. power*, puissance *f* de frappe. *S. force*, force *f* de frappe.
string[2], *v.* I. *v.tr.* **3.** (*Of horses*) accouer.
'string-'bag, *s.* Filet *m* (à provisions).
'string 'up, *v.tr.* **1.** **String him up!** À la lanterne!
strip[1], *s. Surg: Dressing s.*, bande. *Journ:* **Strip cartoon, comic strip,** bande illustrée, comics *mpl.* **Strip lighting,** éclairage fluorescent, par fluorescence. **Strip light,** rampe *f* au néon. *P: To tear s.o. off a s.*, laver la tête à qn, donner un savon à qn.
strip[3]. I. *v.tr.* **2.** (*b*) Défaire (un lit).
stripe[1], *s.* **1.** (*c*) *Mil: F:* Ficelle *f.*
striping, *s.* (*Cartography*) Baguettage *m.*
stripper, *s.* **1.** (*Pers.*) (*e*) *F:* Strippeuse *f.*
'strip(-)tease ['stripti:z], *s.* (*Mus. Hall*) Acte de déshabillage *m*, striptease *m.* **Striptease artiste,** strippeuse *f.*
strongly, *adv.* **2.** *I don't feel s. about it*, je n'y attache pas une grande importance.
structured, *a.* Structuré.
student, *s.* **1.** *Sch:* (*a*) *Attrib:* **Student organizations,** organisations étudiantes, estudiantines.
studio, *s. Cin:* Studio *m* (de cinéma).
stuff[1]. **1.** (*b*) *Sp: F: Rough s.*, cyclo-cross *m.* *F:* **He knows his stuff,** il s'y connaît.
'stunt man, *s. Th: F:* Cascadeur, -euse.
stylization [,stailai'zeiʃ(ə)n], *s.* Stylisation *f.*
subconsciously, *adv.* Inconsciemment.
'sub(-)culture, *s. Bac:* Repiquage *m.*
'sub(-)culture, *v.tr. Bac:* Repiquer.
subgrade ['sʌbgreid], *s. Civ.E:* Hérisson *m* (d'une chaussée).
'sub-ma'chine-gun, *s.* Mitraillette *f.*
submarine, *s. See also* PEN[1] 3.
submariner [sʌb'mærinər], *s.* Sous-marinier *m, pl.* sous-mariniers.
subordinate[1]. **1.** *a.* (*d*) *S.* (*mountain-*)*chain*, rameau *m* (d'une chaîne de montagnes).
'sub-,title, *v.tr. Cin:* Sous-titrer.
succulent, *a.* (*b*) *Bot: s.* Plante grasse.
sucker[1], *s.* **3.** (*a*) Gogo *m.*
Sudeten [su:'deit(ə)n]. *Pr.n. & a. Geogr:* **1.** Sudètes *mpl.* **2.** Sudète *a. & mf.*
'sugar-coat, *v.tr. & i.* Dragéifier. *F:* Dorer la pilule.
'sugar-coated, *a.* Dragéifié. *S.-c. pill*, dragée *f.* *S.-c. tablet*, comprimé dragéifié, dragée.
suit[1], *s.* **5.** **To follow suit,** (ii) *F:* emboîter le pas.
suite, *s.* **2.** (*b*) *Furn:* Ensemble *m.* *Bathroom s.*, salle de bain(s).
sullage, *s.* **1.** (*a*) Eaux usées.
sulpha ['sʌlfə], *a. Ch:* **The sulpha series,** la série des sulfamides. **Sulpha drug,** sulfamide *m.*
sulphonamide [sʌl'fɔnəmaid], *s. Ch:* Sulfamide *m.*
sultry, *a.* **2.** (*a*) *S. voice*, voix chaude.
summit, *s. Pol: S. meeting*, conférence *f* au sommet.
'sun-dress, *s.* Robe *f* de plage.
'sun-fish[1], *s. Ich:* Perche *f* soleil.
'sun-glasses, *s.pl.* Lunettes fumées, verres fumés, lunettes solaires, de soleil.
sunlight, *s. Cin: S. lamp*, sunlight *m.*
sunshine, *s.* **1.** *See also* ROOF[1] 3.
'sun-suit, *s. Cost:* Bain *m* de soleil.
'sun-visor, *s. Aut:* Pare-soleil *m.*
superannuation, *s. S. contribution*, retenue *f* pour la retraite.
superb, *a. F:* Sensationnel, -elle.
superhighway ['su:pə,haiwei], *s. U.S:* Autoroute *f.*
superiority, *s. Mil: etc: S. in men and materials*, supériorité en hommes et en matériel.
supermarket ['su:pə,ma:kit], *s. Com:* Super-marché *m* (libre-service) *pl.* super-marchés.
supersonic, *a.* **2.** Supersonique, sonique. *S. boom, bang*, détonation *f* sonique, bang *m.* *S. plane*, avion *m* sonique. *S. bomber*, bombardier *m* supersonique.
supersensitiveness ['sju:pə'sensitivnis], *s.* Hypersensibilité *f.*
supervise, *v.tr.* Superviser.
supplementary, *a. S. income*, revenus *mpl* annexes.
support[1], *s.* **1.** (*a*) *A collection in s. of the Foreign Missions*, une quête à l'intention (de l'œuvre) des Missions à l'étranger.
suppress, *v.tr.* **4.** *W.Tel: El:* Antiparasiter.
suppression, *s.* **1.** *W.Tel:* Antiparasitage *m.*
suppressor, *s.* **2.** *W.Tel: S. grid*, grille *f* de freinage. *T.V:* Antiparasite *m*; appareil *m*, dispositif *m*, antiparasite.
sure. **2.** *adv.* (*b*) *U.S: F: Yes, sure enough!* Je comprends, oui!
surf, *s.* Déferlement *m.*
'surf-scoter, *s. Orn:* Macreuse *f* à lunettes.
surface[2]. **3.** *v.i. Navy:* (*Of submarine*) Faire surface, revenir en surface.
surmounted, *a. Her:* Sommé.
surrealism [sə'riəlizm], *s.* Surréalisme *m.*
surge[1], *s.* **1.** (*c*) *El: Rail: Surge absorber*, parasurtension *m.* (*d*) *Hyd.E: S. tank, shaft*, cheminée *f* d'équilibre (d'un barrage).
survey[1], *s.* **1.** (*b*) Enquête *f.* *See also* SAMPLE. **4.** Inventaire *m* (de monuments, de tableaux, etc.).
surveyor, *s.* **1.** *Arch:* (Architecte) expert *m.*
suspense, *s.* **1.** (*a*) *F:* Suspense *m.* (*b*) *Book-k: S. item*, suspens *m.*
suspension, *s.* **1.** (*b*) *Ch:* **In suspension,** en suspension.
svelte [svelt], *a.* Svelte.
swab[1], *s.* **1.** (*a*) *Dom.Ec:* Toile *f* à laver, serpillière *f*, wassingue *f.*
swale, sweal, *v.i. & tr. Dial:* Écobuer.

swallow[2], *v.tr.* **1.** *F: To s. sth. hook, line and sinker*, avaler la pilule.
swallow[3], *s. Orn:* (*a*) **Swallow** (*Hirundo rustica*), *U.S:* **barn swallow**, hirondelle de cheminée. *U.S:* **Bank swallow**, hirondelle de rivage.
swan, *s. Bewick's s.*, cygne nain, de Bewick. *Mute s.* cygne tuberculé, muet. *Whooper s.*, cygne sauvage, chanteur.
swank[2], *v.i. F:* Faire le fier.
swanky, *a. F:* (*a*) Snob. *That's very s.*, ça fait très snob.
swarm[1], *s.* Jeton *m* d'abeilles.
sweep[1], *s.* **1.** (*b*) *Mil: Av:* Balayage, opération offensive de chasse lointaine en territoire ennemi. **4.** (*c*) *T.V:* Balayage. **5.** (*g*) *Seconds s.*, trotteuse centrale.
sweepstake [ˈswiːpsteik], *s.m.* Sweepstake *m.*
sweet. I. **5.** (*c*) *To keep somebody s.*, cultiver la bienveillance de qn.
swell. II. *a. F:* (*c*) *U.S:* Chic; rupin.
swift[1]. III. *s.* **1.** (*a*) *Orn: Alpine s.*, martinet alpin. *Pallid s.*, martinet pâle.
swim[2]. I. *v.i.* **1.** (*a*) **To swim like a brick**, nager comme une clef.
ˈswim-suit, *s.* Costume *m* de bain(s) (pour dames).
swindle[2], *v.tr. F:* Rouler (qn).
swing. II. *v.tr.* **2.** (*d*) *Av:* **To swing the propeller**, mettre en marche à l'hélice.
Swiss. **1.** *a.* Helvétique. **The Swiss Government**, le gouvernement helvétique.
switch[1], *s.* **2.** (*b*) *El.E: Isolating s.*, sectionneur *m.*
switchboard, *s.* (*b*) *Tp: S. operator*, standardiste *mf.*
ˈswitch ˈover, *v.tr. Abs: F: Mil: etc:* **To switch over to the offensive**, passer à l'offensive. *To s. o. production*, changer la production.
swivel[1], *s.* **2.** *Attrib. S. clip*, collier tournant.
ˈswizzle-stick, *s. F:* Fouet *m* à champagne.
sword, *s.* **1.** (*a*) *See also* TWO-HANDED 1.
sympathizer, *s.* **2.** Sympathisant, -e.
symposium. **2.** (*a*) *F:* Échange *m* de vues.
synchronism, *s. T.V: Irregular s.*, drapeau *m.*
synchronization, *s. El.E:* Accrochage *m.*
synchrotron [ˈsiŋkrotrɔn], *s. Atom. Ph:* Synchrotron *m.*
syndication [ˌsindiˈkeiʃ(ə)n], *s.* Mise en syndicat.
syringa [siˈriŋgə], *s. Bot:* Syringa.

T

T, t, *s.* **2.** (*b*) *Civ.E:* **T junction**, tête *f* de carrefour *m.*
t', = THE (*in North of England*).
tab, *s.* **3.** *Av:* **Trimming tab**, compensateur *m*, volet *m*, flettner *m.*
table[1], *s.* **1.** (*a*) *See also* RADIO[1] 1. (*b*) *Head t.* (*at banquet, wedding, etc.*), table d'honneur.
table[2], *v.tr.* **1.** (*a*) *Parl: To t. a motion of confidence*, poser la question de confiance.
ˈtable ˈd'hôte, *s.* Menu *m* à prix fixe.
tail[1], *s.* **1.** (*b*) *Av:* **Tail unit**, empennage *m. See also* NOSE[1] 3.
ˈtail-ˈend, *s. Turf:* **To come in at the tail-end**, arriver en queue.
take[2], *v.* I. *v.tr.* **4.** *He can t. his drink*, il a la tête solide; il porte bien le vin. **3.** (*b*) *See also* COURSE[1] 2. **6.** (*a*) *F: He can t. it*, il sait encaisser, il tient le coup.
ˈtake aˈcross, *v.tr.* Faire traverser. *To t. a road across the desert*, faire traverser le désert à une route.
ˈtake ˈin, *v.tr.* **1.** (*f*) *Sch: To take in the marks*, relever les notes.
ˈtake ˈout, *v.tr.* **1.** (*a*) **To take out luggage**, retirer des bagages. **3.** **To take out an insurance policy**, souscrire, prendre, une police. *Fin:* **To take out shares**, acheter des actions.
ˈtake ˈover, *v.tr.* **2.** (*c*) *W.Tel:* Mettre en communication. *We take you over to Rome*, nous vous mettons en communication avec Rome.
ˈtake-over, *s.* Rachat *m. St.Exch: Fin:* **Take-over bid**, offre *f* de rachat (en surenchérissant).
taker, *s.* **1.** (*d*) **Any takers?** Est-ce qu'il y a des amateurs?
ˈtakeˈup. I. *v.tr.* **1.** (*e*) *Mec.E: To take up* (*play*), corriger (le jeu).
talk[1], *s.* **2.** (*b*) *W.Tel: To give a t. on the wireless*, parler au microphone, *F:* au micro.
tallboy, *s.* (*c*) *Mil.Av:* Bombe *f* de très gros calibre.
tan[1]. **1.** *s.* (*b*) *To lose one's tan, F:* débronzer.
ˈtan-house, *s. Leath:* Magasin *m* d'écorces.
tanker, *s.* **1.** *Nau:* Butanier *m*, tanker *m.*
tap[1], *s.* **1.** (*b*) **Cold(-water), hot(-water) tap**, robinet à, d', eau froide, chaude. (*c*) *F: To be on tap*, être toujours disposé.
tap[2], *v.tr.* **1.** (*d*) *To tap* (*capital, talent, etc.*), faire appel à, drainer.
tape[1], *s.* **1.** (*a*) *Self-adhesive* (*cellulose*) *t.*, ruban adhésif. (*b*) *Sp:* (*At winning post*) Fil *m* (de laine). **3.** *Recording t.*, bande magnétique, de Magnétophone.
tape[2], *v.tr.* **3.** *F:* **It's all taped**, tout est fin prêt. **5.** Enregistrer sur bande.
ˈtape-machine, *s.* Téléimprimeur *m.*
taper[1], *s.* **2.** *Bot:* **Mary's tapers**, perce-neige *m or f inv.*
taper[2], *s.* Fuseau *m.*
ˈtape-reˈcorder, *s.* Enregistreur *m* magnétique sur ruban, sur bande, Magnétophone *m* (*R.t.m.*).
ˈtape-reˈcording, *s.* Enregistrement *m* sur bande.
tapered, *a.* Effilé en forme de fuseau.
tapper, *s.* **4.** *Tls:* Taraudeuse *f.*
tapping[1], *s.* **1.** (*f*) *The t. of natural resources*, l'exploitation *f* des ressources naturelles.
target, *s. Pol.Ec: The t. figures the Government had in view were . . .*, les chiffres que proposait le gouvernement étaient . . ., l'objectif du gouvernement était. . . .
tarmac, *s.* **2.** *Av:* Aire *f* de stationnement.
taste[2]. II. *v.i.* (*a*) *It tastes like gin*, on dirait du gin.
tatty, *s.* **2.** *a. F:* Défraîchi.
tax[1], *s.* **1.** (*a*) *Adm:* **Purchase tax** = **taxe à la valeur ajoutée.**
ˈtax-eˈvasion, *s.* Fraude fiscale.
ˈtaxi-girl, *s.f. U.S: Danc:* Entraîneuse *f.*
ˈtax-ridden, *a.* Écrasé d'impôts.
tea[1]. **2.** (*a*) *China t.*, thé de Chine. *Indian t.*, thé de Ceylan. (*c*) **(Afternoon) tea** = goûter *m.*
ˈtea-chest, *s.* Canasse *f*, canastre *f.*
teal, *s. Orn:* Sarcelle *f* d'hiver.
ˈtea-leaf, *s.* **Stray tea-leaf** (*that has got through the strainer*), chinois *m.*
team[1], *s.* **2.** Team *m.*
tear[1], *s.* **1.** *F: To shed a tear for Nelson*, faire pipi, *P:* pisser, *V:* prendre une ardoise à l'eau.
tear[2], *s.* **1.** *Metall:* Crique *f.*
ˈtear-gas, *s. Mil:* **Tear-gas bomb**, bombe *f* lacrymogène.
ˈtear-off, *attrib.a.* **Tear-off calendar**, calendrier *m* éphéméride.
ˈtea-towel, *s.* Essuie-verres *m. inv.*
ˈtea-trolley, *s.* Table à thé roulante.
ˈteddy-boy, *s. F:* = Blouson noir *m*; **zazou** *m.*
teeming, *a. T. rain*, pluie torrentielle.
teenage, *a.* Adolescent, -e; de l'adolescence.
teenager, *s.* Adolescent, -e.
telecast[1] [ˈteliˌkɑːst], *s. F:* Émission *f* de télévision.
telecast[2], *v.tr.* Téléviser.
telecine [ˌteliˈsiːnei], *s.* Télécinéma *m.*
telecommunication, *s.* Télécommunication *f.*
telephone[1], *s.* (*a*) **Automatic telephone, (téléphone) automatique** *m. Order by t.*, commande téléphonique.
telephone[2], *v.i. To telephone for the doctor*, téléphoner pour faire venir le docteur.
teleprinter, *s.* Téléimprimeur *m*, téléscripteur *m.*
teleprinting [ˈteliˌprintiŋ], *s.* Télétypie *f.*
televiewer [ˈteliˌvjuər], *s.* Téléspectateur, -trice.
television, *s.* **Television set**, poste *m* de télévision, téléviseur *m*, télérécepteur *m*, *F:* télévision *f. On t.*, à la télévision.
tell, *v.* I. *v.tr.* **2.** (*a*) *F:* **You're telling me!** Vous ne m'apprenez rien!
telpher[1], *s.* Transporteur *m* monorail.
temporal[1], *Anat:* **1.** *a.* **Temporal artery**, artère temporale, temporale *f.*
temporary, *a.* (*a*) Transitoire. *T. measures*, mesures *f* transitoires. *T. post*, situation *f* intérimaire, par intérim.
tender[1], *s.* **1.** (*c*) **(Bar-)tender**, barman *m.* **2.** (*a*) *Navy: Submarine t.*, ravitailleur *m* de sous-marins.
tendinitis [ˌtendiˈnaitis], *s. Med:* Tendinite *f*, ténosite *f.*
ˈtennis-racket, *s.* Raquette *f* de tennis.
tense[2], *a.* **2.** *To be t.*, être contracté.
tentative. **1.** *a.* (*b*) Hésitant, indécis.
teres major [ˈtiəriːzˈmeidʒər], *s. Anat:* Grand rond.
teres minor [ˈtiəriːzˈmainər], *s. Anat:* Petit rond.
term[1], *s.* **2.** (*a*) *A long-term policy*, une politique à longue échéance. (*b*) *Sch: Michaelmas, Autumn, Winter, t.*, premier trimestre. *Hilary, Easter, Spring, t.*, deuxième trimestre. *Trinity, Summer, t.*, troisième trimestre. (*At Cambridge University*) *Easter t.*, troisième trimestre. *The beginning of t.* (*of universities*), la reprise, la réouverture des cours. **3.** *pl.* (*b*) *I'll give you special terms*, je vous ferai un prix. **5.** (*a*) *The situation is not serious* **in terms of military danger**, la situation n'est pas sérieuse pour ce qui est des, au point de vue des, dangers militaires. **6.** (*b*) *I told him in no uncertain terms*, je le lui ai dit carrément.
terminal, II *s.* **4.** *Aer:* (*c*) *Air*(*ways*) *t.*, aérogare *f.*
tern, *s. Orn: Black t.*, guifette *f* épouvantail, noire. *Arctic t.*, sterne arctique. *Common t.*, sterne Pierre-Garin. *Gull-billed t.*, sterne hansel. *Little, U.S: least, t.*, sterne naine. *Roseate t.*, sterne de Dougall. *Sandwich, U.S: Cabot's t.*, sterne caugek, *Sooty t.*, sterne fuligineuse. *Whiskered t.*, guifette *f* moustac. *White-winged black t.*, guifette à ailes blanches, leucoptère.
terrazzo [teˈrædzou], *s.* Granito *m.*
terror, *s.* **1.** **Deadly terror**, épouvantement *m.*
terylene [ˈteriliːn], *s. R.t.m:* Térylène *m.*
ˈtesting-ground, *s.* Terrain *m* d'expérience.
ˈtest-tube, *s. Med: F:* **Test-tube baby**, bébé-éprouvette *m*, *pl.* bébés-éprouvette.
Thai [tai], *a. & s. Geog:* Thaï, -e.
Thailand [ˈtailænd]. *Pr.n. Geog:* La Thaïlande; *A:* Siam *m.*
thank[2], *v.tr.* **4.** *s.* **A thank you**, un remerciement.
ˈtheme-song, *s.* Chanson leit-motif.
therapist [ˈθerəpist], *s.* **Occupational therapist**, spécialiste de thérapie rééducative.
therapy, *s. Med: Occupational t.*, thérapie rééducative. *Speech t.*, orthophonie *f.*
thermal, *a.* **2.** *Aer: T. current*, courant *m* thermique, thermique *m.* **3.** *s. Aer:* Thermique *m.*
thermistor [ˈθəːmistɔːr], *s.* Thermistance *f.*

thermocouple, *s. El:* Thermocouple *m.*
'thermo-elec'tronic, *a. Ph:* Thermo-électronique.
thermonuclear [,θəːmou'njuːkliər], *a. Atom. Ph:* Thermonucléaire.
thesis, *s.* **2.** (*a*) *To defend a t.*, défendre une thèse.
thin[1], *a.* **(thinner: thinnest). 3.** (*a*) *Cu:* **Thin sauce,** sauce longue.
thing, *s.* **1.** (*a*) *Things to be washed,* du linge à faire laver. **3.** (*a*) *She was wearing nylon stockings, a silk frock, and of all things a top hat!*, elle portait des bas de nylon, une robe de soie, et, tenez-vous bien, un chapeau haut de forme! **Of all the things to do!** Comme si vous ne pouviez pas faire autre chose! **It's one thing to talk, another to write,** autre chose est (de) parler, autre chose (d')écrire. *It would be a good t. to make sure of it,* il serait intéressant de s'en assurer.
think[1], *s. F: You've another t. coming!* tu peux toujours courir!
think[2], *v.* I. *v.tr. & i.* **2.** *I (really) can't think why, what, where . . .*, je me demande bien pourquoi, ce que, où. . . .
thirty, *num. a. & s. The thirties,* les années trente (1930–1940). *The 1830s, the thirties of last century,* les années entre 1830 et 1840, de 1830 à 1840.
this. II., *dem. a. Where will you be going this Easter?*, où irez-vous à Pâques (prochain). *What have you been doing this Christmas?* Qu'est-ce que vous avez fait à Noël (dernier)?
thistle, *s. Bot: U.S:* **Canada thistle,** chardon des champs.
thixotropy [θiks'ɔtrəpi], *s. Ph: Ch:* Thixotropie *f.*
thou[3], *s.* **2.** *F:* (= *thousandth of an inch*) Millième *m* de pouce.
threat, *s.* (*a*) **The threat to Palestine,** la menace sur la Palestine.
three, *num. a. & s.* **The Big Three,** Les Trois (Grands).
throstle, *s.* **1.** *Orn:* Grive musicienne.
thrower, *s.* **1.** (*a*) **Discus thrower,** discobole *m.*
thrush[1], *s. Orn: Blue rock t.*, merle bleu, monticole bleu. *Pallas's t.*, merle solitaire. *White's, golden mountain, t.*, grive dorée. *Black-throated t.*, grive à gorge noire. *Eye-browed, dark, t.*, grive obscure. *Rock t.*, merle de roche. (*c*) **Thrush nightingale,** (rossignol) progné *m.*
thrustor ['θrʌstər], *s.* Servo-moteur *m.*
thumb[2], *v.tr.* **4.** *F:* **To thumb a lift, faire de l'auto-stop.**
'thumb-print, *s.* Marque *f* de pouce.
thyratron ['θaiərətrən], *s.* Thyratron *m.*
tick[2], **1.** *v.i. I'd like to know what makes him t.*, je voudrais bien savoir ce qui le pousse.
'ticker-tape, *s. Tg:* Bande *f* (de téléimprimeur).
ticket[1], *s.* **1.** *Reader's t.*, carte *f* de lecteur. Papillon *m. To fix a t. (on windscreen for a fine),* coller un papillon (sur le pare-brise pour une contravention).
tickler, *s.* **3.** *F:* **Memory tickler, pense-bête** *m, pl.* **pense-bêtes.**
'tide 'over, *v.tr. F:* Dépanner.
tight. I. *a.* **2,** (*a*) *Fish: T. lines!* = lignes tendues! bonne pêche.
tight. II. *adv.* **2.** (*a*) *Finger t.*, serré à la main.
tighten. 1. *v.tr.* (*a*) *F:* **To tighten one's belt another hole, serrer** sa ceinture d'un cran, faire un cran de plus à sa ceinture.
'tight-'fisted, *a. F:* **To be tight-fisted, être très près de ses sous.**
tigon ['taigən], *s.* Tigron *m.*
time[1], *s.* **2. In no time,** en un instant. **3.** (*a*) *To gain t.*, gagner du temps. *To play for t.*, chercher à gagner du temps. **4.** (*b*) **To move with the times, to be abreast of the times,** marcher avec son temps. **5.** (*a*) **At any other time,** en d'autres temps. **6.** (*c*) *F:* **It's high time!** ce n'est pas trop tôt. *It was only just in t.*, il n'était que temps. **7.** *To put t. in,* faire des heures. **9. At other times,** d'autres fois. **Four times running,** à quatre reprises.
'time-bomb, *s.* Bombe *f* à retardement.
timer, *s.* **2.** (*d*) (*Welding*) Temporisateur *m.*
timing, *s.* **4.** *Error of t.*, mauvais calcul; erreur *m* de jugement.
tin[1], *s.* **2.** (*b*) **Tin trunk,** malle *f* de tôle. **Drinking-tin,** *tin drinking mug,* timbale *f.*
tinkle[1], *s F: Tp: To give s.o. a tinkle,* donner un coup de fil à qn.
tip[1], *s.* **2.** (*c*) *Fish:* Pointe de scion.
tipping[2], *s.* **1.** (*d*) *P.N:* "*Tipping prohibited,*" "décharge interdite."
titfer ['titfər], *s. Cockney P:* (*Short for tit-for-tat*) Chapeau *m, P:* galurin *m.*
title[1], *s.* **2.** *Cin:* **Credit titles,** générique *m.*
titmouse, *s. Orn: Azure t.*, mésange azurée.
'titty-bottle, *s. P:* Biberon *m.*
tizzy[2], *s. F:* Affolement *m.*
to. I. **2.** (*a*) "*To the trains,*" "Accès aux quais," "*To the station,*" "Direction de la gare". **14. To play to packed houses,** jouer devant des salles combles.
toe[1], *s.* **2.** (*a*) *Geog: F: The toe of Italy,* le bout de la botte. **4.** *Hyd.El:* (*Downstream*) toe, base *f.* **5.** (*Welding*) Talon *m* de soudure.
'toe-room, *s.* Dégagement *m.*
token, *s.* **1. Token strike,** grève *f* d'avertissement. **2.** (*d*) *Flower t.*, chèque-fleurs *m, pl.* chèques-fleurs.
tolerance, *s.* **1.** (*a*) *Med: T. (to a drug),* accoutumance (à une drogue).
tolerant, *a.* **-ly,** *adv.* Avec tolérance.
'tommy-gun, *s.* Mitraillette *f.*
tone[1], *s.* **1.** *Tp: Ringing t.*, signal d'appel.
'tongue-twister, *s.* Phrase *f* à décrocher la mâchoire.
tonic. 1. *a.* (*a*) *Med: etc:* **Tonic water,** *F:* **tonic,** tonique *m.*
too, *adv.* **1.** *It's not too easy,* ce n'est pas si facile.
tool[2], *v.tr.* **3.** *U.S:* Équiper (une usine).
tool[3] **(up),** *v.i. U.S:* S'outiller.
tooling, *s.* **3.** Outillage *m.*
'tool-joint, *s. Petrol Ind:* Manchon vissé.
tooth[1], *pl.* **teeth,** *s.* **1. To be long in the tooth,** *F:* avoir de la bouteille. **Sth. to get one's teeth into,** qch. de substantiel; qch. qui fait travailler.

toothed, *a.* **3. Broken-toothed,** édenté.
top[1]. I. *s.* **1. Hair taken up on top of the head,** cheveux relevés en hauteur. **3.** (*Of a circus*) Big top, chapiteau *m.* **10.** *Sp: Ten: To put top (spin) on the ball,* lifter. *F: He puts a lot of top on,* il joue très lifté.
top. II. *attrib. a.* **1. Top secret,** très secret, ultra-secret **2. Top people,** les gens éminents.
topicality [,tɔpi'kæliti], *s.* Actualité *f.*
'top-'notcher, *s. F:* Crème *f. He's a t.-n.*, c'est la crème, un as.
'top 'up, *v.tr. Aut: To top up (battery, oil, etc.),* faire l'appoint.
torch, *s.* **3.** *Tchn: Oxyacetylene cutting t.*, chalumeau de découpage.
tor'pedo-plane, *s. Av:* Avion *m* torpilleur.
torque[2], *s. See also* WRENCH[1] 3.
torsion, *s Mch: Aut:* **Torsion bar,** barre *f* de torsion.
totalitarian, *a. A t. system,* un système concentrationnaire.
totalitarianism [,toutæli'tɛəriənizm], *s.* Totalitarisme *m.*
touch[1], *s* **5.** (*a*) *See also* PERSONAL 1. **7. To get in(to) touch with s.o.,** contacter qn, joindre qn.
'touch 'down, *v.tr. Abs.* **2.** *Av:* Atterrir.
touché ['tuːʃei], *a.* (*a*) *Fenc:* Touché. (*b*) Touché au vif (*in argument*).
'touch-typist, *s.* Dactylo accomplie.
'touch 'up, *v.tr.* **1.** (*Of paintwork*) Faire des raccords (en peinture).
tour[1], *s.* **1. Motor tour,** randonnée *f* (en auto, en car).
tournament, *s.* **2.** *Sp:* Challenge *m.*
tourniquet, *s.* Garrot *m.*
tow[1]. **2.** *F:* **He always has his family in tow,** il traîne toujours avec lui toute sa smala(h).
tower[1], *s.* **1.** (*b*) **Clock tower,** Tour de l'Horloge (de Westminster. etc.). *Av:* **Control tower,** tour de contrôle.
town, *s.* **2.** (*b*) *To leave t.*, aller en province.
'town-'planning, *s.* Urbanification *f.*
toxoid ['tɔksɔid], *s. Med:* Anatoxine *f.*
trace[1], *s.* **2.** Nuage *m* (de lait, dans une tasse de thé).
'trace element, *s. Biol:* Oligo-élément *m, pl.* oligo-éléments.
tracer[1], *s.* **3.** *Mil: etc:* **Tracer shell,** traçant *m.* **Tracer bullet,** traçante *f.* **4.** *Ch: T.(substance),* substance révélatrice. *Rad.-A:* Traceur *m.*
track[1], *s.* **2.** (*a*) **Cart track,** chemin *m* de terre.
track[2], I. *v.tr.* **1.** Pister (le gibier).
'track-suit, *s.* Survêtement *m.*
tract[1], *s.* **2.** *Med: Sinus t.*, trajet fistuleux.
'tractor-drawn, *a. Mil:* Tracté. **Tractor-drawn artillery,** artillerie tractée.
trade[1], *s.* **2.** *It's good for t.*, cela fait marcher le commerce. **5.** *Attrib:* **Trade disputes,** des conflits *m* du travail. **Trade name,** appellation *f. T. secret,* secret de fabrique. *Pol.Ec:* **Trade cycle,** cycle *m* économique.
tradescantia, *s. Bot:* Tradescantia *m.*
tradesman, *pl.* **-men,** *s.m.* **3.** *Mil: etc:* Spécialiste *m.*
trading, *s.* **Trading stamp,** timbre-prime *m, pl.* timbres-prime(s).
'traffic-jam, *s.* Encombrement *m* (de circulation), embouteillage *m.*
tragic(al), *a.* (*b*) *F: Don't be so tragic about it!* Ne le prenez pas si au tragique!
trailer, *s.* **4.** *Cin:* Film *m* annonce, présentation *f*, bande-annonce *f.*
train[1], *s.* **5.** *Rail:* (*a*) (*On train ferry*) *T. deck,* pont *m* des voies. *P.N:* "*To the trains,*" "Accès aux quais."
train[2]. I. *v.tr.* **1.** (*a*) *He is trained in difficult business,* il est entraîné aux affaires difficiles.
trainee, *s. Sch:* Élève *mf.*
training, *s.* **1.** (*a*) **Further training,** perfectionnement *m.*
trammel[2], *v.i.* **Trammelled by prejudices,** entravé par les préjugés
tranceiver [træn'siːvər], *s.* Émetteur-récepteur *m, pl.* émetteurs-récepteurs.
tranquillization [,trænkwilai'zeiʃ(ə)n], *s.* Tranquillisation *f.*
tranquillizer ['træŋkwilaizər], *s. Med:* Tranquillisant *m.*
transcend, *v.tr.* **1.** Transcender.
transept, *s. Ecc.Arch: Arm of the t.*, croisillon *m.*
transfer[1], *s.* **1.** (*a*) *Sch:* Changement (de section, de classe). (*b*) *Com: T. note,* filière *f.*
'transfer-ma'chine, *s.* (*Automation*) Machine-transfert *f. pl.* Des machines-transfert.
transistor [træn'zistər], *s. El:* Transistor *m.*
trans'mitter-re'ceiver, *s. W.Tel:* Émetteur-récepteur *m, pl.* des émetteurs-récepteurs.
transport[1], *s.* **1.** *Com:* **Door to door transport,** le porte à porte *m.* **2.** (*a*) *Av:* **Transport plane,** (avion *m* de) transport, avion cargo.
transporter, *s.* **2.** (*a*) *Mil:* **Tank transporter,** porte-chars *m. inv. in pl.*
'traveller's(-)tree, *s. Bot:* Arbre *m* du voyageur.
traverse[1], *s.* **1.** (*b*) *Mount:* (ii) Traversée *f.*
treat[2]. II. *v.tr.* **3.** (*a*) *Med: He was treated in hospital,* il a reçu des soins à l'hôpital.
treatment, *s.* **1.** (*a*) *Special t. (of prisoners),* régime spécial.
'tree-creeper, *s. Orn:* **Tree-creeper** (*Certhia familiaris*), grimpereau des bois. *Short-toed t.-c.*, grimpereau des jardins.
'tree-pipit, *s. Orn:* Pipit *m* des arbres.
'tree-top, *s.* Cime *f* d'un arbre. *Just over the tree-tops . . .*, juste au-dessus des arbres. *To fly at t.-t. height,* voler en rase-mottes.
trench[1], *s.* **3.** *Geol:* Sillon *m.*
trick[1], *s.* **1.** (*a*) **Tricks and jokes,** farces et attrapes. (*b*) **The tricks of the trade,** les astuces *f* du métier. **5.** *Cards:* **The odd trick,** la levée supplémentaire.
trickster, *s. Confidence t.*, voleur *m* à l'américaine.
trigger[1], *s.* (*c*) *Electronics: Bistable t. circuit,* bascule *f.*
trigger[2], *v.tr.* Déclencher.
'trigger-happy, *a. F: To be t.-h.*, avoir la gâchette facile.
'trigger 'off, *v.tr. P:* Déclencher.

trim[1], *s.* **2.** *Aer:* Centrage *m.* **3.** *Hairdr: Just a t.*, simplement rafraîchir.
trim[3], *v.tr.* **2.** *Hatm:* **Trimmed hats,** chapeaux garnis. **3.** (*c*) *Av: To t. the tabs*, régler les flettners.
trimming, *s.* **1.** (*b*) (*Of sheet-iron, of a lens, etc.*) Débordage *m.*
Trinidad ['trinidæd]. *Pr.n. Geog:* (Île de) la Trinité.
trip[1], *s.* **3.** (*c*) Croche-pied *m, pl.* croche-pieds.
trip[2]. **2.** *v.tr.* (*a*) *To trip s.o.* (*up*), faire un croche-pied à qn.
triplet, *s.* **2.** Triplé(e).
trismus, *s. Med:* Trismus *m.*
'trolley-bus, *s.* Trolleybus, *F:* trolley *m.*
trombidiasis ['trɔmbi'daiəsis], *s.* Trombidiose *f.*
trombidium [trɔm'bidiəm], *s. Ent:* Trombidion *m*
troop[1], *s.* **2.** *Mil:* (*a*) *pl. U.N. troops, F:* casques bleus.
Trotskyist, Trotskyite, *a. & s. Pol:* Trotskiste *a. & mf.*
trouble[1], *s.* **1.** *F: To have had a lot of t.*, en avoir vu de toutes les couleurs.
trough, *s.* **5.** (*Of low pressure, of depression*) Dépression *f*, zone *f* dépressionnaire.
trouser, *s.* **1. Skiing trousers,** fuseaux *mpl. See also* DRAIN-PIPE. *F: She wears the trousers*, c'est elle qui porte la culotte.
trout, *s. inv. in pl. Ich: Brown t.*, truite de rivière. *Speckled t.* saumon *m* de fontaine.
truck[3], *s.* **1.** (*a*) *Flat t.*, (camion) plateau *m. Fork-lift t.*, chariot élévateur à fourche.
truncheon[1], *s.* **Rubber truncheon,** matraque *f* en caoutchouc.
trunk[1], *s.* **1.** (*c*) *Tp: F:* **'Trunks,'** 'l'inter' *m.* **2,** (*a*) *U.S: Aut:* Malle *f. See also* TIN[1] 2.
trust[1], *s.* **5.** *Jur:* Fiducie *f.* **6.** (*Of a newspaper, etc.*) Société fermière.
trust[2]. **1.** *v.tr.* (*a*) *F: Trust him to say that!* c'est bien de lui! on peut compter sur lui pour dire pareille chose.
trusteeship, *s.* **3.** *Pol:* Tutelle *f.*
truth, *s.* **1.** (*a*) *Jur: The t., the whole t., and nothing but the t.*, la vérité, rien que la vérité, toute la vérité. *See also* DRUG[1] 2, SERUM.
try[2], *v.* I. *v.tr.* **5. Try-your-strength machine** (*at fairs*) = tête *f* de Turc.
tubby, *a. F:* **1.** *He is a t. little man*, c'est un (petit) pot à tabac.
tube[1], *s.* **1.** (*a*) *Aut: Rear axle flared t.*, trompette *f.* (*c*) *T.V:* **Cathode-ray tube,** oscillographe *m* cathodique.
tubeless ['tju:blis], *a. Aut:* (*Tyre*) (Pneu) sans chambre.
tuberculinize [tju:'bə:kjulinaiz], *v.tr. Med: Vet:* Tuberculiner
tuberculosis, *s. Med: T. dispensary*, dispensaire *m* antituberculeux.
tuition, *s.* **Postal tuition,** enseignement par correspondance.
tumbler, *s.* **5.** (*g*) *Paperm:* (iii) Tambour culbuteur.
tumbling[2], *s.* **4.** *Paperm: T. machine*, tambour culbuteur.
tumbrel, tumbril, *A:* Charrette *f* (des condamnés).
tuque [tju:k], *s. Cost:* Tuque *f.*
turbine, *s.* **1.** (*a*) **Propeller turbine,** turbopropulseur *m.* **Gas turbine,** turbine à gaz, turbo-machine.
'turbo 'fan, *s. Av:* Turboréacteur *m* à soufflante canalisée.
'turbo-'jet, *s. Av:* Turboréacteur *m.*
'turbo-'prop, *a. T.-p. aircraft*, avion à turbopropulseur *m.*
'turbo-pro'peller, *s. Av:* Turbopropulseur *m*, turbine *f* à hélice.
'turbo-pump, *s.* Pompe *f* centrifuge à diffuseur.
'turbo-'supercharger, *s.* Turbo-compresseur *m.*
turn[1], *s.* **2.** (*a*) *Av: Aileron t.*, tonneau *m* en descendant. (*c*) *With the t. of the month*, (i) à la fin du mois, (ii) avec le nouveau mois. **4.** (*b*) *Th:* **Short turn,** flash *m.* **5.** (*a*) **Turn for turn(!)**, un service en vaut un autre; échange de bons procédés! **6.** (*b*) **Turn of phrase,** tournure de phrase.
turn-'in, *s. Bookb:* Rembord *m.*
'turn-round, *s. Com:* Rotation *f* (de navires, de camions).
'turn-table, *s.* **2.** (*a*) *Gramophones:* Plateau *m* tourne-disques. *A separate unit t.-t.*, un coffret tourne-disques.
'turn-up, *s.* (*a*) Revers *m* (de pantalon).
'turret-head, *s. Phot:* Tourelle *f.*
'turtle-back, *s. Aer:* Arête dorsale.
'turtle-dove, *s. Orn:* Tourterelle *f* des bois. *Rufous, Eastern, t.-d.*, tourterelle orientale. *Collared t.-d.*, tourterelle turque.
tutorial. **3.** *s. pl. Sch: Med: etc:* Travaux *mpl* pratiques.
tutu [tyty], *s. Ballet: Cost:* Tutu *m.*
'twelve-tone, *a. Mus:* Dodécaphoniste, dodécaphonique. *T.-t. system*, dodécaphonisme *m.*
twenty, *num. a. & s.* **1.** *The twenties*, les années vingt (1920–1930) *The 1820s, the twenties of last century*, les années entre 1820 et 1830, de 1820 à 1830.
twerp [twə:p], *s. P:* Salaud *m*, salopard *m.*
twin[1], *a. & s.* **2.** *a.* (*a*) *El:* **Twin wire,** fil torsadé.
'twin-'jet, *a.* **Twin-jet plane,** biréacteur *m.*
twinned, *a.* **Twinned towns,** villes jumelées.
twinning, *s.* **3.** Jumelage *m* (de deux villes).
'twin-'track, *s. Rail:* (Ligne) à deux voies *f.*
twirp [twə:p], *s. P:* Salaud *m*, salopard *m.*
twite, *s. Orn:* Linotte *f* à bec jaune, montagnarde.
'two-'engined, *a.* Bimoteur. **Two-engined jet plane,** biréacteur *m.*
'two-'handed, *a.* **1.** *T.-h.* (*sword*), (épée *f*) à deux mains, espadon *m.*
'two-'way, *attrib.a.* **1.** (*c*) **Two-way radio,** poste de T.S.F. émetteur et récepteur.
'two-'wheeled, *a.* Biroue.
tycoon, *s.* **2.** *F:* Gros bonnet; brasseur *m* d'affaires.
tying[2], *s.* **1.** *Fish:* Ligature *f.*
Tyndallization [,tindəlai'zeiʃ(ə)n], *s.* Tyndallisation *f.*
type[1], *s.* **1.** *F:* Type *m. What a type!* Quel type! *What a useless type!* Quel piètre individu!
typewrite, *v.tr. Typewritten document*, document dactylographié.
typhus, *s.* (*a*) *Med: Scrub t.*, tsutsugamuchi *m*, fièvre fluviale du Japon. (*b*) *F:* Fièvre typhoïde.
typical, *a. F: Isn't that t.!* c'est bien de lui, d'elle!
typically, *adv.* Typiquement.
typing[1] ['taipiŋ], *s. F:* **He is good at typing,** il est bon à la dactylo. **Typing error,** erreur de frappe.
typing[2], *s.* Identification *f*, détermination *f* des types (de bactéries ou de virus). **Blood typing,** détermination du groupe sanguin.
typist, *s. T. invoice-clerk*, dactylo-facturière *f*, *pl.* dactylos-facturières.
tyre[2], *v.tr.* **2.** *Aut:* Chausser (une voiture).

U

U, u, *s.* **U and non-U,** ce qui est bien, chic, comme il faut, et ce qui ne l'est pas.
Ultonian [al'touniən], *a. & s. Geog:* Ulstérien.
'ultra-'short, *a.* Ultra-court.
ultrasonic, *a.* Ultrasonique.
'ultra(-)'violet, *a. Med:* **Ultraviolet therapy,** uviothérapie *f.*
umbrella, *s.* **1.** (*d*) *Mil: Av:* **Aerial umbrella,** parapluie aérien, ombrelle *f* de protection aérienne.
unaccountable, *a.* **-ably,** *adv.* Sans qu'on sache pourquoi.
unashamed, *a.* **-ly,** *adv.* Sans honte, sans vergogne.
unattached, *a.* **2.** (*Of bachelor*) *To be u.*, être garçon seul.
unbridge [ʌn'bridʒ], *v.tr. Mil:* Faire sauter les ponts.
unchangeable, *a.* Inchangeable.
uncomfortable, *a.* **1.** Inconfortable.
uncommitted, *a.* **2.** (*b*) *Pol:* Neutraliste.
uncomprehending [,ʌnkɔmpri'hendiŋ], *a.* Incompréhensif, -ive.
unconscious, *a.* **2.** Inanimé.
uncreasable [ʌn'kri:səbl], *a.* Infroissable.
under. I. *prep.* **1.** (*b*) *The under-thirties*, les moins de trente ans.
'under-carriage, *s.* **1.** *Av: U.-c. well*, logement *m* du train d'atterrissage escamotable.
'under-de'veloped, *a.* **3.** *Pol.Ec: U.-d. countries*, pays économiquement arriérés, sous-développés.
underdog, *s.* (*b*) *To feel for the u.*, se pencher sur les souffrances du peuple.
underdraw, *v.tr.* Plafonner (une pièce).
underfur ['ʌndəfə:r], *s. Furs:* Bourre *f.*
underground. **1.** *adv.* (*c*) *F:* **To go underground,** prendre le maquis. **2.** *a.* (*a*) *Geol: U. water level*, nappe *f* phréatique. *Min:* **Underground worker,** mineur *m* de fond. (*c*) Clandestin. **Underground forces,** armée clandestine.
underhand. **1.** *adv.* (*a*) *Ten: To serve underhand, F:* servir à la cuiller.
'under-'nourished, *a. & s.* Sous-alimenté.
'under-pants, *s. Cost: F:* Caleçon *m*, slip *m.*
underpass ['ʌndə,pɑ:s], **2.** *s. Civ.E:* Passage *m* en dessous.
underprivileged [,ʌndə'privəlidʒd], *s.* **The underprivileged,** les économiquement faibles.
undershoot[1] ['ʌndə,ʃu:t], *s. Av:* Présentation *f* trop courte.
undershoot[2], [,ʌndə'ʃu:t], *v.tr. Av: To u.* (*the runway*), se présenter trop court (sur la piste).
'under-'staffed, *a. The office is u.*, le bureau manque de personnel.
under'standing[1], *a. An u. father*, un père qui comprend, compréhensif.
understatement, *s.* **2.** (*a*) **That would be an understatement,** dire cela serait demeurer au-dessous de la réalité.
underwater, *attrib. a.* Sous-marin. *Underwater fishing*, pêche sous-marine.
Unesco [ju:'neskou], *s.* (*Initials of United Nations Educational, Scientific and Cultural Organization*), l'Unesco *f.*
unfinished, *a.* **1.** *Cards:* **Unfinished game,** partie interrompue.
unheatable [ʌn'hi:təbl], *a.* Inchauffable.
uninteresting, *a.* Inintéressant.
unit, *s.* **2.** (*a*) *Adm:* **Bread unit,** ticket *m* de pain. (*c*) *U. furniture*, mobilier par éléments.
university, *s. The red-brick Universities*, les universités anglaises autres qu'Oxford et Cambridge.
unlikely, *a.* **1.** (*a*) **To be unlikely to . . .,** ne pas avoir chance de . . ., avoir peu de chances de . . .
unlistened(-to) [,ʌn'lisnd(,tu:)], *a.* Inécouté.
unload, *v.tr.* **1.** (*a*) *Mil: Av:* (*Of bombs*) Lâcher, larguer.
unnatural, *a.* (*b*) **Unnatural friendship,** amitié particulière.
unofficial, *a.* Inofficiel, non officiel.
unprecedented, *a.* (ii) Inédit.
unrationed [ʌn'ræʃ(ə)nd], *a. War Adm:* En vente libre.
unrhythmical, *a.* Non rythmé. **-ally,** *adv.* Sans aucun rythme.
unroadworthy [ʌn'roudwə:ði], *a* (*Of vehicle*) Inapte à rouler.
unsuccessful, *a.* **2.** (*Of pers.*) *U. candidate*, candidat malheureux.

untapped, *a.* **I.** (*c*) **Untapped resources,** ressources inexploitées.
untold, *a.* **I.** Non computé.
untouchable, *a.* Intouchable.
unvoiced, *s.* **I.** *Ling:* **Unvoiced vowel,** voyelle non-voisée.
unworthiness, *s.* **2.** Indignité *f.*
up[1], *adv.* **3.** (*a*) *Sp:* **To be two up,** marquer un adversaire de deux points, avoir deux points d'avance sur un adversaire; *Golf:* être two up.
'up-and-'doing, *a.* **To be up-and-doing,** être actif et entreprenant.
'up-and-'up, *s.* **To be on the up-and-up,** (i) être en bonne voie, être en train de monter, *F:* de grimper, faire son chemin *m,* prospérer, être une réussite, (ii) être honnête.
'up-'grading, *s.* Montée en grade.
upholstered, *a.* **I.** *F: She's well u.,* elle est bien garnie.
uplift[1], *s.* **I.** *Civ.E:* (*Dams*): Sous-pression *f, pl.* sous-pressions. (*b*) *a.* **Uplift brassière,** soutien-gorge *m* au maintien parfait.
'up-side, *s.* *Tg:* Amont *m.*
upsurge ['ʌpsə:dʒ], *s.* Poussée *f.*
uranism [juə'reinizm], *s.* *Path:* Uranisme *m.*
uranist [juə'reinist], *a.* & *s.* *Path:* Uraniste.
urbanification [,ə:bənifi'keiʃ(ə)n], *s.f.* Aménagement *m* d'un territoire suivant les principes de l'urbanisme.
urinal, *s.* **2.** *Hyg:* *A street urinal,* une vespasienne.
urologist [juə'rɔlədʒist], *s.* Urologiste *mf,* urologue *mf.*
use[1], *s.* **3.** **For all the use it is to me,** pour ce que j'en fais.
useless, *a.* **I.** *F:* Platonique.
usual, *a.* *Business as u.,* les affaires *f* continuent, la vente continue (à l'intérieur). *s. F:* (*In bar, etc.*) *Are you having your u.?* Est-ce que vous prenez (votre demi) comme d'habitude?
utility, *s.* **I.** (*a*) *Adm:* *Com:* **Utility goods, articles** *m* **d'utilité** sociale. **Utility car,** voiture *f* à carrosserie canadienne. (*b*) **Public utility services,** services publics.
utilization, *s.* *Bank:* Réalisation *f.*

V

vacancy, *s.* **4.** *No vacancies!* Complet!
'vacuum-clean, *v.tr.* Dépoussiérer.
'vacuum-cleaner, *s.* *F:* Balai *m* électrique.
valuable. **I.** *a.* (*a*) *As rubber becomes more v.,* depuis la revalorisation du caoutchouc.
van[4], *s.* **I.** (*a*) **Police loud-speaker van,** camionnette *f* de police.
vane, *s.* **5.** *W.Tel:* Lamette *f* (de condensateur variable).
variance, *s.* **2.** *Ch:* Variance *f.*
vehicle[1], *s.* **I.** *See also* HALF-TRACK.
velvet, *s.* **I.** *F: Black v.,* mélange de champagne et de stout.
vend, *v.tr.* (*b*) *Vending machine,* distributeur *m* automatique.
ventilator, *s.* **3.** *Aut:* Déflecteur *m.*
venturesome, *a.* **I.** Imprudent.
verge[1], *s.* (*c*) *On the v. of tears,* au bord des larmes.
vermiculite [və:'mikjulait], *s.* *Min:* Vermiculite *f.*
versatility, *s.* **I.** (Faculté d')adaptation *f.*
vessel, *s.* **2.** *Navy:* *Patrol v.,* escorteur côtier.
Vichy. **2.** *s.* *Pol:* **The Vichy Government,** le Gouvernement de Vichy.
Vichyist ['vi:ʃi:ist], *a.* & *s.* *Pol:* *Pej:* Vichyste, homme de Vichy.
Vietnam ['vjet'næm], *Pr.n.* *Geog:* Le Vietnam.
Vietnamese [,vjetnə'mi:z], *a.* & *s.* Vietnamien,-ienne.
view[1], *s.* **3.** (*b*) *Mec.Draw:* **Sectional view,** écorché *m.* **Exploded view,** éclatée *f.* **7.** *Whom have you in v.?* A qui pensez-vous? Vous avez un candidat (à proposer)?
view[2]. **4.** *v.i.* *T.V:* Regarder.
viewer, *s.* **I.** *T.V:* Téléspectateur, -trice. **3.** *Cin:* *Phot:* Visionneuse *f.*
'viewing-box, *s.* Négatoscope *m.*
vintage[1], *s.* **2.** Millésime *m.* **Vintage champagne,** champagne *m* d'origine. *V. burgundies,* (i) des bourgognes d'appellation; (ii) des bourgognes de la bonne année. *Guaranteed v.,* appellation contrôlée.
viperine, *a.* **Viperine snake,** vipérine *f.*
virgin. **I.** *s.* *a.* **The Virgin Birth,** la maternité divine. *Biol:* **Virgin birth,** parthénogénèse *f.*
virucidal, [,vaiərə'saidl], **virulicidal** [vi,ru:li'saidl], *a.* Virulicide.
virus, *s.* **I.** *Med:* **Virus disease,** virose *f.*
visit[1], *s.* **I.** *F:* *To pay a v.,* aller faire pipi, aller faire une petite commission.
visiting[1], *a.* **2.** *Sch:* **A visiting teacher** (*at pupils' homes*), un maître au cachet, *Pej:* un coureur de cachets.
visitor, *s.* **I.** (*b*) **Visitors' book,** livre d'or.
visor, *s.* **3.** *Aut:* Visière *f* (de phare).
visual, *a.* **2.** *See also* PURPLE II **I.**
visualization, *s.* Visualisation *f.*
vitaminized ['vitəminaizd], *a.* Vitaminé.
vocabulary, *s.* **I.** (*b*) *See also* CLASSIFY. **2.** Lexique *m* (d'une langue).
voice[2], *v.tr.* **3.** *Ling:* **Voiced vowel,** voyelle voisée.
volcanically [vɔl'kænik(ə)li], *adv.* Volcaniquement, de façon volcanique.
voltage, *s.* *El.E:* *High v. test,* essai de claquage *m.*
voodoo[1], *s.* *Anthr:* **I.** Vaudou *m.*
voucher, *s.* **2.** (*e*) *Com:* **Gift voucher,** bon *m* d'achat.
vulture, *s.* **I.** *Orn:* *Egyptian v.,* percnoptère *m* d'Égypte. *Bearded v.,* gypaëte barbu.

W

waffle[1], *s.* *F:* Laïus.
waffle[2], *v.i.* *F:* Laïusser.
waffler, *s.* *F:* Laïusseur *m.*
wag[1], *s.* **I.** Plaisantin *m.*
wage[1], *s.* (*a*) *Pol.Ec:* **Living wage,** minimum vital. *Guaranteed minimum w.* = salaire minimum interprofessionnel garanti (S.M.I.G.).
wagtail, *s.* *Orn:* *Blue-headed w.,* bergeronnette printanière. *White w.,* bergeronnette grise. *Yellow w.,* bergeronnette (printanière) flavéole. *Yellow-headed w.,* bergeronnette citrine. *Grey w.,* bergeronnette des ruisseaux. *Pied w.,* bergeronnette d'Yarrell.
waistline, *s.* *To keep, watch, one's w.,* soigner, garder, la ligne.
wait[2]. **I.** *v.i.* (*a*) **Wait-and-see policy,** attentisme *m.*
waiting[2], *s.* **I.** **'No waiting,'** 'Stationnement interdit.'
walk[1], *s.* **4.** (*g*) *Fort:* *Parapet, rampart, w.,* chemin *m* de ronde. **5.** *F:* **Walk of life,** milieu *m.*
walk[2]. I. *v.i.* **I.** *To w. quickly towards somebody,* marcher sur qn.
'walkie-'talkie, *s.* *W.Tel:* *F:* Émetteur-récepteur *m, pl.* émetteurs-récepteurs, poste *m* de radio portatif.
wall[1], *s.* **I.** (*a*) **Dry(-stone) wall,** muraillon *m,* mur en pierres sèches. *F:* *To come up against a blank w.,* se heurter à un mur.
'wall-creeper, *s.* *Orn:* Tichodrome *m* échelette; grimpereau *m* de muraille.
wallop[1], *s.* **3.** *P:* Bière *f.*
'wall-walk, *s.* *Fort:* Chemin *m* de ronde.
wandering[2], *s.* **I.** (*a*) Errance *f.*
wangle[2], *v.tr.* **I.** *F:* Resquiller. *Army:* *F:* **To wangle leave,** carotter une permission.
wangler, *s.* *F:* Resquilleur, -euse.
wangling, *s.* *F:* Resquillage *m,* resquille *f.*
want[1], *s.* **I.** *Med:* *W. of colour,* achromasie *f.*
war[1], *s.* **Total war,** guerre totale. **Cold war,** guerre froide. *F:* **Shooting war,** guerre chaude. **War of nerves,** guerre des nerfs. **The war to end all wars,** *F:* la der des der. *The First, Second, World War, World War One, Two,* la première, deuxième guerre mondiale. *The Great War,* la Grande Guerre.
warbler, *s.* *Orn:* **2.** *Grasshopper w.,* locustelle tachetée. *River w.,* locustelle fluviatile. *Aquatic w.,* phragmite *m* aquatique. *Barred w.,* fauvette épervière. *Bonelli's w.,* pouillot de Bonelli. *Cetti's w.,* bouscarle *f* de Cetti. *Dartford w.,* fauvette pitchou. *Fan-tailed w.,* cisticole *f* des joncs. *Icterine w.,* hypolaïs *f* ictérine. *Marsh w.,* rousserolle *f* verderolle. *Melodious w.,* hypolaïs polyglotte. *Moustached w.,* lusciniole à moustaches. *Orphean w.,* fauvette orphée. *Sardinian w.,* fauvette mélanocéphale. *Savi's w.,* locustelle *f* luscinioïde. *Spectacled w.,* fauvette passerinette. *Yellow-browed w.,* pouillot à grands sourcils.
warden[1], *s.* **2.** (*a*) **Air-raid warden,** chef *m* d'îlot.
warehouse[1], *s.* **I.** **Bonded warehouse,** entrepôt réel. **Unbonded warehouse,** entrepôt fictif. **Warehouse certificate,** certificat *m* de dépôt de marchandises.
warfare, *s.* **Total warfare,** guerre totale. *Global w.,* guerre mondiale. *Class w.,* la lutte des classes. *Static w.,* guerre de positions.
'war-monger, *s.* Fauteur *m* de guerre.
'war-mongering, *s.* Bellicisme *m.*
'warm-up, *s.* *Sp:* Mise *f* en train.
warning[1], (*a*) **Warning lamp,** lampe *f* témoin.
warning[2], *s.* **I.** (**Air-raid**) **warning,** alerte *f.* **2.** (*c*) *Let this be a fair w.!* Que ce(ci) soit bien entendu et bien compris!
warrant[1], *s.* **3.** (*c*) *W. bank,* banque *f* assignataire. (*d*) **Detached-service warrant,** lettre *f* de mission. (*e*) **Warrant-officer,** (i) *Mil:* Adjudant *m.* (iii) *Mil:* *Av:* **Warrant-officer second-class,** adjudant. **Warrant-officer first class,** adjudant-chef.
washability [,wɔʃə'biliti], *s.* Propriété de ce qui est lavable; le fait d'être lavable.
washboard, *s.* **I.** Planche *f* à laver.
'wash-down, *s.* (*a*) Toilette complète. (*b*) *Av:* Aire *f* de lavage.